CONCISE
KOREAN LANGUAGE DICTIONARY

콘사이스 국어사전

금성출판사

머리말

우리말에 대한 애정이나 관심에 비해 정작 국어사전의 활용도는 매우 낮은 것이 오늘의 현실이다. 이는 아마도 사전이 이용자의 욕구를 넉넉히 채워 주지 못하고 있기 때문이리라. 사전 편찬자로서는 정말 식은땀 나는 일이요, 반드시 극복해야 할 과제가 아닐 수 없다. 그리하여 우리는 국어사전이 안고 있는 문제들이 무엇인지 수없이 질문했고, 그 해답을 구하기 위해 오래도록 궁구하였다. 다음 몇 가지 특장은 부족하나마 그 고뇌의 산물이다.

첫째, 소사전 규모로는 최대 어휘라 할 수 있는 7만 6천여 어를 실었다. 기존의 중사전을 기계적·물리적으로 압축하고 축소한 것이 아니라 이용상의 편의와 실용적 측면을 고려하여 그 어휘와 내용을 새롭게 정비하였기에 이용자의 만족도는 그 어느 사전 못지않을 것이라 자부한다.

둘째, 빈도 높게 사용되는 인명과 지명을 선별하여 실었다. 인지명과 같은 고유 명사는 원칙적으로 어휘 사전에서 다루지 않지만, 많은 사람들이 그 표기의 어려움으로 혼란과 불편을 겪고 있으므로 그 갈증을 조금이나마 해소하기 위해 약 1,500개의 어휘를 표제어로 올렸다.

셋째, 최신 신어를 민첩하게 포착하였다. 기존 사전에서는 찾을 수 없는 '꽃제비/나이스(NEIS)/네오콘/몸짱/브이디티 증후군/스파/웰빙족/정크푸드/헤드셋…' 등의 항목은 신어 정보에 목말라하는 독자들에게 큰 만족감을 주리라 믿는다.

넷째, 핵심을 찌르는 간결한 풀이를 구현하였다. 이 사전을 '콘사이스 국어사전'이라 명명할 수 있는 이유는 바로 여기에 있다. 단어의 의미를 군더더기 없이 오롯이 드러내기 위해 우리는 더 많은 자료를 검토·추적하고 윤문에 윤문을 거듭하는 신고의 과정을 기꺼이 거쳤다.

다섯째, 가장 최신의 국가 어문 규범을 준수하였다. 한글 맞춤법, 표준어 규정, 외래어 표기법은 물론, '표준국어대사전'(1999년), '표준국어대사전 정오표'(2004년), '정부 언론 외래어 심의'(1991~2004년) 등을 철저히 추적함으로써 가장 최신의 어문 규범을 반영하였다.

2005년 1월
사전 편찬실

일러두기

01 / 표제어

1. 어휘의 선정
현대 생활에 널리 쓰이는 일상어를 중심으로, 학술어·외래어·신어(新語)·방언·관용구·속담·속어·궁중어·인터넷 통신어 등을 수록하였다. 고유 명사는 실생활에서 널리 접하는 것에 한해, 인명·지명·책명·작품명 등을 1,500여 개 수록하였다. 수록된 총 어휘는 약 7만 6천 개이다.

2. 표제어의 배열
□ 자모의 차례
초성: ㄱ ㄲ ㄴ ㄷ ㄸ ㄹ ㅁ ㅂ ㅃ ㅅ ㅆ ㅇ ㅈ ㅉ ㅊ ㅋ ㅌ ㅍ ㅎ
중성: ㅏ ㅐ ㅑ ㅒ ㅓ ㅔ ㅕ ㅖ ㅗ ㅘ ㅙ ㅚ ㅛ ㅜ ㅝ ㅞ ㅟ ㅠ ㅡ ㅢ ㅣ
종성: ㄱ ㄲ ㄳ ㄴ ㄵ ㄶ ㄷ ㄹ ㄺ ㄻ ㄼ ㄽ ㄾ ㄿ ㅀ ㅁ ㅂ ㅄ ㅅ ㅆ ㅇ ㅈ ㅊ ㅋ ㅌ ㅍ ㅎ

□ 자모가 같은 말의 차례
동자 동음이의어(同字同音異議語)는 각각 따로 표제어로 삼되, 어깨 번호를 붙여 구별했고, 그 순서는 다음과 같다.
　　고유어→한자어→외래어, 　자립어→비자립어
위의 조건이 같을 경우 고유어는 짧은소리→긴소리, 한자어는 획수가 적은 것→많은 것, 외래어는 어원의 로마자 배열순으로 실었다.

3. 주표제어
원칙적으로, 단일어 및 합성어·파생어 등의 단어와 조사·어미·접사 등을 주표제어로 삼았다.

4. 부표제어
□ '-하다/-되다'가 붙는 파생어
명사에 '-하다', '-되다'가 붙어 동사나 형용사를 이룰 경우, 그 명사의 풀이 끝에 부표제어로 세웠으며, 풀이는 반복하지 않고 생략했다. 단, '-하다'나 '-되다'가 붙어 새로운 개념이 창출되거나, 명사의 일부의 뜻만을 나타낼 때에는 풀이를 보였다.
연ː구(研究) 몡 …… **연ː구-하다** 통(타)(여) **연ː구-되다** 통(자)
소ː복(素服) 몡 …… **소ː복-하다** 통(자)(여) 소복을 입다.

□ '-이/-히'가 붙는 부사어
형용사의 어근에 '-이/-히'가 붙어 부사로 된 것은 별도의 풀이 없이 형용사의 부표제어로 처리했다.
쓸쓸-하다 혱 …… **쓸쓸-히** 튀
평화-롭다 혱 …… **평화로이** 튀

□ 관용구
첫머리에 오는 단어의 부표제어로 처리하되 각각 별행으로 잡았다. 또, 단어와 단어 사이에 조사를 붙일 수 있는 것은 ( )로 싸서 보였다.
바람 몡 …… .
　바람(이) **들다** …… .

□ 속담·격언·명언
속담은 그 문장 첫머리 단어의 표제어 풀이가 끝난 다음에 [ ]로 싸서

일러두기_iii

별행으로 보였다. 또, 외국의 격언이나 명언은 ※ 기호를 써서 보였다.

02 풀이와 용례

1. 풀이 원칙
 알기 쉬운 말을 사용하되, 적확하고 구체적인 표현으로 핵심을 찌르도록 했다. 특히, 유의어끼리 순환적으로 동어 반복 하는 폐단을 바로잡아, 의미가 서로 명확히 구별되게 하였다.

2. 갈래
□ **품사의 갈래** : 한 표제어 안에서 품사가 둘 이상일 때에는 Ⅰ, Ⅱ, Ⅲ, …으로 갈랐으며, 같은 품사이나 종속 단위로 나뉠 때에는 필요에 따라 ①, ②, ③, …으로 갈랐다.

  아:무 Ⅰ 대(인칭) …….
    Ⅱ 관 …….
  떨:다 동 ① 자 …… ② 타 …….

□ **뜻 갈래** : 뜻이 여러 가지일 때에는 **1, 2, 3,** …으로 가르되, 사용 빈도가 높은 것부터, 또는 역사적으로 근원이 되는 것부터 배열했다.

3. 문법 정보
□ **쓰임의 제약** : 어휘의 개념 이외에 여러 가지 문법 정보를 제시할 때, 그 내용을 ( )안에 보였다.

  간:이(簡易) 명 (일부 명사 앞에 쓰여) …….

□ **호응 관계** : 표제어와 흔히 호응하는 주어·목적어·부사어 등을 ( ) 안에 보였다.

  마시다 동타 **1** (사람이 액체를) …….

□ **활용 형태** : 불규칙 용언은 품사 표시 뒤에 불규칙의 종류를 약호로 보이고, 대표적인 활용 형태를 〈 〉로 싸서 예시했다. 다만, '르 불규칙'과 '으 불규칙'은 학교 문법에 따라 규칙 용언으로 처리했으나 활용 형태만은 참고로 보였다.

  춥다 형ㅂ〈추우니, 추워〉 …….
  날다 동〈나니, 나오〉 …….

4. 용례
 용례는 풀이 끝에 ¶ 기호를 써서 보였으며, 예가 둘 이상일 때는 빗금(/)을 그어 구분 지었다. 또, 용례로 든 단어·구·문장 속에서 표제어에 해당하는 부분은 표제어와 형태가 같은 경우는 물결표(~), 다른 경우는 굵은 글자로 나타내었다.

03 발음과 어원

1. 발음
□ 표제어의 표기와 다른 발음을 표제어와 품사 표시 사이에 [ ]로 싸서 보였다. 모든 발음 변화를 다 보이되, 변화된 음절만 나타냈고, 불변의 음절은 대시(-)를 사용하여 '묻다[-따]'와 같이 처리했다. 그런데 '계산(計算)'의 '계'처럼 소리가 두 가지로 나는 것은 [계-/게-]와 같이 처리했다.

□ 긴소리는 ː표를 써서 표제어에 직접 보였다.

2. 어원

한자어와 외래어는 표제어 바로 다음에 각각 한자와 로마자, 가나(かな) 등을 ( ) 안에 보였다. 특히, 외래어는 앞에 국적을 [프], [독], [일], …식으로 나타냈으나(아무 표시가 없는 로마자는 영어임), 고유 명사는 굳이 그 표시를 보이지 않았다.

□ 한자어

한자는 정자(正字)를 원칙으로 하되, 정자와 함께 쓰이는 동자(同字) 또는 속자(俗字)는 가운뎃점을 써서 나란히 보였다. 발음이 본음으로 나지 않고 속음(俗音)으로 나는 것은 한자 우측에 * 표를 보였고, 품사 뒤에서 본음을 밝혔다.

기념(記念·紀念) [명] …….
곤!란(困難*) [명] 〔'難'의 본음은 '난'〕 …….

□ 구미어(歐美語) **및 기타 언어**

로마자로 표기를 보였으며, 원어의 발음이 우리말에 들어와 변화를 일으킨 경우는 원어 앞에 화살표(←)를 넣었고, 일부의 음절이 줄었을 경우는 생략된 음절 부분을 이탤릭체로 나타내되 원어 앞에 화살표를 넣었다. 일본어는 한자로 쓸 수 있는 말이면 한자를 보인 뒤 히라가나를 병기하였고, 구미어에서 받아들인 말이면 가타카나를 보였다.

로케(←loca*tion*) [명] …….
요지([일]楊枝/ようじ) [명] …….

□ 순 우리말처럼 굳어진 것

다른 나라의 말이 순 우리말화한 것은 품사 표시 다음에 〔 〕로 싸서 원어를 보여 주었다.

빵 [명] 〔<[포]pão〕 …….

□ 둘 이상의 국가를 거쳐 들어온 말

어떤 외국어가 제삼의 외국을 거쳐서 우리나라에 들어온 경우, 그 최초의 외국어를 품사 표시 우측에 부등호(<)로 표시하여 밝혔다.

바란스(←[일]バランス) [명] 〔<balance〕 …….
보리(菩提) [명] 〔<[범]Bodhi〕 …….

□ 고사성어(故事成語)

고사성어는 그 유래를 〔 〕로 싸서 보였다.

04 연관 관계

1. 동의어(同義語) 또는 유의어(類義語)

둘 이상의 단어 사이에 의미 차이를 인정하기 어려운 것은 동의어, 의미는 비슷하나 실제 쓰임과 어감에 있어서 미세한 차이가 있는 것은 유의어로 처리하였다. =는 동의어, [비]는 유의어를 나타낸다.

2. 반의어·참고어

서로 상반되는 뜻을 가진 단어는 ↔, 참고가 될 만한 단어는 ▷표를 하여 나타냈다.

춥다 [형] ……. ↔덥다.
종가-세(從價稅) [명] ……. ▷종량세.

3. 준말·본딧말

준말은 원칙적으로 그 풀이를 본딧말 쪽에 의뢰했으나, 준말이 압도적으로 많이 쓰이는 경우에는 준말에서 풀이했다.

일러두기_ v

4. 큰말·작은말, 여린말·센말·거센말
 개념의 차이는 거의 없이 모음이나 자음 교체로 어감의 차이만을 보이는 것은 큰말·작은말 또는 여린말·센말·거센말의 관계로 다루었다.

05 / 어문 규범

1. 맞춤법/표준어
 맞춤법과 표준어는 1988년에 확정된 '한글 맞춤법'과 '표준어 규정'을 원칙으로 하고, 낱낱의 단어에 대해서는 '표준국어대사전'(국립국어연구원, 1999)을 따랐다.

2. 외래어
 □해당 외국에서 쓰이지 않는 조어(造語)나 원어의 뜻이 바뀌어 쓰이는 외래어는 ( ) 안에 병기한 로마자 앞에 † 기호를 보였다. 그런데 원어의 뜻이 바뀌는 현상이 뜻 갈래의 단위에서 나타나는 경우에는 † 기호를 갈래 번호 다음에 보였다.

 백-미러(†back mirror) 명 ······.
 대시(dash) **1** ······. **2** ······. **3** ······. **4** † '프라임'의 잘못.

06 / 약초 및 약어

1. 품사 및 문법 요소
명 명사	명(자립) 자립 명사	명(의존) 의존 명사
대 대명사	대(인칭) 인칭 대명사	대(지시) 지시 대명사
수 수사	동 동사	동(자) 자동사
동(불자) 불완전 자동사	동(타) 타동사	동(불타) 불완전 타동사
동(보조) 보조 동사	동(불보조) 불완전 보조 동사	
형 형용사	형(보조) 보조 형용사	관 관형사
부 부사	감 감탄사	조 조사
접투 접두사	접미 접미사	어미 어미
어미(선어말) 선어말 어미		

2. 불규칙 활용
ⓓ ㄷ 불규칙 용언	ⓑ ㅂ 불규칙 용언	ⓢ ㅅ 불규칙 용언
ⓗ ㅎ 불규칙 용언	러 러 불규칙 용언	르 르 불규칙 용언
여 여 불규칙 용언	우 우 불규칙 용언	
거라 거라 불규칙 용언	너라 너라 불규칙 용언	

3. 전문어
[가] 가톨릭	[건] 건축·토목	[경] 경제학
[고고] 고고학	[공] 공업·공학	[광] 광물학·광물명
[교] 교육학	[군] 군사	[기] 개신교
[기상] 기상학	[논] 논리학	[농] 농업
[동] 동물학·동물명	[문] 문학	[물] 물리학
[미] 미술·공예	[민] 민속	[방송] 방송
[법] 법률·법학	[불] 불교	[사] 사회학
[사진] 사진	[생] 생물학·생리학	[성] 성서
[수] 수학	[수산] 수산업	[식] 식물학·식물명

[신화] 신화　[심] 심리학　[약] 약학·약품명
[언] 언어학　[역] 역사·고제도　[연] 연극
[영] 영화　[예] 예술 일반　[윤] 윤리학
[음] 음악　[의] 의학　[인] 인명
[일제] 일제 강점기 제도　[정] 정치　[종] 종교 일반
[지] 지리학·지학·지명　[책] 책명　[천] 천문학
[철] 철학　[체] 체육　[출] 출판·인쇄
[컴] 컴퓨터　[통] 통신　[한] 한의학
[화] 화학

4. 특수어

〈궁〉 궁중어　〈속〉 속어(표제어)　〈은〉 은어
〈유아〉 유아어　〈방〉 방언

5. 외래어의 국적

[그] 그리스 어　[네] 네덜란드 어　[노] 노르웨이 어　[독] 독일어
[라] 라틴 어　[러] 러시아 어　[말] 말레이시아 어　[범] 범어
[베] 베트남 어　[스] 스웨덴 어　[아] 아랍 어　[에] 에스파냐 어
[이] 이탈리아 어　[일] 일본어　[중] 중국어　[포] 포르투갈 어
[프] 프랑스 어　[히] 히브리 어　[힌] 힌디 어

6. 기타 기호 및 약어

〔 〕 어원, 한자의 본음, 고사성어의 유래, 용례에서 대치할 수 있는 단어 등을 보일 때
[ ] 발음을 보일 때
[ ] 속담을 보일 때
( ) 용법상의 문법 정보를 보일 때
< > 불규칙 용언의 활용 형태를 보일 때
= 동의어 앞에
➡ 풀이하고자 하는 항목 앞에
← 원음이 변질된 외래어 로마자 또는 가나 앞에
< 외래어의 이차 어원에서 원음이 변질된 것을 나타낼 때
↔ 반의어 앞에
▷ 참고어 앞에
× 비표준어 또는 잘못된 말 앞에
ː 표제어에서 긴소리가 나는 음절 다음에
- 표제어에서 복합어의 결합 단위 사이에
^ 표제어에서 띄어 쓰는 것이 원칙이나 붙여 쓰는 것도 허용할 때
— 어원에서 순 우리말 부분임을 나타낼 때, 발음에서 변화되지 않는 부분을 나타낼 때
† 원지에서 쓰이지 않는 외래어임을 보일 때
* 한자어에서 속음으로 나는 한자 다음에
¶ 용례가 시작됨을 나타낼 때
~ 용례에서 표제어 부분의 생략, 활용의 예에서 어근의 생략
/ 용례에서 여러 예문을 구분할 때, 표제어를 복수로 제시할 때
❖ 외국에서 들어온 격언·속담·명언 앞에

[비] 비슷한 말　[본] 본딧말　[준] 준말　[속] 속어(연관 관계)
[큰] 큰말　[작] 작은말　[여] 여린말　[센] 센말
[거] 거센말　[높] 높임말　[낮] 낮춤말　[원] 원말
[변] 변한말

ㄱ

ㄱ →기역.
ㄱ**자-집**(一字一) [명][건] →기역자집.
가[1] [명][음] 서양 음악의 7음 음계에서 여섯째 음이름. 영어로는 에이(A), 이탈리아어로는 라(la).
가ː[2] [명] **1** 사물의 바깥쪽 경계가 되는 부분. 또는, 그 부근. ¶바닷~ / 운동장 ~. **2** 어떤 것을 중심으로 하여 그 가까운 데. [비]가장자리·주변. ¶난롯~ / 창~ / 입~.
가[3] [조] (주로, 모음으로 끝나는 체언에 붙어) **1** 그 말을 주격이 되게 하는 격 조사. ¶제~ 하겠습니다. **2** '되다' 앞에 쓰여, 어떤 것이 변하여 그것이 됨을 나타내는 격 조사. ¶올챙이가 자라서 개구리~ 되다. **3** '아니다' 앞에 쓰여, 그것이 아님을 나타내는 격 조사. ¶박쥐는 새~ 아니다. **4** 주로 보조적 연결 어미 '-지'에 붙어, 그 뜻을 강조하는 보조사. ¶아무리 먹어도 배부르지~ 않다. ▷이.
가ː[4](可) [명] **1** 찬성하는 의사의 표시. ¶~ 20표, 부 10표. ↔부(否). **2** [교] 성적을 매기는 등급의 하나. '수·우·미·양·가'의 5단계 중 다섯째 등급.
가ː-[5](假) [접두] **1** '임시적인', '정식이 아닌'의 뜻을 나타내는 말. ¶~등기 / ~석방 / ~건물. **2** '가짜', '거짓'의 뜻을 나타내는 말. ¶~문서. ↔진(眞)-.
-가[6](家) [접미] **1** 어떤 방면의 전문인. 또는, 그것을 직업으로 하는 사람. ¶정치~ / 소설~. **2** 어떤 일에 능한 사람. ¶전략~ / 사교~. **3** 어떤 것을 많이 가지고 있는 사람. ¶자본~ / 장서~. **4** 어떤 특성을 지닌 사람. ¶노력~ / 정력~. **5** 집안을 나타내는 말. ¶명문~ / 세도~.
-가[7](哥) [접미] **1** 어떤 성(姓)에 붙여, 그 성을 예사롭게 이르는 말. 또는, 자신의 성을 이르는 말. ¶제 성은 오~입니다. / 이 마을에는 송~ 성을 가진 사람이 많다. **2** 어떤 사람의 성에 붙여, 그 사람을 낮추어 이르는 말. ¶이건 황~ 짓이야.
-가[8](街) [접미] **1** 큰 도시의 '동(洞)'이나 '로(路)'를 작게 나눈 구획. ¶을지로 3~ / 회현동 1~. **2** 특수한 성격의 거리. ¶대학~ / 금융~.
-가[9](歌) [접미] 노래의 이름이나 종류를 나타내는 말. ¶흥부~ / 응원~.
-가[10](價) [접미] **1** 어떤 명사 아래에 붙어, '값'이라는 뜻을 나타내는 말. ¶최고~ / 적정~. **2** [화] 숫자 아래에 붙어, 원자가(原子價)를 나타내는 말. ¶2~ 알코올.
가ː가-대소(呵呵大笑) [명] 한바탕 크게 웃음. **가ː가대소-하다** [동][자][여]
가가린, 유리 알렉세예비치(Gagarin, Yurii Alekseevich) [명][인] 소련의 우주 비행사(1934~1968).
가가호호(家家戶戶) Ⅰ[명] 각 집. 또는, 모든 집. ¶~에 전단(傳單)을 돌리다.
Ⅱ[부] 모든 집마다 빠짐없이.
가감(加減) [명] 더하거나 더는 일. 또는, 그렇게 하여 알맞게 맞추는 것. ¶말을 ~ 없이 그대로 전하다. **가감-하다** [동][타][여]
가감승제(加減乘除) [명] 덧셈·뺄셈·곱셈·나눗셈을 아울러 이르는 말.
가객(歌客) [명] 우리 전통 음악 가운데 가곡·가사·시조 등을 잘 부르거나 읊는 사람. 또는, 그런 노래를 짓는 사람.
가ː-건물(假建物) [명] 임시로 지은 건물.
가ː-검물(可檢物) [명] 병균의 유무를 검사하기 위해 채취한 물질. ¶~에서 세균성 이질을 일으키는 균이 검출되다.
가ː게 [명] 물건을 벌여 놓고 파는 집. 주로 소매상의 형태이며, 넓은 뜻으로는 장사하는 집을 총칭함. =가겟방. [비]상점. ¶쌀~ / 구멍~.
가ː겟-방(一房) [-게빵/-겓빵] [명] **1** 가게로 쓰는 방. **2** =가게.
가ː겟-집 [-게찝/-겓찝] [명] 가게를 차려 장사를 하는 집. =점포. ↔살림집.
가격[1](加擊) [명] (주먹이나 몽둥이 따위로) 때리거나 치는 것. **가격-하다** [동][타][여] ¶주먹으로 상대의 복부를 ~.
가격[2](價格) [명][경] 물건이 지니고 있는 가치를 돈으로 나타낸 것. [비]값. ¶도매~.
가격-대(價格帶) [-때] [명] 어떤 물건의 가장 싼 값과 가장 비싼 값 사이의 범위. ¶~가 형성되다.
가격-표(價格票) [명] 각각의 상품에 가격을 표시해 놓은 쪽지. =표(票).
가ː결(可決) [명] 회의에서, (제출된 안을) 일정한 절차에 따라 찬성하여 받아들이기로 결정하는 것. ↔부결. **가ː결-하다** [동][타][여] ¶회칙 개정을 만장일치로 ~. **가ː결-되다** [동][자] ¶동의안이 ~.
가계[1](家系) [-계/-게] [명] 한 집안의 계통.
가계[2](家計) [-계/-게] [명] **1** 집안 살림의 수입과 지출의 상태. ¶적자 ~. **2** 집안 살림을 꾸려 나가는 방도나 형편. [비]생계.
가계-부(家計簿) [-계-/-게-] [명] 집안 살림의 수입과 지출을 적는 장부.
가ː-계약(假契約) [-계-/-게-] [명][법] 정식 계약을 맺기 전에 임시로 맺는 계약. ¶~을 맺다.
가곡(歌曲) [명][음] **1** 서양 음악에서, 시에 곡을 붙인 성악곡. **2** 시조를 5장 형식으로 하여 거문고·가야금·대금·단소·세피리·장구·해금 등의 반주에 맞추어 부르는 전통 성악곡.
가공[1](加工) [명] (천연물 또는 원재료·반제품 등을) 인공을 가하거나 품을 들여서 질을 높이거나 새로운 제품으로 만드는 것. ¶~ 무역. **가공-하다**[1] [동][타][여] ¶우유를 **가공하여** 만든 치즈. **가공-되다** [동][자]
가공[2](架空) [명] **1** (어떤 시설물을) 공중에 가설하는 것. ¶~ 케이블. **2** 이유나 근거가 없는 것. 또는, 상상이나 거짓으로 꾸민 것. ¶~의 사건. ↔실재.
가공-업(加工業) [명][공] 가공을 전문으로 하는 산업 분야.
가ː공^의ː치(架工義齒) [명][의] 빠진 이의 좌우에 있는 두 개의 이를 버팀으로 하여 다리를 놓듯이 박는 것. 또는, 그렇게 하

여 박은 이. =브리지.
가공-인물(架空人物) 명 실제로는 존재하지 않는, 가상(假想)으로 꾸며 낸 인물.
가:공-하다(可恐-) 형여 (주로 '가공할'의 꼴로 쓰여) 두려워할 만하다. ¶가공할 핵무기의 위력.
가관(可觀) 명 꼴이 볼 만하다는 뜻으로, 어떤 행동이나 상태를 비웃을 때에 이르는 말. ¶행세를 부리는 꼴이 ~이다.
가교(架橋) 명 서로 떨어져 있는 것을 이어 주는 사물이나 사실. ¶사랑의 ~를 놓다/~ 역할을 하다.
가구¹(家口) 명 ① 〔저뢰〕 집안에서 주거 및 생계를 같이하는 사람의 집단. 또는, 자신으로서 주거를 갖고 단독 생활을 영위하는 자. =세대. ¶독신 ~. ② 집을 세는 단위로 이르는 말. =세대. ¶한 ~.
가구²(家具) 명 생활상의 편의를 위해 집 안에 갖추어 놓고 쓰는, 이동이 가능한 물건. 장롱·쇼파·침대 따위. ¶목제 ~.
가구-점(家具店) 명 가구를 파는 가게.
가극(歌劇) 명〔음〕 =오페라. ¶~단.
가금(家禽) 명 알이나 고기를 식용으로 하기 위하여 집에서 기르는 날짐승. 닭·오리 따위. ↔야금(野禽).
가급-적(可及的)[-쩍] 명 '될 수 있는 대로'의 뜻. ¶빨리 끝내라.
가까스로 뛰 ① 애를 써서 간신히. 回겨우. ¶~ 비행기 시간에 대다. ② 어떤 기준에 빠듯하게. ¶합격선을~ 넘기다.
가까이 Ⅰ 뛰 ① 시간적·공간적·심리적으로, 또는 어떤 기준에 가깝게. ¶이웃과 ~ 지내다. ↔멀리.
Ⅱ 명 시간적·공간적으로 가까운 곳이나 시점. ¶집~에서 놀아라. ↔멀리.
가까이-하다 타여 ① 친밀하게 사귀다. ¶(무엇을) 좋아하여 즐기다. ¶책을 ~. ↔멀리하다.
가깝다[-따] 형비〈가까우니, 가까워〉 ① (어떤 곳에서 다른 곳까지의 거리가) 보통 경우보다 짧다. ¶직장이 집에서 ~. ② (현재의 시점에서 미래의 어느 시점까지의 동안이) 보통의 경우보다 짧다. ¶두 사람은 **가까운** 장래에 결혼할 사이다. ③ (누구와) 스스럼없이 친하다. ¶**가까운** 벗. ④ (촌수나 혈연관계가) 밀접하다. ¶**가까운** 친척. ⑤ 어떤 기준이나 수준 또는 수치에 근접해 있다. ¶완벽에 **가까운** 묘기. ⑥ 성질이나 특성이 비슷하다. ¶그의 사랑은 연애라기보다 동정에 ~. ⑦ (전화기·무전기 등의 소리가) 강도가 세다. ¶전화 목소리가 **가깝게** 들린다. ↔멀다.
[**가까운 남이 먼 일가보다 낫다**] 이웃끼리 서로 가까이 지내면 먼 곳에 있는 일가보다 더 친하게 된다.
가꾸다 타비 ① (채소나 화초 등을) 잘 자라도록 하는 탐스럽게 크도록 보살피어 기르다. 回경작하다·재배하다. ¶텃밭에 채소를 ~. ② (주로, 여자의 경우에 쓰여) 외모를 매만져서 아름답게 만들다. ¶피부를 탄력있게 ~.
가끔 뛰 시간적으로 사이가 뜨게 한 번씩. =종종. 回드문드문·때때로. ¶곳에 따라 ~ 비가 오겠습니다.
가끔-가다 뛰 '가끔가다가'의 준말.
가끔-가다가 뛰 가끔 어쩌다가. ¶나는 ~ 고향 집에 전화를 한다.
가나¹(假名/かな) 명 일본 고유의 글자. 가타카나와 히라가나가 있음.

가나²(Ghana) 명[지] 아프리카의 중서부 기니 만에 면한 공화국. 수도는 아크라.
가나다-순(-順) 명 한글 단어를 배열할 때, 한글 자모의 순서(가, 나, 다, …)로 하는 일. ¶인명은 ~임.
가나안(←Canaan) 명[성] 팔레스타인에 있는 요르단 강 서쪽 지역의 옛 이름.
가난 명 재산이나 돈이 별로 없어 먹고살기가 어려운 상태. ¶~에 쪼들리다. **가난-하다** 형여 ¶집안이 ~.
[**가난 구제는 나라도 못한다**] 가난한 사람을 구제하기는 끝이 없어 개인은 물론 나라의 힘으로도 어렵다. [**가난이 원수**] 가난하기 때문에 고통을 받게 되니 가난이 원수같이 느껴진다는 말. [**가난이 죄다**] 가난하기 때문에 여러 가지 범죄를 저지르거나 불행과 고통을 당하게 된다. [**가난한 집 제사 돌아오듯**] 치르기 힘든 일이 자주 닥침을 비유하는 말.
가난-뱅이 명 가난한 사람을 낮추보아 이르는 말.
가납(嘉納) 명 간(諫)하거나 권하는 말을 기꺼이 받아들이는 것. **가납-하다** 타여 ¶왕이 신하의 진언을 ~.
가내(家內) 명 가정의 안. ¶~ 부업.
가내-공업(家內工業) 명 자기 집에서 가족을 중심으로 하여 단순한 기술과 도구로 물건을 생산하는 소규모의 수공업적 공업.
가냘프다 형〈가냘프니, 가냘파〉 ① (몸매가) 호리호리하고 연약하다. ¶**가냘픈** 몸매. ② (목소리가) 가늘고 약하다. ¶**가냘픈** 음성.
가녀리다 형 '가냘프다'를 문학적으로 이르는 말. ¶흐느낌으로 그녀의 **가녀린** 어깨가 떨리고 있었다.
가누다 타비 ① (몸을) 세우어 바른 자세로 가지다. ¶아직 목을 **가누지** 못하는 아기. ② (기운이나 정신을) 가다듬어 차리다. ¶겨우 정신을 **가누어** 주위를 살펴보았다. ③ (일을) 한두잡아 처리해 내다. ¶자신의 삶을 스스로 **가눌** 능력이 없다.
가느-다랗다[-라타] 형히〈-다라니, ~다라오, ~〉 꽤 또는 퍽 가늘다. ¶**가느다란** 목소리. ↔굵다랗다.
가느스름-하다 형여 조금 가늘다.
가는귀-먹다[-따] 타비 (작은 소리는 잘 알아듣지 못할 정도로) 귀가 조금 먹다.
가는귀먹은 할머니.
가는-소금 명 정제를 여러 번 하여 하얗고 보드라운 소금. ↔굵은소금.
가는-허리 명 잘록 들어간, 허리의 뒷부분. =잔허리.
가늘다 형〈가느니, 가느오〉 ① 길이에 비하여 굵기나 너비가 작다. ¶**가는** 실. ② (소리의) 울림이 약하다. ¶목소리가 ~. ③ (낱알 따위가) 아주 작고 잘다. ¶**가는** 모래. ④ (직물 따위의 짜임새가) 성기지 않고 촘촘하다. ¶**가는** 모시. ↔굵다. ⑤ (떨리는 정도가) 아주 작다. ¶어깨를 **가늘게** 떨며 울다. ⑥ (빛이나 연기 등이) 흐릿하거나 연하다. ¶푸르스름한 연기. ⑦ (웃음 따위의 표정이) 나타날 듯 말 듯 약하다. ¶입술을 다문 채 **가늘게** ~.
가늠 명 ① 어떤 목표나 기준에 맞고 안 맞음을 헤아려 보는 것. 또는, 헤아리는 목표나 기준. ¶날씨가 어떨는지 한 치 앞도 ~을 할 수 없다. ② 일이 되어 가는 형편이나 기미를 살펴 얻은 짐작. **가늠-하**

다 [동][타][여] ¶승패를 **가늠하기** 어렵다.

가늠-자 [명][군] 총의 개머리판 앞쪽에 붙어 있는 조준 장치.

가:능(可能) [명] 할 수 있거나 될 수 있는 것. ¶통화 ~ 지역. ↔불가능. **가:능-하다** [형][여] ¶실현 **가능한** 일.

가:능-성(可能性)[—썽] [명] 일이 장차 실현될 수 있는 성질. 또는, 어떤 사람이 장차 어떤 훌륭한 일을 해낼 수 있는 능력. ¶무한한 ~을 가지고 있는 젊은이.

가다 [동][거라]〈가거라〉 [1][자] **1** (말하는 사람 또는 어떤 대상이 있던 곳이나 기준이 되는 곳에서 다른 곳으로) 움직여서 위치를 옮기다. ¶지금 곧 그리 **갈게.** ↔오다. **2** (사람이 직장·학교, 또는 기타의 단체나 장소에) 근무나 공부, 또는 그곳에서 본디 하기로 되어 있는 일을 하기 위하여 움직여서 위치를 옮기다. ¶학생이 학교에 ~. **3** (사람이 본래 속했던 조직이나 집단에서 벗어나 다른 조직이나 집단에) 새 구성원이 되어 위치를 옮기다. 또는, (그 조직이나 집단에 어떤 자격으로) 일하거나 구실을 하기 위해 위치를 옮기다. ¶군대에 ~. **4** (말이나 소식, 신호 따위가 말하는 사람이나 기준이 되는 곳에서 다른 곳으로) 전해져 이르다. ¶소식이 ~. **5** (물건이나 그 물건에 대한 권리가 말하는 사람 이외의 사람에게) 옮겨져 이르다. ¶걔 손에 **갔다** 하면 남아나는 물건이 없다니까! **6** (정이나 관심, 시선 따위가 어떤 대상에) 쏠리어 이르다. ¶호감이 ~. **7** (어떤 사실에 대한 이해·짐작·판단 등이) 생기어 미치다. ¶짐작이 ~. **8** (어떤 대상이 그 가치나 값에 있어서 앞말이 나타내는 수준이나 정도에) 이르거나 미치다. ¶그 집은 시가로 5억은 **간다.** **9** (말하는 시점이나 기준 시점으로부터 미래의 때에) 시간이 지나서 이르다. ¶내년에 **가서**는 수출이 활기를 띨 것으로 보인다. **10** (어떤 상태에서 벗어나 발전적인 상태로) 옮기어 나은 상태가 되다. ¶선진국으로 **가는** 길목. **11** (붓이나 손이) 일정한 대상에 미치어 작용하다. ¶손이 많이 **가는** 일. **12** (어떤 현상·상태 등이 일정한 동안) 계속 유지되다. ¶그 결심이 며칠이나 **가겠나**? **13** (기계 따위가) 동력에 의해 제 기능대로 움직이다. ¶시계가 안 ~. **14** (일정한 동안이 말하는 시점이나 기준 시점에서) 지나서 이전 상태가 되다. ¶세월이 ~. **15** (가지거나 누리던 것이) 속했던 사람으로부터 없어지다. ¶우리의 청춘도 꿈도 다 **가** 버렸다. **16** (때나 얼룩 따위가 빨았을 때) 지워져 없어지다. ¶때가 잘 **가는** 고농축 세제. **17** (음식 맛이) 본래의 신선한 맛을 잃거나 상한 상태가 되다. 구어체의 말임. ¶물이 **간** 생선. **18** (사람이) '죽다'를 완곡하게 이르는 말. ¶비명에 ~. **19** 어떤 타격이나 영향을 받아 정신이 혼미한 상태가 되거나 기절한 상태에 이르다. 속된 말임. ¶너 따위는 내 주먹 한 방이면 **간다**, **가**! **20** (없었던 금·줄·주름살·흠집 따위가 물건이나 피부, 관계 따위에) 생기어 나타나다. ¶눈가에 잔주름이 ~. **21** (손해나 좋지 않은 상태가 어떤 대상에게) 생기거나 일어나다. ¶몸에 무리가 **가는** 운동은 삼가시오. **22** (피워 놓은 불이) 다 타 버리거나 더 이상 타지 않고 꺼지다. ¶연탄불이 ~. [2][타] **1** (사람이나 어떤 대상이 있던 곳이나 기준이 되는 곳에서 어떤 곳을 지나 다른 곳으로) 움직여서 위치를 옮기다. ¶길을 **가다가** 친구를 만났다. **2** (사람이 직장·학교, 기타의 장소를) 그곳에서 본디 하게 되어 있는 일을 하기 위하여, 그곳을 향하여 움직여서 위치를 옮기다. ¶학교를 ~. **3** (사람이 어떤 일을) 실현할 목적으로 말하는 사람이 있는 곳에서 먼 쪽으로 움직여서 위치를 옮기다. ¶출장을 ~. **4** (순위나 값 따위의 수준이나 정도를) 보이는 상태가 되다. ¶그는 반에서 10등을 **간다.** **5** (노름 따위에서 얼마의 액수를) 판돈으로 걸다. ¶5만 원을 ~. [3][보조]《용언의 보조적 연결 어미 '-아/어/여' 아래에 쓰여》그 동작이나 상태가 기준 시점에서 미래로 계속됨을 나타내는 말. ¶빚을 갚아 ~ / 밤이 깊어 ~.

[**가는 날이 장날**] 우연히 갔다가 뜻하지 않은 일을 공교롭게 당함을 비유하는 말. [**가는 말에 채찍질**] ㉠부지런히 하노라고 하는데도 자꾸 더 빨리 하라고 한다는 말. ㉡형편이 좋을수록 더 잘되게 노력한다는 말. [**가는 말이 고와야 오는 말이 곱다**] 남에게 말이나 행동을 좋게 해야 자기에게도 좋은 반응이 돌아온다.

가다가 [부] 어떤 일이 진행되다가. [비]간혹. ¶그는 ~ 한 번씩 골부림을 한다.

가다듬다[—따] [동][타] **1** 정신이나 기운을 바로 차리거나 마음을 다잡다. ¶정신을 **가다듬고** 공부에 전념하다. **2** (옷차림·자세 등을) 바르게 하다. ¶경건한 마음으로 옷깃을 ~. **3** 헛기침 같은 것을 하여 목소리가 잘 나오게 조절하다. ¶노래를 하기 전에 목청을 ~. **4** (붓의 끝을) 글씨가 잘 쓰이도록 가지런하게 하다.

가다랑어 [명][동] 등은 검은 청자색, 배는 은백색에 검은색 띠가 있는, 몸길이 1m 가량의 방추형 바닷물고기.

가닥 [명] [1][자립] 한군데에 딸린 낱낱의 줄이나 갈래. [2][의존] [1]의 수효를 세는 단위. ¶두 ~으로 땋은 머리.

가닥-가닥[—까—] [부] 여러 가닥으로 갈라진 모양. ¶올이 ~ 풀어지다.

가담(加擔) [명] (여럿이 하는 부정적인 일에) 끼어들어 함께 행동하는 것. **가담-하다** [동][자][여] ¶범행에 ~ / 데모에 ~.

가:당찮다(可當—)[—찬타] [형] 가당하지 않다. ¶**가당찮은** 말.

가:당-하다(可當—) [형][여] 대체로 합당하다. ¶그 살림에 골프가 **가당한** 일이냐?

가대(架臺) [명] 무엇을 얹기 위하여 밑에 받쳐 세운 구조물.

가:도(街道) [명] **1** 큰 길거리. [비]가로. **2** 도시와 도시 사이를 잇는 큰길. ¶경춘 ~.

가:독-성(可讀性)[—썽] [명] 인쇄물의 글이 읽히는 능률의 정도. 문자의 서체나 자간·행간 등에 따라 달라짐. ¶글자가 너무 빽빽하면 ~이 떨어진다.

가:동[1](可動) [명] 움직일 수 있는 일. ¶~ 장치 / ~ 관절.

가동[2](稼動) [명] 사람이나 기계 따위가 움직여 일하는 것. 또는, 기계 따위를 움직여 일하게 하는 것. ¶~ 일수. **가동-하다** [동][자][타][여] ¶기계를 하루 12시간씩 ~.

가:동-교(可動橋) [명] 배가 통과할 때 다리의 중앙부를 위나 좌우로 움직일 수 있게 만든 다리.

가동-률(稼動率)[—뉼] [명] 가동할 수 있는 시간과 실제로 가동한 시간의 비율.

가ː두(街頭) [명] 도시의 길거리. ¶~판매/~방송/~연설.

가두다 [동][타] **1** (사람이나 동물을 일정한 곳에) 넣어 마음대로 드나들지 못하게 하다. ¶죄수를 감방에 ~. **2** (물을) 일정한 곳에 괴어 있게 하다. ¶논에 물을 ~.

가ː-두리 [명] 물건 가에 둘린 언저리.

가ː두리^양ː식(-養殖) [명][수산] 물속에 그물을 쳐 놓고 그 안에서 물고기를 기르는 일.

가드(guard) [명][체] **1** 농구에서, 상대편이 슈팅을 하지 못하게 막는 역할을 하는 포지션. 또는, 그 선수. **2** 권투에서, 상대 선수의 공격을 막기 위해 팔을 들어 올려 취하는 자세. ¶~를 올리다.

가드-레일(guardrail) [명] 도로에서, 차의 사고 방지를 위하여 차도 가장자리에 친 철책.

가득 [부] 가득하게. ¶잔에 술을 ~ 따르다. [큰]그득. [센]가뜩.

가득-가득[-까-] [부] 여럿이 모두 가득하거나 매우 가득한 모양.

가득-률(稼得率)[-둥뉼] [명][경] 가공 무역에서, 자기 나라로 순수하게 입금되는 외화 획득 비율.

가득-하다[-드카-] [형][여] **1** (물건·물질 등이 그릇이나 공간 범위 안에) 꽉 차 있다. ¶냉장고에 음식이 ~. **2** (빛·냄새가 공간에) 널리 퍼져 있다. ¶뜰에 꽃향기가 ~. **3** (어떤 감정·심리·생각 등이) 많거나 강하다. ¶수심이 **가득한** 얼굴. [큰]그득하다. **가득-히** [부]

가든-그리다 [동][타] (짐을) 가볍고 간편하게 꾸리다. ¶여행 갈 짐을 ~.

가든-파티(garden party) [명] 옥외, 특히 넓은 정원에서 여는 의례적인 파티.

가ː-등기(假登記) [명][법] 본등기를 할 요건이 갖추어지지 못하였을 때, 임시로 하는 등기.

가디간(←cardigan) [명] '카디건'으로 순화.

가뜩 [부] **1** '가득'의 센말. **2** '가뜩이나'의 준말.

가뜩-이나 [부] 그러지 않아도 매우. ¶~ 일손이 달리는데 놀러 가겠다고? [준]가뜩.

가뜬-하다 [형][여] **1** 가볍고 단출하다. ¶짐을 **가뜬하게** 꾸려라. **2** (기분이) 가볍고 상쾌하다. ¶일을 끝내고 나니 마음이 ~. [큰]거뜬하다.

가라사대 [동] '가로되'의 높임말. ¶예수 ~ "네 이웃을 사랑하라." 하셨다.

가라-앉다[-안따] [동][자] **1** (물체가) 물의 밑바닥에 내려가 닿다. [비]침몰하다. ¶배가 ~. ↔뜨다. **2** (찌꺼기·앙금 등이) 액체의 밑바닥에 쌓이다. [비]침전하다. ¶바닥에 앙금이 ~. **3** (흥분·아픔 등이) 수그러들거나 사라지다. ¶흥분이 ~/두통이 ~. **4** (숨결·기침 등이) 순하게 되다. ¶기침이 ~. **5** (바람이나 파도가) 잠잠해지다. ¶파도가 **가라앉자** 어부들은 출어 준비를 서둘렀다. **6** (붓거나 부풀었던 것이) 줄어들어 본래대로 되다. ¶부기가 ~. **7** (떠들썩하거나 들뜬 분위기가) 안정되고 조용해지다. ¶떠들썩한 분위기가 ~. **8** (목소리가) 낮아지고 차분해지다. ¶목소리가 착 ~. [준]갈앉다.

가라앉-히다[-안치-] [동][타] '가라앉다'의 사동사. ¶흥분을 ~. [준]갈앉히다.

가라오케([일]空オケ/からオケ) [명] 〔가라(空:거짓, 비어 있음)+오케(orchestra)〕 테이프나 시디(CD) 등에 녹음된 악기 반주에 맞추어 노래를 부를 수 있도록 마이크·스피커·앰프 등을 연결한 연주 장치.

가라테([일]唐手/からて) [명] 주로 맨손을 사용하여 상대와 맞서 싸우는, 일본에서 발달한 호신술. ▷태권도.

가락[1] [명] [1][자립] **1** 물레로 실을 자을 때, 실이 감기는 쇠꼬챙이. **2** 가느스름하고 기름하게 토막이 진 물건의 낱개. ¶~국수. [2][의존] 기름하게 토막이 진 물건의 낱개를 세는 단위. ¶엿 두 ~.

가락[2] [명] **1** [음] 고른음의 높낮이의 변화가 리듬과 연결되어 하나의 음악적인 통합으로서 형성되는 음의 흐름, 또는 음향의 형태. =멜로디. [비]선율. ¶흥겨운 ~. **2** 일의 솜씨나 능률 또는 기분.

가락-국수[-꾹쑤] [명] 국숫발이 굵은 국수.

가락^악기(-樂器)[-끼] [명][음] 가락을 연주하는 악기. 하모니카·리코더·피아노·바이올린 따위. ▷리듬 악기.

가락지[-찌] [명] 손가락에 끼는, 두 짝의 고리 모양의 물건. =지환(指環). [비]반지. ¶금~/쌍~.

가람(伽藍) [명][불] 승려가 살면서 불도를 닦는 곳.

가랑-가랑 [부] **1** '가르랑가르랑'의 준말. ¶~ 가래가 끓는다. **2** 숨이 거의 질 듯 질듯하면서 숨결이 가늘게 남아 있는 모양. 또는, 그 소리. ¶노파는 아직 ~ 숨이 붙어 있었다. **가랑가랑-하다** [동][자][여]

가랑-거리다/-대다 [동][자] '가르랑거리다'의 준말. [큰]그렁거리다.

가랑-비 [명] 가루처럼 가늘게 내리는 비. ¶~가 부슬부슬 내리다.
[**가랑비에 옷 젖는 줄 모른다**] 대수롭지 않은 것이라도 거듭되면 무시하지 못할 것이 된다.

가랑이 [명] **1** 원 몸의 끝이 갈라져 나란히 벌어진 부분. 특히, 두 다리의 사이. **2** 바지의 다리를 꿰는 부분. ¶바짓~.
[**가랑이가 찢어지게 가난하다**] 집이 매우 가난하다.

가랑-잎[-닙] [명] 활엽수에서 떨어져 마른 잎. [준]갈잎.
[**가랑잎이 솔잎더러 바스락거린다고 한다**] 자기 허물은 생각하지 않고 도리어 남의 허물만 나무란다.

가래[1] [명] [1][자립][농] 흙을 파헤치거나 떠서 던지는 기구. [2][의존] 가래로 뜨는 흙의 양을 나타내는 단위. ¶한 ~.

가래[2] [명] [1][자립] 떡이나 엿 등을 둥글고 길게 늘여 놓은 토막. ¶~떡/~엿. [2][의존] 떡이나 엿 등을 세는 단위. ¶떡 두 ~.

가래[3] [명][생] 폐에서 목구멍에 이르는 사이에서 생기는 끈끈한 분비물. =담(痰). ¶~가 끓다/~가 삭다.

가래-떡 [명] 둥글려 길고 가늘게 뽑은 흰 떡.

가래-침 [명] 가래가 섞인 침.

가래-톳[-톧] [명][의] 사타구니 근처 허벅다리 속에 생긴 멍울. ¶너무 많이 걸었더니 ~이 섰다.

가ː량[1](假量) [명] =어림짐작. ¶수효가 얼마나 되는지 ~이 안 된다.

-가ː량[2](假量) [접미] 명사나 수사 아래에 쓰여, 수량을 대강 어림쳐서 나타내는 말. ¶100명~/돈이 얼마~ 들까요?

가려-내다 【타】 여럿 가운데에서 분간하여 추리다. ¶불량품을 ~.
가려움 【명】 긁고 싶은 기운을 일으키는 일종의 불쾌한 감각.
가려움-증(-症) 【-쯩】 【명】 가려운 증세.
가려-지다 【자】 (무엇이) 사이에 가리게 되다. ¶베일에 **가려진** 진실. ×가리워지다.
가련-하다(可憐-) 【형】 가엾고 불쌍하다. ¶집도 절도 없는 **가련한** 신세.
가:렴-주구(苛斂誅求) 【명】 세금을 가혹하게 거두어들이고, 함부로 재물을 빼앗음. ¶백성들이 탐관오리의 ~에 시달리다.
가렵다[-따] 【형】〈가려우니, 가려워〉(피부가) 근질근질하여 긁고 싶은 느낌이 있다. ¶무좀에 걸려 발가락이 ~. [**가려운 데를 긁어 주다**] 꼭 필요한 것을 알아서, 욕구를 만족시켜 주다.
가:령(假令) 【부】 (앞의 사실을 더 분명하게 밝히기 위해 예를 들 때 쓰여) 알기 쉽게 예를 들어. 말하자면. (비)예컨대·이를테면. ¶맹수는, ~ 사자·표범·치타 등은 ….
가례¹(家禮) 【명】 가정의 관혼상제에 대한 예법.
가례²(嘉禮) 【역】 왕의 성혼이나 즉위, 세자·세손의 성혼이나 책봉 등의 예식.
가로¹ 【명】 Ⅰ 좌우나 옆으로 된 방향. 또는, 그 길이. =횡(橫). ↔세로. Ⅱ【부】좌우의 방향을 따라. ¶싫다고 하며 머리를 ~ 내젓는다. ↔세로.
가로²(街路) 【명】 시가지의 도로. ⓑ가도(街道). ¶~변(邊) /~수.
가로-놓다 【-노타】 【타】 가로질러 놓다.
가로놓-이다 【-노-】 【자】 1 '가로놓다'의 피동사. ¶한강에 **가로놓인** 철교. 2 (장애물 따위가) 앞에 버티고 있다. ¶우리의 앞길에는 많은 난관이 **가로놓여** 있다.
가로-눕다[-따] 【자】 〈-누우니, -누워〉 1 가로 또는 옆쪽으로 눕다. ¶**가로누워** 잠을 자자. 2 바닥에 기다랗게 눕거나 누운 것처럼 놓이다.
가로다 【동】(짜) (주로 '가로되', '가론'의 꼴로 쓰여)'말하다'를 예스럽게 이르는 말. ¶공자 **가로되**.
가로-닫이[-다지] 【명】【건】 가로로 여닫게 된 창이나 문. ⓑ내리닫이.
가로-되/-뒈 【동】 →가로다.
가로-등(街路燈) 【명】 거리의 조명과 교통의 안전을 위하여 길을 따라 설치한 조명시설.
가로-막(-膜) 【명】【생】 =횡격막.
가로-막다[-따] 【동】【타】 1 (앞을) 가로질러 막다. ¶강물을 **가로막아** 만든 호수. 2 (무슨 일을) 못 하게 방해하거나 가로채다. ¶남의 말을 ~.
가로막-히다[-마키-] 【자】 '가로막다'의 피동사. ¶휴전선으로 **가로막힌** 북한 땅.
가로-맡다[-맏따] 【타】 1 (남의 할 일을) 대신 맡다. ¶그는 항상 남의 어려운 일을 **가로맡고** 나섰다. 2 남의 일에 참견하다.
가로-무늬[-니] 【명】 가로로 난 무늬. ↔세로무늬.
가로무늬-근(-筋) [-니] 【명】【생】 가로무늬가 있는 근육. 골격근을 이루며, 마음대로 움직일 수 있는 근육. =횡문근. ↔민무늬근.
가로-변(街路邊) 【명】 도시의 큰길가. ¶~에 꽃을 심다.
가로-세로 Ⅰ 【명】 가로와 세로.
Ⅱ【부】 이리저리 여러 방향으로. ¶사건이 ~ 얽혀 종잡을 수 없다.
가로-수(街路樹) 【명】 거리의 미관과 국민의 건강을 위하여 길을 따라 줄지어 심은 나무.
가로쓰-기 【명】 글씨를 가로로 써 나가는 방식. =횡서. ↔세로쓰기.
가로-젓다[-젇따] 【타】〈~-저으니, -저어〉(손이나 머리를) 거절하거나 부정하거나 의심스럽다는 뜻을 나타내기 위해 가로 방향으로 젓다. ¶그는 손을 **가로저으며** 돈 봉투를 거절했다.
가로-줄 【명】 가로로 그은 줄. =횡선(橫線). ↔세로줄.
가로-지르다 【동】【타】〈~지르니, ~질러〉 1 가로로 건너지르다. ¶문빗장을 **가로질러** 잠근다. 2 (통과하는 것이 어떤 곳을) 그 중앙의 가장자리로 돌지 않고 곧바로 중심부를 거치는 상태가 되다. 또는, (길이로 된 공간을) 수직 방향으로 거치는 상태가 되다. ¶운동장을 **가로질러** 가다.
가로-짜기 【출】 조판에서, 각 행의 활자를 가로로 읽도록 짜는 방식. =횡조(橫組). ↔세로짜기.
가로-채다 【동】【타】 1 옆에서 갑자기 탁 쳐서 빼앗다. ¶날치기가 행인의 손가방을 **가로채어** 달아났다. 2 (남의 것을) 옳지 못한 방법으로 빼앗다. ¶~ / 남의 여자를 ~. 3 남이 말하는 중간에 불쑥 끼어들어, 말을 가로맡아 하다. ¶남의 말을 ~.
가로-축(-軸) 【명】 평면 상의 직교 좌표에서 가로로 잡은 좌표축. =세로축.
가로-퍼지다 【동】 1 옆으로 자라다. ¶가지가 ~. 2 살이 쪄서 뚱뚱해지다. ¶작달막한 키에 **가로퍼진** 몸집.
가로-피리 【명】 가로로 쥐고 불도록 된 피리. ▷세로피리.
가로-획(-畫) [-획/-훽] 【명】 글자의, 왼쪽에서 오른쪽으로 가로로 긋는 획. ↔세로획.
가료(加療) 【명】 병이나 상처의 치료를 해 주는 것. ¶이 환자는 3주간의 ~를 요함.
가루 【명】 딱딱한 물질이 아주 잘게 부스러진 것. ⓑ분말. ¶밀~ / 고춧~. [**가루는 칠수록 고와지고, 말은 할수록 거칠어진다**] 시비가 길어지면 말다툼에까지 이를 수 있음을 경계하는 말.
가루-눈 【명】 가루처럼 잘게 내리는 눈. ▷함박눈.
가루-받이[-바지] 【명】【식】 =수분(受粉)².
가루-분(-粉) 【명】 가루로 된 분. ↔물분.
가루-붙이[-부치] 【명】 1 음식의 재료가 되는 가루. 2 가루로 만든 음식. ¶나는 국수 같은 ~를 좋아한다.
가루-비누 【명】 1 가루로 된 비누. 2〈속〉합성 세제. ⓑ물비누.
가루-약(-藥) 【명】 가루로 된 약. ▷알약.
가르다 【동】【타】〈가르니, 갈라〉 1 (사람이나 동물의 배 따위를) 칼로 베다. 또는, 그렇게 하여 열어젖히다. ⓑ자르다. ¶생선의 배를 ~. 2 (사물을) 이것과 저것으로 나누어 구별을 짓다. ¶편을 ~. 3 (물체가 공기나 물살 등을) 좌우로 헤치듯이 하면서 빠르게 움직이다. ¶모터보트가 물살을 **가르며** 질주한다. 4 (주로 '갈라놓다', '갈라지다'의 꼴로 쓰여) (가까운 관계를) 끊어지게 하거나 멀어지게 하다. ¶이간질하여 둘 사이를 **갈라놓는다**.
가르랑-가르랑 【부】 가르랑거리는 소리. 또

는, 그 모양. [준]가랑가랑. [큰]그르렁그르렁. **가르랑가르랑-하다** [동][자][여]

가르랑-거리다/-대다 [동][자] 목구멍에 가래가 걸려 숨 쉬는 대로 소리가 자꾸 나다. 또는, 그 소리를 자꾸 내다. [준]가랑거리다. [큰]그르렁거리다.

가르마 [명] 이마에서 정수리까지의 머리털을 양쪽으로 갈라붙여 생긴 금. ¶~를 타다. ×가리마.

가르치다 [동][타] **1** (누구에게[누구를] 지식·기술·방법·예절 따위를) 깨닫거나 익히게 만들다. ¶아이들에게 글을 ~. ↔배우다. **2** (아직 모르는 일을) 알도록 일러 주다. ¶길 좀 **가르쳐** 주시겠습니까?

가르침 [명] 지식이나 사상, 옳고 그름을 알게 하는 일. ¶스승으로부터 ~을 받다.

가름 [명] **1** 나누어 가르는 일. **2** 사물을 구별하거나 분별하는 일. **가름-하다** [동][타][여] ¶일의 성패를 ~. ▷갈음하다.

가름-끈 [명] 읽던 곳이나 특정한 곳을 표시하기 위하여 책의 갈피에 끼워 넣는 끈.

가리 [명] 곡식·땔나무 등을 쌓은 더미. ¶볏~/노적~.

가리-가리 [부] 여러 가닥으로 찢어진 모양. [준]갈가리.

가리-개 [명] 사랑방 같은 데 구석에 치는 두 폭의 병풍.

가리다[1] [동] [1][자] 보이지 않게 무엇이 막히다. ¶앞이 나무에 **가려** 잘 안 보인다. [2][타] 보이지 않게 무엇으로 막거나 덮다. ¶두 손으로 얼굴을 ~. ×가리우다.

가리다[2] [동][타] **1** (여럿 가운데서 어떤 것을) 구별하여 고르다. ¶우수작을 ~. **2** (주로 '낯을 가리다'의 꼴로 쓰여) (어린아이가 낯선 사람을) 싫어하거나 두려워하다. ¶애가 낯을 ~. **3** (셈을) 따져 갚다. ¶빚을 ~. **4** 시비(是非)를 분간하다. ¶잘잘못을 ~. **5** (음식을) 편식하다. ¶음식을 **가려** 먹지 마라. **6** (어린아이가 똥오줌을) 눌 곳에 누다. ¶똥오줌을 ~.

가리마 [명] '가르마'의 잘못.

가리맛-조개[-맏쪼-] [명][동] 개펄의 진흙 속에 살며, 껍데기 길이 10cm, 폭 2cm 가량 되는 길쭉한 바닷조개. 껍데기 빛깔은 황갈색이며, 살은 식용함.

가리비 [명][동] 껍데기가 부채꼴 모양이며 방사상 고랑이 있는 바닷조개. 국자가리비·한국가리비·큰가리비 등 여러 종류가 있으며, 크기도 여러 가지임.

가리-새 [명] 일의 갈피와 조리. ¶어떻게 해야 할지 ~를 못 추겠다.

가리-우다 [동][타] '가리다[1][2]'의 잘못.

가리워-지다 [동][자] '가려지다'의 잘못.

가리키다 [동][타] **1** (손가락이나 길이를 가진 물체 등으로 어떤 방향이나 대상을) 다른 사람의 시선이나 주의를 끌도록 향하다. ¶손가락으로 북쪽을 ~. **2** (시곗바늘이나 푯말 등이) 시각이나 방향 등을 알리다. ¶시곗바늘이 세 시를 ~. **3** (어떤 대상을) 특별히 지적하여 말하다. ¶사람들은 그 아이를 **가리켜** 신동이라 했다.

가마[1] [명] '가마솥'의 준말.

가마[2] [명] 숯·기와·벽돌·질그릇 따위를 구워 내는, 아궁이와 굴뚝이 있는 시설. =요(窯). ¶숯~.

가마[3] [명] 사람의 머리나 일부 짐승의 대가리에 털이 소용돌이 모양을 이룬 부분. ¶쌍~.

가마[4] [명] [1][자립] '가마니'의 준말. [2][의존] '가마니'의 준말. ¶쌀 열 ~.

가ː마[5] [명] 전날에, 한 사람이 안에 타고 두 사람 또는 네 사람이 들거나 메고 다니는, 조그만 집 모양의 탈것. =교군·승교. ¶꽃~.

가마[6], 바스쿠 다(Gama, Vasco da) [명][인] 포르투갈의 항해가(1469?~1524).

가ː마-꾼 [명] 가마를 메는 사람. =교군.

가마니 [명] [<[일]叺/かます] [1][자립] 곡식·소금 등을 담기 위하여 짚을 엮어서 큰 자루처럼 만든 용기. ¶~를 짜다. [2][의존] 곡식·소금 등의 양이나 무게를 그것이 담긴 가마니나 포대의 수로 헤아리는 말. ¶쌀 한 ~. [준]가마.

-가마리 [접미] 일부 명사적인 어근에 붙어, 그 명사가 나타내는 성질의 대상이 되는 사람. ¶욕~/맷~/놀림~.

가마-솥[-솓] [명] 무쇠로 만든, 크고 우묵한 재래식 솥. 흔히, 상투 모양의 꼭지가 달린, 무쇠로 된 소댕을 덮음. [준]가마.

가마우지 [명][동] 바다나 강에서 떼 지어 사는 검은색 물새. 부리는 가늘고 길며 끝이 굽어 있음. 바다가마우지·민물가마우지·쇠가마우지 등이 있음.

가ː마-타기 [명][민] 어린이 놀이의 하나. 두 사람이 서로 두 손을 맞걸어 잡으면 한 사람이 그 위에 두 다리를 걸쳐 탐. =손가마.

가만 Ⅰ[부] 아무런 간섭이나 상관도 하지 않고 그냥 그대로. ¶날 좀 ~ 내버려 둬. Ⅱ[감] 남의 말이나 행동을 제지할 때 쓰는 말. ¶~, 진정하고 내 말 좀 들으시오.

가만-가만 [부] 가만히 가만히. 또는, 살그머니. ¶~ 속삭이다. **가만가만-히** [부] ¶소리 안 나게 ~ 걷다.

가만-두다 [동][타] 건드리거나 상관하지 않고 그대로 두다. ¶한 번만 더 까불면 **가만두지** 않겠다.

가만-있다[-읻따] [동][자] **1** 몸을 움직이거나 활동하거나 하지 않고 조용히 있다. ¶집 안에 **가만있지** 않고 어디를 그리 쏘다니니? **2** 관계하지 않고 잠자코 있다. ¶아무것도 모르면 **가만있어**. **3** ('가만있어', '가만있자', '가만있어라'의 꼴로 쓰여) 생각이 얼른 떠오르지 않을 때 하는 말. ¶**가만있자**, 어머니 생신이 며칠이더라?

가만-히 [부] **1** 움직이지 않거나 아무 말 없이. ¶~ 바라보다. **2** 드러나지 않게 살며시. ¶~ 눈인사를 하다. **3** 아무런 손도 쓰지 않고. ¶사람이 죽어 가는데 어떻게 ~ 있으란 말이오? **4** 마음을 가다듬어 곰곰이. ¶~ 생각해 보니 기억이 난다.

가ː망(可望) [명] 이룰 수 있을 만한 희망. ¶이 환자는 살아날 ~이 없습니다.

가맹(加盟) [명] 동맹이나 연맹, 또는 단체에 가입하는 것. ¶~국/~단체. **가맹-하다** [동][자][여]

가맹-점(加盟店) [명] 어떤 기관이나 조직에 가맹되어 있는 가게나 점포.

가ː면(假面) [명] 얼굴을 변장하거나 분장하거나 보호하기 위해 얼굴에 덮어쓰는, 종이·나무·가죽 등으로 만든, 얼굴 모양의 물건. [비]탈.

가면(을) 쓰다 본심을 감추고 겉으로는 그렇지 않은 것처럼 꾸미다.

가ː면-극(假面劇) [명][연] 가면을 쓰고 하는 연극.

가ː면-무(假面舞) [명] =탈춤.

가ː명(假名) [명] **1** 가짜 이름. ↔실명(實

名). 2 [불] 실속이 없는 헛된 이름.

가ː묘(假墓) [명] 시신이 들어 있지 않은 묘.

가무(歌舞) [명] 1 노래와 춤. ¶~를 즐기다. 2 노래하면서 추는 춤. **가무-하다** [동][자][여] 노래하고 춤추다.

가무락-조개[-쪼-] [명][동] 껍데기가 황갈색으로 두껍고 단단하며, 길이 5cm가량 되는 바닷조개. 개펄의 진흙 속에 살며, 식용함. =모시조개·재첩.

가무스레-하다 [형][여] =가무스름하다.

가무스름-하다 [형][여] (빛깔이) 다소 밝고 산뜻하게 까만 데가 있다. =가무스레하다. [큰]거무스름하다. [센]까무스름하다.

가무잡잡-하다[-짜파-] [형][여] (얼굴이) 칙칙하게 가무스름하다. ¶건강미 넘치는 **가무잡잡한** 얼굴. [센]까무잡잡하다.

가문(家門) [명] 집안. 또는, 그 집안의 사회적 지위. ¶~의 명예 / ~을 빛내다.

가문비-나무 [명][식] 줄기가 곧게 자라는, 높이 30m 이상의 상록 침엽 교목. 나무껍질은 검은 갈색에 비늘 모양이며, 재목은 펄프의 원료로 쓰임.

가물 [명] =가뭄.

[**가물에 콩 나듯**] 어떤 일이나 물건이 드문드문 있는 것을 이르는 말.

가물-가물 [부] 가물거리는 모양. ¶배가 수평선 너머로 ~ 사라지다. [센]까물까물. **가물가물-하다** [동][자][형][여] ¶기억이 ~.

가물-거리다/-대다 [동][자] 1 (불빛 따위가) 희미하여 자꾸 사라질 듯 말 듯하다. ¶바람에 촛불이 ~. 2 (멀리 있는 물체가) 희미하여 보일 듯 말 듯하다. ¶저기 숲 사이로 **가물거리는** 게 뭐지? 3 (정신이나 기억이) 맑지 못하고 희미하다. ¶술에 취하여 의식이 ~. [센]까물거리다.

가물다 [동][자] 〈가무니, 가무오〉 오랫동안 비가 오지 않다. ¶날이 ~.

가물치 [명][동] 몸에 검은 갈색의 얼룩무늬가 있는, 몸길이 85cm가량의 민물고기. 부인들의 보약으로 많이 쓰임.

가뭄 [명] 오래도록 비가 오지 않는 날씨. =가물·한발. ¶~이 들다.

가뭇-가뭇[-묻까묻] [부] 군데군데 가무스름한 모양. ¶주근깨가 온 얼굴에 ~ 퍼져 있다. [큰]거뭇거뭇. [센]까뭇까뭇. **가뭇가뭇-하다** [형][여]

가뭇-없다[-묻업따] [형] 1 (어떤 사물이) 있었던 흔적이나 자취가 없다. 2 눈에 띄지 않게 감쪽같다. **가뭇없-이** [부] ¶파도가 모래성을 ~ 휩쓸어 갔다.

가미(加味) [명] 1 (음식에 양념이나 식료품을 더 넣어) 맛이 나게 하는 것. 2 본래의 것에 다른 요소를 보태어 넣는 것. 3 [한] 원래의 약방문에 다른 약재를 더 넣는 것. **가미-하다** [동][타][여] ¶대통령제에 의원 내각제의 요소를 ~. **가미-되다** [동][자]

가미카제([일]神風/かみかぜ) [명][역] 제2차 세계 대전 말에 자살 공격대 노릇을 하던 일본의 항공대에 붙인 명칭. ¶~ 특공대.

가ː발(假髮) [명] 변장하거나 멋을 내기 위하여 머리에 쓸 수 있도록 만든 머리털.

가방 [명] [<[일]鞄/かばん<[네]kabas] 물건을 넣어 들거나 메고 다니기에 편하도록 만든 용구. 흔히, 가죽이나 천, 비닐 등으로 만듦. ¶책~ / 가죽 ~ / 서류 ~.

가방 끈이 짧다 〈속〉 학교 교육을 높은 단계에까지 받지 못하다.

가ː변(可變) [명] 고정불변한 것이 아니고, 변경하거나 변화할 수 있음. ↔불변.

가ː변^차로(可變車路) [명] 시간에 따라 가변적으로 사용되는 차로. 고정된 중앙선이 없어지고 왕복 차로가 달라짐.

가ː변^축전기(可變蓄電器)[-쩐-] [명][물] 전기 용량을 바꿀 수 있는 축전기. 무선 송신기·라디오 등에 쓰임. =바리콘.

가볍다[-따] [형][ㅂ] 〈가벼우니, 가벼워〉 1 (물건이나 물체의 무게가) 보통의 정도나 기준 대상의 것보다 적다. ¶짐이 ~. 2 중요성이나 가치 따위가 낮거나 작다. ¶목숨을 **가볍게** 여기다. 3 (상처나 병 등이) 정도가 심하지 않다. ¶**가벼운** 감기. 4 (잘못이나 벌, 손해 등이) 심각하지 않고 예사롭다. ¶**가벼운** 실수. 5 (책임이나 부담이) 적다. ¶세금이 ~. 6 (생각이나 언어·행동이) 신중하지 않고 함부로 하는 데가 있다. ¶입이 ~. 7 (옷차림이) 활동하기 좋거나 편하다. ¶**가벼운** 옷차림. 8 (마음이) 억눌린 데 없이 편하다. ¶**가벼운** 마음으로 첫 출근을 하다. 9 (몸이) 상쾌하고 가뿐하다. ¶자고 났더니 몸이 ~. 10 (동작이) 재빠르고 경쾌하다. ¶**가벼운** 발걸음. 11 (행동이) 은근하거나 가만하다. ¶입가에 **가벼운** 웃음을 띠다. 12 (식사 따위가) 담박하고 간단하다. ¶**가벼운** 아침 식사. 13 다루는 솜씨가 능숙하다. ¶수학 문제를 **가볍게** 풀다. 14 (소리가) 작고 약하다. ¶음색이 ~. [큰]거볍다. ↔무겁다. **가벼이** [부]

가보[1](家寶) [명] 한 집안에서 대를 물려 전해졌거나 전해질 보배로운 물품.

가보[2](←[일]かぶ) [명] 화투 따위의 노름에서, 아홉 끗을 이르는 말. ¶~를 잡다.

가보로네(Gaborone) [명][지] 보츠와나의 수도.

가ː봉[1](假縫) [명] =시침바느질. **가ː봉-하다** [동][타][여] ¶양복을 ~.

가봉[2](Gabon) [명][지] 아프리카의 서부, 기니 만 동안(東岸)의 적도 밑에 있는 공화국. 수도는 리브르빌.

가ː부(可否) [명] 1 옳고 그름의 여부. 2 표결에서, 찬성과 반대. ¶~ 동수.

가ː부-간(可否間) [부] 옳거나 그르거나, 찬성하거나 반대하거나 하여튼. ¶더 미루지 말고 ~ 오늘은 그 일을 매듭짓자.

가부-장(家父長) [명][역] 봉건적 사회에서 한 가정의 지배권을 가진 사람.

가부장-제(家父長制) [명][사] 가장(家長)이 강력한 지배권을 가지고 가족을 통솔하는 가족 형태. 또는, 그런 지배 형태.

가부-좌(跏趺坐) [명][불] 책상다리를 하고 앉는 것. ¶결(結)~ / ~를 틀다[걷다].

가부키([일]歌舞伎/かぶき) [명][연] 음악과 무용의 요소를 포함한 일본의 전통극.

가ː-분수(假分數)[-쑤] [명] 1 [수] 분자가 분모와 같거나 분모보다 큰 분수. 6/5 따위. ↔진분수. 2 몸집에 비하여 머리가 유난히 큰 사람을 놀림조로 이르는 말.

가ː불(假拂) [명] 1 올릴 과목(科目)이나 금액이 확정되지 않았을 때, 뒤에 명세를 밝히기로 하고 임시로 하는 지불. 2 (봉급 따위를) 기일 전에 지불하는 것. **가ː불-하다** [동][타][여]

가브리엘(Gabriel) [명][성] 마리아에게 예수의 탄생을 예고해 준 천사.

가빠(←[일]カッパ) [명] [<[포]capa] 1 긴 외투 모양의 비옷. 2 눈비를 막기 위하여 덮는, 방수 처리 된 넓은 천.

가빠-지다 [동][자] 가쁘게 되다. ¶숨이 ~.

가뿐-하다 [형여] **1** 〔물건이〕 들기 좋을 정도로 가볍다. ¶책가방이 ~. **2** 말이나 몸놀림이 가볍다. ¶걸음걸이가 ~. **3** 〔몸이나 마음이〕 상쾌하고 편안하다. ¶일을 해 걸하고 나니 마음이 ~. 圖거뿐하다. **가뿐-히** [튀]

가쁘다 [가쁘니, 가빠] 몹시 숨차다. ¶뛰어왔더니 숨이 ~.

가사¹(家事) [명] **1** 살림을 꾸려 나가는 일. ¶~ 노동 / ~를 돌보다. **2** 한 집안의 사로운 일. ×가사로.

가:사²(假死) [명의] 완전히 의식을 잃어 죽은 것처럼 보이는 상태. ¶~ 상태.

가사³(袈裟) [명] [<曾 kasaya] 〔불〕 승려가 장삼 위에, 왼쪽 어깨에 오른쪽 겨드랑이 밑으로 걸쳐 입는 법의.

가사⁴(歌詞) [명] **1** 가곡·가요곡·오페라 등에서 노래의 내용이 되는 글. ¶노랫말. **2** 장구의 장단에 맞추어 혼자 부르는 긴 사설의 전통 성악곡.

가사⁵(歌辭) [명] 조선 초기에 나타난, 시가와 산문의 중간 형태의 문학. 3·4조 또는 4·4조를 기조로 함.

가사⁶(假使) [튀] 가정하여 말하여. 삐설령.

가사-일(家事-) [명] '가사(家事)¹'의 잘못.

가산¹(加算) [명] 더하여 셈하는 것. 삐가산(減算). **가산-하다** [튀타여] ¶원금에 이자를 ~. **가산-되다** [튀자]

가산²(家産) [명] 집안의 재산. ¶주색잡기로 ~을 탕진하다.

가산-금(加算金) [명] [법] 세금·범칙금·공공요금 등을 납부 기한까지 내지 않은 경우, 본래의 금액에 일정한 비율로 덧붙여 매겨지는 금액.

가산-점(加算點) [-쩜] [명] 시험·경쟁 등에서, 더하여 주는 점수. 어떤 조건을 갖춘 사람에게 특별히 더 주는 점수.

가:상¹(假象) [명]〔철〕**1** 실재(實在)하는 그대로가 아닌 거짓 현상. **2** 객관적인 실재성이 결여된 주관적인 사고에서 나온 것. ↔실재.

가:상²(假想) [명] 〔사실이 아니거나 사실 여부가 분명하지 않은 것을〕 사실이라고 가정하여 생각하는 것. ¶~의 적(敵). **가: 상-하다**¹ [튀타여] ¶적기 공습 시를 **가상**하여 비상 대피 훈련.

가:상-공간(假想空間) [명] [컴] 통신망으로 연결된 컴퓨터 사이에 서로 정보나 메시지 등이 오가는, 보이지 않는 활동 공간이나 영역. =사이버스페이스.

가:상-섹스(假想sex) [명] 컴퓨터를 이용하여 가상공간에서 에로틱한 사진·영화를 보거나, 성적(性的)인 채팅이나 게임을 하거나, 섹스를 비롯한 전자 보조 도구를 가지고 성행위를 하는 일. =사이버섹스.

가상-하다²(嘉尙-) [형여] 〔윗사람이 아랫사람을 칭찬할 때 쓰여〕 매우 착하고 기특하다. ¶너의 정성이 참으로 **가상하구나**. **가상-히** [튀] ~ 여기다.

가새-지르다 [튀타여] [-지르니, ~질러] 어긋매끼어 엇걸리게 하다. ¶굵은 나무 두 개를 **가새질러** 문을 폐쇄하다.

가새-표(-標) [명] =가위표.

가:-석방(假釋放) [-빵] [명] [법] 죄수를 형 만료 이전에 조건부로 석방하는 일. 구칭은 가출옥. **가:석방-하다** [튀타여] **가: 석방-되다** [튀자]

가설¹(架設) [명] 〔전선·다리·선로 따위를〕 공중에 건너질러 설치하는 것. ¶~비(費) / ~ 공사. **가설-하다**¹ [튀타여] ¶교량을 ~. **가설-되다**¹ [튀자] ¶전화가 ~.

가설²(假設) [명] **1** 임시로 설치하는 것. ¶~극장 / ~무대. **2** 실제로 없는 것을 있는 것으로 치는 일. **가설-하다**² [튀타여]

가:설³(假說) [명] [논] [수] 실제로는 아직 타당성이 증명되지 않았으나, 여러 경험적 사실들을 통일적으로 설명하기 위하여 임시로 세운 이론.

가설랑-은 [명] 글을 읽거나 말을 하다가 막힐 때에 내는 군소리. ¶하나요, 둘이요, ~ 셋이요….

가섭(迦葉) [명] 〔불〕 '카시아파(Kāsyapa)'의 한자식 이름.

가:성¹(假性) [명의] 〔주로 병이나 병적 상태를 뜻하는 일부 명사 앞에 쓰여〕 그와 아주 비슷한 증세를 보이기는 하나, 실제로는 그런 병이나 상태가 아니거나 전혀 다른 원인에 의한 것임을 나타내는 말. ¶~빈혈. ↔진성(眞性).

가:성²(假聲) [명] **1** 일부러 꾸며 내는 목소리. **2** 〔음〕 가장 높은 성역인 두성(頭聲)보다도 더욱 높은 성역으로 부르는 기법. 또는, 그 성역. 여성의 목소리에는 없음.

가:성-근시(假性近視) [명] 〔의〕 독서 등으로 모양체근의 긴장이 오래 계속되으로써 일어나는 가벼운 근시 상태.

가:성-소다(苛性soda) [명] [화] '양잿물', '수산화나트륨'으로 순화.

가세¹(加勢) [명] 〔어떤 일에, 또는 어느 편에〕 끼어들어 힘을 보태거나 거드는 것. **가세-하다** [튀자여] ¶학생들의 시위에 시민들까지 ~.

가세²(家勢) [명] 한 집안의, 경제적 형편이나 사회에서의 지위나 영향력. ¶~가 기울다.

가:소-롭다(可笑-)[-따] [형ㅂ여] 〈~로우니, ~로워〉 하는 짓이나 꼴이 같잖고 어처구니없어 우습다. ¶너의 변명이 **가소롭기** 그지없구나.

가속¹(加速) [명] 속도가 더해지는 것. 또는, 속도를 더하는 것. ¶낙하 물체에 ~이 붙다. ↔감속(減速). **가속-하다** [튀타여]

가속²(家屬) [명] 한 집안에 딸린 식구.

가-속도(加速度) [-또] [명] **1** [물] 운동하는 물체의 단위 시간 내의 속도 증가의 비율. **2** 시간의 경과에 따라 속도나 일의 정도가 차차 더해지는 일. ¶~가 붙다.

가속^**차로**(加速車路) [명] 고속도로로 진입하는 램프에 이어지는 직선로.

가속^**페달**(加速pedal) [명] =액셀러레이터.

가속-화(加速化) [-쏘콰] [명] 〔사물의 움직임이나 변화를〕 점점 더 빨라지게 하는 것. 또는, 〔사물의 움직임이나 변화가〕 점점 더 빨라지는 것. **가속화-하다** [튀타여] **가속화-되다** [튀자]

가솔린(gasoline) [명] 석유의 휘발 성분으로 이루는, 무색투명한 액체. 자동차·비행기 등의 연료나 도료, 고무 가공 등에 쓰임. =휘발유.

가수¹(加數) [명] [수] 덧셈에서 더하려는 수. '3+2=5'에서의 '2' 따위. ↔피가수.

가수²(歌手) [명] 노래 부르는 것을 직업으로 하는 사람. 단독으로 쓰일 때에는 주로 대중 가수를 가리킴. ¶오페라 ~ / 인기 ~. ▷성악가.

가수^**분해**(加水分解) [명] [화] **1** 염(鹽)이 이

수용액 중에서 물과 반응하여 다른 이온 또는 분자로 변하는 일. 2 유기 화학물이 물과 반응하여 분해되는 일.

가·수요(假需要) 〖명〗〖경〗 가격 인상이나 물자 부족이 예상될 경우, 당장 필요가 없으면서도 일어나는 수요. ↔실수요.

가스(gas) 〖명〗 1 기체 물질의 총칭. ¶수소~. 2 연료로 사용되는 기체. ¶프로판~/도시~. 3 살상 무기로 사용되는 유독한 기체. ¶독(毒)~. 4 소화기(消化器) 내에서 내용물이 부패·발효하여 생긴 기체. ¶배 속에 ~가 차다. 5 연소할 때 발생하는 기체. ¶배기~/~ 중독.

가스-관(gas管) 〖명〗 연료용 가스를 보내는 강철관.

가스라기 〖명〗 '가시랭이'의 잘못.

가스-라이터 (gas lighter) 〖명〗 액화 가스를 연료로 쓰는 라이터.

가스-레인지 (gas range) 〖명〗 주로, 부엌의 일정한 곳에 놓아두고 쓰는, 가스를 연료로 하는 조리용 가열 기구.

가스-실(gas室) 〖명〗 독가스로 사람을 처형할 때 사용하는 방.

가스-총(gas銃) 〖명〗 1 공기총의 하나. 액화 탄산가스가 기화할 때 생기는 에너지로 총알을 발사하는 총. 2 최루탄 등을 발사하기 위한 총.

가스-통(gas桶) 〖명〗 도시가스나 화학 공업용 원료가 되는 가스를 저장하는 통.

가스펠^송(gospel song) 〖명〗〖음〗 미국 흑인들 사이에서 불리는 종교적인 노래.

가슴 〖명〗 1 목과 배 사이에 해당하는, 몸의 앞부분. 〖비〗흉부. ¶~을 펴다. 2 '유방'을 완곡하게 이르는 말. ¶~이 풍만한 여자. 3 심장이나 폐가 들어 있는, 몸의 속 부분. 또는, '심장'이나 '폐'를 이르는 말. ¶~이 두근거리다. 4 정신 작용으로서의 마음을 이르는 말. ¶~에 사무치다. 5 옷에서, 상체의 앞쪽 위가 닿는 부분. 〖비〗흉부. 6 〖동〗곤충의 머리와 배 사이의 부분.

가슴에 맺히다 (통절한 원한·근심 등이) 가슴에 뭉쳐 있다. ¶**가슴에 맺힌** 한.

가슴에 못(을) 박다 마음에 상처를 주다.

가슴을 쓸어내리다 곤란하거나 어려운 일, 걱정, 근심 등이 해결되어 안도하다.

가슴이 내려앉다 1 몹시 놀라서 맥이 풀리다. 2 슬픔으로 마음을 가누지 못하게 되다.

가슴이 덜컹하다 갑자기 놀라거나 몹시 충격을 받다. ¶빚쟁이와 마주치자 **가슴이 덜컹했다**.

가슴이 무너지다 (슬픔이나 좌절로) 마음의 고통을 심하게 겪다.

가슴이 미어지다 (심한 슬픔·고통·감동 등으로) 마음이 몹시 아프다.

가슴이 부풀다 (희망·기쁨 등으로) 가슴이 벅차오르다.

가슴이 찢어지다 (슬픔·괴로움 등으로) 가슴이 째지는 듯한 고통을 느끼다.

가슴(을) 치다 억울하거나 답답해서 가슴을 두드리다.

가슴(을) 태우다 몹시 애태우다.

가슴-둘레 〖명〗 가슴과 등을 둘러 잰 길이. =흉위(胸圍).

가슴-뼈 〖명〗〖생〗 가슴의 양쪽 한복판에 있어서 좌우 늑골과 연결된 뼈. =흉골.

가슴-살 〖명〗 가슴에 붙은 살.

가슴-속[-쏙] 〖명〗 =마음속.

가슴-앓이[-알-] 〖명〗 1 안타까워 마음으로만 애달파하는 일. 2 〖의〗 가슴 속이 이따금씩 켕기고 쓰리며 아픈 병.

가슴^운·동(-運動) 〖체〗 맨손 체조의 하나. 주로 가슴을 뒤로 젖히는 운동.

가슴-지느러미 〖동〗 물고기의 가슴에 붙은 지느러미. 전진 운동에 쓰임.

가슴-팍 〖명〗 '가슴의 판판한 부분'을 속되게 이르는 말.

가습-기(加濕器) [-끼] 〖명〗 실내가 건조할 때 수증기를 뿜어내어 습도를 알맞게 조절하는 전기 기구.

가시¹ 〖명〗 1 [식] 일부 식물의 줄기나 잎, 또는 열매껍질에 바늘처럼 뾰족하게 돋아난 것. 2 일부 동물의 몸에 바늘처럼 뾰족하게 돋친 것. 3 생선의 잔뼈. ¶~가 목에 걸리다. 4 살에 박힌 나무 따위의 거스러미. ¶발바닥에 ~가 박히다. 5 공격의 뜻을 담거나 악의를 품은 표현. ¶~가 돋친 말 / 말 속에 ~가 있다.

가시² 〖명〗 된장이나 고추장과 같은 음식물에 생긴 구더기를 완곡하게 이르는 말.

가:시-거리(可視距離) 〖명〗 1 눈으로 볼 수 있는 목표물까지의 수평 거리. 2 방송국에서 보내는 전파가 방해를 받지 않고 텔레비전 수상기에 도달할 수 있는 거리.

가시-고기 〖동〗〖동〗 등지느러미 앞에 6~10개의 작은 가시가 있는, 몸길이 5cm가량의 방추형 민물고기. 부성애가 강하기로 유명함.

가:시-광선(可視光線) 〖명〗〖물〗 인간의 눈으로 느낄 수 있는 광선. ↔비가시광선.

가:시-권(可視圈) [-핀] 〖명〗 눈으로 볼 수 있는 범위. ¶목표물이 ~ 안에 들어오다.

가시-나무 〖명〗 가시가 있는 나무. 찔레나무·탱자나무 따위.

가시내 〖명〗 '계집아이'의 잘못.

가시다 〖동〗 ① (어떤 상태나 현상이) 없어지거나 사라지다. ¶피로가 싹 ~. ② 물로 깨끗이 씻다. ¶식사 후 입안을 ~.

가시-덤불 〖명〗 1 가시나무의 덩굴이 어수선하게 엉클어진 수풀. 2 =가시밭2.

가시랭이 〖명〗 초목의 가시의 부스러기. × 가스라기·까스라기.

가시리 〖명〗〖문〗 작자·연대 미상의 고려 가요. 사랑하는 사람과의 이별을 안타까워하며 부른 노래임.

가시-밭[-받] 〖명〗 1 가시덤불이 얽혀 있는 곳. 2 고난과 애로가 겹친 환경의 비유. ≒가시덤불.

가시밭-길[-받낄] 〖명〗 1 가시밭 속의 험한 길. 2 어려운 환경이나 험한 인생 행로로. ¶인생의 ~을 헤쳐 나가다.

가시-철사(-鐵絲) [-싸] 〖명〗 가시 모양의 쇠를 끼워서 꼰 철사. 철조망으로 쓰임.

가:시-화(可視化) 〖명〗 (가려져 있던 어떤 현상이나 실체가) 눈에 띄게 드러나게 되는 것. 또는, (가까이 있던 것을) 눈에 띄게 드러내는 것. **가시화-하다** 〖자타〗〖여〗 **가시화-되다** 〖동〗〖자〗 ¶신당 창설의 움직임이 ~.

가·식(假飾) 〖명〗 다른 사람에게 자기 약점을 감추거나 허세를 부리느라 위선적으로 언행을 꾸미는 것. ¶~이 없다.

가·식-적(假飾的) [-쩍] 〖관〗〖명〗 말이나 행동을 거짓으로 꾸미는 (것). ¶~ 행동.

가신(家臣) 〖명〗 1 〖역〗 권세 있는 집안에 딸려 그 주인을 섬기는 사람. 2 권력이 있는 정치 지도자를 가까이에서 공적·사적으로 도우면서 추종하는 정치인. 얕잡는 어감을 가진 말임.
가십(gossip) 명 신문·잡지 등에서, 유명한 사람의 흥미 위주의 뜬소문을 다룬 기사. ¶~난(欄) / ~ 거리.
가:-압류(假押留) [-압뉴] 명[법] 법원이 채무자의 재산을 장래에 강제 집행 하기 위해 미리 압류하여 보전하는 일. **가압류-하다** 타여
가액(價額) 명 물품의 가치에 상당하는 금액.
가야(伽倻) 명[역] 42년경 낙동강 하류 지역에 세워진 금관가야·대가야·소가야·아라가야·성산가야·고령가야 등 여섯 나라의 총칭.
가야-금(伽倻琴) 명 우리나라 고유의 현악기. 오동나무로 만든 긴 울림통 위에 12개의 현을 맸음. 손가락으로 현을 뜯거나 튕겨 소리를 냄.
가양-주(家釀酒) 명 집에서 빚은 술.
가언-적(假言的) 관명[논] 어떤 조건을 가정하여 말하는 (것). ~정언적.
가업(家業) 명 1 집안의 직업. 2 =세업(世業). ¶~을 잇다.
가:-없다 [-업따] 형 끝이 없다. 비그지없다. ¶**가없는** 부모님의 은혜. × 가이없다.
가없이 부 ~ 펼쳐진 바다.
가역 반:응(可逆反應) [-빤-] 명[화] 화학 반응에서, 본디의 물질에서 생성물이 생김과 동시에 그 생성물에서도 본디의 물질이 생기는 반응. ↔비가역 반응.
가연(佳緣) 명 부부 관계나 사랑을 맺게 된 연분.
가연-성(可燃性) [-썽] 명 불에 타기 쉬운 성질. ¶~ 물질.
가열(加熱) 명 (어떤 물질에) 열을 가하는 것. **가열-하다** 타여 **가열-되다** 자여
가:엽다 [-따] 형비 〈가여우니, 가여워〉 =가엾다. ¶**가여운** 소년.
가:엾다 [-엽따] 형비 불쌍하고 딱하다. =가엽다. ¶부모 잃은 **가엾은** 소녀. **가:엾-이** 부 ~ 여기다.
가오리 명[동] 넓적한 마름모꼴 몸에 가늘고 긴 꼬리와 가시가 바닷물고기. 노랑가오리·쥐가오리·홍어 등 여러 종류가 있음.
가오리-연(-鳶) 명 가오리 모양으로 만들어 꼬리를 길게 달아 띄우는 연.
가옥(家屋) 명 '집1'을 문어 투로 이르거나, 외형적 관점에서 이르는 말. ¶전통~.
가옥-대장(家屋臺帳) [-때-] 명 가옥의 상황을 밝히기 위해 그 소재·번호·종류·면적·소유자 등을 등록하는 공부(公簿).
가온-음(-音) 명[음] 음계의 제3도의 음. 으뜸음과 딸림음 사이에 있음.
가와바타 야스나리(川端康成) 명[인] 일본의 소설가(1899~1972).
가외(加外) [-외/-웨] 명 일정한 표준이나 한도의 밖. ¶~ 지출 / ~의 일.
가욋-돈(加外-) [-외똔/-웯똔] 명 일정한 표준이나 한도를 넘어서는 돈.
가요(歌謠) 명 1 민요(民謠)나 속요(俗謠). ¶고려 ~. 2 대중들이 부르는 노래. ¶대중가요.
가:용(可用) 명 (주로 명사 앞에 쓰여) 사용할 수 있음. ¶~ 공간 / ~ 자원.
가:용(家用) 명 1 집안의 용도에 잘 쓰임. ¶~성(性) / ~물(物). ↔불용(不容).
가:용-인구(可容人口) 명[사] 식량 소비면에서 본, 지구 상에서 부양이 가능한 인구의 총수.

가운¹(家運) 명 집안의 운수. ¶~이 기울다.
가운²(gown) 명 1 의례적인 행사 때에 입는, 긴 망토 모양의 옷. 법복(法服)·졸업 예복 따위. 2 흔히, 위생을 요하는 작업을 할 때 입는 흰 옷웃. ¶흰 ~을 입은 의사. 3 주로 거실에 있을 때, 잠옷 위에 덧입는 긴 옷웃. ¶~을 걸치다.
가운데 명 1 일정한 공간이나 사물을 갖는 사물에서, 가장자리 또는 양 끝으로부터 거의 같은 거리로 떨어져 있는 부분. ¶생선의 ~ 토막. 2 양쪽의 사이. ¶쓴쪽 중 ~ 건물로 오면 된다. 3 차례에서, 처음도 마지막도 아닌 중간. ¶성적이 ~다. 4 여럿으로 이루어진 일정한 범위의 안. ¶친구들 ~ 내가 가장 키가 크다. 5 (주로 어미 '-L', '-는' 아래에 쓰여) 어떤 일이나 상태가 이루어지는 범위의 안. ¶그는 어려운 ~서도 남을 돕는다.
가운뎃-발가락 [-데빨까-/-덷빨까-] 명 다섯 발가락 중의 한가운데 발가락.
가운뎃-손가락 [-데쏜까-/-덷쏜까-] 명 다섯 손가락 중에서 가장 긴 셋째 손가락. =장지(長指)·중지(中指).
가운뎃-점(-點) [-데쩜/-덷쩜] 명[언] 열거된 여러 단위가 대등하거나 밀접한 관계임을 나타내는 '·'의 이름. 곧, '명사·동사·형용사' 따위. 2 특정한 의미를 가지는 날을 나타내는 숫자에 쓰임. 곧, '3·1 운동' 따위. =중점.
-가웃 -운 명 되·말·자의 수를 셀 때, 그 단위의 약 반에 해당하는 분량이 더 있음을 나타내는 말. ¶한 자 / 쌀 서 말 ~을 팔았다.
가위¹ 명 1 옷감이나 종이 등을 베는, 두 개의 날로 된 도구. 2 가위바위보에서, 집게손가락과 가운뎃손가락이나 엄지손가락을 벌려 내민 것.
가위² 명 꿈속에 나타나는 무서운 것. ¶~에 눌리다.
가:위³(可謂) 부 가히 이르자면 참으로. ¶그야말로. ¶내장산의 가을 단풍은 ~ 절경이라 할 만하구.
가위-눌리다 자 자다가 무서운 꿈을 꾸어 몸을 마음대로 움직이지 못하고 답답함을 느끼다.
가위바위보 명 둘 이상의 사람이 가위나 바위나 보의 모양을 만든 한 손을 동시에 내밀어 이기고 짐을 가리는 일이나 놀이.
가위-질 명 가위로 자르거나 오리는 일. **가위질-하다** 타여
가위-표(-標) 명 틀린 것을 나타내거나 글자의 빠진 곳을 메우는 데 쓰는 부호 '×'의 이름. =가새표. ↔동그라미표. ▷곱셈표.
가윗-날 [-윈-] 명 가위로 물건을 자르는 날카로운 부분.
가으-내 부 가을 동안 내내.
가을¹ 명 1년의 네 계절 중 셋째 계절. 보통 양력 9, 10, 11월에 해당하는데, 단풍이 들고 오곡백과가 무르익으며 날씨가 선선함. ¶~이 깊어 가다.
가을² 명 농작물을 거두어들이는 일. ¶올해 보리 ~은 잘하였느냐? **가을-하다** 타여
가을-걷이 [-거지] 명[농] =추수(秋收). **가을걷이-하다** 타여

가을-날[-랄] 圕 가을철의 날. 또는, 그 날씨.
가을-바람[-빠-] 圕 가을에 부는, 선선하고 서늘한 바람.
가을-밤[-빰] 圕 가을철의 밤.
가을-볕[-뼏] 圕 가을볕에 내리쬐는 볕. [가을볕에는 딸을 쬐이고 봄볕에는 며느리를 쬐인다] 가을볕보다 봄볕에 더 살갗이 타고 거칠어진다는 데서, 며느리보다 딸을 더 생각한다는 말.
가을-보리 圕 가을에 씨를 뿌려 이듬해 초여름에 거두어들이는 보리.
가을-비[-삐] 圕 가을에 오는 비.
가을-빛[-삗] 圕 가을임을 느끼게 하는 맑은 기운. 凾추색. ¶~이 완연하다.
가을-장마[-짱-] 圕 가을철에 여러 날 줄곧 오는 비. ▷봄장마.
가을-철(秋節) 圕 기후상으로 가을인 계절. =추절(秋節)
가이드(guide) 圕 관광 따위의 안내. 또는, 안내자.
가이드-라인(guideline) 圕 1 정부가 어떤 부문에 대한 정책을 뒷받침하기 위하여 설정한 규제의 범위. 2 언론 보도에 대한 정부의 보도 지침.
가이드-북(guidebook) 圕 여행자를 위한 안내 책자.
가이아(Gaea) 圕[신화] 그리스 신화에 나오는 대지의 여신.
가이아나(Guyana) 圕[지] 남아메리카 대륙 북부, 대서양에 면한 공화국. 수도는 조지타운.
가이-없다 '가없다'의 잘못.
가:인¹(佳人) 圕 1 아름다운 여자. 凾미인. ¶절세~. 2 이성으로서 애정을 느끼게 하는 사람.
가인²(←Cain) 圕[성] 아담과 하와의 아들. 하느님이 자기의 제물을 받아들이지 않고 아우 아벨의 제물만 받아들이자, 이를 시기하여 아우를 돌로 쳐 죽임.
가:인-박명(佳人薄命)[-명-] 圕 아름다운 여자는 수명이 짧음. 凾미인박명.
가-일층(加一層) 圕튀 한층 더. ¶~ 분발하기 바란다.
가입(加入) 圕 1 (조직이나 단체 따위에) 들어가 참가하는 것. ⇔탈퇴. 2 (어떤 보험에) 들기로 보험 회사와 계약을 맺는 것. **가입-하다** 圕㉮㉯ ¶정당에 ~/보험에 ~. **가입-되다** 圕㉯
가입-비(加入費)[-삐] 圕 조직이나 단체에 가입하기 위해 내는 돈.
가입-자(加入者)[-짜] 圕 단체나 조직, 보험 등에 가입한 사람.
가자미 圕㉰ 몸이 위아래로 납작한 타원형이고, 두 눈이 몸의 오른쪽에 몰려 있는 바닷물고기. 바다 밑 모래땅에서 삶.
가자미-눈 圕 화가 나서 흘겨보는 눈을 가자미의 눈에 비유하여 이르는 말.
가:작(佳作)[-짝] 圕 1 썩 잘된 작품. 2 당선작으로 하기에는 다소 부족하여 그에 버금가는 자격으로 뽑은 작품. 또는, 중요하고 핵심적인 등수에 들지 못하였으나 일정한 수준에 있음을 인정하여 뽑은 작품. ¶선외~ /~ 입선.
가장¹ 튀 여럿 가운데 어느 것보다 더. =제일.
가장²(家長) 圕 가족을 대표하고 그 집안을 이끄는 사람. 특히, 남자 어른을 가리킴.

가장³(假裝) 圕 1 겉으로 거짓 태도를 취하는 것. 2 알아보지 못하게 얼굴이나 몸차림을 바꾸어 꾸미는 것. ¶~ 무도회. **가:장-하다** 圕㉮㉯ ¶태연을 ~.
가:장-자리 圕 가에 가까운 부분. ¶눈 ~ 에 잔주름이 잡히다.
가:장-행렬(假裝行列)[-녈] 圕 축제나 운동회 등에서, 여러 사람이 특이한 옷차림이나 분장으로 가장하고 길게 줄지어 가는 일. 또는, 그 행렬.
가재 圕㉰ 계곡물이나 냇물에 살며, 몸이 여러 마디로 되어 단단한 껍데기에 싸여 있고, 두 개의 큰 집게발이 있는 작은 동물. [가재는 게 편이라] 형편이 비슷하고 서로 인연 있는 것끼리 편을 든다는 말.
가:재-걸음 圕 1 뒤로 기어가는 걸음. ¶~ 을 치다. 2 일이 더디고 진보하지 못함을 비유하여 이르는 말.
가재-도구(家財道具) 圕 집안 살림에 쓰이는 온갖 물건.
가전(家電) 圕 《일부 명사 앞에서 관형어적으로 쓰이거나 일부 명사 뒤에 쓰여》 '가정용 전기 기구'의 뜻을 나타내는 말. ¶~ 업계/주방 ~/음향 ~.
가전-제품(家電製品) 圕 '가정용 전기 제품'을 줄여서 이르는 말. 냉장고·텔레비전 따위.
가:전-체(假傳體) 圕[문] 사물을 의인화하여 전기체(傳記體)로 서술한 문학 양식. '죽부인전(竹夫人傳)' 따위.
가정¹(家政) 圕 1 집안 살림을 다스리는 일. 2 가정생활을 다스리는 수단과 방법.
가정²(家庭) 圕 함께 살아가는 한 가족의 모임. 또는, 그 가족이 사는 곳. ¶화목한 ~/~에 충실하다.
가:정³(假定) 圕 1 (어떤 사실을 실제와는 관계없이) 임시로 정하는 것. 2 [논][수] (일정한 사실을 증명하기 위해 이면 것을) 임시로 내세우는 것. 또는, 그 조건. **가:정-하다** 圕㉮㉯ **가:정-되다** 圕㉯
가정-교사(家庭敎師) 圕 남의 집에서 돈을 받고 그 집의 자녀를 가르치는 사람.
가정-교육(家庭敎育) 圕 가정에서 일상생활을 통하여 어른이 자녀에게 주는 영향. 또는, 가르침.
가:정-법(假定法)[-뻡] 圕[언] 어떤 일을 사실로서 말하지 않고 상상·가정·소망으로 말하는 문법 범주.
가정^법원(家庭法院) 圕[법] 이혼·상속·재산 관리 등 가정 사건의 심판·조정, 소년 보호 사건의 조사·심판 등을 다루는 하급 법원.
가정-부(家政婦) 圕 남의 집에 기거하면서 집안 살림을 해 주는 여자. 종전에는 '식모(食母)'라고 불렀음. ▷파출부.
가정-부인(家庭婦人) 圕 집에서 살림하는 부인.
가정-불화(家庭不和) 圕 한집안의 가족이 화목하지 못함.
가정-생활(家庭生活) 圕 가정을 이루어 사는 생활. ¶행복한 ~.
가정-용품(家庭用品)[-뇽-] 圕 가정에서 쓰는 여러 가지 물품.
가정-의(家庭醫)[-의/-이] 圕[의] 가정의학을 전공한 의사.
가정-의례(家庭儀禮) 圕 혼인·장사(葬事)·제사 등의 가정에서 치르는 의례. ¶~ 준칙.

가정^의학(家庭醫學) [의] 가족 전체를 대상으로 질병의 종류에 얽매이지 않고 지속적이고 포괄적으로 의료를 제공하는, 의학의 전문 과목.

가정-적(家庭的) [관] 1 가정과 관계되는 (것). ¶~인 문제 / ~ 분위기. 2 가정에 충실한 (것). ¶김 선생님은 매우 ~이다.

가정-주부(家庭主婦) [명] =주부(主婦).

가정-집(家庭-) [-찝] [명] 관공서나 회사 등이 아닌, 개인이 살림하는 집.

가정^통신(家庭通信) [교] 학생의 교육을 위하여 부모와 교사 간에 주고받는 소식.

가정-환경(家庭環境) [명] 태어나서 자란 집안의 분위기나 조건.

가제(Gaze) [명] =거즈(gauze).

가져-가다 [-저-] [동] [거라] 〈←가져라〉 1 (무엇을) 한 곳에서 다른 곳으로 옮겨 가다. 2 어떤 상태로 끌고 가다. ¶화제를 결혼 문제로 ~.

가져다-주다 [-저-] [동] 어떤 결과를 생기게 하다. ¶부단한 노력만이 너에게 합격의 영광을 **가져다줄** 것이다.

가져-오다 [-저-] [동] [너라] 〈←오너라〉 1 (무엇을) 한 곳에서 다른 곳으로 옮겨 오다. 2 어떤 결과를 생기게 하다. ¶산업 혁명은 생산 기술의 변혁을 **가져왔다**.

가족(家族) [명] 부부와 같이 혼인으로 맺어 지거나 부모·자식과 같이 혈연으로 이어지는 집단. 또는, 그 성원(成員). 법적으로는, 동일한 호적 내에 있는 친족의 단체. ¶핵 / 대 ~ / 부양 ~.

가족-계획(家族計劃) [-꼐획/-꼐훽] [명] 부부가 생활 능력에 따라 자녀의 수나 터울을 알맞게 조절하는 일.

가족-묘(家族墓) [-종-] [명] 1 한 가족의 여러 무덤이 한곳에 모여 있는 형태의 묘. 2 한 가족의 여러 유골을 한곳에 모아 놓은 도묘. ¶납골 ~.

가족-사진(家族寫眞) [-싸-] [명] 가족들이 함께 찍은 사진.

가족-적(家族的) [-쩍] [관] 1 가족처럼 친밀한 (것). ¶~인 분위기. 2 규모나 범위가 가족에게 걸치는 (것).

가족-회의(家族會議) [-조회의/-조훼이] [명] 집안일에 대해 온 가족이 의논하기 위해 여는 회의.

가죽 [명] 1 동물 몸의 거죽을 이루는 질긴 물질. 2 죽은 동물의 살 가죽을 벗겨 가공한 물건. ¶소~ / 털~. 3 (흔히 합성어의 꼴로 쓰여) 사람의 피부를 얕잡아 이르는 말. ¶살~ / 낯~.

가죽-신(-신) [명] 1 가죽으로 만든 신. 2 =갖신.

가중(加重) [명] 책임이나 부담·형벌 등을 더욱 무겁게 하는 것. ¶~ 처벌. **가중-하다** [동][타] **가중-되다** [동][자]

가중-치(加重値) [명] 평균값을 계산할 때 각 수치에 주어지는 중요도의 정도.

가:증-스럽다(可憎-) [-따] [형][비] 〈-스러우니, -스러워〉 몹시 괘씸하고 얄밉다. **가:증스레** [부]

가지[1] [명] 1 나무의 굵은 줄기에서 갈라져 뻗어 나간 가느다란 부분. 여기에 잎이 나고 꽃이 피며 열매가 맺힌다. ¶나뭇~. 2 근본에서 갈라져 나간 것을 비유적으로 이르는 말.
[가지 많은 나무에 바람 잘 날이 없다] 자식 많은 부모는 걱정이 끊일 날이 없다.

가지(를) 치다 하나의 근본에서 딴 갈래가 생기다.

가지[2] [명][식] 짙은 보랏빛의 길쭉한 열매가 열리는 한해살이풀. 또는, 그 열매. 열매는 살이 부드러우며, 반찬거리로 쓰임.

가지[3] [명] 특성에 따라 구별되는 사물의 갈래나 종류를 헤아리는 말. ¶여러 ~ 예를 들다 / 한 ~을 한 번 더 열 ~을 안다.

가지-가지 I [명] 1 이런저런 여러 가지. ¶사람마다 생김새도 ~ 성격도 ~. ⓒ갖가지.
II [관] 이름 모를 ~ 꽃. ⓒ갖가지.

가지-각색(-各色) [-깍-] [명] 모양이나 현상이 서로 다른 여러 가지. ⓑ형형색색. ¶아이들의 옷차림이 ~이다.

가지-고르기 [명] 나무의 불필요한 가지를 잘라 가지런히 다듬는 것. =정지(整枝).

가지다 [동] 1 손에 쥐거나 몸에 지니다. ¶손수건을 가지다. 2 자기 것으로 하다. ¶이 책은 내가 **가지겠다**. 3 (생각·태도·취미 등을) 마음에 품다. ¶관심을 ~. 4 (모임을) 열어 치르다. ¶좌담회를 ~. 5 (관계나 관련을) 이루거나 맺다. ¶여자와 관계를 ~. 6 (아이나 새끼·알 등을) 배다. ¶아이를 ~. 7 거느리거나 모시거나 두다. ¶말 **가진** 어머니, 계열 기업을 **가진** 재벌. 8 ('가지고'의 꼴로 쓰여) 수단이나 재료로 함을 나타내는 말. ¶쌀을 **가지고** 밥을 먹걸리. 9 ('가지고'의 꼴로 쓰여) 대상으로 함을 나타내는 말. ¶난 아무 때면 열을 **가지고** 그래. ⓒ갖다. ②[보조] ('-어/아 가지고'의 꼴로 쓰여) 동작이나 상태를 그대로 지니고 있음을 나타내는 말. ¶그렇게 놀아 **가지고** 시험에 합격하겠니?

가지런-하다 [형][여] (여러 개의 물체가) 서로 나란하고 고르게 놓인 상태에 있다. **가지런-히** [부] ¶현관에 신발이 ~ 놓여 있다.

가지무늬^토기(-土器) [-니-] [명][고고] 어깨 부분에 검은빛 가지 무늬가 돌려 있는, 청동기 시대의 민무늬 토기. =채문토기.

가지-색(-色) [명] =가지빛.

가지-치기 [명] 나무의 모양을 보기 좋게 하고, 열매를 많이 맺게 하기 위하여 가지를 자르고 다듬는 일. =전지(剪枝). **가지치기-하다** [동][타]

가지-빛 [-삗/-짇삗] [명] 가지 열매의 빛깔처럼, 보라에 연한 파랑이 섞인 빛깔. =가지색.

가짓-수(-數) [-짜수/-짇쑤] [명] 종류상으로 여러 가지의 수효. ¶~가 많은 중국요리.

가:짜(假-) [명] 남을 속이기 위해, 실제의 물건과 비슷하게 꾸며서 만든 물건. 또는, 실제로 어떤 신분·자격으로 행세하는 사람. ¶~ 대학생. ↔진짜.

가:차(假借) [명] 1 임시로 빌리는 것. 2 육서(六書)의 하나. 어떤 말을 한자로 나타내고자 하는데 마땅한 글자가 없을 때, 이미 있는 한자의 음만 빌어 그것을 적는 것. 프랑스를 '佛蘭西'로 나타내는 따위.
가차 없다 사정을 보아주지 않거나 용서가 없다. ¶**가차 없이** 처벌하다.

가창-력(歌唱力) [-녁] [명] 노래를 부르는 능력. 특히, 넓은 음역과 풍부한 성량으로 호소력 있게 부르는 실력을 가리킴. ¶~이 있는 가수 / ~이 뛰어나다.

가창-오리 [동] 몸빛은 갈색이며, 수컷은 얼굴에 황색과 녹색의 무늬가 있는 작은 물새. 봄·가을에 우리나라에 오는 철새로, 강이나 호수에 삶.

가:채(可採) [명] 〈일부 명사 앞에 쓰이어〉 캐낼 수 있음. ¶~ 매장량 / ~ 연수(年數).

가:책(呵責) [명] 꾸짖어 책망하는 것. ¶양심의 ~을 받다. **가:책-하다** [동][타][여].

가:-처분(假處分) [명][법] 금전 이외의 받을 권리가 있는 특정물을 처분하지 못하도록 법원이 결정한 잠정적 처분. **가:처분-하다** [동][타][여].

가첨-석(加檐石) [명] 비석 위에 지붕 모양으로 만들어 덮어 얹는 돌.

가:청(可聽) [명] 들을 수 있음. ¶~ 지역.

가:청-음(可聽音) [명] 귀로 들을 수 있는 소리. 곧, 주파수 20~20,000Hz, 크기 0~130本의 소리.

가체(加髢) [명][역] 조선 시대에 부녀자들이 화려하게 차려입을 때, 땋머리를 얹거나 덧대어 치장하던 일. 큰머리·어여머리·얹은머리 등이 있음.

가축[1] 알뜰히 매만져 잘 지니는 것. **가축-하다** [동][타][여] ¶물건의 수명은 **가축하기**에 달렸다.

가축[2](家畜) [명] 오랜 세월에 걸쳐 사람에게 길들여져 집에서 기르는 짐승. 소·말·돼지·양·닭·거위 따위. ≒집짐승.

가축-병원(家畜病院) [-뼝-] [명] ⇒동물병원.

가출(家出) [명] 가족과의 불화나 갈등 등으로 다시 돌아오지 않을 생각으로 자기 집에서 나가는 것. ¶~ 청소년 / ~ 신고. **가출-하다** [동][여].

가치[1] [의존] '개비[2]'의 잘못.

가치(價値) [명] 1 사물 및 일의 중요성이나 의의. ¶읽을 만한 ~가 있는 책. 2 인간이 마땅히 규범으로서 받아들여야 할, 옳은 것이나 바람직한 것. ¶~ 있는 삶. 3 [경] 상품이나 재화(財貨)의 효용.

가치-관(價値觀) [명] 인간이 삶이나 어떤 대상에 대해서 무엇이 좋고, 옳고, 바람직한 것인지를 판단하는 관점. ¶~의 혼란 / 건전한 ~을 확립하다.

가칠-가칠 [부] 매우 가칠한 모양. 또는, 여러 군데가 가칠한 모양. 是거칠거칠. ❀까칠까칠. **가칠가칠-하다** [형][여] ¶손등이 ~.

가칠-하다 [형][여] 몸이 여위어서 살갗이나 털이 거칠고 윤기가 없다. 是거칠하다. ❀까칠하다.

가:칭(假稱) [명] 임시 또는 거짓으로 일컫는 말. 또는, 그 이름. ¶~ 태평양 연합.

가:타-부타(可-否-) [부] 옳다느니 그르다느니. ¶~ 말이 없다.

가:탁(假託) [명] 말이나 글에서, 다른 사물을 빌려 그것을 통해 어떤 사상이나 감정을 나타내는 일. **가:탁-하다** [동][타][여] ¶새벽하늘에 비치는 별 하나 둘씩 스러져 가는 것에 **가탁하여** 노년의 심경을 읊은 시.

가:탄(可歎) [명][여] 〈주로 '가탄할'의 꼴로 쓰이어〉 탄식할 만함. ¶**가탄할** 불신 풍조.

가탈-스럽다 [형][비] '까다롭다'의 잘못.

가택(家宅) [명] '집[1]'을 달리 이르는 말. 일반적으로 법률상의 문맥에서 많이 쓰임. ¶~ 수색.

가톨릭(←Catholic) [명][가] 정통 로마 가톨릭교회의 교의(教義)를 믿는 크리스트교. =가톨릭교·천주교. ✗카톨릭.

가톨릭-교(←Catholic教) [명][가] =가톨릭.

가톨릭-교도(←Catholic教徒) [명] 가톨릭의 신도. =천주교도.

가톨릭-교회(←Catholic教會) [-교/-훼] [명][가] 가톨릭교를 믿는 교회. =천주교회.

가통(家統) [명] 집안의 계통 또는 내림. ¶~을 잇다.

가트(GATT) [명] [General Agreement on Tariffs and Trade] =관세 무역 일반 협정.

가파르다 [형] 〈가파르니, 가팔라〉 산이나 길이 몹시 비탈지다. ¶**가파른** 언덕길.

가판(街販) [명] 1 길거리에 물건을 벌여 놓고 파는 일. 2 '가판신문'의 준말.

가판-대(街販臺) [명] 길거리에 벌여 놓고 파는 신문·잡지 등을 꽂아 놓기 위해 설치한 대.

가판-신문(街販新聞) [명] 서울에서 발행하는 조간신문으로서 지방에 배달하기 위해 전날 저녁에 미리 적어 내는 신문. 퇴근 시간에 가판대에서 판다고 하여 얻은 이름임. 图가판.

가풍(家風) [명] 한 집안에 전해 내려오는 풍습이나 범절.

가피(加被) [명][불] 부처가 자비를 베풀어 중생을 이롭게 하는 것. ¶**부처님의** ~로 건강을 회복하다. **가피-하다** [동][타][여].

가필(加筆) [명] 〈글이나 그림에〉 붓을 대어 지우거나 보태어서 하여 고치는 것. **가필-하다** [동][자][타][여] **가필-되다** [동][자].

가-하다[1](加-) [동][여] 1 〈수량이나 정도를〉 더하다. ¶속도를 ~. 2 〈어떤 작용이나 영향을〉 행사하거나 미치다. ¶열을 ~ / 일침을 ~.

가:-하다[2](可-) [형][여] 1 자기 뜻에 맞아 좋다. 2 도리나 사리에 맞아 옳다. ¶죄인에게 중벌을 내림이 **가한** 줄로 아뢰오. 3 〈행위가〉 용인되어 가능하다. ¶미성년자의 출입도 **가함**.

가학(加虐) [명] (사람을) 때리면서 괴롭히는 것. 땐피학. **가학-하다** [동][자][여].

가학-애(加虐愛) [명] =사디슴.

가해(加害) [명] 남의 생명·신체·명예·재산 등에 해를 끼치는 것. ↔피해. **가해-하다** [동][자][여].

가해-자(加害者) [명][법] 남에게 해를 입힌 사람. ↔피해자.

가호[1](加護) [명] 1 보호하여 주는 것. 2 (신이나 부처가 사람을) 잘되도록 보호하여 주는 것. ¶신의 ~가 있기를 빕니다.

가호[2](家戶) [명] [1](어떤 집. [2](의존) 집 수나 세대 수를 세는 말. ¶열 ~.

가:혹-하다(苛酷-) [-호카-] [형][여] 몹시 혹독하다. ❀**가혹한** 말.

가화만사성(家和萬事成) 집안이 화목하면 모든 일이 잘된다는 말.

가황-고무(加黃-) [명][화] 생고무에 황을 섞고 가열하여 탄력성이 있게 한 고무.

가훈(家訓) [명] 한 집안의 생활 지침이나 교훈. 또는, 그것을 표현한 짧은 문구나 문장.

가:히(可-) [부] 말 그대로 틀림없이. 또는, 미루어 보건대 능히. ¶우리나라 기능공의 수준은 ~ 세계적이라 할 수 있다.

각[1](角) [명] 1 [수] 한 점에서 나간 두 개의 반직선으로 이루어지는 도형. 또는, 동일한 선에서 벌어져 나간 두 평면으로 이루어지는 도형. **2** [수] '각도1'의 준말. **3** 물건의 면과 면이 만나 이루어지는 모서리. 또는, 물건이 둥글지 않고 모를 이루는 것. ¶얼굴이 ~이 지다.

각²(角) [명][음] 오음(五音) 중 셋째 음.

각³(脚) [명] 짐승을 잡아 고기를 나눌 때, 전체를 몇 등분한 그 한 부분.

각을 뜨다 잡은 짐승을 머리·다리 등 몇 부분으로 나누다.

각⁴(刻) [명][의존] 지난날, 1일을 24시로 했을 때 1시간의 1/4에 해당하는 동안을 이르던 말. 곧, 1각은 15분이 됨.

각⁵(各) [관] 각각의. 또는, 낱낱의. ¶~ 행정 기관 / ~ 학교.

각-가지(各—) [—까—] [명] 각각의 여러 가지. [비]각종. ¶~ 상품 / ~ 음식.

각각(各各) [—깍] [부] 저마다 따로따로. ¶제~ / 우리는 생각이 ~ 달랐다.

각각-으로(刻刻—) [—깍—] [부] 일각일각(一刻一刻)마다. 또는, 시간이 가는 대로 자꾸자꾸.

각간(角干) [—깐] [명][역] 신라의 17관등 가운데 첫째 등급. =이벌찬.

각개(各個) [—깨] [명] 하나하나의 낱개. ¶~ 훈련 / ~의 의견.

각개^격파(各個擊破) [—깨—] [명][군] 적을 하나하나 따로따로 무찌름.

각-거리(角距離) [—꺼—] [명][물] 한 정점(定點)에서 두 점에 이르는 두 직선이 이루는 각도.

각계(各界) [—꼐/—께] [명] 사회의 각 분야. ¶~의 의견을 청취하다.

각계-각층(各界各層) [—꼐—/—께—] [명] 사회 각 방면의 여러 계층. ¶강연회에는 ~의 인사들이 모여들었다.

각고(刻苦) [—꼬] [명] 고생을 이겨 내며 몹시 애쓰는 것. ¶~의 노력을 기울이다.

각골-난망(刻骨難忘) [—꼴란—] [명] 은혜가 마음속에 깊이 새겨져 잊혀지지 않음. ¶선생님의 은혜 ~입니다.

각광(脚光) [—꽝] [명][연] 무대의 앞 아래쪽에서 비추는 광선.

각광(을) 받다 〔배우가 무대에서 각광을 받아 그 모습을 화려하게 드러내는 데에서〕 많은 사람들로부터 주목을 받다. ¶신형 차가 세계 시장에서 ~.

각국(各國) [—꾹] [명] 각 나라. ¶세계 ~.

각급(各級) [—끕] [명] 각각의 급. ¶~ 학교.

각기¹(各其) [—끼] Ⅰ[명] 저마다의 사람이나 사물.

Ⅱ[부] 각각 저마다.

각기²(脚氣) [—끼] [명][의] 비타민 B_1의 부족에서 오는 영양실조증의 하나. 다리가 붓는 등의 증상이 나타남. =각기병.

각-기둥(角—) [—끼—] [명][수] 밑면과 윗면은 다각형이고, 옆면은 사각형인 다면체.

각기-병(脚氣病) [—끼뼝] [명][의] =각기².

각다귀 [—따—] [명] **1** [동] 모기와 비슷하게 생겼으나, 모기보다 훨씬 크고 다리가 긴 곤충. 애벌레는 '머루'라고 함. **2** 남을 착취하여 먹고사는 사람의 비유.

각도(角度) [—또] [명] **1** [수] 각의 크기. 단위는 도·분·초·라디안. [준]각. **2** 사물에 대한 견해나 관점. ¶~를 달리하다.

각도-기(角度器) [—또—] [명] 각의 크기를 재는, 반원형의 투명 플라스틱 판. 각도를 눈금으로 표시했음. =분도기.

각력(脚力) [강녁] [명] **1** =다릿심. **2** 걷는 힘.

각론(各論) [강논] [명] 각 항목을 떼어 논하는 것. ↔총론.

각료(閣僚) [강뇨] [명] 내각을 구성하고 있는 각 장관.

각막(角膜) [강—] [명][생] 눈동자의 바깥벽 앞에 볼록하게 나와 있는 투명한 막.

각막-염(角膜炎) [강망념] [명][의] 각막에 염증이 생겨 각막이 흐려지는 병.

각목(角木) [강—] [명] 모가 지게 깎은 기다란 나무. 보통 단면이 사각형임. ¶손에 ~과 쇠파이프를 든 폭력배.

각박-하다(刻薄—) [—빠카—] [형][여] (세상 인심이) 사랑이나 인정을 베풀지 않아 메마르고 삭막하다. ¶어려운 이웃에 무관심한 **각박한** 세태.

각반(脚絆) [—빤] [명] 걸음을 걸을 때 가뜬하게 하려고 발목에서 무릎 아래까지 감는 띠. ¶~을 치다.

각방¹(各方) [—빵] [명] **1** 여러 방법이나 방면. ¶~으로 노력하다 / ~으로 수소문하다. ▷백방(百方). **2** 각각의 편.

각방²(各房) [—빵] [명] 한 집 안에서, 각각의 다른 방. ¶~거처 / 부부가 ~을 쓰다.

각-벌(各—) [—뻘] [명] 옷이나 서류 등의 따로따로의 한 벌.

각별-하다(各別—·恪別—) [—뻘—] [형][여] 마음을 쓰거나 주의를 기울이는 것이 남다르거나 두드러지게 강하다. ¶**각별한** 사이. **각별-히** [부] ¶이 점을 ~ 명심하여라.

각본(脚本) [—뽄] [명] **1** [연] 연극의 무대 장치 및 배우의 동작이나 대사 따위를 적은 글. =극본. **2** 미리 예정된 계획을 비유적으로 이르는 말. ¶일이 ~대로 잘되어 간다. **3** '영화 각본'의 준말.

각부(各部) [—뿌] [명] 어떤 하나에 딸린 각각의 부분. ¶신체 ~ / ~ 명칭.

각-뿔(角—) [명][수] 다각형의 각 변을 밑변으로 하고, 다각형의 평면 밖의 한 점을 공통의 꼭짓점으로 하는 여러 개의 삼각형으로 둘러싸인 입체.

각뿔-대(角—臺) [명][수] 각뿔의 윗부분을 밑면과 평행한 평면으로 자른 나머지 부분이 이루는 입체.

각상(各床) [—쌍] [명] 한 사람분씩 따로 차린 음식상. [비]외상. ↔겸상.

각색¹(各色) [—쌕] [명] **1** 각가지 빛깔. **2** 여러 가지. [비]각종. ¶각양~ / 가지~.

각색²(脚色) [—쌕] [명] **1** (어떤 소설이나 사건 등을) 연극·영화 등으로 만들기 위해 각본으로 고쳐 쓰는 일. **2** 흥미나 강한 인상을 주기 위하여 사실에 덧보태어 말하는 일. **각색-하다** [동][타][여] ¶소설을 방송극으로 ~. **각색-되다** [동][자]

각서(覺書) [—써] [명] **1** 의견이나 희망을 상대편에 전달하거나, 서로 확인하여 기억하기 위하여 적어 두는 문서. **2** 어떤 일의 이행을 약속하는 뜻으로 상대에게 주는 문서. **3** [정] 다른 나라에 대하여 자기 나라의 희망·의견을 적은 외교 문서.

각선-미(脚線美) [—썬—] [명] 여자 다리의 곡선이 가지는 시각적인 아름다움. ¶미끈한 ~. ▷곡선미.

각설(却說) [—썰] [부] 화제를 돌려 다른 말을 꺼낼 때, 말머리에 쓰는 말. 고대 소설에서 흔히 쓰던 말임. **각설-하다** [동][자][여] 《주로 '각설하고'의 꼴로 쓰여》 ¶자, **각설하고** 사업 얘기로 들어갑시다.

각설-이(却說—) [—썰—] [명] '장타령꾼'을

낮추어 이르는 말. ¶~ 때.
각설이^타령(却說─)[─썰─] 몡 =장타령.
각-설탕(角雪糖)[─썰─] 몡 정육면체의 덩어리로 된 설탕.
각성(各姓)[─썽] 몡 1 각기 다른 성씨. 2 성이 다른 각 사람.
각성²(覺醒)[─썽] 몡 1 깨어 정신을 차리는 것. 2 깨달아 아는 것. **각성-하다** 통⟨자⟩여 ¶잘못을 ~. **각성-되다** 통⟨자⟩
각성-제(覺醒劑)[─썽─] 몡⟨약⟩ 중추 신경계를 흥분시켜서 수면을 억제하고 피로감을 없애는 의약품. 상용하면 중독을 일으킴. 코카인·필로폰 따위.
각-속도(角速度)[─쏙또] 몡⟨물⟩ 물체가 회전 운동을 할 때의 그 회전의 속도.
각시[─씨] 몡 1 새색시나 아내를 예스럽게 이르는 말. 2 한복을 입고 머리를 틀어 맞은 조그맣게 만든 여자 인형. [閣氏는 취음]
각시-놀음[─씨─] 몡 여자 아이들이 각시 인형을 가지고 노는 놀음.
각심-이[─씸─] 몡 조선 시대에, 상궁이나 나인의 방에 딸려 잡역에 종사하던 여자 종.
각양-각색(各樣各色)[─쌕] 몡 서로 다른 각각의 모양. ¶~의 민속 의상.
각오(覺悟) 몡 1 (어렵거나 괴로운 일을) 마음을 단단히 먹고 받아들이거나 해낼 작정을 하는 것. ¶~가 서다. 2 도리를 깨쳐 아는 것. **각오-하다** 통⟨자⟩여 ¶그만한 고생은 ~하고 있다.
각운(脚韻) 몡⟨문⟩ 시가(詩歌)에서, 구(句) 나 행의 끝에 같은 울림의 말을 반복하는 압운법. ▷두운·요운.
각의(閣議)[─의/─이] 몡 내각이 그 직무를 수행하기 위하여 개최하는 회의.
각인(刻印) 몡 1 도장을 새기는 것. 새겨 만든 도장. 2 (주로, '되다'와 결합하여) (어떤 일이 마음속이나 머릿속에) 오래 잊히지 않게 되는 것. **각인-하다** 통⟨자⟩여 **각인-되다**⟨자⟩
각인-각색(各人各色)[─쌕] 몡 사람마다 모두 다름. ¶성격과 취향이 백이면 백 ~이다.
각인-각설(各人各說) 몡 사람마다 주장하는 의견이나 설(說) 이 모두 다름.
각자(各自)[─짜] Ⅰ 몡 각각의 자기.
 Ⅱ 뮈 저마다 따로따로. 톈제각기. ¶필기 도구는 ~ 지참할 것.
각자²(覺者)[─짜] 몡⟨불⟩ 수행을 하여 우주와 인생의 진리를 깨달은 사람. 곧, 부처를 이름.
각자^병서(各自並書)[─짜─] 몡⟨언⟩ 같은 자음 두 글자를 가로로 나란히 붙여 쓰는 일. ㄲ·ㄸ·ㅃ·ㅆ·ㅉ 따위. ↔합용병서.
각재(角材)[─째] 몡 모가 지게 켠 재목. ≒통나무. ▷각목.
각종(各種)[─쫑] 몡 여러 가지. 여러 종류. ¶~ 도서/~ 경기.
각주(脚註)[─쭈] 몡 책의 본문 아래쪽에 작은 활자로 쓴 주해(註解). ↔두주.
각주구검(刻舟求劍)[─쭈─] 몡 (배를 타고 가다 물속에 칼을 빠뜨리고는 나중에 찾기 위해 배가 움직인 것은 생각하지 않고 뱃전에 표시를 해 두었다는 고사에서) 시세의 변천도 모르고, 낡은 것만 고집하는 어리석음을 비유한 말.

각지¹(各地)[─찌] 몡 각 지방. 톈각처. ¶세계 ~ / ~를 떠돌아다니다.
각지²(各紙)[─찌] 몡 각자의 신문. 또는, 여러 신문. ¶그 사건은 도하(都下) ~에 일제히 보도되었다.
각질(角質)[─찔] 몡⟨생⟩ 비늘·털·뿔·부리 등을 형성하는, 케라틴으로 이루어진 단단한 물질.
각처(各處) 몡 세상의 여러 곳. 톈각지(各地). ¶세계 ~에서 사람들이 모여든다.
각축(角逐) 몡 서로 이기려고 다투는 것. ¶~을 벌이다.
각축-장(角逐場)[─짱] 몡 각축을 벌이는 곳. ¶17세기 이후 아시아는 유럽 열강의 ~이 되었다.
각축-전(角逐戰)[─쩐] 몡 승부를 겨루는 싸움. ¶월드컵을 놓고 ~을 벌이다.
각층(各層) 몡 1 각각의 계층. 또는 여러 계층. ¶각계~. 2 각각의 등급.
각칙(各則) 몡⟨법⟩ 법률·명령·규칙·조약 등에서, 다른 부분에 적용되지 않고 특정한 경우에만 적용되는 것으로 규정한 부분. ↔총칙.
각탕(脚湯) 몡 온몸을 담그지 않고 무릎 아랫부분만 뜨거운 물에 담그는 방식의 목욕.
각피(角皮) 몡⟨생⟩ =큐티클라층.
각하¹(却下) 몡⟨가카⟩ 몡⟨법⟩ 법원이 소송의 신청이 절차법상 맞지 않는다고 판단하여 소송을 물리치는 일. ▷기각. **각하-하다** 통⟨타⟩여 ¶소송을 ~. **각하-되다** 통⟨자⟩
각하²(閣下)[가카] 몡 특정한 고급 관료에 대한 경칭. 우리나라에서는 대통령·장관·군 장성 등에 대해 사용해 왔으나, 근래에 들어 공식적으로는 더 이상 쓰이지 않게 되었음.
각혈(咯血)[가켤] 몡⟨의⟩ 폐병 따위로 폐·기관지 점막 등에서 피를 토하는 것.
각형(角形)[가켱] 몡 1 각(角) 이 진 모양. 2 뿔 모양.
각화(角化)[가콰] 몡 1⟨동⟩ 척추동물의 표피가 각질을 많이 포함하는 조직으로 변화하는 일. 2⟨식⟩ 잎·줄기·열매 따위의 표피가 굳어지는 일.
간¹ 몡 1 소금 성분이 있는 물질. ¶~이 배다. 2 짠맛의 정도. ¶~을 맞추다.
간²(刊) 몡 (연도나 출판사를 나타내는 말 뒤에 쓰여) '간행'의 뜻을 나타내는 말. ¶2004년 ~ / 금성 출판사 ~ 국어사전.
간³(肝) 몡⟨생⟩ 사람을 비롯한 척추동물의 횡격막 오른쪽 아래에 있는 붉은 갈색의 내장. 쓸개즙을 만들고, 해독 작용을 함. =간장(肝臟).
[간에 붙었다 쓸개에 붙었다 한다] 자기에게 이로우면 지조 없이 이편에 붙었다 저편에 붙었다 한다. [간이라도 빼어 먹이겠다] 아주 친한 사이가 되어 네 것 내 것을 가리지 않고 무엇이라도 다 내어 줄 것 같음을 이르는 말.
간(이) 뒤집히다 까닭 없이 자꾸 웃음을 나무라는 말.
간(이) 떨어지다 순간적으로 몹시 놀라다. ¶에구머니, **간 떨어지겠네**. 왜 소리 지르고 그래?
간(이) 붓다 분수에 넘는 행동이나 겁 없이 무모한 짓을 하는 것을 힐난조로 이르는 말.
간에 기별도 안 가다 먹은 것이 너무 적어 먹으나 마나 하다.

16_간

간을 녹이다 1 몹시 애타게 하다. 2 사람의 마음이 매혹되게 하다.
간이 서늘하다 위험하고 두려워 매우 놀라다.
간이 좁아들다 두려워 심리적으로 위축되다.
간이 콩알만 해지다 몹시 두려워지거나 무서워지다.
간(이) 크다 무서워하거나 꺼리지 않고 마구 하는 대담함이 있다. ¶그런 엄청난 일을 벌이다니 간이 크구나. ▷담(이)큰. ➡간(膽)⁵.

간⁴(間) 圀 '칸'의 잘못.
간⁵(間) 圀(의존) 1〈하나의 명사 또는 2개 이상 명사가 나열된 다음에 쓰이어〉 그 명사가 뜻하는 대상들끼리의 '사이'임을 뜻하는 말. ¶국가 ~ / 부모와 자식 ~ / 서울과 부산 ~. 2〈'-든(지) -든(지)···, -[건] -거나[건] 다음에 '-간에'의 꼴로 쓰이어〉 어느 경우든지 관계없이거나 문제가 되지 않음을 나타내는 말. ¶좋든지 싫든지 ~에 일단 해 보아라.
간⁶(間) 圀(의존) 1 길이 단위의 하나. 한 간은 여섯 자(1.81818미터)에 해당함. 2 넓이 단위의 하나. 건물 칸살의 넓이를 잴 때 쓰는 것으로, 한 간은 여섯 자 제곱의 넓이임.
-간⁷(間) 젭미 1 둘 이상의 대상을 가리키는 일부 명사에 붙어, 그것을 이루는 대상들끼리의 관계로서의 '사이'임을 뜻하는 말. ¶부자~ / 남녀 ~ / 피차 ~. 2 시간적 길이를 나타내는 말 다음에 붙어, 그 만큼의 시간이 지속됨을 나타내는 말. ¶이틀 ~ / 한 달 ~. 3 주로 양쪽으로 대립되는 개념을 가진 한자어에 붙어, 어느 경우든지 관계없이나 문제가 되지 않음을 나타내는 말. ¶가부 ~ / 조만 ~. 4 일부 명사나 어근적 한자어에 붙어, 그런 특성이 있거나 그런 용도로 쓰이는 구조물임을 나타내는 말. ¶헛 ~ / 방앗 ~.
간:간(間間) 圀 '간간이'의 준말.
간:간-이(間間-) 囝 1 시간적인 사이를 두고 이따금씩. ¶~ 들려오는 기적 소리. 2 듬성듬성 사이를 두고. ¶산골짜기에 농가가 ~ 눈에 띄다. ⓐ간간.
간간-하다 혱여 〈음식이〉 입맛에 맞게 약간 짜다. ¶국이 ~. **간간-히** 囝
간격(間隔) 圀 1 둘 이상의 대상이 놓이거나 벌어지거나 세워지거나 할 때, 그 대상과 대상이 서로 떨어져 있는 거리. ¶~사이·틈. ¶앞사람과의 ~을 좁히다. 2 어떤 일이 이루어지고 그다음 일이 이루어지기까지의 시간적 길이. ¶1시간 ~으로 차가 출발한다. 3 사람들 사이의 관계에서의 심리적 거리감. ¶그들은 싸운 뒤로 ~이 생겼다. 4 사물 사이의 동떨어진 관계. ¶그 일은 현실과 상당한 ~이 있다.
간결-체(簡潔體) 圀[문] 내용을 압축하여 간결하게 표현한 문체. ↔만연체.
간결-하다(簡潔-) 혱여 〈글이나 표현, 구성 등이〉 군더더기 없이 짧거나 단출하고로 이뤄진 상태이다. ¶간결한 문체.
간경-도감(刊經都監) 圀 조선 세조 7년(1461)에 불경을 번역하기 위하여 설치했던 기관.
간:경변-증(肝硬變症) 圀[의] 간이 굳어지면서 오그라드는 병. 복수(腹水)가 생기고, 빈혈·황달·전신 쇠약 따위의 증세가 나타남.

간계(奸計/-計) 圀 남을 해치려고 하는 나쁜 꾀. ¶~에 빠지다.
간:곡-하다(懇曲-) [-고카-] 혱여 〈하는 일이〉 간절하고 정성스럽다. ¶간곡한 부탁. **간:곡-히** 囝 ~ 만류하다.
간곳-없다 [-곧업따] ➡간데없다.
간:과¹(干戈) 圀 1 전쟁에 쓰는 병기의 총칭. 2 전쟁 또는 병란의 비유.
간과²(看過) 圀 〈어떤 일이나 문제점을〉 마땅히 주의를 기울여 살펴야 함에도 대수롭지 않게 보아 넘기는 것. **간과-하다** 통타예 ¶최근의 사회 혼란은 결코 간과하지 못할 상태이다.
간:괘(艮卦) 圀 8괘의 하나. 상형은 '☶'으로, 산을 상징함.
간교(奸巧) 圀 간사하고 교활한 것. **간교-하다** 혱여 **간교-히** 囝
간:구(懇求) 圀 간절히 구하는 일. **간:구-하다** 통타예 ¶우리를 죄에서 구해 주실 것을 간구하나이다.
간-국 [-꾹] 圀 1 짠맛이 우러난 물. =간물. 2 때와 땀이 섞여 더럽게 옷에 밴 것. ¶~이 흐르는 잠바.
간균(杆菌) 圀 [생] 막대 모양 또는 타원형의 세균. 디프테리아균·장티푸스균·결핵균 따위.
간극(間隙) 圀 1 사물 사이의 틈. ¶~을 메우다. 2 사귀는 사이나 의견 등에서 생기는 틈. ¶형제간에 ~이 벌어지다.
간-기(-氣) [-끼] 圀 짠 기운.
간:뇌(間腦) [-뇌/-눼] 圀 [생] 척추동물에서, 좌우의 대뇌 반구와 중뇌 사이에 있는 대뇌 부분.
간:-니 圀 젖니가 빠진 뒤 그 자리에 나는 이. ▷영구치.
간단명료-하다(簡單明瞭-) [-뇨-] 혱여 간단하면서도 분명하고 똑똑하다. ¶질문에 간단명료하게 답하시오.
간단-하다(簡單-) 혱여 1 〈내용이〉 기본적 요소만 있어 단순하다. ¶구조가 ~. 2 정식으로 또는 제대로 갖추지 않아 간편하다. ¶간단한 옷차림. 3 〈일이〉 예사롭고 쉽다. ¶일이 그렇게 간단하지 않다. **간단-히** 囝 ¶용건만 ~ 말하시오.
간:담이 서늘하다 두려움이 느껴지는 상태에 있다. ¶벼랑 아래를 보니 ~.
간:담-회(懇談會) [-회/-훼] 圀 정답게 서로 이야기하는 모임.
간당-간당 囝 간당거리는 모양. **간당간당-하다** 혱여
간당-거리다/-대다 통자 작은 물체가 매달려 가볍게 자꾸 흔들리다.
간:-덩이(肝-) [-떵-] 圀 '간(肝)³'을 되게 일컫는 말.
간덩이(가) 붓다 '간(이) 붓다'를 더욱 비속하게 이르는 말. ¶간덩이가 부었지, 예가 어디라고 들어와?
간데-없다 [-업따] 혱여 감쪽같이 자취를 감추어 어디로 갔는지 알 수가 없다. =간곳없다.
간데-족족 [-쪽-] 囝 가는 곳마다 모조리.
간:도(間島) 圀 중국 만주의 동남부 지역. 중국어로는 젠다오.
간:-동맥(肝動脈) 圀 [생] 내장 동맥에서 오른쪽으로 고부라져 간 속으로 들어가는 동맥망.
간:-두다 통타 '그만두다'의 준말. ¶직장을 ~ / 하기 싫으면 간둬!

간두지세(竿頭之勢) 圐 [대막대기 끝에 선 형세라는 뜻] 몹시 위태로운 형세.
간드러-지다 阌 예쁘고 맵시 있게 가늘고 부드럽다. ¶간드러진 웃음소리.
간들-간들 男 간들거리는 모양. 튄건들건들. **간들-간들하다** 阌(여)짜

간들-거리다/-대다 짜(여) 1 (바람이) 부드럽게 살랑살랑 불다. ¶간들거리는 봄바람. 2 (사람이) 간드러진 태도로 되바라지게 행동하다. 3 (작은 물체가) 이리저리 가볍게 자꾸 흔들리다. ¶코스모스가 바람에 ~. 튄건들거리다.

간디[1], 모한다스 카람찬드(Gandhi, Mohandas Karamchand) 圐[인] 인도의 민족 운동 지도자(1869~1948).

간디[2], 인디라(Gandhi, Indira) 圐[인] 인도의 정치가·수상(1917~1984).

간:-디스토마(肝distoma) 圐[동] 몸길이 10~25mm의 납작하고 긴 나뭇잎 모양의 기생충. 사람·개 등의 간에 기생함.

간디즘(Gandhiism) 圐 인도의 간디가 반영(反英) 항쟁에 내건, 불복종·비협력·비폭력주의적 무저항주의.

간략-하다(簡略-) [갈랴카-] 阌(여) (내용이) 기본적 요소만 남아 최소로 준 상태에 있다. ¶내용이 ~. **간략-히** 閍

간-마이(間-) 圐 '칸막이'의 잘못.

간만(干滿) 圐[지] 밀물과 썰물. ¶~의 차.

간명-하다(簡明-) 阌(여) (내용이) 간결하고 분명하다. 闬간단명료하다. ¶간명한 설명.

간-물 圐 1 소금기가 섞인 물. 2 =간수1.

간!발(間髮) 圐 ['발과의 차[차이]'의 뜻으로 쓰여] 어떤 차이로 일이 되고 안 되고가 아슬아슬하게 판가름 날 때, 그 차이가 '극히 미미한 정도'임을 나타내는 말. ¶급히 갔으나 ~의 차로 열차를 놓치고 말았다.

간-밤 圐 =지난밤.

간!벌(間伐) 圐 삼림이나 수목 농장에서, 주된 나무의 성장을 돕기 위하여 빽빽하게 자란 곳이나 불필요한 나무를 잘라 내어 적당한 간격을 두는 일. =솎아베기. **간!벌-하다** 围(여)

간병(看病) 圐 병자나 다친 사람의 곁에서 보살피며 바라지를 해 주는 것. 闬병구완·간호. **간병-하다** 围(여)

간병-인(看病人) 圐 환자를 보살피고 시중드는 사람. 특히, 직업적으로 종사하는 사람을 가리킴.

간부(幹部) 圐 단체나 조직체에서, 어느 등급의 직위를 가지고 그 범위의 책임을 맡은 사람. ¶~ 사원 / ~ 회의.

간부^후보생(幹部候補生) 圐[군] 장교가 되기 위해 정규 육군학교 이외의 기관에서 단기 교육 과정을 밟는 대상.

간!빙-기(間氷期) 圐[지] 두 빙기(氷期) 사이에 끼어 있는, 기후가 온난한 시기. ↔빙기.

간사[1](奸詐) 圐 제 잇속을 차리기 위하여 교활하게 알랑거리는 것. 또는, 그 성질. ¶~를 부리다 / ~를 떨다.

간사[2](幹事) 圐 단체의 일을 맡아서 처리하는 직위. 또는, 그 직무에 있는 사람.

간사-스럽다(奸詐-) [-따] 阌(ㅂ) 〈-스러우니, -스러워〉 1 간사한 데가 있다. 2 지나치게 붙임성이 있고 아양을 떠는 데가 있다.

간사-하다[1](奸邪-) 围(여) 잔꾀와 거짓이 많고 행실이 바르지 못하다.

간사-하다[2](奸詐-) 围(여) 제 잇속을 차리기 위해 알랑거리고 교활함이 있다. ¶간사한 웃음을 흘리다.

간상-세포(杆狀細胞) 圐[생] 척추동물의 눈의 망막에 있는 막대 모양의 세포. 명암을 느끼는 작용을 함. ▷원추 세포.

간색[1](看色) 圐 1 물건의 질을 가리기 위하여 본보기로 그 일부를 보는 것. 2 여러 가지 물건을 갖추어 보이려고 눈비음으로 내놓는 물건.

간!색[2](間色) 圐 1 삼원색과 흰색·검은색 이외의 색. 또는, 원색을 혼합하여 만든 색. 2 화면상의 조화를 위해 밝은 부분과 어두운 부분을 부드럽게 이어 주는 색.

간:-석기(-石器) [-끼] 圐[고] 돌을 갈아서 만든, 신석기 또는 청동기 시대의 석기. 돌칼·돌도끼·돌살촉 등이 있음. =마제 석기. ▷뗀석기.

간석-지(干潟地) [-찌] 圐 밀물 때 잠기고 썰물 때 드러나는 바닷가의 평평한 땅. 闬갯벌. ▷간척지.

간!선[1](間選) 圐[정] '간접 선거'의 준말. ↔직선.

간선[2](幹線) 圐 도로·철도·전신 등의 주요 구간 사이를 연결하는 선. 闬본선. ¶~ 도로[철도]. ↔지선(支線).

간섭(干涉) 圐 1 (남의 일을[에], 또는 어느 사람에게) 이래라저래라 하면서 영향을 주려고 하는 것. 闬참견. ¶내정 ~. 2 [물] 둘 이상의 같은 종류의 파동이 한 지점에서 만났을 때, 서로 겹쳐서 파동을 강하게 하거나 약하게 하는 일. **간섭-하다** 围(여) ¶사생활을 ~.

간성(干城) 圐 ['방패와 성'의 뜻] 나라를 지키는 군인.

간소-하다(簡素-) 阌(여) 간략하고 수수하다. ¶간소 옷차림.

간소-화(簡素化) 圐 복잡한 것을 간략하게 하는 것. ¶절차의 ~. **간소화-하다** 围(여) ¶업무를 ~. **간소화-되다** 围(자)

간수[1] 圐 (어떤 물건을 어느 곳에) 일정한 동안 두어 없어지지 않게 하는 것. 闬간직·보관. **간수-하다** 围(여) ¶패물을 장롱 속에 ~.

간수[2](-水) 圐 소금이 습기를 빨아들여 녹아 나오는 쓰고 짠 물. 두부를 만들 때에 씀.

간수[3](看守) 圐 1 (어떤 대상을) 보살펴 지키는 것. 2 '교도관'의 구칭. 3 철도 건널목에서 차단기를 올리고 내리는 일을 하면서 사고가 나지 않게 관리하는 사람. 闬건널목지기.

간!식(間食) 圐 끼니 외에 먹는 음식.

간!식-거리(間食-) [-꺼-] 圐 간식이 될 만한 대상.

간신(奸臣) 圐 간사한 신하. ¶~배(輩).

간신-히(艱辛-) 閍 힘들게 겨우. ¶대학에 ~ 합격하다.

간악무도-하다(奸惡無道-) [-앙-] 阌(여) 간악하고 무지막지하다. ¶간악무도한 인신매매법.

간악-하다(奸惡-) [-아카-] 阌(여) 간사하고 악독하다. ¶간악한 무리.

간!암(肝癌) 圐[의] 간에 생기는 암.

간!언[1](間言) 圐 두 사람 사이를 이간하는 말. ¶~을 놓다.

간!언[2](諫言) 圐 웃어른이나 임금에게 옳지 못하거나 잘못된 일을 고치도록 하는

말.

간여(干與) [명] (어떤 일에) 끼어들어 참견하는 것. ▷관여. **간여-하다** [동][자][여] ¶내 일에 **간여하지** 마라.

간ː염(肝炎) [명][의] 간에 염증이 생기는 질환의 총칭. 황달·구토·식욕 부진 등의 증세를 보임. ¶~ 백신 / B형 ~.

간웅(奸雄) [명] 간사한 꾀가 있는 영웅.

간ː유(肝油) [명][약] 대구·연어 등의 신선한 간에서 얻은 지방유. 비타민 A·D가 많이 들어 있어 눈의 영양제로 쓰임.

간ː-유리(-琉璃) [-뉴-] [명] 한쪽 면을 갈아서 반투명하게 만든 유리.

간ː음(姦淫) [명] 배우자가 아닌 남자나 여자와 성교하는 일. 법률적으로는 강간도 포함됨. **간ː음-하다** [동][자][여]

간ː의(簡儀) [-의/-이] [명][역] 조선 세종 14년(1432)에 이천·장영실 등이 만든, 천체와 기상 현상을 관측하던 기계.

간ː이(簡易) [명] 《일부 명사 앞에 쓰여》 사물의 내용이나 형식을 정식의 것보다 줄이거나 간단하게 하여 이용하기에 쉽거나 편리하게 한 상태. ¶~매점 / ~ 화장실.

간ː이-역(簡易驛) [명] 열차 운행상 필요한 철도역의 하나. 역장·운전 취급자 등이 배치되지 않고 정차만 하는 역.

간ː인(間印) [명] 한데 묶은 서류의 종잇장 사이에 걸쳐 도장을 찍는 일. 또는, 그 도장. ▷계인(契印).

간장[1](-醬) [명] 음식의 간을 맞추는 데 쓰는, 짜고 특유한 맛이 있는 검붉은 액체. ¶~을 달이다. [준]장.

간장[2](肝腸) [명] 《'녹다', '타다' 등 일부 동사와 함께 쓰여》 '애' 또는 '마음'을 뜻하는 말.

간장을 녹이다 1 감언이설·아양 등으로 상대방의 환심을 사다. ¶그녀의 눈웃음이 사내들의 **간장을 녹인다**. 2 몹시 애타게 하다.

간장을 태우다 애를 태우다.

간ː장[3](肝臟) [명][생] =간(肝)[3].

간ː쟁(諫爭·諫諍) [명] 어른이나 임금에게 옳지 못하거나 잘못된 일을 고치도록 간절히 말하는 것.

간ː절-하다(懇切-) [형][여] 1 (태도가) 정성스럽고 간곡하다. ¶**간절한** 부탁. 2 (바람이나 욕망 등이) 강하고 절실하다. ¶술 생각이 ~. **간ː절-히** [부] ¶~ 원하다.

간ː접(間接) [명] 어떤 일이 중간에 다른 것이 끼여 그것을 통하여 이루어지는 상태. ¶~ 효과. ↔직접.

간ː접^경험(間接經驗) [-껑-] [명] 직접 체험하지 않고, 언어나 문자 따위의 중간 매개를 통하여 얻는 경험.

간ː접^높임말(間接-) [-점-] [명][언] 높임을 받는 대상과 관계있는 인물이나 소유물 등을 높이는 말. '진지' 따위. ▷직접 높임말.

간ː접^무ː역(間接貿易) [-점-] [명][경] 제3국을 통하거나 또는 외국인이나 외국 상사를 통하여 하는 무역.

간ː접^사ː실(間接事實) [-싸-] [명][법] 권리의 발생·소멸이나 범죄 구성의 요건이 되는 주요 사실을 간접적으로 증명해 주는 사실. 알리바이가 그 예임. =징빙.

간ː접^선ː거(間接選擧) [-썬-] [명][법] 일반 유권자에 의해 선출된 선거인이 투표로 당선자를 결정하는 제도. 미국의 대통령 선거 따위. [준]간선. ↔직접 선거.

간ː접-세(間接稅) [-쎄] [명][법] 세금을 내는 사람과 실제로 부담하는 사람이 일치하지 않는 조세. 특별 소비세·부가 가치세·주세 따위. ↔직접세.

간ː접-적(間接的) [-쩍] [관][명] 간접으로 하는 (것). ¶정보를 ~으로 입수하다. ↔직접적.

간ː접^조ː명(間接照明) [-쪼-] [명] 광원(光源)에서 나오는 빛을 일단 벽이나 천장으로 비추고 그 반사광만을 이용하는 조명.

간ː접^프리^킥(間接free kick) [명][체] 축구에서, 프리 킥 한 공이 찬 선수 이외의 선수에게 닿은 후가 아니면 골인이 되어도 인정되지 않는 프리 킥.

간ː접^화법(間接話法) [-저퐈뻡] [명][언] 남의 말을 옮길 때 말하는 사람의 입장에서 인칭이나 시제 따위를 고쳐서 말하는 화법. ↔직접 화법.

간ː접-흡연(間接吸煙) [-저프-] [명] 비흡연자가 흡연자의 담배 연기를 들이마시게 되는 것.

간ː-정맥(肝靜脈) [명][생] 척추동물의 간에 들어온 혈액을 심장으로 보내는 정맥.

간조(干潮) [명][지] 해수면이 하루 중 가장 낮아진 상태. ↔만조.

간종-그리다 [동][타] 흐트러진 일이나 물건을 가닥가닥 골라서 가지런하게 하다. ¶널려 있는 서류 더미를 ~.

간주(看做) [명] (대상을 어떤 부류나 범위에 속한 것 또는 어떤 성질을 띤 것으로) 생각하거나 판단하는 것. **간주-하다** [동][타][여] ¶결시자(缺試者)는 불합격으로 **간주함**. **간주-되다** [동][자]

간ː주-곡(間奏曲) [명][음] 1 오페라나 극음악의 막과 막 사이에 연주되는 짧은 기악곡. 2 다악장 형식의 기악곡에서 악장 사이에 삽입되는 소곡.

간증(干證) [명][기] 기독교인이 특별한 신앙적 체험을 공개적으로 밝히는 것. ¶신앙 ~.

간지[1](干支) [명] 천간(天干)과 지지(地支). 곧, 갑(甲)·을(乙)·병(丙)·정(丁)·무(戊)·기(己)·경(庚)·신(辛)·임(壬)·계(癸)의 10간(干)과, 자(子)·축(丑)·인(寅)·묘(卯)·진(辰)·사(巳)·오(午)·미(未)·신(申)·유(酉)·술(戌)·해(亥)의 12지(支).

간ː지[2](間紙) [명] 1 [출] 건조가 잘 안 된 인쇄면이 다른 지면에 붙지 않게 하기 위하여 사이에 끼우는 얇은 종이. 2 신문에 끼워 넣는, 별도의 낱장으로 된 인쇄물.

간지럼 [명] 《주로, '타다', '태우다'와 함께 쓰여》 몸의 예민한 곳을 뭔가로 살살 자극했을 때 간지러워 몸이 움츠러드는 느낌. ¶~을 타다〔태우다〕.

간지럽다[-따] [형][ㅂ] <간지러우니, 간지러워> 1 무엇이 살갗에 살살 닿을 때처럼 스멀거리는 느낌이 있다. 또는, 그 느낌 때문에 웃음이 나오려고 하거나 몸이 움츠러져 견디기 어렵다. ¶봄바람이 살랑살랑 얼굴을 **간지럽게** 스친다. 2 《주로, '얼굴', '낯' 등과 함께 쓰여》 어색하거나 부끄럽다. ¶난 낯이 **간지러워** 그런 거짓말은 못 해요. 3 놀리거나 움직여서 무엇을 하고 싶어 안타깝다. ¶왜 날 때리고 싶어 주먹이 **간지럽니**? [큰]근지럽다.

간지럽-히다 [동][타] 간지럽게 하다.

간지르다 [동][타] '간질이다'의 잘못.

간직 뗑 1 (어떤 물건을) 오랫동안 잃어버리지 않고 가지는 것. 2 (마음에 생각이나 기억을) 오랫동안 잊지 않고 가지는 것. **간직-하다** 톙(타)(여) ¶아버지의 유품이니 소중히 **간직하여라**. **간직-되다** 톙(자)

간:질(癎疾) 뗑(의) 뇌의 장애로, 갑자기 의식을 잃고 쓰러져 몸이 굳어지며 손발을 떠는 증세를 일으키는 병. ⇒간질병.

간질-간질 뗑 간질거리는 모양. ⇒근질근질. **간질간질-하다** 톙(자)(여) ¶콧구멍이 ~.

간질-거리다/-대다 톙 1(자) 간지러운 느낌이 자꾸 나다. ⇒근질거리다. 2(타) 자꾸 간질이다.

간:질-병(癎疾病) [-뼝] 뗑(의) =간질.
간질-이다(癎疾-) 톙(타) 간지럽게 하다. ¶겨드랑이를 ~. =간지럽히다. ✕간지르다.

간척(干拓) 뗑(지) 호수나 바닷가에 제방을 만들고 그 안의 물을 빼내어 육지나 경지를 만드는 것. ¶~ 사업. **간척-하다** 톙(타)(여)

간척-지(干拓地) [-찌] 뗑 바다나 호수 등을 둘러막고 물을 뺀 뒤 농경지·산업 부지 등으로 만든 땅. ⇒간석지.

간첩(間諜) 뗑 국가나 단체의 비밀을 몰래 탐지·수집하여 대립 관계에 있는 국가나 단체에 제공하는 사람. =스파이. ⓑ 밀정. 첩자.

간:청(懇請) 뗑 간절히 청하는 것. 또는, 그 청. ¶네 --이니 들어주겠다. **간:청-하다** 톙(타)(여)

간체-자(簡體字) 뗑 중국에서 문자 개혁에 따라 복잡한 자형을 간단하게 고친 한자. '雲'을 '云'으로 쓰는 따위.

간-추리다 톙(타) 1 (내용을) 중요한 점만 골라서 알기 쉽게 줄이다. ¶이 글의 요점을 **간추려** 보아라. 2 흐트러진 것을 가지런히 바로잡다. ¶서류를 ~.

간취(看取) 뗑 (사정이나 마음 등을) 살펴서 알아차리는 것. **간취-하다** 톙(타)(여) ¶상대의 꿍꿍이셈을 ~. **간취-되다** 톙(자)(여)

간:택(揀擇) 뗑(역) 임금·왕자·왕녀의 배우자를 고르는 일. ¶~령. **간:택-하다** 톙(타)(여) ¶세자빈을 ~. **간:택-되다** 톙(자)(여)

간:통(姦通) 뗑 (어떤 사람이 남의 배우자와) 성 관계를 맺는 것. **간:통-하다** 톙(자)(여)

간:통-죄(姦通罪) [-쬐/-쮀] 뗑(법) 간통에 의하여 성립하는 죄. 배우자의 고소에 의하여 성립되는 친고죄의 하나임.

간파(看破) 뗑 (상대의 마음속을) 꿰뚫어 보고 알아내는 것. **간파-하다** 톙(타)(여) ¶흉계를 ~.

간판(看板) 뗑 1 상점·기업체·기관 등에서, 그 이름·판매 상품 따위를 써서 사람들의 눈에 잘 띄도록 걸거나 붙이는 표지 (標識). ¶~을 내걸다. 2 특히, 영화 따위를 소개하는 대형의 그림. 3 대표로 내세울 만한 사람. ¶~선수. 4 (속) 외모, 특히 얼굴의 생김새. 5 (속) 내세울 만한 학벌. ¶~을 따려고 대학을 가다.

간판-스타(看板star) 뗑 어떤 분야를 대표할 만한 최고 수준의 기량을 갖춘 사람. ¶한국 축구계의 ~.

간편-하다(簡便-) 톙(여) 간단하고 편리하다. ¶활동하기에 **간편한** 옷. **간편-히** 톙

간-하다[1] 톙(타) 1 음식에 맞을 만큼 간을 치다. 2 생선·채소 따위를 소금에 절이다. ¶생선을 **간하여** 저장하다.

간:-하다[2] (諫-) 톙(타)(여) (어른이나 임금에게 옳지 못하거나 잘못된 일을) 고치도록 말하는 것. ¶임금에게 실정을 ~.

간행(刊行) 뗑 (서적 따위를) 인쇄하여 세상에 널리 펴는 것. ⓑ 출판. **간행-하다** 톙(타)(여) ¶시집을 ~. **간행-되다** 톙(자)

간행-물(刊行物) 뗑 간행한 출판물.

간:헐(間歇) 뗑 어떤 현상이 얼마 동안의 시간 간격을 두고 되풀이되는 것. ¶~온천.

간:헐-적(間歇的) [-쩍] 관형 어떤 현상이 얼마 동안의 시간 간격을 두고 되풀이되는 (것). ¶포성이 ~으로 들려온다.

간호(看護) 뗑 (환자나 부상자를) 보살펴 돌보는 것. ¶병~. **간호-하다** 톙(타)(여)

간호-부(看護婦) 뗑 예전에, 여자 간호사를 이르던 말.

간호-사(看護師) 뗑 법정 자격을 가지고 의사의 진료를 돕고 환자를 간호하는 사람. 구칭은 간호원.

간호-원(看護員) 뗑 '간호사'의 구칭.

간호-조무사(看護助務士) 뗑 간호 및 진료 업무를 보조하는 사람. 구칭은 간호보조원.

간:혹(間或) 뛴 어쩌다가 간간이. ¶함께 살다 보면 ~ 싸울 때도 있다.

간화-선(看話禪) 뗑(불) 화두(話頭)를 근거로 하여 수행하는 방법의 참선. 모든 의심을 한곳에 집중하여 마음이 흩어지지 않도록 하는 것이 수행의 핵심임. =공안조선. ↔묵조선.

간흉(奸凶) 뗑 간사하고 흉악한 사람.

간-힘 뗑 숨 쉬는 것도 억지로 참으면서 고통을 이겨 내려고 애쓰는 힘. ¶~을 주다. ▷안간힘.

갇히다[가치-] 톙(자) '가두다'의 피동사. ¶새장 속에 **갇힌** 새 / 감옥에 **갇힌** 죄수.

갈[1] '가을'의 준말.

갈:-가리 뛴 '가리가리'의 준말. ¶종이를 ~ 찢어 버리다.

갈겨-쓰다 톙(타) 〈--쓰니, --써〉 (글씨를) 아무렇게나 마구 쓰다.

갈:고-닦다 [-닥따] 톙(타) 학문이나 재주 등을 힘써 배우고 익히다. ¶그동안 **갈고 닦은** 실력을 발휘하다.

갈고랑-쇠 [-쇠/-쉐] 뗑 둥글게 꼬부라지고 끝이 뾰족한 쇠.

갈고랑-이 뗑 =갈고리.

갈고리 뗑 1 무엇을 걸거나 달 수 있도록, 둥글게 꼬부려 끝을 뾰족하게 만든 물건. 주로 쇠로 만듦. ¶정육점의 ~에 매달려 있는 고깃덩어리. 2 긴 나무 자루에 둥글게 구부러지고 끝이 뾰족한 쇠를 박은 물건. 주로 물건을 찍어 올리는 도구로 사용됨. =갈고랑이.

갈고리-눈 뗑 위로 째진 눈.

갈고리-못 [-몯] 뗑 1 대가리가 'ㄱ' 자 모양으로 꼬부라진 못. 2 양 끝이 뾰족한 'U' 자형 못.

갈고리-표(-標) 뗑(출) '§'의 이름. 문장의 한 편을 여러 단락으로 나눌 때, 새 단락의 첫머리에 쓰임.

갈구(渴求) 뗑 몹시 애타게 구하는 것. **갈구-하다** 톙(타)(여) ¶자유를 / 사랑을 ~.

갈근(葛根) 뗑(한) '칡뿌리'를 한의학에서 이르는 말. ¶~탕.

갈급-하다(渴急-) [-그파-] 톙(여) 목이 마른 듯이 몹시 조급하다. ¶**갈급한** 영혼.

갈기 뗑 말·사자 따위의 목덜미에 난 긴

갈기-갈기 튀. 여러 가닥으로 여지없이 찢어진 모양. ¶~ 찢어진 옷.
갈기다 图타 1 (무엇으로 무엇을) 힘있게 또는 모질게 때리다. ¶손으로 따귀를 ~. 2 (총이나 포를) 냅다 쏘다. ¶적을 향해 기관총을 냅다 **갈겼다**. 3 (글씨를) 아무렇게나 휘둘러 쓰다. ¶글씨를 알아볼 수 없게 갈겨 놓았다. 4 (똥·오줌 따위를) 함부로 싸다. ¶길가에 오줌을 ~.
갈-까마귀 뎽동〉 몸빛이 검고 목둘레와 배는 흰색인, 까마귀보다 약간 작은 새.
갈-꽃 [-꼳] 뎽 '갈대꽃'의 준말.
갈다¹ 图타〈가니, 가오〉1 (사용하던 사물과 다른 것으로) 대신하여 그 자리에 있게 하다. ¶부속품을 ~ / 동물이 털을 ~. 2 (어떤 직책이나 역할의 사람을) 물러나거나 그만두게 하고 다른 사람으로 대신 있게 하다. 비바꾸다. ¶대통령은 실책에 대한 책임을 물어 장관을 **갈았다**.
갈!다² [갈도 / 갈아] 图타〈가니, 갈아〉1 (날이 있는 물체나 보석 따위를 단단한 물체에) 날을 세우거나 매끄럽게 하거나 광채를 내기 위하여 문지르다. ¶칼을 ~ / 옥을 ~. 2 (물건을 어떤 장치에) 넣거나 대고 문지르거나 마찰하거나 하여 잘게 부수거나 으깨다. ¶맷돌에 콩을 ~. 3 (먹을 먹물에) 문질러 물에 풀어지게 하다. ¶벼루에 먹을 ~. 4 (윗니와 아랫니를) 소리가 나도록 맞대고 문지르다. ¶자면서 이를 ~.
갈!다³ [갈도 / 갈아] 图타〈가니, 갈아〉1 (생기·경운기 따위로 논밭을) 땅을 파 뒤집다. ¶밭을 ~. 2 씨앗을 뿌려 심다. ¶밭에 무를 ~.
갈-대 [-때] 뎽식〉 줄기는 곧고 단단하며, 가을에 갈색 꽃이 이삭 모양으로 피는, 높이 1~3m의 여러해살이풀. 물가에 떼 지어 자람. ▷억새.
갈대-꽃 [-때꼳] 뎽 갈대의 꽃. 銜갈꽃.
갈대-밭 [-때받] 뎽 갈대가 우거진 곳. 銜갈밭.
갈대-숲 [-때숩] 뎽 갈대가 우거진 숲.
갈데-없다 [- 때업따] 휑 오직 그렇게만 되고 다르게 될 수 없다. ¶꼼작서니가 깡통만 들면 **갈데없는** 거지다.
갈등(葛藤) [-뜽] 뎽 '칡과 등나무'라는 뜻〉 1 개인이나 집단 사이에 목표나 이해관계가 달라 서로 적대시하거나 불화를 일으키는 상태. ¶고부간의 ~. 2 마음속에 두 가지 이상의 감정이 동시에 일어나 갈피를 못 잡고 괴로워하는 상태. 비내면적 ~. 3 [문〉 소설이나 극에서, 등장인물 사이의 대립이나 등장인물과 운명·환경 사이의 충돌. 또는, 한 인물의 내면적인 ოცdoubleDataLoader.
갈라-놓다 [-노타] 图타 1 사이가 멀어지게 하다. ¶두 사람 사이를 ~. 2 각각 따로 둘 이상으로 구분하다.
갈라디아-서 (←Galatia書) 뎽성〉 신약 성서 중의 한 권.
갈라-서다 图짜 1 맺었던 관계를 끊고 따로따로 되다. 2 (부부가) 이혼하다. ¶그들 부부는 성격이 맞지 않아 **갈라섰다**.
갈라-지다 图짜 1 (물체가) 금이 가거나 틈이 벌어지거나 쪼개지다. ¶가뭄으로 논바닥이 ~. 2 (하나로 되어 있던 사물이나 무리가) 둘 이상의 갈래로 나뉘다. ¶두 패로 ~. 3 (연인이나 부부 등이) 헤어져 관계를 끊다. 4 (목소리가) 쉬거나 잠기거나 하여 영롱한 음이 섞여 나다.

갈락토오스 (galactose) 뎽화〉 하얀 분말로, 단당이 나며 물에 잘 녹는 단당류. 락토오스를 가수 분해 하여 만듦.
갈래 뎽 ① 자동〉 하나에서 둘 이상으로 갈라져 나간 낱낱의 부분이나 가닥. ② 의존〉 갈라진 낱낱을 세는 말. ¶두 ~.
갈래-갈래 튀. 여러 갈래로 갈라지거나 찢어진 모양. ¶~ 해진 옷.
갈래-꽃 [-꼳] 뎽식〉 꽃잎이 밑부분에서부터 서로 떨어져 있는 꽃. 매화·벚꽃 따위. ↔통꽃.
갈래-머리 뎽 양쪽으로 갈라묶거나 묶어 늘어뜨린 여자 머리. ¶~ 여고생.
갈리다¹ 图짜 목이 잠겨 쉰 소리가 나다. ¶갈린 목소리.
갈리다² 图짜 '가르다'의 피동사. ¶청군과 백군으로 ~.
갈-리다³ 图 ① 짜 '갈다'의 피동사. ¶담임 선생님이 ~. ② 타 '갈다'의 사동사.
갈-리다⁴ 图 ① 짜 '갈다'의 피동사. ② 타 '갈다'의 사동사.
갈-리다⁵ 图 ① 짜 '갈다'의 피동사. ② 타 '갈다'의 사동사. ¶머슴에게 밭을 ~.
갈릴레이, 갈릴레오 (Galilei, Galileo) 뎽인〉 이탈리아의 물리학자·천문학자 (1564~1642).
갈릴리 (Galilee) 뎽성〉 예수가 활동한 주요 무대가 되는 지방. 지금의 이스라엘 북부 지역에 해당함.
갈림-길 [-낄] 뎽 1 여러 갈래로 갈린 길. 2 미래의 향방이 상반되게 갈라지는 지점을 비유적으로 이르는 말. =기로(岐路). ¶생사의 ~ / 인생의 ~에 서다.
갈마-들다 图〈-드니, -드오〉 서로 갈아들다. ¶계절은 어김없이 **갈마든다**.
갈마-바람 뎽 뱃사람이 '남서풍'을 이르는 말. ↔높새바람.
갈망¹ 뎽 어떤 일을 감당하여 수습하고 처리하는 것. ¶뒷~. **갈망-하다** 图타.
갈망² (渴望) 뎽 (어떤 일을) 목마른 사람이 물을 찾듯이 간절히 바라는 일. **갈망-하다**² 图짜타.
갈매기 뎽동〉 1 몸빛은 대체로 흰색에 등과 날개는 잿빛이며, 부리와 다리는 난색인, 몸길이 45cm가량의 물새. 겨울 철새로, 바다나 강에 떼 지어 삶. 2 1과 같은 종류에 속하는 재갈매기·큰재갈매기·팽이갈매기 등의 총칭.
갈매기-살 뎽 돼지의 가로막 부위에 있는 살.
갈모 (-帽) 뎽 예전에, 비가 올 때 갓 위에 덮어쓰던, 기름종이로 만든 물건.
갈무리 뎽 1 물건을 정돈하여 간수하는 것. 또는, 쌓아서 간직하는 것. 2 일을 처리하여 마무리하는 것. **갈무리-하다** 图타. ¶무를 움 속에 ~.
갈-바람 [-빠-] 뎽 뱃사람이 '서풍'을 이르는 말.
갈반 (褐斑) 뎽 갈색의 반점.
갈-밭 [-받] 뎽 '갈대밭'의 준말.
갈변 (褐變) 뎽 1 식〉 식물의 어느 부분이 병들어 갈색으로 변하는 일. 2 일부 과일이나 채소 등을 칼로 깎았을 때, 깎인 부분이 갈색으로 변하는 현상. **갈변-하다** 图짜타.
갈보 뎽 남자에게 몸을 파는 여자를 멸시조로 이르는 말. 속된 말임. 비매춘부·창

갈비 圈 소나 돼지(특히, 소)의 늑골을 식용으로 이르는 말.
갈비-구이 圈 갈비를 토막 낸 뒤 양념하여 구운 음식.
갈비-뼈 圈 '늑골(肋骨)'을 일상적으로 이르는 말.
갈비-씨(-氏) 圈 바싹 마른 사람을 놀림조로 이르는 말.
갈비-찜 圈 갈비를 토막 내어 양념한 뒤 뭉근한 불에 쩐 음식.
갈비-탕(-湯) 圈 토막 낸 쇠갈비를 물에 넣고 푹 끓인 음식.
갈빗-대[-비때/-빋때] 圈[생] 갈비의 낱낱의 뼈대.
 갈빗대(가) 휘다 갈빗대가 휠 정도로 책임이나 짐이 무겁다.
갈색(褐色)[-쌕] 圈 커피나 밤 껍질과 같은 색깔. =다색·브라운색. ⓑ밤색.
갈수-기(渴水期)[-쑤-] 圈 하천 등에 흐르는 물이 연중 가장 적어지는 시기.
갈수-록[-쑤-] 튀 시간이 지나거나 일이 진행될수록 점점 더. ¶이야기가 ~ 재미있다.
 [갈수록 태산(泰山)] 점점 힘들고 어려운 지경에 처해짐을 이르는 말.
갈아-대다 圈他 묵은 것 대신 새것을 가져다 대다. ¶구두 밑창을 ~.
갈아-엎다[-업따] 圈他 땅을 갈아서 흙을 뒤집어엎다. ¶쟁기로 밭을 ~.
갈아-입다[-따] 圈他 다른 옷으로 바꾸어 입다. ¶외출복으로 ~.
갈아입-히다[-이피-] 圈他 '갈아입다'의 사동사. ¶아이에게 새 옷을 ~.
갈아-주다 圈他 상인에게 이익을 붙여 주고 물건을 사다.
갈아-타다 圈他 타고 있던 것에서 내려, 다른 것으로 바꾸어 타다. ¶대전에서 열차를 ~.
갈-앉다[-안따] 圈自 '가라앉다'의 준말. ¶흥분이 ~.
갈앉-히다[-안치-] 圈他 '가라앉히다'의 준말. ¶흥분된 마음을 ~.
갈애(渴愛) 圈 1 애타게 좋아하고 사랑하는 것. 2 [불] 사람을 끈질기게 오욕(五欲)에 집착하는 것.
갈음 圈 무엇을 다른 것으로 바꾸어 대신하는 것. ¶-옷. **갈음-하다** 圈他여 ¶간단하나마 이것으로 인사말을 **갈음할까** 합니다. ▷가름하다.
갈-이¹ 圈 낡고 헌 부분을 떼어 내고 새것으로 바꾸어 하는 일. ¶구두창 ~.
갈-이² 圈 ① [저러] 논밭을 가는 일. ¶밭~. ② [에큰] 한 마리의 소가 하루에 갈 만한 논밭의 면적을 나타내는 단위. ¶사흘 ~.
갈:-잎[-립] 圈 1 '가랑잎'의 준말. 2 '떡갈잎'의 준말.
갈:잎-나무[-림-] 圈[식] =낙엽수.
갈조-류(褐藻類)[-조-] 圈[식] 엽록소 외에 갈조소를 가지고 있어 갈색을 띤 조류(藻類)의 한 무리. 미역·다시마 등이 이에 속함.
갈조-소(褐藻素)[-조-] 圈[식] 갈조류에 함유된 적갈색 색소, 광합성에 관여함.
갈증(渴症)[-쯩] 圈 목이 말라 물을 몹시 마시고 싶은 느낌. ¶-을 해소하다.
갈지-자(-之字)[-찌짜] 圈 비틀거리는 걸음새를 한자 '之(지)' 자의 형태에 빗대어 이르는 말. ¶주정꾼이 골목길에서 ~를 그렸다.
갈지자-걸음(-之字-)[-찌짜-] 圈 좌우로 비틀거리며 걷는 걸음. ¶술에 취하여 ~을 걷다.
갈지자-형(-之字形)[-찌짜-] 圈 한자 '之(지)' 자 모양으로 직선을 좌우로 그어 나간 형상. =지그재그.
갈-참나무 圈[식] 도토리가 열리며, 나무 껍질은 그물처럼 얇게 갈라지는, 높이 25m가량의 낙엽 활엽 교목. 목재는 땔감·가구재로 쓰임.
갈채(喝采) 圈 칭찬·찬탄의 뜻으로 크게 소리치는 것. 또는, 칭찬이나 찬탄을 비유적으로 이르는 말. ¶박수~ / ~를 보내다.
갈취(喝取) 圈 으름장을 놓아 억지로 빼앗는 것. **갈취-하다** 圈他여 ¶금품을 ~.
갈치 圈[동] 몸길이 1.5m가량의 납작한 띠 모양의 은백색 바닷물고기. 비늘이 없고, 지느러미는 등지느러미뿐임.
갈퀴 圈 검불 또는 곡식 따위를 긁어모으는 데 쓰는 도구.
갈퀴-눈 圈[동] 화가 나서 눈시울이 갈퀴 모양으로 모가 난 험상궂은 눈.
갈퀴-질 圈 1 (낙엽이나 솔가리 등의 검불을) 갈퀴로 긁어모으는 일. 2 (남의 재물을) 옳지 못한 방법으로 빼앗아 긁어모으는 일.
갈탄(褐炭) 圈[광] 탄화가 불완전하고 갈색을 띤 석탄. 화력이 약함.
갈파(喝破) 圈 (진리나 참된 이치를) 사람들에게 깨우쳐 말하는 것. **갈파-하다** 圈他여 ¶액턴 경은 절대 권력은 절대 부패한다고 **갈파했다**.
갈-파래 圈[식] 김과 비슷하나 더 푸른빛을 띠는 녹조류의 해조(海藻). 물결이 잔잔한 바닷가에서 자라며, 식용보다는 사료로 많이 쓰임. =청태(靑苔).
갈팡-질팡 튀 갈피를 잡지 못하고 이리저리 헤매는 모양. **갈팡질팡-하다** 圈自여 ¶불이 나자 사람들은 어찌할 바를 몰라 **갈팡질팡했다**.
갈포(葛布) 圈 칡의 섬유로 짠 베. ¶-벽지.
갈:-풀 圈[농] 논에 거름하기 위하여 베는 부드러운 나뭇잎이나 풀. ⓒ풀.
갈피 圈 1 겹치거나 포갠 물건의 하나하나의 사이. ¶책~. 2 일의 갈래가 구별되는 어름. ¶-를 못 잡다.
갈-피리 圈 갈대의 줄기나 잎을 말아서 만든 피리.
갈필(渴筆) 圈[미] 붓에 먹물을 슬쩍 스친 듯이 묻혀서 그리는 동양화 수법. 또는, 이 수법에 알맞게 만들어진 빳빳한 털로 만든 붓.
닭다[닥따] 圈他 1 (물체를 이나 손톱 또는 끝이 날카로운 도구로) 깔짝깔짝 문지르다. ¶쥐가 천장을 ~. 2 (갈퀴 따위로) 빗질하듯이 긁어 들이다. ¶낙엽을 갈퀴로 **갉아** 모으다. 3 (남의 재물을) 비열한 짓으로 훑어 들이다. 4 좀스럽게 헐뜯다. 巨긁다.
갉아-먹다[-따] 圈他 (남의 재물을) 좀스럽게 빼앗아 가지다. ¶백성들의 재물을 **갉아먹는** 탐관오리.
갉작-갉작[각짝-] 튀 갉작거리는 모양. 亘긁적긁적. **갉작갉작-하다** 圈他여
갉작-거리다/-대다[각짝(짝때)-] 圈他 계속해서 갉다. ¶쥐가 벽을 ~. 巨긁적거

감¹ 감나무의 열매. 모양은 넓둥글거나 길둥글며, 색깔은 주황색임. 익기 전에는 떫으나 익으면 달다.
감² 명 ①(자립) 1 물건을 만드는 데 바탕이 되는 것. 2 (일부 명사 뒤에 붙어) 바탕이 되는 재료값을 뜻하는 말. ¶양복~ / 옷~. 3 (일부 명사 뒤에 붙어) 어떤 자격에 알맞은 사람임을 나타내는 말. ¶신랑~ / 사윗~. 4 (일부 명사 뒤에 붙어) 어떤 일의 대상이 되는 사물이나 도구 또는 사람임을 나타내는 말. ¶장난~ / 놀림~. ②(의존) 1 (어떤 자격을 갖춘) 사람. ¶대통령이 될 ~. 2 옷감을 세는 단위. ¶치마 한 ~을 뜨다.
감³ 명 감히 어떤 일을 해 보려고 하는 마음. ¶~을 못 내다.
감⁴(感) 명 ①(자립) 통신 기기에 수신되는 예민한 정도. ¶전화의 ~이 멀다. ②(의존) 어떤 느낌이나 기분. ¶싫언한 ~이 든다.
감이 오다 〈속〉 어떤 느낌이나 뜻이 전달되어 오다. ¶허황된 얘기라 감이 안 온다.
감(을) 잡다 〈속〉 어떤 일에 대해서 눈치로 대충 알아채거나 확신을 가지다. ¶네가 무슨 말을 하려는지 감 잡았다.
-감⁵(感) 접미 '느끼는 마음'의 뜻을 나타내는 말. ¶책임~ / 사명~.
감가-상각(減價償却) [-까-] 명 [경] 토지를 제외한, 고정 자산에 생기는 가치의 소모를 결산기마다 계산하여, 그 자산 가치에서 줄여가는 회계상의 절차.
감가상각비(減價償却費) [-까-삐] 명 [경] 감가상각의 절차에서 계상(計上)되는 비용.
감각(感覺) 명 1 생체가 어떤 자극에 반응하여 의식하는 일. 시각·청각·후각·미각·촉각으로 분류함. ¶수축의 ~이 마비되다. 2 사물에서 받는 인상이나 느낌. ¶새로운 ~의 패션. 3 사물의 실체를 파악하는 정신 작용. ¶언어 ~이 뛰어나다. 감각-하다 동(타여)
감각-기(感覺器) [-끼] 명 [생] 동물의 몸 표면에 있으면서, 외부로부터 자극을 받아들여 신경계에 전달하는 기관.
감각-적(感覺的) [-쩍] 관[명] 1 감각에 관계되는 (것). 2 감각이나 자극에 예민한 (것).
감감 부 1 아주 멀어서 아득한 모양. ¶고깃배가 ~ 멀어지다. 2 어떤 일을 잊거나 모르고 있는 모양. 3 소식이 전혀 없는 모양. ¶소식이 ~ 없다. 센 캄캄.
감감-무소식(-無消息) [-쏘-] 명 =감감소식. ¶그는 떠난 뒤로 ~이다. 센 캄캄무소식.
감감-소식(-消息) [-쏘-] 명 소식이 오랫동안 없음. ¶감감무소식.
감감-하다 형여 1 아주 멀어 아득하다. 2 (어떤 일을) 아주 잊어버리거나 모르고 있다. ¶기억이 ~. 3 (소식 따위가) 전혀 없다. ¶1년이 되도록 소식이 ~.
감개(感慨) 명 마음속에 어떤 느낌이나 감정이 강하게 복받쳐 일어나는 것. 또는, 그 느낌이나 감정. ¶오랜만에 고향을 찾으니 ~가 깊다.
감개무량-하다(感慨無量-) 형여 사물에 대한 회포의 느낌이 한이 없다. ¶옛 전우를 만나게 되니 ~.
감격(感激) 명 1 깊이 느끼거나 강한 인상을 받아 뭉클한 감정이 솟구쳐 일어나는 것. 또는, 그런 마음의 상태. ¶우승을 차지하는 ~의 순간. 2 고마움을 깊이 느껴 감정이 복받치는 것. ¶~의 눈물을 흘리다. 감격-하다 동재여 ¶은혜에 ~.
감격-스럽다(感激-) [-쓰-러] 형비 〈~스러우니, ~스러워〉 감격을 느끼게 하는 데가 있다. ¶감격스러운 승리의 순간.
감격-적(感激的) [-쩍] 관[명] 감격할 만한 (것). ¶이산가족의 ~인 상봉.
감경(減輕) 명 형벌이나 세금 등을 줄여 가볍게 하는 것. 감경-하다 타여
감광(感光) 명 (물질이) 빛에 감응하여 화학적 변화를 일으키는 것. ¶~ 물질.
감광-지(感光紙) 명 [화] 빛에 감응하여 화학적 변화를 일으키도록 약품 처리를 한 종이. 인화지·청사진 종이 따위.
감괘(坎卦) 명 8괘의 하나. 상형은 '☵'으로 물을 상징함.
감군(減軍) 명 군사력을 줄이는 것. ¶~협상. ↔증군. 감군-하다 타여
감귤(柑橘) 명 [식] 식물 분류학상 운향과에 속하는 귤나무·유자나무·탱자나무 등과 그 열매의 총칭. 특히, 귤나무 및 그 열매를 이름.
감금(監禁) 명 (사람을) 일정한 곳에서 벗어나지 못하도록 강제로 가두는 것. 감금-하다 타여 ¶독방에 ~.
감금-되다 자 ¶독방에 ~.
감기(感氣) 명 [의] 열이 나고 머리가 아프며, 콧물이 나오거나 기침이 나거나 하는 호흡기 병. ¶코[목]~ / 유행성 ~ / ~ 몸살을 앓다.
감기다¹ 태 '감다'의 피동사. ¶졸려서 눈이 ~. ②타 '감다'의 사동사. ¶돌아가신 할머니의 눈을 감겨 드렸다.
감기다² 재여 1 '감다'의 피동사. ¶실패에 실이 ~. 2 (옷이 몸을) 친친 감듯 달라붙다. ¶비에 젖어 치마가 다리에 ~. 3 (사람이나 동물이) 달라붙어 떠나지 않다. ¶아이가 할머니 다리에 감겨 떨어질 줄 모른다.
감기다³ 타 '감다'의 사동사. ¶깨끗한 물에[로] 머리를 ~.
감기-약(感氣藥) 명 감기를 치료하는 데 쓰는 약.
감-꼬치 명 곶감을 꿰는 나무 꼬챙이. [감꼬치 빼 먹듯] 벌지는 못하고, 있는 재물을 하나씩 축내는 모양.
감-나무 명 [식] 과일의 하나인 감이 열리는, 높이 6~10m의 낙엽 교목. 초여름에 노란색 꽃이 피고, 열매인 감은 가을에 주황색으로 익음.
감내(堪耐) 명 (어려움을) 참고 견디는 것. 감내-하다 동타여 ¶고통을 ~.
감는-줄기 명 [식] 스스로지 못하고 다른 물건을 의지하여 감아 뻗어 올라가는 덩굴진 줄기.
감다¹ [-따] 〈감고 / 감아〉 동타 ('눈'과 함께 쓰여) 눈꺼풀을 닫아 위아래 눈시울을 마주 닿게 하다. ¶눈을 감고 기도하다. ↔뜨다.
감다² [-따] 〈감고 / 감아〉 동타 1 (머리털을) 물에 씻다. 2 ('미역[멱]'과 함께 쓰여) 냇물이나 강물에 몸을 담그고 씻다. ¶벌거벗고 냇가에서 미역을 감는 아이들.
감다³ [-따] 〈감고 / 감아〉 동타 1 (실·끈, 그 밖의 긴 물건을) 어떤 물체에 여러 번 빙 두르다. ¶팔에 붕대를 ~. 2 (야

유조로 쓰여) 옷 따위를 호사스럽게 입다. ¶밍크를 몸에 **감고** 다니는 부유층 여자들. **3** 서리서리 사리다. ¶방울뱀이 몸을 **감고** 있다. **4** [체] (씨름 따위에서) 다리를 걸다. ¶왼쪽 다리를 ~.

감당(堪當) 圆 (일을) 능히 해내는 것. **감당-하다** 图(타여) ¶한 사람이 **감당하기**엔 업무량이 너무 많다.

감도(感度) 圆 **1** 자극에 대해 느끼는 정도. ¶~가 약하다. **2** 수신기나 측정기 등의 전파나 전류, 또는 소리 따위를 감수(感受)하는 정도나 능력. ¶~가 좋은 휴대 전화. **3** 필름이나 인화지가 빛을 느끼는 예민도.

감독(監督) 圆 **1**(어떤 일이나 그 일을 하는 사람을) 잘못이 없도록 보살펴 다잡는 것. 또는, 그 일을 하는 사람. ¶시험 ~/ 현장 ~. **2** 영화나 무대 행사 등을 종합적으로 지도하고 지휘하는 일. 또는, 그 일을 하는 사람. ¶영화 ~. **3** 스포츠 팀을 조직하고 훈련시키는 책임자. ¶축구 ~. **감독-하다** 图(타여) **1** 잘못이 없도록 보살펴 다잡다. ¶공사를 ~. **2** 영화나 무대 행사 등을 종합적으로 지도하고 지휘하다.

감독-관(監督官) [-관] 圆 감독하는 직무를 맡은 사람.

감독-권(監督權) [-꿘] 圆 감독할 수 있는 권한.

감:-돌다 图(자여) 〈-도니, -도오〉 **1** 어떤 주위를 여러 번 빙빙 돌다. ¶수리의 한 마리가 머리 위에서 **감돌고** 있다. **2** (물의 흐름이나 길의 굽이가) 모퉁이를 따라 빙빙 돌다. ¶강물이 산기슭을 **감돌아** 흐르다. **3** (어떤 분위기가) 그 자리에 가득 차다. ¶전운(戰雲)이 ~. **4** (어떤 생각이) 눈앞이나 마음에서 사라지지 않고 자꾸 알씬거리다. ¶옛 생각이 머릿속에 ~.

감:돌아-들다 图(자여) 〈-드니, -드오〉 감돌아서 들어가다. ¶길은 산모퉁이를 **감돌아들었다**.

감동(感動) 圆 사물·현상의 훌륭함이나 아름다움 등에 깊이 느끼어 마음이 움직이거나 놀라거나 흥분이 되는 것. ¶벅찬 ~. **감:동-하다** 图(자여).

감동-적(感動的) 配圆 감동할 만한 (것). ¶장면/~인 소설.

감:득(感得) 圆 **1** 느껴서 깨달아 아는 것. **2** (영감으로) 깨달아 아는 것. **감:득-하다** 图(타여) ¶그는 사람들의 어두운 표정에서 일이 심상치 않음을 **감득하였다**.

감:-떡 圆 **1** 찹쌀과 곶감 가루를 버무려 찐 것에, 호두 가루를 묻힌 경단 모양의 떡. **2** 감을 넣고 쩐 떡.

감:람-나무(橄欖-) [-남-] 圆 **1** [식] 올리브 열매와 비슷한 백록색의 길둥근 열매가 열리는, 높이 20m가량의 상록 교목. **2** [성] '올리브'를 성서에서 이르는 말.

감:람-산(橄欖山) [-남-] 圆 [성] 예수가 자주 찾아가 기도를 올렸다고 하는, 예루살렘 동쪽에 있는 산.

감:람-색(橄欖色) [-남-] 圆 감람나무의 잎처럼 누른빛을 띤 녹색.

감:량(減量) [-냥] 圆 분량이나 무게가 주는 것. 또는, 분량이나 무게를 줄이는 것. ¶체중 ~. ↔증량. **2** (물건을 매매할 때) 전체 분량에서 빼야 정품·무게 등의 무게. **감:량-하다** 图(자타여) 분량이나 무게가 줄다. 또는, 분량이나 무게를 줄이다.

감로(甘露) [-노-] 圆 **1** 고대 중국에서, 성왕(聖王)의 덕에 감응하여 하늘에서 내린다고 하는 단 이슬. **2** [불] 천인(天人)이 마신다고 하는 음료로서, 불법을 비유하기도 함.

감로-수(甘露水) [-노-] 圆 매우 깨끗하고 맛이 좋은 물의 비유.

감로-주(甘露酒) [-노-] 圆 소주에 용안육·대추·포도·살구씨·구기자·두충·숙지황 등을 넣고 우린 술.

감리(監理) [-니] 圆 감독하고 관리하는 것. ¶공사 ~.

감리-교(監理教) [-니-] 圆 [기] 기독교 신교의 한 파. 18세기 초엽 영국에서 창시됨.

감마-선(gamma線) 圆 [물] 방사선의 하나로, 파장이 매우 짧은 전자기파. 투과력이 강하여 금속의 내부 구조 검사나 암 치료에 쓰임.

감:면(減免) 圆 **1** (매겨야 할 부담을) 감해 주거나 면제하는 것. ¶조세 ~. **2** 등수를 낮추어 면제하는 것. **감:면-하다** 图(타여) ¶형(刑)을 ~. **감:면-되다** 图(자여).

감:명(感銘) 圆 깊이 느끼어 마음속에 새겨 두는 것. ¶~ 깊은 영화.

감미(甘味) 圆 =단맛.

감미-롭다(甘味-) [-다] 圆(ㅂ) 〈-로우니, -로워〉 **1** 맛이 달다. ¶**감미로운** 술. **2** 정서적으로 달콤한 느낌이 있다. ¶**감미로운** 선율.

감미-료(甘味料) 圆 식품·의약품 등에 맛을 내는 데에 쓰는 물질. 설탕·꿀엿·사카린 따위. ¶인공 ~.

감:-발 圆 =발감개. ¶짚신에 ~을 하다.

감방(監房) 圆 교도소에서, 죄수를 가두어 두는 방. ⓒ빵간.

감별(鑑別) 圆 **1** 보고 식별하는 것. **2** 옛 예술 작품 또는 골동품 등의 가치나 진위를 판단하는 것. **감별-하다** 图(타여) ¶고서화를 ~/병아리의 암수를 ~.

감별-사(鑑別師) [-싸] 圆 병아리의 암수나 보석·와인 등을 전문적으로 감별하는 사람.

감:복(感服) 圆 마음에 깊이 느끼어 충심으로 따르는 것. **감:복-하다** 图(자여) ¶그의 정성에 하늘도 **감복하였다**.

감:봉(減俸) 圆 **1** 봉급을 줄이는 것. ¶~ 처분. **2** [법] 공무원 징계 처분의 하나. 일정한 기간(1개월 이상 3개월 이하) 동안 보수의 1/3 이하를 줄임. ▷징계. **감:봉-하다** 图(타여) **감:봉-되다** 图(자여).

감비아(Gambia) 圆[지] 아프리카 서단(西端)에 있는 공화국. 수도는 반줄.

감:-빛 [-빋] 圆 익은 감과 같은 붉은빛.

감:사¹(感謝) 圆 **1** 고맙게 여기는 것. 또는, 그런 느낌. ¶~의 눈물을 흘리다. **2** 고마움을 나타내는 인사. ¶~의 뜻을 표하다. **감:사-하다** 图(자여) 고맙게 여기다. ¶나는 그의 친절에 **감사한다**. ▷감사하다.

감사²(監司) 圆 [역] =관찰사.

감사³(監事) 圆 **1** 단체의 서무를 맡아보는 사람. **2** [법] 법인의 재산 상황 및 이사(理事)의 업무 집행 상황을 감사하는 상설(常設) 기관. 또는, 그 사람.

감사⁴(監查) 圆 감독하고 검사하는 것. ¶국정 ~. **감사-하다²** 图(타여) ¶비위를 ~.

감사-드리다(感謝-) 图(타여) '감사하다'의 객체 높임말. ¶부모님 은혜에 ~.

감사-원(監査院)〖명〗 국가의 세입·세출의 결산과 행정 기관 및 공무원의 직무를 감찰하는, 대통령 직속의 헌법 기관.

감:사-장(感謝狀)[-짱]〖명〗 감사의 뜻을 나타낸 글장.

감:사-하다(感謝-)〖형〗 고마운 마음이 있다. ¶도와주셔서 **감사합니다**. ▷감사(感謝). **감:사-히**〖부〗주시는 것이니 ~ 받겠습니다.

감:산(減産)〖명〗 생산이 줄거나 생산을 줄이는 것. ↔증산. 2 자산이 줄거나 자산을 줄이는 것. **감:산-하다**〖동〗

감:산(減算)〖명〗 빼어 셈하는 것. ↔가산(加算). **감:산-하다**〖동〗〖타〗

감상(感想)〖명〗 마음속에 느끼어 일어나는 생각. ¶중국을 여행한 ~이 어떠나?

감:상(感傷)〖명〗 쉽게 또는 지나치게 슬퍼하거나 감동하거나 낙망을 느끼거나 하는 마음의 상태. ¶~에 빠지다 / ~에 젖다.

감상³(鑑賞)〖명〗 예술 작품을 이해하거나 즐기고 평가하는 것. ¶영화 ~. **감상-하다**〖동〗〖타〗〖여〗 ¶음악을 ~.

감:상-문(感想文)〖문〗 어떤 현상을 보고 느낀 생각을 적은 글.

감:상-적(感傷的)〖명〗 어떤 일에 지나치게 슬퍼하거나 쉽게 감동하는 (것). ¶~인 문학소녀.

감:상-주의(感傷主義)[-의/-이]〖문〗슬픔이나 낭만, 감동 등의 감정을 지나치게 밖으로 드러내는 태도나 경향. = 센티멘털리즘.

감:색¹(-色)〖명〗 잘 익은 감처럼 붉은 색깔.

감:색²(紺色)〖명〗 검은빛을 띤 남빛. 町반물. ▷양복.

감:성(感性)〖명〗 1 사람이 외부의 자극에 대한 어떤 느낌을 가지는 상태나 능력. 町감수성. 2[철] 감각적 자극이나 인상(印象)을 받아들이거나, 경험을 수반하는 자극에 반응하는 마음의 능력. ▷오성(悟性)·이성.

감성-돔〖명〗〖동〗 도미의 한 종류로, 몸길이 40cm가량이고 몸빛이 회색인 바닷물고기.

감:성-적(感性的)〖명〗 1 감성에 관한 (것). 2 감성이 예민한 것.

감:성^지수(感性指數)〖명〗〖심〗 자기감정을 다스리고 남의 감정을 이해할 수 있는 능력을 나타낸 수치. =이큐(EQ).

감:세(減稅)〖명〗〖법〗조세의 액수를 줄이거나 세율을 낮추는 것. ↔증세. **감:세-하다**〖동〗〖여〗

감:소(減少)〖명〗 줄어서 적어지는 것. ↔증가. **감:소-되다**〖동〗〖여〗 ¶인구가 ~. **감:소-하다**〖동〗〖여〗 ¶생산량이 ~.

감:소-세(減少勢)〖명〗 점점 적어지는 흐름이나 경향. ¶주류 소비량이 ~로 돌아서다. ↔증가세.

감:속(減速)〖명〗 속도를 줄이는 것. ¶눈·안개 시 ~ 운행. ↔가속. **감:속-하다**〖동〗〖여〗

감:속-재(減速材)[-째]〖명〗〖물〗〖화〗 원자로에서, 핵분열에 의해 발생하는 고속 중성자를 열중성자로까지 감속시키기 위한 물질. 흑연·경수(輕水)·중수(重水) 따위.

감:쇠(減衰)[-쇠/-쉐]〖명〗 (힘이나 세력 따위가) 줄어들어 약해지는 것. **감:쇠-하다**〖동〗〖자〗〖여〗 ¶기력이 ~.

감수¹(甘水)〖명〗 맛이 단 물. 町단물.

감수²(甘受)〖명〗 (책망이나 피로움 따위를) 불만 없이 달게 받는 것. **감수-하다**¹〖동〗〖여〗 ¶불이익을 ~.

감:수³(收穫)〖명〗 수입이나 수확이 주는 것. ↔증수. **감:수-하다**²〖동〗〖자〗〖여〗 **감:수-되다**〖동〗〖여〗

감:수⁴(減壽)〖명〗 수명이 줄어드는 것. ¶십년~. **감:수-하다**³〖동〗〖여〗

감:수⁵(減數)〖명〗〖수〗 뺄셈에서 빼려는 수. '10-8=2'에서의 '8'이 이에 해당.

감:수⁶(感受)〖명〗 외부의 자극을 받아들이는 것. **감:수-하다**⁴〖동〗〖타〗〖여〗

감수(監修)〖명〗 책의 저술이나 편찬을 지도·감독하는 것. ¶~자. **감수-하다**⁵〖동〗〖타〗〖여〗 ¶사전을 ~.

감:수^분열(減數分裂)〖명〗〖생〗 정자나 난자 등의 생식 세포가 형성될 때, 염색체의 수가 반으로 줄어드는 세포 분열.

감:수-성(感受性)〖-성〗 외계의 자극이나 인상에 대하여 어떤 느낌을 가지거나 감정의 변화를 일으키는 성질. 또는, 그런 능력. 町감성. ¶~이 예민하다.

감시(監視)〖명〗 (위험한 사람이나 그의 행동을) 문제나 사고를 일으키지 않도록 주의 깊게 살피거나 지켜보는 것. ¶~가 소홀하다. **감시-하다**〖동〗〖타〗〖여〗 ¶적의 동태를 염중히 ~.

감시-망(監視網)〖명〗 감시하기 위한 조직이나 체계.

감시-원(監視員)〖명〗 감시하는 임무를 맡은 사람.

감:식¹(減食)〖명〗 식사의 양이나 횟수를 줄이는 것. 또는, 음식의 분량을 줄여 먹는 것. ¶~ 요법.

감:식²(鑑識)〖명〗 1 어떤 사물의 좋고 나쁨과 진짜인지 가짜인지를 알아내는 것. 또는, 그런 능력. ¶보석 ~. 2 범죄 수사에서, 필적·지문·혈흔 따위를 과학적으로 감정하는 일. ¶지문 ~. **감식-하다**〖동〗〖타〗〖여〗

감:식-안(鑑識眼)〖명〗 사물의 선악·미추(美醜)등을 감식할 수 있는 눈. ¶그는 고대 미술에 대하여 뛰어난 ~을 가지고 있다.

감실¹(監室)〖명〗〖군〗 참모 총장의 지휘를 받는 특별 참모 부서. ¶공병~ / 헌병~.

감:실²(龕室)〖명〗 1[종] 사당이나 절·성당 등에 신주나 작은 불상, 또는 성체(聖體)를 모셔 두는 함(函)이나 방. 2 [고] 고구려 고분에서, 현실(玄室)의 양옆에 딸린 방.

감싸고-돌다〖동〗〖자〗 〈-도니, -도오〉 흠이나 약점을 덮어 주어 불리한 처지에서 벗어나도록 돕다. ¶당신이 자꾸 **감싸고도니** 아이의 버릇이 나빠지지.

감:-싸다〖동〗〖타〗 1 싸서 감싸다. ¶아기를 포대기로 ~. 2 흠이나 약점을 덮어 주다. ¶허물을 너그럽게 **감싸** 주다.

감아-쥐다〖동〗〖타〗 (긴 물체를) 감듯이 손으로 움켜쥐다. ¶머리채를 ~.

감안(勘案)〖명〗 (불리하거나 좋지 않은 사정이나 형편을) 어떤 일을 다룰 때 이해하는 입장에서 헤아리는 것. 町참작. **감안-하다**〖동〗〖타〗〖여〗 ¶가정 형편을 **감안하여** 학비를 면제해 주다. **감안-되다**〖동〗〖자〗

감:액(減額)〖명〗 액수를 줄이는 것. 또는, 줄인 액수. ↔증액. **감:액-하다**〖동〗〖타〗〖여〗 **감:액-되다**〖동〗〖여〗 ¶예산이 ~.

감언(甘言)〖명〗 남의 마음에 들도록 꾸미는 말. ¶~으로 꾀다. ↔고언.

감언-이설(甘言利說)[-니-]〖명〗 남의 비위에 맞도록 꾸민 달콤한 말과 이로운 조건을 내세워 꾀는 말. ¶~에 넘어가다.

감ː연-하다(敢然—) [형][여] 과단성 있고 용감하다. **감ː연-히** [부] ¶조국의 독립을 위해 ~ 일어서다.

감ː염(感染) [명] 1 (나쁜 버릇이나 풍습 등이) 옮아서 물이 드는 것. 2 [의] 미생물이 동식물의 몸 안에 침입하여 증식하는 일. ¶~ 경로. **감ː염-되다** [동][자]

감영(監營) [명][역] 감사(監司)가 직무를 맡아보는 관아. =영문(營門). ¶전라 ~.

감옥(監獄) [명] 1 구법에서, '죄인을 가두어 두는 곳'을 이르던 말. '교도소'로 개칭됨. 2 [역] 조선 시대, 형벌의 집행에 관한 일을 맡아보던 관아.

감옥-살이(監獄—) [—쌀—] [명] 1 감옥에 갇혀 지내는 생활. 2 행동의 자유가 극도로 억제된 생활을 비유적으로 이르는 말. =철창생활. [준]옥살이.

감ː원(減員) [명] 조직이나 단체에 딸린 구성원의 수를 줄이는 것. ¶~ 대상자. ↔증원. **감ː원-하다** [동][타][여] ¶종업원을 ~.

감ː읍(感泣) [명] 감격하여 흐느끼는 것. **감ː읍-하다** [동][자][여] ¶은혜에 ~.

감ː응(感應) [명] 1 무엇에 접촉하여 마음이 따라 움직이는 것. 2 믿는 마음이 신(神)에게 통하는 것. ¶신불(神佛)의 ~을 얻다. 3 [물] =유도²2. **감ː응-하다** [동][자][여]

감자¹ [명][식] 땅속에 있는 덩이줄기를 식용하는 여러해살이풀. 또는, 그 덩이줄기. 여름에 흰색 또는 자주색 꽃이 핌. 덩이줄기는 녹말이 많아 널리 쓰임.

감ː자²(減資) [명][경] 주식회사가 자본금을 줄이는 일. ↔증자.

감자-탕(—湯) [명] 돼지 등뼈를 우린 물에 뼈·감자와 들깨·파·마늘 등의 양념을 넣고 끓인 찌개.

감자-튀김 [명] 감자를 썰어 기름에 튀겨 낸 음식.

감ː작(感作) [명][의] 1 생체를 어떤 항원에 대하여 민감한 상태로 만드는 것. 2 항원과 항체가 특이하게 결합하는 것. **감ː작-하다** [동][타][여] **감ː작-되다** [동][자]

감작-감작[—깜—] [부] 가무스름한 점이 잘게 여기저기 박혀 있는 모양. [큰]검적검적. [센]깜작깜작. **감작감작-하다** [형][여] ¶얼굴이 ~.

감장 [명] 남의 도움 없이 자기 힘으로 꾸려 가는 것. ¶제 앞 ~도 못하면서 남의 일에 무슨 참견이니?

감ː전(感電) [명] 전기가 통하고 있는 물체에 몸이 닿아 쇼크를 받는 것. ¶~사(死). **감ː전-되다** [동][자] ¶고압 전류에 ~.

감ː점(減點) [—쩜] [명] 점수를 줄이는 것. 또는, 그 점수. **감ː점-하다** [동][자][타][여] ¶5점을 ~. **감ː점-되다** [동][자]

감ː정¹(感情) [명] 주위의 어떤 대상이나 일이나 현상에 대해 느끼게 되는 기쁨·즐거움·슬픔·괴로움·두려움·노여움·사랑·미움 등의 마음의 상태. ¶~을 억누르다 / ~이 메마르다. ▷정서(情緖).

감ː정²(憾情) [명] 원망하거나 언짢아하는 마음. ¶~을 품다 / ~ 섞인 언사.

감정(을) 사다 남을 감정 나게 하다. ¶회장의 독단적인 행동은 회원들의 **감정을 샀다.**

감정³(鑑定) [명] 1 사물의 좋고 나쁨이나 진위 등을 분별하여 판정하는 것. ¶~료(料). 2 [법] 법원으로부터 명령을 받은 사항에 관하여, 특별한 전문가가 자기의 학식과 경험에 의해 구체적 사실에 응용한 판단을 진술·보고하는 일. ¶필적 ~ / 정신 ~. **감정-하다** [동][타][여] ¶보석을 ~.

감정-가(鑑定價) [—까] [명] =감정 가격.

감정^가격(鑑定價格) [—까—] [명] 담보가 될 물건을 평가하여 매기는 가격. =감정가.

감ː정-싸움(感情—) [명] 서로 미워하는 마음으로 벌이는 싸움. ¶사소한 문제가 ~으로 번지다.

감ː정^이입(感情移入) [명][철] 사람이 어떤 대상에 깊이 몰두하여 그것과 하나가 되는 의식의 상태나 작용.

감정-인(鑑定人) [명][법] 특수한 사실의 감정이 필요할 때, 법원의 명령으로 그 감정을 하는 전문가.

감ː정-적¹(感情的) [관][명] 감정에 바탕을 둔 (것). ¶~인 행동. ↔이성적.

감ː정-적²(憾情的) [관][명] 원망하는 마음이 있거나 언짢아하는 태도가 있는 (것). ¶~인 언동.

감정^평가사(鑑定評價士) [—까—] [명][법] 동산(動產)과 토지·건물 등 부동산의 경제적 가액(價額)을 감정·평가할 수 있는, 법적 자격을 갖춘 사람.

감주(甘酒) [명] =단술.

감ː지(感知) [명] (어떤 일을) 느끼어 아는 것. **감ː지-하다** [동][타][여] ¶적의 동태를 ~. **감ː지-되다** [동][자]

감ː지-기(感知器) [명] 소리·빛·온도·압력 등을 검출하는 소자(素子). 또는, 그것을 갖춘 기계 장치. =센서.

감ː지덕지(感之德之) [—찌] [부] 과분한 듯이 아주 고맙게 여기는 모양. ¶나그네는 겨우 밥 한 그릇에 ~ 고마워했다. **감ː지덕지-하다** [동][자][타][여]

감질-나다(疳疾—) [—라—] [동][자] 몹시 먹고 싶거나 가지고 싶거나 하고 싶어서 애타는 마음이 생기다. ¶수돗물이 찔끔찔끔 **감질나게** 나온다.

감쪽-같다[—깓따] [형] 1 (어떤 행위가) 남이 짐작하지 못할 만큼 교묘하거나 능란하다. 2 (고치거나 꾸민 것이) 그 흔적을 알아차리지 못할 만큼 말짱하다. ¶땜질 자국이 ~. **감쪽같-이** [부] ¶~ 속이다.

감찰(監察) [명] 1 [법] 공무상의 비위나 비행(非行)에 대하여 조사 또는 감독하는 일. 2 조직의 규율과 구성원의 행동을 감독하여 살피는 직(職). **감찰-하다** [동][타][여] 감시하고 살피다.

감ː천(感天) [명] 지극한 정성에 하늘이 감동하는 것. ¶지성이면 ~이라.

감청(監聽) [명] 수사·정보기관에서 어떤 사람을 감시하기 위해 전화 등의 전기 통신으로 전달되는 내용을 몰래 듣거나 보는 일. **감청-하다** [동][타][여]

감청-색(紺青色) [명] 짙고 산뜻한 남빛. 파랑과 남빛의 중간 색깔임.

감초(甘草) [명][식] 여름에 보라색 꽃이 피고, 뿌리는 적갈색으로 맛이 달아 한약의 재료로 널리 쓰이는 여러해살이풀. 또는, 그 뿌리.

감ː촉(感觸) [명] 만지거나 접촉하여 일어나는 느낌. [비]촉감. ¶~이 좋다[부드럽다]. **감ː촉-하다** [동][타][여] **감ː촉-되다** [동][자]

감추다 [동][타] 1 (물건이나 신체를 어느 곳에) 남이 보거나 찾아내지 못하도록 숨겨 두거나 가리거나 하다. ¶옷장 속에 돈을 ~. 2 (어떤 사실을 누구에게) 모르게 하다. ¶신분을 ~. 3 (자취를) 사라지거나 보이지 않게 하다. ¶자취를 ~.
감축(減縮) 명 덜어서 줄이는 일. ¶핵무기 ~을. **감축-하다**¹ 동타여 ¶병력(兵力)을 ~. **감축-되다**² 자
감축²(感祝) 명 (경사스러운 일을) 함께 감사하고 축하하는 것. **감축-하다**² 자
감:-치다 동타 바느질감의 가장자리나 솔기를 실올이 풀리지 않게 용수철 모양으로 감으며 꿰매다. ¶치맛단을 ~.
감:-철맛[-맏] 명 1 음식물이 입에 당기는 맛. 2 사람의 마음을 끌어들이는 힘의 비유.
감:침-질 명 바늘로 감치는 일. **감:침질-하다** 타여
감탄(感歎·感嘆) 명 (어떤 대상에 대해) 훌륭하다고 느껴, '아', '대단하다' 등과 같은 놀랍다는 뜻의 말을 하는 것. ¶영탄(詠歎). ¶설악의 가을 풍광은 절로 ~을 자아낸다. **감:탄-하다** 자여
감:탄-문(感歎文) 명[언] 말하는 사람이 듣는 사람을 별로 의식하지 않거나, 거의 독백 상태에서 자기의 느낌을 표현하는 문장.
감:탄-사(感歎詞) 명[언] 품사의 하나. 말하는 사람의 본능적인 놀람, 감정을 나타내거나, 부름·대답, 입버릇·말더듬 등을 나타내는, 활용하지도 않고 조사가 붙지 않으며 독립성이 강한 단어. '아차', '여보', '에' 따위. ¶느낌씨.
감:탄-형(感歎形) 명[언] 용언 및 서술격 조사 '이다'의 활용형의 하나. 감탄을 나타내는 종결 어미 '-구나', '-도다' 등이 붙은 꼴.
감탑 곤축처럼된 진흙.
감:퇴(減退) 명 [-퇴/-퉤] (기세·세력 따위가) 줄어드는 것. ¶식욕 ~ / 기억력 ~. ↔증진. **감:퇴-하다** 자여 **감:퇴-되다** 자
감투 1 예전에, 머리에 쓰던 의관의 하나. 말총·가죽·헝겊 따위로 당건 비슷하게 만듦. 2 '벼슬'을 속되게 이르는 말. ¶~싸움 / 벼락~.
감투(를) 쓰다 벼슬자리나 높은 직위에 오르다. 속된 말임.
감:투²(敢鬪) 명 용감하게 싸우는 것. ¶~상(賞) / ~정신.
감투-싸움 명 벼슬자리를 놓고 벌이는 다툼.
감:편(減便) 명 항공기·선박·자동차 따위의 정해진 운항 횟수를 줄이는 것. ↔증편. **감:편-하다** 타여
감:표(減票) 명 표를 줄이는 것.
감:-하다(減-) 타여 (수량이나 부담 등을) 줄이거나 빼다. ¶형량을 ~.
감:행(敢行) 명 과감하게 실행하는 것. **감:행-하다** 타여 ¶파업을 ~. **감:행-되다** 자
감:형(減刑) 명[법] 대통령이 사면권에 의해 범죄인의 확정된 형의 일부를 줄이는 일. **감:형-하다** 자여 **감:형-되다** 자
감호(監護) 명 보호하고 감독하는 일. **감호-하다** 타여
감:화(感化) 명 정신적 또는 도덕적으로 좋은 영향을 받아 마음이 변화하는 것. 또는, 그렇게 변하게 하는 것. ¶스승으로부터 정신적 ~을 받다. **감:화-하다** 자타여 **감:화-되다** 자

감:회(感懷) [-회/-훼] 명 어떤 사물을 대할 때 그와 관계된 옛날 일을 떠올리면서 가지게 되는 생각이나 느낌. ¶~가 새롭다 / ~가 남다르다.
감:흥(感興) 명 마음에 깊이 느끼어 일어나는 흥취. ¶시적(詩的) ~이 일어나다.
감:-히(敢-) 부 1 두려움이나 송구스러움을 무릅쓰고. ¶~ 이런 부탁을 드립니다. 2 주제넘거나 분별없이 어이, 안전하다고 말대꾸를 하는 게냐? 3 (주로, '못하다', '없다'와 같은 말과 함께 쓰여) '함부로', '만만하게'의 뜻을 나타내는 말. ¶~ 범접할 수 없는 인물.
갑¹(甲) 명 1 천간(天干)의 첫째. 2 순서나 등급을 매길 때의 첫째. 3 둘 이상의 사물이 있을 때, 그 하나의 이름 대신 쓰는 말.
갑²(匣) 명 ① 자립 물건을 담는 작은 상자. ¶성냥 ~ / 담뱃 ~. × 곽. ② 의존 물건의 분량을 그것이 담긴 갑의 수로 헤아리는 말. ¶담배 한 ~.
갑³(岬) 명[지] = 곶(串).
갑각(甲殼) [-깍] 명[동] 갑각강의 체표를 싸고 있는 외골격. 큐티쿨라층에 탄산칼슘이 포함되어 단단한 구조로 되어 있음.
갑각-류(甲殼類) [-까류] 명[동] 절지동물의 한 무리. 대부분 물속에서 살며, 몸은 머리가슴·배의 두 부분으로 되어 있고, 단단한 껍데기에 싸여 있음. 게·가재·새우 따위.
갑갑-증(-症) [-깝쯩] 명 지루하거나 답답한 마음. ¶좁은 방 안에만 있으니 ~이 난다.
갑갑-하다 [-까파-] 혱여 1 (몸이) 옷을 잔뜩 껴입거나 무엇이 누르듯이 달라붙거나 하여 불유쾌한 압박을 느끼는 상태에 있다. ¶옷을 많이 입었더니 ~. 2 (사람이) 좁고 닫힌 공간 속에 있어 그곳에서 벗어나고 싶은 상태에 있다. 답답구석에 만 있자니 너무 ~. 3 (마음이) 하고자 하는 일이 잘되지 않거나 마땅한 방도가 없어 막막하거나 괴로운 상태에 있다. ¶나는 마음이 **갑갑할** 때면 바다를 찾는다. ▷답답하다. **갑갑-히** 부
갑골^문자(甲骨文字) [-꼴-짜] 명[여] 거북의 등딱지나 짐승 뼈에 새겨진 중국 은(殷)나라 때의 상형 문자.
갑근-세(甲勤稅) [-끈쎄] 명[법] '갑종 근로 소득세'의 준말.
갑남을녀(甲男乙女) [갑-려] 명 ('갑이라는 남자와 을이라는 여자'라는 뜻) 평범한 사람들을 일컬음. ¶장삼이사.
갑론을박(甲論乙駁) [갑논-] 명 서로 자기주장을 내세우고 상대방의 주장을 반박하는 것. ¶한글 전용 문제는 학자들 사이에 ~이 아직도 계속되고 있다.
갑문(閘門) [갑-] 명[건] 수로·방수로(放水路) 등에 수위(水位)를 일정하게 하기 위한 수량 조절용 문.
갑부(甲富) [-뿌] 명 첫째가는 부자. ¶당대의 ~ / 장안의 ~.
갑사(甲紗) [-싸] 명 얇고 성기게 짠 품질이 좋은 비단. ¶~댕기.
갑상-선(甲狀腺) [-쌍-] 명[생] 성장·발육·지능 발달에 필요한 호르몬을 분비하는 내분비선. 후두의 아래쪽, 기관(氣管)의 앞에 있음. ≒목밑샘.
갑술(甲戌) [-쑬] 명 60갑자의 열한째.
갑신(甲申) [-씬] 명 60갑자의 스물한째.

갑신-정변(甲申政變)[-씬-] [명][역] 조선 고종 21년(1884)에 김옥균·박영효 등의 개화당이 민씨 일파의 사대당을 물리치고 국정을 쇄신하기 위해 일으킨 정변.
갑오(甲午) [명] 60갑자의 서른한째.
갑오-개혁(甲午改革) [명][역] 조선 고종 31년(1894)에 개화당이 집권하여 구식 제도를 진보적인 서양식 제도로 개혁한 일. 구용어는 갑오경장.
갑오-경장(甲午更張) [명][역] '갑오개혁'의 구용어.
갑-옷(甲-)[-옫] [명] 옛날 전쟁할 때에 화살이나 창·칼 등을 막기 위하여 입던 옷. 쇠나 가죽의 미늘을 붙였음.
갑옷-미늘(甲-)[-온-] [명] 갑옷에 단, 비늘 모양의 가죽 조각이나 쇳조각. [준]미늘.
갑인(甲寅) [명] 60갑자의 쉰한째.
갑인-자(甲寅字) [명][역] 조선 세종 16년(1434)에 만든 구리 활자.
갑자(甲子)[-짜] [명] 60갑자의 첫째.
갑자기[-짜-] [부] 예상치 못하게 급히. 또는, 아무 조짐도 없이 돌연히. [비]별안간·졸지에. ¶길을 가는데 ~ 소나기가 쏟아졌다. [큰]급자기.
갑자-사화(甲子士禍)[-짜-] [명][역] 연산군 10년(1504)에 일어난 사화. 연산군의 어머니 윤 씨가 사약을 받고 죽은 일을 임사홍이 연산군에게 발설함으로써 일어났으며, 윤필상·김굉필 등이 사형당했음.
갑작-스럽다[-짝쓰-따] [형][ㅂ] <~스러우니, ~스러워> (어떤 일이) 갑자기 일어난 듯한 느낌이 있다. [비]돌연하다. ¶내일 당장 떠난다니 너무 **갑작스럽구나.** [큰]급작스럽다. **갑작스레** [부]
갑절[-쩔] Ⅰ[명] 어떤 수량을 두 번 합한 만큼인 것. [비]곱절·배(倍).
Ⅱ[부] 두 번 합친 만큼. ¶남보다 뒤진 사람은 ~ 노력해야 한다.
갑종(甲種)[-쫑] [명] 갑·을·병 등으로 차례를 매길 때, 그 첫째 종류. ¶~ 합격.
갑종^근¦로^소¦득(甲種勤勞所得)[-쫑글-] [명][법] 정부가 세금을 원천 징수 하도록 되어 있는 근로 소득. 직장에 다니면서 받는 봉급·보수·수당·상여·연금·퇴직금 등이 이에 속함.
갑종^근¦로^소¦득세(甲種勤勞所得稅)[-쫑글-쎄] [명][법] 갑종 근로 소득에 대하여 매기는 세금. [준]갑근세.
갑주(甲冑)[-쭈] [명] 갑옷과 투구.
갑주어(甲冑魚)[-쭈-] [명][동] 몸의 표면이 단단한 비늘과 딱딱한 껍데기로 덮여 있는, 고생대의 화석 어류(魚類).
갑진(甲辰)[-찐] [명] 60갑자의 마흔한째.
갑판(甲板) [명] 비교적 큰 배에서, 선체의 위쪽에 나무나 철판으로 넓고 평평하게 깔아 놓은 바닥.
값[갑] [명] **1** 물건을 사거나 팔거나 할 때 주거나 받거나 해야 할 돈이 얼마인지를 단위와 함께 나타낸 수. [비]금·가격. ¶헐~. **2** 물건을 사고팔 때 주고받는 돈. ¶외상~. **3** 중요성이나 의의. ¶~이 있는 삶. **4** 무엇에 합당한 구실이나 노릇. ¶나잇~. **5** 노력이나 희생의 대가나 보람. ¶일한 ~. **6** [수] 문자로써 나타낸 식 중의 문자에 해당하는 수. p가 5를 대표할 때, 5는 p의 값임. =수치(數値).
[**값도 모르고 싸다 한다**] 일의 사정도 잘 모르면서 이러니저러니 말한다.
값(을) 놓다 값을 지정하여 말하다.
값(을) 부르다 사거나 팔기에 알맞다고 생각되는 값을 말하다.
값-나가다[감-] [동][자] 귀하거나 좋아서 값이 많은 액수에 이르다. ¶그의 소장품에는 **값나가는** 물건이 많다.
값-비싸다[갑삐-] [형] **1** (물건이) 그 값이 많이 나가는 상태에 있다. ¶**값비싼** 옷. ↔값싸다. **2** (어떤 일이) 많은 노력을 들이거나 큰 어려움을 겪고서야 겨우 이뤄지는 상태에 있다. ¶**값비싼** 경험.
값-싸다[갑-] [형] **1** (물건이) 그 값이 적게 나가는 상태에 있다. ¶**값싼** 물건. ↔값비싸다. **2** (어떤 행동이나 표현이) 너무 쉽게 이루어져 진실함이 적은 상태에 있다. ¶**값싼** 동정 / **값싼** 눈물.
[**값싼 비지떡**] 값싼 물건치고 좋은 것이 없다는 말.
값-어치[갑-] [명] 일정한 값에 해당하는 내용이나 쓸모. 또는, 사물이 가지는 가치. ¶~가 있다 / ~가 떨어지다.
값-없다[갑업따] [형] **1** 물건 따위가 너무 흔하여 아무 가치가 없다. **2** 물건이 값을 매길 수 없을 정도로 가치가 매우 크다. **3** 아무 보람이나 가치가 없다. **값없-이** [부] ¶~ 살다 간 인생.
값-있다[갑읻따] [형] 많은 가치를 지니고 있다. ¶시간을 **값있게** 보내다.
값-지다[갑찌-] [형] 값이 많이 나갈 만하다. ¶**값진** 골동품 / **값진** 경험.
값-하다[가파-] [동][자][여] 그것이 지닌 값어치에 맞는 일을 하다. ¶은혜에 **값하는** 행동.
갓[1][갇] [명] **1** 조선 시대에, 어른이 된 남자가 머리에 쓰던 모자. 가늘게 쪼갠 대나무나 말총으로 만들며 갓끈을 닮. **2** 갓 모양의 물건. ¶전등~.
[**갓 쓰고 자전거 탄다**] 어울리지 않아 어색하다.
갓[2][갇] [명][식] 독특한 향기와 약간의 매운맛이 있는 한해살이풀. 잎과 줄기는 주로 김치를 담그며, 씨는 겨자와 비슷한 맛의 향신료로 사용함.
갓[3][갇] [명][의존] 말린 식료품 중, 굴비 따위의 열 마리, 또는 고사리·고비 따위의 열 모숨을 한 줄로 엮은 단위. ¶굴비 두 ~.
갓[4][갇] [부] 금방 처음으로. 또는, 이제 막. ¶~ 피어난 꽃 / ~ 스물이 되다.
갓¦-길[가낄/갇낄] [명] 도로의 유효 폭 밖의 가장자리 부분. 고장 난 차를 세울 수 있음.
갓-김치[갇낌-] [명] 갓으로 담근 김치.
갓-끈[갇-] [명] 갓에 다는 끈.
갓난-아기[간-] [명] '갓난아이'를 귀엽게 이르는 말.
갓난-아이[간-] [명] 낳은 지 얼마 안 되는 아이. [비]신생아. [준]갓난애·갓난이.
갓난-애[간-] [명] '갓난아이'의 준말.
갓난-이[간-] [명] '갓난아이'의 준말.
강-[1] [접두] **1** '억지', '호된', '부자연스러운'을 뜻하는 말. ¶~다짐 / ~추위. **2** '그것만으로 이루어지는'을 뜻하는 말. ¶~보리밥 / ~술.
강[2](江) [명] 육지를 가로질러 넓고 길게 흐르는 큰 물줄기. 내보다 큼.
강 건너 불구경 자기에게 관계없는 일이라고 하여 무관심하게 방관하는 모양.
강[3](綱) [명][생] 생물 분류학상의 한 단위. 문(門)의 아래, 목(目)의 위임.

강-⁴(強) [접두] '매우 세거나 됨'을 나타내는 말. ¶~타자 / ~했군.

강-가(江-) [-까] 명 강줄기가 육지와 닿은 곳. 또는, 그 부근.

강!간(強姦) [명] [법] (주로, 남자가 여자를) 협박하거나 폭력을 쓰거나 기타 불법적 수단을 이용하여 강제로 자기와 성교하는 상태가 되게 하는 것. 유의겁간·겁탈. ~법 / ~죄. ⊳ 화간. **강!간-하다** [동]

강-감찬(姜邯贊) [명] [인] 고려 시대의 장군 (948~1031).

강강-술래 [명] [민] 전라도 지방에 전하는 민속놀이의 하나. 여자들이 손을 잡고 원을 그리며 추는 춤. 또는, 그 춤에 맞추어 부르는 노래.

강건-체(剛健體) [명] [문] 문체의 하나. 웅대·장중·강직 등 굳세고 힘찬 품격을 지닌 남성적인 문체.

강건-하다¹(剛健-) [형여] 1 (의지나 기상이) 굳세고 건전하다. ¶**강건한** 기상. 2 필력(筆力)이나 문세(文勢)가 강하고 씩씩하다. **강건-히**¹

강건-하다²(強健-) [형여] (몸이) 튼튼하고 건강하다. ¶**강건한** 청년. ↔병약하다. **강건-히**²

강경-파(強硬派) [명] 강경한 태도나 입장을 취하는 부류의 사람.

강경-하다(強勁·強硬-) [형여] (태도가) 굽힘이 없이 강하게 맞서는 상태에 있다. ¶**강경한** 태도. **강경-히** [부]

강고-하다(強固-) [형여] 굳세고 튼튼하다. **강고-히** [부]

강골(強骨) [명] 꿋꿋하고 단단한 기질.

강공(強攻) [명] 다소의 위험을 무릅쓰고 적극적으로 공격하는 것.

강관(鋼管) [명] 강철로 만든 관.

강괴(鋼塊) [-괴/-궤] [명] 용광로에서 녹인 쇠를 거푸집에 부어 굳힌 강철 덩어리.

강구¹(江口) [명] 1 강이 바다나 호수, 또는 더 큰 강으로 흘러 들어가는 어귀. =강어귀. 2 =나루.

강!구²(講究) [명] (방법이나 대책 등을) 머리를 써서 궁리하는 것. **강!구-하다** [동타] ¶대책을 ~. **강!구-되다** [동자]

강구-연월(康衢煙月) [명] 태평한 시대의 평화스러운 거리 풍경.

강국(強國) [명] 경제력과 군사력이 뛰어나 국제 사회에서 우위를 인정받는 나라. ¶경제~. ↔약국.

강군(強軍) [명] 1 싸우는 힘이 강한 군대. 2 운동 경기에 있어서 강한 팀.

강!권¹(強勸) [명] (상대에게 어떤 일을) 억지로 하도록 권하는 것. **강!권-하다** [동타] ¶술을 이겨 샀다.

강권²(強權) [-꿘] [명] 경찰·군대 따위 국가의 강제력을 가진 권력 작용. ¶~을 발동하다.

강기(剛氣) [명] 굳세고 용맹스러운 기질. ¶노인의 목소리에는 ~가 서려 있었다.

강-기슭(江-) [-끼슭] [명] 강줄기에 잇닿은 가장자리 땅. =강안(江岸).

강-나루(江-) [명] 강가의 배가 건너다니는 일정한 곳.

강남(江南) [명] 1 강의 남쪽 지역. 2 [지] 서울 한강의 남쪽 지역. 3 [지] 중국 양쯔 강의 남쪽 지역. 흔히 중국의 먼 곳이라는 뜻으로 쓰임. ↔강북.

강남-콩(江南-) [명] [식] '강낭콩'의 잘못.

강낭-콩 [명] [식] 흰색·갈색·분홍색 등의 좀 크고 길쭉한 콩이 열리는 한해살이풀. 또는, 그 콩. 줄기는 덩굴로 자라며, 열매인 원통형 꼬투리 안에 4~5개의 콩이 들어 있음. ×강남콩.

강냉이 [명] =옥수수2.

강녕-하다(康寧-) [형여] (주로 나이가 지긋한 윗사람이) 건강하고 마음이 편하다. ¶그간 기체후 **강녕**하셨습니까?

강-다짐 [명] 1 밥을 국이 없이 팍팍하게 먹는 생활. 2 보수도 주지 않고 우격다짐으로 남을 부리는 것. 3 억지로 하거나 강압적으로 하는 방식. **강-다짐하다**.

강단¹(剛斷) [명] 1 겉모습과 달리 지치지 않고 굳세게 버티어 내는 힘. ¶그는 약골 같아도 ~이 있다. 2 어떤 일을 딱 부러지게 결단하는 힘.

강!단²(講壇) [명] 강연·강의·설교 따위를 하는 사람이 올라서도록 조금 높게 만든 자리.

강단에 서다 교편생활을 하다. ¶그는 대학 **강단**에 선 지 올해로 20년이 되었다.

강!담(講談) [명] 강연이나 강의처럼 하는 말투의 이야기. **강!담-하다** [동]

강!당(講堂) [명] 강의나 의식을 행하는 건물 또는 방.

강대-국(強大國) [명] 강대한 나라. ↔약소국.

강대-하다(強大-) [형여] (나라나 조직 등의 역량이) 강하고 크다. ¶나라의 힘이 **강대해지다**. **강대-히** [부]

강도¹(剛度) [명] 금속의 단단하고 센 정도.

강도²(強度) [명] 1 강렬한 정도. ¶~ 높은 대정부 공세. 2 [물] =세기1.

강도³(強盜) [명] 폭행이나 협박으로 남의 재물을 빼앗는 것. 또는, 그런 행위. ¶노상(路上)~.

강!도-질(強盜-) [명] 폭행이나 협박으로 남의 재물을 빼앗는 짓. **강!도-질하다** [동]

강!독(講讀) [명] 글을 읽고 그 뜻을 밝히는 것. ¶원서 ~. **강!독-하다** [동타]

강-둑(江-) [명] 강물이 넘치지 않도록 강의 가장자리를 따라 흙이나 돌로 쌓아 올린 둑.

강!등(降等) [명] 등급이나 계급을 낮추는 것. **강!등-하다** [동타] ¶계급을 ~. **강!등-되다** [동자]

강력-범(強力犯) [-녁뻠] [명] 폭력이나 흉기를 쓰는 범행. 또는, 그 범인. =폭력범. ¶~ 소탕.

강력-분(強力粉) [-녁뿐] [명] 경질(硬質)의 밀로 만든 밀가루. 빵이나 국수 등을 만드는 데 쓰임. ↔박력분.

강력-하다(強力-) [-녀카-] [형여] 힘이나 작용이 강하다. ¶**강력한** 주장 / **강력한** 접착제. **강력-히** [부] ¶~ 만류하다.

강렬-하다(強烈-) [형여] 세차고 맹렬하다. ¶**강렬한** 눈빛. **강렬-히** [부]

강령(綱領) [-녕] [명] 정당·노동조합 등 단체의 기본 입장이나 방침, 또는 운동의 순서나 전략을 요약하여 열거한 것.

강!론(講論) [-논] [명] 학술이나 도의(道義)의 뜻을 풀이하여 설명하고 토론하는 것. **강!론-하다** [동자타]

강!림(降臨) [명] 신(神)이 인간 세상으로 내려오는 것. **강!림-하다** [동자여] ¶성령이 ~.

강:매(強買) 圏 강권에 못 이겨 억지로 사는 일. **강:매-하다**¹ 동태

강:매(強賣) 圏 강제로 떠맡겨 파는 일. **강:매-하다**² 동태 ¶친구에게 책을 ~.

강모(剛毛) 圏 뻣뻣한 털. →센털.

강-모래(江-) 圏 강에서 나는 모래.

강-물(江-) 圏 강에 흐르는 물. [강물도 쓰면 준다] 무엇이든지 많다고 마구 쓰지 말고 아껴 써야 한다.

강-바다(江-) [-빠-] 圏 강의 밑바다.

강-바람¹(江-) 圏 비는 오지 않고, 심하게 부는 바람.

강-바람²(江-) [-빠-] 圏 강물 위나 강가에서 부는 바람.

강박(強拍) 圏[음] =센박. ↔약박.

강:박²(強迫) 圏 1 마음에 느끼는 심한 압박. 2 [법] 민법에서, 부당한 이익을 얻기 위해 상대에게 고의로 해악(害惡)을 끼칠 것을 알려 공포심이 일어나도록 하여 자유로운 의사 결정을 방해하는 일.

강:박-감(強迫感) [-깜] 圏 아무리 물리치려 애써도 없어지지 않고 마음을 짓누르는 감정.

강:박^관념(強迫觀念) [-관-] 圏[심] 아무리 물리치려 사라지지 않고 정신을 짓누르는 관념. ¶~에 사로잡히다.

강변¹(江邊) 圏 강가의 지역.

강:변²(強辯) 圏 이치에 당지 않는 억지스러운 근거나 핑계를 대며 주장하는 것. **강:변-하다** 동태여 ¶그는 자신의 무죄를 강변하였다.

강변-도로(江邊道路) 圏 강변을 따라서 난 도로.

강병(強兵) 圏 1 강한 군사. 2 병력을 강화하는 것. ¶부국(富國)~.

강보(襁褓) 圏 갓난아이를 밖으로 데리고 나갈 때 아이의 몸을 덮거나 두르거나 하는, 비교적 얇은 천. 田포대기.

강-보합(強保合) 圏[경] 주식 등의 시세가 약간 상승한 상태에서 보합을 유지하는 것. ↔약보합.

강:봉(降封) 圏 작위가 낮추어져 봉해지는 것. **강:봉-되다** 동태

강북(江北) 圏 1 강의 북쪽 지역. 2 [지] 서울 한강의 북쪽 지역. 3 [지] 중국 양쯔 강 이북의 지역. ↔강남.

강:사(講士) 圏 강연회에서 강연을 하는 사람.

강:사(講師) 圏 1 촉탁을 받아 학교에서 한시적으로 강의를 하고 보수를 받는 사람. ¶대학 ~ / 시간 ~. 2 학원에서 강의를 하고 보수를 받는 사람. ¶학원 ~.

강산(江山) 圏 1 강과 산. ¶10년이면 ~도 변한다. 2 나라의 영토. ¶삼천리 ~.

강:산(強酸) 圏[화] 물에 녹였을 때 거의 전부가 이온화하는 산. 염산·질산 따위. ↔약산.

강상(江上) 圏 강의 위. ¶~제(祭).

강-샘 圏 상대하고 있는 이성(異性)이 다른 이성을 좋아함을 지나치게 시기하는 일. 田질투·투기.

강선(鋼線) 圏 강철로 만든 줄.

강:설(降雪) 圏 눈이 내리는 것. 또는, 내린 눈.

강:설²(講說) 圏 강론하여 설명하는 것. **강:설-하다** 동태여

강:설-량(降雪量) 圏 어느 곳에 일정 기간 동안 내린 눈을 녹여서 물로 계산하여 나타낸 양. ▷수량品.

강성¹(剛性) 圏[물] 물체가 외부로부터 힘을 받아도 변형되지 않고 본디의 모양을 유지하려는 성질.

강성²(強性) 圏 강한 성질.

강성-하다(強盛-) 薦 힘이 강하고 번성한 상태이다. ¶고구려는 한때 국력의 **강성함**을 내외에 자랑하였다.

강세(強勢) 圏 1 강한 세력이나 형세. 2 [경] 증권 시세나 물가 따위가 올라가는 기세. ¶건설주가 ~를 보이다. ↔약세. 3 [언] 연속된 음성에서 어떤 부분을 강하게 발음하는 일. =스트레스.

강소-국(強小國) 圏 영토는 작지만 부유하고 강한 나라. 스위스·네덜란드·싱가포르 따위.

강-소주(-燒酒) 圏 안주 없이 마시는 소주. ×깡소주.

강소천(姜小泉) 圏[인] 아동 문학가(1915~1963).

강-속구(強速球) [-꾸] 圏[체] 야구에서, 투수가 던지는 강하고 빠른 공.

강수(強手) 圏 바둑 등에서, 위험을 무릎 쓴, 공격성이 강한 수. ¶~를 두다.

강:수-량(降水量) 圏[기상] 어느 곳에 일정한 기간 동안 내린 비·눈·우박 등을 모두 합쳐 물로 계산하여 나타낸 양.

강-술 圏 안주 없이 마시는 술. ×깡술.

강:술(講述) 圏 학예나 책의 내용을 차례대로 밝혀 말하는 것.

강-슛(-shoot) 圏 축구·핸드볼 따위에서, 공을 강하게 차거나 던져서 하는 슛. **강-슛-하다** 동재태여

강습¹(強襲) 圏 1 적의 저항과 방어를 무릎 쓰고 습격을 강행하는 것. 2 적이 예상하지 못한 때에 호되게 공격하는 것. **강습-하다** 동재태여

강:습²(講習) 圏 (정규의 제도 교육 외의 기술·학술·취미 등을) 여러 사람을 대상으로 일정 기간 강의의 형태로 가르쳐서 익히게 하는 것. ¶꽃꽂이 ~. **강:습-하다**² 동태

강:습-소(講習所) [-쏘] 圏 학문이나 기예 따위를 강습하는 곳.

강:습-회(講習會) [-쒸/-쒜] 圏 학술이나 기예 따위를 강습하기 위하여 단기간 설치하는 모임. ¶요리 ~.

강:시(僵屍·殭屍) 圏 얼어 죽은 송장.

강:신(降神) 圏 1 제사에서, 신의 강림을 청하는 일. 2 [민] 주문을 외거나 다른 술법으로 신이 내리게 하는 일.

강:신-무(降神巫) 圏[민] 신이 내려서 된 무당. ▷세습무.

강심(江心) 圏 강물의 한복판.

강심장(強心臟) 圏 웬만한 일에는 겁내거나 부끄러워하거나 주저하지 않는 성질. 또는, 그런 성질을 가진 사람.

강심-제(強心劑) 圏[약] 쇠약해진 심장의 기능을 회복시키는 약제. 디기탈리스·아드레날린 따위.

강아지 圏 1 아직 다 자라지 않은 어린 개. 2 어린 손자나 자식을 귀엽다는 뜻으로 이르는 말. ¶어이구, 내 ~ 예쁘기도 하지. 3<운> 담배의 은어.

강아지-풀 圏[식] 잎이 좁고 길며, 여름에 강아지 꼬리 모양의 연한 녹색 또는 자주색 꽃이 피는 높이 20~70cm의 한해살이풀. 길가나 들에 자람.

강안(江岸) 圏 =강기슭.

강:압(強壓) 圏 강제로 억누르는 것. **강:**

강압-하다(強壓-) 통(타여)
강압-적(強壓的) [-쩍] 관명 강압하는 방식으로 하는 (것). ¶아무리 좋은 일이라도 ~으로 한다면 반발이 생기기 쉽다.
강약(強弱) 명 1강함과 약함. 또는, 강한 정도. 2힘·세력 등이 강한 것과 약한 것.
강-어귀(江-) 명 =강구(江口)¹.
강역(疆域) 명 국경 안. 또는, 영토의 구역.
강:연(講演) 명 일정한 주제를 가지고 청중 앞에서 강의 형식으로 말하는 것. **강:연-하다** 통(타여) ¶국제 문제에 대해 ~.
강:연회(講演會) [-회/-훼] 명 강연을 하기 위한 모임. ¶시국(時局) ~.
강옥(鋼玉) 명[광] 산화알루미늄으로 된 광물. 첫색인 것을 사파이어, 적색인 것을 루비라고 하여 보석으로 씀.
강:요(強要) 명 (남의 일이나 돈 따위를) 상대의 뜻을 무시하고 강하게 요구하는 것. **강:요-하다** 통(타여) ¶희생을 ~ / 기부금을 ~. **강:요-되다** 통(자여)
강:우(降雨) 명 비가 내리는 것. 또는, 내린 비. ¶인공 ~.
강:우량(降雨量) 명 어느 곳에 일정한 기간 동안 내린 비의 양. ¶연평균 ~. ▷강수량.
강:의(講義) [-의/-이] 명 (주로 교수나 강사 등이 학생들에게 전공의 교과 내용을) 체계적으로 설명하여 가르치는 것. **강:의-하다** 통(타여)
강:의-록(講義錄) [-의-/-이-] 명 강의의 내용을 모아 엮은 책이나 교재. ¶통신 ~.
강:의-실(講義室) [-의-/-이-] 명 대학·학원 등에서, 강의하는 데 쓰이는 방.
강인-하다(強靭-) 형(여) (성질·기질·의지 등이) 강하여 어려움에 지지 않거나 잘 견디는 상태에 있다. ¶**강인한** 정신력.
강:잉-하다(強仍-) 형(여) 마지못해 하는 태도가 있다.
강자(強者) 명 힘이나 세력이 강한 자. ↔약자.
강장(強壯) 명 (일부 명사 앞에 쓰이어) 몸이 튼튼하고 혈기가 왕성한 것. ¶~ 식품 / ~ 요법.
강장-제(強壯劑) 명[약] 온몸의 신진대사를 촉진하며, 영양 상태를 좋게 하고 체력을 회복시키기 위한 약제.
강재(鋼材) 명[공] 공업·건설 등의 재료로 쓰기 위해 압연 등의 가공을 하여 만든 강철.
강:점(強占) 명 (남의 것을) 강제로 차지하는 것. ¶~기(期). **강:점-하다** 통(타여) **강:점-되다** 통(자여) ¶일제에 **강점되었던** 국토.
강점²(強點) [-쩜] 명 우수하거나 뛰어난 점. ↔약점.
강정 명 찹쌀가루를 술로 반죽하여 손가락 마디만큼씩 썰어 말렸다가 기름에 튀겨 꿀과 고물을 묻힌 과자. 깨·콩 등을 물엿에 버무려 만든 과자. ['羌飣'은 속음.] ¶깨를 **강정**을 **강정**이라 이름.
강:제(強制) 명 1 (어떤 일을) 상대의 뜻을 거스르거나 그의 의사와 상관없이 억지로 하게 하는 것. ≒동원. 2 저절로 이루어지기 어려운 현상을 인공적·인위적인 기술이나 수단으로 이뤄지게 하는 것. ¶~ 냉각. **강:제-하다** 통(타여) (어떤 일을) 상대

의 뜻을 거스르거나 그의 의사와 상관없이 억지로 하게 하다. **강:제-되다** 통(여)
강:제-력(強制力) 명[법] 국가가 국민에게 명령하여 따를 것을 강제하는 권력.
강:제-적(強制的) 명 본인의 의사를 무시하고 억지로 시키는 (것). ¶~인 처사.
강:제^집행(強制執行) [-지뺑] 명[법] 법률상의 의무를 이행하지 않는 사람에 대하여 국가가 강제 권력으로서 그 의무를 이행시키는 일.
강조(強調) 명 어떤 부분을 특별히 강하게 주장하거나 두드러지게 하는 것. ¶불조심 ~ 주간. **강조-하다** 통(타여) ¶붉은 색조를 **강조한** 그림. **강조-되다** 통(자여)
강조-법(強調法) [-뻡] 명[문] 수사법의 한 가지. 전달하고자 하는 내용을 강조하기 위해 강하고 뚜렷하게 표현하는 방법. 과장법·대조법·반복법·점층법 등이 이에 속함.
강:좌(講座) 명 1 [교] 대학에서 교수가 강의를 분담하는 학과. ¶철학 ~. 2 몇 가지 전문적인 분야로 나누어 강습하는 계몽적인 강습회, 또는, 그런 출판물이나 방송 프로그램 따위. ¶교양 ~.
강-줄기(江-) [-쭐-] 명 강물이 뻗어 흐르는 선.
강직-하다(剛直-) [-지카-] 형(여) 기질이 꿋꿋하고 곧다. ¶**강직한** 성품.
강진(強震) 명[지] 진도 5의 강한 지진. 벽에 금이 가고, 굴뚝이나 흙담이 무너질 정도임.
강짜 명 '강샘'을 속되게 이르는 말. ¶~를 부리다. **강짜-하다** 통(자여)
강철(鋼鐵) 명 1 열과 압력으로 아주 단단하게 만든 쇠. 기계·선박 등의 재료로 쓰임. =철강·스틸. ↔연철. 2 단련되어 아주 단단하고 굳세게 된 것의 비유. ¶~ 같은 주먹.
강철-못(鋼鐵-) [-몯] 명 강철 재료를 접합하는 데 사용하는 못. =콘크리트 못.
강철-판(鋼鐵板) 명 강철로 된 철판. =강판(鋼板).
강:청(強請) 명 (무엇을) 달라거나 해 줄 것을 무리하게 청하는 것. ¶~에 못 이겨 승낙하다.
강체(剛體) 명[물] 어떤 힘을 가해도 모양과 부피가 변하지 않는다고 가상되는 이상적인 고체.
강촌(江村) 명 강가에 있는 마을.
강추(強推) 명(속) 강력히 추천함. 인터넷 상에서 쓰이는 통신 언어임. ¶~ 웹 사이트 / 금주의 ~ 영화.
강-추위¹ 명 바람도 불지 않고 눈도 오지 않으면서 몹시 매서운 추위.
강-추위²(強-) 명 몹시 심한 추위. ¶영하 20도를 밑도는 ~.
강타(強打) 명 1 [체] 배구나 권투 등에서, 공이나 상대 선수를 강하게 쳐서 공격하는 것. 2 태풍 따위가 거세게 지나는 것을 비유적으로 이르는 말. 3 (어떤 대상이 사회의 집단을) 강하게 충격을 주어 영향을 미치는 것. **강타-하다** 통(타여) ¶독서 시장을 **강타한** 밀리언셀러.
강-타자(強打者) 명[체] 야구에서, 타격이 강한 타자.
강:탄(降誕) 명 존귀한 사람이나 비범한 사람이 태어나는 것. ¶~절(節).
강탈(強奪) 명 강제로 빼앗는 것. **강:탈-하다** 통(타여) ¶돈을 ~.

강-태공(姜太公) 명 [중국의 태공망(太公望:속칭은 강태공)이 때를 기다리며 낚시질을 했다는 고사에서] 낚시꾼을 이르는 말. ¶호면(湖面)에 낚싯대를 드리우고 찌만 노려보고 있는 ~들.

강토(疆土) 명 국경 안에 있는 한 나라의 땅. ¶조국 ~.

강퇴(強退) [-퇴/-퉤] 〈속〉 인터넷 대화방이나 게임방 등에서, 어떤 사람을 강제로 퇴장시키는 일. 통신 언어임. ¶~시키다(당하다). **강퇴-되다** 재

강-팀(強team) 명 전력(戰力)이 강한 팀. ↔약팀.

강!판(降板) 명 [체] 야구에서, 투수가 공을 잘 던지지 못해 경기 도중에 마운드에서 내려오는 일. ↔등판(登板). **강!판-하다** 통재 **강!판-되다** 통재

강판²(鋼板) 명 =강철판.

강판³(薑板) 명 무·사과·생강 따위를 갈아서 즙을 내는 기구.

강팍-하다(剛愎) [-파카-] 형여 성미가 까다롭고 고집이 세다. ¶성격이 ~.

강!평(講評) 명 작품이나 연기, 또는 실습 등에 대해 총괄적으로 분석하고 평가하는 것. 또는, 그 평가. **강!평-하다** 타여

강폭(江幅) 명 강의 너비.

강풍(強風) 명 세게 부는 바람.

강:하(江下) 명 1 높은 곳에서 아래로 향하여 내리는 것. 2 (온도·기압 등이) 내리는 것. **강하-하다** 자여

강-하다(剛-) 형여 1 굳고 단단하다. 2 (마음이) 단단하고 굳세다. ↔유하다.

강-하다(強-) 형여 1 (힘의 정도가) 크다. ¶강한 나라. 2 (자극이나 충격이) 세차다. ¶햇살이 ~. 3 견디는 힘이 크다. ¶추위에 강한 품종. 4 정신적으로 굳세어 굴함이 없다. ¶강한 의지. 5 신랄하고 모질다. ¶강한 저항을 받다. 6 (무엇에) 익숙하거나 능하다. ¶나는 암기 과목에 ~.

강!행(強行) 명 1 어려움을 무릅쓰고 행하는 것. 2 강제로 시행하는 것. **강!행-하다** 통타여 ¶빗속에서 경기를 ~. **강!행-되다** 통재

강!-행군(強行軍) 명 1 [군] 무리함을 무릅쓰고 힘들고 어렵게 하는 행군. 2 짧은 시간 안에 끝내려고 무리하게 일을 하는 것. ¶~로, 추석 전에 일을 마치자. **강!행군-하다** 통재

강호¹(江湖) 명 1 '경향(京鄕)'을 운치 있게 이르는 말. ¶~의 제현(諸賢). 2 은자(隱者)나 시인, 묵객 등이 현실을 도피하여 생활하는 시골이나 자연을 이르는 말.

강호²(強豪) 명 세력이 강하여 맞서서 겨루기 힘든 상대. ¶한국 축구팀은 세계의 ~들을 물리치고 8강전에 진출했다.

강호-사시가(江湖四時歌) 명 [문] 조선 세종 때 맹사성이 지은 연시조. 자연에 묻혀 사는 자신의 생활을 사철의 변화와 결부시켜 읊은 것임.

강화¹(強化) 명 (대상을) 이전보다 튼튼하고 강하게 하거나 보완하여 좋게 하는 것. ¶국방력. ~. ↔약화. **강화-하다** 통타여 ¶수비를 ~. **강화-되다** 통재

강!화²(講和) 명 교전국이 전쟁을 끝내기 위하여 서로 화의하는 것. ¶~ 회의. **강!화-하다** 통재여

강화-도(江華島) 명 [지] 인천광역시 강화군에 있는 섬.

강화도^조약(江華島條約) 명 [역] 운요호(雲揚號) 사건을 계기로 고종 13년(1876)에 우리나라와 일본 사이에 맺어진 불평등 조약. =병자수호조약.

강화-식품(強化食品) 명 칼슘·비타민·아미노산 따위의 영양소를 인공적으로 첨가한 식품.

강!화^조약(講和條約) 명 [법] 서로 싸우던 나라끼리 강화할 때 맺는 조약. =평화조약.

강-회(-膾) [-회/-훼] 명 미나리·파 따위를 데쳐 돌돌 감아 초고추장에 찍어 먹는 회.

강-희안(姜希顏) [-히-] 명 [인] 조선 시대의 문신·서화가(1417~1464).

강희-제(康熙帝) [-히-] 명 [인] 청나라의 황제(1654~1722).

갖-가지[갇까-] 명 '가지가지'의 준말. ¶~ 물건 / ~의 상념이 떠오르다.

갖다¹[갇따] 통타 '가지다①'의 준말. ¶희망을 ~.

갖다²[갇따] '가지어다가'가 준 말. ¶숭늉을 ~ 드려라.

갖-바치[갇빠-] 명 갖신을 만드는 일을 직업으로 하는 사람.

갖-신[갇씬] 명 옛날에 신던, 가죽으로 만든 재래식 신. =가죽신.

갖은 관 골고루 다 갖춘. 또는, 여러 가지의. ¶~ 고생 / ~ 양념.

갖은-소리 명 쓸데없는 여러 가지 말. 2 고루 갖추고 있는 체하는 말. ¶없는 주제에 무슨 ~냐.

갖은-자(-字) 명 같은 뜻을 지닌 한자로서 획을 더 많이 쓰는 글자. '三'에 대한 '參' 따위.

갖추다[갇-] 통타 1 (있어야 할 것이나 필요한 것을) 마련하여 가지다. ¶서류를 ~. 2 몸을 가누어 바로 하다. ¶자세를 갖추어 국기를 향해 서다.

갖춘-마디[갇-] 명 [음] 첫째 마디부터 끝 마디까지 정해진 박자를 제대로 갖추고 있는 마디. ↔못갖춘마디.

같다[갇따] 형 1 서로 다른 것이 아니다. 또는, 서로 한 모양으로 이루고 있다. 비동일하다. ¶크기가 ~. ↔다르다. 2 (격조사 '와'과'가 붙거나 생략된 체언 다음에 쓰여) (체언이 나타내는 사물과) 비교하거나 비유하여 비슷하다. ¶샛별 같은 눈. 3 (체언 뒤에 '같은'의 꼴로 쓰여) 그 체언의 부류나 유형에 속함을 나타내는 말. ¶밭에 감자와 옥수수 같은 것을 심다. 4 ('-ㄴ/는 것', '-ㄹ 것'의 뒤에 붙어) 추측이나 불확실한 단정을 나타냄. ¶비가 올 것 ~. 5 ('같으면'의 꼴로 쓰여) '…라면', '…라도'의 뜻을 나타냄. ¶옛날 같으면 네 나이에 장가를 갔다. 6 ('같은'의 꼴로 동일한 명사 사이에 놓여) '… 중에서도 기준이 될 만한'의 뜻을 나타냄. ¶도대체 말 같은 말을 해야지. 7 (마음·생각 등의 명사나 시간을 나타내는 일부 명사 뒤에 '같아서', '같아선'의 꼴로 쓰여) '…으로는', '… 형편으로는'의 뜻을 나타냄. ¶마음 같아선 쉬고 싶다. 8 (욕하는 말 뒤에 '같으니', '같으니라고'의 꼴로 쓰여) 혼잣말로 남을 욕할 때 그와 similar하다는 뜻을 나타내는 말. ¶천하에 불효막심한 놈 같으니라고.

[같은 값이면 다홍치마] 값이 같거나 같은 노력을 한다면 품질이 좋은 것을 택한

다는 말. '동가홍상(同價紅裳)'과 같은 말.
같은 값이면 값이나 힘이 드는 정도가 같을 바에는. [비]이왕이면. ¶~ 큰 것으로 주세요.
같아-지다 [동][자] 같게 되다. ↔달라지다.
같이[가치] Ⅰ[부]《주로 격 조사 '와/과' 다음에 쓰여》 **1** 서로 함께. ¶나와 ~ 가자. **2** 서로 다름이 없이. ¶내가 하는 것과 ~ 하면 된다. **3** 바로 그대로. ¶예상한 바와 ~ 심각한 사태가 벌어졌다.
Ⅱ[조] **1**《명사나 대명사에 붙어》 '비슷하게', '…처럼'의 뜻을 나타냄. ¶눈~ 흰 목련화. **2**《때를 나타내는 일부 명사에 붙어》 그때를 강조함. ¶새벽~ 떠나다.
같이-하다[가치-] [동][타][여] (어떤 사람과 뜻이나 행동, 또는 삶이나 경험 등을) 동일하게 가지거나 더불어 하다. =함께하다. ¶행동을 ~ / 일생을 ~. ↔달리하다.
같잖다[갇짠타] [형] **1** 눈꼴사나운 품이 제 격에 맞지 않고 아니꼽다. ¶똑똑한 체하는 꼴이 ~. **2** 말할 나위도 없을 만큼 하찮다. ¶그런 **같잖은** 일로 다투느냐?
갚다[갑따] [동][타] **1** (남에게 외상을 지거나 빌리거나 꾼 돈을) 돌려주다. ¶외상값을 ~. **2** (남에게 진 신세나 은혜를) 그에 상당하는 다른 것으로 되돌려 주다. [비]보답하다. ¶은혜를 ~. **3** (원수를) 원한을 맺게 한 대가로 벌하거나 해치다. [비]보복하다. ¶부모의 원수를 ~.
개[1] [명] 강이나 내에 바닷물이 드나드는 곳. 또는, 바닷물이 드나드는, 바다와 육지의 경계를 이루는 곳.
개[2] [명] 윷놀이에서, 윷이 둘이 엎어지고 둘이 잦혀진 상태. 말이 두 밭을 가게 됨.
개ː[3] [명] **1** [동] 영리하고 사람을 잘 따르며, 귀가 밝고 냄새를 잘 맡아 도둑을 지키거나 사냥을 돕는 집짐승. 애완용으로도 많이 기르며, 여러 종류가 있음. **2** 행실이 매우 나쁜 사람을 욕하여 이르는 말. ¶저 녀석은 술만 먹으면 ~가 된다. **3** '남의 앞잡이 노릇을 하는 사람'을 얕잡아 이르는 말.
[**개가 똥을 마다할까**] 틀림없이 좋아해야 할 것을 싫다고 할 때 이를 비꼬는 말. [**개가 웃을 일이다**] 기가 막혀 어이없거나 같잖은 일이라는 말. [**개같이 벌어서 정승같이 산다**] 천하게 벌어서라도 떳떳하게 살면 된다. [**개 꼬리 삼 년 묵어도 황모(黃毛) 되지 않는다**] 본바탕이 좋지 않은 것은 어떻게 하여도 좋아지지 않는다. [**개 눈에는 똥만 보인다**] 어떤 것을 좋아하거나 관심을 갖게 되면 모든 것이 그것과 같이 보임을 빈정대는 말. [**개 발에 편자**] 가진 물건이나 입은 옷 등이 제격에 맞지 않음을 비유한 말. [**개 팔자가 상팔자**] ㉠분주하고 고생스러울 때 이르는 말. ㉡신세가 고달플 때 하는 넋두리 말.
개 발싸개 같다 보잘것없이 허름하고 빈약한 것을 얕잡아 이르는 말.
개 콧구멍으로 알다 시시한 것으로 알아 대수롭지 않게 여기다.
개 패듯 하다 함부로 때리고 치다. ¶몽둥이로 사람을 ~.
개ː-[4] [접두] **1** 일부 명사에 붙어, 참 것이나 좋은 것이 아니고 변변하지 못한 것임을 나타내는 말. ¶~떡 / ~살구. **2** 일부 명사에 붙어, '허황한', '값어치 없는'의 뜻을 나타내는 말. ¶~꿈 / ~죽음.
-개[5] [접미] **1** 일부 명사나 동사의 어근에 붙어, 도구나 물건을 나타내는 말. ¶지우~ / 이쑤시~. **2** 일부 명사나 동사의 어근에 붙어, 어떤 사람임을 홀하게, 또는 예사롭게 나타내는 말. ¶오줌싸~ / 졸~.
개[6](個·箇·介) [명][의존] 낱으로 된 물건의 수효를 세는 말. ¶사과 한 ~.
개ː가(改嫁) [명] 결혼하였던 여자가 남편과 사별하거나 이혼하여 다시 다른 곳으로 시집가는 것. =재가. **개ː가-하다** [동][자][여]
개ː가를 올리다(凱歌-) 큰 성과를 거두다. ¶연구를 시작한 지 5년 만에 ~.
개ː각(改閣) [명] 내각(內閣)을 개편하는 것. ¶~을 단행하다. **개ː각-하다** [동][자][여]
개ː간[1](改刊) [명] 원판을 고쳐 다시 간행하는 것. **개ː간-하다**[1] [동][타][여] **개ː간-되다**[1] [동][자]
개간[2](開墾) [명] 버려져 있던 거친 땅을 처음으로 일구어 논밭을 만드는 것. **개간-하다**[2] [동][타][여] ¶황무지를 ~. **개간-되다**[2] [동][자]
개강(開講) [명] 강의나 강습회 등을 시작하는 것. ↔종강. **개강-하다** [동][자][타][여]
개ː개(個個·箇箇) [명] 구성 성분이 되는 하나하나. =낱낱. ¶~의 사건.
개ː개-인(個個人) [명] 한 사람 한 사람.
개ː개-풀리다 [동][자] =개개풀어지다. ¶**개개풀린** 눈.
개ː개-풀어지다 [동][자] **1** 끈끈하던 것이 녹아서 풀어지다. **2** 졸리거나 술에 취하여 눈의 정기가 흐려지다. =개개풀리다.
개경(開京) [명][역] '개성(開城)'의 고려 시대의 이름.
개ː고(改稿) [명] 원고를 고쳐 쓰는 것. 또는, 그 원고. **개ː고-하다** [동][자][타][여]
개ː-고기 [명] **1** 사람이 식용 대상으로 삼는 개의 살. **2** 성질이 고약하고 막된 사람을 비유한 말.
개골-개골 [부] 개구리가 연달아 우는 소리. [큰]개굴개굴.
개골-창 [명] 수채 물이 흐르는 작은 도랑.
개ː과-천선(改過遷善) [명] 지난날의 허물을 고치고 착하게 됨.
개관[1](開館) [명] **1** 도서관·박물관·영화관 등을 차려 놓고 처음 여는 것. ↔폐관(廢館). **2** 도서관·박물관·영화관 등을 열어 그날의 일을 시작하는 것. ↔폐관(閉館). **개관-하다**[1] [동][자][타][여] **개관-되다** [동][자]
개ː관[2](槪觀) [명] 전체를 대강 살펴보는 것. **개ː관-하다**[2] [동][타][여]
개ː괄(槪括) [명] **1** 내용의 요점이나 줄거리를 추려 내어 한데 뭉뚱그리는 것. **2** [논] 같은 부류의 사물을 골라서 한데 뭉치는 것. **개ː괄-하다** [동][타][여] ¶한국의 현대 문학사를 ~.
개ː괄-적(槪括的)[-쩍] [관][명] 대충 추려 한데 뭉뚱그린 (것). ¶~ 설명.
개교(開校) [명] 새로 세운 학교에서 처음으로 수업을 시작하는 것. ↔폐교. **개교-하다** [동][자][타][여]
개교-기념일(開校記念日) [명] 매년 개교 날짜에 맞추어 개교를 기념하는 날.
개-구간(開區間) [명][수] 양 끝을 포함하지 않는 구간. 즉, 실수 a, b에 대해 $a<x<b$를 만족시키는 실수 x의 집합. ↔폐구간.
개구리 [명][동] 논이나 못과 그 근처 땅에 살면서 '개굴개굴' 하고 우는 양서류의 동물. 뒷다리가 길고 발에 물갈퀴가 있어 헤엄을 잘 치며, 땅에서는 팔짝팔짝 뛰어

다님. 여러 종류가 있음.
[**개구리 올챙이 적 생각 못한다**] 잘되고 난 뒤, 어려웠던 옛일은 생각하지 않고 처음부터 잘난 듯이 뽐낸다.
개구리-눈 [명] 둥그렇게 툭 불거져 나온 눈을 비유하여 이르는 말.
개구리-밥 [명][식] 작고 동글동글한 잎이 논이나 못의 물 위에 떼 지어 떠 있는 여러해살이풀. 여름에 작은 흰색 꽃이 핌. =부평초.
개구리^주ˇ차(一駐車) [명] 보도 위에 좌우 어느 한쪽의 차바퀴를 올려놓는 형태의 주차.
개구리-헤엄 [명] 개구리처럼 두 발을 함께 오므렸다가 뻗으면서 치는 헤엄. ▷평영.
개ˇ-구멍 [명] 담이나 울타리에 개가 드나들 만한 크기로 뚫려 있는 구멍.
개ˇ구멍-받이[-바지] [명] 남이 대문 밖에 버리고 간 것을 데려다 기른 아이.
개구장이 [명] '개구쟁이'의 잘못.
개구쟁이 [명] 지나치게 짓궂은 장난을 하는 아이. ×개구장이.
개국[1](開局) [명] **1** 우체국·방송국 등이 사무소를 설치하고 업무를 시작하는 것. **2** 바둑의 대국(對局)을 시작하는 것. **개국-하다**[1] [동][자][타][여]
개국[2](開國) [명] **1** 나라를 처음으로 세우는 것. [비]건국. ¶~ 공신. **2** 다른 나라와 교류를 처음으로 시작하는 것. ↔쇄국. **개국-하다**[2] [동][자][타][여]
개국[3](個國) [명][의존] 국가의 수를 세는 단위. ¶5~.
개굴-개굴 [부] 개구리가 연달아 우는 소리. [작]개골개골.
개그(gag) [명] 주로 텔레비전 방송 등에서, 시청자를 웃기기 위해 하는 대사나 몸짓.
개그-맨(gagman) [명] 개그를 직업적으로 하는 사람.
개그-우먼(†gagwoman) [명] 개그를 직업적으로 하는 여자.
개근(皆勤) [명] 학교나 직장 등에 일정한 기간 동안 하루도 빠짐없이 출석하거나 출근하는 것. ¶~상. **개근-하다** [동][자][타][여]
개기다 [동][자] 〈속〉 (어떤 사람에게) 성가시게 굴거나 함부로 행동하다. 또는, 할 일 없이 그냥 시간만 보내거나, 해야 할 일을 짐짓 하지 않다. ¶너 지금 이 형님한테 **개기는** 거냐?
개ˇ-기름 [명] 얼굴에 번질번질하게 끼는 땀기 있는 기름. ¶~이 흐르는 얼굴.
개기^월식(皆旣月蝕)[-씩] [명][천] 달이 지구에 완전히 가려져 햇빛을 전혀 받지 못하는 현상. ↔부분 월식.
개기^일식(皆旣日蝕)[-씩] [명][천] 태양이 달의 그림자에 완전히 가려지는 현상. ↔부분 일식.
개ˇ-꼴 [명] 체면이 아주 엉망이 된 꼬락서니.
개ˇ-꿈 [명] 뚜렷한 내용이 없이 어수선하게 꾸는 꿈. ▷용꿈.
개ˇ나리 [명][식] 이른 봄에 잎이 나기 전에 먼저 노랗고 작은 꽃이 가지에 다닥다닥 붙어 피는, 높이 약 3m의 낙엽 관목.
개ˇ나리-꽃[-꼳] [명] 개나리의 꽃.
개ˇ나발(을) 불다(一喇叭*一) 사리에 맞지 않는 엉터리없는 소리를 하다. 상대의 말이 못마땅할 때 매우 공격적인 뜻을 담아 이르는 말임.
개년(個年) [명][의존] 연수(年數)를 세는 단위. ¶경제 개발 5~ 계획.
개ˇ념(槪念) [명] **1** [철] 어떤 사물이나 그것을 나타내는 언어가 가지는 기본적인 의미 내용. **2** 사물 현상에 대한 일반적인 지식이나 관념.
개ˇ념-적(槪念的) [관][명][철] 직관이나 표상이 아니라 개념에 의하고 있는 (것).
개ˇ다[1] (개ˇ고 / 개어) [동][자] (흐리거나 궂은 날씨가) 맑게 되다. ¶활짝 **갠** 하늘. ×개이다.
개ˇ다[2] (개ˇ고 / 개어) [동][타] 덩이진 것이나 가루에 물·기름 등을 쳐서 풀어져 섞이게 이기다. ¶가루약을 물에 **개어** 먹이다.
개ˇ다[3] (개ˇ고 / 개어) [동][타] (이부자리·옷 따위를) 겹치거나 접어 포개다. [비]개키다. ¶이불을 ~.
개ˇ다리-소반(一小盤) [명] 상다리 모양이 개 다리처럼 구부러진 밥상.
개더-스커트(←gather*ed* skirt) [명] 허리에 잔주름을 많이 잡아 풍성하게 만든 스커트.
개도-국(開途國) [명] '개발도상국'의 준말.
개ˇ-돼지 [명] 개나 돼지와 같이 비천하고 보잘것없는 존재. 사람을 욕하거나 얕잡아 이르는 말임. ¶~만도 못한 놈.
개ˇ-떡 [명] 거칠게 빻은 보릿가루나 밀가루를 반죽하여 둥글넓적하게 아무렇게나 반대기를 지어 찐 떡.
개떡 같다 무슨 일이나 물건이 마음에 들지 않고 하찮다. ¶시험 문제가 ~.
개ˇ-똥 [명] **1** 개의 똥. **2** 어떤 대상에 대해 경멸감이나 역겨움·불쾌감 등을 나타낼 때 속되게 이르는 말. ¶~ 같다.
[**개똥도 약에 쓰려면 없다**] 평소에는 흔하던 것도 막상 긴하게 쓰려면 구하기 어렵다.
개ˇ똥-밭[-받] [명] **1** 땅이 건 밭. **2** 개똥이 많은 더러운 곳.
[**개똥밭에 굴러도 이승이 좋다**] 아무리 고생스럽고 천하게 살더라도 죽는 것보다는 사는 것이 낫다.
개ˇ똥-벌레 [명][동] =반딧불이.
개ˇ똥-지빠귀 [명][동] 참새보다 좀 크며, 몸빛은 등이 검은 갈색이고 가슴에 작은 세로무늬가 있는 겨울 철새.
개ˇ똥-철학(一哲學) [명] '통속적이고 어쭙잖은 인생론이나 처세론'을 얕잡아 이르는 말.
개ˇ-띠 [명][민] 개해에 난 사람의 띠.
개ˇ략(槪略) [명] 대강 추려 줄이는 일. 또는, 그 줄인 것. [비]개요. **개ˇ략-하다** [동][타][여]
개ˇ략-적(槪略的)[-쩍] [관][명] 대충 추려 간략하게 개괄한 (것). ¶~인 내용.
개ˇ량(改良) [명] (질이나 성능, 구조 등을) 더 낫거나 편리하게 고치는 것. ¶품종 ~. ▷개선. **개ˇ량-하다** [동][타][여] ¶주택을 ~. **개ˇ량-되다** [동][자]
개ˇ량-종(改良種) [명] 교배 등에 의해 개량한 동식물의 새 품종. ↔재래종.
개ˇ량-한복(改良韓服) [명] =생활한복.
개런티(†guarantee) [명] 〔영어의 본뜻은 '보증', '보증 계약'〕 가수·배우·탤런트 등의 계약에 따른 출연료.
개ˇ론(槪論) [명] 어떤 분야의 학문에 대해 기초적인 내용을 추려 대강 논하는 일. 또는, 그 논술. ¶문학 ~. **개ˇ론-하다** [동][타][여]

개¦마-고원(蓋馬高原) [명][지] 백두산의 남서쪽에 있는, 한반도에서 가장 높고 넓은 고원.
개막(開幕) [명] **1** (연극 등의 공연을) 막을 올려 시작하는 것. 또는, (큰 규모의 행사나 대회 등을) 시작하는 것. ↔폐막. **2** (어떤 시대를) 시작하거나 여는 것. ¶정보화 시대의 ~. **개막-하다** [동][자][타][여] **개막-되다** [동][자]
개막-식(開幕式) [-씩] [명] 행사가 일정 기간 동안 계속될 경우에 첫날 그 행사를 시작할 때 베푸는 의식. ¶올림픽 ~. ↔폐막식.
개막-전(開幕戰) [-쩐] [명] 개막식에 이어 열리는 첫 경기. ¶월드컵 축구 ~.
개¦-망나니 [명] 하는 짓이나 성질이 아주 못된 사람을 욕하여 이르는 말.
개¦-망신(-亡身) [명] 아주 큰 망신.
개¦머리-판(-板) [명][군] 총대의 밑동을 이룬, 나무나 플라스틱으로 된 넓적한 부분.
개¦명[1](改名) [명] 이름을 바꾸는 것. 또는, 바꾼 이름. **개¦명-하다**[1] [동][자][타][여]
개명[2](開明) [명] 사람의 지혜가 계발되고 문화가 발달되는 것. **개명-하다**[2] [동][자][여]
개-모음(開母音) [명][언] =저모음.
개미[1] [명] 연줄을 질기고 세게 하기 위하여 먹이는, 부레풀에 사기나 유리의 고운 가루를 탄 것. ¶연줄에 ~를 먹이다.
개¦미[2] [명][동] 땅 위를 기어 다니며, 몸빛은 검은색 또는 갈색이고 허리가 잘록한 작은 곤충. 땅속이나 썩은 나무 속에 집을 짓고 사회생활을 함. 왕개미·흰개미·불개미 등 많은 종류가 있음.
 개미 새끼 하나도 얼씬 못한다 허락된 사람 외에는 아무도 얼씬 못한다.
 개미 새끼 하나 볼 수 없다 어느 곳에 전혀 사람이 있지 않거나 다니지 않는 상태에 있다.
개¦미^군단(-群團) [명][경] 주식 시장에서 '다수의 소액 투자자'를 이르는 말. 개개인은 힘이 약하지만 무리로서는 힘이 강하다는 뜻을 가짐.
개¦미-귀신(-鬼神) [명][동] 명주잠자리의 애벌레. 개미지옥을 파고 숨어 있다가 미끄러져 떨어지는 개미 따위의 곤충을 큰 턱으로 잡아 체액을 빨아 먹음.
개¦미-지옥(-地獄) [명] 개미귀신이 마루 밑이나 양지바른 모래땅에 파 놓고 숨어 있는, 깔때기 모양의 구멍.
개¦미-집 [명] 개미가 구멍을 파고 모여 사는 곳.
개¦미-핥기 [-할끼] [명][동] 가늘고 긴 혀로 개미를 핥아 먹는, 온몸이 털로 덮여 있는 포유동물. 머리가 길고 입이 작으며, 이가 없음. 여러 종류가 있는데, 큰개미핥기는 몸길이 150cm나 됨.
개¦미-허리 [명] 개미의 허리처럼 아주 가는 허리.
개발(開發) [명] **1** (토지나 천연자원을) 개척하여 유용하게 만드는 것. **2** (지식이나 능력 등을) 더 나아지도록 이끄는 것. **3** (산업이나 경제 등을) 흥하도록 발전시키는 것. ¶경제 ~ 계획. **4** (새로운 것이나 물건을) 연구해 내어 만드는 것. ¶신제품 ~에 성공하다. **개발-하다** [동][타][여] ¶소질을 ~. **개발-되다** [동][자] ¶사고력이 ~.
개발도상-국(開發途上國) [명] 산업의 근대화나 경제 발전이 뒤져서 국민 1인당 실질 소득이 낮은 나라. =발전도상국. [준]개도국.
개발^독재(開發獨裁) [-째] [명][정] '개발'이라는 기치 아래 자행되는 강권 정치. 흔히, 개발도상국에서 볼 수 있음.
개발-새발 [명] 개의 발과 새의 발이라는 뜻으로 글씨를 함부로 갈겨써 놓은 모양.
개발-쇠발 [부] '괴발개발'의 잘못.
개발^제¦한^구역(開發制限區域) [명][법] 개발이 제한되는 일정 지역. 도시의 무질서한 확산을 방지하고, 도시 주변의 자연환경을 보전하기 위한 것임. =그린벨트.
개¦-밥 [명] 개의 먹이.
 [**개밥에 도토리**] 따돌림을 받아 여럿에 어울리지 못하는 사람을 이르는 말.
개방(開放) [명] (막았던 것을) 터놓는 것. 곧, 자유롭게 출입하거나 교류하도록 하는 것.
개방^경제(開放經濟) [명] 외국과의 경제적 거래에 제한을 두지 않는 경제 체제.
개방^대¦학(開放大學) [명][교] 대학 교육의 기회를 갖지 못한 사람을 위해 설치한 대학. 교육의 시기·연령·장소 및 학습 방법에 제한을 두지 않는 것이 특징임.
개방-적(開放的) [관][명] 숨기거나 막거나 하지 않고 툭 터놓는 (것). ¶~인 성격.
개방-화(開放化) [명] 개방하는 상태가 되게 하는 것. 또는, 그런 상태가 이루어지는 것. ¶~의 물결. **개방화-하다** [동][자][타][여] **개방화-되다** [동][자] ¶**개방화된** 사회.
개¦-백정(-白丁) [-쩡] [명] **1** 개 잡는 일을 직업으로 하는 사람. **2** 말과 행동이 막된 사람을 욕하여 이르는 말.
개버딘(gabardine) [명] 소모사를 사용하여 날실을 씨실보다도 촘촘하게 능직으로 짠 옷감. 신사복·코트 등의 감으로 쓰임.
개벽(開闢) [명] **1** 천지가 처음으로 생기는 것. ¶천지~. **2** 새로운 시대가 열리는 것의 비유. **개벽-하다** [동][자][여]
개¦변(改變) [명] (제도·시설·상태 등을) 발전적인 방향으로 고쳐 바꾸는 것.
개¦별(個別) [명] 《주로 명사 앞에 쓰여》 여럿 중 하나하나 또는 따로따로. ¶~ 심사.
개¦별-적(個別的) [-쩍] [관][명] 따로따로 되어 있는 (것). ¶~으로 처리하다.
개병(皆兵) [명] 온 국민이 병역 의무를 가지는 것. ¶국민 ~ 제도.
개¦-보수(改補修) [명] (건물이나 시설물 따위를) 뜯어고치거나 수리하는 것. **개¦보수-하다** [동][타][여] ¶낡은 아파트를 ~.
개복^수술(開腹手術) [-쑤-] [명][의] 배를 가르고 그 안의 기관을 치료하는 수술.
개¦-복치 [명][동] 몸이 달걀꼴로 옆으로 납작하고, 몸빛은 푸른색이며 몸길이 2~4m에 이르는 큰 바닷물고기. 식용함.
개봉(開封) [명] **1** 봉한 것을 떼어 여는 것. ↔함봉. **2** 새로 만든 영화를 영화관에서 처음 상영하는 것. ¶~ 박두. **개봉-하다** [동][자][타][여] ¶유언장을 ~. **개봉-되다** [동][자]
개봉-관(開封館) [명] 새로 만든 영화만을 처음 상영하는 영화관.
개¦-불 [명][동] 얕은 바다의 모래 속에 사는, 몸길이 10~15cm, 굵기 2~4cm가량의 원통형 동물. 몸빛은 붉은색을 띤 우윳빛임. 식용하거나 낚시 미끼로 쓰임.
개비[1] [명] [1][자립] 다소 길이가 있는 나무의 토막. ¶장작~ / 성냥~. [2][의존] **1** 다소 길이가 있는 나무토막을 세는 단위. ¶성냥 두어 ~. **2** 종이로 만 담배의 낱개를 세는 단위. ¶담배 한 ~. ×가치·개피.
개:비(改備) 명 갈아 내고 다시 장만하여 갖추는 것. 개:비-하다 타여 ¶장롱을 새것으로 ~.
개:-뼈다귀 명 1개의 뼈다귀. 2별 볼일 없으면서 끼어드는 사람을 경멸하여 속되게 이르는 말. ¶어디서 굴러먹다 온 ~야?
개:-뿔 명 (주로 '아니다', '없다', '그렇다'와 같은 부정어와 함께 쓰여) 어떤 대상을 무시하거나 경멸할 때 하찮은 것을 속되게 이르는 말. ¶~도 없는 게 돈을 많이 쓰듯 한다. ▷쥐뿔.
개:사(改詞) 명 어떤 노래의 가사를 임의로 바꾸는 것. ¶~곡(曲). 개:사-하다 통 타여 ¶유행가를 개사해서 부른다.
개:-살구 명 개살구나무의 열매. 보통 살구보다 시고 떫음.
개:살구-나무 명[식] 살구와 비슷한 열매가 열리는, 높이 5~10m의 낙엽 활엽 교목. 봄에 연한 분홍색이나 흰색의 꽃이 피고, 여름에 열매가 노랗게 익음.
개:-새끼 명 반감을 주는 사람(특히, 남자)를 적대하고 모욕하여 이르는 말. 욕설임. ▷개자식.
개:선¹(改善) 명 (어떤 대상이) 부족하거나 잘못된 점을 고쳐 더 낫거나 좋게 하는 것. ¶식생활 ~. ↔개악. 개:선-하다 통 타여 ¶근로 조건을 ~. 개:선-되다 자여 ¶처우가 ~.
개:선²(改選) 명 의원이나 임원 등의 임기가 찼거나 사퇴하였을 때, 새로 뽑는 것. 개:선-하다 통 타여
개:선³(凱旋) 명 (전쟁이나 경기에서) 이기고 돌아오는 것. ¶~ 장군. 개:선-하다³ 자여
개:선-문(凱旋門) 명 전쟁에서 이기고 돌아온 군사를 환영하고 기념하기 위하여 세운 문. 파리의 것이 유명함.
개:선-책(改善策) 명 좋게 고치는 방법이나 꾀.
개설¹(開設) 명 1(기구·점포·강좌·시스템 등을) 새로 만들어서 여는 것. 2(은행 계좌나 신용장 등을) 새로 만드는 것. 개설-하다 통 타여 ¶상담소를 ~. 개설-되다 자여 ¶이 학과는 새해 새로 개설되었다.
개설²(槪說) 명 어떤 분야의 학문의 기초적인 내용을 대강 설명하는 것. ¶철학 ~. 개:설-하다 통 타여
개:성(個性) 명 개개인이 가지는 고유한 특질. 성격·취향·사고방식 등으로 나타남. ¶~을 살리다.
개:성-적(個性的) 명 개성이 두드러지게 나타난 (것). ¶~인 문체.
개:성-파(個性派) 명 개성이 강하거나 개성적인 것을 지향하는 사람들의 부류.
개소(個所·箇所) 명[의존] 특정한 장소를 세는 말. 비)곳·군데. ¶이사supp ~.
개:-소리 명 상대방의 말을 당찮게 여길 때 그 말을 욕하여 이르는 말. 개:소리-하다 자여
개:-소주(-燒酒) 명 개를 통째로 여러 한약재와 함께 고아 낸 액즙.
개:수(改修) 명 (건물이나 길, 둑 따위를) 고쳐 다시 만드는 것. ¶~ 공사. 개:수-하다 통 타여 ¶가옥을 ~.
개:수(個數·箇數) 명[-쑤] 명 낱으로 셀 수 있는 물건의 수효. ×갯수.
개수-대(-臺) 명 부엌에서 설거지를 하도록 된 대(臺) 모양의 장치.
개:-수작(-酬酌) 명 상대가 걸어오는 말이나 행동에 대해 강한 거부감을 가지고 욕하여 이르는 말. 개:수작-하다 자여
개숫-물 명[-순-] 명 설거지할 때 그릇을 씻은 물. =설거지물.
개시¹(開市) 명 1시장을 열어 물건을 팔기 시작하는 것. ↔폐시. 2상점을 열고 그날 처음으로 물건을 파는 것. ¶아직 ~도 못했다. 개시-하다 통 타여
개시²(開始) 명 (어떤 활동이나 행동을) 처음으로 시작하는 것. ¶행동 ~. ↔종료. 개시-하다² 통 타여 ¶공격을 ~. 개시-되다 통 타여
개:신-교(改新敎) 명[기] =프로테스탄트.
개:심(改心) 명 잘못된 마음을 고치는 것. ¶~자. 개:심-하다 자여
개:악(改惡) 명 (어떤 대상을) 본디보다 도리어 나쁘게 고치는 것. ↔개선. 개:악-하다 통 타여 ¶법을 ~.
개안(開眼) 명 1눈을 뜨는 것. ¶~ 수술. 2[불] 불도의 진리를 깨달아 아는 것.
개암-나무 명 개암나무의 열매. 모양은 도토리 비슷하며, 맛은 밤과 비슷함.
개암-나무 명[식] 도토리 비슷한 것은 열매가 열리는, 높이 2~3m의 낙엽 활엽 관목. 열매는 먹을 수 있음.
개업(開業) 명 1영업을 새로 시작하는 것. 2영업을 하고 있는 것. ¶현재 ~ 중인 의사. ↔폐업. ▷휴업. 개업-하다 통 자여
개업-식(開業式) [-씩] 명 개업을 알리고 축하하기 위하여 하는 의식.
개업-의(開業醫) 명[의/-이] 명 의사 면허증을 갖고, 자기 병원을 경영하는 의사.
개:연(蓋然) 명 어떤 일이 있을 수도 있고 없을 수도 있지만, 대체로 그럴 것이라고 예견되는 상태. ▷필연.
개:연-성(蓋然性) [-씽] 명[논] 어떤 일이 일어날 수 있는 확실성의 정도 또는 가능성의 정도. ¶그 일은 사실일 ~이 높다. ▷필연성.
개:연-적(蓋然的) 관 명 개연성이 있는 (것). ▷필연적.
개:-옻나무 [-온-] 명[식] 잎이 가을에 붉게 물드는, 높이 7m가량의 낙엽 활엽 교목. 수액은 약으로 쓴다.
개:요(槪要) 명 추려 낸 주요 내용.
개운-하다 형여 1(기분이나 몸이) 상쾌하고 가볍다. ¶샤워를 하고 나니 몸이 ~. 2(맛이) 깔끔하고 산뜻하다. ¶조갯국이 ~.
개울 명 골짜기나 들에 흐르는 작은 물줄기. 시내보다 작음.
개울-가 [-까] 명 개울의 주변.
개울-물 명 개울의 물.
개원¹(開院) 명 1병원·학원 등 '원(院)' 자가 붙은 명칭의 기관에서 그날의 업무를 시작하는 것. 또는, 새로 그 시설을 개설하는 것. 2의회 등에서 회기를 맞이하여 회의를 여는 것. ↔폐원. 개원-하다¹ 통 자타여
개원²(開園) 명 동물원·유치원 등 '원(園)' 자가 붙은 명칭의 곳에서 그날의 업무를 시작하는 것. 또는, 새로 그 시설을 개설하는 것. 개원-하다² 통 자타여
개월(個月) 명[의존] 달수를 세는 단위. ¶24 ~ 할부.
개:의(介意) [-의/-이] 명 (어떤 일을) 마음에 두거나 신경을 쓰는 것. 개:의-하다

[동][자][타][여] ¶남의 말에 **개의치** 마라.
개이다 [동][자] '개다¹'의 잘못.
개¦인¹(改印) [명] 신고된 인감을 바꾸는 것. ¶~ 신고(申告).
개¦인²(個人) [명] 국가나 사회·단체 등에 대하여, 그것을 구성하는 낱낱의 사람.
개¦인-감정(個人感情) [명] **1** 개인들 간의 좋지 않은 감정. ¶~을 앞세우다. **2** 집단이나 단체에 대하여 자신을 먼저 생각하는 마음.
개¦인-기(個人技) [명] 개인의 기술. 특히, 단체 경기를 하는 운동에서의 선수 개인의 기량.
개¦인-연금(個人年金)[-년-] [명] 생명 보험 회사나 신탁 은행이 개인에게 상품으로 판매하는, 연금 지급형의 보험이나 신탁.
개¦인용 컴퓨터(個人用computer)[-뇽-][컴] 개인이 이용하도록 만들어진 소형 컴퓨터. =퍼스널 컴퓨터·피시(PC).
개¦인-적(個人的) [관][명] 개인과 관계되거나 특정 개인에 한하는 (것). 또는, 공적(公的)이 아닌 사적(私的)인 (것). ¶그 회사 사장과는 ~으로 친분이 있다.
개¦인-전¹(個人展) [명] 화가·조각가 등의 한 사람의 작품만을 모아서 하는 전시.
개¦인-전²(個人戰) [명][체] 개인끼리 승부를 가리는 시합. ↔단체전.
개¦인-주의(個人主義)[-의/-이] [명] **1** 개인의 의의(意義)와 가치를 중시하여, 개인의 권리와 자유를 존중하는 사고방식. ↔전체주의. **2** 다른 사람에 대하여 별로 관심을 가지지 않고 자기나 자기 가족만을 생각하는 태도.
개¦인-차(個人差) [명] 각 개인에 따라 서로 다른 정신적·육체적 능력이나 특성의 차이. ¶학생들의 ~를 고려한 학습 지도.
개¦인-택시(個人taxi) [명] 회사 조직이 아닌, 개인이 경영하는 택시.
개¦인^투자가(個人投資家) [명][경] 개인 명의(個人名義)로 주식이나 채권 등 유가 증권에 투자한 사람. ▷기관 투자가.
개¦인^파¦산(個人破産) [명][법] 빚을 도저히 갚을 수 없는 사람의 신청을 받아들여 법원이 내리는 파산 선고. =소비자 파산.
개¦인-플레이(個人play) [명] **1** 단체 생활이나 조직에서, 전체의 이익을 돌보지 않고 개인의 성취만을 추구하는 행동. [비]개인 행동. **2** 운동 경기에서, 전체적으로 협력하지 않고 떨어져 따로 움직이는 일.
개¦인-행동(個人行動) [명] 단체 경기나 조직에서 전체의 이익을 돌보지 않고 개인의 명예나 성취만을 존중하는 행동이나 활동. [비]개인플레이. ¶단체 생활에서 ~은 금물이다.
개¦인^휴대^통신^서비스(個人携帶通信service) [명][통] 음성은 물론 데이터 및 화상까지도 전달할 수 있는 첨단적인 이동 통신 서비스. =피시에스(PCS).
개¦입(介入) [명] (사람이나 기관·국가 등이 남의 일이나 직접 관계되지 않은 일에) 나서거나 끼어드는 것. ¶군사 ~. **개¦입-하다** [동][자][여] ¶국제 분쟁에 강대국이 ~. **개¦입-되다** [동][자] ¶권력이 **개입된** 음모.
개¦-자식(-子息) [명] =개새끼.
개¦작(改作) [명] (작품이나 원고 등을) 고쳐 다시 짓는 일. 또는, 고쳐 지은 작품. ¶전면 ~. **개¦작-하다** [동][타][여] **개¦작-되다** [동][자]
개¦-잠 [명] 개처럼 머리와 팔다리를 오그리고 자는 잠.
개¦잠-자다 [동][자] 개가 자는 모습처럼 머리와 팔다리를 오그리고 옆으로 누워 자다.
개장(開場) [명] **1** (주로 '장(場)'으로 끝나는 명칭의 장소나 백화점·공원·고궁 등을) 열어서 운영·영업·사용 등을 시작하는 것. **2** [경] 증권 시장을 1년 중 처음 여는 것. 또는, 그 증권 시장. ↔폐장. **개장-하다** [동][자][타][여] **개장-되다** [동][자]
개¦-장국(-醬-)[-꾹] [명] 개고기를 고아 끓인 국.
개¦재(介在) [명] (어떤 일이나 사실에 어떤 요소가) 사이에 끼이는 것. **개¦재-하다** [동][자][여] **개¦재-되다** [동][자] ¶모종의 음모가 **개재되어** 있는 사건.
개¦전¹(改悛) [명] 잘못을 뉘우치고 마음을 바르게 고쳐먹는 것. ¶~의 정이 보이다.
개전²(開戰) [명] 전쟁을 시작하는 것. ↔종전. **개전-하다** [동][자][여]
개점(開店) [명] **1** 새로 가게를 내는 것. **2** 가게 문을 열고 하루의 영업을 시작하는 것. ↔폐점. **개점-하다** [동][자][타][여]
개점-휴업(開店休業) [명] 개점은 하고 있으나 돈벌이가 잘 안 되어 휴업한 것과 같은 상태. ¶손님이 없어 ~ 상태이다.
개¦정¹(改正) [명] (문서 따위를) 고쳐 바르게 하는 것. ¶헌법 ~. **개¦정-하다¹** [동][타][여] **개¦정-되다¹** [동][자] ¶**개정된** 법률.
개¦정²(改定) [명] (이미 정했던 것을) 고쳐 다시 정하는 것. **개¦정-하다²** [동][타][여] **개¦정-되다²** [동][자]
개¦정³(改訂) [명] 책의 잘못된 내용을 고쳐 바로잡는 것. [비]수정(修訂). ¶~ 증보판. **개¦정-하다³** [동][타][여] **개¦정-되다³** [동][자]
개정⁴(開廷) [명][법] 법정을 열어 재판을 시작하는 것. ↔폐정. **개정-하다⁴** [동][자][여]
개¦정-안(改正案) [명] 개정한 안건. 또는, 개정할 안건. ¶~을 상정(上程)하다.
개¦정-판(改訂版) [명] 이미 낸 책의 내용을 고쳐 다시 출판한 책.
개¦조¹(改造) [명] (조직·구조·기구 등을) 고쳐 다시 만드는 것. ¶정신 ~ / 인간 ~. **개¦조-하다** [동][타][여] ¶창고를 방으로 ~. **개¦조-되다** [동][자]
개조²(開祖) [명] **1** 어떤 일을 처음으로 시작하여 그 일파의 원조(元祖)가 되는 사람. **2** [불] 절을 처음 세우거나 종파를 새로 연 승려.
개¦조³(個條·箇條) [명][의존] 조목이나 조항을 세는 단위. ¶30~의 규정.
개¦종¹(改宗) [명] 종교를 다른 것으로 바꾸어 믿는 것. **개¦종-하다¹** [동][자][여]
개종²(開宗) [명][불] 한 교파를 개창(開創)하는 것. **개종-하다²** [동][자][타][여]
개¦-죽음 [명] 아무 값어치 없는 죽음. ¶전쟁 통에 많은 양민들이 ~을 당하였다. **개¦죽음-하다** [동][자][여]
개¦중(個中·箇中) [명] 여럿 있는 그 가운데. [비]그중.
개¦-지랄 [명] 어떤 사람이 몹시 못마땅한 행동을 할 때, 그 행동을 경멸조로 이르는 비속어. **개¦지랄-하다** [동][자][여]
개진(開陳) [명] (어떤 사실이나 내용을 글이나 말로) 밝히어 펼치는 것. **개진-하다** [동][타][여] ¶생각을 글로 ~.
개¦-짐승 [명] 언행이 몹시 좋지 않은 사람을 비유하여 이르는 말. ¶~만도 못하다.

개:-집 圀 개가 들어가 잠을 자거나, 비 또는 더위·추위 따위를 피할 수 있도록 집 모양으로 자그마하게 만든 구조물.

개:-차반 圀 (〈개가 먹는 차반, 곧 똥이라는 뜻〉 행실이 형편없는 사람을 욕하여 이르는 말.

개찰(改札) 圀 '개표(改票)'의 구용어.

개창(開創·開敞) 圀 새로 시작하거나 세우는 것. **개창-하다** 圁㉠㉡ ¶왕조를 ~.

개척(開拓) 圀 1 황무지를 일구어 논밭을 만드는 것. 2 〈새로운 영역이나 운명, 진로 등을〉 열어 나가는 것. **개척-하다** 圁㉡㉠ ¶해외 시장을 ~ / 판로를 ~. **개척-되다** 圁㉠

개척-자(開拓者) [-짜] 圀 1 미개척지를 개척하는 사람. 2 새로운 분야의 길을 여는 사람.

개천(-川) 圀 1 개골창 물이 흘러 나가 도록 길게 판 내. 2 =내[川].
[개천에서 용 난다] 미천한 집안에서 뛰어난 인물이 나는 경우에 이르는 말.

개천-가(-川-) [-까] 圀 개천의 가장자리.

개천-절(開天節) 圀 단군의 고조선 건국을 기리는 뜻에서 제정한 국경일. 10월 3일.

개:체(個體·箇體) 圀 1 따로따로 떨어진 낱낱의 생물체나 물체. 2〖생〗생명을 영위하는 데 필요한 구조와 기능을 완전히 갖추고 독립적으로 생활하는 하나의 생물체. ≒군체.

개:초(蓋草) 圀 이엉으로 지붕을 이는 일. **개:초-하다** 圁㉡㉠.

개최(開催) [-최/-췌] 圀 〈어떤 모임·행사 따위를〉 주최하여 여는 것. **개최-하다** 圁㉡㉠ ¶길기 대회를 ~. **개최-되다** 圁㉠ ¶88올림픽 경기가 서울에서 ~.

개:축(改築) 圀 〈건물·담장 따위를〉 고쳐 짓거나 쌓는 것. ≒공사. **개:축-하다** 圁㉡㉠ ¶창고를 ~. **개:축-되다** 圁㉠.

개:칠(改漆) 圀 1 그림에 물감을 다시 칠하여 고치는 것. 2 붓글씨를 쓴 뒤에 한번 그은 획에 다시 붓을 대어 고치는 것. **개:칠-하다** 圁㉡㉠.

개:칭(改稱) 圀 사물의 이름을 바꾸는 것. 또는, 그 이름. **개:칭-하다** 圁㉡㉠ ¶경우 대를 청와대로 ~. **개:칭-되다** 圁㉠.

개:코-망신(-亡身) 圀 잘못하여 명예나 지위를 크게 망치는 것.

개키다 圁㉡ 〈옷이나 이부자리 따위를〉 포개어 접다. 回개다. ¶요를 ~.

개:탄(慨歎·慨嘆) 圀 〈잘못된 일을〉 못마 땅하게 여겨 탄식하는 것. **개:탄-하다** 圁㉡㉠ ¶도덕적 불감증을 ~.

개:탄-스럽다(慨歎-) [-따] 圀圁〈-스러우니, -스러워〉 개탄을 느끼게 하는 데가 있다. ¶청소년의 탈선을 개탄스럽게 여기다.

개:-털 圀 1 개의 털. 2 돈 없고 힘없는 복역수(죄수의 말). ▷범털.

개통(開通) 圀 〈도로·철도·전화·전신 등을〉 완성시켜 통하게 하는 것. **개통-하다** 圁㉡㉠ ¶전화를 ~. **개통-되다** 圁㉠ ¶지하철이 ~.

개:-판 圀 일의 형편이나 됨됨이나 행동 등이 엉망인 상태. 속된 말임. ¶공중도덕 이 ~이다.

개펄 圀 갯가의 질퍽한 개흙 땅. ㉥펄. ≒갯벌. × 벌.

개:편(改編) 圀 1 〈책 따위를〉 다시 고쳐 엮는 것. 2 〈조직 따위를〉 고쳐 편성하는 것. ¶내각 ~. **개:편-하다** 圁㉡㉠ ¶교과 서를 ~. **개:편-되다** 圁㉠.

개평 圀 남의 몫에서 조금 얻어 가지는 공 것. ¶~을 얻다 / ~을 뜯다.

개평(을) 떼다 개평을 얻어 가지다.

개:폐(改廢) [-폐/-페] 圀 〈제도나 기구 등을〉 고치거나 없애 버리는 것. **개:폐-하다**[1] 圁㉡㉠.

개:폐[2](開閉) [-폐/-페] 圀 열고 닫는 것. **개:폐-하다**[2] 圁㉡㉠ **개폐-되다** 圁㉠ ¶이 문은 자동으로 **개폐된다**.

개폐-식(開閉式) [-폐-/-페-] 圀 여닫 게 된 방식. ¶~ 철교 / ~ 환풍기.

개-품(-form) 圀〈품(form)'2〉를 얕 잡아 이르는 말. ¶~을 잡다.

개:표[1](改票) 圀 1 역 입구에서 역무원이 승객의 열차표를 확인. 흔히, 편치로 표에 구멍을 뚫음. 2 전철역 입구에서, 기계에 차표를 넣거나 교통 카드를 감지기에 대어 전자적으로 체크를 하는 것. 구용어는 개찰(改札). ↔집표. **개:표-하다**[1] 圁㉡㉠.

개:표[2](開票) 圀 투표함을 열고 투표 결과 를 알아보는 것. ¶~ 상황. **개표-하다**[2] 圁㉡㉠.

개:표-구(改票口) 圀 철도역이나 전철역 에서 표를 확인하거나 체크하는 입구.

개:표-기(改票機) 圀 전철역 입구에 설치 되어 표나 교통 카드 등을 전자적으로 체 크하는 기계 장치.

개피(의존) '개비'22'의 잘못.

개피-떡 圀 흰떡이나 쑥떡을 얇게 밀어 팥 소나 콩소를 넣고 반달 모양으로 만든 떡. × 바람떡.

개학(開學) 圀 방학 등으로 쉬었던 수업을 다시 시작하는 것. ↔방학. **개학-하다** 圁㉡㉠.

개항(開港) 圀 1 항구를 개방하여 외국 선 박의 출입을 허가하는 것. 또는, 그 항구. 2 새로 항구나 공항을 열어 업무를 보는 것. **개항-하다** 圁㉡㉠.

개항-장(開港場) 圀 외국과 통상을 하기 위하여 개방된 항구.

개:-해 圀[민] =술년(戌年).

개:헌(改憲) 圀[법] 헌법을 고치는 것. **개:헌-하다** 圁㉡㉠.

개:헌-안(改憲案) 圀[법] 개헌하고자 하는 사항을 조항의 형식으로 초안한 문서.

개:-헤엄 圀 1 개가 헤엄치듯이 손바닥을 아래로 하고 팔을 물속 안으로 내밀어 물을 끌어당기면서 치는 헤엄. 2 정식으로 배우지 못한 엉터리 헤엄.

개:혁(改革) 圀 〈낡거나 불합리한 사회 제도나 기구나 풍토 등을〉 뜯어고쳐 더 나아지게 하는 것. ¶총교 ~ / 화폐 ~. **개:혁-하다** 圁㉡㉠. **개:혁-되다** 圁㉠.

개혼(開婚) 圀 한 집안 자녀에서 처음으로 혼인을 치르는 일. 또는, 그 혼인. =초혼 (初婚). ↔필혼. **개혼-하다** 圁㉠㉡.

개화[1](開化) 圀 〈선진 문물을 받아들여, 새로운 의식을 가지게 되거나, 문물·제도 등이 새롭게 바뀌는 것. 조선 말기 갑오 개혁 이후의 사회 변혁을 가리킴. 回개명 (開明). ¶~의 물결. **개화-하다**[1] 圁㉡㉠. **개화-되다** 圁㉠.

개화[2](開花) 圀 1 꽃이 피는 것. 2 〈문화· 예술 따위가〉 한창 번영하는 것. **개화-**

하다² 통(자)통 **개화-되다²** 통(자)

개화-기¹(開化期) 명(역) 1876년의 강화도 조약 이후 조선 사회가 종래의 봉건적인 사회 질서를 타파하고 근대적 사회로 개혁되어 가던 시기.

개화-기²(開花期) 명 1 꽃이 피는 시기. 2 문화·예술 등이 한창 번영하는 시기를 비유적으로 이르는 말.

개화-당(開化黨) 명(역) 조선 고종 21년(1884)에 옛 제도의 타파를 목적으로 갑신정변을 일으킨, 김옥균을 중심으로 한 정치 집단. ↔수구당.

개화-파(開化派) 명 조선 말기에 개화를 주장하는 사람들의 집단.

개활-지(開豁地) [-찌] 명 앞이 너르게 탁 트인 땅.

개:황(槪況) 명 대략적인 상황. ¶일기 ~.

개회(開會) [-회/-훼] 명 회의나 회합을 시작하는 것. ¶~를 선언하다. ↔폐회.
개회-하다 통(자)통 **개회-되다** 통(자)

개회-사(開會辭) [-회/-훼] 명 개회할 때의 인사말. ↔폐회사.

개회-식(開會式) [-회/-훼] 명 회의나 집회를 시작할 때 하는 의식. ↔폐회식.

개-흙 명 개펄이나 바닥에 있는 거무스름하고 미끈미끈한 흙. ×뻘.

객¹(客) 명 잠시 머물거나 하룻밤 묵기 위해 집에 찾아온 나그네. ⓑ과객·손. ¶낯선 ~.

-객²(客) (접미) 일부 명사 뒤에 붙어, '손님' 또는 '사람'의 뜻을 나타내는 말. ¶불청~ / 판람~.

객관(客觀) 명 1 [철] 관찰이나 인식 등의 정신 작용이 향하는 대상. 또는, 주관과 독립하여 존재하는 외계의 사물. 2 자기의 직접적 관심에서 벗어나 제삼자의 입장에서 사물을 보는 일. ↔주관.

객관-성(客觀性) [-꽌썽] 명 객관적인 성질. ⓑ보편타당성. ↔주관성.

객관-식(客觀式) [-꽌-] 명 (1) 시험 문항이 단답형이거나 진위형이거나 선택형(여럿 중 맞는 것을 선택하는 것)이거나 배합형(관계있는 것을 줄로 잇는 것) 등의 특징을 띠고 있는 방식. ↔주관식.

객관-적(客觀的) [-꽌-] 관명 객관을 기초로 한 (것). ¶~ 판단. ↔주관적.

객관-화(客觀化) [-꽌-] 명 1 자기에게 직접 관련되는 사항을 제삼자적인 입장에서 보도록 하는 일. 2 [철] 주관적인 것을 객관의 세계에 편입하는 일. ↔주관화.
객관화-하다 통(타)통 **객관화-되다** 통(자)

객귀(客鬼) [-뀌] 명 객지에서 죽은 사람의 혼령이나 귀신.

객기(客氣) [-끼] 명 쓸데없이 부리는 혈기. ¶~를 부리다.

객담¹(客談) [-땀] 명 =객설(客說).

객담²(喀痰) [-땀] 명 가래를 뱉는 것. 또는, 그 가래.

객사¹(客死) [-싸] 명 객지에서 죽는 것.
객사-하다 통(자)연 ¶이국 땅에서 ~.

객사²(客舍) [-싸] 명(역) 고려·조선 시대에, 각 고을에 설치하여 외국 사신이나 다른 곳의 관원을 묵게 하던 곳.

객석(客席) [-썩] 명 극장 등에서, 손님이 앉는 자리. ⓑ관람석.

객선(客船) [-썬] 명 사람을 태워 나르는 배. ⓑ여객선.

객설(客說) [-썰] 명 쓸데없는 말. =객담(客談)·객소리.

객-소리(客-) [-쏘-] 명 =객설(客說).

객-식구(客食口) [-씩꾸] 명 본식구 외에 집에서 묵고 있는 딴 식구. ⓑ군식구.

객실(客室) [-씰] 명 1 여관·호텔 따위에서, 손님이 거처하는 방. 2 열차·배 따위에서, 승객이 타는 칸이나 방.

객원(客員) 명 1 어떤 일에 직접적인 책임이 없이 참여한 사람. 2 정규 구성원이 아니면서 빈객(賓客)으로 우대를 받아 참여하는 사람.

객원^교수(客員敎授) 명 =초빙 교수.

객장(客場) [-짱] 명 은행이나 증권사 등의 점포에서 고객이 거래 업무를 볼 수 있도록 마련한 일정한 공간. ¶주가 폭락으로 ~ 분위기가 침통하다. ⓑ영업장.

객-적다(客-) [-따] 형 (행동·말이) 쓸데없고 싱겁다. ¶객적은 소리. ×객적다.

객차(客車) 명 열차 등에서, 승객을 태우는 차량. ↔화차.

객체(客體) 명 1 [철] 작용의 대상이 되는 쪽. 2 [법] 의사나 행위가 미치는 목적물. 3 [언] 문장에서 동사의 행위가 미치는 대상. ↔주체.

객체^높임법(客體-法) [-뻡] 명(언) 한 문장의 주어의 행위가 미치는 대상, 즉 객체를 대접하여 표현하는 높임법. 가령, "찬수는 아버지께 선물을 드렸다."에서 '드렸다'와 같은 표현이 이에 해당함. =겸양법. ▷상대 높임법.

갠지스 강(Ganges江) 명(지) 인도 북부를 동서로 흐르는 강. 길이 2,510km.

갤갤-거리다 통(자) 낄낄거리다의 잘못.

갤러리(gallery) 명 1 [체] 골프장에서 골프 경기를 구경하는 사람. 2 '화랑(畫廊)'로 순화.

갤런(gallon) 명(의준) 용량의 단위. 영국의 1갤런은 4.54ℓ, 미국의 1갤런은 3.78ℓ에 해당함.

갤럽, 조지 (Gallup, George Horace) 명(인) 미국의 통계학자·여론 조사가 (1901∼1984).

갤브레이스, 존 케네스 (Galbraith, John Kenneth) 명(인) 미국의 경제학자(1908∼).

갭(gap) 명 사람과 사람, 집단과 집단, 현상과 현상 사이에 존재하는 의견·능력·속성 등의 차이. ¶세대 간의 ~.

갯-가[개까/갣까] 명 1 바닷물이 드나드는 곳의 물가. 2 강이 흐르는 곳의 가장자리.

갯-고랑[개꼬-/갣꼬-] 명 바닷물이 드나드는 갯가의 고랑. ⓒ갯골.

갯-골[개꼴/갣꼴] 명 '갯고랑'의 준말.

갯-내[갠-] 명 갯가에서 나는 짭조름하고 비릿한 냄새. ¶~가 물씬 풍기는 어촌.

갯-마을[갠-] 명 갯가에 자리 잡고 있는 마을. ⓑ어촌.

갯-바닥[개빠-/갣빠-] 명 개울이나 개의 바닥.

갯-바람[개빠-/갣빠-] 명 바다에서 육지

로 부는 바람.
갯-버들[개뻐−/갣뻐−] 圏[식] 이른 봄에 흰색 털이 뻑뻑한 달걀 모양의 꽃 이삭이 나와 강아지 꼬리 모양으로 활짝 피는 낙엽 활엽 관목. 냇가에 흔히 자람.
갯-벌[개뻘/갣뻘] 圏 바닷물이 드나드는 곳에 모래나 개흙으로 이뤄진 넓은 벌판. ㉔간석지.
갯-수[−쑤] 圏 '개수(個數)²'의 잘못.
갯-장어(−長魚)[개짱−/갣짱−] 圏[동] 몸이 2m가량으로 가늘고 길며 등으로 납작한 바닷물고기. 몸 표면은 비늘이 없고 매끈함. 식용함. ×곰장어.
갯-지렁이[개찌−/갣찌−] 圏[동] 몸이 많은 환절(環節)로 이루어져 있는, 몸길이 5∼12cm의 환형동물. 몸빛은 붉으며, 강 어귀의 진흙 속에 삶. 낚시 미끼로 쓰임.
갱¹(坑) 圏[광] 1 광물을 파내기 위하여 땅 속을 파 들어간 굴. =구덩이. 2 '갱도'의 준말. ¶−이 무너지다.
갱²(gang) 圏 범죄를 목적으로 조직적으로 행동하는 무리. ¶− 영화.
갱-년기(更年期) 圏 사람이 장년기에서 노년기로 접어드는, 40∼50대의 시기. 여자의 경우, 월경이 없어지는 등의 신체적 변화와, 불안·우울증과 같은 정신적 변화를 겪음. ㉔폐경기.
갱도(坑道) 圏[광] 광산·탄광이나 토목 공사를 위하여 땅속에 뚫어 놓은 길. ㉔갱.
갱목(坑木) 圏[광] 갱도(坑道) 따위가 무너지지 않도록 받치는 기둥. =동바리.
갱:생(更生) 圏 생활 태도나 정신이 본디의 바람직한 상태로 되돌아가는 것. ¶−의 길을 걷다. **갱:생-하다** 图畀畀
갱신¹(更新) 圏 1 다시 새로워지거나 새롭게 하는 것. ¶자기−. 2 [법] (계약의) 기간이 만료되었을 때, 그 기간을 연장하여 다시 유효한 상태가 되게 하는 것. 3 [컴] 기본 파일의 내용을 변동 파일의 내용에 의해 변경·추가·삭제하는 일. =경신(更新). **갱:신-하다** 图函冠冠 ¶임대 계약을 −. **갱:신-되다** 图函
갱신²(更新) (주로 '하다', '못 하다', '없다' 따위와 함께 쓰여) 몸을 기운 있게, 또는 활발하게 움직여 몸을 가지는 일. ¶허리를 다쳐 −을 못 하고 누워 지낸다.
갱-엿[−녇] 圏 검붉은 빛깔의 엿. 이것을 녹여 여러 번 켜면 흰엿이 됨. ㉔흰엿.
갱:지(更紙) 圏 지면이 조금 거칠고 품질이 낮은 종이. 신문 인쇄 따위에 쓰임.
갸륵-하다[−르카−] 蜂国 (마음씨나 하는 일이) 착하고 장하다. ¶효성이 −.
갸름-하다 蜂国 조금 긴 듯하다. ¶갸름한 얼굴, 갸름한 손.
갸우뚱-갸우뚱 囝 갸우뚱거리는 모양. 기우뚱기우뚱. **갸우뚱갸우뚱-하다** 图函冠
갸우뚱-거리다/-대다 图函冠冠 물체가 이쪽저쪽으로 기울어지며 흔들리는 것. 그리되게 하다. ¶머리를 −. ㉔기우뚱거리다.
갸우뚱-하다 I 图函冠冠 한쪽으로 약간 기울어지다. 또는, 기울이다. ¶고개를 −. ㉔기우뚱하다.
II 蜂 한쪽으로 약간 기울어져 있다. ㉔기우뚱하다.
갸웃[−욷] 囝 무엇을 보려고 고개를 기울이는 모양. ㉔기웃. **갸웃-하다** 图函冠冠
갸웃-갸웃 [−욷갸욷] 囝 갸웃거리는 모양.

㉔기웃기웃. **갸웃갸웃-하다** 图函冠冠
갸웃-거리다/-대다 [−욷꺼(때)−] 图函 고개를 자꾸 이쪽저쪽으로 기울이다. ㉔기웃거리다.
갸웃-하다²[−우타−] 蜂国 조금 기울다. **갸웃-이** 囝 ㉔기웃이. 기울이다.
갸자(架*子) 圏 ('架'의 본음은 '가') 두 사람이 가마를 메듯이 하여 음식을 나르는 들것. ¶−꾼.
갹출(醵出) 圏 어떤 목적을 위해 여러 사람이 금품을 나누어 내는 것. **갹출-하다** 图函冠冠 ¶운영 비용을 −.
갈갈 囝 1 암탉이 알을 낳을 때 내는 소리. 2 갈매기가 우는 소리.
걔 '그 애'가 준 말. ▷애·쟤.
거¹ I 圏(의존) '것'의 준말. ¶이 책은 내 −다. / 내 말을 순순히 듣는 게 좋을걸.
II 떼 '거기'의 준말. ¶− 얼마요?
III 囝 생각이 잘 안 날 때 내는 소리. ¶그 사람 이름이 − 뭐더라….
거² 떼 '거기 I [1]'의 준말. ¶− 누구요?
거간(居間) 圏 '거간꾼'의 준말.
거간-꾼(居間−) 圏 흥정 붙이는 일을 직업으로 하는 사람. ㉔중개인.
거:개(擧皆) 圏 거의 모두. ㉔대부분. ¶그 연극은 판람객이 − 가 대학생들이다.
거:구(巨軀) 圏 거대한 몸집. ¶그 레슬러는 몸무게가 140kg이 훨씬 넘는 −이다.
거:국(擧國) 圏 온 나라. 또는, 국민 전체. ¶− 내각.
거:국-적(擧國的)[−쩍] 圏冠 온 나라, 온 국민이 궐기하여 하거나 또는 그렇게 할 만한 (것). ¶−인 행사.
거:금(巨金) 圏 거액의 돈. ¶−을 복지 사업에 희사하다.
거금²(距今) 圏 지금으로부터 과거로 거슬러 올라가서. ¶갑오개혁은 − 100여 년 전 일이다.
거기 I 떼 [1] [지시] 말하는 사람이 듣는 사람이 있는 장소나 그 가까운 장소를 가리켜 이르는 말. ¶−서 잠깐 기다려라. ㉔거·게. 2 말하는 사람이, 이미 언급된 곳이나 듣는 사람이 문맥상 알고 있는 장소를 가리켜 이르는 말. ¶그 애를 만났다는 −가 어디냐? 3 거론하고 있는 대상, 곧 어떤 일이나 문제 등을 '그것' 또는 '그 점'으로 이르는 말. ¶−에 비하면 이건 질이 훨씬 낫다. ㉺고기. [2] [인칭] 말하는 사람과 듣는 사람에게 거리감을 두고 그를 지칭하는 말. ¶내 생각은 이런데 − 생각은 어때? ㉔게. ▷여기·저기.
II 囝 그곳에. ¶너 왜 허락도 없이 − 갔니? ㉔게. ㉺고기. ▷여기·저기.
거꾸러-뜨리다/-트리다 图函 1 거꾸로 엎어지게 하다. ¶발로 걸어 −. 2 세력을 꺾어 기운을 못 쓰게 하거나 무너뜨리다.
거꾸러-지다 图函 1 거꾸로 엎어지다. ¶돌부리에 걸려 −. 2 (사람이나 동물이) 죽다. 비속한 말임. ¶적이 총탄에 맞아 **거꾸러졌다**. ㉔꺼꾸러지다.
거꾸로 囝 차례나 방향, 처지나 이치 등이 반대로 되게. ¶철봉에 − 매달리다. ㉺꺼꾸로.
-거나 어미 1 ('-거나'의 꼴로 쓰이거나 의문사와 함께 쓰여) 이미 있는 사실에서 그 내용을 가리지 않음을 나타내는 연결 어미. ¶가− 오− 네 맘대로 해라. ㉺-건. 2 두 가지 이상의 동작·상태·사물을 나란히 벌여 놓을 때 쓰는 연결 어미.

거나하다

¶비가 오~ 눈이 오면 가지 않겠다.
거나-하다 형여 〔술이〕 어지간히 취한 상태에 있다. 뗸얼근하다. ¶술이 **거나하게** 취하다. 囹건하다.
거느리다 통타 1 손아래에 데리고 있다. ¶처자를 **거느린** 가장(家長). 2 지휘하며 통솔하다. ¶장군은 부하들을 **거느리고** 싸움터로 나갔다.
-거들 어미 1 까닭이나 원인을 나타내는 연결 어미. ¶때가 이미 늦었~ 하룻밤 쉬어 가는 게 좋을 듯하오. 2 앞의 사실을 인정하면서 그와 맞서는 사실을 이어 주는 연결 어미. ¶그처럼 타일렀~ 어찌 말을 듣지 않느냐?
-거니 어미 1 어떤 사실을 인정하면서 그것이 다른 사실의 전제나 조건이 됨을 나타내는 연결 어미. ¶그대는 용사~ 싸움이 두려우랴. 2 움직한 사실임을 인정하거나 추측의 뜻을 나타내는 연결 어미. ¶여기가 내 고향이~ 하고 지낸다. 3 ('-거니 -거니'의 꼴로 쓰여) 동사의 어미에 붙어, 대립되는 두 동작이나 상태가 되풀이됨을 나타내는 연결 어미. ¶주~ 받~ 이야기를 나누다. 4 앞의 사실을 당연하게 여기거나 감탄조로 나타내는 종결 어미. ¶그대는 조국을 위해 산화한 아름다운 넋이~.
-거니와 어미 1 앞의 사실을 인정하고 한 걸음 더 나아가 다른 사실과 이어 주는 연결 어미. 뗸-려니와. ¶얼굴도 예쁘~ 마음씨도 곱다. 2 앞의 사실에 대비되는 사실을 뒤에 이어 주는 연결 어미. ¶나는 이제 떠나~ 그대는 장차 어찌할 것인가?
거닐다 자〈거니니, 거니오〉1[본] 천천히 가까운 거리를 이리저리 한가히 걷다. ¶우리는 공원에서 함께 **거닐며** 얘기를 나누었다. 2[타] (어떤 곳이나 길을) 이리저리 한가히 걷다. ¶해변을 ~.
거담-제(祛痰劑) 똉〔약〕가래를 제거하여 호흡을 돕는 약.
거ː대(巨大) 똉 〔일부 명사 앞에 쓰이어〕엄청나게 큰 것. ¶~ 세포. **거ː대-하다** 형여 ¶**거대한** 규모의 미사일 기지.
거ː대^도시(巨大都市) 똉 인구 100만 이상의 큰 도시. =메트로폴리스.
거덕-거덕 [-꺼-] 冑 〔물기나 풀기 있는 물건의 거죽이〕약간 마른 모양. **거덕거덕-하다** 형여 ¶풀먹인 옷은 **거덕거덕할** 때 밟아 다린다.
거덜 똉 〔주로 '나다', '내다' 와 함께 쓰여〕살림이나 무슨 일이 결판이 나는 것. ¶살림이 ~ 나다.
거ː동(擧動) 똉 1 사람이 어떤 행동을 하는 짓이나 태도. 閏행동거지. ¶~이 수상한 자. 2 (사람이) 오거나 가기 위해, 또는 어떤 일을 하기 위해 몸을 움직이는 일. ¶~이 불편한 노인. **거ː동-하다** 자여 (사람이) 오거나 가기 위해, 또는 어떤 일을 하기 위해 몸을 움직이다.
거ː두(巨頭) 똉 어떤 조직이나 분야에서 주요한 자리를 차지하고 있는 사람. ¶낭
거두다 통타 1 〔흩어져 있거나 널려 있는 것을〕한데 모아들이다. ¶빨래를 ~. 2 〔여러 사람이나 단체 등으로부터 돈이나 물건 등을〕받아들이다. ¶회비를 ~. 囹걷다. 3 〔수확・성과를〕얻거나 얻다. ¶좋은 성적을 ~. 4 기르거나 돌보다. ¶남의 자식을 친자식처럼 ~. 5 〔살림살이 등을〕치다꺼리하여 보살피다. ¶부엌일을 ~. 6 〔웃음・울음・생각 등을〕멈추거나 그치다. ¶이제 그만 눈물을 **거두어라**. 7 〔이미 한 말을〕되돌려 취소하다. ¶제발 떠나시겠다는 말씀만은 **거두어** 주십시오. 8 〔'숨' 과 함께 쓰여〕쉬지 않다. 곧, '죽다'를 완곡하게 이르는 말. ¶노인은 조용히 숨을 **거두었다**.
거두어-들이다 통타 〔흩어져 있는 것이나 농작물 등을〕한데 모으거나 수확하다.
거ː두-절미(去頭截尾) 똉 앞뒤의 잔사설은 빼 버림. **거ː두절미-하다** 자타여 ¶**거두절미하고** 용건만 말하시오.
거ː두^회ː담(巨頭會談) [-회-/-훼-] 똉 1 국제 사회를 주도하는 큰 나라의 최고 지도자끼리 하는 회담. 囹정상회담. 2 정계(政界)・재계(財界) 따위의 거두끼리 모여서 하는 회담.
거ː둥 똉 (임금이) 나들이하는 것. **거ː둥-하다** 자여
거드럭-거드럭 [-꺼-] 冑 거드럭거리는 모양. 囹거들거들. **거드럭거드럭-하다** 자여
거드럭-거리다/-대다 [-꺼(때)-] 자 거만스럽게 잘난 체하며 버릇없이 굴다. ¶**거드럭거리며** 囹거들거리다.
거ː드름 똉 거만스러운 태도. ¶~을 피우다. /~을 빼다.
-거든 어미 1 가정(假定)이나 조건을 나타내는 연결 어미. ¶몸이 불편하~ 집에 가서 쉬어라. 囹-건. 2 (주로, 의문형 종결 어미와 함께 쓰여) 어떤 사실을 인정함으로써 그것이 원인이나 근거가 되어 다른 사실이 당연히 인정됨을 나타내는 연결 어미. ¶짐승도 은혜를 알~ 하물며 사람이야 말해 무엇하랴. 3 '해' 할 상대에게 앞의 사실에 대한 이유를 설명할 때 쓰이는 종결 어미. ¶"너는 왜 책만 붙들고 있니?" "난 책 읽는 게 좋~". 4 '해' 할 상대에게 화자가 납득할 수 없거나 문젯거리로 인식하고 있음을 나타내는 종결 어미. ¶애는 내 말이라면 죽어야 하고 안 든~. ×-걸랑.
거들(girdle) 똉 아랫배를 누르고 허리를 죄어 몸매를 날씬하게 하는 여자용 속옷.
거들-거들 冑 '거드럭거드럭'의 준말. **거들거들-하다** 자여
거들-거리다/-대다 자 '거드럭거리다'의 준말.
거들다 통타〈거드니, 거드오〉남이 하는 일에 참여하여 도와주다. ¶여기 와서 이것 좀 **거들어라**. 2 남의 행동이나 말에 끼어들어 참견하다. ¶옆에서 한마디 ~.
거들떠-보다 통타 〔주로, '않다'와 함께 쓰이거나, 부정의 뜻을 나타내기 위한 의문문에 쓰여〕약간이나마 관심을 가지고 눈길을 주다. 또는, 다소나마 관심을 가지거나 호감을 가지다. ¶시험이 낼 모렌데 책을 **거들떠보지도** 않는다.
-거들랑 어미 '-거든'과 '-을랑'이 합쳐서 된 연결 어미. ¶취직하~ 한턱내지. 囹-걸랑.
거들먹-거들먹 [-꺼-] 冑 거들먹거리는 모양. **거들먹거들먹-하다** 자여
거들먹-거리다/-대다 [-꺼(때)-] 통자 신이 나서 잘난 체하며 함부로 행동하다.

거듬-거듬 🔲 대강대강 거두는 모양. ¶큰 휴지만 ~ 줍다.
거듭 🔲 되풀이하여. ¶~ 부탁하다.
거듭-나다[-듬-] 🔲 1 [기] 다시 태어 난다는 뜻으로, 새로운 사람으로 영적(靈 的)인 변화를 가지다. 2 (사람이나 집단 이) 지난 잘못이나 허물에서 벗어나 전혀 새로운 모습으로 달라지다.
거듭-되다[-뙤-/-뛔-] 🔲 (어떤 일 이) 여러 번 되풀이되다. ¶실패가 ~.
거듭-제곱[-쩨-] [명][수] 같은 수 또는 문자를 여러 번 곱하는 것. 또는, 그 값.
거듭-하다[-드파-] 🔲 (어떤 일을) 되풀이하다. ¶실수를 ~ / 실험을 ~.
거든-하다 🔲 '가든하다'의 큰말. **거든-히** 🔲 ¶쌀 한 가마니를 ~ 들다.
-라 🔲 동사 '가다' 또는 '가다'로 끝 나는 말의 어간에 붙어, '해라' 할 상대에 게 명령의 뜻을 나타내는 '-아라/-어라' 가 변하여 된 종결 어미. ¶얼른 가~.
거라^불규칙^용¹언 (不規則用言) [-칭농 -] 🔲 '거라 불규칙 활용을 하는 용 언. '가다', '들어가다', '뛰어가다' 따위.
거라^불규칙^활용 (不規則活用) [-치콸 -] 🔲 동사의 명령형 어미가 '-거라' 로 바뀌는 활용 형식. '가다'가 '가거라' 로 바뀌는 따위.
거란 🔲 [역] 5세기경부터 중국 동북 지방 을 중심으로 활동한 유목 민족. 몽골계로 요나라와의 혼혈종이라 한다.
거:래(去來) 🔲 사람 사이에서 물건을 사고팔거나 돈을 주고받거나 받는 일. 또 는, 그런 경제상의 관계. ¶금전 ~ / ~를 트다. **거:래-하다** 🔲 ¶상품을 ~. **거:래-되다** 🔲
거:래-량(去來量) 🔲 1 거래되는 수량. 2 [경] 증권 거래에서, 시장에서 거래된 주 식의 수 또는 채권의 액면 가액.
거:래-선(去來先) [경] =거래처.
거:래-소(去來所) [명] 상품·유가 증권 등을 대량으로 거래하는 조직화된 상설 시장.
거:래-처(去來處) 🔲 돈이나 물건을 계속 적으로 거래하는 곳. =거래선.
거렁-뱅이 🔲 '비렁뱅이'의 잘못.
거:론(擧論) 🔲 어떤 사항을 이야깃거리로 삼아 논의하거나 말하는 것. **거:론-하다** 🔲 ¶그것은 **거론**할 가치도 없는 이 야기이다. **거:론-되다** 🔲
거:룩-하다[-루카-] 🔲 1 [신](神)의 세 계에 속하여 성스럽다. 2 훌륭하고 고귀 하다. ¶선열들의 **거룩**한 뜻을 기리다.
거룻-배[-루빼/-룯빼] 🔲 돛이 없는 작 은 배.
거류(居留) 🔲 남의 나라 영토에 머물러 사는 것. **거류-하다** 🔲
거류민-단(居留民團) 🔲 외국에 거류하는 같은 민족끼리 조직한 자치 단체. ¶재일 (在日) ~. 🔲민단.
거르다¹ 🔲 〈거르니, 걸러〉 1 (찌꺼기 나 건더기가 있는 액체를) 체 따위에 밭 쳐서 액체만 빼내다. ¶술을 ~ / 불순물을 ~. 2 (어떤 대상을) 잘못된 것이나 부정 적 요소가 배제되게 하다. ¶남의 말을 잘 **걸러서** 들어라.
거르다² 🔲 〈거르니, 걸러〉 차례대로 해 가다가 중간에 어느 차례를 빼고 넘기 다. 🔲건너뛰다. ¶끼니를 ~. ✕걸르다.

거멀다__41

거름 🔲 식물이 잘 자라도록 땅을 기름지 게 하기 위해 주는 물질. 두엄이나 똥·오 줌·재, 썩은 동식물 따위. 🔲비료. ¶밀 / ~을 치다. **거름-하다** 🔲(논밭 에) 거름을 주다.
거름-기(-氣) [-끼] 🔲 어떤 것에 함유되 어 있는 거름 기운. =거름발.
거름-발[-빨] 🔲 =거름기.
거름-종이 🔲 [화] 액체 속에 들어 있는 침 전물이나 불순물을 거르는 특수한 종이. =여과지.
거름-흙[-흑] 🔲 [농] 1 기름진 흙. 2 거름 을 놓았던 자리에서 그러모은 흙.
거리¹ 🔲 도시 지역이나 번화한 곳에 이루 어진, 비교적 넓은 길. 🔲길거리. ¶번화한 ~.
거리² 🔲 (의존) 1 음식을 만드는 재료. ¶국 ~ / 반찬~. 2 어떤 일의 대상이나 소재. ¶ 걱정~ / 관심~ / 읽을~.
-거리³ 🔲 날수 따위를 나타내는 명사 에 붙어, 어떤 현상이 주기적으로 일어나 는 동안을 나타내는 말. ¶이틀~ / 달~ / 해~. 2 어떤 말을 좀 속되게 표현하는 말. ¶짓~ / 패~.
거:리⁴(距離) 🔲 1 두 개의 물건·장소 등이 공간적으로 떨어진 길이. ¶가까운 ~. 2 추상적인 사물 사이에 느껴지는 차이. ¶ 내 기대와는 ~가 있다. 3 사람과 사람 사이에 느껴지는 간격. ¶~를 두고 지내다.
거:리-감(距離感) 🔲 1 공간적으로 떨어진 느낌. 2 친숙하지 않아 서먹서먹한 느낌.
거리끼다 🔲 꺼림칙하거나 어색하여 마음에 걸리다. ¶양심에 **거리끼는** 일은 하지 마라.
거리낌(이) 없다 거리끼는 것이 없다. ¶ **거리낌이 없이** 말하다.
-거리다 🔲 의성어나 의태어 뒤에 붙어, 그 소리나 동작이 잇달아 계속됨을 나타 내는 말. =-대다. ¶밀밀~ / 반짝~.
거리-제(-祭) 🔲 [민] 1 음력 대보름 직전 에, 마을의 안녕을 위해 마을 어귀에서 지내는 제사. 2 상여를 묘지로 옮기는 도 중에, 길에서 지내는 제사. =노제.
거마-비(車馬費) 🔲 탈것을 이용하는 데 드는 비용. 🔲교통비.
거:만(巨萬·鉅萬) 🔲 썩 많음. 또는, 막대 한 수.
거:만-스럽다(倨慢-) [-따] 🔲 〈-스 러우니, -스러워〉 거만한 데가 있다.
거:만-하다(倨慢-) 🔲 거드름을 피우 며 남을 얕잡는 태도를 보이는 상태에 있 다. ¶**거만한** 태도. **거:만-히** 🔲
거머-들이다 🔲 함차게 휘몰아 들이다.
거머리¹ 🔲 [동] 논이나 못의 물속에 살 면서 사람이나 다른 동물의 몸에 달라붙 어 피를 빨아 먹는, 몸길이 3~4cm의 환 형동물. 2 남에게 달라붙어서 피를 구 하듯이 남을 비유하여 이르는 말.
거머-잡다[-마-] 🔲 힘 있게 마구 잡다. ¶뒷덜미를 ~.
거머-쥐다 🔲 1 (물체를) 욕심스럽게 손 에 쥐다. 🔲움켜쥐다. ¶돈다발을 ~. 2 (어떤 대상을) 제 것으로 하여 마음껏 누 릴 수 있게 되다. ¶부(富)와 명예를 ~.
거:멀-못[-몬] 🔲 나무 그릇 따위의 벌어 질 염려가 있는 곳에 검쳐서 박는 못.
거:멀다[-머다] 🔲〈거머니, 거머오, 거매〉 어둡고 연하게 검다. ¶햇볕에 **거멓** 게 그을리다. 🔲꺼멓다.

거명

거:명(擧名) 圏 누구라고 이름을 밝혀 말하는 것. **거:명-하다** 통타 ¶그는 그 사건에 연루된 여러 인사를 **거명했다**. **거:명-되다** 통자 누구라고 이름이 말해지다. 또는, 어떤 사람의 이름이 어떤 대상으로 입에 오르내리다. ¶후임 인사로 이준오씨가 **거명되고** 있다.

거:목(巨木) 圏 1 아주 굵고 큰 나무. 2 '위대한 인물'을 비유하여 이르는 말. 凹거봉. ¶선생님은 국어학계의 ~이시다.

거무데데-하다 혱예 좀 천하게 거무스름하다. ¶살결이 ~.

거무스레-하다 혱예 =거무스름하다.

거무스름-하다 혱예 (빛깔이) 다소 어둡고 충충하게 검은 데가 있다. =거무스레하다. ¶**거무스름한** 얼굴. 준거뭇하다. 작가무스름하다. 센꺼무스름하다.

거무죽죽-하다[-죽꾸-] 혱예 (빛깔이) 맑지도 곱지도 거무스름하다.

거무칙칙-하다[-치카-] 혱예 검은빛이 산뜻하지 않게 짙다. ×거무틱틱하다.

거무튀튀-하다 혱예 탁하게 거무스름하다. ¶**거무튀튀한** 낯. ×거무틱틱하다.

거무틱틱-하다 혱예 '거무칙칙하다'의 잘못. 또는, '거무튀튀하다'의 잘못.

거문-고 圏 국악기의 하나. 길고 넓적한 나무 판에 16개의 괘를 얹고 그 위에 6개의 줄을 걸어 만든 현악기. ¶~를 타다 / ~를 켜다.

거:물(巨物) 圏 학문이나 경력·세력 등이 뛰어나 사회적으로 영향력이 큰 인물. ¶정계(政界)의 ~.

거:물-급(巨物級)[-끕] 圏 거물의 부류. 또는, 그 부류에 속하는 사람. ¶재계(財界)를 주름잡는 ~ 인물.

거뭇-거뭇[-묻거묻] 閉 군데군데 검은 모양. ¶기미가 ~ 낀 얼굴. 작가뭇가뭇. 센꺼뭇꺼뭇. ¶**거뭇거뭇-하다** 혱예.

거뭇-하다[-무타-] 혱예 '거무스름하다'의 준말.

거미 圏 꽁무니에서 가늘고 끈끈한 실을 내어 그물을 치고, 그 그물에 걸리는 곤충을 잡아먹는 작은 절지동물. 다리는 4쌍이며, 몸은 머리가슴과 배의 두 부분으로 구분됨.
[**거미도 줄을 쳐야 벌레를 잡는다**] 무슨 일이나 준비가 있어야 그 결과를 얻을 수 있다.

거미-발 圏 장신구 따위에 보석이나 진주 알을 박을 때, 빠지지 않게 물리고 겹쳐 오그리기 한 뾰족뾰족한 부분.

거미-줄 圏 1 거미가 꽁무니에서 뽑아내는 가는 줄. 또는, 그 줄로 그물처럼 얽어 놓은 것. 2 범인을 잡기 위하여 여러 곳에 쳐 놓은 비상선. ¶도시 일대에 ~을 쳐 놓고 범인이 나타나기를 기다린다.
[**거미줄에 목을 맨다**] ㉠그렇게 분하거든 거미줄에라도 목을 매어 죽으라는 뜻으로, 같잖게 격려하는 사람을 놀리는 말. ㉡처지가 매우 궁박하고 답답하여 어쩔 수 없이 법이나 나타내기까지 한다.

거반(居半) 閉 '거지반'의 준말. ¶~ 다 끝냈다.

거볍-다[-따] 혱ㅂ⟨거벼우니, 거벼워⟩ '가볍다'의 큰말. **거벼이** 閉.

거:병(擧兵) 圏 전쟁이나 반란을 위하여 군사를 일으키는 것. **거:병-하다** 통자.

거:보(巨步) 圏 1 목표를 향하여 크게 나아가는 걸음. ¶조국 건설을 위한 ~를 내디디다. 2 크고 훌륭한 업적.

거:봉(巨峯) 圏 1 두드러지게 크고 높은 봉우리. 2 뛰어난 인물을 비유하여 이르는 말. 凹거목. ¶법조계의 ~.

거-봐 김 어떤 일이 자기 말대로 되었을 때, '해' 할 상대에게 하는 소리. ¶~, 내가 뭐랬어.

거-봐라 김 어떤 일이 자기 말대로 되었을 때, '해라' 할 상대에게 하는 소리. ¶~, 내가 조심하라고 하지 않았니.

거:부¹(巨富) 圏 매우 큰 부자. 凹대부.

거:부²(拒否) 圏 (어떤 일이나 사람을) 적대적인 상태에서 받아들이지 않는 태도나 입장을 가지고 물리치는 것. 凹거절. **거:부-하다** 통타 ¶노조의 임금 인상 요구를 ~. **거:부-되다** 통자.

거:부-감(拒否感) 圏 어떤 대상을 선뜻 받아들이거나 긍정하지 못하고 좋지 않게 여기는 감정. ¶노출이 심한 옷차림은 사람들에게 ~을 불러일으킨다.

거:부-권(拒否權)[-꿘] 圏[법] 1 입법부를 통과한 의안에 대하여 대통령이 동의를 거부할 수 있는 권한. 2 국제 연합 안전 보장 이사회 상임 이사국에 부여된, 결의 성립을 거부할 수 있는 특권. =비토(veto). ¶~을 행사하다.

거:부^반:응(拒否反應) 圏 1 [의] 조직 적합성이 일치하지 않는 장기(臟器)가 이식되었을 때, 이것을 배제하려고 일어나는 생체 반응. ¶인공 심장에 대한 ~. 2 어떤 사물이나 사람에 대하여 심리적·생리적으로 끼피(忌避)의 감정을 일으키는 일. 비유하여 쓰는 말임. ¶국민들이 정부의 주택 정책에 대해 ~을 보였다.

거북 圏통 몸은 타원형으로 등과 배가 단단한 딱지로 싸여 있으며, 바닷가 모래땅을 기어 다니거나 바다 속을 헤엄쳐 다니는 파충류의 동물. 머리·꼬리와 네 발을 딱지 안으로 옴츠려 감출 수 있음.

거:북살-스럽다[-쌀-따] 혱ㅂ⟨~스러우니, ~스러워⟩ '거북스럽다'의 힘줌말.

거북-선(-船)[-썬] 圏[역] 조선 선조 때 이순신이 만든, 거북 모양의 배. ▷철갑선.

거북-손[-쏜] 圏통 바닷가 바위에 떼지어 붙어 사는 갑각류의 동물. 몸은 거북의 다리처럼 생긴 머리 부분과 어두운 갈색의 자루 부분으로 되어 있음.

거:북-스럽다[-쓰-다] 혱ㅂ⟨~스러우니, ~스러워⟩ 거북한 데가 있다. ¶자꾸 칭찬만 하니, 듣기 ~.

거북-운행(-運行) 圏 차의 더딘 운행. 비유적인 말임. =거북이걸음. ¶심한 정체로 자동차들이 ~를 한다.

거북-이 圏 '거북'을 일상적으로 이르는 말.

거북이-걸음 圏 1 아주 느리게 걷는 걸음. 2 =거북운행.

거:북-하다[-부카-] 혱예 1 (몸을 움직이거나 놀리는 것이) 자연스럽지 못하거나 자유롭지 못하다. ¶손가락을 다쳐서 글씨를 쓰기가 ~. 2 (어떤 일이) 어색하거나 자연스럽지 못해 꺼려지거나 싫은 상태이다. ¶듣기 ~하다. 3 (배 속이) 소화가 안 되어 불쾌하다. ¶과식을 했더니 속이 ~.

거뿐-하다 혱예 '가뿐하다'의 큰말. **거뿐-히** 閉.

거:사¹(巨事) 圏 아주 거창한 일.

거사²(居士) 圖 ①[자락] 1 학식과 인품이 높으면서도 벼슬을 하지 않고 사는 사람. 回처사(處士). 2 [불] =우바새. ②[의존] 당호(堂號) 따위에 붙어, 처사의 뜻을 나타내는 칭호. 回죽림(竹林).

거:사³(擧事) 圖 사회적 영향이나 의의가 큰 일을 일으키는 것. ¶전봉준은 동학 농민군을 조직하여 ～를 일으켰다. **거:사-하다** 匽<재어>

거:상¹(巨商) 圖 밑천을 많이 가지고 하는 장사. 또는, 그 사람. 回대상(大商).

거상²(居喪) 圖 상중(喪中)에 있는 것. 匽 상(喪).

거서간(居西干) 圖[역] 신라 초기의 임금의 칭호. 시조 박혁거세 때 썼음. ▷마립간·이사금.

거:석(巨石) 圖 매우 큰 돌덩이. ¶～ 숭배.

거:석^기념물(巨石記念物)[-끼-] 圖 거대한 석재를 써서 구축한 건축물 이외의 건조물. 선돌·고인돌 따위.

거:성¹(巨星) 圖 1 [천] 부피와 광도가 크며 절대 광도가 큰 별. ↔왜성. 2 어떤 방면에서 눈부신 업적을 남긴 큰 인물. ¶그 사람은 한국 화단의 ～이다.

거:성²(去聲) 圖[언] 1 중세 국어의 사성(四聲)의 하나. 가장 높은 소리. 2 한자음의 사성의 하나. 슬픈 듯이 멀리 굽이치는 소리. 이에 딸린 한자는 모두 측자임.

거:세(去勢) 圖 1 동물의 수컷에서 정소를 제거하거나 그 기능을 없애는 것. 2 (반대하는 세력을) 맞서지 마서 반항하지 못하도록 힘을 없애는 것. **거:세-하다** 匽<재어>匽<타어>匽<재어> 반대 세력을 ～. **거:세-되다** 匽<재어>

거세다 匽 1 (사물의 기세 따위가) 몹시 세차다. ¶거센 파도. 2 (성격 따위가) 거칠고 억세다. ¶거센 여자. 3 (목소리가) 크고 힘차다. ¶거센 목소리.

거센-말 圖[언] 어감을 거세게 하기 위하여 거센소리를 쓰는 말. '캄캄하다', '펑펑' 따위.

거센-소리 圖[언] 숨이 거세게 나오는 파열음. 우리말의 'ㅊ', 'ㅋ', 'ㅌ', 'ㅍ' 따위. =격음(激音). 유기음. ▷된소리.

거센소리-되기[-되/-뒈-] 圖[언] 예사소리 'ㄱ', 'ㄷ', 'ㅂ', 'ㅈ'이 거센소리 'ㅋ', 'ㅌ', 'ㅍ', 'ㅊ'으로 바뀌는 일. '넉이'널'으로, '곶이'꽃'으로 되는 따위. =격음화.

거소(居所) 圖 거처하는 곳.

거:수(擧手) 圖 찬반을 나타내거나 경례를 붙이기 위해 손을 위로 들어 올리는 것. ¶～로 표결하다. **거:수-하다** 匽<재어>

거:수-경례(擧手敬禮)[-네-] 圖 모자를 썼을 때는 오른손을 모자챙 위, 모자를 벗었을 때는 눈썹 언저리까지 올려서 하는 경례.

거슈윈, 조지(Gershwin, George) 圖[인] 미국의 작곡가·피아니스트(1898~1937).

거스러미 圖 1 손톱 주위의 살 껍질이 얇게 일어나 가시처럼 된 것. 回손거스러미. 2 나뭇결 따위가 얇게 일어나 가시처럼 된 것.

거스르다¹ 匽<타어><거스르니, 거슬러> 1 (남의 뜻을) 따르지 않고 어긋나는 방향을 취하다. 2 순리를 벗어나다. ¶하늘의 뜻을 ～. 3 세(勢)를 이루어 밀려 대되는 방향을 잡다. ¶대세를 ～. 4 ('분위', '신경' 등과 함께 쓰여) 남의 마음을 언짢게 하다. ¶신경을 ～.

거슬러 오르다 1 (사람이나 이동하는 물체가 강이나 내를) 흐르는 방향과 반대쪽으로 움직여 가다. ¶배가 한강을 ～. 2 (시간을) 현재에서 과거의 시점으로 생각이나 의식이 미치게 하다. ¶역사를 ～. 3 (사람의 생각이나 의식이 과거의 시점으로) 되돌아간 상태가 되다. ¶나의 상념은 어린 시절로 **거슬러 오른다**.

거스르다² 匽<타어><거스르니, 거슬러> 셈할 돈을 빼고 나머지 돈을 도로 주거나 받다. ¶잔돈을 **거슬러** 받다.

거스름-돈[-똔] 圖 거슬러 주거나 받는 돈. =잔돈. 回우수리.

거슬리다 匽<재> '거스르다'의 피동사. ¶노출이 심한 옷차림이 신경에 **거슬린다**. 2 순순히 받아들여지지 않고 언짢은 느낌이 들다. ¶눈에 ～ / 귀에 **거슬리는** 말.

거슴츠레 圖 졸리거나 정기가 풀려 흐릿덩한 모양. =게슴츠레. ¶술에 취해 눈이 ～ 풀어지다. **거슴츠레-하다** 匽<어> 圖<어> 졸음이 와 눈이 잠을 **거슴츠레하**게 뜨다.

거:시^경제학(巨視經濟學) 圖[경] 소비·투자·저축 등 경제의 여러 통계량을 기초로 국민 경제의 규칙성과 추세를 밝히려고 하는, 근대 경제학의 한 분야. ↔미시 경제학.

거시기 I 匽[인칭](지시) 사람이나 사물의 이름이 얼른 떠오르지 않거나 직접 말하기가 거북할 때, 그 대신으로 쓰는 말. ¶너 ～ 모르니? 거 왜 안경 쓰고 키 큰 사람 말이야. ×거시기.
II 匽 하려는 말이 얼른 생각나지 않거나 말하기 거북할 때는 군말. ¶저 ～, 사실은 부탁할 것이 좀 있어서 왔습니다만…. ×거시기.

거:시-적(巨視的) 圖圖 (어떤 대상을) 전체적으로 분석·파악하는 (것). ¶～ 안목으로 본 경제 현황. ↔미시적.

거시키 圖 '거시기'의 잘못.

거:식-증(拒食症)[-쯩] 圖[의] 살을 빼야 한다는 강박 관념에 사로잡혀 먹는 것을 극단적으로 거부하는 증상. 식욕 부진·우울증·영양실조 등에 빠지게 됨.

거식-하다[-시k허-] I 匽<자어> 圖 표현하고자 하는 어떤 동사가 얼른 떠오르지 않을 때, 그 대신으로 쓰는 말.
II 圖<어> 표현하고자 하는 어떤 형용사가 얼른 떠오르지 않을 때, 그 대신으로 쓰는 말. ¶옷 빛깔이 너무 **거식해서** 외출복으로는 좀 곤란해요.

거실(居室) 圖 주택에서, 가족 공동의 휴식 공간이자 손님을 접대하는 공간이기도 한, 일상생활의 중심이 되는 방.

거:액(巨額) 圖 많은 액수의 돈.

거:역(拒逆) 圖 (윗사람의 뜻이나 지시를) 따르지 않고 거스르는 것. **거:역-하다** 匽<타어> ¶왕명을 ～ / 부모에게 ～.

거울 圖 1 빛의 반사를 이용하여 사람의 모습이나 물체의 모양을 비추어 보는 물건. ¶손～. 2 모범이나 교훈이 될 만한 사실. 回귀감. ¶신사임당은 한국 여성의 ～이다. 3 어떤 현상이나 대상을 그대로 나타내어 확인시켜 주는 대상. 비유적인 말. ¶문인이는 어른의 ～이다.

거울-삼다[-따] 匽 남의 일이나 지나간 일을 보아 본받거나 경계하다. ¶이번 실패를 **거울삼아** 더욱 노력하겠다.

거웃[-욷] 圖 '음모(陰毛)'의 고유어.

거위¹ 圖 匽 오리와 비슷하나 목이 길고,

몸빛은 흰색 또는 갈색인, 집에서 기르는 새. 헤엄을 잘 치나, 날지는 못한다.
거위²(蛔) [동] =회충(蛔蟲).
거위-걸음 [명] 거위가 걷는 것처럼 어기적어기적 걷는 걸음.
거위-배(-한) [명] 회충으로 말미암은 배앓이.
거:유(巨儒·鉅儒) [명] 1 이름난 유학자. ¶퇴계 이황(李滉)은 조선 중기의 ~이다. 2 학식이 많은 선비.
거이(-의/-이) [부] 1 어느 한도나 기준에 매우 가까운 정도.
Ⅱ[부] 어느 한도나 기준에 매우 가까운 정도로. ¶일을 ~ 다 했다. ×거진.
거:인(巨人) [명] 1 몸이 아주 큰 사람. 2 어느 분야에서 능력이 매우 뛰어나거나 위대한 업적을 남긴 인물을 비유하여 이르는 말. 3 신화·전설 따위에 나오는 초인간적인 거대한 인물.
거:장(巨匠) [명] 예술계에서 두드러지게 뛰어난 사람. 凹대가(大家). ¶현대 미술의 ~ 피카소.
거저 [부] 1 아무 조건 없이. ¶그런 고물 나에게는 ~ 줘도 싫다. 2 아무 노력이나 대가 없이. ¶성공은 ~ 얻어지는 게 아니다. 3 아무것도 가지지 않고. 또는, 아무 소득도 없이.
거저-먹다 [-따] [동](자여) 노력도 하지 않고 몫을 보거나 일을 이루다. ¶하는 짓이 가만히 앉아서 **거저먹자**는 심보 아니야?
거적 [명] 짚으로 엮거나, 새끼와 짚으로 결어서 자리처럼 만든 물건. ¶~을 말다.
거적-때기 [명] '거적'을 격을 낮추어 이르는 말. 또는, 낡거나 헌 거적을 속되게 이르는 말.
거:절(拒絕) [명] (개인적인 요구나 요청, 호의 등을) 받아들이지 않고 물리치는 것. ¶그의 간청을 일언지하에 **거절하였다**. **거:절-되다** [동](자)
거:점(據點) [명] 활동의 근거로 삼는 중요한 지점. ¶~을 확보하다.
거:제-도(巨濟島) [명][지] 경상남도 거제시에 속하는 섬.
거:조¹(擧措) [명] 말이나 행동 등을 하는 태도. ¶~가 수상하다.
거:조²(擧朝) [명] (주로 주격 조사 '가'와 함께 쓰이어) 온 조정(朝廷). ¶뜻하지 않은 ~가 술렁이다.
거:족(巨足) [명] 진보·발전의 속도나 정도가 뚜렷하게 빠른 상태를 이르는 말. ¶~의 발전을 이룩하다. ▷장족.
거:족-적(擧族的) [-쩍] [명] 온 겨레가 다 참가하거나 관계되는 (것). ¶~ 운동.
거주(居住) [명] 일정한 곳에 자리를 잡고 사는 일. 또는, 그곳. 凹주소. ¶~ 신고.
거주-하다 [동](자여)
거주 이전의 자유 공공복지에 위반되지 않는 한, 자유로이 거주·이전할 수 있는 자유.
거주-민(居住民) [명] 어느 곳에 거주하는 사람들.
거주-자(居住者) [명] 어느 곳에 거주하는 사람.
거주-지(居住地) [명] 1 거소 및 주소. 2 현재 거주하고 있는 장소.
거죽 [명] 물체의 겉 부분. ¶~이 너덜너덜한 책.
거:중-기(擧重器) [명][공] 조선 시대에 무거운 물체를 들어 올리는 데 사용하던 기계. ▷기중기.
거즈(gauze) [명] 흔히 붕대로 사용하는, 가볍고 부드러운 무명베. =가제.
거:지¹ [명] 1 제힘으로 살 길이 없어 남에게 돈이나 음식을 구걸하여 먹고사는 사람. =걸인. 2 남을 업신여기고 멸시하여 욕하는 말.
[거지도 손 볼 날이 있다] 아무리 가난한 집이라도 손님 맞을 때가 있으니, 깨끗한 옷가지 한두 벌은 마련해 두어야 한다.
거:지-꼴 [명] 거지와 같이 초라하고 지저분한 몰골이나 차림새.
거지반(居之半) [부] 절반 이상. 凹거의. ¶일이 ~ 끝나 간다. ㈜거반.
거:지-발싸개 [명] 몹시 더럽고 보잘것없는 물건이나 사람을 욕하는 말.
거진 [부] '거의Ⅱ'의 잘못.
거:짓 [-짇] [명] 1 말이나 행동이 사실이나 실제와 같지 않은 상태. 또는, 그렇게 꾸민 말이나 행동. 凹허위. ¶~ 웃음. 2 [논] 이치(二値) 논리에서, 진릿값의 하나. 명제가 진리가 아닌 것. ↔참.
거:짓-되다 [-짇뙤-/-짇뛔-] [형] 거짓이 있어 진실하지 못하다. ¶**거짓된** 삶. ↔참되다.
거:짓-말 [-진-] [명] 사람이 남을 속이기 위해 사실이 아닌 것을 사실인 것처럼 꾸며 하는 말. 凹허언. ¶**새빨간** ~. ㈜겆말. ↔참말. **거:짓말-하다** [동](자여) ㈜껑까다.
거짓말(을) 보태다 실지보다 더 보태어 과장하여 말하다. ¶**거짓말 보태어** 바다가 호수였다.
거:짓말-쟁이 [-진-] [명] 거짓말을 잘하는 사람.
거:짓말^탐지기(-探知機) [-진-] [명] 범죄 수사 등에서, 거짓말인지 아닌지를 알아내는 기계. 거짓말하였을 때 일어나는 호흡·맥박 등의 생리적 변화를 이용한다.
거:짓-부렁 [-짇뿌-] [명] '거짓말'을 속되게 이르는 말.
거:참 [감] '그것참'의 준말.
거:창-하다(巨創-·巨創-) [형] (규모 등이) 엄청나게 크다. ¶**거창한** 사업 / 거창하게 일을 벌이다. **거:창-히** [부]
거:처¹(去處) [명] 간 곳이나 가는 곳. 또는 갈 곳. ¶~를 분명히 하다.
거처²(居處) [명] 일정하게 자리를 잡고 거나 한동안 머무는 것. 또는, 그런 장소. ¶일정한 ~가 없다. **거처-하다** [동](자여)
거총(據銃) [감][명] 사격할 때, 목표를 겨누기 위하여 총대를 들고 개머리판을 어깨 앞쪽에 대라는 구령. 또는, 그 구령에 따라 행하는 동작.
거:추장-스럽다 [-따] [형] 〈-스러우니, -스러워〉 1 다루기가 거북하고 주체스럽다. ¶**거추장스러운** 옷차림. 2 번거로운 갈래나 절차가 많아 취하는 태도. ¶**거추장스러운** 일이 많아 성가시다. ×거치장스럽다. **거:추장스레** [부]
거춤-거춤 [부] 1 일을 대강대강 하는 모양. ¶방을 ~ 치우다. 2 (이곳에서 저곳으로) 대강대강 거쳐 가는 모양. ¶시간이 없어 ~ 돌아보다.
거:취(去就) [명] 1 사람이 어디로 가거나 다니거나 하는 동태. 2 어떤 일에 대한 자신의 입장을 밝혀 취하는 태도. ¶찬성인지 반대인지 ~를 분명히 해라.
거치(据置) [명][경] 공채(公債)·사채(社債)·저금·연금 따위의 상환 또는 지급을 일

정 기간 하지 않는 것. ¶3년 ~, 10년 분할 상환.
거치다 통 ①(자) (무엇에) 걸리거나 막히다. ¶돌이 발길에 ~. ②(타) 1 오거나 가는 도중에 어디를 지나거나 들르다. ¶일본을 거쳐 미국으로 가다. 2 (과정이나 단계를) 겪거나 밟다. ¶예심을 ~.
거치장-스럽다 형(비) '거추장스럽다'의 잘못.
거치적-거리다/-대다 [-꺼(때)-] 통(자) 자꾸 거치거나 걸리고 닿다. ¶치맛자락이 길어 거치적거린다. ▷걸리적거리다.
거치적-거치적 [-꺼-] 부 거치적거리는 모양. 거치적거치적-하다 통(자)
거칠-거칠 부 매우 거칠한 모양. 또는, 여러 군데가 거칠한 모양. 쟈가칠걸. 센꺼칠꺼칠. 거칠거칠-하다 형(여) ¶손등이 ~.
거칠다 (거치니, 거치오) 1 (바탕이나 표면이) 매끄럽거나 부드럽지 않고 결겉하거나 거칠거칠하다. ¶살결이 ~. 2 (천 따위의 올이) 성기고 굵다. ¶거친 삼베. 3 (가루나 흙·모래 등의 알갱이가) 잘지 않고 굵다. ¶거친 왕모래. 4 손질이 제대로 되지 않아 너더분하다. 5 (일솜씨나 태도가) 찬찬하지 않고 엉성하거나 어설프다. ¶밖을 거칠게 울다. 6 (행동이나 성격이) 공격성이 있거나 사납다. ¶말이 ~. 7 (바람이나 물결 따위가) 세차고 크다. ¶거친 파도. ↔곱다. 8 (호흡이) 고르지 않고 가쁘다. ¶거친 숨을 몰아쉬다. 9 (음식이) 번번치 못하여 먹을 것이 없다.
거칠-하다 형(여) (여위어 피부나 털이) 윤기가 없다. ¶거칠한 얼굴. 쟈가칠하다. 센꺼칠하다.
거침-없다 [-업-] 형 1 순조롭게 걸리거나 막히는 일이 없다. ¶거침없는 답변. 2 마음에 아무 거리낌이 없다. ¶거침없는 행동. 거침없-이 부 ~ 말하다.
거퍼 부 '거푸'의 잘못.
거:포(巨砲) 명 1 큰 대포. 2 배구의 강스파이커나 야구의 강타자를 비유적으로 이르는 말.
거푸 부 잇달아 거듭. ¶~ 술잔을 기울이다. ×거퍼.
거푸-집 명 1 쇠붙이를 녹여 부어서 만드는 물건의 바탕이 되는 모형. =주형·형(型). 2 콘크리트를 일정한 치수와 형태로 굳히기 위해 설치하는 구조물.
거품 명 1 액체가 공기를 머금고 둥글게 부풀어 올라 위에 뜬 잔 방울. ¶물~/비누~/~이 일다. 2 입가에 내뿜어진, 속이 빈 침방울. ¶입에 ~을 물고 대들다. 3 유리 따위의 가열된 물질 속에 공기가 들어가 방울처럼 이뤄진 것. ▷기포(氣泡). 4 어떤 자산에 대한 가치가 실제의 가치보다 훨씬 높게 평가되어 투기나 수요가 일시적으로 강하게 일어나는 상태. 또는, 실제보다 높게 평가된 가치. ¶~ 경제/부동산 투기의 ~이 빠지다.
거품-기(-器) 명 달걀·생크림 등을 저어서 거품이 일게 하거나, 걸쭉한 액체를 골고루 섞는 데 쓰는 기구.
거품^유리(-琉璃) [-뉴-] 명 유리 가루에 거품제를 넣고 높은 열을 가해 부풀어 오르게 한 유리. 방음·방열 등에 이용됨.
거:풍(擧風) 명 (통풍이 안 되게 쌓여 있던 물건을) 바람에 쐬는 것. 거:풍-하다

통(타)여
거:피(去皮) 명 1 콩·팥 등의 껍질을 벗기는 것. ¶~고물. 2 소·말 등의 가죽을 벗기는 것. 비박피. 거:피-하다 통(타)여
거피²(guppy) 명(동) 송사리와 비슷하나 몸이 더 가늘고 길며, 관상용으로 기르는 열대어.
거-하다¹ 형(여) (한턱내거나 얻어먹는 정도가) 분에 넘칠 만큼 대단하다. ¶내가 한잔 거하게 살게.
거-하다² (居-) 자(여) (사람이 어느 곳에) 머물러 살다.
거:한(巨漢) 명 몸집이 아주 큰 사나이.
거:행(擧行) 명 1 의식을 치르는 것. 2 명령대로 행하는 것. 거:행-하다 통(타)여 ¶졸업식을 ~ / 분부대로 거행하겠습니다.
거:행-되다 통(자)여

걱정 [-쩡] 명 1 일이 잘못되지 않을까 하여 마음을 졸이거나, 또는 바라는 대로 되지 않아 어쩌나 하여 마음을 놓지 못하는 것. 비근심·시름. ¶~을 끼치다. 2 아랫사람의 잘못을 나무라는 말. ¶선생님께 ~을 듣다. 걱정-하다 통(타)여 걱정-되다 통(자)여
[걱정도 팔자다] 하지 않아도 될 걱정을 자꾸 할 때, 비웃는 뜻으로 이르는 말.
걱정이 태산이다 해결해야 할 일이 너무 많거나 복잡해서 걱정이 태산처럼 크다.
걱정-거리 [-쩡꺼-] 명 걱정이 되는 일. 비근심거리.
걱정-스럽다 [-쩡-따] 형(비) <~스러우니, ~스러워> 걱정이 되어 마음이 편하지 못하다. 걱정스레 부

건¹ '것은'이 준 말. ¶상한 ~ 버려라. 2 '그것은'이 준 말. ¶~ 좋지 않아.
-건² 어미 1 '-거든¹'의 준말. 2 '-거나'의 준말. ¶오~ 말~ 상관없다.
건³(巾) 명 1 헝겊 따위로 만든 쓰개의 하나. 2 '두건(頭巾)'의 준말.
건⁴(件) 명 ①자칭 문제가 되는 일이나 사건. ¶이 ~은 수사가 완결됐소. ②의존 사건이나 안건, 제기된 문제 등의 수를 세는 단위. ¶한 ~의 교통사고.
건-⁵(乾) 접두 1 '마른', '말린'의 뜻을 나타내는 말. ¶~포도/~어물. 2 '근거나 이유 없는'의 뜻을 나타내는 말. ¶~깡깡이/~살포. 3 '겉으로만'의 뜻을 나타내는 말. ¶~추정/~울음.
건:각(健脚) 명 튼튼하여 잘 뛰거나 걷는 다리. 또는, 그런 사람. ¶세계의 ~들이 펼치는 42.195km의 마라톤 대회.
건:강(健康) 명 (몸이) 병이 없이 좋은 기능을 가진 상태에 있는 것. ¶~을 해치다. 건:강-하다 형(여) ¶건강한 아기. 건:강-히 부
건:강-관리(健康管理) [-괄-] 명 건강의 유지와 증진, 질병의 예방 등을 꾀하는 일.
건:강-나이(健康-) 명 실제의 나이가 아닌, 건강의 정도에 따라 나타낸 나이. ¶실제 나이는 30인데 ~는 40대이다.
건:강-미(健康美) 명 건강한 사람의 좋은 혈색이나 잘 발달한 근육 등에서 느낄 수 있는 아름다움. ¶~가 넘치다.
건:강-식(健康食) 명 건강의 유지를 위해 특별히 고안된 식사.
건:강-식품(健康食品) 명 건강의 유지와 증진에 대한 효과를 기대하고 먹는 의약품 이외의 식품.

46_건강 진단

건:강²진:단(健康診斷) 명[의] 병의 조기 발견이나 예방, 건강의 유지 및 증진을 위하여 의사가 심신의 기능이나 상태를 검사하여 진단하는 일.

건:강-체(健康體) 명 병이 없이 튼튼한 몸.

건건-이¹ 명 밥에 곁들여 먹을 만한 최소한의 반찬. 또는, 변변치 않은 반찬.

건건-이²(件件-)[-껀-] 뮈 건(件)마다. 또는, 일마다.

건계(乾季)[-계/-게] 명[지] =건조기(乾燥期)¹. ↔우기.

건곤(乾坤) 명 1 하늘과 땅. (비)천지. 2 =음양.

건곤-일색(乾坤一色)[-쌕] 명 눈이 내려 온 천지가 한 빛깔임. ¶백설이 뒤덮여 ~ 이 되다.

건곤-일척(乾坤一擲) 명 [하늘과 땅을 걸고 한 번 주사위를 던진다는 뜻] 승부를 내거나 성패를 가르기 위해 운명과 흥망을 걸고 결행하는 것. ¶~의 승부로 천하를 거머쥐다.

건과(乾果) 명[식] 생과일을 볕이나 불, 또는 열에 말린 것. 곶감·건포도 따위.

건괘(乾卦) 명 8괘의 하나. 상형(象形)은 '☰'으로 하늘을 상징함.

건:구¹(建具) 명[건] 건축물에 쓰이는 문짝·장지 따위 물건의 통칭.

건구²(乾球) 명[물] 건습구 습도계의 두 개의 구부(球部) 중, 젖은 헝겊으로 싸지 않은 쪽의 것. ↔습구.

건:국(建國) 명 나라를 세우는 것. (비)개국(開國). ¶~자. **건:국-하다** 재[자][타][여] **건:국-되다** 재[여]

건:군(建軍) 명 군대를 처음으로 세우는 것. (비)창군.

건기(乾期) 명 '건조기'의 준말. ↔우기.

건:너 명 공간 너머의 맞은편. 또는, 그 방향. ¶강 ~에 마을이 있다.

건:너-가다 재[자][타][여라] ⟨~가거라⟩ 1 (내·강·바다·길·다리 등을) 지나서 맞은편으로 가다. ¶강을 ~. 2 (어느 곳에서 저 방으로, 또는 이 나라에서 다른 나라로) 가다. ↔건너오다.

건:너다 재[자][타] 1 (내·강·바다·길·다리 등을) 지나서 맞은편으로 가거나 오다. ¶길을 ~. 2 (말·소문 등이 무엇을) 거쳐서 옮아가다. ¶이 집 저 집을 **건너서** 퍼진 소문. 3 (일정한 동안이나 차례를) 사이에 두고 지나다. 한 주 **건너서** 한 번로 임을 갖다.

건:너-다니다 재[자][타] (어떤 곳을) 건너서 왔다 갔다 하다. ¶다리를 ~.

건:너다-보다 재[타] 1 (건너편에 있는 것을) 바라보거나 살피다. ¶맞은편 산을 ~. 2 (대상을) 탐내거나 부러워하여 넘보다.

건:너다보-이다 재[자] '건너다보다'의 피동사.

건:너-뛰다 재[자] 1 (일정한 공간을 사이에 두고) 건너편까지 뛰다. (비)넘다. ¶도랑을 ~. 2 반복적·연속적으로 하는 일에서, (한 부분을) 빼고 하다. ¶차례를 ~.

건:너-오다 재[자][너라] ⟨~오너라⟩ 1 (내·강·바다·길·다리 등을) 지나서 오다. ¶배를 타고 강을 ~. 2 (다른 방에서 이 방으로, 또는 다른 나라에서 이 나라로) 오다. ↔건너가다.

건:너-지르다 재[타][러] ⟨~지르니, ~질러⟩ 긴 물건의 양 끝을 두 곳에 가로질러 놓다.

건:너-짚다[-집따] 재[타] 1 중간에 있는 무엇을 건너서 팔을 내밀어 짚다. 2 앞질러서 짐작으로 알아차리다. ¶멋대로 **건너짚지** 말고 진상을 알아봐라.

건:너-편(-便) 명 마주 대하고 있는 저편. ¶길 ~에 우체국이 있다.

건:너-방(-房) 명 전통 한옥에서, 안방에서 대청을 건너 맞은편에 있는 방. ▷건넛방.

건:널-목 명 1 철로와 도로가 엇갈린 곳. 2 =횡단보도.

건:널목-지기[-찌-] 명 철도의 건널목을 지키는 사람. (비)간수(看守).

건:넛-마을[-넌-] 명 건너편에 있는 마을.

건:넛-방(-房) [-너빵/-넌빵] 명 건너편에 있는 방. ▷건넌방.

건:넛-집[-너찝/-넌찝] 명 건너편에 있는 집.

건:네다 동[타] 1 '건너다'의 사동사. ¶나룻배로 사람을 ~. 2 남에게 말을 붙이다. ¶수작을 ~. 3 (돈·물건 등을 상대에게) 받으라는 뜻으로 내밀다. ¶계약금을 ~.

건:네-받다[-받따] 동[타] (상대가 내미는 돈이나 물건 등을) 손을 뻗어서 받다.

건:네-주다 동[타] (돈이나 물건을 상대에게) 손을 내밀어서 주다.

건달(乾達) 명 하는 일 없이 빈둥빈둥 놀거나 게으름을 부리는 짓. 또는, 그런 사람. ¶백수~.

건답(乾畓) 명 1 조금만 가물어도 곧 물이 마르는 논. ↔골답. 2 물이 실려 있지 않은 논.

-건대 [어미] 1 듣거나 보거나 생각하는 내용의 동사의 어간에 붙어, '-아 보면'의 뜻으로 뒤의 사실을 진술하게 되는 근거가 됨을 나타내는 연결 어미. ¶내가 보~ 그것은 사실과 다르다. 2 '바라다, 당부하다, 단언하다' 등의 동사 어간에 붙어, 다음에 오는 내용을 말함에 있어서 전제가 됨을 나타내는 연결 어미. ¶바라~ 소원 성취하소서. 3 '관데'의 준말.

건더기 명 1 국물 있는 음식에서 국물 이외의 것. ¶~ 한 점 없는 멀건 국. 2 액체에 섞여 있는, 풀리지 않은 덩어리. 3 내세울 만한 일의 내용이나 근거를 속되게 이르는 말. ¶변명할 ~가 없다. (비)건지. ✕건덕지·건데기.

건덕지 '건더기'의 잘못.

건:데 '그런데'의 준말. ¶~ 말이야.

건데기 '건더기'의 잘못.

건둥-건둥 건둥그리는 모양. ¶건물을 ~ 거두어 담다.

건둥-그리다 동[타] 하나도 흩어지지 않게 말끔히 가다듬어 추리다.

건:드리다 동[타] 1 (사람이나 동물이 어떤 물체를) 손이나 발로 또는 손에 든 무엇으로 약간 힘을 주어서 치다. ¶막대기로 벌집을 ~. 2 (사람이나 동물을, 또는 그의 심리를) 말이나 행동으로 좋지 않은 작용이나 자극을 가하다. ¶비위를 ~. 3 (여자를) 꾀어서 성적(性的)으로 관계하다. ¶이웃 처녀를 ~. 4 (어떤 일을) 가볍게 다루는 상태가 되다. ¶이것저것 **건드리기**만 하는 상태가 되다. ㉰건들다.

건들-거리다/-대다 동[자] 1 (사람이) 싱겁고 멋없이 굴다. 2 (물체가) 가볍게 천천히 흔들리다. ¶수양버들이 봄바람에 ~. **3** 바람이 솔솔 불다. **4** 하는 일 없이 빈둥거리다. ¶그렇게 **건들거리지** 말고 일 좀 해라. ㉤간들거리다.

건들-건들 및 건들거리는 모양. ¶하는 일 없이 그저 ~ 지내고 있지요. ㉤간들간 들. **건들건들-하다** 통⒡어.

건!들다 통⒯ 〈건드니, 건드는〉 '건드리 다'의 준말.

건듯[-듣] 및 **1** 일을 정성껏 하지 않고 빠 르게 대충 하는 모양. ¶일을 ~ 해치우 다. **2** 바람이 스치듯 가볍게 부는 모양.

건!-땅 몡 걸어서 기름진 땅. 빈옥토.

건류(乾溜)[걸-] 몡⒣ (석탄·목재 따위 의 고체를) 가열하여 휘발 성분과 휘발하 지 않는 성분으로 가르는 일.

건!립(建立)[걸-] 몡 **1** (건물·기념비 등 을) 만들어 세우는 것. **2** (기관·조직체 등 을) 새로 조직하는 것. **건!립-하다** 통⒣ ⒯ ¶독립 기념판을 ~. **건!립-되다** 통⒭

-건마는 어미 어떤 사실을 긍정의 사실로 또는 응당한 사실로 인정하거나 추측하면 서 뒤의 사실에 대립시키는 뜻을 나타내 는 연결 어미. ¶나이는 먹었~ 철이 없 다. ㉤-건만.

-건만 어미 '-건마는'의 준말. ¶그렇게 애 기했~ 또 일을 저질렀구나.

건!망-증(健忘症)[-쯩] 몡 기억력이 좋지 않아 어떤 일을 잘 잊어버리는 증상. ¶~ 이 심하다.

건목(乾木) 몡 베어서 바짝 말린 재목. 빈 마른나무.

건!물(建物) 몡 사람이 살거나 일하거나 물건을 두기 위해 땅 위에 지은 집. ¶고 층 ~ / 콘크리트 ~.

건!반(鍵盤) 몡 피아노·오르간·타자기 등 의 건(鍵)을 늘어놓은 면. ㉠키보드.

건!반^악기(鍵盤樂器)[-끼] 몡⒤ 건반 을 가진 악기의 총칭. 오르간·피아노·쳄 발로 따위.

건방 몡 다른 사람에게 공손하게 또는 겸 손하게 대하지 않고 잘난 체하거나 거들 먹거리거나 주제넘은 태도를 보이는 것. ¶~을 떨다 / ~을 부리다.

건방-지다 혱 (어떤 사람이) 다른 사람에 게 공손하게 또는 겸손하게 대하지 않고 잘난 체하거나 거들먹거리거나 주제넘은 말이나 행동을 하는 상태에 있다. ¶**건방 지게** 어른한테 웬 말대꾸야.

건배(乾杯) 몡 술잔을 여럿이 같이 들어 서로의 건강이나 발전, 행복 등을 빌면서 잔의 술을 다 마시는 것. 또는, 그때 함 께 외치는 말. ¶자, 다 같이 ~! **건배- 하다** 통⒣⒡.

건-빵(乾-) 몡 밀가루를 주재료로 하고 수분과 당분을 적게 하여 딱딱하게 구운, 비스킷보다 다소 작고 두께운 과자.

건사 몡 **1** (물건을) 책임 있게 간수하는 것. ¶너는 제 몸건 ~도 못 하니? **2** (사람 이나 생물을) 돌보아 다스리거나 가꾸는 것. ¶무엇보다 자식 ~를 잘해야 한다. **건사-하다** 통⒣⒡.

건삼(乾蔘) 몡 잔뿌리와 줄기를 자르고 겁 질을 벗겨 말린 인삼. ↔수삼(水蔘).

건!설(建設) 몡 **1** 건물이나 시설 등을 새로 세우는 것. ¶~비 / 주택 ~. **2** (조직체 따위를) 새로 이룩하는 것. ↔파괴. **건! 설-하다** 통⒣⒡⒯ ¶민주 사회를 ~. **건! 설-되다** 통⒭

건!설^교통부(建設交通部) 몡 행정 각 부 의 하나. 수송·화물 유통·도로·주택·국토 의 계획 및 건설 등 건설 및 교통에 관한 업무를 통괄함.

건!설-업(建設業) 몡⒡ 토목·건축 및 그 에 따르는 공사를 하는 산업.

건!설-적(建設的)[-쩍] 몡 좋은 방향 으로 적극적으로 이끌어 가려고 하는 (것). ¶~인 방안. ↔파괴적.

건성¹ Ⅰ 몡 (주로 '건성이다'의 꼴로 쓰여) 일을 성의 없이 대충 하는 상태. ¶너는 매사에 왜 그리 ~이냐?
Ⅱ 및 =건성으로. ¶남의 말을 ~ 듣다.

건성²(乾性) 몡 **1** 공기 중에서 쉽게 마르는 성질. **2** 수분이 적은 성질. ¶~ 피부. ↔ 습성.

건성-건성 및 정성을 들이지 않고 대강대 강. ¶일을 ~ 해치우다.

건성-유(乾性油)[-뉴] 몡⒣ 공기 중에 두면 산화되어 말라서 굳어 버리는 기름. 동유(桐油)·아마인유 따위. ↔불건성유.

건성-으로 뵘 성의를 갖지 않거나 진지한 자세 없이 대충. ≒건성. ¶책을 ~ 읽다.

건수(件數)[-쑤] 몡 **1** 사건이 일어난 수. ¶교통사고 ~. **2** 업적이나 실적의 수. 속 된 말임. ¶~을 올리기 위한 합정 단속.

건습구^습도계(乾濕球濕度計)[-꾸-또계 /-꾸-또게] 몡⒤ 물의 증발 속도가 습 도에 따라 다른 것을 이용한 습도계.

건!승(健勝) 몡 탈이 없이 건강한 것. ¶여 러분의 ~을 빕니다.

건식(乾式) 몡 물을 쓰지 않고 하는 방식. ¶~ 공사. ↔습식.

건!실-하다(健實-) 혱⒡ **1** 건전하고 착 실하다. ¶**건실한** 생활 태도 / **건실한** 청 년. **2** 몸이 건강하다.

건!아(健兒) 몡 건강하고 씩씩한 사나이. ¶보무도 당당한 대한의 ~.

건!양(建陽) 몡⒭ 조선 고종 때 처음 사 용한 연호(1896~1897). ▷광무.

건-어물(乾魚物) 몡 생선·조개류 따위를 말린 식품.

건!원(建元) 몡⒭ 신라 법흥왕 23년부터 진흥왕 11년까지 사용한 연호(536~550).

건원-중보(乾元重寶) 몡⒭ 고려 성종 15 년(996)에 만든, 우리나라 최초의 쇠돈.

건!위-제(健胃劑) 몡⒯ 위(胃)의 소화· 흡수 작용을 왕성하게 하는 약.

건!의(建議)[-의/-이] 몡 어떤 문제에 대 하여 의견이나 희망을 제시하는 것. 또 는, 그 희망이나 의견. ¶~ 사항. **건!의- 하다** 통⒣⒡⒯ ¶상부에서 근무 조건의 개선 을 ~. **건!의-되다** 통⒭

건!의-서(建議書)[-의-/-이-] 몡 건의 의 취지나 조항을 적은 문서.

건!장-하다(健壯-) 혱⒡ 몸이 튼튼하고 굳세다. ¶**건장한** 체격의 청년.

건!재¹(建材) 몡 건축에 필요한 재료.

건!재²(乾材) 몡⒣ 조제하지 않은 원료 그 대로의 약재.

건!재-하다(健在-) 혱⒡ (힘이나 능력 이) 줄거나 떨어지지 않고 그대로 있다. ¶할아버지는 연세가 80이 넘으셨는데도 아직 **건재하시다**.

건-전지(乾電池) 몡⒣ 전해액(電解 液)을 적당한 흡수체에 흡수시켜 휴대하 기 편리하도록 만든 전지.

건!전-하다(健全-) 혱⒡ **1** (사람의 생각 이나 행하는 일, 또는 표현물 등이) 참되고 바르다. 또는, 도덕적인 상태에 있다. ¶**건전한** 사고방식. **2** (사물의 상태가) 정상적이고 충실하다. ¶**건전한** 재정(財政).

건정-건정 閉 일을 성의 없이 대강대강 해치우는 모양. ¶무엇에 들뜬 사람처럼 ~ 일을 하다.

건:조'(建造) 圀 (건물·선박 등을) 만드는 일. **건:조-하다** 톄㉠ ¶유조선을 ~.

건조²(乾燥) 圀 습기나 물기를 말리는 것. **건조-하다²** 톄㉠ ¶목재를 햇볕에 ~. ▷**건조하다**. **건조-되다**

건조^경:보(乾燥警報) [-뽀] 〖기상〗기상 경보의 하나. 실효 습도가 40% 이하이고, 그 날의 최소 습도가 20% 이하이며, 최대 순간 풍속이 초속 10m 이상인 상태가 2일 이상 계속될 것이라고 예상될 때에 발표함.

건조-기¹(乾燥期) 圀 기후가 건조한 시기. =건기.

건조-기²(乾燥器·乾燥機) 圀 젖은 것을 말리는 장치. =드라이어.

건조^기후(乾燥氣候) 〖지〗강수량이 증발량보다 적어 매우 건조한 기후. ↔습윤 기후.

건조-대(乾燥臺) 圀 식기나 빨래 따위와 같은, 수분이 있는 물건을 말리는 대.

건:조-물(建造物) 圀 건조한 가옥이나 창고 따위의 총칭.

건조-제(乾燥劑) 圀ㅎ**1** 물질 속의 수분을 제거하여 건조시키는 약품. 염화칼슘·진한 황산 따위. **2** 건조를 어렵게 하는 건조성을 증가시키는 물질. 납·망간·코발트 따위.

건조^주:의보(乾燥注意報) [-의-/-이-] 〖기상〗기상 주의보의 하나. 실효 습도가 50% 이하이고, 그날의 최소 습도가 30% 이하이며, 최대 순간 풍속이 초속 7m 이상인 상태가 2일 이상 계속될 것이라고 예상될 때에 발표함.

건조-증(乾燥症) [-쯩] 〖한〗땀·침·대소변 등이 많이 흐르지 않는 병증.

건조-체(乾燥體) 〖문〗비유나 수식이 거의 없이 의사 전달을 위주로 하는 문체. 기사문·설명문 등에 많음. ↔화려체.

건조-하다³(乾燥-) 톄㉠ **1** 바싹 말라서 물기가 없다. ¶**건조한** 날씨. **2** 정서적으로 메마르고 딱딱하다. ¶무미 ~.

건-주정(乾酒酊) 圀 일부러 취한 체하고 하는 주정. **건주정-하다** 톄㉠

건지 圀 '건더기'의 변함말.

건지다 톄㉠ **1** (물에 떠 있거나 빠진 것을) 집어내거나 끌어내다. ¶**건더기만 건져** 먹다. **2** (목숨을) 위태로운 지경에서 잃지 않게 되다. 또는, (사람을 어려운 지경에서) 편안한 상태가 되도록 구하다. ¶표류 끝에 겨우 목숨을 ~ / 백성을 도탄에서 ~. **3** (질병과 재앙으로 인한 손해 중 밑천이나 일부의 것을) 회복하거나 되찾다. ¶장사가 안 돼 본전도 못 **건졌다.**

건착-망(巾着網) [-짱-] 圀〖수산〗고기잡이 그물의 하나. 큰 직사각형 그물의 아래쪽에 수십 개의 금속 고리를 달고, 그 고리에 동아줄을 꿴 것임.

건초(乾草) 圀 베어서 말린 풀.

건:축(建築) 圀 건물·구조물 따위를 세우거나 쌓아 만드는 일. ¶~비 / 목조 ~. **건:축-하다** 톄㉠ **건:축-되다** 자㉠

건:축-가(建築家) [-까] 圀 건축 사업에 대한 전문적인 지식과 기술을 지닌 사람.

건:축-물(建築物) [-충-] 圀 '건물'을 달리 이르는 말. 주로 법률이나 건축 분야에서 쓰는 말.

건:축-미(建築美) [-충-] 圀 건축물이 지닌 아름다움.

건:축-사(建築士) [-싸] 圀 면허를 받아 건축물의 설계와 공사 감리 등의 업무를 행하는 사람.

건:축-업(建築業) 圀 건축 공사를 담당하여 소득을 얻는 직업.

건:축-학(建築學) [-추칵] 圀〖건〗건축에 관한 사항을 연구하는 학문.

건:투(健鬪) 圀 (상대방의 승리나 목표 달성을 바라는 뜻의 문면에 쓰여) 어려움에 굴하지 않고 꿋꿋하게 잘 싸우는 것. ¶~를 빌다. **건:투-하다** 재㉠

건:평(建坪) 〖건〗**1** 건물이 자리 잡은 터의 평수. ¶대지 200평에 ~ 100평의 주택. **2** 건물의 각 층이 차지하는 밑바닥의 총 평수.

건:폐-율(建蔽率) [-폐-/-페-] [-뉼] 〖건〗대지(垈地) 면적에 대한 건물의 바닥 면적의 비율. ▷용적률.

건포(乾脯) 圀 쇠고기·생선 등을 저며서 말린 포.

건-포도(乾葡萄) 圀 말린 포도.

건포-마찰(乾布摩擦) 圀 혈액 순환을 좋게 하고 피부를 단련하기 위하여 마른 수건으로 온몸을 문지르는 일.

건필(健筆) 圀 **1** 글씨를 힘있게 잘 씀. **2** 문장이나 시(詩)를 정력적으로 많이 쓰는 것. ¶노경에도 ~을 휘두르다.

건:-하다 閉 '거나하다'의 준말. ¶술이 **건하게** 취하다.

걷:-기 [-끼] 圀 걷는 일.

걷다¹ [-따] 재㉢ **1** (구름이나 안개 따위가) 흩어져서 없어지다. ¶안개가 ~. **2** (비나 장마 따위가) 맑게 개다. ¶비가 ~. **2** 톄㉠ **1** (깔리거나 덮이거나 가려진 것을) 개거나 접어서 치우다. ¶멍석을 ~. **2** (소매나 바짓가랑이 따위를) 말아 올리다. ¶바지를 무릎까지 **걷고** 개울을 건너다. **3** (일이나 일손을) 끝내거나 멈추다. ¶일을 **걷고** 집에 불을 피우다. **4** '거두다¹·²'의 준말. ¶회비를 ~.

걷:다² [-따] 〖걷고/걷어/걸어〗재ㄷ〈걸으니, 걸어〉 **1**재 (사람이) 두 다리를 번갈아 움직이면서 한 걸음을 내딛는 동안 어느 한 발은 땅에 붙인 상태로 나아가다. ¶아기가 아장아장 ~. **2** 톄㉠ **1** (사람이 어떤 곳을) 보통의 속도로 두 다리를 번갈아 움직여 위치를 옮기다. ¶오솔길을 ~. **2** (비유적으로 쓰여) 일정한 방향으로 진행하거나 어떤 과정을 통과하다. ¶외길을 ~ / 쇠퇴 일로를 **걷고** 있는 섬유 산업.

[**걷기도 전에 뛰려고 한다**] 쉽고 작은 일도 해낼 능력이 안 되면서 어렵고 큰일을 하려고 한다.

걷어-들다 톄㉢ 〈~드니, ~드오〉 (늘어진 옷자락 따위를) 걷어서 추켜들다. ¶치맛자락을 ~.

걷어-붙이다 [-부치-] 톄㉠ (소매나 바짓가랑이 따위를) 일을 적극적으로 할 태세로 힘 있게 걷다. ¶소매를 **걷어붙이고** 나서다.

걷어-잡다 [-따] 톄㉠ 걷어 올려서 잡다. =걷어쥐다.

걷어-쥐다 톄㉠ =걷어잡다.

걷어-차다 톄㉠ **1** 발을 들어서 세게 차다.

걸머지다 49

¶엉덩이를 ~. 2 (상대를) 관계를 끊고 배척하더다. 속된 말임. ¶몇 년 동안 사귀어 온 여자를 하루아침에 ~.
걸어채다 통(자) '걸어차다'의 피동사. ¶여자한테 **걸어채었다**. ×걸어채이다.
걸어채이다 통(자) '걸어채다'의 잘못.
걸어-치우다 통(타) 1 흩어진 것을 거두어 치우다. ¶이불을 ~. 2 (하던 일을) 중도에서 그만두다. ¶고시 공부를 ~.
걷-잡다 [−짭따] 통(타) (주로 '없다', '못하다'와 함께 쓰이어) 1 (잘못되어 가는 형세를) 거두어 바로잡다. ¶불길이 **걷잡을** 수 없이 번져 나갔다. 2 마음을 진정하거나 억제하다. ¶**걷잡을** 수 없이 흐르는 눈물.
걷-히다 [거치−] 통(자) '걷다'의 피동사. ¶안개가 ~ / 돈이 ~.
걸[1] 윷놀이에서, 윷이 셋이 잦혀지고 하나가 엎어진 상태. 말이 세 밭을 가게 됨.
걸[2] '것'의 준말. ¶더 좋은 ~ 주시오.
걸:개-그림 명(미) 대형 화면에 그려 벽에 걸어 설치하는 이동식 벽화.
걸걸-하다[1] 형(여) (목소리나 말소리가) 탁하면서도 크고 힘차다. ¶**걸걸한** 목소리.
걸걸-하다[2] (傑傑−) 형(여) (성격이) 시원스럽고 쾌활하다.
걸:고-넘어지다 통(타) 책임이나 죄를 피할 수 없게 된 경우에 관계없는 사람을 끌고 들어가다. ¶내가 뭘 잘못했다고 나까지 **걸고넘어지는** 거냐.
걸귀(乞鬼) 명 1 새끼를 낳은 뒤의 암퇘지. 2 (새끼를 낳은 뒤의 암퇘지가 먹성이 좋은 데서) 음식을 몹시 탐내는 사람을 욕으로 이르는 말.
걸귀(가) 들린 듯이 음식을 지나치게 탐내는 모양. ¶밥을 ~ 달려든다.
걸:-그물 [−꾸물] 명(수산) 바다 속에 띠처럼 길게 설치하여, 물고기가 그물코에 걸리게 하여 잡는 그물. =자망(刺網)
걸:-기 [−끼] 명(체) 유도에서, 상대를 발로 걸어서 넘어뜨리는 기술.
걸:다[1] (걸고 / 걸어) 통(타) 〈거니, 거오〉 1 (어떤 물건을 어디에) 달려 있도록 하거나 드리워지게 하다. ¶그림을 벽에 ~. 2 (기구나 기계 따위를) 쓸 수 있도록 차려 놓다. ¶솥을 ~. 3 씨름에서, 상대를 쓰러뜨리기 위해 다리를 휘감다. ¶안다리를 ~. 4 (어떤 문제 따위를) 토론이나 심의의 대상으로 삼아서 다루다. ¶재판을 ~. 5 (누구에게 어떤 행동을) 먼저 시작하다. ¶시비를 ~. 6 (무엇을) 문제로 삼다. 7 그는 새상 지난 일을 걸고 나왔다. 7 (자물쇠나 고리쇠 따위로) 잠그다. ¶대문을 ~. 8 (금품을) 계약이나 상 또는 내기의 담보로 내놓다. ¶계약금을 ~. 9 (무엇 또는 누구에게 기대·희망 등을) 품거나 가지다. ¶너에게 **거는** 기대가 크다. 10 (승부·장래·운명 등을) 의탁하거나 내맡기다. ¶마지막 한 판에 승부를 ~. 11 (목숨·명예 등을) 담보로 삼거나 희생할 각오를 하다. ¶목숨을 **걸고** 맹세하다. 12 엔진이나 브레이크 같은 기계 장치를 작동하게 하다. ¶자동차에 시동을 ~. 13 전화를 이용하여 통화하다. ¶전화를 ~. 14 (어떤 재료를) 기계 작업에 투입하다. ¶용지를 윤전기에 ~. 15 (이름 따위를) 올리거나 내세우다. ¶단체에 이름을 **걸고** 놨지 그가 하는 일은 없다.
걸:다[2] (걸고 / 걸어) 형(거니, 거오) 1 (흙·거름이) 기름지고 양분이 많다. ¶땅이 **걸어** 채소가 잘 자란다. 2 차려 놓은 음식의 가짓수가 많다. ¶반찬이 ~. 3 ('−게'의 꼴로 쓰이어) 푸짐하여 배부르고 흡족하다. ¶저녁을 **걸게** 먹다. 4 (말솜씨가 험하여) 거리낌이 없고 푸지다. ¶입이 ~. 5 손으로 하는 일이 솜씨가 좋다. 6 (액체가) 묽지 않고 톡톡하다. ¶풀을 **걸게** 쑤다.
-걸랑 어미 1 '−거들랑'의 준말. ¶내가 늦 먼저 가거라. 2 '−거든3·4'의 잘못.
걸레 명 1 방바닥이나 먼지가 많은 곳을 닦거나 훔치는 데 쓰는, 헌 천 또는 된 물건. ¶−로 방을 훔치다. 2 정조 관념이 없이 아무 남자와 성관계를 가지는 여자를 얕잡아 비유적으로 이르는 말.
걸레-질 명 걸레로 닦거나 훔치는 일. ¶−을 치다. **걸레질-하다** 통(여)
걸려-들다 통(자) (−드니, −드오) 1 그물·낚시 등에 걸려 벗어나지 못하게 되다. ¶낚싯밥에 **걸려든** 잉어. 2 어떤 꾀나 꾸며 놓은 계략에 빠지다. ¶적의 함정에 ~. 3 피하지 못하고 맞닥치다.
걸르다 통(타) '거르다'의 잘못.
걸리다[1] 통(자) 1 '걸다'의 피동사. ¶벽에 **걸린** 달력 / 현상금이 **걸린** 수배자. 2 (어떤 물건이나 장소에) 멈추거나 꺼여 있다. ¶가시가 목에 ~. 3 (물건에) 매달려 있다. ¶연이 나뭇가지에 ~. 4 (그물·낚시 등에) 잡히다. ¶낚시에 고기가 ~. 5 (꾸며 놓은) 계략에 빠지다. ¶사기꾼에 ~. 6 관련이 되거나 맞부딪다. ¶쌈패에 **걸리면** 달아나는 것이 수다. 7 마음에 거리끼다. ¶집안일이 마음에 ~. 8 병이 나다. ¶감기에 ~. 9 (날짜나 시간이) 소요되다. ¶다리를 건설하는 데 5년이 **걸렸다**. 10 틱키거나 하여 단속의 대상이 되다. ¶과속 운전을 하다가 교통경찰한테 **걸렸다**. 11 (하나 달이) 하늘에 떠 있다. 또는, 뜨거나 지려고 산이나 지평선에 모습의 일부를 보이다. ¶서산마루에 해가 **걸려** 있다. 12 (무엇에) 어긋나 거슬리다. ¶법에 ~. 13 요행히 얻어지거나 생기다. ¶여기저기 이력서를 냈으니 어디 한 자리라도 **걸리겠지**.
걸리다[2] 통(타) '걷다2'의 사동사. ¶아이를 ~.
걸리적−거리다 통(자) '거치적거리다'의 잘못.
걸림−돌 [−똘] 명 ['발에 걸리는 돌'이라는 뜻] 어떤 일을 추진하는 데에 장애가 되는 일이나 문제. ¶핵 문제가 남북 회담의 −이 되다.
걸:립(乞粒) 명 1 [불] 절을 중건하거나 할 때 그 비용을 얻는 수단으로 승려들이 각처로 돌아다니면서 돈이나 곡식을 탁발하는 일. ¶−승(主僧)−. 2 동네 경비를 마련하기 위하여 패를 짜 각처로 돌아다니며 풍악을 치고 돈이나 곡식을 얻는 일. 또는, 그 일행. **걸립−하다** 통(자)
걸:립−패(乞粒牌) 명(민) 동네의 경비를 마련하기 위해 집집마다 다니면서 풍악을 울려 주고 돈이나 곡식을 얻기 위해 조직한 무리. =두레패.
걸−맞다 [−맏따] 혬 두 편의 정도가 서로 견주어 볼 때 어울릴 만큼 알맞다. ¶분위기에 **걸맞지 않은** 옷차림. 이 말의 기본 꼴은 '걸맞다'로 '걸맞는다'가 아니라 '걸맞은'이다.
걸머−지다 통(타) 1 (짐을) 멜빵이나 끈을 내어 어깨나 등에 지다. ¶배낭을 어깨에 ~. 2 (책임을) 맡다. ¶겨레의 운명을 두

어깨에 ~.
걸물(傑物) 뛰어난 사람을 비유적으로 이르는 말.
걸`상(-床) [-쌍] 사람이 걸터앉을 수 있게 만든 기구.
걸^스카우트(Girl Scouts) [사] 전 세계에 퍼져 있는, 소녀들의 수양·교육 단체. 1912년 미국에서 비롯됨. ▷소녀단. ▷보이 스카우트.
걸식(乞食) [-씩] 음식을 남에게 구걸하는 것. ¶문전 ~. **걸식-하다** 통자여
걸신(乞神) [-씬] ['빌어먹는 귀신'이란 뜻] 굶주려 음식을 몹시 탐내는 욕심.
걸신-들리다(乞神-) [-씬-] 통자 굶주려 음식에 대한 욕심이 몹시 나다.
걸어-가다 통자타 [거러] <~-가거라> 1 발로 걸어서 가다. ¶아기가 아장아장 ~. 2 어떤 과정이나 경로를 진행해 가다. ¶조선 왕조는 개항 이후 몰락의 길을 **걸어갔다**.
걸어-오다¹ 통자 [거러] <~-오너라> 1 발로 걸어서 오다. ¶집까지 **걸어왔다**. 2 어떤 과정이나 경로를 진행해 오다. ¶그는 한평생 외길을 **걸어왔다**.
걸어-오다² 통타 말·수작 등을 먼저 붙여 오다. ¶싸움을 ~.
걸음 ① [걸] 1 다리를 번갈아 옮기어 걷는 동작. 町발걸음·행보(行步). ¶~을 빨리하다 / ~을 멈추다. 2 걷는 일. ¶~이 뜸하다. 3 어떤 일을 해 나가는 움직임. ¶민주화로 가는 큰 ~을 내딛다. ② (의존) 걷는 동작이 이뤄지는 횟수를 세는 단위. ¶한 ~ 두 ~. ▷발짝.
걸음아 날 살려라 있는 힘을 다하여 매우 빨리 도망침을 이르는 말. ¶~ 하고 도 망쳐 버렸다.
걸음을 재촉하다 1 빨리 가다. 2 빨리 갈 것을 요구하다.
걸음-걸이 걸음을 걷는 모양새. ¶~가 힘차다.
걸음-나비 말=보폭(步幅).
걸음-마 어린아이가 걸음을 배울 때 발을 떼어 놓는 걸음.
Ⅱ집 어린아이에게 걸음을 익히게 할 때 발을 떼어 놓게 하는 소리.
걸음-발 [-빨] 1 발을 놀려 걸음을 걷는 일. 또는, 그렇게 걷는 걸음을 걷는 기세나 본새.
걸음발-타다 [-빨-] 통자 어린아이가 걸음을 익혀 비틀거리며 걷기 시작하다.
걸인(乞人) = 거지1.
걸작(傑作) [-짝] 1 뛰어난 예술 작품. 町명작. ¶'모나리자'는 레오나르도 다빈치가 남긴 불후의 ~이다. 2 좋작. 2 말이나 행동이 유별나게 우스꽝스러워 이목을 끄는 사람. 또는, 이목을 끌 만큼 우스꽝스럽거나 재미있는 말. ¶그 사람 참 ~이군.
걸짝(傑-) (속) <작탈> 걸작하게 노는 사람. ¶ 그 친구 참 ~인걸.
걸쭉-하다 [-쭈카-] 형여 1 (액체가) 묽지 않고 조금 걸다. ¶호박죽을 **걸쭉하게** 쑤다. 2 (말이) 거리낌이 없고 험하다. 또는, ~에 능숙하고 입심 좋은 상태에 있다. ¶**걸쭉한** 육담. **걸쭉-히** 부
걸출-하다(傑出-) 형여 남보다 훨씬 뛰어나다. ¶**걸출한** 인물.
걸`치다 ① 자 1 가로질러 걸리다. ¶계곡 사이에 줄다리가 **걸쳐** 있다. 2 긴 물건이 어떤 물건에 얹혀 두 끝이 양쪽으로 늘어지다. ¶줄에 빨래가 **걸쳐** 있다. 3 (해나 달이 기울어지) 산이나 고개 위에 얹히다. ¶서산에 **걸친** 해. 4 (어느 기간 동안) 계속되다. ¶1주일에 **걸친** 훈련. 5 (어떤 범위에까지) 미치다. ¶여러 방면에 **걸친** 연구. ② 타 1 (양쪽이 맞닿아) 이어지게 하다. ¶사다리를 처마 끝에 ~. 2 긴 물건을 다른 것에 얹어서 두 끝이 늘어지게 하다. ¶어깨에 잠바를 ~. 3 끝 부분을 다른 물건의 끝에 올려놓다. ¶의자에 엉덩이를 ~. 4 (옷이나 이불 등을) 되는대로 대강 입거나 덮다. ¶실오라기 하나 **걸치지** 않은 알몸. 5 (술을) 마시다. 속된 말임. ¶식사를 하면서 술을 몇 잔 ~.
걸터-앉다 [-안따] 엉덩이의 무게를 실어 걸어앉다. ¶문턱에 **걸터앉지** 마라.
걸터-타다 통자 (마소나 탈것에) 모로 앉아 타다.
걸-프렌드(girl friend) 이성(異性)으로서의 여자 친구. ▷보이프렌드.
걸핏-하면 [-피타-] 부 조금이라도 일만 있으면 곧. 町툭하면. ¶그는 ~ 지각을 한다.
검¹ 사람에게 길흉화복을 내리는 초월적 존재. 町=신령.
검²(劍) 양쪽에 날이 있는, 무기로 쓰는 칼.
검객(劍客) 검술에 능통한 사람.
검:거(檢擧) [법] 수사 기관이 범죄 수사상 지목된 자를 조사하기 위하여 일시적으로 억류하는 일. **검:거-하다** 통타여 ¶용의자를 ~. **검:거-되다** 통자여 ¶사기 혐의로 경찰에 ~.
검:경(檢警) '검찰'과 '경찰'을 아울러 이르는 말. ¶~ 합동 수사.
검:-누렇다 [-러타] 형ㅎ <~-누러니, ~누러오, ~누래> 검은빛을 띠면서 누렇다.
검:다 [-따] (검:고, 검어) 1 숯이나 먹의 빛과 같다. ¶**검은** 눈동자. 2 (속에 품은 마음이) 바르지 못하여 엉큼하다. ¶**검은** 속셈. ▷회다.
[**검은 머리 파뿌리 되도록**] 늙어서 머리가 하얗게 셀 때까지 오래오래라의 뜻.
검댕 그을음이나 연기가 맺혀서 된 검은빛의 물질.
검:도(劍道) [체] 두 사람이 호구(護具)를 착용하고 죽도(竹刀)로 상대를 타격하거나 찔러서 승패를 결정하는 경기.
검둥-개 털빛이 검은 개.
검둥-이 1 검둥개를 귀엽게 일컫는 말. 2 살빛이 검은 사람. 3 '흑인'을 비하하여 이르는 말. 町검둥아. ↔흰둥이.
검란(檢卵) [-난] 부화 중의 알을 햇빛이나 불빛으로 비추어 보며 배(胚)의 발육 상태를 검사하는 일.
검:량(檢量) [-냥] 물건의 양이나 무게를 검사하는 일. ▷검수. **검:량-하다** 통타여
검:무(劍舞) 칼을 들고 추는 춤. = 칼춤.
검:문(檢問) (경찰관·헌병 등이) 의심쩍은 사람을 조사하고 묻는 것. ¶불심 ~ / ~에 응하다. **검:문-하다** 통타여
검:문-검색(檢問檢索) 경찰관·헌병 등이 의심쩍은 사람을 조사하고 물어 찾는 일.
검:문-소(檢問所) 범죄 수사나 치안 유지를 위하여 통행인 및 차량을 점검하려고 교통상 중요 지점에 둔 임시 파견소.

검:-버섯[-섣] 圏 노인의 얼굴이나 손등 등에 생기는 거뭇거뭇한 반점. ¶~이 핀 얼굴/~이 피다. ⑩저승꽃.

검:법(劍法)[-뻡] 圏 검술에서, 칼 쓰는 법.

검부러기 圏 검불의 부스러기.

검불 圏 마른 풀이나 가랑잎, 지푸라기 따위 물질.

검:-붉다[-북따] 톙 검은빛을 띠면서 붉다. ¶겁붉은 피.

검:사¹(檢事) 圏 [법] 범죄의 수사, 공소의 제기, 공판 절차의 추구, 형 집행의 감독 등을 행하는 사법 행정관. =검찰관.

검:사²(檢査) 圏 일정한 기준에 비추어 사물의 상태를 조사하는 것. ¶신체~/~을 필하다. **검:사-하다** 图匝어 ¶시력을 ~.

검:사-필(檢査畢) 圏 검사를 마침. ¶~증(證).

검:산(檢算) 圏[수] 계산의 결과가 올바른가 어떤가를 검사하는 것. **검:산-하다** 图匝어

검:색(檢索) 圏 1 검사하여 찾아보는 것. ¶검문~. 2 [컴] 기억 공간 안에 들어 있는 자료 중 어떤 조건에 맞는 자료를 찾아내는 일. **검:색-하다** 图匝어 ¶몸을 ~.

검:색-대(檢索臺)[-때] 圏 사람이 통과할 때 소지품을 검색하거나 짐 속에 어떤 물건이 있는지를 검색할 수 있게 설치한 시설. ¶공항 ~ / 적외선 ~.

검:색 엔진(檢索engine) 圏[컴] 인터넷에서 원하는 정보를 찾아 주는 구실을 하는 프로그램. 키 워드를 입력하면 그 정보가 있는 사이트를 검색하여 제시한다.

검:소-하다(儉素-) 톙어 사치하지 않고 수수하다. ¶검소한 생활.

검:속(檢束) 圏[법] 예전에, 공공의 안전을 해롭게 하거나 죄를 염려가 있는 사람을 잠시 잡아 가두던 일. **검:속-하다** 图匝어

검:수(檢數) 圏 물건의 개수를 헤아리고 검사하는 것. ▷ 검=數. **검:수-하다** 图匝어

검:술(劍術) 圏 무술에서, 칼을 쓰는 기술이나 방법.

검숭-검숭 튀 (듬성게 난 잔털 따위가) 거무스름한 모양. **검숭검숭-하다** 톙어 ¶갓 자라나기 시작하는 머리털이 ~.

검:시¹(檢屍) 圏[법] 변사체(變死體)나 전사의 의심이 있는 시체를 조사하여 범죄에 의한 것인가의 여부를 가리는 일. 图검안(檢案). **검:시-하다¹** 图匝어

검:시²(檢視) 圏 1 검사하여 살펴보는 것. 2 시력을 검사하는 것. 3 [법] '검시(檢屍)', '시체 검사'로 순화. **검:시-하다²** 图匝어

검:시-관(檢視官) 圏[법] 검시를 하는 공무원.

검:안¹(檢案) 圏 1 뒤에 남은 흔적이나 상황을 조사하고 따지는 것. 2 [법] 의사의 진찰을 받지 않고 사망한 자의 시체에 대해 의사가 사망 사실을 의학적으로 확인하는 것. 图검시(檢屍). **검:안-하다¹** 图匝어 ¶시체를 ~.

검:안²(檢眼) 圏 시력이나 색맹 따위를 알아보기 위해 눈을 검사하는 것. **검:안-하다²** 图匝어

검:약(儉約) 圏 낭비하지 않고 아껴 쓰는 것. **검:약-하다** 图匝어

검:역(檢疫) 圏 전염병의 예방을 위하여 법에 따라 감염 여부를 검사하고 수용·격리 등의 위생 조치를 취하는 일. **검:역-하다** 图匝어

검:역-소(檢疫所)[-쏘] 圏 검역 사무를 보기 위하여 주요한 항구나 공항에 마련된 공공 기관.

검:열(檢閱)[-녈/거멸] 圏 1 (어떤 행위나 사업 등에 대하여) 잘못이 있나 없나 살펴보는 것. ¶위생 ~. 2 언론·출판·연극·영화·우편물 등의 내용을 사전에 심사하여 그 발표를 통제하는 일. 3 [군] 군기(軍紀)·교육·작전 준비·장비 등의 군사 상태를 살펴보는 것. **검:열-하다** 图 匝어 ¶영화를 **검열하여** 문제가 되는 장면을 삭제하다.

검은-건반(-鍵盤) 圏[음] 피아노·오르간 등과 같은 건반 악기에서 반음을 내는 검은색의 건반. ↔흰건반.

검은-깨 圏 검은 참깨. =흑임자. ↔흰깨.

검은-돈 圏 뇌물의 성격을 띠거나 기타 정당하지 못한 방법으로 주거나 받는 돈.

검은머리-물떼새 圏[동] 머리와 등은 검은색, 배는 흰색인, 몸길이 45cm가량의 물새. 겨울 철새로, 하구나 바닷가에서 떼 지어 삶.

검은머리-방울새[-쌔] 圏[동] 머리 윗부분이 검고 등은 황록색 바탕에 흑갈색 무늬가 있는 작은 새. 숲 속에 사는데, 우는 소리가 아름다워 애완용으로 기름.

검은-빛[-빋] 圏 검은 빛깔. ↔흰빛.
검은-색(-色) 圏 검은 색깔. ↔흰색.
검은-손 圏 흉계를 쓰는 손길. 메마수(魔手). ¶범죄 조직이 ~을 뻗다.
검은-자 圏 '검은자위'의 준말.
검은-자위 圏 눈알의 검은 부분. 춘검은자. ↔흰자위.
검은-콩 圏 알갱이 껍질이 검은 콩. =검정콩.

검:인(檢印) 圏 1 서류나 물건을 검사한 표시로 찍는 도장. 또는, 찍는 일. 2 지은이가 자신이 지은 책의 발행 부수를 확인하기 위하여 판권에 찍는 도장.

검:-인정(檢認定) 圏 1 검사하여 인정하는 것. 2 '검정 교과서'와 '인정 도서'를 동시에 이르는 말.

검적-검적[-쩍-] 튀 검은 점이 굵게 여기저기 박혀 있는 모양. 丙감작감작. 셴껌적껌적. **검적검적-하다** 톙어

검:정¹ 圏 검은 빛깔. 또는 그런 색을 내는 물감과 같은 물질. ⑩껌정.

검:정²(檢定) 圏 1 (일정한 규정에 의해) 가치·조건·등급 등을 검사하여 인정하는 것. ¶자격 ~. 2 '검정고시'의 준말. **검:정-하다** 图匝어 검사하여 결정하다.

검:정-고시(檢定考試) 圏 행정 관청이 어떤 자격에 필요한 지식·기술의 유무를 검정하기 위하여 실시하는 시험. 준검정.

검:정-말 圏[식] 연못이나 개울물 속에서 모여 자라며, 9월에 자주색의 작은 꽃이 피는, 높이 60cm가량의 여러해살이풀.

검:정-콩 圏 =검은콩.
검:정-필(檢定畢) 圏 검정을 마침. ¶~교과서.

검:증(檢證) 圏 1 (성능·품질·자격 등을) 검사하여 증명하는 것. ¶성능 ~을 받은 제품. 2 [논] 하나의 명제가 참인지 거짓인지를 사실에 의거하여 확인하는 것. 3 [법] 법관이나 수사 기관이 확실한 증거를 얻기 위해 대상이 되는 사물을 직접 조사하는 일. ¶현장 ~. **검:증-하다** 图

검:증-되다 통(자) ¶과학적으로 검증될 수 없는 심령의 세계.
검:지(-指) 명 =집게손가락.
검진(檢診) 명 (의사가 어떤 사람의 건강을) 이상이 있는가 없는가, 또 병명은 무엇인지 검사하여 살피는 것. ¶정기 ~.
검:진-하다 통(타)(여)
검:-질기다 형 (성질이나 행동이) 끈기 있게 질기다. ¶검질기게 달라붙다.
검찰(檢察) 명 [법] 범죄를 수사하고 공소를 제기하며, 형벌권을 행사하고 실현하는 것을 부르고·감독하는 국가 권력 작용.
검찰-관(檢察官) 명 1 =검사(檢事). 2 [군] 군사 법원에서 검찰의 직무를 맡아 보는 법무 장교.
검찰-청(檢察廳) 명 [법] 법무부 장관 소속하에 설치되어 검사(檢事)에 관한 사무를 관장하는 관청. 대검찰청·고등 검찰청·지방 검찰청이 있음.
검출(檢出) 명 (어떤 성분이나 요소를) 검사하여 추출하는 것. 검:출-하다 통(타)(여) 검:출-되다 통(자) ¶사체 부검 결과, 위에서 독극물이 검출되었다.
검치다 통(타) 1 모서리를 중심으로 하여, 좌우 양쪽으로 걸쳐서 접거나 붙이다. 2 (한 물체의 두 곳이나 두 물체를) 맞대고 걸쳐서 붙이다. ¶기와를 잘못 검치면 빗물이 새기 쉽다.
검침(檢針) 명 전기·수도·가스 등의 사용량을 알기 위하여 계량기의 눈금을 검사하는 것. ¶~원(員). 검:침-하다 통(타)(여)
검탄(黔炭) 명 화력이 약하고 연소 시간이 짧은 검은 숯. ↔백탄(白炭).
검토(檢討) 명 (어떤 대상을) 어떤 목적에 맞는지, 또는 잘못된 점이 없는지 등을 알기 위해 내용을 이모저모 살펴보거나 따지는 것. 검:토-하다 통(타)(여) ¶보고서 ~. 검:토-되다 통(자)
검파(檢波) 명 [물] 1 고주파 전류를 검사하여 알아내는 것. 2 =복조(復調). 검:파-하다 통(타)(여)
검표(檢票) 명 승객이 차표·배표·비행기표 등을 가지고 있는지를 검사하는 것. 검:표-하다 통(타)(여)
검:-푸르다 형 (~푸르니, ~푸르러) 검은빛이 돌면서 푸르다. ¶겁푸른 바닷물.
겁¹(劫) 명 <불kalpa> [불] 천지가 개벽한 때부터 다음 개벽할 때까지의 동안, 곧, 무한한 시간을 이르는 말임. ▷刦과.
겁²(怯) 명 어떤 일이나 대상을 무서워하거나 두려워하는 마음의 상태나 경향. ¶~을 집어먹다.
겁에 질리다 잔뜩 겁을 먹어서 기를 못 쓰다.
겁간(劫姦) [-깐] 명 =겁탈.
겁-나다(怯-) [검-] 통(자) 무섭고 두려워하는 마음이 생기다.
겁-내다(怯-) [검-] 통(타) 무섭고 두려워하는 마음을 태도나 표정으로 나타내다. ¶물을 ~ / 낯선 사람을 ~.
겁-먹다(怯-) [검-따] 통(타) 무섭고 두려운 마음을 가지다. ¶겁먹은 얼굴.
겁보(怯-) [-뽀] 명 겁이 많은 사람.
겁-장이(怯-) 명 '겁쟁이'의 잘못.
겁-쟁이(怯-) [-쨍-] 명 겁이 많은 사람을 얕잡아 이르는 말. ×겁장이.
겁-주다(怯-) [-쭈-] 통(자) 상대방으로 하여금 겁을 집어먹도록 만들다.
겁탈(劫奪) 명 1 남의 것을 폭력을 써서 강제로 빼앗는 것. 2 (남자가 여자를) 강제로 성교하여 정조나 순결을 빼앗는 것. =겁간. 비강간. 겁탈-하다

것[건] 의존(관형격 조사나 관형어 뒤에 쓰이며, 때로 명사를 만드는 기능을 함) 1 어떤 사물을 낱낱의 이름을 대신 포괄적으로 이르는 말. (비)해. ¶이 책은 내 ~이다. 2 어떤 일·사실·현상·행위 등을 포괄적으로 이르는 말. ¶지구가 둥글다는 ~은 진리다. 3 사람을 얕잡거나 사람이나 동물을 비하하게 이르는 말. ¶저런 천하에 돼먹지 못한 ~ 같으니. 4 ('-ㄴ/-ㄹ 것이다'의 꼴로 쓰여) 화자의 단정적이고 훈계조의 태도를 나타내는 말. ¶사람이란 모름지기 부지런해야 하는 ~이다. 5 ('-ㄹ 것이다'의 꼴로 쓰여) 앞의 내용에 대한 추측의 뜻을 나타내는 말. ¶내일음이면 그는 떠날 ~이다. 6 ('-ㄹ/-을 것이다'의 꼴로 쓰여) 화자의 주관적인 소신이나 주장을 나타내는 말. ¶하반기에는 경기가 회복될 ~이다. (준)거. 7 (주로 글말에서, '-ㄹ/-을 것'의 꼴로 쓰여) 명령이나 지시의 뜻을 나타내는 말. ¶수험 시 필기도구를 지참할 ~.
-것다[건따] 어미 ¶'해라'할 상대에게 원인·조건 등이 충분함을 나타내는 종결 어미. ¶부자(이) ~ 건강하~ 무엇이 걱정이오. 2 '해라'할 상대에게 인정된 사실이나 상태를 다지어 말할 때 쓰이는 종결 어미. ¶네가 먹기는 먹었~. 3 추측하여 으레 그러함이나 그리됨을 인정할 때 쓰이는 종결 어미. ¶지금쯤이면 시골에는 모내기가 한창이~.
겅중-거리다·대다 통(자) '껑충거리다'의 여린말.
겅중-겅중 튀 '껑충껑충'의 여린말.
겉[건] 명 1 물건의 밖으로 드러난 쪽이나 면. 2 바깥으로 드러난 현상. ¶사람은 ~만 봐서는 모르는 법이다. ↔속.
[겉 다르고 속 다르다] 말이나 행동이 일치하지 않다.
겉으로 빙빙 돌다 핵심을 파헤치지 않고 겉에 드러난 현상만 대답하다.
겉-²[건] 접투 1 건성으로, 또는 겉으로만 보아 대강 한다는 뜻. ¶~짐작 / ~대중. 2 실속은 그러하지 않은데 겉으로만 그러하는 뜻. ¶~똑똑이 / ~늙다. 3 '껍질을 벗기지 않은 채로 그냥'의 뜻. ¶~보리 / ~수수. 4 '섞여 어울리지 않고 따로'의 뜻. ¶~놀다 / ~돌다.
겉-감[건깜] 명 1 물건의 겉에 대는 감. 2 옷의 거죽이 되는 감. ↔안감.
겉-겨 [건-] 명 곡식의 겉에서 벗겨진 굵은 겨. ↔속겨.
겉-궁합(-宮合) [건꿍-] 명 [민] 사주 가운데 띠와 십이지의 월을 가지고 부부의 관계를 따져 보는 궁합. ↔속궁합.
겉귀[건귀] 명 [생] =외이(外耳). ↔속귀.
겉-꺼풀[건-] 명 겉으로 드러난 꺼풀. ↔속꺼풀.
겉-껍질[건-쩔] 명 겉으로 드러난 껍질. =외피(外皮). ↔속껍질.
겉-넓이[건널비] 명 [수] 물체의 겉면의 넓이. =표면적.
겉-놀다[건-] 통(자) (~노니, ~노오) 1 서로 잘 어울리지 않고 따로 놀다. 2 못·나사 따위가 잘 맞지 않아 흔들리고 움직이다. ▷곁놀다.
겉-늙다[건늑따] 통(자) 나이에 비하여 더

늙은 티가 나다. ¶고생이 심해서인지 10년은 더 **겉늙어** 보인다.
겉-대[걷때] 명 푸성귀의 거죽에 붙은 줄기나 잎. ↔속대.
겉-대중[걷때-] 명 겉으로만 보아서 어림한 대중. ¶~으로는 제법 한 가마는 실하 된데. ↔속대중.
겉-돌다[걷똘-] 톤재 <~도니, ~도오> 1 (서로 다른 액체·기체·가루 등이) 한데 섞이지 않고 따로따로 나뉘다. ¶물과 기름이 ~. 2 다른 사람과 어울리지 못하고 따로 돌다. 3 (기계·바퀴 등이) 제대로 구실을 하지 못하고 헛돌다. ¶길이 미끄러워 차바퀴가 **겉돈다**. 4 (대화가) 서로 초점이 맞지 않다. ¶얘기가 ~. ↔겉놀다.
겉-뜨기[걷-] 명 편물의 대바늘뜨기에서 가장 기본이 되는 뜨개질법. 코를 겉으로만 감아 뜨며 나감. ↔안뜨기.
겉-뜨물[걷-] 명 쌀이나 보리 등을 첫 번 대강 씻을 때 뜨물. ↔속뜨물.
겉-마르다[걷-] 톤재 <~마르니, ~말라> 1 속은 덜 말라 물기가 있고 겉만 마르다. 2 곡식이 제대로 여물기도 전에 말라 버리다.
겉-마음[걷-] 명 겉으로만 드러내 보이는 진실되지 않은 마음. ↔속마음.
겉-말[건-] 명 속으로는 그렇지 않으면서 겉으로만 꾸미는 말. ↔속말.
겉-멋[걷먿] 명 내면에서 우러나오지 않은, 어설프게 겉으로 드러 낸 멋. ¶머리는 텅 빈 녀석이 ~만 들어 가지고..
겉-면(-面)[걷-] 명 겉으로 드러난 면. ↔이면.
겉-모습[걷-] 명 겉으로 나타나 보이는 모습. ↔속모습.
겉-모양(-模樣)[걷-] 명 겉으로 나타난 모양. =외양(外樣). 비외모.
겉-물[걷-] 명 액체가 잘 섞이지 못하고 위로 떠서 겉도는 물. ¶웃물.
겉물(이) 돌다 액체의 위에 겉물이 떠서 돌다. ¶풀이 삭아서 ~.
겉-벽(-壁)[걷 뻑] 명 겉으로 드러나 보이는 벽. ↔안벽.
겉-보기[걷뽀-] 명 겉으로 보이는 모양새. 비외관. ¶~에는 성실하 보인다.
겉-보리[걷뽀-] 명 1 겁질을 벗기지 않은 보리. 2 [식] 보리를 쌀보리에 상대하여 이르는 말. ¶쌀보리.
[겉보리 서 말만 있으면 처가살이하랴]
㉠에북해야 처가살이를 하겠느냐는 말. ㉡누구나 처가살이하 좋은 것은 아니라는 말.
겉-볼-안[걷-] 명 어떤 사람이나 대상의 겉을 보고 속이 어떠한가를 능히 판단할 수 있는 상태. ¶~이라 했으니, 그의 수려한 외모가 총명함을 짐작케 한다.
겉-봉(-封)[걷뽕] 명 1 편지를 봉투에 넣고, 다시 써서 봉한 종이. 2 봉투의 겉면.
겉-불꽃[걷뿔꼳] 명[화] 불꽃의 가장 바깥 부분. =외염(外焰). ↔속불꽃.
겉-살[걷쌀] 명 얼굴이나 손같이 옷에 싸이지 않고 늘 겉으로 드러나 있는 부분의 살. ↔속살.
겉씨-식물(-植物)[-씨-] 명[식] 종자 식물 가운데 밑씨가 씨방 안에 있지 않고 드러나 있는 식물. 소나무·전나무 따위. ↔속씨식물.
겉-약다[걷냑따] 톤 실상은 어리석으면서 겉으로 보기에만 약다.
겉-옷[걷옫] 명 겉에 입는 옷. ↔속옷.

겉-잎[걷닙] 명 풀·나무 따위의 우듬지의 싱싱 겉에 붙은 잎. ↔속잎.
겉-자락[걷짜-] 명 치마·저고리 등을 여밀 때 겉으로 나오는 옷자락. ↔안자락.
겉-잡다[걷짭따] 톤비 겉으로 보아 대강 짐작하여 헤아리다. ¶겁잡아도 사흘은 걸릴 만한 작업량이다.
겉-장(-張)[걷짱] 명 책·공책에서, 맨 겉을 싸고 있는 표지. ↔속장.
겉-저고리[걷쩌-] 명 저고리를 껴입을 때 겉에 입는 저고리. ↔속저고리. ×웃저고리.
겉-절이[걷쩔-] 명 배추나 상추, 무 등을 살짝 절여 바로 먹을 수 있도록 양념한 반찬. ¶배추 ~.
겉-주머니[걷쭈-] 명 옷의 겉쪽에 단 주머니. ↔안주머니.
겉-짐작(-斟酌)[걷쩜-] 명 겉만 보아 어림하는 짐작. ↔속짐작. **겉짐작-하다** 톤
겉-쪽[걷-] 명 물건의 겉면을 이루는 쪽.
겉-치레[걷-] 명 겉만 보기 좋게 꾸민 치레. 비외면치레. ¶~뿐이지 실속은 없다. ▷허식.
겉-치장(-治粧)[걷-] 명 1 바깥 부분을 꾸미는 것. 2 실속은 없이 겉만 그럴싸하게 꾸미는 것. **겉치장-하다** 톤재연
겉-표지(-表紙)[걷-] 명[출] 책의 겉을 싼 표지. ↔속표지.
겉-흙[거틈] 명 맨 위에 깔린 흙.

게¹ 명 몸이 단단한 딱지에 싸여 있고, 10개의 다리 중 앞에 있는 한 쌍의 다리크고 집게 모양으로 되어 있는 절지동물. 바다나 민물에서 살며, 옆으로 기어다님. 꽃게·밤게·농게 등 종류가 많으며, 식용됨.

게 눈 감추듯 음식을 허겁지겁 빨리 먹어 치움을 비유하여 이르는 말.

게² Ⅰ 대 ①<시서> '거기Ⅰ①¹'의 준말. ¶~서 혼자 뭘 하니? ② <낮> '거기Ⅰ②'의 준말. Ⅱ 재 '거기Ⅱ'의 준말. ¶~ 누구 없느냐?
게³ 조 ('내', '네', '제' 아래에 쓰이어) '에게'의 준말. ¶나~ 말거라. / 너~.
게⁴ '것이' 가 준 말. ¶손에 쥔 ~ 무엇이냐?
-게 어미 1 동사나 있다'의 어간, 또는 어미 '-시-' 아래에 붙어, 의도나 목적을 나타내는 종속적 연결 어미. ¶과수에 벌레가 끼치 않~ 약을 치다. 2 동사의 어간이나 어미 '-시-' 아래에 붙어, 결과를 나타내는 종속적 연결 어미. ¶아이들이 장난감을 못 쓰~ 망가뜨렸다. 3 형용사의 어간에 붙어, 다음에 오는 말을 꾸미는 종속적 연결 어미. ¶하늘이 유난히 푸르~ 보인다. 4 용언의 어간이나 어미 '-시-' 아래에 붙어, '하다' 와 함께 쓰여, 시킴의 뜻을 나타내는 보조적 연결 어미. ¶그는 일부러 말소리를 작~ 했다. 5 용언의 어간이나 어미 '-시-' 아래에 붙어, '되다' 와 함께 쓰여, 변화나 결과를 나타내는 보조적 연결 어미. ¶그는 내 말을 믿~ 되었다. 6 동사나 있다'의 어간, 또는 어미 '-시-' 아래에 붙어, '하게' 할 상대에 이르는 뜻을 나타내는 명령형 어미. ¶식기 전에 어서 들~. 7 용언의 어간이나 어미 '-시-', '-았/었-' 의 아래에 붙어, '해' 할 상대에 대해 다소 뜻밖이라 생각하거나 다소 궁금하게 여겨, 또는 상대의 요구를 못마땅하게 여겨, 되묻는 뜻을 나타내는 종결 어미. ¶

아니, 벌써 가~? **8**'해' 할 상대에게 어떤 사실을 알아맞혀 보라는 뜻으로 묻는 종결 어미. ¶내 손에 든 게 뭐~? **9**'해' 할 상대에게 앞의 사실이 그러하면 뒤의 사실이 당연히 이러하지 않겠느냐는 뜻을 나타내는 의문형 종결 어미. ¶그러다가 나만 골탕 먹~? **10**'해' 할 상대에게 앞의 사실이 성립하기 어려움을 뒤의 사실을 가지고 반어적으로 나타내는 의문형 종결 어미. ¶타일러서 말을 듣는다면 착한 아이~?

게: 명 **1** 게가 토하는 거품 모양의 침. **2** 사람이나 동물이 몹시 괴롭거나 흥분할 때에 입에서 나오는 거품 같은 침. ¶~을 물고 덤비다.

게걸-들리다 통(자) 몹시 먹고 싶거나 갖고 싶은 욕심에 사로잡히다. ¶그는 게걸들린 사람처럼 밥 한 그릇을 순식간에 비웠다.

게걸-스럽다[-따] 형(비)<-스러우니, -스러워> 게걸들린 태도가 있다.

게:-걸음 명 게처럼 옆으로 걷는 걸음.

게걸음을 치다 1 옆으로 걸어 나가다. **2**(걸음이나 사업이) 몹시 느리거나 좀처럼 발전이 없다.

게-꼬리 명 '게꽁지'의 잘못.

게:-꽁지 명 (지식이나 재주 등이) 극히 얕고 짧은 것을 비유하여 이르는 말. ×게꼬리.

-게끔 어미 어미 '-게¹·⁴·⁵'를 더 힘주어 나타내는 연결 어미. ¶춥지 않~ 옷을 많이 껴입어야. ×-게시리.

-게나 어미 '-게⁶'보다 좀 더 친밀하게 쓰는 종결어미. ¶어서 들~.

게나-예나 '거기나 여기나'가 준 말. ¶~ 살기는 마찬가지야.

게-네 대(인칭) 상대자의 무리를 조금 얕잡아 이르는 복수 대명사. ¶~가 무얼 알겠나?

게놈(Genom) 명[생] 생물체의 생존에 반드시 필요한 유전 정보들을 간직한 염색체의 한 조(組). ×지놈.

게다¹ Ⅰ 뷔 '게다가Ⅰ'의 준말.
Ⅱ'게다가Ⅱ'의 준말.

게다²(←日下駄/げた) 명 일본 고유의 나막신.

게다가 Ⅰ 뷔 그런 데다가. 또는, 그뿐 아니라. ¶현희는 얼굴도 예쁘고 ~ 공부도 잘 한다.
Ⅱ'거기에다가'가 준 말. 준게다.

게:-딱지[-짜] 명 **1** 게의 등딱지. **2** (주로 집이) 작고 허술함을 비유하여 이르는 말. ¶산비탈에 ~만 한 집들이 들어서 있었다.

게라(프 Géra) 명 <galley> '교정쇄'로 순화.

게르마늄(Germanium) 명[화] 푸른빛이 도는 회백색의 금속 원소. 원소 기호 Ge, 원자 번호 32, 원자량 72.59. 반도체로서 트랜지스터나 다이오드 등 전자 공학 분야에서 널리 쓰임.

게르만^족(German族) 명 인도·유럽 어족, 게르만 어파에 속하는 민족. 백인종으로 본디 북유럽에 분포했으나, 민족 대이동기에 각지에 왕국을 건설하여 중세 유럽의 기초를 쌓았음.

게리맨더링(gerrymandering) 명 자기 정당에 유리하도록 선거구를 구획하는 일.

게릴라(團guerrilla) 명 적의 빈틈을 엿보아 기습을 가함으로써 교란시키는 소규모의 비정규 부대. 또는, 그 부대에 속하는 전투원. 비(조)라전.

게릴라-전(團guerrilla戰) 명[군] =유격전(遊擊戰).

게마인샤프트(獨Gemeinschaft) 명[사] =공동 사회. ↔게젤샤프트.

게:-맛살[-맏쌀] 명 명태 등 생선의 살을 가공하여 게 다리의 맛이 나게 만든 일종의 어묵. =맛살.

게발-새발 명 '괴발개발'의 잘못.

게:-살 명 게의 살. 또는, 게의 살을 말린 식품.

게-서¹ 조 '에게서'의 준말. ¶내~ 무엇을 더 바라느냐?

게서² '거기에서'가 준 말. ¶~ 놀지 마라.

게슈타포(獨Gestapo) 명 나치스 독일의 비밀 국가 경찰.

게스트(guest) 명 ['손님'이라는 뜻] 라디오나 텔레비전의 프로에 특별히 초대된 출연자.

게슴츠레 뷔 =거슴츠레. 게슴츠레-하다 형(여)

게:시(揭示) 명 여러 사람에게 알리기 위하여 내붙이거나 걸어 두루 보게 하는 일. 또는, 그런 글. ¶~문. 게:시-하다 통(타) 게:시-되다 통(자)

-게시리 어미 '-게끔'의 잘못.

게:시-판(揭示板) 명 게시하는 글·그림·사진 등을 붙이는 판. ×게시판.

게:-아재비 명[동] 몸이 사마귀와 비슷하며 앞다리가 낫 모양으로 생긴, 몸길이 4cm가량의 곤충. 연못이나 늪에서 삶.

게:양(揭揚) 명 (기 따위를) 높이 거는 일. 게:양-하다 통(타) ¶국기를 ~. 게:양-되다 통(자)

게:양-대(揭揚臺) 명 기(旗) 같은 것을 게양하기 위하여 높이 만들어 놓은 대. ¶국기 ~.

게오르규, 콘스탄틴(Gheorghiu, Constantin) 명[인] 루마니아의 작가(1916~1992).

게우다 통(타) **1** (먹은 음식을) 삭이지 못하고 입 밖으로 왈각 쏟아 내다. 비토하다. ¶아기가 젖을 ~. **2** (부당하게 차지한 재물을) 가지지 못하고 도로 내놓다. 비유적인 말임. ¶뇌물을 게워 내다.

게으르다 형(여)<게으르니, 게을러> (사람이) 일을 하기 싫어하여 할 일을 자꾸 미루거나 제대로 하지 않는 버릇이 있다. =게으른 사람. ↔부지런하다.

게으름 명 게으른 버릇이나 태도.

게으름-뱅이 명 게으른 사람을 낮잡아 이르는 말.

게을러-빠지다 형 몹시 게으르다. =게을러터지다.

게을러-터지다 형 =게을러빠지다.

게을리 뷔 게으르게. ¶감사를 ~ 하다.

게이(gay) 명 **1** 동성연애자. 특히, 남자를 가리키는 말. **2** 남자의 생식 기관을 갖추고 있으나, 남성으로서의 성 역할을 포기하고 여성으로서 살고 싶어 하는 사람.

게이뤼삭의 법칙(Gay-Lussac-法則) [-의-/-에-] 명[화] 기체의 온도와 부피와의 관계를 나타내는 법칙. 제1법칙은 '샤를의 법칙', 제2법칙은 '기체 반응의 법칙'이라고 함.

게이머(gamer) 명 컴퓨터 게임, 특히 온라인 게임을 즐겨 하는 사람.

게이샤(일藝者/げいしゃ) 명 일본의 기녀

(妓女).
게이지(gauge) 명 1 표준 치수나 표준 규격. 또는, 그 검사에 쓰이는 계기(計器)의 총칭. 2 철도 레일의 안쪽의 폭. 3 편물에서, 일정한 면적 안에 들어가는 코와 단의 수. ¶~를 잡다.
게이츠, 윌리엄 헨리 (Gates, William Henry) 명 미국 마이크로소프트 사의 설립자(1955~).
게이트(gate) 명 1 '문'이라는 뜻) 승마에서, 문 모양으로 된 장애물. 2 [미국의 '워터게이트(watergate) 사건'에서 유래] (주로 사람 이름이나 장소명 다음에 쓰여) 정치권력에 연루된 스캔들. '사건'으로 순화. ¶코리아 ~ / 이용호 ~.
게이트-볼(↑gate ball) 명 [체] 5명으로 된 두 팀이 공을 스틱으로 쳐서 3개의 게이트를 차례로 통과시킨 다음, 마지막으로 중앙의 골대에 맞히면 이기는 경기.
게임(game) 명 1 [체] 이기고 지는 것을 정해 놓고 승부를 겨루는 놀이. 2 특히, 운동 경기를 이르는 말. 2 (어) 1 경기 수를 세는 말. ¶한 ~. 2 [체] 테니스에서, 세트를 이루는 한 단위. 4점이 1게임이고, 6게임이 1세트가 됨.
게임-기(game機) 명 소형 컴퓨터를 이용하여 게임을 할 수 있게 만든 전자 장치.
게임-메이커(↑game maker) 명 축구·농구 등에서, 경기를 주도적으로 이끌어 나가는 선수.
게임-방(game房) 명 =피시방(PC房)
게임-차(game差) 명 [체] 프로 야구에서 각 팀 사이의 성적 격차를 보는 기준의 하나. 산출 방법은 ((상위 팀의 이긴 수 -하위 팀의 이긴 수) + (하위 팀의 패한 수 -상위 팀의 패한 수)) ÷2임.
게임^포인트(game point) 명 [체] 테니스·배드민턴에서, 승패를 결정짓는 마지막 1점.
게:-자리 명 [천] 황도 십이궁의 넷째 별자리. 쌍둥이자리와 사자자리 사이에 있으며, 3월 하순에 자오선을 통과함.
게:-장(-醬) 명 1 =게젓. 2 게젓을 담은 간장.
게:재(揭載) 명 신문·잡지 등에 글이나 그림 따위를 싣는 것. 게:재-하다 통타여 ¶광고를 ~. 게:재-되다 통자
게:-젓[-젇] 명 끓여 식힌 간장에 산 게를 담가 삭힌 음식. =게장.
게젤샤프트(독Gesellschaft) 명 [사] =이익 사회. ↔게마인샤프트.
게토(ghetto) 명 1 유대 인의 강제 거주 지역. 2 흑인 또는 소수 민족이 사는, 미국의 빈민가.
게:-트림 명 거만스럽게 거드름을 피우며 하는 트림. 게:트림-하다 통자여
게티즈버그(Gettysburg) 명 [지] 미국 펜실베이니아 주에 있는 도시.
겔(독Gel) 명 [화] 어떤 물질이 유동성을 잃고 약간 탄성을 지닌 채 반고체 또는 고체 상태가 된 것. 한천·젤라틴·두부 따위. ▷대응.
겟세마네(←Gethsemane) 명 [성] 예수가 처형되기 전날 밤, 최후의 기도를 올린 동산. 예루살렘의 동쪽 감람산 기슭에 있음.
겟-투(↑get two) 명 [체] =병살(併殺).
-겠-[겓] 어미(선어말) 1 동사와 '있다'의 어간, 또는 어미 '-시-' 아래에 붙어, 미래를 나타내는 선어말 어미. ¶1시부터 회의가 있~습니다. 2 '이다'나 용언의 어간, 또는 어미 '-시-', '-았/었-' 아래에 붙어, 추측의 뜻을 나타내는 선어말 어미. ¶계획대로 끝나~나. 3 동사나 '있다'의 어간, 또는 어미 '-시-' 아래에 붙어, 가능성을 나타내는 선어말 어미. ¶이걸 혼자 들 수 있~니? 4 동사나 '있다'의 어간에 붙어, 화자(話者)의 의지나 결의를 나타내는 선어말 어미. ¶난 널 믿~다.
겨 명 벼·보리·조 같은 곡식을 찧어 벗겨낸 껍질의 총칭. ¶쌀~/보릿~.
[겨 묻은 개가 똥 묻은 개를 나무란다] 결점이 있기는 마찬가지인데, 조금 덜한 사람이 더한 사람을 흉을 볼 때에 변변하지 못하다고 지적하는 말.
겨:냥 명 1 (어떤 대상물을) 총·활·돌팔매로 맞추려고 겨누는 것. 2 (어떤 대상을) 공격·가해의 대상으로 삼는 것. 또는, 전략 목표로 삼는 것. **겨:냥-하다** 통타여 ¶여성층을 겨냥한 신제품.
겨:냥-도(-圖) 명 건물 따위의 모양이나 배치를 알기 쉽게 그린 그림.
겨누다 통타 1 (총·활·창 따위를) 명중이 되도록 거리를 가늠하여 목표물 쪽으로 향하다. ¶활을 겨누어 쏘다. 2 (어떤 물체의 길이·넓이 등을 알기 위하여) 대중이 될 만한 다른 물체로써 마주 대어 헤아리다.
겨드랑 명 =겨드랑이.
겨드랑-이 명 1 가슴의 양쪽 옆, 어깨와 팔이 만나는 부분 아래의 오목한 곳. ¶책을 ~에 끼다. 2 '겨드랑이'에 닿는 옷의 부분을 일컫는 말. =겨드랑. ¶~가 찢어졌다.
겨레 명 1 같은 핏줄을 이어받은 민족. ¶온 ~/배달의 ~. 2 =겨레붙이.
겨레-붙이[-부치] 명 [부치] 혈연관계가 있는 사람. =겨레.
겨루-기 명 [체] 태권도의 응용 기술의 한 가지. 기본 기술이나 품세로서 익힌 공격·방어의 기술을 활용하여, 두 사람이 서로 기량을 겨루어 보는 것.
겨루다 통타 (누가 더 잘하고 못하는지, 또는 더 세고 약한지를) 서로 맞서거나 싸워서 가리다. ¶자웅을 ~ / 실력을 ~.
겨룸 명 겨루는 일. **겨룸-하다** 통자여
겨를 명(의존) (동사의 어미 '-ㄹ/을' 아래에 쓰여) 어떤 일 이외에 다른 일을 할 잠깐의 시간적인 여유. 囲짬·틈. ¶바빠서 쉴 ~이 없다.
겨리 명 [농] 소 두 마리가 끄는 쟁기.
겨우 閠 1 어렵게 힘들여. 囲가까스로·근근이. 2 잘해야 고작. 또는, 그 이상도 그 이하도 아니게. ¶그의 운전 경력은 ~ 6개월이다.
겨우-내 閠 겨울 동안 내내. ¶~ 얼었던 땅이 녹기 시작하다.
겨우-살이[1] 명 1 겨울 동안 먹고 입고 지낼 생활 용품. 2 =월동. ¶~ 준비.
겨우-살이[2] 명 [식] 참나무·밤나무·팽나무 등에 기생하는 상록 관목. 둥지처럼 둥근 모양을 이루는데, 지름 1m에 이르는 것도 있음. =기생목.
겨울 명 1년의 네 계절 중 마지막 계절. 보통 양력 12, 1, 2월에 해당하는데, 날씨가 춥고 눈이 내리며 나무는 성장을 멈춤. ¶~을 나다.
겨울-나무[-라-] 명 겨울이 되어 잎은

겨울-날[-랄] 圀 겨울철의 날. 또는, 그 날씨.
겨울-눈[-눈] 圀[식] 늦여름부터 가을 사이에 생겨 겨울을 휴면 상태로 넘기고 이듬해 봄에 자라는 눈. ↔여름눈.
겨울-바람[-빠-] 圀 겨울철에 부는 찬 바람. ¶매서운 ~.
겨울-밤[-빰] 圀 겨울의 밤.
겨울-방학(-放學)[-빵-] 圀[교] 겨울의 추운 동안 학교에서 일정 기간 수업을 중지하는 일.
겨울-비[-삐] 圀 겨울철에 오는 비.
겨울-새[-쌔] 圀[동] 가을에 북쪽에서 날아와 겨울을 나고, 이듬해 봄에 다시 북쪽으로 가서 번식하며 여름을 나는 철새. 우리나라에는 기러기·두루미·백조 따위가 있음. ↔여름새.
겨울-옷[-온] 圀 겨울철에 입는 옷. 비동복(冬服).
겨울-잠[-짬] 圀[동] =동면1. ↔여름잠.
겨울-철 기후적으로 겨울인 계절. =동절. 비동계(冬季)·동기(冬期).
겨울-털 털갈이를 하는 동물의 몸에 가을에서 초겨울에 걸쳐, 길고 촘촘하며 질이 좋은 털. ↔여름털.
겨자[식] 특유의 향기와 매운맛이 있는 노란 씨를 조미료로 사용하는 날. 키 1m 가량의 두해살이풀. 또는, 그 씨로 만든 조미료.
겨자-씨 圀 1 겨자의 씨. 2 몹시 작은 것을 비유하여 이르는 말.
격¹(格)[圀] ① [자립] 1 주위 환경이나 사정에 어울리는 분수나 품위. ¶~에 맞다. 2 [언] 문장 속에서 체언이 다른 단어들에 대해 가지는 자격. 주격·목적격 따위. ② (의존) 1 (어미 '-ㄴ/은/는' 아래나 명사 아래에 쓰이어) '셈', '식'의 뜻을 나타내는 말. ¶쇠귀에 경 읽는 ~이다. 2 (자격이나 자위 등을 나타내는 명사 뒤에 쓰이어) 그에 준하는 자격·자위임을 나타내는 말. ¶김 노인은 이 마을 대표자 ~이다.
격²(隔) [圀] 사이를 가로막는 간격.
  격(을) 두다 인간관계에서 거리감을 두다. ¶그는 내게 격을 두고 대했다.
격감(激減) [-깜] 圀 (수량이) 갑자기 줄어드는 것. ↔격증. **격감-하다** 톰재예 ¶수요가 ~. **격감-되다** 통재 ¶노사 분규로 생산이 ~.
격검-대(擊劍-) [-껌-] 圀[체] 검도 연습을 할 때에 칼 대신 쓰는, 잠대로 만든 긴 막대기.
격구(擊毬) [-꾸] 圀[체] =타구(打毬)¹.
격납-고(格納庫) [-꼬] 圀 비행기 따위를 넣어 두거나 정비하는 건물.
격년(隔年) [경-] 圀 1 한 해 이상 지나는 것. 2 한 해씩 거르는 것. 비해거리. ¶대회를 ~으로 개최하다.
격노(激怒) [-또] 圀 몹시 화를 내는 것. =격분. **격노-하다** 통재예 ¶격노한 군중은 거리로 쏟아져 나와 시위를 벌였다.
격돌(激突) [-똘] 圀 격렬하게 부딪치는 것. **격돌-하다** 통재예
격동(激動) [-똥] 圀 1 (정세 따위가) 급격히 움직이는 것. 2 몹시 흥분하여 충동을 느끼는 것. **격동-하다** 통재예 ¶격동하는 세계 정세.
격동-기(激動期) [-똥-] 圀 사회의 변동이나 역사의 진행이 급격히 이루어지는 시기.

격랑(激浪) [경낭] 圀 1 거센 파도. 2 어렵고 모진 시련을 비유하여 이르는 말.
격려(激勵) [경녀] 圀 용기나 의욕을 북돋워 주는 것. ¶~와 성원을 보내다. **격려-하다** 통타예 ¶분투하도록 선수들을 ~. **격려-되다** 통재
격려-금(激勵金) [경녀-] 圀 격려하는 뜻으로 주는 돈.
격려-사(激勵辭) [경녀-] 圀 공식적 모임이나 행사 등에서, 격려하는 말.
격렬-하다(激烈-) [경녈-] [혭예] (공격하거나 맞서는 정도, 또는 운동이나 화학 반응 따위가) 심하고 세차다. ¶격렬한 논쟁. **격렬-히** [昌]
격론(激論) [경논] 圀 격렬한 언론이나 논쟁. **격론-하다** 통재예
격류(激流) [경뉴] 圀 1 몹시 세차게 흐르는 물. ¶~에 휘말리다. 2 사회적인 변화나 사조(思潮) 따위의 거센 흐름. ¶시대의 ~를 타고 민주화의 길로 나아가다.
격률(格率) [경뉼] 圀 1 [철] 행위의 규범이나 윤리의 원칙. 2 [논] [수] 논리상 자명한 명제 또는 공리(公理).
격리(隔離) [경니] 圀 1 다른 것과 통하지 못하도록 사이를 막거나 떼어 놓는 것. 2 전염병 환자 등을 따로 옮겨서 떼어 놓는 것. **격리-하다** 통타예 ¶전염병 환자를 격리하여 수용하다. **격리-되다** 통재
격막(隔膜) [경마] 圀 어떤 구조의 내부를 칸막이하는 판이나 막 모양으로 된 것.
격멸(擊滅) [경-] 圀 쳐서 멸망시키는 것. **격멸-하다** 통타예 **격멸-되다** 통재
격무(激務) [경-] 圀 몹시 고되고 바쁜 직무. ¶~에 시달리다.
격문(檄文) [경-] 圀 1 비상사태 등에 관하여 널리 알려 사람들을 부추기기 위한 글. 2 급히 여러 사람에게 알리려고 각처로 보내는 글. ¶~을 띄우다.
격물-치지(格物致知) [경-] 圀 유교 경전인 '대학'에 나오는 말로, 사물의 이치를 끝까지 파고들어 이해함(物)으로써 지식에 이른다[致知]는 뜻.
격발(激發) [-빨] 圀 (기뿐·분노 등의 감정이) 격렬히 일어나는 것. 또는, 격렬히 일어나게 하는 것. **격발-하다** 통재예
격발(擊發) [-빨] 圀 방아쇠를 당겨 총을 쏘는 것. ¶부주의에 의한 ~ 사고. **격발-하다**²
격벽(隔壁) [-빽] 圀 1 벽을 사이에 두는 것. 2 칸을 막은 벽.
격변(激變) [-뼌] 圀 (상황 따위가) 갑자기 심하게 변하는 것. **격변-하다** 통재예 ¶격변하는 정세.
격-변화(格變化) [-뺀-] 圀[언] 주로 인도·유럽 어족의 언어에서 어미에 의한 격의 변화. ▷곡용.
격분(激忿) [-뿐] 圀 =격노. **격분-하다**¹ 통재예
격분(激憤) [-뿐] 圀 몹시 분하여 성이 치미는 것. **격분-하다**² 통재예 **격분-되다** 통재
격분(激奮) [-뿐] 圀 몹시 흥분하는 것. **격분-하다**³ 통재예
격상(格上) [-쌍] 圀 (자격·등급·지위 등의) 격을 올리는 것. ↔격하. **격상-하다** 통타예 **격상-되다** 통재
격세-감(隔世感) [-쎄-] 圀 그리 오래지 않은 동안에 풍속이나 풍습이 아주 많이

이 바뀌어서 딴 세상이 된 것 같은 느낌. ¶젊은이들의 노골적인 애정 표현을 보면 정말 ~을 느낀다.
격식(格式)[-씩] 명 어떤 일이나 행동에 있어서, 예절이나 규정 등에 맞는 일정한 방식. ¶~을 갖추다 / ~을 차리다.
격심-하다(激甚-)[-씸-] 형여 (사물의 상태나 정도가) 대단히 심하다. ¶격심한 통증 / **격심한** 가뭄.
격앙(激昂) 명 (감정이나 기운이) 격렬히 일어나 높아지는 것. **격앙-되다** 자 ¶**격앙된** 어조로 말하다.
격언(格言) 명 사리에 맞아 교훈이 될 만한 짧은 어구나 문장. ¶~집(集).
격월(隔月) 명 한 달을 거르거나 한 달씩 거르는 것.
격월-간(隔月刊) 명 잡지 등을 두 달에 한 번씩 발행하는 일. 또는, 그 간행물. ¶~지(誌). ▷월간.
격음(激音) 명 =거센소리.
격음-화(激音化) 명 =거센소리되기.
격의(隔意)[-의/-이] 명 서로 터놓지 않는 속마음. ¶~ 없이 대화를 나누차.
격일(隔日) 명 하루를 거르거나 하루씩 거르는 것. ¶~제(制).
격자(格子)[-짜] 명 1 나무오리·대오리·쇠붙이 따위로 가로세로를 일정한 간격으로 직각이 되도록 짠 물건. 또는, 그런 형식. ¶~문. 2 [물] ~.
격자-무늬(格子-)[-짜-니] 명 바둑판처럼 가로세로로 줄이 진 무늬.
격전(激戰)[-쩐] 명 격렬하게 싸우는 것. ¶~을 벌이다. **격전-하다** 자
격전-지(激戰地)[-쩐-] 명 매우 격렬한 전투가 벌어졌던 곳. ¶백마고지는 6·25 전쟁의 ~였다.
격정(激情)[-쩡] 명 강렬하고 갑작스러워 누르기 어려운 감정. ¶~에 사로잡히다.
격정-적(激情的)[-쩡-] 명 격정이 담긴 상태인 (것). ¶강렬한 음악에 맞춰 ~으로 몸을 흔들어 대는 젊은 남녀들.
격조(格調)[-쪼] 명 고상하고 우아한 품격. ¶~ 높은 말씨와 행동.
격조(隔阻)[-쪼] 명 오랫동안 떨어져 서로 소식이 없이 지내는 것. 비적조(積阻). **격조-하다** 자 ¶그간 **격조했습니다**. 댁내 두루 평안하시지요?
격^조:사(格助詞)[-쪼-] 명 [언] 체언 또는 용언의 명사형 아래에 붙어, 그 말의 다른 말에 대한 자격을 나타내는 조사. 주격 조사·서술격 조사·목적격 조사·관형격 조사 따위.
격주(隔週)[-쭈] 명 한 주일을 거르거나 한 주일씩 거르는 것.
격주-간(隔週刊)[-쭈-] 명 잡지 등을 두 주에 한 번씩 발행하는 일. 또는, 그 간행물.
격증(激增)[-쯩] 명 (수량이) 갑자기 늘거나 붇는 것. ↔격감. **격증-하다** 자
격차(隔差) 명 비교 대상이나 사물 간의 수준의 차이. ¶빈부의 ~가 심하다.
격찬(激讚) 명 매우 칭찬하는 것. ¶~을 아끼지 않다. **격찬-하다** 타여
격추(撃墜) 명 (비행기 따위를) 쏘아 떨어뜨리는 것. **격추-하다** 타여 **격추-되다** 자여 ¶바다 위에 **격추된** 비행기.
격침(撃沈) 명 (배를) 공격하여 가라앉히는 것. **격침-하다** 타여 **격침-되다** 자여

격퇴(撃退)[-퇴/-퉤] 명 (적을) 쳐서 물리치는 것. **격퇴-하다** 타여 ¶침략자들을 ~. **격퇴-되다** 자여
격투(格鬪) 명 (맨몸으로) 서로 맞붙어 치고받으며 싸우는 것. ¶~ 끝에 도둑을 잡다. **격투-하다** 자여
격투-기(格鬪技)[-체] 명 두 사람이 맞서서 격투를 하여 승패를 가리는 경기. 유도·씨름·권투·레슬링 따위.
격파(撃破) 명 1 적을 공격하여 완전히 무찌르는 것. 2 [체] 태권도 등에서, 벽돌·기왓장 따위를 맨손이나 맨발 등으로 쳐서 깨뜨리는 것. ¶~ 시범. **격파-하다** 타여 ¶적함을 ~. **격파-되다** 자여
격하(格下)[겨카] 명 (자격·등급·지위 등의) 격을 내리는 것. ↔격상. **격하-하다** 타여 ¶지위가 ~.
격-하다¹(隔-)[겨카-] 자여 (시간이나 공간적으로) 사이를 두다.
격-하다²(激-)[겨카-] Ⅰ 형여 (기세나 감정 등이) 급하고 거세다. ¶격한 어조. Ⅱ자여 갑자기 성을 내거나 흥분하다. ¶그는 사소한 일에도 너무 격하기를 잘한다.
격화(激化)[겨콰] 명 격렬하게 되는 것. **격화-하다** 자여 ¶감정이 ~. **격화-되다** 자여 ¶시위가 점차 ~.
격화-소양(隔靴搔癢)[겨콰-] 명 요긴한 데에 직접 미치지 못하여서 시원하지 않음. '신 신고 발바닥 긁기'와 같은 말.
격화-일로(激化一路)[겨콰-] 명 오로지 격렬해져 갈 뿐임. ¶~를 걷다.
겪다[격따] 타여 1 (어려운 일이나 뜻밖의 일, 또는 시련 등을) 당하여 견디다. 비경험하다. ¶갖은 고초를 다 ~. 2 (사람을) 한동안 함께 생활하여 어떤 사람인지 알 만한 상태이가 되다. ¶사람은 **겪어** 보기 전에는 그 속을 모르는 법이다.
견(絹) 명 얇고 성기게 짠 김.
견갑-골(肩胛骨)[-깝-] 명 [생] =어깨뼈.
견강-부회(牽強附會)[-회/-훼] 명 자기 입장을 유리하게 내세우기 위해 어떤 말을 끌어다가 억지 논리에 맞추는 것. **견강부회-하다** 자여
견고-하다(堅固-) 형여 1 (물체나 건축물 따위가) 굳고 튼튼하다. ¶**견고하게** 지은 건물. 2 (어떤 현상이) 흔들림 없이 굳건하다. **견고-히** 부 ¶수비를 ~ 하다.
견공(犬公) 명 '개'를 의인화하여 일컫는 말.
견과(堅果) 명 [식] 껍질이 단단하고 깍정이에 싸여 있는 나무 열매의 총칭. 밤·도토리 따위.
견디다 자여 1 (사람이나 생물이 어려움이나 괴로움이나 시련에[을]) 굴복하거나 쓰러지거나 죽거나 하지 않고 버티다. 비참다. ¶추위를 ~ / **견딜** 수 없는 느낌. 2 (물체가 압력이나 열 따위의 어떤 외적 힘이나 작용에[을]) 본래의 상태나 성질을 바꾸지 않고 버티다. ¶플라스틱은 높은 열에 **견디지** 못한다.
견마지로(犬馬之勞) 명 1 임금이나 나라에 정성껏 충성을 다함. 2 윗사람에게 대해 '자기의 노력'을 겸손하게 이르는 말.
견:문(見聞) 명 지적(知的)인 의식을 가지고 보고 듣는 것, 그렇게 하여 생기는 앎이나 지식. 비견식·식견. ¶~록 / ~이 넓다. **견:문-하다** 타여
견:문-발검(見蚊拔劍) 명 대수롭지 않은 일에 지나치게 화를 내며 덤비거나 지나

치게 큰 대책을 세움. '모기 보고 칼 빼기'와 같은 말.

견ː물생심(見物生心) [명] 실물을 보면 그것을 가지고 싶은 욕심이 생김.

견ː본(見本) [명] 전체의 질(質)이나 상태 등을 알리기 위하여 본보기로 보이는 물건. =샘플.

견ː본-시(見本市) [명][경] =견본 시장.

견ː본^시ː장(見本市場) [명][경] 여러 상품을 진열하여 선전·소개를 통해서 판매 촉진을 꾀하는 임시 시장. =견본시.

견비-통(肩臂痛) [명][한] 어깨 부분이 아파서 팔을 잘 움직이지 못하는 신경통. [속] 오십견.

견사(絹絲) [명] 누에고치의 실을 원료로 하여 만든 실. =비단실. [비]명주실.

견ː습(見習) [명] '수습(修習)[2]'로 순화. **견ː습-하다** [동][타][여]

견ː습-공(見習工) [-꽁] [명] '수습공'으로 순화.

견ː식(見識) [명] 보고 듣거나 배워서 얻은 지식. ¶~이 넓다.

견실-하다(堅實-) [형][여] (하는 일이나 생각이) 믿음직스럽게 든든하고 착실하다. ¶재무 구조가 **견실한** 기업.

견우(牽牛) [명][천] '견우성'의 준말.

견우-성(牽牛星) [명][천] 독수리자리의 알파성(α星). 칠석에 은하수를 건너 직녀성과 만난다는 전설로 유명함. [준]견우.

견원지간(犬猿之間) [명] 개와 원숭이 사이처럼 사이가 매우 나쁜 관계.

견유-주의(犬儒主義) [-의/-이] [명][철] 사회의 기성 관습이나 도덕적 가치를 비웃고 경멸하는 인생관이나 생활 태도. =시니시즘.

견인(牽引) [명] 끌어당기는 것. ¶~ 역할. **견인-하다** [동][타][여] ¶고장 차량을 ~.

견인-력(牽引力) [-녁] [명] 다른 것을 끌어당기는 힘.

견인불발(堅忍不拔) [명] 굳게 참고 버티어 마음이 흔들리지 않음. **견인불발-하다** [동][자][여]

견인-차(牽引車) [명] **1** 차량을 끌 수 있는 원동력을 갖추고 있는 자동차. 트랙터·레커차 따위. **2** 앞장서서 이끌어 가는 존재를 비유적으로 이르는 말. ¶수출이 올해 경제 성장의 ~ 역할을 하였다.

견장(肩章) [명] 군인·경찰관 등의 제복 어깨에 붙여, 직위나 계급을 밝히는 표장.

견ː적(見積) [명] 어떤 일에 소요되는 비용 등을 미리 어림잡아 계산하는 것. 또는, 그 계산. [비]어림셈. ¶~서(書). **견ː적-하다** [동][타][여]

견ː전-제(遣奠祭) [명][민] 발인(發靷)할 때, 문 앞에서 지내는 제사.

견제(牽制) [명] 지나치게 자유행동을 하거나, 세력을 펴는 것을 못 하도록 누르는 일. **견제-하다** [동][타][여] ¶투수가 일루 주자를 ~.

견제-구(牽制球) [명][체] 야구에서, 도루를 막거나 주자를 아웃시키기 위해 투수나 포수가 야수에게 던지는 공.

견조(堅調) [명][경] 주가(株價) 등의 오름세가 꾸준하고 탄탄한 상태. **견조-하다** [형][여] ¶주가가 **견조한** 상승세를 보이다.

견주다 [동][타] 둘 이상의 사물의 질·양·상황 등의 차이나 우월을 비교하기 위하여 서로 대보다. ¶실력을 ~.

견ː지[1](見地) [명] 사물을 관찰하는 입장. [비]관점. ¶대국적 ~에서 판단하다.

견지[2](堅持) [명] (주장이나 주의 따위를) 굳게 지니는 일. **견지-하다** [동][타][여] ¶강경 노선을 ~.

견직(絹織) [명] '견직물'의 준말.

견직-물(絹織物) [-징-] [명] 명주실로 짠 피륙. [준]견직.

견ː질^어음(見質-) [명][경] 금융 기관이 기업에 대출해 줄 때 담보로 받는 어음.

견ː책(譴責) [명] **1** 잘못을 꾸짖고 나무라는 것. ¶상사로부터 ~을 당하다. **2** [법] 공무원의 잘못을 꾸짖고 앞으로 그런 일이 없도록 주의를 주는, 가장 가벼운 징계 처분. ▷징계. **견ː책-하다** [동][타][여]

견ː출-지(見出紙) [명] 책이나 서류 등의 가장자리에 삐죽이 내밀도록 붙여, 분류의 표지로 삼는 작은 종이쪽.

견토지쟁(犬兔之爭) [명] 〔개가 토끼를 쫓다가 둘 다 지쳐서 죽자, 농부가 이를 거저 얻었다는 고사에서〕 두 사람의 싸움에 제삼자가 이익을 봄을 이르는 말. ▷어부지리.

견ː학(見學) [명] 실지로 보고 그 일에 관한 지식을 넓히는 것. ¶현장 ~. **견ː학-하다** [동][타][여] ¶공장을 ~.

견ː해(見解) [명] 어떤 사물에 대한 자기의 의견이나 평가. ¶~를 달리하다.

견-훤(甄萱) [명][인] 후백제를 세운 왕(?~936).

겯ː고-틀다 [-꼬-] [동][자] 〈~트니, ~트오〉 서로 지지 않으려고 버티어 겨루다. ¶1, 2위를 놓고 **겯고트는** 숙명의 라이벌.

겯ː다[1] [-따] (겯ː고/결어) [동][ㄷ] 〈결으니, 결어〉 [1][자] 기름기가 많이 묻어 흠씬 배다. ¶기름에 **결은** 종이. [2][타] 물건을 기름에 담그거나 발라 흠씬 배게 하다. ¶장판지를 기름에 ~.

겯ː다[2] [-따] (겯ː고/결어) [동][타][ㄷ] 〈결으니, 결어〉 **1** (대·싸리 따위의 여러 오리로) 씨와 날이 서로 어긋매끼게 엮어 짜다. ¶돗자리를 ~. **2** 서로 어긋매끼도록 걸치거나 짜다. ¶서로 어깨를 ~. **3** 실꾸리를 만들기 위하여 실을 어긋맞게 감다.

겯-지르다 [-찌-] [동][타][르] 〈~지르니, ~질러〉 **1** 서로 마주 엇걸리게 걸다. ¶문을 두 개의 각목으로 **겯질러** 놓았다. **2** 엇결어 다른 쪽으로 지르다.

겯질리다 [-찔-] [동][자] '겯지르다'의 피동사. ¶상대의 다리에 **겯질려** 넘어지다.

결[1] [명] [1][자립] 나무·돌·살가죽 따위의 조직이 굳고 무른 부분이 모여 일정하게 켜를 지으면서 짜인 바탕의 상태나 무늬. ¶~이 고운 나무. [2][의존] 《일부 명사 뒤에 쓰이거나 어미 '-는'이나 관형사 '어느' 다음에 '결에'의 꼴로 쓰여》 '때', '사이', '짬'의 뜻을 나타내는 말. ¶잠~.

결[2] [명] **1** '성결'의 준말. **2** '결기'의 준말.
결(이) 삭다 성난 마음이 풀려 부드러워지다.

결[3](結) [명][의존][역] 조세를 셈하기 위한 논밭의 면적 단위. 백 짐 또는 만 파(把)를 일컬음. ¶토지 백 ~.

결-가부좌(結跏趺坐) [명][불] 좌법(坐法)의 하나. 오른발을 왼편 넓적다리 위에 놓은 뒤, 왼발을 오른편 넓적다리 위에 놓고 앉는 자세. ▷반가부좌. **결가부좌-하다** [동][자][여]

결강(缺講) [명] (학생이나 수강자가) 강의에 빠지는 것. ▷휴강. **결강-하다** [동][자][타][여]

결격(缺格) [-껵] 명 필요한 자격을 갖추고 있지 않은 것. **결격-하다** 동(자여)

결과¹(缺課) 명 1 과업을 쉬는 것. 2 학생이 수업이나 강의 시간에 빠지는 것.

결과²(結果) 명 1 열매를 맺는 일. 또는, 그 열매. (비)결실. 2 어떤 원인에서 초래된 결말의 상태. ¶그의 성공은 피땀 어린 노력의 ~이다. ↔원인. **결과-하다** 동(자여) 열매를 맺다.

결과-론(結果論) 명 원인이나 경과를 생각하지 않고 결과만 가지고 하는 논의.

결과-물(結果物) 명 어떤 일을 끝맺으며 만들어 낸 물질적인 성과. ¶~이 나오다.

결과-적(結果的) 관 1 결과가 되는 (것). 2 ('결과적으로'의 꼴로 쓰여) '결과로 보아', '결과에 있어서'의 뜻. ¶의도는 좋았으나 ~으로 잘못되었다.

결구(結球) 명 양배추 같은 채소의 잎이 여러 겹으로 겹쳐서 구상(球狀)을 이루는 것. ¶~배추.

결국(結局) I 명 일이 귀결되는 국면. II 부 마지막에 이르러. ¶치열한 접전 끝에 ~ 우리 팀이 이겼다.

결근(缺勤) 명 (직장에) 근무하는 날에 나가지 않고 빠지는 것. ¶무단-. ↔출근. **결근-하다** 동(자여) 회사를 ~.

결근-계(缺勤屆) [-계/-게] 명 결근을 하였을 때나 하려고 할 때에 그 사유를 기록한 문서. 순화어는 '결근 신고서'.

결기(-氣) [-끼] 명 1 참지 못하고 성을 내거나 왈칵 행동하는 성미. ¶~가 나다. 2 바르고 결단성 있게 행동하는 성질. ㈜결.

결단¹(決斷) [-딴] 명 결정적인 판단을 하거나 단안을 내리는 것. 또는, 그 판단이나 단안. ¶더 이상 기다릴 수 없으니, ~을 내리십시오. **결단-하다¹** 동(타여)

결단²(結團) [-딴] 명 단체를 결성하는 것. ¶~식(式). ↔해단(解團). **결단-하다²** 동(타여) **결단-되다** 동(자)

결단-력(決斷力) [-딴녁] 명 결단을 내릴 수 있는 의지나 능력. ¶~이 부족하다.

결단-코(決斷-) [-딴-] 부 결정적으로 꼭. 반드시, 마음먹은 대로 반드시. ¶~ 하고야 말겠다. ▷결코.

결딴-나다 동(자) 1 (일·물건 등이) 망가져서 도무지 쓸 수 없는 상태가 되다. 2 (살림이) 망하여 거덜 나다. ¶사업 실패로 살림이 ~.

결딴내다 동(타) '결딴나다'의 사동사.

결렬(決裂) 명 교섭이나 회의 등에서 의견이 합쳐지지 않아 갈라서게 되는 것. **결렬-되다** 동(자) ¶노사 협상이 ~.

결례(缺禮) 명 예의를 결하는 것. 또는, 예를 갖추지 못하는 것. (비)실례. ¶~를 범하다. **결례-하다** 동(자여)

결론(結論) 명 1 전개한 생각이나 의견을 끝에 가서 마무르는 일. 또는, 그 끝맺는 말이나 판단. ¶~을 내리다. 2 책이나 논문 등에서, 마지막에 이르러 글을 마무리하여 간단히 요점으로 정리하는 글. ㈜맺음말. ▷서론·본론. 3 [논] 삼단 논법의 대전제·소전제에서 얻어지는 최종적 명제에서, 추론의 결과 도출된 판단.

결론-짓다(結論-) [-진따] 동(자)〈ㅅ〉 ~지으니, ~지어) 글이나 말의 끝을 맺다. ¶토의한 결과 참가하기로 **결론지었다.**

결리다 동(자) 숨을 쉬거나 움직일 때, 몸의 한 부분이 아프게 딱딱 마치다. ¶담이 들어 가슴이 ~.

결막(結膜) 명 (생) 눈꺼풀의 안쪽과 눈알의 흰자 부분을 점막 주위까지 덮고 있는 막.

결막-염(結膜炎) [-망념] 명 (의) 결막에 생기는 염증. 눈이 충혈되고 눈곱이 낌.

결말(結末) 명 1 일이 진행되어 다다른 결론이나 끝맺음. (비)끝장·결미. 2 (문) 극이나 소설 등에서, 작품의 마지막 부분에서 갈등이 해소되고 사건이 종결되는 단계.

결말-나다(結末-) [-라-] 동(자) 끝장이 나다. ¶이미 **결말난** 일이니 포기해라.

결말-내다(結末-) [-래-] 동(타) 결말나게 하다.

결말-짓다(結末-) [-진따] 동(타)〈ㅅ〉 ~지으니, ~지어) 결말이 되도록 만들다.

결명-차(決明茶) 명 (식) 종자를 '결명자'라 하여 차를 달이거나 한약재로 쓰는, 높이 1m가량의 한해살이풀. 여름에 노란색 꽃이 피고, 열매는 꼬투리로 열림.

결미(結尾) 명 1 문장 따위의 끝 부분. 2 일의 끝. (비)결말.

결박(結縛) 명 몸이나 두 손을 묶는 것. **결박-하다** 동(타여) ¶죄수를 오랏줄로 ~. **결박-되다** 동(자)

결방(缺放) 명 (방송이 예정되었던 프로그램을) 어떤 사정으로 방송하지 못하는 것. ¶노조 파업으로 일부 프로의 ~이 불가피하다. **결방-하다** 동(자여)

결백(潔白) 명 (행동이나 마음씨가) 깨끗하고 조촐하여 아무 허물이 없는 것. ¶~을 증명하다. **결백-하다** 형(여)

결번(缺番) 명 더 이상 사용되지 않거나 해당되는 대상이 없는 번호.

결벽(潔癖) 명 1 유난스럽게 깨끗함을 좋아하는 성벽(性癖). 2 악하고 그릇된 일을 극단으로 미워하는 성질.

결벽-증(潔癖症) [-쯩] 명 병적으로 깨끗한 것에 집착하는 증상.

결별(訣別) 명 1 기약 없는 작별을 하는 것. 2 관계나 교제를 끊는 것. ¶~을 선언하다. **결별-하다** 동(자여)

결부(結付) 명 (무엇을) 서로 연관시키는 것. **결부-하다** 동(타여) **결부-되다** 동(자여) ¶정치와 경제는 밀접히 **결부되어** 있다.

결빙(結氷) 명 물이 어는 것. ↔해빙. **결빙-하다** 동(자여) **결빙-되다** 동(자)

결사¹(決死) [-싸] 명 죽기를 각오하고 결심하는 것. ¶~반대.

결사²(結社) [-싸] 명 (법) 여러 사람이 공동의 목적을 이루기 위하여 단체를 조직하는 일. 또는, 그 단체. ¶비밀 ~. **결사-하다** 동(자여)

결사의 자유 공공질서를 문란하게 하지 않는 범위 안에서 다수인이 일정한 목적을 위해 단체를 조직할 수 있는 자유.

결사-대(決死隊) [-싸-] 명 죽음을 각오하고 어떤 일을 수행하기로 결심한 사람들의 무리.

결사-반대(決死反對) [-싸-] 명 죽기를 각오할 정도로 강하게 반대함. ¶신탁 통치 ~. **결사반대-하다** 동(자여여)

결사-적(決死的) [-싸-] 관(명) 죽기를 각오하고 있는 힘을 다하여 행동하는 (것). ¶~ 투쟁 / ~으로 싸우다.

결산(決算) 명 1 일정 기간의 수입과 지출을 계산하는 것. 2 일정 기간 동안의 활동이나 업적을 모아 정리하거나 마무리하는 일. ¶가요 반세기의 ~. **결산-**

하다 [동][자][타][여] ¶분기별로 매출을 ~.
결석[1](缺席) [-썩] [명] (사람이) 마땅히 나와야 할 자리에 나오지 않는 것. ¶무단 ~. ↔출석. **결석-하다** [동][자][타][여]
결석[2](結石) [-썩] [명][의] 체내의 장기(臟器) 속에 생기는, 돌과 같은 덩어리. 담석·요석 따위.
결선(決選) [-썬] [명] **1** 선거에서 여러 후보가 일정한 수에 모자라는 표를 얻었을 때 표를 많이 얻은 두 사람을 놓고 마지막으로 다시 투표를 하는 것. ¶~ 투표. **2** 1등 또는 우승자를 가리는 마지막 겨룸. ¶~에 진출하다. **결선-하다** [동][타][여]
결성(結成) [-썽] [명] 모임이나 단체를 조직하는 것. ¶~식. **결성-하다** [동][타][여] ¶노동조합을 ~. **결성-되다** [동][자]
결속(結束) [-쏙] [명] **1** 뜻이 같은 사람끼리 굳게 한 덩이로 뭉치는 것. ¶당원의 ~을 다지다. **2** 여행·출진(出陣) 따위를 하기 위해 몸단속하는 것. **결속-하다** [동][자][타][여] **결속-되다** [동][자]
결손(缺損) [-쏜] [명] **1** 어느 부분이 축이 나서 불완전한 상태. **2** 금전상의 손실. ¶~을 메우다.
결손^가정(缺損家庭) [-쏜-] [명][사] 이혼·사망 등으로 부모 중 한쪽이 없거나 부모 모두가 없어 어린 자녀를 제대로 돌보지 못하는 가정.
결승(決勝) [-쑹] [명] 마지막 승부를 가리는 것. 또는, 그 경기나 시합.
결승^골(決勝goal) [-쑹-] [명][체] 축구·하키·핸드볼 등에서, 승리를 결정지은 최초의 골. ¶종료 1분 전에 ~이 터졌다.
결승^문자(結繩文字) [-쑹-짜] [명][역] 끈이나 새끼로 일정하게 매듭을 맺어 개념을 나타내었던 고대 문자.
결승-선(決勝線) [-쑹-] [명][체] 경주 등의 결승을 판가름하는 지점에 가로 치거나 그은 선. =골라인.
결승-전(決勝戰) [-쑹-] [명] 예선이나 준결승을 마치고 나서 마지막으로 우승을 결정짓는 경기나 시합.
결승-점(決勝點) [-쑹쩜] [명][체] **1** 육상·수영 등에서, 승부가 결정되는 지점. **2** 구기 등에서, 승부를 결정짓는 점수.
결승-타(決勝打) [명][체] 야구에서, 승리를 결정짓는 결정적인 타격. ¶9회 말 동점 상황에서 끝내기 ~를 날리다.
결시(缺試) [-씨] [명] 시험에 응하지 않고 빠지는 것. ¶~생.
결식(缺食) [-씩] [명] 끼니를 거르는 것. ¶~아동 / ~노인.
결실(結實) [-씰] [명] **1** 열매가 맺히는 것. [비]결과(結果). ¶가을은 ~의 계절. **2** 일의 결과가 잘 맺어지는 것. **결실-하다** [동][자][여]
결심[1](決心) [-씸] [명] 무엇을 하고자 마음을 굳게 다잡아 먹는 것. 또는, 그 마음. [비]결의. ¶~이 흔들리다. **결심-하다** [동][자][타][여] ¶담배를 끊기로 ~.
결심[2](結審) [-씸] [명][법] 재판의 모든 절차를 끝내고 결판을 짓는 것. 또는, 심리가 끝나는 것. ↔예심.
결여(缺如) [명] (있어야 할 것을) 빠뜨리는 것. **결여-하다** [동][타][여] ¶그의 주장은 객관성을 **결여하고** 있다. **결여-되다** [동][자]
결연(結緣) [명] 인연을 맺는 것. ¶자매~. **결연-하다**[1] [동][자][여]
결연-하다[2](決然-) [형][여] 결심이 움직일 수 없을 만큼 확고하다. **결연-히** [부] ¶그는 ~ 절필(絶筆)을 선언했다.
결원(缺員) [명] 사람이 빠져 정원(定員)이 차지 않는 것. 또는, 그 모자라는 인원수. ¶~을 보충하다 / ~이 나다.
결의[1](決意) [-의/-이] [명] 굳게 뜻을 정하는 것. 또는, 그 뜻. [비]결심. ¶굳은 ~ / ~를 다지다. **결의-하다**[1] [동][자][타][여]
결의[2](決議) [-의/-이] [명] 의안이나 제의 따위의 가부를 결정하는 것. 또는, 그 결정. [비]의결. **결의-하다**[2] [동][타][여] **결의-되다** [동][자]
결의[3](結義) [-의/-이] [명] 남남끼리 부자·형제 같은 친족의 의리를 맺는 것. ¶도원(桃園) ~.
결의-문(決議文) [-의-/-이-] [명] 결의한 사항을 적은 글.
결의-안(決議案) [-의-/-이-] [명] 결의에 부칠 안건.
결자해지(結者解之) [-짜-] [명] 〔묶은 사람이 풀어야 한다는 뜻〕 일을 저지르거나 문제를 일으킨 사람이 그 일이나 문제를 해결해야 한다는 말.
결장[1](缺場) [-짱] [명] 출장(出場)해야 할 장소에 나오지 않는 것. **결장-하다** [동][자][타][여]
결장[2](結腸) [-짱] [명][생] 맹장과 직장 사이에 있는, 대장(大腸)의 주요 부분. 수분을 흡수하는 구실을 함.
결재(決裁) [-째] [명] 상관이 부하 직원이 제출한 업무상의 요구나 안 등을 허가하거나 승인하는 것. ¶~ 서류. **결재-하다** [동][타][여]
결전(決戰) [-쩐] [명] 승부나 흥망이 결정나는 싸움. ¶~의 날이 다가오다.
결절(結節) [-쩔] [명][의] 강낭콩 또는 도토리만 한 크기로 단단하게 맺혀져 살갗 위에 불룩하게 두드러진 융기물. =망울.
결점(缺點) [-쩜] [명] 사람이나 사물이 부족하거나 불충분한 점. [비]단점·약점.
결정[1](決定) [-쩡] [명] 어떤 문제에 대해 어떻게 하겠다는 태도나 뜻을 정하는 것. 또는, 그 내용. ¶~에 따르다. **결정-하다** [동][타][여] **결정-되다** [동][자] ¶후임이 ~.
결정[2](結晶) [-쩡] [명] **1** [물][화] 원자·분자·이온 등이 대칭적·주기적으로 규칙 있게 배열되어 있는 다면체의 고체. **2** 애써 노력하여 이루어진 보람 있는 결과. ¶이 논문은 그의 오랜 연구 생활의 ~이다.
결정-계(結晶系) [-쩡계/-쩡게] [명][화] 결정체를 결정축의 수·길이·위치에 따라 등축(等軸)·육방(六方)·정방(正方)·사방(斜方)·단사(單斜)·삼사(三斜)의 여섯 유형으로 나눈 것.
결정-권(決定權) [-쩡꿘] [명] 어떤 일을 결정할 수 있는 권한.
결정-론(決定論) [-쩡논] [명][철] 자연이나 역사의 여러 현상이 일어나는 것은 외적인 원인, 곧 신·자연·사회 관계 등에 의해 궁극적으로 규정되어 있다고 하는 설. ↔비결정론.
결정-적(決定的) [-쩡-] [관][명] **1** 일이 되어 가는 형편이나 결과가 움직일 수 없을 만큼 확실한 (것). ¶이 경기에서 우리 팀의 승리는 ~이다. **2** 일의 결과를 좌우할 만큼 중요한 (것). ¶~ 역할을 하다.
결정-짓다(決定-) [-쩡짇따] [동][타][ㅅ] 〈~지으니, ~지어〉 결정되도록 만들다.
결정-체(結晶體) [-쩡-] [명] **1** [화] 결정하

여 일정한 형체를 이룬 물체. **2** 애쓴 결과로 이루어진 것. 비유적으로 말함.

결정-타(決定打)[-쩡-] 명 **1**[체] 야구나 권투 등에서, 승부를 판가름하는 결정적인 타격. ¶상대 선수의 안면에 ~를 날리다. **2** 어떤 일에 결정적인 영향을 주는 행동의 비유. ¶그의 탄핵이 그 정당을 붕괴시키는 ~가 되었다.

결정-판(決定版)[-쩡-] 명 어떤 출판물이나 대상물을 칭송하거나 자랑하여, '더 이상 고칠 것이 없을 만큼 내용이 완벽한 것'이라는 뜻으로 이르는 말. ¶이 책은 한국학 연구의 ~이다.

결제(決濟)[-쩨] 명 **1** 일을 처리하여 끝을 내는 것. **2**[경] 증권 또는 대금을 주고받아 매매 당사자 간의 거래 관계를 끝맺는 것. **결제-하다** 통(타여) ¶어음을 ~. **결제-되다** 통(자여) ¶대금이 ~.

결집(結集)[-찝] 명 **1** 한데 모여 뭉치는 것. 또는, 한데 모으는 것. **2**[불] 석가가 죽은 뒤 제자들이 그의 언행을 모아 경전을 만든 일. **결집-하다** 통(자타여) **결집-되다** 통(자여) ¶민중의 힘이 **결집된** 소리.

결처(決處) 명 처결하는 것. **결처-하다** 통(타여)

결초-보은(結草報恩) 명 [은혜를 입은 사람의 혼령이 싸움터의 풀포기를 묶어 적군의 말이 걸려 넘어지게 함으로써 은인을 구했다는 중국 고사에서] 죽어서까지라도 은혜를 잊지 않고 갚음.

결-코(決-) 부 '아니다', '없다', '못하다' 따위의 말과 함께 쓰이어 어떤 경우에라도. 또는, 절대로. ¶나는 네 잘못을 ~ 용서할 수 없다.

결탁(結託) 명 (주로 나쁜 일을 꾸미려고) 서로 연계하여 한통속이 되는 것. **결탁-하다** 통(자여) ¶세판윤과 **결탁하여** 금수품을 들여오다.

결투(決鬪) 명 원한·모욕 따위를 풀기 위하여 서로 목숨을 내걸고 하는 싸움. ¶~를 벌이다. **결투-하다** 통(자여)

결판(決判) 명 승부 또는 옳고 그름을 가려 판정하는 것. ¶~을 짓다.

결판-나다(決判-) 통(자여) 이기고 짐, 또는 옳고 그름 따위의 결정이 나다. ¶승부는 이미 **결판났다**.

결판-내다(決判-) 통(타여) 이기고 짐, 또는 옳고 그름 따위의 결정을 내다.

결핍(缺乏) 명 있어야 할 것이 모자라거나 없거나 하는 것. ¶각기병은 비타민 B1의 ~이 원인이다. **결핍-하다** 통(자여) **결핍-되다** 통(자여) ¶부모의 사랑이 **결핍된** 아이.

결핍-증(缺乏症)[-쯩] 명 있어야 할 것이 모자라거나 없어서 나타나는 증세. ¶비타민 ~ / 애정 ~.

결-하다(缺-) 통(타여) 빠져 있거나 갖추지 못해 없다. ¶예(禮)를 ~.

결함(缺陷) 명 완전하지 못하고 흠이 되는 부분. ¶신체적 ~을 극복하다.

결합(結合) 명 둘 이상의 사물이 관계를 맺고 합쳐서 하나가 되는 것. **결합-하다** 통(자타여) ¶수소와 산소가 **결합하여** 물이 된다. **결합-되다** 통(자)

결합^법칙(結合法則)[-뻡-] 명[수] 덧셈이나 곱셈에서, 각 수를 달리 묶어서 계산해도 그 값은 같다는 법칙. $(a+b)+c=a+(b+c)$ 또는 $(ab)c=a(bc)$ 따위.

결합^조직(結合組織)[-쪼-] 명[생] 동물체의 기관 및 조직 사이를 메우고, 이들을 지지하는 조직.

결합-체(結合體) 명 둘 이상의 서로 다른 개체가 결합하여 이룬 조직체.

결항(缺航) 명 정기 노선의 배나 비행기가 운항을 거르는 것. **결항-하다** 통(자여) ¶짙은 안개로 비행기가 ~.

결핵(結核) 명[의] 결핵균에 감염되어 일어나는 만성 질환. 특히 폐에 침투하는 경우가 많음.

결핵-균(結核菌)[-꿔] 명[의] 결핵의 병원균.

결행(決行) 명 딱 잘라 결정하여 행하는 것. ⓟ단행. **결행-하다** 통(타여) ¶태풍 속에 태평양 횡단을 ~.

결혼(結婚) 명 남자와 여자가, 또는 어떤 사람이 이성의 (상대와) 부부로서의 법률적 관계를 맺는 것. ¶연애 ~ / 정략 ~ / ~ 생활. ↔이혼. **결혼-하다** 통(자여)

결혼-기념일(結婚記念日) 명 매년 결혼 날짜에 맞추어 결혼을 기념하는 날.

결혼-반지(結婚半指) 명 결혼할 때, 결혼의 표시로서 신랑과 신부가 주고받는 반지.

결혼-식(結婚式) 명 부부 관계를 맺는 서약을 하는 의식. ⓟ혼례식·혼인식.

결혼식-장(結婚式場)[-짱] 명 결혼식을 올리는 장소. ⓟ예식장.

결혼^연령(結婚年齡)[-녈-] 명[법] 결혼할 수 있는 나이. 우리나라 민법은 남자 만 18세, 여자 만 16세 이상으로 정하고 있음.

결혼^행진곡(結婚行進曲) 명[음] 결혼식에서 신랑·신부의 입장과 퇴장 때에 연주하는 행진곡. ⓟ웨딩 마치.

겸(兼) 의존 [두 명사 사이, 또는 어미 '-ㄹ'을 아래에 붙어] 한 가지 외에 또 다른 것이 아울림을 나타내는 말. ¶점심 ~ 저녁 / 책도 사고 안부도 물을 ~ 친구가 경영하는 서점에 갔다.

겸비(兼備) 명 두 가지 이상의 것을 갖추고 있는 것. **겸비-하다** 통(타여) ¶문무(文武)를 **겸비한** 장수 / 재색(才色)을 ~.

겸사(謙辭) 명 **1** 겸손한 말. ¶"저는 아무것도 아는 게 없는 무지렁이올시다." "원, 당치 않은 ~이십니다." **2** 겸손으로 사양하는 것.

겸사-겸사(兼事兼事) 부 한꺼번에 여러 가지 일을 겸하여 하는 모양. ¶책도 건네주고 얼굴도 볼 겸 ~ 한번 찾아가마.

겸상(兼床) 명 두 사람이 함께 먹도록 차린 상. 또는, 마주 앉아 식사하는 것. ¶부자(父子)가 ~을 받다. ↔독상·외상·각상. ×맞상. **겸상-하다** 통(자여)

겸손(謙遜·謙巽) 명 남을 존중하고 자기를 내세우지 않는 태도가 있는 것. 또는, 그 태도. **겸손-하다** 형여 **겸손-히** 부

겸양(謙讓) 명 자기를 내세우거나 자랑하지 않고 겸손한 태도로 사양하는 것. ¶~의 미덕을 갖추다. **겸양-하다** 통(타여)

겸양-법(謙讓法)[-뻡] 명[언] =객체 높임법.

겸양-어(謙讓語) 명[언] 자기를 낮춤으로써 상대방을 높이는, 높임말의 한 가지. '저희', '여쭈다' 따위. ↔예사말.

겸업(兼業) 명 본업 외에 다른 업무를 겸하여 보는 것. 또는, 겸하는 영업. ¶~농가. **겸업-하다** 통(타여) ¶음식점과 여관을 ~.

겸연-쩍다(慊然-)[-따] 형 쑥스럽거나 미안하여 부끄럽다. ¶민수는 선생님의 칭

찬을 듣자 **겸연쩍게** 웃었다. [변]계면쩍다.
겸용(兼用) [명] 하나를 가지고 여러 가지로 겸하여 쓰는 것. ¶식당 ~의 부엌. **겸용-하다** [동][타][여] ¶아파트를 사무실로 ~.
겸용-종(兼用種) [명] 가축으로서 두 가지 이상의 용도를 겸하는 품종. 젖과 고기를 제공하는 소, 달걀과 고기를 제공하는 닭 따위의 품종.
겸유(兼有) [명] 아울러 가지는 일. **겸유-하다** [동][타][여] ¶지덕(智德)을 ~.
겸임(兼任) [명] 두 가지 이상의 지위·직무를 아울러 겸하는 것. ↔전임(專任). **겸임-하다** [동][타][여]
겸임^교!수(兼任敎授) [명][교] 다른 직업에 종사하는 자로서, 일정 기간 동안 대학에서 교수에 준하는 자격으로 임용된 사람.
겸자(鉗子) [명][의] 가위 모양으로 생긴, 외과 수술 용구의 하나. 조직 또는 기관을 고정하거나 누르는 데 쓰임.
겸전(兼全) [명] (두 가지 이상의 좋은 점을) 함께 갖추는 것. ¶문무 ~의 인물. **겸전-하다** [동][타][여]
겸제(箝制·鉗制) [명] 자유를 구속하고 억누르는 것. **겸제-하다** [동][타][여]
겸직(兼職) [명] 본직 외에 다른 직무를 겸하는 것. 또는, 그 직무. **겸직-하다** [동][타][여]
겸-치다(兼-) [동] [1][자] 두 가지 이상이 함께 겹쳐서 생기다. ¶홍수와 전염병이 ~. [2][타] (두 가지 이상을) 겸하여 하거나 겸하게 하다.
겸-하다(兼-) [동][타][여] **1** 주된 직무 외에 다른 직무를 더 맡아 하다. ¶동장이 민방위대장을 ~. **2** 두 가지 이상의 기능을 아울러 가지다. ¶문무를 ~.
겸허-하다(謙虛-) [형][여] 자기를 낮추어 겸손하다. ¶**겸허한** 자세.
겹 [명] [1][자립] 넓이나 길이가 있는 물체가 비교적 나란히 맞닿아 붙거나 포개어져 있는 상태. ↔홑. [2][의존] 겹으로 된 물건을 세는 단위. ¶헝겊 두 ~.
겹-겹[-껍] [명] 여러 겹. ¶적을 ~으로 포위하다.
겹겹-이[-껴-] [부] 여러 겹으로 거듭된 모양. ¶옷을 ~ 껴입다.
겹-경사(-慶事)[-꼉-] [명] 둘 이상 겹친 기쁜 일.
겹-꽃[-꼳] [명][식] 여러 겹의 꽃잎으로 된 꽃. 장미꽃·국화 따위. ↔홑꽃.
겹-낫표(-標)[겸낟-] [명] 세로쓰기에 사용되는 따옴표의 하나. 『 』의 이름. 그 기능은 큰따옴표와 같음. ▷큰따옴표.
겹내림-표(-標)[겸-] [명][음] 어떤 음을 반음씩 두 번 내리라는 표시. '𝄫'로 나타냄.
겹-눈[겸-] [명][동] 홑눈이 벌집 모양으로 여러 개 모여서 된 눈. 곤충류·갑각류 등에서 볼 수 있음. =복안(複眼). ↔홑눈.
겹!다[-따] (겹!고/겨워) [형][ㅂ] 〈겨우니, 겨워〉 **1** 정도가 지나쳐 배겨 내기 어렵다. ¶힘에 **겨운** 일. **2** 감정이 북받쳐 누를 수 없다. ¶흥에 **겨워** 춤을 추다. **3** 때가 기울어서 늦다. ¶봄도 **겨운** 어느 날.
겹-말[겸-] [명] 같은 뜻의 말이 겹쳐서 된 말. '처갓집', '흰 백설기' 따위.
겹-문장(-文章)[겸-] [명][언] 한 개의 홑문장이 다른 문장 속에 한 성분으로 들어가 있거나, 홑문장이 서로 이어지거나 하여 여러 겹으로 된 문장. =복문(複文). ↔홑문장.
겹-바지[-빠-] [명] 겹으로 된 바지. ↔홑바지.
겹-박자(-拍子)[-빡짜] [명][음] 같은 종류의 홑박자가 여러 개 합쳐진 박자. 6박자·9박자·12박자 따위. ↔홑박자.
겹-받침[-빧-] [명][언] 서로 다른 두 개의 자음으로 이루어진 받침. ㄳ·ㄺ·ㅄ 따위. ▷쌍받침·홑받침.
겹-버선[-뻐-] [명] 솜을 두지 않고 겹으로 지은 버선. ↔홑버선.
겹-벚꽃[-뻗꼳] [명][식] 꽃잎이 여러 겹으로 피는 벚꽃.
겹-사돈(-查頓)[-싸-] [명] 겹혼인을 하여 맺어진 사돈. 또는, 그러한 사이.
겹-세로줄[-쎄-] [명][음] 악보에 그어진 두 개의 수직선. ▷세로줄.
겹-실[-씰] [명] 두 올 이상으로 드린 실.
겹올림-표(-標) [명][음] 이미 반음(半音)이 올려진 음을 다시 반음 올리는 기호. 부호에 '𝄪'을 붙여 나타냄.
겹-옷[-옫] [명] 솜을 두지 않고 거죽과 안을 맞추어 지은 옷. ↔홑옷.
겹-유리(-琉璃)[겸뉴-] [명] 겹으로 된 유리. 방음·보온 등을 위하여 중간에 합성수지 판 등을 끼워 만듦.
겹-이불[겸니-] [명] 솜을 두지 않고 겹으로 만든 이불. ↔홑이불.
겹-잎[겸닙] [명][식] 한 잎자루에 여러 개의 낱잎이 붙어 겹을 이룬 잎. 아카시아 따위의 잎. ↔홑잎.
겹-자락[-짜-] [명] 양복 저고리나 외투의 섶을 깊이 겹치게 하여 두 줄로 단추를 단 것. 또는, 그렇게 지은 옷. [비]더블브레스트. ↔홑자락.
겹점^음표(-點音標)[-쩜-] [명][음] 점음표에 또 하나의 점이 붙은 음표.
겹-질리다[-찔-] [동][자][타] 몸의 근육과 관절이 생긴 방향대로 움직이지 않거나, 너무 빨리 움직여 다치다. ¶차에서 내리다 발목을 **겹질렸다**.
겹-집[-찝] [명][건] 여러 채가 겹으로 되거나, 잇달린 집. ↔홑집.
겹-창(-窓) [명][건] =이중창[2]. ↔홑창.
겹쳐-쓰기[-처-] [명][컴] 어떤 데이터가 있는 하드디스크나 디스켓 등의 부분에 새로운 데이터를 겹쳐서 기록하는 일. 이때, 기존의 데이터는 지워지게 됨. =덮어쓰우기. **겹쳐쓰기-하다** [동][타][여]
겹쳐-지다[-처-] [동][자] 여럿이 서로 포개어 덧놓이다.
겹치-기 [명] 두 가지 이상의 일을 한꺼번에 하는 것. ¶~ 출연.
겹-치다 [동] [1][자] **1** 여럿이 서로 덧놓이거나 포개지다. ¶공휴일과 일요일이 ~. **2** 일이 한꺼번에 일어나다. ¶동창회와 결혼식이 ~. [2][타] 여럿을 서로 덧놓거나 포개다. ¶요를 **겹쳐** 깔다.
겹-치마 [명] 겹으로 지은 치마. ↔홑치마.
경[1](更) [명] 밤 시각을 나타내는 말. 곧, 하룻밤을 다섯으로 나누어 초경(初更)·이경(二更)·삼경·사경·오경으로 나타냄.
경[2](庚) [명] 천간(天干)의 일곱째.
경[3](景) [명][의존] 아름다운 경치를 세는 단위. ¶단양 8~.
경[4](卿) Ⅰ [명][역] 조선 말기, 궁내부에 속한 각 원(院)의 으뜸 벼슬.
Ⅱ [대][인칭] 임금이 2품 이상의 신하를 부르

경⁵(卿) 똉 영국에서, 나이트(knight)의 작위를 받은 이를 존경하여 일컫는 말.
경⁶(經) 閉불 '불경(佛經)'의 준말.
경⁷(經) 闭한 경락 중에 세로로 정기가 흐르는 길. ▷낙(絡).
경⁸(京) ㈜ 십진급수의 하나. 조(兆)의 만 배, 해(垓)의 만분의 일. 곧, 10¹⁶.
경⁻⁹(輕) 甲干 '가벼운', '간편한' 등의 뜻을 나타내는 말. ¶~음악 / ~양식(洋食).
-경¹⁰(頃) 甲尾 특정한 시·분이나 연·월·일·세기 등에 붙어, 어림잡은 시각이나 시점임을 나타내는 말. ¶17세기~ / 3시~ / 10월~. ▷무렵·쯤.
-경¹¹(鏡) 甲尾 1 렌즈나 그 밖의 물리적 원리로 물체를 관찰할 수 있게 만든 광학용 기구를 나타내는 말. ¶현미~ / 망원~. 2 '거울' 을 나타내는 말. ¶반사~, 3 '안경'을 나타내는 말. ¶근시~ / 원시~.
경각(頃刻) 똉 아주 짧은 시간. 또는, 눈 깜빡할 동안. ᅢ삽시간. ¶~을 다투다.
경각-심(警覺心) [-씸] 똉 정신을 가다듬어 조심하는 마음. ¶~을 불러일으키다.
경감¹(輕減) 똉 (부담이나 고통 등을) 덜어서 가볍게 하는 것. ᅢ감경. **경감-하다** 동(타여)[형](자여) **경감-되다** 동(자여)
경감²(警監) 똉 경찰 공무원 계급의 하나. 경정(警正)의 아래, 경위(警衛)의 위.
경강-상인(京江商人) 똉역 조선 시대에 한강을 중심으로 중요한 뱃길을 장악하여, 곡류 등의 대상에 종사하던 상인.
경개(景槪) 똉 =경치. ¶산천~.
경거-망동(輕擧妄動) 똉 경솔하고 분수없이 행동함. 또는, 그런 행동. ¶~을 삼가라. **경거망동-하다** 동(자여)
경:**건**-**하다**(敬虔-) [형]여 초월적이거나 위대한 대상 앞에서 공경하는 마음으로 삼가고 조심하는 상태에 있다. **¶경건한** 마음으로 기도하다. **경**:**건-히** 閉
경견(競犬) 똉 개를 경주시켜 승부를 겨루는 일. 또는, 그 개.
경계¹(境界) [-계/-개] 똉 1 지역이 구분되는 한계. =임계. 2 일정한 기준에 따라 분간이 되는 사물의 한계.
경:**계**²(警戒) [-계/-개] 똉 1 잘못되는 일이 일어나지 않도록 미리 조심하는 것. ¶삼엄한 ~. 2 잘못이 없도록 타일러 주의시키는 것. **경**:**계-하다** 동(타여)
경:**계-경보**(警戒警報) [-계/-개] 똉 공습을 앞두고 위험이 닥칠 것을 미리 알리는 신호.
경:**계-망**(警戒網) [-계/-개] 똉 경계를 하기 위하여 그물처럼 사방으로 펴 놓은 것. ¶~을 뚫다.
경계-선(境界線) [-계/-개] 똉 경계가 되는 선.
경:**계-심**(警戒心) [-계/-개] 똉 경계하여 조심하는 마음. ¶전쟁 도발에 대한 ~을 늦추지 않다.
경:**고**(警告) 똉 1 (어떤 사람에게, 또는 단체에 어떤 일이나 행동을) 잘못이 있음을 지적하거나, 조심하도록 주의를 주는 것. 또는, 그 주의. 2 운동 경기에서 선수가 반칙을 범했을 때, 심판이 내리는 처벌의 하나. **경**:**고-하다** 동(타여) ¶근신할 것을 엄중히 ~.
경:**고-문**(警告文) 똉 경고하는 내용을 쓴 글.
경:**고-장**(警告狀) [-짱] 똉 경고하는 내용을 적은 서류. ¶집을 압류한다는 ~이 날아들다.

경골(硬骨) 똉 1 [생] 척추동물의 뼈 중에서 굳고 단단한 뼈. =굳뼈. ↔연골. 2 강한 사람의 비유.
경골-어류(硬骨魚類) 똉 [동] 골격이 경골로 된 어류.
경-공업(輕工業) 똉 [공] 섬유 제품·식품·잡화 등 주로 소비재를 생산하는 공업. ↔중공업.
경과(經過) 똉 1 시간이 지나가는 것. 2 시간이 지남에 따라 일이나 사물이 변화하는 과정. ¶수술 ~가 좋다. **경과-하다** 동(자타여) ¶유효 기간이 ~. **경과-되다** 동(자여)
경과-보고(經過報告) 똉 일이 진행된 상황에 대한 보고.
경관(景觀) 똉 멀리 바라다보이는, 도시·시골이나 산·강·바다 등의 모습. ᅢ경치. ¶이 도시는 시내 ~이 좋다.
경:**관**(警官) 똉 '경찰관' 의 준말.
경광-등(警光燈) 똉 자동차 위쪽에 달아 긴급함을 알리거나, 도로 공사 하는 곳 등에 설치하여 위험을 알리는, 번쩍이는 등.
경광-봉(警光棒) 똉 주로 야간에 교통정리를 위하여 교통경찰이나 교통 단속원이 사용하는, 붉은 등이 켜지는 막대 모양의 물건.
경구¹(硬球) 똉[체] 야구나 테니스 등에 쓰는 조금 딱딱한 공. ↔연구(軟球).
경구²(經口) 똉 약이나 세균 따위가 입을 통하여 몸 안으로 들어감. ¶~ 투약.
경:**구**³(警句) [-꾸] 똉 진리나 삶에 대한 깊고 날카로운 통찰을 간결하게 표현한 어구. ᅢ아포리즘. ×경귀.
경-구개(硬口蓋) 똉[생] 입천장 앞쪽의 부분. 두꺼운 점막으로 덮여 있고, 안쪽에 뼈가 있으며 단단함. ↔연구개.
경구개-음(硬口蓋音) [-쯈] 똉[언] =구개음. ↔연구개음.
경국-제세(經國濟世) [-쩨-] 똉 나라를 잘 다스려 도탄에 빠진 백성을 구제함. **경국제세-하다** 동(자타여)
경국지색(傾國之色) [-찌-] 똉 ['한 나라를 위기에 빠뜨리게 할 만한 미인' 이라는 뜻] 뛰어난 미인.
경귀 '경구(警句)³' 의 잘못.
경극(京劇) 똉 중국 청나라 때 시작된 중국의 전통극. 노래가 중시되며 동작이 무용에 가까움.
경-금속(輕金屬) 똉[화] 비중이 약 4.5 이하인 비교적 가벼운 금속. 알루미늄·마그네슘·베릴륨·티탄 따위. ↔중금속.
경기¹(京畿) 똉[지] 서울을 중심으로 한 가까운 주위의 땅.
경기²(景氣) 똉[경] 매매나 거래 등에 나타나는 호황·불황 따위 경제 활동의 상태. ¶부동산 ~ / ~가 불투명하다.
경기³(競技) 똉 일정한 규칙 아래 기량과 기술을 겨루는 일. 특히, 운동 경기를 가리킴. ¶육상 ~. **경기-하다** 동(자여)
경기⁴(驚氣) [-끼] 똉[한] 어린아이가 경련을 일으키는 병. ¶아기가 ~를 일으키다.
경:**기-력**(競技力) 똉 운동선수나 팀이 경기를 해 나가는 능력. ¶~이 향상되다.
경기ˆ**변**:**동**(景氣變動) 똉[경] 자본주의 경제의 호황기와 불황기가 주기적으로 반복하는 일.

경기-장(競技場) 몡 운동 경기를 하기 위한 종합적 시설을 갖춘 곳.

경기^종합^지수(景氣綜合指數) [-찌-] [경] 각종 경제 지표를 매달 전월과 대비하여 증감률을 나타낸 지수. 플러스(+)인 경우 경기 상승을, 마이너스(-)인 경우 경기 하강을 나타냄.

경기체-가(景幾體歌) [-까] 몡 [문] 고려 중엽 이후 발생한 장가(長歌)의 한 형식. 주로 양반·귀족들의 퇴폐적·향락적 생활을 읊은 것임. 관동별곡·한림별곡 등이 있음.

경내(境內) 몡 일정한 지역의 안.

경단(瓊團) 몡 찹쌀가루 찰수수의 가루를 반죽하여 밤톨만큼씩 둥글둥글하게 빚어, 끓는 물에 삶아 내어 고물을 묻힌 떡.

경!대(鏡臺) 몡 거울을 달아 세운 화장대.

경도¹(京都) [-또] [지] '교토'를 우리 한자음으로 읽는 이름.

경도²(硬度) 몡[광] =굳기.

경도³(經度) [-또] [지] 지구 위의 위치를 나타내는, 세로로 된 좌표. 런던의 그리니치 천문대를 지나가는 경선을 0°로 하며, 동쪽과 서쪽으로 각 180°로 나눔. ↔위도.

경도⁴(經度) [생] =월경(月經)¹.

경도⁵(傾倒) 몡 ① 어떤 일에 마음을 기울여 열중하는 것. 또는, 어떤 인물이나 사상에 감화되어 심취하는 것. **경도-하다** 됨 (채여) **경도-되다** 됨 ¶그는 한때 마르크스 사상에 **경도된** 적이 있었다.

경락¹(經絡) [-낙] 몡[한] 몸 전체에 퍼져 있는, 기와 혈이 도는 통로. 경맥과 낙맥으로 구분됨.

경락²(競落) [-낙] 몡 경매(競賣)에 의하여 그 대상이 된 동산 또는 부동산의 소유권을 취득하는 일.

경략(經略) [-냑] 몡 공략하여 점령한 지방을 다스리는 것. ¶북방 ~에 나서다.

경량(輕量) [-냥] 몡 가벼운 무게. ↔중량.

경량-급(輕量級) [-냥끕] 몡 체급에 따라 하는 경기에서 가벼운 체급.

경력(經歷) [-녁] 몡 ① 여태까지 직업상의 어떤 일을 해 오거나 어떤 직위나 직책을 맡아 온 경험. 또는, 그 내용. 旧이력. ¶화려한 / ~을 쌓다.

경력-자(經歷者) [-녁짜] 몡 일정한 경력을 가진 사람.

경련(痙攣) [-년] 몡[의] 근육이 자기 의사와 관계없이 급격한 수축을 일으키는 현상, ¶~이 일어나다[일다].

경!례(敬禮) [-네] Ⅰ 몡 공경을 나타내는 뜻으로 고개를 숙이거나 오른손을 이마 또는 가슴에 대는 동작. 旧인사. ¶거수 / ~를 붙이다. **경!례-하다** 됨(채여)
Ⅱ 의식이나 제식 훈련 등에서, 구령의 하나. 상급자나 국기 등에 대하여 경의를 표하라는 말. ¶국기에 대하여 ~!

경!로(敬老) [-노] 몡 노인을 공경하는 것. ¶~잔치 / ~ 우대증.

경로²(經路) [-노] 몡 ① 지나는 길. ¶무장 간첩의 침투~. ② 일이 진행되어 온, 또는 진행되어 가는 형편이나 차례. ¶범행 ~ / 전염 ~를 밟다.

경로-당(敬老堂) [-노-] 몡 마을 노인들이 모여서 즐길 수 있게 마련한 집이나 방. =노인정.

경륜¹(經綸) [-뉸] 몡 국가나 사회를 이끌어 가는 데 필요한 경험과 능력. ¶덕망과 ~을 겸비한 인물.

경!륜²(競輪) [-뉸] 몡[체] 직업 선수들에 의한 자전거 경주. 경주권을 발매하여 도착순을 알아맞히는 사람에게 배당금을 지불함.

경리(經理) [-니] 몡 기관이나 단체에서, 물자의 관리·회계·급여 따위에 관한 사무를 처리하는 일. 또는, 그 부서나 사람.

경리-과(經理課) [-니꽈] 몡 기관이나 단체에서, 경리 사무를 담당하는 과.

경마¹ 몡 남이 탄 말을 몰기 위하여 잡는 고삐.
경마(를) 잡히다 경마를 잡게 하다.

경!마²(競馬) [세] 몡 일정한 거리를 여러 명의 기수가 말을 타고 달리며 빠르기를 겨루는 경기. 마권(馬券)을 발매하여 도착순을 알아맞히는 사람에게 배당금을 지불함.

경!마-장(競馬場) 몡 경마를 하고 그것을 볼 수 있도록 베풀어진 장소. =마장.

경망-스럽다(輕妄-) [-따] 휑(ㅂ변)<-스러우니, ~스러워> 경망한 데가 있다. ¶경망스러운 태도.

경매(競賣) 몡 ① 사겠다는 사람이 여럿 있을 때, 값을 제일 많이 부른 사람에게 파는 일. ② [법] 경매 청구의 권리자의 신청에 의하여 법원 또는 집달관이 동산이나 부동산을 공매(公賣) 방법으로 하는 일. ¶~에 부치다. **경매-하다** 됨(채여) ¶압류 물품을 ~. **경매-되다** 됨(채)

경맥(經脈) 몡[한] 경락에서, 몸의 상하로 연결된, 기와 혈이 순환하는 기본 통로. ▷낙맥.

경멸(輕蔑) 몡 (어떤 사람이나 태도 등을) 낮추어 보거나 낮잡아 여겨 싫어하거나 미워하는 것. 旧멸시. ¶~의 눈으로 바라보다. **경멸-하다** 됨(타여) ¶위선자를 ~.

경멸-감(輕蔑感) 몡 경멸하는 감정.

경!모(敬慕) 몡 깊이 존경하고 사모하는 것. ¶~ 심[心]. **경!모-하다** 됨(타여)

경!무-청(警務廳) 몡[역] 대한 제국 때, 한성부 안에서 경찰과 감옥에 관한 일을 맡아보던 관청.

경문(經文) 몡 ① [민] 기도하거나 푸닥거리할 때에 외는 사설. ¶~을 외다. ② [불] 불경(佛經)의 글.

경미-하다(輕微-) 휑여 가볍고 아주 작아 대수롭지 않다. ¶경미한 실수.

경박-스럽다(輕薄-) [-쓰-] 휑(ㅂ변)<-스러우니, ~스러워> 경박한 데가 있다. ¶경박스러운 말씨.

경박-하다(輕薄-) [-바카-] 휑여 언행이 신중하지 못하고 가볍다. ¶경박한 말씨.

경!배(敬拜) 몡 ① 공경하여 절하는 것. ② 신불(神佛) 등을 숭배하는 것. **경!배-하다** 됨(채여)

경범-죄(輕犯罪) [-쬐/-쮀] 몡 [법] 일상 생활에서의 경미한 범죄. 공공장소에서 고성방가하는 등의 행동이 이에 해당함.

경!부¹(競步) 몡 [체] 육상 경기의 하나. 일정한 거리를 한쪽 발이 땅에서 떨어지기 전에 다른 발이 땅에 닿게 하여 빨리 걷는 것을 겨루는 경기.

경!보²(警報) 몡 태풍·공습 등의 위험이 임박할 때, 경계하라고 알리는 보도. ¶호우 ~ / 공습 ~ / ~를 발하다.

경!보-기(警報器) 몡 급작스러운 사고나 재해를, 음향이나 광선을 통하여 알리는 장치. ¶화재~.

경!보-음(警報音) 몡 급작스러운 사고나

재해를 알리는 소리. ¶도난 ~이 울리다.
경!부(警部) 圐 [일제] 경찰 관직. 판임관으로, 해방 후에는 경감(警監)으로 바뀜.
경비¹(經費) 圐 어떤 일을 경영하는 데 드는 비용. ¶여행에 드는 ~.
경!비²(警備) 圐 사고나 변란이 생길 것을 염려하여 미리 살피고 지키는 것. ¶야간 ~ / ~를 서다. **경!비-하다** 图间.
경!비-대(警備隊) 圐 [군] 경비 임무를 맡은 부대.
경!비-망(警備網) 圐 경비를 위하여 여러 곳에 설치해 놓은 연결된 조직.
경!비-병(警備兵) 圐 경비의 임무를 맡은 병사. 또는, 그 군대.
경!비-실(警備室) 圐 경비하기 위해 마련한 방. ¶아파트 ~ / 빌딩 ~.
경!비-원(警備員) 圐 경비의 책임을 맡은 사람.
경!비-정(警備艇) 圐 항만이나 하천 등지에서 위법 행위를 단속하는 데 쓰이는 작고 빠른 함정.
경-비행기(輕飛行機) 圐 엔진이 1개 또는 2개이고 2~8인승의 가벼고 작은 비행기. 광고·스포츠·농약 살포 등에 쓰임.
경사¹(經史) 圐 경서(經書)와 사기(史記).
경사²(傾斜) 圐 1 비스듬히 기울어진 상태. ¶급-/~가 급하다[완만하다]. 2 [지] 수평면에 대해 지층이 이루는 상태.
경사³(經絲) 圐 =날실. ↔위사(緯絲).
경!사⁴(慶事) 圐 축하할 만한 기쁜 일. ¶옥동자를 낳았으니. ↔흉사.
경!사⁵(警査) 圐 경찰 공무원 계급의 하나. 경위의 아래, 경장의 위임.
경사-도(傾斜度) 圐 기울어진 정도.
경사-면(傾斜面) 圐 [물] 수평면에 대해 일정한 각도로 기울어진 평면.
경!사-스럽다(慶事-) [-따] 匼囲 〈-스러우니, -스러워〉 경사로 여겨 기뻐할 만하다.
경사자집(經史子集) 圐 중국의 옛날 서적 중에서 경서(經書)·사서(史書)·제자(諸子)·시문집(詩文集)의 총칭.
경사-지다(傾斜-) 匼 한쪽으로 기울어져 있다. ¶경사진 언덕.
경산-부(經産婦) 圐 아이를 낳은 경험이 있는 부인. ▷초산부.
경상¹(經常) 圐 변함없이 항상 일정함. ¶~수입. ↔임시.
경상²(輕傷) 圐 조금 다치는 것. 또는, 가벼운 상처. ¶중~. ↔중상.
경상^거래(經常去來) 圐[경] 1 국제간의 거래에서, 자본 거래 이외의 부분. 상품의 수출입, 운임, 물물 교환, 증여 따위가 이에 포함됨. 2 기업 등이 일상적으로 하는 거래.
경상-비(經常費) 圐 매 회계 연도마다 연속적으로 반복하여 지출되는 일정한 종류의 경비. ↔임시비.
경상^수지(經常收支) 圐[경] 국제간의 거래에서, 경상 거래에 의한 수지.
경색(梗塞) 圐 1 (사물의 흐름이나 분위기)막히거나 굳어져서 순조롭지 못한 상태가 되는 것. ¶금융 ~. 2 [의] 혈전 등의 물질이 혈관을 막아, 영양을 공급받지 못한 세포 조직이 죽는 일. ¶심근 ~. **경색-되다** 图图 ¶경색된 분위기.
경서(經書) 圐 옛 성현들이 유교의 사상과 교리를 써 놓은 책.
경선¹(經線) 圐[지] 양극을 지나는 평면으로 지구를 잘랐을 때, 그 평면과 지구 표면이 만나는 가상적인 선. =날줄〉자오선. ↔위선(緯線).
경!선²(競選) 圐 복수(複數)의 후보가 경쟁하는 선거. ¶당 대표를 ~을 통해 선출하다.
경성(京城) 圐 '서울²'의 옛 이름.
경!성(硬性) 圐 단단한 성질. ↔연성.
경성^헌!법(硬性憲法)[-뻡] 圐[법] 개정(改正) 절차가 일반 법률보다 까다롭게 규정되어 있는 헌법. ↔연성 헌법.
경세-제민(經世濟民) 圐 세상을 다스리고 백성을 구제함.
경솔-하다(輕率-) 囲 (말이나 행동이) 조심성이 없이 가볍다. ¶**경솔한 짓[판단]**. **경솔-히** 囝 ~ 행동하다.
경수¹(硬水) 圐[화] =센물. ↔연수(軟水).
경수²(輕水) 圐 보통의 물. 중수(重水)와 대비하여 쓰는 말임.
경수-로(輕水爐) 圐[물] 경수(輕水)를 감속재와 냉각재로 사용하는 원자로.
경-수소(輕水素) 圐[화] 수소의 동위 원소 중 질량수가 1인 보통의 수소. ▷중수소.
경-수필(輕隨筆) 圐[문] 개인적인 잡다한 일이나 생각을 주관적·감성적으로 쓴 수필. =연수필. ▷중수필.
경술(庚戌) 圐 60갑자의 마흔일곱째.
경술-국치(庚戌國恥) 圐[역] =국권 피탈.
경승(景勝) 圐 경치가 좋은 곳.
경-승용차(輕乘用車) 圐 무게가 가볍고 크기가 작은 승용차. 현재 우리나라에서는 엔진 배기량 800cc 이하의 승용차를 가리킴. =경차. 旸미니카.
경승-지(景勝地) 圐 경치가 좋은 곳.
경시(輕視) 圐 (어떤 대상을) 대수롭지 않게 보거나 업신여기는 것. ¶인명 ~ 풍조. ↔중시. **경시-하다** 图匼回 **경시-되다** 图匼回.
경!시-청(警視廳) 圐[역] 융희 1년(1907)에 경무청을 고친 이름.
경식(硬式庭球)[-쩡-] 圐[체] 단단한 공을 사용하는 '테니스'를 '연식 정구'에 상대하여 이르는 말.
경신(更新) 圐 1 (옛 제도나 기구 따위를) 고쳐 새롭게 하는 것. 2 기록경기에서, 종전의 기록을 깨뜨리는 것. ▷갱신(更新). **경신-하다** 图匼回 ¶100m 달리기에서 10초 기록을 ~. **경신-되다** 图匼回.
경신²(庚申) 圐 60갑자의 쉰일곱째.
경악(驚愕) 圐 (뜻밖의 일에) 놀라서 충격을 받는 것. ¶~을 금치 못하다. **경악-하다** 图匼回.
경!애(敬愛) 圐 공경하고 사랑하는 일. **경!애-하다** 图匼回.
경-양식(輕洋食) 圐 서양식의 간단한 일품요리.
경!어(敬語) 圐 상대를 공경하거나 존중하는 뜻으로 사용하는 높임말이나 해요체·합쇼체의 말. 旸존경어.
경!업(競業) 圐 영업상 경쟁하는 것. **경!업-하다** 图匼回.
경연¹(經筵) 圐[역] 고려·조선 시대에 임금 앞에서 경서(經書)와 사서(史書)를 강론하던 자리.
경연²(慶宴) 圐 경사스러운 잔치. ¶~을 베풀다.
경연³(競演) 圐 (개인적·단체적으로 일정한 곳에 모여) 예술·기능 따위의 재주를 겨루는 것. ¶국악 ~ 대회. **경연-하다**

경ː염(競艷) 圀 (여자들이) 서로 아름다움을 겨루는 것. **경ː염-하다** 困 ¶미인대회 결선에 24명이 진출해 ~.

겹엽^식물(葉植物) [-씽-] 圀[식] 줄기·잎·뿌리의 구별이 확실한 식물. 양치식물·종자식물이 이에 속함. ↔엽상 식물.

경영¹(經營) 圀 **1** (사업이나 기업 등을) 관리하고 운영하는 것. ¶~ 방침. **2** (국가를) 다스려 운영하는 것. ¶국태민안을 국가 ~의 목표로 삼다. **경영-하다** 困㉧ ¶회사를 ~. **경영-되다** 困㉨

경영²(競泳) 圀[체] 수영으로 빠름을 겨루는 경기.

경영-권(經營權) 圀 [법] 기업의 경영자가 자기의 기업체를 전반적으로 관리·경영하는 권리.

경영-난(經營難) 圀 사업이나 기업을 경영해 나가는 데 따라서 일어나는 여러 가지 어려움. ¶~에 부딪히다.

경영-인(經營人) 圀 사업이나 기업 등을 관리하고 운영하는 사람. ¶전문 ~.

경영-자(經營者) 圀[경] 기업의 경영 활동에 관하여 최고의 의사 결정을 내리는 사람 또는 기관.

경영-주(經營主) 圀 기업을 경영하는 주인.

경영-학(經營學) 圀[경] 기업을 합리적으로 경영하는 방법을 연구하는 학문.

경오(庚午) 圀 60갑자의 일곱째.

경옥(硬玉) 圀[광] 휘석의 하나. 빛깔은 백색 또는 녹색이며 반투명함. 녹색의 것은 비취라고 하여 보석으로 쓰임.

경ː외(敬畏) [-외/-웨] 圀 공경하고 두려워하는 것. ≒외경. **경ː외-하다** 困㉧㉨

경ː외-심(敬畏心) [-외/-웨-] 圀 공경하면서 두려워하는 마음. ¶생명에 대한 ~을 품다.

경우¹(境遇) 圀 놓여 있는 조건이나 놓이게 되는 형편 또는 사정. ¶만일의 ~ 비가 오면 행사를 연기하겠다.

경우²(涇渭) 圀 '경위(涇渭)'의 잘못.

경우의 수(境遇-數) [-에-] [수] 어떤 시행(試行)에서 특정한 사건이 일어날 수 있는 경우의 가짓수.

경운-기(耕耘機) 圀[농] 원동기를 갖추어, 논밭을 갈거나 흙덩이를 부수거나 짐을 운반하거나 탈곡·양수 등의 작업을 하게 되어 있는 기계.

경ː원(敬遠) 圀 겉으로는 공경하는 체하나 속으로는 꺼려 멀리하는 것. 또는, 단순히 꺼려 멀리함을 이르는 말. **경ː원-하다** 困㉧㉨ ¶직장 동료들은 아첨꾼인 그를 경원하고 있다.

경위¹(涇渭) 圀 [중국의 경수(涇水)는 탁하고, 위수(渭水)는 맑아서 뚜렷이 구별된다는 데에서] 사람으로서의 도리나 사리 분별. ¶~가 밝은 사람. ×경우.

경위²(經緯) 圀 일이 되어 온 경로나 경과. ¶사건의 ~를 조사하다.

경위³(警衛) 圀 경찰 공무원 계급의 하나. 경감의 아래, 경사의 위임.

경유¹(經由) 圀 [탈것, 특히 일정한 노선을 다니는 탈것이 어느 곳을] 거쳐 지나가는 것. **경유-하다** 困㉧㉨ ¶이 비행기는 일본을 경유하여 미국으로 간다.

경유²(輕油) 圀[화] **1** 원유를 증류할 때 나오는, 끓는점 250~350℃의 유분. 디젤 기관의 연료 등에 쓰임. **2** 콜타르를 증류하여 얻는, 끓는점 80~170℃의 유분. 용매로 쓰임.

경유³(鯨油) 圀 수염고래류의 지방 조직이나 뼈에서 얻는 기름. 비누·마가린 등의 원료로 쓰임.

경음(硬音) 圀[언] =된소리.

경-음악(輕音樂) 圀[음] 비교적 소규모의 악단이 연주하는, 가벼운 마음으로 들을 수 있는 대중음악.

경음-화(硬音化) 圀[언] =된소리되기.

경ː의(敬意) [-의/-이] 圀 존경하는 뜻. ¶그의 업적에 ~를 표하다.

경의-실(更衣室) [-의/-이-] 圀 작업장 등에서, 옷을 갈아입는 방.

경이(驚異) 圀 놀랍고 감탄스러운 상태. 또는, 놀라고 신비롭게 여김. ¶~의 눈으로 보다. **경이-하다** 困㉧㉨

경이-롭다(驚異-) [-다] 圀㉱<-로우니, -로워> 놀랍고 이상스럽다. ¶인간의 달 착륙은 **경이로운** 사건이었다.

경이-적(驚異的) 圀 놀랍고 감탄스러운 상태에 있는 (것). ¶~인 경제 발전.

경인(京仁) 圀 서울과 인천. ¶~ 고속도로.

경인(庚寅) 圀 60갑자의 스물일곱째.

경-입자(輕粒子) [-짜] 圀[물] 전자·중성 미자·뮤온 등 강한 상호 작용을 하지 않는, 스핀 2분의 1인 소립자.

경자(庚子) 圀 60갑자의 서른일곱째.

경작(耕作) 圀 (논·밭 따위의) 토지를 심은 곡물이나 채소 등이 잘 자랄 수 있게 갈고 보살피는 것. **경작-하다** 困㉧㉨

경작-지(耕作地) [-찌] 圀 경작하는 토지. ≒경지.

경ː장(警長) 圀 경찰 공무원 계급의 하나. 경사의 아래, 순경의 위임.

경재-소(京在所) 圀[역] 조선 초기에 지방 관청이 서울에 두었던 출장소.

경쟁(競爭) 圀 같은 목적을 두고 서로 이기거나 앞서거나 더 큰 이익을 얻으려고 겨루는 것. ¶생존 ~ / 선의의 ~. **경ː쟁-하다** 困㉧㉨

경ː쟁-국(競爭國) 圀 어떤 문제·분야에서 국제적으로 유리한 입장을 차지하려고 서로 다투는 상대국.

경ː쟁-력(競爭力) [-녁] 圀 어떤 상품이나 기업 등의, 경쟁에서 뒤지지 않을 만한 힘이나 능력. ¶국제 ~ / ~이 있다.

경ː쟁-률(競爭率) [-뉼] 圀 경쟁의 비율.

경ː쟁-사(競爭社) 圀 경쟁 대상이 되는 회사.

경ː쟁-심(競爭心) 圀 남과 겨루어 이기려는 마음. ≒경쟁의. ¶~을 조장하다.

경ː쟁-의식(競爭意識) 圀 =경쟁심.

경ː쟁-자(競爭者) 圀 경쟁을 하는 사람.

경ː쟁-적(競爭的) 圀 경쟁하는 (것). 또는, 경쟁하다시피 하는 (것). ¶대기업들이 정보 통신 분야에 ~으로 뛰어들다.

경ː적(警笛) 圀 위험이나 경계를 하도록 울리는 음향기. 주로, 탈것에 닮. ¶~을 울리다.

경전(經典) 圀 종교의 가르침을 담은, 신앙이 되는 글이나 책. 크리스트교의 성서, 불교의 불경 따위.

경정(更正) 圀 **1** 바르게 고치는 것. **2** [법] 납세 의무자의 신고가 없거나 신고액이 너무 적을 때, 정부가 과세 표준과 과세액을 변경하는 일. **경정-하다** 困㉧㉨

경ː정²(警正) 圀 경찰 공무원 계급의 하나.

경감의 위. 총경의 아래임.
경제(經濟) 몡 **1**[경] 인간이 공동생활을 하는 데에 필요한. 물질적 재화(財貨)와 서비스의 생산·유통·소비의 활동. 또는, 그것을 통하여 형성되는 사회적 관계. ¶국민 ~ / ~가 침체되다. **2** 시간·노력·비용 등이 적게 드는 것.
경제^개발(經濟開發) 몡 주로 개발도상국에서 산업을 일으켜 국가 경제를 발전시키는 일. ¶~ 5개년 계획.
경제-계(經濟界) [-계/-게] 몡 주로 경제 활동에 종사하는 조직체나 개인의 활동 영역. 흔히, 실업계와 세계를 일컬음.
경제^공황(經濟恐慌) 몡[경] 자본주의 경제에서, 상품의 생산과 소비의 균형이 깨져 산업이 침체하고 파산(破産)이 속출하는 등 급격한 경제 혼란에 빠지는 현상. ⊜공황.
경제-관념(經濟觀念) 몡 재화·노력·시간 등을 유효하게 쓰려고 하는 생각. ¶~이 없다.
경제-권¹(經濟圈) [-꿘] 몡[경] 국제적·국내적으로 경제 활동이 현저히 교류되고 있는 일정한 지역.
경제-권²(經濟權) [-꿘] 몡 경제 행위를 주장하는 권리.
경제-난(經濟難) 몡 경제 생활의 어려움.
경제-력(經濟力) 몡[경] 경제 행위를 하여 나가는 힘. ¶~을 과시하다.
경제-면(經濟面) 몡 신문에서, 재정·금융·경제에 관한 기사를 싣는 지면.
경제^백서(經濟白書) [-써] 몡[정] 정부가 국민에게 발표하는, 경제 분야의 연차 보고서.
경제^블록(經濟bloc) 몡[경] 몇 나라가 단결하여 이룬, 배타적 성격을 가진 경제권(經濟圈).
경제-사(經濟史) 몡[경] 경제 발전의 역사. 또는, 경제 활동의 발전·진보 과정을 연구하는 학문.
경제^사고(經濟事故) 몡[법] 개인·공공 단체 또는 국가의 경제적 법익을 침해하였거나 침해하려 함으로써 성립되는 죄. 또는, 그런 죄를 범한 자.
경제^사회^이사회(經濟社會理事會) [-회-회/-훼-훼] 몡[정] '국제 연합 경제 사회 이사회'의 준말.
경제-성(經濟性) [-썽] 몡 어떤 활동이 경제적 목적을 달성하기 위해 가지는 효율성. ¶~이 높은 사업.
경제^성장(經濟成長) 몡[경] 재화와 용역을 생산하는 국민 경제의 능력이 증가하는 일. 특히, 국민 총생산(GNP)이 상승하는 일.
경제^성장률(經濟成長率) [-뉼] 몡[경] 한 나라의 경제 성장을 보기 위한 지표. 일반적으로는 실질 국민 총생산(GNP)의 연간 증가율이 그 척도가 됨. ⊜성장률.
경제-속도(經濟速度) [-또] 몡[경] 항공기·자동차 등이 일정한 양의 연료로 가장 먼 거리를 운행할 수 있는 속도.
경제^수역(經濟水域) 몡[지] 연안국이 어업 관할권을 지배할 수 있는 해역. 보통 연안에서 200해리까지되다.
경제-인(經濟人) 몡 **1** 경제계에서 활동하는 사람. ¶전국 ~ 연합회. **2** 경제 원칙에 따라 최대 이윤을 꾀하여 합리적으로 행동하는 인간상.
경제-적(經濟的) 관 **1** 경제에 관한

경질__67

(것). ¶~ 자립. **2** 비용·물자·노력 따위가 적게 드는 (것). ¶상품 구입은 세일 기간을 이용하는 것이 ~이다.
경제-주의(經濟主義) [-의/-이] 몡[경] 경제 원칙을 합리적으로 실현하려는 주의.
경제^지표(經濟指標) 몡[경] 한 나라의 경제 상태를 알 수 있도록 통계 수치로 나타낸 지표. 국민 소득·경제 성장률·국제 수지·물가 상승률 따위.
경제-특구(經濟特區) [-꾸] 몡[경] 일반 지역과는 달리 경제면에서 특별 우대 정책이 적용되는 지역. ¶~을 지정하다.
경제-학(經濟學) 몡[경] 인간 사회의 경제 현상, 특히 재화(財貨)와 서비스의 생산·소비의 법칙을 연구하는 학문.
경제^협력^개발^기구(經濟協力開發機構) [-녁녁-] 몡[경] 1961년 유럽과 북아메리카를 연결하는 경제 개발 기구로서 발족하여 경제 성장, 개발도상국의 원조, 세계 무역의 확대 등을 목적으로 하는 조직. =오이시디(OECD).
경(慶弔) 몡 **1** 경사스러움과 불행함. **2** 경사를 축하하고 궂은일을 위문하는 일.
경-조사(慶弔事) 몡 축하해야 할 기쁜 일과 애도해야 할 불행한 일. 곧, 혼사·상사(喪事) 따위.
경종(警鐘) 몡 잘못되는 일이나 위험한 일에 경계하여 주는 주의나 충고의 비유.
경종을 울리다 잘못이나 위험을 미리 경계하여 주의를 환기시키다. ¶최근 에이즈의 전 세계적 확산은 문란한 성도덕에 크나큰 **경종을 울려** 주고 있다.
경주(傾注) 몡 (힘이나 정신을) 한곳에 기울이는 것. **경주-하다**¹ 통(타여) . ¶목적을 달성하기 위해 노력을 ~. **경주-되다** 통(자)
경!**주**²(競走) 몡 사람·동물·차량 등이 일정한 거리를 달려 빠르기를 겨루는 일. 또는, 그 경기. 回달리기. ¶단거리 / 자동차 ~. **경**!**주-하다** 통(자여)
경!**주-로**(競走路) 몡[체] =레인(lane)**1**.
경중(輕重) 몡 **1** 가벼움과 무거움. 또는, 그 정도. **2** 중요함과 중요하지 않음. ¶사건(事案)의 ~을 가리다.
경증(輕症) [-쯩] 몡 가벼운 증세. ¶~ 환자. ↔중증.
경지(耕地) 몡 '경작지'의 준말. ¶~ 면적.
경!**지**²(境地) 몡 **1** 일정한 경계 안의 땅. **2** 쉽게 도달할 수 없는 높은 상태. ¶달관의 ~ / 무아의 ~. **3** 학문이나 예술 등에서, 일정한 체계로 이루어진 영역이나 분야. ¶독자적 ~를 개척하다.
경직(硬直) 몡 **1** (몸 따위가) 굳어서 뻣뻣하게 되는 것. ¶사후(死後) ~. **2** (사고방식이나 태도나 분위기 따위가) 외곬으로 치우쳐 융통성이 없거나 딱딱한 상태가 되는 것. **경직-하다** 통(자여) **경직-되다** 통(자) ¶폐쇄적이고 **경직된** 사고.
경진¹(庚辰) 몡 60갑자의 열일곱째.
경진²(輕震) 몡[지] 진도 2의 가벼운 지진. 창문이 약간 흔들릴 정도.
경!**진**³(競進) 몡 서로 겨루어 우열을 가리는 것. **경**!**진-하다** 통(자여)
경질(更迭/更佚) 몡 (어떤 조직의 직위나 직책을) 그 자리에 있던 사람을 그만두게 하고 다른 사람이 맡게 하는 것. **경질-하**

다 동(타여) **경질-되다** 자 ¶대폭 개각으로 많은 각료가 ~.

경질²(硬質) 명 물건의 단단하고 굳은 성질. ¶~ 고무. ↔연질.

경차(輕車) 명 =경승용차.

경-착륙(硬着陸) [-창뉵] 명 1 우주선이 속도를 제대로 줄이지 못해 천체에 충돌하는 일. 2 [경] 경기 하강이나 후퇴가 급격하게 이뤄지는 일. ↔연착륙. **경착륙-하다** 동(자)

경찰(警察) 명 1 [법] 국가 권력으로 국민의 생명과 재산을 지키고, 사회 질서를 바로잡으며, 범죄 수사나 범인 체포 등의 업무를 수행하는 일. 또는, 그런 일을 하는 국가 기관. 2 '경찰관'의 준말.

경찰-견(警察犬) 명 경찰의 활동을 보조할 목적으로 육성·훈련된 개.

경찰-관(警察官) 명 경찰 공무원의 통칭. 준경찰·경찰.

경찰-권(警察權) [-꿘] 명 [법] 경찰 행정을 담당하는 공권력.

경찰-력(警察力) 명 경찰의 물리적인 힘. ¶~을 동원하여 시위대를 강제 해산하다.

경찰-봉(警察棒) 명 경찰관이 휴대하는 둥근 나무 방망이.

경찰-서(警察署) [-써] 명 경찰 관청의 하나. 대도시의 각 구(區) 및 시·군에 설치함.

경찰-차(警察車) 명 경찰이 업무를 위해 사용하는 차. 특히, 식별 가능하도록 특정한 색깔이 칠해져 있는 차를 가리킴.

경찰-청(警察廳) 명 행정 자치부 장관 소속에 설치되어 경찰 업무를 관장하는 정부 행정 기관.

경!창(競唱) 명 노래, 특히 판소리·민요·시조창·잡가 등의 솜씨를 겨루는 일.

경채-류(莖菜類) 명 줄기를 주로 먹는 채소류.

경천-근민(敬天勤民) 명 하늘을 숭배하고 백성을 위하여 부지런히 일함. **경천근민-하다** 동(자)

경천-동지(驚天動地) 명 세상을 몹시 놀라게 함. **경천동지-하다** 동(자여)

경첩 명 돌쩌귀처럼 문짝을 다는 데 쓰는 철물의 하나. 두 쇳조각을 맞물려 만듦.

경청(傾聽) 명 (다른 사람의 말을) 귀기울여 듣는 것. **경청-하다** 타(여) ¶많은 사람들이 그의 강연을 **경청하였다**.

경추(頸椎) 명 [생] 척추의 맨 위쪽, 목 부분에 있는 추골. =목등뼈.

경!축(慶祝) 명 (어떤 일을) 경사스럽게 여겨 축하하는 것. **경축-하다** 타(여) ¶광복절을 **경축하는** 기념식이 거행되다.

경치(景致) 명 멀리 한눈에 보이는, 산·강·바다 등의 자연의 모습이나 도시·시골 등의 넓은 지역의 모습. 또는, 그 모습이 조화나 균형을 이루고 있는 상태. =경개(景槪)·풍물. 비경관(景觀)·풍경·풍광.

경치-다(黥-) 동(자) 1 호된 꾸지람을 듣거나 벌을 받다. ¶이런 **경칠** 녀석 같으니. 2 (주로 '경치게'의 꼴로 쓰여) 아주 심한 상태를 못마땅하게 여겨 이르는 말. ¶날씨 한번 **경치게** 덥다.

경칩(驚蟄) 명 24절기의 하나. 양력 3월 6일경으로, 우수와 춘분 사이에 있음.

경칭(敬稱) 명 공경하는 뜻으로 사용하는 칭호. ¶~을 붙이다.

경쾌-하다(輕快-) 형(여) 1 (움직이나 모습·기분 따위가) 가볍고 상쾌하다. **경쾌한** 발놀림. 2 (음악이나 필치 따위가) 무겁지 않고 멋있어지다. ¶왈츠는 **경쾌한** 리듬의 춤이다.

경탄(驚歎·驚嘆) 명 사물의 훌륭함이나 대단함에 놀라 절로 '아' 하는 소리를 내거나, 그런 소리를 낼 만큼 감동받는 상태가 되는 것. 비감탄. **경탄-하다** 자(여) ¶그의 해박한 지식에 ~.

경판(經板) 명 간행하기 위하여 나무나 금속에 불경을 새긴 판.

경편(輕便) 명 가볍고 편하거나, 손쉽고 편리한 것. ¶~요리 / ~ 철도.

경품(景品) 명 특정한 기한 안에 많은 상품을 팔기 위해 일정한 액수 이상의 상품을 사는 손님에게 곁들여 주는 물품.

경품-권(景品券) [-꿘] 명 당첨된 것에 한하여 경품을 받을 수 있도록 주는 표.

경!하(慶賀) 명 경사로운 일에 대하여 치하하는 것. **경하-하다** 타(여) ¶귀하의 수상을 **경하해** 마지않습니다.

경학(經學) 명 공자의 사상을 중심으로 사서오경을 연구하는 학문. 비유학(儒學).

경합(競合) 명 (둘 이상의 사람이나 단체 등이) 거의 비등하면서 서로 실력이나 승부를 겨루는 것. ¶~을 벌이다. **경합-하다** 동(자여) ¶시장 선거에 네 후보가 ~.

경향(京鄕) 명 서울과 시골. 비중외.

경향²(傾向) 명 (사상·행동이나 어떤 현상이) 어떤 방향으로 기울거나 쏠리는 일. ¶사실주의적~을 띤 소설.

경향-극(傾向劇) 명(연) 어떤 주의·사상, 특히 사회주의 사상을 선전하기 위한 극.

경험(經驗) 명 (어떤 일을) 보거나 듣거나 느끼면서 겪는 것. 또는, 거기서 얻은 지식이나 능력. 비체험. ¶간접 ~ / ~을 쌓다. **경험-하다** 타(여) ¶착제을 ~.

경험-담(經驗談) 명 몸소 겪은 일에 대한 이야기. 비체험담.

경험-론(經驗論) [-논] 명 1 [철] =경험주의. 2 경험을 바탕으로 한 논의나 견해.

경험-자(經驗者) 명 어떤 일을 경험한 사람. ¶전투~.

경험-적(經驗的) 관 명 경험에 근거하는 (것). ¶~인 지식 / ~으로 아는 사실.

경험-주의(經驗主義) [-의/-이] 명 [철] 경험할 수 있는 것만이 인식을 구성하며, 또 경험한 것만이 진리라고 생각하는 사상. =경험론. ▷합리주의.

경혈(經穴) 명 [한] 경락(經絡)에서, 침을 놓거나 뜸을 뜨면 치료의 효과가 나타나는 자리.

경!호(警護) 명 (어떤 사람을) 위험으로부터 보호하는 것. **경호-하다** 타(여) ¶경찰이 브이아이피(VIP)를 ~.

경호-원(警護員) 명 다른 사람의 신변을 경호하는 사람.

경화(硬化) 명 1 (어떤 물질이) 단단하게 굳어지는 것. ¶동맥 ~. 2 (의견·태도 등이) 강경하게 되는 것. ↔연화(軟化). **경화-하다** 동(자여) **경화-되다** 동(자) ¶근육이 ~ / 여야의 관계가 ~.

경화²(硬貨) 명 1 금속으로 주조한 화폐. 2 금 또는 각국의 화폐와 언제나 바꿀 수 있는 화폐. ↔연화(軟貨).

경화-유(硬化油) 명[화] 액체 상태의 어유(魚油)나 콩기름 등에 수소를 첨가하여 고체 상태로 만든 기름. 마가린·비누·초 등의 원료로 씀.

경화-증(硬化症) [-쯩] 명[의] 조직이 변

성하여 굳어지는 것. 또는, 그것에 의해 일어나는 병적 상태. 동맥 경화증 따위.

경황¹(景況) [명] 정신적인 여유나 겨를. ¶~이 없어 인사도 드리지 못했습니다.

경황²(驚惶) [명] 놀라서 당황하는 것. **경황-하다** [형]

경황-없다(景況-) [-업따] [형] 몹시 바빠 겨를이 없다. **경황없-이** [부]

곁 [곁] [명] **1** 공간적으로 사람이나 사물로부터 가까운 데. 옆. ¶내 ~에 앉아. **2** 관심이 미치는 영역이나 유대 관계가 있는 범위. ¶부모 ~을 떠나다.

곁을 비우다 보호하거나 지키는 사람이 없는 상태가 되게 하다.

곁-가지 [겯까-] [명] **1** 원가지에서 곁으로 돋은 작은 가지. **2** 어떤 사물에서 갈라져 나오거나 부차적인 부분.

곁-길 [겯낄] [명] 큰길에서 곁으로 갈라져 난 길. ¶~로 빠지다.

곁-눈¹ [견-] [명] 얼굴은 돌리지 않고 눈알만 옆으로 돌려 보는 눈. ¶~으로 슬쩍 보다. ×옆눈.

곁눈(을) 팔다 주의를 집중시키지 않고 다른 데를 보다.

곁-눈² [견-] [명] [식] 줄기의 옆쪽에 생기는 눈.

곁눈-질 [견-] [명] **1** 곁눈으로 보는 짓. **2** 곁눈으로 눈을 알리는 것. ¶눈 밖으로 나가자는 신호를 보내다. ×옆눈질. **곁눈질-하다** [동][자][타][여] ¶상대를 힐끔 ~.

곁-다리 [겯따-] [명] 직접 관계있는 사람이나 부차적인 사물을 얕잡아 이르는 말.

곁다리(를) 끼다 당사자가 아닌 사람이 곁에서 참견하여 말하다.

곁-두리 [겯뚜-] [명] 농부나 일꾼이 일하면서 끼니 외에 아침과 점심 사이, 점심과 저녁 사이에 먹는 음식. ¶새참.

곁-들다 [겯뜰-] [동][자][여] 〈-드니, -드오〉 (어떤 것에 다른 것이) 곁붙어 어울리다. 또는, (어떤 상황에 다른 것이) 끼어들다. ¶노래에 춤이 곁들어 분위기가 더욱 흥겨워졌다.

곁-들이다 [겯뜨리-] [동][타][여] **1** 주된 음식에 다른 음식을 함께 갖추다. ¶스테이크에 야채를 ~. **2** 주된 일에 다른 일을 겸하여 하다. ¶노래에 춤을 ~.

곁-말 [견-] [명] 같은 집단의 사람들이 사물을 바로 말하지 않고 다른 말로 빗대어 하는 말. '희떱다'는 것을 '까치 배때기 같다'라 하는 따위. ▷은어.

곁-방 [겯빵] [겯빵] [명] **1** 남의 집 한 부분을 빌려 든 방. **2** 주가 되는 방에 딸린 방. =측실.

곁방-살이 (-房-) [겯빵-] [명] 남의 집 곁방을 빌려 사는 살림. **곁방살이-하다** [동][자][여]

곁-뿌리 [겯-] [명] [식] 고등 식물의 원뿌리에서 갈라져 나간 작은 뿌리. ↔원뿌리.

계¹ (系) [계-] [명] **1** [수][철] 어떤 정리로부터 쉽게 밝혀낼 수 있는 명제. **2** [화] 일정한 성격·작용·관계가 있는 집합체. **3** [지] 지질 시대 구분의 한 단위인 기(紀)에 해당하는 지층임을 나타내는 말.

계² (戒) [계-] [명] **1** 죄를 짓지 못하게 하는 규정. **2** [불] 승려 및 불교도가 지켜야 할 행동 규범.

계³ (計) [계-] [명] =합계.

계⁴ (係) [계/계] [명] 사무나 작업 분담의 작은 갈래. 과(課)의 아래 단위임.

계⁵ (癸) [계/게] [명] 천간(天干)의 열째.

계⁶ (界) [계/게] [명] [생] 생물 분류학상의 가장 큰 단위. 동물계·식물계가 있음.

계⁷ (契) [계/게] [명] **1** 예부터 있어 온 민간 상호 협동 조직의 하나. 여러 사람이 동기적으로 돈이나 곡식·피륙 등을 추렴하여 그것을 서로 이용함. **2** 오늘날 여러 사람이 일정 기간 동안 매달 일정액의 돈을 내어 한 사람씩 목돈을 타게 하는 일시적인 조직. ¶~ 모임 / ~을 들다.

계(를) 타다 곗돈을 받게 되다.

-계⁸ (系) [계/게] [접미] 그런 계통에 속함의 뜻. ¶기독교~의 학교 / 한국~의 미국인.

-계⁹ (屆) [계/게] [접미] 일부 명사 아래에 쓰여, '문서'의 뜻. ¶결석~ / 결근~.

-계¹⁰ (計) [계/게] [접미] 일부 명사 아래에 쓰여, 그것을 재는 '기구'나 '계기'의 뜻. ¶온도~ / 주행(走行)~.

-계¹¹ (係) [계/게] [접미] 일부 명사 아래에 쓰여, 사무나 작업 분담의 '단위'의 뜻. ¶서무~ / 인사~.

-계¹² (界) [계/게] [접미] **1** 분야나 업종 등을 나타내는 일부 명사에 붙어, 그것의 '영역', '사회', '세계' 등을 뜻하는 말. ¶출판~ / 연예~. **2** 행정 구역을 나타내는 일부 명사에 붙어, '경계'의 뜻을 나타내는 말. ¶시~ / 도~.

계-가 (計家) [계-/게-] [명] [바둑] 바둑을 다 둔 뒤에 이기고 진 것을 가리기 위해 집 수를 헤아리는 것. **계가-하다** [동][자][여]

계-간 (季刊) [계-/게-] [명] 잡지·전문지 등을 계절마다 한 번씩 (곧, 1년에 네 번) 발행하는 일. 또는, 그 간행물.

계간-지 (季刊誌) [계-/게-] [명] 계절마다 한 번씩 발행되는 잡지나 전문지.

계고 (戒告) [계-/게-] [명] [법] **1** 행정상의 의무를 일정 기간 안에 이행하지 않을 때는 강제 집행을 한다는 뜻을 미리 문서로써 통고하는 일. 또는, 그 절차. **2** 공무원의 의무 위반에 대한 징계 처분. **계고-하다** [동][타][여]

계고-장 (戒告狀) [계-쨩/게-쨩] [명] [법] 행정상의 의무 이행을 알려 재촉하는 글이나 문서.

계곡 (溪谷) [계-/게-] [명] 물이 흐르는 골짜기.

계관^시인 (桂冠詩人) [계-/게-] [명] [고대 그리스에서 훌륭한 시인에게 월계관을 씌워 준 데서] [문] 영국 왕실이 영국의 가장 명예로운 시인에게 내리는 칭호.

계교 (計巧) [계-/게-] [명] 요리조리 생각해 낸 꾀. ¶~를 꾸미다 / ~를 쓰다.

계급 (階級) [계-/게-] [명] **1** 사회나 조직 속에서의 신분·지위 따위의 단계. 특히, 군대나 경찰 등에서의 위계(位階). **2** [사] 재산·부(富)와 같은 경제적 능력, 신분의 고하, 정치적 지배력의 유무에 따라 구분되는 사회적 집단. ¶부르주아 ~. **3** [수] 도수 분포표에서 측정값이 분류되는 작은 구간.

계급-의식 (階級意識) [계-/게-] [명] 자기가 속하는 계급의 지위·역할·사명 등을 자각하고 또 이를 향상시키려는 의식.

계급-장 (階級章) [계-쨩/게-쨩] [명] 옷 따위에 달아 계급을 나타내는 표.

계급^정년 (階級停年) [계-쨩/게-쨩] [명] [군] 한 계급에서 일정한 기간이 지나도 진급하지 못하면 전역(轉役)하거나 퇴역하도록 정한 기한. ¶~에 걸리다.

계급^제:도(階級制度)[계-/게-제:-/게:-제:-] 명 사회나 어떤 집단의 구성원이 신분이나 자신의 계급에 따라 엄격하게 구별되는 제도.

계급-주의(階級主義)[계-/게-/계:-주-/게:-주-] 명 1 자신이 속한 계급의 이념에만 충실하고 다른 계급에 대해서는 배타적인 태도. 2 역사 발전의 원동력은 계급 사이의 투쟁에 있다고 보는 견해.

계급-투쟁(階級鬪爭)[계-/게-/계:-/게:-] 명 경제적·정치적 우열(優劣)이나 지배·피지배를 둘러싸고, 서로 다른 계급 사이에서 이루어지는 투쟁.

계:기(計器)[계-/게-] 명 무게·길이·양·면적이나 온도·속도·시간·세기 따위를 재는 기계나 기구의 총칭.

계:기²(契機)[계-/게-] 명 어떤 일이 일어나거나 변화·결정되는 근거나 기회. ¶그 사건을 ~로 두 사람은 친해졌다.

계:기²비행(計器飛行)[계-/게-] 명 날씨가 좋지 않은 때나 야간에 나침반·레이더 등의 계기에만 의존하는 비행.

계:기-판(計器板)[계-/게-] 명 항공기나 자동차, 기관차 등의 조종석 또는 운전석 앞에 각종 계기를 설치해 놓은 면. 비문자판.

계단(階段)[계-/게-] 명 1 [자립] 2층 이상의 건물이나 비탈 같은 곳과 같이 높은 다른 곳으로 걸어서 움직일 때, 밟고 오르내릴 수 있도록 턱을 지어 만든 설비. 비층계. ¶비상~. 2 일을 하는 데 밟아야 할 순서. 2[의존] 밟고 오르내릴 수 있도록 턱을 지어 놓은 것의 단을 세는 말. ¶한 ~.

계단-식(階段式)[계-/게-] 명 1 계단을 본뜬 방식. ¶~ 논. 2 한 단계 한 단계씩 순서를 밟아서 하는 방식. ¶~ 학습법.

계도¹(系圖)[계-/게-] 명 대대의 계통을 나타낸 도표.

계도²(啓導)[계-/게-] 명 깨치어 이끌어 주는 것. 계도-하다 동(타)

계란(鷄卵)[계-/게-] 명 =달걀.
[계란에도 뼈가 있다][임금이 가난한 정승에게 사 준 계란이 모두 곯았다는 데에서] 일이 늘 안 되는 사람은 좋은 기회를 만나도 역시 그르치고 만다. '계란유골'과 같은 말.
계란이나 달걀이나 이것이나 저것이나 다 마찬가지라는 뜻.

계란-말이(鷄卵-)[계-/게-] 명 달걀을 얇게 부쳐서 돌돌 만 음식. =달걀말이.

계란-유골(鷄卵有骨)[계-/게--/게:-뉴-] 명 일이 늘 안 되는 사람은 좋은 기회를 만나도 역시 그르치고 만다는 말. '계란에도 뼈가 있다'와 같은 말.

계란-찜(鷄卵-)[계-/게-] 명 푼 달걀에 새우젓이나 명란젓, 파·깨 따위를 넣고 찐 음식.

계란-형(鷄卵形)[계-/게-] 명 달걀처럼 생긴 모양. 곧, 한쪽이 다소 길쭉한 타원형의 모양. =달걀형. ¶달걀꼴. ¶~의 얼굴.

계:략(計略)[계-/게-] 명 어떤 일을 이루기 위한 꾀나 수단. ¶~을 꾸미다.

계:량(計量)[계-/게-] 명 1 분량이나 무게를 재는 것. 비계측. 2 수치나 통계로서 나타낼 수 있도록 측정하거나 조사하는 것. 계:량-하다 동(타)

계:량-기(計量器)[계-/게-] 명 계량하는 데에 쓰이는 기구. ¶수도 ~ / 전기 ~.

계:량-스푼(計量spoon)[계-/게-] 명 가루나 조미료, 액체 따위의 용량을 재는 기구.

계:량-컵(計量cup)[계-/게-] 명 가루나 조미료, 액체 따위의 용량을 재는, 눈금이 표시된 컵.

계례(笄禮)[계-/게-] 명 옛날에, 약혼한 여자가 올리던 성인 의식. 땋았던 머리를 풀어 쪽을 찜. ↔관례(冠禮). 계례-하다

계룡-산(鷄龍山)[계-/게-] 명[지] 충청 남도 공주시와 논산시에 걸쳐 있는 산. 높이 845m.

계루(繫累·係累)[계-/게-] 명 어떤 일에 얽매여 관련되는 것. 비권속. 계루-하다 동(타) 계루-되다 동(자) ¶살인 사건에 ~.

계류(溪流·谿流)[계-/게-] 명 산골짜기에 흐르는 시냇물.

계류²(繫留)[계-/게-] 명 1 어떤 자리에서 벗어나지 못하도록 밧줄 따위로 붙잡아 매어 놓는 것. 2 (어떤 사건이) 해결되지 않고 걸려 있는 것. 계:류-하다 동(자)(타) ¶배를 나루터에 ~. 계:류-되다 동(자) ¶검찰에 계류되어 있는 사건.

계륵(鷄肋)[계-/게-] 명 '닭의 갈비'라는 뜻) 그다지 가치는 없으나 버리기에는 아까움의 비유.

계:리-사(計理士)[계-/게-] 명 '공인 회계사'의 구칭.

계림(鷄林)[계-/게-] 명[역] 1 신라 탈해왕 때부터 한때 부르던 '신라'의 다른 이름. 2 '경주(慶州)'의 옛 이름.

계:면(界面)[계-/게-] 명 1 [물] 서로 접촉해 있는 두 가지 상(相)의 경계면. 2 경계를 이루는 면.

계:면-조(界面調)[계-조-/게:-조-] 명[음] 국악에서 쓰이는 음계의 하나. 슬프고 처절한 감을 주는 음조로, 서양 음악의 단조와 비슷함.

계면-쩍다(-[계-따-/게:-따]) 형 '겸연쩍다'의 변한말.

계명¹(階名)[계-/게-] 명[음] =계이름.

계:명²(誡命)[계-/게-] 명 종교·도덕상 꼭 지켜야 할 조건. ¶~을 어기다.

계명-구도(鷄鳴狗盜)[계-/게-] 명[제(齊)나라의 맹상군(孟嘗君)이 위기에 처했을 때 식객들이 닭 울음소리와 좀도둑질로 그를 구했다는 고사에서] 비굴한 꾀를 써서 남을 속이는 천박한 사람. 또는, 하찮고 천한 재주도 도움이 될 때가 있음을 비유하는 말.

계:모(繼母)[계-/게-] 명 아버지의 후처. 비의붓어미. ▷서모.

계:몽(啓蒙)[계-/게-] 명 (지식 수준이 낮거나 인습적 편견에 젖어 있는 사람을) 바른 생각을 가지도록 깨우쳐 주는 것. 계:몽-하다 동(타) ¶청소년을 ~. 계:몽-되다 동(자)

계:몽-사상(啓蒙思想)[계-/게-] 명[철] =계몽주의.

계:몽^운동(啓蒙運動)[계-/게-] 명[사] 지식 수준이 낮은 사람을 깨우치고, 인습적 편견에 젖어 있는 사람이 합리적 판단력을 가지도록 하는 운동. ¶농촌 ~.

계:몽-주의(啓蒙主義)[계-/게-주-/게:-이] 명[철] 18세기에 프랑스를 중심으로 유럽 전역에 확산된, 중세의 전통적·권위적 사상을 부정하는 혁신적 사상. =계몽사상.

계약 __71

계:묘(癸卯) [계-/게-] 몡 60갑자의 마흔째.

계:미(癸未) [계-/게-] 몡 60갑자의 스무째.

계:미-자(癸未字) [계-/게-] 몡 [역] 조선 태종 3년(1403:계미년)에 만든 구리 활자.

계:발(啓發) [계-/게-] 몡 (슬기와 재능 등을) 일깨워 더 나은 상태가 되게 하는 것. ¶지능 ~ 프로그램. **계:발-하다** 屠(타) ¶소질을 ~. **계:발-되다** 屠(자)

계-백(階伯) [계-/게-] 몡[인] 백제의 장군(?~660).

계:보(系譜) [계-/게-] 몡 1 조상 때부터 내려오는 혈통과 집안 역사를 적은 책. 2 혈연관계나 학풍·사조(思潮) 등으로 되어 온 연속성. ¶워즈워스는 낭만주의 ~에 속하는 시인이다.

계:부(繼父) [계-/게-] 몡 어머니가 개가하여 얻은 남편. 삔의붓아버지.

계분(鷄糞) [계-/게-] 몡 =닭똥.

계:비(繼妃) [계-/게-] 몡 임금의 후취인 비(妃).

계:사(癸巳) [계-/게-] 몡 60갑자의 서른째.

계:사[2](繫辭) [계-/게-] 몡 1 [논] 명제의 주사(主辭)와 빈사(賓辭)를 연결하여 긍정이나 부정의 뜻을 나타내는 말. '고래는 동물이다'에서 '이다' 같은 것. 2 본문에 딸려 그것을 설명하는 말.

계사(鷄舍) [계-/게-] 몡 =닭장.

계:산(計算) [계-/게-] 몡 1 (어떤 수로 이루어진 식을) 그 값이나 답을 구하기 위해 덧셈·뺄셈·곱셈·나눗셈의 방식으로 셈하는 것. ¶~이 맞다. 2 (값을) 치르는 것. ¶이 달 일을) 예상하거나 고려하는 것. ¶돌발 사태를 ~에 넣다. 4 어떤 일이 자기에게 어떤 이해득실이 있는지 따지는 일. ¶~이 밝다. **계:산-하다** 屠(타) **계:산-되다** 屠(자) ¶치밀하게 **계산된** 행동.

계:산-기(計算器·計算機) [계-/게-] 몡 각종 계산을 빠르고 정확하게 할 수 있도록 만든 장치. 수판·계산자·컴퓨터 따위.

계:산-대(計算臺) [계-/게-] 몡 슈퍼마켓·상점 등에서, 물건 값을 계산하기 위하여 마련한 대.

계:산-서(計算書) [계-/게-] 몡 계산한 명세를 적은 서류. ¶세금 ~.

계:산-속(計算-) [계-/게-쏙/-쏙] 몡 어떤 일이 자기에게 이해득실이 있는지 속으로 따져 보는 것. ¶~이 빠르다.

계:산-자(計算-) [계-/게-] 몡 [수] 로그 눈금이 새겨진 평행한 두 고정 자와, 그 사이를 움직이는 안쪽 자 및 계산의 눈금을 맞추는 커서로 이루어져 있는 계산자.

계:산-적(計算的) [계-/게-] 몡 1 계산에 의한 (것). 2 지나치게 앞뒤를 재거나 득실을 따지는 (것). ¶~인 사람.

계:상(計上) [계-/게-] 몡 계산하여 넣는 일. **계:상-하다** 屠(타) **계:상-되다** 屠(자)

계:선(繫船) [계-/게-] 몡 선박을 항구 등에 매어 두는 일. 또는, 그 배. ¶~ 말뚝. **계:선-하다** 屠(자)(타)

계:속(繼續) [계-/게-] I 몡 (행위나 현상을) 끊지 않고 이어지게 하는 것. 삔지속. ¶동사 어미는 앞까 하던 얘기의 ~이다. **계:속-하다** 屠(자)(타)(여) ¶내기 장기에서 세 번을 **계속해서** 졌다. **계:속-되다** 屠(자) ¶30도를 웃도는 무더위가 연일 ~. II 면 어떤 행위를 끊지 않고 잇달아. 또는, 어떤 현상이 끊이지 않고 잇대어. ¶며칠째 ~ 비가 온다.

계:속-적(繼續的) [계-/게-쩍/-쩍] 관 계속되거나 계속하는 (것).

계:수[1](季嫂) [계-/게-] 몡 =제수(弟嫂).

계:수[2](係數) [계-/게-] 몡 1 [물] 하나의 수량을 다른 여러 양의 함수로 나타내는 관계식에서, 물질의 종류에 따라 달라지는 비례 상수. 2 [수] 숫자와 문자의 곱으로 이뤄진 단항식에서, 숫자를 포함한 앞의 인수를 뒤의 인수에 대해 일컫는 말.

계:수[3](計數) [계-/게-] 몡 수를 계산하는 것. 또는, 그 결과로 얻은 값. **계:수-하다** 屠(타)

계:수-기(計數器) [계-/게-] 몡 1 주화(鑄貨) 따위를 세는 도구. 2 [교] 수의 기본 관념을 심어 주기 위한 아동 학습 용구. 작은 알들을 몇 개의 쇠줄에 꿰어 놓은 것임. 3 [컴] 입력 펄스의 수를 계산하는 회로. 4 [물] 방사선의 입자를 계측하는 장치.

계:수-나무(桂樹-) [계-/게-] 몡 1 [식] 나무껍질을 '계피'라 하여 약재나 향료로 쓰는, 높이 7m가량의 낙엽 활엽 교목. 잎은 아름답게 단풍이 들며, 씨는 납작하고 한쪽에 날개가 있음. 2 옛날 사람들이 달 속에 있다고 상상하던 나무.

계:승(繼承) [계-/게-] 몡 1 (선임자의 뒤를) 이어받는 것. 2 (선대의 업적·유산·전통 따위를) 이어받는 것. ≒승계. **계:승-하다** 屠(타) ¶왕위를 ~ / 가업을 ~. **계:승-되다** 屠(자)

계:시(計時) [계-/게-] 몡 경기·바둑 따위에서, 소요 시간을 잼. 또는, 그 시간.

계:시[2](啓示) [계-/게-] 몡[종] (신이 사람에게) 어떤 사실이나 진리를 알게 하는 것. ¶신의 ~를 받다. 삔묵시(默示). **계:시-하다** 屠(타) ¶신은 그에게 미래의 일을 **계시했다**. **계:시-되다** 屠(자)

계:시다 [계-/게-] 屠(자) I (윗사람이나 존귀한 존재가 어느 곳에) 자리를 차지하거나 머무르시다. '있다'의 높임말. ¶아버지께서는 시골에 **계신다**. 2 (보조) 1 (동사의 어미 '-아/-어' 아래에 쓰여) 윗사람이나 존귀한 존재가 어떤 행동을 끝내고 그 상태를 지속하고 있음을 높여 이르는 말. ¶할아버지께서는 총일 누워 **계신다**. 2 (동사의 어미 '-고' 아래에 쓰여) 윗사람이나 존귀한 존재가 어떤 행동을 계속하고 있음을 높여 이르는 말. ¶사장님께서는 지금 전화를 받고 **계신다**.

계:시-대:비(計時對比) [계-/게-] 몡[미] 시간의 차이를 두고 두 개의 색을 차례로 보았을 때 일어나는 색의 대비. ↔동시대비.

계:시-원(計時員) [계-/게-] 몡 운동 경기나 바둑 등에서 시간을 재고 기록하는 사람.

계시-판 '게시판(揭示板)'의 잘못.

계:씨(季氏) [계-/게-] 몡 상대방을 높여, 그의 아우를 이르는 말.

계:약(契約) [계-/게-] 몡 1 쌍방이 서로에게 지게 될 의무나 갖게 될 권리에 대해 글이나 말로 정하여 둔 약속. 2 [법] 법률적 효과의 발생을 목적으로 하는 두 개 이상의 의사 표시의 합치에 의하여 성립하는 법률 행위를 가리킴.

¶전세 ~ / ~을 위반하다. 2 [가 [기] 하느님과 인간 사이에 맺어진 약속. 모세를 통하여 세운 것이 구약, 예수를 통하여 세운 것이 신약임. **계!약-하다** 통(차)

계!약-금(契約金) [계-금/계-끔] 명 [법] '계약 보증금'의 준말. ¶~을 걸다.

계!약 보!증금(契約保證金) [계-뽀-/게-뽀-뿌] 명 [법] 계약 이행의 담보로 당사자의 한쪽이 상대방에게 제공하는 보증금. =요조금. 계약금.

계!약-서(契約書) [계-써/게-써] 명 계약의 성립을 증명하는 서(書面).

계!약-자(契約者) [계-짜/게-짜] 명 계약을 맺은 자.

계!약-직(契約職) [계-찍/게-찍] 명 계약에 따라 한시적으로 근무하는 직책. 또는 그렇게 계약 사령관의 직원.

계!엄(戒嚴) [계-/게-] 명 [법] 전쟁이나 사변, 국가의 비상사태가 일어났을 때, 전국 또는 한 지역을 병력으로 경계하며 그 지역의 사법권과 행정권의 전부 또는 일부를 계엄 사령관이 행사하는 일. ¶비상-/~을 선포하다.

계!엄-군(戒嚴軍) [계-/게-] 명 계엄의 임무를 맡은 군대. 또는 그 군인.

계!엄-령(戒嚴令) [계-녕/게-녕] 명 [법] 국가 원수가 계엄의 실시를 선포하는 명령. ¶~을 선포하다.

계!열(系列) [계-/게-] 명 1 서로 관련이 있거나 유사한 점에서 한 갈래로 이어지는 계통이나 조직. ¶인문-. 2 [경] 대기업 상호 간 또는 대기업과 중소기업 간에 볼 수 있는 기업 결합. ¶~ 기업.

계!열-사(系列社) [계-싸/게-싸] 명 =계열 회사.

계!열^회!사(系列會社) [계-회-/게-회-] 명 [경] 특정 대기업과 일반적인 거래관계 이상의 긴밀한 유대가 있으며, 그 지배하에 있는 회사. =계열사.

계!원¹(係員) [계-/게-] 명 사무를 가른 어느 한 계(係)에서 일하는 사람.

계!원²(契員) [계-/게-] 명 계에 든 사람.

계!유(癸酉) [계-/게-] 명 60갑자의 열째.

계!유-정난(癸酉靖難) [계-/게-] 명 [역] 조선 단종 원년(1453)에 수양 대군이 정권 탈취를 위해 반대파를 숙청한 사건.

계율(戒律) [계-/게-] 명 [불] 승려나 신도가 지켜야 할 행동 규범. =율(律).

계-이름(階-) [계-/게-] 명 [음] 악곡의 개개의 음이 음계 중 어느 위치에 있는가를 나타내는 명칭. 서양 음악에서는 도·레·미·파·솔·라·시의 7음으로, 국악에서는 궁·상·각·치·우의 5음으로 나누어 부름. =계명(階名). ▷음이름.

계이름-부르기(階-) [계-/게-] 명 계이름의 의하여 소리의 높이나 선율을 나타내거나 노래 부르는 방법.

계!인(契印) [계-/게-] 명 관련된 두 장의 종이에 걸쳐 찍는, '契(계)' 자를 새긴 도장. ▷할인(割印). **계!인-하다** 통(차)여 인을 찍다.

계!장(係長) [계-/게-] 명 계(係)의 책임자.

계!절(季節) [계-/게-] 명 한 해를 기후에 따라 나눈 각 시기. 보통, 온대에서는 봄·여름·가을·겨울로 나누고, 열대에서는 건기(乾期)와 우기(雨期)로 나눔. =시절. 鄙철. ¶가을은 독서의 ~이다.

계!절-병(季節病) [계-뼝/게-뼝] 명 [의] 여름의 소화기병이나 겨울의 호흡기병 따위와 같이, 계절과 밀접한 관계를 가지고 발생하는 병.

계!절-적(季節的) [계-쩍/게-쩍] 관명 계절에 따라 영향을 받거나 변화를 가져오는 (것). ¶패션으로의 ~ 특성을 살리다.

계!절적 실업(季節的失業) [계-쩍-/게-쩍-] [경] 농한기의 농민, 제빙업 종사자 등에서 볼 수 있듯이 계절에 따라 상품의 생산이나 수요가 한정된 산업에서 생기는 실업.

계!절-풍(季節風) [계-/게-] 명 [기상] 넓은 지역에 걸쳐, 겨울과 여름의 풍향이 거의 정반대가 되는 바람. 겨울에는 대륙에서 해양으로, 여름에는 해양에서 대륙을 향하여 붊. =몬순.

계!절풍^기후(季節風氣候) [계-/게-] [지] 계절풍의 영향을 받아 나타나는 기후. 여름에는 고온 다습하고, 겨울에는 저온 건조한 것이 특징임.

계!정(計定) [계-/게-] 명 [경] 기업의 자산·부채·자본·수익·비용의 발생을 종류별 및 성질별로 원장에 기록·계산하기 위하여 설정된 단위.

계제(階梯) [계-/게-] 명 1 계단이나 사다리를 밟아 나가듯이 어떤 일이 차차 진행되는 차례 또는 절차. 2 어떤 일을 할 수 있게 된 형편이나 기회. ¶내가 간섭할 ~가 아니다.

계조(階調) [계-/게-] 명 [출] 그림이나 사진 따위에서, 농도가 가장 짙은 부분에서부터 가장 엷은 부분까지의 변화해 가는 농담(濃淡)의 이행 단계. =그러데이셔.

계:좌(計座) [계-/게-] 명 [경] 금융 기관에서, 고객 개개인의 입출금 상황을 기록하기 위해 마련된 추상적인 자리를 이르는 말. ¶~ 번호 / 휴면~.

계!주¹(契主) [계-/게-] 명 계를 조직하고 주관하는 사람.

계!주²(繼走) [계-/게-] 명[체] =이어달리기.

계!주-자(繼走者) [계-/게-] 명[체] 이어달리기하는 사람.

계!집 [계집/게집] 명 1 '여자'를 낮추어 이르는 말. 2 '아내'를 낮추어 이르는 말. ¶저 녀석은 제 ~밖에 모른다. →사내.
[계집 때린 날 장모 온다] 일이 공교롭게도 잘못되어 낭패를 본다.
계집을 보다 여자를 사귀어 관계를 가지다.

계!집-년 [계집-/게집-] 명 '계집'을 비속하게 이르는 말. ↔사내놈.

계!집-아이 [계-/게-] 명 시집가지 않은 어린 여자. 鄙여아(女兒). 준계집애. ↔사내아이. ×가시내.

계!집-애 [계-/게-] 명 '계집아이'의 준말. ×기집애.

계!집-종 [계집-/게집-] 명 남의 집에서 종살이하는 여자. ↔사내종.

계!집-질 [계집-/게집-] 명 아내 아닌 여자와 관계하는 일. ↔서방질. **계!집질-하다** 통(차)여

계!책(計策) [계-/게-] 명 어떤 일을 실현하기 위하여 짜낸 꾀나 방법.

계!체-량(計體量) [계-/게-] 명[체] 체급이 있는 경기에서, 경기에 앞서 선수의 몸무게를 재는 일.

계!축(癸丑) [계-/게-] 명 60갑자의 쉰째.

계:축-일기(癸丑日記)[계-/게-] 명 [책] 조선 광해군 5년(1613)에 광해군이 아우 영창 대군을 죽이고 인목 대비를 서궁(西宮)에 가두었을 때의 정경을, 한 궁녀가 기록한 글.

계:측(計測)[계-/게-] 명 물건의 무게·길이·부피 등을 재어 계산하는 것. ▷계량. ¶~ 기기(器機). **계:측-하다** 통[타]

계층(階層)[계-/게-] 명 재산·교육·직업 등의 여러 차원에서 사회적 지위가 거의 비슷한 사람들의 집단. ¶사회 ~.

계:통(系統)[계-/게-] 명 1 일정한 체계에 따라 서로 관계되어 작용하는 부분들의 통일된 조직. ¶소화 ~. 2 일정한 분야나 부문 또는 갈래. ¶그는 예술 ~에 종사하고 있다. 3 거져야 할 순서나 체계. ¶~을 밟다. 4 [생] 공통의 조상을 가지며, 어떤 형질에 관해 같은 유전자형을 가진 개체의 모임.

계:통-적(系統的)[계-/게-] 관[명] 순서를 따라 연결되어 통일된 (것).

계:파(系派)[계-/게-] 명 정당이나 조직 내에서 출신이나 연고 등에 의하여 형성된 파벌.

계:표(計票)[계-/게-] 명 표를 모아 수를 헤아리는 것. ¶~원(員).

계:피(桂皮)[계-/게-] 명[한] 계수나무의 껍질을 벗겨 말린 것. 건위·발한·해열·진통 등에 쓰임.

계:피-산(桂皮酸)[계-/게-] 명[화] =신남산.

계:핏-가루(桂皮-)[계피까-/게핏까-/게피까-/게핏까-] 명 계피를 곱게 간 가루. 음식의 향료로 씀.

계:해(癸亥)[계-/게-] 명 60갑자의 예순째.

계:획(計劃·計畫)[계획/게획] 명 (앞으로 할 일을) 그 내용·방법·기한 따위를 미리 생각하여 정하는 것. 또는 그 정한 내용. ▷플랜. ¶사업 ~ / 치밀한 ~. **계:획-하다** 통[타] **계:획-되다** 통[자] ¶처음부터 계획된 음모.

계:획^경제(計劃經濟)[계획경-/게획경-] 명[경] 나라의 계획에 따라 생산 활동 및 생산물의 분배가 이루어지는 경제 제도.

계:획-성(計劃性)[계획썽/게획썽] 명 모든 일을 계획에 따라 처리하려고 하는 성질.

계:획-안(計劃案)[계획-/게획-] 명 계획에 대한 구상. 또는, 계획을 적어 놓은 서류. ¶사업 ~.

계:획-적(計劃的)[계획쩍/게획쩍] 관[명] 미리 생각하여 놓은 계획에 따르는 (것). ¶~인 범행.

계:획-표(計劃表)[계획-/게획-] 명 계획을 적은 표. ¶생활 ~.

곗:-날(契-)[겐-/겐-] 명 계원들이 모여서 걔추를 하기로 정한 날.

곗:-돈(契-)[계똔/겐똔/계똔/겐똔] 명 1 계에 들어서 내는 돈. ¶~을 붓다. 2 계를 타서 찾는 목돈.

고¹ 옷고름이나 노끈 따위를 한 가닥이 매듭 부분에서 고리를 이루도록 맨 상태.

고² 관 '그ㅁ'와 뜻이 거의 같으나 얕잡는 어감을 갖추거나 상대적으로 작고 귀여운 대상을 이를 때 쓰이는 말. '그, 고'보다 가리키는 범위가 좁혀진 느낌을 줌. ¶~ 녀석 참 똘똘하게 생겼군. / 넌 왜 밤낮 ~ 모양 ~ 꼴이냐? 圈그. ▷요·조.

고³ 조 1 모음으로 끝나는 체언 아래에서, 두 가지 이상의 사물을 아울러 지칭할 때에 쓰여, 앞서 든 것을 다 포함시킴을 나타내는 접속 조사. ¶공부~ 뭐~ 다 그만두 어라. ▷이고. 2 '1', '1'로 끝나는 종결 어미 뒤에서, 인용을 나타내는 부사격 조사. ¶괜찮다~ 하더라.

-고⁴ 어미 1 두 가지 이상의 사실을 단순히 나열하는 뜻을 나타내는 연결 어미. ¶값 ~ 질 좋은 물건. 2 상반되는 사실을 대조적으로 나타내는 연결 어미. ¶흥정은 붙이~ 싸움은 말려라. 3 동사의 어간이나 어미 '-시-' 아래에 붙어, 동작이나 행위의 진행·종료·욕망을 나타내는 연결 어미. ¶편지를 쓰~시다. 4 동사의 어간이나 어미 '-시-' 아래에 붙어, 뒤에 오는 동사의 이유 및 근거를 나타내는 연결 어미. ¶연탄가스를 마시~ 죽었다. 5 동사의 어간이나 어미 '-시-' 아래에 붙어, 두 가지 동작을 할 때에 뒤에 서술되는 동작에 선행함을 나타내는 연결 어미. (비-고서. ¶밥을 먹~ 가거라. 6 동사의 어간이나 어미 '-시-' 아래에 붙어, 어떤 행동을 뒤의 행동에 그대로 지속함을 나타내는 연결 어미. ¶말을 타~ 가다. 7 ('-고 -고 /-은'의 꼴로 쓰여) 어떤 행동·상태·성질 등을 강조하는 연결 어미. ¶넓~ 넓은 바다. 8 '하' 할 상대에게 물음·항변 따위의 뜻을 나타내는 종결 어미. ¶설거지는 누가 하~?

고⁵(考) 명 세상을 떠난 아버지를 이르는 말. (비선친. ▷비(妣). ▷현고(顯考).

고:⁶(故) 관 이미 세상을 떠난 사람이 된. ¶~ 손기정 옹.

고:-⁷(古) 접투 '낡은', '오래된'의 뜻을 나타내는 말. ¶-시조 / -서적.

고-⁸(高) 접투 '높은', '훌륭한'의 뜻을 나타내는 말. ¶-기압 / -성능. ↔저(低)-.

-고⁹(高) 접미 '높이' 또는 어떤 일을 한 결과 얻어진 '물질의 양이나 돈의 액수'를 나타내는 말. ¶생산 / 판매 ~.

고:가(古家) 명 지은 지 퍽 오래된 집. (비고옥.

고가(高架) 명 높이 가설하는 것. ¶~ 도로 / ~ 사다리.

고가³(高價)[-까] 명 비싼 값. ↔저가.

고:-가구(古家具) 명 오래된 가구.

고가^도:로(高架道路) 명 주로 큰 도시에서 땅 위에 받침대를 높이 세우고 그 위에 설치한 도로.

고가-주(高價株)[-까-] 명[경] 상장 주식의 주가 평균에 비하여 주가가 높은 수준에 있는 주식. ▷저가주.

고가-차(高架車) 명 사다리를 갖춘 특수한 자동차.

고가-품(高價品)[-까-] 명 값비싼 물건.

고갈(枯渴) 명 1 물이 말라서 없어지는 것. 2 돈이나 물건 등이 다하여 매우 귀해지는 것. ¶기업들이 자금 ~로 큰 어려움을 겪고 있다. 3 (생각이나 느낌이) 없어지는 것. **고갈-되다** 통[자]

고-감도(高感度) 명 아주 뛰어난 감도. ¶~의 화질 / ~ 무선 전화기.

고개¹ 명 1 목의 뒷등 부분. ¶~가 뻣뻣하다. 2 (상하좌우의 동작을 나타내는 말과 주로 어울려 쓰여) '머리 부분'을 이르는 말. ¶아직 ~를 가누지 못하는 젖먹이.

고개가 수그러지다 존경하는 마음이 일

어나다. ¶그의 인품에 저절로 ~.
고개(를) 들다 주로 부정적인 의미의, 눌리거나 숨겨져 있던 일·세력·감정·생각 따위가 일어나다. ¶물가가 ~.
고개(를) 숙이다 **1** 기가 꺾여 수그러지다. ¶더위가 한풀 ~. **2** 남에게 굴복하거나 아첨하다.

고개[2] [명] [1][자립] **1** 사람이 넘어 다니는, 산허리나 언덕의 높은 부분. **2** 사람이 어떤 일을 해 나감에 있어서 겪어야 할 어려운 일이나 과정. **3** 주로, 마흔 이상의 나이를 나타내는 열 단위 숫자 다음에 사용하여, 그 나이의 경계나 고비를 비유적으로 이르는 말. ¶쉰 ~를 바라보는 나이. [2][의존] **1**을 세는 단위. ¶두 ~를 넘다.

고객(顧客) [명] 영업하는 곳에서, 물건을 사거나 서비스를 받거나 하기 위해 찾아오는 손님을 격식을 갖추어 이르는 말.

고객^예!탁금(顧客預託金) [-끔] [명][경] 증권 회사가 유가 증권의 매매 거래와 관련하여 고객에게 받아 일시 보관 중인 돈.

고갯-길 [-개낄/-갣낄] [명] 고개를 넘어가는 길. ¶가파른 ~.

고갯-마루 [-갠-] [명] 산이나 언덕의 고개에서 가장 높은 곳.

고갯-심 [-개씸/-갣씸] [명] 고개의 힘.

고갯-짓 [-개찓/-갣찓] [명] 고개를 흔들거나 끄덕이는 짓. **고갯짓-하다** [동][자][여]

고갱, 폴(Gauguin, Paul) [명][인] 프랑스의 후기 인상파 화가(1848~1903).

고갱이 [명] **1** [식] 초목의 줄기 한가운데의 연한 심. ¶배추 ~. **2** 사물의 핵심.

고-거 [대][인칭][지시] '고것'을 구어적으로 이르는 말. ¶숙희 ~ 깜찍하더라. [큰]그거.

고검(高檢) [명][법] '고등 검찰청'의 준말.

고-것 [-걷] [대][인칭][지시] '그것'과 뜻은 같으나 얄잡는 어감을 갖거나 상대적으로 작고 귀여운 대상을 가리킬 때 쓰이는 말. ¶~이 요즘 얼마나 재롱을 떠는지 몰라. [큰]그것.

고견(高見) [명] **1** 뛰어난 의견이나 생각. [비]탁견. **2** 남의 의견을 높여 이르는 말. ¶선생님의 ~을 듣고자 찾아왔습니다.

고결-하다(高潔-) [형][여] 뜻이 높고 깨끗하다. ¶**고결한** 인격.

고!고[1](考古) [명] 옛 유물이나 유적으로 옛 일을 연구하는 것. ¶~ 인류학.

고고[2](gogo) [명] 로큰롤에 맞추어 몸을 심하게 흔드는 야성적인 춤. 또는, 그 음악.

고고-하다(孤高-) [형][여] (어떤 사람이) 세속에 물들지 않고 외따로 높은 품위와 품격을 가진 상태에 있다. ¶선생은 평생을 학처럼 **고고하게** 사셨다. **고고-히** [부]

고!고-학(考古學) [명] 유물이나 유적을 발굴·수집·관찰하여 고대 인류의 역사·문화·생활 방법 등을 연구하는 학문.

고공(高空) [명] 높은 공중. ¶~ 비행. ↔저공(低空).

고!과(考課) [명] 군인·공무원·회사원 등의 근무 성적이나 태도·능력 등을 조사하여 보고하는 일. ¶~표(表) / 인사(人事) ~.

고관(高官) [명] 직위가 높은 관리.

고관-대작(高官大爵) [명] 지위가 높고 훌륭한 벼슬. 또는, 그 벼슬에 있는 사람. ↔미관말직.

고교(高校) [명][교] '고등학교'의 준말.

고교-생(高校生) [명] =고등학생.

고구려(高句麗) [명][역] 만주 일대와 한반도 북부에 있었던, 고대 국가의 하나(37 B.C.~A.D. 668). 시조는 동명왕.

고!구마 [명][식] 줄기가 지면을 따라 길게 벋으며, 땅속에 있는 덩이뿌리를 식용하는 여러해살이풀. 또는, 그 덩이뿌리. 여름에 나팔꽃 모양의 담홍색 꽃이 핌.

고!국(故國) [명] 조상 때부터 살아왔고 자기가 태어났으나 현재는 살고 있지 않은 나라. [비]모국·조국.

고!국-산천(故國山川) [-싼-] [명] 고국의 산과 내라는 뜻으로, '고국'을 정답게 이르는 말. ¶~을 그리워하다.

고군-분투(孤軍奮鬪) [명] **1** 도움이 없고 수가 적은 군사가 대적(大敵)과 용감하게 잘 싸움. **2** 남의 도움을 받지 않고 힘에 벅찬 일을 잘 해내는 것을 비유하여 이르는 말. **고군분투-하다** [동][자][여]

고!궁(古宮) [명] 옛 궁전.

고귀-하다(高貴-) [형][여] **1** 훌륭하고 귀중하다. ¶**고귀한** 희생. **2** 지체가 높고 귀하다. ¶**고귀한** 신분. ↔비천하다.

고글(←goggles) [명] 먼지나 강한 빛으로부터 눈을 보호하는 안경. 오토바이를 타거나 겨울에 스키나 등산을 할 때 씀.

고!금(古今) [명] 옛날부터 지금에 이르기까지의 동안. ¶동서~.

고!금-동서(古今東西) [명] =동서고금.

고-금리(高金利) [-니] [명] 높은 금리. [비]고리(高利). ↔저금리.

고급(高級) [명] **1** 지위나 신분이 높은 것. ¶~ 관리. **2** 정도·품질·수준 따위가 높은 것. ¶~ 호텔. ↔저급·하급. **3** 특히, 학습을 받을 수 있는 수준을 크게 세 단계로 나눌 때, 가장 높은 등급. ¶~ 영어 회화. ▷중급·초급.

고급-문화(高級文化) [-금-] [명] 귀족의 문화적 전통을 이어받아 소수의 지식인이 생산하고 즐기는 문화. 연극·발레·클래식 음악·순수 미술 따위. ▷대중문화.

고급-스럽다(高級-) [-쓰-따] [형][ㅂ] <~스러우니, ~스러워> 품질·수준 등이 높고 값이 비싼 듯하다. ¶**고급스러운** 옷.

고급^언어(高級言語) [명][컴] 일상생활에서 사용하는 자연어에 가까워 사람이 이해하고 사용하기에 편리한 프로그래밍 언어. 베이식·포트란·코볼 따위.

고급-품(高級品) [명] 품질이 좋거나 값이 비싼 물품.

고급-화(高級化) [-그퐈] [명] 고급의 상태가 되게 하는 것. 또는, 고급의 상태로 되는 것. **고급화-하다** [동][자][타][여] ¶상품을 ~. **고급화-되다** [동][자]

고기[1] [명] **1** 사람이 먹는 대상이 되는, 가죽을 벗겨 낸 짐승의 살. 또는, 그것을 먹기 좋게 요리한 물질. ¶쇠~. **2** 물속에서 아가미로 호흡하고 지느러미를 놀려 헤엄치는 동물. [비]물고기. ¶민물[바닷물]~.
[**고기는 씹어야 맛이요, 말은 해야 맛이라**] 할 말은 시원하게 해야 좋다. [**고기도 먹어 본 사람이 많이 먹는다**] 무슨 일이든지 늘 하던 사람이 더 잘한다. [**고기도 저 놀던 물이 좋다**] 평소에 낯익은 제 고장이나 익숙한 환경이 좋다는 말.

고기[2] [대][부] '거기'를 범위를 좁혀서 이르는 말. [큰]거기.

고기-반찬(-飯饌) [명] 고기로 만든 반찬.

고기-밥 [명] **1** 물고기에게 주는 밥. **2** =미끼1.
고기밥(이) 되다 물에 빠져 죽다. 속된

말임.
고기-소 =육우(肉牛).
고기-기압(高氣壓)[-끼-][명][기상] 주변의 기압보다 높은 구역의 기압. ↔저기압.
고기-잡이 [명] **1** (낚시나 그물 따위로) 물고기를 잡는 일. **2** 물고기를 잡으며 살아가는 사람. (비)어부. **고기잡이-하다** [자][여]
고기잡이-배 [명] =어선(漁船)².
고깃-간(-間)[-기깐/-긷깐] [명] 쇠고기·돼지고기를 파는 가게. (비)푸줏간.
고깃-국[-기꾹/-긷꾹] [명] 고기(특히, 쇠고기)를 넣어 끓인 국.
고깃-덩어리[-기떵-/-긷떵-] [명] **1** 짐승 고기의 덩어리. **2** 사람의 육신을 비속하게 이르는 말. (준)고깃덩.
고깃-덩이[-기떵-/-긷떵-] [명] '고깃덩어리'의 준말.
고깃-배[-기빼/-긷빼] [명] =어선².
고깃-점(-點)[-기쩜/-긷쩜] [명] 고기의 작은 조각.
고!까 ⟨유아⟩ =꼬까.
고-까짓[-짇] [관] 겨우 고만한 정도의. ¶~ 일쯤이야 식은 죽 먹기다. (준)고깟. (여)그까짓.
고깔 [명] 승려가 쓰는 건(巾)의 한 가지. 베 조각으로 세모지게 만듦.
고깔-모자(-帽子) [명] 원뿔 모양의 모자.
고깝다[-따] [형] ⟨고까우니, 고까워⟩ 어쩐지 푸시당했다고 느끼거나 자존심이 상하여 언짢거나 분하다. =곡하다. ¶너를 위해서 한 말이니 **고깝게** 듣지 마라. **고까이** [부]
고-깟[-깓] [관] '고까짓'의 준말. ¶~그깟.
고꾸라-지다 [자] 앞으로 꼬라져 쓰러지다. ¶땅바닥에 ~. (여)꼬꾸라지다.
고난(苦難) [명] 사람이 살아가면서 맞닥뜨리게 되는 괴로움 힘든 일. ¶고초. ¶~의 세월.
고-난도(高難度) [명] 어떤 기술이 해내기 매우 어려운 상태. 또는, 고도의 기술이 필요한 상태. ¶~ 묘기 / ~의 테크닉.
고냉-지 '고랭지(高冷地)'의 잘못.
고년[대][인칭] '고 여자'를 얕잡거나 비하하여 이르는 말. 또는, '고 여자 아이'를 귀엽게 이르는 말. ¶그년. ↔고놈.
고-놈 ①[인칭] '고 남자'를 얕잡거나 비하하여 이르는 말. 또는, '고 아이'를 귀엽게 이르는 말. ¶~ 참, 기특하다. ↔고년. ②[지] '고 물건'이나 '고 물건'을 귀엽게, 또는 예사롭게 이르는 말. ¶그놈.
고뇌(苦惱)[-뇌/-눼] [명] 깊은 성찰과 치열한 의식을 가지고 삶과 본질적인 문제를 해결하고자 애쓰며 괴로워하는 것. ¶고민·번민. ¶지식인의 도덕적 갈등와 ~를 그린 소설. **고뇌-하다** [자][여]
고누 [명] 땅이나 종이 위에 말발을 그려 놓고 두 편으로 나누어 번갈아 많이 따먹나 말 길을 막는 것을 다투는 놀이.
고니 [명] 오리·기러기 무리 중에서 몸이 가장 크고 목이 길며, 온몸이 흰색의 물새. 부리는 노란색임. 겨울 철새로, 강이나 호수에서 떼 지어 삶. (비)백조.
고!다 ⟨고;고 / 고아⟩ [타] **1** (고기나 고기 뼈 등을) 진액이 나오도록 오래 끓이다. ¶쇠뼈를 ~. **2**삶다. **2** (엿물을) 좋아서 진하게 엉기도록 푹 끓이다. ¶엿을 ~. **3**소주 따위를 얻기 위해 솥에 열을 가하여 증류시킨다.
고-단백(高蛋白) [명] 어떤 식품에 단백질

이 매우 많이 들어 있는 상태. =고단백질. ¶~ 식품. ↔저단백.
고-단백질(高蛋白質) [-찔] [명] =고단백.
고-단수(高段數) [명] 수단이나 술수를 쓰는 재간의 정도가 뛰어난 것. 또는, 그 사람. ¶~에 넘어가다.
고단-하다 [형] (몸이) 지쳐서 느른하다. ¶긴 여행에 **고단할** 텐데 어서 자라. ✕대근하다.
고-달이 [명] 물건을 들거나 걸어 놓기 위하여 노끈 등으로 고리처럼 만들어 달아 놓은 것.
고달프다 [형] ⟨고달프니, 고달파⟩ (몸이나 마음, 처지가) 지쳐서 힘들고 괴롭다. ¶고달픈 신세.
고담(古談) [명] 예부터 전해 오는 이야기.
고담-준론(高談峻論)[-줄-] [명] **1** 뜻이 높고 바르며 엄숙하고 날카로운 말. **2** 스스로 잘난 체하고 과장하여 떠벌리는 말. **고담준론-하다** [자][여]
고답-적(高踏的)[-쩍] [관][명] 세상에 초연하거나, 현실과 동떨어져서 사고하거나 행동하는 (것). ¶~인 생활 태도.
고답-파(高踏派) [명][문] 프랑스 근대시의 한 유파. 낭만파에 대한 반동으로 나타났던 문예 사조로, 몰개성적·객관적인 미(美)를 추구하였음.
고당(高堂) [명] 남을 높여 그의 집을 이르는 말. ¶~의 만복을 기원하나이다.
고대¹ '깃고대'의 준말.
고대² [부] **1** 지금 막. ¶그가 ~ 왔다 갔다. **2**속다로. 또는, 바로 곧. ¶하도 오랜만이라 ~ 알아보질 못했구려.
고!대³(古代) [명] **1** 먼 옛날. **2** [역] 역사의 시대 구분의 하나. 원시 시대와 중세 사이. 우리나라에서는 고조선에서 통일 신라 시대까지를 가리킴.
고대⁴(苦待) [명] (어떤 일이나 때를) 몹시 기다리는 것. ¶악수 ~. **고대-하다** [타][여] ¶소식이 오기를 ~.
고대-광실(高臺廣室) [명] 굉장히 크고 좋은 집. ¶오막살이망정 ~ 부럽지 않다.
고!대-국가(古代國家)[-까] [명][역] 원시 사회와 중세 사회의 사이에 성립된 나라.
고!대^국어(古代國語) [명][언] 국어의 역사에서 중세 국어의 전 단계로서, 고려 이전의 국어. 특히, 신라의 언어.
고대-로 [부] **1** 변함없는 이 모양으로. ¶~ 꼼짝 말고 있어라. **2** 더하거나 덜함이 없이 똑같이. ¶남의 작품을 ~ 베끼다. ¶그대로.
고!대-사(古代史) [명][역] 중세 이전의 역사.
고!대^사회(古代社會) [-회/-훼] [명] 원시 사회와 중세 사회의 중간 단계에 있는 사회.
고!대^소!설(古代小說) [명][문] 조선 초기부터 19세기 말엽까지 씌어진 소설. (비)구소설. ¶신소설.
고!대-인(古代人) [명] 고대에 살던 사람.
고데(←鏝) [명] **1** 머리를 지져 다듬는, 가위 모양의 기구. **2** 1로 머리를 다듬는 일. **고데-하다** [자][타][여] 고데로 머리를 다듬다.
-고도¹ [어미] '이다'의 어간이나 용언의 어간에 붙어, 어떤 사실을 서로 대립하여 나타내면서 이에 상반되거나 다른 특성이 있음을 나타내는 연결 어미. ¶길ㅡ 짧은 이야

기.

고¦도²(古都) [명] 옛 도읍. ¶부여는 백제의 ~이다.

고도³(孤島) [명] 육지에서 멀리 떨어진 작은 섬. [비]외딴섬. ¶무인~.

고도⁴(高度) [명] **1** 평균 해수면 등의 기준면을 0으로 하고 측정한 지표면의 높이. 흔히, 높은 상공이나 고산(高山)의 어느 지점을 이를 때 쓰이는 말임. ¶~ 5,000m 상공을 비행하다. **2** 수준이나 정도가 높은 상태. ¶~의 기술. **3** [천] 천체 따위가 지평선과 이루는 각.

고도리(←[일]ごとり) [명] [‘다섯 마리의 새’라는 뜻] **1** ‘고스톱’의 통칭. **2** 고스톱에서, 매화·흑싸리·공산명월의 열 끗짜리 석 장으로 이루어지는 약.

고도-성장(高度成長) [명] 발전의 속도나 규모가 높은 정도로 빨리 이루어짐.

고도-화(高度化) [명] 속력·능률이나 생활·문명의 정도가 높아지는 일. 또는, 높아지게 하는 일. **고도화-하다** [동][자][타][여] **고도화-되다** [동][자] ¶**고도화된** 기술.

고독(孤獨) [명] 주위에 마음을 함께할 사람이 없어 혼자 동떨어져 있음을 느끼는 상태. [비]외로움. ¶~을 술로 달래다. **고독-하다** [형][여] [비]외롭다.

고독-감(孤獨感) [–깜] [명] 외로움을 느끼는 마음.

고동¹ [명] **1** 틀어서 작동시키는 기계 장치. **2** 배 따위에서, 신호를 하기 위해 소리를 내는 장치. 또는, 그것이 내는 소리. ¶뱃~/~ 소리.

고동을 울리다 고동 소리를 내다.

고동²(鼓動) [명] 피의 순환을 위하여 뛰는 심장의 운동. ¶심장의 ~이 들리다.

고¦동-색(古銅色) [명] 붉은빛 또는 누른빛이 도는 갈색.

고동-치다(鼓動–) [동][자] **1** 심장이 심하게 뛰다. **2** 희망이나 이상이 가득 차 마음이 약동하다.

고-되다 [–되–/–뒈–] [형] (하는 일이) 힘에 겨워 고단하다. ¶**고된** 훈련.

고두-밥 [명] **1** 아주 된 밥. **2** ‘지에밥’의 잘못.

고둥 [명][동] 민물이나 바닷물에 살며, 부드러운 몸이 나선상으로 말린 단단한 껍데기에 싸여 있는 연체동물의 총칭. 속살은 대부분 식용함.

고드름 [명] 낙숫물 따위가 흘러내리다가 길게 얼어붙은 얼음. ¶처마 끝에 달린 ~.

고드름-똥 [명] 고드름 모양으로 뾰족하게 눈 똥.

고드름똥 싸겠다 언 똥을 눌 만큼 방이 몹시 춥다.

고-득점(高得點) [–쩜] [명] 아주 높은 득점. ¶~자(者)/~을 올리다.

고들-빼기 [명][식] 산과 들에 자라며, 이른 봄에 맛이 쌉쌀한 어린 잎으로 나물이나 김치를 만들어 먹는 두해살이풀. 여름에서 가을에 걸쳐 노란 꽃이 핌.

고등(高等) [명] 등급이나 정도·품위 따위가 높은 것. ¶~ 수법/~ 수학. ↔초등·하등. **고등-하다** [형][여] ¶**고등한** 동물.

고등^검¦찰청(高等檢察廳) [명][법] 고등법원에 대응하여 설치된 검찰청. [준]고검.

고등-계(高等係) [–계/–게] [명][일제] 한국인의 독립 운동 및 정치적·사상적 동향을 감시하고 탄압하던 경찰의 한 부서.

고등^고¦시(高等考試) [명] 행정 고급 공무원 또는 사법관이 되기 위한 자격시험. 1963년에 폐지되었음. [준]고시.

고등^교¦육(高等敎育) [명][교] 고도의 전문적 지식을 터득하는, 대학 및 대학원 교육. ▷초등 교육·중등 교육.

고등^동¦물(高等動物) [명][생] 진화의 정도가 높고 여러 기관이 분화·발달된 동물. ↔하등 동물.

고등^법원(高等法院) [명][법] 지방 법원의 위, 대법원의 아래인 중급 법원. 지방 법원의 재판에 대한 항소·항고와 행정 소송의 제1심을 재판함. [준]고법.

고등어 [명][동] 몸길이 40~50cm의 유선형으로, 등 쪽은 녹색 바탕에 검은색 물결 무늬가 있고 배 쪽은 은백색인 바닷물고기. 우리나라 주요 어종의 하나임.

고등-학교(高等學校) [–꾜] [명] 중학교에서 받은 교육의 기초 위에 고등 보통 교육과 전문 교육을 실시하는 것을 목적으로 하는 학교. 수업 연한은 3년임. [준]고교.

고등-학생(高等學生) [–쌩] [명] 고등학교에 다니는 학생. =고교생.

고딕(Gothic) [명] **1** [건] 12~16세기에 유행한 중세 유럽의 건축 양식. 돔(dome)과 높은 첨탑(尖塔) 등이 특색임. **2** [출] =고딕체.

고딕-체(Gothic體) [명][출] 활자의 서체(書體)의 하나. 가로·세로의 획이 일정하게 굵음. =고딕.

고딩(高–) [명]〈속〉 고등학생. 인터넷상에서 쓰이는 통신 언어임.

고라니 [명][동] 노루의 한 종류로, 몸길이 90cm 정도로 작고 암수 모두 뿔이 없는 포유동물. 등 쪽은 황갈색이고 배 쪽은 담황색이며, 무성한 관목 숲에서 삶.

고락(苦樂) [명] 괴로움과 즐거움. ¶생사~/~을 같이하다.

고란-초(皐蘭草) [명][식] 강가 절벽이나 바닷가 숲 속의 그늘진 바위틈에서 자라며, 뿌리줄기가 옆으로 길게 뻗는 상록 여러해살이풀.

고랑¹ [명] [1][자립] 밭이나 논에서, 두둑과 두둑 사이의 좁고 길게 파진 곳. 또는, 물이 빠질 수 있도록 좁고 길게 판 곳. ¶밭~. [2][의존] 밭의 고랑을 세는 단위. ¶밭 한 ~. [준]골. ▷이랑.

고랑² [명] ‘쇠고랑’의 준말.

고래¹ [명][동] 바다 속에 살면서 새끼를 낳아 젖을 먹여 기르는, 물고기처럼 생긴 동물. 종류가 많으며, 몸길이도 4~5m에서 10m 이상 되는 것까지 여러 가지가 있음. 식용함.

[**고래 싸움에 새우 등 터진다**] 강한 자들이 싸우는 틈에 끼여 약한 자가 공연히 해를 입게 된다.

고래 등 같다 (기와집 따위가) 굉장히 크고 우람하다. ¶**고래 등 같은** 집.

고래² [명] ‘방고래’의 준말.

고¦래³(古來) [명] 옛날부터 지금까지.

고래-고래 [부] 화가 나서 목청껏 소리를 지르는 모양. ¶~ 소리를 지르다.

고¦래-로(古來–) [부] ‘자고이래로’의 준말.

고래서 ‘고리하여서’가 준 말. [큰]그래서.

고래-실 [명][농] 바닥이 깊고 물길이 좋은 기름진 논.

고래-자리 [명][천] 별자리의 하나. 양자리와 물고기자리의 남쪽 춘분점 가까이에 있음.

고래-잡이 [명] 고래를 잡는 일. [비]포경.
고랭-지(高冷地) [명] 저위도에 위치하고 표고가 높은 한랭한 곳. ¶~ 배추. ×고냉지.
고량(高粱) [명][식] **1** 수수의 한 종류로, 줄기 높이 약 2m이며, 주로 중국 만주 지방에서 재배하는 한해살이풀. 고량주의 원료로 쓰임. **2** =수수¹.
고량-주(高粱酒) [명] 고량을 원료로 한 증류주. 중국 술로, 빛깔이 없고 투명하며 조금 신맛이 남. =배갈.
고량-진미(膏粱珍味) [명] 기름진 고기와 좋은 곡식으로 만든 맛있는 음식.
고렇다[-러타] [형][ㅎ]〈고러니, 고러오, 고래〉(사물의 상태나 속성이) 고와 같다. ¶애기인족 ~. [큰]그렇다.
고려¹(考慮) [명] (어떤 대상이나 사실에 대해) 생각하여 헤아리는 것. **고려-하다** [동][타][여] **고려-되다** [동][자] ¶건물 신축 시 도시 경관과의 조화가 **고려되어야** 한다.
고려²(高麗) [명][역] 왕건이 궁예를 몰아내고 세운 나라(918~1392). 송악(개성)에 도읍함. 후삼국을 통일했으나, 이성계에 의해 멸망함.
고려^가요(高麗歌謠) [명][문] 고려 시대에 구전(口傳)되던 평민의 노래. 남녀간의 사랑과 이별을 다룬 것이 많음. =속요.
고려^대¦장경(高麗大藏經) [명][불] 고려 시대에 불력(佛力)으로 국난을 극복하기 위하여 간행한 대장경. ▷팔만대장경.
고려-양(高麗樣) [명][역] 고려 말기에 원(元)나라에서 유행하던 고려의 음식·의복 등의 풍속을 원나라에서 일컫던 말.
고려-인(高麗人) [명] 러시아를 비롯한 독립 국가 연합에 살면서 그곳 국적을 가진 한국인. ▷조선족.
고려-인삼(高麗人蔘) [명] 우리나라의 인삼을 다른 나라의 인삼과 구별하여 부르는 이름.
고려-자기(高麗瓷器·高麗磁器) [명] 고려 시대에 만든 자기. 무늬와 빛깔이 아름다워 예술적 가치가 높으며, 특히 청자(靑瓷)가 유명함.
고려-장(高麗葬) [명][역] 늙은이를 산 채로 광중(壙中)에 두었다가 죽으면 그곳에 매장하였다는, 고구려 때의 풍속.
고려-청자(高麗靑瓷) [명] 고려 시대에 만들어진, 푸른빛을 띤 자기의 총칭. 상감청자가 유명함.
고령(高齡) [명] 나이가 많음. 또는, 많은 나이. ¶~ 인구.
고령-자(高齡者) [명] 나이가 썩 많은 사람.
고령-토(高嶺土) [명][공] 바위 속의 장석이 풍화 작용을 받아 생긴 점토. 빛깔은 희고 입자가 비교적 굵음. 도자기·내화재의 원료 등으로 쓰임. =백토·카올린.
고령화 사회(高齡化社會) [-회/-훼] [사] =노령화 사회.
고-로(故-) [부] (어미 '-ㄴ', '-는', '-은', '-던' 따위의 뒤에나 문장 앞에 쓰여) '까닭에', '때문에' 의 뜻으로 쓰이는 말. ¶나는 생각한다. ~ 나는 존재한다.
고로롱-팔십(-八十) [-씹] [명] 병으로 고로롱거리면서도 여든 살까지 산다는 뜻으로, 매우 병약한 상태로 오래 사는 것을 가리켜 이르는 말.
고로쇠-나무[-쇠-/-쉐-] [명][식] 잎이 손바닥처럼 5갈래로 갈라지고, 가을에 노랗게 단풍이 드는, 높이 20m가량의 낙엽 활엽 교목. 수액과 뿌리를 약으로 씀.
고로케(←[일]コロッケ) [명] [<[프]croquette] '크로켓(croquette)' 으로 순화.
고료(稿料) [명] '원고료' 의 준말.
고루 [부] 더하고 덜함이 없이 고르게. ¶아이들에게 과자를 ~ 나누어 주다.
고루-고루 [부] 여럿이 모두 고르게. ¶가리지 말고 ~ 먹어라. [준]골고루.
고루-하다(固陋-) [형][여] (사람이) 세상의 변화나 발전에 어두워 낡은 생각이나 도덕을 고집하는 상태에 있다. ¶**고루한** 사고방식.
고르다¹ [동][타][르]〈고르니, 골라〉(여럿 중에서 어떤 것을) 가려내거나 뽑다. ¶신랑감을 ~ / 물건을 ~.
고르다² Ⅰ[형][르]〈고르니, 골라〉 **1** 더하고 덜함이 없이 모두 한결같다. ¶**고르게** 분배하다. **2** (상태가) 정상적으로 순조롭다. ¶숨결이 ~.
Ⅱ[동][타][르]〈고르니, 골라〉 **1** 높낮이가 없도록 평평하게 만들다. ¶모래판의 바닥을 ~. **2** (붓 끝을) 글씨가 잘 쓰이도록 다듬다. **3** (악기의 줄을) 음의 높낮이가 조화를 이루게 맞추다. 예스러운 말임. **4** (목소리를) 가다듬어 부드럽게 하다.
고르바초프, 미하일 세르게예비치 (Gorbachëv, Mikhail Sergeevich) [명][인] 소련의 정치가·대통령(1931~).
고름¹ [명] 종기가 곪아서 생기는 희고 누른 액체. =농(膿). ¶~을 짜다.
고름² [명] '옷고름' 의 준말. ¶~을 매다.
고리¹ [명] **1** 쇠붙이나 끈 따위를 구부려서 두 끝을 맞붙여 만든 물건. 주로 둥근 모양을 이룸. ¶귀~ / 열쇠~. **2** 여러 가지가 서로 연관되어 있는 사물 현상의 하나하나의 구성 부분. ¶중심 ~ / 기본 ~.
고리² [명] [1][자립] **1** 껍질을 벗긴 고리버들의 가지. 고리짝이나 키를 만드는 데 쓰임. **2** 고리나 대오리를 엮어 만든 옷상자. [비]고리짝. **3** '소줏고리' 의 준말. [2][의존] 소주의 분량을 그것이 담긴 고리(소줏고리)의 수로 헤아리는 말. 1고리는 10사발임. ¶소주 한 ~.
고리³(高利) [명] **1** 법률상의 제한이나 보통의 이자율을 초과하는 비싼 이자. [비]고금리. ↔저리(低利). **2** 많은 이익.
고리다 [형] **1** 썩은 풀이나 썩은 달걀 냄새 같다. ¶발에서 **고린** 냄새가 나다. **2** (하는 짓이) 잘고 다랍다. ¶**고린**샌님. [큰]구리다. [거]코리다.
고리-대금(高利貸金) [명] **1** 이자가 비싼 돈. **2** 비싼 이자를 받는 돈놀이.
고리대금-업(高利貸金業) [명] 고리대금을 직업으로 하는 일. ¶~자(者).
고리-버들 [명][식] 들이나 물가에 저절로 자라며 가지가 가늘고 길게 뻗는, 높이 2~3m의 낙엽 관목. 줄기는 바구니를 만드는 데 쓰임.
고리-장이 [명] 고리짝이나 키를 만들어 파는 것을 직업으로 하는 사람. =유기장이.
고리-점(-點) [명][언] 세로쓰기에 사용되는 마침표의 하나. '。' 의 이름. ▷온점.
고리-짝 [명] **1** 고리나 대오리로 엮어 옷을 넣도록 만든 상자. [비]고리. **2** 옷을 담는 고리의 낱개.
고리-채(高利債) [명] 비싼 이자로 얻은 빚.
고리타분-하다 [형][여] **1** (냄새가) 상쾌하지 못하고 역겹게 고리다. ¶**고리타분한**

냄새. 2 (사람이 하는 짓이나 성미가) 생기가 없고 따분하다. ¶젊은 사람이 왜 그렇게 **고리타분하니**?
고린-내 똉 고린 냄새. ⑥구린내. ⑫코린내.
고린도-서(←Korinthos書) 똉 [성] 신약 성서 중의 하나. 전서와 후서로 되어 있음.
고린-전(-錢) 똉 매우 적은 푼돈. ¶~ 한 푼 쓰지 않는 지독한 구두쇠.
고릴라(gorilla) 똉 원숭이과 한 종류로, 몸빛은 검은색이나 갈색이며, 키가 2~3m에 이르는 포유동물. 몸의 구조가 사람과 가장 비슷하며, 가족을 이루어 삶. 아프리카 삼림에 분포함.
고립(孤立) 똉 1 어떤 원인으로 어느 곳에서 다른 곳으로 가는 길이 막히거나 끊어지거나 하여 그곳을 벗어날 수 없는 상태가 되는 것. 2 남과 어울리지 못하고 혼자이가 되는 것. **고립-되다** 통㉠ ¶국제 사회에서 고립된 나라.
고립-무원(孤立無援) [-렴-] 똉 고립되어 구원을 받을 데가 없음.
고립-주의(孤立主義) [-주의/-쭈이] [정] 국가가 타국과의 동맹을 맺지 않고 고립을 지키는 주의.
고릿-적 [-릳쩍/-릳쩍] 똉 옛날의 때. ¶~ 얘기는 왜 끄집어내고 그래?
고ː마움 어떤 일이나 대상에 대해 고맙게 여기는 마음이나 느낌.
고ː마워-하다 통㉧ 고맙게 여기다.
고막(鼓膜) 똉 [생] 귓구멍 안쪽에 있는 반투명하고 얇은 타원형의 막. 음파가 이 막을 진동시켜 소리를 듣게 됨. ⓒ귀청.
고-만-튄 고만한 것. ─일에 화를 내다니. 壳그만.
Ⅱ¶1 고 정도까지만. ¶이제 ─ 놀아라. 2 어떤 행동을 고 정도에서 그치고. ¶떠들지 말고 ─ 공부나 해라. 3 달리 어떻게 도리가 없어. ¶막차를 놓쳐 그 댁에서 하룻밤을 신세 졌다. 4 저도 모르는 사이에. ¶혹독한 모습에 ─ 눈을 감아 버렸다. 5 그대로 곧. ¶곧 일어난다는 게 ─ 아침까지 자고 말았다. 6 (서술격 조사 '이다' 와 함께 쓰여) '그것으로 끝이다' 의 뜻을 나타내는 말. ¶미안하다고 하면 ─ 인 줄 알아? 7 (서술격 조사 '이다' 와 함께 쓰여) '더할 나위 없이 좋다' 의 뜻을 나타내는 말. ¶자네 사위로는 ─ 이지.
Ⅲ갑 상대의 행동을 제지하거나 중지시키려고 할 때 하는 말. ¶~! 더 이상 얘기하지 마. 壳그만.
고만고만-하다 톙㉧ (여러 대상이) 정도나 수준에 있어서 고만하게 비슷하다. ¶키가 ~ /나이가 ~. 壳그만그만하다.
고만-두다 통㉠ 1 고 정도에서 멈추다. ¶이제는 충분하니 **고만두어도** 좋다. 2 하던 일을 그치다. ¶하던 일을 **고만두고** 뭘 해? ㉠관두다. 壳그만두다.
고만-하다 톙㉧ 1 (수준이나 정도 등이) 고 대상과 비슷한 상태에 있다. ¶실력이 고만한 사람도 많다 ~. 2 (수준이나 정도나 대상이) 고 수준이나 정도에 있어 웬만하다. ¶아픈 데는 그저 ~. 3 (주로 '고만한' 의 꼴로 쓰여) (이유 등이) 고럴 만하다. 壳그만하다.
-**고말고** 어미 상대의 말이나 생각에 강한 동감이나 긍정을 나타내는, 반말 투의 종결 어미. =다마다. ¶그렇~. /주~.
고ː맙다 [-따] 톙㉨ 〈고마우니, 고마워〉 1 (남이 베푼 은혜·도움·친절 등에 대해) 마음속 깊이 은혜로움이나 따뜻한 정을 느껴 기쁘다. 2 (은혜·도움·친절 등을 베푼 대상이) 은혜로움이나 따뜻한 정을 마음속에 절실히 느끼게 하는 데가 있다. ¶**고마운** 이웃.
고매-하다(高邁-) 톙㉧ (인품·학식·재질 등이) 높고 뛰어나다. ¶**고매한** 인격.
고명[1] 똉 모양과 맛을 더하기 위하여 음식 위에 뿌리거나 얹는 것의 총칭. 壳꾸미.
고명[2](高名) 똉 1 높이 알려진 이름. 2 '남의 이름' 의 높임말. ¶선생님의 ~은 일찍부터 들어 알고 있습니다. **고명-하다** 톙㉧ 명성이 높다.
고명-딸 똉 아들 많은 집의 외딸.
고모(姑母) 똉 아버지의 누이.
고모라(Gomorrah) 똉 [성] 구약 성서 시대에 도덕적 퇴폐가 극에 달하여, 그 벌로 소돔과 함께 하느님이 내린 불에 타서 멸망했다고 하는 도시.
고모-부(姑母夫) 똉 고모의 남편.
고-모음(高母音) 똉 [언] 입을 작게 열고, 혀의 위치를 높여서 발음하는 모음, 한글의 'ㅣ', 'ㅡ', 'ㅜ' 따위. ⓒ폐모음. ▷중모음·저모음.
고모-할머니(姑母-) 똉 아버지의 고모. =왕고모.
고모-할아버지(姑母-) 똉 고모할머니의 남편. =왕고모부.
고ː목[1](古木) 똉 오래 묵은 나무.
고목[2](枯木) 똉 말라 죽은 나무.
고목-생화(枯木生花) [-쌩-] 똉 〔마른 나무에서 꽃이 핀다는 뜻〕 불우했던 사람이 뜻밖에 행운을 만나게 됨을 비유적으로 이르는 말.
고무[1] 똉 [<독 ゴム<프 gomme] 1 고무나무 껍질에서 나오는 액체를 굳혀 만든, 탄력성있는 물질. 2 =지우개1.
고무[2](鼓舞) 똉 〔북을 쳐서 춤을 추게 한다는 뜻〕 (남을) 더 잘하거나 힘을 내도록 북돋우는 것. ¶선생님의 격려에 ~를 받다. **고무-하다** 통㉧ **고무-되다** 통㉠ ¶감독의 말에 **고무되어** 선수들은 필승을 다짐했다.
고무-공 똉 탄성 고무로 만든 공.
고무-나무 똉 [식] 줄기에서 나오는 액체로 고무를 만드는 열대 상록 교목의 총칭. 파라고무나무·인도고무나무 등이 있음.
고무-다리 똉 고무로 만든 의족(義足).
고무-도장(-圖章) 똉 고무로 만든 도장. =고무인.
고무라기 떡의 부스러기.
고무래 똉 곡식을 그러모으거나 펴는 것, 또는 밭의 흙을 고르거나 아궁이의 재를 긁어내는 데 쓰는 'T' 자 모양의 물건.
고무-밴드(-band) 똉 고리 모양으로 만든 가는 고무줄.
고무-신 똉 고무로 만든 신.
고무신-짝 똉 1 고무신의 짝. 2 고무신을 속되게 이르는 말.
고무-인(-印) 똉 =고무도장.
고무-장갑(-掌匣) 똉 고무로 만든 장갑.
고무-적(鼓舞的) 관·똉 (남을) 고무하는 성질을 띤 (것). ¶경제 회복을 알릴 만한 ~인 조짐이 나타나고 있다.
고무-줄 똉 고무로 만든 줄. 2 통계·나이 등의 숫자가 상황에 따라 제멋대로 늘었다 줄었다 하는 상태. 비유적인 말임. ¶~ 나이 /그런 ~ 통계를 어떻게 믿어?

고무줄-놀이 [-롤-] [명] 주로 여자 아이들이 양쪽에서 잡고 있는 고무줄을 노래에 맞춰 발목으로 걸어 넘는 놀이.
고무-지우개 [명] =지우개1.
고무-총(-銃) [명] 탄성이 강한 고무줄로 만든 장난감 총.
고무-풍선(-風船) [명] 공기를 넣어 부풀릴 수 있게 얇은 고무로 주머니처럼 만든 물건. 또는, 그것을 부풀린 물건. [비]풍선.
고!문[1](古文) [명] **1** 우리나라의 갑오개혁 이전의 옛글. ↔현대문. **2** 육서(六書)의 하나. 변려문 이전의 산문.
고문[2](拷問) [명] 피의자에게 죄를 자백시키기 위하여 육체적 고통을 주는 것. ¶물~ / 전기 ~. **고문-하다** [동][타][여]
고문[3](顧問) [명] 어떤 분야에 대하여 전문적인 지식과 풍부한 경험을 가지고 자문에 응하여 의견을 제시하는 직책. 또는, 그 사람. ¶~ 변호사.
고문-관(顧問官) [명] **1** 고문의 직책을 맡은 관리. **2** 〔미군정 시기에 파견된 미군 고문관들이 한국말이 서투르고 한국 실정에 어두워 어수룩한 행동과 실수를 많이 한 데에서〕 군대에서 우둔한 행동을 잘하는 사람을 놀림조로 이르는 말.
고물[1] [명] 시루떡에 넣거나 인절미·경단에 묻히는 팥·녹두·콩 따위의 가루. ¶떡~ / 콩[팥]~.
고물[2] [명] 배의 뒤쪽. =선미. ↔이물.
고!물[3](古物·故物) [명] **1** 헐거나 낡은 물건. ¶~ 자동차. **2** 시대에 뒤져 쓸모없이 된 사람을 놀리어 이르는 말.
고물-간(-間) [-깐] [명] 배의 고물 쪽의 칸. ↔이물간.
고!물-단지(古物-) [-딴-] [명] 시대에 뒤떨어진 사람이나 쓸모없게 된 물건을 홀하게 이르는 말.
고!물-딱지(古物-) [-찌] [명] '고물[3]' 을 얕잡아 이르는 말. ¶이깟 ~ 줘도 안 가져.
고!물-상(古物商) [-쌍] [명] 고물을 파는 장사. 또는, 그 상인이나 상점.
고민(苦悶) [명] 뜻대로 안 되는 일이나 근심거리가 있어 괴로워하고 속을 태우는 것. [비]고뇌·번민. **고민-하다** [동][자][타][여] ¶이성 문제로 ~.
고민-거리(苦悶-) [-꺼-] [명] 고민이 되는 일. ¶~를 털어놓다.
고민-스럽다(苦悶-) [-따] [형][ㅂ] 〈~스러우니, ~스러워〉 고민이 되는 점이 있다.
고밀도^집적^회로(高密度集積回路) [-또-쩌쾨-/-또-쩌퀘-] [명][컴] 다수의 집적 회로를 하나의 기판(基板) 위에 배선하여 집적도를 높인 집적 회로. 하나의 칩에 1000~10만 개의 소자가 탑재되어 있음. =엘에스아이(LSI). ▷집적 회로.
고!발(告發) [명] **1** [법] 고소권자가 아닌 제삼자가 어떤 범죄 사실을 경찰서나 검찰청에 신고하여 그 수사나 기소를 요구하는 일. ▷고소(告訴). **2** 사회의 모순이나 부조리 등을 단죄하여 비판하는 것. **고!발-하다** [동][타][여] ¶사고 목격자가 뺑소니 운전사를 경찰에 ~. **고!발-되다** [동][자]
고!발-장(告發狀) [-짱] [명][법] 범죄를 고발할 때 제출하는 서류.
고!발-정신(告發精神) [명] **1** 범죄나 부정을 적극적으로 고발하려는 태도. **2** [문] 사회의 비리나 죄악을 들추어내어 비판하고자 하는 작가의 정신.
고방(庫房) [명] '광[1]' 의 원말.
고배(苦杯) [명] 〔'쓴 술이 든 잔' 이라는 뜻〕 《주로 '들다', '마시다' 와 함께 쓰여》 실패나 패배의 쓰라린 경험을 비유적으로 이르는 말. [비]쓴잔.
고배를 들다 실패나 패배의 쓰라린 일을 겪다. ¶연습 부족으로 ~.
고!백(告白) [명] 마음속에 생각하고 있는 것이나 감추어 둔 것을 숨김없이 말하는 것. **고!백-하다** [동][타][여] ¶사랑을 ~.
고!백^성!사(告白聖事) [-썽-] [명][가] 영세를 받은 신자가 범한 죄를 뉘우치고 하느님의 대리자인 사제에게 고백하여 용서받는 일. 구용어는 고해 성사. =고해.
고법(高法) [명][법] '고등 법원' 의 준말.
고베(神戶) [명][지] 일본의 도시.
고!변(告變) [명] **1** 변을 알리는 것. **2** 반역 행위를 고발하는 것. **고!변-하다** [동][타][여]
고!별(告別) [명] 이별을 알리는 것. ¶~식(式) / ~인사.
고보(高普) [명][일제] '고등 보통학교' 를 줄여 이르는 말.
고복-격양(鼓腹擊壤) [-껵-] [명] 〔중국의 요(堯) 임금 때 한 노인이 배를 두드리고 땅을 치며 요 임금의 덕을 찬양하고 태평을 즐겼다는 고사에서〕 태평성대를 즐김.
고!본(古本) [명] 오래된 책.
고봉[1](高峯) [명] 높은 산봉우리. ¶히말라야의 ~ 마나슬루를 정복하다.
고봉[2](高俸) [명] 높은 봉급.
고봉[3](高捧) [명] 곡식이나 밥 등을 그릇의 전 위로 수북이 담는 것. ¶밥을 ~으로 푸다.
고봉-밥(高捧-) [-빱] [명] 그릇 위로 수북이 담은 밥.
고부(姑婦) [명] 시어머니와 며느리.
고부가^가치(高附加價值) [명] 어떤 물품을 생산하는 과정에서 새롭게 덧붙여진 높은 가치. ¶기술 혁신으로 ~를 창출하다.
고부-간(姑婦間) [명] 시어머니와 며느리의 사이. ¶~의 갈등.
고부라-지다 [동][자] 한쪽으로 옥아 들다. ¶혀 **고부라진** 소리. [큰]구부러지다. [센]꼬부라지다.
고!분(古墳) [명] 고대의 무덤. ¶~ 벽화.
고분-고분 [부] (말이나 행동이) 공손하고 부드러운 모양. ¶말을 ~ 잘 듣는다. **고분고분-하다** [형][여] **고분고분-히** [부]
고-분자(高分子) [명][화] 고무·단백질 등의 분자와 같이 분자량이 매우 큰 분자.
고분지통(鼓盆之痛) [명] 〔장자가, 아내가 죽었을 때 질그릇을 두드렸다는 고사에서〕 아내를 잃은 슬픔.
고비[1] [명] 사물의 가장 긴요한 기회나 막다른 절정. ¶죽을 ~를 넘기다 / 추위도 한 ~가 지났다.
고비[2] [명][식] 고사리와 비슷하나 키가 60~100cm로 고사리보다 좀 큰 여러해살이 양치식물. 용수철처럼 말려 있는 어린잎을 나물로 먹으며, 뿌리는 약용함.
고비^사막(Gobi沙漠) [명][지] 몽골 고원 중부에 있는 사막.
고-비용(高費用) [명] 비용이 많이 듦. 또는, 그 비용. ¶~, 저효율 구조의 경제.
고뿔 [명] '감기(感氣)' 를 예스럽게 이르는 말. ¶~ 들다.
고삐 [명] **1** 마소의 재갈에 잡아매어, 몰거나 부릴 때에 끄는 줄. **2** 사물 현상이나 흐름을 통제하는 힘. 비유적인 말임. ¶치솟던 환율에 ~가 잡히다 / 시험이 며칠 안 남

앉으니 ~를 늦추지 말고 최선을 다해라.
고-삐리(高-) 명〈속〉'고등학생'을 얕잡아 이르는 말.
고!사(考査) 명 ①성적·능력·인물 등을 자세히 살피하여 검사하는 일. ¶학력~/월말 ~/~를 치르다.
고!사(告祀) 명 [민] 계획하는 일이나 집안이 잘되기를 신령에게 비는 제사. **고사-하다**¹ 통(자여)
고사³(固辭) 동 굳이 사양하는 것. **고사-하다**²[통(타여) ¶그는 몇 차례의 권유에도 불구하고 회장 자리를 **고사하였다**.
고사⁴(枯死) 동 (나무나 풀 따위가) 말라 죽는 것. **고사-하다**³ 통(자여)
고!사(故事) 명 옛날부터 전해 내려오는 유서 깊은 일.
고!사-떡(告祀-) 명 고사를 지낼 때 쓰려고 만든 떡.
고사리 명 [식] 꼬불꼬불 말려 있는 어린잎을 나물로 먹는 여러해살이 양치식물. 산과 들에서 자라며, 키는 20~80cm임.
고사리 같은 손 어린아이의 여리고 포동포동한 손을 이르는 말.
고사리-류(-類) 명 [식] 양치식물 중 잎이 크며 포자낭이 잎 뒷면이나 가장자리에 붙는 식물의 무리. 고사리·고비 등이 이에 속함. =양치류.
고!사-성어(故事成語) 명 고사를 바탕으로 이뤄진 관용 어구. '모순(矛盾)', '사면초가(四面楚歌)' 따위.
고-사이 명 어느 때부터 어느 때까지의 고 동안. ¶~를 못 참다니. 준고새. 큰그 사이.
고사-포(高射砲) 명 [군] 공중의 항공기를 쏘는, 구경 75~150mm의 앙각(仰角)이 큰 대포.
고사-하고(姑捨-) 명 {조사 '는/은' 다음에 쓰여) 말할 것도 없고, 앞의 사실보다 뒤의 사실이 더 심하거나 좋지 않을 때 쓰는 말임. '는커녕/은커녕'과 거의 같은 말임. ¶보너스는 ― 월급도 못 받았다.
고!산(高山) 명 높은 산. ¶~ 지대.
고산-구곡가(高山九曲歌) 명 [문] 조선 선조 때, 이이(李珥)가 지은 10수의 연시조. 해주 수양산의 경치를 읊은 것
고산^기후(高山氣候) 명 [지] 해발 2,000m 이상의 높은 산에 나타나는 특유한 기후. 고도가 높아 감에 따라 기온이 저하되고, 기압이 감소하며, 공기가 희박해짐.
고산-대(高山帶) 명 [식] 식물의 수직 분포의 하나. 삼림 한계 이상에서 설선(雪線)까지의 지대.
고산-병(高山病) [-뼝] 명 [의] 높은 산에 올라갔을 때 낮아진 기압 때문에 일어나는 병. 얼굴이 붉어지고 코피가 나며, 구토·이명(耳鳴) 등의 증세가 나타남.
고산^식물(高山植物) [-싱-] 명(식) 고산대에서 자라는 식물. 소형의 여러해살이 풀이나 관목이 많음.
고상-하다(高尙-) 형여 (사람의 성품이나 취향이, 또는 성품이나 취향을 나타내는 대상물이) 격이 높고 점잖다. **고상한** 취미/말씨가 ~.비속하다·저속하다.
고-살[-쌀] 명 마을의 좁은 골목길. =고샅.
고살-길[-쌀낄] 명 =고샅.
고-새 명(부) '고사이'의 준말. ¶~를 못 참아 뛰쳐나와? 툭그새.

고!색(古色) 명 예스러운 모습이나 풍치.
고!색창연-하다(古色蒼然-) 형여 퍽 오래되어 예스러운 풍치가 그윽하다. ¶**고색창연한** 산사(山寺).
고생(苦生) 명 ①사람이 어떤 일을 하는 과정에서 어려움이나 괴로움을 겪는 것. ¶생~. ②사는 동안 견디기 힘든 가난이나 나쁜 운을 겪는 상태. ¶~을 모르고 자라다. **고생-하다**[통(자여)
[고생 끝에 낙(樂)이 온다] 어려운 일, 괴로운 일을 겪고 나면 즐겁고 좋은 일도 있다는 말.
고생-길(苦生-) [-낄] 명 고생을 벗어날 수 없는 어려운 형편. ¶~에 들어서다.
고!생-대(古生代) 명 [지] 지질 시대에서, 선캄브리아대의 뒤, 중생대 앞의 시대. 삼엽충·양치식물·무척추동물이 번성하였음.
고생-문(苦生門) 명 고생을 당할 운명. ¶~이 훤하다.
고!-생물(古生物) 명[생] 지질 시대에 살던 생물. 주로 화석으로 나타남.
고생-바가지(苦生-) [-빠-] 명 ①평생 고생만 하는 사람을 속되게 이르는 말. ¶남편은 죽고 애들만 주렁주렁하니 저 여자도 ~야. ②고생을 몹시 하는 경우를 되게 이르는 말.
고생-살이(苦生-) 명 고생이 되는 살림살이. ¶이놈의 ~를 언제나 면할까.
고생-스럽다(苦生-) [-따] 형비 〈-스러우니, -스러워〉 고생이 되는 점이 있다.
고생스레
-고서¹ 어미 용언의 어간이나 어미 '-시-' 아래에 붙는 연결 어미. 1뒤의 행동보다 앞선 행동임을 나타냄. 비-고. ¶목욕을 하 ― 저녁을 먹어라. 2어떤 가정이나 전제 조건이 됨을 나타냄. ¶그토록 매를 맞 ― 할 수장사라도 그만두겠다.
고!서²(古書) 명 출간된 지 아주 오래된 옛날의 책. =고서적. ↔신서(新書).
고!-서적(古書籍) 명 =고서(古書)².
고!서-점(古書店) 명 고서를 취급하는 책방.
고!-서화(古書畫) 명 옛날 책과 그림.
고선명^텔레비전(高鮮明television) 명[방송] 기존의 텔레비전보다 주사선 수를 2배 이상 늘려 화면을 고정밀화한 텔레비전. ≒에이치디 티브이(HD TV)·하이비전. ▷고화질 텔레비전.
고!성(高聲) 명 크고 높은 목소리. ¶~이 오가다.
고-성능(高性能) 명 아주 좋은 성능. ¶~ 스피커.
고성-방가(高聲放歌) 명 큰 소리로 시끄럽게 마구 노래를 부름. ¶술에 취해 길거리에서 ~를 하다.
고!소¹(告訴) 명(법) 범죄의 피해자나 그의 법정 대리인이 범죄 사실을 수사 기관에 신고하여 법적 처벌을 구하는 행위. ¶~를 취하하다. ▷고발. **고!소-하다** 통(타여) ¶가해자를 ~. **고!소-되다** 통(자여)
고소²(苦笑) 명 =쓴웃음. ¶~를 머금다 / ~를 금치 못하다. **고소-하다**² 통(자여)
고소^공!포증(高所恐怖症) 명 [의] 높은 곳을 병적으로 무서워하는 증상.
고-소득(高所得) 명 높은 소득. ¶~자 /~층. ↔저소득.
고소원(固所願) 명 본디부터 바라던 바임. 고소원이나 불감청(不敢請)이라 본디부

터 바라던 바이나 감히 청하지는 못하는 터이라.
고:소-인(告訴人) 圀[법] 고소를 한 피해자. 또는, 그 법정 대리인.
고:소-장(告訴狀)[-짱] 圀[법] 고소할 때에 제출하는 서류.
고소-하다³ 麕困 1(맛이나 냄새가) 볶은 참깨나 땅콩의 것과 같다. ¶고소한 입맛. 區구수하다. 2(미운 사람이 잘못되는 것이) 재미있고 통쾌하다. 비유적인 말임. ¶그 애 야단맞았다면서? 고거 참 ~.
고속(高速) 圀 '고속도'의 준말. ¶~으로 달리다. ↔저속.
고속^국도(高速國道)[-꾿또] 圀 '고속도로'의 정식 이름.
고-속도(高速度)[-또] 圀 썩 빠른 속도. 區고속. ↔저속.
고속-도로(高速道路)[-또-] 圀 자동차가 고속으로 달릴 수 있게 만든, 자동차 전용 도로.
고속-버스(高速bus) 圀 고속도로를 안전하게 고속 운행할 수 있도록 만든 버스.
고:수¹(固守) 圀 (차지한 것이나 어떤 입장을) 굳게 지키는 일. **고수-하다** 囝囮 ¶강경 노선을 ~.
고수²(高手) 圀 바둑이나 장기에서, 수가 높음. 또는, 수가 높은 사람. 凹상수.
고수³(鼓手) 圀[음] 국악에서, 북이나 장구를 치는 사람. 특히, 판소리에서 북으로 장단을 치는 사람. 凹북재비.
고수레 圀 야외에서 음식을 먹거나 무당이 굿을 할 때, 귀신에게 먼저 바친다는 뜻으로 음식을 조금 떼어 던지며 하는 소리. 또는, 그렇게 하는 짓. **고수레-하다** 囝困
고수-머리(高鬚-) 圀 =곱슬머리.
고수-부지(高水敷地) 圀 '둔치'로 순화.
고-수위(高水位) 圀 호우나 강 등에서 홍수로 인해 평균 수위 이상에 이른 수위.
고-수익(高收益) 圀 높은 수익. ¶~ 상품.
고스란-하다 麕困 (물체나 대상이) 조금도 축나거나 줄거나 달라짐이 없이 그대로 온전하다. **고스란-히** 囝 ¶첫 월급을 ~ 어머니께 드렸다.
고-스톱(¶t go stop) 圀 화투 놀이의 하나. 주로, 세 사람이 하는데, 일정한 점수를 얻은 사람이 놀이의 계속 여부를 결정함.
고스트^이미지(ghost image) 圀 텔레비전 화면에 유령과 같은 흰 상이 겹쳐 나타나는 현상.
고슬-고슬 (밥이) 되지도 질지도 않아 알맞은 모양. **고슬고슬-하다** 麕困
고슴도치 圀[동] 등이 뾰족한 가시로 덮여 있으면, 주둥이가 길고 다리가 짧은 작은 포유동물. 적을 만나면 몸을 둥글게 웅크리고 가시를 세워 자신을 보호함.
[고슴도치도 제 새끼가 함함하다면 좋아한다] 칭찬을 받을 만한 일이 못 되더라도 좋다고 추어주면 기뻐한다.
고승(高僧) 圀[불] 학덕이 높은 승려.
고:시¹(古詩) 圀 1고대의 시. 한시(漢詩)에서는 시경(詩經)이나 문선(文選)에 딸리는 시 따위. 2 '고체시'의 준말.
고:시²(考試) 圀 공무원의 임용 자격을 결정하는 시험. ¶사법 ~ / 행정 ~.
고:시³(告示) 圀 정부 기관이 일반 국민에게 글로 써서 널리 알리는 것. **고:시-하다** 囝囮 ¶추곡 수매 가격을 ~. **고:시-되다** 囝困

고:시⁴(高試) 圀 '고등 고시'의 준말.
고:시^가격(告示價格)[-까-] 圀[경] 정부에서 지정한 가격.
고시랑-거리다/-대다 囝困 혼잣말이나 불평조의 말을 작은 소리로 자꾸 하다. 區구시렁거리다.
고시랑-고시랑 囝 고시랑거리는 모양. 區구시렁구시랑. **고시랑고시랑-하다** 囝困
고:시-생(考試生) 圀 사법 시험·행정 고시·외무 고시 등을 치르기 위하여 공부하는 사람.
고:시-원(考試院) 圀 고시생이나 학생, 직장인 등이 일정 기간 공부방이나 숙소로 이용할 수 있도록 방을 빌려 주는 업소.
고:-시조(古時調) 圀 주로 갑오개혁 이전에 창작된 시조를 현대 시조에 상대하여 이르는 말. ≒옛시조.
고식-적(姑息的)[-쩍] 관명 근본적인 대책 없이 임시변통으로 하는 (것). ¶~인 미봉책.
고식지계(姑息之計)[-찌계/-찌게] 圀 당장 편한 것만을 택하는 꾀나 방법.
고신-원루(孤臣冤淚)[-원-] 圀 임금의 사랑을 받지 못하는 신하의 원통한 눈물.
고심(苦心) 圀 어떤 어려운 일을 해결하려고 몹시 애쓰는 것. **고심-하다** 囝困囮 ¶진로 문제로 ~.
고싸움-놀이 圀[민] 여러 사람이 양편으로 편을 갈라, 짚으로 굵게 만든 고를 가지고 승부를 겨루는 민속놀이. 상대편의 고를 짓눌러 먼저 땅바닥에 닿게 하는 쪽이 이김.
고아(孤兒) 圀 부모를 여의어, 몸 붙일 곳이 없는 아이. ¶전쟁 ~.
고아-원(孤兒院) 圀 고아를 거두어 기르는 사회사업 기관.
고:아-하다¹(古雅-) 麕困 예스럽고 아담한 풍치가 있다. ¶고아한 조선 백자.
고:아-하다²(高雅-) 麕困 1 고상하고 우아하다. ¶고아한 여인의 자태. 2(지조나 뜻이) 높고 바르다. ¶고아한 기상.
고안(考案) 圀 (새로운 물건이나 아이디어 등을) 연구하여 생각해 내는 것. 또는, 그 안. ¶~자(者). **고안-하다** 囝困囮 ¶신제품을 ~. **고안-되다** 囝困
고압(高壓) 圀 1 높은 압력. ¶~ 가스. 2 600V 이상 7,000V 이하의 전압. 우리나라에서는 6,600V이다. ▷저압.
고압-선(高壓線)[-썬] 圀 고압의 전력을 보내는 전선.
고압-적(高壓的)[-쩍] 관명 남의 의지나 행동에 대하여 세게 압력을 가하는 (것). ¶~인 자세.
고액(高額) 圀 많은 액수. ¶~ 납세자. ↔저액.
고액-권(高額券)[-꿘] 圀 고액의 지폐.
-고야¹ 어미 동사의 어미 '-시-' 아래에 붙어 1('말다'와 함께 쓰여) 어떤 일을 기어이 함을 강조하는 뜻을 나타내는 연결 어미. ¶반드시 성공하~ 말겠다. 2(주로 수사 의문문에 쓰여) 앞의 사실이 뒤의 사실의 조건이 될 수 있을까의 문이 들 때 앞의 사실을 더욱 강조하는 연결 어미. ¶그렇게 공부해 가지~ 시험에 붙을 수 있겠니? 3 '-ㄴ 다음에 비로소'의 뜻으로, 앞의 행동이 끝나고 비로소 뒤의 행동이 있음을 나타내는 연결 어미. ¶네 말을 듣~ 이해가 되었다.

고야² 프란시스코 데(Goya, Francisco de) 명[인] 에스파냐의 화가(1746~1828).

고약(膏藥) 명 종기나 상처에 붙이는 약.

고:약-스럽다 [-쓰-따] 형[ㅂ]〈-스러우니, -스러워〉 고약한 데가 있다. ¶말씨 한번 고약스럽구나.

고:약-하다 [-야카-] 형여 1 (맛·냄새 등이) 비위에 거슬리게 나쁘다. ¶수챗구멍에서 고약한 악취가 풍기다. 2 (얼굴 생김이) 험상궂고 거칠다. ¶불에 흉터가 있어 고약하게 생긴 흉악범. 3 (성미·언행·인심·풍속 등이) 사납거나 도리에 벗어난 데가 있다. ¶성미가 고약한 노인. 4 (날씨·바람 등이) 거칠고 사납다. ¶날씨가 고약하구나. 5 (일이) 얄궂고 난처하다.

고:얀 성미나 언행이 도리에 벗어나는. ¶~ 놈 같으니라고.

고양(高揚) (어떤 정신·의식·분위기 등을) 북돋우어 드높이는 것. **고양-하다** 타여 ¶애국심을 ~. **고양-되다** 자여 ¶사기가 ~.

고양이 명[동] 밤눈이 밝고 행동이 민첩하여 밤에 쥐를 잘 잡으며, 집에서 애완용으로 기르는 포유동물. 전 세계에 많은 종류가 있음. ㉗괭이.

[고양이 목에 방울 달기] 실행하지 못할 것을 공연히 의논함을 이르는 말. [고양이보고 반찬 가게 지켜 달란다] 믿을 수 없는 사람에게 소중한 물건을 맡겼다가는 도리어 잃게 될 뿐이라는 말. [고양이 세수하듯] ㉠흉내만 내고 그치는 것을 이르는 말. ㉡세수를 하되 콧등에 물만 묻히는 정도밖에는 하지 않는다는 말. [고양이 앞에 쥐] 무서운 사람 앞에서 설설 기는 모양을 이르는 말. [고양이 쥐 생각] 속으로는 해칠 마음을 품고 있으면서, 겉으로는 생각해 주는 척함을 비유하는 말.

고양이와 개 서로 앙숙인 관계를 이르는 말. ¶두 사람은 ~의 관계이다.

고:어(古語) 명 =옛말1. ¶~사전.

고:언¹(古言) 명 =옛말1.

고언²(苦言) 명 듣기에는 거슬리나 유익한 말. ↔감언(甘言).

고역(苦役) 명 몹시 힘들어 견디기 어려운 일. ¶~을 치르다.

고열(高熱) 명 1 높은 열. ↔저열. 2 [의] 몸의 높은 열.

고엽(枯葉) 명 시들어서 마른 잎.

고엽-제(枯葉劑) [-쩨] 명 [약] 식물의 잎을 인위적으로 떨어뜨리는 약제. 특히, 베트남 전쟁 때 미군이 밀림에 대량으로 뿌린 제초제를 가리킴.

고:옥(古屋) 명 지은 지 아주 오래된 집.

고온(高溫) 명 높은 기온이나 온도. ¶~다습한 기후. ↔저온.

고요 명 아무 소리도 움직임도 없는 상태. 비정적. ¶~에 잠기다. **고요-하다** 형여 비㉿숙하다. ¶고요한 밤 / 고요한 바다. **고요-히** 부

고욕(苦辱) 명 견디기 어려운 고통과 치욕. ¶일본 경찰에 끌려가 ~을 당하다.

고용 명 고욤나무의 열매.

고욤-나무 명[식] 작은 감 모양의 열매가 열리는, 높이 10m가량 되는 낙엽 활엽 교목. 열매는 검붉은 색으로, 맛이 달아 식용하거나 약제로 씀.

고용¹(雇用) 명 (기업이 근로자를) 보수를 주기로 하고 채용하는 것. **고용-하다** 타여 ¶신입 사원을 ~. **고용-되다** 자여

고용²(雇傭) 명 근로자가 보수를 받기로 하고 취업하는 것. ¶~ 조건.

고용-살이(雇傭-) 명 남의 집 일을 돌보아 주면서 그 집에 붙어사는 일. **고용살이-하다** 자여

고용-인(雇傭人) 명 고용되어 일을 하는 사람.

고용-주(雇用主) 명 일할 사람을 고용하여 부리는 사람. ¶악덕 ~.

고:운-대 명 토란의 줄거리.

고:운-때 명 흐하지 않을 정도로 묻은 때.

고원(高原) 명[지] 평야에 비하여 높은 지대에 펼쳐진 넓은 평원. ¶개마 ~.

고위(高位) 명 높고 귀한 지위. ↔저위.

고위-급(高位級) [-끕] 명 높은 지위에 해당하는 계급. 또는, 그 사람. ¶~인사.

고-위도(高緯度) 명[지] 남극과 북극에 가까운 위도의 지역. 또는, 그 위도. ▷저위도.

고위-층(高位層) 명 높은 지위나 관직에 있는 계층. 또는, 그에 속한 사람. ¶~인사.

고유(固有) 명 본디부터 지니고 있거나 어느 사물에만 특별히 있는 것. ㈜특유. ¶민족 ~ 의상. **고유-하다** 형여

고유^명사(固有名詞) 명[언] 어느 특정한 사물에 한정하여 그 이름을 나타내는 명사. 인명·지명·국호·상호·책명·사건명 따위가 이에 속함. ↔보통 명사.

고유-성(固有性) [-씽] 명 어떤 사물이 가지고 있는 고유한 성질. 또는, 그 사물의 특유의 속성(屬性). ↔우유성.

고유-어(固有語) 명 그 나라나 민족의 역사와 함께 변천·발달하여 온 고유의 말. =토박이말·토착어. ↔외래어.

고육지계(苦肉之計) 명 =-찌께/-찌께] 명 적을 속이기 위하여, 자신의 희생을 무릅쓰고 꾸미는 계책. =고육지책·고육책.

고육지책(苦肉之策) [-찌-] 명 =고육지계.

고육-책(苦肉策) 명 =고육지계.

고율(高率) 명 높은 비율. ¶~의 이자. ↔저율.

고을 명 옛날에, 주(州)·부(府)·군(郡)·현(縣) 등의 지역을 두루 일컫던 말. ¶~원님. ㉗골.

고음(高音) 명 높은 소리. ↔저음.

고음질(高音質) 명 아주 뛰어난 음질.

고의¹(-/-이) 명 남자의 여름 홑바지. [袴衣]는 취음]

고:의²(故意) [-의/-이] 명 1 일부러 하는 행위나 생각. 2 [법] 자신의 행위가 어떤 결과를 가져오리라는 것을 알면서도 그 행위를 하는 경우의 심리 상태. ↔과실(過失).

고:의-로(故意-) [-의/-이-] 부 좋지 않은 줄 알면서 일부러. ¶~ 한 짓.

고:의-적(故意的) [-의/-이-] 관명 나쁜 생각에서 일부러 하는 (것). ¶~인 반칙.

고의-춤(-/-이-) 명 고의의 허리를 접어서 여민 사이. ㉗괴춤.

고이 부 1 곱게. ¶~ 자란 외동딸. 2 삼가 정성을 다하여. ¶가보를 ~ 간직하다. 3 편안하고 조용하게. ¶지하에 계신 영령이시여, ~ 잠드소서. 4 그대로 온전히. ¶행운은 괜찮하지만 ~ 돌려보냈다. 5 저항 없이 순순히. ¶말로 할 때 ~ 들어.

고이다¹ 자여 =괴다¹.

고이다² 〔타〕=괴다¹·².
고이즈미 준이치로(小泉純一郎) 〔명〕〔인〕 일본의 정치가·총리(1942~).
고'인¹(古人) 〔명〕 옛날 사람.
고'인²(故人) 〔명〕 죽은 사람. ¶~의 유지를 받들다.
고인-돌 〔명〕〔고고〕 청동기 시대에서 철기 시대에 걸쳐 만들어진 권력자의 돌무덤. 남방식과 북방식이 있음. =돌멘·지석묘.
고임 〔명〕=굄.
고입(高入) 〔명〕 '고등학교 입학'을 줄여 이르는 말.
-고자¹ 〔어미〕 동사의 어간이나 어미 '-시-' 아래에 붙어, 주어의 확고한 의도나 마음의 다짐 등을 나타내는 연결 어미. ¶목적을 달성하~ 열심히 노력하다. ▷-고저.
고'자²(古字) 〔명〕 1 지금은 쓰이지 않는 옛 글자. 한글의 경우는 'ㆍ', 'ㆍㆍ', 'ㅇ', 'ㆆ', 'ㅿ', 'ㅸ' 따위. 2 한자에서, 지금의 글자와 같은 뜻으로 옛날에 쓰였던 글자. 예를 들어, '共'(공)은 '巷'(공)의 고자임.
고자(鼓子) 〔명〕 생식기가 불완전한 사내.
고자리 〔명〕 '구더기'의 잘못.
고-자세(高姿勢) 〔명〕 상대를 얕잡아 보거나 무시하는, 거만한 자세나 태도. ¶~로 나오다 / ~를 취하다. ↔저자세.
고'자-쟁이(告者-) 〔명〕 고자질을 잘하는 사람.
고'자-질(告者-) 〔명〕 (남의 허물이나 비밀을) 몰래 일러바치는 짓. **고'자질-하다** 〔자〕 ¶선생님께~.
고작 Ⅰ〔부〕 기껏 헤아려 보거나 따져 보아야. ¶책이 많다더니 ~ 세 권뿐이야? Ⅱ〔명〕 기껏 한 것의 전부. ¶밥도라고 해 봤자 입에 풀칠하는 게 ~이다.
고장¹ 〔명〕 1 사람이 사는 일정한 지방이나 지역. 2 어떤 물건이 특징적으로 많이 나는 곳. 또는 산지. ¶인삼의 ~.
고'장²(故障) 〔명〕 1 기계나 기구의 기능을 마비시키는 파손이나 사고. ¶~ 난 시계. 2 몸에 탈이 생기는 것. 속된 말임. ¶위가 ~이 났다.
고장-난명(孤掌難鳴) 〔명〕 [한쪽 손뼉만으로는 소리를 내지 못한다는 뜻] 1 혼자서는 일을 이루기가 어려움. 2 맞서는 이가 없으면 싸움이 되지 않음.
고쟁이 〔명〕 한복에서, 가랑이 통이 넓고 홑으로 된, 여름용 여자 속옷. =속바지.
고저(高低) 〔명〕=높낮이. ¶음의 ~.
고'적(古跡·古蹟) 〔명〕 남아 있는 옛날의 물건이나 건물. 또는, 그런 것이 있던 터. ㈜유적(遺跡). ¶명소 - / ~을 답사하다.
고적-대(鼓笛隊) [-때] 〔명〕〔음〕 피리와 북으로 구성된 의식 및 행진용 음악대.
고적-운(高積雲) 〔명〕〔기상〕 중층운의 하나. 권적운에 비해 하나하나의 덩이가 큰 구름. =양떼구름.
고적-하다(孤寂)[-저카-] 〔형여〕 외롭고 적적하다. ¶**고적하**게 나날을 보내다.
고'전¹(古典) 〔명〕 1 오랜 세월에 걸쳐 많은 사람들에게 높이 평가되고 애호된 저술이나 작품. 2 옛날의 서적이나 작품.
고전²(苦戰) 〔명〕 1 몹시 힘들고 괴로운 싸움. ¶~을 면치 못하다. 2 무슨 일을 해 나가기가 매우 어려움의 비유. ㈜고투. **고전-하다** 〔자여〕 몹시 힘들고 괴롭게 싸우다. ¶불경기로 회사가 ~.
고'전-극(古典劇) 〔명〕〔연〕 1 고대 그리스·로마에서 발달한 연극 및 그 영향을 받은

16~18세기 이탈리아·프랑스 등의 희극 또는 비극. ▷근대극. 2 고전의 내용을 주제로 한 극.
고'전^문학(古典文學) 〔명〕〔문〕 예전의 작품으로서, 탁월성이 인정되어 지금까지 남아 있는 일급의 문학.
고'전^음악(古典音樂) 〔명〕〔음〕 서양의 전통적 작곡 기법이나 연주법에 의한 음악. 흔히, 대중음악에 상대되는 말로 쓰임. =클래식.
고'전-적(古典的) 〔관형〕 1 고전이 될 만한 내용과 의의를 가진 (것). ¶~인 작품. 2 고전을 중히 여기는 경향이 있는 (것).
고'전-주의(古典主義) [-의/-이] 〔명〕〔예〕 17~18세기에 근대 유럽에서 일어난 예술 사조. 고대 그리스·로마의 예술을 모범으로 하여, 이성(理性)을 중시하고 균형 잡힌 형식미를 추구했음. ▷낭만주의.
고'전-파(古典派) 〔명〕 고전주의를 신봉하여 실천하는 파. ▷낭만파.
고점(高點) [-쩜] 〔명〕 높은 점수. ¶~자(者).
고정(固定) 〔명〕 1 움직이지 않도록 한곳에 붙이거나 박아 놓는 것. ¶나사가 마모되어 ~이 안 된다. 2 어떤 상황이나 상태가 계속해서 같은 모습으로 있는 것. ¶~ 수입. ↔유동. **고정-하다** 〔자타여〕 **고정-되다** 〔자여〕 ¶시선이 한곳에~.
고정-간첩(固定間諜) 〔명〕 이동하거나 교체되지 않고 일정한 곳에 정주(定住)하는 간첩.
고정-관념(固定觀念) 〔명〕〔심〕 어떤 대상에 대하여 경험이나 지식 등에 의해 오래전부터 굳어져 온 관념. ¶~을 버리다.
고정-급(固定給) 〔명〕 각자의 생산량과 관계없이 노동 일수나 노동 시간에 따라 지급되는 임금. ㈜능률급.
고정^도르래(固定-) 〔명〕〔물〕 회전축을 고정시킨 도르래. 힘의 방향만 바꾸는 구실을 함. ↔움직도르래.
고정불변(固定不變) 〔명〕 고정되어 변함이 없음. ¶~의 진리. **고정불변-하다** 〔형여〕
고정-비(固定費) 〔명〕〔경〕 조업도의 변화 또는 생산량의 증감에 관계없이 일정하게 지출되는 비용. ↔변동비.
고정-적(固定的) 〔관형〕 일정한 상태로 고정되어 있는 (것). ¶~인 수입.
고정-표(固定票) 〔명〕 선거 때에 일정한 정당이나 정견(政見)을 지지하여, 동일한 정당 또는 후보자에게 투표하는 표. ↔부동표.
고정-하다² 〔자여〕 (주로 손윗사람에게 사용하여) 노여움이나 흥분 따위를 가라앉히다. 어서어서, **고정하시고** 저 제 말씀 좀 들어 보세요.
고조¹(高祖) 〔명〕 1 사대조(四代祖)임을 가리키는 말. 2 '고조부'의 준말.
고조²(高祖) 〔명〕〔인〕 한(漢)나라의 초대 황제(247~195 B.C.). 본명은 유방.
고조³(高潮) 〔명〕 1 높은 가락. ↔저조. 2 (감정·사상·세력 등이) 가장 높아진 상태. **고조-되다** 〔자여〕 ¶분위기가 점차~.
고-조모(高祖母) 〔명〕 '고조할머니'의 문어적 지칭.
고-조부(高祖父) 〔명〕 '고조할아버지'의 문어적 지칭. ㈜고조. ㈜증조부.
고'-조선(古朝鮮) 〔명〕〔역〕 우리나라 최초의 부족 국가(2333~108 B.C.). 단군이 건국하여 단군 조선·위만 조선으로 이어졌으

고조-할머니(高祖-) 圏 할아버지의 할머니. 호칭 및 지칭으로 쓰임.

고조-할아버지(高祖-) 圏 아버지의 할아버지. 호칭 및 지칭으로 쓰임. 回고조부.

고졸(高卒) 圏 '고등학교 졸업'을 줄여 이르는 말. ¶~자.

고:졸-하다(古拙-) 휑여 기교는 없으나 예스럽고 소박한 멋이 있다. ¶고졸한 멋을 풍기는 조선 백자.

고종¹(姑從) 圏 고모의 아들이나 딸. 回내종(內從).

고종²(高宗) 圏[인] 조선의 제26대 왕(1852~1919).

고주-망태(高酒-) 圏 술을 많이 마셔 정신을 차릴 수 없는 상태. ~가 되도록 마시다.

고-주파(高周波) 圏[물] 주파수가 높은 파동이나 전파. ↔저주파.

고준-하다(高峻-) 휑여 1 산이 높고 가파르다. ¶고준한 산세. 2 (경지가) 높고 뛰어나다. ¶고준한 안목을 갖춘 대학자.

고즈너기 [뭐] '고즈넉이'의 잘못.

고즈넉-하다 [-너카-] 휑여 1 (어느 곳이) 잠잠하고 호젓하다. ¶사위가 ~. 2 (사람의 태도가) 말없이 다소곳하다. **고즈넉-이** [뭐] ¶~ 들리는 부엉이 울음소리. ×고즈너기.

고증(考證) 圏 옛 문헌이나 유물에 기초하여 증거를 찾아 밝히는 것. **고증-하다** 图(印에) ¶그림의 제작 연대를 ~. **고증-되다** 图(자)

고증-학(考證學) 圏 옛 문헌이나 유물에서 확실한 증거를 찾아 경서(經書)를 설명하려 한, 중국 청조(淸朝)의 학풍.

고지¹ 圏 호박·가지 등을 납작하거나 길게 썰어서 말린 것. 호박-/~를 켜다.

고지² [농] 논 한 마지기에 대하여 얼마의 값을 정하고, 모내기로부터 마지막 김매기까지 일해 주기로 하고 미리 받아 쓰는 삯. 또는, 그 일.

고:지³(告知) 圏 1 (게시·글을 통하여) 알리는 것. 2 [법] 어떤 사실에 관한 의사를 상대에게 알리는 행위. **고:지-하다** 图(印에)

고지⁴(高地) 圏 1 평지보다 높은 땅. ↔저지. 2 [군] 전략적으로 유리한 높은 곳의 진지. ¶백마-/~를 탈환하다. 3 이루어야 할 목표. 또는, 그 수준에 이른 단계. ¶100억 달러 수출 ~를 정복하다.

고-지기(庫-) 圏 조선 시대에 관아의 창고를 보살피고 지키던 사람.

고지-대(高地帶) 圏 높은 지대. ¶~ 주민들은 수도 사정이 나쁘다. ↔저지대.

고-지방(高脂肪) 圏 어떤 식품에 지방질이 매우 많이 들어 있는 상태. =고지방질. ¶~ 식품. ↔저지방.

고-지방질(高脂肪質) 圏 고지방.

고:지-서(告知書) 圏 국가 기관이 개인에게 고지의 내용을 통지하는 서장. ¶주민세 납부~.

고지식-하다 [-시카-] 휑여 (사람이) 경우에 따라 알맞게 행동하지 못하고 원칙만을 고집하는 태도가 있거나, 하나만 알고 둘은 모르고 행동하는 상태에 있다. ¶그는 고지식해서 남과 타협할 줄 모른다.

고지혈-증(高脂血症) [-쯩] 圏[의] 혈청 속에 지방질이 많아서 혈청이 뿌옇게 흐려진 상태. 동맥 경화증을 촉진시키는 요인의 하나임.

고진감래(苦盡甘來) [-내] 圏 [쓴 것이 다하면 단 것이 온다는 뜻] 고생 끝에 즐거움이 옴. ↔흥진비래.

고질(痼疾) 圏 1 오래도록 낫지 않아 고치기 어려운 병. =고질병. 回지병. ¶~인 신경통이 또 도졌다. 2 오래되어 바로잡기 어려운 나쁜 버릇이나 병폐. ¶땅 투기는 우리 사회의 뿌리 깊은 ~이다.

고질-병(痼疾病) [-뼝] 圏 =고질1.

고질-적(痼疾的) [-쩍] 罹圏 고질이 되다시피 한 (것). ¶배금주의는 현대 사회의 ~ 병폐이다.

고집(固執) 圏 한번 정한 자기 의견을 바꾸지 않고 굳게 내세워 우기는 것. 또는, 그 우기는 성미. ¶~이 세다. ▷아집. **고집-하다** 图(印에) ¶자기 견해를 ~.

고집불통(固執不通) [-뿔-] 圏 고집이 너무 세어 조금도 융통성이 없음. 또는, 그런 사람.

고집-스럽다(固執-) [-쓰-따] 휑(비) 〈-스러우니, -스러워〉 고집을 부리는 태도가 있다. **고집스레** 튀

고집-쟁이(固執-) [-쨍-] 圏 고집이 센 사람. =고집불이.

고집불-이(固執-) [-뿌-] 圏 =고집쟁이.

고-차원(高次元) 圏 사고방식·행위 등이 뛰어나고 높은 수준. ↔저차원.

고차원-적(高次元的) 罹圏 사고방식·행위 등의 수준이 뛰어나고 높은 (것). ¶~인 문제.

고착(固着) 圏 1 단단히 들러붙는 것. ¶~제(劑). 2 (어떤 현상이) 굳어져 변하지 않는 것. 3 [심] 정신 분석학에서, 성적(性的)·심리적 발달이 어느 단계에서 더 이뤄지지 못하고 멈추는 (것). ¶구강기~ 성격. **고착-하다** 图(자)(타) **고착-되다** 图(자) ¶나쁜 습관이 ~.

고:찰¹(古刹) 圏 옛 절.

고찰(考察) 圏 (연구의 대상을) 생각하여 살피는 것. **고찰-하다** 图(印에) ¶문학의 발달을 역사적으로 ~. **고찰-되다** 图(자)

고:참(古參) 圏 군대나 직장 등에 들어와 종사한 지 오래 된 사람. ¶~병(兵) / 이 회사에서는 그가 제일 ~이다. ↔신참.

고창(高唱) 圏 1 (노래·구호·만세 등을) 큰 소리로 부르거나 외치는 것. 2 세상을 향하여 강하게 주장하는 것. **고창-하다** 图(印에) **고창-되다** 图(자)

고:철(古鐵) 圏 사용된 지 오래되어 못 쓰게 된 쇠붙이. 回헌쇠. ¶~상(商).

고:체¹(古體) 圏 글씨·그림·글 등의 옛날 체.

고체²(固體) 圏[물][화] 유동성이 없고 일정한 형태와 부피를 가진 물질. ▷기체·액체.

고:체-시(古體詩) 圏[문] 한시에서, 옛날 체의 시. ⓒ고시. ↔근체시.

고체연료(固體燃料) [-열-] 圏[공] 고체로 쓰는 땔감. 석탄·숯·장작·연탄 따위.

고체-화(固體化) 圏 액체 상태의 물질이 고체로 변하는 것. =고화(固化). **고체화-하다** 图(자)(타) **고체화-되다** 图(자)

고쳐-먹다 [-처-따] 图(타) (생각이나 마음을) 달리 가지다.

고초(苦楚) 圏 사정이 좋지 않은 일을 당하여 괴로움을 느끼는 상태. 回고난. ¶모진 ~를 겪다.

고추 圏 1 [식] 손가락 모양의 길쭉한 열매

를 식용하는, 높이 60~90cm의 한해살이풀. 또는, 그 열매. 열매는 가을에 붉게 익으며, 매운맛이 있어 양념으로 쏨. ×꼬치. 2 사내아이의 성기(性器)를 비유적으로 이르는 말. '자지'의 완곡어법.
[**고추는 작아도 맵다**] 몸집은 작아도 힘이 세거나, 성질이 모질거나, 하는 일이 야무진 사람을 이르는 말.
고추-기름 몡 =라유(辣油).
고추-냉이 몡〔식〕매운맛이 있는 굵은 땅속줄기를 겨자와 비슷한 향신료로 쓰는 여러해살이풀. 맑은 물이 흐르는 계곡에서 자라며, 여름에 흰 꽃이 핌.
고추-바람 몡 살을 에는 듯한 매우 쌀쌀한 바람.
고추-밭[-받] 몡 고추를 심어 가꾸는 밭.
고추-씨 몡 고추의 씨.
고추잠자리 몡〔동〕가을에 떼 지어 날아다니는, 수컷은 몸빛이 붉고 암컷은 황갈색인 잠자리.
고추-장[-醬] 몡 메줏가루에 질게 지은 밥이 되게 쑨 죽을 버무리고, 고춧가루·소금을 넣어 만든 장. ¶찹쌀-.
고추-가루[-추까-/-춛까-] 몡 고추를 말려 빻은 가루.
고춧-잎[-춘닙] 몡 고추의 잎.
고충(苦衷) 몡 어떤 사람이 여러 가지 생활 속에서 겪는 어려움이나 괴로움. 또는, 그 심정이나 사정. ¶~을 털어놓다.
고취(鼓吹) 몡 [북을 치고 피리를 분다는 뜻] 1 용기나 기운을 북돋워 일으키는 것. 2 (의견이나 사상 등을) 열렬히 주장하여 불어넣는 것. **고취-하다** 동타여 ¶애국심을 ~. **고취-되다** 동자여
고층(高層) 몡 1 건물의 높은 층. 또는, 그 건물. ¶~ 아파트. ↔저층. 2 상공(上空)의 높은 곳. ¶~ 기류.
고층-운(高層雲) 몡〔기상〕중충운의 하나. 두꺼운 베일 모양이고 회색 또는 푸른빛을 띠는 구름.
고치 몡 누에가 실을 토해 제 몸을 싸서 만든 집. 명주실을 뽑아내는 원료가 됨. ¶누에고치. 쌍고치가 실을 내어 지은 집.
고치다 타 1 (고장이 나거나 못 쓰게 된 물건을) 손질을 하여 제구실을 할 수 있게 하다. ¶시계를 ~. 2 (잘못되거나 틀린 것을) 바로잡다. ¶버릇을 ~ / 답을 ~. 3 (병 따위를) 낫게 하다. ¶위장병을 ~. ×낫우다. 4 (모양이나 자세 따위를) 다르게 바꾸다. ¶자세를 ~. 5 (이름·형식·내용 따위를) 다른 것으로 바꾸다. ¶법을 ~. 6 처지를 바꾸다. ¶팔자를 ~.
고침-단명(高枕短命) 몡 베개를 높이 베면 오래 살지 못한다는 말.
고-탄력(高彈力)[-탈-] 몡 아주 뛰어난 탄력. ¶~ 스타킹.
고통(苦痛) 몡 1 사람이나 동물이 육체적으로 아픔을 느끼는 상태. ¶출산의 ~. 2 사람이 정신적·심리적으로 괴로움을 느끼는 상태.
고통-스럽다(苦痛-) 혭ㅂ〔~스러우니, ~스러워〕정신적·육체적으로 고통을 느끼는 상태에 있다. ¶목이 부어 말하기가 ~.
고투(苦鬪) 몡 불리한 상황 속에서 힘든 싸움이나 일을 하는 것. 凷고전(苦戰). ¶악전~. **고투-하다** 동자여
고패 몡 물건을 매어 높은 곳에 당겨 올렸다 내렸다 하는 줄치는 도르래나 고리. 凷녹로.

고평(高評) 몡 남을 높여, 그가 해 주는 평가를 이르는 말. ¶근작(近作)의 시고(詩稿)를 보내오니 ~을 바랍니다.
고-평가(高評價)[-까] 몡 사물의 값어치가 제 수준보다 높게 평가되는 것. ↔저평가. **고평가-되다** 동자여 ¶**고평가된** 주식
고-품격(高品格)[-껵] 몡 아주 높은 품격. ¶~이 느껴지는 실내 장식.
고-품질(高品質) 몡 제품이나 상품의 품질이 아주 좋은 상태. ¶~ 티브이(TV).
고풍(古風) 몡 예스러운 풍취.
고풍-스럽다(古風-)[-따] 혭ㅂ〈~스러우니, ~스러워〉고풍을 지닌 데가 있다. **고풍스러운** 가구.
고프다[¹]〈고프니, 고파〉[반드시 '배(腹)'와 함께 쓰여] 배 속이 비어 음식을 먹고 싶은 상태에 있다. 凷시장하다. ¶배가 ~.
-고프다² '-고 싶다'의 잘못. ¶보고픈(→보고 싶은) 얼굴.
고하(高下) 몡 사회적 지위나 값 또는 품질 등의 높음과 낮음. ¶죄를 지으면 신분과 지위의 ~를 막론하고 처벌하리라.
고하-간(高下間) 몡 (주로 '고하간에'의 꼴로 쓰여) 값이 많은지 적은지. 또는, 지위가 높든지 낮든지. ¶값은 -에 홍정해 보겠다.
고!-하다(告-) 동 1 (어떤 사실을) 알리거나 발표하다. ¶종말을 ~ / 국민에게 **고하는** 글. 2 (윗사람에게) 사뢰어 알리다. ¶어서 네 죄를 **고하지** 못할꼬?
고!-하다(誥-) 동 (윗사람이 아랫사람에게) 알리다. 또는, 가르쳐 밝히다.
고학(苦學) 몡 학비를 자기의 힘으로 벌어 고생하며 배우는 것. **고학-하다** 동자여
고-학년(高學年)[-항-] 몡 높은 학년. ↔저학년.
고-학력(高學歷)[-항녁] 몡 높은 학력. ¶-자(者).
고학-생(苦學生)[-쌩] 몡 집안이 가난하여 학비를 스스로 벌어서 공부하는 학생.
고함(高喊) 몡 크게 외치는 소리. ¶~ 소리.
고함-지르다(高喊-) 동자르〈~지르니, ~질러〉큰 목소리로 부르짖다.
고함-치다(高喊-) 동자 큰 소리로 세차게 소리치다. ¶화가 나서 ~.
고:해¹(告解) 몡〔가〕=고백 성사. **고!해-하다** 동타여 ¶신부님께 죄를 ~.
고해²(苦海) 몡 ['고통의 바다' 라는 뜻] [불] 고통으로 가득 찬 인간 세상을 비유적으로 이르는 말.
고!해-바치다(告-) 동타 (어떤 일을) 윗사람에게 말하여 알게 하다. 凷일러바치다.
고!해^성:사(告解聖事) 몡〔가〕'고백 성사'의 구용어.
고행(苦行) 몡〔종〕육체에 고통을 가함으로써 육체의 욕망을 끊고 정신의 자유와 순화를 꾀하는 수행. **고행-하다** 동자여
고향(故鄕) 몡 자기가 태어나 자란 곳. 또는, 자기 조상이 오래 누리고 살던 곳. 凷타향.
고혈(膏血) 몡 ['사람의 기름과 피' 라는 뜻] 몹시 고생하여 얻은 이익이나 재산. **고혈을 짜다** 가혹하게 착취하거나 징수하다. ¶백성의 ~.

고-혈압(高血壓) [−럅] [의] 혈압이 정상보다 높은 상태. 일반적으로 140/90mmHg 이상을 가리킴. ↔저혈압.
고형(固形) [명] 질이 단단하고 굳어진 일정한 형체. ¶~날 우유 · 연료.
고혹-적(蠱惑的) [−쩍] [관][명] 아름다움이나 매력 등에 홀려서 정신을 못 차리는 (것). ¶~인 여인의 자태.
고혼(孤魂) [명] 조상(弔喪)하여 줄 사람이 없는 외로운 넋. ¶구천을 떠도는 ~.
고:화(古畫) [명] 옛날의 그림. ¶~ 전시회.
고화²(固化) [명] =고체화. 고화-하다 [자][타] 고화-되다 [자]
고-화질(高畫質) [명] 아주 선명한 화질.
고화질˜텔레비전(高畫質television) [−털−] [방:송] 디지털 신호 처리 기법으로 기존보다 성능이 향상된 텔레비전. 특히, 미국 방식의 것을 가리킴. ▷고선명 텔레비전.
고환(睾丸) [명] [생] 포유류의 생식기 · 정소(精巢)의 딴 이름. 공 모양이며 음낭 속에 좌우 한 쌍이 있음. 정자를 만들고 남성 호르몬을 분비함.
고황(膏肓) [명] ['膏'는 심장의 아랫부분, '肓'은 그 윗부분이라는 뜻] 심장과 횡격막의 사이. 이곳에 병이 생기면 낫기 어렵다고 함. ¶천석(泉石) ~.
고황에 들다 병이 고치기 힘들게 몸속 깊이 들다. ¶병이 ~.
고흐, 빈센트 반(Gogh, Vincent van) [인] 네덜란드의 화가(1853∼1890).
고:희(古稀) [−히] [명] [두보(杜甫)의 시에 나오는 '인생칠십고래희(人生七十古來稀)'라는 구절에서] '70세'를 이르는 말.
고:희-연(古稀宴) [−히−] [명] 70세인 해의 생일잔치.
곡(曲) [명] 1 [자립] =곡조. ¶경쾌한 ~. 2 작곡된 음악의 작품. 2 [의존] 노래나 악곡을 세는 단위. ¶한 ~.
곡²(哭) [명] 사람이 죽었을 때나 제사 때, 일정한 소리를 내어 우는 울음.
-곡³(曲) [접미] 어떤 종류의 노래나 악곡임을 나타내는 말. ¶압도~ · 교향~.
곡가(穀價) [−까] [명] 곡식의 값. ¶~ 변동.
곡관(曲管) [−꽌] [명] 'ㄴ'자 모양으로 구부러진 관.
곡-괭이 [−괭−] [명] 괭이의 하나. 단단한 땅을 파기 쉽도록 쇠붙이의 머리 부분이 황새의 부리처럼 길고 좁게 생겼음.
곡구(曲球) [−꾸] [체] =커브 볼.
곡기(穀氣) [−끼] [명] (주로 '끊다', '놓다' 등의 동사와 함께 쓰여) 곡식으로 만든 끼니로서의 음식. ¶남일기.
곡기를 끊다 낟알기를 먹지 못하거나 먹
곡류¹(曲流) [공뉴] [지] 물이 굽이쳐 흐르는 흐름. 또는, 그 흐름. 곡류-하다 [자][여]
곡류²(穀類) [공뉴] [명] 쌀 · 보리 · 밀 등 곡식에 속하는 것.
곡마-단(曲馬團) [공−] [명] 이곳저곳을 떠돌면서 아슬아슬한 곡예와 신기한 마술, 어릿광대의 우스갯짓, 동물의 묘기 등을 보여 주는 단체.
곡면(曲面) [공−] [명] [수] 공 · 달걀 등의 표면처럼 굽은 곡선으로 이루어진 면. ↔평면.
곡명(曲名) [공−] [명] [음] 악곡의 이름. =곡목.
곡목(曲目) [공−] [명] [음] =곡명.

곡물(穀物) [공−] [명] 종자를 식용 대상으로 하는 농작물. 쌀 · 보리 · 콩 · 밀 따위. 또는, 그것을 수확하여 껍질을 벗겨 낸 알곡이나 가공한 물질. (비)곡식.
곡사(曲射) [−싸] [명] 장애물 뒤의 목표를 사격하기 위해, 굽은 탄도로 높이 쏘아 목표물에 떨어지도록 하는 사격. ¶~포(砲). ▷직사 · 평사(平射).
곡선(曲線) [−썬] [명] 1 모나거나 반듯하지 않고 굽은 상태로 이어진 선. 2 물체의 윤곽이나 움직임 등이 둥글게 굽은 선과 같은 것을 나타낸 상태나 모양. ¶제트기가 ~을 그리며 비행한다. 3 [수] 평면 위나 공간 안의 한 점이 연속적으로 움직일 때 생기는 선. 좁은 뜻으로는, 그중에서 직선이 아닌 것을 말함. ¶~ 도형. ↔직선.
곡선-미(曲線美) [−썬−] [명] 곡선에 나타나는 아름다움. 또는, 곡선의 형식으로 표현되는 아름다움. ¶가는 허리를 강조하여 ~를 살린 원피스. ↔직선미.
곡성(哭聲) [−썽] [명] 곡하는 소리. =곡소리.
곡-소리(哭−) [−쏘−] [명] =곡성.
곡식(穀食) [−씩] [명] 쌀 · 보리 · 밀 · 콩 등과 같이 종자를 먹기 위해 기르는, 논이나 밭에 심은 상태의 작물. 또는, 그것의 수확물. (비)곡물.
곡예(曲藝) [−예] [명] 서커스 등에서, 줄타기 · 공중 그네 타기 등 매우 위험하여 보는 사람을 아슬아슬하게 하는 재주.
곡예-단(曲藝團) [−예−] [명] 곡예를 전문으로 하는 단체.
곡예-비행(曲藝飛行) [−예−] [명] 공중에서 비행기로 하는 여러 가지 재주.
곡예-사(曲藝師) [−예−] [명] 곡예를 직업으로 하는 사람.
곡용(曲用) [명] [언] 인도 · 유럽 어에서, 명사 · 대명사 · 형용사 등의 격(格) · 수(數) · 성(性)에 의한 굴절. 국어에서는, 격 변화를 가리킴. ▷활용(活用).
곡우(穀雨) [명] 24절기의 하나. 4월 20일경으로, 청명과 입하 사이에 있음.
곡절¹(曲折) [−쩔] [명] 1 이런저런 복잡한 내막이나 까닭. ¶그가 갑자기 직장을 그만둔 데에는 무슨 ~이 있을 것이다. 2 순탄치 못하거나 변화가 많은 경로나 상태.
곡절²(曲節) [−쩔] [명] [음] 곡조의 마디.
곡조(曲調) [−쪼] [명] 1 [악] 음악적 통일을 이루는 음의 연속. =곡(曲). ¶가사에 ~를 붙이다. 2 [의존] 노래를 세는 단위로 이르는 말. ¶한 ~ 불러 보시지요.
곡주(穀酒) [−쭈] [명] 곡식으로 빚은 술. ↔합성주.
곡직(曲直) [−찍] [명] ['굽음과 곧음'이라는 뜻] 사리의 옳음과 그름. ¶불문~.
곡차(穀茶 · 麯*茶 · 曲茶) [명] ['麯'의 본음은 '국'] 절에서 '술' 특히 '곡식으로 빚은 술'을 완곡하게 이르는 말. ▷반야탕.
곡창(穀倉) [명] 1 곡식을 넣어 두는 창고. 2 곡식이 많이 생산되는 곳을 비유하여 이르는 말. ¶~ 지대.
곡풍(谷風) [기상] =골바람. ↔산풍(山風).
곡-하다(曲−) [고카−] [형][여] =고깝다.
곡-하다²(哭−) [고카−] [자][여] 사람이 죽었을 때나 제사 때, 일정한 소리를 내어 울다.
곡학-아세(曲學阿世) [고칵−] [명] 학자나 지식인 등이 학문이나 진리를 왜곡하여 권력자나 세상 사람들에게 아첨하는 것.
곡해(曲解)[고캐] 圀 (어떤 사실이나 말 등을) 본래의 뜻과는 다르게 잘못 해석하거나 이해하는 것. 또는, 그런 해석이나 이해. **곡해-하다** 圄(日)여 ¶그는 내 말을 **곡해하고** 있는 것 같다. **곡해-되다** 圄여
-곤¹ 回回 동사의 어간이나 어미 '-시-' 아래에 붙어, 같은 동작을 되풀이함을 나타내는 연결 어미. ¶그는 저녁마다 내게 찾아오~ 했다.
-곤² '고는' (어미 '-고'와 조사 '는'이 결합한 말)이 준 말. ¶사람은 빵만 가지~ 살 수 없다.
곤!경(困境) 圀 곤란하거나 난처하거나 위험한 지경이나 상황. ¶~에 처하다.
곤괘(坤卦) 圀 8괘의 하나. 상형(象形)은 '☷'. 음(陰)의 괘로 땅을 뜻함.
곤!궁(困窮) 圀 가난하고 구차한 것. ¶~에 빠지다. **곤!궁-하다** 옝여
곤-달걀 圀 곯은 달걀.
곤돌라(ⓘgondola) 圀 1 이탈리아 베네치아의 명물인 길고 좁은 배. 2 빌딩·고층 아파트 등에서 짐을 실어 오르내리는 데 사용하는 기구.
곤!두-곤두 圀 어린아이를 손바닥 위에 세울 때 가락을 맞추기 위한 소리.
곤두박-이다 圄困 (사람·동물·탈것 등이) 몸 또는 몸체가 거꾸로 넘어지거나 뒤집힌 상태에서 빠르게 아래로 떨어지거나 구르다. ¶비행기가 솟구쳤다가 ~.
곤두박-질 [-찔] 圀 (사람·동물·탈것 등이) 몸 또는 몸체가 거꾸로 넘어지거나 뒤집힌 상태에서 빠르게 아래로 떨어지거나 구르는 짓. 2 (어떤 수준을 나타내는 수치가) 급격하게 아래 단계의 수치로 떨어지는 일. **곤두박질-하다** 圄(자)여 ¶물속으로 **곤두박질하듯** 뛰어들다.
곤두박질-치다 [-찔-] 圄여 '곤두박질하다'의 힘주어 이르는 말. ¶주가가 며칠째 **곤두박질치고** 있다.
곤두-서다 圄(자) 1 (수평을 이루거나 아래를 향하던 대상이) 위쪽으로 꼿꼿이 서다. ¶머리털이 주뼛주뼛 ~. 2 (신경 따위가) 자극을 받아 심하게 긴장되거나 날카로워지다. ¶시끄러워 신경이 ~.
곤두세우다 圄困 '곤두서다'의 사동사. ¶신경을 ~.
곤드라-지다 困 1 술에 취하거나 몹시 피곤하여 정신없이 쓰러져 자다. 2 곤두박질하여 쓰러지다.
곤드레-만드레 圀 술이나 잠에 몹시 취하여 정신을 못 차리고 몸을 가누지 못하는 모양. ¶술에 ~ 취하다.
곤!란(困難*)[골-] 圀 ['難'의 본음은 '난'] (어떤 일을 하기가) 입장·상황·조건 등이 좋지 않아 어렵거나 까다로운 상태. ¶호흡 ~. 2 (생활의 형편·처지 등이) 경제적으로 상당히 어렵거나, 불편을 느끼는 상태에 있는 것. ¶생활에 ~을 겪다. **곤!란-하다** 옝여 ¶말하기 ~.
곤로(ⓙ煌爐/こんろ) 圀 '풍로'로 순화.
곤!룡포(袞龍袍·袞龍袍)[골-] 圀옝 임금이 입는 정복(正服). ⑱용포.
곤봉(棍棒) 圀 1 [체] 체조 용구의 하나. 단단한 나무를 깎아서, 손 잡는 데는 가늘고 그 반대쪽은 굵게 깎은 것. 2 짤막하고 둥글게 깎아 만든 나무 몽둥이.
곤봉ⓦ체조(棍棒體操) 圀체 곤봉을 가지고 하는 체조.
곤색(ⓙ紺/こん 色) 圀 '감색(紺色)²'로 순화.
곤!-소금 圀 =재염(再鹽).
곤약(莨蒻) 圀 1 [식] '구약나물'로 순화. 2 구약나물의 땅속줄기를 가루로 만들어 석회유를 섞어 끓여 만든 식료품.
곤!욕(困辱) 圀 어떤 일로 수치스럽거나 괴로움을 몹시 느끼는 상태. ¶~을 당하다 /~을 치르다.
곤!욕-스럽다(困辱-)[-쓰-따] 옝圓〈-스러우니, -스러워〉 곤욕을 느끼게 하는 데가 있다. ¶**곤욕스러운** 자리.
곤장(棍杖) 圀 죄인의 볼기나 허벅다리를 치는 몽둥이. 버드나무로 넓적하고 길게 만들었음.
곤쟁이 圀동 보리새우와 비슷하나 더 작고, 살이 부드러운 새우. 젓을 담가 먹음.
곤전(坤殿) 圀옝 =중궁전.
곤죽(-粥) 圀 1 밥이나 땅 등이 물기가 많아 거죽 걸쭉해진 상태. ¶비가 와서 길이 ~이 되다. 2 술을 많이 마시거나 몸이 지쳐서 늘어져 있는 상태. ¶~이 되도록 술을 마시다.
곤지 圀 전통 혼례식에서, 새색시가 이마에 연지로 동그랗게 찍는 붉은 점.
곤지-곤지 I 囧 젖먹이에게 왼손 손바닥에 오른손 집게손가락 끝을 댔다 뗐다 하라는 뜻으로 내는 소리.
II 圀 젖먹이가 왼손 손바닥에 오른손 집게손가락을 댔다 뗐다 하는 동작.
곤충(昆蟲) 圀 곤충류에 속하는 동물의 총칭.
곤충-류(昆蟲類)[-뉴] 圀동 절지동물 중 몸이 머리·가슴·배의 세 부분으로 나뉘고, 머리에 한 쌍의 촉각과 겹눈이 있으며, 가슴에 2쌍의 날개와 3쌍의 다리가 있는 작은 동물의 무리. 난생(卵生)이며 변태를 함.
곤!-하다(困-) 옝여 1 몸의 기운이 풀려 나른하다. ¶먼 길을 와서 **곤할** 텐데 일찍 자게나. 2 피로하여 든 잠이 깊다. ¶**곤하게** 자다. **곤!-히** 튀 ¶~ 잠들다.
곤!혹(困惑) 圀 곤란한 일을 당해 당황하거나 어찌할 바를 모르는 상태. ¶예기치 못한 청혼에 ~을 느끼다.
곤!혹-스럽다(困惑-)[-쓰-따] 옝圓〈-스러우니, -스러워〉 곤혹을 느끼게 하는 점이 있다. ¶**곤혹스러운** 질문.
곧 튀 1 시간적으로 사이를 두지 않고 바로. ¶학교가 파하면 ~ 집으로 오너라. 2 (발화(發話) 시점을 기준으로 하여) 오래지 않아. ¶이제 ~ 겨울이다. 3 다시 말하자면. ¶다름 아닌 바로. ¶열심히 공부하는 것이 ~ 애국이요, 효도다.
곧다 [-따] 옝 1 구부러지거나 비뚤어지지 않고 똑바르다. ¶자세가 ~. 2 (마음이) 의롭고 바르다. ¶대쪽같이 **곧은** 성미.
[곧은 나무 쉬 **찍힌다**] 똑똑하고 강직한 사람이 일찍 죽거나 사회에서 먼저 도태된다.
곧-바로 [-빠-] 튀 1 바로 그 즉시에. ¶서울에 가거든 ~ 편지해라. 2 곧은 방향으로 똑바로. ¶이 길로 ~ 가면 시청이 나온다. 3 다른 데를 들르지 않고 그대로. ¶회사에서 ~ 집으로 왔다.
곧은-길 圀 굽거나 꺾어지지 않고 똑바로 뻗어 나간 길.
곧은-뿌리 圀[식] 땅속으로 곧게 내리는 뿌리. 우엉·무·교목의 뿌리 따위.

곧은창자

곧은-창자 [生] =직장(直腸)¹.
곧이-곧대로 [고지-때―] 傳 조금도 다르게 여기지 않고 바로 그대로. ¶아이들은 선생님 말씀이라면 ~ 믿는다.
곧이-듣다 [고지―따] 동(타) 〈―들으니, ―들어〉 (남의 말을) 그대로 믿다. ¶그 말을 곧이들을 사람은 아무도 없다.
곧이들리다 [고지―] 동(타) '곧이듣다'의 피동사. ¶순임이는 그 소식이 너무 뜻밖이라 곧이들리지 않는다.
곧-이어 傳 바로 뒤따라. ¶번개가 번쩍하더니 ~ 천둥이 쳤다.
곧-잘 [―짤] 傳 1 어떤 상황이나 조건 아래에서 자주. ¶그들은 견해 차이로 ~ 다툰다. 2 어떤 일에 있어서 어지간한 정도로. ¶제법. ¶영호는 공부를 ~ 한다.
곧장 [―짱] 傳 1 옆길로 빠지지 않고 그대로. ¶이 길을 따라 ~ 가시오. 2 곧이어 바로. ¶전화 받고 ~ 달려오는 길이다.
곧추 傳 굽히거나 구부리지 않고 곧게.
곧추-서다 재 꼿꼿이 서다.
곧추세우다 동(타) '곧추서다'의 사동사. ¶아이를 ~/깃대를 ~.
골¹ 명 1 '뇌'를 속되게 이르는 말. ¶머리골. ¶~이 쑤신다. 2 '생각·근심·걱정 등을 하는 작용의 근원'으로서의 두뇌. 속된 어감의 말임. ¶골머리·골치. 3 =골수¹.
골(이) 비다 지각(知覺)이나 소견이 없음을 속되게 이르는 말. ¶골 빈 녀석.
골² 명 '성'의 낮은말.
골³ 명 만들고자 하는 것의 일정한 모양을 잡거나, 비뚤어진 물건의 모양을 바로잡는 데 쓰는 틀. ¶=형(型). ¶구두 ~.
골¹⁴ 명 1 '골짜기'의 준말. ¶~이 깊다. 2 '고랑'의 준말. 3 물체에 얕게 팬 긴 홈 모양의 줄이나 금. ¶~이 지다. 4 ('~의 골이 깊다'의 꼴로 쓰이어) 둘 사이의 미움이나 갈등의 정도. ¶감정의 ~이 깊다.
골로 가다 (사람이) 죽다. 속된 말임.
골¹⁵ 명 1 '고을'의 준말. 2 (일부 명사 뒤에 붙어 합성어를 이루어) 마을 이름을 나타내는 말. 예부터 쓰여 온 관습적 이름임. ¶밤~/나뭇~.
골(骨) [生] 명 =뼈1. ¶두개~.
골⁷(goal) 명[체] 1 〈체〉 축구·하키·핸드볼 등의 경기에서, 공을 넣어 득점하게 되어 있는 문 모양의 공간. =골문. 2 운동 경기에서, 골문 안에 공을 넣어 점수를 얻는 상태. ¶~이 터지다. 2[의] 골이나 바스켓에 공을 넣어 얻은 점수. ¶한 ~ 차이로 지다.
골각-기(骨角器) [―끼] [고고] 석기 시대에 동물의 뼈·뿔·엄니 등으로 만든 도구나 장신구.
골간(骨幹) 명 기본적이며 핵심적인 부분. ¶70년대 경제 개발 계획은 중화학 공업의 건설과 수출 증대가 ~을 이루었다.
골^게터(†goal getter) 명 ⇨ 골잡이.
골격(骨格·骨骼) 명 1 [生] 동물의 체형을 이루고 몸을 지탱하는 뼈의 조직. 2 사물의 기본이 되는 틀이나 줄거리. ¶건물의 ~은 완성되었다.
골격-근(骨格筋) [―끈] [生] 명 골격에 붙어 있는 근육. 중추 신경의 지배하에 몸의 운동을 맡음.
골계(滑稽) [―게/―게] 명 교훈을 주면서도 익살스러운 웃음을 자아내는 일. ¶~소설.
골고다(Golgotha) [生] 명 예수가 십자가에 못 박혀 죽은, 예루살렘 교외의 언덕.
골고루 傳 '고루고루'의 준말. ¶음식을 ~ 먹다.
골골¹ 傳 병이 잦거나 오래되어 늘 몸이 약한 모양. **골골-하다** 동(자)
골골² 傳 암탉이 알을 낳으려고 할 때 내는 소리.
골골-거리다/-대다 재 몸이 병약하여 자주 앓다. ×갤갤거리다.
골골샅샅-이 [―산싸치] 傳 한 군데도 빼놓지 않고 갈 수 있는 곳은 모조리.
골-나다 [―라] 동(자) 비위에 거슬리거나 하여 벌컥 성이 나다.
골-내다 [―래―] 동(자) 비위에 거슬리거나 하여 벌컥 성을 내다.
골-네트(goal net) 명[체] 축구·하키 등에서, 골포스트에 친 그물.
골:다 (골:고/골:아) 동(타) 〈고니, 고오〉 (사람이 코를) 잠을 자면서 '드르렁드르렁' 하고 소리 나게 하다. ¶코를 ~.
골다공-증(骨多孔症) [―쯩] [의] 명 뼈의 석회 성분이 줄고 밀도가 떨어져서 뼈가 약해지고 쉽게 부서지는 증세. 노인이나 폐경(閉經) 후의 여성에게 많이 나타남.
골:-답(―沓) 명 물이 흔하고 기름진 논. ¶진답.
골-대(goal―) 명[체] =골포스트. ¶공이 ~를 맞고 튀어나오다.
골덴 명 '코르덴'의 잘못.
골동-품(骨董品) [―뚱―] 명 1 희소가치가 있어서 보존 또는 미적 감상의 대상이 되는 고미술품이나 오래된 세간. ¶~상(商). 2 오래되거나 늘어서서 가치나 쓸모가 없게 된 물건이나 사람. ¶그도 이제 ~에 지나지 않아.
골드-칼라(gold-collar) 명 두뇌와 정보로 창의성을 발휘하는 전문직 종사자.
골든:-골(golden goal) [生] 축구에서, 연장전에서 승부를 결정짓는 골. 연장전에서는 먼저 한 골만 넣으면 이기게 됨. 순화어는 '끝내기골'.
골든:'디스크(golden disk) 명 100만 장 이상 팔린 레코드. 또는, 그에 대하여 상으로 주는 금빛 레코드를 이르는 말.
골든-아워(†golden hour) 명 =황금 시간대.
골-때리다 동(자) 〈속〉(어떤 사람이) 어처구니없이 행동하여 실소가 나오거나 골이 아플 지경이 되다.
골똘-하다 형(여) 한 가지 일에 온 정신을 쏟아 딴생각이 없다. **골똘-히** 傳 ¶무얼 그리 ~ 생각하니?
골:-라내다 동(타) 속에서 골라 집어내다. ¶불량품을 ~.
골-라인(goal line) 명[체] 1 =결승선(決勝線). 2 축구·하키 등에서, 골포스트를 따라 그은 선.
골:라-잡다 [―따] 동(타) 여럿 가운데서 골라 가지다. ¶마음대로 ~.
골로새-서(―Colossae書) 명[生] 신약 성서 중의 한 권.
골리다 동(타) (남을) 놀리어 약이 오르게 하다. ¶철수가 영희를 ~. ×곯리다.
골리앗(Goliath) [生] 거인으로 힘이 센 장사였으나, 이스라엘의 소년 다윗이 돌멩이로 맞아 죽은, 블레셋의 장군.
골:-마루 명 안방이나 건넌방에 딸린 골방처럼 된 좁은 마루.
골마지 명 간장·술 따위에 생기는 곰팡이

골막(骨膜)[―막][명][생] 경골(硬骨)의 표면을 덮는 결합 조직의 흰 막.
골―머리 [명] (주로 '앓다', '아프다', '쑤시다', '터지다' 등과 함께 쓰여) 걱정·근심·고민 등을 하는 머리를 속되게 이르는 말. ⓗ골―골치.
골목 [명] 집들 사이로 좁은 길을 이룬 곳. ⓗ골목―길. ¶뒷~.
골목―골목[―꼴―] Ⅰ[명] 여러 골목. 또는, 온 골목.
Ⅱ[부] 골목마다 모두.
골목―길[―낄] [명] 집들 사이로 난 좁은 길.
골목―대장(―大將)[―때―] [명] 동네에서 아이들의 우두머리 노릇을 하는 아이.
골몰(汩沒) [명] 다른 생각을 할 겨를도 없이 한 가지 일에만 파묻히는 것. ⓗ몰두·열중. 골몰―하다 [자][여] ¶연구에 ~.
골무 [명] 바느질할 때 바늘을 눌러 밀기 위하여 손가락 끝에 끼는 물건.
골―문(goal門) [명][체] =골(goal)¹ 1.
골―밀도(骨密度)[―또] [명] 뼈의 밀도. ¶~ 검사.
골―바람 [빠―] [명][기상] 골짜기로부터 산 위로 부는 바람. 곡풍. ↔산곡풍.
골반(骨盤) [명][생] 신체의 허리 부분에 위치하여 척추와 대퇴골과의 사이에 사발 모양의 크고 납작한 뼈. =엉덩뼈.
골―방(―房) [명] 큰방의 뒤쪽에 딸린 작은 방. ¶~에는 주로 쓸모없는 두멍놈한다.
골―백번(―百番)[―뻔] [명] '여러 번'을 강조하거나 과장하여 속되게 이르는 말. ¶하지 말라고 ~도 더 얘기했잖아?
골뱅이 [명] 1[동] 고둥 종류를 일반적으로 이르는 말. 2[컴] '@' 기호를 통속적으로 일컫는 이름. 흔히 이메일 주소에 사용되는 기호로, 자신의 아이디(ID)와 도메인 이름 사이에 쓰임.
골―병(―病) [명] 겉으로 드러나지 않고 속으로 깊이 든 병.
골병―들다(―病―)[동](자) ⟨~드니, ~드오⟩ 심하게 다치거나 무리한 일들 등으로 몸이 상하여 속으로 깊이 병이 들다. ¶이렇게 매일 야근하다가는 골병이 들겠다.
골―부림 [명] 함부로 골을 내는 일. 골부림―하다 [자][여]
골분(骨粉) [명] 동물의 뼛가루. 인산칼슘이 풍부하여 사료나 비료로 쓰임. =뼛가루.
골상(骨相)[―쌍] [명] 주로 얼굴이나 머리 등으로 드러나 보이는 생김새.
골―샌님(骨―) [명] 1 판박이의 샌님. 2 샌님 티가 아주 몸에 밴 사람.
골^세리머니(†goal ceremony) [명] 축구 경기에서, 골을 넣은 뒤 자축하는 뜻에서 취하는 동작.
골―속 [―쏙] [명] 머릿골의 속.
골수(骨髓)[―쑤] [명] 1[생] 뼈의 속을 채우고 있는 연한 조직. =골. ¶~ 이식 수술. 2 마음속의 깊은 곳.
골수에 사무치다 원한이나 한스러운 느낌이 잊을 수 없게 크다. ¶한이 ~.
골수―분자(骨髓分子)[―쑤―] [명] 어떤 이념이나 신앙 등을 뼛속 깊이 받아들여 속종하거나 믿는 사람을 부정적으로 이르는 말.
골수―염(骨髓炎)[―쑤―] [명][의] 화농성 세균의 감염으로 인한 골수의 염증.
골―안개 [명] 골짜기에 끼는 안개.

골판지_89

골^에어리어(goal area) [명][체] 축구·하키 등에서, 골문 앞에 마련된 일정 구역.
골육(骨肉) [명] 1 뼈와 살. 2 부자·형제 등의 육친(肉親). ¶~의 정.
골육―상잔(骨肉相殘)[―쌍―] [명] 부자·형제·숙질 등 가까운 친족끼리 서로 해침.
골육―상쟁(骨肉相爭)[―쌍―] [명] 가까운 혈족 사이에 서로 싸움. ¶~의 참극.
골―육종(骨肉腫)[―륙쫑] [명][의] 뼈에 생기는 악성 종양의 하나.
골―인(†goal in) [명] 1 [체] 골이나 바스켓 안에 공을 넣는 것. 득점이 됨. ⓗ슛 ~. 2 경주에서, 결승점에 이르는 것. 3 결혼에 이르게 된 것을 비유적으로 일컫는 말. 골인―하다 [자][여] ¶그들은 열애 끝에 결혼에 골인하였다. 골인―되다 [자]
골자(骨子)[―짜] [명] 말이나 일의 요점이나 핵심. ¶~만 얘기하라.
골―잡이(goal―) [명][체] 축구·농구 등에서, 득점을 많이 올리는 선수. =골 게터.
골재(骨材)[―째] [명][건] 콘크리트나 모르타르에 쓰이는 모래·자갈 등의 재료.
골절¹(骨折)[―쩔] [명] 뼈가 부러지는 것.
골절²(骨節)[―쩔] [명][생] =뼈마디.
골절―상(骨折傷)[―쩔―] [명] 뼈가 부러진 부상. 또는, 그 상처.
골조(骨組)[―쪼] [명][건] 건물 따위의 뼈대. 또는, 그 구조. ¶~ 공사.
골지―체(Golgi體) [명][생] 세포의 작은 기관의 하나. 신경 세포나 소화관 등의 분비선 세포에서 많이 볼 수 있음.
골짜기 [명] 산과 산 사이의, 비탈을 이룬 낮은 곳. ¶산~. ⓗ골짝·골.
골짝 '골짜기'의 준말.
골―참외[―외/―웨] [명][식] 모양이 길고 골이 져있으며, 껍질이 푸르고 살이 녹색인 참외.
골―초(―草) [명] 담배를 심하게 피우는 사람을 놀림조로 이르는 말.
골치 [명] (주로 '아프다', '썩다', '썩이다', '앓다'와 함께 쓰여) 사고 활동을 하는 머리를 구어적으로 이르는 말. ⓗ골·골머리. ¶~ 아프니까 나중에 얘기하자.
골치―거리[―치꺼――치꺼―] [명] 어떻게 해결하거나 다루어야 할지 몰라 골치가 아픈 일이나 사람. ¶자식놈이란 게 허구한 날 싸움질이나 하고 다니니 ~다.
골칫―덩이[―치떵―/―치떵―] [명] 애를 먹이는 일이나 사람을 속되게 이르는 말.
골―키퍼(goalkeeper) [명][체] 축구·하키 등에서, 골문을 지키는 선수.
골―킥(goal kick) [명][체] 축구에서, 상대방이 골라인 밖으로 차 낸 공을 자기편 골에어리어에 가져다 놓고 차는 일.
골탄(骨炭) [명] 1 소·말·돼지 등의 탈지(脫脂)한 뼈를 건류하여 얻는 활성탄(炭). 용액의 정제·탈색제, 또는 흑색 안료로 쓰임. 2 =코크스.
골탕(을) 먹다 공연히 또는 부당하게 곤란을 겪거나 낭패를 당하다. ¶애고 없이 계획을 취소하는 바람에 골탕을 먹었다.
골탕(을) 먹이다 어떤 사람에게 고의로 곤란을 겪게 하거나 낭패를 당하게 하다.
골통 [명] 1 '골통이'의 준말. ¶~을 쥐어박다. 2 ⟨속⟩ 머리가 나쁜 사람을 얕잡아 이르는 말.
골통―이 [명] '머리¹'을 비속하게 이르는 말. ⓒ골통.
골―판지(―板紙) [명] 물결 모양으로 골이

진 판지의 한쪽 또는 양쪽에 다른 판지를 붙인 것. 포장에 쓰임. ¶~ 상자.
골패(骨牌) 몡 납작하고 네모진 작은 나뭇조각 32개에 각각 흰 뼈를 붙이고, 여러 가지 수효의 구멍을 판 노름 기구. 또는, 그 노름.
골퍼(golfer) 몡 골프를 하는 사람. ¶프로 ~ /아마추어 ~.
골편(骨片) 몡 뼈의 부스러기. =뼛조각.
골-포스트(goalpost) 몡[체] 축구·핸드볼·럭비 등의, 골문의 양쪽 기둥. =골대.
골-풀 몡[식] 땅줄기가 옆으로 뻗으며, 잎은 비늘 모양으로 원줄기 밑동에 달리는 여러해살이풀. 들이나 습지에서 자라며, 줄기로 자리를 만듦.
골품(骨品) 몡[역] 신라 때, 혈통의 존비에 따라 나눈 신분의 등급. 곧, 왕족은 성골·진골, 귀족과 평민은 육두품에서 일두품으로 나뉘었음.
골프(golf) 몡[체] 클럽으로 공을 쳐서 경기장에 파 놓은 홀에 차례차례 넣어 가는 구기. 모두 18홀을 돌며, 타수(打數)가 가장 적은 사람이 승리함.
골프-공(golf-) 몡 골프에 쓰이는 공.
골프-장(golf場) 몡 골프를 하는 경기장.
골프-채(golf-) 몡[체] 골프를 할 때 공을 치는 채. =클럽.
곪:다[곰따 / 곰아] 통재 1 (사람이나 동물의 피부나 몸의 부위가) 염증으로 고름이 생기다. ¶상처가 ~. 2 (비유적으로 쓰여) 내부에 부패나 모순이 쌓여 터질 정도에 이르다. ¶곪을 대로 곪은 군사 정권.
굃[곰] 몡 1 한쪽으로 트인 길. ¶외 ~ 으로 나가다. 2 양재에서, 천의 접는 부분.
곯:다[골따] 통재 1 (과일·달걀 따위가) 속이 물크러져 상하다. ¶곯은 달걀. 2 (사람의 몸이나 속으로) 병이 든 상태가 되다. ¶주색에 ~. 3 (답답한 일로 마음속으로) 병적인 상태가 되다.
곯:다²[골따] 통재 1 (양[量]에 아주 모자라게 먹거나 굶다. ¶어린 시절에는 가난하여 배를 많이 곯았다.
곯-리다¹[골-] 통재 1 '곯다'의 사동사. 2 '골리다'의 잘못.
곯-리다²[골-] 통재 '곯다'의 사동사. ¶식구들을 배나 안 곯리는지 모르겠다.
곯아-떨어지다[골-] 통재 1 술에 몹시 취하거나 곤하여 정신을 잃고 자다. ¶그는 술을 몇 잔 기울이더니 곯아떨어졌다.
곰¹¹ 몡 고기나 생선을 푹 삶은 국. ¶~ 을 끓이다.
곰¹² 몡 1 동 깊은 산에 살며, 몸집이 크고 느릿느릿 움직이며 나무를 잘 타는 포유동물. 몸빛은 검은색 또는 갈색이며, 겨울에는 굴속에서 겨울잠을 잠. 2 미련하거나 행동이 느린 사람을 조롱하여 이르는 말. ¶~ 같은 친구.
곰:-거리[-꺼-] 몡 곰국의 재료가 되는 고기나 뼈.
곰:곰 閉 =곰곰이.
곰:곰-이 閉 깊이깊이 생각하는 모양. = 곰곰. ¶~ 잘 생각해 봐.
곰:-국[-꾹] 몡 쇠고기와 소의 내장을 넣고 푹 곤 국. 또는 소의 뼈를 푹 곤 국. 田곰국.
곰방-대 몡 살담배를 피우는 데에 쓰는, 짧은 담뱃대. ↔장죽.
곰배팔-이 몡 팔이 꼬부라져 펼 수 없게
되거나 팔뚝이 없는 사람을 홀하게 이르는 말.
곰:-보 몡 얼굴이 얽은 사람.
곰:보-딱지[-찌] 몡 '곰보'를 놀림조로 이르는 말.
곰:보-빵 몡 밀가루에 설탕·달걀·버터 등을 섞어서 반죽하여 겉을 오톨도톨하게 구워 낸 빵.
곰:-삭다[-따] 통재 (젓갈 따위가) 오래 되어 폭 삭다.
곰:-살궂다[-굳따] 형 (성질이) 부드럽고 다정하다.
곰:-솔 몡[식] 소나무의 한 종류로, 나무껍질이 흑갈색인, 높이 30m의 상록 침엽 교목. 바닷가에서 자람. =해송(海松).
곰장어(-長魚) 몡[동] '갯장어'의 잘못.
곰치 몡[동] 몸길이 약 60cm로 뱀장어와 비슷하나 훨씬 납작하며, 노란색과 갈색의 얼룩무늬가 있는 바닷물고기. 식용함.
곰:-탕(-湯) 몡 양지머리·사태 등의 쇠고기와 양[胖]·곱창 등의 내장을 푹 곤 음식. 田곰국. ▷설렁탕.
곰:팡-내 1 곰팡이에서 나는 퀴퀴한 냄새. 2 생각·사상·관습 등이 낡고 고리타분함을 비유적으로 이르는 말. =곰팡냄새. ¶~ 나는 가부장적 사고방식.
곰:팡-냄새 = 곰팡내.
곰:팡-이 몡 균류 중에서 몸이 균사로 되어 있는 하등 생물의 무리. 동식물·음식물·의복·기구 등에 피해를 줌. ¶~ 가 빵에 ~ 이 피었다.
곱¹ 몡 부스럼이나 헌데에 끼는 고름 모양의 물질.
곱² 몡 1 사례 수량이나 정도가 두 번 합한 만큼인 것. 田곱절·배(倍). ¶비용이 ~ 으로 늘다. 2 주 (주로 일부 고유어 수 뒤에 쓰여) 그 수만큼 거듭된 수나 양임을 나타내는 말. 田곱절·배(倍). ¶두 ~.
곱다[-따] 통재 (손가락이나 발가락이) 얼어서 감각이 없고 놀리기가 자유롭지 못하다. ¶손이 곱아 글을 쓸 수가 없다.
곱다²[-따] 형 곧지 않고 휘어 있다. 圓굽다.
곱:다³[-따] 형〈고우니, 고와〉 1 (대상의 모습이) 말끔하거나 매끈하여 보기 좋은 상태에 있다. ¶머리가 참 곱게 늙으셨다. ↔밉다. 2 (색깔이) 밝고 산뜻하여 보기 좋은 상태에 있다. ¶한복 색깔이 참 ~. 3 (마음씨나 태도가) 상냥하고 순하다. ¶마음씨가 고운 아가씨. 4 (살결이나 천 따위의 바탕이) 거칠지 않고 부드럽다. 또는, 천을 이루는 올이 가늘고 촘촘하다. ¶살결이 ~. 5 (말이나 소리가) 듣기에 맑고 부드럽거나 매끄럽다. ¶고운 목소리. 6 (가루 같은 것이) 아주 잘다. ¶고운 밀가루. ↔거칠다. 7 평안하고 순탄하다. ¶곱게 자라다. 8 그대로 온전하다. ¶곱게 돌려 보내다.
곱:-다랗다[-따라타] 형혱〈~다라니, ~다라오, ~다래〉 1 꽤 또는 퍽 곱다. ¶얼굴이 ~. 2 변하거나 축나지 않고 온전하다.
곱-돌[-똘] 몡[광] =납석(蠟石).
곱-들다[-들-] 통재〈~드니, ~드오〉 비용이나 재료가 갑절로 들다. =곱먹다. ¶차가 낡아 기름이 ~.
곱들-이다[-들-] 통탸 '곱들다'의 사동사. ¶집을 튼튼히 지으려고 철근을 곱들

곱-똥 곱이 섞여 나오는 똥.
곱-먹다[곱ㅡ먹ㅡ] 통(타) =곱하다.
곱-배기 '곱빼기'의 잘못.
곱-빼기 圐 1 주로 음식점에서, 음식을 그릇인데 담긴 분량은 거의 두 그릇인 것. 또는, 그 음식. ¶자장면을 ~로 주문하다. 2 '곱[I]'을 속되게 이르는 말. ¶욕을 ~로 얻어먹다. ✕곱패기.
곱사등-이[ㅡ싸ㅡ] 圐 곱사등인 장애인. ㈜꼽추.
곱사등이-춤[ㅡ싸ㅡ] 圐 남을 웃기려고 곱사등이같이 등에 바가지·베개 따위를 넣고 익살맞게 추는 춤. ㈜곱사춤.
곱사-춤[ㅡ싸ㅡ] 圐 '곱사등이춤'의 준말.
곱-살하다[ㅡ쌀ㅡ] 휑어 =곱상하다.
곱:상-하다(ㅡ相ㅡ)[ㅡ쌍ㅡ] 휑어 (얼굴이나 성미가) 예쁘장하고 얌전하다. =곱살하다. ¶곱상하고 얌전해 보이는 외모.
곱-새기다[ㅡ쎄ㅡ] 통(타) 1 (남의 행동이나 말을) 좋지 않게 생각하거나 잘못 생각하다. ㈜곡해하다. 2 거듭 생각하다.
곱-셈[ㅡ쎔] 圐(수) 두 개 이상의 수를 곱하는 셈. ↔나눗셈. **곱셈-하다** 통(자타)어.
곱셈-표(ㅡ標)[ㅡ쎔ㅡ] 圐(수) 곱셈의 기호 'X'의 이름. ↔나눗셈표.
곱-솔[ㅡ쏠] 圐 박아옷을 지을 때, 한 번 접어서 박고, 다시 접어서 박는 일. 또는, 그렇게 박은 솔기.
곱슬-곱슬[ㅡ쏠ㅡ쏠] 튀 (털이나 실 따위가) 고불고불한 모양. ㈜급슬곱슬. 곱슬곱슬-하다 휑어 ¶곱슬곱슬한 머리카락.
곱슬-머리[ㅡ쏠ㅡ] 圐 곱슬곱슬한 머리털. 또는, 그런 머리털을 가진 사람. =고수머리. ✕곱슬머리.
곱-씹다[ㅡ따] 통(타) 1 (어떤 말을) 그 의미나 의도 등에 대해 거듭하여 생각하다. ¶그가 한 말을 아무리 **곱씹어** 보아도 그 진의를 알 수가 없었다. 2 (어떤 생각을) 되풀이하여 하다. ▷곱다.
곱-자[ㅡ짜] 圐(공) 나무나 쇠로 90도 각도로 márvel 'ㄱ'자 모양의 자.
곱-잡다[ㅡ짭다] 통(타) 곱절로 셈하여 헤아리다. ¶경비를 ~.
곱장-다리[ㅡ장ㅡ] 圐 무릎은 밖으로 벌어지고 정강이는 안으로 휘어진 다리.
곱-장사[ㅡ쌍ㅡ] 圐 곱으로 남기는 장사.
곱-쟁이[ㅡ쨍ㅡ] 圐 '곱절I'을 속되게 이르는 말. ¶돈이 생각보다 ~로 들었다.
곱-절[ㅡ쩔] 圐 1[어] 같은 수량을 몇 번이고 합친 만큼. ㈜갑절. ¶생산량이 ~이나 늘다. 2[의] '곱[2]'을 좀 더 구어적으로 이르는 말. ¶값이 ~ 오르다.
 II 튀 어떤 수량을 몇 번이고 합친 만큼. ¶비용이 ~ 들었다.
곱-집합(ㅡ集合)[ㅡ찌합] 圐(수) 집합 A의 원소 a와 집합 B의 원소 b로 만들어지는 순서쌍(a, b)의 전체로 이루어진 집합.
곱-창 '소의 작은창자'를 먹을거리로서 이르는 말.
곱창-전골 圐 소의 작은창자를 잘게 썰어 양념을 넣고 채소를 섞어 국물을 부어 끓여서 만든 요리.
곱-치다 통(타) 곱절로 하다. ¶값을 **곱쳐** 드리겠소.
곱하-기[고파ㅡ] 圐(수) 곱하는 일. ↔나누기.
곱-하다[고파ㅡ] 통(타)어(수) 어떤 수를 다른 수만큼 거듭되게 보태다. ¶3에 2를 **곱하면** 6이다. ↔나누다.

곳[곧] 圐 1[자립] 1 지리적 공간이나 지역의 어느 위치. ㈜데·장소·자리. ¶~에 따라 가끔 비가 오겠습니다. 2 사물 문제이나 관심의 초점이 되는 부분. ¶잘못된 ~을 지적하다. 2[의] 세는 단위로 이르는 말. ¶한 ~.
곳-간(庫間) [고깐/곧깐] 圐 물건을 간직하여 두는 곳.
곳-곳[곧꼳] 圐 여러 곳. 또는, 이곳저곳. ㈜처처. ¶~에서 물난리를 겪다.
곳곳-이[곧꼬ㅅ] 튀 곳곳마다. ¶~ 가뭄으로 여려움을 겪고 있다.
공¹ 圐 운동 경기나 놀이에서, 던지거나 치거나 찰 수 있도록 고무나 가죽 따위로 만든 구(球) 또는 달걀 모양의 물건. =볼(ball). ¶축구~.
공²(公) 圐 여러 사람을 위하거나 사람에 관계되는 국가나 사회의 일. ↔사(私).
[공은 공이고, 사는 사다] 공적인 일과 사적인 일은 분명히 가려서 행해야 한다.
공³(功) 圐 1 어떤 사람이 노력하여 훌륭한 일을 이룬 상태. 또는, 그 훌륭한 일. ㈜공로. 2 어떤 사람이 훌륭한 일을 이루기 위해 힘쓰는 상태. 또는, 훌륭한 일을 이루기 위해 쓴 사람이의 노력. ㈜공로.
공(을) 쌓다 어떤 목적을 이루기 위해 정성을 기울이다. ¶나라 발전에 많은 ~.
공⁴(空) 圐 1 수 '0'. 2 숫자판의 ○을 이르는 말. ¶~월 ~시. 3[불] 실체가 없다 자성(自性)이 없음.
공⁵(貢) 圐(인칭) 1 '당신'의 높임말. 2 남자 3 인칭의 높임말.
-공⁶(工) 圐[접미] 명사 아래 붙어, 그 일에 종사하는 직공임을 나타내는 말. ¶견습~/ ~책.
-공⁷(公) 圐[접미] 남자의 성(姓)이나 시호(諡號) 등의 밑에 붙여, 높임의 뜻을 나타내는 말. ¶충무~(忠武~).
공⁸(gong) 圐(체) 권투에서, 경기 시작과 종료 시간을 알리는 종. ~이 울리다.
공간(空間) 圐 1 아무것도 없이 비어 있는 곳. 2 상하·사방의 널리 퍼진 것. ¶우주 ~. 3 '영역', '세계'를 뜻하는 말. ¶인간이 살아가는 일상적 삶의 ~.
공간-적(ㅡ的)(的) 圐(관) 1 공간에 관계되거나 거기에 딸리는 (것). 2 공간의 성질을 지닌 (것).
공간 패스(空間pass) 圐(체) 축구 등에서, 선수가 나아갈 방향으로 빈 곳에 공을 넣어 주는 패스.
공:갈(恐喝) 圐 (어떤 사람을[에게]) 겁을 주면서 올러대는 것. ¶~과 협박으로 금 푼을 뜯다. **공:갈-하다** 통(자).
공:갈-빵(恐喝ㅡ) 圐 속이 텅 비고 걸만 부풀게 구운 중국식 빵.
공:갈-치다(恐喝ㅡ) 통(자) (어떤 사람에게) 겁을 주면서 울러대다. ¶돈을 내놓으라면서 ~.
공:감(共感) 圐 (어떤 사람이 취하거나 펼치는 태도나 의견에 대해) 마음으로부터 정말 그렇구나, 그렇겠구나 하는 느낌을 가지는 것. 또는, 그 느낌. ¶~을 불러일으키다. **공:감-하다** 통(자)(타)어 ¶나도 네 말에 **공감한다**.
공:감-대(共感帶) 圐 서로 공감하는 부분. ¶~를 형성하다.

공강(空講) 명 주로 대학에서, 강의 시간 사이에 강의가 없이 비어 있는 시간.

공개(公開) 명 (어떤 사실을) 여러 사람에게 널리 터놓는 것. 또는, 공중에게 입장·출석·방청·참어·관람·사용 등을 허가하는 것. ¶~ 석상. 공개-하다 태여자 ¶사건의 진상을 언론에 ~. 공개-되다 자

¶국회 도서관이 일반에 ~.

공개^방:송(公開放送) 명 방청객들에게 실제의 방송 상황을 보이면서 하는 방송.

공개-수사(公開搜査) 명 범인의 인상이나 몽타주 사진을 전국에 배포하여 일반 시민들의 협력을 구하는 방식의 수사.

공개-장(公開狀) [-짱] 명 사회의 관심을 불러일으키거나 특정인이나 단체에게 알릴 사실이나 의견을 신문·잡지에 실어서 일반에게 널리 알리는 글.

공개-적(公開的) 관명 공개하거나 공개하다시피 하는 (것). ¶~으로 비난하다.

공-것(空-) [-껏] 명 힘이나 돈을 들이지 않고 거저 얻은 물건. 비공짜.

[**공것 바라면 이마가 벗어진다**] 공짜를 좋아하는 사람을 놀리는 말. [**공것이라면 양잿물도 먹는다**] 공짜라면 무엇이든 가리지 않고 닥치는 대로 먹는다고.

공:격(攻擊) 명 1 (적을) 물리치기 위해 무력으로 치는 것. ¶선제~. 2 운동 경기나 게임 등에서, 점수를 얻기나 이기기 위해 적극적으로 행동하는 것. ↔방어·수비. 3 비난하거나 반대하고 나서는 것. 비공박. ¶인신~. **공:격-하다** 태여자 ¶적의 성을 ~.

공:격-수(攻擊手) [-쑤] 명체 운동 경기에서, 주로 공격을 맡는 선수. ↔수비수.

공:격-적(攻擊的) [-쩍] 관명 공격하는 태도를 하이는 (것).

공경(恭敬) 명 윗사람을 공손히 받들어 섬기는 것. 또는, 삼가 예를 표시하는 것. **공경-하다** 태여자 ¶어른을 ~.

공고[1](工高) 명 '공업 고등학교'의 준말.

공고[2](公告) 명 1 세상에 널리 알리는 것. ¶사원 모집 ~. 2 [법] 국가나 공공 단체가 일정한 사항을 광고·게시 따위의 방법으로 일반 대중에게 알리는 일. **공고-하다**[1] 태여자 **공고-되다** 자

공고-하다[2](鞏固-) 여 굳고 튼튼하다. 예견고하다. ¶**공고한** 요새. **공고-히** 부 ¶사원 간의 유대를 더욱 ~ 하다.

공공[1](公共) 명 국가나 사회의 구성원이 공동으로 딸리거나 관계되는 것. ¶~의 복리.

공공[2](空空) 명 대상의 지정된 이름을 밝히지 않고 그 대신에로 나타내는 문장 부호 '○○'의 이름. ¶육군 ~ 부대.

공공-건:물(公共建物) 명 공공의 용도로 쓰이는 학교·도립 병원·도서관 따위.

공공^단체(公共團體) 명 [법] 국가의 감독 아래 공공의 업무를 수행하는 법인 단체. 지방 자치 단체·공공 조합·영조물 법인의 세 가지가 있음. ▷공법인.

공공^방:송(公共放送) 명 영리를 목적으로 하지 않고 사회 공공의 이익을 위하여 하는 방송. 우리나라의 KBS, 일본의 NHK, 영국의 BBC 따위. ▷민영 방송.

공공-사:업(公共事業) 명 사회 공공의 이익을 꾀하기 위한 사업.

공공-성(公共性) [-썽] 명 어떤 사물·기관 등이 널리 일반 사회 전반에 이해관계나 영향을 미치는 성격·성질.

공공-시:설(公共施設) 명 국가 또는 지방 자치 단체가 설치하여 공공 목적을 위하여 이용되는 설비.

공공연-하다(公公然-) 혱여 숨김이 없이 드러내는 태도가 있다. 또는, 숨김이 없이 드러난 상태에 있다. ¶**공공연한** 비밀. **공공연-히** 부 ¶자가용들이 ~ 불법 영업을 하다.

공공-요:금(公共料金) [-뇨-] 명 정부가 결정하거나 법률적으로 관여할 권한을 가진, 공공성을 띤 요금. 우편 요금·전기 요금·수도 요금·전화 요금·버스 요금 따위.

공공-장소(公共場所) 명 많은 사람들이 이용하는, 공중도덕이 지켜져야 할 장소.

공공-질서(公共秩序) [-써] 명 국가나 사회 구성원 전체에 두루 관계되는 질서.

공공철-가방/007가방(空空七-) 명 얇고 작게 만든 직사각형의 사무용 가방. 1960년대 영국의 첩보 영화 '007'의 주인공이 들고 다닌 데서 나온 말임.

공과[1](工科) [-꽈] 명 [교] 공학을 배우거나 연구하는, 대학의 한 분과.

공과[2](功過) 명 공로와 허물. ¶~를 따지다/~를 논하다.

공과-금(公課金) 명 국가나 공공 단체에서 매기는 세금이나 돈.

공과^대:학(工科大學) [-꽈-] 명[교] 공학에 관한 전문 교육을 베푸는 단과 대학. 준공대.

공관(公館) 명 1 정부의 고위 관리가 그 관직에 있는 동안 사는 집. ¶총리 ~. 2 '재외 공관'의 준말. ¶주불(駐佛) ~.

공교-롭다(工巧-) [-따] 혭비 〈-로우니, -로워〉 좋지 않거나 바라지 않은 일이나 상황이 생각지 않게 일어나 뜻밖으로 느껴지는 상태에 있다. ¶모처럼 찾아갔는데 **공교롭게도** 그는 외출 중이었다.

공-교육(公敎育) 명 국가나 지방 공공 기관에 의해 설립되거나 운영·관리되는 교육. ↔사교육.

공구[1](工具) 명 기계 따위를 만들거나, 분해·조립하는 데 쓰이는 기구. ¶절삭 ~.

공구[2](工區) 명 공사(工事)를 하고 있는 구역. ¶제2~.

공국(公國) 명 중세 유럽에서 공(公)의 칭호를 갖는 군주가 다스리던 작은 나라. 현재는 리히텐슈타인·모나코 등이 있음.

공군(空軍) 명 [군] 항공기를 주요 수단으로 하여 공중에서의 전투를 주임무로 하는 군대. ▷육군·해군.

공군^사:관학교(空軍士官學校) [-꾜] 명 [군] 공군 장교를 양성하는 4년제 군사 학교. 졸업과 동시에 학사 학위를 수여받고 공군 소위로 임관됨. 준공사.

공권(公權) [-꿘] 명[법] 공법상 국가와 법인체나 개인 사이에서 인정되는 권리. ↔사권(私權).

공권-력(公權力) [-꿘녁] 명 1 [법] 국가가 국민에게 명령하고 강제하는 권력. 2 불법 시위나 농성 등을 해산시키기 위해 동원되는 경찰의 강제적인 힘. ¶불법 시위 현장에 ~을 투입하다.

공그르-기 명 시접을 접어 맞댄 뒤 바늘을 양쪽 시접에 번갈아 넣어 가며 속으로 떠서 꿰매어 실 땀이 시접 겉으로 나오지 않게 하는 바느질.

공극(空隙) 명 비어 있는 틈.

공금(公金) 명 국가나 공공 단체 또는 회사 등의 소유로 되어 있는 공적(公的)인

공급(供給) 명 **1** (물건을) 제공하여 주는 것. ¶물자 ~. **2** [경] 교환 또는 판매의 목적으로 시장에 상품을 제공하는 것. 또는, 그 제공된 재화(財貨)의 양. ↔수요.
공급-하다(供給-) 타예 ¶전기를 ~. **공급-되다** 자

공급-량(供給量)[-급냥] 명 [경] 공급의 수량. ↔수요량.

공급-원(供給源) 명 공급이 이루어지는 본바탕. ¶콩은 식물성 단백질의 ~이다.

공급의 법칙(供給-法則)[-의-/-에-] [경] 일반적으로 가격이 오르면 공급량이 늘고, 가격이 내리면 공급량이 줄어든다는 법칙. ↔수요의 법칙.

공기¹ 명 밤톨만 한 둘 다섯 개 또는 여러 개를 땅바닥에 놓고, 일정한 규칙에 따라 집고 받는 아이들의 놀이. 또는, 그 돌들.
공기-하다 자예 공기놀이를 하다.
공기(를) 놀다 공기놀이를 하고 놀다.

공기²(工期) 명 공사하는 기간. ¶~ 단축.

공기³(公器) 명 사회의 공적 이익을 위해 이용되는 대상. ¶신문은 사회의 ~이다.

공기⁴(空氣) 명 **1** 지구를 둘러싸고 있는 무색투명한 혼합 기체. 산소와 질소를 주성분으로 하며, 생물이 살아가는 데 없어서는 안 될 중요한 요소임. ¶신선한 ~/ ~가 탁하다. **2** 그 자리에 감도는 기분이나 분위기. ¶두 사람 사이의 ~가 험악하다.

공기⁵(空器) 명 **1** [一명] 빈 그릇. 공기 밥을 덜어 먹는 데 쓰는, 위가 넓고 밑이 좁은 작은 그릇. ¶밥-. **2** [의존] 밥의 분량을 그것이 담긴 공기의 수로 헤아리는 말. ¶밥 두 ~.

공기-구멍(空氣-) 명 ⇒통풍구.

공기-놀이 명 공기를 가지고 노는 어린이들의 놀이. **공기놀이-하다** 자예

공기-뿌리(空氣-) 명 [식] 공기 중에 노출되어 있는 식물의 뿌리. 옥수수·풍란의 뿌리 따위.

공기-압(空氣壓) 명 [물] 공기의 압력. 특히, 자동차 타이어 등의 공기 압력.

공-기업(公企業) 명 [경] 국가나 지방 자치 단체가 공공의 복리를 위하여 경영하는 기업. 철도·우편·수도 따위. ↔사기업.

공기-욕(空氣浴) 명 알몸으로 신선한 공기를 쐬어 피부의 저항력을 높이는 일.

공기-주머니(空氣-) 명 [생] ⇒기낭.

공기^청정기(空氣淸淨器) 명 오염된 공기를 신선한 공기로 정화하는 장치.

공기-총(空氣銃) 명 압축된 공기를 이용하여 탄알이 발사되도록 만든 총.

공기-펌프(空氣pump) 명 **1** 밀폐된 용기 속의 기체를 뽑아내거나, 용기 속에 공기를 압축하여 넣는 펌프. =배기펌프. **2** 자동차·자전거의 타이어나 기구(氣球) 등에 공기를 넣는 펌프. =에어 펌프.

공깃-돌[-기똘/-긷똘] 명 공기놀이에 쓰이는 작은 돌멩이.

공깃돌 놀리듯 공기를 갖고 놀듯이 손쉽게 다루거나 내 맘대로 움직임을 이르는 말.

공깃-밥(空器-)[-기빱/-긷빱] 명 공기에 담은 밥.

공-납(貢納) 명 [역] 지방의 특산물을 현물로 바치는 세제(稅制). **공납-하다** 타예

공납-금(公納金)[-끔] 명 학생이 학교에 정기적으로 내는 돈. ¶~ 통지서.

공-놀이 명 공을 가지고 노는 놀이. ▷구기. **공놀이-하다** 자예

공단¹(工團) 명 '공업 단지'의 준말.

공단²(公團) 명 일정한 국가적 사업을 수행하기 위하여 설립된 특수 법인. ¶에너지 관리 ~.

공단³(貢緞) 명 두껍고 무늬가 없는 비단.

공당(公黨) 명 주의·주장을 사회에 발표하여, 그 활동이 공적(公的)으로 인정되는 정당·당파. ↔사당(私黨).

공대¹(工大) 명 '공과 대학'의 준말.

공대²(恭待) 명 **1** 공손히 대접하는 것. **2** (상대방에게) 공대말을 쓰는 것. ↔하대.
공대-하다 타예

공-대공(空對空) 명 공중에서 공중으로 향함. ¶~ 유도탄.

공대-말(恭待-) 명 남을 공대하는 뜻으로 쓰는 말. ↔예사말.

공-대지(空對地) 명 공중에서 땅으로 향함. ¶~ 유도탄. ↔지대공.

공덕(功德) 명 **1** 공로와 어진 덕. ¶~을 칭송하다. **2** [불] 착한 일을 많이 한 공과 불도를 닦은 덕. ¶~을 쌓다.

공-돈(空-)[-똔] 명 노력의 대가가 아닌, 공으로 얻은 돈. ¶~이 생기다.

공-돌이(工-) 명 '속' 남자 공원(工員).

공동¹(共同) 명 어떤 일을 둘 이상의 사람이나 단체가 함께 하는 것. 또는, 어떤 대상이 둘 이상의 사람이나 단체에 모두 관계되거나 이용되는 것. ¶~의 관심사.

공동²(空洞) 명 **1** 텅 빈 굴. 비동굴. **2** 물체 속에 아무것도 없이 빈 것. 또는, 그 구멍. **3** [의] 염증이나 괴사(壞死) 등으로 허물어진 몸의 조직이 배출되거나 흡수된 자리에 생기는 빈 곳.

공동^규제^수역(共同規制水域) [법] 1965년에 체결된 한·일 어업 협정에 의하여 한국의 전관 수역의 바깥쪽에 설치된 양국의 공동 어업 수역.

공동-묘지(共同墓地) 명 여러 사람의 묘를 쓸 수 있게 일정한 곳에 마련하여 둔 묘지.

공동^사회(共同社會)[-회/-훼] [사] 친족 집단이나 촌락 등과 같이 구성원 상호 간의 이해와 공통된 신념 및 관습에 따라 자연스럽게 이루어진 사회. =게마인샤프트·공동체. ↔이익 사회.

공동-생활(共同生活) 명 **1** 서로 협력하며 사는 생활. **2** [생] 목적이나 환경을 의식함이 없이 본능적으로 도우며 사는 생활.

공동-선(共同善) 명 [윤] 인류 공동체를 위해 모든 사람이 함께 추구해야 할 도덕적 가치.

공동-성명(共同聲明) 명 둘 이상의 개인이나 단체, 국가가 어떤 일에 관하여 합의 내용을 공동으로 발표하는 성명. ¶남북 ~.

공동^주택(共同住宅) [건] 여러 세대가 한 건축물 안에서 각각 독립 생활을 이룰 수 있도록 지어진 주택. 연립 주택·아파트 따위. ↔단독 주택.

공동-체(共同體) 명 [사] **1** =공동 사회. **2** 운명이나 생활을 같이하는 조직체.

공-들다(功-) 자예 〈-드니·-드오〉 어떤 일을 이루는 데 많은 노력과 정성이 들다.
[공든 탑이 무너지랴] 힘을 다하고 정성을 다하여 한 일은 쉽게 헛되지 않으며 그만한 보람이 있으리라는 말.

공-들이다(功-) 타예 무엇을 이루려고

정성과 노력을 많이 들이다. ¶이 작품은 공들인 흔적이 역력하다.
공란(空欄)[─난] 몡 지면(紙面)의 빈 자. 또는, 표 따위의 빈칸.
공랭-식(空冷式)[─냉─] 몡 총포·기관 등을 공기로 냉각시키는 방식. ↔수랭식.
공!략-하다(攻略─)[─냐][됨][타] 1군 적의 영토나 진지를 공격하여 빼앗는 것. 2 (어떤 대상을) 목적을 이루기 위해 적극적으로 밀어붙이거나 영향력을 강하게 행사하는 것.
공!락-하다[톰][타][여] ¶해외 시장을 ~ / 타자를 변화구로 ~.
공력(功力)[─녁] 몡 1 어렵고 힘든 일을 이루기 위해 들이는 노력이나 정성. 비공(功). ¶많은 ─을 들여 만든 작품. 2 [불] 불법을 수행하여 얻은 공덕의 힘.
공로¹(公路)[─노] 몡 공중(公衆)이 통행하는 길.
공로²(功勞)[─노] 몡 어떤 목적을 이루는 데에 힘든 노력이나 수고. 비공훈. ¶─를 치하하다.
공로³(空路)[─노] 몡 '항공로'의 준말. ¶─ 이탈.
공로-상(功勞賞)[─노─] 몡 공적(功績)이 큰 사람에게 주는 상.
공로-자(功勞者)[─노─] 몡 공로를 세운 사람. 비유공자.
공론¹(公論)[─논] 몡 1 여럿이 모여 의논하는 것. 또는, 그 의논. =공의. ¶─에 부치다. 2 어떤 문제에 대해 백성 또는 국민들 사이에 이루어지는 일정한 의견. 비여론. **공론-하다**[됨][타].
공론²(空論)[─논] 몡 쓸데없는, 실제와 동떨어진 의논. ¶공리~ / 탁상~.
공론-화(公論化)[─논─] 몡 (어떤 문제가) 공론이 되게 하는 것. 또는, (어떤 문제가) 공론으로 되는 것. **공론화-하다** [됨][자][타][여] ¶개헌 문제를 ~. **공론화되다** [자]
공!룡(恐龍)[─농] 몡 중생대의 쥐라기와 백악기에 걸쳐 번성하였던 거대한 파충류의 총칭.
공리¹(公利)[─니] 몡 일반 공중의 이익이나 공공 단체의 이익. 비공익. ↔사리.
공리²(公理)[─니] 몡 1 일반적으로 널리 통용되는 도리. 2 [수][논] 증명할 필요가 없는 자명한 진리로서, 다른 명제(命題)에 체계에 전제가 되는 원리.
공리³(功利)[─니] 몡 1 공명(功名)과 이익. 2 [유] 행복과 이익.
공리-공론(空理空論)[─니─논] 몡 아무 소용이 없는 헛된 이론. ¶─에 빠지다.
공리-적(功利的)[─니─] 관[명] 무슨 일을 생각하거나 행함에 있어, 그것이 얼마만큼의 이익이나 효과를 가져올 것인가를 중심으로 생각하는 (것).
공리-주의(功利主義)[─니─의/─니─이] 몡[유] '최대 다수의 최대 행복'을 추구함으로써 이기적 쾌락과 사회 전체의 행복을 조화시키려고 하는 사회·정치 사상. =실리주의. ▷쾌락주의.
공립(公立)[─닙] 몡 지방 자치 단체가 세워서 관리하고 운영하는 일. 또는, 그렇게 하는 기관. ▷병원. ▷사립.
공립-학교(公立學校)[─니파꾜] 몡[교] 지방 자치 단체가 자방비로 설립하여 유지하는 학교. ▷사립학교.
공막(鞏膜) 몡[생] 눈알의 바깥벽의 뒤쪽 대부분을 형성하고, 앞쪽에서 각막(角膜)으로 연결되는 흰색의 튼튼한 막.
공매(公賣) 몡[법] 1법률의 규정에 의하여 공공 기관이 강제적으로 행하는 매각(賣却). 2 관공서에서 행하는 매각. ¶시유지를 ─에 부치다. **공매-하다**[됨][타][여]
공!맹(孔孟) 몡 공자와 맹자.
공명¹(功名) 몡 1 공을 세워 이름을 떨치는 것. ¶천하에 ─을 떨치다. 2 공을 세워 이름이 널리 알려지는 것. **공명-하다¹**[됨][자][여]
공명²(共鳴) 몡 1 [물] 물체를 진동시킬 때, 외부에서 가해진 진동수와 그 물체 고유의 진동수가 같을 경우 매우 큰 진폭으로 진동하는 현상. 2 남의 행동이나 사상 등에 깊이 동감하는 것. **공!명-하다²**[됨][자][여] ¶간디의 비폭력주의에 ~.
공!명^상자(共鳴箱子) 몡 발음체가 내는 소리를 공명에 의해 크게 하는 장치.
공명-선거(公明選擧) 몡 부정 따위의 부정이 없이 처러지는 깨끗한 선거. ↔부정선거.
공명-심(功名心) 몡 공을 세우거나 업적을 이루어 명예를 얻고 싶어 하는 욕심.
공명정대-하다(公明正大─)[형][여] 하는 일이나 행동에 사사로움이 없이 떳떳하고 바르다. ¶**공명정대한 처사**.
공명-첩(空名帖)[몡] 성명을 적지 않은 사령장(辭令狀). 나라의 재정이 궁핍할 때 돈이나 곡식을 바치는 사람의 이름을 적어 명목상의 관직을 주는 것임.
공명-하다³(公明─)[형][여] 사사롭거나 편벽됨이 없이 정당하고 명백하다. ¶**공명한 처사**.
공모¹(公募) 몡 1 일반에게 널리 공개하여 모집하는 것. ¶현상(懸賞) ~. 2 [경] 새로 주식·사채 등을 발행할 때 특정 거래처나 은행 등에 인수권을 주지 않고 다수의 일반으로부터 모집하는 일. ↔사모(私募). **공모-하다¹**[됨][타][여] ¶국민주를 ~.
공!모²(共謀) 몡 (둘 이상의 사람이, 또는 어떤 사람이 [과] 다른 사람과이) 좋지 않은 일을 함께 의논하거나 협력하여 꾀하는 것. **공!모-하다²**[됨][타][여] ¶그들은 공모하여 사기 행각을 벌였다.
공모-전(公募展) 몡 공개 모집한 작품의 전람회. ¶미술 ~.
공모-주(公募株) 몡 널리 일반 투자자를 대상으로 발행·모집하는 신주(新株).
공무(公務) 몡 1 공적인 일. 2 국가·공공 단체의 일. =공사. ¶─ 집행. ↔사무.
공무도하-가(公無渡河歌) 몡[문] 고조선 시대에 뱃사공 곽리자고의 아내 여옥이 공후라는 악기에 맞추어 지었다고 하는 노래. 물에 빠져 죽은 남편을 애도하며 부른 어느 여인의 노래에 곡조를 붙인 것이라고 함. =공후인.
공무-원(公務員) 몡 국가 또는 지방 공공 단체의 직무를 담당·집행하는 사람. 비관 ─ 국가 ~.
공문(公文) 몡 '공문서'의 준말. ¶─을 띄우다 (발송하다).
공문-서(公文書) 몡 공공 기관이나 단체에서 공적으로 작성한 문서. 준공문.
공!물¹(供物) 몡 신령이나 부처 앞에 바치는 물건.
공!물²(貢物) 몡[역] 백성이 궁중이나 나라에 세금으로 바치는 물건.
공민(公民) 몡 국가 또는 지방 자치 단체의 주민으로서 참정권을 가진 국민.
공민-왕(恭愍王) 몡[인] 고려의 제31대 왕

공민-학교(公民學校) [-꾜] 圏[교] 초등 교육을 받지 못하고 취학 연령을 넘긴 사람에게 보통 교육을 실시하는 학교.

공:박(攻駁) 圏 (어떤 사람을 또는 그의 언행을) 잘못을 따지거나 약점을 들거나 하면서 공격하는 것. **공:박-하다** 타.

공-밥(空-) [-빱] 圏 제값을 치르지 않거나 일을 하지 않고 공으로 먹는 밥.
공밥(을) 먹다 해야 할 일은 하지 않고 보수만 받다.

공방[1](公房) [-빵] 圏[역] 조선 시대, 육방(六房)의 하나. 공전(工典)에 관한 사무를 맡아 보던 관아.

공:방[2](攻防) 圏 적을 치는 일과 막는 일.

공:방-살(空房煞) [-쌀] 圏[민] 부부 사이가 나쁠 살. ¶~이 끼다.

공:방-전(攻防戰) 圏 공격과 방어를 거듭하며 벌이는 전투나 경기나 논쟁. ¶정부와 야당 간에 치열한 ~이 벌어지다.

공-배수(公倍數) 圏[수] 둘 이상의 정수(整數) 또는 정식(整式)에 공통되는 배수. ▷공약수.

공백(空白) 圏 1 책 따위의, 글씨나 그림이 없는 빈 곳. ⨳여백. 2 아무것도 없이 빔. ¶~ 기간 / ~ 상태.

공백-기(空白期) [-끼] 圏 이렇다 할 활동이나 실적이 없는 기간. ¶그는 10년 동안의 ~을 벗어나 신작을 발표하였다.

공:범(共犯) 圏 두 사람 이상이 공모하여 함께 범한 죄. 또는, 그 범인. ▷단독범.

공:범-자(共犯者) 圏[법] 공모하여 함께 죄를 지은 사람.

공법[1](工法) [-뻡] 圏 공사하는 방법. ¶최신 ~ / 특수 ~.

공법[2](公法) [-뻡] 圏[법] 국가 간이나 공공 단체 상호 간의 관계, 또는 이들과 개인과의 관계가 규정되는 법률. ↔사법.

공-법인(公法人) [-뻐-] 圏[법] 특정의 공공 목적을 수행하기 위하여 설립된 법인. 지방 자치 단체·공공 조합·공사(公社) 따위. ↔사법인. ▷공공 단체.

공변-세포(孔邊細胞) 圏[식] 식물의 기공(氣孔) 둘레에 있는, 신장 모양의 세포. 기공을 여닫아 수분을 조절함.

공병[1](工兵) 圏[군] 1 군에서 축성(築城)·가교(架橋)·폭파·측량·건설 등의 임무를 맡는 병과. 2 공병대에 딸린 병사.

공병[2](空甁) 圏 내용물이 없는 빈 병.

공병-대(工兵隊) 圏[군] 공병으로 편성된 부대.

공보(公報) 圏 관청에서 국민 일반에게 널리 알리는 보고. ¶-관(官).

공복[1](公服) 圏[역] 관원이 조정(朝廷)에 나아갈 때 입는 제복. 圖사복.

공복[2](公僕) 圏 '공무원'을 국민의 심부름꾼이라는 뜻으로 일컫는 말. ¶국민의 ~.

공복[3](空腹) 圏 음식물을 먹은 지 오래 되어 배 속이 비어 있는 상태. ⨳빈속. ¶이 약은 ~에 먹는다. ↔만복(滿腹).

공복-감(空腹感) [-깜] 圏 배 속이 비어 배가 고픈 느낌. ¶헛헛증.

공부[1](工夫) 圏 (이론·지식·기능 등을) 배우고 익히는 것. **공부-하다** 타.

공부[2](工部) 圏[역] 고려 시대, 육부(六部)의 하나. 공장(工匠)과 영선(營繕)에 관한 일을 맡아봄.

공부[3](公簿) 圏 관청 또는 관공서에서 법규에 따라 작성·비치하는 장부.

공:부[4](貢賦) 圏[역] 나라에 바치는 물건과 세금.

공부-방(工夫房) [-빵] 圏 공부하기 위하여 따로 마련해 놓은 방.

공분(公憤) 圏 공적인 일에 대한 분노.

공-분모(公分母) 圏1 [수] =공통분모1. 2 =공통분모2.

공붓-벌레(工夫-) [-부뻘-/-붇뻘-] 圏 '공부를 지나치게 열심히 하는 사람'을 놀림조로 이르는 말. ▷책벌레.

공비[1](工費) 圏 공사에 드는 비용. =공사비. ¶~를 절감하다.

공비[2](公費) 圏 관청·공공 단체 또는 일반 공중의 비용. ⨳공용·관비. ↔사비.

공:비[3](共匪) 圏 공산당 유격대. ¶무장 ~.

공사[1](工事) 圏 토목·건축 등의 일. ¶아파트 신축 ~. **공사-하다** 타.

공사[2](公私) 圏 공공의 일과 사사로운 일. ¶~를 엄격히 구분하다.

공사[3](公事) 圏 =공무(公務). ¶매사에 ~를 우선하다. ↔사사(私事).

공사[4](公使) 圏[법] 국가를 대표하여 외교 통상부 장관의 감독·훈령을 받아 조약국에 상주하는 외교 사절로, 대사에 버금가는 계급. ¶특명 전권 공사. ⨳주미 ~.

공사[5](公社) 圏[법] 국가적 사업을 수행하기 위해 설립된 공공 기업체의 하나. 정부가 전액 출자하는 공법인으로서, 정부의 감독을 받으며 공과금이 면제됨. ¶한국 전력 ~.

공사[6](空士) 圏 '공군 사관학교'의 준말.

공사-관(公使館) 圏[법] 공사가 주재하는 곳에서 사무를 보는 곳.

공사-다망(公私多忙) 圏 공적·사적인 일로 굉장히 바쁨.

공사-비(工事費) 圏 =공비(工費)[1].

공사-장(工事場) 圏 공사를 하는 장소.

공사-판(工事-) 圏 공사를 벌이고 있는 현장. ¶~에서 막일을 하다.

공산[1](公算) 圏 어떤 상태가 되거나 어떤 일이 일어날 가능성의 정도. ⨳확률. ¶이 사업은 성공할 ~이 크다.

공산[2](共產) 圏 자금·생산 수단 등이 사유(私有)가 아니고, 그 사회의 성원 전부가 공유하는 것.

공산[3](空山) 圏 산과 달이 그려져 있는 화투짝. 8월이나 여덟 끗을 나타냄.

공:산-국가(共產國家) [-까] 圏[정] 공산 주의를 신봉하고, 그에 의하여 정치를 하는 나라.

공:산-군(共產軍) 圏 공산당의 지배에 속하여 있는 군대.

공:산-권(共產圈) [-꿘] 圏[사] 공산 국가 및 그 영향 아래에 있는 지역.

공:산-당(共產黨) 圏[사] 공산주의 사회의 실현을 목표로 조직된 정당.

공:산-주의(共產主義) [-의/-이] 圏[사] 프롤레타리아 혁명을 통해 사유 재산 제도와 계급 지배를 없애고 생산 수단의 사회화를 이룩하려는 정치 사상 및 그 운동. 마르크스·엥겔스가 체계화하였음. =코뮤니즘.

공:산주의-자(共產主義者) [-의-/-이-] 圏 공산주의를 믿고 따르는 사람.

공산-품(工産品) 圏 공업 생산품.

공:산-화(共產化) 圏 사유 재산 제도를 부정하고 생산 수단을 사회가 공유하게 되는 것. 곧, 공산주의의 사회로 변하는 것. ⨳적화(赤化). **공:산화-하다** 자타여.

공:산화-되다 圏자.

공상(空想) 圀 현실적이 아니거나 실현될 가망이 없는 것을 멋대로 상상하는 것. 또는, 그런 생각. ¶~에 잠기다. **공상-하다** 图여

공상^과학^소!설(空想科學小說) [-쏘-] 圀[문] 과학적인 상상력을 바탕으로 상식을 초월한 공상의 세계를 그린 소설. = 에스에프(SF).

공상^과학^영화(空想科學映畫) [-향녕-] 圀[영] 허구적인 촬영 기법을 써서, 지구나 우주의 미래에 관한 공상 과학적인 이야기를 그린 영화.

공상-적(空想的) 관圀 현실적이 아닌, 또는 실현될 가망이 없는 (것).

공:생(共生) 圀 1 공동의 운명 아래 함께 사는 것. ¶~ 공사(共死). 2[생] 종류가 다른 두 생물이 같은 곳에서 서로 이익을 주고받으며 공동생활을 하는 일. **공:생-하다** 图여

공-생애(公生涯) 圀 어떤 사람의 공인(公人)으로서의 생애. 특히, 예수 그리스도가 복음을 전파하면서 공적인 삶을 살았던 약 3년간의 기간을 이르는 말.

공석[1](公席) 圀 1 공적인 일로 여러 사람이 모인 자리. ¶~에서 사담은 하지 맙시다. 2 공적 업무를 보는 자리. ≒사석.

공석[2](空席) 圀 결원(缺員)이 된 자리. 图 빈자리.

공선(空船) 圀 빈 배. ↔만선(滿船).

공설(公設) 圀 국가나 공공 단체에서 만들어 세우는 일. 또는, 그 시설. ¶~ 운동장. ↔사설(私設).

공:세(攻勢) 圀 공격하는 태세. 또는, 공격적이리만큼 적극적인 태세. ¶선심~ / 평화 ~로 나오다. ↔수세(守勢).

공소[1](公訴) 圀[법] 검사가 법원에 특정 형사 사건의 재판을 청구하는 일. ¶~를 제기하다[기각하다]. **공소-하다**[1] 图여

공소[2](控訴) 圀[법] '항소(抗訴)'의 구용어. **공:소-하다**[2] 图여

공소-장(公訴狀) [-짱] 圀[법] 검사가 공소 제기의 의사를 표시하여 관할 법원에 제출하는 문서.

공손-하다(恭遜-) 형여 (어떤 사람이) 삼가 예의를 갖추고 자기를 낮추는 태도가 있다. 田고분고분하다. **⇔공손히** 里.
▷불손하다. **공손-히** 里

공수[1](公須) 圀[민] 무당이 원한을 품고 죽은 사람의 넋을 풀 때, 죽은 사람의 뜻이라고 하여 전하는 말. ¶~를 받다[내리다].

공:수[2](攻守) 圀 공격과 수비. ¶~의 전환이 빠른 축구팀.

공수[3](空輸) 圀 '항공 수송'의 준말. **공수-하다** 图여 ▷구호물자를 ~.

공수래공수거(空手來空手去) [빈손으로 왔다가 빈손으로 간다는 뜻] 재물에 욕심을 부릴 필요가 없다는 말.

공:수-병(恐水病) [-뼝] 圀 '광견병'을 특히 물을 두려워하는 증세를 보인다고 하여 이르는 말.

공수^부대(空輸部隊) 圀[군] 1 비행기로 병력이나 군수 물자 등을 수송하기 위하여 편성한 수송기 부대. 2 공중으로부터 적지에 투입되어 작전하는 부대. =공수 산 부대.

공-수표(空手票) 圀 1 [경] 은행에 거래가 없거나 거래가 정지된 사람이 발행한 수표. 2 실행(實行)이 없는 약속을 비유하여 이르는 말. ¶선거 유세장에 무성하던 공약들은 대부분 ~로 끝나고 말았다.

공-순이(エ-) 圀〈속〉 여자 공원(工員).

공순-하다(恭順-) 형여 공손하고 온순하다. **공순-히** 里

공술(空-) [-쑬] 圀 제 돈 들이지 않고 공으로 마시는 술.

공습(空襲) 圀[군] 항공기로 공중에서 습격하는 것. 또는, 그 습격. **공습-하다** 图여

공습-경보(空襲警報) [-꼉-] 圀 공습을 알리는 경보. ¶~를 발하다[해제하다].

공시(公示) 圀 공공 기관이 일정한 내용을 공개적으로 게시하거나 일반에게 널리 알리는 것. 또는, 그 글. 田공고·공포. ¶~ 사항. **공시-하다** 图여

공시-가(公示價) [-까] 圀 정부나 공공 기관에서 공시한 값.

공시디(公CD) 圀 글·소리·영상 등의 데이터를 기록할 수 있는, 아무것도 기록되어 있지 않은 시디.

공시-적(共時的) 관圀 대상을 파악할 때 시대의 흐름을 배제한 채 한 시대 또는 당대의 시점만을 고려하는 입장에 있는 (것). ¶~ 연구. ↔통시적.

공시^지가(公示地價) 圀[경] 건설교통부 장관이 조사·평가하여 공시한 표준지의 단위 면적당 가격. 양도세·상속세 등의 각종 토지세의 과세 기준이 됨. ▷기준 시가.

공식(公式) 圀 1 공적(公的)으로 정해진 형식이나 방식. ¶~ 방문. ↔비공식. 2 으레 정해져 있는 일이나 행동. 3 [수] 계산의 법칙이나 방법을 문자와 기호로 나타낸 식.

공식-어(公式語) 圀 정치상 또는 국민 교육상 표준으로 삼는 말. ▷공용어.

공식-적(公式的) [-쩍] 관圀 공적인 형식이나 방식을 가지는 (것). ¶~인 행사.

공식-화(公式化) [-씨콰] 圀 공식이나 공식적인 것이 되는 것. 또는, 그렇게 되게 하는 것. **공식화-하다** 图재 **공식화-되다** 图재

공신(功臣) 圀 나라를 위해 공을 세운 신하. ¶개국 ~.

공신-력(公信力) [-녁] 圀 공식적으로 또는 사회적으로 인정 받을 수 있는 신용.

공실(空室) 圀 사무실 등이 임대되거나 사용되지 않아 비어 있는 상태. 또는, 그 방. ¶~이 많은 빌딩.

공안[1](公安) 圀 공공의 평온과 안전. 또는, 그것을 공권력에 의해서 강제적으로 도모하는 것. ¶~ 사범 / ~ 정국(政局).

공안[2](公案) 圀[불] 선종에서, 예 고승들이 수행자에게 깨달음을 열어 주기 위해 제시해 놓은 과제. 田화두.

공안-선(公案線) 圀[불] =간화선.

공약[1](公約) 圀 (정부·정당·입후보자 등이) 어떤 일에 대하여 국민에게 하는 약속. ¶선거 ~. **공:약-하다** 图여

공약[2](空約) 圀 지켜지지 않거나 실현되지 않을 약속.

공-약수(公約數) [-쑤] 圀[수] 둘 이상의 정수(整數) 또는 정식(整式)에 공통된 약수. ▷공배수.

공:양(供養) 圀 1 (부모·조부모 또는 시부모 등을) 의식주에 불편이 없도록 보살펴 드리는 것. 田봉양. 2 [불] 부처나 승려 또는 죽은 이의 영혼에게 음식·의복·돈·꽃·향 등을 바치는 일. 3 [불] 승려나 불

교도 사이에서, '밥을 먹는 일'을 이르는 말. **공ː양-하다** 圉여 ¶늙으신 어머니를 극진히 ~ / 부처님께 꽃을 ~.

공ː양-미(供養米) 똉[불] 공양에 쓰이는 쌀.

공언(公言) 똉 **1** 공개하여 말하는 것. 또는, 그 말. **2** 공정한 말. **공언-하다** 圉여 ¶그는 사퇴할 것을 공언했다.

공업(工業) 똉 기계나 도구로 자원·자재를 가공하여 인간 생활에 필요한 물자를 만드는 산업. ¶중[경] ~ / 기계 ~.

공업^고등학교(工業高等學校) [-꼬-꾜] 똉[교] 고등 보통 교육 및 공업에 관한 전문 지식을 가르치는 실업 고등학교. 魙 공고.

공업-국(工業國) [-꾹] 똉 공업을 주산업으로 하는 나라.

공업^규격(工業規格) [-뀨-] 똉 원료·재료·기계·제품 등 모든 공업품에 있어서 종류·특성·크기·모양 등 그 물건이 갖추어야 할 기술적 조건의 규격.

공업^단지(工業團地) [-딴-] 똉 미리 공장용 부지를 조성하고, 배수 시설이나 진입 도로 등을 정비하여 많은 공장을 유치한 단지. ¶철강 ~ / 임해 ~. 魙 공단.

공업-용(工業用) [-뇽] 똉 공업에 쓰임.

공업-용수(工業用水) [-뇽쑤] 똉 공업 제품의 제조 과정에서 냉각·제품 처리 등에 사용하는 물.

공업용 텔레비전(工業用television) [-뇽-] 똉 일반용 텔레비전 이외의 텔레비전 장치의 총칭. 용광로·원자로 등 사람이 가까이 가지 못하는 장소의 감시나 의료 등에 쓰임.

공업-화(工業化) [-어쾌] 똉 산업 구성의 중점이 농업·광업 등의 원시산업에서 공업으로 바뀌어 가는 현상. **공업화-하다** 圉재여 **공업화-되다** 圉재

공ː여(供與) 똉 이익이나 물건을 상대방에게 돌아가도록 하는 행위. **공ː여-하다** 圉여

공역(公役) 똉 병역·부역 등 국가나 공공 단체가 지우는 의무.

공ː역²(共譯) 똉 한 작품이나 글을 두 사람 이상이 공동으로 번역하는 것. 또는, 그 번역.

공역³(空域) 똉 연습 시 비행기 편대에 의해 점유되어나 또는 비행 중인 항공기가 충돌을 피하는 데 절대 필요한 공간.

공연¹(公演) [연] 여러 사람 앞에서 음악·연극·무용 따위를 하는 일. ¶순회 ~. **공연-하다** 圉태여 **공연-되다** 圉재

공연²(共演) 똉 연극·영화 따위에 함께 출연하는 것. ¶~자. **공ː연-하다** 圉재여

공연-권(公演權) [-꿘] 똉[법] 영화·음반 등 저작자가 그 저작물을 공연할 수 있는 배타적 권리. ▷상연권.

공연-스럽다(空然-) [-따] 혱비 ⟨-스러우니, -스러워⟩ 공연한 데가 있다. 魙 괜스럽다. **공연스레** 튀

공연-장(公演場) 똉 공연을 하는 장소.

공연-하다¹(公然-) 혱여 숨김이 없고 떳떳하다. ¶**공연한** 사실. **공연-히** 튀

공연-하다²(空然-) 혱여 까닭이나 실속이 없다. ¶**공연한** 짓을 해서 오해를 사다. 魙 괜하다. **공연-히** 튀 ¶~ 긁어 부스럼을 만들다.

공-염불(空念佛) [-념-] 똉 **1** 진심이 없이 입으로만 외는 헛된 염불. **2** 실천이나 내용이 따르지 않는 주장이나 선전의 비유. ¶~에 불과한 캠페인.

공영¹(公營) 똉 공공 기관, 특히 지방 자치 단체가 운영하는 상태인 것. ¶~ 방송. ↔사영.

공ː영²(共榮) 똉 서로 함께 번영하는 것. ¶인류 ~에 이바지하다. **공ː영-하다** 圉재

공예(工藝) 똉 일상생활에 필요한 물품에 기능과 장식적인 요소를 조화시키려고 하는, 미술의 한 부문. ¶금속 ~.

공예-품(工藝品) 똉 예술적 가치가 있게 만든 공작품. 칠기·도자기·가구 따위.

공용¹(公用) 똉 **1** 공적인 용무. **2** 공공 단체에서 공적으로 쓰는 비용. ¶-비. **3** 국가·공공 단체가 사용하는 것. ↔사용.

공ː용²(共用) 똉 공동으로 사용하는 일. ¶남녀 ~. ↔전용(專用).

공용-어(公用語) 똉 **1** 어떤 국가에서 공식적으로 사용하는 하나 또는 둘 이상의 언어. ▷공식어. **2** 국제기구 등의 공식 회의에서 사용하는 것이 인정되는 둘 이상의 국어.

공원¹(工員) 똉 공장에서 노동에 종사하는 사람. 魙 직공. ¶~ 모집.

공원²(公園) 똉 **1** 사람들이 산책하거나 휴식을 취할 수 있도록, 주로 도시 지역의 넓은 땅에 풀밭과 나무숲, 그 밖의 여러 편의 시설을 인공적으로 조성한 곳. **2** 관광이나 자연보호를 위하여 지정된 지역. 국립공원·도립 공원 따위.

공원-묘지(公園墓地) 똉 지방 자치 단체나 개인이 경영·관리하는 사설 공원묘지.

공유¹(公有) 똉[법] 국가나 공공 단체의 소유. ↔사유(私有).

공ː유²(共有) 똉 (어떤 물건을) 두 사람 이상이 공동으로 가지는 일. ↔전유(專有). **공ː유-하다** 圉태여 ¶부부가 재산을 ~.

공ː유-결합(共有結合) 똉[화] 2개 이상의 원자가 서로 제공하는 쌍의 전자쌍을 공유함으로써 이루어지는 화학 결합.

공ː유면ː적(共有面積) 똉[건] 아파트 등 공동 주택에서, 출입구·엘리베이터·계단 등 각 가구가 공동으로 사용하는 부분의 바닥 면적.

공유-지(公有地) 똉 국가나 공공 단체가 소유하는 땅. ↔사유지.

공-으로(空-) 튀 힘을 들이거나 대가를 치르지 않고 거저. =공짜로.

공음-전(功蔭田) 똉[역] 고려 시대에 공신에게 지급되어 세습을 허용한 토지.

공의¹(公醫) [-의/-이] 똉 일정한 지역의 의료 시책, 또는 의사가 없는 지역의 의료 보급상의 필요에 따라 보건 복지부 장관이 배치한 의사.

공의²(公議) [-의/-이] 똉 =공론(公論)¹. **공의-하다** 圉태여

공이 똉 **1** 방아나 절구에서, 손으로 들거나 외부의 힘을 이용하여 곡식을 내려치는 길쭉한 도구. ¶절굿~. **2** 탄환의 뇌관을 쳐서 폭발하게 하는, 송곳 모양의 총포의 한 부분.

공익¹(公益) 똉 사회 전체의 이익. ↔사익.

공ː익²(共益) 똉 이익을 함께하는 것. 또는, 그 이익.

공익^광ː고(公益廣告) [-꽝-] 똉 공공의 이익을 목적으로 하는 광고. 청소년 범죄의 방지나 마약 추방을 호소하는 따위의 광고.

98 _ 공익 근무 요원

공익^근ː무^요원(公益勤務要員) [-끈-] 명[법] 군 복무를 대신하여 공공의 이익을 위한 일을 하면서 일정 기간 동안 근무하는 사람.

공익-사업(公益事業) [-싸-] 명 철도·전기·통신·수도·가스 사업 등과 같이 공공 이익을 위주로 하는 독점성이 강한 사업.

공인¹(公人) 명 공적인 지위에 있는 사람. 또는, 하는 일이 사회의 많은 사람들에게 영향을 주는 위치에 있는 사람. 정치가·공직자·기업가·연예인·스포츠 선수 등이 이에 속함. ¶정치가는 ~으로서의 책임감을 가져야 한다. ↔사인(私人).

공인²(公認) 명 국가 사회 또는 공공 단체 등에서 어떤 행위나 단체에 대하여 공적으로 인정하는 것. **공인-하다** 타여 **공인-되다** 자여 ¶공인된 기록.

공인^중개사(公認仲介士) 명 소정의 국가 시험에 합격하여 자격을 취득한 자로서, 부동산 거래의 중개를 전문적으로 하는 사람.

공인^회ː계사(公認會計士) [-회계-/-훼게-] 명 소정의 국가시험에 합격하여 자격을 취득한 자로서, 회계에 관한 감사·감정·계산·정리·입안·세무 대리 따위를 전문적으로 하는 사람. =회계사.

공일(空日) 명 일을 하지 않고 쉬는 날. 곧, 일요일. ¶~날.

공임(工賃) 명 물건을 만들거나 수리하는 데 대한 대가로 지불하는 돈. ®공전.

공자¹(公子) 명 지체가 높은 집의 젊은 자제. ¶귀(貴)~.

공ː자²(孔子) 명 춘추 시대의 사상가·학자(551～479 B.C.). 유교의 개조임.

[공자 앞에서 문자(文字) 쓴다] 지식이 부족한 사람이 가소롭게도 자기보다 유식한 사람 앞에서 아는 체를 한다.

공자 왈 맹자 왈 [공자와 맹자의 말을 거론한다는 뜻으로] 1 봉건적 도덕이나 가르침을 늘어놓는 것을 이르는 말. 2 여러 운 문자를 써 가며 유식한 체하는 태도를 이르는 말.

공작¹(工作) 명 1 물건을 만드는 일. 2 어떤 목적을 위하여 미리 일을 꾸미는 일. ¶지하~. **공작-하다** 타여

공ː작²(孔雀) 명 머리에 장식 깃이 있으며, 길고 아름다운 꽁지깃을 부채 모양으로 펴서 오므렸다 하는 새. 암컷은 수컷보다 작고 털빛도 수수함. =암꽃새.

공작³(公爵) 명 유럽에서, 중세 이후의 귀족 계급 중 첫째 작위. 후작의 위임.

공작-금(工作金) [-끔] 명 어떤 일을 꾸미고 이루어 하는 데 쓰는 돈.

공작^기계(工作機械) [-끼계/-끼게] [공] 기계를 제작하거나 기계 부품을 가공하는 기계. 선반·연마반 따위.

공ː작-새(孔雀-) [-쌔] 명[동] =공작².

공작-원(工作員) 명 어떤 목적을 이루기 위하여 자기편에 유리하도록 일을 꾸미는 사람. ¶대남 ~.

공장¹(工匠) 명[역] 수공업에 종사하는 장인(匠人).

공장²(工場) 명 많은 근로자들이 기계를 이용하여 물품을 대량으로 생산하거나 수리·정비하는 곳. 또는, 그런 시설을 갖춘 건물. ¶방직 ~ / 정비 ~.

공장³(空腸) 명[생] 소장의 일부로, 십이지장과 회장(回腸) 사이의 부분.

공장-도(工場渡) 명 제품을 공장에서 인도하는 거래 방식. ¶~ 가격.

공장-장(工場長) 명 공장에서 작업을 지휘·감독하는 책임자.

공장제^공업(工場制工業) 명[경] 자본주의하의 전형적인 생산 형태의 하나. 공장 시설을 갖춘 작업장에 많은 임금 노동자를 고용하여 대량 생산을 하는 공업.

공장^폐ː쇄(工場閉鎖) [-페-/-폐-] 명[사] 공장에서 노동 쟁의가 일어났을 경우, 경영주가 공장의 문을 닫아 노동자를 작업장에서 내몰고 일시적으로 해고하는 것.

공ː저(共著) 명 한 책을 몇 사람이 함께 짓는 것. 또는, 그 책. **공ː저-하다** 타여

공ː저-자(共著者) 명 어떤 책을 공동으로 지은 사람.

공ː적¹(公的) [-쩍] 관형명 사사롭지 않고 널리 사회적ː국가적으로 관계되는 (것). ¶~ 임무 / ~인 일. ↔사적(私的).

공적²(功績) 명 어떤 사람이 이루어 놓은 훌륭한 일. ¶~을 세우다 / ~을 기리다.

공적 자금(公的資金) [-쩍-] [경] 금융 기관이 기업에 빌려 준 돈을 회수하지 못해 부실해질 때 정부가 투입하는 자금.

공전¹(工錢) 명 물건을 만드는 데 대한 품삯. ®공임.

공전²(公田) 명[역] 국가 소유의 논밭. ↔사전(私田).

공전³(公轉) 명[천] 한 천체가 다른 천체의 둘레를 회전하는 운동. 행성이 태양의 둘레를 회전하는 따위. ↔자전(自轉). **공전-하다** 타여 ¶지구는 태양의 둘레를 공전한다.

공전⁴(空前) 명 비교할 만한 것이 전에는 없음. ¶~의 대성황을 이루다.

공전⁵(空轉) 명 1 기계나 바퀴 따위가 헛도는 것. 2 일이나 행동이 헛되이 진행되는 것. **공전-하다**² 자여 **공전-되다** 자여 ¶공전된 협상.

공정¹(工程) 명 작업이나 공작의 과정. 또는, 작업 진척의 정도. ¶생산 ~ / 학교 신축 공사가 90%의 ~을 보이고 있다.

공정²(公正) 명 (판단이나 행동이나 작용 등이) 사사롭지 않고 바르고 참된 상태에 있는 것. ¶~을 기하다. **공정-하다** 형여 ¶공정한 판결. **공정-히** 부

공정³(公定) 명 관청이나 공론(公論)에 의하여 정하는 것. ¶~ 가격.

공정-성(公正性) [-씽] 명 공평하고 올바른 성질. ¶심판은 판정 시 ~을 잃지 말아야 한다.

공ː제¹(共濟) 명 힘을 합하여 서로 돕는 것. ¶~ 조합.

공ː제²(控除) 명 일정한 금액·수량을 빼어 내는 것. ¶~기초. **공ː제-하다** 타여 **공ː제된**(控除-) 명 월급에서 세금이 ~.

공조¹(工曹) 명[역] 고려·조선 시대, 육조(六曹)의 하나. 산택(山澤)·공장(工匠)·영조(營造)를 맡아보던 관서.

공ː조²(共助) 명 (어떤 사람이나 단체가 다른 사람이나 단체와) 어떤 일을 이루기 위해 서로 돕는 것. ¶~ 체제. **공ː조-하다** 타여

공ː존(共存) 명 1 (둘 이상의 대상이) 조화롭게 함께 살아가거나 존속하는 것. ¶평화 ~. 2 (서로 다른 두 가지 이상의 사물·현상이) 같은 시기에 함께 있는 것. **공ː존-하다** 자여 ¶근대와 전근대가 **공존하는** 과도기적 사회.

공!존-공!영(共存共榮) [명] 함께 살며 함께 번영함.
공주(公主) [명] 정실 왕비가 낳은 임금의 딸. ▷옹주.
공주-병(公主病)[-뼝] [명] 여자가 자신을 공주처럼 고귀한 존재로 여겨 남들도 그렇게 대해 주기를 바라는, 병적인 심리 상태나 태도. 놀림조의 말임. ↔왕자병.
공준(公準) [명][철] 공리(公理)처럼 확실한 것은 아니나, 어떤 이론 체계를 연역으로 전개하는 시초로서 인정되는 근본 명제.
공중[1](公衆) [명] 사회를 이루는 일반 사람. 주로, 다른 말과 합성어를 이루어 쓰임. ¶~도덕 / ~변소.
공중[2](空中) [명] 땅이나 바다으로부터 얼마큼의 거리가 있는 공간. [비]허공.
공중에 뜨다 물건의 수량 따위가 계산 결과 모자라거나 없어지다. ¶분명히 백만 원을 챙겨 두었는데 십만 원이 **공중에 떠** 버렸다.
공중-누각(空中樓閣) [명] ['공중에 떠 있는 누각' 이라는 뜻] 근거나 토대가 없는 사물을 이르는 말. [비]신기루.
공중-도덕(公衆道德) [명] 여러 사람이 사회생활을 하면서 지켜야 할 도덕.
공중-목욕탕(公衆沐浴湯) [명] 적은 요금으로 여러 사람이 공동으로 쓸 수 있게 설비된 목욕탕.
공중-변소(公衆便所) [명] 누구나 이용할 수 있도록 길가나 공원 등에 만들어 놓은 변소.
공중^보!건의(公衆保健醫)[-의/-이] [명][의] 병역 의무를 이행하지 않는 대신 그 기간 동안 의료 취약 지역에서 근무하는 의사.
공중-분해(空中分解) [명] **1** 비행 중인 항공기가 사고로 인하여 공중에서 분해되는 일. **2** 계획 등이 도중에 무산되는 일. **공중분해-되다** [동][자] ¶미사일에 맞아 폭격기가 ~.
공중-위생(公衆衛生) [명] 사회 일반의 공동의 질병을 예방하고 건강을 유지·증진시키기 위하여 실시되는 위생 활동.
공중-전(空中戰) [명][군] 항공기가 공중에서 하는 전투. ▷육전·해전.
공중-전화(公衆電話) [명] 누구든지 요금을 내고 수시로 사용할 수 있도록 공공장소에 설치한 전화.
공중-제비(空中-) [명] 두 손을 땅에 짚고 두 다리를 공중으로 쳐들어 거꾸로 넘는 재주. =텀블링.
공중파^방!송(公衆波放送) [명][방송] 모든 사람이 보고 듣는 방송이라는 뜻에서 '지상파 방송' 을 달리 이르는 말.
공증(公證) [명][법] 국가 또는 공공 단체가 직권으로써 어떤 사실을 공적(公的)으로 증명하는 일. **공증-하다** [동][타][여] ¶합의각서를 ~.
공증-인(公證人) [명][법] 당사자 또는 그 밖의 관계자의 촉탁을 받아 민사에 관한 공정 증서를 작성하며, 사서 증서에 인증(認證)을 주는 권한을 가진 사람.
공지[1](公知) [명] 일반에게 널리 알리는 것. ¶~ 사항. **공지-하다** [동][타][여]
공지[2](空地) [명] 집이나 밭 따위가 없는 빈 땅. [비]공터.
공직(公職) [명] 공무원직이나 의원직 등과 같은 공적인 직무. ¶~ 생활.
공직-자(公職者)[-짜] [명] 공직에 종사하는 사람.
공!진(共振) [명][물] 진동체에 그 고유 진동수와 동일한 진동을 외부로부터 가했을 때, 매우 큰 진폭으로 진동하는 현상.
공-집합(空集合)[-지팝] [명][수] 원소(元素)를 하나도 갖지 않은 집합. 기호는 ϕ 또는 { }.
공짜(空-) [명] 힘이나 돈을 들이지 않고 거저 얻는 일. 또는, 그 물건. [비]공것·맨입. ¶~ 구경 / ~라면 사족을 못쓰다.
공짜-로(空-) [부] =공으로. ¶~ 얻은 책.
공짜-배기(空-) [명] '공짜' 를 속되게 이르는 말.
공차(空車) [명] **1** 택시·버스 등의 빈 차. **2** 요금을 내지 않고 거저 타는 차.
공!차-기 [명] 공을 차면서 노는 아이들의 놀이.
공채[1](公採) [명] 시험 따위를 거쳐 공개적 방법으로 채용하는 것. ¶김 과장은 ~ 11기이다. ▷특채. **공채-하다** [동][타][여]
공채[2](公債) [명] 국가 또는 지방 자치 단체가 수지(收支)의 균형을 꾀하기 위하여 임시로 지는 빚. ↔사채(私債).
공책(空冊) [명] 어떤 내용을 적어 둘 수 있도록 백지나 줄이 쳐진 종이를 책과 비슷한 형태로 묶은 물건. =노트. [비]필기장.
공!처-가(恐妻家) [명] 아내에게 꼼짝 못하고 눌려 지내는 남편. ▷엄처시하.
공천(公薦) [명][정] 정당에서 선거에 출마할 당원을 공식적으로 추천하는 것. ¶당의 ~을 받다. **공천-하다** [동][타][여] **공천-되다** [동][자] ¶국회의원 후보로 ~.
공청-회(公聽會)[-회/-훼] [명][정] 국회나 행정 기관이 사회 일반에 영향력이 큰 안건을 의결하기 전에, 학자·경험자 또는 이해관계자의 참석하에 의견을 듣는 공개 회의. ▷청문회.
공!출(供出) [명] 일제 강점기에, 국가의 강요에 따라 국민이 곡식이나 기물을 정부에 내놓던 일. **공!출-하다** [동][타][여]
공-치다(空-) [동][자][타] 어떤 일을 하려다가 목적을 이루지 못하고 허탕 치다. ¶비가 와서 오늘 장사는 **공쳤다**.
공-치사[1](功致辭) [명] 자기의 공로를 남 앞에서 스스로 칭찬하고 자랑하는 것. ¶어쩌다 한 번 좋은 일 한 걸 가지고 ~는 되게 하는구먼. **공치사-하다**[1] [동][자][타][여]
공-치사[2](空致辭) [명] 빈말로 하는 칭찬. ¶괜한 ~로 위안하려 들지 말게. **공치사-하다**[2] [동][자][타][여]
공쿠르, 에드몽 루이 앙투안 드(Goncourt, Edmond Louis Antoine de) [명][인] 프랑스의 소설가(1822~1896).
공쿠르-상(Goncourt賞) [명][문] 프랑스의 문학상. 1903년 창설됨.
공!탁(供託) [명][법] 법령의 규정에 따라 금전·유가 증권 따위를 공탁소에 맡겨 두는 것. **공!탁-하다** [동][타][여]
공-터(空-) [명] 마을 또는 동네 안이나 근처에 집이 들어서지 않아 비어 있는 다소 넓은 땅. [비]공지(空地).
공-테이프(空tape) [명] 음악이나 소리, 영상 등을 녹음하거나 녹화할 수 있는, 아무것도 기록되어 있지 않은 테이프.
공!통(共通) [명] (어떤 요소나 대상이) 여러 대상에 두루 있거나 쓰이거나 해당하는 것. ¶세계 ~의 언어. **공!통-하다** [동][자][여] **공!통-되다** [동][자] ¶남북통일은 우리의 **공통된** 염원이다.

공:통-분모(共通分母) 명 1 [수] 여러 개의 서로 다른 분수를 크기가 변하지 않게 통분한 분모. =공분모. 2 둘 이상의 대상이 함께 공유하고 있는 것, 비유적인 말함. [-동모].

공:통-성(共通性) [-씽] 명 공통되는 질.

공:통-적(共通的) 관명 여럿 사이에 공통되는 (것). ¶~견해 / ~인 문제.

공:통-점(共通點) [-쩜] 명 둘 또는 여럿 사이에 두루 통하는 점. ¶그들 두 사람의 성격에는 ~이 많다. ↔차이점.

공판(公判) 명 [법] 기소된 형사 사건을 법원이 심리하는 절차. **공판-하다** 동(재)

공:판-인쇄(孔版印刷) 명 등사판·스크린인쇄 등의 형지(型紙)를 사용하여, 판의 안쪽에서 잉크를 배어 나오게 하여 인쇄하는 방식.

공:판-장(共販場) 명 [경] 동업자끼리의 판매 경쟁으로 인한 불이익을 막기 위해, 또는 판로 확장·자금 융통 등의 편의를 얻기 위해 설립한 공동 판매 기관.

공판-정(公判廷) 명 [법] 공판을 행하는 법정.

공평무사-하다(公平無私-) 형여 공평하여 사사로움이 없다. ¶**공평무사한** 심판.

공평-하다(公平-) 형여 어떤 일을 처리함에 있어 어느 한쪽에 치우침이 없이 모두에게 똑같이 대하는 태도가 있다. 비공정하다. ¶**공평한** 분배. ↔불공평하다. **공평-히** 부

공포¹(公布) 명 (헌법·법령·조약 등을) 국민들에게 정식으로 널리 알리는 것. **공포-하다** 타여 ¶헌법을 ~. **공포-되다** 자여

공포²(空砲) 명 1 실탄을 넣지 않고 소리만 나게 쏘는 총. 비헛총. 2 위협하려고 공중을 향해 쏘는 총. ¶~를 쏘다.

공:포³(恐怖) 명 위험이나 위협을 당하여 두려워하게 되는 마음의 상태. ¶~ 분위기를 조성하다.

공:포-감(恐怖感) 명 어떤 상황에서 공포를 느끼는 마음. ¶~에 사로잡히다. ▷공포심.

공:포-심(恐怖心) 명 어떤 상황에서 인간이 보편적으로 공포를 느끼는 심리 상태. ¶물에 대한 ~. ▷공포감.

공:포-증(恐怖症) [-쯩] 명 [심] 정상적인 사람에게는 아무렇지도 않은 것이 공포의 대상이 되는 병적인 증세. ¶고소(高所) ~.

공포-탄(空砲彈) 명 화약만 들어 있고 탄알이 없어 소리만 나는 탄환. 사격 연습·신호·예포 등에 씀.

공표¹(公表) 명 (어떤 사실을) 공개하여 세상에 널리 알리는 것. **공표-하다** 동타여 **공표-되다** 자여

공-표²(空標) 명 =동그라미표.

공학¹(工學) 명 공업적인 생산에 응용하여 생산력과 생산품의 성능을 향상·발전시키기 위한 과학 기술의 체계적인 학문.

공:학²(共學) 명 남녀 학생, 또는 민족이 서로 다른 학생들이 한 학교에서 함께 배우는 것. ¶남녀 ~.

공한(公翰) 명 공적인 편지.

공한-지(空閑地) 명 1 농사가 가능한데도 아무것도 심지 않은 토지. 2 집을 짓지 않은 빈 터.

공항(空港) 명 항공 수송을 위하여 사용되는 공공용 비행장. ¶국제~. ▷비행장.

공항-버스(空港bus) 명 공항과 도심을 왕복하여 운행하는, 공항 이용객을 위한 전용 버스.

공해¹(公害) 명 급속한 산업화에 따라 공장의 폐수, 자동차의 매연, 각종 쓰레기 등으로 자연환경이 오염되는 재해.

공해²(公海) 명 [법] 어느 나라의 주권에도 속하지 않으며, 모든 나라가 공통으로 사용할 수 있는 바다. ↔영해(領海).

공해-병(公害病) [-뼝] 명 수질 오염·대기 오염 등의 공해에 의해 일어나는 병.

공해-전(公廨田) 명 [역] 고려·조선 시대, 중앙의 여러 관아와 지방 관서에 경비를 충당하도록 하기 위해 나누어 준 토지.

공허-감(空虛感) 명 텅 빈 듯한 허전한 느낌.

공허-하다(空虛-) 형여 1 (마음이) 텅 비어 쓸쓸하고 허전하다. ¶**공허한** 마음을 달래다. 2 (사물이) 알찬 내용이나 가치가 없이 헛되다. ¶**공허한** 판념의 유희.

공헌(貢獻) 명 (어떤 일에) 힘을 써 이바지하는 것. 비기여. ¶에디슨은 많은 발명을 함으로써 인류에 지대한 ~을 하였다.

공헌-하다 동(재)

공:화(共和) 명 [정] 공화제에 의하여 시행하는 것. ¶~ 정치. ↔전제(專制).

공:화-국(共和國) 명 [정] 주권을 가진 국민이 선거에 의해 국가 원수를 뽑는 국가. ↔군주국·전제국·입헌 군주국.

공:화-제(共和制) 명 [정] 국가의 의사가 복수(複數)의 사람에 의하여 결정되는 정치 형태.

공활-하다(空豁-) 형여 텅 비어 매우 넓다. ¶**공활한** 가을 하늘.

공:황(恐慌) 명 1 갑자기 일어나는 심리적인 불안 상태. 2 '경제 공황'의 준말.

공회-당(公會堂) [-회-/-훼-] 명 공중(公衆)의 회합 등에 쓰기 위해 지은 집.

공-회전(空回轉) [-회-/-훼-] 명 자동차를 제자리에 세워 놓은 상태에서 엔진을 회전시키는 일.

공후(箜篌) 명 [음] 하프와 비슷한, 동양의 현악기.

공후-인(箜篌引) [문] =공무도하가.

공훈(功勳) 명 국가나 사회를 위하여 두드러지게 세운 공로. ◎훈공.

공휴-일(公休日) 명 국경일이나 일요일과 같이 공적으로 정하여진 휴일. ¶임시 ~.

공:-히(共-) 부 다 같이. 비모두. ¶명실 ~ / 남녀 ~.

곶(串) [곧] 명 바다 쪽으로 뾰족하게 내민 땅. 수갑. 비반도. ¶장산~.

곶-감(곧깜) 명 껍질을 벗기고 말린 감.
[**곶감 꼬치에서 곶감 빼 먹듯**] 애써 모아 둔 재산을 조금씩 잇달아 헐어 써 없애는 것을 비유하여 이르는 말.

과¹ 명 1 자음으로 끝나는 체언에 붙어, 다른 말과 비교함을 나타내는 부사격 조사. ¶계곡의 물이 얼음~ 같이 차갑다. 2 함께 행동함을 나타내는 부사격 조사. ¶나는 친구들~ 즐겁게 노래를 불렀다. 3 둘 이상의 단어를 같은 자격으로 이어 주는 접속 조사. ¶책~ 공책~ 연필. 4 상대로 하는 대상임을 나타내는 부사격 조사. ¶온갖 역경~ 맞서 싸우다. ▷와.

과²(科) 명 1 전문 분야나 학과의 구분 단위. ¶국문~ / 소아~. 2 [생] 생물 분류학상의 한 단위. 목(目)의 아래, 속(屬)의

위임.

과³(課) 圀 ①[차례] 관청·회사 등의 업무 조직의 한 구분. 계(係)의 위, 부(部)의 아래 단위임. ¶총무~. ②[의존] 교과서 따위에서, 내용에 따라 차례로 엮은 제목의 단위. ¶오늘은 몇 ~를 배울 차례인가?

과:-⁴(過) 뎁두 '지나친'의 뜻. ¶~소비 / ~적재(積載).

과:감-하다(果敢-) 휑딘 (사람이) 어떤 일을 함에 있어 망설이거나 두려워함이 없이 용감하게 하는 태도가 있다. ¶과감한 공격. 과:감-히 円 ~ 적과 맞서다.

과:객(過客) 圀 먼 길을 가다가 어느 집에 하룻밤 또는 며칠 밤 묵고 가는 나그네. 오늘날에는 거의 쓰이지 않는 말임.

과거¹(科擧) 圀 옛날 중국과 우리나라에서 관리를 뽑을 때 보던 시험. =과시(科試). ¶~에 급제하다.

과:거²(過去) 圀 1 이미 지나간, 현재 이전의 시간. 또는, 그때에 일어난 일. ¶~를 잊다 / ~를 돌아보다. 2 [언] 시제(時制)의 하나. 현재보다 앞선 시간 속의 사건임을 나타냄. 활용어의 어간에 어미 '-ㄴ/은'이나 선어말 어미 '-았/었-', '-더-' 등을 붙여 나타냄.

과거(가) 있다 어둡거나 복잡한 과거를 가지고 있다. ¶과거가 있는 여자.

과:거-분사(過去分詞) 圀[언] 영어·프랑스어·독일어 등의 동사의 한 변화형. 형용사적 성질을 띠며, 완료형 및 수동형을 만듦.

과:거-사(過去事) 圀 지나간 과거의 일. =과거지사.

과:거^완료(過去完了)[-왈-] 圀[언] 동사의 완료상의 하나. 과거 어느 때에 이미 있었거나 행해졌던 동작을 나타내는 어법.

과:거지사(過去之事) 圀 =과거사. ¶이제 와서 ~를 추어 뭘 하겠나?

과:거^진:행(過去進行) 圀[언] 동사의 진행상의 하나. 지나간 어느 때의 동작이 진행 중이었음을 나타내는 어법.

과:격-파(過激派) 圀 과격한 방법으로 주의(主義)나 주장이나 자기 이상(理想)을 실현하려고 하는 사람. 또는, 그런 무리. ↔온건파.

과:격-하다(過激-)[-겨카-] 휑딘 1 도가 지나치게 격하다. ¶과격한 운동. 2 한쪽으로 치우쳐 불온하다. ¶과격한 이론. ↔온건하다.

과금(課金) 圀 요금, 특히 인터넷·전화 등의 통신 요금을 부과하는 것. ¶~ 단위 / ~ 체계. 과금-하다 屆퐈.

과:-꽃[-꼳] 圀[식] 초가을에 국화 비슷한 모양의 흰색·자주색·붉은색 등의 꽃이 피는 한해살이풀. 또는, 그 꽃. 관상용으로 화단에 심음.

과:납(過納) 圀 (세금·요금·대금 등을) 납부해야 할 규정의 금액보다 많이 내는 것. 과:납-하다 屆퐈.

과:녁 圀 활·총 따위를 쏠 때 표적으로 만들어 놓은 물건. ¶~을 맞히다.

과:녁-판(-板) 圀 과녁으로 세우는 나무 등의 판.

과년(瓜年) 圀 결혼하기에 적당한 여자의 나이. ¶~의 처녀.

과:년-하다(過年-) 휑딘 (여자가) 나이가 혼인할 시기를 지난 상태에 있다. ¶과년한 딸을 여의다.

과:다(過多) 圀 너무 많은 것. ¶지방 ~ / ~ 지출. 과:다-하다 휑딘 과:다-히 円.

과:단-성(果斷性)[-썽] 圀 일을 딱 잘라 결정하는 성질. ¶~이 없다.

과:당(果糖) 圀[화] 꿀이나 단 과일의 즙에 들어 있는 단당류. =프룩토오스.

과:당^경:쟁(過當競爭) 圀[경] 같은 업종의 기업 사이에서, 서로 자기 시장의 유지·확대를 위하여 출혈을 보아 가면서 하는 경쟁.

과:대(誇大) 圀 작은 것을 크게 떠벌리는 것. ¶~광고. 과:대-하다¹.

과:대-광고(誇大廣告) 圀 상품의 내용을 과장하여 광고하는 것.

과:대-망상(誇大妄想) 圀 자기의 현재 상태를 실제보다 턱없이 크게 평가하여 그 평가가 사실인 것처럼 믿어 버리는 것.

과:대-평가(誇大評價)[-까] 圀 실제보다 지나치게 높이 평가함. 또는, 그런 평가. ↔과소평가. 과:대평가-하다 屆퇴. ¶자기의 능력을 ~.

과:대-하다²(過大-) 휑딘 지나치게 크다. ¶과대한 요구.

과:도¹(果刀) 圀 과일을 깎는 칼. =과일칼.

과:도²(過渡) 圀 어떤 상태에서 새로운 상태로 옮아가거나 바뀌어 가는 도중. ¶~ 정부.

과:도-기(過渡期) 圀 한 단계에서 다음 단계로 넘어가는 중간 시기. 또는, 사상이나 제도 따위가 확립되지 않아 불안정한 시기.

과:도기-적(過渡期的) 관圀 과도기에 나타나는 (것). 또는, 과도기에 해당하는 (것). ¶~ 형태.

과:도^정부(過渡政府) 圀[정] 한 정체(政體)에서 다른 정체로 넘어가는 과정에 임시로 구성된 정부.

과:도-하다(過度-) 휑딘 정도에 넘치다. ꮎ지나치다. ¶과도한 노동 [요구].

과두^문자(蝌蚪文字)[-짜] 圀 글자 모양이 올챙이 같은 중국의 고대 문자. 황제(黃帝) 때 창힐(蒼頡)이 새의 발자국에서 암시를 얻어 만들었다 함.

과:두^정치(寡頭政治) 圀[정] 소수의 사람이 국가의 최고 기관을 조직하여 행하는 독재적인 정치.

과락(科落) 圀 어떤 학과목의 성적이 합격 기준 점수에 못 미치는 일.

과:람-하다(過濫-) 휑딘 분수에 넘치다. ¶과람한 칭찬이십니다.

과:량(科量) 圀 분량이 넘치는 것. ¶~의 수면제를 복용하다.

과:로(過勞) 圀 몸이 몹시 지칠 만큼 지나치게 일하는 것. 또는, 그렇게 일하여 몸시 지친 상태. ¶~사(死) / ~로 쓰러지다. 과:로-하다 屆퐈.

과료(科料) 圀[법] 재산형(財産刑)의 하나. 가벼운 죄에 물리며, 벌금보다 가벼움. ▷과태료.

과립(顆粒) 圀 둥글고 잔 알갱이.

과메기 圀 얼렸다 녹였다 하면서 말린 꽁치나 청어.

과목(科目) 圀 1 분류된 조목. 2 학문의 구분. 3 교과를 잘게 나눈 영역. ¶필수 ~.

과:묵-하다(寡默-)[-무카-] 휑딘 말수가 적고 침착하다. ¶그는 과묵하고 매사에 신중하다.

과:문-하다(寡聞-) 휑딘 (사람이) 보고

들어서 얻은 지식이 적다. ¶제가 **과문한** 탓으로 그 말은 들어 본 적이 없습니다.
과!물-전(果物廛) 명 과일을 파는 가게.
[과물전 망신은 모과가 시킨다] 못난 것은 그가 속해 있는 단체의 여러 사람을 망신시키는 일만 저지른다.
과!민(過敏) 명 (감각이나 신경 또는 감정이) 지나치게 예민한 것. ¶신경~. 과!민-하다 형여 ¶과민한 반응.
과!밀(過密) 명 (인구나 산업 등이) 한곳에 지나치게 집중되어 있는 것. ¶~ 학급 / 인구 ~ 지대. 과!밀-하다 형여
과!반(過半) 명 반이 넘음.
과!반-수(過半數) 명 반이 넘는 수. ¶~의 찬성으로 그가 회장이 되었다.
과!보(過報) 명 '인과응보'의 준말.
과!-보호(過保護) 명 과잉보호. 과!보호-하다 동여
과!부(寡婦) 명 남편이 죽어서 혼자 사는 여자. =과수. 비미망인·홀어미. 청상 ~. 과부댁(宅) ~.
[과부는 은이 서 말이고 홀아비는 이가 서 말이다] 과부는 알뜰하여 규모 있게 살아도 홀아비는 생활이 궁하다. **[과부 사정은 과부가 안다]** 무슨 일이든 당해 본 사람이라야 그 사정을 안다.
과!부-댁(寡婦宅) [-땍] 명 '과부'의 높임말. =과수댁.
과!-부족(過不足) 명 남는 것과 모자라는 것. ¶~ 없이 딱 들어맞다.
과!-부하(過負荷) 명 기계나 전기 기기, 회로 등에서 규정량을 초과하는 부하.
과!분-하다(過分-) 형여 (어떤 대상이, 또는 대우나 대접이나 칭찬 등이) 어떤 사람에게 분수에 넘치는 상태에 있다. ¶과분한 칭찬이십니다. 과!분-히 부
과산화-수소(過酸化水素) [화] 수소와 산소의 화합물의 하나. 점성(粘性)이 있고 무색의 액체. 표백의 연료로 쓰임.
과!산화수소-수(過酸化水素水) [화] 과산화수소를 물에 녹인 액체. 상품명은 옥시풀.
과!세(過歲) 명 설을 쇠는 것. ¶이중~.
과세(課稅) 명 세금을 매기고 그것을 내도록 의무를 지우는 것. ¶인정 ~. 과세-하다 동자여 과세-되다 자
과세-율(課稅率) 명 [법] 과세를 매길 수 있는 물건에 정해 놓은, 세금을 매길 수 있는 비율. 은세율.
과세^표준(課稅標準) 명 [법] 세금을 매길 때 그 기준이 되는, 과세 물건의 수량·가격·품질이 있는. ⓒ과표.
과!-소비(過消費) 명 제 분수나 경제적 능력을 벗어나 지나치게 쓰는 것. 또는, 지나치게 값비싸거나 호화로운 물건을 사거나 사용하는 일. 과!소비-하다 동
과!-소평가(過小評價) [-까] 명 실제보다 낮게 평가함. 또는, 그런 평가. ↔대평가. 과!소평가-하다 동여 ¶실력을 ~. 과!소평가-되다 자
과!속(過速) 명 자동차 따위의 속도를 너무 빠르게 하는 것. 또는, 그 속도. ¶~ 운행 / 차량 단속. 과!속-하다 동자여
과!속^방지^턱(過速防止-) [-빵-] 명 차량의 주행 속도를 강제로 낮추기 위하여 좁은 선으로 노면에 설치하는 턱.
과!수(果樹) 명 과실나무.
과!수(寡守) 명 =과부(寡婦).

과!수-댁(寡守宅) [-땍] 명 =과부댁.
과!수-원(果樹園) 명 과실나무를 전문적으로 재배하는 곳.
과시(科試) 명 [역] =과거(科擧)¹.
과!시²(誇示) 명 (남에게 자기의, 또는 자기와 관계된 것의 훌륭함이나 뛰어난 점을) 일부러 드러내어 보이거나 뽐내어 보이는 것. ¶자기 ~. 과!시-하다 동타여 ¶다른 사람 앞에서 재능을 ~.
과!시-욕(誇示慾) 명 남들 앞에서 자기의 잘나거나 뛰어난 점을 드러내어 뽐내고 싶은 욕구.
과!식(過食) 명 음식을 자기 양보다 많이 먹는 것. 과!식-하다 동자여
과!신(過信) 명 (자기의 능력이나 생각 등을) 지나치게 믿는 것. 과!신-하다 동여 ¶자기를 ~ / 약효를 ~.
과!실¹(果實) 명 사람이 먹을 수 있는 나무의 열매. 圍과일. 동~.
과!실²(果失) 명 1 실수나 부주의 등으로 인한 잘못. 비과오. ¶~을 범하다. 2 [법] 일정한 사실을 인식해야 함에도 불구하고 부주의로 인식하지 않는 상태. ¶중(重)~ / 업무상~ ~고의.
과!실-나무(果實-) [-라-] 명 먹을 수 있는 열매를 거두기 위하여 가꾸는 나무의 총칭. =과수(果樹).
과!실-범(過失犯) [법] 과실로 지은 죄. 또는, 그런 죄를 지은 사람.
과!실^상계(過失相計) [-계/-게] 명 [법] 채무 불이행이나 불법 행위에 관하여, 채권자나 피해자에게 과실이 있을 경우, 채무자나 가해자의 손해 배상 책임이 줄거나 면해지는 일.
과!실-음료(果實飮料) [-뇨] 명 과실의 즙을 내거나 섞어서 만든 음료.
과!실-주(果實酒) [-쭈] 명 과실즙을 발효시켜 만든 술. 포도주·사과주 따위.
과!실^치사(過失致死) 명 [법] 과실로 사람을 죽임.
과!언(過言) 명 (주로, '아니다'와 함께 쓰여) 정도가 ~이 아니다. ¶그 사람은 천재라 해도 ~이 아니다.
과업(課業) 명 해야 할 일. ¶~을 완수하다.
과!연(果然) 부 1 이미 알고 있거나 생각했던 바와 다름없이 정말로. ¶듣던 대로 ~ 미인이로구나. 2 결과에 있어서 참으로. ¶그 약이 ~ 효과가 있을까?
과!열(過熱) 명 1 지나치게 뜨거워지는 것. ¶석유난로의 ~로 화재가 발생하다. 2 (비유적으로 쓰여) 지나치게 활기를 띠는 것. ¶~ 경기(景氣). 과!열-하다 동자여 과!열-되다 동자
과!오(過誤) 명 사람이 저지른 도덕적·윤리적인 잘못. ¶~을 범하다.
과외(課外) [-외/-웨] 명 1 정해진 학과 과정이나 근무 시간 밖. ¶~ 공부. 2 '과외 수업'의 준말. ¶고액~.
과외^수업(課外授業) [-외/-웨] 명 정한 과정(課程) 외에 하는 수업. ⓒ과외.
과!욕(過慾) 명 지나친 욕심. ¶~을 부리다. 과!욕-하다 형여
과!용(過用) 명 정도에 지나치게 쓰는 것. 또는, 너무 많은 돈을 쓰는 것. ▷남용. 과!용-하다 동여 ¶약을 ~.
과원(課員) 명 관청이나 회사의 한 과(課)에서 일하는 사람.
과!유불급(過猶不及) 명 정도를 지나침은

미치지 못한 것과 같음. 곧, 중용(中庸)의 중요함을 이르는 말임.
과:육(果肉) 圏 과일의 살.
과:음(過飮) 圏 술 따위를 너무 많이 마시는 것. **과:음-하다** 瑢㉺㉮
과:인(寡人) 圏㉲㉶ 임금이 겸손의 뜻으로 자기를 낮추어 하는 말. ▷짐(朕)
과:인산^석회(過燐酸石灰) [-써퀴/-써훼] 圏㉧ 인산 비료의 하나. 인산수소 칼슘과 황산칼슘으로 이루어진 굵은 가루. 비료 효과가 큼.
과:일(果實) 圏 <과실(果實)> 나무나 채소를 가꾸어 얻는, 수분이 많고 단맛이 있으며 향기가 좋은 식용 열매. 사과·배·토마토·수박 따위. ㉧과실.
[과일 망신은 모과가 시킨다는] 못난 것이 동료를 망신시키는 것만 한다.
과:일-즙(-汁) 圏 과일에서 짜낸 즙.
과:일-칼(-) 圏 =과도(果刀).
과:잉(過剩) 圏 예정한 수량이나 필요한 것보다 많은 일. ¶~ 섭취. ↔부족. **과:잉-하다** 瑢㉮
과:잉-보호(過剩保護) 圏 부모가 어린 자녀를 대할 때, 무슨 일이든 혼자서 하도록 놔두지 않고 도와주거나 지나친 관심을 가지고 보살피는 일. =과보호. **과:잉 보호-하다** 瑢㉺
과자(菓子) 圏 단맛을 위주로 만들어 주로 끼니 외에 먹는 음식. 비스킷·쿠키·사탕·초콜릿 따위.
과장(科場) 圏㉭ 과거를 보는 장소.
과:장²(誇張) 圏 (어떤 사실을) 실제 상태보다 훨씬 크거나 심하거나 대단한 것으로 나타내는 것. **과:장-하다** 瑢㉺㉮ **과:장-되다** 瑢㉯ ¶과장된 표현.
과장³(課長) 圏 회사·관청 등의 한 과(課)의 책임자. ¶총무 ~.
과:장-법(誇張法) [-뻡] 圏㉴ 수사법의 하나. 사물의 수량·상태·성질, 또는 글의 내용을 실제보다 더 늘이거나 줄여서 표현하는 방법. '산더미처럼 쌓인 빨랫감' 따위.
과:적(過積) 圏 적재정량(積載定量)을 초과하여 싣는 것. ¶~ 차량을 단속하다. **과:적-하다** 瑢㉺
과전-법(科田法) [-뻡] 圏㉭ 고려 말기와 조선 초기에 실시한 토지 제도.
과:전압(過電壓) 圏㉵ 송전선이나 배전선에 발생하는 정격(定格) 이상의 전압.
과:점(寡占) 圏㉱ 소수의 기업이 시장의 대부분을 지배하는 상태. ¶독(獨)~.
과정(科程) 圏㉮ '학과 과정'의 준말. ¶교양 ~.
과:정²(過程) 圏 일이 되어 가는 경로. ¶진행 ~ / 발달 ~.
과정³(課程) 圏㉮ 1 학교 등에서 어느 일정 기간 중에 할당된 학습기간·작업의 분량. ¶교육 ~. 2 특히 대학 등에서 교수·연구를 위한 전문별 코스. ¶박사 ~.
과제(課題) 圏㉭ 과거를 볼 때에 내주는 제목.
과제²(課題) 圏 1 학생이 정규 시간 외에 가정에서 학습할 수 있도록 학교에서 내주는 일정량의 문제. ㉧숙제. 2 부과되어 있어 해결해야 하는 문제. ¶당면 ~.
과제-물(課題物) 圏 과제의 답을 적은 종이나 공책. 또는, 과제로서 만들거나 그리거나 수집한 물건.
과줄 圏 1 약과·다식·정과·강정 따위의 총

칭. 2 =약과(藥果)1.
과:중-하다(過重-) 瑢㉮ (어떤 일이) 어떤 사람이 맡거나 해내기 힘겨운 상태에 있다. ¶과중한 책임. **과:중-히** 圉
과:즙(果汁) 圏 과일의 즙. ¶천연 ~.
과징-금(課徵金) 圏㉴ 국가가 조세 이외에 국민에게 징수하는 금전.
과:찬(過讚) 圏 지나치게 칭찬하는 것. 또는, 그 칭찬. ¶~의 말씀. **과:찬-하다** 瑢㉺
과:-체중(過體重) 圏 기준이나 표준에 비해 지나치게 많이 나가는 몸무게.
과:태-료(過怠料) 圏㉴ 국가나 공공 단체가 공법상의 의무 이행을 태만히 한 사람에게 벌로 물게 하는 돈. ¶전입신고를 늦게 하여 ~을 물었다. ▷과료(科料)
과테말라(Guatemala) 圏㉳ 1 중앙아메리카 북부에 있는 공화국. 2 1의 수도.
과:-포화(過飽和) 圏 1 용액이 어떤 온도에서의 용해도에 상당하는 양 이상의 용질을 포함하고 있는 상태. 2 증기압이 어떤 온도에서의 포화 증기압보다 큰 상태.
과표(課標) 圏 '과세 표준'의 준말.
과-하다¹(科-) 瑢㉺㉮ 형벌을 지우다. ¶강도범에게 징역 5년 형을 ~.
과-하다²(課-) 瑢㉺ 1 (세금·벌금 등을) 매기다. ¶무거운 벌금을 ~. 2 (어떤 책임이나 임무·과업을) 맡기다.
과:-하다³(過-) 瑢㉮ (도수나 정도가) 지나치다. ¶술이 ~ / 말씀이 ~. **과:-히** 圉 1 (부정어와 함께 쓰여) 유난할 만큼 그렇게. ¶~ 멀지 않다. 2 지나치게.
과학(科學) 圏 보편적 진리나 법칙의 발견을 목적으로 하는 체계적 지식. 좁은 뜻으로는 자연 과학만을 이름. ¶기초 ~.
과학^기술부(科學技術部) [-끼-] 圏 행정 각 부의 하나. 과학 기술 진흥을 위한 기본 정책의 수립, 기술 협력 및 원자력 등에 관한 사무를 맡아봄.
과학^수사(科學捜査) [-쑤-] 圏 과학적 지식을 이용하여 행하는 범죄 수사의 방법. 지문 감정·혈흔 분석·사체 부검 따위.
과학-자(科學者) [-짜] 圏 자연 과학을 연구하는 사람.
과학-적(科學的) [-쩍] 圏㉳ 사물의 처리 방법이 과학의 바탕 위에 있는 (것). ¶~ 수사 / ~ 분석.
과학-화(科學化) [-하좌] 圏 과학적으로 체계화함. ¶범죄 수사의 ~. **과학화-하다** 瑢㉲㉺㉮ **과학화-되다** 瑢㉯
곽¹ 圏 '갑(匣)'의 잘못.
곽²(槨) 圏 =덧널.
곽-재우(郭再祐) [-째-] 圏㉶ 조선 시대의 의병장(1552~1617). 별명은 홍의장군.
곽:[-쥐] 圏 (옛날에 세력을 떨친 곽준(郭越)의 형제들의 별명에서 유래) 어른이 어린아이의 울음을 그치게 하려고 '무서운 것'이라는 뜻으로 이르는 말. ¶자꾸 울면 ~가 잡아간다.
관¹(官) 圏 정부나 관청 등을 이르는 말.
관 물을 먹다 관리 생활을 하다.
관²(冠) 圏㉭ 머리에 쓰는 쓰개의 한 종류. 신분·격식에 따라 여러 가지가 있음. ¶면류 ~.
관³(棺) 圏 시체를 담는 궤.
관⁴(管) 圏 몸 둘레가 둥글고 길며 속이 빈 물건. ㉧파이프. ¶수도 ~ / 가스 ~.

관5 (의존) **1** 무게의 단위의 하나. 1관은 3.75kg임. **2** [역] =쾌²².

-관(官) [접미] 일정한 직책을 맡은 군인·공무원 등을 나타내는 말. ¶사령~ / 재판~.

-관⁷(館) [접미] **1** 어떤 기관이나 건물의 이름을 나타내는 말. ¶대사~ / 영화~. **2** 주로 한식집이나 요정(料亭) 따위의 이름에 붙이는 말. ¶국일~.

-관⁸(觀) [접미] 체계화된 견해를 뜻하는 말. ¶인생~ / 세계~.

관가(官家) [명](옛) **1** 벼슬아치들이 나랏일을 보는 집. ¶민가. **2** 시골 사람들이 그 고을 수령을 일컫는 말.

관:개(灌漑) [명] 농사를 짓는 데에 필요한 물을 논밭에 대는 것. =관수. ¶~ 시설. **관:개-하다** [자](타)

관:개-용수(灌漑用水) [농] 관개하는 데 쓰는 물. ⓑ농업용수.

관객(觀客) [명] 영화나 연극·무용 등의 무대 공연을 구경하는 사람. ¶~석(席).

관건(關鍵) [명] ['문빗장과 자물쇠'라는 뜻] 어떤 사물의 가장 중요한 부분. ¶경제 성장의 ~은 기술 개발에 있다.

관계¹(官界) [-게/-계] [명] 국가의 각 기관. 또는, 그 관리의 사회. ¶~에 진출하다.

관계²(關係) [-게/-계] [명] **1** 사물이나 현상 사이에 서로 맺어져 있는 연관. ¶외교 ~. **2** 사람과 사람 사이의 연계. ¶노사(勞使) ~. **3** 남녀의 육체적 교섭을 완곡하게 이르는 말. 보통, 부부 이외의 경우에 사용함. ¶여자와 ~를 가지다. **4** 어떤 방면이나 영역. ¶교육 ~의 서적. **5** 어떤 일에 참견하는 것. **6** ('관계로'의 꼴로 쓰여) 까닭이나 원인을 가리키는 말. ¶사업 ~로 출장을 떠나다. **관계-하다** [자] **1** (어떤 일에) 종사하거나 교류를 가지다. ¶영화 사업에 **관계한** 지 10년이 넘었다. **2** (남의 일에) 참견하다. **3** (남녀가) 육체적 교섭을 가지다. **관계-되다** [자] 연관이 있다. 또는, 영향을 미치다.

관계^대!명사(關係代名詞) [-게-/-게-] [명](언) 앞에 오는 명사, 즉 선행사를 대신하는 동시에 뒤에 오는 절(節)을 선행사에 연결시켜 주는 대명사.

관계^부!사(關係副詞) [-게-/-게-] [명](언) 관계 대명사와 접속사의 구실을 겸한 부사.

관계-식(關係式) [-게/-계-] [명](수) 수학 및 과학에서 여러 대상 사이의 관계를 나타낸 식. 공식·등식·방정식 따위.

관계-없다(關係-) [-게업따/-게업따] [형] **1** 서로 관련되는 것이 없다. ¶그건 나와는 **관계없는** 일이야. **2** 문제 될 것이 없거나 염려할 것 없다. =상관없다. ¶늦게 가도 ~. **관계없-이** [부]

관계-있다(關係-) [-게잍따/-게잍따] [형] 서로 관련이 있다. =상관있다. ¶내신과 **관계있는** 시험.

관계-자(關係者) [-게-/-게-] [명] 어떤 것에 관계가 있는 사람. ¶~ 외 출입 금지.

관-공서(官公署) [명] 관청과 공공 기관.

관광(觀光) [명] 다른 지방이나 나라의 명소와 풍속 등을 돌아다니며 구경하는 것. ¶해외 **관광-하다** [자](타)

관광-객(觀光客) [명] 관광하러 다니는 사람. ¶~ 유치.

관광-단지(觀光團地) [명] 관광지를 중심으로 구획 조성된 지역.

관광-버스(觀光bus) [명] 관광객을 위하여 운행하는 버스.

관광-지(觀光地) [명] 경치가 좋고, 사적·문화재·온천 등이 있어 관광할 만한 곳.

관광-특구(觀光特區) [-꾸] [명] 관광지 가운데에서 일정한 범위를 정하여 특권을 부여하는 구역.

관광-호텔(觀光hotel) [명] 큰 도시나 명승지·해변가 등의 경치가 좋고 휴양하기 편리한 지역에 있는 호텔.

관군(管區) [명] '관할 구역'의 준말.

관군(官軍) [명](군) 정부 편의 군대. =관병(官兵).

관권(官權) [-꿘] [명] 국가 기관 또는 관리의 권력. ¶~ 개입. ↔민권.

관급(官給) [명] (돈이나 물품을) 관청에서 지급하는 것. **관급-하다** [타]

관기¹(官妓) [명] 전날에, 관청에 딸려 가무(歌舞)와 기악(妓樂) 따위를 하던 기생.

관기²(官紀) [명] 관리들이 지켜야 할 규율. ¶~가 문란해지다.

관기-숙정(官紀肅正) [-쩡] [명] 문란해진 관청의 규율을 바로잡음.

관내(管內) [명] 관할 구역의 안. ↔관외.

관념(觀念) [명] **1** 어떤 사물에 대해 비교적 오랜 시간에 걸쳐 알게 모르게 이뤄진 생각이나 의식. ¶고정~ / 시간~. **2** 현실과 동떨어진 추상적이고 이론적인 생각. ¶~의 유희에 빠진 도락가. **3** [철] 대상에 대한 인간의 인식이나 의식 내용.

관념-론(觀念論) [-논] [명] **1** [철] 물질 또는 자연에 대하여, 정신 또는 의식 (意識)을 더욱 근원적인 본질이라고 생각하는 입장. =이상주의. ↔실재론·유물론. **2** 머릿속에서 생각해 낸, 현실과는 동떨어진 이론.

관념-적(觀念的) [관형] **1** 관념에 바탕을 둔 (것). **2** 현실에 의하지 않고 추상적·공상적인 (것).

관-노비(官奴婢) [명] 관가에 딸려 있는 노비. ↔사노비.

관능(官能) [명] **1** 오관(五官) 및 감각의 작용. **2** 특히, 인간의 성적(性的)인 감각 작용. ¶~을 자극하는 소설.

관능-미(官能美) [명] 성적인 감각을 자극하는 아름다움. ¶~가 넘치는 육체파 여배우.

관능-적(官能的) [관형] 성적인 감각을 자극하는 (것). 또는, 성욕을 불러일으키는 (것). ¶관능초적인, ~인 매력.

관능-주의(官能主義) [-의/-이] [명] **1** 동물적 관능의 충족을 우선적으로 추구하는 태도. **2** 감각에 미적 의의가 있다고 보고, 예술 표현에서 감각을 중시하는 입장.

관-다발(管-) [명] 식물체 내에 있어 수분이나 양분, 기타 물질의 통로가 되는 조직. =유관속.

관:대(款待) [명] 친절하게 대하거나 정성껏 대접하는 것. **관:대-하다¹** [타](여)

관대-하다²(寬大-) [형](여) (남의 잘못을) 따지지 않고 너그럽게 받아들이는 상태에 있다. **관대한** 처분. **관대-히** [부] ¶이번 한 번만은 ~ 용서해 주겠다.

-관데 [어미] '무엇, 얼마나, 어찌' 등과 함께 쓰여, 어떤 일에 대한 그 까닭을 캐어물을 때 예스럽게 쓰는 연결 어미. ⓑ-기에. ¶네가 무엇이 ~ 함부로 구느

관동(關東) [명][지] 대관령 동쪽 지방. 곧, 강원도 지방. ¶~ 팔경(八景). ↔관서.
관동-별곡(關東別曲) [문] 조선 선조 때, 정철이 관동 팔경을 돌아보며 읊은 시가.
관!-두다 [타]('고만두다'의 준말. ¶하기 싫으면 **관두라**.
관등(官等) [명] 군인·관리의 등급.
관등²(觀燈) [붙] 음력 4월 8일에 부처의 탄생을 축하하기 위해 절과 거리에 많은 등불을 밝히는 일.
관등-놀이(觀燈−) [명][민] 석가 탄생일인 음력 4월 8일 밤에 집집마다 등을 달고, 제등 행렬·불꽃놀이 등을 하던 민속놀이.
관람(觀覽) [팔−] [명] 연극·영화·운동 경기·전람회 따위를) 극장·영화관·경기장·전람회장 등에 가서 구경하는 것. ¶영화 ~. **관람-하다** [타][여] ¶연극을 ~.
관람-객(觀覽客) [팔−] [명] 영화관·극장·전람회장 등에서 관람하는 사람.
관람-료(觀覽料) [팔−뇨] [명] 관람하기 위하여 내는 요금.
관람-석(觀覽席) [팔−] [명] 관람할 수 있도록 마련하여 놓은 자리.
관련(關聯) [명] 사물과 사물, 현상과 현상 사이에 서로 관계가 있어 연결되는 것. (비)연관. ¶컴퓨터 산업 ~ 업체. **관련-하다** [자][여] (주로, '와(과) 관련하여'의 꼴로 쓰이어) (무엇과) 관계를 맺거나 연결을 짓다. ¶경기 침체와 **관련하여** 정부가 내놓은 대책. **관련-되다** [자]¶ 시국과 **관련된** 사건.
관련-성(關聯性) [팔−썽] [명] 관련이 되는 특성이나 성질. (비)연관성.
관련-짓다(關聯−) [팔−짇따] [타][人−] 〈−지으니, −지어〉 (사물과 사물, 현상과 현상 사이를) 서로 관계를 맺게 하다. ¶청소년 비행과 가정환경을 **관련지어** 생각하다.
관례(冠禮) [명] 옛날에, 남자가 성년에 이르면 상투를 틀고 갓을 쓰게 하던 예식. ¶~를 치르다. ↔계례. ▷성년식.
관례²(慣例) [팔−] [명] 습관처럼 된 선례(先例). ¶국제~ / ~에 따르다.
관록¹(官祿) [명][역] 관원에게 주는 봉급. ¶~을 먹다.
관!록²(貫祿) [팔−] [명] 어떤 분야의 일에 오랜 경험이 쌓여 생긴 이력. 또는, 그 이력에 따른 능숙함. ¶~이 붙다.
관료(官僚) [명] 관리나 공무원. 특히, 정치에 영향력을 갖는 고급 관리의 무리.
관료-의식(官僚意識) [팔−] [명] 관료들이 가지고 있는 권위적·독선적·형식적인 불건전한 의식.
관료-적(官僚的) [명] 관료주의적인 특유한 (것). 곧, 권위주의적·독선적·형식적인 (것).
관료^정치(官僚政治) [팔−] [명][정] 의회나 정당이 아닌 관료 세력에 의하여 좌우되는 정치.
관료-제(官僚制) [팔−] [명] 특권을 가진 관료가 국가의 행정을 지배하는 정치 제도.
관료-주의(官僚主義) [팔−의/−이] [명] 관료 정치 아래에 있는 관청이나 사회 집단에서 흔히 볼 수 있는, 권위적·독선적·형식적인 태도를 취하는 주의.
관!류(貫流) [팔−] [명] 1(하천 따위가) 관통하여 흐르는 것. 2 어떤 현상이나 사실이 바탕에 깔려 있음을 비유하여 이르는 말. **관!류-하다** [자][타][여] ¶평야를 **관류하는** 강 / 이 작품 속에는 민족주의 정신이 **관류하고** 있다.

관리¹(官吏) [팔−] [명] 관직에 있는 사람. =관헌. (비)벼슬아치.
관리²(管理) [팔−] [명] 1 사람을 통솔하고 지휘·감독하는 것. ¶부하 ~. 2 시설이나 물건의 유지·개량 따위를 꾀하는 것. ¶물품 ~. 3 일을 맡아 처리하는 것. ¶품질 ~. 4 건전한 심신의 유지나 성장을 꾀하는 것. ¶건강 ~. **관리-하다** [타][여] ¶창고를 ~. **관리-되다** [자].
관리-비(管理費) [팔−] [명] 아파트나 건물·빌딩 등을 관리하는 데 드는 비용.
관리-인(管理人) [팔−] [명] 1 위탁받아서 시설을 관리하는 사람. ¶아파트 ~. 2 [법] 사법상, 남의 재산을 관리하는 사람. ¶법정 ~.
관리-자(管理者) [팔−] [명] 기업에서, 간부직에 있는 사람. ¶최고 ~ / 중간 ~.
관리^종^목(管理種目) [팔−] [명][경] 상장 회사의 영업 정지 또는 부도 발생 등과 관련하여 주권(株券)의 상장 폐지 기준에 해당되는 종목.
관리-직(管理職) [팔−] [명] 관리 또는 감독을 하는 지위에 있는 직종. ¶중간 ~.
관립(官立) [팔−] [명] 관청에서 세워서 운영하는 일.
관망(觀望) [명] 형세를 바라보는 것. **관망-하다** [타][여] ¶정국(政局)을 ~.
관망-세(觀望勢) [명] 어떤 일이 되어 가는 형편을 가만히 바라보고 있는 태도. ¶~를 보이다 / ~를 유지하다.
관명(官名) [명] 벼슬 이름.
관모¹(官帽) [명] 관리가 쓰는 제모(制帽).
관모²(冠毛) [명][동]=도가머리.
관!목(灌木) [명][식] 일반적으로 사람과 키보다 작고 원줄기와 가지의 구별이 확실하지 않은 나무. 진달래·앵두나무 따위. =떨기나무. ↔교목(喬木).
관문(關門) [명] 1 국경이나 요새의 성문. 2 경계에 세운 문. ¶석릉 제1~. 3 어떤 일을 이루기 위해 반드시 거쳐야 하는 과정. ¶입학시험이라는 ~을 통과하다.
관민(官民) [명] 관리와 국민. ¶~ 합동 조사.
관변(官邊) [명] 관청 쪽 또는 관청 계통. ¶~ 단체.
관병(官兵) [군]=관군(官軍).
관보(官報) [명] 1 정부가 일반에게 널리 알릴 사항을 실어 발행하는 인쇄물. 2 관공서에서 보내는 공용(公用) 전보.
관복¹(官服) [명] 1 군(軍)이나 관(官)에서 지급한 제복이나 정복. 2 벼슬아치가 입던 정복. ▷사복(私服).
관복²(官福) [명] 관리로서 출세하도록 타고난 복. =관운(官運). ¶~이 있다.
관부(官府) [명][역] 1 조정이나 정부. 2=관아.
관북(關北) [명][지] 마천령 북쪽 지방. 곧, 함경북도 지방을 두루 일컫는 말.
관비¹(官婢) [명][역] 관가의 계집종.
관비²(官費) [명] 관청에서 내는 비용. (비)공비(公費). ¶~생(生).
관사¹(官舍) [명] 관청에서 지은 관리의 집.
관사²(冠詞) [명][언] 구미어 등에서 명사 앞에 놓여, 단수·복수·성(性)·격(格) 등을 나타내는 품사. 정관사와 부정 관사가 있음.
관상¹(管狀) 명 대롱과 같은 모양.
관상²(觀相) 명 사람의 생김새를 보고 그의 운명·수명·성격 따위를 판단하는 일.
관상³(觀賞) 명 보고 즐기는 것. 관상-하다 타여
관상-가(觀相家) 명[민] 사람의 얼굴 형상을 보고 그 사람의 운명을 판단하는 것을 직업으로 하는 사람.
관상-감(觀象監) 명[역] 조선 세종 때 서운관(書雲觀)을 고친 이름. 천문·지리·역수(曆數)·기후 관측 등을 맡아보았음.
관상-동맥(冠狀動脈) 명[생] 심장을 둘러싸고 있는 한 쌍의 동맥. 대동맥의 밑뿌리에서 좌우로 갈라져 나온 것으로, 심장 근육에 산소와 영양을 공급함.
관상-수(觀賞樹) 명 관상(觀賞)을 목적으로 가꾸는 나무.
관상-어(觀賞魚) 명 관상(觀賞)을 목적으로 기르는 물고기. 금붕어·열대어 따위.
관상-쟁이(觀相-) 명 '관상가'를 홀하게 이르는 말.
관서¹(官署) 명 **1** 관청과 그 보조 기관의 총칭. **2** [역] =관아.
관서²(關西) 명[지] 마천령 서쪽 지방인 평안도와 황해도 북부 지역. =관북.
관선(官選) 명 관청에서 뽑는 일. ¶ ~ 위원. ↔민선(民選).
관성(慣性) 명[물] 물체가 외부의 힘을 받지 않는 한 정지 또는 운동의 상태를 지속하려는 성질.
관성의 법칙(慣性-法則) [-의-/-에-] [물] 뉴턴의 운동의 제1법칙. 밖으로부터의 작용이 없으면 물체는 정지(靜止) 또는 등속도 운동 상태를 계속한다는 것.
관세(關稅) 명 화물이 국경을 통과할 때 부과되는 조세(租稅).
관세 무역 일반 협정(關稅貿易一般協定) [-쩡] 명 관세, 수출입 규제 등의 장벽을 줄이거나 폐지하고 국제 무역의 자유, 무차별 원칙의 확립을 도모하는 국제 협정. 1995년, 세계 무역 기구(WTO)에 업무를 넘겼다. =가트.
관세음-보살(觀世音菩薩) 명[불] 보살의 하나. 괴로울 때 그 이름을 정성으로 외면 그 음성을 듣고 구제해 준다고 함. ¶나무 ~. ⓒ관음보살.
관세 장벽(關稅障壁) 명[경] 높은 관세를 수입품에 부과하여 국내 산업을 유리하게 하는 일.
관세-청(關稅廳) 명 재정 경제부 장관 소속하에 설치된 기관의 하나. 관세의 부과·감면·징수와 수출입 물품의 통관 및 밀수입 단속에 관한 사무를 관장함.
관속(官屬) 명[역] 지방 관청의 아전과 하인의 총칭.
관-솔 명 송진이 많이 엉긴 소나무의 가지나 옹이. 불이 잘 붙으므로, 예전에는 불을 밝히는 도구로 쓰였음.
관솔-불 [-뿔] 명 관솔에 붙인 불.
관-수(灌水) 명 =관개. 관-수-하다 자여
관습(慣習) 명 사회적으로 인정된 질서나 습관. 민간~. ¶~을 따르다.
관습-법(慣習法) [-뻡] 명[법] 법률과 동일한 효력을 갖는 관습. ▷불문법.
관습-적(慣習的) [-쩍] 명 관습으로 되는 (것).
관식(官食) 명 유치장·교도소에 갇혀 있는 사람에게 관청에서 주는 음식. ↔사식.
관심(關心) 명 어떤 일이나 대상에 흥미를 가지고 마음을 쓰거나 알고 싶어 하는 상태. ¶~이 쏠리다 / ~을 끌다.
관심-거리(關心-) [-꺼-] 명 관심사.
관심-사(關心事) 명 흥미를 가지고 주의를 기울이는 일. =관심거리. ¶이번 대선에서 누가 당선되느냐가 최대의 ~이다.
관아(官衙) 명[역] 관원이 모여 나랏일을 처리하는 곳. =관부·관서(官署).
관악(管樂) 명 관악기로 연주하는 음악. ⓑ취주악. ▷현악.
관악-기(管樂器) [-끼] 명 입으로 불어서 관 안의 공기를 진동시켜 소리를 내는 악기. 목관 악기와 금관 악기가 있음. =취주 악기. ↔타악기.
관악-대(管樂隊) [-때] [음] 금속제의 관악기를 주체로 하여 편성된 악대. =브라스 밴드.
관여(關與) 명 (어떤 일에) 관계하여 참여하는 것. 관여-하다 자여 ¶그는 오랫동안 인권 운동에 깊이 관여했다.
관엽 식물(觀葉植物) [-씽-] [식] 잎사귀의 모양이나 빛깔을 보고 즐기기 위해 재배하는 식물. 단풍나무·고무나무 따위.
관영(官營) 명 기업·단체, 사업 등이 정부나 관청에서 운영하는 상태인 것. ⓑ국영. ¶중국 ~ 신화사 통신. ↔민영.
-관왕(冠王) 2 이상의 숫자에 붙어, 운동 경기에서 복수의 금메달을 딴 사람에게 붙이는 영예로운 칭호. ¶3~이 되다.
관외(管外) [-외/-웨] 명 관할 구역의 밖. ↔관내.
관용¹(官用) 명 관청에서 쓰기 위한 것. ¶ ~ 차량.
관용²(慣用) 명 습관적으로 늘 쓰는 것. 또는, 정한 대로 늘 쓰는 것. 관용-하다¹ 타여
관용³(寬容) 명 너그럽게 받아들이거나 용서하는 것. ¶~을 베풀다. 관용-하다² 타여
관용-구(慣用句) [-꾸] 명[언] 관용적으로 둘 이상의 단어가 결합하여 특정한 뜻을 생성한 어구. =관용어.
관용-어(慣用語) 명[언] **1** 습관상으로 쓰는 말. **2** =관용구.
관용-적(慣用的) [-쩍] 명 습관적으로 쓰이는 (것).
관-우(關羽) 명[인] 촉나라의 무장(?~219).
관운(官運) 명 =관복(官福)². ¶~이 트이다.
관원(官員) 명 =벼슬아치.
관음-보살(觀音菩薩) 명[불] '관세음보살'의 준말.
관음-죽(觀音竹) 명[식] 잎이 5~8조각으로 깊이 갈라지고 표면에 광택이 있는, 높이 1~2m의 관엽 식물.
관음-증(觀淫症) [-쯩] 명[심] 이성의 알몸이나 타인의 성교 장면 등을 몰래 훔쳐봄으로써 성적 쾌감을 얻고자 하는 심리 증세.
관인¹(官人) 명 벼슬에 있는 사람.
관인²(官印) 명 관청 또는 관리가 직무상으로 쓰는 도장의 총칭.
관인³(官認) 명 관청에서 인정하는 것.
관자-놀이(貫子-) 명 사람의 얼굴에서, 귀와 눈 사이의 맥이 뛰는 자리.
관작(官爵) 명[역] 관직과 작위.

관장¹(管掌) 명 (어떤 기관이나 단체나 직책을 가진 사람이) 맡아서 처리하는 것. 관장-하다 통타여 ¶교통 업무를 ~.
관장²(館長) 명 도서관·박물관 등과 같이, '관(館)'자가 붙는 기관의 최고 책임자.
관:장³(灌腸) 명[의] 대변을 잘 나오게 하거나 영양을 보급하거나 마취 등을 하기 위해 항문을 통해 직장·대장 안에 약물을 주입하는 것. 관!장-하다² 통타여
관재(官災) 명 관가로부터 받는 재앙.
관재-수(官災數)[-쑤] 명[민] 관재를 입을 수다.
관저(官邸) 명 높은 관리가 살도록 정부에서 관리하는 집. ¶대통령 ~. ↔사저.
관전(觀戰) 명 운동이나 바둑 등의 승부다툼을 참관하는 것. 관전-하다 통타여 ¶관계 인사들이 관전하는 가운데 축구 경기가 벌어졌다.
관전-평(觀戰評) 명 경기 따위를 보고 나서 하는 평.
관절(關節) 명[생] 사람이나 동물의 골격에서, 뼈와 뼈가 이어진 부분. =마디. 비뼈마디.
관절-염(關節炎)[-렴] 명[의] 관절에 생기는 염증.
관점(觀點)[-쩜] 명 사물을 관찰할 때의 그 사람이 보는 각도나 입장. 비견지(見地). ¶문제를 다른 ~에서 보다.
관제¹(官制) 명[법] 국가의 행정 조직 및 권한을 정하는 법규. ¶직제. ¶~ 개편.
관제²(官製) 명 관청이나 정부가 경영하는 기업체에서 만드는 일. 또는, 그 만든 물건. ↔사제(私製).
관제³(管制) 명 관리하여 통제하는 것. 특히, 국가가 필요에 따라 강제적으로 관리·제한하는 것. ¶등화~. 관제-하다 통타여
관제-엽서(官製葉書)[-써] 명 정부에서 만들어 파는 우편엽서.
관제-탑(管制塔) 명 비행장에서 안전과 능률을 위하여 항공 교통 관제를 행하는, 탑처럼 생긴 건물.
관조(觀照) 명 1 (대상을) 거리를 두고 냉정하게 근원적 관점에서 바라보려고 관찰하는 것. 2 미학에서, 미(美)를 직접적으로 인식하는 것. 관조-하다 통타여
관족(管足) 명 극피동물에서, 수관계(水管系)의 일부가 길쭉한 주머니 모양으로 나온 것. 몸의 이동·호흡 등의 기능을 함.
관존-민비(官尊民卑) 명 관리는 높고 귀하며 백성은 낮고 천하다는 사고방식.
관중(觀衆) 명 연극·운동 경기 등을 구경하는 사람들.
관중-석(觀衆席) 명 관중이 앉는 자리.
관직(官職) 명 관리가 국가로부터 위임받은 일정한 맡은 바의 직무. 또는, 그 지위. 비벼슬. ¶~을 박탈당하다. ㈜직.
관찰(觀察) 명 (사물 현상의 실제인 바 있는 태 따위를) 주의 깊게 살펴보는 것. 관찰-하다 통타여 관찰-되다 통자여
관찰-력(觀察力) 명 사물이나 현상을 관찰하는 능력.
관찰-사(觀察使)[-싸] 명[역] 조선 시대의 외직 문관의 종2품 벼슬로, 각 도의 지방 장관. =감사(監司).
관창(官昌)[인] 신라의 화랑(645~660).
관:철(貫徹) 명 (어떤 뜻이나 주장 등을) 굽히지 않고 밀고 나가는 것. 관!철-하다 통타여 ¶초지를 ~. 관!철-되다 통자여
관청(官廳) 명 국가 사무를 취급하는 기관. 또는, 그 사무를 실제로 집행하는 곳. =관헌.
관측(觀測) 명 1 (천체나 기상 등을) 자연 과학적 방법에 의하여 그 변화와 움직임을 관찰 또는 측정하는 것. ¶기상 ~. 2 상황이나 형편을 살펴 헤아리는 것. ¶희망적인 ~. 관측-하다 통자타여 ¶천체를 ~. 관측-되다 통자여
관측-소(觀測所)[-쏘] 명 1 [천] 기상·천문·지학 등을 연구하기 위하여 자연현상을 관찰·측정·기록하는 곳. 천문대·기상대 따위. 2 [군] 적의 동태를 살피기 위하여 여러 가지 관측 장비를 설치한 곳. ¶레이더 ~.
관측-통(觀測通) 명 언론에서, 정계·재계 등 어떤 방면의 동정을 잘 관측하는 사람. 또는, 그 기관.
관치(官治) 명 '관치행정'의 준말. ↔자치.
관치-행정(官治行政) 명[정] 직접 국가의 행정 기관에 의하여 행해지는 행정. ㈜관치. ↔자치 행정.
관:통(貫通) 명 (어떤 물체나 대상이 다른 물체나 대상을) 꿰뚫거나 꿰뚫어 통과하는 것. ¶동서 ~ 도로. 관:통-하다 통타여 ¶총알이 흉부를 ~ / 강이 도심을 ~. 관:통-되다 통자여
관:통-상(貫通傷) 명 총탄 등이 몸을 꿰뚫고 나간 상처. 비복부의 상.
관포지교(管鮑之交) 명 [중국의 관중(管仲)과 포숙아(鮑叔牙)의 우정이 퍽 두터웠다는 고사에서] 아주 친한 친구 사이의 사귐. 비수어지교.
관하(管下) 명 관할하는 구역이나 범위.
관-하다(關一) 통(자여) ('…에 관해 (서)', '…에 관하여', '…에 관한'의 꼴로 쓰여) 무엇을 소재로 하거나 대상으로 하다. ¶컴퓨터에 관한 책.
관학(官學) 명 1 나라에서 세운 교육 기관. 2 [역] 나라에서 인재 양성을 위해 세운 학교. 국자감·성균관·향교 따위. ↔사학.
관할(管轄) 명 권한에 의하여 통제하거나 지배하는 것. 또는, 그 권한이 미치는 범위. ¶이 사건은 서대문 경찰서 ~에 속한다. 관할-하다 통타여
관할^구역(管轄區域) 명[법] 관할권이 미치는 구역. ㈜관구.
관행(慣行) 명 예전부터 습관적으로 늘 그렇게 행하는 일. ¶~을 따르다.
관헌(官憲) 명 1 = 관청. 2 = 관리(官吏)¹.
관현-악(管絃樂) 명[음] 여러 가지 관악기·현악기·타악기를 조화시킨 대규모의 합주.
관현악-단(管絃樂團)[-딴] 명[음] 관현악을 연주하는 단체. =오케스트라.
관형-격(冠形格)[-껵] 명[언] 어떤 체언이 관형어의 기능을 가지고 있음을 나타내는 격. =소유격.
관형격^조!사(冠形格助詞)[-껵쪼-] 명[언] 체언 아래에 붙어서, 그 체언을 관형어로 만드는 격 조사.
관형사(冠形詞) 명[언] 품사의 하나, 체언 앞에 놓여 그 체언의 내용을 구체적으로 정해 주는 뜻을 가지는 단어. 조사를 취하지 않고, 활용하지 않는 단어.
관형사형 어!미(冠形詞形語尾) 명[언] 문장에서 용언의 어간에 붙어 관형사와 같은 기

능을 수행하게 하는 어미. '-ㄴ', '-는', '-던', '-ㄹ' 따위.

관형-어(冠形語) [명][언] 체언 앞에서, 체언의 내용을 꾸며 주는 구실을 하는 문장 성분.

관형-절(冠形節) [명][언] 관형어의 구실을 하는 절.

관혼상제(冠婚喪祭) [명] 관례·혼례·상례·제례의 총칭.

괄괄-하다 [형][여] **1** (사람의 성미가) 급하고 드세며 거침없이 행동하는 상태에 있다. [비]괄다. ¶**괄괄한** 성미. **2** (목소리가) 굵고 낮으며 우렁찬 상태에 있다. ¶**괄괄한** 목소리.

괄ː다 (괄ː고/괄아) [형]〈과니, 과오〉 **1** (불기운이) 한창 일어나 거세다. ¶불이 **괄** 풍로. **2** (사람의 성미가) 차분하지 못하고 불처럼 급하다. [비]괄괄하다.

괄목(刮目) [명] 〔눈을 비빈다는 뜻〕 (어떤 대상의 발전이 놀라울 만큼 빨라) 사람의 이목을 끄는 것. **괄목-하다** [동][자][여] ¶**괄목할** 만한 경제 발전을 이룩하다.

괄목-상대(刮目相對) [-쌍-] [명] 상대의 학식이나 재주가 놀랄 만큼 향상되어 눈을 비비고 다시 봄. **괄목상대-하다** [동][자][여]

괄세 [명] '괄시'의 잘못.

괄시(恝視) [-씨] [명] (사람을) 업신여겨 하찮게 대하는 것. ×괄세. **괄시-하다** [동][타][여] ¶돈 좀 있다고 사람을 **괄시한다**.

괄약-근(括約筋) [-끈] [명][생] 수축과 이완으로 생체 기관이 열리거나 닫히는 작용을 조절하는 고리 모양의 근육. 항문·방광·눈동자 등에 있음.

괄호(括弧) [명] 글에서 주로 보충적인 내용을 보이거나 할 때 사용하는 부호. 소괄호·중괄호·대괄호 등이 있음. [비]묶음표.

괌 섬(Guam-) [명][지] 태평양 서부, 마리아나 제도의 중심이 되는 섬. 관광지임.

광ː1 [명] 세간 따위를 넣어 두는 곳간. [원]고방(庫房).
[**광에서 인심 난다**] 제 살림이 넉넉해야 남을 동정하게 된다.

광2(光) [명] **1** =빛1. **2** 화투의 20끗짜리 패. **3** 매끈거리고 어른어른하는 윤기. [비]광택·윤.

-광3(狂) [접미] 일부 명사 뒤에 쓰여, 열광적인 성벽 또는 사람을 나타내는 말. ¶독서~/낚시~.

광ː개토^대ː왕(廣開土大王) [명][인] 고구려의 제19대 왕(374~413).

광견-병(狂犬病) [-뼝] [명][의] 개에게 발생하는 바이러스성 전염병. 사람은 이 병에 걸린 개에게 물려 감염되는데, 물을 두려워하게 됨. [비]공수병.

광경(光景) [명] 어떤 일이나 현상이 벌어지는 장면이나 모습. [비]정경. ¶해돋이 ~.

광ː고(廣告) [명] **1** (어떤 것을) 널리 알리는 것. **2** 공지 사항 또는 상품·서비스 및 기타의 정보를 여러 가지 매체를 통하여 널리 사람들에게 알리는 일. ¶약 ~/~ 효과. **광ː고-하다** [동][타][여]

광ː고-란(廣告欄) [명] 신문·잡지 등의 광고를 싣는 난.

광ː고^매체(廣告媒體) [명] 광고 내용을 소비자에게 전달하는 매개체. 신문·잡지·라디오·텔레비전·포스터 따위.

광ː고-비(廣告費) [명] 광고를 하는 데에 지출되는 경비.

광ː고-주(廣告主) [명] 광고를 낸 사람.

광ː고-탑(廣告塔) [명] 광고하기 위하여 세운 탑.

광ː고-판(廣告板) [명] 광고하는 글이나 그림을 붙이기 위하여 만든 판.

광ː-공업(鑛工業) [명] 광업과 공업.

광ː구(鑛區) [명][법] 석유·석탄·광석 등을 시굴(試掘) 또는 채굴할 수 있는 일정 범위의 구역.

광ː궤(廣軌) [명][건] 철도 선로에서 궤간이 표준 궤간(1.435m)보다 넓은 궤도. ↔협궤(狹軌).

광기(狂氣) [-끼] [명] **1** 미쳤을 때 나타나는 기운이나 증세. ¶~가 서린 눈. **2** 사람이 이성을 잃고 난폭하게 행동하는 상태를 비난조로 이르는 말. ¶~를 부리다.

광-나다(光-) [동][자] **1** (물체가) 잘 닦여 윤이 나다. **2** 빛이 나다.

광-내다(光-) [동][타] '광나다'의 사동사. ¶구두를 ~.

광년(光年) [명][의존][천] 태양계 이외의 천체의 거리를 나타내는 단위. 1광년은 전자기파가 자유 공간 속을 1년 동안에 가는 거리를 말하며, 약 9조 4,608억 km임.

광ː대 [명][민] **1** 옛날에, 가면극·인형극 같은 연극이나 판소리·줄타기 등을 하던 직업적 예능인. =배우. **2** 연극을 하거나 춤을 추려고 얼굴에 물감을 칠하는 일. 〔'廣大'는 취음〕

광ː대무변-하다(廣大無邊-) [형][여] 한없이 넓고 커서 끝이 없다. ¶**광대무변한** 우주.

광ː대-뼈 [명] 눈의 끝 아래쪽에 내민 한 쌍의 뼈. ¶~가 튀어나오다.

광ː대-하다(廣大-) [형][여] 크고 넓다. ¶**광대한** 평원.

광덕(光德) [명][역] 고려 광종(光宗) 때 사용한 연호(950~951).

광도(光度) [명] **1** [물] 점광원의 밝기를 나타내는 양. 단위는 촉광 또는 칸델라. **2** [천] =항성 광도.

광-디스크(光disk) [명] 레이저 광선을 이용하여 자료를 읽고 쓸 수 있도록 유리나 아크릴산 수지 등으로 만든, 원반상의 기록 매체. 시디나 비디오디스크에 이용됨.

광란(狂亂) [-난] [명] 미친 듯이 어지럽게 날뛰는 소란을 부리는 것. ¶~의 도가니. **광란-하다** [동][자][여]

광림(光臨) [-님] [명] 남을 높여 그가 찾아옴을 이르는 말. **광림-하다** [동][자][타][여] ¶이처럼 누추한 곳에 **광림하여** 주시니 영광입니다.

광ː막-하다(廣漠-) [-마카-] [형][여] 아득하게 넓다. ¶**광막한** 초원[사막].

광ː맥(鑛脈) [명][광] 유용 광물이 암석의 갈라진 틈에 생긴 광상(鑛床). ¶~을 찾아내다. [준]맥.

광명(光明) [명] **1** 밝고 환하다는 뜻으로, 희망이나 밝은 미래를 상징하는 말. ¶~을 되찾다. **2** [불] 부처나 보살의 지혜의 빛. 또는, 몸에서 비치는 빛. **광명-하다** [형][여] 밝고 환하다. 곧, 희망과 밝은 미래가 있다. ¶**광명한** 세상.

광명정대-하다(光明正大-) [형][여] (말과 행실이) 떳떳하고 정당하다.

광ː목(廣木) [명] 무명실로 당목(唐木)처럼 폭이 넓게 짠 베.

광무(光武) [명][역] 조선 고종 때 사용한 연호(1897~1907).

광:물(鑛物) [명][광] 천연으로 나는 무기물로서 질이 균일하고 화학 성분이 일정한 물질. 철·석탄·석유 따위.

광:물-성(鑛物性) [-썽][명] 1 광물의 특유한 성질. 2 (어떤 물질의 바탕이) 광물에서 뽑아내 이루어진 성질. ¶~ 섬유.

광:물-질(鑛物質) [-찔] [명] 1 [광] 광물로 된 물질. 2 [생] 생리 기능에 필요한 광물 화합물이나 광물 원소. 칼슘·나트륨·칼슘·인·철 따위. =미네랄.

광배(光背) [명] 회화나 조각에서 부처·신·천사 등 신성한 존재의 배후(背後)에 광명을 표현한 원광(圓光). ▷후광(後光).

광:-범위(廣範圍) [명] 넓은 범위. **광!범위-하다** [형여] 범위가 넓다. =광범하다. ¶조사 대상이 너무 ~.

광:범-하다(廣範-) [형여] =광범위하다. ¶그의 활동 범위는 ~. **광!범-히** [부]

광복(光復) [명] [빛을 되찾는다는 뜻] 1945년 8월 15일에 우리나라가 일본으로부터 국권을 되찾은 일.

광복-군(光復軍) [-꾼] [명] 일제 강점기에, 중국에서 우리나라의 독립을 위하여 일본에 대항하여 만든 군대.

광복-절(光復節) [-쩔] [명] 우리나라가 일본으로부터 해방된 날을 기념하는 국경일. 8월 15일.

광:부(鑛夫) [명][광] 광산에서 광물을 캐는 일을 직업으로 하는 사람.

광분(狂奔) [명] 어떤 일을 꾀하여 미친 듯이 날뛰는 것. **광분-하다** [동여]

광:산(鑛山) [명] 유용한 광물을 캐내는 곳.

광:산-업(鑛産業) [명] 광산을 경영하는 사업.

광:상(鑛床) [명][광] 땅속에 유용한 광물이 묻혀 있는 부분.

광:석(鑛石) [명][광] 땅속에서 캐내는 유용한 광물. ¶철~ / ~을 채굴하다.

광선(光線) [명] 1 빛의 줄기. ¶태양~ / 레이저 ~. 2 [물] 빛이 공간을 직진할 때, 빛 에너지가 통과하는 경로를 나타낸 선.

광-섬유(光纖維) [명] 빛을 써서 정보를 전달할 때 빛의 통로로 쓰이는, 지름 0.1 mm 정도의 가는 유리 섬유.

광속[1](光束) [명][물] 빛이 진행하는 방향에 수직인 단위 면적을 단위 시간에 통과하는 빛의 양. 단위는 루멘(lm).

광속[2](光速) [명] '광속도'의 준말.

광-속도(光速度) [-또] [명][물] 진공 속을 빛이 나아가는 속도. 1초에 약 30만km임. ⓒ광속.

광시-곡(狂詩曲) [명] =랩소디.

광신(狂信) [명] (어떤 종교나 사상 따위를) 이성(理性)을 잃을 정도로 무비판적으로 믿는 것. **광신-하다** [동여]

광신-도(狂信徒) [명] 광신하는 신도.

광신-적(狂信的) [관명] 광신하는 (것). ¶~ 숭배 / ~으로 따르다.

광:야(曠野·廣野) [명] 아득하게 너른 들. ¶눈 덮인 망막한 ~.

광-양자(光量子) [-냥-] [명][물] 빛을 입자로 보고 양자화한 것으로, 전자기 에너지를 전파하는 질량 0, 스핀 1의 소립자. =광자(光子).

광:어(鑛魚) [명][동] =넙치.

광:업(鑛業) [명] 광물의 채굴·선광(選鑛)·제련 등을 행하는 산업.

광:업-소(鑛業所) [-쏘] [명] 광물의 채굴자가 그 사업에 관한 사무를 다루는 곳.

광:역(廣域) [명] 넓은 구역이나 범위. ¶~행정 / ~ 수사.

광:역-시(廣域市) [-씨] [명] 지방 자치 단체의 하나. 특별시·도와 함께 상급 지방 자치 단체에 속하며, 부산·대구·인천·광주·대전·울산이 이에 해당함. ▷특별시.

광:역^자치^단체(廣域自治團體) [-짜-] [명] 특별시·광역시·도(道)의 상급 지방 자치 단체. ▷기초 자치 단체.

광열-비(光熱費) [명] 전기료와 연료비의 총칭.

광영(光榮) [명] 빛나고 영예로운 상태. ⓗ 영광. ¶이렇게 찾아 주시니 ~이옵니다.

광우리(光州-) [명] '광주리'의 잘못.

광우-병(狂牛病) [-뼝] [명] 소에게 발병하는 전염성 뇌질환. 뇌에 구멍이 생겨 미친 듯이 포악해지고 불안한 행동을 보이다가 결국 죽게 됨.

광원[1](光源) [명][물] 제 스스로 빛을 발하는 물체 또는 장치.

광:원[2](鑛員) [명] '광부(鑛夫)'를 대접하여 이르는 말.

광음(光陰) [명] ['해와 달'이란 뜻] 시간이나 세월을 이르는 말. ¶일촌~을 아끼다.

광음-여류(光陰如流) [-녀-] [명] 세월은 흐르는 물과 같아, 한번 가면 되돌아오지 않음.

광:의(廣義) [-의/-이] [명] 어떤 말의 개념을 정의할 때, 넓은 의미. ↔협의.

광인(狂人) [명] 미친 사람. ⓗ미치광이.

광자(光子) [명][물] =광양자(光量子).

광:장(廣場) [명] 1 많은 사람들이 휴식하거나 집회를 가지거나 기타의 공공 목적으로 사용하기 위해, 주로 도시나 큰 건물 주위에 넓고 평평하게 만들어 놓은 장소. 2 의사의 소통을 꾀할 수 있는 자리나 기회. ¶대화의 ~.

광적(狂的) [-쩍] [관명] 행동이 미친 사람과 같은 (것). 또는, 일에 대한 애착이나 열성이 매우 뜨겁고 강렬한 (것). ¶수석(壽石) 수집에 대한 그의 애착은 ~이다.

광-전지(光電池) [명][물][화] 빛 에너지를 전기 에너지로 변환하는 반도체 장치. 태양 전지나 조명도구·노출계 등에 쓰임.

광전^효:과(光電效果) [명][물] 금속 또는 반도체를 진공 속에 봉입하고 빛을 쪼이면 그 표면에서 전자가 방출되는 현상.

광:제-원(廣濟院) [명][역] 대한 제국 때, 백성의 질병을 고쳐 주던 병원.

광주(光州) [명][지] 전라남도의 중앙부에 있는 광역시.

광주리 [명] 대·싸리·버들 등으로 바닥은 둥글고 울은 위쪽으로 약간 벌어지게 엮어 만든 그릇. ×광우리.

광주^학생^항:일^운:동(光州學生抗日運動) [-쌩-] [명][역] 1929년 11월 3일, 전라남도 광주에서 일어난, 학생들의 반일(反日) 투쟁 운동.

광증(狂症) [-쯩] [명][한] 미친 증세.

광:차(鑛車) [명] 광석을 실어 나르는 차. 궤도 위를 다니는 뚜껑 없는 화차임.

광채(光彩) [명] 1 물체에서 발하는 찬란한 빛. ¶보석이 ~를 발하다. 2 눈빛에서 느껴지는 정기나 생기. ¶~를 잃은 눈.

광:천(鑛泉) [명][지] 광물성·가스상 물질·방사성 물질 등을 일정량 이상 함유하고 있는 샘.

광:천-수(鑛泉水) [명] 사람의 몸에 유용한 광물질을 함유한, 땅속에서 나오는 물.

=미네랄워터.
광-케이블(光cable) [명][통] 광섬유를 꼬아서 만든 통신 케이블. 전달 속도가 빠르고 잡음이 없어 디지털 통신에 적당함.
광태(狂態) [명] 미친 사람 같은 태도. ¶술 마시고 ~를 부리다.
광택(光澤) [명] 빛의 반사에 의하여 물체의 표면에 번쩍거리는 빛. [비]광. ¶구두를 ~을 내다 / ~을 잃다.
광^통신(光通信) [명][통] 영상·음성·데이터 따위의 전기 신호를 레이저 광선의 강약으로 변환하여 전송하는 통신.
광파(光波) [명][물] 파동으로서 본 빛.
광포-하다(狂暴—) [형][여] 미쳐 날뛰듯이 난폭하다.
광ː폭(廣幅) [명] 넓은 폭. ¶~ 타이어.
광풍(狂風) [명] 미친 듯이 사납게 부는 바람. ¶일진(一陣) ~ / ~이 휘몰아치다.
광학(光學) [명][물] 빛의 성질과 현상을 연구하는 물리학의 한 분야.
광학^기기(光學機器) [—끼—] [명][물] 빛의 특성인 굴절·반사·직진 등을 이용하여 만든 기계의 총칭. 망원경·현미경·영사기·사진기 따위.
광학^마크^판독기(光學mark判讀機) [—끼] [명][컴] 약간 반짝이는 카드 용지에 연필이나 사인펜으로 칠한 표시를 광학적으로 판독하여 전기 신호로 변환하는 장치. =오엠아르(OMR).
광학^문자^판독기(光學文字判讀機) [—항—짜—끼] [명][컴] 손으로 썼거나 타자기 따위로 찍은 문자를 읽어 전기 신호로 바꾸어서 컴퓨터에 입력시키는 장치.
광학^유리(光學琉璃) [—항뉴—] [명][화] 광학 기기인 렌즈나 프리즘 등의 재료에 쓰이는, 물리적·화학적 성질이 균일하고 투명도가 높은 유리.
광-합성(光合成) [—썽] [명][식] 녹색 식물이 빛 에너지를 써서 행하는 탄소 동화 작용. 보통, 이산화탄소와 물로부터 탄수화물과 산소가 만들어짐.
광해-군(光海君) [명][인] 조선의 제15대 왕(1575~1641).
광ː혜-원(廣惠院) [—혜—/—헤—] [명][역] 조선 고종 22년(1885)에 미국의 선교사 알렌이 정부의 후원으로 세운, 우리나라 최초의 근대식 병원.
광-화학(光化學) [명][화] 빛과 물질의 화학적 성질과의 관계를 연구하는 화학의 한 부문.
광ː활-하다(廣闊—·廣濶—) [형][여] 매우 넓어 막힌 데가 없다. ¶**광활한** 평원.
광휘(光輝) [명] 아름답게 빛나는 빛.
광휘-롭다(光輝—) [—따] [형][ㅂ] 〈~로우니, ~로워〉 **1** 빛이 휘황하다. **2** 눈부실 정도로 훌륭하다. ¶**광휘로운** 앞날.
괘[1](卦) [명] **1** 고대 중국의 복희씨(伏羲氏)가 지었다는, 천지간의 변화를 나타내고 길흉을 판단하는 주역점의 기본. 8괘를 기본으로 하며 다시 64괘로 변화함. **2** '점괘'의 준말.
괘ː[2](罫) [명][출] 행과 행 사이의 선을 긋는 데 쓰는 식자용(植字用) 재료의 총칭. =괘선.
괘념(掛念) [명] 마음에 두고 걱정하거나 잊지 않는 것. =괘의. **괘념-하다** [동][타][여] ¶이번 일에 대해선 너무 **괘념치** 마십시오.
괘도(掛圖) [명][교] 벽에 걸어 놓고 보는 학습용 그림이나 지도.
괘불(掛佛) [명][불] 야외에서 법회 등을 할 때 걸어 놓을 수 있도록 부처를 그려 만든 대형 그림. =괘불 탱화.
괘불^탱화(掛佛幀*畫) [명][불] =괘불.
괘ː선(罫線) [명] **1** [출] =괘(罫)[2]. **2** [경] 주가(株價) 변동을 모눈종이에 나타낸 선.
괘씸-죄(—罪) [—쬐/—쮀] [명] 〈속〉 절대 권력자에게 순종하지 않고 항거하거나 항명한 죄.
괘씸-하다 [형][여] (어떤 사람이 하는 짓이나 말이) 도리에 어긋나거나 믿음을 저버리거나 하여 노여움과 미움을 느끼게 하는 상태에 있다. ¶길러 준 은혜도 모르다니 정말 **괘씸하구나**. **괘씸-히** [부]
괘의(掛意) [—의/—이] [명] =괘념. **괘의-하다** [동][타][여]
괘종-시계(掛鐘時計) [—계/—게] [명] 일정한 시각이 되면 종을 치게 되어 있는, 벽이나 기둥에 거는 시계. ▷벽시계.
괜ː-스럽다 [—따] [형][ㅂ] 〈~스러우니, ~스러워〉 '공연스럽다'의 준말. **괜ː스레** [부] ¶낙엽이 지는 걸 보니 ~ 눈물이 난다. ×괜시리.
괜시리 [부] '괜스레'의 잘못.
괜찮다 [—찬타] [형] **1** 과히 나쁘지 않고 무난하다. ¶그는 보기보다는 **괜찮은** 사람이다. **2** 문제나 말썽 또는 탈이 될 것이 없다. ¶숙제를 다 했으면 놀아도 ~.
괜ː-하다 [형][여] '공연하다[4]'의 준말. ¶그에게 **괜한** 얘길 했나 보다. **괜ː-히** [부] ¶~ 트집을 잡다.
괭이[1] [명] 땅을 파거나 흙을 고르는 데 쓰는 농기구. 손바닥 같은 쇠판의 'ㄱ' 자처럼 달린 구멍에 긴 자루를 끼워 사용함.
괭ː이[2] [명][동] '고양이'의 준말.
괭ː이-잠 [명] 깊이 들지 못하고 자주 깨면서 자는 잠. [비]노루잠.
괭이-질 [명] 괭이로 땅을 파는 일.
괴괴망측-하다(怪怪罔測—) [괴괴—츠카—/궤궤—츠카—] [형][여] 말할 수 없을 정도로 이상야릇하다. ¶마을에 **괴괴망측한** 소문이 돌다.
괴괴-하다[1] [괴괴—/궤궤—] [형][여] 쓸쓸한 느낌이 들 정도로 매우 고요하다. **괴괴-히**[1] [부]
괴괴-하다[2](怪怪—) [괴괴—/궤궤—] [형][여] =이상야릇하다. **괴괴-히**[2] [부]
괴ː기(怪奇) [괴—/궤—] [명] 괴상하고 기이한 것. ¶~물 / ~ 영화. **괴ː기-하다** [형][여]
괴ː기^소ː설(怪奇小說) [괴—/궤—] [명][문] 이상한 사건이나 현상을 소재로 괴기한 분위기를 나타내고 공포감을 주는 소설.
괴나리-봇짐(—褓—) [괴—보찜/괴—볻찜/궤—보찜/궤—볻찜] [명] 길을 떠날 때 보자기에 싸서 어깨에 메는 작은 짐.
괴ː다[1] [괴—/궤—] (괴ː고 / 괴어) [동][자] **1** (액체가 우묵한 곳이나 낮은 바닥에) 흐르지 않고 모이다. ¶빗물이 웅덩이에 ~. **2** (입이나 눈에) 침이 생겨 모이거나 눈물이 어리다. =고이다. ¶입에 침이 ~.
괴ː다[2] [괴—/궤—] (괴ː고 / 괴어) [동][자] (술이나 초 따위가) 발효하여 거품이 일다. ¶술이 ~.
괴ː다[3] [괴—/궤—] (괴ː고 / 괴어) [동][타] **1** 쓰러지거나 기울지 않도록 아래를 받쳐 안정하게 하다. ¶두꺼운 종이로 책상 한쪽 다리를 ~ / 손으로 턱을 **괴고** 앉다. **2** 음식 따위를 그릇에 쌓아 올리다. =고이다. ¶제기(祭器)에 과일을 ~.

괴담(怪談)[괴-/궤-] 명 괴이하고 으스스한 이야기. ¶학교 ~.

괴:도(怪盜)[괴-/궤-] 명 괴상한 도둑. ¶~ 루팡.

괴도라치[괴-/궤-] 명 몸길이 30cm 가량으로 가늘고 길며, 몸빛은 암갈색에 검은 점무늬가 있는 바닷물고기. 새끼로 '뱅어포'를 만듦.

괴력(怪力)[괴-/궤-] 명 놀라울 정도의 엄청난 힘이나 능력. ¶~을 소유한 삼손.

괴로움[괴-/궤-] 명 몸이나 마음이 아프거나 힘들거나 어려움을 느껴 편하지 않은 상태. ¶~을 술로 달래다. ㈜괴롬.

괴로워-하다[괴-/궤-] 자여 괴롭게 느끼거나 괴롭게 여기다. ¶환자가 통증으로 몹시 ~.

괴롬[괴-/궤-] 명 '괴로움'의 준말.

괴롭다[괴-따/궤-따] 혱비 <괴로우니, 괴로워> 1 몸이나 마음이 아프거나 힘들거나 하여 어려움을 느껴 편하지 못하다. ¶부상병은 몹시 **괴로운** 얼굴로 아픔을 호소했다. 2 성가시거나 귀찮아 마음이 편치 않다. **괴로이** 튀.

괴롭-히다[괴로피다/궤로피다] 통태 '괴롭다'의 사동사. ¶그는 내 약점을 잡은 뒤로 두고두고 나를 **괴롭혔다**.

괴:뢰(傀儡)[괴뢰/궤뤠] 명 =꼭두각시.

괴:뢰-군(傀儡軍)[괴뢰-/궤뤠-] 명 '꼭두각시 노릇을 하는 군대'라는 뜻으로, 북한 인민군을 이르던 말.

괴리(乖離)[괴-/궤-] 명 [두 가지 사물 현상이] 서로 조화나 일치를 이루지 못하고 어긋나 동떨어진 상태가 되는 것. ¶이론과 실제 사이에는 좁히기 어려운 ~가 있기 마련이다. **괴리-되다** 통자.

괴:멸(壞滅)[괴-/궤-] 명 파괴되어 멸망하는 것. **괴:멸-하다** 통자여 **괴:멸-되다** 통자.

괴:물(怪物)[괴-/궤-] 명 1 괴상하게 생긴 물체. 2 괴상한 사람을 빗대어 일컫는 말.

괴:발-개발[괴-/궤-] 튀 [고양이 발자국과 개 발자국처럼 무질서하다는 뜻에서] 글씨를 함부로 갈겨써 놓은 모양. ¶~ 쓴 글씨. ×개발새발/개발쇠발.

괴:벽(怪癖)[괴-/궤-] 명 괴상한 버릇.

괴:변(怪變)[괴-/궤-] 명 괴상한 재난이나 사고.

괴:사(怪死)[괴-/궤-] 명[의] 생체 내의 조직이나 세포가 죽어서 그 기능을 잃는 일. ×회사. **괴:사-하다** 통자여.

괴상망측-하다(怪常罔測-)[괴-츠카-/궤-츠카-] 혱여 이치나 도리에 어긋나게 괴상하여 어이가 없다. ¶**괴상망측한** 옷차림을 한 히피족.

괴상야릇-하다(怪常-)[괴-냐르타-/궤-냐르타-] 혱여 알 듯 모를 듯하게 괴상하다. ¶**괴상야릇한** 소리.

괴상-하다(怪常-)[괴-/궤-] 혱여 (모습·소리 등이) 불쾌함이나 생소함을 느끼게 할 만큼 이상하다. 또는, (어떤 일이나 말·행동 등이) 정상이 아니거나 믿지 않을 수 없어 이상하다. ⑥괴이하다. ¶**괴상하게** 생긴 바위/**괴상한** 습관. **괴상-히** 튀.

괴:석(怪石)[괴-/궤-] 명 이상하게 생긴 돌.

괴:성(怪聲)[괴-/궤-] 명 사람이나 동물이 크게 지르는 괴상한 소리. ¶인기 연예인을 보고 ~을 지르며 열광하는 10대들.

괴-소문(怪所聞)[괴-/궤-] 명 괴이한 소문. ¶근거 없는 ~에 시달리다.

괴:수¹(怪獸)[괴-/궤-] 명 괴상하게 생긴 짐승.

괴수(魁首)[괴-/궤-] 명 나쁜 짓을 하는 무리의 우두머리. =수괴. ¶도적의 ~.

괴:암(怪巖)[괴-/궤-] 명 생김새가 괴상한 바위.

괴어-오르다[괴어-/궤어-] 통자비 <~오르니, ~올라> (술·초 따위가) 괴어 거품이 부걱부걱 솟아오르다.

괴:이-쩍다(怪異-)[괴-따/궤-따] 혱 이상한 데가 있다.

괴:이-하다(怪異-)[괴-/궤-] 혱여 (어떤 대상이) 보통의 논리나 생각으로는 이해할 수 없을 만큼 이상하여 두려움이나 불안을 주는 상태에 있다. ⑥괴상하다. ¶**괴이한** 사건이 잇달다.

괴임 명 '굄'의 잘못.

괴-자금(怪資金)[괴-/궤-] 명 수사 과정에서 드러난, 출처 불명의 수상쩍은 자금.

괴:저(壞疽)[괴-/궤-] 명[의] 괴사(壞死)로 인하여 환부가 탈락 또는 부패하여 그 생리적 기능을 잃는 병. ×회저.

괴:질(怪疾)[괴-/궤-] 명 1 원인을 알 수 없는 이상한 병. ¶~이 온 동네에 만연하다. 2 '콜레라'를 속되게 이르는 말.

괴:짜(怪-)[괴-/궤-] 명 이상한 짓을 하는 사람을 속되게 이르는 말.

괴:-춤[괴-/궤-] 명 '고의춤'의 준말.

괴테(Goethe, Johann Wolfgang von) 명[인] 독일의 시인·극작가(1749~1832).

괴:팍-스럽다(乖愎*-)[괴-쓰따/궤-쓰따] 혱비 <~스러우니, ~스러워> ['愎'의 본음은 '퍅'] 괴팍한 데가 있다. ¶**괴팍스러운** 성미. **괴:팍스레** 튀.

괴:팍-하다(乖愎*-)[괴-/궤파카-] 혱여 ['愎'의 본음은 '퍅'] 성격이 까다롭고 별나다. ¶그는 성격이 **괴팍해서** 사람들과 잘 다툰다.

괴팩-하다[괴-/궤-] '괴팍하다'의 잘못.

괴:한(怪漢)[괴-/궤-] 명 정체를 알 수 없고 행동이 수상쩍은 사내. ¶집에 ~이 침입하다.

괴:혈-병(壞血病)[괴-뼝/궤-뼝] 명[의] 비타민 C가 부족하여 생기는 병. 잇몸·피부 등에서 피가 나며 빈혈을 일으킴.

굄[굄] 명 물건의 밑을 받쳐 괴는 일. 또는, 그 물건. =고임. ×괴임.

굄-돌[굄똘/궬똘] 명 물건의 밑을 받쳐 괴는 돌.

굉음(轟音)[굉-/궹-] 명 몹시 요란스럽게 울리는 소리. ¶공사장에서 발파하는 ~이 들리다.

굉장-하다(宏壯-)[굉-/궹-] 혱여 1 (규모가) 크고 웅장하다. ¶**굉장한** 저택. 2 대단하거나 놀라워하다. ¶너 참 힘이 **굉장하구나**. **굉장-히** 튀 ¶~ 더운 날씨.

교:¹(敎) 명 (문어적 표현으로 빈도가 낮게 쓰여) '종교'를 이르는 말. ¶3 ~.

교²(校) 의존 교정(校正)의 횟수를 세는 말. ¶3 ~.

-교³(橋) 접미 일부 명사의 뒤에 붙어, 다리의 뜻을 나타내는 말. ¶인도~ / 오작~.

교가(校歌) 명 한 학교를 상징하여 그 학교의 교육 정신·이상·특징 등을 담아 만든 노래. ¶~ 제창.
교각(橋脚) 圕[건] 다리를 받치는 기둥.
교각-살우(矯角殺牛) [-쌀-] 〈'소의 뿔을 바로잡으려다가 소를 죽인다는 뜻〉 잘못된 점을 고치려다가 방법이 지나쳐 오히려 일을 그르침.
교감(交感) 圕 1 (어떤 사람이나 동물과) 은연중에 마음이 통하거나, 마음이 같다고 느끼는 것. ¶배우와 관객 사이에 ~이 이뤄지다. 2 (자연이나 우주와) 접하여 그 아름다움이나 신비 등을 느끼게 되는 것. 3 (신이나 초월적 존재와) 영적으로 교류하는 것. ¶신과의 영적인 ~. 4 (최면을 건 사람이 최면에 걸린 사람에) 의식의 교류를 가지는 것. **교감-하다** 圄㉧

교:감(校監) 圕 학교장을 보좌하여 학교 일을 감독하는 직책. 또는, 그 사람.
교감^신경(交感神經) 圕[생] 고등 척추동물의 신경 계통의 하나. 부교감 신경과 함께 자율 신경계를 형성하고, 분비선·혈관·내장 등을 지배함. ↔부교감 신경.
교:과(敎科) 圕[교] 학교 교육의 목적에 맞게 교육 내용을 계통적으로 짜 놓은 일정한 영역이나 분야.
교:과-목(敎科目) 圕[교] 교과를 더 세분화한 과목.
교:과-서(敎科書) 圕[교] 학교에서 주된 교재로 채택하여 사용하는, 교육 과정에 따라 과목별로 편찬된 책. 圓교본. ¶국정 ~. 2 어떤 분야에서 배우고 익힐 만한 내용을 담은 표준적이고 모범적인 책이나 사물. ¶성경은 그의 삶의 ~었다.
교:과서-적(敎科書的) 圕 1 내용이나 성질이 표준적이고 모범적인 (것). ¶~인 바른 문장. 2 너무 원칙에 얽매이거나 지나치게 표준적이고 모범적이어서 융통성이 없는 (것). ¶진부하고 ~인 결말.
교:관(敎官) 圕 1 학교에서 교련을 맡은 교사. 2 [군] 군인을 가르치는 장교. ▷조교.
교:교-하다(皎皎-) 圕 1 (달이) 매우 맑고 밝다. 2 매우 희고 깨끗하다. **교:교-히** 图 ¶달빛이 ~ 흐르다.
교:구¹(校具) 圕 학교에서 쓰는 도구의 총칭.
교:구²(敎具) 圕 효과적인 학습을 위하여 쓰는 도구. 칠판·괘도·표본·모형 따위.
교:구³(敎區) 圕[종] 종교의 전파, 신자 지도들을 위해 편의상 나누어 놓은 지역.
교군(轎軍) 圕 1 =가마¹. 2 =가마꾼.
교:권(敎權) [-꿘] 圕 1 교사로서의 권위나 권력. ¶~을 확립하다. 2 종교상의 권위. 특히, 가톨릭에서 교회 또는 로마 교황의 권위을 이름.
교:기(校旗) 圕 학교를 상징하는 기.
교:내(校內) 圕 학교의 안. ¶~ 행사. ↔교외(校外).
교:단¹(敎團) 圕 같은 종교를 믿는 사람들끼리 모여서 만든 종교 단체.
교:단²(敎壇) 圕 교실·강의실에서 교사나 교수가 수업이나 강의를 할 때 올라서 있도록 다소 높고 네모지게 만든 단. **교단에 서다** 교원 생활을 하다. ¶내가 **교단에 선** 지도 올해로 20년이 되다.
교대¹(交代) 圕 (어떤 일을) 서로 번갈아 하는 것. ¶~ 시간. **교대-하다** 圄㉧㉯㉲
교:대²(敎大) 圕[교] '교육 대학'의 준말.
교:도¹(敎徒) 圕 종교를 믿는 사람. 圓신도·신자.

교:도²(敎導) 圕 1 가르쳐서 지도하는 것. 2 [교] 학생의 주변 문제를 지도·상담하는 것. ¶~ 교사. **교:도-하다** 圄㉧㉯㉲
교:도-관(矯導官) 圕 교도소에서 일을 맡아보는 공무원. 구칭은 간수.
교:도-소(矯導所) 圕 죄를 지어 재판에서 형벌의 선고를 받은 죄수를 수용하는 국가 시설. ㉸감옥.
교두-보(橋頭堡) 圕[군] 1 아군의 상륙이나 도하(渡河) 작전을 위한 발판으로, 적군 점령지의 한 모퉁이에 마련한 작은 진지. ¶~를 확보하다. 2 침략하기 위한 발판을 비유적으로 이르는 말. ¶일제는 한반도를 중국 침략의 ~로 삼았다.
교란(攪亂) 圕 (어떤 대상을) 뒤흔들어 어지럽게 하거나 혼란에 빠지게 하는 것. ¶후방을 ~. **교란-되다** 圄㉧
교량(橋梁) 圕[건] 강이나 내 등을 사람이나 차량이 건널 수 있게 만든, 비교적 큰 규모의 다리.
교:련(敎練) 圕 1 [군] 전투에 적응하도록 행하는 훈련. ¶군사 ~. 2 [교] 학생에게 행하는 군사 교육.
교:료(校了) 圕[출] 인쇄물의 교정(校正)을 끝내는 것.
교류(交流) 圕 1 [물] 시간에 따라 크기와 방향이 주기적으로 바뀌어 흐르는 전류. ↔직류. 2 (서로 다른 나라나 지역의 사람들이) 오고 가면서 밀접한 관계를 가지는 것. 또는, (다른 나라나 지역의 문화·사상 등이) 서로 오고 가면서 영향을 미치는 것. ¶동서 문화의 ~. **교류-하다** 圄㉧㉯㉲ **교류-되다** 圄㉧
교류^전:력(交流電力) [-쩐-] 圕 교류 전류가 단위 시간에 행한 일의 양. 단위는 와트(W)·킬로와트(kW)임.
교:리(敎理) 圕[종] 종교상의 원리나 이치.
교:리^문:답(敎理問答) 圕[가][기] 교리를 이해하기 쉽게 문답 형식으로 엮은 것.
교린^정책(交隣政策) 圕 조선 태조가 이웃의 여진(女眞)과 일본에 대하여 화친을 꾀한 외교 정책.
교만(驕慢) 圕 자기의 부족한 점을 알지 못하고 자기 자신을 대단히 훌륭한 존재라고 여기는 마음의 상태. **교만-하다** 圕㉧ ¶돈 좀 번다고 **교만하게** 군다.
교만-스럽다(驕慢-) [-따] 圕㉧〈-스러우니, -스러워〉교만한 데가 있다. ¶교만스러운 태도. **교만스레** 图
교:명(校名) 圕 '학교명'의 준말.
교:모(校帽) 圕 교학에서 특별히 정하여 학생들에게 쓰게 하는 모자. 囲학생모.
교:목¹(敎牧) 圕 기독교 학교에서 종교 교육을 맡아보는 목사.
교목²(喬木) 圕[식] 줄기가 곧고 굵으며, 높이 자라는 나무. 소나무·향나무 따위. =큰키나무. ↔관목.
교묘-하다(巧妙-) 圕㉧ (상대를 속이거나 제압하는 수단·수법 등이) 놀라울 정도로 능란하다. ¶**교묘한** 속임수. **교묘-히** 图 ¶미행자를 ~ 따돌리다.
교:무¹(校務) 圕[교] 학교에서 이루어지는 사무.
교:무²(敎務) 圕[교] 학생을 가르치는 일에 대한 사무.
교:무-실(敎務室) 圕[교] 교사가 수업에 필요한 사무를 보는 방.
교:문(校門) 圕 학교의 정문.

교미(交尾) 명 동물의 암수가 생식을 위해 생식기를 삽입되게 하거나 마주 붙이는 것. 완곡한 말은 '짝짓기'. 비교접·흘레. ¶~를 붙이다. **교미-하다** 재여

교민(僑民) 명 외국에 거주하고 있는 자기 나라의 국민.

교반-기(攪拌機·攪拌器) 명 어떤 물건을 섞거나 부수거나 열을 고루 전달시키기 위하여 뒤섞어 휘젓는 기계나 기구.

교배(交配) 명하 생물의 암수를 인위적으로 수정(受精) 또는 수분(受粉)시켜 다음 세대를 얻는 일. **교배-하다** 타여

교!법(敎法) 명 가르치는 데 모범으로 삼는 법식. ¶태권도 ~.

교!법(敎法) 명 ① 종교의 법식 ¹.

교!복(校服) 명 학교에서 특별히 정하여 학생들에게 일제히 입게 하는, 똑같은 색깔과 모양으로 된 옷.

교!본(敎本) 명 교재로 쓰는 책. 비교과서.

교부¹(交付·交附) 명 내주는 일. ¶교부~. **2** [법] 물건의 인도(引渡). **교부-하다** 통타여 **교부-되다** 통자

교부²(敎父) 명 [가][기] 크리스트 교회 초기에 정통 교리를 확립하고 신앙의 모범을 보인 학자나 성직자나 수도자로, 교회의 인정을 받은 사람.

교부-금(交付金) 명 =보조금.

교분(交分) 명 서로 사귀는 정. ¶두터운 ~.

교!사(校舍) 명 학교의 건물. ¶신축 ~.

교!사(敎師) 명 일정한 자격을 가지고 학생을 가르치는 사람. 곧, 유치원 및 초등·중등학교의 선생을 가리킴. 비교원.

교!사(敎唆) 명 남을 꾀거나 부추겨서 나쁜 짓을 하게 하는 것. **교!사-하다¹** 타여 ¶하수인을 시켜 살인을 ~.

교사⁴(絞死) 명 목을 졸라 죽는 것. **교사-하다²** 자여

교살(絞殺) 명 목을 매어 죽이는 것. **교살-하다** 타여 **교살-되다** 자여

교상(咬傷) 명 짐승이나 독벌레·독사 등에 물려서 상처를 입는 것.

교!생(敎生) 명 [교] '교육 실습생'의 준말.

교!서(敎書) 명 **1** [가] 그리스도 주교가 공식적으로 발표하는 의견서. **2** 대통령이나 국왕이 의회나 국민에게 보내는 정치상의 의견서. ¶연두 ~. **3** [역] 왕이 신하나 백성, 관청에 내리는 문서.

교선(交線) 명 [수] 두 도형이 교차할 때 생기는 직선 또는 곡선.

교섭(交涉) 명 어떤 일을 이루기 위해 서로 의논하고 절충하는 것. ¶막후~ / 단체 ~을 벌이다. **교섭-하다** 통타여 ¶노사가 임금 문제를 교섭하고 있다.

교섭^단체(交涉團體) [-딴-] 명 [정] 국회에서 의사 진행에 관한 중요한 안건을 협의하기 위하여 국회의원들로 구성된 단체. ¶원내(院內) ~.

교성(嬌聲) 명 여자의 간드러진 목소리.

교!세(敎勢) 명 종교의 세력.

교!수¹(敎授) 명 **1** 학문이나 기예(技藝)를 가르치는 것. **2** 대학에서 학생을 지도하고 연구에 종사하는 교원. 좁게는 정교수를 가리키나 넓게는 부교수·조교수·전임강사를 포함함. **교!수-하다** 타여 학문이나 기예를 가르치다.

교수²(絞首) 명 사형수의 목을 옭아매어 죽이는 것.

교수-대(絞首臺) 명 사형수의 목을 매어 죽이는 대(臺).

교수-형(絞首刑) 명 [법] 목을 옭아매어 죽이는 사형. ¶살인법을 ~에 처하다.

교!습(敎習) 명 가르쳐서 익히게 하는 것. **교!습-하다** 통타여

교!습-소(敎習所) 명 [-쏘] 기예(技藝) 따위를 교습하는 곳. ¶피아노 ~ / 사설 ~.

교!시¹(校是) 명 학교를 세운 근본 정신. ¶홍익인간을 ~로 삼다.

교!시²(敎示) 명 **1** 가르쳐서 보이는 것. **2** 길잡이가 되는 가르침. **교!시-하다** 통타여

교!시³(校時) 명[의존] 학교에서 수업상 정한 시간의 단위. 보통, 45분·50분 등으로 함.

교신(交信) 명 우편·전화 등의 매체를 통하여 정보나 의견을 주고받는 것. ¶무전 ~. **교신-하다** 자여

교!실(敎室) 명 **1** 초등 및 중등학교에서, 학생들이 수업을 하는 방. **2** 강의실. **3** (일부 명사 다음에 쓰여) 교양이나 기능 등을 얻거나 익힐 수 있도록 일정 기간 베푸는 강좌임을 나타내는 말. ¶주부 ~ / 꽃꽂이 ~.

교!양(敎養) 명 **1** 교육을 받거나 사회 규범·예절 등을 익힘으로써 이뤄지는 고상한 품성이나 품행. ¶첨잖고 ~있는 사람. **2** 사회생활 전반에 필요한 폭넓은 지식이나 상식. ¶~ 강좌 / ~을 쌓다.

교!양^과목(敎養科目) 명 [교] 대학에서 전공과목 외의 일반 교양을 위한 과목.

교!양-물(敎養物) 명 교양을 위한 읽을거리나 보거리.

교!양-서(敎養書) 명 교양을 쌓는 데 도움이 되는 책.

교!양-인(敎養人) 명 교양이 있는 사람.

교역(交易) 명 나라와 나라 사이에서 서로 물건을 사고팔고 하는 일. **교역-하다** 타여

교!열(校閱) 명 (원고나 문서의 내용을) 살피어 잘못된 것을 바로잡는 것. **교!열-하다** 통타여

교외¹(郊外) [-외/-웨] 명 들이나 논밭이 비교적 많은, 도시의 주변.

교!외²(校外) [-외/-웨] 명 학교의 밖. ¶~ 지도. ↔교내.

교외-선(郊外線) [-외-/-웨-] 명 대도시와 교외를 연결한 철도.

교우¹(交友) 명 벗을 사귀는 것. 또는, 그 벗. ¶~ 관계가 좋다.

교!우²(校友) 명 **1** 같은 학교에 다니는 벗. **2** 같은 학교 직원·재학생·졸업생의 총칭.

교!우³(敎友) 명 크리스트교를 믿는 사람들이 서로에 대해 벗이라는 뜻으로 친근하게 이르는 말.

교우이신(交友以信) 명 세속 오계의 하나. 벗은 믿음으로써 사귀어야 한다는 말.

교!우-회(校友會) 명 [-회/-훼] 명 같은 학교의 직원·재학생·졸업생 등이 모여서 만든 모임.

교!원(敎員) 명 각급 학교에서 학생을 직접 지도·교육하는 사람. 비교사(敎師).

교유(交遊) 명 서로 사귀어 오가는 것. **교유-하다** 통자여 ¶문인들과 ~.

교!육(敎育) 명 사회생활에 필요한 지식과 기술을 가르치고, 인간의 잠재 능력을 일깨워 훌륭한 자질, 원만한 인격을 갖도록 이끌어 주는 일. ¶가정~ / 의무 ~. **교!육-하다** 통타여 **교!육-되다** 통자여

교육의 의무 국민으로서 초등 교육과 법률이 정한 교육을 받아야 할 의무.

교:육-가(教育家)[-까] 명 교육이나 교육 사업에 종사하는 사람. ▷교육자.
교:육-감(教育監)[-깜] 명 서울특별시·각 광역시 및 각 도의 교육 위원회의 사무를 관장하는 별정직 공무원.
교:육-계(教育界)[-계/-게] 명 교육과 관계가 있는 사회의 범위.
교:육-과정(教育課程)[-꽈-] 명[교] 교육 목표를 달성하기 위해, 그 내용을 체계적으로 조직한 교육 계획의 전체. =커리큘럼. ▷교육 과정.
교:육^대:학(教育大學)[-때-] [교] 초등학교 교사의 양성을 목적으로 하는 4년제 대학. (준)교대(教大).
교:육-보험(教育保險)[-뽀-] 명 장래의 교육비 조달을 목적으로 하는 보험.
교:육-비(教育費)[-삐] 명 교육에 드는 비용.
교:육-세(教育税)[-쎄] 명 의무 교육에 필요한 경비 조달을 목적으로 한 조세.
교:육-실습(教育實習)[-씁] 명[교] 대학 등에서 교직 과정을 이수하는 학생이 일선 학교에 나가 실제로 가르치는 일을 체험하는 일.
교:육-실습생(教育實習生)[-씁쌩] 명[교] 교육 과정의 실제 체험을 위하여 일선 학교에서 교육 실습을 하는 학생. ⓒ 교생.
교:육^연령(教育年齡)[-뇬녕-] 명[교] 피교육자의 교육 정도를 나타내는 나이.
교:육-열(教育熱)[-뇨녈] 명 교육에 대한 열성. ¶~이 높다.
교:육^위원회(教育委員會)[-회/-훼] 명 교육 업무 전반에 관한 사무를 관장하기 위하여 서울특별시·각 광역시 및 각 도(道)에 설치된 교육 행정 기관.
교:육^인적^자원부(教育人的資源部)[-쩍짜-] 명 행정 각 부의 하나. 인적 자원 정책의 수립·조정·총괄 업무와 학교 교육·평생 교육 및 학술에 관한 사무를 맡아봄.
교:육-자(教育者)[-짜] 명 교원으로서 교육에 종사하는 사람.
교:육-장(教育長)[-짱] 명 시·군의 교육청의 최고 책임자. ▷교육감.
교:육-적(教育的) 명 교육에 관한 (것). 또는, 교육의 측면에서 본 (것). ¶과잉보호는 ~으로 좋지 않다.
교:육-청(教育廳) 명 특별시·광역시·도·시·군에 설치되어, 해당 지역의 교육 학예에 관한 업무를 맡아보는 관청.
교:육-학(教育學)[-유각] 명[교] 교육의 본질·목적·내용·방법과 교육 제도·행정 등에 관한 이론을 연구하는 학문.
교:육-한자(教育漢字)[-유간짜] 명 ['한문 교육용 기초 한자'의 준말] 1972년에 문교부(현 교육 인적 자원부)에서 중고등학생이 꼭 배워야 할 한자로 선정한 1,800자. 2000년 12월, 그 내용을 조정하여 1,800자는 유지하되, 44자를 바꾸었음.
교:의¹(校醫)[-의/-이] 명 '학교의 (學校醫)'의 준말.
교:의²(教義)[-의/-이] 명 1[종] 종교상의 가르침. =교법(教法). 2[교] 교육의 근본 취지.
교인(教人) 명 종교, 특히 크리스트교를 믿는 사람. 또는, 그 가운데 교역자가 아닌 일반 신자. ¶기독교 ~. ⓒ 신도.
교자-상(交子床)[-쌍] 명 음식을 차려 놓는 직사각형의 큰 상.
교잡(交雜) 명[생] 품종·계통·성질이 다른 암수의 교배.
교:장¹(校長) 명 1 초등학교·중학교·고등학교 등에서, 교무를 통할하고 교직원을 감독하는 최고 행정 직책. 또는, 그 직책에 있는 사람. =교장직. 2 사관학교의 최고 행정 책임자.
교:장²(校場) 명 1 가르치는 곳. ¶실습 ~. 2 [군] 교육·훈련 시설을 갖추어 놓은 장소. ¶사격술 ~.
교:재(教材) 명[교] 학술이나 기예를 가르치는 데 쓰이는, 교과서를 비롯한 여러 가지 재료. ¶대학 ~.
교:재-원(教材園) 명[교] 교육상 필요한 동식물 따위를 재배·사육하여 학생들에게 보이는 곳.
교전(交戰) 명 (나라와 나라, 또는 군대와 군대 등이) 어느 지역에서 무기를 가지고 맞붙어 싸우는 것. ⓗ 전투. ¶~ 지역 / 치열한 ~을 벌이다. 교전-하다 동태여
교점(交點)[-쩜] 명[수] 둘 이상의 선이 서로 만나는 점.
교접(交接) 명 1 남녀나 동물의 암수가 성적 관계를 맺는 것. ⓗ 교미·성교. 교접-하다 동재여
교:정¹(校正) 명[출] 교정쇄와 원고를 대조하여 글자·부호·배열·색 따위의 틀리거나 빠진 것을 바로잡아 고치는 것. ¶원고 ~. 교:정-하다¹ 동태여
교:정²(校訂) 명 출판물의 잘못된 글자나 글귀를 바르게 고치는 것. 교:정-하다² 동태여
교:정³(校庭) 명 학교의 마당 또는 운동장. ¶정든 ~을 떠나다.
교:정⁴(矯正) 명 1 (들어지거나 굽은 것을) 곧게 바로잡는 것. 2[법] 교도소나 소년원 등에서 재소자의 잘못된 품성이나 행동을 바로잡는 것. 교:정-하다³ 동태여 ¶치열(齒列)을 ~. 교:정-되다 동자여
교:정-보다(校正-) 동 인쇄물의 틀린 것, 빠진 것 등을 바로잡다.
교:정-쇄(校正刷) 명 교정을 보려고 박아 낸 인쇄. 또는, 그 인쇄물.
교:정-시력(矯正視力) 명 근시나 원시 등을 렌즈나 기타의 장치로써 교정한 시력.
교:정-지(校正紙)[-찌] 명 교정하기 위하여 임시로 인쇄한 종이. 또는, 그것에 교정을 보아 놓은 종이.
교제(交際) 명 (어떤 사람이 누구와) 계속 만나면서 서로 사귀는 것. ¶이성 ~ / ~를 끊다. ↔절교. 교제-하다 동태여
교제-비(交際費) 명 교제하는 데에 드는 비용.
교:조(教祖) 명[종] 어떤 종교나 종파를 처음 세운 사람. =교주.
교:조-적(教條的) 팬 사고방식이나 태도가 한 가지 신념이나 원칙에 사로잡혀 경직되어 있는 (것). ¶~이고 독단적인 사고.
교:조-주의(教條主義)[-의/-이] 명 1 종교상의 신조에 의거하여 모든 사물을 설명하려는 태도. 2 마르크스주의에서, 역사적 정세를 무시하고 그 원칙론만을 고수하려는 공식주의를 일컫는 말. ▷수정주의. 3 원리·원칙에만 사로잡혀 응용·융변을 하지 못하는 고집스러운 태도.
교:종(教宗) 명[불] 불교를 크게 두 종파로 나누었을 때의 하나. 좌선(坐禪)보다 교

리를 중히 여김. ↔선종(禪宗).
교:주(敎主) 圄[종] 1 한 종교 단체의 우두머리. 2 =교조.
교;지¹(校誌) 圄 학생들이 교내에서 편집·발행하는 잡지.
교;지²(敎旨) 圄 1 [역] 조선 시대에 임금이 신하에게 벼슬·시호·자격·토지·노비 등을 내려 주는 문서. 2 [종] 종교의 취지.
교;직(敎職) 圄 1 [교] 학생을 가르치는 직무. ¶~자 / ~에 몸담고 있다. 2 [종] 교회에서 신도의 지도와 관리를 맡은 직책.
교;직-원(敎職員) 圄 학교의 교원과 사무직원의 총칭.
교-집합(交集合) [-지팝] 圄[수] 집합 A, B에 대하여, A, B에 공통으로 속하는 원소 전체로 이루어지는 집합. A∩B로 나타냄.
교차(交叉) 圄 1 (둘 이상의 선이나 도로 등이) 한곳에서 만났다가 서로 다른 방향으로 나아가는 것. ↔평행. 2 (상반되는 감정이나 현상이) 동시에 생겨나거나 존재하는 것. **교차-하다** 롱㉠㉮ ¶두 직선이 ~ / 기쁨과 슬픔이 ~. **교차-되다** ㉮ ¶두 길이 **교차되는** 지점.
교차-로(交叉路) 圄 서로 방향이 다른 도로와 도로가 엇갈리는 부분. 또는, 그런 부분을 이루는 도로.
교착¹(交錯) 圄 여러 가지 것이 이리저리 뒤섞여 엇갈리는 것. ¶감정의 ~. **교착-하다** 롱㉠㉮
교착²(膠着) 圄 어떤 상태가 더 이상 발전되거나 진행되지 않고 굳어진 채로 조금도 변함이 없는 것. ¶회담이 ~ 상태에 빠지다. **교착-하다** 롱㉠㉮ **교착-되다** ㉮
교착-어(膠着語) 圄[언] 실질적인 의미를 가진 단어 또는 어간에 문법적인 기능을 가진 요소가 차례로 결합함으로써 문장 속에서의 문법적인 역할이나 관계의 차이를 나타내는 언어. 한국어·일본어 따위.
교체(交替·交遞) 圄 (어떤 대상을 다른 대상으로) 대신하여 바꾸는 것. ¶선수 ~. **교체-하다** 롱㉮㉠ **교체-되다** ㉮
교;칙(校則) 圄 학생이 지켜야 할 학교의 규칙. ¶~ 위반.
교-타자(巧打者) 圄[체] 야구에서, 타격이 정확하고 정교한 타자. ¶중장거리 ~.
교탁(敎卓) 圄 강의할 때 따위를 올려놓기 위하여 교단의 위나 앞에 놓은 탁자.
교태(嬌態) 圄 남자를 매혹하는 여자의 아리따운 자태. ¶~를 부리다.
교토(京都) 圄[지] 일본의 문화·관광 도시.
교통(交通) 圄 1 사람이나 물건이 자동차·열차·배·비행기 등의 탈것을 이용하여 한 지역에서 다른 지역으로 이동하는 일. ¶항공 ~. 2 특히, 도로로 차나 그 밖의 탈것이 이동하는 일. ¶~이 마비되다. 3 서로 소식을 주고받거나 왕래하는 일. ¶그 사람은 우리 집안과는 ~이 없다.
교통-경찰(交通警察) 圄 교통상의 위험 방지 및 질서를 유지를 임무로 하는 경찰.
교통^기관(交通機關) 육지나 바다나 하늘을 이동할 때 사용되는 자동차·열차·배·비행기 등의 탈것.
교통-난(交通難) 圄 교통 기관이 부족하거나 교통량이 너무 많아 원활하게 이루어지지 않는 일. ¶~이 심각한 대도시.
교통-량(交通量) [-냥] 圄 일정한 시간에 일정한 곳을 왕래하는 사람 또는 차량 따위의 수량.
교통-로(交通路) [-노] 圄 일반 사람의 교통을 위한 길. 도로 또는 수로(水路)·항공로 및 통신 시설 따위.
교통-망(交通網) 圄 교통로가 이리저리 분포되어 있는 상태.
교통^법규(交通法規) [-뀨] 圄[법] 사람이나 차가 길을 왕래할 때 지켜야 할 법규.
교통-비(交通費) 圄 탈것을 타고 다니는 데에 드는 비용.
교통-사고(交通事故) 圄 운행 중이던 자동차·기차 등이 사람을 치거나 다른 교통 기관과 충돌하거나 하여 일어난 사고.
교통-수단(交通手段) 圄 사람을 태우거나 짐을 싣고 이동하는 데 쓰이는 수단. 곧, 자동차·열차·배·비행기 따위.
교통-순경(交通巡警) 圄 교통을 정리·단속하는 순경.
교통-안전(交通安全) 圄 교통질서와 교통 법규를 잘 지켜 사고를 미연에 방지하는 것.
교통안전^표지(交通安全標識) 圄 교통의 안전에 필요한 주의·규제·지시·안내 등을 표시한 판. 또는, 길에 표시한 기호·문자와 선 등의 표시.
교통-정리(交通整理) [-니] 圄 혼잡한 거리에서 사고를 미연에 방지하기 위해 교통을 정리하는 일.
교통-지옥(交通地獄) 圄 심한 '교통난'을 지옥에 비유하여 이르는 말.
교통-질서(交通秩序) [-써] 圄 차와 사람이 통행하는 데 지켜야 하는 질서.
교통-편(交通便) 圄 어느 곳을 오가는 데 이용하는 자동차·열차·배·비행기 등의 교통수단. ¶~이 불편하다.
교;파(敎派) 圄 같은 종교의 갈래. =종파.
교;편(敎鞭) 圄 교사가 수업이나 강의를 할 때 사용하는 가느다란 막대기. 흔히, '교직 생활'의 제유(提喩)로 쓰임.
교편(을) 잡다 학교에서 교사 생활을 하다.
교;편-생활(敎鞭生活) 圄 교사로 지내는 생활.
교포(僑胞) 圄 다른 나라에 살고 있는 자기 민족. ¶재일(在日) ~.
교;풍(校風) 圄 각 학교가 지니는 특유한 기풍. ㉻학풍.
교합¹(交合) 圄 =성교(性交). **교합-하다** ㉠
교합²(咬合) 圄[의] 입을 다물었을 때 생기는 아랫니와 윗니의 접촉 상태.
교향-곡(交響曲) 圄[음] 관현악을 위하여 만들어진, 규모가 큰 악곡. 보통 4악장으로 이루어짐. =심포니.
교향-시(交響詩) 圄[음] 표제를 가진 독립된 단악장(單樂章)의 관현악곡. 시(詩)·전설·풍경 등에 의한 문학적·회화적 내용을 표현한 것.
교향-악(交響樂) 圄[음] 교향곡·교향시·교향 모음곡 등의 관현악을 위하여 만든 음악의 총칭.
교향악-단(交響樂團) [-딴] 圄[음] 교향악을 연주하기 위한 대규모의 관현악단. =심포니 오케스트라. ¶시립 ~.
교;화(敎化) 圄 가르치고 이끌어서 올바른 사람이 되게 하는 것. **교;화-하다** 롱㉮ ¶불량소년을 ~. **교;화-되다** ㉮

교환(交換) 圏 1 (이것과 저것을) 서로 바꾸는 것. ¶~권(券). 2 서로 주고받고 하는 것. ¶예물 ~ / 정보 ~. 3 전화나 전신을 통할 수 있도록 사이에서 선로를 연결해 주는 것. 4 =전화 교환원. 5 [경] 어떤 물품을 다른 사람에게 주고, 그 값으로 같은 가치의 다른 물품이나 화폐를 얻는 것. =인환. ¶물물 ~. **교환-하다** 통태 ¶달러를 한화로 ~. **교환-되다** 통자

교환^가치(交換價値) [경] 1 화폐를 다른 나라의 화폐와 교환할 때의 가치. 2 일정량의 물품이 다른 종류의 물품과 어느 정도로 교환될 수 있는가의 상대적 가치.

교환^경기(交歡競技) 圏 국제 친선을 증진시키기 위하여 외국 선수를 초청하여 벌이는 운동 경기. ¶친선 ~.

교환^교수(交換教授) 圏 학술·교육을 통한 문화의 교류와 친선을 꾀하기 위하여 두 나라의 대학 간에 서로 교수를 파견하여 강의를 하게 하는 일. 또는, 그 교수.

교환-기(交換機) 圏 동전 따위를 바꾸어 주는 기계 장치.

교환^법칙(交換法則) 圏 [수] 덧셈과 곱셈에 있어서 언제나 $a+b=b+a$, $a\times b=b\times a$와 같은 교환 관계가 성립하는 법칙.

교환-양(交換孃) [-냥] 圏 전화 교환 업무에 종사하는 여자를 친근하게 이르는 말.

교활-하다(狡猾-) 囹 (어떤 사람이) 약은 꾀를 쓰는 것이 능하다. 또는, (술수나 행동 따위가) 능갈맞고 약다. ¶교활한 놈 같으니라고.

교:황(敎皇) 圏 [가] 로마 가톨릭교회의 최고위 성직자.

교:황-청(教皇廳) 圏 [가] 로마 교황을 중심으로 하는 전 세계 가톨릭교회 행정의 중앙 기관. 바티칸 시국에 있음.

교:회(敎會) [-회/-훼] 圏 1 [가][기] 크리스트교 신자들로 이루어진 신앙의 공동체. 2 [기] 신도들이 모여 예배를 보기 위해 세운 건물. 태예 ¶양식을 ~.

교:회-당(敎會堂) [-회-/-훼-] 圏 [기] 교회의 건물.

교:훈¹(校訓) 圏 [교] 학교의 교육 이념이나 목표를 간결하게 나타낸 표어.

교:훈²(教訓) 圏 행동이나 생활의 지침이 될 만한 가르침. ¶실패를 ~으로 삼다.

-구¹ 졥미 일부 동사의 어간에 붙어, 그 동사가 사동의 기능을 갖게 만드는 어간 형성 접미사. ¶달~다 / 돋~다.

구²(句) 圏 1 둘 이상의 단어가 모여 절(節)이나 문장의 일부분이 되는 토막. 2 [문] 시조나 사설(辭說)의 짧은 토막.

구³(球) 圏 Ⅰ [수] 1 둥근 물체. 또는, 그런 모양. 2 [수] 3차원 공간에서, 한 점에서 같은 거리에 있는 점의 궤적으로 둘러싸인 입체. Ⅱ [야] 야구에서 투수가 타자에게 던지는 공을 세는 말. ¶제일 ~.

구⁴(區) 圏 1 넓은 범위의 것을 몇으로 나눈 구역. Ⅱ구역. 2 특별시와 광역시의 관할 구역 안에 두는 하급 지방 자치 단체의 하나. 또는, 인구 50만 명 이상의 시에 설치되는 행정 구역의 하나. 시(市)의 아래, 동(洞)의 위에 해당함. ¶서대문~. 3 법령 집행을 위하여 정한 구획. ¶선거~.

구⁵(具) 回예 시체의 수효를 세는 단위. ¶3~의 시체.

구⁶(九) Ⅰ ㈜ '아홉'과 같은 뜻의 한자어 계통의 수사. 아라비아 숫자로는 '9', 로마 숫자로는 'Ⅸ'로 나타냄. Ⅱ 편 '아홉', '아홉째'의 뜻. ¶~ 등.

구:-⁷(舊) 졥두 일부 명사 앞에 붙어, '전날의', '묵은', '낡은' 등의 뜻을 나타내는 말. ¶~시대 / ~시가(市街). ↔신(新)-.

구⁸(口) 졥미 1 일부 명사 뒤에 붙어, '사람이 드나드는 곳'을 나타내는 말. ¶출입~ / 비상~. 2 '작은 구멍', '구멍이 있는 곳'을 나타내는 말. ¶접수~ / 통풍~.

구⁹(具) 졥미 일부 명사 뒤에 붙어, 기구(器具)나 물건을 나타내는 말. ¶문방~ / 운동~.

구:-가(舊家) 圏 1 옛날에 살던 집. Ⅱ옛집. 2 오래 대를 이어 온 집안. 3 한곳에 오래 살아온 집안.

구가(謳歌) 圏 칭송하여 노래하는 것. **구가-하다** 통태 ¶청춘을 ~ / 자유를 ~.

구간(區間) 圏 1 어떤 지점과 다른 지점과의 사이. ¶승차 ~. 2 [수] 두 실수 a와 b 사이에 있는 모든 실수의 집합.

구:강(口腔) 圏 [생] 입 안의 빈 곳으로, 비강(鼻腔)과 인두(咽頭)에 연결되어 있는 부분. ¶~ 위생.

구:개(口蓋) 圏 [의] '입천장'을 전문적으로 이르는 말.

구:개-골(口蓋骨) 圏 [생] 입천장 앞쪽, 경구개에 있는 한 쌍의 납작한 뼈.

구:개-음(口蓋音) 圏 [언] 혓바닥과 경구개 사이에서 나는 소리. 'ㅈ', 'ㅊ', 'ㅉ' 등이나 모음 'ㅑ' 앞의 'ㄴ', 'ㄹ', 'ㅅ' 등이 이에 속함. =경구개음·입천장소리.

구:개음-화(口蓋音化) 圏 [언] 구개음이 아닌 자음이 뒤에 오는 모음 'ㅣ'나 반모음 'ㅣ'의 영향을 받아 구개음으로 바뀌는 현상. '같이'가 '가치'로, '굳이'가 '구지'로 발음되는 현상 따위.

구겨-지다 통자 구김살이 잡히다. ¶옷이 ~. 생꾸겨지다.

구:경¹ 圏 (늘 대하지 않는 어떤 것을) 흥미와 관심을 가지고 보는 일. ¶꽃~ / 영화 ~. **구:경-하다** 통태

구경을 못하다 눈으로 보지도 못했음을 힘주어 이르는 말. ¶손님은커녕 개미새끼 하나 **구경도 못했다**.

구:경²(口徑) 圏 1 원통형으로 된 물건의 아가리의 지름. ¶포 ~. 2 렌즈·거울의 유효 지름.

구:경-거리 [-꺼-] 圏 구경할 만한 대상.

구:경-꾼 圏 구경하는 사람.

구:경-나다 통자 구경할 만한 일이 생기다.

구곡-간장(九曲肝腸) [-깐-] 圏 '굽이굽이 서린 창자'라는 뜻) 깊은 마음속을 비유적으로 이르는 말.

구곡간장을 녹이다 몹시 놀라거나 실망하거나 애를 태우게 해서 간장이 온통 녹아 없어지는 것처럼 만들다.

구공-탄(九孔炭) 圏 1 구멍이 아홉 개 뚫린 연탄. 2 '연탄'의 이칭.

구:-관¹(舊官) 圏 이전에 재임하였던 벼슬아치. ↔신관.

[구관이 명관(明官)이다] ㉠경험이 많은 사람이 더 낫다. ㉡나중 사람을 겪어 봄으로써 먼저 사람이 좋음을 안다.

구:관²(舊館) 圏 비슷한 용도로 쓰이는 두 건물 중에서 새로 지은 건물이 아닌, 옛

구두선_117

건물. ↔신관.
구관-조(九官鳥) 圀동 몸빛이 검고 눈 밑에서 목 뒤에 걸쳐 노란 띠가 있으며, 날개에 흰 무늬가 있는 새. 사람의 말을 잘 흉내 내므로 애완용으로 많이 기름.
구:교(舊敎) 圀종 가톨릭을 개신교에 상대하여 이르는 말. ↔신교.
구구 Ⅰ 囲 비둘기가 우는 소리. Ⅱ囲 사람이 닭이나 비둘기를 부를 때 내는 소리.
구구-각색(區區各色) [-쌕] 圀 여럿이 각각 서로 다른 상태. ¶의견이 ~이다.
구구-단(九九段) 圀[수] =구구법.
구구-법(九九法) [-뻡] 圀[수] 곱셈에 쓰는 기초 공식. 1에서 9까지의 각 수를 두 수끼리 곱하여 그 값을 나타낸 것. =구구단.
구구절절(句句節節) Ⅰ囲 글의 모든 구절. Ⅱ囲 모든 구절마다. 또는, 한 마디 한 마디 매우 세세하거나 간곡하게. ¶네 말이 ~옳다.
구구절절-하다(句句節節-) 휑여 글의 내용이 구절마다 매우 세세하거나 간곡하다. ¶구구절절한 장문의 편지. **구구절절-이** 囲
구구-하다(區區-) 휑여 1 각각 다르다. ¶학설이 ~. 2 잘고 용렬하다. ¶**구구한** 변명을 늘어놓는다.
구:국(救國) 圀 위태롭게 된 나라를 구하는 것. ¶~ 운동에 앞장서다.
구권(舊券) -[권] 圀 1 화폐 개혁 이전에 사용되던 화폐. 2 새 디자인으로 바뀌기 이전의 화폐. 3 헌 어음. ↔신권.
구균(球菌) 圀생 구형(球形)의 세균. 포도상 구균·연쇄 구균·쌍구균 따위.
구근(球根) 圀식 =알뿌리. ¶~초(草).
구금(拘禁) 圀법 피고인이나 피의자를 구치소나 교도소에 가두어 신체의 자유를 구속하는 것. ▷구속. **구금-하다** 탄여 ¶폭력배를 ~. **구금-되다** 재
구:급(救急) 圀 1위급한 상황에서 구해 내는 것. 2 위급한 병이나 부상에 대하여 응급 치료를 하는 것. ¶~상비약 / ~환자.
구:급-약(救急藥) [-금냑] 圀 구급 처치에 필요한 약품.
구:급-차(救急車) 圀 위급한 환자나 부상자를 태우고 신속히 병원으로 수송하는 자동차. =앰뷸런스.
구기(球技) 圀체 공을 사용하는 운동 경기. 야구·축구·배구·탁구 따위.
구기다 잰탄 (종이·피륙 따위가) 비벼져 잔금이 생기다. 또는, 비벼 잔금이 생기게 하다. ¶옷이 ~ / 종이를 **구겨** 휴지통에 넣다. 囲 꾸기다.
구기-자(枸杞子) 圀한 구기자나무의 열매. 해열 강장제로 쓰임.
구기자-나무(枸杞子-) 圀식 둑이나 냇가에 흔히 자라며, 여름에 자줏빛 꽃이 피고, 가을에 길둥근 열매가 붉게 익는 낙엽 활엽 관목. 열매와 뿌리를 약용함.
구김 圀 '구김살'의 준말. ¶~이 안 가는 옷 / ~ 없는 밝은 표정. 囲 꾸김.
구김-살 圀 1 (옷이·피륙 따위가) 구겨져서 생긴 잔금. ¶다리미로 옷의 ~을 펴다. 2 (성격이나 표정이) 찌들어 그늘진 자취. ¶가난한 환경 속에서도 ~ 없이 자라다. ⓒ구김. 囲 꾸김살.
구김-새 圀 1 종이·피륙 따위의 구김살이 진 모양. 2 기가 꺾이거나 풀이 죽은 태도 나 기색. 3 말이나 글에서, 이치에 닿지 않아 막히는 모양. ¶~ 없이 말하다.
구깃-거리다·-대다 [-긷깓 (때) -] 탄耳 '꾸깃거리다'의 여린말.
구깃구깃 [-긷귿깓] 囲 '꾸깃꾸깃'의 여린말. **구깃구깃-하다** 탄耳휑여
-구나 어미 '이다'나 받침없는 어간, 또는 어미 '-시-', '-았/었-', '-겠-'의 아래에 붙어, '해라' 할 상대에게 쓰이거나 혼잣말에 쓰여, 어떤 사실을 느끼거나 깨달고 가볍게 감탄하는 뜻을 나타내는 종결 어미. ¶꽃이 참 예쁘~. ▷-는구나·-로구나.
구:내¹(口內) 圀 입 안.
구내²(構內) 圀 큰 건물이나 시설 또는 부지(敷地)의 안. ¶~ 식당 / ~역.
구내-방송(構內放送) 圀 구내에서 하는 방송.
구내-전화(構內電話) 圀 어떤 기관·공장 등에서 내부 상호 간의 연락을 위하여 시설한 전화.
구노, 샤를 프랑수아(Gounod, Charles François) 圀인 프랑스의 작곡가(1818~1893).
구:-닥다리(舊-) [-따-] 圀 어떤 대상이 낡았거나 한창때를 지났거나 유행에 뒤떨어져 있거나 쓸모를 잃은 상태. 또는, 그런 물건이나 대상. 囲 고물. ¶유행이 지나 ~가 된 옷.
구단(球團) 圀체 프로 야구나 축구, 농구 등을 사업으로 하는 단체. ¶~주(主).
구:-대륙(舊大陸) 圀지 아메리카 대륙 발견 이전부터 알려져 있던 아시아·아프리카·유럽의 세 대륙. =구세계. ↔신대륙.
구더기 圀동 파리의 애벌레. ×고자리. **[구더기 무서워 장 못 담글까]** 다소 방해되는 일이 있다 하더라도 할 일은 하여야 한다는 말.
구덩이 圀 1 땅이 움푹하게 팬 곳. 또는, 그렇게 파낸 곳. 2 [광] =갱(坑).
구도¹(求道) 圀 진리나 종교적인 깨달음을 구하여 수행하는 것. ¶~ 정신. **구도-하다** 잰여
구도²(構圖) 圀 1 [미] 회화나 사진 등에서, 전체적인 조화나 미적(美的) 효과를 높이기 위한, 여러 조형 요소의 화면상의 배치. ¶대각선 ~ / ~를 잡다. 2 사물 현상의 전체적인 짜임이나 양상. 비유적인 말임. ¶정국의 향후 ~.
구:도³(舊道) 圀 옛 도로. ↔신도.
구도-자(求道者) 圀 구도하는 사람.
구독(購讀) 圀 (책·신문·잡지 등을) 사서 읽는 것. ¶~ 신청 / 정기 ~. **구독-하다** 탄여 ¶신문을 ~.
구독-료(購讀料) [-둥뇨] 圀 신문·잡지 등을 정기적으로 구독하는 대가. ¶~ 납부.
구독-자(購讀者) [-짜] 圀 구독하는 사람.
구동(驅動) 圀 동력을 가하여 움직이는 것. **구동-하다** 탄여
구두¹ 圀 [<혁(革)/くつ] 주로 가죽을 재료로 하여 만든, 구두창과 굽을 바닥에 단 서양식 신. ¶뽀족 ~ / 가죽 ~.
구:두²(口頭) 圀 글로 쓰지 않고 직접 입으로 말하는 상태. ¶~ 약속.
구두-끈 圀 구두가 발에서 벗어지지 않도록 죄어 매는 끈.
구두-닦이 圀 구두 닦는 일을 직업으로 하는 사람.
구:두-선(口頭禪) 圀 실행이 따르지 않는

빈말. ¶희생과 봉사 없는 이웃 사랑이란 ~에 불과하다.
구두-쇠[-쇠/-쉐] 똉 재물을 몹시 아껴서 좀처럼 쓰지 않는 사람.
구:두-시험(口頭試驗) 똉 질문에 따라 구두로 대답하는 시험. =구술시험.
구두-약(-藥) 똉 구두에 칠하여 윤이 나게 하는 약.
구두-점(句讀點)[-쩜] 똉[언] 글의 뜻을 분명히 하기 위하여 찍는, 쉼표·마침표·물음표·느낌표 따위의 부호.
구두-창 똉 구두의 밑바닥에 대는 창. ¶~을 갈다.
구두-코 똉 구두의 앞쪽 끝 부분.
구둣-발[-빨/-둗빨] 똉 구두를 신은 발. ¶~로 밟다 / ~로 짓이기다.
구둣-발길[-빨낄/-둗빨낄] 똉 구두를 신은 채로 차는 발길. ¶~로 차다.
구둣-방(-房)[-빵/-둗빵] 똉 구두를 만들거나 수선하는 가게. ⓗ양화점.
구둣-솔[-쏠/-둗쏠] 똉 구두를 닦는 솔.
구둣-주걱[-쭈-/-둗쭈-] 똉 구두를 신을 때 발이 잘 들어가도록 발과 뒤축 사이에 대는, 주걱 모양의 물건.
구들 똉 고래를 켜고 흙을 덮어 방바닥을 만들고 불을 때어 난방을 하는 구조물. ¶~을 놓다. ▷온돌.
구들-장(-張) 똉 방고래를 덮는 얇고 넓은 돌. ¶~을 놓다.
구들장(을) **지다** 구들방에 눕다.
구뜰-하다 혱여 (변변찮은 국이나 찌개 따위의 맛이) 그럴듯하여 먹을 만하다. ¶**구뜰한** 된장국 냄새.
구라파(歐羅巴) 똉[지] '유럽'의 음역어.
구라파-전쟁(歐羅巴戰爭) 똉 1 '제1차 세계 대전'을 달리 이르는 말. 2 싸움이나 소란스러운 판을 속되게 비유하는 말. 3 배 속이 거북하여 꾸르륵꾸르륵하거나 설사를 비유하는 말. ¶배 속에서 ~이 일어나다.
구락부(俱樂部)[-뿌] 똉 '클럽(club)'의 일본식 음역어. 일본 음역 한자인 '俱樂部'는 일본 발음으로 '구라부(クラブ)'로서, 우리 한자음으로는 '구락부'로 읽힘. ⓗ한국에서는 지난해 섣달. 일반적으로, 연초에 바로 전 해 12월을 가리키는 뜻으로 사용되는 말임. ¶○○동사무소는 ~30일 판내 독거 노인과 결식아동들에게 쌀과 라면을 전달했다.
구:래(舊來) 똉 예로부터 내려옴.
구럭 똉 1 무엇을 담기 위하여 새끼로 그물처럼 떠서 만든 물건. 2 '망태기'의 잘못.
구렁 똉 1 땅이 옴쑥 패어 들어간 곳. 2 =구렁텅이 2. 똉어 사람이 빠질 만한 곳.
구렁이 똉 1[동] =능구렁이 1. 2 =구렁구렁이 2.
[**구렁이 담 넘어가듯**] 일을 깔끔하게 처리하지 않고 슬그머니 얼버무리는 모양.
구렁-텅이 똉 1 험하고 깊은 구렁. ¶~에 처박히다. 2 ('…의 구렁텅이'의 꼴로 쓰여) 헤어나기 어려운 좋지 않은 상황을 비유하여 이르는 말. =구렁. ¶악(惡)의 ~에 빠지다.
구레-나룻[-룯] 똉 귀밑에서 턱에 걸쳐 난 수염.
-구려 ⓔ미 1 '이다'나 형용사의 어간, 또는 어미 '-시-', '-았/었-', '-겠-'의 아래에 붙어, '하오' 할 상대에게 새롭게 인식한 사실을 감탄조로 말할 때 쓰이는 종결 어미. ¶참 고맙~. 2 '-는구려·-로구려.' 동사의 어간이나 어미 '-시-' 아래에 붙어, '하오' 할 상대에게 권하는 태도로 시키는 뜻을 나타내는 종결 어미. ¶좋도록 하~. ×-구료.
구력(球歷) 똉 당구·볼링 등을 한 경력.
구:력²(舊曆) 똉[천] =태음력. ↔신력.
구:령(口令) 똉 여러 사람이 일제히 어떤 동작을 하도록 지휘자가 크게 외치는, 단어나 짧은 구로 된 명령. '차려', '열중쉬어' 따위. ⓗ호령. ¶~ 소리 / ~을 붙이다. **구:령-하다** 자여
-구료 ⓔ미 '-구려'의 잘못.
구루마(⑨車/くるま) 똉 '수레', '달구지'로 순화.
구루-병(佝僂病)[-뼝] 똉[의] 뼈의 발육이 좋지 않아 척추가 고부라지는 병. 비타민 D의 부족으로 생기며, 유아에게 많이 나타남.
구류(拘留) 똉[법] 형법이 규정하는 형(刑)의 일종. 1일 이상 30일 미만의 기간 동안 교도소에 가두는 것으로, 자유형(自由刑) 가운데 가장 가벼움.
구:르다¹ 쟈르 〈구르니, 굴러〉 몸체나 어떤 면 위에서 일정한 방향으로 몸 전체가 돌면서 그 방향으로 나아가다. ¶공이 ~ / 바퀴가 ~.
[**굴러 온 돌이 박힌 돌 뺀다**] 외부에서 들어온 사람이 본래부터 있던 사람을 내쫓는다. [굴러 온 호박] 생각지도 않은 좋은 일이 생김.
◈ **구르는 돌에는 이끼가 끼지 않는다** [서양 격언에서] ㉠사람이 쉬지 않고 활동해야만 발전이 있다. ㉡직업이나 직장 등을 자주 바꾸면 성공하기 어렵다.
구르다² 쟈타르 〈구르니, 굴러〉 1 (발을) 힘있게 바닥에 치거나 내리 디디다. ¶발을 동동 ~. 2 그네뛰기에서, 그네가 앞뒤로 많이 움직일 수 있도록 무릎을 굽혔다 펴면서 발로 밑싣개를 힘주어 밀다.
구르몽 레미 드 (Gourmont, Rémy de) 똉[인] 프랑스의 시인·평론가 (1858~1915).
구름 똉 높이 공중에 떠 있는 작은 물방울이나 얼음 알갱이의 덩어리. 수증기가 하늘로 올라가 응결된 것으로, 흰빛이나 회색을 띰. ¶먹~ / ~이 끼다.
구름같이 모여들다 한꺼번에 많이 모여들다. ⓗ운집하다. ¶광장에 사람이 ~.
구름(을) **잡다** 막연하거나 실현성이 없는 것을 손에 넣으려 하거나 구하다. ¶금방 부자가 된다느니 출세를 한다느니 하면서 **구름 잡는** 소리만 한다.
구름-다리 똉 1 길을 가로질러 그 위로 걸쳐 놓는 다리. ⓗ육교. 2 골짜기 사이에 공중으로 걸쳐 놓은 다리.
구름-바다 똉 넓게 깔린 구름을 비유하여 이르는 말. ⓗ운해(雲海).
구름-장[-짱] 똉 넓게 퍼져 있는 두꺼운 구름 덩어리. ¶비가 오려는지 ~이 까맣게 몰려온다.
구름-판(-板) 똉[체] 멀리뛰기나 뜀틀 운동에서, 뛰기 직전에 발을 구르는 판. =도약판.
구릉(丘陵) 똉[지] 고도가 산보다 낮고 완만하게 경사진 땅. ⓗ언덕.
구릉-지(丘陵地) 똉[지] 높이 300m 미만의 밋밋한 기복이 있는 산지.
구리 똉[화] 광택이 있는 붉은색의 금속 원

소. 원소 기호 Cu, 원자 번호 29, 원자량 63.546. 전성(展性)·연성(延性)이 뛰어나고, 열이나 전기 전도성이 높아 널리 쓰임. =동(銅).

구리다 휑 **1** (냄새가) 사람의 똥이나 방귀에서 나는 것과 같거나 비슷하다. ¶구린 냄새. **2** (하는 짓이) 지저분하고 더럽다. **3** 떳떳하지 못하고 거리끼는 데가 있다. ¶순이가 날 피하는 걸 보니 구린 데가 있는 모양이다. ㉠고리다. ㉰쿠리다.

구리-줄 명 구리로 만든 줄. =동선.

구리-철사(-鐵絲) [-싸] 명 구리로 가늘게 뽑은 철사.

구린-내 명 구린 냄새. ¶~를 풍기다. ㉰고린내. ㉰쿠린내.

구린내가 나다 1 구린 냄새가 풍기다. **2** 수상쩍어 의심스러운 느낌이 들다. ¶공연히 변명을 늘어놓는 걸 보면 그 녀석한테서 뭔가 **구린내가 나긴** 나는데….

구릿-빛 [-릳삗/-릳삗] 명 구리의 빛깔처럼 검붉은 빛. ㉰적갈색. ¶건강한 ~ 피부.

구마라습(鳩摩羅什) 명 [인] '쿠마라지바'의 한자식 이름.

구만 어미 '-구먼'의 잘못.

구만리-장천(九萬里長天) [-만-] 명 끝없이 높고 너른 하늘을 일컫는 말.

구매(購買) 명 물건 따위를 사들이는 것. ㉰구입. ¶~전. **구매-하다** 匣타여 ¶생필품을 ~.

구매-력(購買力) 명 [경] 상품을 살 수 있는 재력(財力).

구매-욕(購買欲) 명 어떤 상품을 사고 싶은 욕구. ¶소비자의 ~을 자극하는 광고.

구매-자(購買者) 명 물건을 사는 사람.

-구먼 어미 '이다'나 형용사의 어간, 또는 어미 '-시-', '-았/었-', '-겠-'의 아래에 붙어, '해' 할 상대를 의식하면서 혼잣말처럼 어떤 사실에 대한 느낌을 말하거나 어떤 사실을 확인하는 뜻을 나타내는 종결 어미. ¶맛이 괜찮~. ▷-는구먼·-로구먼. ×-구만·-구먼.

구멍 명 **1** 들어졌거나 파낸 자리. ¶쥐 ~/바늘 ~/단추 ~. **2** 어려운 상황에서 벗어날 길. **3** 허술한 구석이나 빈틈. ¶일에 ~이 생기다.

구멍-가게 명 비교적 값싼 일상 잡화를 파는, 규모가 작은 가게.

구멍-탄(-炭) 명 '연탄'을 구멍이 뚫려 있다 하여 이르는 말.

구메-밥 명 죄수에게 벽 구멍으로 몰래 들여보내는 밥.

구면[1] 명 '-구먼'의 잘못.

구면(球面) 명 **1** 구(球)의 표면. **2** [수] 일정한 점으로부터 입체적으로 일정한 거리에 있는 점의 자취.

구면[3](舊面) 명 어떤 사람과 이전에 한두 번 만난 적이 있어 서로 얼굴이나 알고 있는 처지나 관계. ¶그 사람과는 지난 모임에서 인사했으니 ~인 셈이다. ↔초면.

구명[1](究明) 명 (사물의 본질·원리 등을) 깊이 연구하여 밝히는 것. **구명-하다** 匣타여 ¶학문이란 무릇 진리를 **구명하는** 작업이다. **구명-되다** 匣자여

구:명[2](救命) 명 위험한 상태에 있는 사람의 목숨을 구하는 것. ¶~ 운동. **구:명-하다** 匣타여 **구:명-되다** 匣자여

구:명[3](舊名) 명 옛날 이름. 또는, 전의 이름.

구:명-대(救命帶) 명 물에 빠져도 몸이 뜨도록 허리에 두르는 띠.

구:명-동의(救命胴衣) [-의/-이] 명 =구명조끼.

구:명-정(救命艇) 명 바다에서 사고가 생겼을 때 인명을 구조하기 위한 보트. 본선(本船)에 싣고 다님.

구:명-조끼(救命-) 명 배나 비행기를 타다가 조난을 당했을 때, 몸이 물 위에 떠 있게 하기 위해 웃몸에 걸쳐 입는 조끼 모양의 물건. =구명동의.

구본[1](口本) 명 흥정을 붙여 주고 그 보수로 받는 돈. ㉰구전(口錢). ¶~은 톡톡히 드릴 테니 계약만 성사시켜 주십시오.

구문[2](構文) 명 단어나 형태소 등이 어울려 문장을 이루는 일이나 방식. 또는, 그 문장.

구문[3](歐文) 명 유럽 여러 나라의 글 또는 글자. 좁은 뜻으로는 '로마자'를 가리킴.

구:문(舊聞) 명 전에 들은 이야기나 소문. ↔초문.

구미[1](口味) 명 음식을 대하거나 맛을 보았을 때 느껴지게 되는 먹고 싶은 충동. ㉰입맛.

구미가 당기다 욕심이나 관심이 생기다. ¶내가 좋은 돈벌이가 있다고 했더니 그 녀석 **구미가 당기는** 모양이더라.

구미[2](歐美) 명 **1** 유럽 주와 아메리카 주. **2** 유럽과 미국.

구미-호(九尾狐) 명 **1** 꼬리가 아홉 개나 된다는 오래 묵은 여우. **2** 교활한 사람을 일컫는 말.

구민(區民) 명 구(區) 안에 사는 사람. ¶선거구 ~/지역구 ~.

구박(驅迫) 명 (어떤 사람을) 못 견디게 다그치고 괴롭히는 것. ¶계모로부터 온갖 ~을 받다. **구박-하다** 匣타여

구배(勾配) 명 **1** [건] '물매'로 순화. **2** [수] '기울기'로 순화.

구법[1](求法) 명 [불] 불교의 진리를 구하는 것. ㉰구도(求道). **구법-하다** 匣자여

구:법[2](舊法) [-뻡] 명 전날의 법률. ↔신법(新法).

구:변(口辯) 명 남 앞에서 말하는 솜씨. ㉰언변. ¶~이 좋다.

구:변-머리(口辯-) 명 '구변'을 속되이 이르는 말. ¶~가 없어 할 말도 못한다.

구별(區別) 명 (둘 이상의 대상을) 어떤 대상과 다른 대상을 서로 다른 것으로 가르거나 나누어 헤아려 아는 것. ¶남녀의 ~이 안 가는 옷차림. **구별-하다** 匣타여 ¶공과 사를 ~. **구별-되다** 匣자여

구보(驅步) 명 (사람이) 달리는 것. 주로, 군대나 기타의 집단에서 훈련으로 하는 달리기를 가리킴. ¶~로 연병장을 돌다. **구보-하다** 匣자여

구부러-뜨리다/-트리다 匣타 구부러지게 하다. ㉰철사를 ~. ㉰꾸부러뜨리다.

구부러-지다 匣자 한쪽으로 휘어지다. ¶구부러진 가지. ㉰고부라지다. ㉰꾸부러지다.

구부리다 匣타 '꾸부리다'의 여린말.

구부정-하다 匣여 조금 휘어 있다. ¶등이 ~. ㉰꾸부정하다. **구부정-히** 匣

구분(區分) 명 (대상을) 어떤 기준에 의해 나누어 따로따로의 상태가 되게 하는 것. ㉰구별. ¶시대 ~. **구분-하다** 匣타여 **구분-되다** 匣자여 ¶이 아파트는 화장실과 욕실이 **구분되어** 있다.

구불-거리다/-대다 〖동〗〈재〉 '꾸불거리다'의 여린말.
구불-구불 〖부〗 '꾸불꾸불'의 여린말. **구불-하다** 〖형〗
구:비¹(口碑) 〖명〗 예로부터 전해 내려오는 말. 〖비〗구전(口傳). ¶~ 설화.
구비²(具備) 〖명〗 필요한 것이나 내용 등을 빠짐없이 갖추는 것. **구비-하다** 〖동〗〈타여〉 ¶서류를 ~. **구비-되다** 〖동〗〈자〉
구:비-문학(口碑文學) 〖문〗 문자에 의하지 않고 입으로 전해 내려온 문학. 설화·민요·판소리·무가·민속극·속담 등이 이에 속함.
구사(驅使) 〖명〗 (말이나 수단·수법 따위를) 능숙하게 다루거나 부리어 사용하는 것. **구사-하다** 〖동〗〈타여〉 ¶중국어를 유창하게 ~. **구사-되다** 〖동〗〈자〉
구:사-대(救社隊) 〖명〗 회사의 편에 서서 노동조합을 탄압하고 와해시키기 위해 급조된 어용 조직. ¶~가 쇠 파이프와 각목을 들고 농성장을 습격했다.
구사-력(驅使力) 〖명〗 말이나 수사법·기교·수단 등을 능숙하게 다루거나 부리어 사용하는 능력. ¶어휘 ~.
구사-일생(九死一生) 〖명〗 여러 차례 죽을 고비를 겪고 겨우 살아난 것을 이르는 말. ¶난파선에서 ~으로 살아나다.
구산-문(九山門) 〖명〗〈불〗 신라 하대부터 고려 초기에 걸쳐 달마(達磨)의 선법(禪法)을 종지로 삼아 그 문풍(門風)을 유지해 온 아홉 불교 선파(禪派).
구상¹(具象) 〖명〗 1 = 구체(具體)¹. 2 〖미〗 사물의 형체를 재현한 회화나 조소. ↔ 비구상(非具象).
구상²(球狀) 〖명〗 공같이 둥근 모양.
구상³(構想) 〖명〗 1 (장차 하고자 하는 일을) 앞으로 어떤 방법으로 이룰 것인가를 이모저모로 생각하고 계획을 세우는 것. ¶사업 ~. 2 (장차 창작하고자 하는 작품을) 그 내용과 짜임새, 형식 등에 있어서 어떤 식으로 완성할 것인지를 궁리하는 것. **구상-하다** 〖동〗〈타여〉 ¶작품을 ~.
구상^무:역(求償貿易) 〖경〗 일정 기간의 수입액과 수출액이 균형을 이루도록 무역 상대국과 협정하는 무역 제도.
구상^성단(球狀星團) 〖천〗 수십만 개 이상의 항성이 구상으로 모여 있는 천체. ↔ 산개 성단.
구:상유취(口尙乳臭) [-뉴-] 〖명〗 [입에서 아직 젖내가 난다는 뜻] 말이나 하는 짓이 유치함.
구상-화(具象畫) 〖명〗〖미〗실재(實在)하거나 또는 상상할 수 있는 사물을 사실적으로 표현한 그림. ↔ 추상화.
구새 〖명〗 '구새통'의 준말.
 구새(가) 먹다 크게 자란 나무의 속이 썩어서 구멍이 나다. ¶구새 먹은 고목.
구새-통(-筒) 〖명〗 속이 썩어서 구멍이 생긴 통나무. ⦗준⦘구새.
구색(具色) 〖명〗 벌여 놓은 여러 가지 물건이 골고루 또는 빠짐없이 갖추어진 상태.
 구색(을) 맞추다 여러 가지가 골고루 갖추어지게 하다. ¶그 물건은 **구색을 맞추**려고 갖다 놓은 거에요.
 구색이 맞다 여러 가지가 골고루 갖추어지다.
구-서당(九誓幢) 〖명〗〖역〗 통일 신라 시대에 수도 경비를 위해 중앙군(中央軍)으로 조직한 9개 군대.

구석 〖명〗 1 모퉁이진 곳의 안쪽. 2 (방·집 등의 말 뒤에 쓰이) 어떤 바깥에 대하여, 그 '안'을 속되게 이르는 말. ¶허구한 날 방~에 처박혀 뭘 하는 게냐? 3 (시골·촌 등의 말 뒤에 쓰이) 드러나지 않는 치우친 곳임을 얕잡아 이르는 말. ¶촌~.
구석-구석 [-꾸-] 〖명〗〖부〗이 구석 저 구석. 구석마다. ¶방 안을 ~ 깨끗이 청소하다.
구:-석기(舊石器) [-끼] 〖역〗 구석기 시대에 인류가 만들어 쓴 뗀석기.
구:석기^시대(舊石器時代) [-끼-] 〖명〗〖역〗석기 시대의 전기(前期). 약 70만~1만 년 전에 해당하는데, 뗀석기·골각기를 사용했고 채집·수렵 생활을 했음. ▷ 신석기 시대.
구석-방(-房) [-빵] 〖명〗 집의 한구석에 있는 방. ¶~에 틀어박히다.
구석-빼기 〖명〗 썩 치우쳐 박힌 구석.
구석-지다 [-찌-] 〖형〗 위치가 한쪽으로 치우쳐 으슥하다. ¶**구석진** 골방.
구:-설수(口舌數) [-쑤-] 〖명〗 어떤 실수로 남들의 입에 올라 시빗거리가 되거나 비난을 받게 되는 운수. ¶~에 오르다.
구성(構成) 〖명〗 1 각각의 요소를 얽어서 하나의 통일체로 만드는 일. 또는, 그 결과. 2 〖문〗 소설·희곡 등의 줄거리. 또는, 줄거리에 나오는 여러 가지 사건을 통일성 있게 얽어 짜는 일과 그 수법. = 플롯. ¶이 소설은 ~이 허술하다. 3 〖음〗색채·형태와 같은 요소를 일정적이고 조화롭게 조합하는 일. **구성-하다** 〖동〗〈타여〉 ¶내각을 ~. **구성-되다** 〖동〗〈자〉
구성-없다 [-업따] 〖형〗 격에 어울리지 않다. 〖비〗멋없다. ¶**구성없는** 짓을 하다. **구성없-이** 〖부〗
구성-원(構成員) 〖명〗 어떤 조직을 이루고 있는 사람. ¶회의의 ~.
구성-작가(構成作家) [-까] 〖명〗 방송에서, 드라마를 제외한 다큐멘터리·교양·오락 등의 프로그램을 기획하고 그 내용이 되는 원고를 쓰는 사람.
구성-지다 〖형〗 (대상이) 분위기에 잘 어울려 멋지고 흥겹다. ¶**구성진** 노랫가락.
구:-세계(舊世界) [-계/-게] 〖지〗 = 구대륙. ↔ 신세계.
구:세-군(救世軍) 〖기〗 개신교의 한 파. 중생(重生)·성결·봉사를 중히 여기며, 군대식 조직으로 복음 전도와 사회사업에 힘씀.
구:-세대(舊世代) 〖명〗 시대의 변화에 잘 따르지 못하는 나이 든 세대. 일반적으로, 40대 이상의 세대를 가리킴. ↔ 신세대.
구:세-제민(救世濟民) 〖명〗 어지러운 세상을 바로잡고 고통받는 민중을 구제함.
구:세-주(救世主) 〖명〗 1 〖가〗〖기〗 인류를 죄악에서 구원하는 주라는 뜻으로 '예수 그리스도'를 일컫는 말. = 구주(救主). ⦗비⦘메시아. 2 어려움이나 괴로움에서 구해 주는 사람을 비유적으로 이르는 말.
구:-소설(舊小說) 〖문〗 '고대 소설'을 '신소설'에 상대하여 이르는 말.
구속(拘束) 〖명〗 1 행동이나 의사의 자유를 제한하는 것. 2 〖법〗 (피의자나 피고인을) 수사나 공판, 형의 집행 확보를 위해 강제적으로 일정한 장소에 가두어, 신체의 자유를 주지 않는 일. ▷ 구금·구인. **구속-하다** 〖동〗〈타여〉 ¶검찰이 공무원을 수뢰

혐의로 ~. **구속-되다** [동][자]

구속²(球速) [명][체] 야구에서, 투수가 던지는 공의 속도.

구속-력(拘束力) [-송녁] [명][법] 어떤 행동을 하지 못하게 하는 강제적인 힘.

구속^영장(拘束令狀) [-송녕짱] [명][법] 피의자의 신체를 구속하는 명령서. 검사의 신청으로 판사가 발부함. ¶~을 발부하다.

구수-하다 [형][여] **1** 맛이나 냄새가 보리차나 숭늉의 것과 같거나 비슷하다. ¶**구수한** 숭늉 맛. [작]고소하다. **2** (말이나 이야기가) 친밀감 있게 은근히 마음을 끄는 상태에 있다. ¶**구수한** 옛날이야기. **구수-히** [부]

구순(九旬) [명] 아흔 살. ¶~ 노모.

구ː술(口述) [명] 입으로 말하는 것. **구ː술-하다** [동][타][여]

구ː술-시험(口述試驗) [명] =구두시험.

구슬 [명] **1** 동그란 모양의 보석이나 진주. 장신구로 흔히 이용됨. ¶옥 ~. **2** 사기나 유리로 조그맣고 둥글게 만든 장난감.
[**구슬이 서 말이라도 꿰어야 보배**(라)] 아무리 좋은 것이라도 쓸모 있게 만들어 놓아야 값어치가 있다는 말.

구슬-땀 [명] 구슬처럼 방울방울 맺힌 땀. ¶이마에 ~이 맺히다.

구슬리다 [동][타] (다른 사람을) 자기 뜻에 따르도록 하기 위해 기분을 맞추어 주거나 듣기 좋은 말을 하거나 금품을 주거나 하면서 마음이 움직이게 하다. ¶나는 그를 **구슬려** 내 편으로 만들었다.
구슬려 삶다 구슬려 마음이 솔깃하도록 만들다. ¶반대하는 친구를 ~.

구슬-치기 [명] 구슬을 가지고 노는, 아이들의 놀이.

구슬프다 [형] <구슬프니, 구슬퍼> (노래나 곡조나 소리 따위가) 슬픔을 느끼게 하는 특성이 있다. ¶**구슬픈** 피리 소리.

구슬피 [부] 구슬프게. ¶~ 울다.

구ː습(舊習) [명] 예로부터 전해 오는 관습. ¶~을 타파하다.

구ː-시가(舊市街) [명] 신시가에 대하여, 그 전부터 있던 시가. ↔신시가.

구ː-시대(舊時代) [명] 이미 지나간 시대. ¶~의 유물. ↔신시대.

구ː시대-적(舊時代的) [관][명] 구시대 특유의 (것). 또는, 새로운 시대에 있을 수 없거나 있어서는 안 되는 (것). ¶~ 발상.

구시렁-거리다/-대다 [동][자] 혼잣말이나 불평조의 말을 자꾸 하다. ¶김 씨는 얄팍한 봉투를 받아 쥘 때면 늘 일당이 적다며 **구시렁거렸다**. [작]고시랑거리다. ×군시렁거리다.

구시렁-구시렁 [부] 구시렁거리는 모양. [작]고시랑고시랑. **구시렁구시렁-하다** [동][자][여]

구ː식(舊式) [명] **1** 신식에 대하여, 예전의 방식이나 격식·형식. ¶~ 결혼식. **2** 시대에 뒤떨어진 것. ¶~ 옷차림. ↔신식.

구실¹ [명] **1** 어떤 자격의 사람으로서 마땅히 해야 할 일. ¶사람 ~. **2** 사물이 수행하는 기능. [비]역할. ¶권익 단체가 아무 ~도 못 하고 있다.

구ː실²(口實) [명] 어떤 목적을 이루기 위해 다른 사람에게 내세우는 그럴듯한 이유. [비]핑계. ¶빠져나갈 ~을 찾다.

구심¹(求心) [명][물] 원운동을 하는 물체가 운동의 중심 쪽으로 가까이 가려고 하는 작용. ↔원심(遠心).

구심²(球審) [명][체] 야구에서, 캐처 뒤에서 볼·스트라이크 등의 판정이나 시합의 진행을 담당하는 심판. ▷누심(壘審).

구심-력(求心力) [-녁] [명][물] 물체가 원운동을 할 때, 그 원의 중심을 향하여 작용하는 힘. ↔원심력.

구심-점(求心點) [-쩜] [명] **1** 구심 운동의 중심점. **2** 핵심적인 역할을 하는 인물이나 단체 등을 비유적으로 이르는 말. ¶대한민국 임시 정부는 항일 민족 운동의 ~이었다.

구십(九十) Ⅰ[수] '아흔' 과 같은 뜻의 한자어 계통의 수사. 아라비아 숫자로는 '90', 로마 숫자로는 'XC' 로 나타냄.
Ⅱ[관] '아흔', '아흔째' 의 뜻. ¶~ 명.

구아노(guano) [명] 해조(海鳥)의 배설물이 퇴적하여 덩어리가 된 것. 비료로 쓰임.

구아닌(guanine) [명][화] 핵단백질이 분해되어 생기는 유기 화합물. 물고기 비늘, 포유류의 간이나 이자 등에 들어 있으며, 화학 약품·조미료의 원료로 쓰임.

구아슈([프]gouache) [명][미] 불투명한 수채 물감. 또는, 그것으로 그린 그림.

구ː악(舊惡) [명] 전날의 사회적인 여러 가지 악습이나 병폐. ¶~을 일소하다.

구ː안-와사(口眼喎斜) [명][한] 입과 눈이 한쪽으로 돌아가는 증세.

구애¹(求愛) [명] (이성의 상대에게) 자기의 사랑을 받아 달라고 하는 것. **구애-하다** [동][자][여]

구애²(拘礙) [명] (어떤 일에) 거리끼거나 얽매이는 것. ¶시간에 ~받지 말고 신중히 생각해서 결정하여라. **구애-되다** [동][자]

구ː약(舊約) [명] **1** [가][기] 예수 탄생 이전에 하느님이 이스라엘 백성과 맺었다는 계약. **2** [성] '구약 성서' 의 준말. ↔신약.

구약-나물(蒟蒻-) [-양-] [명][식] 땅속에 있는 큰 알줄기에서 잎자루가 나와 1m가량 자라며, 알줄기로 곤약이라는 식품을 만드는 여러해살이풀.

구ː약^성ː서(舊約聖書) [-썽-] [명][성] 성서의 한 부분. 예수 탄생 이전 이스라엘 민족의 역사와 하느님의 구원의 약속을 내용으로 함. 39권. [준]구약. ▷신약 성서.

구양-수(歐陽脩) [명][인] 송나라의 정치가·문인(1007~1072).

구양-순(歐陽詢) [명][인] 당나라의 서예가(557~641).

구ː어(口語) [명][언] 문장에서만 쓰는 특별한 말이 아니라, 일상 대화에서 쓰는 말. =입말. ↔문어(文語).

구ː어-체(口語體) [명][언] 구어로 된 문체. =말체·입말체. ↔문어체.

구역(區域) [명] **1** 갈라놓은 지역이나 범위. [비]구(區). ¶관할 ~. **2** [가][기] 교회의 신자를 지역에 따라 나눈 단위.

구역-질(嘔逆-) [-찔] [명] 속이 메스꺼워 토하려고 웩웩거리는 일. **구역질-하다** [동][자][여]

구ː연¹(口演) [명] (동화·야담 등을) 입으로 실감 나게 소리 내어 이야기하는 것. [비]구술. **구ː연-하다** [동][타][여]

구ː연²(舊緣) [명] 예전에 맺은 인연. 또는, 예전부터 이어 내려오는 인연.

구ː연-동화(口演童話) [명] 어린이를 상대로 가벼운 몸짓과 함께 입으로 실감 나게 소리 내어 들려주는 동화.

구연-산(枸櫞酸) [명][화] =시트르산.

구완 명 (아픈 사람이나 해산하는 사람을) 곁에서 시중드는 것. 구완-하다 타여

구운몽(九雲夢) 명 [책] 조선 숙종 15년 (1689)에 김만중이 지은 국문 소설. 성진 (性眞)이 여덟 선녀와 함께 인간으로 환생하여 부귀영화를 누리다가 깨고 보니 꿈이었다는 즐거리임.

구워-삶다[-삼따] 타ㅂ 구슬러 말을 듣게 하다. ¶친구를 구워삶아 돈을 빌리다.

구:원¹(久遠) 명 영원하고 무궁한 것. ¶~의 여인상. **구:원-하다** 형여

구:원²(救援) 명 1 (어려움이나 위험에 빠진 사람을) 구하여 돕는 것. ¶~의 손길을 뻗치다. 2 [가][기] 인류를 죄악과 고통과 죽음에서 건져 내는 것. **구:원-하다** 타여 **구:원-되다** 자

구:원-병(救援兵) 명 구원하는 군대나 병사. ¶~을 요청하다.

구:원 투수(救援投手) 명 [체] 야구에서, 먼저 던지던 투수가 상대 타자들에게 계속 안타를 맞거나 위기에 몰렸을 때, 그 위기를 넘기기 위해 대신 등판하는 투수.

구월(九月) 명 한 해의 열두 달 가운데 아홉째 달.

구월-산(九月-) [-싼] 명 황해도에 있는 산. 단군 신화에 얽힌 유적이 많음. 높이 954m.

구위(球威) 명 [체] 야구에서, 투수가 던지는 공의 위력.

구유 명 마소의 먹이를 담아 주는 나무 그릇.

구:음(口音) 명 1 [언] 구강(口腔)으로만 기류를 통하여 내어 내는 소리. ↔비음(鼻音). 2 [음] 국악에서, 거문고·가야금·피리·해금·장구 등의 악기의 소리를 의성화하여 나타낸 소리.

구이 명 고기나 생선에 양념을 하여 구운 음식. 생선~ / 갈비~.

구인¹(求人) 명 쓸 사람을 구하는 것. ¶~ 광고.

구인²(拘引) 명 [법] 법원이 신문하기 위하여 피고인이나 증인 등을 일정한 장소로 끌고 가는 강제 처분. 소환에 응하지 않는 경우에 한하며, 영장에 의하여 집행됨. ▷구속(拘束). **구인-하다** 타여

구:인³(舊人) 명 [고고] 약 30만 년 전부터 3만 5000년 전에 나타난 화석 인류. 원인(原人)과 신인(新人)의 중간 형태임. 네안데르탈인이 대표적임.

구인-난(求人難) 명 필요한 사람을 구하기가 힘듦.

구인-란(求人欄) [-난] 명 신문 등의 구인 광고를 싣는 난(欄). ¶~에 광고를 내다.

구인-장(拘引狀) [-짱] 명 법원이 피고인 또는 사건 관계인·증인 등을 구인하기 위하여 발부하는 영장.

구일일^테러/9·11 테러(九——terror) 명[역] 2001년 9월 11일, 미국 뉴욕의 세계 무역 센터인 쌍둥이 건물이 2대의 비행기에 의한 의도적 충돌로 완전히 붕괴된 사건. 사건의 배후 인물은 아랍계 테러리스트 빈라덴으로 알려져 있음.

구입(購入) 명 물건을 사들이는 것. 구매. ¶물품 ~. **구입-하다** 타여 ¶할부로 ~.

구장(球場) 명 구기(球技)를 하는 운동장. 특히, 야구장을 가리키는 경우가 많음.

구저분-하다 형여 더럽고 지저분하다. ¶구저분한 옷차림.

구:전¹(口傳) 명 (노래·이야기 등이) 문자에 의하지 않고 입에서 입으로 전해 내려오는 것. ¶구비(口碑). 타여 **구:전-되다** 자여 ¶이곳에서 용이 승천했다는 전설이 **구전되어** 온다.

구전²(口錢) 명 =구문(口文)¹.

구절(句節) 명 한 도막의 말이나 글. ¶시의 한 ~. ×귀절.

구절-초(九節草) 명 [식] 땅속줄기가 옆으로 길게 벋어 번식하는, 들국화와 비슷한 여러해살이풀. 가을에 흰색·연분홍색 꽃이 핌. 산과 들에 흔히 자라며, 약용함.

구절-판(九折板) 명 1 구절판찬합에 담아 먹는 우리나라 고유의 음식. 둘레의 여덟 칸에 각각 여덟 가지 음식을 담고, 가운데 둥근 칸에는 전병을 담아, 둘레의 음식을 골고루 조금씩 전병에 싸서 먹음. 2 =구절판찬합.

구절판-찬합(九折板饌盒) 명 여덟모가 난 나무 그릇. 가운데 칸을 둥글게 하고, 그 둘레를 여덟 칸으로 나누었음. =구절판.

구접-스럽다[-쓰-따] 형ㅂ <-스러우니, -스러워> 1 (어느 곳이) 너절하고 더럽다. 2 (하는 짓이) 추잡하고 지저분하다. **구접스레** 부

구:정(舊正) 명 지난날, 정부가 양력 설을 명절로 공식화했던 시절에 음력 1월 1일을 이르던 말. ↔신정.

구정-물 명 빨래나 설거지를 하여 더러워진 물. =오수(汚水).

구:제¹(救濟) 명 1 불행이나 재해를 만난 사람을 도와주는 것. 2 [불] 고통받는 사람들을 제도(濟度)하는 것. **구:제-하다** 타여 ¶빈민을 ~. **구:제-되다** 자여

구제²(驅除) 명 (해충 따위를) 몰아내어 없애 버리는 것. ¶해충 ~. **구제-하다** 타여 ¶벼멸구를 ~.

구:제^금융(救濟金融) [-늉/-금늉] 명 [경] 기업의 도산을 구제하기 위하여 금융 기관이 정책적으로 행하는 금융.

구:제-역(口蹄疫) 명 [의] 소나 돼지 등에게 잘 걸리는 바이러스성 전염병. 입 안의 점막이나 발톱 사이의 피부에 물집이 생겨 짓무르는 증세를 보임.

구:제-책(救濟策) 명 불행이나 재해를 당한 사람을 돕기 위한 대책.

구:제-품(救濟品) 명 불행이나 재해를 당한 사람을 돕기 위하여 보내 주는 물건. ¶수재민에게 ~을 보내다.

구:조¹(救助) 명 재난을 당하여 위기에 빠진 사람을 구하여 주는 것. **구:조-하다** 타여 ¶조난자를 ~. **구:조-되다** 자여 ¶그는 익사 직전에 **구조되었다**.

구조²(構造) 명 1 사물의 부분들이 서로 결합하여 전체를 이루고 있는 짜임새. ¶건물의 내부 ~. 2 요소들이 조직되어 이루어지는 질서나 체계. ¶복잡한 유통 ~.

구:조-대¹(救助袋) 명 고층 건물의 화재 때 인명 구조에 쓰이는 긴 부대. 사람이 이 속으로 미끄러져 내려옴.

구:조-대²(救助隊) 명 일정한 장비를 갖추고 위험에 빠진 사람이나 물건을 구하기 위해 조직된 사람들. ¶119 ~.

구:조-물(構造物) 명 건물·다리·터널 등과 같이 여러 가지 재료를 얽어서 만든 물건. ¶콘크리트 ~.

구:조-사다리(救助-) 명 화재 등으로 위험한 경우 고층 건물에서 사람을 구출하기 위하여 쓰는 높은 사다리.

구조^역학(構造力學) [-여칵] 명 [공] 역학의 일반 원리를 각종 형태를 가진 구조물에 적용하여, 구조물에 대한 각종 힘의 영향을 연구하는 응용 역학의 한 부문.

구조-적(構造的) 관형 **1** 구조에 관계되는 (것). **2** 구조를 이루고 있는 (것). ¶사회의 ~ 모순.

구조적 실업(構造的失業) [경] 자본주의의 경제 구조로 말미암아 발생하는 만성적이고 장기적인 실업.

구조^조정(構造調整) 명 [경] 기업이나 산업의 구조적인 불합리를 해결하거나 조정하는 일.

구조-주의(構造主義) [-의/-이] 명 인간 사회의 여러 현상을 전체 체계에 내재해 있는 구조들 속에서 파악하려고 하는 지적 경향이나 입장.

구족(九族) 명 **1** 고조·증조·조부·아버지·자기·아들·손자·증손·현손의 직계친(直系親). **2** 외조부, 외조모, 이모의 자녀, 장인, 장모, 고모의 자녀, 자매의 자녀, 딸의 자녀 및 자기 동족.

구족-계(具足戒) [-계/-꼐] 명 [불] 비구(比丘)와 비구니가 지켜야 할 계.

구!족-화가(口足畫家) [-조콰-] 명 신체 장애로 손을 쓸 수 없어 붓을 입에 물거나 발로 잡고 그림을 그리는 화가.

구종(驅從) 명 [역] 벼슬아치를 모시고 따라다니는 하인.

구!좌(口座) 명 [경] '계좌(計座)'로 순화.

구!주-**¹**(舊主) [기] = 구세주1.

구!주²(舊株) 명 [경] 종래의 주식을, 자본의 증가로 새로 발행한 주식에 대하여 이르는 말. ↔신주.

구중-궁궐(九重宮闕) 명 ['문이 겹겹이 이어진 깊은 궁궐'이라는 뜻] 임금이 있는 대궐 안.

구지-가(龜旨歌) 명 [문] 가야의 건국 신화에 나오는 가요. 가야의 추장들이 구지봉에 모여 수로왕을 맞을 때 불렀다 함.

구지레-하다 형여 지저분하고 더럽다. ¶구지레한 세간.

구직(求職) 명 일자리를 구하는 것. ¶~난(難) / ~ 광고.

구직-자(求職者) [-짜] 명 일자리를 구하는 사람.

구질(球質) 명 [체] 야구·탁구·테니스 등에서 던지거나 치는 공의 속도·회전 등의 성질. ¶~이 까다로운 투수.

구질-구질 부 (하는 짓이나 상태가) 깨끗하지 못하고 구저분한 모양. **구질구질-하다** 형여 ¶구질구질한 날씨가 계속되다.

구:-식(舊式) [-씩] 명 옛날의 낡은 사회 질서와 체계.

구!차-스럽다(苟且-) [-따] 형비⟨ㅅ⟩ 스러우나, ~스러워⟩ 구차한 데가 있다.

구!차-하다(苟且-) 형여 **1** (말이나 행동을 대하기에 떳떳하지 못하다. ¶구차한 변명을 늘어놓다. **2** 살림이 가난하여 어렵다. ¶구차한 살림. **구!차-히** 부

구척-장신(九尺長身) [-짱-] 명 ['키가 아홉 자나 된다는 뜻] 아주 큰 키, 또는, 그런 사람.

구천(九泉) 명 [불] 땅속 깊은 밑바닥이라는 뜻으로, 죽은 뒤에 넋이 돌아가는 곳을 이르는 말.

구첩-반상(九-飯床) [-빤-] 명 밥·국·김치·찌개(2가지)·찜(2가지)·간장·초간장·초고추장을 기본 음식으로 하여, 생채(2가지)·숙채·구이(2가지)·조림·전·마른찬(또는 젓갈)·회의 9가지 반찬을 갖춘 상차림. 또는, 그 그릇 한 벌.

구청(區廳) 명 구(區)의 행정 사무를 맡아보는 관청.

구청-장(區廳長) 명 구의 행정을 책임지는 직위. 또는, 그 직위에 있는 사람.

구체¹(具體) 명 **1** 사물이 개별적으로 일정한 모습을 갖추고 있음. =구상(具象).

구체²(球體) 명 공 모양으로 된 물체.

구체^명사(具體名詞) 명 [언] 어떤 형체나 형태를 갖춘 물체나 대상을 나타내는 명사. 사람·나무·돌 따위. ↔추상 명사.

구체-성(具體性) [-씽] 명 구체적인 성질. ↔추상성.

구체-적(具體的) 관형 **1** 사물이 실제적이고 개별적인 형태를 갖추고 있는 (것). **2** 실제적이고 세밀한 부분까지 다루고 있는 (것). ¶~인 예를 들다. ↔추상적.

구체-화(具體化) 명 **1** 구체적으로 되게 하는 것. **2** 계획 따위가 실행으로 옮겨지는 것. **구체화-하다** 동자타여 ¶계획을 ~. **구체화-되다** 동자

구촌(九寸) 명 **1** 고조부의 친형제의 증손자·증손녀, 한 항렬 위임. **2** 자기와 구촌 아저씨·아주머니 또는 자기와 구촌 조카와의 촌수.

구축¹(構築) 명 **1** (어떤 구조물이나 진지 등을) 쌓아 올리는 것. **2** (일의 체계·체제 등을) 기초를 닦아 세우는 것. **구축-하다** 동타여 ¶진지를 ~. **구축-되다¹** 동자

구축²(驅逐) 명 몰아내어 쫓아내는 것. **구축-하다²** 동타여 ¶악화가 양화를 ~. **구축-되다²** 동자

구축-함(驅逐艦) [-추캄] 명 [군] 어뢰·폭뢰 등을 장비하고 고속으로 항해할 수 있는 소형의 함정.

구!출(救出) 명 (사람을) 위험에서 구해내는 것. **구!출-하다** 동타여 ¶갱(坑)에 갇힌 광부를 ~. **구!출-되다** 동자

구충-제(驅蟲劑) [약] **1** 몸속의 기생충을 없애는 데 쓰는 약. **2** 살충제.

구!취(口臭) 명 입에서 나는 좋지 않은 냄새. =입내.

구치(拘置) 명 (피의자나 범죄자 등을) 일정한 곳에 가두어 두는 것. **구치-하다** 동타여

구치-감(拘置監) 명 구속된 피의자들이 검찰 조사를 받기 위해 대기하는, 검찰청 내의 방.

구치-소(拘置所) 명 형사 피의자 또는 형사 피고인으로서 구속 영장의 집행을 받은 사람을 수용하는 시설.

구!칭(舊稱) 명 전에 일컫던 이름. ¶형무소는 교도소의 ~이다.

구타(毆打) 명 (사람을) 주먹이나 발, 몽둥이 따위로 마구 때리는 것. **구타-하다** 동타여

구!태(舊態) 명 예전 그대로의 낡은 모습.

구태-여 부 (주로, '없다', '않다'와 함께 쓰이거나 반어 의문문에 쓰여) 일부러 애써. ¶네가 ~ 올 필요는 없다.

구!태의연-하다(舊態依然-) 형여 조금도 진보·발전되지 못하고 예나 이제나 다름이 없다. ¶구태의연한 사고방식.

구텐베르크(Gutenberg, Johannes) 명 [인] 독일의 활판 인쇄술의 발명자(1398?~1468).

구토(嘔吐) 명 위 속에 들어간 음식물이

어떤 이유에 의해 통제할 수 없는 상태로 입 밖으로 나오는 일. ®욱지기. **구토-하 다**[®]®

구:투(舊套) ® 예전의 양식이나 방식. ® 구식. ¶~의 문장.

구:판(舊版) ® 새로 고치거나 보태거나 하기 전에 나온 책. ↔신판.

구판-장(購販場) ® 생활 용품 등을 공동으로 구입하여 조합원에게 싸게 파는 곳. ®농협~.

구:폐(舊弊) [-뻬/-페] ® 이전부터 내려오는 폐단. ¶~를 일소하다.

구:필(口筆) ® 입으로 붓을 물고 쓰는 글씨. ¶~화(畫).

구-하다(求-) ®(%) ① (필요한 것을) 손에 넣거나 찾거나 청하다. 또는, 그렇게 하여 얻다. ¶일자리를 ~ / 양해를 ~.

구:-하다(救-) ®(%) (위험이나 어려움에 처한 사람이나 동물을) 도와서 그로부터 벗어나게 하다. ¶목숨을 ~.

구:-한국(舊韓國) ® = 대한 제국.

구:-한말(舊韓末) ® 조선 말기에서 대한 제국까지의 시기.

구현(具現·具顯) ® (이념·신념·이상 따위를) 구체적으로 느끼고 알 수 있게 뚜렷하게 나타내거나 실현하는 것. **구현-하다** ®(%) ¶이상을 ~. **구현-되다** ®(®)

구형¹(求刑) ®(®) 형사 재판에서, 검사가 피고인에게 어떤 형벌을 과하도록 판사에게 요구하는 것. **구형-하다** ®(%)(®) ¶징역 1년을 ~. **구형-되다** ®(®)

구형²(球形) ® 공같이 둥근 모양.
구:형³(舊型) ® 구식의 모양. ¶~ 냉장고. ↔신형.

구호(口號) ® 대중 집회나 시위 등에서 어떤 주장을 나타내는 간결한 말. ¶차유수호를 ~를 외치다(내걸다).

구호(救護) ® 재난이나 어려움에 처하여 있는 사람을 도와 보호하는 것. ¶~물자 / 이재민에게 ~의 손길을 뻗다.

구혼(求婚) ® ① 혼인할 자리를 찾는 것. ② 결혼을 청하는 것. ¶청혼. ¶~자(者). **구혼-하다** ®(%)(®) ¶그녀에게 ~.

구:화(口話) ® 벙어리가 상대의 말하는 입술 모양을 보고 알아듣고, 자기도 그렇게 소리 내어 말하는 일. ▷수화(手話).

구황(救荒) ® 흉년 때 빈민을 도와 굶주림에서 벗어나게 하는 것.

구:황^작물(救荒作物) [-장-] ®[농] 흉년 때 흔히 먹는 식용 대용으로 갈될 수 있는 농작물. 감자·메밀·피·땅땅이 따위.

구획(區劃) [-획/-훽] ® (토지 따위의 경계를 갈라 정하는 것. 또는, 그 구역. ¶토지 ~. **구획-하다** ®(%)(®) ¶신개발지를 ~. **구획-되다** ®(®)

구획^정:리(區劃整理) [-횡쩡니-행쩡니] ® 도시 계획 등에서 토지의 구획이나 도로 등을 변경·정리하는 것.

구휼(救恤) ® 빈민이나 이재민에게 금품을 주어 구제하는 것. **구:휼-하다** ®(%)(®) ¶양곡을 풀어 빈민을 ~.

국¹ ® ① 채소나 고기, 생선 등에 물을 많이 부어 끓인 음식. ¶콩나물 ~. ② '국물1·2'의 준말.

[국에 덴 놈 물 보고도 분다] 한 번 혼이 나면 비슷한 것만 보아도 겁을 낸다.

국²(局) ® 관청·회사 등에서 사무 분담 단위의 하나. 부(部)의 아래임. 우두머리는

국장. ¶총무~ / 사무~.

국³(局) ®(%) 바둑이나 장기를 두어 승부를 내는 판을 세는 말. ¶제3~.

-국⁴(國) ® '나라'의 뜻을 나타내는 말. ¶선진[후진]~ / 공화~.

국가¹(國家) [-까] ® 일정한 영토를 보유하며, 거기 사는 국민들로 구성되고, 하나의 통치 조직을 가진 집단. ®나라.

국가²(國歌) ® 한 나라를 상징하는 국가적 차원의 공식적인 노래. ®애국가.

국가-고시(國家考試) [-까-] ® 어떤 자격이나 면허를 주기 위하여 국가에서 시행하는 시험.

국가^공무원(國家公務員) [-까-] ® 국가의 공무에 종사하는 직원. 별정직과 일반직으로 나뉨. ▷지방 공무원.

국가-관(國家觀) [-까-] ® 통일적인 전체로서의 국가에 대하여 가지는 견해 또는 주장.

국가^보:훈처(國家報勳處) [-까-] ® 중앙 행정 기관의 하나. 원호 대상자에 대한 원호와 군인 보험 등에 관한 사무를 맡아봄.

국가^비:상사태(國家非常事態) [-까-] ® 나라에 천재·사변·폭동 따위가 일어나 개개의 경찰력으로는 치안을 유지하기 곤란한 상태. =비상사태.

국가^신:인도(國家信認度) [-까-] ®[경] 한 나라가 대외적으로 채무를 이행할 능력이 어느 정도인지를 나타낸 수준. ¶외환이 되어 ~가 하락하다.

국가^안전보:장^회:의(國家安全保障會議) [-까-회/-까-훼이] ® 대통령 소속하에 설치된 기관의 하나. 국가 안전 보장에 관계되는 정책 수립에 관한 대통령의 자문에 응함.

국가^올림픽^위원회(國家Olympic委員會) [-까-회/-까-훼] ® 국제 올림픽 위원회(IOC)가 인정한 각국 또는 지역별 조직. 우리나라의 경우 대한 올림픽 위원회(KOC)가 이에 해당함. =엔오시(NOC).

국가^원수(國家元首) [-까-] ® 한 나라의 최고 통치권을 가지고 있으며, 외국에 대하여 국가를 대표하는 자격을 가지는 사람. 군주국에서는 군주, 공화국에서는 대통령을 이름.

국가^유:공자(國家有功者) [-까-] ®[법] 나라에 공헌하거나 나라를 위해 희생한 사람. 순국선열·애국지사·전몰군경·상이 군인 등이 이에 해당함.

국가-적(國家的) [-까-] ®® ① 국가와 관련되는 (것). ¶~ 이해(利害). ② 국가 전체의 규모나 비중에 속하는 (것).

국가^정보원(國家情報院) [-까-] ® 대통령 소속하에 설치된 기관의 하나. 국가 안전 보장에 관련되는 정보·보안 및 범죄 수사에 관한 업무를 수행함.

국가-주의(國家主義) [-까의/-까이] ® 국가를 인간 사회 최고의 조직체라고 생각하고, 국가 권력이 사회생활의 모든 영역에서 통제력을 발휘하는 것을 인정하는 입장. =내셔널리즘.

국감(國監) [-깜] ®[법] '국정 감사'의 준말.

국-거리 [-꺼-] ® 국을 끓이는 재료. 고기·생선·채소 따위.

국경(國境) [-꼉] ® 나라와 나라 사이의 경계. ¶~ 지대 / ~을 봉쇄하다.

국경-선(國境線) [-꼉-] ® 나라와 나라

사이의 경계선.
국경-일(國慶日)[-껑-] [명] 국가적인 경사를 축하하기 위하여 국가에서 정하여 놓은 경축일.
국고(國庫)[-꼬] [명][경] 국가 소유의 현금을 출납·보관하는 곳. 넓은 뜻으로는, 재산권의 주체로서의 국가를 가리킴. ¶~ 수입.
국고-금(國庫金)[-꼬-] [명][경] 국가가 소유하는 현금. =나랏돈.
국-공립(國公立)[-꽁닙] [명] 국립과 공립.
국교[1](國交)[-꾜] [명] 나라와 나라 사이에 맺는 외교 관계. ¶~의 정상화.
국교[2](國教)[-꾜] [명] 국가가 특별히 지정하여 온 국민에게 믿게 하는 종교.
국구(國舅)[-꾸] [명] 임금의 장인. 곧, 왕비의 아버지.
국군(國軍)[-꾼] [명] **1** 나라의 군대. **2** 우리나라의 군대. ¶~ 장병.
국군의 날(國軍-)[-꾼의-/-꾼에-] 국군의 위용과 전투력을 국내외에 과시하고 국군 장병의 사기를 높이기 위해 지정한 기념일. 10월 1일.
국궁(國弓)[-꿍] [명][체] 양궁에 대하여, 우리나라의 활 또는 궁술을 일컫는 말.
국권(國權)[-꿘] [명][정] 국가의 권력. 또는, 국가의 통치권. ¶~ 상실 / ~ 회복.
국권^피!탈(國權被奪)[-꿘-] [명][역] 1910년, 한일 합병 조약에 의해 우리나라가 일본에게 주권을 강제로 빼앗긴 일. =경술국치.
국-그릇[-끄륻] [명] 국을 담는 그릇.
국극(國劇)[-끅] [명][연] 우리나라의 창극(唱劇)을 일컫는 말.
국기[1](國技)[-끼] [명] 그 나라의 대표적인 운동 경기. ¶우리나라 ~는 태권도이다.
국기[2](國紀)[-끼] [명] 나라의 기강(紀綱). ¶~가 해이해지다.
국기[3](國基)[-끼] [명] 국가의 기초 또는 근본. ¶~가 흔들리다.
국기[4](國旗)[-끼] [명] 국가를 상징하여 특정한 색채와 형상의 도형을 그리거나 인쇄한 기. ¶~에 대한 경례.
국난(國難)[궁-] [명] 국가의 존립에 관계되는 위난(危難). ¶~을 극복하다.
국내(國內)[궁-] [명] 나라 안. ¶~ 정세. ↔국외.
국내-법(國內法)[궁-뻡] [명][법] 한 나라의 주권이 미치는 범위 안에서 효력을 가지며, 주로 그 나라의 내부 관계를 규제하는 법률. ↔국제법.
국내-선(國內線)[궁-] [명] 국내의 교통·통신에만 이용되는 철도·항공 노선·전화선 따위. ↔국제선.
국내-성(國內城)[궁-] [명][역] 고구려 초기의 수도. 지금의 만주 지안(集安)과 그 배후 산성을 포함하는 지역임.
국내-외(國內外)[궁-외/궁-웨] [명] 나라 안과 나라 밖. ¶~ 정세.
국내^총!생산(國內總生產)[궁-] [명][경] 내국인과 외국인을 막론하고 일정한 기간(보통 1년간)에 한 나라 안에서 생산한 최종적인 재화와 용역의 총합계. =지디피(GDP).
국내^총!소득(國內總所得)[궁-] [명][경] 한 나라에 거주하는 내국인과 외국인이 생산 활동을 수행하여 창출해 낸 총소득. 국내 총생산에 교역 조건 변화를 반영한 실질 무역 손익을 더한 것임. =지디아이(GDI).
국-대부인(國大夫人)[-때-] [명][역] 조선 초기에 왕의 외조모나 왕비의 어머니에게 내리던 작위. 부부인으로 개칭됨.
국도(國道)[-또] [명] 국가에서 지정하여 관리하는 도로. ↔지방도.
국란(國亂)[궁난] [명] 나라 안에서 일어나는 변란. [비]내란(內亂).
국량(局量)[궁냥] [명] 사람을 포용하는 도량(度量)과 일을 처리하는 능력.
국력(國力)[궁녁] [명] 한 나라의 정치·경제·문화·군사 등 모든 방면의 역량. ¶~ 신장.
국록(國祿)[궁녹] [명] 나라에서 주는 녹봉.
국론(國論)[궁논] [명] 나라 안의 공론(公論). 또는, 국민 일반의 여론. ¶~ 통일.
국리-민복(國利民福)[궁니-] [명] 나라의 이익과 국민의 행복. ¶~의 증진.
국립(國立)[궁닙] [명] 국가에서 세워서 관리하고 운영하는 일. 또는, 그렇게 하는 기관이나 시설. ¶~ 도서관. ▷사립.
국립-공원(國立公園)[궁닙꽁-] [명] 자연경관이 빼어난 산지나 해양, 유서 깊은 고적지 따위를 국가에서 공원으로 지정하여 관리하는 지역. ¶속리산 ~.
국립-대학(國立大學)[궁닙때-] [명] 국가에서 설립하여 관리·운영하는 대학. ▷사립대학.
국립-묘지(國立墓地)[궁님-] [명] 군인·군무원 또는 국가 유공자의 유해(遺骸)를 안장하고, 그 충절과 공훈을 추앙하기 위해 국가에서 설립·관리하는 묘지. 구칭은 국군묘지.
국립^학교(國立學校)[궁니팍꾜] [명] 국가가 설립·경영하는 학교. ▷사립학교.
국면(局面)[궁-] [명] **1** 어떤 일의 되어 가는 형세. ¶경제가 회복 ~으로 접어들고 있다. **2** 바둑이나 장기에서, 승부 대결의 형세.
국명(國名)[궁-] [명] 나라의 이름. [비]국호(國號).
국모(國母)[궁-] [명] 나라의 어머니라는 뜻으로, 임금의 정비(正妃)를 이르는 말. ↔국부.
국무(國務)[궁-] [명] 나라의 정무(政務).
국-무당(國-)[궁-] [명][역] 나라의 굿을 담당하는 무당.
국무-부(國務部)[궁-] [명] 외교 정책을 담당하는, 미국의 연방 행정 기관.
국무^위원(國務委員)[궁-] [명] 국무 회의를 구성하는 별정직 공무원. 국정에 관하여 대통령을 보좌하고 국정을 심의함.
국무-총리(國務總理)[궁-니] [명] 대통령을 보좌하고, 대통령의 명을 받아 행정 각 부를 거느리는 직위에 있는 사람. 또는, 그 직위. 대통령 유고 시에 그 직무를 대행함. [준]총리.
국문[1](國文)[궁-] [명] '나라의 글자'라는 뜻으로, '한글'을 달리 이르는 말.
국문[2](鞫問)[궁-] [명][역] 국청에서 중죄인을 신문하는 것. **국문-하다** [동][타][여]
국-문학(國文學)[궁-] [명][문] 우리나라의 문학. 또는, 그것을 연구하는 학문.
국-물[궁-] [명] **1** 국이나 찌개 및 건더기가 있는 음식에서, 건더기를 제외한 물. ¶시원한 ~ 맛. **2** 김치·젓갈 등에서처럼 음식물에서 흥건히 배어 나온 물. ¶김치 ~이 흘러나오다. [준]국. ×말국·멀국. **3** 어떤 일에서 생기는 얼마간의 이득을 속되게 이르는 말.
국물도 없다 아무것도 돌아오는 몫이나 이득도 없다.
국민(國民)[궁-] 몝 국가를 구성하는 자연인을 통틀어 일컫는 말. 또는, 그 나라 국적을 가진 사람.
　국민의 의무 국민이 공법상으로 부담해야 할 의무. 곧, 납세·교육·국방·근로의 의무.
국민^건'강^보'험(國民健康保險)[궁-] 몝 상해나 질병 등에 대하여 의료의 보장 또는 의료비의 부담을 주목적으로 하는 사회 보험. 구용어는 의료 보험.
국민-성(國民性)[궁-썽] 몝 한 나라 국민이 공통적으로 지니는 가치관·행동양식·사고방식·기질(氣質) 따위의 특징.
국민^소'득(國民所得)[궁-] 몝[경] 한 나라에서 일정 기간에 새로 생산·분배·지출된 재화(財貨) 및 서비스의 총액.
국민^연금(國民年金)[궁-년-] 몝 18세 이상 60세 미만의 국민을 가입 대상으로 하되, 가입자가 노령이나 질병 또는 사망 등으로 소득 능력을 상실했을 경우 국민 생활의 안정을 위해 연금을 지급하도록 정부가 관장·운영하는 제도.
국민-운동(國民運動)[궁-] 몝 어떤 목적을 이루기 위하여 온 국민이 참여하는 활동.
국민-의례(國民儀禮)[궁-] 몝 국가적·사회적 의식이나 그 밖의 행사 등에서 행하는, 국기에 대한 경례, 애국가 제창, 묵념 등의 의례.
국민-장(國民葬)[궁-] 몝 국가에 이바지로가 큰 사람이 죽었을 때, 국민 전체의 이름으로 지내는 장례.
국민-적(國民的)[궁-] 판몝 국민 전체에 관계되는 (것). ¶~ 합의를 도출하다.
국민^정부(國民政府)[궁-] 몝 1925년 중국 국민당의 지도하에 광저우(廣州)에 수립된 정부.
국민-정신(國民精神)[궁-] 몝 한 나라의 국민들이 공통적으로 갖고 있는 정신.
국민-주(國民株)[궁-] 몝[경] 중·하위 계층의 국민에게 재산 형성의 기회를 주기 위해 정부가 매각하는, 공기업의 정부 소유 주식.
국민-주의(國民主義)[궁-의/-이] 몝 민족을 중심으로 근대 국가의 형성을 지향하는 사상 또는 그 운동.
국민^주'택(國民住宅)[궁-] 몝 무주택자들에게 싼값으로 임대하거나 분양하거나 것을 목적으로, 국민 은행이나 지방 자치 단체 등이 조달하는 기금(국민 주택 기금)으로 짓는 주택. 보통 전용 면적 60m² 이하의 아파트를 말함.
국민^총'생산(國民總生産)[궁-] 몝[경] 한 나라의 국민이 일정한 기간(보통 1년간)에 걸쳐 생산한 재화와 용역의 합계를 화폐 단위로 나타낸 것. =지앤피(GNP).
국민^총'소득(國民總所得)[궁-] 몝[경] 한 나라 국민이 일정 기간(보통 1년간) 동안 국내외에서 벌어들인 총소득. 지엔아이(GNI).
국민^투표(國民投票)[궁-] 몝[정] 선거 이외의 국정상 중요한 사항에 대하여 국민이 하는 투표.
국민-학교(國民學校)[궁-교] 몝 '초등학교'의 구칭.
국민-학생(國民學生)[궁-쌩] 몝 '초등학

생'의 구칭.
국-밥[-빱] 몝 끓인 국에 밥을 말 음식.
국방(國防)[-] 몝 외국의 침략으로부터 나라를 지키는 일.
　국방의 의무 법률에 의하여 모든 국민이 지는 국방에 관한 의무.
국방-군(國防軍)[-] 몝[군] 국방을 위하여 정부가 창설한 군대.
국방-력(國防力)[-뱅녁] 몝 국가를 외국의 침략으로부터 지킬 수 있는 힘. ¶~ 강화.
국방-부(國防部)[-뱅-] 몝 행정 각부의 하나. 국방에 관련된 군정(軍政) 및 기타 군사에 관한 사무를 맡아봄.
국방-비(國防費)[-뱅-] 몝 국방을 위한 육해공군의 유지비.
국방-색(國防色)[-뱅-] 몝 [지난날의 육군 군복의 빛깔에서] '카키색'을 달리 이르는 말.
국배-판(菊倍判)[-빼-] 몝[출] 책 판형의 하나. 국판의 2배 크기로, 가로 21.8 cm, 세로 30.4cm.
국번(局番)[-뻔] 몝 지역별 전화 교환국의 번호.
국법(國法)[-뻡] 몝[법] 나라의 법률이나 법.
국보(國寶)[-뽀] 몝 나라에서 법으로 지정하여 보호하는 유형 문화재.
국보-적(國寶的)[-뽀-] 판몝 나라의 보배가 될 만한 (것). ¶~인 존재.
국부(局部)[-] 몝 1 전체 가운데의 한 부분. ¶~ 묘사. 2 몸의 한 부분. =국소. 3 '음부(陰部)²'를 완곡하게 이르는 말.
국부²(國父)[-뿌] 몝 1 나라의 아버지라는 뜻으로, '임금'을 이르는 말. ↔국모. 2 국민으로부터 아버지처럼 존경을 받는 사람. ¶~로 추앙받다.
국부³(國富)[-] 몝 한 나라의 경제력.
국부^마취(局部痲醉)[-뿌-] 몝[의] 수술 등을 할 때 신체의 일부에만 하는 마취. ↔전신 마취.
국부-적(局部的)[-뿌-] 판몝 어느 한정된 부분에만 관계가 있는 (것). ¶~ 통증. ↔일반적.
국비(國費)[-삐] 몝 국고(國庫)에서 지출하는 비용. ¶~생(生).
국빈(國賓)[-삔] 몝 국가에서 정식으로 초대한 손님.
국사¹(國史)[-싸] 몝 그 나라의 역사. 특별한 한정이 없을 경우, 보통 '한국사'를 가리킴.
국사²(國事)[-싸] 몝 나라에 관한 일. =나랏일.
국사³(國師)[-싸] 몝[역] 조정에서 나라의 스승이 될 만한 승려에게 내리는 칭호.
국사-범(國事犯)[-싸-] 몝[법] 국가 또는 국가 권력을 침해하는 범죄. 또는, 그 범인. =정치범.
국산(國産)[-싼] 몝 1 자기 나라에서 생산함. ¶~ 차(車). 2'국산품'의 준말. ↔외국산.
국산-품(國産品)[-싼-] 몝 국내에서 생산된 물품. ¶~ 애용. 준국산.
국산-화(國産化)[-싼-] 몝 (물건이나 부품 따위를) 국내에서 생산되게 하는 것. 또는, (물건이나 부품 따위가) 국내에서 생산되는 상태가 이루어지는 것. 국산화-하다 통(재)(타)(여) 국산화-되다 통(재)
국상(國喪)[-쌍] 몝[역] 국민 전체가 복상

(服喪)을 하는 왕실의 초상. 곧, 태상왕·상왕·왕·왕세자·왕세손 및 그 빈(妃)나 빈(嬪)의 상사(喪事). ¶~을 반포하다.

국새(國璽) [-쌔] 명 1 국권의 상징으로서 국가적 문서에 사용하는 인장(印章). 2 [역] 국왕의 권위와 정통성을 상징하는 임금의 도장. 비옥새.

국서(國書) 명 국가 원수가 국가의 이름으로 보내는 외교 문서.

국선(國選) [-썬] 명 나라에서 선발하는 일. 비관선. ↔사선(私選).

국선^변호인(國選辯護人) [-썬-] 명[법] 가난 등의 이유로 변호사를 선임할 수 없는 형사 피고인을 위하여, 법원이 선임하여 붙이는 변호인. ↔사선 변호인.

국선생전(麴先生傳) [-썬-] 명[책] 고려 고종 때 이규보가 지은 가전체의 설화. 술을 의인화하여 당시의 문란한 사회상을 풍자했음.

국세¹(國稅) [-쎄] 명[법] 국가 재정을 충당하기 위해 국민에게 부과·징수하는 세금. 소득세·상속세 따위. ↔지방세.

국세²(國勢) [-쎄] 명 인구·산업·자원 등의 면에서 본 종합적인 국력.

국세청(國稅廳) [-쎄-] 명[법] 내국세의 부과·감면·징수와 국유 재산의 관리 한 사무를 관장하기 위하여 재정경제부 장관 소속하에 설치한 기관.

국소(局所) [-쏘] 명 =국부(局部)¹,².

국수¹[-쑤] 명 1 밀가루나 메밀가루를 반죽하여 가늘게 썰거나 국수틀로 가늘게 뺀 것. 21을 삶아 국물에 말거나 비벼서 먹는 음식. ¶말~ / 비빔~.

국수(를) 먹다 결혼식 피로연에서 흔히 국수를 대접하는 데서, 결혼식을 올려 친지가 초대받음을 이르는 말.

국수²(國手) [-쑤] 명 바둑·장기 따위의 기량이 나라에서 으뜸가는 사람. ¶~전(戰).

국수주의(國粹主義) [-쑤-의/-쑤-이] 명[사] 자기 나라의 고유 전통문화만이 우수하다고 믿고 다른 나라의 문물을 지나치게 배척하는 태도나 입장.

국순전(麴醇傳) [-쑨-] 명[책] 고려 시대에 임춘(林椿)이 지은 가전체 작품. 술을 의인화하여 당시의 정치 현실을 풍자하고 술로 인한 패가망신을 경계했음.

국시(國是) [-씨] 명 국민이 모두 지지하는 국가의 이념이나 국정상의 큰 방침. ¶우리의 ~는 자유 민주주의이다.

국악(國樂) 명 우리나라의 고유 음악.

국악기(國樂器) [-끼] 명 국악을 연주하는 전통 악기.

국어(國語) 명 1 우리나라의 말. 곧, 한국의 언어. 비한국어. 2 어느 나라의 말. ¶5개~를 구사하다.

국어사전(國語辭典) 명 국어의 단어들을 일정한 순서로 배열하여, 각 단어의 표기·발음·어원·품사·의미 등을 밝힌 사전.

국어학(國語學) 명[언] 국어를 연구의 대상으로 하는 학문.

국역(國譯) 명 외국어로 된 것을 자기 나라 말로 옮기는 것. ¶~본(本). **국역-하다** 통태여.

국영(國營) 명 기업·단체, 사업 등이 국가가 운영하는 상태인 것. 비관영. ¶~기업. 민영.

국영^방송(國營放送) 명 국가의 강력한 관리하에 국가의 예산으로 운영하는 비영리적인 방송. ↔민영 방송.

국왕(國王) 명 나라의 임금.

국외(國外) [-외/-웨] 명 나라의 영토 밖. ¶~ 추방. ↔국내.

국외자(局外者) [-외-/-웨-] 명 그 일에 관계없는 사람. 비아웃사이더.

국운(國運) 명 나라가 잘되거나 못되거나 흥하거나 망하거나 하는 운명.

국위(國威) 명 나라의 위력 또는 위신. ¶~선양 / 세계만방에 ~를 떨치다.

국유(國有) 명 나라의 소유. ▷사유.

국유림(國有林) 명 국가가 소유하는 산림.

국유지(國有地) 명 국가가 소유하는 토지. ¶~를 매각하다. ▷사유지.

국유^철도(國有鐵道) [-또] 명 국가가 소유하여 경영하는 철도. 준국철.

국유화(國有化) 명 (어떤 대상을) 국가의 소유로 하는 일. **국유화-하다** 통타여. ¶사유지를 ~. **국유화-되다** 통자.

국-으로 분 제 생긴 그대로. 또는, 자기 주제에 맞게 잠자코. ¶~ 가만히 있어라.

국익(國益) 명 나라의 이익.

국자¹[-짜] 명 1(약) 국을 뜨는 데 쓰는 도구. 2(의전) 국 따위의 액체의 분량을 그 담은 국자의 수로 세는 말. ¶한 ~.

국자²(國字) [-짜] 명 1 그 나라의 글자. 2 우리나라의 글자. 곧, 한글. =한국.

국자감(國子監) [-짜-] 명[역] 1 고려 시대에 유학을 가르치던 학문. 2 '성균관'의 다른 이름.

국장¹(局長) [-짱] 명 관청이나 회사 등의 국(局)의 우두머리.

국장²(國葬) [-짱] 명 1[역] =인산(因山). 2 나라에 큰 공이 있는 사람이 죽었을 때 국비로 지내는 장례.

국적¹(國賊) [-쩍] 명 나라를 어지럽히는 역적. 또는, 나라에 해를 끼치는 자.

국적²(國籍) [-쩍] 명[법] 어떤 사람이 한 나라의 구성원으로서 가지는 법률상의 자격. 때로, 비행기나 선박 등에 대해서는 속된 국가를 가리키기도 함. ¶~ 취득[상실] / ~ 불명의 비행기.

국전(國展) [-쩐] 명 예전에 '대한민국 미술 전람회'를 이르던 말.

국정¹(國政) [-쩡] 명 나라의 정치. ¶~ 쇄신.

국정²(國情) [-쩡] 명 나라의 정세 또는 형편. ¶~ 시찰.

국정^감사(國政監査) [-쩡-] 명[법] 국회가 국정 전반에 관하여 행하는 감사. 준국감.

국정^교과서(國定敎科書) [-쩡-] 명[교] =일종 교과서.

국정^조사(國政調査) [-쩡-] 명[법] 국회가 특정의 국정에 대하여 행하는 조사.

국정^홍보처(國政弘報處) [-쩡-] 명 중앙 행정 기관의 하나. 국정에 대한 국내외 홍보 및 정부 내 홍보 업무의 조정, 국정에 대한 여론 수렴 및 정부 발표에 관한 사무를 맡아봄.

국제(國際) [-쩨] 명 (주로 다른 명사 앞에 관형어적으로 쓰여) 1 나라 사이에 관계되는 것. ¶~ 경쟁. 2 여러 나라에 통용하는 것. ¶~ 언어. 3 여러 나라를 포괄하는 것. ¶~ 무역 박람회.

국제-간(國際間) [-쩨-] 명 나라와 나라 사이. ¶~의 경쟁이 치열하다.

국제^개발^협회(國際開發協會) [-쩨-혀

뢰/-쩨-혀쉐] [명][경] 개발도상국의 경제 개발을 원조하기 위한 자금을 대출해 주는 국제 금융 기관. =아이디에이.

국제-결혼(國際結婚) [-쩨-] [명] 국적이 다른 남녀 사이에 이뤄지는 결혼.

국제-공항(國際空港) [-쩨-] [명] 국제간을 운항하는 항공기가 이륙·착륙할 수 있도록 정부에서 지정한 공항. ¶인천 ~.

국제-기관(國際機關) [-쩨-] [명] 복수의 국가로써 구성되어, 국제법상 독자의 지위를 가지는 조직체. =국제기구.

국제-기구(國際機構) [-쩨-] [명] =국제기관.

국제^기능^올림픽^대¦회(國際技能Olympic大會) [-쩨-회/-쩨-훼] [명] 국가 간의 기능 교류와 그 개발을 촉진하고, 국제 친선을 꾀하기 위하여 기능자들의 산업 기능을 겨루는 국제 대회의 하나. =기능 올림픽.

국제^노동^기구(國際勞動機構) [-쩨-] [명][사] 국제 연합 전문 기구의 하나. 세계 노동자의 노동 조건 개선 등을 목적으로 활동함. =아이엘오(ILO).

국제-도시(國際都市) [-쩨-] [명] 외국인이 많이 살거나 외국인의 왕래가 잦은 도시.

국제-무대(國際舞臺) [-쩨-] [명] 한 나라의 범위를 벗어나 여러 나라에 관계된 활동을 하는 분야. [비]세계무대. ¶~에 진출하다.

국제-법(國際法) [-쩨뻡] [명][법] 공존공영의 생활을 도모하기 위하여, 국제간에 권리·의무의 표준을 정한 법률. ↔국내법.

국제^부¦흥^개발^은행(國際復興開發銀行) [-쩨-] [명][경] 제2차 세계 대전 후의 경제 부흥과 개발도상국의 개발을 위하여 장기 자금의 제공을 목적으로 한 국제 은행. =아이비아르디(IBRD).

국제^사법^재판소(國際司法裁判所) [-쩨-째-] [명][법] 조약의 해석, 의무 위반의 사실 여부, 배상 등 국제적 법률 분쟁의 해결을 도모하는 상설 재판소.

국제^상업^통신^위성^기구(國際商業通信衛星機構) [-쩨-] [명] 통신 위성의 개발·발사·이용을 목적으로 1964년에 미국이 중심이 되어 11개국이 조직한 상업 통신 조직. =인텔샛.

국제-색(國際色) [-쩨-] [명] 여러 나라 사람들이 뒤섞여서 빚어지는 분위기. ¶홍콩 차이나는 ~이 짙은 도시이다.

국제-선(國際線) [-쩨-] [명] 국제간의 교통·통신에 이용되는 각종의 교통 노선이나 통신선. ↔국내선.

국제^수지(國際收支) [-쩨-] [명][경] 한 나라가 일정 기간(보통 1년)에 외국과의 여러 가지 거래를 통하여 주고받은 외화의 총액. 또는, 그 차액. ¶~의 불균형.

국제-어(國際語) [-쩨-] [명][언] =세계어(世界語).

국제^연맹(國際聯盟) [-쩨-] [명][정] 제1차 세계 대전 후, 국제 평화의 유지와 협력의 촉진을 목적으로 설립된 주권 국가간의 연합체. 1946년에 해체됨.

국제^연합(國際聯合) [-쩨-] [명][정] 제2차 세계 대전 후인 1945년에 발족한 국제 평화 기구. 국제 평화와 안전의 유지, 경제·사회·문화 면에서의 국제 협력의 달성 따위를 목적으로 함. =유엔(UN).

국제^연합^경제^사회^이¦사회(國際聯合經濟社會理事會) [-쩨-제-회-회/-쩨-제-훼-훼] [명][정] 국제 연합 주요 기관의 하나. 국제 사회의 경제·사회·문화·교육·식량·통신 등 비정치적 문제를 다루는 기관. [준]경제 사회 이사회.

국제^연합^교¦육^과학^문화^기구(國際聯合教育科學文化機構) [-쩨-꽈항-] [명] =유네스코.

국제^연합군(國際聯合軍) [-쩨-꾼] [명] 평화를 파괴하는 자에 대하여 강제 조치를 취하기 위하여 국제 연합 가맹국이 제공하는 병력으로 조직된 군대. =유엔군.

국제^연합^식량^농업^기구(國際聯合食糧農業機構) [-쩨-싱냥-끼-] [명] 국제 연합 전문 기구의 하나. 세계 각 국민의 생활수준의 향상, 식량 및 농산물의 생산·공급의 개선에 기여할 목적으로 설치됨. =에프에이오(FAO).

국제^연합^신¦탁^통¦치^이¦사회(國際聯合信託統治理事會) [-쩨-회/-쩨-훼] [명] 국제 연합 주요 기관의 하나. 신탁 통치에 관한 문제를 다룸. [준]신탁 통치 이사회.

국제^연합^아동^기금(國際聯合兒童基金) [-쩨-] [명] =유니세프.

국제^연합^안전^보¦장^이¦사회(國際聯合安全保障理事會) [-쩨-회/-쩨-훼] [명] 국제 연합 주요 기관의 하나. 국제 평화와 안전을 유지하기 위하여 필요한 행동을 취할 책임과 권한을 가짐. [준]안전 보장 이사회.

국제^연합일(國際聯合日) [-쩨-] [명] 1945년 국제 연합을 조직한 날을 기념하기 위한 날. 10월 24일.

국제^연합^총¦회(國際聯合總會) [-쩨-회/-쩨-훼] [명] 국제 연합 주요 기관의 하나. 전 가맹국으로 구성된 토의·권고 기관으로 집행 권한은 없음. =유엔 총회.

국제^영화제(國際映畫祭) [-쩨-] [명][영] 세계 각국에서 출품한 영화를 심사하여 시상하는 행사. 칸 영화제·베를린 영화제 따위.

국제^올림픽^경¦기^대¦회(國際Olympic競技大會) [-쩨-회/-쩨-훼] [명][체] 4년마다 한 번씩 열리는 국제 경기 대회. 1896년 제1회 대회를 그리스의 아테네에서 개최하였음. =올림피아드. [준]올림픽·올림픽 경기.

국제^올림픽^위원회(國際Olympic委員會) [-쩨-회/-쩨-훼] [명][체] 국제 올림픽 경기 대회를 운영·주관하는 단체. =아이오시(IOC).

국제^원자력^기구(國際原子力機構) [-쩨-끼-] [명] 국제 연합 전문 기구의 하나. 원자력의 평화적 이용을 촉진함. =아이에이이에이(IAEA).

국제^음성^기호(國際音聲記號) [-쩨-] [명] 1888년에 국제 음성학 협회에서 만든 음성 기호.

국제-적(國際的) [-쩨-] [관][명] 범위가 여러 나라에 미치는 (것). ¶~인 규모.

국제^적십자(國際赤十字) [-쩨-씹짜] [명][사] 1864년에 설립된 적십자의 국제적 조직체. =아이아르시(IRC).

국제^전¦화(國際電話) [-쩨-] [명] 국제간에 유선 또는 무선으로 통신하는 전화.

국제-주의(國際主義) [-쩨-의/-쩨-이] [명] 독립한 주권 국가끼리 협조하여 세계의 평화와 번영을 실현하려는 입장.

국제^지구^물리^관측년(國際地球物理觀測年) [-쩨-층-] 명[지] 지구 물리학 현상에 관한 국제적인 협동 관측이 있었던 1957년 7월부터 1958년 12월까지의 기간. ⇒극년.

국제^축구^연맹(國際蹴球聯盟) [-쩨-꾸-] 명 세계 축구의 중심이 되는 국제 조직. ⇒피파(FIFA).

국제^통화(國際通貨) [-쩨-] 명[경] 국제 간의 거래의 결제(決濟)에 이용되는 화폐. 미국의 달러, 영국의 파운드 따위.

국제^통화^기금(國際通貨基金) [-쩨-] 명[경] 국제 연합 전문 기구의 하나. 가맹국의 출자로 설립된 국제 금융 결제 기관임. ⇒아이엠에프(IMF).

국제^펜클럽(國際P.E.N. Club) [-쩨-] 명 세계 각국의 시인·극작가·편집인·평론가·소설가 등 문필가들이 문학을 통하여 국제간의 이해를 깊게 하기 위해 조직한 문화 단체. ⇒펜클럽.

국제^표준^도서^번호(國際標準圖書番號) [-쩨-] ⇒아이에스비엔(ISBN).

국제-항(國際港) [-쩨-] 명 세계 여러 나라 선박들이 드나드는 큰 항구.

국제-화(國際化) [-쩨-] 명 국제적인 것이 되는 일. 또는, 국제적으로 만드는 일. 국제화-하다 통(자)(타) 국제화-되다 통(자)

국제-회의(國際會議) [-쩨회의/-쩨헤이] 명 국제간의 이해가 얽힌 일들을 심의 결정하기 위하여 여러 나라의 대표자들이 개최하는 공식 회의.

국조¹(國祖) [-쪼] 명 나라의 시조(始祖).
국조²(國鳥) [-쪼] 명 한 나라를 상징하는 새. 미국의 흰머리독수리, 영국의 울새, 일본의 꿩 따위.

국졸(國卒) [-쫄] 명 '국민학교 졸업'을 줄여 이르는 말.

국지(局地) [-찌] 명 한정된 범위의 땅. ¶~ 분쟁.

국지-적(局地的) [-찌-] 관[명] 일정한 지역에 한정된 (것). ¶~ 전쟁.

국지-전(局地戰) [-찌-] 명 국가 전체가 아닌, 지역적으로 한정된 범위에서 이루어지는 전쟁. ↔전면전.

국진(菊-) [-찐] 명 국화가 그려져 있는 화투짝. 9월이나 아홉 끗을 나타냄.

국채(國債) 명[법] 국가가 세입의 부족을 보충하기 위해 발행하는 채권. ▷지방채.

국채^보상^운동(國債報償運動) 명[역] 조선 융희 원년(1907)에 일본으로부터 빌려 쓴 차관을 갚기 위하여 펼쳤던 모금 운동.

국책(國策) 명 나라의 정책이나 시책.

국책^회사(國策會社) [-채쾨-/-채퀘-] 명 국민 경제의 균형된 발전을 도모하기 위하여 특별법에 따라 설립한 반관반민(半官半民)의 특수 회사. 한국 방송 공사·한국 도로 공사 따위.

국철(國鐵) 명 '국유 철도'의 준말.

국청(鞫廳) 명[역] 조선 시대에 역적 등 중죄인을 신문하기 위하여 임시로 베푼 곳.

국체(國體) 명[법] 주권의 소재에 따라 구별되는 국가의 형태. 군주국·공화국 등으로 나뉨. ▷정체(政體).

국초(國初) 명 건국(建國)의 초기.
국치(國恥) 명 나라의 수치.
국태-민안(國泰民安) 명 나라가 태평하고 국민 생활이 평안함.

국토(國土) 명 나라의 영토. ¶~ 개발.
국판(菊判) 명[출] 책 판형의 하나. 세로 21.8cm, 가로 15.2cm의 크기. 국판 인쇄 용지를 16접으로 접은 것임.

국풍(國風) 명 나라의 풍속.

국학(國學) [구카] 명 1 자기 나라의 고유한 역사·언어·풍속·종교·문학·제도·예술 등 민족 문화 전반에 관하여 연구하는 학문. 2 [역] 신라·고려·조선 시대에 교육을 맡아보던 국가의 기관.

국한(局限) [구칸] 명 (어떤 대상을) 그 범위를 일정한 부분에 한정하는 것. 국한-하다 통(타)(자) ¶입사 응시 자격을 대졸 남자로 ~. 국한-되다 통(자)

국-한문(國漢文) [구칸-] 명 1 국문과 한문. ¶~ 혼용. 2 한글과 한자가 섞인 글.

국호(國號) [구코] 명 나라의 이름. ⇒국명(國名).

국혼(國婚) [구콘] 명 왕실의 혼인.

국화¹(菊花) [구콰] 명[식] 가을에 향기 좋은 꽃이 피어 관상용으로 널리 가꾸는, 높이 1m가량의 여러해살이풀. 꽃은 작은 꽃잎이 둥글게 모여 피며, 품종에 따라 크기와 빛깔이 여러 가지임.

국화²(國花) [구콰] 명 한 나라를 상징하는 꽃. 우리나라의 무궁화, 영국의 장미, 일본의 벚꽃 따위. ⇒나라꽃.

국화-빵(菊花-) [구콰-] 명 국화꽃 모양의 판에 구워 낸 밀가루 빵. ▷풀빵.

국회(國會) [구쾨/구퀘] 명 국민이 선출한 의원으로 조직된 헌법상의 합의제인 입법 기관. ⇒의회. ¶정기 ~/~가 해산되다.

국회^의사당(國會議事堂) [구쾨-/구퀘-] 명 국회의 회의가 열리는 건물.

국회-의원(國會議員) [구쾨-/구퀘-] 명 국회를 구성하는 의원. 국민의 선거에 의하여 선출됨.

국회-의장(國會議長) [구쾨-/구퀘-] 명[정] 국회의 질서를 유지하고 회의를 진행하며 국회를 대표하는 사람.

군-¹ [접두] '쓸데없는', '가외의' 의 뜻을 나타내는 말. ¶~말 / ~식구.

-군² [어미] '이다' 나 형용사의 어간, 또는 어미 '-시-', '-았/었-', '-겠-'의 아래에 붙어, '해' 할 상대에게 쓰이거나 혼잣말에 쓰어 어떤 사물에 대한 느낌을 나타내는 종결 어미. ¶날씨가 덥~. ▷-로군.

군³(君) 명[역] 조선 시대, 왕의 서자·종친 및 공신에게 내리던 작위. ⇒팽해~.

군⁴(君) I 명(의존) (가족이나 친척이 아닌 미성년의 손아래 남자나 제자·후배와 같은 관계의 남자나, 또는 남자가 편지 등에서 동료 관계인 남자의 성(姓)이나 성명이나 이름 아래에 붙어) 그 사람을 격식을 갖추어 친근하게 또는 대접하여 부르거나 이르는 뜻을 나타내는 말. ¶어이, 김 ~./상철 ~. 나 좀 도와주게./최우수상은 김영수 ~이 받았다.
II 대(인칭) 성년이 된 상태에 있거나 제자·후배 등의 관계에 있는 손아래 남자에 대한 가벼운 경칭. ⇒자네. ¶모쪼록 ~의 건투를 빌겠네.

군⁵(軍) 명 1 국가를 적으로부터 방어하기 위해 조직한, 전투 임무를 맡는 집단. ⇒군대·군부. ¶~에 입대하다. 2 [군] 육군의 편성 단위의 하나. 군단(軍團)의 위. ¶제2~ 사령부.

군¹⁶(郡) 명 1 도(道)의 관할 구역 안에 두는, 하급 지방 자치 단체의 하나. 읍 또는 면을 관할하는 행정 구역임. ¶경기도 양주~. 2'군청'의 준말.
-군⁷(軍) [접미] 일부 명사에 붙어, 그 명사의 의미를 갖는 '군대' 또는 '군인'임을 나타내는 말. ¶독립~/예비~.
군가(軍歌) 명 군대의 사기를 북돋우기 위하여 부르는 노래.
군:것-질[-걷찔] 명 끼니 외에 과일·과자 따위 군음식을 먹는 짓. 비주전부리. 군: 것질-하다 자
군경(軍警) 명 군대와 경찰. ¶~ 합동 작전.
군:계(郡界) [-계/-개] 명 군(郡)의 지리적 경계.
군계-일학(群鷄一鶴) [-계-/-개-] 명 ['닭의 무리 가운데서 한 마리의 학'이라는 뜻] 어떤 무리 가운데서 홀로 두드러지게 뛰어난 사람을 이르는 말.
군:-고구마 명 불에 구워 익힌 고구마.
군관(軍官) 명 =장교.
군관민(軍官民) 명 군과 관리와 일반 국민. ¶~ 일체(一體).
군국(軍國) 명 1 군대와 국가. 또는, 군사(軍事)와 국사(國事). 2 군사(軍事)를 중히 여기는 나라.
군:국^제:도(郡國制度) [-쩨-] 명 역 중국 한나라 고조(高祖)가 실시한 지방 통치 제도. 봉건 제도와 군현 제도를 절충한 것임.
군국-주의(軍國主義) [-쭈의/-쭈이] 명 국가의 힘을 강화하는 수단으로, 오로지 군사력을 키우고 전쟁 준비에 힘을 쏟는 주의. 또는, 그런 정치 체제.
군기¹(軍紀) 명 군대의 규율과 기강. ¶~ 숙정.
군기²(軍旗) 명 군대의 각 부대를 상징하는 기.
군기³(軍機) 명 군사상의 기밀. ¶~를 누설하다.
군납(軍納) 명 인가를 받은 업자가 군에 필요한 물품을 대는 일. **군납-하다** 타
군:-내¹ 명 김치·젓갈 따위의 발효 식품이 제맛이 변하여 나는 좋지 않은 냄새. ¶김치에서 ~가 나다. ×군둥내.
군:내²(郡內) 명 군의 안. 또는, 고을 안.
군단(軍團) 명 군 두 개 이상의 사단(師團)으로 편성되는 전술 부대. 군(軍)의 아래, 사단의 위임.
군대(軍隊) 명 일정한 규율과 질서 아래 조직된 군인의 집단. 비군며.
군대-식(軍隊式) 명 군대에서 하는 것과 같은 방식. 곧, 규율과 절대복종 등을 중시하는 방식.
군:-더더기 명 쓸데없이 덧붙은 것. ¶~ 없이 잘 다듬어진 문장.
군데(의존) 어느 지역 또는 평면이나 입체를 이루는 공간에서, 그 일부를 이루는 곳이나 위치를 세는 말. 비곳. ¶한 ~.
군데-군데 Ⅰ 부 여기저기 여러 군데. ¶몸에 ~ 반점이 생기다.
Ⅱ 명 여러 군데. ¶나이가 드니까 ~가 아프고 쑤시다.
군도¹(軍刀) 명 군인이 차는 일정한 형식의 긴 칼. ▷환도(環刀).
군도²(群島) 명 무리 지어 흩어져 있는 크고 작은 섬들. ¶덕적(德積) ~.
군도³(群盜) 명 떼를 이룬 도둑. 비떼도둑.
군등-내 명 '군내'의 잘못.

군락(群落) [굴-] 명 식 생육 조건이 같은 식물이 떼를 지어 자라는 일.
군란(軍亂) [굴-] 명 군사들이 일으키는 난리. ¶임오~.
군량(軍糧) [굴-] 명 군대의 양식.
군량-미(軍糧米) [굴-] 명 군대의 양식으로 쓰는 쌀.
군령(軍令) [굴-] 명 군의 명령.
군림(君臨) [굴-] 명 어떤 분야나 세계에서 강력한 세력이나 영향력을 가지고 그 지배적 위치를 차지하는 것. 비유적인 말임. **군림-하다** 자 ¶그는 막대한 재력으로 재계(財界)에 **군림하고** 있다.
군마(軍馬) 명 1 군사 목적으로 쓰는 말. 2 군사와 말. ¶~를 거느리고 출전하다.
군:-만두(-饅頭) 명 기름에 지진 만두. 또는, 기름을 발라 불에 구운 만두.
군:-말 명 하지 않아도 될 쓸데없는 말. 비군소리. ¶힘든 일을 ~ 없이 하다. **군: 말-하다** 자
군모(軍帽) 명 군인이 쓰는 모자.
군목(軍牧) 명 군 군대에 장교로 소속되어 기독교 신자인 장병들의 신앙 생활을 돌보는 목사 또는 신부. ▷군승.
군무(軍務) 명 1 군사(軍事)에 관한 사무. 2 군인으로서 군대에 복무하는 일.
군무(群舞) 명 여러 사람이 함께 추는 춤.
군무-원(軍務員) 명 군무에 종사하는, 군인이 아닌 공무원.
군문(軍門) 명 '군대'의 비유.
군민¹(軍民) 명 군대와 민간. 또는, 군인과 민간인. ¶~ 합동 구조 작업.
군:민²(郡民) 명 그 군에 사는 사람.
군-바리(軍-) 명 〈속〉'군인'을 얕잡아 이르는 말.
군:-밤 명 불에 구워 익힌 밤.
군번(軍番) 명 군 군인으로 복무하게 된 각 장병들에게 부여하는 고유 번호.
군번-줄(軍番-) [-쭐] 명 군 인식표를 몸에 지니기 위하여, 인식표를 꿰어서 목에 걸도록 되어 있는 줄.
군벌(軍閥) 명 군부를 중심으로 한 정치적 세력. ¶~ 정치.
군법(軍法) [-뻡] 명 법 군대 내부에서 행하여지는, 규칙을 어긴 자에 대한 형법.
군법^회:의(軍法會議) [-빼꾀의/-빼꾀이] 명 법 '군사 법원'의 구칭.
군복(軍服) 명 군인의 제복.
군복(을) 벗다 군에서 제대하다.
군부(軍部) 명 정부나 국민에 대하여, 군인을 중심으로 한 세력. 비군. ¶~가 정치에 개입하다.
군-부대(軍部隊) 명 군인들의 부대.
군:-불 명 밥 따위를 짓기 위해서가 아니라 방만 덥게 하려고 때는 불.
군비¹(軍備) 명 전쟁을 수행하기 위해 갖춘 무기나 군사 시설. ¶~ 확장.
군비²(軍費) 명 '군사비'의 준말.
군비^축소(軍備縮小) [-쏘] 명 현재 보유하고 있는 군비를 줄이는 일. 준군축.
군사¹(軍士) 명 옛날에 '군인'을 이르던 말. =군졸·병사·병졸.
군사²(軍事) 명 군대·군비(軍備)·전쟁 등 군에 관한 일. ¶~ 기밀.
군사³(軍師) 명 옛날에, 사령관 밑에서 군사적 계략이나 작전을 맡던 사람. 비참모.
군사-력(軍事力) 명 병력·장비(裝備)·경제력 등을 종합한 전쟁 수행 능력.

군-사령관(軍司令官) [명][군] 한 군(軍)을 지휘·통솔하는 장성(將星).

군-사령부(軍司令部) [명][군] 군사령관이 군을 지휘·통솔하는 본부.

군사^법원(軍事法院) [명][법] 군사 재판을 관할하기 위한 특별 법원. 구칭은 '군법회의'.

군사부-일체(君師父一體) [명] 임금과 스승과 아버지는 같은 존재나 다름없으므로, 똑같이 섬기고 받들어야 함을 이르는 말.

군사^분계선(軍事分界線) [-계-/-게-] [명][군] 협정에 의하여 그어진 군사 활동의 한계선. ↪휴전선.

군사-비(軍事費) [명] 군사에 소요되는 비용. ▷군비.

군사^우편(軍事郵便) [명] 군인·군무원이 발송하는 우편물이나, 그들에게 가는 우편물의 원활한 취급을 위하여 마련된 특별 우편 제도.

군사^재판(軍事裁判) [명][법] 1 군사 법원에서 군법에 의하여 행하는 재판. ¶탈영병을 ~에 회부하다. 2 전쟁 범죄인을 심판하기 위하여 행하는 국제적인 재판.

군!-살 지나치게 쪄, 불룩 나오거나 늘어지거나 한 군더더기 살. ¶~을 빼다.

군상(群像) [명] 1 떼를 이룬 많은 사람. 2 [미] 회화나 조각에서, 다수의 인물을 일정한 주제 아래 형상화한 작품.

군!색-하다(窘塞-) [-새카-] [형여] 1 필요한 것이 없거나 모자라 옹색하다. ¶생활이 ~. 2 일이 떳떳하지 못하여 거북하다. ¶군색한 변명.

군소(群小) [명] 《주로, 일부 명사 앞에 쓰여》 규모·세력·중요성 등이 작거나 대단치 않은 여러 대상이나 인물임을 나타내는 말. ¶~정당 / ~작가.

군!-소리 이러저러하게 쓸데없이 덧붙이는 소리. ▷군말. ¶하라면 했지 왠가 그리 많으냐?

군수¹(軍需) [명] 군사상의 수요(需要). 또는, 그 물자. ¶~ 산업 / ~ 물자.

군!수²(郡守) [명] 한 군(郡)의 행정 사무를 총괄하는 최고 책임자.

군승(軍僧) [명] 군대에 장교로 소속되어 불교 신자인 장병들의 신앙 생활을 돌보는 승려. ▷군목.

군시럽-다 [-따] [형여] 〈군시러우니, 군시러워〉 살갗에 벌레 따위가 기어가는 듯한 가려운 느낌이 있다.

군시렁-거리다 [좌] '구시렁거리다'의 잘못.

군!-식구(-食口) [-꾸] [명] 집안 식구 외에 덧붙어서 얻어먹고 있는 식구.

군신¹(君臣) [명] 임금과 신하.

군신²(軍神) [명] 전쟁의 신.

군신-유의(君臣有義) [-니으이/-뉴이] [명] 오륜(五倫)의 하나. 임금과 신하 사이의 도리는 의리(義理)에 있음.

군실-거리다/-대다 [좌] 군시러운 느낌이 자꾸 나다. ¶등이 ~.

군실-군실 군실거리는 모양. **군실군실-하다** [좌]

군악(軍樂) [명] 군대에서 사기를 돋우기 위하여 또는 의식이 있을 때 연주하는 음악. 또는, 그 악곡.

군악-대(軍樂隊) [-때] [명] 군악을 연주하기 위하여 편성된 부대.

군역(軍役) [명][역] 백성들이 의무적으로 하던 군 복무나 군사에 관계되는 노동.

군중 심리__131

군영(軍營) [명] 군대가 주둔하는 곳.

군왕(君王) [명] =임금¹.

군용(軍用) [명] 군사상의 목적에 쓰임. 또는, 그 쓰이는 물건이나 돈. ¶~ 열차.

군용-차(軍用車) [명] 군대에서 쓰이는 차량.

군웅(群雄) [명] 같은 시대에 활약한 여러 영웅. ¶~이 할거하다 ✓割據.

군!읍(郡邑) [명] 1 옛 지방 제도의 주(州)·부(府)·군(郡)·현(縣)의 총칭. =군현 2 군과 읍.

군의-관(軍醫官) [-의-/-이-] [명][군] 군대에서 의료 군무에 종사하는 장교.

군인(軍人) [명] 군대에 속하여 적의 침입으로부터 나라를 지키는 일을 하는 사람. 육군·해군·공군의 장교·부사관·병사의 총칭. ¶직업 ~.

군!입(을) 다시다 [-넙~] 아무것도 먹지 않은 상태에서 헛되이 입을 다시다. ¶옆에서는 군입 다시고 있는데 저 혼자서만 ~.

군!-입정 [-넙쩡] [명] 때 없이 음식으로 입을 다시는 것.

군자(君子) [명] 학식과 덕이 높고 행실이 어진 사람. 유학에서는 이상적인 인간상으로 보았음. ¶성인 ~.

군자-금(軍資金) [명] 1 군대 운영과 군사 행동에 필요한 모든 자금. 2 어떤 일을 하기 위한 자금을 비유하여 이르는 말.

군자대로행(君子大路行) 군자는 큰길을 택하여 간다는 뜻으로, 덕이 있는 사람은 밟고 바르게 행동한다는 말.

군자-란(君子蘭) [명][식] 잎이 크고 길며 긴 꽃줄기 끝에 열매까지 모양의 주홍색 꽃이 20~30송이 모여 피는 여러해살이풀. 관상용으로 실내에서 많이 가꿈.

군작(群雀) [명] 무리를 이룬 참새.

[군작이 어찌 대붕(大鵬)**의 뜻을 알랴]** 범인(凡人)이 따위가 큰 인물의 뜻을 헤아려 알 리가 없다는 말.

군장(軍裝) [명][군] 군대의 장비. ▷겁옷.

군적(軍籍) [명][군] 1 군인이라는 자격·신분. 2 군인의 주소·성명·경력 등을 적어 군인으로서의 지위·신분을 밝힌 명부. ▷병적(兵籍).

군정(軍政) [명][정] 1 전쟁이나 사변 때에 점령 지역의 군사령관이 임시로 행하는 행정. ↔민정. 2 군부 세력이 국가의 실권을 장악하고 행하는 정치.

군정-청(軍政廳) [명] 점령지의 군사령관이 군정을 행하는 기관.

군제(軍制) [명] 군사상에 관한 제도.

군졸(軍卒) [명] =군사(軍士)¹.

군종(軍宗) [명][군] 군대 내의 종교에 관한 일.

군주(君主) [명] 세습하므로 국가를 대표하여 통수하는 최고 지위에 있는 사람. ▷임금. ¶~에 있는 나라.

군주-국(君主國) [명][정] 국가의 주권이 군주에게 있는 나라.

군주^제도(君主制度) [명][정] 군주에 의하여 통치되는 정치 형태.

군중(群衆) [명] 한곳에 무리를 지어 모인 많은 사람. ¶~의 열렬한 환호성.

군중-대회(群衆大會) [-회/-훼] [명] 군중이 모여서 개최하는 대회.

군중^심리(群衆心理) [-니] [명][심] 한 곳에 모인 많은 사람이 판단력이나 자제력을 잃고 다른 사람의 행동을 무비판적으로 따라 하는, 일시적이고 충동적인 심리

132 _ 군집

상태.
군집(群集) 圀 1 많은 사람이 한곳에 떼를 지어 모이는 것. 2 [생] 자연계에서 여러 종류의 생물이 같은 지역에 살면서 유기적인 관계를 가지고 생활하는 개체군의 모임. 군집-하다 图짜 떼를 지어 한곳에 모이다.

군:청(郡廳) 圀 군의 행정 사무를 맡아보는 관청. 준군(郡).

군청-색(群青色) 圀 산뜻하게 짙은 남색.

군체(群體) 圀[동] 분열 또는 출아에 의해 생겨 같은 종류의 많은 개체가 한데 붙어서 하나의 개체처럼 살아가는 집합체. 해면·산호·불복스 따위. ≒개체.

군축(軍縮) 圀 '군비 축소'의 준말.

군(을) 침 圀 굶주리스러운 음식을 대했을 때 저절로 입 안에 생기는 침.

군침(을) 흘리다 1 음식을 먹고 싶어 입맛을 다시다. 2 재물을 보고 몹시 탐을 내다. ¶군침을 흘릴 만큼 많은 돈.

군포(軍布) 圀 조선 시대에 병역을 면제해 주는 대신 받아들이던 삼베나 무명.

군표(軍票) 圀[군] 전지(戰地)나 점령지에서 군의 작전 행동상 필요에 의해서 쓰이는 긴급 통화(緊急通貨)의 하나.

군함(軍艦) 圀[군] 전투에 사용하는 무장된 배의 총칭.

군항(軍港) 圀[군] 국방상 함대의 근거지로서 특별한 군사적 시설을 갖춘 항구.

군:현(郡縣) 圀 =군읍(郡邑) 1.

군:현^제도(郡縣制度) 圀 중앙 집권적 성격을 띤 지방 행정 제도. ▷봉건 제도.

군호(軍號) 圀 1 [역] 도성이나 대궐의 순라군이 자기편의 식별이나 비밀의 보장을 위하여 쓰는 암호나 신호. 2 서로 눈짓이나 말로써 슬며시 연락하는 짓.

군화(軍靴) 圀 바짓단을 안으로 접어 넣을 수 있도록 목이 좋아리까지 올라오는, 군인이 신는 구두.

군화-발(軍靴-) [-화빨/-환빨] 圀 1 신거나 짓밟거나 할 때의, 군화 신은 발. ¶정강이를 ~로 걷어차다. 2 군부의 폭력이나 억압을 비유적으로 이르는 말. ¶국민들이 독재 정권의 ~ 아래서 신음하다.

굳건-하다[-건-] 图 뜻이 굳세고 건실하며 씩씩하다. ¶굳건한 의지. 굳건-히 튀 ¶경제적 토대를 ~.

굳기[-끼] 圀[광] 물체, 특히 광물의 단단한 정도. =경도(硬度).

굳-기름[-끼-] 圀 =지방(脂肪)².

굳다[-따] I 图짜 1 (무른 물질이) 단단하게 되다. ¶떡이 딱딱하게 굳었다. 2 (근육이나 뼈마디가) 뻣뻣하여지다. ¶집을 잘못 잤더니 목이 굳었다. 3 (표정이) 긴장되어 딱딱해지다. 곧, 엄숙하고 심각한 표정이 되다. ¶굳은 표정. 4 (돈이) 쓰이거나 없어지지 않고 그대로 남다. ¶내가 내려걸 줄 알았던 돈이 굳었네.
II 혱 1 (사물이) 눌러도 들어가지 않을 만큼 딱딱하다. ¶굳은 돌. 2 (의지·결심 등이) 흔들림이 없이 강하다. ¶굳은 맹세. 3 (세태·태도 등이) 튼튼하고 단단하다. 4 군의 힘을 합쳐 굳게 뭉치다.

[굳은 땅에 물이 괸다] ⓒ헤프게 쓰지 않고 아끼는 사람이 재산을 모은다. 또한 일이든 마음을 굳게 먹고 해야 좋은 결과를 얻는다.

굳-비늘[-비-] 圀[동] 네모난 판자 모양이고 표면이 단단하며, 광택이 있는 물고기의 비늘. 철갑상어의 비늘 따위.

굳-뼈[-] 圀[생] =경골(硬骨)¹. ↔물렁뼈.

굳-세다[-세-] 혱 1 (마음이나 뜻이) 흔들림이나 변함이 없이 강하다. ¶마음을 굳세게 먹어라. 2 (몸이나 체력이) 힘있고 튼튼하다. ¶굳센 팔다리.

굳어-지다 图짜 1 굳게 되다. ¶내가 협조를 거절하자 그는 표정이 굳어졌다.

굳은-살 圀 오랜 기간 동안의 잦은 마찰이나 압박 등으로 손이나 발, 기타 몸의 어느 부위에 생기는, 두껍고 딱딱한 살. ≒못. ¶막노동을 했더니 손에 ~이 박였다.

굳-이[구지] 튀 굳은 마음으로 기어이. 또는, 고집을 부려 구태여. ¶호의를 ~ 사양하다.

굳히기[구치-] 圀[체] 유도에서, 상대를 넘어뜨린 후 덮쳐 누르거나 조르고 꺾어 상태를 제압하는 기술.

굳-히다[구치-] 图쟁 1 '굳다'의 사동사. ¶콘크리트를 ~. 2 확고부동하게 하다. ¶결심을 ~.

굴¹ 圀[동] 바다 속 바위에 붙어 살며, 표면에 얇은 잎 모양의 껍데기가 몇 층으로 겹쳐 있는 조개. 살은 맛이 좋고 영양이 풍부하여 널리 식용함. =석화(石花).

굴²(窟) 圀 1 땅이나 바위가 안으로 깊숙하게 패어 들어간 곳. 2 산이나 땅 밑을 뚫어서 만든 도로나 철길. ㉤터널. 3 산이나 땅속에 있는 짐승들이 숨어 사는 구멍. ㉤토끼.

굴건(屈巾) 圀 상주가 두건 위에 덧쓰는 건.

굴곡(屈曲) 圀 1 이리저리 굽어 꺾이는 것. ¶~이 심한 해안선. 2 사람이 살아가면서 성하거나 쇠하거나 잘되거나 또는 잘 안되거나 하는 일이 번갈아 나타나는 변동. ¶그는 평생을 ~이 없이 순탄하게 살았다.

굴광-성(屈光性) [-씽] 圀[식] 식물체가 빛의 자극에 대하여 나타내는 굴성.

굴:다(굴고·굴:어) [-화빨/-환빨] 图㈜〔어미 '-게'나 '-이/히' 꼴의 부사 다음에 쓰이어〕 그러하게 행동하거나 대하다. ¶귀찮게 ~ / 버릇없이 구는 아이.

굴¹-다리(窟-) [-따-] 圀 밑으로 굴을 이루고 그 위로 다닐 수 있게 만든 다리.

굴:대[-때] 圀 수레바퀴의 한가운데에 뚫린 구멍에 끼우는, 긴 쇠나 나무. =축(軸).

굴뚝 圀 불을 땔 때, 연기가 밖으로 빠져 나가도록 만든 장치.

굴뚝-같다[-깥따] 혱 무엇을 하고 싶은 마음이 몹시 간절하다. ¶보고 싶은 마음은 굴뚝같지만 연락할 수가 없다.

굴뚝^기업(-企業) [-끼-] 圀[경] 전통 제조 산업을 하는 기업.

굴뚝^산:업(-産業) [-싼-] 圀 [공장 굴뚝에서 연기를 피워 올리는 산업이라는 뜻] [경] 전통적 제조 산업을 하는 기업.

굴뚝-새[-쌔] 圀[동] 몸길이 15cm가량으로 작고, 몸빛은 진한 갈색에 검은색 가로무늬가 있는 새. 우거진 숲 속이나 덤불 속에 살며 울음소리가 매우 큼.

굴러-가다 图㈜ 도는 힘으로 옮아 진행되어 나가다. 비유적인 말임.

굴러-다니다 图㈜ 1 데굴데굴 구르며 이리저리 왔다 갔다 하다. 2 정처 없이 여기저기 방랑하다.

굴러-들다 图㈜ (~드니, ~드오) (이리

굼벵이 __133

저리 떠돌던 물건이나 사람 등이 일정한 곳에 들어오다.
굴러-먹다[-따] 통(자) 막되게 살거나 지내다. 공격 투의 속된 말임. ¶어디서 굴러먹던 녀석인데 여기 와서 까불어?
굴렁-대[-때] 명 손에 쥐고 굴렁쇠를 밀어 굴리는 굵은 철사 도막이나 막대기.
굴렁-쇠[-쐬/-쒜] 명 어린이 놀이 기구의 하나. 자전거 바퀴처럼 둥근 테 모양의 쇠. 굴렁대로 굴리며 놂. ≒동그랑쇠.
굴레 명 1 마소를 부리기 위해 머리 부분을 얽어매는 줄 및 코뚜레나 재갈 등의 장치. 2 행동의 자유를 얽매는 대상. 비유적인 말임. 비속박. ¶인습의 ~를 벗다.
[굴레 벗은] ㉠거칠게 행동하는 사람을 이르는 말. ㉡구속에서 벗어나 몸이 자유로움을 이르는 말.
굴레(를) 쓰다 일이나 구속에 얽매여 벗어나지 못하게 되다.
굴:리다 동 '구르다'의 사동사. ¶바퀴를 ~. 2 (물건을) 소중히 다루지 않고 아무 데나 두다. 3 (나무토막 같은 것을) 모나지 않게 둥글게 깎다. 4 (차를) 운행하다. ¶자가용을 두 대나 굴린다. 5 (돈을) 이자 놀이를 하거나 주식 투자를 하여 불리다. ¶돈을 ~.
굴복(屈服) 명 (어떤 힘에) 저항하지 못하고 굽히거나 복종하는 것. **굴복-하다** 동(자) ¶권력[여론]에 ~.
굴비 명 소금에 약간 절여서 통째로 말린 조기.
굴삭-기(掘削機)[-끼] 명 땅을 파거나 깎는 데 쓰이는 중장비. 특히, 포클레인을 이르는 말.
굴성(屈性)[-썽] 명(식) 식물체의 외부의 자극을 받았을 때, 그 자극 방향에 관계되는 어느 방향으로 굽는 성질. 굴광성·굴수성·굴지성·굴화성 따위.
굴:-속(窟-)[-쏙] 명 1 굴의 안. 2 굴처럼 어두워서 캄캄한 곳을 비유하여 이르는 말. ¶방 안이 마치 ~ 같다.
굴수-성(屈水性)[-쑤썽] 명(식) 식물체가 습도에 대하여 나타내는 굴성.
굴신(屈伸)[-씬] 명 굽힘과 폄. 또는, 굽혔다 폈다 하는 것. **굴신-하다** 동(자여) ¶허리가 아파서 굴신할 수가 없었다.
굴왕신-같다(屈枉神-)[-갇따] 형 낡고 찌들고 몹시 더러워 보기에 흉하다.
굴욕(屈辱) 명 남에게 눌리거나 꺾이거나 함으로써 체면이 깎이거나 자존심이 상하여 부끄러움을 느끼는 상태. 비치욕.
굴욕-감(屈辱感)[-깜] 명 굴욕을 느끼는 감정.
굴욕-적(屈辱的)[-쩍] 명 굴욕을 느끼게 하는 상태에 있는 (것). ¶~ 패배.
굴-원(屈原) 명(인) 중국의 정치가·시인 (343?~277? B.C.).
굴절(屈折)[-쩔] 명 1 휘어서 꺾이는 것. 2 (주로, '되다'와 결합하여) (사람의 마음이나 의식이) 바르지 못하고 뒤틀어지거나 비뚤어지는 것. 3 빛이나 소리가 나아가다 어떤 물체에 부딪혔을 때 그 진행 방향이 꺾이는 현상. 4 [언] 어떤 말이 문장 속에서의 역할이나 관계의 차이에 따라 어형의 변화를 일으키는 현상. **굴절-하다·굴절-되다** 동(자) ¶비행 청소년의 굴절된 의식.
굴절-어(屈折語)[-쩔-] 명[언] 어형(語形)과 어미의 변화로써 단어가 문장 가운데서 여러 관계를 나타내는 성질을 가진 언어. 인도·유럽 어족이나 셈 어족의 대부분이 이에 속함.
굴-젓[-쩓] 명 생굴로 담근 것. ¶어리~.
굴종(屈從)[-쫑] 명 (상대에게) 자기 뜻을 굽혀 복종하는 것. **굴종-하다** 동(자여) ¶지배 세력에게 **굴종하고** 아첨하는 무리.
굴지(屈指)[-찌] 명 (주로 '굴지의'의 꼴로 쓰여) 여럿 가운데서 손가락을 꼽을 만큼 뛰어난 것. ¶세계 ~의 기업.
굴지-성(屈地性)[-찌썽] 명(식) 식물체가 중력의 작용에 대하여 일으키는 굴성.
굴진(掘進)[-찐] 명 굴·갱도 등을 파는 데 쓰는 기계.
굴착(掘鑿) 명 (땅이나 암석 따위를) 파고 뚫는 것.
굴착-기(掘鑿機)[-끼] 명 토목 공사에서, 흙이나 바위를 파거나 부수거나 뚫는 데 쓰이는 기계의 총칭.
굴-참나무 명[식] 도토리가 열리며, 나무껍질이 수 cm로 두껍고, 높이 25m가량의 낙엽 활엽 교목. 나무껍질은 코르크의 원료로 쓰임.
굴-하다(屈-) 동(자여) (어떤 난관이나 세력에) 뜻을 굽히거나 포기하다. ¶어떤 역경에도 굴하지 않다.
굴화-성(屈化性)[-썽] 명(식) 식물체가 화학 물질에 대하여 나타내는 굴성.
굵:다[국따] 형 1 (긴 물체가) 둘레가 크다. ¶굵은 기둥. 2 (알 모양의 물건이) 부피가 크다. ¶감자가 ~. 3 (목소리가) 우렁우렁 울려 크다. ¶굵은 바리톤 음성. 4 (피륙의 바닥이) 거칠고 투박하다. ↔가늘다.
굵:-다랗다[국따라타] 형(여) ¶~다랗니, ~다랗오, ~다래~ 꽤 또는 퍽 굵다. ¶굵다란 목소리. ↔가느다랗다.
굵:은-소금 명 알이 거칠고 굵은 소금. ↔가는소금.
굵직굵직-하다[국찍꾹찌카-] 형(여) 모두 굵직하다. ¶밤톨이 ~.
굵직-하다[국찌카-] 형(여) 대체로 굵다고 여겨지는 상태에 있다. ¶고구마가 ~. **굵직-이** 부
굶-기다[굼-] 동(타) '굶다'의 사동사. ¶저녁을 ~.
굶:다[굼따] (굶:고 / 굶어) 동(자여) 1 (사람이 끼니를) 거르거나 먹지 않다. 또는, (동물이) 먹이를 오랫동안 먹지 못하다. ¶밥을 ~ / 점심을 ~. 2 노름·오락 등에서, 자기 차례를 거르다.
[굶기를 밥 먹듯 한다] 자주 굶는다.
[굶어 죽기는 정승 하기보다 어렵다] 아무리 가난하여도 좀처럼 굶어 죽지는 않는다.
굶:-주리다[굼-] 동(자) 1 먹을 것이 없어 주리다. ¶굶주린 늑대 / 철의로 ~. 2 어떤 것을 흡족하게 누리지 못하여 몹시 모자람을 느끼다. ¶사랑에 ~.
굶:-주림[굼-] 명 먹을 것이 없어 배를 곯는 일. 비기아(飢餓). ¶~에 시달리다.
굼:-뜨다[굼:-뜨-, -떠~] 동(자) 동작이 몹시 느리다. ¶큰 목집을 **굼뜨게** 움직이다. ↔날래다.
굼:벵이 명 1[동] 매미의 애벌레. 누에 비슷하나 몸이 짧고 뚱뚱함. 2 동작이 몹시 굼뜨고 느린 사람을 굼벵이에 비유하여 이르는 말.
[굼벵이도 구르는 재주가 있다] 어떤 사람도 각각 장기가 있으니 업신여기지 말라는 말.

굼실-거리다/-대다 재 1 (벌레나 뱀 따위가) 느릿느릿 자꾸 움직이다. 2 (물결이) 굽이치며 넘실거리다. 또는, (어떤 사물이) 물결처럼 넘실거리다.
굼실-굼실 图 굼실거리는 모양. ¶송충이가 ~ 기어가다. **굼실굼실-하다** 재
굽 图 1 말·소·양 따위 짐승의 두껍고 단단한 발톱. ¶말~. 2 그릇의 밑바닥에 붙은 나지막한 받침. 3 구두 밑바닥의 뒤축에 붙어 있는 부분. ¶~이 높은 구두.
굽:다¹ [-따] (굽고/구워) 国면 〈구우니, 구워〉 1 (날음식이나 말린 음식을) 불 위에서 익히다. ¶고기를 ~/김을 ~. 2 (빵을) 오븐에서 익히다. ¶빵을 ~. 3 나무를 태워 숯을 만들다. ¶숯을 ~. 4 (벽돌·도자기·옹기 등을) 가마에 넣고 불을 때어 굳히다. ¶도자기를 ~. 5 사진의 음화를 감광지에 올려 사진을 만들다. ¶사진을 ~. 6 (소금을) 바닷물을 증발시켜 만들다. ¶소금을 ~. ¶ (시디에[를]) 음악·영상 등의 정보를 기록하다. ¶시디를 ~.
굽:다² [-따] I 園 한쪽으로 휘어져 있다. ¶굽은 길 / 허리가 굽은 할머니. 國곧다. II 国재 한쪽으로 휘다. ¶팔이 안으로 **굽지 밖으로 굽으랴**.
굽-도리 [-또-] 图 방 안 벽의 아랫부분.
굽도리-지 [-紙] [-또-] 图 방 안 벽의 아랫부분에 바르는 종이.
굽슬-굽슬 [-쓸-쓸] 튀 (털이나 실 따위가) 구불구불한 모양. 좀곱슬곱슬. **굽슬굽슬-하다** 國
굽-보다 国国 '굽실거리다'의 잘못.
굽실-거리다/-대다 [-씰-] 国재 1 몸을 자꾸 구부리다. 2 남의 비위를 맞추느라고 비굴하게 행동하다. ¶상사의 비위를 맞추느라 ~. ×굽신거리다.
굽실-굽실 [-씰-씰] 图 굽실거리는 모양. **굽실굽실-하다** 国재 ¶선거철만 되면 입후보자들은 너나없이 유권자들에게 **굽실굽실한다**.
굽어-보다 国国 1 고개나 허리를 굽혀 아래를 내려다보다. ¶언덕 위에서 마을을 ~. 2 아랫사람을 도와주려고 사정을 살피다. ¶하느님은 늘 우리를 **굽어보신다**.
굽어-살피다 国国 아랫사람을 도와주려고 자세히 살펴보다. ¶제발 저희 형편을 **굽어살펴** 주십시오.
굽-이 图 1[휘] 산길이나 강물 등이 휘어서 구부러진 곳. ¶산~ / 물~. 2[의] 휘어서 구부러진 곳을 세는 단위. ¶아흔아홉 ~ 고갯길.
굽이-굽이 튀 1 휘어서 구부러지는 모양. 또는, 휘어서 굽은 곳곳마다. 2 물이 굽이쳐 흐르는 모양. ¶~ 흐르는 강물.
굽이-돌다 国재 〈~도니, ~도오〉 (길이나 물줄기가 급한 데를) 굽이쳐 돌다. ¶버스가 비탈진 산길을 **굽이돌아** 간다.
굽이-치다 国재 (흐르는 물이) 힘차게 굽이를 이루다. ¶**굽이치는** 강물.
굽-히다 [구피-] 国国 1 '굽다 II'의 사동사. ¶허리를 **굽혀** 인사하다. 2 (의지나 주장 등을) 꺾고 남을 따르다. ¶자기주장을 **굽히지** 않다.
굿 [굳] 图민 무당이 음식을 차려 놓고 노래를 부르고 춤을 추면서 신에게 복을 비는 의식. ¶액막이~ / 살풀이 ~.
[굿이나 보고 떡이나 먹지] 남의 일에 쓸데없는 간섭을 하지 말고 되어 가는 형편을 보고 있다가 이익이나 얻으라는 말.

굿-거리 [굳꺼-] 图[음] 1 무당이 굿할 때 치는 장단. 2 '굿거리장단'의 잘못.
굿거리-장단 [굳꺼-] 图[음] 농악에 쓰이는 느린 4박자의 장단. 행진곡과 느린 춤 반주에 사용됨. ¶~ 굿거리.
굿-판 [굳-] 图 굿이 벌어진 판.
굿-하다 [구타-] 国재면 (무당이) 노래와 춤 등으로 의식(儀式)을 행하다.
궁(宮) 图 1 황제나 왕, 왕족이 사는 규모가 큰 집. 国궁실·궁전·대궐. ¶경복~. 2 =장(將). ¶3 장기판에서, 장(將)이 그 안에서만 다닐 수 있도록 정해진 자리.
궁²(宮) 图[음] 오음(五音) 중 첫째 음.
궁굴리다 国国 (어떤 사물을) 이리저리 굴리다. ¶공을 / 눈알을 ~.
궁궐(宮闕) 图 임금과 그의 가족 및 그들의 생활을 돌보는 사람들이 사는 집. = 궁정. 国궁·궁전·대궐. ¶구중~.
궁극(窮極) 图 사물의 진행·발전·추구 과정의 마지막이나 끝. ¶~의 목표.
궁극-적(窮極的) [-쩍] 图 궁극에 도달하는 (것). ~ 목적.
궁금-증(-症) [-쯩] 图 알고 싶어 답답한 마음. ¶~이 일다 / ~이 풀리다.
궁금-하다 園면 1 무엇이 어찌 되었는지 알고 싶어 마음이 안타깝다. ¶시험 결과가 ~. 2 속이 출출하여 무엇이 먹고 싶다. ¶입이 ~. **궁금-히** 튀
궁기(窮氣) [-끼] 图 궁한 기색. 国궁색. ¶얼굴에 ~가 가득 끼었다.
궁내(宮內) 图 대궐의 안. 国궁중·궐내.
궁녀(宮女) 图 =나인.
궁도(弓道) 图 1 활 쏘는 기술(技術)을 닦는 길, 또는 그 도의. 2 활을 쏘는 무술. ¶~ 대회.
궁둥-방아 图 '엉덩방아'의 잘못.
궁둥이 图 1 엉덩이의 아랫부분. 곧, 앉으면 바닥에 닿는 부분. ¶~가 펑퍼짐하다. 2 옷에서 엉덩이 아래쪽이 닿는 부분. ¶바지 ~가 해지다.
[궁둥이가 무겁다] 동작이 굼뜨고 아무 데고 한번 앉으면 일어날 줄 모르고 오래 앉아 있다.
[궁둥이를 붙이다] 1 궁둥이를 바닥에 대고 앉다. 2 앉아서 여유를 갖거나 쉬다. ¶**궁둥이를 붙일** 틈도 없이 바쁘다.
궁둥-짝 图 1 궁둥이의 좌우 두 쪽. 2 '궁둥이'를 낮추어 이르는 말.
궁리(窮理) [-니] 图 마음속으로 이리저리 따져 깊이 생각하는 것. 또는, 그런 생각. ¶~ 끝에 묘안이 떠올랐다. **궁리-하다** 国
궁벽-하다(窮僻-) [-벼카-] 園면 후미지고 으슥하다. ¶**궁벽한** 산골.
궁상(窮狀) 图 가난으로 얼굴이나 차림새가 꾀죄죄하거나 초라한 상태. ¶얼굴에 ~이 잔뜩 끼다.
궁상각치우(宮商角徵羽) 图[음] 오음(五音)의 각 명칭.
궁상-떨다(窮狀-) 国재 〈~떠니, ~떠오〉 차림새를 꾀죄죄하게 하고 있거나 돈 쓰는 일에 벌벌 떨거나 하여 가난한 티를 내다. ¶옷 꼴이 그게 뭐니? 제발 **궁상떨지** 마라.
궁상-맞다(窮狀-) [-맏따] 圈 궁상을 떠는 성질이 있다. ¶**궁상맞은** 얼굴.
궁상-스럽다(窮狀-) [-따] 圈면 〈~스러우니, ~스러워〉 궁상을 떠는 데가 있다. **궁상스레** 튀
궁색(窮色) 图 곤궁한 기색. 国궁기.

권리 청원__135

궁색-스럽다(窮塞-) [-쓰-따] 형비<스러우니, ~스러워> 궁색한 데가 있다. ¶궁색스러운 생활 / 대답이.

궁색-하다(窮塞-) [-새카-] 형여 1 돈이 부족하여 살아가는 데 어려움을 겪는 상태에 있다. 비가난하다. ¶궁색한 집안. 2 (말이) 이유나 근거가 충분히 제시되지 못하여 억지스럽다. ¶궁색한 변명. **궁색-히** 튀.

궁성(宮城) 명 궁궐을 둘러싼 성벽. 2 임금이 거처하는 궁전. 비궁궐.

궁수(弓手) 명[역] 활을 쏘는 군사.

궁수-자리(弓手-) 명[천] 황도 십이궁의 아홉째 별자리. 염소자리와 전갈자리 사이에 있으며, 9월 상순 저녁에 자오선을 통과함. =사수자리.

궁술(弓術) 명 활 쏘는 기술. ¶~ 시합.

궁여지책(窮餘之策) 명 궁한 나머지 생각다 못하여 짜낸, 그다지 좋다고 할 수 없는 꾀. ¶그는 빚을 갚을 길이 없어 ~으로 집을 팔기로 했다.

궁예(弓裔) 명[인] 후고구려를 세운 왕(?~918).

궁인(宮人) 명[역] =나인.

궁전(宮殿) 명 임금이나 왕족이 사는 크고 으리으리한 건물. 비궁·궁궐.

궁정(宮廷) 명 =궁궐.

궁정(宮庭) 명 궁궐 안의 마당.

궁중(宮中) 명 대궐 안. ¶궁정·궐내. ¶~ 음식. ¶~ 비화(祕話).

궁중-어(宮中語) 명[언] 궁궐 안에서만 독특하게 쓰이는 말. '밥'을 '수라'라 하는 따위.

궁지(窮地) 명 어려움이나 난처함에서 더 이상 벗어날 수 없는 상태나 처지. ¶~에 몰리다 / ~에 몰아넣다.

궁-터(宮-) 명 궁궐이 있던 자리.

궁-팔십(窮八十) [-씹] 명 [중국 주나라 무왕 때 정승이던 강태공이 벼슬하기 전까지 80년을 가난하게 살았다는 데에서] '가난하게 삶'을 이르는 말. ▷대등형.

궁핍-하다(窮乏-) [-피파-] 형여 몹시 가난하다. ¶궁핍한 생활.

궁-하다(窮-) 형여 1 경제적으로 넉넉하지 못하다. 비가난하다. ¶용돈이 ~. 2 (주로 '궁한 소리', '궁한 말'의 꼴로 쓰여) 경제적으로 어려움을 호소하거나, 또는 그 호소를 통해 어떤 도움을 받고자 하는 은근한 태도이다. 3 막다른 처지에 이르러 달리 어찌할 방법이 없다. 4 (대답할 말이) 궁색해 찾을 수 없는 상태에 있다. ¶꼬치꼬치 캐묻는 통에 대답이 궁했다.

[궁하면 통한다] 몹시 어려운 처지에 이르게 되면 도리어 벗어날 길이나 방법이 생긴다.

궁한 소리 사정이 어려움을 하소연하는 소리.

궁합(宮合) 명[민] 음양오행설에 따라, 혼인할 남녀의 사주를 맞추어 보아 배우자로서 적합한지, 또 택하지 말아야 될지 등의 여부를 점치는 일. 또는, 그 결과로서 나타난 부부의 운. ¶~을 보다.

궁형(弓形) 명 활 모양으로 굽은 꼴.

궁형(宮刑) 명[역] 옛날 중국의 오형(五刑)의 하나. 생식기를 없애는 형벌.

굳다[굳따] 형 1 (날씨가) 비가 오거나 눈이 내려 좋지 못하다. ¶굳은 날씨. 2 (어떤 일이) 언짢고 싫다.

굳은-비 명 오랫동안 끄느름하게 내리는 비.

굳은-일 [-닐] 명 언짢고 꺼림하여 하기 싫은 일. =진일. ¶~도 마다하지 않다.

권¹(勸) 명 권고하는 말. ¶그는 주위의 ~으로 다시 고시 공부를 시작했다.

권²(卷) 명[의존] 1 책을 세는 단위. ¶책 두 ~. 2 여러 책으로 편찬된 전집 등에서 그 순서를 나타내는 말. ¶이광수 전집 제2 ~. 3 한지(韓紙) 20장을 한 묶음으로 하는 단위. ¶창호지 세 ~. 4 =릴(reel) 2. ¶필름 두 ~. 5 주로 고서(古書)에서, 책을 내용에 따라 구분하는 단위. ¶3~ 1책 목판본.

-권³(券) 접미 1 일정한 자격이나 권리를 증명하는 표임을 나타내는 말. ¶입장~ / 상품~. 2 지폐나 수표의 단위 액수에 붙어, 얼마짜리임을 나타내는 말. ¶십만 원~ 수표.

-권²(圈) 접미 1 [지] 지구 상에서 66도 30분의 지점을 연결하는 둥근 모양의 선이나 그 이상의 고위도 지방을 나타내는 말. ¶남극~. 2 '범위', '그 테두리의 안'의 뜻을 나타내는 말. ¶수도~ / 합격~.

-권³(權) 접미 명사 끝에 붙어, 그 명사에 따르는 '권리'나 '권한'을 나타내는 말. ¶묵비~ / 선거~.

권:고(勸告) 명 (어떤 일을) 하도록 말하여 권하는 것. **권:고-하다** 통비여 ¶의사는 환자에게 요양을 권고했다.

권:고-사직(勸告辭職) 명 권고에 의하여 그 직책에서 물러나게 하는 일.

권곡(圈谷) 명 빙하의 침식 작용에 의하여 'U'자 모양으로 팬 땅. =카르.

권내(圈內) 명 일정한 범위 안. ↔권외.

권:농(勸農) 명 농사를 장려하는 것. **권:농-하다** 통재여.

권능(權能) 명 1 권세와 능력. ¶절대적 ~. 2 [법] 권리를 행사할 수 있는 능력 범위.

권두(卷頭) 명 책의 첫머리. ¶~에 머리말을 싣다. ↔권말.

권력(權力) [궐-] 명 남을 자기 의사에 복종시키거나 지배할 수 있는, 공인된 권리와 힘. 특히, 국가나 정부가 국민에 대하여 갖고 있는 강제력. ¶~을 장악하다.

권력-가(權力家) [궐-까] 명 권력을 누리는 사람. 비권력자. ¶전횡을 일삼는 ~.

권력-관계(權力關係) [궐-관계/궐-관게] 명 합법적인 권리의 행사에 의하여 성립되는 지배와 복종의 사회적 관계.

권력-자(權力者) [궐-] 명 권력을 가진 사람. 비권력가. ¶대통령은 국가의 최고 ~이다.

권력-층(權力層) [궐-] 명 권력을 가진 계층. ¶~ 내부의 암투.

권리(權利) [궐-] 명 어떤 일을 자유로이 행하거나 타인에 대하여 당연히 주장하고 요구할 수 있는 힘이나 자격. ¶~를 행사하다. ↔의무.

권리-금(權利金) [궐-] 명[법] 부동산 임대차 계약의 체결에서, 임대료 이외에 장소나 영업상의 특수 이익의 대가로 치르는 돈.

권리^장전(權利章典) [궐-] 명[역] 1689년에 제정된 영국의 법률.

권리-증(權利證) [궐-쯩] 명[법] =등기필증. ¶부동산 ~.

권리^청원(權利請願) [궐-] 명[역] 1628년 영국 의회가 찰스 1세에게 제출하여 그 승인을 얻은 청원서.
권말(卷末) 圏 책의 맨 끝. ¶~ 부록. ↔权두(卷頭).
권!면(勸勉) 圏 알아듣도록 타일러서 힘쓰게 하는 것. **권!면-하다** 图타어 ¶학생들에게 독서를 ~.
권모-술수(權謀術數) [-쑤] 圏 목적 달성을 위하여 수단과 방법을 가리지 않는 온갖 재주. ¶~에 능한 정객(政客).
권문(權門) 圏 '권문세가'의 준말.
권문-세가(權門勢家) 圏 벼슬이 높고 권세가 있는 집안. ¶그자는 출세를 위해 ~를 뻔질나'게 드나'들었다. 圈권문.
권번(券番) 圏 일제 강점기에, 기생들이 기적(妓籍)을 두었던 조합.
권!법(拳法) [-뻡] 圏 주먹을 써서 지르고 막아 내고 하는 격투 기술.
권부(權府) 圏 권력을 가진 정부나 관청.
권불십년(權不十年) [-씸-] 圏 아무리 높은 권세라도 10년을 가지 못함. ▷화무십일홍.
권!사(勸士) 圏[기] 전도 사업을 맡아보는, 크리스트교의 교직(敎職)의 하나. 또는, 그 사람.
권!선-징악(勸善懲惡) 圏 착한 일을 권장하고 악한 일을 징계함. ¶~을 주제로 한 소설.
권세(權勢) 圏 권력과 세력. 또는, 남을 복종시키는 세력. ¶~를 부리다.
권!속(眷屬) 圏 자기 집안에 딸린 식구. ¶~을 거느리다.
권수(卷數) [-쑤] 圏 책의 수효.
권신(權臣) 圏 권세를 잡은 신하.
권역(圈域) 圏 어떤 특정한 범위 안의 지역이나 영역.
권외(圈外) [-외/-웨] 圏 일정한 한계나 범위의 밖. ↔권내.
권운(卷雲) 圏[기상] 상층운의 하나. 섬세한 섬유 모양의 흰 구름. ≒두루마리구름·새털구름.
권위(權威) 圏 1 남을 통솔하여 복종시키거나 따르게 하는 힘. ¶~가 서다(실추되다). 2 어떤 분야에서 사회적으로 신뢰받아 갖게 되는 영향력. ¶~ 있는 상.
권위-자(權威者) 圏 어떤 부문에 권위가 있는 사람. ¶사계(斯界)의 ~.
권위-적(權威的) 圏 권위를 내세우는 (것). ¶~ 태도.
권위-주의(權威主義) [-의/-이] 圏 타인의 개성이나 자유의사를 무시하고 강압적으로 타인을 복종시키려 하는 태도. 또는, 맹목적으로 타인에게 복종하는 태도.
권!유(勸誘) 圏 어떤 사람에게 좋다고 생각하는 어떤 일을 하도록 권하는 것. ¶그는 친구의 ~로 서예를 배우는 중이다.
권!유-하다(勸誘-) 图타어 ¶의사는 그에게 적당한 운동을 권유했다.
권-율(權慄) 圏[인] 조선 시대의 장군 (1537～1599).
권익(權益) 圏 어떤 사람이나 집단 등의 권리와 그에 따르는 이익. ¶~ 옹호／소비자의 ~을 보호하다.
권!장(勸奬) 圏 어떤 대상을 어떤 사람(에게) 권하여 장려하는 것. ¶~ 도서(圖書). **권!장-하다** 图타어 ¶저축을 ~. **권!장-되다** 图자어
권-적운(卷積雲) 圏[기상] 상층운의 하나. 희고 작은 구름 덩어리가 군집하여 얼룩 모양이나 파도 모양을 이루는 구름. ≒비늘구름·조개구름.
권좌(權座) 圏 권력, 특히 통치권을 가지고 있는 지위. ¶~에 오르다.
권!총(拳銃) 圏 한 손으로 쥐고 다룰 수 있도록 짧고 작게 만든 총. ¶~ 자살.
권-층운(卷層雲) 圏[기상] 상층운의 하나. 얇은 흰 베일 모양으로 하늘 일면에 퍼져 있는 구름. ≒햇무리구름.
권!태(倦怠) 圏 어떤 일이나 대상에 흥미와 관심을 잃고 시들해지거나 싫증이나 따분함을 느끼는 상태. ¶도시 생활에 ~를 느끼다.
권!태-기(倦怠期) 圏 어떤 일이나 대상에 권태를 느끼는 시기.
권!태-롭다(倦怠-) [-따-] 혭ㅂ ¶~로우니, ~로워) 어떤 일이나 대상이 권태를 느끼게 하는 상태에 있다. ¶권태로운 나날을 보내다.
권!토-중래(捲土重來) [-내] 圏 [흙먼지를 일으키며 다시 온다는 뜻으로] 1 한번 패하였다가 세력을 회복하여 다시 쳐들어옴. 2 어떤 일에 실패한 뒤 힘을 쌓아 다시 그 일에 착수함.
권!투(拳鬪) 圏[체] 양 손에 글러브를 끼고 서로 상대방의 벨트 위의 상체를 치고받아 판정이나 케이오로 승패를 결정하는 경기. ≒복싱.
권!-하다(勸-) 图타어 1 (누구에게 무엇을) 하는 것이 좋겠다는 뜻의 의견을 내다. ¶학생들에게 독서를 ~. 2 (누구에게 음식이나 담배, 물건 등을) 먹거나 피우거나 이용하도록 말하다. ¶술을 ~.
권커니 잣커니 술 따위를 남에게 권하면서 자기도 마시며 계속하여 먹는 모양. ¶~ 술을 마시며 시간 가는 줄 모르다.
권한(權限) 圏 권리나 권력 또는 직권이 미치는 범위. ¶그१대 ~ 밖의 일이다.
권한^대!행(權限代行) 圏[법] 어떤 국가 기관이나 국가 기관의 구성원의 권한을 다른 국가 기관이나 국가 기관의 구성원이 대행하는 일. ¶대통령 ~.
궐기(蹶起) 圏 (어떤 무리의 사람들이) 어떤 일에 대한 각오를 다지거나 결심을 굳히면서 기운차게 일어서는 것. **궐기-하다** 图자어 ¶독재 권력에 저항하여 온 국민이 ~.
궐기^대!회(蹶起大會) [-회/-웨] 圏 어떤 문제에 대하여 해결책을 촉구하기 위해 뜻있는 사람들이 궐기하는 대회.
궐내(闕內) [-래] 圏 대궐의 안. 圈궁내·궁중.
궐!련 잘게 썬 담뱃잎을 얇은 종이에 가늘게 말아 놓은 물건. 오늘날 가장 일반적인 형태의 담배임. 圈엽궐련.
궤!(櫃) 圏 물건을 넣기 위해 직육면체로 만든 나무 상자. 예전에, 책·문서·돈·곡물 따위를 보관하는 데 사용함. 圈돈-／책-.
궤!간(軌間) 圏 1 궤도의 너비. 2 철도 레일의 두 쇠줄 사이의 너비.
궤!도(軌道) 圏 1 행성·혜성·인공위성 등이 중력의 영향을 받아 다른 천체의 둘레를 돌면서 그리는 곡선의 길. ¶우주선이 ~에 진입하다. 2 열차나 전차 등이 다닐 수 있도록 땅 위에 깔아 놓은, 레일·침목 등의 구조물. ≒선로. 3 일의 발전 과정에서, 웬만큼 높은 수준이나 단계. ¶~에 오르다. 4 일을 진행하거나 추구해 나가는 방향. ¶~ 수정.

궤:멸(潰滅) [명] 무너지거나 흩어져서 없어지는 것. **궤:멸-하다** [동][자][여] **궤:멸-되다** [동][자]

궤:변(詭辯) [명] 이치에 맞지 않는 사실을 그럴듯하게 둘러대는 말. ¶~을 늘어놓다.

궤:양(潰瘍) [명][의] 피부나 점막이 짓무르거나 허는 병. ¶위~.

궤:적(軌跡·軌迹) [명] **1** 탈것이나 움직이는 물체가 남긴 움직임의 흔적. ¶탄도 미사일의 비행 ~. **2** 어떤 일이 이루어져 온 과정이나 자취. ¶삶의 ~.

궤:-짝(櫃—) [명] '궤(櫃)'를 속되게 이르는 말. ¶돈~ / 쌀~.

귀[1] [명] **1** 사람이나 동물의 머리 양쪽에 있는, 한 쌍의 청각 기관. ¶~를 즐겁게 하는 음악. **2** **1** 중에서 특히 몸의 겉으로 내민 부분. ¶안경을 ~에 걸다. **3** '귀때'의 준말. ¶~가 깨진 항아리. **4** 모가 난 물건의 모서리. ¶손수건을 ~를 맞추어 접다. **5** 두루마기나 저고리의 섶 끝. 또는, 주머니의 양쪽 끝. **6** 바늘의 실 꿰는 구멍. ¶바늘~에 실을 꿰다. **7** 바둑판의 모퉁이 화점(花點) 부분. **8** 돈머리에 좀 더 붙은 우수리. ¶~는 떼고 10만 원만 주시오.
[**귀가 보배라**] 배운 것은 없으나 들어서 아는 것이 많음. [**귀에 걸면 귀걸이, 코에 걸면 코걸이**] 어떤 원칙이 있는 것이 아니라, 둘러대기에 따라 이렇게도 되고 저렇게도 될 수가 있다는 말.
귀가 가렵다 남이 제 말을 하는 것 같다.
귀가 뚫리다 말을 알아듣게 되다.
귀가 번쩍 뜨이다 들리는 소리에 선뜻 마음이 끌리다. ¶여행 가자니까 **귀가 번쩍 뜨이니**?
귀가 솔깃하다 어떤 말이 그럴듯하게 여겨져 마음이 쏠리다. ¶공짜라니 ~.
귀(를) 기울이다 남의 이야기나 의견에 관심을 가지고 주의를 모으다. ¶선생님의 말씀에 ~.
귀(가) 따갑다 **1** 소리가 크거나 날카로워 듣기에 괴롭다. ¶매미 소리가 어찌나 요란한지 **귀가 따가울** 지경이다. **2** 너무 여러 번 들어서 듣기가 싫다. ¶공부 잘하라는 소리를 **귀가 따갑도록** 들었다.
귀를 의심하다 믿기 어려운 이야기를 들어 잘못 들은 것이 아닌가 생각하다.
귀에 거슬리다 (어떤 말이) 자기 생각과 맞지 않아 비위가 상하다.
귀에 못이 박히다 같은 말을 여러 번 들어 싫은 느낌이 들다. ¶그 말은 **귀에 못이 박히도록** 들었으니, 이제 그만두게.
귀(가) 여리다 속는 줄도 모르고 남의 말을 그대로 잘 믿다. ¶그 사람은 **귀가 여려서** 남이 하는 말에 혹한다.
귀(에) 익다 **1** 들은 기억이 있다. ¶**귀에 익은** 목소리. **2** 어떤 말이나 소리를 자주 들어 그것에 익숙해지다. ¶기적 소리도 이제 **귀에 익어** 시끄러운 줄 모르겠다.

귀:[2](貴) [관] 상대 단체나 기관 등을 가리켜 말할 때, 높이는 뜻을 나타내는 말. ¶~회사.

귀-[3](貴) [접두] '흔하지 않은', '값비싼', '존귀한'의 뜻. ¶~금속 / ~부인.

귀:가(歸家) [명] 집으로 돌아가거나 돌아오는 것. ¶~ 시간. **귀:가-하다** [동][자][여] ¶그는 매일 밤늦게 **귀가한다**.

귀감(龜鑑) [명] 〔거북〔龜〕은 길흉을 점치고, 거울〔鑑〕은 사물의 모습을 비춘다는 데서〕 본받을 만한 모범. ¶~으로 삼다 / ~이 되다. ▷타산지석.

귀갓-길(歸家—) [—가낄/—갇낄] [명] 집으로 돌아가거나 돌아오는 길.

귀:거래-사(歸去來辭) [명][문] 중국 진(晉)나라의 도연명이 벼슬을 버리고 고향으로 돌아갈 때 지은 글.

귀-걸이 [명] 장식으로 귓불에 다는, 귀금속이나 보석 등으로 만든 물건. [비]귀고리.

귀:결(歸結) [명] **1** 최후에 다다르는 것. 또는, 그 결론이나 결과. ¶이 문제는 빨리 ~을 짓고 넘어가자. **2** [철][논] 원인이 되는 사태에서 결과로 생기는 사태. 또는, 논리적인 관계에서 전제로부터 유도되는 결론. ↔이유. **귀:결-하다** [동][자][여] **귀:결-되다** [동][자]

귀:결-부(歸結符) [명] 수의 계산이나 문제를 풀어 귀결된 식을 보일 때 식 앞에 쓰는 부호 '∴'의 이름.

귀:경(歸京) [명] 서울로 돌아가거나 돌아오는 것. **귀:경-하다** [동][자][여]

귀-고리 [명] 귓불에 장식으로 다는 고리. [비]귀걸이.

귀:곡-성(鬼哭聲) [—썽] [명] 귀신의 울음소리.

귀:골(貴骨) [명] 귀한 사람이 될 골상(骨相). 또는, 그런 상을 가진 사람.

귀:-공자(貴公子) [명] **1** 귀한 집안에 태어난 남자. **2** 생김새·몸가짐 등이 의젓하고 고상한 남자.

귀:교(貴校) [명] 상대방을 높여, 그의 학교를 이르는 말.

귀:국[1](貴國) [명] 상대방을 높여, 그의 나라를 이르는 말. ¶~ 정부.

귀:국[2](歸國) [명] 외국에 있던 사람이 자기 나라로 돌아가거나 돌아오는 것. =환국. **귀:국-하다** [동][자][여] ¶유학 생활을 마치고 ~.

귀:-금속(貴金屬) [명] 산출량이 적어 귀중한 금속. 금·은·백금족 금속 등을 말하며, 산(酸)이나 알칼리에 변하지 않고 아름다운 금속광택을 지님. ↔비금속.

귀:납(歸納) [명][논] 개개의 특수한 사실을 종합하여 거기에서 일반적인 원리를 이끌어 내는 일. ↔연역. **귀:납-하다** [동][타][여]

귀:납-법(歸納法) [—뻡] [명][논] 귀납 추리에 의한 사상(事象)의 연구법. ↔연역법.

귀:납-적(歸納的) [—쩍] [관][명] 귀납의 방식에 의한 (것). ¶~ 논리. ↔연역적.

귀:농(歸農) [명] (다른 일을 하던 사람이) 농사를 지으려고 농사 터로 돌아가는 것. ↔이농(離農). **귀:농-하다** [동][자][여]

귀-담다 [—따] [동][타] 마음에 단단히 새겨두다. ¶농담이니 **귀담아** 두지 마라.

귀담아-듣다 [—따] [동][타][ㄷ] 〈~들으니, ~들어〉 (어떤 말을) 주의 깊게 잘 듣다. ¶선생님의 충고를 ~.

귀:대(歸隊) [명] 자기 부대로 돌아가거나 돌아오는 것. ¶~병(兵) / ~ 시간. **귀:대-하다** [동][자][여]

귀-동냥 [명] (지식이나 정보를) 체계 있게 배우거나 얻지 못하고 여기저기서 남들이 하는 말을 듣고서 단편적으로 알게 되는 것. ¶배우진 못했지만 ~으로 들어 조금 알지요. **귀동냥-하다** [동][타][여]

귀:-동자(貴童子) [명] **1** 귀염을 받는 사내아이. **2** 귀하게 자란 사내아이.

귀두(龜頭) [명][생] 반타원체 모양으로 된 음경의 끝 부분.

귀-둥이(貴-) 몡 특별히 귀염을 받는 아이.

귀때 몡 액체를 따를 때 다른 곳으로 흐르지 않도록 그릇 아가리에 새의 부리 모양으로 내밀게 만들어 놓은 부분. ㈜귀.

귀-때기 몡 '귀'를 비속하게 이르는 말. ×귓대기.

귀뚜라미 몡 가을밤에 풀숲이나 뜰에서 '귀뚤귀뚤' 하고 우는, 몸길이 17~21mm의 작은 곤충. 몸빛은 흑갈색이며, 한 쌍의 긴 촉각이 있음.

귀뚤-귀뚤 몜 귀뚜라미의 울음소리.

귀-뚤 몜 '귀뚤'의 잘못.

귀-띔[-띰] 몡 (어떤 일이나 사실을) 눈치로 알아차릴 수 있도록 미리 슬쩍 말하여 일깨워 주는 것. ¶선뱌는 자리라고, ~이라도 해 줬어야지, 내 꼴이 이게 뭔가? ×귀뜸·귀뜸. **귀띔-하다** 目

귀-로(歸路) 몡 제 집이나 제 나라 등을 일시적으로 떠났다가 돌아가거나 돌아오는 길. ㈜회로. ¶~에 오르다.

귀리 몡 [식] 보리의 한 종류로, 씨는 오트밀을 만들거나 술·과자의 원료로 쓰이는 두해살이풀.

귀-마개 몡 1 귀가 시리지 않게 귀에 덮는 물건. 흔히, 털부치로 만듦. 2 귓구멍을 막는 물건. ¶수영할 때 ~를 하다.

귀-머거리 몡 귀가 먹어 소리를 듣지 못하는 사람을 얕잡아 이르는 말. 완곡어 또는 순화어는 '청각 장애인'.

[귀머거리 삼 년이요 벙어리 삼 년이라] 여자가 처음 출가해서 시집살이하기가 매우 어려움을 이르는 말.

귀-먹다[-따] 재 귀가 전혀 들리지 않거나 잘 들리지 않다. ¶그 할머니는 귀먹어서 잘 듣지 못한다.

귀-면(鬼面) 몡 1 가면·기와 등에 그려지거나 조각된 귀신의 얼굴. 2 귀신의 얼굴 모양으로 만든 가면.

귀물(貴物) 몡 귀중한 물건.

귀-밑[-믿] 몡 뺨에서 귀에 가까운 부분.

귀밑-머리[-민-] 몡 1 이마의 한가운데를 중심으로 하여 좌우로 갈라 귀 뒤로 넘겨 땋은 머리 모양. 2 뺨에서 귀의 가까이에 난 머리털.

귀밑머리(를) 풀다 처녀 때에 땋았던 귀밑머리를 풀어 쪽을 찌고 시집하다.

귀밑-샘[-믿쌤] 몡 [생] 귓바퀴 아래에서 시작되어 입 안으로 열려 있는 침샘. = 이하선.

귀밑-털[-믿-] 몡 =살쩍.

귀밝-이-술 몡 [민] 귀가 밝아진다고 하여 음력 정월 보름날 아침에 마시는 술.

귀:-부인(貴婦人) 몡 신분이 높거나 상류층에 속하는 부인.

귀(貴)빈 몡 귀한 손님. 특히, 사회적 지위나 신분이 높은 손님. ¶~석(席).

귀:빈-실(貴賓室) 몡 귀빈을 위하여 특별히 마련한 방. ¶청와대~.

귀빠진 날 '생일'을 입말 투로 이르는 말.

귀-빰 몡 뺨의 귀 쪽 부분.

귀-뿌리 몡 귀가 뺨에 맞붙은 부분.

귀:사(貴社) 몡 상대방을 높여, 그의 회사를 이르는 말.

귀:선(歸船) 몡 1 항구로 돌아오는 배. 2 배에서 내린 사람이 다시 그 배로 돌아가는 것. **귀:선-하다** 目

귀:성(歸省) 몡 부모를 뵙기 위하여 객지에서 고향으로 돌아가거나 돌아오는 것. **귀:성-하다** 目 ¶서울역 광장은 명절 때만 되면 귀성하는 사람들로 붐빈다.

귀:성-객(歸省客) 몡 명절 같은 때에 귀성하는 여객.

귀:성-열차(歸省列車) [-녈-] 몡 명절이나 방학 무렵에 귀성하는 사람을 위하여 특별히 운행되는 열차.

귀소^본능(歸巢本能) [동] 동물이 자기 서식처나 둥지 혹은 태어난 장소로 되돌아오는 성질 또는 능력. 꿀벌·개미·비둘기·제비 등에서 볼 수 있다. ▷회귀성.

귀:속(歸屬) 몡 재산이나 권리·영토 따위가 누구 또는 어디에 딸리게 되는 것. 또는, 어떤 사람이 단체의 소속이 되는 것. **귀:속-하다** 目 **귀:속-되다** 재 ¶주인 없는 재산은 국가에 귀속된다.

귀:순(歸順) 몡 (적이나 간첩 등이) 더 이상 맞서거나 대항하지 않고 이쪽 세력에 동조하거나 속하게 되어 복종하는 것. ¶~ 용사. **귀:순-하다** 재 ¶북한 동포 일가족이 우리나라로 귀순해 왔다.

귀:신(鬼神) 몡 1 민간 또는 무속 신앙에서, 일반적으로 눈에 보이지 않으나 때로 사람이나 동물의 모습으로 나타나기도 하는 존재로서, 인간의 능력을 초월하는 기이한 조화를 부리고 사람에게 화복을 준다고 믿어지는 두려움의 대상. ¶물~/몽달~/~이 붙다. ㈜신. 2 남보다 뛰어난 재주가 있는 사람의 비유. ¶그는 기계 다루는 데는 ~이다.

[귀신 씻나락 까먹는 소리] 얼토당토않은, 또는 이치나 형편에 맞지 않는 말.

[귀신이 곡(哭)할 노릇이다] 하도 기묘하여 그 내막을 알 수가 없다.

귀신도 모르다 귀신도 모를 만큼 감쪽같다. ¶귀신도 모르게 물건을 빼냈다.

귀:신-같다(鬼神-)[-갇따] 톙 동작이나 추측이 정확하고 재주가 기막히게 뛰어난 데가 있다. **귀:신같-이** 凬 ¶~ 알아맞히는 점쟁이.

귀-싸대기 몡 귀와 뺨과의 어름을 속되게 이르는 말.

귀싸대기를 올리다 귀싸대기를 때리다.

귀:애(貴愛) 몡 귀엽게 여겨 사랑하는 것. **귀:애-하다** 目

귀얄 몡 풀·옻 따위를 칠할 때 쓰는 도구.

귀양 몡 [<귀향(歸鄕)] [역] 죄인을 고향이 아닌 먼 시골이나 섬으로 보내어 일정한 기간 동안 제한된 곳에서만 살게 하는 형벌. ¶역적으로 몰려 ~을 살다.

귀양(을) 가다 높은 지위에서 낮은 지위로 떨어지는 것을 속되게 이르는 말. ¶그 자리는 **귀양** 가는 자리야.

귀양-살이 몡 1 귀양의 형벌을 받고 정해진 곳에서 부자유스럽게 사는 일. 2 세상과 동떨어져 외롭고 불편하게 지내는 답답한 생활의 비유. ¶이 산골에 묻혀 꼼짝없이 ~를 하고 있다. **귀양살이-하다** 目

귀엣-말[-엔-] 몡 =귓속말.

귀여워-하다 目 귀엽게 여기다. ¶아이를 ~.

귀:염 몡 귀엽게 여겨 사랑하는 마음. ¶~을 받다/~을 독차지하다.

귀:염-둥이 몡 아주 귀여운 아이. 또는, 귀염을 받는 아이.

귀:염-성(-性) [-썽] 몡 귀염을 받을 만한 바탕이나 성질. ¶~ 있는 얼굴.

귀엽다[-따] 톙ㅂ 〈귀여우니, 귀여워〉 1

(어떤 대상의 생김새가) 작고 세밀하면서 균형이 갖추어져 보기 좋은 상태에 있다. ¶아기 신발이 ~. 2 (작고 예쁜 사람이나 동물이 하는 행동이) 보기에 좋아 사랑스럽다. 대상이 사람인 경우, 그 범위가 일반적으로 어린이나 자기보다 어린 젊은 여자에 한정됨. ¶실수가 있더라도 **귀엽게** 봐 주세요.
귀-울음[-의] 图=이명(耳鳴)¹.
귀:의(歸依)[-의/-이] 图 1〖종〗종교적 절대자나 종교적 진리를 깊이 믿고 의지하는 것. 2〖불〗부처나 불법이나 승(僧)에 마음을 맡겨 믿고 의지하는 것. **귀:의-하다** 困〖자〗〖여〗불교에 ~.
귀-이개 图 귀지를 파내는 기구. ×귀후비개.
귀:인(貴人) 图 1 신분이나 지위가 높은 사람. ↔천인. 2〖역〗조선 시대, 종1품 내명부의 봉작(封爵).
귀:일(歸一) 图 1 나뉜 것이나 갈린 것이 하나로 합쳐지는 것. 2 여러 가지 현상이 한 가지 결말이나 결과에 이르는 것. **귀:일-하다** 困〖자〗〖여〗**귀:일-되다** 困〖자〗¶철학과 종교와 예술이 궁극적으로 추구하는 바는 삶의 문제로 **귀일된다**.
귀:재(鬼才) 图 세상에 드물게 뛰어난 재능. 또는, 그런 재능을 가진 사람. ¶그녀는 바이올린의 ~로 불린다.
귀절 图 '구절(句節)'의 잘못.
귀:족(貴族) 图 신분이나 가문이 좋아 정치적·사회적 특권을 가진 사람. ↔평민.
귀:족-적(貴族的)[-쩍] 圜 귀족과 같은 (것). ¶~인 풍모.
귀주^대:첩(龜州大捷) 图〖역〗고려 현종 10년(1019)에 강감찬 장군이 거란군을 귀주에서 크게 무찌른 싸움.
귀:중(貴中) 图 편지나 물품을 받을 단체의 이름 다음에 쓰는 경어. ¶학술원 ~. ▷귀하.
귀:중-품(貴重品) 图 귀중한 물품.
귀:중-하다(貴重-) 圈〖여〗가치나 의의가 커 중하다. ¶**귀중한** 시간. **귀:중-히** 囤 ¶책을 ~ 여기다.
귀:-지 图 귓구멍에 끼는 먼지와 점액이 말라 굳어져 생기는 물질. ¶~를 파내다. ×귓밥.
귀:착(歸着) 图 어떤 논의나 일이 어떤 결말에 다다르는 것. ¶~점. **귀:착-하다** 困〖자〗〖여〗¶그들의 이야기는 끝에 가서 돈 문제에로 **귀착했다**. **귀:착-되다** 困〖자〗
귀찮다[-찬타] 圈 1 (어떤 일이) 하기 싫거나 번거롭다. **귀찮은** 일. 2 (어떤 존재가) 짜증이나 괴로움을 주어 마음에 싫다. ¶아이가 떼를 쓰며 **귀찮게** 군다.
귀찮아-하다[-찬-] 圈〖타〗〖여〗귀찮게 여기다.
귀:책(歸責) 图〖법〗자유의사에 의하여 행한 행위자의 책임에 결부시키는 일.
귀:천(貴賤) 图 1 부귀와 빈천. 2 귀함과 천함. ¶직업에는 ~이 없다.
귀:청 图=고막.
　귀청(이) 떨어지다 귀가 아플 정도로 소리가 크다. ¶**귀청 떨어지겠다**, 좀 조그만 소리로 말해라.
귀:추(歸趨) 图 사람의 마음이나 사물의 돌아가는 형편. ¶~가 주목된다.
귀통-배기 图 '귀퉁이'를 홀하게 이르는 말. ¶~를 후려갈기다.

귀퉁이 图 1 귀의 언저리. 2 물건의 모퉁이나 삐죽 내민 부분. ¶창문 ~. 3 마음속이나 사물의 한 구석이나 부분. ¶그가 없으니, 마음 한 ~가 빈 것 같다.
귀틀-집[-찝] 图〖건〗큰 통나무를 '井(정)' 자 모양으로 층층이 맞추어 얹고 그 틈을 흙으로 메워 지은 집.
귀틤 图 '귀띔'의 잘못.
귀:-티(貴-) 图 태도나 모습에서, 귀하게 보이는 느낌.
귀:-표(-標) 图 방목(放牧)하는 가축의 임자를 밝히기 위하여 그 가축의 귀에 다는 표지. =이어마크.
귀:하(貴下) Ⅰ 图〖어〗편지 겉봉에 받을 사람의 성명 다음에 써서 그를 높이는 뜻을 나타내는 말. 상대가 윗사람이거나 동년배일 때 씀. ¶김동수 ~. ▷귀중(貴中). Ⅱ 때〖인칭〗상대방을 존중하여 그의 이름 대신 부르는 말.
귀:-하다(貴-) 圈〖여〗1 (대상이) 보배나 보물로 삼을 만큼 소중하다. ¶재난으로 **귀한** 생명과 재산을 잃다. 2 드물어 구하거나 얻기가 어렵다. ¶자손이 **귀한** 집안. ↔흔하다. 3 (사람이나 집안이) 사회적으로 높은 신분에 속해 있다. ¶**귀한** 어른이시니 극진히 모셔라. ↔천하다. **귀:-히** 囤 ¶가문을 ~.
　[귀한 자식 매 한 대 더 때리고, 미운 자식 떡 한 개 더 준다] 아이들 버릇을 잘 가르치기 위해서는 아이에게 당장 좋게만 해 주는 것은 오히려 해롭다는 말.
귀:항¹(歸航) 图 (선박이나 항공기가) 출발하였던 항구나 공항으로 돌아가거나 돌아오는 것. ¶~선. **귀:항-하다¹** 困〖자〗〖여〗
귀:항²(歸港) 图 (배가) 출발하였던 항구로 돌아가거나 돌아오는 것. **귀:항-하다²** 困〖자〗〖여〗
귀:향(歸鄉) 图 고향으로 돌아가거나 돌아오는 것. **귀:향-하다** 困〖자〗〖여〗
귀:향-길(歸鄉-)[-낄] 图 고향으로 돌아가거나 돌아오는 길.
귀:화(歸化) 图 1〖법〗다른 나라의 국적을 얻어 그 나라의 국민이 되는 것. 2〖생〗원산지로부터 다른 지역으로 운반된 생물이 그곳에 뿌리를 내려 야생 상태로 번식하는 일. ¶~ 식물. **귀:화-하다** 困〖자〗〖여〗¶미국에 **귀화한** 한국인.
귀:환(歸還) 图 제자리로 다시 돌아가거나 돌아오는 것. **귀:환-하다** 困〖자〗〖여〗¶우주선이 무사히 ~.
귀-후비개 图 '귀이개'의 잘못.
귓-가[귀까/귇까] 图 귀의 가장자리. ¶아직도 ~에 쟁쟁한 아버님의 목소리.
귓-결[귀껼/귇껼] 图 듣는 일이 우연히 또는 무심결에 이루어지는 상태. ¶~에 그의 소식을 들었다.
귓-구멍[귀꾸-/귇꾸-] 图 귀의 밖에서 고막까지 뚫린 구멍.
귓-대기 图 '귀때기'의 잘못.
귓-등[귀뜽/귇뜽] 图 귓바퀴의 바깥쪽.
　귓등으로 듣다 듣고도 들은 체 만 체 하다. ¶남의 충고를 ~.
귓-문(-門)[귄-] 图 귓구멍의 바깥으로 열린 쪽.
귓-바퀴[귀빠-/귇빠-] 图 겉귀의 드러난 부분. 밖에서 들려오는 소리를 귓구멍으로 모으기 쉽게 하는.
귓-밥[귀빱/귇빱] 图 1 =귓불. 2 '귀지'의 잘못.

귓-병(-病) [귀뼝/귄뼝] [명] 귀에 생기는 병의 총칭.
귓-볼 [명] '귓불'의 잘못.
귓-불 [귀뿔/귄뿔] [명] 귓바퀴의 아래쪽으로 늘어진 살. =귓밥. ×귓볼.
귓-속 [귀쏙/귄쏙] [명] 귀의 내부.
귓속-말 [귀쏭-/귄쏭-] [명] 다른 사람이 듣지 못하게 입을 상대방의 귀에 가까이 대고 작은 소리로 하는 말. =귀엣말. **귓속말-하다** [동][자][여]
귓-전 [귀쩐/귄쩐] [명] 귓바퀴의 가. ¶그 말이 아직도 ~에 맴돈다.
귓전으로 듣다 관심을 기울이지 않고 대강 듣다. ¶선생님 말씀은 **귓전으로 듣고** 딴 데 정신을 팔고 있다.
규격(規格) [명] **1** 일정한 규정에 들어맞는 격식. **2** [공] 공업 제품이나 재료의 치수·모양·질 따위의 일정한 표준. ¶~ 봉투.
규격-화(規格化) [-겨콰] [명] (공업 제품 따위를) 일정한 규격에 맞도록 통일하는 것. ¶제품의 ~. **규격화-하다** [동][타][여] **규격화-되다** [동][자]
규명(糾明) [명] (일의 원인이나 진실 등을) 따지어 밝히는 것. ¶원인 ~. **규명-하다** [동][타][여] ¶진상을 ~. **규명-되다** [동][자]
규모(規模) [명] **1** 건물이나 시설물, 지역 등의 외형적 크기. ¶10만 관중을 수용할 만한 ~의 체육관. **2** 일이나 현상이 이루어지거나 벌어지는 범위나 양적인 크기. ¶사업 ~/~를 축소[확대]하다. **3** (주로, '있다'와 함께 쓰여) 씀씀이의 계획성 또는 일정한 한도. ¶~ 있는 살림.
규방(閨房) [명] 부녀자가 거처하는 방.
규방^가사(閨房歌辭) [명][문] 조선 시대에 내방의 부녀자들이 지은 가사.
규범(規範) [명] 마땅히 따르고 지켜야 할 본보기나 법식, 제도. ¶행동 ~.
규범-적(規範的) [관][명] 마땅히 따르고 지켜야 할 본보기가 되는 (것). ¶~ 가치/~인 행동.
규사(硅沙·硅砂) [명][광] 석영의 작은 알갱이로 된 모래. 도자기·유리를 만드는 원료가 됨.
규석(硅石) [명][광] 규소를 주성분으로 하는 광물. 도자기·유리·내화재 등의 원료가 됨. 석영 따위.
규소(硅素·珪素) [명][화] 탄소족 원소의 하나. 원소 기호 Si, 원소 번호 14, 원자량 28.086. 지각(地殼)에 다량으로 존재하며, 반도체 소자, 규소 수지의 원료 등으로 쓰임.
규소^수지(硅素樹脂) [명][화] 규소에 탄소·수소 등의 유기물을 결합시킨 물질. 높은 열이나 습기 등에 강하므로 절연체·방수제 등으로 쓰임. =실리콘(silicone).
규수(閨秀) [명] **1** 남의 집 '처녀'를 정중하게 이르는 말. ¶양갓집 ~. **2** 학문과 재주가 뛰어난 여자. ¶~ 작가.
규약(規約) [명] 서로 지키도록 정한 규칙. ¶~ 위반.
규율(規律) [명] 질서를 유지하기 위하여 정해 놓은, 행위의 준칙이 되는 본보기.
규율-부(規律部) [명] 학교나 단체 등에서, 교칙 또는 단체의 규칙을 단속하는 부서.
규장-각(奎章閣) [명][역] 조선 시대에 역대 임금의 글·글씨·고명(顧命)·유교(遺敎) 등을 보관하던 기관.
규정[1](規定) [명] **1** 규칙으로 정하는 것. **2** 법령에서 개개의 조항을 정하는 일. 또는, 그 조항. ¶제1조 ~에 의해…. ▷규정(規程). **3** 어떤 것의 성격이나 내용을 밝혀 정하는 것. **규정-하다** [동][타][여] **1** 규칙으로 정하다. ¶불참석자에 대한 벌금을 회칙으로 ~. **2** 어떤 것의 성격이나 내용을 밝혀 정하다. =규정짓다. ¶불법 단체로 ~. **규정-되다** [동][자]
규정[2](規程) [명] **1** 규칙으로 정한 조목이나 내용. ¶인사 ~. **2** [법] 행정법상 일정한 목적을 위하여 정해진 명령 조항의 총체. ¶공무원 복무~. ▷규정(規定).
규정-연기(規定演技) [-년-] [명][체] 체조 경기 등에서, 동작이나 연기 구성이 미리 정해져 있는 과제(課題). ▷자유연기.
규정^종¦목(規定種目) [명][체] 올림픽이나 기타의 경기에서, 스키·피겨 스케이팅·사격·10종 경기·5종 경기 등의 경기자가 하도록 정해진 경기 종목. ▷자유 종목.
규정-짓다(規定-) [-짇따] [동][타][ㅅ] 〈~지으니, ~지어〉 =규정하다. ¶시를 무엇이라 한마디로 **규정짓기**는 어렵다.
규제(規制) [명] (어떤 일을) 법이나 규정으로 제한하거나 금하는 것. **규제-하다** [동][타][여] ¶행동을 ~. **규제-되다** [동][자]
규조-토(硅藻土) [명][광] 규조의 유체에 점토 등이 섞인, 바다 밑이나 호수 밑 등의 퇴적물.
규준(規準) [명] 본보기가 되는 표준.
규중(閨中) [명] 부녀자가 거처하는 곳.
규칙(規則) [명] **1** 지키도록 정해 놓은 질서나 원칙. ¶교통 ~/~을 위반하다. **2** 어떤 현상 속에 들어 있는 일정한 질서나 법칙. ¶음운 변화의 ~.
규칙^동¦사(規則動詞) [-똥-] [명][언] 규칙 활용을 하는 동사. ↔불규칙 동사.
규칙^용¦언(規則用言) [-칭뇽-] [명][언] 규칙 활용을 하는 용언. ↔불규칙 용언.
규칙-적(規則的) [-쩍] [관][명] 규칙에 따라서 하는 (것). ¶~인 생활[운동].
규칙^형용사(規則形容詞) [-치켱-] [명][언] 규칙 활용을 하는 형용사. ↔불규칙 형용사.
규탄(糾彈) [명] (상대의 잘못이나 부정적 행동을) 문제 삼아 많은 사람 앞에서 공개적으로 꾸짖거나 나쁘다고 말하는 것. **규탄-하다** [동][타][여] ¶불법 선거를 ~. **규탄-되다** [동][자]
규폐(硅肺) [-폐/-페] [명][의] 규산이 많이 들어 있는 먼지를 오랫동안 들이마셔서 생기는 폐병. 탄광·채석장 등에서 일하는 사람에게 일어나는 직업병임.
규합(糾合) [명] 어떤 목적을 이루기 위해 사람을 끌어 모아 합치는 것. **규합-하다** [동][타][여] ¶동지를 ~. **규합-되다** [동][자]
균(菌) [명] 미세한 단세포의 생물. 동식물에 기생함. [비]세균.
균등(均等) [명] 차별 없이 고르고 가지런한 것. ↔차등. **균등-하다** [형][여] ¶**균등한** 기회. **균등-히** [부] ¶법을 ~ 적용하다.
균류(菌類) [-뉴] [명][식] 대부분 몸이 균사로 되어 있고 포자로 번식하며, 기생이나 부생(腐生) 생활을 하는 하등 생물의 무리. 효모·곰팡이·버섯 종류가 이에 속함.
균분(均分) [명] 고르게 나누는 것. **균분-하다** [동][타][여] **균분-되다** [동][자]
균사(菌絲) [명][식] 곰팡이·버섯류의 몸을 이루고 있는 가는 실 모양의 세포. 또는, 그런 세포로 된 열(列).
균여(均如) [명][인] 고려 시대의 승려(923

~973).

균역-법(均役法)[-뻡] 명[역] 조선 영조 26년(1750)에 백성의 세금 부담을 줄이기 위하여 만든 납세 제도.

균열(龜裂) 명 1 거북의 등에 있는 무늬처럼 갈라져서 터지는 것. ¶심한 가뭄으로 논바닥에 ~이 생기다. 2 친한 사이에 틈이 생기는 일. ¶우정에 ~이 생기다. 균열-하다 동(자여) 균열-되다 동(자)

균일-하다(均一) 형(여) (여러 대상이) 서로 차이가 없이 고르다. 또는, 차이가 없다. ¶분배를 균일하게 하다.

균전(均田) 명 1 토지를 백성들에게 고루 나누어 주는 제도. 2 토지의 규모에 맞추어 세금을 고르게 하는 제도.

균질(均質) 명 하나의 물질 중 어느 부분을 취해도 성분이나 성질이 일정한 것. ¶~ 우유.

균형(均衡) 명 1 무게를 가진 물체가 한쪽으로 기울지 않고 안정을 이루는 상태. (비)평형. ¶~을 잃다. 2 둘 이상의 일이나 현상이 어느 쪽에나 두드러짐이 없이 서로 비슷하거나 맞먹는 상태. ¶수출과 수입이 ~을 이루다. 3 부분이 전체와 이루는 조화. ¶~ 잡힌 몸매.

귤(橘) 명 귤나무의 열매. 빛깔은 등황색이며, 맛이 새큼달큼함.

귤-나무(橘-)[-라-] 명[식] 우리나라 제주도에서 많이 재배되며, 등황색 과일인 귤이 열리는 상록 활엽 교목. 높이 5m가 량이며, 6월에 향기로운 흰색 꽃이 핀다.

귤색(橘色)[-쌕] 명 잘 익은 귤의 껍질과 같은 색. (비)주황색 · 오렌지색.

그 Ⅰ 대 ①[인칭] 말하는 사람이 듣는 사람 이외의 사람, 특히 남자를 가리켜 이르는 말. 앞의 이야기 속에 이미 등장했거나 듣는 사람의 의식 속에 들어 있는 인물을 가리킴. ¶~는 훌륭한 의사이다. ▷그이. ②[지시] 말하는 사람과, 이미 말한 것이나 듣는 사람이 문맥상 이미 알고 있는 사물을 가리키는 말. ¶부모의 사랑, ~보다 더한 사랑이 어디 있으랴. ▷이.
Ⅱ 관 1 말하는 사람에게서 듣는 사람에게 가까이 있는 대상을 가리킬 때 쓰는 말. 얘, ~ 책 좀 이리 다오. 2 말하는 사람이, 이미 말한 것이나 듣는 사람이 문맥상 이미 알고 있는 대상을 가리킬 때 쓰는 말. ¶김칠규 씨요? 아하, 며칠 전에 왔던 ~ 사람 말이죠? 3 반어 의문문이나 부정문 등에 쓰이는 일부 의문사 앞에 붙어, 그 뜻을 더욱 강조하는 말. ¶~ 누가 내 마음을 알아줄까? (참)고. ▷저·이.

그-간(-間) 명 그사이.

그-같이[-가치] 부 그와 같이. ¶그가 화를 내는 모습은 처음 봅니다.

그-거 대(지시) '그것'을 구어적으로 이르는 말. ¶~ 참 좋은데. (준)거. (작)고거.

걸로 '그것으로'가 준 말.

그-것[-걷] 대 ①[지시] 1 말하는 사람보다 듣는 사람 쪽에 가까이 있는 사물을 가리키는 말. ¶이것은 내 것이고 ~은 영수의 것이다. 2 말하는 사람이 이미 언급된 것이나 듣는 사람이 문맥상 이미 알고 있는 사물을 가리켜서 말. ¶"이번에 제가 장학생으로 선발되었어요." "뭐? ~이 사실이냐?" ②[지시] 말하는 사람, 듣는 사람도 문맥상 알고 있는, 못마땅하게 행동하는 사람이나 자기의 혈육에 속하는 아랫사람을 낮추어 이르는 말. ¶제 자식놈이

래서가 아니라 ~이 재법 효자라니까요. (작)고것. ▷이것·저것.

그것-참[-걷-] 감 사정이 매우 딱하거나 어이가 없을 때, 또는 뜻밖에도 일이 잘 되었을 때 내는 소리. ¶허, ~, 희한한 일이로군. (작)거참.

그-곳[-곧] 대 '거기1'을 문어적으로 이르는 말. ¶~에 잠시만 앉아 계십시오.

그-글피 명 글피의 다음 날.

그-길-로 부 1 간 장소에 도착한 그 걸음으로. ¶택시는 그를 역 앞에 내려놓고 ~가 버렸다. 2 어떤 일이 있은 다음 곧. ¶그는 자리에 눕자마자 ~ 곯아떨어졌다.

그-까짓[-짇] 관 겨우 그만한 정도의. ¶~ 일로 우는 거니? (준)그깟. (작)고까짓.

그-깟[-깓] 관 '그까짓'의 준말. ¶~ 일로 화를 내다니. (작)고깟.

그-끄러께 명 3년 전의 해.

그-끄저께 명 그저께의 전날. (준)그끄제.

그-끄제 명 '그끄저께'의 준말.

그-나마 부 그것마저도. 또는, 그것이라도. ¶먹을 것이라고는 이것뿐인데 ~ 오늘 저녁이면 떨어질 형편이다.

그나-저나 부 '그러나저러나'의 준말.

그-날 명 앞에서 이미 이야기한 날. ¶~은 날씨가 유난히 추웠다.

그날-그날 부(명) 하루하루. 또는, 날마다. ¶막벌이로 ~ 살아가다.

그-냥 부 1 어떤 작용을 가하지 않고 그 모양대로. ¶이번만은 ~ 넘길 수 없다. 2 그대로 줄곧. ¶아이는 밥도 먹지 않고 ~ 울고만 있었다. 3 아무 대가나 조건 없이. ¶내 성의니까 ~ 받아 둬.

그냥-저냥 부 특별함이 없이 그저 그렇게. 또는, 특별히 따지거나 가리지 않고 대충. ¶하루하루를 ~ 살아가다.

그네¹ 명 높이 매단 두 가닥의 밧줄 아래쪽 끝에 발판을 걸쳐 놓은 놀이 기구. 또는, 그 기구의 발판에 올라서서 앞뒤로 왔다 갔다 하는 놀이. ¶~를 뛰다.

그-네² 대(인칭) 그 사람의 무리. 3인칭 복수 대명사.

그네-뛰기 명 그네를 타고 몸을 움직여 앞뒤로 왔다 갔다 하는 놀이.

그-녀(-女) 대(인칭) 3인칭의 여성 대명사. ▷그.

그-년 대(인칭) '그 여자'를 얕잡거나 비하하여 이르는 말.

그-놈 대 ①[인칭] '그 남자'를 얕잡거나 비하하여 이르는 말. ¶~을 당장 끌고 와! →그년. ②[지시] '그 사물'이나 '그 물건'을 귀엽게, 또는 예사롭게 이르는 말. ¶이놈보다 ~이 더 굵구나. (작)고놈.

그놈이 그놈이다 둘 이상의 사람이나 대상을 비교하여 평가할 때 서로 차이가 나 우열이 없음을 얕잡아 이르는 말. ¶이번 회장이나 저번 회장이나 다 ~.

그늘 명 1 햇빛이 다른 물체에 가려져서 생기는, 시원하거나 선선한 어두운 공간. (비)음영. ¶나무 ~에서 쉬다. 2 빛이 한쪽에서 비칠 때 물체 자체에 생기는 어두운 부분. ¶얼굴의 반쪽이 ~이 진 인물 사진. 3 부모나 어떤 사람이 베풀어서 끼치는 은덕이나 좋은 영향. ¶부모님 ~에서 어떠큼 컸다. 4 겉으로 드러나지 않는 처지나 환경. ¶그의 재능은 형의 ~에 가려 역할받지 못했다. 5 비참하거나 불우한 환경. 또는, 그로 인하여 나타나는 심리적 분위기. ¶얼굴에 ~이 지다.

그늘-지다 图(困) 1 (어떤 곳이) 빛이 가려져 그늘이 생기다. ¶그늘진 곳에서 땀을 식히다. 2 (사람의 표정이나 마음이) 시름이나 불행 때문에 밝지 못한 상태가 되다. 비유적인 말임. ¶그 아이는 불우한 가정환경 때문에 얼굴이 항상 그늘져 있다. 3 (사회의 어느 곳이나 계층이) 최소한의 물질적인 만족이나 생활의 여유를 누리지 못하는 상태가 되다. 비유적인 말임. ¶사회의 **그늘진** 곳에서 힘겹게 살아가는 노동자들.

그-다음 몡 그것에 뒤이어 오는 때나 자리. ¶~ 사람 나오세요. 囹그담.

그-다지 图 1 (부정하는 말과 함께 쓰여) 별로 그러하게. =그리. ¶날씨가 ~ 춥지는 않다. 2 (놀라움이나 감탄을 나타낼 때 쓰여) 그러한 정도로까지. ¶~ 먼 길인 줄은 미처 몰랐다.

그-달 몡 앞에서 이미 이야기한 달. ▷이달.

그-답 몡 '그다음'의 준말. ¶~은 누가 노래 부를 차례지?

그-대 댸(인칭) 1 친구나 아랫사람을 높여 점잖게 이르는 말. 예스러운 말로 2인칭임. ¶~들은 장차 이 나라의 일꾼이 될 사람들이다. 2 애인이나 어떤 대상을 친근하게 부르는 말. 2인칭임. 주로, 문어체에서 쓰임. ¶사랑하는 ~에게.

그-대로 图 1 바꾸거나 고치지 않고 본디 모양대로. ¶차, 찍습니다. 움직이지 말고 ~ 계세요. 2 변함하지 않고 그냥. ¶네 잘못을 ~ 둘 수 없다. 3 곧이곧대로 고스란히. ¶네 말을 ~ 믿을 순 없다. 囹고대로.

그-동안 몡 어느 때부터 어느 때까지의 동안. 예그사이. ¶~ 안녕하셨습니까?

그득 图 ¶독에 물을 ~ 부어라. 囹가득.

그득-하다[-드카-] 톙(예) 1 (물건이나 물질 등이) 그릇이나 공간 범위 안에) 꽉 차 있다. ¶볏섬이 **그득한** 곳간. 2 (빛이나 냄새가 공간에) 빈 데 없이 퍼져 있다. ¶달빛이 뜰에 ~. 3 (어떤 감정·심리·생각 등이) 많이 나 강하다. ¶가슴에 슬픔이 ~. 囹가득하다. 4 (배 속이) 먹은 것이 삭지 않아 꽉 찬 느낌이 있다. ¶점심때 과식해서인지 속이 ~. **그득-히** 图 ¶그의 눈에는 눈물이 ~ 고였다.

그-들 댸(인칭) 그 사람들. 주로, 문어체에서 쓰임. ¶~ 부부는 아직 신혼이다.

그들먹-하다[-머카-] 톙(예) 거의 그득하다. ¶눈에 물이 **그들먹하게** 차 있다. **그들먹-이** 图

그-따위 댸(대) '그런 것들', '그런 부류의' 뜻으로, 얕잡아 이르는 말. ¶~ 물건은 갖다 버려라.

그-딴 괜 '그따위'로 이르는 말. ¶~ 소리는 더 이상 듣기 싫다.

그-때 몡 앞에서 이미 이야기한 시간상의 어떤 부분이나 부분. ¶틧글도 ~ 가서 의논하자.

그때-그때 Ⅰ 몡 일이 닥치거나 생길 때. Ⅱ 囝 일이 닥치거나 생길 때마다. ¶주어진 일은 ~ 처리해야 한다.

그라나다(Granada) 몡 에스파냐 남부의 도시.

그라비어(gravure) 몡[출] 사진 제판의 한 오목판 인쇄의 하나. 고속으로 다색양면 인쇄를 할 수 있고, 셀로판·비닐·양철 등의 인쇄에 이용됨. ¶~인쇄.

그라운드(ground) 몡[체] 야구·축구 등 야외 경기를 하는 운동장. ¶비가 많이 와서 ~ 사정이 좋지 않다.

그라치오소(⑩grazioso) 몡[음] 악곡의 표현 방법을 나타내는 말로, '우아하게', '잔잔하게'의 뜻.

그라쿠스, 티베리우스 셈프로니우스(Gracchus, Tiberius Sempronius) 몡[인] 고대 로마의 정치가·호민관(163~133 B.C.).

그랑-프리(⑫grand prix) 몡 가요계나 영화제 등에서, 최우수자에게 주는 상.

그래¹ 웹 1 '해라' 할 자리에 긍정하는 뜻으로 대답하는 말. ¶"그 일이 사실이니?" "~, 사실이야." 2 '해라'나 '하게'나 '하오' 할 자리에 말을 다잡아 묻거나 강조할 때 쓰는 말. ¶~, 아직도 거짓말을 할 테냐? 3 '해라' 할 자리에 상대방의 말에 대하여 감탄 또는 크게 칭찬하는 뜻을 나타낼 때 쓰는 말. ¶"우리 팀이 출품한 작품이 뽑혔대." "~? 그거 참 잘됐다."

그래² 죄 일부 종결 어미 뒤에 붙어서, 상대방에게 그 말의 뜻을 강조하는 보조사. ¶그것 참 좋군~.

그래³ 图 '그리하여'가 준 말. ¶갑자기 복통이 났어요. ~ 결근했지요. ▷이래·저래.

그래-그래 웹 '그래'를 강조하여 이르는 말. ¶~, 네 말이 맞다.

그래-도 图 '그리하여도'가 준 말. ¶아무리 ~ 소용없다. ▷이래도·저래도.

그래서¹ 图 앞의 사실이 뒤의 사실의 원인·근거·조건이 됨을 나타내는 접속 부사. ¶올여름은 그다지 덥지 않았다. ~ 청량음료 판매도 예상에 훨씬 못 미쳤다.

그래서² '그리하여서'가 준 말. ¶형이 ~ 되겠느냐? 囹고래서.

그래야 图 '그리하여야'가 준 말. ¶네가 ~ 동생도 본을 받지.

그래프(graph) 몡 통계의 결과나 기타 수량의 변화 등을 한눈에 볼 수 있도록 평면 위에 선이나 막대 모양의 도형으로 나타낸 표. 囹도표. ¶막대~.

그래픽(graphic) 몡 '그림', '도형'으로 순화.

그래픽^디자인(graphic design) 몡 인쇄 기술의 특성을 이용하여 이루어지는 시각(視覺) 디자인. 또는, 그 인쇄물.

그래픽^아트(graphic art) 몡 평면 위에 도형을 만드는 모든 기술의 총칭. 회화·글씨·판화·인쇄 따위.

그랜드-스탠드(grandstand) 몡 운동장이나 경마장의 정면에 있는 관람석.

그랜드^슬램(grand slam) 몡[체] 1 테니스·골프 선수들이, 한 선수가 그 시즌의 주요 경기를 모두 이겨 제패(制覇)하는 일. 2 야구에서, 만루 홈런.

그랜드^캐니언(Grand Canyon) 몡[지] 미국 남서부 애리조나 주의 북부에 있는 웅장한 협곡.

그랜드^피아노(grand piano) 몡[음] 현(絃)을 수평으로 쳐 놓은 연주회용의 대형 피아노. ▷업라이트 피아노.

그램(gram) 몡(의존) 미터법에 의한 질량의 기본 단위. 1그램은 4°C의 물 $1cm^3$의 질량을 말함. 기호는 g.

그러게 图 '그러기에'의 준말.

그러그러-하다 톙(예) 별로 두드러지거나 신기할 것이 없이 그러하다. ¶**그러그러한** 솜씨 / 그러그러한 인물.

그러기-에 Ⅰ 图 '그렇기 때문에'의 뜻으

로, 앞에 든 사실을 필연적 결과로 여겨 이르는 말. ¶"어떡하지? 지갑을 잃어버렸어!" "~ 잘 간수하랬잖아." ㊀그러게.
Ⅱ㈁ 상대의 말에 공감을 나타낼 때 쓰는 말. ¶"초겨울 날씨가 왜 이리 춥지?" "~ 말이야." ㊀그러게.
그러-께 圐 =재작년.
그러나 쀼 앞의 말에 맞서서 반박하거나 상반되는 사실을 진술할 때 쓰이는 접속부사. ¶물은 수제다. ~ 아우는 둔재다.
그러나-저러나 쀼 1 그러하나 저러하나. ¶~ 이제부터 무엇을 하지. 2 그리하나 저리하나. ¶~ 그것은 우리 책임이다. ㊀그나저나.
그러-내다 图㉧ (안에 들어 있는 것을) 다른 물건으로 그러당겨 밖으로 내다. ¶아궁이의 재를 ~.
그러니까 쀼 1 '그런 이유로'의 뜻으로, 앞에 오는 말이 뒷말의 근거가 됨을 나타내는 접속 부사. ¶넘어졌구나. ~ 조심하라고 했지. 2 '다시 말해서'의 뜻으로, 앞의 말을 다른 말로 바꾸어 말할 때 쓰이는 접속 부사. ¶1980년, ~ 내가 스무 살 되던 해의 일이었다. 3 상대에게 어떤 일에 대해 이유나 근거를 들어 납득시키거나 설명하고자 할 때, 그 말에 앞서 첫머리에 쓰는 접속 부사. ¶~ 그 일의 발단은 이렇게 된 것입니다.
그러다 图㉧ 그렇게 하다. 곧, 그렇게 행동하거나 말하거나 생각하다. 주로 구어체에서 쓰임. ¶천천히 먹어. 그러다가 체할라.
그러거나 말거나 무엇을 하든 관계없이. 또는, 무엇이라고 말을 하거나 관계없이. ¶~ 나는 내 할 일만 하면 된다.
그러-담다 [-따] 图㉧ 한데 그러모아 담다. ¶널어놓은 고추를 ~.
그러데이션 (gradation) 圐 1 [미] =바림. 2 [출] =제조(階調).
그러-면 쀼 1 앞에 말한 사실이 뒤에 말한 사실의 조건이 됨을 나타내는 접속 부사. ¶열심히 노력하여라. ~ 성공할 것이다. 2 앞의 사실을 받아들이면서 그것을 전제로 새로운 논지를 펼 때 쓰이는 부사. ¶우리는 반드시 이기기 위해선 어떻게 해야 하는가? ㊀그럼.
그러면 그렇지 자신의 기대나 예상대로 된 것을 마땅히 여겨 하는 말. ¶~, 해서 안 될 리가 있나.
그러-모으다 图㉧ <~모으니, ~모아> 흩어져 있는 것을> 거두어 한곳에 모으다. ¶가랑잎을 ~.
그러므로 쀼 앞에 말한 내용이 뒤에 말하는 사실의 원인·조건·근거가 됨을 나타내는 접속 부사. ㊁고로. ¶너는 엄청난 죄를 지었다. ~ 벌을 받아 마땅하다.
그러-안다 [-따] 图㉧ 두 팔로 싸잡아서 껴안다. ¶선수들은 서로 그러안고 승리의 기쁨을 나눴다.
그러자 쀼 그렇게 되자. ¶갑자기 비가 쏟아졌다. ~ 사람들은 뛰기 시작했다.
그러저러-하다 ㊀㉠ 여러 가지로 그러하고 저러하다. ¶그러저러한 인연으로 나는 그를 알게 되었다.
그러-쥐다 图㉧ 1 (물건을) 손가락으로 당겨 잡아 쥐다. ¶멱살을 ~. 2 손가락을 힘을 주어 구부려 주먹을 쥐다. 3 자기의 것으로 들여쥐거나 지배하에 두다. 비유적인 표현임. ¶장악하다. ¶권력을 한 손에.

그러-하다 ㊀㉠ '그렇다'의 본딧말.
그러한-즉 쀼 그러하니. ¶~ 너도 그리 알아라. ㊀그런즉.
그러-저럭 쀼 -쩌-] 쀼 뚜렷하게 이러하다 할 만한 것 없이 되어 가는 대로. ¶~ 오 하루도 다 갔다. ▷이럭저럭.
그런-고로 [-故-] 圐 그런 까닭으로. ¶이곳은 상습 침수 지역이다. ~ 장마에 철저히 대비해야 한다.
그런-대로 쀼 썩 만족스럽지는 않지만 어느 정도. ㊁웬만큼. ¶고생은 되지만 ~ 보람은 있어요.
그런데 쀼 1 화제를 앞의 내용과 관련시키면서 다른 방향으로 이끌어 나갈 때 쓰이는 접속 부사. ¶그는 혼자 집을 지키고 있었다. ~ 친구가 찾아왔다. 2 앞의 내용과 상반된 내용을 이끌 때 쓰이는 부사. ¶나는 그에게 화해를 청했다. ~ 그는 냉정하게 거절했다. ㊀㉧근데.
그런-저런 圐 그러하고 저러한. ¶~ 얘기 끝에 어민 간 친구의 소식을 들었다.
그런-즉 圐 '그러한즉'의 준말.
그럴-듯하다 [-뜨타-] ㊀㉠ 1 제법 그렇다고 여길 만하다. ¶말은 그럴듯하지만 현실성이 없다. 2 제법 훌륭하다. ㊀그럴싸하다. ¶겉은 그럴듯한데 속은 형편없다.
그럴싸-하다 ㊀㉠ =그럴듯하다.
그럼¹ 쀼 '그러면'의 준말. 구어체에서 쓰임. ¶~ 그렇게 합시다.
그럼² ㈁ 말할 것도 없이 그러하다는 뜻으로 대답할 때 쓰는 말. ¶~, 그렇고말고.
그렁-거리다/-대다 图㉧ '그르렁거리다'의 준말. ㉧가랑거리다.
그렁-그렁¹ 圐 액체가 많이 괴어 가장자리까지 찰 듯한 모양. 그렁그렁-하다¹ ㊀㉠ ¶눈에 눈물이 ~.
그렁-그렁² 圐 '그르렁그르렁'의 준말. 그렁그렁-하다² 圐 속에서 ~.
그렁-저렁 圐 어찌 되어 가는 셈인지 모르게. ¶한 일도 없이 ~ 나이만 먹었다.
그렇게 [-러케] 쀼 그런 정도로까지. ¶내가 ~ 타일렀는데도 말을 듣지 않는다.
그렇다 [-러타] ㊀㉠ <그러타, 그러오, 그래> 1 (사물의 상태나 속성이) 그와 같다. ¶그렇게 많은 돈을 어떻게 벌었지? 圐 그러하다. ㊉고렇다. 2 특별한 변화나 새로움이 없다. ¶"요즘 어떻게 지내니?" "늘 그렇지 뭐."
그럼에도 불구하고 (사실이) 그렇지만 그것과 관계없이.
그렇고 그렇다 대수롭거나 특별하지 않다. ¶그 영화, 선전만 요란했지 막상 가 보니 그렇고 그렇더라.
그렇-듯 [-러튼] 쀼 '그렇듯이'의 준말.
그렇-듯이 [-러튼-] 쀼 그런 정도로까지 몹시. ¶네가 ~ 나를 괴롭힐 수 있느냐? ㊀그렇듯.
그렇지 [-러치] ㈁ '해라'나 '하게'할 자리에 그와 같이 틀림없다는 뜻으로 쓰는 말. ¶"이런 식으로 하면 되나요?" "~, 잘했어."
그렇지-마는 [-러치-] 圐 '그렇지만'의 본딧말.
그렇지-만 [-러치-] 圐 앞의 말에 대립하는 내용을 서술할 때 쓰이는 접속 부사. ¶우리 집은 가난하다. ~ 우리 가족은 행복하다. 圐 그렇지마는.

그레고리-력(Gregorius曆) 〖명〗 로마 교황 그레고리우스 13세가 종래의 율리우스력을 개량하여 만든, 현재의 태양력.

그레고리우스 칠세(Gregorius七世) [-세] 〖명〗〖인〗 고대 로마의 교황(1020~1085).

그레나다(Grenada) 〖명〗〖지〗 서인도 제도 남동부에 있는 섬나라. 수도는 세인트조지스.

그레셤, 토머스(Gresham, Thomas) 〖명〗〖인〗 영국의 재정가(財政家)(1519~1579).

그레셤의 법칙(Gresham-法則) [-의-/-에-] 〖경〗 실질 가치가 서로 다른 화폐가 동일한 화폐 가치로서 유통되는 경우에, 가치가 작은 화폐가 가치가 큰 화폐를 유통으로부터 배제시킨다는 법칙. 영국의 그레섬이 제창함.

그레이엄, 윌리엄(Graham, William) 〖명〗〖인〗 미국의 목사·복음 전도사(1918~).

그레이트브리튼(Great Britain) 〖명〗〖지〗 영국을 이루는 큰 섬.

그레이하운드(greyhound) 〖명〗〖동〗 개의 한 품종. 몸이 길고 날렵하며, 주행 속도가 빠라 사냥용으로 쓰임. 키 68~76cm가량이며, 털이 매끈하고 짧음.

그레코로만-형(Greco-Roman型) 〖명〗〖체〗 레슬링에서, 상대편 허리 아래를 공격하지 못하게 하는 경기 방법. ⇒자유형.

그려 〖조〗 '하게'나 '하오' 할 자리의 종결어미에 붙어서, 감탄의 느낌 또는 강조의 뜻을 나타내는 보조사. ¶달이 참 밝습니다~.

그로기(groggy) 〖명〗〖체〗 권투에서, 심한 타격을 받아 몸을 가누지 못하고 비틀거리는 일. ¶~ 상태에 빠지다.

그로스(gross) 〖의주〗 1 수량을 헤아리는 단위. 1그로스는 12다스. 곧, 144개. ¶연필 한 ~. 2 (‘총계’라는 뜻) 〖체〗 골프에서, 핸디캡을 빼기 전의 스코어의 총계.

그로테스크-하다(®grotesque-) 〖형여〗 괴상하고 기이하다. ¶그로테스크한 분위기.

그루 〖명〗 1〖자련〗 나무나 곡식 등의 줄기의 아랫부분. 2〖의주〗 1 식물, 특히 나무를 세는 단위. ≒주(株). ¶한 ~. 2 한 해에 같은 땅에 농사짓는 횟수. ¶두 ~ 심는 논농사.

그루-갈이 〖명〗〖농〗 같은 경작지에서 한 해에 두 번 곡물을 수확하는 토지의 이용법. =이모작. ▷일모작·다모작.

그루지야(Gruziya) 〖지〗 동유럽 캅카스 산맥의 남쪽에 있는 공화국. 수도는 트빌리시.

그루-터기 〖명〗 초목을 베어 내고 남은 밑동. ¶소나무 ~에 걸터앉아 잠시 쉬었다.

그룹(group) 〖명〗 1 함께 행동하는 사람들의 무리. ¶~ 지도. 2 경제상 하나로 결합되어 있는 여러 기업의 무리. ¶재벌 ~.

그룹-사운드(†group sound) 〖명〗〖음〗 여러 명으로 구성되어 악기를 연주하면서 노래도 함께하는 연주 그룹.

그르다 〖형〗〈그르니, 글러〉 1 (말이나 생각, 행동 따위가) 사리나 도리에 맞지 않다. ¶옳고 그름을 가리다. 2 (일이) 그릇되어 잘될 가망이 없다. ¶올 농사는 가뭄으로 글러 버렸다. 3 (어떤 상태나 조건이) 제대로 된 상태이지 않다. ¶디자인은 괜찮은데 색깔이 글렀다. ▷틀리다.

그르렁-거리다/-대다 〖자〗 목구멍 안에 가래가 생겨 숨 쉬는 대로 소리가 나다. ㉢그렁거리다. ㉯가르랑거리다.

그르렁-그르렁 〖부〗 그르렁거리는 소리나 모양. ㉢그렁그렁. ㉯가르랑가르랑. 그르렁그르렁-하다 〖자여〗 ¶목에 가래 끓는 소리가 ~.

그르치다 〖타〗 잘못하여 일을 그릇되게 하다. ¶시험을 ~.

그릇¹ [-른] 〖명〗 1〖자련〗 1 먹는 물건이나 물질을 담는 도구의 총칭. ¶밥~/유리~. 2 어떤 일을 해 나갈 만한 도량이나 능력. 또는, 그것을 가진 사람. ¶그 사람은 그 일을 할 만한 ~이 못 돼. 2〖의주〗 음식의 분량을 그것이 담긴 그릇의 수로 헤아리는 말. ¶밥 한 ~.
그릇 깨졌다 여자가 얌전하지 못하다는 뜻.

그릇² [-른] 〖부〗 그르게. 또는, 잘못되게. ¶~ 생각하다.

그릇-되다 [-른뙤-/-른뛔-] 〖자〗 그르게 되다. ¶그릇된 일〔생각〕.

그리¹ 〖부〗 1 그렇게. ¶좀 늦을 테니 ~ 알아라. 2 =그다지. ¶그는 ~ 나쁜 사람이 아니다. ▷이리·저리. 그리-하다 〖자여〗
그리-되다 〖자〗

그리² 〖부〗 그곳으로. 또는, 그쪽으로. ¶지금 끝~ 갈게. ▷이리·저리.

그리고 〖부〗 1 둘 이상의 사물이나 사실을 나열함을 나타내는 접속 부사. ¶민수는 노래를 잘한다. ~ 그림도 잘 그린다. 2 시간적으로 앞선 행동과 뒤이은 행동을 잇는 구실을 하는 접속 부사. ¶그는 조용히 일어섰다. ~ 문 쪽으로 걸어갔다.

그리그, 에드바르 하게루프(Grieg, Edvard Hagerup) 〖명〗〖인〗 노르웨이의 작곡가(1843~1907).

그리니치-시(Greenwich時) 〖명〗 영국의 그리니치 천문대를 지나는 자오선을 기준으로 한 시간. 전 세계의 지방시와 표준시의 기준이 됨.

그리니치^천문대(Greenwich天文臺) 〖명〗〖지〗 영국 런던에 있는 천문대.

그리다¹ 〖타〗 (어떤 사람이나 대상을) 사랑하는 마음이나 애틋한 감정을 가지고 간절히 생각하거나 바라거나 보고 싶어 하다. ¶임을 ~ /고국을 ~.

그리다² 〖타〗 1 (사람이 일정한 면에 연필·붓·펜 등으로 사람의 모습을) 이루어서 나타내다. ¶스케치북에 풍경을 ~. 2 (사람이 어떤 일에 대한 생각이나 느낌을) 글 따위로 나타내다. ¶인간의 고뇌와 사랑을 그린 소설. 3 (사람이나 동물, 물체의 움직임이 어떤 모습을) 만들어 나타내다. ¶공이 포물선을 그리며 날아간다. 4 (사람이 어떤 대상을) 마음속에 상상하거나 떠올리다. ¶그와의 추억을 머릿속에 ~.

그리-도 〖부〗 1 그렇게도. 2 그다지도. ¶어쩌면 ~ 예쁠까. ▷이리도·저리도.

그리드(grid) 〖명〗〖물〗 진공관의 전극(電極)의 하나. 양극과 음극의 사이에 위치하여 두 극 사이의 전자류(電子流)를 제어함. =격자(格子).

그리-로 〖부〗 '그리²'을 강조하여 이르는 말. ㉢글로.

그리마 〖명〗〖동〗 몸길이 30mm가량이고 발이 많은 마디로 되어 있으며, 15쌍의 발이 달려 있는 절지동물. 집 안의 어두운 곳에 살면서 벌레를 잡아먹음.

그리스¹(grease) 〖명〗 점도(粘度)가 높은 윤

그리스²(Greece) 〖지〗 유럽 남동부에 있는 공화국. 수도는 아테네. ▷희랍.
그리스도(←Christos) 〖가〗〖기〗 크리스트교의 교조 '예수'의 칭호. 음역어는 기독(基督). ▷메시아.
그리스도-교(←Christos敎) 〖명〗 =크리스트교.
그리스^문자(Greece文字) [-짜] 〖명〗 그리스 어를 표기하는 데 쓰이는 표음 문자. 24자로 대문자와 소문자가 있다. =희랍문자.
그리스^신화(Greece神話) 〖명〗 고대 그리스 민족이 만들어 낸, 신들과 인간과의 이야기.
그리스^어(Greece語) 〖명〗〖언〗 인도·유럽 어족에 속하는 한 언어. =희랍어.
그리스^정^교회(Greece正敎會) [-회/-훼] 〖종〗 동로마 제국으로부터의 전통을 잇는 크리스트교의 종파. =정교회.
그리움 〖명〗 어떤 사람이나 대상을 그리워하는 마음. ¶임에 대한 ~이 사무치다.
그리워-하다 [터여] 〈어떤 사람이나 대상을〉 사랑하여 보고 싶어 하거나, 소중한 것으로 여겨 다시 대하고 싶어 하다. ¶어머니를 ~ / 자유를 ~.
그리-하여 〖부〗 앞의 사실이 뒤의 사실의 원인임을 나타내거나 앞의 사실이 발전하여 뒤의 사실이 되었음을 나타내는 접속 부사. ¶우리 사회에는 오랫동안 남존여비 사상이 지배해 왔다. ~ 여자를 억압하는 풍속을 배태하였다.
그린(green) 〖명〗 ['녹색'의 뜻]〖체〗 골프에서, 홀 주변에 만든, 퍼트를 하기 위한 잔디밭.
그린-라운드(Green Round) 〖명〗〖경〗 오염된 지구 환경을 개선하기 위해, 세계 여러 국가가 환경 문제를 국제 무역 거래와 연계하여 벌이는 다자간 협상.
그린란드(Greenland) 〖지〗 북아메리카 북동부 대서양과 북극해 사이에 있는, 세계 최대의 섬.
그린-베레(Green Beret) 〖명〗 대게릴라전을 목적으로 하는 미국 육군의 특수 부대의 별명. 녹색 베레모를 쓴 데서 붙여진 이름이.
그린-벨트(greenbelt) 〖명〗〖법〗 =개발 제한구역.
그릴(grill) 〖명〗 1 가스레인지 등에서, 고기·생선을 굽는 석쇠 모양의 부분. 또는, 전기로 고기·생선을 굽는 요리 기구. 2 주로 호텔에서, 고기나 생선을 굽는 것을 전문으로 하는 음식점.
그림 〖명〗 1 연필·물감·크레용·잉크 등으로 사람이나 동물, 물체의 모습, 또는 자연의 경치나 추상적인 형상 등을 그려서 나타낸 것. =회화(繪畫). ¶밑~. 2 매우 아름다운 경치를 비유하여 이르는 말. ¶붉게 물든 가을 산은 그대로 한 폭의 ~ 이었다. 3〈속〉 젊은 남녀가 다정하게 있는 모습을 비아냥거리거나 조롱조로 이르는 말. ¶야, ~ 좋네.
그림의 떡 실제로 이용할 수 없거나 차지할 수 없는 것을 이르는 말. '화중지병(畫中之餠)'과 같은 말.
그!림^문자(-文字) [-짜] 〖명〗 =회화문자.
그!림-물감 [-깜] 〖명〗〖미〗 그림을 그리는 데 쓰는 물감. =물감. 비채료(彩料).

그만두다 145

그!림-씨 〖명〗〖언〗 =형용사.
그!림^연^극(-演劇) [-년-] 〖명〗 이야기의 내용을 그린 그림을 상자틀 속에 넣고 순서대로 한 장씩 내보이면서 이야기를 들려주는 연극. =극화(劇畫).
그!림-엽서 (-葉書) [-녑써] 〖명〗 한쪽 면에 사진이나 그림을 인쇄한 엽서.
그!림-일기 (-日記) 〖명〗 그날 있었던 일을 그림으로 표현하는 아동의 일기.
그!림자 〖명〗 1 빛이 물체를 통과하지 못하여 생기는 검은 형상. 비음영. ¶창에 어른거리는 검은 ~. 2 물에 비쳐 나타나는 물체의 모습. ¶호수에 비친 산 ~. 3 사람의 자취나 흔적. ¶모두 퇴장한 운동장에는 사람의 ~ 하나 없었다. 4 불행이나 근심 등 어두운 내적 심리 상태가 은연중에 나타나는 것. ¶얼굴에 수심의 ~가 짙다. 5 어떤 사람이나 대상에 밀접한 관계를 가지고 항상 따라다니는 것의 비유. ¶~같이 따라다니다.
그림자도 없다 감쪽같이 자취를 감추어 찾을 수가 없다.
그!림자-놀이 〖명〗 사람이나 동물의 모양을 불빛으로 흰 막이나 벽 위에 비치게 하여 움직이는 그림자가 나타나게 하는 놀이.
그!림자-밟기 [-밥끼] 〖명〗 술래가 된 사람이 다른 사람의 그림자를 밟는 어린이 놀이.
그!림-책(-冊) 〖명〗 1 그림을 모아 실은 책. 2 그림을 위주로 한 어린이용 책.
그림^형제(Grimm兄弟) 〖명〗 독일의 형제 동화 작가. 곧, 야코프 그림(Jakob Grimm, 1785〜1863)과 빌헬름 그림(Wilhelm Grimm, 1786〜1859).
그립(grip) 〖명〗〖체〗 라켓·배트·골프채 등의 손잡이 부분. 또는, 그것을 잡는 방식.
그립다 [-따] 〖형〗〈그리우니, 그리워〉 1〈사람이나 어떤 대상이〉 사랑하여 보고 싶거나, 소중한 것으로 여겨 다시 대하고 싶다. ¶그리운 부모 형제. 2〈어떤 것이〉 긴요하거나 아쉽다. ¶추위에 몇 시간을 떨었더니 따뜻한 아랫목이 ~.
그-만 Ⅰ〖관〗 그만한. ¶사내자식이 ~ 일에 낙심하다니, 어서 기운을 내. ②고만.
Ⅱ〖부〗 1 그 정도까지만. ¶~ 놀고 공부 좀 해라. 2 어떤 행동을 그 정도에서 그치고. ¶수고 많았다. 이제 ~ 쉬어라. 3 달리 어찌할 도리가 없어. ¶길이 막혀서 ~ 늦었습니다. 4 자도 모르는 사이에. ¶갑자기 검은 물체가 눈앞에 나타나는 바람에 ~ '으악' 하고 비명을 질렀다. 5 그대로 곧. ¶뜨뜻한 아랫목에 눕자 ~ 잠이 들어 버렸다. 6〈서술격 조사 '이다'와 함께 쓰여〉'그것으로 끝이다'의 뜻을 나타내는 말. ¶널 돕는 것도 이번으로 ~이다. 7〈서술격 조사 '이다'와 함께 쓰여〉'더할 나위 없이 좋다'의 뜻을 나타내는 말. ¶이 음식점 요리는 맛이 ~이다. ②고만.
Ⅲ〖감〗 상대의 행동을 제지하거나 중지시키려고 할 때 하는 말. ¶아아, ~! ~! 제발 날 좀 내버려 둬 다오! ②고만.
그만그만-하다 〖형〗여〗〈여러 대상이〉 정도나 수준에 있어서 서로 그만하게 비슷하다. ¶형제가 셋인데 사는 것이 다 ~. ②고만고만하다.
그만-두다 〖타ㅂ〗 1〈하던 일을〉 그치고 하지 않다. ¶직장을 ~. 2〈하려고 하던 것을〉 하지 않다. ¶병이 나서 여행하려던 것을 ~. ③간두다. ②고만두다.

146_그만저만

그만-저만 用 그저 그만한 정도로. ¶웬만하면 이제 ~ 끝냅시다. **그만저만-하다** 형여 ¶병세가 ~.

그-만큼 Ⅰ 用 그만한 정도로. ¶혼이 났으면 이제 정신 차렸겠지. Ⅱ 명 그만한 정도.

그만-하다 형여 1 (수준이나 정도 등이) 그 정도와 비슷한 상태이다. ¶이것도 그만한 가치가 있다. 2 (어떤 일이나 대상이) 그 수준이나 정도에 있어 웬만하다. ¶상처가 그만하기 다행이다. 3 (주로 '그만한'의 꼴로 쓰여) (이유 등이) 그럴 만하다. ¶그가 이혼한 데에는 그만한 이유가 있다. 좌고만하다.

그맘-때 명 1 그 시간이나 그 시기에 이른 때. 2 그만한 정도에 이른 때. ¶아이들이란 게 ~엔 다 그렇쥬.

그물 명 1 질긴 실이나 가는 철사 등을 재료로 하여 줄과 줄을 일정한 크기의 구멍이 생기도록 촘촘히 얽어, 물고기나 새, 짐승 등을 사로잡을 수 있게 만든 물건. ¶새 ~ / ~ 을 치다. 2 사람이나 어떤 대상을 꾀어서 붙잡거나 해치기 위해 베풀어 놓은 교묘한 수단과 방법. ¶그는 내가 쳐놓은 ~에 걸려들었다.

그물-망(-網) 명 그물코처럼 구멍이 있는 망. ¶~을 치다.

그물-맥(-脈) 명[식] 쌍떡잎식물에서 잎속의 맥이 그물 모양을 이루고 있는 것. ▷나란히맥.

그물-코 명 그물에 뚫려 있는 구멍. ¶고기가 ~에 걸리다.

그믐 명 음력으로 그달의 마지막 날. 비그믐날. 三말일.

그믐-께 명 그믐날에 가까울 무렵.

그믐-날 명 '그믐'을 좀 더 구어적으로 이르는 말.

그믐-달[-딸] 명 음력 그믐께에 뜨는 달. ↔초승달.

그믐-밤[-빰] 명 음력 그믐날의 밤.

그-분 때(인칭) '그 사람'을 높여 이르는 3인칭 대명사.

그-사이 명 어느 때부터 어느 때까지의 동안. =그간. 비그동안. ¶~ 별일 없었지? 준그새. 좌고사이.

그-새 명 '그사이'의 준말. ¶~ 많이 컸구나? 좌고새.

그스르다 통여 <그스니, 그스오> 불에 겉만 조금 태우다.

그슬-리다 통 1 타 '그슬다'의 사동사. 2 '그슬다'의 피동사. ¶촛불에 머리카락을 그슬렸다. 2 자 '그슬다'의 피동사. ¶불에 머리카락이 ~. ▷그을리다.

그악-스럽다[-쓰-따] 형비 <-스러우니, ~스러워> 그악한 데가 있다. ¶그 여자는 **그악스럽게** 돈을 벌었다.

그악-하다[-아카-] 형여 1 사납고 모질다. ¶성질이 **그악하다**. 2 끈질기고 억척스럽다. ¶아이는 **그악하게** 울어 댔다.

그-야 用 그것이야. ¶~ 말할 것도 없지.

그야-말로 用 '그것이야말로'가 준 말. 말 그대로. 비정말로. ¶그녀의 마음씨는 ~ 천사 같다.

그예 用 마지막에 가서 기필코. ¶그토록 노력하더니만 ~ 성공하고 말았어.

그윽-하다[-으카-] 형여 1 (어느 곳이) 깊숙하여 아늑하고 고요하다. ¶**그윽한** 산골짜기. 2 (느낌이) 잔잔하고 은근하다. ¶**그윽한** 눈길. 3 (뜻이나 생각이) 차분한 상태로 깊다. ¶**그윽한** 상념에 잠기다. **그윽-이** 用 ¶~ 들려오는 피리 소리.

그을다 통재 <그으니, 그으오> (햇볕이나 연기 따위에 오래 쐬어) 빛이 검게 되다. ¶얼굴이 검게 ~.

그을-리다 통 1 타 '그을다'의 사동사. ¶얼굴을 햇볕에 ~. 2 자 '그을다'의 피동사. ¶햇볕에 **그을려** 피부가 갈색이 되었다. ▷그슬리다.

그을음 명 어떤 물질이 불에 탈 때 불꽃과 함께 연기에 섞여 나오는 검은 가루. ¶~이 끼다.

그-이 때(인칭) 1 '그 사람'을 약간 높여 이르는 3인칭 대명사. 주로, 남자에 대해서 씀. 2 여자가 자기 애인이나 남편을 이르는 말.

그-자(-者) 때(인칭) '그 사람'을 낮추어 이르는 말. ¶~가 뭘 안다고 그래?

그저 用 1 별로 신통한 것이나 특별한 것이 없이. ¶"요사이 재미가 어때?" "~ 그래." 2 별다른 생각이나 의도가 없이. ¶"무슨 뜻으로 하는 말이냐?" "으응, ~ 해 본 말이야." 3 그대로 그냥. ¶그는 묻는 말에 대답은 안 하고 ~ 웃고만 있다. 4 그대로 아직. ¶벌써 간 줄 알았는데 ~ 그러고 있나? 5 제발 아무 조건 없이. ¶~ 한 번만 봐주십시오. 6 오로지 줄기차게. ¶너는 낮이나 밤이나 ~ 잠만 자는구나. 7 더할 나위 없이 아주 마냥. ¶~ 좋아서 싱글벙글한다.

그저께 명 어제의 전날. =그제.

그-전(-前) 명 다소 먼 과거를 이르는 말. ¶여기가 ~에 살던 집이다.

그제 =그저께.

그제-야 用 그때에 이르러서야 비로소. ¶따끔하게 야단쳤더니 ~ 정신을 차리는 것 같더라.

그-중(-中) 명 여럿 가운데. 비개중. ¶그것이 ~ 좋다.

그-즈음 명用 그때의 즈음. ¶~에 아들 녀석이 태어났지.

그지-없다[-업따] 형 1 끝이나 한량이 없다. 비끝없다·한량없다. ¶어머니의 **그지없는** 사랑. 2 ('-기(가) 그지없다'의 꼴로 쓰여) 이루 말할 수 없다. ¶슬프기 ~. **그지없-이** 用 ¶~ 넓고 푸른 바다.

그-쪽 때 1(지시) 듣는 사람에게 가까운 쪽을 가리켜 이르는 말. ¶~에서 서 있지 말고 이쪽으로 오너라. 2(인칭) 말하는 이가 상대 또는 상대편을 가리켜 이르는 말. 비슷한 나이의 상대 상대에 대해, 부를 만한 지칭이 마땅치 않을 때 주로 사용함. =그편. ¶내 생각은 이런데 ~ 생각은 어때요? ▷이쪽·저쪽.

그-쯤 명用 그만한 정도. ¶잡담은 ~에서 그만해.

그-치 때(인칭) '그 사람'을 낮추어 이르는 3인칭 대명사.

그치다 통 1 자타 (계속되던 일이나 움직임, 현상 등이) 끝나거나 없어지다. ¶오늘에야 비가 **그쳤다**. 2 더 이상의 진전 없이 어떤 상태에 머무르다. ¶준우승에 **쳐서** 아쉽다. 2 타 일이나 움직임을 멈추다. ¶울음을 ~.

그-토록 用 그러한 정도로까지. 또는, 그 정도로. ¶~ 화를 낼 줄은 몰랐다.

그-편(-便) 명 =그쪽. ▷이편·저편.

그-해 명 과거의 어느 해. ¶~의 여름은 유난히 무더웠다.

극¹(極) 명 1 정도가 더 이상 갈 수 없는 상태. ¶슬픔이 ~에 달하다. 2 [지] 지축의 양쪽 끝. 3 [물] 전지에서 전류가 드나드는 양쪽 끝. 4 자석의 양쪽 끝.
◈ **극과 극은 서로 통한다** [서양 격언에서] 서로 극단적으로 반대되는 두 사물은 역설적으로 뜻밖의 공통점이나 상통하는 점이 있다.

극²(劇) 명[연][방송] 문학 장르의 하나. 인물의 대화와 행동을 서술자의 개입 없이 직접 제시하는 양식. ¶드라마. ¶연속~. ▷연극.

극-³(極) 접투 몇몇 한자어 명사 앞에 붙어, '아주', '극심한', '극히' 따위의 뜻을 나타내는 말. ¶~소수 / ~좌익.

-극⁴(劇) 접미 일부 명사 아래에 붙어, 그런 일을 벌이는 '소동'이나 '난동'을 뜻하는 말. ¶인질~ / 유혈~.

극광(極光) [-꽝] 명 =오로라.
극구(極口) [-꾸] 【《의사 표현을 나타내는 일부 동사 앞에 쓰여》 할 수 있는 온갖 말로. ¶~ 사양하다.
극기(克己) [-끼] 명 자기의 욕심·충동·감정 등을 이성적인 의지(意志)의 힘으로 눌러 이기는 것. ¶~심(心) / ~ 훈련. 극기-하다 재
극년(極年) [궁-] 명[지] 세계 각국의 지구물리학자들이 50년에 한 번씩에 걸쳐 극지방의 상황을 공동 관측하기로 결정한 해. '국제 지구 물리 관측년'으로 이름이 바뀌었음.
극단¹(極端) [-딴] 명 1 중용을 잃고 한쪽으로 치우쳐 있는 것. ¶생각이 ~으로 흐르다. 2 극도에 이르러 더는 어떻게 할 수 없는 상태.
극단²(劇團) [-딴] 명[연] 연극을 상연하기 위하여 조직된 단체. ¶유랑 ~.
극단-론(極端論) [-딴논] 명 한쪽으로 지나치게 치우친 이론이나 논리.
극단-적(極端的) [-딴-] 관명 극단의 상태인 (것). 또는 극단의 상태에 이른 (것). ¶~ 사고방식 / ~인 행동.
극단-주의(極端主義) [-딴-/-딴-이] 명 생각이나 행동이 어느 한쪽으로 지나치게 치우치는 태도.
극대(極大) [-때] 명 1 더할 수 없이 큰 것. 2 [수] 함수 $f(x)$가 정의역 안에 있는 점 x_0에서 극소에 대하여 최댓값을 취할 때 이르는 말. ↔극소.
극대-화(極大化) [-때-] 명 더할 나위 없이 크게 되거나 크게 하는 것. ¶기업은 이윤의 ~를 추구한다. ↔극소화. 극대화-하다 자타·극대-되다 자
극댓-값(極大-) [-때깝/-땟깝] 명[수] 함수가 극대일 경우의 값. ↔극솟값.
극도(極度) [-또] 명 더 이상 버티거나 어떻게 할 수 없는 지경. ¶신경이 ~로 예민해지다.
극동(極東) [-똥] 명 1 동쪽의 맨 끝. ↔극서. 2 유럽에서 본 이름으로, 유럽에서 비교적 먼 아시아 대륙의 동부와 그 부근의 섬들을 가리키는 말. 곧, 한국·중국·일본 따위. ¶~ 지역. ~근동(近東).
극-동풍(極東風) [-똥-] 명[지] 위도 60°이상의 극지방에서 발생하는 고기압으로부터 나오는 차가운 바람.
극락(極樂) [궁낙] 명[불] 아미타불이 살고 있는 정토로, 괴로움이 없는 지극히 안락하고 자유로운 세상. =극락세계·극락정토. ↓지옥.

극락-세계(極樂世界) [궁낙쎄계/궁낙쎄게] 명[불] =극락.
극락-왕생(極樂往生) [궁낙-] 명[불] 죽어서 극락에 다시 태어남. =왕생극락.
극락-정토(極樂淨土) [궁낙쩡-] 명[불] =극락.
극락-조(極樂鳥) [궁낙쪼] 명[동] 열대 지방에 살며, 부리와 꽁지가 길고 몸빛이 아름다운 새. 몸길이 15~35cm가량임.
극력(極力) [궁녁] I 명 있는 힘을 다하는 것. ¶~으로 반대하다.
II 부 있는 힘을 다하여. ¶힘껏. ¶근검 절약에 ~ 힘쓰다.
극렬-분자(極烈分子) [궁녈-] 명 어떤 단체에 속하여, 사상·언동 따위에 과격한 경향이 있는 사람.
극렬-하다(極烈-·劇烈-) [궁녈-] 형여 매우 열렬하거나 맹렬하다. ¶격렬하다. ¶식량이 몹시 ~.
극명-하다(克明-) [궁-] 형여 매우 분명하다. ¶극명한 대조. 극명-히 부
극-미량(極微量) [궁-] 명 더할 수 없이 적고 보잘것없는 분량. ¶~의 발암 물질.
극미-하다(極微-) [궁-] 형여 극히 잘고도 작다.
극-반지름(極半-) [-빤-] 명[지] 지구의 중심에서 북극 또는 남극을 이은 선. 길이는 약 6,357km임.
극복(克服) [-뽁] 명 (어려움이나 곤란 등을) 굴함이 없이 능히 견디거나 잘 처리해 나가는 것. 극복-하다 타여 ¶가난을 ~. 극복-되다 자
극본(劇本) [-뽄] 명[문] =각본(脚本)1.
극비(極祕) [-삐] 명 극히 중대한 비밀. ¶~ 사항.
극비리-에(極祕裏) [-삐-] 부 아무도 모르게 아주 비밀한 가운데. ¶그들의 계획은 ~ 추진되어 있다.
극-비칭(極卑稱) [-삐-] 명[언] =아주낮춤. ↔극존칭.
극빈-자(極貧者) [-삔-] 명 몹시 가난한 사람.
극빈-하다(極貧-) [-삔-] 형여 몹시 가난하다. ¶생활이 ~.
극-사실주의(極寫實主義) [-싸-의/-싸-이] 명[미] 팝 아트 이후 1970년대 미국에서 일어난 새로운 미술 경향. 철저한 사실 묘사를 특징으로 함.
극-상품(極上品) [-쌍-] 명 제일 좋은 품질. 또는 그런 물건. ¶~을 진상하다.
극서(極西) [-써] 명 서쪽의 맨 끝. ↔극동.
극성¹(極性) [-썽] 명[물] 자석의 북극과 남극, 전극의 양극과 음극이 가지고 있는 서로 다른 성질.
극성²(極盛) [-썽] 명 1 몹시 왕성한 것. ¶날이 더워지자 모기가 ~을 부린다. 2 성질이나 행동이 몹시 드세거나 지나치게 적극적인 것.
극성-떨다(極盛-) [-썽-] 자《~떠니, ~떠오》과격하거나 억세게 적극적으로 행동하다. ¶공연장에서 극성떠는 팬들.
극성-맞다(極盛-) [-썽맏따] 형여 극성을 부리는 성질이 있다. ¶아이가 극성맞아서 집안이 조용히 남아나는 때가 없다.
극성-스럽다(極盛-) [-썽-따] 형여《~스러우니, ~스러워》극성을 부리는 데가 있다. ¶극성스러운 여자. 극성스래 부

극소(極小) [-쏘] 圀 1 아주 작음. 2 [수] 함수 f(x)가 정의역 안에 있는 점 x₀에서 국소적으로 최솟값을 취할 때를 이르는 말. ↔극대.

극-소량(極少量) [-쏘-] 圀 아주 적은 분량. ¶어떤 극약은 ~이라도 치사량이 될 수 있다.

극-소수(極少數) [-쏘-] 圀 아주 적은 수. ¶찬성한 사람은 ~에 지나지 않는다.

극소-하다(極少-) [-쏘-] 휑예 아주 적다. ¶극소한 양.

극소-화(極小化) [-쏘-] 圀 몹시 작아지거나 작게 하는 것. ↔극대화. 극소화-하다 区(자타)여 극소화-되다 区(여)

극솟-값(極小-) [-쏘깝/-쏟깝] [수] 함수가 극소일 경우의 값. ↔극댓값.

극시(劇詩) [-씨] 圀[문] 희곡 형식으로 씌어진 시. ▷서정시·서사시.

극심-하다(極甚-·劇甚-) [-씸-] 휑예 극히 심하다. ¶극심한 더위. 극심-히 囝

극악무도-하다(極惡無道-) [-앙-] 휑예 매우 악독하다. ¶극악무도한 만행.

극악-하다(極惡-) [-아카-] 휑예 몹시 악하다. ¶극악한 범죄 행위.

극야(極夜) [-냐] 圀 고위도 지방에서 오랫동안 해가 뜨지 않고 밤만 계속되는 현상. ↔백야.

극약(劇藥) 圀 1 [의] 독약보다는 약하나, 적은 분량으로도 사람이나 동물에게 위험을 주는 약품. 카페인 따위. ▷독약. 2 극단적인 해결 방법을 비유하여 이르는 말. ¶만성적 부동산 투기를 잡기 위해 정부는 ~ 처방도 불사할 태세다.

극언(極言) 圀 극단적으로 말하는 것. 또는, 그 말. 극언-하다 区(자)여 ¶마르크스는 종교를 가리켜 아편이라고 극언한 바 있다.

극-영화(劇映畫) [긍녕-] 圀 극(劇)의 형식을 갖춘 영화. 배우가 각본에 따라 연기하며 일관된 줄거리가 있음. ▷기록 영화.

극우(極右) 圀 극단적인 우익 사상. 또는, 그 세력. ↔극좌.

극작(劇作) [-짝] 圀 연극의 각본을 쓰는 것.

극-작가(劇作家) [-짝까] 圀 연극의 각본을 쓰는 것을 직업으로 하는 사람.

극장(劇場) [-짱] 圀 1 영화와 객석을 갖추고 연극·무용·음악 등의 무대 예술을 공연하는 건물이나 시설. ¶야외~ / 원형 ~. 2 '영화관'을 달리 이르는 말.

극장-가(劇場街) [-짱-] 圀 극장이 주로 모여 있는 거리.

극장-식당(劇場食堂) [-짱-땅] 圀 쇼를 보면서 식사를 할 수 있도록 무대가 갖추어져 있는 식당.

극장-장(劇場長) [-짱-] 圀 극장의 최고 책임자. ¶국립 ~.

극-적(劇的) [-쩍] 관 1 극(劇)의 특성을 띤 (것). ¶~ 효과. 2 (어떤 사태가) 갑작스럽거나 놀라운 데가 있으면서 감동적이거나 인상적인 (것). ¶우리 팀은 ~인 역전승을 거두었다.

극점(極點) [-쩜] 圀 1 극도에 다다른 점. 2 [지] 위도 90도의 지점. 북극점과 남극점이 있음.

극-존대(極尊待) [-쫀-] 圀 극진히 높여 대접하는 것. 극존대-하다 区(타)여

극-존칭(極尊稱) [-쫀-] 圀[언] =아주높

임1. ↔극비칭.

극좌(極左) [-쫘] 圀 극단적인 좌익 사상. 또는, 좌익파. ↔극우.

극-좌표(極座標) [-쫘-] 圀[수] 평면 위의 어느 한 점으로부터 거리와 각도로 나타내는 좌표.

극중(劇中) [-쭝] 圀 극의 내용 가운데. ¶~ 인물.

극중-극(劇中劇) [-쭝-] 圀[연] 연극 속에서 이루어지는 또 하나의 연극.

극-지방(極地方) [-찌-] 圀[지] 지구의 남극과 북극의 지역.

극진-하다(極盡-) [-찐-] 휑예 (마음과 힘쓰는 것이) 더할이 지극하다. ¶극진한 대접을 받다. 극진-히 囝 ¶부모님을 ~ 모시다.

극찬(極讚) 圀 (어떤 일이나 대상을) 매우 칭찬하는 것. 또는, 그 칭찬. ¶~을 아끼지 않다. 극찬-하다 区(타)여

극초단파(極超短波) 圀[물] 초단파 중에서, 파장 1m 이하의 전자기파. 레이더·텔레비전 등에 쓰임. ¶~ 방송.

극치(極致) 圀 그 이상 더 나아갈 수 없는 최고의 경지나 극도의 상태. ¶밀로의 비너스 상은 미(美)의 ~이다.

극피-동물(棘皮動物) [-] 圀 바다에 살며, 몸이 방사 대칭을 이루고 피부 표면에 많은 석회질 가시가 있는 동물의 한 무리. 성게·불가사리·해삼 등이 이에 속함.

극-하다(極-) [그카-] 区(자)(타)여 아주 심하여 더할 수 없는 지경에 이르다. ¶사치를 극하는 호화 생활.

극한(極限) [그칸] 圀 1 상태나 정도가 전혀 더 나아갈 수 없거나 더 심해질 수 없는 지경. ¶~ 투쟁[대립].

극한-값(極限-) [그칸깝] [수] 어떤 양이 일정한 법칙에 따라 어떤 확정된 값에 한없이 가까워질 때의 값.

극한^상황(極限狀況) [그칸-] 圀[철] =한계 상황.

극형(極刑) [그켱] 圀 가장 무거운 형벌. (비)사형. ¶~에 처하다.

극화¹(劇化) [그콰] 圀 (소설·사건 등을) 극의 형식으로 각색하는 일. 극화-하다 区(타)여 ¶소설을 극화한 연극.

극화²(劇畫) [그콰] 圀 1 =그림 연극. 2 작중 인물의 대화를 넣어 비교적 긴 줄거리를 담은 만화.

극-히(極-) [그키] 囝 더할 수 없을 정도로. 또는, 극단적으로. ¶~ 드문 일.

근¹(根) 圀 1 풀이나 나무의 땅속에 자리 잡고 있는 단단한 뭉치. ¶종기의 ~이 빠질 때까지 고름을 짜내다. 2 [수를 나타내는 말 다음에 쓰이어] 그 햇수만큼 자란 삼의 뿌리값을 나타내는 말. ¶5년 ~ 인삼. 3 [수] 방정식을 만족시키는 미지수의 값.

근²(斤) 圀(의존) 척관법에 의한 무게의 단위. 1근은 600g(고기 따위)으로 하는 경우와, 375g(채소·과일·과자 따위)으로 하는 경우가 있음. ¶고기 한 ~.

근³(近) 관 (수량을 나타내는 말 앞에 쓰여) 그것에 거의 가까움을 나타내는 말. ¶그가 떠난 지 ~ 일 년이 지났다.

근ː간¹(近刊) 圀 (책을) 최근에 간행하거나, 곧 간행하는 것. 또는, 그 간행물. ¶~ 서적.

근ː간²(近間) 圀 =요사이. ¶~의 경제 동향.

근간³(根幹) 圀 사물의 바탕이나 중심이

되는 중요한 것. ㈁근본. ¶한 살인 사건이 그 연극의 ~을 이루고 있다.
근거(根據) 圓 1 되는 거점. ¶만주를 ~로 하여 독립 운동을 하다. 2 의견·추측·주장 등에 대해, 그것이 옳음을 뒷받침해 주는 사실이나 이치. ¶~을 대다 / ~ 없는 소문[낭설]. **근거-하다** 图㈏㉠ 근거를 두다. ¶그의 학설은 역사적 사실에 근거하고 있다.
근-거리(近距離) 圓 가까운 거리. ¶~ 통학. ↔원거리.
근거리^통신망(近距離通信網) 圓[통] 한 정된 구역 내에 있는 사무실 건물이나 공장·대학·연구소 등의 컴퓨터·워드 프로세서·팩시밀리 등을 통신 회선으로 연결하여 정보를 교환하는 정보 통신망. ≒랜(LAN).
근거-지(根據地) 圓 활동의 근거로 삼는 곳. ≒본거지. ¶장보고는 청해진을 ~로 삼아 일대의 해상권을 장악했다.
근!검(勤儉) 圓 부지런하고 검소한 것. **근! 검-하다** 圈㈏ ¶근검한 생활 태도.
근!검-절약(勤儉節約) 圓 부지런하고 알뜰하게 재물을 아낌. **근!검절약-하다** 图 ㈏㉠ **근!검절약하는** 습관을 기른다.
근!경¹(近景) 圓 1 가까이 보이는 경치. 2 사진이나 그림 등에서 가까운 곳에 있는 것으로 찍었거나 그려진 대상. ↔원경.
근!경²(近境) 圓 어떤 곳에서 가까운 부근의 일대.
근!계(謹啓) 圓 [-계/-게] 圓 '삼가 아룁니다'의 뜻으로, 웃어른에게 보내는 편지에서 맨 첫머리에 쓰는 한문 투의 말.
근!고(近古) 圓[역] 역사의 시대 구분의 하나. 중고(中古)와 근세의 중간 시기. ¶~ 사(史). ▷상고(上古)·중고.
근!교(近郊) 圓 도시의 가까운 변두리에 있는 마을이나 들. ¶서울 ~. ↔원교.
근!교^농업(近郊農業) 圓[농] 도시 주변에서 도시민의 소비에 응하여 채소·꽃·달걀·우유 등을 소규모·집약적으로 생산하는 농업. ↔원교 농업.
근근-이(僅僅-) 團 어렵사리 겨우. ¶쥐꼬리만한 월급으로 ~ 살아간다.
근기(根氣) 圓 참을성 있게 견디는 힘. ¶그가 승낙할 때까지 ~ 있게 버틴다.
근!년(近年) 圓 요 몇 해 사이. ¶올해에는 ~에 보기 드문 풍작을 이루었다.
근대¹ 圓[식] 밭에 재배하여 줄기와 잎을 식용하는, 높이 1m가량의 두해살이풀. 잎은 타원형으로 넓고 두꺼우며, 6월경에 황록색의 작은 꽃이 핀다.
근!대²(近代) 圓[역] 역사의 시대 구분의 하나, 근세(近世)와 현대의 중간 시대.
근!대^국가(近代國家) [-까] 圓 중세 봉건 국가와 근세 절대주의 국가의 붕괴 후에 성립한 국가.
근!대-극(近代劇) 圓 19세기 후반에 유럽에서 일어난 새로운 연극. 근대 시민 사상을 바탕으로 한 개인주의와 사실성(寫實性) 존중의 입장에서 사회 문제나 인생 문제를 테마로 함.
근!대^문학(近代文學) 圓[문] 근대에 성립하여 발전한 문학. 서양에서는 15세기 르네상스 이후, 특히 프랑스 혁명 이후의 문학을, 우리나라에서는 1894년 갑오개혁 이후의 문학을 가리킴.
근!대-사(近代史) 圓 근대의 역사. 또는, 그것을 적은 책.

근!대^사회(近代社會) [-회/-훼] 圓 봉건적·공동체적 사회의 붕괴에 뒤따라 나타난, 자유로운 여러 개인이 형성하는 개방적인 사회. ¶시민 사회.
근!대-식(近代式) 圓 근대의 양식에 있어서 근대적인 방식. ¶~ 공장.
근!대^오!종^경!기(近代五種競技) 圓[체] 국제 올림픽 경기 종목의 하나. 한 선수가 승마·펜싱·사격·수영·크로스컨트리의 다섯 종목을 하루에 한 종목씩 겨루어 총점으로 승부를 가리는 경기.
근!대-적(近代的) 관圓 근대의 특징이라 할 성격을 띤 (것). 또는, 새로운 것이라는 느낌을 주는 (것).
근!대-주의(近代主義) [-의/-이] 圓 =모더니즘.
근!대-화(近代化) 圓 전근대적인 상태에서 인간성·합리성을 존중하는 근대적인 상태로, 또는 후진적인 상태에서 선진적인 상태로 되게 하는 것. ¶산업의 ~. **근! 대화-하다** 图㈏㉠㈒ **근!대화-되다** 图
근데 튀 '그런데'의 준말. 특히, 구어에서 쓰이는 말임. ¶~ 지금 몇 시지?
근!동(近東) 圓[지] 유럽에 비교적 가까운 동양 여러 나라의 총칭. 이집트·이라크·터키·시리아·이스라엘 등을 가리킴. ↔극동.
근!동²(近洞) 圓 가까운 이웃 동네. ¶그는 일을 잘하기로 ~에 이름이 났다.
근드렁-거리다/-대다 图 가늘게 붙은 물체가 넓고 부드럽게 천천히 자꾸 움직이다.
근드렁-근드렁 튀 근드렁거리는 모양. **근 드렁근드렁-하다** 图㈏㉠
근!래(近來) [글-] 圓 가까운 과거의 시점에서부터 지금까지의 시간. ¶~에 보기 드문 성과.
근력(筋力) [글-] 圓 1 근육의 힘. 2 일을 능히 감당해 내는 힘. ¶기력. ¶~이 예전 같지 않다.
근로(勤勞) [글-] 圓 부지런히 일하는 것. ¶~ 봉사. **근로-하다** 图㈏㉠
근로의 의무 국민이면 누구나 근로를 해야 할 의무.
근!로^기준법(勤勞基準法) [글-뻡] 圓 [법] 근로자의 기본적 생활을 보장·향상시키기 위해, 헌법에 의거하여 근로 조건의 기준을 규정한 법률.
근!로^소!득(勤勞所得) [글-] 圓[경] 근로의 보수로 얻는 봉급·급료·연금·상여금 등의 소득. ▷불로 소득.
근!로-자(勤勞者) [글-] 圓 근로에 의한 소득으로 생활하는 사람. ㈁노동자.
근!로자의 날(勤勞者-) [글-자에/글-에 -] 근로자의 노고를 위로하고, 근무 의욕을 더욱 높인다는 뜻에서 제정한 날. 1994년에 3월 10일에서 5월 1일로 날짜를 변경함. ▷노동절.
근!로^조건(勤勞條件) [글-껀] 圓 근로자가 사용자에게 고용되어 노무를 제공하는 데 따르는 여러 가지 조건, 임금·근로 시간·작업 환경·휴가 따위.
근!린(近鄰) [글-] 圓 가까운 이웃.
근!린-공원(近隣公園) [글-] 圓 도심지의 주택가 주변에 있어, 시민들이 쉽게 이용할 수 있는 작은 규모의 공원.
근!면(勤勉) 圓 맡은 일에 꾸준히 힘쓰며 부지런한 태도가 있는 것. ¶우리 학교 교훈은 ~, 성실, 봉사다. **근!면-하다** 圈㈏

근ː면-성(勤勉性) [-썽] [명] 꾸준하고 부지런한 품성.
근ː무(勤務) [명] 1 (직장에 적을 두고) 직무에 종사하는 것. ¶~에 태만하다. 2 (일직·숙직·당번 따위를) 맡아서 집행하는 것. ¶당직 ~. **근ː무-하다** [동][자][여]
근ː무-지(勤務地) [명] 근무하는 곳.
근ː무-처(勤務處) [명] 근무하는 일정한 기관이나 부서.
근ː방(近方) [명] 어느 곳에서 가까운 데. [비]근처. ¶이 ~엔 쉴 만한 곳이 없다.
근본(根本) [명] 1 사물의 본질이나 본바탕. [비]근간·근저·기초. 2 사람의 본바탕. 곧, 혈통이나 가문, 자라 온 환경 등을 이르는 말. ¶~이 좋은[확실한] 사람.
근본-적(根本的) [관][명] 근본으로 되거나 근본을 이루는 (것). ¶~인 문제.
근ː사-치(近似値) [명][수] '근삿값'의 구용어.
근ː사-하다(近似-) [형][여] 1 거의 같다. ¶계산이 **근사하게** 맞아떨어지다. 2 (주로 칭찬이나 경탄 등의 뜻을 담아) 그럴싸하게 괜찮다. 속된 말임. ¶그렇게 차리고 나서니까 **근사하구나.**
근ː삿-값(近似-) [-사깝/-삳깝] [명][수] 어떤 수치에 충분히 가까운 수치. 예를 들면, 원주율 $\pi(=3.14159265\cdots)$에 대한 3.14 또는 3.1416 따위. 구용어는 근사치.
근성(根性) [명] 1 어떤 사람의 마음이나 태도 속에 깊이 박혀 있는 좋지 않은 성질. ¶노예~. 2 어떤 일을 끝까지 해내려고 하는 끈질긴 정신. ¶승부 ~.
근ː세(近世) [명][역] 역사의 시대 구분의 하나. 중세와 현대의 중간 시대. 우리나라에서는 조선 전기, 곧 15~17세기까지의 시대를 가리킴.
근ː세-사(近世史) [명] 근세의 역사. 또는, 그것을 적은 책.
근ː세-조선(近世朝鮮) [명][역] '조선[2]2'를 고조선과 대비하여 이르는 말.
근ː소-하다(僅少) [형][여] 아주 적다. ¶**근소한** 표 차이로 낙선하다.
근ː속(勤續) [명] 어떤 일자리에서 계속해서 근무하는 것. ¶장기 ~/~ 연한. **근ː속-하다** [동][자][여]
근수(斤數) [-쑤] [명] 저울에 달아서 나타난 무게의 수. ¶~가 나가다.
근ː시(近視) [명][생] 눈에 들어온 광선이 망막보다 앞쪽에 초점을 맺어, 먼 데에 있는 물체가 뚜렷이 보이지 않는 눈의 상태. 또는, 그런 눈. 오목 렌즈로 교정함. ↔원시.
근ː시-안(近視眼) [명] 1 [생] 근시의 눈. ↔원시안. 2 눈앞의 일에만 구애되어 먼 앞날의 일을 짐작하는 지혜가 없음을 비유하는 말.
근ː시안-적(近視眼的) [관][명] 앞일이나 사물 전체를 파악하지 못하고 눈앞의 부분적인 현상에 사로잡힌 (것). ¶10년 후도 내다보지 못한 ~인 도시 계획.
근ː신(謹愼) [명] 1 말이나 행동을 삼가서 조심하는 것. 2 벌로서 일정 기간 동안 출근·등교·집무를 하지 않고 말이나 행동을 삼가는 것. ¶~ 처분. **근ː신-하다** [동][자][여] ¶당분간 **근신하고** 있어라.
근ː실-하다(勤實-) [형][여] 부지런하고 진실하다. ¶**근실한** 젊은이. **근ː실-히** [부]
근심 [명] 해결하기 어려운 문제에 대해 답답해하고 괴로워하는 것. 또는, 그 어려운 문제. ¶~ 걱정 없는 사람은 없다. [비]걱정·시름. **근심-하다** [동][자][타][여] ¶돈 문제라면 너무 **근심하지** 마십시오. **근심-되다** [동][자]
근심-거리 [-꺼-] [명] 근심이 되는 일. [비]걱정거리. ¶~가 끊이지 않다.
근심-스럽다 [-따] [형][ㅂ] <~스러우니, ~스러워> 근심이 되어 마음이 편안하지 않다. ¶**근심스러운** 표정. **근심스레** [부]
근ː엄-하다(謹嚴-) [형][여] (사람이) 표정이나 태도가 점잖고 위엄 있다. ¶**근엄한** 얼굴[표정]. **근ː엄-히** [부]
근원(根源) [명] 1 물줄기가 나오기 시작하는 곳. ¶낙동강의 ~은 태백산이다. 2 사물이 비롯되는 본바탕. [비]원류. ¶행복의 ~은 자족하는 마음에 있다.
근원-지(根源地) [명] 근원이 되는 곳.
근ː위-대(近衛隊) [명] 1 임금을 가까이에서 호위하는 부대. 2 [역] 대한 제국 때, 황실의 호위와 의장(儀仗)을 맡아보던 군대.
근ː위-병(近衛兵) [명] 근위대에 딸린 군인.
근육(筋肉) [명][생] 동물의 몸을 이루는 살과 힘줄의 총칭. 몸의 운동을 맡은 기관으로, 내장·혈관·골격을 싸고 있음. =힘살. ¶~이 잘 발달한 운동선수.
근육-질(筋肉質) [-찔] [명] 1 근육처럼 연하면서도 질긴 성질. 2 필요 없는 살이나 지방이 없고, 단단한 근육을 가진 체질. ¶~의 건장한 청년.
근육-통(筋肉痛) [명][의] 근육에 느끼는 아픔.
근ː인(近因) [명] 가까운 원인. ↔원인.
근ː일(近日) [명] 1 장래의 매우 가까운 때. 또는, 지금부터 수일간. ¶~ 상영. 2 과거의 매우 가까운 때. 또는, 과거로부터 오늘까지의 수일간.
근ː자(近者) [명] 요 얼마 되는 동안. ¶~에 들어 경기가 침체 일로를 걷고 있다.
근ː작(近作) [명] 최근의 작품.
근ː저[1](近著) [명] 요즈음 지은 책.
근저[2](根底·根柢) [명] 사물의 밑바탕이 되는 기초. [비]근본. ¶~를 이루다.
근-저당(根抵當) [명][법] 장래에 생길 채권의 담보로서 미리 설정하는 저당권. ¶~ 설정.
근절(根絶) [명] (좋지 않은 현상이나 대상을) 다시 생기지 못하도록 근본적으로 없애는 것. **근절-하다** [동][타][여] ¶사치 풍조를 ~. **근절-되다** [동][자]
근ː접(近接) [명] 어떤 기준점이나 경계선 등에 가까이 접하는 것. ¶~ 촬영. **근ː접-하다** [동][자][여] ¶종합 주가 지수가 900선에 **근접해** 있다.
근ː정(謹呈) [명] (어떤 물품을) 삼가 드리는 일.
근ː정-전(勤政殿) [명][역] 경복궁 안에 있는 정전. 조선 시대에 임금의 즉위식이나 대례(大禮) 등을 거행하였음.
근ː조(謹弔) [명] 1 어떤 사람의 죽음에 대해 삼가 애도의 뜻을 나타내는 것. 2 초상집에 조위금을 낼 때 그 봉투나 단자에 쓰는 말. [비]부의.
근종(筋腫) [명] 근육에 생기는 양성 종양.
근지럽다 [-따] [형][ㅂ] <근지러우니, 근지러워> 1 무엇이 살갗에 슬슬 닿을 때처럼 스멀거리는 느낌이 있다. ¶목욕을 오랫동안 하지 않았더니 몸이 ~. 2 몸의 일부를 놀리거나 움직여서 무엇을 하고 싶어 안타깝다. ¶지껄이고 싶어서 입이 **근지러우**

냐? [작]간지럽다.
근질-거리다/-대다 [동][자] 자꾸 근지럽다. ¶말하고 싶어서 입이 ~. [작]간질거리다.
근질-근질 [부] 근질거리는 모양. [작]간질간질. **근질근질-하다** [동][자][형][여] ¶며칠 동안 싸움질을 안 하니 몸이 **근질근질하지**?
근채-류(根菜類) [명] 뿌리를 주로 먹는 채소류.
근:처(近處) [명] 어느 곳이나 위치로부터 가까운 곳이나 위치. [비]근방. ¶학교 ~.
근처에도 못 가다 《비교 대상을 나타내는 말 다음에 쓰여》(능력·수준 등이) 비교 대상에 훨씬 못 미치다. 구어체의 말임. ¶네 영어 실력은 철수 **근처에도 못 간다**.
근:체-시(近體詩) [명] 한시에서 율시와 절구(絕句)를 이르는 말. ↔고체시.
근축(謹祝) [명] 삼가 축하한다는 뜻으로, 정년퇴직하는 사람에게 축의금을 전할 때 그 봉투나 단자에 쓰는 말. [비]송공.
근치(根治) [명] 병을 근본적으로 고치는 것. **근치-하다** [동][타][여]
근:친[1](近親) [명] 가까운 일가붙이. 특히, 8촌 이내의 혈족. ↔원친.
근친[2](覲親) [명] (시집간 딸이) 친정에 가서 어버이를 뵙는 것. ¶~을 가다.
근:친-결혼(近親結婚) [명] 가까운 친척끼리 하는 결혼. =근친혼.
근:친-상간(近親相姦) [명] 가까운 혈족인 남녀가 성 관계를 맺는 일.
근:친-혼(近親婚) [명] =근친결혼.
근:태(勤怠) [명] **1** 부지런함과 게으름. **2** 출근과 결근.
근:하-신년(謹賀新年) [명] '삼가 새해를 축하합니다'라는 뜻의 문구. 주로, 연말연시에 연하장 등에 쓰는 말임.
근:해(近海) [명] 육지에 가까운 바다. ¶~어장. ↔원해·외해.
근:해^어업(近海漁業) [명] 연안에서 3~10여 해리의 근해에서 중형 어선으로 하는 어업. ↔원양 어업. ▷연안 어업.
근호(根號) [명][수] 거듭제곱근을 나타내는 기호. $\sqrt{3}$의 '$\sqrt{\ }$', $\sqrt[3]{5}$의 '$\sqrt[3]{\ }$' 따위.
근:황(近況) [명] 최근의 상황이나 형편. ¶선생님의 ~은 어떠신가?
글 [명] **1** 사람이 그의 생각이나 감정을 글자로 써서 일정한 형식과 길이로 표현한 것. **2** 교양이나 배움의 대상으로서의 책이나 학문. ¶~이 짧은 사람. **3** 배움의 기초적 수단이 되는 글자. ¶~을 깨치다.
글-감[-깜] [명] 글의 바탕이 되는 소재. ¶가족 간의 사랑을 ~으로 한 수필.
글-공부(-工夫)[-꽁-] [명] 글을 배우거나 익히는 것. **글공부-하다** [동][자][여]
글-귀[1][-뀌] [명] 글을 듣고 이해하는 능력.
글귀(가) 어둡다 글을 배울 때 이해가 더디다.
글-귀[2](-句)[-뀌] [명] 글의 구절. ¶아름다운 ~.
글-꼴 [명] =폰트.
글-눈[-룬] [명] 글자나 글, 특히 한글이나 한문 등을 읽을 수 있거나 읽고 그 뜻을 알 수 있는 능력. ¶아이들이 ~을 뜨다.
글라디올러스(gladiolus) [명][식] 여름에 흰색·노란색·분홍색·주홍색 등의 화려한 꽃이 긴 꽃줄기 끝에 한쪽으로 치우쳐서 피는 여러해살이풀. 관상용으로 재배함.
글라스(glass) [명] 물이나 양주·맥주·주스 등을 마시는 데 쓰는, 손잡이 없이 유리로 만든 컵. [비]유리잔.
글라이더(glider) [명] 발동기 없이 바람을 타고 날게 되어 있는 항공기. =활공기.
글래머(†glamour) [명] 〔본뜻은 '매력', '매혹'〕 여성의 몸매가 가슴과 엉덩이가 커서 성적 매력이 있는 것. 또는, 그 여성. ¶~ 여배우.
글러브(glove) [명][체] 권투·야구·하키·펜싱 등을 할 때 손에 끼는, 가죽으로 만든 장갑. ¶야구 ~. ▷미트(mitt).
글-로 [부] '그리로'의 준말. ¶~ 오시오.
글로리아(Gloria) [명][가][기] 하느님의 영광을 찬미하는 노래.
글로벌리즘(globalism) [명][정] 국가라는 단위를 초월하여 세계를 하나의 통합체로 만들려는 경향이나 운동의 총칭.
글로불린(globulin) [명][생] 단순 단백질의 하나. 생물체에 널리 분포하며, 혈액·난황 따위에 들어 있음.
글로켄슈필([독]Glockenspiel) [명][음] =철금(鐵琴).
글루코오스(glucose) [명][화] =포도당.
글루타민(glutamine) [명][화] 단백질을 구성하는 아미노산의 하나. 식물체, 특히 생장이 왕성한 조직 중에 많이 함유됨.
글루탐-산(←glutam*ic*酸) [명][화] 아미노산의 하나. 단백질의 구성 성분으로 널리 분포하며, 화학조미료의 주성분임.
글루텐(gluten) [명][화] 밀가루 등에 함유된 각종 단백질의 혼합물로 회갈색의 찰기가 있는 물질. 밀기울의 주요 성분임.
글리산도([이]glissando) [명][음] 피아노나 현악기 등에서, 비교적 넓은 음역을 빠르고 미끄러지듯이 연주하는 방법.
글리세롤(glycerol) [명][화] =글리세린.
글리세린(glycerin) [명][화] 동식물의 기름을 분해하여 만드는, 무색투명하고 끈끈한 액체. 의약품·폭약·화장품의 원료 등으로 쓰임. =글리세롤.
글리코겐(glycogen) [명][화] 동물의 간이나 근육에 들어 있는 탄수화물의 하나. 에너지 대사에 중요한 물질임.
글-말 [명] =문어(文語)[2]. ↔입말.
글-머리 [명] 글의 시작 부분. 또는, '서론'을 달리 이르는 말. [비]서두(書頭).
글-발[-빨] [명] 적어 놓은 글.
글-방(-房)[-빵] [명] 지난날, 사사로이 한문을 가르치던 곳. =사숙(私塾)·서당·서재·학당. ¶~에서 천자문을 배우다.
글-속[-쏙] [명] 학문을 이해하는 정도. ¶~이 뒤지다[늦다] / ~이 신통하다.
글-쇠[-쐬/-쒜] [명] '키(key)[4]**3**'의 순화어.
글썽 [부] 눈물이 그득하여 넘칠 듯한 모양.
글썽-하다 [동][자][타][형][여] ¶눈물이 ~.
글썽-거리다/-대다 [동][자][타] (눈물이) 자꾸 글썽해지다. 또는, 그렇게 되게 하다. ¶그는 합격했다는 말에 기뻐서 눈물까지 **글썽거렸다**.
글썽-글썽 [부] 글썽거리는 모양. **글썽글썽-하다** [동][자][타][형][여] ¶그녀는 슬픔에 못 이겨 눈물이 **글썽글썽했다**.
글썽-이다 [동][자][타] 눈에 눈물이 그득히 고이다. 또는, 그렇게 되게 하다.
글쎄 [감] **1** 남의 물음이나 요구에 대하여 분명하지 못한 태도를 나타낼 때 쓰는 말. 상대가 동년배이거나 아랫사람일 때 쓰는 말임. ¶~, 어떻게 해야 좋을지 모르겠어. **2** 상대에게 이미 한 바 있는 물음이나 주장 따위를 되풀이할 때, 짜증을 담거나 다그치는 어감을 담아 이르는 말. ¶잘될 테니 마음 놓으세요. "그래도 자꾸 걱정이네." "~ 걱정 말라니까."
글쎄-다 '글쎄'를 '해라' 할 상대에게 쓰는 말. ¶~, 내게 그런 힘이 있을지 몰라.
글쎄-올시다[-씨-] 집 '글쎄'를 '합쇼' 할 상대에게 쓰는 말. ¶~, 저는 가고 싶지만, 사정이 허락할는지 모르겠습니다.
글쎄-요 '글쎄'를 '해요' 할 상대에게 쓰는 말. ¶~, 잘 모르겠는데요.
글쓴-이 명 글을 쓴 사람. ㈂저자·필자.
글씨 명 사람이 직접 필기도구를 사용하여 쓴 글자. 또는, 그 글자의 모양이나 체.
글씨-체(-體) 명 =서체(書體)
글-월 명 1 글이나 문장. 2 '편지'를 이르는 말. ¶선생님의 ~잘 받았습니다.
글-자(-字)[-짜] 명 말 또는 그것의 음소나 음절을 일정한 모양의 선으로 나타낸 기호. =자(字). ㈂문자·소리~.
글자 그대로 조금도 보태서 말하지 않고 사실 그대로.
글자-꼴(-字-)[-짜-] 명 글자의 형태나 모양. =자체(字體)·자형(字形).
글자-체(-字體)[-짜-] 명 글자의 일정한 형태나 스타일.
글자-판(-字板)[-짜-] 명 1 =문자판1. 2 =자판(字板).
글-재주[-쩨-] 명 글을 잘 깨우치거나 짓는 재주. ¶뛰어난 ~.
글-쟁이 명 글을 쓰는 것을 직업으로 하는 사람을 낮추어 이르는 말.
글-줄[-쭐] 명 1 여러 글자를 써서 이루어진 줄. 2(주로 '글줄이나'의 꼴로 쓰여) 쓰거나 읽은 글이나 책의 분량을 짐짓 낮잡거나 비아냥거려 이르는 말. ¶그게 ~이나 읽었다는 사람의 행실인가?
글-짓기[-찓끼] 명 글을 짓는 것. ㈂작문. **글짓기-하다** 통여
글-투(-套) 명 어떤 글에서 나타나는 특징적인 투. ㈂문투.
글피 명 모레의 다음 날.
긁다[극따] 타 1 (약간의 날이 섰거나 모서리가 있는 물체로 살갗을) 여러 번 문지르다. ¶등이 가려워 등을 ~. 2 (때 같이 섰거나 뾰족한 물체로 물체의 표면을) 벗기거나 자국이 나거나 상처가 날 정도로 쎄 힘을 준 상태로 한 번 또는 여러 번 밀다. ¶솥의 누룽지를 숟가락으로 ~. 3 (갈퀴 따위로 여기저기 흩어진 것을) 한군데로 모으다. ¶낙엽을 긁어서 땔감으로 쓰다. 4 (여러 사람의 재물을) 부당하게 거두어 가지다. ¶백성의 재물을 긁은 탐관오리. 5 (남을) 기분이나 감정을 건드리거나 비위를 상하게 하다. ¶제발 엄마 속을 긁지 마라. ㈘갉다. 6 (등사기를 줄판에 대고) 철필로 글씨를 쓰다.
[긁어 부스럼] 필요 없는 짓을 하여 스스로 재화(災禍)를 끌어들인다는 뜻.
긁어-내다 통타 1 안에 있는 것을 긁어서 꺼내다. 2 죄를 부당하게 받아 내다. ¶돈을 ~.
긁어-모으다 통타 ~모으니, ~모아) 1 물건을 긁어서 한데 모이게 하다. ¶낙엽을 ~. 2 재물을 부정한 방법으로 모으다. ¶백성으로부터 재산을 긁어모은 관리.
긁적-거리다/-대다 통타 '긁적거리다'의 준말. ㈘갉작거리다. **긁적긁적-하다** 통여
긁적-긁적 [극쩍쩍] 부 긁적거리는 모양. ㈘갉작갉작. **긁적긁적-하다** 통여

¶그는 겸연쩍은 듯 머리를 긁적긁적했다.
긁적-이다[극쩍-] 통타 이리저리 긁다.
긁-히다[글키-] 통자 '긁다'의 피동사. ¶손톱에 얼굴을 ~.
금¹ 명 1 시세나 홍정에 의한 물건의 값. ㈂금새·가격. ¶쌀~/~을 매기다.
[금도 모르면서 싸다 한다] 내용도 모르면서 아는 체한다.
금(을) 놓다 물건의 값을 부르다. ¶당신이 금을 놓아 보시오.
금(을) 보다 물건의 값이 얼마나 나가는지 알아보다. ¶곡식 값이 어떤지 금을 놓러 장에 가다.
금² 명 1 구기거나 접히나 한 자국. ¶옷이 구겨져 ~이 생기다. 2 줄을 그은 자국. 3 갈라지지 않고 터지기만 한 흔적. ¶~이 간 유리.
금(이) 가다 서로의 사이가 벌어지거나 틀어지다. ¶우정에 ~.
금(을) 긋다 한도나 한계선을 정하다.
금³(金) 명 1 [화] 누른빛의 광택이 나는, 귀금속의 하나. 금속 중 퍼지는 성질과 늘어나는 성질이 가장 큼. 화폐·장식품·공예품 등으로 널리 쓰임. 원소 기호 Au, 원자 번호 79, 원자량 196.967. ㈂황금. 2 수표나 어음, 편지 문서에서, 액수 앞에 붙여 '돈'임을 나타내는 말. ¶~ 백만 원정. 3 '금요일'을 줄여 이르는 말.
[금이야 옥이야] 무엇을 다루는 데 매우 애지중지한다는 뜻.
금⁴(金) 명[역] 중국, 여진족의 추장 아골타(阿骨打)가 화북 지방에 요(遼)를 멸망시키고 세운 나라(1115~1234). 몽골과 남송의 공격으로 멸망함.
-금⁵(金) 접미 '돈'을 나타내는 말. ¶계약~ /부조~.
금-가락지(金-)[-찌] 명 금으로 만든 가락지. ㈘금반지.
금-가루(金-)[-까-] 명 황금의 가루. =금사(金沙).
금-값(金-)[-갑] 명 1 금의 값. 2 비싼 값. ¶흉년으로 고추 값이 ~이다.
금강(錦江) 명[지] 충청남도와 전라북도의 경계를 이루는 강. 길이 401km.
금강-경(金剛經) 명[불] '금강반야바라밀경'의 준말.
금강반야-바라밀경(金剛般若波羅密經) 명[불] 불경의 하나. 반야, 곧 지혜의 정체를 금강의 견실함에 비유하여 해설한 경. ㈜금강경.
금강-사(金剛沙·金剛砂) 명[광] 석류석의 가루. 유리·금속 등을 가는 데 쓰임. ¶~ 숫돌.
금강-산(金剛山) 명[지] 강원도 북부 북쪽 지역에 있는 산. 높이 1,638m.
[금강산도 식후경] 아무리 재미있는 일이라도 배가 불러야 난다는 뜻.
금강-석(金剛石) 명[광] =다이아몬드1.
금계¹(金鷄) 명[동] 꿩과 비슷한데, 수컷은 꽁지가 매우 길고 머리와 허리가 광택이 나는 황금색을 띠고, 암컷은 전체적으로 갈색을 띤 새. 애완용으로 기름.
금:계²(禁戒)[-계/-게] 명 1 하지 못하게 막고 경계하는 것. 2 나쁜 일을 못하게 하는 계율. =계율(戒律). ㈂계-하다.
금고¹(金庫) 명 1 돈이나 귀중품, 중요한 서류 등의 화재·도난을 방지하기 위해 보관하는, 쇠붙이 따위로 만든 궤. 2 공공

목적을 가지는 특수 금융 기관. ¶마을~.
금:고(禁錮)[-] 圓[법] 자유형의 하나. 교도소에 감금만 하고 노역(勞役)은 과하지 않는 형벌. =금고형.
금고-형(禁錮刑)[-] 圓[법] =금고(禁錮).
금과-옥조(金科玉條)[-쪼] 圓 금이나 옥처럼 귀중히 여겨 지키고 받들어야 할 규범이나 교훈. ¶나는 모든 일에 최선을 다 하라는 스승의 가르침을 ~로 삼고 있다.
금관(金冠) 圓 옛날에 주로 왕이 쓰던, 금으로 만든 관.
금관^악기(金管樂器)[-끼] 圓[음] 쇠붙이로 만든 관악기. 트럼펫·트롬본·호른 따위. ▷목관 악기.
금광(金鑛) 圓[광]**1** 금을 캐내는 광산. **2** =금광석.
금-광석(金鑛石) 圓[광] 금을 함유하는 광석. ¶금광.
금괴(金塊)[-괴/-궤] 圓 **1** =금덩이. **2** 금화(金貨)의 바탕이 되는 황금.
금군(禁軍) 圓[역] 고려·조선 시대에 궁중을 지키고 임금을 호위·경비하던 군대.
금권(金權)[-꿘] 圓 **1** 돈의 위력. **2** 돈의 힘을 바탕으로 한 권력. =금력.
금권^정치(金權政治)[-꿘-] 圓[정] 금력(金力)과 유착하여 이루어지는 정치.
금궤(金櫃) 圓 **1** 금으로 만들거나 장식한 궤. **2** =철궤(鐵櫃).
금-귀고리(金-) 圓 금으로 만든 귀고리.
금귤(金橘) 圓[식] 귤나무와 비슷하지만 잎과 열매가 작은 상록 활엽 관목. 열매는 지름 2.5~3cm로 신맛이 나며, 과수로 재배하는 외에 관상용으로도 가꿈.
금:기(禁忌) 圓 **1** 꺼려서 싫어하거나 금하는 것. ¶~ 사항. **2** =터부. **금:기-하다** 圓(타)
금:남(禁男) 圓 남자의 출입이나 접근을 금함. ¶~의 집.
금:녀(禁女) 圓 여자의 출입이나 접근을 금함. ¶~의 벽을 깨다.
금년(今年) 圓 지금 맞고 있는 해. =이 해. ¶~ 농사는 풍년이다.
금년-도(今年度) 圓 올해의 연도. ¶~ 예산을 짜다.
금-니(金-) 圓 금으로 만들거나 금을 씌운 이.
금니(金泥) 圓 금가루를 아교에 갠 물질. 글씨를 쓰거나 그림 그릴 때 쓰임.
금니-박이(金-) 圓 금니를 해 박은 사람.
금:단(禁斷) 圓 어떤 행위를 하지 못하게 금하는 것.
금:단의 열매(禁斷-)[-의-/-에-][성] 하느님이 아담과 하와에게 따 먹지 말라고 한, 선악과나무의 열매. =선악과.
금:단^증세(禁斷症勢) 圓[의] 알코올·모르핀·니코틴 등의 만성 중독자가 이런 것의 섭취를 끊었을 때 일어나는 정신·신체상의 증세. 두통·불면증·불안·허탈감 등이 나타남.
금당(金堂) 圓[불] =대웅전.
금-덩이(金-)[-떵-] 圓 황금의 덩이. =금괴(金塊).
금:도(襟度) 圓 남을 용납할 만한 도량.
금:도금(金鍍金)[-] 圓 금으로 도금하는 것. **금도금-하다** 圓(타)
금-돈(金-)[-] 圓 =금화(金貨).
금동(金銅) 圓 금으로 도금하거나 금박을 입힌 구리. ¶~ 불상.
금-딱지(金-)[-찌] 圓 손목시계·회중시

계 등에서, 금으로 되어 있거나 도금되어 있는 시계 겉 부분. 속된 말임.
금란지계(金蘭之契)[-난-게/-난-게] 圓 =금란지교.
금란지교(金蘭之交)[-난-] 圓 친구 사이의 매우 두터운 정의. =금란지계.
금량-관(金梁冠)[-냥-] 圓[역] 조선 시대에 문무관이 조복(朝服)·제복(祭服)을 입을 때 쓰던 관.
금력(金力)[-녁] 圓 돈이 어떤 일에 영향을 미칠 수 있는 힘. ⓑ금권(金權).
금:렵(禁獵)[-녑] 圓 사냥을 못 하게 하는 것. ¶~ 기(期). **금:렵-하다** 圓(자여)
금:렵-조(禁獵鳥)[-녑쪼] 圓 사냥하여 잡지 못하게 하는 새. ↔엽조.
금:령(禁令)[-녕] 圓 어떤 행위를 못 하게 막는 법령. ¶혼인 ~.
금리(金利) 圓[경] 대출이나 예금 등에 대한 이자 또는 이자율. ¶은행 ~.
금맥(金脈) 圓[광] 금이 나는 광맥. **2** =돈줄. ¶그는 전국의 ~을 쥐고 있다.
금-메달(金medal) 圓 금으로 만들거나 금 도금한 메달. 흔히, 올림픽·체전·기능 올림픽 등에서 우승자에게 그 증표로 수여함. ¶~을 따다.
금명-간(今明間) 圓(부) 오늘이나 내일 사이. ¶~ 소식이 있을 것이다.
금-모래(金-)[-] 圓[광] =금사. **2** 금처럼 반짝반짝 빛나는 고운 모래. =금사.
금-몰(金mogol) 圓 **1** 금으로 도금한 장식용의 가느다란 줄. 또는, 금실로 꼬아 만든 끈. **2** 금실을 가로로, 견사(絹絲)를 세로로 하여 짠 직물.
금문(金文) 圓 **1** 금속제의 유물에 새겨져 있는 문자. **2** =조서(詔書)¹.
금-물(金-) 圓 금빛을 내는 도료(塗料). ¶동상에 ~을 입히다.
금:물²(禁物) 圓 **1** 법으로 매매나 사용을 금하는 물건. **2** 해서는 안 되는 일. ¶단체 생활에서 개인행동은 절대 ~이다.
금-물결(金-)[-껼] 圓 금빛으로 빛나는 물결.
금박(金箔) 圓 순금을 망치로 눌러서 종이처럼 얇게 만든 물질. 또는, 순금 대신 빛깔이 비슷한 구리와 아연의 합금을 얇게 만든 물질. ¶~을 입히다.
금-박이(金-) 圓 옷감 따위에 금빛 가루로 여러 가지 글자나 무늬를 놓은 것.
금박-지(金箔紙)[-찌] 圓 '금박'을 종이처럼 얇다 하여 이르는 말. **2** 한 면에 금박을 붙인 종이.
금-반지(金半指) 圓 금으로 만든 반지. ▷금가락지.
금발(金髮) 圓 금빛처럼 누른 머리털.
금방(金房)[-빵] 圓 '금은방'의 준말.
금방²(今方) 圓 **1** 바로 얼마 전에. ⓑ방금. ¶~ 떠났으니 멀리는 못 갔을 것이다. **2** 바로 얼마 후에. 또는, 기준 시점에서 불과 얼마 안 있어. ⓑ지금. ¶조금만 기다려. ~ 갈게.
금방-금방(今方今方) 圓 잇달아 빨리 일을 ~ 해내다.
금-배지(金badge) 圓 **1** 금으로 된 배지. **2** 국회의원임을 표시하는 배지.
금번(今番) 圓 =이번.
금^본위 제도(金本位制度) 圓[경] 금을 화폐 단위로 하는 화폐 제도. 그 특징은 금화의 자유 주조, 자유 용해, 금의 수출입의 자유에 의하여 화폐의 유통 가치를

154_금부도사

일정량의 금과 결부시키는 데 있음.
금:부-도사(禁府都事) [명] 조선 시대에 의금부에서 관리의 감찰·규탄 및 죄인을 신문하는 일을 맡아보던 종5품 벼슬.
금-부처(金−) [명] 황금으로 만들거나 금박 칠을 한 부처.
금-붕어(金−) [명][동] 야생의 붕어를 인위적으로 개량하여 관상용으로 기르는 민물고기. 몸빛은 붉은빛이나 금빛을 띰.
금-붙이(金−) [−부치] [명] 금으로 만든 물건의 총칭. ¶돈이 궁해서 가지고 있던 ~를 내다 팔았다.
금비(金肥) [명] '돈으로 사서 쓰는 비료'라는 뜻) '화학 비료'를 이르는 말. ▷퇴비.
금-비녀(金−) [명] 금으로 만든 비녀.
금-빛(金−) [−삗] [명] 1 금에서 나는 빛. 2 금의 빛과 같은 사물의 빛깔에 비유하여 이르는 말. ¶~ 모래.
금사(金沙) [명] =금가루. 2 =금모래2. 3 장식을 하는 데 쓰이는 금박의 가루.
금사(金絲) [명] =금실¹·².
금상(金賞) [명] 상(賞)의 등급을 금·은·동으로 이름 지었을 때의 1등 상.
금상첨화(錦上添花) [명] [비단 위에 꽃을 더하는 뜻] 좋은 일에 좋은 일을 더 보태는 것. ↔설상가상.
금새 [명] 물건의 값. 비금. ¶~를 치다.
금색(金色) [명] 금빛같처럼 환하고 누르스름한 색깔. ¶~ 실.
금생(今生) [명] [불] =이승¹. ▷전생·내생.
금:서(禁書) [명] 출판·판매·독서를 법적으로 금지한 책. ¶~ 목록.
금석(金石) [명] 1 쇠붙이와 돌. 2 매우 굳고 단단한 것을 비유하여 이르는 말. ¶~ 같은 언약. ▷철석.
금석-문(金石文) [−성−] [명] '금석 문자'의 준말.
금석^문자(金石文字) [−성−짜] [명] 쇠붙이나 돌로 만든 그릇·종·비석(碑石) 등에 새겨진 글자. ▷금석문.
금석^병용기(金石竝用期) [−뼁−] [역] 신석기 시대에서 청동기 시대로 넘어가는 과도적 단계. 석기와 금속기를 함께 사용하였음.
금석지감(今昔之感) [−찌−] [명] 지금을 전과 옛날에 견주어 생각할 때, 변한 정도가 심하게 느껴지는 감정. ¶불과 십여 년 전만 해도 논밭이었던 이곳이 빌딩 숲을 이룬 걸 보니 ~을 금할 수 없다.
금석지교(金石之交) [−찌−] [명] 금석처럼 굳고 변함없는 사귐.
금석-학(金石學) [−서칵] [명] 금석문을 가지고 언어·문자를 연구하는 학문.
금성¹(金星) [천] 태양계의 두 번째 행성. 수성과 지구 사이에 있으며, 공전 주기 224.7일임.
금성²(金城) [역] 신라의 수도. 지금의 경북 경주임.
금세¹ [부] 빠르게 바로. ¶약을 먹었더니 ~ 나았다.
금세²(今世) [명] 1 [불] =이승¹. ▷전세·내세. 2 현재의 세상. ¶~의 호걸.
금-세기(今世紀) [명] 지금의 이 세기. ¶~ 최고의 지휘자 카라얀.
금속(金屬) [명] 열이나 전기를 잘 전도하고, 펴지고 늘어나는 성질이 풍부하며, 특수한 광택을 가진 물질. 수은을 제외하고는 상온에서 고체임. 비쇠붙이.

금속-박(金屬箔) [−빡] [명] 금속을 아주 얇게 늘여 펴 놓은 것. 금박·은박·알루미늄박 따위.
금속-성¹(金屬性) [−썽] [명] 1 금속이 지니는 성질. 2 금속과 비슷한 성질.
금속-성²(金屬聲) [−썽] [명] 쇠붙이에서 나는 소리처럼 쨍쨍 울리는 새된 소리. 비쇳소리. ¶~을 듣 말없이.
금속-원소(金屬元素) [−화] 홀원소 물질로서 금속을 이루는 원소의 총칭. 금·은·구리·철 따위. ↔비금속 원소.
금속-제(金屬製) [−쩨] [명] 금속으로 만든 물건. ¶~ 컵.
금속^활자(金屬活字) [−쏘괄짜] [명] [출] 금속으로 만든 활자. 활판 인쇄에 쓰임.
금:수¹(禁輸) [명] 수입이나 수출을 금지함. ¶~품 / ~ 조치.
금수²(禽獸) [명] 1 날짐승과 길짐승. 곧, 모든 짐승. 2 무례하고 추잡한 행실을 하는 사람의 비유. ¶이런 ~만도 못한 놈!
금:수-강산(錦繡江山) [명] 비단에 수를 놓은 듯 아름다운 산천. 흔히, 우리나라의 산천을 두고 이르는 말임.
금-수현(金水賢) [인] 작곡가(1919−1992).
금슬(琴瑟) [명] '금실'의 잘못.
금시(今時) [부] 바로 지금. 비금방·시방. ¶~라는 얼굴이 되었다.
금시-계(金時計) [−계/−게] [명] 시계의 껍데기를 금으로 만들거나 금도금한 시계.
금시-초문(今時初聞) [명] 이제야 비로소 처음으로 들음. 상대로부터 그동안 전혀 몰랐던 소식이나 소문 등을 전해 들었을 때 하는 말임. ¶그 여자가 결혼했다니 ~인데.
금:식(禁食) [명] 종교적 계율이나 기타의 이유로 인해 얼마 동안 음식을 먹지 않거나 먹지 못하게 하는 것. ¶~ 기도. ▷단식(斷食). 금식-하다 [자여].
금-실¹(金−) [명] 1 금을 가늘게 뽑아 만든 실. 2 금빛이 나는 실. =금사(金絲).
금실²(琴瑟) [명] ['瑟'의 본음은 '슬') 부부 사이의 화목한 즐거움. ¶부부간의 ~이 좋다. ×금슬.
금-싸라기(金−) [명] 1 금의 잔 부스러기. 2 황금으로 된 싸라기란 뜻으로, 귀중하거나 비싼 물건을 가리키는 말. ¶~ 땅.
금액(金額) [명] 돈의 액수.
금:어(禁漁) [명] 번식과 보호를 위하여 물고기를 잡지 못하게 하는 것. ¶~기(期).
금언(金言) [명] 삶에 대한 깊은 깨달음과 보편적 진리를 담고 있어, 생활의 지침으로 삼을 만한 짤막한 말. 비격언. ¶~집(集).
금:연(禁煙) [명] 1 담배 피우는 것을 금하는 것. ¶~석(席). 2 담배를 끊는 것. 금:연-하다 [자여].
금오-신화(金鰲新話) [책] 조선 세조 때 김시습이 한문으로 지은 전기 소설(傳奇小說). 우리나라 최초의 소설임.
금요(金曜) [명] (주로, 일부 명사 앞에 쓰여) '금요일'을 줄여 이르는 말.
금-요일(金曜日) [명] 한 주일의 요일의 하나. 목요일의 다음, 토요일의 전에 옴.
금:욕(禁慾) [명] 육체적인 욕망을 억눌러 참는 것. ¶~ 생활. 금:욕-하다 [자여].
금:욕-주의(禁慾主義) [−쭈의/−쭈이] [명] 감성적(感性的) 욕망을 악의 원천이라고 생각하여, 덕을 쌓기 위하여는 그것을 억

제할 필요가 있다고 생각하는 도덕상·종교상의 입장.
금-운모(金雲母) 〖광〗 운모의 하나. 황갈색·적갈색 등의 빛깔을 띠며, 진주 광택이 남. 전기 절연체로 쓰임.
금ː위-영(禁衛營) 〖역〗 조선 시대에 서울을 지키던 군영.
금융(金融) 〖경〗 신용을 바탕으로 자금을 빌려 주거나 빌려 쓰는 일. ¶~ 거래.
금융-가(金融街) [-늉-/그뮹-] 〖명〗 금융이 이루어지는 지역이나 사회.
금융^감독^위원회(金融監督委員會) [-늉-회/그뮹-훼] 〖명〗 금융 산업 및 기업의 구조 조정을 추진하고 금융 감독 업무를 수행하기 위해 국무총리 소속 기관.
금융-계(金融界) [-늉계/-늉게/그뮹계/그뮹게] 〖명〗 **1** 금융업자들이 활동하는 사회. **2** =금융 시장.
금융^기관(金融機關) [-늉-/그뮹-] 〖명〗 〖경〗 예금 등에 의하여 자금을 조달하고, 기업이나 개인에 대출하거나 증권 투자 등을 하는 기관의 총칭. 은행·투자 금융 회사·종합 금융 회사·보험 회사 따위.
금융^시ː장(金融市場) [-늉-/그뮹-] 〖명〗 〖경〗 자금의 수요와 공급이 만나 금리 체계가 결정되고, 자금 거래가 이루어지는 추상적인 시장의 총칭. =금융계. ¶국제 ~.
금융^실명제(金融實名制) [-늉-/그뮹-] 〖명〗〖경〗 금융 거래의 정상화와 합리적 과세 기반을 마련하기 위해 금융 예금이나 증권 투자 따위 금융 거래를 실제 명의로 하도록 하는 제도. =실명제.
금융-업(金融業) [-늉-/그뮹-] 〖명〗〖경〗 자금을 융통하는 영업. 은행업·신탁업·증권업·보험업 따위.
금융^회ː사(金融會社) [-늉회-/-늉훼-/그뮹회-/그뮹훼-] 〖명〗 기업의 설립·확장 등에 필요한 자금을 공급하는 은행 이외의 회사. 단자 회사·증권 회사 따위.
금은(金銀) 〖명〗 금과 은. ¶~ 세공.
금은-방(金銀房) [-빵] 〖명〗 금을 가공 또는 매매하는 가게. ⓒ금방.
금은-보화(金銀寶貨) 〖명〗 금·은·옥·진주 따위의 귀한 보물.
금ː의-야행(錦衣夜行) [-의-/-이-] 〖명〗 [부귀를 갖추고도 고향에 돌아가지 않는 것은 비단옷을 입고 밤길을 가는 것과 같다고 한 항우의 고사에서] 자랑삼아 하지 만 세상이 누가 알지 못함을 이르는 말.
금ː의-환향(錦衣還鄕) [-의-/-이-] 〖명〗 벼슬하여 또는 성공하여 고향에 돌아옴. **금ː의환향-하다** 〖동〗〖자〗.
금-이빨(金-) [-니-] 〖명〗 '금니'를 낮추어 이르는 말.
금일(今日) 〖명〗 현재 맞고 있는 날. ⓑ이늘. ¶~ 개업.
금-일봉(金一封) 〖명〗 주로 높은 공직자가 금액을 밝히지 않고 봉해서 주는, 성금·축하금·위로금·격려금 등의 돈. ¶자선 단체에 ~을 전달하다.
금자(金字) 〖명〗 금니(金泥)로 쓴 글자. ¶~로 쓴 불경.
금자-탑(金字塔) 〖명〗 후세에 오래 남을 뛰어난 업적을 비유하여 이르는 말. ¶팔만대장경은 우리 민족 문화의 ~이다.
금-잔디(金-) 〖명〗 **1** 잡풀이 없이 탐스럽게 자란 잔디. **2** 〖식〗 뿌리줄기가 옆으로 뻗고, 잎의 길이 2~5cm로서 안으로 말리는 고운 잔디. 관상용으로 재배함.
금잔-화(金盞花) 〖명〗〖식〗 늦봄부터 가을까지 국화와 비슷한 등황색의 꽃이 피며, 잎에서 독특한 냄새가 나는 여러해살이풀. 관상용으로 재배함.
금장¹(金裝) 〖명〗 황금으로 장식하는 일.
금ː장²(襟章) 〖명〗 군인·경찰관·학생 등의 제복의 옷깃에 붙여서 직업·계급·소속·학년 등을 표시하는 휘장(徽章).
금장-도(金粧刀) 〖명〗 노리개로 차는, 금으로 꾸민 작은 칼.
금전(金錢) 〖명〗 채권·채무, 금융 거래, 부기 등에서 '돈'을 이르는 말. ¶~ 거래.
금전^출납부(金錢出納簿) [-랍뿌] 〖명〗 돈이 나가고 들어오는 것을 적는 장부.
금정-틀(金井-) 〖명〗 무덤을 팔 때, 구덩이의 길이와 너비를 정하는 데에 쓰는 나무틀.
금제¹(金製) 〖명〗 금으로 만드는 일. 또는, 그 물건. ¶~ 불상.
금ː제²(禁制) 〖명〗 어떤 일이나 행위를 금하는 것. 또는, 그 법규나 법도. **금ː제-하다** 〖동〗〖타〗 **금ː제-되다**.
금ː족-령(禁足令) [-종녕] 〖명〗 어떤 장소에서 나가지 못하거나 어떤 장소에 드나들지 못하게 하는 명령. ¶~을 내리다.
금-종이(金-) 〖명〗 금박을 하거나 이금(泥金)을 바른 종이.
금주(今週) 〖명〗 현재 맞고 있는 이 주일. ¶~ 중으로 일을 끝내라.
금ː주²(禁酒) 〖명〗 **1** 술을 마시지 못하게 금하는 것. ¶~령(令). **2** 술을 끊는 것. **금ː주-하다** 〖동〗〖자〗〖타〗.
금-준비(金準備) 〖명〗〖경〗 은행권을 정화(正貨)와 교환하기 위하여 각국의 발권 은행이 보유하는 금지금 또는 금화. 금 본위 제도하에서의 정화 준비를 말함.
금-줄¹(金-) 〖명〗 **1** 금실로 꼬아 만든 줄. ¶~을 두른 모자. **2** 금으로 만든 줄. **3** 금빛 물감이나 재료로 그은 선.
금ː-줄²(禁-) [-쭐] 〖명〗 부정(不淨)한 사람이 드나들지 못하게 하는 표시로 문이나 길 어귀에 건너질러 매는 줄. =인줄. ¶~을 치다.
금ː지(禁止) 〖명〗 (어떤 일을) 법이나 규정이나 지시 등으로 하지 못하도록 하는 일. ¶~ 구역/입산 ~. **금ː지-하다** 〖동〗〖타〗 **금ː지-되다** 〖동〗 ¶그 책은 판매가 금지되어 있다.
금ː지-곡(禁止曲) 〖명〗 검열 또는 심의에 의해 방송이나 공연이 금지된 곡.
금-지금(金地金) 〖명〗〖경〗 화폐의 바탕이 되는 금. 곧, 지금(地金)을 금으로 정하였을 때의 금덩이.
금ː지-령(禁止令) 〖명〗 금지하는 명령. 또는, 그런 법령.
금지-옥엽(金枝玉葉) 〖명〗 ['금으로 된 가지와 옥으로 된 잎'이라는 뜻] '귀여운 자손'을 이르는 말. ¶그는 손이 귀한 집안에서 태어나 ~으로 자랐다.
금쪽-같다(金-) [-깥따] 〖형〗 매우 귀하고 소중하다. ¶금쪽같은 시간을 허비하다.
금ː-치산(禁治産) 〖명〗〖법〗 심신 상실자에게 자기 재산을 관리·처분할 수 없도록 법률로 금지하는 일.
금ː치산-자(禁治産者) 〖명〗〖법〗 자기 행위의 결과를 합리적으로 판단할 수 없다고 인정되어, 가정 법원으로부터 금치산의 선고를 받은 자.
금-테(金-) 명 금으로 만들거나 금도금하
  거나 금빛이 나는 테. ¶~ 안경.
금-팔찌(金-) 명 금으로 만든 팔찌.
금품(金品) 명 돈과 물품. ¶~을 수수(授受)하다 / ~을 요구하다.
금:-하다(禁-) 图타에 1 (어떤 일을) 하
  지 못하게 하다. ¶통행을 ~. 2 (「웃음」,
  「슬픔」 따위의 감정 표현의 말을 목적어로
  하여 「않다」,「없다」 등과 함께 쓰여)
  억누르거나 참다. ¶슬픔을 금치 못하다.
금형(金型) 명 금속제의 거푸집.
금혼(禁婚)[-논] 명 세자·세손의 빈(嬪)을
  간택하는 동안에 일반 백성들의 혼인을
  금하던 일. ¶-령(令).
금-랭(金冷) 명 서양 풍속에서, 결혼
  50주년을 축하하는 의식.
금화(金貨) 명 금으로 만든 돈. =금돈.
금환-본위제도(金換本位制度) 명 [경]
  금 본위 제도를 실시하고 있는 다른 나라
  의 통화를 대환(兌換) 준비로 보유함으로
  써 자국 통화의 안정을 꾀하는 제도.
금환-식(金環蝕) 명 [천] 일식(日蝕)의 하
  나. 달이 태양을 다 가리지 못하여, 태양
  의 가장자리 부분이 고리 모양으로 보이
  는 현상.
금회(今回)[-회/-훼] 명 이번 차례.
금후(今後) I 명 지금 이후. ¶~의 계획.
  II 甲 지금 이후에.
급¹(級) 명 ① [바둑] 1 '계급', '등급' 등을 이
  르는 말. 2 주산·유도·바둑 등의 등급. 단
  (段)보다 아래 단위임. ② [어문] 1 주산·유
  도·바둑 등의 등급을 단위로 이르는 말.
  ¶바둑 삼 ~. 2 전산 조판이나 사진 식자
  에서, 자체(字體)의 크기를 나타내는 단
  위. 1급은 1/4mm임.
급-²(急) [접두] 1 어떤 명사 앞에 붙어, '갑
  자기' 또는 '매우 빠름'의 뜻을 나타내는
  말. ¶~상승 / ~정거. 2 어떤 명사 앞에 붙어, '몹시 심함'의 뜻을 나
  타내는 말. ¶~경사.
-급³(級)[급] [접미] 일부 명사 아래 붙어,
  그 등급에 준하는 것임을 나타내는 데
  쓰이는 말. ¶국보~ 유물 / 과장~ 대우.
급-가속(急加速)[-까-] 명 자동차·배 등
  의 속력을 갑자기 높이는 일. ¶~ 주행.
급감(急減)[-깜] 명 (어떤 대상이) 그 수
  량이 갑자기 크게 줄어드는 것. ↔급증.
  급감-하다 图자타에 ¶가격 상승으로 고객
  이 ~.
급-강하(急降下)[-깡-] 명 1 (비행 물체
  따위가) 갑자기 아래쪽으로 빠르게 내려
  오는 것. 2 (온도 따위가) 급격하게 낮아
  지는 것. ↔급상승. **급강하-하다** 图자에
  ¶기온이 급강하하자 한강이 얼어붙었다.
급거(急遽)[-꺼] 甲 갑작스럽게 급히 서
  둘러. ¶신고를 받고 경찰이 ~ 출동하다.
급격-하다(急激-)[-껵카-] 형에 (변화
  의 움직임 따위가) 빠르고 세차다. ¶금주
  를 고비로 기온의 **급격한** 변화가 예상된
  다. **급격히** 甲 ¶개혁이 ~ 이루어지다.
급-경사(急傾斜)[-껑-] 명 몹시 가파른
  기울기. ¶산길이 ~를 이루고 있다.
급경사-이룬 면. =급사면.
급구(急求)[-꾸] 명 (사람이나 물건을)
  급히 구하는 것. ¶사원 ~.
급급-하다(汲汲-)[-끄파-] 형에 (한
  가지 일에만) 골몰하여 마음의 여유가 없

다. ¶먹고살기에 ~ / 출세에 ~.
급기야(及其也)[-끼-] 甲 일의 숨 가쁜
  진행이 필연적으로 마지막에 가서는. 끝
  마침내. ¶먹구름이 몰려오더니 ~ 굵은
  빗방울이 떨어지기 시작했다.
급등(急騰)[-뚱] 명 (물가나 시세 따위
  가) 갑자기 껑충 오르는 것. ↔급락. **급등-하다** 图자에 ¶환율이 ~.
급등-세(急騰勢)[-뚱-] 명 물가나 시세
  따위가 급등하는 기세. ¶주가(株價)가 ~
  를 보이다.
급락(急落)[금낙] 명 (물가나 시세 따위
  가) 갑자기 뚝 떨어지는 것. ↔급등. **급락-하다** 图자에 ¶주가(株價)가 ~.
급랭(急冷)[-랭] 명 급히 식거나 식히는
  일. **급랭-하다** 图자타에.
급료(給料)[급뇨] 명 고용주가 근로자에
  게 일한 대가로 주는 일정한 액수의 돈.
  ㈜품삯·급여·임금. ¶~을 지불하다.
급류(急流)[금뉴] 명 강물이나 냇물 등이
  물살이 빠르고 세게 흐르는 상태. 또는,
  그 물살. ㈜격류. ¶~에 휩쓸리다.
급매(急賣)[-매] 명 급히 팔려고 파는 것.
  급매-하다 图타에 ¶부동산을 ~.
급-매물(急賣物)[금-] 명 급히 팔아야 하
  는 물건. ¶아파트 ~이 쏟아져 나온다.
급모(急募)[-모] 명 급히 모집하는 것. ¶
  회원 ~.
급무(急務)[금-] 명 급히 처리해야 할 중
  요한 일.
급박-하다(急迫-)[-빠카-] 형에 (사태
  가) 조금의 여유도 없이 닥쳐 급하다. ㈜
  절박하다. ¶급박하게 돌아가는 국제 정
  세. **급박-히** 甲.
급변(急變)[-뻔] 명 갑자기 변하거나 달
  라지는 것. **급변-하다** 图자에 ¶급변하는
  세계 정세.
급보(急報)[-뽀] 명 급히 알리는 것. 또
  는, 그 소식. ¶그는 아버님이 위독하시다
  는 ~를 받고 급히 시골로 내려갔다.
급부(給付)[-뿌] 명 국가나 공공 기관에
  서 법에 따라 돈을 주는 것. **급부-하다**
  图타에.
급-부상(急浮上)[-뿌-] 명 (어떤 대상이
  나 현상이) 사회적으로 매우 빠르게 등장
  하거나 주목을 끄는 상태가 되는 것. **급부상-하다** 图자에 ¶권력 투쟁을 통해 새
  로운 인물이 ~.
급-브레이크(急brake) 명 급히 거는 브레
  이크. ¶~를 밟다.
급사¹(急死)[-싸] 명 갑자기 죽는 것. ㈜
  급서·급서. **급사-하다** 图자에 ¶교통사
  고로 ~.
급사²(給仕)[-싸] 명 학교 등에 고용되어
  잔심부름을 해 주는 사람. 현재는 '교무
  보조'라고 부름. ㈜사환.
급사-면(急斜面)[-싸-] 명 =급경사면.
  ¶이 산은 동쪽으로 ~을 이루고 있다.
급살(急煞)[-쌀] 명[민] 갑자기 닥치는 재
  액.
  급살 맞다 갑자기 죽다. ¶이 **급살
  맞을 놈아**.
급-상승(急上昇)[-쌍-] 명 1 (비행 물체
  따위가) 갑자기 높이 올라가는 것. 2 (온
  도·인기·시세·신분 따위가) 급격하게 높
  아지는 것. ↔급강하. **급상승-하다** 图자
  에 ¶인기가 ~ / 기온이 ~.
급서(急逝)[-써] 명 '급사(急死)'의 높임
  말. **급서-하다** 图자에 ¶내내 건강하시던

선생님이 **급서하셨다**는 비보에 접하였다.
급-선무(急先務) [-썬-] [명] 무엇보다도 먼저 급히 서둘러 해야 할 일. ¶교통난 해결이 서울 시정(市政)의 ~이다.
급-선봉(急先鋒) [-썬-] [명] 뜻을 같이하는 사람들의 앞에 서서 가장 과격한 행동이나 주장을 하는 일. 또는, 그 사람. ¶그는 혁신파의 ~에 섰다.
급-선회(急旋回) [-썬회/-썬훼] [명] **1** (비행기나 새 따위가) 급히 방향을 바꾸어 도는 것. **2** 정책이나 방침 등을 갑작스럽게 전혀 다른 방향으로 바꾸는 것. **급선회-하다** [동][자][여] ¶비행기가 ~.
급성(急性) [-썽] [명] 병이 갑자기 증세를 나타내어 빠르게 진행하는 성질. ¶~ 폐렴. ↔만성.
급-성장(急成長) [-썽-] [명] 사물의 규모가 갑자기 커지는 것. **급성장-하다** [동][자][여] ¶정보 통신의 발달로 그 회사는 **급성장하였다**.
급성^전염병(急性傳染病) [-썽-뺑] [명] [의] 세균·바이러스 등의 감염에 의해 급속히 전염·유행하는 병. 장티푸스·콜레라 따위.
급소(急所) [-쏘] [명] **1** 세게 맞거나 했을 때 이내 생명을 잃을 수 있는, 몸의 부분. =명자리. ¶~를 맞고 쓰러지다. **2** 어떤 대상의 치명적인 약점이 되는 부분. ¶~를 찌르는 질문. **3** 시험에 꼭 출제될 법한 중요한 내용이나 핵심적 부분.
급-속도(急速度) [-쏙또] [명] 매우 빠른 속도. ¶산업이 ~로 발전하다.
급속-하다(急速-) [-쏘카-] [형][여] (사물의 발전이나 진행 등이) 몹시 빠르다. ¶공업의 **급속한** 발전. **급속-히** [부] ¶기온이 ~ 상승하다.
급수[1](級數) [-쑤] [명] **1** [수] 일정한 법칙에 따라 증감하는 수를 일정한 차례로 늘어놓은 수열의 합. ¶기하~. **2** 기술의 높고 낮음에 따른 등급. ¶바둑의 ~. **3** 전산 조판이나 사진 식자에서, 문자의 크기를 급(級)으로 나타낼 때의 숫자.
급수[2](給水) [-쑤] [명] 물, 특히 식수를 공급하는 것. 또는, 그 물. ¶~를 단절하다. **급수-하다** [동][자][타][여] **급수-되다** [동][자]
급수-차(給水車) [-쑤-] [명] 수도가 단수되거나 화재가 났을 때에 물을 공급하는, 물탱크를 실은 자동차. =물자동차·물차.
급습(急襲) [-씁] [명] (어느 곳이나 어떤 대상을) 갑자기 습격하는 것. **급습-하다** [동][타][여]
급식(給食) [-씩] [명] 학교나 회사 등에서 학생이나 종업원에게 식사를 제공하는 것. ¶학교 ~. **급식-하다** [동][자][여]
급식-비(給食費) [-씩삐] [명] 주로 학교에서 급식을 실시할 때 학생 개개인에게 다달이 부담시키는 돈.
급-신장(急伸張) [-씬-] [명] (세력이나 역량이나 규모 따위가) 매우 빠르게 늘거나 커지는 것. **급신장-하다** [동][자][여] ¶수출 규모가 ~.
급여(給與) [명] 물품이나 돈을 지급하는 일. 또는, 그 물품이나 돈. **급여-하다** [동][타][여] ¶상여금을 ~. **급여-되다** [동][자]
급우(級友) [명] 같은 학급의 친구.
급유(給油) [명] (항공기·배·자동차 등에) 가솔린 따위의 액체 연료를 보급하는 것. **급유-하다** [동][자][여]
급자기 [-짜-] [부] 생각할 사이 없이 뜻밖에. [작]갑자기.
급작-스럽다 [-짝쓰-따] [형][ㅂ] 〈~스러우니, ~스러워〉 (어떤 일이) 급자기 일어난 듯한 느낌이 있다. ¶**급작스러운** 사고. [작]갑작스럽다. **급작스레** [부]
급장(級長) [-짱] [명][교] 예전에, 학급의 반장(班長)을 이르던 말.
급전[1](急電) [-쩐] [명] 급한 일을 알리는 전보나 전화. ¶~을 치다.
급전[2](急錢) [-쩐] [명] 급히 쓸 돈.
급전[3](急轉) [-쩐] [명] 상황이 갑자기 바뀌는 것. [비]급전환. **급전-하다** [동][자][여]
급전-직하(急轉直下) [-쩐지카] [명] 일의 형편이나 상황이 갑작스럽게 바뀌어 걷잡을 수 없이 좋지 않은 상태로 전개되는 것. ¶상승하던 주가가 ~로 떨어지다.
급-전환(急轉換) [-쩐-] [명] 방향이나 상황이 갑자기 바뀌는 것. 또는, 방향이나 태도를 갑자기 바꾸는 것. [비]급전. **급전환-하다** [동][자][타][여] ¶정세가 ~.
급-정거(急停車) [-쩡-] [명] 차가 급히 서는 것. 또는, 차를 급히 세우는 것. **급정거-하다** [동][자][타][여] ¶차가 **급정거하는** 바람에 앞으로 고꾸라졌다.
급제(及第) [-쩨] [명] **1** 시험에 합격하는 것. ↔낙제. **2** [역] 과거(科擧)에 합격하는 것. ¶장원 ~. ↔낙방. **급제-하다** [동][자][여] ¶문과(文科)에 ~.
급-제동(急制動) [-쩨-] [명] 갑자기 제동을 거는 것. **급제동-하다** [동][자][타][여] ¶차가 ~.
급조(急造) [-쪼] [명] (어떤 물건이나 대상을) 서둘러 급히 만드는 것. **급조-하다** [동][타][여]
급증(急增) [-쯩] [명] (어떤 대상이) 그 수량이 갑자기 크게 늘어나는 것. ↔급감. **급증-하다** [동][자][여] ¶교통량이 ~.
급진(急進) [-찐] [명] **1** 급히 나아가는 것. **2** 어떤 이념이나 정책, 사회적 운동 등을 매우 빠르게 실현하려고 하는 상태. ¶~ 사상. ↔점진. **급진-하다** [동][자][여]
급진-적(急進的) [-찐-] [관][명] 변화나 발전의 속도가 매우 급하게 이루어지는 (것). ¶경제가 ~으로 발전하다.
급-진전(急進展) [-찐-] [명] 국면이 빠르게 전개되는 것. ¶회담이 ~을 보이다. **급진전-하다** [동][자][여] **급진전-되다** [동][자]
급진-주의(急進主義) [-찐-의/-찐-이] [명] 정치·사회 등의 체제를 격렬히 비판하고, 과격한 주장이나 행동에 의하여 변혁을 서두르는 주의. ↔점진주의.
급진-파(急進派) [-찐-] [명] 급진주의를 신봉하는 파.
급체(急滯) [명] 증세가 매우 다급한 체증. ¶~를 내리다. **급체-하다** [동][자][여]
급-출발(急出發) [명] 자동차·열차 등이 갑자기 출발하는 것. 또는, 자동차·기차 등을 갑자기 출발하게 하는 것. **급출발-하다** [동][자][타][여] ¶버스가 **급출발하는** 바람에 넘어졌다.
급-커브(急curve) [명] 굽은 정도가 심한 커브. ¶~길.
급탕(給湯) [명] 뜨거운 물을 공급하는 것. **급탕-하다** [동][자][여]
급-템포(急[이]tempo) [명] 일의 진행 속도가 매우 빠른 것. ¶세상이 ~로 변해 가고 있다.
급파(急派) [명] (사람을 어느 곳에) 급히 파견하는 일. **급파-하다** [동][타][여] ¶현지

(現地)에 구조대를 ~. 급파-되다 통(자)
급-팽창(急膨脹) 명 (사물이) 매우 빠르게 팽창하는 것. **급팽창-하다** 하다 자 ¶인구가 ~.
급-피치(急pitch) 명 일의 급격한 진행 속도. ¶~를 올리다(보이다).
급-하다(急―)[그파―] 형여 **1** 행동이나 시간의 여유가 없어 서두르는 상태에 있다. ¶밥을 **급하게** 먹다. **2** (어떤 일이나 형편이) 빨리 처리되거나 해결되어야 할 상태에 있다. ¶**급한** 용무. **3** (성미가) 느긋함이 없이 서둘러 하려 하거나 몹시 덤비는 태도가 있다. ¶성미가 ~. **4** (마음이) 참고 기다릴 수 없을 만큼 안타깝거나 조바심을 치는 상태에 있다. ¶마음은 **급한데** 몸이 따라 줘야 말이지. **5** (비탈 따위의 기울기가) 그 정도가 크거나 심하다. ¶경사가 **급한** 언덕. **6** (물의 흐름이) 빠른 상태에 있다. ¶물살이 **급한** 여울목. **급-히** 부 ¶잣을 ~ 얻다.
[급하기는 우물에 가서 숭늉 달라겠다] 일의 순서를 생각지 못하고 서두르기만 한다. [급하면 바늘허리에 실 매어 쓸까] 아무리 급한 일이라도 순서는 밟아야 한다. [급히 먹는 밥이 목이 멘다] 너무 급하게 서두르면 오히려 실패하기가 쉽다.
급한 불을 끄다 우선 앞에 닥친 문제부터 처리하다. ¶네가 준 돈으로 **급한 불은 껐다**.
급행(急行)[그팽] 명 '급행열차'의 준말. ↔완행.
급행-료(急行料)[그팽뇨] 명 '급행요금'의 준말.
급행-열차(急行列車)[그팽널―] 명 주로 장거리를 운행하며, 보통 열차보다 속도가 빠르고 주요한 역에만 정거하는 열차. ⓒ급행. ↔완행열차.
급행-요금(急行料金)[그팽뇨―] 명 **1** 급행열차를 타기 위해 일반 요금 외에 따로 더 내는 돈. **2** (속) 어떤 일을 속히 처리하여 달라는 뜻에서 비공식으로 건네주는 돈. ⓒ급행료.
급-회전(急回轉)[그푀―/그풰―] 명 갑자기 도는 것. **급회전-하다** 하다 자 여
급훈(級訓)[그푼] 명 어떤 학급에서 학생들이 지켜야 할 규범이나 명심해야 할 교훈 등을 몇 개의 단어나 짧은 구로 나타낸 것. ▷교훈.
굿:다¹[귿따] (굿고, 그어) 동 자 (ㅅ) 그으니, 그어) **1** (재) 비가 그치다. ¶비가 **굿기**를 기다리다. **2** (타) 비를 잠시 피하여 그치기를 기다리다. ¶원두막에서 비를 ~.
굿:다²[귿따] (굿고, 그어) 동 타 (ㅅ) 그으니, 그어) **1** 필기도구나 그 밖의 끝이 비교적 날카로운 물건으로 평면에 대고 직선에 가까운 줄이나 금, 흔적 따위를 나타나게 하다. ¶중요한 구절에 밑줄을 ~. **2** (성냥을) 불을 일으키기 위해 마찰하는 면에 대고 약간 힘을 주어 움직이게 하다. ¶성냥을 **그어** 촛불에 불을 붙이다. **3** 가게에서 음식이나 술 따위를 먹고 장부에 표시하여 외상이 되게 하다. 구어체의 말임. ¶월말에 계산할 테니 그**어** 놓으세요. **4** 시험 채점에서, 색연필 따위로 답에 빗금 모양의 선을 표시하여 틀리는 것으로 처리하다. ¶틀씨가 불분명한 답은 그어 버려라. **5** (손이나 손가락으로 몸이나 허공에 어떤 선을) 그리는 동작을 하다. ¶성호를 ~.

긍:정(肯定) 명 그렇다고 생각하여 인정하는 일. 또는, 적극적으로 의의(意義)를 인정하는 일. ¶그는 그 일에 대하여 ~도 부정도 하지 않았다. ↔부정. **긍:정-하다** 하다 타 여 **긍:정-되다** 되다 자
긍:정-적(肯定的) 관 명 **1** 좋은 면이 있거나 바람직한 특성이 있는 (것). ¶~ 측면. **2** 호감을 가지고 좋게 받아들이는 태도를 보이는 (것). 또는, 판단·평가 등이 어떤 것을 찬성하거나 긍정하는 상태에 있는 (것). ¶~인 자세 / ~으로 생각하다. ↔부정적.
긍:지(矜持) 명 자신의 능력을 믿음으로써 가지는 자랑. ¶세계 어딜 가든지 한국인으로서의 자부심과 ~를 잃지 마라.
긍:휼(矜恤) 명 가엾게 여겨 돕는 것. **긍:휼-하다** 하다 타 여 **긍:휼-히** 부 ¶~ 여기시다.
-기-¹ 접미 흔히 ㄴ·ㅁ·ㅅ·ㅈ·ㅊ·ㅌ·ㄸ 등의 받침으로 끝나는 동사의 어간에 붙어, **1** 동사가 사동의 기능을 갖게 만드는 어간 형성 접미사. ¶굶~다 / 숨~다. **2** 동사가 피동의 기능을 갖게 만드는 어간 형성 접미사. ¶안~다 / 쫓~다.
-기² 접미 용언의 어간에 붙어서, 용언을 명사로 만드는 말. ¶달리~ / 굵~.
-기³ 어미 명사형을 만드는 전성 어미. ¶하~가 쉽다.
기⁴(己) 명 천간(天干)의 여섯째.
기⁵(紀) 명 [지] 지질 시대 구분 단위의 하나. 대(代)의 아래, 세(世)의 위임. 쥐라기 따위.
기⁶(期) 명 '급행요금'의 준말.
기⁶(氣) 명 **1** 사람이 활동하고 살아가는 데 필요한 육체적·정신적인 힘. 원기(元氣)·정기·기력(氣力) 따위. 한의학에서는, 오장 육부의 활동 능력을 가리킨. ¶~가 쇠하다. **2** 숨 쉴 때의 숨. '차다', '막히다' 등과 함께 쓰여, 어처구니가 없다는 뜻의 비유가 됨. ¶~가 막히다. **3** 사람이 주위 분위기나 상대에 대해 가지는 떳떳함이나 자신감. ¶~가 꺾이다. **4** [철] 중국 철학이나 우리나라의 전통 철학에서, 천지에 가득 차 있으며, 모든 생명의 근원이라고 생각되는 기운. ▷이(理).
기(를) 쓰다 있는 힘을 다하다. ¶그는 나를 이기려고 **기를 썼다**.
기(가) 차다 하도 어이가 없어 말이 나오지 않다. ¶방금 전까지도 있던 물건이 없어졌으니 **기가 찰** 노릇이다.
기(를) 펴다 억눌림이나 어려운 형편에서 벗어나 마음을 자유롭게 가지다.
기⁷(基) 명 [화] 화학 반응 때, 화학 변화를 하지 않고 하나의 원자처럼 반응하는 원자단. =라디칼.
기⁸(基) 명 의존 탑·무덤·비석 따위 또는 기계 따위를 세는 단위. ¶무덤 2~ / 미사일 60
기⁹(旗) 명 헝겊이나 종이 따위로 어떤 뜻을 나타내거나, 국가·단체 등을 상징하는 것. 국가·군기·우승기 따위.
기¹⁰(期) 명 의존 [한자어 수사 아래에 쓰여] **1** 일정 기간마다 베풀어지는 훈련·연수·교육 등의 과정을 이루는 순서를 구분 짓는 말. ¶육사 15~ / 제4~ 수습기자. **2** 연속성이 있거나 동질적인 일이 이뤄지는 비교적 긴 기간을 어떤 기준이나 단계에 따라 구분 짓는 말. ¶제1~ 지하철.
-기¹¹(氣) 접미 '기운', '성분', '느낌'의 뜻을 나타내는 말. ¶소금~ / 시장~.

-기¹²(記) [접미] '기록'의 뜻을 나타내는 말. ¶체험~ / 유럽 방문~.
-기¹³(期) [접미] '시절', '기간', '시기'의 뜻을 나타내는 말. ¶청년~ / 회복~.
-기¹⁴(器) [접미] 1 '기구', '도구', '그릇'의 뜻을 나타내는 말. ¶녹음~ / 세면~. 2 '생물체의 기관'의 뜻을 나타내는 말. ¶소화~ / 호흡~.
-기¹⁵(機) [접미] 1 '기계'의 뜻을 나타내는 말. ¶기중~ / 굴착~. 2 '비행기'의 뜻을 나타내는 말. ¶여객~ / 정찰~.
기가(giga) [명] [의존] [컴] '기가바이트'의 준말.
기가바이트(gigabyte) [명] [의존] [컴] 데이터의 양을 나타내는 단위의 하나. 1메가바이트의 약 1000배를 나타내는 단위로, 2^{30}인 1,073,741,824바이트를 말함. 기호는 GB. ⓒ기가.
기각(棄却) [명] [법] 소송을 수리한 법원이 그 내용을 보고 소송이 이유가 없다고 판단하여 무효를 선고하는 일. ¶~ 처분. ▷각하. **기각-하다** [동] [타] [여] ¶항소를 ~. **기각-되다** [동] [자]
기간¹(基幹) [명] 일정한 부문에서 으뜸이 되거나 중심이 되는 것.
기간²(旣刊) [명] 책 따위를 이미 간행한 것. 또는, 그 간행물. ¶~물(物). ↔미간.
기간³(期間) [명] 어느 시기부터 다른 어느 시기까지의 사이. ¶유효 ~.
기간-급(期間給) [명] 일의 능률이나 성과에 관계없이 일한 기간에 따라서 지급되는 임금. 시간급·일급·주급·월급·연봉 따위. ↔성과급.
기간-병(基幹兵) [명] [군] 훈련병의 단계를 마치고 보직을 받은 사병.
기간-산업(基幹産業) [명] [경] 그 나라 산업의 기초를 이루는 산업. 전력·철강·가스·석유 산업 등이 있음.
기간-요원(基幹要員) [-뇨-] [명] 어떤 단체나 기관에서 중심적인 구실을 하는 중요한 사람.
기간제^교사(期間制敎師) [명] [교] 초중고 학교에서, 일정 기간(보통 1개월 이상) 동안 임시로 고용하는 교사.
기갈(飢渴) [명] 배고픔과 목마름.
기갈(이) 들다 몹시 굶주려서 간절히 음식을 탐내다.
기감(機甲) [명] 전차·장갑차 등 기계력을 이용한 병기로 무장하는 일. ¶~병(兵). ⓒ기갑.
기강(紀綱) [명] 규율과 질서. ¶~ 확립.
기개(氣槪) [명] 씩씩한 기상과 꿋꿋한 절개. ¶장부의 대쪽 같은 ~.
기거(起居) [명] 일정한 곳에서 자고 먹고 하는 등의 일상생활을 하는 것. **기거-하다** [동] [자] [여] ¶요즘 어디에서 **기거하십니까**?
기겁(氣怯) [명] 뜻밖의 일에 몹시 놀라 겁에 질리거나 '헉' 하고 잠시 숨을 멈추는 상태가 되는 것. ×기급. **기겁-하다** [동] [자] [여] ¶갑자기 맹견이 달려드는 바람에 도둑은 **기겁하여** 달아났다.
기결(旣決) [명] 이미 결정된 것. ¶~ 서류. ↔미결. **기결-하다** [동] [타] [여] **기결-되다** [동] [자]
기결-수(旣決囚) [-쑤-] [명] [법] =수형자(受刑者). ↔미결수.
기계¹(器械) [-계/-게] [명] 1 도구와 기물(器物). 2 동력 장치를 지니지 않는 기구(器具). ¶~의료.

기계²(機械) [-계/-게] [명] 여러 가지 부품으로 조립되어, 동력에 의해 움직이는 도구. ¶공작 ~ / 건설 ~.
기계^공업(機械工業) [-계/-게-] [명] 기계의 힘을 이용하여 물건을 만들어 내는 공업. ↔수공업.
기계^공학(機械工學) [-계/-게-] [명] [공] 공학의 한 분야. 기계의 기구·성능 및 그 이용에 관하여 이론적·실험적으로 연구하는 학문.
기계-론(機械論) [-계/-게-] [명] [철] 모든 현실을 기계처럼, 물질적 요인과 그 인과 관계에 의하여 설명하려는 사상. ↔목적론.
기계^문명(機械文明) [-계/-게-] [명] 산업 혁명 이후 기계의 발달에 의하여 대량 생산이 이루어짐으로써 진보 발전한 근대 문명의 일반을 일컫는 말.
기계-어(機械語) [-계/-게-] [명] [컴] 컴퓨터가 판독하는 신호로 쓰일 수 있는 언어. 0과 1의 조합으로 구성됨. =인공 언어.
기계-적(機械的) [-계/-게-] [관] [명] 1 기계로 하는 (것). ¶~ 처리에 의한 대량 생산. 2 기계와 같이 행하는 (것). 곧, 인간적인 감정이나 창의성·자주성이 없는 (것). ¶~인 동작 / ~인 주입식 교육.
기계^체조(器械體操) [-계/-게-] [명] [체] 철봉·뜀틀·평행봉·평균대 등의 운동 기구를 써서 하는 체조. ↔맨손 체조. ▷기구 체조.
기계-총(機械-) [-계/-게-] [명] <속> 두부 백선.
기계-톱(機械-) [-계/-게-] [명] [공] 동력을 이용하여 톱날을 움직여서 물체를 절단하는 톱.
기계-화(機械化) [-계/-게-] [명] 1 인간 또는 동물의 노력력을 대신하여, 기계에 의하여 작업을 하도록 하는 것. ¶~ 농업. 2 사람의 언행이 자주성을 잃고 기계처럼 되는 것. **기계화-하다** [동] [자] [여] **기계화-되다** [동] [자]
기계화 부대(機械化部隊) [-계/-게-] [군] 전차·장갑차·자주포 등 기계의 힘을 최대한도로 이용한 근대적 부대.
기고¹(起稿) [명] 원고를 쓰기 시작하는 것. ↔탈고. **기고-하다** [동] [타] [여]
기고²(寄稿) [명] (유명 인사나 전문가 등이 어떤 내용의 글을) 신문사나 잡지사 등의 부탁을 받아 원고로 써서 보내는 것. **기고-하다**² [동] [타] [여] ¶이 교수는 최근 모 일간지에 남북통일에 관한 글을 **기고한** 바 있다.
기고-가(寄稿家) [명] 기고하는 사람.
기고만장-하다(氣高萬丈-) [형] [여] 우쭐하여 기세가 대단하다. ¶연전연승을 거둔 적병들은 **기고만장해** 있었다.
기골(氣骨) [명] 1 신념이 강하고 남에게 쉽게 굽히지 않는 마음. 2 호락호락하지 않고 이지 않는 튼튼한 체격. ¶~이 장대한 거한이 씨름판에 들어섰다.
기공¹(技工) [명] 손으로 가공하는 기술. 또는, 그 기술을 직업으로 하는 사람.
기공²(起工) [명] 공사를 시작하는 것. ↔준공. **기공-하다** [동] [타] [여] **기공-되다** [동] [자]
기공³(氣孔) [명] 1 [식] 잎이나 줄기의 표면에 있는 작은 구멍. 공기 속의 이산화탄소를 빨아들이고 산소와 수분을 내보내는 일을 함. =숨구멍. 2 [동] =기문(氣門).
기공⁴(氣功) [명] 중국 고유의, 기(氣)를 기르기 위한 수련 방법.
기공-식(起工式) 圕 토목이나 건축 등의 공사를 시작할 때 하는 의식. =착공식.
기관¹(汽罐) 圕 강제(鋼製)의 밀폐된 용기 안에서 압력이 높은 증기를 발생시켜, 이를 동력원으로 하는 장치. =증기관.
기관²(氣管) 圕 척추동물의 목에서 폐에 이르는, 숨 쉴 때 공기가 흐르는 관. =숨통·숨줄.
기관³(器官) 圕 생물체를 구성하고, 일정한 형태를 이루며, 특정의 생리 기능을 영위하는 부분. ¶호흡 ~.
기관⁴(機關) 圕 1 화력·수력·전력 등의 에너지를 기계적인 힘으로 바꾸는 장치. 囲 엔진·원동기. 증기 ~. 2 사회생활의 여러 영역에서 어떤 역할을 위해 설치한 조직이나 단체. ¶금융 ~. 3 법인이나 그 밖의 단체의 의사 결정 또는 실행에 참여하는 지위에 있고 그 행위가 법인 행위로 간주되는 개인이나 집단. ¶의결 ~.
기관-사(機關士) 圕 열차나 전동차 등을 운전하는 일을 직업으로 하는 사람.
기관-실(機關室) 圕 1 공장 등에서 주요 원동기를 설치해 놓은 방. 2 기관차·선박·항공기 등에서 추진기가 설치되어 있는 방.
기관-원(機關員) 圕 정보기관의 종사자를 통속적으로 이르는 말. =요사원이라.
기관-장(機關長) 圕 1 선박의 기관실을 맡은 사람들의 우두머리. 2 어떤 기관, 특히 정부의 기관이나 단체의 우두머리.
기관-지¹(氣管支) 圕[생] 기관에서 좌우로 갈라져 폐에 이르는 기도(氣道)의 한 부분.
기관-지²(機關紙) 圕 어떤 단체나 조직이 자기의 주의·주장 등을 세상에 널리 알리기 위해 발행하는 신문.
기관-지³(機關誌) 圕 어떤 단체나 조직이 자기의 주의·주장 등을 세상에 널리 알리기 위해 발행하는 잡지.
기관지-염(氣管支炎) 圕[의] 기관지의 점막에 생기는 염증.
기관-차(機關車) 圕 동력 장치를 갖추어 객차나 화차를 끌고 선로를 달리는 데 쓰는 차량. 증기 기관차·디젤 기관차 따위.
기관-총(機關銃) 圕[군] 방아쇠를 당기고 있으면 탄환이 자동적으로 제어지면서 연속적으로 발사되는 총. ⑤기총.
기관^투자가(機關投資家) 圕[경] 유가 증권의 투자에서 발생되는 이익을 주수입원으로 하여 운용되는 법인 형태의 투자자. ▷개인 투자자.
기관-포(機關砲) 圕[군] 기관총 중에서 구경이 20mm 이상인 것.
기괴망측-하다(奇怪罔測-) [-괴-츠카-/-괴-츠카-] 閞 기괴하기가 이루 말할 수 없다. ¶**기괴망측한** 옷차림.
기괴-하다(奇怪-) [-괴-/-괴-] 閞 괴이하고 이상하다. ¶**기괴한** 사건.
기교(技巧) 圕 손·발이나 몸을 움직여 어떤 일을 섬세하게 해내는 재주나 기술. 또는, 예술에서, 어떤 소재를 섬세하고 훌륭하게 다루는 기술. 囲테크닉. ¶~를 부린 글 / ~가 뛰어나다.
기교-파(技巧派) 圕 예술 등에서 특히 표현상의 기교에 중점을 두는 유파(流派).
기구¹(祈求) 圕 [어떤 일이 이루어지기를 신에게] 기도하여 구하는 것. **기구-하다**¹ 图闉⑩¶가난과 질병에서 해방되기를

신에게 간절히 ~.
기구²(氣球) 圕 공중에 높이 올리기 위하여 수소나 헬륨 등 공기보다 가벼운 기체를 넣어서 밀폐한, 큰 공 모양의 물건, 또는, 그것에 타는 장치를 달아 사람이 타고 하늘을 날 수 있게 만든 것. =풍선(風船). ¶~를 타고 바다를 건너다.
기구³(器具) 圕 1 세간·그릇·연장 등의 총칭. ¶생활 ~. 2 =기구(機具)'.
기구⁴(機具) 圕 비교적 구조가 간단하고 조작이 쉬운, 생활의 편리함을 위해 사용되는 기계나 기기. =기구(器具). ¶난방 ~ / 조명 ~.
기구⁵(機構) 圕 일정한 조직이나 기관의 구성적 체계. ¶정부 ~ 개편.
기구^체조(器具體操) 圕[체] 아령이나 곤봉 등의 기구를 써서 하는 체조. ▷기계체조.
기구-하다²(崎嶇-) [─] 閞 [산이 가파르고 험하다는 뜻] (삶이) 순조롭지 못하고 온갖 어려움을 겪는 상태에 있다. ¶**기구한** 팔자.
기권¹(氣圈) [-꿘] 圕[지] 지구의 대기(大氣)가 존재하는 범위. 높이 1,000km 정도까지를 말함. =대기권.
기권²(棄權) [-꿘] 圕 투표하거나 참가하거나 의사를 표시하거나 하는 권리를 포기하는 것. ¶~자. **기권-하다** 图困⑩¶부상으로 시합을 ~.
기권-승(棄權勝) [-꿘-] 圕[체] 운동 경기에서, 한 선수가 부상이나 다른 이유로 경기를 포기함으로써 상대편이 이기게 되는 것.
기근(飢饉·饑饉) 圕 1 흉년으로 식량이 모자라 굶주리는 상태. ¶~이 들어 백성들이 초근목피로 연명하다. 2 필요한 물자가 몹시 부족한 상태를 비유적으로 이르는 말.
기금(基金) 圕 어떤 사업이나 계획을 위하여 적립하거나 준비하는 자금. 囲밑돈.
기급(氣急) 圕 '기겁'의 잘못.
기기(機器·器機) 圕 기구(器具)·기계(器械)·기계(機械)의 총칭.
기기괴괴-하다(奇奇怪怪-) [-괴괴-/-꿰괴-] 閞 몹시 기괴하다. ¶**기기괴괴한** 사건.
기기묘묘-하다(奇奇妙妙-) 閞 몹시 기묘하다. ¶**기기묘묘한** 재주.
기기-창(機器廠) 圕[역] 조선 고종 24년(1887)에 신식 기계를 만들기 위해 설치한 관청.
기꺼워-하다 图⑩⑩ 기껍게 여기다.
기껍다 [-따] 閞⟨기꺼우니, 기꺼워⟩ 마음속으로 은근히 기쁘다. ¶손님을 **기껍게** 맞이하다. **기꺼이** 曱 ~ 승낙하다.
기:-껏 [-껃] 曱 1 (말하는 이의 행동을 나타내는 동사를 꾸며) 일부러 힘들이거나 애써서. ~ 말할 때는 뭘 듣고 이제 와 딴소리냐? 2 (듣는 사람이나 제삼자의 행동을 나타내는 동사를 꾸며) 제 깐에 최선을 다하여. ¶ 겨우·고작. ¶이제 와서 ~ 한다는 말이 고거냐?
기:껏-해야 [-껃해-] 曱 아무리 잘해 보아도. 또는, 아무리 최대 또는 최상으로 하여도. ¶전부 산다고 해도 ~ 돈 만 원도 안 된다.
기:나-긴 冠 아주 긴. ¶~ 세월.
기낭(氣囊) 圕[생] 새나 곤충의 가슴 속에 있어 체중을 가볍게 해 잘 날도록 돕는

얇은 막의 주머니. =공기주머니.
기내(機內) 명 항공기의 안. ¶~ 방송.
기내-식(機內食) 명 어떠기 내에서 승객에게 제공되는 간단한 식사와 음료수.
기네스-북(Guinness Book) 명 세계 곳곳에서 세워진 갖가지 이색적이고 진기한 기록을 모아 놓은 책. ¶~에 오르다.
기ː녀(妓女) 명 **1** =기생(妓生)¹. **2**. [역] 춤·노래·의술·바느질 등을 배우고 익히는 관비(官婢)의 총칭.
기념¹(紀年) 명 기원(紀元)으로부터 차례로 센 햇수.
기년²(朞年·期年) 명 **1** 한 돌이 되는 해. **2** 기한이 되는 해. ¶부채 상환 ~.
기념(記念·紀念) 명 **1** 뜻 깊은 일을 맞아 어떤 상징물이나 자취를 남김으로써 뒤에 오래도록 잊히지 않게 하는 일. **2** (과거의 뜻 깊은 일을) 해마다 그 일이 있었던 날에 즈음하여 잊지 않고 마음에 되새기는 것. ¶결혼 ~. **기념-하다** 타여 ¶개교 60주년을 ~. **기념-되다** 자여
기념-관(記念館) 명 어떤 뜻 깊은 사적이나 위인 등을 기념하기 위하여 지은 집. ¶독립 ~.
기념-물(記念物) 명 **1** 기념하기 위하여 보존하는 물건. ¶천연 ~. **2** =기념품.
기념-비(記念碑) 명 어떤 일을 기념하기 위하여 세운 비석. ¶유엔군 참전 ~.
기념비-적(記念碑的) 관명 기념할 만큼 중요한 가치가 있는 (것). ¶~ 사건.
기념-사(記念辭) 명 기념의 뜻을 나타내는 말이나 글. ¶광복절 ~.
기념-사업(記念事業) 명 어떤 뜻 깊은 일이나 훌륭한 인물 등을 기념하기 위하여 벌이는 사업.
기념-사진(記念寫眞) 명 어떤 일을 기념하기 위하여 찍는 사진. ¶결혼 ~.
기념-식(記念式) 명 어떤 일을 기념하기 위하여 행하는 의식. ¶광복절 ~.
기념-엽서(記念葉書) [-녑써] 명 뜻 깊은 일을 기념하기 위해 발행하는 엽서.
기념-우표(記念郵票) 명 국가적으로 뜻 깊은 일을 기념하기 위해 발행하는 우표.
기념-일(記念日) 명 어떤 일을 기념하는 날. ¶개교[창립] ~ / 결혼 ~.
기념-장(記念章) 명 어떤 일을 기념하기 위하여 그 일에 관계한 사람에게 주는 휘장. ¶올림픽 참가 ~. 준기장.
기념-탑(記念塔) 명 어떤 일을 기념하기 위하여 세운 탑. ¶무명용사 ~.
기념-품(記念品) 명 기념으로 주고받는 물품. ¶=기념물. ¶졸업 ~. 종점.
기념-행사(記念行事) 명 어떤 일을 기념하기 위하여 벌이는 행사. ¶3·1절 ~.
기념-호(記念號) 명 신문이나 잡지가 어떤 일을 기념하기 위하여 특별히 발행하는 특집호. ¶창간 ~.
기뇰(@guignol) [연] 인형의 옷 속에 손가락을 넣어 조종하는 인형극. 또는, 그 인형.
기능¹(技能) 명 도구나 기계 등을 다루어 어떤 작업을 하는 기술적인 능력.
기능²(機能) 명 **1** 사물이 가지는 일정한 구실. ¶화폐의 ~. **2** 생물체의 조직·기관 등이나 기계의 각 부분이 하고 있는 일정한 능력이나 작용. ¶심장 ~.
기능-공(技能工) 명 특정한 기능이 요구되는 작업에 종사하는 사람.

기대 __161

기능-사(技能士) 명 기술 자격 검정에 합격한 사람에게 주는 기능계 기술 자격 등급의 하나.
기능-올림픽(技能Olympic) 명 =국제 기능 올림픽 대회.
기능-적(機能的) 관명 기능이 있거나 기능을 필요로 하는 (것). ¶~ 측면을 고려한 건축 설계.
기능-주의(機能主義) [-의/-이] 명 **1** [철] 사물을 실제로서 인식하는 것은 불가능하다고 보아, 작용과 기능으로 인식하려는 입장. **2** [건] 건축의 형태는 기능이나 용도에 따라 결정되어야 한다는 주장.
기능-직(技能職) 명 도구나 기계 등을 다루어 어떤 작업을 하는 기술적인 능력을 필요로 하는 직무. 또는, 그 사람.
기능-키(機能key) [컴] 타자기·전자계산기 등에서, 숫자나 문자를 누르는 장치가 아닌 동작 지시에 쓰이는 키.
기니(Guinea) [지] 아프리카 서해안에 있는 공화국. 수도는 코나크리.
기니비사우(Guinea-Bissau) 명 [지] 아프리카 서해안에 있는 공화국. 수도는 비사우.
기니-피그(guinea pig) 명 [동] 쥐와 비슷하나 꼬리가 없는, 몸길이 25cm가량의 동물. 의학이나 생물학 실험용으로 쓰임. 속칭은 모르모트.
기다¹ 자 **1**(뱀·구렁이·지렁이 등이) 바닥에 몸을 붙인 상태로 움직여 나아가다. ¶지렁이가 꿈틀꿈틀 ~. **2**(사람이) 가슴과 배를 바닥에 붙인 상태로 움직여서 나아가다. 또는, 가슴과 배를 바닥에서 떨어지게 엎드린 상태로 팔과 다리를 움직여 나아가다. ¶포복하며 ~. ¶동굴 속을 기어서 들어가다. **3**(게·가재·벌레 등이) 다리를 놀려 나아가거나 옆으로 가다. ¶개미가 ~. **4**(자동차 따위가) 아주 느린 속도로 움직이다. ¶눈길 위에서 자동차들이 기고 있다. **5**(사람이) 어떤 사람의 위세에 눌려 기를 펴지 못하는 태도를 보이다. ¶나는 형 앞에서 설설 긴다.
[기는 놈 위에 나는 놈이 있다] 아무리 재주가 있어도 그보다 나은 사람이 있으니, 너무 자랑하지 말라는 말. [기도 못하고 뛰려 한다] 자기 실력 이상의 행동을 하려는 사람을 비웃는 말.
기다² 형 [그[其]이다]가 준 말] 방 (주로 '아니다'와 대비적으로 쓰여) 어떤 사실에 대한 긍정이나 수긍을 나타내는 말 (전라·충청). ¶기냐 아니냐, 분명히 대답해라.
기ː-다랗다[-라타] 형ㅎ <~다라니, ~다라오, ~다래> 꽤 또는 퍽 길다. ¶기다란 건 ~이다. ↔짤막하다. ×길다랗다.
기다리다 타(버) **1**(사람이나 때 등을) 나타나거나 다가오기를 바라면서 시간을 보내다. ¶임을 ~. **2**(어떤 일이 이뤄지기를) 기다리면서 시간을 보내다. ¶비가 그치기를 ~.
기단¹(氣團) 명 [기상] 대기권에 넓은 범위에 걸쳐 퍼져 있는, 온도·습도 등이 균일한 공기의 덩어리.
기단²(基壇) 명 [건] 탑·비석 등의 건축물의 맨 아래에 놓이는 단.
기대(期待·企待) 명 (어떤 일이 이루어지기를) 바라고 기다리는 것. ¶~에 어긋나다 [못 미치다]. **기대-하다** 타여 기대-

162_기대감

되다 통(자) ¶앞날이 **기대되는** 젊은이.
기대-감(期待感) 명 어떤 일을 바라고 기다리는 마음.
기:대다 통 ①타 1 (몸이나 물체를 수직상태의 다른 대상에) 무게가 실리도록 비스듬히 닿게 하다. ¶난간에 몸을 ~. 2 (누구를) 의지할 대상으로 하다. ②자 (누구에게) 몸과 마음을 의지하다. ¶그는 서른이 되도록 부모에게 **기대고** 산다.
기:대-서다 통(자) 몸을 수직 상태의 다른 대상에 무게가 실리도록 비스듬히 닿게 하여 서다. ¶창가에 **기대서서** 생각에 잠기다.
기:대-앉다[-안따] 통(자) 몸을 수직 상태의 다른 대상에 무게가 실리도록 비스듬히 닿게 하여 앉다. ¶벽에 ~.
기대-주(期待株) 명 1 [경] 앞으로 성장 가능성이 높은 주식. 2 어떤 일에 있어서 많은 장래가 기대되는 사람. 비유적인 말임. ¶스포츠계의 새로운 ~.
기대-치(期待値) 명 어떤 일의 달성에 대해 기대하는 수준. ¶메달 획득이 ~에 못 미치다.
기도¹(企圖) 명 (위험하거나 무모한 일을) 이루려고 꾀하는 것. **기도-하다**¹ 통(타)
¶탈출을 ~. **기도-되다** 통(자)
기도²(祈禱) 명 (사람이) 신이나 부처 등에게 어떤 일이 이루어지게 해 달라고 비는 것. 또는, 그 의식. ¶백일~. **기도-하다**² 통(타)(자)(여)
기도³(氣道) 명 [생] 호흡할 때에 공기가 지나는 통로.
기도-드리다(祈禱-) 통(자) '기도하다'의 객체 높임말.
기도-원(祈禱院) 명[기] 교회나 교단에서 신자의 신앙심을 향상시키거나 개인적으로 기도를 하면서 머물 수 있도록 조용한 곳에 세운 집.
기도-회(祈禱會)[-회/-훼] 명[종] 기도를 하기 위한 모임. ¶조찬 ~.
기독(基督) 명 '그리스도'의 음역어.
기독-교(基督敎)[-꾜] 명 1[종] =크리스트교. 2[기] 우리나라에서 특히 '개신교'를 이르는 말.
기독교-도(基督敎徒)[-꾜-] 명 =기독교인.
기독교^여자^청년회(基督敎女子靑年會)[-꾜-회/-꾜-훼] 명 크리스트교 정신에 기초하여 인격 향상과 사회봉사 활동을 목적으로 하는 국제적인 여성 운동 단체=와이더블유시에이(YWCA).
기독교-인(基督敎人)[-꾜-] 명 기독교를 믿는 사람. =기독교도.크리스천.
기독교^청년회(基督敎靑年會)[-꾜-회/-꾜-훼] 명 크리스트교 정신에 기초하여 인격 향상과 사회봉사 활동을 목적으로 하는 국제적 청년 단체. =와이엠시에이(YMCA).
기동¹(起動) 명 몸을 일으켜 움직이는 것. ¶허리를 다쳐 ~을 못 한다. **기동-하다** 통(자)
기동²(機動) 명 상황에 맞추어 조직적이며 신속하게 대처하는 일. ¶~ 훈련.
기동-대(機動隊) 명[군] '기동 부대'의 준말.
기동-력(機動力)[-녁] 명 1 기동성 있게 활동할 수 있는 힘. 2 [군] 전술적으로 상황에 따라 재빨리 행동할 수 있는 능력. ¶적의 ~을 마비시키다.

기동^부대(機動部隊) 명[군] 기동력이 뛰어난 부대. 육군의 기계화 부대나 해군의 기동 함대 따위. ⓒ기동대.
기동-성(機動性)[-썽] 명 유기적인 연계 아래 상황에 따라 재빠르게 행동하는 특성.
기둥 명 1 건축물에서, 주춧돌 위에 세워 지붕이나 보, 도리 등의 무게를 지탱하는 구조물. ¶돌~. 2 어떤 물건을 밑에서 위로 곧게 받치거나 버티는 긴 물건. 3 집안·단체·나라의 의지가 될 만한 사람의 비유. ¶장차 나라의 ~이 될 청소년들.
기둥-감[-깜] 명 1 기둥을 만들 만한 재료. 2 집안·단체·나라의 의지가 될 만한 사람을 비유하여 이르는 말.
기둥-뿌리 명[건] 사물을 지탱하는 기반을 비유하여 이르는 말. ¶~가 뽑히다.
기둥-서방(-書房) 명 기생이나 창녀를 데리고 살면서 이들에게 숙장사, 매음 등을 시키고 놀고먹는 사내. ⓒ포주(抱主).
기득(旣得) 명 이미 얻거나 취득한 상태가 되는 것. **기득-하다** 통(타)
기득-권(旣得權)[-꿘] 명[법] 특정한 자연인 또는 법인이나 국가가 정당한 절차를 밟아 이미 차지한 권리.
기똥-차다 ⓒ (속) 기막히다2. ¶기똥차게 멋있다.
기라-성(綺羅星) 명 '밤하늘에 반짝이는 수많은 별'이라는 뜻의 일본 한자 조어. 주로 '기라성 같은', '기라성처럼'의 꼴로, 어떤 존재를 형용하는 말로 쓰여 그 존재들이 어떤 영역이나 분야에서 쟁쟁하거나 명성 있는 사람들임을 뜻하는 말. ¶~ 같은 정계 인사.
기량¹(技倆·伎倆) 명 기술적인 재간이나 솜씨. ¶힘과 ~을 모두 갖춘 선수.
기량²(器量) 명 사람의 도량과 재간. ¶한 나라의 재상이 될 만한 ~을 갖춘 인물.
기러기 명(동) 오리와 비슷하나 몸이 더 큰 겨울 철새의 총칭. 강가나 바닷가에 살며, 쇠기러기·흑기러기·큰기러기 등의 종류가 있음.
기러기-아빠 명 (속) 자녀를 외국에서 공부시키기 위해 아내와 자녀를 외국에 보내 놓고 국내에서 혼자 생활하는 남자.
기력(氣力) 명 사람이 몸을 움직여 활동할 수 있는 힘. ⓑ근력. ¶~이 왕성하다.
-기로¹ 어미 1 까닭이나 조건을 나타내는 연결 어미. ¶말행이 방정하고 학업이 우수하~ 이에 상장을 줌. 2 '아무리 …다 하더라도' 의 뜻을 나타내는 연결 어미. ¶아무리 좋은 옷이~ 그렇게 비쌀까.
기로²(岐路) 명 =갈림길2. ¶생사(生死)의 ~에 서다.
-기로서 어미 '-기로서니'의 준말. ¶아무리 돈이 없~ 도둑질을 하겠느냐.
-기로서니 어미 '-기로'을 강조해서 말하는 연결 어미. ¶힘이 장사~ 저길 들 수 있을까. =-기로선들.
-기로선들 어미 '-기로서니'를 강조해서 말하는 연결 어미. ¶형이~ 동생에게 함부로 해서야 되겠느냐?
기록(記錄) 명 1 (어떤 사실이나 내용을 필기도구로) 글자를 이루어 나타내는 것. 또는, 그 글. 2 (소리·영상·글 등의 자료를) 뒷날 다시 보거나 들을 수 있도록 어떤 매체에 담는 것. 또는, 그 담은 자료. 3 성적이나 성과를 수치로 나타내는 경기나 표기 등에서, (어떤 수치의 성적이나 성과를) 이루어 내는 것. 특히, (최고 수준의 성적이나 성과를) 이루어 내는 것. 또는, 그 성적이나 성과. ¶신─/세계─/~을 경신하다. **기록-하다** 图(他어) ¶100m 달리기에서 9.9초를 ~. **기록-되다** 图(자) ¶역사에 **기록**될 만한 장거(壯擧).

기록-경기(記錄競技) [─경─] 명(체) 기록으로 성적을 평가하는 경기.

기록^문학(記錄文學) [─뭉─] 명(문) 어떤 일을 상상력에 의하지 않고 사실 그대로 객관적으로 기록한 문학.

기록^영화(記錄映畫) [─뭉녕─] 명(영) 실제의 사건이나 상황을 필름에 담은 영화. =다큐멘터리 영화. ▷극영화.

기록-적(記錄的) [─쩍] 관명 기록되어 후세에 전해질 만한 (것). ¶~인 접수 차로 상대 팀을 이기다.

기뢰(機雷) [─뢰/─뤠] 명(군) 적의 함선을 파괴하기 위하여 물속이나 물 위에 설치한 폭탄. ¶~를 부설하다.

기:루(妓樓) 명 창기(娼妓)를 두고 영업하는 집.

기류¹(氣流) 명(기상) 온도나 지형의 차이에 의해 일어나는 공기의 흐름. 특히, 고공에서의 공기의 흐름을 가리킴. 囲바람. ¶상승[하강] ~.

기류²(寄留) 명(법) 본적지 이외의 일정한 곳에 주소 또는 거소(居所)를 가지는 일. ¶~지(地).

기르다 图(他)〈기르니, 길러〉 1 (어린 사람이나 동물·식물 등을) 보살피어 자라게 하다. 囲키우다. ¶새를 ~/아이를 ~. 2 (사람을) 가르쳐서 능력이나 자질을 가지게 하다. 囲육성하다·양성하다. ¶인재를 ~. 3 육체나 정신을 단련하여 더 강하게 하다. ¶실력을 ~. 4 (버릇·기술 등을) 익히다. ¶인사하는 버릇을 **길러라**. 5 (머리털·수염 등을) 자라게 하다. ¶콧수염을 ~.

-기를 쥐 동사나 '있다'의 어간, 또는 어미 '-시-'에 붙어, 다음에 오는 말이나 내용이 누구에 의해 이루어진 것인지 또는 누구가 무엇인지를 보이는 연결 어미. ¶예수께서 말씀하시~ 이웃을 사랑하라고 하셨다.

기름 명 1 짐승의 고기에서 살코기가 아닌 부분. 또는, 짐승이나 물고기의 고기를 끓이거나 짐승의 뼈를 골 때 거기에서 나오는 미끈미끈하고 끈적끈적한 물질. 囲지방·지방질. 2 깨·콩·땅콩·피마자 등의 식물의 열매·씨에서 짜낸, 미끈미끈하고 끈적끈적한 물질. 물과 섞이지 않고 불에 타기 쉬운 성질이 있음. ¶~을 짜다. 3 대륙이나 불을 밝히거나 열·동력을 얻는, 땅속에서 뽑아 올린 액체상의 광물질. 囲석유. ¶자동차에 ~을 넣다. 4 기계나 도구의 움직임이 부드럽게 되도록 그 움직이는 부분에 치는 미끈미끈한 액체 물질. 囲윤활유. 5 사람의 살갗, 특히 얼굴에서 분비되는 끈끈한 물질. ¶얼굴에 ~이 흐르는 중년의 사내. 6 쌀알 등에 도는 윤기. ¶~이 자르르 흐르는 흰 쌀밥.

기름을 치다 일이 원활하게 처리되도록 뇌물을 쓰다. 속된 말임.

기름(을) 짜다 1 착취하다. 속된 말임. ¶고을 수령이 백성의 **기름을 짜** 제 뱃속을 채웠다. 2 자리가 매우 비좁다. 속된 말임. ¶버스 안에서 사람이 어찌나 많은지 **기름을 짤** 정도다.

기름-걸레 명 기름기를 닦아 내는 걸레. 또는, 기름을 묻혀서 물건을 닦는 걸레.

기름-기(─氣) [─끼] 명 1 음식에 섞여 있는 짐승의 기름. ¶~ 있는 음식. 2 물건에 묻거나 남아 있는, 기름이나 식물의 기름. =유분. ¶~가 잘 닦이는 세제. 3 사람의 얼굴이나 쌀알 등에 번지르르하게 흐르는 윤기. ¶얼굴에 ~가 도는 걸 보니 돈깨나 모았나 보다.

기름-때 명 기름이 묻고 그 위에 먼지가 앉아 낀 때. ¶~ 묻은 옷.

기름-종이 명 기름을 먹인 종이. =유지.

기름-지다 图 1 (기름진 따위가) 기름기가 많다. ¶**기름진** 음식만 먹었더니 느끼하다. 2 (사람·동물 따위가) 살지고 기름기가 많다. ¶**기름진** 말과 여윈 말. 3 (땅이) 매우 걸다. ¶**기름진** 밭.

기름-질(─漆) 명 1 기계나 기구 등에 잘 돌아가거나 움직이도록 기름을 치는 것. 2 (속) 어떤 일이 잘 이뤄지도록 그 일을 맡은 사람에게 금품을 주거나 음식 등을 대접하는 일. **기름칠-하다** 图(자)(他).

기름-하다 圈 조금 긴 듯하다. ¶**기름한** 얼굴. ☞갸름하다.

기리다 图(他) (어떤 사람의 훌륭한 업적이나 덕이나 정신 등을) 세상에 드러내어 사모하고 높이 받들다. 囲칭송하다·찬양하다. ¶세총 대왕의 업적을 ~.

기린(麒麟) 명 1 [동] 키 6m가량으로 목과 다리가 매우 길며, 몸빛은 노란색에 갈색의 얼룩무늬로 덮여 있는 포유동물. 아프리카 초원에서 떼 지어 삶. 2 [민] 성군(聖君)이 이 세상에 나올 징조로 나타난다고 하는 상상의 상서로운 동물.

기린-아(麒麟兒) 명 어떤 분야에서 재주와 능력이 뛰어나 앞날이 촉망되는 젊은이. ¶그는 빙군의 실력을 보여 야구계의 ~로 떠오르고 있다.

기린-자리(麒麟─) 명(천) 북쪽 하늘에 보이는 겨울철의 별자리. 눈에 잘 띄지 않음.

기립(起立) Ⅰ명 (주로 다수의 사람이) 격식이나 예의를 갖추어야 할 자리에서 일어나는 일. ¶~ 박수. **기립-하다** 图(자)(어).
Ⅱ감 일어서라는 구령. ¶일동 ~!

기마(騎馬) 명 말을 타는 것. 또는, 타는 말. 囲민족. ☞기보.

기마-경찰대(騎馬警察隊) [─때] 명 말을 타고 직무를 수행하는 경찰대.

기마-대(騎馬隊) 명 말을 타는 군인이나 경관 등으로 편성된 부대.

기마-전(騎馬戰) 명 1 말을 타고 하는 전투. 2 말을 타고 하는 전투를 모방한 놀이. 보통 네 사람이 한 팀이 되어, 세 사람은 말이 되고 한 사람은 그 위에 올라타 상대편을 쓰러뜨리거나 그의 모자를 벗겨야 승부를 가림.

기-막히다(氣─) [─마키─] 图 1 (어떤 일이) 너무 놀랍거나 뜻밖이어서 어이없다. ¶별 **기막힌** 소리를 다 듣겠네. 2 (대상의 어떤 상태가) 뭐라고 말할 수 없을 만큼 대단하다. ¶음식 맛이 ~. ☜기통차다. ☞기차다.

기만¹(欺瞞) 명 (남을) 우롱하고 속이는 일. ¶~ 행위. **기만-하다** 图(他)(어) ¶국민을 ~.

기만²(幾萬) 쥐 몇 만. ¶~ 원.

기말(期末) 명 어떤 기간의 끝. ¶~ 시험.

기맥(氣脈) 몡 1[한] 기혈(氣血)과 맥락. 2 서로 통하는 낌새나 맥락.
기맥-상통(氣脈相通) [-쌍-] 몡 마음과 뜻이 서로 통함. **기맥상통-하다** 통재여
¶기맥상통하는 사람끼리 어울리다.
기명(妓名) 몡 기생으로서 가지는 이름.
기명(記名) 몡 문서에 자기 이름을 필기 도구나 고무도장·타이프 등으로 기재하는 일. 間서명. ¶~ 공채. ↔무기명. **기명-하다** 통재여
기명³(器皿) 몡 살림살이에 쓰는 온갖 그릇.
기명-날인(記名捺印) 몡 문서에 자기의 성명을 쓰고 도장을 찍는 일. 間서명 날인. ¶계약서에 쌍방이 ~을 하다.
기명-식(記名式) 몡 1 선거할 때, 투표용지에 선거인의 성명을 적어서 투표하는 방식. 2 [경] 증권 등을 발행할 때, 권리자의 성명이나 상호를 적어서 발행하는 방식. ↔무기명식.
기모노(@着物/きもの) 몡 일본의 전통 의상의 하나. 주로 여성의 옷을 가리키는데, 헐렁하고 소매가 넓으며 폭이 넓은 허리띠를 두름.
기묘(己卯) 몡 60갑자의 열여섯째.
기묘-사화(己卯士禍) 몡[역] 조선 중종 14년(1519)에 남곤·심정 등의 훈구파가 이상 정치(理想政治)를 표방하던 조광조·김정 등의 신진 사류를 죽이거나 유배시킨 사전.
기묘-하다(奇妙-) 혭여 (대상이) 이상야릇하거나 색달라 묘하다. ¶기묘한 방법.
기문(氣門) 몡 [동] 곤충·거미 등 기관(氣管)으로 호흡하는 절지동물의 몸 표면에 있어 호흡 작용을 하는 작은 구멍. =기공(氣孔)·숨구멍.
기물(器物) 몡 생활의 도구가 되는 온갖 물건. ¶~을 파괴하다.
기미¹ 몡 정신적 스트레스나 임신·월경 불순 등으로 인하여 얼굴 부위에 생기는 갈색의 자디잔 얼룩점. ¶~ 낀 얼굴.
기미²(己未) 몡 60갑자의 쉰여섯째. ¶~
기미³(幾微/機微) 몡 앞일에 대한 다소 막연한 예상이나 짐작이 드는 어떤 현상이나 상태. 間낌새·조짐. ¶비가 올 ~가 보이지 않는다.
기민(飢民/饑民) 몡 굶주린 백성.
기민-하다(機敏-) 혭여 동작이 날쌔고 눈치가 빠르다. ¶기민한 몸놀림.
기밀¹(氣密) 몡 기체가 새거나 드나들 수 없는 상태. ¶~ 용기(容器).
기밀²(機密) 몡 밖으로 드러내서는 안 되는, 국가 기관이나 조직체의 비밀. ¶~을 누설하다.
기밀-문서(機密文書) 몡 함부로 드러내서는 안 되는, 국가 기관이나 조직체의 비밀에 속하는 문서. ¶~가 유출되다.
기박-하다(奇薄-) [-바카-] 혭여 팔자가 사납고 복이 없다. ¶팔자가 ~.
기반(基盤) 몡 사물의 발전에 기초가 되는 바탕. ¶사업의 ~을 다지다.
기발-하다(奇拔-) 혭여 (생각이) 특이하고 비상하여 놀라움을 줄 만큼 뛰어나다. ¶기발한 생각.
기방(妓房) 몡 지난날, 기생을 둔 술집을 이르던 말. ¶~ 출입이 잦다.
기백(氣魄) 몡 씩씩하고 굳센 기상과 진취적인 정신. ¶젊음의 ~이 넘치다.

기백²(幾百) 쉰관 몇 백.
기법(技法) [-뻡] 몡 예술 등에서, 표현하는 기술상의 방법. ¶창작 ~.
기벽(奇癖) 몡 남달리 이상야릇한 버릇. ¶그는 취하면 옷을 벗는 ~이 있다.
기별(奇別) 몡 (소식이나 안부나 뜻 등을) 편지나 전화나 오거나 가는 사람을 통해 알리는 것. ¶시골에서 할머니가 위독하시다는 ~이 왔다. **기별-하다** 통재여 ¶큰댁에는 오시라고, 기별했느냐?
기병¹(起兵) 몡 군사를 일으키는 것. **기병-하다** 통재여
기병²(騎兵) 몡 말을 타고 싸우는 군사.
기병-대(騎兵隊) 몡[군] 기병으로 편성된 부대.
기보¹(記譜) 몡 악보를 기록하는 것. **기보-하다** 통재여
기보²(棋譜·碁譜) 몡 1 바둑 두는 법을 적은 책. 2 바둑의 대국(對局) 내용을 적은 것.
기복(起伏) 몡 1 지세(地勢)가 높았다 낮았다 하는 것. ¶~이 심한 산길. 2 세력이 성하였다 쇠하였다 하는 것. 間성쇠. ¶정의 ~이 심하다. **기복-하다** 통재여
기본(基本) 몡 사물의 기초를 이루어 중심이 되거나 일차적으로 중요한 것. ¶외국에 나가면 영어 회화는 ~이다.
기본-권(基本權) [-핀] 몡[법] 인간이 태어날 때부터 가지고 있는 기본적인 권리. 자유권·참정권·사회권 따위.
기본-급(基本給) 몡 임금을 구성하는 것 중에서, 여러 가지 수당을 제외한 급료. =본봉. ⊃수당.
기본-기(基本技) 몡 악기 등을 다룰 때나 어떤 운동을 할 때 가장 기초가 되는 기술. ¶~가 탄탄하다/~을 익히다.
기본^단위(基本單位) 몡[물] 비교의 기준이 되는 물리적 단위 중에서 특히 기본이 되는 것으로 선정된 단위. 보통은 길이·질량·시간에 대하여 미터(m)·킬로그램(kg)·초(s)를 사용함. ⊃보조 단위.
기본-법(基本法) [-뻡] 몡 어떤 분야에서 기본이 되는 법.
기본-요금(基本料金) [-뇨-] 몡 어떤 설비나 서비스 따위를 이용하는 데에 기본적으로 내야 하는 돈. 전기·수도·택시의 기본요금 따위.
기본-자세(基本姿勢) 몡 어떤 일이나 운동을 하기 위하여 기본적으로 반드시 갖추어야 할 태도나 습관.
기본-적(基本的) 몡관 기본이 되는 (것). ¶정치가로서의 ~인 자질.
기본-형(基本形) 몡 1 기본이 되는 모양이나 형식. 2 [언] 활용하는 단어에서, 활용형의 기본이 되는 형태. 우리말에서는 어간에 어미 '-다'를 붙여 나타냄. =원형(原形).
기부(肌膚) 몡 사람이나 동물의 몸을 싸고 있는 살가죽 또는 살.
기부(寄附) 몡 (돈이나 재산을 단체에) 사회적으로 유익한 일에 사용할 수 있도록 내어 놓는 것. ⊃기증. **기부-하다** 통재여
기부³(基部) 몡 기초가 되는 부분.
기부-금(寄附金) 몡 기부하는 돈.
기분(氣分) 몡 마음이 어떤 상황에서 느끼는 감정이나 분위기. ¶연말 ~/~이 상하다.
기분-파(氣分派) 몡 순간적이고 충동적인

기분에 따라서 행동하는 사람.

기뻐-하다 [동][자][타][여] 기쁘게 여기다. ↔슬퍼하다.

기쁘다 [형]〈기쁘니, 기뻐〉 좋은 일이 생기거나 바라던 일이 이뤄지거나 어려운 문제가 해결되어 기분이 좋거나 흡족하다. [비]즐겁다. ¶너와 다시 만나게 되어 ~. ↔슬프다.

기쁨 [명] 기쁜 마음이나 느낌. ¶사랑의 ~ / ~을 감추지 못하다. ↔슬픔.

기쁨-조(-組) [명] 북한 권력층의 향락적인 비밀 파티에 동원되어 춤과 노래 등을 공연하는 여성들의 조직. 또는, 그 조직원. 북한의 속어임.

기사[1](己巳) [명] 60갑자의 여섯째.

기사[2](技士) [명] **1** [법] 기술계 기술 자격 등급의 하나. 1급과 2급의 두 등급이 있음. **2** =운전기사.

기사[3](技師) [명] 관청이나 회사에서 전문 지식을 요하는 특별한 기술 업무를 맡아보는 사람. ¶건축 ~.

기사[4](記事) [명] 신문·잡지 등에 실어 어떤 소식이나 사실을 알리는 글. ¶보도 ~.

기사[5](棋士·碁士) [명] 바둑이나 장기를 잘 두거나 직업적으로 두는 사람.

기사[6](幾死) [명] 거의 다 죽게 되는 것. ¶~ 상태에 이르다.

기사[7](騎士) [명] **1** 말을 탄 무사. **2** [역] 중세 유럽의 무사 계급. =나이트(knight).

기사-도(騎士道) [명] 중세 유럽의 기사 계급의 정신적 규범. ¶~ 정신을 발휘하다. ▷무사도.

기사^본말체(紀事本末體) [명][역] 전통적 역사 기술의 한 형식. 사건에 중점을 두어 사건의 원인과 발단, 전개 과정 등을 일관되고 체계적으로 서술하는 방식임. ▷기전체·편년체.

기사지경(幾死之境) [명] 거의 죽게 된 지경. ¶~에서 극적으로 살아나다.

기사-화(記事化) [명] (어떤 사건이나 소재를) 기사로 다루어 싣는 것. **기사화-하다** [동][타][여] **기사화-되다** [동][자]

기사-회생(起死回生) [-회-/-훼-] [명] 거의 죽을 뻔하다가 다시 살아남. **기사회생-하다** [동][자][여]

기산(起算) [명] 일정한 시간이나 장소를 기준으로 하여 셈이나 계산을 시작하는 것. **기산-하다** [동][자][여]

기산-일(起算日) [명] 기일(期日)을 정해서 날수를 따질 때 기준이 되는 그 첫날.

기산-점(起算點) [-쩜] [명] 기산의 시점. 또는, 그 지점.

기삿-거리(記事-) [-사꺼-/-삳꺼-] [명] 신문이나 잡지 등에 실릴 만한 소재.

기상[1](起牀·起床) [명] 잠자리에서 일어나는 것. ¶~ 시간. ↔취침. **기상-하다** [동][자][여]

기상[2](氣象) [명][기상] 바람·비·구름·눈 등 대기 중에서 일어나는 모든 현상. ¶~ 예보 / ~ 난동.

기상[3](氣像) [명] 사람의 타고난 기개나 마음씨. 또는, 그것이 겉으로 드러난 모양. ¶진취적인 ~.

기상^경ː보(氣象警報) [명][기상] 기상 현상으로 커다란 재해가 예상될 때 이를 알리기 위하여 발하는 경보. 폭풍 경보·호우 경보 따위.

기상-나팔(起牀喇叭) [명] 군대 등에서, 아침에 일어날 시각을 알리기 위하여 부는 나팔. ¶~ 소리.

기상-대(氣象臺) [명] 관할 지역에 대한 기상 관측, 기상 예보, 기후 자료 통계, 기상에 관한 증명 및 상담 업무를 분장하는 기관.

기상-재해(氣象災害) [명] 기상이 원인이 되어 일어나는 재해. 풍해(風害)·홍수·눈사태·가뭄 따위.

기상^주ː의보(氣象注意報) [-의-/-이-] [명][기상] 기상 현상으로 다소의 피해가 있으리라고 예상될 때 주의시키기 위하여 발하는 예보.

기상-천외(奇想天外) [-외/-웨] [명] (착상이나 생각이) 보통 사람이 쉽게 짐작할 수 없을 정도로 엉뚱하고 기발함. **기상천외-하다** [형][여] ¶**기상천외한** 생각.

기상-청(氣象廳) [명] 우리나라의 기상 상태를 관측하고 예보하는 중앙 행정 기관. 구칭은 관상대.

기상-학(氣象學) [명][기상] 구름·비·바람과 같은 대기 중의 여러 현상을 연구하는 학문.

기색(氣色) [명] **1** 어떤 감정을 나타내는, 사람의 얼굴빛. ¶놀라는 ~이 역력하다. **2** 사람이 어떤 행동을 하려고 하는 낌새나 눈치. ¶여차하면 달아날 ~이다.

기ː생[1](妓生) [명] **1** 지난날, 잔치나 술자리에서 노래나 춤, 또는 풍류로 흥을 돋우는 일을 직업으로 하던 여자. =기녀. **2** 요정의 접대부를 얕잡아 이르는 말.

기생[2](寄生) [명] **1** [생] 이종의 생물이 함께 생활하며, 한쪽이 이익을 얻고 다른 쪽이 해를 입고 있는 생활 형태. **2** 스스로 생활하지 못하고 다른 사람을 의지하여 생활하는 것. **기생-하다** [동][자][여]

기생-목(寄生木) [명][식] =겨우살이[2].

기ː생-오라비(妓生-) [명] 외모가 지나칠 만큼 말쑥하고 바람기가 있어 보이는 남자를 얕잡아 이르는 말.

기ː생-집(妓生-) [-찝] [명] 기생을 두고 술을 파는 집.

기생-충(寄生蟲) [명] **1** [동] 사람이나 가축에 기생하여 병해를 일으키는 생물. 회충·조충·이·벼룩 따위. **2** 스스로 노력하지 않고 남에게 의지하여 사는 사람을 야유하여 이르는 말. ¶~ 같은 존재.

기서(奇書) [명] 내용이 기이한 책.

기선[1](汽船) [명] 증기 기관의 힘으로 움직이는 배. 특히, 19세기에 만들어진 대형 선박을 가리킴. =증기선.

기선[2](基線) [명][지][수] 삼각 측량 및 제도(製圖) 등에서 기준이 되는 선분.

기선[3](機先) [명] 둘 이상의 사람이나 세력이 서로 대립되거나 경쟁 상태에서 어떤 일을 하려고 할 때, 그 일의 시작에 해당하는 기회. ¶먼저 한 점을 올려 ~을 제압하다[제하다].

기성[1](奇聲) [명] 기묘한 소리.

기성[2](既成) [명]《일부 명사 앞에 쓰여》 이미 이룬 상태가 되는 것. ¶~ 작가.

기성-복(既成服) [명] 일일이 주문을 받지 않고 일정한 기준 치수에 맞추어 미리 대량으로 만들어 놓은 옷.

기성-세대(既成世代) [명] 이미 사회에서 활동하고 있는 나이 든 세대.

기성-품(既成品) [명] 이미 만들어진 물건. 또는, 미리 일정한 규격대로 만들어 놓고 파는 물건.

기세(氣勢) [명] 남이 두려워할 만큼 세차게 뻗치는 힘. ¶맹렬한 ~ / ~가 꺾이다.

기세등등-하다(氣勢騰騰-) [형여] 기세가 매우 높고 힘차다.
기세-부리다(氣勢-) [자] 남에게 위엄을 보이기 위하여 자기의 기세를 드러내서 행동하다.
기소(起訴) [법] 검사가 특정한 형사 사건에 대하여 법원에 공소(公訴)를 제기하는 것. **기소-하다** [타여] [자] ¶절도 혐의로 ~.
기소^유예(起訴猶豫) [명][법] 검사가 범인의 성격·연령·환경, 범죄의 경중(輕重)·정상(情狀) 및 범행 후의 정황 등을 참작하여 공소를 제기하지 않는 일. ¶~로 풀려나다.
기수¹(奇數) [수] =홀수. ↔우수.
기수²(基數) [명] 수를 나타내는 기초가 되는 수. 십진법에서는 1에서 9까지의 정수(整數)를 말함.
기수³(期數) [수] 훈련·연수·교육 등의 과정을 이수한 것이 몇 번째인가를 나타낸 수. ¶15~의 선배 검사.
기수⁴(旗手) [명] 1 군대에서나 일반 행사 때, 대열의 앞에 서서 기를 드는 일을 맡은 사람. 2 사회적인 활동 등에서, 앞장서서 이끌고 나가는 사람. ¶평화의 ~.
기수⁵(機首) [명] 비행기의 앞부분. ¶~를 남쪽으로 돌리다 / ~를 낮추다.
기수⁶(騎手) [명] 경마 등에서 말을 타는 사람.
기숙(寄宿) [명] 자기 집이 아닌 남의 집이나 학교, 회사 등에 딸린 집에서 거처하는 것. **기숙-하다** [자여]
기숙-사(寄宿舍) [명] 학교·회사 등에서, 학생이나 근로자가 집에서 다니지 않고 단체로 숙식을 하면서 지낼 수 있게 마련한 건물.
기술¹(技術) [명] 1 어떤 것을 잘 만들거나 고치거나 다루는 뛰어난 능력. ¶첨단 ~. 2 어떤 것을 솜씨 있게 할 수 있는 재간이나 능력. ¶사람 다루는 ~이 좋다.
기술²(記述) [명] 사물의 내용을 기록하여 서술하는 것. 또는, 그 기록. **기술-하다**¹ [타여] ¶인간과 인간와의 관계를 100자 이내에 기술하여라. **기술-되다** [자여]
기술³(旣述) [명] 이미 기술(記述)한 일. 비전술(前述). **기술-하다**² [타여]
기술-자(技術者) [-짜] [명] 어떤 분야의 전문적 기술을 가진 사람. ¶전기 ~.
기술-적(技術的) [-쩍] [관] 1 기술에 관계가 있는 (것). 또는, 사물의 본질이나 이론보다도 그 실제 응용이나 운영의 방면에 관한 (것). ¶~인 문제. 2 재치나 요령 있게 일을 처리하는 (것). ¶여러 명의 수비를 ~으로 제치고 슛을 날리다.
기술-직(技術職) [명] 기술 분야의 직무. 또는, 그 사람.
기술-진(技術陣) [-찐] [명] 기술에 관한 일에 참여한 인적(人的) 구성.
기스 (←傷/きず) [명] '흠', '흠집'으로 순화.
기슭 [-슥] [명] 1 산이나 처마 등의 비탈진 곳의 아랫부분. ¶산~. 2 바다나 강 등의 물과 맞닿아 있는 땅의 부분. ¶강~.
기습¹(奇習) [명] 이상한 버릇이나 습관.
기습²(奇襲) [명] (적이나 상대를) 갑자기 공격하거나 습격하는 일. ¶~ 작전. **기습-하다** [타여] ¶밤을 틈타 적을 ~.
기승(氣勝) [명] (주로 '부리다'와 함께 쓰여) 기세나 세력이 거세어지는 것. ¶더위가 ~을 부리다. **기승-하다** [자][여] ¶모기가 기승하는 계절.
기승전결(起承轉結) [명][문] 한시(漢詩)에서, 시작(起), 전개(承), 전환(轉), 마무리(結)의 네 단계로 구성하는 일. 소설·드라마·영화 등의 내용 구성에서도 쓰임.
기시-감(旣視感) [명][심] 한 번도 경험한 일이 없는데도 언제, 어디선가 이미 경험한 일인 것처럼 느껴지는 것. ↔미시감(未視感).
기식(寄食) [명] (남의 집에) 묵으면서 지내는 것. **기식-하다** [자여]
기신(起身) [명] 몸을 움직여 일어나는 것. ¶중병이 들어 ~을 못 하고 있다.
기실(其實) I [명] 실제의 사정.
II [부] 실제에 있어서. ¶나쁜 것은 ~ 그 사람이 아니다.
기십(幾十) [수관] 몇 십. ¶~ 대의 자동차.
기아(棄兒) [명] 기를 의무가 있는 사람이 아이를 남몰래 내다 버리는 것. 또는, 그렇게 버려진 아이.
기아(飢餓·饑餓) [명] 사람이 먹을 것이 없어 오랫동안 거의 또는 먹지 못하고 지내는 상태. 비굶주림. ¶~에 허덕이는 난민.
기아선-상(飢餓線上) [명] 먹을 것이 없어 굶주리는 지경이나 상태. ¶~에서 허덕이는 빈민.
기악(器樂) [음] 악기를 써서 연주하는 음악. ↔성악.
기악-곡(器樂曲) [-꼭] [명][음] 기악을 위하여 작곡한 곡.
기안(起案) [명] (어떤 문서를) 안을 세워 일정한 내용으로 만드는 것. ¶~자. **기안-하다** [타여] ¶공문을 ~.
기암(奇巖) [명] 기이하게 생긴 바위.
기암-괴석(奇巖怪石) [-괴/-궤-] [명] 기이하고 괴상하게 생긴 바위와 돌.
기암-절벽(奇巖絶壁) [명] 기이하게 생긴 바위와 깎아지른 듯한 낭떠러지.
기압(氣壓) [기상] [1] [자][명] 대기의 압력. =대기압. [2] [의존] [1]의 단위. 1기압은 약 1013.25 헥토파스칼임. 기호는 atm.
기압-골(氣壓-) [-꼴] [기상] 일기도에서, 저기압의 중심에서 길게 'V' 자 또는 'U' 자 모양으로 뻗은 저압부(低壓部). 그 동쪽은 일반적으로 날씨가 좋지 않음.
기약(期約) [명] (어떤 일을 하기로) 언제라고 때를 정하여 약속하는 것. ¶~ 없이 떠나가신 임. **기약-하다** [타여] ¶재회를 ~.
기약^분수(旣約分數) [-뿐쑤] [명][수] 분모와 분자 사이의 공약수가 1뿐이어서 더 이상 약분되지 않는 분수.
기어(gear) [명] 속도나 운동의 방향을 바꾸는 데 쓰이는, 여러 개의 톱니바퀴로 조합된 장치. ¶변속 ~ / ~를 넣다.
기어-가다 [-어-/-어-] [자] <~거라 ~가거라> (사람이나 동물이나 자동차 등이) 기면서 가다. ¶지렁이가 ~.
기어-들다 [-어-/-어-] [자] <~드니, ~드오> 몰래 들어가거나 들어오다. 2 위축되어 움츠러져 들어가다. ¶기어들어 가는 목소리로 말하다.
기어-오르다 [-어-/-어-] [자][여] <~오르니, ~오르오> [1](손 아랫사람이 마땅히 공손해야 함에도 예의를 저버리고 버릇없이 굴다. 속된 말임. ¶오냐오냐하니까 머리 꼭대기까지 **기어오른다**. ②탄 (높은 곳을) 기어서 올라가다. ¶암벽을 ~.
기어-이(期於-)튄 **1** 어떤 일이 있더라도 반드시. ¶이번에는 ~ 우승을 하고야 말겠다. **2** 결국에 가서는. =기어코. 回마침내. ¶~ 일을 저지르고 말았구나.
기어-코(期於-)튄 =기어이.
기억(記憶)圀 **1** (어떤 대상이나 일, 지식 등을) 머릿속에 잊지 않고 새기어 보존하는 일. 또는, (그 대상·일·지식 등을) 되살려 생각해 내는 일. **2** [컴] 컴퓨터에 어떤 자료나 정보를 저장하는 일. ¶자료를 ~시키다. **기억-하다** 통탄여 **기억-되다** 통재 ¶**오래도록 기억될 만한 일.**
기억-나다(記憶-)[-영-] 통재 이전의 인상이나 경험이 의식 속에서 재생되다. ¶그의 어릴 때 얼굴이 **기억난다**.
기억-력(記憶力)[-녕녁] 圀 기억하는 능력.
기억^상실(記憶喪失)[-쌍-] 圀 머리 부분의 타박상 따위의 외상(外傷)이나 약물 중독 따위로 인하여 그 이전의 어느 기간 동안의 기억이 사라져 버리는 일.
기억^용량(記憶容量)[-영농냥] 圀[컴] 컴퓨터의 기억 장치가 기억할 수 있는 정보량을 나타내는 수치, 바이트·비트 등의 단위로 나타냄. =메모리.
기억^장치(記憶裝置)[-짱-] 圀[컴] 입력 장치를 통하여 읽어 들인 데이터나 명령을 비롯하여 컴퓨터 내부에서 계산 처리된 결과를 기억하는 장치. =메모리.
기업(企業)圀[경] 영리를 목적으로 물품이나 서비스의 생산·판매 등의 활동을 계속적으로 행하는 조직체. ¶대~ / 중소~.
기업-가(企業家)[-까] 圀 기업을 세워 경영하는 사람.
기업^결합(企業結合)[-껼-] 圀[경] 둘 이상의 기업이 경쟁의 제한, 시장의 독점, 경영의 합리화, 금융과 기술의 협조 등을 목적으로 결합한 형태. 카르텔·트러스트·콘체른 따위.
기업^연합(企業聯合)[-엄년-] 圀[경] =카르텔.
기업^은행(企業銀行)圀 특수 은행의 하나. 중소기업자에 대한 효율적인 신용 제도의 확립을 목적으로 하여 1961년에 설립됨. 중소기업 은행.
기업-주(企業主)[-쭈] 圀 어떤 기업을 소유하고 있는 사람. =오너.
기업-체(企業體)圀 기업의 주체. 또는, 사업을 하는 조직체.
기업^합동(企業合同)[-똥] 圀[경] =트러스트.
기업-화(企業化)[-어롸] 圀 기업의 형태를 갖추어 조직하는 일. **기업화-하다** 재탄여 **기업화-되다** 통여
-기에 어미 원인·이유를 나타내는 연결 어미. ¶네가 무엇이 ~ 간섭이냐?
기여(寄與)圀 (사회나 단체에, 또는 거기서 이뤄지는 어떤 일에) 도움이 되는 구실을 하는 것. 回이바지·공헌. **기여-하다** 통재여 ¶세계 평화에 ~. **기여-되다** 통여
기역圀[언] 한글 자모의 첫째 글자. 'ㄱ'의 이름. 목젖으로 콧길을 막고 혀뿌리를 높여 연구개를 막았다가 뗄 때에 나는 무성 파열음. 어중의 유성음 사이에서는 유성음으로 나며, 받침으로 그칠 때는 혀뿌리를 떼지 않음.
기역자-집/ㄱ자집(-字-)[-짜-] 圀

'ㄱ' 자 모양으로 지은 집.
기연(奇緣)圀 이상한 인연.
기연(機緣)圀 어떤 일의 계기가 되는 인연. 回깨달음의.
기염(氣焰)圀 (주로 '기염을 토하다'의 꼴로 쓰여) 한껏 높아져 있는 당당하고 자신만만한 기세. ¶우승을 향해 연전연승, 승승장구하며 ~을 토하다.
기예(技藝)圀 기술상의 재주.
기온(氣溫)圀 대기의 온도. ¶연평균 ~.
기와圀 점토를 틀에 넣어 일정한 모양으로 만든 다음, 가마에서 높은 온도로 구워 낸, 지붕을 이는 물건. ¶~를 이다.
기와-지붕圀 기와를 이은 지붕.
기와-집圀 지붕을 기와로 인 집.
기왓-골[-와꼴/-왇꼴] 圀 기와집 지붕에서 빗물이 잘 흘러내리도록 암키와를 이어 골이 진 부분.
기왓-장(-張)[-와짱/-완짱] 圀 낱장의 기와.
기왕(旣往)圀 지금보다 이전. 回=기왕에.
기왕-에(旣往-)튄 이미 그렇게 된 바에. =기왕. 回기왕에. ¶~ 늦었으니 좀 더 있다 가자.
기왕-이면(旣往-)튄 이왕에 그럴 바에는. 回이왕이면. ¶~ 다홍치마.
기왕지사(旣往之事)[ ] 圀 이미 지나간 일. 回이미 그렇게 된 일인 바에. ¶~ 이왕지사, ~ 틀린 일을 따진들 무엇하나.
기요틴(guillotine)圀 무겁고 날카로운 칼이 위에서 떨어지면서 수형자(受刑者)의 목을 베게 되어 있는 장치. 프랑스 혁명 때 만들어졌음.
기용(起用)圀 (어떤 사람을 중요한 직위로) 뽑아 쓰는 것. ¶인재의 ~. **기용-하다** 통탄여 **기용-되다** 통재
기우(杞憂)圀 [중국 기(杞)나라의 한 사람이 하늘이 무너지지 않을까 걱정했다는 고사에서] 쓸데없는 걱정. ¶암이 아닐까 걱정했는데 검사 결과 ~에 불과했다.
기우듬-하다 튄 조금 기운 듯하다. ¶모자를 **기우듬하게** 쓰다. **기우듬-히** 튄
기우뚱-거리다/-대다 [ ] 튄 물체가 이쪽저쪽으로 기울어지며 자꾸 흔들리다. 또는, 그리되게 하다. **기우뚱거리다**
기우뚱-기우뚱 튄 기우뚱거리는 모양. 갸우뚱갸우뚱. **기우뚱기우뚱-하다** 통재
기우뚱-하다 Ⅰ통재탄여 한쪽으로 기우듬하게 기울어지거나 기울다. 쨈갸우뚱하다.
Ⅱ형여 한쪽으로 기우듬히 기울어져 있다. 쨈갸우뚱하다.
기우-제(祈雨祭)[ ] 圀[역] 하지가 지나도록 가물 때에 비 오기를 비는 제사.
기운¹ 圀 **1** 하늘과 땅 사이에 가득 찬, 만물이 나고 자라는 힘의 근원. **2** 사람이나 동물이 활동하거나 일을 하는 데 필요한 힘. ¶~이 세다 / ~을 차리다. **3** 몸으로 느끼는 온도·냄새 따위의 감각. ¶봄~이 완연하다. **4** 어떤 일이나 병 따위의 초기에 나타나는 기미나 징후. ¶몸살 ~.
기운²(氣運)圀 바야흐로 어떤 일이 벌어지려고 하는 분위기. ¶동서 양 진영에서 화해의 ~이 고조되다.
기운-차다 튄 기운이 힘차다. ¶조국 근대화를 향한 **기운찬** 걸음을 내딛다.
기울-기[-수] 경사면의 수평면에 대한

기울어진 정도.
기울다 图 〈기우니, 기우오〉 1 (물체가) 땅 위나 평면에 대해 수직이나 수평을 이루지 못하고 한쪽으로 비스듬해지거나 한쪽이 낮아진 상태를 이루다. ¶탑이 한쪽으로 **기울었다**. 2 (물체가) 땅 위나 평면에 대해 한쪽으로 쏠리거나 쓰러져 가는 상태를 이루다. ¶배가 중심을 잃고 오른쪽으로 **기울기** 시작했다. 3 (어떤 일이나 세력이) 기운찬 때를 지나 약해지거나 쇠퇴해지다. ¶사업이 ~. 4 (해나 달, 별 따위가) 가장 높은 위치를 지나 저무는 위치로 움직이다. ¶해가 서산으로 ~. 5 (사람이나 어떤 운동·작품 등이) 어떤 경향을 짙게 띤 상태를 보이다. 6 (어떤 것을 다른 것과 견주어 어떤 것이 다른 것보다) 못하거나 부족한 상태를 보이다. ¶신랑 쪽이 기우는 혼사.
기울어-지다 图 기울게 되다. ¶배가 ~ /집안이 ~.
기울-이다 图 1 '기울다1·2'의 사동사. ¶몸을 앞으로 ~. 2 (정성이나 주의 따위를) 한결같이 집중하다. ¶심혈을 **기울여** 만든 작품.
기웃[-욷] 囝 무엇을 보려고 고개를 기울이는 모양. ¶그녀는 고개를 **기웃하고** 방 안을 들여다보았다. **기웃-하다** 图困 图目
기웃-거리다/-대다[-욷꺼(때)-] 图目 무엇을 보려고 자꾸 고개를 기울이다. ¶누군가 대문 안을 **기웃거리고** 있다. 困团 **기웃거림**
기웃-기웃[-욷끼욷] 囝 기웃거리는 모양. 囼가웃갸웃. **기웃기웃-하다** 图目 ¶뭘 보려고 자꾸 **기웃기웃하고** 있니?
기원¹(紀元) 圀 1 역사 연대를 계산하는 데 기준이 되는 최초의 해. 서력기원·단군기원 따위. 2 새로운 출발이 되는 시대 또는 시기. ¶새 ~.
기원²(祈願) 圀 바라는 일이 이루어지기를 비는 것. **기원-하다** 图目 ¶가내(家內) 평안하기를 **기원합니다**.
기원³(起源·起原) 圀 (사물이 어떤 것에서) 처음 시작되거나 비롯하는 것. 또는, 그 근원. ¶인류의 ~. **기원-하다**² 圉
기원⁴(棋院·碁院·棊院) 圀 1 바둑을 두는 사람에게 장소와 시설을 빌려 주고 돈을 받는 곳. 2 바둑을 즐기는 사람들이 조직한 단체.
기원-전(紀元前) 圀 예수 그리스도가 태어난 해를 기원으로 했을 때, 그 이전의 해나 때를 이르는 말. =비시(B.C.). ↔기원후.
기원-후(紀元後) 圀 예수 그리스도가 태어난 해를 기원으로 했을 때, 그 이후의 해나 때를 이르는 말. =에이디(A.D.). ↔기원전.
기유(己酉) 圀 60갑자의 마흔여섯째.
기율(紀律) 圀 도덕상으로 여러 사람에게 행위의 모범이 될 만한 질서.
기이-하다(奇異-) 웝 기묘하고 이상하다. **기이히** 囝 ¶~한 풍속.
기인¹(奇人) 圀 성격이나 말·행동이 별난 사람.
기인²(起因) 圀 (어떤 일이 다른 일이나 현상에) 그 원인이 있어 생기거나 일어나는 것. **기인-하다** 困困 ¶그의 병은 과로에 **기인한** 것이다. **기인-되다** 图困
기일¹(忌日) 圀 1 사람이 죽은 날. 囼제삿날. 2 꺼려야 할 불길한 날.
기일²(期日) 圀 정한 날짜. ¶~을 어기다/세금을 ~ 내에 납부하다.
기입(記入) 圀 (장부나 문서 등의 칸이나 난에 필요한 내용을) 적어 넣는 것. **기입-하다** 图目 ¶장부에 지출 내용을 ~. **기입-되다** 图困
기입-장(記入帳)[-짱] 圀 적어 넣는 책 또는 공책.
기자¹(記者) 圀 신문·잡지·방송 등의 기사를 취재하여 쓰거나 편집하는 사람. ¶취재 ~.
기자²(箕子) 圀[인] 전설상의 기자 조선의 시조. 은나라 말기의 현인됨.
기자-단(記者團) 圀 출입하는 부처나 기관 등이 같은, 각 사(各社)의 기자들로 이루어진 단체.
기자-실(記者室) 圀 관공서 등에 마련되어 있는 취재 기자들의 대기실.
기-자재(機資材·器資材) 圀 기계·기구·재료 등의 총칭. ¶실험 ~.
기자^조선(箕子朝鮮) 圀[역] 은(殷)나라의 기자가 조선에 와서 세웠다고 하는 나라. 현재 학계에서는 그 실재를 부정하고 있음.
기자^회견(記者會見)[-회/-훼-] 圀 어떤 사람이 공식적으로 기자들을 모아놓고 사회적 관심사가 될 만하거나 여론을 불러일으킬 만한 내용에 대해 자기의 의견을 말하는 일. 또는, 그런 모임. ¶장관이 ~을 요청하다.
기장¹ 圀 옷 따위의 긴 정도. ¶~이 길다.
기장²(植) 圀[식] 조와 비슷한 곡식으로, 산간 지방에서 재배하는 한해살이풀. 또는, 그 종자. 술·엿·떡 등의 원료나 사료로 씀.
기장³(記章·紀章) 圀 '기념장'의 준말.
기장⁴(記帳) 圀 장부에 적는 일. 또는, 그 장부. **기장-하다** 图目困
기장⁵(機長) 圀 민간 항공기에서 승무원 중 최고 책임자. 보통 정조종사가 이를 맡음.
기재¹(記載) 圀 문서 따위에 기록하는 것. ¶~ 사항. **기재-하다** 图目困 **기재-되다** 图困
기재²(器材) 圀 기구와 재료. ¶의료 ~.
기저(基底) 圀 1 기초가 되는 밑바닥. 2 기초로 되어 있는 사항. 囼기본·근저. ¶작품의 ~에 깔려 있는 사상.
기저귀 圀 어린아이의 똥오줌을 받아 내기 위하여 살에 채우는 천. ¶~를 차다.
기적¹(汽笛) 圀 기관차 등에서, 주의나 경계 등의 신호로서 소리를 내는 장치. ¶~ 소리.
기:적²(妓籍) 圀 기생으로 소속되어 있음을 기록한 공식 문서.
기적³(奇蹟·奇跡) 圀 1 보통으로는 생각하거나 일어날 수 없는 놀라운 일이 실제로 일어나는 것. ¶폭풍우 속에서 그가 살아난 것은 ~이다. 2 주로, 크리스트교에서 신(神)에 의하여 행해졌다고 믿어지는 불가사의 한 현상. 부활, 병자의 치유 따위.
기적-적(奇蹟的) 圀 기적이라고 할 만한 (것). ¶삼엄한 경비를 뚫고 ~으로 탈출하다.
기-전력(起電力)[-젼-] 圀[물] 전류를 흐르게 하는 원동력. 단위는 볼트(V).
기전-체(紀傳體) 圀 동양적 역사 기술의 한 형식. 역사적 인물의 개인 전기(傳記)를 이어 감으로써 한 시대의 역사를 구성하는 것. 본기(本紀)·열전(列傳)·표(表)·지(志) 등으로 나뉨. ▷기사 본말체·편년체.

기절(氣絕) 圐 (두려움·놀람·충격 등으로) 한동안 정신을 잃는 것. 回실신. **기절-하다** 툉재여 ¶아들의 교통사고 소식을 들은 어머니는 **기절하고** 말았다.

기절-초풍(氣絕-風) 圐 숨이 막히고 경기를 일으킬 정도로 매우 놀라는 것. ¶맹견이 짖어 대자 그 여자는 ~을 하여 달아났다. **기절초풍-하다** 툉재여

기점(起點) [-쩜] 圐 처음으로 시작되는 곳. ¶이번 마라톤 대회는 여의도을 ~으로 삼아. ↔종점.

기정(旣定) 圐 이미 결정된 것. ~미정.

기정-사실(旣定事實) 圐 이미 이루어졌거나 정해져 있어, 이전의 상태로 돌이킬 수 없는 된 사실. ¶네가 후회하고 있을지라도 그 사람과 약혼한 것은 ~이다.

기제¹(忌祭) 圐 =기제사.

기제²(機制) 圐 1 사물 현상 속에 작용하는 원리나 규칙, 또는 어떤 일을 이루기 위한 수단·방법으로서의 체계나 장치. ¶자본주의의 ~ / 국가의 통치 ~. 2 [심] 인간의 행동 속에 작용하는 심리적 원리. =메커니즘. ¶방어 ~.

기제³(Gizeh) 圐[지] 이집트 북동부의 도시.

기-제사(忌祭祀) 圐 탈상 뒤, 해마다 죽은 날에 지내는 제사. =기제(忌祭).

기조(基調) 圐 작품·행동·사상 등의 근저를 일관하여 흐르는 기본적인 사고방식. ¶작품의 ~를 이루는 것은 작가의 휴머니즘이다.

기조-연설(基調演說) 圐 국회·전당 대회·학회 등에서 정당의 간부나 학회의 중요 인물이 정책이나 학회의 기본 방침에 대하여 설명하는 연설.

기존(旣存) 圐 (주로, 일부 명사 앞에 쓰여) 이미 존재하거나 전부터 있어 온 것. ¶~ 체제 / ~ 설비. **기존-하다** 툉재여

기종(機種) 圐 1 항공기의 종류. 2 컴퓨터나 전자 제품 등의 모델 종류.

기-죽다(氣-) [-따] 툉재 어떤 사람 앞에서 기세가 꺾여 기를 펴지 못하다. ¶가난하다고 해서 **기죽지** 말아라.

기죽-이다(氣-) 툉타 (어떤 사람을) 기세를 꺾어 기를 펴지 못하게 하다. ¶애를 너무 **기죽이지** 마세요.

기준(基準) Ⅰ 圐 어떤 일을 판단하거나 무엇을 구별하는 데 기본이 되는 일정한 원칙이나 수준이나 대상. ¶평가 ~.
Ⅱ 鬮 제식 훈련 시 구령의 하나. 대오(隊伍)를 정렬할 때 맞추어야 할 대상으로서의 사람이나 줄을 대원들에게 알리는 말.

기준-선(基準線) 圐 무엇을 재거나 그리거나 할 때 기준으로 삼는 선.

기준^시가(基準時價) [-까] 圐[경] 아파트·연립 주택 등의 공동 주택이나 골프 회원권 등을 팔거나 상속 또는 증여할 때 과세의 기준이 되는 가격. ▷공시 지가.

기준-치(基準値) 圐 어떤 상태를 판정하는 기준이 되는 수치. ¶물에서 ~ 이상의 중금속이 검출되다.

기중-기(起重機) 圐 무거운 물건을 동력으로 끌어 올려 상하·좌우·전후로 이동시키는 기계. =크레인.

기증(寄贈) 圐 1 (어떤 물품을 기관이나 단체에) 유용하게 쓰라고 돈을 받지 않고 주는 것. 回증여. ¶~자(者). ▷기부. 2 (자신의 신체 장기를 남에게) 이식할 수 있도록 떼어서 주는 것. ¶장기(臟器) ~. **기증-하다** 툉타여 ¶책을 도서관에 ~.
기증-되다 툉재여

기지¹(基地) 圐 1 군사·탐험 등반 등의 활동을 계획하고 통제하고 지원하는 근거지. ¶군사 ~ / 미사일 ~. 2 =터전.

기지²(旣知) 圐 이미 아는 일. ¶~의 사실. ↔미지.

기지³(機智) 圐 1 그때그때의 상황에 재빨리 요령 있게 대처하는 지혜. ¶~를 발휘하다. 2 [문] 익살스러우면서도 의표를 절러 놀라움을 주도록 만들어진, 짧고 지적인 표현. 回위트.

기:지개 피곤할 때 몸을 쭉 펴고 팔다리를 뻗는 것. ¶~를 켜다.

기지-국(基地局) 圐 이동 전화가 가능하도록 일정 범위의 지역마다 설치된, 안테나·송수신기·컴퓨터 등으로 구성된 통신 중계탑.

기지-촌(基地村) 圐 외국군 기지의 주변에 형성된 촌락.

기진(氣盡) 圐 기운이 다하여 힘이 없는 것. ¶탈진. **기진-하다** 툉재여

기진-맥진(氣盡脈盡) [-찐] 圐 기운과 의지력이 다하여 스스로 가누지 못할 지경이 됨. **기진맥진-하다** 툉재여 ¶장시간의 행군으로 ~.

기질¹(氣質) 圐 1 한 개인의 행동에 나타나는 특유의 성질. ¶말솜씨를 보니 장사꾼 ~이 다분하구나. 2 [심] 사람의 행동 양식의 바탕이 되는 유전적·생물학적·감정적 성질.

기질²(基質) 圐 1 [화] 효소가 작용하는 상대 물질. 아밀라아제에 대한 녹말 따위. 2 [생] 동물의 결합 조직의 세포 사이에 있는 물질.

기집-애 '계집애'의 잘못.

기차(汽車) 圐 1 증기 기관을 원동력으로 하여 궤도 위를 운행하는 차량. =화차. 2 기관차에 객차나 화물차를 연결하여 궤도 위를 운행하는 차량을 통속적으로 이르는 말. 시내를 주행하는 전철은 포함되지 않음. 回열차.

기차-놀이(汽車-) 圐 여럿이 적당한 간격으로 한 줄로 서서 앞사람의 어깨나 허리를 잡거나 또는 양쪽 끝을 잡아맨 새끼줄 안에 들어가 기차의 흉내를 내며 노는 아이들 놀이의 하나.

기-차다(氣-) 툉재 <속> 기막히다2.

기차-역(汽車驛) 圐 기차가 도착하거나 출발하는 역.

기차-표(汽車票) 圐 기차를 탈 때 그 요금으로 현금 대신 내는 표.

기착(寄着) 圐 (비행기·배 따위가) 목적지로 가는 도중 어떤 곳에 잠시 머무르는 것. **기착-하다** 툉재여

기착-지(寄着地) [-찌] 圐 목적지로 가는 도중 잠시 머무르는 곳.

기찰(譏察) 圐 (행동 따위를) 넌지시 살피는 것. ¶~포교. **기찰-하다** 툉타여

기찻-길(汽車-) [-차낄/-찯낄] 圐 기차가 다닐 수 있도록 레일을 놓은, 일정한 너비의 긴 공간.

기채(起債) 圐[경] 국가나 공공 단체가 공채를 모집하는 것. ¶~ 시장.

기척 누가 있는 줄을 알 만한 소리나 기색. ¶외출을 했는지 방 안에 아무런 ~이

없다.
기천(幾千) [수][관] 몇 천.
기체[1](氣體) [명] 웃어른에게 올리는 편지에서 문안 때, 그를 높여 그의 정신과 건강 상태를 이르는 말. =기체후.
기체[2](氣體) [명][물][화] 일정한 형태가 없으며 온도나 압력에 따라 부피가 달라지는 물질. 공기·가스 따위. ▷고체·액체.
기체[3](機體) [명] 비행기의 몸체. ¶비행기가 추락하여 ~가 산산조각이 났다.
기체-화(氣體化) [명][화] =기화(氣化)[2]. **기체화-하다** [동][자][타][여] **기체화-되다** [동][자]
기체-후(氣體候) [명] =기체(氣體)[1]. ¶~ 일향 만강하옵신지요?
기초[1](起草) [명] 글의 초안을 잡는 것. [준]초(草). **기초-하다**[1] [동][타][여] [준]초하다.
기초[2](基礎) [명] **1** 사물의 기본이 되는 토대. [비]바탕·근본. ¶~ 지식. **2** 건물이나 구축물 등의 무게를 받치기 위하여 만든 밑받침. ¶~ 공사. **기초-하다**[2] [동][자][여] 토대나 바탕을 두다.
기초^공!제(基礎控除) [명] 과세 소득 금액을 산정할 때, 총소득 금액에서 최저 생활비에 상당하는 일정한 금액을 빼는 일.
기초^대!사(基礎代謝) [명][생] 동물체가 생명을 유지하는 데 필요한 최소한의 에너지 대사. ¶~량.
기초-식품(基礎食品) [명] 탄수화물·단백질·지방질·무기질·비타민 등 사람이 필수적으로 섭취해야 하는 주요 영양소를 각각 함유하는 다섯 가지의 식품군.
기초^자치^단체(基礎自治團體) [명] 시(市)·군(郡)·구(區)의 하급 지방 자치 단체. ▷광역 자치 단체.
기초-화장(基礎化粧) [명] 피부를 건강하고 탄력 있게 하기 위해 화장수·로션·크림 등을 바르는 정도의 기본적인 화장. ▷메이크업.
기총(機銃) [명][군] '기관총'의 준말. ¶~ 사격.
기총^소사(機銃掃射) [명][군] 항공기에서 땅 위의 표적을 비로 쓸어 내듯이 기관총으로 쏘는 일.
기축[1](己丑) [명] 60갑자의 스물여섯째.
기축[2](祈祝) [명] 빌고 축원하는 것. **기축-하다** [동][타][여]
기축[3](機軸) [명] 조직·단체 등의 활동의 중심이 되는 긴요한 부분.
기층[1](氣層) [명][물] 대기의 층.
기층[2](基層) [명] 어떤 사물의 기초를 이루는 밑바탕. ¶사회의 ~을 이루고 있는 서민의 생활을 조사하다.
기치(旗幟) [명] **1** 옛날 군중(軍中)에서 쓰던 깃발. **2** 어떤 목적을 위하여 내세우는 태도나 주장. ¶구국의 ~를 내걸다.
기침[1] [명] **1** 기도(氣道)가 어떤 자극을 받아 갑작스럽게 거친 숨과 함께 목구멍에서 연속적으로 터져 나오는 소리. 또는, 그런 생리적·병적 현상. =해수(咳嗽). **2** 주의를 끌기 위해, 또는 인기척의 수단으로 일부러 내는 다소 큰 목소리. ¶헛~. **기침-하다**[1] [동][자][여]
기침[2](起枕) [명] (윗사람이) 잠을 깨어 일어나는 것. **기침-하다**[2] [동][자][여]
기침-감기(一感氣) [명] 기침이 나오는 증상의 감기.
기침-약(一藥) [一냑] [명][약] 기침을 멎게 하는 데 쓰는 약.
기타[1](其他) [명] 《어떤 종류의 예를 모두 들 수 없을 때 둘 이상의 예만을 들거나, 어떤 내용을 속속들이 말할 수 없을 때 대강 말한 다음에 쓰여》 '그 밖(의)'의 뜻을 나타내는 말. ¶~ 자세한 사항은 전화로 문의하시기 바랍니다.
기타[2](guitar) [명][음] 표주박 모양의 공명 상자에 자루를 달아 여섯 줄을 나란히 매어, 손가락 끝이나 픽으로 줄을 타서 연주하게 되어 있는 악기. ¶통~.
기타리스트(guitarist) [명] 기타 연주가.
기탁(寄託) [명] **1** 부탁하여 맡겨 두는 일. **2** [법] =임치(任置)**2**. **기탁-하다** [동][타][여] ¶성금을 신문사에 ~.
기탁-금(寄託金) [一끔] [명] 부탁하여 맡겨 둔 돈.
기탄-없다(忌憚一) [一업따] [형] 어렵게 여기는 것이나 거리낌이 없다. **기탄없-이** [부] ¶여러분의 의견을 ~ 말해 주십시오.
기통(氣筒·汽筩·汽筒) [명][공] =실린더. ¶6~ 엔진.
기특-하다(奇特一) [一트카一] [형][여] (사람이 하는 짓이나 말이, 또는, 그 사람이) 착하거나 신통하여 칭찬할 만하다. ¶부모님 말씀도 잘 듣고 공부도 열심히 한다니 참으로 **기특하구나**. **기특-히** [부]
기틀 [명] 어떤 일을 이루는 데 중요한 기능이나 구실을 하는 바탕. [비]기초·기반·발판. ¶~이 잡히다 / 성공의 ~을 다지다.
기판(基板) [명][컴] 집적 회로에 해당 부품이 납땜 되어 있는 실리콘 판.
기포(氣泡) [명] 고체나 액체의 내부에 기체가 들어가 거품처럼 둥그렇게 부풀어 있는 것.
기폭[1](起爆) [명] 화약이 압력·열 따위의 충동을 받아서 폭발을 일으키는 현상. ¶~ 장치.
기폭[2](旗幅) [명] **1** 기를 이루는 천. [비]깃발. **2** 깃발의 나비.
기폭-약(起爆藥) [一퐁냑] [명][화] 폭발을 일으키는 데 쓰이는, 아주 예민한 화약. 작은 충격에도 쉽게 폭발함. 뇌홍 따위. =기폭제.
기폭-제(起爆劑) [一쩨] [명] **1** [화] =기폭약. **2** 비유적으로 쓰여, 어떤 사건을 일으키는 결정적 계기. ¶관광 활성화가 지역 경제 발전의 ~가 되었다.
기표(記票) [명] 투표용지에 써넣거나 표를 하는 것. **기표-하다** [동][자][여]
기품[1](氣品) [명] 인격이나 작품 등의 고상하게 보이는 품격.
기품[2](氣稟) [명] 기질과 품성. ¶늠름한 ~.
기풍(氣風) [명] 어떤 집단이나 지역 사람들의 공통적인 기질.
기피(忌避) [명] (어떤 일이나 대상을) 꺼리거나 싫어하여 피하는 것. ¶~자(者). **기피-하다** [동][타][여] ¶병역을 ~.
기필-코(期必一) [부] 기어이 꼭. [비]반드시. ¶무슨 일이 있어도 ~ 우승하겠다.
기하(幾何) [명][수] '기하학'의 준말.
기하-급수(幾何級數) [一쑤] [명] **1** [수] =등비급수. **2** 수량의 증가가 급격히 이뤄지는 상태. ¶비용이 ~로 늘다.
기하급수-적(幾何級數的) [一쑤一] [관][명] **1** 수의 증가가 거듭될 때마다 일정한 수가 곱해져 이뤄지는 (것). **2** 수량의 증가가 급격히 이뤄지는 (것). ¶인구가 ~으로 증가하다. ▷산술급수적.
기-하다[1](基一) [동][자][여] 기초를 두다.
기-하다[2](期一) [동][타][여] **1** 기일을 정하여

어떤 행동이나 일의 계기로 삼다. ¶3월 1일을 **기하여** 독립 만세를 부르다. **2** 목적하는 바가 이루어지도록 하다. ¶시험 준비에 만전을 ~.

기하-학(幾何學) 圀[수] 도형 및 그것이 차지하는 공간의 성질에 대하여 연구하는 수학의 한 부분. 囹기하.

기하학-적(幾何學的) [-쩍] 펜圀 **1** 기하학에 관한 (것). **2** 기하학 특유의 (것).

기한¹(飢寒·饑寒) 圀 먹을 것, 입을 것이 없어 배고프고 추운 상태. 곧 헐벗고 굶주리는 상태. ¶땅개기를 부쳐 겨우 ~이나 면하고 삽니다.

기한²(期限) 圀 미리 기약하여 한정한 시기. ¶납부 ~. **기한-하다** 圐타옌 ¶한 달을 **기한하고** 돈을 꾸다.

기한-부(期限附) 圀 어느 때까지 어떤 일을 실행한다는, 기한이 붙어 있는 것. ¶~ 채권.

기함¹(氣陷) 圀 갑자기 매우 놀라거나 아파서 소리를 지르면서 정신을 잃고 기접하는 것. **기함-하다** 圐자옌

기함²(旗艦) 圀[군] 함대의 군함 중 사령관이 타고 있는 배. ≒사령선.

기합(氣合) 圀 **1** 비상한 힘을 내기 위한 정신과 힘의 집중. 또는, 그 집중을 위하여 내는 소리. ¶~을 넣다 / ~ 소리. **2** 군대나 학교 등 단체 생활을 하는 데서 윗사람이 잘못한 사람을 단련한다는 뜻에서 정신적·육체적 고통을 가하는 것. 삔얼차려. ¶단체 ~.

기항(寄港) 圀 항해 중인 배가 목적지가 아닌 항구에 잠시 들르는 것. ¶~지(地). **기항-하다** 圐자옌 ¶외국 상선이 급유를 위해 **인천항에 기항하고** 있다.

기해(己亥) 圀 60갑자의 서른여섯째.

기해-박해(己亥迫害) [-바캐] 圀[역] 조선 헌종 5년(1839)에 천주교도를 학살한 사건.

기행¹(奇行) 圀 기이한 행동.

기행²(紀行) 圀 여행하며 보고 듣고 느낀 것의 기록.

기행-문(紀行文) 圀[문] 여행하며 보고 듣고 느낀 것을 수필·일기·편지 등의 형식으로 쓴 글. ≒여행기.

기-현상(奇現象) 圀 기이한 현상.

기혈(氣血) 圀[한] '기'와 '혈'을 아울러 이르는 말. ¶~ 순환.

기형¹(奇形) 圀 이상하거나 별난 모양.

기형²(畸形) 圀 **1** [생] 동식물에서, 정상의 형태와는 다른 것. **2** 보통과는 다른 모양. 또는, 기묘한 모양.

기형-아(畸形兒) 圀 신체의 발육이나 기능에 장애가 있어 보통과는 다른 형체로 태어난 아이.

기호¹(記號) 圀 어떤 뜻을 나타내기 위하여 쓰이는 부호·문자·도상(圖像) 따위의 총칭. ≒심벌.

기호²(嗜好) 圀 어떤 물질, 특히 먹거나 마시거나 피우거나 하는 물질을 즐기고 좋아함. ¶~ 식품. **기호-하다** 圐타옌

기호³(畿湖) 圀[지] 서울을 중심으로 한 경기도 일대와 황해도 남부 및 충청남도 북부를 포함한 지역.

기호-품(嗜好品) 圀 영양을 얻기 위해서가 아니라 미각이나 후각을 통한 쾌감을 즐기기 위해 먹거나 들이마시거나 하는 물질이나 물품. 술·담배·커피 따위.

기호-학(記號學) 圀 **1** 기호 및 기호로서의 언어를 연구 대상으로 하는 학문. **2** 문화전체를 기호 체계로 보고 그 발생을 연구하는 학문.

기혼(旣婚) 圀 이미 혼인한 상태가 되는 것. ¶~ 남성(男性). ↔미혼.

기혼-자(旣婚者) 圀 이미 혼인을 한 사람. ↔미혼자.

기화¹(奇貨) 圀 ('-을/를 기화로'의 꼴로 쓰여) 나쁘게 이용하는 어떤 기회. ¶상대의 약점을 ~로 돈을 뜯어내다.

기화²(氣化) 圀[물] 액체가 기체로 바뀌는 현상. =기체화. ▷승화·액화. **기화-하다** 圐타**기화-되다** 圐자

기화-기(氣化器) 圀 가솔린 기관에 공급하는 연료와 공기의 혼합기를 만드는 장치. =카뷰레터.

기회(機會) [-회/-췌] 圀 **1** 어떤 일이나 행동을 하기에 알맞거나 효과적인 때. ¶절호의 ~ / ~를 놓치다. **2** 어떤 일을 할 겨를이나 짬. ¶만날 ~가 없다.

기회-감염(機會感染) [-회/-췌-] 圀[의] 건강한 사람에게는 병을 잘 일으키지 않는 미생물이 면역 기능이 약한 사람에게 감염되어 일어나는 병.

기회-균등(機會均等) [-회/-췌-] 圀 **1** 누구에게나 고루 기회를 주는 일. **2** 국제간의 통상이나 경제 활동에서, 특정 국가에 준 대우를 다른 국가에도 주는 일.

기회-비용(機會費用) [-회/-췌-] 圀[경] 여러 가지 가운데 하나를 선택하여야 할 때, 그 선택으로 인해 포기해야 하는 차선의 선택을 비용이나 값어치로 나타낸 것.

기회-주의(機會主義) [-회/-췌-이] 圀 원칙과 소신 없이 그때그때의 상황에 따라 자기의 이익을 좇아 행동하는 태도나 사고방식. ¶~자(者).

기획(企劃·企畵) [-획/-훽] 圀 (어떤 일을) 꾸며 계획하는 것. ¶~ 상품. **기획-하다** 圐타옌 ¶새로운 사업을 ~. **기획-되다** 圐자

기획-사(企劃社) [-획싸/-훽싸] 圀 연예인을 발굴·양성하거나, 광고·음반·영화 등을 제작하거나, 공연 등을 기획·연출하는 회사. ¶연예인 ~.

기획^예산처(企劃豫算處) [-횅네-/-횅네-] 圀 중앙 행정 기관의 하나. 국가의 예산 정책, 예산의 편성 및 집행의 관리와 재정 개혁 및 행정 개혁에 관한 사무를 맡아봄.

기후(氣候) 圀[지] 일정한 지역의 여러 해에 걸친 기온·비·눈 등의 평균 상태. 삔날씨·일기. ¶고온 다습한 ~.

긴가민가-하다 그런지 그렇지 않은지 확실하지 않다. ¶그것이 꿈인지 생시인지 ~.

긴급(緊急) 圀 긴요하고도 급한 것. ¶~ 뉴스. **긴급-하다** 혱옌 ¶긴급한 용무. **긴급-히** 閠 ¶~ 대책을 세우다.

긴급-동의(緊急動議) [-똥의/-똥이] 圀 회의에서 긴급을 요하는 안건이 있을 때, 그것을 예정된 의제(議題)에 추가하도록 제안하는 일.

긴급^사태(緊急事態) [-쌔-] 圀[법] 대규모의 재해 또는 소란 등과 같은, 그 수습에 긴급을 요하는 사태. 계엄령 등을 선포함.

긴급^조치(緊急措置) [-쪼-] 圀[법] 유신 헌법에서, 나라가 위급할 때 대통령이 국

정 전반에 걸쳐서 내리던 특별한 조치.
긴:-긴 괜 길고 긴. ¶~ 세월 / ~ 겨울밤.
긴:긴-날 명 길고 긴 날.
긴:긴-밤 명 길고 긴 밤.
긴:긴-해 명 길고 긴 해. 또는, 길고 긴 낮.
긴:꼬리-닭 [-닥] 명동 꽁지가 매우 길고 아름다워 관상용으로 기르는 닭.
긴:꼬리-원숭이 명동 몸길이 40~70cm, 꼬리 길이 60~100cm인, 원숭이의 한 종류. 삼림이나 초원에 떼 지어 삶.
긴:-말 명 쓸데없이 길게 늘어놓는 말. =긴소리. ¶~ 듣고 싶지 않다. **긴:말-하다** 통(재여) ¶시간이 없으니 긴말하지 마라. 긴말할 것 없다 이러쿵저러쿵 길게 여러 말을 늘어놓을 것 없다.
긴밀-하다(緊密-) [-따] 형여 (서로의 관계가) 몹시 가까워 빈틈이 없다. ¶두 나라는 군사적으로 **긴밀한** 우호 관계를 유지해 왔다. **긴밀-히** [-리] 위 ~ 연락을 취하다.
긴:-바늘 명 '분침(分針)'을 입말로 이르는 말. ▷짧은바늘.
긴박-감(緊迫感) [-깜] 명 긴장되고 여유가 없이 급하게 되어 가는 느낌.
긴박-하다(緊迫-) [-빠카-] 형여 (사태가) 긴장되고 여유가 없이 급하다. ¶**긴박하게** 돌아가는 국제 정세.
긴:-병(-病) 명 오래도록 낫지 않는 병. [긴병에 효자 없다] 무슨 일이거나 너무 오래 끌면 그 일에 대한 성의가 덜하게 된다.
긴:-소리 명 1 언 길게 내는 소리. =장음(長音). ↔짧은소리. 2 =긴말.
긴:-소매 명 어깨에서 팔목 부분까지 오는 소매. 또는, 그 옷. =긴팔. ▷반소매.
긴요-하다(緊要-) 형여 절실하게 필요하거나 중요하다. =요긴하다. ¶**긴요한** 용건. **긴요-히** 튀 ~ 쓰겠다.
긴장(緊張) 명 1 마음을 늦추지 않고 정신을 바짝 차리는 것. 또는, 그런 심리 상태. ¶~을 풀다. 2 서로의 관계가 악화되어 자칫 분쟁이 일어날 듯한 상태. ¶양국 사이에 ~이 고조되다. **긴장-하다** 통(재) 긴장-되다 통(재) ¶긴장된 순간.
긴장-감(緊張感) 명 1 긴장할 때의 마음 상태. 2 긴장되어 있는 분위기나 기운. ¶~이 감도는 전선.
긴:-지름 명 [수] 타원 안의 가장 긴 지름. 구용어는 장경(長徑). ↔짧은지름.
긴축(緊縮) 명 재정(財政)의 기초를 다지기 위하여 지출을 줄이는 일. ¶~ 재정. **긴축-하다** 통(재여) 긴축-되다 통(재)
긴:-치마 명 발목까지 내려오는 치마. = 롱스커트.
긴:-팔 명 =긴소매.
긴팔-원숭이 명동 팔이 매우 길어 나무 위에서 살기 알맞은, 원숭이의 한 종류. 동남아시아 특산종임.
긴-하다(緊-) 형여 1 꼭 필요하다. ¶**긴한** 물건. 2 매우 간절하다. ¶**긴한** 부탁. **긴-히** 위 ¶너에게 ~ 할 말이 있다.
길:다 [-따] (길고 / 길어) 통(자) (비)(<길으니, 길어>) 우물·샘·강 같은 데서 물을 퍼서 그릇에 담다. ¶물을 ~.
길[1] 명 1 어떤 곳에서 다른 곳으로 사람이 나 차, 수레 등이 다닐 수 있도록 땅 위에 있거나 낸, 너비가 있는 긴 공간. ¶골목~ / 오솔~. 2 배나 비행기 등이 어떤 지역에서 다른 지역까지 안전하고 가깝

게 다닐 수 있는 일정한 통로. (비)항로. ¶ 뱃~. 3 사람이 걷거나 탈것을 타고 어느 곳을 가는 일. ¶~을 떠나다. 4 ('-는 길에'의 꼴로 쓰여) 사람이 가거나 오는 가운데. (비)도중. ¶시내에 나가는 ~에 책 한 권 사다 줄래? 5 어떤 일을 하는 방법이나 수단. ¶살아갈 ~이 막막하다. 6 살아가는 도리나 임무. ¶스승의 ~. 7 어떤 자격으로서의 삶이나 생활. ¶친구를 잘못 사귀어 나쁜 ~로 빠졌다. 7 어떤 자격으로서의 도리나 임무. ¶스승의 ~. 8 시간의 흐름을 통해 전개되는 과정. 또는, 사회·역사적인 발전의 방향. ¶근대화의 ~로 들어서다. 9 (''··· 길로'의 꼴로 쓰여) '즉시'의 뜻을 나타내는 말. ¶소식을 듣자 그 ~로 달려가다.
[길 닦아 놓으니까 미친년이 먼저 지나간다] ㉠정성껏 공들여 이루어 놓은 일이 그만 보람이 되었음을 이르는 말. ㉡애써서 이룬 성과를 당황케도 반갑지 않은 사람이 먼저 이용할 때 쓰는 말. [길이 아니거든 가지 말고 말이 아니거든 듣지 말라] 정도(正道)에 벗어나는 일이거든 아예 처음부터 하지 말라는 말.
길을 막고 물어보아라 길을 가는 아무라도 세워 놓고 물어보더라도 자신이 옳다는 뜻으로, 자신이 옳음을 확신할 때 쓰는 말.
길을 재촉하다 길을 갈 때에 빨리 서둘러 가다. ¶날이 저물어 ~.
길[2] 명 1 짐승을 잘 훈련하여 부리기 좋게 된 상태. 2 물건을 오래 쓰거나 자주 손질하여 다루기가 좋게 된 상태. ¶새 책상이라서 ~이 안 들어서 서랍이 뻑뻑하다. 3 솜씨가 익숙해진 상태.
길[3] 명 저고리·두루마기 따위의 옷웃의 섶과 무 사이에 있는 넓고 큰 폭.
길[4] 명(의존) 길이의 단위의 하나. 한 길은 사람의 키 정도의 길이임. ¶열 ~ 물속은 알아도 한 ~ 사람 속은 모른다잖아.
길-가 [-까] 명 길의 양쪽 옆. =노변(路邊). ¶~의 가로수.
길갓-집 [-까찝/-깓찝] 명 길가에 있는 집.
길-거리 [-꺼-] 명 사람이 많이 다니는 번화한 길. (비)거리.
길괘(吉卦) 명 길한 점괘. ↔흉괘.
길-군악(-軍樂) [-꾼-] 명음 옛 취타곡의 하나. 임금의 거둥 때나 군대의 행진 때 연주되었음.
길길-이 위 1 성이 나서 펄펄 뛰는 모양. ¶내가 도둑놈이라면 그는 ~ 뛰었다. 2 여러 길이나 되게 높이. ¶불길이 ~ 치솟다.
길-나다 [-라-] 통(재) (물건이) 다루기가 좋게 되다. ¶내 손에 **길난** 연장.
길년(吉年) [-련] 명 결혼하기에 좋다고 하는 해.
길-녘 [-력] 명 길 옆이나 길 부근.
길-눈 [-룬] 명 (주로 '밝다', '어둡다'와 함께 쓰여) 한 번 가 본 길을 잘 기억하여 다시 찾아갈 수 있는 슬기. ¶첫번에 한 번 와 봤는데도 ~이 어두워 어디가 어딘지 잘 모르겠다.
길:다 (길고 / 길어) 형(기니, 기오) 1 (물체가) 한 끝에서 다른 끝까지의 거리가 보통의 정도보다 비교 대상보다 많다. ¶스커트의 길이가 ~. 2 (시간 또는 시간적 길이를 가지는 일이) 한 시점에서 다른 시점까지의 동안이 보통의 정도 또는 비

교 대상보다 크다. ¶여름에는 낮이 ~. ↔짧다.
[길고 짧은 것은 대어 보아야 안다] 잘하고 못하는 것은 실지로 겨루어 보아야 안다.
길-다랗다 [형]⑤ '기다랗다'의 잘못.
길-동무[-똥-] [명] 비교적 먼 길을 갈 때, 함께 가게 되어 일시적으로 벗을 삼게 된 사람.=길벗. **길동무-하다** [동](재)[여] (어떤 사람과) 길동무로서 함께 가다. 또는, (어떤 사람을) 길동무로 삼다.
길:-둥글다 [형]〈~둥그니, ~둥그오〉 기름하고 둥글다. ¶**길둥근** 달걀.
길드(guild) [명] 중세 유럽의 도시에서 발달된, 상인·수공업자의 특권적 동업자 조합.
길-들다 [동](재)〈~드니, ~드오〉1 (물건이) 오래 사용되거나 손질이 잘되어 다루기가 좋게 되다. ¶반들반들 **길든** 문갑. 2 (짐승이) 잘 훈련되어 부리기 좋게 되거나 잘 따르게 되다. ¶**길든** 비둘기. 3 서투르던 솜씨가 익숙하게 되다.
길들-이다 [동](타) '길들다'의 사동사. ¶야생마를 ~.
길라-잡이 [명] =길잡이1.
-길래 [어미] '-기에'를 구어적으로 이르는 말.
길례(吉禮) [명] 관례나 혼례 등의 경사스러운 예식.
길마 [명] 짐을 싣기 위하여 소의 등에 안장처럼 얹는 물건.
길-모퉁이 [명] 길이 구부러지거나 꺾어져 돌아가는 자리.
길-목 [명] 1 큰길에서 좁은 길로 들어가는 어귀. 2 길의 중요한 통로가 되는 곳. ¶~을 지키다.
길몽(吉夢) [명] 좋은 일이 생길 징조의 꿈. ↔흉몽.
길-바닥[-빠-] [명] 길의 바닥. 비노면·노상(路上). ¶눈이 얼어 ~이 미끄럽다.
길-벗[-뻗] [명] =길동무.
길보(吉報) [명] 좋은 소식. ↔흉보.
길상(吉相) [-쌍] [명] 복을 많이 받을 관상. ↔흉상.
길-섶[-썹] [명] 길의 가장자리.
길-손[-쏜] [명] 집을 떠나 먼 길을 가는 사람. 비나그네. ¶~이 주모에게 하룻밤 묵기를 청하였다.
길쌈 [명] 섬유를 가공하여 피륙을 짜 내기까지의 모든 수공(手工)의 일.
길-앞잡이1[-압짭-] [명](동) 날개는 광택이 나는 검은색이며, 몸은 금록색이나 금적색으로 빛나는, 몸길이 20mm가량의 곤충.
길-앞잡이2 [명] '길잡이'의 잘못.
길어-지다 [동](재) 길게 되다. ↔짧아지다.
길-옆[-렵] [명] 길의 가장자리. 비길가.
길운(吉運) [명] 좋은 운수. ↔액운.
길-이1 [명] 1 어떤 물체나 선분에서, 어느 위치나 점에서 다른 위치나 점까지의 거리. 2 한 시점에서 다른 시점까지의 동안. ¶춘분과 추분에는 낮과 밤의 ~가 같다.
길이2 [부] 오랜 세월이 지나도록. ¶~ 보전하다.
길이-되다 [자] '길이'로 길게 될 만한 가치가 있다는 말. ¶이 땅은 우리 후손이 ~ 살아갈 곳이다.
길일(吉日) [명] 길한 날. ¶~을 택하여 이사하다. ↔흉일.
길잡이 [명] 1 길을 인도하는 사람. =길라잡이. 2 방향을 바로잡아 나아가는 데 도움이 되는 사물. ¶북극성을 ~로 삼다. 3 어떤 목적을 실현하도록 이끌어 주는 지침을 비유적으로 이르는 말. ¶성공의 ~. ×길앞잡이.
길-재(吉再) [-째] [명](인) 고려 말·조선 초의 성리학자(1353~1419).
길조1(吉兆) [-쪼] [명] 좋은 일이 있을 조짐. ↔흉조.
길조2(吉鳥) [-쪼] [명] 사람에게 길한 일이 생길 것을 미리 알려 준다고 믿어지는 새. ↔흉조.
길-짐승[-찜-] [명] 기어 다니는 짐승. ↔날짐승.
길쭉-길쭉[-끌-] [부] 여럿이 모두가 길쭉한 모양. **길쭉길쭉-하다** [형](여) ¶무를 길쭉길쭉하게 썰다.
길쭉-하다[-쭈카-] [형](여) 조금 길다. ¶얼굴이 ~.
길-차다 [형] 1 아주 미끈하게 길다. ¶대나무가 **길차게** 자랐다. 2 나무가 우거져 깊숙하다.
길-하다(吉-) [형](여) 미래에 복된 일이나 행운이 생길 조짐을 가지고 있는 상태에 있다. 비상서롭다. ¶운수가 ~.
길항(拮抗) [명] (둘 이상의 세력이나 대상이) 같은 힘으로 버티고 맞서는 것. ¶그의 사상은 현실과 이상의 ~ 속에서 이루어졌다. **길항-하다** [동](재)
길항^작용(拮抗作用) [명](생)[의] 생물체의 어떤 현상에 대하여, 2개의 요인이 동시에 작용하여 서로 그 효과를 상쇄시키는 작용.
길흉(吉凶) [명] 사람이 살아가면서 겪는 기쁘고 즐거운 일과 슬프고 흉한 일. ¶~을 점치다.
길흉-화복(吉凶禍福) [명] 사람이 살아가면서 겪는 기쁘고 행복한 일과 슬프고 불행한 일.
김1 [명] 1 뜨거운 물이나 음식 등에서 연기처럼 하얗게 피어오르는 기체 상태의 물질. ¶~이 모락모락 나는 흰 쌀밥. 2 더운 곳에서 얼음 주위에 피어오르거나, 추운 곳에서 숨 쉴 때 입에서 나오는 하얀 기체 상태의 물질. 또는, 그것이 찬 고체에 붙어서 엉긴 작은 물방울. ¶입~ / 유리창에 ~이 뿌옇게 서렸다. 3 음식의 냄새나 맛. ¶~이 나가다.
김2 [명] 논밭에 난 잡풀.
김:3 [명](식) 바다 속 바위에 이끼처럼 붙어서 자라는, 자주색이나 적자색의 해조(海藻). 또는, 그것을 말려 가공한 얇은 종이 모양의 식품. =해태.
김4 [의존](어미 '-ㄴ', '-는', '-던' 다음에 '김에', '김이라'의 꼴로 쓰여) '어떤 기회나 계기'의 뜻을 나타내는 말. ¶이왕 온 ~에 하룻밤 자고 가거라.
김-광균(金光均) [명](인) 시인(1914~1993).
김-광섭(金珖燮) [명](인) 시인(1905~1977).
김-구(金九) [명](인) 독립 운동가·정치가(1876~1949).
김-대건(金大建) [명](인) 우리나라 최초의 가톨릭 신부(1822~1846).
김-대성(金大城) [명](인) 신라의 재상(?~?). 불국사와 석굴암을 창건함.
김-동리(金東里) [-니] [명](인) 소설가(1913~1995).

김-동명(金東鳴) [명][인] 시인(1900~1968).
김-동인(金東仁) [명][인] 소설가(1900~1951).
김-만중(金萬重) [명][인] 조선 시대의 문신·소설가(1637~1692).
김ː매-기 [명] 논밭의 잡초를 뽑는 일. [비]제초(除草).
김ː-매다 [동][타] 논밭에 나는 잡풀을 뽑아 없애다. [비]제초하다.
김ː-발[-빨] [명] 김 양식에서, 김의 포자가 붙어 잘 자라도록 설치한 발.
김ː-밥 [명] 김 위에 흰밥을 펴 놓고 여러 가지 반찬으로 소를 박아 둘둘 말아서 먹기 좋게 썬 음식.
김-병연(金炳淵) [명][인] 조선 시대의 방랑 시인(1807~1863). 별명은 김삿갓.
김-부식(金富軾) [명][인] 고려 시대의 학자·정치가(1075~1151).
김ː-빠지다 [동][자] **1** 음식의 본래의 맛이나 냄새가 없어지다. ¶**김빠진** 맥주. **2** 재미나 의욕이 없어지다. ¶월급도 오르지 않고 **김빠져서** 일을 못 하겠다.
김-삿갓(金-)[-삳깓] [명][인] '김병연'의 별명.
김ː-새다 [동][자] 흥이 깨지거나 맥이 빠져 싱겁게 되다. 속된 말임. ¶**김새는** 소리 작작 해라.
김-생(金生) [명][인] 신라의 명필(711~?).
김-성수(金性洙) [명][인] 교육가·언론인·정치가(1891~1955).
김-소월(金素月) [명][인] 시인(1902~1934).
김-시습(金時習) [명][인] 조선 시대의 학자(1435~1493).
김-억(金億) [명][인] 시인(1893~?).
김-영랑(金永郎)[-낭] [명][인] 시인(1903~1950).
김-옥균(金玉均)[-뀬] [명][인] 조선 시대의 정치가(1851~1894).
김-용기(金容基) [명][인] 사회사업가(1912~1988).
김-유신(金庾信) [명][인] 신라의 장군(595~673).
김-유정(金裕貞) [명][인] 소설가(1908~1937).
김-은호(金殷鎬) [명][인] 동양화가(1892~1979).
김장 [명] 겨우내 먹기 위하여 늦가을이나 초겨울에 김치·깍두기·동치미 등을 한꺼번에 많이 담그는 일. 또는, 그 담근 것. ¶~ 김치. **김장-하다** [동][자][여]
김장-거리[-꺼-] [명] 김장하는 데 쓰는 재료.
김장-철 [명] 김장을 담그는 철. 곧, 늦가을에서 초겨울 사이.
김-정호(金正浩) [명][인] 조선 시대의 지리학자(?~1864).
김-정희(金正喜)[-히] [명][인] 조선 시대의 문신·서화가(1786~1856).
김-종서(金宗瑞) [명][인] 조선 시대의 문신(1390~1453).
김-종직(金宗直) [명][인] 조선 시대의 문신(1431~1492).
김-좌진(金佐鎭) [명][인] 독립 운동가·장군(1889~1930).
김-천택(金天澤) [명][인] 조선 시대의 가객(歌客)(?~?).
김ː-초밥(-醋-) [명] 식초·설탕·소금으로 맛을 낸 흰밥을 김으로 둥글게 말아 먹기 좋게 썬 일본 요리.
김-춘추(金春秋) [명][인] '무열왕'의 본명.
김치 [명] [<침채(沈菜)] 배추나 무나 오이 등의 채소를 소금에 절여서 고춧가루·파·마늘·생강 등의 양념으로 버무려 반찬으로 먹는, 우리나라 고유의 음식. ¶날[생]~/배추~/총각~.
김치-찌개 [명] 김치를 넣고 끓인 찌개.
김칫-거리[-치꺼-/-칟꺼-] [명] 김치를 담글 재료. 배추·무 따위.
김칫-국[-치꾹/-칟꾹] [명] **1** 김치의 국물. **2** 김치를 넣고 끓인 국.
[**김칫국부터 마신다**] 상대편의 속도 모르고 지레짐작으로 그렇게 될 것으로 믿고 행동한다.
김칫-독[-치똑/-칟똑] [명] 김치를 담아 두는 독.
김-홍도(金弘道) [명][인] 조선 시대의 화가(1745~?).
김-홍집(金弘集) [명][인] 조선 시대의 정치가(1842~1896).
깁ː [명] 명주실로 바탕을 조금 거칠게 짠 비단.
깁ː다[-따] (깁ː고/기워) [동][타][ㅂ] 〈기우니, 기워〉 **1** (옷이나 양말 따위를) 떨어지거나 해어진 곳에 다른 조각을 대거나 또는 그대로 꿰매다. ¶구멍 난 양말을 ~. **2** (글이나 책을) 잘못되거나 부족한 점을 고치거나 보태다. 비유적인 말임. ¶초판을 **깁고** 다듬어 개정판을 내놓다.
깁스([독]Gips) [명] ['석고(石膏)'라는 뜻] [의] '깁스붕대'의 준말. **깁스-하다** [동][자][타][여] 깁스붕대로 싸매다. ¶부러진 팔에[을] ~.
깁스-붕대([독]Gips繃帶) [명][의] 석고 가루를 굳혀서 만든 붕대. 골절이나 인대 손상 등의 경우 환부를 안정시키거나 고정시키기 위하여 씀. [준]깁스.
깃[1][긷] [명] **1** 조류의 표면을 덮고 있는 털. =깃털. **2** 날 때에 중요한 구실을 하는 '날개깃'을 줄여 이르는 말. ¶새가 ~을 치며 날아오르다. **3** 화살에서 세 갈래로 붙인 새 날개의 털.
깃[2][긷] [명] **1** '옷깃'의 준말. ¶외투 ~/~을 세우다. **2** 이불 거죽의 위쪽에 가로 대는 딴 동. =이불깃.
깃-고대[긷꼬-] [명] 옷깃의 뒷부분. 깃을 달 때에 목뒤로 돌아가는 부분임. [준]고대.
깃-대(旗-)[기때/긷때] [명] 기를 달아매는 장대.
깃-들다[긷뜰-] [동][자] 〈~드니, ~드오〉 **1** (어둠이나 고요함 등이) 아늑히 서리거나 생기다. ¶땅거미가 ~/적막이 **깃든** 밤. **2** (마음, 또는 마음의 여러 현상이) 담기거나 스미거나 자리 잡다. ¶정성이 **깃든** 선물.
깃들-이다[긷뜰-] [동][자] **1** (짐승이) 보금자리를 만들어 그 속에 들어 살다. ¶까치가 미루나무에 ~. **2** (사람이 어느 곳에) 삶의 터전으로 자리 잡다. ¶산골 마을에 **깃들여** 살다.
깃-발(旗-)[기빨/긷빨] [명] 깃대에 달린, 천이나 종이로 된 부분. [비]기폭. ¶~이 나부끼다.
깃발(을) 날리다 떵떵거리며 행세하다. 속된 말임.
깃-봉(旗-)[기뽕/긷뽕] [명] 깃대의 위쪽

깃-저고리[깃쩌-] 圀 깃과 섶을 달지 않은, 갓난아이의 저고리. =배내옷·배냇저고리.
깃-털[긷-] 圀 =깃¹.
깊다[깁따] 囹 1 위 또는 수면이나 지면에서 밑에 이르는 거리가 보통의 정도 또는 비교 대상보다 멀다. ¶우물이 ~. 2 바깥이나 가에서 속에 이르는 거리가 보통의 정도 또는 비교 대상보다 멀다. ¶깊은 숲 속. 3 (생각이나 마음 쓰는 것이) 골똘하거나 진지한 상태에 있다. ¶생각이 깊은 사람. 4 (정이나 사귐이) 강하거나 지극하다. ¶그와 그 여자는 깊은 관계이다. 5 (잠이나 밤, 또는 병 따위가) 시간의 흐름에 따라 더 진행되거나 더 심해진 상태에 있다. ¶깊은 밤 / 병이 ~. 6 (호흡이) 가슴의 속에서부터, 또는 가슴의 속에까지 이뤄지는 상태에 있다. ¶숨을 깊게를 이마시다. 7 (학문이나 지식 등이) 사물의 핵심이나 근본에 이를 만한 상태에 있다. ¶심오하다. ¶음악에 조예가 ~. 8 (안개나 그늘 따위가) 많이 끼거나 속이 어두운 상태에 있다. ¶깊은 안개 속을 헤매다. ↔얕다.
깊숙-하다[깁쑤카-] 囹 깊고 으슥하다. ¶깊숙한 골짜기. **깊숙-이** 튀 ¶창 속 ~ 패물을 넣어 두다.
깊-이¹ 圀 1 물이나 땅 등의, 수면이나 지면으로부터 밑바닥이나 어느 위치까지의 수직 거리. 2 어떤 것이나 일, 예술 등이 그 내용에 있어서 사물의 핵심에 깊이 이르러 있는 상태. ¶~ 있는 논의. 3 어떤 사람의 생각이나 태도가 진지하고 신중하여 믿음직한 상태. ¶그 사람은 경박하여 ~가 없다.
깊-이² 튀 깊게. ¶~ 잠들다.
깊이-깊이 튀 아주 깊게. ¶~ 사랑하다 / 보물을 ~ 파묻다.

ㄲ

까까 <유아> 과자.
까까-머리 圀 중처럼 빡빡 깎은 머리. 또는, 그렇게 깎은 사람. =빡빡머리.
까까-중 圀 1 까까머리를 한 중. 2 까까머리를 한 사람을 놀림조로 이르는 말.
까꿍 감 어린아이를 귀여워하며 어를 때 내는 소리.
까뀌 圀 나무를 찍어 깎는 연장의 하나.
까끄라기 圀 벼·보리 등의 낟알 겉껍질에 붙은 수염. 또는, 그 동강.
까끌-까끌 튀 (표면이) 거칠어 깔끄러운 모양. ⓐ꺼끌꺼끌. **까끌까끌-하다** 囹
까나리 圀 몸길이 약 25cm로 가늘고 길며 배지느러미가 없고, 등 쪽이 녹갈색인 바닷물고기. 주로 액젓을 담금.
까-놓다[-노타] 囹 마음속의 생각이나 비밀을 숨김없이 털어놓다. ¶까놓고 말해서 나는 네가 싫다.
까다¹ 囹 (일정한 양을) 셈에서 빼다. ¶봉급에서 세금을 ~.
까다² 囹囷 1 (열매나 기타 먹을 수 있는 물건을) 속의 알맹이가 드러나도록 껍질을 벗기다. ¶귤을 ~. 2 (물체를) 겉을 덮고 있는 것을 벗겨 속의 것이 나타나게 하다. 속된 말임. ¶엉덩이를 까고 주사를 맞았다. 3 (새·닭·오리 따위의 동물이, 또는 온도·습도를 맞춘 인공 조건으로 알을) 품거나 따뜻하게 하여 새끼가 되게 하다. ¶암탉이 병아리를 ~. 4 (동물이 새끼를) 낳다. 낮추어서 이르는 말임. ¶개가 새끼를 ~. 5 (사람 몸의 단단한 부분을) 세게 때리거나 상처를 내다. 속된 말임. ¶정강이를 구둣발로 ~. 6 부딪치거나 넘어지거나 하여 신체 부분의 껍질을 벗겨지게 하다. ¶넘어져서 무릎을 ~. 7 (다른 사람의 행동이나 이론 등을) 잘못된 점을 들추어 나쁘게 말하다. 속된 말임. ¶언론에서 정부의 정책을 마구 깠다. 8 (주로, '입', '주둥아리' 등과 함께 쓰여) 앞뒤 생각 없이 함부로 말하다. 속된 말임. ¶저 녀석은 주둥아리만 깠지 제대로 하는 일이 없다. 9 (술을 몇 병) 마시다. 속된 말임. ¶친구와 둘이서 소주 세 병을 깠다.
까다-롭다[-따] 囹 〈-로우니, ~로워〉 1 (성미나 취향이) 별스럽게 까탈이 많다. ¶식성이 ~. 2 (어떤 일이) 복잡하거나 엄격하여 다루기가 어렵다. ¶까다로운 절차. ✕가탈스럽다. 까탈스럽다. 까!
다로이 튀 〈- 굴다.
까닥¹ 튀 '까딱¹'의 여린말. ⓐ끄덕. **까닥-하다** 囹囷
까닥-거리다/-대다[-(때)-] 囷囹 '까딱거리다'의 여린말. ⓐ끄덕거리다.
까닥까닥 튀 '까딱까딱'의 여린말. ⓐ끄덕끄덕. **까닥까닥-하다** 囹囷
까닥-이다 囷囹 '까딱이다'의 여린말. ⓐ끄덕이다.
까닭[-닥] 圀 어떤 일이 일어나게 되거나 어떤 일을 하게 된 사정이나 내용. ⓓ이유. ¶그가 실패한 데에는 다 그만한 ~이 있다.
까-뒤집다[-따] 囷囹 (눈을) 아주 크게 뜨거나 부릅뜨다. 속된 말임. ¶눈을 까뒤집고 대들다.
까딱¹ 튀 1 (고개나 손가락 따위를) 아래로 가볍게 숙였다 드는 모양. ⓓ까닥. 2 조금 움직이는 모양. ⓒ끄떡. **까딱-하다** 囹囷
까딱² 튀 (주로 '실수하다'·'잘못하다'와 함께 쓰여) 조금만이라도. ¶~ 잘못하면 굴러 떨어진다.
까딱-거리다/-대다[-(때)-] 囷囹 (고개나 손가락 따위를) 위아래로 가볍게 자주 움직이다. ¶머리를 까딱거리면서 졸다. ⓓ까닥거리다.
까딱-까딱 튀 까딱거리는 모양. ¶그는 대답 대신 고개를 ~ 흔들었다. ⓓ까닥까닥. **까딱까딱-하다** 囹囷
까딱-없다[-업따] 囹 아무런 변동이나 탈이 없이 온전하다. ¶이 건물은 강한 지진에도 ~. ⓒ끄떡없다. **까딱없-이** 튀
까딱-이다 囷囹 (고개나 손가락 따위를) 위아래로 가볍게 움직이다. ¶고개를 ~. ⓒ끄떡이다.
까딱-하다² 囷囹 1 조금이라도 잘못하다. ¶까딱하다가는 늦겠다. 2 ('까딱하면'의 꼴로 쓰여) '걸핏하면'의 뜻. ¶까딱하면 화를 낸다.
까라-지다 튀 기운이 빠져 축 늘어지다. ¶며칠 끼 굶었더니 몸이 까라진다.
까르르 튀 여자나 아이들이 한바탕 자지러지게 웃는 소리. ¶아이들이 ~ 웃었다.

까르륵 [부] 젖먹이가 자지러지게 우는 소리. **까르륵-하다** [동][자][여]
까마귀 [명][동] 몸빛은 광택 있는 검은색으로, 인가 부근에 살며 곡식을 해치거나 해충을 잡아먹는 새. 울음소리가 흉하여 우리나라에서는 흉조(凶鳥)로 침.
[**까마귀 걸 검다고 속조차 검은 줄 아느냐**] ㉠겉모양이 허술하고 누추해도 마음까지 악할 리 없다는 말. ㉡사람을 평할 때는 겉모양만 보고 할 것이 아니라는 말. [**까마귀 고기를 먹었나**] 잘 잊어버리는 사람을 비웃는 말. [**까마귀 날자 배 떨어진다**] 아무 관계없이 한 일이 우연히 다른 일과 때가 같아, 둘 사이에 무슨 관계라도 있는 것처럼 의심을 받게 되다. '오비이락(烏飛梨落)'과 같은 말. [**까마귀 밥이 되다**] 주인 없는 시체가 되어 버려지다.
까마귀-발 [명] '때가 잔뜩 낀 더러운 발'을 비유적으로 이르는 말.
까마득-하다[-드카-] [형][여] **1** 아주 멀어서 아득하다. ¶갈 길이 ~. **2** 아주 오래되어 아득하다. ¶**까마득한** 옛날. **까마득-히** [부]
까마-중 [명][식] 밭이나 길가에 흔히 자라며, 동그랗고 작은 열매가 까맣게 익는, 높이 20~90cm의 한해살이풀. 열매는 맛이 달아 식용하며, 잎과 줄기는 약용함.
까막-까치 [명] 까마귀와 까치.
까막-눈[-망-] [명] 글을 깨치지 못한, 무식한 사람의 눈.
까막눈-이[-망-] [명] 글을 깨치지 못한 무식한 사람. [비]문맹(文盲). ¶그는 제 이름 석 자도 깨치지 못한 ~다.
까만-빛[-빋] [명] 까만 빛깔.
까만-색(-色) [명] 까만 색깔.
까망 [명] '깜장'의 잘못.
까¦맣다[1][-마타] [형][ㅎ] 〈까마니, 까마오, 까매〉 밝고 짙게 깜다. ¶**까만** 눈동자. [큰]꺼멓다.
까¦맣다[2][-마타] [형][ㅎ] 〈까마니, 까마오, 까매〉 **1** 너무 멀어서 아득하다. ¶날은 어두워지는데 돌아갈 길이 ~. **2** 기억이 흐릿하다. ¶**까맣게** 잊다.
까¦매-지다 [동][자] 까맣게 되다. ¶살갗이 ~.
까-먹다[-따] [동][타] **1** 껍데기나 껍질을 벗기고 속의 알맹이나 살을 발라내어 먹다. ¶땅콩을 ~. **2** (밑천을) 헛되이 다 없애다. ¶장사 밑천을 다 ~. **3** (주로, 아이가 돈을) 군것질하는 데 쓰다. **4** (어떤 사실을) 기억 속에서 떠올리지 못하다. 구어체의 말임. ¶약속을 ~.
까무러-지다 [동][자] **1** (정신이) 가물가물해지다. **2** (등잔불·촛불 등이) 약해져서 꺼질 듯 말 듯 하게 되다.
까무러-치다 [동][자] 얼마 동안 넋을 잃고, 죽은 사람처럼 되다. ¶어머니는 아들이 전사했다는 소식을 듣고 **까무러쳤다**.
까무룩 [부] 정신이 순간적으로 흐려지는 모양. ¶책을 읽다가 ~ 잠이 들었다.
까무스름-하다 [형][여] '가무스름하다'의 센말. ¶피부가 **까무스름한** 청년. [큰]꺼무스름하다.
까무잡잡-하다[-짜파-] [형][여] '가무잡잡하다'의 센말. ¶얼굴이 ~.
까물-거리다/-대다 [동][자] '가물거리다'의 센말.
까물-까물 [부] '가물가물'의 센말. **까물까물-하다** [동][자][형][여]
까뭇-까뭇[-묻-묻] [부] '가뭇가뭇'의 센말. [큰]꺼뭇꺼뭇. **까뭇까뭇-하다** [형][여] ¶수염이 턱에 **까뭇까뭇하게** 나다.
까-바치다 [동][타] 비밀을 속속들이 들추어내어 일러바치다.
까-발기다 [동][타] '까발리다'의 잘못.
까-발리다 [동][타] (비밀 따위를) 속속들이 들추어내다. ¶그는 전에 우리가 한 일을 경찰에 다 **까발렸다**. ×까발기다.
까부라-지다 [동][자] **1** 기운이 매우 빠져서 고부라지거나 나른해지다. ¶몸이 착 ~. **2** 썩거나 삭아서 부피가 점점 줄어지다. ¶두엄 더미가 폭 ~.
까부르다 [동][타][르] 〈까부르니, 까불러〉 **1** 키 끝을 위아래로 흔들어 안에 든 곡식의 티나 검불 따위를 날려 보내다. ¶타작한 깨를 ~. **2** 키질을 하듯이 위아래로 흔들다. ¶우는 아이를 달래려고 ~. [준]까불다.
까-부수다 [동][타] 치거나 때리거나 하여 부수다.
까불-거리다/-대다 [동][자][타] 가볍게 자꾸 흔들려 움직이다. 또는, 흔들어 움직이게 하다. ¶파도에 배가 ~.
까불-까불 [부] 까불거리는 모양. **까불까불-하다** [동][자][타][여]
까불다 [동] 〈까부니, 까부오〉 [1][자] **1** 위아래로 흔들리다. ¶촛불이 간들간들 **까불다가** 꺼지다. **2** 경망하게 행동하다. ¶그렇게 **까불다간** 혼날 줄 알아. **3** 건방지고 주제넘게 굴다. ¶이게 어디서 **까불고** 있어. [2][타] **1** 위아래로 흔들다. **2** '까부르다'의 준말.
까불-이 [명] 몹시 방정맞게 촐랑거리며 까부는 사람을 놀리어 이르는 말.
까스라기 [명] '가시랭이'의 잘못.
까슬-까슬 [부] **1** (살결이나 물건의 거죽이) 거칠고 빳빳한 모양. **2** (성질이) 너그럽지 못하고 까다로운 모양. ×까실까실. **까슬까슬-하다** [형][여] ¶물일을 많이 했더니 손등이 **까슬까슬해졌다**.
까실-까실 [부] '까슬까슬'의 잘못.
까옥-까옥 [부] 까마귀가 자꾸 우는 소리.
까지 [조] **1** 시간적·공간적으로, 또는 일의 범위에 있어서 다다르거나 미칠 수 있는 마지막 한계점을 나타내는 보조사. ¶회의는 9시부터 10시~ 진행된다. ↔부터. **2** 어떤 대상이나 행동·상태가 예상을 넘어선 범위에 포함되거나 해당함을 나타내는 보조사. [비]조차·마저. ¶가뜩이나 바쁜데 차~ 고장이 났다.
까-지다[1] [동][자] 껍데기나 옷이 벗겨지다. ¶넘어져서 팔꿈치가 ~.
까-지다[2] [형] **1** '되바라지다1'의 속된 말. ¶입만 **까져서** 못 하는 말이 없다. **2** (주로 '입만 까지다'의 꼴로 쓰여) '입만 살다'의 속된 말.
까짓[1][-짇] Ⅰ[관] 별것 아닌. 또는, 하찮은. ¶~ 고생쯤 문제가 아니에요.
Ⅱ[감] 별것 아니라는 뜻으로, 무엇을 포기하거나 대수롭지 않게 여길 때 하는 말. =까짓것. ¶~, 돈이야 또 벌면 되지 뭐.
-까짓[2][-짇] [접미] 일부 대명사에 붙어, 업신여기는 투로 '…만 한 정도쯤이야'의 뜻을 나타내는 말. ¶저~ 건물이 뭐가 커?
까짓-것[-짇껃] Ⅰ[명] 별것 아닌 것.
Ⅱ[감] =까짓[1]Ⅱ.
까¦치 [명][동] 몸길이 45cm가량으로 꽁지가 길며, 머리·가슴·등은 검고 배는 흰색인 새, 인가 근처에 살며, 해충을 잡아먹는다.
까:치-걸음 圀 조총거리며 두 발을 모아서 뛰는 종종걸음.
까:치-발¹ 圀 두 발의 뒤꿈치를 들어 키를 돋운 상태. ¶그는 ~을 하고 사람들 어깨 너머로 구경거리를 넘어다보았다.
까:치-발² [전] 선반이나 탁자 등의 널빤지를 받치는 직각 삼각형으로 된 나무나 쇠.
까:치-밥 圀 늦가을에 감을 수확할 때, 까치와 같은 날짐승이 먹을 수 있도록 다 따지 않고 몇 개 남겨 놓은 감.
까:치-설날 [-랄] 圀 〈유아〉 설날의 전날. 곧, 섣달 그믐날.
까:치-집 圀 **1** 까치가 주로 나무의 가지 위에 마른 나뭇가지를 물어다 둥그렇게 얽어 만든 둥지. **2** 자고 일어나거나 하여 머리털이 부스스하게 된 상태나 그 부분을 우스갯소리나 놀림조로 이르는 말. ¶머리에 ~을 짓다.
까칠-까칠 悍 '가칠가칠'의 센말. ⓤ꺼칠꺼칠. **까칠까칠-하다** 悍⑦ ¶얼굴이~.
까칠-하다 悍ⓦ '가칠하다'의 센말. ¶없고 낯더니 얼굴이 ~. ⓤ꺼칠하다.
까탈 圀 **1** 일이 순조롭게 방해하는 어떤 조건. **2** 이러쿵저러쿵 트집을 잡아 까다롭게 구는 일. ¶아무것도 아닌 것을 가지고 안 되다며 ~을 부린다.
까탈-스럽다 悍ⓑ '까다롭다'의 잘못.
까투리 圀=암꿩. ↔장끼.
깍-깍 悍 까마귀나 까치 따위가 자꾸 우는 소리.
깍두기 [-뚜-] 圀 무를 작고 모나게 썰어서 소금에 절인 후, 붉은 날고추를 이긴 것이나 고춧가루와 함께 양념을 하여 버무린 김치.
깍두기-머리 [-뚜-] 圀 옆과 뒤는 바짝치고 위는 짧고 평평하게 잘라 각이 진 머리, ¶~를 한 쪽꼬.
깍-하다 [-뜨따-] 悍ⓦ 예의범절을 갖추는 태도가 빈틈없이 극진하다. ¶그는 어른에게는 항상 ~. **깍듯-이** 悍 ¶~ 인사하다.
깍쟁이 [-쨍-] 圀 **1** 인색하고 제 이익만 차리는 사람. **2** 쌀쌀맞고 매침한 여자를 가볍게 비난하여 이르는 말. ×깍정이.
깍정이 [-쩡-] 圀 [식] 밤나무나 떡갈나무 등의 열매를 싸고 있는, 술잔 모양의 받침.
깍쟁이² 圀 '깍쟁이'의 잘못.
깍지¹ [-찌] 圀 콩 따위의 꼬투리에서 알맹이를 깐 낸 껍질. ¶콩~.
깍지² [-찌] 圀 (주로 '깍지(를) 끼다'의 꼴로 쓰여) 양손의 손가락을 맞물리게 끼고 있는 상태. ¶~ 민 손을 베고 눕다.
깍지-벌레 [-찌-] 圀〔동〕몸이 밀랍 같은 물질로 덮여 있으며, 식물체에 붙어 즙액을 빨아 먹는 작은 곤충. 식물의 해충임.
깍짓-동 [-찌똥/-찟똥] 圀 **1** 콩 따위를 떨어낸 뒤, 그 깍지를 줄기가 달린 채로 묶은 큰 단. **2** 몹시 뚱뚱한 사람의 몸집. 비유적인 말임. ¶백 킬로그램이 넘는 ~ 김 감독은 등산을 죽기보다 싫어한다.
깍짓-손 [-찌쏜/-찟쏜] 圀 깍지를 낀 손. ¶뒤로 힘껏 시위를 당긴 채 잔뜩 긴장된 ~.
깎다 [깍따] 悍ⓑ **1** (칼과 같이 날이 있는 도구로 물체의 일부나 거죽을) 떼거나 베다. 또는, 그렇게 하여 어떤 모양을 만들다. ¶과도로 사과를 ~. **2** (날을 가진 도구로 손톱·발톱, 머리털이나 수염, 잔디 따위의 풀 등을) 끝 부분을 자르다. ¶손톱이나 머리를 ~. **3** (주로 남자가 자기의 머리털을) 다른 사람으로 하여금 자르게 하여 단정한 상태가 되게 하다. ꜛ이발하다. **4** (값이나 주어진 금액을) 낮아지게 줄이다. ¶물건 값을 ~. **5** (체면이나 명예 등을) 제대로 지키지 못하는 상태가 되다. ¶국가의 위신을 ~. **6** 구기 종목에서, 공을 한 옆으로 치거나 차서 돌게 하다. ¶공을 깎아 치다.
깎아-내리다 悍ⓔ 헐뜯어 격이나 가치를 떨어지게 하다. ¶김 씨의 소설을 졸작으로 ~.
깎아-지르다 悍㉰〈~지르니, ~질러〉 (주로 '깎아지른 (듯한)'의 꼴로 쓰여) (벼랑이나 절벽이) 마치 칼로 깎은 것과 같이 가파른 상태가 되다. ¶깎아지른 벼랑 / 깎아지른 듯한 절벽.
깎-이다 悍 **1**[타] '깎다'의 피동사. ¶연필이 잘 ~. **2**[타] '깎다'의 사동사.
깐¹ 圀 **1**〈관〉 **1** 짚이는 바, 미치는 생각, 짐작'의 뜻을 나타내는 말. ¶내 ~에는 최선을 다했다. **2** (주로, '깐으로(는)'의 꼴로 쓰여) '…한 것치고는'의 뜻으로, 짐작한 것과 사실이 다름을 나타내는 말. **2**[의존] '딴'의 잘못.
깐깐-하다 悍ⓦ (행동이나 성격이) 까다로울 정도로 빈틈없고 알들하다. **깐깐-히** 悍 ¶대강 넘어가지 않고 어지간히도 ~ 캐묻는다.
깐-보다 悍ⓔ '깔보다'의 잘못.
깐죽-거리다/-대다 [-, 깐(째)-] 悍㉰ 쓸데없는 말을 밉살스럽고 짓궂게 자꾸 지껄이다.
깐죽-깐죽 悍 깐죽거리는 모양. **깐죽깐죽-하다** 悍㉰
깐풍-기 (←乾烹鷄) 圀 중국 요리의 하나. 토막 친 닭고기에 녹말을 묻혀 튀긴 다음, 양념 초간장에 살짝 조린 음식.
-깔 [의] 바탕이나 성질의 상태를 나타내는 말. ¶성~ / 빛~.
깔-개 圀 눕거나 앉을 곳에 까는 물건.
깔기다 悍ⓔ (오줌이나 똥을) 아무 데나 함부로 누다.
깔깔 悍 여자나 아이가 몹시 우스워 거침없이 시원스럽게 웃는 소리. ¶~ 웃다. ⓤ껄껄.
깔깔-거리다/-대다 悍㉰ 되바라진 목소리로 참지 못하고 자꾸 웃다. ¶아이들은 **깔깔거리며** 즐거워했다. ⓤ껄껄거리다.
깔깔-이 圀 '조젯(Georgette)'을 그 질감이 깔깔하다 하여 달리 이르는 말.
깔깔-하다 悍ⓦ **1** 감촉이 부드럽지 못하고 까슬까슬하다. ¶**깔깔한** 옷감. **2** 혓바닥이 깔깔럽고 입맛이 없다. ¶입 안이 **깔깔해서** 아침을 걸렀다. ⓤ껄껄하다.
깔끄럽다 [-따] 悍ⓑ〈깔끄러우니, 깔끄러워〉 **1** (까끄라기 같은 것이) 살에 닿아서 자꾸 따끔거리다. **2** 매끈하지 않고 반드럽지 못하고 깔깔하다. **3** 무난하거나 원만하지 못하다. ¶그에게는 그런 부탁을 하기가 ~. ⓤ껄그럽다.
깔끔-이 圀 모양새나 솜씨가 매끈하고 깨끗한 사람.
깔끔-하다 悍ⓦ 모양새나 솜씨가 매끈하고 깨끗하다. ¶**깔끔한** 음식 솜씨. **깔끔-**

히 ¶옷을 ~ 입다.
깔다 통〈까니, 까오〉 1 (넓이를 가진 물건이나 작은 알갱이 상태의 물질을 바닥에) 평평하게 펴 놓다. ¶요를 ~. 2 (무엇을) 밑에 두고 그 위를 누르고 앉다. ¶방석을 깔고 앉다. 3 (어떤 의도나 생각, 또는 현상을) 바탕으로 하다. ¶배경을 음악을 ~. 4 (돈·물건을) 여러 군데에 빌려 주거나, 팔려고 내놓다. ¶이자 돈을 여기저기 ~. 5 (눈을) 아래로 내리뜨다. 6 남을 꼼짝 못하게 억누르다.
깔딱¹ 튀 1 물 따위의 액체를 조금씩 삼키는 소리. 2 약한 숨이 끊어질 듯 말 듯 하는 모양. **깔딱-하다** 통자타
깔딱² 튀 '딸꾹'의 잘못.
깔딱-깔딱 튀 '딸꾹딸꾹'의 잘못.
깔때기 명 액체를 병이나 아가리가 좁은 통 따위에 넣을 때 쓰는, 나팔꽃처럼 생긴 기구.
깔리다 통 1 '깔다'의 피동사. ¶보도블록이 깔린 길. 2 (물건이 바닥에) 넓게 흩어져 있다. ¶길거리에 낙엽이 깔려 있다. 3 어떤 현상이 사방에 퍼지다. ¶소문이 쫙 ~.
깔-보다 통 (남을) 호락호락하게 얕잡아 보다. ¶가진 것이 없다고 깔보지 마라. ×깐보다.
깔보-이다 통 '깔보다'의 피동사. ¶사람들에게 깔보이지 않으려고 애쓰다.
깔아-뭉개다 통 1 무엇을 깔고 눌러 뭉개다. ¶이불을 ~. 2 (어떤 사실이나 일을) 숨기고 알리지 않거나, 처리하지 않고 질질 끌다. 3 아주 억눌러서 꼼짝 못하게 하다. ¶남의 자존심을 ~.
깔-유(-琉璃)[-류-] 명〔물〕= 슬라이드 글라스.
깔짝-거리다/-대다[-꺼때-] 통타 (물체를) 자꾸 조금씩 갉거나 건드리다. 图끌쩍거리다.
깔짝-깔짝 튀 깔짝거리는 모양. 图끌쩍끌쩍. **깔짝깔짝-하다** 통타
깔-창 명 신의 안쪽 바닥에 까는 창. ¶구두 ~을 갈아 끼우다.
깔치 명〈은〉여자·처녀·여자 애인 (우범자의 말).
깔-판(-板) 명 바닥에 까는 판.
깜깜 튀 '감감'의 센말.
깜깜-나라 명 1 깜깜하여 아무것도 보이지 않는 어둠. 또는, 그런 곳. 2 깜깜하게 전혀 아무 일도 모르는 상태. = 깜깜밤중.
깜깜-무소식(--無消息) 명 '감감무소식'의 센말.
깜깜-밤중(--中)[-쭝] 명 1 깜깜한 밤중. 2 =깜깜나라2. ¶그 친구 제 마누라가 어디서 무얼 하는지 ~이더라.
깜깜-절벽(-絕壁) 명 전혀 아무것도 알지 못하거나 느끼지 못하는 상태.
깜깜-하다 형여 1 까맣게 보일 정도로 매우 어둡다. ¶깜깜한 밤. 图껌껌하다. 2 그 분야에 대하여 전혀 지식이 없다. ¶나는 정치에 대해서는 ~. 图캄캄하다.
깜냥 명 1 가지고 있는 제 나름의 능력. ¶내 ~으로는 최선을 다했지만 역부족이었다. 2 일을 헤아릴 수 있는 능력.
깜둥-이 명 1 살빛이 까만 사람. 2 '흑인'을 얕잡아 이르는 말. 图껌둥이.
깜박 튀 1 등불이나 별빛 따위가 잠깐 어두워졌다 밝아지는 모양. 2 눈을 잠깐 감았다가 뜨는 모양. 3 정신이나 기억 따위가 순간적으로 흐려지는 모양. ¶~ 졸다가 정류장을 지나쳤다. 图깜빡. **깜박-하다** 통자타 ¶눈 깜박할 사이에 그가 없어졌다.
깜박-거리다/-대다[-꺼때-] 통자타 자꾸 깜박이다. ¶눈을 깜박거리며 쳐다보다. 图껌벅거리다. 图깜빡거리다.
깜박-깜박 튀 깜박거리는 모양. 图껌벅껌벅. 图깜빡깜빡. **깜박깜박-하다** 통자타 ¶촛불이 꺼지려고 ~.
깜박-이다 통[1] 자 등불이나 별빛 따위가 잠깐 어두워졌다 밝아졌다 하다. [2] 타 눈을 잠깐 감았다 떴다 하다. 图껌벅이다. 图깜빡이다.
깜부기 명 깜부깃병에 걸려 까맣게 된 곡식의 이삭.
깜부깃-병(-病)[-기뼝·-긴뼝] 명〔농〕보리·옥수수 따위의 이삭이 깜부기균의 기생으로 까맣게 되는 병.
깜빡 튀 '깜박'의 센말. **깜빡-하다** 통자
깜빡-거리다/-대다[-꺼때-] 통자타 '깜박거리다'의 센말. 图껌뻑거리다.
깜빡-깜빡 튀 '깜박깜박'의 센말. **깜빡깜빡-하다** 통자타
깜빡-이 명 1 자동차의 방향 지시기를 속되게 이르는 말. 2〔컴〕'커서(cursor)'를 순화한 말.
깜빡-이다 통자타 '깜박이다'의 센말.
깜작 튀 눈을 잠깐 감았다가 뜨는 모양. 图끔적. 图깜짝. **깜작-하다** 통자타 ¶그는 그 정도로는 눈도 깜작하지 않는다.
깜작-거리다/-대다[-꺼때-] 통자타 눈을 잇달아 잠깐 감았다가 뜨다. ¶그는 눈을 깜작거리는 버릇이 있다. 图끔적거리다. 图깜짝거리다.
깜작-깜작 튀 깜작거리는 모양. 图끔적끔적. 图깜짝깜짝. **깜작깜작-하다**¹ 통자타
깜작-깜작² 튀 '깜작깜작'의 센말. 图껌적껌적. **깜작깜작-하다**² 통자타
깜장 명 까만 빛깔. 또는, 그런 색을 내는 물감과 같은 물질. ×깜정.
깜짝¹ 튀 갑자기 놀라는 모양. ¶~ 놀라 깨 보니 꿈이었다. **깜짝-하다** 통자
깜짝² 튀 '깜작'의 센말. **깜짝-하다**² 통자타 ¶눈 하나 깜짝하지 않는다.
깜짝-거리다/-대다[-꺼때-] 통자타 '깜작거리다'의 센말. 图끔쩍거리다.
깜짝-깜짝¹ 튀 자꾸 갑자기 놀라는 모양. ¶아기가 자면서 ~ 놀란다.
깜짝-깜짝² 튀 '깜작깜작'의 센말. 图끔쩍끔쩍. **깜짝깜짝-하다** 통자타
깜짝-이야 감 깜짝 놀랐을 때에 나오는 소리. ¶아유, ~!
깜찍-스럽다[-쓰-따] 형비〈~스러우니, ~스러워〉 깜찍한 데가 있다. ¶제가 하고서도 깜찍스럽게 시치미를 뗀다. **깜찍스레** 튀
깜찍-하다[-찌카-] 형여 1 몸집이나 생김새가 작고 귀엽다. ¶깜찍한 아이. 2 아주 영악하거나 시치미 떼는 태도가 천연스럽다. ¶요런 깜찍한 것 같으니. 어디서 거짓말을 해!
깝대기 [-때-] 명 '껍데기'의 작은말.
깝대기(를) 벗기다 가진 것을 모두 빼앗다. ¶오늘 그 친구 깝대기를 벗겨 먹세.
깝죽-거리다/-대다[-쪽거때-] 통자 1 신이 나서 방정맞게 까불거리다. 2

잘난 체하다.
깝죽-깝죽[-쭉-쭉] [부] 깝죽거리는 모양. **깝죽깝죽-하다** [동][자][타][여]
깡 [명]〈속〉'깡다구'의 준말.
깡그리 [부] 하나도 남김없이. ¶~ 다 가져가다.
깡깡-이 [명][음]〈속〉해금(奚琴)[1]. ¶~를 켜다.
깡-다구 [명]〈속〉악착같이 버티어 내는 오기. ¶~가 세다. [준]깡.
깡똥-하다 [형][여] 아랫도리가 너무 드러날 정도로 입은 옷이 짧다. ¶바짓가랑이를 **깡똥하게** 동여매다.
깡-마르다 [형][르]〈~마르니, ~말라〉살이 없이 매우 마르다. ¶**깡마른** 체구.
깡-보리밥 [명] '꽁보리밥'의 잘못.
깡-소주(-燒酒) [명] '강소주'의 잘못.
깡-술 [명] '강술[1]'의 잘못.
깡총-깡총 [부] '깡충깡충'의 잘못.
깡총-하다 [형][여] 키가 작은 데 비해 다리가 조금 길다. [큰]껑충하다. ×깡충하다.
깡충 [부] 짧은 다리로 힘 있게 솟구어 뛰는 모양. [큰]껑충.
깡충-거리다/-대다 [동][자] 짧은 다리를 모으고 자꾸 솟구어 뛰다. [큰]껑충거리다.
깡충-깡충 [부] 깡충거리는 모양. ¶아이들이 ~ 뛰다. [큰]껑충껑충. ×깡총깡총.
깡충-하다 [형][여] '깡총하다'의 잘못.
깡통(-筒) [명] **1** 양철로 만든 통조림통 따위의 빈 통. ¶맥주 ~. **2** 아는 것이 없이 머리가 텅 빈 사람을 속되게 이르는 말.
깡통(을) 차다 빌어먹는 신세가 되다. ¶**깡통을 차고** 길거리에 나서다.
깡패(-牌) [명] 폭력을 쓰면서 못된 짓을 하는 무리.
깨 [명][식] 참깨·들깨·검은깨의 통칭. 또는, 그 씨. 특히, '참깨'를 가리킴. ¶~를 볶다 / ~가 고소하다.
깨가 쏟아지다 아기자기하여 몹시 재미가 나다. ¶**깨가 쏟아지는** 신혼 생활.
깨개갱 [부] 개 따위가 갑자기 맞거나 공격을 당했을 때 몹시 아픔을 느끼거나 공포에 질려 내는 소리.
깨갱 [부] 개가 얻어맞거나 하여 아파서 지르는 소리.
깨갱-거리다/-대다 [동][자] (개가) 자꾸 깨갱 소리를 내다.
깨갱-깨갱 [부] 깨갱거리는 소리.
깨금-발 [명] '앙감질'의 잘못.
깨-꽃[-꼳] [명][식] 5~10월에 종 모양의 붉은색 꽃이 피는 한해살이풀. 열매가 깨와 비슷하며, 관상용으로 화단에 많이 심음. =샐비어.
깨끗-하다[-끄타-] [형][여] **1** (몸이나 물체, 장소 등이) 때나 얼룩·흠·쓰레기·군더더기 따위가 없다. [비]말끔하다. ¶**깨끗한** 옷. ↔더럽다. **2** (액체나 기체가) 더러운 것이나 불순물이 섞이지 않고 맑다. ¶**깨끗한** 물. **3** 음식을 다 먹어 조금도 남김이 없다. ¶밥 한 그릇을 순식간에 **깨끗하게** 비웠다. **4** 어떤 일에 대한 미련이나 불만, 아쉬움 등이 없다. ¶결과에 **깨끗하게** 승복하다. **5** 뒤탈이 없이 말짱하다. ¶이 술은 깬 뒤에도 뒤끝이 ~. **6** (마음씨나 행동이) 올바르거나 허물이 없다. ¶**깨끗한** 선거. **7** 비뚤비뚤하거나 울퉁불퉁하거나 거친 데가 없이 고르다. ¶글씨를 **깨끗하게** 쓰다. **깨끗-이** [부] ¶~ 포기하다.
깨끼 [명] **1** 안팎 솔기를 사(紗)붙이의 곱솔로 박아 옷을 짓는 일. **2** '깨끼옷'의 준말.
깨끼-발 [명] 한 발을 들고 한 발로 선 자세.
깨끼-옷[-옫] [명] 안팎 솔기를 곱솔로 박아 지은 겹옷. [준]깨끼.
깨나 [조] 어느 정도 이상의 뜻을 나타내는 보조사. ¶힘~ 쓴다고 재지 마라.
깨ː-나다 [동][자] '깨어나다'의 준말.
깨ː다[1] (깨ː고 / 깨어) [동] [1][자] **1** (잠이나, 자면서 꾸는 꿈이) 그치어 본래의 의식 상태를 다시 가지다. ¶잠이 ~. **2** 술이 취한 상태나 마취의 작용에서 벗어나 정상적인 의식 상태가 되다. ¶술이 ~. **3** (의식이나 지능이) 사리를 깨달을 수 있게 열리다. ¶의식이 **깬** 사람. [2][타] **1** (자던 잠이나 꾸던 꿈을) 그치고 본래의 의식 상태를 다시 가지다. ¶떠드는 소리에 잠을 ~. **2** '깨우다'의 잘못.
깨다[2] [동][타] **1** (유리·사기와 같이 꽤 단단한 물체를) 무엇으로 때리거나 부딪치거나 하여 여러 조각이 되게 하다. ¶접시를 ~. **2** (약속이나 계약, 규율 등을) 지키거나 따르지 않고 어기다. ¶약속을 ~. **3** (지속되던 분위기를) 바꾸어 다른 상태의 것이 되게 하다. ¶분위기를 ~. **4** (어떤 장벽을) 넘어서거나 허물다. ¶세계 기록을 ~. **5** (신체 부위를 부딪치거나 하여) 상처를 내다. ¶넘어져서 무릎을 ~.
깨ː다[3] (깨ː고 / 깨어) [동][자] '까다[1]'의 피동사.
깨ː다[4] (깨ː고 / 깨어) [동] [1][자] '까다[2]3'의 피동사. ¶병아리가 ~. [2][타] '까다[2]3'의 사동사. ¶어미닭에게 알을 ~. ×깨이다.
깨닫다[-따] [동][타][ㄷ]〈깨달으니, 깨달아〉**1** (사물의 이치나 숨겨진 뜻을) 생각하거나 궁리하여 알게 되다. ¶잘못을 ~. **2** (어떤 사실을) 느껴 알다. ¶위기가 닥쳐오고 있음을 ~.
깨달음 [명] 깨달아 아는 것.
깨-뜨리다/-트리다 [동][타] '깨다[2]'의 힘줌말. ¶거울을 ~ / 침묵을 ~.
깨-물다 [동][타]〈~무니, ~무오〉(물건을 아랫니와 윗니로) 깨어지게 물다. 또는, (신체 부위를) 그 정도로 세게 물다. ¶사탕을 **깨물어** 먹다.
[**깨물어서 아프지 않은 손가락 없다**] 자식이 아무리 많아도 부모에게는 모두 소중하다.
깨물-리다 [동][자][타] '깨물다'의 피동사.
깨ː-부수다 [동][타] **1** 깨어서 부수다. **2** 무슨 일이 이루어지지 않도록 방해하다.
깨-소금 [명] 참깨를 볶아 소금을 넣고 빻은 양념.
깨소금 맛이다 남의 불행을 보고 몹시 통쾌하다는 뜻으로 쓰는 말.
깨-알 [명] 깨의 낱알.
깨알 같다 깨알처럼 매우 잘다. ¶글씨가 **깨알 같아** 알아보기 힘들다.
깨어-나다 [동][자] **1** (잠이나 꿈을 꾸는 상태에서) 벗어나 본래의 의식 상태를 가지다. ¶깊은 잠에서 ~. **2** (마취나 기절 등으로 정신을 잃은 상태에서) 벗어나 본래의 의식을 되찾다. ¶혼수상태에서 ~. **3** (무지하거나 미개한 상태에서) 벗어나 지혜가 열린 상태가 되다. ¶무지에서 ~. [준]깨나다.
깨어-지다 [동][자] **1** (유리·사기와 같이 꽤 단단한 물건이 무엇에) 맞거나 부딪히거나 하여 여러 조각이 나다. ¶유리창이 ~. **2** (약속이나 규율·회담·계획 등이)

깨우다

지켜지지 않거나 어그러지거나 무효가 되다. ¶혼담이 ~. 3 (지속되던 분위기가 바뀌어) 새로운 상태가 되다. ¶분위기가 ~. 4 (어떤 장벽이) 극복되거나 허물어지다. ¶오랜 판료주의의 벽이 서서히 **깨어지고 있다.** 5 (신체 부위가) 부딪히거나 넘어지거나 맞아서 상처가 나다. ¶무릎이 ~. ㈜깨지다.

깨어진 그릇 돌이킬 수 없는 상태를 이르는 말. ¶엎질러진 물이요, ~이다.

깨-우다 통(타) '깨다①'의 사동사. ¶곤하게 자는 사람을 ~. ×깨다.

깨우치다 통 깨닫게 하다. ¶친구에게 잘못을 **깨우쳐** 주다.

깨-이다¹ 통 '깨다①'의 피동사. ¶잠에서 갓 ~.

깨-이다² '깨다'의 잘못.

깨:-지다 통(자) 1 '깨어지다'의 준말. ¶유리창이 ~. 2 (경기 따위에서) 패하다. 속된 말임. 3 (윗사람에게) 꾸지람을 당하게 속된 말임. ¶김 과장은 회의 시간에 사장한테 **깨졌다.** 4 (돈이) 예상보다 많이, 또는 쓸데없이 들다. 구어적인 말임. ¶돈이 엄청 ~.

깨-치다 통(타) 1 (글을) 읽고 쓸 수 있게 되다. ¶할머니는 글을 **깨치지** 못했다. 2 (사물의 이치나 진리를) 깨달아 알게 되다. ¶달마 대사는 굴속에서 9년 동안 면벽한 끝에 도를 **깨쳤다.**

깩 튀 충격을 받아 갑자기 되게 지르는 소리. ¶느닷없이 소리를 ~ 지르다. 큰끽.

깩-깩 튀 깩깩거리는 소리. 큰끽끽.

깩-거리다/-대다 [-꺼때-] 통(자) 깩 소리를 자꾸 내다. 큰끽끽거리다.

깩-소리 [-쏘-] 명 (반드시 부정하거나 금지하는 말 앞에 쓰여) 다소라도 반항하는 소리나 태도. ¶김 과장은 사장 앞에서는 ~도 못한다. 큰끽소리. ▷큰소리.

깻-묵 [깬-] 명 기름을 짜고 남은 깨의 찌꺼기. 영양분이 많아 가축 사료나 거름 등으로 쓰임.

깻-잎 [깬닙] 명 깨의 잎.

깽 튀 개 따위가 맞거나 다쳤을 때 아파서 내는 외마디 소리.

깽-깽 튀 개 따위가 아파서 애달프게 자꾸 내는 소리.

깽깽-거리다/-대다 통(자) 자꾸 깽깽 소리를 내다. ¶강아지가 ~.

깽깽-이 명 해금이나 바이올린을 낮추어 이르는 말. ¶~를 켜다.

깽-판 명(속) 소란을 피우면서 남의 일을 방해하거나 망치는 짓. ¶불량배들이 남의 잔치에 몰려와 ~을 부렸다.

꺄 감 위급할 때 놀라서 부르짖는 소리.

꺼꾸러-지다 통 '거꾸러지다'의 센말.

꺼꾸로 튀 '거꾸로'의 센말.

꺼끌-꺼끌 튀 (표면이) 거칠어 걸끄러운 모양. ㈜까끌까끌. **꺼끌꺼끌-하다** 혤(여)

꺼:-내다 통(타) 1 (물건을 안이나 속에서 밖으로) 손이나 도구를 이용하여 나오게 하다. ¶가방에서 책을 ~. 2 (해야 할 말을) 어렵게 또는 조심스럽게 하다. ¶이야기를 ~.

꺼:-들다 통(자)<-드니,-드오> 당겨서 추켜들다.

꺼-뜨리다/-트리다 통(타) 잘못하여 불을 꺼지게 하다. ¶연탄불을 ~.

꺼리다 통 ① (어떤 일이나 행동, 대상을) 두려워 피하거나 싫어하다. ¶그는 사람 만나기를 **꺼린다.** ② (마음에) 켕기어 언짢은 데가 있게 걸리다. ¶양심에 **꺼리는** 행동은 하지 마라.

꺼림칙-하다 [-치카-] 혤(여) 매우 꺼림하다. =께름칙하다. ¶밥이 쉰 듯해서 먹기가 ~.

꺼림-하다 혤(여) (어떤 일이) 내키지 않거나 개운치 않은 데가 있어 마음에 걸리는 상태에 있다. =께름하다. ¶애를 집에 혼자 두고 나온 게 ~.

꺼멍 명 '껌정'의 잘못.

꺼:멓다 [-머타] 혤(ㅎ)<꺼머니, 꺼머오, 꺼메> 어둡고 짙게 검다. ¶**꺼먼** 연기. ㈜까맣다. ㈜꺼멓다.

꺼무스름-하다 혤(여) '거무스름하다'의 센말. ㈜까무스름하다. **꺼무스름-히** 튀

꺼뭇-꺼뭇 [-묻-묻] 튀 '거뭇거뭇'의 센말. ㈜까뭇까뭇. **꺼뭇꺼뭇-하다** 혤(여) ¶얼굴에 주근깨가 ~.

꺼:벙-이 명 성격이 야무지지 못하고 조금 모자란 듯한 사람.

꺼:벙-하다 혤(여) 1 (차림새가) 거칠고 터부룩하다. 2 야무지지 못하고 투미하다.

꺼이-꺼이 튀 큰 소리로 목이 멜 만큼 요란하게 우는 모양. ¶~ 목 놓아 울다.

꺼지다¹ 통(자) 1 (불 따위가) 사라져 없어지다. ¶불 꺼진 창(窓). 2 (거품 따위가) 스러지거나 가라앉다. ¶거품이 ~. 3 (노여움이나 분 따위가) 가라앉다. ¶분이 ~. 4 (목숨이) 끊어지다. 비유적인 말임. ¶**꺼져** 가는 생명의 불씨. 5 (주로 명령형으로 쓰여) 눈앞에서 없어지다. 비속한 말임. ¶썩 **꺼져** 버려!

꺼지다² 통(자) 1 우묵하게 들어가다. ¶배가 ~. 2 내려앉아 빠지다. ¶방바닥이 ~.

꺼칠-꺼칠 튀 '거칠거칠'의 센말. ㈜까칠까칠. **꺼칠꺼칠-하다** 혤(여) ¶피부가 ~.

꺼칠-하다 혤(여) '거칠하다'의 센말. ¶**꺼칠한** 얼굴. ㈜까칠하다.

꺼풀 명 ① (차럼) 여러 겹으로 된 껍질이나 껍데기의 층. ¶쌍~. ② [의존] ①을 세는 단위로 이르는 말. ¶양파를 한 ~ 벗기다.

꺽 튀 트림하는 소리.

꺽-꺽 튀 장끼가 우는 소리.

꺽다리 [-따-] 명 키가 큰 사람을 별명 삼아 이르는 말. ㈜키다리.

꺾-기 [꺽끼] 명 ① 체) 유도에서 굳히기의 한 가지. 상대의 팔을 다리 사이에 끼워 꺾거나 팔꿈치 관절을 비틀어 꺾는 기술. 2 (속) 양주 예금.

꺾-꽂이 [꺽-] 명 ㈜ 식물의 가지나 잎·눈을 잘라 흙에 꽂아서 완전한 개체로 생육시키는 일. **꺾꽂이-하다** 통(타)

꺾다 [꺽따] 통(타) 1 (길고 탄력성이 있는 단단한 물체를) 구부러 다시 펴지지 않게 만들거나 끊어지게 하다. ¶꽃을 ~. 2 (달 따위를) 크게 구부려 꼿꼿할 수 없게 만들다. ¶형사는 범인의 팔을 뒤로 **꺾고** 수갑을 채웠다. 3 (허리 따위를) 크게 굽히다. ¶허리를 90도로 **꺾어** 인사하다. 4 (자동차나 그 핸들을) 좌우의 어느 방향으로 가도록 다루다. ¶핸들을 왼쪽으로 ~. 5 (사람의 기세나 고집 등을) 제대로 펴지 못하게 누르다. ¶아무도 재 고집을 **꺾지** 못하다. 6 (경기 등에서 상대를) 이기어 물리치다. ¶한국이 일본을 **꺾고** 4강에 진출했다. 7 ㈜ 술을 마시다. ¶포장마차에서 한잔 **꺾고** 가자.

꺾-쇠[껀쇠/껀쒜] 뗑 ‘ㄷ’ 자 모양의 쇠토막. 잇댄 두 개의 나무 따위를 벌어지지 못하게 하는 데 씀.

꺾쇠-괄호(—括弧)[껀쇠/껀쒜—] 뗑 = 대괄호.

꺾쇠-표(—標)[껀쇠/껀쒜—] 뗑 문장 부호의 하나. ‘[ ]’의 이름.

꺾-이다 ⸨자⸩ 1 (나뭇가지 따위가) 힘을 받아 부러지다. 2 (종이나 얇은 금속, 가는 쇠 등이) 구부러져서 다시 펴지지 않게 되다. ¶우산살이 ~. 3 (길 따위가) 진행되는 방향이 바뀌다. 4 (의지나 기세 등이) 어떤 영향을 받아 억눌리다. 5 (‘꺾어진 60, 70, 80, …’ 등의 꼴로 쓰여) 나이가 그 숫자의 절반이 되다. 속된 말임.

꺾은-선(—線) [수] 여러 가지 길이와 방향을 가진 선분을 차례로 이은 선.

꺾은선-그래프(—graph) [수] 단위 기간별로 측정된 수치를 점으로 표시하고, 그 점들을 직선으로 연결한 그래프. 시간의 경과에 따라 수량의 변화하는 상태를 보는 데에 편리함.

꺾-이다 ⸨자⸩ ‘꺾다’의 피동사. ¶꺾인 가지 / 사라다.

꺾-자(—字)[껀짜] 뗑 1 문서의 여백에 ‘이상(以上)’의 뜻으로 위에서 아래까지 내리긋는 ‘ㄱ’자 모양의 부호. 2 글줄이나 글자를 지워 버리기 위하여 내리긋는 줄.

꺾자(를) 치다 1 문서의 여백에 꺾자를 그리다. 2 글줄이나 글자를 지워 버리기 위하여 꺾자를 그리다.

껄껄 ⸨부⸩ 남자 어른이 몹시 우스워 거침없이 시원스럽게 웃는 소리. ☞깔깔.

껄껄-거리다/-대다 ⸨자⸩ 시원스럽고 우렁차게 자꾸 웃다. ☞깔깔거리다.

껄껄-하다 ⸨형⸩ (촉감이) 부드럽지 못하고 꺼칠꺼칠하다. ¶농부의 껄껄한 손. ☞깔깔하다.

껄끄럽다[—따] ⸨형⸩ (껄끄러우니, 껄끄러워) 1 (꺼끄러기 따위가) 살에 닿아서 자꾸 뜨끔거리다. 2 미끄럽지 못하고 껄껄하다. ¶옷감이 ~. 3 관계가 친숙하지 못하고 서먹하다. ¶껄끄러운 사이. ☞깔끄럽다.

껄떡-거리다/-대다[—꺼(때)—] ⸨동⸩ 1 ⸨자⸩ 음식을 밝히면서 자꾸 먹고 싶어 하다. 또는, 색을 밝히면서 자꾸 탐하다. 비난조의 말임. ¶부침개를 집어 먹으면서 껄떡거린다. / 저 녀석은 여자만 보면 껄떡거린다니까. 2 ⸨타⸩ 1 기운 없이 액체를 삼켜 자꾸 껄떡 소리를 내다. 2 약한 숨을 끊어질 듯 말 듯 하게 겨우 이어 가다. ¶숨을 ~.

껄떡-껄떡 ⸨부⸩ 껄떡거리는 소리. 또는, 그 모양. 껄떡껄떡-하다 ⸨자,타⸩

껄렁껄렁-하다 ⸨형⸩ (말이나 행동이) 들떠 미덥지 않다. ¶껄렁껄렁한 사람. ☞껄렁하다.

껄렁-이 뗑 됨됨이나 하는 짓이 껄렁껄렁한 사람.

껄렁-패(—牌) 뗑 껄렁껄렁한 사람의 무리.

껄렁-하다 ⸨형⸩ ‘껄렁껄렁하다’의 준말.

껌(←gum) 뗑 치클에 당분·박하·향료 등을 넣어 만든 과자. 삼키지는 않고 씹기만 함. ¶풍선~.

껌껌-하다 ⸨형⸩ 1 아주 어둡다. ¶껌껌한 밤 / 창고 안이 ~. ☞감감하다. 2 (마음 속이) 뭔가 감춘 듯이 음흉하다. ¶속이 ~. ☞컴컴하다.

껌둥-개 뗑 털빛이 꺼먼 개.

껌둥-이 뗑 ‘검둥이’의 센말. ☞깜둥이.

껌벅-거리다/-대다[—꺼(때)—] ⸨동⸩⸨자,타⸩ 자꾸 껌벅이다. ☞깜박거리다.

껌벅-껌벅 ⸨부⸩ 껌벅거리는 모양. ☞감박감박. 껌벅껌벅-하다 ⸨자,타⸩

껌벅-이다 ⸨동⸩ 1 ⸨자⸩ 등불이나 별빛 따위가 잠깐 어두워졌다 밝아졌다 하다. 2 ⸨타⸩ 큰 눈을 잠깐 감았다 떴다 하다. ☞감박이다.

껌적-껌적 ⸨부⸩ ‘껌적껌적’의 센말. ☞감작감작. 껌적껌적-하다 ⸨자,타⸩

껌정 뗑 껌은 빛깔. 또는, 그런 색을 내는 물감과 같은 물질. ☞감장. ⓐ검정. ×꺼멍.

껌-팔이(←gum—) 뗑 돌아다니면서 껌을 파는 사람.

껍데기[—떼—] 뗑 1 알맹이나 내용물을 담거나 그것의 걸을 싸고 있으며 비교적 쉽게 떼어 낼 수 있는 물건. 갑·튜브·캡슐·포장지 등을 모두 포함하는 말임. ¶과자 ~. 2 생물체의 겉을 중 비교적 단단한 것을 이르는 말. ⓛ조개 ~. ▷껍질. 3 화투에서, 끗수가 없는 것. ⓐ껍·피(皮). 4 실질적인 내용이 없이 헛된 것을 비유적으로 이르는 말. ¶그가 쓴 감투는 서울은 일 뿐이다.

껍질[—찔] 뗑 1 사람 또는 동물의 몸이나, 식물의 줄기나 열매 등의 겉을 싸거나 덮고 있는 물질. ¶나무~ / 사과 ~ / 살갗이 타서 ~이 벗어진다. ▷껍데기. 2 =껍데기.

-껀[껀] ⸨접미⸩ 1 일부 명사에 붙어, ‘힘 자라는 껏’, ‘있는 대로 다하여’의 뜻을 나타내는 말. ¶힘~ / 정성~. 2 때를 나타내는 일부 부사에 붙어, ‘까지’의 뜻을 나타내는 말. ¶여태~ / 지금~.

껑 뗑 ⸨속⸩ 거짓말.

껑-까다 ⸨타⸩ ⸨속⸩ 거짓말하다.

껑충 ⸨부⸩ 1 긴 다리로 힘있게 솟구어 뛰는 모양. ¶뜀틀을 ~ 뛰어넘다. ☞깡충. 2 어떤 단계나 순서를 단번에 건너뛰는 모양. ¶학교 성적이 ~ 뛰다.

껑충-거리다/-대다 ⸨자⸩ 긴 다리를 모으고 자꾸 솟구어 뛰다. ☞깡충거리다. ⓔ겅충거리다.

껑충-껑충 ⸨부⸩ 껑충거리는 모양. ¶기뻐서 ~ 뛰다. ☞깡충깡충. ⓔ겅충겅충.

껑충-하다 ⸨형⸩ 키가 멋없이 크고 다리가 길다. ☞깡충하다.

께¹ ‘에게’의 높임말. ¶선생님~ 편지를 드렸다.

-께² ⸨접미⸩ 시간이나 공간을 나타내는 일부 명사 아래에 쓰여, ‘그 가까운 범위’를 뜻하는 말. ¶이달~ / 나 보자.

께름칙-하다[—치카—] ⸨형⸩ =꺼림칙하다.

께름-하다 ⸨형⸩ =꺼림하다. ¶음식이 정갈하지 않아 먹기가 ~.

께서 ⸨조⸩ 윗사람이나 존귀한 대상을 나타내는 체언에 붙어, 그 대상을 높임과 동시에 그 대상이 문장의 주어가 되도록 하는 조사. 주격 조사 ‘가/이’의 높임말 됨. ¶아버님~ 오셨다.

께옵서 ⸨조⸩ ⸨씨⸩ 주격 조사 ‘가/이’의 높임말인 ‘께서’를 더욱 높인 말. ¶상감~ 듭십니다.

께적-거리다/-대다[—꺼(때)—] ⸨동⸩⸨자,타⸩

'께지럭거리다'의 준말. ¶**께적거리지** 말고 빨리 먹어라.

께적-께적 [부] '께지럭께지럭'의 준말. **께적께적-하다** [동][자][타][여] ¶입맛이 없어 **께적께적하다** 말다.

께지럭-거리다/-대다[–꺼(때)–] [동][자][타] 하는 짓이나 먹는 모양이 탐탁하지 않고 굼뜨게 하다. [준]께적거리다·께질거리다.

께지럭-께지럭 [부] 께지럭거리는 모양. [준]께적께적·께질께질.

께질-거리다/-대다 [동][자][타] '께지럭거리다'의 준말.

께질-께질 [부] '께지럭께지럭'의 준말. ¶무슨 밥을 그렇게 ~ 먹고 있니?

껴-묻다[–따] [동][자] (주로 '껴묻어'의 꼴로 쓰여) 다른 물건에 같이 끼이다. ¶내 책이 네 책에 **껴묻어** 갔는지 살펴봐라.

껴-안다[–따] [동][타] **1** (대상을) 두 팔로 두르거나 감아서 안다. ¶아이를 품에 꼭 ~. **2** 혼자서 여러 가지 일을 떠맡다. ¶감당 못 할 일을 혼자 **껴안고** 쩔쩔맨다.

껴-입다[–따] [동][타] 옷을 입은 위에 덧입다. ¶옷을 잔뜩 **껴입었더니** 덥다.

껴입-히다[–이피–] [동][타] '껴입다'의 사동사.

꼬기-꼬기 [부] '꼬깃꼬깃'의 잘못.

꼬깃-거리다/-대다[–긷꺼(때)–] [동][타] 구김살이 지게 마구 구기다. [큰]꾸깃거리다.

꼬깃-꼬깃[–긷–긷] [부] 구김살이 지게 마구 구기는 모양. ¶원고지를 ~ 구기다. [큰]꾸깃꾸깃. ×꼬기꼬기. **꼬깃꼬깃-하다** [동][타][형][여] ¶**꼬깃꼬깃한** 돈.

꼬ː까 [명] 〈유아〉 알록달록 곱게 만든, 아이의 옷이나 신발. =고까·때때.

꼬ː까-신 [명] 〈유아〉 알록달록하고 고운, 아이의 신.

꼬ː까-옷[–옫] [명] 〈유아〉 알록달록하고 고운, 아이의 옷. =때때옷.

꼬꼬 Ⅰ [명] 〈유아〉 닭.
Ⅱ [부] 암탉 우는 소리.

꼬꼬-닭[–닥] [명] 〈유아〉 '닭'을 '꼬꼬' 하고 운다 하여 일컫는 말.

꼬꼬댁 [부] 암탉이 놀랐거나 알을 낳은 뒤에 우는 소리.

꼬꾜 [부] '꼬끼오'의 준말.

꼬꾸라-지다 [동][자] '고꾸라지다'의 센말. ¶총을 맞고 ~.

꼬끼오 [부] 수탉 우는 소리. [준]꼬꾜.

꼬나-물다 [동][타] 〈~무니, ~무오〉 (담배나 물부리 등을) 입에 물다. 얕잡는 말임. ¶담배를 ~.

꼬나-보다 [동][타] (대상을) 눈을 모로 뜨고 못마땅한 듯이 노려보다. ¶사내는 이맛살을 찌푸리고 이쪽을 **꼬나보고** 있다.

꼬느다 [동][타] 〈꼬느니, 꼬나〉 **1** 무거운 물건의 한쪽 끝을 쥐고 번쩍 치켜들어 내뻗치다. ¶창을 **꼬나** 쥐고 내닫다. **2** 잔뜩 차려 가지고 벼르다. ¶연필을 **꼬느고** 시험지가 배부되기만을 기다렸다.

꼬ː다 (꼬ː고 / 꼬아) [동][타] **1** (길이를 가진 물체의 둘 이상의 가닥을) 축을 중심으로 돌려 가닥과 가닥이 서로 다른 가닥을 감아 한 줄이 되게 하다. ¶짚으로 새끼를 ~. **2** (길이를 가진 물체를) 한쪽 끝과 다른 쪽 끝을 하나의 축을 중심으로 반대 방향으로 돌려서 물체가 비틀어지게 하다. ¶철사를 펜치로 **꼬아서** 끊다. **3** (몸통을) 한쪽 방향으로 틀어서 돌리다. 또는, (두 팔을) 양손을 맞잡은 상태에서 한쪽 방향으로 돌리다. ¶영희는 부끄러워 몸을 비비 **꼬았다**. **4** (다리를) 한쪽 다리를 다른 쪽 다리 무릎과 허벅지 위에 둔 자세가 되게 하다. ¶다리를 **꼬고** 앉다. **5** (말을) 빙 돌려서 하여 기분을 상하게 하다. [비]비꼬다.

꼬드기다 [동][타] (어떤 사람을) 무슨 일을 하도록 꾀어 부추기다. ¶동생을 **꼬드겨서** 못된 짓을 시키다.

꼬들-꼬들 [부] (밥알이) 물기가 적어서 오돌오돌한 모양. **꼬들꼬들-하다** [형][여] ¶**꼬들꼬들한** 밥.

꼬라-박다[–따] [동][타] **1** (사물을) 거꾸로 내리 박다. ¶운전 부주의로 차를 고랑창에 **꼬라박았다**. **2** (밑천을) 헛되이 날리다. 속된 말임. ¶섣불리 장사를 시작했다가 돈만 **꼬라박았다**.

꼬라비 [명] '꼴찌'의 잘못.

꼬라지 [명] '꼬락서니'의 잘못.

꼬락서니[–써–] [명] '꼴[1]1'을 더욱 낮추어 이르는 말. ¶~가 그게 뭐냐? ×꼬라지.

꼬랑지 [명] '꽁지'를 속되게 이르는 말.

꼬르륵 [부] **1** 배가 고플 때 배 속에서 나는 소리. 또는, 배 속이 좋지 않을 때 나는 부글거리는 소리. **2** 물속에서 기체의 작은 방울이 물 위로 떠오를 때 나는 소리. **3** 물이 관의 작은 구멍으로 한꺼번에 빠져나가면서 내는 소리. [큰]꾸르륵. **꼬르륵-하다** [동][자][여]

꼬르륵-거리다/-대다[–꺼(때)–] [동][자] 연이어 꼬르륵하다. ¶배가 고픈지 배 속에서 **꼬르륵거린다**. [큰]꾸르륵거리다.

꼬르륵-꼬르륵 [부] 꼬르륵거리는 소리. [큰]꾸르륵꾸르륵. **꼬르륵꼬르륵-하다** [동][자][여]

꼬리 [명] **1** 동물의 꽁무니에 가늘고 길게 내민 부분. [비]꽁지. ¶돼지의 ~. **2** 사물의 아래쪽에 길게 내민 부분을 비유하여 이르는 말. ¶~를 길게 단 가오리연. **3** [음] 음표의 대 끝에 달린 낚싯바늘 모양의 부분. **4** 사람을 찾아내거나 쫓아갈 수 있을 만한 흔적이나 자취.

[**꼬리가 길면 밟힌다**] 나쁜 짓을 계속 하면 끝내는 들키고야 만다.

꼬리(를) 감추다 자취를 감추다. ¶경찰이 들이닥쳤을 때는 이미 범인은 **꼬리를 감춘** 뒤였다.

꼬리(가) 길다 문을 꼭 닫지 않고 드나드는 사람을 나무라는 말. ¶웬 **꼬리가** 그리 **길어**.

꼬리(를) 달다 어떤 것에 더 보태어 말하다.

꼬리(를) 물다 계속 이어지다. ¶그에 관한 소문이 **꼬리를 물고** 퍼졌다.

꼬리(를) 밟히다 행적을 들키다. ¶한 번만 더 한 번만 더 하고 만나다가 **꼬리를 밟히고** 말았다.

꼬리(를) 잇다 계속 이어지다. ¶대형 사고가 ~.

꼬리(를) 잡다 감추고 있는 것을 알아내다. ¶그렇지 않아도 수상쩍다 했는데 마침내 **꼬리를 잡았다**.

꼬리(를) 치다 (여자가 남자에게) 이성으로서의 관심을 가지고 유혹하는 행동을 하다. 얕잡는 말임.

꼬리-곰탕 [명] 소의 꼬리를 푹 곤 음식.

꼬리^날개 [명] 비행기의 뒤쪽에 장치한 수

직 및 수평의 날개. =뒷날개·미익.
꼬리-별 몡[천] =혜성(彗星)¹.
꼬리-뼈 몡[생] 척추의 가장 아랫부분에 있고, 아래가 뾰족한 뼈. =미골(尾骨).
꼬리-잡기 [-끼] 몡 어린이들이 두 편으로 나뉘어, 각 편이 앞사람의 허리를 잡고 일렬을 이루어, 맨 앞사람이 상대편의 맨 뒷사람을 잡는 놀이.
꼬리-지느러미 몡[동] 물고기의 꼬리를 이루고 있는 지느러미. 방향을 조종함.
꼬리-표(-票) 몡 1 화물을 운송 수단이나 우편으로 부칠 때, 보내는 사람과 받을 사람의 주소·성명을 적어 그 물건에 달아 매는 쪽지. =표(票). 2 어떤 사람에게 늘 따라 붙는 좋지 않은 평가나 평판. ¶사기꾼이라는 ~가 붙다.
꼬마 몡 1 10살 이하 정도의 낯선 어린아이를 부르거나 이르는 말. '애' 보다 '꼬마야' 가 좀 더 친근한 어감이 있음. 2 자기의 어린 자식을 남 앞에서 겸양하여 이르는 말. 3 키가 작은, 어리거나 젊은 사람을 얕잡거나 놀리는 투로 부르거나 이르는 말. 4 (일부 명사 앞에 쓰여) 아직 성숙하지 않은 존재. ¶~ 신랑. 5 (물건을 가리키는 일부 명사 앞에 쓰여 '-들'이 붙는 경우가 많음. 작은 것. ¶~ 전구 -~ 자동차.
꼬마-전구(-電球) 몡 작은 전구. 특히, 손전등이나 크리스마스트리에 쓰이는 전구를 이름.
꼬막 몡 껍데기가 부채꼴 모양으로, 표면에 17~18개의 방사상 고랑이 있는 바닷조개. 맛이 좋아 요리에 많이 쓰임. 얕은 바다의 진흙 바닥에 삶. =살조개.
꼬맹이 몡 1 10살 이하 정도의 어린아이를 귀엽게 이르는 말. 복수 접미사 '-들'이 붙는 경우가 많음. 2 '꼬마²' 를 더욱 귀엽게 이르는 말.
꼬물-거리다/-대다 통(자)(타) 1 몸을 조금씩 느리게 자꾸 움직이다. 2 굼뜨게 행동하다. ¶꼬물거리지 말고 빨리 나와. 囹꾸물거리다.
꼬물-꼬물 틘 꼬물거리는 모양. 囹꾸물꾸물. **꼬물꼬물-하다** 혱(자)(타)
꼬박 틘 일정한 상태를 그대로 계속하는 모양. ¶밤을 ~ 새우다. 囹꼬빡.
꼬박² 틘 순간적으로 잠이 드는 모양. ¶나도 모르게 ~ 잠이 들었다. 囹꾸벅.
꼬박-꼬박¹ 틘 조느라고 머리를 자꾸 숙였다가 들었다가 하는 모양. ¶~ 졸다. 囹꾸벅꾸벅.
꼬박-꼬박² 틘 어기지 않고 고대로 계속하는 모양. ¶~ 제 날짜에 이자를 치르다.
꼬부라-지다¹ 통 '고부라지다' 의 센말. ¶등이 꼬부라진 할머니. 囹꾸부러지다.
꼬부라-지다² 통 성미나 마음이 바르지 않고 비틀어져 있다.
꼬부랑 틘 (일부 명사 앞에 쓰여) 그 대상의 외형이 꼬부라져 있음을 나타내는 말. ¶~ 글자 -~ 할머니.
꼬부랑-글씨 몡 =꼬부랑글자.
꼬부랑-글자(-字) [-짜] 몡 1 모양 없이 서투르게 쓴 글씨. 2 서양 글자를 속되게 이르는 말. =꼬부랑글씨. ¶~라 알 수가 있나.
꼬부랑-길 [-낄] 몡 꼬부라진 길.
꼬부랑-말 몡 영어·프랑스 어 등의 서양말을 낮추어 이르는 말.
꼬부리다 통(타) 한쪽으로 휘어 굽게 하다. ¶허리를 ~. 囹꾸부리다.

꼬불-거리다/-대다 통(자) 이리저리 꼬부라지다. 囹꾸불거리다.
꼬불-꼬불 틘 꼬불거리는 모양. 囹꾸불꾸불. **꼬불꼬불-하다** 혱(어) ¶꼬불꼬불한 골목길.
꼬불-치다 통(타) 〈속〉 (돈이나 물건을) 제 몫으로 챙겨 감추어 두거나 지니다. ¶비상금을 ~ / 왕초 몰래 돈을 ~.
꼬불탕-꼬불탕 틘 여러 군데가 꼬불탕한 모양. ¶고갯길. 囹꾸불텅꾸불텅. **꼬불탕꼬불탕-하다** 혱(어)
꼬불탕-하다 혱(어) 굽이가 나슨하게 꼬부라지다. 囹꾸불텅하다.
꼬빡 '꼬박' 의 센말. ¶그 일을 하는 데 ~ 하루가 걸렸다.
꼬시다 통(타) '꾀다²' 의 잘못.
꼬이-① 통(자) =꾀다¹.
꼬이-다² 통(자) 1 '꼬다' 의 피동사. ¶줄이 배배 ~. 2 (일이) 순순히 되지 않고 뒤틀리다. ¶하는 일마다 꼬여 돌아간다. 3 비위가 거슬려 마음이 뒤틀리다. 囹꾀다.
꼬이-다³ 통 =꾀다².
꼬임 몡 '꾐' 의 본딧말.
꼬장-꼬장 틘 1 (사람의 성질이나 마음이) 곧고 꼿꼿한 모양. 2 (늙은이의 몸이) 곧고 탄탄한 모양. **꼬장꼬장-하다** 혱(어)
꼬질-꼬질 틘 옷이나 몸에 때가 많은 모양. ¶때가 ~ 끼어 있다. **꼬질꼬질-하다** 혱(어)
꼬집다 [-따] 통(타) 1 (손가락과 손가락, 손톱과 손톱으로) 살을 집어 뜯거나 비틀다. ¶허벅지를 손으로 ~. 2 (남의 비밀·감정 따위를) 찌르듯이 건드려 말하거나 지적하다. ¶남의 약점을 ~.
꼬집어 말하다 분명하게 꼭 집어서 말하다. ¶그것은 뭐라고 **꼬집어 말하기** 어려운 묘한 감정이었다.
꼬집-히다 [-지피-] 통(자) '꼬집다' 의 피동사. ¶여자한테 팔을 ~.
꼬쟁이 몡 '꼬챙이' 의 잘못.
꼬챙이 몡 가늘고 길쭉한 나무나 대·쇠 등으로 된, 끝이 뾰족한 물건. 준꼬치. ×꼬쟁이.
꼬치¹ 몡[1](자립) 1 꼬챙이에 꿴 음식물. ¶~안주. 2 '꼬챙이' 의 준말. [2](의존) 꼬챙이에 꿰어 있는 물건을 세는 단위. ¶곶감 세 ~.
꼬치² 몡[식] '고추¹' 의 잘못.
꼬치-구이 몡[식] 고기나 해물 등을 꼬챙이에 꿰어 구운 음식. ¶닭 ~.
꼬치-꼬치 틘 1 몸이 여위어 꼬챙이같이 마른 모양. 2 샅샅이 따지고 캐묻는 모양. ¶지각한 이유를 ~ 캐묻다.
꼬치-안주(-按酒) 몡 꼬치로 된 술안주.
꼬투리 몡 1 콩과 식물의 열매를 싸고 있는 껍질. 2 일을 풀어 가는 실마리. 3 남을 해코지하거나 헐뜯을 만한 거리. ¶넌 왜 내가 하는 일마다 사사건건 ~를 잡으려 드니?
꼭¹ 틘 1 단단히 힘을 주거나 세게 누르거나 잡거나 죄는 모양. ¶눈을 ~ 감다. 囹꾹.
꼭² 틘 1 어떤 물건이 다른 물건이나 사람의 몸에 빈틈없이 맞는 모양. ¶신발이 발에 ~ 맞는다. 2 시간이나 수치 따위가 정확하게 맞는 모양. ¶정수 계산이 ~ 맞다. 3 어떤 일을 어김없이 행하거나 어떤 일이 예외 없이 일어나는 모양. 바반드시. ¶약속은 ~ 지켜라.
꼭-꼭¹ 틘 잇달아 힘을 주어 누르거나 죄

는 모양. ¶밥을 ~ 씹어 먹다. [큰]꾹꾹.

꼭-꼭² [부] '꼭²3'을 더 강조하는 말. ¶그는 매일 아침 ~ 메일을 확인한다.

꼭-꼭³ [부] 매우 단단히 숨거나 들어박힌 모양. ¶~ 숨어라, 머리카락 보인다.

꼭꼭⁴ [부] 암탉이 알을 안는 소리.

꼭대기[-때-] [명] **1** 높이가 있는 사물의 맨 윗부분. ¶산~. **2** 단체나 기관 따위의 맨 윗자리. 또는, 그 자리에 있는 사람을 속되게 이르는 말.

꼭두-각시[-뚜-씨] [명] **1** 꼭두각시놀음에 나오는 여러 가지 인형. **2** 남의 조종에 따라 주체성 없이 움직이는 사람의 비유. =괴뢰. [비]로봇. ¶남의 ~ 노릇 작작 하고 줏대 있게 처신해라. ×꼭둑각시.

꼭두각시-놀음[-뚜-씨-] [명] **1** [연] 민속 인형극의 한 가지. 여러 가지 인형을 무대에 내세우며 무대 뒤에서 조종하고 그 인형의 동작에 맞춰 말을 하는 연극. **2** 앞잡이를 내세우고 뒤에서 조종하는 짓의 비유. **꼭두각시놀음-하다** [동][자][여]

꼭두-새벽[-뚜-] [명] 아주 이른 새벽.

꼭두서니[-뚜-] [명] **1** [식] 네모지고 짧은 가시가 있는 줄기가 덩굴로 벋으면서 자라고, 7~8월에 노란색 꽃이 피는 여러해살이풀. 어린잎을 나물로 먹으며, 뿌리는 물감의 원료로 씀. **2** **1**의 뿌리를 원료로 하여 만든 빨간 물감. 또는, 그 빛깔.

꼭둑-각시 [명] '꼭두각시'의 잘못.

꼭뒤[-뛰] [명] 뒤통수의 한복판. ¶머리 ~를 툭툭 치다.

꼭뒤(를) 누르다 (어떤 세력이나 힘이) 위에서 누르다.

꼭지[-찌] [명] [1][자립] **1** [식] 잎이나 열매를 가지에 달려 있게 하는 짧은 줄기. ¶~를 따다. **2** 그릇 뚜껑의 손잡이. ¶냄비 ~. **3** 수도관 끝 부분에 달아 물이 나오거나 나오지 않도록 조작하는 장치. ¶수도~. [2][의존] **1** 한 손에 쥘 만한 분량을 모아 잡아맨 긴 물건을 세는 단위. ¶미역 네 ~. **2** 일정한 양으로 갈라 묶은 원고나 교정쇄 묶음을 세는 단위.

꼭지-각(-角) [-찌-] [명][수] 이등변 삼각형에서 두 등변 사이의 각.

꼭지-미역[-찌-] [명] 한 손에 쥘 만한 분량을 모아 잡아맨 미역.

꼭지-쇠[-찌쇠/-찌쉐] [명][물] 전구의 소켓에 끼워 넣는 금속 부분.

꼭짓-점(-點) [-찌쩜/-찓쩜] [명][수] 각을 이루고 있는 두 변이 만나는 점이나, 다면체의 셋 이상의 면이 만나는 점. 또는, 뿔의 각 모서리가 만나는 점.

꼰대 [명]〈속〉**1** 아버지. **2** 선생.

꼴¹ [명] **1** 사람의 모습이나 행색이나 처지 등을 낮추거나 얕잡거나 비웃어 이르는 말. ¶~이 흉하다 / ~이 말이 아니다. **2** 사물의 모양이나 됨됨이. [비]형태. ¶세모~ / 으뜸~.

꼴² [명] 마소에게 먹이는 풀. [비]목초. ¶~을 베다.

-꼴³ [접미] 수량을 나타내는 말 뒤에 붙어, 비율적으로 그 수량에 해당함을 나타내는 말. ¶한 명~ / 100개에 만 원이면 개당 100원~이다.

꼴-값[-깝] [명] 못생긴 꼬락서니에 좋지 않거나 못된 행동을 하는 상태를 경멸조로 이르는 말. **꼴값-하다** [동][자][여] ¶주제도 모르고 **꼴값한다**.

꼴-같잖다[-갇짠타] [형] 꼴이 격에 맞지 않거나 하는 짓이 같잖다. ¶제 잘못은 모르고 남의 흉만 보는 것이 ~.

꼴깍 [부] **1** 적은 양의 액체 따위가 목구멍이나 좁은 구멍으로 넘어갈 때 나는 소리. ¶~ 침을 삼키다. **2** 숨을 거두는 것을 속되게 이르는 말. ¶~ 숨이 넘어가다. **3** =꼴딱2. **꼴깍-하다** [동][자][타][여]

꼴-등(-等) [-뜽] [명] 등수의 맨 끝.

꼴딱 [부] **1** (적은 양의 음식물 따위를) 목구멍으로 한꺼번에 삼키는 소리. 또는, 그 모양. ¶약을 ~ 삼키다. [큰]꿀떡. **2** 해가 완전히 지는 모양. =꼴깍. ¶해가 서산으로 ~ 넘어가다. **3** 내리 굶은 모양. ¶하루를 ~ 굶었다. **4** 밤새 자지 못하고 완전히 새우는 모양. ¶밤을 ~ 새우며 일하다. **꼴딱-하다** [동][타][여]

꼴딱-거리다/-대다[-꺼(때)-] [동][타] 적은 음식물을 자꾸 삼키다. [큰]꿀떡거리다.

꼴딱-꼴딱 [부] 꼴딱거리는 소리. 또는, 그 모양. [큰]꿀떡꿀떡. **꼴딱꼴딱-하다** [동][타][여]

꼴뚜기 [명][동] 바다의 모래 바닥 또는 진흙 바닥에 살며, 낙지와 비슷하나 몸길이 7cm가량으로 작은 연체동물. 흔히 젓갈을 담가 먹음.

꼴뚜기-젓[-젇] [명] 꼴뚜기로 담근 젓.

꼴뚜기-질 [명] 남을 욕할 때 가운뎃손가락만을 펴고 다른 손가락은 꼬부려 그의 앞에 내미는 짓. **꼴뚜기질-하다** [동][자][여]

꼴-리다 [동][자] (남자의 음경이) 성적(性的)인 흥분으로 인해 뻿뻿해지면서 커지다. 비속한 말임. [비]발기하다.

꼴-불견(-不見) [명] 겉모양이나 하는 짓이 비위에 거슬리고 우스워서 차마 볼 수 없다는 말. ¶쥐뿔도 없는 주제에 비싼 옷만 입고 다니다니, 정말 ~이다.

꼴-사납다[-따] [형][ㅂ]〈~사나우니, ~사나워〉 모양새나 하는 짓이 흉하다. ¶**꼴사납게** 잠옷 바람으로 나다니니?

꼴-좋다[-조타] [형] 어떤 사람의 꼬락서니가 비웃음을 살 만큼 한심하거나 어처구니없다. 반어적인 말임. ¶자신 있다고 큰소리 뻥뻥 치더니 ~!

꼴찌 [명] 차례나 순위의 맨 마지막. ¶달리기에서 ~를 하다. ×꼬라비.

꼴통 [명]〈속〉 머리가 나쁜 사람.

꼼꼼-쟁이 [명] 꼼꼼한 사람.

꼼꼼-하다 [형][여] (행동이나 성미가) 찬찬하여 빈틈이 없다. **꼼꼼-히** [부] ¶일을 ~ 해라.

꼼작 [부] '꼼짝'보다 어감이 약한 말. [큰]꿈적. **꼼작-하다** [동][자][타][여]

꼼지락 [부] 가볍게 천천히 움직이는 모양. [큰]꿈지럭. **꼼지락-하다** [동][자][타][여]

꼼지락-거리다/-대다[-꺼(때)-] [동][자][타] 자꾸 꼼지락하다. ¶그렇게 **꼼지락거리다가**는 늦겠다. [큰]꿈지럭거리다.

꼼지락-꼼지락 [부] 꼼지락거리는 모양. [큰]꿈지럭꿈지럭. **꼼지락꼼지락-하다** [동][자][타][여]

꼼짝 [부] (주로 '못하다', '말다', '않다'와 같은 부정어와 함께 쓰여) 약간 움직이는 모양. '꼼작'의 센말임. ¶여기서 ~ 말고 기다려라. [큰]꿈쩍. **꼼짝-하다** [동][자][타][여] (주로 '못하다', '않다'와 같은 부정어와 함께 쓰여) 약간 움직이다.

꼼짝 못하다 권세나 힘에 눌려 기를 펴지 못하다. ¶**꼼짝 못하고** 당하다.

꼼짝-달싹[-딸-] [부] (주로, '못하다',

없다' 와 함께 쓰여) 몸을 아주 조금 움직이는 모양. ㈀움짝달싹. **꼼짝달싹-하다** 통㈄ ¶사방이 막혀 **꼼짝달싹**할 수도 없다.

꼼짝-없다[-업따] 1조금도 움직이는 기색이 없다. 2꼼짝할 방법이 없다. **꼼짝없-이** 튀 ¶이러다간 ~ 붙잡히겠다.

꼼틀 튀 몸을 이리저리 꼬부려 움직이는 모양. ㈀꿈틀. **꼼틀-하다** 통㈄㈆

꼼틀-거리다/-대다 통㈄㈆ 자꾸 꼼틀하다. ㈀꿈틀거리다.

꼼틀-꼼틀 튀 꼼틀거리는 모양. ㈀꿈틀꿈틀. **꼼틀꼼틀-하다** 통㈄㈆

꼽다[-따] 통㈆ 1수를 세려고 손가락을 하나씩 차례로 꼬부리다. 2(대상을) 첫째 또는 거의 첫머리에 드는 존재로 치다. ¶조선 시대의 풍속화가로는 김홍도를 첫째로 **꼽**을 수 있다.

꼽-사리[-싸-] 명 남의 판에 거저 끼어드는 일. ¶~을 끼다.

꼽슬-꼽슬[-쓸-쓸] 튀㈆ '곱슬곱슬'의 센말. **꼽슬꼽슬-하다** 형㈄

꼽슬-머리[-쓸-] 명 '곱슬머리'의 잘못.

꼽재기[-째-] 명 1때나 먼지 같은 작고 더러운 물질. 2하찮고 작은 사물을 이르는 말.

꼽추 명 등뼈가 기형적으로 굽은 사람을 얕잡아 이르는 말. ㈀곱사등이.

꼽-히다[꼬피-] 통 '꼽다'의 피동사. ¶첫손가락에 ~.

꼿꼿-하다[꼳꼳하-] 형㈆ 1(사물이) 기울거나 휘거나 굽은 데가 없이 곧고 바르다. ¶70세 할머니인데도 허리가 ~. 2(태도가) 다른 것의 영향을 받음이 없이 굳세다. ¶성미가 대쪽같이 ~. **꼿꼿-히** 튀. **꼿꼿이** 튀 ¶고개를 ~ 세우다.

꽁꽁 튀 1물체가 단단히 언 모양. ¶~ 얼어붙은 강물. 2아주 단단하게 묶거나 죄리는 모양. ¶밧줄로 손을 ~ 묶다. 3보이지 않게 숨은 모양. ㈀꼭꼭.

꽁꽁² 튀 몹시 아프거나 피로할 때 내는 소리. ㈀꿍꿍. **꽁꽁-하다** 형㈄㈆

꽁다리 명㈆ 짤막하게 남은 동강이나 끄트머리. ㈀연필 ~.

꽁무니 명 1 통 짐승이나 새의 등마루뼈의 끝이 되는 부분. 2엉덩이를 중심으로 한, 몸의 뒷부분. 3사물의 맨 뒤나 맨 끝. =뒤꽁무니. ¶성적이 ~에서 맴돈다.

꽁무니를 따라다니다 이곳을 위하여 부지런히 따라다니다. ¶여자의 ~.

꽁무니(를) 빼다 슬그머니 도망치거나 물러나다. ¶정세가 불리해지자 **꽁무니**를 빼기 시작한다.

꽁무니-뼈 명 =미추(尾椎)¹.

꽁보리-밥 명 보리쌀로만 지은 밥. ×깡보리밥.

꽁-생원(-生員) 명 성질이 꽁한 남자를 조롱하는 말.

꽁알-거리다/-대다 자 꽁해서 종알거리다.

꽁알-꽁알 튀 꽁알거리는 소리나 모양. **꽁알꽁알-하다** 통㈄㈆

꽁지 명 새의 꽁무니에 붙은 기다란 깃. =꽁지깃. ㈀꼬리.

[꽁지 빠진 새 같다] 차림새가 볼품없거나 초라하다.

꽁지-깃(-깃) 명 =꽁지.

꽁짓-점(-點) [-지점/-짇쩜] 명㈄ =반점(半點)¹.

꽃돗자리 __ 185

꽁초(-草) 명 피우다 남은 담배 도막.

꽁치 명 몸이 길이 40cm가량으로 가늘고 길며 옆으로 납작하며, 등 쪽이 검은 청색인 바닷물고기. 우리나라 주요 어종으로 통조림을 만드는 데 많이 쓰임.

꽁:-하다 I 형㈄㈆ 마음을 드러내지 않고 속으로만 언짢고 서운하게 여기다. ¶그만한 일로 **꽁할** 게 뭐가 있니? ㈀꿍하다.
II 형 마음이 너그럽지 못하고 소견이 좁다. ¶**꽁한** 성미. ㈀꿍하다.

꽃다[꼳따] 타㈆ 1(길이를 가진 물체를) 끝 부분이 다른 물체의 속이나 공간으로 들어가게 하다. ¶화병에 꽃을 ~. 2(대상을) 들어서 아래쪽으로 힘있게 던지다. ¶씨름꾼이 상대를 번쩍 들어 모래판에다 냅다 **꽃었다**.

꽃-히다[꼬치-] 통 '꽃다'의 피동사. ¶표적에 **꽃힌** 화살.

꽃[꼳] 명 1[식] 식물의 가지나 줄기 끝에 반구형 또는 나팔 모양으로 피는, 생식을 위한 기관. 꽃받침·꽃잎·암술·수술로 이루어짐. 2가지나 줄기에 생식 기관을 피우는 화초나 관목. 또는, 1이 달린 그 가지나 줄기. ¶~을 가꾸다. 3'젊은 여자'를 비유적으로 이르는 말. ¶미스 김은 우리 회사의 ~이다. 4중요하고 핵심적인 존재를 비유하여 이르는 말. ¶사회부는 신문사의 ~이다. 5(주로 복수형으로 쓰여) 살갗에 좁쌀처럼 발긋발긋 돋는 것. ¶~이 돋다. 6재래식 간장이나 된장이나 고추장에 하얗게 피는 곰팡이. ¶된장에 ~이 피다.

꽃-가루[꼳까-] 명[식] =화분(花粉)².

꽃가루-주머니[꼳까-] 명[식] =화분낭.

꽃-가마[꼳까-] 명 꽃으로 장식한 가마.

꽃-가지[꼳까-] 명 꽃나무의 가지. 또는, 꽃이 달린 가지.

꽃-게[꼳께] 명 몸빛은 녹색을 띤 청색이며, 껍데기 길이 7cm, 너비 15cm가량인 게. 얕은 바다의 모래땅에 살며, 살은 맛이 좋음.

꽃-구경[꼳꾸-] 명 만발한 꽃을 보며 즐기는 일. **꽃구경-하다** 통㈄㈆

꽃-길[꼳낄] 명 꽃이 아름답게 피어 있는 길. ¶~을 걷다.

꽃-꽂이[꼳꼬-] 명 화초나 나뭇가지를 꽃병이나 수반에 아름답게 꽂는 일. 또는, 그 기술. ¶~ 강습. **꽃꽂이-하다** 통㈄㈆

꽃-나무[꼰-] 명 1꽃이 피는 나무. 2=화초1.

꽃-놀이[꼰-] 명 꽃을 구경하며 즐기는 놀이. =꽃놀이. **꽃놀이-하다** 통㈄㈆

꽃-눈[꼰-] 명[식] 자라서 꽃이 될 눈. ▷잎눈.

꽃-다발[꼳따-] 명 여러 개의 꽃을 한데 묶어 만든 다발.

꽃-다지[꼳따-] 명[식] 높이 20cm가량으로 전체에 짧은 털이 빽빽이 나고, 4∼6월에 노란색의 깨알 같은 꽃이 피는 두해살이풀. 들에 자라며, 어린잎을 식용함.

꽃-답다[꼳땁-] 형ㅂ(-답고 ·-다워) 1(어떤 꽃이) 꽃으로서의 아름다움이나 가치를 가진 상태에 있다. 2(사람의 나이나 시절이) 피어나는 꽃처럼 아름다움을 나타내거나 혈기가 한창인 상태에 있다. ¶**꽃다운** 청춘.

꽃-대[꼳때] 명[식] 식물의 꽃자루가 붙은 줄기.

꽃-돗자리[꼳똗짜-] 명 =화문석.

꽃-동산[꼳똥-] 명 아름다운 꽃이 많이 핀 동산. ⓗ화원(花園).
꽃-등(-燈)[꼳뜽] 명 꽃무늬가 있는 종이로 만든 등.
꽃-띠[꼳-] 명 한창 젊은 여자의 나이를 이르는 말.
꽃-마차(-馬車)[꼰-] 명 꽃이나 여러 가지 장식으로 예쁘게 꾸민 마차.
꽃-말 명 꽃의 특질에 따라 상징적 의미를 부여한 말. 클로버의 행운을 나타내는 것 따위.
꽃-망울[꼰-] 명 아직 피지 않은 어린 꽃봉오리. =몽우리. ¶~이 터지기 시작한다. ㉥망울.
꽃-무늬[꼰-] 명 꽃 모양의 무늬. =화문(花紋).
꽃-물[꼰-] 명 1 꽃을 물감으로 하여 들인 빛색. ¶손톱에 ~을 들이다. 2 불그레한 혈색. ¶부끄러워 귓불에 ~이 들다.
꽃-미남(-美男)[꼰-] 명〈속〉여자처럼 예쁜 젊은 남자.
꽃-바구니[꼳빠-] 명 주로 실내 장식을 위해, 꽃을 꽂아 아름답게 모양을 낸 바구니.
꽃-바람[꼳빠-] 명 꽃이 필 무렵에 부는 봄바람.
꽃-반지(-半指)[꼳빤-] 명 토끼풀 따위의 풀줄기로 반지처럼 만든 물건.
꽃-받침[꼳빤-] 명[식] 꽃잎을 받쳐 꽃을 보호하는 기관.
꽃-밥[꼳빱] 명[식] 종자식물의 수술에 있는 화분(花粉)과 그것을 싸고 있는 화분낭의 총칭. ▷화분낭.
꽃-방석(-方席)[꼳빵-] 명 꽃무늬를 놓아 짜거나, 꽃을 수놓은 방석.
꽃-밭[꼳빧] 명 1 꽃을 심어 가꾸는 밭. 또는, 꽃이 많이 피어 있는 곳. ⓗ화단. 2 여자들이 많이 모인 곳을 비유하여 이르는 말. ¶이 친구 ~에서 사는구먼.
꽃-뱀[꼳뺌] 명〈속〉남자에게 짐짓 접근하여 몸을 맡기고 금품을 우려내는 여자.
꽃-병(-甁)[꼳뼝] 명 꽃을 꽂아 놓는 병. =화병.
꽃-봉오리[꼳뽕-] 명 1[식] 망울만 맺혀 아직 피지 않은 꽃. ㉥봉오리. 2 장래가 기대되는 젊은 세대를 비유한 말. ¶청소년은 이 나라를 이끌어 갈 ~다.
꽃-불[꼳뿔] 명[식] 꽃 한 송이의 꽃잎 전체를 이르는 말.
꽃-분홍(-粉紅)[꼳뿐-] 명 진한 분홍색. ¶~ 저고리.
꽃-불[꼳뿔] 명 흑색 화약에 철분(鐵粉) 등을 섞어 넣고 불을 붙여 공중으로 쏘아 올리면 아름다운 불꽃과 폭음을 내며 터지는 화포.
꽃-사슴 [꼳싸-] 명[동] 누런색의 털에 흰점이 고루 나 있는 작은 사슴.
꽃-삽[꼳쌉] 명 화초나 꽃나무 따위를 옮기거나 매만져 가꾸는 데 쓰이는 작은 삽. ▷모종삽.
꽃-상여(-喪輿)[꼳쌍-] 명 꽃으로 치장한 상여.
꽃샘-바람[꼳쌤-] 명 이른 봄, 꽃이 필 무렵에 부는 쌀쌀한 바람.
꽃샘-추위[꼳쌤-] 명 이른 봄, 꽃이 필 무렵의 추위.
꽃-소금[꼳쏘-] 명 천일염을 물에 녹여 끓인 뒤, 불순물을 제거하여 만든 소금.
꽃-송이[꼳쏭-] 명[식] 꽃자루 위의 꽃 전부를 이르는 말.
꽃-술[꼳쑬] 명[식] 꽃의 수술과 암술.
꽃-시계(-時計)[꼳씨계/꼳씨게] 명 공원이나 광장 등의 지면에, 문자반에 해당하는 곳에 꽃을 심고 시곗바늘을 달아 시간을 알 수 있도록 만든 큰 시계.
꽃-신[꼳씬] 명 꽃무늬나 여러 가지 빛깔로 곱게 꾸민 신. 어린이나 여자가 신음.
꽃-씨[꼳-] 명 화초의 씨앗.
꽃-양배추(-洋-)[꼰-] 명[식] 양배추와 비슷하나, 완전히 결구(結球)가 되지 않고 잎의 빛깔이 흰색에서 차츰 붉은 자주색 또는 노란색으로 변하는 한해살이풀 또는 두해살이풀. 관상용으로 재배하며, 식용하기도 함.
꽃-잎[꼰닙] 명[식] 꽃부리를 이루고 있는 낱낱의 조각.
꽃-자루[꼳짜-] 명[식] 꽃이 달리는 짧은 가지.
꽃-자주색(-紫朱色)[꼳짜-] 명 밝은 자주색.
꽃-전(-煎)[꼳쩐] 명 1 여러 빛깔로 물들인 찹쌀가루를 반죽하여 꽃 모양으로 지진 부꾸미. 2 부꾸미에 진달래·개나리·국화 꽃잎이나 대추 등을 붙인 떡. =화전(花煎).
꽃-제비[꼳쩨-] 명 장터나 역전 등을 돌아다니면서 떨어진 음식을 주워 먹거나 돈을 구걸하는 북한의 청소년. 북한의 속어임.
꽃-줄기[꼳쭐-] 명[식] 땅속줄기나 비늘줄기에서 직접 갈라져 나와 잎을 달지 않고 꽃차례만 피우는 줄기.
꽃-집[꼳찝] 명 꽃을 파는 가게. =화원(花園).
꽃-차례[꼳-] 명[식] 꽃이 줄기나 가지에 배열되는 모양 또는 자리 관계. =화서(花序).
꽃-창포(-菖蒲)[꼰-] 명[식] 들의 습지에서 자라며, 붓꽃과 비슷하나 키가 60~120cm로 훨씬 크고 붉은 자주색 꽃이 피는 여러해살이풀. 잎은 칼 모양임.
꽃-피다 짜 (어떤 현상이나 일이) 한창 무르익거나 발전되는 상태가 되다. ¶불교문화가 찬란하게 ~.
꽃피-우다[-따] 타 (어떤 현상이나 일을) 한창 무르익게 하거나 발전되게 하다. ¶전통문화를 ~.
꽃-향기(-香氣)[꼳향-] 명 꽃에서 나는 향기.
꽈당 閂 단단하지만 울림이 있는 바닥에 사람이 넘어지거나 자빠지거나, 무거운 물체가 떨어질 때 나는 소리. ¶달려가다가 마룻바닥에 ~ 넘어졌다.
꽈르릉 閂 폭발물이나 천둥소리가 요란스럽게 울리는 소리. ㉠콰르릉. 꽈르릉-하다 통
꽈르릉-거리다/-대다 짜짜 계속하여 꽈르릉 소리가 나다. ㉠콰르릉거리다.
꽈르릉-꽈르릉 閂 꽈르릉거리는 소리. ㉠콰르릉콰르릉. 꽈르릉꽈르릉-하다 통짜
꽈:리 명[식] 여름에 황녹색의 꽃이 피며, 꽃이 진 뒤 꽃받침이 자라서 열매를 감싼 채 붉어지는 여러해살이풀. 열매는 아이들이 씨를 빼고 입에 넣어 소리를 내며 부는 장난감으로 쓰임.
꽈:배기 명 1 밀가루·찹쌀가루 등을 반죽하여, 가늘게 뽑은 가닥을 두 가닥으로

꼬아서 기름에 튀겨 낸 과자. 2 비꼬아서 말하기 좋아하는 사람을 놀림조 또는 비난조로 이르는 말.
꽉 튀 1 힘을 주어 누르거나 잡거나 죄는 모양. ¶나사를 ~ 죄어라. 2 물건이나 물질이 가득 차거나 막힌 모양. ¶방 안에 연기가 ~ 찼다.
꽉-꽉 튀 1 여러 번 힘을 주어 누르거나 잡거나 죄는 모양. ¶밥을 ~ 눌러 담다. 2 물건이나 물질이 여럿이 또는 몹시 가득 차거나 막힌 모양. ¶버스마다 사람들이 ~ 찼다.
꽐꽐 튀 액체가 좁은 구멍으로 급히 쏟아져 나오는 소리. ¶드럼통에서 가솔린이 ~ 쏟아진다. 센 퀄퀄. 거 활활.
꽝 Ⅰ튀 1 무겁고 단단한 물건이 바닥에 떨어지거나 부딪칠 때 울리는 소리. ¶문을 ~ 닫다. 2 총이나 대포를 쏘거나 폭발물이 터질 때에 울리는 소리. 거 쾅.
Ⅱ튀 추첨 등에서 뽑히지 못하여 배당이 없는 것을 속되게 이르는 말. ¶주택 복권이 ~ 이다.
꽝-꽝 튀 계속하여 꽝 하는 소리. 거 쾅쾅.
꽝꽝-거리다/-대다 재 잇달아 꽝꽝 소리가 나다. 또는, 그 소리를 내다. ¶밖에서 쿵쾅거리며 대문 두드리는 소리가 났다. 거 쾅쾅거리다.
꽤 튀 보통보다 조금 더한 정도로. 비 어지간히·상당히·제법. ≒ 멀다.
꽤-나 튀 '꽤'의 힘줌말. ¶밤알이 ~ 굵다.
꽥 튀 남을 놀라게 하거나 성이 났을 때, 목청을 높여 지르는 소리. ¶갑자기 소리를 ~ 지르다. 큰 꿱.
꽥-꽥 튀 꽥 소리를 계속 지르는 모양. ¶ ~ 고함을 지르다. 큰 꿱꿱.
꽥꽥-거리다/-대다 재[-꺽(때)-] 통(재) 꽥 소리를 자꾸 내다. ¶거위가 ~. 큰 꿱꿱거리다.
꽹 쟁과리나 징 등을 칠 때 나는 소리.
꽹과리 명[음] 놋쇠로 만든 농악기. =쟁(鉦). ¶~를 치다.
꽹-꽹 쟁과리를 연이어 치는 소리.
꾀[꾀/꿰] 명 일을 교묘하게 잘 꾸미는 생각이나 수단. 비 계책·계교. ¶일하기 싫으니까 살살 ~를 부린다.
꾀-까다롭다 [꾀-/꿰-][-따] 〈~까다로우니, ~까다로워〉 괴상하고 다루기가 쉽지 않다. ¶성미가 꾀까다로운 사람.
꾀까다로이 튀 ~ 굴다.
꾀꼬리 [꾀-/꿰-] 명 1[동] 몸빛이 노랗고 눈에서 뒷머리에 걸쳐 검은 띠가 있는, 몸길이 약 25cm의 새. 여름 철새로 숲 속에 살면서, '꾀꼴꾀꼴' 하고 아름다운 소리로 욺. 2 사람, 특히 여자 목소리가 고운 상태의 비유.
꾀꼴-꾀꼴[꾀-꾀-/꿰-꿰-] 튀 꾀꼬리가 잇달아 우는 소리.
꾀:다¹ [꾀-/꿰-] (꾀:고, 꾀어) 재자 (사람이나 벌레 따위가) 한곳에 많이 모여들다. =꼬이다. ¶음식물에 파리가 ~.
꾀:다²[꾀-/꿰-] (꾀:고, 꾀어) 재자 '꼬이다²'의 준말.
꾀:다³[꾀-/꿰-] (꾀:고, 꾀어) 재타 (사람을) 그럴듯하게 속이거나 부추겨 자기 생각대로 끌다. =꼬이다. ¶사업을 하자고 꾀어 사기를 치다. × 꼬시다.
꾀-돌이[꾀-/꿰-] 명 꾀가 많은 아이를 귀엽게 이르는 말.
꾀-병(-病)[꾀-/꿰-] 명 거짓으로 앓는 체하는 일. ¶~을 앓다.
꾀-보 [꾀-/꿰-] 명 꾀가 많은 사람. 또는, 꾀만 피우는 사람. 비 꾀쟁이.
꾀-부리다[꾀-/꿰-] 재 일의 어려운 부분이나 책임을 살살 피하여 자기에게 이롭게만 하다. ¶그 애가 꾀부리느라 그러지, 하려고만 들면 잘한다.
꾀어-내다 [꾀-/꿰-] 재타 통 1 꾀를 쓰거나 유혹하여 남을 어느 곳으로 나오게 하다. ¶공원으로 친구를 ~.
꾀-이다[꾀-/꿰-] 재자 '꼬이다'의 피동사. ¶그의 달변에 꾀여 넘어갔다.
꾀-쟁이 [꾀-/꿰-] 명 잔꾀가 많은 사람. 비 꾀보.
꾀죄죄-하다 [꾀죄죄-/꿰죄쥐-] 형여 (옷차림이나 모양새가) 몹시 지저분하고 궁상스럽다. ¶꾀죄죄한 옷.
꾀-하다 [꾀-/꿰-] 통타 어떤 일을 이루려고 뜻을 두거나 힘을 쓰다. 비 도모하다. ¶나라 발전을 ~.
꾐[뀜/꿴] 명 어떤 일을 할 기분이 생기도록 남을 꾀어 속이거나 충동하는 일. ¶친구의 ~에 빠지다[넘어가다]. 본 꼬임.
꾸겨-지다 재 '구겨지다'의 센말.
꾸기다 재자타 '구기다'의 센말. ¶옷을 ~.
꾸김-살 [-쌀] '구김살'의 센말. ¶~을 펴다.
꾸깃-거리다/-대다 [-긴꺼(때)-] 통타 구김살이 지게 마구 구기다. 작 꼬깃거리다. 여 구깃거리다.
꾸깃-꾸깃 [-긴-긴] 튀 꾸깃거리는 모양. ¶종이를 ~ 꾸기다. 작 꼬깃꼬깃. 여 구깃구깃. 꾸깃꾸깃-하다 통타 형여
꾸다¹ 통타 '꿈'이나 '꿈' 뒤에 오는 합성어 및 '몽(夢)'이 끝에 오는 한자어와 함께 쓰이어) 1 잠을 자면서 꿈을 의식 속에 가지다. ¶꿈을 ~/태몽을 ~. 2 미래의 일이나 공상 따위를 머릿속에 그리다. ¶백일몽을 ~.
꾸다² 통타 (돈이나 곡식 따위를 남이나 다른 곳에서) 뒤에 도로 갚기로 하고 가져오다. ¶돈을 은행에서 ~.
[꾸어다 놓은 보릿자루] 여럿이 모여 웃고 떠드는 가운데 혼자 묵묵히 앉아 있는 사람을 이르는 말.
꾸다³ 통타 '뀌다²'의 잘못.
꾸둑-꾸둑 튀 물기를 함유한 물체가 거의 말라 단단한 모양. 꾸둑꾸둑-하다 형여
-꾸러기 접미 일부 명사 아래에 붙어, 어떤 버릇이 심하거나 좋지 않은 일을 잘 일으키는 사람(특히, 어린아이)을 뜻하는 말. ¶잠-/장난-/심술-.
꾸러미 명 1 의존 1 낱낱의 물건을 흩어지지 않게 잘 배열하여 묶거나 싼 덩이. ¶열쇠 ~/선물 ~. 2 10개의 달걀을 한 줄이 되게 짚으로 꾸리어 싼 것. ¶달걀 ~. 2 의존 1·2를 세는 단위로 쓰임.
꾸르륵 튀 '꼬르륵'의 큰말. ¶배가 살살 아프면서 ~ 소리가 난다. 꾸르륵-하다 재자여
꾸르륵-거리다/-대다 [-꺼(때)-] 통자 '꼬르륵거리다'의 큰말.
꾸르륵-꾸르륵 튀 '꼬르륵꼬르륵'의 큰말. 꾸르륵꾸르륵-하다 재자여 ¶배에서 ~.
꾸리 명 1 의존 1 실을 감은 뭉치. ¶실~. 2 의존 실 따위를 감은 뭉치를 세는 단위. ¶실 두 ~.

꾸리다 동(타) 1 (짐 따위를) 싸서 묶다. ¶이삿짐을 ~. 2 일을 알뜰하고 규모 있게 처리하다. ¶그럭저럭 살림을 꾸려 가다.

꾸무럭-거리다/-대다 [-꺼(때)-] 동(자)(타) 몸을 느릿느릿 자꾸 움직이다. ¶바쁘다더러니 꾸무럭거리고 있다.

꾸무럭-꾸무럭 튀 꾸무럭거리는 모양. **꾸무럭꾸무럭-하다** 동(자)(타)(어)

꾸물-거리다/-대다 동(자)(타) 1 몸을 느리게 자꾸 움직이다. 2 굼뜨게 행동하다. ¶꾸물거리지 말고 빨리 떠나라. (작)꼬물거리다.

꾸물-꾸물 튀 꾸물거리는 모양. (작)꼬물꼬물. **꾸물꾸물-하다** 동(자)(타)(어)

꾸미 명 국이나 찌개에 넣는 고기붙이.

꾸미기 체조(-體操) 명 [체] 두 사람 이상이 협동하여 통일된 아름다운 자세를 나타내는 운동.

꾸미다 동(타) 1 (어떤 대상을) 어떤 것을 덧붙이거나 색을 칠하거나 하여 보기 좋게 만들다. ¶얼굴을 예쁘게 ~. 2 본래 있지 않거나 그렇지 않은 것을 실제로 있거나 그런 것처럼 만들거나 드러내다. ¶꾸며 낸 이야기. 3 (어떤 일을) 머릿속에서 생각하여 꾀하다. ¶음모를 ~. 4 어떤 자료나 경험을 살려 기타의 형식으로 만들다. ¶현장 조사에서 얻은 자료로 보고서를 ~. 5 (일정한 공간을) 고치거나 손질하여 다른 목적의 공간으로 만들다. ¶창고를 뜯어서 사무실로 ~. 6 어떤 곳에 살 곳과 살림을 갖추어 가정을 이루다. ¶그들은 한적한 교외에 새 가정을 꾸몄다. 7 구나 문장에서, (어떤 성분이) 다른 성분의 성질·상태·정도를 자세하거나 분명하게 하다. ¶부사는 동사나 형용사를 꾸민다.

꾸밈-새 명 꾸민 모양새.

꾸밈-없다 [-업따] 혱 가식이 없이 참되고 자연스럽다. ¶꾸밈없는 아기의 미소. **꾸밈없-이** 튀 ¶인간 본연의 순수한 감정을 ~ 노래한 시.

꾸밈-음 (-音) 명 [음] 악곡에 여러 가지 변화를 주기 위해 꾸미는 음.

꾸벅 튀 졸거나 절할 때에 머리와 몸을 앞으로 숙였다가 드는 모양. ¶~ 인사를 하다. (작)꼬박. (센)꾸뻑. **꾸벅-하다** 동(타)(여)

꾸벅-거리다/-대다 [-꺼(때)-] 동(타) 졸거나 절할 때에 머리와 몸을 자꾸 숙였다가 들다. (센)꾸뻑거리다.

꾸벅-꾸벅[1] 튀 꾸벅거리는 모양. ¶~ 졸다. (작)꼬박꼬박. (센)꾸뻑꾸뻑. **꾸벅꾸벅-하다** 동(타)(여)

꾸벅-꾸벅[2] 튀 시키는 대로 따르는 모양. ¶불평 한마디 없이 ~ 일을 잘한다. (작)꼬박꼬박.

꾸부러-뜨리다/-트리다 동(타) '구부러뜨리다'의 센말.

꾸부러-지다 동(자) '구부러지다'의 센말. (작)꼬부라지다.

꾸부리다 동(타) '구부리다'의 큰말. (여)구부리다.

꾸부정-하다 혱(여) '구부정하다'의 센말. ¶등이 꾸부정한 청년. **꾸부정-히** 튀

꾸불-거리다/-대다 동(자) 이리저리 자꾸 꾸부러지다. (작)꼬불거리다. (여)구불거리다.

꾸불-꾸불 튀 꾸불거리는 모양. ¶산에 길이 ~ 나 있다. (작)꼬불꼬불. (여)구불구불.

꾸불꾸불-하다 동(여) 여러 군데가 꾸불퉁한 모양. (작)꼬불탕꼬불탕-하다 동(여) **꾸불퉁꾸불퉁-하다** 동(여)

꾸불퉁-하다 동(여) 느슨하게 굽다. ¶길이 ~. (작)꼬불통하다.

꾸뻑 튀 '꾸벅'의 센말. **꾸뻑-하다** 동(자)(타)(어) ¶고개를 ~.

꾸뻑-거리다/-대다 [-꺼(때)-] 동(타) '꾸벅거리다'의 센말.

꾸뻑-꾸뻑 튀 '꾸벅꾸벅'의 센말. **꾸뻑꾸뻑-하다** 동(타)(여)

꾸역-꾸역 튀 1 어떤 장소에 많은 사람들이 비교적 느린 걸음으로 모이는 모양. 또는, 많은 사람들이 좁은 입구나 출구로 느리게 들어가거나 나오는 모양. ¶운동장에 구경꾼들이 ~ 모여든다. 2 밥이나 음식을 입 안에 한꺼번에 많이 넣고 먹는 모양. ¶불이 미어지게 밥을 처넣고 ~ 먹는 꼴이란!

꾸-이다 동(타) (남에게) 다음에 돌려받기로 하고 빌려 주다. ⟶꿔다.

꾸준-하다 혱(여) 1 (일을 하는 태도가) 한결같고 끈기 있다. ¶그는 도장을 3년 동안 꾸준하게 다니고 있다. 2 (일의 진행이나 발전 상태가) 큰 변화나 굴곡 없이 일정하다. ¶이 책은 베스트셀러는 아니지만 꾸준하게 팔리고 있다. **꾸준-히** 튀 ¶~ 노력하다.

꾸중 명 =꾸지람. ¶선생님한테 ~을 듣다. **꾸중-하다** 동(타)(여)

꾸지람 명 아랫사람의 잘못을 꾸짖는 것. 또는, 그 말. =꾸중. ¶~을 내리다. **꾸지람-하다** 동(타)(여)

꾸짖다 [-짇따] 동(타) (아랫사람의 잘못에 대하여) 엄격하게 나무라다. (비)질책하다. 책망하다·힐책하다. ¶아버지는 아들의 잘못을 호되게 꾸짖었다.

꾹 튀 1 힘주어 누르거나 죄는 모양. ¶모자를 ~ 눌러쓰다. 2 굳이 참고 견디는 모양. ¶아픔을 ~ 참다. (작)꼭.

꾹-꾹[1] 튀 1 잇달아 힘주어 누르거나 죄는 모양. ¶밥을 ~ 눌러 담다. 2 자꾸 끈기 있게 참거나 견디는 모양. ¶욕이 나오는 걸 ~ 눌러 참았다. (작)꼭꼭.

꾹-꾹[2] 튀 비둘기가 우는 소리.

꾼 명 (속) 어떤 것, 특히 잡기를 매우 즐겨서 그에 아주 능한 사람. ¶2, 3월은 ~들이 기다리는 바다낚시의 시즌이다.

-꾼[2] 접미 1 부정적인 뜻을 갖거나 그것으로 부정적 결과가 빚어지는 명사에 붙어, 그런 일이나 그와 관련된 행동을 습관적으로 자주 하는 사람임을 홀하게 나타내는 말. ¶노름~ / 술~. 2 주로 몸으로 직접 하는 일을 벌이 수단으로 하거나 주된 일로 삼는 사람임을 나타내는 말. ¶나무~ / 장사~. 3 남몰래 부정적인 일을 하는 사람임을 홀하게 나타내는 말. ¶염탐~ / 도망~. 4 어떤 일을 능숙하게 잘하거나 즐겨롭게 일로 삼는 사람임을 나타내는 말. ¶익살~ / 씨름~. 5 어떤 행동을 하는 사람의 무리임을 나타내는 말. ¶구경~ / 세배~.

꿀 명 꿀벌이 꽃의 꿀샘에서 빨아들여 먹이로 저장해 두는, 달고 끈끈하고 누르스름한 액체. =벌꿀.

[꿀 먹은 벙어리] 속에 있는 생각을 겉으로 나타내지 못하는 사람.

꿀꺽 튀 1 액체 따위가 목구멍이나 좁은 구

멍으로 한꺼번에 넘어가는 소리. ¶침을 ~ 삼키다. **2** 적잖은 화나 흥분을 억지로 참는 모양. ¶하고 싶은 말을 ~ 참다. **3** 남의 재산을 옳지 못한 방법으로 제 것으로 만드는 것. 꿀꺽-하다 困

꿀꺽-거리다/-대다 [-꺼(때)-] 困탄 물 같은 것을 연거푸 한꺼번에 삼키다.

꿀꺽-꿀꺽 [튀] 꿀꺽거리는 소리. 또는, 그 모양. ¶물을 ~ 마시다. **꿀꺽꿀꺽-하다** 困탄

꿀꿀 [튀] 돼지가 내는 소리.

꿀꿀-거리다/-대다 困困 돼지가 자꾸 꿀꿀 소리를 내다.

꿀꿀-돼지 뗑 〈유아〉 돼지.

꿀꿀-이 [뗑] 꿀꿀이같이 욕심이 많은 사람을 비유하여 이르는 말. =꿀돼지. **2**〈유아〉 돼지.

꿀꿀이-죽(-粥) [뗑] '돼지가 먹는 죽'이라는 뜻에서 1950~60년대에 미국 부대에서 나온 음식 찌꺼기를 가져다가 한데 넣어 죽처럼 끓여 팔던 싸구려 음식.

꿀-단지 [-딴-] [뗑] 꿀을 넣어 두는 단지.

꿀-돼지 [-퇘-] [뗑] =꿀꿀이1.

꿀-떡¹ [뗑] **1** 쌀가루에 꿀물을 내려서 밤·대추·잣 등을 켜마다 넣고 찐 떡. **2** 꿀이나 설탕을 섞어 만든 떡의 총칭.

꿀떡² [튀] (음식물 따위를) 목구멍으로 한꺼번에 삼키는 소리. 또는, 그 모양. ¶떡을 ~ 삼키다. 图꼴딱. **꿀떡-하다** 困탄

꿀떡-거리다/-대다 [-꺼(때)-] 困탄 음식물을 자꾸 한꺼번에 삼키다. 图꼴딱거리다.

꿀떡-꿀떡 [튀] 꿀떡거리는 소리. 또는, 그 모양. 图꼴딱꼴딱. **꿀떡꿀떡-하다** 困탄

꿀리다 困 **1** 마음속으로 좀 켕기다. ¶내 눈치를 살피는 것이, 뭔가 꿀리는 데가 있는 모양이다. **2** (힘이나 능력이) 남에게 눌리다.

꿀-맛 [-맏-] [뗑] **1** 꿀의 단맛. **2** 음식의 썩 단 맛이나 아주 좋은 맛을 비유적으로 이르는 말. ¶밥이 참외는 정말 ~이다.

꿀-물 [뗑] 꿀을 탄 물.

꿀-밤 [뗑] '알밤2'를 달리 이르는 말. ¶~을 먹이다 / 머리에 ~을 먹다.

꿀-벌 [뗑]〔동〕 벌의 한 종류로, 몸은 갈색에 여러 줄의 굵은 가로띠가 있으며, 수만 마리가 모여 사회생활을 하는 곤충. 꽃에서 꿀을 모아들이므로, 사람들이 꿀을 얻기 위해 기름.

꿀-샘 [-쌤] [식] 꽃이나 잎 등에서 단물을 내는 조직이나 기관.

꿀-주머니 [-쭈-] [식] 꽃받침이나 꽃잎 밑 부분에 있는 자루 모양의 돌기. 가운데에 가늘고 긴 꿀샘이 있음.

꿀-참외 [-외/-웨] [뗑] 맛이 아주 단 참외.

꿇다¹ [꿀타] 困탄 (무릎을) 구부려 바닥에 대다. ¶무릎을 ~.

꿇다² [꿀타] 困탄 (주로 '1년, 2년, …'이나 '한 학년, 두 학년, …' 등을 목적어로 하여) 성적이 미달되거나 기타의 사유로 학년을 올라가지 못하고 그 학년에 그대로 머무르다. 구어적인 말임. 凹유급하다·낙제하다. ¶영호는 몸이 약해 1년을 꿇었다.

꿇-리다 [꿀-] 困 [1] 〈자〉'꿇다'의 피동사. [2] 탄 '꿇다'의 사동사.

꿇어-앉다 [꿀-안따] 困困 무릎을 꿇고 앉다.

꿈 [뗑] **1** 잠자는 동안에 두뇌의 활동에 의해 깨어 있을 때와 같이 어떤 영상이나 소리를 보거나 듣는 현상. ¶돼지~. **2** 실현시키고 싶은 희망이나 이상(理想). ¶~ 많은 소녀 시절. **3** 실현 가능성이 거의 없는 공상적인 소망. ¶허황된 ~은 버려라.

[꿈보다 해몽이 좋다] 실지로 일어난 일보다 유리하게 둘러대어 해석하다.

꿈도 못 꾸다 전혀 생각도 하지 못하다.

꿈에도 생각하지 못하다 전혀 생각하지 못하다.

꿈-같다 [-갇따] [혱] **1** 일이 하도 이상야릇하여 현실이 아닌 것 같다. ¶꿈같은 이야기군. **2** (세월이) 덧없이 빠르다. ¶꿈같은 세월. **꿈같-이**

꿈-결 [-껼] [뗑] **1** ('꿈결에'로 쓰여) 꿈을 꾸는 어렴풋한 동안. ¶~에 들었다. **2** 덧없이 빠른 사이. ¶어느새 학창 시절이 ~같이 지나갔다.

꿈-길 [-낄] [뗑] 꿈속의 공간. 주로, 문학적인 표현에서 쓰이는 말임.

꿈-꾸다 困困 (꿈을) 이루려고 꾀하거나 희망을 걸고 생각하다. ¶우승을 ~.

꿈-나라 [뗑] '잠' 또는 '꿈속'을 비유적으로 이르는 말.

꿈-나무 [뗑] '어린이'나 '청소년'을 무한한 가능성을 가진 존재라는 뜻에서 비유적으로 이르는 말. ¶축구 ~ / ~를 육성하다.

꿈-땜 [뗑] 꿈자리가 사나웠을 때에 그 꿈을 때우려고 언짢은 일을 당하는 일. **꿈땜-하다** 困困

꿈만-하다 [혱] 어찌해야 할지 몰라 막막하다. ¶노름으로 가산을 다 날렸으니 앞으로 살아갈 일이 ~.

꿈-속 [-쏙] [뗑] **1** 꿈을 꾸는 동안. **2** 어떤 일에 열중하여 다른 일을 까맣게 잊은 채 멍하게 있는 상태. ¶아직도 너 ~을 헤매고 있구나. 정신 차려라.

꿈-자리 [뗑] 꿈이 어떤 일을 미리 알려주는 징조라는 관념에서, 어떤 꿈을 꾼 잠자리. 또는 꿈속에서 본 어떤 장면이나 내용을 이르는 말. ¶~가 뒤숭숭하다 / ~가 사납다.

꿈적 [튀] '꿈쩍'보다 어감이 약한 말. 图꼼작. **꿈적-하다** 困困困 ¶눈을 ~.

꿈적-거리다/-대다 [-꺼(때)-] 困困困 무겁고 느리게 자꾸 움직이다. ¶몸이 나른하여 **꿈적거리기도** 싫다.

꿈적-꿈적 [튀] 꿈적거리는 모양. **꿈적꿈적-하다** 困困困

꿈적-이다 困困困 무겁고 느리게 움직이다. ¶피곤해서 몸을 **꿈적이기도** 싫다.

꿈지럭 [튀] 몸을 무디고 느릿하게 움직이는 모양. 图꼼지락. **꿈지럭-하다** 困困困

꿈지럭-거리다/-대다 [-꺼(때)-] 困困困 무디고도 느릿하게 자꾸 움직이다. ¶그렇게 **꿈지럭거리다가는** 늦겠다. 图꼼지락거리다.

꿈지럭-꿈지럭 [튀] 꿈지럭거리는 모양. ¶~ 늑장을 피우다. 图꼼지락꼼지락. **꿈지럭꿈지럭-하다** 困困困

꿈쩍 [튀] (주로 '못하다', '말다', '않다'와 같은 부정어와 함께 쓰여) 무겁고 느리게 움직이는 모양. '꿈적'의 센말임. 图꼼짝. **꿈쩍-하다** 困困困 (주로 '못하다', '않다'와 같은 부정어와 함께 쓰여) 무겁고 느리게 움직이다.

꿈쩍 못하다 남의 힘이나 위엄에 눌려

꼼틀

꼼틀 图 몸이나 그 일부를 한 번 꾸부려 움직이는 모양. ¶꼼틀. **꼼틀-하다** 图(자)(타)(여) ¶지렁이도 밟으면 꼼틀한다.

꼼틀-거리다/-대다 图(자)(타) (몸이나 그 일부를) 이리저리 꾸부리거나 비틀며 자꾸 움직이다. ¶꼼틀거리다.

꼼틀-꼼틀 图 꼼틀거리는 모양. ¶지렁이가 ~ 기어가다. 图꼼틀꼼틀. **꼼틀꼼틀-하다** 图(자)(타)

꼼꼼-하다 [-꾸파-] 阌(여) 조금 축축하다. ¶빨래가 조금 덜 말라서 ~.

꼿꼿-하다 [꼳꼳따-] 阌(여) (대도가) 어떤 어려움도 능히 견딜 만큼 굳세다. ¶그는 온갖 역경에도 굴하지 않고 꼿꼿하게 살아왔다. 图꼿꼿하다. **꼿꼿-이** 图

꽁 图 1 무거운 물건이 바닥에 떨어져 크게 울리는 소리. 2 큰북 따위를 울리는 소리. 3 멀리서 포탄 따위가 터져 울리는 소리. (囝쿵.

꽁-꽝 图 1 대포나 북소리 따위가 크고 세게 섞바뀌어 나는 소리. 2 발로 마룻바닥 따위를 여럿이 구를 때 요란스럽게 울리는 소리. 3 단단하고 큰 물건이 서로 부딪칠 때 요란스럽게 나는 소리. (囝쿵쾅. **꽁꽝-하다** 图(자)(타)

꽁꽝-거리다/-대다 图(자)(타) 자꾸 꽁꽝 소리가 나다. ¶공사장에서 하루 종일 꽁꽝거린다. (囝쿵쾅거리다.

꽁꽝-꽁꽝 图 꽁꽝거리는 소리. (囝쿵쾅쿵쾅. **꽁꽝꽁꽝-하다** 图(자)(타)(여) ¶아이들이 마루에서 꽁꽝꽁꽝하며 뛰어다닌다.

꽁-꽁[1] 图 자꾸 꽁 하는 소리. (囝쿵쿵. **꽁꽁-하다**[1] 图(타)

꽁-꽁[2] 图 몹시 아프거나 괴로울 때에 내는 소리. ¶~ 앓다. (囝꽁꽁. **꽁꽁-하다**[2] 图(자)(타)

꽁꽁-이 '꽁꽁이셈'의 준말.

꽁꽁이-셈 囝 뭔가 일을 꾸미기 위해 속으로 몰래 하는 생각. (囝꽁꽁이.

꽁꽁이-속 囝 도무지 모를 수작. ¶돈을 줘도 안 받으니 무슨 ~인지 모르겠다.

꽁꽁이-수작(一酬酌) 囝 속을 알 수 없는 엉큼한 수작.

꽁꽁이-짓 [-짇] 囝 남에게 드러내 보이지 않고 속으로만 어떤 일을 꾸미는 짓. ¶뒤에서 무슨 ~을 꾸미는 게 틀림없다. **꽁꽁이짓-하다** 图(자)(여)

꽁!-하다 Ⅰ 图(여) 마음을 드러내지 않고 속으로만 언짢고 서운하게 여기다. ¶그는 조금만 서운한 소리를 들어도 꽁한다. (囝꽁하다.
Ⅱ 阌(여) 성격이 활달하지 못하고 덤덤하다. (囝꽁하다.

꿸꿸 图 많은 양의 액체가 좁은 구멍으로 한꺼번에 세차게 쏟아지는 소리. (囝꿸꿸. (囝퀄퀄.

꿩 图(동) 풀밭이나 산 속에 살며, 닭과 비슷하나 꽁지가 긴 새. 수컷은 '장끼', 암컷은 '까투리'라 불리며, 수컷이 암컷보다 몸빛이 많고 꽁지도 길다. 우리나라 특산종으로, 고기가 맛이 좋음.

[꿩 구워 먹은 소식] 소식이 아주 없다는 말. **[꿩 대신 닭]** 적당한 것이 없을 때 그와 비슷한 것으로 대신한다는 말. **[꿩 먹고 알 먹는다]** 한 가지 일로 두 가지 이상의 이익을 보다.

꿰:다 (꿰:고 / 꿰어) 图(타) 1 (실이나 끈을) 물건에 난 구멍이나 틈의 한쪽에 넣어 다른 쪽으로 나가게 하다. ¶바늘에 실을 ~. 2 (물건을) 가늘고 긴 물건으로 맞뚫리게 찔러서 꽂다. ¶꼬챙이에 곶감을 ~. 3 팔·손·다리·발을 뻗거나 넣어 옷을 입거나 신을 신다. 낱잡는 말임. ¶바지를 ~. 4 (일의 사정이나 내용을) 처음부터 끝까지 자세하게 알다. 구어체의 말임. ¶그 사람은 부동산에 관한 일이라면 환히 꿰고 있다.

꿰:-뚫다 [-뚤타] 图(타) 1 이쪽에서 저쪽까지 꿰어지게 뚫다. ¶총알이 심장을 ~. 2 환히 내다보거나 들여다보다. ¶네 속을 환히 꿰뚫고 있으니. 거짓말하지 마. 3 일을 속속들이 잘 알다. ¶그는 정계 소식을 꿰뚫고 있다. 4 길 따위가 통하여 나다. ¶마을을 꿰뚫은 신작로.

꿰:-맞추다 [-맏-] 图(타) 서로 맞지 않는 것을 적당히 갖다 맞추다. ¶말을 ~.

꿰:-매다 图(타) 1 해지거나 뚫어진 데를 깁거나 얽어매다. ¶양말을 ~. 2 (거두기 힘든 일을 매만져) 탈이 없게 하다.

꿰:미 图 [1](자립) 무엇을 꿰는 데 쓰는 노끈이나 꼬챙이 따위. 또는, 거기에 무엇을 꿴 것. [2](의존) 노끈 따위로 꿰어 놓은 물건을 세는 단위. ¶낙지 열 ~.

꿰:-신다 [-따] 图(타) (신 등을) 발에 꿰어서 신다.

꿰-이다 图(자) '꿰다'의 피동사. ¶실에 꿰인 바늘.

꿰:-지다 图(자) (내미는 힘으로) 터지거나 미어져 찢어지다. ¶쌀 포대가 ~.

꿰:-차다 图(타) 자기 것으로 만들다. 속된 말임. ¶계집을 꿰차고 도망가다.

꿱 图 갑자기 목청을 높여 지르는 소리. ¶소리를 ~ 지르다. (囝꽥.

꿱-꿱 图 1 계속 꿱 소리를 지르는 모양. 또는, 그 소리. (囝꽥꽥. 2 구역이 나서 무엇을 자꾸 토하는 소리. 또는, 그 모양. **꿱꿱-하다** 图(자)(여)

꿱꿱-거리다/-대다 [-꺽 (때)-] 图(자) 꿱꿱 소리를 자꾸 내다. (囝꽥꽥거리다.

뀌:다[1] 图(타) '꾸이다'의 준말.

뀌:다[2] 图(타) (방귀를) 내어 보내다. ¶방귀를 ~. ×꾸다.

뀌어-주다 [-어-/-여-] 图(타) (돈 등을) 나중에 받기로 하고 빌려 주다. ¶친구에게 돈을 ~.

끄나풀 囝 '끄나풀'의 잘못.

끄나풀 囝 1 길지 않은 끈의 나부랭이. ¶~로 동여매다. 2 남의 앞잡이 노릇을 하는 를 욕으로 이르는 말. ¶그는 경찰의 ~이다. ×끄나불.

끄다 图(타) (끄니, 꺼) 1 (타고 있는 불을) 타지 못하게 만들다. ¶촛불을 ~. 2 (전기를 이용하는 물건을) 제 기능을 하지 않도록 전기나 동력의 흐름을 일시적이게 스위치를 움직이다. ¶텔레비전을 ~. ↔ 켜다. 3 (빛이나 아주 급한 일 따위를) 해결하거나 처리하다. ¶빚을 조금씩 꺼 나가다.

끄덕 图 (고개를) 아래로 숙였다 드는 모양. (囝까닥. (囝끄떡. **끄덕-하다** 图(타)(여)

끄덕-거리다/-대다 [-꺼 (때)-] 图(타) (고개를) 위아래로 자꾸 움직이다. ¶승낙의 표시로 고개를 ~. (囝까닥거리다.

끄덕-끄덕 图 세차게 자꾸 끄덕거리는 모양. ¶~ 좋다. (囝까닥까닥. **끄덕끄덕-하다** 图(타)(여)

끄덕-이다 图(타) (고개를) 위아래로 움직

이다. ¶그는 대답 대신 고개를 **끄덕였다.** [작]까닥이다. [센]끄떡이다.
끄덩이 [명] 머리털이나 실 따위의 뭉친 끝. ¶머리~.
끄떡 [부] **1** '끄덕' 의 센말. **2** 조금 움직이는 모양. [작]까딱. **끄떡-하다** [동][타][여]
끄떡-없다[-업따] [형] (아무런 변동이나 탈 없이) 온전하다. ¶배가 워낙 커서 웬만한 파도에는 ~. [작]까딱없다. **끄떡없-이** [부]
끄떡-이다 [동][타] '끄덕이다' 의 센말. [작]까딱이다.
끄르다 [동][타][르]〈끄르니, 끌러〉 (매거나 조이거나 채우거나 잠근 것 등을) 손이나 도구 따위로 열어지는 상태가 되게 하다. [비]풀다. ¶보따리를 ~ / 단추를 ~.
끄르륵 [부] 트림을 심하게 하는 소리. **끄르륵-하다** [동][자][여]
끄르륵-거리다/-대다[-꺼(때)-] [동][자] 자꾸 끄르륵 소리를 내며 트림을 하다.
끄르륵-끄르륵 [부] 잇달아 끄르륵거리는 소리. [준]끌끌.
끄리 [명][동] 피라미와 비슷하나 훨씬 크며, 몸빛이 검은 갈색인 민물고기. 넓은 강이나 호수에 살며, 성질이 사나움. 식용함.
끄먹-거리다/-대다[-꺼(때)-] [동] [1][자] (등불 따위가) 꺼질 듯 말 듯 하다. [2][타] (눈을) 가볍게 감았다 떴다 하다. ¶두 눈을 **끄먹거리며** 쳐다보다.
끄먹-끄먹 [부] 끄먹거리는 모양. **끄먹끄먹-하다** [동][자][타][여]
끄무레-하다 [형][여] 날이 흐리고 어둠침침하다. ¶비가 오려는지 날씨가 ~.
끄적-거리다[-꺼-] [동] 글씨나 그림 따위를 아무렇게나 막 쓰거나 그리다. ▷끄적대다.
끄ǃ-집다[-따] [동][타] 집어서 끌다.
끄ǃ집어-내다 [동][타] **1** (속에 든 것을) 끄집어서 밖으로 내다. ¶가방에서 책을 ~. **2** (약점이나 잘못을) 들추어내다. ¶남의 약점을 ~. **3** (말거리를) 일부러 꺼내다. ¶괜한 이야기를 **끄집어냈나** 보군. **4** (판단이나 결과를) 찾아내다. ¶자료를 종합하여 결론을 ~.
끄트머리 [명] 맨 끝 부분.
끅 [부] 트림을 짧게 할 때 나는 소리.
끅-끅 [부] 트림을 짧게 자꾸 할 때 나는 소리.
끅끅-거리다/-대다[-꺼(때)-] [동][자] 짧게 트림하는 소리가 잇달아 나다.
끈 [명] **1** 물건을 묶는 데에 주로 사용하는, 종이·천·가죽·비닐 따위로 만든 가늘고 긴 물건. **2** 가방·신·옷 따위에 붙어서 손잡이로 쓰이거나 조이거나 잡아매는 데 쓰이는, 가늘고 긴 물건. **3** 의지할 만한 연줄이나 힘. [비]줄. ¶~을 대다.
[**끈 떨어진 뒤웅박**] 의지할 데가 없어진 처지를 이르는 말.
끈-기(-氣) [명] **1** 물건의 차진 기운. ¶밀가루 반죽이 ~가 있다. **2** 쉽게 단념하지 않고 끈질기게 견뎌 나가는 기질. ¶~ 있는 사람.
끈끈-이 [명] 파리 따위를 잡는 데 쓰는 매우 끈끈한 물질.
끈끈이-주걱 [명][식] 잎과 잎자루가 주걱 모양을 이루며, 잎에 붉은 색의 긴 선모(腺毛)가 있어 여기에서 분비되는 끈끈한 액으로 벌레를 잡아먹는 여러해살이풀.
끈끈-하다 [형][여] **1** (액체나 물기 있는 물질이) 달라붙는 성질이 있다. ¶**끈끈한** 송진. **2** (정이나 인간관계가) 강하게 맺어진 상태에 있다. ¶**끈끈한** 정. **3** (공기가) 높은 습도 때문에 살갗에 닿는 느낌이 유쾌하지 않다. ¶**끈끈한** 바닷바람. **4** (주로 이성에게 보내는 시선이) 정을 듬뿍 담은 상태에 있다. 때로, 부정적인 뜻으로 쓰이는 경우도 있음. ¶**끈끈한** 시선으로 바라보다. **끈끈-히** [부]
끈덕-지다[-찌-] [형] 꾸준하고 끈기가 있다. ¶그는 **끈덕지게** 내 동의를 요구했다.
끈적-거리다/-대다[-꺼(때)-] [동][자] **1** (액체나 물기 있는 물질이) 만질 때마다 자꾸 달라붙다. ¶엿이 녹아 ~. **2** 바람이나 공기에 습기가 많아 살갗에 불쾌하게 느껴지다. ¶열대야의 밤공기가 ~. **3** (시선이) 음욕을 품고 있어 불쾌한 느낌을 주다. ¶**끈적거리는** 시선.
끈적-끈적 [부] 자꾸 끈적거리는 모양. **끈적끈적-하다** [형][여] **1** (액체나 물기 있는 물질이) 만졌을 때 기분 나쁘게 자꾸 달라붙는 성질이 있다. ¶송진이 손에 묻어 ~. **2** (시선이) 음욕을 품은 상태에 있다.
끈적-이다 [동][자] (액체나 물기 있는 물질이) 만졌을 때 기분 나쁘게 달라붙다.
끈적-하다[-저카-] [형][여] **1** (액체나 물기 있는 물질이) 끈끈하여 들러붙는 성질이 있다. ¶**끈적한** 가래. **2** 바람이나 공기에 습기가 많아 살갗에 닿는 느낌이 불쾌하다. ¶무덥고 **끈적한** 장마철 날씨.
끈-질기다 [형] 끈기 있게 질기다. ¶**끈질기게** 도전하다.
끈-팬티(-←panties) [명] 성기만 가릴 뿐 엉덩이는 거의 가리지 않는, 끈 모양의 팬티.
끈-허리 [명] 여자 한복에서, 치마 위쪽에 띠 모양으로 대어 치마가 흘러내리지 않도록 몸통에 둘러서 매는 부분. ▷어깨허리·치마허리.
끊-기다[끈키-] [동][자] '끊다' 의 피동사. ¶차가 ~ / 연락이 ~.
끊다[끈타] [동][타] **1** (전체가 하나로 된, 실·끈·줄 등의 물건을) 손이나 날이 있는 도구로 부분과 부분이 따로 떨어지게 자르다. ¶가위로 기념 테이프를 ~. ↔잇다. **2** (길·다리 등의 통로를) 사람이나 차가 다니지 못하게 파괴하거나 무너뜨리다. ¶보급로를 ~. **3** (계속되어 오던 교제나 관계 등을) 더 이어지지 않도록 그치다. ¶부자간의 인연을 ~. **4** (일상적으로 버릇이 되다시피 한 일을) 더 이상 하기를 그만두다. 또는, (기호품이나 중독성 약물 등을) 더 이상 먹거나 피우거나 복용하기를 그만두다. ¶담배를 ~. **5** (계속적으로 공급해 오던 것을) 더 공급하지 않고 중단하다. ¶전기를 ~. **6** (계속적으로 배달되어 오던 물품을) 더 이상 배달하지 못하게 중지시키다. ¶신문을 ~. **7** (자신의 목숨을) 더 이어지지 않게 만들다. ¶그는 삶을 비관한 나머지 목숨을 **끊었다.** **8** (말을) 음절과 음절의 경계가 분명하도록 딱딱 떨어지게 하다. **9** (하던 말을) 도중에 그만두다. ¶노인은 잠시 말을 **끊고** 눈을 감았다. **10** (전화를) 통화를 하던 상태에서 송수신이 이루어지지 않게 만들다. ¶그럼 전화 **끊을게요.** **11** (표 따위를) 묶음에서 떼어 내어 발행하다. 또는, 그 발행한 것을 사서 가지다. ¶차표를 ~. **12** (셈 따위를) 가리어 끝내다. ¶외상값은 이달 말까지 끊어 드리겠소. 13 (옷감이나 천을) 옷이나 어떤 것을 만들 수 있을 만한 크기로 잘라서 사다. ¶한복치마 ~.
끊어-지다[끈-] 통 끊은 상태로 되다. ¶연락이 ~ / 고무줄이 ~.
끊-이다[끈-] 통 에 (주로 '않다', '없다'와 같은 부정적인 말과 함께 쓰이어) (어떤 일이나 현상이) 계속되지 않고 그치다. ¶걱정이 끊일 날이 없다.
끊임-없다[끄님업따] 형 (어떤 일이나 현상이) 이어져 그침이 없다. ¶**끊임없는** 노력. **끊임없-이** 부 ¶비가 ~ 내리다.
끌 명 나무에 구멍을 파거나 또는 깎고 다듬는 데에 쓰이는 연장.
끌:-그물 명[수산] 물속에 넣고 배 따위로 끌어서 고기를 잡는 그물.
끌끌[1] 부 마음에 마땅찮아 혀를 차는 소리. ¶무엇이 못마땅한지 혀를 ~ 찬다.
끌끌[2] 부 '끄르륵끄르륵'의 준말.
끌:다[끄니, 끄오] 타 1 (바닥에 닿아 있는 물체를) 손으로 잡거나 줄 따위로 묶어서 잡고 자기 쪽으로 힘을 주어 바다에 닿은 상태로 움직이게 하다. ¶수레를 앞에서 ~. ↔밀다. 2 (사람을) 억지로 또는 강제로 자기 쪽으로 당겨 움직이게 하다. ¶경찰이 피의자를 끌고 갔다. 3 (마소나 차를) 부리어 자기를 따르게 하거나, 운전하여 움직이게 하다. ¶우시장으로 소를 끌고 가다. 4 (입거나 신은 것 또는 신체의 일부를) 바닥에 늘어뜨리거나 닿게 한 상태로 걷거나 움직이면서 쓸리게 하다. ¶슬리퍼를 질질 ~. 5 (물체를) 인력(引力)・자력・전기력 등의 작용으로 그 힘이 강한 쪽으로 움직이게 하다. ¶자석이 쇠를 ~. 6 (사람을) 가까이하고 싶거나 친해지고 싶은 마음이 들게 만들다. ¶인기를 ~. 7 (관심이나 흥미를) 쏠리게 하다. ¶판심을 끄는 소식 / 시선을 ~. 8 (물・전기・자금・글 따위를) 본디 있는 데에서 자기 쪽으로 오게 하거나 옮기다. ¶강물을 끌어다 농업용수로 쓰다. 9 (어떤 일에 시간을) 불필요하게 또는 헛되이 많이 들게 하다. ¶시간을 ~.
끌려-가다 통 남이 시키는 대로 억지로 딸려 가다. ¶도살장에 끌려가는 소.
끌려-오다 통 ¶그는 친구에 의해 이곳으로 끌려왔다.
끌:-리다 통 '끌다'의 피동사. ¶억센 힘에 ~ / 인품에 ~.
끌:어-내다 통 사람이나 짐승을 강제로 나오게 하다. ¶죄인을 당장 끌어내라.
끌:어-내리다 통 직위 따위를 박탈하거나 낮은 지위로 오게 하다. ¶권좌에서 왕을 ~. ↔끌어올리다.
끌:어-넣다 통 어떤 일에 개입시키다. ¶친구를 음모에 ~.
끌:어-당기다 통 끌어서 앞으로 당기다. ¶팔을 ~ / 자석이 쇠를 ~.
끌:어-대다 통 1 끌어다가 맞추어 대다. ¶변명을 ~. 2 (돈 따위를) 여기저기서 끌어다가 뒤를 대다. ¶자금을 ~.
끌:어-들이다 통 꾀어서 자기편이 되게 하다. ¶그 여자를 모임에 ~.
끌:어-안다[-따] 통 두 팔로 가슴에 당겨 안다. ¶어머니가 아들을 ~.
끌:어-올리다 통 높은 지위로 올려 주다. ¶학생들의 성적을 ~. ↔끌어내리다.
끌쩍-거리다/-대다[-꺼때-] 통 타 (물체를) 자꾸 조금씩 긁거나 건드리다. ¶깔짝거린다.
끌쩍-끌쩍 부 끌쩍거리는 모양. 작깔짝깔짝. 끌쩍끌쩍-하다 통 타
끌탕 명 걱정거리로 속을 끓이거나 애를 태우는 것. ¶그는 자식 때문에 노상 ~이었다.
끓는-점(-點) [끌른-] 명[화] 액체 물질의 증기압이 외부 압력과 같아져 끓기 시작하는 온도. 물의 경우는 100℃. =비등점・비점(沸點).
끓다[끌타] 자 1 (액체가) 열을 받아 일정한 온도에 이르러 부글거리면서 김을 낸다. ¶**끓는** 물. 2 (몸 전체나 머리 부분이) 병으로 인해 아주 높은 열이 나다. ¶급성 매럴로 온몸이 끓고 혼수상태를 보이다. 3 감정이 격하게 솟거나 애타는 상태를 보이다. ¶젊음의 피가 ~. 4 (온돌방의 바닥이) 불이 잘 들어 몹시 뜨거운 상태를 보이다. ¶방이 설설 **끓는**다. 5 (배가) 탈이 나서 끄르륵거리는 소리를 내다. ¶배 속이 부글부글 **끓는**다. 6 (가래가) 목구멍에 붙어서 숨 쉬거나 말할 때 가르랑거리는 소리를 내다. ¶노인은 가래 **끓는** 소리를 냈다. 7 (사람이나 벌레 등이) 많이 모이거나 몰려 우글거리다. ¶상점에 손님이 바글바글 ~.
끓어-오르다[끌-] 자 (~오르니, ~올라) 1 그릇의 물이 끓어서 넘으려고 올라오다. 2 어떤 감정이 강하게 솟구치다. ¶끓어오르는 분노를 참을 수 없다.
끓-이다[끌-] 타 1 '끓다'의 사동사. ¶물을 ~ / 속을 ~. 2 (음식을) 익혀 만들다. ¶죽을 ~.
끔벅-거리다/-대다[-꺼때-] 통 자 타 자꾸 끔벅이다.
끔벅-끔벅 부 끔벅거리는 모양. 끔벅끔벅-하다 통 자 타
끔벅-이다 통 타 (큰 눈을) 잠간 감았다 뜨다.
끔적 부 큰 눈을 잠간 감았다가 뜨는 모양. 작깜작. 센끔쩍. 끔적-하다 통 자 타 ¶그녀는 나에게 눈을 끔적했다.
끔적-거리다/-대다[-꺼때-] 통 자 자꾸 끔적이다. 작깜작거리다. 센끔적거리다.
끔적-끔적 부 끔적거리는 모양. 작깜작깜작. 센끔쩍끔쩍. 끔적끔적-하다 통 자
끔적-이다 통 타 큰 눈을 잠간 감았다가 뜨다.
끔쩍 부 '끔적'의 센말. 작깜짝. **끔쩍-하다** 통 자
끔쩍-거리다/-대다[-꺼때-] 통 자 '끔적거리다'의 센말. 작깜짝거리다.
끔쩍-끔쩍 부 '끔적끔적'의 센말. 작깜짝깜짝. 끔쩍끔쩍-하다 통 자
끔찍끔찍-하다[-찌카-] 형 여 몹시 참혹함을 느낄 소름이 끼칠 정도로 놀랄 만하다. ¶6・25 때를 생각하면 ~.
끔찍-스럽다[-쓰-따] 형 비 (~스러우니, ~스러워) 끔찍한 데가 있다. ¶끔찍스러운 살인 사건. **끔찍스레** 부
끔찍-하다[-찌카-] 형 여 1 지독하면서 거나 참혹하게 놀랍다. ¶고래가 **끔찍하게** 크다. 2 진저리가 날 정도로 몹시 참혹하다. ¶그 일은 생각만 해도 ~. 3 정성이나 성의가 매우 극진하다. ¶그는 부모를 끔찍하게 위한다. **끔찍-이** 부 ¶그는 아내를 ~ 아끼고 사랑한다.

끼다 __193

끗[끋] 圀(의존) 1 접어서 파는 피륙의 한 번 접은 길이를 세는 단위. ¶비단 두 ~. 2 화투·투전 등의 노름에서 셈의 단위로 매겨진 수. ¶아홉 ~을 잡다.
끗'다[끋따] 匣(타)(人)<끄으니, 끄어> 자리를 다른 곳으로 옮기도록 힘을 가하다. ¶끄어서라도 그를 데려오너라.
끗-발[끋빨] 圀 1 노름 따위에서, 좋은 끗수가 잇달아 나오는 기세.
끗발(이) 세다 1 노름 등에서, 좋은 끗수가 잇달아 나오다. 2 세도나 기세가 당당하다.
끙 몹시 앓을 때 신음으로 내는 소리.
끙-끙 몹시 앓거나 심각하게 고민할 때 신음으로 자꾸 내는 소리. ¶몸살로 ~ 앓다. **끙끙-하다**
끙끙-거리다/-대다 匣(자) 자꾸 끙끙 소리를 내다. ¶무슨 말 못할 고민이 있는지 혼자서 **끙끙거린다**.
끙짜-놓다[-노타] 匣(자) 1 불쾌하게 생각하다. 2 즐거서 듣지 않다.
끝[끋] 圀 ① (자립) 1 공간적인 크기나 길이를 가지는 사물의 가장자리나 마지막 부분. 길이를 가진 물건의 경우에는 보통 가느다래지거나 좁아지는 쪽을 가리킴. ¶혀 ~ / 바늘 ~. 2 시간적으로 마지막이 되는 부분이나 때. 또는, 그때에 도달하는 결과. ¶~ 시간 / 일의 ~을 보다. 3 차례에서 마지막이 되는 부분. ¶끝짱이 에서 맴돌다. 4 어떤 일이나 행동, 현상이 있은 다음. ¶고생 ~에 낙이 온다. 5 길이나 영화와 같이 시간적 길이를 가진 일에서, 마지막에 이르러 더 계속되는 것이 없음을 나타낼 때 쓰는 말. ¶이상 위와 같이 보고합니다. ~. ② (의존) 천을 세는 단위. ¶명주 한 ~.
끝끝-내[끋끈-] 튄 '끝내'의 힘줌말. ¶그는 ~ 모른다고 버티었다.
끝-나다[끋-] 匣 1 일(이) 다 이루어지다. ¶연극이 ~. 2 (시간적·공간적으로) 이어져 있던 것이 다 되어 없어지다. ¶여름이 ~.
끝-내[끋-] 튄 1 끝까지 내내. ¶눈이 빠지게 기다렸으나 그 사람은 ~ 오지 않았다. 2 끝에 가서 드디어. 囲종내. ¶그토록 고생하더니만 소망 ~ 이루었구먼.
끝내-기[끋-] 圀 1 어떤 일의 끝을 맺는 일. 2 바둑에서, 싸움이 종반에 들어 마무리를 짓는 일. ¶이제 ~만 남았다. **끝내기-하다** 匣(자)
끝내다[끋-] 匣(타) '끝나다'의 사동사. ¶작업을 ~ / 식사를 ~.
끝내-주다[끋-] 匣(타)<속> 대단히 좋거나 훌륭하여 감탄이 나오다. ¶야, 경치 한번 **끝내주**는군.
끝-닿다[끋따타] 匣(자) 맨 끝까지 다다르다. ¶저 하늘이 **끝닿**는 곳.
끝-돈[끋똔] 圀 물건 값의 나머지를 마저 치르는 돈. ¶~을 치르다.
끝-동[끋똥] 圀 저고리 소매 끝에 색이 다른 천을 이어 댄 부분. ¶~을 댄 저고리.
끝-마무리[끋-] 圀 일을 수습하여 끝맺는 일. ¶~을 잘하다. **끝마무리-하다** 匣(타)
끝-마치다[끋-] 匣(타) (일을) 끝내어 마치다. ¶오늘 안으로 **끝마치자**.
끝-맺음[끋-] 圀 일의 끝을 내어 완전히 맺는 것. 囲종결. **끝맺음-하다** 匣(타)
끝-말[끋-] 圀 말이나 글의 마지막 부분이 되는 말.
끝말-잇기[끈-읻끼] 圀 한 사람이 먼저 한 낱말을 말하면 다음 사람이 그 말의 끝 음절을 첫소리로 하는 낱말을 말하는 식으로 계속 이어 가는 놀이.
끝-맺다[끋맫따] 匣(타) 일을 마무리하여 맺다. ¶선생은 강연의 마지막을 다음과 같이 **끝맺었**다.
끝-머리[끋-] 圀 어떤 것의 끝나는 부분. 또는, 사물의 끝 쪽 부분. ¶가을의 ~ / ~에 이르다. ↔첫머리.
끝-물[끋-] 圀 과일·채소·곡식·해산물 등이 산출되는 시기가 끝나 갈 무렵. 또는, 그 무렵의 과일·채소·곡식·해산물. ¶딸기가 ~이라 좋은 게 없다. ↔맏물.
끝-소리[끋쏘-] 圀 ⑴ 한 음절의 끝에 나는 자음 또는 그 자음을 나타내는 글자. '감'에서 'ㅁ' 따위. =종성(終聲). 囲받침. 2 어떤 음절이나 말의 끝에 나는 소리. '바다'에서 'ㅏ', '강'에서 'ㅇ' 따위. =끝음(末音).
끝-손질[끋쏜-] 圀 일의 마지막 손질. 끝손질-하다 匣(타)
끝-없다[끋업따] 匣 끝나는 데가 없거나 제한이 없다. 囲그지없다. ¶**끝없는** 어머님의 사랑. **끝없-이** 튄 ¶~ 넓은 바다.
끝-자리[끋짜-] 圀 1 맨 끝의 지위. 2 맨 끝의 좌석.
끝-장[끋짱] 圀 일의 마지막. 囲결말.
끝장(을) 보다 끝장이 나는 것을 보다.
끝장-나다[끋짱-] 匣(자) 1 하는 일(이) 막바지에 이르는 상태가 되다. ¶이 일은 하루 이틀에 **끝장날** 일이 아니다. 2 파탄이 되어 본래의 상태가 무너지다. ¶그 사람도 이제는 **끝장났**어.
끝장내다[끋짱-] 匣(타) '끝장나다'의 사동사.
끝-판[끋-] 圀 1 일의 마지막 판. 囲종국. ¶잘돼 가다 ~에 가서 일이 꼬였다. 2 바둑·경기 등에서, 결판이 나는 마지막 판. ¶경기는 ~에 가서 열기를 띠었다.
끼¹ 圀 <기(氣)><속> 1 이성(異性)과 함부로 사귀거나 관계를 맺는 경향이나 태도. ¶~바람기. ¶~ 있는 여자. 2 연예에 대한 타고난 재능. 또는, 그 재능을 발휘하는 데 강한 욕구.
끼² 圀(의존) 끼니를 세는 단위. ¶밥 한 ~.
끼고-돌다 匣(타) <~도니, ~도오> 상대편을 무조건 감싸고 변호하다. ¶부모가 자식을 **끼고돌아서** 버릇이 없다.
끼니 圀 아침·점심·저녁과 같이 일정한 시간에 먹는 밥. 또는, 그것을 먹는 일. ¶~를 거르다 / 빵으로 ~를 때우다.
끼니-때 圀 끼니를 먹을 때. ¶~가 다가오다/지나다.
끼닛-거리[-니꺼-/-닏꺼-] 圀 끼니로 쓸 재료. ¶조석거리. ¶~가 없다.
끼'다¹ (끼고 / 끼어) 匣(자) 1 '끼이다'의 준말. ¶옷이 문틈에 ~. 2 (여러 사람이 어울린 곳에) 들어가 함께 어울리다. ¶여럿이 화투치는 데 ~. 3 (옷·신·반지 등이) 너무 꼭 맞거나 나는작이 몸이나 발이나 손가락 등에 불편할 정도로 달라붙거나 죄어지다. ¶꽉 **끼는** 옷을 입다.
끼'다² (끼고 / 끼어) 匣(자) 1 (안개나 연기 따위가) 흐리게 서리다. ¶안개가 짙게 **낀** 밤. 2 (때나 먼지 따위가) 엉겨 붙다. ¶눈곱이 ~. 3 (이끼나 녹 따위가) 물체를 덮다. ¶이끼 낀 바위. 4 (어떤 감정이 얼굴이나 목소리에) 어리어 돌다. ¶수심 낀 얼굴.

끼다³ 图 1 (물체를) 끌어안거나 자기 몸의 벌어진 사이에 넣고 죄어서 빠지지 않게 하다. ¶가방을 끼고 걸어가다. 2 (물건을) 무엇에 걸려 있도록 꿰거나 꽂다. ¶반지 낀 손 / 장갑을 ~. ↔벗다·빼다. 3 (대상을) 곁에 가까이 두거나 더불어 있게 하다. ¶난로를 끼고 앉다. 4 (다른 것을) 덧붙이거나 끼워 넣다. ¶옷을 끼어 입다. 5 (어떤 일을 하는 데 남의 힘을) 빌려 이용하다. ¶권력을 끼고 행세하다.

끼:다⁴ 图团 '끼우다¹'의 준말. ¶앨범에 사진을 ~.

끼룩-거리다/-대다 [-꺼 (때)-] 图团 갈매기나 기러기 등이 자꾸 울다.

끼룩-끼룩 囝 끼룩거리는 소리. ¶기러기가 ~ 울며 날아가다.

-끼리 접미 그 부류만이 함께 패를 지음을 나타내는 말. ¶식구~ / 우리~ 놀자.

끼리-끼리 囝 패를 지어 따로따로. ¶아이들이 ~ 어울려 놀다.

끼어들-기 [-어-/-여-] 명 차가 옆차선에 무리하게 비집고 들어서는 일.

끼어-들다 [-어-/-여-] 图 (-드니, -드오) 1 (좁은 틈에) 비집고 들어가거나 들어오다. ¶승용차가 갑자기 남의 차 앞으로 ~. 2 (어떤 사람이 다른 사람이 어울린 자리에) 어울리기 위해 들어가거나 들어오다. ¶남이 얘기하는 자리에 불쑥 ~.

끼-얹다 [-언따] 图团 1 (액체나 가루 따위를 다른 것 위에) 흩어지게 뿌리다. ¶물을 온몸에 ~. 2 (욕설이나 모욕 따위를) 먼저 덮어씌우다.

끼우다 图团 1 (어떤 물건을 좁은 틈이나 일정한 틀에) 빠지지 않도록 들어가게 하다. ¶신문을 문틈에 ~ / 책갈피에 은행잎을 ~. 준끼다. 2 (어떤 대상을 여럿 사이에) 들어 있도록 하거나 더 있게 하다. ¶그 애도 우리 모임에 끼워 줄까?

끼움-표(-標) 명[언] 이미 적어 놓은 글에 다른 말을 끼워 넣을 때 사용하는 부호. 가로쓰기에서는 '∧', 세로쓰기에서는 '＜'를 사용함. =삽입표.

끼-이다 图 1 '끼다¹·²'의 피동사. ¶반지가 작아 손가락에 잘 끼이지 않는다. 2 (물체가) 틈에 들어 있는 상태가 되다. ¶이에 음식물이 ~. 3 (사람이 다른 사람들 속에) 들어 있는 상태가 되다. ¶여자가 남자들 틈에 ~. 준끼다.

끼익 囝 달리던 차량이 멈출 때 나는 소리.

끼적-거리다/-대다 [-꺼 (때)-] 图团 매우 달갑지 않은 음식을 마지못해 굼뜨게 먹다. ¶끄적대다. ¶끼적거리지 말고 잘 먹어라.

끼적-끼적 囝 끼적거리는 모양. **끼적끼적-하다** 图团 ¶글씨를 ~.

끼적-이다 图团 (글씨를) 정성을 들이지 않고 아무렇게나 쓰다.

끼치다¹ 图재 1 (살가죽에 소름이) 돋아서 생기다. ¶소름이 ~. 2 (어떠한 기운이) 덮치는 듯이 확 밀려들다. ¶목욕탕 문을 여니 더운 김이 확 끼쳤다.

끼치다² 图团 1 (남에게 해·폐·영향 등을) 당하거나 입게 하다. ¶폐를 ~ / 걱정을 ~. 2 (어떤 일을) 뒷날에 남기다. ¶후세에 공적을 ~.

끽 囝 충격을 받아 외마디로 지르는 소리. 작꽥.

끽-끽 囝 끽끽거리는 소리. 작꽥꽥.

끽끽-거리다/-대다 [-꺼 (때)-] 图团 자꾸 끽 소리를 지르다. 작꽥꽥거리다.

끽-소리 [-쏘-] 명 (부정이나 금지하는 말과 함께 쓰여) 조금이라도 반항하려는 태도를 이르는 말. ¶~ 말고 시키는 대로 해. 작꽥소리, 꽥소리.

끽연(喫煙) 명 담배를 피우는 것. =흡연. ¶~가(家). **끽연-하다** 图团

끽연-실(喫煙室) 명 =흡연실.

끽-하다[끼카-] 图团 (주로 '끽해야'의 꼴로 쓰여) 할 수 있는 만큼 최대한으로 하다. 또는, 최대한으로 하여 모자라지 않다. ¶끽해야 이틀만 일하면 돼.

낄낄 웃음을 억지로 참으면서 입속으로 웃는 소리. 또는, 그 모양. ¶남은 속이 상한데 ~ 웃기만 있다. 카킬킬. **낄낄-하다** 图团

낄낄-거리다/-대다 图团 자꾸 낄낄 웃다. ¶무엇이 우스운지 혼자서 **낄낄거리고** 있다. 카킬킬거리다.

낌새 명 어떤 일을 알아차릴 수 있는 눈치. 비기미. ¶~를 보다 / ~가 이상하다.

낌새-채다 图재 낌새를 살펴서 알다.

낑깡 명 '금귤'로 순화.

낑낑 1 힘에 겨웁거나 괴로워 자꾸 내는 소리. ¶무거운 짐을 ~ 짊어지고 가다. 2 개가 용변을 보고 싶거나 어떤 욕구를 나타내기 위해 자꾸 내는 소리. 3 어린아이가 자꾸 조르거나 보채는 소리. 카킹킹.

낑낑-거리다/-대다 图团 자꾸 낑낑 소리를 내다. ¶강아지가 ~ / 아이가 과자를 사 달라고 ~. 카킹킹거리다.

ㄴ

- **ㄴ¹** →니은.
- **ㄴ²** 조 '는'의 준 꼴. 주로, 구어에서 쓰임. ¶나~ 반대다.
- **-ㄴ³** 어미 1 모음이나 'ㄹ' 받침으로 끝나는 동사의 어간, 또는 어미 '-시-' 아래에 붙어, 과거의 사실을 나타내거나 과거에 일어난 것이 현재까지 지속되고 있음을 나타내는 관형사형 전성 어미. ¶사라지~ 꿈. 2 '이다' 또는 모음이나 'ㄹ' 받침으로 끝나는 형용사의 어간, 또는 어미 '-시-' 아래에 붙어, 현재의 사실을 나타내는 관형사형 전성 어미. ¶부지런하~ 사람. ▷-는:-은.
- **-ㄴ⁴** 어미 '오다'의 어간에 붙어, 친근감을 나타내는 명령형 종결 어미. ¶이리 오~.
- **-ㄴ-⁵** 어미 (선어말) 모음이나 'ㄹ' 받침으로 끝나는 동사의 어간, 또는 어미 '-시-' 아래에 붙어, 현재 시제를 나타내는 선어말 어미. ¶빨리 달리~다. ▷-는-.
- **-ㄴ가** 어미 모음이나 'ㄹ' 받침으로 끝나는 형용사의 어간, 또는 어미 '-시-' 아래에 붙어, 스스로 묻거나 '하게' 할 상대에게 현재의 사실에 대한 물음을 나타내는 종결 어미. ¶이게 꿈이~ 생시(이)~? ▷-는가:-은가.
- **-ㄴ감** 어미 '이다' 또는 모음이나 'ㄹ' 받침으로 끝나는 형용사의 어간, 또는 어미 '-시-' 아래에 붙어, 상대의 말이나 의견을 가볍게 반박하면서 혼잣말에 가깝게 반문하는 뜻을 나타내는 반말 투의 종결 어미. ¶피, 그 얼굴이 뭐 그리 예뻐~. ▷-는감:-은감.
- **-ㄴ걸** 어미 모음이나 'ㄹ' 받침으로 끝나는 어간, 또는 어미 '-시-' 아래에 붙어, '해' 할 상대에게 쓰이거나 혼잣말로 어떤 사실을 스스로 감탄하거나 상대방에게 인식·회상시키는 종결 어미. ¶이미 끝나~. ▷-는걸:-은걸.
- **-ㄴ고** 어미 '-ㄴ가'의 옛 말투 또는 점잖은 말투. ¶네가 누구(이)~? ▷-는고:-은고.
- **-ㄴ다** 어미 모음이나 'ㄹ' 받침으로 끝나는 동사의 어간, 또는 어미 '-시-' 아래에 붙는 평서형 종결 어미. 1 '해라' 할 상대나 불특정 다수에게 현재의 사실을 나타내거나 의지하는 사실을 나타낼 때 쓰임. ¶나 먼저 가~. 2 주로 불특정 다수를 상대로 한 글에서, 일반적·보편적·관습적 사실을 말할 때 쓰임. ¶해는 동쪽에서 뜨~. ▷-는다.
- **-ㄴ다고¹** 어미 모음이나 'ㄹ' 받침으로 끝나는 동사의 어간, 또는 어미 '-시-' 아래에 붙는 종결 어미. 1 '해' 할 상대에게 반문할 경우에 쓰임. ¶뭐, 누가 오~? 2 잘못 인식하였음을 깨달았을 때에 쓰임. ¶난 또 될 하~. ▷-는다고:-다고.
- **-ㄴ다고²** 어미 모음이나 'ㄹ' 받침으로 끝나는 동사의 어간, 또는 어미 '-시-' 아래에 붙어, 앞의 말이 뒤에 오는 말의 원인이나 근거가 됨을 나타내는 연결 어미. ¶네가 그러~ 뭐가 달라지니? ▷-는다고:-다고.
- **-ㄴ다나** 어미 모음이나 'ㄹ' 받침으로 끝나는 동사의 어간, 또는 어미 '-시-' 아래에 붙어, 어떤 사실을 무관심하거나 조금 빈정거리는 태도로 이르는 종결 어미. ¶흥, 자기는 뭐 그림을 잘 그리~. ▷-는다나:-다나:-라나.
- **-ㄴ다네** 어미 모음이나 'ㄹ' 받침으로 끝나는 동사의 어간, 또는 어미 '-시-' 아래에 붙는 종결 어미. 1 어떤 사실을 가볍게 감탄하여 이를 때 쓰임. ¶봄이 오면 산천에 꽃이 피~. 2 '하게' 할 상대에게 화자(話者)가 알고 있는 사실을 가볍게 주장할 때 쓰임. ¶이 마을은 비가 왔다 하면 물난리가 나~. ▷-는다네:-다네:-라네.
- **-ㄴ다느니** 어미 모음이나 'ㄹ' 받침으로 끝나는 동사의 어간, 또는 어미 '-시-' 아래에 붙어, 이렇게 한다 하기도 하고, 저렇게 한다 하기도 함을 나타내는 연결 어미. ¶집으로 가~ 도서관으로 가~ 결정을 내리지 못하고 있다. ▷-는다느니.
- **-ㄴ다니** 어미 모음이나 'ㄹ' 받침으로 끝나는 동사의 어간, 또는 어미 '-시-' 아래에 붙어, '해라' 할 상대에게 어떤 사실에 대해 의문을 나타내는 종결 어미. ¶쟤가 왜 자꾸 저러~? ▷-는다니:-다니.
- **-ㄴ다니까** 어미 모음이나 'ㄹ' 받침으로 끝나는 동사의 어간, 또는 어미 '-시-' 아래에 붙어, '해' 할 상대에게 쓰이거나 혼잣말에 쓰여 어떤 사실을 올바로 인식하고 있지 못하거나 미심쩍어하거나 하는 상대방에게, 그래서 깨우쳐 주는 뜻을 나타내는 종결 어미. ¶반드시 하~. ▷-는다니까:-다니까.
- **-ㄴ다며** 어미 '-ㄴ다면서'의 준말. ▷-는다며:-다며.
- **-ㄴ다면** 어미 모음이나 'ㄹ' 받침으로 끝나는 동사의 어간, 또는 어미 '-시-' 아래에 붙어, 어떤 사실을 가정하여 조건으로 삼는 뜻을 나타내는 연결 어미. ¶내일 눈이 내리~ 좋겠어. ▷-는다면:-다면.
- **-ㄴ다면서** 어미 모음이나 'ㄹ' 받침으로 끝나는 동사의 어간, 또는 어미 '-시-' 아래에 붙어, '해' 할 상대에게 직접 간접으로 들은 사실을 다짐하거나, 빈정거릴 때 쓰는 종결 어미. ¶마구 떼를 쓰~? 준-ㄴ다며. ▷-는다면서:-다면서.
- **-ㄴ다손** 어미 모음이나 'ㄹ' 받침으로 끝나는 동사의 어간, 또는 어미 '-시-' 아래에 붙어, 가정하는 뜻을 나타내는 연결 어미. ¶네가 하~ 치더라도. ▷-는다손:-다손:-더라손.
- **-ㄴ다오** 어미 모음이나 'ㄹ' 받침으로 끝나는 동사의 어간, 또는 어미 '-시-' 아래에 붙어, '하오'할 상대에게 사실을 친근하게 설명하는 종결 어미. ¶해마다 이맘때면 꽃이 피~. ▷-는다오:-다오.
- **-ㄴ다지** 어미 모음이나 'ㄹ' 받침으로 끝나는 동사의 어간, 또는 어미 '-시-' 아래에 붙어, '해' 할 상대에게 어떤 사실을 확인하여 묻는 뜻을 나타내는 반말 투의

-ㄴ단다 종결 어미. ¶은경이도 가~? ▷-는다지·-다지·-라지.
-ㄴ단다 어미 모음이나 'ㄹ' 받침으로 끝나는 동사의 어간, 또는 어미 '-시-' 아래에 붙어, 해라 할 상대에게 가볍게 타이르거나 사실을 친근하게 서술하는 종결 어미. ¶난 낼 떠나~. ▷-는단다·-단다.
-ㄴ담 어미 모음이나 'ㄹ' 받침으로 끝나는 동사의 어간, 또는 어미 '-시-' 아래에 붙어, '-ㄴ단 말인가'의 뜻으로 혼잣말의 못마땅함을 나타내는 의문형 종결 어미. ¶무슨 일을 그따위로 하~. ▷-는담·-담.
-ㄴ답니다 [-담-] 어미 모음이나 'ㄹ' 받침으로 끝나는 동사의 어간, 또는 어미 '-시-' 아래에 붙어, '합쇼' 할 상대에게 화자가 이미 알고 있는 것을 객관화하여 친근하게 일러 줌을 나타내는 종결 어미. ¶우리 아이는 노래를 잘 부른~. ▷-는답니다·-답니다.
-ㄴ답시고 [-씨-] 어미 모음이나 'ㄹ' 받침으로 끝나는 동사의 어간, 또는 어미 '-시-' 아래에 붙어, '-ㄴ다고', '-ㄴ다고 하여'의 뜻으로 어쭙잖은 행동을 빈정거리는 투로 말할 때에 쓰이는 연결 어미. ¶잘하~ 까불더니, 꼴좋다. ▷-는답시고·-답시고.
-ㄴ대 어미 모음이나 'ㄹ' 받침으로 끝나는 형용사의 어간, 또는 어미 '-시-' 아래에 붙어, '해' 할 상대에게 어떤 사실에 대해 놀라워하거나 못마땅하게 여기는 뜻을 나타내는 의문형 종결 어미. ¶오늘따라 왜 저러~? ▷-는대·-대.
-ㄴ대요 어미 모음이나 'ㄹ' 받침으로 끝나는 동사의 어간, 또는 어미 '-시-' 아래에 붙어, '해요' 할 상대에게 들려가 들은 사실을 근거로 설명하여 말하거나 묻는 뜻을 나타내는 종결 어미. ¶기차가 30분 후에 출발하~. ▷-는대요·-대요.
-ㄴ데 어미 '이다' 또는 모음이나 'ㄹ' 받침으로 끝나는 형용사의 어간, 또는 어미 '-시-', '-사오-'의 아래에 붙는 어미. 1 다음의 말을 끌어내기 위하여, 관련될 만한 사실을 먼저 베풀 때 쓰이는 연결 어미. ¶네가 무엇을 ─ 그런 소릴 하니. 2 '해' 할 상대에게 쓰여, 어떤 사실이 의외이거나 새삼스럽게 느껴질 때 감탄하는 뜻을 나타내는 어미. ¶모자가 아주 멋지~. 3 '해' 할 상대에게 쓰여, 설명을 요구함을 나타내는 종결 어미. ¶그래 왜 그러~? ▷-는데·-은데.
-ㄴ들¹ 조 모음으로 끝나는 체언에 붙어, 양보와 반문을 겸하여 '-라 할지라도 어찌'의 뜻을 나타내는 보조사. ¶자네 그만 못하랴. ¶인들.
-ㄴ들² 어미 모음이나 'ㄹ' 받침으로 끝나는 어간, 또는 어미 '-시-' 아래에 붙어, 양보와 반문을 겸하여 '-라 할지라도', '-다고 할지라도 그게 뭐'의 뜻을 나타내는 연결 어미. ¶네가 나서 보~ 별수 있겠나. ▷-은들.
-ㄴ바 어미 1 '이다' 또는 모음이나 'ㄹ' 받침으로 끝나는 형용사의 어간, 또는 어미 '-시-' 아래에 붙어, 해할 하기 전에 또는 어떤 사실을 말하면서 거기에 관계되는 현재의 사실을 말할 때 쓰이는 연결 어미. ¶아버님 생신이~, 부디 모셔야. 2 모음이나 'ㄹ' 받침으로 끝나는 동사의 어간, 또는 어미 '-시-' 아래에 붙어, 무엇을 말하기 전에 또는 어떤 사실을 말하면서 거기에 관계되는 과거의 사실을 나타낼 때 쓰이는 연결 어미. ¶소문만 듣고 가 보~ 과연 좋더라. ▷-는바·-은바.

-ㄴ즉¹ 조 모음으로 끝나는 체언에 붙어, '…로 말하면' 의 뜻을 나타내는 보조사. ¶얘기~ 그게 옳다. ▷인즉.
-ㄴ즉² 어미 모음이나 'ㄹ' 받침으로 끝나는 어간, 또는 어미 '-시-' 아래에 붙어, 원인이나 근거 또는 가정이나 조건을 나타내는 연결 어미. ¶듣고 보~ 그의 주장이 옳더라. ▷-은즉.
-ㄴ즉슨¹ [-슨] 조 '-ㄴ즉'의 힘줌말. ▷인즉슨.
-ㄴ즉슨² [-슨] 어미 '-ㄴ즉'의 힘줌말. ▷-은즉슨.
-ㄴ지 어미 '이다' 또는 모음이나 'ㄹ' 받침으로 끝나는 형용사의 어간, 또는 어미 '-시-' 아래에 붙어, 막연한 의문이나 감탄을 나타내는 연결 또는 종결 어미. ¶얼마나 착하~ 몰라. ▷-는지·-은지.
-ㄴ지고 어미 '이다' 또는 모음이나 'ㄹ' 받침으로 끝나는 형용사의 어간, 또는 어미 '-시-' 아래에 붙어, '해라' 할 상대에게 느낌을 강조하는 종결 어미. ¶참으로 거룩하~. ▷-는지고·-은지고.
-ㄴ지라 어미 1 '이다' 또는 모음이나 'ㄹ' 받침으로 끝나는 형용사의 어간, 또는 어미 '-시-' 아래에 붙어, 이유나 근거가 되는 현재 사실을 나타내는 연결 어미. ¶잡고 보니 새끼 짐승이~ 놓아주었다. 2 모음이나 'ㄹ' 받침으로 끝나는 동사의 어간, 또는 어미 '-시-' 아래에 붙어, 이유나 근거가 되는 과거 사실을 나타내는 연결 어미. ¶말도 없이 떠나~ 아무도 간 곳을 모른다. ▷-는지라·-은지라.

나¹ 명[음] 서양 음악의 7음 음계에서 일곱째 음이름. 영어로는 비(B), 이탈리아 어로는 시(si).
나² 명 '나이'의 준말. ¶~ 어린 자매.
나³ Ⅰ 대 인칭 말하는 사람이, 듣는 상대가 같은 또래거나 아랫사람일 때 자기 자신을 가리키는 일인칭 대명사. ¶~는 널 사랑한다. ↔너.
Ⅱ 명 자기 자신. 또는, 자아. ¶대의(大義) 앞에서는 ~를 버릴 줄 알아야 한다. ↔남.
[나는 바담 풍(風) 해도 너는 바람 풍 해라] 자기는 그르게 행동하면서 남보고는 옳게 행동하라고 요구한다는 뜻. [나 먹자니 싫고 개 주자니 아깝다] 자기에게 소용이 없으면서도 남 주기는 싫다.
나 몰라라 하다 어떤 일에 무관심한 태도로 상관하지 않거나 간섭하지 않다. ¶사람이 아프다는데 나 몰라라 하다니.
나⁴ 조 모음으로 끝나는 체언이나 부사, 또는 용언의 어미 아래에 붙는 보조사. 1 둘 이상의 사물 가운데 어느 것을 선택함을 나타냄. ¶오늘 점심은 국수~ 빵을 먹자. 2 앞에 오는 대상이나 일 이외에 다른 것을 선택할 여지가 없음을 나타냄. 또는, 다른 대상을 배제하면서 앞의 대상을 선택하되, 그 선택이 최소한의 일이거나 덜 바람직한 일임을 나타냄. ¶넌 어서 숙제~ 해. 3 최소한의 조건이나 사실과 다른 경우를 가정하는 뜻을 나타냄. ¶어떻게 된 게 만날 책만 사 달라니? 공부~ 잘하면서 그러면 또 몰라. 4 ('…나 …나'의 꼴로 쓰이거나, 대상을 특별히 지정하지 않는 뜻을 나타내는 말 아래에 쓰여) 대상이 개별적인 차이가 없이 모두 공통성을 가짐을 나타냄. ¶너~ 나~ 힘들기는 마찬가지다. 5 수량이 예상보다 정도를 넘어서거나 한도에 이름을 나타냄. 또는, 예상하거나 짐작하건대에는 어느 정도에 이름을 나타냄. ¶창수는 공을 열 개~ 샀다. 6 (일부 사물 이름 뒤에 그것을 세는 단위성 의존 명사가 오고 그 말 아래에 쓰여) 그 사물이 많지는 않으나 얼마간 있음을 나타냄. ¶땅까지기~ 가진 농부. 7 일부 부사에 붙어, 그 부사의 뜻을 강조하는 보조사. ¶패~ / 너무~. ▷이나.

-나[5] [어미] 1 모음이나 'ㄹ' 받침으로 끝나는 어간, 또는 어미 '-시-' 아래에 붙어, 뒷말의 내용이나 일부 내용에 따르지 않음을 나타내는 연결 어미. ¶날씨는 흐리~ 춥지는 않다. 2 모음이나 'ㄹ' 받침으로 끝나는 용언의 어간, 또는 어미 '-시-' 아래에 붙어 주로 '-나 ……나'의 꼴로 쓰여, 어떤 동작이나 상태를 특별히 구별하지 않음을 나타낼 때 쓰이는 연결 어미. ¶이렇게 하~ 저렇게 하~ 마찬가지다. 3 모음이나 'ㄹ' 받침으로 끝나는 일부 형용사의 어간에 붙어 '-나-ㄴ'의 꼴로 쓰여 그 형용사의 뜻을 강조할 때 쓰이는 연결 어미. ¶기~ 긴 밤. ▷-으나.

-나[6] [어미] 동사나 '있다', '없다'의 어간, 또는 어미 '-시-', '-었-', '-겠-'의 아래에 붙는 어미. 1 '하게' 할 상대에게 묻는 뜻을 나타내는 종결 어미. ¶언제 갔다 이제 오~? 2 자기 스스로에게 묻는 뜻을 나타내는 종결 어미. ¶이 일을 어쩌~? 주로 '-나 하다', '-나 싶다', '-나 보다'의 꼴로 쓰여 자기 스스로에게 묻는 물음이나 추측을 나타내는 연결 어미. ¶밖에 눈이 내리~ 보다.

나[7](羅) [명] 명주실로 짠 피륙의 하나. 가볍고 부드럽음. ▷나사(羅紗).

나-가다 [동][거라] <~가거라> 1[자] 1 (어떤 곳에서 밖으로) 말하는 사람 쪽에서 멀리 가다. ¶방에만 있지 말고 나가서 놀아라. 2 (살던 집이나 직장 등에서) 그 성원(成員)으로서 함께 지내기를 그만두고 떠나서 가다. ¶집 나간 지 몇 해가 되도록 소식이 없다. 3 (군대·교도소·학교 등에서 일반 사회로) 생활이나 활동의 터전을 옮겨 가다. ¶졸업을 하고 사회로 ~. 4 (일정한 곳에) 일을 하러 가다. ¶회사에 ~. 5 (대회·경기·경쟁·전쟁 따위에) 싸우거나 겨루기 위해 참가하러 가다. ¶국제 올림픽 경기에 ~. 6 (앞쪽 또는 기준 방향이 되는 쪽으로) 움직여 옮기거나 벗어나다. ¶데모대가 구호를 외치면서 앞으로 나갔다. 7 (말하는 사람이나 말하는 사람과 같은 영역에 속하는 사람이 어떤 협상에서) 강경하게 나갔다. 8 (기계나 기구 등이) 다루는 대로 움직이다. ¶대매가 잘~. 9 (말이나 소문이) 바깥으로 알려지게 되다. ¶여기서 한 말이 밖으로 나가지 않도록 조심해라. 10 (가지고 있던 돈이나 비용이) 쓰여 없어지다. ¶경비가 50만 원이 ~. 11 (거래하거나 팔려고 하는 물건이) 거래가 되거나 팔려 없어지다. ¶신상품이 날개 돋친 듯이 ~. 12 (정신·의식 등이) 희미해지는 상태가 되다. ¶넋이 ~. 13 (전기가) 일시적으로 들어오지 않아 전등이나 전기 제품이 제 기능대로 사용되지 못하게 되다. ¶전기가 나가 방이 깜깜하다. 14 (감기가) 나아서 몸에서 사라지다. ¶겨우내 감기가 나가지 않아 고생했다. 15 (온전하던 물건이) 부서지거나 끊어지거나 찢어지거나 하여 못 쓰는 상태가 되다. ¶모터가 ~. 16 (팔·이 등이) 얻어맞거나 다치거나 하여 부러지거나 뿌러지다. 속된 말임. ¶교통사고로 갈비뼈 두 대가 ~. 17 (제품 따위가) 만든 쪽으로부터 세상에 보내어지게 되다. ¶우리 회사의 신제품은 내년 초에 시장에 나간다. 18 (어떤 일이) 그 과정에 있어서 어느 선에 이르다. ¶진도가 ~. 19 (값이나 무게 따위가) 어떤 정도에 이르다. ¶체중이 100kg이나 나간다. 2[타] 1 (어떤 곳을) 벗어나 말하는 사람 쪽에서 멀리 가다. ¶집을 나가서 밤늦게까지 돌아오지 않는다. 2 (살던 집이나 직장 등을) 그 성원으로서 함께 지내기를 그만두고 떠나서 가다. ¶그 여자는 남편과 자식을 버리고 집을 나갔다. 3 (일정한 곳을) 맡은 일을 하러 가다. ¶직장을 ~. 4 (어떤 행위를 나타내는 일부 명사를 목적어로 하여) (명사가 나타내는 행위를) 하기 위해 말하는 사람 쪽으로부터 목적지로 가다. ¶산책을 ~. 5 (어떤 일의 과정을) 해내어 이르다. ¶진도를 ~. 3[보조] 어떤 일을 계속 진행함을 나타내는 말. ¶벽돌을 차곡차곡 쌓아 ~.

나가-떨어지다 [동] 1 강한 힘의 작용을 받아 뒤로 저만큼 넘어져 떨어지다. ¶업어치기에 걸려 ~. 2 어떤 어려움이나 힘든 상태를 더 이상 견디거나 배겨 내지 못하는 상태가 되다. 속된 말임. ¶지옥훈련에 ~.

나가리 (←流れ/ながれ) [명] '허사', '헛일', '무효'로 순화.

나가사키 (長崎) [명][지] 일본의 항구 도시.

나가-자빠지다 [동] 1 뒤로 물러나면서 자빠지다. ¶빙판 길에 미끄러져 ~. 2 마땅히 해야 할 일을 제 책임이 아니라고 하면서 내버려 두거나 내팽개치다. 속된 말임. ¶중도에서 나가자빠지면 어떻게 해?

나각 (螺角) [명][음] 소라의 껍데기로 만든 국악기. 대취타에 편성되어 있음. =바라.

나고야 (名古屋) [명][지] 일본의 도시.

나-관중 (羅貫中) [명][인] 원나라 말, 명나라 초의 소설가(?-?).

나귀 [명][동] '당나귀'의 준말.

나그네 [명] 자기 집을 떠나 낯선 곳에서 묵으면서 먼 길을 가거나 이곳저곳을 방랑하는 사람. 비길손. ¶아름다운 풍광이 ~의 발길을 붙잡는다.

[나그네 주인 쫓는 격] 주객이 전도된 경우를 이르는 말.

나그네-새 [명][동] 북쪽 번식지로부터 남쪽 월동지로 이동하는 도중, 봄·가을 두 차례 한 지방을 지나는 철새. 물도요새·때새 따위.

나그넷-길 [-네낄/-넫낄] [명] 여행을 하는 길. ¶~에 오르다.

나긋나긋-하다 [-근-그다-] [형용] 1 감촉이 몹시 연하고 부드럽다. 2 (말이나 글이) 부드러워 감칠맛이 있다. ¶나긋나긋한 말. 3 사람을 대하는 태도가 친절하고 부드럽다. ¶나긋나긋한 태도. 나긋나긋-이 [부]

-나기 [접미] '-내기'의 잘못.

198 _ 나날

나-날 〖명〗 계속되는 하루하루의 날들. ¶바쁜 ~.

나날-이 〖부〗 하루하루가 새로롭게. ¶~ 커가는 아기의 모습.

나노(←nanometer) 〖명〗 (일부 명사 앞에 쓰여) 나노미터 크기의 초극미(超極微) 상태. ¶~ 소재 공학.

나노-미터(nanometer) 〖명〗〖의존〗〖물〗 빛의 파장을 나타내는 단위. 1나노미터는 1미터의 10억분의 1임. 기호는 nm.

나노-테크놀로지(nanotechnology) 〖명〗 〖물〗 원자나 분자를 조합하고 변형함으로써 새로운 소재나 장치를 만들어 내는 신기술.

나누-기 〖명〗 나누는 일. ↔곱하기. 나누기-하다 〖타〗〖여〗

나누다 〖동〗〖타〗 1 (본래 하나이거나 한군데에 속했던 물건이나 재산·이익 등을) 둘 이상이 되게 가르다. ¶사과 한 개를 둘로 ~. 2 (어떤 대상을) 일정한 기준에 따라 둘 이상의 갈래가 되게 하다. ¶생물은 크게 동물과 식물로 **나눌** 수 있다. 3 (둘 이상의 사람이 음식 등을) 함께 먹다. ¶우리는 저녁을 함께 **나누면서** 회포를 풀었다. 4 (둘 이상의 사람이 말이나 이야기를) 서로 주고받다. ¶대화를 ~. 5 (정이나 기쁨·슬픔 등을) 함께 느끼다. ¶이웃의 고통을 남의 ~. 6 (핏줄을) 같은 조로 하여 태어나다. ¶피를 **나눈** 형제. 7 〖수〗 (어떤 수를 다른 수로) 똑같은 몫이 되게 쪼개다. 비除(除) 하다. ㅋ곱하다.

나누어-떨어지다 〖동〗〖자〗〖수〗 나눗셈에서, 나머지가 없이 딱 맞게 나누어지다.

나누어-지다 〖동〗〖자〗 1 서로 갈라지거나 떨어지다. 2 이것과 저것으로 구별되다. ¶하루는 오전과 오후로 **나누어진다**. 3 〖수〗 (어떤 수가) 몇 개의 똑같은 몫으로 갈라지다.

나눗-셈 [-눈쎔] 〖명〗〖수〗 어떠한 수를 다른 수로 나누는 셈. ↔곱셈. 나눗셈-하다 〖동〗〖타〗〖여〗

나눗셈-표(-標) [-눈쎔-] 〖명〗〖수〗 나눗셈의 기호 '÷'의 이름. ↔곱셈표.

나뉘다 〖동〗〖자〗 '나누다'의 피동사. ¶세계는 여러 진영으로 **나뉘어** 있다.

-나니 〖어미〗 용언의 어간이나 어미 '-시-', '-았/었-', '-겠-', '-사옵-', '-옵-' 등의 아래에 붙어, 원인·근거의 뜻을 나타내는 연결 어미.

나-닐다 〖동〗〖자〗 〈~니니, ~니오〉 오락가락하며 날다. ¶갈매기들이 **나니는** 바닷가.

나다¹ 〖ⅠⅡ〗〖자〗 1 (사물이) 속에서 걸어나 밖으로 나와 모습을 나타내거나 존재를 이루다. ¶이가 ~ / 땀이 ~. 2 (없던 것이) 어떤 형태나 흔적을 이루어 생기다. ¶눈 위에 발자국이 ~. 3 (사람이나 동물이 어느 곳에) 생기거나 나타나다. ¶난 지 반 달 된 강아지. 4 (초본 식물이나 키가 작은 나무 따위가) 저절로 자라다. ¶냉이는 봄이 되면 길가나 밭에 절로 **난다**. 5 (농산물이나 광물 따위가) 생산되어 얻어지다. ¶쌀이 많이 **나는** 곡창 지대. 6 (사물이 변형된 모양이) 생기어 이루어지다. ¶칼이 부러져 동강이 ~. 7 (없던 물건이) 저절로 생기거나 얻어지다. ¶너 돈이 어디서 났니? 8 (사람의 정신 작용이나 심리·욕구 현상이) 생기어 일어나다. ¶생각이 ~ / 화가 ~. 9 (철이 지각이) 깨어 성숙한 상태가 되다. ¶철이 ~. 10 (사물에서 소리·열·빛·냄새·맛 등이) 나타나다. ¶비린내가 ~. 11 (범상하지 않거나 비정상적인 일이나 상태가) 일어나거나 생기다. ¶병이 ~ / 고장이 ~. 12 (시간이나 공간이) 여유가 생기다. ¶틈이 ~. 13 널리 알려지거나 드러난 상태가 되다. ¶탄로가 ~. 14 (인쇄물·방송 따위에 어떤 내용이) 실리거나 나타나다. ¶그 기사는 신문에 대문짝만하게 **났다**. 15 (일의 어떤 상태나 결과가) 이루어지거나 나타나다. ¶끝장이 ~. 16 (어떤 나이에) 이른 상태가 되다. 주로 성년이 안 된 나이에 대해 사용함. ¶세 살 난 아이. 17 (사람이) 다른 사람보다 뛰어난 상태를 보이다. ¶**난**사람. 18 (어떤 모양이) 풍기어 나타나다. ¶촌티가 ~. 〖타〗 1 (철이나 해를) 지내어 넘기다. ¶겨울을 ~. 2 (살림을) 따로 차려 갈라져 나오다. ¶살림을 ~. 〖3〗〖보〗 1 (동사의 어미 '-아/어' 아래에 쓰여) 그 동작이 계속되어 나아감을 나타내거나 완료됨을 나타내는 말. ¶살아~ / 피어~. 2 (동사의 어미 '고' 아래에 쓰여) 그 동작의 완료됨을 나타내는 말. ¶자고 **나니** 정신이 맑아졌다.

-나다² 〖접미〗 일부 명사나 자립성이 약한 명사성 어근의 밑에 붙어, 앞에 오는 말의 특성을 가진 형용사를 만드는 말. ¶엄청~ / 유별~.

나-다니다 〖동〗〖자〗〖타〗 밖으로 나가 여기저기 돌아다니다. ¶쓸데없이 **나다니지** 말고 공부 좀 해라.

나달 〖명〗 나흘이나 닷새쯤. ¶그 일은 한 ~이면 끝난다.

나-대다 〖동〗〖자〗 1 깝신거리며 나다니다. ¶**나대지** 말고 집에 좀 있어라. 2 =나부대다.

나¹**-대지**(裸垈地) 〖명〗 건물을 짓지 않고 비워 둔 집터.

나도-밤나무 〖명〗〖식〗 해안이나 산지에서 자라는, 높이 10m가량의 낙엽 활엽 교목. 가을에 작고 둥근 열매가 붉게 익음.

나-도향(羅稻香) 〖명〗〖인〗 소설가(1902~1926).

나-돌다 〖동〗〖자〗 〈~도니, ~도오〉 1 밖으로 나가서 이리저리 움직이거나 활동하다. ¶그는 집을 나와 외지로만 **나돌고** 있다. 2 (소문이나 어떤 물건 등이) 여기저기 퍼지거나 나타나다. ¶헛소문이 ~.

나-동그라지다 〖동〗〖자〗 뒤로 물러나면서 넘어져 구르다. ¶바닥에 ~. ¶나둥그러지다.

나-둥그러지다 〖동〗〖자〗 뒤로 물러나면서 넘어져 구르다. ¶계단에서 ~. 〖작〗나동그라지다.

나-뒹굴다 〖동〗〖자〗 〈~뒹구니, ~뒹구오〉 1 (사람이) 이리저리 마구 뒹굴다. ¶그는 배를 움켜쥐고 땅바닥에 **나뒹굴었다**. 2 (물건이) 여기저기 어지럽게 널리거나 버려진 채 굴러다니다. ¶길에 쓰레기가 ~.

나-들다 〖동〗〖타〗 〈~드니, ~드오〉 (어느 곳을) 계속 나가고 들어가고 하다. 비드나들다.

나들-목 〖명〗 두 개의 고속도로가 교차할 수 있도록 하거나, 또는 고속도로로 접어들거나 고속도로에서 빠져나오게 도로를 입체적으로 만든 곳. ¶신갈 ~.

나들-이 〖명〗 바람을 쐬거나 구경을 하거나 놀거나 하기 위해, 그리 멀지 않은 곳을 다녀올 생각으로 제 집 밖으로 나가는 일. =바깥나들이. 비외출·출입. ¶봄 ~ /

친정 ~. **나들이-하다** 통(자여)
나들이-옷 [-온] 명 나들이할 때에 입는 옷. 비외출복.
나라 명 1 사람들이 모여 주권을 가지고 삶을 영위해 가는 일정한 범위의 땅. 또는, 그것을 다스리는 통치 기구. ¶국가(國家). 2 (일부 명사와 결합되어) 그 단어가 나타내는 사물의 '세상', '세계'의 뜻. ¶꿈~ / 하늘~.
나라^글자 (-字) [-짜] 명 =국자(國字)².
나라-꽃 [-꼳] 명 =국화(國花)².
나라-님 명 '임금'을 나라의 임자라는 뜻으로 이르는 말.
나락¹ 명(식) '벼'의 잘못.
나'락² (奈落·那落) 명 [<®Naraka] 1 (불) =지옥. 2 벗어나기 어려운 절망적 상황의 비유. ¶절망의 ~에 빠지다.
나란-하다 형여 1 (여럿의 사물이) 줄지어 있는 모양이 들쭉날쭉하지 않고 가지런하다. ¶댓돌 위에 신발이 ~. 2 (길이 가 있는 둘 이상의 사물이) 서로 같은 거리만큼 떨어진 상태에 있다. 비평행하다. **나란-히** 부 ¶아이들이 ~ 서 있다.
나란히-맥 (-脈) 명(식) 식물의 일자루로 부터 잎몸의 끝까지 줄줄이 서로 나란히 있는 잎맥. 대나 벼와 같은 외떡잎식물에서 볼 수 있음. ▷그물맥.
나랏-돈 [-라돈/-랃돈] 명 국고금.
나랏-일 [-란닐] 명 =국사(國事)².
나래 명(농) 논밭을 골라서 반반하게 하는 농구. ¶~질.
나레이션 [-연] 명 '내레이션(narration)'의 잘못.
나로드니키 (®Narodniki) 명 ['인민주의자' 또는 '인민파'의 뜻] (사) 19세기 후반 러시아에서 자본주의를 비판하고, 농본주의적 급진 사상을 가지고 농민을 주체로 한 혁명적 계급. ▷브나로드 운동.
나루 명 강이나 내 또는 좁은 바닷목에서 배가 건너다니는 일정한 곳. =강구(江口). ▷~.
나루-터 명 나룻배로 건너다니는 일정한 곳. =도선장.
나룻 [-룯] 명 '수염(鬚髥)¹'의 고유어. ¶구레~ / 텁석~.
나룻-배 [-루빼/-룯빼] 명 나루터에서 사람이나 짐 등을 건네주는 배.
나르다 통(르) <나르니, 날라> (어느 정도 부피가 있거나 양이 좀 많은 물건을 한 곳에서 어느 정도 떨어져 있는 다른 곳으로) 옮기다. 비운반하다. ¶이삿짐을 ~.
나르시시즘 (narcissism) 명 자신의 외모나 능력을 훌륭하다고 여겨 지나치게 자기를 사랑하고 스스로에게 도취되는 심리 상태. ®자기애(自己愛).
나르키소스 (Narcissos) 명 (신화) 그리스 신화에 나오는 미소년. 에코의 사랑에 응하지 않은 벌로 물에 비친 자기 모습을 연모하다가 물에 빠져 죽어 수선화가 되었다고 함.
나른-하다 형여 고단하여 기운이 없다. ¶봄이 되니 몸이 ~. **나른-히** 부
나름 명(의존) 1 (동사의 어미 '-ㄹ'이나 명사형 어미 '-기'는 명사 다음에 쓰여) 어떤 일이 확정적·불변적이 아니고 대상이나 상황에 '따라 다르거나 달라질 수 있음'을 나타내는 말. ¶귀염을 받고 못 받고는 저 하기 ~이다. 2 ('제', '네', '내', '그' 등의 다음에 쓰여) 각기 가지

고 있는 방식이나 깜냥을 이르는 말. ¶그도 그 ~의 생각이 있었겠지.
나리¹ 명(식) =참나리.
나리² 명 1 (역) 아랫사람이 당하관을 높여 부르는 말. ¶사또 ~. 2 지체 높거나 권세 있는 사람을 높여 부르는 말. ¶군수 ~. ×나으리.
나리-꽃 [-꼳] 명 나리의 꽃.
나마¹ 조 모음으로 끝나는 체언에 붙어, 불만스럽지만 아쉬운 대로 양보함을 나타내는 보조사. ¶자주 오지는 못해도 편지~ 가끔 하려무나. ▷이나마.
-나마² 어미 모음으로 끝나는 어간, 또는 어미 '-시-' 아래에 붙어, 앞에 오는 사실이 불만스럽거나 못마땅하나 그것을 용납하거나 긍정하는 뜻을 나타내는 연결 어미. ¶누추한 집이~ 편히 쉬십시오. ▷-으나마.
나막-신 [-씬] 명 지난날, 주로 비나 눈이 오는 날 진 땅에서 신던, 나무를 파서 만든 신.
나머지 명 1 전체 가운데서, 무엇에 쓰이거나 채워하는 것을 쓰고 남은 부분. 또는, 이루거나 마치지 못한 부분. =여분. ¶월급에서 생활비만 떼고 ~를 저축하다. 2 ('-ㄴ/은 나머지'로 쓰이어) 어떤 일의 결과. 비끝. ¶감격한 ~ 눈물을 흘리다. 3 (수) 나누어떨어지지 않고 남는 수.
나무¹ 명 1 (식) 줄기와 가지와 뿌리가 있고 가지에 잎이 달리며 때가 되면 꽃이 피는 여러해살이 식물. 비목본. 2 건축·가구 등의 재료로 쓰기 위해 수목을 잘라서 손질한 부분. 또는, 재료로서의 수목. 비목재. ¶~ 기둥. 3 '땔나무'의 준말. **나무-하다** 통(자여) 산에 가서 땔나무를 베거나 주워 모으거나 하다.
◇ **나무만 보고 숲을 보지 못한다** [서양 격언에서] 사물의 지엽적이고 부차적인 면에 얽매여 보다 핵심적이고 중요한 면을 발견하지 못한다. 사람의 좁은 안목을 경계하는 말임.
나무² (南無) 명 [<®Namas] (불) 돌아가 의지한다는 뜻으로, 부처나 보살 또는 경문(經文)의 이름 앞에 붙여 절대적인 믿음을 나타내는 말. ¶~아미타불.
나무-껍질 [-찔] 명 나무의 줄기나 가지를 덮고 있는 딱딱한 겉죽. =수피.
나무-꾼 명 땔나무를 하는 사람.
나무-늘보 명(동) 아메리카 열대림에 살며, 긴 팔다리로 나무에 거꾸로 매달려 느릿느릿 움직이는 짐승. 땅 위에서는 잘 걷지 못하지만, 헤엄은 잘 침.
나무-다리 명 나무로 놓은 다리.
나무라다 통(타) 1 (윗사람이 아랫사람을) 잘못에 대해 비교적 가볍게 지적하여 행동을 고치거나 조심하도록 말하다. ¶어머니가 아이를 ~. 2 (어떤 일이나 물건을) 흠이나 결함을 지적하여 말하다. 비탓하다. ¶**나무랄 데 없는 솜씨**. ×나무라다.
나무람 명 나무라는 말. 또는, 나무라는 일. ¶~을 듣다.
나무래다 통(타) '나무라다'의 잘못.
나무-배 명 나무로 만든 배. =목선.
나무-뿌리 명 나무의 뿌리.
나무-숲 [-숩] 명 나무가 우거진 숲.
나무-아미타불 (南無阿彌陀佛) 명(불) 아미타불에게 귀의(歸依)한다는 뜻으로, 승려가 염불할 때 외는 소리.
나무-젓가락 [-저까-/-전까-] 명 나무

나무-줄기 명 나무의 줄기.
나무-토막 명 나무의 토막.
나물 명 사람이 먹을 수 있는, 야생하거나 재배한 풀과 같은 식물. 또는, 그것을 볶거나 데치거나 날것으로 무친 반찬. ¶산~/~을 무치다. **나물-하다** 통(자여) 나물을 볶거나 무치거나 하여 반찬으로 먹을 수 있게 하다.
나무-가지[-무까-/-묻까-] 명 나무의 가지.
나뭇-결[-무껼/-묻껼] 명 세로로 자른 나무의 표면에, 나이테로 말미암아 나타나는 무늬.
나뭇-단[-무딴/-묻딴] 명 단으로 묶어 놓은 땔나무.
나뭇-등걸[-무뚱-/-묻뚱-] 명 나무를 베어낸 밑동. ¶~에 걸터앉다.
나뭇-잎[-문닙] 명 나무의 잎.
나미비아(Namibia) 명(지) 아프리카 남서부에 있는 나라. 수도는 빈트후크.
나박-김치[-낌-] 명 무를 얇막하고 네모지게 썰어 절인 다음, 고추·파·마늘·미나리 등을 넣고 국물을 부어 담근 김치.
나발(喇叭¹) 명 ['叭'의 본음은 '팔'] 1 [음] 우리나라의 전통 관악기의 하나, 놋쇠로 만드는, 부는 쪽은 가늘고, 다른 쪽으로 갈수록 굵어지면서 끝이 둥글게 모양으로 퍼짐. ×나팔. 2 (주로, '…(이)고 나발이고'의 꼴로 쓰여) 앞의 체언을 하찮은 것으로 비하하면서 뒤에 오는 서술어의 부정적 요소를 한층 강하게 만드는, 비속한 어감의 말. ¶그따위로 하려면 공부고 ~이고 다 때려치워라!
나발(을) 불다 1 상대의 말이 터무니없거나 당찮은 것이라고 여겨, 그의 말하는 행위를 비하하여 이르는 말. 2 어떤 사실을 자백하다. 속된 말임. ¶거짓말하지 말고 어서 **나발을 부시지!** 3 술이나 음료수 따위를 컵이나 그릇에 따르지 않고 병에 입을 대고 마시다. 속된 말임. =나팔(을) 불다. ¶소주병을 병째 ~.
나방 명[동] 나비와 비슷하나 몸이 더 통통하고, 밤에 활동하는 곤충의 총칭. 농작물이나 나무에 해를 끼침. =나방이.
나방-이 명[동] =나방.
나:병(癩病) 명 나균으로 말미암아 생기는 만성 전염병. 피부에 결절·반문이 생기고 눈썹이 빠지며, 수족·안면이 변형됨. 속된 말로는 문둥병.
나:부(裸婦) 명 벌거벗은 여자. ¶~상(像).
나부끼다 통 [1](자) (천이나 종이 따위가) 바람을 받아 가볍게 흔들리다. ¶깃발이 ~. [2](타) (천이나 머리카락 따위를) 바람을 받아 가볍게 흔들리게 하다.
나부-대다 통(자) 얌전히 있지 못하고 철없이 촐랑거리다. =나대다. ¶**나부대지** 말고 가만히 좀 있어.
나부랭이 명 1 종이·헝겊 등의 자질구레한 오라기. ¶헝겊 ~. 2 어떤 부류의 사람·물건을 하찮게 여기는 말. ¶가진 짐이래야 이불짝과 책 ~ 몇 권이 전부다.
나불-거리다/-대다 통(자여) 1 가볍게 나붓거리다. ¶촛불이 바람에 ~. 2 (함부로 입을) 경망하게 놀려 자꾸 말하다. ¶제발 좀 그만 **나불거려라**.
나불-나불[-라-] 분 나불거리는 모양. ㉮나풀나풀. **나불나불-하다** 통(자여) 분

나붓-거리다/-대다 통(자) [붙께(때)-] 통(자) 자꾸 나부껴 흔들리다. ¶만국기가 **나붓거리는** 가을 운동회.
나붓-나붓[-분-분] 분 나붓거리는 모양. **나붓나붓-하다** 통(자여) **나붓나붓-이** 분
나-붙다[-붇따] 통(자) 밖으로 눈에 띄는 곳에 붙다. ¶여기저기 벽보가 ~.
나비¹ 명 '너비'의 작은말. ¶~ 1cm짜리 오색 테이프.
나비² 명[동] 머리에 한 쌍의 촉각이 있고, 가슴에 잎 모양으로 생긴 두 쌍의 날개가 있으며, 긴 대롱 모양의 입으로 꽃의 꿀을 빨아 먹는 곤충의 총칭.
나비³ 명 고양이를 부를 때에 쓰는 말. ¶~야, 이리 온!
나비-넥타이(-necktie) 명 날개를 편 나비 모양으로 고를 내어 접은 넥타이. ㉯보타이.
나비-잠 명 갓난아기가 두 팔을 머리 위로 벌리고 자는 잠.
나비-춤 명 나비가 나는 모양을 흉내 낸 춤.
나빠-지다 통(자여) 나쁘게 되다. ¶건강이 ~. ↔좋아지다.
나쁘다 형〈나쁘니, 나빠〉 1 (대상의 질이나 가치, 내용 등이) 보통 정도보다 떨어지는 상태에 있다. ¶품질이 **나쁜** 제품. 2 (기분이) 상하거나 거슬린 데가 있어 언짢다. ¶기분이 ~. 3 (어떤 대상이) 괴로움이나 불쾌감을 주는 상태에 있다. ¶냄새가 ~. 4 (어떤 대상이 다른 대상에) 해로운 영향을 미치는 상태에 있다. ㉯해롭다. ¶흡연은 건강에 ~. 5 (행동이나 성품이) 도덕적으로 옳지 않거나 악하다. ¶**나쁜** 친구를 사귀다. 6 (사이나 관계가) 대립되어 있거나 미워하는 상태에 있다. ¶두 사람은 사이가 아주 ~. 7 (어떤 대상이 어떤 일을 하기에) 적당하지 않거나 쉽지 않은 상태에 있다. ¶이 길은 너무 험하여 산책하기에 ~. 8 (먹은 것이) 양이 덜 차 미흡하다.
나:사¹(羅紗) 명 〈⊗raxa〉 양털 또는 거기에 무명·명주·인조 견사 등을 섞어서 짠 모직물. 겨울용 외투감이나 코트감으로 쓰임.
나사²(螺絲) 명 1 물건을 죄어서 고정시키기 위한 기계 부품. 2 '나사못'의 준말. ¶~를 박다.
나사가 풀어지다 정신 상태가 해이해지다.
나:사³(NASA) 명 〔National Aeronautics and Space Administration〕 1958년에 설립된, 미국의 우주 개발 계획을 추진하는 정부 기관.
나사-돌리개(螺絲-) 명 나사못을 돌려서 박거나 빼는 기구. =드라이버.
나사렛(←Nazareth) 명[성] 갈릴리 지방 중남부에 있는 작은 도시. 예수가 30여 년간 살았던 곳.
나사로(←Lazaros) 명[성] 신약 성서에서, 죽은 지 4일 만에 예수가 다시 살려 낸 사람.
나사-못(螺絲-)[-몬] 명 몸의 겉이 나선 상으로 고랑이 되고, 대가리에 홈이 있는 못. ㉰나사.
나삼(羅衫) 명 전통 혼례 때 신부가 활옷을 벗고 입는 예복. 연둣빛 길에 자줏빛 깃을 달고, 소매는 색동으로 만들었음.
나:상(裸像) 명[미] '나체상'의 준말. ¶아

름다운 여인의 ~.

나-서다 툉 ①재 1 (어떤 곳의 밖이나 앞으로) 옮기어 서다. ¶나를 따를 자는 앞으로 **나서라.** 2 (구하거나 찾던 대상이) 생기어 나타나다. ¶혼처가 ~. 3 (어떤 직업이나 방면으로) 활동하기 시작하다. ¶장삿길로 ~. ¶어떤 일에(이) 간여하여 앞장서다. ¶네가 **나설** 일이 아니다. ②탄 (어디를 가기 위하여 있던 곳에서) 나오거나 떠나다. ¶집을 ~.

나-석주(羅錫疇)[-쭈] 몡[인] 독립 운동가(1892~1926).

나¹선¹(裸線) 뎽 겉에 아무것도 싸지 않은 전선.

나선²(螺旋) 몡 물체의 형태가 소라 껍데기처럼 한쪽 방향으로 빙빙 돌아 올라가는 방식인 것. ¶~ 구조.

나선³(螺線) 몡[수][물] 1 어떤 점의 둘레를 계속 돌면서 멀어지는 평면 곡선. 2 소라 껍데기의 선처럼 소용돌이 꼴을 이룬 공간 곡선.

나선-상(螺旋狀) 뎽 =나선형.

나선-형(螺旋形) 몡 소라 껍데기처럼 한쪽 방향으로 빙빙 돌아 올라가는 방식으로 된 형태. ≒나선상.

나성(羅城) 몡 =외성(外城).

나세르, 가말 압델 Nasser, Gamal Abdel 몡[인] 이집트의 대통령(1918~1970).

나소(Nassau) 몡[지] 바하마의 수도.

나스닥(NASDAQ) 몡[National Association of Securities Dealers Automated Quotations][경] 첨단 벤처 기업들이 상장되어 있는 미국의 주식 장외 시장. ▷코스닥.

나:신(裸身) 몡 벌거벗은 사람의 몸. ≒나체·알몸. ¶~상(像).

나쎄 몡 (주로 대명사나 관형어적인 말 다음에 쓰어) 그 사람 정도의 나이. 또는, 그런 정도의 나이. ¶그 ~에 그런 일을 할 수 있겠나.

나아-가다 图재 1 앞쪽으로 가다. 또는, (존귀한 대상 앞으로) 향해 가다. ¶한 걸음 앞으로 ~. 2 일이 진행되거나 발전되다. 또는, 일의 범위나 수준이 더 넓어지거나 높아지다. ¶그의 이론은 기존의 학설에서 한발도 **나아가지** 못했다. 3 보다 크거나 넓은 세계로 들어가 활동하다. (ᄈ)진출하다. ¶사회로 ~. 4 일을 바람직한 쪽으로 진행하거나 추구하다. ¶한국 영화산업이 **나아가야** 할 방향.

나아-지다 툉재 낫게 되다. ¶형편이 ~.

나-앉다[-안따] 툉재 1 앉은 자리를 물러나 앉다. ¶바닥에 붙어 있지 말고 저만큼 **나앉아라.** 2 생활 터전을 잃고 한데에 나와서 살다. ¶월세까지 내지 못해 거리로 **나앉게** 되었다. 3 하던 일을 포기하거나 권리를 잃고 물러나다.

나:약-하다(懦弱-·愞弱-)[-야카-] 톙 의지가 굳세지 못하여 마음이 쉽게 흔들리는 상태에 있다. ¶그는 **나약해서** 어려움을 견디지 못한다.

나열(羅列) 몡 1 (여러 물건들을) 평면 위에 죽 벌여 놓는 것. 2 (여러 사실이나 내용을) 글이나 말에서 죽 늘어놓는 것. ¶자료의 ~에 그친 논문. **나열-하다** 툉재 (탄)¶미사여구를 ~. ≒**나열-되다** 툉재.

나-오다 툉[너퍼] <~오너라> ①재 1 (어떤 곳에서 밖으로) 말하는 사람 쪽으로 가까이 오다. ¶내가 거실에 앉아 있는데, 그

가 방에서 **나왔다.** 2 (살던 집이나 직장 등에서) 그 성원(成員)으로서 함께 지내기를 그만두고 떠나서 오다. ¶그는 집에서 **나와** 이곳저곳을 전전했다. 3 (군대·교도소·학교 등에서 일반 사회로) 생활이나 활동의 터전을 옮기어 오다. ¶갓 사회에 **나온** 신입 사원. ¶(일정한 곳에) 맡은 일을 하러 오다. ¶일요일인데도 업무가 밀려 회사에 **나왔다.** 5 (대회·경기 등에) 싸우거나 겨루기 위해 참가하러 오다. ¶미인 대회에 **나오게** 된 동기는 무엇입니까? 6 (앞쪽 또는 기준 방향이 되는 쪽으로) 옮겨서 옮겨 오다. ¶제자리에서 3보 앞으로 **나와** 주세요. 7 (사람이 어떤 태도로) 행동하는 사람 또는 말하는 사람과 같은 영역에 있는 사람에게 행동을 보이다. ¶네가 나한테 그렇게 뻣뻣하게 **나올** 수 있니? 8 (어떤 대상이 속에서 밖으로) 드러나거나 나타나다. ¶싹이 ~. 9 (사람이나 동물의 몸에서 생리적 작용에 의한 물질이) 몸 밖에 있는 상태를 이루다. ¶콧물이 ~. 10 (사람의 심리적·감정적·언어적인 작용에 의한 현상이) 일어나 나타나다. ¶웃음이 ~. 11 (받도록 되어 있는 돈이나 물건 따위가) 주어지거나 얻어지다. ¶월급이 ~. 12 (세금·공과금·벌금, 또는 그것을 요구하거나 어떤 일을 알리거나 명령하는 서류가) 물려지거나 전해지다. ¶과태료가 ~. 13 (어떤 사실이나 행동이 근원이 되는 어떤 것에서) 이루어져 생기다. ¶욕심에서 **나온** 추악한 유산 싸움. 14 (제품·물품 따위가) 세상에 보내어져 오게 되다. ¶신형 자동차가 ~. 15 (물건이) 팔리나 세를 놓거나 하려고 내놓아지다. ¶방이 싸게 ~. 16 (소설·영화·드라마 등에 어떤 인물이나 배역이) 등장하다. 17 (어떤 분야나 방면에) 나타나 활동하다. ¶연예계에 **나온** 지 10년이 넘었다. 18 (어떤 대상이 밖으로) 내밀어 두드러한 상태를 이루다. ¶아랫배가 ~. 19 (어떤 결과가) 이루어져 나타나다. ¶검사 결과가 ~. ②탄 1 (어떤 곳을) 벗어나 다른 사람 쪽으로 가거나 오다. ¶집을 막 **나오는데** 비가 오기 시작했다. 2 (살던 집이나 직장 등을) 그 성원으로서 지내기를 그만두고 떠나서 오다. ¶상사와 다투고 회사를 **나왔다.** 3 (일정한 학업 과정을) 마치다. ¶대학을 ~. 4 (어떤 행위를 나타내는 일부 명사를 목적어로 하여) (명사가 나타내는 행동을) 하기 위해 목적지로. ¶취재를 ~.

나왕(羅王) 몡 [<라완(lauan)] [식] 목재의 빛깔이 아름다워 가구재나 건축재로 널리 쓰이는, 높이 40m의 상록 교목. 인도·필리핀·인도네시아 등지에서 자람.

나우 囝 조금 많이. 또는, 약간 낫게. ¶월급을 지난달보다 ~ 받았다.

나우루(Nauru) 몡[지] 태평양 중부의 나우루 섬을 국토로 하는, 세계에서 가장 작은 공화국. 수도는 야렌.

나-운규(羅雲奎) 몡[인] 영화감독·배우(1902~1937).

나-운영(羅運榮) 몡[인] 음악가(1922~1993).

나위 의명 (주로 '-ㄹ 나위(가,도) 없다'의 꼴로 쓰어) 여지 또는 필요. ¶더할 ~ 없이 훌륭한 작품.

나으리 몡 '나리'의 잘못.

나이 몡 사람이나 짐승, 때로 나무가 세상

에 태어나거나 생겨나서 현재 또는 기준이 되는 때까지 살아온 햇수. 사람의 나이는 '연령'이라고도 하는데, 높여서는 '연세', '춘추'라고 함. ¶~가 지긋하다 / ~가 들어 보이다. ㉿나.
나이(가) 아깝다 하는 짓이나 말이, 먹은 나이에 어울리지 않게 유치해 한심하다. ¶그것도 모르다니 ~.
-나이까 [어미] 동사 및 '있다', '없다'의 어간, 또는 어미 '-시-', '-았/었-', '-사옵-'의 아래에 붙어, '합쇼'할 상대에게 의문을 나타내는 종결 어미. ¶주어, 어디로 가시~.
-나이다 [어미] 동사 및 '있다', '없다'의 어간, 또는 어미 '-시-', '-았/었-', '-사옵-'의 아래에 붙어, '합쇼'할 상대에게 동작이나 상태, 사실을 설명하는 종결 어미. ¶만수무강을 기원하~.
나이-대접(-待接) [명] 나이 많은 이에게 그 나이에 걸맞게 예를 세워 주거나 받들어 주는 것. **나이대접-하다** [동](자)
나이로비(Nairobi) [지] 케냐의 수도.
나이롱 [명] '나일론(nylon)'의 잘못.
나이-배기 [명] 보기보다 나이가 많은 사람을 얕잡아 이르는 말.
나이브-하다(naive-) [형] 세상 물정을 모를 정도로 순진하고 단순하다. ¶나이브한 생각이다.
나이스(NEIS) [명] [National Education Information System] [교] 전국 초중고, 시도 교육청, 교육 인적 자원부 등의 인터넷으로 연결하여 교육 관련 정보를 공동으로 이용할 수 있도록 구축한 전산 시스템.
나이아가라^폭포(Niagara瀑布) [명] [지] 미국과 캐나다 사이에 있는 폭포.
나이지리아(Nigeria) [명] [지] 아프리카 서부, 기니 만에 면한 연방 공화국. 수도는 아부자.
나이키(Nike) [신화] '니케'의 영어명.
나이-테 [식] 나무의 줄기나 가지나 뿌리를 가로로 잘랐을 때 그 면에 나타나는 동심원. 1년을 단위로 함.
나이트(knight) [명] 1 =기사(騎士)². 2 영국에서, 왕실이나 유공자에게 주는 작위. 서(Sir)라는 칭호가 수여됨.
나이트-가운(nightgown) [명] 길고 헐거운, 여성의 잠옷.
나이트^게임(night game) [명] =야간 경기.
나이트-클럽(nightclub) [명] 밤에 술을 마시고 춤을 추고 쇼를 보면서 즐길 수 있도록 시설을 갖춘 술집. 호텔 ~.
나이-티 [명] 나이에서 풍기는 분위기. ¶아무리 화장을 해도 ~가 난다.
나이팅게일¹(nightingale) [동] 등은 갈색이고 가슴과 배는 연한 황갈색인, 몸길이 16cm가량의 작은 새. 주로 유럽에 사는데, 우는 소리가 매우 아름다움.
나이팅게일², 플로렌스(Nightingale, Florence) [인] 영국의 간호사(1820~1910).
나이팅게일-상(Nightingale賞) [명] 영국의 간호사 나이팅게일의 업적을 기념하기 위해, 국제 적십자사가 훌륭한 간호사에게 주는 상.
나이프(knife) [명] 흔히 양식(洋食)을 먹을 때 사용하는 작은 칼.
나인 [명] [역] 고려·조선 시대에, 궁궐 안에서 왕과 왕비를 가까이 모시는 내명부의 총칭. =궁녀·궁인.
나일 강(Nile江) [명] [지] 아프리카 동북부를 흐르는 강. 길이 6,690km.
나일론(nylon) [명] 가볍고 부드럽고 탄력성이 강하나, 습기를 빨아들이는 힘이 적은 인조 합성 섬유. 양말·옷감·어망 등을 만드는 데 쓰임. ~ 양말. ×나이롱.
나잇-값 [-이깝/-이깝] [명] (주로 '하다', '못 하다'와 함께 쓰여) 나이에 어울리는 바람직한 행동. ¶~도 못 한다.
나잇-살 [-이쌀/-이쌀] [명] (주로, '나잇살이나'의 꼴로 쓰여) 지긋하게 먹은 나이를 짐작 얕잡거나 자조적으로 이르는 말. ¶~이나 먹어 가지고 부끄럽지도 않아요? ㉿낫살.
나자렛(Nazareth) [명] [성] '나사렛'을 가톨릭에서 이르는 이름.
나자로(←Lazaros) [명] [성] '나사로'를 가톨릭에서 이르는 이름.
나-자빠지다 [동](자) '나가자빠지다'의 준말. ¶뒤로 벌렁 ~.
나전(螺鈿) [명] 광채가 나는 자개 조각을 여러 가지 무늬대로 잘라서 박아 붙여 장식하는 공예 기법. ¶~ 칠기.
나절 [의존] 1 (주로, '한', '반' 다음에 쓰여) 하루 중 해가 떠 있는 시간의 절반의 동안. ¶한~. 2 (주로, '아침', '점심', '저녁' 다음에 쓰여) 그 무렵의 한동안. ¶아침~.
나졸¹(羅卒) [명] [역] 조선 시대에 지방 관아에 속했던 사령·군뢰(軍牢)의 총칭. 죄인을 문초할 때, 곤장 치는 일을 맡았음.
나졸²(羅卒) [명] 조선 시대에 포도청에 속하여 관할 구역의 순찰과 죄인을 잡아들이는 일을 맡았던 하급 병졸.
나중 [명] 1 일의 과정이나 차례에서, 기준이 되는 일이나 시점의 뒤. 2 일의 단계에서, 마지막 부분이나 이후. ¶그 문제는 ~으로 돌립시다. 3 다소 오랜 시간이 지난 뒤. 말하는 사람이 머무르고 있는 시간이나 장면과 단절된 이후의 시간을 막연히 가리킴. ¶오늘은 바쁘니까 ~에 보자. ↔먼저.
[**나중에 보자는 사람 무섭지 않다**] ㉠그 당장에서 화풀이를 하지 못하고 나중에 두고 보자는 사람은 두려울 것이 없다. ㉡나중에 어떻게 하겠다는 사람이 하는 것은 아무 소용 없다. [**나중에야 삼수갑산**(三水甲山)**을 갈지라도**] 나중에 일이 최악의 경우에 이를지라도 우선은 하고 싶은 대로 하겠다는 뜻.
나지막-하다 [-마카-] [형] '나직하다'의 힘줌말. ¶**나지막한** 언덕. **나지막-이** [부] ¶듬성듬성으로 ~ 들려오는 말소리.
나직-하다 [-지카-] [형] (위치나 소리 따위가) 대체로 낮다고 여겨지는 상태에 있다. ¶**나직한** 담. **나직-이** [부] ¶이름을 ~ 부르다.
나찰(羅刹) [명] [<㉿Rāksasa] [불] 1 악귀의 하나. 신통력으로 사람을 매료시키며 잡아먹기도 함. 나중에는 불교의 수호신이 되었음. 2 지옥의 옥졸.
나-철(羅喆) [인] 대종교의 창시자(1863~1916).
나체-하다(裸體-) [동] 사람이 아무 옷도 입지 않고 몸의 살을 다 드러내고 있는 상태. ㈜나신·알몸.
나!체-상(裸體像) [명] 나체를 표현한

형상. [준]나상.
나치([독]Nazi) [명] =나치스.
나치스([독]Nazis) [명] 히틀러를 당수로 한, 독일의 파시스트당. 1919년에 결성되어 제2차 세계 대전을 일으켰으나, 패전과 함께 몰락함. =나치.
나치즘(Nazism) [명] 나치스의 정치 사상과 체제. 반민주주의·반자유주의·전체주의, 아리아 인종의 우월성을 주장함.
나침-반(羅針盤) [명][물] 선박이나 항공기 등에서 방향이나 위치를 측정하기 위한 장치.
나타-나다 [동][자] **1** (어떤 대상이) 눈으로 볼 수 있게 그 모습을 드러내게 되다. 대상이 주로 좀 뜻밖의 것, 또는 특이하거나 특별한 것이거나 기다리던 것을 가리킴. ¶피부에 반점이 ~. **2** (속의 내용이) 겉으로 알 수 있게 드러나다. ¶피로한 기색이 ~. **3** (일의 결과나 징조 등이) 밖으로 드러나다. ¶경기가 회복될 징조가 ~. **4** (문헌 등에 특기할 만한 내용이) 실리어 눈에 뜨이다.
나타-내다 [동][타] '나타나다'의 사동사. ¶자기의 생각을 글로 ~.
나타냄-표(-標) [명][음] 악곡의 표정·표현법을 악보에 지시하는 기호. 포르테·피아노 따위. [비]셈여림표. ▷빠르기표.
나¦태(懶怠) [명] (사람이) 일하기 싫어하여 아무것도 하지 않고 지내려고 하는 상태에 있는 것. [비]게으름. ¶~심(心). **나¦태-하다** [형][여] ¶**나태한** 생활.
나토(NATO) [명] [North Atlantic Treaty Organization] =북대서양 조약 기구.
나트륨([독]Natrium) [명][화] 알칼리 금속 원소의 하나. 원소 기호 Na, 원자 번호 11, 원자량 22.9898. 은백색의 연한 금속으로 원자로의 냉각재·환원제 등에 쓰임.
나팔(喇叭) [명][음] **1** 한쪽 끝이 나팔꽃처럼 바깥쪽으로 벌어진 금관 악기의 총칭. ¶~ 소리. **2** 군대에서 신호용으로 쓰는, 몸통을 구부려 감아 짧게 만든 악기. ¶기상~. **3** '나발'의 잘못.
나팔(을) 불다 =나발(을) 불다.
나팔-관(喇叭管) [명][생] **1** 중이(中耳)의 고실(鼓室)과 인두(咽頭)를 연결하는, 나팔처럼 생긴 관. **2** 난소에서 생긴 난자를 자궁으로 보내는, 자궁 아래 좌우 양쪽에 있는 나팔 모양의 관. =난관·수란관.
나팔관^임¦신(喇叭管妊娠) [명][의] 수정란이 나팔관에 착상하여 발육하는 임신.
나팔-꽃(喇叭-)[-꼳] [명][식] 줄기가 덩굴성으로 왼쪽으로 감아 올라가며, 여름에 붉은색·흰색·보라색 등의 나팔 모양의 꽃이 피는 한해살이풀. 관상용으로 가꿈.
나팔-바지(喇叭-) [명] 아래로 내려가면서 가랑이가 나팔 모양으로 넓어진 바지.
나팔-수(喇叭手) [명] 나팔 부는 일을 맡은 사람.
나¦포(拿捕) [명][법] 전시(戰時)에 적 또는 중립국의 선박 및 그 화물을 해상에서 잡아 자기의 지배하에 두는 행위. **나¦포-하다** [동][타][여] ¶간첩선을 ~.
나폴레옹 일세(Napoléon一世)[-쎄] [명][인] 프랑스의 황제(1769~1821).
나폴리(Napoli) [명][지] 이탈리아 남서부의 상공업 도시.
나풀-거리다/-대다 [동][자][타] '나불거리다1'의 거센말. ¶단발머리를 **나풀거리며** 걷는 소녀. [큰]너풀거리다.
나풀-나풀[-라-] [부] '나불나불'의 거센말. [큰]너풀너풀. **나풀나풀-하다** [동][자][타][여]
나프타(naphtha) [명][화] 원유를 증류할 때 생기는, 경질(輕質)의 석유 유분.
나프탈렌(naphthalene) [명][화] 방향족 탄화수소의 하나. 콜타르에서 얻어지는, 비늘 모양의 무색 결정. 냄새가 독특하여 방부제·방충제로 쓰임.
나한(羅漢) [명][불] '아라한'의 준말.
나¦-환자(癩患者) [명] 나병에 걸린 사람.
나훔-서(Nahum書) [명][성] 구약 성서 중의 한 권.
나흗-날[-흔-] [명] (초(初)가 붙거나 단독으로 쓰여, 또는 열·스무 다음에 쓰여) 각각 어느 달의 4일·14일·24일임을 나타내는 말. ¶열~.
나흘 [명] **1** 하루가 네 번 있는 시간의 길이. 곧, 네 날. **2** (초(初)·열·스무 다음에 쓰여) 각각 어느 달의 4일·14일·24일임을 고유어로 나타내는 말. ¶초~.
낙[1](絡) [명][한] 경락 중에 가로로 정기가 흐르는 길. ▷경(經).
낙[2](樂) [명] 삶이나 생활의 즐거움과 재미. ¶새 기르기를 ~으로 삼다.
낙각(落角)[-깍] [명] 다 자라 각질화된 뒤 저절로 떨어진 사슴 뿔. 약재로서의 효능은 '녹용'이나 '녹각'보다 훨씬 떨어짐.
낙과(落果)[-꽈] [명] =도사리. **낙과-하다** [동][자][여]
낙관[1](落款)[-꽌] [명] 글씨나 그림에 작가가 자신의 이름이나 아호(雅號)를 쓰고 도장을 찍는 일. 또는, 그렇게 찍힌 도장. **낙관-하다**[1] [동][자][여]
낙관[2](樂觀)[-꽌] [명] **1** 인생을 희망적인 것으로 보는 것. **2** 일이 앞으로 잘되어 갈 것으로 보는 것. ↔비관. **낙관-하다**[2] [동][타][여] ¶인생을 ~.
낙관-론(樂觀論)[-꽌논] [명] 인생이나 사물을 낙관하는 견해. ↔비관론.
낙관-적(樂觀的)[-꽌-] [관][명] 낙관하는 (것). ¶매사를 ~으로 보다. ↔비관적.
낙관-주의(樂觀主義)[-꽌-의/-꽌-이] [명][철] 인생이나 사물을 낙관하며 살아가는 태도나 경향. ↔비관주의.
낙낙-하다[낭나카-] [형][여] (신이나 옷 따위가) 신거나 입거나 하기에 조금 커서 여유가 있다. ¶크는 애들이니까 **낙낙한** 걸로 주세요. [큰]넉넉하다. **낙낙-히** [부]
낙농(酪農)[낭-] [명][농] =낙농업.
낙농-업(酪農業)[낭-] [명][농] 젖소나 염소를 길러 젖을 짜거나, 그 젖을 가공하여 유제품을 만드는 농업. =낙농.
낙농-품(酪農品)[낭-] [명] 우유나 양젖으로 만든 식품. 버터·치즈·분유 따위.
낙담(落膽)[-땀] [명] 일이 뜻대로 되지 않아 맥이 풀리는 것. **낙담-하다** [동][자][여] ¶시험에 떨어졌다고 너무 **낙담하지** 마라.
낙도(落島)[-또] [명] 육지에서 멀리 떨어진 외딴섬. ¶~에 있는 학교와 자매결연을 맺다.
낙동-강(洛東江)[-똥-] [명][지] 강원도 함백산에서 시작하여 영남 지방을 거쳐 남해로 흘러드는 강. 길이 525km.
낙동강 오리알 어떤 무리에서 혼자 떨어지거나 뒤처져 처량하게 남게 된 신세를 비유하여 이르는 말.
낙락-장송(落落長松)[낭낙짱-] [명] 가지가 축축 늘어진, 키가 큰 소나무.

ㄴ

낙랑^공주(樂浪公主) [낭낭-] 圀[인] 한 사군의 하나인 낙랑 태수의 딸(?~32).
낙뢰(落雷) [낭뇌/낭눼] 圀 (어느 곳이나 물체에) 벼락이 떨어지는 것. 또는 그 벼락. ¶~로 전깃불이 나갔다.
낙마(落馬) [낭-] 圀 말에서 떨어지는 것.
낙마-하다 통[재어] ¶낙마하여 허리를 다쳤다.
낙망(落望) [낭-] 圀 실패나 패배 등으로 삶의 희망을 잃는 것. ㉚낙심·실망. **낙망-하다** 통[재어] ¶낙망하지 말고 다시 시도해 보아라.
낙맥(絡脈) [낭-] 圀[한] 경맥에서 갈라져 나와 온몸 각 부위를 그물처럼 얽은, 기와 혈이 순환하는 통로. ▷경맥.
낙반(落磐·落盤) [-빤] 圀 광산 따위의 갱내(坑內)에서, 천장이나 벽의 암반이 무너져 떨어지는 것. 또는, 그 떨어진 암반. ¶~ 사고. **낙반-하다** 통[재어]
낙방(落榜) [-빵] 圀 1 과거에 떨어지는 것. =낙제. ↔급제. 2 시험·모집·선거 등에 응하였다가 떨어지는 것. **낙방-하다** 통[재어] ¶사법 시험에 ~.
낙법(落法) [-뻡] 圀[체] 유도에서, 메치기 등을 당했을 때, 몸을 안전하게 떨어지게 하는 기술이나 방법.
낙상(落傷) [-쌍] 圀 (사람이 어느 곳에서) 떨어지거나 넘어져서 몸을 다치는 것. 또는, 그 상처. **낙상-하다** 통[재어] ¶빙판 길에서 **낙상하여** 머리를 다쳤다.
낙서(落書) [-써] 圀 벽이나 여백이 있는 공간에, 상스럽거나 익살스럽거나 장난스럽거나 나쁜 내용의 짤막한 글이나 간단한 형태의 그림을 아무렇게나 마구 쓰거나 그리는 것. 또는, 그 글이나 그림. ¶~ 금지. **낙서-하다** 통[재어] ¶벽에 ~.
낙석(落石) [-썩] 圀 산 위나 벼랑 등에서 돌이 떨어지는 것. 또는, 그 돌. ¶~ 주의.
낙선(落選) [-썬] 圀 선거나 심사 등에서 뽑히지 못하는 것. 또는 그 작품. ↔입선·당선. **낙선-하다** 통[재어] ¶의원 선거에서 ~.
낙성(落成) [-썽] 圀 건축물의 공사를 완성하는 것. ¶~식(式). **낙성-하다** 통[타][재어] ¶이 건물은 내달 10 일에 **낙성된다**.
낙수¹(落水) [-쑤] 圀 =낙숫물.
낙수²(落穗) [-쑤] 圀 1 추수 후 땅에 떨어져 있는 이삭. ¶~를 줍다. 2 일을 치르고 난 뒷이야기.
낙숫-물(落水-) [-쑨-] 圀 처마에서 떨어지는 빗물이나 눈 또는 고드름이 녹은 물. =낙수(落水). ¶~ 떨어지는 소리. [**낙숫물이 댓돌을 뚫는다**] 작은 힘이지만 꾸준히 계속하면 큰일을 이룰 수 있다.
낙승(樂勝) [-씅] 圀 경기 등에서, 힘들이지 않고 쉽게 이기는 것. ¶~를 거두다. ↔신승. **낙승-하다** 통[재어]
낙심(落心) [-씸] 圀 일이 바라던 대로 되지 않아 마음이 우울해지고 풀이 죽은 상태가 되는 것. ㉚낙망. ¶계속된 실패로 ~에 빠지다. **낙심-하다** 통[재어] ¶시합에 지더라도 너무 **낙심하지** 마라.
낙양(洛陽) [낭-] 圀[지] '뤄양'을 우리 한자음으로 읽은 이름.
[**낙양의 지가**(紙價)**를 올리다**] [진(晉)나라의 좌사(左思)가 '삼도부(三都賦)'를 지었을 때, 낙양 사람들이 다투어 이것을 베낀 까닭에 종이 값이 올랐다는 고사에서] 어떤 책이 매우 잘 팔리는 것을 이르는 말.
낙엽(落葉) 圀 1 나무의 잎이 말라서 떨어지는 현상. ¶~이 지다. 2 말라서 떨어진 나뭇잎. ¶~를 밟으며 걷다.
낙엽^관목(落葉灌木) [-관-] 圀[식] 가을에 잎이 떨어져서 겨울을 나는 관목. 진달래·철쭉 따위.
낙엽^교목(落葉喬木) [-꾜-] 圀[식] 가을에 잎이 떨어져서 겨울을 나는 교목. 참나무·밤나무 따위.
낙엽-색(落葉色) [-쌕] 圀 낙엽과 같은 빛깔. 곧, 흙빛에 황적색을 띤 빛깔.
낙엽-송(落葉松) [-쏭] 圀[식] =일본잎갈나무.
낙엽-수(落葉樹) [-쑤] 圀[식] 가을에 잎이 졌다가 또는 새잎이 나는 나무. 참나무·밤나무 따위. =갈잎나무. ↔상록수.
낙오(落伍) 圀 1 여럿이 줄지어 가다가 따라가지 못하고 뒤로 처지는 것. 2 어떤 집단이나 사회 속에서 경쟁에 이기지 못하거나 변화의 흐름을 따라가지 못하고 뒤떨어지는 것. **낙오-하다** 통[재어] ¶선두 경쟁에서 한번 **낙오하면** 다시 앞으로 나서기 쉽지 않다. **낙오-되다** 통[재]
낙오-자(落伍者) 圀 낙오된 사람. ¶행군에서 많은 ~가 생기다.
낙원(樂園) 圀 아무런 걱정이나 부족함이 없이 살 수 있는 즐거운 곳. ㉚낙토·파라다이스. ¶지상 ~.
낙인(烙印) 圀 1 쇠붙이로 만들어 불에 달구어 찍는 도장. ¶불도장. 2 말의 엉덩이에 ~을 찍다. 2 지우기 어려운 부정적 평가를 비유하여 이르는 말. ¶배신자라는 ~이 찍히다.
낙인-찍다(烙印-) [-따] 툉 지우기 어려운 부정적 평가를 내리다. ¶사람들은 그를 반역자로 **낙인찍었다**.
낙인-찍히다(烙印-) [-찌키-] 통[재] '낙인찍다'의 피동사. ¶그는 친구들에게 배신자로 **낙인찍혔다**.
낙장(落張) [-짱] 圀 1 책의 빠진 책장. 2 화투나 투전 등에서, 이미 판에 내놓은 패. ¶~불입(不入).
낙점(落點) [-쩜] 圀[역] 조선 시대에 관원을 선임할 때, 임금이 세 명의 후보자 가운데 마땅한 사람의 이름 위에 점을 찍어서 뽑던 일. **낙점-하다** 통[타][재어] **낙점-되다** 통[재]
낙제(落第) [-쩨] 圀 1 성적이 나빠 상급 학년에 진급하지 못하는 것. 2 성적이 나빠 학점을 인정받지 못하거나 시험에 통과하지 못하는 것. ¶~ 점수. 3 어떤 대상이 일정한 수준이나 기준에 미치지 못해 인정해 줄 수 없는 상태. 비유적인 말임. ¶그 여자는 신붓감으로는 ~야. 4 [역] =낙방1. ↔급제. **낙제-하다** 통[재어] ㉚꿇다. **낙제-되다** 통[재]
낙제-생(落第生) [-쩨-] 圀 낙제한 학생.
낙제-점(落第點) [-쩨쩜] 圀 1 학점을 인정받을 수 없거나 시험에 통과할 수 없는 낮은 점수. 2 대상의 수준이나 능력 등이 최소한의 기준에도 미치지 못하는 상태를 비유적으로 이르는 말. ¶회사의 경영 실적이 ~ 수준이다.
낙조(落照) [-쪼] 圀 지평선이나 수평선 너머로 지고 있는 해의 붉은빛. ㉚석양. ¶~에 물든 바다.

낙종(落種)[-쫑] 다른 신문이나 방송에 보도된 기사를 다루지 못하고 놓친 상태.

낙지[-찌] 바다에 살며, 뼈가 없고 부드러운 둥근 몸통에 8개의 긴 다리가 있는 연체동물. 적을 만나면 먹물을 뿜고 도망감. 살은 맛이 있어 식용함.

낙진(落塵)[-전] 핵폭발이나 핵 실험으로 대기 중에 흩어지거나 떨어지는 방사성 물질. =죽음의 재.

낙질(落帙)[-찔] 여러 권으로 이루어진 한 질의 책에서 빠진 책이 있는 것. 낙질되.

낙차(落差) 명 1 [물] 떨어지거나 흐르는 물의 높낮이의 차. 여기서 생기는 위치에너지의 차를 수력 발전 등에 이용함. 2 높낮이의 차. ¶투수의 ~ 큰 커브 볼.

낙착(落着) 명 (일이 어떤 상태로) 결정되거나 결말이 나는 것. ¶논의 끝에 기차여행을 하기로 ~을 보았다. **낙착-되다** 통(자)여 ¶그 사건은 단순 강도에 의한 살인으로 낙착되었다.

낙찰(落札)[경] 경쟁 입찰 따위에서, 입찰의 목적인 물품 매매나 공사 청부의 권리를 얻는 일. ¶~가(價). **낙찰-하다** 통(자)(여) **낙찰-되다** 통(자)여 ¶그 공사는 우리 회사에 낙찰되었다.

낙천¹(落薦) 명 천거나 추천에 들지 못하는 것. **낙천-하다** 통(자)(여) **낙천-되다** 통(자)

낙천²(樂天) 명 세상과 인생을 즐겁고 좋게 생각하는 것. ↔염세.

낙천-가(樂天家) 명 인생을 낙천적으로 사는 사람. ↔염세가.

낙천-적(樂天的) 관명 세상과 인생을 즐겁고 좋게 생각하는 경향이 있는 (것). ¶~인 인생관. ↔염세적.

낙천-주의(樂天主義)[-의/-이] 명[철] 세상과 인생을 즐겁고 좋은 것으로 보는 태도나 입장. ↔염세주의.

낙천주의-자(樂天主義者)[-의-/-이-] 명 낙천주의를 신봉하거나 낙천적인 태도를 가진 사람. ↔염세주의자.

낙타(駱駝·駱駞) 명 사막에 살며, 등에 지방을 저장하는 큰 혹이 하나 또는 둘이 있는 포유동물.

낙태(落胎) 명 1 태아가 달이 차지 않은 상태에서 죽어서 나오는 것. 비유산. 2 태아를 인공적으로 모체에서 떨어져 나오게 하는 것. ¶~ 수술. **낙태-하다** 통(자)(여)

낙토(樂土) 명 살기 좋은 땅. 또는, 즐겁게 살 수 있는 곳. 비낙원.

낙폭(落幅) 명 주가·환시세·금리 등의 떨어진 폭. ¶주가 지수가 사상 최대의 ~을 기록했다.

낙하(落下)[나카-] 명 (물체가) 공중에서 아래로 떨어져 내리는 것. ¶~ 훈련. **낙하-하다** 통(자)(여) ¶비행기에서 ~.

낙하-산(落下傘)[나카-] 명 비행 중인 항공기나 높은 공중에서 사람이나 물건이 떨어질 때 안전하게 착륙할 수 있도록 해 주는 기구.

낙하산 인사 〈속〉 권력을 배경으로 하여 기업체에 외부 사람을 인사 발령하는 일.

낙하산ʼ**부대**(落下傘部隊)[나카-] 명[군] =공수 부대.

낙향(落鄕)[나캉] 명 (서울에 살던 사람이) 시골이나 고향으로 내려가 사는 것.

낙향-하다 통(자)여 ¶벼슬을 그만두고 ~.

낙화¹(烙畫)[나콰-] 명[미] 인두로 목재·죽재(竹材)·상아 등의 표면을 지져서 그림이나 무늬를 그리는 공예 기법. 또는, 그 그림.

낙화²(落花)[나콰-] 명 꽃이 떨어지는 것. 또는, 떨어진 꽃. **낙화-하다** 통(자)여

낙화-생(落花生)[나콰-] 명[식] =땅콩.

낙화-유수(落花流水)[나콰-] 명 (떨어지는 꽃과 흐르는 물이라는 뜻) 인생과 세상의 덧없음을 비유하여 이르는 말.

낙후(落後)[나쿠-] 명 (문화나 기술 또는 생활 등의 수준이) 뒤떨어지는 것. **낙후-하다** 통(자)(여) **낙후-되다** 통(자)여 ¶전기 시설조차 되어 있지 않은 낙후된 마을.

낚다[낙따] 国 1 (물고기를) 물속에서 드리운 낚싯줄 끝의 낚시바늘에 걸리게 하여 잡다. ¶월척을 ~. 2 (사람이나 어떤 대상을 꾀나 수단을 부려) 제 차지가 되게 하거나 제 영역에 들게 하다. ¶사은품을 내걸고 손님을 ~. 3 (이성을) 친구나 애인으로 만들다. 속된 말임. ¶해수욕장에서 여자를 하나 낚았다.

낚시[낙씨] 명 1 미끼를 꿰어서 물고기를 낚는 작은 갈고랑이. =낚싯바늘. ¶~에 고기가 걸리다. 2 물고기를 낚는 일. ¶밤 ~ / 바다 ~. 3 남을 꾀는 수단을 비유적으로 이르는 말. **낚시-하다** 통(자)(여) 낚시 도구로 물고기를 낚다.

낚시-꾼[낙씨-] 명 낚시질하는 사람.

낚시-질[낙씨-] 명 낚시하는 일이나 행위. **낚시질-하다** 통(자)여

낚시-찌[낙씨-] 명 물고기가 낚시를 물면 곧 알 수 있도록 낚싯줄에 매달아 물에 뜨게 한 물건. 준찌.

낚시-터[낙씨-] 명 낚시질하는 곳.

낚시-대[낙씨때/낙씯때] 명 낚싯줄을 매는 가늘고 긴 대.

낚시-바늘[낙씨빠-/낙씯빠-] 명 =낚시¹.

낚시-밥[낙씨빱/낙씯빱] 명 1 낚시 끝에 꿰어 단 미끼. 2 남을 꾀기 위해 이용하는 물건이나 수단을 비유적으로 이르는 말.

낚시-배[낙씨빼/낙씯빼] 명 낚시질에 쓰이는 배. =어선(魚船).

낚시-줄[낙씨쭐/낙씯쭐] 명 낚싯대에 낚시를 매다는 아주 질기면서 가늘고 긴 줄.

낚아-채다 围 갑자기 힘을 주면서 세게 잡아당기다. ¶범인의 뒷덜미를 ~.

낚-이다 통(자) '낚다'의 피동사. ¶고기가 많이 ~.

난¹ '나는'이 준 말. ¶~ 가기 싫다.

난¹²(卵) 명 1 〈생〉=난자(卵子)¹. 2 반지·비녀·노리개 등 장식품의 거미발에 물려 박는 보석의 통칭.

난³(亂) 명 전쟁이나 반란 등으로 나라 안이 혼란에 빠져 있는 상태. 비난리.

난⁴(蘭) 명[식] '난초(蘭草)¹'의 준말. ¶~을 치다.

난⁵(欄) 명 1 신문·잡지 등의 편집에서, 지면(紙面)을 기사나 내용의 종류에 따라 나눈 부분. 단어의 어말에 놓일 때는 '란'으로 적음. ¶사설란 / 독자의 의견을 싣는 ~. 2 문서나 서류 등에서, 어떤 내용의 글이나 문자를 적을 수 있도록 선을 네모지게 친 칸. 단어의 어말에 놓일 때는 '란'으로 적음. ¶비고란 / 반-.

난-⁶(難) 접두 어떤 명사 앞에 붙어서, '어려운'의 뜻을 나타내는 말. ¶~공사 / ~

문장.
-난⁷(難) [접미] 어떤 명사 아래에 붙어, '어려운 형편이나 처지'의 뜻을 나타내는 말. ¶교통~ / 주택~.
난간(欄干·欄杆) [명][건] 층계·베란다·다리 따위의 가장자리에 나무나 쇠로 가로세로 건너 세워 놓은 구조물. ¶쇠~.
난:감-하다(難堪—) [형][여] 감당하기 어렵다. ¶직장을 잃고 생계가 **난감했다**.
난:-개발(亂開發) [명] 환경이나 교통 문제를 고려하지 않고 마구잡이로 토지를 개발하는 것.

ㄴ

난경(難境) [명] 곤란한 경우나 처지.
난공불락(難攻不落) [명] 공격하기가 어려워 좀처럼 함락되지 않음. ¶~의 요새.
난-공사(難工事) [명] 하기 어려운 공사.
난:관¹(卵管) [명][생] =나팔관2.
난관²(難關) [명] ['어려운 관문'이라는 뜻] 일의 진행이나 발전을 가로막는 어려운 고비. ¶~을 극복하다 / ~에 봉착하다.
난:국¹(亂局) [명] 어지러운 판국. ¶~을 수습하다.
난국²(難局) [명] 어려운 판국. ¶~을 타개하다.
난-기교(難技巧) [명] 매우 해내기 어려운 기교. ¶그는 이번 연주회에서 첼로의 ~를 선보인다.
난:-기류(亂氣流) [명][기상] 방향과 속도가 불규칙하게 바뀌면서 흐르는 기류.
난:대(暖帶) [명][지] =아열대.
난:대-림(暖帶林) [명][지] 아열대 지방에 분포하는 상록 활엽수의 삼림. =아열대림.
난:데-없다[—업따] [형] 갑자기 불쑥 나와 어디서 나왔는지 알 수 없다. **난:데없-이** [부] ¶골목길에서 ~ 강도가 나타났다.
난도(難度) [명] **1** 어려운 정도. **2** [체] 체조 경기에서, 기술의 어려운 정도.
난:도-질(亂刀—) [명] 칼로 마구 베거나 치거나 잘게 다지는 짓. **난:도질-하다** [동][타][여] ¶고기를 ~.
난:독(亂讀) [명] 아무 책이나 마구 읽는 것. [비]남독. ▷정독. **난:독-하다** [동][타][여]
난:동¹(暖冬) [명] 예년보다 기온이 높은 따뜻한 겨울. ¶이상(異常) ~.
난:동²(亂動) [명] 질서를 어지럽히며 마구 행동하는 것. 또는, 그런 행동. ¶~을 부리다.
난:로(暖爐·煖爐) [날—] [명] 석탄·석유·가스 등의 연료를 때거나 전기를 이용하여 방 안을 덥게 하는 기구. ¶전기~.
난:롯-가(暖爐—) [날로까/날롣까] [명] 난로를 중심으로 한 가까운 주위.
난:류¹(暖流) [날—] [명][지] 적도 부근의 저위도 지역에서 고위도 지역으로 흐르는 따뜻한 해류. ↔한류.
난:류²(亂流) [날—] [명][물] 유체(流體)의 각 부분이 시간적·공간적으로 불규칙한 운동을 하면서 흐르는 흐름. ↔층류.
난:리(亂離) [날—] [명] **1** 전쟁·재해 등으로 세상이 소란하고 질서가 어지러워진 상태. 또는, 그런 전쟁이나 재해. ¶물~. **2** 시끄럽게 소란을 피우는 행동이나 왁자하게 소란이 일어나는 상태를 낮잡아 야유조로 이르는 말. ¶한바탕 ~를 피우다.
난:리-굿(亂離—) [날—굳] [명] 난리가 일어난 판의 비유. ¶~을 치다.
난:리-판(亂離—) [날—] [명] 몹시 소란하고 어지러운 자리. 또는, 그런 판국.
난:립(亂立) [날—] [명] 질서 없이 여기저기서 마구 나서는 것. **난:립-하다** [동][자][여] ¶후보자가 ~ / 무허가 건물이 ~.
난:마(亂麻) [명] ['뒤얽힌 삼 가닥'이라는 뜻] 사건이나 세태가 어지럽게 뒤얽힌 상태. ¶쾌도(快刀)~.
난:만-하다(爛漫—) [형][여] (꽃이) 만발하여 한창 흐드러지다. ¶백화가 ~.
난:맥(亂脈) [명] **1** 이리저리 흩어져서 질서나 체계가 서지 않는 일. ¶지휘 체계의 ~을 드러내다. **2** [한] 어지럽게 뛰는 맥.
난:맥-상(亂脈相) [—쌍] [명] 어떤 일이 원칙이 없이 혼돈과 무질서로 어지러운 상태. ¶국정 운영이 ~을 드러내다.
난:무(亂舞) [명] **1** 어지럽게 춤을 추는 것. 또는, 그런 춤. **2** 함부로 나서서 마구 날뛰는 것. **난:무-하다** [동][자][여] ¶폭력배들이 **난무하는** 세상.
난-문제(難問題) [명] 해결하기 어려운 문제. ¶~에 봉착하다.
난민(難民) [명] 전쟁이나 사상적·종교적 박해 따위를 피하여 다른 나라나 다른 지방으로 가는 사람들. ¶~ 수용소.
난민-촌(難民村) [명] 내전이나 기아 등으로 생긴 난민들이 모여 사는 곳.
난-바다 [명] 육지에서 멀리 떨어진 바다.
난:-반사(亂反射) [명][물] 파동이나 입자가 요철이 있는 경계면에 부딪쳐서 사방으로 불규칙하게 반사되는 현상. ↔정반사.
난:방(暖房·煖房) [명] 열을 공급하여 실내를 따뜻하게 하는 일. ¶~이 잘되는 아파트. ↔냉방.
난:백(卵白) [명][생] 알의 흰자위. ↔난황.
난봉 [명] 허랑방탕한 짓. 또는, 그런 사람.
난봉-꾼 [명] 허랑방탕한 짓을 하는 사람.
난:분분-하다(亂紛紛—) [형][여] (눈이나 꽃잎 따위가) 공중에 흩날려 어지럽다. ¶백설이 ~.
난:사¹(亂射) [명] **1** (총·활 따위를) 함부로 쏘는 것. **2** (광선 따위가) 마구 어지럽게 비치는 것. 또는, (광선 따위를) 마구 어지럽게 비추는 것. **난:사-하다** [동][자][타][여] ¶기관총을 ~.
난사²(難事) [명] 해결하기 어려운 일.
난-사람 [명] 능력이나 재주 등이 뛰어난 사람. ¶그걸 해내다니 역시 그는 ~이야.
난산(難産) [명] **1** 산모가 매우 힘들게 아이를 낳는 것. ↔순산. **2** 어떤 일이 매우 어렵게 이루어지는 것을 비유하여 이르는 말. ¶팀 구성에 ~을 겪다. **난산-하다** [동][타][여]
난삽-하다(難澁—) [—사파—] [형][여] (말이나 글 따위가) 이해하기 어렵고 까다롭다. ¶**난삽한** 문장.
난:상(卵狀) [명] =달걀꼴.
난:상-토론(爛商討論) [명] 여러 사람이 모여 충분히 논의함.
난:색¹(暖色) [명][미] 따뜻한 느낌을 주는 색. 빨강·노랑 따위. =온색. ↔한색.
난:색²(難色) [명] 어떤 요구나 부탁 등에 대해 곤란해 하는 기색. ¶돈 좀 빌려 달랬더니 ~을 보이더라.
난:생(卵生) [명][생] 동물이 알을 낳아 번식하는 것. ↔태생(胎生).
난:생-처음(—生—) [명][부] 태어난 후 처음. ¶~ 당한 수모.
난:세(亂世) [명] 어지러운 세상. ¶~의 영웅. ↔치세(治世).
난:-세포(卵細胞) [명][생] 감수 분열 한 암

컷의 생식 세포. 더 성숙하여 난자가 됨. ↔정세포.
난센스(nonsense) 명 어떤 일이나 말이 터무니없거나 당치 않거나 무의미한 상태. =알집. ↔정소. ¶─ 퀴즈. ×넌센스.
난:소(卵巢) 명[생] 동물의 암컷의 생식 기관. 알을 만들고 여성 호르몬을 분비함.
난:수-표(亂數表) 명 0에서 9까지의 숫자를 같은 비율로 무질서하게 늘어놓은 표. 통계 조사에서 표본을 무작위로 가려낼 때, 또는 암호의 작성·해독에 이용함.
난:숙(爛熟) 명 1 무르녹도록 익는 것. 2 더할 수 없이 충분히 발달하거나 성숙하는 것. **난:숙-하다** 재연 ¶**난숙한** 과일 / **난숙한** 연기(演技).
난:시¹(亂時) 명 세상이 어지러운 때.
난:시²(亂視) 명 1 눈의 각막이 고르지 않아 광선이 망막 위의 한 점에 모이지 않기 때문에 물체를 바르게 볼 수 없는 상태. 또는, 그런 눈.
난-시청(難視聽) 명 산이나 골짜기, 낙도(落島), 또는 고층 빌딩 등 여러 가지 장애물로 인하여 텔레비전의 수상 상태가 양호하지 않은 일. ¶~ 지역.
난역(難役) 명 어려운 역할이나 일.
난외(欄外) [-외/-웨] 명 책이나 신문 또는 문서 따위의 본문을 둘러싼 줄의 바깥 여백. ¶~에 주석을 달다.
난용-종(卵用種) 명 가금(家禽) 중에서 알의 생산을 목적으로 하는 품종. 닭에 있어서는 레그혼종·미노르카종 따위가 이에 속함. ▷육용종.
난이-도(難易度) 명 사물의 내용이나 기술의 어려거나 쉬운 정도. ¶시험 문제의 ~을 조절하다.
난:입(亂入) 명 어지럽게 함부로 들어가는 것. **난:입-하다** 재연 ¶폭력배들이 사무실에 ~.
난:자¹(卵子) 명[생] 암컷의 생식 세포. 정자와 만나서 수정란을 형성함. =난(卵). ↔정자.
난:자²(亂刺) 명 (칼이나 창 등으로) 마구 찌르는 것. ¶칼로 ~당한 시체. **난:자-하다** 타연
난자-완쓰 ⇒'난젠완쓰'의 잘못.
난:잡-하다(亂雜-) [-자파-] 형연 1 (어느 곳이) 어지럽고 어수선하다. ¶**난잡한** 시장 바닥. 2 (사람의 행동이나 생활이) 이성과의 관계가 많아 어지럽다. ¶**난잡한** 생활.
난-장(-場) 명 일정한 장날 외에 특별히 터놓는 장. ¶~이 서다.
난:장²(亂杖) 명[역] 조선 시대의 고문(拷問)의 하나. 신체의 부위를 가리지 않고 마구 치는 매.
난:장³(亂場) 명 1 [역] 과거를 볼 때 선비들이 질서 없이 떠들어 뒤죽박죽이 된 곳. 2 =난장판.
난장이 ⇒'난쟁이'의 잘못.
난:장-판(亂場-) 명 여러 사람이 함부로 떠들거나 덤벼 뒤죽박죽이 된 판. =난장. ¶회의장이 ~이 되었다.
난쟁이 명 기형적으로 키가 작고 팔과 다리가 짧은 사람. 얕잡아 이르는 말. ↔키다리. ×난장이.
난적(難敵) 명 맞서 싸우기에 까다로운 적수. ¶~을 만나다.
난:전¹(亂戰) 명 운동 경기나 전쟁 등에서,

마구 뒤섞여 어지럽게 싸우는 것. 또는, 그런 싸움. ¶일대 ~이 벌어지다.
난:전²(亂廛) 명 허가 없이 길에 함부로 벌여 놓은 전.
난:점(難點) [-쩜] 명 어떤 일을 함에 있어서 해결하거나 처리하기 어려운 점. ¶기술적인 ~에 부딪히다.
난제(難題) 명 해결하기 어려운 문제.
난젠완쓰(南煎丸子) 명 중국 완자 볶음 요리의 하나. 곱게 다진 돼지고기를 둥글게 빚어 튀기도 지진 다음, 파·마늘·고기를 썰어 넣어 익히고 녹말을 풀어 위에 끼얹음. ×난자완쓰.
난:조(亂調) 명 정상에서 벗어나 동요나 혼란을 일으킨 상태. ¶퍼팅 ~/투수가 제구력에 ~를 보이다.
난:지(暖地) 명 따뜻한 곳. 또는, 따뜻한 지방. ↔한지.
난징(南京) 명[지] 중국 동부의 도시.
난:처-하다(難處-) 형연 (어떤 사람의 입장이) 어찌해야 할지 모르거나, 이럴 수도 없고 저럴 수도 없어 딱하다. ¶**난처**한 입장.
난청(難聽) 명 1 귀에 이상이 있어 소리가 잘 들리지 않는 상태. 2 라디오 따위의 방송이 잘 들리지 않음. ¶~ 지역.
난초(蘭草) 명 1 [식] 식물 분류학상 난초과에 속하며, 관상용으로 널리 가꾸는 여러해살이풀의 총칭. 동양란과 서양란으로 나뉨. ⓒ난. 2 '난'이 그려져 있는 화투짝. 5월이나 다섯 끗을 나타냄. =초(草).
난:층-운(亂層雲) 명[기상] 중층운의 하나. 뚜렷한 모양 없이 하늘을 온통 뒤덮는 먹구름. =비구름.
난치-병(難治病) [-뼝] 명 고치기 어려운 병. ▷불치병.
난:타(亂打) 명 1 (사람·동물·물건 등을) 마구 치거나 때리는 것. 2 [체] 야구에서, 타자들이 상대 투수의 공을 쉽게 공략하여 안타나 홈런을 많이 날리는 것. **난:타-하다** 타연 ¶주먹으로 얼굴을 ~.
난:-태생(卵胎生) 명[생] 난생 동물 중, 새 개체가 갈이나 어느 유생(幼生)의 형태로 태어나는 일. 살무사·우렁이 따위에서 볼 수 있음.
난:투(亂鬪) 명 한데 엉켜 치고받으며 어지러이 싸우는 것. 또는, 그런 싸움. **난:투-하다** 재연
난:투-극(亂鬪劇) 명 난투를 벌이는 소동. ¶길거리에서 ~이 벌어지다.
난파(難破) 명 배가 항행 중에 폭풍우 등을 만나 부서지는 것. **난파-하다** 재연 ¶태풍으로 배가 ~. **난파-되다** 재연
난파-선(難破船) 명 항해 중 폭풍우나 그 밖의 장애로 파괴된 배.
난:폭(亂暴) 명 행동이 몹시 거칠고 사나움. ¶~ 운전. **난:폭-하다** 형연 ¶사람을 **난폭**하게 다루다.
난:필(亂筆) 명 1 마구 갈겨쓴 글씨. 2 자기가 쓴 글씨의 겸칭.
난:-하다(亂-) 형연 1 질서가 없고 난잡하다. 2 (빛깔·무늬 등이) 지나치게 어지럽고 야단스럽다. ¶옷의 색이 ~.
난항(難航) 명 1 폭풍우나 기타의 나쁜 조건으로 말미암은 어려운 항행. 2 일이 순조롭지 못하여 진행되는 상태를 비유적으로 이르는 말. ¶협상은 ~을 거듭했다.
난해-하다(難解-) 형연 이해하기 어렵다. ¶**난해한** 문장.

ㄴ

난ː행[1](亂行) [명] 난폭하고 음란한 행동. **난ː행-하다** [동][자][여]
난행[2](難行) [명][불] 고된 수행.
난향(蘭香) [명] 난초의 향기.
난형난제(難兄難弟) [명] 〔누구를 형이라 하고 누구를 아우라 해야 할지 분간하기 어렵다는 뜻〕 둘 사이의 우열이나 정도의 차이를 판단하기 어려움. ¶~의 재주.
난ː황(卵黃) [명][생] 알의 노른자위. ↔난백(卵白).
낟ː-가리[-까-] [명] 낟알이 붙은 곡식을 그대로 쌓은 더미. ¶~를 가리다.
낟ː-알 [명] 이삭에 달린 곡식의 알. 또는, 껍질을 벗기지 않은 곡식의 알. ¶~을 털다. ▷낱알.
낟ː알-기[-끼] [명] (주로 '못 하다', '굶다'와 함께 쓰여) 끼니로서 먹어야 할 최소한의 음식. [비]곡기. ¶~마저 끊다.
날[1] [명] [1][자립] **1** 시간의 단위로서의 하루. 24시간으로 이루어짐. ¶~이 가고 달이 가다. **2** 특정한 때로서의 하루. 다소 막연한 시점의 때나 시절을 가리키기도 함. ¶ 젊은 ~의 추억. **3** 하루 중 해가 떠서 질 때까지의 환한 동안. ¶~이 저물다. **4** 맑거나 흐리거나 눈·비가 오거나, 덥거나 춥거나 따뜻하거나 시원하거나 하는 기상의 상태. [비]날씨. ¶~이 개다. [2][의존] **1** 시간의 단위로서의 하루하루를 세는 단위. 숫자를 나타내는 한자어와 어울릴 때에는 '날' 대신 '일(日)'을 씀. ¶여러 ~. **2** ('-는 날에는', '-는 날이면'의 꼴로 쓰여) 달갑지 않은 경우나 극단적인 상황이 벌어질 시간상의 시점을 이르는 말. ¶핵전쟁이 일어나는 ~에는 인류는 멸망하고 말 것이다.
　날(이) 들다 비나 눈이 그치고 날이 개다. ¶오후쯤에는 **날이** 들 것이라 한다.
　날(을) 받다 **1** 결혼 날짜를 정하다. ¶혼약은 했지만 아직 **날을 받아** 놓지는 않았다. **2** [민] 혼인·장례·이사 따위를 할 때 길일(吉日)을 가려 정하다.
　날(이) 새다 일을 이룰 때가 지나다.
　날이면 날마다 '날마다'를 매우 강조하여 이르는 말.
날[2] [명] **1** 물건을 베거나 자를 수 있도록, 칼·가위·도끼·톱과 같은 연장의 가장 날카롭게 만든 부분. ¶칼~ / ~이 무디다. **2** =면도날2.
　날(이) 서다 **1** 연장의 날이 날카롭게 되다. ¶시퍼렇게 **날이 선** 칼. **2** 말이나 글 따위의 표현이 날카롭고 공격적인 상태를 나타내다.
날ː[3] '나를'이 준 말. ¶~ 보아라.
　[**날 잡아 잡수 한다**] 상대가 자기에게 하고 싶은 대로 하도록 저항하거나 피하거나 하지 않고 상대의 공격이나 괴롭힘에 제 몸을 맡기는 태도를 취하다.
날-[4] [접두] (일부 명사에 붙어) **1** 그 물건이 익히거나 말리거나 가공하지 않은 것임을 나타내는 말. ¶~계란 / ~가죽. **2** '지독하고 악랄한'의 뜻을 나타내는 말. ¶~강도. **3** '맨 그대로의'의 뜻을 나타내는 말. ¶~바늘 / ~바닥. **4** '부질없이'의 뜻을 나타내는 말. ¶~밤을 새우다. **5** '상례나 장례를 아직 다 치르지 않은'의 뜻을 나타내는 말. ¶~상가 / ~상제.
날-강도(-強盜) [명] 아주 악독한 강도.
날-개 [명] **1** [생] 새나 곤충 등의 가슴 양옆에 달려 공중을 날 때 크게 펼쳐서 움직이는 기관. ¶~를 펴다. **2** 공중에 잘 뜨게 하기 위하여 비행기의 양쪽 옆에 길고 넓적하게 만들어 단 부분. **3** 선풍기·환풍기·프로펠러 등에서 공기의 흐름을 일으키는 둥글넓적한 부분. ¶선풍기 ~.
　날개(가) 돋치다 상품이 시세를 만나 빠른 속도로 팔려 나가다. ¶신개발 상품이 **날개 돋친** 듯 팔리다.
날개-옷[-옫] [명] 신선이나 선녀가 입는다고 하는, 날개가 달린 상상의 옷.
날갯-죽지[-개쭉찌/-갣쭉찌] [명] 날개가 몸에 붙어 있는 부분.
날갯-짓[-개찓/-갣찓] [명] (새가) 날개를 퍼덕이는 짓. **날갯짓-하다** [동][자][여] ¶백조가 힘차게 ~.
날-것[-걷] [명] 고기·채소 따위의, 말리거나 익히거나 가공하지 않은 것. [비]생것.
날-고기 [명] 말리거나 익히거나 가공하지 않은 고기. =생고기.
날고-뛰다 [동][자] (사람이) 갖은 재주를 다 부릴 수 있는 능력을 가지다. ¶제아무리 **날고뛰어도** 그를 당해 낼 수는 없다.
날-궂이 [명] 궂은 날, 할 일이 없어 시간을 때우느라 잡담·잡기를 하거나 음식을 해 먹거나 하는 일.
날-김치 [명] 익지 않은 김치. =생김치.
날다[1] [동] 〈나니, 나오〉 [1][자] **1** (새나 곤충 등이) 날개를 저어 공중에 떠서 움직이다. [비]비상(飛翔)하다. ¶나비가 훨훨 ~. **2** (비행기나 그와 비슷한 물체가) 날개의 양력(揚力)과 프로펠러 또는 엔진의 힘 등으로 공중을 떠서 가다. [비]비행하다. ¶ 핑음을 내며 **나는** 전투기. **3** (쏘거나 던지거나 치거나 한 물체가) 공중을 통해 빠르게 이동하다. ¶시위를 벗어난 화살이 허공으로 **날았다**. **4** (작은 가루 같은 것이) 바람에 떠서 움직이다. ¶버스가 지나가자 흙먼지가 **날았다**. **5** (자동차·기차 따위가) 아주 빠른 속도로 움직이다. ¶**나는** 듯이 달리는 총알택시. **6** (사람이) 재빨리 도망치거나 어떤 장소에서 벗어나 사라지다. 다소 속된 느낌을 주는 말임. [2][타] (새·곤충·비행기 등이 공중을) 떠서 움직이다. ¶하늘을 **나는** 새.
　[**나는 새도 떨어뜨린다**] 권세가 당당하다.
　난다 긴다 하다 재주나 능력이 남보다 뛰어나다.
날다[2] [동][자] 〈나니, 나오〉 **1** (빛깔이) 바래어 옅어지다. ¶물이 ~. **2** (냄새가) 없어지다. ¶향내가 ~. **3** (액체가) 기체로 화하여 줄거나 없어지다.
날다[3] [동][타] 〈나니, 나오〉 **1** 솜으로 실을 만들다. **2** (베나 돗자리 등을 짜려고) 베틀에 날을 걸다. ¶가마니 날을 ~.
날-다람쥐[-따-] [명][동] 다람쥐의 한 종류로, 옆구리에 피부가 자라서 된 비막(飛膜)이 있어 나무 사이를 날아다니며 나무껍질이나 열매를 먹는 포유동물. 야행성임.
날-달걀 [명] 익히지 않은 달걀.
날-도둑 [명] 몹시 악독한 도둑.
날-뛰다 [동][자] **1** (사람이나 짐승이) 몹시 흥분하거나 감정이 고조되어 그런 심리 상태를 극단적으로 나타내는 동작을 하거나 행동을 보이다. ¶좋아 ~ / 미쳐 ~. **2** (사람이) 거리낌 없이 함부로 행동하거나 활동하다. 부정적 어감을 갖는 말임. ¶유흥가에 폭력배들이 ~.

날라리[1] [명] 〈속〉 믿음성이나 착실함이 없이 건들거리거나 빈둥거리는 사람.
날라리[2] [명][음] '태평소'의 잘못.
날래다 [형] (사람이나 동물이, 또는 그 동작이) 나는 듯이 빠르다. ¶**날랜** 장수. ↔굼뜨다.
날!렵-하다[—려파—] [형][여] (동작이) 익숙하게 빠르다. ¶동작이 ~. **날!렵-히** [부]
날-로[1] [부] 날이 갈수록 더욱. [비]나날이. ¶기술 산업이 ~ 발전하다.
날-로[2] [부] 날것 그대로. [비]생으로. ¶쇠간을 ~ 먹다.
날름 [부] **1** 혀가 밖으로 빨리 나왔다가 들어가는 모양. ¶혀를 ~ 내밀다. **2** 손을 빨리 내밀어 날쌔게 놀리는 모양. ¶~ 집어먹다. [큰]널름. **날름-하다** [동][타][여]
날름-거리다/-대다 [동][타] **1** (혀나 손 따위를) 날쌔게 내었다 들였다 하다. ¶뱀이 혀를 ~. **2** 남의 것을 탐내어 자꾸 고개를 내밀고 노리다. [큰]널름거리다.
날름-날름 [부] 날름거리는 모양. ¶주는 대로 ~ 받아먹다. [큰]널름널름. **날름날름-하다** [동][타][여]
날-리다 [동] [1][타] **1** '날다'1·2·3·4'의 사동사. ¶모형 비행기를 ~. **2** (연을) 공중에 띄워 움직이게 하다. ¶방패연을 하늘 높이 ~. **3** (깃발 따위를) 들어 올려 바람에 나부끼게 하다. ¶군사들이 깃발을 **날리며** 개선하다. **4** (지녔던 것을) 헛되게 잃어버리거나 없애다. ¶사기를 당하여 집을 ~. **5** (일을) 대강대강 아무렇게나 하다. ¶글씨를 **날려** 쓰다. **6** (이름을) 세상에 널리 알려지게 하다. [비]떨치다. ¶그는 젊은 시절에 축구 선수로 이름을 **날렸다**. [2][자] '날다'1'의 피동사. ¶눈발이 ~.
날림 [명] 대강대강 아무렇게나 하는 일. 또는, 그 물건. ¶~ 공사 / ~으로 지은 집.
날-밤[1] [명] (주로 '새우다'와 함께 쓰여) 자지 않고 새우는 밤.
날-밤[2] [명] 날것 그대로의 밤. =생밤.
날-벌레[—뻘—] [명] 날아다니는 벌레.
날-벼락 [명] **1** 맑은 날씨에 치는 벼락. **2** 아무 잘못 없이 뜻밖에 당하는 재앙. =생벼락. ¶~이 떨어지다.
날-변(—邊)[—뼌] [명] 날수로 셈하는 이자. [비]일변(日邊). ▷달변.
날-붙이[—부치] [명] 칼·낫·도끼 따위의, 날이 서 있는 연장의 총칭.
날-수(—數)[—쑤] [명] 날의 수. [비]일수(日數). ¶~가 모자라다.
날-숨[—쑴] [명] 내쉬는 숨. [비]호기(呼氣). ↔들숨.
날-실 [명] 피륙 등의 세로로 놓인 실. =경사(經絲). ↔씨실.
날쌔다 [형] (손이나 발, 몸의 움직임이) 시간을 끌거나 머뭇거림이 없이 가볍고 빠르다. ¶**날쌘** 동작.
날쌘-돌이 [명] 동작이 아주 날래고 재빠른 사람.
날씨 [명] 일정한 지역에서, 그날그날의 비·구름·바람·기온·습도 등 대기의 상태. [비]날·기후·일기(日氣). ¶맑은 ~.
날씬-하다 [형][여] (키·몸매 따위가) 군살이 없이 가늘고 길어서 맵시가 있다. [비]미끈하다·호리호리하다. ¶**날씬한** 몸매. [큰]늘씬하다.
날아-가다 [동] [1][자] **1** (새·곤충·비행기 등이) 공중에 떠서 가다. ¶기러기가 ~. **2** (물체가) 공중을 통해 가다. ¶바람에 모자가 ~. **3** (한데 붙어 있던 것이나 가지고 있던 것이) 함부로 떨어져 나가거나 허망하게 없어지다. 속된 말임. ¶빚보증을 잘못 서서 집이 ~. [2][타] (새·곤충·비행기·물체 등이 공중을) 통해 가다. ¶허공을 **날아가는** 새.
날아-다니다 [동][자][타] (새·곤충·비행기 등이) 날면서 이리저리 다니다. ¶나비가 꽃밭에 ~ / 잠자리가 하늘을 ~.
날아-들다 [동][자] 〈~드니, ~드오〉 **1** (새·곤충 등이) 날아서 안으로 들다. ¶새가 둥지로 ~. **2** (뜻하지 않은 것이) 난데없이 들이닥치다. ¶독촉장이 ~.
날아-오다 [동] [1][자] **1** (새·곤충·비행기 등이) 공중에 떠서 오다. **2** (물체가) 공중을 통해 오다. ¶관중석에서 야유와 함께 돌이 **날아왔다**. [2][타] (새·곤충·비행기 등이 공중을) 통해서 오다. ¶따뜻한 곳을 찾아 먼 길을 **날아온** 제비.
날아-오르다 [동][자][타][르] 〈~오르니, ~올라〉 (새·곤충·비행기 등이) 날개를 움직이거나 어떤 힘에 의해 공중으로 높이 오르다. ¶새는 하늘 높이 **날아올랐다**.
날염(捺染) [명] 피륙에 무늬를 새긴 본을 대고 풀을 섞은 물감을 발라서 물들이는 것. 또는, 그 방법. **날염-하다** [동][타][여]
날인(捺印) [명] 도장을 찍는 것. ¶서명 ~. **날인-하다** [동][자][여] ¶영수증에 ~.
날조(捏造)[—쪼] [명] 사실이 아닌 것을 사실인 것처럼 거짓으로 꾸미는 것. **날조-하다** [동][타][여] ¶기록을 ~. **날조-되다** [동][자] ¶**날조된** 기록.
날조-극(捏造劇)[—쪼—] [명] 어떤 목적을 위하여 거짓으로 꾸민 일.
날-줄[—쭐] [명][지] =경선(經線)[1]. ↔씨줄.
날-짐승[—찜—] [명] 공중을 날아다니는 짐승. 곧, '새' 종류를 가리킴. ↔길짐승.
날-짜[1] [명] **1** 하루를 단위로 하는 날의 수효. ¶~가 모자라다. **2** 몇 년 몇 월 며칠로서의 특정한 날. 때로, 어느 해 또는 어느 달을 못 박지 않을 수도 있음. =일자(日字). ¶원고 마감 ~ / 약속 ~.
날-짜[2] [명] **1** 익히거나 말리거나 가공하거나 하지 않은 그대로의 것. [비]날것. **2** 일에 익숙지 못한 사람을 얕잡아 이르는 말.
날짜^변!경선(—變更線) [명][지] 경도 180°의 자오선을 기준으로, 동서에서 쓰는 날짜를 일치시키려고 정해 놓은 선. 이 선에서 동쪽에 있는 지점은 서쪽에 비하여 하루가 늦음. =날짜선.
날짜-선(—線) [명][지] =날짜 변경선.
날치 [명][동] 등이 검은 청색이며, 투명하고 큰 가슴지느러미가 있어 바다 위로 뛰어올라 날아다니는 바닷물고기.
날-치기 [명] 남의 물건을 재빨리 채뜨려 가는 짓. 또는, 그런 짓을 하는 사람. ¶핸드백을 ~당하다. ▷소매치기·들치기. **날치기-하다** [동][타][여]
날치다 [동][자] 날뛰어 짐짓 기세를 떨치다.
날카롭다[—따] [형][ㅂ] 〈날카로우니, 날카로워〉 **1** (물체의 모서리나 끝이) 베이거나 찔리기 쉬울 만큼 뾰족하거나 날이 선 상태에 있다. [비]예리하다. ¶**날카로운** 면도날. ↔무디다. **2** (눈매나 시선 따위가) 쏘아보는 듯하게 매섭다. ¶**날카로운** 눈매의 소유자. **3** (사람의 인상이나 성품이) 온화한 데가 없이 신경질적이고 팍한 데가 있다. ¶그는 외모상으로 **날카롭게** 보인다. **4** (신경이) 자극을 받기 쉬운 상태에 있다. 곧, 아무것도 아닌 일에 쉽게 화내거나 짜증 내거나 속을 끓이는 심리 상태에 있다. [비]예민하다. ¶환자의 신경이 극도로 ~. **5** (대립의 관계가) 화해나 타협의 여지 없이 팽팽하게 켕긴 상태에 있다. [비]첨예하다. ¶두 학설이 **날카롭게** 대립되다. **6** (사람의 사물에 대한 통찰·비판·질문 등이) 미처 생각하기 어려운 것을 꼬집거나 제시하는 데가 있어 놀랍거나 두렵게 하는 상태에 있다. [비]예리하다. ¶**날카로운** 관찰력. **7** (소리가) 신경을 거스를 만큼 높고 가늘게 강하다. ¶**날카로운** 비명. **날카로이** [부]

날-파람 [명] **1** 빠르게 지나가는 서슬에 나는 바람. **2** 재빠르고 날카로운 기세의 비유. ¶~같이 덤벼들다.

날-품 [명] 하루하루 품삯을 받고 하는 일. =일용(日傭).
　날품(을) 팔다 하루하루 품삯을 받고 일하다. ¶**날품을 팔아서** 생계를 잇다.

날품팔-이 [명] 날품을 파는 일. 또는, 그런 일을 하는 사람. ¶~로 나서다. **날품팔이-하다** [동][자][여]

낡다[낙따] [형] **1** (물건이) 오래되어 헐고 너절하다. ¶**낡은** 의자. **2** (대상이) 시대에 뒤떨어져 새롭지 못하다. ¶**낡은** 사고방식.

남[1] [명] **1** 나 또는 자기 아닌 다른 사람. 또는, 당사자가 아닌 사람. ↔나. **2** 가족·친척·연인과 같이 아주 가까운 관계가 아닌 다른 사람. [비]타인. **3** 나나 우리의 동아리에 속하지 않은 다른 사람. [비]제삼자. ¶~의 나라.
　[**남의 눈에 눈물 내면 제 눈에는 피눈물이 난다**] 남에게 모질고 악한 짓을 하면 반드시 저는 그보다 더한 죄를 받게 된다. [**남의 다리 긁는다**] ㉠자기를 위하여 한 일이 남을 위한 일이 되었다. ㉡해야 할 일을 하지 않고 엉뚱한 다른 일을 한다. [**남의 밥에 든 콩이 굵어 보인다**] 자기 것보다 남의 것이 더 좋아 보인다. [**남의 제사에 감 놓아라 배 놓아라 한다**] 자기와는 상관도 없는 일에 부당한 간섭을 한다. [**남의 흉이 한 가지면 제 흉은 열 가지**] 쓸데없이 남의 흉을 보지 말라는 말. [**남이야 전봇대로 이를 쑤시건 말건**] 남의 일에 상관할 것 없다는 말.
　남 좋은 일을 하다 일을 한 결과가 자기에게는 아무 이득이 없고 남만 이롭게 하다.

-남[2] [어미] 동사의 어간이나 어미 '-시-', '-았/었-', '-겠-'의 아래에 붙어, '해' 할 상대에게 쓰이거나 혼잣말에 쓰여 '-나 뭐'의 뜻으로 어떤 상황이나 사실에 대해 가볍게 반박하거나 마땅치 않게 여김을 나타내는 의문형 종결 어미. ¶그런 말을 누가 곧이듣~?

남[3](南) [명] =남쪽. ¶1·4 후퇴 때 그들은 ~으로 ~으로 내려왔다. ↔북.

남-[4](男) [접두] 일부 명사 앞에 쓰여, '남자'의 뜻을 나타내는 말. ¶~학생 / ~동생.

남가-일몽(南柯一夢) [명] [남쪽으로 뻗은 나뭇가지 밑에서 잠을 자며 부귀영화를 누린 꿈을 꾸었다는 중국 고사에서] 꿈과 같이 헛된 한때의 부귀영화.

남국(南國) [명] 우리나라의 남쪽에 있는 나라. 특히, 태평양에 있는 더운 지방의 나라. ¶~의 정취. ↔북국.

남극(南極) [명] **1** [물] 자석이 가리키는 남쪽. =에스 극. **2** [지] 지축(地軸)이 지구상의 남쪽에서 지표를 꿰뚫는 점. 또는, 지구의 남쪽 끝. **3** [천] 천구 상에서 지축을 남쪽으로 연장한 선이 천구를 꿰뚫는 점. ↔북극.

남극-권(南極圈)[-꿘] [명][지] 지구 상에서 남위 66°33′ 이남 지역. 반 년 동안은 낮, 반 년 동안은 밤이 계속됨. ↔북극권.

남극^대¦륙(南極大陸)[-때-] [명][지] 남극점을 중심으로 펼쳐져 있는 대륙. 지표의 대부분이 두꺼운 빙설로 뒤덮여 있음.

남극-해(南極海)[-그캐] [명][지] 오대양의 하나. 남극 대륙을 둘러싼, 남위 55° 부근까지의 해역. =남빙양.

남근(男根) [명] =음경(陰莖).

남-기다 [동][타] '남다'의 사동사. ¶음식을 ~ / 여운을 ~.

남김-없이[-업씨] [부] 하나도 빠짐이 없이 모두. [비]모조리·죄다. ¶~ 먹다.

남-남 [명] 서로 아무 관계 없는 남과 남. ¶부부란 헤어지면 ~이다.

남남북녀(南男北女)[-붕-] [명] 우리나라에서, 남쪽 지방은 남자가 잘나고 북쪽 지방은 여자가 아름답다는 말.

남-남서(南南西) [명] 남쪽과 남서쪽 사이의 방위.

남녀(男女) [명] 남자와 여자를 동시에 아울러 이르는 말. ¶청춘 ~ / ~ 관계.

남녀-간(男女間) [명] 남자와 여자 사이.

남녀^공¦학(男女共學) [명][교] 남자와 여자를 같은 학교에서 교육시키는 일.

남녀-노소(男女老少) [명] 남자와 여자, 늙은이와 젊은이. 곧, 성별과 나이를 막론한 모든 사람들. ¶~를 막론하고 즐길 수 있는 운동.

남녀-동등(男女同等) [명] =남녀평등.

남녀상열지사(男女相悅之詞) [명][문] 조선 시대의 학자들이 남녀의 애정을 주제로 한 고려 가요를 업신여겨 부르던 말.

남녀-유별(男女有別) [명] 남자와 여자 사이에 분별이 있음. ¶~인데 어찌 함께 앉으리오?

남녀-추니(男女-) [명] 남자와 여자의 생식기를 둘 다 가지고 있는 사람. ▷어지자지.

남녀칠세부동석(男女七歲不同席)[-쎄-] 유교 도덕상, 일곱 살이 되면 자리를 따로 할 만큼 남녀 구별을 엄격하게 한 일.

남녀-평등(男女平等) [명] 남자와 여자의 법률적 권리나 사회적 대우가 성별(性別)에 의한 차별이 없이 같음. =남녀동등.

남-녘(南-)[-녁] [명] '남쪽'을 시적·문어적으로 이르는 말. ¶~ 땅. ↔북녘.

남¦다[-따] (남¦고 / 남아) [동][자] **1** (주어진 물건의 수나 양, 또는 공간 등이) 다 쓰이지 않고 그 일부가 그대로 있는 상태가 되다. ¶밥이 ~. **2** (시간·거리, 또는 어떤 일이) 정해진 수준이나 정도에 이르기 위해서는 아직 더 있는 상태가 되다. ¶설날이 되려면 아직 사흘이 **남았다**. **3** (사람이) 다른 사람과 함께 떠나지 않고 있던 곳에 그대로 머무르다. ¶방과 후에 **남아** 청소를 하다. **4** (사람의 이름이나 흔적, 어떤 일 등이) 잊혀지지 않거나 뒤에까지 전하다. ¶이름이 ~. **5** (물건을 팔아 얼마의 돈이) 이익으로 생기다. ¶이 물건은 개당 500원이 **남는다**. **6** 나눗셈에서, (얼마의 수가) 나누어떨어지지 않고 그대로 있는 상태가 된다. ¶10을 3으로 나누면 1이 **남는다**. 7 ('-고도 남다'의 꼴로 쓰여) 충분히 그럴 가능성을 가지다. ¶개는 그런 짓을 하고도 남을 애다.

남-다르다 혱 〈~다르니, ~달라〉 다른 사람과는 유난히 다르다. ¶**남다른** 노력을 기울이다.

남단(南端) 몡 남쪽 끝. ↔북단.

남-달리 뮈 다른 사람과는 아주 다르게. ¶저 친구는 ~ 추위를 탄다.

남-대문(南大門) 몡 서울에 있는 '숭례문(崇禮門)'의 별칭.

남대문(이) 열리다 〈속〉 남자 바지 앞쪽의 지퍼나 단추가 채워지지 않아 열리다. 주로, 우스갯소리로 하는 말임. ¶야, 너 **남대문 열렸어**!

남도(南道) 몡 1 경기도 남쪽에 있는 도. 곧, 충청도·전라도·경상도. 근래에는 전라도만을 가리키는 뜻으로 쓰는 경우가 많음. ¶~ 민요. 2 남·북의 남쪽에 있는 도에서 남쪽의 도. ¶충청~. ↔북도.

남:독(濫讀) 몡 많은 책을 닥치는 대로 읽는 것. 凹난독. **남:독-하다** 통(타여)

남동(南東) 몡 남쪽을 기준으로 하여 남쪽과 동쪽 사이의 방위. ↔북서. ▷동남.

남-동생(男同生) 몡 남자 동생. ↔여동생.

남동-쪽(南東-) 몡 남동의 방위가 되는 쪽. ↔북서쪽. ▷동남쪽.

남동-풍(南東風) 몡 남동쪽에서 불어오는 바람. ↔북서풍. ▷동남풍.

남:루-하다(襤褸-)[-누-] 혱여 (옷 따위가) 낡고 해져서 너절하다. ¶**남루한** 옷차림.

남매(男妹) 몡 1 오빠와 누이동생, 또는 누나와 남동생을 아울러 이르는 말. 凹오누이. 2 [의준] 남녀로 구성된 동기(同氣)의 수효를 세는 말.

남매-간(男妹間) 몡 오빠와 누이동생 사이. 또는, 누나와 남동생 사이.

남-모르다 통재〈~모르니, ~몰라〉어떤 일이나 사실을 아무도 모르고 자기만 알다. ¶**남모르게** 간직해 온 사연.

남-몰래 뮈 자기 이외에 아무도 알지 못하게. ¶~ 눈물을 흘리다.

남문(南門) 몡 성곽이나 궁 등의 남쪽으로 난 문. ¶~ 밖에 산다. ↔북문.

남미(南美) 몡 간석배 아메리카. ↔북미.

남바위 몡 〈<腦包〉 추울 때 머리에 쓰는 방한구의 하나. 앞은 이마를 덮고, 뒤와 볼과 등을 내리덮음. ▷아얌·조바위.

남-반구(南半球) 몡[지] 지구의 적도에서 남쪽 부분. ↔북반구.

남:발(濫發) 몡 1 (법령·지폐·증서 등을) 마구 공포하거나 발행하는 것. 2 (말·행동 등을) 마구 함부로 하는 것. ¶**남:발-하다** 통(타여) ¶선거 공약을 ~. **남:발-되다** 통(자여)

남방(南方) 몡 1 남쪽 방향이나 지역. ↔북방. 2 '남방셔츠'의 준말. ¶~을 입다.

남방-불교(南方佛敎)[-뽈-] 몡[불] 인도의 아소카 왕 이후 남인도·스리랑카·미얀마·타이·인도네시아 등지에 전파된 불교. 소승불교가 중심임. ↔북방 불교.

남방-셔츠(南方-shirt) 몡 1 와이셔츠와 기본 형태는 같으나 색이나 디자인을 좀 더 캐주얼하게 만든 셔츠. 2 = 알로하 셔츠. 睡남방.

남-배우(男俳優) 몡 남자 배우. 睡남우. ↔여배우.

남:벌(濫伐) 몡 (나무를) 함부로 베어 내는 것. **남:벌-하다** 통(타여)

남-보라(藍-) 몡 =남보라색.

남보라-색(藍-色) 몡 남빛을 띤 보라색. =남보라.

남보랏-빛(藍-)[-라삗/-랃삗] 몡 남보라색을 띤 사물의 빛깔.

남복(男服) 몡 남자 옷. ¶~ 차림의 여자. ↔여복. **남복-하다** 통(자여) 여자가 남자의 옷을 입다.

남부(南部) 몡 어떤 지역의 남쪽 부분. ¶~ 지방. ↔북부.

남-부끄럽다[-따] 혱(ㅂ)〈~부끄러우니, ~부끄러워〉 창피하여 남을 대하기가 부끄럽다. ¶세 번이나 대학에 낙방을 하고 **남부끄러워** 다닐 수가 없다.

남-부럽다[-따] 혱(ㅂ)〈~부러우니, ~부러워〉 남의 좋은 점이나 우월한 점이 부럽다. ¶**남부럽지** 않게 살다.

남부럽잖다[-짠타] 혱 남부럽지 않다. ¶**남부럽잖은** 살림. (준말).

남부-여대(男負女戴) 몡 [남자는 지고 여자는 인다는 뜻] 가난한 사람들이 살 곳을 찾아 이리저리 떠돌아다님. **남부여대-하다** 통(자여)

남북(南北) 몡 남쪽과 북쪽. ¶~ 간의 교류.

남북-문제(南北問題)[-뭉-] 몡 1 주로 북반구에 있는 선진 공업국과 남반구의 개발도상국가 사이의 경제적인 문제. 그 정치적·경제적 문제의 총칭. 2 한반도의 남한과 북한 사이에 생기는 정치적·사회적 문제의 총칭.

남북조^시대(南北朝時代)[-쪼-] 몡[역] 중국 역사상 5∼6세기에 걸쳐 강남에서 송(宋)·제(齊)·양(梁)·진(陳)의 4왕조, 화북에서 북위·동위·서위·북제·북주의 5왕조가 흥망했던 시대.

남북-통일(南北統一) 몡 남한과 북한으로 갈려있는 우리 국토와 우리 겨레가 하나로 되는 일.

남비 몡 '냄비'의 잘못.

남빙-양(南氷洋)[-냥] 몡[지] =남극해.

남-빛(藍-)[-삗] 몡 남색을 띤 사물의 빛깔. =쪽빛. ¶노랗 저고리에 ~ 치마.

남-사당(男-) 몡[민] 지난날, 무리를 이루어 이곳저곳 떠돌아다니면서 춤·노래·곡예 따위의 굿판을 벌이면서 생계를 잇던 남자. ▷사당.

남사당-놀이(男-) 몡[민] 길놀이를 한 뒤 굿판에 도착하여 풍물·버나·살판·어름·덧뵈기(탈놀음)·덜미(꼭두각시놀음)의 순으로 진행하는 남사당패의 공연.

남사당-패(男-牌) 몡[민] 남사당의 무리.

남사-스럽다 혱(ㅂ) = '남우세스럽다.'

남산¹(南山) 몡 도성(都城)의 남쪽에 있는 산.

남산²(南山) 몡[지] 서울특별시에 있는 산. 높이 262m.

남상(男相) 몡 남자의 얼굴처럼 생긴 여자의 얼굴. ↔여상(女相).

남:상(濫觴) 몡 [양조 강 같은 큰 강물도 잔이 넘칠 정도의 적은 양의 물에서 비롯되었다는 데서] 사물의 시초. 凹효시. ¶사기(史記)는 중국 정사의 ~라 일컬어진다.

남새 몡 '채소(菜蔬)'의 고유어.

남색(藍色) 몡 청색에 검정이 섞인 색.

남생-이 [명][동] 냇가나 연못에 살며, 거북과 비슷하나 크기가 작은 파충류의 동물.

남서(南西) [명] 남쪽을 기준으로 하여 남쪽과 서쪽 사이의 방위. ↔북동. ▷서남.

남서-쪽(南西-) [명] 남서의 방위가 되는 쪽. ↔북동쪽. ▷서남쪽.

남서-풍(南西風) [명] 남서쪽에서 불어오는 바람. ↔북동풍. ▷서남풍.

남-선생(男先生) [명] 남자 선생. ↔여선생.

남성[1](男性) [명] **1** 아기를 직접 낳을 수 없는 성(性)에 속하는 사람. 곧 음·음폭 등의 생식 기관을 가지며, 일정한 나이에 이르면 정충(精蟲)을 만들어 낸다. ▷남자. **2** 인도·유럽어 등에서, 명사·대명사 등의 성(性)의 구별의 하나. ↔여성(女性).

남성[2](男聲) [명] 남자의 목소리. **2** 성악의 남자의 성부(聲部). 곧, 테너·바리톤·베이스. ¶~ 합창. ↔여성.

남성-미(男性美) [명] 성격이나 체격 등에 있어서 우람한 체구. ¶~가 넘치는 당당한 체격. ↔여성미.

남성-적(男性的) [관명] 남성다운 성질을 지니는 것. ¶~인 당찬 기상.

남성^호르몬(男性hormone) [명][생] 남성의 정소(精巢)에서 분비되어 제2차 성징을 나타내고, 남성 성기의 발육을 촉진시키는 호르몬. ↔여성 호르몬.

남세-스럽다 [―따] [형][비]〈~스러우니, ~스러워〉'남우세스럽다'의 준말. **남세스레**[부]

남송(南宋) [명][역] 중국의 송나라가 금나라에 밀려 남쪽으로 내려가 임안(臨安)으로 도읍한 때부터 원나라에 망할 때까지의 송나라를 이르는 말.

남십자-성(南十字星) [―짜―] [천] 남십자자리의 넷이 '十(십)' 자 모양을 이루는 네 개의 밝은 별. ▷북십자성.

남십자-자리(南十字―짜자―) [천] 봄철에 남반구 하늘에 나타나는, 켄타우루스자리의 남쪽에 보이는 별자리.

남아(男兒) [명] **1** 성별이 남자인 아이. 으사내아이. ↔여아. **2** 남자다운 남자를 이르는 말. (비)대장부. ¶대한의 ~.

남아-나다 [동][자]〈불건이〉부서지거나 없어지거나 하지 않고 제대로 성하게 남다. ¶아이들 장난에 남아나는 물건이 없다.

남아-돌다 [자]〈~도니, ~도오〉남는 것이 많이 있게 되다. =남아돌아가다. ¶농사가 풍년이라서 쌀이 ~.

남아돌아-가다 [동][자] =남아돌다.

남-아메리카(南America) [명][지] 육대주의 하나. 아메리카 대륙의 남부와 주변의 섬들로 이루어진 대륙. =남미.

남아수독오거서(男兒須讀五車書) 남자는 모름지기 다섯 수레에 실을 만한 많은 책을 읽어야 한다는 뜻.

남아일언중천금(男兒一言重千金) 남자의 말 한마디는 천금의 가치가 있다는 뜻.

남아프리카^공화국(南Africa共和國) [지] 아프리카 남단에 있는 공화국. 수도는 프리토리아.

남안(南岸) [명] 강이나 바다의 남쪽 기슭.

남:용(濫用) [명] **1** (재물이나 약 따위를) 아끼지 않거나 규정을 벗어나 마구 쓰는 것. **2** (권리나 권력 등을) 일정한 기준이나 한도를 넘어서 마구 행사하는 것. **남:용-하다** [동][타][여] ¶약을 ~ / 직권을 ~.
남:용-되다 [동][자][여]

남우(男優) [명] '남배우'의 준말. ¶~ 주연상. ↔여우(女優).

남우세-스럽다 [―따] [형][비]〈~스러우니, ~스러워〉남에게 조롱과 비웃음을 받을 만한 데가 있다. ¶자식이 저 모양이니 남우세스러워서 얼굴을 들고 다닐 수가 없다. 남세스럽다·우세스럽다. =남사스럽다.

남위(南緯) [명][지] 적도 이남의 위도. ↔북위(北緯).

남-유럽(南Europe) [명][지] 유럽 남부의 지역. 곧, 에스파냐·포르투갈·이탈리아·그리스 등의 지역을 가리킴. ↔북유럽.

남의-눈 [―의―/―에―] [명] 여러 사람의 시선. ¶~을 의식하다.

남의집살-이 [―의―쌀―/―에―쌀―] [명] 남의 집의 일을 돌보며 그 집에서 사는 생활. 또는, 그 사람. **남의집살이-하다** [동][자]

남-이(南怡) [명][인] 조선 시대의 장군 (1441~1468).

남인(南人) [명][역] 조선 시대, 사색당파의 하나. 북인(北人)에 대하여 우성전·유성룡을 중심으로 한 당파.

남자(男子) [명] **1** 아기를 직접 낳을 수 없는 성(性)을 가진 사람을 두루 이르는 말. '남성'보다 흔히 일반적으로 쓰임. ¶~ 직원. ▷남성. **2** 한 여자의 남편이나 애인을 이르는 말. ¶결혼할 나이가 지났는데 아직 ~가 없다. ↔여자.

남자-관계(男子關係) [―계/―게] [명] 이성으로서 남자와 맺는 관계. ¶그 여자는 ~가 복잡하다. ▷여자관계.

남작(男爵) [명] 유럽에서, 중세 이후의 귀족 계급 중 다섯째 작위. 자작의 아래임.

남장(男裝) [명] (여자가) 남자처럼 차리는 것. 또는, 그 차림. ¶~ 미인. ↔여장. **남장-하다** [동][자][여] ¶남장한 여자.

남적도^해!류(南赤道海流) [―또―] [명][지] 태평양·인도양·대서양 상의 남위 10° 부근을 동쪽에서 서쪽으로 흐르는 해류. =북적도 해류.

남정-네(男丁―) [명] 여자들이 성년 남자들을 가리켜 일컫는 말.

남조(南朝) [명][역] 중국 남북조 시대의 송(宋)·제(齊)·양(梁)·진(陳)의 네 나라의 총칭. ↔북조.

남조-류(藍藻類) [명][식] 엽록소 외에 남조소를 가지고 있어 청록색 또는 남색을 띤 조류(藻類)의 무리.

남-조선(南朝鮮) [명] **1** 해방 후 미군정(美軍政) 때 우리 나라 이남의 남한을 이르던 말. **2** 북한에서 남한을 호칭하는 말.

남조-소(藍藻素) [명][식] 홍조류와 남조류에 함유된 청색의 색소 단백질.

남존-여비(男尊女卑) [―너비―] [명] 남자는 높고 귀하며, 여자는 낮고 천하다고 여기는 일. ¶~ 사상. ↔여존남비.

남종-화(南宗畫) [명][미] 중국 회화의 2대 유파의 하나. 흔히, 수묵과 담채(淡彩)를 써서 시정(詩情)이 넘치는 산수화를 그렸음. ↔북종화.

남중(南中) [명][천] 천체가 자오선의 남쪽을 통과하는 일. 태양의 남중은 정오(正午)에 해당됨. **남중-하다** [동][자][여]

남중국-해(南中國海) [―구캐―] [명][지] 중국·인도차이나 반도·필리핀에 둘러싸인 해역.

남진(南進) [명] (어떤 세력이) 남쪽으로 진출하는 것. ¶~ 정책. ↔북진. **남진-하다**

남짓[-짇] 명 의존 수량을 나타내는 말 다음에 쓰여, 무게·분량·수효 따위가 앞에든 수량보다 조금 남거나 넘는 정도임을 나타내는 말. ¶한 달 ~걸리다.

남짓-하다[-지타-] 형 (무게·분량·수효 따위가) 앞에든 수량보다 조금 남거나 넘는 상태에 있다. ¶쌀이 닷 말 ~.

남-쪽(南-) 명 1 해가 떠오르는 쪽을 바라보고 섰을 때, 그 방향에 대해 오른쪽으로 90도가 되는 방향. 2 남쪽에 있는 지역, 특히, 북한의 지역에 상대하여, 남한의 지역을 이르는 말. =남. ↔북쪽.

남창¹(男唱) 명 음 여자가 남자 목소리로 노래 부르는 일. 또는, 그 노래. ↔여창.

남창²(男娼) 명 여자에게 몸을 파는 남자.

남천(南天) 명 남쪽 하늘. ↔북천.

남청(藍青) 명 짙은 푸른빛. ↔북천.

남측(男側) 명 남쪽 또는 남한의 지역이나 편. ↔북측.

남친(男親) 명 (속) 남자 친구. 인터넷상에서 쓰이는 통신 언어임. ↔여친.

남침(南侵) 명 1 남쪽에 있는 나라가 남쪽에 있는 나라를 침략하는 것. 2 북한이 남한을 침략하는 것. ¶6·25 ~. ↔북침. 남침-하다 동 타여

남탕(男湯) 명 대중목욕탕에서, 남자만이 사용할 수 있도록 구분된 곳. ↔여탕.

남파(南派) 명 남쪽으로 임무를 주어 보내는 것. 특히, 북한에서 남한으로 간첩 따위를 보내는 것. ¶공작선. 남파-되다 동 남파-하다 동 타

남편(男便) 명 결혼하여 여자의 짝이 된 남자를 그 여자에 대하여 이르는 말. ↔부군(夫君). ↔아내.

[**남편 덕을 못 보면 자식 덕도 못 본다**] 시집을 잘못 가면 평생 고생한다.

남편-감(男便-)[-깜] 명 남편으로 삼을 만한 사람.

남포¹ 명 도화선 장치를 하여 폭발시킬 수 있게 된 다이너마이트. ¶을 터뜨리다.

남포²(영<lamp>) =남포등.

남포-등(-燈) 명 석유를 넣은 그릇의 심지에 불을 붙이고 유리로 만든 등피로 덮은 등. =남포. ▷램프.

남포-불[-ㅅ뿔/-ㄹ뿔] 명 남포등에 켠 불.

남풍(南風) 명 남쪽에서 불어오는 바람. ↔북풍. ▷마파람.

남하(南下) 명 (어떤 세력이나 현상 등이) 남쪽을 향하여 내려가거나 내려오는 것. ¶~정책. ↔북상. 남하-하다 동 자여

남-학생(男學生)[-쌩] 명 남자 학생. ↔여학생.

남한(南韓) 명 1 해방 후부터 6·25 전쟁 전까지 북위 38도선 이남의 한국을 이르던 말. 2 6·25 전쟁 후 휴전선 이남의 한국. ↔북한.

남-한대(南寒帶)[지] 지구의 남위 66°5′ 이남의 지대. 반 년씩 낮과 밤이 계속되며, 몹시 추움. ↔북한대.

남한산-성(南漢山城) 명 [지] 경기도 광주시 남한산에 있는 산성. 병자호란 때 청나라에 항복한 곳임.

남해(南海) 명 1 남쪽에 있는 바다. 2 [지] 우리나라 남쪽의 바다.

남해-안(南海岸) 명 남쪽의 해안.

남행(南行) 명 남쪽으로 향하여 가는 것. ¶~열차. ↔북행. 남행-하다 동 자여

남향(南向) 명 남쪽을 향하는 것. 또는, 그 방향. ↔북향. 남향-하다 동 타여

남향-집(南向-)[-찝] 명 대청이 남쪽을 향하여 있는 집. ↔북향집.

남-회귀선(南回歸線)[-회-/-훼-] 명 [지] 남위 23°27′의 위선. 동지에 태양이 이 선을 통과함. ↔북회귀선.

남:획(濫獲)[-회/-훽] 명 (짐승·물고기 따위를) 마구 잡는 것. 남:획-하다 동 타여 ¶어린 물고기를 ~.

납¹(鈉) 명 [화] 무르고 잘 늘어나며 무거운, 푸른빛이 도는 잿빛 고체 금속. 원소 기호 Pb, 원자 번호 82, 원자량 207.19. 방연석 등으로 산출함.

납²(蠟) 명 고급 지방산과 고급 1가 알코올과의 에스테르. 동식물체의 표면에 존재하며, 화장품·의약품 등에 쓰임.

납³(臘) 명 '맵달'의 준말.

납골(納骨)[-꼴] 명 시체를 화장하여 그 유골을 그릇이나 납골당에 모시는 것. 납골-하다 동 타여

납골-당(納骨堂)[-꼴땅] 명 화장한 유골을 모셔 두는 집 형태의 구조물.

납골-묘(納骨墓)[-꼴-] 명 시체를 화장하여 그 유골을 모셔 둔 묘. ¶가족 ~.

납기(納期)[-끼] 명 세금·공과금 등을 내는 시기나 기한. ¶~을.

납길(納吉)[-낄] 명 신랑 집에서 혼인날을 받아 신부 집에 알리는 것. 납길-하다

납-덩이[-떵-] 명 납으로 된 덩어리.

납덩이-같다[-떵-갇따] 형 1 얼굴에 핏기가 없어 납덩이의 빛깔과 같다. ¶그의 얼굴이 납덩이같이 창백해졌다. 2 몸이 몹시 피곤하여 아주 나른하다. ¶몸이 ~.

납득(納得)[-뜩] 명 (남의 말이나 행동, 또는 어떤 일 등을) 헤아려 그것이 그럴만하거나 그럴 수밖에 없겠다고 생각하여 긍정하는 것. 비이해. ¶~이 가도록 자세히 설명하다. 납득-하다 동 타여 ¶너의 그런 행동을 도저히 납득할 수 없다. 납득-되다 동

납-땜(鑞-) 명 땜납으로 쇠붙이를 때우는 것. 납땜-하다 ¶깨어진 솥을 ~.

납땜-인두(鑞-) 명 납땜할 때 쓰는, 인두 모양의 도구. ▷인두.

납량(納涼)[납냥] 명 여름철에 더위를 피하여 서늘함을 맛보는 것. ¶~물(物) / ~특집극. 납량-하다 동 자여

납본(納本)[-뽄] 명 출판사가 초판 또는 개정판에 책마다 일련 번호를 간행했을 때, 2부나 4부 또는 6부의 책을 관계 당국(문화 관광부 장관·국립 도서관·국회 도서관)에 제출하는 것. 납본-하다 동 타여

납부(納付·納附)[-뿌] 명 세금·공과금과 등록금 등을 관계 기관이나 은행 등에 내는 것. 비납입. ¶~기한. 납부-하다 동 타여 ¶세금을 국가에 ~. 납부-되다 동

납부-금(納付金)[-뿌-] 명 납부하는 돈. =납입금.

납북(拉北)[-뿍] 명 북한으로 납치해 가는 것. ¶~자 / ~인사 (人士). 납북-되다 동 ¶그는 6·25 때 납북되었다.

납-빛[-삗] 명 1 푸르스름한 잿빛. 2 창백하게 길리어 안색이 비유적으로 이르는 말. ¶심한 충격으로 얼굴이 ~이 되다.

납석(蠟石)[-썩] 명 [광] 기름 같은 광택이 있고 만지면 매끈매끈한 암석 및 광물의

납세(納稅) [-쎄-] 圖 국가 또는 지방 자치 단체 등에 세금을 내는 것. ¶~자 / ~고지서. ▷징세. **납세-하다** 圄㉗
  납세의 의무 개인이나 법인이 국가나 지방 공공 단체에 세금을 내야 하는 의무.
납시다 [-씨-] 圄⟨궁⟩'나가시다', '나오시다'의 뜻으로, 임금의 거둥 때 쓰이던 말. ¶상감마마 납시오!
납입(納入) 圖 말대로 공과금·등록금 등을 정해진 곳에 내는 것. 圄납부. ¶등록금 ~ 영수증. **납입-하다** 圄㉗ ¶전기 요금을 은행 창구에 ~. **납입-되다** 圄㉗
납입-금(納入金) [-끔] 圖 =납부금.
납작(-作) ¶ 1 말대답하거나 무엇을 받아먹느라 입을 재빨리 딱 벌렸다가 닫는 모양. 2 몸을 바닥에 바싹 대고 냉큼 엎드리는 모양. ¶개가 주인의 발밑에 ~ 엎드렸다.
납작-납작 [-짱-짝] ¶ 여럿이 다 납작한 모양. 圄넓적넓적. **납작납작-하다** 톨㉗
납작-보리 [-짝뽀-] 圖 가공하여 납작하게 누른 보리쌀.
납작-코 [-짝-] 圖 콧날이 서지 않고 납작하게 가로퍼진 코. 또는, 그런 코를 가진 사람. ×빈대코.
납작-하다 [-짜카-] 蟾㉗ ⟨물체가⟩ 두께가 얇으면서 판판하다. ¶**납작한 돌 / 뒤통수가 ~. 圄넓적하다.
납죽 [-쭉] ¶ 1 말대답하거나 무엇을 받아먹느라 입을 냉큼 벌렸다가 닫는 모양. ¶눈치도 없이 ~ 받아먹다. 2 몸을 냉큼 바닥에 대고 엎드리는 모양. ¶~ 엎드려 빌다. 圄넙죽.
납죽-거리다/-대다 [-쭉꺼(때)-] 圄㉗ 1 말대답하거나 무엇을 받아먹느라 입을 냉큼냉큼 벌렸다 닫았다 하다. 2 몸을 바닥에 바싹 대고 냉큼냉큼 엎드리다. 圄납죽거리다.
납죽-납죽 [-쭝-쭉] ¶ 납죽거리는 모양. ¶떠 넣어 주는 밥을 ~ 잘 받아먹다. 圄넙죽넙죽. **납죽납죽-하다** 圄㉗
납채(納采) 圖[민] 전통 혼례 때 신랑 집에서 정식으로 신부 집에 청혼 편지를 내는 일. ▷납폐.
납-축전지(-蓄電池) [-쩐-] 圖[물] 양극에 이산화납, 음극에 납, 전해액에 묽은 황산을 사용한 축전지. 충전이 가능함.
납치(拉致) 圖 어떤 목적을 이루기 위한 불법 수단으로서 사람을 강제로 끌고 가거나 데리고 가는 것. 또는, 사람을 태운 탈것을 강제로 장악하여 끌고 다니는 것. **납치-하다** 圄㉗ ¶항공기를 ~ / 어린이를 ~. **납치-되다** 圄㉗
납치-범(拉致犯) 圖 어떤 사람이나 탈것 등을 납치한 사람.
납폐(納幣) [-폐/-페] 圖[민] 전통 혼례에서, 신랑 집에서 신부 집으로 혼서와 폐백을 함에 담아 보내는 일. ▷납채.
납품(納品) 圖 ⟨주문받은 물건을 주문한 곳에⟩ 가져다 주는 것. ¶~ 일자. **납품-하다** 圄㉗ **납품-되다** 圄㉗
납향(臘享) [-향] 圖[역] 납일(臘日:동지 뒤의 셋째 미일)에 한 해 동안의 농사 형편과 그 밖의 일을 여러 신에게 고하는 제사.
납회(納會) [나푀/나풰] 圖 1 그해의 마지막 모임. 2[경] 거래소에서 실시하는 매월의 최종 입회일. ↔발회(發會).

총칭. =곰돌.

낫 [낟] 圖 풀·곡식을 베거나 나뭇가지를 치는 데 쓰는, 'ㄱ' 자 모양의 농기구.
  [낫 놓고 기역 자도 모른다] 아주 무식하다.
낫:다¹ [낟따] (낫:고 / 나아) 圄ㅅ⟨나으니, 나아⟩ ⟨병이나 상처가⟩ 없어져 원래의 상태 또는 그에 가까운 상태가 되다. ¶병이 다 **나았다**.
낫:다² [낟따] (낫:고 / 나아) 톮ㅅ⟨나으니, 나아⟩ ⟨질·수준 등의 정도가⟩ 견주는 대상보다 더 좋거나 앞서 있다. ¶이쪽이 더 **나은** 대우.
낫-살 [나쌀/낟쌀] 圖 '나잇살'의 준말. ¶~이나 먹은 사람이 점잖지 못하게 웬 추태요?
낫우다 圄㉗ '고치다³'의 잘못.
낫-표(-標) [낟-] 圖 세로쓰기에 사용되는 따옴표의 하나. 「」의 이름. 그 기능은 작은따옴표와 같음.
낭군(郞君) 圖 전날에, 아내가 '남편'을 일컫던 말. 오늘날에는 '남편'을 애스럽게 또는 정답게 이를 때 쓰임.
낭:독(朗讀) 圖 ⟨어떤 글을⟩ 크고 또렷한 목소리로 읽는 것. ¶시 ~. ↔묵독. **낭:독-하다** 圄㉗ **낭:독-되다** 圄㉗
낭-떠러지 圖 산이나 언덕 등의 지형이 수직에 가깝게 급경사를 이룬 상태. 또는, 그런 곳. 圄벼랑·절벽. ¶천야만야한 ~ / 발밑은 천 길 ~다.
낭:랑-하다(朗朗-) [-낭-] 蟾㉗ 1 소리가 맑고 또랑또랑하다. ¶**낭랑한** 음성. 2 빛이 매우 밝다.
낭:림-산맥(狼林山脈) [-림-] 圖[지] 한반도 북부의 중앙에 남북으로 뻗은 산맥.
낭:만(浪漫) 圖 현실보다 이상을 추구하고, 이성보다는 감정을 중시하며, 사랑과 정겨움을 귀하게 여기는 심리 상태나 분위기. ¶꿈과 ~이 있던 학창 시절.
낭:만-적(浪漫的) 펴톰 현실과 이성보다는 이상과 감정과 사랑을 중시하는 특성이 있는 (것). ¶~ 분위기.
낭:만-주의(浪漫主義) [-의/-이] 圖[예] 18세기 말에서 19세기 초에 걸쳐 유럽을 중심으로 융성한 예술상의 사조(思潮). 인간의 개성·감정·정서를 중시함. =로맨티시즘. ▷고전주의.
낭:만-파(浪漫派) 圖 낭만주의를 신봉하는 일파. ▷고전파.
낭:보(朗報) 圖 반가운 소식. ¶우리 선수가 우승했다는 ~가 전해졌다.
낭:비(浪費) 圖 ⟨물자·시간 따위를⟩ 헛되이 헤프게 쓰는 것. ¶물자 ~. **낭:비-하다** 圄㉗ ¶시간을 ~. **낭:비-되다** 圄㉗
낭:비-벽(浪費癖) 圖 낭비하는 버릇.
낭:설(浪說) 圖 터무니없는 헛소문. ¶허무맹랑한 ~이 떠돌다.
낭:송(朗誦) 圖 1 ⟨문장이나 글 따위를⟩ 소리 내어 읽거나 외는 것. 2 ⟨시를⟩ 음률적으로 감정을 넣어 유창하게 읽거나 외는 것. **낭:송-하다** 圄㉗ ¶시를 ~.
낭인(浪人) 圖 1 일정한 직업이 없이 허랑하게 돌아다니며 날을 보내는 사람. 2 지난날, 일본의 떠돌이 무사를 이르던 말.
낭자¹ 圖 여자의 예장(禮裝)에 쓰이는 딴머리의 하나. 쪽 찐 머리 위에 얹고 긴 비녀를 꽂음. ⇒쪽¹.
낭자² (娘子) 圖 예전에, 처녀를 대접하여 이르던 말.
낭자-군(娘子軍) 圖 여자로 조직된 군대

나 선수단이나 기타의 단체. ¶우리의 ~
이 올림픽에서 우승의 패기를 이룩했다.
낭자-머리 [명] 쪽 찐 머리. ¶~를 틀다.
낭자-하다 (狼藉-) [형] [여] (피 따위의 물
질이) 여기저기 얼룩지거나 흩어져 어지
럽다. ¶유혈이 **낭자**한 얼굴.
낭종 (囊腫) [명] 속에 액체나 반고형 물
질이 들어 있는, 주머니 모양의 혹.
낭중지추 (囊中之錐) [명] ['주머니 속의 송
곳'이란 뜻] 재능이 뛰어난 사람은 숨어
있어도 남의눈에 띄게 됨을 이르는 말.
낭창-거리다/-대다 [자] 가는 막대기나
줄이 탄력 있게 자꾸 휘어 흔들린다.
낭창-낭창 낭창거리는 모양. **낭창낭
창-하다** [형] ¶**낭창낭창**한 버들가지.
낭트 (Nantes) [명] [지] 프랑스 서부의 항구
도시.
낭:패 (狼狽) [명] [낭 (狼) 은 앞다리가 길고
패 (狽) 는 뒷다리가 길어서 두 짐승이 서
로 붙어 다녀야 하는데 떨어지면 절룩거리고 넘어
진다는 데서] 일이 실패로 돌아가거나 어
긋나 딱하게 되는 것. ¶차가 끊겨
다니 이기 ~인걸. **낭패-하다** [자]
낭하 (廊下) [명] =복도1.
낮 [낟] [명] 1 해가 지기 때까지의 동안.
↔밤. 2 해가 꽤 높이 떠 있는 동안. 곧,
아침과 저녁의 사이. (비)백주 (白晝).
[낮 말은 새가 듣고 밤 말은 쥐가 듣는다]
아무리 비밀히 하는 말도 반드시 남의 귀에
들어가서 된다는 뜻으로, 항상 말조심해
야 한다는 말.
낮다 [낟따] [형] 1 (사물이) 아래 또는 바닥
에서 위까지의 길이가 기준 대상 또는 보
통의 정도보다 짧다. ¶**낮은** 산 / 천장이
~. 2 (온도·습도·압력 등이) 기준 대상
또는 보통 정도에 미치지 못하는 상태에
있다. ¶혈압이 ~. 3 (품질·품위·성적·능
력 등이) 기준 대상 또는 보통 정도보다
나쁘거나 좋지 못한 상태에 있다. ¶질이
낮은 옷감. 4 (지위·계급 등이) 기준 대상
또는 보통 정도보다 아래에 있다. ¶직위
가 ~. 5 (값이나 비율 등이) 기준 대상
또는 보통 정도보다 적은 상태에 있다. ¶
합격률이 ~. 6 (소리가) 음계상의 (音階上)
아래 단계에 있거나 진동수가 적은 상태
에 있다. ¶**낮은** 목소리. ↔높다.
낮-도깨비 [낟또-] [명] 1 낮에 나타난 도깨
비. 2 체면 없이 마구 행동하는 사람을 비
난하여 이르는 말.
낮-술 [낟쑬] [명] 낮에 마시는 술.
낮은-말 [나즌-] [명] 천한 말. ↔밤말.
낮은음자리-표 [-音-標] [명] [음] 낮은음
을 적기 위한 보표 (譜表) 의 자리표. '𝄢'
로 나타냄. ↔높은음자리표.
낮-잠 [낟짬] [명] 낮에 자는 잠. =오수 (午
睡). ↔밤잠.
낮잠(을) 자다 1 마땅히 서둘러서 해야
할 일을 하지 않고 한가하게 게으름을
피우다. ¶범죄가 극성을 부리는데도 경
찰은 **낮잠**만 **자고** 있다. 2 (물건 따위가)
제대로 쓰이지 않고 방치되어 있다.
낮-추 [낟-] [부] 낮게. ¶비행기가 마을 위로
~ 날아간다.
낮-추다 [낟-] [타] 1 '낮다'의 사동사. ¶
소리를 ~ / 수준을 ~. 2 (말을) 아랫사
람에게 하는 말투로 하다. 해라체 또는
는 하게체로 말하다. ¶어르신, 말씀
낮추십시오. 3 (남에게 자기 또는 자기에
게 딸린 사람이나 사물을) 겸손한 처지에

있게 하다. ↔높이다.
낮추-잡다 [낟-] [타] 일정한 기준보다
낮게 잡다. ¶성적을 조금 **낮추잡아** 대학
에 지원한다.
낮춤-말 [낟-] [명] [언] 상대를 높이는 뜻에
서 자기와 자기에 관계되는 것을 낮추어
이름으로써 겸손한 뜻이 담긴 말. '저',
'소생 (小生)' 따위. ↔높임말.
낯 [낟] [명] 1 사람의 눈·코·입을 중심으로
한, 머리의 앞면 전체를 좀 낮추거나 예
사롭게 이르는 말. (비)얼굴. ¶~을 깨끗이
씻어라. 2 사람의 감정이나 체면 등을 나
타내는 부분으로서의 머리의 앞면. (비)면
목. ¶~이 깎이다 / ~을 들지 못하다.
낯(이) 두껍다 염치가 없고 뻔뻔하여 부
끄러운 줄 모르다.
낯(이) 뜨겁다 남 보기가 부끄럽다. ¶**낯
뜨거운** 장면이 많은 영화.
낯-가림 [낟까-] [명] 어린아이가 낯선 사람
을 대했을 때 두려움을 느끼거나 싫어하
여 울거나 그 사람을 피하려고 하는 것.
낯가림-하다 [자].
낯-가죽 [낟까-] [명] 1 얼굴 껍질을 이루는
살가죽. 2 염치없는 사람을 욕할 때 그의
얼굴을 이르는 말.
낯가죽(이) 두껍다 염치가 없고 뻔뻔하
여 부끄러운 줄을 모르다.
낯-간지럽다 [낟간-] [형] [ㅂ] <~간지러우
니, ~간지러워> 너무 보잘것없어 부끄럽
거나 염치없는 짓이 되어 남 보기에 면구
스럽다. ¶**낯간지럽게** 이걸 어느 코앞에다
내놔.
낯-나다 [난-] [자] =생색나다.
낯-내다 [난-] [타] =생색내다.
낯-모르다 [난-] [타] [ㄹ불] <~모르니, ~몰
라> 누구인 줄 모르다. ¶**낯모르는** 사람.
낯-바닥 [낟빠-] [명] '낯1'을 비속하게 이
르는 말. ¶그러고도 ~을 들고 다니느냐?
낯-부끄럽다 [낟뿌-] [형] [ㅂ] <~부끄러우
니, ~부끄러워> 체면이 없어 얼굴 보이
기가 부끄럽다. ¶**낯부끄러워** 어떻게 얼굴
을 들고 다녀?
낯-빛 [낟삗] [명] 낯의 빛깔이나 기색. (비)안
색. ¶~이 달라지다.
낯-설다 [낟썰-] [형] [ㄹ불] <~서니, ~서오>
(어떤 사람이) 처음 보거나 만난 적이 없
어 얼굴을 잘 알지 못하는 상태에 있다.
¶**낯선** 사람. 2 (어떤 곳이) 처음 보거
나 와 본 지가 아주 오래 되어 어디가 어
딘지 잘 모르는 상태에 있다. ¶**낯선** 고
장. 3 (어떤 일이나 대상이) 처음 겪거나
대하여 서툴고 서먹서먹하다. ¶처음 하는
일이라 **낯설기**만 하다. ↔낯익다.
낯-익다 [난닉따] [형] 1 (어떤 사람이) 자주
보거나 만나거나 하여 눈에 익다. 또는,
(사람의 목소리가) 자주 들어어 귀에 익다.
¶**낯익은** 얼굴 [음성]. 2 (어느 곳이나 대
상이) 자주 가거나 접하거나 대하여 눈에
익다. ¶**낯익은** 거리. ↔낯설다.
낯-짝 [낟-] [명] '낯1'을 비속하게 이르는
말. ¶무슨 ~으로 이 자리에 나타나니?
낱: [낟] [명] 셀 수 있는 물건의 하나하나. ¶
~으로 팔고 산다.
낱-개 [-個] [낟깨-] [명] 따로따로인 한 개
한 개. ¶~로 팔다.
낱-권 [-卷] [낟꿘] [명] 따로따로인 한 권
한 권.
낱:-낱 [난낟] [명] =개개 (個個).
낱:낱-이 [난나치] [부] 하나하나 빠짐없이.

¶잘못을 ~ 밝히다.
낱:-말[난-] 〔언〕=단어.
낱:-알[난-] 몡 따로따로인 한 알 한 알. ¶약은 ~ 판매가 금지되어 있다. ▷낱알.
낱-자(-字)[낟짜] 〔언〕=자모¹.
낱-잔(-盞)[낟짠] 몡 따로따로인 한 잔 한 잔. ¶술을 ~으로 팔다.
낱-장(-張)[낟짱] 몡 종이 따위의 한 장 한 장.
낳:다[나타] (낳고 / 낳아) 围 타 1 (어미가 되는 사람이나 동물이 일정 기간 배 속에 가지고 있던 아이·알·끼·알을 몸 밖으로 내놓다. ¶아이를 ~. 2 (어떤 일이 어떤 결과를) 만들어 내거나 가져오다. ¶전쟁이 **낳은** 비극. 3 (사회적·역사적 상황이나 환경이 어떤 인물이나 사실을) 나타나거나 이루어지게 하다. ¶그녀는 한국이 **낳은** 천재 바이올리니스트다.
내¹ 몡 물건이 탈 때에 일어나는 부옇고 매운 기운. ¶연기.
내² 몡 어떤 물질이나 물건에서 풍기어 코로 느낄 수 있는, 대체로 강하고 역한 기운. ¶땀~ / 비린~. ▷냄새.
내¹³ 몡 시내보다는 크고 강보다는 작은, 평지를 흐르는 물줄기. =개천.
내 천(川) 자 양미간의 찌푸린 주름살을 '川'자에 빗대어 나타낸 말. ¶이마에 ~를 그리다.
내⁴ Ⅰ[대]〔인칭〕 1인칭 대명사인 '나'가 주격 조사 '가'와 결합할 때 그 형태가 변한 말. ¶그러기에 ~가 뭐랬니?
Ⅱ "나'의 낮춘 말. ~ 동생.
[내 손에 장을 지지겠다] 어떤 사실을 절대적으로 확신하여 장담할 때 하는 말.
[내 코가 석 자] 자기 사정이 어려워 남의 사정을 돌볼 겨를이 없다는 말. '오비삼척(吾鼻三尺)'과 같은 말. [내 할 말을 사돈이 한다] 자기가 하려던 말이나 해야 할 말을 도리어 남이 한다.
-내⁵ 〔접미〕 기간을 나타내는 일부 명사에 붙어, 그 기간 동안 처음부터 끝까지 계속됨을 나타내는 말. ¶겨우~ / 여름~.
내¹⁶(內) 몡 〔의존〕 얼마의 시간, 또는 어느 공간이나 내용의 범위를 넘거나 벗어나지 않는 상태임을 나타내는 말. ¶한 시간 ~ / 단지 ~ 놀이터.
내:(內) 〔접두〕 '안'의 뜻. ¶~분비 /~출혈. →외~.
내:-가다 围〔거리〕〈~가거라〉 안에서 밖으로 가져가다. ¶밥상을 ~.
내:각¹(內角) 몡〔수〕 1 다각형에서 인접한 두 변이 안쪽에 만드는 모든 각. 2 한 직선이 두 직선과 각각 다른 점에서 만날 때 두 직선의 안쪽에 생기는 각. ↔외각.
내:각²(內閣) 몡 국가의 행정권을 집행하는 합의제 기관. =연립.
내:각^책임제(內閣責任制) 몡〔정〕=의원 내각제.
내:간(內簡) 몡 전날에, 부녀자끼리 주고 받던 편지.
내:간-체(內簡體) 몡〔문〕 조선 시대에 부녀자들이 일상어를 바탕으로 하여 써 나간 편지·일기·수필 등의 문체.
내:-갈기다 围 1 힘껏 갈기다. 2 글씨를 공들이지 않고 마구 쓰다. ¶글씨를 ~.
내:객(來客) 몡 찾아온 손님.
내:-걸다 目〈~거니, ~거오〉 1 밖이나 앞쪽으로 내어 걸다. ¶간판을 ~. 2 (어떤 문제나 목표·조건 따위를) 앞세우거나

내세우다. ¶부대조건을 ~. 3 (목숨·명예 따위를) 희생할 각오를 하다. ¶그들은 독립을 위해 목숨을 **내걸고** 싸웠다.
내:걸-리다 동〔자〕 '내걸다'의 피동사. ¶선거 공고문이 ~.
내:경(內徑) 몡 1=안지름. ↔외경. 2 총신이나 포신의 구경(口徑). ¶~ 105mm의 곡사포.
내:공¹(內功) 몡 무술·기공 등에서, 호흡 단련과 정신 수양을 통해 몸 안에 잠재력을 기르는 일. 또는, 그 잠재력.
내:공²(內攻) 몡〔의〕 병이나 병균이 몸 겉에 나타나지 않고 내장의 기관을 침범하는 것. **내:공-하다** 동〔자〕(어)
내:과(內科) 몡〔의〕 내장의 기관에 생긴 병을 외과적 수술에 의하지 않고 치료하는, 의학의 한 분야. ↔외과.
내:과-의(內科醫) [-꽈의/-꽈이] 몡 내과적 치료를 전문으로 하는 의사. ↔외과의.
내:관(內官) 몡〔역〕=내시.
내:구(耐久) 몡 오래 견디는 것. **내:구-하다** 동〔자〕(어)
내:구-력(耐久力) 오래 견디는 힘.
내:구-성(耐久性)[-썽] 몡 오래 견디는 성질.
내:국(內國) 몡 1 외국에 상대하여 말하는, 자기 나라. ↔외국. 2 국내. ¶~장.
내:국-세(內國稅)[-쎄] 몡 관세와 톤세(ton稅)를 제외한, 국세의 총칭.
내:국-인(內國人) 몡 자기 나라 사람. ↔외국인.
내:국-환(內國換)[-꾸환] 몡〔경〕한 나라 안에서 이루어지는 송금 또는 채권과 채무의 결제를 현금의 수수에 의하지 않고 금융 기관이나 우체국 등에 위탁하여 처리하는 방식. ↔외국환.
내:-굴리다 围 함부로 내돌려서 마구 다루다.
내:-굽다[-따] 〔자〕 바깥쪽으로 굽어 쩍이다. ¶팔이 들이굽지 **내굽어**? ↔들이굽다.
내:규(內規) 몡 어떤 기관이나 단체가 그 실정에 따라서 따로 정하여 그 내부에서만 시행하는 규정. =내칙. ↔회사~.
내:근(內勤) 몡 회사·관청 따위의 직장 안에서만 일하는 것. ↔외근. **내:근-하다** 동〔자〕(어)
내:기¹ 몡 금품을 걸거나 어떤 약속을 조건으로 하여 승부를 겨루는 일. ¶~ 바둑 / ~ 술. **내:기-하다** 동〔자〕(어)
-내기² 〔접미〕 1 지역을 나타내는 일부 명사에 붙어, 그곳 태생이거나 그곳에서 자란 사람임을 다소 낮추어 이르는 말. ¶서울 ~ / 시골 ~. 2 어떤 말에 붙어서, 그 말이 뜻하는 사람임을 얕잡아 이르는 말. ¶풋 ~ / 보통~. ×-나기.
내:-깔기다 围 바깥쪽으로 힘차게 깔기다. ¶오줌을 ~.
내나 뛰 1 아무 차이 없이 결국은. ¶이렇게 하나 저렇게 하나 ~ 같다. 2 '일껏'의 잘못.
내:-내 뛰 어느 기간 동안 처음부터 끝까지. ⛔줄곧. ¶오전 ~ 비가 내렸다.
내년(來年) 몡 올해의 다음 해. =명년.
내년-도(來年度) 몡 다가올 연도. 또는, 내년의 연도. ▷작년도.
내:-놓다[-노타] 围〔타〕 1 (물건을) 밖으로 꺼내 놓다. ¶이삿짐을 마당에 ~. 2 (신

체 부위를) 바깥으로 노출하다. ¶허연 다리를 **내놓고** 다니다. **3** 가지고 있던 것을 내주거나 차지하였던 것에서 물러서다. ¶가진 거 다 **내놔. 4** 팔려고 하는 물건임을 알도록 드러내다. ¶집을 부동산 중개업소에 ~. **5** (가둔 짐승을) 자유롭게 놀도록 풀다. ¶닭을 **내놓고** 키우다. **6** (주로 '내놓고'의 꼴로 쓰여) (어떤 사실을) 공개적으로 드러내다. ¶금품을 **내놓고** 요구하다. **7** (의견이나 문제를) 제시하다. ¶좋은 아이디어를 ~. **8** (작품이나 상품을) 발표하거나 선보이다. ¶신개발품을 ~. **9** 일정한 범위에서 제외하거나 버리다. ¶**내놓은** 자식.

내ː다[1] (내ː고 / 내어) [동][자] 연기나 불길이 아궁이로 되나오다. ¶바람이 불어 불이 ~.

내ː다[2] (내ː고 / 내어) [동] [1][타] **1** '나다[1]'의 사동사. ¶소문을 ~. **2** 밖으로나 한쪽으로 나오게 하다. ¶옷장을 조금 이쪽으로 **내자. 3** (돈이나 물건을) 주거나 바치다. ¶회비를 ~. **4** (거름 따위를) 논밭에 가져가거나 주다. ¶밭에 거름을 ~. **5** (모나 모종을) 옮겨서 심다. ¶고추 모를 ~. **6** (의견 따위를) 제시하다. ¶안건을 ~. **7** (서류나 문서를) 제출하다. ¶사표를 ~. **8** (편지나 통지 등을) 보내다. ¶편지를 ~. **9** (출판물을) 발행하다. ¶잡지를 ~. **10** (답이나 해석 따위를) 구하거나 밝히다. ¶답을 ~. **11** (가게 따위를) 새로 열거나, (따로 살림을) 차리게 하다. ¶살림을 ~. **12** (빚을) 얻다. ¶빚을 ~. **13** (배를) 물 위에 띄우다. **14** ('한턱' 또는 음식 따위를) 특별히 대접하다. ¶한턱 ~. [2][보조] (동사의 어미 '-아/어'의 아래에 쓰여) 그 동작을 제힘으로 능히 끝냄을 보이는 말. ¶고통을 참아 ~.

내ː다-보다 [동][타] **1** (밖을) 목을 빼거나 고개를 내밀거나 밖이 잘 보이는 위치에 가거나 하여 보다. ¶창밖을 ~. ↔들여다보다. **2** (장차의 일을) 미리 어찌 될 것인가를 헤아리다. ¶미래를 **내다보는** 눈.

내ː다보-이다 [동][자] '내다보다'의 피동사. ¶창밖으로 강이 **내다보이는** 별장. ↔들여다보이다.

내ː-닫다 [-따] [동][자][타][ㄷ] 〈~달으니, ~달아〉 갑자기 밖으로나 앞으로 힘차게 뛰어나가다. [비]내달리다. ¶너른 벌판을 ~.

내ː-달 (來-) [명] 이달의 바로 다음 달. = 훗달. [비]새달·익월.

내ː-달리다 [동][자][타] 밖이나 앞으로 힘차게 달리다. [비]내닫다. ¶적진을 향하여 ~.

내ː당 (內堂) [명] =내실(內室)[1]1. ¶~ 마님.

내ː-던지다 [동][타] **1** (물건을) 아무렇게나 냅다 던지다. ¶그는 화를 참지 못해 책을 **내던졌다. 2** (어떤 대상을) 관계를 끊고 돌아보지 않다. ¶지위와 명예를 ~. **3** (말을) 아무렇게나 한마디 뱉듯이 하다. ¶퉁명스럽게 한마디 툭 ~.

내ː도 (來到) [명] **1** (때·기회가) 오는 것. **2** (어떤 지점에) 와서 닿는 것. ¶다음 달 ~ 예정. **내ː도-하다** [동][자][여]

내ː-돋다 [-따] [동][자] 겉이나 밖으로 돋아 나오다. ¶이마에 땀방울이 ~.

내ː-돌리다 [동][타] 함부로 내놓아 남의 손에 가게 하다. ¶귀중품을 아무렇게나 ~.

내ː-동댕이치다 [동][타] 힘껏 마구 내던지다. ¶홧김에 술잔을 ~.

내ː-두르다 [동][타][르] 〈~두르니, ~둘러〉 **1** 이리저리 함부로 휘두르다. ¶주먹을 ~. **2** 다른 사람 또는 권력 따위를 제 마음대로 다루다.

내ː-드리다 [동][타] **1** (물건을) 윗사람에게 꺼내어 주다. ¶할머니께 장롱에서 베개를 ~. **2** (차지하거나 가졌던 것을) 윗사람에게 넘겨주다. ¶노인에게 자리를 ~.

내ː-디디다 [동][타] **1** (발을) 앞이나 바깥쪽으로 디디다. ¶징검다리를 건너가다가 발을 잘못 **내디뎌** 물에 빠졌다. **2** (어떤 분야나 영역에) 들어가 활동하다. ¶정계에 발을 ~. [준]내딛다.

내ː-딛다 [-따] [동][타] '내디디다'의 준말.

내ː-뛰다 [동][자] **1** 힘껏 밖이나 앞으로 뛰다. **2** 냅다 도망치다.

내ː락 (內諾*) [명] 〔'諾'의 본음은 '낙'〕 **1** 사전에 남몰래 승낙하는 것. **2** 정식으로가 아닌, 우선 하는 승낙.

내ː란 (內亂) [명] 어떤 세력이 정부를 뒤집어엎고 정권을 장악하기 위해 나라 안에서 무력으로 투쟁하는 일.

내러티브 (narrative) [명] 소설·영화·연극 등에서, 인과 관계가 있는 사건의 서술. 곧, 줄거리를 가진 이야기.

내레이션 (narration) [명] 영화·방송극·연극 등에서, 줄거리나 내용을 장면 밖에서 설명해 주는 해설. ×나레이션.

내레이터 (narrator) [명] 영화·방송극·연극 등에서 자기 얼굴은 내비치지 않으면서 줄거리나 장면 등을 해설하는 사람.

내려-가다 [동][거라] 〈~가거라〉 [1][자] **1** 높은 곳에서 낮은 곳으로 향하여 가다. ¶계단을 통해 아래로 ~. **2** 서울에서 시골로 떠나가다. ¶시골 고향으로 ~. **3** 중앙 부서에서 지방 부서로, 위 기관에서 아래 기관으로 가다. **4** (수치나 물가, 온도 따위가) 낮아지거나 떨어지다. ¶기온이 ~. **5** 뒷날이나 아래 세대로 전하여 가다. **6** 음식이 소화되다. ¶밥이나 **내려가면** 공부해라. [2][타] (어떤 곳을) 낮은 쪽이나 아래쪽을 향하여 가다. ¶언덕을 ~. ↔올라가다.

내려-놓다 [-노타] [동][타] 위에 있는 것이나 들고 있는 것을 아래로 놓다. ¶짐을 땅에 **내려놓고** 쉬다.

내려다-보다 [동][타] **1** 위에서 아래로 향하여 보다. ¶비행기에서 지상을 **내려다보니** 아찔했다. **2** 자기보다 한층 낮추어 보다. ¶가난하게 산다고 남을 **내려다보는** 일은 옳지 못하다. ↔올려다보다.

내려다보-이다 [동][자] '내려다보다'의 피동사. ¶바다가 **내려다보이는** 언덕.

내려-뜨리다/-트리다 [동][타] 위에 놓인 것이나 손에 쥔 것을 아래로 내려 떨어뜨리다. ¶두레박을 우물 속으로 ~.

내려-받다 [-따] [동][타] 인터넷이나 컴퓨터 통신을 통하여 파일이나 데이터를 전송받다. ¶인터넷에서 음악 파일을 ~. ↔올리다.

내려-서다 [동] [1][자] 높은 곳에서 낮은 곳으로 내려와 서다. ¶단 아래로 ~. [2][타] (층계 따위를) 낮은 쪽을 향하여 옮겨 서다. ¶계단을 **내려서다가** 발을 삐었다.

내려-쓰다 [동][타] 〈~쓰니, ~써〉 아래로 낮게 자리를 잡아서 글을 쓰다. ¶제목 밑에 본문을 한 줄 ~.

내려-앉다 [-안따] [동][자] **1** (지반·건물·다리 등이) 본래의 구조를 지탱하지 못하고 꺼지거나 무너지다. ¶천장이 ~. **2** (새·

날벌레·비행기 등이) 공중에서 날기를 그치고 땅 위나 물체 위로 모이다 ¶몸체를 두다. ¶비행기가 활주로에 ~. 3 (낮은 지위나 직책으로) 내려간 상태가 되다. ¶부장에서 과장으로 ~. 4 (가슴이나 심장이) 크게 놀라서 충격을 받다. ¶그 말을 듣는 순간 가슴이 덜컥 내려앉았다.
내려-오다 图〔~오너라〕 ①困 1 높은 곳에서 낮은 곳으로 향하여 오다. ¶등산객들이 산에서 ~. 2 과거부터 지금까지 전해. ¶조상 대대로 내려온 가보(家寶). 3 중앙 부서에서 지방 부서로, 위 기관에서 아래 기관으로 옮겨 오다. ¶본점에서 **내려오신** 분입니다. 4 차례나 계통을 따라서 전해 오다. ¶상부에서 **내려**온 명령. ②탸 1 높은 데서 낮은 데로 옮겨 오다. ¶차에서 짐을 좀 **내려오**너라. 2 (어떤 곳을) 낮은 곳이나 아래쪽으로 향하여 오다. ¶산을 ~.
내려-지다 图困 명령이나 지시가 계통을 따라 아래로 전해지다. ¶계엄령이 ~.
내려-치다 图困 1 (어떤 물건, 또는 어떤 물건으로 어느 것을) 아래로 움직여 치다. ¶사범은 벽돌을 주먹으로 **내려쳤**다. 2 (어떤 물체가) 아래로 떨어져 (어떤 대상을) 치다. ¶선반 위에 있던 약병이 떨어지면서 그의 머리를 **내려쳤**다.
내:력¹(內力) 몡〖물〗 물체 내에서 서로 작용하는 힘.
내력²(來歷) 몡 1 어떤 사물이 지나 온 유래. ¶저 집이 폐가가 된 데에는 ~이 있다. 2 =내림.
내로라-하다 图困 자기가 제일 잘났다고 뽐내거나 큰소리치다. ¶**내로라하**는 재계(財界)의 인사들이 한곳에 모였다.
내:륙(內陸) 몡〖지〗 바다에서 멀리 떨어진 육지. ¶~ 지방.
내:륙-국(內陸國)〔-꾹〕 몡〖지〗 정치 지리학상, 영토가 바다에 닿지 않고 육지만에만 들어 있는 나라. 스위스·몽골 따위.
내리 ¶ 1 위에서 아래로 향하여. ¶공을 ~ 던지다. 2 처음부터 끝까지. 囲줄곧. ¶~ 세 시간을 잤다. 3 사정없이 마구. ¶~ 짓누르다.
내리-깔다 图〔~까니, ~까오〕 윗눈시울로 눈알을 반쯤 덮고 시선을 아래로 보내다. ¶소녀는 눈을 다소곳이 **내리깔**고 있었다.
내리-꽂다〔-꼳따〕图 (물체를) 위에서 아래로 힘차게 꽂다. 또는, 세차게 던지거나 치거나 하여 꽂듯이 아래로 가게 하다. ¶공을 빈 자리에 강스파이크로 ~.
내리꽂-히다〔-꼬치-〕图困 '내리꽂다'의 피동사.
내리-꿰다 图탸 (무엇의 내용이나 사정 등을) 속속들이 다 알고 있다. ¶연예인이라면 그 애가 환히 **내리꿰**고 있다.
내리-누르다 图탸困〔~누르니, ~눌러〕 1 위에서 아래로 힘을 주어 누르다. 2 꼼짝 못하도록 강제로 억압하다. ¶막강한 권력으로 힘없는 백성들을 ~.
내리다 图 ①困 1 (사물이) 높은 곳에서 아래로 움직여 땅이나 바닥에 있는 상태가 되다. ¶눈이 ~. 2 (사람이 탈것에서) 나와 땅 위에 있는 상태가 되다. ¶차에서 ~. ↔오르다. 3 (값·온도·습도 등의 수치가) 낮은 수준이나 정도에 있게 되다. ¶몸의 열이 ~. 4 무속에서, (신이) 사람의 몸에 드는 상태가 되다. ¶신이 **내려** 무당이 되다. 5 (먹어서 없던 것이) 소화가 되어 위에서 창자로 가게 되다. ¶침을 맞았더니 체한 게 내렸다. 6 (살이) 빠지는 상태가 되다. ¶병치레로 살이 **내렸**다. 7 (부었던 살이) 가라앉아 본래의 상태가 되다. ¶부기가 ~. 8 (뿌리가) 제대로 옮겨 흙 속에 자리를 잡다. ¶묘목의 뿌리가 ~. 9 (어둠이) 해가 지면서 땅 위에 생기다. ¶산 마을에는 일찍 어둠이 **내린**다. ②탸 1 (물건을) 높은 곳에서 아래로 움직여 낮은 곳에 있게 하다. ¶짐을 선반에서 ~. 2 (사람이 탈것을) 나와 땅 위에 있는 상태가 되다. ¶택시를 ~. 3 (값 따위의 수치를) 낮은 수준에 있게 만들다. ¶물건 값을 10% ~. 4 (아주 높은 존재나 사람이 상·선물·복·벼슬·벌 따위를) 베풀거나 주다. ¶벼슬을 ~. 5 (윗사람이 아랫사람에게 명령·분부 따위를) 주어서 받거나 이행하게 하다. ¶명령을 ~. 6 (결정·판단·평가 등을) 짓거나 이루는 상태가 되다. ¶결론을 ~. 7 (먹어서 얹힌 것을) 소화가 되는 상태로 만들다. ¶체중을 ~. 8 (발이나 블라인드 따위를) 아래로 늘어진 상태가 되게 하다. ¶막을 ~. 9 (뿌리를) 제대로 뻗어서 흙 속에 자리를 잡다. ¶나무가 뿌리를 ~.
내리-닫이〔-다지〕 몡〖건〗 두 짝의 창을 위아래로 여닫게 만든 창. ↔가로닫이.
내리-뜨다 图〔~뜨니, ~떠〕 눈을 아래로 향하여 뜨다. ¶눈을 ~. ↔치뜨다.
내리-막 몡 1 길이나 지형이 아래쪽으로 경사를 이룬 상태. 또는, 그런 길이나 지형. 囲내리받이. ¶~ 차로. 2 형편이나 형세가 퇴보하거나 쇠되하는 상태인 것. ¶그의 운명도 이제는 ~이다. ↔오르막.
내리막-길〔-낄〕 몡 1 길이나 지형이 아래쪽으로 경사를 이룬 길. 2 형편이나 형세가 퇴보하거나 쇠되하는 상태. ¶인생의 ~에 들어서다. ↔오르막길.
내리받-이〔-바지〕 몡 비탈진 곳의 내려가는 방향. 또는, 그런 부분. 囲내리막.
내리-붓다〔-붇따〕图〔~부으니, ~부어〕 위에서 아래로 붓다. ¶물을 대야째로 머리에서부터 **내리부었**다.
내리-비치다 图困 위에서 아래로 비치다. ¶백사장에 햇빛이 ~.
내리-사랑 몡 손윗사람의, 손아랫사람에 대한 사랑. ↔치사랑.
〖**내리사랑은 있어도 치사랑은 없다**〗 윗사람이 아랫사람을 사랑할 수는 있어도 아랫사람이 윗사람을 사랑하기는 어렵다.
내리-지르다 图〔~지르니, ~질러〕 ①困 (물이나 바람 따위가) 아래쪽으로 세차게 흐르거나 불다. ②탸 위에서 아래로 힘껏 지르다. ¶주먹으로 벽돌을 ~.
내리-쬐다〔-쬐-/-쮀-〕图困 (볕이) 세차게 내리비치다. ¶햇볕이 ~.
내리-찍다〔-따〕 图탸 위에서 아래로 찍다. ¶도끼로 나무를 ~.
내리-치다 图탸 (어떤 물건을 또는 어떤 물건으로 어느 것을) 사정없이 아래로 움직여 치다. ¶그는 적의 뒤통수를 개머리판으로 **내리쳤**다.
내리-퍼붓다 图困탸困〔~퍼부으니, ~퍼부어〕 (비·눈 따위가) 계속하여 마구 오다. ¶온종일 비가 **내리퍼부었**다.
내리-훑다〔-훌따〕图탸 위에서 아래까지 죽 살펴보다.
내림 몡 혈통적으로 유전되어 내려오는 특

성. =내력(來歷). [비]유전. ¶키가 작은 것은 그 집 ~이다.
내림-굿[-꾿] [명][민] 신병을 앓는 사람이 무당이 되기 위해 다른 무당의 도움을 받아 몸에 내린 신을 맞아들이는 굿.
내림-새 [명][건] 한 끝에 반달 모양의 혀가 붙은 암키와. ↔막새.
내림-세(-勢) [명] 시세가 떨어지는 형세. [비]하락세. ¶주가가 ~로 돌아서다. ↔오름세.
내림차-순(-次順) [명][수] 다항식에서 각 항을 차수(次數)가 높은 것부터 차례로 쓰는 일. ↔오름차순.
내림-폭(-幅) [명] 주가 따위의 시세가 내린 폭. ↔오름폭.
내림-표(-標) [명][음] 음의 높이를 반음 내리게 하는 표. 기호는 ♭. =플랫. ↔올림표.
내ː막(內幕) [명] 외부에 드러나지 않은 채 감춰져 있는 일의 내용. ¶그 사건의 ~은 아무도 모른다.
내ː-맡기다[-맏끼-] [동][타] 남이 마음대로 하도록 맡기다. [비]일임하다. ¶몸을 ~.
내ː-먹다[-따] [동][타] (속에 들어 있는 것을) 끄집어내어서 먹다.
내ː면(內面) [명] **1** 물건의 안쪽. **2** 겉모습이나 행동으로 드러나지 않는, 인간의 마음의 작용과 사고(思考)가 이뤄지는 영역. ¶~의 심리를 묘사한 소설. ↔외면.
내ː면-세계(內面世界) [-계/-게] [명] 의식 내부의 세계.
내ː면-적(內面的) [관][명] 내부에 관한 (것). 또는, 내용이나 정신에 관한 (것). ¶~ 세계. ↔외면적.
내ː-명부(內命婦) [명][역] 궁중에서 품계를 받은 여자의 총칭. 빈·귀인·소의·상궁 따위. ↔외명부.
내ː-몰다 [동][타] 〈~모니, ~모오〉 **1** 밖으로 몰아내어 쫓다. ¶소를 우리 밖으로 ~. ↔들이몰다. **2** 앞으로 급히 달리도록 몰다. ¶차를 ~.
내ː몰-리다 [동][자] '내몰다'의 피동사.
내ː무(內務) [명] 나라 안의 행정에 관한 업무. ↔외무.
내ː무-반(內務班) [명][군] 병영 안에서 사병들이 내무 생활을 하는 조직의 단위. 또는, 그 기거하는 방.
내ː-밀다 [동][타] 〈~미니, ~미오〉 **1** (신체나 물체의 일부분을) 앞이나 밖으로 나가게 하다. ¶혀를 ~. **2** (어떤 대상을) 힘껏 밀어서 어떤 곳의 밖으로 나가게 하다. ¶몰려드는 사람들을 문밖으로 ~. **3** (상대에게 돈이나 물건을) 받으라고 주다.
내ː밀-리다 [동][자] '내밀다'의 피동사.
내ː밀-하다(內密-) [형][여] 남몰래 넌지시 하여 겉으로 드러나지 않다. ¶**내밀한** 부탁. **내ː밀-히** [부] ¶~ 조사하다.
내ː방¹(內房) [명] =안방1. ¶~ 마님.
내ː방²(來訪) [명] 만나러 찾아오는 것. **내ː방-하다** [동][자][타][여] ¶외국 시찰단이 우리 회사를 ~.
내ː-뱉다[-밷따] [동][타] **1** (입 안의 물질을) 입 밖으로 '퉤' 하고 내보내다. ¶침을 ~. **2** (비교적 짧은 말을) 퉁명스럽게 또는 못마땅한 어조로 입 밖으로 나가게 하다. ¶참다못해 한마디 **내뱉었다**.
내ː-버리다 [동][타] (못 쓰게 된 물건 따위를) 아주 버리다. ¶낡은 장롱을 ~.
내버려 두다 (어떤 일이나 대상을) 상관하거나 보살피지 않고 그냥 두다. ¶혼자 있고 싶으니 날 좀 **내버려 두세요**.
내ː벽(內壁) [명] =안벽¹. ↔외벽.
내ː-보내다 [동][타] **1** 안에서 밖으로 나가게 하다. **2** 일하던 곳이나 살던 곳에서 아주 나가게 하다. ¶가정부를 ~.
내보-이다 [동][타] **1** (물건을 다른 사람에게) 꺼내어 보이다. ¶운전면허증을 교통순경에게 ~. **2** (속마음을 다른 사람에게) 드러내어 보이다. ¶상대에게 속마음을 ~.
내ː복¹(內服) [명] 겉으로 보이지 않게 속에 입는 옷. 특히, 겨울에 입는 소매가 긴 상의나 가랑이가 긴 하의. [비]내의.
내ː복²(內服) [명] (약을) 먹는 것. ↔외용(外用). **내ː복-하다** [동][타][여]
내ː복-약(內服藥) [-봉냑] [명] 먹는 약. ↔외용약.
내ː부(內部) [명] **1** 물체·몸·장치·구조물 등의 안쪽 부분. ¶~ 수리. **2** 어떤 조직이나 집단의 범위 안. ¶이건 ~ 사정을 잘 아는 자의 소행이다. ↔외부.
내ː부자^거ː래(內部者去來) [명][경] 증권 회사의 임직원 또는 주요 주주가 자사(自社)의 기밀 정보를 이용하여 주식을 매매하는 일.
내ː부-적(內部的) [관][명] 내부에 관계되거나 한정된 (것). ¶조직의 ~ 갈등.
내ː분¹(內分) [명][수] 한 선분을 그 위의 임의의 한 점을 경계로 하여 두 부분으로 나누는 일. ↔외분. **내ː분-하다** [동][타][여]
내ː분²(內紛) [명] 내부에서 저희끼리 일으키는 분쟁. ¶당에 ~이 일어나다.
내ː-분비(內分泌) [명][생] 몸 안에서 생긴 호르몬을, 도관(導管)을 거치지 않고 직접 혈액이나 체액 속에 보내는 작용. ↔외분비.
내ː분비-선(內分泌腺) [명][생] 내분비 작용을 하는 샘. 부신·뇌하수체·갑상선·부갑상선·정소·난소 따위. ↔외분비선.
내ː-불다 [동][타] 〈~부니, ~부오〉 바깥쪽으로 향하여 불다. ¶입김을 ~.
내ː-붙이다[-부치-] [동][타] '나붙다'의 사동사. ¶벽보를 ~.
내ː-비치다 [동] [1][자] **1** (빛이) 앞이나 밖으로 향하여 비치다. ¶불빛이 창밖으로 ~. **2** (속의 것이) 겉으로 드러나 보이다. ¶속이 훤히 **내비치는** 옷. [2][타] (마음속의 생각이나 상대가 모르는 사실 등을) 말하여 밖으로 나타내다. ¶사임할 뜻을 ~.
내ː빈(來賓) [명] 모임에 공식적으로 초대를 받고 온 손님. ¶여러 ~을 모시고 이 자리를 함께하게 되어 기쁩니다.
내ː-빼다 [동][자] (사람이) 붙잡히지 않으려고 있던 곳에서 벗어나 다른 곳으로 빠르게 가다. [비]빼다. ¶사고를 내고 **내뺐다**.
내ː-뻗다[-따] [동] [1][자] **1** 뻗어 나가다. **2** 하는 김에 끝까지 힘껏 버티다. [2][타] 바깥쪽으로 힘차게 뻗다. ¶팔을 ~.
내ː뻗-치다 [동][자][타] 힘차게 내뻗다.
내ː-뽑다[-따] [동][타] **1** (팔이나 목 따위를) 길게 뻗어 내다. ¶목을 **내뽑고** 사방을 두리번거리다. **2** 힘을 들여 소리를 길고 높게 내다. **3** 밖으로 뽑아내다.
내ː-뿜다[-따] [동][타] 밖으로 세게 뿜다. ¶시원스럽게 **내뿜는** 분수의 물줄기.
내ː사¹(內査) [명] **1** 은밀히 조사하는 것. [비]뒷조사. **2** 조직체가 자체적으로 내부를 조사하는 것. **내ː사-하다**¹ [동][타][여]
내ː사²(來社) [명] 회사나 신문사 등에 찾아

오는 것. 내:사-하다²[자][여]
내:산(耐酸) [명] 산(酸)에 잘 침식되지 않고 견뎌 냄. ¶~성(性).
내:색(-色) [명] 마음속에 있는 어떤 감정을 얼굴 표정이나 행동으로 드러내는 것. 또는, 그 얼굴 표정이나 행동. ¶싫은 ~을 하다. 내:색-하다 [동][바][여] ¶그는 마음에 들지 않았지만 내색하지 않았다.
내:생(來生) [명][불] 삼생(三生)의 하나. 죽은 후에 다시 태어남. 또는, 그 생애. =후생. ▷전생·금생.
내:선(內線) [명] 관청이나 회사에서 일정한 구내에서만 통하는 전화선. ↔외선.
내:성¹(內省) [명] 깊이 자기 자신을 돌이켜 보는 것. 내:성-하다 [동][자][여]
내:성²(內城) [명] 이중으로 쌓은 성에서, 안에 있는 성. ↔외성.
내:성³(耐性) [명] 1[의] 환경 조건의 변화에 견딜 수 있는 생물의 성질. 2[의] 약물의 반복 복용에 의해 약효가 저하하는 현상. 또는, 세균 등의 병원체가 화학 요법제나 항생 물질의 계속적인 사용에 대해 나타내는 저항성.
내:-성기(內性器) [명][생] 몸 안에 있어서 밖에서는 보이지 않는 성기. 남성의 경우는 고환·부고환·정관·정낭·전립선, 여성의 경우는 난소·나팔관·자궁 따위. ↔외성기.
내:성-적(內省的) [관] 사람의 성격이 남들과 잘 어울리지 않고 자기감정이나 속마음을 겉으로 드러내지 않는 특성을 가진 (것). ¶~인 성격.
내:세(來世) [명][불] 삼세(三世)의 하나. 죽은 뒤에 다시 태어나 산다는 미래의 세상. =미래·후세. ¶~관(觀).
내:-세우다 [동][타] 1 (대상을) 밖이나 앞에 나와 서게 하다. ¶키가 작은 사람을 맨 앞에 ~. 2 (사람을 어떤 일에) 나서게 하거나 나서서 행동하게 하다. ¶K를 협상 대표로 ~. 3 (물건을) 눈에 잘 뜨이게 내놓다. ¶간판을 문 앞에 ~. 4 (무엇을) 자랑거리나 높이 평가할 만한 것으로 내놓다. ¶내세울 것 없는 집안. 5 (어떤 이념이나 주의 등을) 어떤 일을 하거나 실천하는 데 지침이나 바탕이 되게 하다. ¶경제 우선 정책을 ~. 6 (의견이나 주장 등을) 조금도 양보하거나 굽힘이 없이 고집하는 태도를 보이다. ¶그렇게 네 입장만 **내세우지** 말고 내 말 좀 들어 봐.
내셔널리스트(nationalist) [명] 내셔널리즘을 신봉하거나 그런 태도를 가진 사람.
내셔널리즘(nationalism) [명] 1 =국가주의. 2 =민족주의1.
내:-솟다 [-솓따] [동][자] 1 밖이나 위로 솟아 나오다. ¶샘물이 ~. 2 (어떤 느낌이나 기운이) 세차게 생겨 나오다.
내:수¹(內水) [명] 1 한 나라의 영토 안에 있는, 바다를 제외한 하천·호수 따위. 2 수문(水門)이 막혀 괴어 있거나, 낮은 지대의 늪 따위에 비가 와서 괸 물.
내:수²(內需) [명] 국내에서의 수요. ¶~ 산업. ↔외수.
내:수-성(耐水性) [-썽] [명] 외부로부터 침입하는 수분이나 습기를 막아 견디 내는 성질.
내:숭 [명] 엉큼한 마음을 짐짓 감추면서 겉으로 점잖거나 얌전한 채 꾸미는 일. 또는, 기분이 좋거나 기쁘거나 어떤 일을 몹시 하고 싶거나 한 진짜 속마음을 감추

면서 겉으로 전혀 안 그런 채하는 일. ¶속으로는 좋으면서도 싫다는 ~을 떤다.
내:-쉬다 [동][타] (숨을) 밖으로 내보내다. ¶가쁜 숨을 ~. ↔들이쉬다.
내:습¹(來襲) [명] (적이) 습격해 오는 것. ¶적의 ~에 대비하다. 내:습-하다[자][여]
내:습²(耐濕) [명] 습기에 잘 견딤. ¶~성.
내:시(內侍) [명][역] 1 고려 시대에 왕을 가까이서 모시던 문관. 2 조선 시대에 궐내의 잡무를 맡아보던. 거세된 남자인 환관이 임명되었음. =내관.
내:시-경(內視鏡) [명] 위장이나 체강의 내부를 관찰하는 기계(器械)의 총칭. 기관지경·위경 따위.
내:식(耐蝕) [명] 부식(腐蝕)에 잘 견디는 것. ¶~성(性).
내:신¹(內申) [명] 1 인사 문제나 어떤 사업 내용 등을 공개하지 않고 상신(上申)하는 것. 2 상급 학교 진학이나 취직에 있어, 선발(選拔)의 자료가 될 수 있게 지원자의 출신 학교에서 학업 성적·품행 등을 적어 보내는 일. ¶~ 성적. 내:신-하다 [동][바][여] ¶고교 성적을 ~.
내:신²(內信) [명] 나라 안의 소식. ↔외신.
내:실¹(內室) [명] 1 부녀자가 거처하는 안방. =내당(內堂) 2 남의 아내를 높여 이르는 말.
내:실²(內實) [명] 내적인 충실. ¶~을 기하다 / ~을 다지다.
내:실-화(內實化) [명] 내적인 충실로 되는 것. ¶학교 교육의 ~를 꾀하다. 내:실화-하다 [동][자][타][여] 내:실화-되다 [동][자]
내:심¹(內心) [I] [명] 드러내지 않거나 감추고 있는 실제의 속마음. ¶말은 그렇게 하지만 ~은 좋아하는 것 같더라. [II] [부] 실제의 속마음으로.
내:심²(內心) [명][수] 다각형의 각 각(角)의 이등분선이 만나는 점. ↔외심.
내:-쏘다 [동][타] 1 거리낌 없이 남의 감정을 찌르는 말로 쏘아붙이다. 2 (화살이나 총알 따위를) 안에서 밖으로 향하여 마구 쏘다.
내:-쏟다 [-따] [동][타] 1 앞이나 밖으로 마구 쏟다. ¶눈물을 ~. 2 속으로 생각하거나 알고 있던 것을 다 털어놓다.
내:-앉다 [-안따] [동][자] 앞으로 나와 앉다.
내:압(耐壓) [명] 압력에 견딤. ¶~성(性).
내:야(內野) [명][체] 1 야구장에서, 본루·일루·이루·삼루를 연결한 선의 구역 안. 2 '내야수'의 준말. ↔외야.
내:야-수(內野手) [명][체] 야구에서, 내야를 맡아 지키는 선수의 총칭. 일루수·이루수·삼루수·유격수를 말함. ▷내야. ↔외야수.
내:역(內譯) [명] 어떤 일에 따른 수량·액수 등의 자세한 내용. ▷=명세. ¶거래 ~.
내:역-서(內譯書) [-써] [명] 어떤 일에 따른 수량이나 액수 등을 항목별로 자세히 기록한 글이나 문서.
내:연¹(內緣) [명][법] 법적인 혼인 신고는 하지 않았으나 실질적으로는 부부 생활을 하고 있는 관계. ¶~ 관계 / ~의 처.
내:연²(來演) [명] 그곳에 와서 공연하는 것. 내:연-하다 [동][자][여]
내:연^기관(內燃機關) [명] 연료의 연소에 의하여 생긴 고온·고압 가스를 직접 이용하여 작동하는 기관.
내:열(耐熱) [명] 높은 열에 견딤. ¶~성.

내:열^유리(耐熱琉璃)[-류-] 명 열팽창률이 작고 온도의 급변에도 잘 견디는 유리. 석영 유리·파이렉스 유리 따위.
내:-오다 타(너라)(<-오너라) 안에서 밖으로 가져오다. ¶마실 것 좀 내오너라.
내:왕(來往) 명 1 오고 가고 하는 것. 왕래. 2 서로 사귀며 상종하는 것. 내:왕-하다 자(여)¶친척도 별로 없는데 나라도 자주 내왕해라.
내:외(內外)[-외/-웨] 명 ['안과 밖'의 뜻] 1 나라 안과 나라 밖. ↔기자. 2 (수량을 나타내는 말 다음에 쓰이어) 그 수량을 약간 넘거나 못 미치는 상태로, 그에 거의 가까움을 나타내는 말. 비안팎. ¶원고지 20매 ~의 수필. 3 (주로, 한정하는 말 다음에 쓰이어) 아내와 남편을 아울러 지칭하는 말. ¶아들 ~.
내:외(內外)[-외/-웨] 명 1 지난 시대에 유교적 관념에서, (부녀자가) 외간 남자의 얼굴을 대하기를 피하는 일. 2 (어떤 사람이) 이성(異性)을 마주 대하지 못하고 부끄러워하는 것. 내:외-하다 자(여)
내:외-간(內外間)[-외/-웨-] 명 부부 사이. =내외지간. ¶부부간. ¶~에 금실이 아주 좋다.
[내외간 싸움은 칼로 물 베기라] 부부간의 싸움은 곧 다시 화합된다.
내:외-분(內外-)[-외/-웨-] 명 '부부(夫婦)'를 높여 이르는 말.
내:-외신(內外信) 명 내신과 외신을 아울러 이르는 말. ¶기자 회견장에 ~ 기자가 모두 모이다.
내:외지간(內外之間)[-외/-웨-] 명 =내외간.
내:용(內容) 명 1 어떤 일의 전후의 사정이나 과정. ¶사건의 ~. 2 말이나 글로 표현되는 대상이 담고 있는, 말하려는 뜻이고자 하는 줄거리나 중심 되는 의미. ¶책 ~. 3 어떤 대상이 가지는, 의의 있는 의. ¶~ 없는 강의. ↔형식.
내:용-물(內容物) 명 용기 속에 든 물건. 비알맹이. ¶상자 속의 ~을 확인하다.
내:용^증명(內容證明) 명[법] =내용 증명 우편.
내:용^증명^우편(內容證明郵便) 명[법] 우편물의 내용 및 그 발송 사실에 대하여 우체국장이 증명하는 제도. 또는, 그 우편물. =내용 증명.
내:우(內憂) 명 나라 안의 온갖 걱정. 비내환. ↔외우(外憂).
내:우-외환(內憂外患)[-외/-웨-] 명 나라 안팎의 여러 가지 근심과 걱정.
내음 명 코로 맡을 수 있는 향기로운 기운. 주로 문학적 표현에 쓰임.
내:응(內應) 명 (밖에 있는 사람이) 안에 있는 사람과 몰래 통하는 것. 비내통. 내:응-하다 자(여)
내:의(內衣)[-의/-이] 명 겉으로 보이지 않게 속에 입는 옷. 비속옷·속내의.
내:-의원(內醫院)[-역] 명 조선 시대에 궁중의 의약을 맡아보던 곳.
내:이(內耳) 명[생] 귀의 가장 안쪽, 중이(中耳)의 안쪽에 있고 단단한 뼈로 둘러싸인 부분. 달팽이관·전정(前庭)·반고리관으로 이루어짐. =내이. ↔외이.
내:인(內因) 명 내부에 있는 원인. ↔외인.
내일(來日) I 명 1 오늘의 바로 다음 날. =명일. 2 (비유적) 가까운 미래, 또는 그에 대한 기대나 희망을 비유적으로 이르는 말. ¶한국의 ~을 짊어지고 나아갈 새싹. 준낼. II 부 오늘의 바로 다음 날에. 준낼.
내일-모레(來日-) 명 1 어떤 때가 아주 가까이 닥쳐 있음을 이르는 말. ¶대학 입시가 ~인데 공부는 안 하고 될 하느냐? 2 내일의 다음 날인 모레. 준낼모레.
내:자[1](內子) 명 남에게 자기 아내를 일컫는 말.
내:자[2](內資) 명 국내에서 조달되는 자본. ¶~ 조달. ↔외자.
내:장(內粧) 명[건] 집 안을 꾸미는 것. 또는, 그 일. 내:장-하다(內粧-) 타(여)
내:장[2](內裝) 명 건물 등의 내부를 어떤 시설로 꾸며 갖추는 것. ¶~ 공사. ↔외장. 내:장-하다(內裝-) 타(여)¶실내를 단열재로 ~. 내:장-되다 자(여)
내:장[3](內藏) 명 (어떤 장치를) 물건의 내부에 설치하는 것. 또는, 그렇게 설치한 상태. 내:장-하다(內藏-) 타(여)¶플래시와 노출계를 내장한 카메라. 내:장-되다 자(여)¶시디플레이어가 본체에 ~.
내:장[4](內臟) 명[생] 사람이나 동물의 가슴과 배 안에 있는, 소화기·호흡기·비뇨 생식기·내분비선 등의 기관.
내:장-근(內臟筋) 명[생] 척추동물의 내장 여러 기관의 벽, 혈관·림프관 등의 벽을 형성하고 있는 근육. 불수의근임.
내:장-산(內藏山) 명[지] 전라북도 정읍에 있는 산. 높이 763m.
내:장-형(內藏型) 명 어떤 장치가 밖으로 드러나지 않고 물건 내부에 설치되어 있는 유형. ¶~ 모뎀. ↔외장형.
내재(內在) 명 (어떤 사물·성질 등이) 그것 자체의 내부에 본래적으로 갖추어져 있는 것. ¶~ 의식. ↔외재. 내:재-하다(여)¶그의 문학에는 절망과 불안 의식이 내재해 있다. 내:재-되다 자(여)
내:재-율(內在律) 명[문] 자유시나 산문시 등에서 문장 안에 잠재적으로 깃들어 있는 운율. ↔외형률.
내:재-적(內在的) 관[어떤 현상 안에 존재하는 (것). ¶~ 원인.
내:-적(內的)[-쩍] 관 1 사물 내부의 모양이나 상태에 관한 (것). ¶~ 구조. 2 정신이나 마음의 작용에 관한 (것). 비내면적. ¶~ 자유. ↔외적.
내:전[1](內殿) 명[역] 1 =중궁전(中宮殿). 2 =안전[1].
내:전[2](內戰) 명 국내에서의 전쟁, 특히 내란을 이르는 말.
내:점(來店) 명 가게에 오는 것. 내:점-하다 자(여)
내:접(內接) 명[수] 어떤 도형이 다른 도형의 안쪽에서 접하는 일. ↔외접. 내:접-하다 자(여)
내:접-원(內接圓) 명[수] 1 한 원 안에 있고 그 원둘레의 한 점에서 만나는 원. 2 다각형의 안에서 그 원둘레가 각 변에 닿는 원. ↔외접원.
내:-젓다[-젇-] 타(ㅅ)(<-저으니, -저어) (액체나 가루를) 힘껏 젓다. 2 (팔이나 꼬리 등을) 힘껏 젓다. 3 (손이나 머리를) 거절하거나 싫다는 뜻으로 힘껏 젓다.
내:정[1](內定) 명 공식 발표에 앞서 단체나 회사나 기관의 내부에서 어떤 사람을 어느 직책에 임명하기로 미리 정하는 것. ¶~-자(者). 내:정-하다 타(여) 내:정-되다 자(여)¶후임자가 ~.

내:정(內政) 뗑 나라 안의 정치.
내:정^간섭(內政干涉) 뗑[정] 다른 나라의 정치에 간섭하거나 그 주권을 속박·침해하는 일.
내조(內助) 뗑 남편이 사회 활동이나 일을 취하고자 하는 일을 잘할 수 있도록 아내가 곁에서 돕는 것. ¶그가 학자로서 성공하기까지는 ∼의 힘이 컸다. ↔외조. **내조-하다** 툉재

내종(內從) 뗑 '고종(姑從)'을 외종에 상대하여 이르는 말.
내:주(來週) 뗑 이 주의 바로 다음 주.
내:-주다 툉타 1 속에서 꺼내어 주다. ¶서랍에서 도장을 ∼. 2 차지하거나 가졌던 것을 남에게 넘겨주다. ¶선수권을 ∼. 3 차지한 자리를 비워서 남에게 넘기다. ¶안방을 아들 내외에게 ∼.
내:-주장(內主張) 뗑 집안일에 관하여 아내가 자신의 뜻을 내세우는 것. **내:주장-하다** 툉자

내지¹(內地) 뗑 1 해안이나 변두리에서 안쪽으로 깊숙이 들어간 지방. 2 식민지에서 본국을 일컫는 말. 3 한 나라의 영토 안. ↔외지.
내지²(乃至) 튄 1〔수량을 나타내는 두 말 사이에 쓰여〕수량의 범위가 그 사이에 있음을 나타내는 말. ¶그 일은 하루 ∼ 이틀이면 끝난다. 2〔공간적·의미적으로 이웃하는 두 말 사이에 쓰여〕사물의 범위가 두 영역에 걸쳐 있음을 나타내는 말. ¶중학교 ∼ 고등학교 수준의 영어.
내:-지르다 툉타르〔∼지르니, ∼질러〕 1 밖이나 앞으로 힘껏 지르다. ¶주먹을 ∼. 2 (소리 따위를) 냅다 지르다. ¶고함을 ∼. 3 '낳다'를 비속하게 이르는 말.
내직(內職) 뗑 어떤 기관의 중앙 부서에 있는 직책.
내진(內診) 뗑[의] 손가락을 항문 안에 손가락을 넣어 자궁·난소·전립선 등의 내성기나 대장을 검진하는 일. ↔외진. **내진-하다** 툉자타

내:진(耐震) 뗑 지진을 견디는 것. ¶∼ 구조 / ∼ 가옥.
내쫓-기다〔∼쪼끼∼〕툉자 '내쫓다'의 피동사. ¶잡상인이 회사 밖으로 ∼.
내:-쫓다〔∼쫃따〕툉타 1 경계 밖으로 나가도록 쫓다. ¶거지를 ∼. 2 있던 자리에서 강제로 나가게 하다. ¶사원을 ∼.
내:-치다 툉타 1 앞이나 밖을 향하여 차다. 2 발길로 냅다 차다. ¶축구공을 ∼.
내쳐 튄 하는 김에 잇달아 끝까지. ¶일을 시작한 김에 ∼ 끝내 버려라.
내:-출혈(內出血) 뗑 타박상 등의 외상(外傷)에 의해 체내의 여러 장기나 조직에 일어나는 출혈. 내출혈.
내측(內側) 뗑 =안쪽. ↔외측.
내치(內治) 뗑 1 나라 안을 다스리는 것. 2 먹는 약으로 병을 고치는 것. ↔외치. **내치-하다** 툉자타
내:-치다 툉타 1 내쫓거나 물리치다. ¶적자를 당장 **내쳐라**. 2 물체를 들어서 내던져 버리다.
내칙(內則) 뗑 =내규(內規).
내:친-걸음 뗑 이왕 나선 걸음. 또는, 이왕 시작한 일. ¶∼이니 거기나 다녀올까?
내:친김-에 튄 어떤 일을 시작한 김에. ¶∼ 밀린 일을 다 해치웠다.
내침(來侵) 뗑 침략하여 들어오는 것. 또

는, 그 일. **내침-하다** 툉자타
내:키다 툉자 (뭔가 하고 싶은 마음이) 솟구쳐 일어나다. ¶언제든지 마음 **내키면** 날 찾아오너라.
내통(內通) 뗑 1 남몰래 적과 통하는 것. ¶내응. 2 남녀가 몰래 정을 통하는 것. ⓑ사통(私通). **내통-하다** 툉자타 ¶적과 내통한 사실이 있다.
내:-팽개치다 툉타 1 냅다 동댕이치다. ¶그는 화가 나서 물건 닥치는 대로 집어 **내팽개쳤다**. 2 보살피거나 돌보지 않다. ¶하던 일을 **내팽개치고** 놀러 나가다.
내포(內包) 뗑 1〔수량적인 뜻을〕 속에 포함하는 것. 2〔논〕어떤 개념이 포함하고 있는 성질의 전체. 또는, 개념 속에 들어 있는 속성. ↔외연(外延). **내포-하다** 툉타 **내포-되다**

내:피(內皮) 뗑 1 =속껍질. ↔외피. 2 옷·장갑·신 따위의 안쪽에 부착되어 있는 털가죽. 3〔동〕동물의 혈관이나 심장 등의 안쪽을 싸고 있는 조직.
내:핍(耐乏) 뗑 궁핍을 견디는 것. ¶∼ 생활. **내:핍-하다** 툉자
내:한¹(來韓) 뗑 (외국인이) 한국에 오는 것. ¶러시아 발레단의 ∼ 공연. **내:한-하다** 툉자 ¶미국 대통령이 ∼.
내:한²(耐寒) 뗑 추위를 견디는 것.
내항¹(內港) 뗑 항만의 안쪽 깊숙이 들어 있는 항구. ↔외항.
내항²(內項) 뗑[수] 비례식의 안쪽에 있는 두 항. $a:b=c:d$의 b와 c. ↔외항.
내:해(內海) 뗑[지] 1 육지로 둘러싸여 있고 해협으로 대양과 통하는 바다. 카스피 해·지중해 따위. ↔외해. 2 연안이 한 나라에 속하고, 둘 이상의 해협에 의해 공해(公海)와 연결되는 바다.
내:-행성(內行星) 뗑[천] 태양계의 행성 중, 지구 궤도의 안쪽에서 도는 행성. 수성·금성 따위. ↔외행성.
내:향(內向) 뗑 안쪽으로 향하는 것. **내:향-하다** 툉자타
내:향-성(內向性) [-썽] 뗑[심] 성격 유형의 하나. 내성적·소극적이고 사려심이 깊지만 실행력이 부족하여, 자기 내면에 관심을 갖는 성격. ↔외향성.
내:향-적(內向的) 관명 성격이 내성적이고 비사교적인 (것). ¶∼ 가질 / ∼인 성격. ↔외향적.
내:화(耐火) 뗑 불에 타지 않고 잘 견디는 것. ¶∼ 구조 / ∼ 벽돌.
내환(內患) 뗑 1 나라의 걱정. ¶외우(外憂) ∼. ⓑ내우. ↔외환.
내-후년(來後年) 뗑 후년의 다음 해.
내훈(內訓) 뗑 집안의 부녀자들에게 하는 훈시나 교훈.
내:-휘두르다〔∼휘두르니, ∼휘둘러〕 1 냅다 이리저리 마구 휘두르다. ¶칼을 ∼. 2 사람이나 일을 제 마음대로 함부로 다루다. ¶권력을 ∼.
내:-흔들다〔∼흔드니, ∼흔드오〕이리저리 마구 흔들다. ¶손수건을 ∼.
낼 뗑튄 '내일'의 준말. '내일'보다 구어적인 말임. ¶∼ 만나!
낼-모레 뗑 '내일모레'의 준말.
냄비 뗑〔<⚇鍋/なべ〕편편한 바닥에 아가리가 약간 벌어지고 운두가 낮으며 뚜껑과 손잡이가 있는, 음식을 끓이는 데 쓰는 그릇. ×남비.
냄비-국수 [-쑤] 뗑 냄비에 끓인 가락국

수.
냄비-근성(-根性) 명 〔냄비가 쉽게 달귀지고 쉽게 식는다고 하는 데에서〕 어떤 일에 대한 열기나 열정이 불같이 빠르게 일어나지만 오래가지 못하고 금방 식어 버리는 기질. 우리나라 국민성을 자조적으로 이르는 말임.
냄새 명 ① 사람이나 동물의 코를 자극하여 어떤 감각을 일으키는, 물질의 독특한 성질. ¶땀 ~ / ~를 풍기다. ▷내.
냄새(를) 맡다 (상대가) 이쪽에서 감추고 있는 사실이나 은밀히 하고 있는 일을 알아채다. ¶그는 경찰이 무슨 냄새를 맡고 왔는지 불안했다.
냄새-나다 동(자) ① 냄새가 코로 느껴지다. ¶냄새나는 양말. ② 신선하지 않은 맛이 있다. ③ 기미가 보이다.
냅다¹[-따] 튀 〈내우니, 내워〉 (연기가) 눈이나 목구멍을 쓰라리게 하는 기운이 있다. ¶불을 피우니 ~.
냅다²[-따] 튀 있는 힘을 다해 마구. ¶~ 소리를 지르다.
냅킨(napkin) 명 음식을 먹을 때 무릎 위에 펴 놓거나, 손 또는 입을 닦는 데 쓰는 수건이나 종이.
냇-가[-까/냇까] 명 냇물의 가장자리.
냇-내[낸-] 명 ① 연기의 냄새. 또는, 음식에 밴 연기의 냄새. ¶음식에서 ~가 나다.
냇-물[낸-] 명 내에 흐르는 물.
냇-바닥[내빠-/냇빠-] 명 내의 바닥. ¶오래 가물어서 ~이 드러났다.
냉¹(冷) 명[한] =대하증. ¶~이 심하다.
냉²(冷) 접두 일부 명사 앞에 붙어, 그 물질을 차게 하였음을 나타내는 말. ¶~국 / ~커피.
냉-가슴(冷-) 명 ① 한 몸을 차게 하여 생기는 가슴앓이. ② 겉으로는 드러내지 않고 혼자 속으로만 끙끙거리고 걱정하는 것. ¶응어리 ~ 앓듯 혼자 끙끙거리지 말고 얘길 해 봐.
냉각(冷却) 명 ① 차게 하는 것. 또는, 식히는 것. ¶~ 장치. ② 애정·정열·흥분 등의 기분을 가라앉히는 것. **냉각-하다** 동.
냉각-기¹(冷却期) [-끼] 명 '냉각기간'의 준말.
냉각-기²(冷却器) [-끼] 명 물체를 냉각하는 기기(器機)의 총칭.
냉각-기간(冷却期間) [-끼-] 명 감정의 대립을 일단 멈추고 사태를 진정시키기 위한 기간.
냉각-수(冷却水) [-쑤] 명 과열된 기계를 차게 식히는 물.
냉-골(冷-) 명 온돌방의 바닥에 불을 넣지 않아 차갑게 느껴지는 상태. 또는, 그런 방바닥. ¶방이 ~이다.
냉-국(冷-) [-꾹] 명 =찬국. ¶오이~.
냉-기(冷氣) 명 ① 찬 기운. ¶~가 감돌다. ② 찬 공기. ¶~ 온기.
냉-기류(冷氣流) 명 ① 차가운 공기의 흐름. ② 대립하는 세력들 간의 적대적인 분위기를 비유하여 이르는 말. ¶정치권에 ~가 형성되다.
냉-난방(冷暖房) 명 냉방과 난방을 아울러 이르는 말. ¶~ 시설.
냉담(冷淡) 명[하][여] (어떤 사람이나 대상에 대해) 관심이나 애정을 보이지 않고 차갑고 시큰둥한 태도가 있다. ¶냉담한 반응. **냉담-히** 튀.

냉대¹(冷待) 명 (어떤 사람을) 쌀쌀하게 대하거나, 그 자격이나 능력에 미치지 못하게 형편없이 대접하는 것. ⨯푸대접. **냉대-하다** 타(여).
냉대²(冷帶) 명[지] =아한대.
냉-방(冷房) 명 ① 불기 없는 찬 온돌방. ⨯냉방. ¶~에서 새우잠을 자다.
냉-동(冷凍) 명 (생선이나 육류 등의 식품을) 신선한 상태에서 오래 보관하기 위하여 인공적으로 얼리는 것. **냉동-하다** 타(여) **냉동-되다** 동.
냉동-고(冷凍庫) 명 육류나 생선 등의 식품을 냉동 보존하기 위한, 상자 모양의 장치.
냉동-선(冷凍船) 명 냉동 시설을 갖춘 배.
냉동-식품(冷凍食品) 명 신선한 상태로 오래 보존할 수 있도록 얼린 식품.
냉동-실(冷凍室) 명 식품을 장기간 보존하기 위하여 냉동시키는, 냉장고의 한 부분.
냉동-육(冷凍肉) [-뉵] 명 냉동시킨 쇠고기·돼지고기 따위의 고기.
냉동-차(冷凍車) 명 냉동식품 등을 운반하기 위해 냉동기를 장비한 차.
냉-하다(冷-) [-냉-] 형[여] ① (물체가) 온도가 낮아 차갑고 싸늘하다. ¶방바닥이 ~. ② (태도나 분위기, 사람의 관계 등이) 다정함이나 따뜻함이 없이 차갑다. ¶냉랭한 어투. **냉랭-히** 튀.
냉매(冷媒) 명 냉동기(冷凍機) 등의 속을 순환하면서 기화열로 온도를 낮추는 유체(流體). 암모니아·프레온 등이 있음.
냉-면(冷麵) 명 주로 메밀로 만든 국수를 차게 식힌 육수 또는 동치미 국물 등에 말고, 고추장이나 양념하여 먹는 음식. 물냉면·비빔냉면·회냉면 따위. ⨯온면.
냉-방(冷房) 명 ① 불을 때지 않아 차게 된 방. ⨯냉돌. ② 방 또는 방처럼 칸을 이룬 공간의 기온을 에어컨디셔너 등으로 낮추는 것. ¶~차(車). ⨯난방.
냉방-병(冷房病) [-뼝] 명[의] 냉방 장치를 한 방에서 생활함으로써 얻어지는 병증. 가벼운 감기·몸살·권태·두통·식욕 부진 등을 나타냄.
냉병(冷病) [-뼝] 명 하체를 차게 하여 생기는 병의 총칭. =냉증.
냉-소(冷笑) 명 쌀쌀한 태도로 비웃는 것. 또는, 그런 웃음. ¶입가에 ~를 띠다. **냉소-하다** 동.
냉소-적(冷笑的) 명 쌀쌀한 태도로 비웃는 (것). ¶~인 반응을 보이다.
냉소-주의(冷笑主義) [-의/-이] 명 문제를 애정을 가지고 이해하고 해결하려 하기보다는 멀찌감치 서서 세상을 비웃고 야유하려고 하는 태도나 입장.
냉-수(冷水) 명 데우지 않은 차가운 물. ¶~를 들이켜다. ⨯온수. ▷찬물.
[냉수 먹고 속 차려라] 분수에 넘치는 행동을 하려 하거나 지나친 욕심을 부리려 할 때, 자기 주제를 일깨우거나 정신 차리라는 뜻으로 이르는 말.
냉수-마찰(冷水摩擦) 명 찬물에 적신 수건으로 온몸을 문질러 혈액 순환을 좋게 하는 건강법. ▷건포마찰.
냉-습하다(冷濕-) [-스파-] 형[여] 차고 누지다. ¶냉습한 공기.
냉-시(冷視) 명 차가운 눈초리로 보는 것. **냉시-하다** 타(여).

냉ː엄-하다(冷嚴―) [형][여] 냉혹하고 엄하다. ¶**냉엄한** 현실을 직시하라.

냉ː온(冷溫) [명] **1** 찬 기운과 따뜻한 기운. **2** 찬 온도. ¶~에서도 잘 견디는 품종.

냉이 [명][식] 깃 모양으로 갈라진 잎이 뿌리에서 뭉쳐나며, 5~6월에 흰 꽃이 피는 두해살이풀. 들에 흔히 자라며, 이른 봄에 나물로 많이 먹음.

냉ː장(冷藏) [명] (식품이나 약품 따위를 신선하게 보관하기 위해) 냉각 설비가 되어 있는 기구에 저장하는 것. **냉ː장-하다** [동][타][여] ¶식품을 ~.

냉ː장-고(冷藏庫) [명] 음식물을 얼리거나 저온에서 저장하기 위한, 상자 모양의 장치.

냉ː장-실(冷藏室) [명] 식품 따위를 저온에서 저장하는, 냉장고의 한 부분.

냉ː전(冷戰) [명] **1** 무력을 사용하여 싸우고 있지는 않으나 그런 위기를 안은 채 국가 간에 서로 대립·갈등하고 있는 상태. 특히, 제2차 대전 이후의 미국과 소련의 대립 등을 가리킴. ¶동서 ~ 시대. **2** 부부나 애인, 친구 등의 사이에 관계가 나빠져 서로 멀리하고 있는 상태. ¶그는 요즘 아내와 ~ 중에 있다.

냉ː정(冷靜) [명] (생각이나 판단이) 들뜨거나 흥분하지 않고 이성적이고 차분한 것. ¶~을 잃다. **냉ː정-하다**[1] [형][여] ¶**냉정하게** 따져 보고 결정해라. **냉ː정-히**[1] [부]

냉ː정-하다[2](冷情―) [형][여] (사람이) 다정하거나 친절하지 않고 차갑고 쌀쌀하다. [비]매정하다. ¶간곡한 부탁을 **냉정하게** 거절하다. **냉ː정-히**[2] [부]

냉ː증(冷症) [-쯩] [명][한] =냉병(冷病).

냉ː-찜질(冷―) [명] 찬물에 적신 수건이나 차가운 성질의 약품 따위를 써서 하는 찜질. ↔온찜질. **냉ː찜질-하다** [동][자][타][여]

냉ː차(冷茶) [명] 얼음을 넣어 차게 만든 찻물.

냉ː채(冷菜) [명] 해파리나 전복이나 오징어나 닭고기 등에 오이·배추 등을 채 썰어 섞고 차게 해서 먹는 음식. ¶해파리~.

냉ː천(冷泉) [명] **1** 물이 찬 샘. **2** 온천보다 온도가 낮은 광천(鑛泉). ↔온천.

냉ː철-하다(冷徹―) [형][여] (생각이나 판단이) 감정에 치우침이 없이 냉정하고 이성적이다. ¶**냉철한** 두뇌. **냉ː철-히** [부]

냉ː-커피(冷coffee) [명] 얼음을 넣거나 하여 차게 만든 커피. [비]아이스커피.

냉큼 [부] 《어떤 사람이 다른 사람에게 어떤 일을 하게 하는 상황에 쓰여》 머뭇거리지 않고 단번에 빨리. ¶~ 대답하지 못하겠니? [큰]닁큼.

냉큼-냉큼 [부] 머뭇거리지 않고 잇달아 빨리. ¶주는 대로 ~ 받아먹다.

냉ː탕(冷湯) [명] 대중목욕탕 등에서, 탕에 채워 놓은 찬물. 또는, 그 탕. ↔온탕.

냉ː-하다(冷―) [형][여] **1** 찬 기운이 있다. ¶**냉한** 기후. **2** [한] (몸이) 병이나 체질 등의 원인으로 차다. ¶수족이 ~.

냉ː해(冷害) [명] 여름철의 이상 저온이나 일조량 부족으로 농작물이 입는 피해.

냉ː혈(冷血) [명][동] 동물의 체온이 외부의 온도보다 낮은 상태. ↔온혈.

냉ː혈^동ː물(冷血動物) [명] **1** [동] =변온동물. ↔온혈 동물. **2** 인정이 없고 냉혹한 사람의 비유. ¶그 사람은 피도 눈물도 없는 ~이다.

냉ː혹-하다(冷酷―) [-호카-] [형][여] 인정이 없이 가혹하다. ¶**냉혹한** 사회. **냉ː혹-히** [부]

-냐 [어미] '이다' 또는 모음이나 'ㄹ' 받침으로 끝나는 형용사의 어간에 붙어, '해라' 할 상대에게 묻는 뜻을 나타내는 종결 어미. ¶배가 고프~? ▷-으냐·-느냐.

-냐고 [어미] '이다' 또는 모음이나 'ㄹ' 받침으로 끝나는 형용사의 어간에 붙어, '해' 할 상대에게 묻는 뜻을 나타내는 종결 어미. **1** 끝을 올리는 억양으로 쓰여, 상대가 앞서 질문한 내용에 대해 되묻는 뜻을 나타냄. ¶나보고 바쁘~? 지금 보고도 모르니? **2** 끝을 내리는 억양으로 쓰여, 상대에게 거듭해서 묻는 뜻을 나타냄. ¶그게 정말이야? 정말이~? ▷-으냐고·-느냐고.

냠냠 [부] 〈유아〉 어린아이가 맛있게 먹으면서 내는 소리. ×얌냠.

냠냠-하다 [동][타][여] **1** 맛있게 먹다. **2** 남의 것을 가져가다. 속된 말임. ×얌냠하다.

냥(兩) [명][의존] **1** 금·은이나 한약재 등의 무게를 나타내는 단위의 하나. '돈'의 10배에 해당함. **2** 조선 시대, 보조적 화폐 단위의 하나. 전(錢)의 10배에 해당함.

냥쭝(兩―) [명][의존] 금·은이나 한약재 등의, 냥으로 헤아릴 수 있는 무게. ¶금 열 ~.

너[1] [대][인칭] 말하는 사람이, 듣는 상대가 같은 또래이거나 아랫사람일 때, 특히 '해라' 또는 '해' 할 자리에 그를 가리키는 이인칭 대명사. ↔나.

[**너하고 말하느니 개하고 말하겠다**] 말이 잘 통하지 않는 상대에게 핀잔 투로 하는 말.

너 죽고 나 죽자 사생결단하고 맞서 싸울 때 하는 말.

너ː[2] [관] 《'돈, 말, 발, 푼, …' 등의 단위성 의존 명사 앞에 쓰여》 수량이 '넷'임을 나타내는 말. ¶금 ~ 돈. ▷넉·네.

너구리 [명] **1** [동] 바위굴이나 나무뿌리 속에 살며, 몸집이 통통하고 다리가 짧으며 주둥이가 뾰족한 포유동물. 몸의 털은 황갈색이고, 얼굴·목·가슴·네 다리는 검은색임. **2** 매우 능청스럽고 음흉한 사람을 비유하여 이르는 말. ¶~ 같은 녀석!

너그럽다 [-따] [형][ㅂ] 〈너그러우니, 너그러워〉 (어떤 사람이 다른 사람이나 그의 행동, 한 일에 대해) 옳고 그름, 잘잘못을 세세하게 따짐이 없이 넓게 이해하고 받아들이는 태도가 있다. [비]관대하다. ¶**너그러운** 성품. **너그러이** [부] ¶~ 용서하다.

너끈-하다 [형][여] 모자람이 없이 넉넉하다. ¶고기 한 근이면 우리 둘이 먹기엔 ~. **너끈-히** [부] ¶너라면 ~ 해낼 수 있다.

너나-없이 [-업씨] [부] 너나 나나 가릴 것 없이 모두. ¶~ 배고팠던 시절.

너-댓 [수][관] '네댓'의 잘못.

너더-댓 [-댇] Ⅰ [수] 너덧이나 댓.
Ⅱ [관] ¶~ 시간 / ~ 개.

너덜-거리다/-대다 [동][자] 여러 가닥이 늘어져 자꾸 흔들리다. ¶플래카드가 찢어져 바람에 ~. [거]너털거리다.

너덜-너덜 [-러-] [부] 너덜거리는 모양. [거]너털너털. **너덜너덜-하다** [동][자][형][여] ¶찢어진 바짓가랑이가 ~.

너덧 [-덛] Ⅰ [수] 넷가량.
Ⅱ [관] ¶~ 명 / ~ 마리.

너덧-째 [-덛째] [수][관] 넷째가량.

너도-나도 [부] 서로서로 뒤지거나 빠지지 않으려는 모양. ¶값이 싸다 싶자 여기저기서 ~ 사겠다고 아우성을 쳤다.
너도-밤나무 [─] [식] 도토리가 열리는 참나무의 한 종류로, 밤나무와 비슷하게 생겼으나 잎이 더 작고 통통한 낙엽 활엽 교목. 울릉도 특산임.
-너라 [어미] 동사 '오다' 또는 '-오다'로 끝나는 말의 어간에 붙어, '해라' 할 상대에게 명령의 뜻을 나타내는 종결 어미. ¶오~/나오~.
너라^불규칙^용언(─不規則用言) [─칭용─] [언] 너라 불규칙 활용을 하는 용언.
너라^불규칙^활용(─不規則活用) [─치화─] [언] 동사의 명령형 어미 '-아라/어라'가 '-너라'로 바뀌는 활용 형식. '오다'가 '오너라'로 바뀌는 따위.
너럭-바위 [─빠─] [명] 넓고 평평한 바위. 빈반석(盤石).
너르다 [형여] <너르니, 널러> 평면적인 크기나 폭에 있어서 보통 정도보다 큰 상태에 있다. ¶너른 대청마루.
너머 [명] (가로막은 사물을 나타내는 명사 다음에 쓰여) 그 사물의 저쪽 건너편. ¶고개~/서산~로 해가 지다.
너무 [부] 보통의 정도나 일정한 기준에서 지나칠 만큼 벗어나게. ¶거리가 ~ 멀다.
너무-나 [부] '너무'의 힘줌말. ¶~ 힘들다.
너무-도 [부] '너무'를 강조하는 말. ¶입학시험 문제가 ~ 어렵다.
너무-하다 Ⅰ [형여] 말이나 행동을 도에 지나치게 하다. ¶해도 해도 너무하는군. Ⅱ [부] 도에 지나쳐서 심하다. ¶그렇게 오래 기다리게 하다니 정말 ~ 싫더군.
너부데데-하다 [형여] (얼굴이) 둥그스름하고 너부죽하다. ¶얼굴이 살이 찌고 ~.
너부죽-이 [부] 엎드릴 때 상체가 바닥에 넓게 닿는 모양. ¶~ 엎드려 큰절을 올리다.
너부죽-하다 [-주카-] [형여] 넓고 평평한 듯하다. ¶너부죽한 얼굴. **너부죽-이²** [부]
너비 [명] 네모진 긴 도형이나 물체의 짧은 쪽 길이. 또는, 길이가 있는 대상물에 있어서, 직각으로 가로지른 길이. 빈폭. ¶널빤지 ~.
너비아니 [명] 얄팍하게 저며 양념을 하여 구운 쇠고기.
너:새 [건] 1 지붕의 합각머리 양쪽으로 마루가 지게 기와를 덮은 부분. 2 지붕을 일 때 기와처럼 쓰는 얇은 돌 조각. =너와·돌기와.
너:새-집 [명] 너새로 지붕을 인 집. =너와집.
너설 [명] 험한 돌이나 바위가 삐죽삐죽 내민 곳.
너스레 [명] 떠벌려 늘어놓는 말이나 짓. ¶~를 떨다.
너와 [건] 1 지붕을 이는 데 쓰는, 기와 모양의 작은 널빤지. 2 =너새2.
너와-집 [명] 1 너와로 지붕을 인 집. 2 =너새집.
너울¹ [명] 예전에 여자들이 얼굴을 가리기 위해 머리에 쓰던 물건. 검은빛의 얇은 깁으로 만듦.
너울² [명] 바다의 사나운 큰 물결. =놀.
너울-거리다/-대다 [자] 1 (물결이나 늘어진 피륙 따위가) 부드럽고 느릿하게 굽이쳐 움직이다. ¶너울거리는 파도. 2 [타] (팔이나 날개 따위를) 부드럽게 굽이쳐 움직이다. ¶학 한 마리가 날개를 너울거리며 날아왔다.
너울-너울 [-러-] [부] 너울거리는 모양. ¶~ 춤을 추다. **너울너울-하다** [자타여]
너이 [명] '넷이'의 잘못.
너저분-하다 [형여] (물건이) 여기저기 널려 있어 너절하고 지저분하다. ¶너저분한 골목. **너저분-히** [부]
너절-하다 [형여] 1 (어떤 물건이나 장소가) 더럽고 흐트러진 상태에 있다. ¶너절한 뒷골목. 2 (사람이나 언행이) 하찮고 구질구질하다. ¶너절한 변명. **너절-히** [부]
너즈러-지다 [자] (물건이) 여기저기 많이 흩어지다. ¶방 안에서 읽고며 책 나부랭이가 너즈러져 있다.
너털-거리다/-대다 [자] 1 '너덜거리다'의 거센말. 2 너털웃음을 자꾸 웃다. ¶자네는 뭐가 그리 좋아 너털거리고 있나?
너털-너털 [-러-] [부] '너덜너덜'의 거센말. **너털너털-하다** [자타여]
너털-웃음 [명] 주로, 성인 남자가 큰 소리로 유쾌하고 시원스럽게 웃는 웃음. ¶~을 치다.
너트 (nut) 볼트에 끼워 돌려서 물건을 움직이지 않도록 죄는, 쇠붙이로 만든 공구.
너풀-거리다/-대다 [자타] 잇달아서 부드럽게 나부끼다. ¶치맛자락이 ~. [자] 나풀거리다.
너풀-너풀 [-러-] [부] 너풀거리는 모양. [자] 나풀나풀. **너풀너풀-하다** [자타여]
너희 [대] 말하는 사람이, 둘 이상의 듣는 상대가 같은 또래이거나 아랫사람일 때 그들을 가리켜 이르는 이인칭 복수 대명사. ¶~집/~끼리 놀아라.
너희-들 [-히-] [대인칭] 이인칭 복수 대명사 '너희'에 다시 복수 접미사 '-들'이 붙은 말. ¶~은 각자 집으로 돌아가거라.
넉: ['냥, 되, 섬, 자, 달, 대, 잔, 장, …' 등의 단위어성 의존 명사 앞에 쓰여) 수량이 '넷'임을 나타내는 말. ¶쌀 ~ 되 / ~ 잔 · 술. [자] 너·네.
넉-가래 [-까-] [명] 곡식·눈 따위를 한곳에 밀어 모으는 데 쓰는 기구. 넓적한 나무판에 긴 자루를 답.
넉넉-잡다 [녕-잡따] [타] 넉넉할 만큼 여유를 두다. ¶넉넉잡아 만 원이면 된다.
넉넉-하다 [녕너카-] [형여] 1 (크기·수효·부피·물량 따위가) 기준에 차고도 남음이 있다. 빈족하다. ¶자금이 ~. [자] 낙낙하다. 2 (사람됨이나 마음 쓰는 태도가) 여유가 있고 도량이 넓다. ¶넉넉한 마음. **넉넉-히** [부] ¶용돈을 ~ 주다.
넉:-살 [-쌀] [명] 부끄러운 기색 없이 비위 좋게 구는 짓. ¶~이 좋다.
넉살-스럽다 [-쌀-따] [형여] <-스러우니, -스러워> 부끄러운 없이 비위 좋고 검질긴 테가 있다. **넉살스레** [부]
넋 [넉] [명] 1 사람의 몸에 있으면서 그것을 거느리고 목숨을 이어가게 하며, 죽어도 영원히 사라지지 않는다는 비물질적 존재. 시혼(心魂)·혼백. ¶고인의 ~을 기리다. 2 (주로, 관용구 속에 쓰여) '정신'이나 '의식(意識)'을 뜻하는 말. ¶~ 빠진 소리.
넋(을) 놓다 제정신을 잃고 멍한 상태가 되다. ¶공중 곡예를 넋 놓고 구경하다.
넋-두리 [넉뚜-] [명] 1 [민] 굿을 할 때 무당이 죽은 사람의 넋을 불러낸 뒤, 죽은 이의 하소연을 그대로 받아 말하는 것.

또는, 그 말. 2 불평이나 불만을 길게 늘어놓아 하소연하는 말. ¶~을 늘어놓다.
넋두리-하다 图(재)(여)
넌 '너는'이 준 말. ¶~ 어떻게 할 거니?
넌더리 圈 어떤 일이나 대상에 물리거나 질려 몹시 싫어하거나 지긋지긋하게 여기는 상태. 团진저리. ¶이제 그 일에는 ~가 난다.
넌덜 '넌더리'의 준말. ¶날마다 똑같은 반찬에 ~을 내다.
넌덜-머리 圈 '넌더리'를 속되게 이르는 말. ¶가난이라면 이제 ~가 난다.
넌센스 圈 '난센스(nonsense)'의 잘못.
넌지시 閉 드러나지 않게 가만히. ¶~ 눈짓을 보내다.
널¹ 圈 1 넓게 켠 나무판자. ¶~을 깔다. 2 널뛰기할 때 쓰이는 널빤지. =널판. ¶~을 뛰다. 3 관(棺)이나 곽(椁)의 총칭.
널² '너를'이 준 말. ¶나는 ~ 믿는다.
널-길[-낄] 圈[고고] 고분(古墳)의 입구에서 시체를 안치한 방까지 이르는 길.
널널-하다 圈(여) 시간이 많거나 공간이 넓어서 여유가 있다. ¶시간 **널널하니까** 천천히 해라.
널:다 (널고/널어) 圈(타) <너니, 너오> (물건을) 볕을 쬐거나 바람을 쐬기 위하여 넓게 펼쳐 놓다. ¶빨래를 ~.
널-따랗다 [-라타] 圈(여) <~따라니, ~따라오, ~따래> 꽤 또는 퍽 넓다. ¶**널따란** 운동장. ⇔좁다랗다. ×넓다랗다.
널-뛰기 圈 긴 널빤지의 중간에 밑을 괴고 양쪽 끝에 한 사람씩 올라서서 번갈아 뛰며 몸을 솟구쳐 올라갔다 내려왔다 하는, 여자들의 놀이. **널:뛰기-하다** 图(재)(여)
널-뛰다 图(재) 널뛰기를 하다.
널름 '날름'의 큰말. **널름-하다** 图(타)(여)
널름-거리다/-대다 图(타) '날름거리다'의 큰말.
널름-널름 '날름날름'의 큰말. **널름널름-하다** 图(타)(여)
널리 閉 1 지역적으로 넓게. ¶~ 알려진 인물. 2 너그러운 마음으로. ¶~ 양해해 주시기 바랍니다.
널-리다 图(재) 1 '널다'의 피동사. ¶빨랫줄에 널린 빨래. 2 (물건이) 여기저기 흩어져 있다. ¶밑바닥에 널린 신문지들.
널:-무덤 圈[고고] 선사 시대 또는 철기 시대에, 땅속에 구덩이를 파고 직접 유해를 넣은 분묘의 형태. =토광묘.
널:-방(-房) 圈[고고] 횡혈식(橫穴式) 돌방의 일부에 있으며, 유해를 넣은 관을 안치하는 방. =현실(玄室).
널브러-지다 图(재) 1 (물건들이) 어지럽게 놓이다. ¶술병이 방 안에 **널브러져** 있다. 2 (사람들이) 지치거나 정신을 잃거나 죽거나 하여 여기저기 쓰러진 상태가 되다. ¶천장터에 시체들이 ~.
널:-빤지 圈 판판하고 넓게 켠 나뭇조각. =널판·널판자·판자. 囲판(板). ×널판지.
널어-놓다[-노타] 图(타) 죽 널어서 벌여 놓다. ¶고추를 멍석에 ~.
널:-조각[-쪼-] 圈 널빤지의 조각. =널조각.
널:-쪽 圈 널조각.
널찍-널찍[-찍-찍] 閉 여럿이 다 널찍하거나 매우 널찍한 모양. ¶~ 앉아라. **널찍널찍-하다** 圈(여) ¶이사 갈 집은 방이 ~.
널찍널찍-이 閉

널찍-하다[-찌카-] 圈(여) 1 (자리·집·마당·길·운동장 등의 공간이) 여유 있게 넓다. ¶뒷자리가 **널찍한** 승용차. 2 (이마·어깨·가슴·엉덩이 등의 신체 부위가) 시원스레 넓다. **널찍-이** 閉 ¶~ 자리를 잡고 앉다.
널!-판(-板) 圈 1 =널빤지. 2 =널¹2.
널:-판자(-板子) 圈 =널빤지.
널-판지 圈 '널빤지'의 잘못.
넓다[널따] 圈 1 (어떤 사물이) 평면의 사이에 있어서 보통의 정도 또는 기준 대상보다 큰 상태에 있다. ¶운동장이 ~. 2 (길이를 가진 물건이) 보통의 정도 또는 기준 대상보다 큰 상태에 있다. ¶넓은 도로. 3 (대상의 범위나 내용이) 크고 많은 상태에 있다. ¶식견이 ~. 4 (마음 쓰는 것이) 대범하고 너그럽다. ¶도량이 ~. ⇔좁다.
넓-다랗다 圈(여) '널따랗다'의 잘못.
넓은잎-나무[-닢-] 圈[식] =활엽수.
넓-이 圈 평면이나 곡면을 이루는 물체나 도형의 크기. =면적.
넓이-뛰기 圈[체] '멀리뛰기'의 구용어.
넓적-넓적[넙쩍넙쩍] 閉 여럿이 다 넓적한 모양. 웹납작납작. ¶무를 ~ 썰다. **넓적넓적-하다** 圈(여)
넓적-다리[넙쩍따-] 圈[생] 사람의 다리나 네발짐승의 뒷다리에서, 무릎과 오금의 위쪽 부분. =대퇴부. ▷허벅다리.
넓적다리-뼈[넙쩍따-] 圈[생] =대퇴골.
넓적-하다[넙쩍카-] 圈(여) (물체의 면이) 편편하면서도 넓다. ¶**넓적한** 손〔얼굴〕. 웹납작하다.
넓죽 '넙죽'의 잘못.
넓죽-하다[넙쭈카-] 圈(여) 길쭉하게 넓다. ¶**넓죽한** 입. **넓죽-이** 閉
넓-히다[널피-] 圈 '넓다'의 사동사. ¶식견을 ~ / 도로를 4차선으로 ~.
넘겨다-보다 图(타) 1 (남의 것을) 욕심내어 마음을 그리로 돌리다. =넘보다. ¶남의 재산을 ~. 2 =넘어다보다. ¶담을 ~.
넘겨-받다[-따] 图(타) (물건이나 권리·책임·일 등을 남으로부터) 받거나 떠맡다. ¶바톤을 ~. ⇔넘겨주다.
넘겨-주다 图(타) (물건이나 권리·책임·일 등을 남에게) 건네주거나 맡기다. ¶아파트 입주권을 ~. ⇔넘겨받다.
넘겨-짚다[-집따] 图(타) (상대방의 생각을) 지례짐작으로 판단하다. ¶남의 속도 모르고 공연히 **넘겨짚지** 마라.
넘:고-처지다 图(여) 이 표준에는 지나치고 저 표준에는 못 미치다. ¶**넘고처지는** 혼처.
넘-기다 图(타) 1 '넘다'의 사동사. ¶고비를 ~. 2 (물체를) 장애물 위로 넘어가게 하다. ¶공을 네트 위로 ~. 3 (서 있는 것을) 쓰러지게 하다. ¶다리를 걸어 ~. 4 (종이나 책장 따위를) 뒤집어서 잦히다. ¶책장을 ~. 5 (음식물을) 목으로 삼키게 하다. ¶물 한 모금을 **넘기지** 못하다. 6 (남에게 권리나 책임 등을) 떠맡아 가지게 하다. ¶소유권을 ~. 7 (어떤 문제나 안건·사건 등을 해당 부서에) 맡게 하다. ¶범인을 경찰에 ~. 8 (어떤 시기나 기한 등을) 지나가게 하다. ¶출원 기한을 ~.
넘:나-들다 图(재) <~드니, ~드오> 1 (어떤 한계나 경계를) 넘어갔다 넘어왔다 하다. 2 (서로) 왔다 갔다 하며 드나들다.
넘:다[-따] (넘고/넘어) 圈 1(자)1(수

량·시간·시각 따위가) 범위나 한계에서 벗어난 상태가 되다. ¶벌써 자정이 **넘었다**. 2 (액체가) 일정한 데 가득 차고 나머지가 그 밖으로 벗어나다. ②回 1 (움직이는 대상이 높은 데를) 타고 낮은 데로 이동하다. ¶산을 ~. 2 (움직이는 대상이 어떤 경계를) 지나 한쪽에서 다른 쪽으로 이동하다. ¶자동차로 국경선을 ~. 3 (움직이는 대상이 어떤 장애물을) 몸 또는 물체를 공중에 솟구쳐 뛰어서 건너다. ¶오토바이로 장애물을 넘는 경기. 4 (여러운 고비를) 이겨 벗어나다. ¶위험한 고비를 슬기롭게 ~. 5 (일정한 범위나 기준, 한계를) 벗어나거나 지난 상태가 되다. ¶서울의 인구가 천만 명을 **넘었다**.

넘버(number) 몡 사물을 구별하기 위한 숫자. 또는, 차례를 나타내는 번호. ¶백~ / 자동차 ~판.

넘버링-머신(numbering machine) 몡 문서 등에 대고 한 번 누를 때마다 일련번호가 차례로 찍히게 만든 사무용 기구.

넘버-원(number one) 몡 어떤 대상이 으뜸이거나 최고인 상태. 또는, 그 대상. ¶야, 우리 아빠 ~!

넘:-보다 回 1 (남을) 얕잡아 깔보다. 2 =넘겨다보다. ¶남의 여자를 ~.

넘실-거리다/-대다 回 (물결이) 넘칠 듯이 너울거리다. ¶넘실거리는 파도.

넘실-넘실[-름-] 团 넘실거리는 모양. 넘실넘실-하다 团

넘어-가다 ①回 1 (서 있는 물체가) 한쪽으로 기울어지거나 쓰러지다. ¶태풍에 전봇대가 ~. 2 (제한된 때가) 지나가다. ¶기한이 ~. 3 (해나 달이) 지평선이나 수평선 너머로 지다. ¶해가 서산으로 ~. 4 (권리·책임 따위가) 이쪽에서 저쪽으로 옮겨 가다. ¶집이 빚쟁이에게 ~. 5 (꾐이나 속임수에) 빠져 올바른 판단을 하지 못하게 되다. ¶친구의 꾐에 ~. 6 (다음 차례나 시대, 또는 다른 경우로) 나아가거나 옮아가다. ¶그만 본론으로 **넘어갑시다**. 7 (음식물이 목구멍을) 지나서 식도 쪽으로 내려가다. ¶목이 메어 밥이 **넘어가지 않는다**. 8 (노래의 어렵거나 흥미 있는 대목이) 막힘없이 잘 불려지다. ¶얼씨구, 잘도 **넘어간다**. ②回 (움직이는 대상이 높은 곳이나 물건 위 또는 경계를) 지나가다. ¶산을 ~.

넘어다-보다 回 (고개를 들어 가려진 물건의 위를) 지나서 보다. =넘겨다보다. ¶담 밖을 ~.

넘어-뜨리다/-트리다 回 1 (바로 선 것을) 힘차게 쓰러뜨리다. ¶상대를 밀어 ~. 2 (남이 차지한 지위나 권세를) 꺾다. ¶민주화 투쟁으로 독재의 아성을 ~.

넘어-서다 回 (어떤 한계나 경계를) 넘어서 지나다. ¶역경을 ~.

넘어-오다 ①回 1 (서 있는 물체가) 이쪽으로 기울어지거나 쓰러지다. 2 (책임·권리 따위가) 저쪽에서 이쪽으로 옮겨오다. ¶소유권이 ~. 3 (먹은 음식물이) 식도를 타고 목구멍으로 거슬러 나오다. ¶신물이 ~. 4 (다음 차례나 시대로) 바뀌어 옮아오다. ¶근대에서 현대로 **넘어오는 과도기**. ②回 (움직이는 대상이 높은 곳이나 물건 위 또는 경계를) 지나오다. ¶삼팔선을 ~.

넘어-지다 回回 1 (사람이나 물체가) 서 있거나 세워진 상태에서 균형을 잃고 한쪽으로 기울어지면서 지면이나 바닥에 몸 또는 물체가 닿는 상태가 되다. ¶돌부리에 걸려 ~. 2 (단체나 기관, 조직체 등이) 망하거나 도산하다. ¶거액의 부채로 회사가 ~.

넘쳐-흐르다[-쳐-] 回(재)回 〈~흐르니, ~흘러〉 1 (액체가) 가득 차서 흘러나다. ¶수돗물이 철철 ~. 2 (어떤 느낌이나 힘이) 가득 차서 넘치다. =흘러넘치다. ¶남성미가 ~.

넘:-치다 回(재) 1 (주로 액체가) 그릇이나 움푹 팬 곳에 가득 차서 밖으로 흘러나오다. 때때로, 분말이나 자잘한 알갱이 상태의 물질에 대해서도 쓰임. ¶강물이 ~. 2 (사물의 양이) 일정한 기준보다 많은 상태가 되다. ¶주문이 ~. 3 (어떤 일이나 태도가 일정한 기준이나) 벗어나 지나친 상태가 되다. ¶분수에 **넘치는 생활**. 4 (어떤 심리 상태가) 정도에 넘도록 강렬하게 일어나다. ¶활기에 ~.

넙죽[-] 团 1 무엇을 받아먹거나 말대답할 때, 입을 넓게 벌렸다가 닫는 모양. ¶고기 한 점을 던져 주자 개는 ~ 받아먹었다. 2 넝큼 엎드려 몸을 바닥에 대는 모양. ¶~ 엎드려 절하다. ⓐ납죽. × 넓죽.

넙죽-거리다/-대다[-쭉꺼(때)-] 回(재)回 1 무엇을 받아먹거나 말대답할 때, 입을 넓게 냉큼냉큼 벌렸다 닫았다 하다. 2 넝큼냉큼 엎드려 몸을 바닥에 대다. ⓐ납죽거리다.

넙죽-넙죽[-쭝-쭉] 团 넙죽거리는 모양. ¶누구 앞에서 ~ 말대답이냐? ⓐ납죽납죽. **넙죽넙죽-하다** 团

넙치 回(재) 가자미와 비슷하게 생겼으나, 두 눈이 몸의 왼쪽에 몰려 있고 몸이 가자미보다 큰 바닷물고기. =광어.

넝마 몡 낡고 해어져서 입지 못하게 된 옷 따위. ¶~를 걸치다.

넝마-주이 몡 넝마나 헌 종이 등을 줍는 사람.

넝쿨 [식] =덩굴.

넣:다[너타] (낳:고 / 넣어) 回回 1 (어떤 물체나 물질을 공간을 이룬 곳이나 물체 속에) 들어 있게 하거나 들어가게 하다. ¶가방에 책을 ~. 2 (액체 상태의 물질에 다른 물질이나 물체를) 들어 있게 하다. ¶커피에 설탕을 ~. 3 (어떤 것에 다른 것을) 곁들인 상태가 되게 하다. ¶밥에 콩을 **넣어 먹다**. 4 (사람이 어떤 사람을 단체나 조직 등에) 구성원으로 속하게 하다. ¶아이를 학교에 ~. 5 (어떤 사물을 어떤 범위 안에) 들어 있게 하다. ¶참석자 명단에 이름을 ~. 6 (물건이나 에너지 등을 어느 곳에) 들어가게 하다. ¶편지를 우체통에 ~. 7 (사람을 일정한 공간에) 들어가 있게 하다. 6用수용하다. ¶그 극장에 천 명을 **넣을 수 있다**. 8 (돈을) 은행에 맡기거나 통장에 들어 있게 하다. ¶돈을 통장에 ~. 9 (힘을) 쓰거나 주다. ¶판청에 압력을 ~. 10 (스위치를) 켜는 상태가 되게 하다. ¶전원을 ~.

네¹ I 떼(인칭) 2인칭 대명사인 '너'가 주격 조사 '가'와 결합할 때 그 형태가 변한 말. ¶~가 누구냐? × 니. II '너의'가 준 말. ¶~ 이름이 뭐니?

네² 관 ('너'나 '넉'이 어울리는 단위성 의존 명사 이외의 것과 폭넓게 어울려) 수량이 '넷' 임을 나타내는 말. ¶~ 개 / ~ 명. ▷너·넉.

네 활개(를) 치다 **1** 크게 팔다리를 휘저으며 걷다. **2** 의기양양하게 다니거나 행동하다.

네[3] [감] **1** 말을 높여야 할 상대가 묻거나 청하는 말에 긍정하여 대답하는 말. **2** 말을 높여야 할 상대에게, 상대의 말이 뜻밖이거나 잘 알아듣지 못했을 때 되묻는 뜻으로 문장 첫머리에 하는 말. ¶~? 저더러 그 일을 하라고요? **3** 말을 높여야 할 상대에게 조르거나 떼를 쓸 때, 재촉하는 뜻으로 문장 끝에 하는 말. [비]예. ¶제 부탁을 꼭 들어주세요, ~. ×네.

-네[4] [접미] **1** 사람의 한 무리를 나타내는 말. ¶아낙~ / 여인~. **2** '집안' 이나 '가족 전체' 의 뜻을 나타내는 말. ¶철이~ / 아저씨~ 집.

-네[5] [어미] **1** '해' 할 상대에게 쓰이거나 혼잣말에 쓰여, 감탄의 뜻을 나타내는 종결 어미. ¶나 바쁘다니까 그러~. **2** '하게' 할 상대에게 단순한 서술의 뜻을 나타내는 종결 어미. ¶나 먼저 가~.

네¦-거리 [명] 길이 한 지점에서 네 방향으로 갈라진 곳. =사거리. [비]십자로.

네거티브(negative) [명] **1** 사진의 원판. **2** [의] =음성 반응. **3**《일부 명사 앞에 쓰여》 '부정적' 의 뜻을 나타내는 말. ¶~ 전략. ↔포지티브. **네거티브-하다** [형][여] 부정적이다. ¶**네거티브한** 내용.

네-까짓[-짇] [관] 《경멸하는 투로 쓰여》 겨우 네 따위 정도의. ¶~ 녀석. [준]네깟.

네-깟[-깐] [관] '네까짓' 의 준말. ¶~ 놈.

네-네 [감] '네[3]1' 을 거듭하는 말. [비]예예.

네-년 [대(인칭)] 여자를 맞대하여 욕으로 이르는 말. ↔네놈.

네-놈 [대(인칭)] 남자를 맞대하여 욕으로 이르는 말. ↔네년.

네¦-다리 [명] 주로 잠잘 때나 뻗고 누웠을 때, 사람의 '팔다리' 를 속되게 이르는 말. ¶걱정이 되어 ~를 뻗고 잘 수가 없다.

네다바이(←[일]ねたばい) [명] 남을 교묘하게 유인하여 가짜로 꾸민 돈뭉치나 귀중품을 맡기면서 그 대신 남의 금품을 가지고 달아나는 사기 행위.

네¦-다섯[-섣] I [수] 넷이나 다섯.
II [관] ¶열무 ~ 단.

네¦-댓[-댇] I [수] 넷이나 다섯가량. ×너댓.
II [관] ¶~ 개. ×너댓.

네¦댓-새[-댄쌔] [명] 나흘이나 닷새가량.

네덜란드(Netherlands) [명][지] 서유럽에 있는 입헌 군주국. 수도는 암스테르담. 음역어는 화란(和蘭).

네로 클라우디우스 카이사르(Nero Claudius Caesar) [명][인] 로마의 황제(37~68).

네루, 자와할랄(Nehru, Jawaharlal) [명][인] 인도의 정치가(1889~1964).

네¦-모 [명] '사각형' 을 일상적으로 이르는 말.

네¦모-꼴 [명] '사각형' 을 일상적으로 이르는 말.

네¦모-나다 [형] 형태가 네모로 된 상태에 있다. [비]네모지다. ¶**네모난** 종이.

네¦모반듯-하다[-드타-] [형][여] (물체가) 외곽을 이루는 형태가 직사각형이나 정사각형처럼 반듯하다. ¶방이 ~.

네¦모-지다 [형] 형태가 네모를 이룬 상태에 있다. [비]네모나다. ¶**네모진** 얼굴.

네미 [감] 남을 욕할 때 쓰는 말.

네바다(Nevada) [명][지] 미국 서부의 주.

네¦-발 [명] 짐승의 네 개의 발. ¶~ 가진 짐승.
네발(을) 들다 두 손 들다. 속된 말임.

네¦발-걸음 [명] 두 손을 바닥에 짚고 엎드려 기듯이 걷는 일.

네¦발-짐승 [명] 네 개의 발을 가진 짐승.

네부카드네자르 이¦세(Nebuchadnezzar 二世) [명][인] 신바빌로니아의 왕(630?~562 B.C.).

네브래스카(Nebraska) [명][지] 미국 중부의 주.

네안데르탈-인(Neanderthal人) [명][고고] 1856년에 독일의 뒤셀도르프 근교의 네안데르탈에서 발견된 화석 인류. 매우 진보된 구석기를 사용함. ▷구인(舊人).

네오-(neo-) [접두] '새로운', '현대의' 의 뜻을 나타내는 말. ¶~리얼리즘 / ~로맨티시즘.

네오-리얼리즘(neo-realism) [명][영] =신사실주의**2**.

네오콘(neocon) [명][정] 군사력과 도덕적 우월주의를 바탕으로 새로운 국제 질서의 확립을 주장하는 미국의 신보수주의자.

네온(neon) [명][화] 희유기체 원소의 하나. 원소 기호 Ne, 원자 번호 10, 원자량 20.183. 무색무취의 기체이며, 네온사인 등에 이용됨.

네온-사인(neon sign) [명] 네온 가스를 넣은 유리관에 전기를 통해 여러 가지 빛을 내게 하는 장치. 광고나 장식 등에 쓰임. ¶~이 휘황찬란한 거리.

네임-밸류(†name value) [명] '지명도(知名度)' 로 순화. ¶~가 없는 가수.

네-째 [수][관] '넷째' 의 잘못.

네트(net) [명] ['그물' 이라는 뜻] [체] **1** 배구·테니스·탁구·배드민턴 등에서, 코트 중앙에 수직으로 설치하는 그물. **2** 축구·핸드볼·아이스하키 등에서, 골문 뒤쪽에 치는 그물.

네트워크(network) [명] **1** =방송망. ¶전국에 걸친 ~. **2** 복수의 컴퓨터를 유선·무선의 통신 매체로 연결하여 데이터를 주고받을 수 있게 한 통신망.

네트^터치(net touch) [명][체] 배구·테니스·탁구 등에서, 라켓이나 몸이 네트에 닿는 일.

네트^플레이(net play) [명][체] **1** 테니스에서, 네트 가까이 전진해서 발리·스매시 등으로 결정타를 시도하는 일. **2** 배구에서, 네트 앞에서 펼치는 플레이. **3** 9인제 배구에서, 세 번째 몸에 닿은 공이 네트에 걸렸을 때 그 공을 쳐서 상대 쪽으로 넘기는 플레이.

네티즌(netizen) [명] [net*work*+*citizen*] [네트워크로 이뤄진 가상 사회의 시민이라는 뜻에서] 컴퓨터 통신이나 인터넷을 통해 정보를 얻기도 하고 자기 의견을 표현하기도 하는 사람.

네티켓(netiquette) [명] [net*work*+*etiquette*] 컴퓨터 통신에 참여할 때에 지켜야 할 예절.

네팔(Nepal) [명][지] 히말라야 산맥 남쪽에 있는 입헌 군주국. 수도는 카트만두.

네프론(nephron) [명][생] 신장의 구조·기능상의 최소 단위. =신단위(腎單位).

넥타(nectar) [명] 과일을 으깨어 만든 진한 주스. ¶복숭아 ~.

넥타이(necktie) [명] 와이셔츠 깃 밑으로 둘러서 매듭을 지어 앞으로 늘어뜨리는 기다란 천. 남자들이 정장을 할 때 장식으로 맴. ⓒ타이.
넥타이-핀(↑necktie pin) 몡 넥타이가 움직이지 않도록 하거나 모양을 내기 위해 넥타이에 꽂는 핀.
넬슨(nelson) 몡[체] 레슬링에서, 상대편의 뒤에서 겨드랑이 밑으로 팔을 넣고, 뒷통수에 팔을 둘러 목을 누르는 기술.
넬슨², 허레이쇼 (Nelson, Horatio) 몡[인] 영국의 제독(1758~1805).
넵투누스(Neptunus) 몡[신화] 로마 신화에 나오는 해신(海神). 그리스 신화의 포세이돈에 해당함. 영어명은 넵튠.
넷[벧] 관 1'하나에 하나를 더한 수. ▷사(四). 2사람이나 사물의 수량을 셀 때, 셋 다음에 해당하는 수효.
넷-맹(-internet盲) 몡 어떤 사람이 인터넷을 전혀 이용할 줄 모르는 상태. 또는, 그 사람.
넷-이 Ⅰ몡 '네 사람'을 이르는 말. ×너이.
Ⅱ뷔 네 사람이 함께. ×너이.
넷-째[벧-] 주관 차례를 매길 때, 셋째의 다음에 오는 수. ×네째.
-녀(女) 졉미 일부 명사의 뒤에 붙어, '여자'의 뜻을 나타내는 말. ¶약혼~ / 유부~ / 이혼~.
녀석 몡 1남자인 사람을 다소 낮추어 이르는 말. ¶나쁜~. 2윗사람이 사내아이를 귀엽게 여겨 이르는 말. ¶참 귀엽군.
년¹ 몡 1여자인 사람을 낮추거나 멸시하여 이르는 말. ¶망할~. 2윗사람이 계집아이를 귀엽게 여겨 이르는 말. ¶고~ 참 예쁘기도 해라.
년²(年) 몡의 1해를 수량으로 헤아리는 단위. 1년은 약 365.25일임. 2일정하며 순서가 정해진 해를 이르는 말. ¶서기 2004~ / 세종 24~.
-년³(年) 졉미 일부 명사의 뒤에 붙어, '해'의 뜻을 나타내는 말. ¶안식~ / 회귀~.
년놈 몡 '연놈'의 잘못.
년대(年代) 몡의 일반적으로, 10, 100, 1000의 단위가 같은 서력기원의 해에 붙어, …0년, …00년, …000년부터 ~9, …99, …999년까지의 10년, 100년, 1000년 동안의 기간임을 나타내는 말. 가령, 1990년대는 1990년부터 1999년까지의 기간을 가리킴. ¶1950~ 작품.
년도(年度) 몡의 특정의 해를 나타내는 수 다음에 쓰여, 그 해를 문어적 또는 공식적으로 이르는 말. ¶1990~ 졸업생 / 2004~ 결산. ▷연도.
년래(年來)[녈-] 몡의 (숫자 다음에 쓰여) 지난 …년 전부터 지금까지. ¶물가 상승률이 6~ 최고를 기록했다. ▷연래.
년차(年次) 몡 어떤 사람이 조직이나 단체의 성원(成員)이 되거나 어떤 직급에 오르게 된 햇수를 나타내는 말. ¶입사 5~ / 부장 3~. ▷연차.
녘[녁] 몡의 1('-는 아래 또는 방향을 나타내는 '동·서·남·북·위·아래' 등의 명사 아래에 쓰여) 어떤 방향이나 그 방향에 있는 지역을 이르는 말. ¶북~.
2('-ㄹ' 아래 또는 때를 나타내는 일부 명사 아래에 쓰여) 어떤 때의 무렵을 나타내는 말. ¶새벽~ / 해 뜰~.

녜 감 '네'의 잘못.
노¹ 몡 실·삼·종이 등을 가늘게 비비거나 꼬아 가늘고 길게 이어지게 만든 물건.
-노² 어미 〈방〉 용언의 어간이나 어미 '-았/었-', '-겠-'의 아래에 붙어, '해라'할 상대에게 의문을 나타내는 종결 어미(경상). ¶니 어디 가~?
노³(魯) 몡[역] 중국 주(周)나라 때의 제후국의 하나(1055~249 B.C.). 주나라 무왕의 아우 주공(周公)을 시조로 함. 경공(頃公) 때에 초(楚)나라에게 멸망함.
노⁴(櫓) 몡 물을 헤쳐 배를 나아가게 하는, 나무로 만든 긴 물건. ¶~를 젓다.
노⁵(爐) 몡 가공할 원료를 넣고 열을 가하는 시설. 용광로·원자로 따위.
노-⁶(老) 졉두 '늙은', '나이 많은'의 뜻을 나타내는 말. ¶~부부 / ~처녀 / ~총각.
노가다(←土方 / どかた) 몡 '막일꾼'으로 순화. ¶~판.
노가리¹ 몡 명태의 새끼.
노가리² 몡 〈속〉 허황된 거짓말. ¶~를 풀다(까다).
노-각(老-) 몡 늙어서 빛이 누렇게 된 오이.
노간주-나무 몡[식] 높이 10m가량으로 곧게 자라며 잎이 가시처럼 날카로운 상록 교목. 가을에 흑갈색으로 익는 작고 둥근 열매를 약용하거나 향료로 씀.
노-갓(路肩) 몡 '갓길'로 순화.
노경(老境) 몡 나이에 있어서 노인의 시기. 旣늙바탕. ¶~에 접어들다.
노고(勞苦) 몡 수고스럽고 힘들이는 애씀. ¶선생님의 ~에 보답하다.
노곤-하다(勞困-) 혱여 (몸이) 피로하여 힘들고 늘어지는 상태에 있다. 旣고단하다·나른하다. ¶어제 등산을 했더니 몸이 몹시 ~. 노곤-히 뷔
노-골(no goal) 몡[체] 농구·축구 등에서, 슛을 하였으나 골인되지 않은 것. 또는, 슛하기 전의 반칙으로 골인이 무효가 되는 일.
노골-적(露骨的)[-쩍] 관 사회 관습이나 윤리·도덕적 이유 등으로 쉽게 하기 어려운 표현이나 행동을 주저함이 없이 드러내 놓고 하는 (것). ¶~인 성(性) 표현 / ~으로 돈을 요구하다.
노골-화(露骨化) 몡 노골적으로 되는 것. 노골화-하다 몡재·여 노골화-되다 동재 ¶경제 침략이 ~.
노광(露光) 몡 =노출3.
노-구(老軀) 몡 늙은 몸. ¶칠십 ~를 이끌고 독립 운동에 앞장서다.
노기¹(老妓) 몡 늙은 기생. ↔동기(童妓).
노기²(怒氣) 몡 노하여 얼굴빛. 또는, 노한 기색. ¶~ 띤 얼굴.
노기등등-하다(怒氣騰騰-) 혱여 몹시 성이 나서 노기가 얼굴에 가득하다.
노기충천-하다(怒氣沖天-) 혱여 성이 머리끝까지 나 있다.
노-끈 몡 노로 만든 끈.
노년(老年) 몡 나이가 들어 늙은 때. 旣노령·만년(晚年).
노년-기(老年期) 몡 노인의 단계에 있는 인생의 시기. ▷장년기·유년기.
노느다 동 〈노나, 노니〉 (물건이나 대상을) 둘 이상의 사람의 몫이 되도록 가르거나 쪼개다. 旣나누다. ¶여럿이 노나 가지다.
-노니 어미 용언의 어간이나 어미 '-시-', '-았/었-', '-겠-', '-옵-'의 아래에 붙어,

원인·근거의 뜻을 나타내는 연결 어미. '-나니'보다 정중한 표현임. ¶너희에게 이르~, …. ▷-나니.
노:-닐다 〔재〕〈~니니, ~니오〉(사람이나 일부의 짐승이) 한가롭게 놀면서 왔다갔다 하거나 거닐다. ¶연못에서 한가로이 노니는 오리 떼.
노다지[1] 〔명〕**1** 목적하는 광물이 많이 묻혀 있는 광맥. ¶~를 캐다. **2** 필요한 물건이나 이익이 많이 나오는 곳. 또는, 그 물건이나 이익.
노다지[2] 〔부〕 '언제나'의 잘못.
노닥-거리다/-대다 [자] 〔때~〕 〔동〕〔자〕 수다스럽고 재미있는 잔말을 자꾸 늘어놓다. ¶일은 안 하고 노닥거리고만 있다.
노닥-노닥[-당-] 〔부〕 노닥거리는 모양. ¶~ 이야기를 나누며 밤을 새우다. 노닥노닥-하다〔자〕
노대(露臺) 〔명〕〔건〕 = 발코니1.
노:-대가(老大家) 〔명〕 나이와 경험이 많은, 그 방면에 뛰어난 사람. ¶유학의 ~.
노:도(怒濤) 〔명〕 무섭게 밀려오는 큰 파도. ¶질풍~ /~와 같은 함성.
노.독(路毒) 〔명〕 먼 길에 시달려 생긴 피로나 병. ¶~을 풀다.
노동(勞動) 〔명〕 **1** 사람이 생활에 필요한 물자를 얻고 삶의 가치를 실현하기 위해 정신적·육체적 활동을 행하는 것. ¶~의 대가. ▷자본·토지. **2** 특히, 생업으로서 육체의 힘을 이용하여 거칠고 힘든 일을 하는 것. 노동-하다〔자〕〔여〕
노동-력(勞動力) [-녁] 〔명〕〔경〕 재화나 서비스를 생산하는 데에 소요되는, 인간의 정신적·육체적인 모든 능력.
노동력^인구(勞動力人口) [-녁-] 〔명〕〔사〕 노동을 할 의지와 능력을 가진 15세 이상의 인구. =노동 인구. ↔비노동력 인구.
노동-법(勞動法) [-뻡] 〔명〕〔법〕 근로자들의 근로 환경을 규정하고, 근로자들의 생존 확보를 가능하게 하는 법규의 총칭.
노동-부(勞動部) 〔명〕 행정 각 부의 하나. 노동에 관한 사무를 맡아봄.
노동^삼권(勞動三權) [-꿘] 〔명〕〔법〕 헌법에 명시된 근로자의 세 가지 기본 권리. 곧, 단결권·단체 교섭권·단체 행동권.
노동^생산성(勞動生産性) [-썽] 〔명〕〔경〕 단위 시간에 투입된 노동량과 그것에 의하여 얻어진 생산량의 비율.
노동^시:장(勞動市場) 〔명〕〔사〕 자본주의 사회에서, 노동력이 거래되는 추상적 장소나 영역.
노동-요(勞動謠) 〔명〕〔문〕〔음〕 일을 능률적으로 즐겁게 하기 위해 부르는 노래.
노동-운(勞動運動) 〔명〕 임금 노동자 계급이 자신들의 경제적·사회적 생활 조건을 개선하기 위하여 전개하는, 일체의 조직적인 활동.
노동^인구(勞動人口) 〔명〕〔사〕 =노동력 인구.
노동-자(勞動者) 〔명〕 **1** 노동력을 제공하고 얻은 임금으로 생활을 유지하는 사람. ⓑ근로자. **2** 특히, '막일꾼'을 이르는 말.
노동^쟁의(勞動爭議) [-의/-이] 〔명〕〔사〕 노동자 조직과 사용자 사이에 근로 조건에 관한 의견의 대립으로 일어나는 분쟁 상태.
노동-절(勞動節) 〔명〕 노동자를 위한 국제적인 명절. 5월 1일. 우리나라에서는 '근로자의 날'이라 부름.

노동-조합(勞動組合) 〔명〕〔사〕 임금 노동자가 스스로 근로 조건을 유지·개선하고, 경제적·사회적 지위를 향상시킬 목적으로 조직하는 단체. ⓑ노조.
노동-판(勞動-) 〔명〕 육체노동자들이 일하는 곳.
노두(露頭) 〔명〕〔광〕 광맥, 암석이나 지층, 석탄층 등이 지표에 노출되어 있는 부분.
노:땅(老-) 〔명〕〈속〉 늙은이. 또는, 한물간 사람.
-노라 〔어미〕 동사나 '있다'의 어간, 또는 어미 '-시-', '-았/었-', '-겠-'의 아래에 붙어, '해라' 할 상대에게 자신의 행동을 위엄 있게, 또는 감동적으로 서술할 때 쓰이는 문어체의 종결 어미. ¶우리는 싸워 이겼~. ▷-로라.
-노라고 〔어미〕 동사 어간이나 어미 '-시-', '-았/었-', '-겠-'의 아래에 붙어, '자기 나름으로는 한다고'의 뜻을 나타내는 연결 어미. ¶하~ 했는데 영 신통치 않다. ×-느라고.
-노라니 〔어미〕 동사나 '있다'의 어간에 붙어, '-하고 있자니까'의 뜻을 나타내는 연결 어미. ¶노래를 보~ 생각이 난다.
-노라니까 〔어미〕 '-노라니'의 힘줌말.
-노라면 〔어미〕 동사나 '있다'의 어간에 붙어, '-다가 보면'의 뜻을 나타내는 말. ¶사~ 좋은 날이 오겠지.
노란-빛[-빋] 〔명〕 노란 빛깔.
노란-색(-色) 〔명〕 노란 색깔. 황색 가운데서도 밝고 선명한 색깔을 가리킴.
노랑 〔명〕 노란 빛깔. 또는, 그런 색을 내는 물감과 같은 물질. ⓑ누렁.
노랑-나비 〔명〕 날개의 빛깔이 수컷은 노랗고 암컷은 희며, 날개 가장자리에 넓고 검은 띠가 있는 나비. 봄에 나타나 풀밭을 날아다님.
노랑-머리 〔명〕 빛이 노란 머리카락. 또는, 머리카락이 노란 사람.
노랑-이 〔명〕 생각이 좁고 몹시 인색한 사람의 비유. ¶그는 지독한 ~. ×노랭이.
노랑이-짓 [-짇] 〔명〕 생각이 좁고 인색하게 구는 짓. 노랑이짓-하다〔자〕〔여〕
노:랗다 [-라타] 〔형〕〈-니, 노라오, 노래〉 **1**(어떤 물체나 물질이) 활짝 핀 개나리꽃이나 유채꽃의 색깔을 정도로 샛노랗다. ¶노란 병아리. **2**(얼굴이나 피부가) 영양 부족이나 병 따위로 핏기가 없고 노르께한 상태에 있다. ¶먹질 못해서 얼굴이 ~. ⓑ누렇다.
노래 〔명〕 **1** 가사에 곡조를 붙여 사람의 목소리로 부를 수 있게 만든 형식의 음악. 또는, 그런 형식의 음악을 사람이 목소리로 부르는 일. **2** 어떤 요구를 거듭 할 정도로 되풀이하여 말하는 일. ¶딸에게 피아노를 사 달라고 ~를 부른다네. 노래-하다〔자〕〔타〕〔여〕 **1** 노래를 부르다. **2** 어떤 사상이나 감정을 운율적인 언어로 나타내다. ¶사랑의 기쁨을 노래한 시.
노래기 〔명〕〔동〕 몸이 길이 2~28mm의 가늘고 긴 원통형으로 발이 많은 절지동물. 건드리면 몸이 둥글게 말리고, 몸에서 고약한 노린내를 풍김. =향랑각시.
노래-방(-房) 〔명〕 방음이 된 방에서, 가사가 문자로 나타나는 비디오 화면을 보면서 음악 반주에 맞추어 노래를 부를 수 있도록 꾸며 놓은 업소.
노래-자랑 〔명〕 여러 사람이 서로 노래 솜씨를 겨루기 위해 많은 사람 앞에서 차례로 노래를 부르는 일. 또는, 그런 행사.
노ː래-지다 [동][자] 노랗게 되다. ¶황달이 걸려서 얼굴이 ~. [큰]누레지다.
노랫-가락[-래까-/-랟까-] [명] 노래의 곡조. ¶구성진 ~.
노랫-말[-랜말] [명] 노래의 내용이 되는 글. [비]가사(歌詞).
노랫-소리[-래쏘-/-랟쏘-] [명] 노래를 부르는 소리.
노랭이 [명] '노랑이'의 잘못.
노략-질(擄掠-)[-찔] [명] (도적들이) 떼를 지어 다니며 재물을 빼앗는 짓. **노략질-하다** [동][타][여] ¶양민의 재물을 ~.
노려-보다 [동][타] **1** (사람이 상대를) 미워하거나 싫어하는 눈빛으로 매섭게 보다. ¶매서운 눈으로 ~. **2** (동물이 적이나 먹이가 되는 동물을) 해치거나 잡아먹기 위해 독기 있는 눈빛으로 보다. **3** (대상을) 강렬한 눈빛으로 뚫어지게 보다.
노력[1](努力) [명] 어떤 일을 이루기 위해 어려움이나 괴로움 등을 이겨 내면서 애쓰거나 힘쓰는 것. ¶~을 기울이다. **노력-하다** [동][자][여] ¶그의 성공은 땀 흘려 **노력한** 결과다.
노력[2](勞力) [명][경] 물건을 생산하기 위한 육체적·정신적 활동. ¶~ 동원.
노력-파(努力派) [명] 열심히 노력하는 부류의 사람.
노ː련-미(老鍊味) [명] (어떤 사람의) 오랜 경험을 쌓아 익숙하고 능란한 멋이나 자질. ¶노장답게 그에게서는 ~가 풍긴다.
노ː련-하다(老鍊-) [형][여] 어떤 일에 대해 오랫동안 경험을 쌓아 익숙하고 능란하다. ¶**노련한** 기술자.
노ː령(老齡) [명] 늙은 나이. [비]노년.
노ː령^사회(老齡社會)[-회/-훼] [명][사] 65세 이상의 노인 인구가 총인구의 14% 이상을 차지하는 사회. ▷노령화 사회.
노령-산맥(蘆嶺山脈) [명][지] 소백산맥의 추풍령 부근에서 갈라져 나와 남서쪽으로 뻗은 산맥.
노ː령-화(老齡化) [명] 노인 인구의 비율이 높아지는 것. **노ː령화-하다** [동][자][여] **노ː령화-되다** [동][자]
노ː령화 사회(老齡化社會)[-회/-훼][사] 노령 인구가 차지하는 비율이 상당한 정도로 높아져 가는 사회. 특히, 65세 이상의 인구가 총인구의 7~13%를 차지하는 사회. =고령화 사회. ▷노령 사회.
노ː론(老論) [명][역] 조선 시대, 사색당파의 하나. 숙종 때 송시열·김만중 등을 중심으로 서인(西人)에서 갈려 나온 당파. ↔소론.
노루 [명][동] 사슴과 비슷하나, 몸빛이 갈색이고 뿔이 세 갈래로 갈라지는, 키 65~75cm의 포유동물. 온순하며 겁이 많음.
노루-목 [명] 노루가 지나다니는 길목.
노루-발 [명] 재봉틀에서, 바늘이 오르내리기 편하게 바느질감을 눌러 주는 부속품.
노루발-장도리 [명] 한쪽 끝은 뭉툭하여 못을 박고, 다른 쪽 끝은 둘로 갈라져 못을 뺄 수 있게 된 장도리.
노루-잠 [명] 깊이 들지 못하고 자주 깨는 잠. [비]괭이잠.
노ː류-장화(路柳墻花) [명] ['누구든지 꺾을 수 있는 길가의 버들과 담 밑의 꽃'이라는 뜻] 창녀를 가리키는 말.
노르께-하다 [형][여] 곱지도 짙지도 않게 노르스름하다. =노리끼리하다. ¶**노르께하게** 변색한 사진. [큰]누르께하다.
노르딕^종ː목(Nordic種目) [명][체] 스키 경기에서, 거리 경주·점프 경기·복합 경기의 세 종목의 총칭. ▷알파인 종목.
노르마([러]norma) [명] 개인·공장에 할당된 노동이나 생산의 최저 기준량. 또는, 각 개인에게 부과된 노동량.
노르만^족(Norman族) [명] 덴마크·스칸디나비아 지방을 원주지로 하는 북방 게르만 족.
노르망디(Normandie) [명][지] 프랑스 북서부의 지방.
노르스름-하다 [형][여] (빛깔이) 다소 밝고 산뜻하게 노른 데가 있다. =노릇하다. [큰]누르스름하다. **노르스름-히** [부]
노르웨이(Norway) [명][지] 북유럽, 스칸디나비아 반도의 서부에 있는 입헌 군주국. 수도는 오슬로.
노른-자 [명] '노른자위'의 준말. ¶달걀 ~.
노른-자위 [명] **1** 알의 흰자위에 둘러싸인 동글고 노란 부분. ↔흰자위. **2** 어떤 사물의 가장 중요한 부분. ¶그 부서는 우리 회사에서도 ~에 속한다. [준]노른자.
노름 [명] 돈이나 물건을 걸고 화투·마작·골패·투전·트럼프 등의 놀이로 승부를 겨루어 따먹기를 하는 일. =돈내기. [비]도박. ¶~으로 가산을 탕진하다. **노름-하다** [동][자][여]
노름-꾼 [명] 노름을 일삼는 사람. [비]도박꾼.
노름-빚[-삗] [명] 노름을 하여 진 빚.
노름-판 [명] 노름을 벌이는 자리. [비]도박판. ¶~을 벌이다.
노릇[-륻] [명][의존] **1** 사람의 어떤 자격이나 직책에 대한 '구실'을 낮게 또는 부정적인 어감을 갖고 이르는 말. ¶아비 ~. **2** 바람직하지 못하거나 뜻밖에 벌어진 '일'이나 '현상'을 이르는 말. ¶방금 있던 물건이 없어졌으니 귀신이 곡할 ~이다.
노릇-노릇[-른-륻] [부] 군데군데가 노르스름한 모양. [큰]누릇누릇. **노릇노릇-하다** [형][여] ¶빵을 **노릇노릇하게** 굽다.
노릇-하다[-르타-] [형][여] =노르스름하다.
노리-개 [명] **1** 여성의 한복 저고리의 고름이나 치마허리 등에 장식으로 다는 물건. **2** 취미로 가지고 노는 물건.
노리갯-감[-개깜/-갣깜] [명] 노리개가 될 만한 물건. 또는, 노리개처럼 데리고 놀 수 있는 대상. ¶여자를 ~으로 삼다.
노리끼리-하다 [형][여] =노르께하다. [큰]누리끼리하다.
노리다[1] [동][타] **1** (짐승이 먹잇감이나 기타의 대상을) 자기 것으로 만들기 위해 벼르면서 보다. ¶매가 병아리를 ~. **2** (사람이 어떤 대상을) 눈에 독기를 품고 보다. ¶잔뜩 **노리고** 있는 강렬한 시선. **3** (어떤 물건이나 사람, 기회 따위를) 주의를 늦추지 않고 얻거나 이용하거나 해치려고 하다. ¶생명을 ~ / 기회를 ~.
노리다[2] [형] **1** (냄새가) 털이 탈 때 나는 것과 같다. **2** (맛이) 양이나 염소 고기를 먹을 때 느끼는 것과 같다. [큰]누리다.
노리-쇠[-쇠/-쉐] [명] 소총의 중요한 부속품의 하나. 탄알을 약실에 넣고 탄피를 약실에서 빼내는 구실을 함.
노린-내 [명] 노래기·양·여우 따위에서 나는 냄새와 같은 냄새. [큰]누린내.
노린재 [명][동] 몸이 타원형이거나 길고 납

작짧은, 몸에서 독특한 노린내를 풍기는 곤충의 한 무리. 식물의 즙액을 빨아 먹는 해충임.

노릿-하다[-리타-] 형여 (냄새나 맛이) 약간 노리다. ¶토끼 고기는 좀 노릿하지만 고소한 맛이 있다. ¶누릿하다.

노:-마님(老-) 명 나이 많고 지체 높은 부인을 이르던 말.

노^마크(†no mark) 명 축구·농구 등에서, 공격할 때 수비 선수로부터 방어를 받고 있지 않는 상태. ¶~ 찬스.

노:망(老妄) 명 늙어서 정신이 흐려지고 말과 행동이 비정상적인 상태가 되는 것. ⨽망령. **노:망-하다** 자여

노:망-기(老妄氣)[-끼] 명 노망이 든 기미. ¶~가 드시다.

노:망-나다(老妄-) 자 노망한 증세가 나타나다. ¶노망난 늙은이.

노:망-들다(老妄-) 자 (-드니, -드오) 노망이 생기다. ¶노망든 할머니.

노:면(路面) 명 도로의 표면. ¶길바닥. ¶눈이 와서 ~이 미끄럽다.

노:모(老母) 명 늙은 어머니. ¶팔순 ~.

노:목(老木) 명 늙은 나무. ⨽고목(古木).

노무(勞務) 명 1 급료를 받으려고 육체적 노력을 들여 하는 일. ¶~를 제공하고 보수를 받다. 2 노동에 관한 사무.

노무-자(勞務者) 명 노무에 종사하는 사람. ¶일용 ~.

노:반(路盤) 명[건] 도로나 철도 선로의 기반이 되는 지면. ¶~ 공사.

노:발-대발(怒發大發) 명 (어떤 사람, 특히 윗사람이) 몹시 화를 내면서 큰소리를 치거나 하는 것. **노:발대발-하다** 자여

노방-주(-紬) 명 중국에서 나오던 명주의 하나.

노벨, 알프레드 베른하르트(Nobel, Alfred Bernhard)[인] 스웨덴의 공업 기술자·화학자(1833~1896).

노벨-상(Nobel賞) 명 1896년에 스웨덴의 노벨의 유언에 따라 인류를 위해 크게 공헌한 사람이나 단체에 주는 국제적인 상. 물리학, 화학, 생리학·의학, 문학, 경제학, 평화의 6개 부문이 있음.

노:변(路邊) 명 =길가.

노:변(爐邊) 명 화롯가.

노변-정담(爐邊情談) 명 화롯가에 둘러앉아서 주고받는 이야기.

노:병(老兵) 명 1 늙은 병사. 2 군대에 오래 있어서 경험이 많고 노련한 병사. ¶~은 죽지 않고, 사라질 뿐이다.

노:병(老病) 명 노쇠하여 생기는 병. ⨽노환.

노복(奴僕) 명 =사내종.

노:-부모(老父母) 명 늙은 부모.

노:-부부(老夫婦) 명 늙은 부부.

노-브라(no bra) 명 가슴에 브래지어를 하지 않은 상태. 또는, 그런 상태로 걸옷을 입은 차림새.

노블레스 오블리주(ⓕnoblesse oblige) '지도층 의무'로 순화.

노비(奴婢) 명 지난날 신분 제도 사회에서, 국가 기관이나 양반·귀족 등의 소유물로 예속되어 행동의 자유를 잃고 살아가던, 최하층 신분의 사람.

노비-안검법(奴婢按檢法)[-뻡] 명 고려 광종 7년(956)에 본래 양민이었던 노비를 해방시켜 주기 위해 만든 법.

노:사(老死) 명 늙어서 죽는 것. **노:사-하**다 자여

노사[2](勞使) 명 노동자와 사용자. ¶~ 협조. / ~ 분규.

노사정(勞使政) 명 '노동자'와 '사용자'와 '정부'를 아울러 일컫는 말. ¶경제 현안에 대해 ~의 대타협에 이르다.

노:산(老產) 명 나이 많아서 아이를 낳는 것. **노:산-하다** 타여

노상[1](路上) 부 한 모양으로 늘. ⨽항상. ¶그 그가 ~ 입버릇처럼 하는 이야기다.

노:상[2](路上) 명 길 위. 특히, 사람들이 다니게 되어 있어, 어떤 행동이나 상태가 눈에 띄는 곳으로서의 길. ¶~ 방뇨.

노:상-강도(路上強盜) 명 으슥한 길에서 흉기로 위협하거나 폭행을 가하거나 하여 남의 금품을 빼앗는 일. 또는, 그런 일을 한 도둑.

노새 명 암말과 수나귀를 교배시켜 얻는 포유동물. 몸은 나귀보다 크고, 갈기나 꼬리털은 말보다 작음. 생식력은 없으며, 짐을 운반하는 데 쓰임.

노:색(老色) 명 노인에게 어울리는 옷의 빛깔. 회색 따위. ¶이 옷은 너무 ~.

노서아(露西亞) 명 '러시아(Russia)'의 음역어.

노:선(路線) 명 1 발착지와 도착지가 일정하게 정해진 교통선. ¶항공 ~. 2 일정한 목표를 향하여 나아가는 길. ¶정치 ~.

노:성(怒聲) 명 성난 목소리.

노:소(老少) 명 나이 든 사람과 젊은 사람을 아울러 이르는 말. ¶남녀 ~.

노:송(老松) 명 늙은 소나무. ¶~이 즐비한 숲속.

노:쇠(老衰)[-쇠/-쉐] 명 늙고 쇠약한 것. **노:쇠-하다** 형여 ¶노쇠해서 죽다.

노:쇠-기(老衰期)[-쇠-/-쉐-] 명 사람의 노년기의 후기로, 늙어서 기운이 약해지는 시기. 보통 65~75세의 시기를 말함. ↔성장기.

노숙(露宿) 명 비바람 등을 가릴 수 없는 집 밖의 장소에서 잠을 자는 것. ⨽한뎃잠. **노숙-하다** 자여

노숙-자(露宿者)[-짜] 명 길거리나 역, 공원 등지에서 한뎃잠을 자며 생활하는 사람.

노:숙-하다[2](老熟-)[-수카-] 형여 (태도·말씨·옷차림 등이) 세련되고 점잖다. ¶노숙한 옷차림.

노스다코타(North Dakota) 명[지] 미국 북부의 주.

노스캐롤라이나(North Carolina) 명[지] 미국 동부의 주.

노스탤지어(nostalgia) 명 지난 시절이나 떠나온 고향을 향한 그리움. ⨽향수.

노스트라다무스(Nostradamus) 명[인] 프랑스의 의사·점성가(1503~1566).

노:승(老僧) 명 늙은 승려.

노:신(老臣) I 명 늙은 신하.
Ⅱ대 (인칭) 늙은 신하가 임금을 상대하여 자기를 낮추어 이르는 말.

노:-신사(老紳士) 명 노년의 신사.

노심-초사(勞心焦思) 명 근심하면서 속을 태우는 것. **노심초사-하다** 자여 ¶하나밖에 없는 자식이 걱정되어 ~.

노아(Noah) 명[성] 구약 성서 '창세기'에 나오는 의로운 사람. ¶노아의 방주.

노^아웃(no out) 명 [체] 야구에서, 공격 측에 아웃이 없는 것. =무사(無死).

노아의 방주(Noah-方舟)[-의/-/-에

-][성] 노아가 신의 계시로 만든 배. 대홍수 때, 노아가 가족과 여러 동물을 이 배에 태워 재앙을 면하였음.

노:안¹(老眼)[명] 수정체의 노화 현상에 의한 시력 장애. 또는, 그런 눈. 가까운 곳이 잘 보이지 않음.

노:안²(老顔)[명] 노쇠한 얼굴. 또는, 노인의 얼굴.

노:약-자(老弱者)[-짜][명] 늙은이와 약한 사람. ¶~를 보호다.

노:약-하다(老弱-)[-야카-][형여] 늙고 약하다.

노어(露語)[명][언]=러시아어.

노여움[명] 노여워하는 마음의 상태. ¶~을 사다. [준]노염.

노여워-하다[동]재여] 노엽게 여기다. ¶철없이 한 말에 너무 **노여워하지** 마세요.

노역(勞役)[명] 1 몹시 힘든 노동. ¶강제 ~. 2 노무에 종사하는 것. 노역-하다 [자여]

노염[명] '노여움'의 준말. ¶알아버지도 늙으셔서 그러는지 ~을 잘 타신다.

노엽다[-따][형여]〈노여우니, 노여워〉마음이 언짢고 화가 나는 상태에 있다. ¶자네를 노엽게 했을 뿐 섭섭.

노예(奴隸)[명] 1 지난날, 다른 사람의 소유물로 속박되어 물건이나 가축처럼 매매의 대상이 되며, 자유와 탈탕심한 채 시키는 대로 일을 해야 했던 신분의 사람. ▷자유민. 2 (주로 '…의 노예'의 꼴로 쓰여) 어떤 일이나 대상을 제 의지대로 또는 이성적으로 다루지 못하고 그것에 사로잡히거나 얽매이는 사람을 비유적으로 이르는 말. ¶돈의 ~ / 사랑의 ~.

노예-근성(奴隸根性)[명] 자주적 태도 없이 노예처럼 복종하거나 굽실거리는 근성. ¶~을 버리지 못하다.

노:옹(老翁)[명] 남자. ↔노파.

노을[명] 해가 뜨거나 질 무렵에, 수평선이나 지평선 가까이의 하늘이 햇빛을 받아 붉게 보이는 현상. ¶저녁 ~. [준]놀.

노을-빛[-삧][명] 1 노을의 빛깔. 2 노을과 같은 주황색.

노이로제(⑥Neurose)[명][의] 불안·과로·갈등·억압 등의 감정 체험이 원인이 되어 일어나는 신체적 정신적인 총칭. 히스테리·신경 쇠약 따위. 间신경증.

노이즈(noise)[명] ['소음'이라는 뜻][컴] 필요한 신호에 섞여 신호를 바꾸어 버리는 전기적인 장애 또는 잘못된 부호.

노:-익장(老益壯)[-짱][명] 나이가 들면서 기력이 더 좋아짐. 또는, 그런 사람. ¶~을 과시하다.

노:인(老人)[명] 늙은 사람. 일반적으로 60세 이상으로, 특히 육체적으로 노쇠한 사람을 가리킴. ¶백발~. [높]늙은이.

노:인-네(老人-)[명] '노인' 또는 '노인들'을 예사롭게 이르는 말.

노:인-장(老人丈)[명] '노인'을 높여서 이르는 말.

노:인-정(老人亭)[명]=경로당.

노임(勞賃)[명][경] 노동에 대한 보수. 间품삯. 侧체불-금(滯拂-).

노:자¹(老子)[명][인] 춘추 시대의 사상가(?~?).

노:자²(路資)[명] 집을 떠나 여러 날 먼 길을 갈 때 드는 돈. 예스러운 말임.

노작(勞作)[명] 1 힘들여 만든 작품. ¶역작. ¶오랜 침묵 끝에 내놓은 회심의 ~. 2에서 만드는 일. 또는, 힘써 일하는 것. 노작-하다 [자여]

노작지근-하다[-찌-][형여] 몹시 곤한 다. ¶봄이 되니 온몸이 ~.

노:잣-돈(路資-)[-자똔/-잔똔][명] 1 먼 길을 오가는 데 드는 돈. 2죽은 사람이 저승길에 편히 가라고 상여 등에 꽂아 주는 돈.

노:장¹(老莊)[명] 중국의 사상가 노자(老子)와 장자(莊子)를 아울러 일컫는 말.

노:장²(老將)[명] 1 싸움에 경험이 많은 노련한 장수. ¶백전~. 2 많은 경험을 쌓아 노련한 사람. ¶~ 선수.

노:장-사상(老莊思想)[명][철] 중국의 사상가 노자와 장자의 사상. 무위자연(無爲自然)을 도덕의 표준으로 하고, 허무를 우주의 근원으로 삼음.

노:장-파(老壯派)[명] 노년층과 장년층으로 이루어진 파. ↔소장파.

노:적(露積)[명] 한데에, 곡식 따위의 물건을 쌓아 두는 것. 또는, 그 물건. 間야적(野積). ¶~장(場).

노:적-가리(露積-)[-까-][명] 한데에 쌓아 둔 곡식 더미.

노점(露店)[명] 길가에서 리어카나 좌판에 물건을 벌여 놓고 파는 소규모 점포.

노점-상(露店商)[명] 길가에서 리어카나 좌판에 물건을 벌여 놓고 파는 장사. 또는, 그런 장사를 하는 사람.

노:정¹(路程)[명] 1 목적의 시간이 걸리거나 얼마의 거리를 가야 하는 여행길. ¶하루로는 빠듯한 ~. 2 어떤 일을 이루기 위해 거치는 과정.

노:정²(露呈)[명] (예치 못하거나 원치 않은 사실을) 드러내어 알게 하는 것. 노:정-하다 [타여] ¶자동차가 주행 중에 결함을 ~. 노:정-되다 [동재] ¶검토하는 과정에서 많은 문제점이 ~.

노:제(路祭)[명][민]=거리제2.

노조(勞組)[명] '노동조합'의 준말. ¶~원(員) / ~를 결성하다.

노슬(nozzle)[명] 끝의 작은 구멍으로부터 유체를 분출시키는, 통 모양의 장치.

노:지(露地)[명] 지붕이 덮여 있지 않은 땅. ¶~ 재배.

노-질(櫓-)[명] 노를 저어서 배를 나아가게 하는 일. 노질-하다 [자여]

노:-처녀(老處女)[명] 결혼할 나이가 지난 처녀. =올드미스. ↔노총각.

노천(露天)[명] 건물 밖이어서 비나 햇빛 따위를 피하거나 가릴 수 없는 상태. 또는, 그런 곳. 间한데. ↔가옥.

노천-극장(露天劇場)[-짱][명] 야외에 임시로 무대를 설치하여 창극·연극 등을 공연하거나 영화를 상영하는 곳.

노-천명(盧天命)[명][인] 시인 (1912~1957).

노천-탕(露天湯)[명] 자연경관을 즐기며 온천욕을 할 수 있도록 실외의 자연 공간에 꾸며 놓은 탕.

노:-총각(老總角)[명] 결혼할 나이가 지난 총각. ↔노처녀.

노:-축(老-)[명] 늙은 축 또는 늙은 패.

노출(露出)[명] 1 (감춰지거나 가려져 있는 대상이나 사실을) 보이거나 알 수 있도록 드러내는 것. ¶이 심한 옷. 2 (어떤 대상을 좋지 않은 환경이나 상황에) 놓여 있게 하는 것. 3 [사진] 카메라에서, 렌즈로 들어오는 빛을 셔터와 조리개가 열려

234_노출증

있는 정도와 시간만큼 필름이나 건판에 비추는 일. ¶~. 노광. ¶~ 부족[과다]. 노출-하다 통(타여) ¶신분을 ~. 노출-되다 통(자) ¶유해 환경에 노출된 청소년.

노출-증(露出症)(no count) [명] 자기의 육체, 특히 성기(性器)를 이성에게 보임으로써 성적·심리적 만족을 느끼는 이상 성욕의 한 가지.

노!친(老親) [명] 늙은 부모. 또는, 늙은 아버지나 어머니. ¶~ 봉양.

노!친-네(老親-) [명] 1 늙은 부모. 또는 늙은 아버지나 어머니를 다소 낮추거나 허물없이 이르는 말. 2 늙은 사람을 다소 낮추어 이르는 말.

노^카운트(no count) [명](체) 경기에서, 득점이나 실점으로 치지 않는 일.

노-코멘트(no comment) [명] 의견이나 논평 따위는 설명을 요구하는 물음에 답변하지 않는 일. ¶장관은 회담 내용에 대한 기자들의 질문에 ~로 일관하였다.

노크(knock) [명] 남의 방에 들어가기 전에 들어가도 좋은지를 묻는 뜻으로, 또는 화장실에 들어가기 전에 누가 있는지를 확인하기 위하여, 문을 가볍게 두드리는 일. 노크-하다 통(자여)

노킹(knocking) [명] 내연 기관의 실린더 안에서 연료가 비정상적으로 연소되면서 생기는 폭발.

노-타이(↑no tie) [명] 와이셔츠에 넥타이를 매지 않은 차림.

노-터치(no touch) [명](체) 야구에서, 수비 선수가 주자(走者)나 베이스를 터치하지 못하는 것. 또는, 주자가 베이스를 밟지 않고 다음 베이스로 달리는 것.

노트¹(note) [명] 1 공책. ¶대학 ~. 2 어떤 내용을 기억해 두기 위해서 적는 일. 노트-하다 통(타여) ¶어떤 내용을 기억해 두기 위하여 필기하다. ¶강의 내용을 ~.

노트²(knot) [의존] 배의 속도를 나타내는 단위. 1노트는 1시간에 1해리, 곧 1,852m를 달리는 속도임. 기호는 kn·Kt.

노트-북(notebook) [명] =노트북 컴퓨터.

노트북^컴퓨터(notebook computer) [컴] 공책 크기의 휴대용 경량 컴퓨터. =노트북.

노틀(←老頭兒) [명] 〈속〉 늙은 남자.

노!-티(老-) [명] 늙어 보이는 모양. 또는, 늙은 티. ¶옷의 빛깔이 우중충해서 ~가 난다.

노!파(老婆) [명] 늙은 여자. ⦗ㅂ⦘할머니. ¶칠십 ~. ↔노옹.

노!파-심(老婆心) [명] 남의 일에 대하여 지나치게 염려하는 마음. ¶~에서 하는 말이니 부디 명심하라.

노-팬티(←no panties) [명] 팬티를 입지 않은 상태. 또는, 그런 상태로 겉옷을 입은 차림새.

노!폐-물(老廢物) [-폐-/-페-] [명](생) 생체의 몸 안에 물질대사의 결과로 생긴 찌꺼기.

노!폭(路幅) [명] 도로의 너비.

노!-하다(怒-) 통(자여) 노여움을 일으키다. ¶아버지께서 크게 노하셨다.

노-하우(know-how) [명] 1 제품 개발·제조 등에 필요한, 핵심적 기술이나 지식 등의 비밀 정보. 2 어떤 분야에 오래 종사함으로써 얻어지는 유용한 경험이나 기술. ⦗ㅂ⦘미립·비결. ¶출판의 ~ / ~가 쌓이다.

노!형(老兄) [명](인칭) 그다지 가깝지 않은, 동년배의 남자나 여남은 살 더 먹은 남자에 대하여 대접하는 뜻으로 부르거나 이르는 말.

노!호(怒號) [명] 1 성내어 소리 지르는 것. 또는, 그 소리. 2 바람이나 파도가 세찬 소리를 내는 것. 노!호-하다 통(자여)

노!화(老化) [명] 1 생물 또는 물질의 기능이나 성질이 시간이 경과함에 따라 쇠약해지는 현상. 2 콜로이드 따위가 시간이 경과함에 따라 성질이 변화하는 현상. 노!화-하다 통(자여) 노!화-되다 통(자) ¶피부 ~.

노!환(老患) [명] '노병(老病)²'의 높임말.

노!회-하다(老獪-) [-회-/-훼-] [형여] (사람이) 어떤 일에 경험이 많고 교활하고 능란하다. ¶승부의 세계에서 잔뼈가 굵은 노회한 인물.

노획¹(鹵獲) [-획-/-훽-] [명] 싸워서 적의 군용품을 빼앗는 것. ¶~ 물자. 노획-하다¹ 통(타여) ¶적의 무기를 ~.

노획²(虜獲) [-획-/-훽-] [명] 적을 사로잡거나 목을 베는 것. 노획-하다² 통(타여)

노!후(老後) [명] 사람이 늙게 된 이후. ¶~ 대책을 세우다.

노!후-하다(老朽-) [형여] (어떤 물체나 시설 등이) 오래되고 낡아 사용하기 어려운 상태에 있다. ¶노후한 시설.

노히트^노런^게임(↑no-hit no-run game) [명](체) 야구에서, 투수가 상대 팀을 무안타·무득점으로 누른 게임.

녹¹(祿) [명](역) 나라에서 벼슬아치에게 주기적으로 주는 보수. ⦗ㅂ⦘녹봉.
 녹(을) 먹다 벼슬아치로서 나라에서 주는 봉급을 받다.

녹²(綠) [명] 쇠붙이가 오랫동안 물에 젖었거나 습기의 작용을 받아 붉은빛을 띠면서 삭게 되는 현상. 또는, 그 붉은빛을 띤 물질.

녹각(鹿角) [-깍] [명](한) 다 자라 단단하게 각질화된, 수사슴의 뿔. 또는, 그것을 채취하여 가공한 한약재. ▷녹용(鹿茸).

녹-내장(綠內障) [농-] [명](의) 안구의 압력이 상승하여 시각(視覺) 이상을 초래하는 병. 두통·구토를 수반하고 심하면 실명함.

녹녹-하다¹ [농노카-] [형여] 습기나 기름기가 있어 딱딱하지 않고 말랑말랑하다. ¶반죽을 녹녹하게 하다. ⦗ㄹ⦘눅눅하다. 녹녹-히

녹녹-하다² [농노카-] [형여] '녹록하다'의 잘못.

녹는-점(-點) [농-] [물][화] 고체가 녹아 액체가 되기 시작하는 온도.

녹다 [-따] [자] 1 굳은 물건(고체)이 높은 온도에서 물러지거나 물같이 되다. ⦗ㅂ⦘용해되다. ¶얼음이 ~. 2 (고체나 가루 상태의 물질이) 액체 속에서 액체와 하나가 되어 그 속에 퍼진 상태가 되다. ⦗ㅂ⦘용해되다. ¶소금이 물에 ~. 3 (추위서 굳어진 몸이) 따뜻하게 되다. ¶몸이나 좀 녹여든 시작하자. 4 (화가 나거나 언짢은 마음이) 풀리어 없어지다. ¶다정한 말 한마디에 얼음장 같던 마음이 스르르 녹아 버렸다. 5 (어떤 사람이 무엇에) 취하거나 홀려 정신을 못 차릴 지경이 되다. ¶그 여자의 요염한 자태에 뭇 사내가 녹는다. 6 (어떤 사물이 다른 사물이나 현상 속으로) 요소로서 흡수되거나 동화되다. ¶우리 문화에는 온갖 외래문화가 녹아 있다.

녹-다운(knockdown) [명](체) 권투에서, 선

수가 시합 중 링 밖으로 나가거나, 시합을 할 의사가 없이 로프에 기대거나, 또는 매트 위에 앉거나 쓰러지는 일.
녹다운^수출(knockdown輸出) 〖명〗〖경〗 자동차나 기계 등을 부품이나 반제품의 형태로 수출하고 현지에서 조립하여 완성품을 만들어 판매하는 방식.
녹두(綠豆) [-뚜] 〖명〗〖식〗 콩 종류의 하나로, 검은색 꼬투리 안에 팥보다 작은 녹색의 씨가 뱄었는 한해살이풀. 또는, 그 씨. 씨는 빈대떡·묵 등을 만들어 먹음.
녹두-묵(綠豆-) [-뚜-] 〖명〗 녹두로 쑨 묵의 총칭. 녹말묵·제물묵 따위. ⊕청포묵.
녹두-전(綠豆煎) [-뚜-] 〖명〗 =빈대떡.
녹로(轆轤) [농노] 〖명〗 1〖공〗 =돌림판. 2. 높은 곳이나 먼 곳으로 무엇을 달아 올리거나 끌어당길 때 쓰는 도르래. ⊕고패.
녹록-하다(碌碌-) [농노카-] 〖형노커-〗〖어〗 만만하고 호락호락하다. ¶녹록하게 봤다간 큰코다친다. ×녹녹하다. **녹록-히**〖부〗
녹말(綠末) [농-] 〖명〗 1 감자나 녹두를 물에 불려 갈아서 그 앙금을 말린 가루. 2 〖화〗 녹색 식물의 엽록체 안에서 광합성으로 만들어져 뿌리·줄기·종자에 저장되는 탄수화물. =녹말가루·전분(澱粉).
녹말-가루(綠末-) [농-까-] 〖명〗 =녹말.
녹말-묵(綠末-) [농-] 〖명〗 녹두의 녹말로 쑨 묵. =청포.
녹-물(綠-) 〖명〗 쇠의 녹이 섞여 있는, 붉은빛을 띤 물. ¶수도에서 ~이 나오다.
녹변(綠便) [-뼌] 〖명〗 젖먹이가 소화 불량 등으로 눈 녹색 똥. ⊕푸른똥.
녹봉(祿俸) [-뽕] 〖명〗〖역〗 벼슬아치에게 봉급으로 주는 쌀·보리·명주·돈 따위의 총칭. ⊕녹(祿).
녹비(綠肥) [-삐] 〖명〗 풀이나 나뭇잎 따위로 만든 거름.
녹색(綠色) [-쌕] 〖명〗 청색과 황색의 중간색.
녹색-신고(綠色申告) [-쌕씬-] 〖명〗〖경〗 납세자 스스로 세액을 결정하여 신고하고 납세하는 제도.
녹색^혁명(綠色革命) [-쌕켱-] 〖명〗〖농〗 품종 개량으로 수확을 크게 늘리는 농업상의 혁명.
녹-슬다(綠-) [-쓸-] 〖자〗〖-스니, -스오〗 1 쇠붙이가 산화하여 빛이 변한다. ¶칼이 ~. 2 (체력이나 기술 또는 지적 능력 등이) 약해지거나 무디어지다. ¶머리는 쓰지 않으면 녹슬어 버린다.
녹신-녹신(-身-身) [-씬-씬] 〖부〗〖하〗 몹시 녹신한 모양. **녹신녹신-하다**〖형어〗 ¶멍이라서 그런지 온몸이 ~.
녹신-하다(-身-) [-씬-] 〖형어〗 맥이 풀려 나른하다. **녹신-히**〖부〗
녹-십자(綠十字) 〖명〗 십자 모양의 녹색 표지. 재해로부터의 안전을 상징함.
녹아-나다 〖동자〗 기운을 차리지 못할 만큼 힘이 들거나 타격을 받다. ¶연일 계속되는 철야 근무에 **녹아난**다.
녹아-내리다 〖동자〗 녹아서 밑으로 처지다. ¶얼음이 ~. 2 감정 따위가 누그러지다. ¶그의 따뜻한 위로에 슬픔이 **녹아내**리는 듯했다.
녹아-들다 〖동자〗〖-드니, -드오〗 1 다른 물질에 스며들거나 녹아 들어가다. 2 사상·문화 등이 융화되다.
녹아-떨어지다 〖동자〗 너무 피곤하여 잠에 곯아떨어지다. ¶그는 눕자마자 **녹아떨어**져 코를 골았다.
녹-아웃(knockout) 〖명〗〖체〗 1 권투에서, 선수가 다운되어 10초 내에 경기를 재개할 수 없는 상태. =케이오(KO). 2 야구에서, 투수가 상대 팀 타자들에게 연타를 맞고 마운드에서 물러나는 일.
녹야-원(鹿野苑) 〖명〗〖불〗 인도의 불교 유적지 사르나트에 있는 동산. 석가모니가 최초로 설법한 곳임.
녹용(鹿茸) 〖명〗〖한〗 새로 돋기 시작한, 수사슴의 연한 뿔. 또는, 그것을 채취하여 가공한 한약재. 보양으로 쓰임. ⊛녹(茸). ▷녹각.
녹음¹(綠陰) 〖명〗 푸른 잎이 무성한 수풀. 또는, 수풀의 짙푸른 빛. ¶~이 우거지다. ×푸르륵.
녹음²(錄音) 〖명〗 (영화 필름·레코드·테이프 등에) 소리를 기록하여 넣는 것. 또는, 그렇게 한 소리. ¶동시 ~. **녹음-하다**〖타여〗 **녹음-되다** 〖동자〗
녹음-기(錄音機) 〖명〗 녹음하는 기계.
녹음-방초(綠陰芳草) 〖명〗 우거진 나무 그늘과 향기로운 풀. 여름철의 자연 경치를 가리키는 말.
녹음-테이프(錄音tape) 〖명〗 소리를 기록하는 자기(磁氣) 테이프.
녹-이다 〖동타〗 '녹다'의 사동사. ¶쇠를 ~ /여자의 마음을 ~.
녹작지근-하다 [-짝찌-] 〖형어〗 온몸에 힘이 없고 맥이 풀려 몹시 나른하다. ¶술 한 잔에 사지가 ~.
녹조-류(綠藻類) [-쪼-] 〖명〗〖식〗 다량의 엽록소를 가지고 있어 녹색을 띤 조류(藻類)의 한 무리. 청각·파래 따위.
녹즙(綠汁) [-쭙] 〖명〗 녹색 채소의 잎이나 열매 또는 뿌리를 갈아 낸 즙. 비타민 K와 칼슘이 많아 건강식품으로 침.
녹즙-기(綠汁機) [-쭙끼] 〖명〗 채소를 갈아 즙을 내는 기계.
녹지(綠地) [-찌] 〖명〗 풀과 나무가 많아 푸른 땅. 특히, 도시 계획 구역 안에 도시의 자연환경을 보전하거나 개선하고 공해나 재해를 방지하기 위해 조성하는 잔디밭·화단·숲 등을 가리킴.
녹지-대(綠地帶) [-찌-] 〖명〗 녹지로 되어 있는 지역.
녹차(綠茶) 〖명〗 차나무의 잎을 발효시키지 않고 푸른빛이 나게 그대로 말린 물질. 또는, 그것을 우린 물. 우린 물은 연둣빛을 띰. ▷홍차.
녹청(綠靑) 〖명〗 구리 표면에 생기는 청록. 또는, 그 빛깔. 녹색 안료로도 쓰임.
녹초 〖명〗 사람이 몹시 지치거나 기운을 잃거나 취하여 몸을 가눌 수 없을 정도가 된 상태. ¶술을 너무 많이 마셔서 ~가 되었다.
녹취(錄取) 〖명〗 (어떤 내용의 말이나 소리를) 녹음하여 채취하는 것. **녹취-하다**〖동타여〗 ¶회의 내용을 ~.
녹턴(nocturne) 〖명〗〖음〗 조용한 밤의 기분을 나타낸 서정적인 피아노곡. =야상곡.
녹토비전(noctovision) 〖명〗 어둠이나 안개 등으로 잘 보이지 않는 물체를 적외선을 이용하여 수상관에 나타내는 장치.
녹화¹(綠化) [노콰] 〖명〗 산이나 들에 나무를 심어 푸르게 하는 것. ¶산림~. **녹화-하다**¹〖타여〗

녹화²(錄畫)[노콰] 명 재생을 목적으로 비디오테이프에 텔레비전의 상(像)을 기록하는 것. 또는, 그 상. **녹화-하다**² 타여
녹-황색(綠黃色)[노쾅-] 명 녹색을 띤 황색.
논 명 물을 대어 벼를 심어 가꾸는 땅. ¶~을 매다 / ~을 갈다. ▷畓.
논-갈이 명 논을 가는 일. **논갈이-하다** 자여
논개(論介)[-깨] 인 조선 시대의 기생(?~1593).
논객(論客) 명 신문·잡지·인터넷 등에서 논쟁이나 토론을 벌이는 활동을 활발히 하는 사람.
논거(論據) 명 어떤 주장이나 이론의 논리적 근거. ¶그의 학설은 ~가 부족하다.
논고¹(論考·論攷) 명 여러 문헌을 고증하여 논술하는 것. **논고-하다** 타여
논고²(論告)[-꼬] 명 [법] 법정에서 검사가 피고의 범죄 사실을 밝히고 형벌을 요구하는 것. **논고-하다²** 타여
논공-행상(論功行賞) 명 공적의 유무나 대소를 따져서 그에 합당한 상을 줌.
논구(論究) 명 사물의 이치를 깊이 따져 논하는 것. **논구-하다** 타여
논급(論及) 명 어떤 데까지 미치게 논하는 것. ¶그들의 주장은 비현실적이어서 논급할 가치가 없다. **논급-되다** 자여
논-길[-낄] 명 논 사이에 난 길.
논-농사(-農事) 명 논에 짓는 농사. ↔밭농사.
논단(論壇) 명 논객들의 사회. ¶이념 논쟁이 작금의 ~을 떠들썩하게 하고 있다.
논-두렁[-뚜-] 명 물이 괴도록 논 가에 흙으로 둘러막은 두둑. ▷밭두렁.
논-둑[-뚝] 명 논의 가장자리에 쌓아 올린 둑.
논둑-길[-뚝낄] 명 논둑 위에 난 길.
논-때기 명 얼마 안 되는 논을 얕잡아 이르는 말.
논란(論難*)[놀-] 명 ['難'의 본음은 '난'] (어떤 문제에 대해서, 또는 어떤 문제를) 시비를 따져 논하는 것. ¶이 안은 ~의 여지가 많다. **논란-하다** 타여 ¶이러니저러니 더 이상 논란할 필요가 없다. **논란-되다** 자여
논란-거리(論難*-)[놀-꺼-] 명 논란이 될 만한 대상이나 이야깃거리. ¶안락사의 인정 여부가 사회의 ~로 등장했다.
논리(論理)[놀-] 명 1 생각하거나 말하거나 글을 씀에 있어서, 내용을 이치에 맞게 이끌어 가는 과정이나 원리. ¶ ~정연한 말. 2 사물의 이치나 법칙성. ¶적자생존의 ~/힘의 ~.
논리-적(論理的)[놀-] 관·명 (말·글·생각 등이) 전체적으로 짜임새 있고 이치에 맞는 (것). ¶ ~인 판단.
논리-학(論理學)[놀-] 명 [논] 논의(論議)를 이치에 맞게끔 펴 나가는 방법과 원리를 연구하는 학문.
논-마지기 명 얼마 되지 않는 논.
논-매기 명 논의 김을 매는 일. **논매기-하다** 타여
논문(論文) 명 학술적 연구를 통한 자신의 주장이나 견해를, 여러 가지 근거 자료를 제시해 가면서 논리적·체계적으로 전개한 글. ¶학위 ~ / 졸업 ~.

논-문서(-文書) 명 논의 소유권을 증명하는 문서.
논-바닥 명 [-빠-] 명 논의 바닥.
논박(論駁) 명 (어떤 주장이나 견해를) 논하여 잘못을 밝히는 것. **논박-하다** 타여 ¶K 교수는 소장 학자들의 새 학설을 논박하고 나섰다.
논-밭[-받] 명 논과 밭. =전답·전지.
논-배미[-빼-] 명 논두렁으로 둘러싸인 논 하나하나의 구역. ▷배미.
논법(論法)[-뻡] 명 말이나 생각을 논리적으로 전개해 나가는 방법. ¶삼단 ~.
논변(論辯·論辨) 명 (사물을) 논하여 사리의 옳고 그름을 밝히는 것. 비변론. **논변-하다** 타여
논봉(論鋒) 명 1 논박할 때의 세찬 말씨. 2 논박할 때의 공격의 목표·방향·방식.
논설(論說) 명 어떤 문제에 대해 글을 통해 자기의 의견과 주장을 조리 있게 논하는 일. 또는, 그 글.
논설-문(論說文) 명 정치·경제·사회·문화 등 전반의 문제에 대해 자기의 의견과 주장을 조리에 맞게 논하여 다른 사람의 이해와 동의를 구하는 글.
논설-위원(論說委員) 명 보도 기관에서 시사 문제를 논하거나 또 그 기관의 입장에 선 해설 등을 담당하는 사람.
논술(論述) 명 어떤 주장을 내세우거나 의견을 말함에 있어서, 논리적인 근거를 제시하면서 글을 전개하는 것. ¶ ~ 고사. **논술-하다** 타여
논-스톱(nonstop) 명 1 자동차·기차·비행기 따위가 어느 곳을 경유하거나 멈추지 않고 계속 가는 것. ¶서울에서 부산까지 ~로 달린다. 2 어떤 행위나 동작을 멈추지 않고 계속하는 것. ¶상대 진영 깊숙이 드리블해 들어가다 ~으로 슈팅하다.
논어(論語)[책] 사서(四書)의 하나. 공자와 그의 제자들의 언행을 적은 유교 경전.
논외(論外)[-외/-웨] 명 어떤 대상을 논의의 범위에서 제외하는 것. ¶그것은 주제와 동떨어진 문제이니 ~로 합시다.
논의(論意)[-의/-이] 명 논하는 말이나 글의 의미.
논의(論議)[-의/-이] 명 서로 의견을 내어 토의하는 것. 또는, 그 토의. **논의-하다** 타여 **논의-되다** 자여
논-일[-닐] 명 논에서 하는 일. ↔밭일.
논자(論者) 명 어떤 문제에 대해 이론적으로 논하거나 주장을 내세운 사람.
논쟁(論爭) 명 사리를 따져서 말이나 글로 다투는 것. ¶열띤 ~을 벌이다. **논쟁-하다** 자여
논저(論著) 명 (일정한 문제에 관한 사실이나 견해를) 논하여 저술하는 것. 또는, 그 논한 저술.
논점(論點)[-쩜] 명 논의하고 있거나 논하고자 하는 주제나 문제나 사항. ¶ ~을 흐리다.
논제(論題) 명 토론·논의·논문 등의 제목이나 주제.
논조(論調) 명 논설이나 평론 등에서, 어떤 문제를 논하는 어조. ¶정부를 비난하는 ~의 글.
논증(論證) 명 사물의 이치를 증거를 들어 증명 또는 설명하는 것. 또는, 주어진 판단의 진리성을 이유를 들어서 증명하는 것. **논증-하다** 타여 **논증-되다** 자여

논지(論旨) 圀 말이나 글에서, 논하고자 하는 내용. ¶~가 분명치 않은 글.

논타이틀매치 (nontitle match) 圀[체] 권투·레슬링 등에서, 챔피언이 타이틀을 걸지 않고 벌이는 경기. ↔타이틀매치.

논파(論破) 圀 [통] 다른 사람의 설을 논하여 깨뜨리거나 뒤집는 것. 비설파. **논파-하다** 통타 ¶기존 학설을 ~.

논평(論評) 圀 어떤 사건이나 문제에 대해 논하여 판단하거나 평가하는 것. **논평-하다** 통태 ¶주한 미 대사는 이번 사태에 대해 **논평하기**를 거부했다.

논-픽션(nonfiction) 圀 상상적 허구가 아니라 사실에 근거하여 쓰여진 산문. 르포르타주·다큐멘터리 따위. ↔픽션.

논-하다(論-) 통태 (어떤 사실이나 문제 등을) 이론적으로 이치를 따져 말하다. ¶국체 정세를 ~/인생을 ~.

놀¹ 圀 '노을'의 준말. ¶저녁~.

놀¹² 圀 =너울³.

놀:고-먹다[-따] 통자 일하지 않고 놀면서 지내다. ¶직업도 없이 ~.

놀-끼다[-울-] 圀자 (털이나 싹 등의 빛깔이) 노르스름하다. 큰눌하다.

놀:다¹ (놀고/놀아) 〈노니, 노오〉 ① 통자 1 (사람이) 직업이나 업무와 관련이 없는, 어떤 일이나 행동을 재미있고 즐겁게 하다. ¶아이들이 소꿉장난하며 ~. 2 (사람이) 공부나 업무 등의 일을 하지 않고 휴식을 가지다. ¶노는 날. 3 (사람이) 공부나 업무 등을 제쳐 놓거나 알차게 하지 않고 게으름을 피우다. 4 (사람이) 직업이 없는 상태가 되다. ¶졸업하고 벌써 몇 달째 놀고 있다. 5 (어떤 대상이) 본래의 목적에 쓰이지 않다. ¶놀고 있는 땅[기계]. 6 (어떤 대상이) 한 자리에 고정되지 않고 이리저리 움직이다. ¶나사못이 ~. 7 (태아가 배 속에서) 몸을 움직이다. ¶아기가 배 속에서 ~. 8 (사람이나 동물이 일정한 장소에서) 살거나 활동하다. ¶사람은 모름지기 큰 데서 **놀아야** 한다. 9 (물고기 따위가 물속에서) 이리저리 돌아다니다. 10 (사람이) 주책없이 들떠서 마구 행동하다. ¶남의 장단에 놀고 있다. 11 (사람이) 방탕하거나 타락한 상태로 지내다. ¶주먹 세계에서 ~. ② 탄 (윷 따위를 던지거나 굴려) 승부를 겨루다. ¶윷을 ~.

놀:다² (놀고/놀아) 圈 〈노니, 노오〉 드물어서 귀하다. ¶대장간에 식칼이 ~.

놀라다 통자 1 (뜻밖의 일을 당하여) 가슴이 두근거리며 무서움을 느끼다. ¶천둥소리에 깜짝 ~. 2 어처구니가 없거나 기이함을 느끼다. ¶교수라는 사람이 그렇게 무식하니 **놀랄** 일이다. 3 훌륭함에 감탄하다. ¶청교한 솜씨에 ~.

놀란 가슴 전에 놀란 적이 있어, 툭하면 두근거리는 가슴.

놀란 토끼 눈 놀라서 아주 크게 뜬 눈.

놀라움 圀 놀라운 느낌. ¶충격적인 소식에 **놀라움**을 감추지 못했다. 준놀람.

놀라워-하다 통타 놀랍게 여기다. ¶세계는 한국의 비약적 발전을 **놀라워했다**.

놀람 圀 '놀라움'의 준말.

놀:랍다 [-따] 圈〈놀라우니, 놀라워〉 (대단히 훌륭하거나 신기하거나 뜻밖의 일이어서) 놀랄 만하다. ¶**놀라운** 경제 성장 / 그가 1등을 했다니 참으로 ~.

놀:래다 탄 '놀라다'의 사동사. ¶나는 살금살금 다가가 그 애를 놀래 주었다. ×놀래키다.

놀래키다 통타 '놀래다'의 잘못.

놀-리다¹ 통타 1 '놀다'①1·2·5의 사동사. ¶일꾼을 ~. 2 (신체 부위를) 이리저리 움직이다. ¶발을 ~. 3 (물체를) 다루어 움직이다. ¶공을 자유자재로 ~.

놀-리다² 통타 1 (사람이 다른 사람을) 짓궂게 굴거나 흠을 보거나 웃음거리로 만들다. ¶아이들은 철수를 오줌싸개라고 **놀려** 댔다. 2 (사람이 동물이나 꼭두각시 따위를) 구경거리의 재주를 부리게 하다. ¶원숭이를 ~.

놀림 圀 조롱하는 짓. ¶~을 당하다.

놀림-감[-깜] 圀 놀림의 대상이 되는 사람. ¶~이 되다.

놀부 圀 '흥부전'에 나오는 주인공의 한 사람. 흥부의 형으로 마음씨가 나쁘고 심술궂음. 2 심술궂은 사람의 비유.

놀부 심사 인색하고 심술궂은 마음씨의 비유. ¶무슨 ~인지 남 잘되는 꼴을 못 본다.

놀아-나다 통자 1 (어떤 사람이) 이성(異性)과 난잡한 관계를 가지다. ¶젊은 총각이 유부녀와 ~. 2 (사람이 남의 의도나 꾐에) 말려들어 이용당하거나 실속 없는 행동을 하다. ¶남의 농간에 ~.

놀아-먹다[-따] 통자 함부로 방탕한 행동을 하다. ¶어디서 **놀아먹던** 놈이냐.

놀음 圀 '놀음놀이'의 준말.

놀음-놀이 圀 1 여럿이 모여 즐겁게 노는 일. 2 농악·굿·인형극 등의 우리 나라 전통적인 연희(演戲)를 두루 이르는 말. 춘놀음·놀이. **놀음놀이-하다** 통자

놀음-차 圀 1 놀아 준 데 대한 기생이나 악공에게 주는 돈 또는 물건. =화대(花代). 2 =해웃값.

놀-이 圀 1 사람이 생계나 의무로서가 아니라 순전히 즐거움을 얻기 위해 일정한 도구나 물건을 가지고 자발적으로 행동하는 활동. 또는, 그렇게 활동할 수 있도록 일정한 규칙으로 짜인 일. ¶소꿉~. 2 '놀음놀이'의 준말. **놀이-하다** 통자

놀이-공원(-公園) 圀 =놀이동산.

놀이-꾼 圀 놀음놀이를 하는 사람.

놀이-동산 圀 대규모 공원이나 유원지 등에 신기하고 재미있는 놀이 시설을 갖추어 놓은 곳. 준놀이공원.

놀이-마당 圀 주로 건물 밖에서 판소리·춤·탈춤놀이 등을 공연하는 마당.

놀이-방(-房) 圀 보호자가 돌볼 수 없는 6세 미만의 어린이를 그 보호자의 위탁을 받아 보육할 수 있도록 개인이 가정 또는 그에 준하는 곳에 설치·운영하는 시설.

놀이-터 圀 아이들이 놀 수 있도록 건물 바깥에 여러 가지 놀이 기구를 갖추어 놓은 곳. ¶어린이 ~.

놀이-판 圀 여러 사람이 모여 춤·음악·민속놀이 등을 하며 즐기는 것. 또는, 그 자리. ¶~이 벌어지다.

놀이-패(-牌) 圀 풍물·탈춤·굿·인형극 등의 우리나라 전통 연희를 전문적으로 하는 사람들의 무리.

놀잇-감[-이깜/-읻깜] 圀 1 아이들이 조작하면서 가지고 노는 물건. 2 '장난감'의 잘못.

놈 圀 ① 의존 1 남자인 사람을 낮추거나 멸시하여 이르는 말. ¶종~. 2 윗사람이 사

내아이를 귀엽게 여겨 이르는 말. ¶고~ 참 제 아비를 쏙 빼빴군. ↔년. **3** 동물이나 물건을 홀하게 이르는 말. ¶암~. **4** ((주로 일부 관형어 뒤에 '놈의 …'의 꼴로 쓰여)) 다음에 오는 대상을 못마땅하게 여기는 뜻을 나타내는 말. ¶웬 ~의 비가 이리도 온담? [2][자립] 주로 나쁜 짓을 일삼는 흉악한 남자를 낮추어 이르는 말. ¶~들이 우리를 추격해 오고 있다.

놈-팡이 [명] **1** '사내' 또는 직업 없이 빈들빈들 노는 남자를 조롱하여 이르는 말. **2** 젊은 여자의 상대가 되는 사람을 얕잡아 이르는 말. ×놈팽이.

놈-팽이 [명] '놈팡이'의 잘못.

놉 [명] 식사를 제공하고 날삯으로 일을 시키는 품팔이꾼. ¶~을 사다.

놋[녿] [명] '놋쇠'의 준말. ¶~대야.

놋-그릇[녿끄륻] [명] 놋쇠로 만든 그릇. =유기(鍮器).

놋-쇠[녿쐬/녿쒜] [명] 구리에 아연을 10~45% 정도 가해 만든 합금. 가공하기 쉽고 녹슬지 않기 때문에 공업 재료 등으로 널리 쓰임. =황동. [준]놋.

농¦[1](弄) [명] 우스갯소리를 하거나 장난스럽게 놀리는 일. [비]농담. ¶~을 걸다.

농[2](膿) [명] =고름[1]. ¶~이 흐르다.

농[3](籠) [명] **1** 나무로 직육면체의 꼴로 짜서 만들되, 몸체가 한 층 한 층이 따로 된 상태로 2층 또는 3층으로 포개어 놓은 전통 수납 가구. ▷장(欌). **2** 버들이나 싸리의 채 따위로 함같이 만들어 종이를 바른 상자. 옷이나 물건 등을 넣는 데 씀.

농-[4](濃) [접두] **1** '진한', '농후한'의 뜻을 나타내는 말. ¶~질산. **2** '짙은'의 뜻을 나타내는 말. ¶~갈색. ↔담(淡)-.

농가(農家) [명] 농업으로 생계를 꾸려 가는 가정. 또는, 그런 집.

농¦간(弄奸) [명] 나쁜 꾀로 남을 어르고 속이는 것. ¶사기꾼의 ~에 속아 넘어가다. **농¦간-하다** [동][자][타][여]

농경(農耕) [명] 논밭을 갈아 농사를 짓는 것. ¶~ 생활.

농경-지(農耕地) [명] 농작물을 경작하는 토지. [비]농지.

농고(農高) [명][교] '농업 고등학교'의 준말.

농공(農工) [명] 농업과 공업.

농과^대¦학(農科大學)[-꽈-] [명][교] 농업에 관한 학술과 기예를 연구·교수하는 단과 대학. [준]농대.

농구[1](農具) [명] 농업에 사용되는 기구. =농기(農器)·농기구.

농구[2](籠球) [명][체] 5명씩으로 이루어진 양 팀이 공을 손으로 패스하거나 드리블하여 상대방의 바스켓에 던져 넣어 그 득점을 겨루는 경기.

농구-공(籠球-) [명] 농구에 쓰이는 공. 적갈색 바탕에 까만 줄무늬가 있음.

농구-대(籠球臺) [명] 농구를 할 때, 공을 던져 넣을 수 있도록 만든 대. 일정한 높이에 백보드와 바스켓이 달려 있음.

농구-화(籠球靴) [명] 농구를 할 때에 신는 운동화.

농군(農軍) [명] =농민.

농¦기[1](弄氣)[-끼] [명] 말이나 행동에서 엿보이는 실없고 장난스러운 기미.

농기[2](農期) [명] =농사철.

농기[3](農器) [명] =농구(農具)[1].

농기[4](農機) [명] 농사에 쓰이는 기계.

농-기계(農機械)[-계/-게] [명] 농사짓는 데 쓰는 기계. 경운기·탈곡기 따위.

농-기구(農器具) [명] =농구(農具)[1].

농노(農奴) [명][역] 유럽의 봉건 사회에서 영주에게 예속되어 농사를 짓던 사람.

농¦단(壟斷·隴斷) [명] 〔시장의 높은 곳에 올라가 사방을 둘러보고 자기 물건을 팔기에 적당한 곳으로 가서 시리(市利)를 독점한다는 뜻〕 (어떤 일이나 대상을) 제 이익을 위해 간교한 수단으로 좌지우지하는 것. **농¦단-하다** [동][타][여] ¶권력자의 친인척이 국정을 ~.

농¦담[1](弄談) [명] 남을 웃기려고 우스갯소리를 하거나, 가볍게 놀리는 말을 하는 것. 또는, 그 말. [비]농(弄). ¶~ 반 진담 반. ↔진담. **농¦담-하다** [동][자][여]

농담[2](濃淡) [명] 색채·명암 등의 짙고 옅은 정도.

농¦담-조(弄談調)[-쪼] [명] 가볍게 놀리거나 장난으로 하는 말투.

농대(農大) [명][교] '농과 대학'의 준말.

농도(濃度) [명] **1** 액체나 기체에 들어 있는 어떤 성분의 비율. ¶~가 짙다[열다]. **2** 어떤 특성이나 성질이 강한 정도. 또는, 야한 정도. ¶슬픔의 ~ / ~ 짙은 러브신.

농땡이 [명] 〈속〉 해야 할 일을 하지 않고 꾀를 피우며 놀거나 게으름을 피우는 짓. ¶~를 부리다[치다].

농락(籠絡)[-낙] [명] (사람을) 교묘한 꾀로 휘어잡아 제 마음대로 이용하거나 다루는 것. **농락-하다** [동][타][여] ¶여자를 **농락한** 파렴치한.

농로(農路)[-노] [명] 농사에 이용되는 길.

농림-부(農林部)[-님-] [명] 행정 각 부의 하나. 식량, 농촌 개발, 농산물 유통 및 축산 등에 관한 사무를 맡아봄.

농막(農幕) [명] 농사에 편리하도록, 논밭 근처에 임시 거처로 간단히 지은 집.

농목(農牧) [명] **1** 농업과 목축업. ¶~민(民). **2** 목축을 겸한 농업. ¶~장.

농무(濃霧) [명] 짙은 안개. ↔박무(薄霧).

농민(農民) [명] 농사를 짓고 사는 사람. =농군. [비]농부.

농번-기(農繁期) [명] 농사일이 한창 바쁜 시기. ↔농한기.

농법(農法)[-뻡] [명] 농사를 짓는 법. ¶유기(有機) ~.

농부(農夫) [명] 농사를 짓는 사람. [비]농민.

농부-가(農夫歌) [명] 농부들이 모를 심거나 김을 매거나 할 때 부르는 노래.

농사(農事) [명] **1** 논밭을 갈아 농작물을 심고 가꾸는 일. **2** 자식을 기르는 일을 비유적으로 이르는 말. ¶자넨 아들 ~ 한번 잘 지었네.

농사-꾼(農事-) [명] '농부'를 농사짓는 일꾼이란 뜻으로 이르는 말.

농사-일(農事-) [명] 농사짓는 일. **농사일-하다** [동][자][여]

농사-짓다(農事-)[-짇따] [동][자][ㅅ] 〈~지으니, ~지어〉 논밭에 농작물을 심고 가꾸는 일을 업으로 삼아 하다.

농사-철(農事-) [명] 농사짓는 시기. =농기(農期).

농산-물(農産物) [명] 농업에 의하여 생산된 물품.

농성(籠城) [명] 데모대들이 시위의 수단으로 한자리를 떠나지 않고 지키는 것을 비유하는 말. ¶집단 ~ / ~을 벌이다. **농성-하다** [동][자][여] ¶학생들이 강당에서 ~.

농수산-물(農水産物) 명 농산물과 수산물을 아울러 이르는 말.
농심(農心) 명 농부의 마음. ¶옛말에 ~은 천심이라 했다.
농아(聾啞) 명 귀로 듣지 못하고 입으로 말하지 못하는 것. 또는, 그런 사람.
농악(農樂) 명[음] 농촌에서 집단 노동을 하거나 의식(儀式)을 행할 때, 농부들이 꽹과리·징·북·소고·태평소·나발 등으로 연주하는 음악. 또는, 그 음악을 주축으로 한 민속놀이. 풍물놀이. ×프물.
농악-대(農樂隊) [-때] 명 농악을 하는 사람들의 한 집단.
농약(農藥) 명 병충해를 예방하거나 없애기 위해 농작물에 뿌리는 약품. ¶~을 살포하다.
농양(膿瘍) 명[의] 신체 내부의 한정된 곳에 생기는 화농성 염증. 고름이 조직 안에 고임. ▷瘍.
농어 명[동] 몸길이 약 1m의 타원형으로, 입은 크고 위턱이 아래턱보다 짧은 바닷물고기. 몸빛은 등 쪽이 검푸른색이고 배 쪽은 엷은 회색으로 살은 희고 맛이 좋다.
농-어민(農漁民) 명 농민과 어민.
농-어촌(農漁村) 명 농촌과 어촌.
농업(農業) 명 농작물을 재배하거나 가축을 사육하여 인간에게 유용한 물질을 합리적·경제적으로 생산하는 산업.
농업^고등학교(農業高等學校) [-꼬-꾜] 명[교] 농업에 관한 지식과 기술을 교육하는 실업 고등학교. ⓒ농고.
농업-국(農業國) [-꾹] 명 농업을 위주로 하는 나라. ↔공업국.
농업-용수(農業用水) [-엄뇽-] 명 인공적으로 공급하는, 농작물의 생육에 필요한 물. ⓒ관개용수.
농업^협동조합(農業協同組合) [-어뻡똥-] 명 농업 생산력의 증진과 농민의 경제적·사회적 지위 향상을 위하여 설립된 조합. ⓒ농협.
농염-하다(濃艶-) 형여 (주로, 여자의 모습이) 관능적으로 무르익어 요염하다. ¶농염한 여인의 자태.
농원(農園) 명 주로 원예 작물을 심어 가꾸는 농장.
농-익다(濃-) [-닉따] 자 (감·복숭아·자두 등의 과실이) 즙이 많고 살이 흐물흐물할 만큼 푹 익다. ⓑ무르익다. ¶농익은 사과.
농자(農資) 명 농사일에 드는 비용이나 자본. ¶~가 / ~조달.
농작-물(農作物) [-장-] 명 논밭에 심어 가꾸는 곡식·채소류의 총칭. ⓒ작물.
농장(農場) 명 일정한 시설물을 갖추고 가축이나 과수나 농작물을 기르는 곳. ¶집단~.
농정(農政) 명 농업에 관한 정책이나 행정. ¶~ 쇄신.
농:조(弄調) [-쪼] 명 농가에서 빚은 술.
농주(農酒) 명 농가에서 빚은 술.
농지(農地) 명 농사를 짓는 데 쓰이는 땅. ⓑ농경지·농토. ¶~ 정리.
농:-지거리(弄-) [-찌-] 명 농을 하는 짓을 얕잡아 이르는 말. ¶~를 주고받다.
농촌(農村) 명 주민의 대부분이 농업에 종사하는 지역이나 마을.
농촌^진흥청(農村振興廳) 명 농림부 장관 소속하에 설치된 기관의 하나. 농촌 진흥에 관한 사무를 맡아봄.
농축(濃縮) 명 (어떤 물질을) 졸이거나 기계적 처리를 하여 부피를 줄이고 농도를 높이는 것. ¶~ 과즙 / ~ 세제. **농축-하다** 타여 **농축-되다** 자여 1 부피가 줄고 농도가 높아지다. 2 어떤 성분이 사람이나 동물의 몸속에 쌓이다.
농-축산물(農畜産物) [-싼-] 명 농산물과 축산물을 아울러 이르는 말.
농축-액(濃縮液) 명 어떤 물질을 농축한 액체. ⓑ농축. ¶인삼 ~.
농축^우라늄(濃縮uranium) 명[화] 핵연료가 되는 우라늄 235의 농도를, 천연 우라늄의 농도보다 높인 우라늄. ▷천연 우라늄.
농토(農土) 명 농사짓는 땅. ⓑ농지.
농:-트다(弄-) 자(~트니, ~터) 스스럼없는 사이가 되어 서로 농을 주고받게 되다.
농:-하다(弄-) 자여 타여 (쓸데없는 말이나 장난을) 실없이 하다.
농학(農學) 명 농업상의 생산 기술과 경제와의 원리 및 응용을 연구하는 학문.
농한-기(農閑期·農閒期) 명 농사일이 그리 바쁘지 않아 쉴 틈이 있는 시기. ↔농번기.
농협(農協) 명 '농업 협동조합'의 준말.
농활(農活) 명 대학생들이 방학 기간에 농촌에서 일을 거들면서 노동의 의미와 농촌의 실정을 체험하는 봉사 활동.
농황(農況) 명 농작물이 되어 가는 상황. ¶~이 기대에 못 미치다.
농후-하다(濃厚-) 형여 1 (맛·빛깔·성분 등이) 매우 진하거나 짙다. ¶단백질이 농후한 사료. 2 (어떤 경향이나 성질, 상태 등이) 강하거나 크다. ¶지방색이 ~.
높-낮이 [놉-] 명 높음과 낮음. 또는, 그 정도. ⓑ=고저(高低).
높다 [놉따] 형 1 (사물이) 아래 또는 바닥에서 위까지의 길이가 기준 대상 또는 보통 정도보다 길다. ¶높은 하늘. 2 (온도·습도·압력 등이) 기준 대상 또는 보통 정도보다 위의 상태에 있다. ¶혈압이 ~. 3 (품질·품위·성적·능력 등이) 기준 대상 또는 보통 정도보다 좋거나 훌륭한 상태에 있다. ¶높은 기술. 4 (지위·계급 등이) 기준 대상 또는 보통 정도보다 위인 상태에 있다. ¶대위는 중위보다 계급이 ~. 5 (값이나 비율 등이) 기준 대상 또는 보통 정도보다 많은 상태에 있다. ¶높은 합격률을 자랑하는 명문 학원. 6 (명성·이름 따위가) 널리 알려진 상태에 있다. ¶명성이 높은 학자. 7 (기세 따위가) 힘차거나 대단한 상태에 있다. ¶높은 기상. 8 (소리가) 음계상의 (音階上) 위 단계에 있거나 진동수가 많은 상태에 있다. ↔낮다.
높-다랗다 [놉따라타] 형ㅎ(~다라니, ~다라오, ~다래) 꽤 또는 퍽 높다. ¶높다란 첨탑.
높새-바람 [놉쌔-] 명 뱃사람이 '북동풍'을 이르는 말. ↔갈마바람.
높은음자리-표(-音-標) [-흐음-] 명[음] 5선의 제 2선이 '사' 음이라는 것을 나타내는 기호. '𝄞'로 표시함. ↔낮은음자리표.
높-이[1] 명 1 땅 위에 세워지거나 솟아 있거나, 또는 공중에 떠 있는 어떤 물체에 대해, 지면으로부터 그 물체의 맨 꼭대기나 어느 일정한 위치, 또는 그 물체가 있는

240_높이

위치까지의 수직 거리. 2 [수] 삼각형의 꼭짓점에서 밑변에 그은 수선의 길이.
높-이² 튀 높게. ¶~ 올라가다/그의 희생 정신을 ~ 사다.
높-이다 튀 1 '높다'의 사동사. ¶품질을 ~. 2 (말을) 윗사람에게 하는 말투로 하다. 곧, 합쇼체나 해요체 등으로 말하다. ¶어른께 말을 ~. 3 (어떤 사람을) 인격적으로 존중하거나 받드는 상태가 되다. ¶나를 높이고 남을 ~. ↔낮추다.
높이-뛰기 튀[체] 일정한 거리를 달려와 한 발로 굴러서 공중에 가로로 걸쳐 있는 바(bar)를 뛰어넘어 그 높이를 겨루는 육상 경기.
높임-말 튀[언] 1 사람이나 사물을 높여서 이르는 말. '아버님', '진지', '드리다' 따위. =존칭어. ↔낮춤말. 2 =존댓말.
높직-하다 [놉찌카-] 튀(높이가) 대로 높다고 여겨지는 상태에 있다. 높직-이 튀 ¶~ 걸려 있는 액자.
높-푸르다 튀(~푸르니, ~푸르러) (하늘이) 높고 푸르다. ¶높푸른 가을 하늘.
놓다[노타] 동 ①타 1 (손으로 들고 있거나 잡고 있던 물체를 어떤 장소에) 옮기어 있게 하다. ¶책상 위에 시계를 ~. 2 (손으로 잡고 있던 대상을) 손을 펴거나 손에 힘을 주지 않아 내려 벗어나게 하다. ¶이 줄을 놓으면 안 돼. 3 (어느 곳에 기계나 장치·구조물 등을) 설치하거나 만들거나 세우다. ¶강에 다리를 ~. 4 (물고기·새·짐승 등을 사로잡는 도구를 일정한 곳에) 잡을 목적으로 장치하다. ¶덫을 ~. 5 (무늬나 수 따위를) 꾸미어 만들다. ¶수를 ~. 6 (계속하여 오던 일을) 하지 않는 상태가 되다. ¶일손을 ~. 7 (걱정이나 시름 따위를) 잊거나 없애는 상태가 되다. ¶한시름 ~. 8 (정신이나 기운, 긴장을) 차리고 있지 않거나 풀다. ¶넋을 놓고 있다. 9 (가두거나 통제하고 있던 것을) 자유롭게 하거나 내버려 두다. ¶포로를 놓아 보내다. 10 (주되는 음식에 다른 곡식이나 과일을) 섞거나 곁들이게 되다. ¶밥에 콩을 ~. 11 (이불이나 옷 등의 안과 겉에 털을) 부속하는 물건으로 넣다. ¶목화솜을 놓아 이불을 만들다. 12 생산을 목적으로 심어 가꾸거나 기르다. ¶누에를 ~. 13 (불을) 붙여 일으키다. ¶모깃불을 ~. 14 (주사나 침 따위를) 치료를 위해 몸의 일정한 곳에 들어가게 하다. ¶주사를 ~. 15 (총이나 포를) 폭발의 힘으로 탄알이 나가게 하다. ¶총을 한 방 ~. 16 빨리 가도록 힘을 더하다. ¶줄달음을 ~. 17 (어떤 행동을 상대에게) 하거나 나타내다. ¶훼방을 ~. 18 (사람을) 어떤 목적을 위해 보내다. ¶매파를 놓아 혼사를 추진하다. 19 (길들인 매나 개를) 어떤 물건을 주어 보내다. ¶꿩을 사냥하기 위해 매를 ~. 20 (집·돈 등을) 세나 이자를 받기 위하여 빌려 주다. ¶집을 전세 ~. 21 (값을) 셈하여 이르다. ¶값을 ~. 22 (수판·산가지 따위를) 사용하여 셈을 하다. ¶수판을 ~. 23 (어떤 수를) 보태거나 더하다. ¶둘에 셋을 더 놓으면 다섯이 된다. 24 바둑·장기·고누 따위에서, (돌이나 짝을) 밭에 두다. ¶석 점을 놓고 두다. 25 노름이나 내기에서, (돈을) 태우거나 걸다. ¶돈 놓고 돈 먹기. 26 (말을) 존경하지 않고 낮추다. ¶말을 놓으십

시오. 27 ('놓고'의 꼴로 쓰여) (무엇을) 문제의 대상으로 삼다. ¶그 제안을 놓고 열띤 토론을 벌였다. ②보조 1 (동사의 어미 '-아/어/여' 아래에 쓰여) 어떤 행동의 완료 후, 다른 작용을 가하지 않은 채 그 상태를 지속함을 나타내는 말. ¶문을 열어 ~. ▷두다. 2 (용언의 어미 '-아/어/여', '-라' 아래에 쓰여) 앞의 말이 뜻하는 동작이나 상태를 강조하는 말. ¶워낙 더위 높아서 음식이 모두 상하고 말았다.
놓아-기르다 [노-] 동(타)(~기르니, ~길러) 일정한 곳에 가두거나 통제하지 않고 방임한 상태로 기르다. ⓑ놓아먹이다. ¶목장에서는 소를 놓아기른다.
놓아-두다 [노-] 동(타) 1 (손에 들었던 것을) 내려서 어디에 두다. ¶짐은 어디다 놓아둘까요? 2 (짐이나 물건 따위를) 건드리지 않고 그 상태로 두다. ¶완전히 마를 때까지 만지지 말고 그냥 놓아둬. 3 (사람이나 어떤 일에서 발견되는 잘못이나 문제를) 다스리지 않고 그냥 내버려 두다. ¶더 이상 그대로 놓아두어선 안 된다. ⓑ두다.
놓아-먹이다 [노-] 동(타) (가축을) 우리에 가두지 않고 한데에 내놓아 먹이다. ⓑ놓아기르다. ¶소를 ~.
놓아-주다 [노-] 동(타) (잡히거나 얽매이거나 닫혀 갇힌 것을) 풀어 주다. ¶잡았던 잠자리를 ~. ⓑ놔주다.
놓여-나다 [노-] 동(자) 잡히거나 갇혔던 상태에서 벗어나다. ¶죄책감에서 ~.
놓-이다 [노-] 동(자) '놓다'의 피동사. ¶여기 놓였던 책 못 보았어?
놓-치다 [녿-] 동(타) 1 (손으로 잡고 있던 대상을) 잘못하여 손에서 벗어나게 하다. ¶맛동을 놓쳐 벼랑 아래로 떨어졌다. 2 (잡거나 얻거나 가지고 있던 사물, 또는 잡거나 얻거나 가질 수 있었던 사물을) 세력 범위나 지배 영역 밖으로 벗어나게 하다. ¶범인을 ~/기회를 ~. 3 (상대의 말이나 글 등에서, 어떤 내용이나 부분을) 제대로 깨닫아 알지 못하거나 흘려 지나치다. ¶딴생각을 하다가 중요한 대목을 놓치고 말았다.
놔¹ '놓아'가 준 말. ¶이 손 ~!
놔²-두다 동(타) '놓아두다'의 준말. ¶제발 날 좀 가만 놔둬.
놔¹-주다 동(타) '놓아주다'의 준말.
뇌 (腦) [뇌-/뉘-] 명 [생] 동물의 머리 속에 들어 있는 기관으로, 온몸의 신경을 지배하는 중추적 기관. =뇌수. ⓑ두뇌.
뇌관 (雷管) [뇌-/뉘-] 명 포탄·탄환 등 폭발물의 화약을 점화시키기 위하여 사용하는, 금속으로 만든 퓨.
뇌까리다 [뇌-/뉘-] 동(자)타 (어떤 말을) 혼잣말로 나직하게 말하다. 또는 속으로 감을 가진 말임. ¶그는 "허 참, 되는 일이 없군." 하고 불만조로 뇌까렸다.
뇌¹다 [뇌고] [뇌어] 동(타) (어떤 말을) 혼잣말로 반복하여 말하다. ¶나는 그녀의 이름을 가만히 뇌어 보았다.
뇌리 (腦裏) [뇌-/뉘-] 명 사람의 의식이나 기억, 사고(思考) 등이 작용하거나 이루어지는 영역. 명머릿속. ¶~를 스치는 생각.
뇌물 (賂物) [뇌-/뉘-] 명 일정한 직무를 맡고 있는 자의 직위를 사사로운 일에 이용하기 위하여 넌지시 주는 부정한 돈이나 물건. ¶~ 수수죄.

뇌-병원(腦病院)[뇌-/눼-] 몡[의]=정신 병원.

뇌사(腦死)[뇌-/눼-] 몡[의] 뇌의 모든 기능이 영구히 상실되어, 깊은 혼수상태 속에서 인공적으로 호흡과 심장 박동을 유지하고 있는 상태. ¶ ~ 상태에 빠지다. ▷심장사·심폐사.

뇌성(雷聲)[뇌-/눼-] 몡 =천둥소리.

뇌성^마비(腦性痲痺)[뇌-/눼-] 몡[의] 태아나 신생아 시기에 뇌가 손상되어 운동 기능이 마비된 상태.

뇌성-벽력(雷聲霹靂)[뇌-병덕/눼-병녁] 몡 천둥소리와 벼락.

뇌쇄(惱殺)[뇌-/눼-] 몡 (여자가 남자를) 성적인 매력으로 매혹하거나 호리는 것. **뇌쇄-하다**[자][타][여] ¶뭇 사내를 **뇌쇄하는** 고혹적인 눈빛. **뇌쇄-되다**[자]

뇌쇄-적(惱殺的)[뇌-/눼-] 몡 여자의 아름다움이나 성적 매력이 남자를 매혹하거나 호리는 데가 있는 (것). ¶~인 몸매 / ~ 관능미.

뇌수(腦髓)[뇌-/눼-] 몡[생] =뇌(腦).

뇌-신경(腦神經)[뇌-/눼-] 몡[생] 척추동물의 뇌에서 나오는 12쌍의 말초 신경. 운동이나 감각을 맡고 있음.

뇌압(腦壓)[뇌-/눼-] 몡[의] 두개골 안의 압력. 보통, 수액(髓液)의 압력을 말함.

뇌염(腦炎)[뇌-/눼-] 몡[의] 뇌에 염증이 생겨 발생하는 병의 총칭.

뇌염-모기(腦炎-)[뇌-/눼-] 몡[동] 일본 뇌염을 매개하는 모기. 집모기의 한 종류로, 다리의 각 관절부와 주둥이에 흰 띠가 있음. 정식 이름은 작은빨간집모기.

뇌우(雷雨)[뇌-/눼-] 몡 천둥·번개·돌풍 등을 동반하는 강우(降雨).

뇌-일혈(腦溢血)[뇌-/눼-] 몡[의] =뇌출혈.

뇌전-도(腦電圖)[뇌-/눼-] 몡 뇌신경 세포의 전기 활동을 그래프로 기록한 도면.

뇌조(雷鳥)[뇌-/눼-] 몡[동] 고산 지대나 극지방에 사는, 몸길이 35~40cm의 닭과 비슷한 새. 털빛이 여름에는 얼룩덜이 있는 검은 갈색, 겨울에는 흰색으로 바뀜.

뇌-졸중(腦卒中)[뇌-중/눼-중] 몡[의] 뇌의 혈관 장애로 갑자기 의식을 잃고 쓰러져, 수족 등에 마비를 초래하는 질환. 한의학에서는 '중풍'이라고 함.

뇌-종양(腦腫瘍)[뇌-/눼-] 몡[의] 두개골 내에 발생하는 종양의 총칭. 뇌압이 올라가고, 두통·구토 등의 증상이 나타남.

뇌-진탕(腦震盪)[뇌-/눼-] 몡[의] 머리에 강한 충격이 있은 후에 일시적으로 의식을 잃는 가벼운 뇌 장애.

뇌-출혈(腦出血)[뇌-/눼-] 몡[의] 고혈압·동맥 경화증 등으로 뇌의 혈관이 파괴되어 출혈한 상태. 반신 마비나 언어 장애 등을 일으킴. =뇌일혈.

뇌파(腦波)[뇌-/눼-] 몡[생] 활동하는 뇌의 신경 세포에서 생성되는 전기적 파동. 또는, 그것을 전극으로 끌어 내어 측정·기록한 것. 뇌질환 진단에 이용됨.

뇌-하수체(腦下垂體)[뇌-/눼-] 몡[생] 간뇌 밑에 있는, 돌기 모양의 내분비선. 생식과 발육에 밀접한 관계가 있음.

-뇨 「어미」 '이다'의 또는 모음이나 'ㄹ' 받침으로 끝나는 형용사의 어간, 또는 어미 '-시-' 아래에 붙어, '해라' 할 상대에게 물어 보는 뜻을 나타내는 종결 어미. ¶철새

인이 몇이나 ~. ▷-으뇨.-느뇨.

누¹ 대[인칭] 《주격 조사 '가' 앞에서만 쓰여》 '누구'의 뜻을 나타내는 말. ¶밖에 ~가 왔소?

-누² 「어미」 용언의 어간이나 '-았/었-', '-겠-' 아래에 붙어, 자문하거나 '해' 할 상대에게 가볍게 묻는 뜻을 나타내는 종결 어미. ¶아이고 저걸 어쩌누.

누³(累) 몡 남의 잘못으로 인하여 받는 정신적인 괴로움이나 물질적인 손해. ¶부모에게 ~가 미치다 / 남에게 ~를 끼치다.

누⁴(壘) 몡[체] 야구에서, 내야의 네 귀퉁이가 되는 자리. 또는, 거기에 있는 방석 모양의 물건. =베이스(base).

누-가(累加) 몡[체] 거듭하여 보태는 것. ¶~ 기록. **누가-하다**[자][타][여] **누가-되다**[자] ¶세율이 ~.

누가² (@nougat) 몡 백색의 무른 캔디의 하나. 흔히 땅콩 등을 섞어 만듦.

누가-복음(←Luke福音) 몡[성] 신약 성서 중의 한 권.

누각(樓閣) 몡 궁궐·관아·성곽·사찰·서원 등에 행사나 놀이를 위해 사방이 탁 트인 상태로 높다랗게 지은 집.

누-계(累計/-計) 몡 소계(小計)를 계속하여 덧붙여 계산하는 것. 또는, 그 합계.

누-관(淚管) 몡[생] =눈물길.

누구 대[인칭] 《주격 조사 '가'와 결합할 때에는 '누'의 꼴로 바뀌어》 **1** 당하는 사람이 모르는 사람을 가리켜 그의 정체를 묻는 의문 대명사. ¶어디서 오신 ~십니까? **2** 특정의 사람이 아닌 사람을 막연하게 가리킬 때 쓰이는 부정칭 대명사. ¶~나 할 수 있는 일이 아니다. **3** 가리키려고 하는 사람이 어떤 사람인지 잘 모르거나, 또는 알더라도 굳이 밝히지 않으려 할 때 쓰이는 부정칭 대명사. ¶밖에 누가 왔어요./ ~를 좀 만나느라고 늦었다.

누구 코에 바르겠는가 여러 사람에게 나누어 주어야 할 물건이 너무 적을 때 이르는 말.

누구-누구 대[인칭] 어떤 일을 하거나 어떤 상황에 있는 사람이 둘 이상일 때, 그들의 이름이나 정체를 묻거나, 또는 그들의 이름이나 정체를 밝히지 않고 가리킬 때 쓰는 말. ¶이번 여행은 ~ 가니?

누그러-들다[동][자]〈~드니, ~드오〉=누그러지다.

누그러-뜨리다 / -트리다[동][타] 누그러지게 하다. ¶격했던 마음을 ~.

누그러-지다[자] 정도가 심하던 것이 부드러워지거나 낮은 상태가 되다. =누그러들다. ¶화가 ~ / 추위가 ~.

누긋-하다[-그타-] 형[성질이] 늘어지고 유순하다. ¶그는 **누긋하게** 참고 기다렸다. **누긋-이** 뷔

누기(漏氣) 몡 눅눅하고 축축한 기운. ¶장마철이라 방 안에 ~가 찬다.

누-나¹ 1 같은 부모한테서 태어난 사람 사이에서, 남자가 자기보다 나이가 위인 여자를 이르거나 부르는 말. **2** 남자가 일가친척 가운데 항렬이 같으면서 나이가 위인 여자를 이르거나 부르는 말. ¶사촌 ~. ↔동생. **3** 나이가 약간 차이 나는 남남끼리의 관계에서, 나이가 적은 남자가 나이가 위인 여자를 가리켜 정다움을 나타내어 이르거나 부르는 말. 图누님. ↔오빠.

-누나² 〖어미〗 동사의 어간이나 어미 '-시-' 아래에 붙어, '-는구나'와 비슷한 의미로 쓰여, 감탄의 뜻을 나타내는 종결 어미. ¶비가 오~.

누:누-이(累累·屢屢-) 〖부〗 어떤 말을 여러 번 반복하여 하는 상태를 이르는 말. ¶~ 타이르다.

누:님 〖명〗 '누나'를 높여 일컫는 말.

누다 〖타〗 (똥오줌을) 성기나 항문을 통해 몸 밖으로 내보내다. ¶오줌을 ~.

누:대(累代·屢代) 〖명〗 여러 대. ¶~에 걸쳐 전해 오는 보물.

누더기 〖명〗 누덕누덕 기운 헌 옷. ¶~를 걸치다.

누덕-누덕(-덩-) 〖부〗 해어지고 꿰진 곳을 여러 번 덧붙여 기운 모양. ¶~ 깁다. 누덕누덕-하다 〖형여〗

누드(nude) 〖명〗 회화·조각·사진·쇼 등에서, 사람의 벌거벗은 모습. ¶~ 사진.

누드-촌(nude村) 〖명〗 누디스트들이 무리를 지어 사는 곳.

누드-화(nude畵) 〖명〗 사람의 벌거벗은 모습을 그린 그림.

누디스트(nudist) 〖명〗 알몸으로 사는 것이 가장 자연스럽고 아름답다는 주의를 지니고 그것을 실천하는 사람.

누:락(漏落) 〖명〗 (마땅히 기입되어야 할 것을) 기록에서 빠뜨리는 것. **누:락-하다** 〖타여〗 **누:락-되다** 〖자여〗 ¶이름이 ~.

누:란(累卵) 〖명〗 (알을 쌓아 놓은 듯 뜻) 매우 위태로운 형편. ¶~의 위기.

누:란지세(累卵之勢) 〖명〗 (알을 쌓아 놓은 형세라는 뜻) 몹시 위태로운 형세.

누런-빛(-빋) 〖명〗 누런 빛깔.

누렁 〖명〗 누런 빛깔. 또는, 그런 색을 내는 물감과 같은 물질. ¶노랑.

누렁-물 〖명〗 1 빛깔이 누런 물. 2 썩은 흙에서 나오거나 흙이 섞여 누렇게 된 물.

누렁-이 〖명〗 털빛이 누런 개.

누:렇다(-러타) 〖형ㅎ〗〈누러니, 누러오, 누래〉 1 (어떤 물체나 물질이) 황갈이나 익은 벼의 색깔을 가진 상태에 있다. ¶누렇게 익은 벼 이삭. 2 (얼굴이나 피부가) 영양 부족이나 병 따위로 핏기가 없이 누르께한 상태에 있다. ¶황달에 걸려 얼굴이 누렇게 되었다. ¶노랗다.

누렇게 뜨다 오래 앓거나 굶주려서, 안색이 누렇게 변하다.

누:레-지다 〖자여〗 누렇게 되다. ¶윗옷이 ~. ¶노래지다.

누룩 〖명〗 주로 밀을 갈아 반죽하여 덩이를 지어 띄운, 술을 빚는 데 쓰는 발효제.

누룩-곰팡이(-꼼-) 〖식〗 균사가 솜처럼 퍼지는 곰팡이. 술·간장·된장 등의 누룩을 만드는 데 쓰임.

누룩-뱀(-뻠) 〖명〗 등 쪽은 황갈색에 검은색 가로무늬가 있고, 배 쪽은 노란색에 짙은 갈색 점무늬가 있는, 몸길이 80~100cm의 뱀. 우리나라에 많음.

누룽지 〖명〗 1 솥 바닥에 눌어붙은 밥. 2 '눌은밥'의 잘못.

누르-기 〖명〗 〖체〗 유도에서, 상대방의 등이 바닥에 닿도록 하여 제압하는 기술.

누르께-하다 〖형여〗 곱지도 짙지도 않게 누르다. ¶누르끼리하다. ¶책이 오래되어 ~. ⑨노르께하다.

누:르다¹ 〖타ㄹ〗〈누르니, 눌러〉 [1] 〖자〗 ('있다', '앉다'와 함께 쓰이어) '계속 머물다'의 뜻을 나타내는 말. ¶고향에 눌러 있기 로 했다. [2] 〖타〗 1 물체의 면을 향하여 힘을 가하다. ¶비상 단추를 ~. 2 상대방의 자유스러운 행동을 제한하거나 위하여 강제로 억압하다. ¶권력으로 사람을 ~. 3 (상대를) 제압하여 이기다. ¶압도적인 표 차로 상대 후보를 ~. 4 기분 따위의 심리 작용이 일어나지 못하게 하다. ¶욕망을 ~. 5 (국수틀에 힘을 가하여) 국수를 뽑다.

누르다² 〖형ㄹ〗〈누르니, 누르러〉 (물체가) 황금이나 놋쇠의 색깔을 가진 상태에 있다. ¶누른 잎.

누르락-붉으락(-뿕-) 〖부〗 몹시 화가 나서 얼굴빛이 누렇게 혹은 붉게 변하는 모양. **누르락붉으락-하다** 〖자여〗 ¶화를 못 이겨 ~.

누르락-푸르락 〖부〗 몹시 화가 나서 얼굴빛이 누렇게 혹은 푸르게 변하는 모양. **누르락푸르락-하다** 〖자여〗 ¶그만한 일로 누르락푸르락할 게 뭐요?

누르미 〖명〗 '화양누르미'의 준말.

누르스름-하다 〖형여〗 (빛깔이) 다소 어둡고 충충하면서 누른 데가 있다. ⑨노르스름하다. **누르스름-히** 〖부〗

누르퉁퉁-하다 〖형여〗 1 윤기가 없어 산뜻하지 않게 누르다. 2 부은 살이 핏기가 없이 누르다. ¶누르퉁퉁하게 부은 얼굴.

누르하치(Nurhachi) 〖인〗 후금(後金)의 초대 황제(1559~1626).

누른-빛(-빋) 〖명〗 누른 빛깔.

누른-단추 〖명〗 눌러서 신호·전령(電鈴) 등을 울리거나 하거나 기계를 움직이거나 하는 장치. ⑨단추.

누름-적(-炙) 〖명〗 고기와 채소를 꼬챙이에 꿰어 번철에 지진 음식.

누릇-누릇(-른-른) 〖부〗 군데군데 누르스름한 모양. ¶벼가 ~ 익어 가고 있다. ⑨노릇노릇. **누릇누릇-하다** 〖형여〗

누리¹ 〖명〗 '세상(世上)¹'을 문적으로 또는 예스럽게 이르는 말. ¶백설에 뒤덮여 온 ~가 새하얗다.

누리끼리-하다 〖형여〗 ≒누르께하다. ⑨노리끼리하다.

누리다¹ 〖타여〗 (복된 상태나 상황을 나타내는 일부 명사와 함께 쓰이어) (그것을) 생활 속에서 마음껏 맛보거나 즐기다. ¶천수를 ~ / 영화(榮華)를 ~.

누리다² 〖형〗 1 짐승의 고기에서 나는 기름기 냄새이다, 고기 또는 털 등의 단백질이 타는 것처럼 냄새가 역겹다. ¶양고기 굽는 냄새가 ~. 2 고기에 기름기가 많아 맛이 메스껍고 비위에 거슬리는 상태에 있다. ⑨노리다.

누린-내 〖명〗 동물의 고기나 털 같은 단백질이 타는 냄새. ¶양고기는 ~가 나지 않게 요리를 잘해야 한다. ⑨노린내.

누릿-하다[-리타-] 〖형여〗 냄새나 맛이 좀 누리다. ⑨노릿하다.

누:만-금(累萬金) 〖명〗 굉장히 많은 액수의 돈. ¶~을 준다 해도 싫다.

-누먼 〖어미〗 동사의 어간이나 어미 '-시-' 아래에 붙어, '-는구먼'의 의미로 쓰여, 감탄의 뜻을 나타내는 종결 어미. ¶밤이 깊어 가~.

누:명(陋名) 〖명〗 이름을 더럽힐 만한 억울한 평판. ¶억울하게 ~을 쓰다.

누벨-바그(ⓕnouvelle vague) 〖영〗 1950년대 후반부터 프랑스 영화계의 젊은 영화인들을 중심으로 일어난 운동. 즉흥 연출, 장면의 비약적 전개, 영상의 감각적

눈__243

누비 圀 1 두 겹의 피륙 사이에 솜을 넣고 줄줄이 홈질하거나 박는 바느질. 2 누비어 만든 물건. ¶~옷 / ~이불.
누비다 통(타) 1 (이불·옷 따위를) 두 겹의 천으로 걀감과 안감을 만들고 그 사이에 솜을 넣어 줄이 지게 호거나 박다. ¶이불을 ~. 2 (어느 곳을) 이리저리 거리낌 없이 다니다. ¶전국을 누비고 다니다.
누상(樓上) 圀/생 다락 위에, 일루·이루·삼루 등의 누의 위. ¶~에 나가 있는 주자를 견제하다.
누선(淚腺) 圀/생 =눈물샘. ¶~을 자극하는 멜로드라마.
누설(漏泄·漏洩) 圀 (비밀을) 새어 나가게 하는 것. 누설-하다 통(타여) ¶기밀을 ~. 누설-되다 통(자) ¶시험 문제가 ~.
누수(漏水) 圀 물이 물체의 틈으로 새는 것. 또는, 그 물.
누습(陋習) 圀 나쁜 관습.
누심(壘審) 圀(체) 야구에서, 각 누의 옆에서 심판 일을 맡아보며, 구심(球審)을 보좌하는 사람. ▷구심.
누악쇼트(Nouakchott) 圀(지) 모리타니의 수도.
누에 圀(동) 고치에서 명주실을 얻기 위해 기르는, 누에나방의 애벌레. 몸은 여러 마디로 된 원통형으로, 연한 젖빛임. 뽕잎을 먹고 자라며, 4번 탈피를 하고 자라서 고치를 지음.
누에-고치 圀 =고치1.
누에-나방 圀(동) 누에나방 과의 한 종류로, 몸빛이 회백색이며 날개 길이 4cm가량인 곤충. 애벌레는 '누에'라고 함.
누옥(陋屋) 圀 1 누추한 집. 2 자기 집을 겸손하게 이르는 말.
누이 圀 1같은 부모한테서 태어난 사람 사이에서, 남자가 자기보다 나이가 아래이거나 위인 여자를 이르는 말. 보통은 손아래 여자를 가리킴. 2 남자가 일가친족 가운데 항렬이 같으면서 나이가 아래이거나 위인 여자를 이르는 말. 보통은 손아래 여자를 가리킴. ¶사촌~.
[누이 좋고 매부 좋다] 서로에게 다 이롭고 좋다.
누이다¹ 통(타) '눕다'의 사동사. =눕히다. ¶잠이든 아기를 자리에 ~. ⑥뉘다.
누-이다² 통(타) '누다'의 사동사. ¶오줌을 ~. ⑥뉘다.
누이-동생(-同生) 圀 나이 어린 누이.
누적(累積) 圀 (어떤 일이나 상태로) 되풀이하거나 거듭되어 더 많아지거나 심해지게 하는 것. 누적-하다 통(타여) 누적-되다 통(자) ¶피로가 ~ / ~된 적자.
누전(漏電) 圀 전기가 전선 밖으로 새어 나와 주위의 물체로 흐르는 것. ¶~으로 인한 화재. 누전-되다 통(자).
누증(累增) 圀 1 거듭하여 더하는 것. 2 차차 더하거나 더해지는 것. 누증-하다 통(타여) 누증-되다 통(자).
누지다 통 눅눅한 기운이 스며들어 축축한 상태에 있다. ¶불을 때지 않아 방바닥이 ~.
누진(累進) 圀 1 (지위·등급 등이) 차차 올라가는 것. 2 수량 또는 가격 따위가 더하여 감에 따라 그에 대한 비율이 점점 높아지는 것. 누진-하다 통(자여).
누진-세(累進稅) [-쎄] 圀(법) 과세 물건의 수량 또는 금액이 커지는 데 따라 점점 높은 세율로 부과하는 조세. 소득세·상속세 따위. ↔역진세. ▷비례세.
누:차(累次·屢次) I 圀 여러 차례. =수차. II 囘 여러 차례에 걸쳐. =수차. ¶~ 타이르다.
누:천-년(累千年) 圀 여러 천 년의 오랜 세월. ¶~ 이어져 내려온 역사.
누:추-하다(陋醜-) 톈(여) (살고 있는 집이나 방 따위가) 보잘것없이 초라하다. ¶방이 누추하지만 좀 앉으시지요.
누:출(漏出) 圀 1 (액체·기체 등이) 밖으로 새어 나오게 하는 것. 또는, 그렇게 되는 것. ¶가스 ~에 의한 사고. 2 (비밀·정보 등을) 밖으로 새어 나가게 하는 것. 또는, 그렇게 되는 것. ¶개인 정보의 ~. 누:출-하다 통(타여) 누:출-되다 통(자).
누쿠알로파(Nukuálofa) 圀(지) 통가의 수도.
눅눅-하다 [눙누카-] 톈(여) 1 물기나 기름기가 있어 딱딱하지 않고 물렁물렁하다. ¶과자가 ~. 좡녹녹하다. 2 축축한 기운이 약간 있다. ¶옷이 ~. 눅눅-히 囘.
눅다 [-따] 톈 1 (반죽 따위가) 물기가 많아 무르다. ¶반죽을 좀 눅게 하다. 2 (딱딱하거나 바삭바삭한 음식물이) 오랫동안 공기 중에 내놓아져서 습기를 받아 물렁하다. ¶튀김이 바삭바삭하지 않고 눅었다. 3 (성질이) 누긋하고 너그럽다. ¶성미가 ~. 4 (춥던 날씨가) 풀려서 푹하다. ¶추위가 한결 눅었다. 5 (값이나 이자가) 헐하거나 싸다. ¶눅은 변.
눅-이다 타 1 (굳은 물건을) 부드럽게 하다. 2 (마음을) 풀리게 하다. ¶노여움을 ~.
눅진-하다 [-찐-] 톈(여) (물체나 성질이) 누긋하고도 끈끈하다. 눅진-히 囘.
눈¹ 圀 1 사람이나 동물의 몸에서, 빛의 자극을 받아 물체를 볼 수 있는 기관. ¶샛별처럼 빛나는 ~. 2 물체의 형상을 분간하는 능력. ¶시력. ¶~이 나쁘다. 3 사물을 보고 판단하는 힘. ¶그가 사람을 보는 ~은 정확하다. 4 ('눈으로'의 꼴로만 쓰여) 무엇을 바라보면서 짓는 표정. ¶슬픈 ~으로 바라보다. 5 바라보는 눈길. ㉫시선. ¶사람들의 ~이 무섭지도 않으냐? 6 바둑판의 가로줄과 세로줄이 만나는 점. 곧, 바둑돌을 놓는 자리. 7 태풍의 중심을 이루는 부분. ¶태풍의 ~.
[눈 가리고 아웅] 얕은수로 남을 속이려 한다는 말. [눈 감으면 코 베어 먹을 세상] 세상인심이 몹시 험악하고 각박하다는 말. [눈 뜨고 도둑맞는다] 번연히 알면서도 손해를 본다. [눈이 보배다] 눈썰미가 있어서 한 번 본 것은 잊지 않음을 이르는 말.
[눈에는 눈, 이에는 이] [함무라비 법전 또는 성서에서] 해를 입은 만큼 앙갚음하는 것을 이르는 말.
눈 깜짝할 사이 매우 짧은 순간을 이르는 말. ¶그 많은 ~을 먹어 치웠구나.
눈(이) 높다 1 정도 이상의 좋은 것만 찾는 버릇이 있다. ¶그 여자는 눈이 높아 웬만한 남자는 거들떠보지도 않는다. 2 안목이 높다.
눈도 깜짝 안 하다 조금도 놀라지 않고 태연하다.
눈(을) 돌리다 어떤 대상에 관심을 돌리다. ¶공해 문제에 ~.

눈(이) 뒤집히다 충격적인 일을 당하거나 어떤 일에 집착하여 이성을 잃다. ¶돈에 ~.
눈 딱 감다 1 더 이상 다른 것을 생각하지 않다. ¶이번 기회에는 눈 딱 감고 자동차를 한 대 샀다. 2 남의 허물 따위를 보고도 못 본 체하다.
눈 뜨고 볼 수 없다 눈앞의 광경이 참혹하거나 민망할 정도로 아니꼬워 차마 볼 수 없다. ¶눈 뜨고 볼 수 없는 광경.
눈(에) 띄다 두드러지게 드러나다. ¶눈에 띄게 발전하다.
눈(이) 맞다 두 사람의 마음이나 눈치가 서로 통하다.
눈 밖에 나다 신임을 잃고 미움을 받게 되다. ¶지각을 자주 해 상사의 ~.
눈(을) 붙이다 잠을 자다.
눈(이) 삐다 뻔한 것을 잘못 보고 있을 때 비난조로 이르는 말. ¶눈이 삐었지. 그 여자가 어디가 예쁘냐?
눈(에) 속이다 잠시 수단을 써서 보는 사람이 속아 넘어가게 하다. ¶남의 ~.
눈(에) 어리다 어떤 모습이 잊혀지지 않고 머릿속에 뚜렷하게 떠오르다. ¶어머니의 모습이 ~.
눈에 거슬리다 보기에 마땅하지 않아 불쾌한 느낌이 있다. ¶눈에 거슬리는 짓.
눈에 넣어도 아프지 않다 매우 귀여움을 나타내는 말. ¶늘그막에 얻은 아들이라 ~.
눈에 밟히다 잊혀지지 않고 자꾸 생각나다. ¶배고파 울던 아이의 모습이 눈에 밟힌다.
눈에 불을 켜다 1 탐을 내어 눈을 빛내다. 2 화가 나서 눈을 부릅뜨다.
눈에 선하다 지난 일이나 물건의 모양이 눈앞에 보이는 듯 기억에 생생하다. ¶돌아가신 어머님의 모습이 ~.
눈에 쌍심지를 켜다 몹시 화가 나서 눈을 부릅뜨다.
눈에 익다 자꾸 보아서 눈에 익숙하다. ¶눈에 익은 거리.
눈에 차다 흡족하게 마음에 들다. ¶눈에 차는 물건이 없다.
눈에 흙이 들어가다 죽어 땅에 묻히다. ¶내 눈에 흙이 들어가기 전에는 너희 결혼을 허락할 수 없다.
눈이 빠지게 기다리다 몹시 애타게 오래 기다리다. ¶집을 나간 아들로부터 소식이 오기를 ~.
눈(을) 주다 가만히 약속의 뜻을 보여 눈짓하다.
눈² 뗑[식] 식물의 가지나 줄기에 생겨 장차 잎이 되거나 꽃으로 필, 아직 덜 발달된 부분. ¶나뭇가지에 ~이 트다.
=눈. ~을 속이다.
눈³ 뗑 그물 따위의 구멍.
눈⁵ 뗑 겨울에 대기 중의 수증기가 얼어서 땅 위로 떨어지는 흰빛의 얼음의 결정. 첫~/함박~.
눈이 오나 비가 오나 =비가 오나 눈이 오나. →비.
눈-가[-까] 뗑 눈의 가장자리. ¶~의 주름 / ~에 이슬이 맺히다.
눈:-가루[-까-] 뗑 눈송이의 부서진 가루.
눈-가리개 뗑 앞이 보이지 않도록 눈을 가리는 물건. ¶술래가 ~을 하다.
눈-가림 겉만 꾸며 남의눈을 속이는 짓. 눈가림-하다 짜여

눈-감다[-따] 통 ① 목숨이 끊어지다. ② 타 남의 허물 등을 알고도 모르는 체하다. ¶부정행위를 눈감아 주다.
눈-곱[-꼽] 뗑 ① 눈에서 나오는 진득진득한 즙액. 또는, 그것이 말라붙은 것. ¶~이 끼다. ② 아주 작은 것을 비유하여 이르는 말. ¶~만큼도 잘못이 없다. ×눈꼽.
눈곱만-하다[-꼼-] 혱여 아주 보잘것없을 만큼 썩 적거나 작다.
눈:-구덩이[-꾸-] 뗑 사람이나 동물의 몸이 빠지거나 묻힐 만큼 많이 쌓인 눈 속. ~에 빠지다.
눈-구멍[-꾸-] 뗑 1 '눈¹'을 속되게 또는 낮추어 이르는 말. ¶~이 있으면 똑똑히 봐! 2 눈알이 들어 있는 움푹한 공간.
눈-금[-끔] 뗑 자·저울·온도계 따위에 표시한, 길이·무게·도수 따위를 나타내는 금. =눈. ¶저울 ~을 보다.
눈-길¹[-낄] 뗑 1 눈 가는 곳. 또는, 눈으로 보는 방향. 비시선. ¶~을 피하다. 2 주의나 관심을 비유하여 이르는 말. ¶~을 끄는 용모.
눈:-길²[-낄] 뗑 눈이 덮인 길.
눈-까풀 뗑 =눈꺼풀.
눈-깔 뗑 '눈'을 속하게 이르는 말.
눈깔-사탕(-砂糖) 뗑 엿이나 설탕을 끓여 크고 둥글게 만든 사탕.
눈-꺼풀 뗑 눈을 감을 때 눈알을 덮는 얇은 살갗. =눈까풀.
눈-꼬리 뗑 눈에서, 귀 쪽으로 가늘게 좁혀진 부분. =눈초리. ¶~가 위로 올라가다 / ~가 찢어지다.
눈-꼴 뗑 눈의 생김새나 움직이는 모양을 얕잡아 이르는 말. ¶~이 험하다.
눈꼴-사납다[-따] 혱비 <~사나우니, ~사나워> 보기에 아니꼽고 비위에 거슬리게 밉다. ¶잘난 체하는 꼴이 정말 ~.
눈꼴-시다 혱 하는 짓이 비위에 거슬려 보기에 아니꼽다.
눈-꼽 뗑 '눈곱'의 잘못.
눈:-꽃[-꼳] 뗑 나뭇가지에 꽃이 핀 것처럼 쌓인 눈이나 서리. ¶겨울나무의 앙상한 가지에 ~이 탐스럽게 피었다.
눈-높이 뗑 어떤 사람의, 사물을 이해하거나 파악하는 수준. ¶어린이의 ~에 맞춘 학습 교재.
눈-대중(-때-) 뗑 눈으로 보아 어림잡아 헤아리는 것. =눈어림·눈짐작. ¶~으로 이게 가벼울 것 같다. 눈대중-하다 통
눈:-덩이[-떵-] 뗑 눈을 둥글게 뭉친 덩어리.
눈덩이처럼 불어나다 (빛·이자 등이) 갈수록 더 많아지다. ¶카드 빛이 ~.
눈-도장(-圖章)[-또-] (주로, '눈도장을 찍다'의 꼴로 쓰여) 모임의 자리에 참석하여 인사를 건네거나 함으로써 그 일을 베풀고 치르는 사람의 눈에 띄게 하는 일. 또는, 모임을 베푼 사람이 그 자리에 참석한 사람에게 인사를 나누거나 하면서 그에게 눈길을 주는 일. ¶김 대리는 회식 자리에서 상관에게 ~만 찍고 슬그머니 자리를 떴다.
눈-독(-毒)[-똑] 뗑 욕심을 내어 보는 눈길.
눈독(을) 들이다 욕심을 내어 눈여겨보다. ¶그는 그 여자의 재산에 눈독 들이고 있다.

눈-동자(-瞳子)[-똥-] 몡 눈알의 한가운데에 홍채로 둘러싸여 있는, 광선이 들어가는 작은 구멍. 빛의 양이나 초점 심도를 조절함. =동공·동자. ¶까만 ~.

눈-두덩[-뚜-] 몡 눈언저리의 두두룩한 곳. ¶~이 퍼렇게 멍이 들다.

눈-딱부리[-빡-] 몡 톡 불거진 큰 눈. 또는, 그런 눈을 가진 사람. 짠딱부리.

눈-뜨다 툉㊎ ‹~뜨니, ~때› 1 잠을 깨다. ¶눈뜨자마자 먹을 것부터 찾는다. 2 (어떤 사실이나 현상에) 삶의 과정에서, 또는 성숙의 결과로 비로소 깨달음이나 앎을 얻게 되다. ¶이성에 눈뜨는 사춘기.

눈뜬-장님 몡 1 실물을 보고도 알아보지 못하는 사람. ¶보물을 눈앞에 두고도 모르는 ~. 2 글을 모르는 사람.

눈-망울 몡 눈알의 앞쪽의 두두룩한 곳. 또는, 눈동자가 있는 곳.

눈-매 몡 어떤 형태를 가진 눈의 생김새. 곧, 눈초리가 올라갔다든가, 눈이 찢어졌다든가 하는 따위의 외형적 모양새. ¶~가 매섭다.

눈-맵시[-씨] 몡 눈의 모양새.

눈-멀다 툉㊎ ‹~머니, ~머오› 1 시력을 잃다. 2 어떤 일에 마음을 빼앗겨 이성을 잃다. ¶사랑에 ~.
[눈멀어 삼 년, 귀먹어 삼 년, 벙어리 삼 년] 새색시가 곱게 시집살이를 하자면 온갖 어려운 과정을 거쳐야 한다는 말.

눈먼 돈 뜻하지 않게 생기는 돈.

눈-물[1] 몡 사람이나 짐승의 눈을 맑은 상태로 젖어 있게 하거나, 사람이 슬픔이나 감격 등을 느끼거나 할 때 많아져서 눈 밖으로 흘러나오는 맑은 액체 상태의 물질. ¶~을 글썽이다 / ~ 어린 눈.
눈물이 앞을 가리다 슬픔 등의 감정으로 눈물이 자꾸 나와서 앞을 볼 수 없게 되다.
눈물(을) 짜다 1 눈물을 질금질금 흘리며 울다. 2 억지로 울다.

눈-물[2] 몡 눈이 녹아서 된 물.

눈물-겹다[-따] 휑ㅂ ‹~겨우니, ~거워› 눈물이 날 만큼 슬프거나 가엾다. ¶한 여인의 눈물겨운 인생 역정.

눈물-길[-낄] 몡㊌ 눈물이 눈에서 코로 흐르는 길. =누관(淚管).

눈물-바다[-빠-] 몡 한자리에 있는 많은 사람이 한꺼번에 우는 일을 비유하여 이르는 말. ¶추모사를 듣는 동안 장례식장은 ~가 되었다.

눈물-방울[-빵-] 몡 방울방울 맺히는 눈물. ¶~이 뚝뚝 떨어지다.

눈물-샘[-쌤] 몡㊌ 눈구멍의 바깥 위쪽에 있는, 눈물을 내보내는 샘. =누선.

눈물-지다 툉㊎ 눈물이 흐르다. ¶떠나온 고향 생각에 ~.

눈물-짓다[-짇따] 툉㊎ㅅ ‹~지으니, ~지어› 눈물을 흘리다. ¶자식 생각에 ~.

눈-바람 몡 눈과 함께, 또는 눈 위로 불어오는 찬 바람. 凹설한풍.

눈-발[1][-빨] 몡 눈이 내릴 때에 줄이 죽죽 보이는 상태. 또는, 그 줄. ¶~이 휘날리다.
눈발(이) 서다 눈이 곧 내릴 듯하다.

눈-방울[-빵-] 몡 정기가 있어 보이는 눈알. ¶~이 초롱초롱하다.

눈-밭[-받] 몡 온통 눈으로 덮인 땅. ¶~에서 뒹굴다. ▷설원(雪原).

눈-병(-病)[-뼝] 몡 눈에 생긴 병. 凹안질(眼疾).

눈;-보라 몡 바람에 불려 몰아쳐 휘날리는 눈. ¶~가 몰아치는 들판.

눈-부시다 휑 1 빛이 강하여 바로 보기 어렵다. ¶눈부신 햇살. 2 (모습이) 눈을 황홀하게 할 만큼 아름답다. ¶웨딩드레스를 입은 신부가 눈부시게 아름답다. 3 활약이 뛰어나 대채롭다. ¶눈부신 업적.

눈-부처 몡 눈동자에 비쳐 나타난 사람의 형상.

눈;-비 몡 눈이나 비. 또는, 눈과 비.

눈-빛[1][-삗] 몡 1 눈에 나타나는 기색. ¶초조한 ~. 2 눈에서 내쏘는 빛 또는 기운. 凹안광(眼光). ¶호수처럼 맑은 ~.

눈;-빛[2][-삗] 몡 하늘에서 내려오는 눈의 빛깔. ¶~처럼 희디흰 피부.

눈;-사람[-싸-] 몡 눈을 뭉쳐 사람 모양으로 만든 것.

눈;-사태(-沙汰) 몡 산비탈에 쌓였던 눈이 갑자기 대량으로 무너져 내리는 일.

눈;-살[-쌀] 몡 1 두 눈썹 사이에 잡힌 주름. ¶~을 펴다. 2 =눈총. ×눈쌀.
눈살(을) 찌푸리다 마음에 못마땅하여 양미간을 찡그리다. ¶눈살을 찌푸리게 하는 추태.

눈속임 몡 눈을 속이는 짓. ¶마술이란 ~에 불과하다. **눈속임-하다** 툉㊎㊍

눈;-송이[-송-] 몡 눈 위에서 꽃송이처럼 떨어지는 낱낱의 눈. =설화(雪花). ¶탐스러운 ~가 날리기 시작했다.

눈-시울[-씨-] 몡 눈을 뜨거나 감을 때 벌어지거나 맞닿는 눈의 위아래 부분. ¶~을 적시다 / ~이 뜨거워지다.

눈-싸움[1] 몡 마주 보며 오랫동안 눈을 깜짝이지 않기를 겨루는 일. ¶~을 벌이다. 짠눈쌈. **눈싸움-하다** 툉㊎㊍

눈;-싸움[2] 몡 눈을 뭉쳐 서로 상대방에게 던져 맞히는 장난. 짠눈쌈. **눈:싸움-하다**[2] 툉㊎㊍

눈-쌀 '눈살'의 잘못.

눈-쌈[1] '눈싸움'의 준말. **눈:쌈-하다**[1] 툉㊎㊍

눈;-쌈[2] '눈싸움'[2]의 준말. **눈:쌈-하다**[2] 툉㊎㊍

눈;-썰매 몡 눈 위에서 타는 썰매. 특히, 눈썰매장에서 탈 수 있게 플라스틱으로 만든 물건.

눈;썰매-장(-場) 몡 눈 위에서 썰매 타는 놀이를 즐길 수 있도록 산이나 언덕의 비탈에 시설을 조성하여 놓은 곳.

눈;-썰미 몡 한두 번 보고 곧 그대로 따라 할 수 있는 재주. ¶~가 있다.

눈-썹 몡 1 두 눈두덩 위에 가로로 난 짧은 털. ¶짙은 ~. 2 (다소 해학적인 문맥에서 쓰여) '속눈썹'을 달리 이르는 말. ¶~이 길다.
눈썹도 까딱하지 않다 놀라기는커녕 아주 태연하다. ¶여간 일에는 ~.

눈썹-연필(-鉛筆)[-썹년-] 몡 눈썹을 그리는, 연필 모양의 화장품.

눈-알 몡 사람이나 동물의 눈의 주요 부분을 이루는 공 모양의 기관. 凹안구(眼球). ¶~을 부라리다.
눈알(이) 나오다 놀라서 눈을 크게 뜨다 봄의 비유.

눈-앞[-압] 몡 1 눈에 보이는 앞. 또는, 눈으로 볼 수 있는 앞. =안전(眼前). ¶~에 두고도 못 찾다. 2 가까이 닥쳐 있는 장래. ¶~에 다가온 대학 입시. 3 자기 앞에 주어진 당장의 것. [비]목전. ¶~의 이익에 급급하다.

눈앞이 캄캄하다 (몹시 어렵거나 뜻밖의 경우를 당하여) 어찌할 바를 모르다. ¶아버지가 쓰러지셨다는 소식에 **눈앞이 캄캄해졌다.**

눈-약(-藥)[-냑] [명][약] =안약.

눈-어림 [명] =눈대중. ¶~으로 헤아려도 만 명은 넘겠다. **눈어림-하다** [동][타][여]

눈-언저리 [명] 눈의 가장자리. [비]눈가.

눈엣-가시[-에까-/-엗까-] [명] 몹시 미워 항상 눈에 거슬리는 사람.

눈여겨-보다[-녀-] [동][타] 잘 주의하여 보다. ¶동작 하나하나를 ~.

눈-요기(-療飢)[-뇨-] [명] 어떤 대상을 먹거나 만지거나 가지거나 하지 못하고 눈으로 보기만 하면서 즐기는 일을 비겨 이르는 말. ¶백화점에서 ~만 실컷 하다 왔다. **눈요기-하다** [동][타][여]

눈요깃-감(-療飢-)[-뇨기깜/-뇨긷깜] [명] 눈으로 보기만 하면서 즐기는 대상. ¶해변에서 반라의 여체를 ~으로 삼다.

눈-웃음 [명] 소리 없이 눈으로만 살짝 웃는 웃음. ¶살며시 ~을 지어 보이다.

눈웃음-치다 [동][자] 소리 없이 눈을 가늘게 뜨고 교태가 느껴지게, 또는 매혹하는 데가 있게 웃음을 짓다. ¶그 여자는 나를 볼 때마다 **눈웃음친다.**

눈-인사(-人事) [명] 허리를 굽히거나 하지 않고 말없이 눈짓으로 가볍게 하는 인사. [비]목례. ¶우리는 서로 바빠서 ~만 하고 지나쳤다. **눈인사-하다** [동][자][여]

눈-자위[-짜-] [명] 눈알의 언저리.

눈-정신(-精神)[-쩡-] [명] **1** 눈에 재주가 드러나 보이는 기운. **2** =눈총기.

눈-조리개 [명][생] =홍채.

눈-짐작(-斟酌)[-찜-] [명] =눈대중. ¶그 사람은 ~에 마흔 살쯤 되어 보인다. **눈짐작-하다** [동][타][여]

눈-짓[-찓] [명] 눈을 움직여 어떤 뜻을 나타내는 일. ¶서로 ~을 주고받다. **눈짓-하다** [동][자][여] ¶어서 먹으라고 ~.

눈짓-콧짓[-찓코찓/-찓콛찓] [명] 온갖 눈짓을 강조하여 이르는 말.

눈-초리 [명] **1** 어떤 대상을 바라볼 때 눈에 나타나는 표정. ¶매서운 ~로 쏘아보다. **2** =눈꼬리.

눈-총 [명] 눈에 독기를 띠고 쏘아보는 기운. =눈살. ¶따가운 ~을 받다.

눈-총기(-聰氣) [명] 본 것을 잊지 않고 잘 기억하는 능력. =눈정신. ¶~가 좋다.

눈-치 [명] **1** 남의 마음이나 뜻을 그때그때의 상황으로 미루어 얼른 알아차리는 힘. ¶~가 빠르다 / ~를 채다. **2** 미루어 짐작할 만하게 사람의 행동에 은근히 드러나는 어떤 태도나 뜻. ¶그 사람이 널 좋아하는 ~더라. **눈치-하다** [동][타][여] 사람을 귀찮게 여겨 싫어하다.

[**눈치가 빠르면 절에 가도 젓갈을 얻어먹는다**] 눈치가 빠르면 어디를 가도 큰 어려움 없이 지낼 수 있다.

눈치(를) 보다 남의 마음과 태도를 살피다. ¶**눈치 보지** 말고 당당히 얘기해라.

눈치(가) 보이다 주위 시선이나 분위기 때문에 눈치를 보게 되다. ¶하는 일 없이 집에만 있자니 아내 **눈치가 보인다.**

눈치-껏[-껃] [부] 남의 눈치를 적당히 살펴서. ¶~ 둘러대고 빠져나와.

눈치-작전(-作戰)[-쩐] [명] 미리 낌새를 보아 자기에게 유리하도록 여러 가지 조치를 취하는 것. ¶이번 입시에서 수험생들은 치열한 ~을 벌였다.

눈치-코치 [명] '눈치'를 강조하여 다소 속되게 이르는, 구어체의 말. ¶형 데이트하러 가는데 동생이 ~도 없이 따라나선다.

눈칫-밥[-치빱/-칟빱] [명] 눈치를 보아 가면서 얻어먹는 밥. ¶계모 밑에서 ~을 먹고 자라다.

눈-코 [명] 눈과 코.

눈코 뜰 사이 없다 정신 못 차리게 바쁘다. ¶어찌나 일이 많은지 ~.

눈-퉁이 [명] '눈두덩'을 속되게 이르는 말. ¶~가 퉁퉁 붓도록 울다.

눈ː-표(-標) [명] =별표[1]2.

눋ː-내[눈-] [명] 밥 따위가 눌어서 나는 냄새. ▷단내.

눋ː다[-따] (눋ː고 / 눌어) [동][자][ㄷ] <눌으니, 눌어> 누른빛이 나도록 조금 타다. ¶밥이 ~.

눌 '누구를'이 준 말.

눌눌-하다[-룰-] [형][여] (털·풀 따위가) 누르스름하다. [작]놀놀하다.

눌ː러-보다 [동][타] 탓하지 않고 너그럽게 보다.

눌ː러-쓰다 [동][타] <~쓰니, ~써> (모자 따위를) 깊숙이 내려 쓰다.

눌ː러-앉다[-안따] [동][자] **1** 일어날 생각을 하지 않고 앉았던 자리에 오래도록 계속 앉다. ¶어쩜 오기만 하면 **눌러앉아** 갈 줄을 모르니? **2** (어느 곳에) 머무르고자 했다가 아예 자리 잡아 살다. ¶우연한 계기로 이 마을에 **눌러앉게** 되었지요. **3** (어느 직장이나 직책에) 떠나거나 그만두지 않고 그대로 계속 있게 되다. ¶딴 데 갈 생각 말고 그냥 **눌러앉아** 있어라.

눌ː리다[1] [동][자] '누르다''의 피동사. ¶형에게 **눌려** 기를 펴지 못하다.

눌리다[2] [동][타] '눋다'의 사동사. ¶밥을 ~.

눌변(訥辯) [명] 말솜씨가 없어 말이 서툰 상태. 또는, 그런 솜씨. ↔능변(能辯).

눌어-붙다[-붇따] [동][자] **1** 뜨거운 바닥에 조금 타서 붙다. ¶누룽지가 솥 바닥에 ~. **2** 한곳에 오래 있으면서 떠나지 않다. ¶내처 거기 **눌어붙어** 있을 작정인가?

눌은-밥 [명] 솥 바닥에 눌어붙은 밥에 물을 부어 불려서 긁은 밥. ¶구수한 ~. ×누룽지.

눕ː다[-따] (눕ː고 / 누워) [동][자][ㅂ] <누우니, 누워> **1** (사람이나 짐승이) 등과 엉덩이를 바닥에 대어 몸이 수평 상태가 되게 하다. 또는, 몸통과 엉덩이와 한쪽 다리의 옆면을 바닥에 대어 몸이 수평 상태가 되게 하다. ¶똑바로 ~. **2** (사람이) 병이 들어 거의 기동하지 못하고 병석에 있는 상태가 되다. ¶자리에 ~.

[**누울 자리 봐 가며 발을 뻗어라**] 상황과 여건을 잘 살펴서 그에 맞게 행동하라는 말. [**누워서 떡 먹기**] 매우 간단하고 쉬운 일이라는 말. [**누워서 침 뱉기**] 남을 해하려고 한 짓이 오히려 자기에게 미침을 이르는 말.

눕-히다[누피-] [동][타] '눕다**1**'의 사동사. =누이다. ¶때려~ / 아이를 침대에 ~.

눙치다 [동][타] **1** 상대의 언짢은 마음이나 무거운 분위기 등을 반죽 좋은 말로 풀어서 누그러지게 하다. ¶웃는 낯으로 농담을 해 가며 상대방을 ~. **2** 어떤 행동이나 말을 문제 삼지 않고 넘기다.

뉘¹ 명 쓿은 쌀에 섞인 벼 알갱이. ¶쌀에서 ~와 돌을 골라내다.

뉘² 1 '누구'가 준 말. ¶당신은 ~시오? 2 '누구의'가 준 말. ¶~ 댁 자제인고?
[뉘 집 개가 짖어 대는 소리냐] 자기와는 전혀 관계없는 일이니, 멋대로 지껄이라는 말.

뉘:다¹ [뉘:고 / 뉘어] 통타 '누이다'의 준말. ¶어린애를 자리에 ~.

뉘:다² [뉘:고 / 뉘어] 통타 '누이다'의 준말. ¶오줌을 ~.

뉘른베르크(Nürnberg) 명지 독일 남동부의 공업도시.

뉘앙스(⑤nuance) 명 어떤 말의 표면적 의미 이외에 느껴지는 미묘한 의미. ¶말의 ~를 살 살린 표현.

뉘엿-뉘엿 [-연-연] 閂 해가 산이나 지평선 너머로 차츰차츰 넘어가는 모양. ¶그곳에 닿었을 때는 해가 ~ 지고 있었다.

뉘우치다 통타 바르지 못한 행동을 한 것에 대하여 스스로 잘못을 깨닫고 다시는 그러지 말아야지 하고 느끼다. 비회개하다·후회하다·반성하다. ¶잘못을 ~.

뉘우침 명 뉘우치는 일. 또는, 그 마음.

뉴기니(New Guinea) 명지 오스트레일리아 북부에 있는 섬.

뉴델리(New Delhi) 명지 인도의 수도.

뉴딜^정책(New Deal政策) 1933년 미국의 루스벨트 대통령이 실시한 대공황(大恐慌) 극복 정책.

뉴런(neuron) 명생 신경계를 구성하는 구조적·기능적 단위. 자극을 수용하고 전달하는 기능을 함.

뉴멕시코(New Mexico) 명지 미국 남서부의 주.

뉴^모드(†new mode) 명 =뉴 패션.

뉴^미디어(new media) 명 신문·라디오·텔레비전 등의 기존의 미디어에 대하여 전자 공학 기술이나 통신 기술이 발달하면서 등장한 새로운 미디어. 문자 다중 방송·쌍방향 케이블 티브이·아이엔에스(INS) 따위.

뉴^세라믹스(new ceramics) 명 고도의 기능을 지니는 새로운 요업 제품의 총칭. 내열성이 높고 단단하며, 녹슬지 않음. 유전(誘電)·자성(磁性) 재료, 로봇 부품 등에 쓰임.

뉴스(news) 명 신문이나 방송에서 알려 주는 나라 안팎의 최신 소식. 또는, 그런 소식을 전해 주는 방송의 프로그램. ¶톱 ~ / 해외 ~.

뉴스-거리(news-) 명 새롭거나 사람들의 끌 만한 요소.

뉴스-그룹(newsgroup) 명통 유즈넷에서, 각 주제별로 정보·뉴스·의견 등을 올리거나 나눌 수 있도록 만든 게시판.

뉴스-메이커(newsmaker) 명 뉴스거리가 되는 화제의 인물.

뉴스-캐스터(newscaster) 명[방송] 취재·편집된 뉴스를 단순히 보도하는 일을 하는 사람. 비앵커맨.

뉴^에이지^뮤직(new age music) 명[음] 클래식·민속 음악·재즈 등 여러 음악의 장르를 종합한 음악. 신비주의적 요소가 짙든 듣기 편한 음악임.

뉴올리언스(New Orleans) 명지 미국 루이지애나 주에 있는 도시.

뉴욕(New York) 명지 1 미국 북동부의 주. 2 1에 있는 도시.

뉴저지(New Jersey) 명지 미국 북동부의 주.

뉴질랜드(New Zealand) 명지 오세아니아 주 오스트레일리아 남동쪽에 있는 입헌 군주국. 수도는 웰링턴.

뉴클레오티드(nucleotide) 명[화][생] 핵산의 주요 성분의 하나. 생체 내의 에너지 대사 등에 관여함.

뉴턴¹(newton) 명[의학][물] 힘의 단위의 하나. 질량 1kg의 물체에 작용하여 $1m/s^2$의 가속도를 만드는 힘. 기호는 N.

뉴턴², 아이작(Newton, Isaac) 명[인] 영국의 물리학자(1642~1727).

뉴^패션(new fashion) 명 새로운 유행. 또는, 그것을 도입한 의상. =뉴 모드.

뉴^프런티어(New Frontier) 명[정] 1960년에 미국의 케네디 대통령이 내세운 새로운 개혁 정책.

뉴햄프셔(New Hampshire) 명지 미국 북동부의 주.

뉴햄프셔-종(New Hampshire種) 명[동] 닭의 한 품종. 체질이 강하고, 알과 고기의 겸용임.

느글-거리다/-대다 통재 (속이) 메스꺼워 곧 게울 듯하다. ¶멀미가 나서 속이 느글거린다.

느글-느글 [-르-] 閂 느글거리는 모양.
느글느글-하다 통재[여]

느긋-하다 [-그다-] 형여 마음에 여유가 있고 넉넉하다. 모처럼의 휴가를 얻어 느긋한 시간을 보낸다. **느긋-이** 閂

느껍다 [-따] 형비 〈느꺼우니, 느꺼워〉 (가슴이나 마음이) 어떤 느낌이 사무치거나 북받쳐 벅찬 상태에 있다. ¶그의 따뜻한 위로에 **느꺼워** 눈물이 핑 돌았다.

느끼다¹ 통재 울음이 터지거나 북받쳐 흑흑 숨이 막히는 듯한 소리를 내다. ¶설움에 북받쳐 흑흑 느껴 울다.

느끼다² 통타 1 (사람이나 동물이 몸 밖이나 몸 안에서 일어나는 상태나 현상을) 피부나 혀·코, 또는 기타 몸의 기관이나 온몸을 통해 아는 상태가 되다. ¶추위를 ~. 2 (사람이 마음속에서 일어나는 심리적 현상을) 의식하는 상태가 되다. ¶삶에 회의를 ~. 3 (사람이 자기와 관련되는 어떤 일이나 사실을) 깨닫는 상태가 되다. ¶책임감을 ~.

느끼-하다 형여 1 (음식이) 기름기가 많아 비위에 거슬리는 상태에 있다. ¶중국 요리는 너무 ~. 2 (사람이) 느물거리며 능글맞아 비위에 거슬리는 상태에 있다. ¶시선이 음흉하고 **느끼한** 중년 사내.

느낌 명 몸이나 마음으로 느끼는 일. 비감(感). ¶산뜻한 ~.

느낌-씨 명[언] =감탄사.

느낌-표(-標) 명[언] 마침표의 하나. 감탄이나 놀람·부르짖음·명령 등 강한 느낌을 나타낼 때 사용하는 '!'의 이름.

-느냐 어미 동사나 '있다', '없다'의 어간, 또는 어미 '-시-', '-았/었-', '-겠-'의 아래에 붙어, '해라' 할 상대에게 묻는 뜻을 나타내는 종결 어미. ¶그동안 몸 성히 잘 있었~? ▷-냐-으냐.

-느냐고 어미 동사나 '있다', '없다'의 어간, 또는 어미 '-시-', '-았/었-', '-겠-'의 아래에 붙어, '해라' 할 상대에게 묻는 뜻을 나타내는 종결 어미. 1 끝을 올리는 억양으로 쓰여, 상대가 앞서 질문한 내용에 대해 되묻는 뜻을 나타냄. ¶월 하~?

보면 몰라? **2** 끝을 내리는 억양으로 쓰여, 상대에게 거듭해서 묻는 뜻을 나타냄. ¶이가 안 가져가? 안 가까가~? ▷-냐고.--으냐고.
- **-느뇨** [어미] 동사나 '있다', '없다'의 어간, 또는 어미 '-시-', '-았/었-', '-겠-'의 아래에 붙어, '해라'할 상대에게 묻는 뜻을 나타내는 종결 어미. ¶그대, 어디로 떠나려 하~? ▷-뇨.--으뇨.
- **-느니¹** [어미] 동사나 '있다', '없다'의 어간, 또는 어미 '-시-', '-았/었-', '-겠-'의 아래에 붙어, '하게'할 상대에게 명백한 사실이나 이치가 으레 그러함을 나타내어 말할 때 쓰이는 종결 어미. 옛 말투임. ¶그 여편네도 제 아비가 고리백정이었~. ▷-니.--으니.
- **-느니²** [어미] **1** 동사나 '있다', '없다'의 어간, 또는 어미 '-시-', '-았/었-', '-겠-'의 아래에 붙어, 이렇기도 하고 저렇기도 함을 나타내는 연결 어미. ¶하~ 마~ 말들이 많다. ▷-니.--으니. **2** 동사나 '있다'의 어간, 또는 어미 '-시-' 아래에 붙어, 차라리 뒤에 오는 행동이 낫다고 함을 나타내는 연결 어미. ¶대충 하~ 차라리 하지 않는 게 낫겠다.
- **-느니라** [어미] 동사나 '있다', '없다'의 어간, 또는 어미 '-시-', '-았/었-', '-겠-'의 아래에 붙어, '해라'할 상대에게 명백한 사실이나 이치가 으레 그러함을 나타내어 말할 때 쓰이는 종결 어미. ¶꼬리가 길면 밟히~. ▷-니라.--으니라.
- **-느니만치** [어미] =-느니만큼.
- **-느니만큼** [어미] 동사나 '있다', '없다'의 어간, 또는 어미 '-시-' 아래에 붙어, 원인이나 근거가 됨을 나타내는 연결 어미. =-느니만치. ¶애쓰~ 성과가 있을 것이다. ▷-니만큼.--으니만큼.
- **느닷-없다** [-닫업-] [형] 무엇이 나타남이 전혀 뜻밖이고 갑작스럽다. 비뜬금없다. ¶이 무슨 **느닷없는** 소리냐? **느닷없-이** ¶축었던 자식이 ~ 나타났다.
- **-느라** [어미] '-느라고'의 준말. ¶급히 서두~ 지갑을 빠뜨리고.
- **-느라고** [어미] **1** 동사의 어간이나 어미 '-시-' 아래에 붙어, '하는 일로 말미암아'의 뜻을 나타내는 연결 어미. ¶소설을 읽~ 밤을 꼬박 새웠다. ⓒ-느라. **2**'-노라고'의 잘못.
- **느럭-느럭** [-렁-] [부] 말이나 행동이 느린 모양. ¶소가 ~ 걸어도 천 리를 간다.
- **느루** [부] 한꺼번에 몰아치지 않고 길게 늘여서.
  - **느루 잡다** (시일이나 날짜를) 느직하게 예정하다. ¶출발 날짜를 두 달 뒤로 ~.
- **느름-나무** [-름-] [명][식] 계곡이나 개울 가에 자라는, 높이 20m, 지름 5m에 이르는 낙엽 활엽 교목. 3월에 종 모양의 녹자색 꽃이 피고, 5월에 열매가 익음. 나무껍질은 약용됨.
- **느리다** [형] **1** 물체가 움직이거나 사람·동물이 행동하는 데 걸리는 시간이 보통의 정도나 비교 대상보다 길다. ¶행동이 ~. **2** (일의 진행이) 보통의 정도보다 시간적으로 더 걸리는 상태에 있다. ¶진도가 ~. ↔빠르다. **3** (성질이) 누그러져서 야무지지 못하다. ¶성미가 **느려** 터졌다. **4** (경사가) 완만하며 길다.
- **느림-뱅이** [명] 행동이 느린 사람을 비난조로 이르는 말. 비느림보.
- **느림-보** [명] 행동이 느린 사람이나 동물을 놀림조로 이르는 말. 비느림뱅이. ¶~ 거북이.
- **느릿-느릿** [-린-릳] [부] 말이나 동작이 매우 느린 모양. ¶~ 걷다. **느릿느릿-하다** [형여] ¶말이 ~.
- **느릿-하다** [-리타-] [형여] 느린 듯하다.
- **느물-거리다/-대다** [자] 자꾸 능청을 떨면서 상대를 우롱하듯이 말하거나 행동을 하다. ¶음흉한 웃음을 띤 남자가 **느물거리며** 말을 걸다.
- **느물-느물** [-르-] [부] 느물거리는 모양. ¶~ 웃다. **느물느물-하다** [자여]
- **느슨-하다** [형여] **1** (끈·줄·나사 따위를 묶거나 조인 상태가) 늘어나거나 늘어져 헐렁하거나 헐겁다. ¶나사가 **느슨해졌다**. **2** (마음이) 탁 풀려 긴장됨이 없다. ¶**느슨해진** 마음을 다잡다. **느슨-히** [부] ¶구두끈을 ~ 매다.
- **느시** [명][동] 몸길이가 수컷은 100cm, 암컷은 76cm이며, 등에는 적갈색에 검은색 가로무늬가 있고 머리와 목은 회색인 대형의 겨울 철새. 천연기념물임.
- **느지감치** [부] 꽤 늦게. ¶~ 점심을 먹다. ↔일찌감치.
- **느지거니** [부] 꽤 느직하게. ¶날씨도 추운데 ~ 떠나라.
- **느지막-하다** [-마카-] [형여] '느직하다'를 좀 더 힘주어 이르는 말. **느지막이** [부] ¶~ 일어나다.
- **느직-하다** [-지카-] [형여] **1** 시간적으로 대체로 늦다고 여겨지는 상태에 있다. ¶아침을 먹고 **느직하게** 떠나다. **2** 좀 느슨하다. **느직-이** [부] ¶~ 출발하다.
- **느타리** [명][식] 모양은 반원 또는 부채꼴이며, 빛깔은 회백색 또는 회갈색인 식용 버섯. 가을에 활엽수의 마른 가지에 나며, 인공으로도 재배함. =느타리버섯.
- **느타리-버섯** [-섣] [명][식] =느타리.
- **느티-나무** [명][식] 높이 30m, 지름 3m에 이르는 낙엽 활엽 교목. 그늘이 넓어 정자나무로 많이 심음. 목재는 건축재·가구재로 쓰임.
- **느헤미야-기** (Nehemiah記) [명] 구약 성서 중의 한 권.
- **늑골** (肋骨) [-꼴] [명][생] 등뼈와 가슴뼈에 붙어 흉곽을 형성하는, 활 모양의 뼈. 좌우 12쌍이 있음.
- **늑대** [-때] [명] **1** [동] 삼림 지대에 사는, 개와 비슷한 동물. 꼬리를 항상 아래로 내리고 있고 앞다리보다 뒷다리가 긴 점이 개와 다름. 몸빛은 황갈색이고, 성질이 사나움. **2** '남자'를, 여자를 탐하는 존재라는 뜻으로 비유하여 이르는 말. ¶남자들이란 하나같이 ~야, ~! ▷여우.
- **늑막** (肋膜) [능-] [명][생] 흉곽의 내면과 폐의 표면 및 횡격막의 윗면을 덮고 있는 얇은 막.
- **늑막-염** (肋膜炎) [능망념] [명][의] 외상이나 결핵균의 감염으로 늑막에 생기는 염증. 가슴에 심한 통증을 느끼고 호흡이 어려워짐.
- **늑목** (肋木) [능-] [명][체] 기둥이 되는 나무 사이에 많은 가로대를 고정시킨 체조 기구. 몸을 바르게 하는 데에 씀.
- **늑장** [-짱] [명] 느릿느릿 꾸물거리는 짓. =늦장. ¶~을 부리다.
- **는¹** [조] 모음으로 끝나는 체언이나 부사, 또는 부사적 성분에 붙는 보조사. **1** 앞에 오

는 성분이 다음에 오는 말의 주제가 됨을 나타냄. ¶지구~ 둥글다. 2 앞에 오는 성분이 다른 사실과 대조가 됨을 나타냄. ¶철수는 빵은 안 먹지만 국수~ 먹는다. 3 앞에 오는 성분이나 사실을 더욱 강조하는 뜻을 나타냄. ¶때로~ 그가 보고 싶을 때가 있다. ▷은. 4 '-기', '-아/어', '-게', '-지', '-고' 등의 어미 뒤에 붙어, 주어진 문장이 관념적으로 전제되는 다른 문장과 '부정', '상대', '반의'의 뜻으로 대조됨을 나타냄. ¶책을 읽고~ 싶다. 5 '-아서/어서', '-다가' 등의 어미 뒤에 붙어, 조건·가정의 뜻을 나타냄. ¶상대를 결코 가볍게 보아서~ 안 된다. ▷ㄴ.

-는² [어미] 동사나 '있다', '없다'의 어간, 또는 어미 '-시-', '-겠-'의 아래에 붙는 관형사형 전성 어미. 1 현재의 사실, 또는 이미 예정되어 있는 사실이나 가정된 사실을 나타냄. ¶앞에 가~ 사람이 누구냐? 2 구체적 시간과 상관없이, 일반적·보편적·관습적 사실을 나타냄. ¶이 약수는 먹~ 물로 적합하다. ▷ㄴ-.-은.

-는-³ [선어말] 1 'ㄹ' 이외의 자음으로 끝나는 동사나 '있다', '없다'의 어간, 또는 어미 '-시-' 아래에 붙어, 현재를 나타내는 선어말 어미. ¶잡~다 / 먹~다. ▷-ㄴ-. 2 동사의 어간이나 어미 '-시-' 아래에 붙되, '-구나', '-구려', '-구면', '-군' 등의 어미와 결합하여 현재의 사실에 대해 감탄의 뜻을 나타내는 선어말 어미. ¶먹~구나.

-는가 [어미] 동사나 '있다', '없다'의 어간, 또는 어미 '-시-', '-았/었-', '-겠-'의 아래에 붙어, 스스로 묻거나 '하게' 할 상대에게 물음을 나타내는 종결 어미. ¶꽃이 피었~? ▷-ㄴ가.-은가.

-는감 [어미] 동사나 '있다', '없다'의 어간, 또는 어미 '-시-', '-았/었-', '-겠-'의 아래에 붙어, 상대의 행위나 의견을 가볍게 반박하면서 혼잣말에 가깝게 반문하는 뜻을 나타내는 반말 투의 종결 어미. ¶아니, 누가 그걸 모르~. ▷-ㄴ감.-은감.

는개 [명] 안개보다는 조금 굵고 이슬비보다는 가는 비.

-는걸 [어미] 동사나 '있다', '없다'의 어간, 또는 어미 '-시-', '-았/었-', '-겠-'의 아래에 붙어, '해' 할 상대에게 쓰이거나 혼잣말에 쓰여 어떤 사실에 대한 느낌을 나타내는 종결 어미. ¶나는 그 자리에 없었~. ▷-ㄴ걸.-은걸.

-는고 [어미] '-는가'의 예스러운 말투. ¶집의 말을 따르겠~? ▷-ㄴ고.-은고.

-는구나 [어미] 동사의 어간이나 어미 '-시-' 아래에 붙어, '해라' 할 상대에게 쓰이거나 혼잣말에 쓰여, 어떤 사실을 느끼거나 깨닫고 새삼스럽게 감탄하는 뜻을 나타내는 종결 어미. ¶참 잘 어울리~. ▷-구나.

-는구려 [어미] 동사의 어간이나 어미 '-시-' 아래에 붙어, '하오' 할 상대에게 새롭게 인식한 사실을 감탄조로 말할 때 쓰이는 종결 어미. ¶늦게까지 일하시~. ▷-구려. ×-는구료.

-는구료 [어미] '-는구려'의 잘못.

-는구먼 [어미] 동사의 어간이나 어미 '-시-' 아래에 붙어, '해' 할 상대를 의식하면서 혼잣말처럼 어떤 사실에 대한 느낌을 말하거나 어떤 사실을 확인 또는 환기하는 뜻을 나타내는 종결 어미. ¶눈이 오~. ▷-구먼. ×-는구면.

-는구면 [어미] '-는구먼'의 잘못.

-는군 [어미] 동사의 어간이나 어미 '-시-' 아래에 붙어, 어떤 사물에 대한 느낌을 혼잣말로 나타내는 종결 어미. ¶잘도 먹~. ▷-군.

-는다 [어미] 'ㄹ' 이외의 자음으로 끝나는 동사의 어간에 붙는 평서형 종결 어미. 1 '해라' 할 상대나 불특정 다수에게 현재의 사실을 나타내거나 이미 예정되어 있는 사실을 나타낼 때 쓰임. ¶내일 찾아가 상을 받~. 2 주로 불특정 다수를 상대로 한 글에서, 일반적·보편적·관습적 사실을 말할 때 쓰임. ¶이 나무는 가을에 열매를 맺~. ▷-ㄴ다.

-는다고¹ [어미] 'ㄹ' 이외의 자음으로 끝나는 동사의 어간에 붙는 종결 어미. 1 '해' 할 상대에게 반문할 경우에 쓰임. ¶무얼 먹~? 2 잘못 인식하였음을 깨달았을 때 쓰임. ¶난 또 왜웃~. ▷-ㄴ다고.-다고.

-는다고² [어미] 'ㄹ' 이외의 자음으로 끝나는 동사의 어간에 붙어, 앞의 말이 뒤에 오는 말의 원인이나 근거가 됨을 나타내는 연결 어미. ¶손을 씻~ 비누를 가져오랬다. ▷-ㄴ다고.-다고.

-는다나 [어미] 'ㄹ' 이외의 자음으로 끝나는 동사의 어간에 붙어, 어떤 사실을 무관심하거나 조금 빈정거리는 태도로 전달할 때 반말 투로 이르는 종결 어미. ¶그 여자는 아주 비싼 옷만 입~. ▷-ㄴ다나.-다나.-라나.

-는다네 [어미] 'ㄹ' 이외의 자음으로 끝나는 동사의 어간에 붙는 종결 어미. 1 어떤 사실을 가볍게 감탄하여 이를 때 쓰임. ¶어둠이 내리면 풀벌레 울음의 온 누리를 덮~. 2 '하게' 할 상대에게 화자가 알고 있는 사실을 가볍게 주장할 때 쓰임. ¶서양 사람들은 장례식 때 검은 옷을 입~. ▷-ㄴ다네.-다네.-라네.

-는다느니 [어미] 'ㄹ' 이외의 자음으로 끝나는 동사의 어간에 붙어, 이렇게 한다 하기도 하고, 저렇게 한다 하기도 함을 나타내는 연결 어미. ¶밥을 먹~ 먹지 말라느니 티격태격 야단이다. ▷-ㄴ다느니.-다느니.

-는다니 [어미] 'ㄹ' 이외의 자음으로 끝나는 동사의 어간에 붙어, '해라' 할 상대에게 어떤 사실에 대해 의문을 나타내는 종결 어미. ¶이 많은 책을 언제 읽~? ▷-ㄴ다니.-다니.

-는다니까 [어미] 'ㄹ' 이외의 자음으로 끝나는 동사의 어간에 붙어, '해' 할 상대에게 쓰이거나 혼잣말에 쓰여 어떤 사실을 올바로 인식하고 있지 못하거나 미심쩍어하거나 상대방에게, 다그쳐 깨우쳐 주는 뜻을 나타내는 종결 어미. ¶그런 짓을 하면 아버지한테 매를 맞~. ▷-ㄴ다니까.-다니까.

-는다며 [어미] '-는다면서'의 준말. ▷-ㄴ다며.

-는다면 [어미] 'ㄹ' 이외의 자음으로 끝나는 동사의 어간에 붙어, 어떠한 사실을 가정하여 조건으로 삼는 뜻을 나타내는 연결 어미. ¶날 믿~ 내 말대로 해. ▷-ㄴ다면.

-는다면서 [어미] 'ㄹ' 이외의 자음으로 끝나는 동사의 어간에 붙어, '해' 할 상대에게 직접·간접으로 들은 사실을 다짐하거나 빈정거려 묻는 데 쓰이는 종결 어미. ¶그 여자는 매일 새 옷을 입~? 준-는다

머. ▷ -ㄴ다면서 · -다면서.
- **-는다손** [어미] 'ㄹ' 이외의 자음으로 끝나는 동사의 어간에 붙어, 가정하는 뜻을 나타내는 연결 어미. 주로 '치다'와 함께 쓰임. ¶아무리 잘 먹~ 치더라도 그걸 어떻게 다 먹니? ▷ -ㄴ다손 · -다손 · -더라손.
- **-는다오** [어미] 'ㄹ' 이외의 자음으로 끝나는 동사의 어간에 붙어, '하오' 할 상대에게 어떤 사실을 설명하는 종결 어미. 상대를 조금 대접하거나 친근감을 나타냄. ¶순이네 집에서는 사위가 왔다고 잘도 잡~. ▷ -ㄴ다오 · -다오.
- **-는다지** [어미] 'ㄹ' 이외의 자음으로 끝나는 동사의 어간에 붙어, '해' 할 상대에게 어떤 사실을 확인하여 묻는 뜻을 나타내는 반말 투의 의문형 종결 어미. ¶일요일엔 문을 늘 닫~? ▷ -ㄴ다지 · -다지 · -라지.
- **-는단다** [어미] 'ㄹ' 이외의 자음으로 끝나는 동사의 어간에 붙어, '해라' 할 상대에게 가볍게 타이르거나 사실을 친근하게 서술하는 종결 어미. ¶할머니는 꽃을 손으로 자꾸 만지신다 축~. ▷ -ㄴ단다 · -단다.
- **-는담** [어미] 'ㄹ' 이외의 자음으로 끝나는 동사의 어간에 붙어, '-는단 말인가'의 뜻으로 혼잣말로 못마땅함을 나타내는 의문형 종결 어미. ¶왜 이리 늦~. ▷ -ㄴ담 · -담.
- **-는답니다** [-담-] [어미] 'ㄹ' 이외의 자음으로 끝나는 동사의 어간에 붙어, '합쇼' 할 상대에게 화자가 이미 알고 있는 것을 객관화하여 청자에게 일러 줌을 나타내는 종결 어미. ¶우리 가족은 주말이면 고기를 먹~. ▷ -ㄴ답니다 · -답니다.
- **-는답시고** [-씨-] [어미] 'ㄹ' 이외의 자음으로 끝나는 동사의 어간에 붙어, 어쭙잖은 행동을 빙정거리는 투로 말할 때 쓰이는 연결 어미. ¶고기를 잡~ 난리다. ▷ -ㄴ답시고 · -답시고.
- **-는대** [어미] 'ㄹ' 이외의 자음으로 끝나는 동사의 어간에 붙어, '해' 할 상대에게 어떤 사실에 대해 놀라워하거나 못마땅하게 여기는 뜻을 나타내는 의문형 종결 어미. ¶이 많은 음식을 누가 다 먹~? ▷ -ㄴ대 · -대.
- **-는대요** [어미] 'ㄹ' 이외의 자음으로 끝나는 동사의 어간에 붙어, '해요' 할 상대에게 듣거나 겪은 사실을 근거로 설명하여 말하거나 묻는 뜻을 나타내는 종결 어미. ¶쉬어야 낫~. ▷ -ㄴ대요 · -대요.
- **-는데** [어미] 동사나 '있다', '없다'의 어간, 또는 어미 '-시-', '-았/었-', '-겠-'의 아래에 붙는 어미. 1 다음의 말을 끌어내기 위해 관련될 만한 사실을 먼저 베풀 때 쓰이는 연결 어미. ¶여기 있~. 2 '해' 할 상대에 쓰이어, 어떤 사실이 의외이거나 새삼스럽게 느껴지거나 만족스럽지 않게 여겨질 때 쓰이는 종결 어미. ¶이게 누구야? 영 몰라보겠~. 3 '해' 할 상대에게 쓰이어, 설명을 요구하는 뜻을 나타내는 종결 어미. ¶이 밤중에 어딜 가~? ▷ -ㄴ데 · -은데.
- **-는바** [어미] 동사나 '있다', '없다'의 어간, 또는 어미 '-시-', '-았/었-', '-겠-'의 아래에 붙어, 말하기 전에 또는 어떤 사실을 말하면서 그에 관계되는 말을 할 때 쓰이는 연결 어미. ¶오늘 일과 후에 회식이 있~ 전원 참석 바람. ▷ -ㄴ바 · -은바.
- **-는지** [어미] 동사나 '있다', '없다'의 어간,

또는 어미 '-시-', '-았/었-', '-겠-'의 아래에 붙어, 막연한 의문이나 감탄을 나타내는 연결 어미 또는 종결 어미. ¶밤이 깊었~ 사방이 고요하다. ▷ -ㄴ지 · -은지.
- **-는지고** [어미] 동사나 '있다', '없다'의 어간, 또는 어미 '-시-', '-았/었-', '-겠-'의 아래에 붙어, '해라' 할 상대에게 느낌을 강조하거나 감탄을 나타내는 종결 어미. ¶피리 소리가 남의 애를 끊~. ▷ -ㄴ지고 · -은지고.
- **-는지라** [어미] 동사나 '있다', '없다'의 어간, 또는 어미 '-시-', '-았/었-', '-겠-'의 아래에 붙어, 이유나 근거를 나타내는 연결 어미. ¶그 사람이 늦장을 부리~ 저 먼저 왔습니다. ▷ -ㄴ지라 · -은지라.
- **는커녕** [조] 모음으로 끝나는 말에 붙어, '커녕'을 강조하는 뜻을 나타내는 보조사. ¶건강하기~ 다 죽게 생겼다. ▷커녕 · 은커녕.
- **늘** [부] 평상시에 언제나. [비]밤낮 · 항상. ¶그는~ 불평불만이다. ×늘상 · 항상.
- **늘그막** [명] 늙어 가는 무렵. ¶~에 자식을 얻다. [준]늙막.
- **늘다** [동](자) <느니, 느으> 1 (사물의 수효나 분량이) 본디의 것보다 많은 상태가 되다. ¶소득이 ~. 2 (힘이나 기운이) 이전보다 큰 상태가 되다. ¶근육의 힘이 ~. 3 (재주 · 능력 따위가) 이전보다 나은 상태가 되다. ¶실력이 ~. ↔줄다.
- **늘리다** [동](타) 1 '늘다'의 사동사. ¶인원을 ~. 2 (물체의 길이를) 다른 것을 대거나 이어서 더 길게 하다. ¶바지를 ~ 늘이다. 3 (구조물이나 물건의 부피 등을) 이전보다 더 크게 하다. ¶가게를 ~.
- **늘비-하다** [형](여) 1 죽 늘어놓여 있다. ¶도로 가에 늘비한 집들. 2 죽 늘어서 있다. ¶주차장에 자동차가 늘비하게 서 있다.
- **늘-상**(-常) [부] '늘'의 잘못.
- **늘씬** [부] 몸을 가누지 못할 정도로 심하게. ¶~ 두들겨 패다. **늘씬-하다** [형](여) ('늘씬하게 맞다', '늘씬하게 때리다'의 꼴로 쓰여) ¶깡패한테 늘씬하게 얻어맞다.
- **늘씬-하다²** [형](여) (키 · 몸매 따위가) 가늘고 길어서 맵시가 있다. ¶다리가 늘씬한 미녀. [유]날씬하다.
- **늘어-나다** [동](자) 본디보다 커지거나 길어지거나 많아지다. ¶고무줄이 ~ / 식구가 ~. ↔줄어들다.
- **늘어-놓다** [-노타] [동](타) 1 줄을 지어서 벌여 놓다. ¶진열대에 상품을 가지런히 ~. 2 여기저기에 어수선하게 두다. ¶공부한답시고 책만 잔뜩 **늘어놓았다**. 3 (여러 가지 일을) 한꺼번에 여기저기 벌여 놓다. ¶사업을 하나에 ~. 4 말을 수다스럽게 많이 하다. ¶푸념을 ~.
- **늘어-뜨리다/-트리다** [동](타) 물건의 한쪽 끝을 아래로 처지게 하다. ¶밧줄을 ~.
- **늘어-서다** [동](자) 길게 줄을 지어 서다. ¶길 양쪽에 **늘어선** 가로수.
- **늘어-지다** [동](자) 1 (몸이) 기운이 풀려 가누기 어려운 상태가 되다. ¶날이 더워 몸이 축 **늘어졌다**. 2 (물체가) 탄력성을 잃고 본디보다 길어지다. ¶용수철이 ~. 3 물건의 끝이 아래로 처지다. ¶축 **늘어진** 수양버들. 4 근심 걱정이 없이 편하게 되다. ¶팔자가 ~.
- **늘이다** [동](타) 1 (물체를) 당기는 힘을 가하여 본디의 길이보다 더 길어지게 하다. ¶고무줄을 잡아당겨 ~. ▷늘리다. 2 (길

이나 넓이를 가진 물체를) 아래로 길게 처지게 하다. ¶머리채를 땋아 ~.
늘임-봉(-棒) 명 손으로 잡고 오르내리는 운동을 할 수 있도록 장대처럼 세로로 길게 세운 여러 개의 쇠막대.
늘임-표(-標) 명[음] 악보에서 음표나 쉼표의 위나 아래에 붙여, 본래의 박자보다 2~3배 늘여 연주하라는 기호. '⌒'로 나타냄.
늘쩡-거리다/-대다 통㉮ 맥없이 느럭느럭 행동하다. ¶지금 몇 시인 줄이나 알아? 왜 그리 늘쩡거려.
늘쩡-늘쩡 튀 늘쩡거리는 모양. ¶~ 황소 걸음을 걷다. **늘쩡늘쩡-하다** 통㉮
늘푸른-나무 명 =상록수.
늙다[늑따] 재㉮ 1 (사람이) 중년의 나이를 넘긴 상태가 되다. ¶늙은 사람. 2 (몸이) 나이가 들면서 생리적으로 왕성한 활동을 하지 못하고 쇠약한 상태가 되다. ¶몸이 이제 늙어서 말을 안 듣는다. 3 (사람이) 어떤 신분이나 자격으로서 알맞은 때나 한창인 시기를 넘기다. ¶늙은 총각. 4 (동물이) 평균 수명의 반을 훨씬 넘긴 상태가 되다. ¶늙고 병든 개. 5 (나무가) 오래 살아 생장 활동이 활발치 않은 상태가 되다. ¶늙은 소나무. 6 (식물의 열매 등이) 지나치게 익은 상태가 되다. ¶늙은 호박.
[**늙으면 아이 된다**] 늙으면 모든 행동이 어린애 같아진다는 말.
늙-다리[늑-] 명 '늙은이'를 속되게 이르는 말. ¶이 다방엔 ~들이 많이 온다.
늙으막 명 '늘그막'의 준말.
늙-바탕[늑빠-] 명 나이가 들어 늙게 된 판. 비노경(老境).
늙수그레-하다[늑쑤-] 형㉮ 어지간히 늙은 듯하다.
늙은-이 명 늙은 사람을 좀 얕잡아 이르는 말. ¶망령이 난 ~. ⇄노인.
늙은이 뱃가죽 같다 물건이 쭈글쭈글하다. ¶얼굴이 ~.
늙-히다[늘키-] 통㉯ '늙다'의 사동사. ¶아니, 생때 같은 처녀를 늙혀 작정이오?
늠:름-하다(凜凜-)[늠-] 형㉮ 의젓하고 당당하다. ¶늠름한 기상. **늠름-히** 튀
능(陵) 명 임금·왕후의 무덤. ▷원(園).
능가(凌駕) 명 (능력이나 수준 등이 비교 대상을) 훨씬 넘어서는 것. **능가-하다** 통㉯ ¶힘과 기술에서 상대 팀을 ~.
능-구렁이 명 1 [동] 몸빛은 적갈색에 검고 굵은 가로띠가 있는 뱀. 마을 근처나 논둑에 흔히 나타나는데, 독은 없으며 동작이 느림. =구렁이. 2 음흉한 사람을 비유하여 이르는 말. =구렁이. ¶내 친구, 세파에 시달리더니 ~가 다 되었군.
능글-능글 [늘-] 팀 엉큼하고 뻔뻔스럽게 능청을 떨면서 검질기게 구는 모양. ¶묻는 말에 대답은 하지 않고 ~ 웃기만 한다. **능글능글-하다** 통㉮
능글-맞다 [-맏따] 형 엉큼하고 뻔뻔스럽게 능청을 떠는 성질이 있다. ¶사람이 능글맞아 징그럽다.
능금[1] 명 능금나무의 열매. 사과보다 작고 맛도 덜하다.
능금[2] 명 '사과'의 잘못.
능금-나무 명[식] 능금이 열리는 낙엽 활엽 소교목. 봄에 분홍색 꽃이 피고, 10월에 열매인 능금이 주황색으로 익음.
능동(能動) 명 1 어떤 행동이나 작용이 제

힘이나 뜻에 의해 이뤄지는 상태. 2 [언] 주어가 동작을 제 힘으로 행함을 나타내는, 동사의 문법 기능. ↔피동·수동.
능-동사(能動詞) 명[언] 문장의 주어가 제 힘으로 동작을 행함을 나타내는 동사. ↔피동사.
능동-성(能動性) [-썽] 명 능동적인 성질. ¶~을 겸한 태도. ↔수동성.
능동-적(能動的) 관명 어떤 행동을 제 힘이나 뜻으로 이루고 있는 상태에 있는 (것). ¶모든 일에 ~으로 솔선수범하다. ↔수동적·피동적.
능란-하다(能爛-)[-난-] 형㉮ (사람이) 어떤 일을 막힘이나 거리낌이 없이 썩 뛰어나게 잘하는 상태에 있다. 비능숙하다. ¶능란한 말솜씨.
능력(能力) [-녁] 명 어떤 일을 제대로 할 수 있는 힘. 비능량·재능. ¶생활할 ~.
능력-급(能力給) [-녁끕] 명 개인의 일에 대한 능력에 따라 지급되는 임금. 경력·학력·기능·연령 등이 결정 기준이 됨. ▷능률급.
능률(能率) [-뉼] 명 일정한 시간 내에 할 수 있는 일의 비율. 또는, 일이 진척되는 상태. 비효율. ¶~이 오르다.
능률-급(能率給) [-뉼급] 명 일의 능률에 따라 지급되는 임금. ▷능력급·고정급.
능률-적(能率的) [-뉼쩍] 관 능률을 많이 내거나 능률이 많이 나는 (것). ¶~으로 일하다.
능멸(凌蔑·陵蔑) 명 (사람을) 업신여겨 깔보는 것. 비경멸. **능멸-하다** 통㉯ ¶네가 감히 임금인 나를 **능멸하고도** 살아 남길 바라느냐?
능변(能辯) 명 말을 능숙하게 잘하는 것. 또는, 그 말. ↔눌변.
능사(能事) 명 어떤 상황에서 최선 또는 최상이라고 여기고 하는 일이나 행동. ¶돈 버는 것만이 ~가 아니다.
능선(稜線) 명 산등성이를 따라 죽 이어진 선. ¶~을 타고 오른 산악인.
능소능대(能小能大) 명 모든 일에 두루 능함. **능소능대-하다** 형㉮
능수(能手) 명 일에 능란한 솜씨. 또는, 그 사람. ¶협상의 ~.
능수능란-하다(能手能爛-)[-난-] 형㉮ 어떤 일에 능숙하고 썩 뛰어나게 잘하는 상태에 있다. ¶말솜씨 ~.
능수-버들 명[식] 가지가 길게 늘어지는, 높이 20m가량의 낙엽 활엽 교목. 들이나 개울가에 흔히 자라며, 가로수로 심음.
능숙-하다(能熟-) [-수카-] 형㉮ (어떤 일을 하는 솜씨나 기술이) 막히거나 어려워하는 것이 없이 잘하는 상태에 있다. 비능란하다. ¶능숙한 솜씨. **능숙-히** 튀 ¶그는 운전을 ~ 한다.
능욕(凌辱·陵辱) 명 1 (남을) 업신여겨 욕보이는 것. 2 (여자를) 강간하여 욕보이는 것. **능욕-하다** 통㉯
능지-처참(陵遲處斬) 명[역] 대역죄를 범한 죄인에게 형벌을 내릴 때, 머리·팔·다리를 토막 쳐서 죽이는 극형. **능지처참-하다** 통㉯
능직(綾織) 명 직물을 짤 때, 날실과 씨실을 각각 몇 올씩 건너뛰며 교차시켜 사선(斜線) 무늬가 나타나게 짜는 방법. =사문직. ▷수자직·평직.
능청 명 엉큼한 속마음을 감추고 겉으로 아닌 척 또는 안 그런 척 천연스레 꾸며

능청-맞다[-맏따] 형 능청을 떠는 성질이 있다. **능청맞게** 웃다.

능청-스럽다[-따] 형ㅂ 〈-스러우니, -스러워〉 능청을 떠는 데가 있다. **능청스레** 부

능통-하다(能通-) 형여 (사물에) 환히 알아 능하다. ¶영어 회화에 ~.

능-하다(能-) 형여 (어떤 일에) 익숙하여 잘 해내는 상태이다. ¶쳐세에 ~. **능히** 부 그 일은 어린이라도 ~ 할 수 있는 일이다.

능행(陵幸) 명 임금이 능에 거둥하는 것. **능행하다** 통자여

늦[늗] 접투 ①명사나 동사의 앞에 붙어, '일정한 시간이나 제철에 뒤진'의 뜻을 나타내는 말. ¶~감자 / ~부위. ¶올-. ②명사나 동사의 앞에 붙어서, '늘어서나 느지막에 생긴'의 뜻을 나타내는 말. ¶~동이 / ~복.

늦-가을[늗까-] 명 가을이 끝나 가는 시기. 11월경으로 나뭇잎이 지고 날이 서늘해짐. =만추(晩秋). ↔초가을.

늦-겨울[늗껴-] 명 겨울이 끝나 가는 시기. 2월경으로 추위가 한풀 꺾임. ↔초겨울.

늦-깎이[늗-] 명 보통 사람들보다 훨씬 늦게 배움이나 수련의 길에 들어선 사람. ¶~ 대학생.

늦다[늗따] I 형 ①어떤 일이 시간СК 순서에 있어서 어떤 기준이나 비교 대상보다 뒤진 상태에 있다. ¶약속 시간에 ~. ↔빠르다. ②시간이나 시기가 알맞은 때나 한창인 때를 지난 상태에 있다. ¶이 아이는 말 배우는 것이 ~. ↔이르다. ③(어떤 일이) 시간이 많이 드는 상태에 있다. ¶그는 다른 사람보다 일이 ~. ④(슴이나 맨들 등의 죄는 정도가) 느슨한 상태에 있다. ¶안전벨트를 늦게 매다. II 통자 정해진 시점을 넘긴 상태가 되다. ¶길이 막혀 회사에 ~.
[늦게 배운 도둑이 날 새는 줄 모른다] 뒤늦게 시작한 일에 재미를 알게 되어 더욱 열중하게 된다.

늦-더위[늗떠-] 명 가을철이 되어도 가시지 않는 더위.

늦-동지(-冬至) [늗똥-] 명 음력 11월 20일 이후에 드는 동지. ↔애동지.

늦-되다[늗뙤-/늗뛔-] 통자 ①(곡식·열매 따위가) 늦게 익다. ¶벼가 ~. ②(아이가) 나이에 비해 발육이 느린 상태가 되다. ¶늦된 아이. ⇒올되다·일되다.

늦-둥이[늗뚱-] 명 늘그막에 낳은 자식.

늦-바람[늗빠-] 명 나이 들어서 뒤늦게 난 난봉이나 호기(豪氣). ¶~을 피우다.

늦-벼[늗뼈] 명 늦게 익는 벼. ↔올벼.

늦-복(-福) [늗뽁] 명 늘그막에 누리는 복. ¶~이 터지다.

늦-봄[늗뽐] 명 봄이 끝나 가는 시기. 5월경으로 날이 약간 더워짐. ↔초봄.

늦-부지런[늗뿌-] 명 뒤늦게 서두르는 부지런.

늦-서리[늗써-] 명 제철보다 늦게 내리는 서리.

늦-여름[늗녀-] 명 여름이 끝나 가는 시기. 8월경으로 더위가 한풀 꺾임. ↔초여름.

늦-자식(-子息) [늗짜-] 명 나이가 들어 늦게 낳은 자식.

늦-잠[늗짬] 명 아침 늦게까지 자는 잠.

늦잠-꾸러기[늗짬-] 명 아침에 늘 늦잠을 자는 사람을 이르는 말.

늦-장[늗짱] 명 =늑장.

늦-장가[늗짱-] 명 보통 나이보다 늦게 드는 장가.

늦-장마[늗짱-] 명 제철이 지난 뒤에 오는 장마. ¶~가 지다.

늦추[늗-] 부 ①때가 늦게. ¶출발 시간을 ~ 잡다. ②켕기지 않고 느슨하게. ¶넥타이를 ~ 매다.

늦-추다[늗-] 통타 '늦다'의 사동사. ¶시험 날짜를 ~.

늦-추위[늗-] 명 제철보다 늦게 드는 추위. ¶~가 기승을 부리다.

늪[늡] 명 ①호수보다 작고 못보다 큰, 수심이 그리 깊지 않고 개흙이 많으며 수중 식물이 무성한 물웅덩이. =소(沼). ▷웅덩이. ②(주로 '~의 늪'의 꼴로 쓰여서) 그 상황에서 벗어나기 어려운 상태임을 비유적으로 이르는 말. ¶경기가 침체의 ~에 빠지다.

늪-지대(-地帶) [늡찌-] 명 늪이 많은 지대.

빌리리[늴-] 부 통소·나발·저 등 관악기의 음을 입으로 흉내내는 소리. ×닐리리.

빌리리야[늴-] [음] 경기 민요의 하나. 본래 창부 타령에서 전화(轉化)된 것으로, 굿거리장단으로 부름.

닁큼[닁-] 부 머뭇거리지 않고 단번에 빨리 ¶~ 대답 못 하겠니? 잠닁큼.

니¹ 대(인칭) '네'의 잘못.

니² 조 모음으로 끝나는 체언에 붙어, 사물을 열거할 때에 쓰이는 접속 조사. ¶곳간에는 옥수수~ 조~ 수수~ 곡식이 가득하다. ▷이니.

-니³ 어미 모음이나 ㄹ 받침으로 끝나는 어간, 또는 이미 '-시-', '-았/었-', '-오-'의 아래에 붙는 연결 어미. ①뒤에 오는 말의 원인이나 근거를 나타냄. ㈜-니까. ¶너는 학생이~ 공부만 열심히 하면 된다. ②앞의 사실과 관련하여 다음 사실로 나아가게 함. ¶그 산은 가장 빼어난 산이~ 이름하여 금강산이라. ▷-더니·-으니.

-니⁴ 어미 '이다'나 용언의 어간, 또는 어미 '-시-', '-았/었-', '-겠-'의 아래에 붙어, '해라' 할 상대에게 묻는 뜻을 나타내는 종결 어미. ¶학교에서 가~? 누~?

-니⁵ 어미 '이다' 또는 모음이나 ㄹ 받침으로 끝나는 형용사의 어간, 또는 어미 '-시-' 아래에 붙어, '하게' 할 상대에게 명백한 사실이나 이치가 으레 그러함을 나타내어 말할 때에 쓰이는 종결 어미. ¶성실이야말로 우리가 지켜야 할 덕목이~. ▷-느니·-으니.

-니⁶ 어미 '이다' 또는 모음이나 ㄹ 받침으로 끝나는 형용사의 어간에 붙어, 이렇기도 하고 저렇기도 함을 나타내는 연결 어미. ¶음식이 짜~ 다~ 투정을 부리다. ▷-느니·-으니.

니그로(Negro) 명 아프리카에 사는 검은 피부의 토착민. 또는, 여타의 지역에서 사는 그들의 후예. 입술이 두툼하고 코가 편평하며 곱슬머리임. ㈜흑인.

니글거리다/-대다 통자 (속이) 자꾸 메스꺼워 토할 것 같은 느낌이 들다. ¶기름진 음식을 먹었더니 속이 **니글거린다**.

니글-니글[-리-] 부 니글거리는 모양. **니글니글-하다** 통자여

-니까 [어미] **1** 모음이나 'ㄹ' 받침으로 끝나는 어간, 또는 어미 '-시-', '-오-'의 아래에 붙는 연결 어미. 뒤에 오는 말의 원인이나 근거를 나타냄. ¶날이 따뜻하우~ 출린다. **2** 모음이나 'ㄹ' 받침으로 끝나는 동사의 어간, 또는 어미 '-시-' 아래에 붙어, 앞에 오는 행위의 결과로 뒤에 오는 일을 경험하거나 발견함을 나타내는 연결 어미. ¶아침에 일어나 보~ 눈이 내렸어요. ▷-으니까.

니나노 Ⅰ [감] **1** 흔히 술집에서 젓가락 장단을 치면서 부르는 노랫가락이나 대중가요. **2** 술집에서 시중드는 여자를 속되게 이르는 말.
Ⅱ [감] 경기 민요 늴리리야와 태평가 등의 후렴구에 나오는 소리.

니나놋-집[ー노찝/ー놑찝] [명] 접대부의 시중을 받으면서 젓가락 장단에 맞춰 노래를 부르며 술을 마실 수 있는 집.

-니라 [어미] '이다' 또는 모음이나 'ㄹ' 받침으로 끝나는 형용사의 어간, 또는 어미 '-시-' 아래에 붙어, '해라' 할 상대에게 명백한 사실이나 이치가 으레 그러함을 나타내어 말할 때 쓰이는 종결 어미. ¶참는 게 이기는 것이~. ▷-느니라·-으니라.

니르바나(ⓢnirvāṇa) [명][불] =열반1.
-니만치 [어미] =니만큼.
-니만큼 [어미] '이다' 또는 모음이나 'ㄹ' 받침으로 끝나는 형용사의 어간, 또는 어미 '-시-', '-오-'의 아래에 붙어, 원인이나 근거가 됨을 나타내는 연결 어미. ≒-니만치. ¶배가 고프~ 먹고 시작하자. ▷-느니만큼·-으니만큼.

니스(ⓢㄷㅅ) [명] [<varnish] [화] =바니시(varnish).
니아메(Niamey) [명] [지] 니제르의 수도.
니오브(ⓢNiob) [명] [화] 회백색의 금속 원소. 원소 기호 Nb, 원자 번호 41, 원자량 92.906. 잘 늘어나고 퍼지며, 내열 합금이나 초전도(超傳導) 재료 등에 씀.

니은 [명] 한글 자모의 둘째 글자. 'ㄴ'의 이름. 혀끝을 윗잇몸에 붙였다가 떼면서 날숨을 콧구멍으로 나오게 하여 코 안의 울림을 일으키는 유성음. 받침으로 그칠 때는 혀끝을 떼지 않음.

니제르(Niger) [명][지] 아프리카 서부의 사하라 사막 남부에 있는 공화국. 수도는 니아메.
니체, 프리드리히 빌헬름(Nietzsche, Friedrich Wilhelm) [명][인] 독일의 철학자·시인(1844~1900).
니카라과(Nicaragua) [명][지] 중앙아메리카 중부에 있는 공화국. 수도는 마나과.
니커보커스(knickerbockers) [명] 무릎 근처에서 졸라매게 되어 있고 품이 넉넉한 활동적인 바지.
니케(Nike) [명][신화] 그리스 신화에 나오는 승리의 여신. 날개가 있고 종려나무의 가지와 방패, 월계관을 가짐. 로마 신화의 '빅토리아'에 해당함. 영어명으로는 나이키.
니켈(nickel) [명][화] 은백색의 광택이 있는 금속 원소. 원소 기호 Ni, 원자 번호 28, 원자량 58.69. 강자성(強磁性)을 나타내며, 합금·도금·촉매 등으로 쓰임.

니코시아(Nicosia) [명][지] 키프로스의 수도.
니코틴(nicotine) [명][화] 담뱃잎에 들어 있는 알칼로이드의 하나. 독성이 강하고 자극적인 냄새와 맛이 있음. 농업용 살충제로 쓰임.
니코틴-산(nicotine酸) [명][화] 수용성 비타민 B 복합체의 하나. 간·고기·밀 따위에 들어 있으며, 펠라그라병의 예방과 치료에 쓰임.
니콜라이 이:세(Nikolai 二世) [명][인] 제정 러시아 최후의 황제(1868~1918).
니콜^프리즘(Nicol prism) [명] 방해석의 복굴절(複屈折)을 이용하여 만든 편광 프리즘.
니크롬(Nichrome) [명][화] 니켈과 크롬을 주성분으로 하는 합금. 전열선·저항기 등에 쓰임.
니크롬-선(Nichrome線) [명][물] 니켈과 크롬의 합금으로 만든 금속선. 전열기용 저항선으로 쓰임.
니트(knit) [명] 뜨개질하여 만들거나 뜨개질과 같은 방식으로 기계로 짠 옷이나 천. ⓑ편물.
니트로-글리세린(nitroglycerin) [명][화] 글리세린의 질산에스테르. 폭발성이 강하여 다이너마이트의 원료로 쓰임.
니트-웨어(knitwear) [명] 뜨개질하여 만들거나 뜨개질과 같은 방식으로 기계로 짠 옷. 신축성과 보온성이 좋음.
니퍼(nipper) [명] 전선을 자를 때 쓰는, 펜치 비슷하게 생긴 공구.
니힐리스트(nihilist) [명] =허무주의자.
니힐리즘(nihilism) [명] =허무주의.
닉네임(nickname) [명] '별명(別名)'으로 순화. ¶우리 선생님의 ~은 호랑이다.
닉슨, 리처드 밀하우스(Nixon, Richard Milhous) [명][인] 미국의 제37대 대통령(1913~1994).
닐리리 [부] '늴리리'의 잘못.
님[1] [명] '임'의 잘못.
님[2] [의존] ⟨사람의 성명 다음에 붙여⟩ 그 사람을 높이는 뜻을 나타내는 말. ¶주시경~.
-님[3] [접미] **1** 사람의 직책이나 직위, 또는 친족 관계를 나타내거나 초월적 존재를 나타내는 명사 뒤에 붙어, 그를 직접 부르거나 문장 속에서 언급할 때 높이는 뜻을 나타내는 말. ¶사장~/부모~/하느~. **2** 동물이나 사물 등을 나타내는 명사 뒤에 붙어, 그 대상을 의인화하여 높이는 뜻을 나타내는 말. ¶해~/사자~.
님비(NIMBY) [명] [not in my backyard(내 뒷마당에서는 안 된다는 뜻)] 쓰레기장이나 핵폐기물, 원자력 발전소 등을 자기가 사는 지역에는 세울 수 없다고 주장하는 이기적이고 자기중심적인 태도.
님프(nymph) [명][신화] 그리스 신화에 나오는 자연계의 정령(精靈). 산·강·나무 등에 살며, 젊고 아름다운 여자의 모습으로 나타남.
닢[닙] [명][의존] **1** 동전·엽전 등의 낱개를 세는 말. ¶동전 한 ~. **2** 가마니·멍석 등의 낱개를 세는 말. ¶가마니 한 ~.

ㄷ →디귿.
ㄷ‿불규칙^용언(-不規則用言) 몡[언] →디귿 불규칙 용언.
ㄷ‿불규칙^활용(-不規則活用) 몡[언] →디귿 불규칙 활용.
ㄷ자-집(-字-) 몡[건] →디귿자집.
다¹ 몡[음] 서양 음악의 7음 음계에서 첫째 음이름. 영어로는 시(C), 이탈리아 어로는 도(do).
다² Ⅰ 閂 1 일정한 범위나 영역 안에 있는 대상을 모두 포함함을 이르는 말. ¶조건을 ~ 갖추었다. 2 일의 진행이나 과정이 마지막 단계나 상태에 이르렀음을 가리키는 말. ¶키가 ~ 자라다. 3 언짢거나 놀랍거나 의외적인 상황을 나타내는 말에 쓰여, 그 서술어를 더욱 강조하는 말. ¶뭐 이런 게 ~ 있어? 4 과거형의 동사 앞에 쓰여, 실현될 수 없게 된 미래의 사실을 반어적으로 강조하는 말. ¶추천 선수가 부상당했으니 경기는 ~ 이겼다.
Ⅱ 1 일정한 범위나 영역 안에 있는 대상의 전체. ¶내가 가진 건 이게 ~ 다. 2 더할 나위 없는 최고·최상의 것. ¶얼굴만 예쁘면 ~ 냐?
[다 된 죽에 코 풀기] ㉠거의 다 된 일을 망쳐 버리는 주책없는 행동을 이르는 말. ㉡다 된 남의 일을 악랄한 방법으로 망침을 이르는 말.
다³ 㑳 '다가'의 준말. ¶거기 ~ 놓으시오.
다⁴ 㑳 모음으로 끝나는 체언에 붙어, 사물을 열거할 때 쓰는 접속 조사. ¶사과 ~ 배 ~ 무엇이든.
-다⁵ 어미 1 활용어의 기본형을 나타내는 어미. ¶좋~ / 읽~. 2 형용사나 '이다', '있다'의 어간, 또는 어미 '-시-', '-았/었-', '-겠-'의 아래에 붙어, '해라'할 상대에게 사건이나 사실을 서술하는 뜻을 나타내는 종결 어미. ¶하늘이 맑~. 3 주로 동사의 어간이나 어미 '-시-' 아래에 붙어, 일기문이나 신문 기사의 제목 따위에서 과거의 행위를 간략하게 진술하는 데 쓰는 종결 어미. ¶한국 축구, 월드컵 티켓을 따~. 4 '-다가'의 준말. ¶일하~ 쓰러지다.
다-⁶ 어미 接頭 일부 명사 앞에 붙어, '여러', '많은'의 뜻을 나타내는 말. ¶~용도 / ~수확.
다가¹ 閂 부사격 조사 '에', '에게', '한테', '로/으로' 뒤에 붙어, 그 뜻을 뚜렷하게 하는 보조사. ¶누구한테 ~ 하소연할꼬? 준다.
-다가² 어미 1 계속되던 상태나 동작이 그치고 다른 것으로 넘어감을 나타내는 연결 어미. ¶울~ 잠이 들었다. 2 어떤 동작이 다른 일의 근거가 됨을 나타내는 연결 어미. ¶연필을 깎~ 손을 베었다. 3 '…~'의 꼴로 어간에 붙어, 두 가지 이상의 사실이 번갈아 일어남을 나타내는 연결 어미. ¶하늘이 맑았~ 흐렸~ 한다. 준-다.

다가-가다 동재[거리] <~가거라> (어떤 대상이 있는 쪽으로) 가깝게 접근하다. ¶아이는 잠자리를 향해 살금살금 다가갔다.
다가구^주:택(多家口住宅) 몡 4층 이하의 동당(棟當) 건축 연면적이 660m² 이하에 건물 안에 여러 가구가 독립적인 공간을 차지할 수 있되, 소유권은 분할되지 않는 주택. ㄷ다세대 주택.
다가-들다 동재 <~드니, ~드오> 1 (어떤 대상이 있는 쪽으로) 더 가까이 접근하다. 2 맞서서 덤벼들다.
다가-붙다 [-분따] 동재 (어떤 대상이 있는 쪽으로) 더 가까이 붙다. ¶미행자가 바짝 ~.
다가-서다 동재 (어떤 대상이 있는 쪽으로) 더 가까이 옮겨 서다. ¶그의 곁으로 한 걸음 ~.
다가-앉다 [-안따] 동재 (어떤 대상이 있는 쪽으로) 더 가까이 옮겨 앉다. ¶내 곁으로 바싹 다가앉아라.
다가-오다 동재 <~오너라> 1 (어떤 대상이 있는 쪽으로) 더 가까이 옮겨 오다. ¶그는 내게로 다가오며 말을 걸었다. 2 (시일이) 가까이 닥쳐오다. ¶시험 날짜가 하루 앞으로 다가왔다.
다각도-로(多角度-) [-또-] 閂 여러 가지 관점이나 방법으로. ㄷ여러모로. ¶문학 작품을 ~ 연구하다.
다각-적(多角的) [-쩍] 관몡 여러 방면이나 부문에 걸친 (것). ¶해결 방도를 ~으로 강구하다.
다각-형(多角形) [-가켱] 몡[수] 셋 이상의 선분으로 둘러싸인 평면 도형.
다각-화(多角化) [-가콰] 몡 여러 방면이나 분야에 걸치도록 하는 것. 또는, 여러 방면이나 분야에 걸치게 하는 것. ¶경영의 ~를 도모하다. 다각화-하다 재해외 시장을 ~.
-다간 '-다가'에 보조사 '-는'이 줄어서 합쳐진 말. ¶그렇게 급히 먹~ 배탈 나지.
다-갈색(茶褐色) [-쌕] 몡 검은빛을 띤 갈색.
다감-하다(多感-) 혱 감정이 풍부하여 어떤 일에 감동하기 쉽다.
-다고¹ 어미 형용사나 '있다'의 어간, 또는 어미 '-시-', '-았/었-', '-겠-'의 아래에 붙는 종결 어미. 1 '해'할 상대에게 반문할 경우에 쓰임. ¶벌써 떠났~? 2 잘못 인식하였음을 깨달았을 때 쓰임. ¶난 또 네가 했~. ▷-ㄴ다고·-는다고.
-다고² 어미 형용사나 '있다'의 어간, 또는 어미 '-시-', '-았/었-', '-겠-'의 아래에 붙어, 앞의 말이 뒤에 오는 말의 원인이나 근거가 됨을 나타내는 연결 어미. ¶날 어리~ 얕보지 마. ▷-ㄴ다고·-는다고.
다공-질(多孔質) 몡 다수의 미세한 구멍을 갖는 물질.
다과(多寡) 몡 수효의 많고 적은 것. ㄷ다소.
다과²(茶菓) 몡 차(茶)와 과자. ¶손님에게 ~를 대접하다.
다과-회(茶菓會) [-회/-훼] 몡 차와 과자

다구(茶具) 명 =차제구(茶製具).
다국적-군(多國籍軍) [-쩍꾼] 여러 나라의 국적을 가진 군인들로 이뤄진 군대.
다국적^기업(多國籍企業) [-쩍끼-] 명 여러 나라에 걸쳐, 현지 국적을 얻은 제조 공장과 판매 회사를 거느리는 대기업.
다그다 타 〈다그니, 다가〉 **1** (물건 따위를) 어떤 방향으로 가까이 옮기다. ¶의자를 창가에 ~ 놓다. **2** (시간이나 날짜를) 예정보다 앞당기다. ¶공사 완료 날짜를 ~.
다그-치다 동(자)(타) **1** (어떤 일을) 빨리하도록 몰아치다. 또는, (누구에게 또는 누구를) 빨리 하도록 몰아서다. ¶일을 ~. **2** (누구를) 어떤 잘못이나 문제에 대해 추궁하다. ¶그는 왜 그랬느냐면서 아들을 **다그쳤**다.
다극화 시대(多極化時代) [-그과-] 명 일본, 서유럽, 제삼 세계의 등장으로 미국·소련 중심의 양국 체제에서 벗어나 중심 세력이 다원화된 시대.
다급-하다(多急-)[-그파-] 형여 (해야 할 일이) 바로 앞에 닥쳐 있어 몹시 급하다. ¶긴급하다·절박하다. ¶**다급한** 용무.
다급-히 뛰어나가다.
다기(茶器) 명 =차제구(茶製具).
다기-능(多技能) 명 기능이 많은 것. ¶~ 컴퓨터.
다기-지다(多氣-) 형 보기보다 마음이 굳고 야무지다. ¶그는 키는 작아도 ~.
다꾸앙(←田澤庵/たくあん) 명 '단무지'로 순화.
-다나 어미 형용사나 '있다'의 어간, 또는 어미 '-시-', '-았/었-', '-겠-'의 아래에 붙어, 어떤 사실을 좀 무관심하거나 조금 빈정거리는 태도로 전달할 때 반말 투로 이르는 종결 어미. ¶자기가 1등을 했~. ▷ -ㄴ다나··는다나··-라나.
다나에(Danae) 명 [신화] 그리스 신화에 나오는 여신. 제우스와의 사이에 페르세우스를 낳음.
다난-하다(多難-) 형여 시련과 고난이 많다.
-다네 어미 형용사나 '있다'의 어간, 또는 어미 '-시-', '-았/었-', '-겠-'의 아래에 붙는 종결 어미. **1** 어떤 사실을 가볍게 감탄하여 이를 때 쓰임. **2** '하게' 할 상대에게 화자가 알고 있는 사실을 가볍게 주장할 때 쓰임. ¶이 약은 관절염에 효험이 있~. ▷ -ㄴ다네··는다네··-라네.
다녀-가다 자(타) 거리 〈-가거라〉 (사람이 어느 곳에, 또는 어느 곳을) 왔다가 돌아가다. ¶방금 네 친구가 **다녀갔**다.
다녀-오다 동(자)(타) 너라 〈-오너라〉 (사람이 어느 곳에, 또는 어느 곳을) 갔다가 돌아오다. ¶학교에 **다녀오겠**습니다.
다년(多年) 명 여러 해. ¶~에 걸치는 공사. Ⅱ샛 '다년간Ⅱ'의 준말.
다년-간(多年間) Ⅰ 명 여러 해 동안. ¶~의 노력으로 결실을 ~. Ⅱ 뛰 여러 해 동안에. ¶~ 심혈을 기울인 작품.
다년-생(多年生) 명 [식] =여러해살이. ↔일년생.
다년-초(多年草) 명 [식] =여러해살이풀.
다년호(大*年號) 명 ['大'의 본음은 '대'] [역] =연호(年號)¹.
다뉴브 강(Danube江) 명 [지] 유럽의 남동부를 동서로 흐르는 강. 길이 2,860km. 독일어명은 도나우 강.
-다느니 어미 형용사나 '있다'의 어간, 또는 어미 '-시-', '-았/었-', '-겠-'의 아래에 붙어, 이러하다 하기도 하고 저러하다 하기도 함을 나타내는 연결 어미. ¶좋~·나쁘~ 야단들이다. ▷ -ㄴ다느니··-는다느니.
-다니¹ 어미 용언의 어간이나 어미 '-시-', '-았/었-', '-겠-'의 아래에 붙어, '해할' 상대에게 쓰이거나 혼잣말에 쓰여, 어떤 사실을 깨달으면서 놀람, 감탄, 분개 따위의 감정을 나타내는 종결 어미. ¶그런 녀석을 친구라고 믿~, 내가 어리석었지.
-다니² 어미 형용사나 '있다'의 어간, 또는 어미 '-시-', '-았/었-', '-겠-'의 아래에 붙어, '해라' 할 상대에게 어떤 사실에 대해 의문을 나타내는 종결 어미. ¶벌써 떠날 시간인데 아직도 방에 있~? ▷ -ㄴ다니··-는다니.
-다니까 어미 형용사나 '있다'의 어간, 또는 어미 '-시-', '-았/었-', '-겠-'의 아래에 붙어, '해' 할 상대에게 쓰이거나 혼잣말에 쓰여, 어떤 사실을 모르거나 의심하는 상대방을 다그쳐 깨우쳐 주는 듯한 나타내는 종결 어미. ¶내가 한 말이 맞~. ▷ -ㄴ다니까··-는다니까.
다니다 통 재 **1** (사람이나 동물, 자동차 등이) 지나가다 지나오다 하다. ¶차가 **다니**는 큰길. **2** (비행기·배·기차·버스 등이) 노선에 따라 통행하다. ¶이 구간에는 **다니**는 버스가 없다. **3** (사람이 어떤 곳에) 볼일을 보거나 직업상 늘 또는 일정 기간 갔다 오다. ¶회사에 ~. **4** (사람이 어떤 곳에) 곧 돌아올 생각으로 가다. ¶시골에 **다니러** 가다. Ⅱ 타 **1** (사람이나 동물, 자동차 등이 어떤 곳을) 지나가고 지나오고 하다. ¶사람이 어쨌나 많은지 길을 **다닐** 수가 없다. **2** (탈것이 어떤 곳을) 노선에 따라 통행하다. ¶구파발에서 양재동 사이를 **다니**는 전철. **3** (사람이 어떤 곳을) 볼일을 보거나 직업상 늘 또는 일정 기간 갔다 오다. ¶병원에 ~. **4** (동작성을 나타내는 일부 명사를 목적어로 하여) (사람이 그 명사가 나타내는 동작을) 하기 위하여 어느 곳에 갔다 오는 행동을 되풀이하다. ¶등산을 ~.
다니엘-서(Daniel書) 명 [성] 구약 성서 중의 한 권.
다-님 명 '달'의 아어(雅語).
다다기-오이 명 [식] 눈마다 열리는 오이.
다다르다 동 재 〈다다르니, 다다라〉 **1** (사람이나 탈것이 목적한 곳에) 가서 닿다. ⒝ 이르다·도착하다·당도하다. ¶우리는 밤늦게야 목적지에 **다다랐**다. **2** (어떤 일이 목표나 마지막 단계에) 진행되어 가 닿다. ⒝ 도달하다. ¶수출이 목표량에 ~.
다다미(←畳/たたみ) 명 마루방에 까는 일본식 돗자리.
다다미-방(←畳/たたみ 房) 명 다다미를 깐 방.
다다이스트(dadaist) 명 다다이즘을 신봉하는 사람.
다다이즘(dadaism) 명 [예] 1920년대 유럽과 미국에서 성행한 미술·문예 운동. 사회적·예술적 전통을 부정하고 반이성(反理性)·반도덕·반예술을 표방하였음.
다다-익선(多多益善) [-썬] [중국 한(漢) 나라의 장수 한신이 고조(高祖)는 10

만 정도의 병사를 지휘할 수 있는 그릇이지만, 자신은 병사의 수가 많을수록 잘 지휘할 수 있다고 한 고사에서] 많으면 많을수록 더욱 좋음.

다닥-다닥[-따-] [부] **1** 여러 물체가 여유가 없이 아주 가까이 붙어 있는 모양. ¶판잣집이 ~ 붙어 있는 달동네. **2** 여기저기 흉하게 기운 모양. [큰]더덕더덕. [센]따닥따닥. **다닥다닥-하다** [형][여]

다-단계(多段階)[-계/-게] [명] 여러 단계. ¶유럽 국가들의 ~ 통합안.

다단계^판매(多段階販賣)[-계-/-게-] [명][경] 소비자를 판매원으로 가입시키고 그 판매원이 다시 다른 소비자를 판매원으로 가입시킴으로써 판매 유통망을 피라미드식으로 확대해 가는 판매 방식.

다단-식(多段式) [명] 여러 단계나 부분으로 나누어 하는 방식. ¶~ 펌프[로켓].

다달-이 [부] 달마다. [비]매달·매월. ¶~ 관리비를 내다. ×달달이.

다담-상(茶啖床)[-쌍] [명] 손님 대접으로 음식을 차린 상.

다당-류(多糖類)[-뉴] [명][화] 두 분자 이상의 단당류가 결합하여 큰 분자를 이루고 있는 당류. 녹말·글리코겐 따위.

다대기(←[일]叩き/たたき) [명] 얼큰한 맛을 내는 양념의 하나. 끓는 간장이나 소금물에 마늘·생강 따위를 다져 넣고 고춧가루를 뿌려 끓인 다음, 기름을 쳐서 볶아 만든 것임. '다진 양념'으로 순화.

다대-하다(多大-) [형][여] 많고도 크다. ¶교육 발전에 **다대한** 공헌을 하다.

다도(茶道) [명] 차를 달여 손님에게 권하거나 마실 때의 예의범절.

다독(多讀) [명] (글이나 책을) 많이 읽는 것. ▷숙독. **다독-하다** [동][타][여]

다독-거리다/-대다[-꺼(때)-] [동][타] **1** (흩어지기 쉬운 물건을) 가볍게 자꾸 두드려 누르다. **2** 어린아이의 몸을 가볍게 계속 두드리다. ¶아이를 **다독거려** 재우다. **3** 남의 약한 점을 감싸거나 용기 따위를 자꾸 북돋워 주다. ¶대학에 떨어진 아들을 **다독거리는** 아버지.

다독-다독[-따-] [부] 다독거리는 모양. ¶아이를 ~ 두드리며 달래다. **다독다독-하다** [동][타][여]

다독-이다 [동][타] **1** (흩어지기 쉬운 물건을) 가볍게 두드려 누르다. **2** 아기를 재우거나 귀여워할 때 아기의 몸을 가볍게 두드리다. **3** 남의 약점을 감싸거나 용기 따위를 북돋워 주다.

다-되다[-되-/-뒈-] [형] (어떤 대상이) 그 기능·역할·수명·활력 등이 다 끝난 상태가 되다. ¶건전지의 수명이 ~.

다듬다[-따] [동][타] **1** (사람이 울퉁불퉁하거나 삐죽삐죽하거나 거칠거칠한 상태의 물체나 물건을) 손이나 도구로 매만져서 맵시가 나게 하거나 고른 상태가 되게 하다. [비]매만지다. ¶손톱을 ~. **2** (새나 짐승이 깃이나 털을) 주둥이나 혀 등으로 고르게 하다. ¶부리로 깃을 **다듬는** 백로. **3** (사람의 얼굴이나 외모를) 아름답게 꾸미다. ¶**다듬으면** 쓸 만한 얼굴이 되겠는걸. **4** (푸성귀 따위를) 필요 없거나 상한 부분을 떼어 없애 먹기에 알맞은 상태로 만들다. ¶배추를 ~. **5** (이미 쓴 글을) 더 좋은 글이 되도록 덧붙여 쓰거나 짜임새 있게 바로잡아 고치다. ¶원고를 ~. **6** (옷감 따위를) 구김살이 펴지도록 방망이로 두드려 반드럽게 하다. ¶모시를 ~.

다듬-이 [명] '다듬이질'의 준말. ¶~ 소리.

다듬이-질 [명] 옷감 따위를 구김살을 펴거나 반드럽게 하기 위하여 다듬잇방망이로 두드리는 일. [준]다듬이·다듬질. **다듬이질-하다** [동][타][여]

다듬잇-돌[-이똘/-읻똘] [명] 다듬이질할 때 밑에 받치는 돌.

다듬잇-방망이[-이빵-/-읻빵-] [명] 다듬이질할 때 쓰는 나무 방망이.

다듬-질 [명] **1** 새기거나 만든 물건을 마지막으로 매만져 다듬는 일. **2** '다듬이질'의 준말. **다듬질-하다** [동][타][여]

다라니(陀羅尼) [명] [<[범]dhāraṇī] [불] 신비적 힘을 가진 것으로 믿어지는 주문(呪文). 대부분 산스크리트 문장을 번역하지 않고 그대로 외움. =진언(眞言).

다라이([일]盥/たらい) [명] 고무·금속 등으로 만든, 둥글넓적하고 아가리가 넓게 벌어진 그릇.

다|라지다 [형] (사람됨이) 겁이 없고 야무지다. ¶안차고 ~.

다락 [명][건] 한옥에서, 부엌 천장과 지붕 사이에 물건을 보관할 수 있게 꾸며 놓은 공간.

다락-같다[-깓따] [형] (물건 값이) 매우 비싸다. **다락같-이** [부] ¶~ 치솟는 물가.

다락-방(-房)[-빵] [명] 다락을 거처하기 좋게 꾸민 방.

다람-쥐 [명][동] 쥐와 비슷하나 털이 적갈색이며, 등에 5개의 검은 줄이 있는 작은 포유동물. 산에서 사는데, 나무를 잘 타며 도토리·밤 따위를 먹음.

[**다람쥐 쳇바퀴 돌듯**] 변화나 발전이 없이 항상 똑같은 일만 계속하는 것을 이르는 말.

다|랍다[-따] [형][ㅂ] 〈다라우니, 다라워〉 아니꼽게 느낄 정도로 인색하다.

다랑어 [명][동] =참다랑어.

다랑-이 [명] 비탈진 산골짜기에 있는 층층으로 된 좁고 작은 논배미.

-다랗다[-라타] [접미] 주로 크기와 관계가 있는 형용사의 어간에 붙어, 그 상태나 정도가 꽤 또는 퍽 크거나 심함을 나타내는 말. ¶높~ / 기~. [준]-닿다.

다래 [명] **1** 다래나무의 열매. 모양은 대추 비슷하고 맛이 닮. **2** 아직 피지 않은 목화(木花)의 열매.

다래끼¹ [명] 아가리가 좁고 바닥이 넓은 작은 바구니. 대·싸리·칡덩굴 따위로 만듦.

다래끼² [명][의] 눈시울에 나는 작은 부스럼.

다래-나무 [명][식] 깊은 산 속에서 덩굴을 뻗으며 자라며, '다래'라고 하는 열매가 열리는 나무. 열매는 가을에 황록색으로 익으며, 식용하거나 약용함.

다량(多量) [명] 많은 분량. ¶시금치에는 비타민이 ~ 함유되어 있다. ↔소량(少量).

다롄(大連) [명][지] 중국 북동부의 항만 도시.

다루다 [동][타] **1** (기계나 기구를) 용도에 따라 움직이거나 부리다. ¶악기를 ~. **2** (사람이나 부서·단체·업체 등이 어떤 일을) 맡아 처리하다. ¶외환 업무를 **다루는** 부서. **3** (어떤 일이나 문제를) 작품이나 기사, 연구 등의 소재나 대상으로 삼다. ¶경제 문제를 특집 기사로 ~. **4** (사람을) 거느려 부리거나 상대하다. ¶아랫사람을 잘 ~. **5** (가죽 따위를) 매만져서 부드럽게 만들다. ¶사슴 가죽을 ~.
다르다 형〈다르니, 달라〉**1** 같지 않다. ¶난 너와 달라. ↔같다. **2** 보통의 것보다 표 나는 데가 있다. ¶교육자는 역시 ~. ×틀리다.
　다름(이) 아니라 '다른 까닭이 있는 게 아니라'의 뜻으로 쓰이는 말. ¶너를 부른 건 ~ 긴히 할 말이 있기 때문이야.
　다름 아닌 다른 어떤 것이 아니라 바로. ¶범인은 ~ 바로 그녀의 남편이었다.
다르르 부 '드르르'의 작은말. 쎈따르르.
다르에스살람(Dar es Salaam) 명[지] 탄자니아의 수도.
다른 관 어떤 것 이외의. 어떤 것의 존재가 문맥에 명시적으로 나타나기도 하고 암시적으로 나타나기도 함. =딴. ¶그는 아내 외에 ~ 여자는 거들떠보지도 않는다.
다름-없다[-업따] 형 (비교할 대상이 다른 것however)비교해 보아 다른 점이 없다. ¶이 물건은 진짜와 ~. **다름없-이** 부 ¶그들 행제나 ~ 지낸다.
다리¹ 명 **1** 사람의 몸통 아래인 배와 엉덩이에 두 가닥으로 길게 이어져 서거나 걷거나 달리는 일을 하는 기관. =하지(下肢). ¶~가 늘씬한 팔등신 미인. **2** 짐승·새·곤충 및 기타 벌레의 몸 아래 비교적 가늘고 길게 이어져 몸을 지탱하거나 땅 위를 다니는 등의 일을 하는 기관. **3** 오징어나 문어와 같은 동물의 머리에 여러 개 달려 있어, 헤엄을 치거나 먹이를 잡거나 촉각을 가지는 기관. 비발. **4** 책상의 아래에 붙어 그것을 받치는 부분. ¶책상 ~. **5** 안경과 연결되어 귀에 걸게 된 기다란 부분. ¶안경 ~.
　다리(를) 뻗고 자다 걱정이 없어져 편히 잘 수 있게 되다. 또는, 그렇게 편히 지내다.
다리² 명 **1** 강이나 내, 또는 어떤 공간의 위로 건너다닐 수 있도록 만든 시설물. 비교량. ¶돌~ / 징검~. **2** 중간에 거쳐야 할 단계 또는 과정. ¶몇 ~ 거치다. **3** 어떤 사람이 두 대상 사이에 인연이나 관계를 맺도록 해 주는 일.
　다리(를) 놓다 사람과 사람 사이에 관계를 갖게 하다. ¶중매쟁이가 두 사람 사이에 ~.
다리³ 명 예전에, 여자가 머리숱을 많아 보이게 하기 위하여 덧넣었던 딴머리.
-다리⁴ 접미 어떤 속성의 사람·사물 등을 홀하게 나타내는 말. ¶키~ / 구두~.
다리다 통(타) (옷·천 등을 다리미로) 눌러 문지름으로써 구김살을 펴다.
다리-몽둥이 명 '다리'을 비속하게 이르는 말. ¶가다 그곳에 가는 날엔 ~가 부러질 줄 알아라.
다리미 명 옷이나 천 등의 구김살을 문질러 펴는 데 쓰는, 바닥을 쇠붙이 등으로 판판하게 만들어 전기나 숯불로 뜨겁게 달굴 수 있게 만든 도구. ¶전기~.
다리미-질 명 다리미로 옷이나 천을 다리는 일. 춘다림질. **다리미질-하다**.
다리미-판(-板) 명 다림질할 때 밑에 받치거나 까는 판.
다리-밝기[-밝끼] 명[민] 지난날, 민간에서 정월 대보름 밤에 다리[橋]를 밟으면 다리[脚]에 병이 생기지 않고 그해에 재앙을 면할 수 있다 하여 다리 위를 걸어 다니던 풍습. =답교놀이.
다리-뼈 명[생] 다리를 이루는 뼈. 대퇴골과 정강이뼈 및 종아리뼈로 이루어짐.
다리-씨름 명 두 사람이 마주 앉아서 같은 쪽 다리의 정강이가 안쪽을 서로 걸어 대고 옆으로 넘기는 놀이. =발씨름.
다리우스 일세(Darius一世) 명[인] 페르시아 제국의 왕(558?~486 B.C.).
다리^운동(-運動) 명[체] 맨손 체조의 하나. 다리를 굽혔다 폈다 하여 다리를 움직이는 운동.
다리-통 명 다리의 둘레. ¶~이 굵다.
다리-품 명 사람이 비교적 먼 거리를 가거나 올 때 다리로 걷는 데 들이는 노력이나 수고. ¶~을 팔다.
다림-질 명 '다리미질'의 준말. **다림질-하다** 통(타).
다릿-목[-린-] 명 다리가 놓여 있는 길목.
다릿-심[-리씸/-린씸] 명 다리의 힘. =각력(脚力). ¶~이 세다.
다마(옐玉·球/たま) 명 **1** '구슬'로 순화. **2** '전구'(電球)'로 순화.
다마네기(옐玉葱/たまねぎ) 명[식] '양파'로 순화.
-다마다 어미 =-고말고.
다마스쿠스(Damascus) 명[지] 시리아의 수도.
다:만 부 **1** 범위가 여러 사실 가운데, 특별히 위에 서술한 사실만이 국한됨을 나타내는 말. 비단지. ¶그는 정치가도 학자도 아니오 ~ 군인일 따름이다. **2** 앞에 서술된 일반적인 원칙이나 사실에 대하여, 예외적인 사항이나 조건을 덧붙일 때 문두(文頭)에 쓰는 말. ¶무엇을 하고 놀아도 좋다. ~ 다치지만 마라.
다망-하다(多忙-) 형(여) 매우 바쁘다.
다-매체(多媒體) 명 여러 가지의 전달 매체. ¶~ 시대.
-다며 어미 '-다면서'의 준말. ▷-ㄴ다며 / -는다며.
-다면 어미 형용사나 '있다'의 어간, 또는 어미 '-시-', '-았/었-', '-겠-'의 아래에 붙어, 어떤 사실을 가정하여 조건으로 삼는 뜻을 나타내는 연결 어미. ¶내가 너만큼 잡 쓴다면 ~ 좋겠다. ▷-ㄴ다면 / -는다면.
다면-기(多面棋) 명 한 명의 고수(高手)가 여러 명의 하수(下手)를 상대하여 동시에 여러 대국을 두는 일. ¶이창호 9단 초청 ~.
-다면서 어미 형용사나 '있다'의 어간, 또는 어미 '-시-', '-았/었-', '-겠-'의 아래에 붙어, '해' 할 상대에게 들어와서 아는 사실을 다짐하거나 빈정거려 물을 때에 쓰이는 종결 어미. ¶요즘 재미가 좋~? 춘-다며. ▷-ㄴ다면서 / -는다면서.
다면-적(多面的) 관명 여러 방면에 걸친 (것). ¶~ 외교 활동.
다면-체(多面體) 명[수] 네 개 이상의 평면 다각형으로 둘러싸인 입체.
다모(茶母) 명[사] 조선 시대에 관아에서 차를 끓이는 일을 하던 여자 종. 또는, 의금부·포도청 등에 속하여 범죄 수사에 참여하던 여자 종.
다모-작(多毛作) 명[농] 한 경작지에서 한 해에 세 번 이상 종류가 다른 작물을 경작·수확하는 일. ▷일모작·그루갈이.
다모-증(多毛症) [-쯩] 명[의] 몸에 털이 지나치게 나는 중세. 대개, 얼굴·가슴·팔·다리·음부 등에 나는 경우를 가리킴.
다-목적(多目的) [-쩍] 명 여러 가지 목

다목적^댐(多目的dam) [-쩍-] 圀 홍수의 조절, 수력 발전, 관개 및 상수·공업 수의 공급 등 여러 가지 목적을 위한 댐.

다문-다문(多聞) 閈 **1** 시간이 잦지 않게. ↔이따금. **2** 공간적으로 배지 않게. ⒷᲐ띄엄띄엄. ⒷᲐ드문드문.

다물다 图(타) 〈다무니, 다무오〉(입을) 위아래 입술을 마주 붙여서 닫다. ¶입을 꼭 ~.

다물-리다 图(자) '다물다'의 피동사. ¶하도 기가 막혀 입이 다물리지가 않는다.

다-민족(多民族) 圀 여러 민족.

다박-머리[-방-] 圀 어린아이의 다보록하고도 짧은 머리털. 또는, 그런 아이. Ⓑ더벅머리.

다반-사(茶飯事) 圀 '차를 마시고 밥을 먹는 일'이라는 뜻, 예사롭거나 늘 있거나 하는 일. ⒷᲐ항다반사. ¶그는 거짓말을 ~로 하다.

다발[1] 圀 [1](의) 꽃·푸성귀·지폐 따위의 묶음. ¶꽃~ / 돈~. [2](의존) 꽃·푸성귀·지폐 따위의 묶음을 세는 단위. ¶장미꽃 한 ~.

다발(多發) 圀 **1** (어떤 일이) 많이 발생함. ¶교통사고 ~ 지역. **2** 발동기의 수가 많음. ¶~ 비행기. **다발-하다** 图(자)(여) (어떤 일이) 많이 발생하다.

다발-성(多發性) 圀 **1** 여러 가지 일이 많이 일어나는 성질. **2** (의) 두 곳 이상의 신체 부분에 동시에 병이 발생하는 성질. ¶~ 신경염. ↔단발성.

다방(茶房) 圀 실내에 탁자와 의자를 갖추고 커피·차·우유·청량음료 등을 파는 곳. =다실. Ⓑ찻집.

다-방면(多方面) 圀 여러 방면이나 분야. ¶그는 ~에 재주가 있다.

다변-하다(多辯-) 혭(여) 말이 많다.

다변-화(多邊化) 圀 방법이나 양상이 다양하고 복잡해지는 것. 또는, 그렇게 만드는 것. **다변화-하다** 图(자)(타)(여) ¶**다변화하는** 국제 정세. **다변화-되다** 图(여)

다보록-하다[-로카-] 혭(여) **1** (풀이나 작은 나무 따위가) 탐스럽게 우거져 있다. ¶**다보록한** 잔솔포기. **2** (짧고 배게 난 수염이나 머리털이) 소담하게 많다. Ⓑ더부룩하다. **다보록-이** 閈 ~ 나 있다.

다보-탑(多寶塔) 圀(불) 다보여래의 사리를 모신 탑. 또는, 이를 근원으로 후세에 세워진 탑.

다복(多福) 圀 복이 많은 것. 또는, 그 복. **다복-하다** 혭(여) **다복한** 가정 [노인].

다부지다 혭 **1** (사람의 생김새가) 튼튼하고 강한 힘이 느껴지는 상태에 있다. ¶어깨가 딱 바라진 **다부진** 몸매. **2** (일하는 태도나 솜씨가) 굳세거나 자신감 있게 빈틈없이 해내는 상태에 있다. ¶그는 일하는 게 **다부지게** 잘한다.

다분-하다(多分-) 혭(여) (대상에 어떤 속성이나 내용이) 상당한 정도로 많다. ¶그에게는 그림에 대한 소질이 ~. **다분-히** 閈 ¶이 글은 ~ 정치성을 띠고 있다.

다비(茶毘) 圀 〈< Ⓟjhāpita〉(불)시신을 화장하는 일. **다비-하다** 图(타)(여)

다비드 자크 루이(David, Jacques Louis) 圀(인) 프랑스의 화가(1748〜1825).

다사다난-하다(多事多難-) 혭(여) 여러 가지로 일어나 어려움이 많다. ¶**다사다난했던** 한 해.

다사다망-하다(多事多忙-) 혭(여) 일이 많이 몹시 바쁘다. ¶연말이라 ~.

다사-롭다[-따] 혭(비) 〈-로우니, -로워〉 '따사롭다'의 여린말. **다사로이** 閈

다산(多産) 圀 아이 또는 새끼를 많이 낳는 것. ¶~ 모(母). **다산-하다** 图(타)(여)

다산-성(多産性) 圀 동물이 새끼나 알을 평균보다 많이 낳는 성질.

다색(茶色) 圀 **1** =갈색. **2** 차(茶)의 종류.

다선(多選) 圀 선거를 통해 어떤 직위에 세 번 이상 선출됨. ¶~ 의원.

다섯[-섣] I [수] **1** 넷에 하나를 더한 수. ▷오(五). **2** 사람이나 사물의 수량을 셀 때, 넷 다음에 해당하는 수효.
II 관 ¶~ 개 / ~ 사람.

다섯-째[-섣-] 수관 차례를 매길 때, 넷째의 다음.

다섯^음악(多聲音樂) 圀(음) 독립된 가락을 가지는 여러 개의 성부(聲部)로 이루어지는 음악. ↔단성 음악.

다-세대(多世帶) 圀 여러 세대.

다세대^주!택(多世帶住宅) 圀 공동 주택의 하나. 4층 이하로 동당(棟當) 건축 연면적이 660㎡ 이하인 건물로 여러 가구가 각기 독립적인 공간과 소유권을 가지는 주택. ▷다가구 주택.

다-세포(多細胞) 圀(생) 한 생물체가 여러 개의 세포로 이루어진 것. ¶~ 동물. ↔단세포.

다소(多少) I 圀 **1** 분량이나 정도의 많음과 적음. ⒷᲐ다과(多寡). **2** 조금이긴 하지만 어느 정도. ¶이 돈이 네게 ~나마 도움이 되었으면 한다.
II 閈 조금이긴 하지만 어느 정도로. ¶~ 희망이 있다.

다소-간(多少間) 圀閈 많든 적든 간. 또는, 얼마쯤. ¶~의 차이.

다소곳-하다[-고타-] 혭(여) **1** 고개를 좀 숙이고 말이 없다. **2** 온순한 태도가 있다. ¶어른의 말씀을 **다소곳하게** 따르다. **다소곳-이** 閈 ~ 앉아 바느질을 하다.

-다손 어미 형용사 '있다'의 어간, 또는 어미 '-시-', '-았/었-', '-겠-'의 아래에 붙어, 가정하는 뜻을 나타내는 연결 어미. 주로 '치다'와 함께 쓰임. ¶그런 일이 없었~ 치자. ▷-ㄴ다손--는다손--다손--더라손--라손.

다수(多數) 圀 많은 수. ¶절대~. ↔소수.

다수-결(多數決) 圀 회의에서 절반이 넘는 사람이 찬성하는 쪽으로 결정을 내리는 일. ¶~의 원칙.

다수-당(多數黨) 圀(정) 의회에서 의석이 많은 정당. ↔소수당.

다수^대!표제(多數代表制) 圀(정) 후보자 중, 다수의 지지를 얻은 사람을 당선자로 결정하는 선거 방법. ↔소수 대표제.

다수-파(多數派) 圀 딸려 있는 사람의 수가 많은 쪽의 파. ↔소수파.

다-수확(多收穫) 圀 많은 수확. ¶~ 품종.

다스[一 Ⓔ다스] 圀 〈< dozen〉 물품 12개를 한 묶음으로 세는 말. ⒷᲐ타(打). ¶연필 한 ~.

다스리다 图(타) **1** (권력자나 일정한 자격을 가진 사람이) 국가나 집안, 사회 등의 일을 보살피고, 구성원을 이끌어 나가다. ¶나라를 ~. **2** (죄를 지은 사람을 법으로) 처분하다. ¶가정 파괴범을 총형으로 ~. **3** (내란이나 소요 사태를) 무력을 사용하여 질서를 바로잡다. ¶군사를 보내 민란을 ~. **4** (자연을) 일정한 목적과 의도에 따라 인간의 생활에 도움이 되는 상태로 만들다. ¶에로부터 물을 잘 **다스리는** 임금은 명군으로 추앙되어왔다. **5** (사람의 병을) 약을 먹거나 기타의 치료 수단으로 낫게 하다. ¶병을 ~.

다슬기 〔동〕 냇물이나 호수의 바위 틈에 사는 고둥. 껍데기는 황갈색이나 흑갈색으로, 높이 3cm, 지름 1cm가량임. 삶아서 살을 빼어 먹음.

다습-하다 (多濕)—[스파—] 〔형〕〔여〕 습기가 많다. ¶고온 **다습한** 기후.

다승 (多勝) 〔체〕 야구에서, 어떤 투수가 한 시즌에서 승리를 가장 많이 함. ¶~왕.

다시¹ 〔부〕 이전에 한 행동을 되풀이함을 나타내는 말. ¶왔던 길을 ~ 가다 **2** 하다가 중단된 행동을 이어서 계속하거나 이전과 달라졌던 상태가 예전의 상태대로 됨을 나타내는 말. ¶건강을 ~ 찾다.

다시² (@だし) 〔명〕 '맛국물'로 순화.

다시-금 〔부〕 '다시'의 힘줌말. ¶부모의 은혜를 ~ 느끼다.

다시다 〔동〕〔타〕 **1** (주로, '입', '입맛' 등을 목적어로 하여) (입을) 아무것도 먹지 않으면서 음식을 먹을 때처럼 쩝쩝 소리를 내며 벌렸다 닫았다 하다. ¶남이 먹는 것 보고 입맛만 ~. **2** (주로, '무엇', '아무 것' 등을 목적어로 하여) 약간이나마 먹다. ¶뭘 좀 **다실** 것이라도 다오.

다시마 〔명〕〔식〕 몸은 길쭉한 띠 모양으로, 쭈글쭈글한 주름이 있는 갈색으로 해조(海藻). 식용하며, 요오드의 원료가 됨.

다시마-부각 〔명〕 다시마에 찹쌀 풀을 발라 말린 뒤 기름에 튀긴 반찬.

다시-없다 [—업따] 〔형〕 그 이상 더 나은 것이 없다. ¶**다시없는** 영광. **다시없-이** 〔부〕

-다시피 〔어미〕 동사나 '있다', '없다'의 어간, 또는 어미 '-시-', '-았/었-'의 아래에 붙어, **1** 상대가 어떤 사실을 주지하고 있음을 뒤에 하려는 말의 전제로 삼고자 할 때 쓰는 연결 어미. '-하는 바와 같이'의 뜻. ¶너도 알 ~ 내가 무슨 돈이 있겠니. **2** 어떤 사실에 거의 가까움을 뜻하는 연결 어미. ¶도서관에서 살 ~ 하다.

다식 (茶食) 〔명〕 우리나라 고유 과자의 하나. 밤·송화·콩·쌀 등의 가루를 엿이나 꿀에 반죽하여 다식판에 박아 냄.

다식-판 (茶食板) 〔명〕 다식을 박아 내는 틀.

다신-교 (多神敎) 〔명〕〔종〕 여러 신의 존재를 인정하고 숭배하는 종교. ↔일신교.

다실 (茶室) 〔명〕 = 다방 (茶房).

다알리아 〔명〕〔식〕 '달리아 (dahlia)'의 잘못.

다액 (多額) 〔명〕 많은 액수. ↔소액.

다양-성 (多樣性) [—씽] 〔명〕 다양한 특성.

다양-하다 (多樣—) 〔형〕〔여〕 (사물의 특성이나 내용, 형식 등이) 여러 가지로 많다. ¶**다양한** 색상.

다양-화 (多樣化) 〔명〕 형태나 방법 등을 여러 가지로 많아지게 하는 일. 또는, 형태나 방법이 여러 가지로 많아지는 것. ¶**다양화-하다** 〔동〕〔여〕¶상품의 색상과 디자인을 ~. **다양화-되다**

-다오 〔어미〕 형용사나 '있다'의 어간, 또는 어미 '-시-', '-았/었-', '-겠-'의 아래에 붙어, '하오' 할 상대에게 어떤 사실을 설명하는 종결 어미. ¶이곳 설악에 단풍이 들면 정말 아름답~. ▷-ㄴ다오. -는다오.

다-용도 (多用途) 〔명〕 여러 가지 용도.

다용도-실 (多用途室) 〔명〕 아파트 등에서, 여러 가지 용도로 사용할 수 있도록 만든 방. 주로 세탁실·건조실·창고 등으로 씀.

다우 (多雨) 〔명〕 많은 비. ~地(지).

다우존스^주가^평균 (Dow-Jones株價平均) [—까—] 〔명〕 1884년부터 미국의 다우존스 회사가 발표하는 주가 평균.

다운 (down) 〔명〕 **1** (값이나 수량 등을) 내리거나 줄이는 것. ¶생산비를 ~시키다. **2** [체] 권투에서, 경기자가 상대방의 주먹을 맞고 쓰러지는 것. ¶~을 당하다. **3** 지치거나 의식을 잃어 몸을 가누지 못하는 상태가 되는 것. 속된 말임. **4** [컴] (주로 '되다'와 결합하여) 컴퓨터 시스템에 오류가 생겨 정상적으로 작동하지 않는 상태. **5** [통] '다운로드'의 준말. ¶인터넷에서 파일을 ~ 받다. **다운-하다** 〔동〕〔여〕 **다운-되다** 〔동〕〔자〕¶컴퓨터 시스템이 ~.

다운로드 (download) 〔명〕 인터넷이나 컴퓨터 통신을 통하여 정보를 제공하는 컴퓨터로부터 파일이나 프로그램을 전송받는 일. ↔업로드.

다운사이징 (downsizing) 〔명〕 **1** 기업의 업무나 조직의 규모를 축소하는 일. **2** [컴] 대형 컴퓨터에 의한 중앙 집중식 전산 시스템에서 워크스테이션이나 개인용 컴퓨터 등을 하나의 통신망으로 연결한 분산식 전산 시스템으로 전환하는 일.

다운^증후군 (down症候群) 〔명〕 염색체의 이상 (異常)으로 생기는 선천성 질환. 머리·손가락 등이 작고, 얼굴이 평평하며 정신박약 등의 특징이 나타남.

다운타운 (downtown) 〔명〕 '중심가', '번화가'로 순화. ¶엘에이 ~.

다원¹ (多元) 〔명〕 사물의 근원적 원리가 여럿 있음. 또는, 여러 개의 근원. ↔일원.

다원² (茶園) 〔명〕 차를 재배하는 밭.

다원-론 (多元論) —[논] 〔명〕〔철〕 두 종류 이상의 근본 존재·실재 또는 원리를 인정하고, 그것으로써 세계 현상을 설명하려는 입장. ▷일원론.

다원^방!송 (多元放送) 〔명〕〔방송〕 두 지점이상을 연결하여 중앙 방송국 등에서 하나로 묶어 방송하는 방식. 개표 실황 등에 쓰임.

다원-적 (多元的) 〔관〕〔명〕 사물을 형성하는 근원이 많은 (것).

다원-주의 (多元主義) [—의/—이] 〔명〕 개인이나 집단이 기본으로 삼는 원칙이나 목적이 서로 다를 수 있음을 인정하는 태도.

다원-화 (多元化) 〔명〕 사물을 형성하는 근원이 많아지는 일. **다원화-하다** 〔동〕〔여〕 ¶판매 제품을 연령층에 따라 ~. **다원화-되다** 〔동〕〔자〕¶사회가 ~.

다윈, 찰스 로버트 (Darwin, Charles Robert) 〔명〕〔성〕 영국의 생물학자·진화론자 (1809~1882).

다윗 (←David) 〔명〕〔성〕 고대 이스라엘의 왕 (1000~962 B.C.).

다육 (多肉) 〔명〕 식물의 잎이나 줄기, 과일 등에 살이 많은 것. ¶~ 식물.

다육-질 (多肉質) [—찔] 〔명〕 살이 많은 성질이나 품질. ¶~의 잎.

다음 〔명〕 **1** 시간적·공간적 차례에서, 기준의 바로 뒤. ¶내 ~은 네 차례다. **2** (동사의 '-ㄴ/은' 어미 뒤에 쓰여) 앞에 서술된 일의 이후를 이르는 말. ¶점심을 먹은 ~ 커피를 마시다. **3** 말하고 있는 시점에서, 미래의 어느 시점을 막연하게 이르는 말. ¶~에 또 만나자. 4 글이나 말에서, 이후의 문장이나 서술을 가리키는 말. ¶사용 방법은 ~과 같으므로. 5 (주로, '-ㄴ(은) 다음에(야)'의 꼴로 쓰여〕한계를 넘어선 상태나 전제적 조건을 가리키는 말. ¶짐승이 아닌 ~에야 어찌 그런 흉악한 짓을 할 수 있을까? ㉿답.
다음-가다 팀㈀ 표준 삼는 것의 바로 다음 자리를 차지하다. ㈁버금가다. ¶부산은 서울 **다음가는** 도시다.
다음-날 명 정해지지 않은 미래의 어느 날. ㈁뒷날·후일·훗날.
다음-다음 명 다음의 다음. ¶~ 차례.
다음-번(-番) [-뻔] 명 다음에 오는 차례. 또는, 다른 기회.
다의-성(多義性) [-의썽/-이썽] 명[언] 한 단어가 두 가지 이상의 뜻을 가지는 현상. 또는, 그런 말의 특성.
다이(die) 명 암나사의 일부를 날로 삼아 수나사를 내는 공구.
다이내믹-하다(dynamic-) 톙여 동적(動的)이며 힘이 있다. ¶**다이내믹한** 사운드.
다이너마이트(dynamite) 명[화] 니트로글리세린을 7% 이상 함유하는 폭파약.
다이버(diver) 명 1 다이빙하는 사람. 2 = 잠수사(潛水士).
다이빙(diving) 명[체] 높은 곳에서 뛰어내려 머리를 먼저 물속에 들어가게 하는 일. 또는, 그런 일을 겨루는 경기. **다이빙-하다** 톙㈀
다이빙-대(diving臺) 명 다이빙을 할 수 있도록 나무 따위로 만든 대.
다이아(←diamond) 명 '다이아몬드 1·2'의 준말.
다이아몬드(diamond) 명 1 [광] 무색투명하고 아름다운 광택이 나는 값비싼 보석. 팔면체를 이루는 탄소의 결정(結晶)으로, 광물 중에서 가장 단단함. ≒금강석. 2 [체] 야구장의 내야(內野). ㉿다이아. 3 트럼프 패의 하나. 붉은빛의 마름모꼴 무늬가 인쇄되어 있음.
다이아몬드^게임(diamond game) 명 실내 게임의 하나. 빨강·노랑·초록의 3색으로 칠해진 6각 다이아몬드형의 말판에서 자기 말밭에 있는 말을 건너편 자기 말밭에 먼저 이동시키는 사람이 이김.
다이아몬드혼-식(diamond婚式) 명 서양 풍습에서, 결혼 60주년 또는 75주년을 축하하는 의식.
다이애나(Diana) 명[신화] 로마 신화에 나오는 달과 사냥의 여신. '디아나'의 영어명.
다이어리(diary) 명 날짜별로 간단한 메모를 할 수 있도록, 한 해의 날짜가 순서대로 인쇄된 빈 종이를 묶어 놓은 것.
다이어트(diet) 명 체중을 줄이거나 건강을 증진하기 위하여 제한된 식사를 하는 것. ¶나는 요즘 ~ 중이다.
다이얼(dial) 명 1 라디오의 주파수를 맞추는 회전식 손잡이. ¶~을 돌리다. 2 전화기에 달린 동그란 숫자판.
다이오드(diode) 명[물] 1 =이극 진공관. 2 단자가 둘 있는 반도체 소자의 총칭.
다이옥신(dioxin) 명[화] 2개의 벤젠 핵을 산소로 결합시킨 유기 화합물. 유독한 물질로, 암이나 기형아 출산의 원인이 됨.
다이제스트(digest) 명 어떤 글이나 책의 내용을 요점만 간추리는 일. 또는, 그 글이나 책. **다이제스트-하다** 톙㈁여

다인(dyne) 명[역][물] 힘의 CGS 단위. 질량 1g의 물체에 작용하여 1cm/s의 가속도가 생기는 힘. 기호는 dyn.
다자(多者) 명 일정한 관계가 있는, 셋 이상의 국가나 단체나 사람. ¶~간 협정.
다작(多作) 명 쓰는 작품의 수가 비교적 많은 것. 또는, 많은 작품. ¶~(家). **다작-하다** 톙㈁여
다잡다 [-따] 톙㈁ 1 다그쳐 붙들어 잡다. 2 엄하게 단속을 하거나 통제하다. ¶감독은 일꾼들을 **다잡아** 일을 시켰다. 3 (들뜨거나 어지러운 마음을) 가라앉혀 바로잡다. ¶마음을 **다잡아** 새 출발을 하다.
다재다능-하다(多才多能-) 톙여 재주와 능력이 많다. ¶**다재다능한** 사람.
다저녁-때 명 저녁이 다 된 때. ¶~에 어딜 나가니?
다정다감-하다(多情多感-) 톙여 정이 많고 감정이 풍부하다. ¶**다정다감한** 사람.
다정-스럽다(多情-) [-따] 톙㈂〈-스러우니, -스러워〉 다정한 데가 있다. ¶**다정스럽게** 말하다. **다정스레**
다정-하다(多情-) 톙여 1 (어떤 사람이) 다른 사람에게 친절하고 따뜻하게 대하는 마음이 있다. ¶**다정한** 선생님. ↔박정하다. 2 (두 사람이) 사귄 정이 깊어 정답다. ¶**다정한** 친구. **다정-히**
다조지다 톙㈁ 일이나 말을 다급하게 재촉하다.
다족-류(多足類) [-종뉴] 명[동] =다지류(多肢類).
다종다양-하다(多種多樣-) 톙여 종류나 모양이 여러 가지로 많다. ¶상품이 ~.
다중(多衆) 명 많은 사람.
다중^방'송(多重放送) 명 라디오나 텔레비전 방송의 하나의 채널분의 주파수 대역(帶域) 범위 안에서, 복수의 채널 또는 별개의 음성 따위를 송신하는 것.
다중^작업(多重作業) 명[컴] 하나의 컴퓨터에서 동시에 여러 개의 일을 할 수 있게 하는 운영 체제의 작업 방식. =멀티태스킹.
다중^통신(多重通信) 명[통] 한 회선으로 복수의 신호를 보내는 통신 방식.
-다지 어미 형용사나 '있다'의 어간, 또는 어미 '-시-', '-았/었-', '-겠-'의 아래에 붙어, '해' 할 상대에게 어떤 사실을 확인하여 묻는 뜻을 나타내는 반말 투의 종결 어미. ¶웬 날씨가 이리도 덥~? ▷-ㄴ다지·-는다지·-라지.
다지다 톙㈁ 1 (흙이나 눈, 그 밖의 가루 상태의 물질을) 꾹꾹 누르거나 밟거나 하여 굳고 단단한 상태로 만들다. ¶집터를 ~. 2 (마음이나 뜻을) 흔들림이 없도록 굳게 가지다. ¶마음을 **다져** 먹다. 3 (일의 바탕을) 굳고 튼튼하게 하다. ¶사업 기반을 **착실하게** ~. 4 (고기나 야채 따위를) 도마 위 또는 단단한 곳에 놓고 칼 따위로 잇달아 쳐서 잘게 만들다. ¶**다진** 마늘. 5 (어떤 사람이 다른 사람에게) 어떤 일이 틀림이 없도록 강조하거나 주의를 주거나 확인하다.
다지-류(多肢類) 명[동] 절지동물 중 다리가 많은 종류. 몸의 마디마다 1쌍 또는 2쌍의 다리가 있음. 지네·노래기 따위. =다족류.
다지르다 톙㈁〈다지르니, 다질러〉 다짐받기 위하여 다지다.

다짐 1 이미 한 일이 틀림없거나 또는 앞으로 할 일을 틀림없이 할 것을 단단히 강조하거나 확인하는 것. 2 마음이나 뜻을 굳게 가져 정하는 것. **다짐-하다** 짜타 ¶새 삶을 살겠다고 **다짐했다**.

다짜-고짜 튀 =다짜고짜로.

다짜고짜-로 튀 옳고 그름을 가리지 않고 단박에 들이덤벼서. =다짜고짜. 비불문 곡직. ¶~ 사람을 잡아critical다.

다채-롭다(多彩-) [-따] 혱 〈-вары 니, ~로워〉 여러 가지 색채나 형태·종류 등이 한데 어울려 호화스럽다. ¶다채로운 행사. **다채로이** 튀

다층(多層) 몡 여러 층. ¶~ 건물. ↔단층.

다치다 동 1 (비) 1 (몸의 어떤 부분이) 물체에 부딪히거나 얻어맞거나 기타 물리적 충격을 받거나 하여 상처를 입게 되다. ¶넘어져서 무릎을 ~. 2 (몸의 관절이 있는 부위를) 일을 하거나 운동을 하다가 잘못하여 뼈를 빼게 되다. ¶이삿짐을 나르다가 허리를 ~. 3 (사람 또는 사람이 움직이는 물체가 닿아서는 안 될 대상을) 몸 또는 몸체의 일부를 닿게 하여 좋지 않은 영향을 주다. ¶나는 그 여자의 털끝 하나 **다치지** 않았다. 4 (남의 마음이나 감정을) 자극하거나 상하게 하다. ¶자존심을 ~. 5 (돈·재물 등을) 손을 대어 축내다. 2 (재) 1 (몸의 어떤 부분이나 관절 부위가) 물리적 충격으로 상처가 나거나, 잘못 움직여 뺀 상태가 되다. ¶불운하여 실족하여 크게 ~. 2 (사람이) 잘못된 행동을 하여 권력 기관에 의해 혼이 나거나 곤욕을 치르다. 완곡한 말임. ¶노동 운동에 잘못 뛰어들었다가 **다치는** 수가 있다.

다카(Dacca) 몡지 방글라데시의 수도.

다카르(Dakar) 몡지 세네갈의 수도.

다^카포^(@da capo) 몡 [음] 악곡을 처음부터 되풀이하여 연주하라는 뜻. 약호는 D.C.

다^카포^알^피네^(@da capo al fine) 몡 [음] 처음부터 끝 표시까지 되풀이하라는 뜻.

다쿠앙(@澤庵/たくあん) 몡 '단무지'로 순화.

다큐멘터리(documentary) 몡 역사적 사건이나 특별한 사회적 현상이나 동물의 생태 등을 현장에서 찍어서 편집한 영화나 영상물, 또는 실제 사건을 사실에 가깝게 그려 낸 방송 드라마. ¶자연 ~.

다큐멘터리^영화(documentary映畫) 몡 [영] =기록 영화.

다크-호스(dark horse) 몡 1 경마(競馬)에서 의외의 결과를 가져올지도 모를, 실력이 확인되지 않은 말. 2 실력이 감추어져 경기나 선거 등에서 뜻밖의 변수로 작용할 가능성이 있는 선수나 후보자.

다탄두^미사일(多彈頭missile) 몡 [군] 하나의 전략 미사일에 여러 개의 탄두가 적재되어 각각 별개의 또는 동일한 목표물을 다른 방향으로 유도 공격하는 무기.

다투다 동 1 (비) 1 (사람이 다른 사람과) 의견이나 이해가 대립되어 언짢은 감정 상태에서 말을 높이 이기려고 하다. 또는, 그렇게 하면서 서로의 감정을 언짢게 하다. 비싸우다. 2 (비) 1 (사람이나 세력 등이 가장 앞선 위치나 지위를) 차지하거나 도달하기 위해 다른 사람이나 세력과 팽팽한 상태로 겨루다. ¶우승을 ~. 2 (어떤 일에 있어서 아주 작은 수치

를) 큰 차이로 문제 삼을 만큼 치열한 상태가 되다. ¶시각을 다투는 문제.

다툼(多-) 몡 다투는 일. ¶말-/권력 ~.

다툼-질 몡 다투는 짓. ¶형제간에 웬 ~이냐? **다툼질-하다** 짜타

다트^1(dart) 몡 양재에서, 평면적 옷감을 입체적 체형에 맞추기 위해 허리나 어깨 등 일정한 부분을 긴 삼각형으로 주름을 잡아 꿰매는 일. 또는, 그 줄인 부분.

다트^2(←darts) 몡 벽에 걸은 둥근 과녁에 작은 화살을 던져 득점을 겨루는 실내 경기.

다프네(Daphne) 몡 [신화] 그리스 신화에 나오는 님프. 아폴론의 사랑을 거절하고 도망하여 월계수로 변했음.

다:-하다 동 1 (재) 1 (사람이나 어떤 대상이 가지고 있거나 부여받은 것이) 다 쓰이거나 더 기능을 하지 못하고 모두 없어진 상태가 되다. ¶운(運)이 ~. 2 (어떤 일이나 현상이) 더 계속되지 않고 끝이 나다. 2 (비) (사람이 어떤 일을 위하여 정성이나 책임을) 있는 대로 다 들이거나 하다.

다항^선^택법(多項選擇法) [-뻡] 몡 [교] 한 문제의 정답을 포함한 3개 이상의 항목을 제시하고, 그중에서 정답을 고르게 하는 시험 방식.

다항-식(多項式) 몡 [수] 2개 이상의 단항식을 '+', '-'로 결합한 식. ↔단항식.

다핵^도시(多核都市) 몡 [토-] 몡 [지] 발전의 핵(核)인 중심지가 하나가 아니라 여럿으로 이루어진 도시.

다핵화(多核化) [-해콰] 몡 사물이나 활동의 중심이 되는 핵심을 다양하게 구성하는 것. **다핵화-하다** 동짜아 **다핵화-되다** 동짜

다행(多幸) 몡 1 (잘 안 되어 왔거나 어떻게 될까 걱정했으나 또는 잘 될 것으로 여겨진 일이 뜻밖에 잘 풀려) 흡족하거나 마음이 놓이는 상태. ¶가뭄이 심했는데 비가 와서 ~이다. 2 (좋지 않은 일을 당한 것이 아주 심하거나 심각한 정도는 아니어서) 그나마 다행인 상태. ¶크게 다치지 않았으니 그만하기 ~이다. 튄형(幸). **다행-히** 튀

다행-스럽다(多幸-) [-따] 혱 〈-스러우니, -스러워〉 다행한 데가 있다. ¶피해가 없었다니 **다행스러운** 일이다.

다혈-질(多血質) [-찔] 몡 [심] 자극에 민감하여 흥분하기 쉬우며 인내력이 부족한 기질.

다홍 몡 =다홍색.

다홍-빛 [-삗] 몡 다홍색을 띤 사물의 빛깔.

다홍-색(-色) 몡 빨강에 노랑이 약간 섞인, 산뜻하면서도 짙은 붉은색. =다홍. 비진홍색.

다홍-치마 몡 다홍빛 치마.

닥-나무 [당-] 몡 [식] 나무껍질의 섬유로 한지(韓紙)를 만드는, 높이 2〜3m의 낙엽 활엽 관목. 봄에 꽃이 피고 9월에 뱀딸기와 비슷한 붉은 열매가 익음.

닥-닥 [-딱] 튀 작고 단단한 물체가 거칠게 계속 긁히는 모양. 또는, 그 소리. ¶손가락으로 누릇지를 ~ 긁다. 큰득득.

닥-뜨리다-트리다 동 1 (가까이 닥쳐오는 일이나 사물에) 마주 대서거나 부딪다. ¶그는 어려운 일에 **닥뜨려도** 용기를 잃지 않는다. 2 (비) 함부로 다조지다.

닥스훈트([독]Dachshund) [명][동] 몸통이 길고 다리가 짧은, 독일 원산의 사냥개. 매우 영리함.

닥지-닥지[-찌-찌] [부] 먼지·때 따위가 많이 끼거나 오른 모양. [큰]덕지덕지.

닥쳐-오다[-처-] [동][자] 1 (사람에게 좋지 않은 일이) 일어나기 직전의 상태가 되어 오다. ¶온갖 시련이 ~. 2 (어떤 일을 해야 할 때나 시간이) 더 이상 여유 있는 상태가 아닐 만큼 가까이 다다라 오다. ¶시험이 사흘 앞으로 **닥쳐왔다**.

닥치다[1] [동][자] 1 (사람에게 좋지 않은 일이) 일어나기 직전의 상태가 되다. 또는, (그런 일이) 일어나 그에 직면한 상태가 되다. ¶눈앞에 위험이 ~. 2 (어떤 일을 해야 할 때나 시간이) 더 이상 여유 있는 상태가 아닐 만큼 가까이 다다르다. ¶시험 날짜가 코앞에 ~.

닥치는 대로 이것저것 가릴 것 없이 눈에 보이는 대로. ¶~ 먹어 치우다.

닥치다[2] [동][타] 《주로, 명령문에서 공격적인 어투로 쓰여》 입을 닫아 말을 그치다. ¶입 **닥쳐**!

닥터(doctor) [명] 1 =의사[4]. 2 =박사[1]2.

닥터^스톱(doctor stop) [명][체] 권투·레슬링 등에서, 선수의 부상이 시합을 계속하기 어려울 만큼 심하다고 의사가 인정했을 경우 심판이 시합을 중단시키는 일.

닦다[닥따] [동][타] 1 (물체를) 더러운 것을 없애거나 윤기를 내기 위해 그 거죽을 걸레나 수건, 솔, 휴지 따위로 문지르다. ¶이를 ~ / 구두를 ~. 2 (물체의 거죽에 있는 물기를) 수건이나 걸레 따위로 물체에 대고 움직여 없어지게 하다. [비]훔치다. ¶땀을 수건으로 ~. 3 (터나 길 따위를) 만들기 위해 땅을 평평하게 고르고 다지다. ¶집터를 ~. 4 (일의 기초나 바탕을) 튼튼한 상태가 되게 하다. ¶사업의 기반을 ~. 5 (수련을 요하는 일을) 배우고 익혀 높은 단계가 되도록 힘쓰다. ¶도(道)를 ~. 6 (상대를) 그의 잘잘못을 따져 꼼짝 못하는 상태가 되게 하다. [비]홀닦다. ¶고양이 쥐 잡듯 **닦아** 대지 좀 마.

닦달[닥딸] [명] 몰아대서 나무라거나 을러대는 것. **닦달-하다** [동][타][여]

닦아-세우다 [동][타] 홀닦아 꼼짝 못하게 하다. ¶돈을 갚으라고 ~.

닦-이다 [동] [1][자] '닦다'의 피동사. ¶유리가 깨끗이 ~. [2][타] '닦다'의 사동사.

단ː[1] [명] [1][자립] 짚·땔나무·채소 따위의 묶음. ¶볏~. [2][의존] 짚이나 채소 따위의 묶음을 세는 말. [비]뭇. ¶열무 한 ~.

단ː[2] [명] '옷단'의 준말.

단[3](段) [명] [1][자립] 1 인쇄물의 지면을 가로 또는 세로로 나눈 구획. ¶~을 가르다. 2 바둑·유도·검도 등의, 잘하는 정도의 등급. ¶~을 따다. 3 계단의 턱을 이룬 그 낱개. [2][의존] 1 지면의 구획을 나타내는 단위. ¶신문의 1~ 기사. 2 바둑·유도·검도·태권도 등의 등급을 나타내는 단위. ¶바둑 3~. 3 계단의 낱개를 나타내는 단위. ¶계단을 두 ~씩 뛰어오르다. 4 자동차 기어의 변속 단계. ¶3~ 기어.

단ː[4](短) [명] 화투에서, 정해진 띠를 석 장 갖추면 이루어지는 약. 청단·홍단 따위.

단[5](壇) [명] 1 제사를 지내기 위해 흙이나 돌을 쌓아 만든 터. 2 높게 만들어 놓은 자리. 연단·교단 따위. ¶~에 오르다.

단[6](單) [관] '오직 하나뿐인'의 뜻을 나타내는 말. ¶~ 하나밖에 없는 혈육.

단ː[7](但) [부] 예외나 조건이 되는 말을 인도할 때 문장 앞에 쓰이는 접속 부사. [비]다만. ¶내일 졸업식은 운동장에서 합니다. ~, 비가 오면 강당에서 합니다.

단-[8](單) [접두] '하나', '홑'의 뜻을 나타내는 말. ¶~벌 / ~세포. ↔복(複)-.

-단[9](團) [접미] '단체'의 뜻을 나타내는 말. ¶회장~ / 고향 방문~.

단ː가[1](短歌) [명] 1 [문][음] 고려 가요·가사(歌辭) 등에 대하여 '시조'를 일컫는 말. ↔장가. 2 [음] 판소리를 부르기 전에 목을 풀기 위해 부르는 짤막한 노래.

단가[2](單價)[-까] [명] 물건의 각 단위마다의 값. ¶생산 ~를 낮추다.

단간-방(單間房) [명] '단칸방'의 잘못.

단-감 [명] 단감나무의 열매.

단감-나무 [명][식] 감나무의 개량 품종의 하나. 단감이 열림.

단ː-거리(短距離) [명] 짧은 거리. ↔장거리.

단ː거리^달리기(短距離-) [명][체] 육상 경기에서, 짧은 거리를 달리는 경기. 보통 100m·200m·400m의 종목이 있음. ↔장거리 달리기.

단ː거리^탄ː도^유도탄(短距離彈道誘導彈) [명][군] 사정거리 80~800km 되는 지대지 탄도 유도탄.

단걸음-에(單-) [부] 도중에 쉬지 않고 내처 걷는 걸음으로 곧장. [비]단숨에. ¶십여 리 길을 ~ 달려가다.

단ː검(短劍) [명] 양쪽에 날이 있는 짧은 칼. ↔장검. ▷단도(短刀).

단-것[-걷] [명] 설탕·과자류 등 맛이 단 음식물.

단ː견(短見) [명] 1 얕은 식견이나 소견. 2 자신의 견해를 겸손하게 이르는 말.

단결(團結) [명] (여러 사람이) 어떤 목표를 이루기 위해 한마음 한뜻으로 뭉치는 것. [비]단합. ¶일치~. **단결-하다** [동][자][여] ¶국민이 모두 굳게 ~. **단결-되다** [동][자]

단결-권(團結權)[-꿘] [명][법] 노동 삼권의 하나. 노동자가 노동 조건의 유지·개선, 기타 경제적 지위의 향상을 도모하고 사용자와 대등한 입장에 서기 위해 단체를 결성하여 이에 가입하는 권리.

단결-력(團結力) [명] 단결하는 힘.

단계(段階)[-계/-게] [명] 일이 진행되는 데 있어서, 그 차례나 수준에 따라 여럿으로 구분되는 각각의 과정. ¶마무리 ~.

단계-적(段階的)[-계-/-게-] [관][명] 일정한 단계로 나누거나 단계를 거치는 (것). ¶사건을 ~으로 해결해 나가다.

단골 [명] 1 사람이 물건을 사거나 기타의 거래를 하기 위해, 장사하는 집을 특별히 정해 놓고 자주 다니는 상태. 2 '단골집'의 준말. 3 '단골손님'의 준말.

단골-손님 [명] 단골로 오는 손님. [준]단골. ↔뜨내기손님.

단골-집[-찝] [명] 단골로 거래하는 집. [준]단골.

단과^대ː학(單科大學)[-꽈-] [명][교] 한 계통의 학부로만 구성된 대학. 공과 대학·의과 대학 따위. ↔종합 대학.

단ː교(斷交) [명] 1 교제를 끊는 것. [비]절교. 2 국가 간의 외교를 끊는 것. **단ː교-하다** [동][자][여]

단구[1](段丘) [명][지] 침식·융기·침강 등의 작용으로 강·호수·바다의 연안에 생기는 계단 모양의 지형.

단:구²(短軀) 명 키가 작은 몸. 비단신(短身). ¶15척 ~.

단군(檀君) 명 [신화] 우리 겨레의 시조로 받들어지는 인물. 기원전 2333년 아사달에 도읍하여 고조선을 세워 약 2000년 동안 나라를 다스렸다고 함. =단군왕검.

단군-기원(檀君紀元) 명 단군이 즉위한 해를 원년으로 삼는 우리나라의 기원. 서력기원전 2333년에 해당함.

단군^신화(檀君神話) 명 [신화] 단군에 관한 신화. 천제(天帝)의 아들 환웅과, 곰이 쑥과 마늘을 먹고 여자로 변한 웅녀 사이에서 낳은 아들이 단군이라는 이야기임.

단군-왕검(檀君王儉) 명 [신화] =단군.
단권(單卷) 명 한 권으로 이루어진 책.
단궤(單軌) 명 '단선 궤도'의 준말. ↔복궤(複軌).
단:근-질(斷筋-) 명 예전에, 불에 달군 쇠로 몸을 지지던 형벌. **단:근질-하다** 타여.
단:금지계(斷金之交) 명 '쇠붙이도 끊을 만한 교제'라는 뜻] 친구 사이의 정의(情誼)가 매우 두터운 교분.
단:기²(短期) 명 (주로 일부 명사 앞에 관형어적으로 쓰여) 기간이 짧은 상태. ¶~ 용자. ↔장기.
단기²(檀紀) 명 (주로, 어느 해를 나타낸 숫자 앞에 쓰여) 그해가 단군이 즉위한 해를 기원으로 한 것임을 나타내는 말. 기원전 2333년을 단기 1년으로 함. ¶서기 2000년은 ~ 4333년이다.
단:-기간(短期間) 명 짧은 기간. ¶공사를 ~에 끝내다. ↔장기간.
단:기-적(短期的) 명 기간이 단기간인 (것). ↔장기적.
단:기-전(短期戰) 명 단기간에 처러지는 전쟁이나 경쟁이나 대결. ↔장기전.
단:기지계(斷機之戒) 명 [-계/-게] 맹자(孟子)가 수학(修學) 도중에 집에 돌아오자, 그의 어머니가 짜던 베를 끊어 그를 훈계했다는 고사에서] 학문을 중도에서 그만두면 아무 쓸모 없음을 경계한 말.
단:김-에 관용 좋은 기회를 놓치지 말고. ¶쇠뿔도 ~ 빼라는데, 당장 찾아가 보자.
단-꿈 명 1 단잠을 자면서 꾸는, 행복한 느낌을 주는 꿈. 2 생활에서 느끼는 달콤한 행복감. 비유적인 말임. ¶신혼의 ~.
단:-내 명 1 높은 열에 놓거나 달아서 나는 냄새. 2 눈내. 2 몸의 열이 높을 때 입이나 코 안에서 나는 냄새.
단:념(斷念) 명 1 (사람이 하고자 했던 일을) 제 의지로 그만두는 것. 2 (남자가 여자를, 또는 여자가 남자를) 사랑하기를 그만두는 것. 또는, 사랑하는 관계를 끊는 것. **단:념-하다** 타여 ¶진학을 ~.
-단다 어미 형용사나 '있다'의 어간, 또는 어미 '-시-', '-었/-였-', '-겠-'의 아래에 붙어, '해라'할 상대에게 가볍게 타이르거나 나긋이 친근하게 서술하는 종결어미. ¶집이 참~. ▷-ㄴ다다.=는단다.
단단-하다 형여 1 (물체가) 외부의 힘을 받았을 때 쉽게 그 모양이 바뀌거나 부서지지 않는 성질을 띤 상태에 있다. 비딱딱하다·견고하다. ¶쇠는 돌보다 ~. 2 (어떤 대상이) 속에 든 것이 촘촘하거나 알찬 상태에 있다. ¶배추가 ~. 3 (사람의 몸이) 쉽게 지치거나 앓거나 하지 않을 만큼 튼튼하다. ¶**단단하게** 단련된 몸. 4 (묶거나 죄거나 한 것이) 헐겁거나 느슨하지 않다. ¶끈을 **단단하게** 묶다. 5 (결심·약속·버릇·경고·주의 등이) 쉽게 풀리거나 바뀌지 않을 만큼 굳은 상태에 있다. ¶**단단하게** 주의를 주다. 예딴딴하다. **단단-히** 부 ¶문단속을 ~ 하다.
[단단한 땅에 물이 괸다] 아끼고 쓰지 않는 사람에게 재물이 모인다.

단당-류(單糖類) [-뉴] 명 [화] 가수 분해로는 더 이상 간단하게 분해되지 않는 당류. 포도당·과당 따위.
단-대목(單-) 명 명절이나 큰일이 바싹 다가온 때. ¶설달 ~.
단:도(短刀) 명 한쪽에만 날이 있는 짧은 칼. ↔장도. ▷단검.
단도직입-적(單刀直入的) [-쩍] 명 말을 에두르지 않고 곧바로 하는 (것). ¶~으로 묻겠다.
단독(單獨) 명 1 (주로, 일부 명사 앞에서 관형어적으로 쓰이거나, '단독으로'의 꼴로 쓰이어) 어떤 개체가 여럿이 아니고 하나인 상태. ¶~ 기자 회견.
단독-범(單獨犯) [-뺌] 명 [법] 혼자서 범죄 구성 요건에 해당하는 행위를 한 사람, 또는 그 행위. ↔공범.
단독^주:택(單獨住宅) [-쭈-] 명 한 채씩 따로따로 지은 집. ↔공동 주택.
단-돈 명 (적은 돈의 액수를 나타내는 말앞에 쓰이어 '아주 적은 돈'임을 강조하는 말. ¶~ 100원도 없다.
단:두-대(斷頭臺) 명 사형수의 목을 자르는 형구(刑具)의 한 가지. 기요틴.
단두대의 이슬로 사라지다 (특히, 혁명가나 역사적 인물 등이) 사형대에서 처형되어 죽다.
단-둘 명 다른 사람이 딸리거나 같이 있지 않은 상태로 오로지 둘. ¶~이 살다.
단-둘이 I 명 다른 사람이 딸리거나 같이 있지 않은 상태의 오로지 두 사람. ¶~ 만나다.
II 부 오로지 두 사람만으로. ¶~ 살다.
단둥(丹東) 명 [지] 중국 북동부의 도시.
단-락(段落) [달-] 명 1 일이 다 된 끝. ¶일이 ~을 짓다. 2 [언] =문단(文段)'.
단란-주점(團欒酒店) [달-] 명 가라오케 반주에 맞춰 술과 노래를 즐길 수 있는 주점.
단란-하다(團欒-) [달-] 형여 1 (가정이) 식구들끼리 서로 이해하고 사랑하여 좋은 분위기에 있다. 예화목하다. ¶**단란한** 가정. 2 식구들이 함께 어울려 있는 상태가 행복하고 즐겁다. ¶가족과 **단란한** 한때를 보내다.
단련(鍛鍊) [달-] 명 1 (몸을) 운동을 하거나 힘을 길러서 튼튼한 상태로 만드는 것. ¶체력 ~. 2 (마음이나 정신을) 강한 의지를 갖도록 수련하는 것. 3 어떤 일을 여러 번 반복함으로써, 견딜 수 있게 되거나 익숙하게 되는 것. ¶막노동쯤은 이제 ~이 되어 힘들지 않다. **단련-하다** 타여 ¶심신을 ~. **단련-되다** 자여.
단리(單利) [달-] 명 [경] 원금에만 붙이는 이자. ↔복리(複利).
단막(單幕) [연] 연극이나 희곡의 구성이 1막인 것. ▷막(幕).
단막-극(單幕劇) [-극] 명 [연] 1막으로 구성된 연극.
단말-기(端末機) 명 [컴] 중앙에 있는 컴퓨터와 통신망으로 연결되어 데이터를 입력하거나 처리 결과를 출력하는 장치. =터미널.
단:-말마(斷末摩·斷末魔) 명 [조금만 세게 닿아도 목숨을 잃는 급소를 끊는다는 뜻] [불] 폭력이나 흉기 등에 의해 목숨을 잃는 순간의 고통. 또는, 고통스럽게 숨이 끊어지는 순간. ¶~의 비명.
단:말마-적(斷末摩的) 관명 숨이 끊어질 때처럼 몹시 고통스러운 (것).
단-맛[-맏] 명 꿀이나 설탕 등을 먹을 때 느끼는 것과 같은 맛. =감미(甘味).
[**단맛 쓴맛 다 보았다**] 세상의 온갖 일을 다 겪었다.
단:면(斷面) 명 **1** 물체를 잘랐을 때, 그 잘린 면. 또는, 그 면의 모양. 圓절단면. **2** 사물 현상 가운데 부분적인 어떤 모습. ¶ 사회의 한 ~을 여실히 보여 주는 사건.
단:면-도(斷面圖) 명 제도(製圖)에서, 물체를 하나의 평면으로 절단하였다고 가정하여 그 내부 구조를 보인 투영도.
단:-면적¹(斷面積) 명 물체를 하나의 평면으로 잘랐을 때 생기는 면의 면적.
단:-면적²(斷面的) 관명 사물에 대한 판단이나 이해가 전체가 아닌 부분에 국한되는 (것). ¶사물을 ~으로 판단한다.
단명(短命) 명 명이 짧은 것. ¶~ 내각.
단:명-하다(短明-) 형여 ¶나이 40을 넘기지 못하고 **단명한** 천재 음악가.
단모금-에(單-) 명 한 모금에. ¶그는 독하디 독한 술을 ~ 죽 들이켰다.
단-모음(單母音) 명 [언] 그 음을 길게 발음하더라도 그 음이 변하지 않는 모음. 'ㅏ·ㅓ·ㅗ·ㅜ·ㅡ·ㅣ·ㅐ·ㅔ·ㅚ·ㅟ' 따위. =이중 모음. 圓같은
단-무지 명 무로 담근 일본식 짠지.
단문(單文) 명 [언] =홑문장. ↔복문.
단-물 명 **1** 단맛이 나는 물. **2** =민물. ↔짠물. **3** 알짜나 실속 있는 부분. ¶~만 빨아먹다. **4** [화] 칼슘·마그네슘 등 광물질을 거의 함유하지 않아 부드러운 물. =연수(軟水). ↔센물.
단박 준 '단박에'의 준말.
단박-에 준 그 자리에서 바로. ¶그는 20년 만에 만난 나를 ~ 알아봤다. 준단박.
단:발¹(單發) 명 **1** 총알이나 포탄의 한 발. 또는, 단 한 번의 발사. **2** '단발총'의 준말. **3** 엔진이 하나인 것. ↔쌍발. **4** 어떤 일의 발생이 연속되지 않고 단 한 번인 상태. ¶조차가 ~로 그치다.
단:발²(斷髮) 명 **1** 상투를 튼 머리나 길게 땋은 머리를 풀어서 짧게 자르는 것. 지난 시대에 쓰이던 말임. **2** 앞머리는 내리 빗은 상태에서 일자로 자르거나 옆으로 빗어 넘기고, 뒷머리는 목덜미가 훤히 드러날 만큼 짧게 자르되 끝 부분은 일자로 가지런하게 손질한 여자의 머리. 또는, 그런 머리 모양을 하는 것. **3** 목덜미를 덮는 정도의 길이로 자르되 끝 부분을 가지런하게 손질한 여자의 머리 모양. 또는, 그런 머리 모양을 하는 것. ▷쇼트커트. **단:발-하다**
단:발-령(斷髮令) 명 [역] 조선 고종 32년 (1895)에 종래의 상투의 풍속을 없애고 머리를 짧게 깎도록 한 명령.
단:발-머리(斷髮-) 명 단발한 머리. ¶~ 소녀.
단:발-성(單發性) [-씽] 명 **1** 어떤 일이 단 한 번으로 그치는 성질. **2** [의] 병이 한 때 한곳에만 발생하는 성질. ↔다발성.

단:발-총(單發銃) 명 한 발씩 장전하여 쏘도록 되어 있는 총. 준단발. ↔연발총.
단:방(單放) 명 **1** 단 한 방만의 발사. ¶~에 명중시키다. **2** =단번.
단방-약(單方藥) [-냑] 명 [한] 여러 가지 약재를 조합하지 않고, 한 가지 약재만으로 처방된 약.
단:-배(-) 명 (주로, '굶다', '굶기다', '주리다'와 함께 쓰여) 입맛이 좋아 음식을 달게 많이 먹을 수 있는 사람의 배. ¶~를 곯리다.
단배-식(團拜式) 명 단체에서 새해 첫날 한꺼번에 모여 윗어른에 절을 하며 새해 인사를 하는 의식. ¶신년 ~.
단:백-뇨(蛋白尿) [-뇨] 명 [의] 병적으로 일정량 이상의 단백질이 섞여 나오는 오줌.
단:백-석(蛋白石) [-썩] 명 [광] 결정(結晶)이 아닌 덩어리 또는 종 모양으로 산출되는 함수 규산염 광물. 붉은 남색을 띤 것은 보석으로 귀하게 여김. =오팔.
단:백-질(蛋白質) [-찔] 명 [생] 아미노산으로 구성된 고분자 화합물. 세포의 원형질을 구성하는 주요 물질임. =흰자질.
단번(單番) 명 단 한 번. =단방(單放).
단번-에(單番-) 명 단 한 번에. 또는, 즉시로. ¶시험에 ~ 합격하다.
단:벌(單-) 명 **1** 단 한 벌. ¶~ 신사. **2** 오직 하나뿐인 것. ×홀벌.
단보(段步) 의존 논밭의 면적을 나타내는 단위의 하나. 1단보는 300평임.
단복(團服) 명 같은 단체에 소속된 사람들끼리 정해진 규격에 따라 입는 옷.
단-봇짐(單褓-) [-보찜/-봍찜] 명 아주 간단하게 꾸린 봇짐.
단봉-낙타(單峯駱駝) 명 [동] 등에 혹이 하나 있는 낙타. ▷쌍봉낙타.
단:-비(-) 명 식물이 자라거나 가뭄이 해소되는 데 꼭 필요한, 달가운 비. ¶가뭄 끝에 ~가 촉촉이 내리다.
단사^정계(單斜晶系) [-계/-게] 명 [광] 길이가 다른 세 결정축 중에서 두 축은 경사지게 만나고, 다른 한 축은 각각에 직각으로 만나는 결정계.
단:산(斷產) 명 여자가 아이 낳는 일을 끊는 것. 또는, 못 낳게 되는 것. **단:산-하다**
통(여) ¶하나만 낳고 ~.
단:상¹(壇上) 명 교단·강단 등의 위. ↔단하.
단:상²(斷想) 명 사물에 접하여 떠오르는 이런저런 단편적인 생각. 또는, 그런 생각을 옮긴 수필류의 글. ¶가을 ~.
단색(單色) 명 **1** 한 가지 색, 단조로운 채색. ¶옷을 ~으로 입다.
단:서¹(但書) 명 법률 조문이나 문서 등에서, 본문 다음에 그에 대한 어떤 조건·예외 따위를 덧붙여 놓은 글. '단(但)'자를 붙임. ¶~ 조항.
단서²(端緒) 명 어떤 일의 실마리. ¶범죄 수사의 ~를 잡다.
단선¹(單線) 명 **1** =외줄. **2** '단선 궤도'의 준말. ↔복선.
단:선²(斷線) 명 **1** 줄이 끊어지는 것. 또는, 줄을 끊는 것. **2** 전선이나 선로가 통하지 못하게 하는 것. **단:선-하다**
(여)
단선^궤도(單線軌道) 명 하나의 궤도를 상하행 열차가 공용하는 철도선. 준단궤·단선. ↔복선 궤도.
단성^음악(單聲音樂) 명 [음] 하나의 성부

단-세포(單細胞)[명][생] 한 생물체가 단 하나의 세포로 이루어진 것. ¶ ~ 동물. ↔다세포.

단세포-적(單細胞的)[관][명] 생각이나 의식이 지극히 단순하여 차원이 낮거나 하나밖에 모르는 (것). ¶ ~ 인간 / ~ 인 논리.

단소(短簫)[명] 우리나라 관악기의 하나. 대로 만들되, 퉁소보다 가늘고 짧음. 앞에 넷, 뒤에 하나의 구멍이 있으며 음색이 몹시 깨끗함.

단속(團束)[명] 1 (사람이 다른 사람이나 사물을) 주의를 기울여 다잡거나 보살피는 것. ¶문 ~. 2 [법] (법을 집행하는 기관이 법률 위반 행위를) 규제하거나 바로잡아 나가는 것. ¶불법 주차 ~. 단속하다[동][타][여] ¶음주 운전을 ~. 단속-되다[동][자]

단속(斷續)[명] 끊겼다 이어졌다 하는 것. 또는, 그리되게 하는 것. **단속-하다**[동][타][여]

단-속곳(單-)[-꼳][명] 한복에서, 속바지 위에 입는 여자용 속옷. 양 가랑이가 되고 밑이 막혔으며, 그 위에 치마를 입음.

단속-적(斷續的)[-쩍][관][명] 끊겼다 이어졌다 하는 (것). ¶포성이 멀리서 ~ 으로 들려오다.

단수(段數)[-쑤][명] 1 바둑·유도 등 단으로 등급을 매기는 경우의 단의 수. 2 수단이나 술수를 쓰는 재간의 정도.

단수²(單數)[명] 1 단일한 수. 2 [언] 주로 인도·유럽 어에서 하나의 사람이나 사물을 나타내는 명사·대명사 및 그것을 받는 동사·형용사·관형사 등의 형식. ↔복수.

단수³(斷水)[명] (수도 등의) 급수가 중단되는 것. 또는, 급수를 중단하는 것. ¶ ~ 조치. **단수-하다**[동][자][타][여] **단수-되다**[동][자] ¶수도관 공사로 ~.

단순(單純)[명] (일부 명사 앞에 쓰여) 복잡하지 않고 간단하며 단일한 것. ¶ ~ 작업 / ~ 절도.

단순^노동(單純勞動)[명] 특별한 기술 훈련이 없이도 할 수 있는 육체노동.

단순-하다(單純-)[형][여] 1 (어떤 일이나 사물이) 복잡하지 않고 간단하거나 단일하다. ¶기계 구조가 ~. 2 (사람이) 사물의 한 면만 보고 전부인 것으로 생각하거나 인생의 여러 가능성이나 부정적인 면을 알지 못한 상태에 있다. ¶어린애처럼 ~. 3 (사람의 행동이) 뒤에 불순한 의도나 목적을 감추지 않은 상태에 있다. ¶그가 베푸는 친절은 **단순한** 호의가 아니다. **단순-히**[부]

단순-화(單純化)[명] 단순하게 되거나 단순하게 하는 것. **단순화-하다**[동][자][타][여] ¶작업 공정을 ~. **단순화-되다**[동][자]

단-술 엿기름과 밥을 식혜처럼 삭혀 끓인 음식. =감주(甘酒).

단숨-에 쉬거나 멈추지 않고 단장. ¶단걸음에·한숨에. ¶막걸리를 ~ 들이켜다.

단승-식(單勝式)[명] 경마·경륜(競輪) 등에서 1등을 알아맞히는 방식. 또는, 그 투표권. ↔절도.

단¦-시간(短時間)[명] 짧은 시간. ¶ ~ 내에 일을 끝낸다. ↔장시간.

단¦-시일(短時日)[명] 짧은 시일. ¶ ~ 완성. ↔장시일.

단식¹(單式)[체] '단식 경기'의 준말. ↔복식(複式).

단식²(斷食)[명] 식사를 일정 기간 의식적으로 중단하는 일. 치료나 종교적 수행, 또는 투쟁의 수단 등으로 이용됨. ¶ ~ 기도. ▷금식. **단식-하다**[동][자][여]

단식^경기(單式競技)[-경-][명][체] 테니스·탁구·배드민턴 등에서, 1 대 1로 행하는 시합. ☞복식. ↔복식 경기.

단식^투쟁(斷食鬪爭)[-][사] 상대가 자신의 요구를 받아들일 것을 강력하게 촉구하기 위해 단식하며 버티는 일.

단신¹(單身)[명] 가족이 없거나 다른 사람과 함께 있지 않은 혼자의 몸. 비홀몸. ↔혈혈.

단신²(短身)[명] 키가 작은 몸. 비단구(短軀). ↔장신(長身).

단신³(短信)[명] 짤막하게 전해지는 뉴스. ¶해외 ~.

단심-가(丹心歌)[문] 정몽주가 지은 시조. 임금에 대한 충성심을 읊은 것임. ▷해외.

단아-하다(端雅-)[형][여] 단정하고 우아하다. ¶한복을 곱게 입은 **단아한** 자태.

단¦-안(斷案)[명] 어떤 사항에 대한 생각을 결정하는 것. 또는, 그 결정된 생각. ¶ ~ 을 내리다. **단¦안-하다**[동][타][여]

단어(單語)[명][언] 자립하여 쓰일 수 있거나, 또는 떨어져서 문법적 기능을 가지는, 언어의 최소 기본 단위. =낱말. 비어휘. ¶기본 ~.

단어-장(單語帳)[-짱][명] 1 단어와 그 뜻을 적게 되어 있는 공책. 2 =단어집.

단어-집(單語集)[명] 단어를 차례로 엮어 풀이한 책. =단어장.

단¦언(斷言)[명] (어떤 사실을) 확실하다고 믿고 단정하여 말하는 것. **단¦언-하다**[동][타][여] ¶안락사가 정당한 것인가 하는 것은 누구도 **단언할** 수 없다.

단역(端役)[명][영] 아주 짧은 대사만을 구사하거나 대사 없이 줄거리에 관계된 단순 동작만을 표현하는, 그리 중요하지 않은 역할. 또는, 그런 역할의 연기자. ¶ ~ 배우. ↔주역(主役). ▷엑스트라.

단¦연(斷然)[부] 확실히 단정할 만하게. =단연히. ¶바둑이라면 그가 ~ 앞선다.

단¦연-코(斷然-)[부] '단연'의 힘줌말. ¶남북통일은 ~ 이루어져야 한다.

단¦연-히(斷然-)[부] =단연.

단¦열(斷熱)[물] 열이 다른 곳으로 전달되거나 새어 나가지 않도록 막는 것. ¶ ~ 효과. **단¦열-하다**[동][타][여]

단열-재(斷熱材)[-째][명] 보온을 하거나 열을 차단하기 위해 쓰이는 재료. 유리 섬유·펠트·발포 플라스틱 따위.

단오(端午)[명] 명절의 하나. 음력 5월 5일로, 그네뛰기·씨름·활쏘기 등의 놀이를 즐기며, 여자들은 창포에 머리를 감는 풍습이 있음. 비단옷날.

단오-절(端午節)[명] '단오'를 명절로 이르는 말.

단오-날(端午-)[-온-][명] '단오'를 좀 더 구어적으로 이르는 말.

단원¹(單元)[명][교] 교과서에서, 다루는 주제나 내용에 따라 구별 지어 묶은 덩이.

단원²(團員)[명] 어떤 단체를 구성하는 사람. ¶잡홍단 ~.

단원-제(單院制)[명][법] 의회를 단일한 합의체로 구성하는 제도. ↔양원제.

단위(單位)[명] 1 길이·질량·시간 등 어떤

양을 수치로 나타낼 때, 비교 기준이 되도록 크기를 정한 양. 미터·그램·초 따위. **2** 하나의 집단·조직 등을 구성하는 기본적인 한 덩어리. ¶학급 ~로 행동하다. **3** 학습의 양을 계산하는 기준이 되는 것. 흔히, 학습 시간으로 나타냄.

단위성^의존^명사(單位性依存名詞)[-썽-] [명][언] 수효나 분량 등의 단위를 나타내는 의존 명사. '명', '마리', '미터' 따위. =명수사.

단ː음[1](短音) [명][언] =짧은소리. ↔장음.

단음[2](單音) [명] **1** [언] 음성의 최소 단위. 곧, ㅏ·ㅓ·ㅗ·ㅜ·ㅡ·ㅣ·ㅐ·ㅔ·ㅚ·ㄱ·ㄴ·ㄷ·ㄹ·ㅁ·ㅂ·ㅅ·ㅇ·ㅈ·ㅎ·ㄲ·ㄸ·ㅃ·ㅆ·ㅉ. **2** [음] 단일한 선율만을 내는 소리. ↔복음(複音).

단ː-음계(短音階)[-계/-게] [명][음] 서양 음악에서 쓰이는 두 종류의 7음 음계의 하나. 계명으로 '라' 음을 주음(主音)으로 함. ↔장음계.

단음절-어(單音節語) [명][언] 한 음절로 된 단어. '산', '강', '들' 따위.

단일(單一) [명] (사물이) 구성이나 내용이 단 하나로 되어 있는 것. ¶~ 후보 / ~ 품목. **단일-하다** [형][여] ¶**단일한** 구조.

단일-어(單一語) [명][언] 하나의 형태소, 특히 하나의 어근 형태소로 이루어진 단어. '책', '하늘', '먹다' 따위. ↔복합어.

단일-화(單一化) [명] 하나가 되는 것. 또는, 하나로 만드는 것. **단일화-하다** [동][자][타][여] ¶야권 후보를 ~. **단일화-되다** [동][자]

단자[1](單子) [명] **1** 부조(扶助)·선물 등 남에게 보내는 물건의 품목과 수량을 적은 종이. **2** 사주 또는 후보자의 명단 등을 적은 종이. ¶사주~.

단자[2](單子) [명][철] =모나드.

단ː자[3](短資) [명][경] 금융 기관이나 증권 회사 상호 간의 단기성 자금.

단자[4](端子) [명][물] 전기 회로의 끝에 붙여, 다른 회로나 소자와 접속하기 위한 기구. =터미널.

단자[5](團子·團餈) [명] 찹쌀가루를 반죽하여 삶아 치댄 다음, 밤·팥·대추 등의 소를 넣고 둥글게 빚어 꿀과 고물을 묻힌 떡.

단-자음(單子音) [명][언] 홑으로 소리 나는 자음. 곧, ㄱ·ㄴ·ㄷ·ㄹ·ㅁ·ㅂ·ㅅ·ㅇ·ㅈ·ㅎ·ㄲ·ㄸ·ㅃ·ㅆ·ㅉ의 열다섯 자음. ↔복자음. ▷단모음.

단ː자^회ː사(短資會社)[-회-/-훼-] [명][경] 재정 경제부 장관의 인가를 얻어 단기 금융업을 영위하는 주식회사.

단ː작-스럽다[-쓰-따] [형][ㅂ] 〈~스러우니, ~스러워〉 하는 짓이 보기에 매우 치사스럽고 다라운 데가 있다. ¶돈 몇 푼 빌려 주면서 **단작스럽게** 웬 단서가 그리 많노? **단ː작스레** [부]

단-잠 [명] 달게 자는 잠. ¶~을 깨우다.

단장[1](丹粧) [명] **1** 얼굴·머리·옷차림 따위를 곱게 꾸미는 것. **2** 건물·거리 따위를 깨끗하고 곱게 꾸미는 것. **단장-하다** [동][타][여] ¶집을 새로 ~. **단장-되다** [동][자]

단ː장[2](短杖) [명] 짧은 지팡이.

단장[3](團長) [명] '단(團)' 자가 붙은 단체의 우두머리. ¶선수단 ~.

단ː장[4](斷腸) [명] (주로 '단장의' 의 꼴로 쓰여) 몹시 슬퍼 창자가 끊어지는 듯함. ¶~의 슬픔.

단-적(端的)[-쩍] [관][명] 어떤 사실이 명백하게 드러나는 상태에 있는 (것). ¶~인 예 / ~ 증거.

단전[1](丹田) [명] 배꼽 아래로 한 치 다섯 푼 되는 곳.

단ː전[2](斷電) [명] 전기 기기의 수리나 전기 요금 미납 등의 이유로 전기의 공급을 끊는 것. ¶~ 조치. **단ː전-하다** [동][자][여] **단ː전-되다** [동][자]

단전-호흡(丹田呼吸) [명] 단전에 기를 모으는 호흡. 또는, 그 호흡을 통해 건강을 증진하고 신체를 단련하는 수련법.

단ː절(斷絶) [명] (유대나 관계나 사물 현상 등을) 더 지속되지 않도록 끊는 것. ¶외교 ~. **단ː절-하다** [동][타][여] ¶국교를 ~. **단ː절-되다** [동][자] ¶왕조가 ~.

단ː점(短點)[-쩜] [명] 사람이나 사물의 부정적 요소로 작용하거나 허물이 되는 점. [비]결점·약점. ↔장점.

단ː정(斷定) [명] (어떤 사실을) 틀림없는 것이라고 판단하여 그렇다고 결론을 내리는 것. 또는, (어떤 대상을 이러이러한 존재로) 딱 잘라 판단하여 결론을 내리는 것. **단ː정-하다**[1] [동][타][여] ¶그를 진범으로 **단정하기**는 어렵다. **단ː정-되다** [동][자]

단ː정-적(斷定的) [관][명] 단정하는 (것). ¶아직 뭐라고 ~으로 말하기는 어렵다.

단ː정-코(斷定-) [부] 딱 잘라 말할 수 있게. ¶내 ~ 말하지만 이번 일은 그의 소행임이 분명하다.

단정-하다[2](端正-) [형][여] **1** (사람의 몸의 자세나 용모가) 흐트러진 데가 없이 정돈되고 똑바른 상태에 있다. ¶옷을 **단정하게** 입다. **2** (사람의 행실이) 얌전하고 바르다. ¶품행이 ~. **단정-히** [부]

단ː조[1](短調)[-쪼] [명][음] 단음계로 된 곡조. =마이너. ↔장조. ▷단음계.

단조[2](鍛造) [명][공] 금속을 두들기거나 가압하여 필요한 형체로 만드는 것.

단조-롭다(單調-)[-따] [형][ㅂ] 〈~로우니, ~로워〉 단순하고 변화가 없어 지루한 느낌이 있다. ¶**단조로운** 생활. **단조로이** [부]

단종[1](端宗) [명][인] 조선의 제6대 왕(1441~1457).

단ː종[2](斷種) [명] **1** [생] 동물에서 정소나 난소를, 식물에서 수술이나 암술을 제거하여 생식 능력을 없애는 일. **2** (주로 '되다' 와 결합하여) 컴퓨터·자동차·항공기, 기타 전자 제품 등의 기종이 더 이상 생산되지 않게 되는 것. **단ː종-하다** [동][자][여] **단ː종-되다** [동][자] ¶486급 컴퓨터가 ~.

단ː죄(斷罪)[-죄/-줴] [명] (어떤 행위, 또는 그 행위를 한 사람을) 범죄 행위 또는 죄인으로 판단하거나 판결하여 처벌하는 것. **단ː죄-하다** [동][타][여] ¶쿠데타를 역사의 이름으로 ~.

단지[1] [명] 목이 짧고 배가 부른 작은 항아리. ¶꿀~ / 고추장 ~.

단지[2](團地) [명] 주택·공장·작물 재배지 등을 집단적으로 형성한 곳. ¶아파트 ~.

단ː지[3](斷指) [명] 자기 손가락을 자르는 일. 또는, 깨물어 피가 나오게 하는 일. **단ː지-하다** [동][자][여]

단ː지[4](但只) [부] 어떤 대상이나 사실이 적거나 대단찮은 범위에 국한됨을 나타내는 말. [비]다만·오직. ¶그것은 ~ 소문에 불과하다.

단-짝(單-) [명] 서로 뜻이 맞고 아주 친하여 늘 함께 어울리는 사람.

단청(丹靑) [명][건] 절·궁궐·누각 등의 벽·

기둥·천장 같은 데에 여러 가지 빛깔로 그림과 무늬를 그리는 것. 또는, 그 그림이나 무늬. **단청-하다** 통태여 〈새로 단 **청한** 고궁.
단체(團體) 명 같은 목적을 위해 결합한 사람의 무리. ¶~ 여행.
단체^교섭(團體交涉) 명(사) 노동조합과 사용자 사이에서 근로 조건 등을 둘러싸고 이루어지는 교섭.
단체^교섭권(團體交涉權) [-꿘] 명(법) 노동 삼권의 하나. 노동조합 대표자가 단체 교섭을 할 수 있는 권리.
단체-복(團體服) 명 일정한 격식에 맞게 같은 모양으로 만들어 단체 전원이 입는 옷.
단체-장(團體長) 명 지방 자치 단체나 사회단체 등의 장(長). ¶기초~ / 광역~
단체-전(團體戰) 명 단체 간에 행해지는 경기. ↔개인전.
단체^행동권(團體行動權) [-꿘] 명(법) 노동 삼권의 하나. 노동자가 사용자에 대하여 단결해서 여러 가지 쟁의 행위를 할 수 있는 권리.
단체^협약(團體協約) 명(사) 노동조합과 사용자 또는 사용자 단체 사이에 체결되는, 근로 조건에 관한 자치적 노동 법규.
단초(端初) 명 =실마리.
단출-하다 형여 '단출하다'의 잘못.
단:총(短銃) 명(군) 길이가 짧아한 총. ¶기관~. ↔장총.
단추 명 1 덮기 편하게 벌어져 있거나 떨어져 있는 옷의 부분을 다시 맞대어 여미기 위해, 한쪽 부분에 달아서 다른 쪽에 낸 구멍에 끼우도록 한 물건. 1을 끼우다[그르다]. 2'똑딱단추'의 준말. 3 '누름단추'의 준말.
단:축(短縮) 명 (시간이나 거리 등을) 짧게 줄이는 일. ¶~ 수업. ↔연장. **단:축-하다** 통여 **단:축-되다** 통재
단:축^마라톤(短縮marathon) 명(체) 정규 마라톤보다 짧은 장거리 도로 경주.
단:축-키(短縮key) 명(컴) 컴퓨터 자판에서, 특정 기능을 수행하도록 지정된 키.
단출-하다 형여 1 식구나 구성원이 적어 홀가분하다. ¶식구가~. 2 (일이나 차림이) 간편하다. ×단촐하다. **단출-히** 부
단춧-구멍 [-추꾸-/-춛꾸-] 명 1 단추를 끼울 수 있도록 옷에 뚫어 놓은 구멍. 2 단추를 달 때 실을 꿰기 위해 단추에 뚫은 구멍.
단층[1](單層) 명 1 단 하나의 층. ¶~ 건물. ↔복층. 2 '단층집'의 준말.
단:층[2](斷層) 명 1 지각 변동으로 지층이 갈라져서, 한쪽은 가라앉고, 다른 쪽은 솟아 서로 어긋나 있는 현상. 또는, 그 지형.
단:층-애(斷層崖) 명(지) 단층에 의하여 생긴 낭떠러지.
단:층-집(斷層-)[-찝] 명 하나의 층으로 지은 집. ⓒ단층.
단:층^촬영(斷層撮影) 명(의) 검사하고자 하는 곳의 단면만을 사진으로 찍는 엑스선 검사 방법. 폐 질환이나 각종 장기(臟器)의 진단에 쓰임.
단:침(短針) 명 1 짧은 바늘. 2 =시침(時針). ↔장침.
단-칸(單-) 명 방 따위의, 단 한 칸.
단-칸-방(單-房)[-빵] 명 집에 방이 한 칸밖에 없는 상태. 또는, 그 방. ¶~에 세

들어 살다. ×단간방.
단칼-에(單-) 1 칼을 딱 한 번 사용하거나 휘둘러. ¶목을 ~ 자르다[베다]. 2 어떤 일을 함에 있어, 머뭇거림 없이 또는 단호하게. ¶친구의 청을 ~ 거절했다.
단:타(短打) 명(체) 야구에서, 주자의 진루를 위해 베트를 짧게 잡고 정확하게 치는 타법. ↔장타.
단테, 알리기에리(Dante, Alighieri) 명(인) 이탈리아의 시인(1265~1321).
단:파(短波) 명 파장이 10~100m인 전파. 원거리 통신에 쓰임.
단:파^방:송(短波放送) 명 단파를 사용하는 방송. 주로 원격지를 위한 국내 방송이나 해외 방송 등에 쓰임.
단-판(單-) 명 단 한 번에 승부를 정하는 판. ¶~으로 승부를 내다.
단-팔목[-판-] 명 팥 앙금에 설탕과 한천을 넣고 조려서 군힌 과자. ¶양갱.
단-팥죽(-粥)[-판쭉] 명 팥을 삶아 으깨어 설탕을 넣고 달게 만든 음식. 그 속에 찹쌀 새알심을 넣기도 함.
단:편[1](短篇) 명 소설·만화·영화 등이 길이가 짧은 상태. 또는, 그 소설이나 만화나 영화. ↔장편.
단:편[2](斷片) 명 1 끊어지거나 쪼개진 조각. 2 전반에 걸치지 않은 토막진 일부분.
단:편^소:설(短篇小說) 명(문) 단일한 구성으로 인생의 한 단면을 압축하여 제시하는, 길이가 짧은 소설. 분량이 200자 원고지 100매 정도임. ↔장편 소설.
단:편-적(斷片的) 명 전반에 걸치지 못하고 한 부분에 국한된 (것). ¶~ 지식.
단:평(短評) 명 짧고 간단한 비평. 비촌평. ¶시사(時事) ~.
단표-누항(簞瓢陋巷) 명 ['도시락과 표주박과 누추한 거리'라는 뜻] 소박한 시골 살림을 비유하여 이르는 말.
단품(單品) 명 1 단일 종류의 상품. 특히, 다른 종류의 상품과 세트를 이뤄야만 완전해지는 상품. ¶최근 정장 세트보다 ~류의 판매가 늘다.
단풍(丹楓) 명 1 (식) '단풍나무'의 준말. 2 기후의 변화로 식물의 잎이 적색·황색 등으로 변하는 현상. 또는, 그 잎. ¶~이 곱게 물든 가을 산. 3 =풍(楓)[3].
단풍-나무(丹楓-) 명(식) 잎이 손바닥 모양으로 5~7갈래로 깊이 갈라지며, 가을에 빨간색으로 아름답게 단풍이 드는 낙엽 교목. 관상용으로 널리 가꿈. ⓒ단풍.
단풍-잎(丹楓-)[-닙] 명 1 단풍이 든 나뭇잎. 2 단풍나무의 잎.
단합(團合) 명 (집단의 구성원이) 마음을 하나로 모아 뭉치는 것. 비단결. ¶~ 대회. **단합-하다** 통재여 **단합-되다** 통재
단항-식(單項式) 명(수) 숫자와 몇 개의 문자의 곱으로만 이루어진 정식. 3ab 은 $2x^2y$ 따위. ↔다항식.
단:행(斷行) 명 (어떤 일을) 결단하여 실행하는 것. **단:행-하다** 통타여 ¶인사이동을 ~. **단:행-되다** 통재
단행-본(單行本) 명 총서·전집·잡지 등이 아닌, 단 한 권으로 간행된 책. ▷전집.
단:호-하다(斷乎-) 형여 (태도나 입장이) 매우 과단성있고 엄하다. ¶단호한 태도. **단:호-히** 부 ¶요구를 ~ 거절하다.
단화(短靴) 명 발목이 복사뼈를 덮지 않고 발등을 덮으며 굽이 낮은 구두.
닫다[1][-따] 통재타다 <닫으니, 달아> (사

268 _ 닫다

람이나 네발짐승이) 다리를 빨리 움직여 이동하다.
[닫는 말에 채찍질한다] 잘되어 가는 일을 더 잘되도록 북돋워 준다. '주마가편(走馬加鞭)'과 같은 말.

닫다²[-따] 图(타) 1 (문을) 드나들거나 바람이 통하거나 하지 못하도록 막힌 상태가 되게 움직이다. ¶창문을 ~. 2 (뚜껑이나 마개, 서랍 등을) 그릇이나 병 등의 안이 바깥과 통하지 않게, 또는 서랍의 안이 나타나지 않게 들어가 막거나 밀어 넣다. ¶병마개를 ~. 3 (가게나 공장 등을) 그 영업이나 업무를 얼마 동안 마치다. ¶오늘은 가게를 일찍 **닫았다**. 4 (말하는 입을) 다물어 말하지 않는 상태를 이루다. ¶그는 시의 집요한 추궁에 말문을 **닫아** 버렸다. ↔열다.

닫아-걸다 圀(<~거니, ~거요) (문·창 등을) 닫고 잠그다.

닫-치다 圀(타) '닫다'¹·²의 힘줌말.

닫-히다[다치-] 图 '닫다'의 피동사. ¶문이 잘 **닫히지** 않는다.

닫힌-회로(-回路)[다친회-/다친훼-] 圀[전] 전기 회로에서, 전류가 계속 흐를 수 있는 회로. ↔열린회로.

달 圀 1[天] 1[천] 지구의 둘레를 약 28일에 한 번씩 도는, 지구의 유일한 위성. 밤에 하늘에 떠서 햇빛을 반사하여 밝은 빛을 냄. ¶~이 이지러지다[차다]. 2 한 해를 12로 나눈 것의 하나. ¶작은~과 큰~. 2[의존] 한 해를 12로 나눈 것의 하나를 세는 단위. ¶두~.
[달도 차면 기운다] 세상 만물에는 흥망성쇠가 있다.
달(이) **차다** 아이를 배어 낳을 달이 되다.

달가닥 凰 단단하고 작은 물건이 가볍게 부딪칠 때에 맞닿아서 나는 소리. ¶부엌에서 ~ 소리가 나다. 邑덜거덕. 圀딸가닥. **달가닥-하다** 图(자)(타)

달가닥-거리다/-대다[-꺼-때-] 图(자)(타) 잇달아 달가닥 소리가 나다. 또는, 그리되게 하다. ¶**달가닥거리며** 설거지를 하다. 邑덜거덕거리다.

달가닥-달가닥[-딸-] 凰 달가닥거리는 소리. 邑덜거덕덜거덕. **달가닥달가닥-하다** 图(자)(타)

달가워-하다 图(타) 달갑게 여기다.

달갑다[-따] 圐(<달가우니, 달가워) (어떤 대상이나 일이) 마음에 맞거나 들어 좋게 여겨지거나 받아들일 만한 상태에 있다. ¶**달갑지** 않은 손님.

달개비 圀[식] =닭의장풀.

달걀 圀 닭이 낳은 알. =계란.
[달걀로 바위 치기] 대항해도 도저히 이길 수 없다. '이란격석(以卵擊石)'과 같은 말. [달걀로 치면 노른자다] 가장 중요한 부분이다.

달걀-귀신 (-鬼神) 圀[민] 달걀 모양으로 생겼다는 귀신.

달걀-꼴 圀 달걀의 모양. =난상(卵狀). 邑계란형.

달걀-노른자[-로-] 圀 1 달걀 속의 노란 부분. 2 사물의 가장 중요한 부분을 비유적으로 이르는 말.

달걀-말이 圀 =계란말이.

달걀-형(-形) 圀 =계란형. ¶~ 얼굴.

달걀-흰자[-힌-] 圀 달걀 속의 흰 부분.

달-거리 圀 1[생] =월경(月經)¹. 2[문

한 해 열두 달의 순서에 따라 노래한 시가의 형식. =월령체.

달관(達觀) 圀(타) 사소한 일에 얽매이지 않고 사물의 진실을 꿰뚫어 봄으로써 세속을 벗어나 높은 경지에 이르는 것. 또는, 그런 경지. ¶~의 경지. **달관-하다** 图(자)(타) ¶인생을 ~.

달구 圀 집터의 땅을 단단히 다지는 데 쓰이는 기구. 목달구·쇠달구가 있다.

달구다 图(타) 1 (쇠나 돌을) 불에 대어 뜨겁게 하다. 2 (방 따위를) 불을 때어 몹시 덥게 하다. 3 (어느 곳이나 그곳의 분위기를) 흥분이나 열기 등으로 뜨겁게 하다. ¶힘찬 구호와 함성이 장내 분위기를 한껏 **달구었다**.

달구지 圀 1[어휘] 소나 말이 끄는 짐수레. ¶소~. 2[의존] 달구지의 수로써 거기에 실린 물건을 세는 단위. ¶집 세~.

달구-질 圀 달구로 집터나 땅을 단단히 다지는 일.

달그락 凰 작고 단단한 덩이가 맞부딪치거나 스쳐서 나는 소리. 邑덜그럭. 圀딸그락. **달그락-하다** 图(자)(타)

달그락-거리다/-대다[-꺼-때-] 图(자)(타) 계속 달그락 소리가 나다. 또는, 그런 소리를 내다. 邑덜그럭거리다.

달그락-달그락[-딸-] 凰 달그락거리는 소리. 邑덜그럭덜그럭. **달그락달그락-하다** 图(자)(타) ¶쥐가 천장에서 ~.

달-그림자 圀 1 어떤 물체가 달빛에 비쳐 생기는 그림자. 2 물이나 거울 따위에 비친 달의 그림자. ¶호수에 ~가 비치다.

달-나라[-라-] 圀 '달[1]'을 인간에게 친화감이 있는 세계로서 이르는 말. 邑월세계.

달님[-림] 圀 '달[1]'을 인격화하여 다정하게 이르는 말. ▷해님.

달다¹ (달고 / 달아) 图(자) 1 (다니다, 다오다) (쇠나 돌, 또는 불이 붙은 연탄이나 석탄 등이) 열을 받거나 불기운이 세어져서 뜨거워지거나 벌겋게 되다. ¶난로가 빨갛게 ~. 2 (사람의 얼굴이) 부끄럽거나 화가 나거나 흥분하거나 하여 뜨거워지거나 벌겋게 되다. ¶부끄러워 얼굴이 빨갛게 ~. 3 (몸이나 마음이) 조바심으로 안절부절 못하다. ¶몸이 ~ / 애가 ~.

달다² 图(타) (다니다, 다오다) 1 (어떤 물건을 보다 큰 물체에) 끈이나 줄 따위로 매거나 물건의 일부를 갖다 붙여서 떨어지지 않게 하다. ¶옷에 단추를 ~. 2 (건물이나 구조물에 어떤 장치를) 갖추어 그것을 쓸 수 있는 상태가 되게 하다. ¶주방에 환풍기를 ~. 3 (사람을) 오거나 가거나 할 때 곁에 두거나 따르게 하다. ¶비례다. ¶그는 꼭 친구를 **달고** 다닌다. 4 (글이나 말에 토나 주석, 또는 한자음 따위를) 덧붙이거나 보태다. ¶남의 말에 토를 ~. 5 (장부 따위에) 적어서 올리다. ¶술값은 내 앞으로 달아 놓으시오. 6 (이름·제목 따위를) 정하여 붙이다. ¶제목부터 **달아라**. 7 (윷 등의 놀이판에서) 처음으로 말을 놓다. 8 (신랑을) 거꾸로 매달아 발바닥을 때리며 곤욕을 주다.

달다³ 图(타) (다니다, 다오다) (저울 따위로 물건의 무게를) 얼마인지 알아보다. ¶쇠고기로 두 근만 **달아** 주시오.

달다⁴ (**'달라'**, **'다오'**의 꼴로만 쓰여) 1[본동] 남이 나에게 무엇을 주기를 청하다. ¶자유가 아니면 죽음을 **달라**. 2[보조동]

달리다__269

(동사의 어미 '-아', '-어' 다음에 쓰여) 남이 나에게 어떤 행동을 해 줄 것을 청하다. ¶제발 나를 좀 도와 **다오**.
달다⁵ 혱〈다니, 다오〉**1** (먹거나 마시는 대상이) 혀로 느끼기에 꿀이나 설탕의 맛과 같다. ¶달콤하다. ¶수박이 ~. ↔쓰다. **2** (음식이) 입맛이 당기도록 맛이 있다. ¶밥을 달게 먹다. **3** (잠이) 깊이 깨고 싶지 않은 상태이다. 또는, (잠이) 깊고 충분하여 만족스럽다. ¶잠을 **달게** 자다. **4** (주로 '달게'의 꼴로 쓰이) 마땅하여 기쁘다. ¶상대의 비난을 **달게** 여기다.
[**달면 삼키고 쓰면 뱉는다**] 원칙이나 신의를 저버리고 자기의 이익만 꾀한다.
달다 쓰다 말이 없다 아무런 반응도 나타내지 않다. ¶**달다 쓰다 말이 없으니** 그 속을 알 수가 있어야지.
달달¹ 뭐 무섭거나 추워서 몸을 몹시 떠는 모양. ¶겁이 나서 ~ 떨다. 웹덜덜.
달달² 뭐 **1** 콩·깨 따위를 휘저으며 볶거나, 맷돌에 가는 모양. **2** 사람을 못 견디게 들볶는 모양. ¶돈을 내라고 ~ 볶다. 웹들들. **3** '줄줄⁴'의 잘못.
달달-거리다/-**대다** 자동 **1** 계속 달달 떨다. **2** 작은 바퀴 따위가 단단한 바닥을 구르면 흔들리는 소리가 자꾸 나다. 또는, 그런 소리를 자꾸 내다. 웹덜덜거리다. 엔딸딸거리다.
달달-이 '다달이'의 잘못.
달-덩이[-떵-] 몡 둥글고 환하게 생긴 사람의 얼굴을 비유하여 이르는 말.
달-동네[-똥-] 몡 도시 주변의 고지대에 영세민들이 밀집해 사는 동네.
달-떡 몡 달 모양으로 둥글게 만든 흰떡. =월병.
달:-뜨다 자동〈~뜨니, ~떠〉 (마음이) 가라앉지 않고 들썽거리다. 웹들뜨다.
달라붙다[-붇-] 자동〈~붙어〉**1** (물건이나 일부 연체동물의 몸이 무엇에) 끈기 있게 찰싹 붙다. ¶젖은 옷이 몸에 ~. **2** (사람이 다른 사람에게) 친근감을 강하게 느끼고 가까이 있으려고 하다. ¶아이가 착 **달라붙어** 떨어질 줄 모른다. **3** (사람이 어떤 일에) 집중하여 끈기 있게 하다. ¶그는 그 책에 **달라붙어** 있다. 웹들러붙다.
달라이^라마(Dalai Lama) 몡 ['달라이'는 몽골 어로 '바다', '라마'는 티베트 어로 '스승'의 뜻] 종 티베트의 종교·정치상의 최고 지배자의 칭호.
달라-지다 자동 (대상이) 전과 다른 상태가 되다. 비변하다. ¶분위기가 ~. ↔같아지다.
달랑 뭐 **1** 작은 방울 따위가 한 번 흔들려 나는 소리. **2** 하나가 매달려 있거나 남아 있는 모양. **3** 앞뒤를 헤아리지 못하고 경솔하게 행동하는 모양. **4** 지니거나 딸린 것이 적어 홀가분한 모양. ¶가방 하나만 ~ 들고 상경했다. **5** 여럿 중에서 하나만 남아 있는 모양. ¶혼자 ~ 남다. 웹덜렁. 엔딸랑.
달랑-거리다/-**대다** 뭐 물체가 매달려 자꾸 흔들리다. 또는, 그렇게 흔들리며 소리를 내다. 웹덜렁거리다. 엔딸랑거리다.
달랑-달랑 뭐 달랑거리는 모양. 또는, 그 소리. 웹덜렁덜렁. 엔딸랑딸랑. **달랑달랑-하다**¹ 자동 엔딸랑딸랑하다.
달랑달랑-하다² 혱 (돈·양식 등이) 거의 다 쓰여 곧 없어지게 될 상태에 있다. ¶주머니에 돈이 ~.
달래 몡[식] 들에 자라며, 땅속에 둥글고 흰 비늘줄기가 있는 여러해살이풀. 4월에 흰색 또는 붉은색 꽃이 핌. 비늘줄기는 매운맛이 있으며 식용함.
달래다 타동 **1** (기분이 좋지 않거나 불만이 있거나 말을 잘 듣지 않는 사람을) 기분이 좋아지게 구슬리거나 좋은 말로 타이르다. ¶우는 아이를 ~. **2** (사람이 자신의 그리움·외로움·우울증·불만 등의 감정을 어떤 행동으로) 풀어서 가라앉히다. ¶술로 울분을 ~.
달러(dollar) 몡 **1** [①론] 미국의 화폐 단위. 1달러는 100센트. 기호는 $. =불(佛). **2** 오스트레일리아·캐나다·뉴질랜드·말레이시아·싱가포르 등의 화폐 단위. **2**(略) 1 '달러화'를 뜻하는 말. ¶~ 가치가 하락하다. **2** '외화(外貨)'를 비유적으로 이르는 말. ¶~를 벌어들이다.
달러-돈(dollar-) 몡 **1** =달러화. **2** 달러로 된 돈.
달러^박스(dollar box) 몡 외화를 많이 벌어들이는 품목이나 존재. ¶한때 섬유 수출은 한국의 ~였다.
달러^블록(dollar bloc) 몡[경] 통화 준비를 달러로 보유하고, 거래를 주로 달러를 표준으로 하는 등 금융·경제상 미국의 달러를 중심으로 결합한 일군의 국가.
달러-이자(dollar利子) 몡 한 달 단위가 아니라 하루 단위로 이자가 붙는 방식의 높은 이자.
달러-화(dollar貨) 몡 달러를 화폐 단위로 하는 것. =달러돈.
달려-가다 자동(어)[거리] 〈~가거라〉 달음질하여 빨리 가다. ¶쏜살같이 ~.
달려-들다 자동〈~드니, ~드오〉**1** (사람이나 동물이 다른 사람이나 동물에게) 빠른 동작으로 다가들다. ¶강도가 칼을 들고 ~. **2** (사람이) 적극적인 태도로 일에 임하다. ¶모두 **달려들어** 일을 끝내다.
달려-오다 자동(어) 〈~오너라〉 달음질하여 빨리 오다. ¶먼 길을 단숨에 ~.
달력(-曆) 몡 1년 중의 월(月)·일(日)·24절기·요일·행사일 등의 사항을 날짜를 따라 적어 놓은 것. =캘린더.
달리¹ 뭐 **1** 좋은 수가 없을까?
달리², 살바도르 (Dali, Salvador) 몡[인] 에스파냐의 화가(1904~1989).
달리-기 몡 일정한 거리를 두 다리로 얼마나 빨리 달리는지를 겨루는 일. 또는, 건강을 위해 빨리 달리는 일. 몡경주. **달리기-하다** 자동(어)
달:-리다¹ 자동〈어〉**1** '달다'의 피동사. ¶대문에 문패가 **달려** 있다. **2** (큰 물체에 작은 물체가) 그 일부를 이루거나 자연적으로 생겨 붙어 있는 상태가 되다. ¶나무에 감이 ~. **3** (어떤 사람에게 가족이나 식구가) 속해 있는 상태가 되다. ¶김 과장은 **달린** 식구가 다섯이다. **4** (어떤 일이나 상태가 어떤 것에) 의존하거나 영향을 받는 상태가 되다. ¶사업의 성패는 네게 **달렸다**.
달리다² 자동〈어〉(재물·기술·힘 따위가) 뒤를 잇대지 못하거나 모자라다. ¶체력이 ~. × 딸리다.
달:리다³ 자동 **1** '달다'의 사동사. (말이나 자동차·비행기 등이) 빠른 속도로 움직이는 곳에서 다른 곳으로 가게 하다. ¶화랑 관창은 말을 **달려** 적진에 뛰어들었다. **2** (사람이나 네발짐승, 차·배 등이 어느 곳)

을) 빠른 속도로 이동하다. ¶고속도로를 쌩쌩 **달리는** 자동차. **3** (진행 중인 어떤 경쟁에서 어떤 순위를) 기록하다. ¶현재 1위를 **달리고** 있는 팀. [2][자] **1** (사람 또는 동물이) 두 다리나 네 다리를 번갈아 움직이면서 한 걸음을 내딛는 동안 두 발 또는 네 발이 땅에 떨어져 있는 상태로 빠르게 나아가다. [비]뛰다. ¶육상 선수가 전력을 다해 **달린다**. **2** (자동차·열차·배 등이) 그것이 낼 수 있는 보통 이상의 속도로 한 곳에서 다른 곳으로 가다. ¶푸른 파도를 가르면서 **달리는** 쾌속정.
[**달리는 말에 채찍질**] 잘하거나 잘되어 가는 일을 더 잘하거나 잘되도록 몰아침을 이르는 말. '주마가편(走馬加鞭)'과 같은 말.

달리아(dahlia) [명][식] 알뿌리로 번식하며, 7월부터 늦가을까지 흰색·붉은색·자주색의 크고 둥근 꽃이 피는 여러해살이풀. 관상용으로 가꿈. ×다알리아.

달리-하다 [동][타][여] (사정·조건 등을) 서로 다르게 가지다. ¶의견을 ~. ↔같이하다.

달마[1](達磨) [명] [<[범]dharma] [불] 법·진리·본체·궤범(軌範)·교법·이법(理法) 등의 뜻으로 이르는 말.

달마[2](達磨) [명][인] 중국 선종(禪宗)의 시조(?~534?).

달마티안(Dalmatian) [명][동] 개의 한 품종. 털이 짧고 흰 바탕에 검은 얼룩점이 흩어져 있음. 발이 빠르고 튼튼하며, 애완용으로 기름.

달-맞이 [명][민] 음력 정월 보름날 밤에, 산이나 들에 나가 달이 뜨기를 기다려 소원을 빌거나 달빛에 따라 그해의 풍흉을 점치는 풍습. **달맞이-하다** [동][자][여]

달맞이-꽃[-꼳] [명][식] 길가나 물가에 흔히 자라며, 7월에 노란 꽃이 밤에만 피는 두해살이풀. 씨를 약용함.

달-무리 [명] 달 언저리에 둥그렇게 생기는 구름 같은 허연 테. ¶~가 서다[지다]. ▷햇무리.

달-밤[-빰] [명] 달이 떠서 밝은 밤.
달밤에 체조하다 격에 맞지 않는 짓을 하다. 빈정거리는 투의 속된 말임.

달-변[1](-邊)[-뼌] [명] 달로 계산하는 변리. =월리(月利). ▷날변.

달변[2](達辯) [명] 말솜씨가 있어 말을 막힘이 없이 잘하는 상태. 또는, 그런 솜씨. [비]능변. ¶그는 ~으로 상대방을 휘어잡았다. ↔눌변.

달-빛[-삗] [명] 달에서 비쳐 오는 빛. =월광(月光)·월색(月色). ¶~이 어리다.

달성(達成)[-썽] [명] (뜻한 바를) 노력하여 이루는 것. **달성-하다** [동][타][여] ¶목적을 ~. **달성-되다** [동][자] ¶수출 목표가 ~.

달^세뇨([이]dal segno) [명][음] 도돌이표의 하나. 이곳에서 '𝄋' 표까지 돌아와 Fine 또는 '·'에서 끝마침. 기호는 D.S..

달-수(-數)[-쑤] [명] 달의 수효.

달싹-거리다/-대다[-꺼(때)-] [동][자][타] 자꾸 달싹이다. ¶물이 끓기 시작하자 주전자 뚜껑이 **달싹거렸다**. [큰]들썩거리다.

달싹-달싹[-딸-] [부] 달싹거리는 모양. [큰]들썩들썩. **달싹달싹-하다** [동][자][타][여]

달싹-이다 [동] [1][자] **1** (좀 가벼운 물건이) 들렸다 가라앉았다 하다. ¶밥이 끓어 솥뚜껑이 ~. **2** (어깨·궁둥이가) 가볍게 위아래로 움직이다. [2][타] **1** (좀 가벼운 물건을) 들었다 놓았다 하다. **2** (어깨·궁둥이를) 가볍게 위아래로 움직이다. ¶가녀린 어깨를 **달싹이며** 울다. [큰]들썩이다.

달싹-하다[-싸카-] Ⅰ [동][자][타][여] **1** (좀 가벼운 물건이) 한 번 들렸다가 가라앉다. 또는, (좀 가벼운 물건을) 한 번 들렸다가 가라앉게 하다. **2** (어깨나 궁둥이가[를]) 무겁게 한 번 위아래로 움직이다. [큰]들썩하다.
Ⅱ [형][여] 약간 떠들려 있다. [큰]들썩하다.

달아-나다 [동][자] **1** (사람이나 동물이) 피하거나 쫓겨 어떤 대상으로부터 멀어지도록 빨리 뛰거나 이동하다. [비]도망하다. ¶남의 물건을 훔쳐 ~. **2** (달려 있거나 붙어 있던 것이) 떨어져 나가다. ¶양복 단추가 어디로 **달아나고** 없다. **3** (일의 의욕이나 생리적 욕구나 어떤 느낌이) 어떤 일로 인하여 대번에 사라지다. ¶졸음이 ~.

달아-매다 [동][타] 아래로 처지게 잡아매다. ¶나무에 그네를 ~.

달아-오르다 [동][자][르] 〈~오르니, ~올라〉 **1** (쇠붙이 따위가) 열을 받아 뜨거워지다. ¶쇠가 빨갛게 ~. **2** (얼굴이나 몸이) 부끄러움을 느끼거나 열이 나서 뜨거워지다. ¶감기 몸살로 몸이 뜨겁게 ~. **3** (군중들이 이루는 분위기가) 기쁨이나 흥분 등으로 들뜨고 설레는 상태가 되다. ¶선거 열기가 뜨겁게 **달아올랐다**.

달음 [명] ('그 달음으로'의 꼴로 쓰여) 어떤 행동의 여세를 몰아 계속함을 나타내는 말.

달음박-질[-찔] [명] 두 다리로 급하게 빨리 달리는 일. 또는, 빨리 달리는 것을 겨루는 일. [비]달음질·뜀박질. **달음박질-하다** [동][자][여]

달음박질-치다[-찔-] [동][자] 힘차게 달음박질하다.

달음-질 [명] **1** 빠르게 뛰어가는 일. [비]달음박질. **2** 추상적 대상을 향해 빠르게 가는 것을 비유적으로 이르는 말. **달음질-하다** [동][자][여] ¶최고의 목표를 향해 ~.

달음질-치다 [동][자] 힘차게 달음질하다.

달이다 [동][타] **1** (액체 따위를) 끓여서 진하게 만들다. ¶장을 ~. **2** (한약 따위를) 물에 넣고 끓여서 우러나오게 하다. ¶보약을 ~.

달인(達人) [명] 어떤 기술이나 재능이 아주 뛰어난 수준에 이른 사람. ¶~의 경지.

달짝지근-하다[-찌-] [형][여] 약간 달콤한 맛이 있다. [큰]들쩍지근하다. [거]달착지근하다.

달착지근-하다[-찌-] [형][여] '달짝지근하다'의 거센말. [큰]들척지근하다.

달콤새콤-하다 [형][여] 조금 달면서 새콤한 맛이 있다. ¶**달콤새콤하게** 무친 도라지.

달콤-하다 [형][여] **1** (어떤 음식이나 먹는 물질이) 입맛이 끌리게 달다. ¶부드럽고 **달콤한** 아이스크림. [큰]달큼하다. **2** (남녀 간의 사랑과 관련된 일이) 관능적으로 즐거운 상태에 있다. ¶**달콤한** 키스. **3** (사람의 말이) 얼른 듣기에 혹하게 하는 상태에 있다. ¶**달콤한** 말로 여자를 유혹하다. **4** (잠이) 흡족하여 기분이 좋은 상태에 있다. ¶**달콤한** 잠. **달콤-히** [부]

달큼-하다 [형][여] (음식이나 물질이) 조금 단맛이 있다. [큰]들큼하다. [작]달콤하다. **달큼-히** [부]

달통(達通) [명] 사물의 이치에 깨우침이 있어 막힘이 없게 되는 것. [비]통달. **달통-하다** [동][자][여] ¶천문·지리에 ~.

달-팔십(達八十) [-씹] 圀 〔중국의 강태공이 80세에 정승이 된 후 80년을 호화롭게 살았다는 데서〕 호화롭게 삶을 이르는 말. ▷궁팔십.

달팽이 圀(동) 숲이나 풀밭에 살며, 나선상의 껍데기 속에 부드러운 살이 들어 있는 연체동물. 머리에 2쌍의 촉각이 있음.

달팽이-관(-管) 圀(생) 포유류·조류의 내이(內耳)에 있는, 달팽이 껍데기처럼 생긴 기관. 청각을 담당함.

달-포 圀 한 달 이상이 되는 동안. ¶그 사람, 한 ~ 전에 만난 뒤로 통 못 보았다. ▷해포.

달필(達筆) 圀 글씨를 솜씨 있게 잘 쓰는 상태. 또는, 그런 솜씨.

달-하다(達-) 图(재) 1 (사물이 꽤 많은 수량이나 비교적 높은 정도에) 미치거나 이르다. ¶수천만에 **달하는** 인구. 2 (사물이 어느 곳이나 대상에) 이르러 닿거나 미치다. 图(타) (어떤 목적을) 뜻대로 이루다.

닭 [닥] 圀(동) 머리에 붉은 볏이 있고, 다리가 2개이나, 날개는 있으나 퇴화하여 잘 날지 못하는 집짐승. 고기와 알을 먹기 위해 기름. 어린 것은 '병아리'라 함. [**닭 소 보듯, 소 닭 보듯**] 서로 아무 관심도 두지 않음의 비유. [**닭 잡아먹고 오리 발 내놓기**] 자신이 저지른 일이 드러나게 되자 엉뚱한 수단으로 남을 속이려 한다. [**닭 쫓던 개 지붕 쳐다보듯**] 애써 하던 일이 실패로 돌아가거나 남보다 뒤떨어져 어찌할 수 없게 됨을 이르는 말.

닭-고기 [닥-] 圀 사람이 식용 대상으로 삼는 닭의 살. 특히, 굽거나 삶거나 튀기거나 한 것을 가리킴.

닭곰-탕(-湯) [닥꼼-] 圀 닭을 푹 고아 맛이 국물에 우러났을 때 살을 뜯어 양념한 뒤 다시 닭 국물을 넣고 끓인 음식.

닭-대가리 [닥때-] 圀 기억력이 좋지 못하고 어리석은 사람을 조롱하는 말.

닭도리-탕(-⊖鳥/とり 湯) [닥-] 圀 '닭볶음탕'으로 순화.

닭-똥 [닥-] 圀 닭이 배설한 똥. =계분. **닭똥 같은 눈물** '매우 방울이 굵은 눈물'을 비유적으로 이르는 말. ¶철수는 선생님의 꾸중에 ~만 뚝뚝 떨어뜨렸다.

닭-똥집 [닥-찝] 圀 닭의 모래주머니를 속되게 이르는 말.

닭-띠 [닥-] 圀(민) 닭해에 난 사람의 띠.

닭볶음-탕(-湯) [닥뽂-] 圀 닭고기를 토막 쳐서 양념과 물을 넣고 끓인 음식.

닭-살 [닥쌀] 圀 1 털 뽑은 닭의 살가죽처럼 잘게 돋아진 돌기가 도돌도돌 돋아 있는 살갗. 2 '소름'을 속되게 이르는 말. 3 하는 행동이 거슬러 눈꼴신 상태. 비유적인 말임. ¶~ 커플 / ~이 돋다.

닭-싸움 [닥-] 圀 1 닭끼리 싸움을 붙여 이를 보고 즐기거나 내기를 하는 놀이. =투계(鬪鷄). 2 한쪽 다리를 손으로 잡고 외다리로 뛰면서 상대를 밀어 넘어뜨리는 놀이.

닭의장-풀(-欌-) [-의-/-에-] 圀(식) 들이나 길가에 흔하게 자라며, 여름에 하늘색 꽃이 피고, 줄기는 마디가 굵은 한해살이풀. 어린잎과 줄기는 식용하고, 잎은 약용하며, 꽃은 염색용으로 씀. =달개비.

닭-장(-欌) [닥짱] 圀 닭을 가두어 두는, 철망 따위로 둘러친 시설물. =계사(鷄舍).

닭장-차(-欌車) [닥짱-] 圀 죄수 등을 태우기 위하여 철망을 둘러친 차를 속되게 이르는 말.

닭-짓 [닥쩐] 圀 〈속〉 어리석은 행동.

닭-찜 [닥-] 圀 닭을 잘게 토막 쳐서 양념을 하여 국물이 바특하게 푹 삶은 음식.

닭-해 [다캐] 圀(민) =유년(酉年)².

닮다 [담따] 图(재) / 담아) 图(사람이나 그 밖의 대상이 다른 사람이나 대상과(을)) 생김새나 됨됨이에 있어서 자연적으로 또는 우연히 비슷한 상태를 보이다. ¶넌 아버지를 꼭 **닮았구나**. 2 (어떤 사람을) 본을 삼아 그대로 좇아 행동하다. ¶제발 형 좀 **닮아라**.

닮은 도형[-쑤] 크기만 다르고 모양이 같은 둘 이상의 도형.

닮음 圀(수) 크기가 다른 두 다각형이 대응각과 대응변의 비가 같아서 확대 또는 축소하면 서로 완전히 겹치는 일.

닮음-비(-比) 圀(수) 닮은꼴의 관계에 있는 도형의 대응하는 두 선분의 비.

닳다 [달타] 图(재) 1 (어떤 물체가) 다른 물체와 자주 스치거나 문질러서 그 물체가 조금씩 깎이거나 없어지는 상태가 되다. ¶구두 뒷굽이 ~. 2 (액체가) 끓어서 그 부피가 줄어들다. ¶찌개가 **닳아서** 짜다. 3 (사람이) 세상의 온갖 일을 많이 겪어 약아지거나 교활해지다. ¶물장사 10년에 **닳고 닳은** 여자. 4 (주로, '닳도록'의 꼴로 쓰여) 어떤 행동을 수없이 되풀이하여 그 행동을 한 부분이 마찰이 없어질 지경이 되다. 행동의 반복성을 강조한 구어체의 말임. ¶발이 닳도록 드나들다.

닳아-빠지다 [달-] 图 세파에 시달리거나 어려운 일을 많이 겪어 몹시 약다.

담¹ 圀 집의 둘레나 일정한 공간을 막기 위해 흙·돌·벽돌 등으로 쌓아 올린 것. =담장.

담² 圀 '다음'의 준말. ¶~에는 네가 해라.

-담³ 圀미 형용사나 '있다'의 어간 또는 어미 '-시-', '-았/었-', '-겠-'의 아래에 붙어, '-단 말인가'의 뜻으로 혼잣말로 못마땅함이나 감탄을 나타내는 의문형 종결어미. ¶뭐가 그리 좋~. ▷-L담/-는담.

담⁴(痰) 圀 1 (생) =가래². 2 (한) 등·어깨·가슴 따위가 결려 숨을 쉬거나 움직일 때 뜨끔거리는 증세. 또는, 그런 통증을 일으키는 몸속의 불순물. ¶~이 들다 / ~이 걸리다.

담⁵(膽) 圀 1 (생) =쓸개. 2 '담력(膽力)'의 준말.

담 (이) 크다 대범하거나 용기가 있다.

담-⁶(淡) (접두) 색깔의 농도가 엷음을 나타내는 말. ¶~청색 / ~황색. ↔농(濃).

-담⁷(談) (접미) '이야기'의 뜻을 나타내는 말. ¶무용(武勇) / ~경험~.

담-갈색(淡褐色) [-쌕] 圀 엷은 갈색.

담그다 图(타) (담그니, 담가) 图 1 (물이나 물건의 일부나 전부를 어떤 성질을 띤 액체 속에) 넣어 들어가 있게 하다. ¶목욕물에 몸을 ~. 2 (김치·술·장·젓갈 따위를) 여러 가지 재료를 가지고 만들어 발효될 수 있도록 일정한 용기(容器)에 넣다. 또는, (그런 음식을) 일정한 방법으로 만들다. ¶김치를 ~ / 간장을 ~.

담금-질 圀 1 쇠를 단단하게 만들기 위해 불에 달구었다가 찬물 속에 담그는 일. 2 (사람을) 혹독하게 훈련하여 강하게 만드는 일. 비유적인 말임. **담금질-하다** 图

㈤◉ ¶쇠를 ~ / 선수들을 독종하게 ~.
담-기다 통 '담다'의 피동사. ¶정성이 담긴 선물.
담:낭(膽囊) 명[생] =쓸개.
담:녹색(淡綠色)[-쌕] 명 엷은 녹색.
담:다[-따] (담고 / 담아) 통㈤ 1 (물건이나 물질을 그릇 안에) 넣어 그 속에 있게 하다. ¶반찬을 접시에 ~. 2 (그림·글·노래 등의 속에 어떤 내용을) 들어 있게 하다. ¶농촌 풍경을 화폭에 ~. 3 (얼굴이나 표정 속에 어떤 감정을) 들어 있게 하다. ¶기쁨을 가득 담은 얼굴. 4 (어떤 생각이나 감정을 마음속에) 잊거나 풀어 버리지 않고 지니다. ¶내 말을 마음에 **담지** 말게.
담:담-하다(淡淡-) 형여 1 물이나 빛이 맑다. 2 (음식이) 느끼하지 않다. ⓑ담백하다. 3 (마음이) 욕심이 없고 평온하다. ¶ **담담한** 어조. **담:담-히** 부
담당(擔當) 명 (사람이 어떤 일을) 책임을 지고 맡는 것. 또는, 맡은 사람. ¶~ 의 사. **담당-하다** 통㈤◉
담당-자(擔當者) 명 어떤 일을 담당하는 사람.
담:대-하다(膽大-) 형여 (사람이) 두려워함이 없고 용기가 있다. ⓑ대담하다.
담:략(膽略) [-냑] 명 담력과 꾀. ¶지략과 ~을 겸비한 장수.
담:력(膽力) [-녁] 명 겁이 없고 용감한 기운. ¶~을 키우다. ⓒ담.
담론(談論) [-논] 명 어떤 문제나 주제에 대하여 어떤 논리나 이론을 가지고 펴는 주장이나 이야기. ¶성에 대한 ~. **담론은** 하다 통㈤◉ ¶시국에 대해 ~.
담:배 명 1 [식] 여름에 홍백색 꽃이 피며, 길고 넓적한 잎에 니코틴이 들어 있어 흡연용 기호품을 만드는 데 쓰는 한해살이풀. =연초(煙草). 2 이 잎을 말려 기호품으로 피울 수 있게 만든 물건. 보통은, 얇은 종이에 말린 잎을 싸서 가늘고 길게 만든 것 (지궐련)을 가리키나, 그 외에 살담배·잎담배·시가 등의 형태도 있음.
담:배-꽁초 명 담배를 피우다 남은 도막.
담:배-쌈지 명 살담배나 잎담배를 넣고 다니는 주머니.
담:백-하다(淡白-) [-배카-] 형여 1 (음식 맛이) 느끼하지 않고 산뜻하다. ¶**담백한** 멸치 국물. 2 (사람됨이) 욕심이나 집착이 없이 담담하고 깨끗하다. ¶솔직 **담백한** 사람.
담:뱃-갑(-匣) [-배깝/-뱁깝] 명 담배를 넣어서 포장한 종이 용기.
담:뱃-값 [-배깝/-뱁깝] 명 1 담배의 가격. 2 담배를 살 돈. ¶~이 떨어지다. 3 많지 않은 돈. ¶~밖에 안 되는 용돈. 4 약간의 사례금을 속되게 이르는 말. ¶~이라고 집어 줘야 군소리가 없다.
담:뱃-대 [-배때/-뱁때] 명 담배를 피우는 데 쓰는 기구.
담:뱃-불 [-배뿔/-뱁뿔] 명 1 담배에 붙이는 불. ¶~ 좀 빌립시다. 2 담배에 붙은 불. ¶~을 끄다.
담:뱃-재 [-배째/-뱁째] 명 담배가 탄 재.
담:-벼락 [-뼈-] 명 1 담이나 벽의 표면. 2 사물을 전혀 이해하지 못하는 사람의 비유. ×담벽.
[**담벼락하고 말하는 셈이다**] 도무지 알아듣지 못하거나 고집불통인 사람과 이야기하는 경우를 이르는 말.
담:-벽(-壁) 명 '담벼락'의 잘못.
담:보(擔保) 명 채무 불이행 때에 채무의 변제를 확보하는 수단으로서 미리 채권자에게 제공하는 것. ¶집을 ~로 잡다. **담보-하다** 통㈤◉
담보-물(擔保物) 명[법] 담보로 제공하는 물건. 저당물 따위.
담보부^대:출(擔保附貸出) 명[법] 은행이 담보물을 잡고 하는 대출. ↔무담보 대출.
담북-장(-醬) [-짱] 명 1 메줏가루에 쌀가루·고춧가루·생강·소금 등을 넣고 익힌 된장. 2 =청국장.
담비 명 족제비와 비슷하나 몸이 약간 크며, 털이 부드럽고 광택이 있어 고급 모피로 애용되는 포유동물. 숲 속의 나무 구멍이나 바위의 굴에서 산다.
담뿍 부 작은 범위 안에 넘칠 정도로 가득히. ⓑ소복이. ¶~ 담아 ~ 따다. ⓒ듬뿍.
담:색(淡色) 명 엷은 빛깔.
담:석(膽石) 명[의] 쓸개 속에 생기는 결석(結石).
담:석-증(膽石症) [-쯩] 명[의] 담석으로 인하여 생긴 병. 통증이 심하며, 구토·황달·발열 등을 일으킴.
담소(談笑) 명 (어떤 사람이 다른 사람과) 좋은 분위기에서 웃으면서 이야기를 주고받는 것. ¶손님과 ~를 나누다. **담소-하다** 통⑷◉
담:수(淡水) 명 =민물. ↔함수(鹹水).
담:수-어(淡水魚) 명[동] =민물고기. ↔함수어.
담시(譚詩) 명[문] =발라드1.
담-쌓다 [-싸타] 통⑷ 1 (다른 사람이나 대상과) 관계를 끊다. ¶도시인들은 이웃과 **담쌓고** 지낸다. 2 (어떤 일과) 거리를 두어 멀리하다. 익살스러운 표현임. ¶공부하고 **담쌓고** 지낸다.
담아-내다 타 1 (용기나 그릇 따위에 물건을) 담아서 내놓다. ¶접시에 과일을 ~. 2 (글 속에 어떤 내용을) 나타내다. ¶문학은 그 시대의 사회상을 **담아낸다**.
담:-요(毯-) [-뇨] 명 털로 짜서 요처럼 네모지게 만든 보온용 침구. =모포.
담임(擔任) 명 (학급이나 교회 등을) 책임을 지고 맡아보는 것. 또는, 그 사람. **담임-하다** 통㈤◉ ¶고등학교 출업반을 ~.
담임-교사(擔任教師) 명 초등학교·중학교·고등학교 등에서, 한 반의 학생을 전적으로 책임지고 맡아 지도하는 교사. =담임선생.
담임-선생(擔任先生) 명 =담임교사.
담자균-류(擔子菌類) [-뉴] 명[식] 균류 중에서 유성 생식 때 포자낭이 생기며 대부분 자실체를 형성하는 무리. 이 중 대형의 자실체를 가진 것을 버섯이라 함.
담-장(-牆) 명 =담1.
담:쟁이 명[식] '담쟁이덩굴'의 준말.
담:쟁이-덩굴 명[식] 덩굴손으로 담이나 다른 나무에 붙어서 자라는 낙엽 활엽수. 잎은 끝이 뾰족한 달걀꼴로, 가을에 단풍이 아름다워 관상용으로 심음. ⓒ담쟁이.
담:지(擔持) 명 (어떤 대상이나 요소를) 안에 지니는 것. **담지-하다** 통㈤◉ ¶민족 유산을 **담지하고** 있는 전통문화.
담:징(曇徵) 명[인] 고구려의 승려·화가 (579~631).

당__273

담¹-차다(膽-) [형] (사람이) 담이 크고 용기가 있다. 『大랑 판charge의 **담찬** 기백.

담!채-화(淡彩畵) [-](명) 채색을 엷게 하여 밑그림이 보이도록 그린 그림.

담판(談判) [](명) (어떤 문제에 맞서 있는 사람과 어떤 문제를) 해결하고자 서로의 주장과 의견을 절충하여 결론을 내리는 것. 『최후~을 짓다. **담판-하다** [](자)(여)

담합(談合) [](명) 이해관계를 같이하는 사람들이 자신들의 이익을 위해 미리 짜고 부당하게 어떤 공동의 행위를 하는 것. 『가격~・・・정치. **담합-하다** [](자)(여)

담!-홍색(淡紅色) [](명) 엷은 홍색.

담화(談話) [](명) 1 서로 이야기를 주고받는 것. 『~을 나누다. 2 공적인 자리에 있는 사람이 어떤 문제에 대한 견해나 태도, 정책 등을 공식적으로 밝히는 말. 『대통령이 현 시국에 대한 ~를 발표하다. **담화-하다** [](자)(여)

담화-문(談話文) [](명) 공적자가 자신의 입장이나 정책 등을 밝히기 위하여 공식적으로 발표하는 글. 『대통령 ~.

담!-황색(淡黃色) [](명) 엷은 황색.

답(答) [](명) 1 물음이나 요구에 응하여 어떤 말을 하거나 태도를 보이는 것. [](대답). 2 특히, 시험 문제에 대한 풀이. 『~이 맞다 [틀리다]. ↔ 문(問).

답교-놀이(踏橋-) [-꾜-] (명) =다리밟기.

-답니다 [](어미) 형용사나 '있다'의 어간, 또는 어미 '-시-', '-았/었-', '-겠-'의 아래에 붙어, '합쇼'할 상대에게 화자가 이미 알고 있는 것을 객관화하여 친근하게 일러 줌을 나타내는 종결 어미. 『저는 건강하~. -답니다-는답니다.

-답다 [-따] [](접미) 대상이 바로 앞에 오는 체언의 긍정적인 특성이나 속성을 갖추고 있음을 나타내는 말. 1 체언에 붙어, 형용사를 파생하는 말. 『여자~/꽃다운 청춘. 2 긍정적 가치를 나타내는 일부 추상 명사나 자립성 있는 어근적 명사에 붙어, 형용사를 파생하는 말. 『아름~/정다운 사람. 3 구나 절을 이끄는 체언 뒤에 붙어, 형용사구나 서술절을 이루는 말. 『그의 주먹은 세계 챔피언을 지낸 솜씨 ~.

답-이(-이) [](명) 사리를 분별할 줄 모르거나 행동이 약삭빠르지 못하여 보기에 갑갑한 사람. 『답답해. 뭘 그리 꾸물거리고 있어! 4 (공간에 대한 느낌이) 트이지 않고 붙어 있거나 꽉 막혀 있어 시원스럽지 못한 상태에 있다. 『가구가 창문을 가리니까. ▷갑갑하다. **답답-히** [](부)

답례(答禮) [담녜] (명) (말·동작·물건으로) 남에게서 받은 예(禮)를 도로 갚는 일. 또는, 그 예. 『~품. **답례-하다** [](자)(여)

답방(答訪) [-빵] (명) 다른 사람의 방문에 대한 답례로 방문하는 것. 또는, 그 방문. **답방-하다** [](자)(여)

답배(答拜) [-빼] (명) 절을 받고 그 답으로 절을 하는 것. 또는, 그 절. **답배-하다** [](자)(여)

답변(答辯) [-뼌] (명) 물음에 대하여 밝혀 대답하는 것. 또는, 그 대답. 『~을 회피하다. **답변-하다** [](자)(여) [](질의에~.

답보(踏步) [-뽀] (명) =제자리걸음2. 『회담이 ~ 상태에 있다. **답보-하다** [](자)(여)

답사¹(答辭) [-싸] (명) 식장에서 환영사·환송사 따위에 답하는 말. 『출업생 대표의 ~. **답사-하다¹** [](자)(여)

답사²(踏査) [-싸] (명) (유적지나 명승지, 또는 어떤 조사의 대상이 되는 장소를) 직접 가서 실제 모습이나 상태를 둘러보거나 살펴보는 것. 『현지~. **답사-하다²** [](타)(여) [](유적지를~.

답습(踏襲) [-씁] (명) (어떤 일을) 옛것이나 지금까지의 방식을 좇아 그대로 하는 것. **답습-하다** [](타)(여) [](지난날의 관제(官制)를~.

-답시고 [-씨-] (어미) 형용사 '있다'의 어간, 또는 어미 '-시-', '-았/었-', '-겠-'의 아래에 붙어, 어줍잖은 상태이나 상태를 빈정거리는 투로 말할 때 쓰이는 연결 어미. 『재산이 있~겠~거들먹거린다. ▷-ㄴ답시고.-는답시고.

답신(答信) [-씬] (명) 회답으로 보내는 통신 또는 서신. [](회신. **답신-하다** [](자)(여)

답안(答案) [](명) 시험 문제의 해답. 『시험~.

답안-지(答案紙) [](명) 시험 문제의 해답을 쓰는 종이. =답지(答紙)

답장(答狀) [-짱] (명) 편지를 받고 그에 대한 답으로 보내는 편지. 또는, 답으로 편지를 보내는 것. **답장-하다** [](자)(여)

답지¹(答紙) [-찌] (명) =답안지.

답지²(遝至) [-찌] (명) (어느 곳에 돈이나 물건, 편지 등이) 여러 곳에서 많이 오는 상태가 되는 것. [](쇄도. **답지-하다** [](자)(여) [](신문사에 성금이~.

답파(踏破) [](명) 험한 길이나 먼 길을 걸어서 돌파하는 것. **답파-하다** [](타)(여)

답-하다(答-) [-파-] [](자)(여) (질문·문제 등에) 응하여 어떤 말을 하거나 풀이를 내놓다. [](대답하다. 『물음에 답하시오.

닷[닫] (관) ['다섯'이 준 말] 『냥, 돈, 되, 말, 섬, 짐, …' 등의 도량형의 의존 명사 앞에 쓰이어 수량이 '다섯'임을 나타낸다. 『금 ~ 돈/쌀 ~ 되.

닷새[닫쌔] (명) 1 하루가 다섯 번 있는 시간의 길이. 곧, 다섯 날. 2 (초(初)·열·스무 다음에 쓰이어) 각각 어느 달의 5일·15일·25일임을 고유어로 나타내는 말.

닷샛-날[닫쌘-] (명) 1 (초(初)가 붙거나 단독으로 쓰여, 또는 열·스무 다음에 쓰이어) 각각 어느 달의 5일·15일·25일임을 나타내는 말.

닷컴(dot com /.com) (명) 인터넷 사업을 주로 하는 기업. 인터넷 주소 끝에 ~이 붙는다 하여 생긴 이름임. =닷컴 기업.

닷컴-기업(dot com企業) (명) =닷컴.

당¹(唐) [](명)(역) 중국의 이연(李淵)이 수(隋)나라 공제(恭帝)의 선양(禪讓)을 받아 세운 통일 왕조(618~907).

당²(堂) (명) '당집'의 준말.

당³(糖) 〖화〗 '당류(糖類)'의 준말.
당⁴(黨) 〖명〗〖정〗 =정당(政黨). ¶~ 간부.
당⁵(當) 〖명〗 **1** '그', '바로 그', '이', '지금의' 등의 뜻을 나타내는 말. **2** 당시의 나이를 나타내는 말. ¶~ 55세.
당-⁶(堂) 〖접두〗 사촌이나 오촌의 친척 관계임을 나타내는 말. ¶~숙모 / ~고모. ▷종(從)-.
당-⁷(唐) 〖접두〗 '중국에서 들어온', '중국에 관계된'의 뜻을 나타내는 말. ¶~악기 / ~모시.
-당⁸(堂) 〖접미〗 **1** 여러 사람이 회합하는 건물을 나타내는 말. ¶공회 / 경로~. **2** 점포의 이름 다음에 붙여 쓰는 말. ¶고려~. **3** 승려의 법명 다음에 붙여 존칭의 뜻을 나타내는 말. ¶법운(法雲)~.
-당⁹(當) 〖접미〗 어떤 말 뒤에 붙어서, '앞에', '당한'의 뜻을 나타내는 말. ¶시간 / 생산량 / 일인 / 천 원씩 돌아가.
당겨-쓰다 〖동〗〖써〗 〈~쓰니, ~써〉 돈·물건 등을 원래 쓰기로 한 때보다 미리 쓰다.
당-고모(堂姑母) 〖명〗 =종고모(從姑母).
당구(撞球) 〖명〗 우단을 깐 대(臺) 위에서 상아로 된 몇 개의 붉은 공과 흰 공을 큐로 처서 승부를 가리는 실내 오락.
당구-공(撞球-) 〖명〗 당구에 쓰는 둥근 공.
당구-대(撞球臺) 〖명〗 당구를 할 수 있도록 둘레에 고무 쿠션을 붙이고 바닥에 우단을 깐, 사각형의 대.
당구-봉(撞球棒) 〖명〗 =큐(cue)¹.
당구-장(撞球場) 〖명〗 당구대를 벌여 놓고, 요금을 받고 당구를 치게 하는 업소.
당국¹(當局) 〖명〗 **1** 공공의 일에 대한 책임이나 임무를 맡고 있는 기관. ¶대학~. **2** 특히, '행정을 집행하는 정부의 기관'을 포괄적으로 이르는 말. ¶물가를 5% 이내로 안정시키겠다고 공언했다.
당국²(唐國) 〖명〗 **1** 이 나라. 또는, 그 나라. **2** =당사국.
당국-자(當局者) [-짜] 〖명〗 그 일을 직접 맡아 처리하는 자리에 있는 사람. ¶~의 말에 의하면.
당권(黨權) [-꿘] 〖명〗 당의 주도권.
당귀(當歸) 〖명〗〖한〗 산골짜기 물가에서 자라며 약용 식물로 재배하는 참당귀는 여러해살이풀의 뿌리. 보혈제·강장제·진정제로 쓰임.
당규(黨規) 〖명〗 정당의 강령이나 규약.
당근(唐根) 〖식〗 긴 원추형의 불그레한 뿌리를 식용하는 두해살이풀. 또는, 그 뿌리. 채소로 재배하며, 뿌리는 맛이 달콤하고 향기가 있음. ⇒홍당무.
당글-당글 〖부〗 작고 둥근 것이 단단하고 탄력이 있는 모양. ▷댕글댕글. **당글당글-하다** 〖형여〗
당기(當期) 〖명〗〖법〗 회계나 예산·사업 등의 기간을 여러 기(期)로 구분한 경우에 현재 경과 중인 기간.
당기다¹ 〖타〗 **1** (물건이나 그것에 달린 줄이나 손잡이 등을) 손이나 몸의 일부로 잡고 힘을 주어 자기 쪽이나 가운데로 사물 쪽으로 가까이 오게 하다. ®끌다. ¶방아쇠를 ~. ↔밀다. **2** (정한 때를) 예정했던 것보다 이전의 시점이 되게 하다. ®앞당기다. ¶약속 날짜를 ~. ↔미루다. **3** (어떤 음식이 입맛을) 생기게 하다. ¶햇나물이 입맛을 ~. 2〖자〗(입맛이) 음식을 먹고 싶게 생기다. ¶기름진 쌀밥을 보니 입맛이 **당긴다**. × 땡기다.
당기다² 〖동〗〖자〗 '댕기다'의 잘못.
당기다³ 〖동〗 '땅기다'의 잘못.
당김-음(-音) 〖음〗 가락의 진행되면서 센박이 여린박으로 바뀌거나 여린박이 센박으로 되어 여림음의 위치가 바뀌는 음.
당-나귀(唐-) 〖동〗 말과 비슷하나, 몸이 작고 갈기가 짧으며 귀가 긴 포유동물. 성질이 온순하며, 튼튼하고 힘이 세어 짐을 나르는 가축으로 기름. ⇒나귀.
당내(黨內) 〖명〗 당의 안.
당년(當年) 〖명〗 **1** 일이 있는 바로 그해. **2** 그해의 나이. ¶~ 16세.
당뇨(糖尿) 〖명〗〖의〗 혈액 속의 포도당이 오줌에 섞어 나오는 병적인 상태. 또는, 그 오줌.
당뇨-병(糖尿病) [-뼝] 〖명〗〖의〗 혈액 속에 당이 많아서 당뇨가 오래 계속되는 병.
당-닭(唐-) [-딱] 〖명〗 **1** 몸이 작고 다리가 짧으며, 몸빛은 희고 날개와 꽁지만 검은 닭. 볏이 크고 꽁지가 길며, 날개도 길어 땅에 끌림. 애완용으로 기름. **2** 키가 작고 뚱뚱한 사람을 농으로 이르는 말.
당당-하다(堂堂-) 〖형여〗 **1** (사람의 태도가) 꿀리거나 거리낌이 없이 버젓하다. ¶자기 권리를 **당당하게** 주장하다. **2** (사람의 외모나 사물의 걸모습이) 우람하거나 거대하여 위엄이 있거나 대단한 느낌을 주는 상태에 있다. ¶풍채가 ~. **3** (위세나 세도 등이) 남들을 제압할 만큼 강한 상태에 있다. ¶위세가 ~. **당당-히** 〖부〗
당대(當代) 〖명〗 **1** 그 시대. ¶한석봉은 ~ 최고의 명필이었다.
당도¹(當到) 〖명〗〖자〗 (어떤 곳에) 탈것으로 이동하여 이르는 것. ®도착. **당도-하다** 〖자여〗 ¶목적지에 ~.
당도²(糖度) 〖명〗 과실이나 통조림 따위에 포함된 당분의 양을 백분율로 나타낸 것.
당돌-하다(唐突-) 〖형여〗 (어떤 사람이) 윗사람 앞에서 어려워하거나 삼가지 않고 제 주장이나 의견을 주제넘게 내세우는 태도가 있다. ¶어른한테 **당돌하게** 따지고 든다. **당돌-히** 〖부〗
당락(當落) [-낙] 〖명〗 당선과 낙선. ¶~이 결정되다.
당략(黨略) [-냑] 〖명〗 한 정당의 정략.
당량(當量) [-냥] 〖명〗 일반적으로 두 물질이 과부족 없이 반응할 때의 물질량.
당력(黨力) [-녁] 〖명〗 정당의 활동과 단결로 이루어지는 당의 힘. ¶여야는 선거 기간 동안 접전 지역에 ~을 집중하였다.
당론(黨論) [-논] 〖명〗 정당의 의견이나 논의. ¶~을 통일하다.
당료(黨僚) [-뇨] 〖명〗 정당의 사무처에서 당무를 맡아보는 상근 직원.
당류(糖類) [-뉴] 〖화〗 물에 잘 녹고 단맛이 있는 탄수화물. 단당류·이당류·다당류로 나뉨. ⇒당.
당리-당략(黨利黨略) [-니-냑] 〖명〗 당의 이익과 계략. ¶~을 일삼다.
당면¹(唐麵) 〖명〗 감자나 고구마 등의 녹말로 만든 마른국수.
당면²(當面) 〖명〗 (문제가 되거나 중대한 일에) 바로 눈앞에 맞닥뜨리는 것. ¶~ 과제. **당면-하다** 〖자여〗 ¶학교 교육이 **당면하고** 있는 문제.
당명¹(黨名) 〖명〗 정당의 이름.
당명²(黨命) 〖명〗 정당·당과 내리는 명령.
당무(黨務) 〖명〗 당의 사무.
당번(當番) 〖명〗 구성원이 어떤 일을 돌아가

당부¹(當付) 명 (어찌어찌할 것을) 말로써 단단히 부탁하는 것. 또는, 그 부탁. ¶신신~. **당부-하다** 통(자)(여)

당부²(當否) 명 옳고 그름. 또는, 마땅함과 마땅하지 않음.

당분(糖分) 명 당류(糖類)의 성분.

당분-간(當分間) 명 앞으로 얼마 동안. 또는, 잠시 동안. ¶~ 신세 좀 지자.

당비(黨費) 명 1 당의 유지에 드는 비용. 2 당원이 당의 경비로 내는 돈.

당사(當社) 명 이 회사. 맨본사. ¶합격자는 내일 12시까지 ~ 총무부로 오십시오.

당사(堂舍) 명 정당의 사무소로 쓰는 건물.

당사-국(當事國) 명 [법] 국제간의 분쟁, 기타 사건에 직접 관계가 있거나 관계한 나라. =당국(當國). ¶교전 ~.

당사-자(當事者) 명 어떤 일에 직접 관계가 있거나 관계한 사람. =당자. ¶~끼리 얘길 해 보시오. ▷제삼자.

당-사주(唐四柱) [-싸-] 명 [민] 중국에서 들어온, 그림으로 보는 사주.

당산(堂山) 명 [민] 토지나 부락의 수호신이 있다는 마을 근처의 산이나 언덕.

당산-나무(堂山-) 명 마을을 지키는 신으로 여겨 제사를 지내 주는 나무.

당-삼채(唐三彩) 명 [미] 중국 당나라 때 흰색·녹색·갈색의 3색으로 무늬를 나타낸 도자기.

당상(堂上) 명 1 대청 위. 2 [역] 조선 시대, 정3품인 명선대부·봉순대부·통정대부·절충장군 이상의 벼슬. =당하.

당상-관(堂上官) 명[역] 당상의 벼슬아치. ↔당하관.

당선(當選) 명 1 (후보자가) 선거에서 어떤 지위나 자격을 가진 사람으로 뽑히는 것. 2 (문예 작품에) 작품 공모에서 가장 우수하여 합당한 작품으로 뽑히는 것. 뎬입선. ¶~ 소감. ↔낙선. **당선-되다** 통(자) 여 ¶국회의원으로 ~.

당선-권(當選圈) [-꿘] 명 당선될 가능성이 있는 범위. ¶~에 들다.

당선-사례(當選謝禮) 명 당선자가 선거인에게 감사의 뜻을 나타내는 일.

당선-자(當選者) 명 선거나 심사 등에서 뽑힌 사람. ¶대통령 ~.

당선-작(當選作) 명 모집에 응하여 당선된 작품. 뎬신순문예.

당성(黨性) [-썽] 명 소속 정당에 대한 충실성.

당세¹(當世) 명 그 시대의 세상.

당세²(黨勢) 명 정당이나 당파의 세력. ¶~를 확장하다.

당수(唐手) 명 '가라테'를 우리 한자음으로 읽은 이름.

당수²(黨首) 명 당의 우두머리.

당숙(堂叔) 명 =종숙(從叔).

당-숙모(堂叔母) [-쑹-] 명 =종숙모.

당시¹(唐詩) 명 중국 당나라의 시인들이 지은 한시(漢詩).

당시²(當時) 명 (앞의 서술 내용을 받아) 그런 일이나 상황이 있던 때. ¶사고 ~의 충격에서 헤어나지 못하다.

당신(當身) 대(인칭) 1 부부 사이에서 서로를 지칭하는 말. 2인칭임. 2 다정한 사이(특히, 남녀)에서 서로를 지칭하는 말. 2인 칭으로 주로 글에서 씀. ¶난 ~을 잊은 적이 없소. 3 그리 친하지 않은 사이에서 상대를 지칭하는 말. '하오' 할 자리에 씀. 2인칭임. ¶~은 남으시오. 4 상대와 좋은 관계에 있지 못한 상황에서 사뭇대로 상대를 지칭하는 말. '하오' 할 자리에 씀. 2인칭임. ¶~이 뭔데 이래라저래라 하는 거요? 5 당신에서, 불특정 다수를 상대로 하여 지칭하는 말. 2인칭임. 6 윗사람을 높여 '그분 자신'의 뜻으로 지칭하는 말. 3인칭 재귀 대명사임. ¶할아버지께서는 모든 일을 ~이 손수 하신다.

당악(唐樂) 명 1 당나라 때의 음악. 2 우리나라의 궁중 음악 중에서 중국에서 들어온 당송의 속악(俗樂). 향악에 상대하여 이르는 말임. ▷아악·향악.

당연-시(當然視) 명 당연한 것으로 여기는 것. **당연시-하다** 통 (여) ¶그는 어느가 자기가 윗사람 대접 받는 것을 당연시한다. **당연시-되다** 통(자)

당연지사(當然之事) 명 당연한 일. ¶어려울 때 서로 돕는 것은 ~ 아닌가?

당연-하다(當然-) (형여) (어떤 일이나 사실이) 이치로 보아 그렇게 될 수밖에 없거나 그렇게 해야만 하는 상태에 있다. 맨마땅하다. ¶공부를 게을리 했으니 시험에 떨어진 건 ~. **당연-히** 튀 ¶네가 형이니 ~ 양보해야지.

당오-전(當五錢) 명 [역] 조선 고종 20년 (1883)에 만든 돈. 법정 가치는 상평통보의 5배로 함.

당원(黨員) 명 당파를 이룬 사람. 또는, 당적(黨籍)을 가진 사람.

당위(當爲) 명 마땅히 그래야 하거나, 또는 마땅히 그렇게 행하여야 하는 것으로 요구되는 것. ▷존재.

당위-성(當爲性) [-썽] 명 마땅히 해야 할, 또는 마땅히 있어야 할 성질.

당의(唐衣) [-의/-이] 명 조선 시대, 여자 예복의 하나, 저고리 위에 덧입는 것으로, 길이가 무릎까지 오고 옆트 트였음.

당의-정(糖衣錠) [-의-/-이-] 명 [약] 먹기 좋게 겉에 당분이 있는 물질을 얇게 입힌 알약.

당일(當日) 명 일이 있었거나 있는 바로 그날. ¶사건 ~ 당신은 어디에 있었소?

당일-치기(當日-) 명 일이 있는 바로 그 날 하루에 해 버리는 것. ¶~ 시험공부. **당일치기-하다** 통 (타) 여

당자(當者) 명 1 바로 그 사람. 2 =당사자.

당장(當場) 명 I튀 지금 바로 이 자리. 또는, 닥쳐 있는 현재. II튀 지금 바로 이 자리에서. =당장에. ¶꼴도 보기 싫으니 ~ 나가라.

당장-에(當場-) 튀 =당장II.

당장(黨爭) 명 '붕당 정치'를 분쟁의 측면만을 강조하여 일컫는 말.

당적(黨籍) 명 당원의 성명을 비롯한 인적 사항이 등록되어 있는 문서. 또는, 그 문서에 올라 있는 당원으로서의 지위나 소속. ¶~을 박탈하다.

당정(黨政) 명 정당, 특히 여당과 정부.

당좌(當座) 명 =당좌 예금의 준말.

당좌^수표(當座手票) 명[경] 당좌 예금자가 그 예금을 기초로 하여 거래 은행 앞으로 발행하는 수표.

당좌^예금(當座預金) 명 [경] 통장 없이 현금이나 타인으로부터 받은 수표·어음을 예입할 수 있고, 인출 시 반드시 수표

를 사용하게 되어 있는 예금. ⓒ당좌.
당직¹(當直) 圐 숙직·일직 등의 당번이 되는 것. 또는, 그 차례가 된 사람. ¶~ 근무. **당직-하다** 재
당직²(黨職) 圐 당의 직책.
당직-의(當直醫) [-의/-이] 圐 병원에서 비상 상황에 대비하여 야간 당직 근무를 하는 의사.
당직-자(黨職者) [-짜] 圐 정당에서 중요한 직을 맡은 사람. 최고 위원·원내 총무·사무총장·지구당 위원장 따위.
당질(堂姪) 圐 =종질(從姪).
당-집(堂-) [-찝] 圐 신을 모셔 두는 집. 서낭당 따위. ⓒ당(堂).
당차다 (사람이 나이나 몸집 등에 비하여) 마음가짐이나 하는 말이나 행동이 야무지다. ¶당차고 다기진 소년.
당찮다(當-) [-찬타] 웹 (어떤 말이나 행동이) 사리에 맞지 않다. ¶당찮은 요구.
당첨(當籤) 圐 제비뽑기나 추첨에서 뽑히는 것. **당첨-되다** 재 ¶복권이 ~.
당첨-금(當籤金) 圐 복권·행운권 등의 추첨에서 뽑혀 탈 때 주는 돈.
당초¹(唐草) 圐[미] '당초문'의 준말.
당초²(當初) 圐 일의 맨 처음. 回애초. ¶ ~의 계획을 바꾸다.
당초-문(唐草紋) 圐[미] =덩굴무늬. ⓒ당초².
당최 [-최/-췌] 閉 부정적인 서술어와 함께 쓰여, 그 서술어의 부정적 의미를 강조하는 말. 回도무지·도대체. ¶네가 하는 말은 ~ 이해할 수가 없다.
당파(黨派) 圐 주의·주장과 목적을 같이하는 사람들이 뭉쳐 이룬 단체. →파당.
당파-창(鐺鈀槍) 圐[역] 군기(軍器)의 하나, 끝이 세 갈래로 갈라진 창. 回삼지창.
당풍(黨風) 圐 당의 기풍. ¶~을 쇄신하다.
당-피리(唐-) 圐[음] 당악기의 하나. 목관 악기로 구멍은 여덟 개이며, 소리가 굵고 다소 거친 느낌을 준다.
당하(堂下) 圐 1 대청 아래. 2 [역] 조선 시대, 정3품인 창선대부·정순대부·통훈대부·어모장군의 벼슬. →당상.
당하-관(堂下官) 圐[역] 당하의 벼슬아치. →당상관.
당-하다¹(當-) Ⅰ 툉 [타] 1 (사람이 예측하거나 못했거나 뜻하지 않은 일을) 맞거나 겪게 되다. ¶상(喪)을 ~. 2 (사람이 상대에게) 좋지 않은 일이나 대접을 받는 상태이 되다. ¶망신을 ~. 3 (상대를) 맞서 능히 대항하거나 이기다. ¶힘으로 그를 **당할** 사람은 없다. 4 (어떤 일이나 비용을) 능히 처리하거나 감당하다. ¶많은 학비를 **당할** 수 없어 학업을 중단하다. ②[자] 1 (어떤 때나 형편이) 이르러 처하다. ¶당면하다. 2 (누구에게) 피해나 놀림 따위를 받다. ¶아이고, 이 녀석한테 또 **당했구나!**
Ⅱ 톙[형] √ (주로, 부정하거나 의문형으로 쓰여) 사리에 맞다. ¶당치 않은 말.
-당하다²(當-) 国[피] 타동사 한자어 어근에 붙어, 원치 않거나 이룹지 않은 일을 피동적으로 겪게 됨을 나타내는 말. ¶체포~ / 거절~.
당담(黨談) 圐 (정당 앞에 붙어) 바로 그 사물에 해당됨을 나타내는 말. ¶~ 기관.
당헌(黨憲) 圐 정당의 강령이나 기본 방침. ¶~에 위배되다.

당호(堂號) 圐 1 사랑채 등의 별채에 붙이는 이름. 2 1에서 따온 그 주인의 호. 3 [불] 도를 훌륭하게 닦은 승려에게 법사가 지어 주는 별호.
당혹(當惑) 圐 뜻하지 않게 당하거나 곤란한 입장에 놓여 어떻게 해야 할지 모르는 것. ¶그의 얼굴에 ~의 빛이 떠올랐다. **당혹-하다** 재
당혹-감(當惑感) [-깜] 圐 뜻하지 않게 난처한 일을 당하여 어찌할 바를 모르는 감정. ¶난처한 질문에 ~을 감추지 못하다.
당황-하다(唐慌-·唐惶-·惝怳-) 재 (사람이) 뜻밖의 상황에 마주쳐 놀라거나 다급하여 어찌할 바를 모르다. ¶예상 밖의 문제가 나오더라도 **당황하지** 마라.
닻 [닫] 圐 비교적 큰 배가 항구나 일정한 곳에 머물 때, 그 자리에 멈추어 있게 하기 위해 밧줄이나 쇠사슬에 매어 물 밑 바닥에 박히게 하는, 갈고리 모양의 물건. ¶~을 내리다.
닿다¹[다타] (닿고/닿아) 재 1 (두 물체가, 또는 어떤 물체가 다른 물체에) 힘이 약한 상태로 부딪거나 사이에 없음 틈이 없게 되다. 回접하다·접촉하다. 2 어떤 물체가 공간적으로 떨어져 있는 다른 물체를 향해서 뻗어진 상태에서, (어떤 물체의 향해진 끝이 다른 물체에) 이르거나 미치다. ¶머리가 천장에 ~. 3 (탈것이, 또는 탈것을 탄 사람이 목적한 곳에) 이르거나 다다르다. 回도착하다. ¶배가 항구에 ~. 4 (어떤 힘·작용·영향·소식 등이 어떤 대상에) 미치거나 전해지다. ¶권력에 손이 ~. 5 (말이나 이야기가) 논리에 어긋남이 없이 이어져 통하다. ¶이치에 **닿지** 않는 소리.
-닿다²[다타] 집미 '-다웁다'의 준말. ¶기/커~.
닿-소리 [다쏘-] 圐[언] =자음(子音)¹. ↔홀소리.
대¹ 圐 ① (수) 1 초본 식물의 줄기. 2 가늘고 긴 막대의 총칭. ¶낚싯 ~. 3 마음가짐이나 의지. ¶~가 세다. ② (의존) 1 담뱃대에 담배를 담는 분량을 세는 말. 또는, 그 담배를 피우는 횟수를 세는 말. ¶담배를 한 ~ 피우다. 2 때리는 횟수를 세는 말. ¶회초리로 열 ~ 맞다. 3 주사를 놓는 횟수를 세는 말. ¶주사를 한 ~ 맞다.
대² 圐[식] 속이 비고 단단한 줄기가 곧고 높게 자라는 상록 식물. 줄기에 마디가 있고, 잎은 가늘고 길다. 어린 싹은 '죽순'이라 하여 먹으며, 줄기는 목공예품을 만든다.
대³ 팬 단위성 의존 명사 '자' 앞에 붙어, '다섯'의 뜻을 나타내는 말. ¶길이가 ~ 자는 되겠다.
-대⁴ 어미 형용사나 '있다'의 어간, 또는 어미 '-시-', '-았/었-', '-겠-'의 아래에 붙어, '해' 할 상대에게 어떤 사실에 대해 놀라워하거나 못마땅하다는 뜻을 나타내는 의문형 종결 어미. ¶왜 이렇게 일이 많~? ▷-ㄴ대·-는대.
대⁵(大) 圐 (수) 사물의 크기를 대·중·소로 나눌 때, 가장 큰 것을 가리키는 말. ↔소(小). ② (의존) (한자어 수사 다음에 쓰여) 어떤 대상이 그 수나 순위 안에 들 만큼 크고 중요한 것임을 나타내는 말. ¶한국 100~ 기업.
※ **대를 살리고 소(小)를 죽이다** [일본 속담에서] 어쩔 수 없는 경우에 더 중요한

것을 위하여 덜 중요한 것을 희생시키다.

대ː⁶(代) [명] [1][자립] **1** 이어 내려오는 집안의 계통. ¶~가 끊기다. **2** 어느 왕이 다스리는 동안이나 어느 왕조(특히, 중국)가 이어지는 동안을 이르는 말. ¶명(明) ~/영조 ~. **3** 이어져 내려오는 종족의 한 단계. 가령, 부모와 자식은 1대, 조부모와 손자는 2대의 차가 있음. ¶그의 사업은 손자 ~에 가서야 결실을 보았다. **4** [지] 지질 시대의 구분 단위 중 가장 넓은 단위. 고생대·중생대·신생대 따위. [2][의존] **1** 10, 20, … 등의 아래에 쓰여, 10~19세, 20~29세까지의 연령층에 있음을 나타내는 말. ¶10~ 소녀. **2** 이어져 내려오는 종족이나 지위의 차례를 나타내는 단위. ¶4~ 조/조선 제4~ 임금.

대⁷(隊) [명] [1][자립] **1** [군] 군사들로 편제(編制)된 무리. 소대·중대·대대 따위. **2** '대오(隊伍)²'의 준말. [2][의존] 편제된 무리를 세는 말. ¶제1~.

대ː⁸(對) [명] [1][자립] **1** 같은 종류로 이루어진 짝이나 상대. **2** 상대되는 뜻을 나타내는 말. ¶~를 이루다. [2][의존] 사물과 사물의 대비나 대립을 나타낼 때 쓰는 말. ¶청군 ~ 백군/3 ~ 2의 비율.

대⁹(臺) [명] **1** 사방을 멀리까지 볼 수 있도록 흙이나 돌 등으로 높게 쌓은 시설물. ¶전망~. **2** 물건을 받치거나 올려놓는 물건의 총칭. ¶받침~.

대¹⁰(臺) [명][의존] 차·기계 따위를 셀 때 쓰는 말. ¶자전거 한 ~.

대ː-¹¹(大) [접두] '큰', '위대한' 등의 뜻을 나타내는 말. ¶~가족/~선배. ↔소-.

대ː-¹²(對) [접두] 고유 명사를 포함하는 대다수 명사 앞에 붙어, '…에 대한', '…에 대항하는'의 뜻을 나타내는 말. ¶~미(美)/~북한 전략.

-대¹³(代) [접미] '대금(代金)'의 뜻을 나타내는 말. ¶신문~/책~.

-대¹⁴(帶) [접미] 띠 모양의 부분이나 지역의 뜻을 나타내는 말. ¶시간~/화산~.

-대¹⁵(臺) [접미] 어떤 숫자로 나타낸 수치나 액수에 붙어, 수치나 액수가 대략 그 숫자의 범위에 있음을 나타내는 말. ¶5만 원~의 상품/평균 80점~의 성적.

대ː가¹(大家) [명] **1** 학문·예술 등의 전문 분야에서 큰 업적을 이루거나 높은 경지에 이른 사람. [비]거장. ¶음악의 ~. **2** 대대로 부귀를 누리며 번창하는 집안.

대ː가²(代價) [-까] [명] **1** 노력이나 희생에 따른 보람이나 보상. ¶피와 땀의 ~. **2** 이뤄진 일에 대해, 또는 어떤 일을 이루기 위해, 그에 맞게 치러야 할 희생이나 손해나 고통. ¶죄의 ~를 치르다.

대ː-가다 [동][자] 시간에 맞게 목적지에 이르다. ¶약속 시간에 ~.

대가리¹ [명] **1** 사람의 '머리'를 비속하게 이르는 말. [비]대갈통. **2** 동물의 '머리'를 예사롭게 이르는 말. ¶생선 ~. **3** 길쭉하게 생긴 물건의 앞부분이나 꼭대기 부분을 이르는 말. ¶콩나물 ~.

대가리에 피도 안 마르다 아직 어리다. 속된 말임.

-대가리² [접미] 어떤 대상을 비하하는 뜻을 나타내는 말. ¶맛~/멋~.

대ː-가섭(大迦葉) [명][불] '마하카시아파'의 한자식 이름.

대ː-가족(大家族) [명] **1** [사] 3대 이상의 가족이 한집에서 함께 생활하는 형태의 가족. **2** 식구가 많은 가족. ↔소가족.

대ː각¹(大覺) [명] 도(道)나 불법(佛法)을 크게 깨닫는 것. 또는, 그런 사람.

대ː각²(對角) [명][수] **1** 사각형에서, 한 각에 대해 마주 보는 각. **2** 삼각형에서, 한 변에 대해 마주 대하는 각.

대ː각^국사(大覺國師) [-싸] [명][인] 고려 시대의 승려(1055~1101).

대ː각-선(對角線) [-썬] [명][수] 다각형에서 이웃하지 않는 두 꼭짓점을 잇는 선분. 또는, 다면체에서 같은 면 위에 있지 않는 꼭짓점을 잇는 선분.

대ː갈-일성(大喝一聲) [-썽] [명] 크게 외치는 한마디의 소리.

대갈-통 [명] '머리통'을 비속하게 이르는 말.

대ː감(大監) [명] **1** [역] 조선 시대에 정2품 이상의 관원에 대한 존칭. **2** [민] 무당이 집·터·돌·나무 따위에 접한 여러 신을 높여 부르는 말.

대ː감-마님(大監-) [명] 높은 지위에 있는 벼슬아치를 높여 이르는 말.

대ː갓-집(大家-) [-가찝/-갇찝] [명] 대대로 권세와 부귀를 누리는 집. ¶~ 마나님.

대ː강(大綱) Ⅰ[명] 세밀하지 않은, 기본적이고 중심이 되는 일의 내용.
Ⅱ[부] **1** 세밀하지 않으나 기본적인 정도로. ¶그 일은 ~ 알고 있다. **2** 태도가 진지하지 않거나 본격적이지 못하거나 심화되지 않은 상태로. [비]대충. ¶~ 해라.

대ː-강당(大講堂) [명] 넓은 강당.

대ː강-대강(大綱大綱) [부] 여러 가지를 다 대강. 또는, 매우 심한 정도로 대강. [비]대충대충. ¶일을 무성의하게 ~ 처리하다.

대강이 [명] **1** '머리1'을 속되게 이르는 말. **2** 물체, 특히 열매의 윗부분을 속되게 이르는 말. ¶파 ~.

대ː-갚음(對-) [명] 자기가 입은 은혜나 원한을 그대로 갚는 일. **대ː갚음-하다** [동][자][여]

대ː개(大槪) Ⅰ[명] 어떤 일이나 대상의 거의 전부. [비]대부분.
Ⅱ[부] 거의 모든 경우에. [비]대부분. ¶나는 ~ 6시면 일어난다.

대ː거(大擧) [부] 한꺼번에 많이. ¶기업들이 해외에 ~ 진출하다.

대ː-거리(對-) [명] 상대방에 맞서서 대드는 것. 또는, 그런 언행. ¶상대가 노인이라 ~를 할 수도 없었다. **대ː거리-하다** [동][자][여]

대-걸레 [명] 긴 막대 끝에 걸레를 달아서 바닥을 닦는 데 쓰는 청소 도구.

대ː검¹(大劍) [명] 큰 칼. [비]장검(長劍).

대ː검²(大檢) [명] '대검찰청'의 준말.

대ː-검찰청(大檢察廳) [명] 대법원에 대응하는 검찰 관청. 지방 검찰청·고등 검찰청을 지휘 감독함. [준]대검.

대ː-게 [명][동] 껍데기 길이 약 12.2cm, 너비 약 13cm로, 우리나라에서 나는 게 중 가장 크며, 맛이 좋은 게. '영덕 대게'로 알려져 있음.

대견-스럽다 [-따] [형][ㅂ] 〈~스러우니, ~스러워〉 대견한 데가 있다. **대견스레** [부]

대견-하다 [형][여] (아랫사람이, 또는 그 사람이 하는 행동이) 의젓하거나 믿음직하여 자랑스럽다. 주로, 부모가 자식에 대해, 또는 스승이 제자에 대해 쓰는 말임. ¶아버지는 혼자 힘으로 대학까지 마친 아들이 **대견하기**만 했다. **대견-히** [부]

대:결(對決) 명 (두 사람이나 양편이) 맞서서 싸우서 우열이나 승패 등을 가리는 것. ¶실력 ~. **대:결-하다** 타여 ¶철수가 창수와 일대일로 ~.

대:경-실색(大驚失色) [-쌕] 명 몹시 놀라 얼굴빛이 하얗게 변함. **대:경실색-하다** 자

대:계¹(大系) [-계/-게] 명 (어떤 분야를 전체적으로 다루되 여러 권으로 만든 책명의 일부로 쓰여) 방대한 체계를 세워 엮은 책임을 나타내는 말. ¶한국사 ~.

대:계²(大計) [-계/-게] 명 큰 계획. ¶백년 ~.

대:공¹(大公) 명 1 유럽에서, 왕가(王家)의 황태자 또는 여왕의 부군(夫君)을 이르는 말. ¶영국의 필립 ~. 2 유럽에서, 작은 공국(公國)의 군주의 호칭.

대:공²(對共) 명 (일부 명사 앞에서 관형어적으로 쓰여) 공산주의·공산주의자에 맞서거나 상대하는 것.

대:공³(對空) 명 (일부 명사 앞에서 관형어적으로 쓰여) 공격이 지상에서 공중으로 향하는 것이거나, 공중에서 이뤄지는 공격에 대응하는 것. ¶~ 사격. ↔대지(對地).

대:공^미사일(對空missile) 명[군] 공중 목표에 대해 지상에서 발사하는 미사일.

대:공-포(對空砲) 명[군] 공중 함정에서 공중 목표물을 사격하도록 설치된 포.

대과(大科) 명[역] 문과를 뽑는 과거의 속칭. ¶~에 오르다.

대:-과거(大過去) 명[언] 과거의 한 시점을 기준으로 하여 그 이전에 이미 완료한, 혹은 그 시점까지 계속되고 있는 동작·상태를 나타내는 시제.

대:관(大官) 명[역] 1 =대신(大臣)². 2 높은 벼슬. 또는, 그 벼슬에 있는 사람.

대:관(貸館) 명 공연이나 행사를 할 수 있도록 공연장·체육관·영화관 등을 빌려 주는 것. ¶~료(料). **대:관-하다** 통여

대:관-령(大關嶺) [-괄-] 명[지] 강원도 강릉시와 평창군 사이에 있는 고개. 높이 865m.

대:관-식(戴冠式) 명 유럽 제국에서 왕관을 머리에 얹어서 왕위에 올랐음을 공표하는 의식.

대:-관절(大關節) 부 (의문문에 쓰여) 이러고저러고 간에 도대체. ¶그 시간에 ~ 어디 갔었니?

대:-괄호(大括弧) 명 묶음표의 하나. [ ]의 기호. 1 묶음표 안의 말이 바깥 말과 음이 다를 때에 씀. '해[年]' 따위. 2 묶음표 안에 또 묶음표가 있을 때에 씀. '불확실[모호(模糊)함]' 따위. 3 [수] 소괄호·중괄호를 포함한 식의 앞뒤를 묶어 한 단위를 나타낼 때 씀. =꺾쇠괄호. ▷ 소괄호·중괄호.

대구¹(大口) 명[동] 몸길이 70~100cm로, 몸이 넓적하고 입이 크며, 몸빛은 엷은 회갈색인 바닷물고기. 고기는 식용하며, 간은 간유(肝油)의 원료로 씀.

대구²(大邱) 명[지] 경상북도의 남부 중앙에 있는 광역시.

대:구(對句) [-꾸] 명[문] 대(對)를 맞춘 시의 글귀. ×대귀.

대:구-법(對句法) [-꾸뻡] 명[문] 수사법의 하나. 한 문장 안에서 같은 구조의 구절을 짝을 이루도록 배치하여 표현의 효과를 높이는 방법. "콩 심은 데 콩 나고, 팥 심은 데 팥 난다." 따위.

대구-탕(大口湯) 명 대구를 넣고 끓인 음식.

대:국¹(大局) 명 대체의 판국.

대:국²(大國) 명 1 국력이 강하거나 국토가 넓은 나라. ↔소국. 2 전에 우리나라에서 중국을 부르던 말.

대:국³(對局) 명 마주 앉아 바둑이나 장기를 두는 것. **대:국-하다** 통여

대:국-적¹(大局的) [-쩍] 관명 큰 판국이나 전체적인 판국에 따르는 (것). 비대국적. ¶~ 견지에서 판단하다.

대:국-적²(大國的) [-쩍] 관명 큰 나라의 특징이 있는 (것). ¶~ 기질.

대:군¹(大君) 명[역] 1 고려 시대, 종친의 정1품 봉작. 2 조선 시대, 임금의 적자(嫡子). ¶수양 ~. 3 '군주'의 존칭.

대:군²(大軍) 명 병사의 수가 많은 군대. ¶백만 ~.

대굴-대굴 부 작은 물건이 잇달아 자꾸 굴러 가는 모양. ¶공이 ~ 구르다. 큰데굴데굴. 셈때굴때굴.

대궁 명 먹다가 그릇에 남긴 밥. =대궁밥.

대궁-밥 [-빱] 명 =대궁.

대:권(大權) [-꿘] 명[법] 국가 원수가 국토와 국민을 통치하는 헌법상의 권한.

대:궐(大闕) 명 임금이 사는 큰 집. 비궁궐(宮闕).

대귀 명[문] '대구(對句)²'의 잘못.

대:-규모(大規模) 명 일의 규모나 범위가 넓고 큼. ¶~ 공사. ↔소규모.

대:극(大戟) 명[식] 뿌리가 굵고, 줄기는 곧게 서며 가는 털이 있는 여러해살이풀. 여름에 녹황색의 잔 꽃이 핌. 어린잎은 식용하고, 뿌리는 약용함.

대근-하다 형여 1 견디기가 힘들고 만만하지 않다. 2 '고단하다'의 잘못.

대:금¹(大金) 명 많은 돈.

대:금²(大쪽) 명 국악에서 사용하는 관악기의 하나. 삼금(三等) 중 가장 크며, 구멍이 13개 뚫려 있음.

대:금³(代金) 명 물건의 값으로 치르는 돈. ¶물품 ~.

대:금⁴(貸金) 명 돈을 꾸어줌. 또는, 꾸어 준 돈. ¶고리 ~.

대:기¹(大氣) 명 지구를 둘러싸고 있는 기체. 질소·산소를 주성분으로 함.

대:기²(待機) 명 때나 기회를 기다리는 것. **대:기-하다** 통여 ¶곧 나갈 테니 차를 대 놓고 대기하고 있어.

대:기-권(大氣圈) [-꿘] 명[지] =기권¹.

대:-기록(大記錄) 명 대단히 세우기 어려운 기록. ¶월드컵 3회 우승이라는 ~을 세우다.

대:기-만성(大器晩成) 명 큰 인물은 오랜 시간의 노력 끝에 이루어짐.

대:기^명령(待機命令) [-녕] 명 1 [군] 대기하라는 명령. ¶출동 ~. 2 [법] 공무원을 직책이 없는 상태로 두는 인사 발령.

대:기^발령(待機發令) 명 근로자가 직무 수행 능력이 부족하거나 근무 태도가 불량하거나 할 경우에, 일시적으로 직위를 부여하지 않고 직무에 종사하지 못하게 하는 조치.

대:기-실(待機室) 명 대기하는 사람이 기다리도록 마련한 방. ¶신부 ~.

대:기-압(大氣壓) 명[기상] =기압①.

대:-기업(大企業) 명 자본금이나 종업원의 수가 많고, 사회적 영향력이 큰 기업.

▷중소기업.

대:기오염(大氣汚染) 圀 공장·자동차·가정에서 배출되는 매연·먼지·가스 등에 의해 공기가 더러워지는 현상.

대:길(大吉) 圀 운세가 썩 길한 것. ¶입춘(立春)~. 대:길-하다 圀

대꾸 圀 상대가 부르거나 묻거나 할 때, 그에 응하여 '응', '예', 또는 그렇다거나 아니라거나 하는 식으로 비교적 짧게 대답하는 것. 町말대꾸. ¶무슨 말을 해도 ~조차 않는다. 대꾸-하다 圀재옌

대꾼-하다 형[여] 기운이 빠져서 눈이 쑥 들어가고 정기가 없다. ¶독감을 앓더니 눈이 ~. 큰데꺼하다.

대-나무 圀 '대'를 목본(木本)으로 일컫는 말.

대:남(對南) 圀 (주로 일부 명사 앞에서 관형어적으로 쓰여) 그 명사가 나타내는 일이 남한을 상대로 한 것임을 뜻하는 말. ¶~방송. ↔대북.

대:납(代納) 圀 (세금·요금·비용 등을) 남을 대신하여 내는 것. 대:납-하다 (타)여

대:낮[-낟] 圀 환히 밝은 낮. =백주.

대:내(對內) 圀 (주로, 명사 앞에서 관형어적으로 쓰이거나 접미사와 결합한 꼴로 쓰여) 단체나 국가 등의 내부에 관계되는 것. ¶~문제 /~ 정책. ↔대외.

대:내외-적(對內外的) [-외-/-웨-] 관 나라나 사회의 안팎에 두루 관련되는 (것). ¶정부의 정통성을 ~으로 알리다.

대:내-적(對內的) 관 어떤 일이 나라나 단체 등의 내부에 관계된 상태에 있는 (것). ¶~ 활동. ↔대외적.

대:농(大農) 圀 큰 규모로 짓는 농사. 또는, 그런 농가, 농민. ▷중농·소농.

대:놓고 [-노코] 囝 사람을 앞에 놓고 거리낌 없이. ¶~ 폭언을 하다.

대:뇌(大腦) [-뇌/-눼] 圀[생] 척추동물의 뇌의 주요 부분. 좌우의 반구(半球)로 이루어지며, 신경계 전체의 중추적 작용을 함. =큰골.

대님 圀 한복 바지를 입은 상태에서, 가랑이 맨 아래쪽을 발목 부분에서 오므려 접은 뒤에 그 둘레에 돌려 매는 끈.

대:다¹ (대고/대어) 재타 ① ㉠ 대 [물체를 다른 물체에] 가깝게 하여 둘 사이에 빈틈이 없게 하다. ¶수화기를 귀에 ~. 2 (어떤 도구를) 사용하여 일을 하다. ¶그림에 붓을 ~. 3 (어떤 곳에 물을) 끌어들이다. ¶논에 물을 ~. 4 (돈·물자를) 마련하여 주다. ¶공사에 필요한 자재를 ~. 5 (노름·내기 등에서 돈을) 걸다. ¶판돈으로 천 원을 ~. 6 전화상으로 연결이 되게 하다. ¶여보세요, 김 선생 좀 대주세요. 7 (사람을) 구하여 뒤를 보아주게 하다. ¶피고인에게 국선 변호인을 ~. 8 (차·배 등의 탈것을 일정한 장소에) 세우거나 정박시키다. ¶집 앞에 차를 ~. 9 서로 견주다. ¶이 수박은 그것에 대면 큰 편이다. 10 (이유나 구실을) 들어 보이다. ¶핑계를 ~. 11 (어떤 사실을) 드러내어 말하다. ¶놈이 숨은 곳을 대라! 12 (무엇을) 덧대거나 뒤에 받치다. ¶공책에 책받침을 대고 쓰다. 13 (어떤 행동을) 마구 하다. ¶성화를 ~. ② 재 1 (정해진 시간에) 가 닿거나 맞추다. ¶비행기 시간에 ~. 2 (주로 '대고'의 꼴로 쓰여) 어느 쪽을 목표로 삼아 향하거나 무엇을 대상으로 하다. ¶누구한테 대고 반말이냐? ③ (보조) (동사의 어미 '-아/어'의 아래에 쓰여) 같은 행동을 심하게 되풀이함을 나타내는 말. ¶먹어 ~.

-대다² 집미 =-거리다. ¶출렁~ / 바스락~.

대:다수(大多數) 圀 거의 모두. ¶~가 찬성하다.

대:단원(大團圓) 圀 연극이나 소설 등에서 사건의 엉킨 실마리를 풀어 결말을 짓는 마지막 장면.
대단원의 막을 내리다 오래 계속되던 일이 마침내 끝이 나다. ¶월드컵 경기가 화려한 폐막식을 끝으로 ~.

대:단위(大單位) 圀 아주 큰 규모. ¶~ 아파트.

대:단찮다[-찬타] 圀 대단하지 않다. ¶대단찮은 상처.

대:단-하다 圀옌 1 (어떤 일이나 대상이) 중요성이나 가치가 높다. ¶이번 한미 정상 회담은 대단한 의미를 가지고 있다. 2 (일·현상의 상태나 정도가) 심하거나 격렬하다. ¶추위가 ~. 3 (규모나 정도가) 보통의 경우를 넘어서서 경이로운 상태에 있다. ¶인기가 ~. 4 (사람이나 대상이) 능력·자질·질 등에 있어서 뛰어나거나 우수한 상태에 있다. ¶대단한 작품. 대:단-히 튐 ¶~ 감사합니다.
대단치도 않다 '아주 대단하다'를 반어적으로 이르는 말. ¶빚쟁이들이 몰려와 난리를 피우는데 대단치도 않더라고.

대:담(對談) 圀 서로 마주 대하고 이야기하는 일. 또는, 그 이야기. ¶~ 프로. 대:담-하다¹ 圀재옌

대:담-하다²(大膽-) 圀옌 (사람이) 무섭거나 두렵거나 부끄러운 일을 함에 있어 겁을 내지 않는 상태에 있다. 町담대하다·용감하다. ¶대담한 옷차림. 대:담-히 튐

대:답(對答) 圀 1 (사람이 상대의 물음·요구, 또는 부르는 말에) 곧 응하여 어떤 말을 하는 것. 또는, 그 말. 町답·응답. ¶불러도 아무 ~이 없다. 2 (사람이 상대가 제기하거나 요구한 문제에 대해) 해답을 내놓거나 결정을 하여 말하는 것. 또는, 그 말. 町답변. 대:답-하다 圏재타옌 ¶질문에 ~.

대:대(大隊) 圀 1 [군] 군대 편제상의 한 단위. 4개 중대로 편성됨. 연대의 아래, 중대의 위임. ¶1개 ~ 병력. 2 [공] 공군 부대 편성의 단위. 4~5편대로 구성됨. 편대(編隊)의 위, 전대(戰隊)의 아래임.

대:대-로(大對於) 관[역] 고구려의 최고 관직. 국사(國事)를 총괄함.

대:대-로²(代代-) 튐 여러 대를 계속하여. ¶~ 전해 내려오는 가보.

대:대손손(代代孫孫) 圀 오래도록 내려오는 여러 대. =자손만대. ¶~ 번영을 누리다.

대:대-장(大隊長) 圀 대대를 지휘하고 통솔하는 최고 지휘관. 주로, 영관 급 장교로 임명함.

대:대-적(大大的) 관 일의 범위나 규모가 매우 큰 (것). ¶~인 환영.

대:도¹(大盜) 圀 큰 도둑.

대:도²(大道) 圀 1 넓고 큰 길. 町큰길. 2 사람이 마땅히 지켜야 할 큰 도리.

대:-도시(大都市) 圀 지역이 넓고 인구가 아주 많아서 중심이 되는 도시.

대:독(代讀) 圀 (축사·식사 등을) 대신 읽는 것. 대:독-하다 圀타옌 ¶대통령의

3·1절 기념사를 국무총리가 ~.

대:동(大同) 명 (주로 관형어적으로 쓰여) 크게 하나로 뭉쳐 화평을 이룬 상태. ¶~ 화합 / ~ 사회.

대:동²(帶同) 명 (어떤 사람이 다른 사람을) 함께 데리고 가는 것. **대동-하다** 팀 (타여) ¶파티에 아내를 **대동하고** 왔다.

대:동-강(大同江) 명 [지] 함경남도 소백산에서 시작하여 평안남도를 거쳐 황해로 흘러드는 강. 길이 439km.

대:동-단결(大同團結) 명 (많은 사람이나 여러 집단이) 같은 목표를 위하여 크게 한 덩어리로 뭉침. **대:동단결-하다** 자여 ¶온 국민이 **대동단결하여** 일로매진하자.

대:-동맥(大動脈) 명 [생] 심장에서 온몸으로 혈액을 내보내는 체순환의 본줄기를 이루는 동맥. ↔소동맥. 2 교통의 간선로를 비유하여 이르는 말.

대:동-법(大同法) [-뻡] 명 [역] 조선 중엽에 여러 가지 공물(貢物)을 쌀로 통일하여 바치게 하던 납세 제도.

대:-동사(代動詞) 명 [언] 동일한 동사의 반복을 피하기 위하여 대신 쓰는 동사. 영어의 'do' 따위.

대:동소이-하다(大同小異-) 형여 큰 차이 없이 거의 같다. ¶나도 네 의견과 ~.

대:동-제(大同祭) 명 지역민이 화합을 다지기 위해 함께 모여 크게 벌이는 축제. 또는, 대학 등에서 해마다 정기적으로 벌이는 축제. ¶풍물~ / 서울대 ~.

대두¹(大斗) 명 열 되들이 말. ¶쌀 ~ 한 말. ▷소두.

대두²(擡頭) 명 (어떤 현상이나 세력이) 새롭게 일어나 나타나는 것. ¶혁신 세력의 ~. **대두-하다** 자여 ¶예술에 실험적 경향이 ~. **대두-되다** 자여

대:두-병(大斗瓶) [-뼝] 명 한 되들이 병. (비)됫병.

대:둔-산(大屯山) 명 [지] 충청남도 금산군과 논산시, 전라북도 완주군과의 경계에 있는 산. 높이 878m.

대:-들다 자 〈-드니, ~드오〉 (윗사람에게) 고분고분 따르지 않고서 맞서 싸움을 걸거나 버릇없는 태도로 말하거나 행동하다. (동)들이 형반대다.

대-들보(大-) [-뽀] 명 1 [건] 기둥과 기둥 사이에 건너지른 큰 들보. 2 한 나라나 집안의 중심이 되는 중요한 사람을 비유하는 말. ¶넌 우리 집안의 ~다.

대:등적 연결^어^미(對等的連結語尾) [언] 문장을 대등하게 이어 주는 어말 어미. '-고', '-면서', '-지만' 따위.

대:등-절(對等節) 명 [언] 한 문장 안에서 대등한 자격을 가지고 결합하여 있는 절. '꽃은 피고, 새는 운다.'에서 '꽃은 피고'와 '새는 운다'는 각각 대등절임.

대:등-하다(對等-) 형여 어느 한쪽이 낫거나 못하지 않고 서로 비슷하다. ¶실력 면에서 **대등한** 경기를 펼치다.

대:딩(大-) 명 〈속〉 대학생. 인터넷상에서 쓰이는 통신 언어임.

대뜸 튀 그 자리에서 곧. ¶말을 꺼내자마자 그는 ~ 화부터 냈다.

대:란(大亂) 명 나라나 사회에 일어난 큰 혼란이나 난리. ¶교통 ~ / 취업 ~.

대:략(大略) Ⅰ 명 중요한 줄거리만 골라서 간추린 것. (비)대강·대요.
Ⅱ 튀 1 요점만 간추리면. 또는, 세세하지 않으나 중요한 내용에 있어서. (비)대강. ¶

사건의 전말은 ~ 이렇다. 2 어림잡아서.

대:략-적(大略的) [-쩍] 명·관 중요한 내용만 간추린 (것). 또는, 어림잡은 (것). ¶회사에 대한 ~인 소개.

대:량(大量) 명 많은 분량이나 수량. ¶~ 구입.

대:량^생산(大量生産) [명] [경] 동일한 제품을 기계력에 의하여 대량으로 만들어 내는 일.

대:련(對鍊) 명 [체] 태권도·유도 등에서, 기본기를 익힌 후 두 사람이 상대하여 공격·방어의 기술을 수련하는 일. **대:련-하다** 자여

대:령¹(大領) 명 [군] 국군 계급의 하나. 영관의 맨 위 계급으로, 중령의 위, 준장의 아래임.

대:령²(待令) 명 1 명령을 기다리는 것. 2 =등대(等待). **대:령-하다** 자타여 ¶소인 여기 대령하였사옵니다.

대:례(大禮) 명 전통 혼례에서, 신랑이 신부 집에 가서 행하는 모든 의례.

대로¹ Ⅰ 명(의존) 1 ('어미 '-ㄴ', '-는', '-ㄹ' 아래에 쓰여) '그 모양과 같이'의 뜻을 나타내는 말. ¶느낀 ~ 본 ~ 말하다. 2 (어미 '-는' 아래에 쓰여) '어떤 상태나 행동이 나타나는 그 즉시'의 뜻을 나타내는 말. ¶도착하는 ~ 편지해라. 3 ('대로'를 사이에 두고 동일한 형용사나 부사가 반복되어, '-ㄹ 대로 -ㄴ' 또는 '-ㄹ 대로 -아(어)'의 꼴로 쓰여) 매우 어떠하다는 뜻을 나타내는 말. ¶낡을 ~ 낡은 외투. 4 ('-ㄹ 수 있는 대로'의 꼴로 쓰여) '-ㄹ 수 있는 만큼 최대한'의 뜻을 나타내는 말. ¶될 수 있는 ~ 빨리 끝내 주세요.
Ⅱ 조 1 앞에 오는 말에 준거하거나 다름 집이 없음을 나타내는 말. ¶규칙~ 처벌하여라. 2 따로따로 구별됨을 나타내는 말. ¶큰 것은 큰 ~ 따로 두다.

대:로²(大怒*) 명 ['怒'의 본음은 '노'.] 크게 성내는 것. **대:로-하다** 자여

대:로³(大路) 명 사람이나 차가 빈번하게 다니는, 폭이 넓은 길. (비)큰길. ↔소로.

대:로-변(大路邊) 명 큰길 옆. 또는, 큰길 가까이. ¶~에 차를 세우다.

대롱 명 가느다란 통대의 토막. ▷관(管).

대롱-거리다/-대다 자 매달린 물건이 가볍게 흔들리다. ¶감 하나가 가지 끝에 매달려 ~.

대롱-대롱 튀 대롱거리는 모양. ¶아이들이 철봉에 ~ 매달리다. **대롱대롱-하다** 자여

대:류(對流) 명 [물] 열 때문에 기체나 액체가 상하로 뒤바뀌면서 움직이는 현상.

대:류-권(對流圈) [-꿘] 명 [지] 지표로부터 14.5km 안팎의 대기의 범위. 구름 생성이나 강우 등으로 기상 현상이 생김.

대:륙(大陸) 명 지구 상의 커다란 육지. 일반적으로 유라시아·아프리카·남아메리카·북아메리카·오스트레일리아·남극 대륙을 지칭함.

대:륙^간^탄:도^유도탄(大陸間彈道誘導彈) [-깐-] 명 [군] 8,000km 이상의 사정 거리를 가지고 핵탄두를 운반하는 탄도 유도탄. =아이시비엠(ICBM).

대:륙-붕(大陸棚) [-뻥] 명 [지] 대륙 주위의, 평균 깊이 약 200m까지의 경사가 완만한 해저 지역. ¶~ 탐사.

대:륙-성(大陸性) [-썽] 명 대륙적인 성질. 곧, 민족성으로는 인내력이 강하고

끈기가 있으며, 기후로는 기온의 차가 심함. ↔해양성.
대:륙성^기후(大陸性氣候) [-썽-] 圓 [지] 해양에서 멀리 떨어진 대륙 내부의 기후. 기온의 연교차와 일교차가 크며, 강우량이 적고 건조함. ↔해양성 기후.
대:륙-적(大陸的) [-쩍] 團 1 대륙에만 특유한 (것). 2 도량·기백이 웅대한 (것). ¶~ 기질.
대:리(代理) 圓 1 남을 대신하여 일을 처리하는 것. 또는, 그 사람. ¶~ 출석. 2 회사에서 보통 사원보다는 높고 과장보다는 낮은 직위. 또는, 그 사람. ¶과장 ~. **대:리-하다** 匽㉺ 남을 대신하여 일을 처리하다.
대:리-모(代理母) 圓[사] 불임 부부 또는 자식 키우기를 원하는 독신자를 위하여, 대신 아이를 낳아 주는 여자.
대:리-상(代理商) 圓 일정한 회사 등의 위탁을 받고 그 거래를 대리하거나 중개하는 일을 하는 독립된 상인. 보험 대리상 따위.
대:리-석(大理石) 圓[광] =대리암.
대:리-암(大理巖·大理岩) 圓[광] 석회암이 높은 열과 압력을 받아 변질된 암석. 조각·건축 따위에 쓰임. =대리석.
대:리-인(代理人) 圓[법] 대리권을 가지고 본인을 대신하여 의사 표시를 하거나 의사 표시를 받을 권한이 있는 사람.
대:리-점(代理店) 圓 일정한 회사 등의 위탁을 받아 거래를 대리하거나 중개하는 일을 하는 점포.
대:립(對立) 圓 (어떤 사람·집단·사물이 다른 사람·집단·사물과, 또는 사람과 사람, 집단과 집단, 사물과 사물이) 의견이나 입장이나 속성 등에 있어서 서로 반대되는 상태가 되는 것. ¶감정 ~. **대:립-하다** 匽㉺ ¶개헌 문제를 놓고 여야가 ~. **대:립-되다** 匽㉺ ¶이해가 ~.
대:립-각(對立角) [-깍] 圓 (주로 '세우다' 와 함께 쓰여) 둘 이상의 사람이나 집단이 서로 맞서서 팽팽하게 버티는 상태. ¶여야가 국정 현안을 놓고 ~을 세우다.
대:립-적(對立的) [-쩍] 團 서로 대립되는 (것). ¶~ 관계.
대:마(大馬) 圓 바둑에서, 넓은 자리를 차지한 상태로 서로 이어져 있는 많은 돌.
대:마²(大麻) 圓[식] =삼³.
대:마-도(對馬島) 圓 '쓰시마 섬'을 우리 한자음으로 읽은 이름.
대:마-불사(大馬不死) [-싸] 圓 바둑에서, 대마는 쉽게 죽지 않는다는 말.
대:마-초(大麻草) 圓 환각제로 쓰이는 대마의 이삭이나 잎.
대만(臺灣) 圓[지] 동아시아의 타이완 섬과 그 주위의 섬으로 이루어진 공화국. 수도는 타이베이(臺北). =중화민국·자유 중국·타이완.
대:-만원(大滿員) 圓 꽉 찬 정도가 심한 상태의 만원. '만원'을 강조한 말임. ¶~을 이룬 극장.
대:망¹(大望) 圓 큰 일을 이루겠다는 꿈. ¶소년들이여, ~을 품어라. ▷야망.
대:망²(待望) 圓 기다리고 바라는 일. ¶~의 그날이 오다. **대:망-하다** 匽㉺
대:-매출(大賣出) 圓 기한을 정하여 많은 물건을 대대적인 선전과 함께 싸게 파는 일. ¶염가 ~.
대:-머리 圓 머리털이 많이 빠져서 이마나

대:면(對面) 圓 서로 얼굴을 마주 보고 대하는 것. ¶첫 ~. **대:면-하다** 匽㉺㉻
대:-명사(代名詞) 圓 1 [언] 품사의 하나. 사물이나 사람의 이름을 대신하여 나타내는 단어. 인칭 대명사와 지시 대명사로 나뉨. '나', '너', '이', '그' 따위. ▷대이름씨. 2 어떤 속성을 대표적으로 나타내는 사물임을 비유적으로 이르는 말. ¶놀부는 심술쟁이의 ~이다.
대:명-천지(大明天地) 圓 아주 밝아서 공정한 세상. ¶~에 이런 억울한 일이 어디에 또 있겠는가.
대:모(代母) 圓[가] 세례 성사·견진 성사를 받는 여자가 세우는 종교상의 여자 후견인. ▷대부(代父).
대목¹ 圓 1 설이나 추석과 같은 명절에 즈음하여 경기(景氣)가 활발한 시기. ¶추석 ~. 2 이야기나 글 등의 어느 특정한 부분. ¶이 도령과 춘향이가 재회하는 ~. 3 일의 긴요한 고비나 부분.
대:목²(大木) 圓 규모가 큰 건축 일을 주로 하는 목수.
대:-못(大-) [-몯] 圓[건] =큰못.
대:문(大門) 圓 뜰과 담이 있는 집에서, 사람이 집 밖으로 나가거나 집 안으로 들어갈 때 가장 많이 이용하는 제일 큰 문.
대:문-간(大門間) [-깐] 圓 대문이 있는 곳. ¶~에 나와 인사하다.
대:-문자(大文字) 圓 서양 글자의 큰 체로 된 글자. 곧, A, B, C 등을 이름. ↔소문자.
대:문-짝(大門-) 圓 대문의 문짝.
대:문짝-만하다(大門-) [-짱-] 團㉺ (사진·글자 등이) 매우 커서 눈에 잘 보이는 상태에 있다. ¶사진이 신문에 **대문짝만하게** 났다.
대:-물(對物) 圓 (일부 명사 앞에서 관형어적으로 쓰여) 그 명사가 나타내는 것이 물건을 대상으로 한 것임을 뜻하는 말. ¶~ 담보. ↔대인.
대:물-렌즈(對物lens) 圓[광] 현미경 따위의 광학 기기에서, 물체에 가까운 쪽에 있는 렌즈. ↔접안렌즈.
대:-물리다(代-) 匽㉺ (사물을) 후대의 자손에게 남겨 주어 잇다. ¶사업을 ~.
대:-물림(代-) 圓 (사물·사업 등을) 다음 자손에게 물려주어 계속 간직하게 하거나 이어 가게 하는 것. 또는, 그 사물. **대:물림-하다** 匽㉺ ¶사업을 자식에게 ~. **대:물림-되다** 匽㉺
대:미¹(大尾) 圓 마지막의 맨 끝. ¶영화가 주인공의 화려한 재기로 ~를 장식하다.
대:미²(對美) 圉 (주로 일부 명사 앞에서 관형어적으로 쓰여) 그 명사가 나타내는 일이 미국을 상대로 한 것임을 뜻하는 말. ¶~ 수출 / ~ 관계.
대:민(對民) 圉 (주로 일부 명사 앞에서 관형어적으로 쓰여) 민간인을 상대로 한 것임을 뜻하는 말. ¶~ 활동 / ~ 봉사.
대-바구니 圓 대로 결어 만든 바구니.
대-바늘 圓 대로 만든, 끝이 곧고 뾰족한 뜨개질바늘.
대:-박(大-) 圓〈속〉엄청난 돈을 따거나 벌게 되는 행운이나 복. ¶~을 터뜨리다.
대:반야바라밀다-경(大般若波羅蜜多經) [-따-] 圓[불] 반야를 설명한 여러 경전을 모아 이룬 책. 당나라의 현장(玄奘)이

번역한 것으로, 모두 600권임.
대-받다[-따] [동][타] 남의 말에 반항하여 들이대다. ¶**대받아** 말하다.
대-밭[-받] [명] 대를 심은 밭. 또는, 대가 많이 자라고 있는 곳.
대번 [부] '대번에'의 준말. ¶몇십 년 만에 만났는데도 그는 ~ 나를 알아보았다.
대번-에 [부] 서슴지 않고 단숨에. 또는, 그 자리에서 당장. ¶많은 음식을 ~ 먹어 치우다. [준]대번.
대ː범-하다(大汎-·大泛-) [형][여] (성격이나 태도가) 사소한 것에 얽매이지 않고, 너그럽거나 예사롭다. ¶일을 **대범하게** 처리하다. ↔소심하다. **대ː범-히** [부]
대ː-법관(大法官)[-꽌] [명] 대법원을 구성하는 법관. 대법원장의 제청으로 국회의 동의를 얻어 대통령이 임명함.
대ː-법원(大法院) [명][법] 우리나라의 최고 법원. 상고 사건, 재항고 사건, 기타 법률에 의하여 그 권한에 속하는 사건을 종심(終審)으로 재판함.
대ː법원-장(大法院長) [명] 대법원의 장. 대통령이 국회의 동의를 얻어 임명하며, 임기는 6년이고 중임(重任)할 수 없음.
대ː-법정(大法廷)[-쩡] [명][법] 대법원의 재판 기관으로서 대법관 3분의 2 이상으로 구성되는 합의체.
대ː변¹(大便) [명] 사람의 '똥'을 완곡하게 이르는 말. ¶~ 검사. ▷소변.
대ː변²(代辯) [명] 어떤 사람이나 단체를 대신하여 그의 의견이나 태도를 발표하는 것. **대ː변-하다** [동][타][여] ¶그 사건은 당시의 부패된 사회상을 **대변해** 주고 있다.
대ː변³(貸邊) [명][경] 복식 부기에서, 장부의 계정계좌의 오른쪽 부분. 자산의 감소, 부채나 자본의 증가 등을 기입함. ↔차변.
대ː변⁴(對邊) [명][수] 한 변이나 한 각과 마주 대하고 있는 변.
대ː변-보다(大便-) [동][자] '똥 누다'를 점잖게 이르는 말. =뒤보다.
대ː변-인(代辯人) [명] 대변하는 일을 맡은 사람. ¶정부 ~.
대ː변-자(代辯者) [명] 대변하는 사람.
대ː별(大別) [명] (어떤 대상을) 크게 갈라 구별하거나 분류하는 것. **대ː별-하다** [동][타][여] ¶주제를 둘로 ~. **대ː별-되다** [동][자] ¶생물은 동물과 식물로 **대별된다**.
대ː-보다 [동][타] 서로 견주어 보다.
대ː-보름(大-) [명][민] 우리나라 명절의 하나인 음력 정월 보름. 새벽에 귀밝이술을 마시고 부럼으로 땅콩·호두·잣 등을 까 먹으며, 오곡밥을 먹음. [비]상원.
대ː보름-날(大-) [명][민] '대보름'을 좀 더 구어적으로 이르는 말.
대본(臺本) [명][문] **1** 연극·영화의 바탕이 되는 극본이나 시나리오. ¶방송 ~. **2** 번역을 하거나 사전을 편찬하거나 주석본·영인본 등을 만들 때, 토대가 되는 책.
대ː부¹(大富) [명] 큰 부자. [비]거부(巨富).
대ː부²(代父) [명][가] 세례 성사·견진 성사를 받는 남자가 세우는 종교상의 남자 후견인. ▷대모(代母).
대ː부³(貸付) [명] =대출2. **대ː부-하다** [동][타][여] ¶돈을 ~. **대ː부-되다** [동][자]
대ː-부분(大部分) Ⅰ[명] 전체량에 거의 가까운 수효나 분량. [비]대개. ↔일부분. Ⅱ[부] 거의 모두. [비]대개.
대ː북¹(大北) [명][역] 조선 선조 때 홍여순을 중심으로 북인(北人)에서 갈린 당파. ↔소북.
대ː북²(對北) [명] (주로 일부 명사 앞에서 관형어적으로 쓰여) 그 명사가 나타내는 일이 북한을 상대로 한 것임을 뜻하는 말. ¶~ 방송. ↔대남.
대-분수(帶分數)[-쑤] [명][수] 정수(整數)와 진분수로 이루어진 수. 2⅓ 따위.
대ː비¹(大妃) [명][역] 선왕(先王)의 후비(后妃). ¶인목 ~.
대ː비²(對比) [명] **1** (사물과 사물을, 또는 어떤 사물을 다른 사물에) 견주어 서로 비교하는 것. **2** [미] 회화(繪畫) 등에서, 어떤 요소의 특질을 강조하기 위해 그와 상반되는 형태·색채·톤 등을 나란히 배치시키는 일. =콘트라스트. ¶색채 ~. **대ː비-하다**¹ [동][타][여] **대ː비-되다** [동][자]
대ː비³(對備) [명] (앞으로 닥칠 어떤 일에) 어려움을 겪거나 문제가 생기지 않도록 미리 준비하는 것. 또는, 그런 준비. **대ː비-하다**² [동][자][타][여] ¶노후를 ~.
대ː비-책(對備策) [명] 어떤 일에 대비하기 위한 방책.
대빵 Ⅰ[명]〈속〉우두머리. ¶우리 회사 ~. Ⅱ[부]〈속〉엄청나게. ¶키 한번 ~ 크네.
대ː-삐리(大-) [명]〈속〉'대학생'을 얕잡아 이르는 말.
대ː사¹(大事) [명] 인생에 큰 의미를 가지는 중요한 일이나 행사. [비]큰일. ¶인륜~.
대ː사²(大使) [명][법] 국가의 원수로부터 다른 국가의 원수에게 파견되어 주재국에 대하여 국가의 의사를 표시하는 제1급의 외교 사절. =특명 전권 대사. ¶주미 ~.
대ː사³(大師) [명][불] **1** 나라에서 덕이 높은 승려에게 내리던 칭호. ¶서산(西山) ~. **2** '승려'의 높임말.
대ː사⁴(代謝) [명][생] =물질대사.
대사⁵(臺詞·臺辭) [명] 배우가 극중(劇中)의 등장인물로서 하는 말.
대ː사-관(大使館) [명] 대사가 주재국에서 사무를 집행하는 관사.
대ː-사전(大辭典) [명] 어휘 수가 많아 부피가 큰 사전. ▷중사전·소사전.
대ː-사헌(大司憲) [명][역] 조선 시대, 사헌부의 으뜸 벼슬. 종2품임.
대ː상¹(大祥) [명] 죽은 지 두 돌 만에 지내는 제사. ▷소상.
대ː상²(大商) [명] 큰 상인. [비]거상(巨商).
대ː상³(大賞) [명] 콘테스트·콩쿠르 등에서, 최우수 작품이나 최우수자에게 주는 상. [비]그랑프리.
대ː상⁴(代償) [명] (손해 끼친 것을) 다른 물건으로 대신 물어 주는 것. **대ː상-하다** [동][타][여]
대상⁵(帶狀) [명] 띠같이 좁고 긴 모양.
대상⁶(隊商) [명] 낙타나 말을 타고 무리를 지어 사막을 여행하는 상인. =카라반.
대ː상⁷(對象) [명] 사람이 어떤 행위를 할 때, 그 목적이 되는 사물이나 상대가 되는 사람. ¶결혼 ~.
대ː상-물(對象物) [명] 대상이 되는 물건. ¶공격 ~.
대ː상-자(對象者) [명] 대상이 되는 사람.
대ː생(對生) [명][식] =마주나기. **대ː생-하다** [동][자][여]
대ː서¹(大暑) [명] 24절기의 하나. 7월 23일 경으로, 소서(小暑)와 입추 사이에 있음.
대ː서²(代書) [명] **1** 남을 대신하여 관공서나 법원, 검찰 등에 제출할 서류를 작성하는

것. 2 =대필(代筆). 대:서-하다 통타여

대:서-방(代書房) [-빵] 명 =대서소.

대:서-사(代書士) 명 남을 대신하여 관공서나 법원·검찰 등에 제출할 서류를 작성하는 일을 직업으로 하는 사람. 법무사·행정사 따위.

대:서-소(代書所) 명 남을 대신하여 관공서나 법원·검찰 등에 제출할 서류를 작성하는 일을 업으로 하는 사무소. =대서방.

대:서-양(大西洋) 명[지] 오대양의 하나. 유럽·아프리카와 남북아메리카·남극의 다섯 대륙에 둘러싸인 세계 제2의 대양. 3 (급) =출표. 4 ¶ '프라이' 의

대:서-특필(大書特筆) 명 특별히 드러나 보이게 큰 글자로 쓰는 일. 특히, 신문 기사를 큰 비중을 두어 다루는 것을 이름.
대:서특필-하다 통타여 ¶언론에서는 청부 살인의 사건을 대서특필했다.

대:선(大選) 명 대통령을 뽑는 선거.

대:-선거구(大選擧區) 명[정] 두 사람 이상의 의원을 뽑는 선거구. =대선거구.

대:-선배(大先輩) 명 1 일정한 분야에 먼저 들어서서 활동한 경험이 많고 이름이 있는 사람. ¶직장 ~. 2 자신의 출신 학교를 오래전에 나온 사람.

대:설(大雪) 명 24절기의 하나. 12월 7일경으로, 소설(小雪)과 동지 사이에 있음.

대:성(大成) 명 (어떤 사람이) 크게 성공하는 것. 대:성-하다 통자여

대:-성공(大成功) 명 크게 성공하는 것. 또는, 큰 성공. 대:성공-하다 통자여

대:성-통곡(大聲痛哭) 명 큰 목소리로 몹시 슬프게 욺. 대:성통곡-하다 통자여

대:-성황(大盛況) 명 큰 성황. ¶공연은 예상외로 ~을 이루었다.

대:세(大勢) 명 일이 진행되는 결정적인 형세. ¶~에 따르다 / ~가 기울다.

대:소(大小) 명 사물의 크고 작음.

대:-소변(大小便) 명 사람의 '똥과 오줌'을 완곡하게 이르는 말. ¶~을 가리다.

대:-소사(大小事) 명 크고 작은 모든 일. ¶집안의 ~.

대:손(代孫) 명[의존] =세손(世孫).

대:수¹(大數) 명 《주로, 앞에 든 사실이나 사물이 대단치 않음을 강조하는 반어 의문문에 쓰여》 대단하거나 중요한 일. ¶손해를 좀 보았기로 ~냐?

대:수²(代數) 명[수] '대수학'의 준말.

대:수³(代數) 명[수] 차·기계 등의 수.

대:수-롭다 [-따] 형 《~로우니, ~로워》 《부정문이나 의문문에 쓰여》 대단하거나 중요하게 여길 만하다. ¶그게 뭐 대수로운 일이냐? 대:수로이 부

대:-수술(大手術) 명[의] 외과수술과 같이 규모가 크고 시간이 많이 걸리는 수술.

대:수-학(代數學) 명 수 개개의 숫자 대신에 문자를 써서 일반적인 수를 대표시켜 수의 관계, 성질, 계산 법칙 등을 연구하는 수학. ◎대수.

대:-순환(大循環) 명[생] =체순환. ↔소순환.

대-숲 [-숩] 명 대나무로 이루어진 숲. =죽림(竹林).

대:승¹(大乘) 명[불] 후기 불교의 2대 유파의 하나. 모든 중생을 제도하는 것을 이상으로 함. ↔소승.

대:승²(大勝) 명 전쟁·경기·경쟁 등에서 크게 이기는 것. 비대첩. ¶~을 거두다.

대:-승리(大勝利) [-니] 명 큰 승리.

대:승 불교(大乘佛敎) 명[불] 대승을 주지 (主旨)로 하는 교파의 통칭. 중국·한국·일본 등 주로 동북아시아로 전파됨. ↔소승 불교.

대:승-적(大乘的) 관명 사사로운 이익이나 일에 얽매이지 않고 전체적인 관점에서 판단·행동하는 (것). ¶대국적. ¶~ 견지에서 사물을 보다. ↔소승적.

대시(dash) 명 1 스포츠·게임 등에서, 거칠게 돌격하면서 공격해 들어가는 것. 2 어떤 일을 이루기 위해 강하게 밀어붙이는 것. 3 (급) =출표. 4 ¶ '프라이' 의 잘못. 대시-하다 통타여 거칠게 공격하거나 강하게 밀어붙이다.

대:식(大食) 명 많이 먹는 것. ↔소식(小食). 대:식-하다 통타여

대:-식가(大食家) [-가] 명 음식을 많이 먹는 사람. ↔소식가.

대:-식구(大食口) [-꾸] 명 식구가 많은 상태. 또는, 많은 식구.

대:신¹(大臣) 명 1 [역] '의정(議政)¹'의 통칭. =정승. 2 [역] 조선 고종 31년(1894) 이후의 내각(內閣) 각 부의 으뜸 벼슬. =대관(大官). 3 군주국의 장관의 칭호.

대:신²(代身) 명 1 남을 대리하는 것. ¶친구 ~으로 내가 왔다. 2 (어떤 것을) 딴 것으로 바꾸는 것. ¶꿩 ~ 닭. 3 어떤 행위나 현상에 상응하는 것이거나 그의 대가임을 나타내는 말. 대:신-하다 통자타여 ¶짧으나마 이것으로 인사말을 대신할까 합니다.
Ⅱ부 남을 대리하거나 어떤 것을 대용하여. ¶네가 ~ 가거라.

대:아(大我) 명 1 [철] 인도 철학에서, 우주의 유일 절대의 본체. 2 [불] 우주의 본체. 참된 나, 곧 사견(私見)·집착을 떠난 자유자재의 경지. ↔소아(小我).

대:안¹(代案) 명 어떤 안을 대신할 만한 더 좋은 안. ¶~을 내놓다.

대:안²(對案) 명 어떤 일에 대하여 안.

대야 명 물을 담아 손·발·얼굴 등을 씻을 때 쓰는, 양은·놋쇠·플라스틱 등으로 둥글납작하게 만든 물건. ¶세숫~.

대:양(大洋) 명[지] 면적이 넓고 독립된 해류계(海流系)를 가진 큰 바다.

대:어¹(大魚) 명 큰 물고기.
대어를 낚다 아주 어려운 일을 이루어 큰 성과를 얻다. 또는, 어떤 일을 훌륭히 해낼 수 있는 대단한 인재를 얻다. ¶김 기자는 동물적 후각으로 특종이라는 대어를 낚아 올렸다.

대:어²(對語) 명[언] 의미상 서로 대응하는 말. 상하(上下)·빈부(貧富) 따위.

대:업(大業) 명 1 큰 사업. ¶국가의 ~. 2 ¶건국의 ~을 이룩하다.

대:여(貸與) 명 빌려 주는 것. ¶~금. 대:여-하다 통타여 ¶책을 ~.

대:여-료(貸與料) 명 물건을 빌려 쓰는 데 대해 무는 요금. ¶비디오 ~.

대:-여섯 [-섣] Ⅰ관 다섯이나 여섯. ¶장정 ~만 보내라. ◎대엿.
Ⅱ명 ¶~ 개 / ~ 사람. ◎대엿.

대:여섯-째 [-섣-] 수관 다섯째나 여섯째.

대:여-점(貸與店) 명 돈을 받고 물건을 일정 기간 대여하는 가게. ¶도서 ~.

대:역¹(大逆) 명[역] 왕권을 침해하거나 왕이나 부모를 죽이는 등의 큰 죄가 되는

일. ¶~죄.
대:역²(代役) 몡 연극·영화 따위에서, 어떤 역을 대신 맡아 하는 일. 또는 그 사람. **대:역-하다** 图匣
대역³(帶域) 몡 주파수의 폭이나 범위.
대:역⁴(對譯) 몡 원문의 단어·구절·문장 등과 맞대어서 번역하는 것. 또는 그 번역. **대:역-하다²** 图匣
대:역-무도(大逆無道) [-영-] 몡 임금이나 나라에 큰 죄를 지어 도리에 크게 어긋남. 또는, 그런 행위.
대:역-사전(對譯辭典) [-싸-] 몡 어떤 언어의 단어에 그 단어와 뜻이 같은 다른 언어의 단어를 대응하여 만든 사전. ¶영한 ~.
대열(隊列) 몡 1 대를 지어 죽 늘어선 행렬. ¶병군 중 ~에서 이탈하다. 2 어떤 목적을 위해 뭉쳐진 집단. ¶민주화 운동의 ~에서 평생을 보냈다.
대:-엿[-엳] ㈜ '대여섯'의 준말.
대:-새[-엳쌔] 몡 닷새나 엿새 가량.
대:영(對英) 몡 (주로, 일부 명사 앞에서 관형어적으로 쓰여) 그 명사가 나타내는 일이 영국을 상대로 한 것임을 뜻하는 말. ¶~ 무역 / ~ 외교.
대:오¹(大悟) 몡 1 번뇌에서 벗어나 진리를 깨닫는 것. 2 크게 깨닫는 것. ¶~각성.
대오²(隊伍) 몡 편성된 대열. 㭜대(隊).
대:-오리 몡 가늘게 쪼갠 댓개비.
대:왕(大王) 몡 1 '선왕(先王)'을 높여 이르는 말. 2 '훌륭하고 뛰어난 임금'을 높여서 이르는 말. ¶세종~.
대:왕-대:비(大王大妃) [-역] 몡 살아 있는, 전전 임금의 비(妃).
대:외(對外) [-외/-웨] 몡 (주로, 명사 앞에서 관형어적으로 쓰이거나 접미사와 결합한 꼴로 쓰여) 단체나 국가 등의 외부에 관계되는 것. ¶~ 무역. ↔대내.
대:외-비(對外祕) [-외/-웨-] 몡 어떤 정보나 자료가 외부에 흘러 나가거나 알려져서는 안 되는 상태.
대:외-적(對外的) [-외/-웨-] 관 어떤 일이 나라나 단체 등의 외부에 관계된 상태에 있는 (것). ↔대내적.
-대요 에미 형용사나 '있다'의 어간, 또는 어미 '-시-', '-았/었-', '-겠-'의 아래에 붙어, '해요' 할 상대에게 들거나 겪은 사실을 근거로 설명하여 말하거나 묻는 뜻을 나타내는 종결 어미. ¶남편이 바빠서 얼굴 보기도 힘들~. ▷-다요.·-는대요.
대:요(大要) 몡 중요한 내용만을 추린 줄거리. 㭜대략. ¶사건의 ~를 밝히다.
대:용(代用) 몡 대신하여 다른 것을 쓰는 것. 또는 그 물건. **대:용-하다** 图匣 ¶사카린을 설탕으로 ~. **대:용-되다** 图띠
대:용-품(代用品) 몡 대신으로 쓰는 물품.
대:우(待遇) 몡 1 예의를 갖추어 대하는 것. 㭜대접. ¶정중하게 대하다. 2 고용자가 피고용자에게 베푸는 조건. 급여나 노동 조건 따위. 몡처우. ¶~ 개선. 3 직명을 나타내는 말에 붙어, 그것에 준하는 취급을 받는 직임을 나타내는 말. ¶이사(理事)~. **대:우-하다** 图匣
대:-우주(大宇宙) [-철] 자아(自我)를 소우주라 하는 데 대한 실제의 우주를 일컫는 말. ↔소우주.
대:운(大運) 몡 큰 운수. ¶~이 트이다.
대:웅-전(大雄殿) 몡불 절의 가장 중심이 되는, 본존불이 있는 법당. =금당.
대:원(隊員) 몡 대(隊)를 이루고 있는 사람. ¶행동~.
대:원-군(大院君) 몡역 방계(傍系)로서 왕위를 이은 임금의 친아버지에게 주는 작위. ¶흥선~.
대:-원수(大元帥) 몡군 일부 나라에서, 전군(全軍)을 통솔하는 사람으로서의 '원수(元帥)'를 더 높여 이르는 말.
대:-원칙(大原則) 몡 중요한 큰 원칙.
대:위(大尉) 몡군 국군 계급의 하나. 위관의 맨 위 계급으로, 중위의 위, 소령의 아래임.
대:유-법(代喩法) [-뻡] 몡문 1 '환유법'과 '제유법'의 총칭. 2 =환유법.
대:유행(大流行) 몡 어떤 풍속이나 사조 따위가 한때 사회에 널리 유행하는 일.
대:응(對應) 몡 1 맞서서 서로 응하는 것. 2 어떤 일이나 사태에 맞추어 태도·행동을 취하는 것. ¶~ 조치. 3 [수] 두 집합 X, Y가 있을 때, 어떤 주어진 관계에 의하여 두 집합의 원소끼리 짝을 이루는 일. **대:응-하다** 图匣즉 **대:응-되다** 图匣
대:응-책(對應策) 몡 어떤 일 또는 사태에 맞서서 취하는 방법이나 꾀.
대:의¹(大意) [-의/-이] 몡 글이나 말의 대략적인 뜻.
대:의²(大義) [-의/-이] 몡 사람으로서 마땅히 행하여지 지켜야 할 큰 의리. ¶~를 망각한 처사.
대:의³(代議) [-의/-이] 몡정 공선(公選)된 의원이 국민을 대표하여 정치를 의논함.
대:의-명분(大義名分) [-의/-이-] 몡 사람으로서 당연히 지켜야 할 도리와 본분. ¶~을 내세우다.
대:의-원(代議員) [-의/-이-] 몡 정당이나 어떤 단체의 대표로 뽑혀, 회의에 참석하여 토의·의결 등을 행하는 사람.
대:-이동(大移動) 몡 많은 사람들이 한꺼번에 어느 곳에서 다른 곳으로 이동하는 것. ¶개르만족의 ~.
대:-이름씨(代-) 몡언 =대명사1.
대:인¹(大人) [-] 몡 1 =성인(成人). ¶~ 요금. ↔소인. 2 '대인군자'의 준말.
대:인²(對人) 몡 (일부 명사 앞에서 관형어적으로 쓰여) 그 명사가 나타내는 것이 사람을 대상으로 한 것임을 뜻하는 말. ¶~ 담보 / ~ 관계. ↔대물.
대:인^공:포증(對人恐怖症) [-쯩] 몡심 다른 사람의 행동이나 몸짓을 자신과 관련지어 강한 불안을 느끼고, 그런 사람을 대하기에 두려움을 느끼는 증세.
대:인-군자(大人君子) 몡 말과 행실이 바르고 점잖으며, 덕이 높은 사람. 㭜대인.
대:-인기(大人氣) [-끼] 몡 굉장한 인기.
대:인^방:어(對人防禦) 몡체 농구·축구·핸드볼 등에서, 한 선수가 상대편의 어느 한 선수를 맡아서 막는 방법. =맨투맨 디펜스. ↔지역 방어.
대:일(對日) 몡 (주로 일부 명사 앞에서 관형어적으로 쓰여) 그 명사가 나타내는 일이 일본을 상대로 한 것임을 뜻하는 말. ¶~ 무역 / ~ 외교.
대:입¹(大入) 몡 '대학 입학'을 줄여 이르는 말. ¶~ 준비.
대:입²(代入) 몡 1 대신 다른 것을 넣는 것. 2 [수] 대수식(代數式)에서, 문자 대신 특정한 수나 문자로 바꾸어 넣는 일.

대:입-하다 [동][타][여] 대:입-되다 [동][자]
대:자(大字) [명] 큰 글자. ↔소자(小字).
대:자-대:비(大慈大悲) [명][불] 끝이 없이 큰 자비. 특히, 중생을 사랑하고 불쌍히 여기는 관세음보살의 마음을 이름.
대:-자보(大字報) [명] 중국 인민이 자기 견해를 주장하기 위하여 붙이는 대형의 벽보. 우리나라의 대학가에 나붙는 벽보를 가리키기도 함.
대:-자연(大自然) [명] 산·강·바다·초원 등이 펼쳐진 크고 드넓은 곳. 또는, 거대한 우주의 질서나 현상. ¶~의 섭리.
대:작[1](大作) [명] **1** 뛰어난 작품. [비]걸작. **2** 규모나 내용이 방대한 작품. ¶필생의 ~.
대:작[2](代作) [명] 남을 대신하여 작품을 만드는 것. 또는, 그 작품. ¶~자(者). **대:작-하다**[1] [동][타][여]
대:작[3](對酌) [명] 서로 마주하여 술을 마시는 것. ▷독작. **대:작-하다**[2] [동][자][타][여] ¶나는 친구와 **대작하면서** 회포를 풀었다.
대:장[1](大將) [명] **1** [군] 국군 계급의 하나. 장관에 속하는 계급으로, 중장의 위, 원수의 아래임. **2** 한 무리의 우두머리. ¶골목~. **3** 《어떤 명사 다음에 쓰여》 그 명사가 뜻하는 일을 잘하거나 즐겨 하는 사람을 놀림조로 이르는 말. ¶싸움 ~. **4** [역] 도성을 지키는 각 영(營)의 장수.
대:장[2](大腸) [명][생] 소장에 이어 항문에서 끝나는 소화관. 수분을 흡수하며 똥을 만듦. =큰창자.
대장[3](隊長) [명] 이름이 '-대(隊)'로 끝나는 동아리의 우두머리. ¶소방대 ~.
대장[4](臺帳) [명] **1** 어떤 사항을 기록하는 토대가 되는 장부. ¶토지 ~. **2** 상업상의 모든 계산을 기록한 원부. ¶출납 ~.
대:장-간(-間)[-깐] [명] 풀무·모루 등을 갖추고 쇠를 달구어 농기구 등의 각종 연장을 만드는 곳.
[**대장간에 식칼이 놀다**] 어떤 물건이 있을 만한 곳에 오히려 없는 경우가 많다.
대:-장경(大藏經) [명][불] 불교 경전의 총칭. ¶팔만~.
대:장-균(大腸菌) [명][생] 사람을 포함하여 포유류의 장(腸) 속에 살고 있는 세균의 하나.
대:-장부(大丈夫) [명] 건장하고 씩씩한 사내라는 뜻으로, '남자'를 이르는 말. ¶사내~. [준]장부. ↔졸장부.
대:장-암(大腸癌) [명][의] 대장에 발생하는 암.
대:장-장이 [명] 쇠를 달구어 연장 따위를 만드는 일을 직업으로 하는 사람.
대:-장정(大長程) [명] **1** 매우 길고 먼 여행길. ¶국토 순례 ~. **2** 목표를 이루기까지의 매우 길고 힘든 과정. '장정(長程)'을 더욱 강조하는 말임. ¶우주 개발의 ~이 시작되다.
대:쟁(大箏) [명][음] 당악기에 속하는 15현의 현악기. 가야금과 모양은 비슷하나 조금 크며, 음색은 더 무겁고 웅장함.
대:저[1](大著) [명] 내용이 방대하고 규모가 큰 저서.
대:저[2](大抵) [부] 대체로 보아서. [비]무릇. ¶~ 효는 인륜의 근본이다.
대-저울 [명] 대에 눈금을 새기고, 추를 매단 저울. 접시나 고리에 물건을 얹고, 추를 좌우로 이동시켜 무게를 닮.
대:적(對敵) [명] **1** 적과 맞서는 것. **2** (적이나 힘, 세력 등이) 서로 맞서서 겨루는 것. **대:적-하다** [동][자][타][여] ¶그와 **대적할** 사람이 없다.
대전[1](大田) [명][지] 충청남도의 남동부에 있는 광역시.
대:전[2](大全) [명] 일정한 분야에 관한 사항을 빠짐없이 모아 편찬한 책. ¶철학 ~.
대:전[3](大典) [명] 중요한 법전. ¶경국~.
대:전[4](大殿) [명] **1** 임금이 거처하는 궁전. **2** '대전마마'의 준말.
대:전[5](大篆) [명] 육서(六書)의 하나. 중국 주나라 선왕 때 태사(太史) 주(籒)가 만든 한자 서체. ▷소전(小篆).
대:전[6](大戰) [명] 여러 나라가 참가하여 넓은 지역에 걸쳐 벌이는 큰 전쟁. ¶제1차 세계 ~.
대전[7](帶電) [명][물] 어떤 물체가 전기를 띠는 일.
대:전[8](對戰) [명] 서로 맞서서 싸우는 것. ¶~표. **대:전-하다** [동][자][여]
대:전-료(對戰料)[-뇨] [명] 프로 권투나 프로 레슬링 등에서 시합을 하는 대가로 선수가 받는 돈.
대:전-마마(大殿媽媽) [명] '임금'의 높임말. [준]대전.
대:-전제(大前提) [명][논] 삼단 논법에서, 대개념을 갖는 전제. 결론을 이끌어 내기 위한 추론의 근본 조건임. ↔소전제.
대:-전환(大轉換) [명] 방식·정책·사고·흐름 등의 커다란 전환. ¶발상의 ~.
대:절(貸切) [명] '전세(專貰)[2]'로 순화.
대:접[1] [명] [1][자립] 위가 넓적하고 운두가 낮은, 국이나 숭늉을 담는 그릇. [2][의존] 액체의 분량을 그것이 담긴 대접의 수로 헤아리는 말. ¶물 한 ~.
대:접[2](待接) [명] **1** 마땅한 예로써 대하는 것. [비]대우. ¶사람~. **2** 음식을 차려 손님을 모시는 것. [비]접대. ¶식사 ~. **대:접-하다** [동][타][여] ¶손님을 ~.
대:-정맥(大靜脈) [명][생] 온몸에서 모인 혈액을 심장의 우심방으로 보내는 두 개의 큰 정맥. ↔대동맥.
대:제(大帝) [명] '황제(皇帝)'를 높여 일컫는 말. ¶카를(Karl) ~.
대:-제학(大提學) [명][역] 조선 태종 1년(1401)에 대학사(大學士)를 고친 이름. 홍문관과 예문관에 둔 정2품 벼슬임.
대:조[1](對照) [명] **1** 둘 이상의 사물을 맞대어 같은지 다른지 비교하는 것. ¶필적 ~. **2** 서로 뚜렷한 차이가 있어 비교되는 상태. ¶두 회사의 경영 방식이 좋은 ~를 보인다. **대:조-하다** [동][타][여] (둘 이상의 사물을) 맞대어 같은지 다른지 비교하다. ¶사진과 실물을 ~. **대:조-되다** [동][자]
대:조[2](代祖) [명][의존] 어떤 조상이 자기로부터 몇 대 위인지를 헤아리는 단위. 곧, 아버지는 1대조이고, 할아버지는 2대조임. =세조(世祖). ¶7~ 할아버지. ▷세손.
대:조-법(對照法)[-뻡] [명][문] 수사법의 하나. 서로 반대되는 내용을 맞세워 강조하거나 인상을 선명하게 하는 방법. "인생은 짧고 예술은 길다" 따위.
대:-조영(大祚榮) [명][인] 발해의 시조(?~719).
대:조-적(對照的) [관][명] 서로 뚜렷한 차이가 있어 비교되는 (것). ¶두 사람은 성격이 ~이다.
대:조-표(對照表) [명] 비교하기 쉽게 대조하여 놓은 일람표. ¶대차(貸借) ~.
대:졸(大卒) [명] '대학 졸업'을 줄여 이르는

말. ¶~-자(者).
대:종(大宗) 명 사물의 주류. ¶쌀이 농산물의 ~을 이룬다.
대:종-교(大倧敎) 명[종] 단군 숭배 사상을 기초로 한, 우리나라 고유의 민족 종교. 1909년에 나철(羅喆)이 엶.
대:좌(對坐) 명 마주 대하여 앉는 것. 대:좌-하다 통⟨자⟩여 ¶양국 대표가 협상 테이블에 ~.
대좌²(臺座) 명[불] 불상을 안치하는 받침.
대:죄(大罪) 명 - 죄(/-쮀) 명 큰 죄.
대:주¹(貸主) 명 돈이나 물건을 빌려 준 사람. ↔차주(借主).
대:주²(貸株) 명[경] 주식의 신용 거래에서, 증권 회사에서 빌려 주는 주식. ▷주(株).
대:주-자(代走者) 명[체] 야구에서, 출루한 주자를 대신하여 달리는 사람.
대:-주주(大株主) 명 한 회사의 발행 주식 중 많은 몫을 소유한 주주. ↔소주주.
대중¹ 명 겉으로 대강 어림하는 것. ¶손~/눈~. 대중-하다 타.
대:중²(大衆) 명 1 많은 사람들. 2[사] 대량 생산·대량 전달 등을 특징으로 하는 현대 사회를 구성하는 대다수의 사람.
대:중-가요(大衆歌謠) 명[음] 일반 대중이 즐겨 부르는, 특히 방송이나 음반 등을 통해 널리 유행하는 노래.
대:중-교통(大衆交通) 명 여러 사람이 이용하는 교통. 버스·지하철 따위.
대:중-매체(大衆媒體) 명 =매스 미디어.
대:중-목욕탕(大衆沐浴湯) 명 요금을 받고 사람들이 목욕할 수 있게 설비를 갖춘 곳. 대중탕.
대:중-문화(大衆文化) 명 대중이 누리는 문화. 대량 생산·대량 소비를 전제로 하므로 문화의 상품화·획일화·저속화 경향이 뒤따르는 경우가 많음. ▷고급문화.
대:중-사회(大衆社會) [-회/-훼] 명[사] 대중이 정치·경제·사회·문화 등 분야의 동향을 좌우하는 사회 형태. 인간의 의식과 행동 양식의 획일화와 인간 소외가 그 특성을 이룸.
대:중-성(大衆性) [-썽] 명 1 일반 대중에게 공통적으로 갖추어지는 성질. 2 일반 대중이 친숙하게 느끼며 동감할 수 있는 성질. ¶~이 있는 전문 서적.
대:중-소:설(大衆小說) 명[문] 일반 대중을 독자층으로 하는, 흥미 위주의 소설.
대중-없다(-없따) 혱 1 짐작할 수 있는 수가 없다. ¶그의 귀가 시간은 ~. 2 어떤 표준을 잡을 수가 없다. 대중없이 부.
대:중-오락(大衆娛樂) 명 일반 대중이 즐길 수 있는 오락. 또는, 일반 대중의 흥미를 위주로 하는 오락.
대:중-음악(大衆音樂) 명 일반 대중을 대상으로 하는 음악.
대:중-적(大衆的) 관·명 대중을 대상으로 하거나, 대중에 의한 (것). ¶~ 인기.
대:중-탕(大衆湯) 명 '대중목욕탕'의 준말.
대:중-화(大衆化) 명 대중 사이에 널리 퍼져 친숙해지는 것. 또는, 그리되게 하는 것. 대:중화-하다 통⟨자·타⟩여 대:중화-되다 통여.
대:지¹(大地) 명 대자연의 넓고 큰 땅. ¶광활한 ~.
대지²(垈地) 명 집터로서의 땅.

대지³(臺地) 명[지] 표면이 비교적 평탄하고 주위보다 한 단 높은 지형.
대:지(臺紙) 명 그림이나 사진 등의 뒤에 붙여 그 바탕이 되게 하는 두꺼운 종이.
대:지⁵(對地) 명 공중에서 지상을 향해 이뤄지는 것이거나, 어떤 현상이 지면에 대하여 이뤄지는 것. ↔대공(對空).
대:지-진(大地震) 명 큰 지진.
대:진(對陣) 명 1[군] 적군과 서로 마주하여 진을 치는 것. 2 시합이나 경기에서, 적수로서 겨루는 것. 대:진-하다 통⟨자⟩여.
대:진-표(對陣表) 명 운동 경기에서, 싸우게 될 상대와 순서를 정하여 나타낸 표.
대:질(對質) 명[법] 말이 서로 어긋날 때, 소송 사건 관계자 쌍방을 대면시켜 질문·응답하게 하는 것. 대:질-하다 통⟨자⟩여.
대:질^신:문(對質訊問) 명[법] 말이 서로 어긋나는 소송 관계자 쌍방을 대면시켜 신문하는 일.
대-짜(大-) 명 크기의 구별이 있는 옷·먹을거리 등에서, 큰 것.
대-쪽 명 1 대를 쪼갠 조각. 2 성미·절개 등의 곧은 것의 비유. ¶~ 같은 절개.
대:차¹(大差) 명 큰 차이. ¶~가 없다.
대:차²(貸借) 명 1 뀌어주거나 꾸어 오는 것. 2 [경] 부기(簿記)에서, 계정계좌의 대변(貸邊)과 차변(借邊). 대:차-하다 통⟨타⟩여 뀌어주거나 꾸어 오다.
대-차다 혱 (성미가) 곧고 꿋꿋하며 세차다. ¶올곧고 대찬 젊은이.
대:차^대:조표(貸借對照表) 명[경] 결산 때 자산과 부채를 양쪽으로 갈라 대조하여 놓은 표.
대:-찬성(大贊成) 명 큰 찬성. ¶내일 가족 소풍을 가자는 말에 모두 ~이었다.
대:찰(大刹) 명[불] 규모가 크거나 이름난 절.
대:책(對策) 명 중요하거나 문제가 되는 일에 대해 잘 처리하거나 올바로 해결할 방도나 방책. ¶수해 ~/~을 강구하다.
대:처¹(大處) 명 시골에 사는 사람이 '도회지'를 큰 곳이라는 뜻으로 이르는 말. ¶~에 나가 살다.
대:처²(對處) 명 (문제가 되거나 어려움이 있는 일에) 나서서 알맞은 태도를 취하거나 적절한 처리를 하는 것. 대:처-하다 통⟨자⟩여 ¶급변하는 국제 정세에 능동적으로 ~.
대처³, 마거릿(Thatcher, Margaret) 명[인] 영국의 정치가·총리(1925~).
대:처-승(帶妻僧) 명[불] 살림을 차리고 아내와 가족을 거느린 승려. ↔비구승.
대:척-점(對蹠點) [-쩜] 명 1 [지] 지구 위의 한 지점에 대해, 정확히 지구의 반대쪽에 있는 지점. 2 어떤 사물에 대해 그 특징이나 성격이 정반대되는 자리, 적대적인 말임. ¶제삼 세계 영화는 할리우드 영화의 ~에 속한다.
대:천지원수(戴天之怨讐) 명 '불공대천지원수'의 준말.
대:첩(大捷) 명 전쟁·전투 등에서 크게 이기는 것. 비대승. ¶행주(幸州) ~.
대:청(大廳) 명[건] 한옥에서, 안방과 건넌방이나 사랑방과 건넌방 사이의, 마루를 놓은 공간.
대:청-마루(大廳-) 명 대청에 깐 마루.
대:-청소(大淸掃) 명 대규모로 청소하는 일. 대:청소-하다 통⟨타⟩여.
대:체¹(大體) Ⅰ 명 사물의 기본적인 큰 줄

거리.
Ⅱ[부] (의문문에 쓰여) 도무지 이해하기 어려운데. ¶~ 이게 무슨 짓이냐?
대:체²(代替) [명] 이제 있는 것을
없애고 다른 것으로 바꾸거나 대신 있게 하는 것. ¶~ 식량 / ~ 에너지. 대:체-하다¹ [동][타여] 대:체-되다 [동][자]
대:체³(對替) [명] 어떤 계정(計定)의 금액을 다른 계정으로 옮겨 적는 일. ¶~ 계좌. 대:체-하다² [동][타여]
대:체-로(大體-) [부] 전체의 큰 줄거리로 보아. 또는, 전체적으로. ¶~ 성적이 괜찮다.
대:체-물(代替物) [명][법] 일반 거래에서, 동종(同種)·동량(同量)의 다른 물건으로 바꿀 수 있는 물건. 화폐·쌀·술 따위.
대:체의학(代替醫學) [명][의] 제도적으로 인정된 의약품이나 정통 의료 기술을 사용하지 않고, 약초·향기·마사지·음식 조절·요가·운동 등의 자연적 방법을 사용하는 치료법.
대:체-적(大體的) [관] 전체의 큰 줄거리나 대강의 범위에 미친 상태에 있는 (것). ¶쌍방간에 ~인 합의를 보았다.
대:추 [명] 대추나무의 열매. 크기는 엄지손가락만 하며, 익으면 붉고 맛이 달아 날로 먹거나 말려서 씀.
대:추-나무 [명][식] 초여름에 황록색 꽃이 피고, 가을에 열매인 대추가 붉게 익는 낙엽 활엽 교목. 열매는 식용·약용함.
[대추나무에 연 걸리듯] 여기저기 빚이 많음의 비유.
대:출(貸出) [명] 1 (도서관에서 책을) 빌려 주는 것. ¶도서 ~. 2 (금융 기관이 돈을) 이자를 받기로 하고 일정 기간 동안 빌려 주는 것. ¶내부. 대:출-하다 [동][타여]
대:출-금(貸出金) [명] 대출하는 돈.
대충 [부] 범위나 정도가 대강 미치거나 이루어지는 정도로. 대강으로. ¶일이 ~ 끝나다.
대충-대충 [부] 어떤 행위가 기본적인 정도에 겨우 그치게 건성으로. [비]대강대강. ¶~ 끝내라.
대:취(大醉) [명] 술에 몹시 취하는 것. [비]만취. 대:취-하다 [동][자여]
대:취-타(大吹打) [명] 타악기와 관악기로 편성된 대규모의 옛 군악. 왕이 행차할 때나 군대의 의식 때 쓰였음.
대:층(代層) [지] 지질 시대 단위의 하나인 대(代)에 형성된 지층.
대:치¹(代置) [명] (어떤 대상을 다른 대상으로) 바꾸어 놓는 것. 대:치-하다¹ [동][타여] ¶보석을 모조품으로 ~. 대:치-되다 [동][자]
대:치²(對峙) [명] (적대적·대립적 관계의 두 세력이나 집단 등이) 서로 맞서서 버티는 것. 대:치-하다² [동][자여] ¶전경과 데모대가 ~. 대:치-되다² [동][자]
대:칭(對稱) [명] 1 [생] 점·선·면 또는 그것들의 모임이 한 점·직선·평면을 사이에 두고 같은 거리에 마주 놓여 있는 것. ¶~ 이동. 2 [미] 좌우 또는 상하로 동일하거나 비슷한 형상이 짝을 이루어 미적으로 조화와 균형을 보이는 상태. ↔비대칭.
대:타(代打) [명] 1 [체] =대타자. 2 어떤 일을 하기로 정해진 사람을 대신하여 그 일을 하게 된 사람. 비유적인 말임. ¶친구가 일이 생겨 내가 ~로 미팅에 나갔다.
대:타-자(代打者) [명][체] 야구에서, 경기의 중요한 고비에 애초에 순번이 정해졌던 타자를 대신하는 타자. =대타·펀치히터.
대-통(-桶) [명] 담뱃대의 담배를 담는 부분.
대-통²(-筒) [명] 쪼개지 않고 짧게 자른 대나무의 토막.
대:통³(大通) [명] (일이나 운수 따위가) 크게 트이는 것. ¶운수가 ~이다. 대:통-하다 [동][자여]
대:통⁴(大統) [명] 임금의 계통. ¶세자가 ~을 잇다.
대:통령(大統領) [-녕] [명] 공화국에서, 외국에 대하여 국가를 대표하고 행정부의 우두머리로서 최고의 통치권을 가지는 사람. 또는, 그 자리.
대:통령-령(大統領令) [-녕녕] [명][법] 대통령이, 법률에서 위임받은 사항 및 법률 집행을 위하여 필요한 사항에 관하여 발하는 명령. 법률과 동일한 효력을 가짐.
대:통령-제(大統領制) [-녕-] [명][법] 입법부와 행정부를 엄격하게 분립시켜 상호 간에 대등한 관계를 유지하고, 대통령이 독립하여 행정권을 행사하는 정부 형태. ↔의원 내각제.
대:퇴-골(大腿骨) [-퇴-/-퉤-] [명][생] 넓적다리를 이루는 뼈. =넓적다리뼈.
대:퇴-부(大腿部) [-퇴-/-퉤-] [명][생] =넓적다리.
대:파(大-) [명] '파'을 '실파'나 '쪽파'와 구별하여 '굵고 큰 파'라는 뜻으로 이르는 말.
대:파²(大破) [명] 1 (물체가) 크게 부서지거나 깨어지는 것. 2 (전쟁·경기 등에서 적이나 상대를) 크게 이기는 것. 대:파-하다² [동][타여] ¶상대 팀을 큰 점수 차로 ~. 대:파-되다 [동][자]
대:파³(代播) [명] 모를 내지 못한 논에 다른 곡식을 대신 심는 것. 대:파-하다² [동][타여]
대:판¹(大-) Ⅰ [명] 크게 차리거나 벌어진 판국. ¶~으로 차리다.
Ⅱ [부] 크게 한바탕. ¶~ 싸우다.
대:판²(大阪) [명] '오사카'를 우리 한자음으로 읽은 이름.
대:팻 [명] 나무의 표면을 반반하고 곱게 깎는 연장. ¶~로 밀다.
대:패²(大敗) [명] 싸움 또는 경기에서 크게 지는 것. 대:패-하다 [동][자여] ¶결승전에서 큰 스코어 차로 ~.
대:패-질 [명] 대패로 나무를 깎는 일. 대:패-질-하다 [동][자여]
대:팻-밥 [-패빱/-팯빱] [명] 대패질할 때 깎여 나오는 얇은 나무오리.
대:-평원(大平原) [명] 넓고 큰 평평한 들.
대:포¹ [명] '대폿술'의 준말. ¶~나 한잔합시다.
대:포²(大砲) [명] 1 [군] 화약의 힘으로 포탄을 멀리 내쏘는 무기. 대포. 2 '허풍'이나 '거짓말'의 곁말. ¶~를 놓다.
대:포-알(大砲-) [명] 대포의 탄알. =포탄.
대:포-차(-車) [명] (속) 매매할 때 명의 이전 절차를 제대로 밟지 않아 자동차 등록 원부 상의 소유자와 실제 소유자가 다른 불법 차량.
대:폭(大幅) [명] Ⅰ [명] 큰 규모나 폭. ↔소폭.
Ⅱ [부] 규모에 있어서 썩 많거나 크게. ¶요금을 ~ 올리다. ↔소폭.
대:폭-적(大幅的) [-쩍] [관] 금액·수·범

위 따위의 차가 큰 (것). ¶~ 인사이동.
대¦폿-술[-포쑬/-폳쑬] [명] 큰 술잔으로 마시는 술. [준]대포.
대¦폿-집[-포찝/-폳찝] [명] 대폿술을 파는 집.
대¦표(代表) [명] **1** 전체의 상태나 성질을 어느 하나로 잘 나타내는 일. 또는, 나타낸 그것. **2** 어떤 일을 집단을 대신하여 하는 것. 또는, 그 사람. ¶국가 ~ 선수. **3** [법] 법인·단체를 대신하여 그 의사를 외부에 표시하는 것. 또는, 그 일을 맡은 사람이나 기관. **대¦표-하다** [동][타][여]
대¦표-단(代表團) [명] 대표하는 사람들로 이뤄진 집단.
대¦표-부(代表部) [명] 정식으로 국교를 맺지 않은 나라나 국제기구 등에 설치하는 재외 공관.
대¦표-음(代表音) [명][언] 어떤 자음이 받침으로 쓰일 때 그와 유사한 자음으로 실현되는 음. 가령, '밖'과 '부엌'의 받침 'ㄲ', 'ㅋ'이 모두 'ㄱ'으로 소리 나는데, 이때의 'ㄱ'을 가리킴.
대¦표^이¦사(代表理事) [명] 이사회나 주주총회에서 선임되어 회사를 대표하는 이사. 일반적으로 사장이 그 직을 맡음. ▷사장.
대¦표-자(代表者) [명] 여러 사람을 대표하는 사람.
대¦표-작(代表作) [명] 한 작가나 한 시기를 대표할 만한 전형적인 작품.
대¦표-적(代表的) [관][명] 어떤 범위의 대상들 가운데 그것을 대표할 만하게 전형적이거나 특징적인 (것). ¶~ 사례.
대¦표^전¦화(代表電話) [명] 일련의 번호로 가입된 두 대 이상의 전화 가운데 대표로 지정된 한 대의 전화.
대¦푯-값(代表-) [-표깝/-푣깝] [명][수] 자료의 특징이나 경향을 나타내는 객관적 척도가 되는 수치. 평균값·중앙값 따위.
대-푼 [명] 아주 적은 돈.
대¦풍(大豐) [명] 큰 풍년.
대¦피(待避) [명] 위험이나 난을 일시적으로 피하는 것. ¶~ 훈련. **대¦피-하다** [동][자][여]
대¦피-소(待避所) [명] 비상시에 대피할 수 있도록 만들어 놓은 곳. ¶긴급~.
대¦필(代筆) [명] (어떤 글을) 글씨를 잘 못 쓰거나 쓸 줄 모르거나 그 밖에 쓰지 못할 입장에 있는 사람을 위해 대신 적는 것. 또는, 그 글씨. =대서(代書). ↔자필. **대¦필-하다** [동][타][여] ¶편지를 ~.
대¦하[1](大河) [명] **1** 큰 강. **2** 중국에서 흔히 '황허 강(黃河江)'을 이르는 말.
대¦하[2](大蝦) [명][동] 새우의 한 종류로, 몸길이 26cm에 이르는 큰 새우. 껍데기는 털이 없이 매끈하고 연한 회색에 청회색의 점무늬가 있음. 맛이 좋음. =왕새우.
대¦하[3](帶下) [명][의] =대하증. ¶백~.
대¦-하다(對-) [동][여] [1][타] **1** (사람이 다른 사람과 얼굴을) 마주하여 보다. **2** (사람이 어떤 대상을) 앞에 마주하여 상대하다. 또는, (대상을) 상대하여 어떤 태도로 말하거나 행동하다. ¶윗사람은 너그러운 마음으로 아랫사람을 **대해야** 한다. [2][자] (사람이 다른 사람에게) 어떤 태도로 상대하여 말하거나 행동하다. ¶그는 내게 늘 친절하게 **대했다**. [3][불자] ('…에 대하여', '…에 대한'의 꼴로 쓰여) (어떤 사물에) 관계되거나 관련을 두다. [비]관하다. ¶소득에 **대한** 세금.
대¦하-드라마(大河drama) [명][방송] 내용의 전개 과정이나 길이가 길고 규모가 매우 큰 방송 드라마.
대¦하-소설(大河小說) [명][문] 여러 대에 걸친 장구한 세월을 배경으로 많은 인물들의 삶을 그린 방대한 분량의 소설.
대¦하-증(帶下症) [-쯩] [명][의] 여자의 생식기에서 흰빛 또는 누른빛 등의 분비액이 흘러나오는 병. =냉(冷)·대하.
대¦학[1](大學) [명][교] **1** 고등 교육 기관의 하나. 학술에 관한 심오한 이론과 그 응용 방법을 교수(敎授)·연구함을 목적으로 하는 최고 교육 기관. 수업 연한은 2년 내지 4년임. **2** 좁은 뜻으로, 단과 대학만을 지칭하는 말. ▷대학교. **3** ('~ 대학'의 꼴로 쓰여) 사회 단체에서 노인이나 주부 등을 대상으로 베푸는 사회 교육 과정. ¶주부[노인] ~.
대¦학[2](大學) [명][책] 사서(四書)의 하나. 몸을 닦아 천하를 다스리는 원칙을 기술했음.
대¦학-가(大學街) [-까] [명] **1** 대학을 끼고 이뤄져 있는 거리. **2** 추상적 공간으로서의 대학 사회. ¶~에서 유행하는 말.
대¦-학교(大學校) [-꾜] [명] 4년제 종합 대학을 이르는 말. ¶서울 ~ 음악 대학.
대¦학-교수(大學敎授) [-꾜-] [명] 대학에서 학문을 연구하고 가르치는 사람.
대¦학^병¦원(大學病院) [-뼝-] [명] 의과대학에 딸려 있어, 의학의 연구와 환자의 치료라는 두 가지 목적을 가진 병원.
대¦-학살(大虐殺) [-쌀] [명] 대규모의 학살. ¶유대 인 ~.
대¦학-생(大學生) [-쌩] [명] 대학 또는 대학교에 다니는 학생.
대¦학^수학^능력^시험(大學修學能力試驗) [-쑤항-녁씨-] [명][교] 대학에서 수학할 수 있는 적격자를 가리기 위하여 교육 인적 자원부에서 매년 실시하는 시험. [준]수능.
대¦학-원(大學院) [명] 대학 교육의 기초 위에, 한층 심오한 연구와 교육을 통해 독창적인 전문인을 양성하는 교육 기관.
대¦학원-생(大學院生) [명] 대학원에 다니는 학생.
대¦-학자(大學者) [-짜] [명] 학식이 아주 뛰어난 학자. [비]석학(碩學).
대¦한[1](大旱) [명] 큰 가뭄.
대¦한[2](大寒) [명] 24절기의 하나. 1월 21일경으로, 소한(小寒)과 입춘 사이에 있음. [**대한이 소한 집에 가 얼어 죽는다**] 대한 때보다 소한 때가 더 춥다.
대¦한[3](大韓) [명] **1** '대한 제국'의 준말. **2** '대한민국'의 준말. ¶~의 건아(健兒).
대¦한-민국(大韓民國) [명][지] 아시아 동북부의 한반도에 위치하고 있는 민주 공화국. 수도는 서울특별시. [준]대한·한국.
대¦한민국^임시^정부(大韓民國臨時政府) [명][역] 3·1 운동 직후인 1919년 4월에 조국의 광복을 위하여 임시로 중국 상하이에서 조직한 정부. =임시 정부.
대¦한^제¦국(大韓帝國) [명][역] 조선 말기의 우리나라 국호(1897~1910). =구한국. [준]대한·한국.
대¦합(大蛤) [명][동] 껍데기는 길이 8.5cm 가량의 둥근 삼각형 모양으로, 회백색 바탕에 흑갈색 세로무늬가 있는 조개. 바닷가의 진흙 모래밭에 살며, 살은 맛이 좋음. =백합.

대:합-실(待合室)[-씰] 圏 역·터미널 등에 의자 따위를 놓아 손님이 기다릴 수 있도록 마련해 놓은 곳.
대:항(對抗)圏 (어떤 사람이나 집단에 [을]) 맞서서 겨루거나 싸우는 것. ¶직장 ~테니스 대회. 대:항-하다 圄(자)(타)(여)
대:항-전(對抗戰)圏 운동 경기 등에서 서로 대항하여 승부를 겨루는 일.
대:해(大海)圏 넓은 바다. ¶망망~.
대:행(大行)圏 [역] 죽은 뒤 시호(諡號)를 받기 전의 왕이나 왕비의 칭호.
대:행²(代行)圏 1 (어떤 일을) 남을 대신하여 행하는 것. ¶~ 회사. 2 어떤 권한이나 직무를 대행하는 사람. ¶회장 ~. 대:행-하다 圄(타)(여)¶국무총리가 대통령 유고 시 그 권한을 대행한다.
대:행-성(大行星)圏 [천] 태양계 가운데서 수성·금성·지구·화성·목성·토성·천왕성·해왕성의 8개의 행성을 이르는 말. ▷소행성.
대:행-업(代行業)圏 어떤 일을 대신해 주는 직업. ¶청소 ~.
대:행-업체(代行業體)圏 어떤 일을 대신해 주는 업체. ¶이사 ~.
대:행진(大行進)圏 큰 규모의 행진.
대:혁명(大革命)[-명―]圏 큰 혁명.
대형¹(大形)圏 사물의 큰 형체. ↔소형(小形).
대형²(大型)圏 같은 종류의 사물 중에서, 큰 규격이나 규모. ¶~ 냉장고. ↔소형(小型).
대형³(隊形)圏 여러 사람이 줄지어 정렬한 형태. ¶체조 ~.
대:형-차(大型車)圏 크기나 배기량이 큰 자동차.
대:형-화(大型化)圏 사물의 형체나 규모가 크게 되는 것. 또는, 크게 하는 것. 대:형화-하다 圄(자)(여) 대:형화-되다 圄(자)
대:-혼란(大混亂)[-홀―]圏 큰 혼란. ¶각 역마다 귀성 인파로 ~을 이루었다.
대:화(對話)圏 (어떤 사람이[과] 다른 사람(이)) 마주 대하여 서로 의견을 주고받으며 이야기하는 것. 또는, 그 이야기. ¶~의 광장. 대:화-하다 圄(자)(여)
대:화-방(對話房)[―빵] 圏(통) 인터넷·컴퓨터 통신에서, 둘 이상의 사용자가 주로 모니터 화면에 글을 올리면서 대화를 나눌 수 있게 마련한 가상공간.
대:화-법(對話法)圏(철) 소크라테스의 진리 탐구 방법. 상대방에게 질문을 던져 스스로 자기의 무지(無知)를 자각하게 함으로써 사물에 대한 올바른 개념에 도달하게 함. ≒문답법·산파술.
대:화-체(對話體)圏(문) 대화하는 형식으로 쓴 문체.
대:-환영(大歡迎)圏 크게 환영하는 것. 또는, 그런 환영. 대:환영-하다 圄(타)(여)
대:활약(大活躍)圏 매우 큰 활약. ¶신인 선수의 ~으로 우승하다.
대:회(大會)[-회/-훼]圏 1 어떤 단체가 단합이나 정책 수립 등을 위해 공식적으로 가지거나, 많은 사람이 어떤 결의를 다지거나 주장을 내세우기 위해 일시적으로 가지는, 큰 규모의 집회. ¶궐기 ~. 2 많은 사람이 일정한 곳에 모여 재능이나 기량을 겨루는 일. ¶웅변 ~.
대:회-장(大會場)[-회/-훼-]圏 대회를 개최하는 장소.
대:회전-경기(大回轉競技)[-회/-훼-]圏 스키 경기의 알파인 종목의 하나. 활강 경기와 회전 경기의 중간 성격을 가진 경기.

댁¹(宅) I 圏 1 남을 높여, 그 사람이 사는 '집'이나 그 사람의 '집안'을 이르는 말. ¶~으로 찾아뵐까요? 2 남을 높여 그의 '아내'를 이르는 말.
II 떼(인칭) 상대를 높여, 직접 부르지 않고 완곡하게 이르는 말. ¶~은 뉘시오?
-댁²(宅) 〔접미〕 1 남편의 성과 직함, 또는 일부 친족 호칭 뒤에 붙여, 그의 아내를 이르는 말. ¶박 서방~/처남~. 2 친정 동네 이름 밑에 붙여, 거기서 출가한 여자임을 나타내는 말. ¶안성~.
댁-내(宅內)[댁―]圏 남의 '집안'을 높여 이르는 말. ¶~ 두루 평안하신지요?
댁-네(宅-)[댁―]圏 친한 사이에 손아랫사람의 아내를 이르는 말.
댄디즘(dandyism)圏 ['걸치레', '허세'의 뜻] 세련된 복장과 몸가짐으로 일반 사람에 대한 정신적 우월을 과시하는 경향.
댄서(dancer) 圏 서양식 사교춤이나 대중적인 춤을 직업적으로 추는 사람. 回무용수. ¶재즈 ~/백~.
댄스(dance) 圏 서양식 사교춤이나 대중적인 춤. ¶사교 ~.
댄스-홀(dance hall) 圏 사교춤을 출 수 있게 꾸민 유료의 오락장.
댈러스(Dallas)圏 [지] 미국 텍사스 주에 있는 상공업 도시.
댐(dam) 圏 발전(發電)·수리(水利) 등의 목적으로 강이나 바닷물을 막아 두기 위하여 만든 구조물.
댑-싸리[―]圏(식) 줄기가 1m가량 곧게 자라며 가지가 많이 갈라지고, 바늘 모양의 잎이 빽빽이 나는 한해살이풀. 한여름에 담녹색 꽃이 핌. 줄기로 비를 만듦.
댓[댇] I 圄 다섯가량. ¶장정 ~이 이 정도 바위 하나를 못 든단 말이오?
II 圏 ¶굴 ~ 개.
댓-개비[대깨/댇깨―]圏 대를 조개어 가늘게 깎은 개비.
댓-글(對―)[대끌/댇끌]圏 인터넷상에서, 원래 글에 대해 의견을 단 글.
댓-돌(臺-)[대똘/댇똘]圏 1 집채의 낙숫물이 떨어지는 안쪽으로 돌려 가며 놓은 돌. 2 =섬돌.
댓바람[댇빠―]圏 1 ('댓바람에, 댓바람부터'의 꼴로 쓰여) 아주 이른 시각에. 또는, 아주 이른 시점부터. ¶새벽 ~부터 떠들어 대다. 2 ('댓바람에, 댓바람으로'의 꼴로 쓰여) 지체 없이 곧. 또는, 단번에. ¶소식을 듣자마자 ~에 달려왔다.
댓-새[댇―]圏 닷새가량.
댓-잎[댄닙]圏 대의 잎.
댓-진(-津)[대찐/댇찐]圏 담뱃대 속에 낀 진.
댓-째[댇―]㈜ 다섯째가량. ¶~ 줄.
댕 圄 쇠붙이의 그릇이나 종을 칠 때 나는 소리. 圄뗑. 엔땡.
댕강 圄 물체가 단번에 부러지거나 잘려 나가는 모양. ¶목이 ~ 잘리다. 댕강-하다 圄(자)(타)(여)
댕그랑 圄 작은 쇠붙이·방울·풍경 등이 흔들리거나 부딪쳐 나는 소리. ¶풍경이 ~ 울리다. 圄뎅그렁.
댕그랑-거리다/-대다 圄(자)(타) 자꾸 댕그랑 소리가 나다. 또는, 그런 소리를 내다. 圄댕그렁거리다.

댕그랑-댕그랑 ⓤ 댕그랑거리는 소리. ¶두부 장수가 ~ 종을 울리다. 囹댕그렁댕그렁. **댕그랑댕그랑-하다** 통(자)

댕기 몡 뒤로 길게 땋아 내린 머리의 끝이 나 쪽을 찐 머리 등에 장식으로 묶어 다는 천. ■말뚝~.
　댕기(를) 드리다 땋은 머리끝에 댕기를 달다.

댕기다 통 [1](타) (불을 물체에) 본래 불이 있던 데로부터 옮겨져 붙게 하다. ¶심지에 불을 ~. [2](자) (불이) 본래 불이 있던 데서 옮겨져 붙다. ¶나무가 바싹 말라 불이 잘 댕긴다. ×닿기다.

댕기-물떼새 몡[동] 등 쪽은 광택 있는 검은색이고, 뒷머리에 5~7cm의 긴 장식깃이 있는 새. 겨울 철새로, 농경지·습지·하구 등에서 50여 마리씩 떼를 지어 삶.

댕-댕 ⓤ 놋그릇·징 등의 쇠붙이를 자꾸 두드릴 때의 소리. 囹뎅뎅. 쎈땡땡.

댕댕이-덩굴 몡[식] 들이나 숲에 흔히 자라며, 목질에 가까운 줄기가 다른 물체를 감고 있는 덩굴 풀. 6월경에 황백색의 작은 꽃이 피고, 가을에 열매가 검게 익음. 줄기와 뿌리를 약용함.

더 ⓤ 1 (형용사나 부사 앞에 쓰여) 정도가 높거나 크거나 심하게. ¶병세가 점점 ~ 아프다. →덜. 2 (동사 앞에 쓰여) 그 이상으로 계속하여. ¶밥을 ~ 먹어라.

-더-² [어미](선어말) 주로 '-라', '-냐', '-니', '-구나' 등의 어미와 결합하여, 직접 체험한 사실을 객관적으로 진술할 때 쓰이는 선어말 어미. ¶신부가 참 예쁘더라.

더구나¹ ⓤ 이미 있는 사실에 한층 더. 또는, 앞의 사실도 그러한데 하물며. =더군다나. ¶날씨도 춥고 ~ 비까지 내리고 있었다.

-더구나² [어미] '해라' 할 상대에게 지난 일을 알리거나 회상하는 느낌을 나타낼 때 쓰이는 종결 어미. ¶아까 널 찾으러 사람이 왔~. 囹-더군.

-더구려 [어미] '하오' 할 상대에게 지난 일을 알리거나 회상하는 느낌을 나타낼 때 쓰이는 종결 어미. ¶이상한 집이 크~.

-더구먼 [어미] 혼잣말이나 반말로 쓰여, 지난 일을 회상하여 느낌을 나타낼 때 쓰이는 종결 어미. ¶꽝장히 멀~. 囹-더군.

-더군 [어미] 1 '-더구나'의 준말. ¶그가 성공했다니 무척 기쁘~. 2 '-더구먼'의 준말. ¶이미 끝났~.

더군다나 ⓤ =더구나¹.

더그아웃 (dugout) 몡[체] 야구장의 선수 대기석. 1루와 3루 쪽에 평지를 파서 만듦.

더껑이 몡 1 걸쭉한 액체의 거죽에 엉겨 굳거나 말라서 생긴 꺼풀. ¶팥죽에 ~ 앉은 것을 걷어 내다. 2 '더께'의 잘못.

더께 몡 물건이나 물체에 눌어붙거나 엉겨 붙은 때나 이물질. ¶흙 껍데기로 하얗게 ~가 앉은 바위. ×더껑이.

-더냐 [어미] '해라' 할 상대에게 지난 일을 회상하여 물을 때 쓰이는 종결 어미. ¶그 말이 참말이~?

-더니¹ [어미] 1 앞서 겪었거나 있었던 바가 뒤의 어떤 사실의 원인·조건이 됨을 뜻하는 연결 어미. ¶날이 흐리~ 비가 내린다. 2 앞서 겪었거나 있었던 바가 어떤 사실과 대립 관계에 있음을 뜻하는 연결 어미. ¶어제는 덥~ 오늘은 시원하다. 3 어떤 사실에 더하여 또 다른 사실이 있음을 뜻하는 연결 어미. ¶얼굴이 예쁘~ 마음까지 곱다. ▷-니.

-더니² [어미] 주로 혼잣말에 쓰여 지난 일을 회상하여 일러 주거나 감상을 나타낼 때 쓰이는 종결 어미. ¶전에는 참 곱~.

-더니라 [어미] '해라' 할 상대에게 과거의 사실로 겪었거나 있었던 일을 회상하여 일러 줄 때 예스럽게 또는 격식 투로 쓰이는 종결 어미. ¶네 5대조 할아버지께서는 참판 벼슬을 지내셨~.

-더니마는 [어미] '-더니'의 힘줌말. 囹-더니만.

-더니만 [어미] '-더니마는'의 준말.

더-더구나 ⓤ '더구나'의 힘줌말. 삐더더군다나. ¶당일로 다녀온대다 허락할까 말까 한데 ~ 2박 3일이라고?

더-더군다나 ⓤ '더군다나'의 힘줌말. 삐더더구나.

더더욱 ⓤ '더욱'의 힘줌말.

더덕 몡[식] 깊은 산에서 자라며, 독특한 향기가 있는 뿌리를 식용하거나 약용하는 여러해살이 덩굴풀. 또는, 그 뿌리.

더덕-더덕 [-떡-] ⓤ 1 여러 물체가 지저분할 만큼 한곳에 많이 붙어 있는 모양. ¶광고지가 벽에 ~ 붙어 있다. 2 여기저기 흉하게 기운 모양. 囹다닥다닥. **더덕더덕-하다** 혱

더듬-거리다/-대다 통(타) 1 (손이나 지팡이 따위로) 자꾸 더듬다. ¶어둠 속에서 초를 찾느라 사방을 ~. 2 (느낌으로 찾거나 길을) 자꾸 더듬어 찾아가다. 3 (말을) 자꾸 더듬다. ¶뜻밖의 질문에 그는 **더듬거리며** 대답했다. 囹떠듬거리다.

더듬다 [-따] 통(타) 1 (물체의 표면을 손이나 지팡이 따위로) 물건이 잘 보이지 않는 상태에서 그것이 어디 있지 찾거나 그것의 상태를 살기 위해 여기저기 대보다 하다. ¶소경이 지팡이로 길을 ~. 2 (잘 모르는 길이나 자취를) 이리저리 살피어 찾다. ¶역사의 발자취를 **더듬어** 보다. 3 (희미한 기억을) 이리저리 생각하여 떠올리거나 되살리다. ¶기억을 ~. 4 (말을) 술술 하지 못하고 자꾸 막히거나 같은 음절을 여러 번 되풀이하다. ¶그는 긴장하면 말을 **더듬는** 버릇이 있다.

더듬-더듬 ⓤ 더듬거리는 모양. ¶책을 ~ 읽다. 囹떠듬떠듬. **더듬더듬-하다** 통(타)
　꾸 ¶어두운 방에서 성냥을 찾느라 ~.

더듬-이 몡[동] =촉각(觸角).

더디 ⓤ 느리게. 囹-끓다.

더디다 혱 (동작·운동·과정 등이) 정상보다 퍽 느리다. ¶시간이 **더디게** 가다.

-더라 [어미] 1 '해라' 할 상대에게 겪거나 있었던 바를 회상하여 말할 때 쓰이는 서술형 또는 의문형 종결 어미. ¶너 노래 잘 부르~. 2 지난 사실을 감탄조로 이르는 종결 어미. 글체에 속하는 말임. 3 기억을 더듬으면서 자문(自問)하는 종결 어미. ¶그러니까 그게 언제~?

-더라니 [어미] '해' 할 상대에게 쓰이거나 혼잣말에 쓰여, 어떤 결과에 대하여 생각했던 대로라는 뜻을 나타낼 때 쓰이는 종결 어미.

-더라니까 [어미] '해' 할 상대에게 쓰이거나 혼잣말에 쓰여, 지난 사실을 확인시키거나 주장하여 말할 때 쓰이는 종결 어미.

-더라도 [어미] '-어도/아도' 보다도 더 강한 가정(假定)의 뜻을 나타내는 연결 어미.

¶그가 실수를 했~ 용서하겠다.
-더라면 [어미] 주로 '-았/었-', '-였-' 따위와 함께 쓰여, 과거의 사실을 그와 달리 가정하거나 희망을 나타낼 때에 쓰이는 연결 어미. ¶일찍 왔~ 좋았을 걸.
-더라손 [어미] '치다'와 함께 쓰여, 과거의 일이나 사실을 양보하여 인정하면서도 뒤에 양보하기 어려운 일이나 사실을 말할 때 쓰이는 연결 어미. ¶아무리 그가 밉~ 치더라도 사람을 때리면 안 돼. ▷-라손.
더러¹ [부] 어쩌다 드물게. 또는, 전체로 보아 일부. ¶매중에는 ~ 노인도 있었다.
더러² [조] '에게', '보고'의 뜻을 가지는 부사격 조사. 반드시 사람을 나타내는 체언 뒤에 쓰임. ¶나~ 거기를 가라고?
더러-더러 [부] '더러'의 힘줌말. ¶~ 쉬어 가면서 하세.
더:러움 [명] 더러워지는 일. 준더럼.
더:러워-지다 [동][자] 1 (어떤 물체나 물질이) 더럽게 되다. ¶양말이 ~. 2 (마음이) 도덕적으로 그릇되거나 막된 상태이다. ¶성질이 ~. 3 (몸이) 성적 순결을 잃은 상태가 되다. ¶남자에게 몸을 빼앗어 ~. 4 (명예나 이름이) 깎이거나 손상되다. 훼손되다. ¶이름이 ~.
더럭 [부] 겁·의심·화 등이 갑자기 생기거나 나는 상태를 이르는 말. ¶커다란 집에 혼자 있다고 생각하니 ~ 겁이 났다.
더:럼 [명] '더러움'의 준말. ¶이 옷은 ~을 잘 탄다.
더:럽다 [-따][형][ㅂ](더러우니, 더러워) 1 (어떤 물체나 물질이) 때나 흙이 묻거나, 또는 깨끗하지 못한 물질이 섞이거나 널려 있거나 그런 물질로 되어 있어 흉하거나 불쾌하다. 삐지저분하다·불결하다. ¶흙장난을 하여 손이 ~. ↔깨끗하다. 2 (행동이나 말이) 도덕적으로 그릇되거나 막되거나 성적(性的)으로 난잡하거나 하여 불쾌하다. 삐추잡하다. ¶더러운 계집. 3 (어떤 일이) 마음에 아니꼽거나 역겹다. 어떤 일이 뜻대로 되지 않거나 못마땅하거나 할 때, 불평조로 이르는 말임. ¶에이, 이놈의 세상 더러워서 못 살겠다. 4 ('더럽게'의 꼴로 쓰이어) (어떤 행동이나 상태가) 아주 심한 상태에 있다. 대상을 달갑지 않게 여기거나 시기심이 나거나 할 때 사용하는 공격적 어투의 말임. ¶날씨 한번 **더럽게** 춥구먼.
더:럽-히다 [-러피-][동][타] 1 '더럽다'의 사동사. ¶옷을 ~. 2 명예나 위신 등을 더러워지게 하다. ¶명예를 ~ / 몸을 ~.
더미 [명] 많은 물건이 한데 모아 쌓인 큰 덩어리. ¶쳇~ / 쓰레기 ~.
더벅-머리 [-벙-][명] 1 더부룩하게 난 머리털. 2 머리털이 더부룩한 아이. 또는, 아직 상투를 틀지 않은 미성년 남자. ¶~ 총각. 준더꺼머리.
더부룩-하다 [-루카-][형][여] 1 머리털이나 수염 따위가 우거져 거칠게 수북하다. 2 (길고 배게 난 수염이나 머리털이) 어지럽게 많다. ¶머리가 자라 ~. 준[터부룩하다. 3 (배가) 소화가 안 되어 음식물로 가득 들어찬 듯한 불유쾌한 느낌이 있다. ×더뿌룩하다·듬뿌룩하다. **더부룩-이** [부]
더부-살이 [명] 남의 집에 거처하면서 일을 해 주고 삯을 받는 것. 또는, 그런 사람. **더부살이-하다** [동][자][여]
더불다 [본자] '주로 '…와/과 더불어'(예

더워하다__291

전에는 '…로/으로 더불어')의 꼴로 쓰여) (다른 대상과) 함께하다. ¶자연과 **더불어** 지내다.
더불어 [부] →더불다.
더블(double) [명] ['갑절', '이중'의 뜻) 1 입장권·차표 등이 동일한 좌석에 대해 이중으로 발매되는 것. 2 위스키 등의 60mℓ 정도의 양. 3 '더블브레스트'의 준말. **더블-되다** [동][자] 입장권·차표 등이 동일한 좌석에 대해 이중으로 발매되다.
더블-데이트 (double date) [명] 한 남자가 두 여자와, 또는 한 여자가 두 남자와 번갈아 가면서 하는 데이트. 또는, 두 쌍의 남녀가 동시에 하는 데이트.
더블린 (Dublin) [명][지] 아일랜드의 수도.
더블^바순 (double bassoon) [명][음] 목관악기의 하나. 음색에 무거운 느낌이 있어 관현악의 가장 낮은 음부를 맡음.
더블-베드 (double bed) [명] 두 사람이 함께 잘 수 있는 큰 침대. ↔싱글베드.
더블^보기 (double bogey) [명][체] 골프에서, 한 홀의 기준 타수보다 2타수 많은 기록으로 공을 홀에 넣는 것.
더블-브레스트 (←double-breasted) [명] 재킷이나 코트의 여미는 부분이 좌측이나 우측에 있으면서 웃옷의 겹치는 부분이 넓고 두 줄 단추로 된 형식. 또는, 그런 형식의 옷. 삐겹자락. 준더블. ↔싱글브레스트.
더블^스코어 (double score) [명] 구기 등의 운동 경기에서 한 팀의 점수가 다른 팀의 점수의 배인 것.
더블유비시 (WBC) [명] [World Boxing Council] 1963년에 WBA의 자문 기관으로 발족하였다가 1966년에 분리하여 독립한, 프로 권투의 통할 기구.
더블유비에이 (WBA) [명] [World Boxing Association] 1962년에 발족된, 프로 권투계 최초의 통할 기구.
더블유에이치오 (WHO) [명] [World Health Organization] =세계 보건 기구.
더블유티오 (WTO) [명] [World Trade Organization] =세계 무역 기구.
더블^클릭 (double click) [명][컴] 마우스의 버튼을 두 번 연속해서 눌렀다 떼는 것.
더블^플레이 (double play) [명][체] =병살.
더빙 (dubbing) [명][방송][영] 1 대사만 녹음된 테이프에 필요한 효과음을 넣어 완성된 프로그램을 만드는 작업. 2 외국 영화의 대사를 우리말로 바꾸어 넣는 일. **더빙-하다** [동][타][여]
더뿌룩-하다 [형][여] '더부룩하다3'의 잘못.
더-아니 [부] (설의형 문장 속에 쓰여) 얼마나 더. ¶자손들이 잘되었으니 ~ 기쁜가?
더-없다 [-업따][형] 더할 나위가 없다. ¶기념식에 참석해 주신다면 **더없는** 영광이 겠습니다. **더없-이** [부] ¶~ 좋은 사람.
더우기 [부] '더욱이'의 잘못.
더욱 [부] 정도나 수준이 한층 심하게 또는 높게. ¶건강이 ~ 나빠지다.
더욱-더 [-떠] [부] 한층 더. ¶~ 노력해라.
더욱-더욱 [-떠-] [부] 갈수록 더욱. ¶형편이 ~ 어려워지다.
더욱-이 [부] 그러한 위에다가 또한. ¶날씨가 추운데다 ~ 눈까지 내려 여행길은 여간 고생이 심하지 않았다.
더운-물 [명] 덥게 데운 물. =온수. ↔찬물.
더운-밥 [명] 갓 지어 따뜻한 밥. ↔찬밥.
더워-하다 [동][자][여] 덥게 여기다. ¶그는 여

더위

름만 되면 유난히 **더워한다**. ↔추워하다.
더위 명 여름철의 몹시 더운 기운. ¶삼복 ~/~가 기승을 부리다. ↔추위.
  더위(를) 먹다 여름철에 더위 때문에 병에 걸리다.
  더위(를) 타다 더위를 견디기 어려워하다. ¶그는 유난히 더위를 탄다.
-더이까 어미 '합쇼' 할 상대에게 지난 일에 대해 회상하여 물을 때 쓰이는 종결 어미. 예스러운 표현임. ¶그 사람이 그렇게 말하~?
-더이다 어미 '합쇼' 할 상대에게 지난 일에 대해 회상하여 말할 때 쓰이는 종결 어미. 예스러운 표현임. ¶그분이 소녀에게 말하~.
더치다 통(재) 나아 가던 병세가 다시 더해지다. ¶찬 바람을 쐬어 감기가 **더쳤다**.
더치-페이(†Dutch pay) 명 비용을 각자 부담하는 일.
더킹(ducking) 명 권투에서, 상대의 공격을 피하기 위해 허리를 구부리고 머리를 낮추는 동작. ¶~ 모션.
더펄-거리다/-대다 통(재) (더부룩한 물건이) 조금 길게 늘어져 자꾸 날려 흔들리다. 더펄이가 바람에 ~.
더펄-더펄 튀 더펄거리는 모양. **더펄더펄-하다** 통(재)
더펄-머리 명 더펄더펄 흔들리는 머리털. 또는, 그런 머리를 가진 사람.
더플-코트(duffle coat) 명 모자가 달려 있고, 큰 주머니가 바깥으로 붙어 있으며, 나무나 뿔로 만든 긴 단추가 달린 코트.
더하기 수 더하는 일. =보태기. ↔빼기. **더하기-하다** 통(타)
더-하다 I 형(여) **1** (어떤 수나 분량에 다른 수나 분량을) 더 있게 하다. ¶보태다·합하다. ¶하나에 둘을 ~. ↔빼다. **2** (어떤 대상에 어떤 상태를) 더 있게 하다. ¶연속극에 재미를 **더하는** 요소.
  II 형(여) (어떤 일의 정도나 상태가 이전이나 다른 경우보다) 더 커지거나 심하다. ¶병세가 예전보다 ~. ↔덜하다.
  더할 나위 없다 이 이상 좋거나 완전하여 그 이상 더 말할 것이 없다. ¶**더할 나위 없이** 훌륭한 신랑감.
더-한층(-層) 튀 이전보다 상태나 정도가 더 심하게. ¶~ 열심히 공부하다.
덕[1] 명 1 널·막대기 따위를 나뭇가지나 기둥 사이에 엮어 만든 시렁이나 선반. **2** = 좌대(坐臺)'.
덕[2](德) 명 **1** 도덕적·윤리적 이상을 실현해 나가는 인격적 능력. 또는, 그 인격으로써 남에게 영향·감화를 미치는 일. ¶~을 쌓다. **2** 일이 좋은 결과를 얻게 된 원인이라는 뜻으로, 남의 도움이나 은혜, 또는 연유를 이르는 말. ¶**덕분**. ¶염려해 주신 ~에 잘 지내고 있습니다.
덕-낚시[덩낙씨] 명 좌대(坐臺) 위에서 하는 낚시.
덕담(德談)[-땀] 명 새해를 맞아 가족·친지 등에게 복을 빌거나 소원이 이뤄지기를 기원하는 뜻으로 하는 말. ↔악담.
덕대[-때] 명[광] 남의 광산의 일부를 채굴권을 얻어 채광하는 사람.
덕망(德望)[덩-] 명 덕행으로 얻은 명망. ¶~이 높다.
덕목(德目)[덩-] 명 충(忠)·효(孝)·인(仁)·의(義)·극기(克己)·정직 등 덕을 분류하는 명목.

덕분(德分)[-뿐] 명 남이 베풀어 준 은혜나 도움이나 배려. 덕택·덕택. ¶성원해 주신 ~에 성공리에 공연을 마쳤습니다.
덕성(德性)[-썽] 명 어질고 너그러운 성질. ¶~을 갖추다.
덕성-스럽다(德性-)[-썽-따] 형(ㅂ) <~스러우니, ~스러워> 어질고 너그러운 성질이 있다. **덕성스레** 튀
덕-스럽다(德-)[-쓰-따] 형(ㅂ) <~스러우니, ~스러워> (외모나 언행이) 덕을 갖춘 태가 있다. ¶**덕스러운** 얼굴.
덕유-산(德裕山)[더규-] 명[지] 전라북도 장수군과 경상남도 함양군 사이에 있는 산. 높이 1,614m.
덕육(德育) 명 도덕의식을 높이고 정서를 풍부히 기르기 위한 교육. ▷지육·체육.
덕지-덕지[-찌-찌] 튀 **1** 때나 먼지가 많이 끼어 더러운 모양. ¶때가 ~ 끼다. **2** 덕지덕지.
덕치-주의(德治主義)[-의/-이] 명 덕망 있는 사람이 도덕적으로 어두운 사람을 지도·교화함을 정치의 요체로 삼는, 중국의 옛 정치 사상.
덕택(德澤) 명 남이 염려해 주거나 도와주거나 한 영향이나 결과. ¶덕분. ¶염려해 주신 ~에 무사히 다녀왔습니다.
덕트(duct) 명 공기와 같은 유체가 흐르는 통로나 설비.
덕행(德行)[더캥] 명 어질고 너그러운 행실. ¶~을 쌓다.
던[1] 어미 지난 일을 회상하거나, 과거의 동작이 완료되지 못함을 나타내는 관형사형 전성 어미. ¶전에 다니~ 길. ×-든.
-던[2] 어미 '-더냐'의 의미로 친근하게 물을 때 쓰이는 종결 어미. ¶그가 언제 왔~?
-던가 어미 **1** '하게' 할 상대에게 또는 스스로 지난 일을 회상하여 감탄조로 물을 때 쓰이는 종결 어미. ¶갓 시집왔을 때만 해도 얼마나 고왔~? **2** '하게' 할 상대에게 실제로 겪어 본 일에 대하여 물을 때 쓰이는 종결 어미. ¶그쪽에도 눈이 많이 왔~? ×-든가.
-던감 어미 주로 혼잣말에 쓰여 '-라고 하던가'의 뜻으로, 의문을 나타내는 종결 어미. 주로 반어적으로 쓰임. ¶누가 약주를 그렇게 많이 마시라고 했~.
-던걸 어미 '해' 할 상대에게 쓰이거나 혼잣말에 쓰여, 어떤 사실을 과거에 경험하여 알게 되었음을 서술하는 뜻을 나타내는 종결 어미. 가벼운 반박이나 감탄의 뜻을 띰. ¶그 여자는 꽤 미인이~.
-던고 어미 '-던가'의 예스러운 말투. ¶눈물로 지새운 밤이 그 얼마~?
-던데 어미 **1** 다음 말을 끌어내기 위하여 관련될 만한 지난 사실을 먼저 회상하여 말할 때 쓰이는 연결 어미. ¶그가 왔~ 아직 못 보았니? **2** 남의 의견을 듣고자 하는 태도로 스스로 감탄하여 보일 때 쓰이는 종결 어미. ¶체격이 아주 좋~.
-던들 어미 어떤 선어말 어미 '-았/었-' 뒤에 붙어, 현재의 결과와 반대되는 어떤 사실을 가정하여 이것을 희망할 때 쓰이는 연결 어미. ¶조금만 더 노력했~ 실패의 쓴잔을 마시진 않았을 텐데.
-던바 어미 과거에 있었던 어떤 사실을 앞에 말하면서, 그로 말미암은 사실을 뒤에 말할 때 쓰이는 연결 어미. ¶돌발 사태가 있었~ 적절한 대응 조치가 어려웠음.
던져-두다[-저-] 통(타) **1** 돌아보지 않고

그대로 내버려 두다. ¶수업만 마치면 책 가방은 **던져두고** 놀기에만 바쁘다. **2** (하던 일을) 그만두고 그대로 내버려 두다. ¶하던 일을 **던져둔** 채 낮잠을 잤다.

-던지 [어미] **1** 지난 일을 회상하여 막연하게 의문을 나타낼 때 쓰이는 연결 어미. ¶그날 누가 왔~ 생각납니까? **2** 지난 일을 회상하면서 감탄조로 이르는 종결 어미. 또는, 그 지난 일이 다른 어떤 사실을 일으키는 원인이 됨을 나타내는 연결 어미. ¶그날따라 날씨는 왜 그리 춥~. × -든지.

던지다 [동][타] **1** (손에 든 물체를 일정한 방향으로, 또는 그 방향에 있는 대상에) 팔을 움직이다가 손에서 놓아 공중을 통해 나아가게 하다. ¶공을 ~. **2** (자기의 몸을 어느 곳에) 내밀어 뛰어들다. ¶삼천 궁녀들은 백마강에 몸을 **던졌다**. **3** (자기의 몸을 어느 곳에) 맥없이 쓰러지듯 앉거나 눕는 상태가 되게 하다. ¶그는 소파에 지친 몸을 **던졌다**. **4** (목숨이나 재산 등을 어떤 일을 위해) 아낌없이 내놓다. ¶조국을 위해 몸을 **던진** 열사. **5** (시선이나 웃음, 말 등을 어떤 대상에) 향하여 보내거나 주다. ¶추파를 ~. **6** (물체가 빛이나 그림자를 어느 곳에) 퍼지게 하거나 나타나게 하다. ¶가로등이 밤거리에 흐릿한 빛을 **던지고** 있다. **7** (어떤 일이나 사실이 희망·암시·충격·영향 등의 상태를 어떤 대상에) 생기게 하거나 이르게 하다. ¶교육계에 커다란 충격을 **던진** 사건. **8** (일감을) 일시적으로 일하지 않기 위해 내버려 둔 상태가 되게 하다. ¶**던져** 놓았던 원고를 다시 꺼내 읽어 보다. **9** 선거에서, (표를 어떤 후보에게) 지지하는 뜻을 나타내다. [비]투표하다. ¶나는 K 후보에게 한 표를 **던졌다**.

덜ː [부] **1** 《형용사나 부사 앞에 쓰여》 정도가 낮거나 작거나 약하게. ¶이곳이 ~ 춥다. ↔더. **2** 《동사 앞에 쓰여》 완전함에 미치지 못하게. 또는, 한도에 차지 못하게. ¶잠이 ~ 깨다.

덜거덕 [부] 크고 단단한 물건이 맞닿아서 나는 소리. [작]달가닥. [센]떨거덕. [거]덜커덕. **덜거덕-하다** [동][자][타][여]

덜거덕-거리다/-대다 [-꺼(때)-] [동][자][타] 덜거덕 소리가 잇달아 나다. 또는, 그런 소리를 내다. ¶창문이 바람에 ~. [작]달가닥거리다. [거]덜커덕거리다.

덜거덕-덜거덕 [-떨-] [부] 덜거덕거리는 소리. ¶~ 대문 흔드는 소리가 나다. [작]달가닥달가닥. [거]덜커덕덜커덕. **덜거덕덜거덕-하다** [동][자][타][여]

덜그럭 [부] 단단하고 큰 물건이 부딪치거나 서로 스쳐 나는 소리. [작]달그락. [센]떨그럭. **덜그럭-하다** [동][자][타][여]

덜그럭-거리다/-대다 [-꺼(때)-] [동][자][타] 잇달아 덜그럭 소리가 나다. 또는, 그런 소리를 내다. [작]달그락거리다.

덜그럭-덜그럭 [-떨-] [부] 덜그럭거리는 소리. [작]달그락달그락. **덜그럭덜그럭-하다** [동][자][타][여]

덜ː다 (덜ː고/덜어) [동][타] 〈더니, 더오〉 **1** (그릇 등에 담긴 물질을) 일부를 퍼내거나 하여 다른 데에 옮기거나 양이 줄게 하다. ¶찌개를 접시에 **덜어서** 먹다. **2** (어려움·걱정·일손 등을) 여럿이 나누거나 일이 해결되거나 하여 줄게 하다. ¶일손을 ~.

덜덜 [부] (무섭거나 추워서) 몸을 몹시 떠는 모양. ¶추워서 ~ 떨다. [작]달달.

덜덜-거리다/-대다 [동][자][타] **1** 계속 덜덜 떨다. **2** 큰 바퀴 따위가 단단한 바닥을 구르며 흔들리는 소리가 자꾸 나다. 또는, 그런 소리를 자꾸 내다. [작]달달거리다.

덜ː-되다 [-되-/-뒈-] [형] (사람의 됨됨이가) 인격적으로 성숙되지 않은 상태에 있다. ¶제 앞가림도 못 하는 **덜된** 놈 같으니라고.

덜ː-떨어지다 [형] (사람이, 또는 그의 언행이) 어리석어 바보스럽다. ¶**덜떨어진** 녀석 / **덜떨어진** 소리.

덜렁 [부] **1** 큰 방울이 한 번 흔들려 나는 소리. **2** 하나가 매달려 있거나 남아 있는 모양. **3** 침착하지 못하고 덤비는 모양. [작]달랑. [센]떨렁. **4** 갑자기 겁나는 일을 당하였을 때 가슴이 뜨끔하게 울리는 모양.

덜렁-거리다/-대다 [동][자][타] **1** 물체가 매달려 자꾸 흔들리다. 또는, 그렇게 흔들리며 소리를 내다. [작]달랑거리다. **2** 침착함이나 차분함이 없이 자꾸 경망하게 행동하다. ¶계집애가 왜 이리 **덜렁거리니**?

덜렁-덜렁 [부] 덜렁거리는 소리나 모양. [작]달랑달랑. **덜렁덜렁-하다** [동][자][타][여]

덜렁-이 [명] 성질이 침착하지 못하고 덤벙거리는 사람을 얕잡거나 놀림조로 이르는 말. ¶그런 ~에게 무슨 일을 맡기겠어?

덜-리다 [동][자] '덜다'의 피동사.

덜미 [명] 목의 뒷부분.

덜미를 잡다 못된 일 따위를 하는 것을 알아채거나 그 증거를 잡다.

덜미(를) 잡히다 못된 일 따위를 꾸미다가 발각되다. ¶흉계를 꾸미다가 ~.

덜커덕 [부] '덜거덕'의 거센말. [준]덜컥. **덜커덕-하다** [동][자][타][여]

덜커덕-거리다/-대다 [-꺼(때)-] [동][자][타] '덜거덕거리다'의 거센말. [준]덜컥거리다.

덜커덕-덜커덕 [-떨-] [부] '덜거덕덜거덕'의 거센말. [준]덜컥덜컥. **덜커덕덜커덕-하다** [동][자][타][여]

덜커덩 [부] 단단하고 큰 물건이 부딪칠 때에 둔하게 울려 나는 소리. ¶기차가 ~ 서다. [준]덜컹. **덜커덩-하다** [동][자][타][여]

덜커덩-거리다/-대다 [동][자][타] 덜커덩 소리가 잇달아 나다. 또는, 그런 소리를 내다. ¶빈 드럼통을 실은 용달차가 **덜커덩거리며** 지나간다. [준]덜컹거리다.

덜커덩-덜커덩 [부] 덜커덩거리는 소리. [준]덜컹덜컹. **덜커덩덜커덩-하다** [동][자][타][여]

덜컥[1] [부] '덜커덕'의 준말. **덜컥-하다**[1] [동][자][타][여]

덜컥[2] [부] **1** 갑작스레 놀라거나 겁에 질려 가슴이 내려앉는 모양. [비]덜컹. ¶겁이 ~ 나다. **2** 어떤 사태가 매우 갑작스레 진행되는 모양. ¶일을 ~ 저질러 놓다. **덜컥-하다**[2] [동][자][여] 갑작스레 놀라거나 겁에 질려 가슴이 내려앉다.

덜컥-거리다/-대다 [-꺼(때)-] [동][자][타] **1** '덜커덕거리다'의 준말. ¶문이 바람에 ~. **2** 별안간 겁에 질리거나 놀랐을 때에 가슴이 몹시 두근거리다.

덜컥-덜컥 [-떨-] [부] '덜커덕덜커덕'의 준말. **덜컥덜컥-하다** [동][자][타][여]

덜컹 [부] **1** '덜커덩'의 준말. **2** 갑자기 놀라서 가슴이 내려앉듯 충격을 느끼는 모양. [비]덜컥. **덜컹-하다** [동][자][타][여] ¶전화벨 소리만 울려도 가슴이 **덜컹한다**.

덜컹-거리다/-대다 톰(자) '덜커덩거리다'의 준말.
덜컹덜컹 '덜커덩덜커덩'의 준말. **덜컹덜컹-하다** 톰(자)
덜퍼덕 힘없이 주저앉거나 눕는 모양. ¶땅바닥에 ~ 주저앉다.
덜:-하다 혤(여) (어떤 일의 정도나 상태가 이전이나 다른 경우보다) 적거나 달다. ¶추위가 어제보다 ~. ↔더하다.
덤 圐 1 제 값어치의 물건 외에 조금 더 얹어 주거나 받는 일. 또는, 그런 물건. ¶~으로 귤 한 개를 더 주다. 2 바둑에서, 맞바둑의 경우 흑이 백에게 몇 집을 더 주는 일.
덤덤-하다 혤(여) 1 마땅히 말할 만한 자리에서 아무 말도 없이 조용하다. ¶덤덤하게 앉아 있지만 말고, 각자 의견을 말해 봐. 2 특별한 감정이 없이 그저 예사롭다. ¶큰 상을 타게 되었는데도 그는 덤덤했다. 3 제 맛이 나지 않고 아주 싱겁다. ¶배 맛이 왜 이리 덤덤하지? **덤덤-히** 円 ¶~ 대하다.
덤벙거리다/-대다 혬 침착하지 않은 행동으로 마구 서두르다. ¶공연히 덤벙거리지 말고 차근차근히 풀어라.
덤벙-덤벙 円 덤벙거리는 모양. **덤벙덤벙-하다** 혬(자)(여)
덤벨 (dumbbell) 圐 =아령(啞鈴).
덤벼-들다 혬(자) <-드니, -드오> 1 (상대에게) 싸우기 위해 달려들다. ¶형한테 ~. 2 (어떤 일에) 서둘러 또는 준비 없이 뛰어들다. ¶신중한 사업에 덤벼들었다가 낭패만 봤다.
덤불 圐 어수선하게 엉클어진 수풀. ¶가시 ~.
덤비다 혬(자) 1 (어떤 사람이나 동물이 다른 사람이나 동물에게) 대들거나 달려들다. ¶덤빌 테면 덤벼 봐! 2 (사람이) 어떤 일에 침착하지 못하고 서둘러 행동하는 태도를 가지다. ¶가만있어, 덤빈다고 될 일이 아냐.
덤터기 圐 억울한 누명이나 터무니없는 곤경이나 공연한 걱정거리. ¶~를 쓰다〔씌우다〕. ×덤테기.
덤테기 '덤터기'의 잘못.
덤프-차 (dump車) 圐 =덤프트럭.
덤프-트럭 (dump truck) 圐 짐받이를 옆 또는 뒤쪽으로 기울여 짐을 한꺼번에 부릴 수 있도록 해 장치된 차. =덤프차.
덤핑 (dumping) 圐 [경] 1 채산이 맞지 않는 싼 가격으로 상품을 파는 일. ¶~ 판매. 2 국제 경쟁에서 이기기 위하여 국내 판매 가격이나 생산비보다 싼 가격으로 상품을 수출하는 일.
덥:다 [-따] (덥고 / 더워) 혤 <더우니, 더워> 1 (날씨나 어떤 공간이) 몸에 땀이 날 만큼 기온이 높다. 또는, (사람이나 동물이) 몸에 땀이 날 만큼 높은 온도를 느끼는 상태이다. ¶더운 여름 날씨. ↔춥다. 2 (물체나 물질이) 온도가 보통의 정도보다 높다. 비따뜻하다·뜨겁다. ¶더운 음식. ↔차다.
덥석 [-썩] 円 왈칵 달려들어 움켜쥐거나 입에 무는 모양. ¶반가워서 손을 ~ 잡다. ㉔덥석.
덥석-거리다/-대다 [-썩-] 円 (먹을 때) ~ 연하여 덥석 움켜쥐거나 입에 물다. 톰(타)
덥석-덥석 [-썩썩] 円 덥석거리는 모양. ¶~ 집어먹다. **덥석덥석-하다** 톰(타)(여)

덥수룩-하다 [-쑤루카-] 혤(여) 더부룩하게 많이 난 수염이나 머리털이 어수선하게 덮여 있다. ¶덥수룩한 수염. ㉔덥수룩하다. **덥수룩-이** 円
덥-히다 [더피다] 톰(타) 1 (고체나 액체나 기체 상태의 물체나 물질을) 열을 가하여 보통의 정도보다 높은 온도를 가지게 하다. ¶난로가 방 안의 공기를 ~. 2 (몸을) 불을 쬐거나 운동을 하거나 무엇을 덮거나 마찰을 하거나 하여 체온이 올라가게 하다. ¶난로에 몸을 ~. ▷데우다.
덧- [덛] 鬪蹈 일부 명사나 동사 앞에 붙어, 사물·동작·작용 등이 거듭되거나 다시 하거나 더한 상태임을 나타내는 말. ¶~문 / ~붙이다.
덧-거름 [덛꺼-] 圐 농작물에 대하여 첫 번에 거름을 준 뒤에 또다시 추가하여 주는 비료.
덧-그림 [덛끄-] 圐 그림 위에 얇은 종이를 덮어 대고 본떠 그린 그림.
덧-나다¹ [덛-] 톰(자) (병이나 상처, 또는 부스럼 등이) 잘못 다루어 더 악화하다. ¶공연히 긁어서 부스럼이 덧났다. 2 노엽이 일어나다.
덧-나다² [덛-] 톰(자) 이미 나 있는 위에 덧붙어 나다. ¶이가 ~.
덧내다 [덛-] 톰(타) '덧나다''의 사동사. ¶상처를 괜히 건드려 덧내지 마라.
덧-널 [덛-] 圐 관(棺)을 담는 궤. =곽.
덧널-무덤 [덛-] 圐 [고고] 관을 넣어 두는 묘실을 목재로 만든 무덤. =목곽묘.
덧-니 [덛-] 圐 제 위치에 나지 못하고 바깥쪽으로 나오거나 안쪽으로 들어간 상태로 난 이. 특히, 그런 송곳니. ¶웃을 때 살짝 드러나는 ~가 매력적이다.
덧니-박이 [덛-] 圐 덧니가 난 사람.
덧-대다 [덛때-] 톰(타) 댄 위에 다시 또 대다. ¶바지의 무릎 부분에 가죽을 덧대어 깁다.
덧-문 (-門) [덛-] 圐 문짝 바깥쪽에 덧다는 문.
덧-바르다 [덛빠-] 톰(타)[려] <-바르니, ~발라> 바른 위에 겹쳐 바르다.
덧-버선 [덛-] 圐 실내에서 발바닥에서 발등까지만 가려지게 신게, 천으로 만든 버선.
덧-보태다 [덛뽀-] 톰(타) 보탠 위에 겹쳐 보태다. 비추가하다.
덧-붙다 [덛뿓따] 톰(자) 1 겹쳐 붙다. 2 군더더기로 붙다. ¶남에게 덧붙어 살다.
덧붙-이다 [덛뿓치-] 톰(타) '덧붙다'의 사동사. 비첨가하다. ¶덧붙여 한 말씀 드리겠습니다.
덧-셈 [덛쎔] 圐 [수] 더하는 셈. ↔뺄셈. **덧셈-하다** 톰(자)(타)(여)
덧셈-표 (-標) [덛쎔-] 圐 [수] 덧셈의 부호인 '+'의 이름. 비플러스. ↔뺄셈표.
덧-신 [덛씬] 圐 신 위에 덧신는 신.
덧씨우다 [덛씨-] 톰(타) 씌운 위에 겹쳐 씌우다. ¶커버 위에 비닐을 ~.
덧-없다 [덛업따] 혤 1 (세월이나 인생이) 빠르게 흘러가 허무하다. ¶덧없는 세월. 2 보람이나 쓸모가 없이 헛되다. ¶덧없는 섬념이 머릿속을 어지럽히다. **덧없-이** 円
덧-입다 [덛닙따] 톰(타) 옷을 입은 위에 더 껴입다.
덧-저고리 [덛쩌-] 圐 저고리 위에 덧입는 저고리.
덧-정 (-情) [덛쩡] 圐 〔주로 '없다'와 함

께 쓰여) 더 끌리는 정. 또는, 어떤 일을 더 하고픈 마음. ¶그 여자는 남편에 대해 ~이 없다.
멋-줄[덛쭐] 圀 [음] 보표에서, 오선의 아래위에 필요에 따라 더 긋는 짧은 선.
멋-칠(-漆)[덛-] 圀 칠한 위에 겹쳐 더 하는 칠. **멋칠-하다** 통(타)여
덩굴 圀[식] 땅바닥으로 길게 벋거나 다른 것을 감아 오르는 식물의 줄기. =넝쿨. ¶칡~. × 덩쿨.
덩굴-나무 圀[식] 덩굴이 벋는 나무. 칡·등나무 따위.
덩굴-무늬[-니] 圀[미] 여러 가지 덩굴풀이 꼬이며 뻗어 나가는 모양을 그린 무늬. =당초문.
덩굴-성(-性)[-썽] 圀[식] 식물의 줄기가 덩굴지는 성질.
덩굴-손 圀[식] 가지나 잎이 실같이 변하여, 다른 물체를 감아 줄기를 지탱하는 가는 덩굴.
덩굴-장미(-薔薇) 圀[식] 줄기에 가시가 있고, 6~7월에 붉은색의 꽃이 피는 덩굴성 낙엽 관목. 집 울타리에 흔히 심음.
덩굴-줄기 圀[식] 덩굴로 된 줄기.
덩그렇다[-러타] 휑(여)〈덩그러니, 덩그러오, 덩그래〉 1 우뚝 솟아 높다. 때로, 키가 크다는 뜻으로도 쓰임. 2 (공간이) 휑뎅그렁하게 넓거나 크다. ¶**덩그렇게** 큰 집을 혼자 지키자니 무섬증이 난다.
덩-달다(동)(타)(주로 '덩달아', '덩달아서'의 꼴로 쓰여) 속내도 모르고 남이 하는 대로 따라 하다. ¶큰애가 우니 작은애도 **덩달아** 운다.
덩-꿍 圀 북을 칠 때 나는 흥겨운 소리. **덩덩덩-꿍**.
덩덩 圀 북이나 장구 따위를 칠 때 나는 소리. ¶~장구.
덩-샤오핑(鄧小平) 圀[인] 중국의 정치가 (1904~1997).
덩실-거리다/-**대다** 통(자)(타) 신이 나서 팔다리를 계속 너울거리며 춤추다.
덩실덩실 圀 덩실거리는 모양. ¶기뻐서 ~ 춤을 추다.
덩실-하다 휑(여) (건물 따위가) 웅장하게 높다.
덩어리 圀 [1](자립) 1 가루·알갱이 등이 뭉쳐져 둥글게 된 물체. 또는, 형태가 그와 비슷하게 생긴 물질이나 물체. ¶흙~ / 불~. 2 여럿이 모여 뭉친 큰 집단. ¶온 겨레가 한 ~이 돼서 나국을 극복하다. 3 (일부 추상 명사 뒤에 붙어) 그 명사가 나타내는 성질을 많이 가진 사람이나 사물을 가리키는 말. ¶골칫~ / 모순 ~. [2](의존) 뭉쳐서 둥근 형태를 이룬 물체나 그에 준하는 물체를 세는 단위. ¶수박 한 ~.
덩어리-지다 圀(자) (물체나 물질이) 뭉쳐져서 덩어리를 이루다. **덩어리진** 설탕.
덩이 圀 [1](자립) '덩어리[1]'과 같은 뜻이나 쓰임이 보다 제약적인 말. ¶눈~/빛~. [2](의존) [1]을 세는 단위로 이르는 말. ¶메주 한 ~.
덩이-뿌리 圀[식] 고구마·무 따위와 같이 둥이 모양으로 생긴 저장뿌리.
덩이-줄기 圀[식] 땅줄기의 하나. 땅속에 있는 줄기의 일부가 녹말 등의 양분을 저장하여 덩어리 모양으로 비대해진 것. 감자·돼지감자 따위.
덩지 圀 '덩치'의 잘못.
덩치 圀 (주로 '크다', '작다', '좋다' 등과 함께 쓰여) 사람이나 동물의 몸의 크기. ㈃허우대·몸집. ¶우리 집 아이는 ~만 컸지 아직 철부지예요. × 덩지.
덩칫-값[-치깝/-친깝] 圀 (주로 '하다', '못 하다'와 함께 쓰여) 커다란 덩치에 걸맞은 바람직한 행동. ¶제발 ~ 좀 해라.
덩컨, 이사도라 (Duncan, Isadora) 圀[인] 미국의 무용가 (1878~1927).
덩쿨 圀[식] '덩굴'의 잘못.
덩크^슛(dunk shoot) 圀[체] 농구에서, 주로 장신(長身)의 선수들이 큰 키를 이용하여 링 바로 위에서 내리꽂는 슛.
덫 圀 1 짐승이 밟거나 건드리면 몸이 걸려서 잡히게 되어 있는 장치. ¶쥐~. 2 남을 헐뜯고 모함하거나 함부로 꾸미어, 또는, 상대를 은근히 제압하기 위해 꾸미는 꾀를 비유하는 말.
덮-개[덥깨] 圀 =뚜껑1.
덮개-돌[덥깨-] 圀[고고] 고인돌에서 굄돌이나 받침돌 위에 올려진 큰 돌.
덮다[덥따] 통(타) 1 (어떤 물체 위에 넓이를 가진 물체를) 올려놓아 가려지거나 막히게 하다. 또는, (어떤 물체의 위를 어떤 물질이나 넓이를 가진 물체로) 가려지게 하거나 막히게 하다. ¶장독에 뚜껑을 ~. 2 (어떤 물질이 물체 위나 공간이) 일정한 두께나 범위로 가리거나 가득 채우다. ¶눈이 산과 들을 하얗게 ~. 3 (펴진 책 따위를) 안의 내용이 보이지 않도록 모든 페이지가 겹쳐지게 하다. ¶읽던 책을 ~. 4 (잘못이나 허물, 비밀 등을) 드러내지 않고 가리거나 감추다. ¶선생님은 나의 잘못을 **덮어** 주셨다.
덮-밥[덥빱] 圀 더운밥 위에 볶거나 튀기거나 부치거나 한 음식을 덮거나 얹은 요리의 총칭. ¶계란~ / 쇠고기 ~.
덮어-놓고[-노코] 用 조리 그름이나 형편을 헤아리지 않고. ¶~ 야단만 친다.
덮어-놓다[-노타] 통(타) 1 (하던 일을) 그만두거나 제쳐 놓다. 2 (어떤 일을) 드러내지 않고 감추거나 따지지 않다. ¶지난 일은 **덮어놓기로** 하자.
덮어-쓰다(타)〈~쓰니, ~써〉 1 머리 위까지 덮다. 또는, 머리가 덮이도록 쓰다. ¶이불을 **덮어쓰고** 자다. 2 (먼지·액체 따위를) 온몸에 뒤집어쓰다. 3 (부당한 책임을) 감당하게 되다. ¶누명을 ~.
덮어-씌우기[-씨-] 圀[컴] =겹쳐쓰기. **덮어씌우기-하다** 통(타)여
덮어-씌우다[-씨-] 통(타) '덮어쓰다'의 사동사. ¶사고의 책임을 남에게 ~.
덮-이다 통(자) '덮다'의 피동사. ¶눈에 **덮인** 산야. × 덮히다.
덮-치다[덥-] 통(자)(타) 1 (사람이나 동물이 다른 사람이나 동물을) 몸을 덮어 누르면서 해치거나 공격하다. 또는, (사람이 어느 장소를) 그곳에 있는 사람을 잡거나 공격하기 위해 들이닥치다. ¶형사대가 범인의 은신처를 ~. 2 (어떤 물체가 다른 물체를) 뜻하지 않게 강한 힘으로 위에서 덮어 누르게 되다. ¶해일이 부두를 ~. 3 (좋지 않은 일이) 겹쳐서 닥치다. ¶엎친 데 **덮친** 격.
덮-히다 圀(자) '덮이다'의 잘못.
데[1] 圀 1 '곳'이나 '장소'를 이르는 말. ¶휴일인데도 마땅히 갈 ~가 없다. 2 '경우'나 '상황'이나 '일' 등을 뜻하는 말. ¶다친 ~에 바르는 약. 3 '점(點)'이나 '요소' 등을 나타내는 말. ¶그의 작품은 조금도 나무랄 ~가 없다.

데-² [접두] 불완전함을 나타내는 말. ¶~생기다 / ~익다. ▷설-.

-대³ [어미] 1 어떤 일이나 대상을 이미 경험했거나 미리 알고 있는 사람이 '해' 할 상대에게 그에 대한 사실을 기억하여 일러 주거나 그에 대한 자기 느낌을 얘기해 주는 뜻을 나타내는 종결 어미. ¶그 영화 재미있겠~. 2 '-디'²의 잘못.

데구루루 [부] 약간 크고 단단한 물건이 딱딱한 바닥을 구르는 모양. 또는, 그 소리. [센]떼구루루.

데굴-데굴 [부] 크고 단단한 물건이 계속하여 굴러 가는 모양. ¶바위가 산 아래로 ~ 굴러 갔다. [작]대굴대굴. [센]떼굴떼굴.

-데기 [접미] 일부 명사 뒤에 붙어, 그 명사와 관련된 처지에 있거나 그런 성질을 가진 사람을 낮추어 이르는 말. 특히, 여자를 가리키는 말임. ¶부엌~ / 소박~.

데꺽 [부] 서슴지 않고 곧. ¶~ 승낙하다.

데꾼-하다 [형여] (눈이) 몹시 피로하거나 지치거나 하여 쑥 들어가 보이고 총기가 없이 흐릿한 상태에 있다. [비]꿩하다. ¶눈이 데꾼한 걸 보니 되게 앓은 것 같다. [작]대꾼하다. [센]떼꾼하다.

데니어 (denier) [명][의주] 생사(生絲)·인조 견사·나일론사 등의 굵기를 나타내는 단위. 숫자가 클수록 실이 굵어짐. 기호는 D. [참]번(番子).

데님 (denim) [명] 능직(綾織)의 두꺼운 면직물. 질기고 세탁을 해도 잘 해지지 않아, 가구의 커버나 작업복으로 이용됨.

데:다 (데고 / 데어) [동] ① [자] 1 (불 또는 뜨거운 물체나 기운에 살이) 실수로 닿거나 하여 화끈거리거나 따끔거릴 만큼 익거나 타다. ¶끓는 물에 발등이 ~. 2 (사람이 쓰라린 경험이나 심한 고통이나 큰 피해를 준 대상에) 혼이 나 질리다. ¶술에 데었다가 입술도 안 댄다. ② [타] (불 또는 뜨거운 물체나 기운에 살을) 실수로 닿게 하여 화끈거리거나 따끔거릴 만큼 익거나 타게 하다. ¶얼굴을 ~.

데데-하다 [형여] 시시하여 보잘것없다. ¶데데한 물건.

데드라인 (deadline) [명] 어떤 일을 마감하는 시각이나 날짜. 특히, 신문사의 원고 마감 시각. ¶~을 넘기다.

데드^볼 (†dead ball) [명][체] 야구에서, 투수가 던진 공이 타자의 몸에 닿는 일. 타자는 자동적으로 1루에 진출함. =사구(死球).

데려-가다 [동][타] <~가거라> (아랫사람이나 동료나 동물을 어느 곳에 [으로]) 데리고 가다. ¶아이를 병원에 ~. ↔데려오다.

데려-오다 [동][타] <~너라> (아랫사람이나 동료나 동물을 어느 곳에 [으로]) 데리고 오다. ¶친구를 집에 ~. ↔데려다다.

데리다 [불타] (주로 '데리고', '데려', '데리러'의 꼴로 쓰여) (어떤 사람이 아랫사람이나 제 또래의 사람이나 동물을) 그의 영향력 아래에서 곁에 있게 하거나 따르게 하다. ¶형이 동생을 데리고 놀다.

데릴-사위 [-싸-] [명] 지난날, 처가에서 같이 살기로 하고 삼은 사위.

데마고그 (demagogue) [명] 권력을 잡기 위하여 과장되고 거짓된 선전으로 대중을 선동하는 정치가.

데마고기 (demagogy) [명] 대중을 선동하기 위한 정치적인 허위 선전 행위.

데메테르 (Demeter) [명][신화] 그리스 신화에 나오는 곡물 또는 대지의 여신. 로마 신화의 케레스(Ceres)에 해당함.

데면-데면 [부] 1 대하는 태도가 친밀성이 없고 사무적이거나 무뚝뚝한 모양. 2 성질이 꼼꼼하지 않아 행동에 조심성이 없는 모양. **데면데면-하다** [형여] ¶그는 나와 다툰 뒤로 데면데면하게 군다.

데모 (demo) [명] 1 많은 사람이 공개된 장소에 모여 어깨띠나 머리띠를 두르거나 플래카드를 내걸거나 구호를 외치거나 하면서 어떤 일을 주장하거나 요구하는 일. [비]시위운동. ¶~를 벌이다. 2 [컴] =데모 프로그램. **데모-하다** [동][자여].

데모-대 (demo隊) [명] 시위를 벌이는 군중.

데모^테이프 (demo tape) [명] 1 견본용으로 만든 비디오테이프. 2 가수 지망자가 일반 제작자나 기획자 등에게 자신의 노래 실력을 보여 주기 위해 만든 녹음 테이프 나 녹화 테이프.

데모^프로그램 (demo program) [명][컴] 어떤 소프트웨어 제품의 기능과 가치를 사용자에게 설명하고 홍보하기 위해, 그 제품의 일부 기능만 맛보기로 실어서 만든 무료 프로그램. =데모.

데본-기 (Devon紀) [명][지] 고생대 중에서 실루리아기의 뒤, 석탄기 앞의 기. 양서류·육생 식물이 나타났음.

데뷔 (débutfr) [명] (사교계·연예계·문단 등에) 처음 나오는 것. 데뷔-하다 [동][자여] ¶은막에 ~.

데뷔-작 (débutfr作) [명] 누군가가 어떤 분야에 처음 등장하게 된 첫 작품.

데뷔-전 (débutfr戰) [명] 어떤 선수나 감독이 스포츠의 활동 무대에 처음으로 나아가 치르는 경기.

데살로니가-서 (←Thessalonica書) [명][성] 신약 성서 중의 한 권. 전서와 후서로 되어 있음.

데생 (dessinfr) [명][미] =소묘(素描).

데스-마스크 (death mask) [명] 사람이 죽은 직후에 그 얼굴을 본떠서 만든 안면상.

데스크 (desk) [명] ['책상'이라는 뜻] 신문사·방송국·잡지사·출판사 등의 편집국·보도국 등에서 기사의 취재와 편집을 지휘하는 직위나 사람.

데스크톱^컴퓨터 (desktop computer) [명][컴] 책상 위에 설치할 수 있는 크기의 소형 컴퓨터.

데시-리터 (deciliter) [명][의주] 용량의 단위. 1리터의 1/10. 기호는 dl.

데시-벨 (decibel) [명][의주][물] 1 음압(音壓) 또는 소리의 세기의 표준 단위. 기호는 dB. 2 전력의 손실 또는 이득을 나타내는 단위. 기호는 dB.

데우다 [동][타] (식은 음식이나 액체 상태의 물질 등을) 열을 가하여 보통의 정도보다 다소 높은 온도를 가지게 하다. ¶찬밥을 ~. ▷덥히다.

데이비스-컵 (Davis Cup) [명][체] 1900년에 시작한, 국제 테니스 선수권 대회. 또는, 그 우승컵.

데이지 (daisy) [명][식] 키가 10~15cm로 작고, 봄부터 가을까지 붉은색·흰색의 꽃이 피는 여러해살이풀. 관상용으로 뜰이나 화분에 심음.

데이터 (data) [명] 1 이론을 세우는 데 기초가 되는 사실·자료. ¶수출 실적에 관한

데이터^뱅크(data bank) [명][컴] 컴퓨터로 처리할 수 있는 형태로 만든 각종 정보를 대량으로 수집·보관했다가, 필요에 따라 검색·이용할 수 있도록 한 기관. ≒자료은행.

데이터-베이스(database) [명][컴] 한 조직 내에서 필요로 하는 데이터를 공동으로 사용할 수 있도록 중복을 최소화하여 통합 저장한 데이터의 집합체.

데이터^통신(data通信) [명][통] 컴퓨터와 원거리에 있는 다른 컴퓨터 또는 단말기를 연결하여 정보를 서로 전달하는 통신.

데이트(date) [명] 〈남녀가, 또는 어떤 사람이 이성의 상대와〉 교체하기 위해 만나는 것. ¶~ 신청. **데이트-하다** [동](자)

데이^트레이딩(day trading) [명][경] 주식의 단기 차익을 얻기 위한 초단기 매매. 흔히, 움직임이 빠르고 등락 폭이 큰 종목을 대상으로 이루어진다.

데:치다 [동](타) 끓는 물에 슬쩍 익히다. ¶시금치를 ~.

데카당(@décadent) [명][문] =퇴폐파.

데카당스(@décadance) [명][문] =퇴폐주의.

데카르(decare) [명](의존) 면적의 단위. 1아르의 10배.

데카르트, 르네(Descartes, René) [명][인] 프랑스의 합리주의 철학자(1596∼1650).

데카브리스트(dekabrist) [명][역] 1825년 12월 페테르부르크에서 농노제의 폐지와 입헌 정치의 실현을 요구하며 무장봉기한, 러시아의 자유주의자들.

데칸^고원(Deccan高原) [명][지] 인도의 남반부를 차지하는 고원.

데칼코마니(@décalcomanie) [명][미] 흡수성이 적은 종이 위에 물감을 두껍게 칠하고 반으로 접거나 다른 종이를 덮어 찍어서 대칭적인 무늬를 만드는 회화 기법.

데커레이션-케이크(†decoration cake) [명] 스펀지케이크 위에 크림·초콜릿 등으로 보기 좋게 꾸민 양과자.

데크레셴도(@decrescendo) [명][음] 악곡의 표현 방법을 나타내는 말로, '점점 여리게'의 뜻. 기호는 >. ↔크레셴도.

데탕트(@détente) [명] 대립 관계에 있는 두 나라 사이의 긴장이 완화되어 화해의 분위기가 조성되는 상태. 또는, 그것을 지향하는 정책.

데퉁-맞다[-맏따] [형] 〈말이나 행동이〉 매우 조심성 없고 미련하며 거칠다.

데퉁-스럽다[-따] [형] 〈~스러우/~스러워〉 〈말이나 행동이〉 매우 조심성 없고 미련하게 거친 데가 있다.

데포-제(depot剤) [명][약] 약효를 오랫동안 지속시키기 위한 주사약.

덱(deck) [명] 특정 목적을 위해 구멍이 뚫린 일련의 카드.

덱스트린(dextrin) [명][화] 녹말을 효소·산 등으로 분해하여 얻어지는 여러 가지 중간 생성물의 총칭. 흰색 또는 엷은 황색 가루로 조금 단맛이 있음.

덴마크(Denmark) [명][지] 북유럽의 유틀란트 반도와 그 부속 도서로 이루어진 입헌 군주국. 수도는 코펜하겐.

덴싱(이) 가다 (←@伝線-/てんせん-) '(스타킹의) 올이 풀리다'로 순화.

덴푸라 (←@天麩羅/てんぷら) [명] 〈←@

tempero〉'튀김'으로 순화.

델라웨어(Delaware) [명][지] 미국 동부의 주.

델리킷-하다(delicate-) [형](여) **1** '미묘하다'로 순화. ¶매우 **델리킷한** 문제. **2** '섬세하다'로 순화. ¶**델리킷한** 심성의 소녀.

델린저^현'상(Dellinger現象) [명][물] 태양 표면의 폭발로 전리층에의 단파(短波)의 흡수가 증대되어 낮 동안에 몇 분에서 수십 분 동안 무선 통신이 안 되는 현상.

델타(@delta) [명][지] =삼각주.

델타-선/@선(@delta線) [명][물] 전기를 띤 입자가 빠른 속도로 물질을 통과하면서 이온화 작용을 할 때 만들어지는 2차 전자선 중에서 운동 에너지가 큰 전자선.

뎅 [부] 큰 쇠붙이 따위를 쳐서 나는 소리. (작)댕. (센)뗑.

뎅그렁 [부] 방울·풍경 등이 흔들리거나 부딪쳐 나는 소리. (작)댕그랑. (센)뗑그렁.

뎅그렁-거리다/-대다 [동](자) 자꾸 뎅그렁 소리가 나다. 또는, 그런 소리를 내다. (작)댕그랑거리다.

뎅그렁-뎅그렁 [부] 뎅그렁거리는 소리. (작)댕그랑댕그랑. **뎅그렁뎅그렁-하다** [동](자)

뎅-뎅 [부] 큰 쇠붙이 따위를 계속 두드릴 때 나는 소리. (작)댕댕.

도¹ 윷놀이에서, 윷이 셋이 엎어지고 하나가 잦혀진 상태. 말이 한 밭을 가게 됨.

도² 〈동류(同類)의 것이 더 존재함을 나타내는 보조사. 보통 체언·활용 어미·부사의 뒤에 붙음. **1** 이미 있는 어떤 사실이나 사례에 그것이 포함됨을 나타냄. ¶너도 가야 한다. **2** 첨가의 뜻을 나타냄. ¶책에다 샅금~ 받았다. **3** 양보와 허용의 뜻을 나타냄. ¶싼 것~ 좋습니다. **4** 어떤 사실을 재확인하거나 강조하는 의미를 나타냄. ¶달이 참 밝기~ 하다. **5** 〈부정하는 말과 함께 쓰여〉 그 부정을 극단화함. ¶나는 한 번~ 거짓말을 한 적이 없다. **6** 예상 밖으로 많거나 적음을 나타냄. ¶1억원~ 넘는다. **7** 둘 이상의 사실이나 개념을 한꺼번에 열거할 때 쓰임. ¶하늘~ 바다~ 푸르다. **8** '(…도 …(이)려니와', '…도 …(이)지만'의 꼴로 쓰여〉 '…도 문제이지만'의 뜻으로, 후술(後述)이 더 문제나 문제의 대상에 포함되거나 또는 그 이상의 문제가 된다는 말. ¶돈~ 중요하지만 건강이 제일이다.

-도³ [어미] 'ㅏ/ㅓ'로 끝나는 어간 아래에서, '-아도/어도'의 '아/어'가 탈락된 꼴. ¶가~ 좋다. ▷-아도·어도.

도⁴(度) **I** [명] **1**[어])〈주로, '도가 지나치다', '도를 넘어서다'의 꼴로 쓰여〉 어떤 행동의 알맞은 정도. ¶~가 지나친 농담. **2**[의존] **1** [수] 각도의 단위. 원둘레를 360등분하여 그 하나에 해당하는 중심각의 크기를 1도로 함. **2** [지] 경도·위도의 단위. ¶동경 127~ 북위 38~. **3** [음] 음정을 측정하는 단위. 보표(譜表) 상에서 같은 선이나 같은 칸을 1도라고 함. **4** 술의 알코올 함유도를 나타내는 단위. ¶40~가 넘는 독한 술. **5** 온도를 나타내는 단위. **6** 안경의 굴절도를 나타내는 단위. **7** [출] 인쇄의 횟수를 나타내는 말. ¶4~ 인쇄. **8** [물,화] 경도(硬度)·비중 따위의 단위.

도⁵(道) [명] **1** 사람으로서 지켜야 할 도리. ¶인륜의 ~를 어기다. **2** 종교상 깊이 통하여 깨달은 이치. ¶~를 닦다.

도.¹⁶(道) 图 정부가 직접 관할하는 상급 지방 자치 단체의 하나. 시·군 등을 관할하는 행정 구역임. ¶경기~ / ~지사.

도-⁷(都) 접두 '우두머리'의 뜻. ¶~승지 / ~원수.

-도⁸(度) 접미 1 해를 나타내는 말에 붙어, 그해의 연도를 나타내는 말. ¶작년~ / 내년~. 2 일부 명사에 붙어, 그 정도나 한도를 나타내는 말. ¶안전~ / 친밀~.

-도⁹(島) 접미 한자어에 붙어, '섬'을 뜻하는 지명임을 나타내는 말. ¶울릉~ / 무인~.

-도¹⁰(徒) 접미 일부 명사에 붙어, 그 명사가 뜻하는 일을 하는 사람들이거나 그중의 한 사람임을 나타내는 말. ¶문학~ / 과학~.

-도¹¹(渡) 접미 한자어에 붙어, '나루'를 뜻하는 지명임을 나타내는 말. ¶양화~.

-도¹²(圖) 접미 일부 명사에 붙어, '그림', '도형'의 뜻을 나타내는 말. ¶해부~ / 설계~.

도¹³(do)do 图[음] 1 음이름 '다'의 이탈리아어. 2 장음계에서 첫째 음.

도가(道家) 图 중국의 노자와 그의 뒤를 잇는 장자의 사상을 중심으로 하는 학파. 우주 원리로서 도(道)를 구하고 무위자연(無爲自然)을 주장함.

도가니¹ 图 1 '무릎도가니'의 준말. ¶~탕. 2 소의 볼기에 붙은 고기.

도가니² 图 1 [공] 쇠붙이를 녹이는 그릇. 단단한 흙이나 흑연으로 오목하게 만듦. 2 (주로, '…의 도가니'의 꼴로 쓰여) 감정이 격하게 끓어오르는 상태를 비유하여 이르는 말. ¶광란의 ~ / 흥분의 ~.

도가니-탕(-湯) 图 소의 무릎뼈를 양지머리와 함께 끓인 음식.

도가-머리(图) 图 새의 머리에 길고 더부룩하게 난 털. 또는, 그런 새. =관모.

도감¹(都監) 图[역] 고려·조선 시대, 국장(國葬)·국혼(國婚) 등 큰 국사(國事)가 있을 때 임시로 설치하던 관청.

도감²(圖鑑) 图 동류(同類)의 차이를 식별할 수 있도록 사진·그림을 모아서 설명한 책. ¶식물~.

도강¹(渡江) 图 큰 강을 건너는 것. 图도하(渡河). **도강-하다** 图(자)(自)(不).

도강²(盜講) 图 정식으로 수강 신청을 하지 않고 몰래 강의를 듣는 일. **도강-하다** 图(타)(他).

도개-교(跳開橋) 图 큰 배를 통과시키기 위하여 위로 열리는 구조로 된 다리.

도-거리 图 따로따로 나누지 않고 한데 합쳐서 몰아치는 일. ¶일을 ~로 하다.

도:계(道界) 图[-계/-게] 图 도(道)의 지리적 경계.

도공(陶工) 图 =옹기장이.

도관(陶棺) 图 고대에 쓰던, 점토를 구워서 만든 관. =옹관(甕棺).

도:관(導管) 图 물·수증기 따위가 통하게 만든 관. 町파이프.

도:교(道敎) 图[종] 신선 사상을 기반으로 하여, 노장 사상·불교·유교 등이 결합하여 이루어진 중국 고유의 종교.

도구(道具) 图 1 사람이 무엇을 만들거나 어떤 일을 할 때, 직접 손이나 몸으로 하는 것보다 쉽고 능률적으로 하기 위해 주로 손으로 잡고 사용하는 물건. ¶청소~. 2 어떤 목적을 이루기 위한 수단이나 방법. ¶언어는 사상과 감정을 표현하는 ~이다.

도:구-주의(道具主義) 图[-의/-이] 图[철] 개념은 행동을 위한 도구이고, 그 가치는 현실에 적용되었을 때의 유효성에 따라 결정된다고 하는, 듀이의 학설.

도굴(盜掘) 图 1 [광] 광업권이나 광주(鑛主)의 승낙 없이 광물을 몰래 채굴하는 일. 2 무덤 따위를 허가 없이 몰래 파내는 일. **도굴-하다** 图(타)(他). **도굴-되다** 图(자)(自).

도굴-꾼(盜掘-) 图 고분을 도굴하여 매장물을 파내는 것을 직업으로 하는 사람.

도그마(dogma) 图 1 독단적인 신념이나 학설. 독단. ¶~에 빠진 이론. 2 [종] 이성(理性)으로서 비판·증명이 허용되지 않는 교리(敎理)·교의(敎義).

도:금(鍍金) 图 금속 또는 비금속의 고체 표면에 금속의 얇은 막을 단단히 밀착시키는 것. 또는, 그렇게 하는 일. ¶금~. **도:금-하다** 图(타)(他). ¶은으로 도금한 수저.

도급(都給) 图 일, 특히 건축이나 토목 공사 등을 완성하면 보수를 지급할 것을 약속하고 그 일을 맡기는 것. =청부(請負). ~공사.

도기(陶器) 图 =오지그릇.

도깨비 图 동물이나 사람의 형상을 하고 있다는 잡된 귀신의 하나. 다른 귀신과는 달리 악한 일만 하는 게 아니라 짓궂은 장난도 하고 신통력으로 금은보화를 가져다주기도 한다고 함.

[도깨비를 사귀었나] 까닭을 모르게 재산이 부쩍부쩍 늘어 감을 이르는 말.

[도깨비에게 홀린 것 같다] 일의 내막을 도무지 모르고 어떤 영문인지 정신을 차릴 수 없다.

도깨비-감투 图 구전 설화에서, 머리에 쓰면 자기 몸이 다른 사람의 눈에 보이지 않는다고 하는 상상의 감투.

도깨비-바늘 图[식] 8~9월에 노란색 꽃이 피고, 갸름한 열매에 갈고리 모양의 갓털이 있어 다른 물체에 잘 붙는 한해살이풀. 산과 들에 자람.

도깨비-방망이 图 구전 설화에서, 두드리면 무엇이든 원하는 물건이 나온다는 상상의 방망이.

도깨비-불 图 1 깜깜한 밤에 묘지나 습기 찬 곳, 고목이나 폐가 등에서 번쩍이는 푸른 불빛. 인(燐)이 산화되어 빛을 내는 것임. 2 가담 없이 저절로 일어난 불.

도깨비-장난 图 터무니없거나 도무지 까닭을 알 수 없는 일.

도꼬마리 图[식] 8~9월에 노란색 꽃이 피고, 타원형 열매 표면에 갈고리 모양의 가시가 많아 다른 물체에 잘 붙는 한해살이풀. 산과 들에 자람.

도:끼 图 나무를 찍거나 패는 연장의 하나. 쐐기 모양의 쇠날의 머리 부분에 구멍을 뚫고 나무 자루를 박아 만듦.

[도끼로 제 발등 찍는다] 남을 해칠 요량으로 한 짓이 결국은 자기에게 해롭게 되었다.

도:끼-눈 图 분하거나 미워서 매섭게 쏘아 노려보는 눈. ¶~을 뜨고 바라보다.

도끼다시(←どぎだし) 图[건] '갈기', '유내기'로 순화.

도:끼-자루 [-끼짜-/-낀짜-] 图 도끼의 자루.

도나우 강(Donau江) 图[지] '다뉴브 강'의 독일어명.

도난(盜難) 图 물건을 도둑맞는 재난. ¶~

경보기.
도:내(道內) 명 도(道)의 안.
도넛(doughnut) 명 1 밀가루에 베이킹파우더·설탕·버터·달걀 등을 섞어 반죽하여 고리 모양으로 만들어 기름에 튀긴 빵. 2†밀가루 반죽에 팥을 넣어 둥글넓적하게 빚거나, 찹쌀 반죽에 팥을 넣어 공처럼 둥글게 빚어 기름에 튀긴 음식.
도넛^현ː상(doughnut現象) 명 비싼 땅값, 심한 공해 등의 원인으로 주거지가 도시 외곽으로 옮겨짐에 따라, 도심이 되면 도심이 텅 비고 외곽으로 인구가 몰려 인구 배치가 도넛 같은 형태를 이루는 현상.
도니체티 가에타노(Donizetti, Gaetano) 명[인] 이탈리아의 작곡가(1797~1848).
-도다 어미 '해라' 할 상대에게 어떤 사실을 감탄조로 예스럽게 서술하는 종결 어미. ¶잘하~, 우리 학생들.
도다리 명[동] 몸이 둥근 마름모꼴로 납작하며, 두 눈은 몸의 오른쪽에 몰려 있는 바닷물고기. 몸은 뒤쪽이나 옆에 있고, 입이 작음. 식용함.
도ː달(到達) 명 1 (사람이 목적한 곳에) 이르러 닿는 것. 2 (실력이나 기술 등이) 목표나 한계나 어느 수준 등에) 미치어 다르는 것. 도ː달-하다 재여 ¶정상에 ~. 도ː달-되다 통여
도ː달-점(到達點) [-쩜] 명 도착한 곳이나 도달한 결과.
도당(徒黨) 명 사람들의 무리. 주로, 불손한 무리를 이르는 말. 刨괴뢰~.
도-대체(都大體) 위 1 '대체'Ⅱ의 힘줌말. ¶~ 내가 뭘 잘못했어? 2 (주로 부정적이거나 부정형의 술어를 꾸며) 유감스럽게도 전혀. ¶뭐가 뭔지 ~ 모르겠다.
도덕(道德) 명 어떤 사회에서 사람들이 그것에 의하여 선과 악, 옳고 그름을 판단하여 올바르게 행동하기 위한 규범의 총체. ¶공중~.
도ː덕-관(道德觀) [-관] 명 도덕에 관한 관점이나 입장.
도ː덕-군자(道德君子) [-꾼-] 명 =도학군자.
도ː덕-성(道德性) [-썽] 명 도덕적인 품성. ¶우리 사회의 ~ 회복이 철실하다.
도ː덕-적(道德的) [-쩍] 명 1 도덕에 관한 (것). ¶~ 판정. 2 도덕의 규범에 합당한 (것). ¶~ 행위.
도ː덕적 해ː이(道德的解弛) [-쩍-] 금융 기관이 경영 부실을 만회하기 위해 마구잡이로 대출을 확대하거나 예금자가 높은 이자율만 믿고 부실한 금융 기관에 예금하는 등의 무절제하고 불건전한 양태. 또는, 책임 의식도 없고 최선을 다하지 않으며 자기 이익에만 급급하는 사회적 풍토. =모럴 해저드. ¶~에 빠진 부실 금융 기관.
도데 알퐁스(Daudet, Alphonse) 명[인] 프랑스의 소설가(1840~1897).
도도록-하다 [-로카-] 형여 가운데가 조금 솟아 볼록하다. ¶모기에 물린 자리가 ~. 倒두둑하다. 도도록-이 위
도ː도-하다 형여 혼자 잘난 체하여 거만하다. ¶도도하고 콧대가 높은 여자. 도ː도-히 위 도도-히² 위
도도-하다(滔滔-) 형여 1 물이 가득 펴져 흐르기는 모양이 막힘이 없이 기운차다. ¶도도하게 흐르는 강물. 2 말하는 모양이 거침없다. 3 감흥 따위가 북받쳐 누를 길이 없다. ¶시흥이 ~. 도도-히² 위

도ː독(都督) 명[역] 통일 신라 원성왕 원년 (785)에 '총관(摠管)'을 고친 이름.
도돌-도돌 위 물체 따위의 겉면에 작은 것들이 도돌도돌하게 나오거나 붙어 있어 고르지 못한 모양. 倒두둘두둘. ㉮도돌도돌. 도돌도돌-하다 형여
도돌이-표(-標) 명[음] 악곡을 되풀이하여 연주하거나 노래 부르도록 표시한 기호. '∥:', ':∥', 'D.C.', 'D.S.' 따위.
도두 위 위로 돋우어 높게. ¶둑을 ~ 쌓다.
도둑 명 남의 물건을 몰래 훔치는 짓을 하는 사람. 刨도적.
[도둑을 맞으려면 개도 안 짖는다] 운이 나쁘면 모든 것이 제대로 되지 않는다.
[도둑이 제 발 저리다] 죄를 지으면 불안하여 스스로 그것을 감추려고 애쓴다.
도둑-고양이 [-꼬-] 명 주인 없이 여기저기 나돌아 다니며 음식을 훔쳐 먹는 고양이.
도둑-놈 [-둑-] 명 도둑질한 남자를 욕하여 이르는 말.
도둑놈의-갈고리 [-둥-의-/-둥-에-] 명[식] 여름에 연분홍색 꽃이 피며, 열매는 꼬투리로 열리는데 갈고리 같은 잔털이 있어 옷에 잘 달라붙는 여러해살이풀.
도둑-맞다 [-둥먿-] 통 (물건을) 도둑이 훔쳐 가 더 이상 가지지 못하게 되다. 또는, 어느 곳에 도둑이 들어 물건이 없어지게 되다. 倒패물을 ~.
도둑-장가 [-짱-] 명 주위 사람들에게 알리지 않고 몰래 드는 장가.
도둑-질 [-찔] 명 (남의 물건을) 몰래 훔치는 것. 도둑질-하다 타여
[도둑질을 해도 손발이 맞아야 한다] 무슨 일이든지 서로 뜻이 맞아야 이루기 쉽다.
도드라-지다 Ⅰ 형 쑥 내밀어 도도록하다. ¶도드라진 코. 倒두드러지다.
Ⅱ 재 위로 빠지게 내밀다. 倒두드러지다.
도드리-장단(音) 보통 빠르기의 6박 1장단으로 구성된 국악 장단의 하나.
도떼기-시장(-市場) 명 정상적 시장이 아닌 일정한 곳에서, 상품·중고품·고물 등의 도산때·투매(投賣)·비밀 거래로 벅적거리는 시장.
도라지 명[식] 여름에 종 모양의 흰색이나 보라색 꽃이 피며, 굵은 뿌리를 식용·약용하는 여러해살이풀. 산과 들에 남.
도ː락(道樂) 명 1 본 직업 외에 재미나 취미로 하는 일. 2 술·도박 따위의 못된 유흥에 취하여 빠지는 일. 3 진귀한 것을 좋아하여 찾는 일. ¶식(食)~.
도란-거리다/-대다 통여 나직한 목소리로 정답게 이야기하다. 倒두런거리다.
도란-도란 위 도란거리는 소리. 또는, 그 모양. ¶~ 이야기를 나누다. 倒두런두런.
도란스(←⑨トランス) 명 [<transformer] 물] '변압기'로 순화.
도랑 명 폭이 좁은 작은 개울.
[도랑 치고 가재 잡는다] 한 일의 순서가 뒤바뀌다. 倒한 가지 일로 두 가지 이익을 본다는 말.
도랑-물 명 도랑에 흐르는 물.
도래-¹ 접두 '둥근'의 뜻을 나타내는 말. ¶~떡./~방석.
도ː래²(到來) 명 (어떤 시기나 기회가) 닥쳐오는 것. 도ː래-하다 재여 ¶새로운 시대가 ~.

도래[3](渡來) [명] 외국에서 바다를 건너오는 일. ¶~지(地). **도래-하다**[2] [동][자][여] ¶철새가 낙동강 하류에 ~.

도ː량[1](度量) [명] 너그러운 마음과 깊은 생각. ¶~이 넓다.

도ː량[2](道場*) [명] ['場' 의 본음은 '장'] [불] 불도(佛道)를 닦는 장소. 또는, 부처나 보살이 성도(成道)를 얻은 곳. 일반적으로는 절의 경내를 가리킴. ×도장(道場).

도ː량-형(度量衡) [명] 길이·양·무게 따위를 재는 단위법 및 기구의 총칭.

도ː량형-기(度量衡器) [명] 길이·양·무게를 재는 자·되·저울 등의 기구.

도려-내다 [동][타] 빙 돌려서 베거나 파내다. ¶사과의 썩은 부분을 ~.

도ː력(道力) [명] 도를 닦아서 얻은 힘.

도ː련[1] [명] 두루마기·저고리의 자락의 끝 둘레.

도ː련[2](刀鍊) [명] 종이의 가장자리를 가지런하게 베는 일. ¶~을 치다. **도ː련-하다** [동][타][여]

도련-님 [명] **1** '도령' 의 높임말. **2** 결혼하지 않은 시동생을 높여 이르는 말. ▷서방님.

도ː령 [명] 총각을 대접하여 일컫는 말. ['道令' 은 취음] ¶이(李) ~. [높]도련님.

도로[1] [부] 꾸미는 동사의 행위·작용이 앞서 이뤄진 행위·작용과 반대되거나, 본래대로 된 것임을 나타내는 말. [비]다시. ¶주었다가 ~ 뺏다.

도로 아미타불 애쓴 일이 아무 보람 없이 처음과 같음을 일컫는 말. ¶십 년 공부 ~.

도로[2](徒勞) [명] 헛된 수고. [비]헛수고. ¶모든 노력이 ~에 그치다.

도ː로[3](道路) [명] 사람·차 등이 다닐 수 있도록 만든 비교적 넓은 길. ¶고속~.

도ː로^경ː주(道路競走) [명][체] 도로 상에서 벌이는 자전거 경주.

도ː로-망(道路網) [명] 그물처럼 여러 갈래로 복잡하게 얽힌 도로의 체계. ¶거미줄처럼 뻗은 ~.

도ː로-변(道路邊) [명] 도로의 가장자리. ¶~에 차를 세우다.

-도록[1] [어미] **1** 용언의 어간이나 어미 '-시-' 아래에 붙어, 어떤 상태에까지 이름을 나타내거나, 의식적으로 끌어가는 방향 또는 목표를 나타내는 연결 어미. ¶밤이 깊 ~ 얘기를 나누다. **2** 동사의 어간에 붙어, '해라' 할 상대에게 명령의 뜻을 나타내는 종결 어미. ¶내일 아침 8시에 이 자리에 다시 모이~.

도록[2](圖錄) [명] 기록으로 보존해 놓을 가치가 있는 여러 자료를 모아 사진으로 찍어 엮은 책. ¶조선 왕조 유물 ~.

도롱뇽 [명][동] 몸길이 15cm가량으로, 꼬리가 몸통보다 길고 머리가 납작한 양서류의 동물. 몸빛은 갈색 바탕에 둥근 무늬가 있고, 피부는 매끈함. 개울·못·습지 등에서 삶.

도롱이 [명] 짚·띠 따위로 엮어 허리나 어깨에 걸쳐 두르는 우장(雨裝).

도료(塗料) [명] 물건의 겉에 발라 썩지 않게 하거나 아름답게 하는 재료. 바니시·페인트 따위.

도루(盜壘) [명][체] 야구에서, 주자가 수비의 허술한 틈을 타서 다음 누로 가는 일. =스틸(steal). ¶~에 성공하다. **도루-하다** [동][자][여]

도루-묵 [명][동] 몸에 비늘이 없으며, 몸빛은 황갈색 바탕에 검은 갈색 무늬가 있는, 몸길이 25cm가량의 바닷물고기. 식용함. =은어(銀魚).

도륙(屠戮) [명] (사람을) 무참하게 마구 죽이는 것. =도살. ¶전쟁으로 많은 양민들이 ~을 당하다. **도륙-하다** [동][타][여]

도르다 [동][타][르] 〈도르니, 돌라〉 몫을 갈라서 따로따로 나누어 주다. ¶돌떡을 이웃에 ~.

도르래 [명][물] 바퀴에 홈을 파고 이에 줄을 걸어서 돌려 물건을 움직이는 장치. 두레박·기중기 따위에 쓰임.

도르르 [부] **1** 폭이 좁은 종이 같은 것이 탄력 있게 말리는 모양. ¶대팻밥이 ~ 말리다. **2** 작고 동그스름한 것이 가볍게 구르는 모양. 또는, 그 소리. ¶구슬이 마루 위를 ~ 구르다. [큰]두르르. [센]또르르.

도리[1] [명][건] 마룻대와 같은 방향으로 기둥이 쓰러지지 않도록 기둥과 기둥을 연결하는 나무. ▷보.

도ː리[2](道理) [명] **1** 사람이 어떤 입장이나 처지에서 마땅히 베풀거나 행해야 할 바르고 참된 행동이나 일. ¶~에 어긋나다. **2** 《주로 '없다' 와 같은 부정적인 말과 함께 쓰여》 달리 어떻게 할 수 있는 방법. ¶어찌할 ~가 없다.

도리깨 [명][농] 곡식의 낟알을 떠는 데 쓰는 농구의 하나. 긴 작대기 끝에 서너 개의 휘추리를 달아 휘두르며 침.

도리깨-질 [명][농] 도리깨로 곡식 이삭을 두드려 낟알을 떠는 일. **도리깨질-하다** [동][타][여] ¶콩을 ~.

도리다 [동][타] 둥글게 돌려서 베어 내거나 파다. ¶사과의 썩은 부분을 칼로 ~.

도리-도리 Ⅰ [감] 어린아이에게 도리질을 하라는 뜻으로 내는 소리. ¶~ 짝짜꿍. Ⅱ [명] 어린아이가 머리를 좌우로 흔드는 동작.

도리스-식(Doris式) [명][건] 고대 그리스의 건축 양식의 하나. 기둥이 굵고 주춧돌이 없으며, 대접받침은 얕은 사발 모양임. 간소하나 장중미가 있음. ▷이오니아식·코린트식.

도리어 [부] 예상이나 기대, 또는 일반적인 생각과는 반대로. ¶잘못한 놈이 ~ 큰소리를 친다. [준]되레.

도리-질 [명] 말귀를 겨우 알아듣는 어린아이가 어른이 시키는 대로 머리를 좌우로 흔드는 재롱. **도리질-하다** [동][자][여]

도ː리-천(忉利天) [명][불] 수미산 꼭대기에 있으며, 제석천이 다스리는 하늘나라.

도ː립[1](倒立) [명] (사람·물체가) 거꾸로 서는 것. [비]물구나무서기. **도ː립-하다** [동][자][여]

도ː립[2](道立) [명] 도에서 세움. ¶~ 병원.

도ː립-상(倒立像)[-쌍] [명][물] 볼록 렌즈의 초점의 바깥에 있는 물체의 상처럼 상하 좌우가 반대로 된 상. ↔정립상.

도마[1] [명] 식칼로 요리 재료를 썰거나 다질 때 받치는, 나무·플라스틱으로 만든 판.

[**도마에 오른 고기**] 어찌할 수가 없게 된 막다른 처지를 비유하는 말.

도마 위에 오르다 어떤 대상이 비판의 대상이 되다. ¶그의 병역 문제가 ~.

도마[2](跳馬) [명][체] 안마(鞍馬)에서 손잡이를 없앤 기계 체조 용구. 또는, 그 용구를 이용해서 하는 체조 경기 종목.

도마[3](←Thomas) [명][성] 예수의 십이 사

도 중의 한 사람. 예수의 부활을 믿지 않다가, 부활한 예수의 상처를 직접 만져 보고 믿게 됨.

도마-뱀(-)[도](動) 8cm가량의 길쭉한 몸에 긴 꼬리와 짧은 네 발이 있으며, 온몸이 비늘로 덮여 있는 파충류의 동물. 적에게 잡히면 스스로 꼬리를 끊고 달아나는데, 잘린 꼬리는 다시 자람.

도막 [1](어))짧고 작은 동강. ¶철사 ~. [2](의)'짧고 작은 동강'을 세는 단위의 하나. ¶생선 두 ~.

도말(塗抹)[명]1 (어떤 것을) 지워 없애거나, 위에 덧발라 가리는 것. ¶정정 시에는 약품을 사용하거나 ~ 또는 개서할 수 없다. 2 (어떤 대상을) 없애거나 사라지게 하는 것. 3[의] 슬라이드 글라스 위에 재료를 펼쳐서 만든 현미경 검사용 표본. **도말-하다**[타](여)

도망(逃亡)[명](통) (사람이나 동물이) 자기를 잡으려는 것을 피하여 다른 곳으로 가는 것. 또는, (사람이) 감시나 통제가 있는 곳을 허락 없이 벗어나는 것. (비)도주. **도망-하다**[자](여) ¶상습 ~.

도망-가다(逃亡-)[자][거리]<~가거라〉=도망치다.

도망-자(逃亡者)[명] 경찰에 쫓기어 도망을 다니는 사람.

도망질-치다(逃亡-)[통] '도망치다'를 흐리어 이르는 말.

도망-치다(逃亡-)[통](자) (사람·동물이 어느 곳으로) 도망을 가다. =도망가다. ㉠토끼다.

도-말다[-말따][통](타) 도거리로 몰아서 맡다. ¶일을 도맡아 하다.

도매(都賣)[명] 물건을 모개로 파는 일. ¶~ 시장. **도매-하다**[타](여)

도매-가격(都賣價格)[-까-][명] 도매로 파는 가격. =도맷금. ↔소매가격.

도매-상(都賣商)[명] 도매를 하는 장사. 또는, 그 장수. ↔소매상.

도매-업(都賣業)[명] 도매를 하는 영업. ↔소매업.

도맷-금(都賣金)[-매끔/-맫끔][명]1=도매가격. 2 대상을 함부로 얕잡아 하는 평가. ¶사람을 ~으로 싸잡아 비난하다.

도메인(domain)[명] 로마자로 나타낸 인터넷 사이트 주소. 숫자로 구성된 아이피 주소의 단점을 보완하기 위해 사용함. 예 청와대의 도메인 이름은 'www.bluehouse.go.kr'임. ▷아이피 주소.

도면(圖面)[명] 토목·건축·기계 등의 구조나 설계, 또는 토지·임야 등을 제도기를 써서 기하학적으로 그린 그림. ¶설계 ~.

도모(圖謀)[명] (어떤 일을) 이루어지도록 피하는 것. **도모-하다**[타](여) ¶사원들 간에 친목을 ~. **도모-되다**[자]

도-목수(都木手)[-쑤][명] 목수의 우두머리.

도무지[부] 아무리 애써 보아야 전혀. 또는, 이러니저러니 할 것 없이 아주. =도시, 도통. ¶너하고는 ~ 말이 안 통한다.

도미[명] 몸이 타원형으로 납작하며, 등이 볼록 솟아 있는, 몸길이 40~100cm의 바닷물고기. 몸빛은 붉은색·노란색·회색 등임. 참돔·감성돔·붉돔 등이 있음. ㉢돔.

도미(渡美)[명] 미국으로 건너가는 것. ¶~ 유학. **도미-하다**[자](여)

도미노(domino)[명] 표면에 여러 가지 수효의 검은 점이 찍힌 28개의 골패를 가지고 하는 서양의 놀이. 또는, 그 골패.

도미노^이론(domino理論)[명] [도미노의 골패를 한 줄로 세워 놓고 밀면 모두 쓰러진다는 데서] [정] 어떤 지역이 공산화되면 그 영향이 인접 지역으로 차례로 파급되어 간다는 이론.

도미니카(Dominica)[명] 카리브 해 소 앤틸리스 제도 동부의, 화산섬으로 이루어진 공화국. 수도는 로조.

도미니카^공화국(Dominica共和國)[명] [지] 카리브 해 히스파니올라 섬의 동부를 차지하는 공화국. 수도는 산토도밍고.

도민[1](島民)[명] 섬에서 사는 사람. (비)섬사람.

도민[2](道民)[명] 그 도(道)에 사는 사람.

도박(賭博)[명]1 화투·카드놀이·시합 등과 같이 그 승부가 불확실한 일에 요행을 바라고 내기를 하는 일. (비)노름. 2 요행수를 바라고 불가능하거나 위험한 일에 손을 대는 일. **도박-하다**[자](여)

도박-꾼(賭博-)[명] 도박을 일삼는 사람. (비)노름꾼. ¶상습 ~.

도박-장(賭博場)[-짱][명] 도박을 하는 곳.

도박-판(賭博-)[명] 도박을 벌이는 자리. (비)노름판.

도발(挑發)[명]1 (전쟁·분쟁 등을) 상대를 자극함으로써 일으키는 것. ¶무력 ~. 2 (욕정 등을) 부추겨 불러일으키는 것. **도발-하다**[타](여) ¶전쟁을 ~/색욕을 ~하는 음란 비디오. **도발-되다**[자]

도발-적(挑發的)[-쩍][관][명]1 상대의 감정을 언짢게 만드는 상태에 있는 (것). ¶~인 언동. 2 욕정 등을 부추겨 불러일으키는 상태에 있는 (것). ¶~인 복장.

도방(都房)[명][역] 고려 무신 집권 시대에 경대승이 신변 보호를 위하여 설치한 사병(私兵) 집단. ㉢정방(政房).

도배(塗褙)[명]1 벽과 천장에 색깔과 무늬가 있는 종이를 붙여 곱게 꾸미는 것. 2 어느 곳에 어떤 것을 지나칠 정도로 잔뜩 붙이는 것. 비유적인 말임. 3 <속>인터넷상에서, 게시판이나 대화방 등에 한 사람이 어떤 내용의 글이나 파일을 뒤덮다시피 올리는 것. **도배-하다**[타](여) ¶벽을 포스터로 온통 ~.

도배-지(塗褙紙)[명] 도배에 쓰이는 종이.

도버^해^협(Dover海峽)[명][지] 영국 남부와 프랑스 북동부 사이에 있는 해협.

도벌(盜伐)[명] 허가 없이 산의 나무들을 몰래 베는 것. **도벌-하다**[타](여) **도벌-되다**[자]

도벌-꾼(盜伐-)[명] 상습적으로 산의 나무를 몰래 베어 가는 사람.

도벽(盜癖)[명] 물건을 훔치는 버릇.

도보(徒步)[명] 탈것을 타지 않고 걸어가는 것. ¶~ 여행. **도보-하다**[자](여)

도복(道服)[명] 무도(武道)를 수련할 때 입는 운동복. ¶태권도 ~.

도붓-장사(到付-)[-부짱-/-붇짱-][명] 이리저리 떠돌아다니며 물건을 파는 장사. =행상(行商). ↔앉은장사. **도붓장사-하다**[자](여)

도붓-장수(到付-)[-부짱-/-붇짱-][명] 이리저리 떠돌아다니며 물건을 파는 사람. =행상(行商)·행상인. ↔앉은장수.

도사(道士)[명]1 도를 닦아서 이치를 깨달은 사람. 또는, 도술을 부리는 사람. =도인

(道人). 2〈속〉 어떤 일에 아주 능한 사람. ¶영어 ~.

도사-견(←[일]土佐/とさ 犬) [명][동] 개의 한 품종. 몸이 크고 살이 많으며, 성질이 포악하여 투견용으로 기름. 일본 원산임.

도¦사리 [명] 자라는 도중에 떨어진 과실. =낙과(落果).

도사리다 [동][자][타] **1** 두 다리를 꼬부려 각각 한쪽 발을 다른 한쪽 무릎 아래 괴고 앉다. **2** 긴장된 심리 상태로 몸을 웅크리다. ¶숲 속에 복병이 **도사리고** 있다. **3** 마음을 죄어 다잡다. ¶마음을 **도사려** 먹다. **4** (부정적 심리 상태가) 자리 잡다. **5** (일이나 말의 뒤끝을) 조심하여 감추다.

도¦산(倒產) [명] (기업이) 빚을 많이 지고 망하는 것. **도¦산-하다** [동][자][여] ¶K 기업은 재정난으로 **도산하였다**. **도¦산-되다** [동][자]

도-산매(都散賣) [명] 도매와 산매.

도산-십이곡(陶山十二曲) [명][문] 조선 명종 때 이황(李滉)이 지은 12수의 연시조. 사물을 대할 때 일어나는 감흥과 수양의 경지를 읊은 것임.

도살[1](屠殺) [명] **1** =도륙. **2** 식용하려고 가축을 잡아 죽이는 것. **도살-하다**[1] [동][타][여]

도살[2](盜殺) [명] **1** =암살. **2** 가축을 몰래 잡는 것. [비]밀도살. **도살-하다**[2] [동][타][여]

도살-장(屠殺場) [-짱] [명] 소나 돼지 같은 가축을 도살하는 곳. =도축장.

도¦상(道上·途上) [명] **1** 길 위. **2** 일이 진행되는 과정이나 도중. ¶발전 ~에 있다.

도색[1](桃色) [명] **1** (책·영화·행위 등이) 내용이나 성질이 음란하고 색정적인 상태. ¶~ 잡지. **2** 익은 복숭아와 같은 빛깔. 곧, 연분홍빛.

도색[2](塗色) [명] 물체에 어떤 색을 칠하여 입히는 것. [비]색칠. ¶~ 작업. **도색-하다** [동][타][여] ¶건물 벽을 청색 페인트로 ~.

도서[1](島嶼) [명] 크고 작은 섬들. ¶~ 지방.

도서[2](圖書) [명] **1** 글씨·그림·책 등의 총칭. **2** 특히, '책[1][1]1'을 이르는 말. 문어적인 말임. ¶~ 목록 / ~ 전시회.

도서-관(圖書館) [명] 온갖 종류의 책과 간행물 등을 모아 두고 사람들이 보거나 빌릴 수 있도록 시설을 한 곳. ¶국립 ~.

도서-대(圖書代) [명] =책값.

도서-명(圖書名) [명] 책의 이름.

도서-실(圖書室) [명] 도서를 보관하거나 열람시키는 방.

도¦선[1](道詵) [명][인] 통일 신라 시대의 승려(827~898).

도¦선[2](導線) [명] 전기의 양극(兩極)을 이어 전류를 통하게 하는 쇠붙이 줄.

도-선생(盜先生) [명] '도둑'을 익살스럽게 이르는 말.

도선-장(渡船場) [명] =나루터.

도설(圖說) [명] 어떤 내용을 알기 쉽게 그림을 넣어 설명하는 것. 또는, 그런 책. ¶~ 한국사. **도설-하다** [동][타][여]

도성(都城) [명][역] **1** 도읍을 에워싸고 있는 성. ¶~을 함락시키다. ▷읍성. **2** =도읍.

도솔-가(兜率歌) [명][문] 신라 경덕왕 때 월명사가 지은 사구체의 향가.

도솔-천(兜率天) [명][불] 미륵보살이 살고 있는 하늘나라.

도¦수[1](度數) [-쑤] [명] **1** 어떤 행위나 작용이 거듭 이뤄지는 횟수. [비]빈도. ¶~가 잦다. **2** 도(度)를 단위로 하는 것의, 수치의 크기나 정도. 특히, 알코올 농도나 렌즈 굴절도. ¶~가 높은 안경. **3** [수] 통계 자료의 각 계급에 해당하는 수량.

도수[2](徒手) [명] 싸우거나 일하거나 운동할 때, 무기나 도구를 들지 않은 상태에 있는 손. [비]맨손. ¶~ 체조 / ~ 무술.

도¦수^분포(度數分布) [-쑤-] [명][수] 측정값을 몇 개의 계급으로 나누고, 각 계급에 속한 도수를 조사하여 나타낸 것.

도¦술(道術) [명] 도를 닦아 여러 가지 조화를 부리는 술법. ¶~을 부리다.

도스(DOS) [명] 〔disk operating system〕 [컴] 자기 디스크를 외부 기억 장치로 하여 개인용 컴퓨터를 작동할 수 있게 해 주는 프로그램 체계.

도스토옙스키, 표도르 미하일로비치(Dostoevskii, Fyodor Mikhailovich) [명][인] 제정 러시아의 소설가(1821~1881).

도¦승(道僧) [명][불] 도를 깨친 승려.

도-승지(都承旨) [명][역] 조선 시대 승정원의 으뜸 벼슬.

도시[1](都市) [명] 사람이 많이 살고 집과 건물이 많으며, 정부의 기관과 사업체가 많고 학교·병원·오락 시설 등의 문화 시설이 집중되어 있는 지역. ¶대~ / 항구 ~.

도시[2](圖示) [명] (어떤 내용을 그림·도표 따위로) 그려 보이는 것. **도시-하다** [동][타][여] ¶작업 공정을 ~. **도시-되다** [동][자]

도시[3](都是) [부] =도무지.

도시-가스(都市gas) [명] 도시의 가정이나 공장에 관을 통해 공급하는 연료 가스.

도시^계¦획(都市計劃) [-계획/-게훽] [명] 도시 생활에 필요한 교통·구획·주택·보안 따위의 환경을 문화적·기능적·효과적으로 공간에 배치하는 계획.

도시^국가(都市國家) [-까] [명][역] 주로, 고대 그리스·로마 등에서, 도시가 정치적으로 독립하여 이룬 작은 형태의 국가. 고대 그리스의 폴리스가 대표적임.

도시락 [명] **1** 점심밥을 담는, 고리버들이나 대오리로 길고 둥글게 결은 작은 그릇. **2** 플라스틱이나 얇은 나무판자·알루미늄 등으로 상자처럼 만든, 밥을 담는 그릇. 또는, 거기에 반찬을 곁들인 밥.

도시-인(都市人) [명] 도시에서 사는 사람.

도시-화(都市化) [명] (시골이) 도시의 형태를 갖추게 되는 것. 또는, 그렇게 되게 하는 것. **도시화-하다** [동][자][타][여] **도시화-되다** [동][자]

도식(圖式) [명] 사물의 구조·관계·변화 상태 등을 일정한 양식으로 나타낸 그림. 또는, 그 양식.

도식-적(圖式的) [-쩍] [관][명] **1** 도식에 따른 (것). **2** 실제의 경험이나 현상과는 동떨어지게 일정한 형식이나 틀에 기계적으로 맞춘 (것). ¶~ 사고방식.

도식-화(圖式化) [-시콰] [명] 사물의 구조, 관계, 변화 상태 등을 일정한 그림이나 양식으로 만드는 것. **도식화-하다** [동][타][여] **도식화-되다** [동][자]

도심(都心) [명] 도시의 중심부. ¶~ 지대.

도심-지(都心地) [명] 도시의 중심부를 이루는 지역. ¶교통이 혼잡한 ~.

도안(圖案) [명] 공예품·제품·건축·마크 등의 형태·색채 등을 미적으로 설계하여 나타낸 그림. ¶상표 ~. **도안-하다** [동][타][여]

도야(陶冶) [명] 몸과 마음을 닦아 기르는 것. ¶인격 ~. **도야-하다** [동][자][타][여]

도약(跳躍) [명] **1** 몸을 위로 솟구쳐 뛰는 것. **2** (어떤 사람이나 단체가) 능력이나 수준 등에 있어서 더 높은 단계로 발전하는 것. **도약-하다** 통(여) ¶개발도상국에서 선진국으로 ~.
도약-판(跳躍板) 명(체) 1 수영할 때 뛰어내리는 발판. =스프링보드. 2 =구름판.
도어맨(doorman) 명 호텔의 출입문 밖에서 손님을 제일 먼저 맞아 안내하는 사람. ⑨벨보이.
도어-체크(door check) 명 문이 자동적으로 천천히 닫히게 하는 장치.
도-연명(陶淵明) 명(인) 동진(東晉)의 시인(365~427).
도장(堵墻) 명 (많은 사람이) 죽 늘어서는 것. 또는, 그 늘어선 대열. **도열-하다** 통(자)(여) ¶연병장에 **도열한** 장병들.
도열-병(稻熱病) [-뼝] 명(식) 벼에 생기는 병의 하나. 보통, 잎에 갈색의 방추형 병반이 생겼다가 중심부로부터 백화(白化)하여 점차 줄기나 이삭에 퍼짐.
도예(陶藝) 명 도자기를 만드는 예술.
도와-주다 통(타) 남을 위해 애써 주다. ¶가난한 사람을 ~.
도:외-시(度外視) [-외-/-웨-] 명 어떤 대상을) 중요하지 않은 것으로 여겨 소홀히 하거나 무시하는 것. **도:외시-하다** 통(타)(여) ¶현실을 ~. **도:외시-되다** 통(자)
도요(陶窯) 명 도기를 굽는 가마. ¶-지(址).
도요-새 명(동) 몸빛은 담갈색에 흑갈색 무늬가 있으며, 다리와 부리가 길고 꽁지는 짧은 물새의 총칭.
도요토미 히데요시(豊臣秀吉) 명(인) 일본 근대의 무장·정치가(1536~1598).
도용(盜用) 명 (남의 명의나 물건·권리 등을) 허락 없이 몰래 쓰는 것. ¶명의 ~. **도용-하다** 통(타)(여) ¶상호를 ~.
도우미 명 1 각종 행사장에서 참관인들을 안내하거나 행사 내용의 설명 등을 전문으로 하는 직업인. 2 청소·빨래·요리 등의 집안일을 해 주거나 산모를 돌봐 주고 보수를 받는 사람. ¶가사 ~ / 산모 ~.
도움 명 1 어떤 사람이 다른 사람을 돕는 일. 2 어떤 대상이 어떤 사람에게 좋은 효과나 이로움을 주는 상태. ¶지금 너의 ~이 필요하다.
도움-닫기 [-끼] 명(체) 높이뛰기·창던지기 등을 할 때에 먼저서 던지는 힘을 높이기 위해 일정한 선까지 달리는 일.
도움-말 명 도움이 되도록 가르쳐 주거나 일깨워 주는 말. ⑨조언.
도움-토씨 명(언) =보조사.
도원-결의(桃園結義) [-의/-이] 명 (중국 촉(蜀)나라의 유비·관우·장비가 도원(복숭아나무의 정원)에서 의형제를 맺은 고사에서) 의형제를 맺음. **도원결의-하다** 통(자)(여)
도원-경(桃源境) 명 1 무릉도원처럼 아름다운 곳. 2 =이상향.
도읍(都邑) 명 1 군주 시대에, 국가 행정의 가장 중심이 되는, 왕궁이 있는 행정 구역을 이르던 말. 도성. **도읍-하다** 통(자)(여) 도읍으로 정하다.
도읍-지(都邑地) [-찌] 명 한 나라의 도읍으로 삼은 곳.
도:의(道義) [-의/-이] 명 사람이 마땅히 행해야 할 도덕적 의리. ⑨의(義).
도:의-심(道義心) [-의-/-이-] 명 도의를 중히 여기는 마음.

도:-의원(道議員) 명 '도의회 의원'의 준말.
도:의-적(道義的) [-의-/-이-] 관명 사람이 마땅히 행해야 할 도덕적 의리가 있는 (것). ¶-인 책임을 지다.
도:-의회(道議會) [-회/-훼-] 명 지방 자치 단체인 도(道)의 의결 기관.
도:의회^의원(道議會議員) [-회-/-훼-] 명 도의회를 구성하는 의원. 임기는 4년. ⑨도의원.
도이장-가(悼二將歌) 명 고려 예종이 개국 공신 김낙과 신숭겸을 추도하여 지은, 이두식 표기로 된 향가 형식의 노래.
도이칠란트(Deutschland) 명(지) =독일.
도:인(道人) 명 =도사(道士)1.
도일(渡日) 명 일본으로 건너가는 것. **도일-하다** 통(자)(여) ¶산업 시찰차 ~.
도일[2], 아서 코넌 (Doyle, Arthur Conan) 명(인) 영국의 추리 소설가(1859~1930).
도입(導入) 명 (기술·방법·물자 등을 외부에서 내부에) 끌어들이는 것. ¶기술 ~. **도입-하다** 통(타)(여) ¶국내에 차관(借款)을 ~. **도입-되다** 통(자)
도:입-부(導入部) [-뿌] 명 =서주부.
도자-기(陶瓷器) 명 점토로 어떤 형태를 만들어 높은 온도에서 구워 낸 그릇.
도작(盜作) 명 남의 작품을 자기가 지은 듯이 대강 고쳐서 자기 글로 만드는 일. 또는, 그 만든 작품. **도작-하다** 통(타)(여)
도:장[1](道場) 명 1 무예를 익히는 곳. ¶태권 ~. 2 [불] '도량(道場)'의 잘못.
도장[2](塗裝) 명 도료를 발라 곱게 모양을 내는 것. **도장-하다** 통(타)(여)
도장[3](圖章) 명 개인이나 단체가 어떤 사실을 확인하거나 어떤 일을 책임짐을 공적으로 증명할 때 문서에 찍기 위해, 그의 이름을 나무·뿔 등에 새겨서 만든 물건. =인장. ⑨인(印). ¶목~ / 인감~.
도장을 찍다 1 도장을 눌러 약조를 맺다. ⑨계약하다. 2 이혼하다.
도장-밥(圖章-) [-빱] 명 '인주(印朱)'를 구어체로 이르는 말.
도장-집(圖章-) [-찝] 명 1 =도장포. 2 도장을 넣어 두는 작은 주머니.
도장-포(圖章鋪) 명 도장을 새기는 집. =도장집.
도:저-하다(到底-) 형(여) 1 (학식이나 생각이) 아주 깊다. 2 (행동이나 몸가짐이) 흐트러짐이 없이 바르다.
도:저-히(到底-) 부 (부정하는 말과 함께 쓰여) 아무리 하여도. ¶~ 갈 수 없다.
도적(盜賊) 명 남의 재물을 몰래 훔치거나 위협하여 빼앗는 사람. ⑨도둑. ¶산~.
도전(挑戰) 명 1 (서열이나 지위 등이 낮은 자가 높은 자에게) 겨루어 승부나 우위를 가리고자 하는 것. 2 (제 뜻을 이루거나 정복하기 어려운 일이나 대상에) 어려움을 무릅쓰고 뜻을 이루거나 정복하고자 맞닥뜨리는 것. ¶~과 응전의 법칙. **도전-하다** 통(자)(여) ¶신기록에 ~.
도전-장(挑戰狀) [-짱] 명 도전하는 글을 써서 상대에게 보내는 서장(書狀).
도전-적(挑戰的) 관명 1 태도가 싸움을 거는 것과 같은 (것). ¶-인 행동. 2 태도가 어려움을 무릅쓰고 뜻을 이루려고 하는 상태에 있는 (것). ¶-인 자세.
도:정[1](道程) 명 1 길의 이수(里數). 2 어떤 곳이나 상태에 이르기까지의 과정. ¶한국은 지금 선진국으로 가는 ~에 놓여

있다.
도정²(搗精) 圐 낟알을 찧거나 쓿는 일. ¶~가(機). **도정-하다** 圐타여
도제(徒弟) 圐 어려서부터 스승에게서 직업에 필요한 지식·기능을 배우는 직공.
도조(賭租) 圐 남의 논밭을 빌려서 부치고 그 대가로 해마다 내는 벼. =도지.
도주(逃走) 圐 (죄지은 사람이) 잡히지 않으려고 달아나는 것. ¶도망. ¶야반~. **도주-하다** 圐자
도주-로(逃走路) 圐 포위를 뚫고 달아날 길. ¶범인의 ~를 차단하다.
도!중(途中) 圐 어떤 행동이나 일이 끝나지 않고 계속되거나 진행되고 있는 동안. 田도중·중간. ¶식사 ~.
도!중-하차(途中下車) 圐 1 목적지에 닿기 전에 차에서 내리는 것. 2 목적을 이루지 않고 도중에서 뜻을 버림을 비유하는 말. **도!중하차-하다** 圐자 ¶셋이서 사업을 시작했으나 한 사람은 **도중하차하였다**.
도지(賭地) 圐 일정한 도조를 주고 빌려 쓰는 논밭이나 집터. 2 =도조(賭租).
도!지-개 圐 틈이 나거나 뒤틀린 활을 바로잡는 틀.
도지개를 틀다 가만히 있지 못하고 몸을 비비 꼬며 움직이다.
도!지다 圐자 1 (병이나 상처가) 나아 가거나 나았다가 재발하다. ¶병이 ~. 2 (없어졌던 습관·감정 따위가) 되살아나거나 다시 생기다.
도!-지사(道知事) 圐 한 도(道)의 행정 사무를 총괄하는 최고 책임자. 㐷지사.
도!착¹(到着) 圐 1 (사람이나 탈것 등이 일정한 곳에) 움직여 다다르는 것. ¶~ 예정. ↔출발. 2 (우편물 등이 어느 곳에, 또는 어떤 사람에게) 옮겨져 전달되는 것. **도!착-하다** 圐자여 ¶편지가 제 날짜에 ~. **도!착-되다** 圐자
도!착²(倒錯) 圐 1 뒤바뀌어 거꾸로 되는 것. 2 [심] 본능이나 감정 또는 덕성의 이상(異常)으로 사회나 도덕에 어그러진 행동을 나타내는 일. ¶성(性)~. **도!착-하다** 圐자여
도참(圖讖) 圐 앞날의 길흉을 예언하는 술법. 또는, 그런 내용을 적은 책. ¶~사상.
도!처(到處) 圐 가는 곳마다의 여러 곳. 또는, 여기저기 많은 곳. ¶갑작스런 폭우로 ~에서 물난리를 겪다.
도첩¹(度牒) 圐[역] 고려·조선 시대에 나라에서 승려에게 내주던 신분증명서.
도첩²(圖帖) 圐 그림을 한데 묶은 책.
도!첩-제(度牒制) 圐[역] 고려·조선 시대에, 승려의 수를 줄이기 위해 승려가 되려는 사람에게 일정한 대가를 받고 허가증인 도첩을 발급하던 제도.
도청¹(盜聽) 圐 타인의 대화나 회의의 내용, 특히 전화 통화 등을 몰래 엿듣는 것. ¶~ 장치. **도청-하다** 圐타여 ¶전화를 ~.
도!청²(道廳) 圐 도의 행정을 맡아 처리하는 지방 관청. ¶~ 소재지.
도!체(導體) 圐[물] 열이나 전기를 잘 전하는 물질. ↔부도체.
도촬(盜撮) 圐 은밀하거나 성적인 장면을 몰래 촬영하는 것. **도촬-하다** 圐타여
도축-장(屠畜場) 圐[-짱] =도살장.
도!출(導出) 圐 (어떤 사실이나 판단이나 결론 등을) 이끌어 내는 것. **도!출-하다** 圐타여 **도!출-되다** 圐자
도취(陶醉) 圐 (어떤 일이나 대상에) 사로

잡혀 객관적인 판단을 하지 못할 만큼 깊이 빠지는 것. **도취-하다** 圐자여 ¶승리감에 ~. **도취-되다** 圐자
도취-경(陶醉境) 圐 자연이나 예술미에 취하여 자기를 잃어버리는 경지.
도!치(倒置) 圐 (차례·위치 등을) 뒤바꾸는 것. **도!치-되다** 圐자 ¶도치된 문장.
도!치-법(倒置法) 圐[언] 수사법의 하나. 어떤 뜻을 강조하기 위하여 말의 차례를 뒤바꾸어 쓰는 방법. "가자, 바다로!" 따위.
도쿄(東京) 圐[지] 일본의 수도.
도쿠가와 이에야스(德川家康) 圐[인] 일본 에도 시대의 장군(1542~1616).
도킹(docking) 圐 인공위성·우주선 등이 우주 공간에서 서로 결합하는 일. **도킹-하다** 圐자여
도탄(塗炭) 圐 ['진구렁과 숯불'의 뜻] 백성의 생활이 몹시 쪼들려 비참하고 고통스러운 상태. ¶민생이 ~에 빠지다.
도탑다[-따] 圐 <도타우니, 도타워> 어떤 관계에 있어서, 사랑이나 인정이 많고 깊다. ¶**도타운** 우정. 田두텁다.
도태(淘汰) 圐 1 여럿 중에서 불필요하거나 부적당한 것을 줄여 없애는 것. 또는, 줄어 없어지는 것. 2 [생] 생물 집단에서 환경이나 조건에 적응하지 못하는 개체군이 사라져 없어지는 일. **도태-하다** 圐타여 **도태-되다** 圐자 ¶치열한 경쟁 사회에서 무능력자는 **도태될** 수밖에 없다.
도토리 圐 떡갈나무·갈참나무·졸참나무 등의 열매. 도토리묵의 원료임.
◈ **도토리 키 재기** [같은 속담에서] 여러 대상이 모두 비슷비슷하여 비교할 만한 상태가 아닌데도 굳이 낫고 못함을 따져서 가리켜 한다는 말. 田오십보백보.
도토리-나무 圐[식] 1 '상수리나무'를 일상적으로 이르는 말. 2 =떡갈나무.
도토리-묵 圐 도토리로 만든 묵.
도톨-도톨 圐 '도돌도돌'의 거센말. ¶얼굴에 여드름 같은 것이 ~ 생기다. 田두툴두툴. **도톨도톨-하다** 圐
도톰-하다 圐 조금 두껍다. ¶**도톰한** 입술. 田두툼하다. **도톰-히** 圐
도!통¹(都統) 圐 =도무지. ¶~ 바깥출입을 하지 않는다.
도!통²(道通) 圐 1 도를 깨쳐 신통력을 가지게 되는 것. 2 어떤 일에 능통하거나 이골이 나게 되는 것. 구어적인 말임. **도!통-하다** 圐자여 ¶그는 풍수지리에 **도통한** 사람이다.
도판(圖版) 圐[출] 인쇄물에 들어가는 그림.
도-편네(都-) 圐 목수의 우두머리.
도편-추방제(陶片追放制) 圐[역] 고대 도시 국가인 아테네에서 시민 투표에 의해 장차 참주가 될 염려가 있는 사람을 가려 나라 밖으로 10년간 추방하던 제도.
도포(塗布) 圐 (약 따위를) 겉에 바르는 것. **도포-하다** 圐타여
도포(道袍) 圐 예전에 선비들이 평상시에 입던, 소매가 넓고 길이가 긴 겉옷.
도!표(道標) 圐 도로의 뻗어 나간 방향이나 이정(里程) 등을 표시하는 세운, 돌이나 나무로 된 표지물. 田이정표.
도표(圖表) 圐 여러 가지 자료를 분석하여 그 관계를 일정한 양식의 그림으로 나타낸 표.
도플러, 요한 크리스티안(Doppler, Johann

Christian) 명[인] 오스트리아의 물리학자(1803~1853).

도플러^효과(Doppler效果) 명[물] 소리를 내는 물체가 듣는 사람에 가까워지거나 멀어짐에 따라 진동수가 다르게 들리는 현상.

도피(逃避) 명 1 (어느 곳으로) 도망하여 몸을 피하는 것. ¶~ 행각. **2** (주어진 현실을) 받아들이지 않고 피하는 것. 또는, (괴롭거나 어려운현실에서) 도망쳐 벗어나는 것. **3** (돈이나 재산 등을 외국으로) 옮겨 숨기는 것. ¶거액의 비자금을 해외은행에 ~시키다. **도피-하다 동**(자)(타)(여)

도피-구(逃避口) 명 괴롭거나 어려운 현실로 부터 벗어나는 수단. ¶아내를 잃은 뒤 술은 그의 유일한 ~였다.

도피-주의(逃避主義) [-의/-이] 명 현실에 직면하는 것을 꺼리고 방관하거나 공상·관념의 세계로 도피하려는 태도.

도피-처(逃避處) 명 1 도망하여 몸을 피할 곳. **2** 괴롭거나 어려운 현실에서 도망쳐 그 현실을 잊어버릴 수 있는 곳. ¶그에게 산은 때로 삶의 위안처이자 ~였다.

도피-행(逃避行) 명 남의 눈총을 받을 일을 하였거나 현실 문제가 귀찮아진 사람이 도망하여 피해 가는 것. 또는, 그 길. ¶사랑의 ~.

도핑(doping) 명 운동선수가 운동 능력을 증진시키기 위해 약물(주로 흥분제 계통)을 복용하는 일. 부정행위로서 금지됨.

도핑^테스트(doping test) 명[체] 운동선수가 좋은 성적을 올리기 위해 흥분제 따위의 약물을 사용했는지의 여부를 소변으로 검사하는 것.

도하¹(都下) 명 서울 지방. 또는, 서울 안. ¶~의 각 신문에서 일제히 대서특필하다.

도하²(渡河) 명 강이나 내를 건너는 것. (비)도강. ¶~ 작전. **도하-하다 동**(자)(타)(여)

도하³(Doha) 명[지] 카타르의 수도.

도:학(道學) 명 1 유교 도덕에 관한 학문. **2** [철] =성리학.

도:학-군자(道學君子) [-꾼-] 명 도학을 닦아 덕이 높은 사람. =도덕군자.

도:함수(導函數) [-쑤] 명[수] 함수 $f(x)$를 미분하여 얻은 함수 $f'(x)$를 본래의 함수에 대해 일컫는 말.

도합(都合) 명 Ⅰ 모두 합한 것. **Ⅱ 부** 모두 합해서. ¶~ 열이다.

도해(圖解) 명 (글의 내용을) 그림으로 풀이하는 것. ¶인체 ~. **도해-하다 동**(타)(여)

도형(圖形) 명 1 그림의 모양이나 형태. **2** [수] 점·선·면·체(體) 또는 그것들이 모여 이루어진 것. 곧, 사각형·구 따위.

도호-부(都護府) 명 1 고려 시대부터 있던 지방 관아의 하나. 목(牧)의 아래, 군(郡)의 위임. **2** 중국 당나라 초기에 속령(屬領)에 설치하였던 관청.

도화(圖畫) 명 1 그림과 도안. **2** 그림 그리기. 또는, 그린 그림.

도:화-선(導火線) 명 1 폭약이 터지도록 불을 붙이는 심지. **2** 어떤 사건 발생의 직접적인 원인. ¶증기 기관의 발명은 산업혁명의 ~이 되었다.

도화-지(圖畫紙) 명 그림을 그리는 데 쓰는, 약간 두꺼운 흰 종이.

도회-지(都會地) 명 =도회지.

도회-병(都會病) [-회뼝/-훼뼝] 명 1 도회지 특유의 생활환경으로 도회지 사람에게 생기기 쉬운 병. 또는, 병적인 경향. **2** 시골 사람이 도회지를 동경하는 병통.

도회-지(都會地) [-회-/-훼-] 명 사람이 많이 살고 있는 번화한 곳. =도회.

도회-풍(都會風) [-회-/-훼-] 명 도회지의 생활 양식을 풍기는 맛. 또는, 그런 양식. ¶~의 건물.

독¹ 명 곡물이나 간장·된장·김치·술·물 따위를 담아 두는 데 쓰는, 크고 배가 부르거나, 배가 그리 나오지 않고 밋밋한 상태의 오지그릇이나 질그릇. ¶김장~.

[독 안에 든 쥐] 아무리 애를 써도 벗어날 수 없는 처지의 비유.

독²(毒) 명 1 몸속에 들어오거나 몸에 닿거나 했을 때, 생명에 위험을 주거나 몸에 이상을 일으키는 물질이나 성분. ¶~이 있는 식물. **2** 표정이나 태도 속에 나타나는, 남을 해치고자 하는 모진 기운. 비유적인 말임. (비)독기. ¶~을 품다.

독(이) 오르다 독한 마음이나 기운이 치밀다. ¶독이 오른 눈.

독³(獨) [지] '독일'을 줄여 이르는 말.

독-(獨) 접두 '혼자', '홀로'의 뜻을 나타내는 말. ¶~무대 / ~사진.

독²(dock) 명[건] =선거(船渠)¹.

독-가스(毒gas) 명[화] 인체 또는 동식물에 대하여 독성을 가지며 전쟁 수단으로 쓰이는 기체 물질.

독감(毒感) 명 1 지독한 감기. **2** [의] =유행성 감기.

독거(獨居) 명 혼자 사는 것. ¶~노인. **독거-하다 동**(자)(여)

독-거미(獨-) [-꺼-] 명 독을 가진 거미.

독경(讀經) 명[불] 경문(經文)을 소리 내어 읽거나 외는 것. ¶~ 소리. **독경-하다 동**(타)(여)

독-과점(獨寡占) [-꽈-] 명[경] 독점과 과점. 곧, 어떤 상품이나 용역을 시장에 공급하는 기업이 단 하나이거나 몇 곳뿐이어서 경쟁자가 없는 상태. ¶~ 시장.

독-극물(毒劇物) 명 사람이나 동물의 생명을 잃게 하거나 위태롭게 하는 물질. 독물과 극물을 아울러 이르는 말.

독기(毒氣) [-끼] 명 1 독의 기운. **2** 사납고 모진 기운이나 기색. (비)독. ¶마음속에 ~를 품다.

독-니(毒-) [동-] 명[생] 뱀같이, 물 때에 독을 내뿜는 이.

독단(獨斷) [-딴] 명 혼자서 판단하거나 결정하는 것. ¶~으로 일을 처리하다.

독단-론(獨斷論) [-딴논] 명[철] 근본적인 회의나 비판 없이 독단적인 생각으로 어떤 교의(敎義)나 이론을 주장하는 태도. ↔회의론.

독단-적(獨斷的) [-딴-] 관[명] 독단으로 하는 (것). ¶~인 판단.

독대(獨對) [-때] 명 1 [역] 벼슬아치가 제삼자를 배석시키지 않고 단독으로 임금을 만나 정치에 관한 의견을 아뢰는 것. **2** (대통령이나 높은 지위의 사람과) 어떤 의견을 말하기 위해 일대일로 만나는 것. **독대-하다 동**(자)(여)

독도(獨島) [-또] 명[지] 경상북도 울릉군에 속하는, 우리나라에서 가장 동쪽 해상에 있는 섬.

독려(督勵) [동녀] 명 (어떤 일을) 잘하도록 살펴서 북돋워 주는 것. 또는, (누구에게 무엇을) 하도록 살펴서 북돋워 주는 것. **독려-하다 동**(타)(여) ¶기한 내에 마치도록 인부를 ~.

독립(獨立)[동님] 圀 **1** 남의 도움이나 속박을 받지 않고 혼자의 힘으로 일을 해 나가는 상태가 되는 것. 비자립. **2** 한 나라가 다른 나라의 간섭이나 지배를 받지 않고 주권을 온전히 행사하는 상태가 되는 것. ¶~ 국가. **3** 어떤 사람이 성년이 되거나 결혼하거나 하여 부모의 도움을 받지 않고 따로 나와 사는 것. **4** 사물이 독자적으로 존재하는 것. ¶~ 주택. **독립-하다** 통(여) ¶경제적으로 ~. **독립-되다** 통(여)

독립-국(獨立國)[동님꾹] 圀 독립된 주권을 가진 나라.

독립-군(獨立軍)[동님꾼] 圀 나라의 독립을 이루기 위해 싸우는 군대. ¶대한 ~.

독립-성(獨立性)[동님썽] 圀 자립하려고 하는 성질이나 성향.

독립-신문(獨立新聞)[동님씬문] 圀 [역] 건양 1년(1896)에 독립 협회의 서재필·윤치호가 창간한, 우리나라 최초의 민간 신문, 순 한글 신문임.

독립-심(獨立心)[동님씸] 圀 남에게 의지하지 않고 살아가려는 마음.

독립-어(獨立語)[동니러] 圀 [언] 감탄사, 호격 조사가 붙은 명사, 문장 접속 부사 따위와 같이 문장의 다른 성분과 분리되어 독립적으로 쓰이는 말.

독립-적(獨立的)[동닙쩍] 관명 남에게 의존하지 않고 제 힘으로 해 나가는 것.

독립^채^산제(獨立採算制)[동닙-] 閏[경] 기업이나 조직의 한 부문이 다른 부문과는 독립적으로 자기 수지(收支)에 의해 사업을 경영하는 일.

독립-투사(獨立鬪士)[동니투-] 圀 나라의 독립을 이루려는 뜻을 품고 싸우는 지사.

독립^협회(獨立協會)[동니펴뵈/동니펴붸] 圀[역] 건양 1년(1896)에 우리나라의 자주독립과 내정 개혁을 위하여 조직된 정치·사회적 단체.

독-무대(獨舞臺)[동-] 圀 혼자서 두드러지게 활약하거나 활동하여 주목을 받는 상태. 비독판. ¶디지털 카메라 시장은 일본의 ~가 되고 있다.

독물(毒物)[동-] 圀 독이 있는 물질.

독방(獨房)[-빵] 圀 **1** 혼자서 쓰는 방. **2** [법] 교도소·구치소 등에서, 죄수나 피의자 한 사람만을 격리하여 가둔 방.

독배(毒杯)[-빼] 圀 독약이나 독이 든 액체를 담은 잔.

독백(獨白)[-빽] 圀 **1** 혼자서 중얼거리는 것. **2** [언] 배우가 마음속의 생각을 관객에게 알리려고 상대자 없이 혼자 말하도록 된 대사(臺詞). **독백-하다** 통(여)

독-버섯(毒-)[-뻐섣] 圀[식] 독이 있는 버섯. 대개 빛깔이 아름다움.

독법(讀法)[-뻡] 圀 글이나 책을 읽는 법.

독보(獨步)[-뽀] 圀 혼자 걷는다는 뜻. 어느 분야에서 남이 따를 수 없을 만큼 홀로 뛰어난 상태. ¶~의 경지에 이르다.

독보-적(獨步的)[-뽀-] 관명 어느 분야에서 남이 따를 수 없을 만큼 홀로 뛰어난 (것). ¶~학계의 ~인 존재.

독본(讀本)[-뽄] 圀 **1** 글을 읽어서 익히기 위한 책. **2** 주로 일반인을 어떤 전문 분야에 대한 기초적인 지식을 주기 위한 책. ¶문장 ~.

독부(毒婦)[-뿌] 圀 몹시 악독한 여자.

독불-장군(獨不將軍)[-뿔-] 圀 [혼자서 장군이 될 수 없다는 뜻] 자기주장이 강하여 남의 의견을 무시하고 제 고집대로만 일을 처리하는 경향이 강한 사람을 비난조로 이르는 말. ¶그는 ~이라 남의 말은 아예 듣지 않는다.

독사(毒蛇)[-싸] 圀[동] 이빨로 물 때 독액(毒液)을 분비하는 뱀의 총칭. 살무사·코브라 등이 있음.

독사-눈(毒蛇-)[-싸-] 圀 '매섭게 쏘아보는 사람의 눈'을 독사의 눈에 비유하여 이르는 말.

독-사진(獨寫眞)[-싸-] 圀 한 사람만을 찍은 사진.

독살¹(毒殺)[-쌀] 圀 (사람이나 동물을) 독약을 먹이거나 써서 죽이는 것. **독살-하다** 통(여) **독살-되다** 통(여)

독살²(毒煞)[-쌀] 圀 독한 마음을 품은, 모질고 사나운 기운. 비독.

독-살림(獨-)[-쌀-] 圀 부모나 다른 사람에게 의지하지 않고 따로 차리고 사는 살림. ¶부모를 떠나 ~을 차리다.

독살-스럽다(毒煞-)[-쌀-따] 혱(ㅂ)〈~스러우니, ~스러워〉 (성미가) 모질고 사나운 데가 있다. ¶독살스러운 계집.

독상(獨床)[-쌍] 圀 혼자 먹게 차린 음식상. ↔겸상.

독-샘(毒-)[-쌤] 圀[생] 독성이 있는 물질을 분비하는 샘.

독생-자(獨生子)[-쌩-] 圀[가][기] 하느님의 외아들. 곧, 예수.

독서(讀書)[-써] 圀 책을 그 내용과 뜻을 헤아리거나 이해하면서 읽는 것. ¶가을은 ~의 계절. **독서-하다** 통(여)

독서-당(讀書堂)[-써-] 圀[역] 조선 시대에, 젊은 문관 중 뛰어난 사람을 뽑아 휴가를 주어 오로지 학업만을 닦게 하던 서재(書齋).

독서-대(讀書臺)[-써-] 圀 책을 비스듬히 세워서 읽을 수 있도록 받쳐 주는, 나무나 플라스틱으로 만든 물건.

독서-량(讀書量)[-써-] 圀 일정 기간 동안에 책을 읽는 분량이나 권수.

독서-삼매(讀書三昧)[-써-] 圀 잡념이 없이 오직 책을 읽는 데에만 열중하는 상태. ¶~에 빠지다.

독서-삼품과(讀書三品科)[-써-] 圀[역] 신라 때 귀족의 자제에 한하여 성적을 상·중·하의 3품으로 구별하여 관리를 등용하던 제도.

독서-실(讀書室)[-써-] 圀 주로 학생이나 시험을 준비하는 사람이 공부할 수 있도록 실내에 책걸상을 갖추어 놓고 그 이용료를 받는 업소.

독서-열(讀書熱)[-써-] 圀 책을 읽고자 하는 열성.

독선(獨善)[-썬] 圀 자기의 생각과 행동만이 옳다고 여기거나 주장하는 심리 상태나 태도. ¶~에 빠지다.

독선-생(獨先生)[-썬-] 圀 한 집 아이만을 맡아서 가르치는 선생.

독선-적(獨善的)[-썬-] 관명 자기의 생각과 행동만이 옳다고 여기는 (것). ¶~인 행설.

독설(毒舌)[-썰] 圀 남을 비방하거나 해치는 몹쓸 말.

독성(毒性)[-썽] 圀 독이 있는 성분.

독소(毒素)[-쏘] 圀 **1**[생] 강한 독성을 가진, 특히 생물에서 생기는 물질. **2** 어떤 일에 해롭거나 나쁜 영향을 주는 요소.

독수-공방(獨守空房)[-쑤-] 명 [혼자서 빈방을 지킨다 뜻] 결혼한 여자가 남편 없이 혼자 외롭게 밤을 지내는 것.

독-수리(禿-)[-쑤-] 명 몸빛은 어두운 갈색이고 날개가 크며, 뒷목에 목도리 모양의 솜털이 있는 새. 부리와 발톱이 크고 날카로우며, 죽은 동물을 먹음.

독수리-자리(禿-)[-쑤-] 명[천] 9월경에 남중(南中)하는 별자리. 밝은 별이 날개를 펼친 독수리 모양으로 배열되어 있음. 알파성은 견우성임.

독수리-타법(禿-打法)[-쑤-뻡] 명 컴퓨터 자판을 두 손가락만 갖고 치는 일. 또는, 자판을 느리고 어설프게 치는 일.

독순-술(讀脣術)[-쑨-] 명[교] 상대방의 입술이 움직이는 모양을 보고 말하는 내용을 아는 기술.

독식(獨食)[-씩] 명 [혼자서 먹는다는 뜻] (성과나 이익을) 혼자서 차지하는 것. 비독차지. **독식-하다** 통태여 ¶농업을 제서 있고 이건을 ~.

독신(獨身)[-씬] 명 성년으로서 배우자가 없이 지내는 사람. 비홀몸.

독신-녀(獨身女)[-씬-] 명 배우자가 없이 혼자 지내는 여자.

독신-자[1](獨身者)[-씬-] 명 배우자가 없이 혼자 지내는 사람.

독신-자[2](篤信者)[-씬-] 명 어떤 종교를 깊이 믿는 사람.

독신-주의(獨身主義)[-씬-의/-씬-이] 명 평생을 독신으로 지내려는 주의.

독실-하다(篤實-)[-씰-] 형여 믿음이 깊고 성실하다. ¶독실한 기독교 신자.

독심-술(讀心術)[-씸-] 명 상대의 몸가짐이나 표정 따위로 그의 속마음을 알아내는 기술.

독액(毒液) 명 독기가 들어 있는 액체.

독야청청-하다(獨也靑靑-) [혼동] [모든 초목이 가을 서리에 누렇게 시든 속에서 홀로 푸르다는 뜻] 남들이 모두 절개를 버린 속에서도 홀로 높은 절개를 드러내고 있다.

독약(毒藥) 명 독성이 강하여 적은 양으로도 사람의 생명을 위협하는 약제. 비독.

독어(獨語) 명[언] '독일어'의 준말.

독음(讀音) 명 한자(漢字)의 음.

독일(獨逸) 명[지] 중부 유럽의 게르만 족을 중심으로 이루어진 나라. 수도는 베를린. 도이칠란트.

독일-어(獨逸語)[-] 명[언] 독일·오스트리아·스위스 등에서 쓰이는 언어. 인도·유럽 어족 게르만 어파 서게르만 어군에 속함. 준독어.

독자[1](獨子)[-짜] 명 대를 잇는 하나뿐인 아들. 또는, ('2대, 3대, …' 등의 다음에 쓰여)…때째 이어 온 유일한 남자 자손임을 가리키는 말. 비외아들. ¶4대 ~.

독자[2](獨自)[-짜] 명 남에게 의존하지 않은 것. ¶~의 노력으로 성공하다.

독자[3](讀者)[-짜] 명 책·신문·잡지 등의 출판물을 읽는 사람. ¶고정 ~.

독자-란(讀者欄)[-짜-] 명 신문·잡지 등에서 독자의 글을 싣는 난.

독자-적(獨自的)[-짜-] 관1 남에게 의존하지 않고 혼자 하는 (것). ¶제품을 ~으로 개발하다. 2 혼자만의 독특한 (것). ¶~인 견해.

독자-층(讀者層)[-짜-] 명 특정 간행물의 독자가 속하는 사회적 계층. ¶20대 여성~을 겨냥한 잡지.

독작(獨酌)[-짝] 명 혼자서 술을 따라 마시는 것. ▷대작. **독작-하다** 통태여

독장수-셈(-張-)[-짱-] 명 실현성이 전혀 없는 허황한 셈이나 헛것만 하는 일을 비유하여 일컫는 말.

독재(獨裁)[-째] 명1 (특정한 개인·단체·계급 등이) 모든 권력을 쥐고 모든 일을 독단으로 처리하는 것. 또는, 그리되는 일. ¶일당 ~. 2[정] '독재 정치'의 준말. ¶~ 국가. **독재-하다** 통여

독재-자(獨裁者)[-째-] 명1 모든 일을 독단으로 처리하는 사람. 2 절대 권력을 가지고 독재 정치를 하는 사람.

독재^정치(獨裁政治)[-째-] [명] [정] 민주적인 절차를 부정하고 통치자의 독단으로 행하는 정치. 준독재.

독전(督戰)[-] 명 싸움을 감독하고 격려하는 것. **독전-하다** 통자여

독점(獨占)[-쩜] 명1 (어떤 물건이나 권리나 이익 등을) 혼자서 모두 가지거나 누리는 것. 비독차지. 2[경] 하나의 기업이 생산·유통·판매·용역 등에서 다른 경쟁자를 배제하고 혼자 시장을 지배하는 일. ▷과점(寡占). **독점-하다** 통태여 ¶인기를 ~.

독점^기업(獨占企業)[-쩜-] [명] [경] 시장의 독점 또는 조절이나 경영의 합리화 및 금융 연계 등을 목적으로 기업 간의 결합과 조직을 이루는 것의 총칭.

독점-욕(獨占慾)[-쩜녹] 명 독점하려는 욕심.

독점^자본(獨占資本)[-쩜-] [명] [경] 자본의 집적이나 집중으로 이루어진 거대한 자본으로서, 독점 산업을 이루는 자본.

독점^자본주의(獨占資本主義)[-쩜-/-쩜-] [명] [경] 거대한 소수의 독점 기업이 지배적인 힘을 가지게 되는 단계. 자본주의가 최고로 발달한 단계임.

독점-적(獨占的)[-쩜-] 관 독점하는 경향이 있는 (것).

독종(毒種)[-쫑] 명 성질이 매우 독한 사람. 비 같은 ~은 처음 본다.

독주[1](毒酒)[-쭈] 명1 매우 독한 술. 2 독약을 탄 술.

독주[2](獨走)[-쭈] 명1 경주 상대를 뒤로 떼어 놓고 혼자 뛰는 것. 2 남을 아랑곳하지 않고 독자적으로 행동하는 것. ¶국회는 행정부의 ~를 견제하는 기능을 갖고 있다. **독주-하다** 통자여

독주[3](獨奏)[-쭈] 명[음] 한 사람이 주체(主體)가 되어 악기를 연주하는 것. 비솔로. ¶피아노 ~. ▷중주·합주. **독주-하다**[2] 통태여

독주-회(獨奏會)[-쭈회/-쭈훼] 명[음] 한 연주가가 주최를 하는 음악회.

독지-가(篤志家)[-찌-] 명 사회사업 등에 특히 마음을 쓰고 협력·원조하는 사람.

독직(瀆職)[-찍] 명 직책을 더럽히는 것. 특히, 공무원이 지위·직권을 남용하여 부정한 행위를 저지르는 것. ¶~ 공무원. **독직-하다** 통자여

독-차지(獨-) 명 (어떤 대상을) 혼자서 모두 가지는 것. 비독점. **독차지-하다** 통태여 ¶부모의 사랑을 ~.

독창(獨唱) 명[음] 사람들 앞에서 혼자서 노래를 부르는 것. 또는, 그 노래. 비솔로. ¶~곡. ▷합창. **독창-하다** 통태여

독창-력(獨創力) [-녁] 圀 혼자의 힘으로 독특하게 만들어 내거나 생각해 내는 재주나 능력. ¶~을 발휘하다.

독창-성(獨創性) [-썽] 圀 혼자의 힘으로 독특하게 만들어가 이루는 성질.

독창-적(獨創的) 관圀 혼자의 힘으로 창안하거나 창조하는 (것). ¶~인 작품.

독창-회(獨唱會) [-회/-훼] 圀 [음] 한 성악가가 독창을 하는 음악회. 町리사이틀.

독-채(獨-) 圀 따로 떨어져 독립되어 있는 집채.

독초(毒草) 圀 1 =독풀. 2 몹시 쓰고 독한 담배.

독촉(督促) 圀 빨리 처리하도록 재촉하는 것. ¶~장(狀) / 빛 이 성화같다. **독촉-하다** 冬어 ¶일을 ~.

독충(毒蟲) 圀 몸이나 침 등에 독을 가진 벌레.

독침(毒針) 圀 1 [동] 벌·개미 따위의 암컷의 복부 끝에 있는, 독물을 넣는 바늘 같은 기관. 2 독을 묻힌 바늘이나 침.

독탕(獨湯) 圀 혼자 쓰도록 된 목욕탕.

독트린(doctrine) 圀 '교리(敎理)', '주의(主義)' 등의 뜻: 국제 사회에서 자기 나라의 정책상의 원칙을 공식적으로 표명한 것. ¶닉슨 ~.

독특-하다(獨特-) [-트카-] 濁어 (사물이) 다른 것과 견줄 것이 없을 만큼 특별하게 다르다. ¶독특한 문화.

독파(讀破) 圀 (많은 양의 책이나 글을) 끝까지 다 읽는 것. **독파-하다** 冬어

독-판(獨-) 圀 어떤 사람이 혼자서 맘대로 활동하거나 주도적으로 이끄는 판. 町독무대.

독판-치다(獨-) 冬재 (어떤 사람이 어느 자리에서) 혼자 맘대로 활동하거나 주도적으로 이끌다.

독-풀(毒-) 圀 독이 있는 풀. =독초.

독-하다(毒-) [도카-] 濁어 1 맛·냄새 따위의 정도가 지나치게 심하다. ¶독한 술. 2 마음이 앙칼지고 모질다. ¶독한 성미. 3 (의지나 마음이) 크고 강하다. ¶마음을 독하게 먹다.

독학(獨學) [도카] 圀 스승이 없이 혹은 학교에 다니지 않고 혼자 공부하는 것. **독학-하다** 冬어

독학-사(獨學士) [도카싸] 圀 정규 대학에 진학하지 않고 독학으로 대학 과정을 이수하여 학위를 받은 학사. 우리나라에서는 국민 평생 교육 진흥 방안으로 1990년이 제도를 처음 도입하였다.

독학-생(獨學生) [도카쌩] 圀 독학하는 학생.

독해(讀解) [도캐] 圀 글을 읽어서 이해하는 것. **독해-하다** 冬타어

독해-력(讀解力) [도캐-] 圀 글을 읽어서 이해하는 능력.

독-화살(毒-) [도콰-] 圀 촉에 독을 바른 화살.

독후-감(讀後感) [도쿠-] 圀 책을 읽고 난 뒤의 느낌. 또는, 그것을 적은 글.

돈[¹] ① 자명 1 물건을 사고팔 때 그 값으로 주고받거나, 노동에 대한 대가로 주고받거나 하는, 일정한 가치를 나타내도록 모양을 규격화한 물건. 町화폐·금전. 2 ¶ ~이 많은 사람. ②어圀 1 금·은이나 한약재 등의 무게를 나타내는 단위의 하나. '냥'의 1/10에 해당함. ¶두 ~짜리 금반지. 2 옛날 화폐 단위의 하나. '푼'의 10배에 해당함. 町전(錢).

[돈 모아 줄 생각 말고 자식 글 가르쳐라] 재산은 지식이나 덕만 못하다는 것을 이르는 말. [돈이 돈을 번다] 돈이 많을수록 돈을 많이 남길 수가 있다.

돈(을) 굴리다 돈을 여기저기 빌려 주어 이자를 늘리다.

돈을 만지다 돈을 가지고 다루다. ¶그는 **돈을 만지는** 부서에서 일한다.

돈을 먹다 뇌물을 먹다. 속된 말임.

돈을 둘 쓰듯 하다 돈을 흥청망청 마음껏 쓰다.

돈을 뿌리다 돈을 아무렇게나 허투루 쓰다. ¶김 의원은 이번 선거에 **돈을** 꽤 뿌렸다지.

돈!-가뭄 圀 기업이나 가계가 돈이 궁하여 어려움을 겪는 상태. 비유적인 말임. ¶기업이 극심한 ~을 겪다.

돈!-가방 [-까-] 圀 돈이 들어 있는, 보관 또는 운반용 가방.

돈-가스(←⓪豚カツ) 圀 얇고 넓적하게 썬 돼지고기를 밀가루와 빵가루를 입혀서 기름에 튀긴 음식.

돈 강(Don江) [-지] 러시아의 남서부에 있는 강. 길이 1,970km.

돈!-거래(-去來) 圀 돈을 주고받는 거래.

돈!-구멍 [-꾸-] 圀 돈이 생겨 나올 길. ¶~이 뚫리다.

돈!-궤(-櫃) [-꿰] 圀 돈이나 그 밖의 중요한 물건을 넣어 두는 궤. 町금고.

돈!-길 [-낄] 圀 돈이 융통되는 길. ¶신용을 잃으면 ~이 막힌다.

돈-나물 [-씩] '돌나물'의 잘못.

돈!-내기 圀 1 돈을 걸고 하는 내기. ¶~화투. 2 =놈름. **돈!내기-하다** 冬재어

돈!-놀이 圀 남에게 돈을 빌려 주고 이자 받는 것을 업으로 하는 것. 또는, 그 일. **돈!놀이-하다** 冬재어

돈!-다발 [-따-] 圀 여러 장의 지폐를 묶은 것.

돈더미에 올라앉다 [-떠-안따] 갑자기 많은 돈을 벌어 부자가 되다. ¶부동산 투기로 ~.

돈!-독(-毒) [-똑] 圀 돈에 대해 지나치게 욕심을 내거나 집착을 보이는 태도를 비난조로 이르는 말. ¶~이 오르다.

돈독-하다(敦篤-) [-또카-] 濁어 (정이) 깊고 두텁다. ¶우애가 ~. **돈독-히** 믄 ¶우정을 ~ 하다.

돈!-맛 [-맏] 圀 돈을 쓰거나 벌거나 모으는 재미. ¶~을 알다.

돈!-머리 圀 얼마라고 이름을 붙인 돈의 액수. ¶~를 맞추어 놓게.

돈!-뭉치 圀 많은 돈을 말아 묶어 놓은 뭉치.

돈!방석에 앉다(-方席-) [-빵-안따] 갑자기 큰돈을 벌거나 큰돈이 생겨 부자가 되다. ¶복권 당첨으로 ~.

돈!-벌레 [-뻘-] 圀 돈을 지나치게 밝히는 사람을 경멸조로 이르는 말.

돈!-벌이 [-뻐-] 圀 (사람이) 일을 해서 돈을 버는 것. 대체로 부정적이거나 속된 어감을 가짐. ¶~가 시원찮다. **돈!벌이-하다** 冬재어

돈!-벼락(을) 맞다 [-뼈-맏따] 갑자기 많은 돈이 생기다.

돈!-복(-福) [-뽁] 圀 돈을 별로 애쓰지 않고 벌거나 모으게 되는 복. ¶~을 타고 났다.

돈사(豚舍) 뎽 =돼지우리.
돈:-세탁(-洗濯) 뎽 기업의 비자금이나 탈세 자금 등의 검은돈을 다른 계좌에 여러 차례 넣었다 뺐다 하는 등의 수법으로 자금 출처의 추적을 어렵게 하는 일. 돈:세탁-하다 卧闵에
돈:수-백배(頓首百拜) [-빼] 뎽 머리가 땅에 닿도록 수없이 계속 절함. 돈:수백배-하다 卧闵에
돈오(頓悟) 뎽[불] 불교의 참뜻을 문득 깨닫는 것. ↔'점오. 돈:오-하다 卧闵에
돈육(豚肉) 뎽 '돼지고기'로 순화.
돈:-저냐 뎽 쇠고기·돼지고기·생선 따위의 살을 잘게 다지고, 두부·나물 같은 것을 섞어 주물러 동전만큼씩 동글납작하게 만들어 밀가루와 달걀을 씌워 지진 저냐. 족동그랑땡.
돈:-점(-占) 뎽[민] 동전 등을 던져서 그 나타나는 면에 따라 길흉을 점치는 일.
돈:-주머니 [-쭈-] 뎽 돈을 넣는 주머니.
돈:-줄 [-쭐] 뎽 돈을 융통하여 쓸 수 있는 연줄. =금맥·자금줄. ¶-이 끊어지다.
돈:-지갑(-紙匣) [-찌-] 뎽 =지갑.
돈:-지랄 [-찌-] 뎽 분수에 맞지 않게 돈을 마구 쓰는 짓. 또는, 돈을 가지고 야비하게 구는 짓. 속된 말임. 돈:지랄-하다 卧闵에
돈:-짝 뎽 사물의 크기를 엽전 둘레의 크기에 비유하여 이르는 말.
돈:치-기 뎽 쇠붙이로 만든 돈을 땅바닥에 던져 놓고 그것을 맞히면서 내기를 하는 놀이. 돈:치기-하다 卧闵에
돈-키호테(Don Quixote) 뎽 세르반테스의 소설 '돈키호테'의 주인공. 기사도 이야기를 읽고 정신이 이상해져 무모하고 우스꽝스러운 모험을 함. 2무모할 정도로 저돌적인 성격을 가진 사람. 비유적인 말임. ¶저 사람은 앞뒤 생각 없이 밀어붙이는 -이다.
돈키호테-형(Don Quixote型) 뎽 현실을 무시하고 자기 나름의 정의감에 따라 저돌적으로 행동하는 인간형. ▷행릿형.
돈:-타령 뎽 돈이 없다고 더 쓸 일을 늘어놓는 사설. ¶저 여편네는 허구한 날 ~이다. 돈:타령-하다 卧闵에
돈:-푼 뎽 (주로, '돈푼이나'의 꼴로 쓰여) 얼마간의 돈. 또는, 제법 많은 돈. 돈의 규모를 짐짓 낮잡거나 별것 아닌 것으로 비아냥거리는 말임. ¶-이나 있다고 으스댄다.
돈:호-법(頓呼法) 뎽[문] 수사법의 하나. 사람이나 사물의 이름을 부름으로써 주의를 불러일으키는 방법. 가령, 연설 도중에 '여러분!' 하고 부르는 따위.
돈 후안(Don Juan) [호색 행각으로 유명한 중세 에스파냐의 가족 이름에서] 바람을 잘 피우는 남자. 비유적인 말임. ¶바람둥이·오입쟁이.
돋-구다 [-꾸-] 卧即 (안경의 도수 따위를) 더 높게 하다.
돋다 [-따] 卧闵 1(무엇이 어떤 물체에) 생겨서 물체의 겉이나 밖으로 나오거나 나타나다. 団움트다. ¶온몸에 소름이 ~. 2 (해·달·별이) 수평선이나 지평선 위로 나타나거나 하늘에 보이는 상태가 되다. 団솟다·뜨다. ¶햇가 돋는 광경. 3(어떤 감정이나 기색이 얼굴에) 생겨 나타나다. ¶얼굴에 생기가 ~. 4(입맛이) 생겨 당기다. ¶입맛이 ~.

돌길 _309

돋보-기 [-뽀-] 뎽 1주로 노인들이 잔글 씨나 세밀한 것을 들여다보기 위해 쓰는, 볼록 렌즈를 끼운 안경. =돋보기안경. 2 =확대경.
돋보기-안경(-眼鏡) [-뽀-] 뎽 =돋보기.
돋보-이다 [-뽀-] 卧재 (어떤 대상이) 어떤 조건이나 상황 아래에서 실제보다 더욱 좋게 보이다. ¶요즘 같은 메마른 세태에서 그의 선행은 참으로 돋보인다.
돋아-나다 卧재 1싹이 밖으로 뚜렷이 나오다. ¶새싹이 ~. 2피부에 도도록한 종기 같은 것이 생기다. ¶얼굴에 여드름이 ~.
돋-우다 卧即 1(낮은 상태에 있는 대상을) 공간적으로 위로 높아지게 하다. ¶남폿불의 심지를 ~. 2(의욕이나 흥미 따위를) 더 크게 하거나 더 나게 하다. ¶입맛을 돋우는 봄나물. 3 (화나 신경을) 더 격해지게 하거나 더 날카로워지게 하다. ¶화를 ~. 4(일의 상태나 정도를) 높아지게 하다. ¶목청을 ~. 5 (가래를) 목구멍에서 떨어져 나오게 하다.
돋을-새김 뎽[미] =양각(陽刻).
돋-치다 卧재 '돋다'의 힘줌말. ¶날개 돋친 듯 물건이 팔려 나가다.
돌¹ 뎽 1(어린) 아기가 태어난 날로부터 한 해가 되는 날. 団첫돌. 2(의존) 1뜻 깊은 날이 해마다 되풀이하여 돌아올 때, 그 되풀이되는 횟수를 세는 말. ¶창립 열 ~을 맞다. 2어린아이가 태어난 날이 해마다 돌아올 때, 그 되풀이되는 햇수를 세는 말. 주로, 두세 살의 아이에게 씀. ¶두 ~을 넘긴 아이. ×돐.
돌² 뎽 1암석에서 떨어져 나온, 사람이 한 손 또는 두 손으로 들 수 있을 정도의 크기를 가진 광물질의 덩어리. ¶모난 ~. 2'재료로서의 암석'을 이르는 말. ¶~기둥. 3'바둑돌'의 준말. 4'라이터돌'의 준말. 5'돌대가리'의 준말.
돌(을) 던지다 1(어떤 사람에게) 잘못을 저질렀다고 비난하거나 욕하다. 2바둑에서, 두는 도중에 자기가 졌음을 인정하고 바둑 두기를 포기하다.
돌-³ 접두 동식물에 있어 품질이 낮거나 저절로 난 야생물임을 나타내는 말. ¶-미나리 / -배.
돌:-가루 [-까-] 뎽 돌이 아주 잘게 부스러진 가루.
돌격(突擊) 뎽[군] 적진으로 돌진하여 공격하는 것. 돌격-하다 卧闵에
돌격-대(突擊隊) [-때] 뎽 육상 전투에서, 날개끼 적진에 쳐들어가는 군대.
돌:-계단(-階段) [-계-/-게-] 뎽 돌덩이나 다듬은 돌을 쌓아서 만든 계단.
돌-고래 뎽[동] 몸길이 5m 이하인 고래의 총칭. 양 턱에 많은 이가 있고, 주둥이가 뾰족함. 지능이 높아 재주를 부리도록 조련할 수 있음.
돌궐(突厥) 뎽[역] 6세기 중엽부터 약 2세기 동안 몽골 고원에서 중앙아시아에 걸쳐 살았던 터키계 유목 민족. 또는, 그 국가.
돌기(突起) 뎽 뾰족하게 내밀거나 도드라지는 것. 또는, 그렇게 된 것.
돌:-기둥 뎽 돌로 된 기둥. 団석주(石柱).
돌:-기와 뎽 =너새2.
돌:-길 [-낄] 뎽 자갈이 많거나 돌을 깐 길.

돌!-김 [명][식] 바다 속 바위에 붙어서 자라는 김.

돌-나물[-라-] [명][식] 줄기가 많은 가지를 쳐 땅바닥으로 벋으며, 5~6월에 노란 꽃이 피고, 어린잎과 줄기를 나물로 먹는 여러해살이풀. 산에서 자람. ×돈나물.

돌-날[-랄] [명] 첫돌이 되는 날.

돌!-널[-럴] [명] 석재(石材)로 만든 관(棺). =석관(石棺).

돌!다 (돌!고/돌아) [동] [1][자] <도니, 도오> **1** (물체가) 축을 중심으로 원을 그리는 방향으로 움직이다. [비]회전하다. ¶팽이가 ~. **2** (물건이 일정한 범위 안에) 차례로 넘겨지다. ¶술잔이 한 순배 ~. **3** (어떤 대상이) 제 기능을 제대로 나타내며 움직이거나 작용하다. ¶저 친구는 머리가 잘 **돈다**. **4** (돈이나 물자가) 거래 관계에 의해 오가는 상태가 되다. ¶불경기라 돈이 **돌지** 않는다. **5** (어떤 기운이나 빛이 어디에) 어느 정도 나타나다. ¶얼굴에 생기가 ~. **6** (술이나 약의 기운이) 몸속에 퍼지다. ¶술기운이 **돌자** 그는 말수가 많아졌다. **7** (눈물·침 등이 눈이나 입 등에) 생겨 나타나다. ¶눈물이 핑 ~. **8** (기억이나 말이 머리나 입 안에서) 떠오를 듯 하면서 얼른 떠오르지 않다. ¶그 사람의 이름이 혀끝에서 뱅뱅 **돈다**. **9** (사람이) 가던 방향이나 향하고 있던 방향을 바꾸다. ¶뒤로**돌아**! **10** (사람이 어떤 사상이나 입장에서 다른 사상이나 입장으로) 태도를 바꾸다. ¶좌익으로 ~. **11** (말이나 소문이) 이리저리 전하여지다. ¶온 마을에 곧 전쟁이 터질 것이라는 소문이 **돌았다**. **12** (유행병이나 전염병이 어느 곳에) 영향의 범위를 넓히면서 생기다. [비]퍼지다. ¶아랫마을에 괴질이 **돌고** 있다. **13** (사람이) 정상적으로 생각할 수 있는 상태에서 벗어나다. [비]미치다·실성하다. ¶그는 자식을 생으로 잃어버린 뒤 **돌아** 버렸다. [2][타] **1** (물체가 어떤 대상의 둘레를) 원을 그리면서 움직이다. ¶달이 지구의 둘레를 ~. **2** (길을) 멀리 에돌다. ¶빚쟁이를 피해 길을 **돌아서** 가다. **3** (길을) 끼고 방향을 바꾸다. ¶모퉁이를 **돌아** 첫째 번 집이 우리 집이다. **4** 일정한 범위 안을 이리저리 다니다. ¶순찰을 ~.

돌!-다리 [명] 돌로 놓은 다리. =석교. [**돌다리도 두들겨 보고 건너라**] 잘 아는 일이라도 세심한 주의를 기울여 하라.

돌!-담 [명] 돌로 쌓은 담. ¶덕수궁 ~ 길.

돌!-대가리 [명] 머리가 둔하거나 어리석은 사람을 얕잡아 이르는 말. =석두(石頭). ¶~야, 이것도 몰라. [준]돌.

돌!덧널-무덤[-던-] [명][고고] 자연 괴석이나 자갈돌 등의 석재(石材)로 덧널을 만든 묘. =석곽묘.

돌!-덩어리[-떵-] [명] 비교적 큰 돌덩이.

돌!-덩이[-떵-] [명] **1** 돌멩이보다 크고 바위보다 작은 돌. **2** 아주 단단한 물건의 비유. ¶떡이 굳어서 ~가 됐다.

돌!-도끼 [명] 돌로 만든 도끼.

돌돌 [부] **1** 여러 겹으로 동글게 말리는 모양. ¶종이를 ~ 말다. **2** 둥근 물건이 가볍고 빨리 구르는 소리. ¶유리구슬이 마루 위를 ~ 굴러 간다. [큰]둘둘. [센]똘똘. **3** 많지 않은 도랑물이나 시냇물이 좁은 목으로 부딪치며 흐르는 모양. 또는, 그 소리.

돌-떡 [명] 돌날에 만들어 먹는 떡.

돌려-나기 [명][식] 마디 하나에 세 개 이상의 잎이나 눈이 바퀴 모양으로 나는 일.

돌려-놓다[-노타] [동][타] **1** 방향을 다른 쪽으로 바꿔 놓다. ¶책상을 창문 쪽으로 ~. **2** (마음이나 일의 상태를) 다르게 바꾸어 놓다. ¶친구의 생각을 ~.

돌려-받다[-따] [동][타] (주었거나 빌려 주었거나 빼앗기거나 했던 물건을 그것을 가진 사람에게서) 받아서 다시 자기가 갖게 되다. ¶빌려 준 돈을 ~. ↔돌려주다.

돌려-보내다 [동][타] (사람이나 물건을) 본래 있던 곳으로 도로 보내다. ¶가출한 소녀를 집으로 ~.

돌려-쓰다 [동][타] <~쓰니, ~써> 돈이나 물건을 변통하여 쓰다. ¶돈을 ~.

돌려-주다 [동][타] **1** (받았거나 빌렸거나 빼앗았거나 한 물건을 본래 가졌던 사람에게) 다시 가지도록 주다. ¶빌린 책을 ~. ↔돌려받다. **2** (돈을) 융통하여 주다.

돌려-짓기[-짇끼] [명][농] 한 경작지에 여러 가지의 다른 농작물을 돌려 가며 재배하는 일. =윤작(輪作). ↔이어짓기. **돌려짓기-하다** [동][타][여]

돌리(dolly) [명][영] =이동차.

돌리네([독]Doline) [명][지] 석회암 지대의 지표에 빗물의 침식 작용으로 생긴 움푹한 웅덩이.

돌리다[1] [동][타] **1** 병의 위험한 고비를 면하게 되거나 면하게 하다. ¶병세를 ~. **2** 노여움이 풀리거나 풀게 하다. ¶틀어진 마음을 ~. **3** 없는 물건이 변통되거나, 그런 물건을 변통하다. ¶자금을 ~.

돌-리다[2] [동][타] **1** '돌다'의 사동사. ¶팽이를 ~. **2** 방향을 바꾸다. ¶발길을 ~. **3** 여기저기 도르다. ¶돌떡을 ~. **4** 마음을 달리 먹다. ¶마음을 **돌려** 협조하기로 했다. **5** 가동하거나 운영하다. ¶자금이 없어 공장을 **돌리지** 못한다. **6** 남에게 책임이나 공(功)을 넘기다. ¶부하에게 공을 ~. **7** 뒤로 미루다. ¶결재를 내일로 ~. **8** (말을) 모나거나 노골적이지 않도록 부드럽게 하다. [비]에두르다. ¶빙 **돌려서** 말하다. **9** 차례로 다른 곳에 보내다. ¶회람을 ~. **10** (영화나 환등 등을) 보이게 하다. ¶필름을 ~. **11** 어떤 것으로 여기거나 대하다. ¶없었던 일로 ~. **12** (관심이나 시선 등을) 다른 데로 옮기다. ¶화제를 ~.

돌림^노래 [명][음] 같은 노래를 일정한 소절의 사이를 두고 뒤따라 부르는 합창.

돌림-병(-病)[-뼝] [명] =유행병.

돌림-자(-字)[-짜] [명] 항렬을 나타내기 위하여 이름자 속에 넣어서 쓰는 글자. =항렬자.

돌림-판(-板) [명] **1** 여러 사람에게 알리기 위하여 어떤 내용을 적어 돌리는 판. [비]회람판. **2** [공] 도자기를 만들 때, 흙을 빚어 형체를 만드는 데 쓰는, 나무로 된 회전 원반. =녹로·물레.

돌멘(dolmen) [명][고고] =고인돌.

돌!-멩이 [명] 돌덩이보다 좀 작은 돌.

돌!-무덤 [명][고고] =석총(石塚).

돌!-무지 [명][고고] 선사 시대에 고인돌이나 돌널무덤을 보호하기 위해 둘레에 돌을 쌓아 둔 것.

돌!무지-무덤 [명][고고] 구덩이를 파거나 구덩이 없이 시체를 놓고 그 위에 돌을 덮는, 고분(古墳)의 한 형식. =적석총.

돌-미나리 [명][식] 논이나 개천 등의 습지에 저절로 나는 미나리.

돌발(突發) [명] (뜻밖의 일이) 갑자기 일어

나는 것. ¶~ 사건. **돌발-하다** 동(자여)
돌발-적(突發的) [-쩍] 관형 별안간 일어나는 (것). ¶~인 사고.
돌:-방(-房) 명[고고] 고분(古墳) 안의 돌로 된 방. =석실(石室).
돌:방-무덤(-房-) 명[고고] 돌로 널방을 만들고 널길을 두는, 고분(古墳)의 한 형식. =석실분.
돌-배 명 돌배나무의 열매.
돌배-나무 명[식] 봄에 흰 꽃이 피고, 가을에 '돌배'라고 하는 둥근 다갈색의 열매가 익는 낙엽 활엽 교목. 목재는 기구재로 쓰며, 열매는 식용함.
돌변(突變) 명 (사람의 태도나 사물의 현상 등이) 갑작스럽게 변하는 것. **돌변하다** 동(자여) ¶하룻밤 자고 나더니 그의 태도가 돌변하였다.
돌:-보다 타 1 (어린이나 환자 등을) 관심을 가지고 곁에서 시중을 들거나 혼자 하기 어려운 일을 제대로 하도록 돕다. ¶환자를 ~. 2 (어떤 일을) 잘되어 가는지, 또는 잘못되어 가는지 관심을 가지고 살피다. 또는, (어떤 일을) 관심을 가지고 더 좋은 상태가 되도록 만들다. =돌아보다. 3 살림을 ~.
돌:-부리[-뿌-] 명 땅에 박혀 있는 돌멩이의 뾰족하게 내민 부분. ¶~에 걸려 넘어지다.
돌:-부처 명 1 돌로 만든 불상(佛像). =석불. 2 감각이 둔하고 고집이 센 사람의 비유. 3 가지칠 정도로 무던하고 착한 사람.
돌:-비(-碑) 명 돌로 만든 비. =석비.
돌:-비늘 명[광] =운모(雲母).
돌비^시스템(Dolby system) 명 테이프에 나타나는 잡음을 줄이기 위해 잡음 성분이 많은 고음역(高音域)의 약한 신호를 강하게 녹음한 뒤, 신호를 강하게 한 만큼 되돌려 재생하는 방식.
돌:-산(-山) 명 바위나 돌이 많은 산.
돌:-상(-床) [-쌍] 명 돌날에 돌잡이 할 때 여러 가지 음식과 연필·책·돈·실·쌀 등을 차려 놓는 상.
돌아-가다 자 〈-가거라〉 ① 1 (물체가) 축을 중심으로 하여 둥글게 움직여 가다. ¶선풍기를 세게 돌아가게 해라. 2 (본디 있던 자리로) 다시 가다. ¶집으로 ~. 3 (먼 길로) 둘러서 가다. ¶길이 막히니까 다른 길로 돌아가다. 4 (한쪽으로) 틀어지다. ¶입이 왼쪽으로 ~. 5 차례로 옮겨 가다. ¶돌아가며 점심을 내다. 6 (몫이) 차례로 배당되다. ¶사과가 한 개씩 ~. 7 (어떤 결말로) 끝나다. ¶모든 일이 수포로 ~. 8 (일이나 형편이) 어떠한 상태로 되어 가다. ¶요즘 세상이 어떻게 돌아가는 거야? 9 (기계·공장 등이) 제대로 움직이다. ¶세탁기는 잘 돌아가니? 10 '죽다[1]'을 완곡하게 이르는 말. 주로 '돌아가시다'의 형태로 쓰임. ¶할아버지께서 돌아가셨다. 11 기능이 제대로 작용되어 가다. ¶머리가 잘 ~. 12 (돈이나 물자가) 유통되어 가다. ¶자금이 ~. ② 타 방향을 바꾸어 가다. ¶모퉁이를 ~.
돌아-눕다[-따] 재(재여) 〈-누우니, -누워〉 반대 방향으로 바꾸어 눕다. ¶그는 한숨을 쉬며 벽을 향해 돌아누웠다.
돌아-다니다 자 1 여기저기 쏘다니다. ¶어디를 그렇게 밤늦게 돌아다니니? 2 널리 퍼지다. ¶유행성 감기가 ~.
돌아다-보다 동(타) '돌아보다¹'의 힘준 말.

돌아-들다 동(자여)〈-드니, -드오〉 1 이리저리 돌다가 일정한 곳으로 들어가거나 들어오다. 2 굽이를 돌아서 들어가거나 들어오다. ¶산모롱이를 ~.
돌아-보다 타 1 고개를 돌려 보다. ¶뒤를 ~. 2 (지난 일을) 다시 생각하여 보다. ¶초등학교 시절을 ~. 3 (일정한 범위를) 돌아다니며 살피다. ¶각 교실을 ~. 4 =돌보다. ¶가족을 돌아보지 않다.
돌아-서다 동(자) 1 (사람이 다른 쪽으로) 방향을 바꾸어 서다. ¶가다가 돌아서서 손을 흔든다. 2 어떤 사람과 등지다. ¶그와 돌아선 지 1년도 안 되어 남남으로 돌아섰다. 3 (견해나 태도가) 다른 입장으로 바뀌다. ¶애국자였던 그가 하루아침에 친일파로 돌아섰다. 4 (병 따위가) 나아 가다.
돌아-앉다[-안따] 동(자) 앉은 자리에서 반대 방향으로 바꾸어 앉다. ¶돌아앉아 울음을 훔치다.
돌아-오다 동(자)(너라) 〈-오너라〉 1 (떠났던 곳이나 갔던 길을) 도로 오다. ¶집에 ~. 2 (곧장 오지 않고) 돌아서 오다. ¶지름길을 놔 두고 왜 돌아왔니? 3 (차례가) 닥치다. ¶노래할 차례가 ~. 4 (몫이) 배당되다. ¶몫이 많이 ~. 5 (잃었던 것이) 회복되다. ¶이제야 정신이 돌아온 모양이군. 6 시간이 경과하여 일정한 때가 되다. ¶돌아오는 일요일에 등산을 가자.
돌연(突然) 부 매우 돌발적으로. 回갑자기. ¶~ 방문하다.
돌연-변이(突然變異) 명[생] 생물의 형질에 어버이와 다른 형질이 생겨 이것이 유전하는 현상.
돌연-사(突然死) 명[의] 특별한 병적 징후가 없던 사람이 뚜렷한 이유 없이 갑자스럽게 죽는 것.
돌연-하다(突然-) 형여 (어떤 일이) 돌발적인 데가 있다. 回갑작스럽다. ¶나는 그의 돌연한 질문에 적이 당황했다. **돌연-히** 부
돌이키다 동 1 (고개나 발길 등을) 반대 방향으로 돌리다. ¶고개를 ~. 2 (지난 일을) 되돌아보다. ¶돌이켜 생각하면 부끄럽기 짝이 없다. 3 (대상을) 처음의 상태로 바꾸다. 4 마음을 돌려 먹다. ¶마음을 고쳐 달리 생각하다. ¶생각을 돌이켜 용서하기로 했다.
돌입(突入) 명 (어떤 곳이나 상태에) 기세 있게 뛰어드는 것. **돌입-하다** 동(자여) ¶우주선이 대기권에 ~.
돌-잔치 명 돌날에 베푸는 잔치.
돌-잡이 명 돌날에 돌상을 차리고 아이로 하여금 마음대로 잡게 하는 일. **돌잡이-하다** 동(자여)
돌-쟁이 명 첫돌이 된 아이. 또는, 그 또래의 아이. ¶~ 옷.
돌-절구 명 돌을 파서 만든 절구.
돌진(突進) [-찐] 명 (어느 곳에[으로]) 거침없는 기세로 나아가는 것. **돌진-하다** 동(자여) ¶적을 향하여 ~.
돌-쩌귀 명 문짝을 여닫게 하기 위하여 암짝은 문설주에, 수짝은 문짝에 박아 맞추어 꽂게 된 쇠붙이. ▷경첩.
돌체(이dolce) 명[음] 악곡의 표현 방법을 나타내는 말로, '부드럽게, 아름답게'의 뜻.
돌출(突出) 명 1 (물체가) 쑥 내밀거나 불거지는 것. 2 (어떤 일이) 뜻하지 않게 갑

돌: 자기 생겨나는 것. ¶~ 변수. **돌출-하다** 통(어) ¶지중해에 장화 모양으로 돌출해 있는 이탈리아. **돌출-되다** 통

돌-층계(-層階) [-계/-게] 명 돌로 쌓아 만든 층계.

돌-칼 명[고고] 석기 시대의 유물인, 돌로 만든 칼.

돌-탑(-塔) 명 돌로 쌓은 탑. 비석탑.

돌턴, 존 (Dalton, John) 명[인] 영국의 화학자(1766~1844).

돌파(突破) 명 1 (막고 있는 대상을) 제치거나 뚫고 나아가는 것. 2 (어려움을) 헤치고 이겨 내는 것. 3 (목표가 되는 수준이나 기록 등을) 넘어서거나 깨뜨림으로써 달성하는 것. **돌파-하다** 통(어) ¶수출 목표 1,000억을 ~. **돌파-되다** 통(어)

돌파-구(突破口) 명 1 돌파하는 통로나 목. 2 곤란한 문제 따위를 해결하는 실마리. ¶~을 찾다.

돌파-력(突破力) 명 돌파하는 힘. ¶문전 ~이 뛰어난 축구 선수.

돌-팔매 명 무엇을 맞히기 위해 멀리 던지는 돌멩이.

돌-팔매질 명 무엇을 맞히기 위해 돌멩이를 멀리 던지는 짓. **돌팔매질-하다** 통(자여)

돌-팔이 명 1 떠돌아다니며 점이나 기술, 물건을 팔러 다니는 사람. ¶~ 무당. 2 엉터리 실력으로 전문적인 일을 하는 사람을 속되게 이르는 말. ¶~ 의사.

돌풍(突風) 명 1 갑자기 세게 부는 바람. ¶~으로 가옥장이 날아가다. 2 어떤 일이 어느 사회에 갑작스럽게 강한 영향을 미치거나 많은 관심을 모으는 현상을 비유적으로 이르는 말. ¶~을 일으키다.

돌-하르방 명 ('돌로 만든 할아버지'라는 뜻) [민] 제주도 도민들이 안녕과 질서를 수호하여 준다고 믿는 석신(石神).

돍 명 '돌'의 잘못.

돔[1] [동] '도미'의 준말.

돔²(dome) 명 반구형으로 된 지붕.

돕:다[-따] (돕:고/도와) 타ㅂ ⓑ 도우니, 도와) 1 (남이 하는 일이 잘 이뤄지게 이들 돕게 하거나 그 일이 잘 이뤄지게 하다. 또는, (남을) 거들어 그가 하는 일의 힘이 덜 들게 하거나 잘 이뤄지게 하다. ¶어머니의 **도와** 청소를 하다. 2 (재난을 당하거나 물질적으로 어려운 처지에 있는 사람을) 보살펴 주거나 필요한 물건이나 돈을 주어 어려움을 어느 정도 덜 느끼게 하다. ¶이재민을 ~. 3 (어떤 대상이 어떤 작용이나 효과를) 더 낫거나 좋게 하다. ¶입맛을 ~. 4 (어떤 감정을) 돋우어 일으키다. 5 (주로, '밤을 도와'의 꼴로 쓰이어) '밤을 이용하여', '밤을 새워'의 뜻. ¶밤을 **도와** 길을 달려오다. 6 (주로, '길을 도와'의 꼴로 쓰이어) '길을 재촉하여'의 뜻. ¶몇 날 며칠을 쉬지 않고 길을 **도와** 예까지 왔소이다.

돗-바늘[돋빠-] 명 돗자리 등을 꿰매는 데에 쓰는 굵고 큰 바늘.

돗-자리[돋짜-] 명 왕골이나 골풀의 줄기를 잘게 쪼개서 짠 자리.

동¹ 명 ① 자량 굵게 묶어서 한 덩이로 만든 묶음. ¶나무를 ~으로 지어 지게에 지다. ②(의존) 1 '묶음'을 세는 말. 붓 10자루, 무명·베 등의 50필, 곶감 100접, 조기 1000마리를 뜻하여 일컬음. 2 옷나무에서, 말이 첫 밭으로부터 끝 밭을 걸쳐 나가는 한 차례. ¶한 ~이 나다.

동² 명 상추 따위의 꽃이 피는 줄기.

동³(東) 명 =동쪽. ↔서(西).

[동에 번쩍 서에 번쩍] 정처가 없고 종적을 걷잡을 수 없을 만큼 이곳저곳에 출몰함을 이르는 말.

동¹⁴(洞) 명 시(市)나 구(區), 또는 읍(邑) 아래에 두는 일반 행정 구역. ¶무교~.

동⁵(銅) 명[화] =구리. ¶~ 파이프.

동⁶(棟) 의(의존) 집채의 수나 차례를 세는 말. ¶석 ~의 연립 주택 / 나는 이 아파트 9~에 산다.

동-⁷(同) 관 (한자어 명사 앞에 쓰이어) '같은'의 뜻을 나타내는 말. ¶~ 회사 / ~ 연구소.

-동⁸(洞) 접미 일부 명사 아래에 붙어, '동굴', '굴'의 뜻을 나타내는 말. ¶석회~ / 종유~.

동가(同價) [-까] 명 같은 값. 또는, 같은 값어치.

동가식서가숙(東家食西家宿) [-써-] [동] 쪽 집에서 밥 먹고 서쪽 집에서 잠잔다는 뜻) 떠돌아다니며 얻어먹고 지냄. 또는, 그 사람. **동가식서가숙-하다** 통(자여)

동가-홍상(同價紅裳) [-까-] 명 값이 같거나 같은 노력을 한다면 품질이 좋은 것을 택함을 말함. '같은 값이면 다홍치마'와 같은 말.

동감(同感) 명 (어떤 의견에 대해) 다른 사람과 생각을 같이하는 것. ¶그 점에 대해선 나도 ~이다. ⑨공감. **동감-하다** 통(자여)

동갑(同甲) 명 [육십갑자(六十甲子)가 같다는 뜻] 같은 해에 태어나 서로 같은 나이. 또는, 나이가 같은 사람. 비한동갑.

동갑-내기(同甲-) [-갑-] 명 나이가 같은 사람. ¶~ 친구.

동강 Ⅰ 명 (자립) 긴 물건이 짤막하게 잘라지거나 쓰다 남아 작게 된 도막. =동강이. ¶양초 ~. [2](의존) 짤막하게 된 물건을 세는 단위. 명.
Ⅱ (부) 긴 물건이 작은 도막으로 잘라지는 모양. ¶연필이 ~ 부러졌다.

동강-이 명 =동강Ⅰ①.

동거(同居) 명 1 (한집이나 한방에서) 같이 사는 것. ↔별거. 2 법적으로 부부가 아닌 남녀가 부부 관계를 가지면서 한집에서 같이 사는 것. **동거-하다** 통(자여)

동거-인(同居人) 명 한집에서 같이 사는 사람.

동격(同格) [-껵] 명 같은 자격이나 지위.

동결(凍結) 명 1 얼어붙는 것. 2 [경] 자산·자금 등의 사용이나 이동을 금하는 일. 또는, 그 상태. **동결-하다** 통(자타여) ¶자금을 ~. **동결-되다** 통(자여)

동경(東京) 명[지] '도쿄'를 우리 한자음으로 읽은 이름.

동경(東經) 명[지] 본초 자오선을 0°로 하여 동쪽으로 180°까지의 경선. ↔서경.

동:경⁸(憧憬) 명 (어떤 대상이나 세계·사회 등을) 누리거나 속하고 싶어 그리며 꿈꾸는 것. 또는, (어떤 사람을) 자기가 되고 싶어 하는 희망의 대상으로 삼아 우러르는 것. ¶~의 대상. **동:경-하다** 통(타여) ¶화려한 은막의 세계를 ~.

동:경-심(憧憬心) 명 동경하는 마음. ¶도시 생활에 대한 ~이 일다.

동경-이(東京-) 명[동] 꼬리가 없거나 있어도 매우 짧은 우리나라 토종 개. 현재

동:계¹(冬季)[-계/-게] 圀 〈주로, 일이나 행사를 나타내는 일부 명사 앞에서 관형어로 쓰여〉 그 일이 이루어지는 것이 '겨울철'임을 나타내는 말. ㈜동기(冬期). ¶~ 올림픽. ↔하계.

동계²(同系)[-계/-게] 圀 같은 계통. ¶~ 회사.

동:계^올림픽^경:기(冬季Olympic競技)[-계/-게/-계/-게] 圀 동계 경기의 올림픽 대회. 올림픽 대회가 열리는 해의 겨울에 개최됨. 스키·스케이트·아이스하키·바이애슬론 등이 행해짐.

동고-동락(同苦同樂)[-낙] 圀 괴로움도 즐거움도 함께함. **동고동락-하다** 圄⒁ ¶동고동락하게 온 친구.

동곳[-곧] 圀 상투가 풀어지지 않게 꽂는 물건.

동:공(瞳孔) 圀〈생〉=눈동자.

동관(銅管) 圀 구리로 만든 관(管).

동광(銅鑛) 圀〈광〉**1** 구리를 캐내는 광산. **2** 구리를 함유한 광석.

동구¹(東歐) 圀〈지〉=동유럽. ↔서구.

동구²(洞口) 圀 동네 어귀. ¶~ 밖까지 배웅하다.

동국(東國) 圀 전에, 중국에 대하여 우리 나라를 일컫던 말.

동:굴(洞窟) 圀 자연적으로 생긴, 깊고 넓은 굴. ㈜동혈(洞穴). ¶~ 벽화.

동궁(東宮) 圀〔역〕**1** '황태자'나 '왕세자'를 달리 이르는 말. **2** '태자궁'이나 '세자궁'을 달리 이르는 말.

동그라미 圀 **1** 동그랗게 그려진 형태나 도형. ㈜원(圓). **2** 〔동전이나 엽전이 동그란 데서〕 '돈'을 속되이 이르는 말. **3** 〔제한된 문맥에 쓰여〕 아라비아 숫자 '0'을 이르는 말. ¶가격표에 ~를 하나 더 그려 넣다.

동그라미-표(-標) 圀 맞거나 옳은 것 따위에 그 표시로 그리는 동그란 표. =공표(空表). ↔가위표.

동그랑-땡〈속〉돈내기.

동그랑-쇠[-쇠/-쉐] 圀 **1** =굴렁쇠. **2** =삼발이¹.

동그랗다[-라타] 圐囫〈동그라니, 동그라오, 동그래〉 〔선이나 평면적인 대상이〕 상대적으로 작은 원에 가까운 형태이다. ¶입을 **동그랗게** 벌리다. ㈜둥그렇다. ㈉똥그랗다.

동그래-지다 圄⒁ 동그랗게 되다. ¶놀라 눈이 ~. ㈜둥그레지다. ㈉똥그래지다.

동그맣다[-마타] 圐囫〈동그마니, 동그마오, 동그매〉 외따로 오똑하다. ¶대청 한복판에 **동그맣게** 앉아 있다.

동그스름-하다 圐囫 모나지 않고 조금 둥글다. ¶**동그스름한** 얼굴. ㈜둥그스름하다. **동그스름-히** 閉

동글납작-하다[-랍짜카-] 圐囫 생김새가 둥글면서 납작하다. ¶얼굴이 ~. ㈜둥글넓적하다.

동글다 圐〈동그니, 동그오〉 〔평면적 또는 입체적 대상이〕 상대적으로 작은 공과 모양이 같거나 그에 가까운 상태에 있다. ¶송편을 **동글게** 빚다. ㈜둥글다.

동글-동글 閉 여럿이 모두 동글거나 매우 동근 모양. ㈜둥글둥글. **동글동글-하다** 圐囫 ¶새알심을 **동글동글하게** 빚다.

동글-리다 圄 '동글다'의 사동사. ¶송편 반죽을 조금 떼어서 손바닥으로 ~. ㈜둥글리다.

동급(同級) 圀 **1** 같은 등급. ㈜동등(同等). **2** 같은 학급.

동급-생(同級生) 圀 같은 학급의 학생.

동:기¹(冬期) 圀〈주로, 관형어적으로 쓰여〉 겨울의 시기. ㈜~ 휴가. ↔하기.

동기²(同氣) 圀 한 부모 밑에 태어난 둘 이상의 사람의 관계가 서로 형·누나·오빠·언니·동생인 상태. 또는, 그런 관계에 있는 사람. ㈜형제.

동기³(同期) 圀 **1** 같은 시기. **2** 훈련·수련·교육 등의 과정을 함께 받거나 마친 기(期). 또는, 그 사람. ¶육사 ~ / ~ 동창.

동:기⁴(動機) 圀 **1** 사람이 어떤 일을 하게 된 이유. 또는, 어떤 자극이나 영향을 받아 어떤 일을 하고 싶어 하게 되는 마음의 작용. **2** 〔음〕 악곡을 구성하는 최소 단위. =모티프.

동:기⁵(童妓) 圀 기생 수업을 하고 있는 어린 기생. ↔노기(老妓).

동기-간(同氣間) 圀 형제자매 사이. ¶~에 우애 있게 지내다.

동기-생(同期生) 圀 같은 기(期)에 학교 교육이나 강습 등을 함께 받은 사람.

동나-다 圄 〔물건이나 재료·소재 따위가〕 더 남아 있지 않고 다 없어지거나 떨어지다. ¶이야깃거리가 ~.

동남(東南) 圀 동쪽을 기준으로 하여 동쪽과 남쪽 사이의 방위. ↔서북. ▷남동.

동남-아(東南亞)[지] =동남아시아.

동남-아시아(東南Asia)[지] 아시아 동남부, 인도차이나 반도와 말레이 군도로 이루어진 지역의 총칭. =동남아.

동남-쪽(東南-) '남동쪽'을 전통적 동양식 방위로 이르는 말. ¶독도는 울릉도 ~에 위치하고 있다. ↔서북쪽. ▷남동쪽.

동남-풍(東南風) '남동풍'을 전통적 동양식 방위로 이르는 말. ↔서북풍. ▷남동풍.

동:내(洞內) 圀 동네 안. ㈜방내(坊內).

동냥 圀 〔<동령(動鈴)〕 **1** 〔불〕 승려가 시주를 얻으려고 돌아다니는 일. **2** 거지 등이 돌아다니며 구걸하는 것. 또는, 그렇게 구걸한 돈이나 물건. **동냥-하다** 圄

〔**동냥은 안 주고 쪽박만 깬다**〕 요구를 들어주기는커녕 오히려 해롭게 한다.

동냥-아치 圀 동냥하러 다니는 사람.

동:네 圀 어떤 사람이 살고 있는 집의 근처가 되는, 다른 여러 집의 사람과 공동의 생활을 이루는 지역. ㈜마을. ¶~ 소문나다.

동:네-방네 圀 온 동네. 또는, 이 동네 저 동네.

동:네-북 圀 아무나 함부로 때리거나 분풀이의 대상으로 삼을 수 있는, 만만한 사람이나 대상.

동년(同年) 圀 **1** 같은 해. **2** 같은 나이.

동년-배(同年輩) 圀 나이가 같거나 비슷한 사람의 무리. 또는, 그 무리에 속하는 사람.

동-녘(東-)[-녁] 圀 '동쪽'을 시적·문어적으로 이르는 말. ¶~이 밝아 오다. ↔서녘.

동단(東端) 圀 동쪽 끝. ↔서단.

동댕이-치다 圄⒁ **1** 〔물건을〕 들어서 힘차게 내던지다. ¶소년은 방에 들어서자마자 책가방을 **동댕이쳤다**. **2** 하던 일을 그만두어 버리다.

동독(東獨) [명][역] 제2차 세계 대전 후 소련군에게 점령된 동부 독일 지역에, 1949년 수립되었던 공산주의 국가. 1990년 서독과 통합되어 독일 연방 공화국이 됨.

동동¹ [부] 작은 북을 잇달아 칠 때 나는 소리. [큰]둥둥.

동동² [부] 춥거나 안타깝거나 급하거나 하여 발을 빠르게 자꾸 구르는 모양. ¶차 시간에 대지 못할까 봐 발을 ~ 구르다.

동동³ [부] 비교적 작고 가벼운 물체가 물 위에 떠서 상하로 약간 움직이는 모양. ¶수정과에 잣 두어 알을 ~ 띄우다. [큰]둥둥.

동!동⁴(動動) [명][문] 전 13절로 구성된, 달거리 형식의 고려 가요.

동동-거리다/-대다 [동][타] 몹시 춥거나 안타깝거나 급해서 발을 자꾸 가볍게 구르다. ¶학부모들은 입시장 밖을 서성거리며 초조감으로 발을 **동동거렸다**.

동동-걸음 [명] 동동거리며 걷는 걸음. [비]종종걸음.

동동-주(-酒) [명] 걸러 내지 않아 밥알이 동동 뜨는 막걸리. =특주(特酒).

동등(同等) [명] 같은 등급. [비]동급.

동등-권(同等權) [-꿘] [명] 동등한 권리.

동등-하다(同等-) [형][여] (자격이나 권리 등이) 꼭 같다. ¶**동등하게** 대우하다.

동-떨어지다 [형] **1** 거리가 서로 떨어져 멀다. ¶마을에서 **동떨어진** 외딴집. **2** 둘 사이에 관련성이 거의 없다. ¶그것은 현실과는 **동떨어진** 이상론에 불과하다.

동!란(動亂) [-난] [명] 폭동·반란·전쟁 따위가 나서 세상이 몹시 어지러워지는 일. [비]난리.

동량(棟梁·棟樑) [-냥] [명] '동량지재'의 준말. ¶장차 나라의 ~이 될 새 세대.

동량지재(棟梁之材) [-냥-] [명] 한 집안이나 나라를 맡아 다스릴 만한 인재. [준]동량.

동!력(動力) [-녁] [명] **1** [물] 전력·수력·풍력 등 에너지를 원동기에 의하여 기계적 에너지로 변환·발생시킨 힘. **2** 어떤 일을 발전시키고 밀고 나가는 힘. [비]원동력. ¶민주화의 물결이 독재 정권을 무너뜨리는 ~이 되었다.

동!력-선(動力線) [-녁썬] [명] 배전선 중 일반 전동기에 전력을 공급하는 전선.

동!력-원(動力源) [-녁-] [명] 동력의 근원이 되는 수력·전력·화력 따위의 에너지.

동!력^자원(動力資源) [-녁짜-] [명] 동력을 일으키는, 석유·석탄·수력·원자력 등의 자원.

동렬(同列) [-녈] [명] **1** 같은 줄. **2** 같은 수준이나 위치. ¶그는 역사상의 위인과 ~에 설 만한 인물이다.

동록(銅綠) [-녹] [명] 구리 거죽에 생기는 푸른빛의 물질.

동료(同僚) [-뇨] [명] 같은 직장이나 부서에서 함께 일하는 사람. ¶직장 ~.

동료-애(同僚愛) [-뇨-] [명] 동료를 아끼고 사랑하는 마음. [비]동지애.

동류(同類) [-뉴] [명] 같은 종류. 또는, 같은 무리. [비]동종.

동류-의식(同類意識) [-뉴-] [명] 타인 또는 어떤 계층이나 집단과 내가 동류라고 생각하는 의식.

동률(同率) [-뉼] [명] 같은 비율. 또는, 같은 비례. ¶저 선수는 타율에 있어서 상대 팀 4번 타자와 ~을 기록하고 있다.

동!리(洞里) [-니] [명] =마을1.

동!맥(動脈) [명] **1** [생] 심장에서 밀어 낸 혈액을 신체 각 부분에 운반하는 혈관. ↔정맥. **2** 주요한 교통로를 비유적으로 이르는 말. ¶경부선은 우리나라를 종단하는 ~이다.

동!맥^경화(動脈硬化) [-꼉-] [명][의] 동맥의 혈관 내부에 지방이 끼어 혈관의 지름이 좁아지면서 탄력을 잃게 되는 상태. 심해지면 뇌졸중·심장 마비 등을 일으킬 수 있음. =동맥 경화증.

동!맥^경화증(動脈硬化症) [-꼉-쯩] [명][의] =동맥 경화.

동맹¹(同盟) [명] 개인이나 단체 또는 국가들이 서로 공동 목적을 이루기 위하여 동일한 행동을 취하기로 맹세하는 약속. ¶군사 ~. **동맹-하다** [동][자][여]

동맹²(東盟) [명][역] 고구려 때 해마다 10월에 추수 감사제로 지내던 국가적인 제천(祭天) 의식. ▷무천·영고.

동맹-국(同盟國) [명] 서로 동맹 관계에 있는 국가. 또는, 동맹 조약의 당사국.

동맹-군(同盟軍) [명] 공동의 적을 무찌르기 위해 서로 동맹을 맺고 결성한 군대.

동맹^파!업(同盟罷業) [명][사] 노동자가 그들의 요구를 관철하기 위하여 집단적으로 생산 또는 업무를 정지하는 일. 또는, 그러한 투쟁. =스트라이크. [준]파업.

동맹^휴학(同盟休學) [명][교] 어떤 주장의 관철 또는 항의의 표시로 학생들이 집단적으로 수업을 거부하고 등교하지 않는 일. =스트라이크. [준]맹휴.

동-메달(銅medal) [명] 구리로 만든 메달. 흔히, 올림픽·체전·기능 올림픽 등에서 3위 입상자에게 그 증표로 수여함.

동!면(冬眠) [명] **1** [동] 일부의 동물이 겨울 동안 활동을 중지하고 땅속이나 물속 등에서 잠을 자듯이 의식이 없는 상태로 지내는 일. =겨울잠. ↔하면. **2** 어떤 활동이 일시적인 휴지(休止) 상태에 있는 것을 비유하여 이르는 말. **동!면-하다** [동][자][여]

동명¹(同名) [명] 이름이 같음. 또는, 같은 이름.

동!명²(洞名) [명] 동(洞)이나 동네의 이름.

동!-명사(動名詞) [명][언] 영문법 등에서 문법적으로 동사와 명사의 기능을 겸한 품사. 동사의 명사형으로 된 말임.

동명^성!왕(東明聖王) [명][인] 고구려의 시조(58~19 B.C.). 휘(諱)는 주몽.

동명-이인(同名異人) [명] 같은 이름의 다른 사람.

동무 [명] 늘 친하게 어울리거나 함께 노는 사람. 분단 이후, 독립적으로는 잘 쓰이지 않게 됨. [비]벗·친구.

[**동무 따라 강남 간다**] 하고 싶지 않은데 남에게 끌려서 덩달아 하게 된다.

동문¹(同文) [명] 같은 내용의 글. ¶이하 ~.

동문²(同門) [명] **1** 같은 학교를 나왔거나 같은 스승에게서 배운 사람. [비]동창. **2** 같은 문중(門中).

동문³(東門) [명] 성곽이나 궁 등의 동쪽으로 난 문. ↔서문.

동문서답(東問西答) [명] 물음과는 딴판인 엉뚱한 대답. **동문서답-하다** [동][자][여]

동문-수학(同門受學·同門修學) [명] 한 스승 밑에서 함께 학문을 닦고 배우는 것. **동문수학-하다** [동][자][여] ¶그와는 대학에서 **동문수학하였다**.

동문-회(同門會)[-회/-훼] 명 =동창회.

동!물(動物) 명[생] 생물을 크게 둘로 나누었을 때의 한 무리. 식물이 광합성에 의해 만들어 낸 유기물을 직접 또는 간접으로 섭취해서 살아가며, 대부분 이동 운동을 함. ☞식물.

동!물-도감(動物圖鑑) 명 어떤 범위의 동물들에 대해 그림이나 사진으로 형상을 나타내고 해설을 붙인 책.

동!물-병원(動物病院) 명 동물의 병을 예방·진찰·치료하는 곳. =가축병원.

동!물-성(動物性) [-썽] 명 1 동물에게 특유한 성질. 2 (어떤 물질의 바탕이) 동물에서 뽑아내 이루어진 성질. ¶~ 기름. ▷식물성·광물성.

동!물-원(動物園) 명 주위에서 보기 어려운 온갖 동물을 일정한 공간 안에 가두어 기르면서 사람들이 구경하고 관찰할 수 있도록 꾸며 놓은 곳. ☞식물원.

동!물-적(動物的)[-쩍] 관형 1 동물의 본성과 같은 (것). 2 지각이 없이 본능에만 따르는 (것). ¶~ 욕망.

동!물-체(動物體) 명 동물의 몸. ▷식물체.

동!물-학(動物學) 명 동물의 분류·해부·발생·생태·생리·지리·분포 등에 관하여 연구하는 생물학의 한 분야. ☞식물학.

동민(洞民) 명 어느 동에 사는 사람.

동-바리 명 **1** [건] 툇마루나 좌판 밑에 괴는 짧은 기둥. **2** [광] =갱목. ⓒ동발.

동박-새[-쌔] 명[동] 날개 빛깔은 녹갈색이고 눈 둘레에 흰색 고리 무늬가 있는 새. 울음소리가 아름다움. 텃새로, 동백나무숲에 많이 모임.

동반¹(同伴) 명 1 (어떤 사람을) 데리고 함께 가는 것. 또는, (짝이나 가족을 이루는 사람이) 어디를 함께 가거나, 어떤 일을 함께하는 것. ¶부부 ~. 2 (어떤 대상이 다른 대상을) 진행 또는 진행 과정에서 함께 지니거나 가지는 것. **동반-하다** 통(자)(타) ¶비구름을 **동반한** 태풍. **동반-되**—

동반²(東班) 명[역] =문반(文班). ↔서반.

동반-자(同伴者) 명 1 어떤 일을 서로 협력해서 해 나가는, 짝이 되는 사람이나 존재. 또는, '배우자'를 달리 이르는 말. ¶여야는 국정 운영의 ~로서 화합하고 협조해야 한다. 2 어느 곳을 짝을 이루어 함께 가는 사람. ¶여행의 ~.

동발[건] [광] '동바리'의 준말.

동방¹(東方) 명 동쪽 방향이나 지역. ↔서방.(西方)

동방²(東邦) 명 1 동쪽에 있는 나라. 2 우리나라를 일컫는 말.

동방^박사(東方博士)[-싸] 명[성] 예수가 베들레헴에서 탄생했을 때, 별을 보고 동쪽에서 찾아와 아기 예수에게 경배했다는 세 명의 점성술사.

동방예의지국(東方禮儀之國) [-녜의-/-녜이-] 명 ['예의를 잘 지키는 동쪽의 나라'라는 뜻] 예전에, 중국에서 우리나라를 가리키던 말.

동배(同輩) 명 나이·신분·지위 등이 서로 같거나 비슷한 사람.

동백(冬柏) 명 1 동백나무의 열매. 2 [식] =동백나무.

동백-기름(冬柏-)[-끼-] 명 동백의 씨로 짠 기름. 머릿기름·등잔기름 등으로 쓰임.

동백-꽃(冬柏-)[-꼳] 명 동백나무에 피는 붉은 꽃.

동백-나무(冬柏-)[-뱅-] 명[식] 잎은 넓죽한 타원형으로 윤이 나고, 겨울부터 봄에 걸쳐 붉은색의 꽃이 피는 상록 활엽 교목으로 키는 7m 쯤. 따뜻한 지방의 해안에서 자람. =동백.

동병-상련(同病相憐)[-년] 명 [같은 병을 앓는 사람끼리 서로 가엾게 여긴다는 뜻] 어려운 처지에 있는 사람끼리 서로 딱하게 여기며 도움.

동!복(冬服) 명 겨울철에 입는 옷. ㉠겨울옷. ↔하복.

동복(同腹) 명 한 어머니의 배에서 남. 또는, 그 사람. ¶~형제. ↔이복.

동봉(同封) 명 (어떤 물건을) 봉투 등에 같이 넣거나 싸서 봉하는 것. ¶~ 서류. **동봉-하다** 통(타) ¶편지에 사진을 ~.

동부 명[식] 더운 기후 속에 팥과 비슷하나 약간 긴 종자가 맺히는 덩굴성 한해살이풀. 또는, 그 종자. 종자는 밥에 두어 먹음.

동부(東部) 명 어떤 지역의 동쪽 부분. ¶~ 전선. ↔서부.

동-부인(同夫人) 명 남편이 부인과 함께 동행하는 것. **동부인-하다** 통(자)(타) ¶**동부인하여** 여행을 떠나다.

동북(東北) 명 동쪽을 기준으로 하여 동쪽과 북쪽 사이의 쪽. ↔서남. ▷북동.

동북-아시아(東北Asia) 명[지] 아시아의 동북부 지역.

동북-쪽(東北-) 명 '북동쪽'을 전통적 동양식 방위로 이르는 말. ↔서남쪽. ▷북동쪽.

동북-풍(東北風) 명 '북동풍'을 전통적 동양식 방위로 이르는 말. ↔서남풍. ▷북동풍.

동-분모(同分母) 명[수] 둘 이상의 분수에서, 서로 같은 분모.

동분서주(東奔西走) 명 이곳저곳을 바쁘게 돌아다님. **동분서주-하다** 통(자)(타) ¶회사 일로 ~.

동!사¹(凍死) 명 (사람이나 생물이) 영하의 추위를 피하지 못하여 얼어 죽는 것. ¶~자(者). **동사-하다** 통(자).

동!사²(動詞) 명[언] 품사의 하나. 사물의 동작이나 작용을 나타내는 단어. 분류 기준에 따라 본동사·보조 동사, 자동사·타동사, 규칙 동사·불규칙 동사로 나뉨. '가다', '말다', '가로되' 따위. ㅡ움직씨.

동!사-구(動詞句) 명[언] 동사의 구실을 하는 구.

동!-사무소(洞事務所) 명 동의 행정 사무를 맡아보는 곳. 구칭은 동회.

동산 명 1 마을 부근에 있는 낮은 언덕이나 산. ¶뒷~. 2 규모가 큰 집의 울 안에 만들어 놓은 숲이나 작은 산.

동!산(動産) 명[의] 모양·성질을 바꾸지 않고 움직일 수 있는 재산. 곧, 토지나 그 위에 고착된 건물을 제외한 재산으로 돈·증권·세간 등이 이에 딸림. ↔부동산.

동!삼(童蔘) 명 '동자삼'의 준말.

동!상(凍傷) 명[의] 심한 추위에 발가락·손가락·귀 등의 살이 얼어서 썩거나 이상이 생기는 일.

동상(銅賞) 명 금·은·동으로 상의 등급을 이름 지었을 때의 3등 상.

동상³(銅像) 명 구리로 만들거나 구릿빛을

동상-이몽(同床異夢)[명] [같은 자리에서 자면서 꿈을 다르게 꾼다는 뜻] 겉으로는 같이 행동하면서도, 속으로는 각각 딴생각을 함.

동색(同色)[명] 같은 빛깔.

동생(同生)[명] **1** 같은 부모한테서 태어난 사람 사이에서, 나이가 많은 쪽 사람에 대해 나이가 적은 쪽 사람을 이르는 말. (비)아우. ¶남~. **2** 일가친척 중 항렬이 같은 사람 사이에서, 나이가 많은 쪽 사람에 대해 나이가 적은 쪽 사람을 이르는 말. ¶사촌~. ↔형·오빠·언니·누나.

동서¹(同壻)[명] 자매의 남편끼리 또는 형제의 아내끼리의 호칭. ↔맏~.

동서²(東西)[명] **1** 동쪽과 서쪽. **2** 동쪽에서 서쪽으로 향하는 방향. ¶산맥이 ~로 달리다. **3** 동양과 서양. **4** 공산권과 자유 진영. ↔양 진영.

동서-고금(東西古今)[명] 동양과 서양, 옛날과 지금을 통틀어 일컫는 말. =고금동서. ¶~을 통하여 전무후무한 대사건.

동서남북(東西南北)[명] 동쪽·서쪽·남쪽·북쪽. 곧, 사방.

동-서양(東西洋)[명] 동양과 서양. 곧, 온 세계.

동석(同席)[명] 자리를 같이하는 것. 또는, 같은 자리. **동석-하다**[자여]¶열차에서 그녀와 우연히 동석하게 되었다.

동¹(動線)[명][건] 주택이나 건물 등의 어느 공간에서 어떤 일을 하기 위해 사람이나 탈것 등이 움직이는 거리. 또는, 그 움직이는 자취를 나타내는 가상의 선. ¶~을 줄이는 가구 배치.

동선²(銅線)[명] =구리줄.

동성¹(同性)[명] 성별이 같음. ↔이성(異性).

동성²(同姓)[명] 같은 성(姓). ↔이성(異姓).

동성-동본(同姓同本)[명] 성(姓)과 본관이 같음.

동성-애(同性愛)[명] 남자가 남자에게, 또는 여자가 여자에게 성적 욕구를 동반한 사랑을 느끼는 상태. (비)동성연애. ↔이성애.

동성애-자(同性愛者)[명] 동성애를 느끼는 사람.

동성-연애(同性戀愛)[-년-][명] 남자가 남자와, 또는 여자가 여자와 성적인 관계를 가지면서 사랑을 맺는 일. (비)동성애.

동성연애-자(同性戀愛者)[-년-][명] 동성연애를 하는 사람.

동!세(動勢)[명] 조각이나 회화 작품에서 볼 수 있는 운동감.

동수(同數)[명] 같은 수효. ¶남녀 ~의 학생.

동숙(同宿)[명] 어떤 사람이[과] 다른 사람과[이]) 한방에서 함께 자는 것. **동숙-하다**[자여] 낯선 사람과 한방에서.

동승(同乘)[명] 어떤 사람이[과] 다른 사람과[이] 탈것에 같이 타는 것. **동승-하다**[자여]¶가는 방향이 같아서 그 친구와 동승했다.

동!승²(童僧)[명][불] =동자승.

동시¹(同時)[명] **1** 둘 이상의 일이 일어나는 시점이나 시간이 같은 상태. ¶~ 진행/~ 상영. **2** (주로 '동시에'의 꼴로 쓰여) 어떤 사실을 겸함. ¶니체는 철학자인 동시에 시인이다.

동시²(童詩)[명][문] 어린이가 가질 수 있는 순수하고 천진한 생각과 감정을 바탕으로 하여 어린이나 어린이를 위해 쓴 시. **2** =아동시.

동시-녹음(同時錄音)[명][영] 어떤 장면을 촬영하면서 동시에 배우의 대사나 물체의 소리 등을 녹음하는 일. ▷프리리코딩·후시 녹음.

동-시대(同時代)[명] 같은 시대.

동시-대!비(同時對比)[명][미] 두 색을 동시에 놓고 보았을 때 일어나는 색의 대비. 가령, 회색을 흰 바탕에 놓으면 검게 보이고 검은 바탕에 놓으면 희게 보이는 현상 따위. ↔계시대비.

동시대-인(同時代人)[명] 같은 시대를 사는 사람.

동시-통역(同時通譯)[명] 국제회의 등에서 상대가 이야기를 하기 시작함과 동시에 하는 통역. **동시통역-하다**[타여]

동!-식물(動植物)[-싱-][명] 동물과 식물을 아울러 이르는 말.

동심¹(同心)[명] **1** 마음을 같이하는 것. 또는, 같은 마음. **2**[수] 몇 개의 도형이 모두 같은 중심을 가지는 일.

동!심²(童心)[명] **1** 순진하고 꾸밈없는 어린아이의 마음. ¶~의 세계. **2** (어른들에게 사용하여) 아이들이 걱정 근심 없이 즐겁게 노는 것과 같은 마음. **3** 순진하고 꾸밈없는 마음. ¶~으로 돌아가 하루를 즐기다.

동심-원(同心圓)[수] 같은 중심을 가지는, 반지름이 다른 두 개 이상의 원.

동!아[식] 가을에 긴 타원형의 호박 비슷한 열매가 열리는 덩굴성 한해살이풀. 또는, 그 열매. 열매는 식용·약용함.

동아리 목적이 같은 사람들이 한패를 이룬 무리. ¶~에 가입하다.

동-아시아(東Asia)[지] 아시아의 동부. 중국·한국·일본 등을 포함하는 지역명.

동아-줄 굵고 튼튼하게 꼰 줄.

동안¹[명] **1**[의] 어떤 일이 있을 때로부터 다시 이루어질 때까지의 시간적 길이나 간격. ¶~이 멀다. **2**[의존] **1**(명의) 시간이 흐르는 사이. ¶1분 ~ 묵념하다. **2** 어떤 일이나 현상이 진행되거나 계속되는 시간의 흐름, 또는 그 어느 시점이나 사이. ¶방학 ~에 시골에 다녀오다.

동안(이) **뜨다** 동안이 오래다.

동안²(東岸)[명] 동쪽 연안. ↔서안.

동!안³(童顔)[명] **1** 어린아이의 얼굴. **2** 제 나이보다 훨씬 어려 보이는, 또는 그러면서도 어린애처럼 천진스럽게 보이는, 장년 이상이 된 어른의 얼굴. ¶그는 육십의 나이인데도 ~이라 40대로 보인다.

동!안거(冬安居)[명][불] 승려들이 겨울 석 달 동안 한곳에 모여 참선 수행하는 일. 기간은 음력 10월 15일부터 이듬해 1월 15일까지임. ▷하안거·안거.

동양(東洋)[명] 유라시아 대륙의 동부 지역. 아시아의 동부 및 남부, 즉 중국·한국·일본·인도·미얀마·인도네시아 등의 지역을 말함. ¶~ 사람. ↔서양.

동양-란(東洋蘭)[-난][명][식] 춘란·한란 등, 예로부터 한국·중국·일본 등 동양에서 재배되어 온 난초. ▷양란(洋蘭).

동양-사(東洋史)[명] 동양 여러 나라의 역사. ↔서양사.

동양-인(東洋人)[명] 동양 여러 나라의 사

동양-적(東洋的) 관명 동양의 특징을 지니고 있는 (것). ↔서양적.
동양-학(東洋學) 명 동양의 언어·문학·역사·종교·미술 등을 연구하는 학문.
동양-화(東洋畫) 명 1 [미] 중국·한국·일본 등 동양에서 발달해 온 회화. 비단이나 화선지에 붓과 먹·안료로 그림. ↔서양화. ▷한국화. 2 〈속〉 화투.
동양화-가(東洋畫家) 명 동양화 그리는 일을 직업으로 하는 사람. ↔서양화가.
동업(同業) 명 1 같은 종류의 직업이나 영업. 2 사업을 같이하는 것. 또는, 그 사업. **동업-하다** 동(자)여 ¶친구와 ~.
동업-자(同業者) [-짜] 명 1 사업을 함께 하는 사람. 2 같은 종류의 영업을 하는 사람.
동여-매다 명(밧줄이나 끈으로 되는 새끼·실 따위로) 감거나 두르거나 하여 매다. ¶상 자를 끈으로 ~.
동-영상(動映像) [-녕-] 명 [컴] 컴퓨터 화면에 영화처럼 연속적으로 움직이는 상태로 나타나는 영상.
동예(東濊) 명 [역] 1세기 초, 지금의 함경남도와 강원도 북부 지역에 있던 부족 국가. 광개토 대왕 때 고구려에 병합됨.
동:요¹(動搖) 명 1 (물체가) 흔들리거나 움직이는 것. 2 (생각이나 입장이) 확고하지 못하고 흔들리는 것. ¶돈의 유혹에 마음이 ~를 일으키다. 3 (상태가) 혼란스러워져 술렁이는 것. ¶돈의 폭탄선언은 정계의 ~를 가져왔다. **동:요-하다** 자여 ¶민심이 ~. **동:요-되다** 동(자)
동:요²(童謠) 명 어린이들의 생활 감정이나 꿈 등을 표현하여, 어린이들이 부르도록 만든 노래. 또는, 그 노랫말을 이루는 정형시.
동우-회(同友會) [-회/-훼] 명 어떤 목적을 위하여 뜻과 취미가 같은 사람끼리 모여서 만든 모임. ▷사진.
동:원(動員) 명 1 [군] 군대를 전쟁 등 비상사태에 대처할 수 있는 태세로 전환시키는 것. 또는, 그 일. ↔복원(復員). 2 전쟁 등 비상사태에 대처하기 위하여 나라 안의 물적·인적 자원을 동일한 관리 아래 통제·운용하는 것. 또는, 그 일. ▷징발. 3 (사람·물자·수단 등을) 어떤 일을 해내기 위해 모으는 것. ¶인력 ~. **동:원-하다** 동(타)여 ¶온갖 수단과 방법을 ~. **동:원-되다** 동(자) ¶매스 게임에 많은 학생이 ~.
동:원-령(動員令) [-녕] 명 [군] 군대를 동원하는 명령. ¶전시 ~.
동위(同位) 명 1 같은 위치나 지위. 2 같은 등급.
동위-각(同位角) [수] 두 직선이 다른 한 직선과 교차하여 생기는 각 가운데 한 직선에서 보아 같은 위치에 있는 두 개의 각. ▷엇각.
동위원소(同位元素) 명[화] 원자 번호는 같으나 질량수가 다른 원소. 또는, 같은 원자의 원자핵. ²He와 ⁴He 따위.
동-유럽(東Europe) 명 유럽 동부의 지역. 곧, 폴란드·체코·슬로바키아·헝가리·루마니아·불가리아·알바니아 등의 지역을 가리킴. =동구(東歐). ↔서유럽.
동음(同音) 명 같은 소리. 또는, 동일한 낱말.
동음이의-어(同音異議語) [-이의-/-이-] 명 [언] 소리는 같으나 뜻이 다른 낱말.

동의¹(同義) [-의/-이] 명 같은 뜻. ↔이의(異義).
동의²(同意) [-의/-이] 명 1 의견을 같이하는 것. 또는, 같은 의견. ¶~를 얻다. ↔반의(反意). 2 [법] 타인의 행위에 인허(認許) 또는 시인의 의사 표시를 하는 것. **동의-하다** 동(자)여 ¶결혼에 ~.
동의³(同議) [-의/-이] 명 같은 의견이나 논의. ↔이의(異議).
동의(動議) [-의/-이] 명 회의 중에 토의할 안건을 제기하는 것. 또는, 그 안건. ¶긴급 ~. **동의-하다²**
동의-서(同意書) [-의/-이] 명 어떤 일에 동의함을 나타내는 문서.
동의-어(同義語·同意語) [-의/-이-] 명 뜻이 같은 말. '책'과 '서적', '태양'과 '해' 따위. ↔반의어.
동이 명 배가 부르고 아가리가 넓으며 키가 작고 양옆에 손잡이가 달린, 질그릇의 한 가지. ¶물 ~.
-동이²(童-) 접미 '-둥이'의 잘못.
동이다 타 (끈이나 새끼·실 따위로) 감거나 두르거나 하여 묶다. ¶머리를 수건으로 질끈 ~.
동인¹(同人) 명 뜻을 같이하는 사람. 특히, 한동아리를 이루어 문학을 같이하는 사람. ¶문학 ~.
동인²(東人) 명 [역] 사색당파의 하나. 김효원·유성룡 등을 중심으로 한 당파. 또는, 그 당파에 속한 사람. ↔서인.
동:인³(動因) 명 어떤 변화나 발생의 직접적인 원인. ¶임오군란의 ~은 민씨 세력의 구식 군대에 대한 차별 대우였다.
동인-지(同人誌) 명 주로 문학을 같이하는 한동아리 사람들이 자신이 쓴 문학 작품을 모아 부정기적으로 엮어 내는 책.
동일(同一) 명 1 (이 대상이)(과) 저 대상과(이)) 서로 다르지 않고 같은 하나의 대상인 상태에 있는 것. ¶~ 인물. 2 (이 사물이)(과) 저 사물과(이)) 형태·내용·성질 등에 있어서 같은 상태에 있는 것. ¶~ 수법. **동일-하다** 형여 ¶지질 박사와 하이드 씨는 **동일한** 사람이다.
동일-성(同一性) [-씽] 명 둘 이상의 대상이나 사물이 지니는 동일한 성질.
동일-시(同一視) [-씨] 명 1 (둘 이상의 대상을) 차별을 두지 않고 같은 것으로 보는 것. 2 [심] 다른 인물과 자기를 의식·무의식적으로 동일한 존재로 여김으로써 만족과 안도감을 느끼는 심리 현상. **동일시-하다** 동일시-되다
동일-인(同一人) 명 같은 사람. ¶두 사건은 범행 수법으로 보아 ~으로 짐작 같다.
동자¹(同字) 명 1 같은 글자, 2 어떤 한자에 대해, 자획은 다르나 같은 뜻의 한자.
동:자²(童子) 명 1 =사내아이. ¶삼척 ~. 2 [불] 승려가 될 뜻을 가지고 절에 와서 머리를 깎고 불도를 배우면서도 아직 출가하지 않은 사내아이.
동:자³(瞳子) 명 =눈동자.
동:자-삼(童子蔘) 명 어린아이의 모양과 비슷하게 생긴 산삼. 동동삼.
동:자-승(童子僧) 명[불] '동자'의 뜻으로 아직 승려가 아니기에 대접하는 뜻으로 이르는 말. =동승.
동:작(動作) 명 어떤 일을 하려고 몸이나 손발을 움직이는 일. 비몸놀림·몸짓. ¶~이 빠르다. **동:작-하다** 동(자)여

동!장(洞長) 圀 행정 구역의 단위인 동사무소의 우두머리.
동:-장군(冬將軍) 圀 '겨울 장군' 이라는 뜻; 겨울철의 매서운 추위를 의인화하여 이르는 말. ¶~이 기승을 부리다.
동-저고리 圀 한복에서, 조끼를 받쳐 입지 않은 상태의 남자 저고리.
동:-적(動的) [-쩍] 圀圐 움직이고 있는 (것). 또는, 힘이 작용하고 있는 (것). ¶~ 형상. ↔정적(靜的).
동!적(動的RAM) [-쩍-] [컴] =디램.
동전(銅錢) 圀 구리나 구리의 합금으로 동그랗게 만든 돈.
동절(冬節) 圀 =겨울철. ¶~기(期).
동점(同點) [-쩜] 圀 같은 점수나 득점.
동점²(東漸) 圀 (어떤 세력이나 영향 등이) 점점 동쪽으로 옮겨 가는 것. **동점-하다** 圄匢 ¶서양문화는 동점하여 중국을 거쳐 한반도에 전파되었다.

동정¹ 圀 한복의 저고리나 두루마기의 깃에 덧붙여 다는, 흰색의 가늘고 긴 천.
동정²(同情) 圀 (불행을 겪고 있는 사람을, 또는 그 사람의 어려운 사정을) 알아주고 마음 아파하는 것. 또는, 그런 마음으로 도와주는 것. ¶값싼 ~ / ~ 어린 눈으로 바라보다. **동정-하다** 圄匢
동:정(動靜) 圀 어느 곳이나 집단에서 어떤 일이 일어나고 있는 낌새나 형편. 圕동태·동향. ¶학계의 ~/~을 살피다.
동:정(童貞) 圀 어떤 사람이 한 번도 이성(異性)과의 성교를 경험하지 않은 상태. 주로, 남자의 경우에 쓰이는 말임. ▷순결.
동:정-남(童貞男) 圀 동정을 지키고 있는 남자. 匢숫총각. ↔동정녀.
동:정-녀(童貞女) 圀 1 남자와 성교한 경험이 없는 여자. ↔동정남. 2[가][기] 성모 마리아를 가리키는 말. ¶~마리아.
동정-심(同情心) 圀 동정하는 마음.
동정-표(同情票) 圀 선거에서, 유권자가 후보를 동정하여 주는 표.
동제(銅製) 圀 구리로 만듦. 또는, 그 물건. ¶~품(品) / ~ 거울.
동조(同調) 圀 1 (어떤 사람의 주장이나 태도에) 뜻을 같이하여 따르는 것. 2 [물] 기계적 진동체 또는 전기적 진동 회로가 외부에서 오는 진동에 공진(共振)하도록 그 고유의 진동수·주파수를 조절하는 일. **동조-하다** 圄匢 ¶나는 그의 의견에 동조할 수 없다.
동족(同族) 圀 같은 겨레. ↔이족(異族).
동족-상잔(同族相殘) [-쌍-] 圀 동족끼리 싸우고 해침. ¶6·25 전쟁은 ~의 비극이었다.
동종(同種) 圀 같은 종류. 匢동류.
동지¹(冬至) 圀 24절기의 하나. 12월 22일 경으로, 대설과 소한 사이에 있음. 1년 중 낮이 가장 짧고 밤이 가장 길. 匢동짓날. ↔하지.
동지²(同志) 圀 1 뜻이 서로 같음. 또는, 그런 사람. 2 뜻이나, 어려운 과업을 이루기 위해 위험을 무릅쓰고 함께 싸워 나가는 사람을 이르는 말.
동지-사(冬至使) 圀[역] 조선 시대에, 매년 동짓달에 중국으로 보내던 사신. ▷조사.
동지-섣달(冬至-) [-딸] 圀 1 동짓달과 섣달을 아울러 이르는 말. 2 한겨울을 가리키는 말. ¶~ 긴긴밤.

동지-애(同志愛) 圀 뜻이나 이념을 같이하는 사람들끼리 느끼는, 서로 아끼고 사랑하는 마음. 匢동료애. ¶뜨거운 ~.
동지^팥죽(冬至-粥) [-팓쭉] 圀[민] 동짓날에 쑤어 먹는 팥죽.
동진(東進) 圀 동쪽으로 나아가는 것. ↔서진. **동진-하다** 圄匢
동질(同質) 圀 같은 물질. 또는, 같은 성질. ↔이질.
동질-감(同質感) 圀 서로 성질이 같아서 쉽게 동화하거나 어울릴 수 있다고 여기는 느낌. ↔이질감.
동질-성(同質性) [-썽] 圀 사람이나 사물의 바탕이 같은 성질이나 특성. ¶민족적 ~을 회복하다. ↔이질성.
동질-적(同質的) [-쩍] 圀圐 성질이 같은 (것). ↔이질적.
동지-날(冬至-) [-진-] 圀 '동지'를 좀더 구어적으로 이르는 말.
동짓-달(冬至-) [-지딸/-짇딸] 圀 음력 11월을 동지가 든 달이라 하여 이르는 말.
동-쪽(東-) 圀 해가 뜨는 쪽의 방향. 또는, 그 지역. =동(東). ↔서쪽.
동참(同參) 圀 (여러 사람이 어떤 일이나 행사에) 함께 참가하는 것. **동참-하다** 圄匢 ¶불우 이웃 돕기 행사에 많은 시민들이 ~.
동창(同窓) 圀 같은 학교를 졸업한 관계에 있는 사람. 특히, 같은 해에 졸업한 사람을 가리킴. 匢동문·동창생. 圕동기.
동창-생(同窓生) 圀 같은 학교를 졸업한 사람. 匢동창.
동창-회(同窓會) [-회/-훼] 圀 한 학교의 출신자가 서로의 친목 또는 모교(母校)와의 연락 등을 위하여 조직한 단체. 또는, 그 모임. =동문회.
동체¹(同體) 圀 한 몸. ¶일심(一心) ~.
동체²(胴體) 圀 물체의 중심을 이루는 부분. 특히, 비행기의 날개와 꼬리를 제외한 몸체 부분.
동체³(動體) 圀 움직이는 물체. ¶~ 촬영.
동!초(動哨) 圀[군] 일정한 구역을 돌아다니면서 지키는 보초. ↔부동초.
동축-케이블(同軸cable) 圀[통] 데이터 통신에 사용되는 전송 선로. 중앙의 구리선과 그것을 싸고 있는 외부 구리망으로 이루어지며, 고속 통신 선로에 이용됨.
동충하초(冬蟲夏草) 圀[식] 균사가 살아 있는 곤충의 몸에 들어가 발육·증식하다가, 곤충이 죽은 뒤 곤충의 몸속에 균사가 가득 메워져서 된 버섯. 약재로 쓰임.
동치(同値) 圀[논] 두 개의 명제가 동일한 결과를 가져오는 일. 圕호등.
동!치미 圀 소금에 절인 통무와 배로 싸서 묶은 마늘·생강·배 등을 항아리 바닥에 넣고 갓·실파·고추 등을 얹은 다음, 소금물을 가득히 부어 심심하게 담근 김치.
동침(同寢) 圀 (남녀가) 한 이부자리에서 같이 자는 것. 또는, 그렇게 자면서 성적인 관계를 가지는 것. **동침-하다** 圄匢
동타(同打) 圀[체] 골프에서, 같은 타수. ¶박세리는 2라운드에서 소렌스탐과 ~를 이루었다.
동!태¹(凍太) 圀 얼린 명태. ▷명태.
동!태²(動態) 圀 감시·조사의 대상이 되는 사람이나 집단이나 현상 등의 행동이나 움직임. 또는 변해 가는 상태. 匢동향. ¶적의 ~를 살피다.

동:태-눈(凍太-) 명 생기가 없이 흐릿한, 사람의 눈을 속되게 이르는 말.
동:토(凍土) 명 얼어붙은 땅.
동:통(疼痛) 명 신체 부위에 느끼는 아픔. 주로, 의학 분야에서 많이 쓰이는 말임.
동-트다(東-) 동(자) 〈~트니, ~터〉 새벽에 동쪽 하늘이 훤하게 밝아 오다. ¶동트는 새벽.
동-티 명 〈<동토(動土)〉 공연히 건드려서 스스로 걱정이나 해를 입음을 비유하여 이르는 말. ¶~가 나다.
동-티모르(東Timor) 명 [지] 말레이 제도 동쪽 끝 티모르 섬 동부에 있는 신생 독립국. 수도는 딜리.
동:파(凍破) 명 (물체가) 얼어서 터지거나 파손되는 것. **동:파-하다** 동(자여) ¶수도관이 ~.
동판(銅版) 명[출] 구리 조각의 평면에 그림을 새기거나 부식시켜서 만든 인쇄 원판. ¶~ 인쇄. ▷연판(鉛版).
동편(東便) 명 동쪽 편. ↔서편.
동편-제(東便制) 명[음] 판소리에서, 조선 영조 때의 명창 송홍록의 법제를 이어받은 유파. 소리가 씩씩하고 웅장한 것이 특징임. 전라도의 동북 지역에서 성함. ▷서편제·중고제.
동포(同胞) 명 ['같은 배 속에서 난 핏줄'이라는 뜻] 같은 민족에 속하는 사람. (비)겨레. ¶해외 ~.
동포-애(同胞愛) 명 동포로서의 사랑.
동풍(東風) 명 동쪽에서 불어오는 바람. ↔서풍.
동:-하다(動-) 동(자여) (어떤 의욕이나 욕망 등이) 마음속에서 일어나다. ¶구미(口味)가 ~.
동학(同學) 명 한곳에서 같이 공부하는 것. 또는, 그런 벗. **동학-하다** 동(자여)
동학²(東學) 명[종] 조선 철종 때, 최제우가 제세 구민(濟世救民)의 뜻을 가지고 창건한 민족 종교. 유교·불교·도교·천주교의 교리를 흡수하여 인내천(人乃天) 사상을 전개했음.
동학^농민^운동(東學農民運動) [-항-] 명[역] 조선 고종 31년(1894)에 전봉준을 비롯한 동학 교도와 농민들이 일으킨 농민 운동.
동해¹(東海) 명 1 동쪽에 있는 바다. 2[지] 우리나라 동쪽의 바다. ↔서해.
동:해²(凍害) 명 농작물 따위에 추위로 생기는 피해나 손해. ¶~ 방지.
동해-안(東海岸) 명 동해의 해안.
동행(同行) 명 1 어떤 사람과 어느 곳으로 함께 가거나 오거나 하는 것. 2 같은 목적지를 함께 가는 사람. (비)동행인. **동행-하다** 동(자여) ¶친구와 고향까지 ~.
동행-인(同行人) 명 동행하는 사람. (비)동행.
동향¹(同鄕) 명 같은 고향.
동:향²(東向) 명 동쪽을 향하는 것. 또는, 그 방향. ↔서향. **동향-하다** 동(자여)
동:향³(動向) 명 어떤 사회 집단이나 현상이 어떤 방향으로 움직여 가는 상태. 또는, 어떤 사람이 어떤 경향을 띠고 활동하는 상태. (비)동태. ¶학계의 ~.
동헌(東軒) 명[역] 감사·병사·수사 등 고을의 수령이 공사(公事)를 처리하는 집.
동:혈(洞穴) 명 깊고 넓은 굴의 구멍.
동형(同形) 명 사물의 성질이나 모양이 서로 같음.
동형(同型) 명 서로 형식이 같음.
동호-인(同好人) 명 같은 취미를 가지고 어떤 것을 함께 즐기는 사람. ¶낚시 ~.
동호-회(同好會) [-회/-훼] 명 동호인의 모임. ¶축구 ~.
동화¹(同化) 명 1 성질·양태·사상(思想) 등의 다르던 것이 같게 되는 것. 또는, 같게 만드는 것. 2 밖으로부터 얻어 들인 지식 등을 완전히 자기 것으로 만드는 것. 3 [언] 음운이 서로 이어질 때, 어느 한쪽 또는 양쪽이 영향을 받아 비슷하거나 같은 소리로 바뀌는 음운의 변화. ↔이화(異化). **동화-하다** 동(자여) **동화-되다** 동(자) ¶외국 풍속에 ~.
동:화²(動畵) 명 일반 만화와 구별하여 만화 영화의 한 장면 한 장면의 그림을 이르는 말.
동:화³(童話) 명[문] 동심(童心)을 기초로 하여 지은 이야기. 공상적·서정적·교훈적인 것이 많음. ¶전래 ~.
동:-화상(動畵像) 명[컴] 영화나 애니메이션 등과 같이 연속적인 움직임을 나타내는 화상.
동화^작용(同化作用) 명[생] 생물이 외계에서 섭취한 영양물을 자체 고유의 성분으로 변화시키는 일. ↔이화 작용.
동:화-집(童話集) 명 여러 동화를 모아서 한데 엮은 책. ¶안데르센 ~.
동:화-책(童話冊) 명 동화가 실린 책.
동:회(洞會) [-회/-훼] 명 '동사무소'의 구칭.
돛 명 돛대에 다는 넓은 천.
돛-단배[돋딴-] 명 돛을 단 배. =돛배·범선.
돛-대[돋때] 명 돛을 다는, 배 바닥에 세운 기둥. =마스트.
돛-배[돋빼] 명 =돛단배.
돼: '되어'가 준 말. ¶그런 짓 하면 안 ~!
돼:-먹다 동(자여) (주로, '되다', '않다', '못하다'와 함께 쓰이어) (사람이나 그의 언행이) 사리에 어긋나기 짝이 없이 마땅하다. 속된 말임. ¶천하에 돼먹지 못한 놈!
돼:지 명 1[동] 몸이 뚱뚱하고 다리가 짧으며, 빼죽 내민 주둥이로 '꿀꿀' 하고 우는 포유동물. 멧돼지를 길들인 가축으로, 고기 맛이 좋아 널리 식용됨. 2 욕심이 많고 미련한 사람을 비유하여 이르는 말. 3 몹시 살찐 사람을 놀림조로 이르는 말.
돼지 멱따는 소리 아주 듣기 싫도록 꽥꽥 지르는 소리.
돼:지-가죽 명 돼지의 가죽.
돼:지-감자 명[식] =뚱딴지².
돼:지-고기 명 사람이 식용 대상으로 삼는 돼지의 살.
돼:지-기름 명 1 =돼지비계. 2 돼지의 지방 조직에서 짠, 백색의 반고체의 기름. 비누의 원료로 쓰임.
돼:지-꿈 명 돼지가 나타나는 꿈. 흔히, 재물이 생기는 길몽으로 여김.
돼:지-띠 명[민] 돼지해에 난 사람의 띠.
돼:지-비계[-계/-게] 명 돼지의 가죽과 살 사이에 있는 기름기로 된 층. =돼지기름.
돼:지-우리 명 돼지를 가두어 키우는 곳. =돈사(豚舍).
돼:지^콜레라(-cholera) 명[의] 돼지의 급성 전염병. 전염성이 강하며 사망률이 높음.
돼:지-해 명[민] =해년(亥年).

되¹[되/뒈] 명 ①[자립] 곡식·액체 등의 분량을 되는 데에 쓰는 그릇. ②[의존] 곡식·액체 등의 분량을 헤아리는 단위. 한 되는 열 홉임. ¶쌀 한 ~.
[되로 주고 말로 받는다] ㉠남을 조금 건드렸다가 큰 되갚음을 당한다. ㉡조금 주고 그 대가를 많이 받는다.

되-²[되/뒈] 접두 '도리어', '다시'의 뜻을 나타내는 말. ¶~돌아오다 / ~묻다.

-되³[되/뒈] 어미 1 대립되는 내용을 접속할 때 쓰이는 연결 어미. ¶눈은 오~ 바람은 불지 않는다. 2 앞말의 내용을 인정하거나 허락하면서 뒤에 딴 말을 붙이거나 부연할 때 쓰는 연결 어미. ¶내가 놀~ 저녁 먹기 전에 오너라. 3 대화를 인용할 때 그에 앞서서 쓰는 연결 어미. ¶~으되.

되:-게[되-/뒈-] 부 정도가 아주 심한 상태로. ¶되우·된통. ¶그 녀석 ~ 까부네.

되-넘기다[되-/뒈-] 타 물건을 사서 즉시 넘겨 팔다. ¶집을 ~.

되-놈[되-/뒈-] 명 '중국 사람'을 얕잡아 이르는 말. ×때놈.

되-뇌다[되뇌-/뒈눼-] 통타 (같은 말) 혼잣말로 여러 번 되풀이하여 말하다. ¶같은 말을 몇 번이고 ~.

되는-대로[되-/뒈-] 부 아무렇게나 함부로. ¶하루하루 ~ 살다.

되다¹[되-/뒈-] 자 ①본 ¶1(물건이) 제 형태를 갖추어 만들어지다. ¶요리가 ~. 2(일이) 제대로 또는 어떤 상태로 이루어지다. ¶공부가 잘 안 된다. 3(물건이나 어떤 재료나 성분으로) 만들어지거나 이루어지다. ¶밀가루로 된 음식. 4(사물이) 어떤 성질이나 자격을 갖춘 대상으로서 성립하다. ¶하고 싶은 말을 속에 담아 두면 병이 된다. 5(사람이나 사물이) 이전과 다른 존재나 사물로 바뀌거나 변하다. ¶얼음이 녹아 물이 ~. 6(사람이) 사람으로서의 도리를 갖추다. ¶병든 노모에게 극진한 걸 보면 사람이 됐다. 7(사람이 다른 사람과, 또는 다른 사람에게) 어떤 친척 관계에 있는 상태에 놓이다. ¶이분은 저와 먼 친척뻘 됩니다. 8(어떤 사람이나 사물이 다른 대상에) 어떤 특별한 뜻을 가지는 상태에 놓이다. ¶너는 나에게 도움이 될 뿐이다. 9(어떤 작용이나 행위, 현상 등이) 베풀어지거나 이루어지다. ¶전화가 연결이 ~. 10 (어떤 때나 시점이) 닥쳐오다. ¶잠깐갈 나이가 ~. 12 ('다 되다'의 꼴로 쓰여) (사람의 목숨이나 물건의 수명이) 더 살거나, 더 사용할 수 없는 상태에 이르다. ¶배터리의 수명이 다 ~. 13 (작물 따위가) 잘 자라다. ¶곡식이 알차게 ~. 14 (일정한 액수의 돈이나 자금이) 갖추어지거나 이루어지다. ㈀마련되다. ¶돈이 되는 대로 갚겠습니다. 15 (어떤 일이) 가능하거나 허용되는 상태에 놓이다. ¶될 수 있는 대로 빨리 오너라. 16 문제나 지장을 일으키지 않을 상태에 놓이다. ㈁괜찮다. ¶"식사 더 하시겠어요?" "아니요, 됐습니다." 17 (일정한 자격이나 신분을 나타내는 말 뒤에 '된'의 꼴로 쓰여) '그런 자격이나 신분을 가진 자로서의 ~'의 뜻을 나타내는 말. ¶자식 된 도리. ②(용언의 어미 '-게' 아래에 쓰여) 어떤 대상이 이전의 상태와는 다르게 변하거나, 어떤 일이 가능한 상태에 놓이는 뜻을 나타내는 말. ¶종이가 변색하여 누렇게 되었다.

되지도 않는 소리 1 전혀 이치에 닿지 않는 말. ¶~ 그만 하고 일이나 열심히 해라. 2 전혀 실현 가능성이 없는 의견.

될 대로 되어라 이러쿵저러쿵 할 때 하는 말임. ¶에라, 모르겠다. ~.

되:다²[되-/뒈-] [되고, 되어] 통타 곡식이나 가루, 액체 등을 말·되·홉 등으로 분량을 헤아리다. ¶쌀을 되로 되어 팔다.

되:다³[되-/뒈-] 형 [되고, 되어] 1 (어떤 물질이) 물기가 적어서 빡빡하거나 단단한 느낌이 있다. ¶된 반죽. ↔질다. 2 (줄이나 매듭 따위가) 몹시 팽팽 팽팽하다. ¶뱃줄을 되게 매다. 3 (일이) 힘에 부쳐 몸이 견디기 어렵다. ㈁고되다. ¶입술이 부르튼 걸 보니 일이 된게로구나.

-되다⁴[되-/뒈-] [접미] 1 서술적 의미를 가진 명사에 붙어, 동작이나 작용이 저절로, 또는 남에 의해 이루어짐을 나타내는 말. 자동사를 파생시킴. ¶해결~ / 마비~. 2 어떤 상태나 성질을 나타내는 추상적 명사나 부사, 또는 비자립적인 어근이나 접두사 등에 붙어, 그런 상태나 성질을 띠고 있음을 나타내는 말. 형용사를 파생시킴. ¶참~ / 헛~ / 막~.

되-도록[되-/뒈-] 부 될 수 있는 대로. ¶~ 일찍 오너라.

되-돌다[되-/뒈-] 자 (~도니, ~도오) 1 (대상이) 돌던 방향으로 거꾸로 다시 돌다. 2 (대상이) 움직이는 방향을 반대쪽 방향으로 바꾸다. ¶그는 길모퉁이까지 갔다가 갑자기 되돌아서 뛰어왔다.

되-돌리다[되-/뒈-] 타 1 '되돌다'의 사동사. ¶길이 너무 막혀 차를 되돌려 돌아왔다. 2 (어떤 대상이나 현상을) 다시 본래의 상태가 되게 하다. ¶마음을 ~.

되-돌아가다[되-/뒈-] 자 (오던 길을) 다시 돌아가다. ¶왔던 길을 ~. 2 원래의 상태로 다시 되다.

되-돌아보다[되-/뒈-] 타 다시 돌아보다. ¶힘들었던 지난날을 ~.

되-돌아서다[되-/뒈-] 자 먼젓번에서 있던 방향으로 돌아서다.

되-돌아오다[되-/뒈-] 자 되짚어서 다시 오다. ¶편지가 주소 불명으로 ~.

되:레[되-/뒈-] 부 '도리어'의 준말. ¶잘못한 자네가 누군데 ~ 화를 내?

되-묻다[되-/뒈-] 타 ㄷ (~물으니, ~물어) 1 다시 묻다. 2 물음에 대답하지 않고 도리어 묻다.

되-바라지다[되-/뒈-] 형 1 (주로 어린 아이나 젊은 여자가) 순진한 데가 없이 정신적으로 조숙하거나 언행이 거칠다. ¶되바라진 도시의 아이들. 2 (그릇이) 운두가 낮고 위가 벌어진 상태에 있다.

되-받다[되-/뒈-] 타 1 도로 받다. ¶공을 되받아 넘기다. 2 잘못을 지적받거나 꾸중을 들을 때 말대답을 하며 반항하다. ¶되받아 소리치다.

되-받아넘기다[되-/뒈-] 타 1 남의 말이나 노래를 도로 받아서 처리하다. ¶농담을 재치 있게 ~. 2 구기(球技)에서 자기에게 넘어온 공을 다시 처서 넘어온 대로 도로 상대의 쪽으로 넘어가게 하다. 3 물건이나 일, 지시 등을 받아서 그대로 다른 사람에게 전해 주다.
되-받아치다 [되-/뒈-] 톰 남의 말이나 행동에 맞서 대들다.
되-살다 [되-/뒈-] 困(〜사니, 〜사오) 1 (거의 죽은 듯한 것이) 다시 살아나다. ¶오랜 가뭄 뒤의 단비로 농작물이 **되살아** 생기가 돈다. 2 (감정·기분·기억 따위가) 다시 생기다. ¶그의 얼굴을 보는 순간 그때의 악몽이 **되살아** 왔다.
되-살리다 [되-/뒈-] 톰(타) '되살다'의 사동사. ¶전통문화를 〜.
되-살아나다 [되-/뒈-] 困 1 죽었거나 없어졌거나 멸망한 것, 또는 죽은 듯하던 것이 다시 살아나거나 생겨나다. ¶사경을 헤매다 〜. 2 (감정·기분·기억 등이) 다시 생기거나 일어나다. ¶기억이 〜.
되-새 [되-/뒈-] 밀(동) 머리와 등은 검은색, 가슴과 어깨는 오렌지색이며, 날개에 두 줄의 흰 띠가 있는 작은 새. 겨울 철새로 숲 속에 떼 지어 삶.
되-새기다 [되-/뒈-] 톰(타) 1 (음식을) 자꾸 내씹다. 2 곰곰히 자꾸 생각하다. (비) 되씹다. ¶지난 일을 〜.
되새김-질 [되-/뒈-] 밀(소나 염소 등이 한번 삼킨 먹이를) 다시 게워 내어 씹는 짓. **되새김질-하다** 톰(타)
되-쏘다 [되-/뒈-] 톰 ① (타) 1 (거울·유리·수면 등이 빛을) 받아 다른 곳으로 비추다. ¶반사하다. 2 (총·활 등을) 쏘고 있는 상대쪽을 향해 쏘다. ② (자) (공격적으로 말하는 상대방에게) 맞받아 공격적으로 말하다. ¶그는 내 말에 벌컥 화를 내면서 야멸치게 **되쏘았다**.
되-씹다 [되-따/뒈-따] 톰(타) 1 (자기가 이미 한 말을) 되풀이하다. ¶같은 말을 몇 번씩 〜. 2 (지난 일을) 자꾸 떠올려 생각하다. ¶아픈 추억을 〜. ⇨곱씹다.
되알-지다 [되-/뒈-] 톰 1 매우 힘차고 야무지다. ¶**되알진** 목소리. 2 힘에 겨워 벅차다.
되-우 [되-/뒈-] 밈 아주 몹시. (비)되게·된통. ¶〜 혼이 나다.
되잖다 [되잔타/뒈잔타] 톰 이치에 닿지 않거나 올바르지 않다. ¶**되잖은** 녀석.
되-잡다 [되-따/뒈-따] 톰(타) 도로 잡다. ¶놓았던 펜을 **되잡고** 글을 써 내려가다.
되지-못하다 [되-모타-/뒈-모타-] 톰(여) 언행이 옳지 못하다. ¶**되지못하게** 얻다 대고 반말이야.
되직-하다 [되지카-/뒈지카-] 톰(여) 대체로 되다고 여겨지는 상태에 있다. ¶**되직한** 죽. **되직-이** 밈 ¶풀을 〜 쑤다.
되-질 [되-/뒈-] 밀 곡식을 되로 되는 일. **되질-하다** 톰
되-짚다 [되짐따/뒈짐따] 톰(타) 1 다시 짚다. 2 (주로 '되짚어'의 꼴로 쓰여) '곧 되돌아' 또는 '곧 되돌려'의 뜻을 나타내는 말. ¶**되짚어** 생각하다.
되-찾다 [되찬따/뒈찬따] 톰(타) 다시 찾다. ¶기억을 〜.
되-처 [되-/뒈-] 밈 거듭하여 다시. (비)또다시. ¶〜 묻다.
되-팔다 [되-/뒈-] 톰(타)(〜파니, 〜파오) 샀던 물건을 도로 팔다. (비)전매하다.
되풀-이 [되-/뒈-] 밀 (같은 말이나 행동을) 연속적으로 두 번 이상 다시 하는 것. (비)반복. **되풀이-되다** 톰(자) ¶같은 말을 몇 번이나 **되풀이해야** 알아듣겠니? **되풀이-되다** 톰(자)

두개골 __321

된:-똥 [된-/뒌-] 밀 되게 나오는 똥.
된:-맛 [된맏/뒌맏] 밀 겪거나 당하는 일이 몹시 호되고 고통스러움을 이르는 말. ¶〜을 봐야 정신을 차릴 테냐.
된:-바람 [된-/뒌-] 밀 '북풍(北風)'을 뱃사람들 사이에서 이르는 말.
된:-밥 [된-/뒌-] 밀 꼬들꼬들하게 지은 밥. ↔진밥.
된:-서리 [된-/뒌-] 밀 1 늦가을에 아주 되게 내리는 서리. ↔무서리. 2 모진 재앙이나 타격을 비유적으로 이르는 말. ¶부정을 일삼던 관리들에게 〜가 내렸다.
된서리를 맞다 1 되게 내리는 서리를 맞다. 2 모진 재앙이나 억압을 당하다.
된:-소리 [된-/뒌-] 밀(언) 되게 발음되는 자음. 곧, 'ㄲ, ㄸ, ㅃ, ㅆ, ㅉ' 따위의 소리. =경음(硬音). ▷예사소리·거센소리.
된:소리-되기 [된-/뒌-뒈-] 밀(언) 예사소리가 된소리로 바뀌는 현상. '곶'이 '꽃'으로, '길가'가 '길까'로 되는 따위. =경음화.
된:-장 (-醬) [된-/뒌-] 밀 메주로 간장을 담가서 장물을 떠내고 남은 건더기. 또는, 메주에 소금물을 알맞게 부어 장물을 떠내지 않고 그냥 먹는 장. =토장.
된:장-국 (-醬-) [된-꾹/뒌-꾹] 밀 된장을 풀어서 끓인 국. =토장국.
된:장-찌개 (-醬-) [된-/뒌-] 밀 찌개거리에다 된장을 풀어 끓인 찌개.
된:-통 [된-/뒌-] 밈 1 아주 호되게. 또는, 헤어나기 어려운 지경으로. ¶되게·되우. 2 ¶〜 혼이 나다.
될-성부르다 [될썽-/뷀썽-] 톰(르)(〜성부르니, 〜성불러) 잘될 가망이 있다.
[**될성부른 나무는 떡잎부터 알아본다**] 크게 될 사람은 어릴 적부터 다르다. 또는, 결과가 좋을 것은 시초부터 잘된다.
됨됨-이 [됨됨-/뒘뒘-] 밀 사람의 품행이나 인격. ¶그 사람 겉보기는 괜찮아 보이는데 〜가 어떨지 모르겠군.
뒷-박 [되빡/뒫빡/뒈빡/뒏빡] 밀 1 '되'를 속되게 이르는 말. 2 되 대신으로 쓰는 바가지.
뒷박-이마 [되빵니-/뒫빵니-/뒈빵니-/뒏빵니-] 밀 뒷박을 엎어 놓은 것처럼 생긴 이마.
뒷-병 (-甁) [되뼝/뒫뼝/뒈뼝/뒏뼝] 밀 한 되를 담을 수 있는 병. (비)대두병.
두[1] 판 '둘'의 뜻. ¶〜 사람.
두 다리 쭉 뻗다 걱정에서 벗어나 편히 지내다.
¶이젠 **두 다리 쭉 뻗고** 잘 수 있겠다.
두 손(을) 들다 1 항복하거나 굴복하다.
¶네 고집에 **두 손** 들었다. 2 전적으로 환영하거나 찬성하다. ¶네가 다시 돌아온다면, **두 손** 들어 환영할 일이지.
두[2] (頭) (의존) (지극히 제한된 문맥에서만 쓰여) 골치 아픈 상태의 머리를 이르는 말. ¶아이고 〜야.
두[3] (頭) (의존) 소나 돼지 같은 네 발 가진 짐승의 수효를 세는 단위. ¶소 다섯 〜.
두[4] (斗) (의존) 곡식이나 액체의 분량을 되는 단위. (비)말.
두각 (頭角) 밀 1 짐승의 머리에 있는 뿔. 2 (주로 '두각을 나타내다'의 꼴로 쓰여) 뛰어난 능력을 비유하여 이르는 말. ¶그는 길짓기에서 〜을 나타냈다.
두개-골 (頭蓋骨) 밀(생) 사람이나 짐승의 머리를 이루고 있는 뼈.

두건(頭巾) [명] 남자 상제(喪制)가 상중에 쓰는, 베로 만든 쓰개. [준]건(巾).
두견-새(杜鵑―) [명][동] =두견이.
두견-이(杜鵑―) [명][동] 등은 푸른빛을 띤 회갈색이고, 배는 흰색에 검은 가로줄 무늬가 있는, 몸길이 28cm가량의 새. 여름 철새로, 숲 속에 단독으로 살며 다른 새의 둥지에 알을 낳음. =두견새·자규.
두고-두고 [부] 오랜 시간을 두고 여러 번에 걸쳐서. ¶자신이 한 행동을 ~ 후회하다.
두괄-식(頭括式) [명][문] 산문 구성 방식의 하나. 글의 중심 내용이 글의 첫머리에 오는 형태임. ▷미괄식·양괄식.
두근-거리다/-대다 [동][자][타] 몹시 놀라거나 겁이 나서 가슴이 자꾸 뛰다. 또는, 그렇게 하다. ¶가슴이 ~.
두근-두근 [부] 두근거리는 모양. **두근두근-하다** [동][자][타][여] ¶그는 자기가 한 일이 들통 날까 봐 가슴이 **두근두근했다**.
두꺼비 [명][동] 개구리와 비슷하나 몸이 더 크며, 몸빛은 흑갈색 바탕에 짙은 얼룩무늬가 있고 피부가 우툴두툴한 양서류의 동물. 봄에 알을 낳은 뒤에는 수풀 속에서 생활함.
[**두꺼비 파리 잡아먹듯**] 아무것이나 닥치는 대로 받아먹는 모양.
두꺼비-집 [명] 〈속〉 안전기(安全器).
두껍다[―따] [형][ㅂ] 〈두꺼우니, 두꺼워〉 **1** 어느 정도 부피를 가진 넓적한 물체의 두께가 보통의 정도, 또는 기준 대상의 것보다 넘는 상태에 있다. ¶**두꺼운** 책. **2** 층의 상태를 이루는 사물의 높이나 집단의 규모가 보통 정도를 넘는 상태에 있다. ¶개혁 지지층이 ~. ↔얇다. ▷두텁다.
두께 [명] 넓적한 물체에서, 넓적한 한쪽 면과 반대쪽 면 사이의 길이.
두뇌(頭腦)[―뇌/―눼] [명] **1** 사람의 머리 속에 있는 뇌. 특히, 고도의 정신 작용을 맡고 있는 대뇌. 또는, 그 대뇌의 지적 능력. ¶~ 회전이 빠르다. **2** '학문적 지식을 많이 쌓은 사람'을 비유적으로 이르는 말. ¶우수한 ~를 양성하다.
두다 [동] [1][타] **1** (어떤 물건을 어느 곳에) 있게 놓다. [비]보관하다. ¶전축을 응접실에 ~. **2** (사람을) 데리고 가거나 함께 살지 않고 (어느 곳에) 남기거나 따로 살게 하다. **3** (자손이나 손아랫사람, 또는 평교간의 사람을) 거느리거나 가지다. ¶슬하에 삼 남매를 ~. **4** (사람이 어떤 사람을) 어떤 일을 하도록 일정한 자리에 있게 하다. ¶가정부를 ~. **5** (상위의 조직이나 기구 등의 아래에 하위의 조직이나 기구 등을) 만들어 있게 하다. [비]설치하다. ¶사장 밑에 비서실을 ~. **6** (대상을) 변화시키거나 간섭하거나 하지 않고 어떤 상태대로 있게 하다. ¶심사가 편치 않을 테니 혼자 있게 **두어라**. **7** (밥·떡 등의 음식의 기본 재료에 딴 재료를) 섞어 넣다. ¶밥에 콩을 ~. **8** (옷이나 이부자리, 방석 등에 솜이나 깃털 따위를) 넣어 일정한 부피를 이루게 하다. ¶이불에 솜을 두툼히 ~. **9** (무엇에 기초·근거나 어떤 상태를) 삼거나 있게 하다. ¶우승에 목표를 ~. **10** (시간적·공간적인 사이를) 떨어지게 하거나 있게 하다. ¶시간을 **두고** 생각해 봅시다. **11** (몸이나 시선 등을 어디 또는 어느 방향에) 있게 하거나 향한 상태가 되게 하다. ¶그는 여자 앞에서 시선을 어디다 **두어야** 할지 몰라 쩔쩔맸다. **12** (어떤 대상에 생각이나 뜻을) 미치게 하거나 가지다. ¶이웃집 처녀에게 마음을 ~. **13** (바둑·장기·고누 따위를) 놀이로 행하다. 또는, 그 놀이에서, 말을 어느 자리에 놓다. ¶바둑을 ~. **14** 《주로 '두고'의 꼴로 쓰여》 (무엇을) 대상으로 하다. ¶천재란 바로 그를 **두고** 하는 말이다. **15** 《주로 '두고'의 꼴로 쓰여》 (어느 기간을) 내내 계속하다. ¶이번에 가지 않으면 평생을 **두고** 후회할 거야. **16** 《주로 '두고'의 꼴로 쓰여》 (어떤 대상을) 어떤 일의 영역 밖에 따로 있게 하다. ¶제 것은 옆에 **두고** 남의 물건을 쓴다. **17** (수결을 문서에) 써서 나타내다. [2][보조] 《동사의 어미 '-아/어/여' 아래에 쓰여》 어떤 행동의 완료 후 그 상태를 의도적으로 변화시키지 않고 보존함을 나타내는 말. ¶내 말을 명심해 **두어라**. ▷놓다.
두고 보다 《주로 '두고 보자', '두고 봐(라)'의 꼴로 쓰여》 상대에게 패하거나 업신여김을 받았을 때, 다음에 설욕하거나 앙갚음하겠다는 뜻으로 다짐할 때 하는 말. ¶잘되는지 어디 **두고 보자**.
두더지 [명][동] 쥐와 비슷하나 몸이 좀 크고, 몸빛은 검은색 또는 흑갈색인 포유동물. 뾰족한 주둥이와 긴 발톱이 있는 크고 넓적한 앞발로 땅에 굴을 파고 삶.
두!도막^형식(―形式)[―마켱―] [명][음] 한 곡이 두 개의 큰악절로 이루어지는 형식.
두두 [감] 돼지 따위의 짐승을 계속 몰아서 쫓는 소리.
두두룩-하다[―루카―] [형][여] 가운데가 솟아서 불룩하거나 수북하다. [준]두둑하다. [작]도도록하다. **두두룩-이** [부]
두둑 [명] **1** 밭과 밭 사이의 경계를 이루는 두두룩한 언덕. ¶밭~. **2** 논이나 밭을 갈아 골을 타서 만든 두두룩한 바닥.
두둑-하다[―두카―] [형][여] **1** 매우 두껍다. ¶서류 뭉치가 ~. **2** 넉넉하다. 또는, 풍부하다. ¶배짱이 ~. **3** '두두룩하다'의 준말. **두둑-이** [부] ¶사례는 ~ 하겠소.
두둔 [명] (어떤 사람을) 편들어 그의 허물 따위를 감싸 주는 것. **두둔-하다** [동][타][여] ¶아이를 자꾸 **두둔해** 주면 버릇만 나빠진다.
두둘-두둘 [부] 물체의 겉면에 두두룩한 것들이 내밀거나 붙어 있어 고르지 않은 모양. [작]도돌도돌. [거]두툴두툴. **두둘두둘-하다** [형][여]
두-둥실 [부] 물 위나 공중으로 가볍게 떠오르거나 떠 있는 모양. ¶하늘에 구름이 ~ 떠간다.
두드러기 [명] 음식·약물·온도의 변화 등으로 인하여 생기는, 피부병의 하나. 피부가 부르트며 몹시 가려움.
두드러-지다 Ⅰ[형] **1** 쑥 내밀어 두두룩하다. ¶이마가 **두드러진** 얼굴. [작]도드라지다. **2** (어떤 특성이나 일면이) 표가 나게 뚜렷하다. ¶**두드러진** 업적.
Ⅱ[동][자] 두두룩하게 내밀다. ¶종기가 ~. [작]도드라지다.
두드리다 [동][타] **1** (사람이 주로 손이나 어떤 물체로 다른 물체를) 여러 번 약간 힘을 주어 치다. ¶문을 ~. **2** 《'두드려'의 꼴로, 주로 '패다', '맞다', '부수다'와 같은 말과 함께 쓰여》 (사람이 손이나 물체로 다른 사람을, 또는 다른 사람에게) 아픔을 느낄 만큼 타격을 가하거나 받다.

또는, (사람이 손이나 물체로 다른 물체를) 상당한 타격을 가하다. ¶깨맣게한 흠씬 두드려 맞다. ㈀뚜드리다.
두들기다 图(타) (사람이 손이나 물체로 다른 물체나 사람·동물을) 여러 번 힘을 많이 주어 치다. ¶두들겨 부수다/두들겨 패다. ㈀뚜들기다.
두랄루민(duralumin) 图(화) 알루미늄에 구리·망간·마그네슘을 가하여 만든 가벼운 합금. 항공기·자동차 등의 구조재로 쓰임.
두런-거리다/-대다 图(자) 여럿이 나직한 목소리로 서로 조용히 이야기하다. ¶대문 밖에서 두런거리는 소리가 났다. ㈂도란거리다.
두런-두런 图 두런거리는 소리. 또는, 그 모양. ¶남정네들이 모여 ~ 이야기하다. ㈂도란도란. **두런두런-하다** 图(어).
두렁 图 논이나 밭의 가장자리로 작게 쌓은 둑이나 언덕. ¶논~/밭~.
두레 图(농) 농촌에서 농사일을 공동으로 하기 위하여 마을·부락 단위로 둔 조직.
두레-박 图 줄을 길게 달아 우물물을 퍼 올리는 데 쓰는 기구.
두레-패(-牌) 图 1 농사일을 서로 협력하고 공동 작업을 하기 위해 만든 조직체. 또는, 그 조직원. 2 =걸립패.
두려움 图 두려운 느낌.
두려워-하다 图(타)(어) (어떤 일이나 대상을) 두렵게 여기다. ㈁무서워하다. ¶널 해치진 않을 테니 두려워하지 마라.
두렵다[-따] 图(어)〈두려우니, 두려워〉 (어떤 일이나 대상이) 행하거나 대하거나 맞닥뜨리거나 하는 것이 위험하거나 좋지 않은 결과를 가져올 것 같아 불안하다. 또는, (어떤 좋지 않은 일이 생기지 않을까) 걱정이 되는 상태에 있다. ㈁무섭다.
¶죽음이 ~/두려운 존재.
두령(頭領) 图 여러 사람을 거느린 우두머리. ¶도적의 ~.
두루 图 빠짐없이 골고루. ¶그는 세계 각처를 ~ 여행했다.
두루-낮춤[-낟-] 图(언) 상대 높임법에서 '해라체' 와 '하게체' 에 대신할 수 있는 낮춤. "나 아직 점심 먹지 않았어."에서 '않았어' 와 같은 표현이 이에 해당함.
두루-높임 图(언) 상대 높임법에서 '하오체' 와 '합쇼체' 에 대신할 수 있는 높임. 보통, 두루낮춤에 조사 '요' 를 붙이면 두루높임이 됨. ▷두루낮춤.
두루-두루 图 '두루' 의 힘줌말. ¶~ 안부 전해 주시오.
두루마기 图 예의를 갖추는 자리나 외출할 때 저고리나 마고자 위에 입는 겉옷으로, 옷자락이 무릎 아래에까지 오고 아래로 갈수록 폭이 넓어지는 한복.
두루마리 图 일정한 폭의 긴 종이를 축에 둥글게 말아 놓은 상태의. 또는, 그 물건. ¶~ 화장지.×두루말이.
두루마리-구름 图(기상) =권운.
두루-말이 图 '두루마리'의 잘못.
두루-몽수리 图 1 말이나 행동이 이것도 저것도 아니어서 분명하지 못한 상태. ¶문제를 해결하지 않고 ~로 넘어가 버리다. 2 말이나 행동이 변변하지 못한 사람을 조롱하는 말.
두루뭉술-하다 图(어) 1 말이나 행동이 이것도 저것도 아니어서 분명하지 못하다. 2 모나지도 않고 아주 둥글지도 않게 둥그스름하다. ▷두리뭉실하다.
두루뭉실-하다 图(어) '두루뭉술하다' 의 잘못.
두루미 图(동) 목·다리·부리가 길며, 몸길이 1.4m인 큰 새. 온몸이 희고, 이마·목·다리와 날개 끝만 검은색임. 겨울 철새로, 습지의 풀밭에 떼 지어 삶. =학.
두루-주머니 图 아가리에 잔주름을 잡고 끈 두 개를 좌우로 꿰어서 여닫게 된 작은 주머니. 끈을 훑이면 거의 둥근 모양이 됨. =염낭.
두루-춘풍(-春風) 图 [두루두루 봄바람이 분다는 말] 누구에게나 좋은 얼굴로 대하는 일. 또는, 그런 사람.
두루-치기 图 쇠고기나 돼지고기에 파·배추 같은 여러 가지 채소를 썰어 넣고 뒤섞어 가며 볶은 음식.
두르다 图(타)〈두르니, 둘러〉 1 (일정한 넓이를 가진 것, 물체를 다른 물체에) 그 둘레에 걸쳐 빙 돌려서 대다. ¶앞치마를 ~. 2 (울타리 따위를) 사방에 돌려서 쌓거나 막다. ¶개나리로 울타리를 두른 집. 3 (물건을) 원을 그리듯이 돌리다. ¶신호를 하기 위해 횃불을 휘휘 ~. 4 (어떤 물자를) 이리저리 변통하다. ¶돈 좀 급히 두를 데 없나. 5 (사람을) 마음대로 다루다. 6 (남을) 그럴듯하게 속이다. 7 (프라이팬·냄비 등에) 기름을 고르게 바르다. ¶프라이팬에 식용유를 ~. 8 먼 곳 가지 않고 멀리 피하여 가다. ¶둘러말하지 말고 솔직하게 얘기해.
두르르 图 1 폭이 넓은 종이 같은 것이 탄력 있게 말리는 모양. ¶달력을 ~ 말다. 2 크고 둥그스름한 것이 구르며 울리는 소리. 또는, 그 모양. ¶재봉틀을 ~ 돌리다. ㈂도르르. ㈀뚜르르.
두름 图 1 물고기를 짚 따위로 길게 엮은 것. 2 (의존) 1 물고기를 두 줄로 10마리씩 엮은, 20마리를 세는 단위. ¶굴비두 ~. 2 산나물 따위를 열 모숨 정도로 엮은 것을 세는 단위. ¶고사리 한 ~.
두릅 图 두릅나무의 어린 순. 데쳐서 초고추장에 찍어 먹거나 무쳐 먹음.
두릅-나무[-름-] 图(식) 산기슭이나 골짜기에 자라며, 봄에 어린잎을 따 데쳐 먹는 낙엽 활엽 관목. 줄기에는 가시가 많고, 8~9월에 흰 꽃이 핌.
두리-기둥 图(건) 둥글게 깎은 기둥. =원주(圓柱). ↔모기둥.
두리-뭉실 图 말이나 공중에 가볍게 떠서 움직이는 모양. ¶구름이 ~ 흘러간다.
두리뭉실-하다 图(어) 특별히 모나지 않고 둥그스름하다.
두리번-거리다/-대다 图(자)(타) 어리둥절하여 눈을 멀뚱멀뚱 뜨고 이쪽저쪽을 휘둘러보다. ¶놀란 눈으로 주위를 ~.
두리번-두리번 图 두리번거리는 모양. 두리번두리번-하다 图(자)(타) ¶시골 영감이 길을 찾는 듯 두리번두리번하고 있다.
두만-강(豆滿江) 图 1 한반도 북부와 중국·러시아의 국경을 흐르는 강. 백두산에서 시작해 동해로 흘러듦. 길이 521km.
두!-말 图 이러니저러니 하는 말. ¶자네 탓이니 ~ 말고 잠자코 있게. 두말-하다 图(어) ¶한 입으로 두말할 테냐?
두말하면 잔소리 '너무나 당연한 말'이 란 것을 강조하는 말.
두말할 나위(가) 없다 너무나 자명하여,

군말을 더 보탤 여지가 없다. ¶독서가 지식을 넓히는 것은 **두말할 나위 없는** 사실이다.
두¦말-없다[-업따] [형] **1** 이러니저러니 불평하거나 덧붙이는 말이 없다. ¶처음 계약을 맺을 때 확실히 해 두어야 **두말없는** 법이다. **2** 이러니저러니 말할 필요도 없이 확실하다. ¶열심히 노력한 그가 성공할 것은 **두말없는** 일이다. **두¦말없-이** [부] ¶딱한 사정을 말했더니 ~ 들어주더라.
두메 [명] 도회에서 멀리 떨어져 사람이 많이 살지 않는 곳.
두메-산골(-山-)[-꼴] [명] 도시에서 멀리 떨어진 궁벽한 산골.
두목(頭目) [명] 범죄 집단·폭력 집단 등의 우두머리. ¶산적 ~.
두문불출(杜門不出) [명] 〔조선 건국 초기에 고려의 충신들이 두문동(杜門洞)에 모여 살면서 일절 밖으로 나오지 않았다는 고사에서〕 집 안에만 틀어박혀 밖에 나가지 않는 것. **두문불출-하다** [동][자][여] ¶그는 요즘 **두문불출하고** 책만 읽고 있다.
두바이(Dubai) [명][지] 아라비아 반도 동부 페르시아 만 연안에 있는 토후국.
두바이-유(Dubai油) [명] 중동의 아랍 에미리트 연방에서 생산되는 원유.
두발(頭髮) [명] '머리털'을 문어체로 이르는 말.
두¦발-짐승 [명] 닭·오리 등의 두 발을 가진 짐승.
두¦방망이-질 [명] 가슴이 몹시 크게 두근거림. ¶가슴이 ~을 친다.
두-보(杜甫) [명][인] 당나라의 시인(712~770).
두부[1](豆腐) [명] 물에 불린 콩을 갈아 자루에 넣고 짜낸 콩물을 끓여 여기에 간수를 넣어 엉기게 하여 만든 식품.
두부[2](頭部) [명] **1** [생] 동물의 머리가 되는 부분. **2** 물건의 윗부분. ↔미부(尾部).
두부^백선(頭部白癬)[-썬] [명][의] 머리에 생기는 백선. 머리털이 군데군데 빠짐. [속]기계충.
두부-살(豆腐-) [명] 사람의 살이 허옇고 살집이 많으며 탄력이 없이 물렁물렁한 상태. 또는, 그 살. 얕잡거나 놀리는 조의 말임. ▷무살.
두상[1](頭上) [명] '머리1'의 존칭.
두상[2](頭相) [명] 머리의 모양 또는 생김새.
두상[3](頭像) [명][미] 머리 부분만을 나타낸 조각 작품.
두샨베(Dushanbe) [명][지] 타지키스탄의 수도.
두서[1](頭書) [명] 문서나 상장 등에서, 첫머리에 쓴 글. ¶이 사람은 ~와 같이 입상하였기에 이에 상장을 줌.
두서[2](頭緖) [명] 일의 차례나 갈피.
두서너 [관] 둘 혹은 서넛. ¶~ 권의 책.
두서넛[-넏] [수] 둘 혹은 서넛.
두서-없다(頭緖-)[-업따] [형] 말이나 글이 조리가 없다. ¶**두서없는** 말을 지껄이다. **두서없-이** [부] ¶그는 갑작스러운 질문에 ~ 대답했다.
두-세 [관] 둘이나 셋. ¶참새 ~ 마리.
두-셋[-섿] [수] 둘이나 셋.
두수(頭數)[-쑤] [명] 소·말·돼지 따위의 마릿수. ¶사육 ~.
두시-언해(杜詩諺解) [명][책] 조선 성종 때, 유윤겸 등이 두보의 시를 우리말로 번역한 책. 원명은 '분류두공부시언해'.
두어 [관] 둘가량. ¶~ 마리.
두어-두다 [동][타] 건드리지 않고 있는 그대로 두다. [준]둬두다.
두어-째 [수][관] 둘째가량.
두억시니[-씨-] [명][민] 모질고 악한 귀신의 하나. [비]야차(夜叉).
두엄 [명][농] 짚, 풀, 가축의 분뇨 따위를 섞어서 썩힌 거름. =퇴비.
두엇[-얻] [수] 둘가량. ¶일꾼 ~만 구해 주세요.
두운(頭韻) [명][문] 시구의 첫머리에 같거나 비슷한 음의 글자를 되풀이해서 쓰는 음위율(音位律)의 하나. ▷각운·요운.
두유(豆乳) [명] 물에 불린 콩을 간 후, 물을 붓고 끓여서 거른, 우유 빛깔의 액체.
두음(頭音) [명][언] 단어의 첫소리로서의 자음이나 모음. 곧, '사랑'의 'ㅅ', '오늘'의 'ㅗ' 따위. ↔말음.
두음^법칙(頭音法則) [명][언] 어떤 소리가 단어의 첫머리에서 발음되는 것이 꺼려지는 현상. 곧, 'ㅣ, ㅑ, ㅕ, ㅛ, ㅠ' 앞에서의 'ㄹ'과 'ㄴ'이 'ㅇ'이 되고, 'ㅏ', 'ㅓ', 'ㅗ', 'ㅜ', 'ㅡ', 'ㅐ', 'ㅔ', 'ㅚ' 앞에서의 'ㄹ'은 'ㄴ'으로 변하는 일. 녀자(女子)→여자, 락원(樂園)→낙원 따위.
두장고-지수(頭長高指數) [명][생] 두형(頭型)을 분류하는 지수의 하나. 머리 길이에 대한, 귓구멍에서부터 머리 꼭대기까지 높이의 백분율로 나타냄.
두장폭-지수(頭長幅指數)[-찌-] [명][생] 두형(頭型)을 분류하는 지수의 하나. 머리 길이에 대한 폭의 백분율로 나타냄.
두절(杜絶) [명] (교통·통신·연락 등이) 끊어지거나 막혀서 다닐 수 없게 되거나 통하지 않게 되는 것. **두절-하다** [동][자][여] **두절-되다** [동][자] ¶폭설로 교통이 ~.
두족-류(頭足類)[-종뉴] [명][동] 연체동물 중 머리 부분에 8~10개의 발이 달려 있는 동물의 한 무리. 꼴뚜기·오징어·낙지 등이 이에 속함.
두주(頭註) [명] 책의 본문 위쪽에 작은 활자로 쓴 주해(註解). ↔각주(脚註).
두-지수(頭指數) [명][생] 인류학에서, 두형(頭型)을 분류하는 지수. 두장고지수·두장폭지수·두폭고지수 등이 있음.
두-째 [수] **1** 열·스물·백·천 등의 일부 수사와 어울려 열째·스무째·백째·천째 등의 다음다음 차례를 이르는 말. **2** '둘째'의 잘못.
두창(痘瘡) [명][한] '천연두'를 한의학에서 이르는 말.
두텁다[-따] [형][ㅂ] 〈두터우니, 두터워〉 **1** (인정이나 사랑이나 아끼는 마음이) 보통의 정도보다 깊다. ¶사장의 신임이 ~. [작]도탑다. **2** 바둑에서, (어떤 수나 형세가) 기반이 튼튼하다. ¶흑이 ~. ↔엷다. ▷두껍다. **두터이** [부] ¶우정을 ~ 하다.
두통(頭痛) [명] 머리의 속이 쑤시거나 지끈거리거나 띵하거나 하면서 아픈 증세.
두통-거리(頭痛-)[-꺼-] [명] 머리가 아프도록 처리하기에 복잡하고 귀찮게 된 일이나 사람.
두통-약(頭痛藥)[-냑] [명][약] 머리가 아플 때 먹는 약.
두툴-두툴 [부] '두둘두둘'의 거센말. [작]도톨도톨. **두툴두툴-하다** [형][여] ¶호두 껍데기가 ~.
두툼-하다 [형][여] **1** 좀 두껍다. ¶**두툼한** 편지. **2** 어지간히 넉넉하다. ¶월급을 받아

주머니가 ~. 짜도톰하다. **두툼-히** 閉
두폭고-지수(頭幅高指數)[-꼬-] 閉생
 두형(頭型)을 분류하는 지수의 하나. 머
 리의 폭에 대한, 귓구멍에서부터 머리 꼭
 대기까지의 길이의 백분율로 나타냄.
두피(頭皮) 閉 머리를 덮고 있는 피부.
두:해-살이 閉 그 해에 싹이 터서 자
 라다가 이듬해에 열매를 맺고 죽는 일.
 또는, 그런 식물. =월년생·이년생.
두:해살이-풀 閉[식] 그 해에 싹이 터서
 자라다가 이듬해에 열매를 맺고 죽는 풀.
 보리·무·완두 따위. =월년초.
두호(斗護) 閉 (남을) 두둔하여 감싸는 것.
 두호-하다 팀퇴옉 ¶선생님은 왜 그런 사
 람을 두호하세요?
둑 閉 1 =제방(堤防). 2 높은 길을 내려고
 쌓은 언덕. ¶논~ / 밭~.
둑-길[-낄] 閉 둑 위로 난 길.
둔:각(鈍角) 閉[수] 90°보다 크고 180°보
 다 작은 각. ↔예각.
둔:각^삼각형(鈍角三角形)[-삼가켱] 閉
 [수] 내각의 세 각 중에서 하나가 둔각인
 삼각형.
둔:감-하다(鈍感-) 휑옉 (사람·동물이)
 어떤 일·자극(현상) 등에 별 반응이나 감
 각이 없이 둔하다. ↔민감하다. ¶그 여자는
 유행에 ~.
둔:갑(遁甲) 閉 1 주로, 민간 신앙·설화 등
 에서, (사람이나 동물이 다른 사람·동물·
 물체로) 알 수 없는 신비한 방법으로 제
 몸을 바꾸게 하는 것. 또는, (어떤 술법을
 부리는 자에 의해 어떤 존재가 다른 존재
 로) 몸이 바뀌는 것. ¶요정이 호박을 마
 차로 ~시키다. 2 (어떤 사물이 다른 사물
 로) 그 모습이나 내용이 영뚱하게 또는
 남득하기 어렵게 바뀌는 것. **둔:갑-하다**
 돔짜옉 ¶여우가 사람으로 ~.
둔:기(鈍器) 閉 날이 없는 도구를 흉기로
 썼을 때의 바로 그것을 이르는 말. ¶~를
 휘두르다.
둔덕 閉 두두룩하게 언덕진 곳.
둔덕-지다[-찌-] 휑 두두룩하게 언덕이
 되어 있다.
둔부(臀部) 閉 등의 아래, 다리 위쪽에 반
 구형으로 내민, 한 쌍의 신체 부분. 倒엉
 덩이.
둔:재(鈍才) 閉 둔한 재주. 또는, 재주가
 둔한 사람.
둔:절(遁絶) 閉 소식 등이 아주 끊어지는
 것. **둔:절-되다** 됨짜옉 **둔:절-되다** 됨짜옉
둔:중-하다(鈍重-) 휑옉 1 (물체가) 부
 피가 크고 무겁다. ¶**둔중한** 탱크. 2 (동
 작이) 둔하고 느리다. ¶**둔중한** 걸음걸이.
 3 (소리가) 둔하고 무겁다. ¶멀리서 들려
 오는 **둔중한** 포성(砲聲). 4 (느낌이) 날
 카롭지 않고 둔하다. ¶**둔중한** 통증. 5
 (분위기가) 어둡고 무겁다.
둔치 閉 1 물가의 언덕. 또는, 강·호수 따
 위의 물이 있는 곳의 가장자리. 2 큰물이
 날 때에만 잠기는 강변의 평평한 땅.
둔:탁-하다(鈍濁-)[-타카-] 휑옉 소리
 따위가 둔중하고 탁하다. ¶위층에서 둔탁
 한 맛치 소리가 들려왔다.
둔:-하다(鈍-) 휑옉 1 깨우침이 늦고 재
 주가 없다. ¶머리가 **둔해서** 공부를 못하
 다. 2 언행이 느리고 미련하다. ¶살이 쩌
 서 몸이 ~. 3 감수성이 무디다. ¶감각이
 ~. 4 기구·날붙이 따위가 육중하고 무디
 다. 5 소리가 무겁고 둔하다.

둔:화(鈍化) 閉 (감각·움직임·변화 등이)
 둔해지는 것. **둔:화-되다** 됨짜옉 **둔:화-**
 되다 됨짜옉 ¶수출 신장이 ~.
둔황^석굴(敦煌石窟)[-꿀-] 閉[고고] 중
 국 북서부, 둔황 남동쪽에 있는 석굴. 중
 국 3대 불교 유적의 하나로, 4~13세기에
 만들어짐.
둘[¹ ㈜ 1 하나에 하나를 더한 수. ▷이
 (二). 2 사람이나 사물의 수량을 셀 때,
 하나 다음에 해당하는 수효.
 [둘이 먹다가 하나가 죽어도 모르겠다]
 음식의 맛이 대단히 좋다.
 둘도 없다 1 오직 하나뿐이고 더 이상 없
 다. ¶너처럼 고집 센 녀석은 천하에 둘
 도 없을 거야. 2 그 이상 더 없을 정도로
 아주 소중하다. ¶**둘도 없는** 친구.
둘-² 쩝튀 새끼나 알을 배지 못하는 짐승의
 암컷을 나타낼 때, 그 짐승의 이름 앞에
 붙이는 말. ¶~암캐 / ~소.
둘둘 튀 1 물건을 여러 겹으로 마는 모양.
 ¶멍석을 ~ 말다. 2 물건이 가볍고도 빨
 리 구르거나 도는 소리. ¶재봉틀이 ~ 돌
 아간다. 짜돌돌. ᄊ뚤뚤.
둘러-대다 됨퇴 1 (돈·물건 따위를) 변통
 해 대다. ¶현옵~. 2 그럴듯하게 꾸며 대
 다. ¶적당히 **둘러대어** 위기를 모면했다.
둘러-말하다 됨짜옉 에둘러서 간접적으
 로 말하다. ¶빙빙 **둘러말하지** 말고 요점
 만 간단히 말해라.
둘러-메다 됨퇴 좀 가볍운 물건을 번쩍 들
 어 어깨에 메다. ¶배낭을 어깨에 ~. ×
 둘쳐메다.
둘러-보다 됨퇴 주위를 두루 살펴보다. ¶
 사장은 공장을 구석구석 **둘러보았다**.
둘러-서다 됨짜 여러 사람이 둥글게 서다.
 ¶우리는 선생님을 중심으로 빙 **둘러섰다**.
둘러-싸다 됨퇴 1 빙 둘러서 에워싸다. ¶
 기자들이 공항에서 나오는 그를 **둘러쌌**
 다. 2 ('둘러싸고'의 꼴로 쓰여) 어떤 것
 을 중심 대상으로 하다. ¶그 사건을 **둘러**
 싸고 많은 의혹이 꼬리를 물고 있다.
둘러싸-이다 됨짜 '둘러싸다'의 피동사. ¶
 산으로 **둘러싸인** 마을.
둘러-쓰다 됨퇴 ⟨~쓰니, ~써⟩ =뒤집어
 쓰다 2·3·4.
둘러-앉다[-안따] 됨짜 여러 사람이 둥
 글게 앉다. ¶온 식구가 식탁에 **둘러앉아**
 식사를 하다.
둘러-업다[-떠] 됨퇴 들어 올려서 업다.
 ¶등쳐업다.
둘러-엎다[-업따] 됨퇴 들이부숴서 엎어
 버리다. ¶밥상을 ~.
둘러-치다[¹ 됨퇴 1 휘둘러 세차게 내던지
 다. 2 몽둥이 등을 휘둘러 세게 내리치다.
 [둘러치나 메어치나 매한가지] 이렇게 하
 나 저렇게 하나 결과는 마찬가지라는 말.
둘러-치다² 됨퇴 (담·병풍·장막 등을) 빙
 둘러서 세우거나 치다. ¶울타리를 ~.
둘레 閉 1 사물의 가의 테두리나, 바깥 언
 저리. ¶모자 ~에 금테를 두르다. 2 가슴
 의 가를 한 바퀴 돈 길이. ¶가슴 ~.
둘레-둘레 튀 사방을 살피는 모양. ¶누가
 없는지 ~ 살피다.
둘리다[¹ 됨짜 그럴듯한 꾀에 속다.
둘리다² 됨짜 '두르다'의 피동사. ¶우리
 마을은 산으로 **둘려** 있다.
둘:-이 I 閉 '두 사람'을 이르는 말. ¶그
 일은 우리 **~서** 하자.
 II 튀 두 사람이 함께. ¶~ 산에 가다.

둘!-째 [수][관] 차례를 매길 때, 첫째의 다음에 오는 수. ×두째.
둘!째-가다 [동][자] 최고에 버금가다.
둘째가라면 서럽다 자타가 공인하는 첫째다.
둘!째-아버지 [명] 결혼을 한, 아버지의 형제 가운데 둘째 되는 이. 아버지의 형제가 여럿인 경우에 아버지가 셋째나 그 아래이면 둘째 큰아버지를, 아버지가 맏이거나 둘째이면 첫째 작은아버지를 이름.
둘!째-어머니 [명] **1** 둘째아버지의 아내. **2** 아버지의 후처.
둥[1] [명][의존] 무슨 일을 하는 듯도 하고 하지 않는 듯도 함을 나타내는 말. '-은/는/을 둥 만/마는/말 둥'의 꼴로 쓰임. ¶밥을 먹은 ~ 만 ~하다.
둥[2] [명][의존] '-다는/라는/냐는 둥 -다는/라는/냐는 둥'의 꼴로 잇달아 두 번 쓰여, '이렇다거니 저렇다거니' 따위로 말이 많음을 나타내는 말. ¶국이 짜다는 ~ 싱겁다는 ~ 말이 많다.
둥개-둥개 [감] '둥둥[3]'을 더 재미나게 내는 소리. ¶우리 아기 ~!
둥굴레 [명][식] 산과 들에 자라며, 굵은 갈색의 땅속줄기를 약용하거나 차로 끓여 먹는 여러해살이풀. 9~10월에 열매가 검게 익음.
둥그러-지다 [동][자] 넘어지면서 구르다. ¶돌부리에 걸려 ~.
둥그렇다[-러타] [형][ㅎ] <둥그러니, 둥그러오, 둥그레> (선이나 평면적인 대상이) 원에 가까운 형태에 있다. ¶보름달처럼 둥그런 얼굴. [작]동그랗다.
둥그레-지다 [동][자] 둥그렇게 되다. ¶눈이 ~. [작]동그래지다.
둥그스름-하다 [형][여] 약간 둥글다. ¶얼굴이 ~. [작]동그스름하다. **둥그스름-히** [부]
둥글넓적-하다[-럽쩌카-] [형][여] 생김새가 둥글고 면이 넓적하다. ¶얼굴이 ~. [작]동글납작하다. **둥글넓적-이** [부]
둥글다 Ⅰ[형] <둥그니, 둥그오> **1** (선이나 평면적 또는 입체적인 대상이) 보름달이나 공과 모양이 같거나 그에 가까운 상태에 있다. 또는, 특별히 모가 난 부분이 없는 상태에 있다. ¶둥근 달. [작]동글다. **2** (사람의 성격이나 세상 사는 태도가) 모가 없이 원만하다. ¶한세상 **둥글게** 살자. Ⅱ[동][자] <둥그니, 둥그오> 둥그렇게 되다.
둥글-둥글 [부] **1** 여럿이 모두 둥글거나 매우 둥근 모양. [작]동글동글. **2** 모가 없이 원만한 모양. ¶~ 삽시다. **둥글둥글-하다** [형][여]
둥글-리다 [동][타] '둥글다Ⅰ1'의 사동사. ¶각이 진 모서리를 ~. [작]동글리다.
둥덩-거리다/-대다 [동][자][타] 북·장구·가야금 등을 쳐서 잇달아 둥덩 소리를 내다.
둥덩-둥덩 [부] 둥덩거리는 소리. **둥덩둥덩-하다** [동][자][타][여]
둥-둥[1] [부] 큰 북을 잇달아 칠 때 나는 소리. ¶북을 ~ 울리다. [작]동동.
둥둥[2] [부] 비교적 크고 무거운 물체가 물 위에 떠서 상하로 약간 움직이는 모양. ¶수박이 물 위에 ~ 떠 있다. [작]동동. ▷둥실둥실.
둥둥[3] [감] 아기를 어를 때에 하는 소리. ¶우리 아기 ~ 금자동아 옥자동아.
둥실 [부] 물체가 가볍게 떠 있는 모양. ¶보름달이 ~ 떠 있다.
둥실-둥실 [부] 물체가 가볍게 떠서 움직이는 모양. ¶~ 떠가는 뭉게구름.
둥우리 [명] 짚이나 싸리로 바구니 비슷하게 엮어 만든 그릇.
-둥이 [접미] 명사 아래에 붙어, 어떤 특징을 가지는 사람을 귀엽게 또는 홀하게 이르는 말. ¶귀염~ / 바람~. ×-동이.
둥지 [명] 새가 알을 낳아 새끼를 기르기 위해 나뭇가지·풀잎·지푸라기·털 등을 모아 만든 구조물. [비]새집. ¶까치 ~.
둥지(를) 틀다 새가 둥지를 만들다. ¶제비가 처마 밑에 ~.
둥치 [명] 큰 나무의 밑동.
둬!-두다 [동][타] '두어두다'의 준말. ¶그 문제는 좀 **둬두고** 생각해 봅시다.
뒈!지다 [동][자] '죽다'를 비속하게 이르는 말.
뒤![1] [명] **1** 사람이나 기타의 대상이 향하고 있는 쪽과 반대되는 방향. 또는, 그 방향에 있는 공간. ¶~를 돌아다보다. **2** 방향을 가진 물체에서, 향하고 있는 쪽의 반대되는 쪽에 있는 부분. ¶모자 ~에 달린 상표. ↔앞. **3** 다음이나 나중. ¶일을 ~로 미루다. **4** 보이지 않는 곳. [비]배후. ¶그의 ~를 캐 보아라. **5** 끝이나 마지막이 되는 부분. ¶~로 갈수록 소설이 재미있다. **6** 계통성을 띤 현상이나 선행한 것의 다음을 잇는 것. ¶아버지의 ~를 잇다. **7** 대주거나 도와주는 힘. ¶~가 든든하다. **8** 어떤 일의 자취·흔적 또는 결과. ¶수술 ~가 나쁘다. **9** 좋지 않은 감정이나 노기 등의 계속적인 작용. ¶그는 ~가 없어 좋다. **10** (주로, '보다', '마렵다' 등과 쓰여) 사람의 '똥'을 완곡하게 일컫는 말. ¶~를 보러 가다.
[**뒤로 호박씨 깐다**] 얌전한 체하면서 남이 보지 않는 데서는 딴 짓을 한다.
뒤가 구리다 숨겨 둔 약점이나 잘못이 있다. ¶나를 보고 피하는 걸 보니 **뒤가 구린** 모양이다.
뒤가 켕기다 약점이나 잘못 때문에 좋지 못한 일이 있을 것 같아 겁이 나다.
뒤를 캐다 은밀히 뒷조사를 하다.
뒤-[2] [접두] **1** 주로 동사 앞에 붙어, '함부로', '몹시', '온통'의 뜻을 나타내는 말. ¶~흔들다 / ~섞다. **2** 주로 동사 앞에 붙어, '뒤집어', '반대로'의 뜻을 나타내는 말. ¶~엎다 / ~바꾸다.
뒤-꼍[-껻] [명] 집 뒤에 있는 마당이나 뜰. ×뒤안.
뒤!-꽁무니 [명] =꽁무니3.
뒤!-꽂이 [명] 쪽 찐 머리 위에 덧꽂는 비녀 이외의 장식품.
뒤!-꿈치 [명] =발뒤꿈치.
뒤-끓다[-끌타] [동][자] **1** 한데 뒤섞여 마구 끓다. **2** 많은 수효가 같은 곳에서 움직이다. ¶인파가 **뒤끓는** 거리.
뒤!-끝[-끋] [명] **1** 일의 맨 나중이나 끝. ¶~이 개운하지 않다. **2** 어떤 일이 있은 바로 뒤. ¶장마 ~이라 과일 값이 비싸다.
뒤끝이 흐리다 일 따위의 마무리를 확실하지 않게 하는 태도가 있다.
뒤낭, 장 앙리(Dunant, Jean Henri) [명][인] 스위스의 사회사업가(1828~1910).
뒤!-늦다[-늗따] [형] 제때가 지나 퍽 늦다. ¶**뒤늦게** 후회해 봐야 소용없다.
뒤-덮다[-덥따] [동][타] 빈 데가 없이 죄다 덮다. ¶먹구름이 하늘을 ~.
뒤덮-이다 [동][자] '뒤덮다'의 피동사.
뒤!-돌아보다 [동][타] **1** 뒤쪽을 돌아보다. ¶

미행자가 없는지 ~. 2 지난 일을 돌이켜 생각하여 보다. ¶어린 시절을 ~.
뒤!-돌아서다 圄 뒤로 돌아서다. ¶부르는 소리가 들려 **뒤돌아섰다**.
뒤!-따라가다 圄[거러] 〈~따라가거라〉 뒤를 따라가다. ¶먼저 가십시오. 곧 **뒤따라가겠습니다**.
뒤!-따라오다 圄[너러] 〈~따라오너라〉 뒤를 따라오다. ¶오토바이가 승용차를 바짝 ~.
뒤!-따르다 圄〈~따르니, ~따라〉①目 뒤를 따르다. ②目 어떤 일의 과정에 부수되거나 결과로서 생기다. ¶많은 어려움이 **뒤따르는** 일.
뒤!-떨어지다 困 1 뒤에 처지다. 2 뒤에 처져 남아 있다. 3 발전 속도가 느려 어떤 기준·수준에 미치지 못하다. ¶외국에 비해 **뒤떨어진** 기술. 4 (시대나 사회 조류 따위에) 맞지 않게 되다. ¶유행에 ~.
뒤뚱-거리다/-대다 困[거러] 1 (몸을) 걸으면서 좌우로 기우뚱거리다. 2 (물체가) 누르면 기울어졌다가 안 누르면 제자리로 갔다 하다.
뒤뚱-뒤뚱 團 뒤뚱거리는 모양. ¶~ 걷다. **뒤뚱뒤뚱-하다** 困困[困]
뒤!-뜰 图 집체의 뒤에 있는 뜰. ↔앞뜰.
뒤!-란 图 집 뒤의 울안.
뒤!-로-돌아 沾 제식 훈련 시 구령의 하나. 서 있는 자세에서 오른쪽으로 180도 돌아서라는 말.
뒤!-로-하다 困[타] 1 뒤에 두다. ¶탑을 **뒤로하고** 기념사진을 찍다. 2 뒤에 남겨 놓고 떠나다. ¶고향집을 **뒤로하고** 아쉬운 발걸음을 내딛다.
뒤룩-거리다/-대다 [-꺼(때)-] 困 1 (눈알을) 힘을 주어 자꾸 이리저리 굴리다. 2 몸이 뚱뚱하여 둔하게 움직이다.
뒤룩-뒤룩 [-뛰-] 團 1 눈알을 힘을 주어 이리저리 굴리는 모양. ¶눈알을 ~ 굴리다. 2 군살이 처지도록 살이 쪄서 뚱뚱한 모양. ×디룩디룩. **뒤룩뒤룩-하다** 困(타)困[困]
뒤 마¹, 알렉상드르(Dumas, Alexandre) 图[인] 프랑스의 소설가·극작가(1802~1870).
뒤 마², 알렉상드르(Dumas, Alexandre) 图[인] 프랑스의 작가(1824~1895).
뒤!-미처 圕 그 뒤에 곧. ¶~ 생각이 나다.
뒤!-바꾸다 圄 (차례·위치·상황 등을) 전혀 다르게 또는 엉망하게 바꾸다. ¶그 만남이 그의 운명을 **뒤바꾸어** 놓았다.
뒤바뀌다 困 '뒤바꾸다'의 피동사. ¶차례가 ~.
뒤!-밟다 [-밥따] 圄 남의 행동을 살피기 위해 몰래 따라가다.
뒤!-범벅 图 마구 뒤섞여서 서로 구별이 되지 않는 상태. **뒤범벅-되다** 困困 ¶눈물 콧물로 **뒤범벅된** 얼굴.
뒤!-보다 圄困=대변보다.
뒤!-보아주다 圄 남을 뒤에서 돌보아 주다.
뒤!-서다 困 1 뒤에 서다. 2 =뒤지다¹.
뒤!-섞다 [-석따] 圄 한데 마구 섞다. ¶혼합하다. ¶시멘트와 모래를 ~.
뒤섞-이다 [-꺼-] 困 '뒤섞다'의 피동사. ¶동정과 경멸이 **뒤섞인** 야릇한 시선.
뒤숭숭-하다 困困 1 (마음이) 어수선하여 안정되지 못하고 불안하다. ¶왠지 마음이 **뒤숭숭해서** 일이 손에 안 잡힌다. 2 (상황이나 꿈자리 등이) 어수선하고 종잡을 수 없이 불안하다. ¶꿈자리가 ~.
뒤-안 图 '뒤꼍'의 잘못.
뒤-안길 [-낄] 图 어두운 이면. 또는, 주목받지 못하거나 드러나지 않은 영역. 비유적인 말로, 문학적 표현에 쓰임. ¶인생의 ~을 되돌아보다 / 역사의 ~로 사라지다.
뒤-어금니 图[생] 앞어금니 안쪽에 있는 이. 상하 좌우 모두 12개임. ↔앞어금니.
뒤얽-히다 [-얼키-] 困 마구 얽히다. ¶두 집단 사이에 이해와 갈등이 **뒤얽혀** 분쟁이 끊이질 않는다.
뒤-엉키다 [-성키-] 困 마구 엉키다. ¶실이 ~.
뒤-엎다 [-업따] 圄困=뒤집어엎다. ¶밥상을 ~.
뒤웅-박 图 박을 쪼개지 않고 꼭지 근처에 구멍만 뚫어 속을 파낸 바가지.
뒤!-잇다 [-읻따] 圄固〈~이으니, ~이어〉 뒤가 끊어지지 않도록 잇다.
뒤적-거리다/-대다 [-꺼(때)-] 圄 자꾸 뒤적이다. ¶장롱 속을 ~.
뒤적-뒤적 [-뚸-] 團 뒤적거리는 모양. **뒤적뒤적-하다** 圄困[困]
뒤적-이다 困固 무엇을 이리저리 들추며 뒤지다. ¶주머니를 ~.
뒤져-내다 [-저-] 圄固 샅샅이 뒤져 찾아내다.
뒤!-좇다 [-존따] 圄固 뒤를 따라 좇다.
뒤주 图 곡식을 담아 두는, 나무로 만든 궤 (櫃). ¶쌀~.
뒤죽-박죽 [-빡쭉] 图團 여럿이 함부로 섞여 엉망이 된 모양. ¶일을 ~으로 만들다. **뒤죽박죽-되다** 困困 ¶너 때문에 계획이 **뒤죽박죽되고** 말았다.
뒤!-지 (-紙) 图 밑씻개로 쓰는 종이.
뒤!-지다¹ 困 1 (기능이나 수준이) 남보다 못한 상태가 되다. =뒤서다. ¶진수는 수학이라면 누구한테도 **뒤지지** 않는다. 2 (어떤 기준에) 미치지 못하다. ⟨비⟩뒤떨어지다. ¶유행에 **뒤진** 옷.
뒤지다² 圄固 1 샅샅이 들추어 찾다. ¶주머니를 ~. 2 책·서류 따위를 한 장 한 장 들추어 넘기다.
뒤집-개 [-깨] 图 프라이팬으로 요리할 때, 음식을 뒤집는 기구.
뒤집-기 [-끼] 图[체] 씨름에서, 몸을 젖혀 상대자를 어깨 뒤로 넘기는 기술의 한 가지.
뒤!-집다 [-따] 圄固 1 안과 겉을 뒤바꾸다. ¶옷을 **뒤집어** 입다. 2 위가 밑으로, 밑이 위로 되게 하다. ¶책을 **뒤집어** 꽂아 놓다. 3 일의 차례를 바꾸다. ¶승부를 ~. 4 일을 아주 돌려 틀어지게 하다. 5 조용하던 것을 법석거리고 소란스럽게 만들다. ¶집안을 발칵 **뒤집어** 놓다. 6 (생각이나 견해, 학설 등을) 본래의 것과 다른 것으로 바꾸다. ¶김 교수는 종래의 자기 이론을 **뒤집었다**. 7 (제도나 정권 등을) 강압적으로 바꾸다. 8 (눈을) 거의 흰자위만 보이도록 뜨다. 또는, (눈을) 흰자위가 많이 보이도록 크게 뜨다. ¶눈을 뒤집고 찾아봐도 아무 데에도 없다.
뒤집어-쓰다 困固〈~쓰니, ~써〉 1 (이불 따위를) 얼굴과 몸이 가려지게 내리덮다. ¶이불을 **뒤집어쓰고** 울다. 2 (모자·수건·머플러 따위를) 머리나 얼굴이 많이 가려지게 쓰거나 두르다. ¶털모자를 ~. 3

(가루·액체 따위를) 온몸에 받다. ¶물을 ~. 4 (남의 허물이나 책임을) 넘겨 맡다. =둘러쓰다. ¶죄를 ~.
뒤집어씌우다 [-씨-] 퇜 '뒤집어쓰다'의 사동사. ¶누명을 ~.
뒤집어-엎다 [-업따] 퇜 1 위와 밑이 되집히게 엎다. ¶쟁기로 흙을 ~. 2 물건을 뒤집어서 속에 담긴 것을 엎지르다. ¶음식상을 ~. 3 일이나 상태를 틀어지게 하거나 뒤엎어 놓다. ¶계획을 ~. 4 (체제·제도·학설 등을) 없애거나 새로이 바꾸다. =뒤엎다. ¶독재 정권을 ~.
뒤집-히다 [-지피-] 퇜 '뒤집다'의 피동사. ¶이상한 소문으로 온 동네가 발칵 뒤집혔다.
뒤-짱구 몡 뒤통수가 유달리 튀어나온 머리통. 또는, 그런 머리통을 가진 사람. ▷ 앞짱구.
뒤-쪽 몡 향하고 있는 방향의 반대되는 쪽. =뒤편·뒷면(後面). ↔앞쪽.
뒤쫓-기다 [-쫃끼-] 퇜 '뒤쫓다'의 피동사. ¶도둑이 경찰에게 ~.
뒤-쫓다 [-쫃따] 퇜 뒤를 따라 쫓다. ¶경찰이 도둑을 ~.
뒤-차 (-車) 몡 1 다음번에 오는 차. 2 뒤쪽에서 오는 차. ↔앞차.
뒤[-**차기** 몡[체] 태권도에서, 뒤에 있는 상대방을 발의 측면이나 뒤꿈치로 차는 발기술.
뒤-창 몡 신·구두의 뒤쪽에 대는 창. ¶구두 ~. ↔앞창.
뒤-채 몡 한 울안의 뒤편에 있는 집채. ↔앞채.
뒤-처리 (-處理) 몡 일이 벌어진 뒤나 끝난 뒤끝을 처리하는 일. **뒤:처리-하다** 퇜 **뒤:처리-되다** 퇜
뒤-처지다 퇜 (어떤 동아리나 대열에서) 끼지 못하고 뒤로 처지거나 남게 되다. ¶그 마라톤 선수는 30km 지점에서부터 뒤처지기 시작했다.
뒤척-거리다/-대다 [-꺼(때)-] 퇜 퇜 자꾸 뒤척이다. ¶잠이 안 와 밤새 ~.
뒤척-뒤척 [-뚝-] 몡 뒤척거리는 모양. **뒤척뒤척-하다** 퇜
뒤척-이다 퇜 (몸을) 누운 상태에서 잠이 안 오거나 자세가 불편하여 이렇게 저렇게 자세를 바꾸다. 또는, 그러면서 움직이는 소리를 내다. ¶남편의 뒤척이는 소리에 잠이 깨다.
뒤척-지다 [-쳐-] 퇜 물건이 뒤집혀서 젖히다. ¶화투짝이 ~.
뒤-축 몡 신이나 버선 등의 발뒤축이 닿는 부분. ¶구두 ~을 꺾어 신지 마라.
뒤치다 퇜 엎어진 것을 젖히거나, 젖혀진 것을 엎어 놓다. ¶잠이 안 와 몸을 뒤치다가 새벽녘에야 잠이 들었다.
뒤-치다꺼리 몡 뒤에서 일을 수습하며 보살펴 주는 일. **뒤:치다꺼리-하다** 퇜
뒤치락-거리다/-대다 [-꺼(때)-] 퇜 퇜 (몸을) 누운 상태에서 자꾸 이리저리 방향을 바꾸다. ¶잠을 못 이루고 밤새 ~.
뒤-탈 (-頉) 몡 일을 한 뒤에 생기는 탈. =후탈. ¶~이 없도록 조심해라.
뒤-통수 몡 머리의 뒤쪽. =뒷머리. 回뒷골. ¶~가 무겁다.
뒤통수(를) 얻어맞다 어떤 사람에게 뜻밖에 충격적인 일을 당하다.
뒤:통수-치다 퇜 퇜 상대가 방심하거나 안심하고 있는 상태에서 느닷없이 해를 주는 짓을 하다.
뒤-트임 몡 옷자락의 뒤를 트는 것. 또는, 그 튼 부분. ↔앞트임.
뒤-틀다 퇜 〈-트니, -트오〉 1 꼬아서 비틀다. ¶몸을 ~. 2 일이 안 되도록 이리저리 반대하다. ¶일을 ~.
뒤틀-리다 퇜 1 '뒤틀다'의 피동사. 2 감정이나 심리의 움직임이 사납고 험하게 비틀어지다. ¶비위가 ~.
뒤틀림 몡 물건이 꼬이거나 틀어지는 것.
뒤틀어-지다 퇜 1 뒤가 휘거나 비틀어지다. 2 (일이나 계획이) 잘 안되다. ¶계획이 ~. 3 (마음이) 꼬이거나 비뚤어지다. ¶심사가 ~.
뒤-편 (-便) 몡 1 뒤로 있는 쪽. 2 =후편(後便) '2.
뒤-표지 (-表紙) 몡 책의 뒤쪽 표지. ↔앞표지.
뒤-풀이[1] 몡 어떤 말이나 글 아래에, 그 뜻의 풀이를 노래 조로 잇대어 지어 붙인 말. ¶천자 ~.
뒤-풀이[2] 몡 어떤 일이나 모임을 끝낸 뒤에 서로 모여 여흥을 즐기는 일.
뒤-흔들다 퇜 〈-흔드니, -흔드오〉 1 함부로 마구 흔들다. ¶바람이 나뭇가지를 ~. 2 큰 파문을 일으키다. ¶유괴 사건이 세상을 ~.
뒷-간 (-間) [뒤깐/뒨깐] 몡 '변소(便所)'를 완곡하게 이르는 말. 回화장실.
[뒷간과 사돈집은 멀어야 한다] 뒷간이 가까우면 냄새가 나듯이, 사돈집이 가까우면 말썽이 일기 쉬우므로 그것을 경계하는 말. **[뒷간에 갈 적 마음 다르고 올 적 마음 다르다]** 제게 필요한 때는 다급하게 굴다가, 제 할 일을 다 하고 나면 마음이 달라진다.
뒷-감당 (-堪當) [뒤깜/뒨깜] 몡 일의 뒤끝을 맡아 감당하는 것. ¶~도 못 하면서 일만 저지른다. **뒷:감당-하다** 퇜 퇜
뒷-거래 (-去來) [뒤꺼-/뒨꺼-] 몡 뒷구멍으로 하는, 정당하지 않은 거래. **뒷:거래-하다** 퇜 ¶밀수품을 ~.
뒷-걸음 [뒤껄-/뒨껄-] 몡 1 발을 뒤로 떼어 놓으며 걷는 걸음. 2 본디보다 못하거나 뒤떨어지는 일. 回퇴보.
뒷:걸음-질 [뒤껄-/뒨껄-] 몡 뒷걸음을 치는 일. **뒷:걸음질-하다** 퇜 ¶업에 질려 ~.
뒷:걸음질-치다 [뒤껄-/뒨껄-] 퇜 퇜 =뒷걸음치다.
뒷:걸음-치다 [뒤껄-/뒨껄-] 퇜 1 뒤로 걷거나 물러서다. ¶뒤를 보자 깜짝 놀라서 **뒷:걸음쳤다**. 2 (일이) 퇴보하다. =뒷걸음질치다. ¶수출 산업이 ~.
뒷-골 [뒤꼴/뒨꼴] 몡 뒤쪽 부분의 머릿골. 回뒤통수. ¶~이 무겁다.
뒷-골목 [뒤꼴-/뒨꼴-] 몡 한길 뒤에 있는 좁은 골목. ¶으슥한 ~.
뒷-공론 (-公論) [뒤꽁논/뒨꽁논] 몡 어떤 일이 있은 뒤, 드러나지 않고 이러쿵저러쿵 말하는 일. ¶천력 개각이 이루어진 뒤 정가에는 ~이 무성하다. **뒷:공론-하다** 퇜
뒷:-구멍 [뒤꾸-/뒨꾸-] 몡 1 뒤에 있는 구멍. 2 드러내지 않고 던지시 행동할 만한 수단·방법. ¶~으로 입학하다.
[뒷구멍으로 호박씨 깐다] 얌전한 체하면서 남이 보지 않는 데서는 딴 짓을 한다.

뒷!-길[뒤낄/뒫낄] 圀 1 뒤에 있는 길. 2 앞으로 있을 과정. ¶자식의 ~을 걱정하다. 3 정상적이 아닌 수단이나 방법.

뒷!-날[뒨-] 圀 뒤에 맞게 될 날. 回앞날・후일・훗날.

뒷!-날개[뒨-] 圀 1 [동] 곤충의 뒷가슴마디 등에 달린 날개. 2 =꼬리 날개. ↔앞날개.

뒷!-다리[뒤따-/뒫따-] 圀 1 네발짐승의 몸 뒤쪽에 있는 다리. ¶곰이 ~로 서서 재주를 부린다. 2 두 다리를 앞뒤로 벌렸을 때의 뒤쪽에 놓인 다리. ↔앞다리.

뒷!-단속(-團束)[뒤딴-/뒫딴-] 圀 일의 뒤끝을 단단히 다잡아 마무리하는 것.

뒷!-덜미[뒤떨-/뒫떨-] 圀 목덜미 아래 어깻죽지 사이. ¶~를 잡힌 채 끌려가다.

뒷!-돈¹[뒤똔/뒫똔] 圀 장사판・노름판 등의 뒤를 대는 돈.

뒷!-돈²[뒤똔/뒫똔] 圀 은밀히 주고받는 돈.

뒷!-동산[뒤똥-/뒫똥-] 圀 집이나 마을의 뒤에 있는 동산. ↔앞동산.

뒷!-마무리[뒨-] 圀 일의 뒤끝을 마무리는 것. **뒷!마무리-하다** 圄(타여)

뒷!-말[뒨-] 圀 1 계속되는 이야기의 뒤를 잇는 말. ¶~을 재촉하다. ↔앞말. 2 일이 끝난 뒤에 이러쿵저러쿵하는 말. **뒷!말-하다** 圄

뒷!-맛[뒨맏] 圀 1 음식을 먹은 뒤에 입에서 느끼는 맛. ¶~이 개운하다. 2 일이 끝난 다음에 남는 느낌. ¶모처럼 좋은 일을 하고도 ~이 개운하지 않다.

뒷!-머리[뒨-] 圀 1 =뒤통수. 2 머리의 뒤쪽에 난 머리털. ↔앞머리.

뒷!-면(-面)[뒨-] 圀 물체의 뒤쪽 면. 回후면(後面). ¶지폐의 ~. ↔앞면.

뒷!-모습[뒨-] 圀 뒤에서 본 모습. ↔앞모습.

뒷!-모양(-貌樣)[뒨-] 圀 1 뒤로 본 모양. 2 일이 끝난 뒤의 꼴.

뒷!-몸[뒨-] 圀 네발짐승의 몸의 뒷부분. 곧, 허리에서 뒷다리에 이르는 부분. ↔앞몸.

뒷!-문(-門)[뒨-] 圀 1 집의 뒤로 난 문. =후문. ↔앞문. 2 정당하지 못한 방법이나 수단. ¶대학을 ~으로 입학하다.

뒷!-물[뒨-] 圀 사람의 국부나 항문을 씻는 물. 또는, 그 일. **뒷!물-하다** 圄(자여)

뒷!-바라지[뒤빠-/뒫빠-] 圀 뒤에서 보살피며 도와주는 일. **뒷!바라지-하다** 圄

뒷!-바퀴[뒤빠-/뒫빠-] 圀 수레나 차 따위의 뒤에 달린 바퀴. ↔앞바퀴.

뒷!-받침-하다[뒤빤-/뒫빤-] 圄(타여) =**뒷받침해** 圀 뒤에서 지지하고 도와주는 일. 또는, 그 사람이나 사물. ¶~해 줄 증거가 없다. **뒷!받침-되다** 圄(자)

뒷!-발[뒤빨/뒫빨] 圀 1 네발짐승의 뒤에 달린 두 발. 2 두 발을 앞뒤로 벌렸을 때 뒤쪽에 놓인 발. ↔앞발.

뒷!발-질[뒤빨-/뒫빨-] 圀 네발짐승이 뒷발로 뒤로 걷어차는 짓. ¶말이 ~을 하다. 回뒷발길. **뒷!발질-하다** 圄

뒷!-방(-房)[뒤빵/뒫빵] 圀[건] 1 몸채의 뒤쪽에 있는 방. 2 집의 큰방 뒤에 딸린 방.

뒷!방-살이(-房-)[뒤빵-/뒫빵-] 圀 첩에게 본처의 권리를 빼앗기고 뒷방에 쫓겨나 사는 생활.

뒷!-배[뒤뻬/뒫뻬] 圀 겉으로 나서지 않고 뒤에서 보살펴 주는 일. ¶~를 보다.

뒷!-부분(-部分)[뒤뿌-/뒫뿌-] 圀 1 물체의 뒤쪽에 있는 부분. ¶차 ~을 들이받다. 2 어떤 형식, 상황 등의 뒤를 이루는 부분. ¶그 이야기의 ~이 잘 생각나지 않는다. ↔앞부분.

뒷!-북[뒤뿍/뒫뿍] 圀 (주로 '치다'와 함께 쓰여) 한심스럽거나 통탄스럽게도 뒤늦게야 어떤 일을 하는 것. ¶~치다 / ~행정.

뒷!-사람[뒤싸-/뒫싸-] 圀 1 뒤에 있는 사람. 또는, 나중 사람. 2 다음 세대의 사람. ↔앞사람.

뒷!-산(-山)[뒤싼/뒫싼] 圀 마을이나 집의 뒤쪽에 있는 산. ↔앞산.

뒷!-소문(-所聞)[뒤쏘-/뒫쏘-] 圀 1 일이 끝난 뒤에 그 일에 관하여 돌리는 소문. ¶네 당선에 대한 ~이 좋지 않더라. 2 뒤에서 이러쿵저러쿵하는 소문.

뒷!-손[뒤쏜/뒫쏜] 圀 1 사양하는 체하면서 뒤로 슬그머니 벌려서 받는 손. ¶~을 내밀다. 2 일을 끝낸 뒤에 부족한 점이 뒤늦게 발견되어 다시 마무리하는 일. 또는, 그 일손. 3 일을 떳떳하지 못하게 은밀하게 수습하는 일. ¶~을 쓰다.

뒷!-손-질[뒤쏜-/뒫쏜-] 圀 뒷마무리하는 잔손질. ¶~이 많이 가는 일. **뒷!손질-하다** 圄

뒷!-수습(-收拾)[뒤쑤-/뒫쑤-] 圀 일을 벌여 놓았으면 뒤끝을 ~을 해야지. **뒷!수습-하다** 圄(타여)

뒷!-심[뒤씸/뒫씸] 圀 1 남이 뒤에서 도와주는 힘. ¶~이 든든하다. 2 끝판에 가서 회복하는 힘.

뒷!-이야기[뒤니-] 圀 어떤 일이 있은 뒤에 나오는 이야기. ¶장기 공연을 성황리에 마치고 ~가 우스갯소리.

뒷!-일[뒨닐] 圀 뒷날에 생길 일. =후사(後事). ¶아이들의 ~을 부탁하오.

뒷!-자락[뒤짜-/뒫짜-] 圀 옷의 뒤에 늘어진 자락.

뒷!-자리[뒤짜-/뒫짜-] 圀 뒤에 있는 자리. ↔앞자리.

뒷!-장(-張)[뒤짱/뒫짱] 圀 종이의 뒷면이나 다음 장.

뒷!-전[뒤쩐/뒫쩐] 圀 1 뒤쪽이 되는 부근. 2 차례로 보아 나중의 위치. ¶사업 때문에 가정은 ~이다.

뒷!-정리(-整理)[뒤쩡니/뒫쩡니] 圀 일의 뒤끝을 바로잡는 일. **뒷!정리-하다** 圄(타여)

뒷!-조사(-調査)[뒤조-/뒫조-] 圀 은밀히 조사하는 것. 또는, 그런 조사. 回내사(內査). ¶흥신소에 ~를 의뢰하다. **뒷!조사-하다** 圄(타여)

뒷!-주머니[뒤쭈-/뒫쭈-] 圀 1 바지의 뒤쪽에 있는 주머니. ↔앞주머니. 2 남모르게 따로 마련해 둔 것. ¶~를 차다.

뒷!-줄[뒤쭐/뒫쭐] 圀 1 뒤쪽의 줄. 回후열, 뒤줄. 2 뒤를 돌보아 주거나 받쳐 주는 연줄. ¶저 친구는 ~이 든든하다.

뒷!-짐[뒤찜] 圀 (주로, 동사 '지다'와 함께 쓰여) 두 손을 허리 뒤쪽이나 엉덩이 위에 겹쳐지게 올리거나, 그 상태에서 어느 한 손으로 다른 손을 가볍게 걸친 상태. ¶노인이 ~을 지고 산책을 하다.

뒷짐(을) 지다 어떤 일에 자신은 전혀 상관없는 것처럼 구경만 하고 있다.

뒷:짐-결박(-結縛) [뒨찜-/뒫찝-] 몡 두 손을 뒤쪽으로 잦히고 묶는 일. ¶~을 당하다. **뒷:짐결박-하다** 卧예

뒷:-집 [뒨찝/뒫찝] 몡 뒤쪽에 이웃하여 있는 집. ↔앞집.

뒹굴다 짜 〈뒹구니, 뒹구오〉 1 (사람이나 동물이 어느 곳에서) 누워서 몸을 이리저리 구르다. 2 (사람이) 하는 일 없이 빈둥빈둥 놀다. ¶종일 방 안에서 뒹글고 있다. 3 (물건이) 여기저기 아무렇게나 널린 상태가 되다. 4 (낙엽 따위가) 바람에 이리저리 구르다. 문학적인 표현임. ¶거리에 낙엽이 뒹굴다.

뒹굴-뒹굴 뛴 누워서 이리저리 구르는 모양. **뒹굴뒹굴-하다** 卧예 ¶하루 종일 뒹굴뒹굴하면서 지냈다.

듀스(deuce) 몡 테니스·배구·탁구 등에서, 마지막 한 점을 남기고 동점을 이루는 일. 테니스는 40 대 40, 배구는 24 대 24, 탁구는 10 대 10인 경우를 말함. 두 점을 연달아 득점하는 쪽이 이김.

듀스^어게인(deuce again) 몡 듀스 뒤에 양편이 다시 한 점씩 얻어 같은 점수가 된 경우.

듀엣(duet) 몡 이중창 또는 이중주. ¶~으로 노래를 부르다.

듀이, 존(Dewey, John) 몡인 미국의 철학자·교육학자(1859~1952).

듀크-족(DEWKS族) 〖DEWKS:dual-employed with kids〗 아이를 낳아 기르며 맞벌이를 하는 부류의 사람. ▷딩크족.

드- 접튀 일부 용언에 붙어, 정도가 심하거나 높음을 뜻하는 말. ¶~높다/~세다.

드골, 샤를(de Gaulle, Charles) 몡인 프랑스의 정치가·대통령(1890~1970).

드나들다 짜 〈~드니, ~드오〉 1 (어떤 곳에) 들어갔다 나왔다 하다. 또는, 왔다 갔다 하다. ¶드나드는 문. 2 고르지 못하고 들쑥날쑥하다.

드-날리다[1] 卧 (깃발·연 등을) 바람에 높이 날리다.

드-날리다[2] 짜예 (세력이나 명성 따위가) 드러나 떨치다. 또는, 그리되게 하다. =들날리다. ¶명성을 ~.

드-넓다 [-널따] 톙 (벌판·바다 등이) 활짝 틔어서 아주 넓다. ¶드넓은 평야.

드-높다 [-놉따] 톙 1 (대상물이 솟거나 날거나 떠 있거나 한 상태가, 또는 하늘이) 매우 높다. ¶드높은 가을 하늘. 2 (사기나 기세 등이) 매우 높다. ¶사기가 ~. 3 (목청 등이) 매우 높다. 뛴

드높-이다 卧 '드높다'의 사동사.

드디어 뛴 오래 바라거나 기다린 끝에. 비 마침내. ¶내일이 ~ 방학이다.

드라마(drama) 몡 1 [연][방송] 연출가의 총괄적 감독하에 배우·탤런트·성우 등이 극본에 따라 연기하고 제작진이 보조적 역할을 하여, 극장 무대에서 공연하거나 텔레비전·라디오에서 방송하는 예술. ¶극(劇). 2 [문] =희곡(戱曲). 3 극적인 사건이나 상황을 비유적으로 이르는 말. ¶숨 가쁘게 돌아가는 역사의 ~.

드라마틱-하다(dramatic-) 톙예 '극적이다'로 순화. ¶드라마틱한 인생 역전.

드라이(dry) 몡 1 (건조기 따위로) 머리털을 말리거나 다듬는 일. 2 '드라이클리닝'의 준말. **드라이-하다**[1] 卧예 ¶양복을 ~. ▷드라이하다[2].

드라이-기(dry機) 몡 뜨거운 바람을 내어 젖은 머리털을 말리거나 어떤 머리 모양을 만들어 내는 전기 기기. =드라이어·헤어드라이어.

드라이버(driver) 몡 1 =나사돌리개. 2 [체] 골프에서, 장거리용 클럽.

드라이브(drive) 몡 1 경치를 구경하거나 기분 전환을 위해, 또는 운전 자체의 즐거움을 위해, 자동차 등에 사람이 타고 달리는 것. ¶~ 코스. 2 [체] 테니스·탁구·배드민턴·골프 등에서, 공을 깎아서 세게 치는 것. ¶백핸드 ~. 3 어떤 일을 강력히 추진하는 것. ¶개혁에 ~를 걸다. 4 [컴] =디스크 드라이버. **드라이브-하다** 짜예 ¶강변을 ~.

드라이-아이스(dry ice) 몡 기체 이산화탄소를 압축하여 만든 고체 이산화탄소. 식품등을 냉각시키는 데에 쓰임.

드라이어(drier) 몡 1 =건조기(乾燥器)[2]. 2 =드라이기.

드라이-진(dry gin) 몡 쌉쌀한 맛이 나는 진(gin).

드라이-클리닝(dry cleaning) 몡 물 대신 유기 용제로 때를 빼는 세탁. 준드라이.

드라이^포인트(dry point) 몡 동판화(銅版畫) 기법의 하나. 부식(腐蝕)에 의하지 않고 날카로운 강철 바늘로 판면에 직접 새겨서 세밀한 묘사를 함.

드라이-플라워(dry flower) 몡 장식용으로 오래 보존하기 위해, 피어 있는 상태 그대로 말리거나 약품을 써서 말린 꽃.

드라이-하다[2](dry-) 톙예 '무미건조하다'로 순화. ¶드라이한 문체.

드라큘라(Dracula) 몡 긴 송곳니로 사람의 목을 찌르고 피를 빨아 먹는 상상의 귀신. 영국 작가 스토커(B. Stoker)의 동명의 소설에서 유래됨.

드래그(drag) 몡 [컴] 마우스의 버튼을 누른 채 화면 위의 커서를 어떤 점에서 다른 점까지 움직인 후 버튼을 떼는 동작. 데이터를 블록 저장하는 데에 많이 쓰임.

드래프트(draft) 몡 [체] 신인 선수를 선발하는 일. ¶~를 통해 입단한 선수.

드러-나다 짜 1 속에 가려져 있거나 잘 보이지 않던 것이 뚜렷이 나타나다. ¶어깨가 드러나는 옷. 2 감추거나 알려지지 않은 것이 밝혀지다. ¶진실이 ~.

드러-내다 卧 '드러나다'의 사동사. ¶본색을 ~.

드러냄-표(-標) 몡 [언] 문장 중에서 주의가 미쳐야 할 곳이나 중요한 부분을 특별히 드러내 보일 때 쓰는 ' ゚ ', ' ˙ ' 의 이름. ¶한글의 본 이름은 훈민정음이다. 따위.

드러-눕다 [-따] 짜예 〈~누우니, ~누워〉 1 편하게 눕다. 2 앓아서 자리에 눕다. ¶아버지가 병으로 드러누우셨다.

드러머(drummer) 몡 드럼 연주자.

드럼(drum) 몡 1 [음] 서양 음악에서, 북의 총칭. 2 =드럼통[1].

드럼-통(drum桶) 몡 1 두꺼운 철판으로 만든, 원기둥 모양의 큰 통. 기름 등의 액체를 담음. 2 키가 작고 뚱뚱한 사람을 놀림조로 이르는 말.

드레스(dress) 몡 옷의 길이가 어깨에서 무릎 아래 또는 그 이하까지 내려오는, 원피스형의 여성용 서양식 의복. 특히, 예복을 가리킴. ¶웨딩 ~.

드레스-룸(dress room) 몡 일반 주택에서, 옷을 따로 보관하기 위해 마련한 방.

드레시-하다(dressy-) 톙예 (여성의 옷

이나 옷맵시가) 선이나 모양이 우아하고 아름답다. ¶드레시한 야회복.
드레싱(dressing) 圏 식품에 치는 소스의 한 가지.
드로잉(drawing) 圏 1 [미] 연필·펜·크레용 등으로 대상물의 윤곽만을 그리는 그림. 2 [체] 경기 참가 팀의 대전(對戰) 편성을 위한 추첨.
드롭(drop) [체] '드롭 커브'의 준말.
드롭^샷(drop shot) 圏 테니스에서, 볼에 역회전을 주어 상대편 코트의 네트가 까이 짧게 떨어뜨리는 타구(打球).
드롭스(drops) 圏 설탕에 과일즙이나 향료를 넣고 졸여 여러 가지 모양과 빛깔로 굳혀 만든 사탕의 하나.
드롭^커브(†drop curve) 圏 [체] 야구에서, 투수가 던진 공이 타자 가까이에 와 갑자기 뚝 떨어지는 일. ⑤드롭.
드롭-킥(dropkick) 圏 1 럭비에서, 공이 땅에 떨어졌다가 다시 튀어 오르는 순간에 차는 일. 2 프로 레슬링에서, 몸을 공중으로 날리면서 두 발로 상대를 가격하는 기술. **드롭킥-하다** 国(타)(여)
드르렁 囝 코를 고는 소리.
드르렁-거리다/-대다 国(자)(타) 자꾸 드르렁 소리가 나다. 또는, 그런 소리를 내다. ¶그는 코를 드르렁거리면서 잔다.
드르렁-드르렁 囝 코를 고는 소리. ¶코를 ~ 골다. **드르렁드르렁-하다** 国(타)(여)
드르르 囝 큰 물건이 가볍게 구를 때 나는 소리. ¶바퀴 달린 의자를 ~ 끌다. ⑤다르르. 세뜨르르.
드르륵 囝 1 큰 물건이 미끄러져 나갈 때 세게 나는 소리. ¶방문이 ~ 열리다. 2 총 따위를 계속 쏠 때에 나는 소리. 또는, 그 모양. ¶기관총을 ~ 쏘다.
드리다¹ 国(타) (땋은 머리 끝에 댕기를) 길러 있도록 묶거나 매다. ¶길게 땋은 머리에 빨간 댕기를 드린 처녀.
드리다² 国(타) 1 '주다①'의 겸양어. 문장 주의의 행위가 미치는 대상을 높여서 이르는 말임. ¶아버지께 드릴 선물을 사다. 2 (윗사람에게 말이나 인사 등을) 들거나 받을 수 있게 올리다. ¶문안을 ~. 3 (사람이 신적인 존재에게 어떤 의식을) 삼가 행하다. ¶주님께 기도를 ~. (보조 (동사의 어미 '-아/어'에 쓰여) '주다②'의 겸양어. ¶노인을 보살펴 ~.
드리다³ 国(타) (집에 문·마루·벽장 등의 구조를) 만들다. ¶방을 한 칸 더 ~.
-드리다⁴ (접미) 일부 명사 아래에 붙어, '공손한 행위'의 뜻을 나타내는 말. ¶말씀~ / 불공~.
드리블(dribble) 圏 [체] 1 축구·럭비에서, 공을 발로 몰면서 나가는 일. 2 배구에서, 한 사람의 몸에 계속하여 두 번 이상 공이 닿는 반칙. 3 농구에서, 공을 손으로 바닥에 튀기면서 나가는 일. **드리블-하다** 国(타)(여)
드리우다 国(자)(타) 1 (물체를) 한쪽이 위에 달려서 붙은 상태에서 다른 쪽이 아래로 길게 늘어지게 하다. ¶창문에 발을 ~. 2 (어떤 존재가 어떤 대상에 그림자나 그늘 등을) 생기게 하다. ¶나무가 석양을 받아 땅에 긴 그림자를 드리웠다.
드릴(drill) 圏 목재나 금속판에 구멍을 뚫는 공구.
드림 圏 주로 사회적인 관계를 맺고 있는 사람에게 편지 등을 보낼 때, 그것을 드린다는 뜻으로 편지의 끝이나 겉봉투에 보내는 사람의 이름 다음에 쓰는 말. 올림. ¶이현우 ~.
드링크-제(drink劑) 圏 피로를 해소하기 위해 마시는, 카페인·과당·비타민 등이 소량 들어 있는 음료.
드문-드문 囝 1 시간적으로 잦지 않게. (비)이따금. ¶이런 일이 ~ 일어난다. 2 공간적으로 배지 않게. (비)띄엄띄엄. ¶거리에 가로등이 ~ 서 있다. ⑤다문다문. 드문
드문-하다 囝(여)
드물다 囝 〈드무니, 드무오〉 (어떤 대상이나 일이) 보통의 정도를 넘게 가끔 있거나 생기거나 대할 수 있는 상태에 있다. ¶보기 드문 미인. ↔잦다·흔하다.
드보르자크, 안토닌(Dvořák, Antonín) 圏[인] 체코슬로바키아의 작곡가(1841~1904).
드뷔시, 클로드 아실(Debussy, Claude Achille) 圏[인] 프랑스의 작곡가(1862~1918).
드뿍 囝 분량이 다소 범위에 넘치는 모양. ¶쌀을 ~ 퍼 주다.
드-세다 囝 1 몹시 세다. ¶고집이 ~. 2 (일 따위가) 견디기에 힘들게 세차다. ¶팔자가 ~. 3 집터를 지키는 귀신이 사납다. ¶집터가 ~.
드잡이 圏 서로 머리나 멱살을 움켜잡고 싸우는 짓. **드잡이-하다** 国(자)(여)
득¹ 囝 크고 단단한 물건을 세차게 긁는 모양이나 소리. ¶칼로 담벼락을 ~ 긁다.
득²(得) 圏 소득이나 이득. ¶남을 모함해서 ~ 될 게 뭐냐? ↔실(失).
득남(得男) [명−] 圏 아들을 낳는 것. ¶~ 턱을 내다. **득남-하다** 国(자)(여)
득달(得達) [−딸] 圏 목적한 곳에 도달하는 것. 또는, 목적을 이루는 것. **득달-하다** 国(자)(여)
득달-같다[−딸갇따] 囝 잠시도 지체하지 않다. **득달같-이** 囝 ¶소식을 듣자마자 ~ 달려오다.
득도(得道) [−또] 圏 1 도를 깨달는 것. 2 오묘한 이치를 깨닫는 것. **득도-하다** 国(자)(여)
득-똑[−똑] 囝 크고 단단한 물건을 여러 번 세차게 긁는 모양이나 소리. ¶누룽지를 ~ 긁다. ⑤닥닥.
득세(得勢) [−쎄] 圏 1 세력을 얻는 것. ↔실세(失勢). 2 형세가 좋게 되는 것. 또는, 유리해진 것. **득세-하다** 国(자)(여) ¶문신들의 세력을 꺾고 무신들이 ~.
득시글-거리다/-대다[−씨−] 国(자) (사람·동물 따위가) 떼로 모여 움직여 들끓다. ¶헛간에 벌레가 ~. ⑤득실거리다.
득시글-득시글[−씨−씨−] 囝 득시글거리는 모양. ⑤득실득실. **득시글득시글-하다** 国(자)(여) ¶옷에 이가 ~.
득실(得失) [−씰] 圏 1 얻음과 잃음. ¶골 ~ 차(差). 2 이익과 손해. (비)이해(利害).
득실-거리다/-대다[−씰−] 国(자) '득시글거리다'의 준말.
득실-득실[−씰−씰] 囝 '득시글득시글'의 준말. **득실득실-하다** 国(자)(여)
득음(得音) 圏 음악가의 노래나 연주 소리가 썩 아름다운 지경에 이른 것. **득음-하다** 国(자)(여)
득의(得意) [−의/−이] 圏 뜻한 바가 이루어져 만족해하는 것. 또는, 이를 뽐내는

득의 __331

것. ¶~에 찬 미소를 보이다.
득의만면-하다(得意滿面-) [-으-/-이-] 휑예 뜻한 바를 이루어 기쁜 표정이 얼굴에 가득하다.
득의양양-하다(得意揚揚-) [-으-/-이-] 휑예 뜻한 바를 이루어 우쭐거리며 뽐내는 태도가 있다. ¶그는 큰 승리라도 한 듯이 득의양양하였다.
득점(得點) [-쩜] 몡 (시험·경기 등에서) 점수를 얻는 것. 또는, 그 점수 ¶~자/최고 ~. ~실점. **득점-하다** 동재태
득점-력(得點力) [-쩜녁] 몡 어떤 선수가 운동 경기에서 득점할 수 있는 능력. ¶~이 돋보이는 공격수.
득표(得票) 몡 투표에 의한 선거나 선발에서, 얼마의 지지표를 얻는 것. 또는, 그 표. **득표-하다** 동재태 ¶과반수를 득표한 후보가 당선되다.
득표-율(得票率) 몡 선거·선발에서, 전체 투표수 가운데 지지표를 얻은 비율. ¶총선에서 전국 최고 ~을 당선되다.
든[1] 丞 '든지'의 준말. ¶사과~ 배~ 어느 것이나 먹게.
-든[2] 떼 1 '-든지'의 준말. ¶네가 무엇을 하~ 나는 상관없다. 2 '-던'의 잘못.
-든가 떼 1 '-든지'. 2 '-던가'의 잘못.
든든-하다 휑예 1 (마음이) 어떤 대상에 대한 믿음성 때문에 허전하거나 두렵거나 하지 않고 안정감을 가진 상태에 있다. ¶훌륭한 아드님을 두셨으니 든든하시겠습니다. 2 (사람이) 알차거나 충실하여 미덥거나 믿음직하다. ¶백이 ~. 3 (배가) 먹은 음식이 차서 쉬이 배고파지지 않을 만한 상태에 있다. ¶먼 길을 가야 하니 든든하게 먹어라. 4 (옷 입은 상태가) 두껍거나 여러 겹이어서 추위를 막기에 충분하다. ¶날씨가 추우니 옷을 든든하게 입어라. **든든-히** 뷔 ¶밥을 ~ 먹다.
든지 丞 무엇이나 가리지 않음을 나타내는 보조사. ¶비행기~ 기차~ 아무거나 타라. 준든.
-든지[2] 떼 1 무엇이나 가리지 않음을 나타내는 연결 어미. =든가. ¶하~ 말~ 맘대로 해. 준-든. 2 '-던지'의 잘못.
듣기[-끼] 몡 언어 학습에서, 남의 말을 올바르게 알아듣고 이해하는 일. ▷말하기.
듣다[1] [-따] 동재C〈들으니, 들어〉 (눈물·빗물 따위의 액체가) 방울방울 떨어지다. ¶후드득후드득 빗방울이 ~.
듣다[2] [-따] 동타C〈들으니, 들어〉 1 (사람이나 동물이 소리를 귀로) 자연스럽게 느껴서 알다. 2 (사람이 다른 사람의 말이나 어떤 소리를) 그 내용을 알기 위해 귀 기울여 느끼다. 비경청하다. ¶강연을 ~. 3 (명령이나 충고와 같은 말을) 받아들여 그대로 하다. ¶어머니 말씀 잘 들어라. 4 (주로, 보조 동사 '주다', '달다'와 함께 쓰이어) (요구나 청을) 받아들여 그렇게 하기로 하다. 비허락하다. ¶제발 내 부탁을 들어 다오. 5 (칭찬이나 꾸지람을) 주로 윗사람에게 받거나 맞다. ¶아버지한테 꾸중을 들었다. 6 (주로 '말' 따위를 목적어로 하여) (기계나 장치가) 제 기능대로 움직이거나 작용하다. ¶건전지가 다 되어 리모컨이 말을 듣질 않는다. [2] 재 (약이 어떤 병에) 효과를 나타내다. ¶변비에 잘 듣는 약.
[듣기 좋은 이야기도 늘 들으면 싫다] 아

무리 좋은 일이라도 여러 번 되풀이하면 싫어진다. [들으면 병이요 안 들으면 약이다] 들어서 걱정될 일이라면 차라리 듣지 않는 것이 낫다.
듣도 보도 못하다 전혀 알지 못하다.
듣다-못해 [-따모태] 関예 어떤 말을 듣고 있다가 더 이상 참을 수가 없어서. ¶나는 그의 말을 ~ 고함을 버럭 질렀다.
듣-잡다 [-짭따] 동태太〈~자오니, ~자와〉 '듣다'[1]의 높임어.
들[1] 몡 1 사람이 살지는 않으나 마을에서 그리 멀리 떨어져 있지 않은, 평평하고 넓게 트인 땅. ▷벌·벌판. 2 논이나 밭으로 되어 있는, 넓고 평평한 땅. ¶벼가 익어 황금물결을 이루고 있는 ~.
들[2] I 몡 두 가지 이상의 사물을 벌여 말할 때 맨 끝에 쓰여, 그 열거한 사물 모두를 가리키거나 그 밖에 같은 종류의 사물이 더 있음을 나타내는 말. ¶배·감·포도 ~이 많다.
II 丞 주어 이외의 자리에 쓰여, 주어가 복수임을 나타내는 보조사. ¶그럼, 말씀 나누세요.
들-[3] 접두 '무리하게 힘을 들어', '굉장히', '마구', '몹시'의 뜻. ~끓다 / ~볶다.
들-[4] 접두 일부 동식물명 앞에 붙어, 야생(野生)을 뜻하거나 품질이 낮음을 나타내는 말. ¶~쥐 / ~국화.
-들[5] 접미 셀 수 있는 명사나 대명사 아래에 붙어, 그것이 복수임을 나타내는 말. ¶학생~ / 우리~.
들-개[-깨] 몡 1 주인 없이 마음대로 돌아다니며 자라는 개. 2 맥없이 나다니는 사람을 속되게 이르는 말.
들-것[-껏] 몡 환자나 물건을 실어 나르는 기구.
들고-나다 동재 남의 일에 참견하여 나서다. ¶공연히 남의 일에 들고나지 마라.
들고-뛰다 동재 '달아나다'를 속되게 이르는 말.
들고-일어나다 동재 어떤 일에 항의·반대하여 궐기하고 나서다. ¶부당한 해고 조처에 근로자들이 ~.
들고-튀다 동재 '달아나다'를 속되게 이르는 말. ¶형사들이 왔을 때는 범인이 이미 들고튄 뒤였다.
들-국화(-菊花) [-구콰] 몡[식] 산과 들에 저절로 자라는 야생 국화의 총칭. 감국(甘菊)·산국(山菊) 따위.
들-기름 몡 들깨에서 짜낸 기름.
들-기술(-技術) 몡[체] 씨름에서, 상대편을 끌어당겨 허리 위로 들어 올린 뒤, 무릎이나 허벅다리를 걸어 넘기거나 허리를 이용하여 돌린 뒤 넘어뜨리는 기술.
들-길[-낄] 몡 들에 난 길.
들-까불다 동태〈~까부니, ~까부오〉 [1] 몹시 까불다. [2] 재 위아래로 심하게 흔들다.
들-깨 몡[식] 씨에 구수한 맛이 있어 양념으로 쓰거나 기름을 짜며, 독특한 향기가 있는 잎은 식용하는 한해살이풀. 또는, 그 씨. 채소로 재배함.
들깻-잎 [-깬닙] 몡 들깨의 잎. 식용함.
들-꽃 [-꼳] 몡 들에 피는 꽃.
들-끓다 [-끌타] 동재 1 한곳에 여럿이 많이 모여서 수선스럽게 움직이다. ¶해수욕장이 수많은 피서 인파로 ~. 2 어떤 심리 현상이 강한 흥분 상태로 되다. ¶분한 마음이 ~.

들:-나물[-라-] 圐 들에서 나는 나물.
들-날리다[-랄-] 圐〔-릴〕=들치이다.
들:-녘[-녁] 圐 들이 넓게 펼쳐 있는 곳. ¶황금물결이 출렁이는 가을 ~.
들:-놀이[-로리] 圐 들에 나가서 노는 것.
들다¹ 图〈드니, 드오〉[1] 困 1 (사람이나 대상이 어떤 구조물이나 공간의 밖에서 안이나 속으로) 그 위치를 옮기다. 또는, (구조물이나 공간의 안이나 속에) 있는 상태가 되다. ¶안, 안으로 **드시지요**. 2 (어떤 방이나 집 등에) 거처를 정하고 머물러 있게 되다. ¶호텔에 ~. 3 (주로, 햇빛이나 햇볕이 어떤 공간 안에) 미치어 비치다. ¶볕이 잘 **드는** 방. 4 (사람이나 대상이 어떤 범위 안에) 속하거나 포함되다. ¶합격자 명단 속에 내 이름이 **들어** 있다. 5 (사람이 어떤 조직에) 구성원이 되다. ¶가입하다. ¶ون센터에 ~. 6 (어떤 물체나 물질이나 성분이 다른 물체나 물질 속에) 섞이거나 일부를 이루다. ¶이 버섯에는 독이 **들어** 있다. 7 (대상에 어떤 내용이나 사실이) 담기거나 일부를 이루다. ¶책 속에 진리가 **들어** 있다. 8 (물감이나 소금이 따위가 물체 속에) 스미거나 배다. ¶옷에 물이 ~. 9 (과일이나 음식의 맛이) 익어서 알맞게 되다. ¶포도가 맛이 **들었다**. 10 (어떤 일이나 활동에 돈·시간·물자·노력 등이) 쓰이거나 소비되다. ¶비용이 ~. 11 (어떤 병이 몸에) 생겨서 앓게 되다. ¶감기가 ~. 12 (어떤 병적인 증세나 상태가 몸의 어느 부위에) 생겨서 자리 잡다. ¶옆구리에 담이 ~. 13 (정신이나 의식이) 되돌아와 정상적인 상태가 되다. ¶의식이 ~. 14 (사람이) 사리를 깨닫게 되거나 지적(知的)으로 깬 상태가 되다. ¶철이 ~. 15 (어떤 생각이나 느낌이) 생기거나 느껴지다. ¶잡념이 ~. 16 (버릇이나 습관이) 몸에 배다. ¶못된 버릇이 ~. 17 (어떤 물건이나 사람이 기분이나 마음에) 좋게 받아들여지다. ¶마음에 **드는** 여자. 18 (잠이) 생기어 몸과 의식의 활동에 작용하다. ¶아기가 울다 지쳐 잠이 **들었다**. 19 (나이가) 많아지는 상태가 되다. 또는, (나이가) 꽤 많은 상태가 되다. ¶나이가 **들어** 보이는 얼굴. 20 (어떤 때에) 이루게 되다. 圐접어들다. ¶이달 **들어** 부쩍 감기 환자가 늘었다. 21 (어떤 일이나 기상 현상이) 이루어지거나 생기다. ¶풍년이 ~. 22 (어느 해나 달이나 주에 어떤 달이나 날이) 속에 있게 되거나 끼인 상태가 되다. ¶10월에 연휴가 한 번 **들어** 있다. 23 (식물의 뿌리나 열매가) 속이 차서 굵어지거나 단단해지다. ¶무가 속이 ~. 24 (움직임이나 이동, 작용을 나타내는 동사의 어미 '-아/어' 아래에 쓰여) 그런 동작이나 작용이 대상의 안쪽으로 행해지거나 미침을 나타내는 말. ¶달려~ / 돌아 ~. [2] 珏 1 접어(길을) 택하여 가거나 오다. ¶길을 잘못 **들어** 한참을 헤맸다. 2 (다달이 일정액의 돈을 내는, 금융 관련의 일을) 신청하여 행하다. ¶적금을 ~. 3 (다른 사람의 편에 의해 하는 일이나 다른 사람 편에 서는 일) 하는 상태에 자기 몸을 두다. ¶시중을 ~. [3] 匡 1 (동사의 어미 '-려(고)' 나 명사형 어미 '-기' 에 조사 '로' 가 붙은 '-기로', 또는 '-자 하고' 가 준 꼴인 '-자고' 아래에 쓰여) 짐짓 애쓰거나 적극적으로 하거나 어떤 일을 쉽사리 하는 경향이 있음을 나타내는 말. ¶그는 툭하면 주먹질부터 하려 든다. 2 (동사의 어미 '-고' 아래에 쓰여) 어떤 행동을 거칠게, 또는 다그치듯 함을 나타내는 말. ¶그는 험악한 표정을 지으며 따지고 들었다.
[드는 정은 몰라도 나는 정은 안다] 정이 들 때는 드는 줄 모르게 들지만 정이 떨어져 싫어지면 역력히 나타난다.
들다² 困〈드니, 드오〉 1 (날이) 눈·비 따위가 그쳐서 좋아지다. ¶날이 들면 떠나자. 2 (땀이) 흐르지 않고 그치거나 없어지다. ¶찬물에 발을 담그니 땀이 금세 **들었다**.
들다³ 困〈드니, 드오〉 (날이 있는 도구가) 날이 날카로워 물건이 잘 베어지다. ¶칼이 잘 ~.
들다⁴ 囘〈드니, 드오〉 1 (아래에 있는 물체를) 힘을 주거나 가하여 위로 옮기다. 圐올리다. ¶역도 선수가 역기를 ~. 2 (몸의 한 부분을) 위쪽으로 움직이다. ¶고개를 **들어** 하늘을 우러러보다. 3 (사람이 물건을) 땅이나 바닥에 놓지 않고 얼마큼의 높이에서 손에 쥐거나 잡다. ¶가방을 들고 있는 학생. 4 (어떤 사실이나 문제나 예를) 내보이거나 제시하거나 끌어 오다. ¶예를 **들어** 설명하다. 5 '먹다'를 점잖게, 또는 완곡하게 이르는 말. 선어말 어미 '-시-'가 결합된 '드시다'는 '먹다'의 높임말이다. ¶찬은 없지만 많이 **드십시오**.
들들 閏 1 (콩·깨 따위를) 갉거나 휘저으며 볶는 모양. ¶녹두를 맷돌에 ~ 갈다. 2 사람을 마구 들볶는 모양. ¶사람을 ~ 볶는다. 圐달달.
들-뜨다 困〈~뜨니, ~떠〉 1 (단단한 데에 붙은 얇은 것이 속으로 떨어져) 틈이 벌어지며 일어나다. ¶물칠이 먹지 않아 도배지가 **들떴다**. 2 마음이 들썽거리다. ¶들뜬 마음을 가라앉히다. 圐달뜨다. 3 살빛이 누르고 부석부석하게 되다. ¶병으로 얼굴이 ~.
들라크루아, 페르디낭 빅토르 외젠(Delacroix, Ferdinand Victor Eugène) 圐 [인] 프랑스의 화가(1798~1863).
들락-거리다/-대다[-끄(때)-] 困〔재〕타 =들랑거리다. ¶배탈이 나 화장실을 ~.
들락-날락[-랑-] 閏 자꾸 들어왔다 나갔다 하는 모양. =들랑날랑. **들락날락-하다** 图〔재〕타
들랑-거리다/-대다 图〔재〕타 자꾸 들어왔다 나갔다 하다. =들락거리다. ¶이 방저 방을 ~.
들랑-날랑 閏 =들락날락. **들랑날랑-하다** 图〔재〕타
들러리 圐 1 결혼식에서 신랑이나 신부를 식장으로 인도하고, 옆에서 보살펴 주는 사람. ¶~를 서다. 2 주된 인물 주변에서 실속은 없이 그를 돋보이게 하는 역할을 하는 사람을 얕잡아 이르는 말.
들러-붙다[-붇따] 图〔재〕 1 (물건이나 일부 연체동물의 몸이 무엇에) 끈기 있게 철썩 붙다. ¶정전기가 일어 옷이 몸에 ~. 2 (사람이 다른 사람에게) 끈덕지게 가까이 있으려 하거나 짓궂 가까이서 얼쩡거리는 행동을 하다. ¶아이가 엄마한테 **들러붙어서** 떨어지려 하지 않는다. 3 (사람이 어떤 일에) 악착스럽게 열중하다. ¶컴퓨터에 **들러붙어** 산다. 圐달라붙다.
들려-오다 图〔재〕 소리나 소문 등이 들리다.

¶노랫소리가 ~.
들려-주다 통(타) (소리나 말을) 듣게 하여 주다. ¶음악을 ~.
들르다 재 〈들르니, 들러〉 지나가는 길에 잠깐 거치다. ¶나는 집에 가는 길에 서점에 **들러** 잡지를 샀다.
들리다¹ 통(자) (못된 귀신 따위가) 덮치다. **들러붙다**. ¶귀신 들린 사람.
들리다² 통 ①(자) '듣다¹¹·²'의 피동사. ¶새소리가 ~. ②(타) (주로 '들려주다'의 꼴로 쓰이어) '듣다¹¹·²'의 사동사.
들-리다³ 통 ①(자) '들다¹·²·³'의 피동사. ¶몸이 번쩍 ~. ②(타) '들다¹·²·³'의 사동사. ¶무거운 것을 **들리지** 마라.
들리다⁴ 통 '들다¹¹'의 피동사. ¶감기에 [에] ~.
들릴라(Delilah) 몡(성) 구약 성서에 나오는 삼손의 애인. 삼손의 머리털을 잘라 힘을 쓰지 못하게 함.
들-머리 몡 1 어느 곳으로 막 접어드는 곳. 비들어귀·초입. ¶마을 ~. 2 어떤 일이 처음 시작되는 무렵. 비첫머리. ¶겨울 ~.
들먹-거리다/-대다 [-꺼때-] 통(자)(타) 자꾸 들먹이다. ¶어깨를 **들먹거리며** 울다.
들먹-들먹 [-뜩-] 뮈 들먹거리는 모양. **들먹들먹-하다** 통(자)(타)(여)
들먹-이다 통(자)(타) 1 (묵직한 물건의 전체나 일부가) 들렸다 내려앉았다 하다. 2 마음이 흔들리다. ¶공연히 가슴이 ~. 3 (어깨·궁둥이 등 몸의 일부가) 아래위로 움직이다. ¶흥거워서 절로 어깨가 ~. ②(타) 1(묵직한 물건을) 올렸다 내렸다 하다. 2남의 마음을 흔들리게 하다. 3 (어깨나 궁둥이를) 아래위로 움직이다. ¶어깨를 **들먹이며** 울다. 4들추어 입에 올리다. ¶왜 가만있는 사람을 **들먹이곤** 그래?
들-배지기 몡(체) 씨름에서, 상대의 배를 껴안고 몸을 돌리면서 넘어뜨리는 기술.
들-보 [-뽀] 몡(건) =보¹.
들-볶다 [-복따] 톱 잔소리나 까다로운 요구 등으로 남을 못살게 굴다. ¶며느리를 ~.
들볶-이다 통 '들볶다'의 피동사. ¶아이에게 ~.
들:-새 [-쌔] 몡 야생의 새.
들:-소 [-쏘] 몡(동) 어깨에서 목에 걸쳐 혹이 솟아 있고, 머리에는 휘어진 짧은 뿔이 있는 대형의 야생 소.
들-숨 [-쑴] 몡 들이쉬는 숨. 비흡기(吸氣). ↔날숨.
들썩-거리다/-대다 [-꺼때-] 통(자)(타) 자꾸 들썩이다. ¶이불을 ~. 잭달싹거리다.
들썩-들썩 [-뜩-] 뮈 들썩거리는 모양. 잭달싹달싹. **들썩들썩-하다** 통(자)(타)
들썩-이다 통 ①(자) 1(묵직한 물건이) 들렸다 가라앉았다 하다. ¶물이 끓어 주전자 뚜껑이 ~. 2마음이 흔들려 움직이다. 3 (어깨·궁둥이가) 위아래로 움직이다. ¶흥이 나자 절로 어깨가 **들썩였다**. 4요란하고 부산하게 떠들다. ¶회의장은 많은 사람들로 **들썩였다**. ②(타) 1(묵직한 물건을) 들었다 놓았다 하다. 2 (어깨·궁둥이를) 위아래로 움직이다. ¶어깨를 **들썩이며** 숨을 크게 쉬다. 잭달싹이다.
들썩-하다 [-써카-] Ⅰ 통(자)(타)(여) 1 (좀 가벼운 물건이) 한 번 들렸다 가라앉다. 또는, (좀 가벼운 물건이) 한 번 들렸다가 가라앉게 하다. 2 (어깨나 궁둥이가 [를]) 무겁게 한 번 위아래로 움직이다. 잭달싹하다. 2부산하고 시끄럽다.
Ⅱ 형(여) 1사이가 조금 떠들려 있다. 잭달싹하다. 2부산하고 시끄럽다.
들-쑤시다 톱 '들이쑤시다'의 준말. ¶방고래를 ~.
들쑥-날쑥 [-쑹-] 뮈 들어가고 나오고 하여 고르지 않은 모양. =들쭉날쭉. **들쑥날쑥-하다** 통(타) ¶수입이 ~.
들-쓰다 통(타) 〈-쓰니, -써〉 1 (이불·외투 등을) 위에서부터 아래까지 덮어쓰다. 2 (모자 등을) 되는대로 얹어나 쓰다. 3 (물·먼지 등을) 온몸에 받다.
들어-가다 통(자) 〈-가거나〉 1안이나 속으로 가다. ¶건물 안으로 ~. 2 어떤 단체·기관·조직의 구성원이 되다. ¶회사에 ~ / 일류 대학을 ~. 3어떤 범위 안에 속하거나 포함되다. 4 (비용·물자·노력 등이) 어떤 필요에 쓰이다. ¶생산비가 많이 **들어간다**. 5 말·글의 내용이 이해되고 기억되다. ¶내용이 머리에 쏙 **들어가게** 요약해 주었다. 6 (새로운 상태나 시기가) 시작되다. ¶내일부터 대학 생활에 **들어가게** 된다. 7 물체의 표면이 우묵하게 되다. ¶눈이 쏙 **들어갔다**. 8 (어떤 것에) 끼이다. ¶화보가 많이 **들어간** 잡지.
들어-내다 톱(타) 1물건을 들어서 밖으로 내놓다. ¶이삿짐을 ~. 2있던 곳에서 쫓아내다. ¶저놈을 밖으로 **들어내라**.
들어-맞다 [-맏따] 쩐 정확히 맞다. ¶예상대로 ~.
들어-맞히다 [-마치-] 통(타) '들어맞다'의 사동사. ¶그 점쟁이는 내 운세를 딱 **들어맞혔다**.
들어-먹다 [-따] 통(타) 있는 재물이나 밑천을 헛되이 다 없애다. ¶유산을 유흥비로 다 ~. 2남의 것을 자기 차지로 만들다. ¶회사 돈을 **들어먹고** 도망쳤다.
들어-박히다 [-바키-] 쩐 1드러나지 않게 속으로 박히다. 2빈틈없이 촘촘히 박히다. ¶옥수수 알이 촘촘히 ~. 3 한군데만 꼭 붙어 있다. ¶도서관에 **들어박혀** 공부만 하다.
들어-붓다 [-붇따] 통(자)(타)(ㅅ) 1 ¶부으니, -부어〉 들어 올려서 붓다. 2 술을 퍼붓듯이 들이마시다.
들어-서다 통(자) 1 안쪽으로 옮겨 서거나 가다. ¶회의장으로 ~. 2 (어떤 곳에) 자리 잡고 서다. ¶소나무가 울창하게 **들어선** 숲. 3 (어떤 상태나 시기 등이) 시작되다. ¶계절은 바야흐로 여름철에 **들어서고** 있다. 4계통을 잇다. ¶새 정부가 ~.
들어-앉다 [-안따] 통(자) 1안쪽으로 다가 앉다. ¶아랫목으로 더 **들어앉아라**. 2일정한 곳에 자리를 잡다. ¶산골짝이에 **들어앉은** 마을. 3어떤 지위를 차지하다. ¶안주인으로 ~. 4바깥 활동이나 직장을 그만두고 집에만 들어박혀 지내다. ¶집 안에 **들어앉아** 뭘 하니?
들어-앉히다 [-안치-] 통(타) '들어앉다'의 사동사. ¶그는 아내를 직장을 그만두게 하고 집 안에 **들어앉혔다**.
들어-오다 통(자)(타)(러라) 〈-오너라〉 1밖에서 안으로 오다. ¶방문을 열고 ~. 2 어떤 조직·기관 등의 구성원이 되다. ¶새로 **들어온** 사람. 3수입 등이 생기다. ¶집세로 매달 이십만 원씩 **들어온다**. 4 (사물의 내용이) 이해되거나 파악되다. ¶선생님의 설명이 귀에 쏙쏙 **들어온다**.
들어-주다 통(타) 부탁이나 요구 등을 받아 들이다. ¶소원을 ~.
들어-차다 통(자) 안이나 속에 가득 차다. ¶극장 안에 사람들이 꽉 ~.
들여-가다 통(거라)〈~가거라〉 1 밖에서 안으로 가져가다. ¶밥상을 방에 ~. 2 물건을 사서 집으로 가져가다. ¶쌀을 ~.
들여-놓다 [-노타] 통(타) 1 밖에서 안으로 가져다 놓다. ¶날씨가 추워 화분을 ~. 2 밖에서 안으로 들어오게 하다. ¶내 집에 발도 들여놓지 마라. 3 물건을 사서 집에 가져다 놓다. ¶책을 월부로 ~. 4 관계를 맺다. (비)진출하다. ¶정계에 발을 ~.
들여다-보다 통(타) 1 밖에서 안을 보다. ¶왜 남의 방 안을 **들여다보느냐**? ↔내다보다. 2 가까이서 자세히 보다. ¶시럼지를 ~. 3 세밀하게 살펴 속을 알다. ¶속셈을 빤히 ~. 4 관심을 가지고 살피기 위해 어디에 들르다.
들여다-보이다 통(자) '들여다보다'의 피동사. ¶겁은 마음이 ~. (준)들여다뵈다. ↔내다보이다.
들여다뵈다 [-뵈/-붸-] 통(자) '들여다보이다'의 준말.
들여-보내다 통(타) 1 안이나 속으로 들어가게 하다. ¶밥상을 방 안으로 ~. 2 어떤 조직 등의 구성원이 되게 하다. ¶학교를 ~.
들여앉-히다 [-안치-] 통(타) '들어앉다'의 사동사. ¶첩을 ~.
들여-오다 통(너라)〈~오너라〉밖에서 안으로 가져오다. ¶음식을 ~.
들!-오리 명 야생하는 오리. ↔집오리.
들은-풍월 (-風月) 명 남에게서 얻어들어 알게 된 얕은 지식. ¶~은 있어 전문어를 주워섬기며 아는 체를 한다.
들이[1] 명[수] 어떤 그릇에 물질을 최대한 담을 수 있는 공간의 크기. ≒용적(容積).
들이[2] 명 '들입다'의 준말.
들이-[3] 접두 1 '들입다', '함부로', '몹시'의 뜻. ¶~덤비다 / ~받다. 2 '별안간'의 뜻. ¶~닥치다. 3 '안으로'의 뜻. ¶~비추다.
-들이[4] 접미 그릇의 용량을 나타내는 말. ¶2홉~ 소주병.
들이-굽다 [-따] 통(자) 안쪽으로 꾸부러지다. ¶팔이 **들이굽지** 내굽나? ↔내굽다.
들-이다[1] 통 '들다'의 사동사. ¶정성을 ~ / 습관을 ~.
들-이다[2] 통(타) '들다'의 사동사. ¶땀 좀 들이고 나서 하자.
들-이다[3] 통(타) (연기나 불길이) 아궁이에서 방고래로 잘 들어가다.
들이-닥치다 통(자) 갑자기 닥치다. ¶경찰 판이 ~.
들이-대다 통[1](타) 마구 대들다. [2](타) 바싹 가져다 대다. (통)들이대다.
들이-마시다 통(타) 1 (액체나 기체를) 빨아들여 목구멍으로 넘기다. ¶맑은 공기를 ~. 2 마구 마시다.
들이-몰다 통(타)〈~모니, ~모오〉1 안으로 몰아서 넣다. ¶가축을 우리에 ~. ↔내몰다. 2 아주 심하게 몰다. ¶말을 ~.
들이-밀다 통(타)〈~미니, ~미오〉1 안으로 또는 한쪽으로 밀거나 들여보내다. 2 함부로 마구 밀다. (준)디밀다.
들이-박다 [-따] 통(타) 1 속에 깊이 들어가게 박다. ¶말뚝을 ~. 2 함부로 마구 박다. ¶자동차가 담을 ~.
들이-받다 [-따] 통(타) 1 머리를 들이대고 받다. 2 함부로 받거나 부딪다. ¶버스가 가로수를 ~.
들이-붓다 [-붙따] 통(타)(ㅅ)〈~부으니, ~부어〉1 자루나 그릇 속으로 쏟아 넣다. ¶쌀통에 쌀을 ~. 2 마구 붓다.
들이-비치다 통(자) 1 밖에서 안으로 비치다. ¶방 안 깊숙이 햇빛이 ~. 2 잇달아 세차게 비치다.
들이-쉬다 통(타) (숨을) 들이켜 쉬다. ¶숨을 ~. ↔내쉬다.
들이-쑤시다 통[1](타) 마구 쑤시다. 또는, 마구 쑤시듯이 아프다. ¶골이 ~. [2](타) 1 남을 가만히 있지 못하게 들쑤이다. 2 무엇을 찾으려고 샅샅이 헤치다. (통)들쑤시다.
들이-치다 통(자) (비나 눈 등이) 안을 향하여 세게 뿌리다. ¶비가 **들이칠지** 모르니 창문은 다 닫으셔라.
들이-켜다 통(타) (그릇이나 잔에 든 물·술 따위의 액체를) 단숨에 또는 단 한 번에 마시다. ¶막걸리를 사발로 ~.
들이-파다 통(타) 깊이 몰두하여 연구하거나 궁리하다. ¶방학 동안 수학을 ~.
들이-퍼붓다 [-붙따] 통(타)(ㅅ)〈~퍼부으니, ~퍼부어〉[1](자) (비·눈 따위가) 마구 쏟아지거나 몹시 내리다. ¶비가 ~. [2](타) 마구 퍼붓다. ¶물을 ~.
들-일 [-릴] 명 들에서 하는 일.
들입다 [-따] 부 막무가내로 세차게. ¶공을 ~ 차다·던지다.
들!-장미 (-薔薇) [-짱-] 명[식] '찔레나무'의 속칭.
들!-쥐 [-쮜] 명[동] 들에 사는 쥐의 총칭. 농작물이나 묘목 등에 해를 끼침.
들!-짐승 [-찜-] 명 들에 사는 짐승. ▷ 들짐승·산짐승.
들쩍지근-하다 [-찌-] 형(여) 조금 들큰한 맛이 있다. (센)달짝지근하다. (거)들척지근하다.
들쭉-날쭉 [-쭝-] 부 들쭉날쭉. 들쭉날쭉-하다 형(여) ¶**들쭉날쭉한** 해안선.
들-창 (-窓) 명[건] 벽의 위쪽에 자그맣게 만든 창. ¶=들창문.
들창-문 (-窓門) 명[건] =들창.
들창-코 (-窓-) 명 코끝이 위로 들려서 콧구멍이 드러난 코. 또는, 그런 사람.
들척지근-하다 [-찌-] 형(여) '들쩍지근하다'의 거센말. (센)달착지근하다.
들쳐-메다 통(타) '둘러메다'의 잘못.
들쳐-업다 통(타) '둘러업다'의 잘못.
들추다 통(타) 1 속이 드러나게 들어 올리다. ¶장막을 ~. 2 지난 일이나 숨은 일 등을 드러나게 하다. ¶남의 사생활을 ~. 3 무엇을 찾으려고 자꾸 뒤지다. ¶책을 ~. 들추어 보다. ×들치다.
들추어-내다 통(타) 들추어 나오게 하다. ¶남의 결점을 ~.
들-치기 명 날쌔게 물건을 훔쳐서 들어내 가는 짓. 또는, 그런 짓을 하는 사람. ▷ 날치기. 들치기-하다 통(타)(여)
들치다 통(타) 1 물건의 한쪽 머리를 쳐들다. ¶이불을 ~. 2 '들추다'의 잘못.
들큼-하다 형(여) (음식이나 물질이) 입맛에 맞지 않게 조금 달다. (센)달큼하다. 들큼-히 부
들키다 통(자) (사람이 어떤 사람에게) 몰래 어떤 일을 하다가 그 장면을 보이게 되

다. ㉤발각되다. ¶물건을 훔치다가 ~.
들통¹ 뗸 숨긴 일이 드러난 판국. ¶거짓말이 ~ 났다.
들-통²(-桶) 뗸 손잡이가 달려있고 다닐 수 있게 만든, 금속제의 커다란 통.
들:-판 뗸 들을 이룬 지역. ▷벌판.
들:-풀 뗸 들에 나는 풀.
듬뿍둑-하다 휑여 '더부룩하다³'의 잘못.
듬뿍 뛘 큰 범위 안에 넘칠 정도로 가득히. ㉤수북이. ¶~ 집어 주다. 짝담뿍.
듬성-듬성 뛘 촘촘하지 않고 드물고 성긴 모양. ¶윗머리가 ~ 나다. **듬성듬성-하다** 휑여
듬직-하다[-지카-] 휑여 **1** (사람이) 행동이 침착하고 믿음성이 있다. **2** (사물이) 크고 묵직하여 굳건한 데가 있다. **듬직한** 바위. **듬직-이** 뛘
듯¹[듣] 의존 **1** (어미 '-ㄴ', '-는', '-ㄹ' 아래에 쓰여) 추측의 뜻을 나타내는 말. ¶어디선 본 ~도 하다. **2** ('-ㄴ 듯 만 듯', '-는 듯 마는 듯', '-ㄹ 듯 말 듯'의 꼴로 쓰여) 그런 것 같기도 하고 그렇지 않은 것 같기도 한 상태를 나타내는 말. ¶눈이 내릴 ~ 말 ~ 하늘이 흐려 있다. **3**'듯이'의 준말. ¶매틀 ~ 달려내다.
-듯²[듣] 어미 '-듯이'의 준말. ¶땀이 비오~ 쏟아지다.
듯-싶다[듣씹따] 휑(보조) =듯하다. ¶뭔가 일이 심상치 않은 ~.
듯이 어미 (어미 '-ㄴ', '-는', '-ㄹ'의 아래에 쓰여) '-것처럼'의 뜻으로, 추측이나 유사성, 거짓 꾸밈 등의 의미를 나타내는 말. ¶금방 비가 쏟아질 ~ 날이 잔뜩 흐려 있다. 춘듯.
-듯이 어미 뒤 절의 내용이 앞 절의 내용과 거의 같음을 나타내는 연결 어미. ¶사람마다 생김새가 다르~ 생각도 다르다. 춘-듯.
듯-하다[드타-] 휑(보조)여 (어미 '-ㄴ', '-는', '-ㄹ'의 아래에 쓰여) '-것 같다'의 뜻으로, 추측의 의미를 나타내는 말. =듯싶다. ¶밖에 비가 오는 ~.

등¹ 뗸 **1** 사람이나 동물의 몸에서 가슴과 배의 반대쪽에 있는 일정한 넓이를 이루는 부분. ¶~이 굽다. **2** (주로, 물체나 신체 부위를 나타내는 말과 합성어를 이루어) 물체의 바깥쪽이나 위쪽에 도도록한 내민 부분을 나타내는 말. ¶칼-/손-. ×잔등. **3**[줄] =책등.
등(을) 돌리다 배반하거나 관계를 끊다.
등(에) 업다 어떤 세력을 의지하다. ¶권력을 ~.
등:²(等) 뗸 **1**(자립) =등급. **2**(의존) 등급이나 석차를 세는 말. ¶1~/2~.
등³(燈) 뗸 불을 켜서 어두운 곳을 밝히는 기구. 곧, 전등·석유등·가스등 따위의 총칭. ¶~을 밝히다.
등⁴(藤) 뗸 [식] 줄기가 다른 물체를 오른쪽으로 감아 올라가는 낙엽 활엽수. 5월에 연보라색 또는 흰색의 꽃이 송이를 이루어 핌. 관상용으로 심으며, 줄기로 공예품을 만듦. =등나무.
등⁵(藤) 뗸 [식] 대나무와 비슷한데, 잎은 길이가 1.5m나 되고 끝에 덩굴손이 있어 다른 물체를 감아 올라가는 상록 식물. 여름에 황록색의 작은 꽃이 핌. 줄기로 의자·가구 등을 만듦. =등나무.
등:⁶(等) 뗸(의존) **1** 둘 이상의 대상이나 사실을 나열한 뒤, 예(例)가 그와 같은 대상

이나 사실을 포함하여 그 외에도 더 있거나 있을 수 있음을 나타내는 말. ¶과일에는 사과·배·딸기·토마토 ~이 있다. **2** 범위에 드는 둘 이상의 대상을 모두 나열한 뒤, 그것이 복수(複數)임을 나타내는 말. ¶우수상을 타는 사람은 참수·영호·지혜 ~ 모두 세 명이다. ▷등의 본자.
등:가(等價) 뗸[-까] 같은 가격. 또는, 같은 가치.
등-가구(藤家具) 뗸 등(藤)나무 줄기로 만든 가구.
등-거리¹ 뗸 조끼처럼 등에 걸쳐 입는 홑옷.
등:-거리²(等距離) 뗸 **1** 같은 거리. ¶~ 사격. **2** 여러 사물에 같은 비중을 두는 일. ¶~ 노선.
등:-거리^외교(等距離外交) [-외-/-웨-] 한 나라에 치우치지 않고 각 나라에 같은 비중을 두면서 중립을 지향하는 외교.
등걸 줄기를 잘라 낸 나무의 밑동. ¶나~.
등-겨 =쌀겨.
등:고-선(等高線) 뗸[지] 지형의 높낮이나 경사의 완급을 지도에 나타내기 위하여 표고가 같은 지점을 이어서 나타낸 곡선.
등-골¹[-꼴] 뗸 **1**=등골뼈. **2** =등골.
등골(이) 빠지다 견디기 어려울 정도로 몹시 힘이 들다. ¶그는 종일 **등골**이 빠지게 일을 했다.
등골(을) 뽑다 남의 재물을 억압적인 수단으로 뜯어내거나 빼앗다.
등-골²[-꼴] 뗸 등 한가운데로 길게 고랑이 진 곳.
등골이 오싹하다 두려움이나 무서움으로 섬뜩하고 으스스하다.
등골-뼈[-꼴-] 뗸 [동] 척추동물의 척추를 형성하는 뼈. =등뼈·등골.
등-공예(藤工藝) 뗸 등의 줄기로 물건을 만드는 일 또는 기예(技藝). ¶~ 품.
등과(登科) 뗸[역] 과거에 급제하는 것. **등과-하다** 됭여
등교(登校) 뗸 학생이 학교에 가는 것. ¶~생(生). ↔하교. **등교-하다** 됭여
등굣-길(登校-)[-교낄/-굔낄] 뗸 학생이 학교로 가는 길. ¶하굣길.
등귀(騰貴) 뗸 물건 값이 뛰어오르는 것. 비싸짐. ↔하락. **등귀-하다** 됭여
등극(登極) 뗸 **1** 임금의 자리에 오르는 것. 즉위. **2** 스포츠계 등에서 챔피언이나 최고의 자리에 오르는 것. **등극-하다** 됭(자)여 ¶새 임금이 ~.
등긁-이(-긁-) 뗸 등을 긁는 데 쓰는 물건.
등:-급(等級) 뗸 신분·품질 등의 상하·우열을 나타내는 단계·구별. ¶~를 매기다.
등기(登記) 뗸[법] **1** (권리·재산·신분 기타의 어떤 사실이나 관계를) 공식 문서에 올려 적는 것. 권리 내용을 명백히 공시하여 거래의 안전을 도모하기 위한 제도임. ¶~ 미~. ▷등록. **2**'등기 우편'의 준말.
등기-하다 됭(타)여 ¶부동산을 ~.
등기-부(登記簿) 뗸[법] 등기 사항을 적어 두는 장부. ¶~ 등본.
등기-소(登記所) 뗸 등기 사무를 보는 관청.
등기^우편(登記郵便) 뗸[법] 우편물 특수 취급의 하나. 우체국에서 우편 취급을 확실히 하기 위하여 우편물의 인수·배달까지의 기록을 하는 우편 제도. 춘등기.

등기필-증(登記畢證)[-쯩] 圐 〖법〗 등기가 완료된 것을 증명하는 서류. =권리증(權利證).
등-나무¹(藤-) 圐 〖식〗=등(藤)¹.
등-나무²(藤-) 圐 〖식〗=등(藤)⁵.
등단(登壇) 圐 **1** 연단(演壇)·교단 등에 오르는 것. **2** (어떤 사회적 분야에) 등장하는 것. **등단-하다** 됭재어 ¶신춘문예를 통해 소설계에 ~.
등:대¹(等待)[-때] 圐 미리 준비하고 기다리는 것. =대령(待令). **등:대-하다** 됭재어 ¶까를 ~.
등대²(燈臺) 圐 **1** 항로 표지의 하나. 밤중에 배가 안전하게 다닐 수 있도록 불빛을 비추어 주는, 탑 모양의 구조물. 해변·섬·방파제 같은 곳에 세워 둠. **2** 나아가야 할 길을 밝혀 줌을 비유하여 이르는 말.
등대-지기(燈臺-) 圐 등대를 지키는 사람.
등댓-불(燈臺-) [-대뿔/-댇뿔] 圐 등대에서 비추는 불빛.
등-덜미[-떨-] 圐 등의 윗부분.
등:등(等等) 죔의 둘 이상의 대상을 나열한 뒤, 예(例)가 앞에 든 것 외에도 더 있음을 강조하여 이르는 말. ¶가축에는 소·돼지·닭 ~이 있다.
등-뼈 圐 〖생〗=등골뼈.
등뼈-동물(-動物) 圐 〖생〗=척추동물. ↔민등뼈동물.
등등-하다(騰騰-) 懼이 (어떤 기세가) 상대의 기를 누를 만큼 높다. ¶노기가 ~/기세가 ~.
등-딱지[-찌] 圐 게나 거북 따위의 등을 이룬 단단한 딱지. ▷갑각.
등-때기 圐 '등¹'을 격을 낮추어 이르는 말.
등락¹(登落)[-낙] 圐 급제와 낙제.
등락²(騰落)[-낙] 圐 (물가 따위가) 오르고 내리는 것. ¶물가의 ~이 심하다. **등락-하다** 됭재어
등록(登錄)[-녹] 圐 **1** 문서에 올리는 것. **2**〖법〗 일정한 법률 사실이나 법률 관계를 공증하기 위해 행정 관서나 소정 기관 등에 비치된 법정의 공부(公簿)에 기재하는 일. ¶~필 / 주민 ~. ▷등기. **등록-하다** 됭재어 ¶상표를 특허청에 ~. **등록-되다** 됭재
등록-금(登錄金)[-녹끔] 圐 학교·학원 등에 등록하면서 내는 돈.
등록^상표(登錄商標)[-녹쌍-] 圐〖법〗 특허청에 등록 절차를 밟아 상표 등록에 의해 상표의 전용권(專用權)이 생김.
등록-세(登錄稅)[-녹쎄] 圐〖법〗 재산권의 취득·이전·변경·소멸 등에 관하여, 또는 법률상 정한 일정한 자격에 관하여 관계 관청에 등록·등기할 때 매기는 세금.
등록-증(登錄證)[-녹쯩] 圐 등록을 증하는 문서. ¶사업자 ~ / 자동차 ~.
등롱(燈籠)[-농] 圐 쇠나 나무로 뼈대를 만들고 겉에 종이나 깁을 발라 그 안에 등잔을 넣은, 우리나라 고유의 등. 손잡이가 있어 들고 다니거나 걸어 두었음.
등-마루[-生] 圐 척추가 있는, 등의 두두룩한 부위. ¶~가 시리다.
등-물 圐=목물.
등반(登攀) 圐 (산, 특히 암벽이나 빙벽 등을) 기어오르는 것. ¶암벽 ~. **등반-하다** 됭타어
등반-대(登攀隊) 圐 험한 산이나 높은 곳에 올라갈 목표를 세우고 그것을 이루기 위하여 조직된 무리.
등-받이[-바지] 圐 의자의 등 닿는 부분.

등배^운!동(-運動)〖체〗 맨손 체조의 하나. 다리를 벌리고 서서 허리를 앞으로 구부렸다 뒤로 젖혔다 함으로써 등과 배를 단련하는 운동.
등:-번호(-番號) 圐=백넘버.
등!변^사다리꼴(-邊-)〖수〗 평행하지 않은 두 변의 길이가 같은 사다리꼴.
등본(謄本) 圐〖법〗 원본의 내용 전부를 베낀 서류. ¶호적 ~ / 주민 등록 ~.
등:분(等分) 圐 **1** (2 이상의 한자어 수사 바로 뒤에 붙거나 고유어 수사와 함께 쓰이어) 어떤 분량이나 물건을 주어진 수효만큼 똑같은 크기로 나누는 것. ¶이 ~. **2** 등급의 구분. **등:분-하다** 됭타어 ¶떡을 셋으로 ~. **등:분-되다** 됭재
등-불(燈-)[-뿔] 圐 **1** 등이나 등잔에 켠 불. 또는, 켜거나 끄는 대상에서의 등. =등화. **2** 희망이나 비전을 주는 사람이나 존재를 비유적으로 이르는 말. ¶백범은 어둠의 시대에 겨레의 ~이었다.
등:비-급수(等比級數)[-수] 圐〖수〗 서로 이웃하는 항의 비가 일정한 급수. =기하급수. ↔등차급수.
등-뼈 ⇨〖생〗=등골뼈.
등뼈-동물(-動物) 圐〖생〗=척추동물. ↔민등뼈동물.
등사(謄寫) 圐 등사기로 박는 것. ¶~ 잉크. **등사-하다** 됭타어
등사-기(謄寫機) 圐〖출〗 공판인쇄기의 하나. 밀랍을 먹인 원지에 문자 등을 철필로 긁은 것을 원판으로 하고, 이 원판을 실크 스크린에 밀착시켜 위에서 잉크를 바른 롤러로 밀어서 인쇄함. =등사판.
등사-판(謄寫版)〖출〗=등사기.
등산(登山) 圐 취미 또는 스포츠로서 산에 오르거나 올라갔다 내려오는 것. **등산-하다** 됭재어 (고유 명사로서의 산이나 관형어의 꾸밈을 받는 산을 목적어로 하여) ¶설악산을 ~.
등산-가(登山家) 圐 등산을 잘하거나 등산하는 일에 일가를 이룬 사람.
등산-객(登山客) 圐 취미나 운동을 위해 산에 오르는 사람.
등산-로(登山路)[-노] 圐 등산하는 길.
등산-모(登山帽) 圐 등산할 때 쓰는 모자.
등산-복(登山服) 圐 등산하기에 알맞게 만든 옷.
등산-화(登山靴) 圐 창이 두껍고 바닥이 울퉁불퉁하며 발이 편하도록 만든 등산용 신.
등색(橙色) 圐 귤 껍질의 빛깔. =오렌지색.
등성이 圐 '산등성이'의 준말.
등!속(等速) 圐 속도가 같음. 또는, 같은 속도.
등!속²(等屬) 죔의 (둘 이상(때로, 하나)의 사물이 나열된 다음에 쓰이어) '그것을 포함한 여러 " 따위의 뜻을 나타내는 말. ¶과자, 음료 ~을 파는 가게.
등!속^운!동(等速運動)〖물〗 속도와 운동 방향이 일정한 운동.
등!수(等數)[-쑤] 圐 **1** 순위나 석차 등을 정하여 나타낸 수. 또는, 순위나 석차. ¶~를 매기다. **2** (제한된 문맥에 쓰이어) 최상위의 순위나 석차를 가리키는 말. ¶~ 안에 들다.
등!식(等式)[-씩] 圐〖수〗 양쪽 변에 있는 식이나 수가 서로 같음을 등호 '='을 써서 나타낸 식. ↔부등식.

등:신(等神) 圓 1 나무·돌·쇠·흙 등으로 만든 사람의 형상. 2 어리석은 사람을 경멸적으로 이르는 말. ¶이 ~야, 그것도 몰라?
등신-대(等身大) 圓 사람의 크기와 같은 크기. ¶~의 불상.
등심 圓 소의 등골뼈에 붙은 고기. 연하고 기름기가 많음.
등쌀 圓 몹시 귀찮게 구는 짓. ¶모기 ~에 한숨도 못 잔다.
등압-선(等壓線) [-썬] 圓[지] 지도나 일기도에서, 기압이 같은 지점을 이은 선.
등에(等-) 圖[동] → 쇠등에.
등:외(等外) [-외/-웨] 圓 우수한, 또는 일정한 기준의 등수나 등급의 범위 밖. ¶~ 작품 / ~로 밀려나다.
등용(登用·登庸) 圓 (인재를) 어떤 관직에 뽑아서 쓰는 것. (비)기용. 등용-하다 圖(타) (여)¶인재를 ~. 등용-되다 圖(자)
등-용문(登龍門) 圓 (용문(龍門)은 중국 황허(黃河) 상류의 급류를 이루는 곳으로, 고기가 이곳을 오르면 용이 된다는 고사에서) 입신출세를 위해 통과해야 하는 어려운 관문이나 시험의 비유. ¶신춘문예는 문단의 ~이다.
등원(登院) 圓 (국회의원이) 국회에 출석하는 것. 등원-하다 圖(자)(여)
등:위(等位) 圓 등급.
등유(燈油) 圓 1 등불용의 기름. 2 원유 중 류 때 150~280℃ 사이에서 얻어지는 기름. 등불·난로의 연료, 용제 등에 쓰임.
등자(鐙子) 圓 말을 타고 앉아 두 발로 디디게 되어 있는 물건.
등잔(燈盞) 圓 어둠을 밝히기 위해 기름을 연료로 하여 불을 켜는, 사기·놋쇠·나무 등으로 그릇 모양으로 만들어 심지를 달거나 댄 도구. ▷호롱.
[등잔 밑이 어둡다] 가까운 곳에서 생긴 일을 도리어 잘 모른다. '등하불명(燈下不明)'과 같은 말.
등잔-불(燈盞-) [-뿔] 圓 등잔에 켠 불. =등화. ¶희미한 ~.
등장(登場) 圓 1 (배우나 기타의 공연자가) 주어진 연기나 공연을 하기 위해 무대에 나오는 것. ↔퇴장. 2 (어떤 인물이 연극·영화·소설 등에서) 나와 스토리를 구성하는 구실을 하는 것. 3 (어떤 대상이) 세상의 주목을 받는 상태로 나타나는 것. 등장-하다 圖(자)(여) ¶신무기가 ~.
등장-인물(登場人物) 圓 무대나 영화·소설·희곡 또는 역사 등 어떤 장면에 나타나는 인물.
등재(登載) 圓 (책이나 신문이나 장부 등에 어떤 내용이나 사실을) 올려 기록하는 것. 등재-하다 圖(타)(여) ¶40만 어휘를 등재한 대사전. 등재-되다 圖(자)
등정¹(登頂) 圓 산의 정상에 오르는 것. ¶에베레스트 산의 ~에 성공하다. 등정-하다 圖(자)(여)
등정²(登程) 圓 길을 떠나는 것.
등-줄기 [-쭐-] 圓 등의 한가운데 척추를 따라 수직으로 길게 줄이 진 부분. ¶~에 식은땀이 흐르다.
등:지(等地) (의존) (둘 이상(때로, 하나)의 지명이 나열된 다음에 쓰이어) '그곳을 포함한 이곳'의 뜻을 나타내는 말. ¶경주·부산 ~로 여행을 다녀왔다.
등-지느러미 圓[동] 물고기의 등에 있는 지느러미.

등-지다 圖 ①(자) (두 사람이, 또는 양쪽[과] 사람과[이]) 서로 미워하는 마음을 가지고 만나지 않거나 관계를 가지지 않다. ¶형제가 서로 등지고 산다. ②(타) (어떤 대상을) 몸이나 앞쪽에 두지 않고 뒤쪽에 두다. ¶벽을 등지고 앉다. 2 (어떤 대상을) 관계를 끊고 멀리하거나 외면하다. ¶세상을 등진 사제.
등-짐 [-찜] 圓 등에 진 짐. ▷봇짐.
등짐-장수 [-찜-] 圓 물건을 등에 지고 팔러 다니는 사람. =부상. ▷봇짐장수.
등-짝 圓 '등¹'을 속되게 이르는 말.
등:차(等差) 圓 일정한 기준에 의한 등급의 차이. ¶품질에 따라 ~를 두다.
등:차-급수(等差級數) [-쑤] 圓[수] 서로 이웃하는 항의 차(差)가 일정한 급수. =산술급수. ↔등비급수.
등창(-瘡) 圓 등에 나는 큰 부스럼.
등청(登廳) 圓 관청에 출근하는 것. ↔퇴청. 등청-하다 圖(자)(여)
등촉(燈燭) 圓 등불과 촛불.
등:축^정계(等軸晶系) [-쯩계/-쯩게] 圓[광] 길이가 같은 세 결정축이 서로 직각으로 만나는 결정계. 다이아몬드 따위.
등-치다 圖(타) (어떤 사람을) 그의 재물을 가로채기 위해 악독하고 교활한 방법으로 속이거나 놀라하다. ¶선량한 사람을 등치는 족속.
[등치고 간 내먹다] 겉으로 위하는 체하면서 속으로는 해를 끼치며 자기 잇속을 채우다.
등-판¹ 圓 등을 이룬 넓적한 부분.
등판²(登板) 圓[운] 야구에서, 투수가 마운드에 서는 일. ↔강판(降板). 등판-하다 圖(자)(여) ¶구원 투수가 ~.
등피(燈皮) 圓 등불이 바람에 꺼지지 않게 하거나 전구를 보호하기 위하여 덧씌우는, 유리나 플라스틱으로 된 투명 또는 반투명의 물건.
등하불명(燈下不明) 圓 가까이에서 생긴 일을 오히려 잘 모름. '등잔 밑이 어둡다'와 같은 말.
등:한-시(等閑視) 圓 (어떤 일을) 소홀하게 보아 넘기는 것. 등한시-하다 圖(타)(여) ¶건강을 ~. 등:한시-되다 圖(자)
등:한-하다(等閑-·等閑-) 圖(여) (어떤 일에) 관심이 없거나 소홀하다. ¶가정 일에 ~. 등:한-히 圖
등:할(等割) 圓[생] 크기가 같은 할구(割球)로 분열되는 난할(卵割). ↔부등할.
등-허리 圓 허리의 등 쪽.
등:호(等號) 圓[수] 두 식 또는 두 수가 같음을 나타내는 부호. '='로 나타냄. ▷부등호.
등화(燈火) 圓 1 =등불. 2 =등잔불.
등화-가친(燈火可親) 圓 서늘한 가을밤은 등불을 가까이하여 글 읽기에 좋다는 말.
등화-관제(燈火管制) 圓 적의 야간 공습에 대비하여 일정한 지역의 등불을 일정 시간 동안 가리거나 끄게 하는 일.
등-황색(橙黃色) 圓 등색보다 붉은빛을 조금 띤 누른 색깔.
-디 (어미) 1 형용사의 뜻을 강조하기 위하여 어간을 두 번 겹쳐 쓸 때, 앞 어간에 붙이는 연결 어미. ¶쓰~ 쓴 약. 2 '해라' 할 상대방이 앞서서 경험한 일에 대해 확인하여 묻는 뜻을 나타내는 종결 어미. ¶재미있~? ×-데.
디²(D) 圓 1 학점이나 사물의 단계를 나타

내는 기호의 하나. A, B, C 다음가는 것을 나타냄. ¶~ 학점. **2** [음] 음이름의 하나. '라' 음.
디귿[언] 한글 자모의 셋째 글자. 'ㄷ'의 이름. 목젖으로 콧길을 막고 혀끝을 윗잇몸에 붙여 날숨을 막았다가 뗄 때 목청을 울리지 않고 내는 무성 파열음. 받침으로 그칠 때는 혀끝을 떼지 않음.
디귿^불규칙^용언/ㄷ 불규칙 용언(-不規則用言)[-뿔-칭농-][언] 디귿 불규칙 활용을 하는 용언.
디귿^불규칙^활용/ㄷ 불규칙 활용(-不規則活用)[-뿔-치롱-] [언] 어간의 말음인 'ㄷ'이 모음으로 시작되는 어미 앞에서 'ㄹ'로 바뀌는 활용 형식. '듣다'가 '들'로 바뀌는 따위.
디귿자-집/ㄷ자집(-字-)[-짜-][건] 종마루가 'ㄷ' 자로 된 집.
디-데이(D-day) [명] **1** [군] 작전 계획에서, 공격 개시 예정일. **2** 미리 계획된, 중대한 일이 벌어지거나 실행되는 날. ¶~가 며칠 앞으로 다가오자, 수험생들은 초조함을 느꼈다.
디도-서(←Titus書) [성] 신약 성서 중의 한 권.
디디다 [타] (사람이나 동물이 땅이나 물체를 발로) 몸무게를 실어 밟다. 또는, (사람이나 동물이 발을) 땅이나 물체 위에 몸무게를 실어 올려놓다. ¶극장 안에 사람이 많아 발 **디딜** 틈이 없다. ㉠딛다.
디디티(DDT) [명] [dichloro-diphenyl-trichloroethane] [약] 유기 염소 화합물의 살충제의 하나. 인체에 해로우므로 현재는 사용이 금지되었다.
디딜-방아[-빵-] [명] 발로 디디어 곡식을 찧거나 빻게 된 방아.
디딤-대(-臺) [명] 무엇을 탈 때 발로 디디는 대. ¶~를 밟고 버스에 오르다.
디딤-돌[-똘] [명] **1** 마루 아래나 뜰에 놓아 디디고 오르내리게 된 돌. **2** 디디고 다닐 수 있도록 보폭만큼 띄엄띄엄 놓은 평평한 돌. **3** 어떤 일을 이루기 위해 바탕이 되는 수단. ¶그의 역투가 팀 승리의 ~이 되었다.
디-램(DRAM) [명] [dynamic RAM] [컴] 전원을 끄지 않아도 일정한 시간이 지나면 방전되어 기억된 내용이 사라지는 램. =동적램. ↔에스램.
디렉터리(directory)[컴] [명] =목록2.
디렉트^메일(direct mail) [명] 상품을 구입할 가망이 있는 사람에게 우편으로 직접 보내는 광고. =디엠(DM).
디룩-디룩 [부] '뒤룩뒤룩'의 잘못.
디모데-서(←Timotheos書) [성] 신약 성서 중의 하나. 전서와 후서로 되어 있음.
디미누엔도(⑩diminuendo) [명] [음] 악곡의 표현 방법을 나타내는 말로, '점점 여리게'의 뜻. 기호는 dim. 이다.
디:-밀다 [타] 〈-미니, -미오〉'들이밀다'의 준말. ¶문을 열고 고개를 쑥쑥 ~.
디바이더(divider) [명] 양각(兩脚) 끝이 모두 바늘로 되어 있는, 컴퍼스 모양의 제도 용구. 치수를 도면에 옮기거나 선분을 분할·등분하는 데 사용함.
디버깅(debugging) [컴] [명] =오류 수정.
디베르티멘토(⑩divertimento) [명] 18세기 중엽에 나타난 기악 모음곡. 형식은 모음곡보다 자유로우며, 비교적 짧은 악장으로 이루어짐.
디브이디(DVD) [명] [digital video disk] [컴] 시디롬과 겉모양은 같으나 기능과 용량을 대폭 확장된 영상 기록 매체.
디스카운트(discount) [명] 물건 값의 얼마 또는 퍼센트를 할인하는 것. **디스카운트-하다**[타]⑩.
디스켓(diskette) [명][컴] =플로피 디스크.
디스코(disco) [명] 레코드음악의 리듬에 맞춰 일정한 형식 없이 자유롭게 추는 춤.
디스코텍(discotheque) [명] 레코드음악에 맞추어 손님이 춤을 즐길 수 있는 클럽이나 그 기술.
디스크(disk) [명] **1** [원반처럼 생긴 고대 그리스의 운동 용구인 diskos에서 유래된 말] **1**=음반. **2** [의] '추간판 헤르니아'를 통속적으로 이르는 말. ¶~ 환자. **3** [컴] 보조 기억 장치로 사용되는 원형의 판.
디스크^드라이브[컴] 하드 디스크·플로피 디스크 등과 같은 기록 매체를 작동시키는 장치. =드라이브.
디스크-자키(disk jockey) [명] 라디오 프로그램이나 유흥업소 등에서 가벼운 이야깃거리와 함께 레코드나 시디로 대중음악을 들려주는 일을 하는 사람. =디제이.
디스크^팩(disk pack) [명] 자기 디스크를 여러 장 겹쳐 같은 축에 고정시켜 놓은 것.
디스토마(distoma) [명][동] 포유류의 간과 폐에 기생하여 병을 일으키는 편형동물의 총칭. 몸은 길이 3~10mm로 편평하며, 입과 배에 빨판이 있어 숙주에 달라붙음.
디스토피아(dystopia) [명] 현대 사회의 부정적인 측면들이 극단화되어 초래할지도 모르는 암울한 미래상.
디스플레이(display) [명] 쇼윈도나 미술관 등에 전시물을 조형적으로 진열하는 일이나 그 기술.
디스플레이^장치(display裝置) [명][컴] 컴퓨터의 처리 결과를 직접 눈으로 볼 수 있게 텔레비전과 같은 화면에 문자나 도형을 표시하는 장치.
디아나(Diana) [명][신화] 로마 신화에 나오는 달과 수렵의 여신. 그리스 신화의 아르테미스에 해당함. 영어명은 다이애나.
디아스, 바르톨로메우(Diaz, Bartholomeu)[인] 포르투갈의 항해가(1450?~1500).
디아스타아제(⑥Diastase) [명][화] 엿기름이나 누룩곰팡이로 조제한 효소제. =아밀라아제.
디아이와이(DIY) [명] [do-it-yourself] 재료를 사다가 자기 손으로 직접 물건을 만들거나, 수리하는 활동. 또는, 어떤 상품이 그렇게 할 수 있도록 생산된 상태인 것. ¶~ 가구.
디엔에이(DNA) [명] [deoxyribonucleic acid] [생] 유전자의 본체로 디옥시리보오스를 함유하는 핵산. 세포의 핵 속에 들어 있으며, 염색체의 주요 성분임. ▷아르엔에이.
디엠(DM) [명] =디렉트 메일(direct mail).
디엠제트(DMZ) [명] [demilitarized zone] [군] =비무장 지대.
디오게네스(Diogenes) [명][인] 고대 그리스의 철학자(412?~323? B.C.).
디오니소스(Dionysos) [명][인] 그리스 신화에 나오는 포도주·연극·다산(多產)의 신. 로마 신화의 바쿠스에 해당함.
디오니소스-형(Dionysos型) [명][문] 니체

가 그의 저작 '비극의 탄생'에서 말한 예술 유형의 하나. 도취적·격정적·군집적 특색을 지님. ↔아폴론적.

디오라마(diorama) 명[미] 배경을 그린 막 앞에 여러 가지 물건을 배치하고, 조명을 하여 실물처럼 보이게 하는 장치.

디오르, 크리스티앙(Dior, Christian) 명[인] 프랑스의 의상 디자이너(1905~1957).

디옵터(diopter) 명[의주][물] 렌즈의 굴절률을 나타내는 단위. 안경의 도수를 나타낼 때 쓰임. 기호는 D.

디자이너(designer) 명 디자인하는 일을 직업으로 하는 사람. ¶의상 ~.

디자인(design) 명 만들거나 짓거나 꾸미고자 하는 옷이나 제품이나 건축이나 평면 또는 입체 공간 등의 모양을 구상하여, 조형적 아름다움과 실용적 목적을 살려서 그리거나 설계하는 것. 디자인-하다 통(타) 디자인-되다 통(자).

디지라티(digerati) 명 [digital+literati (지식 계급)] 정보 기술과 결합된 지식을 바탕으로 디지털 시대를 앞장서서 이끄는 지식인.

디저트(dessert) 명 양식에서, 식사 끝에 나오는 과일·과자·아이스크림 등의 음식. ⓑ후식.

디제이(DJ) 명 ⇒디스크자키.

디젤, 루돌프(Diesel, Rudolf) 명[인] 독일의 기계 기술자(1858~1913).

디젤^기관(Diesel機關) 명 내연 기관의 하나. 실린더 내의 고압·고온으로 압축된 공기 속에, 연료로서 중유나 경유를 분사하여 폭발시키는 기관.

디젤-차(Diesel車) 명 디젤 엔진을 사용하는 자동차나 열차.

디즈니, 월트(Disney, Walt) 명[인] 미국의 만화 영화 제작자(1901~1966).

디즈니랜드(Disneyland) 명[지] 미국 로스앤젤레스 교외에 있는, 세계 최대의 유원지.

디지털(digital) 명 자료를 수치로 바꾸어 처리하거나 숫자·문자 등의 신호로 표현하는 일. ▷아날로그.

디지털-시계(digital時計) [-계/-게] 명 바늘을 쓰지 않고 숫자로 시각을 나타내는 시계. ▷아날로그시계.

디지털^카메라(digital camera) 명[사진] 촬영된 장면을 디지털 신호로 저장했다가 컴퓨터와 연결하여 재생해 내는 카메라. ▷디카.

디지털^컴퓨터(digital computer) 명[컴] 데이터를 수치화하여 처리하는 컴퓨터. 보통 컴퓨터라고 하면 이것을 가리킴. ▷아날로그 컴퓨터.

디카(←digital camera) 명[사진] '디지털 카메라'의 준말.

디킨스, 찰스(Dickens, Charles) 명[인] 영국의 소설가(1812~1870).

디킨슨, 에밀리 엘리자베스(Dickinson, Emily Elizabeth) 명[인] 미국의 시인 (1830~1886).

디테일(detail) 명 1 어떤 일의 세부적인 사실. 2 특히, 미술에서 작품 전체에 대한 한 부분. 디테일-하다 형여.

디트로이트(Detroit) 명[지] 미국 미시간 주에 있는 공업 도시.

디펜스(defence) 명[체] 구기 종목에서, 상대 공격을 방어하는 일. ↔오펜스.

디포, 대니얼(Defoe, Daniel) 명[인] 영국의 소설가(1660~1731).

디폴트(default) 명[경] 공사채·은행 융자 등에 대한 이자 지불이나 원금 상환이 불가능해진 상태. 순화어는 '채무 불이행'.

디프테리아(diphtheria) 명[의] 디프테리아균의 감염으로 일어나는, 법정 전염병의 하나. 열이 나고 목이 아프며, 호흡 곤란을 일으킴. 주로 어린이들이 걸림.

디플레(deflation) 명[경] '디플레이션'의 준말. ↔인플레.

디플레이션(deflation) 명[경] 통화량의 축소에 의해 물가가 하락하고 경제 활동이 침체되는 현상. 주로 인플레이션이나 인플레이션의 억제를 위해 정책적으로 실시되는 금융 긴축이나 재정 긴축. =통화 수축. ⓒ디플레. ↔인플레이션.

디피이(†D.P.E.) 명 [developing+printing+enlarging] 필름의 현상·인화·확대를 함. 흔히, 그런 일을 하는 가게의 간판에 붙이는 이름임.

디피-점(D.P.店) 명 [D.P.:D.P.E.를 줄여 이르는 말] 필름의 현상·인화·확대를 하거나 그런 일을 중개하는 가게.

디피티(DPT) 명 [diphtheria, pertussis, tetanus] [약] 디프테리아·백일해·파상풍의 예방 혼합 백신.

딛다[-따] 명(ⓑ) '디디다'의 준말. ¶발판을 딛고 올라서다.

딜러(dealer) 명 1 유통 단계에서 상품의 매입과 재판매를 직업으로 하는 사람의 총칭. 도·소매업자나 특약점·브로커 따위. 2 자기의 계산과 위험 부담 아래 증권을 사고파는 전문상. 또는, 그런 일을 하는 사람. 3 카드 도박에서, 카드를 도르는 사람.

딜럭스-하다(deluxe-) 형여 '화려하다'로 순화. ¶딜럭스한 이태리 가구.

딜레마(dilemma) 명 선택해야 하는 길은 2개뿐인데 그 어느 쪽도 바람직하지 못한 결과를 초래하는 상황. ¶~에 빠지다.

딜레탕티슴(dilettantisme) 명 예술·학문 등을 취미로 즐기는 태도나 경향.

딜리(Dili) 명[지] 동티모르의 수도.

딜다[-따] 명 '들입다'의 준말. ¶~ 먹어 대더니 결국 배탈이 났다.

딩크-족(DINK族) 명 [DINK:double income no kids] 맞벌이로 많은 돈을 벌면서도 의도적으로 자식을 낳지 않고 결혼 생활을 하는 사람.

따갑다[-따] 형ⓑ〈따가우니, 따가워〉 1 (뜨거운 기운이) 살갗을 날카로운 것으로 찌르는 듯한 느낌을 주는 상태에 있다. ¶여름 햇살이 **따갑게** 내리쬐다. ⓒ뜨겁다. 2 (살갗이) 가시나 바늘로 찌르는 것같이 다소 아픔을 느끼는 상태에 있다. ¶가시에 찔려 ~. 3 (눈길이나 충고 따위가) 날카로운 비난이나 비판을 담은 상태에 있다. ¶주위 사람의 **따가운** 눈총.

따-개 명 병·깡통 등을 따는 물건. ¶병~.

따개비 명[동] 몸이 단단한 석회질의 원형 껍데기에 싸여 바닷가 바위에 떼 지어 붙어 사는 작은 절지동물.

따:귀 몡 때리거나 맞는 대상으로서의 '뺨'을 이르는 말. 비뺨따귀. ¶~를 갈기다.

따끈-따끈 뷔 계속 따끈한 모양. 또는, 매우 따끈한 모양. 흰뜨끈뜨끈. **따끈따끈-하다** 혱여 ¶따끈따끈한 호떡.

따끈-하다 혱여 제법 따뜻한 느낌이 있다. ¶아랫목이 ~. 흰뜨끈하다. **따끈-히** 뷔

따끔-거리다/-대다 통재 (살갗이) 가시나 바늘로 자주 찌르는 것 같이 약간 아픈 느낌을 가지다. ¶벌에 쏘인 자리가 따끔거린다. 흰뜨끔거리다.

따끔-따끔 뷔 따끔거리는 모양. 흰뜨끔뜨끔. **따끔따끔-하다** 혱재뵨통

따끔-하다 혱여 1 찔리거나 살이 꼬집히는 듯한 아픈 느낌이 있다. 2 정신적으로 자극되어 따가운 듯한 느낌이 있다. ¶따끔한 맛을 보아야 정신을 차릴 테냐? 흰뜨끔하다. **따끔-히** 뷔

따-님 몡 남을 높여 그의 '딸'을 이르는 말. 비영애(令愛). ↔아드님.

따다¹ 통타 1 (다른 것에 붙어 있거나 달려 있는 물건을) 얻거나 가지기 위해 손이나 도구로 떨어지게 하다. ¶열매를 ~. 2 (막거나 닫게 하는 장치나 물건을) 열거나 떼어 내다. ¶열쇠로 문을 ~. 3 (봉해진 통이나 캔 등을) 날카로운 도구로 일부에 구멍이나 틈이 생기게 하다. ¶통조림을 ~. 4 (종기나 물집이나 살 등을) 바늘이나 송곳으로 쑤시거나 베어 일부에 틈이 생기게 하다. ¶종기를 바늘로 ~. 5 (사람이 어떤 결과나 이득을) 얻거나 가지게 되다. ¶박사 학위를 ~. 6 (남의 말이나 글에서 필요한 부분을) 뽑아서 취하다. 또는, (사람이나 사물의 이름을) 가져와 다른 이름의 일부가 되게 하다. 비인용하다. ¶'논어'에서 **따** 온 경구.

[**따 놓은 당상**(堂上)] "떼어 놓은 당상"과 같은 말. →떼다'.

따다² 통타 1 찾아온 손님을 핑계를 대어 만나지 않다. ¶문전에서 손님을 **따** 버리다. 2 믿거나 싫은 사람을 돌려내어 일에 관계되지 않게 하다. ▷따돌리다.

따닥-따닥 뷔 '다닥다닥'의 센말. ¶바위에 굴 껍데기가 ~ 붙어 있다.

따-돌리다 통타 1 무슨 일을 할 때에 믿거나 싫은 사람을 돌려내어 관계를 못 하게 하다. ¶아이들이 순이를 **따돌리고** 저희들끼리만 놀고 있다. 2 (따르는 자나 경쟁자를) 좇아오지 못하도록 떨쳐 내다. ¶미행하는 차를 ~.

따돌림 몡 따돌리는 일. ¶~을 당하다.

따듯-하다 [-드타-] 혱여 '따뜻하다'의 여린말. 흰뜨듯하다. **따듯-이** 뷔

따따부따 뷔 딱딱한 말씨로 시비하는 모양. 또는, 그 소리. ¶왜 남의 집안싸움에 ~ 끼어드느냐? **따따부따-하다** 재뵨통

따뜻-하다 [-뜨타-] 혱여 1 (기온이나 물질·물체의 온도가) 알맞게 높아 몸에 좋은 느낌으로는 상태에 있다. 비덥뜻하다. ¶날씨가 ~. 2 (입거나 신거나 끼거나 덮어 있는 물건이) 추위를 막아 알맞게 높은 온도를 유지하는 특성이 있다. ¶이 오리털 파카는 참 ~. 흰뜨뜻하다. 3 (사람의 말·행동이나 감정, 또는 그 분위기 등이) 사랑과 아끼는 마음이 담긴 상태에 있다. ¶따뜻한 마음씨. 흰뜨뜻하다. **따뜻-이** 뷔 ¶누구에게나 ~ 대하다.

따라 조 (주로, 날[日]을 나타내는 체언에 붙어) '여느 경우와 달리 그 경우에만 공교롭게'의 뜻을 나타내는 보조사. ¶오늘 ~ 왜 이리 춥지?

따라-가다 통재타거리 <~가거라> 1 (길 따위를) 그대로 좇아가다. ¶철길을 ~. 2 (남의 뒤를) 좇아가다. ¶엄마 뒤를 졸졸 ~. 3 (남의 행동 또는 명령을) 좇아 하다. ¶다수의 의견이라 해서 무조건 **따라갈** 수야 있나. 4 앞선 것의 수준이나 정도에 이를 만큼 좇아가다. ¶운전에 한해선 그를 **따라갈** 사람이 없다.

따라-나서다 통타 (남의 뒤를) 좇아 나서다.

따라-다니다 통재타 1 (남의 뒤를) 좇아 다니다. ¶여자 꽁무니를 ~. 2 (어떤 현상이) 부수되다. ¶평생을 전과자라는 낙인이 ~.

따라-먹다 통타 '앞지르다'의 잘못.

따라-붙다 [-붇따] 통재 1 앞지른 것을 따라가서 뒤에 바싹 붙다. ¶선두 선수를 ~. 2 (어떤 것에 다른 것이) 딸리거나 덧붙어지다. ¶그에게는 전과자라는 꼬리표가 늘 **따라붙어** 다닌다.

따라서 뷔 '그러므로', '그러기에'의 뜻의 접속 부사. ¶죄를 지었으니 ~ 벌을 받는 것이 당연하다.

따라-오다 통재타너라 <~오너라> 1 (남의 뒤를) 좇아오다. ¶언니 뒤를 **따라오너라**. 2 남이 하는 대로 좇아오다. ¶윗사람이 잘하면 아랫사람은 저절로 **따라오게** 마련이다. 3 앞선 것의 수준이나 정도에 이를 만큼 좇아오다. ¶힘으로 하는 일이라면 날 **따라올** 자는 없다.

따라-잡다 [-따] 통타 앞지른 것을 따라가서 가까이 이르거나 앞서다. ¶앞서 가는 선수를 ~.

따라지 몡 1 =삼팔따라지. 2 보잘것없거나 하찮은 사람이나 물건을 이르는 말. ¶~ 신세.

따로 뷔 한데 섞거나 함께하지 않고 별도로. ¶~ 놀다 / ~ 살다.

따로-국밥 [-빱] 몡 얼큰하게 끓인 쇠고기 국과 밥을 각기 따로 담아내는 국밥.

따로-나다 통재 (가족의 일부가 맏살림을 차리고 나가다. ¶결혼하여 살림을 ~.

따로내다 통타 따로나다'의 사동사.

따로-따로¹ 뷔 제각기 따로. ¶~ 가다.

따로-따로² 뷔 =섬마섬마.

따르다¹ 통타 <따르니, 따라> 1태 1 (어떤 사람이나 동물이 앞서서 가는 사람이나 동물을) 자기가 갈 곳을 제시하는 대상으로 삼아 뒤에서 같이 가다. 비좇다. ¶병아리들이 어미닭을 ~. 2 (남이 한 행동이나 말을) 그대로 되풀이하다. ¶아이들은 부모의 행동을 **따라서** 하게 마련이다. 3 (어린 사람이나 동물이 윗사람이나 사나이를) 좋아하며 잘 좇거나 그 사람의 말을 잘 듣다. ¶개는 사람을 잘 **따르는** 습성이 있었다. 4 (남의 명령이나 지시를) 받아 들여 그대로 하다. ¶부모님의 말씀을 ~. 5 (관습·법이나 사전에 하기로 정해진 것을) 어기지 않고 지키다. ¶풍습을 ~. 6 (어떤 대상이 길이나 통로를) 통하여 움직이거나 가다. ¶강을 **따라** 거슬러 올라가다. 7 (어떤 대상이 앞선 것을) 좇아 낼 정도나 수준에 이르다. 비따라잡다. ¶김씨는 아무도 **따를** 수가 없다.

2 재 1 (남의 명령이나 지시, 의견 등에) 이의나 이견이 없이 그대로 하다. ¶사장

342_따르다

의 지시에 ~. 2 (관습·법, 이미 정해진 것에) 벗어남이 없이 그대로 하다. ¶법에 **따른** 조처. 3 (개별적이거나 특별한 대상에) 영향을 받거나 좌우되다. ¶사람에 **따라** 의견이 다를 수 있다. 4 (어떤 일이 다른 일의 다음에) 생기거나 이루어지다. ¶내각 개편에 이어 후속 인사가 ~. 5 (어떤 것이 어떤 일에) 함께 있거나 나타나게 되다. ¶일하다 보면 여러 가지 어려움이 **따르게** 마련이다.

따르다² 타 <따르니, 따라> (액체를) 그것이 들어 있는 그릇을 천천히 기울이면서 비교적 가는 줄기를 이루게 하여 다른 데로 흐르게 하다. (비)붓다·쏟다. ¶우유를 컵에 ~.

따르르¹ 부 '다르르'의 센말. (큰)뜨르르.
따르르² 부 일정한 길이의 문장이나 구절들을 막힘없이 외우는 모양. ¶독립 선언문을 ~ 외다. **따르르-하다** 형여
따르릉 명 전화기나 자전거의 벨이 울리는 소리.
따름 명(의존)('-ㄹ 따름이다'의 꼴로 쓰여) 동작이나 상태 그것뿐으로 다른 것은 배제한다는 뜻을 나타내는 말. ¶나는 너만 믿을 ~이다. ▷뿐.
따,리 명 아침. 또는, 아침하는 말.
따리(를) 붙이다 아침하거나 살살 꾀다.
따-먹다 [-따] 타 1 장기·바둑 등에서, 상대방의 말·돌을 잡아 없이다. 2 (남자가 여자를) 성적(性的)으로 관계하여 정복하다. 속된 말임.
따발-총 (-銃) 명 소련에서 경기관총을 속되게 이르는 말.
따분-하다 형여 (어떤 일이나 대상이) 싫증이 나서 지루한 상태에 있다. ¶**따분한** 이야기. **따분-히** 부
따비 명[농] 풀뿌리를 뽑거나 밭을 가는 농구. 쟁기보다 좀 작고 보습이 좁음.
따사-롭다 형비 <~로우니, ~로워> 따사한 느낌이 있다. ¶아침 햇살이 ~. (여)따사롭게. **따사로이** 부
따스-하다 형여 조금 따습다. ¶**따스한** 봄바람.
따습다 [-따] 형비 <따스우니, 따스워> 알맞게 따뜻하다. ¶방이 ~. (큰)뜨습다.
따오기 명 몸길이 약 40cm로 온몸이 희고, 부리는 길고 검은색이며 아래로 구부러져 있는 새. 겨울 철새로, 논이나 습지에 삶. 천연기념물임.
따-오다 타 남의 말이나 글 가운데서 필요한 부분을 앞아 오다. =인용하다.
따옥-따옥 부 따오기의 우는 소리.
따옴-표 (-標) 명[언] 대화·인용·특별 어구 등을 나타낼 때 그 말의 앞뒤에 쓰는 문장 부호의 총칭. 큰따옴표·겹낫표·작은따옴표·낫표 등이 있음. =인용부.
따위 (의존) 1 (어떤 종류의 사물이나 동물을 나타내는 체언 다음에 쓰이어) 그런 부류에 드는 대상이 열거되었음을 나타내는 말. ¶말·소·돼지 ~의 가축. 2 (명사·대명사나 어미 '는' 다음에 쓰이어) 어떤 부류의 사람이나 동물 또는 사물을 비하하거나 부정적인 어감을 담아 이르는 말. ¶이~ 물건 / 너 ~가 알기는 뭘 알아?
따지다 타 ① ① 1 (셈의 대상이 되는 것을) 밝히기 위하여 하나하나 헤아리다. ¶이 자를 ~. 2 (분명치 않거나 밝혀지지 않은 일이나 현상을) 확실하게 알기 위해 이리저리 꼼꼼하게 생각하거나 판단하다. (비)

가리다. ¶이번 사건의 원인을 곰곰이 **따져** 보다. 3 (어떤 사람이 상대에게 잘못이나 책임 등을) 고치게 하거나 사과하게 하거나 묻거나 하기 위해 다그치다. ¶잘 잘못을 ~. ② 자 (어떤 사람이 상대에게) 잘못을 고치게 하거나 사과하게 하거나 해, 또는 책임을 묻거나 하기 위해 다그치다. ¶내가 뭘 잘못했다고 그렇게 자꾸 **따지는 거야?**

딱¹ 부 단단한 물건이 마주치거나 부러질 때 나는 소리. ¶나뭇가지가 ~ 부러지다. (큰)뚝.

딱² 부 1 계속되던 것이 그치거나 멎는 모양. ¶소음이 ~ 그치다. 2 말이나 행동을 과단성 있게 하거나 나타내는 모양. ¶시치미를 ~ 떼다. (큰)뚝.

딱 부러지게 아주 단호하게.

딱³ 부 1 활짝 바라진 모양. ¶어깨가 ~ 바라지다. 2 빈틈없이 맞닿거나 들어맞는 모양. ¶네 말이 ~ 맞다. 3 굳세게 버티는 모양. ¶앉을 ~ 가로막다. 4 태도가 매우 야무지거나 의젓한 모양. ¶입을 ~ 다물다. 5 물건이 단단히 들러붙는 모양. ¶엿이 입천장에 ~ 붙다. 6 몹시 싫거나 언짢은 모양. ¶정나미가 ~ 떨어지다. (큰)떡.

딱따구리 명[동] 삼림에 살며, 날카롭고 단단한 부리로 나무에 구멍을 파서 그 속의 벌레를 잡아먹는 새의 총칭. 오색딱따구리·청딱따구리·쇠딱따구리 따위.

딱따-기 명 예전에, 밤에 야경(夜警)을 돌 때 서로 맞두드려서 '딱딱' 소리를 내게 만든 두 짝의 나무토막. ×딱딱이.

딱-딱 부 단단한 물건이 자꾸 마주치거나 부러지는 소리. 또는, 그 모양. ¶성냥개비를 ~ 부러뜨리다.

딱딱-하다 형여 1 어렸이 다 또는 잇달아 활짝 바라진 모양. ¶서커스를 보는 사람들의 입이 ~ 벌어졌다. 2 어렸이 다 또는 잇달아 단단히 들러붙는 모양. ¶못이 자석에 ~ 달라붙다. 3 어렸이 다 빈틈없이 맞닿아 들어맞는 모양. ¶말을 ~ 맞추다.

딱딱-거리다/-대다 [-꺼(때)-] 자 딱딱한 말씨로 자꾸 을러대다. ¶어디다 대고 **딱딱거리며** 대든느냐?

딱딱-이 명 '딱따기'의 잘못.

딱딱-하다 [-따카-] 형여 1 (물체나 고체 물질이) 만지거나 씹거나 살에 닿거나 했을 때 부드럽거나 물렁하지 않고 굳어서 단단하다. ¶**딱딱한** 의자. 2 (태도·말씨·분위기 등이) 부드러운 맛이 없이 엄격하다. ¶분위기가 ~.

딱부리 [-뿌-] 명 '눈딱부리'의 준말.

딱-새¹ [-쌔] 명[동] 참새보다 좀 크며, 검은 날개 중앙에 흰 얼룩무늬가 있는 새. 인가 근처에 살면서 벌레를 잡아먹는 익조임.

딱-새² [-쌔] 명 <은> 구두닦이.

딱-성냥 [-썽-] 명 단단한 곳이면 아무 데나 그어도 불이 일어나도록 만든 성냥.

딱정-벌레 [-쩡-] 명 두껍고 딱딱한 두 개의 앞날개가 등을 덮고 있으며, 뒷날개는 앞날개 밑에 접혀 있다가 날아다닐 때만 펴는 곤충의 총칭. 풍뎅이·하늘소·사슴벌레 따위.

딱지¹ [-찌] 명 1 헌데나 상처에서 피나 진물이 나와 말라붙어 생기는 껍질. ¶부스럼 ~. 2 게·소라·거북 따위의 몸을 싸고 있는 단단한 껍데기. ¶게~. 3 몸시계·손목시계 등의 겉껍데기. ¶금~.

딱지가 덜 떨어지다 아직 머리의 쇠딱지가 다 떨어지지 못했다는 뜻으로, 사람이 미숙하여 모자라는 상태를 얕잡아 이르는 말.

딱지²[-찌] 몡 '퇴짜'를 속되게 이르는 말. ¶너 그 여자에게 ~ 맞았구나.

-딱지³[-찌] 접미 일부 명사에 붙어, 그 명사가 나타내는 사물이나 대상을 속되거나 얕잡는 어감을 가지게 하는 말. ¶고물~ / 화~.

딱지⁴(-紙) [-찌] 몡 1 우표·증지·상표 등과 같이, 무엇의 표로 쓰는 종이조각의 통칭. ¶우표~. 2 손에 쥘 정도 크기의 두꺼운 종이에 그림·문자 등을 인쇄한 아이들 놀이 도구. 또는, 직사각형의 두꺼운 종이를 십자형으로 겹친 뒤 네모지게 접어 만든 아이들 놀이 도구. ¶~를 치다. 3 아주 많은 평가나 인정. ¶변절자라는 ~가 붙다. 4 교통순경이 교통 법규를 위반한 운전자에게 현장에서 벌금 액수나 처벌 사실을 적어서 주는 서류. =빨간딱지. ¶교통순경이 과속한 운전자에게 ~를 뗐다. 5 〈속〉도시 재개발 지역의 세입자에게 주는 아파트 입주권.

딱지-어음[-찌-] 몡 〈속〉사기를 목적으로 발행되거나 유통되는 불법 어음.

딱지-치기(-紙-)[-찌-] 몡 그림이 인쇄된 딱지를 가지고 여러 가지 방법으로 겨루면서 노는 일. 또는, 네모나게 접은 딱지를 가지고 겨루면서 노는 일. **딱지치기-하다** 통

딱-총(-銃) 몡 1 화약을 종이로 싸서 세게 부딪치나 누르면 터지도록 만든, 아이들의 장난감 총. 2 불놀이 제구의 하나. 화약을 종이에 여러 겹 싸서 말고 심지에 불을 댕겨 터지게 만들었음.

딱-하다[따카-] 톙 1 (사정이나 처지가) 애처롭고 가엾다. ¶가정 형편이 피니를 잇기 어려울 만큼 ~. 2 (일이) 원만하게 처리하기 어려운 상태에 있다. 베난처하다. ¶중간에서 이럴 수도 없고 저럴 수도 없으니 참 딱한 일이다. **딱-히**[투]

딱-히²[따키] [투] 똑똑하게 뚜렷이. ¶그 느낌을 ~ 뭐라 표현하기가 어렵다.

딴¹ 관형 ('딴은', '딴에는'의 꼴로만 쓰여) '나름의 생각이나 기준'의 뜻을 나타내는 말. ¶제 ~은 열심히 한 모양이에요. ×깐.

딴² 관형 1 아무 관계가 없는. 또는, 전혀 달라 엉뚱한. ¶~ 짓을 한다. 2 =다른. ¶이 옷 말고 ~ 옷 없어요?

딴 주머니(를) 차다 1 남편 또는 아내 몰래 돈을 따로 챙겨 관리하다. 2 돈을 착복하다.

딴-것[-건] 몡 다른 것.

딴따라 몡 '연예인'을 얕잡아 이르는 말.

딴딴-하다 혱 '단단하다'의 센말. ¶운동을 많이 하여 근육이 ~.

딴-마음 몡 처음에 마음먹은 것과 다르거나 상대방을 배반하는 마음. ¶팬히 ~ 먹지 마라.

딴-말 몡 1 아무 관계가 없는 말. ¶묻는 말에는 대답하지 않고 ~만 하다. 2 미리 정한 것과 어긋나는 말. ¶같이 하기로 약속해 놓고 이제 와 ~이냐? **딴말-하다** 통

딴-맛[-맏] 몡 1 색다른 맛. 2 본디의 맛과 달라진 맛.

딴-머리 몡 여자의 밑머리에 덧대어 없는 머리털. ¶~를 얹다.

딴-사람 몡 전과 달라진 사람.

딴-살림 몡 따로 사는 살림. ¶결혼을 하여 ~을 차리다. **딴살림-하다** 통

딴-생각 몡 1 엉뚱한 생각. 2 다른 데로 쓰는 생각. **딴생각-하다** 통 ¶공부 시간에 **딴생각하면** 안 돼.

딴-소리 몡 =딴소리. **딴소리-하다** 통 ¶나중에 **딴소리하면** 안 돼.

딴은 [투] 남의 말을 긍정하여, 그럴듯도 하다는 뜻을 나타내는 말. ¶듣고 보니 ~ 그렇군.

딴-전 몡 앞에 놓인 일과는 전혀 관계없는 일이나 짓. =딴청. ¶~을 부리다.

딴-채 몡 본체와 별도로 떼어서 지은 집채. =별채.

딴-청 몡 =딴전. ¶~을 부리다.

딴-판 몡 1 아주 다른 모양. ¶그들 형제는 얼굴이 ~으로 생겼다. 2 아주 다른 판국.

딸 몡 1 성(姓)이 여자인 자식. 뱁여식. ¶외동~. 2 어떤 공동체에서 태어나거나 길러진 여자(주로, 젊은이)인 사람을 비유적으로 또는 친밀감을 가지고 이르는 말. ¶장하다, 대한의 ~들이여! ↔아들.

딸가닥 [투] '달가닥'의 센말. 준딸각. 큰떨거덕.

딸각 [투] '딸가닥'의 준말. 쎈딸깍. **딸각-하다** 통

딸그락 [투] '달그락'의 센말. 큰떨그럭. **딸그락-하다** 통

딸기 몡 줄기가 땅으로 벋으며, 5~6월에 흰 꽃이 피고, 표면에 작은 씨가 박힌 빨간 열매가 열리는 여러해살이풀. 또는, 그 열매. =양딸기.

딸기-코 몡 코끝이 빨갛게 된 코를 딸기에 빗대어 익살스럽게 이르는 말.

딸깍 [투] '딸각'의 센말. **딸깍-하다** 통

딸꾹 [투] 딸꾹질하는 소리. ×깔딱.

딸꾹-거리다/-대다 [-꾹때-] 통 자꾸 딸꾹 소리를 내다.

딸꾹-딸꾹 [투] 딸꾹거리는 소리. ×깔딱깔딱. **딸꾹딸꾹-하다** 통

딸꾹-질[-찔] 몡 숨이 갑작스럽게 멈춰짐과 동시에 가슴이 들먹여지면서 목구멍으로 딸꾹딸꾹하는 소리가 나는 현상. 흔히, 물이나 음식을 급히 삼켰을 때 나타남. **딸꾹질-하다** 통

딸-내미 몡 '딸'을 귀엽게 또는 정겹게 이르는 말. ↔아들내미.

딸-년[-련] 몡 1 남에게 '딸자식'을 겸손하게 일컫는 말. 2 '딸'을 막되게 일컫는 말. ↔아들놈.

딸딸-거리다/-대다 통 '달달거리다'의 센말.

딸랑-이 몡 1 자명종이나 초인종 등에서 종을 때려 소리를 내는 작은 쇠방울. 2 '삼륜차'를 속되게 이르는 말.

딸랑 [투] '달랑'의 센말. 큰떨렁.

딸랑-거리다/-대다 통 '달랑거리다'

딸랑-딸랑 [투] '달랑달랑'의 센말. ¶두부 장수가 ~ 종을 흔들며 지나간다. **딸랑딸랑-하다** 통

딸랑-이 몡 흔들면 딸랑딸랑 소리가 나는, 젖먹이 아이의 장난감.

딸리다¹ 통 1 (어떤 사물이 주되는 것에) 덧붙다. ¶화장실이 **딸린** 방. 2 (어떤 사람에게 거느리거나 돌볼 식구가) 있다.

김 씨는 딸린 식구가 많다. 3 (어떤 사물이 어떤 종류에) 속하다. ¶칼꽃은 국화과에 딸린 해살이풀이다.
딸리다² 통(예) (어떤 사람에게 안내하거나 보살펴주거나 할 사람을) 따르게 하다. ¶길눈이 어두운 할머니에게 손자를 딸려 보내다.
딸리다³ 통 '달리다'의 잘못.
딸림-음(-音) 명 음계의 다섯째 음. 으뜸음보다 완전 5도 위이거나 완전 4도 아래인 음. ▷으뜸음·버금딸림음.
딸림-화음(-和音) 명 각 음계의 딸림음 위에 구성된 삼화음.
딸-부자(-富者) 명 딸을 많이 둔 사람을 놀림조로 이르는 말.
딸-아이 명 남에게 자기 딸을 일컫는 말. 비딸자식. 준딸애. ↔아들아이.
딸-애 명 '딸아이'의 준말. ↔아들애.
딸-자식(-子息) 명 남에게 자기 딸을 일컫는 말. 비딸아이. ↔아들자식.
땀¹ 명 1 날씨가 덥거나 운동을 하거나 긴장을 하거나 병으로 몸에서 열이 나거나 할 때, 사람이나 동물의 피부 밖으로 나오는 맑고 찝찔한 액체. ¶비지~. 2 어떤 일을 이루기 위해 열심히 애쓰고 노력하는 상태의 비유. ¶피와~의 결정.
땀(을) 빼다 몹시 힘들거나 어려운 고비를 당하여 크게 혼이 나다. ¶변명하느라고 ~.
땀으로 미역을 감다 땀을 매우 많이 흘려 몸 전체가 젖다.
땀이 비 오듯 하다 땀이 몹시 흐르다.
땀² 명(의) 1 바느질에서, 실을 꿴 바늘이 바느질감에 들어갔다 나오면서 걸에 흔적으로 남아 있는 실의 배열 상태. 비바늘땀. ¶~이 곱다. 2(의) 바느질에서, 실을 꿴 바늘이 바느질감에 들어갔다 나온 횟수를 세는 단위. ¶한 ~ 한 ~ 정성 들여 바느질하다.
땀-구멍[-꾸-] 명 땀이 몸 밖으로 나오도록 피부에 난 구멍.
땀-나다 통(짜) 몹시 힘들거나 애가 쓰이다.
땀-내 명 땀에 젖은 옷이나 몸에서 나는 불쾌한 냄새. ¶~가 밴 옷.
땀땀-이 튀 바늘로 뜬 땀마다. ¶~ 어머니의 정성이 깃든 옷.
땀-띠 명(의) 땀으로 피부가 자극되어 생기는 발진(發疹). 좁쌀 모양으로 돋고 붉은빛을 띠며 따끔따끔함.
땀-방울[-빵-] 명 물방울처럼 맺힌 땀. ¶이마에 ~이 돋다.
땀-범벅 명 얼굴이나 몸, 옷이 땀으로 한데 뒤섞여 어지럽게 된 상태. ¶오랜 행군으로 ~이 된 병사들.
땀-복(-服) 명 운동할 때 땀을 내기 위해 입는 옷.
땀-샘 생 명 땀을 만들어 몸 밖으로 내보내는 외분비선.
땅¹ 명 1 바다·강·호수·내와 같은 물이 차 있거나 흐르지 않는 지구의 표면. 비뭍·육지. 2 작물을 심어 가꾸는 지구 표면의 부분. 또는, 그곳의 흙. ¶기름진 ~. 3 통치권이나 행정이 미치는 일정한 지리적 범위. 비영토. 4 부동산으로서의 토지나 택지. ¶~ 투기.

[땅 짚고 헤엄치기] 아주 쉽다는 말.
땅(이) 꺼지게 (한숨을 쉴 때에) 몹시 깊고도 크게.
땅에 떨어지다 (권위·명성 등이) 회복하기 힘들 정도로 나빠지다. ¶신용이 ~.
땅² 튀 '탕'보다 어감이 약한 말.
땅³ 튀 작은 쇠붙이나 딱딱한 물건이 세게 부딪칠 때 나는 소리. 비명. 관탕.
땅-값[-깝] 명 땅의 값. 비지가(地價).
땅-강아지 명[동] 땅강앗과에 살며, 몸은 흑갈색의 긴 원통 모양이고 날개가 짧은 곤충. 농작물의 뿌리를 갉아 먹는 해충임.
땅-개[-깨] 명 1 키가 몹시 작은 개. 2 키가 작고 통통하며 잘 싸다니는 사람을 속되게 이르는 말.
땅거미 명 해가 진 뒤의 어스름. 비박모(薄暮). 반황혼. ¶~가 지다[깔리다].
땅-고르기 명 1 땅을 반반하고 고르게 하는 일. 2[농] 곡식을 심기 전에 땅을 갈아 흙을 부드럽게 하는 일. =정지(整地).
땅고르기-하다 통(짜)
땅-고집(-固執)[-꼬-] 명 융통성이 없는 심한 고집.
땅-굴(-窟)[-꿀] 명 1 땅속으로 뚫은 굴. 2 땅을 깊이 파서 만든 구덩이. =토굴.
땅기다 통(짜) 몹시 켕겨지다. ¶장딴지가 ~. ×당기다·땡기다.
땅-꼬마 명 키가 몹시 작은 사람을 놀리는 말.
땅-꾼 명 뱀을 잡아 파는 사람.
땅-덩어리[-떵-] 명 =땅덩이.
땅-덩이[-떵-] 명 땅의 큰 덩이. 흔히 대륙·국토·지구 따위의 뜻으로 쓰임. =땅덩어리·지괴. ¶~가 큰 나라.
땅-따먹기[-끼] 명 어린이 놀이의 하나. 땅바닥에 큰 원을 그리고, 제각기 말을 튀겨 말이 나아간 만큼 금을 그어 땅을 빼앗아 나가는 놀이.
땅딸막-하다[-마카-] 혐여 키가 작고 옆으로 딱 바라지다. =땅딸하다. ¶작은 키에 **땅딸막한** 몸집.
땅딸-보 명 키가 땅딸막한 사람. =땅딸이.
땅딸-이 명 =땅딸보.
땅딸-하다 혐여 =땅딸막하다.
땅땅¹ 튀 기세 좋게 거들먹거리는 모양. ¶큰소리를 ~ 치다. 관탕탕.
땅땅² 튀 '탕탕'보다 어감이 약한 말. **땅-땅하다²**
땅-땅³ 튀 쇠붙이나 딱딱한 물건이 잇달아 세게 부딪칠 때 나는 소리. 비명명. 관탕탕. **땅땅-하다²** 통(짜)(여)
땅땅-거리다/-대다 통(짜)(여) 잇달아 땅땅 소리가 나다. 또는, 그런 소리를 내다. 비땅땅거리다.
땅-뙈기 명 얼마 안 되는 논밭.
땅-마지기 명 몇 마지기의 논밭.
땅-문서(-文書) 명 땅의 소유권을 증명하는 문서.
땅-바닥[-빠-] 명 1 땅의 겉 부분. 비지면. 2 땅의 맨바닥. ¶~에 주저앉다.
땅-볼(-ball)[-뽈] 명 야구·축구 따위에서, 땅 위를 굴러 가도록 치거나 찬 공. ¶~로 이어 주다.
땅-속[-쏙] 명 땅 밑.
땅속-줄기[-쏙쭐-] 명[식] 땅속에 있는 식물의 줄기.
땅-울림 명 1 무거운 물건이 떨어지거나 지나갈 때 지면이 울려서 소리가 나는 것. 2 땅이 흔들리는 일.
땅-임자[-님-] 명 =지주(地主)¹.
땅-콩 명[식] 누에고치 모양의 열매가

속에서 익으며, 열매 속에 길쭉한 종자가 들어 있는 한해살이풀. 또는, 그 열매. 종자는 고소하여 볶아 먹거나 기름을 짬. =낙화생(落花生).
땅콩-기름 圀 땅콩으로 짠 기름. 식품이나 비누의 원료로 쓰임.
땋:다[따타] 图団 (머리털이나 실 등을) 셋 이상의 가닥으로 갈라서 서로 엇결어 짜 엮다. ¶머리를 ~.
때¹ 圀 ①[약] 1 시간상의 어떤 점이나 부분. ¶~를 알리는 시계탑 종소리. 2 일정한 일이나 현상이 일어나는 시간. ¶장마 ~. 3 좋은 기회나 운수. ¶~를 놓치다. 4 끼니, 또는 끼니를 먹는 시간. ¶점심 ~. 5 일정한 시기나 시대 또는 연대. ¶한창 자랄 ~ / 신라 ~. ②[약] 끼니를 셀 때 쓰는 말. ¶하루 삼시 세 ~도 못 찾아 먹다.
때² 圀 1 옷이나 물건에 흠·먼지·얼룩 등이 묻어서 된 더러운 것. 2 땀·기름기 등의 피부의 분비물과 먼지가 섞이어 된 더러운 것. ¶~를 밀다. 3 속되고 순수하지 못한 요소. ¶~ 묻지 않은 사람. 4 시골티나 어린 티. ¶서울에 가 살더니 ~를 벗어 멀쑥해졌다.
때굴-때굴 胃 '대굴대굴'의 센말. ¶배를 움켜쥐고 ~ 구르다. ⓒ떼굴떼굴. **때굴때굴-하다** 困[여]
-때기 쪱미 신체 부위를 나타내는 일부 명사에 붙어, 그 명사를 비속한 말로 만드는 말. ¶뺨~ / 귀~.
때-까치 圀[동] 낮은 산지나 인가 부근에 한 마리씩 또는 한 쌍씩 사는, 몸길이 18cm가량의 새. 수컷은 머리가 적갈색, 등은 회색, 날개는 흑색이며, 암컷은 전체적으로 갈색임.
때깔 圀 피륙 등이 눈에 선뜻 드러나 비치는 맵시와 빛깔. ¶~이 좋은 비단.
때-꼽 圀 =때꼽재기.
때-꼽재기[-째-] 圀 엉겨 붙은 때의 조각이나 부스러기. =때꼽.
때-늦다[-는따] 困 1 어떤 시간보다 늦다. 2 그 명사를 비속한 말로 만드는 말. ¶**때늦은** 후회. 2 제철보다 늦다. ¶**때늦게** 비가 온다.
때:다(때다 / 때우다) 图団 아궁이에 불을 넣다. ¶군불을 ~.
때때 圀〔유아〕=꼬까.
때때-로 胃 때에 따라 가끔. =시시로. ¶~ 그가 생각난다.
때때-옷[-옫] 圀〔유아〕=꼬까옷.
때려-눕히다[-누피-] 图団 (사람이나 동물을) 때려서 의식을 잃고 쓰러지게 만들다. ¶상대 선수를 한주먹에 ~.
때려-잡다[-따-] 图団 1 (벌레나 짐승 따위를) 때려서 죽이다. ¶모기를 손바닥으로 ~. 2 (사람을 주먹이나 몽둥이 따위로) 때려서 도망치지 못하게 붙들다. ¶도둑을 몽둥이로 ~. 3 (어떤 무리나 세력을) 폭력적으로 없애거나 무찌르다. 공격적 어투의 말임. ¶도둑을 ~.
때려-죽이다 图団 (주먹이나 몽둥이 같은 것으로) 때려서 죽이다.
때려-치우다 图団 (하던 일을) 도중에 그만두다. 속된 말임. ¶사업을 ~.
때-로 胃 경우에 따라서. ¶~ 늦기도 한다.
때리다 图団 1 (사람이 주로 손이나 손에 든 물건으로 다른 사람이나 물체를) 아픔을 느낄 만큼 세게 치다. ¶회초리로 종아리를 ~. 2 (움직이는 물질이나 물체, 또

는 어떤 힘이 다른 물체를) 세차게 부딪다. ¶굵은 빗줄기가 유리창을 ~. 3 (신문이나 방송 등이, 또는 신문·방송을 통해서 상대가) 잘못이나 문제점을 들추어내어 비판하다. 구어체의 말임. ¶신문이 공무원의 부정을 신랄하게 ~. 4 (정당 값이나 세금, 형량 따위를) 정하여 부르다. 속된 말임. ¶세금을 무겁게 ~. 5 (어떤 일이나 이야기가 사람의 마음을) 충격을 느끼게 하거나 감동을 가지게 하다. ¶가슴을 **때리는** 슬프고 아름다운 이야기.
[때리는 시어미보다 말리는 시누이가 더 밉다] 겉으로는 위해 주는 체하면서 속으로는 해하거나 헐뜯는 사람이 더 밉다.
때-마침 胃 그때에 알맞게. ¶그러잖아도 너한테 가려던 참이었는데 ~ 잘 왔다.
때-맞추다[-맏-] 图团 알맞은 때를 우연히 맞추다. ¶때맞춰 비가 그치다.
때문 圀〔의존〕 (명사나 어미 '-기', '-ㄴ', '-던' 다음에 쓰여) 앞에 오는 말이 까닭이나 원인이 됨을 나타내는 말. ¶가뭄 ~에 농작물이 말라 죽어 가고 있다. ⓒ땜.
때-밀이 圀 목욕탕에서 목욕하는 사람의 때를 밀어서 씻어 주는 사람. 순화어는 '목욕관리사'.
때-수건(-手巾) 圀 깔깔한 천 따위로 만들어 때가 잘 밀리도록 한 수건.
때우다 图団 1 뚫어지거나 깨지거나 해어진 자리에 딴 조각을 붙여 깁다. ¶금 간 솥을 ~. 2 (끼니를) 간단한 음식으로 해결하다. 낮으로 저녁을 ~. 3 (일을) 알차게 하지 않고 대충 하다. ¶강의 시간을 잡담으로 ~. 4 작은 고생이나 괴로움으로 큰 액운을 대신하다. ¶액운을 ~.
땔:-감[-깜] 圀 불 때는 데 쓰는, 장작이나 마른 풀, 석탄 등의 재료.
땔:-나무[-라-] 圀 불 때는 데 쓰는 나무 붙이. ¶~를 해 오다. ⓒ나무.
땜¹ 圀 '땜질'의 준말. ¶**땜-하다** 困団
땜¹² 圀 어떤 액운을 넘기거나 다른 고생으로 대신하는 일. ¶액~. **땜:-하다**² 困〔여〕
땜³ 圀〔의존〕 '때문'의 준말. ¶너 ~에 지각할 뻔했잖아.
땜:-납(-鑞) 圀〔화〕납과 주석의 합금. 녹이기 쉬우므로 땜질에 씀. =백랍(白鑞). ⓒ납.
땜:-장이 圀 땜질을 직업으로 하는 사람.
땜:-질 圀 1 금이 가거나 뚫어진 곳을 때우는 일. 2 떨어진 옷을 깁는 일. 3 잘못된 부분만을 임시로 고치는 일. ⓒ땜. **땜:-질-하다** 图団 ¶구멍을 ~.
땜:-통 圀 머리에 생긴 흠집을 속되게 이르는 말.
땟-국[때꾹/땐꾹] 圀 때가 섞인 물기. ¶~이 줄줄 흐르는 얼굴.
땡¹ 圀 1 '땡구리'의 준말. 2 뜻밖에 생긴 좋은 수나 우연히 걸려든 복을 속되게 이르는 말.
땡² 圀 '댕'의 센말. ¶종을 ~ 치다. ⓑ땡.
땡-감 圀 덜 익어 맛이 떫은 감.
땡그랑 胃 '댕그랑'의 센말. ⓑ땡그랑.
땡글-땡글 胃 땡땡하고 둥글둥글한 모양. ¶**땡글땡글-하다** ¶**땡글땡글한** 탱자.
땡기다 图団 ①[자] '당기다'의 잘못. ②[자] '땅기다'의 잘못.
땡땡¹ 胃 '댕댕'의 센말. ¶종을 ~ 치다.
땡땡² 胃 1 몸이나 어느 부위가 팽팽하게 부은 모양. ¶벌에 쏘여 손이 ~ 부었다.

2 물이 단단히 얼어붙은 모양.
땡땡-구리 명 골패·투전·섰다 등의 노름에서, 같은 짝을 뽑는 일. (준)땡.
땡땡-이¹ 명 자루가 달린 둥근 대틀에 종이를 바르고 양쪽에 구슬을 단 실을 달아 흔들면 땡땡 소리가 나는, 아이들의 장난감.
땡땡-이² 명 〈속〉 감독자의 눈을 피해 게으름을 피우거나 노는 일. ¶~를 부리다.
땡땡-이³ (←點點/てんてん-) 명 '물방울무늬'로 순화.
땡땡-이중 명[불] =땡추.
땡땡-치다 동(자타) 〈속〉 꾀를 부려 일을 열심히 하지 않다.
땡땡-하다 형여 1 (살이나 근육이) 붓거나 뭉치거나 발달하여 단단하다. ¶ 탱탱하다. 2 (탄력 있는 물체의 표면이) 매우 팽팽하여 잘 눌러지지 않을 만큼 단단하다. ¶공이 ~.
땡-볕 [-뼏] 명 따갑게 내리쬐는 뙤약볕.
땡-잡다 [-따] 동(타) 뜻밖에 행운을 잡다. 다소 속된 구어임. ¶복권에 당첨되었고? 이 사람 **땡잡았구먼**.
땡전 명 [<동전(銅錢)] (주로 '땡전 한 푼 없다'의 꼴로 쓰여) '동전' 또는 '아주 적은 돈'을 이르는 말. ¶지금 주머니에 ~ 한 푼 없다.
땡-처리 (-處理) 명 〈속〉 자금 압박을 받는 회사가 쌓인 재고품을 헐값에 팔아넘기는 일.
땡초 명[불] '땡추'의 잘못.
땡추 명[불] 걸핏하면 계율을 어기는, 승려답지 못한 승려. 얕잡는 말임. ≒땡땡이중. ×땡초.
떠-가다 동(자) 하늘이나 물 위를 떠서 흘러 멀리 가거나 구름. ↔떠오다.
떠꺼-머리 명 혼인할 나이가 지난 총각이나 처녀의 길게 땋아 늘인 머리. 또는, 그런 머리를 한 사람.
떠꺼머리-총각 (-總角) 명 장가들 나이가 지나도록 머리를 땋아 늘인 총각.
떠나-가다 동(자)(타) 1 본디의 자리를 떠서 옮겨 가다. ¶수평선 멀리 **떠나가는** 배. 2 (주로, '떠나가다', '떠나가라 하고', '떠나갈 듯이'의 꼴로 쓰여) (어떤 장소가) 요란한 소리로 움직거릴 상태가 되다. 비유적인 말임. ¶교실이 **떠나가라** 하고 소리를 지른다.
떠나다 동 ①[타] 1 (어떤 대상이 어느 곳을) 벗어나 먼 곳으로 옮겨 가다. ¶고향을 ~. 2 (어떤 단체나 기관, 인연이나 분야의 사회 등을) 인연이나 관계를 끊고 나가다. ¶공직을 ~. 3 (사람이 어떤 사람을) 관계나 인연을 끊은 상태에 두다. ¶그 여자는 나를 **떠난** 지 오래다. 4 (어떤 대상을) 관계·관련이 없거나 관련을 끊은 상태에 두다. ¶물고기는 물을 **떠나서는** 살 수 없다. 5 (어떤 문제를) 고려 대상에 두지 않다. ¶이해관계를 떠나 생각해 보자. 6 (사람이 세상을) 다 살고 저세상으로 가다. '죽다'를 완곡하게 이르는 말임. ¶그는 70세를 일기로 세상을 **떠났다**.
②(자) 1 (어떤 대상이 먼 어느 곳으로) 움직여 옮겨 가다. ¶나는 내일 미국으로 떠 **난다**. 2 (사람이 어떤 사람에게서) 관계나 인연을 끊고 헤어지거나 멀어지다. ¶가족조차 그에게서 **떠나고** 말았다. 3 (어떤 생각이나 근심·걱정 따위가) 사람이나 어떤 대상에게서 사라지거나 없어지다. ¶

집안에 우환이 **떠날** 날이 없다.
떠나-보내다 동(타) (가족이나 사랑하는 사람 등을) 먼 곳으로 떠나게 하다. ¶사랑하는 임을 ~.
떠나-오다 동(자)(타) 있던 데서 일정한 곳으로 옮겨 오다. ¶고향을 **떠나온** 지 어언 10년이 지났다.
떠-내다 동(타) 1 액체를 퍼내다. ¶솥에서 국을 **떠내어** 그릇에 담다. 2 초목 등을 흙과 함께 파내다. ¶뗏장을 ~. 3 살이나 고체의 어떤 부분을 도려내다. ¶갈비에 붙은 살을 ~.
떠-내려가다 동(자) 물 위를 둥둥 떠서 내려가다. ¶홍수로 집이 ~.
떠-넘기다 동(타) 스스로의 일이나 책임을 억지로 남에게 넘기다. (피)떠밀리다. ¶책임을 남에게 ~.
떠-다니다 동(자) 1 공중이나 물 위에서 오가다. ¶호수에 백조가 ~. 2 =떠돌다1. ¶객지를 **떠다니는** 신세.
떠다-밀다 동(타) 〈~미니, ~미오〉 =떠밀다.
떠-돌다 동(자) 〈~도니, ~도오〉 1 정처 없이 돌아다니다. =떠다니다. ¶객지를 **떠도는** 신세. 2 떠서 이리저리 움직이다. ¶우주에 **떠도는** 수많은 별들. 3 소문 따위가 퍼지다. ¶이상한 소문이 ~. 4 (어떤 기운이나 기미가) 겉으로 드러나 보이다. ¶얼굴에 안도의 빛이 ~.
떠돌아-다니다 동(자)(타) 정처 없이 이리저리 다니다. ¶낯선 마을을 ~.
떠돌-이 명 정처 없이 떠돌아다니는 사람. (비)방랑자.
떠들다¹ 동(자) 〈떠드니, 떠드오〉 1 시끄럽게 큰 소리로 말하다. ¶수업 시간에 **떠들면** 안 된다. 2 크게 풍문 삼아 떠벌리다. ¶신문들이 **떠드는** 바람에 세상 사람들이 다 알게 되었다.
떠-들다² 동(타) 〈~드니, ~드오〉 덮인 것이나 가린 것을 조금 걷어 쳐들다. ¶거적을 ~.
떠들썩-하다¹ [-써카-] 형여 1 여럿이 큰 소리로 떠들어 몹시 시끄럽다. ¶방 안이 ~. 2 소문이 퍼져 자자하다. ¶테러 사건으로 세상이 ~.
떠들썩-하다² [-써카-] 형여 잘 덮이거나 붙어 있지 않아 조금 떠들려 있다. ¶이불이 ~ / 장판이 ~.
떠들-치다 동(타) 물건의 한 부분을 쳐들거나 들추어 올리다. ¶시체를 덮은 거적때기를 ~.
떠듬-거리다/-대다 동(타) '더듬거리다'의 센말. ¶말을 ~.
떠듬-떠듬 부 '더듬더듬'의 센말. **떠듬떠듬-하다** 동여
떠름-하다 형여 마음이 내키지 않거나 달갑지 않다. **떠름-히** 부
떠말-기다 [-말끼-] 동(타) '떠맡기다'의 사동사. (피)떠맡기다. ¶책임을 친구에게 ~.
떠-맡다 [-맏따] 동(타) (어떤 일이나 책임을) 온통 맡다. ¶빚을 ~.
떠-먹다 [-따] 동(타) (음식을 숟가락 따위로) 떠서 먹다. ¶밥을 몇 술 ~.
떠먹-이다 동(타) '떠먹다'의 사동사. ¶환자에게 죽을 ~.
떠-메다 동(타) 1 쳐들어서 어깨에 메다. ¶어깨에 자루를 ~. 2 (어떤 일이나 책임을) 전적으로 맡아 지다.
떠-밀다 동(타) 〈~미니, ~미오〉 1 (남의

몸이나 물체 등을) 힘을 주어 밀다. =떼밀다. ¶빨리 집에 가 보라며 그는 날 **떠밀었다**. 2 (남에게 어떤 책임이나 일을) 억지로 넘기다. =떠다밀다. ¶작가 일을 남에게 ~.

떠-밀리다 图困 '떠밀다'의 피동사. ¶사람들에게 **떠밀려** 차에 타다.

떠-받들다[-뜰-] 图印 〈~받드니, ~받드오〉 1 밑을 받쳐 쳐들다. 2 공경하여 섬기거나 잘 위하다. ¶부모를 ~. 3 소중하게 위하다. ¶아이들을 **떠받들어** 키우면 버릇이 없어진다.

떠-받치다 图印 (떨어지거나 쓰러지지 않게) 밑에서 위로 받쳐 버티다. ¶기둥이 지붕을 **떠받치고** 있다.

떠버리 图 늘 시끄럽게 떠드는 사람을 낮추어 이르는 말.

떠-벌리다 图印 과장하여 이야기를 늘어놓다. ¶무용담을 ~.

떠-보다 图印 남의 속뜻이나 됨됨이를 넌지시 알아보다. ¶속을 ~.

떠-안기다 图印 '떠안다'의 사동사.

떠-안다[-따] 图印 (어떤 일이나 책임을) 도맡아 지다.

떠-오다 图困 물 위나 공중에 떠서 오다. ↔떠가다.

떠-오르다 图困 〈~오르니, ~올라〉 1 (물체가) 물 밑에서 물 위쪽으로, 또는 땅 위에서 공중으로 움직이다. ¶해가 ~. 2 (기억이나 생각이 머릿속에) 나타나는 상태가 되다. ¶좋은 생각이 ~. 3 (어떤 사람이 어떤 대상으로) 존재를 나타낸다. ¶그는 야구계의 새로운 스타로 **떠올랐다**.

떠오르는 별 새로이 나타나서 두각을 나타내는 사람을 이르는 말.

떠올리다 图印 '떠오르다2'의 사동사.

떡¹ 图 1 곡식 가루를 시루에 찌거나, 찐 것을 안반이나 절구에 놓고 치거나, 번철에 지지거나, 반죽하여 삶거나 한 음식의 총칭. ¶찰~/돌~. 2 (주로 '되다'와 함께 쓰여) 흠씬 두들겨 맞아 몸이 늘어진 상태. ¶불량배들에게 ~이 되게 맞다.

[**떡 본 김에 제사 지낸다**] 우연히 운 좋은 기회에 하려던 일을 해치운다. [**떡 줄 사람은 꿈도 안 꾸는데 김칫국부터 마신다**] 해 줄 사람은 생각도 하지 않는데, 일이 다 된 것처럼 여기고 미리 기대한다. [**떡해 먹을 집안**] 떡을 하여 고사 지내야 할 집안이라는 뜻으로, 화합하지 못하고 어려운 일만 생기는 집안을 이르는 말.

떡 주무르듯 하다 저 하고 싶은 대로 다루다.

떡을 치다 1 어떤 일을 제대로 다루지 못하고 쩔쩔매거나 망치다. ¶오늘 시험은 **떡을 쳤어**. 2 어떤 일을 하는 데 양적으로 충분한 정도가 되다.

떡² 图 1 크게 벌어진 모양. ¶너무 놀라 입을 ~ 벌리다. 2 빈틈없이 맞닿거나 들어맞는 모양. 3 굳세게 버티는 모양. ¶~ 버티고 서다. 4 태도가 매우 의젓하거나 여유 있는 모양. ¶아랫목에 ~ 앉다. 5 단단히 들러붙은 모양. ¶엿이 입천장에 ~ 들러붙다. 函딱.

떡-가래[-까-] 图 가래떡의 낱개. ¶~를 뽑다.

떡-가루[-까-] 图 떡을 만들려고 빻은 곡식의 가루.

떡갈-나무[-깔라-] 图[식] 도토리가 열리며, 나뭇가지가 굵고 넓게 퍼지는, 높이 10m가량의 낙엽 활엽 교목. 잎은 크고 두꺼우며, 목재는 숯을 만드는 데 쓰임. =도토리나무.

떡-갈비[-깔-] 图 갈빗살을 다져서 양념한 후 갈비뼈에 얹어 구운 음식.

떡갈-잎[-깔립] 图 떡갈나무의 잎. 爵갈잎.

떡-값[-깝] 图〈속〉 1 설이나 추석 때 회사나 조직체 등에서 사원이나 소속원에게 봉급 외에 특별히 주는 돈. 2 주로 업자들이 명절 때 공무원이나 관리나 정치인 등에게 뇌물 조로 바치는 돈. ¶고위 공무원이 ~을 받아 챙기다. 3 공사 입찰에서 담합하여 낙찰된 업자가 다른 업자들에게 나누어 주는 담합 이익금.

떡-고물[-꼬-] 图 1 떡의 겉에 묻히는 고물. 2 어떤 일을 부정하게 보아주고 얻은 금품을 속되게 이르는 말. ¶~이 생기다.

떡-국[-꾹] 图 가래떡을 얇게 썰어 맑은 장국에 넣고 끓인 음식.

떡-대[-때] 图〈속〉 1 덩치가 큰 사람. 2 (주로 '좋다'와 함께 쓰여) 덩치. ¶~ 좋은 청년.

떡-두꺼비[-뚜-] 图 (주로 '떡두꺼비같은'의 꼴로 쓰여) 탐스럽고 희며 실팍하게 생긴 갓 난 남자 아이를 비유하여 이르는 말. ¶~ 같은 아들을 낳아라.

떡-메[떵-] 图 떡을 치는 메. 흰떡이나 인절미를 칠 때 쓰임.

떡-밥[-빱] 图 낚시 미끼의 한 가지. 쌀겨에 콩가루·번데기 가루 등을 섞어 반죽하여 조그마하게 뭉쳐서 만듦.

떡-방아[-빵-] 图 떡쌀을 빻는 방아.

떡-보[-뽀] 图 떡을 즐겨서 많이 먹는 사람을 놀림조로 이르는 말.

떡-볶이[-뽀-] 图 가래떡을 적당한 길이로 잘라서 쇠고기와 여러 가지 채소를 넣고 양념하여 볶은 음식.

떡-살[-쌀] 图 떡을 눌러 갖가지 무늬를 찍어 내는, 나무 따위로 만든 판. 또는, 그것으로 찍어 나타내는 무늬.

떡-심[-씸] 图 사람의 검질긴 성질을 비유하여 이르는 말. ¶~이 좋다.

떡-쌀 图 떡을 만들 쌀.

떡을-할 판印 (떡을 해서 고사를 지내야 하겠다는 뜻) 못마땅함을 나타내거나 아무 생각이 없이 하는 말.

떡-잎[떵닙] 图[식] 종자가 발아하여 최초로 나오는 잎.

떡-집[-찝] 图 떡을 만들어 파는 집.

떡-칠(-漆) 图 화장품·풀·페인트·물감 등을 덕지덕지 바르는 일. **떡칠-하다** 图印印 ¶화장품으로 얼굴을 ~.

떡-판(-板) 图 1 기름떡의 한 부분으로, 기름떡을 올려놓는 판. 2 여자의 엉덩이를 속되게 이르는 말. 3 =안반. 4 넓적하고 못생긴 얼굴을 놀려 이르는 말.

떡-하니 图〔카〕图 보란 듯이 의젓하거나 여유가 있게. ¶일을 ~ 저지르다.

떨거덕 图 '덜거덕'의 센말. 函딸가닥. **떨거덕-하다** 图困印印

떨거지 图 어떤 사람의 일가붙이나 한통속으로 어울리는 무리를 낮추어 이르는 말. ¶처가 ~.

떨구다 图印 시선을 아래로 향하다. ▷떨어뜨리다.

떨그럭 图 '덜그럭'의 센말. 函딸그락. **떨그럭-하다** 图困印印

떨기 图 1자旣 풀이나 꽃·나무의 더부룩하게 난 무더기. 2의존 무더기진 꽃이나 풀 따위를 세는 단위. ¶한 ~의 잔디.
떨기-나무 명[식] =관목(灌木).
떨:다¹ [떨:고/떨어] 통 《떠니, 떠오》
[1]⃞재 1 (두께가 얇은 물체가) 공기의 흐름이나 어떤 충격을 받아 작은 폭으로 빠르게 거듭하여 움직이다. ¶바람에 나뭇잎이 ~. 2 (추위나 두려움이나 흥분 등으로) 온몸이나 몸의 한 부분을 빠르고 잦게 자꾸 흔들다. ¶그는 극도의 공포로 사시나무 **떨듯** 떨고 있다. 3 (사람이 돈에) 몹시 인색하여 좀스럽게 굴다. ¶단돈 100원에도 벌벌 **떤다**. 4 (사람이) 어떤 일에 대해 겁내거나 두려워하다. ¶중요한 문제일수록 **떨지** 말고 침착하게 풀어라.
[2]⃞타 1 (추위나 두려움이나 흥분이나 병 등으로 온몸이나 몸의 한 부분을) 빠르고 잦게 자꾸 흔들다. ¶눈썹을 파르르 ~. 2 (사람이나 동물이 목청을) 진동이 일어나게 하다. 또는, (사람이 목소리를) 목청의 진동을 강하게 하여 변화 있게 하다. ¶그 가수는 목소리를 잘 **떠는** 것이 특징이다. 3 (동작이나 성질을 나타내는 명사 뒤에 쓰여) 그런 행동을 경망스럽게 또는 요란스럽게 하거나 그런 성질을 나타내다. ¶방정을 ~/재롱을 ~.
떨:다² [떨:고/떨어] 통 《떠니, 떠오》 (달리거나 붙은 것을) 흔들거나 충격을 가하여 떨어지게 하다. ¶먼지를 ~. ▷털다. 2 (전체 중에서 얼마를) 덜어 내다. ¶그 돈에서 외상값은 **떨고** 주시오. 3 (팔다 남은 것을) 몽땅 팔거나 사다. ¶이것 몽땅 **떨어서** 오천 원만 내십시오. 4 (어떤 생각이나 시름 따위를) 잊거나 없애다. ¶근심 걱정을 **떨어** 버리다.
떨떠름-하다 형⃞여 1 (맛이) 어지간히 떫은 상태에 있다. 2 어떤 대상이나 일이 마음에 들지 않아 유쾌하지 않다. =떨떨하다. ¶떨떠름한 표정. **떨떠름-히** 부⃞
떨떨-하다 형⃞여 1 =떨떠름하다2. 2 =얼떨떨하다. **떨떨-히** 부⃞
떨렁 부⃞ '덜렁'의 센말. ㉠딸랑.
떨-리다¹ 통⃞재 '떨다¹'의 피동사. ¶흥분하여 몸이 부르르 ~.
떨-리다² 통⃞재 '떨다²'의 피동사. ¶먼지가 깨끗이 **떨리지** 않는다.
떨어-내다 통⃞타 떨어져 나오게 하다. ¶옷에서 먼지를 ~.
떨어-뜨리다/-트리다 통⃞타 1 떨어지게 하다. ¶나는 새도 **떨어뜨리는** 세도. 2 (고개를) 아래로 숙이다. ¶부끄러워 고개를 ~. ▷떨구다.
떨어-먹다 통⃞타 '털어먹다'의 잘못.
떨어-지다 통⃞재 1 (물체가) 위에서 아래로 내려지다. ¶빗방울이 ~. 2 (물체나 어떤 대상이) 잘못되어 높은 데서 갑자기 아래로 내려지다. ¶비행기가 ~. 3 (달렸거나 붙었던 것이) 따로의 상태가 되다. ¶단추가 ~. 4 (해가) 지평선이나 수평선 너머로 넘어가다. ¶해가 서산에 저물다. ¶해 떨어지기 전에 돌아오너라. 5 (사물의 질·수준·상태 등이) 전보다 낮아지거나 못해지다. ¶값이 ~. 6 (사물의 질·수준·상태 등이) 다른 것보다 낮거나 못한 상태를 보이다. ¶품질이 타사 제품보다 ~. 7 (어떤 대상이) 다른 대상으로부터 일정한 거리에 위치하다. ¶우리 집은 학교에서 멀리 **떨어져** 있다. 8 (사람이 다른 사람과) 함께 지내지 않고 따로 있는 상태가 되다. ¶그는 가족과 **떨어져** 산다. 9 (사람이) 다른 사람과 함께 가거나 따르지 않고 뒤에 처지다. ¶그는 일행을 먼저 보내고 뒤에 **떨어져** 휴식을 취했다. 10 (시험·선거·선발 등에) 붙거나 당선되거나 뽑히지 못하다. ¶입학시험에 ~. 11 (좋지 못한 상태나 처지에) 놓이게 되다. ¶절망의 나락에 ~. 12 (잠이나 술에) 깊이 빠져 들거나 정신을 잃은 상태가 되다. ¶깊은 잠에 곯아 ~. 13 (성이나 군진 등이) 적의 손에 넘어가다. ㉯함락되다. ¶마지막 요새가 적의 손에 ~. 14 (얼마의 이익이) 생기거나 얻거나 남다. ¶이렇게 팔면 겨우 천 원 **떨어진다**. 15 (어떤 일이나 책임 등이 누구에게) 하여지도록 맡겨지다. ¶중대한 임무가 나에게 **떨어졌다**. 16 (명령·호령·지시 등이) 아랫 사람에게 내려지다. ¶불호령이 ~. 17 (병이) 나아서 몸에 없는 상태가 되다. ¶독감이 약을 먹어도 안 ~. 18 (어떤 대상을 가까이하고 싶은 마음이나 욕구가) 더 이상 생기지 않게 되다. ¶정나미가 ~. 19 (어떤 일이나 물건이) 남아 있는 것이 없게 되다. ¶일거리가 ~. 20 (옷·신 등이) 낡아서 해어지다. ¶신이 ~. 21 (숨이) 멈춰진 상태가 되다. ㉯끊어지다. ¶숨이 ~. 22 (일이 손에서) 벗어나 끝나다. ¶그 일은 언제쯤 손에서 **떨어지겠니**? 23 (배 속의 아기가) 심한 충격 등으로 죽어서 자궁에서 벗어나 몸 밖으로 나오다. ¶애가 ~. 24 셈에서, 다 치르지 못하고 얼마가 남게 되다. ¶지난번에 **떨어진** 돈이 얼마지?
떨-이 명 물건을 떼어다가 파는 장사에서, 거의 다 팔고 얼마 남지 않은 물건을 다 떨어서 싸게 파는 일. 또는, 그 물건. ¶~라 싸게 샀다.
떨-치다¹ 1⃞재 (명성이나 위세가) 널리 알려지다. ¶기세가 ~. 2⃞타 (명성이나 위세 등을) 널리 또는 높이 드날리다. ¶용맹을 ~.
떨-치다² 통⃞타 세게 흔들어 떨어지게 하다. ¶매달리는 아이를 **떨쳐** 버리고 가다.
떫:다[떨따] 형 1 (맛이) 덜 익은 감을 먹을 때와 같은 느낌이 있다. ¶**떫은** 감. 2 (하는 짓이) 덜되고 떨떨하다. ¶**떫은** 수작을 부리다. ¶그 어떤 일이나 행동 등이 못마땅하거나 마뜩찮은 상태에 있다. 속된 어감의 말임. ¶왜, 내 말이 **떫으냐**?
떫은-맛[-맏] 명 덜 익은 감의 맛처럼 텁텁하고 깔깔한 맛.
떳떳-하다[떧떧-] 형⃞여 정당하여 굽힐 것이 없고 어그러짐이 없다. ¶소신을 **떳떳하게** 밝히다. **떳떳-이** 부⃞ ¶가난하지만 ~ 살아가다.
떴다-방(-房)[떧따-] 명 〈속〉 주로 아파트 분양 현장 등에 일시적으로 자리를 잡고 분양 과열을 부추기는 부동산 중개업자. 또는, 그들이 차린 임시 중개업소.
땅 부⃞ 두꺼운 쇠붙이나 딴딴한 물건이 세게 부딪칠 때 나는 소리. ㉠땅. ㉤팅.
땅-땅¹ 부⃞ 두꺼운 쇠붙이나 딴딴한 물건이 잇달아 세게 부딪칠 때 나는 소리. ㉠땅땅. ㉤텅텅. **땅땅-하다** 형⃞여⃞재
땅땅² 부⃞ 헛된 장담을 예사롭게 하거나, 기세 좋게 으르대는 모양. ¶큰소리만 ~ 치고 다닌다. ㉠땅땅.
땅땅-거리다/-대다¹ 통⃞재⃞타 잇달아 땅땅 소리가 나다. 또는, 그런 소리를 내다. ㉠땅땅거리다.

떵떵-거리다/-대다² 〔자〕 권세와 재산이 넉넉하여 기세를 떨치며 화호롭게 지내다. ¶**떵떵거리고 살다.**

떼¹ 〔명〕 사람 또는 동물이 함께 행동하거나 한데 어울리느라 많이 모여 있는 상태. 또는, 그 군집. 사람에 대해서 쓸 때에는 주로 부정적인 문맥에서 사용됨. ¶~강도~무리.

떼² 〔명〕 뿌리째 떠낸 잔디. ¶무덤에 ~를 입히다. 〔준〕뗏장.

떼³ 〔명〕 부당한 요구를 들어 달라고 고집하는 짓. ¶~를 부리다.

떼-강도(-強盜) 〔명〕 떼를 지어 범행을 하는 강도.

떼-거리¹ 〔명〕 '떼'를 속되게 이르는 말.
떼-거리² 〔명〕 '떼'를 속되게 이르는 말. ¶~를 쓰다.

떼-거지 〔명〕 1 떼를 지어 다니는 거지. 2 천재지변으로 말미암아 졸지에 거지가 된 많은 사람들.

떼-과부(-寡婦) 〔명〕 전쟁이나 재난으로 말미암아 한꺼번에 떼로 생기는 과부.

떼구루루 〔부〕 '데구루루'의 센말. ¶드럼통이 ~ 구르다.

떼굴-떼굴 〔부〕 '데굴데굴'의 센말. ¶공이 ~ 굴러 가다. 〔작〕때굴때굴. **떼굴떼굴-하다** 〔동〕〔자〕〔여〕

떼꾼-하다 〔형〕 '데꾼하다'의 센말. ¶굶어서 눈이 ~.

떼-놈 〔명〕 '되놈'의 잘못.

떼:다¹ 〔동〕〔고〕(떼어) 〔타〕 1 (붙었거나 잇닿은 것을) 따로 떨어지게 하다. ¶벽보를 ~. 2 (사람이 함께 있거나 데리고 있던 사람이나 동물을) 떨어져서 지내게 하다. ¶강아지를 어미 개한테서 ~. 3 (사람이 어떤 사람들과의 관계를) 멀어지게 하다. ¶김 여사는 두 사람의 사이를 떼려고 갖은 수를 다 썼다. 4 (사람이 정을) 더 이상 가지거나 두지 않는 상태가 되게 하다. ¶어찌 부자간의 정을 인력으로 뗄 수 있으랴? 5 (전체에서 한 부분을) 덜어 내거나 따로 있게 하다. ¶봉급에서 가불금을 ~. 6 (어떤 증서나 문건을) 일정한 절차나 격식에 의해 만들다. ¶동사무소에서 주민등록 등본을 ~. 7 (배우는 책이나 일정한 교육 과정을) 다 익히거나 끝내다. ¶천자문을 ~. 8 (배 속의 아이를) 인공적으로 더 자랄 수 없게 하여 몸 밖으로 나오게 하다. 〔비〕지우다. ¶아이를 ~. 9 (고약한 병이나 버릇을) 몸에서 떨어지게 하다. ¶학질을 ~. 10 (발이나 걸음을) 옮겨 가다. ¶아기가 첫 걸음을 ~. 11 (입을) 열어서 어떤 말을 하게 되다. ¶서두를 ~. 12 (눈길을) 돌려 다른 곳에 미치게 하다. ¶시선을 ~. 13 (물건을) 장사할 목적으로 산지나 도매상에서 사다. ¶청과물을 산지에서 **떼어** 오다.
[**떼어 놓은 당상**(堂上)] 바라는 것을 얻거나 차지하는 것에 실패할 나위 없이 확실하다는 뜻. '따 놓은 당상'과 같은 말.

떼:다² 〔동〕〔고〕(떼어) 〔타〕 (남에게서 빌려 오거나 꾸어 온 것을) 돌려주지 않다.

떼-도둑 〔명〕 떼를 지어 도둑질을 하는 도둑. 〔비〕군도(群盜).

떼-돈 〔명〕 {주로 '벌다', '생기다'와 함께 쓰여} 엄청나게 많은 돈. ¶돈을 ~ 벌다.

떼:-먹다 〔-따〕 〔동〕〔타〕 '떼어먹다'의 준말. ¶남의 돈을 떼먹고 달아나다.

떼:-밀다 〔동〕〔타〕 〈~미니, ~미오〉 =떠밀다. ¶사람들이 **떼미는** 바람에 넘어졌다.

떼-부자(-富者) 〔명〕 떼돈을 번 부자. 구어적인 말임. ¶벼락부자.

떼-송장 〔명〕 갑자기 한때에 많이 죽어서 생긴 송장.

떼-쓰다 〔자〕〈~쓰니, ~써〉 부당한 일을 억지로 요구하거나 고집하다.

떼어-먹다 〔-따〕 〔동〕〔타〕 1 남에게 갚을 것을 갚지 않다. ¶외상값을 ~. 2 남에게 갈 것을 중간에서 자기의 것으로 만들다. 〔준〕떼먹다.

떼-이다 〔타〕 '떼다'의 피동사. ¶빌려 준 돈을 ~.

떼-쟁이 〔명〕 떼를 잘 쓰는 사람.

떼-죽음 〔명〕 한꺼번에 떼로 죽는 일. ¶강물의 오염으로 물고기들이 ~을 당했다.

떼:-치다 〔동〕〔타〕 1 떼어 물리치다. 2 (요구나 부탁 등을) 딱 잘라 거절하다. ¶친구의 요청을 ~. 3 (어떤 감정이나 생각을) 딱 끊어 없애다.

뗀:-석기(-石器) [-끼] 〔명〕〔고고〕 구석기 시대에 인류가 돌을 깨서 만든 도끼·칼 등의 도구. =타제 석기. ▷간석기.

뗏-목(-木) 〔뗀-〕 〔명〕 육상 교통이 불편한 지역에서, 벌목한 나무를 강물에 띄워서 운반하기 위해, 여러 개씩 옆으로 이어 붙여 묶은 통나무 상태의 목재.

뗏-장 [떼짱/뗃짱] 〔명〕 잔디를 흙이 붙은 뿌리째 떠낸 조각. ¶~을 뜨다.

뗑 〔부〕 '뎅'의 센말. 〔작〕땡.

뗑그렁 〔부〕 '뎅그렁'의 센말. 〔작〕땡그랑.

또 〔부〕 1 어떠한 행동을 거듭하여. ¶~ 말썽이냐. 2 그뿐 아니라 다시 더. ¶그 밖에 ~ 무엇이 필요한가? 3 그래도 혹시. ¶누가 ~ 알아? 복권이라도 당첨이 될지.

또그르르 〔부〕 작고 무거운 물건이 대번에 구르는 모양. ¶구슬이 ~ 구르다.

또는 〔부〕 그렇지 않으면. 〔비〕혹은. ¶버스 ~ 지하철로 출근하다.

또-다시 〔부〕 거듭하여 다시. 〔비〕되처·재차. ¶~ 그런 짓을 하면 용서하지 않겠다.

또닥-거리다/-대다 [-끼(때)-] 〔동〕〔타〕 딱딱한 물건으로 단단한 물건을 자주 두드리다. ¶옆집에서 못을 박는지 **또닥거리는** 소리가 들린다.

또닥-또닥 〔부〕 또닥거리는 모양. **또닥또닥-하다** 〔동〕〔자〕

또라이 〔명〕〈속〉 황당하거나 엉뚱한 짓을 하는 남자를 비하하여 이르는 말.

또랑-또랑 〔부〕 조금도 흐린 점이 없이 아주 똑똑한 모양. **또랑또랑-하다** 〔형〕〔여〕¶**또랑한** 목소리.

또래 〔명〕 나이나 정도가 서로 비슷한 무리. ¶같은 ~끼리 어울리다.

또렷-또렷 [-럳-럳] 〔부〕 1 여럿이 모두 또렷한 모양. 2 매우 또렷한 모양. ¶~ 빛나는 아이들의 눈망울. **또렷또렷-하다** 〔형〕〔여〕**또렷또렷-이** 〔부〕

또렷-하다 [-러타-] 〔형〕〔여〕 1 (사물이) 형태나 윤곽이 잘 보이는 상태에 있다. ¶비행 물체가 가까이 다가올수록 **또렷하게** 보였다. 2 (소리가) 무슨 또는 어떤 소리인지 잘 구별될 수 있는 상태에 있다. ¶**또렷한** 발음. 3 (정신이나 생각이) 맑거나 분명하다. ¶오래전 일인데도 기억이 ~. **또렷하게** **또렷-이** 〔부〕¶보청기를 끼자 소리가 ~ 들린다.

또르르 〔부〕 '도르르'의 센말. 〔큰〕뚜르르.

또박-거리다/-대다 [-끼(때)-] 〔동〕〔자〕 발

또박-또박¹ 또박거리는 소리. 또는, 그 모양. ¶~ 걸어가다. ⓑ뚜벅뚜벅. **또박-하다** 〔자〕

또박-또박² ⑴ 1 흐리지분하지 않고 똑똑히. ¶글씨를 ~ 쓰다. 2 (일정한 차례나 규정을) 어기거나 거르지 않고 그대로 하는 모양. ¶세금을 제 날짜에 ~ 내다. **또박또박-하다**²〔자〕

또-순이 야무지고 억척스러운 여자를 별명 삼아 이르는 말.

또아리 '똬리'의 잘못.

또한 ⑴ 1 마찬가지로. ¶모두 가기로 했으니 너 ~ 가야 한다. 2 그것에다가 또. 역시. ¶산수가 좋고 인심 ~ 좋다.

똑¹ ⑴ 1 작은 물건이 부러지거나 그것을 부러뜨리는 소리. 또는, 그 모양. ¶연필심이 ~ 부러지다. 2 작은 물체가 갑자기 떨어지는 소리. 또는, 그 모양. ¶빗방울이 이마에 ~ 떨어졌다. 3 물건이 다 소모되어 바닥이 난 모양. ¶쌀이 ~ 떨어지다. 4 거침없이 떼거나 자르는 모양. ¶풀잎을 ~ 따다. 5 단단한 물건을 가볍게 한 번 두드릴 때 나는 소리. ⓑ뚝.

똑² 아주 비슷하게. ¶얼마는 ~ 닮다.

똑-같다 [-깓따] 〔형〕 조금도 틀림이 없이 같다. ¶내 생각도 너와 ~. **똑같-이** ⑴ ¶~ 나누어 먹다.

똑딱 ⑴ 단단한 물건을 가볍게 두드릴 때 나는 소리. ⓑ뚝딱. ㉠톡탁.

똑딱-거리다/-대다 [-꺼(때)-] 〔자〕타〕 1 단단한 물건을 계속 가볍게 두드릴 때와 같은 소리가 나다. 또는, 그런 소리를 내다. ⓑ뚝딱거리다. ㉠톡탁거리다. 2 벽시계나 발동기 따위가 돌아갈 때와 같은 소리가 나다. 또는, 그런 소리를 내다.

똑딱-단추 [-딴-] 〔명〕 옷이 벌어진 곳의 양쪽에 달아 여밀 수 있도록 하는, 가운데가 볼록 내민 것과 쑥 들어간 것이 한 쌍을 이루어 맞대어 누르면 똑딱 소리를 냄. 끼우거나 뺄 때 똑딱 소리가 남. =스냅(snap). ⓑ단추.

똑딱-똑딱 ⑴ 똑딱거리는 소리. ¶~ 시계 소리가 나다. ⓑ뚝딱뚝딱. ㉠톡탁톡탁.

똑딱-하다 →똑카-.

똑딱-선[-船] [-썬] 〔명〕 발동기로 움직이는 작은 배.

똑-떨어지다 〔자〕 1 꼭 일치하다. ¶계산이 ~. 2 말이나 행동이 분명하게 되다. ¶일을 **똑떨어지게** 하다.

똑-똑 ⑴ 1 작은 물건이 잇달아 부러지거나 그것을 잇달아 부러뜨리는 소리. 또는, 그 모양. ¶샤프심이 ~ 부러지다. 2 작은 물체가 잇달아 떨어지는 소리. 또는, 그 모양. ¶빗방울이 ~ 떨어지다. 3 거침없이 잇달아 떼거나 자르는 소리. 또는, 그 모양. ¶뽕잎을 ~. 4 단단한 물건을 가볍게 잇달아 두드릴 때 나는 소리. ¶문을 ~ 두드리다. ⓑ뚝뚝.

똑똑-하다 →똑카-. 〔형〕 1 (보이는 모양이나 들리는 소리가) 또렷하고 분명하다. ¶안경을 쓰니까 **똑똑하게** 잘 보인다. ↔희미하다. 2 (사람이) 사물을 확실히 이해하고 처리할 줄 알거나, 사물을 확실히 이해하고 처리할 줄 알거나, 사물을 확실히 이해하고 어린이. 3 (생각이나 셈 따위가) 틀림이 없이 바르거나 정확하다. ¶셈이 ~. **똑똑-히** ⑴ ¶~ 보다.

똑-바로[-빠-] ⑴ 1 굽거나 숙은 데가 없이 바르게. ¶~ 서라. 2 조금도 틀림이 없이 바른대로. ¶~ 말하면 용서해주겠다.

똑-바르다[-빠-] 〔형〕〈-바르니, -발라〉 1 어느 쪽으로도 기울지 않고 아주 바르다. ¶가르마를 **똑바르게** 타다. 2 도리나 사리에 맞다. ㉠올바르다. **똑바르게** 살다.

똑소리(가) 나다[-쏘-] 행동이나 일하는 솜씨 등이 야무지거나 뛰어난 상태를 보이다. 구어체의 말임. ¶그는 일 하나는 **똑소리 나게** 한다.

똘똘 ⑴ '똘똘1·2'의 센말. ¶달력을 ~ 말다. ⓑ돌돌.

똘똘-이 '똘똘한 아이'를 귀엽게 이르는 말.

똘똘-하다 〔형〕 (아이가) 머리가 좋고 판단력이 있다. ¶허, 고 녀석 **똘똘하기**! **똘똘-히** ⑴

똘마니 주로, 범죄 집단에서, '부하'를 속되게 이르는 말.

똘망-똘망 ⑴ 어린애의 눈이 맑고 총기가 있는 모양. 또는, 그런 눈빛 때문에 똑똑하고 영리하게 보이는 모양. ¶아기가 눈을 ~ 뜨고 주위를 둘러보다. **똘망똘망-하다** 〔형〕

똥 〔명〕 1 사람이나 동물이 먹은 음식물이 소화되고 남은 찌꺼기가 항문을 통해 밖으로 나오는 것. ¶~이 마렵다. ▷오줌. 2 쇠붙이가 녹았을 때 나오는 찌꺼기. ¶납~.

[똥 누고 밑 아니 씻은 것 같다] 뒤처리를 깨끗이 하지 않아 마음에 꺼림칙하다.
[똥 누러 갈 적 마음 다르고 올 적 마음 다르다] 자기 일이 아주 급한 때는 애써 다니다가도 그 일을 무사히 난 뒤에는 모른 체하고 지낸다. [똥 묻은 개가 겨 묻은 개 나무란다] 자기는 더 큰 흉이 있으면서 도리어 남의 작은 흉을 본다. [똥이 무서워 피하나, 더러워 피하지] 악하거나 같잖은 사람을 피하는 것은 그가 무서워서가 아니라 상대할 만한 가치가 없어서 피하는 것이다.

똥(이) 되다 면목이나 체면이 형편없이 되다. ¶너 때문에 내 얼굴이 **똥이 되고** 말았어.

똥(을) 싸다 몹시 힘들다. 속된 말임.

똥-간[-間] [-깐] 〔명〕 '변소'를 비속하게 이르는 말.

똥-갈보[-깔-] 〔명〕 '갈보'를 속되게 부르는 말.

똥-값[-깝] 〔명〕 아주 싼 값. =똥금. ¶시세 폭락으로 ~에 팔았다.

똥-개[-깨] 〔명〕 이름 없는 잡종의 개. 흔히, 똥을 잘 먹는다 하여 붙여진 이름임.

똥-고집[-꼬-] 〔명〕 쓸데없는 고집, 또는 지나친 고집을 속되게 이르는 말. ¶~을 부리다.

똥-구멍[-꾸-] 〔명〕 '항문'을 속되게 이르는 말.

[똥구멍으로 호박씨 깐다] 겉으로는 얌전한 체하면서 속으로는 의뭉스러운 짓을 한다. [똥구멍이 찢어지게 가난하다] 매우 가난하다.

똥그랗다[-라타] 〔형〕〈똥그라니, 똥그라오, 동그랗다〉 '동그랗다'의 센말. ¶달이 ~ / 얼굴이 ~.

똥그래-지다 〔자〕 '동그래지다'의 센말. ¶눈이 ~.

똥글-똥글 图 '둥글둥글'의 센말. **똥글똥글-하다** 阌여 ¶똥글똥글한 알사탕.
똥-금[-끔] 圐 =똥값.
똥-꼬 圐〈유아〉 항문.
똥-끝[-끋] 圐 항문에서 먼저 나온 똥자루의 첫끝. **똥끝(이) 타다** 1 애가 타서 똥자루가 굳어지지 않 많이 검어지다. 2 마음을 몹시 졸이다. =똥줄(이) 타다. ¶입학금을 마련하지 못해 **똥끝이 타서** 놀라다.
똥-독(-毒)[-똑] 圐 똥 속에 있는 독기.
똥똥-하다 阌여 1 (사물이) 길이보다는 부피나 너비가 크다. 2 키는 작은데 살이 너무 쪄, 옆으로 퍼지고 바라지다. ¶똥똥한 아름. **똥뚱하다. 똥똥-히** 囝
똥-물 圐 1 똥이 섞인 물. 2 심하게 토할 때 나오는 누르스름한 물.
똥-배[-빼] 圐 똥똥하게 불러서 내민 배. ¶운동이 부족하여 자꾸 ~가 나온다.
똥-배짱[-빼-] 圐 무모한 배짱을 속되게 이르는 말. ¶~을 부리다.
똥-싸개 圐 1 똥을 가리지 못하는 아이. 2 똥을 가릴 줄 알면서도 실수로 싼 아이를 조롱하여 이르는 말.
똥-오줌 圐 똥과 오줌. 비대소변. ¶아이가 ~을 가리다.
똥-자루[-짜-] 圐 1 굵고 긴 똥덩이. 2 키가 작고 똥똥하여 볼품없는 사람을 이르는 말.
똥-줄[-쭐] 圐 급히 내깔기는 똥의 줄기. **똥줄(이) 빠지게** 혼이 나서 달아날 때, '매우 급하게'의 뜻으로 쓰이는 말. ¶~ 달아나다.
똥줄(이) 타다 =똥끝(이) 타다. →똥끝.
똥-집[-찝] 圐 1 '대장(大腸)'을 속되게 이르는 말. 2 '체중'을 속되게 이르는 말. 3 '위(胃)'를 속되게 이르는 말.
똥-차[-차] 圐 1 똥을 실어 운반하는 차. 2 아주 낡은 차를 비웃어 이르는 말. ¶~를 끌고 다니다. 3 결혼의 차례를 기다리는 손아래 동기에 대해 아직 결혼하지 않은 손위 동기를 속되게 이르는 말. ¶~가 밀리다.
똥-칠(-漆) 圐 1 똥을 묻히는 짓. 2 망신 당하는 것을 비유하여 일컫는 말. ¶아비 얼굴에 ~을 해도 분수가 있지. **똥칠-하다** 재여
똥-침(-鍼) 圐〈속〉남의 똥구멍을 마주 댄 두 손의 끝으로 느닷없이 찌르는 장난. ¶~을 찌르다[날리다].
똥-탈 圐 똥을 속되게 이르는 말. **똥탈(이) 나다** 급한 탈이 생기다.
똥-통(-桶) 圐 1 똥을 푸려고 뒷간에 마련한 통. 또는, 똥을 쳐내는 통. 2 '삼류 학교'를 속되게 이르는 말.
똥-파리 圐 1[동] 몸길이 1.9cm, 몸빛은 황갈색이며, 사람의 똥에 많이 모이는 파리. 2 아무 일에나 함부로 간섭하려고 덤 벼드는 사람을 속되게 이르는 말.
똬¹리 圐 1 물건을 일 때에 머리 위에 얹어서 짐을 괴는 고리 모양의 물건. 짚이나 형겊을 틀어서 만듦. 2 둥글게 빙빙 틀어 놓은 것. 또는, 그런 모양. ¶~를 틀듯이 나무를 타고 올라가는 구렁이. ×또아리.
쫴²기 圐 1[지역] 일정하게 경계를 지은 논밭의 구역. 2[의존] 1을 세는 단위로 이르는 말. ¶논 한 ~.
뙤약-볕[뙤-뼏/뛔-뼏] 圐 뜨겁게 내리쬐는 한여름의 햇볕. 비폭양.

뚜¹ 圐〈속〉'뚜쟁이'의 준말. ¶마담~.
뚜² 圐 기적·나발 등에서 나는 소리.
뚜껑 圐 1 그릇의 아가리 위에 덮는 물건. =덮개. ¶솥~/병~. 2 어떤 물건을 보호하기 위해 그 물건의 끝에다 끼게 씌우는 물건. ¶사인펜 ~. 3 '모자(帽子)'를 속되게 이르는 말.
뚜껑(을) 열다 사물의 내용이나 결과 따위를 보다. ¶막상 **뚜껑을 열고** 보니 예상과는 다르다.
뚜드리다 图타 '두드리다'의 센말. ¶창문을 ~.
뚜들기다 图타 '두들기다'의 센말. ¶북어를 방망이로 ~.
뚜-뚜 圐 기적·나발 등을 계속 부는 소리.
뚜렷-하다[-러타-] 阌여 (사물·현상이) 흐릿하거나 모호하지 않고 분명하다. ¶뚜렷하게 보이다 / 뚜렷한 ~. 비또렷하다.
뚜렷-이 囝 ¶얼굴에 어렸을 때의 모습이 ~ 남아 있다.
뚜르르 囝 '두르르'의 센말. 비또르르.
뚜벅-거리다/-대다[-꺼(때)-] 图재 발소리를 뚜렷이 내며 걷는 소리가 잇달아 나다. 비또박거리다.
뚜벅-뚜벅 囝 뚜벅거리는 소리. ¶~ 걷다. 비또박또박.
뚜-쟁이 圐〈속〉1 매춘을 알선하는 일을 하는 사람. =뗌프. 2 결혼 중매를 하는 사람을 얕잡아 이르는 말.
뚝 囝 1 큰 물건이 부러지거나 그것을 부러뜨리는 소리. 또는, 그 모양. ¶나뭇가지가 ~ 부러지다. 2 큰 물체가 갑자기 떨어지는 소리. 또는, 그 모양. ¶처마 끝에서 빗방울이 ~ 떨어졌다. 3 계속되던 것이 갑자기 그치는 모양. ¶울음을 ~ 그치다. 4 거침없이 떼어나 자르는 모양. ¶빨랫 줄을 ~ 자르다. 5 단단한 물건을 한 번 두드리는 소리. 6 순위·성적·시세·거리 따위가 많이 떨어진 모양. ¶성적이 ~ 떨어지다. 비딱·똑.
뚝-딱¹ 囝 든든한 물건을 이리저리 함부로 두드릴 때 나는 소리. 비똑딱. 긴툭탁.
뚝-딱² 囝 일을 거침없이 시원스럽게 해치우는 모양. ¶방 청소를 ~ 해치우다.
뚝딱-거리다/-대다[-꺼(때)-] 图재타 1 단단한 물건을 계속 두드릴 때 울려서 소리가 나다. 또는, 그런 소리를 내다. 비똑딱거리다. 긴툭탁거리다. 2 갑자기 놀라거나 겁이 나서 가슴이 뛰다.
뚝딱-뚝딱 囝 뚝딱거리는 소리. 또는, 그 모양. ¶망치 소리가 ~ 들려온다. 비똑딱똑딱. 긴툭탁툭탁. **뚝딱뚝딱-하다** 재타
뚝-뚝 囝 1 큰 물건이 잇달아 부러지거나 그것을 잇달아 부러뜨리는 소리. 또는, 그 모양. ¶태풍에 가로수의 나뭇가지가 ~ 부러지다. 2 큰 물체가 잇달아 떨어지는 소리. 또는, 그 모양. ¶밤송이에서 알밤이 ~ 떨어지다. 3 거침없이 잇달아 떼거나 자르는 소리. 또는, 그 모양. ¶나뭇잎을 ~ 따다. 4 단단한 물건을 두 드리는 소리. 5 성적·순위·시세·거리 따위가 잇달아 많이 떨어지는 모양. ¶성적이 ~ 떨어지다. 비똑똑.
뚝뚝-하다[-뚜카-] 阌여 1 나긋나긋하지 않고 거세고 단단하다. 2 (말씨나 성품이) 부드러운 맛이 없이 굳기만 하다. 비무뚝뚝하다. ¶성격이 **뚝뚝하여** 붙임성이 없다. 비똑똑.

뚝배기 [-빼-] 명 찌개 따위를 끓이거나 설렁탕 따위를 담을 때 쓰는 오지그릇.
뚝배기 깨지는 소리 ㉠음성이 곱지 못하고 탁한 것을 이르는 말. ㉡잘 못하는 노래나 말의 비유. **뚝배기보다 장맛이 좋다** 겉모양에 비하여 내용이 훌륭하다.
뚝-심 [-씸] 명 힘든 일을 우직스럽게 해 내거나 어려운 등을 굳세게 버터 내는 강한 힘이나 끈기. ¶~이 세다.
뚝-하다 [뚜카-] 형여 '뚝뚝하다'의 준말.
뚤돌 튀 '둘둘'의 센말. ㉠뚤뚤.
뚫다 [뚤타] 타 1 (사람이 어떤 물체를) 손이나 도구로 구멍을 내어 한쪽과 다른 쪽이 통하게 하다. 또는, (움직이는 물체가 어떤 물체를) 구멍을 내어 한쪽과 다른 쪽이 통하게 하다. ¶송곳으로 서류철에 구멍을 ~. 2 (막힌 구멍이나 관 등을) 쑤시거나 속에 낀 것을 없애어 통하게 하다. ¶하수도를 ~. 3 (가지 못하도록 막거나 가는 데 장애를 주는 대상을) 나아가기 위해 비집거나 헤치거나 무릅쓰다. ¶포위망을 ~. 4 (길을) 만들어 다른 곳과 이어지게 하다. ¶고속도로를 ~. 5 (사람이 어려움을) 잘 해결하거나 이겨 내다. ¶난판을 ~. 6 (어려운 일을 부탁하거나 해결할 길을) 찾아내거나 알아내다. ¶돈줄을 ~.
뚫-리다 [뚤-] 동자 '뚫다'의 피동사. ¶터널이 ~.
뚫어-지다 [뚤-] 동자 뚫려 구멍이 나다. ¶양말이 ~.
뚫어지게 보다 시선을 모아 한군데만 똑바로 보다.
뚱기다 동타 1 튀기는 힘으로 통겨지게 하다. 2 (모르는 사실을) 슬며시 일러 주어 깨닫게 하다.
뚱-녀 (-女) 명 뚱뚱한 여자를 놀림조로 이르는 말.
뚱딴지[1] 명 1 우둔하고 무뚝뚝한 사람을 비웃어 이르는 말. 2 =애자(礙子).
뚱딴지[2] 명식 감자 모양의 땅속줄기를 식용하거나 사료로 쓰는, 높이 1.5∼3m의 여러해살이풀. =돼지감자.
뚱딴지-같다 [-간따] 형 너무나 엉뚱하다. ¶뚱딴지같은 소리.
뚱딴-거리다/-대다 동자타 (여러 악기나 물건을) 계속 불거나 두들겨 소리를 내다. 또는, 그러면서 흥겹게 놀다.
뚱땅-뚱땅 튀 뚱땅거리는 소리. 또는, 그 모양. **뚱땅뚱땅-하다** 동자타
뚱뚱-보 명 =뚱보.
뚱뚱-이 명 =뚱보.
뚱뚱-하다 형여 1 살이 쪄서 몸이 옆으로 퍼지다. ¶몸이 ~. 2 (물체의 한 부분이) 팽창되어 부피가 크다. ¶상처가 부어 ~. ㉠홀쭉하다.
뚱-보 명 살이 쪄서 뚱뚱한 사람. =뚱뚱보. 뚱뚱이. ㉠홀쭉이.
뚱!-하다 형여 1 말수가 적고 묵직하여 붙임성이 없다. 2 못마땅하여 시무룩하다. ¶꾸중을 들었는지 아까부터 뚱해 있다.
뛰-놀다 동자 〈~노니, ~노오〉 1 이리저리 뛰어다니며 놀다. =뛰어놀다. ¶운동장에서 뛰놀고 있는 아이들. 2 (맥박 따위가) 세게 뛰다.
뛰다[1] 동자 1 (사람이나 동물이) 순간적으로 바닥으로부터 몸을 공중으로 솟구쳐 뜨다. ¶개구리가 팔짝팔짝 ~. 2 (작은 물질이나 물체가) 공중으로 날아 흩어지다. ㉡튀다. ¶불똥이 ~. 3 (사람이나 네발짐승이) 몸을 지면에서 어느 정도 떨어지게 솟구쳐서 발을 번갈아 내밀어 딛다. 또는, 그렇게 하면서 가다. ㉡달리다. ¶걷지 말고 뛰어라. 4 (사람이) 여기저기 왔다 갔다 하면서 바쁘게 움직이다. ¶그는 회사를 위해 열심히 뛰었다. 5 단계나 차례를 순서대로 밟지 않고 중간 과정을 넘는 상태가 되다. ¶책을 반듯 읽다가 뛰어 몇 부분을 읽었다. 6 (물건의 값이) 갑자기 오르다. ¶기름 값이 하루아침에 껑충 ~. 7 (심장이나 맥박 등이) 펄떡펄떡 움직이다. ¶내 가슴이 마구 뛴다.
[2] 타 1 (사람이나 동물이 얼마의 높이이를) 몸을 공중으로 솟구쳐 뜨다. ¶높이뛰기에서 2m를 ~. 2 (사람이 그네를) 타고 발로 굴러 반원을 그리는 상태로 앞뒤로 왔다 갔다 하게 하다. ¶그네를 ~. 3 (두 사람이 널을) 양 끝에 딛고 올라서서 서로 번갈아 발로 굴러 솟아올랐다 떨어졌다 하다. ¶널을 ~. 4 (사람이나 네발짐승이 어떤 공간이나 얼마의 거리를) 몸을 지면에서 솟구쳐서 발을 내디더 가다. ¶운동장을 한 바퀴 ~. 5 (달것이 얼마의 거리를) 이동한 상태가 되다. ¶내 차는 지금까지 50만 km를 뛰었다. 6 (몇 군데를, 또는 몇 탕을) 다니며 일하다. ¶두 탕 ~.
[뛰는 놈 위에 나는 놈 있다] 잘난 사람이 있으면 그보다 더 잘난 사람이 있다. **뛰어야 벼룩** 도망쳐 봐야 별수 없다는 말.
뛰뛰-빵빵 튀 I 자동차가 잇달아 경적을 울리는 소리.
II 명 〈유아〉 자동차.
뛰어-가다 [-어-/-여-] 동자타 〈~가거라〉 빨리 달려서 가다. ¶그는 십 리 길을 단숨에 뛰어갔다. ↔뛰어오다.
뛰어-나가다 [-어-/-여-] 동자타 (어느 곳에서, 또는 어느 곳을) 빨리 뛰어서 밖으로 나가다. ¶맨발로 뛰어나가 손님을 받기다.
뛰어-나다 [-어-/-여-] 형 여럿 중에서 훨씬 낫다. ¶뛰어난 솜씨.
뛰어-나오다 [-어-/-여-] 동자타 (어느 곳에서, 또는 어느 곳을) 빨리 뛰어서 밖으로 나오다. ¶불길 속에서 ~.
뛰어-내리다 [-어-/-여-] 동자타 몸을 솟구쳐 높은 데서 아래로 내리다. ¶철벽 위에서 ~.
뛰어-넘다 [-어-따/-여-따] 동자타 1 (높이가 있는 물건이나 너비가 있는 공간을) 몸을 솟구쳐 넘다. ¶장애물을 ~. 2 차례를 걸러서 나아가다. ¶한 계급 뛰어넘어 승진하다. 3 극복하고 초월하다.
뛰어-놀다 [-어-/-여-] 동자 〈~노니, ~노오〉 =뛰놀다. ¶아이들이 밖에서 뛰어놀고 있다.
뛰어-다니다 [-어-/-여-] 동자 1 정중중 뛰면서 여기저기 돌아다니다. ¶아이들이 운동장을 ~. 2 이리저리 바빼 다니다. ¶직장을 얻기 위하여 ~.
뛰어-들다 [-어-/-여-] 동자 〈~드니, ~드오〉 1 물속으로 몸을 던지다. ¶강물에 ~. 2 위험한 곳에 몸을 던지다. ¶적진으로 ~. 3 갑자기 뛰어가거나 들어오다. ¶어린아이가 차도(車道)로 ~. 4 스스로 어떤 일에 관련을 가지다. ¶정계에 ~.
뛰어-오다 [-어-/-여-] 동자타 〈더라〉 〈~오너라〉 빨리 달려서 오다. ¶십 리 길을 단숨에 ~. ↔뛰어가다.

뛰어-오르다[-어-/-여-] 图째르〈~오르니, ~올라〉1 몸을 솟구쳐 높은 곳으로 오르다. ¶계단을 ~. 2 (가격·지위 따위가) 갑자기 많이 오르다. ¶이사철이 되자 집값이 멈충 뛰어올랐다.

뛰쳐-나가다[-쳐-] 图1 (어느 곳에서, 또는 어느 곳을) 매우 급하게 뛰어서 나가다. ¶불이 나자 사람들은 집 밖으로 뛰쳐나갔다. 2 (자기가 속한 조직이나 집에서, 또는 그런 조직이나 집을) 관계를 끊거나 다시 돌아가지 않을 작정으로 나가다. ¶남편과 싸우고 집을 ~.

뛰쳐-나오다[-처-] 图1 (어느 곳에서, 또는 어느 곳을) 매우 급하게 뛰어서 나오다. ¶화재가 나 집 안에 있던 사람이 밖으로 ~. 2 (자기가 속한 조직이나 집에서, 또는 그런 조직이나 집을) 관계를 끊거나 다시 돌아가지 않을 작정으로 나오다. ¶집을 뛰쳐나온 비행 청소년.

뜀-뛰다 图째 몸을 솟구쳐 앞으로 나아가거나, 높은 곳으로 오르다.

뜀박-질[-질] 图1 뛰어서 달리는 일. 団달음박질. 2 빠른 상승을 비유적으로 이르는 말. 田뜀질. **뜀박질-하다** 图째 ¶호재로 인해 주가가 뜀박질하고 있다.

뜀-질 图 '뜀박질'의 준말. **뜀질-하다** 图째

뜀-틀 图[체] 기계 체조 용구의 하나. 직사각형의 나무 상자를 겹쳐 쌓은 윗부분에 형겊으로 쏴운 대(臺)를 놓은 것.

뜀틀^운동(-運動) 图[체] 1 두 손으로 뜀틀을 짚고 뛰어넘는 운동. 2 체조 경기에서, 도움닫기 후에 뜀틀을 짚고 뛰어넘는 종목.

뜨개-바늘 图 '뜨개질바늘'의 준말.
뜨개-실 图 뜨개질에 쓰는 실.
뜨개-질 图 털실·실 따위로 옷·장갑·양말 등을 뜨는 일. **뜨개질-하다** 图째
뜨개질-바늘 图 뜨개질에 쓰이는, 대·쇠·플라스틱으로 만든 바늘. 田뜨개바늘.

뜨거워-지다 图째 뜨겁게 되다. ¶물이 ~.

뜨겁다[-따-] 图田〈뜨거우니, 뜨거워〉1 (물체나 물질, 또는 기운이) 손이나 몸에 닿게 하기가 어려울 만큼 온도가 높다. 田덥다·따뜻하다. ¶뜨거운 여름 햇살. 鳳따갑다. 2 (사람의 몸이) 정상적인 경우보다 높은 열을 나타내는 상태에 있다. ¶온몸이 불덩어리처럼 ~. 3 (낯이나 얼굴이) 무안하거나 부끄러워 달아오른 상태에 있다. ¶낯이 뜨거워 얼굴을 들 수가 없다. 4 (사랑이나 열정, 흥분 등이) 강하거나 세차다. 田열렬하다. ¶경기장은 관중들의 함성으로 뜨겁게 달아올랐다.

뜨거운 감자 ['hot potato'의 번역어] 함부로 다루기 어려운 미묘한 문제. 주로, 정치적이나 사회 문제에 쓰이다.

뜨거운 맛을 보다 뜨거운 것이 살갗에 닿았을 때와 같은 쓴맛을 당하다.

-뜨기 图回 명사 뒤에 붙어, 그 사람을 정통하여 이르는 말. ¶촌~ / 사팔~.

뜨끈-뜨끈 图 계속 뜨끈한 모양. 또는, 매우 뜨끈한 모양. 图따끈따끈. **뜨끈뜨끈-하다** 图핑例 ¶방바닥이 ~.

뜨끈-하다 图例 제법 뜨겁고도 더운 느낌이 있다. ¶뜨끈한 보리차. 图따끈하다.
뜨끈-히 囝¶국을 ~ 데우다.

뜨끔-거리다/-대다 图째 1 절리거나 맞는 듯하게 자꾸 아프다. 2 정신적으로 자극되어 뜨거운 듯한 느낌이 자꾸 들다. 图따끔거리다.

뜨끔-뜨끔 囝 뜨끔거리는 모양. 图따끔따끔. **뜨끔뜨끔-하다** 图핑例 ¶상처가 ~.

뜨끔-하다 圈例 1 (상처 따위가) 절리거나 맞는 듯하게 아픈 느낌이 있다. ¶주삿바늘이 들어가자 뜨끔하고 아팠다. 2 정신적으로 자극되어 뜨거운 듯한 느낌이 있다. ¶비상벨 소리에 가슴이 뜨끔했다. 图따끔하다. **뜨끔-히** 囝

뜨내기 图 1 일정한 거처가 없이 떠돌아다니는 사람. ¶끊임없이 간혹 하는 사람.
뜨내기-손님 图 어쩌다 한두 번 찾아오는 손님. ↔단골손님.
뜨내기-장사 图 일정한 곳에 자리 잡고 하는 장사가 아니라 돈벌이가 될 만한 물건을 구해서 이리저리 돌며 되는대로 하는 장사.

뜨다¹ 图째〈뜨니, 떠〉1 (물체나 물질이) 액체의 밑에 가라앉지 않고 그 위나 속에 머무르다. ¶배가 물 위에 ~. ↔가라앉다. 2 (물체·물질, 날짐승 등이) 공중에 머무르거나 공중으로 오르다. ¶하늘에 뜬 흰 구름. 3 (해·달·별, 또는 무지개 등이) 위에 솟거나 나타나다. ¶해가 ~. ¶돋다. ¶쌍무지개 뜬 언덕. ↔지다. 4 〈속〉(두려운 인물이) 어느 곳에 모습을 나타내다. ¶캅새가 떴다. 5 (한 물체와 다른 물체 사이가) 착 달라붙지 않아 틈이 생기다. ¶습기가 차서 도배지가 ~. 6 (마음이) 먼 설레어 안정을 잃다. ¶수학여행을 앞두고 마음이 붕 떠 있다. 7 (주로 연예인이나 그의 작품 등이) 인기를 얻게 되거나 유명하게 되다. 속된 말임. ¶무명 가수가 노래한 곳에서 떴다.

뜨다² 图째〈뜨니, 떠〉1 (물기 있는 물체가) 쌓여 있는 상태에서 제 훈김으로 썩다. ¶퇴비가 ~. 2 (메주가) 마르면서 곰팡이가 하얗게 생기는 상태가 되다. ¶메주는 더운 방에서 잘 뜬다. 3 (병이나 굶주림 등으로 사람의 얼굴이) 누른빛을 띠면서 부은 상태가 되다. ¶병으로 누렇게 뜬 얼굴.

뜨다³ 图〈뜨니, 떠〉1回 1 (사람이 있던 곳이나 자리를) 벗어나 다른 곳으로 가다. 田떠나다. ¶자리를 ~. 2 (어느 곳을) 몰래 벗어나 달아나다. 속된 말임. ¶그는 야밤에 서울을 떴다. 3 (세상을) 더 살지 못하고 저세상으로 가다. '죽다'를 완곡하게 이르는 말임. ¶그는 꽃다운 나이에 세상을 떴다. 2째 1 (사람이 있던 곳이나 자리에서) 다른 곳으로 가다. ¶몰래 뜨지 마라. 2 (어느 곳을) 몰래 달아나다. 속된 말임. ¶그는 돈을 챙겨 가지고 외국으로 떴다.

뜨다⁴ 图째〈뜨니, 떠〉1 (어떤 물질을 그 물질이 많이 있는 데에서) 일부를 다른 데에 담기게 하여서 퍼내거나 들어내다. ¶숟가락으로 밥을 ~. 2 (일정한 두께와 넓이를 가진 물체를) 전체에서 일부 따로 떼어 내다. ¶얼음장을 ~. 3 (옷감을 피륙점에서) 옷을 짓기 위해 일정한 양만큼 잘라 내어 마련하다. ¶양복감을 ~. 4 (물 위나 물속에 있는 것을) 걷어내거나 건져 내다. 5 (종이·김 등을 틀에 펴서 낱장으로 만들어 내다. ¶한지(韓紙)를 ~. 6 (`각(脚)'과 함께 쓰여) 죽거나 죽인 짐승을 일정한 크기로 갈라놓다. ¶

노루의 각을 ~. **7** '포(脯)'와 함께 쓰이어) 짐승의 고기를 일정한 크기로 얇게 저미다. ¶생선의 포를 ~.

뜨다⁵ 톰(타) (뜨니, 떠) **1** (감았던 눈을) 위아래 눈꺼풀이 떨어지게 하여 열리게 하다. ¶옷 갈아입을 동안 눈 뜨지 마! ↔감다. **2** (아직 보이거나 들리지 않는 상태의 눈이나 귀를) 열어 처음 보이거나 들리게 되다. ¶눈을 뜬 심 봉사.

뜨다⁶ 톰(타) (뜨니, 떠) **1** (어떤 물건을 실 따위로) 뜨개바늘 등을 가지고 얽히나 짜서 만들다. ¶털실로 장갑을 ~. **2** (일정한 형태의 땀이나 코를) 바느질하여 이루어지게 하다. ¶코바늘로 꽃무늬를 ~. **3** (공간적으로 떨어져 있는 부분을) 이어지거나 붙어 있도록 바늘로 꿰매다. ¶옷단을 ~. **4** (어떤 무늬·그림·문자 등을) 살갗에 먹실을 넣어 그려 넣다. ¶문신을 ~.

뜨다⁷ 톰(타) (뜨니, 떠) **1** 흉내 내어 그와 똑같게 하다. ¶본을 ~. **2** 도면·지형(紙型)·연판(鉛版) 등을 만들다.

뜨다⁸ 톰(타) (뜨니, 떠) **1** 한방에서, 약쑥을 뜸자리에 놓고 불을 붙여 태우다. ¶뜸을 ~.

뜨다⁹ 톔 (뜨니, 떠) **1** 행동이나 발육 상태가 느리고 더디다. ¶그렇게 떠서 어디에다 써먹겠니? **2** 감수성이 둔하다. ¶눈치가 ~. **3** 말수가 적다. ¶원래 말이 뜬 사람이다. **4** 날이 무디다. **5** (쇠붙이가) 불에 달구어지는 성질이 둔하다. ¶이 인두는 쇠가 너무 ~. **6** 비탈진 정도가 둔하다. ¶물매가 ~. **7** 공간적으로 거리가 있다. ¶사이가 ~. **8** 시간적으로 동안이 오래다. ¶동안이 ~.

뜨듯-하다 [-드타-] 톔여 '뜨듯하다'의 여린말. **뜨듯-이** 튀

뜨뜻미지근-하다 [-뜬-] 톔여 **1** 온도가 뜨뜻한 듯하면서 미지근하다. ¶물에 물 탄 듯 술에 술 탄 듯 언제나 ~. **2** 태도에 결단성과 적극성이 없다.

뜨뜻-하다 [-드타-] 톔여 **1** (물질·물체의 온도가) 뜨겁지 않을 정도로 약간 높은 상태에 있다. ¶아랫목이 ~. **2** (입거나 신거나 끼거나 덮거나 하는 물건이) 추위를 막아 어느 정도 높은 온도를 유지하는 특성이 있다. ¶뜨뜻한 외투. ㉚따뜻하다. ㉑뜨듯하다. **뜨뜻-이** 튀

뜨락 몡 ⇨뜰.

뜨르르 튀 '드르르'의 센말. ㉚따르르.

-뜨리다 젭미 동사의 어미 '-아/어'나 동사의 어간·어근에 붙어, 그 동사의 동작을 일으키거나 하게 함을 강조하는 말. ≒-트리다. ¶터~/넘어~.

뜰 몡 쌀이나 보리쌀을 씻어 낸 부연 물. ¶~ 쌀.

뜨습-다 [-따-] 톔비 (뜨스우니, 뜨스워) 알맞게 따뜻하다. ¶뜨스운 아랫목에서 언 몸을 녹이다. ㉚따습다.

뜨악-하다 [-아카-] 톔여 (마음이) 꺼림칙하거나 싫거나 언짢거나 하여 선뜻 내키지 않는 상태이다. ¶뜨악한 표정.

뜨-이다¹ 톱(자) '뜨다'의 피동사. ¶땟장이 잘 뜨인다.

뜨-이다² 톱(자) **1** '뜨다'의 피동사. ¶자다가 비명 소리에 눈이 뜨였다. **2** 눈에 보이다. ¶낯익은 얼굴들이 눈에 뜨인다. **3** (귀가) 예민해지다. 또는, 솔깃해지다. ¶귀가 번쩍 뜨이는 이야기. **4** 두드러지게 드러나다. ¶눈에 뜨이게 예쁜 얼굴. ㉞띄다.

뜬-공 [-꽁] 몡(체) 야구에서, 타자가 쳐서 하늘 높이 솟은 상태의 공. =비구(飛球)·플라이 볼.

뜬-구름 몡 **1** 일정한 방향 없이 하늘을 떠다니는 구름. **2** (주로 '같다'와 함께 쓰이어) 덧없고 헛된 것을 비유하여 이르는 말. ¶~ 같은 인생.

뜬구름(을) 잡다 막연하고 허황한 것을 좇다. ¶넌 맨날 뜬구름 잡는 말만 하니?

뜬금-없다 [-업따] 톔 (어떤 행동이나 말이) 너무 갑작스럽고 엉뚱하다. ㉞느닷없다. **뜬금없-이** 튀 ¶~ 무슨 소리야?

뜬-눈 몡 (주로, '뜬눈으로 (밤을) 새우다'의 꼴로 쓰여) 밤이 다 지나도록 잠을 이루지 못한 상태. ¶걱정 때문에 ~으로 밤을 새웠다.

뜬-소문 (-所聞) 몡 확실한 근거 없이 떠도는 소문.

뜬-쇠 [-쇠/-쉐] 몡(민) 남사당패에서, 각 놀이 분야의 우두머리.

뜨-기다 [-끼-] 톡 ① '뜨다'의 피동사. ¶밤새 모기에게 ~. ② '뜨다'의 사동사. ¶소에게 풀을 ~. **2** '뜨다'의 피동사. ¶불한당한테 돈을 ~.

뜯다 [-따] 톤 **1** (어떤 물체를) 손이나 입으로 잡거나 물고 당겨 그 일부가 따로 떨어져 나오게 하다. ¶북어를 두드려 잘게 ~. **2** (사람이 갈비와 같이 비교적 질기게 붙어 있는 음식을) 입에 물고 당겨서 떼어 내다. ¶말뼈를 ~. **3** (짐승이 풀 따위를) 입에 물고 당겨서 떼어서 먹다. ¶소가 풀을 ~. **4** (붙여 놓은 물건을) 손이나 도구로 힘을 주어서 떨어지게 하다. ¶편지 봉투를 ~. **5** (구조물을) 그 일부나 각각의 요소를 따로 떨어지게 하다. ¶기계를 뜯어서 부품을 깨끗이 닦다. **6** (남의 재물을) 그 일부를 졸라서 얻거나 억지로 내놓게 하다. ¶개평을 ~. **7** (벌레가 사람의 피를) 빨아내어 먹다. ¶모기가 뜯는 통에 밤새 잠을 설쳤다. **8** (현악기를) 줄을 퉁겨서 소리를 내다. ¶가야금을 ~.

뜯어-고치다 톤 잘못되거나 나쁜 점을 고치다. ¶집을 ~.

뜯어-내다 톤 **1** 붙어 있는 것을 떼어 내다. ¶벽지를 ~. **2** 전체에서 일부분을 조각조각 떼어 내다. **3** 남의 재물을 조르거나 위협하여 얻어 내다. ¶돈을 ~.

뜯어-말리다 톤 마주 붙어 싸우는 것을 떼어서 못 하게 말리다. ¶싸움을 ~.

뜯어-먹다 [-따-] 톤 (어떤 사람을) 졸라서 억지로 재물을 얻어 가지다. 또는, (남의 재물을) 조르거나 억지로 얻어 가지다. ¶유부녀를 뜯어먹고 사는 제비족.

뜯어-보다 톤 **1** (이모저모로) 자세히 살피다. ¶판상쟁이는 내 얼굴을 찬찬히 **뜯어보았다**. **2** (글을) 서툴러서 간신히 이해하다.

뜰 몡 주로 단독 주택에서, 집 안에 딸려 있어 나무나 꽃을 심기도 하는 빈 땅. ¶뒤~. ▷마당·정원. ㉚뜨락.

뜰-채 몡 물고기를 뜨는 데 쓰는, 오구 모양의 그물이 달린 채.

뜸¹ 몡 짚·띠·부들 등으로 거적처럼 엮어 만든 물건. 비·바람·볕을 막는 데 쓰임.

뜸² 몡 밥을 짓거나 음식을 삶거나 쩔 때, 센 불로 익힌 다음 얼마 동안 약한 불을 가하여 음식이 푹 익게 하는 일. ¶~이

잘 들다.
뜸(을) 들이다 해야 할 말을 얼른 하지 않고 사이를 두거나 머뭇거리다. ¶뜸 들이지 말고 빨리 말해!

뜸³ [한] 병을 고치기 위하여, 약쑥을 비벼 혈(穴)에 해당하는 몸의 부위에 올려놓고 불을 붙여 그 뜨거운 열로 자극을 가하는 일. ¶~을 뜨다.

뜸부기 명[동] 농경지 부근의 풀숲에 단독으로 살며 '뜸북뜸북' 하고 우는 여름 철새. 수컷은 옴몸빛이 검은 갈색이며, 암컷은 연한 갈색임.

뜸북-뜸북 뜸부기가 잇달아 우는 소리.
뜸-쑥 뜸을 뜨는 데에 쓰는 약쑥.
뜸-질 1 뜸을 뜨는 일. 2 '찜질²'의 잘못. 뜸질-하다 통(자)(타)
뜸-팡이 명 1[화] =효소. 2[식] =효모균.

뜸!-하다 [뜸](어) (잦게 이뤄지던 일이) 반복되는 시간의 간격이 길거나 오래다. 또는, (심하게 이뤄지던 일이) 약하거나 덜한 상태에 있다. ¶행인이 **뜸한** 거리.

뜻 [뜯] 명 1 사람이나 신과 같은 존재가 어떤 일에 대해 마음속에 품고 있는 생각이나, 어떤 일을 하고자 하여 가지는 마음이나 바람. ¶감사의 ~을 표하다. 2 말이나 글, 또는 단어 등이 나타내거나 가리키는 바. ¶말~. 3 어떤 일이나 행동의 가치나 중요성. ⓗ의의(意義). ¶올림픽은 참가하는 데에 ~이 있다.
◇ **뜻이 있는 곳에 길이 있다** [서양 격언에서] 어떤 일을 이루고자 하는 강한 의지가 있다면 그 방법은 찾을 수 있다.

뜻(이) 맞다 1 서로 뜻이 같다. 2 마음에 들다.
뜻-글자(-字)[뜯끌짜] 명 =표의 문자. ↔소리글자.
뜻-대로[뜯때-] 뮈 마음먹은 대로. ¶모든 일이 ~ 이루어지다.
뜻-매김[뜯매-] 명 어떤 사물의 뜻을 밝혀 정하는 것. ⓗ정의. 뜻매김-하다 통(어)
뜻-밖[뜯빡] 명 생각이나 기대나 예상과 전혀 다른 상태. ⓗ의외. ¶그가 일 등을 했다니 참으로 ~이다.
뜻밖-에[뜯빠께] 명 생각이나 기대나 예상과 전혀 달리. ⓗ의외로. ¶~ 상을 타다.
뜻-있다[뜯읻따] 혱 1 속에가 있다. ¶뜻있는 웃음. 2 가치가 있다. ¶뜻있는 일.
뜻-풀이[뜯-] 명 어떤 단어나 구절이나 문장 등의 뜻을 쉽게 설명하는 것. ⓗ주석(註釋). 뜻풀이-하다 통(어)
뜻-하다[뜯타-] 통(자)(타)(어) 1 (무엇을) 할 생각을 가지다. ¶**뜻한** 바 있어 유학의 길에 올랐다. 2 어떤 의미를 가지다. ¶빨강은 정열을 **뜻한다**. 3 (주로 '않다'와 함께 쓰여) 미리 헤아리다. ¶**뜻하지** 않은 사건에 휘말리다.

띄¹[띠-] 통(자) '뜨이다'의 준말. ¶눈에 **띄는** 행동.
띄다²[띠-] 통(타) '띄우다'의 준말. ¶한 간을 **띄고** 써 내려가다.

띄어-쓰기[띠-] 명[언] 글을 쓸 때, 각 단어를 띄어 쓰는 일. 또는, 그에 대한 규칙.
띄엄-띄엄[띠-띠-] 뮈 1 사이가 좁지 않고 벌어진 모양. ⓗ드문드문. ¶띄씨를 ~ 쓰다. 2 계속하여 하지 않고 일정한 사이를 두고 하는 모양. ¶~ 말을 하다.
띄우다¹[띠-] 통(타) (어떤 사람에게 편지나 소식 등을) 우편을 통해 가게 하다. ¶엽서를 친구에게 ~.
띄우다²[띠-] 통(타) '뜨다¹'의 사동사. ¶강에 배를 ~.
띄우다³[띠-] 통(타) '뜨다²'의 사동사. ¶메주를 ~.
띄우다⁴[띠-] 통(타) '뜨다⁷·⁸'의 사동사. ¶사이를 ~. ⓒ띄다.

띠¹ 명 1 사람 몸의 어느 부위에 두를 수 있게 폭이 좁고 긴 헝겊이나 가죽 등으로 만든 물건. ¶머리~. 2 물체의 표면에 두르거나 둘러진, 폭이 좁고 긴 형겊이나 도형. ¶금색 ~를 두른 모자. 3 청색·홍색의 다섯 꼿꼿이 길쭉한 사각형이 덧그려진 화투 패. 모두 열 장임.
띠² 명 사람이 난 해의 지지(地支)를 상징하는 동물의 이름을 그 사람에게 결부시켜 이르는 말. ¶소~.
띠가 세다 태어난 해의 지지가 나쁘다.
띠³ 명[식] 들이나 길가에 무더기로 자라며, 뿌리줄기가 옆으로 길게 벋고 잎은 가늘고 좁은 여러해살이풀. 어린싹은 '삘기'라 하여 날로 먹으며, 뿌리는 약용됨.
띠-그래프(-graph) 명[수] 띠 모양의 직사각형으로 크기를 나타낸 그래프. 전체의 부분이나 부분끼리의 비율을 비교하기에 좋은 것임.
띠:다 통(타) 1 (사람이 띠를, 특히 허리띠를) 허리에 두르다. ¶허리띠를 ~. 2 (물체가 어떤 색깔이나 빛을) 표면에 나타내다. ¶금속이 광채를 ~. 3 (사람이 얼굴에 어떤 표정이나 감정, 기운 등을) 드러내거나 나타내다. ¶미소 **띤** 얼굴. 4 (대상이 어떤 성질이나 특징을) 가지거나 나타내다. ¶활기를 ~. 5 (사람이 어떤 용무나 사명 등을) 맡아 가지다. ¶중요한 임무를 ~.
띠-동갑(-同甲) 명 띠는 같으나 나이가 다른 상태. 또는, 그 사람.
띠-씨름 명[체] 씨름에서, 허리에다 띠를 하나 매고 그것을 잡고 하는 소리.
띠앗[-읻] 명 형제나 자매 사이의 우애심.
띠앗-머리[-읻-] 명 '띠앗'을 속되게 이르는 말. ¶형제간에 ~가 없다.
띠-지(-紙) 명 지폐나 서류 따위의 물건을 싼 다음 그 가운데를 둘러서 감아 매는, 좁은 종이 오리.

띵까-띵까 뮈 악기를 요란하고 신 나게 연주해 대는 소리.
띵띵 뮈 몸이나 어느 부위가 부어오른 모양. ¶다리가 ~ 붓다. 관팅팅. 띵띵-하다 혱(어)
띵-하다 혱(어) (머리가) 무겁고 멍하며 둔하게 아프다. ¶머리가 **띵하게** 아프다.

ㄹ¹ 리을.
ㄹ² 「를」의 준말. 구어체에서 쓰이는 말임. ¶누구~ 탓하랴.
-ㄹ³ 어미 모음이나 'ㄹ' 받침으로 끝나는 어간, 또는 어미 '-시-' 아래에 붙는 관형사형 전성 어미. 1특정한 시제의 의미가 없이 앞말이 관형사 구실을 하게 함. ¶동이 트~ 무렵. 2앞말이 관형사 구실을 하게 하고 추측, 의지, 예정, 가능성 등 미래의 일을 나타냄. ¶내일 가~ 예정이다. ▷-을.
-ㄹ거나[-꺼-] 어미 모음이나 'ㄹ' 받침으로 끝나는 동사의 어간, 또는 어미 '-시-' 아래에 붙어, 영탄조로 자문(自問)하거나 '해' 할 상대에게 의견을 물어볼 때 쓰이는 종결 어미. ▷-을거나.
-ㄹ걸[-껄] 어미 1모음이나 'ㄹ' 받침으로 끝나는 동사의 어간에 붙어, 지나간 일을 후회하는 뜻으로 혼자 말할 때 쓰이는 종결 어미. ¶진작 집에 가~. 2모음이나 'ㄹ' 받침으로 끝나는 어간, 또는 어미 '-시-' 아래에 붙어, '해' 할 상대에게 어떤 일을 추측함을 나타내는 종결 어미. ¶내일은 아마 비가 오~. ▷-을걸.
-ㄹ게[-께] 어미 모음이나 'ㄹ' 받침으로 끝나는 동사의 어간에 붙어, '해' 할 상대에게 어떠한 행동을 약속하거나 어떤 일에 대한 자기의 의지를 나타낼 때 쓰이는 종결 어미. ¶내일 다시 오~. ▷-을게. ×-ㄹ께.
-ㄹ까 어미 1모음이나 'ㄹ' 받침으로 끝나는 어간, 또는 어미 '-시-' 아래에 붙어, 혼자서 어떤 일을 짐작하면서 자문하거나 '해' 할 상대에게 어떤 일의 가능성을 물어보는 뜻을 나타내는 종결 어미. ¶이번 일이 성공하~? 2모음이나 'ㄹ' 받침으로 끝나는 용언의 어간에 붙어, '해' 할 상대에게 자기가 하려는 행동에 대해 상대의 생각을 묻는 뜻을 나타내는 종결 어미. ¶여기서 쉬었다 가~? ▷-을까.
-ㄹ께 어미 '-ㄹ게'의 잘못.
-ㄹ꼬 어미 모음이나 'ㄹ' 받침으로 끝나는 어간, 또는 어미 '-시-' 아래에 붙어, 혼자서 어떤 일을 짐작하면서 자문하는 뜻을 나타내는 종결 어미. ¶얼마나 아프~? ▷-을꼬.
-ㄹ는지[-는-] 어미 모음이나 'ㄹ' 받침으로 끝나는 어간, 또는 어미 '-시-' 아래에 붙는 어미. 1뒤 절이 나타내는 일과 상관이 있는 사실의 실현 가능성에 대한 의문을 나타내는 연결 어미. ¶비가 오~ 하늘이 깜깜하군. 2어떤 일의 가능성을 혼자 자문하거나 부정적인 결과를 예상하여 탄식하는 뜻을 나타내는 종결 어미. ¶그 말이 사실이~.
-ㄹ라 어미 모음이나 'ㄹ' 받침으로 끝나는 어간, 또는 어미 '-시-' 아래에 붙어, 어떤 대상이 위험에 놓이거나 일이 잘못되려고 할 때 놀라서 혼잣말처럼 내뱉거나, '해라' 할 상대에게 주의를 환기하는 뜻을 나타내는 종결 어미. ¶칼 가지고 장난하다 다치~. ▷-을라.
-ㄹ라고 어미 모음이나 'ㄹ' 받침으로 끝나는 어간, 또는 어미 '-시-' 아래에 붙어, '그럴 가능성은 별로 없다'는 부정적인 의심의 뜻을 나타내는 종결 어미. 가벼운 물음의 뜻이 있음. 비-려고. ¶설마 저 사람이 범인이~? ▷-을라고.
-ㄹ라치면 어미 모음이나 'ㄹ' 받침으로 끝나는 동사의 어간, 또는 어미 '-시-' 아래에 붙어, 몇 번 경험한 일을 추상적으로 가정하는 뜻을 나타내는 연결 어미. ¶꽃이라도 피~ 향기가 온 집 안에 가득하오. ▷-을라치면.
-ㄹ락 어미 모음이나 'ㄹ' 받침으로 끝나는 동사의 어간, 또는 어미 '-시-' 아래에 붙어, 거의 할 듯한 모양을 나타내는 연결 어미. 주로 '-ㄹ락 말락'의 꼴로 쓰임. ¶비가 오~ 말락 한다. ▷-을락.
ㄹ랑 조 1모음이나 'ㄹ' 받침으로 끝나는 체언이나 조사에 붙어, 어떤 대상을 특별히 지적하는 뜻을 나타내는 보조사. 비는. ¶위험하니까 길가에~ 놀지 마라. ¶일랑. 2'-아서/어서', '-고서' 등에 붙어, 앞의 사실을 강조하는 뜻을 나타내는 보조사. ¶선물을 받고서~ 기뻐 어쩔 줄 몰랐다.
ㄹ랑은 조 보조사 'ㄹ랑'에 보조사 '은'이 결합한 말. 'ㄹ랑'보다 강조의 뜻이 있음. ¶너~ 집에 있어라. ▷일랑은.
-ㄹ래 어미 모음이나 'ㄹ' 받침으로 끝나는 동사의 어간에 붙어, '해' 할 상대에게 장차 할 행동에 대한 자신의 의사를 나타내거나 상대방의 의향을 묻는 종결 어미. ¶나 집에 가~. ▷-을래.
-ㄹ래야 어미 '-려야'의 잘못.
-ㄹ러니 어미 모음이나 'ㄹ' 받침으로 끝나는 어간, 또는 어미 '-시-' 아래에 붙어, '-겠더니'의 뜻을 나타내는, 예스러운 연결 어미. ¶꽃이 피~ 시들고 말았다. ▷-을러니.
-ㄹ러라 어미 모음이나 'ㄹ' 받침으로 끝나는 어간, 또는 어미 '-시-' 아래에 붙는 종결 어미. 1겪은 사실을 바탕으로 한, 가능성·추측 따위를 나타내는, 독백체의 예스러운 평서형 어미. ¶그 밖에서는 그가 으뜸이~. 2겪은 사실을 돌이켜 생각하여 나타내는, 독백체의 예스러운 감탄형 어미.
-ㄹ런가 어미 1모음이나 'ㄹ' 받침으로 끝나는 어간, 또는 어미 '-시-' 아래에, 윗사람이나 평대할 상대가 경험을 통해 추측하고 있는 동작이나 상태의 가능성을 묻는 종결 어미. ¶어디로 떠나~? 2'이다'의 어간이나 어미 '-시-' 아래에 붙어, '-런가'를 강조하여 이르는 말. ¶그것이 꿈이~ 하노라. ▷-을런가.
-ㄹ런고 어미 '-ㄹ런가'보다 더 예스럽고 점잖은 말. ▷-을런고.
-ㄹ레 어미 모음이나 'ㄹ' 받침으로 끝나는 어간, 또는 어미 '-시-' 아래에 붙어, '-겠데'의 뜻을 나타내는 예스러운 종결 어미. ¶이대로만 가면 금년도 풍년이~.

-ㄹ레라 [어미] 모음이나 'ㄹ' 받침으로 끝나는 어간, 또는 어미 '-시-' 아래에 붙어, '-겠더라'의 뜻으로 감탄을 나타내는, 독백체의 예스러운 종결 어미. ▷-을레라.
-ㄹ려고 [어미] '-려고'의 잘못.
-ㄹ려야 [어미] '-려야'의 잘못.
-ㄹ망정 [어미] 모음이나 'ㄹ' 받침으로 끝나는 어간, 또는 어미 '-시-' 아래에 붙어, '비록 그러하나마 그러나'의 뜻을 나타내는 연결 어미. ¶가난뱅이일~ 남한테 아쉬운 소리 하고 싶지 않다. ▷-을망정.
-ㄹ뿐더러 [-뿐-] [어미] 모음이나 'ㄹ' 받침으로 끝나는 어간, 또는 어미 '-시-' 아래에 붙어, 그뿐만 아니라 다른 일이 더 있음을 나타내는 연결 어미. ¶얼굴이 예쁠~ 마음씨도 곱다. ▷-을뿐더러.
-ㄹ사 [-싸] [어미] 1 모음이나 'ㄹ' 받침으로 끝나는 어간, 또는 어미 '-시-' 아래에 붙어, 뒤에 오는 체언을 꾸며 주는 연결 어미. ¶떠나가 이별이란 야속하여라. 2 모음이나 'ㄹ' 받침으로 끝나는 동사의 어간, 또는 어미 '-시-' 아래에 붙어, 주로 일정한 청자를 직접 대면하지 않는 신문·잡지 등에서 독자 대중을 향한 명령이나 권유를 나타내는 종결 어미. ¶국민은 두꺼운 영수증 보관철을 준비하~. 3 모음이나 'ㄹ' 받침으로 끝나는 형용사의 어간에 붙어, 감탄을 나타내는 예스러운 종결 어미. ¶어여쁠~ 장미여! ▷-을사.
-ㄹ새 [어미] 모음이나 'ㄹ' 받침으로 끝나는 어간, 또는 어미 '-시-' 아래에 붙어, 어떤 사실을 제기하면서 뒤에 그에 대한 설명을 덧붙이는 뜻을 나타내는, 옛말 투의 연결 어미. ¶때는 삼경이~ 세상이 모두 잠들었더라. ▷-을새.
-ㄹ세 [-쎄] [어미] '이다', '아니다'의 어간에 붙어, '하게'할 상대에게 자기의 생각을 설명하는 종결 어미. ¶내 얘기는 그게 아니~. 2 '하게'할 상대에게 무엇을 새롭게 깨달았다는 감탄의 뜻을 나타내는 종결 어미. ¶그게 바로 오늘이~.
-ㄹ세라 [-쎄-] [어미] 모음이나 'ㄹ' 받침으로 끝나는 어간, 또는 어미 '-시-' 아래에 붙어, 어떤 일이 일어날까 걱정함을 나타내는 연결 어미. ¶남에게 뒤질~ 열심히 공부하다. ▷-을세라.
-ㄹ소냐 [어미] '-ㄹ쏘냐'의 잘못.
-ㄹ수록 [-쑤-] [어미] 모음이나 'ㄹ' 받침으로 끝나는 어간, 또는 어미 '-시-' 아래에 붙어, 어떤 일이 더하여 감을 나타내는 연결 어미. ¶날이 가~ 병이 더해 간다. ▷-을수록.
-ㄹ시 [-씨] [어미] '이다', '아니다'의 어간에 붙어, '-ㄹ 것이', '-ㄴ 것이'의 뜻으로 추측하여 판단한 사실이 틀림없음을 나타내는 연결 어미. ¶이것은 위조품일~ 분명하다.
-ㄹ시고 [-씨-] [어미] 모음이나 'ㄹ' 받침으로 끝나는 일부 형용사의 어간에 붙어, 혼자서 감탄하는 뜻을 나타내는 예스러운 종결 어미. ¶하늘도 푸르~. ▷-을시고.
-ㄹ쏘냐 [어미] 모음이나 'ㄹ' 받침으로 끝나는 어간, 또는 어미 '-시-' 아래에 붙어, '어찌 그럴 리가 있겠느냐'의 뜻으로 어떤 사실의 강한 부정을 자문(自問) 형식의 반어 의문문으로 나타내는, 문어체의 종결 어미. ¶내가 너에게 지~. ▷-을쏘냐. ×-ㄹ소냐.
-ㄹ쏜가 [어미] 모음이나 'ㄹ' 받침으로 끝나는 어간, 또는 어미 '-시-' 아래에 붙어, '그 것인가'의 뜻으로 의문의 형식을 빌려 앞의 내용을 강하게 부인할 때 쓰는 종결 어미. 예스러운 표현으로, 감탄·탄식의 뜻이 있으며 주로 글에서 쓰임. ¶누가 내 뜻을 아~. ▷-을쏜가.
-ㄹ이만큼 [어미] '-ㄹ만큼'의 잘못.
-ㄹ작시면 [-짝씨-] [어미] 모음이나 'ㄹ' 받침으로 끝나는 일부 동사의 어간에 붙어, '어떠어떠한 경우에 이르게 되면'의 뜻을 나타내는, 예스러운 연결 어미. 우스개나 언짢은 경우에 쓰임. ¶그 태도를 보~ 불손하기 짝이 없다. ▷-을작시면.
-ㄹ지 [-찌-] [어미] 모음이나 'ㄹ' 받침으로 끝나는 어간, 또는 어미 '-시-' 아래에 붙어, '해'할 상대에게 쓰이며 명사절로 안긴문장으로 쓰여 추측에 대한 막연한 의문을 나타내는 종결 어미. ¶과연 그 뜻이 이루어지~? ▷-을지.
-ㄹ지나 [-찌-] [어미] 모음이나 'ㄹ' 받침으로 끝나는 어간, 또는 어미 '-시-' 아래에 붙어, '마땅히 그럴 것이나'의 뜻으로 쓰이는, 예스러운 연결 어미. ¶마음은 아프~ 눈물은 보이지 마라. ▷-을지나.
-ㄹ지니 [-찌-] [어미] 모음이나 'ㄹ' 받침으로 끝나는 어간, 또는 어미 '-시-' 아래에 붙어, '마땅히 그럴 것이니'의 뜻으로, 어떤 근거를 제시하면서 뒤의 말을 이어 주는, 문어체의 연결 어미. ¶밤이 깊으면 새벽이 가까우~ 철망에 빠지지 말지어다. ▷-을지니.
-ㄹ지니라 [-찌-] [어미] 모음이나 'ㄹ' 받침으로 끝나는 어간, 또는 어미 '-시-' 아래에 붙어, 상대보다 우월한 위치에서 '마땅히 그럴 것이니라'의 뜻을 나타내어 장중하게 말하는, 예스러운 종결 어미. ¶그것이 사람의 도리이~. ▷-을지니라.
-ㄹ지라 [-찌-] [어미] 모음이나 'ㄹ' 받침으로 끝나는 어간, 또는 어미 '-시-' 아래에 붙어, 상대보다 우월한 위치에서 '마땅히 그럴 것이다'의 뜻을 나타내어 말하는, 예스러운 문어체의 종결 어미. ¶벌을 받아 마땅하~. ▷-을지라.
-ㄹ지라도 [-찌-] [어미] 모음이나 'ㄹ' 받침으로 끝나는 어간, 또는 어미 '-시-' 아래에 붙어, '비록 그러하더라도'의 뜻으로 뒤의 사실이 앞의 사실에 매이지 않음을 나타내는 연결 어미. ¶비가 오~ 경기는 계속하겠습니다. ▷-을지라도.
-ㄹ지어다 [-찌-] [어미] 모음이나 'ㄹ' 받침으로 끝나는 동사의 어간에 붙어, '해라'할 상대에게 '마땅히 그렇게 하여라'의 뜻을 나타내는 명령형 종결 어미. ¶들은 집의 말을 명심하~. ▷-을지어다.
-ㄹ지언정 [-찌-] [어미] 모음이나 'ㄹ' 받침으로 끝나는 어간, 또는 어미 '-시-' 아래에 붙어, 한 가지를 꼭 부인하기 위하여는 차라리 다른 것을 시인할 용의가 있

음을 나타내는 연결 어미. ¶차라리 지옥엘 가~ 그곳엔 안 가겠다. ▷-을지언정.

-ㄹ진대[-찐-] [어미] 모음이나 'ㄹ' 받침으로 끝나는 어간, 또는 어미 '-시-' 아래에 붙어, 어떤 사실이 의당 그러하리라는 것을 인정하면서, 그것을 다른 사실의 조건이나 근거로 삼는 뜻을 나타내는 연결 어미. ¶나라를 위하는 일이~ 누가 그것을 반대하리. ▷-을진대.

-ㄹ진저[-찐-] [어미] 모음이나 'ㄹ' 받침으로 끝나는 어간, 또는 어미 '-시-' 아래에 붙어, 마땅히 그러해야 함을 위엄을 갖추어 감탄조로 말하는 예스러운 종결 어미. ¶무릇 아랫사람을 사랑하고 윗사람을 공경하~. ▷-을진저.

라[1] [명][음] 서양 음악의 7음 음계에서 둘째 음이름. 영어로는 디(D), 이탈리아 어로는 레(re).

라[2] [조] **1** '라고[1]**1**'의 준말. ¶무어~ 했느냐? **2** '라서[1]'의 준말.

-라[3] [어미] **1** '이다', '아니다'의 어간이나 어미 '-시-' 아래에 붙어, 어떤 사실을 설명하는 예스러운 종결 어미. **2** '이다', '아니다'의 어간이나 어미 '-시-' 아래에 붙어, 원인·근거를 나타내는 연결 어미. [비]-라서. ¶뜻밖의 일이~ 어리둥절했다. **3** '아니다'의 어간이나 어미 '-시-' 아래에 붙어, 단순한 병렬을 나타내는 연결 어미. ¶사람이 아니~ 짐승이다.

-라[4] [어미] **1** 모음이나 'ㄹ' 받침으로 끝나는 동사의 어간에 붙어, 절대적인 권위를 가지고 아랫사람에게 명령하는 뜻을 나타내는 예스러운 종결 어미. **2** 모음이나 'ㄹ' 받침으로 끝나는 동사의 어간에 붙어, 권위나 위엄을 가지고 불특정의 사람에게 명령하거나 권유하는 뜻을 나타내는 문어체의 종결 어미. ¶너 자신을 알~. **3** 모음이나 'ㄹ' 받침으로 끝나는 용언의 어간에 붙어, 어떤 일을 위엄있게 축원하는 뜻을 나타내는 문어체의 종결 어미. ¶민족이여, 영원하~. **4** 모음이나 'ㄹ' 받침으로 끝나는 동사의 어간에 붙어, 간접 인용절에 쓰여, 명령의 뜻을 나타내는 종결 어미. ¶어머니는 나에게 편지를 쓰~ 하셨다. ▷-으라.

라[5]([이]la) [명][음] **1** 음이름 '가'의 이탈리아 어. **2** 장음계에서 여섯째 음.

라고[1] [조] 모음으로 끝나는 말에 붙는 조사. **1** 직접 인용됨을 나타내는 부사격 조사. ¶"언제 오겠니?"~ 물었다. [준]라. **2** 얕잡아 지적하는 뜻을 나타내는 보조사. ¶자네~ 별수 있겠나. **3** 다른 경우에 비하여 빠지지 않음을 나타내는 보조사. ¶아이~ 그것을 못하겠나.

-라고[2] [어미] **1** '이다', '아니다' 또는 모음이나 'ㄹ' 받침으로 끝나는 동사의 어간, 또는 어미 '-시-' 아래에 붙어, '해' 할 상대에게 반문할 때 쓰이는 종결 어미. ¶그게 네 책임이 아니~? **2** '이다', '아니다'의 어간이나 어미 '-시-' 아래에 붙어, 잘못 인식했음을 깨달았을 때에 쓰이는 종결 어미. ¶난 또 누구(이)~.

-라고[3] [어미] **1** '이다', '아니다'의 어간이나 어미 '-시-' 아래에 붙어, 앞의 말이 뒤에 오는 말의 원인이나 근거가 됨을 나타내는 연결 어미. ¶거지(이)~ 함부로 놀려대지 마라. **2** 모음이나 'ㄹ' 받침으로 끝나는 용언의 어간이나 어미 '-시-' 아래에 붙어, 앞의 말이 뒤에 오는 말의 목적이 됨을 나타내는 연결 어미. ¶친정어머니께서 생활비에 보태 쓰~ 돈을 보내 주셨다. ▷-으라고.

-라고[4] **1** '이다', '아니다'의 활용 어미 '-라'와 인용을 나타내는 부사격 조사 '고'가 결합한 말. ¶먹고 싶은 것이 무엇이~ 하더냐? **2** 명령을 나타내는 어미 '-라'와 인용을 나타내는 부사격 조사 '고'가 결합한 말. ¶이리 오~ 해라. ▷-으라고.

-라나 [어미] **1** '이다', '아니다'의 어간이나 어미 '-시-' 아래에 붙어, 어떤 사실을 무관심하거나 조금 빈정거리는 태도로 전달할 때 반말 투로 이르는 종결 어미. ¶자기가 부자(이)~. ▷-ㄴ다나·-는다나·-다나. **2** 모음이나 'ㄹ' 받침으로 끝나는 동사의 어간, 또는 어미 '-시-' 아래에 붙어, 시키는 사실에 대해 못마땅하거나 귀찮거나 함을 나타내는 반말 투의 평서형 종결 어미. ¶나더러 자기 양말을 빨~. ▷-으라나.

-라네 [어미] '이다', '아니다'의 어간이나 어미 '-시-' 아래에 붙는 종결 어미. **1** 어떤 사실을 가볍게 감탄하여 이를 때 쓰임. ¶인생이란 덧없고 슬픈 것이~. **2** '하게' 할 상대에게 화자가 알고 있는 사실을 가볍게 주장할 때 쓰임. ¶문법이 늘 까다롭기만 한 것은 아니~. ▷-ㄴ다네·-는다네·-다네.

-라느니 [어미] **1** '이다', '아니다'의 어간이나 어미 '-시-' 아래에 붙어, 이것이라 하기도 하고 저것이라 하기도 하는 뜻을 나타내는 연결 어미. ¶정답이 3번이~ 4번이~ 옥신각신한다. **2** 모음이나 'ㄹ' 받침으로 끝나는 동사의 어간이나 어미 '-시-' 아래에 붙어, 이리하라 하기도 하고, 저리하라 하기도 함을 나타내는 연결 어미. ¶하~ 말~ 말들이 많다. ▷-으라느니.

-라니 [어미] '이다', '아니다' 또는 모음이나 'ㄹ' 받침으로 끝나는 동사의 어간, 또는 어미 '-시-' 아래에 붙어, 반문하거나 반박할 때, 또는 미심쩍거나 해괴함을 나타낼 때에 쓰이는 종결 어미. ¶이 밤중에 나가~. ▷-으라니.

-라니까 [어미] '이다', '아니다' 또는 모음이나 'ㄹ' 받침으로 끝나는 동사의 어간, 또는 어미 '-시-' 아래에 붙어, '해' 할 상대에게 어떤 사실을 다시 알려 주는 뜻을 나타내는 종결 어미. ¶얼른 가~. ▷-으라니까.

라니냐([에]La Niña) [명][기상] 적도 무역풍이 강해지면서 페루·에콰도르의 연안에서 태평양 동부의 적도 부근에 걸쳐 해수면의 온도가 낮아지는 현상. 흔히, 이상기상을 초래함. ▷엘니뇨.

라도[1] [조] 모음으로 끝나는 말에 붙어, 구태여 가리지 않음을 나타내는 보조사. ¶너~ 가 보아라. ▷이라도.

-라도[2] [어미] '이다', '아니다'의 어간이나 어미 '-시-' 아래에 붙어, 설사 그렇다고 가정해도 상관없음을 나타내는 연결 어미. ¶거기가 지옥이~ 나는 따라가겠다.

라돈(radon) [명][화] 희유기체 원소의 하나. 원소 기호 Rn, 원자 번호 86, 원자량 222. 지면에 가까운 대기나 물속에 존재하며, 감마선원으로서 의료에 쓰임.

라듐(radium) [명][화] 은백색의 무거운 금속 원소. 원소 기호 Ra, 원자 번호 88, 원자량 226. 퀴리 부부가 발견한 최초의 방사성 원소이며, 의료 등에 쓰임.
라든지 图 모음으로 끝나는 체언에 붙어, 사물을 열거할 때 쓰이는 조사. ¶사과·배~ 과일들을 준비하여라. ▷이라든지.
라디안(radian) 图(의주)[수] 원둘레 위에서 반지름의 길이와 같은 길이를 갖는 호에 대응하는 중심각의 크기. 1라디안은 약 57°17′44.8″임. 기호는 rad.
라디에이터(radiator) 图 =방열기.
라디오(radio) 图 **1** 전파를 이용하여 수신기를 가진 청취자에게 뉴스와 오락 및 교양 프로그램 등을 방송하는 통신 활동. **2** 방송국에서 전파로 보낸 음성을 수신(受信)하여 재생하는 기계 장치.
라디오존데(⑥Radiosonde) 图[물] 기구(氣球)에 실어 올려 대기 상층의 기상 상태를 관측하여 소형의 무선 송신기로 지상에 송신하는 기계.
라디칼(radical) 图[화] =기(基)¹.
라르게토(⑩larghetto) 图[음] 악곡의 속도를 지시하는 말로, '라르고보다 조금 빠르게'의 뜻.
라르고(⑩largo) 图[음] 악곡의 속도를 지시하는 말로, '아주 느리게'의 뜻.
라마(lama) 图[동] 낙타와 비슷하나, 몸이 작고 등에 혹이 없는 포유동물. 남아메리카의 산악 지대에서 짐을 운반하거나 탈 것으로 쓰임. 고기는 식용함. ~야마.
라마-교(lama敎) 图[불] 7세기에 인도에서 티베트에 전해진 대승 불교가 티베트의 고유 신앙과 동화되어 발달한 종교.
라마르크, 장 밥티스트 드 모네(Lamark, Jean Baptiste de Monet) 图[인] 프랑스의 생물학자(1744~1829).
라마르크-설(Lamarck說) 图[생] =용불용설(用不用說).
라마-승(lama僧) 图[불] 라마교의 승려.
-라며 [어미] '-라면서'의 준말. ¶그 사람이 회장 동생이~? ▷-다며.
-라면¹ [어미] '이다', '아니다'의 어간이나 어미 '-시-' 아래에 붙어, 가정하는 일을 나타내는 연결 어미. ¶이게 진짜~ 좋겠다.
라면²(←⑥ラメン) 图 [<⑥拉麵·老麵] 국수를 증기로 익힌 뒤 기름에 튀겨 말린 것에 분말 수프를 별도로 첨부한 즉석식품. 또는, 그것을 물에 넣고 끓인 음식.
-라면서 [어미] **1** '이다', '아니다'의 어간이나 어미 '-시-' 아래에 붙어, '해' 할 상대에게 들은 사실을 다짐하거나 빈정거리는 투로 물을 때 쓰이는 종결 어미. ¶그게 헛소문이~? **2** 모음이나 'ㄹ' 받침으로 끝나는 동사의 어간, 또는 어미 '-시-' 아래에 붙어, '해' 할 상대에게 명령을 받은 사실을 다짐하거나 빈정거리는 투로 물을 때 쓰이는 종결 어미. ¶여기서 기다리~? ⓒ-라며. ▷-으라면서.
라미네이팅(←laminating) 图 '래미네이팅'의 잘못.
라바트(Rabat) 图[지] 모로코의 수도.
라벤더(lavender) 图[식] 지중해 연안 원산으로, 향유(香油)를 얻기 위해 재배하는 여러해살이풀. 여름에 향기로운 보라색 꽃이 이삭 모양으로 핌.
라벨¹(@label) 图 상표나 품명을 인쇄하여 상품에 붙여 놓은 종이나 헝겊 조각. ~레터르.
라 벨², 모리스 조제프(Ravel, Maurice Joseph) 图[인] 프랑스의 작곡가(1875~1937).

라비(rabbi) 图 '랍비'의 영어식 이름.
라서¹ 图 모음으로 끝나는 체언에 붙어, '감히', '능히'의 뜻을 보태는 주격 조사. ¶뉘~ 알리오. ⓒ라. ▷이라서.
-라서² [어미] '이다', '아니다'의 어간이나 어미 '-시-' 아래에 붙어, 원인·근거를 나타내는 연결 어미. ㉮-라. ¶뜬소문이~ 믿을 수 없다.
-라손 [어미] '이다', '아니다'의 어간이나 어미 '-시-' 아래에 붙어, 가정하는 뜻을 나타내는 연결 어미. 주로 '치다'에만 쓰임. ¶그게 거짓이~ 치자. ▷-다손·-더라손.
라스베이거스(Las Vegas) 图[지] 미국 네바다 주에 있는 관광 도시.
라스트(last) 图 '마지막'으로 순화.
라스트^스퍼트(last spurt) 图[체] 경주·경영(競泳) 등에서, 마지막 1/5 정도의 거리를 남기고 전속력으로 달리거나 헤엄치는 일.
라스트^신(last scene) 图[연][영] 연극·영화 등의 마지막 장면. ¶감명 깊은 ~.
라식(LASIK) 图 [laser-assisted in situ keratomileusis] [의] 눈의 각막을 얇게 벗겨 내고 레이저로 굴절 이상을 조절한 뒤 각막을 다시 덮는 수술. 근시·난시·원시의 교정을 위해 하는 수술임.
라싸(拉薩) 图[지] 중국 남서부의 도시.
라야 图 모음으로 끝나는 말에 붙어, 사물을 지정하거나 꼭 그래야 함을 나타내는 보조사. ¶저녁~ 올 것이다. ▷이라야.
-라야 [어미] '이다', '아니다'의 어간이나 어미 '-시-' 아래에 붙어, 꼭 그래해야 함을 나타내는 연결 어미. ¶내 물건이~ 마음대로 하지.
-라오 [어미] '이다', '아니다'의 어간이나 어미 '-시-' 아래에 붙어, '하오' 할 상대에게 완곡하게 말하거나 감탄을 나타낼 때 쓰이는 종결 어미. ¶그게 사실~.
라오스(Laos) 图[지] 인도차이나 반도의 중앙부에 남북으로 길게 자리 잡은 인민 민주 공화국. 수도는 비엔티안.
라오주(老酒) 图 찹쌀 또는 조·수수·옥수수 등으로 담근 중국 특유의 술.
라오콘(Laocoön) 图[신화] 그리스 신화에 나오는 트로이 신전의 사제. 신들의 노여움을 사서 두 자식과 함께 두 마리의 큰 뱀에게 물려 죽음.
라운드(round) 图[체] **1** 권투에서 경기의 한 회. 1라운드는 3분간임. **2** 골프 코스의 수, 경기자가 각 홀을 한 바퀴 도는 일.
라운지(lounge) 图 호텔·극장·공항 따위의 휴게실. ¶스카이~.
라유(辣油) 图 중국 요리에 쓰이는 기호 조미료. 참기름에 고추를 볶아 우려낸 기름. =고추기름.
라이거(liger) 图 [lion+tiger] [동] 사자의 수컷과 호랑이의 암컷과의 잡종. 사자보다 약간 크며, 몸빛은 사자와 비슷하고 호랑이와 같은 갈색 무늬가 있음. 번식 능력은 없음. ▷타이곤.
라이너(liner) 图[체] 야구에서, 타자가 공을 쳤을 때 일직선으로 날아가는 공.
라이닝(lining) 图 약물의 침식을 막기 위해 고무·에보나이트 등을 용기 안쪽에 대는 일.
라이-방(Ray Ban) 图 테가 가는 색안경. 상표명에서 온 말임.
라이벌(rival) 图 실력이 비슷한 상태에서

서로 경쟁하는 관계에 있는 상대.
라이벌-전(rival戰) 몡 라이벌 간의 시합.
라이베리아(Liberia) 몡[지] 아프리카 남서부에 있는 공화국. 수도는 몬로비아.
라이-보리(rye-) 몡[식] =호밀.
라이브(live) 몡 연주·공연·방송 등이 녹음되거나 녹화된 것이 아니라 그 자리에서 생행되거나 이루어지는 상태. ¶~ 무대.
라이브러리(library) 몡[컴] 컴퓨터에 즉시 사용할 수 있도록 자기 테이프 내에 정리 기록한 정보 집단.
라이브-카페(✝live+⊕café) 몡 생음악(특히, 대중음악)을 연주하거나 가수가 직접 노래를 부르는 카페.
라이브^콘서트(live concert) 몡 대중 가수가 청중 앞에서 직접 노래하는 공연.
라이선스(license) 몡 특허나 저작권 등을 사용할 수 있는 권리. 순화어는 '사용권'. ¶~ 계약.
라이온스^클럽(Lions Club) 몡 [Lions: Liberty, Intelligence, Our Nation's Safety] 1917년 미국의 실업인들이 창설한 국제적인 민간 사회봉사 단체.
라이터(lighter) 몡 가스·휘발유 등을 연료로 하여 불꽃을 일으켜서 담배에 불을 붙이는 도구. ¶가스~.
라이터-돌(lighter-) 몡 라이터에 쓰는 발화석(發火石). 준돌.
라이트(light) 몡 ['빛', '광선'의 뜻] 1 조명 또는 조명등·탐조등. ¶~를 켜고 야간 경기를 하다. 2 =전조등. 3 자동차 -.
라이트-급(light級) 몡[체] 권투 체급의 하나. 프로는 58.969~61.230kg, 아마추어는 57~60kg급.
라이트^펜(light pen) 몡[컴] 디스플레이 장치에 부속된 수동 입력 장치. 감광(感光) 소자가 내장되어 있음.
라이트^형제(Wright兄弟) 몡[인] 세계 최초로 비행기를 제작한 미국인 형제. 곧, 윌버 라이트(Wilbur Wright, 1867~1912)와 오빌 라이트(Orville Wright, 1871~1948).
라이프니츠, 고트프리트 빌헬름 폰(Leibniz, Gottfried Wilhelm von) 몡[인] 독일의 철학자·수학자(1646~1716).
라이프^사이클(life cycle) 몡 유통 또는 마케팅 분야에서, 제품이 시장에 도입되어 쇠퇴하기까지의 과정. ¶제품의 ~.
라이프 스타일(life style) '생활양식'으로 순화.
라이플^사격^경기(rifle射擊競技) [-꼉-] 몡 라이플총이나 공기총을 사용하여 表적을 제한 시간 내에 한정된 탄알의 수로 쏘아 명중률을 겨루는 스포츠.
라이플-총(rifle銃) 몡 1 탄알이 회전하면서 나아가 명중률을 높이고 사정거리를 늘리기 위해 총신의 안벽에 나선형 홈을 새긴 총. 2 =소총(小銃).
라인(line) 몡 ['선'(線), '행'(行)의 뜻] 1 스포츠에서, 경기장의 경계를 나타내기 위하여 그은 선. ¶~ 업. 2 기업에서, 구매·제조·운반·판매 등의 활동을 나누어 수행하고 있는 부문. ¶생산 ~. 3 기업·관청 등에서, 국(局)·부(部)·과(課)·계(係)와 같은 조직. ¶결재 ~.
라인 강(Rhein江) 몡[지] 독일·프랑스·네덜란드 등 유럽 서부를 흐르는 강. 길이 1,390km.
라인-업(line-up) 몡 1 [체] 야구에서, 출전 선수의 타격순. 또는, 그 수비 위치. ¶~을 짜다. 2 어떤 공동의 목적을 이루기 위하여 모인 사람들의 구성. ㈏진용.
라일락(lilac) 몡[식] 잎은 달걀 모양이고, 초여름에 흰색 또는 보라색의 향기로운 꽃이 송이를 이루어 피는 낙엽 활엽 관목. 관상용으로 많이 가꿈.
라조기(↞辣子鷄) 몡[식] 토막 친 닭고기에 녹말을 묻혀 튀긴 다음, 고추·파·마늘·생강을 볶아 섞고, 녹말을 푼 물을 넣어 익힌 요리.
-라지 어미 1 '이다', '아니다'의 어간이나 어미 '-시-' 아래에 붙어, 어떤 사실을 확인하여 묻는 뜻을 나타내는 반말 투의 종결 어미. ¶그 사람이 진범이~? ▷-다지·-ㄴ다지·-는다지. 2 모음이나 'ㄹ' 받침으로 끝나는 동사의 어간, 또는 어미 '-시-' 아래에 붙어, '해' 할 상대에게 쓰이거나 혼잣말에 쓰여 어떤 행동을 행위자의 의지에 맡기되, 말하는 사람은 개의치 않거나 방임하겠다는 뜻을 나타내는 종결 어미. ¶갈 테면 가~. ▷-으라지.
라카(⊕lacca) 몡 '래커'의 잘못.
라커-룸(locker room) 몡 스포츠 센터 등에서, 벗은 옷이나 소지품을 일시적으로 보관할 수 있도록 붙박이장을 설치해 놓은 방. '탈의실', '(선수) 대기실'로 순화.
라켓(racket) 몡[체] 테니스·배드민턴·탁구 등을 할 때, 공·셔틀콕을 치는 채.
라켓-볼(racquetball) 몡[체] 높이 6.1m의 벽으로 둘러싸인, 세로 12.2m, 가로 6.1m인 코트에서, 라켓으로 공을 벽면에 대고 치는 운동.
라테라이트(laterite) 몡[지] 건계·우계가 규칙적으로 교차하는 사바나 기후 지역에 발달하는 적색 풍화토.
라텍스(latex) 몡 고무나무의 껍질에 홈을 내어 얻는 유백색의 액체. 생고무의 원료이며 점착제 등에 쓰임.
라트비아(Latvia) 몡[지] 유럽 러시아의 북서부에 있으며, 발트 해·리가 만에 면해 있는 국가. 수도는 리가.
라틴(Latin) 몡 (다른 말과 결합하여) 라틴 계통 또는 라틴 어족의 뜻을 나타내는 말. ¶~ 문학/~ 음악.
라틴^아메리카(Latin America) 몡[지] 북아메리카 남부에서 남아메리카에 걸친, 과거에 라틴 민족의 지배를 받던 지역의 총칭. 멕시코·아르헨티나·브라질 따위. ≒중남미.
라틴-어(Latin語) 몡 고대 로마 제국의 공통어. 인도·유럽 어족에 속하며, 프랑스 어·이탈리아 어 등의 근원이 됨.
라틴 음악(Latin音樂) 몡 라틴 아메리카 여러 나라의 음악의 총칭. 탱고·삼바·맘보 따위.
라파스(La Paz) 몡[지] 볼리비아의 행정 수도.
라파엘로(Raffaello) 몡[인] 이탈리아의 화가·건축가(1483~1520).
라퐁텐, 장 드(La Fontaine, Jean de) 몡[인] 프랑스의 우화 작가(1621~1695).
라훌라(Rāhula) 몡[불] 석가모니의 아들로서, 석가모니 10대 제자 중의 한 사람(?~?).
라흐마니노프, 세르게이 바실리예비치(Rakhmaninov, Sergei Vasil'evich) 몡[인] 소련의 작곡가(1873~1943).
-락 어미 ('-락-락'의 꼴로 쓰여) 모음이나

락타아제(ⓔLaktase) 〖명〗〖화〗 젖당을 가수 분해 하는 효소.
락트-산(lactic酸) 〖명〗〖화〗 당류가 젖산균에 의해 발효될 때 생기는 산. 신맛이 있는 점성의 액체로, 근육 속에 축적되면 피로의 원인이 됨. =유산(乳酸)·젖산.
란¹ ㊀ '라는 것은'이 준 말로 모음으로 끝나는 체언에 붙어, 어떤 대상을 지적하거나 드러내어 말할 때 쓰는 보조사. ¶우주 ~ 참으로 광대무변한 것이다. ▷−으란.
란²(爛) 〖명〗'난(爛)¹'이 단어의 앞말에 올 때의 어형. ¶수정~.
란³(欄) 〖명〗'난(欄)⁶'가 단어의 앞말에 올 때의 어형. ¶광고~ / 사설~.
-란다 〖어미〗'이다', '아니다'의 어간이나 어미 '-시-' 아래에 붙어, '해라' 할 상대에게 사실을 친근하게 서술하는 종결 어미. ¶오늘이 내 생일이~.
란자, 마리오(Lanza, Mario) 〖명〗〖인〗 미국의 테너 가수(1921∼1959).
란제리(←lingerie) 〖명〗 여성의 서양식 속옷. 특히, 겉옷 바로 밑에 입는 장식적 속옷. 슬립·캐미솔 따위. ▷파운데이션.
란탄(Lanthan) 〖명〗〖화〗 희토류 원소의 하나. 원소 기호 La, 원자 번호 57, 원자량 138.91. 은백색의 금속 원소이며, 합금의 첨가 성분으로 이용됨.
랄로, 에두아르 빅토르 앙투안(Lalo, Édouard Victor Antoine) 〖명〗〖인〗 프랑스의 작곡가(1823∼1892).
-람 〖어미〗 1 '이다', '아니다'의 어간이나 어미 '-시-' 아래에 붙어, '-란 말인가'의 뜻으로 경멸하듯 못마땅함을 나타내는 의문형 종결 어미. ¶이게 무슨 꼴이~. 2 모음이나 'ㄹ' 받침으로 끝나는 동사의 어간, 또는 어미 '-시-' 아래에 붙어, '해' 할 상대에게 쓰이거나 혼잣말에 쓰여 '-라고 했나 뭐'의 뜻으로 자신이 한 사실에 대해 가볍게 반박하거나 마땅치 않게 여김을 나타내는 의문형 종결 어미. ¶그러기에 누가 거기에 가~. ▷−으람.
람바다(lambada) 〖명〗 [브라질 어로 '채찍'이라는 뜻] 브라질에서 처음 시작된 관능적인 춤과 노래.
람세스 이:세(Ramses二世) 〖명〗〖인〗 고대 이집트의 왕(?∼?).
-랍니다[−람−] 〖어미〗'이다', '아니다'의 어간이나 어미 '-시-' 아래에 붙어, '합쇼' 할 상대에게 어떤 사실을 친근하게 일러줌을 나타내는 종결 어미. ¶오늘이 제 생일이~.
랍비(rabbi) 〖명〗 유대교의 율법학자를 이르는 말.
-랍시고[−씨−] 〖어미〗'이다', '아니다'의 어간이나 어미 '-시-' 아래에 붙어, 어떤 사실이나 근거를 얕잡아 말하는 뜻을 나타내는 연결 어미. ¶등이~ 뻐긴다.
랑 ㊀ [모음으로 끝나는 체언에 붙어] 1 다른 말과 비교함을 나타내는 부사격 조사. ¶철수는 나~ 나이가 같다. 2 함께 행동함을 나타내는 부사격 조사. ¶어머니~ 함께 갔다. 3 여럿을 대등한 자격으로 이어 주는 접속 조사. ¶너~ 나~ 같이 가자. ▷이랑.

랑게르한스-섬(Langerhans−) 〖명〗〖생〗 척추동물의 이자 안에 섬 모양으로 흩어져 있는 내분비선 조직. 인슐린을 분비함.
랑데부(ⓔrendez-vous) 〖명〗 1 특정한 시각과 장소에서 밀회하는 것. 특히, 남녀간의 만남을 이르는 말. 2 둘 이상의 우주선이 도킹을 하기 위해 우주 공간에서 만나는 일. ¶∼ 비행. **랑데부-하다**〖자여〗
-래 '-라고 해'가 준 말로 남의 명령이나 서술을 인용하는 말. ¶내일 아침에 오∼. ▷−으래.
래디컬-하다(radical−) 〖형여〗 '급진적이다'로 순화.
래미네이팅(laminating) 〖명〗 얇고 투명한 비닐 막을 종이에 밀착하거나 덧씌우는 것. 흔히, 인쇄물·신분증 등을 보호하기 위해 함. =코팅. ×라미네이팅. **래미네이팅-하다**
-래요 〖어미〗'이다', '아니다'의 어간이나 어미 '-시-' 아래에 붙어, '해요' 할 상대에게, 들어서 알거나 다른 사람이 말한 내용을 옮겨 말하는 뜻을 나타냄. ¶내일이 시험이~. 2 '해요' 할 상대에게, 상대가 들어서 알고 있는 내용에 대해 확인하여 묻는 뜻을 나타냄. ¶그건 무슨 꽃이~?
래커(lacquer) 〖명〗 섬유소나 합성수지 용액에 수지·가소제·안료 등을 섞은 도료. 가구·자동차 칠등에 쓰임. ×라카.
래프팅(rafting) 〖명〗 3∼10인승 고무보트로 강의 급류를 타는 레저 스포츠.
랜(LAN) 〖명〗 [local area network] 〖통〗 = 근거리 통신망.
랜딩(landing) 〖명〗 ['착륙'이라는 뜻] 〖체〗 스키에서 점프를 한 뒤 땅에 떨어지며 취하는 동작. 또는, 그 지점.
랜딩-비(landing費) 〖명〗 〈속〉 제약 회사에서 병원에 약을 납품하는 대가로 주는 사성적인 돈.
랜턴(lantern) 〖명〗 투명 또는 반투명 유리 덮개를 씌운, 손잡이가 달린 등(燈).
랠리(rally) 〖명〗〖체〗 1 탁구·테니스·배드민턴 등에서, 네트를 사이에 두고 양편의 타구가 계속 이어지는 일. 2 일반 도로를 정해진 시간 내에 주행하는 자동차 경기. 장거리를 장시간에 걸쳐 달림. 3 〖경〗 주가의 상승세가 지속적으로 이어지는 것.
램(RAM) 〖명〗 [random-access memory] 〖컴〗 데이터를 해독·기록할 수 있는 기억 소자. 컴퓨터나 전자 단말기의 기억 장치에 널리 쓰임. ▷롬(ROM).
램프¹(lamp) 〖명〗 석유·가스·전기 등을 이용하여 빛을 내는 등. 흔히, 유리나 플라스틱으로 된 등피(燈皮)가 씌워져 있음.
램프²(ramp) 〖명〗 고속도로가 입체 교차 할 때 두 도로를 연결하는, 활처럼 굽은 도로. 또는, 일반 도로에서 고속도로를 드나들 수 있도록 만든 도로. ¶고속도로 진입 ∼.
랩¹(rap) 〖명〗 =랩뮤직.
랩²(wrap) 〖명〗 식품 포장에 사용하는 폴리에틸렌의 얇은 막.
랩-뮤직(rap music) 〖명〗 강렬하고 반복적인 리듬에 맞춰 가사를 곡조 없이 읊듯이 노래하는 팝 음악. =랩.
랩소디(rhapsody) 〖명〗 내용·형식이 비교적 자유롭고, 서사적·영웅적·민족적 성격을 지닌 환상적인 기악곡. =광시곡.
랭크-되다(rank−) [−되−/−뒈−] 〖동자〗

권투·레슬링 등에서, 어떤 순위에 위치하게 되는. ¶WBC 제3위의 ~.

랭킹(ranking) 명 능력이나 지위에 따라 매겨지거나 정해진 순위. ¶세계 헤비급 ~1위.

-랴 어미 1 모음이나 'ㄹ' 받침으로 끝나는 어간, 또는 어미 '-시-' 아래에 붙어, '어찌 그러할 것이냐', '어찌 그럴 수 있느냐' 하는 뜻으로, 어떤 사실을 반어적으로 자문하는 뜻을 나타내는 문어체의 종결 어미. ¶그게 어디 사람이 할 짓이−. 2 모음이나 'ㄹ' 받침으로 끝나는 동사의 어간에 붙어, '해라' 할 상대에게 장차 자기가 할 일에 대하여 의향을 묻는 종결 어미. ¶오늘 하~? 3 모음이나 'ㄹ' 받침으로 끝나는 동사의 어간, 또는 어미 '-시-' 아래에 붙어, '이렇게도 하고 저렇게도 하여'의 뜻으로 이런 여러 행동이 뒤의 사실의 원인임을 나타내는 연결 어미. '-랴-랴'의 꼴로 쓰임. ¶우리 어머니는 직장 다니−살림하−몹시 바쁘십다.

랴오둥^반:도(遼東半島) 명 [지] 중국 둥베이(東北) 지방 남서부에 돌출한 반도.

량¹(量) 명 '양(量)¹'이 단어의 어말에 올 때의 이형.

량²(輛) 명 의존 열차·전철 등의 칸을 세는 단위. ¶특별 열차 10~.

량-치차오(梁啓超) 명 [인] 청나라 말, 중화민국 초의 정치가·사상가(1873~1929).

-러 어미 모음이나 'ㄹ' 받침으로 끝나는 동사의 어간, 또는 어미 '-시-' 아래에 붙어, 가거나 오는 동작의 직접 목적을 나타내는 연결 어미. ¶영화 구경 하~ 간다. ▷-으러.

러그(rug) 명 깔개·무릎 덮개 등으로 사용하는, 거칠게 짠 직물 제품.

러너(runner) 명 '주자(走者)'로 순화.

-러니 어미 '이다', '아니다'의 어간이나 어미 '-시-' 아래에 붙어, '-더니'의 뜻으로 예스럽게 쓰이는 연결 어미. ¶엊그제까지도 철없는 애이~ 벌써 장가를 드는구나.

-러니라 어미 '이다', '아니다'의 어간이나 어미 '-시-' 아래에 붙어, '-더니라'의 뜻으로 예스럽게 쓰이는 평서형 종결 어미. ¶훌륭한 가문이~.

러닝(running) 명 1 달리는 일. 보통, 천천히 달리는 조깅에 대하여 좀 빠른 속도로 달리는 것을 말함. 2 '러닝셔츠'의 준말.

러닝-머신(↑running machine) 명 벨트 형태의 바닥을 롤러로 움직임으로써 그 위에서 달리거나 걸을 수 있게 만든 실내 운동 기구.

러닝-메이트(running mate) 명 미국 등에서 대통령 후보자와 함께 대선에 나선 부통령 후보자를 이르는 말.

러닝-샤쓰(running←ⓔシャツ) 명 =러닝셔츠.

러닝-셔츠(↑←running shirt) 명 1 경주나 경기를 할 때 선수들이 입는, 소매 없는 셔츠. 2 윗도리에 입는, 소매가 없거나 짧은 소매가 달린 메리야스 속옷. =러닝샤쓰. ⑥러닝.

러닝^슛(running shoot) 명 [체] 농구·핸드볼 등에서, 링을 향하여 뛰어 들어가며 하는 슛.

러^불규칙^용:언(-不規則用言) [-칭눤-] 명 [언] 러 불규칙 활용을 하는 용언. 동사 '이르다'와 형용사 '누르다', '푸르다' 따위.

러^불규칙^활용(-不規則活用) [-치롼-] 명 [언] 어미 '-어', '-어서' 따위의 '어'가 '러'로 변하는 활용 형식. '푸르다'가 '푸르러'로 활용되는 따위.

러브(love) 명 [체] 테니스 경기에서, 무득점.

러브^게임(love game) 명 [체] 테니스 경기에서, 한편이 무득점으로 끝낸 경기.

러브-샷(↑love shot) 명 연인이나 친한 사람과 술잔을 든 팔을 서로 걸고 함께 술을 들이키는 일.

러브-신(love scene) 명 [연] [영] 남녀의 애정을 연출하는 장면. 곧, 키스나 포옹, 성관계 등을 연출하는 장면.

러브-호텔(↑love hotel) 명 은밀히 성(性)을 즐기려고 하는 손님들을 주 대상으로 하여 영업하는 호텔.

러셀¹, 버트런드 아서 윌리엄(Russell, Bertrand Arthur William) 명 [인] 영국의 철학자(1872~1970).

러셀², 헨리 노리스(Russell, Henry Norris) 명 [인] 미국의 천문학자(1877~1957).

러셀-차(Russell車) 명 철로에 쌓인 눈을 쳐내는 제설차. 상표명에서 온 말임.

러시(rush) 명 '봇물²', '홍수²'로 순화. ¶농산물 수입 ~.

러시아(Russia) 명 [지] 유라시아 대륙의 북부를 차지하는 공화국. 수도는 모스크바. 음역어는 노서아·아라사.

러시아^어(Russia語) 명 [언] 러시아에서 쓰이는 언어. 인도·유럽 어족 슬라브 어파에 속함. =노어.

러시-아워(rush hour) 명 교통량이 몰려 매우 혼잡한, 아침저녁의 출퇴근 시간.

러시안-룰렛(Russian roulette) 명 회전식 연발 권총에 총알을 한 발만 넣고 총알의 위치를 알 수 없게 탄창을 돌린 후 몇 사람이 차례로 자기 머리에 총구를 대고 방아쇠를 당기는, 목숨을 건 내기.

러일(←Russia日) 명 러시아와 일본.

러키-세븐¹(lucky seven) 명 '7'을 행운의 숫자라는 뜻으로 이르는 말.

러키-세븐²(←lucky seventh) 명 [체] 야구에서, 주로 7회에 다른 회보다 점수가 많이 난다고 하여 붙은 이름.

러키^존(lucky zone) 명 [체] 야구에서, 본루에서 거리가 가장 짧은, 외야의 좌우 펜스 바로 뒤쪽 지역.

러프(rough) 명 골프에서, 페어웨이 밖의 잡초가 우거진 곳.

럭비(Rugby) 명 [체] '럭비풋볼'의 준말.

럭비-공(Rugby-) 명 럭비풋볼에서 쓰는 타원형의 공.

럭비-풋볼(Rugby football) 명 [체] 15명씩으로 짜인 두 팀이 타원형의 공을 상대편의 인골에 찍거나 킥으로 크로스바를 넘겨 득점을 겨루는 경기. ⑥럭비.

럭스(lux) 명 의존 물 조명도의 단위. 1럭스는 1칸델라의 광원으로부터 1m 떨어진 곳에 광원과 직각으로 놓인 면의 밝기임. 기호는 lx.

-런가 어미 '이다', '아니다'의 어간이나 어미 '-시-' 아래에 붙어, 혼잣말로 쓰여 '던가'의 뜻으로 예스럽게 쓰이는 강조의 의문형 종결 어미. ¶인생은 한바탕의 꿈이~.

런던(London) 명 [지] 영국의 수도.

럼-주(rum酒) [명] 당밀이나 사탕수수에 물을 타서 발효시켜 증류한 술.
레(ⓘre) [명][음] 1 음이름 '라'의 이탈리아어. 2 장음계에서 둘째 음.
레게(reggae) [명][음] 1960년대에 자메이카에서 일어난, 강하고 규칙적인 비트의 록 음악.
레귤러-커피(regular coffee) [명] 커피 열매를 볶아서 가루로 빻은 커피.
레그혼-종(Leghorn種) [명][동] 닭의 한 품종. 이탈리아의 레그혼 지방 원산으로, 볏은 붉고 몸빛은 갈색·백색·흑색 등임. 산란율이 높음.
레깅스(leggings) [명] 1 신축성이 있고 딱 달라붙는 여성용 긴 바지. [속]쫄바지. 2 발끝까지 하나로 이어지거나 발끝에 고리가 달린 유아용 바지.
레닌, 니콜라이(Lenin, Nikolai) [명][인] 소련의 혁명가·정치가(1870~1924).
레닌그라드(Leningrad) [명][지] '상트페테르부르크'의 구칭.
레닌-주의(Lenin主義) [-의/-이] [명] 레닌의 이론이나 사상. 마르크스주의를 러시아에 적용하고, 제국주의와 프롤레타리아 혁명으로 발전시킨 공산주의 이론.
레드 존(red zone) '청소년 금지 구역'으로 순화. ¶인터넷 ~.
레드-카드(red card) [명][체] 운동 경기에서, 심판에게 경고를 받은 선수가 다시 고의로 반칙하거나 예의에 어긋난 행위를 했을 때, 주심이 퇴장의 표시로 보이는 빨간색 쪽지.
레디-고(ready go) [감][영] 흔히, 영화를 만들 때 감독이 출연자에게 외치는 말. 근래에는 '레디 액션'이라는 말을 사용함.
레마르크, 에리히 마리아(Remarque, Erich Maria) [명][인] 독일의 소설가(1898~1970).
레모네이드(lemonade) [명] 레몬 즙에 물·설탕 등을 넣어 만든 음료.
레몬(lemon) [명][식] 신맛이 강한 길둥글고 노란 열매가 열리는 상록 교목. 또는, 그 열매. 지중해 연안·캘리포니아 등지에서 재배하며, 열매는 음료·향료로 쓰임.
레미콘(ⓘレミコン) [명] [<ready mixed concrete: 일본의 상표명에서 온 말] 1 =레미콘차. 2 콘크리트 공장에서 미리 혼합하여 운반되는, 굳지 않은 콘크리트.
레미콘-차(ⓘレミコン車) [명] 콘크리트가 굳지 않도록 개면서 운반하도록 장치한 차. =레미콘.
레바논(Lebanon) [명][지] 서아시아 지중해에 면해 있는 공화국. 수도는 베이루트.
레벨(level) [명] 생활·능력·의식·질 등의 수준. ¶~이 다르다.
레비스트로스, 클로드(Lévi-Strauss, Claude) [명][인] 벨기에 태생의 프랑스의 인류학자(1908~1991).
레소토(Lesotho) [명][지] 아프리카 남부에 있는 왕국. 수도는 마세루.
레스토랑([프]restaurant) [명] 주로 양식을 파는, 비교적 고급에 속하는 음식점.
레슨(lesson) [명] 일정한 시간에 받는 개인 교습. 특히, 서양풍의 악기나 성악, 발레 등의 교습을 이름. ¶피아노 ~.
레슬러(wrestler) [명] 레슬링 선수.
레슬링(wrestling) [명][체] 두 사람이 맨손으로 맞붙어 상대방의 양어깨를 동시에 1초 동안 바닥에 닿게 한 사람이 이기는 경기. 체급 경기임.
레오나르도 다빈치(Leonardo da Vinci) [명][인] 이탈리아의 화가·조각가·건축가(1452~1519).
레위-기(←Levi記) [명][성] 구약 성서 중의 한 권.
레이건, 로널드(Reagan, Ronald) [명][인] 미국의 제40~41대 대통령(1911~2004).
레이노-병(Raynaud病) [명][의] 사지(四肢) 동맥의 경련성 수축으로 손발의 끝이 창백해지고 마비되는 병.
레이더(radar) [명] 전파, 특히 마이크로파를 발사하여 그 반사파를 받아서 목표물의 거리·방위를 측정하는 장치. 항공기·선박·기상 등에 널리 이용됨.
레이더-망(radar網) [명][군] 다수의 레이더를 하나의 부서로 연결한 조직망.
레이브(rave) [명] 많은 사람들이 빠르고 현란한 음악에 맞춰 밤새도록 춤을 추는 파티. ¶~ 파티.
레이서(racer) [명] 경기용 자동차나 오토바이. 또는, 그 경기자.
레이스[1](lace) [명] 서양식 수예 편물의 하나. 실을 코바늘로 떠서 여러 가지 구멍 뚫린 무늬를 나타냄.
레이스[2](race) [명][체] 스포츠 경기에서의 경주(競走)·경영(競泳)·경조(競漕)·경마(競馬)·경륜(競輪) 등의 총칭.
레이아웃(layout) [명] 출판·광고·건축 분야 등에서, 문자·그림·사진 등을 지면 위에 시각적 효과와 사용 목적을 고려하여 구성·배열하는 일. 또는, 그 기술.
레이업^슛(†layup shoot) [명][체] 농구에서, 골 가까이에서 뛰어올라 손바닥에 공을 올려 가볍게 던져 넣는 슛.
레이온(rayon) [명] 인조 견사 또는 인조견.
레이저(laser) [명][물] 전자기파의 유도 방출을 이용하여 아주 짧은 파장의 전자기파를 증폭하는 장치. 레이더·통신·의료 등에 응용됨.
레이저^광선(laser光線) [명][물] 레이저에서 발사되는 광선. 정밀 공작·기상 관측·외과 수술·우주 통신 등에 이용됨.
레이저^디스크(laser disk) [명][물] 원반 위에 기록되어 있는 음성이나 화상(畫像)을 레이저를 이용하여 재생시키는 비디오디스크. =엘디(LD).
레이저^프린터(laser printer) [명][컴] 출력할 정보에 빛을 쬐어, 토너라고 하는 가루 안료로 현상하여 종이에 글씨나 그림이 나타나게 하는 전자 사진식 프린터. ▷잉크젯 프린터.
레이캬비크(Reykjavik) [명][지] 아이슬란드의 수도.
레인(lane) [명][체] 1 육상·수영·경마 등에서, 달리거나 나아가는 길. =경주로·코스. ¶제1 ~의 선수. 2 =앨리(alley).
레인지(range) [명] 취사용의 가스·전기 기구. ¶가스~.
레인-코트(raincoat) [명] =비옷.
레일(rail) [명] 철도 차량이나 전차 등을 달리게 하기 위해 땅 위에 두 줄로 나란히 까는 가늘고 긴 강철재(鋼鐵材). [비]궤도.
레임-덕(lame duck) [명] ['절름발이 오리'라는 뜻] 임기 종료를 앞둔 대통령 등의 지도자. 또는, 임기 말의 권력 누수 현상.
레자(ⓘレザ) [명] '인조 가죽'으로 순화.
레저(leisure) [명] 일에서 해방되어 휴식하거나 즐길 수 있는 시간. 또는, 그 시간을

ㄹ

이용하여 여러 가지 스포츠나 등산·낚시·물놀이·여행 등을 즐기는 일. ¶~ 생활.

레즈비언(lesbian) [명] 여성 간의 동성애. 또는, 그런 경향이 있는 여자. ↔호모.

레지([일]レジ) [명] [<register] 다방 등에서 손님을 접대하며 차를 나르는 여자.

레지던트(resident) [명] 인턴 과정을 마치고 전문 과목 중 한 과목을 수련하는 의사. 수련 기간은 4년임. ▷인턴.

레지스탕스([프]résistance) [명] 침략군에 대한 저항 운동. 특히, 프랑스에서 제2차 세계 대전 중 점령 독일군에 대항하여 펼친 지하 저항 운동.

레지스터(register) [명][컴] 특정한 목적에 사용되는 일시적인 기억 장치. 데이터를 읽고 쓰는 기능이 매우 빠름.

레커-차(wrecker車) [명] 고장 난 차나 주차 위반을 한 차 등을 끌고 가는 데 이용하는, 크레인이 장착된 자동차.

ㄹ

레코드(record) [명] **1** =음반. **2**[컴] 필드의 집합으로, 데이터로 다루어지는 단위. 이 레코드의 집합 단위가 파일(file)임.

레코드-판(record板) [명] =음반.

레코드-플레이어(record player) [명] 음반에 녹음되어 있는 음을 재생하는 장치. 모터·픽업·턴테이블 등으로 구성됨.

레퀴엠([라]requiem) [명][음] 죽은 사람의 영혼을 위로하기 위한 미사 음악. =진혼곡(鎭魂曲).

레크리에이션(recreation) [명] 심신의 피로를 풀고 새로운 힘을 북돋우기 위해 여가 시간에 운동이나 오락 등을 즐기는 일. 또는, 그 운동이나 오락.

레터르([네]letter) [명] **1** =라벨[1]. **2** 어떤 인물이나 사물에 대하여, 불명예스럽게 붙은 딱지. ¶사이비 학자라는 ~가 붙다.

레터링(lettering) [명] 광고 등에서, 문자(文字)를 도안하는 일.

레토르트^식품(retort食品) [명] 조리·가공한 식품을 내열성 플라스틱이나 금속박 봉지에 넣어 밀봉한 후 고온에서 가열 살균하여 장기간 보존할 수 있게 한 식품.

레토릭(rhetoric) [명] 진실을 담지 않거나 진지함을 결여한 채 겉으로만 그럴듯하게 꾸며 낸 말이나 글. 부정적인 뜻으로 쓰이는 말임. ¶그 정치가의 발언은 정치적 ~일 뿐이다.

레트(let) [명][체] 테니스·탁구에서, 서브한 공이 네트를 스치고 상대방의 코트에 들어가는 일. 서브를 다시 할 수 있음.

레퍼리(referee) [명][체] 축구·농구·권투·레슬링 등의 심판. ¶~ 휘슬.

레퍼리^타임(referee time) [명][체] 농구·배구·핸드볼 등에서, 시합 중 필요에 따라 심판이 명하는, 잠시 경기를 쉬게 하는 시간.

레퍼토리(repertory) [명] **1** 연주가나 가수나 극단 등이 무대 위에서 공연할 작품 목록. 또는, 어떤 사람이 언제든 부를 수 있는 몇 개의 애창곡. **2**〈속〉 언제든 사람들 앞에서 보여 줄 수 있는 장기나 들려줄 수 있는 이야깃거리.

레포츠(†←le*isure* sports) [명] 여가에 레저를 겸하여 행하는 스포츠.

레포트 [명] '리포트(report)'의 잘못.

렌즈(lens) [명][물] 빛을 모으거나 분산시키기 위하여 유리나 수정을 갈아서 만든 투명체. 볼록 렌즈와 오목 렌즈로 나뉘며, 안경·카메라·현미경·망원경 등에 쓰임.

렌즈^후드(lens hood) [명][사진] 카메라의 렌즈 앞에 씌워 빛이 직접 들어오는 것을 막는 가리개.

렌치(wrench) [명] =스패너.

렌터카(rent-a-car) [명] 세를 받고 빌려 주는 자동차. ×렌트카.

렌토([이]lento) [명][음] 악곡의 속도를 지시하는 말로, '아주 느리게', '느리고 무겁게'의 뜻.

렌트카 [명] '렌터카(rent-a-car)'의 잘못.

렘브란트, 하르먼스 판 레인(Rembrandt, Harmensz van Rijn) [명][인] 네덜란드의 화가(1606~1669).

-려 [어미] 모음이나 'ㄹ' 받침으로 끝나는 동사의 어간, 또는 어미 '-시-' 아래에 붙는 연결 어미. **1** 주로 '하다', '들다'와 함께 쓰여, 주어가 어떤 행동을 할 의도나 의지를 가지고 있음을 나타냄. ¶그는 내게 사실을 숨기~ 했다. **2** 주로 '하다'와 함께 쓰여, 어떤 일이 장차 일어날 것 같음을 나타냄. [비]-려고. ¶촛불이 바람에 꺼지~ 한다. ▷-으려.

-려고 [어미] **1** 모음이나 'ㄹ' 받침으로 끝나는 동사의 어간, 또는 어미 '-시-' 아래에 붙어, 주어가 어떤 행동을 할 의도나 의지를 가지고 있음을 나타내는 연결 어미. ¶그렇지 않아도 막 가~ 했어. ▷-고자. **2** 모음이나 'ㄹ' 받침으로 끝나는 용언의 어간, 또는 어미 '-시-' 아래에 붙어, 어떤 일의 실현이 예상됨을 나타내는 연결 어미. ¶비가 오~ 그러는지 구름이 잔뜩 끼었다. **3** 모음이나 'ㄹ' 받침으로 끝나는 어간, 또는 어미 '-시-' 아래에 붙어, '해' 할 상대에게 의심과 반문을 나타내는 종결 어미. [비]-ㄹ라고·-려. ¶기차가 비행기보다 빠르~. ▷-으려고. ×-ㄹ려고.

-려나 [어미] 모음이나 'ㄹ' 받침으로 끝나는 어간, 또는 어미 '-시-' 아래에 붙는 종결 어미. **1** 혼잣말로 쓰여, 물음의 형식으로 추측하는 뜻을 나타냄. ¶비가 오~? **2** '하게' 할 상대에게 물음의 형식으로 권유하는 뜻을 나타냄. ¶자네도 우리와 함께 가~? ▷-으려나.

-려니 [어미] 모음이나 'ㄹ' 받침으로 끝나는 어간, 또는 어미 '-시-' 아래에 붙어, 혼자 속으로만 추측하는 뜻을 나타내는 종결 어미. ¶이게 다 인생의 시련이~ 생각했다. ▷-으려니.

-려니와 [어미] 모음이나 'ㄹ' 받침으로 끝나는 어간, 또는 어미 '-시-' 아래에 붙어, 어떤 사실을 추측하거나 가정하여 인정하면서 뒤의 사실에 병렬적으로 이어 주는 연결 어미. [비]-거니와. ¶그 여자는 얼굴도 예쁘~ 마음씨도 고울 것이다. ▷-으려니와.

-려마 [어미] 모음이나 'ㄹ' 받침으로 끝나는 동사의 어간에 붙어, '해라' 할 상대에게 부드럽게 권하거나 명령하는 뜻을 나타내는 종결 어미. ¶어서 가~. ▷-으려마.

-려면 [어미] 모음이나 'ㄹ' 받침으로 끝나는 어간, 또는 어미 '-시-' 아래에 붙어, '어떤 일이 실현되기 위해서는'의 뜻을 나타내는 연결 어미. ¶합격이 되~ 평균 60점 이상이어야 한다. ▷-으려면.

-려무나 [어미] 모음이나 'ㄹ' 받침으로 끝나는 동사의 어간에 붙어, '해라' 할 상대에게 부드럽게 권하거나 명령하는 뜻을 나타내는 종결 어미. ¶공부 좀 하~. ▷

-으려무나.
-려야 '-려고 하여야' 가 준 말. ¶구하~ 구할 수 없는 물건이다. ▷-으려야. ×-ㄹ래야~르려야.
-력¹(力) [접미] '능력' 이나 '힘' 을 나타내는 말. ¶생활~ / 인내~.
-력²(曆) [접미] '달력' 의 뜻을 나타내는 말. ¶태양~ / 로마~.
-련 [어미] 모음이나 'ㄹ' 받침으로 끝나는 동사의 어간에 붙어, '해라' 할 상대에게 어떠한 행동에 대한 의향을 묻는 종결 어미. ¶내가 도와주~?. ▷-으련.
-련마는 [어미] 모음이나 'ㄹ' 받침으로 끝나는 어간, 또는 어미 '-시-' 아래에 붙어, 앞의 사실을 추측하여 인정하면서 이 와 대립되는 내용을 말할 때 쓰이는 연결 어미. ¶날씨도 추우~ 많은 사람이 마중을 나왔다. ⑤-련만. ▷-으련마는.
-련만 [어미] '-련마는' 의 준말. ¶바보도 아니~ 말귀를 못 알아듣는다. ▷-으련만.
-렵 [어미] 모음이나 'ㄹ' 받침으로 끝나는 동사의 어간에 붙어, '해라' 할 상대에게 부드럽게 권하거나 명령하는 뜻을 나타내는 종결 어미. ¶그렇게 하~. ▷-으렵.
-렵니까 [렴-] [어미] 모음이나 'ㄹ' 받침으로 끝나는 동사의 어간, 또는 어미 '-시-' 아래에 붙어, '합쇼' 할 상대에게 요청하거나 권유하는 뜻을 나타내는 종결 어미. ¶책 좀 빌려 주시~? ▷-으렵니까.
-렷다 [럳따] [어미] 1 모음이나 'ㄹ' 받침으로 끝나는 어간에 붙어, 경험이나 이치로 미루어 어떤 사실을 추정하거나 다짐할 때 쓰이는 종결 어미. ¶저 사람이 네 아우이~. 2 모음이나 'ㄹ' 받침으로 끝나는 동사의 어간에 붙어, '해라' 할 상대에게 명령을 내리는 뜻을 나타내는 종결 어미. ¶어서 네가 지은 죄를 이실직고하~! ▷-으렷다.
령¹(齡) [명](의존) '영(齡)' 을 세는 단위. ¶1~.
-령²(令) [접미] '법령', '명령' 의 뜻을 나타내는 말. ¶금지~ / 대통령~.
-령³(領) [접미] 나라 이름 밑에 붙어, 그 나라 영토임을 나타내는 말. ¶영국~.
-령⁴(嶺) [접미] 재나 산의 이름을 이루는 말. ¶대관~ / 추풍~.
로¹ [조] 받침이 없거나 'ㄹ' 받침으로 끝나는 체언에 붙는 부사격 조사. 1 어떤 일을 하는 도구가 됨을 나타냄. ¶칼~ 고기를 썰다. 2 물건을 만드는 재료가 됨을 나타냄. ¶종이~ 만든 꽃. 3 어떤 일을 하는 방법·방식·수단이 됨을, 또는 지하철~ 출근하다. 4 어떤 일의 원인이나 이유가 됨을 나타냄. ¶폭설~ 인해 교통이 두절되었다. 5 움직이는 방향이나 변하는 결과를 나타냄. ¶뒤~ 물러서다. 6 어떤 일에 있어서 신분·지위·자격·구실을 가짐을 나타냄. ¶후보~ 출마하다. 7 사물이 변화되거나 달라지거나 구분됨을 나타냄. ¶생물은 크게 동물과 식물~ 나뉜다. 8 일정한 때나 시간을 선택함을 나타냄. ¶원고를 오늘~ 마감하다. 9 ('-기로 …하다' 의 꼴로 쓰여) 약속이나 결정된 내용을 나타냄. ¶내일 만나기~ 하자. 10 ('…로 하여(금)' 의 꼴로 쓰여) 뒤에 오게 되는 대상임을 나타냄. ¶그들~ 하여금 잘 못을 깨닫게 만들다. ▷으로.
-로² [접미] 'ㄹ' 받침으로 끝나는 일부 명사, 특히 시간·공간을 나타내거나 상태를 지시하는 추상 명사에 붙어, 그것을 부사로 만드는 말. ¶진실~ / 때때~. ▷-으로.
-로³(路) [접미] 1 '길' 의 뜻을 나타내는 말. ¶교차~ / 보급~. 2 도회지의 큰 도로를 가운데 둔 동네의 이름을 이루는 말. ¶을지~ / 종~(街).
-로⁴(爐) [접미] '재료를 가열해서 가공하는 곳' 의 뜻을 나타내는 말. ¶원자~ / 경수~.
-로고¹ [어미] '이다', '아니다' 의 어간이나 어미 '-시-' 아래에 붙어, '-로군' 의 뜻을 예스럽게 나타내는 종결 어미. ¶참으로 빨간색이로~.
로고²(LOGO) [명][컴] 컴퓨터의 프로그램 언어의 하나. 어린이라도 쓸 수 있게 만들어져 기호 처리나 화상(畵像) 표현이 아주 쉬움.
로고³(logo) [명] 회사명이나 단체명 등의 문자를 독특하게 디자인한 도형.
로고-송(logo song) [명] 회사나 단체, 또는 어떤 존재를 사람들에게 인상적으로 알리기 위해 만든 짧은 노래.
로고스(⑤logos) [명] ['말', '이성(理性)' 이라는 뜻] [철] 우주 만물이나 변화·유전하는 동안에 존재하는 조화·질서의 근본 원리로서의 이법(理法).
-로구나 [어미] '이다', '아니다' 의 어간이나 어미 '-시-' 아래에 붙어, '해라' 할 상대에게 처음으로 혼잣말에 쓰여 어떤 사실을 느끼거나 깨닫고 가볍게 감탄하는 뜻을 나타내는 종결 어미. ¶예쁜 꽃이~.
-로구려 [어미] '이다', '아니다' 의 어간이나 어미 '-시-' 아래에 붙어, '하오' 할 상대에게 새삼스러운 감탄을 나타내는 종결 어미. ¶진짜가 아니~.
-로구먼 [어미] '이다', '아니다' 의 어간이나 어미 '-시-' 아래 붙어, '해' 할 상대를 의식하면서 혼잣말처럼 어떤 사실에 대한 느낌을 말하거나 어떤 사실을 확인 또는 환기하는 뜻을 나타내는 종결 어미. ¶벌써 한 시(이)~.
-로군 [어미] '이다', '아니다' 의 어간이나 어미 '-시-' 아래에 붙어, 어떤 사물에 대한 느낌을 혼잣말로 나타내는 종결 어미. ¶이제 보니 순 날강도(이)~.
로그(log) [명][수] 1이 아닌 양수 a와 양수 N이 주어졌을 때, $N=a^b$라는 관계를 만족시키는 실수 b를, a를 밑으로 하는 N의 로그라 하며, $b=\log_a N$으로 나타냄.
로그아웃(log-out) [명][컴] 사용자가 컴퓨터 시스템이나 통신망의 접속을 종료하는 일. ↔로그인. **로그아웃-하다** [동](여)
로그인(log-in) [명][컴] 사용자가 컴퓨터 시스템이나 통신망에 사용자의 아이디와 패스워드를 입력하는 일. ↔로그아웃. **로그인-하다** [동](여)
로그^파일(log file) [명] 이용자가 처음 어떤 사이트에 접속할 때 웹 서버에 자동으로 생성되는 파일.
-로다 [어미] '이다', '아니다' 의 어간이나 어미 '-시-' 아래에 붙어, '해라' 할 상대에게 어떤 사실을 감탄조로 예스럽게 이르는 종결 어미. ¶과연 천재(이) ~.
로댕, 프랑수아 오귀스트 르네(Rodin, François Auguste René) [명][인] 프랑스의 조각가(1840~1917).
로데오(rodeo) [명] 길들이지 않은 말이나 소를 탄 채 버티거나 길들이는 경기.
-로되 [-되/-뒈] [어미] '이다', '아니다' 의

어간이나 어미 '-시-' 아래에 붙는 연결 어미. **1** 앞말의 사실을 시인하면서 그것을 더 자세하게 말할 때 '-되' 보다 힘 있게 쓰는 어미. ¶비는 비이~ 눈이 섞인 비이로다. **2** 뒷말의 사실이 앞말의 사실과 상반됨을 나타내는 어미. ¶떡은 떡이~ 그림의 떡이다.

로듐(rhodium) [명][화] 은백색의 단단한 금속 원소. 원소 기호 Rh, 원자 번호 45, 원자량 102.905. 백금과 합금하여 열전쌍 온도계·반사경 등의 제조에 쓰임.

로드^게임(road game) [명][체] 원정 경기. 특히, 프로 야구에서 본거지의 구장을 떠나서 행하는 경기.

로드-맵(road map) [명] ['도로 지도' 라는 뜻] 어떤 일을 효율적으로 추진하기 위해 만든 단계별 계획이나 지침. ¶중동 평화~/공식 사회 개혁을 위한 ~.

ㄹ

로드^쇼(road show) [명] **1** [연] 연극이나 쇼 등의 지방 순회공연. ¶앙코르 ~. **2** 사업이나 상품 등을 홍보하기 위해 사람들을 모아 놓고 벌이는 행사나 설명회.

로드아일랜드(Rhode Island) [명][지] 미국 북동부의 주.

로딩(loading) [명][컴] 자기 테이프나 플로피 디스크 등, 외부 기억 장치에 기록되어 있는 프로그램이나 데이터를 주기억 장치로 옮기는 일.

-로라 [어미] '이다', '아니다' 의 어간에 붙어, 자기의 동작을 의식적으로 드러내어 말할 때 '-다' 의 뜻을 나타내는 종결 어미. ¶각 분야에서 내~하는 사람들이 모이다. ▷-노라.

로렌(Lorraine) [명][지] 프랑스 북동부, 독일과의 국경에 있는 지방.

로리스(loris) [명][동] 열대 삼림에 사는 원숭이의 한 종류. 몸은 고양이만 하고 눈이 크며 꼬리는 짧거나 없음. 동작이 아주 느림.

로마(Roma) [명] **1** [지] 이탈리아의 수도. **2** [역] 기원전 7세기에 이탈리아 반도의 중부에 라틴 족이 세운 고대 도시 국가. 395년에 동서로 분열되어 서로마는 476년에, 동로마는 1453년에 멸망함.

※ **로마에 가면 로마 사람들의 풍속을 따르라** [서양 격언에서] 사람이 남의 고장이나 나라에 가면, 마땅히 그곳의 풍속을 존중하고 따라야 한다.

로마^가톨릭교(Roma Catholic教) [명][가] '가톨릭' 을 그리스 정교회와 구별하여 이르는 말.

로마네스크(프Romanesque) [명][미] 11~12세기에 유럽에서 성행한 미술·건축 양식. 고대 로마 양식에 게르만·비잔틴 양식을 가미한 독특한 건축미가 특징임.

로마-력(Roma曆) [명][천] 기원전 8세기경부터 기원전 45년까지 쓰인, 고대 로마의 달력.

로마-법(Roma法) [명][법] 고대 로마에서 시행하던 법률.

로마-서(Roma書) [명][성] 신약 성서 중의 한 권.

로마^숫!자(Roma數字) [-수짜/-숟짜] [명] 고대 로마에서 만들어진 숫자. Ⅰ·Ⅴ·Ⅸ·Ⅹ 따위. ▷아라비아 숫자.

로마-자(Roma字) [명][언] 라틴 어를 표기하기 위해 고대 로마에서 만들어진 문자. 오늘날 유럽을 비롯하여 세계적으로 쓰이고 있음.

로망(프roman) [명][문] 중세 유럽의 애정·무용담 따위를 중심으로 한 전기적(傳奇的)·모험적·공상적인 통속 소설.

로맨스(romance) [명] 로맨틱한 사랑. 또는, 그런 연애 사건.

로맨스-그레이(†romance grey) [명] 머리가 희끗희끗한 매력 있는 초로(初老)의 남성. 또는, 그런 머리.

로맨티시즘(romanticism) [명][문] =낭만주의.

로맨틱-하다(romantic-) [형][여] 낭만적인 데가 있다. ¶**로맨틱한** 분위기.

로메(Lomé) [명][지] 토고의 수도.

로멜, 에르빈(Rommel, Erwin) [명][인] 독일의 군인(1891~1944).

로봇(robot) [명] **1** 걷기도 하고 말도 하는, 인간과 유사한 기계 장치. =인조인간. **2** 어떤 작업이나 조작을 자동적으로 하는 기계 장치. ¶산업용 ~. **3** 자주적으로 행동하지 못하고 남의 지시대로 움직이는 사람. [비]꼭두각시·허수아비.

로-부터 [조] 모음이나 'ㄹ' 받침으로 끝나는 체언에 붙어, '에서부터' 의 뜻을 나타내는 부사격 조사. ¶바다~ 불어오는 바람. ▷으로부터.

로브스터(lobster) [명][동] =바닷가재.

로비(lobby) [명] **1** 호텔이나 극장 등에서, 휴게실·통로 등을 겸한 넓은 공간. **2** 국회의사당에서 의원들이 외부 사람과 만나는 응접실. **3** 로비스트가 의원을 상대로 입법에 영향을 미치는 운동을 하는 일. ¶~ 활동.

로비스트(lobbyist) [명][정] 특정 압력 단체의 이익을 위하여 입법에 영향을 줄 목적으로 정당이나 의원을 상대로 활동하는 사람.

로빙(lobbing) [명][체] **1** 테니스에서, 공을 높이 쳐서 상대편의 머리 위로 넘겨 뒤쪽으로 떨어뜨리는 일. **2** 탁구에서, 공을 높이 올려 넘기는 일. **3** 축구에서, 골 앞으로 공을 높고 느리게 차올리는 일.

로사리오(포rosario) [명][가] =묵주.

로서 [조] 모음이나 'ㄹ' 받침으로 끝나는 체언에 붙는 부사격 조사. **1** 문장의 주어가 동사와 관련하여 앞에 오는 체언과 같은 자격이나 구실이 있음을 나타냄. ¶교사~ 그런 파렴치한 행동을 하다니. **2** 어떤 동작이 일어나거나 시작되는 곳임을 나타냄. '로부터' 의 뜻임. ¶모든 싸움은 너~ 시작되었다. ▷으로서·로써.

-로세 [어미] '이다', '아니다' 의 어간이나 어미 '-시-' 아래에 붙어, '-ㄹ세' 의 뜻을 나타내는 감탄형 종결 어미. ¶보기 드문 효자(이)~.

로션(lotion) [명] 피부에 수분이나 영양을 주기 위해 바르는 화장품의 하나. ¶스킨~/밀크 ~.

로스(loss) [명] '손실', '낭비' 로 순화. ¶시간의 ~/작업상의 ~를 줄이다.

로스-구이(←roast-) [명] 소·돼지·오리 등의 안심·등심 등 연한 살코기를 구운 음식.

로스앤젤레스(Los Angeles) [명][지] 미국 캘리포니아 주에 있는 도시.

로스^타임(loss time) [명][체] 축구·하키 등에서 부상 선수의 처치 등 경기 외의 일로 소비된 시간. 경기 시간에 넣지 않음.

로스트로포비치, 므스티슬라프 레오폴도비치(Rostropovich, Mstislav Leopol-

dovich) [인] 아제르바이잔의 첼리스트·지휘자(1929~).

로스트-비프(roast beef) [명] 큰 덩어리째로 오븐에 구운 쇠고기.

로스트^제너레이션(Lost Generation) [명][문] '잃어버린 세대(世代)'라는 뜻으로, 제1차 세계 대전 후에 환멸을 느낀 미국의 지식 계급 및 청년들을 이르던 말. 헤밍웨이·포크너 등.

로시니, 조아키노 안토니오(Rossini, Gioacchino Antonio) [인] 이탈리아의 오페라 작곡가(1792~1868).

로써 [조] 일부 '르' 받침으로 끝나는 체언에 붙는 부사격 조사. **1** '…를 가지고'의 뜻으로, 앞에 오는 체언이 동사와 관련되어 도구나 재료나 수단 등의 의미를 가지고 있음을 나타냄. ¶눈물~ 호소하다. **2** 시간을 셈할 때 셈에 넣는 한계나 기준을 나타냄. ¶오늘~ 그가 떠난 지 딱 100일째 된다. ▷으로서·로서.

로열-박스(royal box) [명] 극장·경기장 등에 마련된 특별석. 순화어는 '귀빈석'.

로열^젤리(royal jelly) [명] 일벌이 여왕벌의 애벌레를 기르기 위하여 분비하는 젖과 같은 영양 물질. 불로장수와 정력의 영약(靈藥)이라 함.

로열-층(Royal層) [명] 고층 아파트에서 햇빛이 잘 들고 높지도 낮지도 않아 생활하기에 가장 좋은 층.

로열티(royalty) [명] 특허권·상표권 등 남의 공업 소유권이나 저작권 등에 대한 사용료.

로이터, 파울 율리우스 폰(Reuter, Paul Julius von) [인] 독일 태생의 영국의 언론인·통신사 경영자(1816~1899).

로잔(Lausanne) [지] 스위스 서부의 관광·휴양 도시.

로제트(rosette) [명] **1** 24면으로 된, 장미 모양의 다이아몬드. **2** 천장으로부터 전등선을 끌어내기 위하여 반자에 다는, 사기 따위로 만든 반구형의 기구.

로조(Roseau) [지] 도미니카의 수도.

로케(←location) [명][영] '로케이션'의 준말.

로케이션(location) [명][영] =현지 촬영. ☞록에.

로켓¹(locket) [명] 장신구의 하나. 사진·기념물 등을 넣어 목걸이에 다는, 금·은으로 만든 작은 갑.

로켓²(rocket) [명] 고온 고압의 가스를 발생·분출시켜 그 반동으로 로 추진하는 장치. 또는, 그 힘을 이용한 비행물.

로켓-탄(rocket彈) [명][군] 로켓 장치에 의해 발사하는 탄환.

로코코(⑬rococo) [명][예] 17~18세기에 걸쳐 유럽에서 유행한 미술·음악 등의 양식. 우아하고 화려하며 섬세함을 그 특징으로 함.

로크¹(lock) [명][체] 레슬링에서, 팔 또는 손으로 상대를 끼어 꼼짝 못하게 하거나 비트는 일.

로크², 존(Locke, John) [인] 영국의 철학자(1632~1704).

로큰롤(rock'n'roll) [명][음] 1950년대에 미국에서 시작하여 세계적으로 유행한, 빠르고 강렬한 리듬의 대중음악.

로키^산맥(Rocky山脈) [지] 북아메리카 대륙의 서부를 남북으로 달리는 큰 산맥. 길이 4,500km.

로터리(rotary) [명] 큰 거리의 교차로 중앙에 교통의 소통을 원활하게 하기 위해 원형으로 만들어 놓은 곳.

로터리^클럽(Rotary Club) [명] 국제 친선과 사회봉사를 목적으로 하는 실업인·전문 직업인의 국제적인 사교 단체. 1905년 미국에서 시작됨.

로테이션(rotation) [명] ['회전', '교대'의 뜻] **1** 어떤 일을 정해진 순서에 따라 교대하는 것. 또는, 어떤 일을 일정 시간이나 기간마다 바꾸어 하는 것. ¶3교대 근무는 한 달을 주기로 ~이 된다. **2** [체] 6인제 배구에서, 서브권을 얻으면서 시계 방향으로 선수들이 한 자리씩 위치를 이동하는 것. **로테이션-하다** ㉓㉔㉕

로프(rope) [명] 섬유나 강선(鋼線)을 꼬아 만든 굵은 줄.

-록(錄) [접미] '기록', '문서'의 뜻을 나타내는 말. ¶회의~/방명~/비망~.

록²(rock) [명][음] '로큰롤'의 준말.

록-카페(↑rock+⑬café) [명] 록 음악에 맞추어 춤을 출 수 있는 시설을 갖춘, 주로 젊은이들을 상대로 하는 술집.

록펠러, 존 데이비슨(Rockefeller, John Davison) [인] 미국의 실업가(1839~).

-론(論) [접미] 일부 명사의 뒤에 붙어, 명사가 나타내는 것을 대상으로 한 '논설·논의·이론·주장' 임을 나타내는 말. ¶예술~/여성~.

론도(⑬rondo) [명][음] **1** 프랑스에서 일어난 2박자의 경쾌한 춤곡. **2** 같은 주제가 여러 번 되풀이되는 사이에 다른 부주제가 여러 가지로 삽입되는 형식의 기악곡. 주로 쓰이는 둥근 통 모양의 주조물.

롤(roll) [명] 물건을 눌러 펴거나 인쇄·염색 등에 쓰이는 둥근 통 모양의 주조물.

롤랑, 로맹(Rolland, Romain) [인] 프랑스의 소설가·극작가(1866~1944).

롤러(roller) [명] 회전하는 원통형의 물건. 땅의 표면을 다지거나 금속의 압연, 인쇄 등에 쓰임.

롤러-블레이드(rollerblade) [명] =인라인스케이트.

롤러-스케이트(roller skate) [명] 신발의 바닥에 4개의 롤러가 두 줄로 달려 있어 그것을 신고 단단한 바닥 위를 미끄러지듯 달릴 수 있게 되어 있는 운동 기구. ▷라인스케이트.

롤리타^콤플렉스(Lolita complex) [명][심] 성인 남자가 어린 소녀에게 성욕을 느끼는 콤플렉스. '롤리타'는 나보코프의 동명 소설에 나오는 소녀 이름임.

롤링(rolling) [명] 비행기·자동차 등이 좌우로 흔들리는 일. ↔피칭.

롤-빵(roll-) [명] 둥글게 말아 구운 빵.

롬(ROM) [read only memory] [컴] 기억된 데이터를 읽을 수는 있어도, 새로 기록하여 내용을 바꿀 수는 없는 기억 소자. 전원이 꺼져도 기억된 내용은 지워지지 않음. ▷램(RAM).

-롭다 [따] ['그러함'을 인정하거나 '그럴 만하다'의 뜻을 나타내는 형용사를 만드는 말. ¶번거~/향기~.

롱런(long-run) [명] **1** 연극·영화 등의 장기 흥행. **2** [체] 권투에서, 챔피언이 챔피언 벨트를 장기간 보유하는 일. **롱런-하다** ㉓㉔

롱-부츠(long boots) [명] 무릎 높이의 긴 구두. ▷앵클부츠.

롱˚숏(long shot) 명[영][사진] 카메라를 전경(全景)이 들어갈 만큼 피사체로부터 멀리 하여 촬영하는 일. ↔클로즈업.

롱-스커트(long skirt) 명 =긴치마.

롱펠로(Longfellow, Henry Wadsworth) 명[인] 미국의 시인(1807~1882).

뢴트겐¹(⑤Röntgen) 명[물] [1][자림] 엑스선. [2][여준] 물체가 받는 방사선의 양 또는 세기의 단위. 기호는 R.

뢴트겐², 빌헬름 콘라트(Röntgen, Wilhelm Konrad) 명[인] 독일의 물리학자(1845~1923).

-료(料) 젭투 1 '대금', '요금', '보수'의 뜻을 나타내는 말. ¶수업~ / 입장~. 2 '원료', '재료'의 뜻을 나타내는 말. ¶조미~ / 향신~.

-루(樓) 젭투 '누각'의 뜻을 나타내어, 어떤 누각의 이름을 이루는 말. ¶촉석~ / 경회~.

루게릭-병(Lou Gehrig病) 명[의] 척수 신경 또는 간뇌가 파괴됨으로써 근육이 위축되어 온몸을 거의 움직일 수 없게 되는 원인 불명의 불치병.

루르(Ruhr) 명[지] 독일 서부의 공업 지대.

루마니아(Rumania) 명[지] 발칸 반도 동북부에 있는 공화국. 수도는 부쿠레슈티.

루머(rumor) 명 '뜬소문', '소문', '풍문'으로 순화. ¶악성(惡性) ~이 떠돌다.

루멘(lumen) 명[여준][물] 광속(光束)의 국제단위계의 단위. 1루멘은 1촉광의 광원(光源)을 중심으로 반지름 1m의 구면 상에서 1m²의 면적을 통과하는 빛의 속도임. 기호는 lm.

루벤스, 페테르 파울(Rubens, Peter Paul) 명[인] 벨기에의 화가(1577~1640).

루블(⑤rubl') 명[여준] 러시아를 비롯하여 독립 국가 연합의 여러 나라에서 통용되고 있는 화폐 단위. 1루블은 100코페이카. 기호는 Rub.

루비(ruby) 명[광] =홍옥(紅玉)1.

루빈스타인, 아르투르(Rubinstein, Artur) 명[인] 폴란드 태생의 미국의 피아니스트(1887~1982).

루사카(Lusaka) 명[지] 잠비아의 수도.

루소, 장 자크(Rousseau, Jean Jacques) 명[인] 프랑스의 작가·사상가(1712~1778).

루쉰(魯迅) 명[인] 중국의 작가(1881~1936).

루스벨트, 프랭클린 델러노(Roosevelt, Franklin Delano) 명[인] 미국의 제32대 대통령(1882~1945).

루스-하다(loose-) 형[여] (태도나 행동이) 절제가 없거나 긴장이 풀려 있다. ¶루스한 경기 / 루스한 분위기.

루안다(Luanda) 명[지] 앙골라의 수도.

루이 십사세(Louis十四世) [-싸-] 명[인] 프랑스 부르봉 왕조의 왕(1638~1715).

루이 십육세(Louis十六世) [-심뉵쎄] 명[인] 프랑스 부르봉 왕조의 마지막 왕(1754~1793).

루이지애나(Louisiana) 명[지] 미국 남부의 주.

루주(⑤rouge) 명 여자들이 입술 모양을 또렷하고 아름답게 보이려고 입술에 바르는 화장품. ⑪입술연지·립스틱.

루지(luge) 명[체] 목제 썰매를 타고 인공 얼음으로 굳혀진 1,000m의 경주로를 달려 그 속도를 겨루는 경기. 또는, 그 썰매.

루키(rookie) 명[체] 야구에서, 팀에 새로 입단한 신인 선수.

루키즘(lookism) 명 외모에 따라 사람을 판단하거나 차별하는 태도.

루터, 마르틴(Luther, Martin) 명[인] 독일의 종교 개혁자(1483~1546).

루트¹(root) 명[수] 제곱근을 표시하는 기호. √의 명칭.

루트²(route) 명 1 비행기나 배가 다니는 고정 노선. ¶항공~. 2 물품이나 정보 등이 전해지는 경로. ¶판매~.

루틴(routine) 명[컴] 어떤 작업을 실행시키기 위해 일정하게 배열해 놓은 명령어의 집합.

루페(⑤Lupe) 명 볼록 렌즈를 사용한 확대경.

루프(loop) 명 ['고리'라는 뜻] 1 고리 모양의 피임 용구. 자궁 안에 장치함. 2 [컴] 일련의 명령문을 일정한 횟수만큼 반복해서 실행하는 것. =순환(循環).

루핑(roofing) 명 섬유 제품에 아스팔트 가공을 한 방수 재료. 지붕을 일 때 씀.

룩셈부르크(Luxemburg) 명[지] 1 벨기에·독일·프랑스 세 나라 사이에 있는 입헌 군주국. 2 1의 수도.

룰(rule) 명 경기나 놀이, 단체 생활 등에서의 규칙. ¶~을 위반하다.

룰렛(roulette) 명 1 빠르게 돌아가는 원반에 구슬을 굴려, 그 구슬이 멈춘 자리의 숫자나 색으로 승부를 겨루는 도박 용구. 또는, 그 도박. 2 양재에서, 종이나 천 등의 본에 점선 표시를 할 때 사용하는, 자루 끝에 톱니바퀴가 달린 기구.

룸메이트(roommate) 명 하숙이나 기숙사 등에서, 같은 방을 쓰는 사람.

룸바(⑤rumba) 명[음] 19세기 초기, 쿠바의 아프리카계 주민 사이에서 시작된 춤곡. 또는, 그 춤. 활기차고 빠른 4분의 2박자의 리듬이 특색임.

룸비니(Lumbinī) 명[불] 석가모니의 탄생지. 네팔 남부, 인도와의 국경 지방에 있음.

룸-살롱(†room+⑤salon) 명 칸막이가 되어 있는 방에서 술을 마실 수 있게 설비한 술집.

룸-서비스(room service) 명 호텔 등에서, 객실에 음식물을 날라다 주는 일.

룸펜(⑤Lumpen) 명 부랑자 또는 무직자.

룻-기(Ruth記) 명[성] 구약 성서 중의 한 권.

룽먼^석굴(龍門石窟)[-꿀] [고고] 중국 뤄양 남쪽에 있는 석굴. 중국 3대 불교 유적의 하나로, 5~8세기에 만들어짐.

뤄양(洛陽) 명[지] 중국 동부의 도시.

뤼순(旅順) 명[지] 중국 북동부의 항구 도시.

류¹(類) 명 '유(類)²'가 어말에 올 때의 어형. ¶포유~ / 갑조~.

-류²(流) 젭투 어떤 사람이나 어떤 유파가 독특하게 가지는 방식이나 경향을 나타내는 말. ¶자기~의 사고방식 / 소월(素月)~의 서정시.

-류³(類) 젭투 같은 종류나 부류에 속하는 것을 나타내는 말. ¶야채~ / 금속~.

류마치스(←⑤Rheumatismus) 명[의] '류머티즘'의 잘못.

류머티즘(rheumatism) 명[의] 뼈·관절·근

육 등이 단단하게 굳거나 아프며, 운동하기가 곤란한 증상을 보이는 병의 총칭. ×류마치스.

류블랴나(Ljubljana) 〖지〗 슬로베니아의 수도.

류-사오치(劉少奇) 〖인〗 중국의 정치가. 부주석(1898~1969).

류트(lute) 〖음〗 16세기를 중심으로 유럽에서 유행한 현악기. 올림통은 만돌린보다 좀 크며, 독주·합주용에 쓰임.

륙색(rucksack) 〖명〗 물건을 넣어 등에 지는 등산용 배낭.

-률(律) 〖접미〗 'ㄴ' 받침을 제외한 받침 있는 명사 다음에 붙어, '법칙'의 뜻을 나타내는 말. ¶도덕~/황금~. ▷-율(律).

-률[2](率) 〖접미〗 'ㄴ' 받침을 제외한 받침 있는 명사 다음에 붙어, '비율'의 뜻을 나타내는 말. ¶경쟁~/취업~. ▷-율(率).

르네상스(㊍Renaissance) 〖명〗 ['재생', '부활'의 뜻] 14~16세기에 이탈리아에서 일어나 서유럽에까지 퍼진, 인간성 해방을 위한 문화 운동. =문예 부흥.

르누아르, 피에르 오귀스트 (Renoir, Pierre Auguste) 〖인〗 프랑스의 화가(1841~1919).

르^불규칙^용언(-不規則用言) [-칭농-] 〖명〗〖언〗'르 불규칙 활용'을 하는 용언.

르^불규칙^활용(-不規則活用) [-치쿨-] 〖명〗〖언〗 어간의 끝 음절 '르' 가 '아', '-어' 앞에서 'ㄹㄹ'로 바뀌는 현상. '자르다'가 '잘라' 로 바뀌는 따위.

르완다(Rwanda) 〖지〗 아프리카 동남부에 있는 공화국. 수도는 키갈리.

르포(←◎reportage) 〖명〗'르포르타주'의 준말. ¶현지 ~.

르포-라이터(†←◎reportage + writer) 〖명〗 사건이나 풍물을 현지에서 취재하여 기사로 싣거나 출판물을 내는 사람.

르포르타주(◎reportage) 〖명〗 1 신문·방송·잡지 등에서, 현지로부터의 보고 기사. 2 [문] 사회적인 현실에 대하여 보고자의 주관을 섞지 않고 객관적으로 서술한 문학. ㉰르포.

를 ㊍ 모음으로 끝나는 체언에 붙어, 그 말을 목적어로 만드는 격 조사. 1 행동이 미치는 대상이거나 행동의 목적물임을 나타냄. ¶너는 너~ 굳게 믿는다. 2 행동의 결과 생기는 대상이거나 변화의 결과 이뤄지는 대상임을 나타냄. ¶편지~ 쓰다. 3 이동을 나타내는 동사와 함께 쓰여, 행동의 목적이 되는 일을 나타냄. ¶낚시~ 가다. 4 이동을 나타내는 동사와 함께 쓰여, 동작이 이뤄지는 장소가 됨을 나타냄. ¶바닷가~ 혼자 거닐다. 5 이동을 나타내는 동사와 함께 쓰여, 일정한 목적을 가지고 이동하고자 하는 곳임을 나타냄. ¶학교~ 가다. 6 행동의 출발점임을 나타냄. ¶우리는 학교~ 12시에 떠났다. 7 경로나 과정이 되는 대상임을 나타냄. ¶범인은 이면 도로~ 통해 도주했다. 8 일이 비롯되는 대상임을 나타냄. ¶너~ 비롯한 여러 친구들. 9 주거나 받는 등의 동사와 함께 쓰여, 행동을 받는 대상임을 나타냄. ¶아저씨가 나~ 돈을 주셨다. 10 어떤 행동이 직접 미치는 대상 이외에 그 대상을 포함하거나 소유하는 대상에도 그 행동이 미칠 때, 그 대상을 강조하여 나타냄. ¶그는 나~ 얼굴을 때렸다. 11 피동사와 함께 쓰여, 남의 동작이나 행위를 입은 대상임을 강조하여 나타냄. ¶버스 안에서 여자에게 구두~ 밟혔다. 12 시간·거리·빈도 및 그 밖의 수량을 나타내는 말 뒤에 쓰여, 그것이 강조나 관심의 대상이 됨을 나타냄. ¶마라톤은 42.195km ~ 달리는 경기다. 13 부사나 또는 부사적 연결 어미 뒤에 쓰여, 그 앞에 오는 내용을 강조하는 뜻을 나타냄. ¶저 아이는 도대체 말을 듣지~ 않는다. ㉰르. ▷을.

-리[1] 〖접미〗'르', '으'의 받침으로 끝나나 ㄷ 불규칙 또는 르 규칙적 활용을 하는 동사의 어간에 붙어, 1 동사가 사동의 기능을 갖게 만드는 어간 형성 접미사. ¶날~다/돌~다. 2 동사가 피동의 기능을 갖게 만드는 어간 형성 접미사. ¶뚫~다/물~다.

-리[2] 〖어미〗 모음이나 'ㄹ' 받침으로 끝나는 어간, 또는 어미 '-시-' 아래에 붙어 문학어에 쓰이는 문어체의 종결 어미. 1 추측·의지 등의 뜻을 나타냄. ㉺-라. ¶내일이면 꽃이 피~. 2 스스로 묻거나 탄식하는 뜻을 나타냄. ㉺-리오. ¶이제 가면 언제 오~. ▷-으리.

-리[3] 〖어미〗 모음이나 'ㄹ' 받침으로 끝나는 어간, 또는 어미 '-시-' 아래에 붙어, 미래 시제나 '의지'를 나타내는 선어말 어미. ¶내가 곧 그곳으로 가~다. ▷-으리.

리[4](里) '이(里)[12]'가 어말에 올 때의 어형. ¶경상북도 상주시 낙동면 낙동~.

리[5](里) 〖명〗 거리 단위의 하나. 약 393 m. ¶10~. ▷마장.

리[6](理) 〖명〗〖의존〗 어미 '-ㄹ' 다음에 '없다' 나 '있다'와 쓰여) '까닭', '이치' 의 뜻을 나타내는 말. ¶그가 갔을 ~가 없다.

리[7](厘·釐) 〖명〗〖의존〗 전체 수량을 1000등분한 것의 비율을 나타내는 단위. 푼의 1/10. ¶4할 5푼 3~.

-리[8](裏·裡) 〖접미〗 일부 명사나 어근적 명사 뒤에 붙어, 그 말이 나타내는 조건이나 상태에 있음을 나타내는 말. ¶비밀~/성황~.

리[9], 로버트 에드워드 (Lee, Robert Edward) 〖인〗 미국의 군인(1807~1870).

리가(Riga) 〖지〗 라트비아의 수도.

리그(league) 〖명〗 =리그전.

리그-전(league戰) 〖체〗 경기 대전(對戰) 방식의 하나. 참가 팀이 다른 팀과 모두 한 번씩 겨루는 경기. 한두 번의 패배도 우승할 기회가 있음. =리그·연맹전. ▷토너먼트.

리기다-소나무(rigida-) 〖명〗〖식〗 소나무의 한 종류로, 높이 25m, 둘레 3m에 이르는 상록 침엽 교목. 가지가 넓게 퍼지고, 나무껍질은 적갈색임. 사방림으로 심음.

-리까 〖어미〗 모음이나 'ㄹ' 받침으로 끝나는 어간, 또는 어미 '-시-' 아래에 붙어, '합쇼' 할 상대에게 앞일에 대한 의향을 물을 때에 쓰는 종결 어미. ¶당장 그리 가 ~? ▷-으리까.

리넨(linen) 〖명〗 아마(亞麻)의 실로 짠 얇은 직물의 총칭. ⊗린네르.

리놀륨(linoleum) 〖명〗 실내 바닥에 깔거나 벽에 붙이는, 내수성·탄력성이 큰 건축 재료. ¶~ 장판.

-리니 〖어미〗 모음이나 'ㄹ' 받침으로 끝나는 어간, 또는 어미 '-시-' 아래에 붙어, '-ㄹ 것이니' 의 뜻으로, 추측이나 의지를

나타냄과 동시에 뒤에 오는 말의 원인이나 근거가 되는 뜻을 나타내는 연결 어미. ¶최후의 승리는 우리의 것이~, 끝까지 싸우자. ▷-으리나.

-리다 [어미] **1** 모음이나 'ㄹ' 받침으로 끝나는 동사의 어간에 붙어, '그리하겠소'의 뜻으로 '하오' 할 상대에게 자기의 의지나 결의를 나타내는 종결 어미. ¶내 약속 하~. **2** 모음이나 'ㄹ' 받침으로 끝나는 어간, 또는 어미 '-시-' 아래에 붙어, '하오' 할 상대에게 추측이나 경고의 뜻을 나타내는 종결 어미. ¶잘못하면 떨어지~. ▷-으리다.

리더(leader) [명] 조직이나 단체 등에서 이끌어 가는 위치에 있는 사람.

리더-십(leadership) [명] 지도자로서의 능력이나 통솔력. ¶~을 발휘하다.

리드¹(lead) [명] **1** 앞장서서 이끄는 것. **2** [체] 운동 경기에서, 상대 팀을 점수에서 앞서는 것. **리드-하다** [자][여]

리드²(reed) [명][음] 관악기나 풍금류의 악기에 붙여 공기로 진동시킴으로써 소리가 나게 하는, 갈대·대나무·금속 등의 조각.

리드미컬-하다(rhythmical-) [형][여] 율동적·운율적인 특성이 있다. ¶리드미컬한 동작.

리듬(rhythm) [명] **1** 일정한 박자나 규칙에 의하여 음의 장단·강약 등이 반복될 때의 그 규칙적인 음의 흐름. ¶강렬한 ~. **2** [문] 문장이 가지는 음성적 요소의 반복. 특히, 운문에서의 운율을 지칭하는 말. **3** 일반적으로, 규칙적인 요소의 반복을 이르는 말. ¶생활의 ~이 깨지다.

리듬-감(rhythm感) [명] 일정한 리듬에 따라 반복되어 움직이는 느낌.

리듬^악기(rhythm樂器) [-끼] [명] [음] 리듬에 대한 감각이나 능력을 기르기 위한 악기. 캐스터네츠·탬버린·작은북·트라이앵글 따위. ▷가락 악기.

리듬^앤드^블루스(rhythm and blues) [명][음] 제2차 세계 대전 후, 미국 흑인들 사이에서 유행한 대중음악. 강렬한 리듬과 단순한 멜로디가 특징이며, 로큰롤의 모태가 되었음.

리듬^체조(rhythm體操) [명][체] 반주 음악의 리듬에 맞추어 리본·공·곤봉 따위를 사용하여 연기하는 여성 체조. =신체조.

-리라¹ [어미] **1** 모음이나 'ㄹ' 받침으로 끝나는 어간, 또는 어미 '-시-' 아래에 붙어, 추측의 뜻을 감탄조로 나타내는 종결 어미. ¶이 엎어붙은 땅에도 머지않아 봄이 오~. **2** 모음이나 'ㄹ' 받침으로 끝나는 동사의 어간에 붙어, 말하는 이가 자신의 의지를 영탄조로 나타내는 문어체의 종결 어미. (ㅂ)-리. ¶꼭 이기고 돌아와 ~. ▷-으리라.

리라²(⊙lyra) [명][음] 고대 그리스에서 쓰인, 하프 비슷한 작은 현악기.

리라³(⊙lira) [명] 이탈리아의 예전의 화폐 단위.

-리로다 [어미] 모음이나 'ㄹ' 받침으로 끝나는 어간, 또는 어미 '-시-' 아래에 붙어, '-리라'의 뜻을 감탄조로 나타내는 종결 어미. ¶조국의 독립을 위해서만 살~. ▷-으리로다.

리마(Lima) [명] [지] 페루의 수도.

-리만치 [어미] =-리만큼.

-리만큼 [어미] 모음이나 'ㄹ' 받침으로 끝나는 용언의 어간, 또는 어미 '-시-' 아래에 붙어, '-ㄹ 정도로'의 뜻으로, 뒤의 사실이 그 정도에 있어 최상 또는 극단의 경우인 앞의 사실에 이르거나 미침을 나타내는 연결 어미. =-리만치. ¶구역질이 나~ 그가 보기 싫다. ▷-으리만큼. × -르이만큼.

리머(reamer) [명][공] 금속에 뚫은 구멍을 정확한 치수로 마무리하는 공구.

리메이크(remake) [명] 이미 만들어져 있던 영화나 노래를 새로운 느낌으로 다시 만드는 것. ¶~ 곡. **리메이크-하다** [동][여]

리모델링(remodeling) [명] 낡은 건축물을 그 기본 골조는 그대로 두고 내부와 시설을 완전히 뜯어고치는 일. ¶~ 아파트. **리모델링-하다** [동][여]

리모컨(←リモコン) [명] [<remote control] 원격 제어기를 하는 장치.

리무진(⊙limousine) [명] **1** 운전석과 뒷좌석 사이를 유리로 칸막이한 호화로운 대형 승용차. **2** =리무진버스.

리무진-버스(†⊙limousine+bus) [명] 공항 이용객을 위한 전용 버스. =리무진.

리믹스(remix) [명][음] 레코드나 테이프로 제작이 완료된 음악을 이전과 다른 느낌이 들도록 다시 믹스하는 것. ▷믹스. **리믹스-하다** [동][여]

리바운드(rebound) [명][체] **1** 농구에서, 슈팅한 공이 골인되지 않고 링이나 백보드에 맞고 튀어나오는 일. **2** 배구에서, 상대편의 블로킹에 걸려 공이 되돌아오는 일.

리바이벌(revival) [명] 오래된 유행가·연극·영화 따위의, 재상연이나 재상영. 또는, 그것의 재유행. **리바이벌-하다** [동][여]

리버럴-하다(liberal-) [형] 자유주의적인 태도가 있다. ¶리버럴한 사고방식.

리버풀(Liverpool) [명] [지] 영국 잉글랜드 서부의 항구 도시.

리베로(libero) [명][체] **1** 축구에서, 스위퍼와 같은 역할을 말하나, 수비 전문인 스위퍼와 달리 공격에도 적극 가담하는 선수. **2** 배구에서, 수비만을 하는 선수. 경기 시 1명을 둘 수 있음.

리베이트(rebate) [명][경] 지불 대금의 일부를 사례금·보상금의 형식으로 지불자에게 되돌려 주는 일. 또는, 그 돈. 흔히, '뇌물'의 뜻으로 씀.

리벳(rivet) [명][건] 대가리가 둥글고 두툼한 버섯 모양의 굵은 못.

리보^금리(LIBOR金利)[-니] [명] [LIBOR: London Inter Bank Offered Rates] [경] 런던 은행가에서 신용도가 높은 은행들이 서로 단기 자금을 빌려 줄 때 적용하는 이자율.

리보솜(ribosome) [명][생] 세포질 속에 있는, 단백질을 합성하는 작은 입자.

리보오스(ribose) [명][화] 단당류의 하나. RNA나 각종 보조 효소의 구성 성분으로서 생물체에 널리 존재함. ▷아드엔에이.

리본(ribbon) [명] **1** 끈·머리 장식 따위의 총칭. 머리·모자·훈장·선물 등의 장식으로 쓰임. **2** 타자기·워드 프로세서 등에 쓰이는 띠 모양의 먹지. **3** [체] 리듬 체조에 쓰이는, 긴 띠 모양의 천.

리본^체조(ribbon體操) [명][체] 손잡이가 있는 리본을 흔들거나 던지면서 여러 동작을 음악에 맞추어 하는 리듬 체조.

리볼버(revolver) [명] 회전식 연발 권총.

리부팅(rebooting) [명][컴] =재부팅.

리뷰(review) [명] '비평', '논평', '소개[1]'로 순화. ¶북 ~ / 영화 ~.
리브르빌(Libreville) [명][지] 가봉의 수도.
리비도(libido) [명][심] 프로이트의 정신 분석학의 기초 개념인 성적(性的) 본능에 의한 충동.
리비아(Libya) [명][지] 북아프리카 지중해 연안에 있는 공화국. 수도는 트리폴리.
리비아^사막(Libya沙漠) [명][지] 아프리카 대륙 북동부에 있는 사막.
리빙스턴, 데이비드(Livingstone, David) [명][인] 영국의 선교사·탐험가(1813~1873).
리사이틀(recital) [명][음] 독주회 또는 독창회. ¶피아노 ~.
리서치(research) [명] '연구[1]', '조사[5]'로 순화.
리셉션(reception) [명] 환영·축하·기념 등의 뜻으로 열리는 공식적인 파티. ¶그룹 창립 50주년 ~.
리셋(reset) [명][컴] **1** 데이터를 처리하는 기구 전체나 일부를 초기 상태로 되돌리는 일. =소거(消去). **2** 기억 장치·계수기·레지스터 등을 0의 상태로 되돌리는 것.
리셋^버튼(reset button) [명][컴] 컴퓨터 전원을 끄지 않은 상태에서 컴퓨터를 재시동해 주는 버튼.
리스(lease) [명] 기계·설비·기구 등을 장기간으로 임대하는 제도.
리스본(Lisbon) [명][지] 포르투갈의 수도.
리스크(risk) [명] '위험', '투자 위험'으로 순화. ¶외환 ~ / ~가 크다.
리스트[1](list) [명] 다수의 품명이나 인명 등을 일정한 순서로 적어 놓은 것. ¶용의자의 ~에 오르다.
리스트[2], 프란츠 폰(Liszt, Franz von) [명][인] 헝가리의 피아니스트·작곡가(1811~1886).
리시브(receive) [명][체] 테니스·탁구·배구 등에서, 서브한 공을 받아치는 일. ↔서브. **리시브-하다** [동][타][여]
리신(lysine) [명][화] 필수 아미노산의 하나. 거의 모든 단백질의 구성 성분이 됨.
리아스식 해¦안(rias式海岸) [지] 해안선의 굴곡이 심한 해안.
리야드(Riyadh) [명][지] 사우디아라비아의 수도.
리어-카(†rear car) [명] 자전거 뒤에 달거나 사람이 끄는, 바퀴가 둘인 작은 수레.
리얼리스트(realist) [명] **1** =사실주의자. **2** =현실주의자.
리얼리즘(realism) [명] **1** =현실주의. **2** =사실주의.
리얼리티(reality) [명] =현실성.
리얼-하다(real—) [형][여] 현실과 같은 느낌이 있다. ¶현장을 **리얼하게** 묘사한 소설.
리엔지니어링(reengineering) [명] 기업의 업무와 조직을 근본적이고 혁신적으로 재구성하여 경영의 효율을 높이는 일.
-리오 [어미] 모음이나 'ㄹ' 받침으로 끝나는 어간, 또는 어미 '-시-' 아래에 붙어, '-ㄹ까'의 뜻으로 스스로 묻거나 탄식하는 뜻을 나타내는 문어체의 종결 어미. [비]-리. ¶얼마나 아프~. ▷-으리오.
리우데자네이루(Rio de Janeiro) [명][지] 브라질 남동부의 항구 도시.
리을 [명][언] 한글 자모의 넷째 글자. 'ㄹ'의 이름. 모음 사이에 올 때는 목청을 울리면서 혀끝이 윗잇몸을 한 번 가볍게 치면서 진동하는 탄설음이며, 받침으로 그칠 때는 혀끝을 윗잇몸에 꼭 붙이고 혀의 양옆으로 날숨을 내보내며 목청을 울리는 혀옆소리.
리을^불규칙^용¦언/ㄹ 불규칙 용언(—不規則用言)[—칭뇽—] [명][언] '리을 불규칙 활용'을 하는 용언.
리을^불규칙^활용/ㄹ 불규칙 활용(—不規則活用)[—치괄—] [명][언] 어간의 끝소리인 'ㄹ'이, 다음에 오는 어미의 첫소리가 'ㄴ', 'ㅂ'으로 시작되거나, 어미가 '-ㄹ', '-오', '-오-', '-시-'일 경우에 탈락되는 활용의 형식. 곧, '울다'가 '우니', '우오' 등과 같이 활용되는 따위.
리조트(resort) [명] '휴양지'로 순화.
리츠(REITs) [명] [real-estate investment trusts] [경] 소액 투자자들로부터 위임을 받아 부동산이나 부동산 관련 유가 증권에 투자하여 발생한 수익을 배당하는 투자 신탁. 또는, 그 회사. '부동산 투자 신탁'으로 순화.
리치(reach) [명][체] 권투에서, 상대방까지 닿는 팔의 길이. ¶긴 ~로 상대 선수를 견제하다.
리카도, 데이비드(Ricardo, David) [명][인] 영국의 경제학자(1772~1823).
리케차(rickettsia) [명][의] 세균보다 작고 바이러스보다 큰 미생물의 총칭. 발진 티푸스·Q열 등의 병원체가 이에 속함.
리코더(recorder) [명][음] 세로로 부는 플루트의 일종인 목관 악기.
리코딩(recording) [명] 음반이나 테이프, 필름 등에 녹음 또는 녹화하는 것. '기록', '녹음[2]'로 순화.
리콜-제(recall制) [명] **1** [정] =소환제. **2** [경] 어떤 상품에 결함이 있을 때, 생산업체가 공개적으로 그 상품을 회수하여 점검·교환·수리해 주는 제도.
리-콴유(李光耀) [명][인] 싱가포르의 전 총리(1923~).
리큐어(liqueur) [명] 알코올에 설탕·식물성 향료 따위를 섞어서 만든 술.
리타르단도([이]ritardando) [명][음] 악곡의 속도를 지시하는 말로, '점점 느리게'의 뜻. 기호는 rit. ↔아첼레란도.
리터(liter) [명][의존] 미터법에 의한 용량의 단위. 1리터는 4℃의 물 1kg의 부피임. 기호는 *l* 또는 L.
리턴^키(return key) [명][컴] =엔터 키(enter key).
리투아니아(Lithuania) [명][지] 유럽 러시아 북서부, 발트 해 연안에 있는 국가. 수도는 빌뉴스.
리튬(lithium) [명][화] 알칼리 금속 원소의 하나. 원소 기호 Li, 원자 번호 3, 원자량 6.941. 은백색의 연한 고체 금속인데, 금속 중에서 가장 가벼움. 원자로의 제어봉, 합금 등에 쓰임.
리트([독]Lied) [명][음] 독일의 가곡(歌曲)을 이르는 말.
리트머스(litmus) [명][화] 리트머스이끼에서 짜낸 자줏빛 색소. 알칼리에서는 청색, 산에서는 적색으로 변함.
리트머스^종이(litmus—) [명][화] 리트머스 용액에 적신 거름종이. 적색과 청색의 두 가지가 있으며, 용액의 산성·염기성의 간단한 검사에 이용됨.
리파아제([독]Lipase) [명][화] 지방산 에스테르를 지방산과 글리세린으로 가수 분해

하는 반응의 촉매가 되는 효소.
리포터(reporter) 명 신문이나 잡지, 방송 프로그램 등의 탐방 기사를 쓰는 사람.
리포트(report) 명 **1** 조사나 연구, 실험 등의 결과에 대한 보고서. **2** 학생이 교수에게 제출하는 소논문(小論文). ×레포트.
리프트(lift) 명 사람을 태우거나 높은 곳을 오르내리는 닫게. 스키 리프트·휠체어 리프트·승강기 등을 두루 일컬음.
리플(←reply) 명 〈숙〉 인터넷상에서, 게시판에 실린 글에 대한 답변이나 의견으로서 올리는 글. 통신 언어임. ¶~을 달다.
리플레이션(reflation) 명[경] 디플레이션을 벗어나 경기를 회복시키기 위해, 인플레이션이 되지 않을 정도로 통화량을 늘리는 정책.
리플렉터(reflector) 명 **1** 자동차·자전거 등의 뒤쪽에 장치하는 위험 방지용 반사판. **2** =반사판.
리필-제품(refill製品) 명 ['리필(refill)'은 다시 채운다는 뜻] 용기를 버리지 않고 다시 쓸 수 있도록 내용물만을 따로 판매하는 제품.
리허설(rehearsal) 명 연극·음악·방송 등에서, 공연을 앞두고 하는 연습.
리히텐슈타인(Liechtenstein) 명[지] 스위스와 오스트리아의 국경에 있는 입헌 공국. 수도는 파두츠.
린네, 칼 폰(Linné, Carl von) 명[인] 스웨덴의 식물학자(1707~1778).
리네르(⇐liniere) 명 '리넬'의 잘못.
린드버그, 찰스 오거스터스(Lindbergh, Charles Augustus) 명[인] 미국의 비행기 조종사(1902~1974).
린-뱌오(林彪) 명[인] 중국의 군인·정치가 (1907~1971).
린스(rinse) 명 머리를 감은 뒤에 머리털을 헹구는 데 사용하는 액체. 머리털을 부드럽고 윤기가 있게 해 준다. ¶헤어 ~. **린스-하다** 통(자여) 머리털을 린스를 바른 뒤에 맹구거나 린스를 푼 물에 헹군다.
린-위탕(林語堂) 명[인] 중국의 작가(1895~1976).
린치(lynch) 명 정당한 법적 절차에 의하지 않고 사사로이 가하는 형벌. ⌒사형(私刑).
릴(reel) 명 Ⅰ(자역) **1** 녹음테이프·필름 따위의 감는 툴. **2** 낚싯대의 밑 부분에 달아, 낚싯줄을 감을 수 있게 한 장치. Ⅱ(의존) 영화용 필름 길이의 단위. 약 305 m. =권(卷).
릴-낚시(reel-) [-낙씨] 명 낚싯대에 장치한 릴의 꼭지머리를 돌려서 줄을 풀었다 감았다 하면서 물고기를 낚는 낚시.
릴레이(relay) 명[체] '릴레이 경기'의 준말.
릴레이^경!기(relay競技) 명[체] 일정한 거리를 조를 이룬 몇 명이 서로 교대하여 이어달리거나 헤엄치는 경기. 이어달리기·계영(繼泳) 따위. ⌒준릴레이.
릴레이-골(↑relay goal) 명[체] 축구·핸드볼 등에서, 어떤 팀이 연속해서 넣은 골. 순화어는 '연속 골'.
릴롱궤(Lilongwe) 명[지] 말라위의 수도.
릴리프(relief) 명[미] =부조(浮彫).
릴케, 라이너 마리아(Rilke, Rainer Maria) 명[인] 독일의 시인(1875~1926).

-림[1](林) 접미 '숲', '삼림'의 뜻을 나타내는 말. ¶국유~ / 방풍~.
림[2](ream) 명(의존) 양지(洋紙)를 세는 단위의 하나. 하나로 전지 500장을 가리키나, 때로 480장을 가리킬 때도 있음. ⓗ연(連).
림보(limbo) 명 중앙아메리카에서 발달한 곡예 댄스. 춤을 추면서 낮게 가로놓인 막대 밑으로 빠져나가기도 함.
림스키코르사코프, 니콜라이 안드레에비치(Rimskii-Korsakov, Nikolai Andreevich) 명[인] 제정 러시아의 작곡가(1844~1908).
림프(lymph) 명[생] 고등 동물의 혈관 안에 있는 무색의 액체. 혈액과 마찬가지로 몸 안을 돌면서 영양소와 면역 항체를 운반함. 음역어는 임파(淋巴).
림프-샘(lymph-) 명[생] 림프관 곳곳에 분포하는 콩 모양의 작은 기관. 세균 감염을 예방함. =림프선·임파선.
림프-선(lymph腺) 명[생] =림프샘.
립글로스(lip-gloss) 명 입술에 영양과 윤기를 주는 화장품.
립-서비스(lip service) 명 '빈말', '입발림'으로 순화.
립스틱(lipstick) 명 막대 모양으로 된, 여자들의 입술 화장용 연지. ⓗ루주.
립-싱크(lip sync) 명 연기자나 가수가 실제로 말이나 노래를 하지 않고 이미 녹음되어 있는 대사나 노래에 맞추어 입술만 움직이는 일.
링(ring) 명 **1** 고리 모양의 물건. **2** [체] 권투·프로 레슬링 경기에서, 두 선수가 맞붙어 겨루는 자리. ¶사각의 ~. **3** [체] 농구에서, 농구대에 고정되어 있는 둥근 테. **4** [체] 기계 체조 종목의 하나. 위에서 늘어뜨린 두 줄의 로프 끝에 손으로 잡는 쇠고리를 달아 놓은 것. **5** 피임구의 하나. 질(膣)에 삽입함.
링거(Ringer) 명[의] =링거액. ×링게르.
링거-액(Ringer液) 명[의] 혈청과 마찬가지로 삼투압, 무기 염류 조성, 수소 이온 농도를 조절한, 채액의 대용액. =링거.
링거주!사(Ringer注射) 명 링거액을 피하나 정맥에 놓는 주사. 혈액이나 수분을 보충하기 위해 사용함.
링게르 명[의] '링거(Ringer)'의 잘못.
링^운!동(ring運動) 명[체] 남자의 체조 경기 종목의 하나. 지상에서 2.5m 되는 높이에 50cm 간격으로 매달린 두 개의 링을 사용하여 턱걸이·물구나무서기 등의 연기를 함.
링커(linker) 명[체] 축구에서, '하프백'을 공격과 수비를 연결하는 구실을 한다고 하여 이르는 말.
링컨, 에이브러햄(Lincoln, Abraham) 명[인] 미국의 제16대 대통령(1809~1865).
링크[1](link) 명[컴] **1** 어떤 파일이나 페이지의 단어나 아이콘에 클릭을 하면 그와 관계된 정보나 페이지나 사이트로 연결되게 하는 것. 또는, 그 연결. **2** 하나를 변경하면 다른 하나에도 영향을 미치도록 두 파일 또는 두 데이터 항목을 연결하는 일. **링크-하다** 통(타여) ¶관련 사이트를 링크해 놓다.
링크[2](rink) 명 스케이트나 롤러스케이트를 타는 실내 스케이트장.

ㅁ¹ →미음.
-ㅁ² [접미] 모음 또는 'ㄹ' 받침으로 끝나는 용언의 어간에 붙어 명사를 만드는 접미사. '삶', '슬픔' 등의 'ㅁ'. ▷-음.
-ㅁ³ [어미] 모음이나 'ㄹ' 받침으로 끝나는 어간, 또는 어미 '-시-' 아래에 붙어, 그 말이 명사 구실을 하게 하는 전성 어미. '좋은 일임', '칭찬함이' 등의 'ㅁ'. ▷-음.
-ㅁ세 [어미] 모음이나 'ㄹ' 받침으로 끝나는 동사의 어간에 붙어, '하게' 할 상대에게 자기가 기꺼이 하겠다는 뜻을 나타내는 종결 어미. ¶내가 ~. ▷-음세.
-ㅁ에도 [어미] 명사형 전성 어미 '-ㅁ'과 조사 '에'와 '도'가 결합한 연결 어미. ¶가난하~ 불구하고. ▷-음에도.
-ㅁ에랴 [어미] 모음이나 'ㄹ' 받침으로 끝나는 어간, 또는 어미 '-시-' 아래에 붙어, 반문의 뜻을 나타내는 종결 어미. 없어진들 어떠리, 어차피 쓰지 못할 물건이~. ▷-음에랴.
-ㅁ자-집(-字-) [명][건] →미음자집.
-ㅁ직스럽다[-쓰-따] [접미] 모음으로 끝나는 동사의 어간에 붙어, 그럴 만한 특성을 가진 점이 있음을 나타내는 말. ¶바라~. ▷-음직스럽다.
-ㅁ직하다[-지카-] [접미] 모음으로 끝나는 동사의 어간에 붙어, 그럴 만한 특성이 제 있음을 나타내는 말. ¶바라~. ▷-음직하다.
마¹ [음] 서양 음악의 7음 음계에서 셋째 음이름. 영어로는 이(E), 이탈리아 어로는 미(mi).
마² [명] 산에서 자라며, 굵은 덩이뿌리를 먹거나 약용하는 여러해살이풀. 또는, 그 덩이뿌리. 줄기가 덩굴로 벋음.
-마³ [어미] 모음이나 'ㄹ' 받침으로 끝나는 동사의 어간에 붙어, '해라' 할 상대에게 자기가 기꺼이 하겠다고 약속하는 뜻을 나타내는 종결 어미. ¶곧 가~. ▷-으마.
마⁴(馬) [명] 장기짝의 하나. '馬(마)' 자를 새긴 것으로, '一(일)' 자 모양이 되게 앞이나 뒤나 옆으로 한 칸을 간 다음에 대각선으로 한 칸을 가게 되어 있음. 한 편에 둘씩 있음.=말.
마⁵(麻) [명][식] =삼.
마⁶(魔) [명] 1일이 잘되지 않게 해살을 부리는 것. ¶~가 끼다. 2궂은일이 자주 일어나는 곳이나 때. ¶~의 삼각지. 3극복해 내기 어려운 장벽. ¶그는 100미터 달리기에서 ~의 10초 벽을 깨고 세계 신기록을 수립했다. 4'마귀(魔鬼)'의 준말.
마⁷(碼) [명][의준] =야드. ¶두 ~ 세 치.
마가린(margarine) [명] 식물이나 동물의 기름에 소금과 색소 등을 넣어, 버터와 비슷하게 만든 식품.=인조버터. ▷버터.
마가-복음(←Mark福音) [명][성] 신약 성서중의 한 권.
마'각(馬脚) [명] 말의 다리.
 마각을 드러내다 [연극에서 말의 다리로 분장한 사람이 자기 모습을 드러낸다는 뜻] 숨기고 있던 부정적인 정체나 감추고 있던 좋지 않은 본심을 드러내다. ¶그는 사람들에게 친절을 베풀어 환심을 사더니 차츰 마각을 드러내기 시작했다.
마감 [명] 1계속되던 일을 마무리서 끝내는 것. 또는, 그때. 2뉴스, 정한 기한의 끝. ¶~일 / 원서 ~. 마감-하다 [동][타]
마감-재(-材) [명][건] 건물을 다 짓고 미장을 마친 다음, 실내나 외부를 꾸미는 마무리 공사에 쓰이는 재료. ¶고급 ~로 마감한 아파트.
마개 [명] 병이나 용기의 좁은 아가리를 막아에 든 것이 밖으로 나오지 않게 하는 물건. ¶병~ / 코르크 ~.
마거리트(marguerite) [명][식] 여름부터 가을까지 들국화 비슷한 흰 꽃이 피며, 줄기가 목질화하여 관목처럼 보이는 여러해살이풀.
마고자 [명] 한복 저고리 위에 덧입는 남자 웃옷. 저고리와 비슷하나 깃과 고름이 없고, 앞을 여미지 않음.
마고-할미(麻姑-) [명] 전설상 우리나라의 산과 강, 바다를 만들었다고 하는 여성 신. 키가 매우 커서 끝이 보이지 않는다고 함.
마구¹ [부] 1몹시 세차게. 또는, 아주 심하게. ¶비가 ~ 퍼붓다. 2분별없이 함부로.=막. ¶사람을 ~ 때리다.
마:구²(馬具) [명] 말을 부리는 데에 쓰는 기구.
마:구-간(馬廐間)[-깐] [명] 말을 기르는 곳.
마구리 [명] 1물건의 양쪽 머리의 면. 2길쭉한 물건의 양 끝을 덮어 끼우는 것. ¶장구의 ~.
마구-잡이 [명] (주로 '마구잡이로'의 꼴로 쓰여) 행동을 분별없이 마구 하는 상태. ¶주먹을 ~로 휘두르다.
마굴(魔窟) [명] 1마귀의 소굴. 2못된 무리나 매춘부·아편 중독자 따위가 모여 있는 곳.
마:권(馬券) [-꿘] [명] 경마(競馬) 때, 우승이 예상되는 말에 돈을 걸고 사는 표.
마귀(魔鬼) [명] 1요사스러운 잡귀의 통칭. ⑤마(魔). 2[기] 하나님과 대립 존재하여 여러 악귀를 거느리고 사람을 유혹하여 죄를 짓게 하는 죄악의 원천으로서의 인격적 실재, 사탄으로 불림. (비)악마.
마귀-할멈(魔鬼-) [명] 옛날이야기에 나오는 요사스럽고 못된 귀신 할머니.
마그나`카르타(Magna Carta) [명][역] 1215년 영국의 존 왕이 귀족의 강요로 왕권 제한과 귀족의 권리를 승인한 문서.
마그네사이트(magnesite) [명][광] 탄산마그네슘으로 된 광물. 내화 벽돌·시멘트의 원료 등으로 쓰임.
마그네슘(magnesium) [명][화] 은백색의 가벼운 금속 원소. 원소 기호 Mg, 원자 번호 12. 원자량 24.312. 플래시 램프·환원제·경합금 등에 쓰임.
마그네트론(magnetron) [명][물] 초단파 발진용 특수 진공관. 레이더·전자레인지 등에 이용됨.
마그네틱-테이프(magnetic tape) 〖명〗〖컴〗=자기 테이프.
마그데부르크의 반구(Magdeburg半球) [-의-/-에-]〖물〗 1657년에 독일의 물리학자인 게리케가 마그데부르크에서 대기의 압력을 증명하기 위하여 공개 실험에 쓴, 구리로 만든 반구.
마그마(magma) 〖명〗〖지〗 땅속 깊은 곳에서 지열(地熱)로 녹아 반액체로 된 물질.
마나과(Managua) 〖명〗〖지〗 니카라과의 수도.
마나-님 〖명〗 권세 있는 집안의 나이 많은 부인을 높여 이르는 말. ¶부잣집 ~.
마나마(Manama) 〖명〗〖지〗 바레인의 수도.
마나슬루 산(Manaslu山) 〖명〗〖지〗 네팔의 히말라야 산맥 중앙부에 있는 산. 높이 8,163m.
마냥 〖부〗 1 어떤 행동이나 상태가 화자(話者)의 바람과는 달리 끝나지 않고 계속되고 있음을 나타내는 말. ¶철들 나이가 지났는데도 ~ 어린애다. 2 어떤 상태가 보통의 정도를 훨씬 넘어 있음을 나타내는 말. ¶사람이 ~ 좋기만 하다. 3 어떤 행동을 하公스리 하거나 누리는 상태임을 나타내는 말. ¶친구와 만나 ~ 웃고 떠든다.
마네, 에두아르(Manet, Édouard) 〖명〗〖인〗 프랑스의 화가(1832∼1883).
마네킹(mannequin) 〖명〗 의류를 파는 가게에서 진열할 옷을 걸어 놓는 인체 모형.
마녀(魔女) 〖명〗 예로부터 전해 오는 유럽 등지의 민간 신앙에서, 사람에게 해악을 주는 마력을 가졌다는 여자.
마녀^사냥(魔女-) 〖명〗 1 〖역〗 =마녀 재판 1. 2 =마녀 사냥 2.
마녀^재판(魔女裁判) 〖명〗 1 〖역〗 중세 말기 유럽 여러 나라의 교회가 사회 불안과 종교적 위기를 해소하는 방편으로 죄없는 여성을 마녀로 몰아 처형한 종교 재판. =마녀 사냥. 2 정치권력자가 사회 불안을 해소하거나 사회 국면을 전환시키기 위해, 정적(政敵) 또는 반체제 집단에 엉뚱한 죄를 뒤집어씌우기. =마녀 사냥.
마노(瑪瑙) 〖명〗〖광〗 석영·단백석·옥수(玉髓)의 혼합물. 유백색·적갈색 등을 띠며, 보석이나 장식품 등으로 쓰임.
마누라 〖명〗 1 중년 이상이 된 아내를 허물 없이 부르거나, 다소 낮추어 이르는 말. ¶여보 ~! 2 중년이 넘은 남의 아내를 낮추어 이르는 말.
마는 〖조〗 어절의 종결 어미에 붙어, 앞의 내용을 일단 인정은 하면서 그에 대해 의문을 나타내거나 앞에 말하는 행동이나 상반된 내용을 담은 어절을 다음에 잇는 보조사. ¶가고는 싶지 ~ 바빠서 못 간다. 〖준〗만.
마늘 〖명〗〖식〗 잎이 가늘고 길며, 땅속에 있는 굵은 비늘줄기를 양념으로 쓰는 여러해살이풀. 또는, 그 비늘줄기. 비늘줄기는 특유한 냄새와 매운맛이 있음.
마늘-장아찌 〖명〗 마늘이나 마늘종·마늘잎을 식초와 설탕에 절여 진간장에 넣었다가 먹는 반찬.
마늘-종 [-종] 〖명〗 마늘의 꽃줄기.
마늘-쪽 〖명〗 마늘의 낱개. ¶~이 굵다.
마니-교(摩尼教) 〖명〗〖종〗 3세기에 페르시아 사람 마니가 조로아스터교에 크리스트교·불교 등의 요소를 가미하여 만든 종교.
마니-산(摩尼山) 〖명〗〖지〗 인천 광역시 강화도에 있는 산. 전국 체전의 성화를 채화함. 높이 468m.
마니아(mania) 〖명〗 어떤 일이나 대상을 광적으로 즐기고 좋아하는 사람. ¶영화 ~. ×매니아.
마닐라(Manila) 〖명〗〖지〗 필리핀의 수도.
마닐라-삼(Manila-) 〖명〗〖식〗 높이 6∼7m로 바나나와 비슷하며, 줄기의 섬유로 로프·의복·종이 등을 만드는 여러해살이풀. 또는, 그 줄기에서 뽑은 섬유.
마ː님 〖명〗 1 지난날, 지체가 높은 집안의 부인을 높여서 일컫던 말. ¶노~. 2 (일부 명사 아래에 붙어) 존대의 뜻을 나타내는 말. ¶대감~ / 나리~.
마다 〖조〗 '낱낱이 모두 한결같이', '각각 다'의 뜻을 나타내는 보조사. ¶사람~ 얼굴이 다르다.
마다가스카르(Madagascar) 〖명〗 아프리카의 남쪽, 인도양 서쪽에 있는, 마다가스카르 섬을 차지하는 공화국. 수도는 안타나나리보.
마다가스카르 섬(Madagascar-) 〖명〗〖지〗 인도양 서부에 있는 섬.
마ː다-하다 〖동〗〖여〗 싫다고 하다. ¶그는 궂은일도 **마다하지** 않고 했다.
마담(†④madame) 〖명〗 (원뜻은 '마님', '부인') 술집이나 다방의 여자 주인. ¶열süs ~.
마담-뚜(④madame-) 〖명〗 ('뚜'는 뚜쟁이의 준말) 〖속〗 특수층·부유층을 상대로 하는 직업적인 중매쟁이.
마당 1 〖자어〗 집 앞이나 뒤, 또는 옆에 사람이 모여 놀 수 있을 만한 넓이로 닦아 놓은 단단하고 평평한 땅. ¶앞[뒷]~. ▷틑. 2 〖의〗 1 ('-ㄴ/-는/은 마당에'의 꼴로 쓰여) 어떤 일이 이루어지는 판이나 상황을 이르는 말. ¶사람이 다 죽게 된 ~에 돈이 무슨 소용이냐? 2 판소리를 세는 단위. ¶판소리 열두 ~.
마당-극(-劇) 〖명〗〖연〗 1970년대 이후, 탈춤·풍물·판소리 등의 전통 민속 연희를 창조적으로 계승·발전시킨 실험적인 야외 연극. 사회 비판과 현실 고발을 주된 내용으로 함.
마당-놀이 〖명〗〖민〗 마당에서 벌이는 세시별(歲時別) 민속놀이.
마당-발 〖명〗 1 볼이 넓어 넓적한 발. ↔채발. 2 대인 관계가 넓은 사람. 비유적인 말임. ¶그는 ~이라서 여기저기 아는 사람이 많다.
마당-쇠 [-쇠/-쉐] 〖명〗 예전에, 대갓집에서 마당을 쓸거나 잔심부름 따위를 하던 하인.
마대(麻袋) 〖명〗 거친 삼실로 엉성하게 짠 자루. ¶흙을 ~에 담아 강둑에 쌓다.
마도로스(←④matroos) 〖명〗 주로 외항선(外航船)의 선원을 가리키는 말.
마도로스-파이프(†←④matroos+pipe) 〖명〗 담배통이 크고 뭉툭하며 대가 짧은 서양식 담뱃대.
마돈나(⑥Madonna) 〖명〗 ('나의 부인'이라는 뜻) 1 성모 마리아를 그린 그림이나 조각한 소상(塑像). 2 기품 있고 아름다운 여자나 애인을 이르는 말.
마드리드(Madrid) 〖명〗〖지〗 에스파냐의 수도.
마디 〖명〗 1 나무줄기에 가지나 잎이 붙은, 조금 도드라진 곳. 2 〖생〗 =관절. ¶손~ / 뼈~. 3 새끼·실 따위가 엉키거나 맺힌 곳. ¶~를 풀다. **4** 말이나 노래 곡조의 한 토막. ¶한 ~ 말도 없이 떠나 버렸다. **5** [언] =절(節).11. **6** [음] 악보의 세로줄로 구분된 리듬의 한 단위. =소절.
마디다 형 **1** (물건이) 잘 닳거나 소모되지 않아 오래 쓰는 상태에 있다. ¶비누가 ~. ↔헤프다. **2** (생물이) 자라는 속도가 더디다. ¶**마디게** 자라는 나무.
마디-마디 명 모든 마디. 또는, 마디마다. ¶~가 쑤신다.
마디-지다 형 마디가 있다. ¶**마디진** 손.
마따나 조 '말' 밑에만 붙어, '말한 대로', '말한 바와 같이'의 뜻을 나타내는 부사격 조사. ¶네 말~ 쉬는 게 좋겠다.
마땅찮다[-짠타] 형 마땅하지 않다. ¶**마땅찮은** 표정을 짓다.
마땅-하다 형여 **1** 필요나 목적에 어울려 알맞다. ¶**마땅한** 것이 없다. **2** (어떤 행위가) 이치로 보아 옳다. ¶벌을 받아 ~. **3** (주로 '마땅히'의 꼴로 쓰여) 마음에 들어 좋다. ¶머느리의 행실이 **마땅치** 않다. **마땅-히** 튄 ¶사람으로서 ~ 지켜야 할 일.
마뜩잖다[-짠타] 형 마뜩하지 않다. ¶**마뜩잖은** 표정을 짓다.
마뜩-하다[-뜨카-] 형여 (주로 '않다', '못하다'와 함께 쓰이어) 제법 마음에 들다. ¶**마뜩하지** 않게 생각다.
마라-난타(摩羅難陀) 명[인] 우리나라에 최초로 불교를 전했다는, 인도의 승려(?~?).
마:라-도(馬羅島) 명[지] 제주도 남제주군에 속하는, 우리나라에서 가장 남쪽에 있는 섬.
마라카스(ⓔmaracas) 명[음] 라틴 아메리카 음악에 쓰이는 리듬 악기.
마라토너(marathoner) 명 마라톤 선수.
마라톤(marathon) 명[체] 육상 경기에서 최장거리 경주 종목. 트랙이 아닌 공로(公路)를 달리며, 거리는 42.195km임. ▷ 코스.
마라톤-전:투(Marathon戰鬪) 명[역] 기원전 490년, 그리스 마라톤 벌판에서 아테네군이 페르시아 대군을 물리친 전투. 이 승리를 알리기 위해 한 병사가 아테네까지 달려간 데서 마라톤 경주가 유래함.
마라톤-협상(marathon協商) 명[쌍] 쉬지 않고 장시간에 걸쳐 벌이는 협상.
마라톤-회담(marathon會談) [-회-/-훼-] 명 쉬지 않고 장시간에 걸쳐 계속하는 회담.
마력¹(魔力) 명 사람을 현혹·매혹시키는 이상한 힘. 비괴력. ¶~을 숨기다.
마:력²(馬力) 명 동력이나 일률을 나타내는 단위. 기호는 HP·IP 또는 PS.
마련 명 **1**하여 **1** 준비하여 갖추는 것. **2** 속으로 생각하는 계획이나 궁리. ¶너무 걱정 마세요. 저도 다 무슨 ~이 있겠지요. **2** (주로, 어미 '-으자' 또는 '-기' 다음에 '마련이다'의 꼴로 쓰여) 당연히 그러하게 되어 있음을 나타내는 말. ¶소문이란 눈 덩이처럼 불어나게 ~이다. **마련-하다** 동여 1 타 준비하여 갖추다. ¶내 집을 ~. **2** ('마련해서는'의 꼴로 쓰여) '그런 것치고는', 또는 '그런 것에 비해서는'의 뜻을 나타내는 말. **마련-되다** 동여 준비되어 갖추어지다. ¶돈이 ~.
마렵다[-따] 형여 〈마려우니, 마려워〉 (오줌이나 똥이) 누고 싶은 느낌이 있다.

¶오줌[똥]이 ~.
마로니에(ⓔmarronnier) 명[식] 가로수나 정원수로 많이 심으며, 5~6월에 흰색에 붉은 무늬가 있는 작은 꽃이 종 모양으로 피는 낙엽 활엽 교목.
마루¹ 명 **1** [건] 우리나라의 전통 가옥에서, 방과 방 사이나 방 앞에 바닥을 지면으로부터 떨어지게 하여 기다란 널빤지로 깐 공간. 대청~. **2** 기다란 널빤지를 깐 바닥. ¶~를 깐 교실.
마루² 명 **1** 등성이가 진 지붕이나 산 등의 꼭대기. 용~/산~. **2** 파도 칠 때 치솟는 물결의 꼭대기. ¶물~.
마루-방(-房) 명 온돌을 놓지 않고 마루처럼 널을 깐 방.
마루^운:동(-運動) 명[체] 체조 경기 종목의 하나. 12m²의 평탄한 매트 위에서 평균기·정지기·도약기·돌기·공중 돌기 등의 연기를 하는 운동.
마루타(ⓔ丸太가) 명[체] '통나무'라는 뜻. 제2차 세계 대전 때 일본이 생체 실험의 도구로 삼은 사람에 대한 속칭.
마루-터기 명 산이나 고개에서, 가장 높은 부분의 도드라진 곳. ¶산~/고갯~. ⓓ 마루턱.
마루-턱 명 '마루터기'의 준말.
마룻-대[-루때/-룬때] 명[건] 지붕의 맨 꼭대기 중심에 거는 나무. 이것과 도리 또는 보에 서까래를 걸침. =상량.
마룻-바닥[-루빠-/-룬빠-] 명 마루의 바닥.
마르다¹ 제여 〈마르니, 말라〉 **1** (젖은 물체가) 열에 의해 물기가 없어지다. ¶빨래가 잘 ~. **2** (강·우물·못 따위가) 물이 줄어 없어지거나 물이 나오지 않게 되다. ¶냇물이 ~. **3** (입 안이나 입술에 물기가) 긴장하거나 몸의 열로 인해 침이나 축축한 기운이 없어지다. ¶신열로 입술이 ~. **4** (사람이나 동물의 몸이) 그 부피와 무게가 주는 상태가 되다. 비야위다·빠지다. ¶몸이 ~. **5** (쓰거나 얻어야 할 대상이) 다 쓰이거나 없어지다. ¶집안에 돈이 말랐다.
마르다² 타여 〈마르니, 말라〉 (옷감이나 재목 등을) 치수에 맞추어 베거나 자르다. ¶옷감을 **말라** 옷을 짓다.
마르다³ 자여 〈마르니, 말라〉 (사람이나 동물의 목이) 갈증을 느끼는 상태에 있다. ¶목이 몹시 ~.
마르모트(ⓔmarmotte) 명[동] =마멋.
마르세유(Marseille) 명[지] 프랑스 남부의 항구 도시.
마르스(Mars) 명[신화] 로마 신화에 나오는 군신(軍神). 그리스 신화의 아레스(Ares)에 해당함.
마르카토(ⓔmarcato) 명[음] 악곡의 표현 방법을 나타내는 말로, '음 하나하나를 똑똑하게'의 뜻.
마르코니, 마르케세 굴리엘모(Marconi, Marchese Guglielmo) 명[인] 이탈리아의 전기 기술자·발명가(1874~1937).
마르코스, 페르디난드 에드랄린(Marcos, Ferdinand Edralin) 명[인] 필리핀의 전 대통령(1917~1989).
마르코 폴로(Marco Polo) 명[인] →폴로².
마르쿠스 아우렐리우스 안토니누스(Marcus Aurelius Antoninus) 명[인] 고대 로마의 황제(121~180).
마르크(ⓔMark) 명[의존] 독일의 예전의 화폐 단위.

마르크스, 카를(Marx, Karl) 〖인〗 독일의 사회주의 경제 철학자(1818~1883).

마르크스·레닌-주의(Marx-Lenin主義) [─의/─이] 〖사〗 레닌을 통해 발전한 마르크스주의.

마르크스-주의(Marx主義) [─의/─이] 〖명〗〖사〗 마르크스와 엥겔스에 의하여 확립된 사상 체계. 유물 사관·유물 변증법·마르크스 경제학 등이 그것을 이룸.

마르티니, 시모네(Martini, Simone) 이탈리아의 화가(1284~1344).

마른-걸레 〖명〗 물에 적시지 않은 걸레. ↔물걸레.

마른-기침 〖명〗 가래가 나오지 않는 상태로 하는 기침.

마른-나무 〖명〗 **1** 물기 없이 바싹 마른 나무. **2** 죽은 나무. =생나무.

마른-날 〖명〗 비나 눈이 내리지 않는 갠 날. ↔진날.

마른-땅 〖명〗 수분이 없이 건조한 땅.

마른-반찬(─飯饌) 〖명〗 건어물·김 등과 같은 마른 재료로 물기 없이 만든 반찬.

마른-번개 〖명〗 맑게 갠 하늘에서 치는 번개.

마른-빨래 〖명〗 **1** 흙이 묻은 옷을 말려 비벼 깨끗하게 하는 일. **2** 휘발유·벤젠 등으로 옷의 때를 지우는 일.

마른-신 〖명〗 마른땅에서 신기 위해, 비단이나 무명, 또는 기름에 걸지 않은 가죽으로 만든 신.

마른-안주(─按酒) 〖명〗 포(脯)·땅콩·과자 등과 같은 물기 없는 안주.

마른-오징어 〖명〗 배를 따서 내장을 제거하고 납작하게 말린 오징어.

마른-입 [─닙] 〖명〗 국물이나 물을 마시지 않은 입. ▷맨입.

마른-자리 〖명〗 축축하지 않은 온전한 자리. ↔진자리.

마른-침 〖명〗 몹시 긴장하거나 초조하거나 할 때, 입 안이 말라 무의식중에 삼키는 적은 양의 침.

마른-하늘 〖명〗 비나 눈이 오지 않는 맑은 하늘.
[마른하늘에 날벼락] 뜻밖에 입는 재난을 일컫는 말.

마른-행주 〖명〗 물에 적시지 않은 행주. ↔물행주.

마름[1] 〖명〗〖식〗 연못의 물 위에 삼각형의 잎이 떠서 자라는 한해살이풀. 여름에 흰 꽃이 피며, 열매는 식용·약용함.

마름[2] 〖명〗 지주(地主)를 대리하여 소작지를 관리하는 사람.

마름-모 〖수〗 네 변의 길이가 같고 대각선의 길이가 다른 사각형. =마름모꼴.

마름모-꼴 〖수〗 =마름모.

마름-질 〖명〗 옷감이나 재목 등을 치수에 맞추어 마르는 일. (준)재단. **마름질-하다** 〖동〗〖타여〗 =치마름.

마리 〖명〗〖의존〗 짐승·물고기·벌레 등의 수효를 세는 단위. =수(首).

마리아(Maria) 〖명〗〖성〗 **1** 예수의 어머니. **2** =막달라 마리아.

마리아나^제도(Mariana諸島) 〖명〗〖지〗 태평양 서부에 있는 한 무리의 섬.

마리아나^해구(Mariana海溝) 〖명〗〖지〗 태평양 서부 마리아나 제도에 있는 해구. 깊이 1만 1,034m.

마리아 테레지아(Maria Theresia) 〖인〗 오스트리아의 여제(女帝)·헝가리와 보헤미아의 여왕(1717~1780).

마리오네트(ⓑmarionette) 〖명〗〖연〗 실로 조종하는 인형. 또는, 그 인형극.

마리화나(marihuana) 〖명〗 대마(大麻)의 이삭이나 잎을 말려 가루로 만든 마약의 하나. 주로 담배에 섞어서 피움.

마립간(麻立干) [─깐] 〖역〗 신라 내물왕 또는 눌지왕 때부터 지증왕 때까지의 임금의 칭호. ▷서라벌·이사금.

마릿-수(─數) [─리쑤/─릳쑤] 〖명〗 마리를 단위로 하여 헤아리는 수.

마ː마[1](媽媽) 〖명〗 '천연두'를 에둘러 이르는 말.

마ː마[2](媽媽) 〖명〗 왕과 그 가족들의 칭호 밑에 붙여, 존대의 뜻을 나타내는 말. ¶상감~.

마마-보이(←mama's boy) 〖명〗 어머니의 과보호를 받은 탓으로 매사에 주체적으로 행동하지 못하는 소년이나 남자.

마멀레이드(marmalade) 〖명〗 오렌지·레몬·여름밀감 등의 껍질로 만든 잼.

마멋(marmot) 〖명〗〖동〗 몸이 토끼만 하고, 회색 또는 갈색 털로 덮여 있으며, 땅속에 굴을 파고 사는 포유동물. 겨울잠을 자며, 의학·생물학에서 실험용으로 씀. =마르모트.

마멸(磨滅) 〖명〗 **1** 갈려 닳아서 얇아지거나 없어지는 것. **2** 표면이 갈려 닳아서 글자·그림 등이 보이지 않게 되는 것. **마멸-하다** 〖동〗〖재여〗 **마멸-되다** 〖동〗〖재〗 ¶비문은 풍우에 마멸되어 글씨를 알아볼 수 없었다.

마모(磨耗) 〖명〗 (기계의 부품이나 타이어를 많이 일으키는 물체 등이) 닳아지거나 깎여 마찰을 덜 받거나 제 기능을 다하지 못하는 상태가 되는 것. **마모-하다** 〖동〗〖재여〗 **마모-되다** 〖동〗〖재〗 ¶타이어의 트레드가 마모되면 제동이 시끄러워지다.

마무르다 〖타〗〈마무르니, 마물러〉 일의 끝을 맺다. ¶일을 ~.

마무리 〖명〗 일의 끝막음. ¶~을 짓다. **마무리-하다** 〖동〗〖타여〗 **마무리-되다** 〖동〗〖재〗

마ː-바리(馬─) 〖명〗 짐을 실은 말. 또는, 그 짐.

마-방진(魔方陣) 〖수〗 자연수를 정사각형 모양으로 나열하여 가로·세로·대각선의 합이 전부 같아지게 한 것.

마법(魔法) 〖명〗 마력(魔力)으로 신기한 일을 행하는 술법.

마법-사(魔法師) [─싸] 〖명〗 마법을 부리는 사람. ▷마술사·요술쟁이.

마ː부(馬夫) 〖명〗 말을 부려 마차·수레 등을 모는 사람.

마ː분-지(馬糞紙) 〖명〗 짚을 원료로 한, 빛이 누렇고 질이 낮은 종이.

마블링(marbling) 〖미〗 물 위에 유성(油性) 물감을 떨어뜨려 저은 다음, 종이를 물 위에 덮어 대리암 모양의 무늬가 묻어나게 하는 기법.

마비(痲痺·麻痺) 〖명〗 **1** 〖의〗 신경계나 근육의 장애에 의하여 감각이 없어지거나 몸을 움직일 수 없게 되는 일. ¶심장 ~ / 소아 ~. **2** 본래의 기능이 둔해지거나 정지되는 것을 비유적으로 이르는 말. **마비-되다** 〖동〗〖재〗 ¶폭설로 교통이 ~.

마ː빡 〖명〗 '이마'를 비속하게 이르는 말.

마사지(massage) 〖명〗 **1** =안마(按摩)[1]. **2** 손가락 끝을 펴서 피부에 댄 상태에서 문지르는 일. ¶피부 ~. **마사지-하다** 〖동〗〖타여〗

마:상-재(馬上才) [역] 마군(馬軍)이 달리는 말 위에서 부리는 총 쏘기, 옆에 매달리기, 거꾸로 서서 달리기 등의 재주.

마세(ⓔmassé) [체] 당구에서, 큐를 수직으로 세워 공을 치는 방법.

마세루(Maseru) [지] 레소토의 수도.

마셜, 조지 캐틀렛(Marshall, George Catlett) [인] 미국의 군인·정치가(1880~1959).

마셜^제도(Marshall諸島) [지] 태평양 서부, 미크로네시아의 알루트 섬을 중심으로 하는 공화국. 수도는 마주로.

마소 말과 소. ⓗ우마(牛馬).

마수[1] [1] 맨 처음 팔리는 것으로 미루어 예측하는 그날 장사의 운수. ¶~가 좋다. [2] '마수걸이'의 준말. ¶~도 못 하다.

마수[2](魔手) ['악마의 손'이란 뜻] 사람을 유혹하거나 파멸시키거나 하는 음흉한 손길 또는 수단. ¶~를 뻗치다.

마수-걸이 그날 장사에서, 맨 처음으로 물건을 파는 일. ⓗ마수. **마수걸이-하다** 툐〔재〕

마:술[1](馬術) 말을 타고 부리는 기술. ⓗ승마술. ¶마장(馬場) ~.

마술[2](魔術) 빠른 손놀림으로 특별히 만든 도구를 이용하여, 사람들의 눈을 속이는 놀랍고 신기한 일을 보여 주는 기술. ▷요술.

마술-사(魔術師)[-싸] 마술을 전문으로 하는 사람.

마술-쟁이(魔術-) '마술사'를 얕잡아 일컫는 말.

마스카라(mascara) 속눈썹을 짙고 길게 보이게 하기 위하여 칠하는 화장품.

마스코트(mascot) 행운을 가져다준다고 믿어 늘 몸에 간직하거나 가까이에 두는 작은 물건이나 동물. ¶행운의 ~.

마스크(mask) [1] 병균이나 먼지를 막기 위하여 코와 입을 가리는, 가제로 만든 물건. [체] 야구의 포수나 검심(劍審), 펜싱 선수 등이 얼굴에 쓰는 방호구(防護具). [3] 얼굴의 생김새. ¶저 배우는 ~가 수려하다.

마스터(master) (어떤 기술이나 내용을) 배워서 충분히 익히는 것. **마스터-하다** ¶영어 회화를 ~.

마스터[2](master) 음반의 원형(原型)이 되는 금형(金型)의 판.

마스터베이션(masturbation) =수음.

마스터-키(master key) 서로 다른 여러 개의 자물쇠에 다 맞는 열쇠. ▷만능 열쇠.

마스터-플랜(master plan) 기본이 되는 계획. ¶경제 개발의 ~을 짜다.

마스트(mast) [1] =돛대. [2] 배의 중심선 상의 갑판에 수직으로 세운 기둥.

마시다 툐〔타〕 [1] (사람이 액체를) 입속으로 들어가게 하여 씹거나 머금지 않고 곧바로 목구멍으로 넘기다. ⓗ들이마시다·들이켜다. ¶물을 ~. [2] (사람이 기체를) 입이나 코로 들이쉬다. ¶연탄가스를 ~.

마:식령-산맥(馬息嶺山脈)[-씽녕-] [지] 강원도와 황해도의 경계를 이루는 산맥.

마애-불(磨崖佛) [불] 벼랑이나 동굴의 벽 같은 자연의 바위 벽에 새긴 불상.

마야^문명(Maya文明) 중앙아메리카의 마야 족이 이룩한 고대 문명.

마약(痲藥) [약] 진통·마취 작용을 가지

머, 습관성이 있어 계속 쓰면 중독되는 약물. 아편·모르핀·코카인·해로인 따위.

마에스트로(ⓘmaestro) 위대한 지휘자나 음악가.

마오-쩌둥(毛澤東) [인] 중국의 정치가(1893~1976).

마왕(魔王) 악마의 우두머리.

마요네즈(ⓕmayonnaise) 샐러드용 소스의 한 가지. 달걀노른자·샐러드유·식초·소금 등을 섞어 만듦.

마우스[1](ⓔMaus) [동] 유럽산 생쥐의 사육종. 의학·유전학 따위의 실험용이나 애완용으로 사육됨.

마우스[2](mouse) [컴] 컴퓨터 입력 장치의 하나. 작은 상자 모양의 것으로 책상 위에서 움직이면 그에 따라 화면의 커서가 이동함.

마우스-패드(mouse pad) 마우스를 사용할 때 마우스의 볼이 잘 구를 수 있게 밑에 까는 물건.

마우스피스(mouthpiece) [체] 권투에서, 입 안과 이의 손상을 막기 위해 입에 무는, 고무로 만든 물건.

마운드(mound) [체] 야구에서, 투수가 공을 던질 때 서는 약간 높은 곳. 중앙에 투수판(投手板)이 있음. ¶~를 내려오다.

마유(馬乳) [생] 성별에 관계없이 생후 3~4일경부터 신생아의 젖꼭지에서 나오는 젖 비슷한 액체.

마을 [1] 주로 시골에서, 여러 집이 한동아리를 이루어 모여 사는 곳. ⓗ동네·부락·촌락. [2] 이웃에 놀러 가는 일. ¶다 큰 처녀가 밤낮 ~만 다닌다.

마을(을) 가다 이웃에 놀러 가다.

마을-금고(-金庫) 자금의 조성 및 이용을 목적으로 마을 사람들이 자체적으로 조직·운영하는, 신용 협동조합의 하나.

마을-문고(-文庫) 농어촌 주민의 자질 향상을 도모할 목적으로 1961년 이후 각 마을에 설치된 문고.

마을-버스(-bus) 대도시에서, 고지대나 아파트 단지와 지하철역 사이, 또는 노선버스가 다니지 않는 지역 등을 운행하는 미니버스.

마음 [1] 사람이 사물에 대해 어떤 감정이나 의지, 생각 등을 느끼거나 일으키는 작용이나 그 상태. ¶~이 울적하다. ⓗ몸. [2] 사람의 감정·생각·기억 등이 생기거나 자리 잡는 공간, 속마음(심장)에 있다고 믿어지는 공간. ¶~에 새기다. [3] 어떤 사람이 본디 가지는 성격이나 품성. ⓗ마음씨·심성. ¶~이 곱다. [4] 사람이 남을 대할 때 가지는 도덕적·윤리적 생각이나 태도. ¶악한 ~을 먹다. [5] 어떤 일에 대한 관심이나 의향, 정열. ¶~이 쏠리다. [6] 이성(異性)에 대한 사랑의 감정. 또는, 다른 사람에 대한 호의의 감정. ¶남자에게 ~을 주다. [7] 실제의 행동, 또는 질실의 상태나 실현이 없는, 생각·의식·상상만의 작용에 의한 상태. ¶몸은 늙었지만 ~은 청춘이다. [8] [일부 명사 앞에 '마음의'의 꼴로 쓰여] '정신적'인 '비유적인 의미에서의'의 뜻을 나타내는 말. ¶책을 ~의 양식으로 삼다. ⓗ맘.

마음(을) 사다 관심이나 호감을 가지게 하다. ¶여자의 ~.

마음을 비우다 어떤 일에 대한 집착이나 욕심을 버리다.

마음-가짐 어떤 일에 대한 마음의 자

세:¶경건한
마음-결[-껼] 圓 마음의 바탕.
마음-고생(-苦生)[-꼬-] 圓 마음속에 겪는 괴로움. ¶~이 이만저만이 아니다.
마음-공부(-工夫)[-꽁-] 圓 정신적인 수양. ¶~가 되다.
마음-껏[-껃] 團 마음에 흡족하도록. 囲실컷. ~ 뛰놀다. 囲맘껏.
마음-대로 團 하고 싶은 대로. ¶일이 ~ 되지않는다. 囲맘대로.
마음-먹다[-따] 囲㉠ 무엇을 하기로 마음속에 작정하다. ¶기필코 해내리라 고 굳게 ~. 囲맘먹다.
마음-보[-뽀] 團 '마음을 쓰는 본새'를 나쁜 뜻으로 이르는 말. =심보.
마음-속[-쏙] 團 마음의 속. =가슴속・심중. 囲의중. ¶~을 털어놓다.
마음-씨 團 마음을 쓰는 태도.
마음-잡다[-따] 囲㉠ 잡념을 없애고 안정을 되찾다. ¶이젠 **마음잡은** 모양이지.
마의^태자(麻衣太子)[-의-/-이-] 圓[인] 신라 경순왕의 태자(?-?).
마이너(minor) 圓 1 [음] =단조(短調)¹. ². '비주류'로 순화. ¶~ 회사. ↔메이저.
마이너^리그(minor league) 圓[체] 미국 프로 야구의 메이저 리그 외의 군소 리그의 총칭.
마이너스(minus) 圓 1 빼는 것. 또는, 그 기호 '-'를 이르는 말. 2 전극・전하에서 음(陰)의 성질임을 나타내는 말. 또는, 그 기호 '-'를 이르는 말. 3 반응 검사 등에서 음성(陰性)임을 나타내는 말. 4 손실이나 적자, 불이익 등을 뜻하는 말. ¶그런 행동은 너에게 ~ 야. 플러스. **마이너스-하다** 囲㉠ (어떤 수를) 빼다.
마이너스^성장(minus成長) 圓[경] 경제 성장률이 마이너스가 되는 일. 곧, 국민 총생산의 실질 규모가 전년도에 비해 적어지는 일. ¶~을 기록하다.
마이너스^옵션(minus option) 圓[건] 아파트 분양에서, 마감재의 품질・색상・디자인을 입주자의 취향에 따라 직접 선택하게 하는 일. ¶○○ 아파트의 분양가는 15%~을 기준으로 24평형이 2억 원이다.
마이너스^통장(minus通帳) 圓[경] 대출 한도를 미리 정해 놓고 필요할 때마다 수시로 출금할 수 있게 되어 있는 통장.
마이다스(Midas) 圓[신화] '미다스'의 영어명.
  마이더스의 손 =미다스의 손. →미다스.
마:이동풍(馬耳東風) 圓 [말의 귀에 동풍이 불어도 말은 아랑곳하지 않는다는 뜻] 남의 의견이나 충고를 귀담아듣지 않고 흘려버림을 일컫는 말. ¶그에게는 무슨 말을 해도 ~.
마이신(←*strepto*mycin) 圓[약] '스트렙토마이신'의 준말.
마이애미(Miami) 圓[지] 미국 플로리다 주에 있는 도시.
마이오-세(←Miocene世) 圓[지] 신생대 제3기 중에서 올리고세의 뒤, 플라이오세 앞의 세.
마이-카(†my car) 圓 자기 소유의 승용차. 囲자가용. ¶~ 시대.
마이크(mike) 圓 음성을 녹음하거나 전파에 실어서 방송하거나 할 때에 음파를 전류로 바꾸는 장치.
마이크로-미터(micrometer) 圓㉠ 길이

의 단위. 100만분의 1미터, 즉 1,000분의 1밀리미터. 기호는 ㎛.
마이크로-버스(microbus) 圓 탈 수 있는 정원이 20명 내외인 소형 버스.
마이크로-컴퓨터(microcomputer) 圓[컴] 마이크로프로세서를 사용하여 만든 컴퓨터. 하나의 칩 속에 중앙 처리 장치가 들어 있음.
마이크로-파(micro波) 圓[물] 주파수 300메가헤르츠(파장 1m)~30기가헤르츠(파장 1mm) 정도의 전자기파. 레이더・텔레비전 등에 쓰임. ▷극초단파.
마이크로-폰(microphone) 圓 '마이크'를 전문적으로 이르는 말.
마이크로-프로세서(microprocessor) 圓[컴] 중앙 처리 장치의 기능을 하나의 칩 속에 집적시키어 연산과 제어를 실행할 수 있도록 한 소자(素子).
마이크로-필름(microfilm) 圓[사진] 많은 자료나 문헌 등을 축소 복사해서 보존하기 위한 필름.
마인드(mind) 圓 어떤 사물에 대한 관점이나 사고방식. 또는, 새롭고 발전적인 발상. ¶경영 ~.
마인드-맵(mind map) 圓[교] 어떤 주제에 대한 생각을 핵심어・이미지・기호 등을 사용하여 중심으로부터 사방으로 가지 치듯 그려 나가는 일. 또는, 그 그림.
마인드 컨트롤(mind control) '심리 조절'로 순화.
마일(mile) 圓㉠ 야드파운드법의 길이의 단위. 1마일은 1,760야드로 5,280피트, 약 1,609m임. 기호는 mil.
마일리지(mileage) 圓 어떤 승객이 어느 기간 동안 비행기나 열차를 이용하여 여행한 거리. 또는, 그것을 실적으로 환산한 점수.
마:작(麻雀) 圓 중국에서 시작된 실내 오락의 하나. 네 사람이 상아나 골재 뒷면에 죽재(竹材)를 붙인 136개의 직사각형 패를 가지고 짝맞춤을 하여 최후의 시점에 이르는 것을 겨룸.
마장¹㉠ 십 리나 오 리가 못 되는 거리를 이르는 말.
마:장²(馬場) 圓 =경마장.
마:장^마:술^경기(馬場馬術競技) 圓 세로 60m, 가로 20m의 마장 안에서 기수가 말을 다루어 평보・속보・구보 등의 규정 종목을 차례로 연기함으로써 그 기량을 겨루는 경기.
마저 I 團 남김없이 죄다. 囲모두. ¶하던 이야기를 ~ 하게.
  II ㉢ 앞에 오는 말이 하나 남은 마지막임을 나타내는 보조사. 囲까지・조차. ¶너 ~ 나를 배신하다니.
마:적(馬賊) 圓 청나라 말기에 만주 지방에서 말을 타고 떼를 지어 다니던 도적.
마제^석기(磨製石器)[-끼] 圓[고고] =간석기.
마젤란, **페르디난드**(Magellan, Ferdinand) 圓[인] 포르투갈의 항해가(1480?-1521).
마젤란^해!협(Magellan海峽) 圓[지] 남아메리카 대륙 남단에 있는 해협.
마조히즘(masochism) 圓[심] 변태 성욕의 하나. 이성(異性)으로부터 학대받음으로써 성적 쾌감을 느끼는 상태. =피학대 성욕 도착증. ↔사디즘. ✕매저키즘.
마주 團 어떤 것에 대하여 똑바로 향하여. ¶얼굴을 ~ 보다.

마¦주²(馬主) [명] 말의 주인. 특히, 경마용 말의 주인.
마주나-기 [명][식] 잎이 마디마다 두 개씩 마주 붙어 남. =대생(對生).
마주로(Majuro) [명][지] 마셜 제도의 수도.
마주르카(mazurka) [명][음] 폴란드의 민속 춤곡. 또는, 그 곡에 맞추어 추는 춤. 3/4 박자 또는 3/8박자의 야성적이고 경쾌한 리듬이 특징임.
마주-치다 [동][자] **1** 서로 정면으로 부딪치다. ¶차와 차가 ~. **2** 우연히 만나다. ¶길에서 옛 애인과 ~. **3** (시선이) 서로 맞다. ¶눈길이 ~.
마주-하다 [동][타][여] (이마나 얼굴을, 또는 상대방을[과]) 마주 향하거나 대하다. 또는, (어떤 물체를) 몸을 향하여 대하다. ¶그녀와 얼굴을 **마주하고** 앉다.
마중 [명] (집이나 어느 곳에 찾아오거나 돌아오거나 하는 사람을) 예의상 또는 반가운 마음에서 집 밖이나 탈것이 도착하는 곳 등에 나가 맞이하는 것. ↔배웅. **마중-하다** [동][타][여]
마-지기 [명][의존] 논밭의 넓이의 단위. 한 마지기는 한 말의 씨앗을 뿌릴 만한 넓이로서, 논은 200평 또는 150평, 밭은 100평 또는 200평 정도를 가리킴. ¶논 열 ~.
마지노-선(Maginot線) [명] **1** [역] 제1차 세계 대전 후, 프랑스가 대독일 방어선으로서 국경에 구축한 요새선. **2** 더 이상 허용할 수 없는 마지막 한계선. ▷배수진.
마지막 [명] 시간이나 순서상으로 맨 끝 또는 맨 나중. [비]최후.
마¦지-못하다[―모타―] [형][여] 《주로 '마지못해(서)'의 꼴로 쓰여》 마음이 내키지는 않으나 그렇게 하지 않을 수 없다. ¶하도 사정해서 **마지못해** 돈을 빌려 주었다.
마¦지-아니하다 [동][보조][여] 《환영·칭찬·긍정·소망 등의 뜻을 나타내는 일부 동사의 어미 '-아/-어/-여' 아래에 쓰여》 그 동사의 뜻을 강조하여 진심으로 그러함을 나타내는 말. ¶부디 행복하시기를 바라 ~. [준]마지않다.
마¦지-않다[―안타] [동][보조] '마지아니하다'의 준말.
마직(麻織) [명] '마직물'의 준말.
마직-물(麻織物)[―징―] [명] 마사(麻絲)로 짠 피륙. [준]마직.
마진(margin) [명][경] **1** 물건의 생산 원가와 판매가와의 차액. ¶~이 별로 없다. **2** 증권 등에서, 증거금. ¶~을 치르다.
마¦차(馬車) [명] 말이 끄는 수레. ¶쌍두~.
마¦차부-자리(馬車夫―) [명][천] 2월 중순의 초저녁에 남중하는 별자리. 은하에 가까이 있고 주요부는 5각형을 이룸.
마찬가지 [명] 《'이다', '의', '로'의 조사와만 함께 쓰여》 비교되는 것의 내용이 결국 서로 같은 것. [비]매한가지. ¶깨끗하게 입어서 새 옷이나 ~다.
마찰(摩擦) [명] **1** (두 물체를) 서로 면을 댄 상태로 힘주어 문지르는 것. 또는, (두 물체가, 또는 물체와 물체가) 면을 마주 댄 상태로 서로 다른 방향으로 이동하면서 힘 있게 스치는 것. ¶냉수~. **2** 둘 이상의 집단 사이에 이해·의견 등의 차이로 일어나는 불화나 충돌. 비유적인 말임. [비]알력. ¶국제간의 무역 ~. **3** [물] 두 물체가 접촉하여 상대 운동을 할 때, 그 접촉면에 받는 저항. **마찰-하다** [동][자][타][여] (두 물체를) 힘주어 문지르다. 또는, (두 물체가) 힘 있게 스치다.
마찰-음(摩擦音) [명][언] 조음 기관의 어느 부분이 좁혀져서 공기가 그 통로를 통과하면서 마찰을 일으켜 나는 소리. ㅅ·ㅆ·ㅎ 따위.
마천령-산맥(摩天嶺山脈)[―철―] [명][지] 함경남도와 함경북도의 경계를 이루는 산맥.
마천-루(摩天樓)[―철―] [명] ('하늘에 닿는 집'이라는 뜻) 아주 높게 지은 고층 건물. 특히, 미국 뉴욕의 고층 건물을 가리킴.
마초(macho) [명] 가부장적이고 여성 차별적인 남자.
마추다 [동][타] '맞추다'의 잘못.
마추픽추(Machu Picchu) [명][지] 페루 중남부, 안데스 산맥에 있는 잉카 문명 유적지.
마춤 [명] '맞춤'의 잘못.
마취(痲醉) [명] (신체의 일부 또는 전체를) 수술 등을 하기 위해, 약물을 주사하거나 흡입시키거나 하여 일시적으로 아픔을 느낄 수 없게 하는 것. [비]몽혼. ¶전신 ~. **마취-하다** [동][타][여] **마취-되다** [동][자]
마취-제(痲醉劑) [명][약] 마취에 사용되는 약제.
마치¹ [명] **1** 못을 박거나 무엇을 두드리거나 하는 데 쓰는 연장. 망치보다 작은데, 자루가 달려 있으며 흔히 대가리 쪽은 뭉툭하고 다른 쪽은 좁아지거나 뾰족함. **2** '망치'의 잘못.
마치² [부] 거의 비슷하게. [비]흡사. ¶하는 짓이 ~ 어린애 같다.
마치다¹ [동][자] **1** 못·말뚝 등을 박을 때 속에 무엇이 받치다. ¶땅속에 돌이 있는지 딱딱 ~. **2** 몸의 어느 부분이 결리다. ¶구두에 발이 ~.
마치다² [동][타] **1** (어떤 일이나 절차·과정 등을) 모두 이루거나 행하다. [비]끝내다·완료하다·완성하다. ¶수속을 ~. **2** (사람이 삶을) 더 누리지 못하고 끝맺다. ¶그는 50세의 나이로 일생을 **마쳤다**.
마침¹ [명][음] 악곡의 끝을 나타내는 말. =피네(fine).
마침² [부] 어떤 기회에 알맞게. 또는, 우연히 공교롭게도. ¶너를 찾던 참인데, ~ 잘 왔다.
마침-내 [부] (어떤 일의 진행이) 마지막에 이르러. [비]결국·끝내·드디어·이윽고. ¶피나는 노력을 하더니 ~ 정상에 올랐다.
마침-맞다[―맏따] [형] 꼭 알맞다. ¶일손이 모자라던 터에 **마침맞게** 그가 왔다.
마침-표(―標) [명] **1** [언] 문장의 끝맺음을 나타내는 부호의 총칭. 온점·고리점·물음표·느낌표 등이 있음. 흔히, 온점만을 가리킴. =종지부. **2** [음] 악장·악곡의 끝을 나타내는 표.
마카로니([이]macaroni) [명] 밀가루를 끓는 물로 반죽하여 가는 대롱처럼 속이 비게 만든 서양식 국수. 이탈리아의 명물임.
마카로니-웨스턴(†[이]macaroni+western) [명][영] 이탈리아에서, 미국의 서부극을 본떠서 만든 영화.
마카오(Macao) [명][지] '아오먼(澳門)'의 다른 이름.
마케도니아(Macedonia) [명][지] 유럽 남동부, 발칸 반도 중남부에 있는 공화국. 수도는 스코페.
마케팅(marketing) [명][경] 상황의 변화에

ㅁ

대응해 가면서, 소비자의 수요를 만족시키기 위하여 상품 또는 서비스를 효율적으로 소비자에게 제공하기 위한 활동.

마크(mark) [명] **1** 무엇을 상징하여 나타낸 도안이나 상표. ¶태극 ~ / 트레이드~. **2** 기록경기에서, 일정한 성적을 기록하는 것. **3** [체] 축구나 농구 등에서, 상대편의 공격을 접근해서 방해하는 것. ¶집중 ~. **마크-하다** [동][타][여] **1** 어떤 기록을 내다. ¶100m 경기에서 11초를 ~. **2** 축구·농구 등에서, 상대의 공격을 막다. ¶상대 공격수를 두 선수가 ~.

마크-맨(markman) [명] [체] 축구·농구 등에서, 상대편의 공격을 견제하고 접근해서 방해하도록 정해진 선수.

마크 트웨인(Mark Twain) [명][인] 미국의 소설가(1835~1910).

마키아벨리, 니콜로(Machiavelli, Niccoló) [명][인] 이탈리아의 사상가(1469~1527).

마키아벨리즘(Machiavellism) [명] **1** [정] 권력을 위해서는 어떤 비도덕적인 수단도 허용된다는 주의나 사상. 이탈리아의 정치가 마키아벨리의 '군주론'에서 비롯됨. **2** 목적을 위해서는 수단·방법을 가리지 않는 행동 방식이나 태도를 이르는 말.

마킹(marking) [명] 오엠아르 카드로 된 답안지에 맞는 답을 표시하는 것. **마킹-하다** [동][자][타][여]

마타도어^수법(matador手法) [-뻡] [명] ['마타도어'는 '투우사'라는 뜻] 정치 무대에서 흑색선전을 일삼는 수법.

마타리 [명][식] 산과 들에 자라며, 여름에 노란색의 꽃이 모여 피는 높이 1m가량의 여러해살이풀. 식용하거나 약용함.

마태-복음(←Matthew福音) [명][성] 신약 성서 중의 한 권.

마터호른(Matterhorn) [명][지] 스위스와 이탈리아의 국경에 있는, 알프스 산맥의 한 봉우리. 높이 4,478m.

마테를링크, 모리스(Maeterlinck, Maurice) [명][인] 벨기에의 극작가·시인(1862~1949).

마테오 리치(Matteo Ricci) [명][인] 이탈리아의 예수회 선교사(1552~1610).

마트(mart) [명] 대형 할인점.

마티니(martini) [명] 칵테일의 일종. 드라이진에 베르무트를 섞고 올리브 열매를 띄움.

마티스, 앙리(Matisse, Henri) [명][인] 프랑스의 화가(1869~1954).

마-파람 [명] 뱃사람들이 '남풍(南風)'을 이르는 말.

[**마파람에 게 눈 감추듯**] 마파람이 불면 대개 비가 오기 마련이어서 게가 겁을 먹고 눈을 급히 감는 데에서, 음식을 빨리 먹어 버림을 일컫는 말.

마!패(馬牌) [명][역] 조선 시대에, 공무로 출장 간 관원이 역마(驛馬)를 이용할 권한이 있음을 증명하기 위해 제시하던 둥근 구리패.

마포(麻布) [명] =삼베.

마푸투(Maputo) [명][지] 모잠비크의 수도.

마피아([이]Mafia) [명] 이탈리아 시칠리아 섬에서 기원한, 미국의 범죄 조직. 마약과 도박으로 재원(財源)을 얻고 있음.

마하(Mach) [명][의존][물] 유속과 그 유체 속을 전파하는 음속의 비. 비행기나 미사일 등의 속도를 나타내는 데 쓰임. 마하 1은 초속 약 340m. 기호는 M 또는 mach.

마하카시아파(Mahā Kāsyapa) [명][불] 석가모니의 10대 제자 중 한 사람(?~?). 석가모니로부터 심인(心印)을 전해 받음. 한자식 이름은 대가섭(大迦葉). =카시아파.

마!한(馬韓) [명][역] 삼한(三韓)의 하나. 기원전 3~4세기에 지금의 경기·충청·전라도 지방에 걸쳐 있던 나라.

마호가니(mahogany) [명][식] 여름에 황록색의 꽃이 피고, 달걀꼴의 열매를 맺는 상록 교목. 목재는 적갈색으로 단단하고 윤기가 있어 기구재나 가구재로 쓰임.

마호메트(Mahomet) [명][인] 이슬람교의 창시자(570?~632). =무함마드.

마호메트-교(Mahomet敎) [명][종] =이슬람교.

마후라([일]マフラ) [명] [<muffler] '머플러'로 순화.

마흔 I [수] **1** 열의 네 곱절. ▷사십. **2** 사람이나 사물의 수량을 셀 때, 열의 네 곱절에 해당하는 수효. ¶내 나이 ~이다.
II [관] ¶~ 개.

막[1] [부] 이제 방금. ¶저녁을 ~ 먹고 왔다.

막[2] [부] =마구. ¶뒤에서 ~ 밀다.

막-[3] [접두] '거친', '품질이 낮은', '아무렇게나 생긴' 등의 뜻을 나타내는 말. ¶~베 / ~담배.

막-[4] [접두] '마지막'의 뜻을 나타내는 말. ¶~차 / ~판.

막[5](幕) [명] [1][자립] **1** 비바람만 가릴 정도로 임시로 지은 집. ¶원두~. **2** 천을 여러 폭 이어서 넓게 만들어 칸을 막기도 하고 옆으로 둘러치기도 하는 물건. 특히, 연극에서 무대 앞을 가리는 것. [2][의존][연] 무대의 막이 올랐다가 다시 내릴 때까지의 사건으로 이루어지는 단위. ¶3~ 5장. ▷장(場).

막을 내리다 무대 공연이나 어떤 행사를 마치다.

막이 오르다 무대 공연이나 어떤 행사가 시작되다. ¶예술제의 ~.

막[6](膜) [명] **1** [생] 생물체의 기관(器官)을 싸고 있거나 경계를 이루는 얇은 세포층. ¶세포~. **2** 물건의 표면을 덮고 있는 얇은 물질.

막-가다 [-까-] [동][자] 막되게 행동하다. 또는, 앞뒤를 생각하지 않고 행패를 부리다. ¶그렇게 **막가서**야 되나?

막가-파(-派) [-까-] [명] 잔인하기 그지없고 패륜이 극치를 이루는 범죄 집단. 또는, 인륜 도덕을 짓밟고 무지막지하게 행동하는 무리.

막간(幕間) [-깐] [명] **1** [연] 연극의 한 막이 끝나고 다음 막이 시작되기까지의 동안. **2** 어떤 일을 잠깐 중단하거나 쉬는 동안을 비유적으로 이르는 말. ¶~을 이용해 내가 재미있는 이야길 하나 하겠소.

막강-하다(莫強-) [-깡-] [형][여] 더할 수 없이 강하다. ¶**막강한** 권력.

막걸리 [-껄-] [명] 맑은술을 떠내지 않고 술밑을 체에 밭아 걸러 낸 술. =탁주. ↔맑은술.

막-국수 [-꾹쑤] [명] 메밀로 가락을 굵게 뽑아, 육수에 만 국수.

막급-하다(莫及-) [-끄파-] [형][여] (부정적인 일이) 그 정도에 있어서 더할 나위 없다. [비]막심하다. ¶후회가 ~.

막내 [망-] [명] 여러 형제자매 중에서 맨 마지막으로 태어난 사람. ↔맏이.

막내-둥이[망-] 똉 '막내'를 귀엽게 일컫는 말.

막내-딸[망-] 똉 맨 끝으로 태어난 딸. ↔맏딸.

막내-아들[망-] 똉 맨 끝으로 태어난 아들. ↔맏아들.

막냇-동생(-同生)[망내똥/-망냇똥-] 똉 맨 끝의 동생.

막-노동(-勞動)[망-] 똉 =막일. ¶~꾼. **막노동-하다** 됨재

막다[-따] 튄 1 (터지거나 열리거나 구멍을 이룬 곳, 또는 통로 등을) 물체를 놓거나 가리거나 하여 이쪽과 저쪽이 통하지 못하게 하다. ¶손가락으로 귀를 ~. 2 (어떤 구조물을) 터지거나 열린 곳, 또는 통로에 만들어 놓아 이쪽과 저쪽이 구분되게 하거나 통하지 못하게 하다. ¶베니어로 칸을 ~. 3 (어떤 물체나 대상이 일정한 방향으로 나아가는 물질이나 대상을) 그 방향으로 더 나아가지 못하게 하다. ¶강을 막아서 인공호를 만들다. 4 (사람이 다른 사람의 어떤 행동을) 못하게 하다. 비제지하다·금지하다. ¶말문을 ~. 5 (사람이 어떤 현상을) 일어나거나 생기지 않게 하다. ¶피해를 ~/부도를 ~. 6 (어떤 공격을) 맞받아서 더 이루어지거나 미치지 못하게 하다. 비물리치다·방어하다·수비하다. ¶상대의 칼을 방패로 ~.

막-다르다[-따-] 혱 (주로 '막다른'의 꼴로 쓰여) 더 나아갈 수 없도록 앞이 막혀 있다. ¶막다른 처지에 놓이다.

막다른 골목 더는 어떻게 할 수 없는 절박한 경우를 비유하여 이르는 말.

막달라 마리아(Magdala Maria) 똉성 원래 창녀였으나 예수로부터 죄의 용서를 받은 뒤 예수를 믿고 따름. =마리아.

막대[-때] 똉 '막대기'의 준말.

막대-그래프(-graph)[-때-] 똉수 비교할 양이나 수치의 분포를 막대 모양의 도형으로 나타낸 그래프.

막대기[-때-] 똉 가늘고 긴 나무토막. 또는, 그와 같은 형태의 딱딱한 물체. 비작대기. ¶쇠~. 준막대.

막대-자석(-磁石)[-때-] 똉물 막대 모양으로 길쭉하게 생긴 자석.

막대-풍선(-風船)[-때-] 똉 막대 모양으로 기다랗게 만든 풍선. 주로, 운동 경기 때 응원에 쓰임.

막대-하다(莫大-)[-때-] 혱에 (수량이나 정도가) 엄청나게 많거나 크다. ¶막대한 손해를 보다.

막-도장(-圖章)[-또-] 똉 인감도장이 아닌, 잡다한 일에 두루 쓰는 도장.

막돼-먹다[-뙈-따] 혱 '막되다'를 더욱 힘주어 이르는 말. ¶막돼먹은 녀석이로군.

막-되다[-뙤-/-뛔-] 혱 (사람이) 윗사람 앞에서 버릇없이 행동하는 습성을 가진 상태에 있다. 비난하거나 꾸짖어 이르는 말임. ¶막되게 굴다.

막둥이[-둥-] 똉 '막내아들'을 귀엽게 이르는 말.

막론(莫論)[망논] 똉 (주로 '막론하고'의 꼴로 쓰여) 특기하게 따져 가리거나 구별하여 논하지 않는 것. **막론-하다** 타예 ¶남녀노소를 **막론하고** 즐길 수 있는 운동.

막료(幕僚)[망뇨] 똉 사령부나 본부에서 작전 등의 입안(立案)·실시에 관하여 지휘관을 보좌하는 간부.

막리지(莫離支)[망니-] 똉역 고구려 후기에 정치와 군사를 주관하던 최고 관직.

막막-하다[1](寞寞-)[망마카-] 혱예 1 쓸쓸하고 괴괴하다. ¶막막한 산촌의 밤. 2 의지할 데 없이 외롭다. ¶막막한 심사. 3 막힌 것같이 몹시 답답하다. **막막-히** 튄

막막-하다[2](漠漠-)[망마카-] 혱예 1 너르고 아득하다. ¶눈앞에 **막막한** 사막이 펼쳐져 있다. 2 아득하고 막연하다. ¶무엇부터 손을 대야 할지 ~. **막막-히**[2] 튄

막-말[망-] 똉 되는대로 함부로 할 말. ¶~로 너더러 사기꾼이라면 어떨 테냐? **막말-하다** 됨재

막무가내(莫無可奈)[망-] 똉 한번 정한 대로 고집하여 도무지 융통성이 없음. ¶아무리 못 하게 말려도 ~예요.

막-바지[-빠-] 똉 일의 마지막 단계. ¶공사가 ~에 이르렀다.

막벌-이[-뻘-] 똉 막일을 하여 돈을 버는 일. ¶~로 근근이 생계를 꾸리다.

막-보다[-뽀-] 튄타 얕보고 마구 대하다. ¶작다고 **막보았다가는** 큰코다친다.

막부(幕府)[-뿌] 똉역 12세기 말에서 19세기까지 일본을 통치했던 쇼군의 정권.

막사(幕舍)[-싸] 똉 1 천막 따위로 임시로 간단하게 지은 집. ¶피난민 ~. 2 군인들이 주둔할 수 있도록 만든 건물 또는 가건물. =바라크.

막사이사이, 라몬 (Magsaysay, Ramon) 똉인 필리핀의 정치가·대통령(1907~1957).

막사이사이-상(Magsaysay賞) 똉 필리핀의 대통령이었던 막사이사이의 업적을 추모·기념하기 위하여 제정된 국제적인 상.

막-살다[-쌀-] 됨재 〈~사니, ~사오〉되는대로 아무렇게나 생활하다.

막상[-쌍] 튄 어떤 일을 실지로 당하여. ¶이곳을 뜨기만을 기다렸는데 ~ 떠나려고 하니 발이 떨어지지 않는다.

막상막하(莫上莫下)[-쌍마카] 똉 더 낫고 더 못함의 차이가 거의 없음. ¶실력이 ~.

막-새[-쌔] 똉건 1 기와지붕에서, 기왓골의 맨 끝, 곧 처마 끝에 놓는 기와. =와당. 2 한쪽 끝에 둥근 모양 또는 반달 모양의 혀가 달린 수키와. ↔내림새.

막-소주(-燒酎)[-쏘-] 똉 품질이 낮은 소주. 또는, 상표 없이 됫병에 담아서 파는 소주.

막심-하다(莫甚-)[-씸-] 혱예 (부정적인 일이) 그 정도에 있어서 더할 나위 없이 심하다. 비막대하다. ¶후회가 ~.

막아-서다[마가-] 튄타 앞을 가로막고 서다. ¶길을 ~.

막역-하다(莫逆-)[-여카-] 혱예 서로 허물없이 썩 친하다. ¶**막역한** 사이.

막연-하다(漠然-)[-여카-] 혱예 범위나 내용이 갈피를 잡을 수 없이 어렴풋하다. ¶살아갈 길이 ~. **막연-히** 튄

막-일[망닐] 똉 닥치는 대로 마구 하는 육체노동. =막노동. **막일-하다** 됨재예

막일-꾼[망닐-] 똉 막일을 하는 사람.

막자[-짜] 똉 약을 갈아 가루로 만드는 데 쓰는, 끝이 둥글고 작은 사기 방망이.

막자-사발(-沙鉢)[-짜-] 똉 막자로 약을 갈아서 가루로 만드는 데 쓰는 사기그릇.

막장[1][-짱] 똉광 갱도의 막다른 곳.

막-장[2](-醬)[-짱] 똉 허드레로 먹기 위

하여 담는 된장.
막중-대사(莫重大事) [-쭝-] 명 아주 중대한 일.¶국가의 안위(安危)가 걸린 ~.
막중-하다(莫重-) [-쭝-] 형 (어떤 일이나 대상이) 더할 나위 없이 중요하거나 소중하다.¶책임이 ~. 막중-히 🖳
막-차(-車) 명 하루의 마지막 시각에 운행하는 차. ↔첫차.
막-창자 [-창-] 명 =맹장(盲腸)¹.
막-춤 명 일정한 형식을 벗어나 제멋대로 추는 춤.
막-판 명 1 마지막 무렵의 판.¶기껏 잘나가다가 ~에 가서 일을 그르쳐 버렸다. 2 일이 아무렇게나 마구 되는 판.
막하(幕下) [마카] 명 1 역 주장(主將)이 거느리는 장교와 종사관(從事官). 2 지휘관이 거느리고 있는 부하. 또는, 그 지위.
막후(幕後) [마쿠] 명 (주로, 일부 명사 앞에서 관형어적으로 쓰여) 어떤 일을 비밀리에 또는 은밀하게 꾸미거나 처리하는 상태. 또는, 어떤 일을 표면에 나서지 않고 배후에서 조종하는 상태.¶~교섭 / ~ 인물.
막-히다[마키-] 통⟨자⟩ 1 '막다¹·²'의 피동사.¶길이 ~. 2 (말이나 생각 등이) 어느 대목에 부딪혀서 순조롭게 진행되지 않다.¶말문이 ~.
막힘-없다 [마킴업따] 형 일이 순조롭게 진행되어 방해받는 것이 없다. 막힘없-이 🖳 ¶일이 ~ 진행되다.
만¹ 의존 (주로, 뒤에 '이다'나 '에'와 결합하여) 동안이 얼마간 계속되었음을 나타내는 말.¶10년 ~에 만난 친구.
만² 의존 (동사의 어미 '-ㄹ' 아래에 '하다'와 함께 쓰여) 1 어떤 동작이나 작용이 이루어질 가능함을 나타내는 말.¶화를 낼 ~도 하다. 2 어떤 행동을 할 가치나 이유가 됨을 나타내는 말.¶쉬지 않고 일했으니 지칠 ~도 하다.
만³ 조 어느 것에만 한정됨을 나타내는 보조사. 1 어느 것을 선택하고 다른 것은 배제함을 나타냄.¶나는 너 ~ 믿겠다. 2 화자(話者)의 기대의 하한선을 나타냄.¶딱 하나 ~ 다오. 3 강조의 뜻을 첨가함.¶잠깐 ~ 기다리세요. 4 행위의 단일성이나 상태의 두드러짐을 나타냄.¶형님은 그의 말에 웃기 ~ 했다. 5 ('하다', '못하다'와 함께 쓰여) 앞말이 나타내는 내용 정도에 달함을 나타냄.¶집채 ~ 한 파도. 6 ('명사+만+-어도/아도'의 꼴로 쓰여) 어떤 것이 이루어지기 위한 최소한의 것임을 나타냄.¶상상 ~ 해도 아찔한 일. 7 ('명사+만+-면'의 꼴로 쓰여) 상투적 습관을 나타냄.¶그는 술 ~ 먹으면 운다.
만⁴ 조 '마는'의 준말.¶사고는 싶다 ~ 돈이 없다.
만⁵(卍) 명⟨불⟩ 옛날 인도에서 비슈누 신의 가슴팍에 자란 털의 모양이 나타냈다는 길상의 중표. 우리나라에서는 사원(寺院)의 표지·기호 등으로 쓰임.
만⁶(灣) 명⟨지⟩ 바다가 육지로 쑥 들어간 곳.¶아산~.
만¹⁷(萬) Ⅰ㈜ 천의 열 곱절.
Ⅱ 관 ~개.
만⁸(滿) Ⅰ㈜ 1 나이를 헤아릴 때, 태어난 지 365일이 지나야 한 살로 보는 방식으로 나타낸 것임을 뜻하는 말.¶~ 스무 살. 2 기간을 헤아릴 때, 어떤 일이 있은 지 약 365일이 지난 시점을 1년으로
보는 방식으로 나타낸 것임을 뜻하는 말.¶그가 떠난 지 ~ 3년이 지났다. ▷햇수.
3 주로 '하루'나 '한 달' 등의 앞에 쓰여, 약 24시간이나 약 30일을 꽉 채운 상태임을 나타내는 말.¶배로는 ~ 하루가 걸리는 거리.
Ⅱ 관 (주로 '만으로'의 꼴로 쓰여) 나이를 헤아리는 것이, 태어난 지 약 365일을 지난 시점을 한 살로 보는 방식임을 나타내는 말. 또는, 기간을 헤아리는 것이 어떤 일이 있은 지 약 365일이 지난 시점을 1년으로 보는 방식임을 나타내는 말.¶~ 아홉 살.
만⁹, 토머스(Mann, Thomas) 명 [인] 독일의 소설가(1875~1955).
만가(輓歌·挽歌) 명 ['수레를 끌면서 부르는 노래'라는 뜻] 1 =상엿소리. 2 죽은 이를 애도하는 노래 (輓詩).
만감(萬感) 명 솟아오르는 갖가지 생각이 나 느낌.¶~이 교차하다.
만개(滿開) 명 꽃이 활짝 피는 것. 특히, 낱낱의 꽃에 주목하여, 꽃봉오리가 완전히 벌어 있는 것. **만개-하다** 통⟨자⟩ ¶만개한 목련화.
만경-창파(萬頃蒼波) 명 끝없이 너른 바다.¶~에 뜬 일엽편주.
만고¹(萬古) 명 1 오랜 옛적. 2 (주로 '만고에', '만고의'의 꼴로 쓰여) 아주 오랜 세월. 또는, 영구한 시간.¶~의 진리. 3 (주로 '만고의'의 꼴로 쓰여) 세상에 다시 없는.¶~의 역적.
만고²(萬苦) 명 온갖 괴로움.¶천신~.
만고-강산(萬古江山) 명 오랜 세월을 통하여 변함이 없는 산천.¶~을 유람하다.
만고불멸(萬古不滅) 명 영원히 없어지지 않음.¶~의 업적. **만고불멸-하다** 통⟨자⟩.
만고불변(萬古不變) 명 영원히 변하지 않음.¶~의 진리. **만고불변-하다** 통⟨자⟩.
만고불후(萬古不朽) 명 (훌륭한 가치나 의의가) 영원히 썩어지지 않음.¶~의 명작. **만고불후-하다** 통⟨자⟩.
만곡-하다(彎曲-) [-고카-] 형 활처럼 굽다.¶만곡한 해안선.
만국(萬國) 명 세계의 모든 나라. 비 만방.
만국-기(萬國旗) [-끼] 명 긴 줄에 이어 달아 공중에 걸어 놓은 세계 각국의 국기. 또는, 줄지어 세워진 깃대들에 매양 되어 있는 세계 각국의 국기.¶~가 펄럭이는 가을 운동회.
만국^박람회(萬國博覽會) [-빵회] =빵남회] 명 세계 각국이 그 공업 제품·과학 기계·미술 공예품 등을 출품 전시하는 국제적인 박람회. 4년마다 열림. ☞엑스포.
만국^우편^연합(萬國郵便聯合) [-년-] 명 국제 연합의 전문 기구의 하나. 국제 간 우편물의 원활한 상호 교환을 목적으로 함.
만국^평화^회의(萬國平和會議) [-회의/-훼의] 명 [역] 군비 축소와 세계 평화를 위하여 1899년과 1907년 두 차례에 걸쳐 네덜란드의 헤이그에서 개최된 국제회의. 우리나라의 이준 등이 고종의 밀사로 파견된 것은 두 번째 회의 때였음.
만금(萬金) 명 아주 많은 돈.
만기(滿期) 명 정한 기한이 다 참. 또는, 그 기한.¶~ 여름. ☞제대.
만끽(滿喫) 명 (어떤 대상을) 마음껏 즐기거나 누리는 것. **만끽-하다** 통⟨타⟩ ¶승

만나다 图 ①[태] **1** (사람이 다른 사람을) 우연히 또는 계획이나 약속에 의해 같은 장소에서 인사나 말을 나누면서 얼굴을 마주하게 되다. ¶길에서 우연히 옛 친구를 **만났다**. **2** (사람이 어떤 사람을) 특별한 관계나 인연을 맺은 대상으로 삼게 되다. ¶친구를 잘못 **만나** 나쁜 길로 빠지다. **3** (어떤 현상이나 일을) 뜻밖에 또는 우연히 마주치거나 겪게 되다. ¶뜻밖을 지나가다 비를 ~. **4** (어떤 때나 그런 때의 세상을) 맞거나 살게 되다. ¶제철을 ~. ②[재] **1** (사람이 다른 사람과, 또는 사람과 사람이) 계획이나 약속에 의해 같은 장소에서 얼굴을 마주하여 인사나 말을 나누는 일을 가지다. ⒽⓈ상면하다·대면하다. ¶수영이가 현희와 다방에서 ~. **2** (길이나 강, 선분 등이 다른 그것과) 거리가 가까워져 서로 닿게 되다. ⒽⓈ접하다·교차하다. ¶난류와 한류가 **만나는** 곳. [만나자 이별] 만나자마자 곧 헤어짐을 이르는 말.
만:난(萬難) 명 온갖 어려움과 장애.
만:-날(萬-) 튀 나아지거나 좋아지거나 새로워지지 않고 언제나 늘. ⒽⓈ항상. ¶~ 놀기만 하네. =맨날.
만남 명 사람과 사람이 만나는 일. 또는, 만나서 관계나 인연을 맺는 일. ¶너와 나의 ~ / ~의 광장.
만:년(晩年) 명 사람의 평생에서의 끝시기, ⒽⓈ노년. ↔초년(初年).
만:년(萬年) 명 언제나 변함없이 같은 상태임을 뜻하는 말. ¶~ 과장 / ~ 소년.
만:년-묵이(萬年-) 명 =만년치기.
만:년-설(萬年雪) 명[지] 설선(雪線) 이상의 고지에 언제나 녹지 않고 쌓여 있는 눈.
만:년지계(萬年之計) [-계/-계] 명 아주 먼 훗날까지 걸친 큰 계획.
만:년-치기(萬年-) 명 매우 오랜 기간 사용하기에 알맞음. 또는, 그런 것. =만년묵이.
만:년-필(萬年筆) 명 펜대 속에 넣은 잉크가 펜촉으로 흘러나와 글씨를 쓸 수 있는 필기도구.
만:능(萬能) 명 모든 일에 다 능하거나 모든 일을 다 할 수 있는 것. ¶황금~주의.
만:능-열쇠(萬能-) [-널쇠/-녈쉐] 명 무엇이든 열 수 있는 열쇠. ⓈⓈ마스터키.
만다라(曼陀羅·曼荼羅) 명 [<ⓈMandala] [불] 불법의 모든 덕을 원만하게 갖춘 경지. 또는, 그런 경지를 나타낸 그림.
만:단(萬端) 명 **1** 수많이 많은 갈래나 토막으로 얼크러진 일의 실마리. **2** 여러 가지나 온갖.
만:담(漫談) 명 재미있고 익살스럽게 세상이나 인정을 풍자하는 이야기.
만:담-가(漫談家) 명 **1** 직업적으로 만담을 하는 사람. **2** 만담을 썩 잘하는 사람.
만:대(萬代) 명 영원토록 끝없이 이어지는 대(代). 또는, 무한한 세월. ⒽⓈ만세(萬世). ¶위업을 자손~에 전하다.
만델라, 넬슨 롤리흘라(Mandela, Nelson Rolihlahla) 명[인] 남아프리카 공화국의 대통령·흑인 해방 운동 지도자(1918~).
만돌린(mandolin) 명[음] 서양 현악기의 하나. 몸통은 달걀을 세로로 쪼갠 것 같은 모양이며, 여기에 네 쌍의 현을 걸고 픽으로 퉁겨서 소리를 냄.

만두(饅頭) 명 밀가루를 반죽하여 고기나 야채 등을 다져 만든 소를 넣고 둥글거나 길둥글게 빚어 찌거나 삶거나 튀긴 음식. ¶군~ / 찐~ / 고기~.
만두-소(饅頭-) 명 만두 속에 넣는 음식. 주로 고기·두부·김치·숙주나물 같은 것을 다져서 양념하여 한데 버무려 만듦.
만두-피(饅頭皮) 명 만두소를 넣어 만두를 만드는, 밀가루 반죽의 얇은 반대기.
만둣-국(饅頭-) 명[-두꾹/-둗꾹] 명 만두를 넣고 끓인 국.
만들다 图 〈만드니, 만드오〉 ①[타] **1** (어떤 재료로 일정한 구조의 물건을) 도구를 사용하여 이루어지게 하다. ⒽⓈ제작하다·제조하다. ¶종이로 꽃을 ~. **2** (책·문건·곡 등을) 일정한 형식과 내용을 담아 이루다. ¶사전을 ~. **3** (모임이나 단체 등을) 필요한 것을 갖추어 이루다. ⒽⓈ조직하다. ¶친목회를 ~. **4** (규칙·법·제도 등을) 새로이 정하다. ⒽⓈ제정하다. ¶회칙을 ~. **5** (어떤 일을 하기 위한 돈이나 비용을) 구하거나 준비하여 갖추다. ¶아르바이트를 하여 학비를 ~. **6** (어떤 일을 하기 위한 시간이나 기회를) 의도적으로 있게 하다. ¶두 사람이 만날 기회를 ~. **7** (어떤 일거리를) 일부러 또는 공연히 생기게 하다. ¶쓸데없이 일을 ~. **8** (흠집 따위를) 생기게 하다. ¶누가 자동차에 흠집을 **만들어** 놓았다. **9** (어떤 사람이나 물건을) 어떤 상태로 바뀌게 하거나 어떤 지위나 자격을 가지게 하다. ¶사람들 앞에서 웃음거리로 ~. ②[보조] (용언의 어미 '-게', '-도록' 아래에 쓰이어) 그렇게 되게 함을 나타낸다. ¶우쭐하게 ~.
만료(滿了) [말-] 명 (정해진 기간이) 다 차서 끝나는 것. **만료-하다** 图⒴◎ **만료-되다** 图⒴◎ ¶임기가 ~.
만:루(滿壘) [말-] 명[체] 야구에서, 1·2·3루 모두에 주자가 있는 상태. ¶~ 홈런.
만류(挽留) [말-] 명 (어떤 일을) 하지 못하도록 붙들고 말리는 것. ¶식구들의 ~로 출마를 포기했다. **만류-하다** 图⒴◎ ¶사직을 ~.
만:리-장성(萬里長城) [말-] 명[지] 중국 북쪽에 있는 장대한 성벽. 길이 약 2,400km. 중국어로는 완리창청.
만리장성을 쌓다 부부가 아닌 남녀가 성 관계를 맺다. 완곡한 말임. ¶그는 지난 밤 사랑하는 여자와 **만리장성을 쌓았다**.
만:리-타국(萬里他國) [말-] 명 멀리 떨어져 있는 다른 나라. ¶~에서 고향을 그리다.
만:리-타향(萬里他鄉) [말-] 명 조국이나 고향에서 멀리 떨어져 있는 다른 지방.
만만디(←⌒慢慢的) 명 행동이나 굼뜨거나 일의 진척이 느린 상태를 놀림조로 이르는 말. ¶할 일이 태산 같은데 마냥 ~라니.
만:-만세(萬萬歲) 명 '만세² ¹'의 힘줌말.
만만찮다[-찬타] 형 만만하지 않다. ¶만만찮은 적수.
만만-하다¹ 형⒴◎ (상대가) 손쉽게 다루거나 대할 만한 상태에 있다. ¶무명 선수라고 **만만하게** 봤다간 큰코다칠걸. **만만-히**¹ 튀 ¶~ 여기다.
만만-하다² [滿滿-] 형⒴◎ 넘칠 만큼 넉넉하다. ¶자신이 ~. **만만-히**² 튀
만:면(滿面) 명 온 얼굴. 특히, 어떤 표정이 그득한 얼굴을 가리킴. ¶~에 웃음을

띠다.

만¦면-하다(滿面—) [형][여] (어떤 표정이) 얼굴에 가득하다. ¶희색(喜色)이 ~.

만¦무-하다(萬無—) [형][여] 《강한 부정의 뜻을 나타낼 때 의존 명사 '리' 다음에 쓰여》 결코 없다. ¶선생님이 거짓말을 했을 리가 ~.

만¦물(萬物) [명] 세상에 있는 모든 것. ¶인간은 ~의 영장이다.

만¦물-박사(萬物博士) [—싸] [명] 여러 방면에 박식한 사람.

만¦물-상[1](萬物相) [—쌍] [명] 금강산에 있는, 갖가지 모양의 바위산을 일컫는 말.

만¦물-상[2](萬物商) [—쌍] [명] 일용 잡화를 파는 장사. 또는, 그 가게.

만¦민(萬民) [명] 온 국민. [비]만백성.

만¦민^공¦동회(萬民共同會) [—회/—훼] [명][역] 1898년 독립 협회 주관으로 서울에서 열린 민중 대회. 우리나라 최초로 의회 민주주의 사상을 제창했음.

만¦반(萬般) [명] 《주로 '만반의' 의 꼴로 쓰여》 갖출 수 있는 모든 것. ¶~의 준비를 갖추다.

만¦발(滿發) [명] (많은 꽃이) 한꺼번에 활짝 피는 것. [비]만개. **만¦발-하다** [동][자][여] ¶공원에 벚꽃이 ~.

만¦방[1](萬方) [명] 여러 방면. 또는, 모든 곳.

만¦방[2](萬邦) [명] 모든 나라. [비]만국. ¶국위를 세계~에 떨치다.

만¦-백성(萬百姓) [—썽] [명] 모든 백성. [비]만민.

만¦병(萬病) [명] 온갖 병. ¶~의 근원.

만¦병-통치(萬病通治) [명] 한 가지 약이나 처방으로 온갖 병을 다 고침.

만¦병통치-약(萬病通治藥) [명] **1** 온갖 병을 고치는 데 쓰는 약이나 처방. **2** 여러 가지 경우에 두루 효력을 나타내는 대책이나 수단을 비유하여 이르는 말. ¶재정 지원이 문예 진흥의 ~은 아니다.

만¦복[1](萬福) [명] 온갖 복. ¶~을 누리다.

만복[2](滿腹) [명] 음식을 많이 먹어 배가 잔뜩 부름. ¶~감(感). ↔공복(空腹).

만¦-부득이(萬不得已) [부] 어쩔 수 없이. [비]부득이. ¶피치 못할 사정으로 ~ 회의에 참석하지 못했다. **만¦부득이-하다** [형][여] 어쩔 수 없다. ¶**만부득이한** 형편.

만¦분지일(萬分之一) [명] 아주 적은 경우를 이르는 말. ¶부모의 마음을 ~이라도 헤아린다면 저렇게는 못 할 거다.

만¦사(萬事) [명] 모든 일. 특히, 어떤 사람이 행하거나 관계하는 온갖 일. ¶~ 제쳐 놓고 이 일부터 해라.

만¦사-태평(萬事太平·萬事泰平) [명] **1** 모든 일에 근심 걱정이 없어 평안함. **2** 성질이 너그럽거나 어리석어 모든 일에 아무 걱정이 없음. **만¦사태평-하다** [형][여]

만¦사-형통(萬事亨通) [명] 모든 일이 거리낌 없이 잘됨. **만¦사형통-하다** [동][자][여] ¶**만사형통하기**를 빌다.

만삭(滿朔) [명] 아이 낳을 달이 다 차는 것.

만¦산(晩産) [명][의] 임신에 별다른 이상이 없이 출산 날짜가 늦어지며, 태아가 너무 커지는 일. ↔조산.

만¦산-홍엽(滿山紅葉) [명] 단풍이 들어 온 산의 나뭇잎이 붉게 물들어 있음. 또는, 온 산에 붉게 물든 나뭇잎. ¶가을이면 온 산이 ~을 이룬다.

만¦상[1](萬象) [명] 형상이 있는 온갖 물건. ¶삼라~ / 천태~.

만상[2](灣商) [명][역] 조선 시대에, 평북 의주(義州)의 용만(龍灣)을 근거지로 하여 중국과 교역을 하는 상인.

만¦석-꾼(萬石—) [명] 곡식 만 섬을 거두어들일 만한 농토를 가진 큰 부자.

만¦선(滿船) [명] 물고기 따위를 많이 잡아 배에 가득히 실음. 또는, 그런 배. ↔공선(空船). **만¦선-하다** [동][자][여]

만성(慢性) [명] **1** [의] 병이 급하거나 심하지도 않으면서 쉽게 낫지도 않는 성질. ¶~ 위장병. ↔급성. **2** 버릇이 되다시피 하여 쉽게 고쳐지지 않는 상태나 성질.

만성-병(慢性病) [—뼝] [명][의] 급격한 증상이 없이 서서히 발병하여 치료와 치유에도 장기간을 요하는 질환의 총칭.

만성-적(慢性的) [관][명] 만성인 (것). ¶~ 실업.

만성-화(慢性化) [명] 만성으로 되거나 만성으로 되게 함. **만성화-하다** [동][자][타][여] ¶병이 ~. **만성화-되다** [동][자]

만¦세[1](萬世) [명] 아주 오랜 세대. [비]만대.

만¦세[2](萬歲) Ⅰ[명] 영원히 삶.
Ⅱ[감] 경축이나 환호의 뜻으로 외치는 소리. ¶대한민국 ~!

만¦세-력(萬歲曆) [명] 앞으로 백 년 동안의 천문과 절기를 추산하여 밝힌 책. ▷백중력·천세력.

만¦세-보(萬歲報) [명] 1906년에 손병희가 창간한 국한문 혼용의 일간 신문. 1907년 이인직이 인수하여 '대한신문' 으로 제호를 바꿈.

만¦수[1](萬壽) [명] 오래오래 삶. [비]장수.

만수[2](滿水) [명] 물이 가득 참. ¶~가 된 댐.

만¦수-무강(萬壽無疆) [명] 아무 탈 없이 오래오래 삶. **만¦수무강-하다** [동][자][여] ¶할아버님, 부디 **만수무강하십시오.**

만-수위(滿水位) [명] 저수지·하천·물탱크 등에 물이 가득 찼을 때의 물의 높이.

만¦숙(晩熟) [명] **1** 열매가 늦게 익는 것. **2** 생물이 늦게 발육하는 것. **3** 시기나 일 따위가 늦게 되어 가는 것. ↔조숙(早熟). **만¦숙-하다** [동][자][여]

만¦시지탄(晩時之歎) [명] 때가 늦어 기회를 놓쳤음을 안타까워하는 탄식.

만¦신[1] [명][민] 여자 무당을 대접하여 이르는 말. ['萬神' 은 취음]

만¦신[2](滿身) [명] =온몸.

만¦신-창이(滿身瘡痍) [명] **1** 온몸이 상처투성이가 됨. ¶얻어맞아 ~가 되다. **2** 일이 아주 엉망이 됨을 비유적으로 이르는 말.

만¦약(萬若) [명][부] =만일. ¶~의 경우.

만연(蔓延·蔓衍) [명] (전염병이나 어떤 폐단이) 널리 퍼지는 것. **만연-하다** [동][자][여] ¶사회에 부조리가 ~. **만연-되다** [동][자]

만연-체(蔓衍體) [명][문] 문장 표현법의 하나. 많은 말을 사용하여 수식·반복·부연 설명함으로써 문장이 길어진 문체. ↔간결체.

만¦왕(萬王) [명] 세상의 모든 왕.
만왕의 왕 크리스트교에서, '예수 그리스도' 나 '하느님' 을 이르는 말. =왕중왕.

만용(蠻勇) [명] 앞뒤 가리지 않고 무모하게 부리거나 내는 의욕이나 용기. ¶~을 부리다.

만¦우-절(萬愚節) [명] 악의 없는 가벼운 거짓말로 남을 속이는 장난을 하면서 웃고 즐거워하는 날. 4월 1일.

만원(滿員) [명] 버스·열차·영화관 등의 정

원이 다 찬 상태. 또는, 사람이 탈것이나 장소에 더 타거나 들어가기 어려울 만큼 꽉 차 혼잡한 상태. ¶~ 버스.
만원-사례(滿員謝禮) 명 만원을 이루게 해 주어 고맙다는 뜻으로, 극장 등 흥행장에서 만원이 되어 더 받지 못하겠다는 것을 완곡하게 이르는 말. 흔히, 매표구에서 써서 붙임.
만:월(滿月) 명 가장 완전하게 둥근 달. (비)보름달.
만:유(萬有) 명 우주에 존재하는 모든 것.
만:유-인력(萬有引力) [-−력] 명[물] 모든 물체 사이에 작용하는 힘.
만:유인력의 법칙(萬有引力─法則) [−일−의−/−일−에−] [물] 두 물체 사이에 작용하는 인력의 크기는, 두 물체의 질량의 곱에 비례하고 물체 사이의 거리의 제곱에 반비례한다는 법칙. 1687년에 뉴턴이 발견함.
만:인(萬人) 명 불특정의 모든 사람. ¶~이 우러러보는 눈.
만:인지상(萬人之上) 명 영의정·좌의정·우의정의 지위. ¶일인지하(一人之下) ~.
만:일(萬一) I 명 혹시나 하는 미심쩍은 경우. =만약. ¶~의 사태.
Ⅱ 부 '혹 그런 경우에는'의 뜻으로 어떤 조건을 전제하는 말. =만약. ¶~ 실패하면 너와 난 끝장이다.
만자(卍字) [−짜] 명 '卍'의 모양으로 된 무늬나 표지. =완자.
만:장¹(滿場) 명 많은 사람이 모인 회장(會場). 또는, 그 회장에 모인 모든 사람들. ¶~의 박수를 받다. **만:장-하다** 困(재)여 회장이나 모임을 갖는 장소에 가득 차다. ¶**만장하신 여러분!**
만장²(輓章·挽章) 명 죽은 사람을 슬퍼하여 지은 글. 비단이나 종이에 적어 기처럼 만들어 들고 상여 뒤를 따름.
만:장-일치(滿場一致) 명 회장에 모인 모든 사람의 의견이 같음. ¶~로 가결되다.
만:재(滿載) 명 가득 싣는 것. **만:재-하다** 团(타)여 차에 화물을 ~.
만:전(萬全) 명 완전하여 조금도 빠진 것이 없는 것. 또는, 아주 안전한 것. ¶자동차 사고 방지에 ~을 기하다.
만점(滿點) [−쩜] 명 1 규정된 점수의 가장 높은 점. ¶백 점 ~으로 채점하다. 2 아주 만족할 만한 정도. ¶그는 사윗감으로는 ~이다.
만:조(滿潮) [지] 해수면이 하루 중 가장 높아진 상태. ↔간조(干潮).
만:조-백관(滿朝百官) [−관] 명 조정의 모든 벼슬아치. ~의 하례를 받다.
만족(滿足) 图(하)여 부족함이나 모자람이 없어 좋은 느낌이나 기분을 가지는 상태가 되는 것. **만족-하다** 困(재)여 ¶최선을 다하고 결과에 **만족하라**.
만족-감(滿足感) [−깜] 명 마음에 흡족하게 여기는 느낌.
만족-도(滿足度) [−또] 명 마음에 부족함이 없이 만족을 느끼는 정도. ¶이 제품에 대한 고객들의 ~가 높다.
만족-스럽다(滿足−) [−쓰−따] 혱(ㅂ)−스러우니, −스러워) 만족할 만한 데가 있다. **만족스레** 부
만족-하다²(滿足−) [−조카−] 혱(여) (어떤 일에 부족함이나 모자람이 없어 좋은 느낌이나 기분을 가지는 상태에 있다. (비)흡족하다. ¶**만족한** 표정. **만족-히** 부

만:종(晩鐘) 명 저녁때 절이나 수도원·교회 등에서 치는 종.
만:좌-중(滿座中) 명 여러 사람이 꽉 들어앉은 가운데.
만주(滿洲) [지] 중국의 둥베이(東北) 지방을 이르는 말.
만주-족(滿洲族) 명 만주 일대에 분포하고 있는 남방 퉁구스계의 한 종족.
만지다 匣 1 (사람이 물체나 신체 부위를) 어떤 감각을 가지기 위해 손으로 쥐거나 문지르거나 쓰다듬거나 하다. ¶옷감을 **만져** 보다. 2 (사람이 어떤 물건을) 손으로 다루거나 손질하다. ¶머리를 ~.
만지작-거리다/−대다 [−꺼−] [−때−] 匣 (물건을) 끈질기게 자꾸 만지다. ¶믿수는 주운 돌을 손에 쥐고 **만지작거렸다**.
만지작-만지작 [−장−] 부 만지작거리는 모양. **만지작만지작-하다** 匣(타)여
만질만질-하다 혱(여) 보드라워 만지기가 좋다. **만질만질한** 조약돌.
만:찬(晩餐) 명 저녁에 손님의 모임을 가지면서 격식을 차려 베푸는 저녁 식사.
만:찬-회(晩餐會) [−회/−훼] 명 손님을 청하여 저녁 식사를 겸하여 베푸는 연회.
만:-천하(滿天下) 명 온 천하. ¶~에 죄상을 폭로하다.
만:추(晩秋) 명 늦가을.
만:취·만취(漫醉·滿醉) 명 술에 잔뜩 취하는 것. **만:취-하다·만취-하다** 困(재)
만치 [의존] =만큼.
만큼 I 부 [어미 '−ㄴ', '−는', '−ㄹ' 아래에 쓰여] 앞에 오는 내용에 상당하는 정도임을 나타내는 말. ¶노력한 ~ 보람을 얻다. 2 [어미 '−ㄴ' 아래에 쓰여] 원인·근거의 뜻을 나타내는 말. =만치. ¶너는 학생인 ~ 공부에만 전념해라.
Ⅱ 조 정도가 비슷하거나 그에 육박함을 나타내는 말. =만치. ¶이 ~ 재미있는 책은 없다.
만:−탱크(滿tank) 명 탱크에 액체나 가스가 가득 찬 상태. 또는, 그 액체.
만판 부 마음껏 흡족하고 충분하게. (비)마냥. ¶~ 먹고 마시다.
만:평(漫評) 명 1 일정한 체계 없이 생각나는 대로 비평을 하는 것. 또는, 그 비평. 2 만화로 인물이나 사회를 비평하는 것. ¶시사−~. **만:평-하다** 匣(타)여
만−하다 围(보조) (동사의 어미 '−ㄹ' 아래에 쓰여) 1 어떤 동작이나 작용이 어지간히 가능함을 나타내는 말. ¶통증은 참을 ~. 2 어떤 행동을 할 가치나 이유가 꽤 있음을 나타내는 말. ¶읽을 **만한** 책.
만:학(晩學) 명 제 나이를 훨씬 넘겨서야 일정한 과정의 공부를 하는 것.
만:학-도(晩學徒) [−또] 명 제 나이를 훨씬 넘겨서야 학교에 들어가 공부를 하는 사람.
만행(蠻行) 명 야만스러운 행동. ¶북한의 ~을 규탄하다.
만:화(漫畵) 명 1 인물이나 동물, 또는 사물의 모습을 간결하고 생략된 선으로 익살스럽게 그리거나 과장하여 나타낸 그림. 2 과장되거나 익살스러운 그림에 짤막짤막한 글을 넣어, 유머나 풍자 또는 일정한 줄거리를 담은 읽을거리. ¶시사−~.
만:화-가(漫畵家) 명 만화를 그리는 것을 직업으로 하는 사람.
만:화-경(萬華鏡) 명 같은 크기의 길쭉한 거울 몇 개로 통을 만들어 그 속에 색종

이나 셀룰로이드 조각 등을 넣고, 구멍으로 들여다보면서 통을 돌리면 여러 가지 색채나 무늬가 보이는 장난감.

만¦화-방(漫畫房) [명] 만화를 갖추어 놓고 주로 청소년이나 성인에게 돈을 받고 그 자리에서 읽게 하는 가게. =만홧가게.

만¦화^영화(漫畫映畫) [명] 만화를 특수한 촬영에 의하여 움직이는 것처럼 보이게 만든 영화.

만¦화-책(漫畫冊) [명] 만화를 실어 엮은 책.

만¦홧-가게(漫畫-) [-화까-/-확까-] [명] 1 지난날, 아동 만화를 갖추어 놓고 주로 아동들에게 돈을 받고 만화를 빌려 주거나 그 자리에서 읽게 하던 가게. 2 =만화방.

만회(挽回) [-회/-훼] [명] 바로잡아 회복하는 것. **만회-하다** [동][타][여] ¶실점을 ~. **만회-되다** [동][자]

많¦다[만타] [형] 1 (사람이나 물건·물질의 수나 양이) 보통의 경우, 또는 기준 대상의 것을 넘는 상태에 있다. ¶돈이 ~. 2 (빈도나 수량으로 따질 수 있는 일이나 현상이) 보통의 경우, 또는 기준 대상의 것을 넘는 상태에 있다. ¶실수가 ~. 3 (일의 정도가) 풍부하거나 상당한 상태에 있다. ¶경험이 ~. ↔적다. ▷크다. **많¦-이** [부] ¶비가 ~ 오다.

맏- [접두] '맏이'의 뜻을 나타내는 말. ¶~아들 / ~딸.

맏-누이[만-] [명] 나이가 제일 많은 누이. =큰누이.

맏-딸 [명] 맨 먼저 태어난 딸. =장녀. ↔막내딸.

맏-며느리[만-] [명] 맏아들의 아내.

맏며느릿-감[만-리깜/만-릳깜] [명] 맏며느리로 삼을 만한 사람. 보통 살림 잘하고 덕이 있게 보이는, 통통하게 생긴 미혼 여성을 이르는 말임.

맏-물[만-] [명] 과일·채소·곡식·해산물 등이 산출되기 시작하는 첫 무렵. 또는, 그 무렵의 과일·채소·곡식·해산물. ↔끝물. ×첫물.

맏-사위[-싸-] [명] 맏딸의 남편. [비]큰사위.

맏-상제(-喪制)[-쌍-] [명] 상사(喪事)를 당한 맏아들. [비]상주(喪主).

맏-손자(-孫子)[-쏜-] [명] 맏아들의 맏아들. =장손(長孫)·큰손자.

맏-아들 [명] 맨 먼저 태어난 아들. =장남·장자(長子)·큰아들. ↔막내아들.

맏-이[마지] [명] 1 여러 형제자매 중에서 맨 먼저 태어난 사람. ↔막내. 2 나이가 남보다 많은 것. 또는, 그 사람.

맏-자식(-子息)[-짜-] [명] 첫 번째 낳은 자식.

맏-형(-兄)[마텽] [명] 맏이가 되는 형.

말1 [명][동] 네 다리와 목과 얼굴이 길며 목덜미에 갈기가 있고, 빨리 달릴 수 있어 사람이 타거나 수레를 끄는 데 쓰는 포유동물.

[**말 타면 경마 잡히고 싶다**] 사람의 욕심이란 끝이 없다.

말2 [명][식] 녹갈색으로 잎은 선형(線形)이며, 5~6월에 황록색 꽃이 피고, 연한 줄기와 잎을 식용하는 여러해살이 물풀.

말3 [명] 1 윷·고누·장기 등에서, 말판이나 장기판에서 일정한 약속하에 옮기는 물건. 2 =마(馬)4. 3 사방치기에서 사용하는 납작한 돌.

말4 [명] [1][자립] 곡식·가루·액체 따위의 분량을 되는 데 쓰이는 그릇. [2][의존] 곡식·가루·액체 따위의 분량을 헤아리는 단위. 한 말은 열 되임. ¶쌀 두 ~.

말¦5 [명] [1][자립] 1 사람이 생각이나 느낌을 목소리로 나타내는 일. 또는, 그 소리나 의미. =어사(語辭). [비]언어. ¶표준~. 2 일정한 주제나 내용을 가진 이야기. ¶~을 꺼내다. 3 말투나 말씨를 이르는 말. ¶~이 거칠다. 4 소문·풍문을 이르는 말. ¶~이 퍼지다. 5 '단어'나 '구', '문장' 등을 두루 이르는 말. 6 ('말이 …(이)지'의 꼴로 쓰여) 부르거나 나타낸 명색. ¶~이 옷이지 누더기나 다름없다. 7 (어절 사이에 '말이다, 말이야, 말이지' 등의 꼴로 쓰여) 특별한 뜻이 없이 입버릇이나 군소리로 하는 말. ¶그런데 ~이다. [2][의존] 1 ('-라는/으라는', '-다는', '-냐는/으냐는' 뒤에서 서술격 조사 '이다'와 결합하여) 다시 확인하는 뜻을 나타내는 말. ¶나더러 구걸이라도 하라는 ~이냐? 2 ('-니/으니', '-기에' 등의 뒤에 '말이지'의 꼴로 쓰여) '망정이지'의 뜻을 나타내는 말. ¶내가 그 자리에 있었기에 ~이지 큰일 날 뻔했다. 3 ('-어야/아야 말이지'의 꼴로 쓰여) 어떤 행위가 잘 이루어지지 않음을 탄식하는 말. ¶아무리 걸어도 전화를 받아야 ~이지. 4 (어미 '-ㄹ/을' 다음에 '말이면', '말로는', '말로야' 등의 꼴로 쓰여) '-ㄹ/을 것 같으면'의 뜻을 나타내는 말. ¶그가 빚을 갚을 ~로는 무슨 문제가 있겠냐.

[**말은 해야 맛이고 고기는 씹어야 맛이다**] 마땅히 할 말은 해야 한다. [**말이란 '아' 해 다르고 '어' 해 다르다**] 말이란 같은 내용이라도 표현하는 데 따라 아주 다르게 들린다는 말. [**말이 씨가 된다**] 앞으로의 일에 대해 좋지 않은 말을 하면 그 말대로 될 수도 있으니, 함부로 말을 하지 말라는 뜻으로 이르는 말. [**말 한마디에 천 냥 빚도 갚는다**] 말만 잘하면 어려운 일이나 불가능한 일도 해결할 수 있다.

말(이) 나다 1 이야깃거리로 말이 시작되다. ¶**말이 난** 김에 다 이야기하겠다. 2 비밀한 일이 다른 사람의 입에 오르내리게 되다.

말(이) 되다 1 말하는 것이 이치에 맞다. ¶**말이 되는** 소리를 해. 2 (어떤 사실에 대하여) 서로 간에 말이 이루어지다.

말(을) 듣다 1 시키는 대로 하다. ¶제발 내 **말을 들어라**. 2 꾸지람을 듣거나 시비의 대상이 되다. ¶그런 일로 남의 **말을 들어서**야 되겠느냐? 3 (기계·도구 등이) 다루는 사람의 뜻대로 움직이다.

말(도) 마라 어떤 사실이 보통의 정도를 벗어남을 상대방에게 강조할 때 쓰는 말. ¶얼마나 고생을 했는지 ~.

말(이) 많다 1 말수가 많다. ¶**말이 많으면** 실수를 하기 쉬운 법이다. 2 논란이 많다. ¶그 문제에 대해 **말이 많더라**.

말(을) 못하다 말로써는 차마 나타내어 설명할 수 없다. ¶그는 일찍이 부모님을 여의고 **말 못할** 정도로 고생을 했다.

말(이) 새다 비밀한 말이 남에게 알려지다. ¶**말이 새지** 않도록 입조심해라.

말(이) 아니다 (사정·형편이) 몹시 어렵거나 딱하다. ¶요즘 내 형편도 ~.

말-6 [접두] 일부 명사에 붙어, 큰 것임을 나타내는 말. ¶~별 / ~매미.
말[7](末) 圆 어떤 기간의 끝 무렵임을 나타내는 말. ¶금년 ~/19세기 ~. ↔초.
말갈(靺鞨) 圆[역] 중국 수당(隋唐) 시대에 둥베이(東北) 지방에서 한반도 북부에 걸쳐 거주한 퉁구스계 여러 민족의 총칭.
말갈기 圆 말의 목덜미에서 등까지 나 있는 긴 털.
말갛다 [-가타] 圈困〈말가니, 말가오, 말개〉깨끗하고 맑다. ¶감물이 ~. ⓐ멀겋다.
말:개-지다 困函 말갛게 되다. ¶흙탕물이 ~. ⓐ멀게지다.
말경(末境) 圆 말년의 지경. ⓑ늘바탕. ¶인생 ~에 이게 무슨 꼴이람?
말-고기 圆 말의 고기.
말괄량이 圆 말과 행동이 지나치게 활달하여 얌전하지 못하고 덜렁거리는 소녀. ▷왈가닥. 왈패.
말국 圆 '국물1·2'의 잘못.
말-굽 圆 말의 발굽.
말굽-자석(-磁石) [-짜-] 圆[물] 말굽 모양으로 된 자석.
말:-귀[-뀌] 圆 1 말의 뜻이나 내용. ¶몇 번 얘기했건만 왜 그리 ~를 못 알아듣나? 2 남이 하는 말의 뜻을 알아듣는 슬기. ¶~가 어둡다.
말:기(末期) 圆 치마나 바지 등의 맨 위 허리에 둘러서 댄 부분. ¶치맛~.
말기(末期) 圆 기간이나 일의 끝 무렵. ⓑ말년·종기. ¶고려 ~ /~ 증세. ↔초기.
말:-꼬리 圆 말을 마치는 끝 부분. ⓑ말끝. ¶어물어물 ~를 흐리다.
　말꼬리(를) 잡다 남의 말 가운데서 잘못 표현된 부분을 가지고 약점을 잡다.
말:-꼬투리 圆 상대의 말 속에서 시시콜콜하게 잡아내는 시빗거리나 트집거리.
말끄러미 튄 눈을 똑바로 뜨고 오도카니 한곳만 바라보는 모양. ¶~ 쳐다보다. ⓑ물끄러미.
말끔 튄 깨끗한 상태로 모두.
말끔-하다 圈 티 하나 없이 맑고 깨끗하다. ¶말끔하게 갠 하늘. ⓐ멀끔하다. **말끔-히** 튄 ¶상처가 ~ 낫다.
말:-끝[-끋] 圆 어떤 내용의 말이 끝나는 부분. 또는, 어떤 문장에서 종결 어미의 부분. ⓑ말꼬리. ¶그는 더 변명할 말이 없자 ~을 흐리고 말았다.
　말끝(을) 달다 끝난 말에 덧붙어 말하다.
말년(末年) [-런] 圆 1 인생의 마지막 무렵. ¶~에 얻은 자식. 2 어떤 시기의 마지막 몇 해 동안.
말:-놀이[-로리-] 圆 말을 사용하여 하는 놀이. 끝말잇기, 발음하기 힘든 말 외기, 받침 빼고 말하기 따위. ⓑ언어유희.
말다[1] 困태〈마니, 마오〉1 〔넓이를 가진 얇은 물건을〕 한쪽 끝에서부터 둥글게 끝부리면서 돌돌 굴려 원통형으로 겹쳐지이다 하다. ¶멍석을 ~. 2 (어떤 물건을) 넓이를 가진 얇은 물건으로 내용물을 싸서 한쪽 끝에서부터 돌돌 굴리는 방식으로 해서 만들다. ¶어머니가 김밥을 ~.
말다[2] 困태〈마니, 마오〉(밥·국수 등이) 물이나 국물에 넣어서 잠기게 하다. 또는, (물이나 국물을) 밥·국수 등에 잠길 만큼 부어 넣다. ¶밥을 국에 ~.
말:다[3] [말:고 / 말아] 困태〈마니, 마오〉[1]困 ⓑ 1 하던 일이나 행동을 더 계속하지 않다. ⓑ그만두다·그치다·중단하다·중지하다. ⓑ뛰다 말고 걷다. 2 (상대에게 명령하거나 요구하거나 희망하는 뜻을 담은 문장에 쓰여) (어떤 행동을) 하지 않거나 금하다. ¶아무 말 말고 내 말대로 해. 3 (부사 (흔히 보조사가 뒤에 옴) 뒤에 '말고'의 꼴로 쓰여) 앞의 대상을 제외하거나 앞의 상태를 부정하는 뜻을 나타내는 말. ¶많이도 말고 조금만 주십시오. 4 ('-거나 말거나', '-거니 말거니', '-든(지) 말든(지)', '-르까/을까 말까', '-르지/을지 말지', '-르래/을래 말랴' 따위와 같은 중복형의 구조에서 쓰여) 앞에 오는 서술어의 내용을 부정하는 뜻을 나타내는 말. ¶비가 오거나 말거나 상관없다. [2]보조 1 (동사의 어미 '-지' 아래에 쓰여) 그 상태나 행동을 막는 뜻을 나타내는 말. ¶집에서 놀지 말고 집으로 들어가자. 2 (용언의 어미 '-고(야)' 아래에 쓰여) 어떤 일이 끝내 이루어짐을 나타냄과 동시에 그것을 섭섭하거나 안타깝게 여기는 뜻을 나타내는 말. ¶공들여 쌓은 탑이 무너지고 말았다.
말:-다툼 圆 말로 다투는 일. =언쟁. **말 싸움·입씨름. 말:다툼-하다** 困자연
말단(末端) [-딴] 圆 1 맨 끄트머리. 2 어떤 조직의 제일 아랫자리 부분. ¶~ 사원.
말:-대꾸 圆 1 묻는 말에 이렇다든가 저렇다든가 하는 식으로 대답을 하는 것. ⓑ말대꾸. ¶~도 하기 싫다. 2 상대의 충고나 요구나 나무람 등에 대해 그것을 순순히 받아들이지 않고 변명하거나 거부하거나 반박하는 것. ⓑ말대답. ¶하라면 하지 왠~? 말:대꾸-하다 困자연
말:-대답(-對答) 圆 1 윗사람의 충고나 꾸지람에 대해 제 잘못을 인정하지 않고 이러쿵저러쿵 변명하거나 거스르는 말을 하는 것. ⓑ말대꾸. ¶뉘 앞이라고 꼬박꼬박 ~이냐? 2 상대의 어떤 말에 대해 자기의 의사를 나타내는 대답. 말대답-하다 困자연
말:더듬-이 圆 말을 습관적으로 더듬는 사람.
말:-동무[-똥-] 圆 심심하거나 쓸쓸할 때 친구처럼 대화를 나눌 수 있는 상대. ⓑ말벗. ¶할머니의 ~가 되어 드리다.
말-똥 圆 말의 똥.
　[**말똥에 굴러도 이승이 좋다**] 고생스럽더라도 사는 것이 죽는 것보다는 낫다.
말똥-가리 圆[동] 매의 한 종류로, 몸길이 55cm가량이고 몸빛이 어두운 갈색인 새. 개구리·들쥐·곤충 등을 잡아먹음.
말똥-거리다/-대다 困 눈이 맑고 생기 있게 빛나는 눈알을 자꾸 굴리다. ⓐ멀뚱거리다.
말똥-구리 圆[동] =쇠똥구리.
말똥-말똥 튄 1 말똥거리는 모양. ¶눈을 ~ 뜨다. 2 정신이 흐리지 않고 또렷한 모양. ⓐ멀뚱멀뚱. **말똥말똥-하다** 圈연 ¶몸은 움직일 수도 없으며 정신은 ~.
말똥-하다 圈 1 눈알이나 정신이 생기 있고 또렷하다. ⓑ멀뚱하다.
말뚝 圆 땅에 박기 위하여 한쪽 끝이 뾰족하게 만든 기둥이나 몽둥이 모양의 것. 또는, 그것을 땅에 박아 놓은 것.
　말뚝(을) 박다 1 어떤 지위에 오랫동안 머무르다. 2 〈속〉의무병으로 입대한 군인이 복무 연한을 마치고도 계속 남아

직업 군인이 되다.
말뚝-이 명[민] 산대놀음에 쓰이는 탈의 하나. 또는, 거기서 하인의 역을 맡은 인물. 자기가 모시고 다니는 양반을 신랄하게 풍자함.
말'-뜻[-뜯] 명 1 말의 뜻. 비어의(語義). 2 말에 담긴 속뜻.
말-띠 명[민] 말해에 난 사람의 띠.
말라게냐(ⓔmalagueña)명[음] 에스파냐의 플라멩코 가요의 한 가지. 말라가 지방에서 발달한 춤곡으로 즉흥적인 것이 특징임.
말라기-서(←ⓔMalachi書)명[성] 구약 성서 중의 한 권.
말라-깽이 명 몸이 매우 여윈 사람을 놀림조로 이르는 말.
말라리아(malaria) 명[의] 학질모기가 매개하는 말라리아 원충 감염증. 법정 전염병임. =학질(瘧疾).
말라보(Malabo) 명[지] 적도 기니의 수도.
말라-붙다[-붇따] 동(자) (액체 따위가) 바싹 줄거나 마르다. ¶가뭄으로 강이 ~.
말라-비틀어지다 동(자) 1 (사물이) 쪼글쪼글하게 말라서 뒤틀리다. 2 (주로 '뭐[무슨 말라비틀어진]'의 꼴로 쓰여) '무슨 놈의', '도대체 무슨'의 뜻을 나타내는 말. 어떤 대상이나 일을 못마땅하게 여길 때 쓰는 거친 말투임. 비말라죽다. ¶쪼끄만 게 사랑은 뭐 **말라비틀어진** 사랑이냐?
말라위(Malawi) 명[지] 아프리카 남동부에 있는 공화국. 수도는 릴롱궤.
말라-죽다[-따] 동(자) (주로, '뭐 말라죽은', '주로 말라죽을'의 꼴로 쓰여) '무슨 놈의', '도대체 말도 되지 않는'의 뜻을 나타내는 말. 어떤 대상이나 일을 못마땅하게 여길 때 쓰는 말투임. 비말라비틀어지다. ¶쌀 살 돈도 떨어졌는데 무슨 **말라죽을** 외식이냐?
말랑-거리다/-대다 동(자) 매우 말랑한 느낌을 주다. ¶**말랑거리는** 홍시. 큰물렁거리다.
말랑-말랑 튀 말랑거리는 모양. 큰물렁물렁. ¶**말랑말랑-하다** 형(여) ¶**말랑말랑한** 찹쌀떡.
말랑-하다 형(여) (물건이) 야들야들하면서 좀 무르다. ¶**말랑한** 고무공. 큰물렁하다.
말러, 구스타프(Mahler, Gustav) 명[인] 오스트리아의 작곡가(1860~1911).
말레(Malé) 명[지] 몰디브의 수도.
말레이시아(Malaysia) 명[지] 말레이 반도와 보르네오 섬 북부로 이루어진 입헌 군주국. 수도는 쿠알라룸푸르.
말레이^제도(Malay諸島) 명[지] 동남아시아, 아시아 대륙과 오스트레일리아 대륙 사이의 해역에 있는 한 무리의 섬.
말려-들다 동(자) <~드니, ~드오> 1 감겨 안으로 들어가다. ¶기계에 옷이 ~. 2 원하지 않는 관계나 위치에 끌려 들어가다. ¶범죄 사건에 ~.
말로'(末路)명 1 삶의 끝 부분. ¶인생의 ~. 2 망하여 가는 마지막 길. ¶비극적인 독재자의 ~.
말로², 앙드레(Malraux, André) 명[인] 프랑스의 소설가(1901~1976).
말리(Mali) 명[지] 서부 아프리카 내륙에 있는 공화국. 수도는 바마코.
말리다¹ 동(타) 1 '말다'의 피동사. ¶종이가 돌돌 ~. 2 어떤 사물에 휩쓸리다. ¶밀수 사건에 **말려** 연행되다.
말리다² 동(타) (남이 하는 행동을) 하지 못하게 하다. ¶싸움을 ~.
말리다³ 동(타) '마르다'의 사동사. ¶**말린** 생선 / 빨래를 ~.
말-맛[-맏] 명 말이 주는 느낌. 비어감.
말-매미 명[동] 몸길이 약 45mm로, 우리 나라에서 가장 큰 매미. 몸빛이 검고 날개는 투명함. =왕매미.
말'-머리 명 1 말의 첫머리. ¶맨 먼저 ~를 꺼내는 사람은 나였다. 2 말의 방향. ¶말문이 막히자 슬며시 ~를 돌리다.
말-문(-門)명 1 말을 할 때 여는 입. ¶~을 떼다. 2 말을 꺼내는 실마리. ¶~이 트이다.
말문(을) 열다 입을 열어 말을 시작하다.
말문이 막히다 하려고 하던 말이 나오지 않게 되다.
말미¹ 일에 매인 사람이 다른 일로 말미암아 얻는 겨를. ¶열흘간의 ~를 얻다.
말미²(末尾)명 어떤 것의 끝 부분. ¶계약서 ~에 단서를 적어 넣다.
말미암다[-따] 동(자) (주로, '로', '로으로' 다음에 '말미암아', '말미암은', '말미암지', '말미암으면' 등의 꼴로 쓰여) (어떤 일이나 현상이) 다른 일이나 현상의 대상으로 인해 일어나거나 비롯되는 상태이다. ¶부주의로 말미암아 사고가 나다.
말미잘 명[동] 바닷가 바위에 붙어 살며, 원통 모양의 몸 위쪽에 입이 있고 그 주위에 여러 개의 촉수가 있어 이것으로 먹이를 잡아먹는 동물.
말'-밑천[-믿-] 명 말하는 데 들인 노력. ¶~도 못 건지다.
말'-발[-빨] 명 말이 먹혀 들어가는 형세. ¶~이 세다.
말발(이) 서다 말하는 대로 시행이 잘 되다.
말-발굽[-꿉] 명 말의 발굽.
말-밭[-받] 명 윷놀이나 고누·장기 따위에서 말이 다니는 길.
말'-버릇[-뻐릇] 명 말을 할 때 나타나는 버릇. ¶~이 고약하다. ▷입버릇.
말-벌 명[동] 벌목 벌과에 흑갈색에 황갈색 무늬가 있고, 배 부분이 긴 벌. 고목이나 땅속에 살며 해충을 많이 잡아먹음. =왕벌.
말'-벗[-뻔] 명 심심하거나 쓸쓸할 때 친구처럼 대화를 나눌 수 있는 상대. 비말동무.
말-보(-洑)명 ('터지다'와 함께 쓰여) 평소에 말이 없던 사람의 입에서 막힘없이 터져 나오는 말. ¶한번 ~가 터지니 청산유수더군.
말복(末伏) 명 삼복 가운데 마지막 복. 입추가 지난 뒤의 첫 경일(庚日)임.
말-본(-本)명[언] =문법(文法).
말-본새[-뽄-] 명 말하는 태도나 모양새. ¶~가 고약하다.
말사(末寺)명[불] 본사(本寺)에 딸려 그 관리를 받는 절. ↔본사.
말-산(←malic酸) 명[화] 사과·포도 등의 과일에 들어 있는 산. 청량음료수의 신맛을 내는 데 쓰임.
말살(抹殺·抹摋)[-쌀] 명 (어떤 현상이나 대상을) 전혀 세상에 남아 있지 않게 없애는 것. ¶문화 ~ 정책. **말살-하다** 동 (타)여 **말살-되다** 동
말-상(-相)명 말처럼 길게 생긴 얼굴. 또는, 그런 얼굴을 가진 사람.
말석(末席)[-썩] 명 1 좌석의 차례에서,

맨 끝 자리. **2** 등급이나 지위 등의 맨 끝. ↔상석(上席)·수석(首席).

말세(末世) [-쎄] 圀 정치·도덕·풍속 등이 매우 쇠퇴하여 끝판에 이른 세상.

말소(抹消) [-쏘] 圀 기록되어 있는 사실을 지워 없애는 것. **말소-하다** 통卧자 ¶증빙 서류를 ~. **말소-되다** 통자 ¶주민 등록이 ~.

말:-소리 [-쏘-] 圀 **1** 말하는 소리. 凾성. ¶부드러운 ~. **2** [언] =음성(音聲)'2.

말:-속 [-쏙] 圀 말의 깊은 속뜻. ¶남의 ~을 잘 알아듣다.

말:-솜씨 [-쏨-] 圀 말로 남을 설득하고 이해시키는 솜씨. 凾구변·언변. ¶능란한 ~.

말:-수(-數) [-쑤] 圀 사람이 남 앞에서 자발적으로 말을 하는 빈도나 횟수. ¶입이 무거워 ~가 적다.

말:-수작(-酬酌) 圀 말을 서로 주고받는 짓이나 행동. **말:수작-하다** 통자

말술[-쑬] 圀 **1** 한 말 정도의 술. **2** 많이 마시는 술.

말:-실수(-失手) [-쑤] 圀 말을 하는 중에 잘못된 말을 하는 것. 또는, 그 말. 凾실언(失言). **말:실수-하다** 통자

말:-싸움 圀 옳으니 그르니 하며 말로 싸우는 일. 凾논쟁·설전·말다툼. ¶~을 벌이다. **말:싸움-하다** 통자

말:씽 圀 **1** 남을 괴롭히거나 남과 싸움질을 하거나 그 밖의 못된 짓을 하거나 하여 비난받고 있는 상태. ¶~ 많은 아이. **2** 어떤 일이 잘못되어 분쟁이나 시빗거리가 되는 상태. ¶세금 문제가 ~을 낳다. **3** 기계 따위가 고장을 일으키거나 제대로 작동되지 않아 불편이나 짜증을 주는 상태. ¶툭하면 ~을 부리는 고물 자동차.

말:씽-거리 [-꺼-] 圀 말썽이 될 만한 것.

말:씽-꾸러기 圀 말썽이 아주 심한 사람.

말:씽-쟁이 圀 말썽을 잘 부리는 사람을 얕잡아 이르는 말.

말쑥-하다 [-쑤카-] 혦여 **1** 말끔하고 깨끗하다. **말쑥하게** 단장된 거리. 凾멀쑥하다. **2** 세련되고 아담하다. ¶말쑥한 신사. **말쑥-히** 튀

말씀 圀 ① 자곂 **1** 어떤 사람을 높여, 그 사람의 말을 이르는 말. ②상대방을 높여, 자기가 하는 말을 낮추어 이르는 말. ¶제~을 들어 보십시오. ② 의존 '말'2을 높여 이르는 말. ¶도대체 나더러 어쩌란 ~입니까? **말:씀-하다** 통卧자

말씀-드리다 통자 '말하다'의 객체를 높임말. ¶제 의견을 말씀드리겠습니다.

말:-씨 圀 **1** 말하는 태도나 버릇. ¶상냥한 ~. **2** 말의 억양이나 말음양의 특성. ¶남도 ~, 방언적 특성. ¶경상도 ~.

말:-씨름 圀 (두 사람이, 또는 사람과[이] 사람이[과]) 말로 서로 누르거나 이기려고 어떤 주장이나 의견을 내세우는 것. ¶~을 벌이다. **말:씨름-하다** 통자

말아-먹다 [-따] 통卧 (재물 따위를) 두리없게 쓰다. ¶재산을 ~.

말:없음-표(-標) [-업씀-] 圀 =줄임표1.

말:-없다 [-업따] 혦여 **1** 아무 말도 하지 않고. ¶~ 사라지다. **2** 아무 사고나 말썽이 없이. ¶~ 잘 살다.

말엽(末葉) 圀 한 시대나 세기(世紀) 등을 세 시기로 구분할 때, 그 끝 무렵. ¶조선 ~/18세기 ~. ▷초엽·중엽.

말운(末運) 圀 말년의 운수. 또는, 말세의 시운(時運).

말음^법칙(末音法則) 圀[언] 국어에서 한 음절의 끝소리가 제 음가(音價)를 내지 않고 특수한 음가를 가지게 되는 현상에 관한 법칙. '부엌'이 '부억'으로 소리 나는 따위. =받침 규칙.

말일(末日) 圀 그달의 마지막 날. ¶지난달 ~자로 회사를 그만두었네. ▷그믐.

말:-장난 圀 **1** 농담하는 말을 가지고 실없이 장난하는 것. **2** 말을 실질적인 내용 없이 수식적·가식적으로 사용하는 일. ¶이 시(詩)는 ~에 지나지 않는다.

말:-재간(-才幹) [-째-] 圀 =말재주. ¶~이 없는 사람.

말:-재주 [-쩨-] 圀 말을 매끄럽게 잘하거나 기교 있게 하는 재주. =말재간. 凾화술(話術).

말:-조심(-操心) 圀 말이 잘못되지 않게 하는 조심. **말:조심-하다** 통자

말종(末種) [-쫑] 圀 아무짝에도 쓸모없는 사람. 비하하는 말임. ¶인간 ~.

말:-주변 [-쭈-] 圀 말을 그때그때의 상황에 맞게 잘 둘러대는 재주. ¶~이 없다/~이 좋다.

말:-줄임표(-標) 圀[언] =줄임표1.

말:-질(-質) 圀 쓸데없이 이러니저러니 하며 말을 옮기는 짓. ¶온 동네를 돌아다니며 ~을 일삼다. **말:질-하다** 통자

말짜 圀 **1** 가장 나쁜 물건이나 버릇된 이 구는 사람을 일컫는 말. ¶인간~ 같으니.

말짱 튀 (부정적인 서술어와 함께 쓰여) 모두 철저히. ¶그의 말은 ~ 거짓말이다.

말짱 도루묵 (속) 아무 소득 없는 헛일이나 수고로.

말짱-하다 혦여 **1** (사물이) 흠이 없고 온전하다. ¶**말짱한** 구두를 버리다. **2** (정신이) 흐리지 않고 또렷하다. ¶**말짱한** 정신으로 말하는 거니? **3** (속어) 구질구질하지 않고 깨끗하다. **4** (주로, 아이가) 겉보기와는 다르게 집에 대한 재빨 능숙각을 가진 상태에 있다. ¶어린애가 속은 아주 **말짱하다니까!** **5** (말이) 얼른 듣기에만 그럴듯하다. 반어적인 표현임. ¶**말짱한** 거짓말을 늘어놓다. 凾멀쩡하다. **말짱-히** 튀

말:-참견(-參見) 圀 남의 말에 끼어드는 일. **말:참견-하다** 통자

말:-체(-體) 圀[언] =구어체.

말초(末梢) 圀 사물의 끝 부분.

말초^신경(末梢神經) 圀[생] 중추 신경계와 피부·근육·감각 기관 등을 연락하는 신경의 총칭. ¶~을 자극하다.

말초-적(末梢的) 관명 **1** 중심에서 벗어난 사소한 (것). ¶지엽적, ¶~인 문제. **2** 정신이나 영혼에 영향을 주지 못하고 말초 신경을 자극하는 (것). 凾관능적. ¶~인 감성을 자극하는 소설.

말-총 圀 말의 갈기나 꼬리의 털.

말총-머리 圀 조금 긴 머리를 말꼬리처럼 하나로 묶은 머리 모양.

말캉-하다 혦여 너무 익거나 곯아서 좀 무르다. ¶감이 익어서 ~. 凾물컹하다.

말-코 圀 말의 코처럼 콧구멍이 크고 벌름거리는 사람의 코. 또는, 그런 사람을 놀리는 말.

말타아제(⑤Maltase) 圀[화] 소장의 점막으로부터 분비되는 소화 효소.

말-투(-套) 명 말하는 투. =어투.
말-풍선(-風船) 명 만화에서, 등장인물의 말이나 속생각을 글로 나타내어 선을 에워싼 부분.
말피기-관(Malpighi管) 명〔생〕절지동물중 순각류·배각류·거미류·곤충류의 배설기관.
말:하-기 명〔교〕언어 학습에서, 자기 자신의 의사(意思)를 상대방이 알아들을 수 있도록 말로써 표현하는 일. ▷듣기.
말:-하다 통(자)(타)여 1 생각이나 느낌을 말로 나타내다. ¶의견을 ~. 2 (어떤 사실을 누구에게) 알려 알리다. 3 말리거나 부탁하다. ¶취직 자리 하나 **말해** 주시오. 4 평하거나 논하다. ¶네가 잘됐다고 **말할** 사람은 없다. 5 지적하거나 뜻하다. ¶네가 **말한** 그대로다. 6 (어떤 사실이 어떤 현상을) 나타내 보이다. ¶폐허의 현장은 전쟁의 참상을 **말해** 주고 있다.
　말하자면 알기 쉽게 다른 말로 바꾸더면. ¶소문이란, ~ 구르는 눈 덩어리 같은 것이다.
　말할 수 없이 말로 표현할 수 없을 정도로.
말-해 명〔민〕=오년(午年).
말:-허리 명 하고 있는 말의 중간. ¶~를 끊다.
맑다[막-] 형 1 (물이) 더러운 것이 섞이지 않아 속이 환히 들여다보이는 상태에 있다. ¶**맑은** 샘물. 2 (공기가) 더러운 먼지나 불순한 기체가 섞이지 않아 숨 쉬기에 상쾌한 상태에 있다. 땐신선하다. ¶**맑은** 공기. 3 (날씨나 하늘이) 구름이 전혀 또는 별로 없는 상태에 있다. 또는, 그 때문에 햇빛이 환히 비치는 상태에 있다. ¶구름 한 점 없이 **맑은** 하늘. ↔흐리다. 4 (소리가) 가볍고 비교적 높게 또랑또랑하게 울려 퍼지는 상태에 있다. ¶**맑고** 고운 음색. 5 (사람의 마음이) 깨끗하고 순수하다. ¶어린이는 **맑고** 티 없이 자라야 한다. 6 (사람의 정신이) 흐리멍덩하거나 취해 있지 않고 또렷한 의식을 가진 상태에 있다. ¶**맑은** 정신으로 공부하다. 7 (사람의 눈이) 깨끗하고 초롱초롱하다. ¶**맑은** 눈. 8 (생활이나 경제적 상태가) 빠듯하고 궁하다. ¶**맑은** 살림.
맑은-술 명 술빚을 여과하기 위하여 막 거르지 않고 술독에 용수를 박고 떠낸 말간 술. =약주·청주. ↔막걸리.
맑은-장국(-醬-)[-꾹] 명 간장이나 소금으로 간을 하여 국물을 말갛게 끓인 국. 주로 쇠고기를 넣고 끓인 것을 가리킴. ⊜장국.
맘 명 '마음'의 준말. 구어체의 말임. ¶~푹 놓으세요.
맘:-껏[-껃] 뷔 '마음껏'의 준말. ¶~ 먹다 / ~ 자다.
맘:-대로 뷔 '마음대로'의 준말.
맘:-대로-근(-筋) 명〔생〕=수의근. ↔제대로근.
맘마 명〈유아〉밥. ¶아가야, ~ 먹자.
맘:-먹다[-따] 자(타)여 '마음먹다'의 준말. ¶네가 **맘먹은** 대로 하여라.
맘모스 ⓘ명 '매머드(mammoth)'의 잘못.
맘보ⓘmambo 명 라틴 아메리카의 댄스 음악의 하나. 룸바에 재즈 요소를 가미하였음. 또는, 거기에 맞추어 추는 춤.
맘보-바지ⓘmambo-) 명 통을 좁게 하

여 다리에 꼭 끼게 만든 바지.
맘:-씨 명 '마음씨'의 준말. ¶~가 비단결같다.
맘:-소사[-쏘-] 갑 어처구니없거나 기막힌 일을 당했을 때 내는 소리. ¶하느님 ~ /~, 이 무슨 날벼락이람!
맛[맏] 명 1 음식 따위를 혀에 댈 때에 느끼는 달거나 쓰거나 시거나 짜거나 맵거나 한 감각. ¶**단**[짠]~. 2 어떤 사물이나 현상에서 느껴지는 느낌이나 기분. ¶추석 ~이 난다. 3 제격으로 느껴지는 만족스러운 느낌. ¶꼭 일류 대학을 가야 ~인가?
맛(이) 들다 좋아지거나 즐거워지다.
맛(을) 들이다 좋아하거나 즐기다. ¶노름에 ~.
맛-국물[맏꿍-] 명 멸치·다시마·조개 따위를 우려내어 낸 국물.
맛-김[맏낌] 명 소금과 기름을 발라 구운 김. 특히, 대량 생산 된 것을 가리킴.
맛깔-스럽다[맏-따] 형ㅂ〈~스러우니, ~스러워〉1 맛이 입에 당길 만큼 먹음직스럽다. ¶음식이 참 ~. 2 (대상이) 멋과 운치가 있어 끌리는 데가 있다. ¶단아하고 **맛깔스러운** 문장. **맛깔-스레** 뷔
맛-나다[맏-] 자 맛이 좋다. 땐맛있다. ¶나물 무침이 ~.
맛난-이[맏-] 명 '화학조미료'를 달리 이르는 말.
맛-대가리[맏때-] 명 '맛'을 속되게 이르는 말.
맛-보기[맏뽀-] 명 맛만 보기 위해 조금 먹어 보는 음식. ¶엿장수는 ~로 엿을 조금씩 떼어 주었다. ×맛뵈기.
맛-보다[맏뽀-] 통 1(타) 1 (음식의 맛을 알기 위하여) 먼저 조금 먹어 보다. ¶찌개를 ~. 2 (어떤 느낌을) 몸소 겪다. ¶인생의 쓰라림을 ~. 2 (대상이) ¶너, 나한테 한번 **맛봐야** 정신 차릴래?
맛-빼기[맏-] 명 1 양을 좀 줄이는 대신 특별히 맛을 낸 음식. ¶기름기를 뺀 ~ 곰탕. 2 '맛보기'의 잘못.
맛-살¹[맏쌀] 명 가리맛조개와 맛조개의 살.
맛-살²[맏쌀] 명 =게맛살.
맛-소금[맏쏘-] 명 화학조미료를 첨가한 조리용 소금.
맛-없다[맏업따] 형 음식의 맛이 없다. ¶**맛없는** 찌개. **맛없-이** 뷔
맛-있다[맏읻따/마싣따] 형 음식의 맛이 좋다. 땐맛나다. ¶**맛있는** 음식.
　[맛있는 음식도 늘 먹으면 싫다] 아무리 좋은 일이라도 되풀이하면 싫증이 난다.
맛-조개[맏쪼-] 명 [동] 바다 속 모래 바닥에 살며, 껍데기 길이 12cm가량 되는 가늘고 긴 원통형 조개.
망¹(望) 명 상대편의 동태를 미리 알기 위하여 동정을 살피는 일. ¶~을 보다.
망²(望·朢) 명 [천] 1 지구를 중심으로 해와 달의 위치가 일직선이 되는 때. 또는, 그때의 달. 2 음력 보름.
망³(網) 명 1 그물처럼 만들어 가려 두거나 치거나 하는 물건. ¶망충~. 2 (어떤 명사 아래에 붙어) 그물처럼 얽혀 있는 조직이나 짜임새의 뜻을 나타내는 말. ¶연락~ / 수사~.
망가-뜨리다/-트리다 통(타) 망가지게 하다.
망가-지다 자 쓰지 못하게 부서지거나

찌그러지다. =망그러지다. ¶기계가 ~.

망각(忘却) [명] (어떤 사실을) 잊어버리는 것. ¶~의 세월. **망각-하다** [동][타][여] ¶자기 본분을 ~. **망각-되다** [동][자]

망간([독]Mangan) [명][화] 은백색의 금속 원소. 원소 기호 Mn, 원자 번호 25, 원자량 54.938. 합금의 재료, 건전지·화학 약품 등에 쓰임.

망건(網巾) [명] 상투를 틀 때 머리카락이 흘러내리지 않도록 머리에 두르는, 그물 모양의 물건.

망고(mango) [명][식] 노란색 또는 자주색의 타원형 열대 과일이 열리는 상록 교목. 또는, 그 과일. 열대 지방에서 재배하는데, 과일은 즙액이 많고 맛과 향기가 좋음.

망ː구(望九) [명] 〔아흔을 바라본다는 뜻〕 '여든한 살'을 이르는 말.

망국(亡國) [명] **1** 망하여 없어진 나라. 또는, 나라가 망하는 것. ¶~의 설움. **2** 나라를 망치는 것. ¶~ 죄인. **망국-하다** [동][자][여]

망국-적(亡國的) [-쩍] [관][명] 나라를 망하게 하는 (것). ¶과소비는 ~ 풍조이다.

망그러-지다 [동][자] =망가지다.

망극지통(罔極之痛) [-찌-] [명] 한이 없는 슬픔. 어버이나 임금의 상사(喪事)에 쓰는 말임.

망극-하다(罔極-) [-그카-] [형][여] (임금이나 어버이의 은혜나, 어버이나 임금에 관련된 슬픔의 정도가) 그지없다. ¶성은이 **망극하오이다**.

망나니 [명] **1** [역] 죄인의 목을 베는 사람. **2** 언동이 몹시 막된 사람. ¶개~.

망년-회(忘年會) [-회/-훼] [명] 한 해의 모든 괴로움을 잊자는 뜻으로 연말에 베푸는 모임. 순화어는 '송년회'.

망ː대(望臺) [명] 망을 보는 높은 대. [비]망루.

망ː둑어 [명][동] 바닷가 모래땅에 살며 땅위를 뛰어다니기도 하고, 빨판처럼 되어 있는 배지느러미로 다른 물체에 달라붙는 바닷물고기. =망둥이.

망ː둥이 [명][동] =망둑어.

[망둥이가 뛰니까 전라도 빗자루도 뛴다] 남이 뛰며 좋아하니까 공연히 덩달아 날뛴다.

망라(網羅) [-나] [명] 〔'물고기 잡는 그물〔網〕과 새를 잡는 그물〔羅〕'이라는 뜻〕 (어떤 대상을) 넓은 범위에 걸쳐 두루 또는 빠짐없이 포함시키는 것. ¶총~. **망라-하다** [동][타][여] ¶학술 용어를 **망라한** 사전. **망라-되다** [동][자]

망령[1](亡靈) [-녕] [명] **1** 죽은 사람의 영혼. **2** 혐오스러운 과거의 잔재를 이르는 말. ¶제국주의 ~에 사로잡힌 일본.

망ː령[2](妄靈) [-녕] [명] 사람이 늙어서 정신이 흐려져 엉뚱하고 비정상적인 행동을 하는 상태. [비]노망. ¶~이 들다. ▷치매.

망ː령-되다(妄靈-) [-녕되-/-녕뒈-] [형] 늙거나 정신이 흐려져 말과 행동이 주책없다. ¶**망령된** 행동. **망ː령되-이** [부]

망ː루(望樓) [-누] [명] 망을 보기 위해 높이 지은 누각. [비]망대.

망ː륙(望六) [-뉵] [명] 〔예순을 바라본다는 뜻〕 '쉰한 살'을 일컫는 말.

망막(網膜) [명][생] 안구의 가장 안쪽에 있는 얇은 막. 이곳에 맺힌 물체의 상(像)을 시신경을 통해 대뇌로 보냄.

망막-하다(茫漠-) [-마카-] [형][여] **1** 넓고 멀다. ¶**망막한** 평원. **2** 뚜렷한 구별이 없다.

망망-대해(茫茫大海) [명] 넓고 큰 바다. ¶~에 떠 있는 일엽편주.

망망-하다(茫茫-) [형][여] 넓고 멀어 아득하다. ¶**망망한** 바다.

망명(亡命) [명] 어떤 사람이 정치적 탄압을 피하기 위해 자기 나라를 떠나 다른 나라로 가는 일. ¶~ 길에 오르다. **망명-하다** [동][자][여]

망명-객(亡命客) [명] 망명한 정객(政客).

망명-자(亡命者) [명] 망명한 사람.

망ː발(妄發) [명] **1** 망령이나 실수로 그릇된 말이나 행동을 하는 것. 또는, 그 말이나 행동. [비]망언. **2** 망령이나 실수로 잘못하여 자기 또는 조상에게 욕이 되게 하는 말이나 행동. 또는, 그런 말이나 행동을 하는 것. **망ː발-하다** [동][자][여]

망ː백(望百) [명] 〔백을 바라본다는 뜻〕 '아흔한 살'을 일컫는 말. ▷백수(白壽).

망ː-보다(望-) [동][자][타] 다른 사람이 들키지 않고 일을 할 수 있도록 어떤 사람이 누가 오는지를 살피다.

망ː부-석(望夫石) [명] 절개가 굳은 아내가 멀리 떠난 남편을 기다리다가 그대로 죽어서 화석이 되었다는 전설적인 돌.

망사(網紗) [명] 그물같이 성기게 짠 깁.

망ː상(妄想) [명] 이치에 어긋나는 망령된 생각을 하는 것. 또는, 그 생각. ¶~에 빠지다. **망ː상-하다** [동][타][여]

망ː상-증(妄想症) [-쯩] [명][의] 망상을 가지는 증세. ¶과대~ / 피해~.

망설-이다 [동][타] (어떤 일을) 마음을 정하지 못하고 얼른 하지 못하는 상태가 되다. [비]주저하다. ¶갈까 말까 ~.

망설임 [명] 이리저리 생각만 하고 태도를 결정하지 못함. ¶아무 ~ 없이 결정하다.

망신(亡身) [명] 잘못하여 자기의 지위·명예·체면 따위를 깎는 일. ¶집안 ~. **망신-하다** [동][자][여]

[망신하려면 아버지 이름자도 안 나온다] 망신을 당하려면 아주 쉬운 일에도 실수한다.

망신-살(亡身煞) [-쌀] [명] 망신당할 운수. **망신살(이) 뻗치다** 큰 망신을 당하다.

망신-스럽다(亡身-) [-따] [형][ㅂ] 〈~스러우니, ~스러워〉 망신을 당하는 느낌이 있다. **망신스레** [부]

망아지 [명] 아직 다 자라지 않은 어린 말. ¶굴레 벗은 ~.

망양-보뢰(亡羊補牢) [-뢰/-뤠] [명] 〔양을 잃고 우리를 고친다는 뜻〕 이미 실패한 뒤에 뉘우쳐도 소용없음을 이르는 말. '소 잃고 외양간 고친다'와 같은 말.

망양지탄(亡羊之歎·亡羊之嘆) [명] 〔여러 갈래의 갈림길에서 양(羊)을 잃고 한탄한다는 뜻〕 학문의 길이 여러 갈래여서 진리를 찾기 어려움을 이르는 말.

망ː언(妄言) [명] 이치에 맞지 않는 망령된 말. [비]망발. **망ː언-하다** [동][자][여]

망연-자실(茫然自失) [명] 멍하니 정신을 잃음. **망연자실-하다** [동][자][여] ¶그의 사망 소식을 듣고 한동안 **망연자실하였다**.

망연-하다(茫然-) [형][여] **1** 넓고 멀어서 아득하다. **2** 아무 생각 없이 멍하다. **망연-히** [부] ¶허공을 바라보며 ~ 서 있다.

망울 [명] **1** 작고 동글게 뭉쳐 굳어진 덩이. **2** [의] =결절(結節). [큰]멍울. **3** '꽃망울'

의 준말. 4 '눈망울'의 준말.
망ː원-경(望遠鏡)[명] 멀리 있는 물체를 크고 똑똑하게 볼 수 있도록 두 개 이상의 볼록 렌즈를 끼워 맞춘 장치. ¶천체 ~.
망ː원^렌즈(望遠lens)[명] 멀리 있는 물체를 촬영하기 위하여 초점 거리를 길게 만든 카메라 렌즈.
망자(亡者)[명] 죽은 사람.
망점(網點)[-쩜][명][출] 스크린에 찍혀 있는 그물코 모양의 점.
망정(의존) ('-니, -기에' 등의 뒤에 '망정이지'의 꼴로 쓰여) 다음에 오는 말을 이으면서 '…았으니 잘되었다'의 뜻을 나타내는 말. ¶열심 피했기에 ~이지 돌래 맞을 뻔했다.
망조(亡兆)[-쪼][명] 망하거나 결딴날 징조. ¶~가 들다.
망종¹(亡種)[명] '몹쓸 종자'라는 뜻) 행실이 아주 못된 사람을 얕잡아 이르는 말.
망종²(芒種)[명] 24절기의 하나. 6월 6일경으로, 소만(小滿)과 하지 사이에 있음.
망ː주-석(望柱石)[명] 무덤 앞에 세우는, 여덟모로 깎은 한 쌍의 돌기둥.
망중-한(忙中閑)[명] 바쁜 가운데 잠간 얻어낸 한가한 틈.
망집(妄執)[명] 망상을 버리지 못하고 집착하는 일. ¶~에 사로잡히다.
망처(亡妻)[명] 죽은 아내.
망초[명][식] 높이 1.5m가량이고 몸 전체에 거친 털이 있으며, 여름에 흰색의 꽃이 피는 두해살이풀. 들이나 길가에서 자람.
망측-하다(罔測-)[-츠카-][형여] 정상적인 상태에서 벗어나 너무 어이없고 차마 보기가 어렵다. ¶망측하게 그런 욕을 하니! **망측-히**[부]
망치[명] 단단한 물건이나 달군 쇠를 두드리는 데 쓰는 연장. ×마치.
망치다[통](태) 1 (집안·나라·단체 따위를) 망하게 하다. ¶나라를 **망친** 매국노. 2 그르치거나 상하게 하거나 못쓰게 하다. ¶술로 몸을 ~.
망치-질[명] 망치로 두들기는 일. **망치질-하다**[자여]
망ː칠(望七)[명] '일흔을 바라본다는 뜻] '예순한 살'을 이르는 말.
망태(網-)[명] '망태기'의 준말.
망태기(網-)[명] 물건을 담아 어깨에 메어 옮기는 데 쓰는, 가는 새끼나 노로 네모지게 엮어 만든 물건. ⓑ망태. ×구락.
망토(ⓕmanteau)[명] 소매가 없이 어깨부터 팔을 덮어 걸치는 외투. 앞은 단추·끈 등으로 간단히 여밈.
망토-개코원숭이(ⓕmanteau-)[명] 대형 원숭이의 한 종류로, 수컷은 머리에서 등에 걸쳐 회색 털이 길게 늘어져 망토를 입은 것처럼 보이는 포유동물. ≒비비(狒狒).
망-통[명] =통¹.
망ː팔(望八)[명] [여든을 바라본다는 뜻] '일흔한 살'을 이르는 말.
망-하다(亡-)[자여] 1 (개인·집안·단체 등이) 제 구실을 못하고 끝장이 나다. ¶회사가 ~. ↔흥하다. 2 ('망할'의 꼴로 쓰여) 못마땅한 사람이나 대상에 대하여 저주의 뜻으로 이르는 말. ¶**망할** 자식.
망ː향(望鄕)[명] 고향을 그리워하며 생각하는 것.
맞-[맏][접두] 1 '마주'의 뜻을 나타내는 말. ¶~대면 / ~흥정. 2 '서로 엇비슷함'

을 나타내는 말. ¶~먹다 / ~바둑.
맞-고소(-告訴)[맏꼬-][명][법] 고소를 당한 사람이 고소한 사람을 상대로 하는 고소. **맞고소-하다**[자여]
맞-고함(-高喊)[맏꼬-][명] 고함에서 서로 같이 하는 고함. 또는, 한쪽의 고함에 대해 맞받아치는 고함.
맞꼭지-각(-角)[맏-찌-][명][수] 두 직선이 교차할 때, 서로 마주 대하고 있는 두 개의 각. 그 크기가 같음.
맞다¹[맏따][자] 1 (어떤 물체가 씌우거나 입히거나 신기거나 넣거나 끼우거나 해야 할 물체에) 크거나 작지 않은 적당한 상태를 이루다. ¶발에 꼭 **맞는** 구두. 2 (어떤 대상이) 표준을 이루는 대상이나 사실의 내용에 어긋남이 없거나 틀림이 없는 상태를 이루다. ¶답이 ~. 3 (두 대상이, 또는 어떤 대상이 다른 대상에 [과]) 어떤 상태가 서로 어울리거나 조화를 이루다. ¶양복에 잘 **맞는** 넥타이. 4 (대상이 주어진 상황이나 원칙 등에) 적당하거나 온당한 상태를 이루다. ¶분수에 **맞는** 생활. 5 (마음이나 입맛·취미 등에) 흐뭇한 만족을 주다. ¶마음에 **맞는** 친구. 6 (열이나 차례 등이) 똑바른 상태가 되다.
맞다²[맏따][통] ① 타 1 (쏘거나 던지거나 한 물체가 다른 사물이나 몸에) 허공을 날아가 부딪다. ¶공이 날아와 얼굴에 ~. 2 (물체가 눈·비 등에) 닿아 젖거나 영향을 받는 상태가 되다. ¶책이 비에 맞아 못 쓰게 되었다. ② 타 1 (쏘거나 던지거나 한 물체를 몸에, 또는 쏘거나 던지거나 한 물체에 몸을) 다소 센 힘으로 닿게 되다. 또는, 그로 인해 부상을 입다. ¶어깨에 총알을 ~. 2 (사람이나 동물, 또는 물체가 비·눈·서리 등을) 가리지 못한 상태로 닿음을 받다. ¶눈을 맞으며 길을 걷다. 3 (사람이나 동물이 다른 사람에게 매나 채찍 등을) 때림을 당하다. 또는, (사람이 다른 사람에게 몸의 어느 부위를) 때림을 당하다. ¶매를 ~. 4 (사람이 다른 사람에게 꾸짖음이나 욕설 등을) 받거나 당하여 겪다. ¶선생님한테 야단을 ~. 5 (주사나 침 등을 몸의 부위에) 놓음을 받다. ¶엉덩이에 주사를 ~. 6 (어떤 수치나 수준의 점수를) 매김을 받다. ¶만점을 ~. 7 (어떤 해나 계절이나 명절이나 기념일, 또는 의미 있는 때를) 누려야 할 시간으로 가지거나 받아들이다. ¶새해를 ~. 8 (찾아온 사람을) 나아가 환영하는 뜻을 나타내어 대하다. ¶손님을 반갑게 ~. 9 (사람이 특별한 관계나 인연의 사람을) 처음으로 받아들이다. ¶며느리를 ~.
-맞다³[맏따][접미] 주로 사람의 심성이나 기질을 나타내는 일부 명사나 어근에 붙어, 그런 심성·기질이 있음을 나타내는, 형용사를 만드는 말. ¶청승~ / 방정~.
맞-닥뜨리다/-트리다[맏딱-][자여] 맞부딪칠 정도로 닥트리다. ⓑ부딪치다. ¶길에서 빚쟁이와 ~.
맞-닿다[맏따타][통자] 마주 닿다. ¶바다와 하늘이 맞닿은 곳.
맞-대결(-對決)[명] (양편이) 서로 맞서서 대결하는 것. ¶라이벌인 두 선수가 ~를 벌이다. **맞대결-하다**[자여]
맞-대다[맏때-][통] 타 1 서로 마주 닿게 하다. 2 서로 매우 가깝게 위치하다. ¶그들은 이마를 **맞대고** 앉아 의논을 했다.

맞-대면(-對面)[맏때-] 圀 (당사자들이) 서로 마주 보며 대하는 일. **맞대면-하다** 邳

맞-대響[맏때-] 囨 맞아 부모가 ~.

맞-대응(-對應)[맏때-] 圀 (어떤 사람이) 상대의 어떤 행동이나 태도에 대해 맞서서 대응하는 것. **맞대응-하다** 围㊀ ¶상대의 공박에 ~.

맞-돈[맏똔] 圀 물건을 사고팔 때에 그 자리에서 값으로 치르는 돈.

맞-두다[맏뚜-] 围㊀ (바둑·장기 따위를) 대등한 자격이나 조건으로 두다.

맞-들다[맏뜰-] 围㊀ ⟨~드니, ~드오⟩ 1 (두 사람이) 책상을 ~. 2 힘을 합하다. ¶일을 **맞들어서** 하다.

맞-먹다[만-] 围㊀ (수량·정도 따위가) 서로 비슷하다. ¶두 선수의 실력이 ~.

맞-물다[만-] 围㊀ ⟨~무니, ~무오⟩ 1 (어떤 것을) 서로 마주 물다. ¶두 마리의 뱀이 꼬리를 ~. 2 (아랫니와 윗니, 톱니와 톱니 등을) 아귀가 딱 맞게 대다. ¶이를 **맞물고** 돌아가는 톱니바퀴.

맞물-리다[만-] 围 1 '맞물다'의 피동사. ¶기어의 톱니바퀴들이 **맞물려** 돌고 있다. 2 (어떤 것이 다른 것과) 밀접한 관련을 가지다. ¶한반도 문제는 주변 강대국의 역학 관계와 깊이 **맞물려** 있다.

맞-바꾸다[맏빠-] 围㊀ 값을 따지지 않고 물건과 물건을 곧바로 바꾸다.

맞-바둑[맏빠-] 圀 실력이 비슷한 사람끼리 두는 바둑. ↔접바둑.

맞-바라보다[맏빠-] 围㊀㊂ 마주 바라보다.

맞-바람[맏빠-] 圀 양편에서 마주 불어오는 바람.

맞-받다[맏빧따] ⓵㊀ 1 (햇빛·바람 등을) 정면으로 받다. 2 (남의 말·노래·공격 등을) 바로 대응하여 받아 말하거나 노래하거나 공격하거나 하다. ¶노래를 **맞받아** 부르다. 3 (다른 물체를) 마주 들이 받다. ¶중앙선을 넘어온 차를 ~. ⓶㊂ (물체가 다른 물체와) 마주 들이받다. ¶버스와 트럭이 정면으로 **맞받았다**.

맞받아-치다[맏빠-] 围㊀ 자기를 치자마자 바로 자기도 상대를 치다. 또는, (상대의 공격을) 받자마자 그에 대응하여 공격하다. ¶상대의 공격을 ~.

맞배-지붕[맏빼-] 圀[건] 지붕의 옆면이 잘린 듯이 '人(인)' 자 모양을 이룬 지붕.

맞-벌이[맏뻐-] 圀 부부가 둘 다 직업을 가지고 돈을 버는 일. ¶~ 부부. ↔외벌이. **맞벌이-하다** 围㊂

맞-보기[맏뽀-] 圀㊂ 도수가 없는 안경. ▷돋보기.

맞-보증(-保證)[맏뽀-] 圀 양편에서 서로 보증을 서는 일.

맞-부딪치다[맏뿌딛-] 围㊀ 마주 부딪치다. ¶날이 너무 추워 이가 **맞부딪쳤다**.

맞-불[맏뿔] 圀 불이 나고 있는 곳의 맞은편에서 마주 놓는 불.
맞불(을) 놓다 상대의 공격에 대응하여 맞받아 공격하다. 비유적으로.

맞-붙다[맏뿓따] 围㊀ 마주 붙다. ¶**맞붙어** 싸우다.

맞붙-이다[맏뿌치-] 围㊀ 1 '맞붙다'의 사동사. 2 두 사람을 서로 대면시키다.

맞-비비다[맏-] 围㊀ 서로 마주 대고 비비다. ¶두 손을 ~.

맞-상(-床) 圀 '겸상(兼床)'의 잘못.

맞-상대(-相對)[맏쌍-] 圀 마주 상대하는 것. 또는, 그런 상대. **맞상대-하다** 围㊀㊂

맞-서다[맏써-] 围㊀ (어떤 대상에 [과]) 물러서지 않고 겨루거나 버티다. 또는, (대상과 대상이) 서로 물러서지 않고 버티다. ¶운명에 ~ / 불의와 **맞서** 싸우다.

맞-선[맏썬] 圀 중매인이나 기타의 사람의 주선으로, 남녀가 서로 직접 만나 이야기를 나누면서 결혼 상대자로서 마땅한지 어떤지를 알아보는 일. ▷선.

맞-수(-手) [맏쑤] 圀 힘이나 재주가 비슷하여 서로 겨루어 볼 만한 상대.

맞아-들이다[마자드리-] 围㊀ 1 (오는 사람을) 맞아 안으로 들이다. ¶손님을 ~. 2 (어떤 사람을 아내나 남편이나 며느리나 사위 등으로, 또는 한동아리의 사람으로) 삼거나 받아들이다. ¶그 여자를 아내로 ~.

맞아-떨어지다[마자-] 围㊀ (셈이) 어떤 표준에 꼭 맞아 남거나 모자람이 없게 되다. ¶장부와 잔액이 ~. 2 (가락이나 호흡이) 잘 맞다. ¶노래와 춤이 멋지게 ~.

맞은-쪽 圀 마주 상대되는 쪽.

맞은-편(-便) 圀 마주 상대되는 편.

-맞이[저미] 일부 명사 아래에 붙어, 닥쳐오는 일, 또는 오거나 나타내는 사람·사물을 맞는 일의 뜻을 나타낸다. ¶봄 ~ / 손님 ~.

맞이-하다[마지-] 围㊀ 1 (오거나 닥쳐오는 것을) 맞다. ¶손님을 ~. 2 (어떤 사람을 사위·며느리·아내, 또는 특별한 관계의 사람으로) 맞아들이다. ¶며느리를 ~.

맞-잡다[맏짭따] 围㊀㊀ 마주 잡다. ¶손을 **맞잡고** 인사하다.

맞-장구[맏짱-] 圀 1 둘이 마주 서서 치는 장구. 2 남의 말에 덩달아 호응하거나 동의하는 일.

맞장구-치다[맏짱-] 围㊂ 남의 말에 그렇다고 덩달아 같이 말하다.

맞-절[맏쩔] 圀 서로 동등한 예를 갖추어 마주 하는 절. ¶신랑 신부가 ~을 하다.

맞-주름[맏쭈-] 圀 접은 주름의 양 끝이 맞닿게 하여 펴면 연속된 'ㄷ' 자 모양이 되는 주름.

맞짱(을) 뜨다[맏-] ⟨속⟩ 일대일로 대결하여 우열이나 승패를 가리다.

맞추다[맏-] 围㊀ 1 (어떤 물체를 넣거나 끼우거나 할 물체에) 크거나 작고 적당한 상태를 이루게 하다. ¶목수가 문틀에 **맞추어** 문짝을 짜다. 2 (기계의 부품이나 물건을 이루는 조각 등을) 결합하여 일정한 구조의 물건이 되게 하다. ¶건축을 뜯었다가 다시 ~. 3 (어떤 대상을 상태의 대상이나 기준에) 같거나 조화로운 상태가 되게 하다. ¶옷에 **맞추어** 액세서리를 하다. 4 (대상을 다른 대상과) 나란히 놓고 같은가 다른가를 살피다. ¶시험지를 정답과 ~. 5 (사물을) 정도나 형편에 맞은 상태가 되게 하다. ¶국에 간을 ~. 6 (대상을 기준이 되는 수치에) 있도록 하다. ¶채널을 95.1MHz에 ~. 7 (열이나 차례를) 똑바른 상태가 되게 하다. ¶줄을 ~. 8 (사람이 입을 상대의 입이나 특정한 부위에) 닿게 하다. ¶뺨에 입을 ~. 9 (일정한 규격이나 치수, 양의 물건을) 전문으로 하는 사람에게 맡겨 만들게 하다. ¶양복을 ~. ⇨맞히다. ×마추다.

맞춤[맏-] 圀 맞추어서 만든 물건. ¶~복. ×마춤.

맞춤-법(-法)[맏-뻡] 圀 1 글자를 일정한 규범에 맞추어 쓰는 법. =철자법·정서법. 2 =한글 맞춤법.

맞춤-하다[맏-] 혱여 (어떤 일이나 대상이) 일부러 맞추거나 조절하기라도 한 듯이 알맞다.

맞-통하다(-通-)[맏-] 동재여 1 둘 이상의 사물이, 또는 무엇과 무엇이 마주 통하다. ¶양쪽 문을 열어 놓으면 바람이 **맞통해서** 시원하다.

맞-히다[마치-] 동타 1 (어떤 문제에 대한 답을) 옳게 답하거나 옳은 답이 되게 하다. ¶답을 정확히 ~. 2 (과녁에 화살을 ~. 3 (비나 눈 등을 물체에) 맞게 하다. ¶이삿짐에 비를 ~. 4 (침이나 주사 등을) 맞게 하다. ¶아기에게 예방 주사를 ~. 5 (사람에게 때 따위를) 맞게 하다. ▷맞추다.

맡-기다[맏끼-] 동타 1 '맡다'의 사동사. ¶책임을 ~. 2 (사람이 어떤 것을 어느 대상에) 그 대상의 뜻이나 작용대로 이루어지게 두다. ¶운명을 하늘에 ~.

맡다¹[맏따] 동타 1 (사람이 어떤 물건이나 사람을) 자기 책임 아래 다루거나 보살피다. ¶짐을 **맡아** 주다. 2 (사람이 어떤 일이나 직책, 부서 등을) 자기 책임 아래 두다. ¶공장 경영을 ~. 3 (사람이 어떤 사람이나 기관 등에 어떤 일에 대한 허가나 증명이나 확인을) 청하여 얻거나 받다. ¶선생님께 허락을 ~. 4 (사람이 자리 따위를) 차지한 상태로 지키다. ¶네가 먼저 가서 자리를 **맡아** 놓아라.

맡다²[맏따] 동타 (냄새를) 어떤 것인지 알기 위해 코로 공기를 들이마시다. 또는, (냄새를) 콧속에 와 닿는 공기를 통해 그런 것인지 알게 되다. ¶향기를 ~.

맡아-하다 동타 (어떤 일을) 맡아서 하다. ¶빌딩 관리를 ~.

매¹ 圀 사람이나 짐승을 때리는 막대기·몽둥이·회초리 등의 총칭. 또는, 그것으로 때리는 일.

[매도 먼저 맞는 놈이 낫다] 어차피 할 일이라면 아무리 어렵고 괴롭더라도 먼저 겪는 편이 낫다.

매² 圀 부리와 발톱이 갈고리 모양으로 날카롭고, 날쌔게 날면서 작은 새나 병아리를 낚아채어 산 채로 잡아먹는 새. 사냥용으로 기르기도 함. =골매.

매³ 圀 양·염소의 울음소리.

매⁴ 用 정도가 보통보다 심하게. ¶~ 맵다.

-매⁵ 접미 주로, 신체나 그 부위를 나타내는 명사의 뒤에 붙어, 그 명사가 뜻하는 대상의 외형적 생김새를 나타내는 말. ¶몸 ~ / 눈 ~.

-매⁶ 어미 모음이나 'ㄹ' 받침으로 끝나는 어간, 또는 어미 '-시-' 아래에 붙어, 원인·근거를 나타내는 어미. ¶눈이 내리매 - 아이들이 기뻐 날뛴다. ▷-으매.

매⁷(枚) 의존 종이·수건·속옷 등을 세는 단위. 圀(張) ¶200자 원고지 100 ~.

매⁸(每) '각각의', '하나하나의 모든'의 뜻. ¶~ 회계 연도.

매가리 圀 (주로 '없다'와 함께 쓰이어) '맥', '기운', '기백'을 구어적으로 또는 속되게 이르는 말. ¶젊은 녀석이 왜 그리 ~가 없냐?

매각(賣却) 圀 물건을 팔아 버리는 것.

매각-하다(賣却-) 동타여 ¶부동산을 ~. **매각-되다** 동재.

매개(媒介) 圀 (어떤 대상이 어떤 일이나 현상을) 중간에서 갑으로부터 을에게로 옮기는 것. 또는, (어떤 대상이 어떤 현상을) 양편 사이에 끼어들어 이어지게 하는 것. ¶언어를 ~로 한 커뮤니케이션. **매개-하다** 동타여 ¶병을 **매개하는** 곤충.

매개-물(媒介物) 圀 어떤 일이나 현상을 매개하는 물건이나 물체.

매개-체(媒介體) 圀 어떤 일이나 현상을 매개하는 사물.

매관-매직(賣官賣職) 圀 돈·재물을 받고 벼슬을 시키는 것. =매직.

매국(賣國) 圀 개인적인 이익을 위하여 나라의 주권이나 이권을 팔아먹는 것. ¶~ 행위. **매국-하다** 동재.

매국-노(賣國奴)[-궁-] 圀 매국 행위를 한 사람을 경멸조로 이르는 말.

매기(買氣) 圀 사람들이 물건을 사고자 하여 나타내는 움직임이나 의욕. ¶~가 없다.

매기다 동타 (물건에 값이나 등급·점수 등을) 일정한 기준이나 판단에 따라 정하다. 또는, 그렇게 정한 것을 숫자나 문자 등으로 나타내다. ¶시험지에 점수를 ~. 2 (서류나 물건 등에 일련번호 따위를) 숫자로 적어 나타내다. ¶장부에 페이지를 ~.

매김-씨 圀[언] =관형사.

매끄럽다[-따] 형ㅂ 1 거침없이 저절로 밀려 나갈 만큼 반드럽다. ¶매끄러운 얼음판. **매끄러웁다**. 2 (사람이) 수더분하지 않고 붙임성 없이 약빠르다. 3 (글이) 조리가 있고 거침이 없다. ¶문장이 ~.

매끈-거리다/-대다 동재 매끄러워 자꾸 밀려 나가다. 圀미끈거리다.

매끈매끈-하다 형여 여럿이 다 매끈하다. 또는, 매우 매끈하다. ¶**매끈매끈한** 피부. 圀미끈미끈하다.

매끈-하다 형여 흠이나 거친 데가 없이 부드럽고 반드럽다. ¶살결이 ~. 圀미끈하다. **매끈-히** 用.

매⁻**끼**(每) 用 한 끼 한 끼. 또는, 끼니마다. ¶~ 고기만 먹을 수 없다.

매너(manner) 圀 예절이나 규칙 등을 지켜야 하는 자리에서 어떤 사람이 취하는 태도나 몸가짐이나 말씨. ¶~가 좋다.

매너리즘(mannerism) 圀[문] 예술 창작이나 창의성을 요하는 일에 있어서, 틀에 박힌 수법이나 기교나 발상 등을 되풀이하여 신선미나 독창성을 잃은 상태. 圀타성. ¶~에 빠진 작가.

매년(每年) 圀用 한 해 한 해. 또는, 해마다. =매해. ¶~ 이맘때면 제비가 온다.

매뉴얼(manual) 圀 기계나 컴퓨터 따위의 사용 방법이나 기능을 설명해 놓은 책.

매뉴팩처(manufacture) 圀[경] 산업혁명이 일어나기 직전, 유럽에서 많은 수공업자를 한 작업장에 모아 자본가의 감독 하에 대량 생산을 하던 방식.

매니아 圀 '마니아(mania)'의 잘못.

매니저(manager) 圀 연예인·운동선수 등의 섭외·교섭 등을 맡는 사람.

매니큐어(manicure) 圀 주로 여성들이 손톱을 다듬고 그 위에 여러 색깔의 물질을 발라 아름답게 꾸미는 일. 또는, 그 일을 위해 사용되는 여러 가지 색깔의 물질.

▷페디큐어.
매:다¹ (매:고 / 매어) 통 1 (실·끈·밧줄 등의 긴 물건을) 자체의 다른 쪽 끝 부분이나 다른 실·끈·밧줄 등과 교차시킨 뒤, 한쪽의 것을 다른 쪽의 것에 대고 돌려 감는 식의 방법으로 이어지게 매듭을 만들다. 또는, (실·끈·밧줄 등의 긴 물건을 다른 물건에) 두르거나 감아 잘 풀어지지 않게 매듭과 같은 것을 만들다. ¶넥타이를 ~. 2 (어떤 대상을) 끈·밧줄 등으로 고정된 물체에 연결하여 그 대상이 달아나거나 일정한 범위를 벗어나지 못하게 하다. ¶소를 말뚝에 ~. 3 (어떤 시설물을 어느 물체나 곳에) 줄·끈 등으로 이어지게 하여 설치하다. ¶나뭇가지에 그네를 ~. 4 (어떤 물건을) 끈·줄 등으로 묶어서 만들다. ¶빗자루를 ~. 5 (사람이 허리띠나 벨트 등을 몸에) 다소 조이는 상태로 두르다. ¶안전벨트를 ~.
매:다² (매고 / 매어) 타 논밭의 풀을 뽑다. ¶김을 ~.
매:-달(毎-) 명₊튀 한 달 한 달. 또는, 달마다. 町다달이·매월.
매:-달다 통〈-다니, -다오〉잡아매어서 달려 있게 하다. ¶등을 처마 끝에 ~.
매:달-리다 통 △ 1 '매달다'의 피동사. ¶처마 끝에 매달린 고드름. 2 붙들고 늘어지다. ¶전봇대 ~ . 3 어떤 곳에 덧붙다. ¶나뭇가지에 매달린 감. 4 무엇에 깊이 관계하여 거기에만 몸과 마음이 쏠려 있다. ¶시험공부에 ~. 5 무엇에 붙어 의존하거나 의지하다.
매:-대기 명 1 진흙·똥 따위를 아무 데나 되는대로 바르는 것. 2 정신을 잃고 아무렇게나 하는 몸짓. ¶술에 취해 ~를 치다.
매:도¹(罵倒) 명 몹시 꾸짖어 욕하는 것. **매:도-하다** 타 ¶그들은 그를 기회주의자로 **매도하였다**.
매:도²(賣渡) 명 물건을 팔아넘기는 것. ¶~ 계약. **매:도-하다** 통 타
매:도-세(賣渡勢) 명[경] 증권이나 부동산 등의 시장에서, 물건을 팔고자 하는 형세. ↔매수세.
매:도-인(賣渡人) 명 물건을 파는 사람.
매독(梅毒) 명[의] 트레포네마 팔리둠이라는 병원체의 감염으로 일어나는 성병.
매듭 명 1 실·끈 등을 묶어 맺은 자리. ¶~을 짓다. 2 끈을 매고 죄어 여러 가지 모양의 조형미를 나타내는 수법. 또는, 그렇게 만든 장식물. 3 (어떤 일에서) 순조롭지 못하거나 막힌 부분. ¶일의 ~을 풀다. 4 일의 순서에 따른 결말.
매듭-짓다[-짇따] 통자 △〈-지으니, ~지어〉일을 조정이나 일단락이 나는 상태가 되게 하다. ¶하던 일을 완전히 ~.
매력(魅力) 명 다른 대상의 마음을 사로잡아 끄는 힘. ¶~ 만점 / 성적 ~.
매력-적(魅力的) 명[-쩍] 관형 매력이 있는 (것). ¶살짝 드러나는 덧니가 ~이다.
매료(魅了) 명 사람의 마음을 강하게 당기는 것. 또는, 호리는 것. **매료-되다** 통자 **매료-하다** 타 ¶그 작가의 유려한 문체는 독자를 **매료했다**. **매료-되다** 통자 ¶영화의 주인공에게 ~.
매립(埋立) 명 (우묵한 땅이나 하천·바다 등을) 흙이나 돌 등으로 메워 평평한 땅이 되게 돋우는 것. ¶하천 ~ 공사. **매립-하다** 통 타
매립-지(埋立地) 명[-찌] 명 매립한 땅.

매섭다 395

매-만지다 타 잘 가다듬어 손질하다. ¶머리를 ~.
매:-맛 명[-맏] 매를 맞아 아픈 느낌. ¶너이놈, ~ 좀 볼래? × 손맛.
매매(賣買) 명 (물건을) 팔고 사는 것. ¶~ 계약. **매매-하다** 통 타 **매매-되다** 통 자
매매-춘(賣買春) 명 여자의 몸을 성적(性) 대상으로 사고파는 일.
매머드(mammoth) 명 1 [동] 홍적세 빙하기에 살았던, 코끼리 비슷한 동물. 화석으로 발견되는데, 몸이 매우 크고 갈색의 긴 털로 덮여 있으며, 긴 엄니가 위로 휘어 있다. 2 관형어적으로 쓰여, '큰', '대형의', '대규모의'의 뜻을 나타내는 말. ¶~ 도시 / ~ 빌딩. × 맘모스.
매:명(賣名) 명 재물이나 권리를 얻으려고 이름이나 명예를 파는 것. **매:명-하다** 통자여
매물(埋沒) 명 보이지 않게 파묻는 것. **매몰-하다** 통 타 **매몰-되다** 통자 ¶갱도가 무너져 막장 안의 광부들이 **매몰되었다**.
매몰-스럽다[-따] 형비〈-스러우니, -스러워〉보기에 인정이 없고 쌀쌀맞은 데가 있다. ¶그는 친구의 간청을 매몰스럽게 거절하였다. **매몰스레** 튀
매몰-차다 형 매우 인정이 없고 쌀쌀맞다. ¶그 여자는 성미가 ~.
매무새 명 옷을 입은 맵시. ↔옷매무새. ¶~가 곱다. ▷매무시.
매무시 명 옷을 입고 나서 매만지는 뒷단속. ↔옷매무시. ▷매무새.
매:물(賣物) 명 팔 물건. ¶~이 동나다.
매미 명〈준〉숨집 접대부.
매:미² 명[동] 투명한 두 쌍의 날개와 긴 대롱 모양의 입이 있으며, 여름에 나무 위에서 '맴맴' 하고 우는 곤충.
매미-채 명 매미를 잡는 데 쓰는 채.
매 번(每番) 명₊튀 번번이. ¶~ 실패하다.
매복(埋伏) 명 불시에 습격하려고 몰래 숨어있는 것. ¶~ 근무. **매복-하다** 통자여
매부(妹夫) 명 누이의 남편.
매:사(每事) 명 하나하나의 모든 일. 또는, 일마다. ¶그는 ~에 빈틈이 없다.
매사는 불여(不如)튼튼 어떤 일이든지 튼튼히 해 놓는 것이 좋다는 말.
매사추세츠(Massachusetts) 명[지] 미국 북동부의 주.
매:상(賣上) 명 하루 또는 어느 기간 동안 물건을 팔아 번 돈의 총액. 町매상고.
매:상-고(賣上高) 명 상품을 판 수량이나 대금의 총액. 町매상고.
매:상-액(賣上額) 명 상품을 판 금액.
매:석(賣惜) 명[경] 물가 폭등에 의한 폭리를 바라고 어떤 상품을 팔기를 꺼리는 일. ¶매점(買占) ~. **매:석-하다** 통 타여
매설(埋設) 명 땅속에 물체를 파묻어 설치하는 일. ¶수도관 ~ 공사. **매설-하다** 통 타여 **매설-되다** 통자여
매섭다[-따] 형비〈매서우니, 매서워〉 1 (성질이나 됨됨이가) 겁이 날 정도로 모질고 사납다. ¶매서운 눈초리. 2 (비판·비난, 또는 공격 따위가) 날카롭거나 세차 두려움을 주는 상태에 있다. ¶상대를 **매섭게** 몰아붙이다. 3 (찬 바람이나 추위 등이) 살을 에는 듯하게 세차다. ¶매서운 추위. 준무섭다.

매수¹(枚數)[-쑤] 몡 종이나 유리 따위가 같이 장으로 세는 물건의 수. 囲장수. ¶ 원고 ~.

매수²(買收) 몡 1 물건을 사들이는 것. 2 금품 따위를 써서 남을 꾀어 자기편으로 만드는 것. ¶~공작. 매수-하다 통(타여) 매수-되다 통(자) ¶돈에 ~.

매수³(買受) 몡 물건을 사서 넘겨받는 것. 매수-하다 통(타여)

매수-세(買收勢) 몡[경] 증권이나 부동산 등의 시장에서, 물건을 사들이고자 하는 형세. ↔매도세.

매수-인(買受人) 몡 물건을 매수하는 사람.

매스^게임(mass game) 몡[체] 집단적으로 행하는 맨손 체조나 율동.

매스껍다[-따] 혱(ㅂ)<매스꺼우니, 매스꺼워> '메스껍다'의 작은말.

매스^미디어(mass media) 몡 많은 사람에게 정보와 지식을 전달하는 매체. 신문·방송·영화·출판 따위. ≒대중 매체.

매스-컴(←mass communication) 몡 신문·라디오·텔레비전·잡지·영화 등의 매스 미디어를 통해서 불특정한 대중에게 대량의 정보를 전달하는 일. 또는, 그 매체. ¶~을 타다.

매시(每時)[--] 몡튀 '매시간'의 준말.
매-시간(每時間) 몡튀 한 시간 한 시간. 또는, 시간마다. 준매시.

매식(買食) 몡 음식점에서 음식을 사서 먹는 것. 또는, 그 식사. 매식-하다 통(타여)

매실(梅實) 몡 매실나무의 열매.
매실-나무(梅實-)[-라-] 몡[식] 4월에 향기가 강한 흰색 또는 분홍색 꽃이 잎보다 먼저 피고, 7월에 신맛이 있는 노란색 열매가 익는 낙엽 교목. 꽃은 '매화', 열매는 '매실'이라 함. ≒매화나무.

매실-주(梅實酒) 몡 청매(靑梅)에 설탕과 소주를 넣고 밀폐하여 익힌 술.

매양 튀 어떤 경우에마다 늘. 囲번번이. ¶~ 실패를 되풀이하다.

매연(煤煙) 몡 연료가 탈 때 생기는, 그을음이 섞인 검은 연기. 특히, 탄소 화합물의 불완전 연소로 발생하는 대기 오염 물질. ¶자동차 ~.

매염(媒染) 몡 염료가 섬유에 직접 물들지 않는 경우 특수한 약제를 매개로 하여 색소를 고착시키면서 염색을 내는 방법.

매우 튀 (형용사나 관형사에 다른 부사, 또는 정도를 나타낼 수 있는 일부의 명사나 관형사 앞에 쓰여) 정도에 있어서 보통의 경우보다 상당히 넘어선 상태로. 囲아주·몹시. ¶날씨가 ~ 덥다.

매운-맛[-맏] 몡 1 고추 등을 먹을 때느끼는 알큰한 것 같은 맛. 2 다른 사람에게 모질게 괴로움을 당하거나 크게 혼이 나는 상태를 비유하여 이르는 말. ¶~을 봐야 정신 차리겠군?

매운-탕(-湯) 몡 생선·채소 등을 넣고 고추장을 풀어 맵게 끓인 찌개. ¶메기 ~.

매-월(每月) 몡 한 달 한 달. 또는, 달마다. 囲다달이·매달. ¶~ 모임을 갖다.

매음(賣淫) 몡 여자가 돈을 받고 남자에게 몸을 파는 일. 囲매춘. 매음-하다 통(자여)

매음-굴(賣淫窟) 몡 매음하는 여자들이 모여 사는 곳.

매-이다 통(자) 1 '매다'의 피동사. ¶밧줄에 ~. 2 구속이나 부림을 받게 되다. ¶일에 매여 꼼짝도 할 수 없네.
매인 목숨 남에게 매여 구속받는 사람의 신세. ¶~이라 시간이 없어요.

매-일(每日) 몡튀 하루하루. 또는, 날마다.

매-일반(-一般) 몡 결국 마찬가지. ¶ 한가지. ¶이쪽으로 가나 저쪽으로 가나 걸리는 시간은 ~이다.

매입(買入) 몡 (물건 따위를) 사들이는 것. ↔매출. 매입-하다 통(타여) ¶야채를 대량으로 ~.

매장¹(埋葬) 몡 1 (시체를) 땅에 묻는 것. 2 (어떤 사람을) 사회적으로 활동하지 못하게 하거나 버림받게 만드는 것. 비유적인 말임. ¶그런 파렴치한은 사회적으로 ~시켜야 한다. 매장-하다 통(타여) ¶시체를 ~. 매장-되다 통(자)

매장²(埋藏) 몡 1 묻어서 감추는 것. 2 광물 따위가 묻혀 있는 것. 매장-하다 통(타여) (물건을) 묻어서 감추다. 매장-되다 통(자) ¶이 일대는 엄청난 양의 석탄이 매장되어 있다.

매:장³(賣場) 몡 물건을 파는 곳. ¶화장품 ~.

매장-량(埋藏量)[-냥] 몡 광물 따위가 묻혀 있는 분량. ¶석탄 ~.

매저키즘 몡 '마조히즘'의 잘못.

매:절(買切) 몡 1 상인이 팔다가 남더라도 반품하지 않겠다는 조건으로 많은 양의 물품을 한꺼번에 매입하는 것. 2 출판사가 저작자에게 저작권료를 한꺼번에 지급하고 저작물을 무기한으로 이용하는 일.

매점¹(買占) 몡 物건 값이 오를 것을 예상하고 폭리를 얻기 위하여 물건을 휩쓸어 사 두는 것. 囲사재기. ¶~ 매석(賣惜). 매점-하다 통(타여)

매:점²(賣店) 몡 어떤 기관이나 단체 안에서 물건을 파는 가게. ¶학교 ~.

매정-스럽다[-따] 혱(ㅂ)<~스러우니, ~스러워> 매정한 데가 있다. ¶매정스러운 목소리. ▷무정스럽다. 매정스레 튀

매정-하다 혱여 얄미울 만큼 인정이 없다. ¶간곡한 부탁을 매정하게 뿌리치다. ▷무정하다. 매정-히 튀

매제(妹弟) 몡 손아래 누이의 남편. ↔매형(妹兄).

매조(梅鳥) 몡 매화가 그려져 있는 화투쪽. 2월이나 두 끗을 나타냄.

매:주(每週) 몡 한 주 한 주. 또는, 주마다. ¶그는 ~ 일요일에 등산을 간다.

매:직¹(賣職) 몡 =매관매직. 매:직-하다 통(타여)

매직²(†magic) 몡 '매직펜'의 준말.
매직-미러(magic mirror) 몡 한쪽에서 보면 유리처럼 투명하게 보이나, 반대쪽에서 보면 거울처럼 비쳐 보이는 유리.
매직-펜(†magic pen) 몡 펠트로 된 뭉툭한 심에서 유성 잉크가 배어 나오게 한, 굵은 글씨를 쓰는 도구. 준매직.

매:진¹(賣盡) 몡 (입장권·차표 따위가) 남김없이 다 팔리는 것. 매:진-되다 통(자) ¶ 극장표가 ~.

매:진²(邁進) 몡 (어떤 일에) 힘써 노력하는 것. 또는, 목적을 이루기 위하여 줄기차게 나아가는 것. ¶일로(一路) ~. 매:진-하다 통(자여)

매:질¹ 몡 (사람이나 동물을[에게]) 매로 때리는 일. 매질-하다 통(타여)

매질²(媒質) 몡[물] 힘이나 파동을 전해 주

는 역할을 하는 매개물. 예를 들면, 소리를 전하는 공기 따위.
매체(媒體) 圆 1 방송·신문·잡지·출판·인터넷 등과 같이 대중들에게 지식·정보·오락 등을 전달하는 수단. 또는, 그 조직. ⓗ미디어. ¶방송 ~. 2 [물] 물질과 물질 사이에서 매질(媒質)이 되는 물체.
매:초(每秒) 圆 1초 일초. 초마다. ¶~ 10m의 속도로 부는 바람.
매춘(賣春) 圆 (여자가) 남자에게 돈을 받고 그 대가로 남자와 성행위를 하는 것. ⓗ매음. **매:춘-하다** 동재
매:춘부(賣春婦) 圆 매춘하는 여자.
매:출(賣出) 圆 기업이나 점포에서 얼마만큼의 돈으로 물건을 판매하는 것. ⓗ방매. ↔매입. **매:출-하다** 동재
매:출-액(賣出額) 圆 일정 기간 동안 매출한 액수. ¶월 ~.
매치(match) 圆 색·디자인·크기 등이 서로 어울리게 하는 일. **매치-하다** 동재 ¶넥타이가 양복과 잘 ~. **매치-되다** 재
매치^포인트(match point) 圆 [체] 탁구·배구·테니스·배드민턴 등에서, 승패를 결정하는 마지막 한 점.
매칭^펀드(matching fund) 圆 [경] 투자 신탁 회사가 국내외에서 자금을 조달받아 국내외 증권 시장에 동시에 투자하여 운용하는 기금.
매카시즘(McCarthyism) 圆 [1950년에 미국의 공화당 상원 의원 매카시가 반대파 인 공산주의자로 몰아 이념적 공세를 펼친 데에서] [정] 극단적이고 경색적인 반공주의 선풍. 또는, 정치가나 체제에 반대하는 사람을 공산주의자로 몰아 매장하거나 처벌하려는 경향이나 수법.
매캐-하다 형여 연기나 곰팡이 냄새 따위가 코를 맵게 찌르거나 기침을 자꾸 나오게 하는 상태에 있다. ¶청솔가지가 타면서 매캐한 연기가 난다.
매콤-하다 형여 매운맛이 있다. ¶고추장을 풀어서 찌개를 좀 매콤하게 끓여라.
매-타작(-打作) 圆 (사람·동물을) 인정사정없이 때리는 것. 또는 그런 일.
매트(mat) 圆 1 [체] 체조·유도·레슬링 등을 할 때 충격을 줄이거나 안전을 도모하기 위해 바닥에 까는 푹신한 깔개. 2 신의 흙이나 물기 등을 닦아 내기 위하여 방입구나 현관 등에 놓아두는 깔개.
매트리스(mattress) 圆 스프링이나 스펀지 등을 넣어 푹신하게 만든 직사각형의 납작한 물건. 보통, 침대용 요로 사용함.
매:파¹(-派) 圆 상대방과 타협하지 않고 자신의 이념·주장만을 강경하게 관철하려는 입장에 선 사람들. 특히, 외교 정책 등에서 무력 해결도 불사하는 사람들. ⓗ강경파. ↔비둘기파.
매파²(媒婆) 圆 혼인을 중매하는 할멈.
매:판^자본(買辦資本) 圆 [경] 외국 자본과 결탁하여 자기 나라의 이익을 해치는 토착 자본.
매:표¹(買票) 圆 차표나 입장권 등의 표를 사는 것. ↔매표(賣票). **매:표-하다**¹ 동재
매:표²(賣票) 圆 차표나 입장권 등의 표를 파는 것. ↔매표(買票). **매:표-하다**² 동재
매:표-구(賣票口) 圆 차표나 입장권 등의 표를 파는 창구.
매:표-소(賣票所) 圆 차표나 입장권 등의 표를 파는 곳.
매-한가지 圆 =매일반. ¶두 사람 다 어리석기는 ~.
매:-해(每-) 圆부 =매년.
매:혈(賣血) 圆 제 몸의 피를 빼어 파는 것. **매:혈-하다** 동재
매형(妹兄) 圆 손위 누이의 남편. =자형(姉兄). ↔매제.
매혹(魅惑) 圆 매력으로 남의 마음을 사로잡는 것. **매혹-하다** 동타 **매혹-되다** 재 ¶여자의 미모에 ~.
매혹-적(魅惑的) [-쩍] 圆관 매혹하는 데가 있는 (것). ¶~인 자태.
매화¹(-) <궁> 똥.
매화²(梅花) 圆 =매화꽃.
매화-꽃(梅花-) [-꼳] 圆 매실나무의 꽃. =매화.
매화-나무(梅花-) 圆 [식] =매실나무.
매화^타:령(梅花-) 圆 1 [문] 십이 가사(十二歌詞)의 하나, 매화 등에 가탁하여 노래한 내용임. 2 [음] 조선 시대, 경기 민요의 하나.
매화-틀(梅花-) 圆 <궁> 가지고 다닐 수 있도록 된 대변기.
매:회(每回) [-회/-훼] 圆부 한 회 한 회. 또는, 회마다.
맥(脈) 圆 1 활동하는 기운이나 힘. ¶~이 풀리다. 2 다른 사물·현상과 서로 통하거나 이어지는 줄기나 가닥. ¶전통의 ~을 잇다. 3 '혈맥(脈)'의 준말. ¶~이 통하다. 4 '맥박'의 준말. ¶~이 고르다. 5 '광맥'의 준말. ¶~을 찾아내다. 6 풍수지리설에서, 지세에 용(龍)의 정기가 흐르는 줄기. ¶~을 끊다.
맥(을) 놓다 긴장 따위가 풀려 멍하게 있다.
맥(을) 못 추다 기운이나 힘 따위를 못 쓰거나 이성을 찾지 못하다.
맥(이) 빠지다 실망하여 기운이나 힘이 없어지다.
맥(이) 풀리다 긴장이 풀리거나 의욕이 없어지다. ¶맥이 풀려 꼼짝도 못하겠다.
맥고-모자(麥藁帽子) [-꼬-] 圆 =밀짚모자.
맥-놀이(脈-) [맹-] 圆 [물] 진동수가 약간 다른 두 개의 파(波)가 간섭(干渉)을 일으켜 진폭이 주기적으로 변하는 현상.
맥동(脈動) [-똥] 圆 1 맥박처럼 주기적·율동적인 움직임. 또는, 그렇게 움직이는 일. 2 [지] 지진 이외의 자연적 원인으로 지면이 수초(數秒)의 주기로 진동하는 현상. 3 [천] 항성이 수축·팽창을 규칙적으로 반복하는 일. ¶~ 변광성.
맥락(脈絡) [맹낙] 圆 사물의 서로 잇닿아 있는 관계나 연관. ¶말의 앞뒤가 ~이 닿지 않는다.
맥락-막(脈絡膜) [맹낭-] 圆 [생] 눈알의 뒷부분을 형성하는 흑갈색의 얇은 막. 외부에서 들어오는 빛을 차단하며, 눈알에 영양을 공급함.
맥루언(Mcluhan, Marshall) 圆 [인] 캐나다의 사회학자·문명 비평가(1911~1980).
맥류(麥類) [맹뉴] 圆 보리 종류의 총칭. 보리·귀리·밀 따위.
맥문동(麥門冬) [맹-] 圆 [식] 산속 나무 그늘에서 자라며, 여름에 담자색의 작은 꽃이 피고, 덩이뿌리를 약재로 쓰는 여러해살이풀. 또는, 그 덩이뿌리.

맥박(脈搏) [-빡] 圓〖생〗 심장 박동에 의해 생기는 동맥벽의 진동이 말초 혈관으로 전해지는 것. ¶~이 뛰다.

맥반-석(麥飯石) [-빤-] 圓〖광〗 황백색의 거위 알 또는 뭉친 보리밥 모양의 천연석. 예로부터 정수(淨水) 작용이 있는 돌로 알려짐.

맥스웰, 제임스 클러크(Maxwell, James Clerk) 圓〖인〗 영국의 물리학자(1831~1879).

맥시(maxi) 圓 길이가 발목까지 내려오는 스커트나 코트. ¶~ 코트.

맥시멈(maximum) 圓 수량이나 정도가 최대인 것. ↔미니멈.

맥아-당(麥芽糖) 圓〖화〗 엿당.

맥아더, 더글러스(MacArthur, Douglas) 圓〖인〗 미국의 군인(1880~1964).

맥-없다(脈-) [-업따] 휑 기운이 없다. 맥없이 圓 ¶~ 주저앉다.

맥-없이²(脈-) [-업씨] 團 아무 까닭도 없이. 圓공연히. ¶~ 화를 내다.

맥주(麥酒) [-쭈] 圓 엿기름에 홉(hop)을 넣어 발효시킨 술. 알코올 성분이 적고 이산화탄소가 들어 있으며 쓴맛이 있음.

맥주-병(麥酒瓶) [-쭈뼝] 圓 1 맥주를 담는 일정한 형태의 병. 2 수영을 전혀 못하는 사람을 조롱하여 이르는 말.

맥주-홀(麥酒hall) [-쭈-] 圓 접대부를 두고 맥주나 양주 등을 파는 술집.

맥줏-집(麥酒-) [-쭈찝/-쭌찝] 圓 주로 맥주를 파는 술집.

맥진(脈診) [-찐] 圓〖한〗 1 =진맥. 2 맥박의 수나 강약으로 병세를 판단하는 진단법. 맥진-하다 휑타

맥-쩍다 [-따] 휑 1 심심하고 무료하다. ¶우두커니 **맥쩍게** 앉아 있다. 2 대하기가 부끄럽고 쑥스럽다. ¶싸우고 나서 만나려니 ~.

맨¹ 관 '그보다 더할 수 없을 정도로 가장'의 뜻. ¶~ 앞 / ~ 처음.

맨² 圓 다른 것은 없고 오로지. 사물이 온통 한 가지만 있는 상태를 못마땅하게 여길 때 쓰는 말임. ¶외통. ¶모임에 갔더니 남자는 없고 ~ 여자뿐이더라.

맨-³ 〖접두〗 일부 명사 앞에 붙어, 아무것도 갖거나 지니지 않은 채 그냥 그대로임을 나타내는 말. ¶~살 / ~손.

맨-날 團 =만날.

맨-눈 圓 돋보기 따위의 안경을 쓰지 않고 직접 보는 눈. 圓육안.

맨-다리 圓 살이 드러난 다리.

맨드라미 圓〖식〗 7~8월을 닭의 볏 모양의 빨간색·노란색·흰색의 꽃이 피는 한해살이풀. 관상용으로 심음.

맨드릴(mandrill) 圓〖동〗 원숭이의 한 종류. 털빛은 암갈색을 띠고 꼬리가 짧으며, 수컷은 콧날과 입이 빨갛고 뺨이 푸름. 열대 숲 속에서 떼를 지어 삶.

맨-땅 圓 1 아무것도 깔지 않은 땅. ¶~에서 잠자다. 2 거품을 주지 않은 땅.

맨-머리 圓 1 아무것도 쓰지 않은 머리. 2 낭자를 하지 않고 그대로 쪽 찐 머리.

맨-몸 圓 1 옷을 입지 않은 상태의 몸. 圓알몸. 2 물건이나 돈 등을 갖추거나 지니지 않은 상태. ¶~으로 시작하여 5년 만에 내 집을 마련했다.

맨-뚱뚱이 圓 '맨몸'을 속되게 이르는 말.

맨-바닥 圓 아무것도 깔지 않은 바닥. ¶~에서 자다.

맨-발 圓 양말이나 신 등을 신지 않은 맨살 상태의 발. ¶모래사장을 ~로 다니다.

맨발(로) 벗고 나서다 어떤 일에 아주 적극적으로 개입하다.

맨-밥 圓 반찬이 없는 밥.

맨-살 圓 아무것도 입거나 걸치거나 하지 않아 드러나 있는 살. ¶~을 드러내다.

맨션(†mansion) 圓 〖본뜻은 '대저택'〗 대형 고급 아파트. =맨션아파트.

맨션-아파트(←†mansion apartment) 圓 =맨션.

맨-손 圓 1 장갑 따위를 끼지 않거나 천 따위로 감지 않은, 맨살 상태의 손. ¶전기가 통하는 물건을 ~으로 만지면 위험하다. 2 무기나 도구 따위를 잡거나 들지 않은 상태의 손. 圓도수(徒手). ¶~으로 적과 맞서다. 3 아무것도 가지고 있거나 준비한 것이 없는 비유. 圓빈손. ¶~으로 이룩한 재산.

맨손^체조(-體操) 圓〖체〗 도구나 기구 없이 하는 체조. ↔기계 체조.

맨송-맨송 圓 1 몸에 털이 없이 반반한 모양. 2 술을 마시고도 취하지 않아 정신이 말짱한 모양. 圓민숭민숭. ▷맨숭맨숭·맹숭맹숭. **맨송맨송-하다** 휑圓 ¶아무리 마셔도 ~. **맨송맨송-히** 團

맨숭-맨숭 圓 몸에 털이 있어야 할 곳에 털이 없어 반반한 모양. 맨송맨송 보다 큰 느낌을 줌.

맨-얼굴 圓 1 화장을 하지 않은 얼굴. 또는, 화장도 하지 않은 얼굴. 2 햇빛이나 추위 따위를 피할 수 없이 그냥 노출된 얼굴. ¶여름 해변을 자외선 차단 크림도 바르지 않고 ~로 다니다.

맨-입 [-닙] 圓 (주로 '맨입에', '맨입으로'의 꼴로 쓰이어) 1 아무 대가도 치르지 않은 상태. ¶공짜. ¶부탁을 들어 달라고? 그게 ~으로 되냐? 2 맵거나 짜거나 하여 다른 음식과 함께 먹어야 함에도, 다른 음식을 먹지 않은 상태.

맨-정신(-精神) 圓 술에 취하거나 넋이 나가거나 하지 않은 말짱한 정신. ¶~에는 하지 못할 말을 술김에 퍼붓는다.

맨-주먹 圓 1 무기 따위를 들지 않은 상태의 주먹. ¶적과 ~으로 맞서다. 2 사람이 아무것도 가진 게 없는 상태의 비유. 圓빈주먹. ¶사업을 ~으로 시작하다.

맨체스터(Manchester) 圓〖지〗 영국 잉글랜드 북서부의 상공업 도시.

맨투맨(man-to-man) 圓 1〖체〗 농구·축구·핸드볼 등에서, 수비가 공격에 맞서 일대일로 이루지는 것. ↔ 작전. 2 어떤 일을, 한 사람이 한 사람을 상대하는 방식으로 이루지는 것. ¶~ 과외 학습.

맨투맨^디펜스(man-to-man defence) [-체] =대인 방어. ↔존 디펜스.

맨틀(mantle) 圓〖지〗 지구 내부의, 지각(地殼)과 핵 사이에 있는 부분.

맨해튼(Manhattan) 圓〖지〗 미국 뉴욕 시 중심부에 있는 섬. 또는, 그 섬을 차지하는 자치구.

맨홀(manhole) 圓 지하의 수도관·하수도·배선(配線) 등을 점검하거나 수리 또는 청소하기 위하여 사람이 드나들 수 있도록 만든 구멍. ¶~ 공사.

맬서스, 토머스 로버트(Malthus, Thomas Robert) 圓〖인〗 영국의 경제학자(1766~1834).

맴¹ 圓 (주로, 동사 '돌다'와 함께 쓰이어) 제자리에서 스스로 도는 일. 또는, 어느 곳의 둘레를 도는 일. ¶솔개가 공중에서 ~

을 돌다.
맴!-돌다 [동][자][타] 〈~도니, ~도오〉 **1** (사람·동물 등이) 제자리에서 스스로 돌다. ¶한곳에서 **맴도는** 춤사위. **2** (사람·동물, 또는 비행기 따위의 물체가) 어느 곳의 둘레를[에서] 원을 그리며 돌다. ¶수상한 사람이 집 주위를 **맴돌고** 있다. **3** (어떤 생각이나 모습 등이 머릿속이나 눈앞에서) 자꾸 떠오르거나 나타나는 상태가 되다. ¶어머니의 모습이 눈앞에서 ~. **4** (어떤 일이 어느 수준이나 범위에서[를]) 벗어나지 못하고 머물러 있는 상태가 되다. ¶성적이 하위권에서 ~.
맴!돌이^전!류(-電流) [-절-] [명][물] 도체를 통과하는 자기력선속(磁氣力線束)이 변화할 때, 전자기 유도에 의해 도체 속에 흐르는 소용돌이 모양의 전류.
맴매 [명] 〈유아〉 매¹. **맴매-하다** [동][타][여] 〈유아〉 매를 때리다.
맴!-맴 [부] 아이들이 맴돌 때에 부르는 소리. ¶고추 먹고 ~ 달래 먹고 ~.
맵다[-따] [형][ㅂ] 〈매우니, 매워〉 **1** (먹는 대상이) 혀로 느끼기에 고추의 맛과 같이 톡 쏘는 듯이 알알하고 따갑다. ¶**매운** 고추. **2** (연기나 최루탄 따위가) 눈이나 코를 알알하고 따갑게 하는 상태에 있다. [비]아리다. ¶담배 연기가 ~. **3** (찬 바람이나 날씨가) 몸이나 피부에 몹시 차갑고 알알한 느낌을 주는 상태에 있다. ¶날씨가 꽤 ~. **4** (어떤 대상이나 일이) 사납고 모질다. [비]독하다. ¶**매운** 시집살이.
맵시[-씨] [명] 어떤 대상의 멋스러운 모양새. =태(態). ¶옷~.
맵-싸하다 [형][여] 고추나 겨자처럼 맵고도 싸하다. ¶**맵싸한** 찌개 맛.
맷-돌[매똘/맫똘] [명] 곡식을 가는 데 쓰이는 기구. 둥글넓적한 돌 두 개를 포갠 것으로, 위짝에 뚫린 구멍으로 갈 곡식을 넣으면서 손잡이를 돌려서 갊.
맷-방석(-方席) [매빵-/맫빵-] [명] 맷돌이나 매통을 쓸 때 밑에 까는, 짚으로 결어 만든 둥글고 전이 있는 물건.
맷-손[매쏜/맫쏜] [명] 매질의 세고 여린 정도. ¶~이 맵다.
맷-집[매찝/맫찝] [명] **1** 매를 견뎌 내는 힘이나 정도. ¶저 권투 선수는 ~이 좋다. **2** 때려 볼 만하게 통통한 살집. ¶~ 좋은 계집.
맹-¹ [접두] '아무것도 섞이지 않은'의 뜻을 나타내는 말. ¶~물 / ~탕.
맹!-²(猛) [접두] '맹렬한'의 뜻을 나타내는 말. ¶~공격 / ~활약.
맹!견(猛犬) [명] 몹시 사나운 개.
맹!공(猛攻) [명] '맹공격'의 준말. ¶~을 퍼붓다.
맹!-공격(猛攻擊) [명] 맹렬한 공격. ¶~을 가하다. [준]맹공.
맹그로브(mangrove) [명][식] 열대 또는 아열대의 해안이나 하구 등의 진흙땅에 자라는 관목 또는 교목의 무리.
맹!금-류(猛禽類) [-뉴] [명][동] 몸이 크며, 날카로운 부리와 발톱으로 다른 새나 작은 동물을 잡아먹는 야생 새의 총칭. 매·수리·부엉이 따위.
맹!꽁-맹꽁 [부] 맹꽁이가 우는 소리.
맹!꽁이 [명] **1** [동] 개구리와 비슷하나, 몸이 뚱뚱하고 머리가 짧으며, 발에 물갈퀴가 없는 양서류의 동물. '맹꽁맹꽁' 하고 욺. **2** 야무지지 못하고 하는 짓이 답답한 사람을 놀림조로 이르는 말. ¶이런 ~ 같으니, 그것도 몰라?
맹!꽁이-자물쇠[-쐬/-쒜] [명] 반타원형의 고리와 몸통의 두 부분으로 되어, 열쇠로 돌리면 고리의 한쪽 다리가 몸통에서 떨어져 나와 열리는 자물쇠.
맹도-견(盲導犬) [명] 장님에게 길 안내를 하도록 훈련된 개.
맹!독(猛毒) [명] 맹렬한 독. ¶독사의 ~.
맹!독-성(猛毒性) [-썽] [명] 매우 독한 성질. ¶~ 중금속이 검출되다.
맹!랑-하다(孟浪-) [-낭-] [형][여] **1** 이치에 맞지 않고 허망하다. ¶장안에 **맹랑한** 소문이 돌고 있다. **2** (하는 짓이) 깜찍하고 당돌하다. ¶어린 것이 아주 **맹랑하구나**. **3** (일 따위가) 처리하기가 매우 어렵고 곤란하다. ¶**맹랑한** 질문. **맹!랑-히** [부]
맹!렬-하다(猛烈-) [-녈-] [형][여] (기세가) 몹시 사납고 세차다. ¶**맹렬한** 공격. **맹!렬-히** [부]
맹맹-하다 [형][여] 코가 막혀서 말을 할 때 코의 울림 소리가 나면서 갑갑하다. ¶코가 ~.
맹!모삼천지교(孟母三遷之教) [명] 맹자의 어머니가 맹자에게 훌륭한 교육 환경을 만들어 주기 위해 세 번 이사한 일.
맹목(盲目) [명] 사리 판단에 어두운 상태. ¶~에 빠지다.
맹목-적(盲目的) [-쩍] [관][명] 사리를 따지지 않고 덮어놓고 하는 (것). ¶~ 사랑.
맹문 [명] 일의 시비(是非)나 경위. ¶~도 모르고 참견하지 마라.
맹-물 [명] **1** 아무것도 타지 않은 물. **2** 하는 짓이 야물지 못하고 싱거운 사람.
맹서(盟誓) [명] '맹세'의 원말.
맹세(盟誓*) [명] ['誓'의 본음은 '서'] (목표나 약속을) 반드시 이룰 것을 굳게 다짐하는 것. [원]맹서. **맹세-하다** [동][자][타][여] ¶충성을 ~.
맹세-코(盟誓*-) [부] 맹세하건대. ¶~ 충성을 다하겠습니다.
맹!수(猛獸) [명] 사나운 짐승.
맹숭-맹숭 [부] =맨숭맨숭.
맹신(盲信) [명] 옳고 그름을 가리지 않고 무조건 믿는 것. **맹신-하다** [동][타][여]
맹신-적(盲信的) [관][명] 옳고 그름을 가리지 않고 덮어놓고 믿는 (것). ¶~ 태도.
맹아¹(盲兒) [명] 눈이 먼 아이.
맹아²(盲啞) [명] 소경과 벙어리. ¶~ 교육.
맹아³(萌芽) [명] **1** [식] 식물의 새로 트는 싹. **2** 사물의 시초.
맹약(盟約) [명] **1** 맹세하여 굳게 약속하는 것. 또는, 그 약속. **2** 동맹을 약속하는 것. 또는, 그 조약. **맹약-하다** [동][자][타][여]
맹!-연습(猛練習) [-년-] [명] 맹렬하게 연습하는 것. 또는, 그 연습. ¶금메달을 목표로 ~을 하다. **맹!연습-하다** [동][자][타][여]
맹!위(猛威) [명] 사나운 위세. ¶동장군(冬將軍)이 며칠째 ~를 떨치고 있다.
맹인(盲人) [명] 눈에 이상이 있어 사물을 전혀 볼 수 없는 사람. 완곡어는 '시각 장애인'. [비]소경·장님·봉사.
맹!자¹(孟子) [명][인] 전국 시대의 사상가(372~289 B.C.).
맹!자²(孟子) [명][책] 사서(四書)의 하나. 맹자의 언행이나 사상을 기록한 책.
맹장¹(盲腸) [명][생] **1** 척추동물에서, 소장에서 대장으로 이행하는 부위에 있는, 주머니 모양의 부분. =막창자. **2** '충수(蟲

ㅁ

垂'의 잘못.
맹장²(猛將) 圏 용맹한 장수.
맹장-염(盲腸炎) [-녕] 圏 〈속〉충수염.
맹점(盲點) [-쩜] 圏 1 〖생〗시세포가 없어 빛깔이나 색을 느끼지 못하는, 망막의 흰색 돌기. 2 의식하지 못한 허점. ¶~을 드러내다.
맹종(盲從) 圏 (남의 명령·충고·권유 등에 [을]) 옳고 그름을 가리지 않고 덮어놓고 따르는 것. 맹종-하다 통(자)(어) ¶부모의 말에 ~.
맹주(盟主) 圏 동맹을 맺은 집단의 우두머리.
맹추 圏 똑똑하지 못하고 흐리멍덩한 사람. 얼간이 많음. ֍맹충.
맹-추격(猛追擊) 圏 몹시 세차고 사나운 기세로 쫓는 것. 맹:추격-하다 통(타)(어) ¶1위 팀을 ~3 차로 ~.
맹:추격-전(猛追擊戰) [-쩐] 圏 몹시 세차고 사나운 기세로 쫓아가서 공격하는 활동. 특히, 운동 경기에서 뒤지고 있는 이기는 편을 따라잡기 위한 활동 따위.
맹:타(猛打) 圏 맹렬하게 때리거나 공격하는 것. ¶~를 퍼붓다. 맹:타-하다 통(타)(어)
맹-탕(-湯) I 圏 1 맹물같이 싱거운 국. ¶밥이 으깨진 ~에 싱거운 사람. 또는, 실속이 없는 일. ¶이제 보니 그 사람은 ~이야. II 児 아무 보람 없이 순전히. ¶~ 놀기만 한다.
맹:폭(猛爆) 圏 =맹폭격.
맹:-폭격(猛爆擊) [-껵] 圏 맹렬한 폭격. =맹폭.
맹:-하다 혱여 (사람이) 둔하고 멍청하다. ¶사람이 맹해서 제 앞가림도 못한다.
맹:호(猛虎) 圏 사나운 호랑이.
맹:-활약(猛活躍) 圏 눈부신 활약. ¶~을 펼치다. 맹:활약-하다 통(자)(어)
맹:-훈련(猛訓鍊) [-훌-] 圏 맹렬히 하는 훈련. 맹:훈련-하다 통(자)(어)
맹휴(盟休) 圏 '동맹 휴학'의 준말. 맹휴-하다 통(자)(어)
맺는-말 [맨-] 圏 1 책이나 논문의 마지막을 마무리하며 간단히 적는 글. 2 강연·강의·연설 등의 마지막을 마무리하며 간단히 하는 말.
맺다 [맫따] 통 I(타) 1 (끈·노끈·실 따위를) 그 끝과 끝을 엇걸어서 매듭이 진 상태로 이어지게 하다. ¶실 끝을 ~. 2 (사람과 사람, 단체와 단체, 사람과 단체가 어떤 관계나 인연 등을) 이루어 가지다. ¶조약을 ~/ 의형제를 ~. 3 (하던 말이나 글, 일 등을) 끝이 난 상태로 마무리하다. (비)완결하다. 4 (식물이 꽃망울이나 열매를) 둥그스름한 덩어리 상태로 이루게 하다. ¶열매를 ~. 5 (습기가 물방울을) 이룬 상태가 되다. II (자) 1 (식물이 꽃망울이나 열매가) 둥그스름한 덩어리 상태가 되다. ¶나무에 열매가 ~. 2 (물방울이) 공기 중의 작은 수분이 모여 생기다. ¶풀잎에 이슬이 ~.
맺고 끊은 듯하다 (하는 일이) 사리가 분명하고 빈틈이 없다.
맺음-말 圏 =결론2.
맺-히다 [매치-] 통 1 '맺다1·4·5'의 피동사. ¶이슬방울이 물방울이 ~. 2 (눈물 따위가 눈가에) 방울져 달리다. ¶눈물이 ~. 3 (원한 따위의 감정이) 마음속에 잊히지 않고 깊이 자리 잡다. ¶한이 ~. 4 (살 속에 피가) 퍼렇게 드러나 보이도록 뭉치다. ¶상처에 피가 ~. 5 (사람의 됨됨이가) 꽉 짜이다.
맺힌 데가 없다 1 (성격이) 몽하지 않다. ¶맺힌 데가 없이 싹싹한 청년. 2 (사람 됨됨이가) 꽉 짜인 데가 없다.
먀오ᄼ족(苗族) 圏 중국 남부에 주로 거주하는 소수 민족. 우리 한자음으로는 묘족.
말갛다 [-가타] 혱ㅎ 〈말가니, 말가오, 말개〉 환하게 말갛다.
머 메(지시)(인칭)(감) '무엇' 또는 '무어'의 준말. ¶~가 어째? /~, 누가 왔다고?
머귀-나무 圏 〖식〗가지가 회색으로 굵고 가시가 많으며, 5월에 황백색 꽃이 피는 낙엽 활엽 교목. 따뜻한 해안에서 자람.
머그-잔(mug盞) 圏 손잡이가 달리고 받침이 없으며 옆면이 수직을 이루는, 다소 큰 형태의 컵.
머금다 [-따] 통(타) 1 삼키거나 씹지 않고 입속에 넣고만 있다. ¶물을 한 모금 ~. 2 (눈에 눈물을) 글썽거리다. ¶기쁨의 눈물을 ~. 3 잎이나 꽃에 물기를 가지다. ¶이슬을 머금은 한 떨기 장미. 4 (잎이나 얼굴에 웃음 등을) 조금 나타내다. ¶입가에 엷은 미소를 ~. 5 (바람이 어떤 기운을) 안에 품다. ¶비릿한 바다 냄새를 머금은 바람이 불어온다.
머:나먼 관 아주 먼. ¶~ 고향.
머더보드(motherboard) 圏 컴퓨터의 본체에 들어 있는 주 회로 기판.
머드ᄼ게임(MUD game) 圏 〖MUD:multi-user dungeon〗 인터넷 망을 통해 동시에 여러 명이 진행하는 게임.
머드-팩(mudpack) 圏 피부 미용을 위해 얼굴에 진흙을 바르는 일.
머루 圏 〖식〗산에서 자라며, 포도와 비슷한 작은 흑자색 열매가 열리는 낙엽 덩굴성 나무. 또는, 그 열매. 열매는 식용함.
머리¹ 圏 1 사람이나 동물의 목 위에 있는 신체 부분. 두부(頭部). ¶~를 끄덕이다. 2 사람의 몸에서, 뇌가 들어 있는 부분. 또는, 머리털이 있거나 나 있던 부분. ¶~가 아프다. 3 사고(思考)의 작용이나 능력. 또는, 정신의 기능. ¶두뇌. ¶~를 쓰다. 4 사람의 목 위의 신체 부분 중 늘 가 있는 부분의 피부 바깥으로 난 털. (비)머리털. ¶~를 깎다. 5 (일부 명사나 자립성이 없는 말 뒤에 쓰여) 사람의 두부에 난 털이 일정한 형태를 이룬 상태에 대한 명칭을 나타내는 말. ¶곱슬~. 6 (주로, 일부 명사나 관형사와 합성어를 이루어) 사물의 앞이나 위, 한쪽 끝, 또는 시작을 이루는 부수. '花'에서 '++' 따위. 7 긴 물건의 회거나 검고 둥근 부분. 8 한자의 윗부분을 이루는 부수. '花'에서 '++' 따위. ¶갓~. 머리-하다 통(자)(어) (주로 여자가) 파마나 드라이 등을 하여 머리를 매만지다. ¶머리하러 미용실에 가다.
머리가 가볍다 상쾌하여 마음이나 기분이 가뜬하다. ¶한숨 잤더니 한결 ~.
머리가 돌아가다 임기응변으로 생각이 잘 떠오르거나 미치다.
머리가 무겁다 기분이 좋지 않거나 골이 띵하다. ¶신경을 많이 썼더니 ~.
머리(가) 굳다 1 사고방식이나 사상 따위가 완고하다. 2 기억력 따위가 무디다.
머리(를) 굽히다 굴복하거나 저자세를 보이다. ¶남에게 머리를 굽히긴 싫어.

머리(를) 깎다 1 승려가 되다. 비유적으로 이르는 말임. ¶**머리를 깎고 절에 들어가다.** 2 교도소에 들어가 복역하다. 비유적으로 이르는 말임.
머리(를) 내밀다 (어떤 자리에) 그 존재를 나타내다.
머리(를) 들다 (눌려 있거나 숨겨 왔던 생각·세력 따위가) 겉으로 드러나게 되다. ¶퇴폐풍조가 ~.
머리를 쥐어짜다 몹시 애를 써서 궁리하다. ¶아무리 **머리를 쥐어짜도** 뾰족한 수가 없다.
머리(를) 맞대다 어떤 일을 의논하거나 결정하기 위하여 서로 마주 대하다.
머리(를) 모으다 1 어떤 이야기를 하기 위하여 서로 바투 모이다. 2 여러 사람의 의견을 종합하다.
머리(를) 박다 〈속〉기합 받을 때, 머리를 바닥에 대고 엎드린 자세를 하다.
머리(를) 숙이다 마음속으로 탄복하여 수긍하거나 경의를 표하다.
머리(를) 식히다 흥분되거나 긴장된 마음을 가라앉히다. ¶**머리를 식히러** 교외로 나가다.
머리(를) 싸매다 있는 힘과 마음을 다하여. ¶~ 공부를 하다.
머리(를) 쓰다 어떤 일에 대하여 이모저모로 깊이 생각을 하다.
머리(를) 얹다 여자가 시집을 가다.
머리(가) 크다 성인(成人)이 되다. ¶**머리가 컸다고** 부모한테 말대꾸냐?
머리(를) 흔들다 진저리를 치거나 강한 거부 의사를 나타내다.
-**머리²** [접미] 일부 명사나 자립성이 없는 말에 붙어, 사람의 어떤 속성이나 태도를 낮추어 이르는 말. ¶버릇장~ / 인정~.
머리-글자(-字)[-짜] 圀 =이니셜.
머리-기사(-記事) 圀 신문·잡지 따위의 첫머리에 싣는 중요한 기사. =톱기사. ¶테러 사건을 ~로 다루다.
머리-꼭지[-찌] 圀 머리 맨 위의 가운데.
머리-고덩이 圀 머리채나 머리털의 끄트머리를 속된 말.
머리-끝[-끋] 圀 1 머리의 끝. ¶화가 ~까지 치밀어 오른다. 2 머리털의 끝.
머리끝에서 발끝까지 '몸 전체'를 강조하여 이르는 말. ¶~ 치장을 하다.
머리-띠 圀 1 이마에 두르는 좁고 긴 천. ¶~를 두르고 농성하다. 2 여자들이 앞머리가 흘러내리지 않게 하거나 장식으로 머리 위에 하는, 둥근 테 모양의 물건.
머리-말 圀 1 책이나 논문 등의 첫머리에 그 책의 취지나 내용을 간략히 적은 글. =서문(序文)·서언. 2 =서론(序論).
머리-맡[-맏] 圀 누웠을 때의 머리 부근. ¶~에 자리끼를 가져다 놓다. ↔발치.
머리-빗[-빋] 圀 '빗'을 머리를 빗는 데 쓴다 하여 곧은 디 널리 이르는 말.
머리-뼈 圀〈생〉척추동물의 머리를 이루는 뼈의 총칭.
머리-숱[-숟] 圀 머리털의 수량.
머리-싸움 圀 머리를 써서 겨루거나 싸우는 일. ¶~을 벌이다.
머리-채 圀 길게 늘어뜨린 머리털.
머리-카락 圀 낱개로서의 머리털. 또는, 낱낱의 머리털, 머리칼.
머리-칼 圀 '머리카락'의 준말.
머리-털 圀 사람의 머리에 난 털. 圓두발.
머리털이 곤두서다 무섭거나 놀라서 날

카롭게 신경이 긴장되다.
머리-통 圀 1 머리의 둘레. ¶~이 크다. 2 '머리'을 속되게 이르는 말.
머리-핀(-pin) 圀 머리에 꽂는 핀.
머릿-결[-리껼/-릳껼] 圀 머리카락의 바탕에서 느낄 수 있는 매끄럽거나 거친 상태나 정도. ¶~이 부드럽다.
머릿-골[-리꼴/-릳꼴] 圀 '뇌(腦)'를 속되게 이르는 말. 圓골.
머릿-기름[-리끼름/-릳끼름] 圀 머리털에 바르는 기름.
머릿-돌[-리똘/-릳똘] 圀 정초식(定礎式) 때 연월일 따위를 새겨서 일정한 자리에 앉히는 돌.
머릿-살[-리쌀/-릳쌀] 圀 머리 속에 있는 신경의 가락.
머릿살(이) 아프다 골치가 아프다.
머릿-속[-리쏙/-릳쏙] 圀 사람의 생각이나 상상이 이루어지는, 머리 안의 추상적 공간. ¶~에 떠오르는 온갖 생각.
머릿-수(-數)[-리쑤/-릳쑤] 圀 1 사람의 수. 2 돈머리 따위의 수.
머릿-수건(-手巾)[-리쑤-/-릳쑤-] 圀 주로, 여자들이 머리털이 있는 부분이 가려지도록 덮어서 쓰는 수건.
머무르다 〈자〉〈머무르니, 머물러〉 1 도중에 멈추거나 일시적으로 어떤 곳에 묵다. ¶호텔에 며칠 ~. 2 더 나아가지 못하고 일정한 범위나 수준에 그치다. ¶우승을 바라보았으나 4위에 준우승에 ~. 圓머물다.
머무적-거리다/-대다[-꺼(때)-] 图〈자〉말이나 행동을 딱 잘라 선뜻 하지 못하고 망설이다. 圓머뭇거리다. ¶갈까 말까 ~.
머무적-머무적[-쩍-] 閉 머무적거리는 모양. 圓머뭇머뭇. **머무적머무적-하다** 图〈자〉〈어〉
머물다 图〈머무니, 머무는〉'머무르다'의 준말. ¶그곳에서 오래 **머물지** 마라.
머뭇-거리다/-대다[-묻꺼(때)-] 图〈자〉말이나 행동을 딱 잘라 선뜻 하지 못하고 망설이다. 圓머무적거리다. ¶**머뭇거리지** 말고 말해 봐라.
머뭇-머뭇[-묻-묻-] 閉 머뭇거리는 모양. **머뭇머뭇-하다** 图〈자〉〈어〉선뜻 대답을 하지 않고 ~.
머스터드(mustard) 圀 서양 겨자. 또는, 그 열매로 만든 조리용의 겨자.
머슴 圀 일정 기간 농가에 고용되어 보수를 받음과 동시에 옷·숙식 등을 제공받으며 농사일을 해 주는 남자.
머슴(을) 살다 머슴 노릇을 하다.
머슴-살이 圀 남의 머슴 노릇을 하는 일. **머슴살이-하다** 图〈자〉
머슴-애 圀 남자 아이를 낮추어 이르는 말.
머시¹ 閉 말하는 도중에 어떤 사람이나 사물의 이름이 얼른 떠오르지 않거나, 그것을 밝혀 말하기 곤란할 때 쓰는 말. ¶그, ~, 그거 있잖아.
머시² '무엇이'가 준 말. ¶~ 어째?
머쑥-하다[-쑤카-] 휑〈어〉1 어울리지 않게 키가 크다. ¶키만 **머쑥한 사람.** 2 (무안하거나 기가 꺾여) 어색하고 열없다. ¶**머쑥하여** 머리를 긁적이다. **머쑥-히** 閉
머위 圀〔식〕산기슭·밭둑 등에 자라며, 60cm가량의 잎줄기 끝에 넓은 잎이 달리는 여러해살이풀. 잎줄기를 나물로 먹음.
머저리 圀 말이나 행동이 어리석은 사람. 경멸적인 말임.

머지-않다 [-안타] 혱 (주로, '머지않아(서)', '머지않은'의 꼴로서) 시간적으로 멀지 않다. ¶**머지않아** 봄이 올 것이다.

머천다이징 (merchandising) 명[경] 제조업자나 유통업자가 시장 조사 결과를 바탕으로 적절한 상품의 이미지나 가격·분량·판매 방법 등을 계획하는 일.

머춤-하다 동재예 잠깐 멈칫하다.

머큐로크롬 (mercurochrome) 명[약] 살갗을 다쳤을 때 바르는 살균 소독제. 붉은색을 띠므로, '빨간약'이라고도 함.

머큐리 (Mercury) 명[신화] '메르쿠리우스'의 영어명.

머플러 (muffler) 명=목도리.

머피의 법칙 (Murphy-法則) [-의-/-에-] 일이 이상하게도 잘못되는 쪽으로만 이뤄지는 불운의 법칙. 가령, 모처럼 마음먹고 도서관에 갔더니 휴관하는 날이었다든지 할 때 이르는 말.

먹[ㄱ<⑤말] 1 글씨·그림 등에 쓰는 검은 물감. 아교를 녹인 물에 그을음을 반죽하여 굳혀서 만듦. ¶~을 갈다. 2 '먹물'의 준말. ¶붓에 ~을 찍다. 3 (일부 명사 앞에 붙어) '검은 빛깔'의 뜻을 나타내는 말. ¶-구름. ~황새.

먹-거리 명 사람이 살아가기 위해 먹는 온갖 것. ▷먹을거리.

먹고-살다 [-꼬-] 동재 <~사니, ~사오> 먹는 일을 해결하며 살다. ¶품팔이로 하루하루 ~.

먹-구름 [-꾸-] 명 몹시 검은 구름. =먹장구름. ¶~이 몰려오다.

먹다¹ [-따] ①재 (귀가) 막혀 소리를 못 듣게 되다. ¶귀가 **먹었**나 왜 그렇게 못 알아들어. ②타 (귀를) 못 듣게 되다. ¶저 할머니는 귀를 **먹어서** 큰 소리로 말해야 알아듣는다.

먹다² [-따] 동 ①타 1 (사람이나 동물이 음식이나 먹이를) 입에 넣고 씹은 뒤에, 또는 씹지 않고 곧바로, 목구멍으로 넘겨 배 속에 들여보내다. ¶밥을 ~. ㉧잡수다·잡수시다·자시다. 2 (담배·아편 등을) 불에 태워 연기를 마시다. 또는, (사람이나 물건이 연기·가스 등을) 코나 입을 통해 몸 안으로 들이다. 3 (어떤 생각이나 감정을) 마음속에 가지다. ¶겁을 ~. 4 (사람이 어떤 나이를) 가지게 되다. ¶세살 먹은 아이. 5 (욕이나 괴로운 상태를) 듣거나 당하다. ¶골탕을 ~. 6 (수익이나 이윤을) 제 몫으로 차지하여 가지다. ¶이익의 반은 네가 **먹어라**. 7 (뇌물을) 받아 가지다. ㉧받아먹다. ¶뇌물을 ~. 8 (남의 재물을 다루거나 맡은 사람이 그 재물을) 부당하게 제 것으로 만들다. ¶회사 공금을 ~. 9 (물체가 습기나 액체 상태의 물질을) 빨아들여 머금다. ¶물 **먹은** 솜. 10 (물건이 벌레·좀·버짐 등을) 가져 상하는 상태가 되다. ¶복숭아에 벌레를 ~. 11 (물체가 어떤 물질이나 물체를) 안에 담은 상태로 써서 없애거나 되찾을 수 없는 상태가 되게 하다. ¶공중전화가 동전을 **먹어** 버렸다. 12 (시합·경쟁 등에서 어떤 등위, 특히 높은 순위의 성적을) 이루어 차지하다. 속된 말임. ¶마라톤에서 일등을 ~. 13 (주먹 따위를) 맞는 상태가 되다. ¶얼굴에 주먹을 한 방 ~. 14 구기 (球技) 시합에서, (상대에게 몇 골의 점수를) 내주게 되다. ¶우리 팀이 먼저 한 골을 **먹었다**. 15 (남자가 여자를) 성적(性的)인 대상으로 삼아 정조를 빼앗다. 비속한 말임. ②재 1 (어떤 물질이 다른 물체 속에) 배어들거나 발라지거나 퍼지는 상태가 되다. ¶화장이 잘 안 **먹지** 않는다. 2 (물건에 벌레·좀·버짐 등이) 생겨 물건을 상하게 하다. ¶벌레 **먹은** 사과. 3 (어떤 작용이나 기계 등에 돈이나 물질이) 들거나 쓰이다. ¶휘발유가 많이 **먹는** 자동차. 4 (날이 있는 도구가) 물건을 잘 깎거나 자르거나 하는 작용을 하다. ¶대패가 잘 **먹는다**. ③보조 1 (일부 동사나 드물게 형용사 다음에, 그 어미 '-아/어/여' 아래에 쓰여) 어떤 행위나 작용이 바람직하지 못하거나 달갑지 않은 상태에 있음을 속되게 이르는 말. ¶약속을 잊어 ~. 2 (주로 의문문이나 부정문에서, 동사의 어미 '-아/어/여' 아래에 때로 '-과'와 함께 쓰여) 그 동사의 뜻을 강조하여 '내다', '배기다' 등의 뜻을 나타내는 말. ¶이렇게 단속이 심해서야 어디 장사 해 **먹겠소**?

먹는 개도 아니 때린다 음식을 먹는 사람을 때리거나 꾸짖지 말라는 말. [먹지도 못하는 제사에 절만 죽도록 한다] 아무 소득도 없는 일에 수고만 한다.

먹먹-하다 [멍머카-] 혱예 귀가 먹은 것 같은 느낌이 있다. ¶비행기의 고도가 낮아지자 귀가 **먹먹해졌다**. ×멍멍하다. **먹먹-히** 튀

먹-물 명 1 벼루에 먹을 갈아 까맣게 만든 물. ㉧먹. 2 먹빛같이 검은 물. ㉧오징어의 ~. 3 (주로 '들다'와 함께 쓰여) 현실과 동떨어서 이론적 지식, 또는, 고답적 지식인. 얕잡는 말임. ¶머릿속에 ~이 들다.

먹-보 [-뽀] 명 음식을 많이 먹는 습성을 가진 사람을 놀려 이르는 말. 비식충이.

먹-빛 [-삗] 명 먹물같이 검은 빛.

먹-새 [-쌔] 명 1 =먹음새. 2 =먹성.

먹-성 (-性) [-썽] 명 음식을 가리지 않고 잘 먹거나 그렇지 않은 습성. 또는, 양이 커 많이 먹거나 그렇지 않은 습성. =먹새. ㉠식성. ¶~이 좋다.

먹-실 [-씰] 명 먹물을 묻히거나 칠한 실. **먹실(을) 넣다** 먹실을 꿴 바늘로 살갗을 떠서 먹물을 살 속에 넣다.

먹을-거리 [-꺼-] 명 사람이 먹을 수 있는 온갖 것. ¶~를 장만하다. ×먹거리.

먹음-새 명 음식을 먹는 태도나 모양.

먹음직-스럽다 [-쓰-따] 혱ㅂ <-스러우니, -스러워> 먹음직한 데가 있다. **먹음직스레** 튀

먹음직-하다 [-지카-] 혱예 먹기에 보기에 맛이 있을 듯하다. ¶군고구마가 ~.

먹-이 명 동물이 살아가기 위해 찾아내거나 잡아서 먹게 되어 있는 사냥의 것, 열매, 또는 동물이나 고기. 또는, 사육하는 가축에게 주는 먹을거리.

먹이 그물 명[생] 각종 생물의 먹이 사슬이 가로세로로 교차하여 그물 모양을 이룬 것을 일컫는 말.

먹-이다 동타 1 '먹다'의 사동사. ¶아이에게 밥을 ~. 2 (사람이 소나 돼지를) 먹을 주어 자라게 하다. ¶기르다·치다·사육하다. ¶소를 ~. 3 주고받는 노래나 소리 등을 다른 사람이 받아서 먼저 부르다. ¶선소리를 ~.

먹여 살리다 돈을 벌거나 양식을 구해다가 먹고살 수 있게 해 주다. 비부양하

다. ¶처자식을 ~.
먹이^사슬 [-씰] 뗑〖생〗=먹이 연쇄.
먹이-연쇄(--連鎖) 뗑〖생〗자연계에서 잡아먹고 잡아먹히는 생물 종끼리의 관계가 마치 사슬처럼 연결되어 있는 것을 이르는 말. 곧, 뱀은 개구리를 잡아먹고 개구리는 벼메뚜기를 잡아먹는 것과 같은 관계를 가리킴. ¶먹이 사슬.
먹자-골목 [-짜-] 뗑 많은 음식점들이 잇달아 죽 늘어선 골목.
먹자-판 [-짜-] 뗑 1 우선 먹고 보자는 향락주의적인 생각. 2 여러 사람이 마구 먹고 즐기는 자리.
먹장-구름 [-짱-] 뗑 =먹구름.
먹-지(-紙) [-찌] 뗑 종이 사이에 끼우고 볼펜이나 골필로 눌러 씀으로써 복사가 되게 하는, 한쪽 또는 양쪽 면에 검은 칠을 한 얇은 종이. 비복사지.
먹-칠(-漆) 뗑 1 먹으로 칠하는 일. 2 명예를 더럽히는 것을 비유하여 이르는 말.
먹칠-하다 동태 ¶전화가 ~.
먹통[1] 뗑 1 '멍청이'를 놀림조로 이르는 말. 2 전화·컴퓨터 등이 고장 나서 사용할 수 없게 된 상태. ¶전화가 ~이다.
먹-통[2](-桶) 뗑 목공이나 석공이 먹줄을 치는 데 쓰는, 나무로 만든 그릇.
먹혀-들다 [머켜-] 동재〈-드니, -드오〉 이해되거나 받아들여지다. ¶그에게는 누구의 말도 먹혀들지 않는다.
먹-히다 [머키-] 동재 1 '먹다'의 피동사. ¶생산비가 싸게 ~. 2 (사람이 어떤 음식이나 물 등이) 식욕이나 갈증에 의해 저절로 먹게 되다. ¶땀을 많이 흘렸더니 물이 자꾸 **먹힌다**. 3 (말이나 요구가) 긍정적으로 받아들여지다. ¶그 사람한테는 내 말이 먹히질 않는다.
먼-데 뗑 '뒷간'을 완곡하게 이르는 말.
먼-동 뗑 날이 밝아 올 무렵의 동쪽. ¶~이 트다.
먼로[1], 메릴린(Monroe, Marilyn) 뗑〖인〗미국의 여배우(1926~1962).
먼로[2], 제임스(Monroe, James) 뗑〖인〗미국의 제5대 대통령(1758~1831).
먼-먼 관 멀고 먼. ¶~ 옛날.
먼^바다 뗑 기상 예보에서, 한반도의 해안선에서 200해리 이내의 앞바다를 제외한 해역을 이르는 말. ↔앞바다.
먼-발치 뗑 어떤 사람이 시선이 미칠 수 있는 정도 안에서 멀리 떨어져 있는 상태. 또는, 그렇게 떨어져 있는 곳. ¶떠나가는 그의 뒷모습을 ~로 바라보다.
먼빛-으로 뛰 멀리 떨어져 있어 눈으로 보기에 또렷하지 않거나 자세하지 않은 상태로. ¶그분을 ~ 몇 번 본 적이 있다.
먼저 I 뗑 시간적으로나 순서적으로 앞선 때. ¶장소는 ~와 같아. 비나중.
II 뛰 시간적으로나 순서적으로 앞서서. ¶너 ~ 가.
먼젓-번(-番) [-쩓뻔/-섣뻔] 뗑 그리 멀지 않은 얼마 전의 때나 차례. 비지난번.
먼지 뗑 공기 중에 섞여 떠다니거나 물체 위에 쌓이는, 가루 상태의 더러운 물질. 비분진(粉塵). ¶흙~. ▷타끌.
먼지-떨이 뗑 많은 가닥의 가느다란 긴 형겊이나 비닐을 긴 막대 끝에 맨 것으로, 손으로 들고 물체를 탁탁 두드려서 먼지를 떠는 도구. 图총채. ×털이개.
먼지-바람 뗑 1 무엇이 빠르게 지나가면서 먼지를 일으키는 것. ¶버스가 뽀얀 ~을 일으키며 지나갔다. 2 먼지·모래 같은 것이 떠올라 공기가 흐려지고 사방이 뿌옇게 되는 강한 바람.
먼지-투성이 뗑 먼지가 많이 끼어 있거나 묻어 있는 상태. ¶창고가 온통 ~다.
멀거니 뛰 아무 생각 없이, 또는 넋을 놓고 시선을 한곳에 보내고 있는 모양. 비우두커니. ¶~ 먼 산만 바라보다.
멀:-겋다 [-거타] 쥉〈멀거니, 멀거오, 멀게〉 1 흐릿하게 맑다. 函말갛다. 2 (눈이) 생기가 없이 게슴츠레하다. 3 매우 묽다. ¶멀건 죽.
멀:게-지다 재 멀겋게 되다. ¶물을 많이 부어 국이 **멀게졌다**. 函말개지다.
멀-국 뗑 '국물1·2'의 잘못.
멀끔-하다 쥉 구지레하지 않고 훤하게 깨끗하다. ¶와양이 **멀끔한** 신사. 函말끔하다. **멀끔-히** 뛰
멀:다[1] (멀고/멀어) 재〈머니, 머오〉 1 (눈이) 태어날 때부터, 또는 병이 나거나 다치거나 하여 사물을 볼 수 없는 상태가 되다. ¶눈이 먼 사람. 2 (귀가) 태어날 때부터, 또는 병이 나거나 다치거나 하여 소리를 전혀 들을 수 없는 상태가 되다.
멀:다[2] (멀:고/멀어) 쥉〈머니, 머오〉 1 (어떤 곳과 다른 곳까지의 공간적으로, 또는 가 닿거나 어떤 작용이 미치기에 보통의 경우보다 길다. ¶먼 하늘. 2 (현재의 시점에서 과거나 미래의 어느 시점까지의 동안이) 보통의 경우보다 길다. ¶먼 장래. 3 (사귀는 관계가) 틈이 있어 서먹서먹하다. ¶그가 멀게 느껴진다. 4 (촌수나 혈연관계가) 짙지 않고 동떨어지다. ¶먼 친척. 5 어떤 수준이나 정도에 미치기에 부족함이 있다. ¶일을 끝내려면 아직 멀었다. 6 (주로, '거리가 멀다'의 꼴로 쓰이어) 어떤 속성에 부합함이 없거나 관련이 희박하다. ¶그것은 내 생각과는 거리가 ~. 7 (전화기나 무전기 등의 소리가) 감도가 나쁘다. 곧, 소리가 작고 불분명하다. ¶전화 소리가 멀게 들린다. ↔가깝다. 8 (주로 '멀게', '멀다고'의 꼴로 쓰이어) 시간적·공간적으로 빈도가 잦음을 반어적으로 나타내는 말. ¶하루가 **멀다** 하고 찾아오다.
[먼 사촌보다 가까운 이웃이 낫다] 멀리 떨어져 있는 일가보다 오히려 가까운 이웃 사람에게 어려운 일이 있을 때 도움을 받을 수 있다.
멀뚱-거리다/-대다 재태 생기가 없고 밀건 눈알을 자꾸 굴리다. 函말똥거리다.
멀뚱-멀뚱 뛰 1 멀뚱거리는 모양. 2 생기가 없이 멍한 모양. ¶~ 앉아 있다. 函 **말똥말똥**. **멀뚱멀뚱-하다** 쥉태
멀뚱-하다 쥉 정신이나 눈이 생기가 없고 멀겋다. 函말똥하다. **멀뚱-히** 뛰 ¶~ 쳐다보다.
멀:리 I 뛰 시간적·공간적으로 멀게. ¶~던지다. ↔가까이.
II 뗑 시간적·공간적으로 먼 곳이나 시점. ¶~서 들리는 종소리. ↔가까이.
멀:리-뛰기 뗑제 멀리 뛰는 것을 겨루는 육상 경기의 하나. 정해진 금까지 도움닫기를 하여 한 발로 굴러 뜀. 구용어는 넓이뛰기.
멀:리-멀리 뛰 매우 멀리. ¶메아리가 ~ 퍼져 가다.
멀:리-하다 동태 1 (사람을) 관계를 맺거나 사귀지 않으려고 피하거나 만나지

404_멀미

않다. ¶여자를 ~. 2 (어떤 사물을) 접하지 않으려고 꺼려 피하다. ¶술과 담배를 ~.㈜까이하다.

멀미 명 1 차·배·비행기 등의 흔들림을 받아 메스껍고 어지러워지는 증상. ¶차~. 2 진저리가 나게 싫은 증세. ¶이젠 시험 소리만 들어도 ~가 난다. **멀미-하다** ㉠

멀미-약(-藥) 명 멀미가 나지 않도록 먹거나 붙이는 약.

멀쑥-하다 [형여] 1 지저분함이 없이 맑고 깨끗하다. ¶멀쑥한 옷차림. ㈜말쑥하다. 2 (키가) 멋없이 크다. ¶키가 ~. **멀쑥-이** 用

멀쩡-하다 [형여] 1 (사물이) 고장이나 흠이 없이 제대로 된 상태이다. ¶10년 넘게 굴린 자동차가 아직 ~. 2 (사람의 몸이나 정신이) 정상적인 상태에 있다. ¶정신이 ~. 3 (주로, 아이가) 겉보기와는 달리 제법 속생각이나 사리 분별을 가진 상태에 있다. ¶고놈 하는 짓을 보니 속은 **멀쩡하구나**! 4 (말이) 얼른 듣기에는 그럴듯하다. 곧, 실속에 있어서는 거짓이거나 문제가 있다. 반어적 표현임. ¶**멀쩡한** 거짓말. ㈜말짱하다. **멀쩡-히** 用

멀찌-감치 用 =멀찍감치.

멀찌감치 用 사이가 꽤 떨어지게. =멀찌가니.

멀찍-하다 [-찌카-] [형여] (거리가) 대체로 멀다고 여겨지는 상태에 있다. **멀찍-이** 用 ~ 물러서다.

멀티-미디어 (multimedia) 명 [컴] 문자·소리·그래픽·동영상 등의 요소를 두 가지 이상 사용하되, 이를 디지털 방식으로 변환하여 사용자와 시스템 간의 상호 작용이 가능한 정보 매체.

멀티비전 (multivision) 명 여러 개의 화면에 하나의 영상을 만들어 내거나, 각각의 영상을 만들어 내는 설비.

멀티-스크린 (multiscreen) 명[영] 화면을 몇 개로 구분하여 각각 다면적 표현을 시도하는 영화 기법.

멀티태스킹 (multitasking) 명[컴] =다중 작업(多重作業).

멈추다 통 1탄 (어떤 대상이 움직임이나 진행을) 도중에 더 계속하지 않다. ㈜그치다. ¶걸음을 ~. 2자 1 (움직이던 것이) 도중에 더 이상 움직이지 않게 되다. ㈜비. ¶차가 ~ / 시계가 ~. 2 (내리던 비 따위가) 더 내리지 않게 되다. ㈜그치다. ¶비가 좀 **멈추거든** 가자.

멈칫 [-칟] 用 하던 일이나 동작을 갑자기 멈추는 모양. **멈칫-하다** 통재타여 ¶대문을 들어서다 ~개를 보고 ~.

멈칫-거리다/-대다 [-친커(때)-] 통㉠ 1자꾸 멈칫하다. ¶말을 할까 말까 ~. 2어떤 일을 자꾸 망설이다.

멈칫-멈칫 [-친-친] 用 멈칫거리는 모양. **멈칫멈칫-하다** 통재타여

멋 [믿] 명 1 사물의 생김새가 사람의 눈길을 끌 만큼 세련되거나 잘 어울려 조화로운 상태. 또는, 그런 조화 속에 약간의 변화를 더한 상태. ㈜맵시·미(美). 2 대상이 자아내는 매력이나 품격이나 있게는, 사물의 바탕을 이루는 참된 요소. ¶한국인의 ~은 은근과 끈기에 있다.

멋-대가리 [믿때-] 명 '멋'을 속되게 이르는 말. ¶~ 없는 남자.

멋-대로 [믿때-] 用 하고 싶은 대로. ㈜마음대로. ¶네 ~ 해라.

멋들어-지다 [믿뜰-] [형여] 아주 멋있다. ¶왈츠를 **멋들어지게** 추는 한 쌍의 남녀.

멋-모르다 [믿-] 통여 〈~모르니, ~몰라〉 까닭·영문·내막 따위를 잘 알지 못하다. ¶**멋모르고** 증권 투자를 했다가 큰 손해를 보았다.

멋-스럽다 [믿쓰-] [형⒝ 〈~스러우니, ~스러워〉 멋진 데가 있다.

멋-없다 [믿업따] [형여] 격에 맞지 않아 싱겁다. **멋없-이** 用 ¶키가 ~ 크다.

멋-있다 [믿읻따/머싣따] [형여] 1 (대상의 생김새가) 눈길을 끌 만큼 세련되거나 잘 어울려 조화로운 상태에 있다. ¶옷을 **멋있게** 입다. 2 (대상이) 매력이나 품격이나 운치를 자아내는 상태에 있거나 참된 요소를 바탕으로 가진 상태에 있다. ¶**멋있는** 표현.

멋-장이 명 '멋쟁이'의 잘못.

멋-쟁이 [믿쨍-] 명 멋있거나 멋을 잘 부리는 사람. ×멋장이.

멋-지다 [믿찌-] [형여] 멋을 갖춘 상태에 있어 멋을 느끼게 하는 상태에 있다. ¶테니스 치는 폼이 ~.

멋-쩍다 [믿-따] [형여] 1 (하는 짓이나 모양이) 격에 어울리지 않다. 2어색하고 쑥스럽다. ¶**멋쩍게** 웃다.

멋-하다 [머타-] 형여 '무엇하다'의 준말. ¶**멋하면** 내가 대신 얘기해 줄까?

멍¹ 명 1 맞거나 부딪혀서 피부 속에 퍼렇게 맺힌 피. ¶시퍼런 ~. 2 '일의 속으로 생긴 탈'을 비유하여 일컫는 말. ¶실연을 당하여 가슴에 ~이 들었다.

멍² 명 '멍게 I'의 준말.

멍게 명(동) 몸은 길쭉한 공 모양으로 붉은색의 단단한 껍질에 싸여 있고, 표면에 젖꼭지 같은 돌기가 많이 있는 원색동물. 노란 속살을 식용함. 바다 속 바위에 붙어 삶. =우렁쉥이.

멍군 I 명 장기에서, 장군을 받아 막는 수. ㈜멍.
II 같 장기에서, 장군을 받아 막으려고 말을 놓을 때 부르는 소리.

멍-들다 통 〈~드니, ~드오〉 1 일이 속으로 탈이 생기다. ¶국가 경제를 **멍들게** 하는 뿌리 깊은 정경 유착. 2 손해나 피해나 고통 등을 당하거나 겪다. ¶일이 잘못되는 바람에 여러 사람이 **멍들었다**.

멍멍 用 개가 짖는 소리. ㈜캥캥. ¶개가 ~.

멍멍-하다 형여 1 얼이 빠진 듯 얼떨떨하거나 멍하다. 2 '먹먹하다'의 잘못. **멍멍-히** 用

멍석 명 흔히 곡식을 너는 데 쓰는, 짚으로 결어 만든 큰 자리. ¶~을 펴다.

멍석-말이 [-성-] 명[역] 옛날의 사형(私刑)의 하나. 사람을 멍석에 말아 놓고 뭇매를 가하는 형벌.

멍에 명 1 마소의 목에 얹어 수레나 쟁기를 끌게 하는 둥그렇게 구부러진 막대. 2 쉽게 벗어날 수 없는 구속이나 억압을 비유하여 일컫는 말.

멍에(를) 쓰다 자유롭게 행동할 수 없도록 얽매이다.

멍울 명 1 우유·풀 등의 작고 둥글게 엉겨 굳어진 덩이. 2 림프샘이나 몸 안의 조직에 병적으로 생기는 동글동글한 물질. ㈜망울.

멍울-멍울 用 멍울이 작고 둥글게 엉겨 여기저기 뭉쳐진 모양. **멍울멍울-하다** 형여

멍청-이 명 하는 짓이 어리석고 머리가 둔한 사람. 경멸적인 말. ®멍텅구리.
멍청-하다 형여 (사람이) 하는 짓이 어리석고 머리가 둔하다. 또는, (사람이) 어떤 일에 직면하여 어쩔할지 몰라 어리둥절하거나 어리병병한 상태에 있다. ¶멍청하게 서 있지만 말고 이리 와서 거들어!
멍청-히 부
멍추 명 기억력이 부족하고 흐리멍덩한 사람. 얕잡는 말임. ®멍청이.
멍키^스패너(monkey spanner) 명 목에 나사를 장치하여, 볼트나 너트의 크기에 따라 아가리를 자유로이 조절해서 사용할 수 있도록 된 스패너.
멍텅구리 명 판단하는 능력이 부족한 어리석은 사람. 경멸적인 말임. ®멍청이.
멍!-하니 부 멍하게. ®멍히. ¶~ 창밖을 보고 있다.
멍!-하다 형여 1 넋을 놓거나 긴장이 풀려 아무 생각이 없다. ¶멍하게 먼 산만 바라보고 서 있다. 2 정신이 몽롱하고 흐릿하다. ¶감기약을 먹었더니 머리가 ~. 3 (귀가) 일시적으로 잘 들리지 않는 상태에 있다. ®먹먹하다. ¶고막을 찢는 듯한 총성이 울리자 귀가 멍했다. 멍!-히 부
멎다[먿따] 재 1 (움직임이나 계속되던 작용이) 더 이상 이루어지지 않게 되다. ¶약을 먹자 통증이 멎다. 2 (비·눈·바람 따위가) 더 이상 내리거나 불지 않게 되다. ®그치다·멈추다. ¶소나기가 ~.
메! 1 명 묵직한 나무토막이나 쇠토막에 자루를 박은, 무엇을 치거나 박을 때 쓰는 물건. ®떡메.
메! 2 명 제사 때 신위(神位) 앞에 올리는 밥. ¶~를 올리다.
메!- 3 접두 곡식이나 떡을 나타내는 명사의 앞에 붙어, '찰기가 없이 메진'의 뜻을 나타내는 말. ¶~조 / ~떡.
메가(mega) 앞어진 [컴] '메가바이트'의 준말.
메가-바이트(megabyte) 앞어진 [컴] 정보의 양을 나타내는 단위의 하나. 1,024킬로바이트 또는 1,048,576바이트. 기호는 MB. ®메바.
메가-톤(megaton) 앞어진 [물] 1 질량의 단위. 1톤의 100만 배. 기호는 Mt. 2 핵융합에 의한 폭발력을 나타내는 단위. 1메가톤은 티엔티(TNT) 100만 톤의 폭발력에 해당함. 기호는 Mt.
메가폰(megaphone) 명 음성이 멀리까지 들리도록 입에 대고 말하는, 나팔 모양의 도구.
메가폰을 잡다 영화 따위의 감독을 맡다. ¶김 감독이 메가폰을 잡은 영화.
메가-헤르츠(megahertz) 앞어진 [물] 주파수의 단위. 1헤르츠의 100만 배. 기호는 MHz.
메!기 명동 몸길이 25~100cm로, 머리가 넓죽하고 입이 크며 네 개의 긴 수염이 있는 민물고기. 몸빛은 암갈색에 얼룩무늬가 있으며, 비늘이 없음.
메기는-소리 명 민요를 부를 때, 한 사람이 메겨 부르는 소리.
메기다 동타 1 어떤 사람이 부르고 다른 사람이 따라 부르거나 후렴을 받는 형식의 노래에서, (어떤 사람이 노래를) 먼저 불러 다른 사람이 받게 하다. ¶선창을 ~. 2 (화살을) 시위에 물리다. ¶화살을 ~.
메!기-수염(-鬚髥) 명 몇 오라기만 양쪽으로 길게 기른, 메기의 수염과 비슷한 콧수염.
메!기-입 명 입아귀가 길게 째져 넓게 생긴 입을 놀림조로 이르는 말.
메꾸다 동타 시간을 적당히 또는 그럭저럭 보내다. ▷메우다.
메뉴(menu) 명 1 음식점에서 파는 음식의 이름과 가격을 적어 놓은 표. 순화어는 '차림표'. 2 끼니 때 먹는 요리의 종류. 3 [컴] 사용자가 마우스나 키보드를 이용하여 명령을 편리하게 선택할 수 있도록 화면에 나타낸 목록.
메!다1 [메고 / 메어] 동타 1 (목이) 음식을 먹거나 말을 하거나 할 때, 음식이 꽉 빡하거나 울음이 복받치거나 하여 막히는 듯한 상태가 되다. ¶목이 메어 말을 잇지 못하다. 2 (구멍 따위가) 가득 차거나 막히다. ¶하수도 구멍이 ~. ×메이다.
메!다2 [메고 / 메어] 동타 (물건을 어깨에) 걸치거나 올려놓다. ¶가방을 ~.
메다-꽂다[-꼳따] 동타 '메어꽂다'의 힘줌말.
메달(medal) 명 표창하거나 무슨 일을 기념하기 위해, 금·은·동 등에 여러 가지 모양을 새겨 넣어 만든 패(牌). ¶금~.
메달리스트(medalist) 명 각종 경기 대회에서 입상하여 메달을 딴 사람.
메달-박스(†medal box) 명 올림픽이나 체육 대회 등에서, 어느 나라나 집단이 메달을 많이 딸 수 있거나 따는 종목. =메달밭. ¶권투는 한국의 ~이다.
메달-밭(medal-) [-받] 명 =메달박스.
메두사(Medusa) 명 [신화] 그리스 신화에 나오는 괴녀(怪女). 머리카락은 모두 뱀이고, 그 추악한 얼굴을 본 사람은 돌이 된다고 함.
메들리(medley) 명[음] =접속곡.
메디나(Medina) 명[지] 사우디아라비아 서부의 도시.
메-떡 명 멥쌀가루로 만든 떡. ↔찰떡.
메뚜기 명[동] 몸이 황록색또는 황갈색으로 길쭉하고, 뒷다리가 발달하여 깡충깡충 뛰어다니며 농작물을 갉아 먹는 곤충의 총칭. 벼메뚜기, 콩중메뚜기 등이 있음.
[메뚜기도 유월이 한철이다] 1 제때를 만나 한창 날뛰는 사람을 비유하여 일컫는 말. 2 무엇이든지 전성기는 매우 짧다.
매롱 감〈유아〉 '그럴 줄 몰랐지' 하는 뜻으로 상대방을 놀리는 말.
메르쿠리우스(Mercurius) 명[신화] 로마 신화에 나오는 목축·상업·웅변 및 사자(使者)의 신. 그리스 신화의 헤르메스에 해당함. 영어명은 머큐리(Mercury).
메리노-종(merino種) 명[동] 면양의 한 품종. 수컷은 나사선 모양의 뿔이 있으나 암컷은 없음. 털은 고급 직물에 쓰임.
메리야스(←메리야스) 명 [<®medias] 면사나 모사로 신축성 있고 촘촘하게 짠 내의·양말·장갑 등을 만드는 일. 또는 그 제품.
메리 일세(Mary-世) [-쎄] 명[인] 영국의 여왕(1516~1558).
메리트(merit) 명 '이점(利點)'으로 순화. ¶~가 크다.
메릴랜드(Maryland) 명[지] 미국 동부의 주.
메-마르다 형르 〈~마르느, ~말라〉 1 (땅이) 물기가 없고 기름지지 못하다. ¶메마른 땅. 2 (살결이) 기름기가 없고 거칠다. ¶메마른 피부. 3 (날씨가) 건조하다. ¶메마른 날씨. 4 느낌이 몹시 무디고 정감이

부족하다. ¶감정이 **메마른** 사람.
메모(memo) 圀 어떤 일이나 사실을 나중에 참고하거나 기억해 내기 위해, 또는 상대에게 말을 전달하기 위해, 종이에 요점만 간단히 적는 일. 또는, 그 글. ¶~를 남기다. **메모-하다** 图目
메모리(memory) 圀 ['기억'의 뜻〕〔컴〕 1 =기억 장치. 2 =기억 용량.
메모-지(memo紙) 圀 메모를 하기 위한 종이.
메모-판(memo板) 圀 다방 등에서, 상대에게 어떤 말을 남기는 메모를 꽂아 놓거나 그런 메모를 남길 수 있도록 마련해 놓은 판.
메밀 圀〔식〕밭에 재배하며, 삼각형의 흑갈색 열매로 국수나 묵을 만들어 먹는 한해살이풀. 또는, 그 열매. 초가을에 흰색의 작은 꽃이 핌. ×모밀.
메밀-국수[-쑤] 圀 메밀가루로 만든 국수.
메밀-꽃[-꼳] 圀 메밀의 꽃.
메밀-묵 圀 메밀가루로 쑨 묵.
메-밥 圀 멥쌀로 지은 보통 밥을 찰밥에 대하여 이르는 말. ↔찰밥.
메-벼 圀 찰기가 없는 벼. ↔찰벼.
메소포타미아(Mesopotamia) 圀〔지〕 서남 아시아의 티그리스 강과 유프라테스 강 사이의 지역. 이란과 이라크·시리아의 일부를 포함함.
메스(⑨mes) 圀 수술이나 해부를 할 때에 쓰는 작은 칼.
  메스(를) 가하다 ¶1 수술을 하다. 2 잘못된 일의 화근을 없애려고 손을 쓰다. ¶공무원의 부정부패에 ~.
메스껍다[-따]〔메스꺼우니, 메스꺼워〕1 속이 울렁거려 토할 것 같은 느낌이 있다. ¶멀미가 나 속이 ~. 2 비위가 거슬릴 만큼 아니꼽다. ¶기고만장한 꼴을 **메스꺼워** 도저히 못 보겠다. 중매스껍다.
메스-실린더(←measuring cylinder)〔-화〕눈금을 새긴 원통형의 유리그릇. 액체의 부피를 측정하는 데 쓰임.
메슥-거리다/-대다[-끽(때)-]图區 메스꺼운 느낌이 자꾸 나다. ¶속이 ~.
메슥-메슥[-승-] 閉 메슥거리는 모양. **메슥메슥-하다** 图區宦 ¶속이 ~.
메시아(Messiah) 圀〔성〕 1 구약 성서에서, 장차 올 왕으로서의 구세주. 2 신약 성서에서, 예수 그리스도를 가리키는 말.
메시지(message) 圀 1 어떤 사실을 알리거나 어떤 내용을 전하는 말이나 글. ¶축하 ~. 2 어떤 사실을 주장·촉구 또는 경고하기 위해 다수의 사람을 대상으로 발표하는 말이나 글. ¶대통령의 신년 ~. 3 문예 작품이 나타내고자 하는 근본 의도나 사상. ¶평화의 ~를 전하는 작품.
메신저(messenger) 圀 1 메시지를 전달하는 구실을 하는 사람이나 사물. 2〔컴〕인터넷에서 실시간으로 메시지와 데이터를 주고받을 수 있는 소프트웨어.
메아리 圀 큰 소리를 내었을 때 그 소리가 산이나 넓은 공간의 벽 따위에 부딪쳐 되울려서 들리는 소리. 또는, 그 소리. ¶온 산에 울려 퍼지는 ~. 중산울림.
메아리-치다图 메아리가 울리다.
메어-꽂다[-꼳따] 图目 어깨 위로 둘러메어 바닥에 내리꽂다. ¶상대 선수를 업어 치기로 ~.
메어-붙이다[-부치-] 图目 어깨 위로

둘러메어 바닥에 힘껏 내리 부딪치게 하다. ¶씨름 선수가 상대를 모래판에 ~.
메어-치다 图目 어깨 위로 둘러메어 바닥에 냅다 내리치다. 중메치다.
메-우다¹ 图目 구멍이나 빈 곳을 채우다. ¶웅덩이를 ~. ▷메꾸다.
메-우다² 图目 1〔통·체 등에〕테나 쳇불을 끼우다. ¶통에 테를 ~. 2〔장구·북 등을〕 가죽을 씌워서 만들다. 3 마소의 목에 멍에를 얹어서 매다. 4 활에 활시위를 얹다.
메이다 图匡 '메다'의 잘못.
메이저(major) 圀 1〔음〕=장조(長調). 2 '대형', '주류'로 순화. ↔마이너.
메이저^리그(Major League) 圀〔체〕 미국 프로 야구 연맹의 최상위 두 리그를 이르는 말. 내셔널 리그와 아메리칸 리그로 나뉨.
메이지^유신(明治/めいじ 維新)〔역〕19세기 후반에, 일본의 에도 바쿠후(江戸幕府)를 무너뜨리고 부국강병과 근대화를 목표로 국왕 중심의 정권을 수립한 정치적·사회적 변혁. =명치유신.
메이커(maker) 圀 상품의 제조 업체로, 특히, 널리 알려져 믿을 만한 업체. ¶유명 ~ 제품.
메이크업(makeup) 圀 1 기초화장을 한 다음에 하는 색조 화장이나, 배우가 연극·영화 등에 출연하기 위하여 하는 무대 화장. ▷기초화장.
메인(Maine) 圀〔지〕 미국 북동부의 주.
메인-타이틀(main title) 圀 1 주가 되는 표제. 2 영화·텔레비전의 첫머리에 제목으로 나오는 자막. ↔서브타이틀.
메일(mail) 圀〔컴〕=이메일.
메조 圀 차조보다 열매가 굵고 끈기가 적으며 빛깔이 엷게 누른, 조의 한 가지. ▷차조.
메조-소프라노(①mezzo-soprano) 圀〔음〕성악에서, 여성이 낼 수 있는 중간 음역의 소리. 곧, 소프라노와 알토의 사이에 해당하는 소리. 또는, 그 음역의 가수.
메조^포르테(①mezzo forte) 圀〔음〕 악곡의 표현 방법을 나타내는 말로, '조금 세게'의 뜻. 기호는 *mf*.
메조^피아노(①mezzo piano) 圀〔음〕악곡의 표현 방법을 나타내는 말로, '조금 여리게'의 뜻. 기호는 *mp*.
메-좁쌀 圀 메조의 열매를 찧은 쌀. ▷차좁쌀.
메주 圀 간장·된장 등을 담그기 위해, 삶은 콩을 찧어서 흔히 네모나게 뭉쳐서 띄워 말린 물질. ¶~ 뜨는 귀퉁이 냄새.
메주-콩 圀 메주를 쑤는 데 쓰는 콩.
메-지다 劢〔밥이나 떡, 반죽 따위가〕 끈기가 적다. ¶이 ~. ↔차지다.
메추라기 圀〔동〕병아리와 비슷하나 꽁지가 짧고, 몸빛은 황갈색으로 갈색과 흑색의 가는 세로무늬가 있는 작은 새. 고기와 알을 먹기 위해 기름. 帝메추리.
메추리 圀 '메추라기'의 준말.
메:-치다 图目 '메어치다'의 준말.
메카(Mecca) 圀 1〔지〕 사우디아라비아 서부의 도시. 이슬람교의 교조 마호메트가 탄생한 곳임. 2 어떤 일의 중심지로서, 그 일에 종사하거나 관계를 맺고 있는 사람들이 숭배·동경하는 곳. 비유적인 말. ¶할리우드는 미국 영화 산업의 ~이다.
메커니즘(mechanism) 圀 1 =기계(機制)¹. 2〔심〕=기계(機制)².

메콩 강(Mekong江) [명][지] 인도차이나 반도를 흐르는 강. 길이 4,350km.
메타포(metaphor) [명][문] '은유'로 순화.
메탄(methane) [명][화] 메탄계 탄화수소의 하나. 무색무취의 가연성 기체. 도시가스 등의 연료로 이용됨. =메탄가스.
메탄-가스(methane gas) [명][화] =메탄.
메탄올(methanol) [명][화] 자극적인 냄새가 나는, 무색의 휘발성 액체. 연료, 포르말린의 원료 등으로 쓰임. =메틸알코올.
메트로놈(metronome) [명][음] 악곡의 템포를 나타내는 기구. 용수철 장치로 흔들이를 진동시켜서 음을 새기고, 구하는 박자의 길이를 나타냄.
메트로폴리스(metropolis) [명] =거대 도시.
메티오닌(methionine) [명][화] 필수 아미노산의 하나. 단백질의 구성 성분으로, 영양제나 간염·중독증의 치료약으로 쓰임.
메틸렌^블루(methylene blue) [명][화] 청색의 염기성 염료. 생체 염색, 산화 환원 반응의 지시약으로 쓰임.
메틸-알코올(methyl alcohol) [명][화] =메탄올.
메틸^오렌지(methyl orange) [명][화] 등황색의 결정 색소. 수용액이 산성이면 적색을, 염기성이면 등황색을 나타내므로 지시약으로 쓰임.
메피스토펠레스(Mephistopheles) [명][신화] 중세 독일의 '파우스트 전설'에 나오는 악마. ▷파우스트.
멕기(←[일]鍍金/めっき) [명] '도금(鍍金)'으로 순화.
멕시코(Mexico) [명][지] 북아메리카 남서쪽 끝에 있는 연방 공화국. 수도는 멕시코시티.
멕시코 만(Mexico灣) [명][지] 북아메리카의 남동부에 있는 만.
멕시코시티(Mexico City) [명][지] 멕시코의 수도.
멘델, 그레고어 요한(Mendel, Gregor Johann) [명][인] 오스트리아의 유전학자(1822~1884).
멘델스존, 펠릭스(Mendelssohn, Felix) [명][인] 독일의 작곡가(1809~1847).
멘델의 법칙(Mendel－法則) [－의－/－에－][생] 멘델이 1865년에 발표한 유전 법칙. 생물의 형질은 유전자에 의해 어떤 규칙성을 갖고 자손에게 전해진다는 것.
멘셰비즘(Menshevism) [명][사] 멘셰비키의 사상 및 주의. 마르크스주의를 수정한 것으로 자유주의적 부르주아 색채가 짙음. ↔볼셰비즘.
멘셰비키([러]Mensheviki) [명] ['소수파'라는 뜻] [사] 1903년에 런던에서 열린 러시아 사회 민주 노동당 2차 대회에서 볼셰비키파와 대립한 일파. 개인적 활동의 자유를 주장하였음. ↔볼셰비키.
멘스(←menstruation) [명][생] =월경[1].
멘터(mentor) [명] 풍부한 경험과 전문 지식을 가지고 어떤 사람에게 일대일로 지도·조언을 해 주는 사람. ×멘토.
멘토 [명] '멘터(mentor)'의 잘못.
멘트 [명] '말[5]', '언급', '발언'으로 순화. ¶오프닝 ~ / 진행자의 ~.
멘히르([독]Menhir) [명][고고] =선돌.
멜라네시아(Melanesia) [명][지] 태평양 남부, 오스트레일리아 북동쪽에 있는 섬을 통틀어 이르는 말.
멜라닌(melanin) [명][생] 동물의 조직 내에서 볼 수 있는 갈색 또는 흑색의 색소.
멜랑콜리-하다([프]mélancolie－) [형][여] '우울하다'로 순화.
멜로-드라마(melodrama) [명] 주로 애정 문제를 소재로 하는, 통속적이고 감상적인 드라마.
멜로디(melody) [명][음] =가락[2]1.
멜로디언(melodion) [명][음] 입으로 바람을 불어 넣으며 건반을 눌러 소리를 내는 소형 악기.
멜론(melon) [명][식] 지름 10~30cm의 둥그런 담녹색 열매가 열리는 덩굴성 한해살이풀. 또는, 그 열매. 열매는 수분이 많고 달며 향기가 좋음.
멜버른(Melbourne) [명][지] 오스트레일리아 남동부의 항구 도시.
멜빌, 허먼(Melville, Herman) [명][인] 미국의 소설가(1819~1891).
멜!빵 [명] **1** 배낭·가방·소총 등에 달려 있어 그 물건을 어깨에 멜 수 있게 하는 기능을 가진, 띠 모양의 물건. **2** 아랫도리가 흘러내리지 않게 어깨에 걸치는 끈.
멜!빵-바지 [명] 길이가 가슴까지 올라오는, 멜빵이 달린 바지.
멤버(member) [명] 단체를 구성하는 일원. ¶~를 교체하다.
멤버십(membership) [명] 단체의 구성원인 사실. 또는, 그 자격이나 지위.
멤버십 카드(membership card) '회원증', '회원 카드'로 순화.
멥쌀 [명] 메벼를 찧은 쌀. ↔찹쌀.
멧-돼지[메뙈－/멘뙈－] [명][동] 깊은 산에 사는 야생의 돼지. 몸빛은 검은색 또는 흑갈색으로, 주둥이가 길고 목이 짧으며, 날카로운 송곳니가 있음. 식용함. =산돼지.
멧-비둘기[메삐－/멘삐－] [명][동] 낮은 산이나 시가지 공원에 사는 야생의 비둘기. 몸빛은 잿빛이 도는 보라색이며, 목 양쪽에 파란색의 굵은 세로무늬가 있음.
멧-새[메쌔/멘쌔] [명][동] 참새와 비슷하나 몸빛은 밤색이며, 흰 눈썹 선과 뺨이 뚜렷한 새. 풀밭이나 숲 속에 삶.
며[1] [조] 모음으로 끝나는 말에 붙어, 두 가지 이상의 사물을 열거하여 말할 때 쓰이는 접속 조사. ¶학자~ 정치가~ 내로라하는 저명인사가 모두 모였다. ▷이며.
-며[2] [어미] 모음이나 'ㄹ' 받침으로 끝나는 어간, 또는 어미 '-시-' 아래에 붙는 연결 어미. **1** 두 가지 이상의 사물·동작·상태 등을 나열하는 뜻을 나타냄. ¶이것은 감이~ 저것은 사과이다. **2** 대립의 뜻을 나타냄. ¶언니는 키가 크~ 동생은 키가 작다. **3** 두 가지 사실이나 상태 따위가 겸하여 있거나 동작이 연이어 일어남을 나타냄. [비]-면서. ¶그는 시인이~ 학자이다. ▷-으며.
며느-님 [명] 남을 높여 그의 '며느리'를 이르는 말.
며느리 [명] 아들의 아내.
[**며느리 사랑은 시아버지, 사위 사랑은 장모**] 흔히 며느리는 시아버지에게 귀염을 받고, 사위는 장모에게 사랑을 받는다.
며느리-밑씻개[－믿씯깨] [명][식] 들이나 길가에 흔히 자라며, 줄기에 잔가시가 빽빽한 덩굴성 한해살이풀. 7~8월에 담홍색 꽃이 피며, 둥근 열매가 검게 익음.
며느리-발톱 [명] **1** 새끼발톱 바깥쪽에 덧달린 작은 발톱. **2** [동] 닭·꿩 등의 수컷의 다리 뒤쪽에 있는, 각질(角質)의 돌기물. 3 소·말 등의 다리 뒤쪽에 있는 작은 발가락.
며느릿-감[-리감/-릳깜] 명 며느리로 삼을 만한 여자. ≒사윗감.
며늘-아기 명 '며느리'를 귀엽게 이르는 말.
며루치 명〈방〉 멸치(경기·경북).
며칠-날[-친-] 명 그달의 몇째 날. ⒣며 칠. ¶네 결혼식이 ~이냐?
며칠 명 1 그달의 몇째 되는 날. ⒣며칠날. ¶오늘이 ~이지? 2 몇 날. ¶일을 끝내려면 ~이나 걸릴까? × 몇 일.
멱¹ 명 목의 앞쪽. ¶닭의 ~을 따다.
멱² 명 '미역'의 준말. ~을 감다.
멱-따다 재 칼 따위로 짐승의 멱을 찌르거나 자르다. ¶돼지 **멱따는** 소리.
멱-내리[-쌀-] 명 1 사람의 멱 부분의 살. 또는, 그 부분의 옷깃. 2 멱이 닿는 부분의 옷깃. ¶~을 거머쥐다.
멱살-잡이[-쌀-] 명 멱살을 잡는 일. **멱살잡이-하다** 재타여
멱서리[-써-] 명 짚으로 촘촘히 결어서 만든, 곡식을 담는 그릇.
-면¹ 어미 모음이나 'ㄹ' 받침으로 끝나는 어간, 또는 어미 '-시-' 아래에 붙어, 가정적 조건을 나타내는 종속적 연결 어미. ¶이제 가~ 언제 오려나. ⒣-으면.
면²(面) 명 ①관 1 사물의 겉으로 평평하게 일정한 넓이를 가진 부분. ¶~이 고르지 않은 땅. 2 일의 어떤 부분이나 측면. ¶긍정적인 ~. 3 신문이나 책의 지면. ¶기사가 넘쳐 ~이 부족하다. 4 [=] 정해진 위치에서 길이 및 폭의 두 방향으로 퍼진 이차원의 연속체. ②의존 신문이나 책 등의 각 지면에 매겨지는 일련번호를 세는 단위. ⒣페이지. ¶~ 머리기사.
면³(面) 명 군(郡) 또는 시(市)의 관할 아래에 두는, 행정 구역의 하나. 아래에 이(里)를 둠.
면⁴(綿) 명 무명이나 무명실.
면⁵(麵·麪) 명 국수·라면·냉면 따위의 주재료로, 밀가루·메밀가루 등을 반죽하여 가늘게 뺀 것.
면:경(面鏡) 명 얼굴을 비추어 보는 작은 거울.
면:구-스럽다(面灸-)[-따] 형ㅂ〈~스러우니, ~스러워〉면구한 데가 있다. ⒣민망스럽다. **면:구스레** 부
면:구-하다(面灸-) 형여 남을 대하여 보기가 부끄럽다.
면:담(面談) 명 (윗사람이나 어떤 일을 책임 맡은 사람과) 마주 대하여 고민이나 문제를 해결하기 위해 이야기를 나누는 것. 또는, (고민이나 문젯거리가 있는 사람을) 만나서 도움을 주는 이야기를 나누는 것. ¶단독 ~. **면:담-하다** 재타여
면:대(面對) 명 서로 얼굴을 마주 대하는 것. ⒣대면. **면:대-하다** 재타여
면:-대칭(面對稱) 명 [수] 물체나 도형 중의 서로 대응하는 어떤 두 점을 맺는 직선이 주어진 평면에 의하여 수직으로 이등분되는 위치 관계. ▷선대칭·점대칭.
면:도(面刀) 명 1 수염·잔털을 면도칼이나 면도기로 밀어서 깎는 것. 2 '면도칼'의 준말. ¶~을 하다. **면:도-하다** 타여 수염·잔털을 면도칼이나 면도기로 밀어서 깎다.
면:도-기(面刀器) 명 면도할 수 있도록 만든 기구. ¶안전~.
면:도-날(面刀-) 명 1 면도칼의 날. 2 안전면도기에 끼게 된, 날이 선 얇은 쇳조각. ≒날.
면:도-칼(面刀-) 명 면도하는 데에 쓰는 칼. ⒣면도.
면:류-관(冕旒冠) [멸-] 명 [역] 제왕의 정복(正服)에 갖추어 쓰는, 직사각형의 판에 많은 주옥을 꿰어 늘어뜨린 관.
면:면(面面) 명 1 여러 사람의 얼굴 하나하나. 또는, 그 한 사람 한 사람. ¶거기에 모인 사람들의 ~을 보아하니 내로라하는 재력가들이다. 2 어떤 사람이나 사물이 가지는 여러 가지 됨됨이나 측면. ¶사윗감의 ~을 뜯어보다.
면:면-하다(綿綿-) 형여 (어떤 현상이) 오랜 시간에 걸쳐 끊어지지 않고 죽 이어지거나 계속되는 상태에 있다. ¶면면하게 이어져 내려온 역사와 전통. **면면-히** 부
면:모(面貌) 명 1 얼굴의 모양. 2 사물의 모습이나 상태. ¶새 시대의 ~을 갖추다.
면:목(面目) 명 1 남 대하기에 떳떳한 상태. ⒣낯·체면. ¶~이 안 서다. 2 사물의 겉모습이나 상태.
면목(이) 없다 부끄러워서 남을 대할 낯이 없다. ¶그를 대할 ~.
면:-무식(免無識) 명 겨우 무식이나 면할 정도로 학식이 적은 것. 또는, 그 정도의 학식. **면:무식-하다** 재여
면밀-하다(綿密-) 형여 (검토·조사·계획 등이) 자세하고 꼼꼼하여 빈틈이 없다. ¶면밀하게 검토하다. **면밀-히** 부
면-바지(綿-) 명 무명으로 만든 바지.
면:박(面駁) 명 (사람을) 본인을 맞대어 놓거나 본인이 있는 자리에서 잘못을 꼬집거나 그의 의견을 무시하는 말을 하거나 하여 창피를 주는 것. **면:박-하다** 타여
면-발(麵-) [-빨] 명 면의 가락. ¶~이 가늘다.
면:벌-부(免罰符) 명 [역] =면죄부.
면:봉(綿棒) 명 끝에 솜을 말아 붙인 가느다란 막대. 흔히, 귀를 후비거나 약을 바르거나 할 때 씀.
면사(綿絲) 명 =무명실.
면:-사무소(面事務所) 명 면의 행정 사무를 보는 곳.
면:사-포(面紗布) 명 결혼식 때 신부가 머리에 써서 앞이나 뒤로 늘이는, 흰 사(紗)로 만든 물건.
면:상¹(面上) 명 1 얼굴의 위. 2 얼굴 바닥.
면:상²(面相) 명 얼굴의 생김새.
-면서 어미 모음이나 'ㄹ' 받침으로 끝나는 어간, 또는 어미 '-시-' 아래에 붙는 연결 어미. 1 두 가지 이상의 사실·상태·동작 등이 동시적으로 겸하여 있거나, 동작이 연이어 일어남을 나타냄. ⒣-며. ¶질감이 부드러우~ 따뜻한 옷감. 2 두 가지 이상의 사실·상태·동작이 맞서는 관계에 있음을 나타냄. ¶알~ 모르는 체한다. ▷-으면서.
면:세(免稅) 명 세금을 면제하는 것. ¶~ 품목. **면:세-하다** 재타여
면:세-점(免稅店) 명 외화 획득이나 외국인 여행자의 편의를 위해 공항 대합실이나 시중에 설치한 비과세 상점.
면:세-품(免稅品) 명 1 면세를 받은 상품. 2 관세를 면제한 수출품.
면:수(面數) [-쑤] 명 물체의 면 또는 책의 페이지의 수효. ≒쪽수.

면:식(面識) 몡 얼굴을 서로 알 정도의 관계. ¶~이 있다[없다].
면식-범(面識犯) [-뻠] 몡 피해자와 서로 아는 관계인 범인.
면실-유(棉實油) [-류] 몡 목화의 씨를 짜서 얻은 반건성유(半乾性油).
면양(緬羊·綿羊) 몡⇒양(羊)¹.
면역(免疫) 몡 1 의【사람이나 동물의 몸 안에 병원균이나 독소가 침입해도 발병하지 않을 정도의 저항력을 가지는 일. ¶~이 생기다. 2 어떤 자극이 자꾸 반복됨에 따라 그에 무감각해지는 것을 비유하여 이르는 말. ¶아무리 잔소리해 보아야 이젠 ~이 되어 소용없다. 면역-되다 통
면역-력(免疫力) [-력] 몡생【외부에서 들어온 병균에 저항하는 힘.
면:장(面長) 몡 면의 행정을 통할하는 우두머리.
면-장갑(綿掌匣) 몡 무명실로 짠 장갑. =목장갑.
면:적(面積) 몡수⇒넓이.
면:전(面前) 몡 상대를 바로 앞에 마주 대하고 있는 상태. 또는, 어떤 사람이 바로 앞에서 마주 보고 있는 상태. ¶~에서 ुन्यान을 주다.
면:접(面接) 몡 1 입학·입사 등의 시험 절차에서, 평가하는 사람이 응시하는 사람과 대면하여 그의 인품이나 언행 등을 알아보는 일. 또는, 그런 시험 절차. 2 상담 등을 하기 위해 만나서 대면하는 것. 면:접-하다 통⊼
면:접-시험(面接試驗) [-씨-] 몡 사람을 선발하는 절차로서, 응시자를 직접 대면하여 문답을 통해 그의 인품이나 언행을 알아보는 시험.
면:제(免除) 몡 (책임·의무 따위를) 면하는 것. ¶병역 ~. 면:제-하다 통타에 ¶학비를 면제해 주다. 면:제-되다 통⊼
면:종-복배(面從腹背) [-빼] 몡 겉으로는 복종하는 체하면서 속으로는 등지거나 배반함.
면:죄(免罪) [-죄/-줴] 몡 죄를 면하는 것. 또는, 죄를 면하게 해 주는 것. 면:죄-하다 통⊼
면:죄-부(免罪符) [-죄-/-줴-] 몡역【중세 가톨릭교회에서, 죄를 사하여 주는 뜻으로 신자들로부터 헌금을 받고 발행한 증서. =면벌부.
면:지(面紙) 몡출【책의 앞뒤 표지의 안쪽에 있는 지면.
면:직(免職) 몡 (공무원·회사원 등이) 일자리에서 물러나게 하는 것. ¶의원(依願) ~. 면:직-하다 통타에
면직²(綿織) 몡【면직물'의 준말.
면직-물(綿織物) [-징-] 몡 무명실로 짠 피륙. ⓒ면직.
면:책(免責) 몡 책임이나 책망을 면하는 것. 면:책-하다 통⊼에 면:책-되다 통⊼
면:책-특권(免責特權) [-꿘] 몡법【국회의원이 국회에서 직무상 행한 발언과 표결에 관하여 국회 밖에서 책임을 지지 않는 특권.
면:천(免賤) 몡 천민의 신분을 벗고 평민이 되는 것. 또는, 그렇게 하는 것. 면:천-하다 통타에 면:천-되다 통⊼
면:탈(免脫) 몡 (마땅히 져야 할 부담·의무·책임 등을) 지지 않는 것. 또는, (형벌 등을) 면하여 받지 않는 것. ¶병역 ~ 행위. 면:탈-하다 통타에

면포(綿布) 몡 =무명¹.
면:피(免避) 몡 책임이나 의무를 지지 않고 피하는 것. 면:피-하다 통⊼에
면:-하다¹(免-) 통타에 1 (책임·의무를) 지지 않게 되다. ¶책임을 ~. 2 (어떤 일을) 당하지 않게 되다. ¶화를 ~. 3 (어려운 고비나 최저 한계를) 벗어나 보다 안정된 상태에 있게 되다. ¶셋방살이를 ~.
면:-하다²(面-) 통⊼에 (건물이나 절벽 따위가 바다·강·호수·도로 등에 [을]) 무엇에 가리어지나 막힌 데 없이 마주하거나 정면으로 향하다. ¶바다에(를) 면한 호텔.
면:학(勉學) 몡 학문에 힘쓰는 것. ¶~ 분위기를 조성하다. 면:학-하다 통⊼에
면:허(免許) 몡법【어떤 특정한 일을 행하는 것을 행정 기관이 허가하는 일. 또는, 법령에 의해 일반적으로 금지되어 있는 행위를, 행정 기관이 특정의 경우에 특정인에게만 허가하는 일. ¶운전 ~. 면:허-하다 통타에
면:허-증(免許證) [-쯩] 몡법【면허의 내용과 사실을 기재하여 발급하는 증서. 또는, 면허를 가진 사람임을 증명하는 명함 크기의 카드. ¶자동차 운전 ~.
면화(棉花) 몡⇒목화(木花)¹.
면:회(面會) [-회/-훼] 몡 (어떤 사람이 근무·입원·복무·복역 중인 사람을 [과]) 잠시 시간을 얻어 만나는 것. 또는, 만나서 이야기를 나누는 것. ¶~ 사절. 면:회-하다 통타에 ¶환자를 ~.
면:회-실(面會室) [-회-/-훼-] 몡 면회하는 사람들을 위하여 따로 마련한 방.
멸공(滅共) 몡 공산주의 또는 공산주의자를 멸하는 것. 멸공-하다 통⊼
멸구 몡동【길이 2cm 이하로 작은 매미와 비슷하며, 몸빛은 녹색인 곤충의 총칭. 식물의 즙을 빨아 먹는 해충임.
멸균(滅菌) 몡 =살균(殺菌). 멸균-하다 통⊼타에 멸균-되다 통⊼
멸망(滅亡) 몡 (국가나 민족·종족 등이) 망하여 없어지는 것. ¶로마 제국의 ~. 멸망-하다 통⊼에 멸망-되다 통⊼
멸문지화(滅門之禍) 몡 한 집안이 다 죽음을 당하는 끔찍한 재화.
멸사-봉공(滅私奉公) [-싸-] 몡 사(私)를 버리고 공(公)을 위하여 힘써 일함. 멸사봉공-하다 통⊼에
멸시(蔑視) [-씨] 몡 (어떤 사람을) 낮추어 보거나 하찮게 여겨 싫어하거나 모욕을 주거나 하는 것. 멸시-하다 통타에 멸시-되다 통⊼
멸족(滅族) [-쪽] 몡 가족이나 종족이 망하여 없어지는 것. 또는, 가족이나 종족을 죽여 없애 버리는 것. 멸족-하다 통⊼타에 멸족-되다 통⊼
멸종(滅種) [-쫑] 몡 (생물의) 지구 상에서 또는 어느 지역에서 모두 죽어 없어지는 것. ¶~이 높인 동물. 멸종-하다 통⊼에 멸종-되다 통⊼ ¶공룡이 ~.
멸치 몡동【몸길이 약 13cm이고, 검푸른 색의 바닷물고기. 우리나라 근해에서 많이 나며, 말리거나 젓을 담가 먹음.
멸-하다(滅-) 통타에 망하여 없어지다. 또는, 쳐부수어 없애다. ¶역적으로 삼족을 멸한 형벌을 받다.
명(明) 몡역【중국의 한 왕조(1368~1644). 주원장이 원(元)을 멸하고 건국하여 영락제 때 전성기를 맞이했으나, 이자

성의 난으로 멸망함.

명²(命) 圀 **1** 사람이 살도록 정해진 동안. 또는, 그 상태. ⓗ목숨·수명. ¶~을 재촉하다. **2** 윗사람이나 국가·기관 등이 어떤 사람에게 어떤 일을 하도록 시키는 것. ⓗ명령. ¶임금의 ~을 받들다.

명³(名) 圀 (의존) 사람의 수효를 나타내는 말. ¶학생 25~.

명-⁴(名) [집두] **1** 어떤 직업인을 나타내는 명사 앞에 붙어, 그 사람의 능력이 훌륭하여 이름난 상태에 있음을 나타내는 말. ¶~탐정 / ~사수(射手). **2** 직업으로 하는 일을 나타내는 명사 앞에 붙어, 그 내용이 훌륭하여 이름난 상태에 있음을 나타내는 말. ¶~강의 / ~판결.

명가(名家) 圀 **1** 훌륭하여 이름이 난 가문. ⓗ명문(名門). ¶~의 출신. **2** 그 분야에 명성이 있는 사람. ⓗ명사(名士).

명-가수(名歌手) 圀 노래를 썩 잘하여 이름이 난 가수.

명-감독(名監督) 圀 능력이 뛰어나 이름이 난 감독.

명견(名犬) 圀 혈통이 썩 좋아 이름난 개.

명경-지수(明鏡止水) 圀 ['맑은 거울과 잔잔한 물'이라는 뜻] 아주 맑고 깨끗한 심경(心境)을 이르는 말.

명곡(名曲) 圀 썩 잘 지어 널리 이름이 난 곡. ¶~ 감상.

명곡-집(名曲集) [-찝] 圀 명곡의 악보를 가려 모은 책. 또는, 명곡을 가려 모은 레코드·테이프 따위.

명관¹(名官) 圀 유능하거나 훌륭하여 이름이 난 관리.

명관²(明官) 圀 선정(善政)을 하는 관리. ¶구관(舊官)이 ~이다.

명구(名句) [-꾸] 圀 훌륭한 내용을 담고 있어 널리 알려진 글귀. ⓗ동서고금의 ~.

명-금(命-) [-끔] 圀[민] 엄지손가락을 에워싸고 검지 쪽으로 뺀, 명의 길고 짧음을 나타내는 손금.

명기¹(名妓) 圀 풍류에 아주 뛰어나 이름이 난 기생. ¶~ 황진이.

명기²(名器) 圀 썩 잘 만들어 이름난 기물이나 기구(器具).

명기³(明記) 圀 (어떤 사실이나 내용을) 똑똑히 밝혀 적는 것. **명기-하다** ⓗ타짜.

명기-되다 ⓗ짜.

명년(明年) 圀 =내년.

명단(名單) 圀 일정한 양식에 따라 대상자들의 이름을 적은 문서. ¶합격자 ~.

명답(名答) 圀 썩 잘된 대답.

명당(明堂) 圀[민] 아주 좋은 묏자리나 집터. =명당자리.

명당-자리(明堂-) [-짜-] 圀[민] =명당.

명도¹(明度) 圀[미] 색의 3요소의 하나. 색의 밝고 어두운 정도. ▷색상·채도.

명도²(明渡) 圀[법] (건물·토지·선박 등을) 비우고 남에게 넘겨주는 것. **명도-하다** ⓗ타.

명도³(冥途) 圀 죽은 후에 간다는 영혼의 세계. =명부(冥府).

명도-전(明刀錢) 圀[역] 중국 춘추 전국 시대에 쓰였던 청동 화폐의 하나. 작은 칼 모양이며, '명도(明刀)'자 비슷한 글자가 새겨져 있음.

명란(明卵) [-난] 圀 명태의 알.

명란-젓(明卵-) [-난전] 圀 명태의 알로 담근 것.

명랑-하다(明朗-) [-낭-] ⓗ (사람이) 성격이 밝아 잘 웃고 즐겁게 지내는 태도가 있다. ¶**명랑한** 성격. **명랑-히** ⓑ

명령(命令) [-녕] 圀 **1** (윗사람이 아랫사람에게) 윗사람의 권위를 가지고, 또는 (어떤 사람이 다른 사람에게) 윗사람이 아랫사람에게 하듯이 (어떤 행동을) 하도록 말하는 것. ⓗ지시·분부·명(命)·영(令). ¶공격 ~. **2** [법] 대통령령·부령(部令) 등 행정 기관에서 제정하는 법령. **3** [컴] 컴퓨터에서 시동·정지·재생 등의 동작을 지시하는 일. 또는, 입출력 제어 장치에 실행할 입출력 동작을 지정하는 일. **명령-하다** ⓗ타짜.

명령-권(命令權) [-녕꿘] 圀 명령을 내릴 수 있는 권한. ¶~자(者).

명령-문(命令文) [-녕-] 圀[언] 화자(話者)가 청자(聽者)에게 자기의 의도대로 행동해 줄 것을 요구하는 문장. 명령형 종결 어미로 끝맺음.

명령-서(命令書) [-녕-] 圀 명령의 내용을 적은 문서.

명령-어(命令語) [-녕-] 圀[컴] 컴퓨터가 연산이나 작동을 하도록 명령하는 기계어. ¶도스 ~.

명령-조(命令調) [-녕쪼] 圀 명령하는 것 같은 말투.

명령-형(命令形) [-녕-] 圀[언] 동사의 활용형의 하나. 명령이나 요구의 뜻을 나타내는 종결 어미 '-아라/어라', '-게', '-오', '-ㅂ시오' 따위가 붙은 꼴임.

명료-하다(明瞭-) [-뇨-] ⓗ (의미나 내용 등이) 분명하고 똑똑하다. ¶직은이의 의도가 **명료하게** 나타나 있는 글. **명료-히** ⓑ

명륜-당(明倫堂) [-뉸-] 圀[역] 성균관 안에 있으며 유학(儒學)을 가르치는 곳.

명리(名利) [-니] 圀 개인적 명예와 세속적 이익. ¶~를 좇다.

명망(名望) 圀 어떤 사람이 이름이 알려져 존경과 신망을 받는 일. ¶~이 높다.

명망-가(名望家) 圀 명망이 높은 사람.

명맥(命脈) 圀 사물 현상이 없어지지 않고 존속하는 일을 비유적으로 이르는 말. ¶겨우 ~을 잇고 있는 전통문화.

명멸(明滅) 圀 **1** (많은 등불이나 빛 등이) 반복적으로 켜졌다 꺼졌다 하거나 밝아졌다 어두워졌다 하는 것. **2** (여러 대상들이) 성하며 일어났다가 쇠하여 없어져 가며 하는 것. 비유적인 말임. ¶수많은 정당이 ~을 거듭하였다. **명멸-하다** ⓗ짜. ⓗ휘황한 네온사인이 **명멸하는** 도시의 밤거리.

명명(命名) 圀 (어떤 대상을 무엇이라고 [으로]) 이름을 붙이는 것. **명명-하다** ⓗ타짜. ¶88올림픽 심벌마크를 '호돌이'라고 ~. **명명-되다** ⓗ짜.

명명-식(命名式) 圀 배·비행기 같은 것에 이름을 붙이면서 베푸는 의식.

명목(名目) 圀 형식상 표면에 내세우는 이름이나 구실. ¶~뿐인 회장.

명문¹(名文) 圀 썩 잘 지어 이름이 난 글.

명문²(名門) 圀 **1** 훌륭한 인물(들)이 나온, 이름 높은 가문. ⓗ명가(名家). ¶~ 가문의 후손. **2** 훌륭한 인물들을 많이 배출하거나 어느 방면에 뛰어난 전통이 있어, 이름이 높은 학교. =명문교. ¶야구의 ~.

명문³(明文) 圀 **1** 명백히 정해져 있는 조문(條文). **2** 사리가 명백하고 뜻이 분명한

글.
명문[4](銘文) [명] 금석(金石)·기물(器物) 등에 새겨 놓은 글. ▷금석 문자.
명문-거족(名門巨族) [명] 뼈대 있는 가문과 크게 번창한 집안.
명문-교(名門校) [명] =명문(名門)[2]2.
명문-대가(名門大家) [명] 훌륭한 문벌의 큰 집안.
명문-화(明文化) [명] **1** 법률의 조문(條文)에 명시하는 것. **2** 문서로 명확히 밝히는 것. **명문화-하다** [동][타][여] ¶규칙을 ~. **명문화-되다** [동][자]
명물(名物) [명] **1** 어느 곳에 특유하거나 이름난 사물. ¶천안의 ~ 호두과자. **2** 어느 집단 안에서 특이한 행동을 잘하여 그 구성원에게 잘 알려진 사람을 홀하게 이르는 말.
명민-하다(明敏-) [형][여] (사람이) 사리에 밝고 총명하다. ¶**명민한** 청년.
명반(明礬) [명][화] =백반[2].
명백-하다(明白-) [-배카-] [형][여] (어떤 일이나 사실이) 의문 또는 의심의 여지가 없이 분명하다. [비]확실하다. ¶**명백한** 증거. **명백-히** [부] ¶자기 의사를 ~ 밝혀라.
명복(冥福) [명] 죽은 뒤 저승에서 받는 복. ¶고인의 ~을 빌다.
명부[1](名簿) [명] 어떤 대상자들의 이름을 적은 장부. ¶선거인 ~.
명부[2](冥府) [명][불] =명도(冥途)[3].
명분(名分) [명] **1** 명의(名義)·신분에 따라 반드시 지켜야 할 도의상의 본분. ¶대의(大義)~. **2** 표면상의 이유나 구실. [비]명목. ¶내세울 ~이 없다.
명사[1](名士) [명] 훌륭하거나 어떤 일에 뛰어나 널리 이름이 난 사람. ¶이번 모임에는 각계각층의 ~들이 참석했다.
명사[2](名詞) [명][언] 품사의 하나. 사람이나 사물의 이름을 나타내는 단어. 고유 명사·보통 명사·자립 명사·의존 명사로 나뉨. '김유신', '하늘', '것' 따위. =이름씨.
명사-절(名詞節) [명][언] 명사의 구실을 하는 절. 절의 끝에 오는 서술어가 어미 '-ㅁ' 이나 '-기' 로 활용하거나, '-ㄴ', '-는', '-ㄹ' 로 활용한 뒤 의존 명사 '것' 을 취하여 이루어짐.
명사형 어미(名詞形語尾) [언] 문장에서 용언의 어간에 붙어 명사와 같은 기능을 수행하게 하는 어미. '-음', '-기' 따위.
명산(名山) [명] 산세가 빼어나거나 풍수지리적으로 훌륭하여 이름이 난 산.
명산-대찰(名山大刹) [명] 이름난 산과 큰 절. ¶~을 찾아 치성을 드리다.
명산-대천(名山大川) [명] 이름난 산과 큰 내.
명-산물(名產物) [명] 이름난 산물.
명-산지(名產地) [명] 이름난 산지. ¶전남 완도는 김의 ~이다.
명상(冥想·瞑想) [명] 눈을 감고 차분히 가라앉은 마음으로 깊이 생각하는 것. ¶~에 잠기다. **명상-하다** [동][자][타][여]
명색(名色) [명] 어떤 자격으로 그럴듯하게 불리는 이름. 또는, 허울만 좋은 이름. ¶~은 학자인데 연구 실적이 전혀 없다.
명색이 좋다 실속 없이 이름만 듣기 좋다. ¶**명색이 좋아** 여행이지 고생만 했다.
명석-하다(明晳-) [-서카-] [형][여] (사람의 두뇌가) 정확하고 빠르게 판단하는 힘을 가진 상태에 있다. ¶**명석한** 두뇌.
명성(名聲) [명] 세상에 널리 퍼져 평판 높은 이름. ¶~이 자자하다.
명성^황후(明成皇后) [명][인] 조선 고종의 비(妃)(1851~1895).
명세(明細) [명] 어떤 일의 분명하고 자세한 내용. [비]내역(內譯).
명세-서(明細書) [명] 어떤 일의 내용을 분명하고 자세하게 적은 문서. ¶거래 ~.
명소(名所) [명] 경치나 고적 등으로 이름난 곳. ¶내 고장의 ~.
명수[1](名手) [명] 솜씨나 소질이 아주 뛰어나 이름난 사람. [비]명인. ¶사격의 ~.
명수[2](名數) [-쑤] [명] 사람의 수효. [비]인원수.
명-수사(名數詞) [명][언] =단위성 의존 명사.
명승(名勝) [명] 빼어나 이름난 경치.
명승-고적(名勝古跡) [명] 훌륭한 경치와 역사적인 유적.
명-승부(名勝負) [명] 경기나 전투에서, 멋지고 훌륭한 승부. ¶월드컵 최고의 ~.
명승부-전(名勝負戰) [명] 사람들에게 오래오래 기억될 만큼 멋지고 훌륭한 승부를 보인 경기나 전투.
명승-지(名勝地) [명] 경치가 좋기로 이름난 곳.
명시[1](名詩) [명] 썩 잘 지어 이름난 시.
명시[2](明示) [명] (어떤 사실이나 내용을) 글 등에서 분명하게 나타내어 보이는 것. ↔암시. **명시-하다** [동][타][여] ¶계약서에 부대조건을 ~. **명시-되다** [동][자]
명시^거리(明視距離) [명][물] 눈이 피로를 느끼지 않고 가장 똑똑하게 물체를 볼 수 있는 거리. 건강한 눈은 25~30cm임.
명신(名臣) [명] 훌륭하여 이름난 신하.
명실(名實) [명] 겉으로 드러난 이름과 그 실제의 내용.
명실 공(共)히 겉으로나 실제의 내용에 있어서나 다 같이. ¶그 기업은 ~ 한국 제일의 수출 업체이다.
명실상부-하다(名實相符-) [형][여] 명성 또는 명분과 실제가 딱 들어맞아 어긋남이 없다. ¶**명실상부한** 제일인자.
명심(銘心) [명] (어떤 말이나 사실을) 잊지 않도록 마음에 깊이 새겨 두는 것. **명심-하다** [동][타][여] ¶내 말을 깊이 **명심해라**.
명아주 [명][식] 줄기는 1m가량 곧게 자라고, 여름에 황록색 꽃이 피는 한해살이 풀. 어린잎을 식용함.
명암(明暗) [명] **1** 밝음과 어두움. **2** 어떤 현상의 밝은 면과 어두운 면을 비유하여 이르는 말. ¶인생의 ~을 대비한 소설. **3** [미] 회화나 사진 따위에서, 색의 농담(濃淡)이나 밝기의 정도.
명약(名藥) [명] 효력이 뛰어나 소문난 약.
명약관화-하다(明若觀火-) [-관-] [형][여] (어떤 일이나 사실이) 불을 보듯 분명하고 뻔하다. ¶이대로만 간다면 우리의 승리는 **명약관화한** 일이다.
명언(名言) [명] 사리에 맞는 훌륭한 말. 또는, 사리에 맞거나 일깨움을 주어 세상에 널리 알려진 말.
명예(名譽) [명] **1** 훌륭하다고 인정되어 얻은 존엄이나 품위. **2** ((신분이나 지위를 나타내는 일부 명사 앞에 관형어적으로 쓰여)) 대상이 되는 사람의 공적을 기리거나 경의를 표하는 뜻에서, 실질적인 권한이나 자격 없이 상징적으로 수여하는 칭호. ¶~ 회장.

명예^교!수(名譽敎授)〖명〗대학에서 일정 연한을 교수로서 근무한 사람 또는 특히 학술상 공헌이 있었던 사람에게 퇴직 후에 주는 칭호.

명예-롭다(名譽-)[-따][형](<-로우니, ~로워) 명예로 여길 만하다. ¶명예로운 지위. 명예로이 [부]

명예-박사(名譽博士)[-싸]〖명〗학술·문화 기타 부문에 공적이 큰 사람에게, 학위 논문에 관계없이 주는 박사 칭호.

명예-스럽다(名譽-)[-따][형](<-스러우니, ~스러워) 명예로 여길 만한 데가 있다. 명예스레 [부]

명예-시민(名譽市民)〖명〗법적 시민은 아니나 시의 발전에 크게 이바지한 사람에게 시에서 주는 시민의 칭호.

명예-심(名譽心)〖명〗명예를 얻으려는 마음. 또는 명예를 중요시하는 마음.

명예-욕(名譽慾)〖명〗명예를 얻으려는 욕심. ¶~이 강하다.

명예의 전!당(名譽-殿堂) 어떤 분야에서 뛰어난 공을 세운 사람들을 기리기 위해 세운 기념관. ¶영화인들의 ~.

명예^제대(名譽除隊)〖명〗〖군〗전투 중에 부상당하거나 평시에 임무를 수행하다가 부상당하여서 하는 제대. ¶불명예 제대.

명예-직(名譽職)〖명〗봉급을 받지 않고 명예로 있는 직책. 또는, 그 직책에 있는 사람. ▷유급직.

명예-퇴직(名譽退職)[-퇴/-뛔-]〖명〗〖법〗정년을 며칠 앞둔 공무원이나 일반 근로자가 정년이 되기 전에 자진하여 퇴직하는 일. ⓒ명퇴.

명예-혁명(名譽革命)[-평-]〖명〗〖역〗영국의 시민 혁명(1688~1689). 영국 의회가 입헌 왕정을 수립한 혁명으로, 유혈(流血) 사태가 없었기 때문에 붙은 이름.

명왕^성(冥王星)〖명〗〖천〗태양계의 왜소 행성. 1930년에 발견되었고, 공전 주기는 248.534년임.

명!운(命運)〖명〗=운명(運命)¹.

명월(明月)〖명〗1 밝은 달. 2 =보름달.

명의(名義)〖명〗1 명분과 의리. 2 어떤 일에 공식적으로 내세우는, 개인 또는 기관의 이름. ¶아내 ~로 된 집.

명의(名醫)〖명〗병을 썩 잘 고쳐 이름이 난 의사.

명인(名人)〖명〗어떤 분야(특히, 바둑·예능)에 뛰어나 이름난 사람. ㉑명수(名手). ¶대금의 ~.

명일¹(名日)〖명〗명절과 국경일의 총칭.

명일²(明日)〖명〗=내일 11.

명:-자리(命-)〖명〗=급소 1.

명작(名作)〖명〗내용이 훌륭하여 이름이 난 작품. ¶세계 ~/불후의 ~.

명장¹(名匠)〖명〗훌륭하여 이름난 장인.

명장²(名將)〖명〗훌륭하여 이름난 장수.

명-장면(名場面)〖명〗영화나 연극의 아주 훌륭한 장면.

명저(名著)〖명〗훌륭하여 이름난 저서.

명절(名節)〖명〗계절적·민속적 요소에 따라 우리 민족이 전통적으로 지키어 즐기는 날. 설날·추석 따위. ¶~을 쇠다.

명절-날(名節-)[-랄]〖명〗명절인 날.

명정(銘旌)〖명〗죽은 사람의 관직이나 성씨 등을 적어 관에 상여 앞에 들고 가는 긴 기.

명!제(命題)〖명〗〖논〗어떤 주장을 가진 하나의 판단 내용을 언어나 기호 등으로 나타낸 것.

명조(明朝)〖명〗='명조체'의 준말.

명조-체(明朝體)〖명〗〖출〗중국 명나라 때 유행한 해서체의 특징을 바탕으로 하여 만든 인쇄 서체. 내리긋는 획의 첫 부분은 꺾어 있고 끝 부분은 송곳 모양의, 책·신문 등의 본문에 널리 쓰임. ⓒ명조.

명주(明紬)〖명〗명주실로 무늬 없이 짠 피륙. ㉑-저고리.

명주-실(明紬-)〖명〗누에고치에서 뽑은 가늘고 고운 실. ㉑견사(絹絲).

명주-잠자리(明紬-)〖명〗잠자리와 비슷하며, 몸길이는 약 3.5cm, 앞날개는 투명하고 그물 모양의 맥이 있는 곤충. 애벌레는 '개미귀신'이라고 함.

명:-줄(命-)[-쭐]〖명〗'수명(壽命)1'을 속되게 이르는 말. ¶~이 길다.

명:중(命中)〖명〗(쏘거나 던진 화살·탄알·돌 따위가 목표물에 겨냥) 정확하게 맞거나 맞히는 것. 명:중-하다[㉕㉞㉗]¶화살이 과녁에 ~. 명:중-되다 [㉞]

명증(明證)〖명〗명백하게 증명하는 것. 또는, 명백한 증거. 명증-하다 [㉕㉞] 명증-되다 [㉞]

명징-하다(明澄-)[형㉔] (글이나 논리 등이) 모호한 데가 없이 분명하다. ¶간결하면서도 명징한 문장.

명차(名車)〖명〗품질이 좋은 이름난 자동차.

명찰¹(名札)〖명〗=이름표.

명찰²(名刹)〖명〗유서가 깊거나 주변 경관이 좋거나 하여 이름난 절.

명창(名唱)〖명〗창을 썩 잘하여 이름난 사람. 또는, 그가 부르는 창. ¶판소리의 ~.

명철-하다(明哲-)〖형㉔〗총명하고 사리에 밝다. ¶명철한 판단. 명철-히 [부]

명!치(明-)〖명〗〖생〗인체의 가슴과 배의 경계인 한가운데에 우묵하게 들어간 곳.

명치-끝[-끋]〖명〗명치뼈의 아래쪽.

명치 유신(明治維新)〖명〗=메이지 유신.

명칭(名稱)〖명〗사물을 부르는 이름.

명-콤비(名←combination)〖명〗호흡이 아주 잘 맞는 짝. ¶두 코미디언은 ~다.

명쾌-하다(明快-)〖형㉔〗(말이나 글의 조리가) 명백하여 시원스럽다. ¶그의 대답은 **명쾌했다.** 2 명랑하고 쾌활하다. ¶명쾌한 기분. 명쾌-히 [부]

명태(明太)〖명〗〖동〗몸길이 40~60cm로, 대구와 비슷하나 더 홀쭉하고 긴 바닷물고기. 말린 것을 '북어'라고 함.

명-토(名-)〖명〗누구 또는 무엇이라고 구체적으로 하는 지적. ¶~를 박다.

명퇴(名退)[-퇴/-뛔]〖명〗='명예퇴직'의 준말.

명패(名牌)〖명〗나무나 금속 등에 이름·직위를 쓰거나 새겨서 책상 위에 놓아두는, 삼각기둥 모양의 물건.

명품(名品)〖명〗훌륭하여 이름이 난 물품이나 작품.

명필(名筆)〖명〗썩 잘 써서 이름이 난 글씨. 2 =명필가.

명필-가(名筆家)〖명〗글씨를 썩 잘 써서 이름이 난 사람. =명필.

명!-하다(命-)〖㉕〗1 (윗사람이 아랫사람에게 어떤 행동을) 하도록 말하다. ㉕명령하다. ¶장군은 병사들에게 후퇴를 **명하였다.** 2 (어떤 사람을 어떤 직위로) 자격을 가지게 하다. ㉕임명하다. ¶김득배 계장을 총무과장으로 **명함.**

명함(名銜)【명】1 성명·근무처·직위·전화번호 등을 인쇄한 조그마한 종이. 2 '남의 이름'을 높여 부르는 말. 비함.
　명함도 못 들이다 상대방의 수준·정도 등이 월등히 뛰어나 감히 상대하려고 나서지 못하다.
　명함을 내밀다 존재를 드러내어 보이다.
명함-판(名銜判)【명】 크기가 명함만 한 사진판. 길이 8.3cm, 너비 5.4cm쯤 됨.
명화(名畫)【명】썩 잘 그려지거나 많이 알려져 이름이 난 그림이나 영화. ¶~집(集).
명화(明畫)[一화/一콰]【명】(어떤 일이나 사실 등이) 분명하고 확실하다. **명확한 발음. 명확-히**【부】¶권한과 책임의 한계를 ~ 하다.
몇【면】I〖수〗1 말하는 사람이 물건이나 사람에 관련된 수 또는 수효를 모를 때, 그 수나 수효를 묻는 말. 2 사람이나 사물의 수효를 뚜렷이 밝히지 않고 그 수효가 서너 или 네댓 정도의 약간임을 나타내는 말. 3 대상의 수나 수효를 특별히 한정하지 않음을 나타내는 말.
　II【관】1 말하는 사람이 모르는 사물의 수효를 묻는 말. 2 사물의 수효를 뚜렷이 밝히지 않고 서너 혹은 네댓 정도의 약간임을 나타내는 말. ¶책 ~ 권을 샀다. 3 대상의 수효를 특별히 한정하지 않음을 나타내는 말. ¶~ 사람이라도 좋다.
몇-몇[면멷] I〖수〗사람이나 사물의 수효가 서너 또는 네댓 정도이되, 전체가 아닌 일부의 것임을 나타낸다.
　II【관】¶~ 친구.
몇몇-이[면—] I〖수〗'몇몇 사람'을 이르는 말.
　II【부】몇몇 사람이 함께. ¶뜻이 맞는 사람 ~ 여행을 떠났다.
몇-이 I〖수〗'몇 사람'을 이르는 말.
　II【부】몇 사람이 함께. ¶그들 ~ 식사를 하고 있었다.
몇 일 '며칠'의 잘못.
모[1]【명】1 옮겨심기 위하여 가꾸어 기른 벼의 싹. ¶~내기. 2 ＝모종[1].
모[2]【명】윷놀이에서, 윷 네 개가 모두 엎어진 상태. 말이 다섯 말을 가게 됨.
모[3]【명】[1](사물의 거센 선, 면과 면이 만나는 곳의 바깥쪽 부분. 2 구석이나 모퉁이. 3 사물의 어떤 측면이나 각도. ¶여러 ~로 살펴보다. 4 성질이 까다로워 남과 어울리기가 나는 점. ¶사람~가 나지 않고 둥글둥글하다. 5 두부나 묵 등을 네모지게 잘라 놓은 것. ¶~가 크다. [2]〖의존〗두부나 묵 등을 세는 말. ¶두부 한 ~.
모[4](母)【명】동물의 털을 깎아 만든 섬유.
모[5](母)【명】1 '어머니'의 기록에서의 문어적 칭호. ↔부(父). 2 (주로 사람 이름이나 2인칭 대명사 다음에 쓰이어) 그 사람의 어머니임을 나타낸다. ¶철순이 ~.
모[6](某)【대】〖인칭〗성(姓) 다음에 쓰이어) 사람의 이름을 구체적으로 밝히기를 꺼리거나, 그 이름이 확실하지 않을 때 그 대신으로 이르는 말. 비아무·아무개. ¶경찰은 용의자로 김 ~ 씨를 수배하고 있다.
　[2] 사람이나 단체 등의 이름을 구체적으로 밝히거나 그 이름이 확실하지 않을 때, 직업명이나 단체의 종류명 등의 앞에 붙는 말. ¶~ 회사.
-모[7]{帽}【접미】명사 다음에 붙어, '모자'의 뜻을 나타낸다. ¶학생~ / 등산~.
모가디슈(Mogadishu)【지】소말리아의 수도.
모가비【명】막벌이꾼·광대 등과 같은 낮은 패의 우두머리.
모가지【명】1 '목'을 비속하게 이르는 말. 2 '해고', '파면' 등을 속되게 이르는 말. ¶상사에게 대들다니 당장 ~야.
　모가지를 자르다 '해고하다'를 속되게 이르는 말.
모갯-돈[一갣똔/一갣똔]【명】액수가 많은 돈. 또는, 모개로 된 돈. 비목돈. ¶~을 헐어 쓰다. ↔푼돈.
모:계(母系)[一게/一계]【명】어머니 쪽의 계통. ¶~ 사회. ↔부계(父系).
모골(毛骨)【명】터럭과 뼈.
　모골이 송연(悚然)**하다** 끔찍스러워서 몸이 으쓱하며 털끝이 쭈뼛해지다.
모공(毛孔)【명】＝털구멍.
모!과(木*瓜)【명】['목'의 본음은 '목'] 모과나무의 열매.
모!과-나무(木*瓜—)【명】【식】봄에 연붉은 꽃이 피며, 가을에 길이 좀 울퉁불퉁한 타원형의 열매가 노랗게 익는 낙엽 활엽 교목. 열매는 향기로워 차나 술을 만듦.
모관(毛冠)【명】더부룩한 털로 된 새의 벗.
모:교(母校)【명】자기가 배우고 졸업한 학교. 또는, 자기가 다니고 있는 학교.
모:국(母國)【명】조상 때부터 살아오고 자기가 태어났으나 현재는 그 국적에 속해 있지 않은 나라. 비고국·조국. ¶해외 동포의 ~ 방문.
모:국-어(母國語)【명】자기 나라의 말. 특히, 외국에 살고 있는 교포가 모국의 말을 이르는 말.
모굴(mogul)【체】프리스타일 스키의 한 종목. 울퉁불퉁한 급경사면을 스키로 활강하여 스피드, 연기의 난이도와 정확성 등을 겨루는 경기.
모:권(母權)[一꿘]【명】1 원시 가족 제도에서, 어머니가 가장(家長)으로서 가족을 지배하던 권한. ¶~ 사회. 2【법】어머니가 가지는 친권. ¶~ 보호. ↔부권.
모근(毛根)【명】【생】털이 피부에 박힌 부분.
모금[1]〖의존〗액체나 기체를 한 번 입에 머금는 분량. ¶물 한 ~.
모금[2](募金)【명】기부금 따위를 모으는 것. ¶~ 운동. **모금-하다**【자】¶불우 이웃을 위해 성금을 ~. **모금-되다**【자】
모기【동】몸길이 5~6mm로 다리가 가늘고 길며, 길고 뾰족한 주둥이로 사람이나 가축의 피를 빨아 먹는 곤충의 총칭. 말라리아·일본 뇌염을 옮김.
　[**모기도 낯짝이 있지**] 염치없고 뻔뻔스럽다는 말. [**모기 보고 칼 빼기**] 대수롭지 않은 일에 지나치게 화를 내며 덤비거나 지나치게 큰 제응을 씀을 비유한 말. '견문발검(見蚊拔劍)'과 같은 말.
모-기둥[건]【명】모가 난 기둥. ↔두리기둥.
모:기-약(—藥)【명】모기를 잡거나 쫓는 데에 쓰는 약.
모기-장(—帳)【명】모기를 막으려고 치는 장막.
모기지^론(mortgage loan)【명】【경】주택을 담보로 금융 기관이 장기로 주택 구입 자금을 대출해 주는 제도. 금융 기관은 주택 저당 증권을 팔아 대출 자금을 회수함.
모:기-향(—香)【명】독한 연기로 모기를 쫓기 위하여 피우는 향.
모깃-불[—기뿔/—긷뿔]【명】모기를 쫓기

위하여 풀 따위를 태워 연기를 내는 불.
모-나다 憲 1 물체의 표면에 모가 있다. ¶모난 바위. 2 말이나 짓이 원만하지 못하고 까다롭다. ¶모난 성격.
[모난 돌이 정 맞는다] ㉠모나게 굴면 당연히 남의 욕을 먹게 된다. ㉡두각을 나타내는 사람은 남에게 미움을 받기 쉽다.
모나드(monad) 圓철 넓이나 형체는 가지고 있지 않으며, 무엇으로도 나눌 수 없는 궁극적인 실체. =단자(單子).
모나리자(Mona Lisa) 圓고 1500년경 이탈리아의 화가 레오나르도 다빈치가 그린 여인상. 신비스러운 미소를 담은 그림으로 유명함.
모나코(Monaco) 圓지 1 프랑스의 남동쪽 지중해 연안에 있는 공국(公國). 2 1의 수도.
모-내기 圓 볏모를 못자리에서 논으로 옮겨 심는 일. =모심기. **모내기-하다** 통(재)
모-내다 통(재) 모를 못자리에서 논으로 옮겨 심다.
모네, 클로드(Monet, Claude) 圓인 프랑스의 화가(1840~1926).
모¹녀-간(母女間) 圓 어머니와 딸을 동시에 이르는 말. ↔부자(父子).
모²녀-간(母女間) 圓 어머니와 딸 사이.
모노-드라마(monodrama) 圓연 한 사람의 배우가 단독으로 상연하는 극. =일인극(一人劇).
모노-크롬(monochrome) 圓 흑백으로 된 사진이나 영화.
모눈-종이 圓 일정한 간격으로 여러 개의 세로줄과 가로줄을 그린 종이. =방안지.
모니터(monitor) 圓 1 방송국·신문사나 일반 회사의 의뢰로 방송 내용이나 기사 또는 제품의 내용이나 품질 등에 대하여 의견을 내거나 평을 하는 사람. 2 라디오·텔레비전의 방송 상태나 전신·전화의 통신 상태를 감시·감독하는 사람. 또는 그런 장치. 3 컴 출력 정보를 문자나 그림으로 보여 주는 영상 표시 장치.
모니터링(monitoring) 圓 방송국·신문사나 일반 회사 등의 의뢰를 받고 방송 내용이나 기사, 또는 제품의 내용이나 효과 등에 대한 의견을 제출하는 일.
모닝-커피(morning coffee) 圓 아침, 특히 식사 전에 마시는 커피.
모닝-콜(morning call) 圓 호텔 등에서 투숙객이 원하는 시간에 전화벨을 울려 투숙객을 깨워 주는 서비스.
모닥-불[-뿔] 圓 잎나무나 검불 따위를 모아 놓고 피우는 불.
모더니스트(modernist) 圓 현대적인 감각이나 가치를 좇는 사람.
모더니즘(modernism) 圓예 1920년대에 일어난, 근대적 감각을 중시한 예술상의 여러 경향. ≒근대주의.
모던-하다(modern-) 톙여 '현대적이다'로 순화. **모던한** 차림.
모데라토(⑩moderato) 圓음 악곡의 속도를 지시하는 말로, '보통 빠르기로'의 뜻.
모델(model) 圓 1 모형이나 본보기. 2 미 회화·조각·사진 등의 제작에 대상이 되는 인물. ¶누드-. 3 문 문학 작품의 소재가 되는 실제의 인물. 4 '패션모델'의 준말. 5 성능·디자인 등에 따라 구별한 제품의 종류. ¶구~ / ~명.

모델링(modelling) 圓미 그림이나 조각에서, 실체감을 나타내는 일.
모델-케이스(model case) 圓 본보기가 되는 사례.
모델^하우스(model house) 圓 아파트 등을 건축할 때, 살 사람에게 견본으로 보이기 위해 실제와 똑같게 지어 놓은 집.
모뎀(modem) 圓컴 전화선을 통해 컴퓨터가 정보를 전송할 수 있게 해 주는 통신 장치.
모독(冒瀆) 圓 (어떤 존재를) 권위나 명예나 위신 등을 더럽혀 욕되게 하는 것. **모독-하다** 통(타여) ¶조상을 ~.
모두 Ⅰ 뷔 어떤 범위에 드는 대상을 제외하지 않고 다, 또는, 전체의 수효나 양을 합하여. 倒공히. ¶~ 참석하시오. Ⅱ 圓 제외함이 없는 전체.
모둠[교] 초·중등학교에서, 효율적인 학습이나 특별 활동 등을 위해 학생들을 몇 명씩 모아 만든 작은 집단.
모둠-발 圓 뛰거나 할 때, 두 발을 가지런히 모아 붙이고 함께 움직이는 상태.
모둠-회(-膾) 圓 여러 종류의 생선회를 한 접시에 모아 담은 요리.
모드¹(mode) 圓 유행. 또는, 유행의 복식(服飾). ¶여성들의 새로운 ~.
모드²(mode) 圓컴 특정한 작업을 할 수 있는 어떤 상태. 예를 들어, 키보드에서 한글 모드란 한글을 사용할 수 있는 상태를 이름.
모:든 어떤 범위에서 제외함이 없는 전부의. ¶~ 사람.
모딜리아니, 아메데오(Modigliani, Amedeo) 圓인 이탈리아의 화가(1884~1920).
모라토리엄(moratorium) 圓경 전쟁·지진·경제 공황·화폐 개혁같이 한 나라 전체나 어느 특정 지역에 긴급 사태가 발생한 경우에 국가 권력의 발동에 의해 일정 기간 금전 채무의 이행을 연장시키는 일.
모락-모락[-랑-] 뷔 연기·김·냄새 따위가 조금씩 떠오르는 모양. ¶김이 ~ 나다. 囹무럭무럭.
모란(牡丹) 圓 ['丹'의 본음은 '단'] 식 잎이 크며, 5월에 붉은색 또는 흰색의 큰 꽃이 피는 낙엽 활엽 관목. 관상용으로 재배함. =목단.
모란-꽃(牡丹^-)[-꼳] 圓 모란의 꽃.
모래 圓 돌이 부스러져 이루어진, 일반적으로 좁쌀보다 작으며 한데 엉기는 힘이 없는 알갱이 상태의 물질.
[모래 위에 쌓은 성] 기초가 튼튼하지 못하여 오래 견디지 못할 일이나 물건.
모래-땅 圓 모래흙으로 된 땅. =사지.
모래-무지 圓(동) 강바닥의 모래땅에서 살며, 몸이 길이 15cm가량의 가늘고 긴 원통 모양으로, 입술에 돌기가 많고 한 쌍의 수염이 있는 민물고기.
모래-밭[-받] 圓 1 모래가 덮여 있는 곳. ¶바닷가 ~. 2 흙에 모래가 많이 섞인 밭.
모래-사장(-沙場) 圓 강가나 바닷가의 넓은 모래 벌판. 倒모래톱.
모래-성(-城) 圓 1 모래로 성처럼 쌓은 더미. 2 기초나 오랜 노력 없이 이루어져 쉽게 허물어지는 대상의 비유.
모래-시계(-時計)[-계/-게] 圓 가운데가 잘록한 호리병 모양의 유리그릇 위쪽에 모래를 넣고, 작은 구멍을 통하여 모래가 아래로 조금씩 떨어지게 하여 그 떨어지는 모래의 양으로 시간을 재는 장치.
모래-알 명 모래의 낱개.
모래-주머니 명 [동] 조류(鳥類)의 위(胃)의 한 부분. 먹은 것을 으깨어 부수는 작용을 함.
모래-찜질 명 찜질의 하나. 여름에 뜨거운 모래에 몸을 묻고 땀을 내는 일.
모래-톱 명 강가나 바닷가에 모래가 밀려와 넓고 평평하게 쌓인 곳. 비모래사장.
모래-판 명 1 모래가 많이 깔린 편편한 များ. ¶~에서 뒹굴다. 2 '씨름판' 또는 '씨름계'의 뜻. ¶~의 새 왕者.
모래-펄 명 모래가 덮인 갯벌.
모래-흙[-흑] 명 모래가 많이 섞인 흙. =사토(沙土).
모략(謀略) 명 일을 꾸미어 남을 해치거나 속이고자 하는 것. 또는, 그 계략. ¶중상 ~. **모략-하다** 타여
모럴(moral) 명 행위의 옳고 그름의 구분에 관한 태도. 또는, 인간이나 사회에 대한 정신적 태도. 흔히, 윤리·도덕 등으로 번역됨. ¶새로운 ~을 추구한 소설.
모럴리스트(moralist) 명 도덕을 실천하는 사람. 또는, 도덕주의자.
모럴^해저드(moral hazard) 명 =도덕적 해이.
모:레 명 내일의 다음 날. 비내일모레.
모:로 튀 1 비껴서. 또는, 대각선으로. 2 옆의 방향으로. ¶~ 눕다.
[모로 가도 서울만 가면 된다] 어떤 수단과 방법을 쓰든지 목적만 이루면 된다.
모로니(Moroni) 명[지] 코모로의 수도.
모로코(Morocco) 명[지] 아프리카 서북부에 있는 입헌 군주국. 수도는 라바트.
모롱이 명 산모퉁이의 휘어 둘린 곳. ¶산 ~.
모:루 명[공] 대장간에서 달군 쇠를 올려놓고 두드릴 때 받침으로 쓰는 쇳덩이.
모르다 태(르) <모르니, 몰라> 1 (사실이나 대상을) 알지 못하다. 또는, 깨닫거나 이해하지 못하다. ¶밖에 모르는 사람이 찾아왔다. 2 (명사나 '-ㄹ/을 줄' 다음에 쓰여) (어떤 대상이나 일을) 다루거나 행할 능력을 가지지 못하다. ¶그는 영어를 모른다. 3 어떤 일에 대하여 의식하지 않거나 관심을 가지지 않다. ¶너희가 무슨 짓을 하든 나는 모르는 일이다. ↔알다. 4 (사람이 어떤 현상이나 일을) 결코 겪거나 느끼지 않다. ¶고생을 모르고 자라다. 5 (명사나 '-ㄹ/을 줄' 다음에 쓰여) (사람이 어떤 일을) 결코 하지 않거나 염두에 두지 않는 태도를 가지다. ¶그는 남을 욕할 줄 모른다. 6 (명사나 '-ㄹ/을 줄' 다음에 쓰여) (사물이 어떤 현상이나 작용을) 결코 일으키거나 이루지 않는 특성을 가지다. ¶심한 가뭄에도 고갈을 모르는 샘물. 7 ('…밖에 모르다'의 꼴로 쓰여) '…만 관심을 가지거나 중요하게 여기다'의 뜻을 나타내는 말. ¶공부밖에 모르는 책벌레. 8 (어미 '-ㄹ지', '-ㄴ지' 아래에 쓰여) '그럴 것 같다'는 뜻으로, 불확실한 사실에 대한 짐작이나 우려 등을 나타내는 말. ¶천쟁이 날지도 모른다. 9 ('얼마나 (어찌나) ……-ㄴ지/는지/은지 모르다'의 꼴로 쓰여) 매우 그러하다, 또는 지나치게 그러하다의 뜻으로 이르는 말. ¶나는 얼마나 행복한지 모른다.
[모르면 약이요 아는 게 병] 전혀 모르면 차라리 마음이 편하나 조금 알고 있는 것은 걱정거리만 된다는 말.
모르면 몰라도 꼭 단정하고 말할 수는 없지만 십중팔구는. ¶~ 그 사람은 백만장자일 것이다.
모르모트(←marmotte) 명[동] '기니피그'의 속칭.
모르몬-교(Mormon敎) 명[기] '말일 성도 예수 그리스도 교회'의 통칭. 1830년에 미국의 스미스(J. Smith)가 창립함.
모:르-쇠[-쇠/-쉐] 명 아는 것이나 모르는 것이나 다 모른다고만 하는 일. 또는, 그런 태도. ¶~로 일관하다.
모르타르(mortar) 명[건] 시멘트와 모래를 섞어서 물에 갠 것. 벽돌·블록·석재를 접합하는 데 쓰임.
모르핀(morphine) 명[약] 마약의 하나로, 아편의 주성분인 알칼로이드. 마취제 또는 진통제로 쓰임.
모름지기 튀 사리나 도리에 비추어 반드시. 비마땅히. ¶사람은 ~ 부모의 은혜에 감사할 줄 알아야 한다.
모리-배(謀利輩) 명 옳지 못한 방법으로 자기의 이익만을 취하는 사람. 또는, 그런 사람의 무리. ¶정상(政商) ~.
모리셔스(Mauritius) 명[지] 인도양 남서부, 마다가스카르 섬의 동쪽에 있는 입헌 왕국. 수도는 포트루이스.
모리타니(Mauritanie) 명[지] 아프리카 서북부에 있는 공화국. 수도는 누악쇼트.
모멘트(moment) 명 어떤 일을 일으키는 기회. ¶그 일이 성공의 ~가 되었다.
모면(謀免) 명 (화·위기·책임·처벌 등을) 꾀를 쓰거나 운 좋게 벗어나는 것. **모면-하다** 태여 ¶위기를 ~.
모:멸(侮蔑) 명 (사람을) 업신여겨 깔보는 것. **모:멸-하다** 태여
모:멸-감(侮蔑感) 명 모멸을 당하는 느낌. ¶그의 무례한 말투에 ~을 느끼다.
모모(某某) Ⅰ명[인칭] 여러 사람이나 단체 등의 이름이 확실치 않거나 이름을 구체적으로 밝히지 않으려고 할 때 그 대신으로 쓰는 말. 비아무아무. ¶학 ~ 변호사. Ⅱ관 ¶~ 인사(人士) ~ 기업체.
모밀 명[식] '메밀'의 잘못.
모바일^뱅킹(mobile banking) 명 휴대 전화로 잔액 조회, 계좌 이체, 주식 매매 등 각종 금융 거래 서비스를 이용하는 일.
모반(謀叛·謀反) 명 왕실이나 정부를 뒤엎고 정권을 잡으려고 꾀하는 것. 또는, 자기 나라를 배반하고 다른 나라를 좇고자 꾀하는 것. **모반-하다** 탄사여태
모발(毛髮) 명 사람의 머리털.
모발^습도계(毛髮濕度計)[-도계/-도게] 명[물] 습도에 따라 신축(伸縮)하는 모발의 성질을 이용하여 만든 습도계.
모방[1](模倣·摸倣·摹倣) 명 (다른 것을) 본떠 본받는 것. ¶~작. **모방-하다** 탄여 ¶타사(他社)의 것을 모방한 제품.
모방[2], 피에르 필리베르(Maubant, Pierre Philibert) 명[인] 우리나라에 최초로 들어온, 프랑스의 천주교 신부(1803∼1839).
모범(模範) 명 어떤 대상이나 사람의 말과 행동이 따르고 좇을 만큼 흘륭하거나 틈이 없는 상태. 비본·본보기. ¶타(他)의 ~이 되다.
모범-생(模範生) 명 모범이 될 만한 학생.
모범-수(模範囚) 명 교도소의 규칙을 잘 지켜 다른 죄수의 모범이 되는 죄수.
모범-적(模範的) 명 모범이 될 만한

(것). ¶~ 사례.
모범-택시(模範taxi) 圏 일반 택시보다 시설이 좋고 질 높은 서비스를 제공하는 택시. 일반 택시보다 요금이 비쌈.
모본-단(模本緞) 圏 비단의 하나. 정밀하고 윤이 나며 무늬가 아름다움.
모브-신(몹신) 圏 '몹신'의 잘못.
모빌(mobile) 圏[미] 가느다란 철사·실 등으로 여러 가지 모양의 쇳조각이나 나뭇조각을 매달아 미묘한 균형을 이루게 한, 움직이는 조각.
모사¹(毛絲) 圏=털실.
모사²(模寫) 圏 1 (어떤 그림을) 본떠 그대로 그리는 것. 또는, 그런 그림. 2 (어떤 대상을) 흉내 내어 그대로 나타내는 것. ¶성대 ~. **모사-하다** 퇀(비)(여)
모사³(謀士) 圏 1 꾀를 내어 일이 잘 이루어지게 하는 사람. 2 남을 도와 꾀를 내는 사람. =책사(策士).
모래 圏 아주 잘고 고운 모래.
모색(摸索) 圏 (좋은 방법이나 돌파구를) 이리저리 생각하여 찾는 것. **모색-하다** 퇀(비)(여) ¶타개책을 ~. **모색-되다** 퇀(비)(여)
모서리 圏 1 물체의 모가 진 가장자리. ¶책상 ~. 2 [수] 다면체에서 각 면의 경계를 이루고 있는 선분.
모선(母船) 圏 어떤 작업의 중심체가 되는 배. 특히, 원양 어업에서 부속 어선을 거느리고 어획물을 처리·냉동하는 큰 배.
모:성(母性) 圏 여성이 어머니로서 가지는 본능이나 성질. ¶~ 본능. ↔부성(父性).
모:성-애(母性愛) 圏 자식에 대한 어머니의 본능적인 사랑. ↔부성애.
모세(←Moses) 圏[성] 고대 이스라엘의 민족 지도자. 이집트에서 노예 생활을 하던 이스라엘 민족을 해방시킴.
모세-관(毛細管) 圏 털과 같이 가는 다란 관. 2 [생] '모세 혈관'의 준말.
모세관^현¦상(毛細管現象) 圏[생] 가는 유리관을 액체 속에 넣었을 때, 관 속의 액면(液面)이 관 밖의 액면보다 높아지거나 낮아지는 현상.
모세^혈관(毛細血管) 圏[생] 폐쇄 혈관계에서, 동맥에서 정맥으로 이어지는 부위에 그물 모양으로 퍼져 있는 가는 혈관. =실핏줄. ☞모세관.
모션(motion) 圏 어떤 행동, 특히 운동 등을 할 때의 몸의 자세나 움직임. ¶번트 ~을 취하다.
모션^캡처(motion capture) 圏[컴] 몸의 각 부위에 센서를 단 뒤 사람·동물의 동작을 컴퓨터 데이터로 저장하는 일. 또는, 그 데이터를 캐릭터에 넣어 3차원 그래픽으로 나타내는 일.
모순(矛盾) 圏 1 [중국 초나라 상인이 창 (矛)과 방패(盾)를 팔면서, 어떤 방패로도 막지 못할 창이요, 어떤 창으로도 뚫지 못할 방패라고 했다는 고사에서] 어떤 말이 논리적으로 앞뒤가 맞지 않는 상태. 2 [논] 두 가지의 판단이 양립하지 않는 것. 예를 들면 '고양이는 동물이지만 고양이는 동물이 아니다.'라는 따위. **모순-되다** 퇀(비) ¶모순된 논리.
모술(Mosul) 圏[지] 이라크 북부의 상업 도시.
모숨 圏(의존) 벼의 모나 풀 따위의 분량을 헤아리는 단위의 하나. 한 손에 쥘 만한 분량을 모숨이라고 함. ¶담배 한 ~.

모스, 새뮤얼 핀리 브리즈(Morse, Samuel Finley Breese) 圏[인] 미국의 발명가 (1791~1872).
모스^부¦호(Morse符號) 圏 점과 선을 배합하여 문자·기호를 나타내는 전신 부호.
모스크(mosque) 圏[종]=성원(聖院).
모스크바(Moskva) 圏[지] 러시아의 수도.
모슬렘(Moslem) 圏=이슬람교도.
모슬린(←㉯mousseline) 圏 소모사를 써서 평직으로 얇고 보드랍게 짠 모직물.
모습 圏 1 어떤 표정이나 인상을 나타내는 얼굴 모양. 또는, 무엇을 하고 있는 사람이나 동물의 모양. ¶웃는 ~. 2 어떤 상태에 있는 사물의, 겉으로 드러난 모양. ¶한산한 거리 ~. 3 사물의 자취나 흔적. ¶그날 이후로 그는 ~을 감추었다.
모시¹ 圏 모시풀 껍질의 섬유로 짠 피륙.
모:시²(某時) 圏 아무 때.
모:시다 퇀(비) 1 (윗사람을) 곁에서 정성껏 보살피거나 받들다. 또는, (윗사람을) 모시면서 곁에서 함께 지내다. ¶섬기다. ¶귀한 손님이니까 잘 **모셔라**. 2 (윗사람이나 존귀한 인물을 일정한 곳으로) 가시거나 오도록 곁에서 받들어 안내하다. ¶손님을 응접실로 ~. 3 (어떤 사람을 높은 지위나 직책으로) 곁에서 받들어 있게 하다. ¶선생님을 저희 회사 사장님으로 **모시고** 싶습니다. 4 (웃어른의 위패나 시신, 존귀한 물건 등을 어느 곳에) 삼가 있게 하다. (비)안치하다. ¶가불 잘 **모셔** 두다. 5 (제사 따위를) 공경하는 마음으로 받들어 하다. (비)올리다. ¶조상의 제사를 ~.
모시-조개 圏=가무락조개.
모시-풀 圏[식] 줄기의 껍질에서 섬유를 얻기 위해 재배하는 여러해살이풀. 줄기에서 얻은 섬유로 여름 옷감인 '모시'를 짬. =저마(苧麻).
모식-도(模式圖) 圏 [~도] 사물의 구조나 원리를 쉽게 알 수 있도록 핵심적 특징만을 간략하게 나타낸 그림.
모심-기[-끼] 圏=모내기. **모심기-하다** 퇀(자)(여)
모양(模樣) 圏 ① (자립) 1 겉으로 나타나는 생김새나 형상. ¶갖가지 ~의 돌. 2 어떤 자태나 용모. 3 외모에 부리는 멋. ¶~을 내다. 4 외양의 구색(具色). ¶~을 갖추다. 5 '체면'의 뜻으로 이르는 말. ¶말만 꺼내 놓고 실행을 못 했으니 ~이 말이 아니게 되었다. 6 어떤 형편이나 되어 가는 꼴. ¶사는 ~이 말이 아니다. 7 태도나 됨됨이를 못마땅하게 여겨 이르는 말. ¶사람이 왜 그 ~이야? 8 (비교하는 대상 다음에 쓰여) 그것처럼의 뜻. ¶만된 버스가 콩나물시루 ~ 비좁다. ② (의존) (어미 'ㄴ', '는', '-ㄹ' 뒤에 '모양으로', '모양이다'의 꼴로 쓰여) 짐작되는 형편·처지·상황을 나타내는 말. ¶비가 올 ~이군.
모양-내다(模樣-) 퇀(자) 꾸며 맵시를 내다. ¶앞목을 빼입고 잔뜩 ~.
모양-새(模樣-) 圏 1 모양의 됨됨이. ¶~가 좋다. 2 체면이나 꼴.
모양-체(毛樣體) 圏[생] 안구의 수정체를 둘러싸고 있는, 잘게 주름이 잡혀 있는 부분. 눈의 초점 거리를 조절함.
모:어(母語) 圏 유아기에 최초로 습득한 언어.
모어²**, 토머스**(More, Thomas) 圏[인] 영국의 정치가·사상가(1477~1535).
모어-들다 퇀(자) 〈-드니, -드오〉 (많은

사람이나 동물 등이) 어느 곳에 [으로], 또는 어떤 사람에게 향하여 오다. ¶구경꾼들이 구름같이 ~.
모:욕(侮辱) 명 (사람을) 나쁘게 말하여 욕보이는 것. 모:욕-하다 통타
모:욕-감(侮辱感) [-깜] 명 모욕을 당하는 느낌. ¶심한 ~에 얼굴이 시뻘게졌다.
모:욕-적(侮辱的) 명관 깔보아서 욕보이게 하는 (것). ¶~인 말을 하다.
모:월(某月) 명 어느 달.
모:유(母乳) 명 어머니의 젖.
모으다 통타 〈모으니, 모아〉 1 (사람이 둘 이상의 대상을 한곳에) 하나를 이룬 상태, 또는 비교적 틈이 없이 닿은 상태로 있게 하다. ¶학생들을 운동장에 ~. 2 (사람이나 단체가 여러 명의 사람을) 단체의 성원으로 구하거나 들게 하다. 비모집하다. ¶일꾼을 ~. 3 (재물을) 써 없애지 않고 많아지게 하다. ¶돈을 ~. 4 (어떤 자료나 물건 따위를) 일정한 목적 아래 찾아서 한곳에 놓거나 갖추다. ¶수집하다. ¶골동품을 ~. 5 (어떤 대상이 사람들의 관심이나 인기 등을) 쏠리게 하다. 비끌다. ¶시선을 ~. 6 (여러 사람의 뜻·의견·힘 등을) 하나로 되게 하다. 비수렴하다·합하다. ¶지혜를 ~. 7 (사람이 자기의 정신을) 긴장시켜 오직 한 가지 일에 가 있는 상태가 되게 하다. 비통일하다. ¶정신을 모아 공부에 열중하다.
모:음(母音) 명[언] 성대의 진동을 받은 소리가 입술·코·목구멍의 장애에 의한 마찰을 받지 않고 나오는 유성음. 곧, ㅏ·ㅑ·ㅓ·ㅕ·ㅗ·ㅛ·ㅜ·ㅠ·ㅡ·ㅣ 따위. ¶홀소리. ↔자음(子音).
모:음-곡(-曲) 명[음] 기악곡의 한 형식. 몇 개의 곡을 조합하여 하나의 곡으로 구성한 것. ¶조곡(組曲). ¶판허락 ~.
모:음^동화(母音同化) 명[언] 모음이 서로 접촉할 때, 한 모음이 다른 모음에 동화하는 현상. 모음조화가 대표적인 예임.
모:음^사각형(母音四角形) [-가켱] 명[언] 모음을 발음할 때 혀의 위치와 개구도(開口度)에 따른 음색의 차이를 사각형으로 분류하여 그림으로 보인 것.
모:음-조화(母音調和) 명[언] 모음 동화의 하나. 두 음절 이상의 단어에서 뒤의 모음이 앞 모음의 영향으로 그와 가깝거나 같은 소리로 되는 현상. 양성 모음은 양성 모음끼리, 음성 모음은 음성 모음끼리 잘 어울림. '팔랑팔랑', '펄렁펄렁' 따위.
모의¹(模擬·摸擬) [-의/-이] 명 실제의 것을 흉내 내어 시험적으로 해 보는 일. ¶~국회 / ~재판. 모의-하다¹ 통타
모의²(謀議) [-의/-이] 명 (주로 좋지 않은 일을) 몰래 꾀하려고 의논하는 것. 모의-하다² 통타 ¶범행을 사전에 ~.
모의-고사(模擬考査) [-의/-이] 명 =모의시험.
모의-국회(模擬國會) [-의구회/-이구훼] 명 학교 등에서 국회의 의사 진행 및 토론 장면을 모방·풍자한 가상의 국회.
모의-시험(模擬試驗) [-의/-이] 명 실제의 시험에 대비하여 그를 본따서 실시하는 시험. ¶모의고사.
모이 명 사람이 닭이나 새 같은 날짐승에게 주는 곡식류 따위의 먹이. ¶닭이 ~를 쪼다.
모이다 통자 1 (여러 사람이 한곳에) 비교적 가까이 다가 있게 되다. ¶광장에 군중이 ~. 2 (여러 사람이 어떤 단체에) 그 성원으로 들게 되다. ¶회원이 많이 모였다. 3 (재물이) 시간적 간격을 두고 조금씩 늘어 많아지다. ¶돈이 많이 모였다.
모이-주머니 명[동] 조류의 소화관의 하나. 주머니 모양이며, 먹은 것을 일시 저장하였다가 모래주머니로 보냄.
모:일(某日) 명 어느 날.
모임 명 어떤 목적 아래 여러 사람이 모이는 일. ¶백 ~.
모:자¹(母子) 명 어머니와 아들을 동시에 이르는 말. ¶~상(像).
모자²(帽子) 명 추위를 막거나 햇볕을 가리거나 예의를 갖추거나 모양을 내기 위하여 머리에 쓰는, 천·털실·가죽 따위로 만든 물건.
모:자²^가정(母子家庭) 명 아버지가 없이 어머니와 어린 자식으로 이루어진 가정.
모자-걸이(帽子-) 명 모자나 외투 따위를 벗어 거는 기구.
모:자라다 통재 1 (물건·물질이나 인원 따위가) 어떤 기준의 길이·넓이·무게·부피 등의 크기나 수량에 이르지 못하다. ¶돈이 ~. 2 (사람의 지식·기술·힘·능력·잠 따위가) 보통의 경우나 일정한 기준의 정도나 수준에 미치지 못하다. ¶힘이 ~. 3 (사람이) 생각하거나 판단하는 데 있어서 지능이나 정신적인 능력이 보통의 사람 정도에 미치지 못하다. ¶영통한 짓을 하는 걸 보면 좀 모자란 사람 같다.
모:자람 명 기준에 미치지 못하는 것. ¶준비는 철저히 이뤄져 전혀 ~이 없었다.
모자반 명[식] 바다 속 바위에 붙어 자라며, 검은 갈색 잎에 작은 구슬 모양의 기포가 많이 있는 해조(海藻). 말려서 식용하거나 비료의 원료로 함.
모자이크(mosaic) 명 1 [미] 여러 가지 빛깔의 돌·색유리·조가비·타일·나무 등의 조각을 맞추어 도안·회화(繪畫)로 나타낸 것. 또는, 그런 미술 형식. 2 사진·영화·텔레비전 방송 등에서, 얼굴이나 은밀한 부위, 또는 특정 상표 등을 알아볼 수 없게 하기 위해, 그 부분만 무늬 모양의 작은 조각들을 채워 넣는 일. ¶문제의 장면은 ~로 처리되었다.
모작(模作) 명 (남의 작품을) 그대로 본떠서 만드는 것. 또는, 그 작품. 모작-하다 통타
모잠비크(Mozambique) 명[지] 아프리카 남동부에 있는 공화국. 수도는 마푸투.
모접이-헤엄(체) 수영에서, 모로 누워서 치는 헤엄.
모-점(-點) 명[언] 세로쓰기에 사용되는 쉼표의 하나. '、'의 이름. ▷반점.
모:정(母情) 명 자식에 대한 어머니의 정.
모조(模造) 명 1 실물을 모방하여 만드는 일. 2 '모조품'의 준말. ¶~ 가죽. 모조-하다 통타 실물을 모방하여 만들다.
모조리 부 빠짐없이 모두. ¶돈을 ~ 써 버리다.
모조-지(模造紙) 명 양지(洋紙)의 하나. 질이 강하고 질기며 윤택이 남.
모조-품(模造品) 명 원래의 물건과 똑같이 본떠서 만든 물건.
모-종¹(-種) 명 옮겨심기 위해 씨앗을 뿌려 가꾼 어린 식물. ¶꽃~. 모종-하다 통타 모종을 옮겨 심다.
모:종²(某種) 명 (주로 '모종의'의 꼴로 쓰여) 내막이나 실체를 확실히 알 수 없는

어떤 종류. ¶~의 사건 / ~의 음모.

모종-삽(—種—) [명] 모종할 때 쓰는 작은 삽. ▷꽃삽.

모ː주(母酒) [명] 약주를 뜨고 난 찌끼술.

모ː주-망태(母酒—) [명] 술을 늘 대중없이 많이 마시는 사람을 놀림조로 이르는 말.

모-지다 [형] **1** 둥글지 않고 모가 나 있다. ¶모진 기둥. **2** '모질다'의 잘못.

모지라-지다 [동][자] 물건의 끝이 닳아서 없어지다. ¶**모지라진** 빗자루.

모지락-스럽다[—쓰—따] [형][ㅂ]〈~스러우니, ~스러워〉 보기에 억세고 모질다.

모직(毛織) [명] '모직물'의 준말.

모직-물(毛織物)[—징—] [명] 모사(毛絲)로 짠 피륙. [준]모직.

모ː질다 [형]〈모지니, 모지오〉 **1** (마음씨가) 몹시 독하다. ¶**모질고** 독한 사람. **2** 견디기 힘든 일을 배겨 낼 만큼 억세다. ¶**모진** 목숨. **3** (기세가) 매섭고 사납다. ¶**모진** 풍파. ×모지다.

모집(募集) [명] (조건에 맞는 사람이나 작품 등을) 널리 구하여 모으는 것. ¶회원 ~. **모집-하다** [동][타][여] ¶사원을 ~.

모ː-집단(母集團)[—딴] [명][수] 통계적인 관찰의 대상이 되는 집단 전체.

모짝 [부] 한 번에 모조리 몰아서.

모쪼록 [부] =아무쪼록.

모찌(←[일]餠/もち) [명] '찹쌀떡'으로 순화.

모차르트, 볼프강 아마데우스(Mozart, Wolfgang Amadeus) [명][인] 오스트리아의 작곡가(1756~1791).

모창(模唱) [명] 어떤 사람, 특히 가수의 창법과 음성을 흉내 내어 노래 부르는 일.

모ː처(某處) [명] 아무 곳. ¶시내 ~에 있는 음식점.

모-처럼 [부] 일부러 벼르거나 마음을 먹고. 또는, 아주 오래간만에. ¶김 과장은 ~ 가족들과 함께 야외로 나갔다.

모ː체(母體) [명] **1** 아이나 새끼를 밴 어미의 몸. ¶~의 건강을 고려하다. **2** 갈려 나온 조직·사고(思考) 등의 근본이 되는 것. ¶재벌 기업을 ~로 한 방계 회사.

모-춤 [명] [1][자립] 볏모를 서너 모숨씩 묶은 단. [2][의존] [1]을 세는 단위로 이르는 말.

모ː친(母親) [명] '어머니1'을 격식을 갖추어 지칭하는 말. ↔부친.

모ː친-상(母親喪) [명] 어머니의 상사(喪事). ↔부친상.

모카-커피(Mocha coffee) [명] 예멘의 모카에서 나는, 품질이 좋은 커피.

모ː태(母胎) [명] **1** 어머니 또는 어미의 태 안. **2** 사물의 발생·발전의 근거가 되는 토대. 비유적인 말임. ¶이화 학당은 한국 여성 교육의 ~가 되었다.

모터(motor) [명] **1** 휘발유나 디젤유와 같은 연료를 에너지로 변환시켜 기계나 탈것을 작동시키는 장치. [비]발동기. **2** =전동기.

모터-보트(motorboat) [명] 모터를 추진기로 사용하는 보트.

모터-쇼(motor show) [명] 자동차, 자동차 엔진, 자동차 부품 등의 전시회.

모터-크로스(moto-cross) [명] 오토바이로 거친 야산과 들판에 입체적으로 설계된 코스를 달려, 그 소요 시간으로 우열을 가리는 경기.

모텔(motel) [명] 자동차 여행자가 숙박할 수 있도록 주차 시설을 갖춘 여관.

모토(motto) [명] 올바르고 가치 있게 행동하기 위한 지침이나 신조. 또는, 그것을 표현한 짧은 구나 문장. ¶'하면 된다'는 ~를 내걸고 일로매진하다.

모퉁이 [명] **1** 길이 각이 지게 꺾어진 곳. ¶길~. **2** 비교적 높은 구조물이나 산 등의 모가 지게 돌아간 귀퉁이. ¶산~. **3** 어떤 장소의 가장자리나 구석진 곳.

모티브(motive) [명] =모티프(motif).

모티프([프]motif) [명] **1** [예] 문학 및 예술 작품에 자주 반복되어 다루어지거나 나타나는 제재나 내용, 또는 문구나 낱말. **2** [음] =동기(動機)[4]**2**. **3** 수예 등에서, 작품을 구성하는 기본 단위가 되는 무늬. =모티브.

모파상, 기 드(Maupassant, Guy de) [명][인] 프랑스의 소설가(1850~1893).

모-판(—板) [명][농] **1** 들어가 손질하기 편리하도록 못자리 사이사이를 떼어 직사각형으로 다듬어 놓은 구역. **2** 씨를 뿌려 모를 키우기 위해 만들어 놓은 곳. =묘판.

모포(毛布) [명] =담요.

모표(帽標) [명] 학생·군인·경찰 등의 모자 앞쪽 중앙에 소속을 나타내는 뜻으로 붙이는, 쇠붙이·천 따위로 만든 표.

모피(毛皮) [명] =털가죽.

모필(毛筆) [명] 짐승의 털로 맨 붓.

모함(謀陷) [명] 남을 모략하여 어려움에 빠뜨리는 것. **모함-하다** [동][타][여]

모ː험(冒險) [명] 어떤 일을 위험을 무릅쓰고 하는 것. 또는, 그 일. **모ː험-하다** [동][자][타][여] ¶목숨을 걸고 ~.

모ː험-심(冒險心) [명] 위험을 무릅쓰고 어떤 일을 하려는 마음.

모헨조다로(Mohenjo-Daro) [명][지] 파키스탄에 있는, 인더스 문명의 유적지.

모형(模型·模形) [명] **1** 같은 모양의 물건을 만들기 위한 틀. **2** 실물의 형태를 그대로 재현하여 같거나 축소한 크기로 만든 물건. ¶~ 비행기 / 인체 ~.

모호로비치치^불연속면(Mohorovičić不連續面)[—송—] [명][지] 지각과 맨틀의 경계면. 지표 아래 10여 km 정도에 있음.

모호-하다(模糊—) [형][여] (말이나 태도가) 무엇을 뜻하는지, 또는 무슨 의도를 가지는지 뚜렷하지 않은 상태에 있다. ¶**모호한** 대답.

모ː화-사상(慕華思想) [명] 중국의 문물을 흠모하여 따르려는 사상.

모ː-회사(母會社)[—회—/—훼—] [명][경] 어떤 회사에 대하여, 자본 관계나 거래 관계로 말미암아 일정한 지배권을 가지고 있는 회사. ↔자회사.

목[1] [명] **1** 사람이나 동물의 몸에서, 머리와 몸통을 잇는 잘록한 부분. [비]고개. ¶~을 움츠리다. **2** 사람이나 동물의 몸에서, 입 뒤쪽의 구멍이나 식도나 기도(氣道)가 시작되는 앞부분. [비]목구멍. ¶~이 붓다. **3** 사람의 머리와 몸통을 잇는 부분에 들어 있는 소리를 내는 기관. [비]목청. ¶~이 쉬다. **4** 《주로, '손', '발' 등의 신체 부위를 나타내는 말과 합성어를 이루어》 다른 신체 부위와 경계를 이루는 부분을 가리키는 말. ¶손~ / 발~. **5** 물체나 물건에서, 사람·동물의 머리와 몸통 사이에 있는 부분처럼, 몸체에서 가늘고 길게 내민 부분. ¶~이 긴 양말. **6** 통로를 이루는 좁은 곳. 특히, 다른 곳으로 빠져나가기 어려운 통로. ¶길~ / 건널~. **7** 《'날아가다', '달아나다', '떨어지다', '자르다', '걸다' 등의 단어와 함께 쓰여》 '목숨'이나 '직위', '직책', '자리'의 뜻을 비유적으로 나타내는 말. ¶~이.

목(을) 놓아 (주로 울 때, 참거나 삼가거나 함이 없이) 목소리를 크게 내어. ¶땅 바닥에 주저앉아 ~ 울다.

목에 핏대를 세우다 몹시 노하거나 흥분하다. ¶목에 핏대를 세우고 대들다.

목에 힘을 주다 (어떤 사람이) 다른 사람 앞에서 거드름을 부리거나 남을 깔보는 듯한 태도를 나타내다.

목을 걸다 목숨을 바칠 각오를 하다. ¶목을 걸고 맹세하다.

목을 축이다 목이 말라 물이나 음료수 따위를 마시다.

목이 떨어지다 어떤 직위에서 그만두게 되다.

목이 붙어 있다 1 살아 [남아] 있다. 2 어떤 직위에 겨우 머물러 있다.

목이 빠지게 기다리다 몹시 안타깝게 기다리다.

목(을) 자르다 (기업·직장 등에서) 해고 하다.

목(이) 타다 몹시 갈증을 느끼다.

목²(木) 명 '목요일'을 줄여 이르는 말.
목³(目) 명 ①[植] 1[경] 예산 편성상의 단위. 항(項)과 절(節)의 사이. 2[생] 생물 분류학상의 한 단위. 강(綱)의 아래, 과(科)의 위임. ¶별~. ②[의온] 바둑에서, 바둑판의 눈이나 바둑돌의 수를 셀 때 쓰는 말. ¶6 ~ 반 공제.
목-⁴(木) 접두 물건 이름을 나타내는 일부 명사에 붙어, 무명으로 만든 것임을 나타내는 말. ¶~양말 / ~장갑.
목가-적(牧歌的)[-까-] 관형 농촌처럼 소박하고 평화로우며 서정적인 (것). ¶~인 풍경.
목각(木刻)[-깍] 명 나무에 어떤 사물의 형태를 새기는 일. 또는, 그 조각품. ¶~불상. ▷석각. **목각-하다** 통(자타)
목간(沐間)[-깐] 명 ①'목욕'이나 '목욕실'을 달리 이르는 말. 요즘에는 잘 쓰이지 않는 말임. **목간-하다** 통(자여) 목욕탕 이나 목욕실에서 목욕하다.
목-감기(-感氣)[-깜-] 명 목이 붓고 아픈 증상의 감기.
목-걸이[-껄-] 명 주로 여자들의 목에 거는 장신구. ¶진주 ~.
목검(木劍)[-껌] 명(체) 검술 연습용의, 나무로 만든 칼.
목격(目擊)[-껵] 명 (어떤 장면을) 우연히 보는 것. 또는 직접 보는 것. 비목도. **목격-하다** 통(타여) ¶현장을 ~. **목격-되다** 통(자)
목격-담(目擊談)[-껵땀] 명 목격한 것에 대한 이야기.
목격-자(目擊者)[-껵짜] 명 목격한 사람. ¶~의 증언.
목공(木工)[-꽁] 명 1 나무를 다루어서 물건을 만드는 일. 2 =목수(木手).
목공-소(木工所)[-꽁-] 명 목재를 가공하여 가구·창틀 따위를 만드는 곳.
목-공예(木工藝)[-꽁-] 명 나무를 이용하여 일상생활에 필요한 물건이나 장식품을 예술적으로 만들어 내는 기술. 또는, 그 제작품.
목곽-묘(木槨墓)[-꽝-] 명[고고] =덧널 무덤.
목관 악기(木管樂器)[-꽌-끼] 명(음) 목재를 재료로 하여 만들어진 관악기. 구조·음색이 비슷한 금속제의 것도 포함함. 플

루트·클라리넷 따위. ▷금관 악기.
목교(木橋)[-꾜] 명 =나무다리.
목-구멍[-꾸-] 명 입속의 깊숙한 안쪽으로 기도(氣道)와 식도로 통하는 곳. =인후(咽喉). 비목.
[목구멍에 풀칠한다] 굶지 않고 겨우 먹고살아 간다. [목구멍이 포도청] 먹고살기 위하여 하지 못할 일까지도 하게 된다는 말.
목구멍-소리[-꾸-] 명(언) 목청 사이에서 나는 소리. 'ㅎ'을 말함. =후음.
목기(木器)[-끼] 명 나무로 만든 그릇.
목-기러기(木-)[-끼-] 명(민) 전통 혼례에 쓰이는, 나무로 만든 기러기. ▷전안(奠雁).
목-깃[-낀] 명 목을 여미게 되어 있는 블라우스나 와이셔츠 등의 깃.
목단(牧丹)[-딴] 명[식] =모란. 21이 그려진 화투짝. 6월이나 여섯 끗을 나타냄.
목-덜미[-떨-] 명 목의 뒤쪽.
목도¹[-또] 명 두 사람 이상이 짝이 되어, 무거운 물건을 얽어맨 밧줄에 막대기를 꿰어 어깨에 메고 나르는 일. **목도-하다¹** 통(타여)
목도²(目睹)[-또] 명 (어떤 모습이나 장면을) 눈으로 보는 것. 문어적인 말임. 비목격. **목도-하다²** 통(타여)
목-도리[-또-] 명 추위를 막거나 멋을 내기 위해 목에 두르는 물건. =머플러.
목-도장(木圖章)[-또-] 명 나무로 만든 도장.
목돈[-똔] 명 한꺼번에 쓰이거나 들어오거나 하는, 비교적 액수가 많은 돈. 비뭉칫돈·포갯돈.
목동(牧童)[-똥] 명 풀을 뜯기며 가축을 치는 아이. ¶소를 모는 ~.
목-둘레[-뚤-] 명 목을 둘러 잰 길이.
목-뒤[-뛰] 명 목의 뒤쪽.
목등-뼈[-뜽-] 명(생) =경추(頸椎).
목련(木蓮)[몽년] 명[식] 봄에 잎이 나기 전에 먼저 향기가 진한 흰색의 큰 꽃이 피는 낙엽 활엽 교목. 관상용으로 심음.
목련-화(木蓮花)[몽년-] 명 목련의 꽃.
목례(目禮)[몽녜] 명 동료나 아랫사람을 만났을 때, 눈을 마주친 상태에서 반가운 표정을 짓거나 고개를 약간 까딱하면서 알은체하는 것. 비눈인사. **목례-하다** 통(자여)
목로(木櫨)[몽노] 명 주로 선술집에서 쓰이는, 널빤지로 좁고 기다랗게 만든 상.
목로-주점(木櫨酒店)[몽노-] 명 목로에 술잔을 놓고 주로 서서 술을 마시게 되어 있는 술집.
목록(目錄)[몽녹] 명 1물품의 이름이나 책의 제목 등을 일정한 순서로 적어 놓은 것. 비카탈로그. ¶도서 ~. 2 [컴] 디스크에 수록된 프로그램이나 파일을 찾기 위한 색인. =디렉터리.
목마(木馬)[몽-] 명 나무로 말의 형상처럼 만든 물건. 어린이의 오락이나 승마 연습에 쓰임. ¶회전 ~.
목-마르다[몽-] 형(르여) -마르니, -말라〉 1물이 마시고 싶다. 2 바라는 것이 몹시 간절하다. ¶비를 목마르게 기다리다.
[목마른 놈이 우물 판다] 가장 절실히 필요한 자가 먼저 서둘러 일을 시작한다.
목마름[몽-] 명 1물을 몹시 마시고 싶어하는 상태. 2 어떤 것을 간절히 원하는 상

태. ¶학문을 향한 ~.
목말[몽-] 몡 (주로, '목말을 타다', '목말을 태우다'의 꼴로 쓰여) 남의 어깨 위에 두 다리를 벌리고 올라타는 일.
목-매다[몽-] 몡 ㈜'목매달다'의 준말.
목-매달다[몽-] 몡 ㈀㈁ <~매다니, ~매다오> 1 죽거나 죽이려고 목을 줄로 걸어 매달다. ¶죄수를 **목매달아** 죽이다. 2 어떤 일이나 대상에 전적으로 매달리다. 속된 말임. ¶그 남자한테 그렇게 죽자 사자 **목매달** 것 없어. ㈜매다.
목-메다[몽-] 몡 감격하거나 설움이 북받치거나 하여 목구멍이 막히는 듯하다. ¶목메어 울부짖다. ×목메이다.
목-메이다 몡 '목메다'의 잘못.
목면(木棉·木綿)[몽-] 몡 1 [식] =목화(木花)'. 2 =무명'.
목-물[몽-] 몡 웃통을 벗고 손을 짚고 엎드리되 엉덩이를 들어 올린 자세에서, 다른 사람이 물을 부어 하여 윗몸을 씻는 일. =등물. **목물-하다** 몡㈀㈁
목민-관(牧民官)[궁-] 몡 ['백성을 기르는 벼슬아치'라는 뜻] 역 원 또는 수령.
목밀-샘[몽밀쌤] 몡 뗑 =갑상선.
목-발(木-)[-빨] 몡 1 한쪽 다리를 쓸 수 없는 사람이 겨드랑이에 끼고 땅을 짚으면서 걸을 수 있도록 나무로 된 지팡이. 2 다리를 다쳤을 때 걸음을 돕기 위하여 겨드랑이에 끼고 땅을 짚으면서 사용하는 지팡이.
목본(木本)[-뽄] 몡 [식] 목질 조직이 발달해 줄기와 뿌리가 단단한 식물. ▷초본.
목불식정(目不識丁)[-빨-쩡] 몡 [눈으로 고무래를 보고도 '정(丁)'자임을 알지 못한다는 뜻] 아주 까막눈임을 이르는 말. ㈔일자무식.
목불인견(目不忍見)[-뿔-] 몡 눈앞의 광경이 끔찍하거나 딱하거나 한심하거나 하여 눈뜨고는 차마 볼 수 없음.
목-뼈 몡[생] 머리와 몸 사이를 잇는 목의 뼈.
목사¹(牧使)[-싸] 몡[역] 고려 및 조선 시대에 관찰사 밑에서 지방의 각 목을 맡아 다스리던 정3품 외직 문관.
목사²(牧師)[-싸] 몡[기] 교회를 맡아 다스리고 신자를 이끄는 사람.
목상(木像)[-쌍] 몡 나무로 만든 불상·신상(神像)·인물상 등의 조각(彫刻).
목-샘[-쌤] 몡 목에 있는 림프샘.
목석(木石)[-썩] 몡 1 나무와 돌. 2 나무나 돌과 같이 감정이 없는 사람의 비유.
목석-같다(木石-)[-썩깥다] 몡 감정이 무디고 무뚝뚝하다. ¶**목석같은** 사내.
목-선¹(-線)[-썬] 몡 목의 외곽이 이루는 곡선.
목선²(木船)[-썬] 몡 =나무배.
목성(木星)[-썽] 몡[천] 태양계의 다섯 번째 행성. 태양계 행성 가운데 가장 큼.
목-소리[-쏘-] 몡 1 말하거나 노래하거나 소리를 지르거나 할 때 목구멍에서 나는 소리. ㈔음성. 2 어떤 의도를 반영하거나 내세우고 있는 의견이나 주장. ¶각계(各界)의 ~ / 국민의 ~.
목수(木手)[-쑤] 몡 나무를 다루어 집을 짓거나 여러 가지 물건을 만드는 사람. =목공.
목-숨[-쑴] 몡 사람이나 동물의, 숨을 쉬며 살아 있는 상태나 현상. ㈔명(命)·생명. ¶제발 ~만 살려 주십시오.
목숨(을) 걸다 (무엇을 이루기 위해) 죽음을 각오하다. ¶목숨을 걸고 도전하다.
목숨(을) 끊다 죽다. 또는, 죽이다.

목숨을 거두다 죽다.
목-쉬다(-쉬-) 몡㈁ 목이 잠겨 소리가 제대로 나지 않다. ¶목쉰 소리.
목신(牧神)[-씬] 몡[신화] 숲·사냥·목축을 맡아 보는 신. 그리스 신화의 판. 로마 신화의 파우누스에 해당함.
목양-견(牧羊犬) 몡 목장에서 방목 중인 양을 지키도록 훈련받은 개.
목어(木魚) 몡 [불] 나무로 긴 물고기 모양을 만들어서 누각 등에 걸어 두고 아침과 저녁 예불 때 두드리는 물건.
목요(木曜) 몡 ['목, 일부 명사 앞에 쓰여] '목요일'을 줄여 이르는 말.
목-요일(木曜日) 몡 한 주일의 요일의 하나. 수요일의 다음, 금요일의 전에 옴.
목욕(沐浴) 몡 온몸을 씻는 일. **목욕-하다** 몡㈀㈁
목욕-관리사(沐浴管理師)[-꽐-] 몡 '때밀이'의 순화어.
목욕-물(沐浴-)[-용-] 몡 목욕할 물.
목욕-재계(沐浴齋戒)[-재계/-쩨계] 몡 부정을 타지 않도록 깨끗이 하는 일. **목욕재계-하다** 몡㈁
목욕-탕(沐浴湯) 몡 영업을 목적으로 여러 사람이 목욕을 할 수 있도록 시설을 갖춘 집. ¶대중~. ㈜욕탕.
목-운동(-運動) 몡 맨손 체조의 하나. 머리를 크게 휘돌리거나 앞뒤 좌우로 굽히는 운동.
목이-버섯(木耳-)[-섣] 몡[식] 모양이 사람의 귀와 비슷하며, 갓의 지름이 2~6cm 되는 자주색의 버섯. 활엽수의 고목에 무리 지어 자라며, 식용함.
목자(牧者)[-짜] 몡 1 양을 치는 사람. 2 [기] 신자를 양에 비유하여 성직자를 일컫는 말.
목자-자리(牧者-)[-짜자-] 몡[천] 초여름 밤 북쪽 하늘에 보이는 별자리의 하나. 큰곰자리의 남동쪽에 있음.
목장(牧場) 몡 일정한 시설을 갖추어 소·말·양 따위를 놓아먹이는 넓은 곳.
목-장갑(木掌匣)[-짱-] 몡 =면장갑.
목재(木材)[-째] 몡 건축·가구 따위에 쓰이는 재료로서의 나무. ㈔재목.
목적(目的)[-쩍] 몡 어떤 일을 통해 이루고자 하는 바. 또는, 어떤 일을 하는 동기나 이유. ㈔목표. ¶~을 달성하다. **목적-하다** 몡㈀ 목적으로 삼다.
목적-격(目的格)[-쩍껵] 몡[언] 어떤 체언이 문장 속에서 목적어의 성분임을 나타내는 격.
목적격^조사(目的格助詞)[-쩍껵쪼-] 몡[언] 체언 아래에 붙어서 그것이 타동사의 대상이 됨을 보이는 격 조사. '을', '를'이 있음.
목적-론(目的論)[-쩡논] 몡[철] 모든 사물이나 현상은 어떤 목적을 실현하기 위하여 있다는 이론. ↔기계론.
목적-물(目的物)[-쩡-] 몡[법] 어떤 행위의 목표가 되는 물건.
목적-세(目的稅)[-쩍쎄] 몡[법] 특정 사업에 쓰기 위하여 거두는 세금. 도시 계획세·공동 시설세 따위. ↔보통세.
목적-어(目的語)[-쩍-] 몡[언] 문장에서 동사의 동작의 대상이 되는 말. 일반적으로 체언인 구실을 하는 말에 목적격 조사 '을/를'이 붙어서 이루어짐. "나는 잠을 잤다."에서 '잠을' 따위.
목적-의식(目的意識)[-쩍-] 몡 자기 행

목적-지(目的地) [-쩍찌] 명 목표로 삼는 곳. ¶~에 도착하다.
목전(目前) [-쩐] 명 1 시선이 미칠 만큼 가까운 곳. ¶~에서 일어난 사고. 2 어떤 일이 곧 있게 되는 시점. ¶시험이 ~에 다가오다. 3 먼 장래가 아닌 당장의 시점. 비눈앞. ¶~의 이익에 집착하다.
목-젖 [-쩓] 명[생] 목구멍의 위로부터 아래로 내민 동그스름한 살.
목제(木製) [-쩨] 명 나무로 만드는 일. 또는, 그 물건. =목조(木造). ¶~ 가구.
목조¹(木造) [-쪼] 명 =목제. ¶~ 건물.
목조²(木彫) [-쪼] 명 나무에 어떤 모양을 새기는 일. 또는, 그 작품. ¶~품.
목질(木質) [-찔] 명 1 나무와 같이 단단한 성질. 2 목재로서의 나무의 질.
목차(目次) 명 책의 앞부분에, 그 책의 주요 내용을 나타내는 제목이나 항목 등을 페이지와 함께 벌여 놓은 것. =차례.
목책(木柵) [-책] 명 =울짱¹.
목-청 명 1 '성대(聲帶)¹'을 일상적으로 이르는 말. ¶~가 터지도록 소리치다. 2 목에서 울려 나오는 소리. =청.
목청(을) 돋우다 목소리를 높이다.
목청-껏 [-껃] 부 소리를 지를 수 있는 데까지 힘을 다하여. ¶~ 불러 보다.
목초¹(木草) 명 나무와 풀. 비초목(草木).
목초²(牧草) 명 소·양 등의 가축에게 먹이는 풀. 비꼴.
목초-지(牧草地) 명 가축의 사료가 되는 풀이 자라고 있는 곳.
목축(牧畜) 명 소·양·말·돼지 등의 가축을 기르는 것. **목축-하다** 통여
목축-업(牧畜業) 명 목축을 경영하는 직업.
목침(木枕) 명 나무토막으로 만든 베개.
목탁(木鐸) 명 1 [불] 독경이나 염불을 할 때 두드리는 물건. 2 세상 사람을 깨우쳐 인도할 만한 사람이나 기관을 비유하여 이르는 말. ¶언론은 사회의 ~으로서의 사명을 다해야 한다.
목탄(木炭) 명 1 =숯. 2 [미] 나무 밑동이나 오동나무·버드나무 따위를 쪄서 탄화시킨, 흑색의 연한 회화용 재료.
목-통 명 '목²'을 속되게 이르는 말.
목-티 (←T-shirt) 명 칼라 없이 목 부분을 빙 둘러 감싸는 형태의 티셔츠.
목판¹(木板) 명 주로 장사하는 사람이 엿·두부·떡 따위의 음식을 팔기 위해 담아 두는, 나무로 네모지고 운두가 낮게 만든 물건. ¶엿~.
목판²(木版·木板) 명 나무에 글자나 그림 등을 새기어 인쇄용의 판. =인쇄판.
목판-본(木版本) 명 목판으로 인쇄한 책. =판본.
목판-화(木版畵) 명 [미] 목판에다 직접 새긴 그림. 또는, 새긴 목판에 잉크나 물감을 묻혀서 종이 따위에 찍어 낸 그림.
목표(目標) 명 1 사격·공격 등의 대상이 되는 사물. 비표적. ¶사격 ~. 2 어떤 의도에 따라 계획을 세우고 노력의 과정을 거쳐 마지막에 이루려는 일. ¶목적. ¶학습 ~. 3 어떤 일을 이루어 마쳐야 하는 시점. **목표-하다** 통여
목표-물(目標物) 명 목표로 하는 물건.
목하(目下) [모카] 명부 바로 지금. ¶그는 ~ 열애 중이다.
목화¹(木花) [모콰] 명[식] 씨에 붙은 흰 솜털로 면사와 면직물을 만드는 한해살이풀. 섬유 작물로 재배함. =면화·목면.
목화²(木靴) [모콰] 명 예전에, 사모관대를 할 때 신던 신.
목화-솜(木花-) [모콰-] 명 목화에서 씨를 얻은 솜.
목회(牧會) [모쾨/모퀘] 명[기] 목사가 교회를 맡아 설교를 하고 신자의 신앙 생활을 지도하는 일. **목회-하다** 통여
목회-자(牧會者) [모쾨-/모퀘-] 명[기] 교회에서 설교를 하고 신자들의 신앙 생활을 지도하는 사람. 목사·전도사 따위.
몫¹[목] 명 1 [여럿] 나누어 가지는 각 부분. 비[의존] 나눈 '몫'을 헤아릴 때 쓰는 말. ¶한 사람이 세 ~을 한다.
몫²[목] 명[수] 나눗셈에서, 피제수를 제수로 나누어 얻는 수.
몫몫-이[몽목씨] 부 한 몫 한 몫으로. ¶먹을 것을 ~ 나누어 주다.
몬드리안, 피터르 코르넬리스(Mondriaan, Pieter Cornelis) 명[인] 네덜란드의 화가 (1872~1944).
몬로비아(Monrovia) 명[지] 라이베리아의 수도.
몬순(monsoon) 명[기상] =계절풍.
몬태나(Montana) 명[지] 미국 북서부의 주.
몬테네그로(Montenegro) 명[지] 유럽 남동쪽에 있는 공화국. 수도는 포드고리차.
몬테비데오(Montevideo) 명[지] 우루과이의 수도.
몬테카를로(Monte Carlo) 명[지] 모나코 북동부의 휴양 도시.
몬트리올(Montreal) 명[지] 캐나다 동부의 상업 도시.
몰¹(歿) 명 주로 약력(略歷)에서, '죽음'을 이르는 말. 비졸(卒). ¶1950년 ~.
몰-²(沒) 접두 긍정적인 뜻을 가지는 명사 앞에 붙어, 어떤 대상이 그 명사가 나타내는 자질이나 속성이나 내용을 유감스럽게도 가지고 있지 않음을 나타내는 말. ¶~염치 / ~상식. ▷무(無)-.
몰³(←㊀mogol) 명 건사를 세로로 하고 금실 또는 은실 등을 가로로 하여 짠 직물. ▷금몰·은몰.
몰⁴(mole) 명[화] 물질의 양을 나타내는 단위. 분자·원자·전자·이온 등의 동일 입자가 아보가드로수만큼 존재하는 물질의 집단을 1몰이라 함. 기호는 mol.
몰각(沒却) 명 1 없애 버리는 것. 2 무시해 버리는 것. **몰각-하다** 통여
몰-개성(沒個性) 명 어떤 대상에 마땅히 있어야 할 개성이 없는 상태.
몰골 명 볼품없는 모양새. ¶~이 사납다.
몰년(沒年) [-런] 명 죽은 해. 또는, 죽은 해의 나이. ↔생년.
몰:다(몰:고/몰:아) 통타 (모니, 모오) 1 (사람이 소·말·양 등의 동물을) 제멋대로 가지 않고 일정한 방향으로 움직여 나아가도록 뒤에 따라가며 다스리다. ¶목동이 양 떼를 ~. 2 (사람이 동물이나 다른 사람을 다른 데로 빠져나가지 못하도록 구석이나 궁지로) 가게 하거나 처하게 하다. ¶투우 선수가 상대 선수를 코너에 ~. 3 (사람이 여럿의 대상을 한곳에) 비교적 공간적으로 여유가 없는 상태로 모아지게 하다. ¶책받침을 한쪽에 몰고 청소를 하다. 4 (어떤 사람이 무리를 이룬 아랫사람을) 데리고 일정한 곳으로 가도

록 이끌다. ¶두목이 똘마니들을 **몰고** 나타나다. **5** (사람이 동력 장치가 있는 탈것을) 다루어 비교적 속도가 있는 상태로 움직이게 하다. ¶자동차를 살살 ~. **6** (사람이 말·마차 등을) 타고 빠른 속도로 내닫게 하다. ¶적진을 향해 말을 ~. **7** (사람이 공을 발이나 도구로) 일정한 방향으로 구르도록 차거나 치면서 나아가다. ¶공을 왼쪽으로 ~. **8** (바람·구름 등이 어떤 자연현상을) 함께 가지고 움직이다. ¶태풍이 비를 **몰고** 왔다. **9** (어떤 대상을 좋지 않은 존재로) 이렇다 할 근거 없이 사람들이 여기게 만들다. ¶충신을 역적으로 ~. **10** (사람이 다른 사람과 주고받는 이야기를) 무리하게 자기가 원하는 방향이나 자기 식의 논리대로 이끌다. ¶토론을 엉뚱한 방향으로 **몰고** 가다.

몰도바(Moldova) [명][지] 흑해 북서쪽에 있는 공화국. 수도는 키시네프.

몰두(沒頭)[-뚜] [명] (어떤 일에) 온 정신을 기울여 열중하는 것. **몰두-하다** [동][자][여] ¶연구에 ~.

몰디브(Maldives) [명][지] 스리랑카 남서쪽 인도양에 있는 공화국. 수도는 말레.

몰¦라-보다 [동][타] **1** (이미 알고 있는 사람이나 사물을) 보고도 알아차리지 못하다. ¶너무 커서 이제는 **몰라보겠다**. **2** (어른이나 윗사람을) 예의를 갖추어 섬길 줄을 모르다. ¶집안 어른도 ~. **3** 사람의 진가나 능력을 제대로 알지 못하다. ¶나 같은 인재를 **몰라보다니**.

몰¦라-주다 [동][타] (남의 마음이나 실력 등을) 알아주지 않다. ¶남의 속을 조금도 **몰라준다**. ↔알아주다.

몰락(沒落) [명] **1** (재물·세력 따위가) 쇠하여 보잘것없이 되는 것. **2** 멸망하여 모조리 없어지는 것. **몰락-하다** [동][자][여] ¶**몰락한** 가문. **몰락-되다** [동][자]

몰¦래 [부] 모르도록 가만히. ¶~ 엿듣다.

몰¦래-카메라(-camera) [명]〈속〉 남의 행동이나 모습을 몰래 찍기 위해 사용하는 카메라. 또는, 카메라로 몰래 촬영하는 일. ¶불법 ~. [준]몰카.

몰려-가다 [동][자] **1** 한쪽으로 떼를 지어 가다. ¶많은 사람들이 광장으로 ~. **2** 구름 따위가 한꺼번에 밀려가다.

몰려-나오다 [동][자] 여럿이 떼를 지어 나오다. ¶도로 연변에 **몰려나온** 환영 인파.

몰려-다니다 [동][자] 여럿이 떼를 지어 다니다. ¶친구들끼리 ~.

몰려-들다 [동][자] 〈~드니, ~드오〉 **1** 여럿이 떼를 지어 한곳에 모이다. ¶주연 배우를 보기 위해 촬영장에 사람들이 **몰려들었다**. **2** (졸음·피로 등이) 한꺼번에 몸에 느껴지다. ¶피로가 ~. **3** (구름 등이) 한꺼번에 밀려들다. ¶먹구름이 **몰려드는** 걸 보니 곧 비가 올 것 같다.

몰려-오다 [동][자] **1** 여럿이 떼를 지어 한쪽으로 밀려오다. ¶천군만마의 적병이 지축을 울리면서 **몰려왔다**. **2** (졸음·피로·두려움 등이) 갑자기 강하게 느껴지다. ¶잠이 ~. **3** (구름·파도 등이) 한꺼번에 밀려오다. ¶먹구름이 ~.

몰-리다 [동][자] **1** '몰다2·9'의 피동사. ¶궁지에 ~. **2** (해야 할 일이) 한꺼번에 많이 닥치거나 밀리다. ¶회사 일이 **몰려** 휴일도 없이 바쁘다. **3** (사람이나 물건이 어느 곳에) 치우치게 많이 모이다. [비]쏠리다. ¶야구 경기장에 엄청난 관중이 ~. **4** (어떤 일에) 대처할 수 없어 곤란한 지경에 있게 되다. ¶사업을 하다가 큰 빚에 ~.

몰리브덴([독]Molybdän) [명][화] 은백색의 금속 원소. 원소 기호 Mo, 원자 번호 42, 원자량 95.94. 스테인리스강·특수 합금·전열선 등에 이용됨.

몰리에르(Molière) [명][인] 프랑스의 극작가(1622~1673).

몰-매 [명] 여러 사람이 한꺼번에 덤벼 때리는 매. =뭇매.

몰빵 [명]〈속〉 여러 종목에 분산하지 않고 한 종목에 몰아서 하는 주식 투자.

몰살(沒殺)[-쌀] [명] 모조리 죽이는 것. **몰살-하다** [동][타][여] ¶인류를 **몰살할** 가공할 화학 무기. **몰살-되다** [동][자]

몰상식-하다(沒常識-)[-쌍시카-] [형][여] (사람이나 언행이) 상식이나 사리에 벗어난 상태에 있다. ¶**몰상식한** 행동을 하다.

몰수(沒收)[-쑤] [명][법] 재산이나 권리 또는 소지품 등을 국가 권력 또는 권력적 지위에 있는 자가 빼앗아 거두는 것. ▷압수. **몰수-하다** [동][타][여] **몰수-되다** [동][자]

몰수^경¦기(沒收競技)[-쑤-] [명][체] 구기(球技)에서, 선수 부족이나 경기 거부 등으로 시합을 진행할 수 없을 때, 심판에 의해 과실이 없는 팀에 승리가 선언되는 경기.

몰아(沒我) [명] 자기를 잊고 있는 상태. ¶~의 경지에 이르다.

몰아-가다 [동][타] **1** 몰아서 데리고 가다. **2** (어떤 일을 일정한 방향으로) 이끌다. ¶일을 되는 쪽으로 ~. **3** (어떤 사람을 좋지 않은 대상으로) 억지로 또는 거짓으로 만들어 가다. ¶생사람을 범인으로 ~.

몰아-내다 [동][타] 몰아서 밖으로 쫓아 버리다. ¶침략자를 ~.

몰아-넣다[-너타] [동][타] **1** 몰아서 안으로 들어가게 하다. ¶돼지를 우리에 ~. **2** 어떤 상태에 처하게 하다.

몰아-닥치다 [동][자] 한꺼번에 세게 들이닥치다. ¶눈보라가 ~.

몰아-붙이다[-부치-] [동][타] **1** 한쪽으로만 몰려가게 하다. ¶책을 한쪽으로 ~. **2** (어떤 사람을) 공격적인 말을 퍼부어 꼼짝 못하게 하다. ¶사람들 앞에서 어찌나 나를 **몰아붙이는지** 혼이 났다.

몰아-세우다 [동][타] 시비를 가리지도 않고 마구 나무라다. ¶빚을 갚으라고 ~.

몰아-쉬다 [동][타] (숨을) 참았다가 모아 쉬다. 또는, (숨을) 크게 자주 쉬다. ¶가쁜 숨을 ~.

몰아-오다 [동] [1][자] 한곳으로 한목 몰려오다. [2][타] 휩쓸어 모두 가져오다.

몰아-주다 [동][타] **1** 여러 번에 나누어 줄 것을 한꺼번에 주다. **2** 여러 사람의 것을 한 사람에게 합쳐서 주다.

몰아-치다 [동] [1][자] 한곳으로 한목 몰려 세게 닥치다. ¶비바람이 ~. [2][타] (일 따위를) 급작스럽게 하거나 급히 서두르다. ¶열흘에 할 일을 **몰아쳐서** 닷새에 하다.

몰염치-하다(沒廉恥-) [형][여] 염치가 없다. ¶남의 도움만 바라는 **몰염치한** 사람.

몰이 [명] 짐승이나 물고기를 잡기 위하여 목으로 몰아넣는 일. 또는, 그 사람. ¶토끼~.

몰이-꾼 [명] 몰이를 하는 사람.

몰이해-하다(沒理解-)[-리-] [형][여] 이해성이 전혀 없다.

몰인정-하다(沒人情-) [형][여] 인정이 전혀 없다. ¶몸인정한 처사.
몰입(沒入) 명 (어떤 일에) 깊이 파고들거나 빠지는 것. 몰입-하다 통(자여) ¶연구에 ~.
몰지각-하다(沒知覺-)[-가카-] 혱여 지각이 전혀 없다. ¶몰지각한 언동.
몰-카(-·camera) 명 <속> '몰래카메라'의 준말.
몰타(Malta) 명[지] 지중해 중앙부, 몰타 섬을 중심으로 하는 공화국. 수도는 발레타.
몰토(ⓘmolto) 명[음] 악곡의 표현 방법을 나타내는 말로, '매우', '몹시', '대단히'의 뜻.
몰티즈(Maltese) 명[동] 지중해 몰타 섬 원산으로, 순백색의 길고 보드라운 털로 덮여 있는 개. 키 25cm가량이며, 애완용임.
몰패(沒敗) 명 아주 패하는 것. ¶~를 당하다. 몰패-하다 통(자여)
몰-표(-票) 명 선거에서, 한 출마자에게 무더기로 몰리는 표.
몸[1] 명 1 사람이나 동물의 형상을 이루는, 주로 뼈와 살로 된 물질. 또는, 그것의 생리적 작용이나 기능. 비신체·육체·육신. ~마음. 2 (어떤 관형어 뒤에 놓여) 앞의 말이 가리키는 신분이나 특성을 가진 사람. ¶학생의 ~.
몸(이) 나다 몸에 살이 올라 뚱뚱해지다.
몸(이) 달다 마음이 조급하여 안타까워하다. ¶**몸이 달아** 안절부절못하다.
몸 둘 바를 모르다 어떻게 처신해야 할지 모르다. ¶부끄러워 ~.
몸(을) 바치다 1 어떤 목적을 위하여 목숨을 희생하다. 2 몸을 아끼지 않고 희생적으로 행하다. ¶평생을 육영 사업에 ~. 3 여자가 남자에게 성 관계를 허락함으로써 자기의 성적 순결을 버리다.
몸에 배다 어떤 것에 아주 익숙해지다. ¶근검절약하는 습성이 ~.
몸을 더럽히다 여자가 남자에게 정조를 빼앗기다. =몸을 버리다.
몸을 버리다 1 건강을 해치다. 2 =몸을 더럽히다.
몸(을) 팔다 돈을 받고 육체관계를 맺다.
몸(을) 풀다 아이를 낳다.
몸[2], 윌리엄 서머싯(Maugham, William Somerset) 명[인] 영국의 소설가(1874~1965).
몸-가짐 명 다른 사람을 대하거나 어떤 일을 행하거나 할 때, 사람이 갖추어야 가지는 자세나 태도나 예의. ¶~이 바르다.
몸-값[-갑] 명 1 팔려 온 몸의 값. 또는, 인질을 풀어 주는 대가로 요구하는 돈. 2 주로 프로의 세계에서, 돈으로 환산되는 그 사람의 가치.
몸-길이 명 =체장(體長).
몸-놀림 명 몸의 움직임. ¶~이 둔하다.
몸-단장(-丹粧) 명 =몸치장. 몸단장-하다 통(자여)
몸-담다[-따] 통(자) (어떤 단체나 어떤 범위의 세계 등에) 구성원으로서 속하여 일하거나 활동하다. ¶교육계에 ~.
몸-동작(-動作)[-똥-] 명 몸을 움직이는 동작. ¶우아한 ~.
몸-뚱어리 명 '몸뚱이'를 속되게 이르는 말.
몸-뚱이 명 1 사람·짐승의 몸의 덩치. 2 '몸'을 속되게 이르는 말.

몸체_423

몸-만들기 명 운동선수가 대회에 나가기 전에 하는 체력 강화 훈련. 또는, 연예인이 출연하기 전에 몸을 가꾸는 일.
몸-매 명 어떤 형태를 가진 몸의 생김새. 곧, 몸이 날씬하다든지, 뚱뚱하다든지, 호리호리하다든지 하는 따위의 외형적 모양새. ¶가냘픈 ~.
몸-무게 명 몸의 무게. 비체중.
몸-보신(-補身) 명 =보신(補身)[2].
몸-부림 명 1 (힘을 쓰거나 감정이 격할 때) 몸을 마구 흔드는 일. 2 어떤 일을 이루거나 저항하기 위해 온갖 수단 방법으로 고통스럽게 애쓰는 것의 비유.
몸부림-치다 통(자여) 몹시 몸부림하다. ¶이상과 현실 사이에서 **몸부림치는** 젊은이.
몸-빛[-삗] 명 =체색(體色).
몸-뻬(-·ⓙもんぺ) 명 여자들이 주로 일할 때 입는, 통이 넓고 아랫단을 고무줄 따위로 발목에 붙도록 조이게 되어 있는 일본식 바지.
몸-살 명 1 과로 등으로 인해 몸이 쑤시고 오한이 나는 증세. ¶~ 기운. 2 (비유적으로 쓰여) 구조물이나 시설물 따위가 사람에 의해 못 쓰게 될 정도로 심하게 시달림을 당하는 상태. ¶과적 차량 때문에 ~을 앓는 고속도로.
몸살-감기(-感氣) 명 몸살기가 있는 감기.
몸살-기(-氣)[-끼] 명 몸살을 앓을 때와 같은 기운.
몸-서리 명 몹시 싫증이 나거나 무섭거나 하여 다시는 하고 싶지 않은 마음.
몸서리-나다 통(어떤 일이) 지긋지긋할 만큼 싫거나 끔찍한 상태가 되다. ¶몸서리치다. ¶고생스러웠던 그때를 생각하면 **몸서리난다**.
몸서리-치다 통(자) (어떤 일에) 지긋지긋함을 느끼거나 그 느낌으로 인해 몸을 떨다. ¶몸서리나다. ¶일제의 만행에 ~.
몸성-히 튀 몸에 탈이 없고 건강하게. ¶그럼 부디 ~ 잘 있어라.
몸-소 튀 1 직접 자기의 몸으로. ¶~ 실천하다. 2 윗사람에 대해 사용하여) 자신이 직접. 비친히. ¶선생님께서 ~ 먼 곳까지 찾아오셨다.
몸-속[-쏙] 명 몸의 속.
몸-수색(-搜索) 명 무엇을 찾으려고 남의 몸을 뒤지는 일. 몸수색-하다 통(타여)
몸-싸움 명 서로 몸을 부딪쳐 싸우는 일. ¶데모대와 경찰이 ~을 벌이다.
몸져-눕다[-저-따] 통(자)(ㅂ여) ~누우니, ~누워) 병·고통이 심하여 드러눕다. ¶너무 과로한 탓인지 **몸져눕고** 말았다.
몸-조리(-調理) 명 허약해진 몸을 잘 보살피고 기운을 되찾게 하는 것. ¶산후 ~. 몸조리-하다 통(자여)
몸-조심(-操心) 명 1 건강을 유지하기 위한 조심. 2 언동을 삼가는 것. ¶시국이 이럴 때는 ~이 제일이야. 3 몸조심-하다 통(자여) ¶날씨가 추워지니 **몸조심하세요**.
몸-종[-종] 명 양반집 여자의 곁에서 잔심부름하는 여자 종.
몸-집[-찝] 명 몸의 부피. 비체구(體軀).
몸-짓 명 몸을 놀리는 태도.
몸-짱 <속> 몸맵시가 빼어나는 사람.
몸-차림 명 =몸치장. ¶수수한 ~.
몸-채 명 여러 채로 된 살림집에서 주가 되는 집채.
몸-체(-體) 명 물체의 형태를 이루는 뼈

대. ¶자동차의 ~.
몸-치(-癡) [명] 〈속〉 춤을 잘 추지 못하는 사람.
몸-치장(-治粧) [명] (장신구 따위로) 몸을 꾸며서 보기 좋게 모양을 내는 것. =몸단장·몸차림. ¶~이 요란한 부인. **몸치장-하다** [동][자][여]
몸-통 [명] 사람이나 동물의 몸에서, 머리·팔·다리·꼬리 등을 제외한 가운데를 이루는 부분.
몸통^운!동(-運動) [명][체] 맨손 체조의 하나. 허리를 앞뒤로 굽히거나 좌우로 돌리는 운동.
몸피 [명] 몸통의 굵기.
몹!시[-씨] [부] 《주로, 형용사나 동사 앞에 쓰여》 정도에 있어서 더할 수 없이 심하게. [비]매우·아주·심히. ¶~ 추운 날.
몹-신(mob scene) [명][연] 많은 사람이 한꺼번에 나오는 장면. ×모브신.
몹!쓸 [관] 악독하고 고약한. ¶~ 병.
못[1][몯] [명] 나무나 벽 같은 곳에 박는, 한쪽 끝이 뾰족하고 다른 쪽 끝에는 원형의 납작한 부분이 달린 길고 가는 물건.
못(을) 박다 **1** 원통한 생각을 마음속 깊이 맺히게 하다. ¶여자의 가슴에 ~. **2** 어떤 사실을 꼭 집어 분명하게 하다.
못(이) 박히다 원통한 생각이 마음속 깊이 맺히다.
못[2][몯] [명] 《주로 '박이다'와 함께 쓰여》 손이나 발 등의 어느 부위가 오랜 동안 물체와 부딪거나 마찰하거나 하여 두껍고 딱딱해져서 감각이 거의 없어진 상태. [비]굳은살. ¶손바닥에 ~이 박이다.
못[3][몯] [명] 넓고 깊게 팬 땅에 물이 괴어 있는, 호수보다 작은 곳. 또는, 정원이나 일정한 장소에 아름다움을 더하기 위해 땅을 파서 물을 가두어 놓고 물고기 등이 살 수 있게 해 놓은 곳. [비]연못.
못![4][몯] [부] **1** 《행동이나 작용을 나타내는 동사 앞에 쓰여》 그 주체가 신체적·심리적·상황적 원인에 의해 그 행동이나 작용을 할 수 없음을 나타내는 말. ¶앞을 ~ 보다. ▷아니. **2** 《상태나 과정을 나타내는 동사와 합성어를 이루어》 그 상태나 과정이 제대로 이루어지지 않음을 나타내는 말. ¶~생기다. **3** 《드물게 일부 형용사와 합성어를 이루어》 그 상태를 부정함을 나타내는 말. ¶~마땅하다.
[**못 먹는 감 찔러나 본다**] 자기가 가지지 못할 바에는 남도 가지지 못하도록 못 쓰게 만든다.
못-가[몯까] [명] 못의 가장자리.
못!갖춘-마디[몯깓-] [명][음] 박자표에 제시된 박자에 부족한 마디. ↔갖춘마디.
못!-나다[몬-] [형] **1** (사람이) 능력이 모자라거나 어리석은 상태에 있다. 또는, (사람이 하는 짓이) 어리석고 아둔하다. ¶사람이 얼마나 **못났으면** 제 식구 하나 건사하지 못할까? **2** (사람의 얼굴이) 균형을 갖추지 못한 상태에 있다. [비]못생기다. ↔잘나다.
못!난-이[몬-] [명] **1** 얼굴이 못생긴 사람을 놀림조로 이르는 말. **2** 하는 짓이 어리석고 아둔한 사람. 얕잡는 말임.
못!내[몬-] [부] 서운하여 자꾸 마음에 두거나 잊지 못하고 계속. ¶~ 아쉽다.
못!-다[몯따] [부] 《동사 앞에 쓰여》 미처 다 못. ¶~ 핀 꽃 / ~ 한 말.
못!-되다[몯뙤-/몯뛔-] Ⅰ[형] (성미나 품행이) 악하거나 고약하다. ¶**못되게** 굴다. Ⅱ[동][자] 《'잘되다'와 대비되는 문맥에 제약적으로 쓰여》 일이 잘되지 못하다. ¶잘되면 제 탓, **못되면** 조상 탓이다.
[**못된 송아지 엉덩이에 뿔 난다**] 사람답지 못한 사람이 교만하게 군다.
못!마땅-하다[몬-] [형][여] 마음에 들지 않다. **못!마땅-히** [부] ¶동생을 ~ 여기다.
못!-미처[몬-] [명] 《어떤 장소를 나타내는 말 다음에 쓰여》 그곳에 채 이르지 못한 지점. ¶우체국은 역 ~에 있다.
못!-살다[몯쌀-] [동][자] 〈~사니, ~사오〉 **1** 가난하게 살다. ¶**못사는** 동생. **2** 억눌려 기를 못 펴다. 또는, 견디기 어려울 만큼 괴로움을 느끼다. ¶왜 그렇게 여자 아이들을 **못살게** 하니?
못!-생기다[몯쌩-] [형] (주로 사람의 얼굴이나 신체 부위가) 균형을 갖추지 못해 보기 좋지 않은 상태에 있다. [비]못나다·밉다. ¶**못생긴** 여자. ↔잘생기다.
못!-쓰다[몯-] [동][자] 〈~쓰니, ~써〉 **1** 《주로 '-면', '-아서' 다음에 쓰여》 옳지 않거나 바람직하지 않아 안 되다. ¶거짓말을 하면 **못써**! **2** 《주로 '못쓰게'의 꼴로 쓰여》 얼굴이나 몸이 축나 좋지 않다. ¶앓고 나더니 얼굴이 **못쓰게** 되었구나.
못-자리[모짜-/몯짜-] [명][농] 볍씨를 뿌려 모를 기르는 논. =묘상·묘판.
못!지-않다[몯찌안타] [형] (어떤 일이나 대상이 다른 일이나 대상에) 결코 뒤지지 않거나 덜 중요하지 않은 상태에 있다. ¶기성 가수에 **못지않은** 노래 실력.
못-질[몯찔] [명] **1** 못을 박는 일. **2** 못을 박듯 마음을 아프게 하는 일. ¶남의 가슴에 ~을 하다. **못질-하다** [동][자][여]
못!-하다[모타-] Ⅰ[동][여] [1][타] (어떤 일이나 행동을) 능력의 부족으로 일정한 수준에 못 미치게 하다. ¶그는 음치라서 노래를 **못한다**. [2][보조] **1** 《동사 어미 '-지'의 다음에 쓰여》 (대상이 어떤 일이나 행동을) 신체적·심리적·상황적 원인이나 능력의 부족으로 할 수 없는 상태가 되다. ¶다리가 아파 걷지 ~. **2** 《동사의 어미 '-다' 다음에 '못해(서)'의 꼴로 쓰여》 (인내에 관계된 어떤 행동을) 도저히 더 이상 계속할 수 없는 상태가 되다. ¶아픔을 참다**못해서** 소리를 질렀다.
Ⅱ[형][여] [1] 《두 대상의 질이나 수준을 비교하는 문장에 쓰여》 (어떤 대상이 다른 대상보다, 또는 다른 대상에 비해) 그 질이나 수준이 낮다. ¶형이 아우만 ~. [2][보조] **1** 《형용사 어미 '-지' 다음이나 '-적(的)'으로 끝나는 한자어에 '이다'의 활용형 '이지'가 붙고 그다음에 쓰여》 (대상이) 일정한 수준이나 정도에 미치지 않는 상태에 있다. ¶얼굴이 곱지 ~. **2** 《형용사의 어미 '-다' 다음에 '못해(서)'의 꼴로 쓰여》 (대상이) 그 상태나 정도가 극도에 달한 상태에 있다. ¶배가 고프다 **못하여** 속이 쓰리다.
못하는 소리가 없다 때와 장소를 가리지 않고 아무 말이나 막 한다.
못!-해도[모태-] [부] 아무리 적게 잡아도. ▷잘해야.
몽고(蒙古) [명] '몽골'의 음역어.
몽고메리, 버나드 로(Montgomery, Bernard Law) [명][인] 영국의 군인(1887~1976).
몽고-반(蒙古斑) [명] 신생아·유아의 엉덩

이나 등에 나타나는 청색 반점. 몽고 인 종에서 흔히 볼 수 있음.
몽고-인종(蒙古人種) 명 =황인종.
몽고^제국(蒙古帝國) 명[역] 13세기 초에 몽골 족의 칭기즈 칸이 세워 100년 이상 유라시아 대륙을 지배했던 제국.
몽골(Mongol) 명[지] 유라시아 대륙 중앙부에 있는 인민 공화국. 수도는 울란바토르. 음역어는 몽고(蒙古).
몽골^어(Mongol語) 명[언] 몽골 고원을 중심으로 한 중앙아시아에서 쓰이는 언어. 알타이 어족에 속함.
몽골^족(Mongol族) 명 몽골 제어(諸語)를 사용하는 민족의 총칭.
몽골피에, 조제프 미셸(Montgolfier, Joseph Michel) 명[인] 프랑스의 발명가 (1740~1810).
몽글-거리다/-대다 재 망울진 물건이 말랑말랑하고 매끄러운 느낌을 주다. 큰뭉글거리다.
몽글-몽글 튀 몽글거리는 모양. 큰뭉글뭉글. **몽글몽글-하다** 형예 ¶젖멍울이 ~.
몽니 명 못마땅하여 뻑뻑하게 굴면서 부리는 심술. ¶~를 부리다.
몽달-귀신(-鬼神) 명[민] 총각이 죽어 된다는 귀신.
몽당-붓[-붇] 명 끝이 다 닳아 무딘 붓.
몽당-비 명 끝이 닳아서 거의 자루만 남은 비.
몽당-연필(-鉛筆) [-년-] 명 많이 깎아 써서 손으로 쥐고 쓰기가 어려울 만큼 길이가 짧아진 연필.
몽당-치마 명 줄어들거나 입는 사람의 키가 크거나 하여 깡총하게 짧아진 치마.
몽둥이 명 사람이나 짐승을 때리는 데 쓰는, 비교적 굵고 긴 막대기.
몽둥이-맛[-맏] 명 정신을 차릴 만큼 얻어맞는 경험. ¶~을 봐야 알겠느냐?
몽둥이-찜질 명 몽둥이로 마구 두들기는 짓.
몽땅¹ 튀 있는 대로 죄다. ¶패물을 ~ 도둑맞다.
몽땅² 튀 한 부분을 대번에 자르는 모양. ¶긴 머리를 ~ 자르다. 큰뭉떵.
몽땅-하다 형예 한 부분을 잘라 버린 것처럼 짤막하다. ¶키가 ~. 큰뭉떵하다.
몽롱-하다(朦朧-) [-농-] 형예 1 어른어른하여 희미하다. 2 (의식이) 뚜렷하지 않고 흐리멍덩하다. ¶마취제가 전신에 퍼지자 의식이 **몽롱해졌다**.
몽마르트르(Montmartre) 명[지] 파리 북부의 언덕을 중심으로 하는 번화가.
몽:매(夢寐) 명 잠을 자면서 꿈을 꿈.
몽:매-간(夢寐間) 명 꿈을 꾸는 동안. ¶~에도 잊지 못할 고향 산천.
몽매-하다(蒙昧-) 형예 어리석고 사리에 어둡다. ¶무지~.
몽블랑 산(Mont Blanc山) 명[지] 프랑스와 이탈리아의 국경에 있는, 알프스 산맥의 최고봉. 높이 4,807m.
몽:상(夢想) 명 꿈처럼 헛되고 실현성이 없는 생각. **몽:상-하다** 동예
몽:상가(夢想家) 명 곧잘 몽상에 젖는 사람.
몽우리 명 =꽃망울.
몽:유병(夢遊病) 명[의] 잠을 자다가 무엇에 이끌린 듯 일어나서 깨어 있을 때처럼 행동하다가 다시 잠이 드는 병적 증세. 깨어난 후에 전혀 기억을 못 함.

몽:유병-자(夢遊病者) [-뼝-] 명 몽유병이 있는 사람.
몽:정(夢精) 명 꿈에 성적인 쾌감을 얻음으로써 사정(射精)하는 일. **몽:정-하다** 동예
몽진(蒙塵) 명 [머리에 먼지를 쓴다는 뜻] 임금이 난리를 피하여 안전한 곳으로 가는 일. ▷파천(播遷). **몽진-하다** 동예
몽타주(㉺montage) 명 [조립한다는 뜻] 1 [영] 영화 필름의 편집. 단편적으로 촬영한 각 필름을 창조적으로 편집해서 의식적인 영화 예술을 구성함. 2 [사진] 여러 개의 상(像)이나 장면을 합성하여 하나의 화면으로 만드는 일. 또는, 그 합성된 것.
몽타주^사진(㉺montage寫眞) 명 여러 사람의 사진에서 얼굴의 각 부분을 따서 하나로 맞춘 사진. 특히, 범죄 수사에서 목격자들의 증언을 모아 얼굴의 윤곽·눈·코 등 모양을 합성하여 제작된, 범인의 용모 사진. =합성 사진.
몽테뉴, 미셸 에켐 드(Montaigne, Michel Eyquem de) 명[인] 프랑스의 사상가 (1533~1592).
몽테스키외, 샤를 루이 드 세콩다(Montesquieu, Charles Louis de Secondat) 명[인] 프랑스의 계몽 사상가(1689~1755).
몽:혼(朦昏) 명 독물이나 약물에 의해 감각을 잃고 자극에 반응할 수 없게 되는 것. 비마취. **몽:혼-하다** 동예
몽:환(夢幻) 명 꿈이나 환상과 같은 생각.
뫼[뫼/뫼ː] 명 =산(山)³.
뫼비우스의 띠(Möbius-) [-의-/-에-] [수] 기다란 직사각형 종이를 한 번 틀어 양쪽 끝을 붙였을 때에 생기는 곡면. 이 면은 안팎의 구분이 없이 영구히 뻗어 나감.
묏:-자리[뫼짜-/묃짜-/뭬짜-/뭳짜-] 명 뫼를 쓸 만한 자리. =묫자리.
묘:¹(卯) 명 십이지(十二支)의 넷째. 토끼를 상징함.
묘:²(妙) 명[민] 사물을 다룸에 있어서 훌륭하거나 빼어난 이치나 방법. ¶운용(運用)의 ~를 살리다.
묘:³(墓) 명 사람의 무덤. =뫼. ¶공동묘지에 ~를 쓰다.
묘:를 쓰다 묏자리를 잡아 송장을 묻다.
묘:⁴(廟) 명 왕이나 성인(聖人), 조상 등의 혼백을 모신 건물.
묘:기(妙技) 명 교묘한 기술과 재주. ¶곡예단의 공중 ~를 보이다.
묘:기-백출(妙技百出) 명 가지가지 묘기가 쏟아져 나옴. **묘:기백출-하다** 동예 ¶ 묘기백출하는 서커스.
묘:년(卯年) 명 태세(太歲)의 지지(地支)가 묘(卯)로 된 해. =토끼해.
묘:령(妙齡) 명 여자의 스물 안팎의 꽃다운 나이. 비방년. ¶~의 아가씨.
묘:목(苗木) 명 옮겨심기 위해 가꾼 어린 나무.
묘:미(妙味) 명 미묘한 재미나 맛.
묘:방(妙方) 명 1 기묘한 방법. 비묘책. 2 신묘한 처방.
묘:법(妙法) [-뻡] 명 1 =묘책. 2 [불] 신기하고 묘한 방법.
묘:법-연화경(妙法蓮華經) [-뻡-] 명[불] 대승 경전의 하나. 부처의 종교적 생명을 설법한 것으로 모든 경전 중에서 가장 존

묘:비(墓碑)[명] 무덤 앞에 세우는 비석. [준]비(碑).
묘:비-명(墓碑銘)[명] 묘비에 새긴 글.
묘사(描寫)[명] (어떤 대상이나 현상을 언어로 서술하거나 그림으로 그려 나타내는 것. ¶심리 ~ / 성격 ~. **묘:사-하다** [타여]

묘상(苗床)[명] [농] 1 꽃·나무·채소 등의 모종을 키우는 자리. 2 =못자리.
묘:석(墓石)[명] =석물(石物).
묘소(墓所)[명] 묘가 있는 곳. [비]산소.
묘:수(妙手)[명] 1 바둑·장기 등에서, 남들이 언뜻 생각해 내지 못할 수. [대마(大馬)를 살리는 ~를 쓰다. 2 뛰어난 솜씨나 교묘한 재주. 또는, 그런 것을 가진 사람.
묘시(卯時)[명] 십이시의 넷째 시. 곧, 오전 5시부터 7시까지의 동안.
묘:안(妙案)[명] 아주 뛰어나거나 적절한 방안. ¶이렇다 할 ~이 떠오르지 않는다.
묘:안-석(猫眼石)[명] [광] 갈면 고양이 눈처럼 가느다란 빛을 내는 보석.
묘약(妙藥)[명] 썩 잘 듣는 약. ¶이 병에는 신통한 ~이 없다.
묘역(墓域)[명] 묘소(墓所)로 정한 구역.
묘연-하다(杳然-)[형여] (소식·행방 등이) 알 길이 없다. ¶행방이 ~. **묘연-히** [부]
묘:제(墓祭)[명] 산소에서 지내는 제사.
묘:지¹(墓地)[명] 묘가 있는 땅. 또는, 묘를 쓰기 위한 땅. ¶공동~/국립~.
묘:지²(墓誌)[명] 죽은 사람의 이름·신분·행적 등을 새겨 무덤 옆에 파묻는 돌. 또는, 거기에 새긴 글.
묘:-지기(墓-)[명] 남의 산소를 지키며 보살피는 사람.
묘:지-명(墓誌銘)[명] 묘지에 새긴 글.
묘:책(妙策)[명] 신묘한 꾀. =묘방. [비]묘방(妙方). ¶~을 서다.
묘:처(妙處)[명] 신묘한 경지. 또는, 오묘한 부분.
묘:청(妙淸)[명] [인] 고려 시대의 승려(?~1135).
묘:출(描出)[명] 어떤 대상을 그려 드러내는 것. **묘:출-하다** [타여] ¶농민의 애환을 묘출한 작품.
묘:파(描破)[명] 밝혀 그려 내는 것. **묘:파-하다** [타여] ¶이 작품은 현대 사회의 여성 심리를 잘 묘파하였다.
묘판(苗板)[명] [농] 1 =못자리. 2 =모판2.
묘표(墓表)[명] 무덤 앞에 세우는 푯말. 죽은 사람의 이름·생몰 연월일·행적(行跡) 등을 써넣음.
묘:-하다(妙-)[형여] 1 (어떤 대상이) 색다르고 특별한 느낌을 주는 상태에 있다. 또는, (어떤 일이) 뭐라고 표현하거나 단정하기 어려운 상태에 있다. [비]야릇하다·미묘하다. ¶여자와 단둘이 있으니 기분이 ~. 2 (어떤 일이) 우연하게 일어난 것인데도 마치 어떤 의도나 의지나 계획에 따라 이뤄지는 것으로 보여 기이하다. [비]공교롭다. ¶일이 묘하게 꼬이다. 3 (수완·재주 등이) 사람의 판단을 흐리게 할 만큼 능란하거나 약빠르다. ¶묘한 말재주.
묘향-산(妙香山)[명][지] 평안북도에 있는 산, 높이 1,909m.
묘:혈(墓穴)[명] 시체를 묻는 구덩이. ¶스스로 ~을 파는 행위.
묘:호(廟號)[명] 임금이 죽은 뒤, 그 임금에

대해 붙이는 이름. 태조·세종 따위.
무¹[명] 두루마기 등에서, 아래쪽으로 넓어지게 만들기 위해 겨드랑이 아래에서부터 아랫단 끝까지 길게 댄 딴 폭.
무²(蕪)[명][식] 깃털 모양의 잎 뿌리에서 뭉쳐 나며, 살이 많은 둥글고 긴 뿌리를 식용하는 한해살이풀 또는 두해살이풀. 주로 채소로서, 밭에 재배함. ×무우.
무³(戊)[명] 천간(天干)의 다섯째.
무⁴(武)[명] 문(文)에 비해 군사(軍事)·무술·병법 등을 이르는 말. ↔문(文).
무⁵(無)[명][1][어떤] 어떤 사물이나 현상이 느는 곳이나 대상에 없는 것. 극히 제한된 문맥에서만 쓰임. ¶근무 중 이상 ~. ↔유(有). [2][의존] 스포츠의 단체 종목이나 구기 종목에서, 경기하여 무승부를 기록한 횟수를 세는 단위. ¶10승 2~ 1패.
무⁻⁶(無)[접두] 명사 앞에 붙어, 그 명사가 나타내는 것이 없음을 나타낸다. ¶~질서 / ~능력. ¶무(沒)~.
무:가(巫歌)[명] 무당이 무속 의례에서 신을 향해 읊는 노래.
무가당(無加糖)[명] 식품에 당분을 넣지 않은 상태. ¶~ 주스.
무가-지(無價紙)[-까-][명] 신문사에서, 무료로 배부하는 신문.
무가치-하다(無價值-)[형여] 아무 값어치가 없다. ¶무가치한 생각.
무간-하다(無間-)[형여] 서로 허물없이 가깝다. ¶무간한 사이.
무-감각(無感覺)[명] 1 아무 감각이 없는 것. ¶~ 상태. 2 주위 사람의 기분이나 사정을 생각하지 않는 것. **무감각-하다** [형여] ¶이웃의 고통에 무감각한 현대인.
무-감동(無感動)[명] 아무 감동이 없는 것. **무감동-하다** [형여] ¶무감동한 표정.
무개-차(無蓋車)[명] 뚜껑이 없는 차. 스포츠카 따위. ¶오픈카. ↔유개차.
무겁다[-따][형][〈무거우니, 무거워〉] 1 (어떤 물체나 물질이) 무게가 보통의 정도나 비교의 대상이 되는 정도를 넘는 상태에 있다. 또는, 물체나 물질이 어떤 사람이 들거나 옮기기에 힘이 많이 들어 어려움을 느끼는 상태에 있다. ¶나무보다 돌이 ~. 2 (비중이나 책임 등이) 크거나 중대하다. ¶맡은 책임이 ~. 3 (병 따위가) 정도가 심하다. ¶의술로 다스릴 수 없는 무거운 병. 4 (죄나 벌 등이) 크거나 가혹하다. ¶무거운 형량을 선고받다. 5 (언행이) 신중하고 침착하다. ¶입이 무거운 사나. 6 (몸이) 유쾌하지 못하고 불쾌하다. ¶책임 추궁을 당할 것을 생각하니 마음이 ~. 7 (몸이) 상쾌하지 않고 찌뿌드드하다. 또는, 힘이 빠지거나 거워 느른하다. ¶몸이 무겁고 매사에 의욕이 없다. 8 (분위기가) 심각하거나 답답하여 마음이 답답하다. ¶분위기가 무겁게 가라앉다. 9 (세금 등이) 부담이 될 만큼 많다. ¶무거운 세금을 물리다. 10 (소리가) 그윽하고 웅숭깊다. ¶범종은 '뎅' 하고 무겁고 깊은 음향을 낸다. 11 (움직임이) 느리고 둔하다. ¶기차 바퀴가 무겁게 움직이기 시작했다. 12 (몸이) 임신으로 배가 불러 움직이기가 어렵다. ¶몸이 무거워 힘든 일은 못 한다. ↔가볍다.
무게[명] 1 물건의 무거운 정도. =중량(重量). ¶몸~. 2 침착하고 의젓한 정도. ¶~ 있는 사람. 3 가치나 중대성의 정도. ¶~ 있는 작품.

무게(를) 잡다 점잖은 척하며 분위기를 무겁게 만들다.
무게^중심(-中心) [물] 물체의 어느 한 점을 받쳐서 그 물체가 수평을 이루게 될 때의 그 점. =중심(重心).
무-계획(無計劃) [-계획/-게획] 명 일의 방법·순서·규모 따위에 대하여 미리 짜 놓은 것이 없음. **무계획-하다** 형여 ¶무계획한 생활.
무계획-적(無計劃的) [-계획적/-게획적] 관명 계획이 없이 하는 (것). ¶일을 ~으로 추진하다.
무:고¹(誣告) 명[법] 없는 사실을 거짓으로 꾸며 고소하거나 고발하는 것. 또는, 그 고소나 고발. **무:고-하다** 타여.
무:고²(舞鼓) 명 1 궁중 정재(呈才) 때 쓰이는 북의 한 가지. 2 1을 가운데 두고 치면서 추는 춤.
무고-죄(誣告罪) [-죄/-쮀] 명[법] 남에게 형사 처분 또는 징계 처분을 받게 할 목적으로 허위의 사실을 경찰서나 검찰청 등에 신고함으로써 성립하는 죄.
무고-하다¹(無故-) 형여 사고 같이 없이 평안하다. ⓑ무사(無事)하다. ¶모두 **무고하신지** 궁금하구며. **무고-히** 부.
무고-하다²(無辜-) 형여 잘못이나 허물이 없다. ¶**무고한** 양민을 학살하다.
무:곡(舞曲) 명 =춤곡.
무:공(武功) 명 군사상의 공적. =무훈. ¶혁혁한 ~을 세우다.
무-공해(無公害) 명 사람의 건강이나 환경에 끼치는 해가 없는 것. ¶~ 식품.
무:과(武科) 명[역] 무관을 뽑는 과거. ↔문과.
무:관¹(武官) 명 1 [역] 무과 출신의 벼슬아치. 2 군에 적을 두고 군사 일을 맡아보는 관리. ↔문관.
무관²(無冠) 명 벼슬의 지위가 없음.
무관의 제왕(帝王) '관(冠)이 없는 왕'이라는 뜻으로, 특별한 지위는 없으나 사회적으로 강력한 영향력을 행사한다 하여, '언론인'을 명예롭게 이르는 말. ▷제사부.
무-관심(無關心) 명 (어떤 일이나 대상에) 관심을 가지지 않거나 흥미를 느끼지 않는 상태에 있는 것. **무관심-하다** 형여 ¶자식에게 **무관심한** 아버지.
무관-하다(無關-) 형여 (어떤 대상이) [과] 다른 대상과[에]) 서로 아무 관계가 없다. ¶너와 **무관한** 일이니 나서지 마라.
무광(無光) 명 어떤 물질이나 물체의 광택이 없는 상태. ¶~ 코팅. ↔유광(有光).
무:구(武具) 명 무기 등, 전투에 쓰이는 일체의 기구.
무구-하다(無垢-) 형여 (어떤 대상이) 때 묻지 않아 순수하고 깨끗하다. ¶**무구한** 동심의 세계.
무-국적(無國籍) [-쩍] 명[법] 어느 나라의 국적도 가지지 않은 것. ¶~인(人).
무궁(無窮) 명 (일부 명사 앞에 쓰이어) 끝이 없는 것. **무궁-하다** 형여 ¶귀사의 **무궁한** 발전을 기원합니다.
무궁무진-하다(無窮無盡-) 형여 끝이 없고 다함이 없다. ¶이야깃거리가 ~.
무궁-화(無窮花) 명[식] 여름부터 가을까지 종 모양의 분홍색·다홍색·보라색·백색 등의 꽃이 피는 낙엽 활엽 관목. 우리 나라의 국화(國花)임.
무균(無菌) 명 균이 없음. 또는, 연구 등을

무너지다 __427

위하여 인위적으로 세균이 없게 만든 상태. ¶~ 발아(發芽).
무극(無極) 명[철] 동양 철학에서, 태극(太極)이 있기 전의 맨 처음 상태.
무급(無給) 명 보수가 없음. ⓑ무료. ¶~ 휴가. ↔유급.
무:기¹(武器) 명 1 전투에 쓰이는 기구의 총칭. ⓑ병기 ~ / 살상 ~ 2 어떤 일을 이루기 위해 방패로 삼는 수단. ¶눈물은 여자의 ~.
무:기²(無期) 명 '무기한 I'의 준말. ¶~ 징역 / ~ 연기. ↔유기(有期).
무기³(無機) 명 생명이나 활력을 갖고 있지 않음. ↔유기(有機).
무기-고(武器庫) 명[군] 무기를 보관하는 창고.
무기력-하다(無氣力-) [-려카-] 형여 기력이 없다. ¶**무기력한** 생활.
무-기명(無記名) 명 1 성명을 적지 않음. ¶~으로 투서하다. 2 '무기명식'의 준말. ¶~ 비밀 투표. ↔기명(記名).
무기명-식(無記名式) 명 증권이나 투표용지 등에 그 권리자의 이름을 쓰지 않는 방식. ¶~ 배서. ⓑ무기명. ↔기명식.
무기-물(無機物) 명 물·공기·광물 등 생활 기능이 없는 물질 및 그것을 원료로 만든 물질의 총칭. ↔유기물.
무기-수(無期囚) 명 무기 징역을 선고받고 복역 중인 죄수.
무기-염류(無機鹽類) [-뉴] 명[화] 무기산과 염기가 반응하여 생성된 물질. 염화나트륨·황산아연 따위.
무기-음(無氣音) 명[언] 소리 낼 때에 입김이 거세게 나지 않는 소리. 곧, ㅋ·ㅋ·ㅌ·ㅍ·ㅎ 이외의 모든 자음. ↔유기음.
무기-정학(無期停學) 명[교] 기한을 정하지 않고 등교를 정지시키는 처벌.
무기-질(無機質) 명 영양소로서 생체 유지에 불가결한 원소. 칼슘·인·물·철·요오드 따위.
무기^징역(無期懲役) 명[법] 종신토록 교도소에 가두는 징역.
무기한(無期限) I 명 정한 기한이 없는 것. ⓑ무기. ↔유기한.
Ⅱ 부 한없이. ¶~ 연기하다.
무기-형(無期刑) 명[법] 종신 구금을 내용으로 한 자유형. 무기 금고와 무기 징역이 있음. ↔유기형.
무-김치 명 무로 담근 김치.
무난-하다(無難-) 형여 1 어떤 일을 하는 데에 별 어려움이 없다. ¶그 정도의 실력이면 대학에 **무난하게** 들어갈 수 있다. 2 이렇다 할 결점이나 탓할 만한 점이 별로 없다. ¶**무난한** 작품. 3 (성격이) 까다롭지 않고 무던하다. ¶성격이 **무난해서** 아무하고나 잘 어울린다. **무난-히** 부 ¶3세트를 ~ 이기다.
무남-독녀(無男獨女) [-동-] 명 아들이 없는 집안의 외동딸. ⓑ무남딸.
무너-뜨리다/-트리다 타 무너지게 하다. ¶집을 ~.
무너-지다 동재 1 (서 있거나 세워진 물체가) 허물어져 내려앉거나 흩어지다. ¶둑이 ~. 2 (질서나 체제나 방어선 따위가) 지속되거나 지탱하지 못하게 되다. ¶부패한 정부가 ~. 3 (계획이나 구상 따위가) 이루어지지 못하고 깨지다. ¶기대가 ~. 4 경기에서 패하다. 또는, 파멸하거나 망하다. 비유적인 말임.

무:녀(巫女) 명 (민) 여자 무당.
무념-무상(無念無想) 명 (불) 무아(無我)의 경지에 이르러 일체의 상념으로부터 벗어나 있는 상태.
무-논 명 물이 늘 차 있는 논. 또는, 물을 쉽게 댈 수 있는 논.
무뇌-아(無腦兒)[-뇌-/-눼-] 명 (의) 뇌가 없는 선천성 기형아.
무능(無能) 명 무엇을 할 능력이나 재능이 없는 것. **무능-하다** 형여 ¶나타하고 무**능한** 고등룸펜. ↔유능하다.
무-능력(無能力)[-녁] 명 일을 감당할, 또는 주어진 상황을 헤쳐 나아갈 능력이 없는 것. **무능력-하다** 형여 ¶무능력한 사람.
무능력-자(無能力者)[-녁짜] 명 1 능력이 없는 사람. 2 (법) 미성년자·금치산자·한정 치산자 등 단독으로 완전한 법률 행위를 할 수 없는 사람.
무늬[-니] 명 1 벽지·옷감·공예품 등의 물체 위에, 장식의 목적으로 줄이나 도형이나 어떤 형상을 규칙적·반복적으로 배열하여 나타낸 모양. ¶꽃~. 2 동물·식물·광물 등의 표면에 나타나 있는 줄이나 도형의 유사한 형태. =문양(文樣)
무:단[1](武斷) 명 1 힘을 믿고 강제로 행함. 2 무력으로 억압하여 다스리는 것. ¶~ 통치.
무단(無斷) 명 (일부 명사 앞에 쓰이어) 사전에 승낙이나 허락을 받지 않고 제 마음대로 하는 것. ¶~결석 / ~복제.
무단-가출(無斷家出) 명 사전에 허락이나 연락 없이 집을 나감. **무단가출-하다** 통여
무단-결근(無斷缺勤) 명 사전에 허락이나 연락 없이 결근함. **무단결근-하다** 통여
무-담보(無擔保) 명 담보물이 없는 것. 또는, 담보물을 내놓지 않는 것.
무담보^대:출(無擔保貸出) 명 (경) 금융 기관이 저당권을 설정하지 않고 하는 대출. ↔담보부 대출.
무:당 명 (민) 귀신을 섬겨 길흉을 점치고 굿을 하는 사람. 특히, 여자. ▷박수. [巫堂'에 쳐음이]
무:당-벌레 명 (동) 몸의 위쪽은 달걀 모양이며, 날개는 붉은색 또는 노란색 바탕에 검은 점무늬가 흩어져 있는 곤충.
무:대[1](武大) 명 〔중국 소설 '수호지'와 '금병매'에 나오는 인물에서〕 지지리 못나고 의젓하지 못한 사람. ¶~ 같은 것.
무:대[2](舞臺) 명 1 노래·춤·연극 따위를 하기 위하여 객석 정면에 길고 높직하게 마련한 단. 2 장치. 4 활동하는 영역이나 근거지. ¶세계~ / 활동 ~. 3 소설·드라마 등에서 사건의 소재가 된 곳. (回배경. ¶농촌을 ~로 한 소설.
무:대^의상(舞臺衣裳) 명 무대 위에서 공연할 때 입는 옷. ¶화려한 ~.
무:대-화(舞臺化) 명 (어떤 작품을) 극으로 무대 위에 상연할 수 있게 하는 것. **무:대화-하다** 통여타여 ¶고대 소설 '춘향전'을 **무:대화-되다** 통여
무더기 명 1자립 한데 쌓아 놓은 물건의 더미. ¶돌~. 2의존 쌓아 놓은 물건의 더미를 세는 단위. ¶돌 한 ~.
무-더위 명 찌는 듯한 더위. ¶~가 기승을 부리다.
무던-하다 형여 1 정도가 어지간하다. ¶그만하면 **무던하게** 참았네. 2 성질이 너그럽고 수더분하다. ¶**무던한** 사람. **무던-히** 부
무덤 명 죽은 사람(드물게, 동물)을 기억하거나 추모하기 위하여 그의 시체를 땅에 묻고 일정한 모양으로 꾸며 놓은 곳. =분묘. (旦묘지. ¶돌~.
무덤-가[-까] 명 무덤의 가장자리.
무덤덤-하다 형여 감정의 동요나 표정의 변화가 거의 없다. **무덤덤하게** 말하다.
무-덥다[-따] 형비 〈~더우니, ~더워〉 찌는 듯이 더운 것. ¶**무더운** 날씨.
무데뽀(←일本無鐵砲/むてっぽう) 명 '막무가내'로 순화.
무:도[1](武道) 명 1 무예·무술 등의 총칭. 2 무사가 마땅히 지켜야 할 도리.
무:도[2](舞蹈) 명 1 춤을 추는 것. 2 음악에 맞추어 몸을 움직여 감정·의사를 나타내는 신체적인 예술. (回댄스·무용.
무:도-장(舞蹈場) 명 춤을 출 수 있게 따로 마련하여 놓은 곳.
무도-하다(無道-) 형여 도리에 어긋나서 막되다. ¶**무도한** 짓을 하다.
무:도-회(舞蹈會)[-회/-훼] 명 여러 사람이 사교춤을 추면서 노는 모임. ¶가장(假裝)~.
무:동(舞童) 명 1 전날에, 나라 잔치 때 노래를 부르며 춤을 추던 사내아이. 2 걸립패에서, 남의 어깨 위에 서서 춤을 추는 아이.
무동(을) 타다 남의 어깨 위에 두 다리를 벌리고 올라타다.
무:두-질 명 1짐승의 날가죽에서 털과 기름을 제거하여 가죽을 부드럽게 만드는 일. 2 (배고픔이나 속병 등이 배 속이나 창자를) 쓰리고 아프게 하는 것. 비유적인 말임. **무:두질-하다** 통여타여
무드(mood) 명 어떤 곳에 감도는 독특한 분위기. 특히, 낭만적이고 정감 있는 분위기. ¶축제 ~ / ~가 깨지다.
무-득점(無得點)[-쩜] 명 득점이 없음. ¶~ 경기.
무등-산(無等山) 명 (지) 광주광역시와 전라남도 화순군 사이에 있는 산. 높이 1,187m.
무디다 형 1 (물체의 날이나 끝이) 날카롭지 못해 다른 물건을 베거나 자르거나 뚫기 어려운 상태에 있다. ¶칼날이 ~. ↔날카롭다. 2 (감각이나 신경이나 감성 등이) 느껴 깨닫는 힘이 모자라는 상태에 있다. ¶신경이 **무딘** 사람. 3 (표현하는 힘이) 날카롭지 못하다. 4 (말이) 무지하고 둔하다.
무뚝뚝-하다[-뚜카-] 형여 (말이나 표정이) 상냥하거나 부드럽지 못한 상태에 있다. 또는, (사람의 태도가) 친절함이 없거나 아기자기한 맛이 없다. **무뚝뚝하다** 부 **무뚝뚝한** 말투.
무람-없다[-엄따] 형 예의를 지키지 않아 버릇없다. **무람없-이** 부
무:량(無量) 명 헤아릴 수 없는 것. **무량-하다** 형여 ¶감개 ~.
무량-대수(無量大數) 주 십진급수의 하나. 불가사의의 만 배. 곧, 10^{68}.
무럭-무럭[-렁-] 부 1 순조롭고 힘차게 잘 자라는 모양. ¶~ 자라는 어린이. 2 연기·김 따위가 계속하여 많이 일어나는 모양. ¶밥에서 김이 ~ 나다. 3 느낌·기운 따위가 자꾸 나는 모양. 웥모락모락.

무려(無慮) 큰 수효 앞에 붙어, '자그마치', '엄청나게'의 뜻으로 쓰이는 말. ¶~ 10만명이 넘는 사상자.

무:력(武力) 명 군사상의 힘. 圓병력. ¶~도발 / ~ 남침.

무력-감(無力感) [-깜] 명 자신이 무력한 것을 깨달았을 때, 그리고 무슨 짓을 하여도 아무 소용이 없음을 깨달았을 때의 허탈하고도 맥빠진 듯한 느낌. ¶~에 빠지다.

무:력-시위(武力示威) [-씨-] 명 군사상의 힘으로 위력이나 기세를 드러냄.

무력-증(無力症) [-쯩] 명[의] 체력이 전신 또는 부분적으로 결핍·상실되는 증세.

무력-하다(無力-) [-려카-] 혱 1 힘이 없다. ¶제공권을 상실한 **무력한** 군대. 2 (활동력·능력·금력 따위의) 역량이 없다. ¶부양 능력을 잃은 **무력한** 가장(家長).

무력-화(無力化) [-려콰] 명 힘이 없게 되는 것. 또는, 그렇게 하는 것. **무력화-하다** 자타연 ¶적의 공세를 ~. **무력화-되다** 자

무렵 명(의존) 《명사나 어미 '-ㄹ' 또는 관형사 다음에 쓰여》 어떤 일·상태가 벌어지거나 일어나려는 시간에 가까운 때. ¶저녁, ~ / 개꽃 필 ~.

무:령-왕(武寧王) [인] 백제의 제25대 왕(462~523).

무례(無禮) 명 (사람이) 예의가 없거나 예의를 갖추지 않은 상태에 있는 것. ¶~를 용서하십시오. **무례-하다** 혱여 ¶**무례한** 태도.

무뢰-배(無賴輩) [-뢰-/-뤠-] 명 무뢰한의 무리. 圓=탁류.

무뢰-한(無賴漢) [-뢰-/-뤠-] 명 일정한 직업이 없이 돌아다니며 불량한 짓을 하는 사람.

무료¹(無料) 명 1 값이나 삯이 필요 없음. ¶~입장. ⇔유료. 2 급료가 없음. 圓무급(無給). ¶~ 봉사.

무료²(無聊) 명 1 재미있는 일이 없어 심심하고 지루한 것. ¶~를 이기지 못하다. 2 부끄럽고 열없는 것. **무료-하다** 혱여 ¶**무료한** 나날을 보내다. **무료-히** 튀

무르녹다 [-따] 자 1 (과일이나 삶은 음식이) 푹 익어서 흐무러지다. 2 (봄이나 가을, 또는 녹음이나 단풍 등이) 한창 절정에 이르다. ¶가을이 ~. 3 (어떤 요소가 추상적 사물에) 깊이 배어들다. ¶유유자적하는 삶이 시조에 ~.

무르다¹ 자(여)〈무르니, 물러〉굳은 물건이 푹 익어서 물렁물렁하게 되다. ¶감이 ~.

무르다² 타(여) 1(타)〈무르니, 물러〉 1 샀거나 바꾸었던 것을 도로 주고 치른 돈이나 물건을 찾다. ¶새로 산 옷을 ~. 2 이미 한 일을 전의 상태로 되돌리다. ¶장기의 수를 ~. 2(자) 있던 자리에서 뒤로 옮기다. ¶다섯 발짝만 뒤로 **물러라**.

무르다³ 혱여〈무르니, 물러〉 1 단단하지 않고 여리다. ¶무른 살. 2 물기가 많아 뻣뻣하지 않다. ¶반죽이 너무 ~. 3 마음이나 힘이 여리고 약하다. ¶성격이 ~.

무르-익다 [-따] 재 1 (과일·곡식 따위가) 익을 대로 푹 익다. ¶오곡백과가 ~. 2 (시기나 일이) 충분히 성숙되다. ¶분위기가 ~.

무르춤-하다 자여 뜻밖의 사실에 놀라 갑자기 물러서려는 듯이 행동을 멈추다.

(바)무슴하다.

무릎팍 명 '무릎'을 속되게 이르는 말. ㉰물팍.

무릎-쓰다 타〈-쓰니, -써〉 어렵고 고된 일을 그대로 참고 견디어 내다. ¶모든 어려움을 **무릎쓰고** 드디어 해내다.

무릇 [-를] 부 대체로 헤아려 생각하건대. 圓대저(大抵). ¶~ 노력 없이 성공한 사람은 없다.

무:릉-도원(武陵桃源) 명 1 도연명의 '도화원기'에 기술된 선경(仙境). 2 세상과 따로 떨어진 별천지의 비유.

무릎 [-릅] 명[생] 1 넓적다리와 정강이의 사이에 있는 관절의 앞부분. 2 (주로, '무릎 (위)에 앉다, 무릎을 베다' 등의 꼴로 쓰여) 사람이 바닥이나 의자에 앉은 상태에서의 넓적다리 위쪽 앞부분. ¶아내의 ~을 베고 눕다.

무릎(을) 꿇다 항복하거나 굴복하다.

무릎-도가니 [-릅또-] 명 1 소의 무릎의 종지뼈와 거기에 붙은 고깃덩이. 2 [생] '종지뼈'를 속되게 이르는 말. ㉰도가니.

무릎-맞춤 [-름맏-] 명 두 사람의 말이 서로 어긋날 때, 제삼자 앞에 마주 놓고 따지는 일. 圓대질. **무릎맞춤-하다** 자타여

무릎^반:사(-反射) [-릅빤-] 명[생] 무릎의 종지뼈를 치면 대퇴 사두근이 순간적으로 수축하여 아랫다리가 앞으로 뻗는 반사 운동.

무릎-장단 [-릅짱-] 명 장단에 맞추어 손으로 무릎을 치는 일. ¶흥겨운 창에 ~을 치면서 어깨춤을 추다.

무리¹ 명 여럿이 모여 한동아리를 이룬 사람 또는 짐승. ¶~를 짓다. ▷떼.

무리² 명[천] 대기 가운데 떠 있는 작은 물방울에 의한 빛의 굴절·반사 등으로, 해나 달의 둘레에 때때로 생기는 백색의 둥근 테. ¶달~ / 햇~.

무리³(無理) 명 이치에 닿지 않거나 정도에 지나치게 벗어나는 것. ¶이 짐을 너 혼자 드는 건 ~다. **무리-하다** 혱여 ¶**무리하지** 마라, 병날라. ▷무리하다².

무리-수¹(無理手) 명 1 바둑·장기 등에서, 무리하게 두는 수. 2 어떤 일을 무리하게 추진하는 상태. 비유적인 말임. ¶~ 경영이 부실을 초래하다.

무리-수²(無理數) 명[수] 실수(實數)이면서 정수·분수의 형식으로 나타낼 수 없는 수. √5나 π(원주율) 따위. ⇔유리수.

무리-하다²(無理-) 혱여 이치에 닿지 않아 억지스럽거나 정도가 지나치다. ¶**무리한** 요구.

무:림(武林) 명 무사들의 세계, 또는 무술의 세계를 멋스럽게 이르는 말. ¶~의 고수[진존].

무마(撫摩) 명 1 (분쟁이나 사건 등을) 편법을 동원하여 적당한 선에서 문제가 되지 않게 처리하는 것. 2 (사람을) 위로하여 달래는 것. ¶~에 나서다. **무마-하다** 타여 ¶돈으로 사건을 ~. **무마-되다** 자

무:-말랭이 명 무를 반찬거리로 쓰려고 썰어서 말린 것.

무-맛 명 무 맛이 없는 것.

무-면허(無免許) 명 면허가 없는 것. ¶~ 운전 / ~ 의사.

무명¹ 명〔⊂木棉〕무명실로 짠 피륙. =면포·목면.

무명²(無名) 명 1 이름이 없는 것. 2 (일부

명사 앞에 쓰여) 이름이 널리 알려져 있지 않은 것. ¶~작가 / ~ 가수. ↔유명.

무명³(無明) 똉[불] 사견(邪見)이나 망집에 싸여 불교의 진리를 깨닫지 못하는 마음의 상태.

무명-실(無名-) 똉 솜을 자아 만든 실. =면사.

무명-씨(無名氏) 똉 이름을 모르는 사람. ¶~의 작품.

무명-용사(無名勇士) [-농-] 똉 세상에 이름이 알려지지 않은 용사.

무명-지(無名指) 똉 =약손가락.

무모-하다(無謀-) [형여] 앞뒤를 헤아려 생각하는 신중성이나 분별력이 없다. ¶무모한 행동. **무모-히** [旲]

무문^토기(無紋土器) 똉[고고] =민무늬토기.

무미건조-하다(無味乾燥-) [형여] 재미나 멋이 없이 메마르다. ¶무미건조한 생활.

무미-하다(無味-) [형여] 재미가 없다.

무박(無泊) 똉 여행이나 훈련 등이 잠을 자지 않고 이루어지는 것. 무박의 경우에는, 주로 2일 동안의 여행이 숙박하지 않는 상태로 이루어지는 것을 가리킴. ¶기차를 타고 ~ 2일로 정동진을 다녀오다.

무-반(武班) 똉 무관의 반열. =서반(西班). ↔문반.

무-반주(無伴奏) 똉 반주가 없는 것. ¶~합창.

무방비(無防備) 똉 적이나 위험을 막아 낼 준비가 되어 있지 않은 것. ¶~ 상태.

무방-하다(無妨-) [형여] 거리낄 것이 없이 괜찮다. ¶둘 중 어느 것이라도 ~.

무법(無法) 똉 1 법이나 제도가 확립되지 않고 질서가 문란하여 법이 없는 것 같은 것. 2 도리에 어긋나고 예의가 없는 것. **무법-하다** [형여] ¶**무법한** 행동.

무법-자(無法者) [-짜] 똉 법을 무시하거나, 거칠고 험한 짓을 하는 사람. ¶황야의 ~.

무법-천지(無法天地) 똉 제도와 질서가 문란하여 법이 없는 것 같은 세상. ¶불량배들이 밤낮없이 ~로 날뛰고 있다.

무변-하다(無邊-) [형여] 끝닿는 데가 없다.

무병(無病) 똉 병이 없는 것. ¶~ 무탈. **무병-하다** [형여]

무병장수(無病長壽) 똉 병 없이 오래 삶. **무병장수-하다** [동][자여]

무-보수(無報酬) 똉 보수가 없는 것. ¶~로 일하는 자원 봉사자.

무:복(巫服) 똉 무당이 굿할 때 입는 옷.

무분별-하다(無分別-) [형여] 분별이 없다. ¶**무분별한** 행동.

무비올라(moviola) 똉[영] 영화 필름의 화면과 확성기의 소리를 검토하면서 필요한 지 않은 부분은 잘라 내는, 발성 영화의 편집용 기계.

무비^카메라(movie camera) 똉 영화를 촬영하는 기계.

무비판-적(無批判的) [관][명] 시비를 가리지 않고 덮어놓고 하는 (것). ¶외래 문물을 ~으로 받아들일 수는 없다.

무:사(武士) 똉 옛날에, 무술을 배우고 익혀 그 방면에 종사하던 사람. ↔문사.

무사²(無死) 똉[체] =노 아웃. ↔만루.

무사³(Mousa) 똉[신화] 그리스 신화에 나오는 학예의 여신. 영어명은 뮤즈.

무-사고(無事故) 똉 사고가 없는 것. ¶~ 운전.

무:사-도(武士道) 똉 무사로서 지켜야 할 도리. ▷기사도.

무-사마귀(無-) 똉 살가죽에 밥알만 하게 돋은 군살. 주로 어린아이에게 많으며, 전염될.

무사^분열(無絲分裂) 똉[생] 염색체나 방추사가 형성되지 않고 핵이 그대로 둘로 갈라지는 세포의 핵분열. 양달개비의 줄기 세포, 암세포 등에서 볼 수 있다. ↔유사 분열.

무-사사구(無四死球) 똉[체] 야구에서, 어떤 경기에서 투수가 포볼과 데드 볼을 한 번도 던지지 않은 상태.

무사-주의(無事主義) [-의/-이] 똉 모든 일에 말썽 없이 무난히 지내려는 소극적인 태도나 경향. ¶안일한 ~에 젖어 있는 관료들.

무사태평-하다(無事太平-) [형여] 1 아무 탈 없이 편안하다. 2 어떤 일에도 개의하지 않고 태평하다. ¶살림에는 도무지 관심이 없이 **무사태평한** 사람이야.

무사-통과(無事通過) 똉 아무 제재도 받지 않고 그냥 통과함. **무사-통과-하다** [동][자][타] ¶검문소를 ~.

무사-하다(無事-) [형여] 1 아무 걱정되는 일이 없다. 2 사고 없이 안전하다. ¶교통사고로 차는 부서졌지만 사람은 ~. **무사-히** [旲] ¶전쟁터에서 ~ 돌아오다.

무산¹(無産) 똉 재산이 없는 것. ¶~ 계급. ↔유산(有産).

무:산²(霧散) 똉 안개가 걷힌듯 흩어져 버려지는 것. **무:산-되다** [동][자] ¶불의의 사고로 계획이 ~.

무산^계급(無産階級) [-계/-게-] 똉[사] 자본주의 사회에서, 재산이 없이 노동력을 팔아 생활하는 계급. =프롤레타리아트. ↔유산 계급.

무-살 똉 탄탄하지 못하고 물렁물렁한 전 살.

무상¹(無上) 똉 더할 나위 없는 최고의 것. ¶초대해 주시니 ~의 영광입니다.

무:상²(無常) 똉 1 덧없는 것. ¶인생~. 2 일정하지 않은 것. 3 [불] 모든 것은 생멸변전(生滅變轉)하여 상주(常住)함이 없는 것. **무:상-하다** [형여]

무상³(無償) 똉 어떤 행위에 대하여 그 대가나 보상이 없는 것. ¶~ 원조. ↔유상.

무상-출입(無常出入) 똉 아무 때나 거리낌 없이 드나듦. **무상출입-하다** [동][자][타] [여] ¶그는 우리 집에 **무상출입한다**.

무-색¹(-色) 똉 물감을 들인 빛깔.

무색²(無色) 똉 어떤 물질이나 물체가 아무 빛깔이나 색깔이 없는 상태. ¶~ 투명한 용기.

무색-무취(無色無臭) [-생-] 똉 아무 빛깔과 냄새가 없음.

무-색-옷(-色-) [-온] 똉 물감을 들인 천으로 지은 옷.

무색-하다(無色-) [-새카-] [형여] 1 겸연쩍고 부끄럽다. ¶그 여자는 찻잔을 엎지르고 **무색하여** 얼굴을 들지 못했다. 2 (어떤 대상이) 훨씬 더 뛰어나거나 두드러진 대상으로 말미암아 부끄러움을 느끼거나, 특색을 나타내지 못하는 상태에 있다. ¶화가가 **무색할** 정도의 그림 솜씨.

무생-물(無生物) 똉 생활 기능이나 생명이 없는 물건. 돌·흙·물 따위. ↔생물.

무-서리 똉 늦가을에 처음 내리는 묽은 서리. ↔된서리.

무서움 图 무서운 느낌. '두려움'에 비해 즉각적이고 본능적인 감정임. ¶~을 타다. ⓢ무섬.

무서워-하다 图(티에) (주로 사람이, 또는 드물게 동물이) 어떤 일이나 존재나 대상을) 무섭게 여기다. ¶개를 ~.

무선(無線) 图 통신·방송 등이 전선을 설치하지 않고 전파를 이용하는 방식인 것. ¶~ 안테나. ⓢ유선 전신.

무선-국(無線局) 图 무선 전신·무선 전화, 그 밖의 전파를 보내거나 받기 위한 전기적 설비와 그 설비의 조작을 하는 기구.

무선^전신(無線電信) 图[물] 전선을 사용하지 않고 전파에 의하여 행하는 전기 통신. ⓒ무전. ↔유선 전신.

무선^전화(無線電話) 图 전파를 이용한 전화. ⓒ무전. ↔유선 전화.

무선^전화기(無線電話機) 图 송수화기와 전화기 몸체 사이를 무선으로 연결한 전화기.

무선^호출기(無線呼出機) 图 호출 전용의 소형 휴대용 수신기. =호출기. ⓢ삐삐.

무섬 图 '무서움'의 준말. ¶~을 타다.

무섬-증(-症) [-쯩] 图 무서워하는 버릇이나 심리 현상.

무섭다 [-따] 图(ㅂ) 〈무서우니, 무서워〉 1 (주로 사람이 어떤 존재나 대상이) 위험이나 위협이나 두려움을 주어 마음이 떨리는 상태에 있다. 또는, (어떤 대상이) 사람에게 위협이나 위험이나 두려움을 주는 상태에 있다. ¶무서운 꿈. 2 (어떤 일의 상태이나 행동이) 정도가 보통의 경우를 훨씬 넘어 두렵거나 놀라운 상태에 있다. ¶남이 **무섭게** 퍼붓다. 3 (어떤 사람이) 어떤 일에 있어서 다른 사람을 두렵게 할 만큼 범상치 않거나 대단한 능력을 가진 상태에 있다. ¶그는 독학으로 고시에 패스한 **무서운** 사람이다. 4 ('-ㄹ까 무섭다'의 꼴로 쓰이어) (사람이 어떤 일이 있거나 생길까) 마음을 놓지 못하는 상태에 있다. ¶남이 볼까 ~. 5 ('-기가 무섭게'의 꼴로 쓰이어) 어떤 일이 이루어진 뒤에 그것과 관계가 있는 다른 일이 바로 다음에 이루어지는 있음을 강조하여 이르는 말. 町바쁘다. ¶그 책은 출판되기가 **무섭게** 날개 돋친 듯 팔려 나갔다. 町매섭다.

무성(無性) 图[생] 암컷과 수컷의 구별이 없는 것. ↔유성(有性).

무성^영화(無聲映畵) [-녕-] 图[영] 유성 영화가 생기기 이전에 있었던, 소리 없이 영상(映像)만으로 된 영화. ↔유성 영화.

무성-음(無聲音) 图[언] =안울림소리. ↔유성음.

무-성의(無誠意) [-의/-이] 图 성의가 없는 것. **무성의-하다** 图에

무!성-하다(茂盛-) 图에 1 (풀·잎·숲 등이) 많이 자라 빽빽이 들어차 있다. ¶잡초만 **무성한** 성터. 2 (털·수염 등이) 많이 자라 더부룩하다. 3 (소문·비난 등이) 널리 퍼져 있다. 특히, 근거가 분명치 않은 소문에 대해 쓰이는 말임. 町자자하다. ¶소문만 **무성할** 뿐 사실을 알 수 없다. **무!성-히** 圓

무소 图[동] =코뿔소.

무소륵스키, 모데스트 페트로비치(Musorgskii, Modest Petrovich) [인] 제정 러시아의 작곡가(1839~1881).

무소불능(無所不能) [-릉] 图 무엇이든 잘하지 않는 것이 없음. **무소불능-하다** 图에

무-소속(無所屬) 图 어느 단체나 정당에도 속하여 있지 않는 것. 또는, 그 사람. ¶~ 의원.

무-소식(無消息) 图 소식이 없는 것. ¶깜깜 ~.
[무소식이 희소식(喜消息)] 소식이 없는 것은 무사히 잘 있다는 뜻이니, 곧 기쁜 소식이나 다름없다는 말.

무-소유(無所有) 图 가진 것이 없음.

무:속(巫俗) 图 무당의 풍속. ▷샤머니즘.

무:속-인(巫俗人) 图 '무당'을 격을 높여 이르는 말.

무솔리니, 베니토(Mussolini, Benito) [인] 이탈리아의 정치가·파시즘적 독재자(1883~1945).

무쇠 [-쇠/-쉐] 图 1 [광] =주철. 2 정신적·육체적으로 강하고 굳센 것의 비유. ¶~ 다리 / ~ 주먹.

무수리 图[역] 궁중에서 나인의 세숫물 시중을 맡아보던 계집종.

무수-하다(無數-) 图에 헤아릴 수 없이 수가 많다. **무수-히** 圓 많은 별들.

무순(無順) 图 배열하거나 분류함에 있어 일정한 순서가 없는 것.

무:술(戊戌) 图 60갑자의 서른다섯째.

무:술²(巫術) 图 1 무당의 방술(方術). 2 =샤머니즘.

무:술³(武術) 图 무도(武道)의 기술. ¶~ 시범.

무스(프 mousse) 图 머리에 발라 단정하게 하거나 어떤 헤어스타일을 연출해 내는, 거품 모양의 크림. 상표명에서 온 말임.

무스카트(Muscat) 图[지] 오만의 수도.

무스탕(†mustang) 图 [본뜻은 '미국의 남서부에 사는 야생마'] 가공한 양모피. ¶~ 코트.

무슨 团 1 무엇인지 모르는 물건이나 일을 물을 때 그것을 지시하는 말. ¶~ 일로 오셨습니까? 2 사물의 내용을 잘 모를 때 이르는 말. ¶~ 일이 있는 게로군. 3 굳이 특정의 사물을 지목하지 않을 때 이르는 말. ¶~ 일이든 맡겨 주십시오. 4 어떤 사실에 대한 못마땅함을 나타낼 때 쓰이는 말. ¶~ 날씨가 이렇게 덥지?
[무슨 바람이 불어서] 자주 오지 않던 사람이 어쩌다가 찾아왔을 때, '무슨 마음이 내켜서' 또는 '무슨 일이 있어서'의 뜻으로 쓰는 말.
[무슨 뾰족한 수 있나] 별로 신통한 수가 없음을 이르는 말.

무슨-무슨 团 사물의 이름이 확실치 않거나 그 이름을 구체적으로 밝히지 않고 할 때 그 사물 앞에 쓰는 말. 町아무아무. ¶그들은 모두 ~ 단체에 속한 사람들이었다.

무슬림(Muslim) 图[종] '이슬람교도'로 순화.

무-승부(無勝負) 图 운동 경기 등에서, 승부가 없이 비기는 것.

무시(無視) 图 1 사물의 존재 의의나 가치를 가볍게 여기거나 인정하지 않는 것. 2 (사람을) 업신여겨 알아주지 않는 것. **무시-하다** 图(티에) ¶교통 법규를 ~ / 없이 산다고 **무시하지** 마라. **무시-되다** 图(ㅈ에)

무시-로(無時-) 圉 일정한 때가 없이 수시로. ¶남의 집을 제집처럼 ~ 드나들다.

무시무시-하다 图에 몹시 무서운 느낌이

있다. ¶무시무시한 꿈을 꾸다.
무-시험(無試驗) 명 시험을 치르지 않는 것. ¶~ 입학.
무식(無識) 명 별로 배우지 못하여 세상을 살아가는 데 필요한 지식이나 교양을 거의 쌓지 못한 상태에 있는 것. ¶일자~. ↔유식(有識). **무식-하다** 형여
무식-쟁이(無識-) [-쩽-] 명 무식한 사람을 낮잡아 이르는 말.
무:신(戊申) 명 60갑자의 마흔다섯째.
무:신²(巫信) 명[종] 무당을 믿는 토속 신앙. ▷샤머니즘.
무신³(武臣) 명 무관인 신하. ↔문신.
무신경-하다(無神經-) 형여 1 감각이 아주 둔하다. ¶북새통 속에서도 잠을 잘 자는 무신경한 사람. 2 (어떤 사람이) 마땅히 관심을 가져야 하거나 정서적 반응을 보여야 할 일에 전혀 그런 태도를 보이지 않는 상태에 있다. ¶남의 마음을 헤치는 무신경한 언동.
무신-론(無神論) [-논] 명[철] 신의 존재를 부정하는 입장. ↔유신론.
무신론-자(無神論者) [-논-] 명 무신론을 내세우는 사람.
무-실점(無失點) [-쩜-] 명 운동 경기나 승부 등에서 실점이 없는 것.
무심(無心) 명 1 관심을 가지고 걱정하거나 아끼거나 하는 마음이 없는 상태. 2 마음속에 아무 생각이나 느낌이 없는 상태. 3 (자연이나 사물이) 사람의 일과 상관없이 그저 홀로 존재하거나 있는 상태. 4 [불] 마음에 욕망과 망령된 생각이 사라진 상태. **무심-하다** 형여 ¶**무심한** 남자 / **무심한** 표정. **무심-히** 부
무심결-에(無心-) [-껼-] 부 아무 생각 없이 자기도 모르게. ¶~ 입 밖에 내다.
무심중-에(無心中-) 부 어떤 의도나 의식이 없이 자기도 모르는 사이에.
무심-코(無心-) 부 아무 의도 없이 그냥. ¶~ 한 말이 화근이 될 줄이야.
무쌍-하다(無雙-) 형여 견줄 만한 데가 없을 만큼 뛰어나다. ¶변화-/ 용감-.
무아(無我) 명 1 어떤 일에 깊이 빠져 자기의 존재를 잊는 것. 2 사욕(私慾)이 없는 것. 3 [불] 불변의 실체로서의 '나'는 존재하지 않음을 이르는 말.
무아-경(無我境) 명 마음이 어느 한곳으로 온통 쏠려 자신의 존재를 잊고 있는 경지. =무아지경. ¶~에 빠지다.
무아-지경(無我之境) 명 =무아경.
무안(無顔) 명 약점·잘못 등이 드러나거나 비난을 당하거나 하여, 얼굴을 들기 어려울 만큼 부끄럽거나 창피한 상태에 있는 것. **무안-하다** 형여 ¶**무안한던지** 고개를 들지 못했다. **무안-히** 부
무-안타(無安打) [-쩨] 명[체] 야구에서, 안타가 없는 것. ¶~로 공격을 끝내다.
무어 Ⅰ 때(지시)(인칭) '무엇'의 준말. ¶~라고 할 것이 없다. ㈜머.뭐.
Ⅱ 갑 1 놀라움을 나타내는 말. ¶~, 사고가 났다고? 2 (친구나 아랫사람이 부를 때) 대답을 겸하여, 왜 부르느냐는 뜻으로 되묻는 말. 3 사실을 이야기함에 있어 상대의 생각을 가볍게 반박하거나 새롭게 일깨워 주는 뜻을 담은 말. ¶시험이 어렵지 않던데~. 4 어린아이나 여자들이 반말로 어리광을 피울 때, 말끝에 붙여 쓰는 말. ¶에이 씨, 사 달라는 것도 안 사주고 ~. 5 어떤 사실을 체념적으로 받아들이는 뜻을 나타내는 말. ¶세상살이라는 게 다 그런 거지 ~. ㈜머.뭐.
무어²인(Moor人) 명 8세기경 이베리아 반도를 정복한 아랍계 이슬람교도에 대한 호칭.
무언(無言) 명 말이 없는 것. ¶암구~/ ~의 시위.
무언-극(無言劇) [-껀] 명 대사(臺詞) 없이 몸짓과 표정만으로 내용을 표현하는 연극. =팬터마임.
무언중-에(無言中-) 부 말이 없는 가운데에. ¶~ 마음이 통하다.
무얼 '무엇을' 이 준말. ¶~ 갖고 싶으냐?
무엄-하다(無嚴-) 형여 (태도가) 예의를 갖추어 삼감이 없다. ¶감히 누구 앞이라고 **무엄하게** 지껄이느냐. **무엄-히** 부
무엇 [-얻] 때 1 (지시) 1 말하는 사람이 그 성격이나 내용에 대해 모르고 있는 물체나 물질, 또는 일이나 현상을 가리켜 그 정체를 묻는 의문 대명사. ¶상자에 ~이 들었니? 2 어떤 대상을 특정한 것으로 국한하지 않고 막연하게 가리킬 때 쓰는 부정칭(不定稱) 대명사. ¶~이든 좋아. 3 잘 모르거나 알아내도 굳이 밝히고 싶지 않은 대상을 가리킬 때 쓰이는 부정칭 대명사. ¶얼굴에 ~인가 ~이 난다. 4 (주로, '무엇이라고', '뭐라고', '뭐' 등의 꼴로 쓰여) 말하는 사람이 상대가 말한 내용을 못 알아듣고 되묻거나, 상대의 말이 터무니없거나 뜻밖이어서 되물을 때 쓰이는 의문 대명사. ¶~이라고? 다시 말해 봐. 5 (주로, 뒤에 '있다', '이다' 등과 함께 쓰여) 앞에 오는 내용에 대해, 말하는 사람이 못마땅하게 여기거나 바람직하지 않게 생각함을 나타내는 의문 대명사. ¶그만한 일로 화낼 게 ~ 있어요? 2(인칭) 1 말하는 사람이 모르는 사람에 대해 대수롭게 여기거나 다소 얕잡아 그의 정체를 묻는 의문 대명사. ¶너는 ~이냐? 2 (주로 '되다'와 함께 쓰여) 어떤 사람이 이루려고 하거나 이루어 낸 신분이나 직업이 어떤 것임을 묻거나, 어떤 사람과 다른 사람이 이루는 사회적 관계나 촌수 따위를 물을 때 쓰이는 의문 대명사. ¶"넌 커서 ~이 될래?" ㈜머.무어.뭐.뭣.
무엇-하다 [-어떠-] 형여 어떤 거북한 상황을 형용할 때, 둘러서 좀 완곡하게 표현하는 말. 주로 '곤란하다', '난처하다', '미안하다' 등의 뜻을 나타냄. ¶남의 집에 가면서 빈손으로 가기는 좀 ~. ㈜뭐하다·멋하다·뭣하다.
무에 '무엇이' 가 준 말. ¶~ 그리 급하냐?
무:역(貿易) 명[경] 국제간에 상품을 매매하는 경제적 활동. ¶~하다 자)(여)(여)
무:역-상(貿易商) [-쌍] 명 외국과 무역을 하는 상업. 또는, 그 상인.
무:역-선(貿易船) [-썬] 명 외국과 무역을 하기 위해 물건을 실어 나르는 배.
무:역-풍(貿易風) 명[지] 중위도 고압대에서 적도 저압대를 향하여 일 년 내내 부는 바람. 북반구에서는 북동풍, 남반구에서는 남동풍이 불게 됨.
무:역-항(貿易港) [-여캉] 명 상선(商船)이나 다른 나라의 배가 자주 드나들어 무역이 성한 항구.
무연-고(無緣故) 명 연고가 없는 것. ¶~자(者) / ~ 노인.
무연-탄(無煙炭) 명[광] 탄소의 함유량이 85~95%로 연기를 내지 않고 연소하는

탄. 화력이 강하고 오랜 시간 연소함. ↔유연탄.
무¦열-왕(武烈王) [명][인] 신라의 제29대 왕(602~661). 본명은 김춘추.
무¦예(武藝) [명] 무도(武道)에 관한 재주. [비]무술. ¶~에 뛰어난 장수.
무¦오(戊午) [명] 60갑자의 쉰다섯째.
무¦오-사화(戊午士禍·戊午史禍) [명][역] 조선 연산군 4년(1498)에 유자광 등의 훈구파가, 세조를 비방한 조의제문이 사초(史草)에 실린 것을 트집 잡아 많은 사림파 문관들을 죽이고 귀양 보낸 사건.
무¦용[1](武勇) [명] 날래고 용감한 것.
무¦용[2](舞踊) [명] 음악에 맞추어 몸을 율동적으로 움직여 감정과 의지를 표현하는 예술. [비]춤. **무¦용-하다**[1] [동][자][여]
무¦용-가(舞踊家) [명] 무용을 전문적으로 하는 사람.
무¦용-단(舞踊團) [명] 무용을 공동으로 연구 또는 발표하기 위하여 무용하는 사람들로 구성된 단체. ¶시립 ~.
무¦용-담(武勇談) [명] 싸움에서 용감하게 활약하여 무공(武功)을 세운 이야기.
무¦용-수(舞踊手) [명] 무용단 등에 속하여, 무대 위에서 춤을 추는 일을 하는 사람.
무용지물(無用之物) [명] 쓸모가 없는 사람이나 물건. ¶생활 패턴의 변화로 가정의 재봉틀은 이제 ~이 되어 가고 있다.
무용-하다[2](無用—) [형][여] **1** 쓸모가 없다. **2** 볼일이 없다.
무우 [명][식] '무[2]'의 잘못.
무¦운(武運) [명] **1** 전쟁의 승패에 관한 운수. **2** 무인으로서의 운. ¶~을 빌다.
무-원칙(無原則) [명] 원칙이 없는 것. **무원칙-하다** [형][여] ¶**무원칙한** 인사 행정.
무위(無爲) [명] **1** 아무 일도 하지 않거나 이루지 못하는 것. ¶노력한 결과가 ~로 끝나고 말았다. **2** [철] 노장 철학에서, 자연의 법칙에 따라 행위하고 인위를 가하지 않는 것. **3** [불] 인과(因果)의 관계를 초월한 경지. 곧, 열반을 이름. ↔유위.
무위-도식(無爲徒食) [명] 아무 하는 일도 없이 먹고 놀기만 함. ¶~으로 세월을 보내다. **무위도식-하다** [동][자][여]
무위-자연(無爲自然) [명][철] 노장 철학에서, 인위가 없는, 참된 행복의 근원으로서의 자연.
무의미-하다(無意味—) [형][여] 아무런 뜻이나 가치가 없다. ¶**무의미한** 일.
무-의식(無意識) [명] **1** 의식의 장애로 지각(知覺)이나 기억 작용을 하지 못하는 상태. **2** [심] 사람이 의식하지는 못하지만 의식에 영향을 미치고 있는 마음의 심층.
무의식-적(無意識的) [—쩍] [관][명] 무의식의 상태에 있는 (것). ¶~ 행동. ↔의식적.
무의식중-에(無意識中—) [—쭝—] [부] 자기도 모르는 사이에. ¶~ 저지른 행동.
무의-촌(無醫村) [—의—/—이—] [명] 의사나 의료 시설이 없는 마을.
무-의탁(無依託) [명] 의탁할 데가 없는 상태. ¶~ 노인.
무-이자(無利子) [명] 이자를 붙이지 않는 것. ¶~로 돈을 빌리다.
무익-하다(無益—) [—이카—] [형][여] 이로울 것이 없다. ¶백해~. ↔유익하다.
무¦인[1](戊寅) [명] 60갑자의 열다섯째.
무¦인[2](武人) [명] 옛날에, 무과 출신의 관리나 사람. ↔문인(文人).
무¦인[3](拇印) [명] =지장(指章)[3].
무인[4](無人) [명] 사람이 없음. ¶~ 판매 / ~ 우주선.
무인-도(無人島) [명] 사람이 살지 않는 섬.
무¦인-석(武人石) [명] 돌로 만들어 능 앞에 세우는, 무관(武官)의 형상. ↔문인석.
무인지경(無人之境) [명] **1** 사람이 없는 외진 곳. ¶이곳은 심산유곡 ~이다. **2** 아무것도 거칠 것이 없는 판. ¶당시에는 전자 공업에 손댄 기업은 하나도 없었어요. 그야말로 ~이라 할 만했지요.
무-일푼(無一一) [명] 돈이 한 푼도 없음. ¶~의 신세.
무임-승차(無賃乘車) [명] 차비를 내지 않고 차를 타는 일. **무임승차-하다** [동][자][타][여]
무¦자(戊子) [명] 60갑자의 스물다섯째.
무-자격(無資格) [명] 자격이 없는 것. ¶~자 / ~ 의료 행위.
무자료^거¦래(無資料去來) [명][경] 세금을 내지 않으려고 세금 계산서 없이 상품을 거래하는 일.
무자비-하다(無慈悲—) [형][여] (사람의 행동이나 태도가) 모질고 독하다. ¶**무자비한** 살상.
무-자식(無子息) [명] 어떤 사람, 특히 결혼한 사람에게 자식이 없는 것.
[**무자식 상팔자**(上八字)] 자식이 없는 것이 걱정이 적어서 도리어 편하다는 말.
무-자위 [명] 바퀴에 빙 둘러 박힌 발판을 발로 밟아 돌려서 물을 자아올리는 농기구. =수차(水車).
무-작위(無作爲) [명] 어떤 행위나 대상이 어떤 의지나 의도 없이 우연히 이뤄지거나 택해진 상태에 있는 것. ¶~ 추출. ↔작위.
무-작정(無酌定) [—쩡] Ⅰ[명] 얼마라든지 혹은 어떻게 하겠다고 정한 것이 없는 것. ¶~으로 시작하다.
Ⅱ[부] 무턱대고. ¶~ 상경(上京)하다.
무¦장[1](武將) [명][역] 무관으로서의 장수.
무¦장[2](武裝) [명] **1** 전쟁이나 전투에 필요한 무기나 장비를 갖추는 것. 또는, 그 무기나 장비. ¶완전 ~ / ~ 공비. **2** 어떤 일을 하기에 필요한 기술이나 사상 따위를 갖추는 것. **무¦장-하다** [동][자][여] ¶권총으로 ~. **무¦장-되다** [동][자]
무¦장-간첩(武裝間諜) [명] 전투에 필요한 무기나 장비를 갖춘 간첩.
무¦장-봉기(武裝蜂起) [명] 지배자의 무력에 대항하여 피지배자가 무장을 하고 떼지어 세차게 일어나는 일. **무¦장봉기-하다** [동][자][여]
무¦장^해¦제(武裝解除) [명][군] 항복한 군인·포로 등에 대하여 무기를 강제로 빼앗아 싸움에 참가할 수 없게 하는 일.
무-저항(無抵抗) [명] 저항하지 않는 것.
무저항-주의(無抵抗主義) [—의/—이] [명] 정치적·사회적 압박이나 학대에 대하여 폭력으로 저항하지 않고 인도적 방법으로 자기의 주장을 관철시키려는 주의. 인도의 간디가 주창함. ▷간디즘.
무적[1](無敵) [명] 겨룰 만한 적이 없는 것. ¶~의 용사들 / 천하~.
무적[2](無籍) [명] 《일부 명사 앞에 쓰여》 국적·호적·학적·차적 등이 해당 문서에 기록되어 있지 않은 것. ¶~ 차량.
무적-함대(無敵艦隊) [—저캄—] [명] **1** 겨룰 만한 적이 없는 강한 함대. **2** [역] 1588년

에 에스파냐가 영국을 굴복시키고자 편성한 함대.

무전(無電) 閔 1 '무선 전신'의 준말. ¶~을 치다. 2 '무선 전화'의 준말.

무전-기(無電機) 閔 무선 전신 또는 무선 전화용 기계.

무전-여행(無錢旅行)[-녀-] 閔 여비 없이 하는 여행. ¶친구와 ~을 떠나다.

무전-취식(無錢取食) 閔 값을 치를 돈도 없이 남이 파는 음식을 먹음.

무절제-하다(無節制-)[-쩨-] 헝에 절제함이 없다. ¶무절제한 생활.

무정-란(無精卵)[-난] 閔 1 [생] 수정(受精)이 이루어지지 않은 상태의 난자. ↔유정란. 2 교미하지 않고 낳은, 부화가 불가능한 달걀. ↔유정란.

무정^명사(無情名詞) 閔[언] 감정을 나타내지 않는 식물이나 무생물을 가리키는 명사. ↔유정 명사.

무-정부(無政府) 閔 정부가 존재하지 않는 것. ¶~ 상태.

무정부-주의(無政府主義)[-의/-이] 閔[사] 모든 정치 조직·권력·사회적 권위를 부정하고 개인의 자유를 최상의 가치로 내세우는 주의.

무정-스럽다(無情-)[-따] 헝ㅂ<-스러우니, -스러워> 따뜻한 정이 없는 듯하다. ▷매정스럽다. **무정스레** 튀

무정-하다(無情-) 헝에 1 인정이나 동정심이 없다. 2 남의 형편에 아랑곳없다. ¶왜 그리 제 마음을 몰라주십니까? 참으로 ~. ▷매정하다.

무-정형¹(無定形) 閔 1 일정한 형체가 없는 것. ¶~ 성운(星雲). 2 [화] =비결정성. **무정형-하다** 헝에

무-정형²(無定型) 閔 일정한 형식이 없는 것. ¶~ 시(詩).

무제(無題) 閔 제목이 없는 것. 흔히, 시나 그림 등에 제목을 붙이기 어려울 때 대신 하는 제목임.

무-제한(無制限) Ⅰ 閔 제한이 없는 것. ¶~으로 제공하다. **무제한-하다** 헝에
Ⅱ튀 제한이 없이. ¶날짜를 ~ 연장하다.

무제한-급(無制限級)[-급] 閔[체] 1 레슬링·역도 등에서, 가장 무거운 체급으로 일정 체중 이상인 등급. 2 유도·씨름 등에서, 체급의 제한이나 구별이 없는 상태.

무-조건(無條件)[-껀] Ⅰ閔 아무 조건도 없는 것.
Ⅱ튀 이모저모 살피지 않고 덮어놓고. ¶네 말에 ~ 찬성이다.

무조건^반사(無條件反射)[-껀-] 閔[심] 자극에 대한 타고난 본능적인 반응. 즉슨 입에 침이 저절로 나오는 것 따위. ↔조건 반사.

무좀 閔[의] 발가락 사이나 발바닥 등에 작은 물집이 생기거나 살갗이 벗어지거나 몹시 가려운 피부병.

무죄(無罪)[-죄/-줴] 閔 1 죄가 없는 것. 2 [법] 공판에서 심리한 결과 피고 사건이 죄가 되지 않거나 범죄의 증명이 없을 때에 선고하는 판결. ¶~ 석방. ↔유죄.

무주-공산(無主空山) 閔 1 임자 없이 텅 빈 쓸쓸한 산. 2 마땅히 주인이 있어야 할 곳이나 자리가 임자 없이 비어 있는 상태. 비유적인 말임. ¶북부여의 고토는 광개토 대왕 당시에 ~이었다.

무-주택(無住宅) 閔 자기 소유의 주택이 없는 것.

무-중력(無重力)[-녁] 閔[물] 중력이 없는 것. ¶~ 상태.

무지¹(拇指) 閔 =엄지손가락.

무지²(無地) 閔 무늬가 없이 전체가 한 빛깔로 됨. 또는, 그런 물건. ¶~ 옷.

무지³(無知) 閔 1 지식이나 배움이 없는 상태. ¶~를 드러내다. 2 미련하고 어리석은 것. **무지-하다** 헝에

무지⁴(無知) 튀 놀라울 정도로 대단히. ¶날씨가 ~ 덥다.

무지개 閔 공중에 떠 있는 물방울이 햇빛을 받아 나타나는 반원형의 일곱 빛깔의 줄. 흔히, 비가 멎은 뒤 태양의 반대 방향에 나타남. ¶~가 서다.

무지개-빛[-깨삗/-깯뼏] 閔 1 무지개의 일곱 가지 색깔. 2 무지개와 같이 여러 가지 빛깔로 아롱저서 보이는 색.

무지근-하다 헝에 1 똥이 잘 안 나와서 기분이 무겁다. ¶아랫배가 ~. 2 머리가 띵하고 가슴이나 어깨에 무엇에 눌린 듯 무겁다. 춘무직하다. **무지근-히** 튀

무지기 閔 한복 치마를 입을 때 겉치마가 푸하게 보이도록 받쳐 입는 속치마.

무지렁이 閔 배우지 못해 지식이 없거나 세상 이치에 어두워 어리석은 사람. ¶나 같은 ~ 농사꾼이 뭘 알겠소?

무지르다 툉브<무지르니, 무질러> 1 (길이가 있는 물건을) 한 부분을 잘라 버리다. 2 (말을) 중간에 끊어 버리다. ¶상대의 말끝을 ~.

무지막지-하다(無知莫知-)[-찌-] 헝에 예의나 분별이 없이 무식하거나 상스럽게 행동하는 상태에 있다. ¶경위도 없고 어른도 모르는 무지막지한 놈들.

무지몽매-하다(無知蒙昧-) 헝에 아는 것이 없고 사리에 어둡다.

무지-무지(無知無知) 튀 몹시 놀라울 만큼 대단히. **무지무지-하다** 헝에 ¶무지무지하게 덥다.

무지-스럽다(無知-)[-따] 헝ㅂ<-스러우니, -스러워> 무지한 데가 있다. **무지스레** 튀

무지-하다²(無知-) 헝에 놀라울 정도로 대단하다. ¶키가 무지하게 크다.

무직(無職) 閔 어떤 사람, 특히 성인이 직업이 없는 상태인 것. 문서·기사문 등에서 극히 제약적으로 쓰임.

무직-자(無職者)[-짜] 閔 일정한 직업이 없는 사람.

무직-하다[-지카-] 헝에 '무지근하다'의 준말. ¶뒤가 ~.

무!진¹(戊辰) 閔 60갑자의 다섯째.

무진²(無盡) 閔 다함이 없을 만큼. ¶매우. ¶~ 애를 쓰다.

무진-장(無盡藏) Ⅰ 閔 (어떤 사물이) 한없이 많이 있는 것. **무진장-하다** 헝에
Ⅱ튀 굉장히 많이. ¶돈이 ~ 많다.

무-질서(無秩序)[-써] 閔 1 사회나 집단에 속한 사람들이 정해진 차례나 규칙 등을 지키지 않아 혼란스러운 상태. 2 사물의 배열이 아무렇게나 이루어져 혼란스러운 상태. **무질서-하다** 헝에 ¶무질서한 생활.

무!쪽-같다[-깓따] 헝 사람의 생김새가 몹시 못나다. 속된 말로, 흔히 여자의 경우를 두고 이름. **무!쪽같-이** 튀

무찌르다 툉브<무찌르니, 무찔러> 닥치는 대로 죽이다. ¶적군을 ~.

무-차별(無差別) Ⅰ 閔 차별이 없는 것. 또

무차별-하다(無差別) [형여] 가리지 않고 마구잡이로. ¶양민을 ~ 학살하다.

무-착륙(無着陸) [―챵뉵] 명 항공기가 목적지에 닿기까지 도중에서 한 번도 육지에 내리지 않는 것. ¶~ 비행.

무참-하다(無慘―) 형여 비할 바 없이 끔찍하고 참혹하다. **무참-히** 부 ¶~ 짓밟히다.

무!-채 명 채칼로 치거나 가늘게 썬 무.

무채-색(無彩色) [―/―미] 명 흰색·회색·검은색처럼 명도의 차이는 있으나 색상과 채도가 없는 색. ↔유채색.

무책(無策) 명 방법이나 꾀가 없는 것.

무-책임(無責任) 명 1 책임이 없는 것. 2 책임감이 없는 것. **무책임-하다** 형여 ¶무책임한 답변.

무척 부 견줄 데 없이 매우. ¶~ 덥다.

무척추-동물(無脊椎動物) 명 척추가 없는 동물의 총칭. 동물계의 대부분을 차지함. =민등뼈동물. ↔척추동물.

무!천(舞天/儛天) [역] 삼한(三韓) 때 동예에서 음력 10월에 추수를 감사하며 국가적으로 드리던 제천 의식. ▷영고.

무!-청 명 무의 잎과 줄기.

무체^재산권(無體財産權) [―꿘] 명 [법] 특허권·실용신안권·상표권·의장권 및 저작권 등과 같이 지적 창작물을 독점적으로 이용할 수 있는 권리.

무춤 부 놀라거나 어색한 느낌이 들어 하던 짓을 갑자기 멈추는 모양. **무춤-하다** 동(변) 비부수하다. ¶그는 대문을 들어서다가 개를 보고서는 무춤했다.

무취(無臭) 명 냄새가 없는 것. ¶무색~. **무취-하다** 형여

무취미-하다(無趣味―) 형여 취미가 전혀 없다.

무치다 동(타) 나물에 갖은 양념을 섞어 버무리다. ¶콩나물을 ~.

무침 명 채소나 말린 생선·해초 등에 갖은 양념을 하여 무친 반찬. ¶더덕~.

무크(mook) 명 [magazine + book] 잡지와 단행본의 특성을 동시에 갖춘 출판물.

무탈-하다(無頉―) 형여 아무 탈이 없다. ¶무탈하게 지내다.

무턱-대고(―대고) [―때―] 부 잘 헤아려 보지도 않고 마구. ¶~ 나무라지만 마세요.

무-태(無―) 명 테가 없음. ¶~안경.

무통^분만(無痛分娩) 명 마취나 정신 요법 등의 방법을 사용하여 산모가 통증을 느끼지 않고 아이를 낳는 일.

무투표^당선(無投票當選) 명 선거에서 후보가 한 사람밖에 없어 투표의 절차 없이 이뤄지는 당선.

무패(無敗) 명 싸움이나 경기에서 한 번도 지지 않은 것. ¶~의 전적.

무-표정(無表情) 명 어떤 감정이나 심리 상태를 드러내지 않은 얼굴의 모습. **무표정-하다** 형여 얼굴 모습이 감정이나 심리 상태를 드러내지 않은 상태에 있다. ¶무표정한 얼굴.

무풍-지대(無風地帶) 명 1 바람이 불지 않는 지역. 2 갈등이 없이 평온한 곳. 또는, 외부로부터 아무 영향을 받지 않아 발전이 없이 정체된 곳.

무학(無學) 명 배운 것이 없는 것.

무학^대!사(無學大師) [―때―] 명[인] 고려 말·조선 초의 승려(1327~1405).

무한(無限) 명 수·양·시간·공간 등에 일정한 한도나 한계가 없는 것. ↔유한. **무한-하다** 형여 **무한-히** 부 ¶무한한 가능성. **무한-히** 부

무한-궤도(無限軌道) 명 차바퀴의 둘레에 강판으로 만든 벨트를 걸어 놓은 장치. 탱크·불도저 등에 사용함. =캐터필러.

무한-대(無限大) 명 1 한없이 큰 것. ¶~의 가능성. 2 [수] 변수 x의 절댓값이 임의의 수보다 크게 될 수 있는 경우 그 변수 x의 상태. 기호 x→∞. **무한대-하다** 형여 한없이 크다.

무-한량(無限量) [―향―] Ⅰ명 한량없이 많은 것. ¶~의 에너지.
Ⅱ부 한량없이 많이. ¶술을 ~ 마시다.

무-한정(無限定) Ⅰ명 한정이 없는 것. **무한정-하다** 형여
Ⅱ부 한정이 없이. ¶~ 기다릴 수 없다.

무한^책임(無限責任) 명[법] 채무자가 자기의 전 재산으로 채무를 갚아야 할 책임. ↔유한 책임.

무함마드(Muhammad) 명[인] =마호메트.

무해(無害) 명 해로움이 없는 것. ↔유해. **무해-하다** 형여 ¶인체에 ~.

무-허가(無許可) 명 허가가 없는 것. ¶~ 건물.

무현-금(無絃琴) 명 줄이 없는 거문고. 곧, 마음의 소리를 연주하는 악기. ¶세상 사람들은 유현금(有絃琴)만 뜯을 줄 알았지 ~은 뜯을 줄 모른다.

무혈(無血) 명 피를 흘리지 않는 것.

무혈^혁명(無血革命) [―형―] 명 피를 흘리지 않고 평화적 수단으로 이루는 혁명.

무혐의(無嫌疑) [―의/―이] 명 혐의가 없는 것. ¶~로 풀려나오다.

무!협(武俠) 명 무술이 뛰어난 협객. ¶~ 소설.

무!협-지(武俠誌) [―찌] 명 무술 겨루기를 주내용으로 하는 소설책.

무형(無形) 명 형태나 형체가 없음. 또는, 물리적 공간에 존재하지 않아 눈으로 볼 수 없는 상태. ¶~의 지적 재산. ↔유형. **무형-하다** 형여

무형^문화재(無形文化財) 명 연극·무용·음악·공예 기술 등 무형의 문화적 소산으로 역사적 또는 예술적으로 가치가 큰 것. ↔유형 문화재.

무화-과(無花果) 명 1 무화과나무의 열매. 2 [식] =무화과나무.

무화과-나무(無花果―) 명[식] 봄부터 여름에 걸쳐 연붉은색 꽃이 피고, 가을에 달걀 모양의 암자색 열매가 익는 낙엽 활엽 관목. 열매는 식용됨. =무화과.

무효(無效) 명 효력이나 효험이 없는 것. ¶당선을 ~로 하다. ↔유효. **무효-하다** 형여

무효-화(無效化) 명 무효가 되는 것. 또는, 그렇게 되게 하는 것. **무효화-하다** 형여 **무효화-되다** 형재

무!훈(武勳) 명 =무공. ¶~을 세우다.

무휴(無休) 명 휴일이 없는 것. ¶연중~.

무!희(舞姬) [―히] 명 춤추는 일을 직업으로 하는 여자.

묵 명 도토리·메밀·녹두 따위의 앙금을 되게 쑤어 굳힌 음식. ¶도토리~.

묵가(墨家) [―까] 명[역] 제자백가의 한 파. 중국 춘추 전국 시대 노(魯)나라의 사상가 묵자(墨子)의 학설을 신봉함.

묵계(默契) [―계/―께] 명 말 없는 가운데 서로 뜻이 통하는 것. 또는, 그렇게 하여

묵과(默過) [-꽈] 명 잘못이나 문제가 되는 사실을 알고도 모르는 체하고 그대로 넘기는 것. **묵과-하다** 톤(여) ¶네 잘못을 도저히 **묵과할** 수 없다.

묵념(默念) [뭉-] 명 **1** 묵묵히 생각에 잠기는 것. **2** 각국민의례 등에서, 잠시 눈을 감고 고개를 숙인 상태로 순국선열 등을 생각하며 기리는 것. **묵념-하다** 톤(여)

묵다¹ [-따] 재 **1** (곡식이나 담근 음식 등이) 생산되거나 만들어진 뒤로 그해를 넘기거나 두 해 이상의 시간이 지나 오래된 상태가 되다. ¶20년 **묵은** 포도주. **2** (어떤 일이나 현상이) 해결되지 않은 채 해를 넘긴 상태가 되다. ¶10년 **묵은** 체증이 내려가다. **3** (사람이) 일정한 때에 어떤 일을 이루지 못하고 1년 이상의 해를 보내게 되다. ¶고등학교를 졸업하고 1년 **묵은** 뒤에 대학에 들어가다. **4** (어떤 동물이) 사람이나 다른 존재가 되지 못한 상태에서 많은 햇수를 넘기게 되다. ¶천 년 **묵은** 이무기. **5** (밭이나 논이) 이용되지 않은 채 1년 이상 그대로 놓아두게 되다.

묵다² [-따] 재 (사람이 어느 곳에서) 잠을 자면서 일시적으로 머무르다. ¶여관에서 며칠 ~.

묵도(默禱) [-또] 명기 소리를 내지 않고 마음속으로 기도하는 것. 또는, 그 기도. **묵도-하다** 톤(재)(여)

묵독(默讀) [-똑] 명 소리를 내지 않고 책을 읽는 것. ↔낭독. **묵독-하다** 톤(여)

묵례(默禮) [뭉녜] 명 말없이 고개만 숙여 표하는 인사. **묵례-하다** 톤(재)(여)

묵묵부답(默默不答) [뭉-뿌-] 명 묻는 말에 잠자코 대답하지 않음. ¶뭐라 물어도 도무지 ~이다. **묵묵부답-하다** 톤(여)

묵묵-히(默默-) [뭉무카-] 부 말이 없이 잠잠하게. **묵묵-히** 부 ¶~ 자기 직분을 다하다.

묵비-권(默祕權) [-삐꿘] 명법 피고인이나 피의자가 자기에게 불리한 진술을 거부하여 침묵할 수 있는 권리. ¶~ 행사.

묵-사발(-沙鉢) [-싸-] 명 **1** 얻어맞거나 하여 얼굴 따위가 흉하게 일그러진 상태를 속되게 이르는 말. ¶~이 되도록 얻어 터지다. **2** 참패한 경우의 비유. ¶논쟁에서 ~이 되었다.

묵살(默殺) [-쌀] 명 (마땅히 문제 삼아 논의할 것을) 문제 삼지 않고 그냥 내버려 둠으로써 말없이 거절하거나 무시하는 것. **묵살-하다** 톤(여) ¶그는 내 건의를 **묵살해** 버렸다. **묵살-되다** 톤(재)

묵상(默想) [-쌍] 명 묵묵히 마음속으로 생각하는 것. **묵상-하다** 톤(여)

묵시(默示) [-씨] 명 **1** 은연중에 뜻을 나타내 보이는 것. **2** (가)(기) 하느님이 계시를 통하여 진리를 나타내는 것. ¶~록(錄). **묵시-하다** 톤(여)

묵어-가다 톤(재) 일정한 곳에 머물러서 자고 가다. ¶바닷가에서 하루 ~.

묵언(默言) 명 말을 하지 않는 것. **묵언-하다** 톤(재)(여)

묵은-닭 [-닥] 명 한 해 이상을 묵은 닭. ↔햇닭.

묵은-땅 명 일구거나 쓰지 않고 묵어 있는 땅. ¶~을 개간하다.

묵은-쌀 명 해묵은 쌀. ↔햅쌀.

묵은-해 명 새해를 맞이하여 지난해가 이르는 말. ↔새해.

묵음(默音) 명언 발음되지 않는 소리. '밟다'가 '밥다'로 발음될 때의 받침 'ㄹ' 음 따위.

묵인(默認) 명 모르는 체하고 슬며시 승인하는 것. **묵인-하다** 톤(여) ¶불법 행위를 묵인해 주다. **묵인-되다** 톤(재)

묵자(墨子) [-짜] 명인 노나라의 사상가 (480~390 B.C.).

묵-장(-將) [-짱] 명 장기에서, 쌍방이 다 모르고 한 수 이상 지나 버린 장군.

묵정-밭 [-쩡받] 명 농사를 짓지 않고 묵혀 두어 거칠어진 밭.

묵조-선(默照禪) [-쪼-] 명불 화두가 없이 조용히 앉아 가슴 속에 내재하는 불성을 발견하고자 하는 선. ↔간화선.

묵주(默珠) [-쭈] 명가 성모 마리아에게 기도드릴 때 쓰는 성물(聖物). 구슬을 10개씩 5마디로 구분하여 동그렇게 줄에 꿰고, 끝에 십자가를 단 것임. =로사리오.

묵중-하다(默重-) [-쭝-] 형 말이 적고 몸가짐이 신중하다. **묵중-히** 부

묵직-하다 [-찌카-] 형 **1** 대체로 무겁다고 여겨지는 상태에 있다. ¶짐이 부피는 작아도 꽤 ~. **2** 대체로 틀지고 무게가 있다. ¶묵직한 음성. **묵직-이** 부

묵찌빠 명 한 사람이 주도권을 가지고 '묵(주먹)·찌(가위)·빠(보)를 외치면서 그 모양의 손을 내밀었을 때, 상대방이 같은 모양의 손을 내밀면 주도권을 가진 사람이 이기게 되는 놀이. ▷ 가위바위보.

묵향(墨香) 명 먹의 향기.

묵화(墨畵) 명미 먹으로 그린 동양화.

묵-히다 [무키-] 톤(타) **1** '묵다¹·⁵'의 사동사. ¶오래 **묵힌** 간장이라 맛이 좋다. **2** (머리나 재주 등을) 사용하거나 활용하지 않은 상태로 두다. ¶섹히다. ¶재주를 ~. **3** (물건이나 돈 등을 어느 곳에 사용하지 않은 상태로 두다. ¶돈을 집에 ~.

묶다 [묵따] 톤(타) **1** (어떤 물체나 여럿으로 된 물체를 줄이나 끈 등으로) 흐트러지거나 따로 떨어지지 않도록 그 둘레를 감아 매다. ¶짐을 노끈으로 ~. **2** (사람이나 동물의 몸을 줄 따위로) 마음대로 움직이지 못하게 감아 매다. ¶결박하다. ¶죄인을 포승으로 ~. **3** (동물이나 물체를 고정된 물체에 끈이나 줄 따위로) 이어지게 하여 있던 자리에서 다른 곳으로 가지 못하게 하다. ¶배를 강가에 **묶어** 놓다. **4** (사람이 다른 사람을 어느 곳에) 제 뜻이 아닌 상태로 있게 만들다. **5** (각각을 이룬 사실이나 대상을) 하나 또는 몇 갈래의 사실이나 상태가 되게 합하다. ¶여기저기 발표했던 글을 한 권에 ~. **6** 글에서, (어떤 문자나 단어나 어구나 문장 따위를 괄호 속에) 들어 있게 나타내다. ¶한자를 한글 옆에 괄호로 **묶어** 놓다.

묶-음 명 **1** 한데 모아서 묶어 놓은 덩이. ¶꽃 ~. **2**(의존) 묶어 놓은 덩이를 세는 말. ¶나무 한 ~.

묶음-표(-標) 명 숫자나 문장의 앞뒤를 막아 다른 것과 구별하는 부호의 총칭. 소괄호·중괄호·대괄호가 있음. ⑥괄호.

묶-이다 톤(재) '묶다'의 피동사. ¶오라에 ~ / 그 땅은 그린벨트에 **묶여** 있다.

문¹(文) 명 **1** =문장. **2** 무(武)에 대해 학문·문학·예술 등을 이르는 말. ↔무(武).

문²(門) 명 1 집이나 건물에 드나들기 위해 열고 닫을 수 있게 만든 부분. 그런 물건을 달 수 있도록 터 놓은 공간. ¶쇠[뒷]~. 2 물건을 넣거나 꺼낼 때 열고 닫을 수 있게 만든 부분. ¶금고의 ~. 3 어떤 나라가 다른 나라에 대하여 교역이나 교류를 허용하거나 막기 위해 취하는 제도적인 수단이나 작용. 비유적인 말임. 비문호(門戶). 4 어떤 기관이나 조직체의 구성원이 되기 위해 거치거나 치러야 하는 절차나 과정. 비유적인 말임. 비관문. ¶취업의 ~.

문(을) 닫다 1 (가게·회사·공장 등이) 그날의 영업이나 운영을 하지 않다. 또는, 그날의 영업이나 운영을 마치다. 2 (가게·회사·공장 등이) 영업이나 운영을 그만두다.

문(을) 열다 1 (가게·회사·공장 등이) 그날의 영업이나 운영을 하다. 또는, 그날의 영업이나 운영을 시작하다. 2 (가게·회사·공장 등이) 영업이나 운영을 처음으로 시작하다.

문³(門) 명 [생] 생물 분류학상의 한 단위. 계(界)의 아래, 강(綱)의 위임. 2 씨족에 따른 집안을 가리키는 말. ¶김(金)~.

문⁴(問) 명 주로 시험 출제에서, '문제'를 줄여 이르는 말. 문 1, 문 2, … 따위. ↔답).

문⁵(文) 명[의존] 신의 크기의 단위.

문⁶(門) 명[의존] 대포의 수를 세는 단위. ¶고사포 십 ~.

-문⁷(文) [접미] '문장', '글'의 뜻을 나타내는 말. ¶명령~ / 논설~.

문간(門間) [-깐] 명 대문 또는 중문(重門)이 있는 곳. ¶~에 들어서다.

문간-방(門間房) [-깐빵] 명 대문간 바로 곁에 있는 방. ¶~에 세들어 살다.

문간-채(門間-) [-깐-] 명 대문간 곁에 있는 집. 비행랑채.

문갑(文匣) 명 안방이나 사랑방 등에 두고 문서나 문구, 기타 일상용 물건을 보관하는, 높이가 낮고 옆으로 긴 가구.

문객(門客) 명 권세 있는 집의 식객. 또는, 그런 집안에 날마다 문안 오는 손.

문건(文件) [-껀] 명 공적(公的)인 문서나 서류.

문고(文庫) 명 1 책·문서를 넣어 두는 방이나 상자. 2 =서고(書庫). 3 보급을 목적으로, 작은 판형으로 값이 싸게 만든, 총서 형식의 책.

문-고리(門-) [-꼬-] 명 문을 여닫거나 잠그는 데에 쓰는 쇠고리.

문고-본(文庫本) 명 문고 형식으로 간행한 책.

문고-판(文庫判) 명 책 판형의 하나. 세로 14.8cm, 가로 10.5cm로, 대개 국판(菊版) 크기의 절반임.

문과¹(文科) 명[역] 문관을 뽑는 과거. ↔무과.

문과²(文科) [-콰] 명 1 문학·예술을 포함한 인문 과학·사회 과학을 다루는 학문 분야. ↔이과. 2 [교] 인문 과학 부문을 연구하는 대학의 한 분과. ¶~ 대학.

문관(文官) 명 1 [역] 문과 출신의 벼슬아치. 2 [법] 군인의 위계를 가지지 않고도 군무에 종사하는 관리. ↔무관.

문구¹(文句) [-꾸] 명 글의 구절. ¶선전 ~.

문구²(文具) 명 공부를 하거나 사무를 보거나 할 때 필요한 필기도구나 공책류나 그 밖의 기타 보조 물품. 비문방구.

문-구멍(門-) [-꾸-] 명 문에 뚫린 구멍.

문구-점(文具店) [-껌] 명 =문방구점.

문권(文券) [-꿘] 명 땅·집 등의 소유권이나 그 밖의 어떤 권리를 증명하는 문서. =문서(文書).

문-기둥(門-) [-끼-] 명[건] =문설주.

문단¹(文段) [언] 명 문장이 모여서 한 가지 통일된 주제를 나타내는, 글의 작은 덩어리. =단락. ¶~을 나누다.

문단²(文壇) 명 문인들의 사회.

문-단속(門團束) 명 사고가 없도록 문을 잘 닫아 잠그는 것. ¶잠들기 전에 ~을 철저히 하다. **문단속-하다** [자여]

문:답(問答) 명 물음과 대답. 또는, 서로 묻고 대답하는 것. ¶교리 ~. **문:답-하다** 통[자]

문:답-법(問答法) [-뻡] 명 1 [문] 수사법의 하나. 서술이나 설명 대신에, 스스로 묻고 대답하는 형식을 취함으로써 내용을 변화 있게 표현하는 방법. 2 [철] =대화법.

문대다 통[타] (어떤 물체나 어느 부위를 다른 물체나 손으로) 힘 있게 대거나 누른 상태에서 한 번 움직이거나 이쪽저쪽으로 반복하여 움직여 지워지거나 벗겨지거나 뭉개지거나 눌러지게 하다. 비문지르다. ¶가슴과 등을 타월로 ~.

문둥-병(-病) [-뼝] 명[의] '나병'을 속되게 이르는 말.

문둥-이 명 '나환자'를 속되게 이르는 말.

문드러-지다 통[자] (물기가 있는 물체가) 썩거나 물러서 외부의 힘을 받아 터지거나 깨어지거나 하여 본래의 형태를 잃다. ¶시신이 썩어 ~.

문득 부 생각이나 느낌 같은 것이 갑자기 떠오르는 모양. ¶~ 생각나다. 비문뜩.

문득-문득 [-뜽-] 부 생각이나 느낌 같은 것이 갑작스럽게 자주 떠오르는 모양. ¶그의 얼굴이 ~ 떠오른다. 비문뜩문뜩.

문들 명 '문득'의 센말.

문뜩 부 '문득'의 센말.

문뜩-문뜩 [-뚱-] 부 '문득문득'의 센말.

문:란-하다(紊亂-) [물-] 형[여] 도덕이나 질서·규칙 따위가 뒤죽박죽이 되어 어지럽다. ¶풍기가 ~. **문:란-히** 부

문리(文理) [물-] 명 1 문장의 조리. 2 글의 뜻을 깨달아 아는 힘. ¶~가 트이다. 3 사물 현상을 깨달아 아는 힘.

문맥(文脈) 명 내용상 서로 이어져 있는 문장의 앞뒤 관계. ¶~이 통하다.

문맹(文盲) 명 배우지 못하여 글을 읽거나 쓸 줄을 모르는 상태. 또는, 그런 사람. 비까막눈이.

문맹-자(文盲者) 명 글을 모르는 사람.

문면(文面) 명 글의 표면에 나타나 있는 뜻. 또는, 상징이나 속뜻으로서가 아닌, 일차적 의미로서의 글의 표현. ¶~에 드러나지 않는 심오한 속뜻.

문명¹(文名) 명 글을 잘하여 세상에 알려진 이름. ¶~을 떨치다.

문명²(文明) 명 인류가 이룩한 비교적 높은 수준의 물질적·기술적·사회·정신적인 발전. 비문화. ¶고대 ~. **문명-하다** 형[여] 사회가 발전하여 물질적·문화적 수준이 높다.

문명의 이기(利器) 기술 문명에 의해 만들어진, 편리한 생활 수단이나 기구.

문명-국(文明國) 명 문명이 발달한 나라.

문명-사회(文明社會) [-회/-훼] 명[사] 문명이 발달한 사회. ↔미개 사회.

문명-인(文明人) 명 문화와 생활수준이 높은 사람. ↔야만인.

문묘(文廟) 명 공자(孔子)를 모신 사당.

문무(文武) 명 1 일반 학식과 군사적 책략. ¶~를 겸비하다. 2 문관과 무관.

문무-백관(文武百官) [-꽌] 명 모든 문관과 무관.

문무-왕(文武王) 명[인] 신라의 제30대 왕(?~681).

문물(文物) 명 문화나 문명의 산물. 곧, 학문·예술·종교·도덕·제도·기술 따위.

문민(文民) 명 직업 군인이 아닌 일반 국민. ¶~ 정부.

문민-정치(文民政治) 명 문민이 행하는 정치. 군부 정치에 대립되는 뜻으로 쓰는 말임.

문-밖(門-) [-박] 명 성문의 바깥. ↔문안.

문밖-출입(門-出入) [-박-] 명 집의 안팎을 드나드는 일. ¶~을 삼가다.

문반(文班) 명[역] 문관의 반열. =동반(東班). ↔무반.

문방-구(文房具) 명 1 글을 쓰거나 그림을 그리거나 사무를 보거나 하는 데 필요한 도구, 문방구. 2 =문방구점.

문방구-점(文房具店) 명 문방구를 파는 가게. =문구점·문방구.

문방-사우(文房四友) 명 종이·붓·먹·벼루의 네 가지 문방구.

문배-나무 명[식] 산기슭에 자라며, 능금에 매우 비슷한 노란 열매가 익는 낙엽활엽 교목. 열매는 술을 담음.

문배-주(-酒) 좁쌀과 수수밥과 누룩을 만들어 발효시킨 다음 증류한, 소주의 일종. 문배나무의 향기와 비슷하다 하여 붙인 이름임.

문벌(門閥) 명 대대로 내려오는 한 가문의 사회적 지체. ¶~이 좋은 집안.

문법(文法) [-뻡] 명[언] 말의 구성 및 운용상의 규칙. 또는, 그것을 연구하는 학문. =말본.

문법-적(文法的) [-뻡쩍] 관[명] 문법에 관한 (것). ¶~ 의미.

문:병(問病) 명 (앓는 사람을) 그가 있는 집이나 병원 등을 찾아가 위로하는 것. **문:병-하다**(타)

문-빗장(門-) [-빋짱] 명 문을 닫고 가로질러 잠그는 막대기나 쇠 장대. 준빗장.

문사(文士) 명 1 문필 활동을 전문으로 하는 사람. 2 문학에 뛰어나고 시문을 잘 짓는 사람. ↔무사(武士).

문-살(門-) [-쌀] 명 문에 종이를 바르거나 유리를 끼우는 데에 뼈대가 되는 가느다란 나무.

문:상(問喪) 명 남의 상사(喪事)에 대하여 조의를 표하는 것. =조상(弔喪). 비조문. **문:상-하다**(자)

문:상-객(問喪客) 명 =조문객.

문서(文書) 명 1 글이나 기호로써 일정한 의사나 관념 또는 사상을 표시한 것. ¶비밀~/외교~. 2 =문권(文券).

문서-화(文書化) 명 문서의 형식으로 꾸미는 것. **문서화-하다**(타)

문선(文選) 명 1 좋은 글을 가려 뽑는 것. 또는, 그렇게 하여 엮은 책. 2 [출] 활판 인쇄에서 원고대로 활자를 골라 뽑는 일. =채자(採字).

문-설주(門-柱) [-쭈] 명[건] 문의 양쪽에 세워 문짝을 끼워 달게 된 기둥. =문기둥.

문-소리(門-) [-쏘-] 명 문을 여닫는 소리.

문수(文數) [-쑤] 명 신의 치수.

문수-보살(文殊菩薩) 명[불] 석가여래의 왼쪽에 있는, 지혜를 맡은 보살.

문신¹(文臣) 명 문관인 신하. ↔무신.

문신²(文身) 명 살갗을 바늘로 찔러서 먹물 등으로 글씨·그림·무늬 따위를 새기는 것. 또는, 그렇게 한 몸. ¶몸에 ~을 새기다. **문신-하다**(자타)

문안(門-) 명 성문의 안. ↔문밖.

문안²(文案) 명 문서나 문장의 초안.

문:안³(問安) 명 웃어른에게 안부를 묻는 것. ¶문후. **문:안-하다**(타)

문:안-드리다(問安-) 자 '문안하다'의 객체 높임말. ¶시부모님께 아침마다 ~.

문양(文樣) 명 =무늬.

문어(文魚) 명[동] 낙지와 비슷하나, 몸길이 약 3m인 연체동물. 몸빛은 적갈색에 옅은 그물 무늬가 있고, 살은 맛이 좋음.

문어(文語) 명[언] 글에서만 쓰이고 일상 담화에서는 잘 쓰이지 않는 언어. =글말. ↔구어(口語).

문어-발(文魚-) 명 1 문어의 발이 가지가 많은 데에서》 (일부 명사 앞에서 관형어적으로 쓰여) 대기업의 경영이 계열사를 마구 늘리는 방식인 것. =문어발식. ¶~경영 / ~ 확장.

문어발-식(文魚-式) 명 =문어발.

문어-체(文語體) 명 문어(文語)로 쓰인 문체. ↔구어체.

문예(文藝) 명 1 문학과 기타의 예술을 통틀어 이르는 말. 2 예술로서의 문학을 일컫는 말. ¶~ 작품.

문예^부흥(文藝復興) 명[역] =르네상스.

문예^사조(文藝思潮) [문] 한 시대나 사회의 특징을 가장 잘 발휘하여, 문예를 창조하는 근원이 되는 사상의 흐름.

문예-지(文藝誌) 명 시·소설·평론 등의 문예 작품을 주로 싣는, 잡지 형식의 정기 간행물.

문외-한(門外漢) [-외-/-웨-] 명 어떤 일에 전문가가 아닌 사람. 또는, 직접적 관계가 없는 사람.

문우(文友) 명 글로써 사귄 벗.

문:의(問議) [-의/-이] 명 물어서 의논하는 일. ¶~ 사항. **문:의-하다** 타 세부한 내용은 본사(本社)로 **문의할** 것.

문-익점(文益漸) [-쩜] 명[인] 고려 시대의 문신(1329~1398).

문인(文人) 명 1 전문적으로 시·소설·희곡·평론 등을 쓰는 사람. 2 옛날에, 문과 출신의 관리나 사람. ↔무인(武人).

문인-석(文人石) 명 돌로 만들어 능 앞에 세우는, 문관(文官)의 형상. ↔무인석.

문인-화(文人畫) 명[미] 동양화에서, 시인·학자 등 사대부 계층의 사람들이 여기(餘技)로 그린 그림.

문자(文字) [-짜] 명 1 [언] 말의 소리나 어떤 개념을 나타내기 위해 만든 시각적인 기호 체계. 한자 등의 표의 문자와 한글 등의 표음 문자로 대별됨. 비글자. 2 [컴] 컴퓨터가 기억하거나 송출할 수 있는 글자나 숫자나 특수 문자의 총칭.

문자 그대로 흔히 말이나 글로써 표현되어 온 바 그대로. ¶~ 아비규환이다.

문자²(文字) 명 예부터 전하여 내려오는 한자 숙어나 성구. ¶~를 섞어 말하다.
문자(를) 쓰다 어려운 한자 숙어나 성구를 섞어 말하다. ¶공자 앞에서 문자 쓰고 있네.
문자^다중^방:송(文字多重放送) [-짜-] 명 텔레비전 전파의 사용되지 않는 부분을 이용하여 일반 방송과 동시에 문자나 도형 정보 등의 신호를 보내는 방송 서비스. 자막(字幕) 서비스나 뉴스·기상 예보·교통 정보 등을 시각적으로 전달함. ▷ 음성 다중 방송
문자-반(文字盤) [-짜-] 명 시계·계기 등에 문자나 기호를 표시해 놓은 판. 비계기판.
문자-열(文字列) [-짜-] 명 컴 일련의 문자·숫자·기호 등으로 이뤄진 집합체. 가령, 'string'은 6개의 문자로 이뤄진 문자열임.
문자-판(文字板) [-짜-] 명 1 시계·계량기 등에서 글자·숫자·기호 등이 표시되어 있는 판. =글자판. 2 =문자판(文字板).
문장¹(文章) 명 1 언 사고나 감정을 말로 표현할 때 완결된 내용을 나타내는 최소의 단위. =글월. 2 어떤 문제를 논술한 글의 한 편. 곧, 산문 형태의 글을 이름.
문장²(紋章) 명 국가나 가문(家門)이나 단체 등을 상징적으로 나타내기 위해 동식물이나 기타 여러 가지 물건을 도안화한 그림이나 문자.
문장-가(文章家) 명 글을 뛰어나게 잘 짓는 사람.
문장-력(文章力) [-녁] 명 글을 짓는 능력.
문장^부:사(文章副詞) 명 언 문장 전체를 꾸미는 부사. 양태 부사와 접속 부사로 나뉨. ☞성분 부사.
문장^부:호(文章符號) 명 언 문장의 뜻을 돕거나 문장을 구별하여 읽고 알아보기 쉽게 하기 위해 쓰이는 여러 가지 부호. '.', ',', '?', '!', ';', ':' 따위.
문장^성분(文章成分) 명 언 한 문장을 구성하는 요소. 곧, 주어·서술어·목적어·보어·관형어·부사어·독립어 따위.
문재(文才) 명 문필의 재능. 비글재주.
문전(門前) 명 문 앞.
문전-걸식(門前乞食) [-썩] 명 이집 저집 돌아다니며 빌어먹음. ¶~으로 연명하다.
문전걸식-하다 자여
문전-성시(門前成市) 명 어떤 집 문 앞이 방문객이 많아 시장을 이루다시피 함. ¶축하객으로 ~를 이루다.
문전-옥답(門前沃畓) [-땁] 명 집 가까이 있는 기름진 논.
문제(文帝) 인 수나라의 초대 황제 (541~604).
문:제(問題) 명 1 어떤 지식이나 학습의 내용을 알고 있는지 확인하기 위해 답하도록 요구하는 물음. ¶수학 ~. 2 논쟁·논의·연구 등의 대상이 되는 것. ¶~의 인물. 3 잘못되거나 정상적이지 못하여 해결이 필요한 상태나 그 일. ¶공해 ~. 4 귀찮은 일이나 말썽. ¶~를 일으키다. 5 어떤 사건과 관련되는 일. ¶그것은 법의 ~가 아니라 양심의 ~이다.
문:제-극(問題劇) 명 언 사회 문제를 소재로 하여 관객들의 관심을 소 토론을 유발하려는 연극.
문:제-시(問題視) 명 문젯거리로 삼는 것.
문:제시-하다 타여 **문:제시-되다** 자여 ¶최근 문제시되고 있는 직업성 질환.
문:제-아(問題兒) 명 교 심 지능·성격·행동 등이 보통의 아동과 뚜렷이 달라 특별한 교육과 지도를 요하는 아동.
문:제-없다(問題-) [-업따] 형 문제로 삼을 만큼 어려울 것이 없다. 또는, 틀림없다. ¶운전이라면 ~. **문:제없-이** 부
문:제-의식(問題意識) 명 문제점을 찾아서 그에 적극적으로 대처하려는 태도. ¶그는 현실에 대한 ~이 결핍된 작가이다.
문:제-작(問題作) 명 화제나 주목을 불러일으킬 만한 작품.
문:제-점(問題點) [-쩜] 명 어떤 문제가 되는 점. ¶~을 발견하다.
문:제-지(問題紙) 명 시험 문제가 기록되어 있는 종이.
문:제-집(問題集) 명 배운 것을 연습하고 익힐 수 있도록 학습 내용을 문제로 만들어 엮은 책.
문:젯-거리(問題-) [-제꺼-/-젠꺼-] 명 1 여러 가지 문제를 야기시킬 만한 요소. 2 처치하기 곤란한 사물.
문주-란(文珠蘭) 명 식 잎은 길고 끝이 뾰족하며, 7~9월에 향기로운 흰색 꽃이 피는 상록 여러해살이풀. 제주도에 많이 자라고, 천연기념물로 지정되어 있음.
문중(門中) 명 성과 본이 같은 가까운 집안. ¶~의 어른.
문:중(門中) 명 문을 지키는 사람.
문지르다 타르 〈문지르니, 문질러〉 어떤 물체나 어느 부위를 다른 물체나 손으로 가볍게 힘을 준 상태에서 이쪽저쪽으로 반복하여 움직여 바르거나 닦거나 마사지하거나 하다. 비문대다. ¶주사 맞은 자리를 손으로 ~.
문-지방(門地枋) [-찌-] 명 건 출입문에서, 두 문설주 밑에 바닥보다 조금 높게 가로 댄 나무. ¶~에 걸터앉다.
문진(文鎭) 명 =서진(書鎭)².
문:진²(問診) 명 의 진단의 기초로 삼기 위해, 의사가 환자에게 환자 자신과 가족의 병력(病歷) 및 발병 시기, 경과 등을 묻는 일. **문:진-하다** 타여
문집(文集) 명 시나 문장을 모아 엮은 책.
문-짝(門-) 명 문의 한 짝.
문:책(問責) 명 잘못을 캐묻고 꾸짖는 것. ¶~을 당하다. **문:책-하다** 타여 ¶사고에 대해 관계자를 엄중히 ~.
문체(文體) 명 문 1 문장의 어구(語句)·어법·조사(措辭) 등에서 특징적으로 나타나는 작가의 개성. 2 글의 체재. 구어체·문어체·논문체·서한체 따위. 3 한문의 형식. 논(論)·서(序)·지(誌) 따위.
문:초(問招) 명 죄인을 신문하는 것. ¶~를 받다. **문:초-하다** 타여
문-턱(門-) 명 1 문지방 위쪽에 문짝이 닿도록 턱이 지게 하 부분. 또는, '문지방'을 달리 이르는 말. ¶~에 걸려 넘어지다. 2 어떤 일이 시작되거나 일어나기 바로 직전이나 시작될 시점의 비유. ¶가을의 ~에 들어서다.
문턱이 높다 들어가거나 상대하기가 어렵다. ¶서민에게는 은행 ~.
문턱이 닳도록 드나들다 빈번하게 드나들다.
문투(文套) 명 1 글을 짓는 법식. 2 어떤

사람이 글을 쓸 때 나타내는 표현상의 버릇. [비]글투.
문-틀(門-) [명][건] 문짝을 달거나 끼우기 위한 틀.
문-틈(門-) [명] 닫힌 문의 틈새.
문패(門牌) [명] 주소·성명을 적어 대문 옆에 붙이는 패.
문-풍지(門風紙) [명] 문틈으로 들어오는 바람을 막기 위해 문짝 가를 돌아가며 바르는 종이.
문필(文筆) [명] **1** 글과 글씨. **2** 글을 짓거나 글씨를 쓰는 일. ¶~ 활동.
문필-가(文筆家) [명] 글을 지어 발표하는 일을 직업으로 하는 사람.
문하(門下) [명] **1** 문하생이 드나드는 권세가 있는 집. **2** 학문의 가르침을 받는 스승의 아래. ¶퇴계의 ~에서 공부하다.
문하-부(門下府) [명][역] 고려와 조선 초의 최고 행정 관청.
문하-생(門下生) [명] **1** 권세가 있는 집에 드나드는 사람. **2** 문하에서 배우는 제자.
문하-성(門下省) [명][역] 고려 시대의 중앙 의정 기관의 하나. 왕명의 출납과 중신의 탄핵을 맡음.
문하-시중(門下侍中) [명][역] **1** 고려 시대, 문하성의 종1품 으뜸 벼슬. **2** 조선 초기의 문하부의 정1품 으뜸 벼슬.
문학(文學) [명] 삶의 가치 있는 경험을 상상력을 토대로 하여 언어로 짜임새 있게 표현한 예술. 시·소설·희곡·수필 등이 그 대표적인 양식임. ¶순수 ~.
문학-가(文學家) [-까] [명] 문학을 창작하거나 연구하는 사람.
문학-도(文學徒) [-또] [명] 문학을 배우고 연구하는 학생. 주로, 대학에서 문학을 전공하는 학생을 이름.
문학-론(文學論) [-항논] [명][문] 문학 작품의 성질이나 문예의 본질에 관한 이론.
문학-사(文學史) [-싸] [명][문] 문학이 발전해 온 역사. 또는, 그것을 연구하는 학문이나 그것을 기술한 것.
문학-상(文學賞) [-쌍] [명] 우수한 문학 작품을 썼거나 문학 부문에 공적이 뛰어난 사람에게 수여하는 상. ¶노벨 ~.
문학-성(文學性) [-썽] [명] 문학으로서의 예술성. ¶~ 높은 작품.
문학-소녀(文學少女) [-쏘-] [명] 문학을 좋아하고 문학에 뜻을 둔 감상적인 소녀.
문학^작품(文學作品) [-짝-] [명] 문학에 속하는 예술 작품. 곧, 시·소설·희곡·평론 따위.
문학-적(文學的) [-쩍] [관][명] 문학의 여건을 구비한 (것). ¶~ 재능 / ~인 표현.
문학-청년(文學青年) [명] 문학을 좋아하고 문학 작품 창작에 뜻을 둔 청년.
문학^혁명(文學革命) [-하켱-] [명][문] 1917년부터 시작된 중국의 문학 혁신 운동. 구어체의 백화문(白話文) 사용과 유교 도덕의 비판이 주된 내용을 이룸.
문ː항(問項) [명] 문제의 항목.
문헌(文獻) [명] **1** 제도나 문물을 아는 데 필요한 자료나 기록. **2** 어떤 연구에 참고가 되는 서적이나 문서. ¶참고 ~.
문형(文型) [명] 언어 요소들이 문장 가운데에서 어떻게 배치되고 결합되는지를 형식화하고 규칙화하여 분류한 유형.
문호[1](文豪) [명] 크게 뛰어난, 문학·문장의 대가(大家). ¶독일의 ~ 괴테.
문호[2](門戶) [명] **1** 집으로 드나드는 문. **2** 외부와 교류하기 위한 통로나 수단. 비유적인 말임. ¶~를 개방하다.
문화(文化) [명] 인간 사회가 이룩하여 그 구성원이 함께 누리는, 가치 있는 삶의 양식 및 표현 체계. 언어·예술·종교·지식·도덕·풍속·제도 등은 그 구체적 내용임. [비]문명. ¶정신[물질] ~.
문화-계(文化界) [-계/-게] [명] 문화와 관계되는 사회적 분야.
문화^관광부(文化觀光部) [명] 행정 각 부의 하나. 문화·예술·방송 행정·출판·간행물·체육·청소년·해외 문화 홍보 및 관광에 관한 사무를 맡아봄. [준]문화부.
문화-권(文化圈) [-꿘] [명] 공통된 특징을 가지는 복합체로서의 하나의 문화가 지리적으로 분포하는 범위. ¶라틴 ~.
문화^대ː혁명(文化大革命) [-형-] [명][역] 1966년에 중국에서 마오쩌둥(毛澤東)의 지휘하에 일어난 대규모의 권력 투쟁.
문화-면(文化面) [명] 신문에서 문화에 관한 기사를 싣는 지면.
문화-부(文化部) [명] **1** 신문사 등에서, 예술·교육·학술 등 각 분야에 관한 일이나 사건을 맡아 보도하는 부서. **2** 학교 등에서, 문화에 관한 일을 맡아보는 부. **3** '문화 관광부'의 준말.
문화-사(文化史) [명] 문화가 변천하고 발전해 온 역사. 또는, 그것을 연구하는 학문.
문화-생활(文化生活) [명] 발전된 문화의 혜택을 누리는 생활.
문화^영화(文化映畫) [명] 기록 영화·과학 영화 등, 극영화를 제외한 교육이나 과학 연구를 위하여 만든 영화.
문화-유산(文化遺産) [명] 현대에 남아 있고, 후대에 계승·상속될 만한 가치를 지닌 문화적 소산.
문화-인(文化人) [명] **1** 문화적 교양이 있는 사람. 또는, 높은 문화생활을 누리고 있는 사람. ↔야만인. **2** 문화·예술 방면에서 일하는 사람.
문화^인류학(文化人類學) [-일-] [명] 인류의 제반(諸般) 문화를 비교 연구하여 문화 면에서의 인류 공통의 법칙성을 파악하려는 학문.
문화-재(文化財) [명] **1** 문화 활동에 의하여 창조된 사물·사상(事象)에서 문화적 가치가 두드러진 것. **2** 특히, 문화재 보호법이 정하는 유형 문화재·무형 문화재·민속 문화재·기념물·전통적 건조물 따위.
문화재-청(文化財廳) [명][법] 문화 관광부 장관 소속하에 설치된 기관의 하나. 문화재의 보존·관리·활용·조사·연구 및 선양에 관한 사무를 맡아봄.
문화-적(文化的) [관][명] **1** 문화의 면에서 본 (것). 또는, 문화와 관련되어 있는 (것). ¶~ 의의. **2** 높은 문화 수준에 있는 (것). ¶~ 생활.
문ː후(問候) [명] 웃사람의 안부를 묻는 것. [비]문안. **문ː후-하다** [동][자][여]
묻다[1] [-따] [동][자] **1** (가루나 액체, 끈적한 물질, 때 같은 것이 어떤 물체에) 닿거나 하면서 그 일부가 물체의 표면에 옮겨져 붙어 있게 되거나 흔적을 남기게 되다. ¶손에 물이 ~. **2** ('묻어'의 꼴로 이동을 나타내는 일부 동사와 함께 쓰여) (어떤 사람이나 물체가 본래 속하지 않는 사람이나 물체에) 딸리거나 섞인 상태가 되다. ¶가는 김에 나도 좀 **묻어** 타자.

묻다² [-따] 屠탄 1 (어떤 물건이나 물체를) 흙·모래·재 등의 속에 넣고 다시 덮다. ¶시체를 ~. 2 (밥 따위를) 식지 않도록 아랫목 이불로 덮다. ¶밥을 아랫목에 ~. 3 (사람이 자기 얼굴을 어떤 물체에) 수그린 자세로 가려지게 하다. ¶얼굴을 손에 묻고 흐느끼다. 4 (사람이 자기의 몸을 다소 큰 의자에) 웬만큼 가려지게 앉다. ¶소파에 몸을 묻고 쉬다. 5 (일을) 들추어 드러내지 않거나 없었던 셈으로 치다. ¶이번 일은 이만 묻어 두자.

묻:다³ [-따] {묻:고 / 물어} 屠탄(묻으니, 물어) 1 (사람이 다른 사람에게 어떤 일이나 사실이나 대상을) 알고자 하여 대답을 바라는 뜻으로 말하다. ㈜질문하다. ¶안부를 ~. 2 (어떤 일을) 문제로 삼아 옳고 그름을 논하다. ㈜따지다. ¶이번 사고에 대한 책임을 ~. ¶대학에 장관의 책임을 ~.

묻어-가다 屠 함께 따라가거나 말려가다. ¶나도 너희들 틈에 묻어가 볼까?

묻어-나다 屠 어떤 물건에 칠하거나 바른 물질이 다른 것에 닿았을 때 거기에 옮아 묻다. ¶손에 묻어나지 않는 크레파스.

묻어-오다 屠 함께 따라오거나 말려 오다. ¶눅눅한 습기가 바람에 묻어왔다.

묻-히다¹ [무치-] 屠탄 '묻다'의 사동사. ¶떡에 고물을 ~.

묻-히다² [무치-] 屠 1 '묻다'의 피동사. 2 (땅속에) 들어 있다. ¶지하에 묻혀 있는 천연자원. 3 (주위가 어떤 것으로) 둘러싸이다. 4 (어떤 일에) 여념이 없을 만큼 빠지다. ¶일에 묻혀 여가를 즐길 겨를이 없다. 5 (모습이나 소리가) 그 속에 가려지거나 들리지 않게 되다. ¶그의 뒷모습은 어느새 인파에 묻혀 버렸다.

물¹ 圀 1 자연계에 강·호수·바다·지하수 등의 형태로 널리 분포하는 액체. 또는, 강·호수·지하수 등을 사람이 마시거나 쓰기 위해 긷거나 끌어 오거나 퍼 올리거나 쓰는 물질. 순수한 것은 색·냄새·맛이 없고 투명한. 2 '물·내·호수·강·바다 등을 두루 이르는 말. 3 '조수(潮水)²'를 이르는 말. 4 (구체적 또는 추상적 장소를 나타내는 일부 명사와 함께 주로 '… 물을 먹다'의 꼴로 쓰여) 그곳이 살거나 지내거나 거치는 부러운 환경임을 나타내는 말. ¶외국 ~ 좀 먹었다고 으스댄다.

[물에 뜬 둥 술에 술 탄 둥] 말이나 행동이 분명하지 않다는 말. [물에 빠지면 지푸라기라도 잡는다] 사람이 헤어날 수 없는 곤경에 처하면 전혀 도움이 안 될 게 뻔한 것에도 희망을 건다는 말. [물에 빠진 놈 건져 놓으니까 내 봇짐 내라 한다] 은혜를 입고도 고마움을 모르고 도리어 생트집을 잡는다. [물은 건너 보아야 알고 사람은 지내보아야 안다] 사람은 겉만 보고는 알 수 없고, 서로 오래 겪어 보아야 안다. [물이 너무 맑으면 고기가 아니 모인다] 사람이 지나치게 깨끗하면 남이 따르지 않는다.

물 건너가 {속} (어떤 일이) 더 이상 이루어지기를 바라기 어려운 상태가 되다. ¶그 계획은 이미 물 건너갔다.

물 쓰듯 하다 돈이나 물건을 마구 헤프게 쓰다. ¶그는 돈을 물 쓰듯 한다.

물에 빠진 생쥐 물에 흠뻑 젖어 몰골이 초췌한 모양.

물 위의 기름 서로 어울리지 못하여 겉도는 사이.

물을 끼얹은 듯 많은 사람이 웅성거리다가 갑자기 조용해짐의 비유. ¶그가 연단에 오르자 장내는 ~ 조용해졌다.

물 찬 제비 몸매가 아주 매끈하여 보기 좋은 사람의 비유.

물² 圀 1 천·종이·가죽·털·실·음식 등에 물감을 흡수시켜 나타내는 빛깔. ¶~이 바래다 / ~이 들다. 2 좋지 않은 대상이나 환경과 접함으로써 받게 되는 부정적인 영향. 비유적인 말임. ¶친구를 잘못 사귀어 나쁜 ~이 들다.

물³ 圀 물고기의 싱싱한 정도. ¶~이 좋은 생선.

물이 가다 물고기의 싱싱한 맛이 없어지다. ¶물이 가다.

물⁴ 圀(의존) 채소·과일·어물 따위가 한 해 중 몇 차례에 걸쳐 쏟아져 나올 때의 그 차례.

-물⁵ (物) [절미] 일부 명사 뒤에 붙어, '어떤 물건' 또는 '물질'임을 나타내는 말. ¶청과 ~ / 화합 ~

물-가¹ [-까] 圀 바다·못·강 따위의 가장자리.

물가² (物價) [-까] 圀 여러 가지 상품이나 용역의 종합적인 가격 수준. ¶소비자 ~.

물가-고 (物價高) [-까-] 圀 물가가 오르는 일. 또는, 높은 물가. ¶~에 시달리다.

물가 지수 (物價指數) [-까-] [經] 물가의 변동을 종합적으로 나타내는 지수.

물-갈이 圀 1 수족관이나 수영장 등의 물을 가는 일. 2 어떤 기관이나 조직체의 구성원이나 어떤 직책에 있는 사람들을 비교적 큰 규모로 바꾸는 일. ¶정치권 인사의 ~. **물갈이-하다** 屠탄.

물-갈퀴 圀 1 기러기·오리·개구리·펭귄 따위의 발가락 사이에 있는 얇은 막. 2 =오리발1.

물-감¹ 圀 감의 하나. 모양은 길둥글며, 물이 많음.

물-감² [-깜] 圀 1 물건에 빛깔을 들이는 감. ¶염료. 2 [미] =그림물감.

물-개 [-깨] 圀 1 (동) 몸길이 약 2m로 네 다리가 물고기의 지느러미처럼 되어 있고, 몸은 부드러운 흑회색 털로 덮여 있는 포유동물. 북태평양에 살며, 헤엄을 잘 침. 2 (동) =수달. 3 (은) 해군·해병대 (군인·학생의 말).

물-거품 圀 1 물의 거품. ¶포말. ¶~이 일다. 2 노력이 헛되이 된 상태. ㈜수포. ¶밤새도록 한 일이 ~이 되다.

물건 (物件) 圀 1 사람이 필요에 따라 만들어 내거나 가공하여 어떤 목적으로 이용하는, 들고 다닐 만한 크기의 일정한 형태를 가진 대상. ㈜물품. 2 매매나 거래의 대상물. 3 제법 구실을 하는 존재 또는 특이한 존재라는 뜻으로 이르는 말. ¶그 많은 일을 혼자 해치우는 걸 보면 그 친구 ~이야. 4 '남군'을 완곡히 이르는 말.

물-걸레 圀 물에 축여 쓰는 걸레. ↔마른걸레.

물걸레-질 圀 물걸레로 닦는 일. **물걸레질-하다** 屠탄. ¶방을 ~.

물-것 [-껏] 圀 사람·짐승의 살을 뜯어 피를 빨아 먹는, 모기·벼룩·이·빈대 등의 벌레의 총칭.

물-결 [-껼] 圀 1 물이 움직여 그 표면이 올라갔다 내려왔다 하는 운동 또는 모양. ¶접푸른 ~ / ~이 일다. 2 파도처럼 움직이는 어떤 모양이나 현상의 비유. ¶버가 누렇게 익어 황금~을 이루다.
물결(을) 타다 풍조·형세 따위에 자신을 맞추다. ¶서양의 문물이 개화의 **물결을 타고** 쏟아져 들어서.
물결-무늬[-결-니] 몡 물결 모양의 무늬.
물결-선(-線)[-결-] 몡 =파선(波線)¹.
물결-치다[-결-] 짜 1 물결을 일구어 자꾸 움직이다. ¶바닷물이 거세게 ~. 2 파도처럼 크게 움직이거나 설레다.
물결-표(-標)[-결-] 몡 [언] 이음표의 하나. '~'의 이름. 1 '내지'라는 뜻에 쓰임. '10월~12월' 따위. 2 어떤 말의 앞이나 뒤에 들어갈 말 대신에 쓰임.
물경(勿驚) 몡 '놀라지 마라', '놀랍게도'의 뜻으로, 어떤 엄청난 것을 말할 때에 미리 내세우는 말. ¶거기 모인 인파가 ~ 백만이었다 한다.
물고(物故) 몡 죄인이 죽는 것. 또는, 죄인을 죽이는 것. **물고-하다** 配재타
물고(를) 내다 '죽이다'를 속되게 이르는 말. ¶말을 안 들으면 물고를 내겠다.
물-고구마 몡 익었을 때 물기가 많아 물렁물렁한 고구마. ▷밤고구마.
물-고기[-꼬-] 몡[동] '고기'²를 물에 사는 특성을 강조하여 이르는 말.
[물고기도 제 놀던 물이 좋다 한다] 이미 익숙한 것이 새로운 것보다는 낫다는 속된 말임.
물고기(의) 밥이 되다 물에 빠져 죽다.
물고기-자리[-꼬-] 몡[천] 황도 십이궁의 열두째 별자리. 페가수스자리와 고래자리 사이에 있으며, 11월 하순 저녁에 자오선을 통과함.
물-고문(-拷問) 몡 얼굴에 천 따위를 덮고 물을 붓거나 물속에 머리를 처박거나 하여 호흡 곤란의 고통을 주는 고문.
물-관(-管) 몡[식] 속씨식물의 관다발에 있는 관상(管狀)의 조직. 뿌리에서 흡수한 수분을 운반하는 통로임.
물관-부(-管部) 몡[식] 식물의 관다발 중에서, 물관·헛물관·목부 유조직·목질 섬유 등으로 이루어진 조직. 주로 수분의 통로가 됨.
물구나무-서기[-써-] 몡[체] 체조에서, 팔 세워 기를 하여 발로 땅을 차고 거꾸로 선 동작. ⓗ도립(倒立).
물구나무-서다[-써-] 짜 두 손을 짚고 거꾸로 서다. ⓗ도립하다.
물-굽이[-굽-] 몡 강이나 바다의 물이 구부러져 흐르는 곳.
물권(物權)[-꿘] 몡[법] 특정한 물건을 배타인의 매개 없이 직접 지배할 수 있는 배타적 권리. 점유권·소유권·지상권·지역권·전세권·유치권·질권·저당권 따위.
물-귀신(-鬼神)[-뀌-] 몡 1 [민] 물속에 있다는 귀신. 2 어떤 궁지에 관계없는 다른 사람까지 끌고 들어가는 것을 이르는 말. ¶~처럼 나까지 끌고 들어간다.
물-그릇[-끄-] 몡 물을 담는 그릇.
물그스레-하다혱여 =물그스름하다.
물그스름-하다혱여 조금 묽다. =물그스레하다. 물그스름-히
물-기(-氣)[-끼] 몡 축축한 물의 기운. ⓗ수분. ¶눈에 ~가 어리다.
물-기둥[-끼-] 몡 기둥처럼 공중에 솟구쳐 오르는 물줄기. ¶광장 분수대에서 흰 ~이 힘차게 솟아오른다.
물-길[-낄] 몡 1 배를 타고 물로 다니는 길. ⓗ뱃길. ¶~ 천 리. 2 물이 흐르거나 물을 보내는 통로. =수로(水路).
물-김치 몡 열무나 배추로 국물이 많이 담근 김치.
물-꼬 몡 논에 물이 들어오거나 나갈 수 있도록 만든 좁은 어귀.
물꼬를 트다 막히거나 끊어진 관계를 열거나 잇는 실마리를 찾다. ¶남북 관계의 **물꼬를 트는** 획기적 조치.
물끄러미 ⓗ 우두커니 바라보는 모양. ¶창가에 앉아 먼 산을 ~ 바라보다. 웬말끄러미.
물-난리(-亂離)[-랄-] 몡 1 큰물이 져서 생긴 수라장. ¶~를 겪다. 2 가뭄 등으로 물이 달리거나 넘쳐서 겪는 소동.
물-냉면(-冷麵) ⇒[-랭-] 몡 찬 육수에 만 냉면. ▷비빔냉면.
물-놀이 몡 물가에서 멱을 감거나 헤엄을 치거나 하면서 노는 일. 물놀이-하다 配짜
물!다¹ 〔물:고 / 물어〕 짜〈무니, 무오〉 (음식이나 생선 따위가) 더위나 습기로 떠서 상하다. ¶문 생선.
[물어도 준치, 썩어도 생치(生雉)] 본래 좋고 훌륭한 것은 비록 변한다 해도 그 본질에는 변함이 없음을 이르는 말.
물다² 配〈무니, 무오〉 1 남의 물건에 손상을 입히거나 손해를 끼친 상태에서, (그에 상응하는 값을) 돈으로 주거나, (그 물건을) 본래의 상태로 해 주다. ⓗ변상하다·배상하다. ¶깨뜨린 유리 값을 물어 주다. 2 (부담이 되거나 터무니없는 세금이나 요금, 또는 벌금 따위를) 어쩔 수 없이 내다. ¶벌금을 ~.
물다³ 配〈무니, 무오〉 1 (사람이나 동물이 입안에 먹이 따위를) 입을 벌려 이나 입술이나 부리 따위의 사이에 끼운 상태로 떨어지거나 떨어지지 않게 다소 세게 누르다. ¶담배를 입에 ~. 2 (사람이나 동물이 다른 사람이나 동물의 몸의 일부를) 윗니와 아랫니 사이에 끼운 상태로 상처가 날 만큼 세게 누르다. ⓗ깨물다. ¶개가 어린애의 다리를 꽉 물었다. 3 (사람이나 동물이 어떤 물건이나 물질을) 삼키거나 뱉거나 하지 않고 입 안에 넣은 상태로 두다. ¶사탕을 입에 ~. 4 (이·빈대·모기 등과 같은 벌레가 사람이나 동물의 살을) 피를 빨거나 하기 위해 주둥이 끝으로 찌르다. ¶모기가 문 자리. 5 (물고기가 낚싯밥을) 입속에 넣어 낚시에 걸린 상태가 되다. ¶붕어가 미끼를 ~. 6 (사람이 자기에게 이익이 될 사람이나 대상을) 사람의 예상이나 생각을 넘어선 상태로 배우자나 애인 등으로 삼게 되거나 자기의 것으로 얻게 되다. 속된 말임. ¶백수건달이 돈 많은 과부를 ~.
물고 늘어지다 어떤 대상에 악착같이 달라붙어 떨어지지 않다. ¶말꼬리를 ~.
물-독[-똑] 몡 물을 담아 두는 독.
[물독에 빠진 생쥐 같다] 사람의 옷차림이 물에 흠뻑 젖어서 초라함을 이르는 말.
물-동이[-똥-] 몡 물을 긷는 데 쓰이는 동이. ¶~를 머리에 인 처녀.
물-들다 짜〈~드니, -드오〉 1 (천·종이·가죽·털·실·음식 등이) 물감이나 색소가 흡수되어 빛깔을 나타내다. ¶파랗게 물든 치마. 2 (어떤 대상이) 본래의 색깔이 변하여 아름답거나 눈에 띄는 색깔을 띠는 상태가 되다. ¶노을이 곱게 물든 저

녁 하늘. **3** (좋지 않은 사상이나 습관이나 악 등에) 접하여 그와 같은 생각이나 태도를 가지게 되거나, 그것을 마음속에 받아들이게 되다. [비]동화되다. ¶악에 ~.

물들-이다 [동][타] '물들다'의 사동사. [비]염색하다. ¶저녁놀이 바다를 붉게 ~.

물-때[1] [명] **1** 아침저녁으로 조수가 들어오고 나가는 때. **2** 밀물이 들어오는 때.

물-때[2] [명] 물에 있는 더러운 것들이 다른 데에 옮아서 끼는 때.

물-떼새 [명][동] 강가나 해안·개펄 등에서 떼 지어 살며, 몸빛은 대부분 갈색 또는 회갈색인 작은 물새의 총칭. 검은가슴물떼새·꼬마물떼새·흰물떼새 등이 있음.

물-똥 [명] '물찌똥'의 준말.

물량(物量) [명] 물건의 양. ¶수출 ~이 늘다 / ~을 확보하다.

물러-가다 [동][자] **1** (어떤 사람이 뒤로 또는 처음 있던 곳으로) 옮겨 가다. ¶적들이 자기네 진지로 ~. **2** (어떤 사람이 윗사람이나 권위 있는 사람 앞에서 다른 곳으로) 옮겨 가다. 주로, 윗사람이나 아랫사람 입장에서 하는 말임. ¶꼴도 보기 싫으니 썩 **물러가라**. **3** (더위나 추위, 기타의 기상 현상이 어느 곳으로) 옮겨 가거나 사라지다. ¶더위가 ~.

물러-나다 [동][자] **1** (사람이 뒤쪽으로) 걸음을 옮겨 기준이 되는 대상에게서 멀어지다. ¶길을 막지 말고 한 걸음씩 **물러나세요**. **2** 하던 일이나 지위를 내놓고 나오다. ¶관직에서 ~.

물러-서다 [동][자] **1** (사람이 뒤로) 걸음을 옮겨 서다. ¶한 걸음 **물러서라**. **2** (사람이 어떤 직업 일선에서) 하던 일을 그만두고 은퇴하다. ¶정치 일선에서 ~. **3** (사람이) 자기의 입장이나 주장을 고집하지 않고 양보하거나 포기하다.

물러-앉다[-안따] [동][자] **1** 뒤로 물러나 앉다. ¶밥상머리에서 ~. **2** 지위나 하던 일을 내놓고 아주 나가다.

물러-오다 [동][타] 사거나 바꾸었던 물건을 도로 주고 치른 돈이나 자기 물건을 되찾아 오다.

물러-지다 [동][자] 무르게 되다. ¶감이 ~.

물렁-거리다/-대다 [동][자] 건드리는 대로 자꾸 물렁한 느낌을 주다. [작]말랑거리다.

물렁-물렁 [부] 물렁거리는 모양. [작]말랑말랑. **물렁물렁-하다** [형][여]

물렁-뼈 [명][생] =연골(軟骨). ↔굳뼈.

물렁-살 [명] 단단하지 않고 물렁물렁한 살.

물렁-하다 [형][여] **1** (물건이) 물기가 많고 부드러워 보이며 무르다. ¶감이 ~. [작]말랑하다. **2** (사람의 성질이나 몸이) 야무지지 못하고 썩 약하다. ¶사람이 **물렁해서** 남한테 싫은 소리를 못 한다.

물레 [명] **1** 솜·털 따위의 섬유를 자아서 실을 뽑는 틀. **2** =돌림판2.

물레-방아 [명] 물레바퀴를 물의 힘으로 돌려 곡식을 찧는 방아. =수차(水車).

물레방앗-간(-間)[-아깐/-앋깐] [명] 물레방아를 설치해 놓은 곳.

물려-받다[-따] [동][타] **1** 기예나 학술 등을 전해 받다. [비]전수(傳受)하다. **2** 재물이나 지위 등을 전해 받다. ¶아버지의 사업을 ~. ↔물려주다.

물려-주다 [동][타] **1** 기예·학술 등을 전해 주다. [비]전수하다. **2** 재물·지위 등을 전해 주다. ¶아들에게 재산을 ~. ↔물려받다.

물론(勿論) Ⅰ[명] (('이다'와 함께 쓰여)) 말할 것도 없음. ¶"아빠, 제 선물 사 오셨지요?" "~이지."

Ⅱ[부] 말할 것 없이. ¶그는 영어는 ~ 프랑스 어에도 능통하다.

물류(物流) [명][경] 물품을, 적은 경비를 들여 신속하고 효율적으로 원하는 장소에 때를 맞추어 보낼 수 있도록 함으로써 가치를 창출하는 경제 활동.

물류-망(物流網) [명][경] 물품 유통을 위한 조직망. ¶전국에 ~을 구축하다.

물류-비용(物流費用) [명] 상품이 나와서 소비자에게 팔릴 때까지 드는 비용. 운송비·포장비·보관비 따위.

물리(物理) [명][물] '물리학'의 준말.

물리다[1] [동][자] **1** (어떤 음식이) 너무 많이 먹거나 자주 먹어 싫어지다. ¶고기를 **물리도록** 먹다. **2** (어떤 일이) 반복되어 싫증이 나다. ¶딸기를 **물릴** 만큼 먹었다.

물리다[2] [동][타] **1** '무르다[2]'의 사동사. ¶새로 산 구두를 ~. **2** (어떤 일을 하기로 한 날짜를) 뒤로 미루다. [비]늦추다·연기하다. ¶원고의 마감 날짜를 하루 ~. **3** (차례를) 뒤로 옮기다. ¶차례를 하나씩 ~. **4** (재물·지위 등을) 남에게 내려 주다. ¶재산을 아들에게 ~. **5** (앞에 있던 물건을) 옮겨서 치우게 하다. ¶밥상을 ~.

물-리다[3] [동] [1][자] **1** '물다[3]'의 피동사. ¶아이가 개한테 ~. **2** (물건이 집게나 기계 따위에) 어떤 부분이 끼이다. 또는, (톱니바퀴나 지퍼의 이 따위가) 서로 맞물린 상태가 되다. ¶빨래가 집게에 잘 **물리지** 않는다. [2][타] **1** '물다[3]'의 사동사. ¶어머니가 우는 아기에게 젖을 ~. **2** '물다[3]'의 피동사. ¶개한테 다리를 ~.

물-리다[4] [동][타] '물다[2]'의 사동사. ¶벌금을 ~.

물리-적(物理的) [관][명] **1** 폭력을 행사하는 (것). 또는, 힘을 가지고 강제로 억누르는 (것). ¶~ 공권력. **2** =물리학적.

물리-치다 [동][타] **1** 받아들이지 않다. ¶유혹을 ~. **2** 적을 쳐서 물러가게 하다. [비]격퇴하다. ¶적의 침입을 ~. **3** 치워 없애거나 극복하다. ¶장애를 ~.

물리-학(物理學) [명][물] 자연 과학의 한 부문. 물질의 구조·성질을 밝혀서 그에 따른 자연현상의 보편적인 법칙을 연구하는 학문. [준]물리.

물리학-적(物理學的)[-쩍] [관][명] 물리학의 원리에 맞거나 그것에 기초하는 (것). =물리적.

물-만두(-饅頭) [명] 물에 삶은 만두.

물-맛[-맏] [명] 마시는 물의 맛.

물망(物望) [명] 여러 사람이 우러러보는 명망.

물망에 오르다 인재 등용에서, 어떤 자리에 유력한 인물로 점쳐지다. ¶신인 작가가 수상 후보 **물망에 올랐다**.

물망-초(勿忘草) [명][식] 높이 20~30cm로 몸 전체에 털이 많으며, 5~6월에 진한 하늘색의 작은 꽃이 피는 여러해살이풀. 관상용으로 재배함.

물매 [명] 지붕·낟가리 등의 경사진 정도. ¶~가 뜨다 / ~가 싸다.

물-맴이 [명][동] 연못이나 논에서 물 위를 뱅글뱅글 떠돌며 사는 작은 곤충. 몸빛은 광택이 나는 검은색으로, 물방개와 비슷하나 크기가 작음.

물-먹다[-따] [동][자] **1** (솜·천 등이) 물기를 머금다. ¶**물먹은** 솜. **2** 시험·승진 등

물-목[^1] 몡 물이 흘러 나가거나 들어오는 어귀.
물목[^2](物目) 몡 물품의 목록.
물물^교환(物物交換) 몡[경] 교환의 원시적 형태. 돈으로 사거나 팔거나 하지 않고 직접 물건과 물건을 바꾸는 일.
물-미역 몡 =생미역.
물-밀다 困〈~미니, ~미오〉 조수(潮水)가 육지로 밀려오다.
　물밀듯이 물결이 밀려오듯이 세찬 힘으로 몰려오는 모양. ¶외래 문물이 ~ 밀려오다.
물-밑[-믿] 몡 어떤 일이 은밀하게 이루어지는 상태를 비유적으로 이르는 말. ¶~ 접상.
물-바가지[-빠-] 몡 물을 푸는 데 쓰이는 바가지.
물-바다 몡 홍수 따위로 인하여 넓은 지역이 물에 잠긴 상태를 일컫는 말. ¶갑자기 쏟아진 물로 온 동네가 ~가 되었다.
물-받이[-바지] 몡 함석 등으로 처마에 달아서 빗물을 받아 흘러내리게 한 것.
물-발[-빨] 몡 물이 흐르는 기세.
물-방개[-빵-] 몡[동] 몸길이 3.5~4cm의 편평한 타원형으로, 뒷다리가 크고 털이 많으며, 몸빛은 흑갈색에 녹색 광택이 나는 곤충. 연못이나 논에 살며, 헤엄을 잘 침.
물-방아[-빵-] 몡 흐르는 물을 받아 그 힘으로 공이가 오르내리게 하여 찧는 방아.
물방앗-간(-間)[-아깐/-앝깐] 몡 물방아로 곡식을 찧는 집.
물-방울[-빵-] 몡 물의 동글동글한 작은 덩이.
물방울-무늬[-빵-니] 몡 작고 동글동글한 물방울 모양의 무늬.
물-배 몡 물만 먹고 부른 배. ¶~가 차다.
물-베개 몡 고무나 방수포에 물이나 얼음을 넣어, 신열이 있는 병자가 베도록 만든 베개.
물-벼락 몡〈주로 '~을 맞다'의 꼴로 쓰여〉 남이 갑자기 쏟거나 뿌리거나 튀긴 물에 몸이 비교적 많이 젖게 되는 뜻밖의 변. ¶자동차가 빗길을 내달리는 바람에 행인이 ~을 맞았다.
물-벼룩 몡[동] 연못이나 호수에 살며, 5쌍의 다리로 뛰듯이 헤엄쳐 다니는 작은 절지동물. 몸길이 1.2~3.5mm이며, 갈색의 투명한 키틴질에 싸여 있음.
물-병(-瓶)[-뼝] 몡 물을 넣는 병.
물병-자리(-瓶-)[-뼝-] 몡[천] 황도 십이궁의 열한째 별자리. 염소자리와 물고기자리 사이에 있으며, 10월 중순에 자오선을 통과함.
물-보라 몡 물결이 바위 등에 부딪쳐 안개 모양으로 흩어지는 잔 물방울.
물-부리[-뿌-] 몡 담배를 끼워서 빠는 물건.
물-분(-粉) 몡 액체로 된 분. ↔가루분.
물-불 몡 물과 불.
　[물불을 가리지 않다] 곤란이나 위험을 무릅쓰고 행동하다.
물-비누 몡 액체로 된 비누. ↔가루비누.
물-비늘 몡 잔잔한 물결이 햇빛에 반짝이는 모습을 비유적으로 이르는 말. ¶새가 바다 위로 모습을 드러내자 눈부신 ~이 눈을 찔렀다.
물-비린내 몡 물에서 나는 비릿한 냄새.
물-빛[-삗] 몡 1 물의 빛깔. ¶~이 흐리다. 2 물과 같은 빛깔. 곧, 엷은 남빛.
물-빨래 몡 물로 빠는 빨래. 주로, 드라이클리닝에 상대되는 말로 쓰임. =물세탁. ¶~가 가능한 코트. **물빨래-하다** 園団
물-뿌리개 몡 화초 따위에 물을 주는 기구. 대롱 모양의 도관(導管)으로 물이 고루 나오게 되어 있음.
물산(物産)[-싼] 몡 그 지방에서 나는 물산.
물-살[-쌀] 몡 흐르는 물의 기세나 속도. 또는, 물의 흐름. ¶~이 세다.
물-새[-쎄] 몡 생활 조건이 물과 밀접한 관계가 있는 새의 총칭.
물색(物色)[-쌕] 몡 1 물건의 빛깔. ¶~이 곱다. 2 어떤 기준을 가지고 거기에 알맞은 사람이나 물건을 고르는 것. ¶나이 30 전후의 젊은 편집장을 ~ 중이오. 3 까닭이나 형편. ¶~도 모르고 울고 있다.
물색-하다 튐园타 쓸 만한 사람이나 물건을 찾거나 고르다.
물색-없다[-쌔겁따] 웨 말이나 하는 짓이 형편에 어울리지 않다. **물색없-이** 閂
물샐틈-없다[-업따] 웨 (단속이나 조직 따위가) 조금도 빈틈이 없다. ¶물샐틈없는 경계 태세. **물샐틈없-이** 閂
물-설다 웨〈~서니, ~서오〉 보거나 듣거나 겪는 것이 낯설고 서먹하다. ¶낯설고 물선 타국에서 이민을 가다.
물성(物性)[-썽] 몡 물질이 지니고 있는 성질.
물-세(-稅)[-쎄] 몡 관개용수의 사용금 또는 수도 요금 등의 총칭.
물-세탁(-洗濯) 몡 =물빨래. **물세탁-하다** 튐园타
물-소[-쏘] 몡[동] 물가에 무리를 지어 사는, 소와 비슷한 포유동물. 몸빛은 검은 회색이며, 활처럼 휜 검고 긴 뿔이 있음. 남아시아에서 가축으로 기름.
물-소리[-쏘-] 몡 물이 흐르거나 무엇에 부딪쳐 나는 소리. ¶졸졸졸 흐르는 ~.
물-속[-쏙] 몡 물의 가운데. =수중.
물-수건(-手巾)[-쑤-] 몡 1 물에 적신 수건. 2 음식점에서 간단히 손을 닦을 수 있도록 내놓는, 소독한 젖은 수건.
물수제비-뜨다[-쑤-] 困〈~뜨니, ~떠〉 둥글고 얄팍한 돌 따위를 물 위로 담방담방 튀겨 가게 던지다. =수제비(를) 뜨다.
물-시계(-時計)[-씨계/-씨게] 몡 좁은 구멍을 통해서 물이 일정한 속도로 떨어지게 하여, 그 분량을 헤아려 시간을 계산하는 시계. ↔자명종.
물신^숭배(物神崇拜)[-썬-] 몡 1[종] 원시 종교에서, 자연물이나 주술적인 물건을 숭배하는 일. 2[경] 자본주의 사회에서, 인간이 상품·화폐·자본 등의 물질을 숭배하는 일. =페티시즘.
물심(物心)[-씸] 몡 물질과 정신.
물심-양면(物心兩面)[-씸냥-] 몡 물질적인 면과 정신적인 면의 양면. ¶그분은 내게 ~으로 큰 도움을 주신 분이다.
물-싸움 몡 1 (논·도랑·우물가 등 물을 이용하는 곳에서) 물 때문에 일어나는 다툼 질. 2 손이나 발로 상대편의 몸에 물을 끼얹어 먼저 물러나는 편이 지는, 아이들의 장난. **물싸움-하다** 튐园
물씬 閂 1 냄새가 갑자기 심하게 풍겨 코를 푹 찌르는 모양. ¶고기가 굽는 냄새가 ~ 풍긴다. 2 잘 익거나 물러서 물렁한 모양.
물씬-거리다/-**대다** 튐园 1 냄새가 심하

물씬-물씬 뷔 물씬거리는 모양. 물씬물씬-하다 혱여

물씬-하다 혱여 1 냄새가 풍기는 것이 심하다. 2 푹 익은 물건이 물렁물렁하게 무르다. ¶물씬하게 찐 감자. 물씬-히 뷔

물아-일체(物我一體)[-체] 명 외물(外物)과 자아, 객관과 주관이 구별이 없이 하나가 됨.

물-안개 명 강·호수·바다 등에 피어오르는 안개.

물-안경(-眼鏡) 명 수영할 때 눈을 뜨고 앞을 볼 수 있도록 눈앞에 밀착해서 쓰는, 투명한 유리를 붙여 만든 안경 모양의 물건. =수경(水鏡).

물-약(-藥)[-략] 명 액체로 된 약.

물어-내다 타 변상하여 주다. ¶깬 유리 창 값을 ~.

물어-뜯다[-따] 타 이로 물어서 뜯다. ¶개가 고기를 ~.

물어-물어 잘 모르는 길이나 장소에 가는 도중에 이 사람 저 사람에게 묻고 또 물어서. ¶~ 그의 집을 찾아갔다.

물어-보다 타 무엇을 알려거나 알아내기 위하여 상대에게 묻다. ¶길을 ~.

물-엿[-렫] 명 아주 묽게 곤 엿.

물-오르다 자(<-오르니, ~올라) 1 봄철에 나무에 물기가 오르다. ¶물오른 가지. 2 (여자가) 나이가 한창때가 되어 얼굴과 몸매가 아리따워진 상태가 되다. ¶물오른 열아홉 살 처녀.

물-오리 명 =청둥오리.

물-오징어 명 말리지 않은 오징어. ¶~회.

물욕(物慾) 명 돈이나 물건을 탐내는 마음. ¶~에 눈먼 사람.

물-웅덩이 명 물이 괴어 있는 웅덩이.

물-위 명 물이 흘러내리는 위쪽 부분.

물음 명 답을 구하여 묻는 일. 또는, 답할 것을 요구하여 묻는 일. 凹질문. ¶다음 ~에 답하시오.

물음-표(-標) 명[언] 마침표의 하나. '?'의 이름. 1 물음이나 의심을 나타낼 때 씀. 2 특정한 어구 또는 그 내용에 대하여 의심이나 빈정거림·빗댐 등을 표시할 때, 또는 적절한 말을 쓰기 어려운 경우에 소괄호 안에 씀. '그저 정말 기막힌(?) 생각이군.' 따위.

물의(物議) [-의/-이] 명 어떤 사람의 좋지 않은 행동에 대해 많은 사람이 이러쿵저러쿵 논란하는 상태. ¶~를 빚다.

물-이끼[-리-] 명[식] 습지나 늪 주변에 떼를 지어 자라는, 이끼의 한 종류. 잎은 속이 비어 있어 물을 잘 흡수하므로, 식물을 옮길 때 뿌리를 감싸는 데 쓰임.

물-일[-릴] 명 부엌일·빨래 등과 같이 물을 쓰는 일. 凹진일. ¶~을 많이 하여 손이 거칠다.

물자(物資)[-짜] 명 경제 활동과 생활에 필요한 갖가지 물건이나 자재. ¶구호~.

물-자동차(-自動車) 명 1 =살수차. 2 =급수차.

물-장구 명 헤엄을 칠 때, 물에 엎드리거나 누운 상태에서 몸이 뜨게 하여 나아가도록 양발로 물을 치는 일.

물장구-치다 자 물에 엎드리거나 누운 상태에서 양발을 번갈아 수면을 치다.

물-장군(-將軍) 명[동] 논이나 연못에 살며, 몸이 납작하고 회갈색인 곤충. 낫 모양으로 생긴 앞다리로 작은 수생 동물을 잡아먹음.

물-장난 명 물을 가지고 노는 장난. 물장난-하다 자여

물-장사 명 1 지난날, 주로 가정집에 우물물이나 수돗물을 물지게로 길어다 주고 돈을 받던 장사. 2'술장사'나 '다방 영업' 등을 완곡하게 이르는 말. 물장사-하다 자여

물-장수 명 1 지난날, 주로 가정집에 우물물이나 수돗물을 물지게로 길어다 주고 돈을 받던 사람. 凹북청 ~. 2 '술장수'를 완곡하게 이르는 말.

물-재배(-栽培) 명[농] 흙을 전혀 사용하지 않고 생장에 필요한 양분을 녹인 배양액만으로 식물을 재배하는 방법. =수경(水耕). 물재배-하다 타여

물-적(物的)[-쩍] 명 물질적인 (것). ~자원. ↔심적(心的)·인적(人的).

물적 증거(物的證據)[-쩍-][법] 재판에서, 증거물·문서 등 물건의 존재·형태·상황 등을 증거로 하는 방법. ¶심증만 갈 뿐 ~가 없다. ㉰물증. ↔인적 증거.

물정(物情)[-쩡] 명 세상 돌아가는 형편이나 이치. ¶세상 ~에 어둡다.

물주(物主)[-쭈] 명 장사 따위의 밑천을 대는 사람.

물-줄기[-쭐-] 명 1 강·내 등의 물이 흘러 나가는 줄기. 2 물이 힘있게 내뻗치는 줄. ¶시원하게 내뿜는 ~.

물증(物證)[-쯩] 명[법] '물적 증거'의 준말. ¶~을 잡지 못하다. ↔인증(人證).

물-질¹ 명 해녀가 바다 속에 들어가 해산물을 채취하는 일. 물질-하다 자여

물질²(物質)[-찔] 명 1 자연계나 생활 환경 속에 존재하는, 액체·고체·기체 상태의 사물. ↔오염. 2 안락함을 추구하는 수단으로서의 돈이나 부. 凹재물. ¶~만능주의. 3 [철] 의식과 독립하여 존재하는, 감각을 통해 지각되는 존재.

물질-계(物質界)[-찔계/-찔게] 명 물질의 세계. ↔정신계.

물질-대사(物質代謝)[-찔-] 명[생] 생명 유지를 위해 생물체가 필요한 것을 섭취하고 불필요한 것을 배출하는 일. =신진대사·대사.

물질^명사(物質名詞)[-찔-] 명 1 형상을 갖춘 것을 나타내는 명사. '꽃', '연필' 따위. ↔추상 명사. 2 영어·프랑스 어·독일어 등에서, 나누어 셀 수 없는 물질을 나타내는 명사. '물', '가루' 따위.

물질-문명(物質文明)[-찔-] 명 물질을 기초로 한 문명. ¶고도로 발달한 ~. ↔정신문명.

물질-문화(物質文化)[-찔-] 명 1 인간이 자연환경에 적응하여 생활을 유지·발전시켜 가기 위해 발명·발견·제작한 사물. 도구·기계·건조물·교통 통신 수단 따위. 2 물질적인 것들이 갖는 가치가 지배적인 문화. ↔정신문화.

물질-적(物質的)[-찔쩍] 관명 1 물질에 관한 (것). 2 금전 등의 경제적인 (것). ¶~인 풍요. ↔정신적.

물질-주의(物質主義)[-찔-의/-찔-이] 명 정신적인 가치보다 물질 및 육신의 쾌락과 같은 물질적인 것을 더욱 강조하는 경향.

물-짐승[-찜-] 명 물에서 사는 짐승. 물

446 _ 물집

물-집[-찝] 圀 살가죽이 부르터 그 안에 물이 괸 것. ⓗ수포.
물찌-똥 圀 설사를 할 때 나오는, 물기가 많은 묽은 똥. ⓒ물똥.
물-차(-車) 圀 =급수차.
물-청소(-淸掃) 圀 [어느 곳을] 물로 씻거나 닦아 깨끗하게 하는 것. **물청소-하다** ⓗⓔⓐ
물체(物體) 圀 일정한 형태와 질량을 가지고 공간 속에 존재하는 것. 특히, 무생물 고체.
물-총(-銃) 圀 대롱 따위에 물을 넣어 내쏘게 만든 장난감 총.
물총-새(-銃-) 圀ⓓ 강가의 나뭇가지에 앉아 있다가 물고기를 발견하면 날쌔게 물속으로 들어가 잡아먹는 새. 등은 진한 하늘색, 윗가슴에서 배까지는 적갈색임.
물-침대(-寢臺) 圀 고무로 된 매트리스에 물을 채워 사용하는 침대.
물컹-거리다/-대다 ⓓⓐ 자꾸 물컹한 느낌을 주다.
물컹-물컹 ⓑ 물컹거리는 모양. **물컹물컹-하다** ⓗⓔⓐ ¶호박이 물러서 ~.
물컹-하다 ⓗⓔⓐ 지나치게 익거나 삶아서 물크러질 듯이 무르다. ¶고구마가 너무 물컹하게 쪄졌다. ⓒ말캉하다.
물-켜다 ⓓ 물을 많이 들이켜다.
물-코 圀 끈적함이 거의 없어 물처럼 흐르는 코.
물크러-지다 ⓓⓐ 너무 물러서 본 모양이 없어지도록 헤어지다. ¶고기를 물크러지도록 삶다.
물큰 ⓑ 냄새가 한꺼번에 확 풍기는 모양. ¶고린내가 ~ 코를 찌른다.
물-타기 圀[경] 매입한 주식의 가격이 하락했을 때 하락한 가격으로 주식을 더 사들임으로써 매입 평균 단가를 낮추는 일.
물-탱크(-tank) 圀 물을 넣어 두는 큰 통.
물-통(-桶) 圀 1 물을 담아 두는 통. =수통(水桶). 2 물을 긷는 데 쓰는 통.
물-파스(-pasta) 圀 액체로 된 파스.
물팍 圀 '무르팍'의 준말.
물푸레-나무 圀[식] 나무껍질은 회갈색에 불규칙한 흰색 무늬가 있고, 5월에 흰 꽃이 피는 낙엽 활엽 교목. 산지에 자람.
물-풀 圀[식] =수초(水草).
물-품(物品) 圀 일정하게 쓰일 가치가 있는 물건. ⓓ 대장.
물-행주 圀 물을 적셔서 쓰는 행주. =진행주. ↔마른행주.
물-혹 圀 몸의 장기에 생기는 양성의 낭종. 의학 용어라기보다는 통속적인 명칭임. ⓓ낭종.
물화(物化) 圀[철] 자본주의 사회에서, 인간이 도구화·상품화되고 인간과 인간의 관계도 물건과 물건의 관계로 환원되어 인간 소외의 상태에 이르게 되는 일.
물-휴지(-休紙) 圀 손이나 항문 등을 깨끗이 닦을 수 있도록 일회용으로 만든, 물에 적셔진 종이.
묽다[묵따] ⓗ (죽이나 반죽 따위가) 물기가 많다. ¶반죽이 너무 ~, ⇒되다. 2 (술이나 액체의 농도가) 적다. ¶물감을 **묽게** 타다. 3 사람이 체력에 비하여 울찬 데 없이 무르다.
뭄바이(Mumbai) 圀[지] 인도 서부의 항구 도시.

뭇[뭇] 圀[의존] 1 장작·채소 따위의 작은 묶음을 세는 단위. ¶장작 세 ~. 2 생선을 묶어 세는 단위. 1뭇은 10마리임. ¶조기 한 ~. 3 미역을 묶어 세는 단위. 1뭇은 10장임. 4 볏을 베어 묶은 것을 세는 단위. 보통, 1뭇은 30~40포기임. ⓗ단.
뭇[뭇] ⓒ (사람·동물·사물 등을 나타내는 명사 앞에 쓰여) 그 명사가 나타내는 대상이 수효가 많고 불특정의 것임을 나타내는 말. ¶~ 사내/ ~ 산들.
뭇-국[무꾹/뭇꾹] 圀 무를 넣고 끓인 국.
뭇-매[문-] 圀 =몰매.
뭇-별[뭇뻘] 圀 많은 별.
뭇-사람[문싸-] 圀 많은 사람. 또는, 여러 사람.
뭇-시선(-視線)[문씨-] 圀 여러 사람의 눈길. ¶~을 끌다.
뭉개다 ⓓ 1 (물건을) 문질러 짓이기다. ¶이불을 깔고 ~. 2 일을 제대로 처리하지 못하거나 우물거리다. ¶빨리 처리하지 뭉그적 그리 뭉개느냐.
뭉개-지다 ⓓⓐ (물건이) 문질려 짓이겨지다.
뭉거-지다 ⓓⓐ '뭉그러지다'의 준말.
뭉게-구름 圀[기상] =적운(積雲).
뭉게-뭉게 ⓑ 구름·연기 등이 자꾸 피어오르는 모양. ¶연기가 ~ 피어오르다.
뭉그러-지다 ⓓⓐ (쌓인 물건이) 허물어져 주저앉다. ⓒ뭉거지다.
뭉그적-거리다/-대다 ⓓⓐ 제자리에서 나아가지 못하고 느리게 자꾸 비비대다.
뭉그적-뭉그적[-정-] ⓑ 뭉그적거리는 모양. **뭉그적뭉그적-하다** ⓓⓐⓗⓔⓐ
뭉근-하다 ⓗⓔⓐ 불기운이 쌔지 않으면서도 끊이지 않고 꾸준하다. **뭉근-히** ⓑ ¶불을 ~ 때다.
뭉글-거리다/-대다 ⓓⓐ 멍울 진 물건이 물렁물렁하고 미끄러운 느낌을 주다. ⓒ뭉클거리다. ⓗ뭉글뭉글.
뭉글-뭉글 ⓑ 뭉글거리는 모양. ⓒ몽글몽글. ⓗ뭉글뭉글. **뭉글뭉글-하다** ⓗⓔⓐ
뭉떵 ⓑ 상당한 부분이 대번에 끊어지거나 잘리는 모양. ¶고기를 ~ 썰다. ⓒ몽땅. ⓗ뭉텅.
뭉떵-하다 ⓗⓔⓐ 끊어서 뭉뚱그려 놓은 것이 짧은 듯하다. ⓒ몽땅하다.
뭉똑 ⓑ 끝이 아주 짧고 무딘 모양. ⓒ몽톡. **뭉똑-하다** ⓗⓔⓐ ¶뭉뚝한 연필.
뭉뚱-그리다 ⓓⓒ 1 되는대로 대강 뭉쳐 싸다. ¶옷가지를 ~. 2 여러 사실을 하나로 포괄하다.
뭉실-뭉실 ⓑ 살지고 기름져 부드러운 느낌을 주는 모양. **뭉실뭉실-하다** ⓗⓔⓐ
뭉처나-기[-처-] 圀[식] 1 줄기나 꽃대 등이 뿌리 근처에서 무더기로 나는 것. 2 여러 개의 잎이 짤막한 줄기에 무더기로 나는 것. 잣나무 따위. =총생(叢生).
뭉치 圀 1 한데 뭉치거나 말린 덩이. ¶솜~/돈~. 2 소의 볼기 아래에 붙은 살.
뭉치다 Ⅰⓐ 여럿이 합쳐 한 덩어리가 되다. ¶모두 한마음으로 ~. Ⅱⓒ 여럿을 합쳐 한 덩어리로 만들다. ¶눈을 ~.
뭉칫-돈[-치돈/-친똔] 圀 1 뭉치를 이루도록 쌓은, 많은 돈. 2 한꺼번에 사용되거나 보관되어 있는, 많은 액수의 돈. ⓗ목돈. ¶저금리가 계속되자 ~이 부동산 시장에 몰리고 있다.

뭉크, 에드바르(Munch, Edvard) 명[인] 노르웨이의 화가(1863~1944).
뭉클-거리다/-대다 통(자) '뭉글거리다' 의 거센말.
뭉클-뭉클 뛰 '뭉글뭉글' 의 거센말. 뭉클-하다 형여
뭉클-하다 형여 북받치는 감정으로 가슴 속이 갑자기 꽉 차는 듯하다. ¶가슴 뭉클한 감동.
뭉텅 뛰 '뭉떵' 의 거센말.
뭉텅-이 명 한데 뭉쳐 이룬 덩이. ¶돈을 ~로 가져온다 해도 소용없다.
뭉툭 뛰 '뭉뚝' 의 거센말. 뭉툭-하다 형여 ¶뭉툭한 연필.
물[문] 명 1강이나 바다가 아닌 땅. 2 섬사람들이 본토 땅을 이르는 말.
뭐 대(지시)(인칭) 명 1 '무엇' 또는 '무어' 의 준말. ¶~가 뭔지 알 수 없다. 2 어떤 사실을 부정적으로 말하고자 할 때, 부정적 서술어의 대상이 되는 체언 다음에 '…이고/고 뭐고' 의 꼴로 쓰여, 그 부정의 의미가 한층 강한 상태가 되게 하는 말. ¶돈이고 ~고 다 싫다.
뭐니 뭐니 해도 이렇게 저렇게 말할 수 있지만 그렇다고 해도. ¶~ 우리 사위가 최고라니까!
뭐-하다 '무엇하다' 의 준말. ¶이런 말을 하긴 좀 뭐하지만…
뭘¹ 김 상대의 칭찬이나 감사의 말에 대해, 자신의 행동이 대단치 않은 것임을 나타내어 겸손하게 대꾸하는 말. ¶"도와줘서 고맙다." "~, 할 일을 했을 뿐인데."
뭘² '무엇을' 의 준말. ¶~ 좀 먹고 하자.
뭣-하다 '뭣하다' 의 잘못.
뭣[뭗] 대(지시)(인칭) '무엇' 의 준말. ¶~을 기대하는가?
뭣-하다[뭐타-] 형여 '무엇하다' 의 준말. ¶도와 달라기가 좀 ~. ×뭘하다.
뭬 '무엇이' 가 준 말. ¶~라고?
뮌헨(München) 명[지] 독일 남동부의 상공업 도시.
뮤즈(Muse) 명[신화] '무사(Mousa)³' 의 영어명.
뮤지션(musician) 명 음악인. 특히, 음악성이 뛰어난 대중음악 가수나 연주가를 가리킴. ¶록 ~ /재즈 ~.
뮤지컬(musical) 명 현대 미국에서 발달한 음악극의 한 형식. 음악·노래·무용·연극을 결합시킨 종합 무대 예술임.
뮤직^비디오(music video) 명 가수의 노래와 함께 보여 주기 위해, 그 곡의 내용에 맞추어 만든 영상물. 또는, 가수의 노래에 영상이 함께 실린 시디.
뮤직-홀(music hall) 명 노래·무용·촌극 따위를 하는 연예장.
뮤추얼^펀드(mutual fund) 명[경] 투자자에게 주식을 발행하는 방법으로 자금을 모아 주식·채권·부동산 등에 투자하여 투자자들에게 배당금의 형태로 수익을 분배하는 일종의 신탁 회사.
-므로 어미 'ㄹ' 받침으로 끝나는 어간, 또는 어미 '-시-' 아래에 붙어, 까닭을 나타내는 연결 어미. ¶이것은 독이므로 ~ 먹어서는 안 된다. ▷-으므로.
미¹(未) 명 십이지(十二支)의 여덟째.
미²(美) 명 1 아름다움. ¶자연의 ~. 추(醜). 2 (일부 명사 앞 또는 뒤에 붙어) '아름다움' 의 뜻을 나타내는 말. ¶~소년 / 육체~. 3 [교] 성적을 매기는 등급의 하나. '수·우·미·양·가' 의 5단계 중 셋째 등급. 4 '미국' 을 줄여 이르는 말.
미-³(未) 접두 '아직 다 이루어지지 않은' 의 뜻을 나타내는 말. ¶~완성 /~성년.
미⁴(∅mi) 명 음계 이름 '마' 의 이탈리아어. 2 장음계에서 셋째 음.
미가-서(←Micah書) 명[성] 구약 성서 중의 한 권.
미각(味覺) 명 단맛·짠맛·신맛·쓴맛·매운맛 등을 느끼는 혀의 감각. =미감(味感). ¶~이 발달하다.
미-간¹(未刊) 명 책을 아직 찍어 내지 않음. ¶~ 서적. ↔기간(既刊).
미간²(眉間) 명 '양미간' 의 준말. ¶~을 찌푸리다.
미감¹(味感) 명 =미각(味覺).
미감²(美感) 명 사물에서 아름다움을 느끼는 감각. 또는, 사물의 아름다운 느낌.
미감-아(未感兒) 명 병 따위에 감염되지 아니한 아이. 특히 나환자인 부모에게서 태어나 병에 감염되지 않은 아이를 이름.
미-개(未開) 명 1 토지 또는 어떤 분야가 아직 개척되지 않음. 2 [지(地). 2 (일부 명사 앞에만 쓰여) 아직 개화(開化)되지 않음. 또는, 문명이 발달하지 않음. ¶~ 민족. 미:개-하다 형여
미:-개발(未開發) 명 아직 개발하지 못하거나 개발되지 않음. ¶~ 지역. 미:개발-되다 통(자)
미:개^사회(未開社會) [-회/-훼] 명[사] 문명하지 않은 사회. ↔문명사회.
미:개-인(未開人) 명 미개한 인종.
미:개-지(未開地) 명 1 아직 문명이 발달되지 못한 지역. 2 '미개척지' 의 준말.
미:-개척(未開拓) 명 아직 개척하지 못함. ¶응용과학의 ~ 분야. 미:개척-되다 통(자)
미:개척-지(未開拓地) [-찌] 명 1 아직 개척하지 못한 땅. 2 과학·문화 방면에서 아직 개척하지 못한 분야. ▷미개지.
미거(美擧) 명 훌륭하게 잘한 일. 또는, 갸륵하고 장한 일. ¶보기 드문 ~.
미결(未決) 명 아직 결정되거나 해결되지 않음. ¶~ 사항. ↔기결. 미:결-하다 통(타) 미:결-되다 통(자) 미:결된 안건.
미결-수(未決囚) [-쑤] 명[법] 형사 피의자 또는 형사 피고인으로서, 법원의 판결이 아직 나지 않아 구치소에 구금되어 있는 사람. ↔기결수.
미곡(米穀) 명 쌀을 비롯한 갖가지 곡식의 총칭.
미골(尾骨) 명[생] =꼬리뼈.
미관(美觀) 명 아름답고 훌륭한 풍경. ¶도시 ~을 해치다.
미관-말직(微官末職) [-찍] 명 지위가 아주 낮은 벼슬. 또는, 그런 벼슬아치. ↔고관대작.
미관-상(美觀上) 명(부) 미적(美的)으로 보는 바. ¶도시 ~ 좋지 못한 건물.
미괄-식(尾括式) 명[문] 산문 구성 방식의 하나. 글의 중심 내용이 글의 마지막 부분에 오는 형태임. ▷두괄식·양괄식.
미:-구(未久) 명 앞으로 오래지 않음. ¶~에 닥칠 큰 재앙.
미국(美國) 명[지] 북아메리카 대륙의 중앙부를 차지하는 연방 공화국. 수도는 워싱턴. =유에스·유에스에이(U.S.A.)·아메리카·아메리카 합중국.
미국^중앙^정보국(美國中央情報局) [-쭝-] 명 국내외의 모든 정보를 수집·분석

하는 미국의 비밀 정보기관. =시아이에이(CIA).
미국-흰불나방(美國-) [-구킨-라-] [명]=흰불나방.
미군(美軍) [명] 1 미국 군대. 2 미국 군인.
미궁(迷宮) [명] 1 한번 들어가면 나오는 길을 쉽게 찾을 수 없도록 되어 있는 곳. ¶~ 속을 헤매다. 2 사건 따위가 분명하지 않게 해결하지 못하는 것을 비유하여 일컫는 말. ¶~에 빠진 사건.
미그전투기(MIG戰鬪機) [명][군] 소련의 대표적인 전투기의 하나.
미급(未及) [명] 아직 미치지 못함. **미급-하다** [형][여]
미꾸라지 [명][동] 몸이 가늘고 긴 원통형이며, 피부가 미끄러운 민물고기. 몸빛은 암녹색에 작은 점이 많고, 5쌍의 수염이 있음. 시냇물·논 등의 진흙 바닥에서 삶.
미꾸라지 같다 자기 자신에게 이롭지 않으면 요리조리 살살 피하거나 잘 빠져나가는 사람을 비유하여 이르는 말.
미꾸리 [명][동] 미꾸라지와 비슷하나, 미꾸라지보다 비늘이 작고 수염이 짧은 민물고기. 미꾸라지보다 맛이 좋음.
미끄러-지다 [동][자][여] 1 미끄러운 곳에서 밀려 나가거나 넘어지다. ¶얼음판에서 ~. 2 뽑거나 고르는 대상에 들지 못하다. 속된말임. ¶대입 시험에 ~.
미끄럼 [명] 재미를 즐기기 위하여 얼음판이나 눈 위 또는 미끄럼대에서 미끄러지는 일. ¶~을 타다.
미끄럼-틀 [명] 앉은 채로 미끄러져 내려오는 것을 즐길 수 있도록 쇠붙이 따위로 좁고 긴 통로를 만들어 경사지에 설치한 놀이 기구.
미끄럽다 [-따] [형][비] 〈미끄러우니, 미끄러워〉거침없이 저절로 밀려 나갈 만큼 반드럽다. ¶눈이 내려 길이 ~. [작]매끄럽다.
미끈-거리다/-대다 [동][자] 미끄러워 자꾸 밀려 나가다. ¶비누가 ~. [작]매끈거리다.
미끈미끈-하다 [형][여] 여럿이 다 미끈하다. 또는, 매우 미끈하다. [작]매끈매끈하다. ×미끌미끌하다.
미끈-하다 [형][여] 흠이나 거친 데가 없이 부드럽고 번듯하다. ¶미끈한 각선미. [작]매끈하다. **미끈-히** [부]
미끌미끌-하다 [형][여] 1 상당히 미끄럽다. 2 '미끈미끈하다'의 잘못.
미끼 [명] 1 낚시에 꿰우는 물고기의 먹이. =고기밥. 2 꾀기 위한 물건이나 수단. ¶돈을 ~로 사람을 유혹하다.
미나리 [명][식] 얕은 물이나 습지에서 자라며, 독특한 향기가 있는 연한 줄기와 잎을 식용하는 여러해살이풀.
미나리-꽝 [명] 미나리를 심는 논.
미나리-아재비 [명][식] 잎은 손 모양으로 가장자리에 톱니가 있으며, 6월에 노란 꽃이 피는 여러해살이풀. 독성이 있으나 어린잎은 식용하고, 전체를 약용함.
미나마타-병(水俣/みなまた 病) [명][의] 유기 수은 중독에 의한 만성 신경 질환. 운동 장애·언어 장애·난청·사지 마비 등의 증상을 나타냄.
미-남(美男) [명] 남자의 얼굴이 잘생김. 또 그 남자. [준]추남.
미남-형(美男型) [명] 미남에게서 볼 수 있는 얼굴의 형.
미납(未納) [명] 아직 내지 못함. ¶~ 고지서. **미납-하다** [동][타][여] **미납-되다** [동][자]
미납-금(未納金) [-끔] [명] 아직 내지 않았거나 내지 못한 돈.
미네랄(mineral) [명][생] =광물질2.
미네랄-워터(mineral water) [명]=광천수(鑛泉水).
미네르바(Minerva) [명][신화] 로마 신화에 나오는 지혜·전쟁·공예의 여신. 그리스 신화의 아테나에 해당함.
미네소타(Minnesota) [명][지] 미국 북부의 주.
미-녀(美女) [명] 얼굴이 아름다운 젊은 여자. [비]미인. ¶미남. ↔추남.
미-년(未年) [명][민] 태세(太歲)의 지지(地支)가 미(未)로 된 해. =양해.
미노스(Minos) [명][신화] 그리스 신화에 나오는 크레타의 왕. 미궁을 짓고, 괴물 미노타우로스를 가두어 둠.
미노타우로스(Minotauros) [명][신화] 그리스 신화에 나오는, 인간의 몸에 소의 머리를 가진 괴물.
미농-지(美濃紙) [명] 일본 종이의 하나. 닥나무 껍질로 만드는데, 얇고 질기며 썩 질김.
미뉴에트(minuet) [명][음] 프랑스에서 시작된 4분의 3 또는 8분의 3박자의 춤곡.
미늘 [명] 1 물고기가 물면 빠지지 않도록, 낚시의 안쪽 끝을 삼각형에 가깝게 만든 작은 갈고리. 2 '갑옷미늘'의 준말.
미니(mini) [명] 1 옷자락이 무릎 위로 올라가는 짧은 스커트의 길이. 또는, 그런 길이의 스커트. 2 [일부 명사 앞에 쓰여] 소형(小型)임을 나타내는 말. ¶~버스.
미니멈(minimum) [명] 수량이나 정도가 최소인 것. ↔맥시멈.
미니-버스(minibus) [명] 적은 수의 사람이 탈 수 있는 소형 버스.
미니-스커트(miniskirt) [명] 옷자락이 무릎 위에 오는 짧은 길이의 스커트.
미니아튀르(miniature) [명] 세밀하게 그려진 작은 그림. =세밀화.
미니어처(miniature) [명] 실물과 같은 모양으로 정교하게 만들어진 소형의 모형(模型). 전쟁 영화나 공상 과학 영화에서 많이 쓰임.
미니-카(minicar) [명] 1 초소형(超小型)의 자동차. [비]경승용차. 2 어떤 자동차의 외형을 똑같이 본뜨되 크기를 아주 작게 하여 만든 모형의 물건.
미다스(Midas) [명][신화] 그리스 신화에 나오는 소아시아의 왕. 디오니소스 신에게 빌어 손에 닿는 것마다 황금으로 변화시키는 힘을 얻었으나, 음식은 물론 딸까지 황금으로 변하자, 다시 신에게 빌어 원래의 상태로 돌아감. 영어명은 마이다스.
미다스의 손 어떤 일에 대한 뛰어난 능력이나 솜씨를 비유적으로 이르는 말. =마이다스의 손. ¶스필버그 감독은 영화계의 ~이라 일컬어진다.
미닫-이(-닫이) [명] 문이나 창을 옆으로 밀어서 여는 방식. 또는, 그런 방식의 문이나 창. ¶~문. ↔창. ▷여닫이.
미-달(未達) [명] 어떤 한도에 이르지 못함. ¶정원 ~. **미달-하다** [동][자][여] **미달-되다** [동][자]
미담(美談) [명] 사람을 감동시킬 만큼 아름다운 선행을 담은 이야기.
미-대(美大) [명][교] '미술 대학'의 준말.
미더덕 [명][동] 바다 속 바위에 붙어 살며, 멍게와 비슷하나 몸이 작은 원생동물. 살

미:덕(美德)명 아름다운 덕행.
미덥다[-따] 형ㅂ <미더우니, 미더워> 믿음성이 있다. ¶미더운 친구.
미동(微動)명 약간 움직이는 것. ¶~도 없이 앉아 있다. 미동-하다 동자여
미드필더(midfielder)명체 축구에서, 경기장의 중앙에서 공수를 연결하는 역할을 하는 선수.
미드-필드(midfield)명체 축구에서, 경기장의 가운데 부분.
미들-급(middle級)명체 권투 체급의 하나. 프로는 69.85~72.57kg, 아마추어는 71~75kg임. =중량급.
미들맨(middleman)명체 야구에서, 중간 계투를 하는 투수. 선발 투수에 이어 2이닝 정도를 책임짐.
미등(尾燈)명 자동차·열차 따위의 뒤쪽에 단 등. ↔전조등.
미-등기(未登記)명 아직 등기를 하지 않음. ¶~ 건물. 미등기-하다 동타여 미등기-되다 동자여
미디(midi)명 양장에서, 장딴지의 중간까지 내려오는 옷의 길이. 또는, 그런 길이의 옷. 미니와 맥시의 중간 길이임.
미디어(media)명 사람들에게 지식과 정보를 전달하는・전파・인쇄물・인터넷 등의 수단. 비매체.
미라(∇mirra)명 썩지 않고 건조되어서 원래 상태에 가까운 모습으로 남아 있는 인간 또는 동물의 시체. ×미이라.
미란다^원칙(Miranda原則)명 경찰이나 검찰이 피의자를 연행하거나 조사할 때, 피의자가 진술을 거부할 수 있는 권리와 변호사의 도움을 받을 권리가 있음을 알려 주어야 하는 원칙.
미:래(未來)명 1 아직 오지 않은, 현재 이후의 시간. 또는, 그때에 일어날 일. 비장래. '장밋빛 ~를 설계하다. 2[언] 시제(時制)의 하나. 현재 이후의 사건이나 상태임을 나타냄. 선어말 어미 '-겠-'이나 '-리-'를 종결 어미 앞에 붙여서 나타내거나, 관형사형 어미 '-ㄹ/을'을 붙여서 나타냄. 3[불] =내세(來世).
미:래-상(未來像)명 이상으로서 그리는 미래의 모습. ¶한국의 밝은 ~.
미:래^완료(未來完了)[-완-] 명언 미래의 동작이 막 끝나서 그 결과가 나타나 있음을 표현하는 시제 동작상. 현재 완료에 '-겠-'을 더하여 씀.
미:래-주의(未來主義)[-의/-에] 명미 미래파가 주장하는 예술상의 입장.
미:래-파(未來派)명미 20세기 초, 이탈리아에서 일어난 전위적인 예술 운동. 또는, 그 유파. 전통을 부정하고 기계 문명으로 인한 도시의 약동감・속도감을 새로운 미(美)로서 표현하려고 한 것임.
미:래-학(未來學)명 여러 각도에서 미래 사회를 연구・추론하는 학문의 총칭.
미량(微量)명 아주 적은 양. ¶~의 극약.
미량^원소(微量元素)[-쏘]명 1[화] 물질 중에 극히 적은 양으로 함유되어 있는 원소. 2[식] 극히 적은 양이기는 하나 식물의 생육에 없어서는 안 될 원소. 철・아연・망간・구리 따위.
미:려-하다(美麗-)형여 아름답고 곱다. ¶미려한 경관(景觀).
미력(微力)명 '적은 힘'이라는 뜻으로, 남을 위하여 들이는 자신의 힘을 겸손하게 이르는 말. 미력-하다 형여 ¶미력하나마 힘껏 돕겠습니다.
미련[1]명 어리석고 둔한 것. 미련-하다 형여 ¶미련한 사람.
미련[2](未練)명 어떤 일이나 사람 등을 단념해야 할 처지에서 깨끗이 잊어버리지 못하고 끌리는 데가 남아 있는 마음. ¶~을 버리다.
미련-스럽다[-따] 형ㅂ <-스러우니, -스러워> 미련한 데가 있다. ¶하는 짓이 ~. 미련스레 부
미련-퉁이명 몹시 미련한 사람.
미령-하다(靡寧*-)형여 ['寧'의 본음은 '녕'] (어른이 병으로 인하여) 몸이 편하지 못하다.
미:로[1](迷路)명 1 복잡하게 갈래가 져서 방향이나 위치를 알기 어렵게 되어 있는 길. 2 해결책을 찾지 못하여 곤란하게 된 상태. 비유적인 말임. ¶교육 개혁이 ~를 헤매고 있다.
미로[2], 호안(Miró, Joan)명인 에스파냐의 화가・도예가(1893~1983).
미:로^학습(迷路學習)[-씁]명교 미로를 지나가는 일을 거듭하게 하여 사람의 지능이나 동물을 훈련시키는 학습 방법.
미뢰(味蕾)[-뢰/-뤠]명식 척추동물의 미각 수용체. 주로, 혓바닥의 윗면에 있으며, 단맛・신맛・쓴맛・짠맛 등을 지각함.
미루-나무명식 줄기가 곧게 자라며, 가지는 줄기에 바짝 붙어 위로 똑바로 올라가는 낙엽 활엽 교목, 가로수로 많이 심음. =포플러. ×미류나무.
미루다 동타 1 정한 날짜보다 뒤로 물리다. ¶오늘 일을 내일로 미루지 마라. ↔당기다. 2 일 따위를 남에게 넘기다. ¶자신의 책임을 남에게 ~. 3 ('…으로 미루어'의 꼴로 쓰이어) 이미 알려진 사실로써 다른 것을 헤아리거나 짐작하다. ¶한 가지로 미루어 열 가지를 알 수 있다.
미류-나무(美柳-)명식 '미루나무'의 잘못.
미륵(彌勒)명불 1 '미륵보살'의 준말. 2 '돌부처'를 두루 이르는 말.
미륵-보살(彌勒菩薩)[-쌀]명불 도솔천에 살며, 석가가 입멸한 지 56억 7천만 년 후에 세상에 나타나 중생을 제도한다는 보살. =미륵불. 준미륵.
미륵-불(彌勒佛)[-뿔]명불 =미륵보살.
미리 부 어떤 일이 생기기 전에. ¶~ 연락하고 오너라.
미리-내명 <방> 은하수(제주).
미리-미리 부 충분한 여유가 있게 미리. ¶노후 대책을 ~ 세우다.
미립명 경험에 의해 터득한 묘한 이치. 비노하우・요령. ¶~이 트이다.
미립-자(微粒子)[-짜]명물 미세한 입자. 또는, 물질을 구성하는 아주 작은 알갱이.
미:만(未滿)명 정한 수효나 정도에 차지 못하는 것. 또는, 어떤 수를 기준으로 할 때 그 수를 포함하지 않고 그보다 적은 수인 것. ¶60점 ~. ▷미(未).
미만-하다(彌滿--/瀰漫--)형여 (어떤 현상이 어느 곳에) 널리 가득 찬 상태에 있다. ¶불신 풍조가 미만한 사회.
미:망(迷妄)명 사리에 어두워 갈피를 잡지 못하고 헤매는 것. ¶~에 빠지다.
미:망-인(未亡人)명 ['아직 따라 죽지 못

한 사람'이라는 뜻] 죽은 사람의 아내를 이르는 말.
미!명[1](未明) [명] 날이 채 밝기 전. ¶18일 ~을 기하여 총공격을 단행한다.
미!명[2](美名) [명] 뭐라 말을 붙여 그럴듯하게 내세우는 표면상의 이유나 구실. [비]명분. ¶개발이라는 ~ 아래 생태계가 파괴되고 있다.
미!모(美貌) [명] 얼굴의 아름다움. 성숙한 여자에 대해 쓰는 말임. ¶~의 여인.
미모사(mimosa) [명][식] 여름에 연분홍색 잔꽃이 줄기 끝에 동그랗게 모여 피고, 잎을 건드리면 오므라드는 한해살이풀.
미!몽(迷夢) [명] 무엇에 홀린 듯 똑똑하지 못하고 얼떨떨한 정신 상태.
미!묘-하다[1](美妙—) [형][여] 아름답고 교묘하다. **미!묘-히** [부]
미묘-하다[2](微妙—) [형][여] 꼬집어 말할 수는 없지만 뭔가 특이함이 있다. 또는, 이도 저도 아니어서 기이하다. [비]묘하다·야릇하다. ¶사랑과 미움이 뒤섞인 **미묘한** 감정.
미물(微物) [명] **1** '보잘것없는 것'이라는 뜻으로, 동물을 사람에 상대하여 이르는 말. ¶~도 제 새끼는 귀여워한다. **2** 변변하지 못한 사람을 얕잡아 이르는 말.
미미-하다(微微—) [형][여] 보잘것없이 아주 작다. ¶**미미한** 존재. **미미-히** [부]
미!-발표(未發表) [명] 아직 발표하지 않음. **미!발표-하다** [동][타][여] **미!발표-되다** [동][자]
미!백(美白) [명] (피부나 이 등을) 아름답고 희게 만드는 것. ¶~ 크림 / 치아 ~. **미백-하다** [동][타][여]
미복(微服) [명] 지위가 높은 사람이 무엇을 몰래 살피러 다닐 때 남의눈에 띄지 않도록 입는 남루한 옷. **미복-하다** [동][자][여] 미행을 하기 위해 남루한 옷을 입다.
미봉-책(彌縫策) [명] 일시적인 눈가림으로 꾸며 대는 계책. ¶~을 쓰다.
미부(尾部) [명] **1** 꼬리나 꽁지가 되는 부분. **2** 어떤 물체의 끝 부분. ↔두부(頭部).
미분(微分) [명][수] **1** 어떤 함수의 미분 계수를 구하는 셈법. **2** 어떤 함수에서, 독립 변수의 값이 미소한 변화에 응하는 함수의 값의 변화. ▷적분. **미분-하다** [동][타][여]
미!-분양(未分讓) [명] 아직 분양하지 않음. **미!분양-하다** [동][타][여] **미!분양-되다** [동][자] ¶**미분양된** 아파트.
미!-분화(未分化) [명] 아직 분화되지 않음. **미!분화-하다** [동][자][여] **미!분화-되다** [동][자]
미!불(未拂) [명] 아직 지불하지 않음. ¶~금. **미!불-하다** [동][타][여] **미!불-되다** [동][자]
미!비(未備) [명] 아직 덜 갖춘 상태에 있는 것. ¶~점. **미!비-하다** [형][여] ¶시설이 ~.
미쁘다 [형] 〈미쁘니, 미뻐〉 믿음성이 있다.
미사([라]missa) [명][가] 로마 가톨릭교회에서, 예수의 최후의 만찬을 기념하여 행하는 제사 의식. ['彌撒'는 취음]
미!사-여구(美辭麗句) [-꾸] [명] 아름다운 말과 글귀.
미사일(missile) [명][군] **1** 로켓 추진으로 아주 먼 거리로 날아가 목표물을 파괴하는 무기. **2** =유도탄. ¶지대공 ~.
미!상(未詳) [명] 확실하거나 분명하게 알지 못하는 상태에 있는 것. ¶작자 ~.
미!상불(未嘗不) [부] '아닌 게 아니라'를 한문 투로 이르는 말.
미색[1](米色) [명] 겉껍질만 벗겨 낸 쌀의 빛깔과 같은 약간 노르께한 빛깔.
미!색[2](美色) [명] 여자의 아름다운 얼굴. 또는, 아름다운 여자. ¶~에 빠지다.
미-생물(微生物) [명][생] 육안으로는 관찰할 수 없는, 아주 작은 생물. 보통, 세균·효모·원생동물 등을 가리킴.
미선-나무 [명][식] 높이 1.5m가량으로 가지가 우산 모양으로 벋으며, 봄에 흰색 또는 담홍색 꽃이 잎보다 먼저 피는 낙엽 활엽 관목. 우리나라 특산종임.
미!성(美聲) [명] 아름다운 목소리.
미!-성년(未成年) [명] 아직 성년이 되지 못한 나이. 또는, 그 나이의 사람. 민법상 만 20세 미만을 말함. ↔성년. ▷연소자.
미!성년-자(未成年者) [명] 아직 성년이 되지 못한 사람. 민법상 만 20세 미만의 사람을 가리킴. ¶~ 관람 불가.
미!-성숙(未成熟) [명] 아직 성숙하지 못한 상태에 있음. **미!성숙-하다** [형][여]
미세스 [명] '미시즈(Mrs.)'의 잘못.
미세-하다(微細—) [형][여] 분간하기 어려울 만큼 매우 작다. ¶**미세한** 입자.
미소[1](美蘇) [명] 미국과 소련. ¶~ 양국의 군축 회담.
미소[2](微小) [명] 《일부 명사 앞에 쓰여》 썩 작은 것. **미소-하다**[1] [형][여] ¶**미소한** 과오.
미소[3](微笑) [명] 소리를 내지 않고 빙긋이 웃는 것. 또는, 그 웃음. ¶모나리자의 ~ / ~를 띠다. **미소-하다**[2] [동][자][여]
미소^공!동^위원회(美蘇共同委員會) [—회/—훼] [명][역] 한국의 신탁 통치와 완전 독립 문제를 토의하기 위해, 1946년 1월에 미국과 소련의 대표가 서울에서 조직한 위원회.
미!-소년(美少年) [명] 용모가 아름다운 소년. ¶홍안(紅顔)의 ~.
미소-하다[3](微少—) [형][여] 아주 적다. ¶**미소한** 차이.
미!수[1](未收) [명] 돈이나 물건을 아직 다 거두어들이지 못함. **미!수-하다** [동][타][여] **미!수-되다** [동][자]
미!수[2](未遂) [명] **1** 어떤 일을 하려고 계획했다가 목적을 이루지 못한 일. **2** [법] 범죄의 실행에 착수했으나 목적을 달성하지 못한 일. ¶살인 ~ / ~에 그치다.
미수[3](米壽) [명] ['米'자를 '八十八'로 풀이하여] 여든여덟 살을 이르는 말.
미!수-금(未收金) [명] 아직 거두어들이지 못한 돈.
미수-연(米壽宴) [명] 여든여덟 살 되는 해에 베푸는 잔치.
미!수-죄(未遂罪) [—쬐/—쮀] [명][법] 범죄 행위를 시도하였다가 목적대로 이루지 못했을 때에 성립되는 죄.
미!숙-아(未熟兒) [명] 달을 다 채우지 못하고 태어난 아이 가운데, 특히 몸무게가 2.5kg 이하인 아이.
미!숙-하다(未熟—) [—수카—] [형][여] 일에 아직 익숙하지 못하여 서투르다. ¶운전이 **미숙한** 자가운전자.
미!술(美術) [명] 아름다움을 조형적으로 표현하는 예술. 곧, 공간적·시각적 미를 나타내는 그림·조각·건축·공예 따위.
미!술-가(美術家) [명] 미술품을 전문적으로 창작하는 사람.
미!술-관(美術館) [명][미] 그림·조각 등의 미술품을 진열하여, 일반에게 관람시키기 위한 시설.
미!술^대!학(美術大學) [명] 미술에 대한 전문적인 이론과 기술을 교수·연구하는 대학. ㉺미대.
미술-사(美術史)[-싸] 몡 미술의 변천과 발달 과정에 관한 역사. 또는, 그것을 연구하는 학문.
미술-품(美術品) 몡 회화·조각·공예 등 미술의 작품.
미숫-가루[-수까-/-숟까-] 몡 찹쌀·멥쌀·보리쌀 따위를 쪄거나 볶아서 가루로 만든 식품. ×미싯가루.
미스¹(Miss) 몡 1미혼 여성을 호칭 또는 지칭할 때 성(姓) 앞에 붙이는 말. 2성(姓)의 여자. 3(지역을 나타내는 일부 명사 앞에 쓰여) 그 지역의 대표적인 미인을 나타내는 말. ¶~ 코리아 / ~ 유니버스.
미스²(miss) 몡 실책이나 오류. ¶패스 ~.
미스터(mister, Mr.) 몡 남성을 호칭 또는 지칭할 때 성(姓) 앞에 붙이는 말.
미스터리(mystery) 몡 설명하거나 이해할 수 없는 이상한 일. ¶~ 사건.
미:시(未時) 몡 십이시의 여덟째 시. 곧, 오후 1시부터 3시까지의 동안.
미시간(Michigan) 몡[지] 미국 북동부의 주.
미:시-감(未視感) 몡[심] 기억 오류의 하나. 지금 보고 있는 것은 모두가 처음 보는 것으로 느껴지는 상태. ↔기시감.
미시-경제학(微視經濟學) 몡[경] 시장에서의 가격 분석을 통해 가계(家計)나 기업의 경제 동태의 규칙성과 특징을 밝히려고 하는, 근대 경제학의 한 분야. ↔거시 경제학.
미시시피(Mississippi) 몡[지] 미국 남부의 주.
미시시피 강(Mississippi江) 몡[지] 미국의 중앙부를 흐르는 강. 길이 6,200km.
미시-적(微視的) 몡 1사람의 눈으로는 식별할 수 없을 만큼 몹시 작은 (것). ¶~ 판찰. 2사물·현상을 전체적인 면에서가 아니라 개별적으로 포착하여 분석하려는 (태도나 방법). ¶~ 판점. ↔거시적.
미시-족(missy族) 몡 ['missy'의 본뜻은 '아가씨', '처녀'] 외모나 옷차림이 처녀처럼 젊고 세련된 기혼 여성.
미시즈(Mrs.) 몡 결혼한 여자의 성(姓) 앞에 붙여 부르는 호칭. ×미세스.
미식(美式) 몡 미국식. ¶~ 발음.
미식-가(美食家)[-까] 몡 음식에 대하여 특별한 기호(嗜好)를 가진 사람.
미식-축구(美式蹴球)[-꾹] 몡[체] 한 팀이 11명으로 구성된, 럭비와 축구를 혼합한 경기.
미:신(迷信) 몡 1어리석고 맹목적인 믿음이나 신앙. 2특히, 무속 신앙을 비롯한 민간 신앙을 얕잡아 이르는 말. ¶~을 타파하다.
미:심-스럽다(未審-)[-따] 톙⟨ㅂ⟩〈~스러우니, ~스러워〉 확실하지 않아 마음을 놓을 수 없는 데가 있다. ¶조금이라도 **미심스러운** 점이 있으면 물어보아라.
미:심-쩍다(未審-)[-따] 톙 일이 분명하지 못하여 마음에 거리끼는 상태에 있다. ¶미심쩍은 얼굴을 하다.
미싯-가루 몡 '미숫가루'의 잘못.
미실(←ミシン) 몡 <machine> =재봉틀.
미아(迷兒) 몡 제 집을 찾아가는 길을 잃은 어린아이. 또는, 넓거나 혼잡한 곳에서 부모나 보호자가 어디에 있는지 찾지 못하게 된 어린아이.

미안-스럽다(未安-)[-따] 톙⟨ㅂ⟩〈~스러우니, ~스러워〉 미안한 감이 있다. 미안스레.
미안-쩍다(未安-)[-따] 톙 미안하여 대할 낯이 없다. ¶미안쩍은 얼굴.
미안-하다(未安-) 톙여 1(남에게 대하여) 부끄럽고 겸연쩍은 마음이 있다. ¶도와 주지 못해 **미안합니다**. 2('미안하지만', '미안하오만' 등의 꼴로 쓰여) 겸손히 양해를 구하는 뜻을 나타내는 말. ¶**미안하지만**, 물 좀 주겠니? 미안-히튀.
미약-하다(微弱-)[-아카-] 톙여 미미하고 약하다. ¶활동이 ~.
미얀마(Myanmar) 몡[지] 동남아시아 인도차이나 반도 서쪽의 연방 공화국. 수도는 양곤.
미어-지다[-어-/-여-] 톱여 1(팽팽한 가죽이나 종이 따위가) 해어져서 구멍이 생기다. 2(공간이) 꽉 차 어떤 대상이 속으로 더 들어갈 수 없는 상태가 되다. 비미어터지다. ¶서울역은 **미어지게** 많은 귀성객이 몰리다.
미어-터지다[-어-/-여-] 톱여 (공간이) 꽉 차 터질 듯한 상태가 되다. 비미어지다. ¶여름 휴가철을 맞아 휴양지의 방마다 피서객들로 ~.
미역¹ 몡 냇물이나 강물 등에 들어가 몸을 씻거나 노는 일. ㉺멱.
미역(을) 감다 냇물·강물 등에 들어가 몸을 씻거나 놀다.
미역² 몡[식] 바다 속 바위에 붙어 자라며, 1~2m가량의 줄기 양쪽에 잎이 깃 모양으로 달린 암갈색의 해조(海藻). 식용하는데, 특히 산후에 국을 끓여 먹음.
미역-국[-꾹] 몡 미역을 넣어 끓인 국.
미역국(을) 먹다 미역이 미끄럽다면서, 시험에 떨어지는 것을 속되게 이르는 말.
미:연(未然) 몡 아직 그렇게 되지 않음. ¶사고를 ~에 방지하다.
미열(微熱) 몡 그다지 높지 않은 신열.
미온(微溫) 몡 미지근한 것. 미온-하다 톙여.
미온-적(微溫的) 관몡 태도가 분명하지 않거나 소극적인 (것). ¶그의 반응은 매우 ~이었다.
미:완(未完) 몡 =미완성.
미:완-성(未完成) 몡 아직 완성하지 못함. =미완. ¶~ 작품.
미용(美容) 몡 용모를 아름답게 매만지는 일. ¶피부 ~.
미용-사(美容師) 몡 미용술을 베푸는 것을 직업으로 하는 사람.
미용-실(美容室) 몡 =미장원.
미욱-하다[-우카-] 톙여 (덩릇이가) 어리석고 미련하다. ¶**미욱하기**가 곰 같다.
미움 몡 미워하는 일. 또는, 그런 마음. ¶~을 사다.
미워-하다 톱여 밉게 여기다. ¶죄는 **미워하되** 사람은 **미워하지** 마라.
미음¹ 몡[언] 한글 자모의 다섯째 글자. 'ㅁ'의 이름. 입을 다물고 날숨을 코 안으로 내보내며 목청을 울려서 내는 유성음.
미음²(米飮) 몡 입쌀이나 좁쌀을 푹 끓여 체에 걸러 만든 걸쭉한 음식. 흔히, 환자나 어린아이들이 먹음.
미음자-집/ㅁ자집(-字-)[-짜-] 몡[건] 'ㅁ'자 모양으로 만든 집.

미:-의식(美意識)[명] 미(美)에 관한 의식. 일반적으로 미에 대한 개인의 판단 기준을 이르는 말.
미이라 [명] '미라(mirra)'의 잘못.
미익(尾翼)[명] =꼬리 날개.
미인(美人)[명] 미국 사람.
미:인²(美人)[명] 용모가 아름다운 여자. (비)미녀·미희. ¶~ 선발 대회.
미:인-계(美人計)[-계/-게][명] 미인을 이용하여 남을 꾀는 계략. ¶~를 쓰다.
미:인-도(美人圖)[명] 미인을 주제로 한 그림. ¶신윤복의 ~.
미:인-박명(美人薄命)[-명-][명] 미인은 흔히 불행하거나 병약하여 요절하는 일이 많다는 말.
미일(美日)[명] 미국과 일본.
미장¹ [명] 건축에서, 벽·천장 등에 흙·회·시멘트 따위를 바르는 일.
미:장²(美匠)[명] 물건이 아름답게 보이도록 모양이나 빛깔을 특수하게 하는 고안.
미:장³(美裝)[명] 아름답게 꾸미고 차리는 것. ¶~ 공사. **미:장-하다** [동](타여)
미:장-원(美粧院)[명] 파마·커트·화장 그 외의 미용술을 베풀고, 주로 여성의 용모를 아름답게 정돈하는 일을 영업으로 하는 시설. =미용실.
미장-이 [명] 건축 공사에서, 벽이나 천장, 바닥 등에 흙이나 회반죽을 바르는 일을 직업으로 하는 사람. ×미쟁이.
미쟁이 [명] '미장이'의 잘못.
미:-적(美的)[-쩍][명] 사물의 아름다움에 관한 (것). ¶~ 감각이 뛰어나다.
미적-거리다/-대다 [-꺼-][-때-] [동](자)(타) (어떤 일을) 제때에 바로 하지 않고 자꾸 시간을 끌거나 미루다. (비)꾸물거리다. ¶일을 탄산인데 **미적거리고만** 있다.
미적-미적 [-쩍-] [부] 미적거리는 모양. **미적미적-하다** [동](자)(타)
미적지근-하다 [-찌-] [형](여) 1 (액체나 고체가) 온기가 있는 듯 없는 듯하다. ¶숭늉이 ~. 2 (행동이나 태도가) 결정이나 판단을 시원스레 또는 분명하게 나타내지 못하는 상태에 있다. ¶태도가 ~. **미:전**(美展)[명] '미술 전람회'를 줄여 이르는 말.
미정(未定)[명] 아직 결정하지 못함. ¶행선지는 ~이다. ↔기정.
미제(美製)[명] 어떤 상품이 미국에서 만든 것임. 또는, 그 상품. ¶~ 초콜릿.
미주(美洲)[지] =아메리카 주.
미주리(Missouri)[지] 미국 중부의 주.
미주알-고주알 [부] 사소한 것까지 속속들이 캐어묻는 모양. ¶~ 캐묻지 마라.
미즈(Ms) [명] 여성의 성(姓) 앞에 붙이는 경칭. 기혼·미혼을 가리지 않음.
미:-증유(未曾有)[명] 아직까지 한 번도 있어 본 적이 없음. ¶~의 사건.
미:지(未知)[명] 아직 알지 못함. ¶~의 세계. ↔기지(既知).
미지근-하다 [형](여) 1 (액체나 고체가) 약간의 온기가 있을 뿐 따뜻하거나 덥지 않은 상태에 있다. 또는, 약간의 온기가 있어 차갑거나 시원하지 않은 상태에 있다. ¶커피가 ~. 2 (행동이나 태도가) 이것인지 저것인지, 또는 할 것인지 말 것인지 등에 대해 분명함을 나타내지 못하는 상태에 있다. ¶미지근한 태도. **미지근-히** [부]
미:지-수(未知數)[명] 1 [수] 방정식에서 구하려고 하는 수. 또는, 그것을 나타내는 글자. 2 어떻게 될지 아직 알지 못하는 일. ¶어느 팀이 우승할는지 아직 ~다.
미진(微震)[명](지) 진도(震度) 1의 아주 약한 지진. 가만히 있는 사람이나 민감한 사람만이 느낄 수 있는 정도의 것임.
미:진-하다(未盡-)[형](여) 아직 다하지 못하다. 대회진했던 공부를 보충하다.
미처 [부] 아직 거기까지 미치도록. ¶거기까지는 ~ 생각하지 못했다.
미천-하다(微賤-)[형](여) (신분·지위 등이) 미미하고 천하다. ¶미천한 신분.
미첼, 마거릿 머널린(Mitchell, Margaret Munnerlyn) [명][인] 미국의 소설가(1900~1949).
미추¹(尾椎)[명](생) 척주의 맨 아래쪽, 꼬리 또는 꼬리가 퇴화한 부분에 있는 추골. =꽁무니뼈.
미:추²(美醜)[명] 아름다움과 추함.
미:-취학(未就學)[명] 아직 학교에 들어가지 못함. ¶~ 아동.
미치광이 [명] 1 정신에 이상이 생긴 사람. (비)광인(狂人). 2 비정상적인 행동을 하는 사람을 욕으로 이르는 말.
미치다¹ [동](자) 1 (사람이) 정신에 이상이 생겨 말과 행동이 보통 사람과 다르게 되다. (비)돌다·실성하다. ¶그 여자는 실연의 충격으로 **미치고** 말았다. 2 (사람의 행동이) 일반적 상식이나 도리를 크게 벗어나다. 못마땅히 여기거나 욕하여 이르는 말임. 3 (어떤 일에) 생활의 전부로 여길 만큼 열중하다. (비)빠지다·몰두하다. ¶도박에. ~. 4 (사람이) 어떤 일이 제대로 또는 뜻대로 이루어지지 않아 도저히 참을 수 없는 심리 상태가 되다. ¶답답해서 **미치겠다**.
미치다² [동] (1)(자) 1 (뻗은 손이나 물체가 어느 곳에) 가 닿게나 이르다. ¶선반이 높아 손이 **미치지** 않는다. 2 (기운이나 힘 또는 생각 등이) 일정한 곳이나 수준이나 사실에 이르다. ¶생각이 거기까지 **미치지** 못했다. 3 (영향이나 작용이) 대상에 가해지다. ¶판매에 영향이 ~. (2)(타) (영향이나 작용을) 대상에 가하다. ¶공공요금의 인상은 물가 상승에 큰 영향을 **미쳤다**.
미친-개 [명] 1 광견병으로 인해 사나워져서 사람을 마구 무는 개. 2 하는 짓이 아주 못된 사람을 욕하여 이르는 말.
미친-년 [명] 1 정신이 이상한 여자를 욕하는 말. 2 실없거나 도리에 벗어난 짓을 하는 여자를 욕하는 말.
[**미친년 널 뛰듯**] 멋도 모르고 미친 듯이 행동함을 이르는 말.
미친-놈 [명] 1 정신이 이상한 남자를 욕하는 말. 2 실없거나 도리에 벗어난 짓을 하는 남자를 욕하는 말.
미:칭(美稱)[명] 아름답게 일컫는 말. ¶'삼천리금수강산'은 우리나라의 ~이다.
미케네^문명(Mycenae文明)[역] 에게 문명 후반기의 청동기 문명. 기원전 1600년부터 기원전 1200년까지 그리스의 미케네를 중심으로 발달함.
미켈란젤로, 부오나로티(Michelangelo, Buonarroti) [명][인] 이탈리아의 조각가·화가(1475~1564).
미크로네시아(Micronesia) [명][지] 필리핀 동쪽 서태평양에 있는 연방 공화국. 수도는 팔리키르.
미크론(micron) [명](의존) 미터법의 길이의 단위. 1967년에 국제 도량형 총회에서 폐지되었음. 기호는 μ. ▷마이크로미터.

미터(meter) [명][의존] 미터법에 의한 길이의 기본 단위. 1킬로미터의 1/1000, 1센티미터의 100배임. 기호는 m.

미터-기(meter器) [명] **1** 전기·수도·가스 등의 소비량을 자동으로 표시하는 계기(計器). **2** 택시에 부착하여 운행 요금을 표시하는 계기.

미테랑, 프랑수아(Mitterrand, François) [명][인] 프랑스의 정치가·대통령(1916~1996).

미토콘드리아(mitochondria) [명][생] 동식물의 세포질 속에 존재하며, 주로 호흡에 관여하는 막대기 또는 긴 타원체 모양의 작은 구조체.

미투리 [명] 삼이나 노 따위로 짚신처럼 삼은 신.

미트(mitt) [명][체] 야구에서, 포수와 일루수가 끼는, 엄지손가락만 떨어져 있는 글러브.

미팅(meeting) [명] **1** 서로 알지 못하는 두 쌍 이상의 남녀 학생이나 젊은이들이 이성 교제를 목적으로 미리 정한 시간과 장소에서 만나 대화를 나누는 일. 또는, 그 모임. **2** 비교적 소수의 사람들이 회합을 가지는 일. 또는, 그 회합.

미ː풍[1](美風) [명] 아름다운 풍속.

미풍[2](微風) [명] 솔솔 부는 바람. [비]실바람.

미ː풍-양속(美風良俗) [-냥-] [명] 아름답고 좋은 풍속. ¶~을 해치다.

미ː필(未畢) [명] 아직 끝내지 못함. **미ː필-하다** [동][타][여] ¶병역을 ~. **미ː필-되다** [동][자] ¶준공 검사가 **미필된** 건축물.

미ː필적 고ː의(未必的故意) [-쩍-의/-쩍-이] [법] 자기의 행위가 어떤 범죄 결과를 초래할 가능성이 있음을 알면서도 할 수 없다고 생각하고 그 행위를 하는 심리 상태.

미ː학(美學) [명][철] 자연·예술 등의 미의 본질과 구조를 경험적 또는 형이상학적으로 연구하는 학문.

미ː학-적(美學的) [-쩍] [관][명] 미학을 기초로 한 (것).

미ː-해결(未解決) [명] 아직 해결되지 못함. **미ː해결-되다** [동][자] ¶**미해결된** 과제.

미행(尾行) [명] 감시·증거 포착 등을 위하여 몰래 뒤를 밟는 것. **미행-하다** [동][타][여]

미혹(迷惑) [명] 무엇에 홀려서 정신을 차리지 못하는 것. **미혹-하다** [동][자][여] **미혹-되다** [동][자] ¶여색에 ~.

미ː혼(未婚) [명] 아직 결혼하지 않은 상태가 되는 것. ¶~ 여성. ↔기혼.

미ː혼-모(未婚母) [명] 결혼을 하지 않은 몸으로 아이를 낳은 여자.

미ː혼-자(未婚者) [명] 아직 결혼하지 않은 사람. ↔기혼자.

미ː화[1](美化) [명] **1** 아름답게 하는 일. ¶환경 ~. **2** 아름다운 것인 양 꾸미거나 실제 이상으로 아름답게 표현하는 것. **미ː화-하다** [동][타][여] **미ː화-되다** [동][자]

미화[2](美貨) [명] 미국의 화폐.

미ː화-법(美化法) [-뻡] [명][문] 수사법의 하나. 대상을 미화하거나 완곡하게 표현하는 방법. '도둑'을 '양상군자'라 하는 따위.

미ː화-원(美化員) [명] '환경미화원'의 준말.

미ː-확인(未確認) [명] 아직 확인되지 않음. ¶~ 보도. **미ː확인-하다** [동][타][여] **미ː확인-되다** [동][자] ¶**미확인된** 사실.

미ː확인^비행^물체(未確認飛行物體) [명] 외계인이 타고 다니는 것으로 막연히 추측되고 있으나, 과학적으로 아직 정체가 밝혀지지 않은 비행 물체. =유에프오(UFO). ▷비행접시.

미황-색(微黃色) [명] 노르께한 빛깔.

미ː흡-하다(未洽-) [-호파-] [형][여] 아직 흡족하지 못하다. ¶설명이 다소 ~.

미ː희(美姬) [-히] [명] 젊고 아름다운 여자. 특히, 술집이나 향락적인 술자리에서 접대를 하거나, 쇼 무대 등에서 춤을 추거나 하는 여자를 가리킴. [비]미녀.

믹서(mixer) [명] **1** 시멘트·자갈·모래 등을 혼합하여 섞는 콘크리트 제조용 기계. **2** 과실·곡식 등을 이겨 즙 또는 가루를 내는 기계. **3** 방송국·음악 녹음 스튜디오 등에서 신호를 혼합·조절하는 장치. 또는, 그 일을 하는 사람.

믹스(mix) [명] [뒤섞는다는 뜻] **1** [음] 레코드나 녹음테이프를 만드는 과정에서, 녹음한 트랙을 효과적으로 조합하고 음의 균형을 조정하는 것. =믹싱. **2** '혼합'으로 순화. **믹스-하다** [동][타][여] ¶복고풍과 첨단을 **믹스한** 패션.

믹싱(mixing) [명][음] =믹스1.

민-[1] [접두] **1** '꾸밈새나 덧붙어 딸린 것이 없음'의 뜻을 나타내는 말. ¶~머리 / ~패. **2** '닳아서 모지라짐', '우툴두툴하던 것이 평평하게 됨'의 뜻을 나타내는 말. ¶~날.

-민[2](民) [접미] '사람', '국민', '백성'의 뜻을 나타내는 말. ¶수재~ / 실향(失鄕)~.

민가(民家) [명] 일반 국민이 사는 집. [비]여염집. ↔관가.

민간(民間) [명] 관청 또는 정부 기관에 속하지 않은 서민의 사회. ¶~단체.

민간-약(民間藥) [-냑] [명] 예로부터 민간에서 써 내려오는 약. 주로, 경험적인 효력에 의거한 약초를 가리킴.

민간^어ː원(民間語源) [명][언] 학문적 검증을 거치지 않은 채 민간에 속설로 믿어지고 있는 어원. '행주치마'가 행주 대첩(幸州大捷)에서 유래되었다고 믿는 따위.

민간-요법(民間療法) [-뇨뻡] [명] 예로부터 민간에 전해 내려오는 치료법. 민간약·침술·뜸질 따위.

민간-인(民間人) [명] 관리나 군인이 아닌 보통 사람. [비]일반인.

민감-하다(敏感-) [형][여] (어떤 일에) 반응을 보이는 상태가 빠르고 또렷하다. ¶유행에 ~. **민감-히** [부]

민경(民警) [명] 민간과 경찰.

민관(民官) [명] 민간과 관공(官公).

민권(民權) [-꿘] [명] 국민의 신체·재산 등을 보존하는 권리. 또는, 국민이 정치에 참여하는 권리. ¶~ 신장. ↔관권(官權).

민권^운ː동(民權運動) [-꿘-] [명][정] 국민의 자유와 권리의 신장을 꾀하는 정치 운동. ¶~가.

민권-주의(民權主義) [-꿘-의/-꿘-이] [명][정] 중국의 쑨원(孫文)이 제창한 삼민주의의 하나. 참정권을 국민에게 평등하게 주자는 사상.

민단(民團) [명] '거류민단'의 준말.

민담(民譚) [명][문] 예로부터 민간에 입을 통해 전해 내려오는, 흥미 위주의 허구적 이야기.

민도(民度) 명 국민의 경제력이나 문화 수준이나 의식 수준의 정도. ¶~가 낮다.

민둥-산(-山) 명 나무가 없어 민숭민숭한 산. =벌거숭이산.

민들레 명[식] 잎이 뿌리에서 방사상으로 뭉쳐 나고, 이른 봄에 노란색의 둥근 꽃이 피며, 하얀 갓털이 달린 씨가 바람에 날려 퍼지는 여러해살이 풀.

민등뼈-동물(-動物) 명[동] =무척추동물. ↔등뼈동물.

민란(民亂)[밀-] 명 백성들이 일으킨 폭동이나 소요. ¶진주(晉州) ~.

민망-스럽다(憫惘-)(-따) 형[-스러우니, -스러워] 민망한 감이 있다. 민면구스럽다. **민망스레** 부

민망-하다(憫惘-) 형여 **1** 보아서는 안 될 남의 부끄러운 모습을 보게 되어 딱하고 거북한 상태에 있다. ¶듣기에 **민망한** 욕설. **2** 자기의 부끄러운 모습을 차마 보이기 어려운 사람에게 보이게 되어 곤혹스럽고 거북한 상태에 있다. 민면구스러다. ¶늙어서 재혼을 하려니 자식들 보기가…. **민망-히** 부

민-며느리 명 장차 며느리로 삼으려고 관례를 하기 전에 미리 데려다 기르는 여자 아이.

민무늬-근(-筋)[-니-] 명[생] 내장이나 혈관의 벽을 이루는, 가로무늬가 없는 근육. =평활근. ↔가로무늬근.

민무늬^토기(-土器)[-니-] 명[고고] 청동기 시대에 사용된 무늬 없는 토기. =무문 토기.

민-물 명 강이나 호수 등의 염분이 없는 물. =단물·담수(淡水). ↔바닷물.

민물-고기[-꼬-] 명 민물에서 사는 물고기. =담수어. ↔바닷물고기.

민박(民泊) 명 숙박업소가 아닌 일반 가정에서 숙박하는 것. 또는 그 집. **민박-하다** 타여

민방(民放) 명 '민영 방송'의 준말.

민방공^훈:련(民防空訓練)[-ونغا-] 명 적의 공습이나 화재 등 비상시를 대비하여 민간에서 행하는 훈련.

민-방위(民防衛) 명 적의 침공이나 재난 등으로부터 주민의 생명과 재산을 보호하기 위한 자위적인 활동. ¶~ 훈련.

민방위-대(民防衛隊) 명 민간 차원의 자위(自衛) 활동을 위해 17세에서 50세까지의 남자 및 지원한 여자로 편성된 조직.

민법(民法)[-뻡] 명[법] **1** 사권(私權)에 관한 법의 총칭. **2** 상사법(商事法) 따위의 특별 사법을 제외한 보통 사법.

민병(民兵) 명 국가의 위급에 대처하기 위하여 민간인으로 조직된 군대. 또는 그 병사.

민병-대(民兵隊) 명 민병으로 조직된 부대.

민본-주의(民本主義)[-의/-이] 명[정] 정치의 운용이 국민의 실질적 이익과 행복의 증진에 있어야 한다는 주의.

민사(民事) 명[법] 사법상의 법률 관계에 관련되는 사항. ¶~ 소송. ↔형사.

민생(民生) 명 일반 국민의 생활 또는 생계. ¶~의 도탄에 빠지다.

민생-고(民生苦) 명 **1** 일반 국민이 생활하는 데 겪는 괴로움. **2**〈속〉허기를 채우는 일. 5·16 이후 1960년대부터 쓰이던 말임. ¶출출한데 어디 가서 ~부터 해결하지.

민생-주의(民生主義)[-의/-이] 명[정] 중국의 쑨원(孫文)이 주장한 삼민주의의 하나. 사회의 계급적 압박을 배제하고 국민의 생활을 풍족하게 하려는 사상.

민선(民選) 명 일반 국민이 뽑는 것. ¶~ 시장 (의원). ↔관선. **민선-하다** 타여

민-소매 명 옷에 소매가 없는 상태. 또는, 그런 윗옷. ×소데나시.

민속(民俗) 명 민간 생활과 결부된 신앙·습관·풍속·기술·전승 문화 따위의 총칭.

민속-극(民俗劇)[-끅] 명 민간에 전해 내려오는 전통적인 극. 가면극·인형극 따위.

민속-놀이(民俗-)[-송-] 명 민간에 전해 내려오는, 그 지방의 생활과 풍속을 반영한 놀이.

민속-악(民俗樂) 명[음] 민중들 사이에서 자연 발생적으로 형성된 음악. 또는, 직업적인 음악가에 의하지 아니하고 민중들 사이에서 널리 향유되어 온 음악. ×속악.

민속-촌(民俗村) 명 전통 민속을 보존·전시할 목적으로 민속자료가 될 만한 것을 모아 인위적으로 만든 마을.

민속-춤(民俗-) 명 민간에 전해 오는, 그 지방의 생활과 풍속을 반영한 춤.

민속-학(民俗學)[-소각] 명 민간의 풍속이나 문화를 연구하는 학문.

민수-기(民數記) 명[성] 구약 성서 중의 한 권.

민숭-민숭 부 **1** 털이 날 자리에 나지 않아 반반한 모양. **2** 산에 나무나 풀이 없는 모양. **3** 술을 마셔도 취하지 않고 정신이 멀쩡한 모양. 작맨숭맨숭. **민숭민숭-하다** 형여 **민숭민숭-히** 부

민스크(Minsk) 명[지] 벨로루시의 수도.

민심(民心) 명 국민의 마음. =민정(民情). ¶~이 뒤숭숭하다.

[민심은 천심(天心)] 백성들의 마음을 저버릴 수는 없다는 말.

민어(民魚) 명[동] 몸길이 최대 90cm가량으로 몸이 길고 납작하며, 머리 끝이 뭉툭하고 등 쪽이 외회청색인 바닷물고기. 식용하며, 부레로 아교풀을 만듦.

민영(民營) 명 기업·단체 등이 민간에서 운영하는 상태인 것. ¶~ 주택. ↔국영.

민영^방:송(民營放送) 명 민간인의 자본으로 운영되는 방송. 민민방(民放). ↔국영 방송.

민영-화(民營化) 명 (기업·단체, 사업 등을) 민영의 상태가 되게 하는 것. **민영화-하다** 타여 **민영화-되다** 자여

민-영환(閔泳煥) 명[인] 조선 시대의 문신(1861~1905).

민예(民藝) 명 서민의 생활 속에서 생겨나고, 그 지방 특유의 풍토·풍물·정서·습관 등을 표현한 예술. ¶~품(-品).

민완(敏腕) 명 어떤 사람이 일을 재치 있고 빠르게 처리하는 솜씨를 가지고 있는 상태. ¶~ 기자.

민요(民謠) 명[문][음] 민중들 사이에서 불리는 전통적인 노래의 총칭. 대개, 특정한 창작자가 없이 입에서 입으로 전해지며, 민중의 생활 감정이 담겨 있음.

민요-조(民謠調)[-쪼] 명 민요풍의 가락.

민원¹(民怨) 명 일반 백성이 품은 원망. ¶실정(失政)으로 ~을 사다.

민원²(民願) 명 주민이 행정 기관에 대해 어떤 행정 처리를 요구하는 일. ¶~서류.

민의(民意)[-의/-이] 명 국민의 의사.

정책에 ~를 반영하다.
민-의원(民議院) 圀[법] 양원제 국회에서, 참의원과 함께 국회를 구성하는 한 원(院). '하원'에 해당함. ↔참의원.
민자(民資) 圀 민간의 자본. ¶~를 유치하여 교량을 건설하다.
민정¹(民政) 圀 민간인에 의한 정치. ¶~ 이양(移讓). ↔군정(軍政).
민정²(民情) 圀 1 국민의 사정과 생활 형편. ¶~을 살피다. 2 민심.
민족(民族) 圀 오랜 세월에 걸쳐 일정한 지역에서 공동생활을 영위함으로써 독특한 말과 풍습, 문화와 역사를 가지게 된 인간 집단의 최대 단위. ¶한(韓)~/게르만~.
민족ˆ국가(民族國家) [-꾸까] 圀 단일 민족으로 이루어진 나라.
민족-사(民族史) [-싸] 圀 어느 한 민족이 겪어 온 역사.
민족-성(民族性) [-썽] 圀 한 민족의 특유한 기질. ¶면면한 ~.
민족-의식(民族意識) 圀 같은 민족에 속한다는 깨달음. 또, 한 민족의 단결을 강화하려는 집단의식 및 감정. ¶투철한 ~.
민족ˆ자결주의(民族自決主義) [-짜-의/-짜-이] 圀 다른 나라의 간섭이나 지배를 받지 않고 자기 나라의 운명을 그 민족이 스스로 결정하게 해야 한다는 입장이나 주장.
민족-적(民族的) [-쩍] 판圀 온 민족이 관계되거나 포함되는 (것). ¶~ 차원.
민족-정신(民族精神) [-쩡-] 圀 한 민족 공통의 고유한 정신. 또는, 민족이라는 집단의 생활에 의하여 형성된 특수한 정신.
민족-주의(民族主義) [-쭈의/-쭈이] 圀[정] 1 민족의 독립이나 통일, 또는 우월성을 내세우는 사상이나 운동. =내셔널리즘. ▷국수주의. 2 중국의 쑨원(孫文)이 주장한 삼민주의의 하나. 국내 여러 민족의 평등과 외국의 압박으로부터 독립하려는 사상.
민족-혼(民族魂) [-쫀] 圀 한 민족만이 지니고 있는 고유한 정신.
민주(民主) 圀 1 주권이 국민에게 있음. 2 [정] '민주주의'의 준말.
민주ˆ공!화국(民主共和國) 圀[정] 주권이 국민에게 있는 공화국. 곧, 국민이 선출한 국가 원수 및 대표에 의하여 국정을 운영하는 나라.
민주ˆ국가(民主國家) [-까] 圀[정] 민주주의에 입각한 정치를 실시하는 국가.
민주-적(民主的) 판圀 민주주의의 정신이나 방법에 알맞거나 부합되는 (것). ¶~인 가정.
민주-주의(民主主義) [-의/-이] 圀[정] 국민이 권력을 가짐과 동시에 스스로 권리를 행사하는 정치 형태. 준민주. ↔전제주의.
민주-화(民主化) 圀 민주적으로 되어 가는 것. 또는, 그렇게 되게 하는 것. 민주화-하다 国困 민주화-되다 国困
민중(民衆) 圀 국가나 사회를 구성하는 다수의 일반 국민. 흔히, 피지배 계급으로서의 일반 대중을 말함. ▷대중.
민중-가요(民衆歌謠) 圀[음] 민중이 한마음·한뜻으로 즐겨 부를 수 있도록 만들어진 노래.
민첩-하다(敏捷-) [-처파-] 圐 재빠르고 능란하다. ¶민첩한 동작. 민첩-히 里 ¶~ 몸을 숨기다.
민초(民草) 圀 '백성'을 질긴 생명력을 가진 잡초에 비유하여 이르는 말. ¶이름 없는 ~.
민통-선(民統線) 圀 한반도 비무장 지대 근처에 민간인의 출입을 통제하고 있는 구역. 또는, 그 경계선. '민간인 출입 통제선'을 줄인 말임.
민틋-하다[-트타-] 圐 울퉁불퉁한 곳이 없이 평평하고 비스듬하다. ¶산마루가 ~. 민틋-이 里
민폐(民弊) [-폐/-페] 圀 민간에 폐가 되는 일. ¶~를 끼치다.
민-하다 囲어 조금 미련스럽다.
민화¹(民話) 圀 민간에 전해 내려오는 이야기. 옛날이야기·전설 따위.
민화²(民畫) 圀 지난날, 무명의 민중들이 실용적인 목적으로 그렸던 그림. 소박하고 파격적이며 익살스러운 것이 특징임.
민-화투(-花鬪) 圀 화투 놀이의 하나. 2~4명이 치는데, 비약·초약·풍약·청단·홍단·초단 따위의 약(約)이 있음.
민활-하다(敏活-) 圐 날쌔고 활발하다. ¶민활한 행동. 민활-히 里
민흘림-기둥 圀[건] 밑동이 가장 굵고 위로 올라갈수록 점차 가늘어지는 기둥. ▷배흘림기둥.
밀-기다[-끼-] 国困 (주로, 부정문이나 반어 의문문에 쓰여) '믿다1'의 피동사. ¶네 말이 도무지 믿기지 않아.
믿다[-따] 国困 1 (어떤 일이나 사실이나 말을) 의심하지 않고 반드시 그렇게 될 것으로 생각하거나 꼭 그런 것으로 여기다. ¶나는 그가 약속을 지키리라고 **믿는다**. 2 (어떤 사람이나 대상을) 자기를 속이거나 배반하거나 기대를 저버리거나 하지 않을 사람이나 대상으로 여기다. ¶지도자를 믿고 따르다. 3 (종교나 절대자 등을) 삶을 구원하는 대상으로 받들다. ¶하느님을 ~/불교를 ~.
[**믿는 도끼에 발등 찍힌다**] 믿고 있던 것에 탈이 생기거나 해를 당하다.
믿음 圀 1 어떤 사람이나 대상에 대한 좋은 기대가 어그러지지 않으리라 믿는 마음. ¶~을 저버리다. 2 [종] 어떤 종교를 믿고 교의에 따라 행하는 일. 신앙. ¶~을 가지다.
믿음-성(-性) [-썽] 圀 믿을 만한 바탕. 囲신뢰성.
믿음직-스럽다[-쓰-따] 圐囲 〈-스러우니, -스러워〉 믿음직한 데가 있다. ¶믿음직스러운 사람. **믿음직-스레** 里
믿음직-하다[-지카-] 圐 퍽 믿을 만하다. ¶믿음직한 사람.
밀¹ 圀[식] 쌀과 함께 세계의 2대 식량 작물로 재배되는 한해살이풀 또는 두해살이풀. 6월에 열매가 익는데, 종자는 빵·국수·과자 등의 원료가 됨. =소맥.
밀¹² 圀 벌집을 만들기 위하여 꿀벌이 분비하는 물질. =밀랍(蜜蠟).
밀³, 존 스튜어트(Mill, John Stuart) 圀[인] 영국의 경제학자(1806~1873).
밀-가루[-까-] 圀 밀을 빻아서 만든 가루. ⦿소맥분.
밀감(蜜柑) 圀[식] 귤나무의 열매인 '귤'의 다른 이름.
밀-거래(密去來) 圀 (어떤 물건을) 몰래 거래하는 것. ¶무기 ~. **밀거래-하다** 国

(타)어 밀거래-되다 통(자)

밀고(密告) 명 남몰래 넌지시 일러바치는 것. ¶~장(狀). 밀고-하다 통(타)어

밀교¹(密敎) 명 [불] 후기 대승 불교의 한 파. 비밀의 교의를 스승과 제자 사이에 은밀히 전달하며, 신비적 수행을 통해 깨달음을 이루고자 함. ↔현교(顯敎).

밀교²(密敎) 명 [역] 임금이 살아 있을 때 종친·중신(重臣) 등에게 남모르게 뒷일을 부탁하여 내린 교서.

밀-기울 [-끼-] 명 밀을 빻을 때, 밀가루와 분리되어 나오는 거칠거칠한 찌꺼기.

밀:다 (밀고/밀어) 통(타) <미니, 미오> 1 (대상을) 자기가 향하고 있는 방향으로 힘을 가하여 자기로부터 먼 쪽으로 가게 하다. ¶수레를 뒤에서 ~. ↔끌다·당기다. 2 (날 있는 도구로 거칠거칠한 것을) 물체의 표면에 대고 일정한 방향으로 움직여서 깎이게 하다. ¶면도기로 수염을 ~. 3 (때수건이나 솔, 기타의 도구로 몸의 때를) 힘을 주어 문질러 벗겨져 나가게 하다. ¶때를 ~. 4 (방망이나 롤러 따위로 울퉁불퉁한 물체를) 힘을 주어 눌러 면이 고르게 하거나 펴지게 하다. ¶만두피를 ~. 5 (등사기로 인쇄물을) 롤러를 굴려 찍히게 하다. ¶등사기로 시험지를 ~. 6 (어떤 사람을) 어떤 일을 잘하도록, 또는 어떤 목적을 훌륭히 이루도록 뒷받침하거나 돕다. ¶우리는 민호를 학생회장으로 밀 생각이다.

밀담(密談) -땀] 명 남몰래 이야기하는 것. 또는, 그 이야기. 밀담-하다 통(자)어

밀:-대 [-때] 명 물건을 밀어젖힐 때 쓰는 나무 막대.

밀도(密度) [-또] 명 1 일정한 단위 면적이나 체적 속에 들어 있는 물질의 비율. 빽빽함의 정도를 나타냄. ¶인구 ~. 2 내용·충실의 정도. ¶~ 높은 강연. 3 [물] 물체의 단위 체적에 포함된 질량.

밀-도살(密屠殺) [-또-] 명 당국의 허가 없이 가축을 도살장 아닌 곳에서 몰래 잡아 죽이는 것. 밀도살-하다 통(타)어

밀라노(Milano) 명 [지] 이탈리아 북부의 상공업 도시.

밀랍(蜜蠟) 명 =밀².

밀러(Miller, Arthur) 명 [인] 미국의 극작가(1915~).

밀레(Millet, Jean François) 명 [인] 프랑스의 화가(1814~1875).

밀레니엄(millennium) 명 1000년이 되는 기간. 또는, 1000의 단위 연도에서 시작되는 해로부터 1000년 동안의 기간. ¶서기 2000년에 새 ~이 시작된다.

밀레니엄'버그(Millennium bug) 명 [컴] 지난날, 컴퓨터의 메모리 용량을 최소화하기 위해 연도(年度)를 마지막 두 자리로만 표시한 데에서, 전산 자료 처리 시 컴퓨터가 2000년 이후의 연도와 1900년대의 연도를 구별해서 인식하지 못하게 되는 오류.

밀려-가다 통(자) 1 (물체가 미는 힘에) 밀려 가다. ¶인파에 휩쓸려 ~. 2 (파도가) 옆으로 길게 일직선을 그리면서 가다. ↔밀려오다.

밀려-나다 통(자) 어떤 자리에서 몰리거나 쫓겨나다. ¶장관 직에서 ~.

밀려-다니다 통(자) 1 뒤에서 미는 힘으로 다니다. 2 여럿이 떼를 지어 돌아다니다.

밀려-들다 통(자) <~드니, ~드오> 한꺼번에 여럿이 들이닥치다. ¶선거 유세장으로 물밀듯이 밀려드는 인파.

밀려-오다 통(자) 1 (물체가 미는 힘에) 밀려 오다. ¶난파된 배의 조각이 파도에 ~. 2 (파도가) 옆으로 길게 일직선을 그리면서 오다. ¶흰 파도가 쏴 소리를 내며 ~. ↔밀려가다. 3 (많은 사람이나 동물이나 물체가) 떼를 지어 계속적으로 이동해 오다. ¶수많은 인파가 구름처럼 ~. 4 (어떤 세력이나 현상이) 막기 어려울 만큼 거센 힘으로 들어오거나 다가오다. ¶서양 문물이 거세게 ~.

밀렵-꾼(密獵-) 명 허가 없이 몰래 사냥하는 사람을 얕잡아 이르는 말.

밀리(←millimeter) 명 [준] '밀리미터'의 준말.

밀리-그램(milligram) 명 [준] 질량의 단위. 1 그램의 1/1000. 기호는 mg.

밀리다¹ 통(자) 처리하지 못한 일이나 물건이 쌓이다. ¶방세가 ~ / 숙제가 ~.

밀-리다² 통(자) 1 '밀다'의 피동사. ¶인파에 ~. 2 어떤 이유로 뒤처지게 되다.

밀리-리터(milliliter) 명 용량의 단위. 1리터의 1/1000. 기호는 ml.

밀리-미크론(millimicron) 명 길이의 단위. 1미크론의 1/1000. 현재는 나노미터를 씀. 기호는 mμ. ▷나노미터.

밀리-미터(millimeter) 명 길이의 단위. 1미터의 1/1000. 기호는 mm. (준)밀리.

밀리-바(millibar) 명 기압을 나타내는 국제단위. 1바의 1/1000. 기호는 mb.

밀리언-셀러(million seller) 명 팔린 권수나 장수가 백만을 넘은 책이나 음반.

밀림(密林) 명 나무가 빽빽하게 들어선 숲. ↔정글. ¶~ 지대.

밀링'머신(milling machine) 명 회전하는 원통 모양의 칼날에 공작물을 대어 전후·상하·좌우로 이동시키며 절삭하는 공작기계.

밀매(密賣) 명 거래가 금지된 물품을 몰래 파는 것. ¶~품(品). 밀매-하다 통(타)어 ¶마약을 ~. 밀매-되다 통(자)

밀명(密命) 명 몰래 내리는 명령. ¶황제의 ~을 받다.

밀-무역(密貿易) 명 세관을 통하지 않고 비밀히 하는 무역. 밀무역-하다 통(타)어

밀-물 명 [지] 바닷물이 육지를 향하여 밀려오는 현상. 또는, 그 바닷물. ↔썰물.

밀-반입(密搬入) 명 (물건을) 몰래 국내로 들여오는 것. ↔밀반출. 밀반입-하다 통(타)어 ¶마약을 ~. 밀반입-되다 통(자)

밀-반출(密搬出) 명 (물건을) 몰래 국외로 내가는 것. ↔밀반입. 밀반출-하다 통(타)어 ¶문화재를 ~. 밀반출-되다 통(자)

밀봉(密封) 명 내용물이 보이지 않도록 단단히 붙여 봉하는 것. 밀봉-하다 통(타)어 ¶밀봉한 서류. 밀봉-되다 통(자)

밀봉-교육(密封敎育) 명 일정한 기간, 일정한 곳에 수용하여 외부와의 연락을 차단하고, 비밀히 행하는 교육. 간첩 등 특수 임무를 수행할 사람을 양성하기 위하여 시행함.

밀사(密使) [-싸] 명 비밀히 보내는 사절. ¶헤이그 ~ 사건.

밀생(密生) [-쌩] 명 매우 빽빽하게 나는 것. 밀생-하다 통(자)어

밀서(密書) [-써] 명 비밀히 보내는 편지나 문서.

밀수(密輸) [-쑤] 명 국가의 법적인 허가

없이 팔 물건을 몰래 다른 나라에서 들여오거나 다른 나라로 가져가는 일. **밀수-하다** 동태에 ¶**다이아몬드**를 **밀수하려다**가 세관에 적발되다. **밀수-되다** 동재

밀수-꾼(密輸-)[-쑤-] 명 국가의 법적인 허가 없이 물건을 몰래 다른 나라에서 사들여 오거나 다른 나라에 내다 파는 장사꾼.

밀-수입(密輸入)[-쑤-] 명 국가의 법적인 허가 없이 물건을 몰래 수입하는 것. ↔밀수출. **밀수입-하다** 동태에 ¶남미산 코카인을 대량으로 ~. **밀수입-되다** 동재

밀-수출(密輸出)[-쑤-] 명 국가의 법적인 허가 없이 물건을 몰래 수출하는 것. ↔밀수입. **밀수출-하다** 동태에 ¶마약을 해외로 ~. **밀수출-되다** 동재

밀수-품(密輸品)[-쑤-] 명 국가의 법적인 허가 없이 몰래 다른 나라에서 들여온 물건.

밀실(密室)[-씰] 명 남이 함부로 출입 못 하게 한 비밀스런 방. ¶~ 외교.

밀-알 명 밀의 낱알.

밀애¹(密愛) 명 남의눈을 피하여 비밀리에 나누는 사랑.

밀애²(蜜愛) 명 남녀 사이의 달콤한 사랑.

밀약(密約) 명 비밀히 약속하는 것. 또는, 그런 약속. 비짬짜미. ¶~을 맺다. **밀약-하다** 동태에

밀어¹(密語) 명 남이 못 알아듣게 비밀히 말하는 것. 또는, 그런 말.

밀어²(蜜語) 명 달콤한 말. 특히, 남녀간의 정담. ¶사랑의 ~를 속삭이다.

밀어-내다 동태에 일정한 자리에서 물러나게 하다. ¶선배를 밀어내고 과장 자리에 앉다.

밀어-닥치다 동재 여럿이 한목에 닥치다. ¶손님이 갑자기 ~.

밀어-뜨리다/-트리다 동태 (어떤 대상이나 물체를) 세게 밀어 움직이게 하다.

밀어-붙이다[-부치-] 동태에 1 밀어서 한쪽 구석에 붙어 있게 하다. ¶책상을 밀어붙이고 바닥을 닦다. 2 고삐를 늦추지 않고 계속 몰아붙이다. ¶상대 팀을 밀어붙여 1승을 거두다.

밀어-젖히다[-저치-] 동태에 1 밀어서 밑이 밖으로 드러나게 하다. ¶여럿이 바위를 ~. 2 밀문을 힘껏 밀어 열다. ¶창문을 **밀어젖히고** 환기하다.

밀어-주다 동태에 1 적극적으로 도와주다. ¶반장이 하는 일을 적극적으로 ~. 2 특정한 지위를 차지하도록 내세워 지지하다. ¶회장으로 ~.

밀원(蜜源) 명 벌이 꿀을 빨아 오는 원천.

밀월(蜜月) 명 1 신혼의 달콤한 한 달. 또는, 결혼하여 얼마 되지 않은 날. 2 친밀한 관계를 신혼부부에 비유하여 이르는 말. ¶두 나라의 ~ 시대는 끝났다.

밀월-여행(蜜月旅行)[-려-] 명 =신혼여행.

밀의(密議)[-의/-이] 명 1 남몰래 의논하는 것. 또는, 그 의논. 2 남몰래 회의하는 것. 또는, 그 회의. **밀의-하다** 동태에

밀-입국(密入國)[-꾹] 명 입국이 허가되지 않은 사람이 몰래 입국하는 것. ¶~자. **밀입국-하다** 동재

밀접(密接)[-쩝-] 쩌에-하다 (혱에) 썩 가까운 관계에 있다. ¶농사는 기후와 **밀접한** 관계가 있다. **밀접-히** 문

밀정(密偵)[-쩡] 명 몰래 적의 사정을 살펴 자기편에 알려 주는 일을 하는 사람.

밀주(密酒)[-쭈] 명 허가 없이 몰래 술을 담그는 것. 또는, 그렇게 담근 술. **밀주-하다** 동재에

밀지(密旨)[-찌] 명 비밀히 내리는 임금의 명령.

밀집(密集)[-찝] 명 빽빽하게 모이는 것. ¶~ 방어. **밀집-하다** 동재 ¶공장이 **밀집해** 있는 지역. **밀집-되다** 동재

밀-짚[-찝] 명 밀알을 떨고 난 밀의 줄기.

밀짚-모자(-帽子)[-찜-] 명 밀짚 또는 보릿짚으로 만든, 차양이 넓은 여름 모자. ≒맥고모자.

밀착(密着)[-착] 명 빈틈없이 단단히 붙는 것. 또는, 서로의 관계가 매우 가까운 것. ¶~ 취재. **밀착-하다** 동재 **밀착-되다** 동재 ¶두 사람의 관계가 **밀착되어** 있다.

밀처-놓다[-처노타] 동태에 어떤 물건을 자신이 있는 곳이 아닌 다른 곳으로 옮겨 놓다. ¶먹다 만 밥상을 한쪽으로 ~.

밀-초(蜜-) 명 밀랍으로 만든 초.

밀:-치다 동태에 힘껏 밀다. ¶사람들을 밀치고 도망가다.

밀크(milk) 명 =우유(牛乳).

밀크-캐러멜(†milk caramel) 명 우유를 섞어 만든 캐러멜.

밀턴, 존(Milton, John) 명[인] 영국의 시인(1608~1674).

밀통(密通) 명 1 배우자가 아닌 남녀가 몰래 정을 통하는 것. 2 형편을 몰래 알려 주는 것. **밀통-하다** 동재에 ¶적과 ~.

밀파(密派) 명 비밀히 파견하는 일. **밀파-하다** 동태에 ¶간첩을 ~. **밀파-되다** 동재 ¶특수 임무를 띠고 ~.

밀:-펌프(-pump) 명 물을 높은 곳으로 밀어 올리는 펌프. ↔빨펌프.

밀폐(密閉)[-폐/-페] 명 꼭 닫거나 막는 것. **밀폐-하다** 동태에 ¶가스를 용기에 넣고 ~. **밀폐-되다** 동재 ¶**밀폐된** 공간.

밀항(密航) 명 법을 어기거나 운임을 내지 않고 배·비행기에 편승하여 외국으로 나가는 일. **밀항-하다** 동재

밀항-선(密航船) 명 법을 어기고 몰래 외국으로 항해하는 배.

밀회(密會)[-회/-훼] 명 비밀히 모이거나 만나는 것. 특히, 남녀가 몰래 만나는 일. 비랑데부. **밀회-하다** 동재에

밉다[-따] 혱비 <미우니, 미워> (어떤 사람이) 못마땅하거나 싫어서, 욕하거나 원망하고 싶은 마음이 들거나 마주하고 싶지 않은 상태에 있다. 또는, (어떤 사람이 하는 짓이) 거슬리거나 마음에 들지 않아 싫다. ¶그 녀석은 **미운** 짓만 골라서 한다. 2 (사람, 특히 여자나 아이의 생김새가) 미적으로 균형을 갖추지 못한 상태에 있다. 비못생기다. ¶얼굴이 **미운** 아이. ≒곱다·예쁘다.

[**미운 아이 떡 하나 더 준다**] 미울수록 더 정답게 하여야 미워하는 마음이 가신다.

[**미운 일곱 살**] 어린아이가 일곱 살쯤 되면 미운 짓을 많이 한다는 말.

미운 털이 박히다 어떤 사람에게 미움을 받을 만큼 밉보이다. ¶그는 직장 상사에게 **미운 털이 단단히 박혔다**.

밉살-맞다[-쌀맏다] (혱에) (말·행동이) 매우 미움을 받을 만하다. 비미운 짓이 ~.

밉살-스럽다[-쌀-따] (혱비 <-스러우니, ~스러워>) (말·행동이) 매우 미움을 받을 만한 데가 있다. ¶책 욕심만 차리는

게 너무 ~. **밉살스레** [부]

밉-상(-相) [-쌍] [명] 미운 얼굴이나 행동. ¶얼굴이 과히 ~은 아니구나.

밉스(MIPS) [명][의존][컴] 컴퓨터의 연산 속도의 단위. 1밉스는 1초에 1백만 회의 명령을 실행하는 속도임.

밋밋-하다 [민미타-] [형][여] **1** (생김새가) 미끈하게 곧고 길다. ¶하늘을 향하여 **밋밋하게** 자란 나무들. **2** (경사나 굴곡이) 심하지 않고 평평하거나 평탄하다. ¶**밋밋한** 가슴. **3** 새로움이나 변화나 특징이 없이 평범하다. ¶디자인이 ~. **밋밋-이** [부]

밍밍-하다 [형][여] **1** (음식물이) 제 맛이 나지 않고 몹시 싱겁다. ¶국 맛이 ~. **2** (술·담배의 맛이) 독하지 않고 싱겁다. ¶막걸리가 ~.

밍크(mink) [명][동] 족제비와 비슷하나, 몸빛이 갈색 또는 암갈색이며 꼬리의 끝 부분이 더 진한 포유동물. 모피는 매우 고급으로, 여성용 외투에 많이 쓰임.

밍크-코트(mink coat) [명] 밍크의 모피로 만든 코트.

및 [믿] [부] 둘 이상의 체언을 나열할 때 맨 마지막 체언 앞에 쓰여, '그리고', '그 밖에', '또' 의 뜻을 나타내는 접속 부사. ¶각자 필기도구와 신분증 ~ 실내화를 지참할 것.

밑 [믿] [명] **1** 물체의 아랫부분이나 아래쪽. ¶책상 ~. **2** 정도·수량·수준·지위 등에 있어서 낮거나 적은 상태. ¶영길이 ~에 여동생이 둘이다. **3** 건물 따위의 기초. **4** 사람의 엉덩이에서 항문에 이르는 부분. 또는, 그곳을 덮는 옷의 부분. ¶바지 ~이 터지다. **5** (명사 다음에 조사 '에', '에서' 와 함께 쓰여) 그 명사의 지배·보호·영향 등을 받는 상태임을 나타내는 말. ¶할머니 ~에서 자라다. **6** [수] 로그 $y=\log_a x$에서 a를 가리키는 말. **7** 한자의 윗부분과 한쪽 옆을 이루는 부수. '度' 에서 '广' 따위.

[**밑 빠진 독에 물 붓기**] ㉠쓸 곳이 많아 아무리 벌어도 늘 부족함을 이르는 말. ㉡아무리 애를 써도 보람이 없음을 이르는 말.

밑(이) 구리다 숨기고 있는 범죄나 과실 때문에 떳떳하지 못하다.

밑도 끝도 없다 앞뒤의 연관 관계가 없이 불쑥 말을 꺼내어, 갑작스럽거나 갈피를 잡을 수가 없다.

밑-거름 [믿꺼-] [명] **1** [농] 씨를 뿌리거나 모를 내기 전에 논밭에 주는 거름. **2** 어떤 일을 이루는 데 기초가 되는 요인. ¶국민의 화합이 조국 근대화의 ~이 되었다.

밑-구멍 [믿꾸-] [명] **1** 밑으로나 밑바닥에 뚫린 구멍. ¶시루 ~. **2** 항문이나 여자의 음부를 속되게 이르는 말.

[**밑구멍으로 호박씨 깐다**] 겉으로 드러내지 않고 남모르게 의뭉스러운 짓을 한다.

밑-그림 [믿끄-] [명] **1** [미] 모양의 대충만을 초잡아 그린 그림. **2** 수본(繡本)으로 쓰려고 종이나 헝겊에 그린 그림. ¶~대로 수놓다.

밑-넓이 [민-] [명][수] 밑면을 이룬 넓이.

밑-돈 [믿똔] [명] 어떤 사업 등을 하는 데 밑바탕이 되는 돈. [비]기금(基金).

밑-돌다 [믿똘-] [동][자][타] <~도니, ~도오> 어떤 기준이 되는 수량보다 아래가 되다. ¶수출 실적이 예년 수준을 ~. ↔웃돌다.

밑-동 [믿똥] [명] **1** 긴 물건의 맨 아래 동아리. **2** 나무줄기에서 뿌리에 가까운 부분. ¶나무 ~. **3** 채소 등의 굵게 살진 뿌리 부분. ¶무의 ~. ×밑둥.

밑-둥 [명] '밑동' 의 잘못.

밑-둥치 [믿뚱-] [명] 둥치의 밑 부분.

밑-들다 [믿뜰-] [동][자] <~드니, ~드오> 무·감자 등의 뿌리가 굵게 자라다.

밑-말 [민-] [명] 미리 다짐하여 일러두는 말.

밑-면(-面) [민-] [명][수] 기둥체에서 위와 아래에 있는 면. 또는, 뿔체에서 아래에 있는 면.

밑-바닥 [믿빠-] [명] **1** 바닥이 되는 밑 부분. ¶강의 ~. **2** (비유적으로 쓰여) 최하층. ¶~ 생활을 하다. **3** 어떤 현상의 바탕. ¶가슴 ~에 깔린 증오.

밑-바탕 [믿빠-] [명] 사물의 근본을 이루는 바탕. ¶어떤 일이든 ~이 든든해야 한다.

밑-반찬(-飯饌) [믿빤-] [명] 만들어서 오래 두고 언제나 손쉽게 내어 먹을 수 있는 반찬. 젓갈·자반·장아찌 따위.

밑-받침 [믿빧-] [명] **1** 밑에 받치는 물건. **2** 사물의 기초. **밑받침-하다** [동][타][여] **밑받침-되다** [동][자] ¶교육이 **밑받침되지** 않고서는 국가 발전을 기대할 수 없다.

밑-밥 [믿빱] [명] 물고기나 새가 모이게 하기 위하여 미끼로 던져 주는 먹이.

밑-변(-邊) [믿뼌] [명][수] 삼각형에서 꼭지각에 대한 변. 또는, 사다리꼴에서 평행하는 두 변.

밑-뿌리 [믿-] [명] **1** 밑 쪽에 있는 뿌리. 또는, 물체의 아랫부분. **2** 사물의 근원을 이루는 중심적 요소. ¶민족 사상의 ~.

밑-싣개 [믿씯깨] [명] 그넷줄의 맨 아래에 걸쳐, 두 발을 디디거나 앉을 수 있게 만든 물건.

밑-실 [믿씰] [명] 재봉틀의 북에 감은 실.

밑-씨 [믿-] [명][식] 꽃식물의 꽃의 암술에 있는 중요 기관. 정받이한 뒤에 씨가 됨.

밑-정 [믿쩡] [명] 젖먹이의 똥오줌을 누는 횟수. ¶~이 사납다.

밑-조사(-調査) [믿쪼-] [명] 예비적·기초적으로 하는 조사. **밑조사-하다** [동][타][여]

밑-줄 [믿쭐] [명] 가로쓴 글에서 어떤 말의 밑에 긋는 줄. ¶중요한 곳에 ~을 긋다.

밑-지다 [믿찌-] [동][자][타] 들인 밑천에 비하여 얻는 것이 적어 손해를 보다. ¶**밑지고** 팔다.

[**밑져야 본전**] 어떤 일을 하다가 혹시 잘못되더라도 손해 볼 것은 없다는 말.

밑지는 장사 자기에게 아무 이득이 없고 손해를 보는 일.

밑-창 [믿-] [명] **1** 신의 바닥 밑에 붙이는 창. ¶~을 갈다. **2** 맨 밑바닥.

밑-천 [믿-] [명] 어떤 일을 하는 데 기초가 되는 돈이나 물건. ¶장사 ~. [비]본전.

밑천이 드러나다 **1** 평소에 숨겨져 있던 제 바탕이나 성격이 표면에 나타나다. **2** 밑천으로 쓰던 돈이나 물건이 다 없어지다.

밑천이 짧다 밑천이 적거나 모자라다.

밑-판(-板) [믿-] [명] 밑에 대는 판. 또는, 밑이 되는 판.

ㅂ →비읍.

-ㅂ네[-로-] [어미] 모음이나 'ㄹ' 받침으로 끝나는 어간, 또는 어미 '-시-' 아래에 붙어 다른 문장에 인용구나 인용절로 안기는 형태로만 쓰여, 어떤 것을 내세웁을 못마땅한 투로 이르는 종결 어미. ¶공부하~ 하고 책만 잔뜩 벌여 놓다. ▷-습네.

-ㅂ니까[-로-] [어미] 모음이나 'ㄹ' 받침으로 끝나는 어간, 또는 어미 '-시-' 아래에 붙어, '합쇼' 할 상대에게 두 가지의 압력임을 나타내는 종결 어미. ¶키가 크~? ▷-습니까.

-ㅂ니다[-로-] [어미] 모음이나 'ㄹ' 받침으로 끝나는 어간, 또는 어미 '-시-' 아래에 붙어, '합쇼' 할 상대에게 동작이나 상태를 서술하는 데 쓰는 평서형 종결 어미. ¶지금 가~. ▷-습니다.

-ㅂ디까[-띠-] [어미] 모음이나 'ㄹ' 받침으로 끝나는 어간, 또는 어미 '-시-' 아래에 붙어, '하오' 할 상대에게 상대방이 겪은 바를 묻는 데 쓰는 종결 어미. ¶뭐라고 하~? ▷-습디까.

-ㅂ디다[-띠-] [어미] 모음이나 'ㄹ' 받침으로 끝나는 어간, 또는 어미 '-시-' 아래에 붙어, '하오' 할 상대에게 자신이 겪은 어떤 사실을 전달하여 알리는 데 쓰는 종결 어미. ¶모두가 열심히 일하~. ▷-습디다.

ㅂ^불규칙^용언(-不規則用言) →비읍 불규칙 용언.

ㅂ^불규칙^활용(-不規則活用) [명][언] →비읍 불규칙 활용.

-ㅂ쇼[-쏘] [어미] 1 모음이나 'ㄹ' 받침으로 끝나는 동사의 어간, 또는 어미 '-시-' 아래에 붙어, '합쇼' 할 상대에게 명령의 뜻을 나타내는 종결 어미. ¶어서 오~. [본]-비시오. 2 일부 동사의 어미에 덧붙여, '합쇼' 할 상대에게 의문·평서의 뜻을 극히 공손하게 나타내는 종결 어미. ¶무엇을 드릴까~?

-ㅂ시다[-씨-] [어미] 모음이나 'ㄹ' 받침으로 끝나는 동사의 어간, 또는 어미 '-시-' 아래에 붙어, '하오' 할 상대에게 쓰는 종결 어미. 1 함께 행동할 것을 요구하는 뜻을 나타냄. ¶함께 떠나~. 2 상대에게 무엇을 청하거나 허락을 구하는 뜻을 나타냄. ¶좀 빌리~. ▷-읍시다.

-ㅂ시오[-씨-] [어미] '-ㅂ쇼1'의 본딧말. ▷-ㅂ시오.

-ㅂ죠[-쪼] [어미] '-ㅂ지요'의 준말. ¶공부를 꽤 잘하~. ▷-습죠.

-ㅂ지요[-찌-] [어미] 모음이나 'ㄹ' 받침으로 끝나는 어간에 붙어, '합쇼' 할 상대에게 확실하다고 믿는 사실을 말할 때 쓰는 평서형 또는 의문형 종결 어미. ¶내일 가~. [준]-ㅂ죠. ▷-습지요.

바¹ [명] 볏짚이나 삼, 칡, 합성 섬유류의 줄, 쇠줄 등으로 세 가닥을 지어 굵다랗게 드린 줄. [동]~/짐~.

바² [명] 서양 음악의 7음 음계에서 넷째 음이름. 영어로는 에프(F), 이탈리아 어로는 파(fa).

바³ [명](의존) ('-ㄴ', '-는', '-던' 뒤에 쓰여) 1 앞말의 내용 자체나 '방법', '일' 등을 뜻하는 말. ¶들은 ~를 얘기하다. 2 ('바에(는, 야)'의 꼴로 쓰여) 어차피 그리되거나 그리할 경우를 뜻하는 말. ¶기왕 산에 온 ~에야 정상까지 올라가자.

바⁴(bar) [명] 1 [체] 높이뛰기·장대높이뛰기 등에서, 높이를 표시하기 위해 두 개의 기둥에 건너지르는 가로 막대. 2 =스탠드바.

바⁵(bar) [명](의존)[물] 압력의 단위. 1바는 $1cm^2$에 대하여 100만 다인(dyn)의 힘이 작용할 때의 압력임. 기호는 bar.

바가지¹ [명] 1 [자렴] 물이나 장(醬), 곡식 등을 푸거나 담는 데 쓰는, 반구형의 그릇. 요즘은 플라스틱 제품이 많이 쓰임. [준]박. 2 (의존) 물체의 분량을 그것이 담긴 바가지의 수로 헤아리는 말. ¶물 한 ~.

바가지(를) 긁다 아내가 남편에게 생활의 어려움에서 오는 불평·불만을 늘어놓으면서 잔소리를 하다.

바가지(를) 쓰다 1 요금이나 물건 값을 치르는 데 있어서 억울한 손해를 보다. 2 화투 따위에서, 상대로부터 덤터기를 쓰다.

바가지(를) 씌우다 요금이나 물건 값을 치르는 데 있어서 억울한 손해를 보게 하다.

-바가지² [접미] 일부 명사 뒤에 붙어, 그 일을 자주 하는 사람을 조롱하거나 얕잡아 이르는 말. ¶고생~/주책~.

바가지^공예(-工藝) [명] 바가지 겉면에 조각을 하고, 물감을 칠하거나 인두로 지지거나 하는 공예.

바가지-요금(-料金) [명] 실제보다 터무니없이 비싼 요금.

바게트(㊀baguette) [명] 막대기 모양의 기다란 프랑스 빵.

바겐-세일(bargain sale) [명] 어떤 상품을 특별히 정가보다 싸게 파는 일. ¶추석맞이 ~.

바구니 대나 싸리 등을 가늘게 쪼갠 채로 둥글게 결어 속이 깊고 밑이 평평하게 만든 용기. ¶대~/소쿠리.

바:구미 [명][동] 몸은 광택이 있는 갈색으로 긴 타원형이며, 가늘고 긴 주둥이로 식물이나 쌀·보리를 파먹는 곤충.

바그너 빌헬름 리하르트 (Wagner, Wilhelm Richard) [인] 독일의 가극 작곡가 (1813~1883).

바그다드(Baghdad) [명][지] 이라크의 수도.

바글-거리다/-대다 [동](자) 1 적은 물이나 거품 따위가 조금씩 퍼져 자꾸 일어나거나 끓어오르다. ¶주전자의 물이 바글거리며 끓다. 2 사람·짐승·벌레 등이 한곳에 많이 모여 움직이다. ¶시장에 사람이 ~. [큰]버글거리다. 3 마음이 쓰여 속이 타다.

바글-바글 [부] 바글거리는 모양. ¶찌개가 ~ 끓다 / 속을 ~ 썩이다. [큰]버글버글.

바글바글-하다 [동](자)(여)

-바기 [접미] '-배기'의 잘못.
바깥[-깓] 명 일정한 구조물이나 테두리의 안에 속하지 않고 그것을 벗어난 공간. ¶공이 선 ~으로 나가다.
바깥-공기(-空氣)[-깓꽁-] 명 외부 세계의 분위기나 움직임을 비유하여 이르는 말. ¶~가 심상치 않다.
바깥-나들이[-깐-] 명 =나들이.
바깥-바람[-깓빠-] 명 (시원하거나 차게 느껴지는) 집 바깥의 공기나 바람. ¶~이 찬데 왜 나와 있니?
바깥바람을 쐬다 집 밖으로 나가 머리를 식히거나 기분 전환을 하다. 또는, 국외에 나가 색다른 풍물을 경험하다. ¶기분이 울적하여 **바깥바람을 쐬러** 나가다.
바깥-벽(-壁)[-깓뼉] 명 바깥쪽의 벽. =외벽. ↔안벽.
바깥-사돈(-査頓)[-깓싸-] 명 딸의 시아버지나 며느리의 친아버지를 양쪽 사돈집에서 서로 이르는 말. ↔안사돈.
바깥-세상(-世上)[-깓쎄-] 명 1 군대·교도소·벽촌 등과 같이 격리된 곳에서, '일반 사회'를 이르는 말. ¶외딴섬에 살고 있으니 ~이 어떻게 돌아가는 줄 모른다. 2 자기 나라 밖의 세상.
바깥-양반(-兩班)[-깓냥-] 명 그 집의 남자 주인 또는 남편을 다소 대접하거나 스스럼없이 이르는 말.
바깥-어른[-깓-] 명 '바깥주인'의 높임말.
바깥-일[-깐닐] 명 1 집 밖에서 주로 남자들이 하는 일. ↔안일. 2 집 밖에서 일어나는 일. ¶집 안에만 있으니 ~을 통 알 수가 없다. 3 집안 살림 이외의 일. ¶요즘은 ~에 바빠 집안을 돌보지 못했다.
바깥-주인(-主人)[-깓쭈-] 명 그 집의 남자 주인. 또는, 남편. ❪높❫바깥어른. ↔안주인.
바깥-지름[-깓찌-] 명 관(管) 등의 바깥쪽에서 잰 지름. =외경(外徑). ↔안지름.
바깥-쪽[-깓-] 명 바깥으로 향하는 쪽. =외측(外側). ↔안쪽.
바깥-채[-깓-] 명 안뜰 각 채로 된 집의, 바깥에 있는 채. ↔안채.
바깥-출입(-出入)[-깓-] 명 바깥에 나다니는 일. ¶찰머니는 병환으로 ~을 못 하신다. **바깥출입-하다**
바께쓰(←ⓙバケツ) 명 <bucket> '양동이'로 순화.
바꾸다 통(타) 1 (어떤 사람이 자기가 가진 물건이나 자기에게 속한 것을 상대가 가진 물건이나 상대에 속한 것과[으로]) 서로 주고받다. ⓑ교환하다. ¶수표를 현금으로 ~. 2 (어떤 것을 다른 물건이나 대상으로) 대신 있게 하거나 구실을 하게 하다. ⓑ대치·교체하다. ¶세탁기가 고장 나서 새로 ~. 3 (어떤 대상을) 내용이나 상태가 다른 것이 되게 하다. ¶계획을 ~.
바꿔 말하면 다른 말로 나타내면.
바뀌다 통(자) '바꾸다1·2·3'의 피동사. ¶신발이 ~.
바나나(banana) 명[식] 줄기가 높이 곧게 자라고, 잎은 크고 긴 타원형이며, 초승달 모양의 긴 타원형 열매가 한 자루에 수십 개씩 달리는 상록 여러해살이풀. 열매는 맛과 향기가 좋다.
바나나-킥(†banana kick) 명[체] 축구에서, 공이 휘어서 날아가도록 차는 일.

바나듐(vanadium) 명[화] 은색의 금속 원소. 원소 기호 V, 원자 번호 23, 원자량 50.942. 철에 섞으면 강도가 증가하므로 특수강을 만드는 데에 쓰임.
바누아투(Vanuatu) 명[지] 남태평양에 위치한 공화국. 수도는 포트빌라.
바느-질 명 바늘로 옷 따위를 깁거나 꿰매는 일. =침선. **바느질-하다**
바느질-감[-깜] 명 바느질할 옷이나 옷감 따위.
바느질-삯[-싹] 명 바느질에 대한 공전.
바늘 명 1 재 1 한쪽 끝의 구멍에 실을 꿰어 옷을 깁거나 천으로 된 물건을 꿰매는 데 쓰는, 가늘고 끝이 뾰족한 쇠. 2 모양 또는 용도가 1과 비슷한 물건의 총칭. 뜨개질바늘·돗바늘 따위. 3 시계·나침반·저울·계기판 등에서, 눈금을 가리키는 가늘고 긴 것. 2 의 쩟어디거나 옌 살갗이나 조직을 외과 치료로 꿰맬 때, 바늘땀의 수를 세는 단위. ¶이마가 찢어져 다섯 ~을 꿰맸다.
[바늘 가는 데 실 간다] 밀접한 관계가 있는 것은 서로 따른다. [바늘 도둑이 소도둑 된다] 작은 나쁜 것도 자꾸 되풀이하게 되면, 나중에는 큰일을 저지르게 된다.
[바늘로 찔러도 피 한 방울 안 난다] 지독한 구두쇠를 이르는 말.
바늘-겨레 명 헝겊 속에 솜이나 머리카락 등을 넣어 바늘을 꽂게 만든 물건.
바늘-구멍[-꾸-] 명 1 바늘로 뚫은 작은 구멍. 2 바늘귀만 한 작은 구멍. 3 =바늘귀.
[바늘구멍으로 황소바람 들어온다] 추울 때는 작은 구멍으로 들어오는 바람도 몹시 차다.
바늘구멍^사진기(-寫眞機)[-꾸-] 명[물] 두 개의 상자를 짜 맞추어 겉 상자에는 작은 바늘구멍을 뚫고, 속 상자에는 간유리를 붙여 물체의 상을 볼 수 있게 만든 장치.
바늘-귀[-뀌] 명 바늘의 위쪽 끝에 뚫려 있는, 실을 꿰는 구멍. =바늘구멍.
바늘-땀 명 바느질에서, 실을 꿴 바늘이 바느질감에 들어갔다 나오면서 겉에 남겨진 실의 흔적. ⓑ땀. ¶~이 고르다.
바늘-밥[-빱] 명 바느질할 때, 더 쓸 수 없을 만큼 짧게 된 실 동강.
바늘-방석(-方席) 명 그대로 있기가 불안한 자리를 비유하여 이르는 말.
[바늘방석에 앉은 것 같다] 자리에 그대로 있는 것이 매우 불안하고 거북하다.
바늘-허리 명 바늘의 가운데 부분.
바니시(varnish) 명[화] 투명한 피막을 형성하는 도료. 천연 또는 합성수지를 용매에 녹여 만듦. =니스. ×와니스.
바닐라(vanilla) 명[식] 열매를 발효시켜 향료를 얻는 여러해살이 덩굴풀. 향료는 과자·아이스크림 등을 만들 때 쓰임.
바다 명 1 지구 표면의 약 3의 가까운 면적을 덮고 있는, 짠맛이 나는 물. 2 (일부 명사나 명사어를 이루어) 그 명사가 나타내는 물질이나 현상이 매우 넓게 퍼져 있는 상태를 비유적으로 이르는 말. ¶피 / 물 / 불~. 3 [천] 달·화성 표면의 검게 보이는 부분. ¶고요의 ~.
[바다는 메워도 사람의 욕심은 못 채운다] 사람의 욕심은 끝이 없다.
바다-거북 명[동] 등딱지가 길이 1m가량의 심장 모양인, 열대·아열대 바다에 사

바라보다_461

는 거북. 알과 고기를 식용함.
바다-낚시[-낙씨] 圀 바다에서 물고기를 낚는 일.
바다-색(-色) 圀 바닷물의 빛깔처럼 녹색을 약간 띤 파란 색깔.
바다-수세미 圀[동] 바다 속 모래땅에 박혀 살며, 몸이 원통형으로 수세미처럼 구멍이 많이 뚫려 있는 해면동물.
바다-코끼리 圀[동] 북극해 바닷가에 떼지어 살며, 엄니가 길고, 네 다리는 지느러미 모양의 포유동물. 몸길이 약 3.5m이며, 피부는 두껍고 주름이 많음.
바다-표범(-豹-) 圀[동] 바다에 살며, 물개와 비슷하나 온몸이 억센 털로 덮인 포유동물. 지느러미 모양의 뒷다리로 헤엄을 치며, 땅에서는 기어 다님.
바닥 圀 1 일반적으로 사람의 발 아래에 위치하는, 평평하게 퍼이룬 부분. ¶방 ~. 2 그릇이나 용기(容器)의 안쪽 밑부분의 평평한 면. ¶고양이가 우유 그릇을 ~까지 핥았다. 3 일이나 소비할 수 있는 물건이 다 없어진 끝. ¶돈이 ~이 나다. 4 발에 신는 물건의, 지면에 닿는 평평한 부분. ¶양말 ~. 5 (신체 부위를 나타내는 일부 명사와 결합하여) 비교적 평평한 넓이를 이루는 부분을 이르는 말. ¶발- /혓-. 6 (일부 명사와 결합하여) 그 명사가 가리키는 지역 또는 사회를 가리키는 말. ¶시장 ~. 7 피륙의 짜임새가 드러나는 면. 8 [경] 주가 따위의 시세가 크게 내려서 낮은 수준에 있는 상태. 또는, 주가 따위의 시세가 하락하다가 다시 상승하기 직전의 상태. ¶~시세. ↔바닥세.
바닥(이) 드러나다 다 소비되어 동이 나게 되다.
바닥 첫째 '꼴찌'를 비웃는 말.
바닥-권(-圈) [-꿘] 圀 주가 따위의 시세 또는 성적 등이 더 이상 내려가기 어려울 만큼 낮은 상태에 있는 범위.
바닥-나다[-당-] 圀[자] (돈이나 물건이) 다 소비되어 없어지다. ¶바닥난 쌀통/자본이 ~.
바닥-세(-勢) [-쎄] 圀 더 이상 내려가기 어려울 만큼 낮은 상태에 있는 시세. =바닥시세. ¶주가가 ~를 벗어나다.
바닥-시세(-時勢) [-씨-] 圀 =바닥세.
바닥-재(-材) [-째] 圀 건물의 바닥에 쓰는 건축 재료.
바닥-표(-票) 圀 선거에서, 다수를 이루는 일반 서민층의 표. ¶~을 공략하다.
바닷-가[-다까/-닫까-] 圀 바닷물과 땅이 서로 닿은 곳. 또는, 그 근처. =해안가.
바닷-가재[-다까-/-닫까-] 圀 바다에 사는 커다란 가재의 총칭. 고급 요리로 식용됨. =로브스터.
바닷-고기[-다꼬-/-닫꼬-] 圀 =바닷물고기.
바닷-길[-다낄/-닫낄] 圀 배를 타고 바다를 통해 가는 길.
바닷-말[-단-] 圀[식] =해조(海藻).
바닷-물[-단-] 圀 바다의 짠맛이 있음. =짠물·해수(海水). ↔민물.
바닷-물고기[-단-] 圀 바닷물에 사는 물고기. =바닷고기·짠물고기. ↔민물고기.
바닷-바람[-다빠-/-닫빠-] 圀 =해풍.
바닷-새[-다쌔/-닫쌔] 圀 바닷가에서 물고기나 조개 등을 잡아먹고 사는 새. =해조(海鳥).
바덴바덴(Baden Baden) 圀[지] 독일 남서부의 휴양 도시.
바동-거리다/-대다 圀[자] 1 (자빠지거나 주저앉거나 매달려서) 팔다리를 내저으며 몸을 자주 움직이다. 2 힘에 겨운 처지에서 벗어나려고 바득바득 애를 쓰다. 圀버둥거리다.
바동-바동 圀 바동거리는 모양. 圀버둥버둥. ▷바동바동. **바동바동-하다** 圀[자][타]
바둑 圀 두 사람이 검은 돌과 흰 돌을 나누어 가지고 가로세로 각 19줄의 직선을 그은 판 위에 번갈아 돌을 한 점씩 두어, 집을 많이 차지함을 겨루는 놀이.
바둑-돌[-똘] 圀 =바둑알. 圀돌.
바둑-무늬 [-니] 圀 바둑판처럼 두 가지 빛깔의 네모진 점을 엇바꾸어 놓은 무늬. =재킷.
바둑-알 圀 바둑을 둘 때 쓰는 둥글납작한 돌. 검은 것과 흰 것이 있음. =바둑돌.
바둑-이 圀 바둑 점과 흰 점이 바둑무늬 모양으로 섞인 개. 또는, 그런 개의 이름.
바둑-판(-板) 圀 바둑을 두는 판. 가로세로 각각 열아홉 줄이 그어져 있음.
바둑판-같다(-板-) [-깓따] 혭 얼굴이 몹시 얇은 모양을 속되게 이르는 말.
바둑판-무늬(-板-) [-니] 圀 네모반듯한 사각형이 상하 좌우로 연결된, 바둑판 모양의 무늬.
바동-바동 圀 덩치가 작은 것이 매달릴 때 자꾸 팔다리를 내저으며 움직이는 모양. '바동바동'보다 큰 느낌을 준다.
바드득 圀 이를 가는 소리. 쎈빠드득. 바드득-하다 圀[자]
바드득-거리다/-대다[-꺼(때)-] 圀[자][타] 잇달아 바드득 소리가 나다. 또는, 그런 소리를 자꾸 내다. 쎈빠드득거리다.
바드득-바드득[-빠-] 圀 바드득거리는 소리. ¶이를 ~ 갈다. 쎈빠드득빠드득. 바드득바드득-하다 圀[자][타]
바득-바득 圀 1 억지스럽게 자꾸 우기거나 조르는 모양. ¶~ 우기다. 圀부득부득. 2 악착스럽게 애쓰는 모양. 쎈빠 득빠득.
바들-바들 圀 몸을 좀 작게 떠는 모양. ¶추워서 몸을 ~ 떨다. 圀부들부들. 게파 들파들.
바듯-하다 [-드타-] 혭 1 꼭 맞아서 빈 틈이 없다. 2 그 정도에 미칠 만한 상태에 있다. ¶한 달 먹을 양식이 ~. 쎈빠듯하다. 바듯-이 圀
바디 圀 베 짜는 가마니의 날에 씨를 쳐서 짜는, 베틀·방직기·가마니틀 등에 딸린 기구.
바라(哱囉) 圀 ['𥈞'의 본음은 '발'} 圀 =나각(螺角).
바라-다 圀[타] 1 (어떤 일이나 상태를) 이루어지거나 그렇게 되었으면 하고 생각하다. ¶늘 건강하기를 ~. 2 (무엇을) 얻거나 가졌으면 하고 생각하다. ¶난 될 **바라**고 널 도운 게 아니다. ✕바래다.
바라다-보다 圀[타] 얼굴을 바로 향하고 쳐다보다. 圀바라보다. ¶그는 아이들이 노는 모습을 물끄러미 **바라다보았**다.
바라밀(波羅蜜多) [-따] 圀[불] [태어나고 죽고 하는 현실의 괴로움으로부터 번뇌와 고통이 끊어지는 경지인 피안(彼岸)으로 건너간다는 뜻] 보살의 수행.
바라-보다 圀[타] 1 (어떤 대상을) 똑바로 향하여 보다. 圀바라다보다. ¶앞만 **바라**

보고 걷다. **2** (사람이 세계나 현실 등을) 대하여 관찰하거나 관조하다. ¶부조리한 세계를 **바라보는** 작가의 눈. **3** (바람직하거나 희망적인 상태나 일을) 상당한 가능성과 기대를 가지고 그리다. ¶우승을 ~. **4** (어떤 나이나 시점 따위를) 머지않아 맞이 보다. ¶나이 50을 ~.

바라-보이다 통(재) '바라보다'의 피동사. ¶멀리 **바라보이는** 건물이 우리 학교다.

바라지 뗑 (부모의 일을 을 대 주는 등 여러 가지로 돌보아 주는 일. ¶옥(獄)~/뒷~. **바라지-하다** 통(태)(자)

바:라-지다 I 통(자) **1** (남자의 어깨나 가슴 따위가) 옆으로 퍼지다. ¶가슴이 딱 ~. 통벌어지다.
II 톙 **1** 그릇이 속은 얕고 위가 납작하여 바드름하다. ¶**바라진** 대접. **2** 나이에 비하여 너무 성숙해 순진한 맛이 없다. ¶**바라진** 아이.

바:라-춤 뗑 [불] 법당의 불전에서 재를 올릴 때 양손에 바라를 들고 추는 춤.

바라크(←baraque) 뗑 =막사(幕舎)2.

바락 뭐 성이 나거나 하여 갑자기 기를 쓰는 모양. ¶~ 소리를 지르다. 큰버럭.

바락-바락[—박—] 뭐 성이 나거나 하여 자꾸 기를 쓰는 모양. ¶~ 악을 쓰다. 큰버럭버럭.

바란스(←⊕バランス) 뗑 〈<balance〉'밸런스'로 순화.

바람¹ 뗑 **1** 기압의 차에 의해 지구 표면에 생기는 공기의 흐름. ⓗ기류. ¶갈~/산들~/~이 일다. **2** 선풍기·부채 등과 같은 인공적 기구에 의해 일어나는 공기의 흐름. ¶선풍기 ~을 쐬다. **3** 공이나 튜브 등에 넣는 공기. 또는, 그 속에 들어 있는 공기. ¶~ 빠진 공. **4** (주로, '나다', '피우다'와 함께 쓰여) 주로 유부녀나 유부남이 배우자 이외의 이성과 정을 맺는 관계에 빠져 있는 상태. 또는, 지난날 처녀가 연애에 빠져 있는 상태를 부정적인 으로 이르던 말. ¶~이 난 처녀. **5** 허황한 생각으로 들떠 있는 상태. 또는, 그것을 자꾸 부추기는 일. ¶그는 一확에 바람이 나 돈을 벌자면서 ~을 넣었다. **6** 사회적으로 급격하게 일고 있는 어떤 기운이나 움직임. ¶투기 ~/감원 ~. **7** 작은 일을 크게 떠벌려 말하는 일. ⓗ허풍. ¶센 친구는 ~이 세다. **8** 〈속〉중풍.

[**바람 앞의 등불**] [언제 꺼질지 모르는 바람 앞의 등불처럼] 사물이 매우 위태로운 처지에 놓여 있음을 비유하여 이르는 말. '풍전등화(風前燈火)'와 같은 말.

바람(을) 넣다 1 남을 부추겨서 무슨 행동을 하려는 마음이 생기게 하다. ¶가만히 있는 사람에게 **바람을 넣느냐**?

바람(이) 들다 1 (무 따위가) 빠져 푸석푸석하게 되다. ¶무에 ~. **2** 허황한 생각이 마음에 차다.

바람(을) 쐬다 기분 전환을 위하여 바깥이나 딴 곳을 거닐거나 다니다.

바람(을) 잡다 허황한 짓을 꾀하거나 부추기다.

바람² 뗑 어떤 일이 이루어지기를 바라는 것. ¶우리의 ~은 하루빨리 남북통일을 이룩하는 것이다. ×바램.

바람³ 뗑 실·새끼 등의 한 발쯤 되는 길이. ¶실 두 ~.

바람⁴ 뗑(의존) **1** ('그 바람에' 또는 '-는 바람에'의 꼴로 쓰여) 앞에 오는 말이 나타내는, 뜻하지 않은 일로 인한 영향임을 나타내는 말. ¶그 일과 더불어 다른 일이 어쩔 수 없이 일어나는 상태임을 나타내는 말. ¶길이 막히는 ~에 늦었다. **2** (차림을 나타내는 일부 명사 뒤에 쓰여) 차릴 것을 제대로 차리지 않고 나서는 차림새임을 나타내는 말. ¶잠옷 ~으로 밖에 나오다.

바람-개비 뗑 종이를 접어서 만든 날개를 작대기 끝에 꽂아 손에 쥐고 바람이 불어오는 쪽을 향해 달리면 날개가 돌도록 되어 있는 아이들의 놀잇감. =팔랑개비.

바람-결[—껼] 뗑 **1** 일정한 방향으로 부는 바람의 움직임. **2** (주로 '바람결에 듣다 [들리다]'의 꼴로 쓰여) 소식을 알려 주는 우연한 기회. ¶~에 소식을 듣다.

바람-구멍[—꾸—] 뗑 뚫거나 뚫려 바람이 통하는 구멍.

바람-기(—氣)[—끼] 뗑 **1** 바람이 부는 기운. **2** 복잡한 이성 관계를 맺는 기질. 그 상대를 자주 바꾸는 기질. ⓗ끼. ¶~가 있는 남자.

바람-나다 통(재) (어떤 사람이) 이성과 사랑에 빠지거나 정을 통하거나 하여 마음이 들뜬 상태가 되다. 부정적으로 이르는 말. ¶**바람난** 남편.

바람-둥이 뗑 여러 명의 이성(異性)과 자주 또는 쉽게 연애 관계에 빠지는 경향이 강한 사람. 가볍운 비난조의 말.

바람-떡 뗑 '개피떡'의 잘못.

바람-막이 1 바람을 막는 일. ⓗ방풍. **2** 바람을 막는 물건. **바람막이-하다** 통(재)(태)

바람-맞다[—맏따] 통(재) **1** 상대가 만날 약속을 지키지 않아 헛걸음하다. ¶여자한테 ~. **2** 풍병에 걸리다.

바람-맞이 뗑 위치상 바람이 잘 부는 곳. 또는, 바람을 맞는 쪽에 있는 곳.

바람맞-히다[—마치—] 통(태) '바람맞다¹'의 사동사.

바람-벽(—壁)[—뼉] 뗑 [건] 방을 둘러막은 둘레의 벽.

바람-서리 뗑 폭풍우로 인해 농업·어업 등이 받는 피해.

바람-잡이 뗑 치기배나 야바위꾼 등의 한통속으로서, 상대에게 바람을 넣어 남의 얼을 빼는 구실을 하는 사람.

바람직-스럽다[—쓰—따] 톙(ㅂ)〈—스러우니, —스러워〉바람직한 데가 있다. **바람직스레** 뭐

바람직-하다[—지카—] 톙(여) 바랄 만한 가치가 있다. ¶**바람직한** 교사상(教師像).

바람-피우다 통(재) (배우자가 있는 사람이) 배우자 몰래 다른 이성과 연애하거나 정을 통하거나 하다.

바:랑 뗑 [불] 승려가 등에 지고 다니는 자루 같은 큰 주머니.

바:래다¹ 통(재) 볕이나 습기를 받아 색이 변하다. ¶색이 **바랜** 저고리.

바래다² 통(태) 가는 사람을 중도까지 배웅하다. ¶손님을 터미널까지 **바래** 드리다.

바래다³ 통(태) '바라다'의 잘못.

바래다-주다 통(태) 가는 사람을 중도까지 배웅하여 주다. ¶친구를 역까지 ~.

바램 뗑 '바람²'의 잘못.

바:랭이 뗑 [식] 길가나 밭에 흔히 나는 잡초로, 잎은 길이 8~20cm의 줄 모양이며, 7~8월에 꽃이 피는 한해살이풀. 사료나 거름으로 쓰임.

바레인(Bahrain) [명][지] 아시아 남서부 페르시아 만에 있는, 8개의 섬으로 이루어진 토후국. 수도는 마나마.

바로 I [부] **1** 굽거나 비뚤지 않고 곧게. ¶선을 ~ 긋다. **2** 사실이나 진실과 다르거나 어긋남이 없이 그대로. ¶그가 숨은 곳을 ~ 대라. **3** 사리나 진리, 도리 등에 어그러지지 않게. ¶마음을 ~ 가지다. **4** 일정한 격식이나 규정 등에 맞게. ¶옷을 ~ 입다. **5** 머뭇거리거나 질질 끌지 않고 곧. ¶학교가 파하자마자 ~ 집에 왔다. **6** 시간적으로 거의 같은 때이거나 공간적으로 아주 가까운 데임을 나타내는 말. ¶우리 집은 학교 ~ 옆에 있다. **7** 다른 것이 아니라 곧. ¶저분이 ~ 우리 선생님입니다. II [감][명] 제식 훈련 시 구령의 하나. 취했던 동작에서 본디 자세로 돌아가라는 말.

바로미터(barometer) [명] 사물의 수준이나 상태를 아는 데 기준이 되는 것. ¶GNP는 그 나라 경제력의 ~이다.

바로-바로 [부] 그때그때 곧. ¶할 일을 ~ 해치우다.

바로-잡다[-따] [동][타] **1** (굽거나 비뚤어진 것을) 곧게 하다. ¶자세를 ~. **2** (잘못된 것을) 올바르게 고치다. ¶질서를 ~.

바로잡-히다[-자피-] [동][자] '바로잡다'의 피동사. ¶질서가 ~.

바로크(프baroque) [명][예] 16세기 말에서 18세기 중엽에 걸쳐 유럽에서 성행한 예술 양식. 르네상스 양식의 균제와 조화에 대한 파격적이고 감각적 효과를 노린 동적(動的)인 표현이 특징임. ¶~ 미술.

바륨(barium) [명][화] 은백색의 연한 금속 원소. 원소 기호 Ba, 원자 번호 56, 원자량 137.34. 합금 재료로 쓰임.

바르다[1] [동][타][르] 〈바르니, 발라〉 **1** (액체나 분말 또는 무른 고체 상태의 물질을 물체의 표면에) 일정한 넓이에 걸쳐 손이나 도구로 문지르거나 닿게 하여 입혀지게 하다. [비]묻히다·칠하다. ¶상처에 약을 ~. **2** (풀칠이 되어 있는 종이나 헝겊 따위를 물체의 표면에) 고루 붙게 하다. [비]붙이다. ¶천장에 벽지를 ~.

바르다[2] [동][타][르] 〈바르니, 발라〉 **1** (생선의 가시나 뼈나 살 등을) 어떤 도구나 수단으로 몸체에서 따로 떼다. ¶생선의 가시를[살을] 젓가락으로 ~. **2** (과일의 씨나 밤 따위의 열매를) 과일의 살에서 분리하거나, 껍질을 벗겨 분리하다. ¶수박의 씨를 ~.

바르다[3] [형][르] 〈바르니, 발라〉 **1** (어떤 행동이나 자세, 물체가 놓인 상태 등이) 기준에서 벗어남이 없거나, 표준적인 상태에 있다. ¶**바른** 자세. **2** (말이나 행동, 생각 등이) 도리나 사리에 맞아 참되다. ¶**바르게** 살다. **3** (사람이 예의가) 잘 갖추어진 상태에 있다. ¶인사성이 ~. **4** (('양지·볕·햇볕' 등과 함께 쓰여)) 잘 비쳐서 따뜻하다. ¶양지~ / 햇볕 **바른** 언덕.

바르르 [부] **1** 적은 물이 가볍게 끓어오르는 모양. 또는, 그 소리. ¶찻물이 ~ 끓다. **2** 대수롭지 않은 일에 갑자기 성을 내는 모양. ¶~ 성을 내다. **3** 가볍게 발발 떠는 모양. ¶눈꺼풀이 ~ 떨리다. **4** 얇은 종이나 나무 등에 불이 붙어 가벼이 타오르는 모양. [거]파르르. **바르르-하다** [동][자][여]

바르샤바(Warszawa) [명][지] 폴란드의 수도.

바르셀로나(Barcelona) [명][지] 에스파냐 북동부의 항구 도시.

바른 [관] =오른.

바른-길 [명] **1** 굽지 않고 곧은 길. **2** 참된 도리. 또는, 정당한 길. ¶~로 이끌다.

바른-대로 [부] 사실과 틀림없이. ¶네가 한 짓을 ~ 말해라.

바른-말 [명] 이치나 도리에 맞는 말.

바른-손 [명] =오른손.

바른-쪽 [명] =오른쪽.

바른-편(-便) [명] =오른쪽.

바리[1] [명] **1** 놋쇠로 만든, 여자의 밥그릇. **2** '바리때'의 준말.

바리[2] [명] [1][자립] 마소에 잔뜩 실은 짐. [2][의존] 짐의 분량을 그것이 담긴 바리의 수로 헤아리는 말. ¶달구지 세 ~.

바리-공주(-公主) [명][민] 사람이 죽은 지 49일 안에 지내는 지노귀굿에서, 무당이 색동옷을 입고 모시는 젊은 여신(女神).

바리-때 [명][불] 승려들이 공양 그릇으로 사용하는 목제 칠그릇. [준]바리.

바리-바리 [부] 여러 바리로. 운반하는 짐이 매우 많음을 나타내는 말. ¶혼수를 ~ 실어 왔다.

바리새-파(←Pharisee派) [명][성] 기원전 2세기경의 유대교의 한 파. 율법의 준수를 강조하여, 형식주의와 위선에 빠짐.

바리캉(프bariquant) [명] 머리를 짧게 깎을 때 사용하는 이발 기구. 빗 모양의 날을 두 개 겹쳐서 만든 것으로, 손잡이를 쥐었다 폈다 하면 두 날 중 위의 날이 왕복하면서 머리털을 자름.

바리케이드(barricade) [명] 시가전 등에서, 적의 침입을 막기 위해 도로나 건물을 봉쇄하여 만든 응급 방벽(防壁). ¶~를 치다.

바리콘(일バリコン) [명] 〔<variable condenser〕 [물] =가변 축전기.

바리톤(baritone) [명][음] **1** 성악에서, 남성이 낼 수 있는 중간 음역의 소리. 곧, 테너와 베이스 사이에 해당하는 소리. 또는, 그 음역의 가수. **2** 베이스보다 조금 높은 저음(低音)의 관악기.

바림 [명][미] 색칠할 때에 한쪽을 진하게 하고 다른 쪽으로 갈수록 차차 엷고 흐리게 하는 일. =그러데이션.

바마코(Bamako) [명][지] 말리의 수도.

바바리(Burberry) [명] 옷깃이 넓고 허리에 벨트를 두른 긴 코트. 상표명에서 온 말임. =바바리코트.

바바리-코트(Burberry coat) [명] =바바리.

바베이도스(Barbados) [명][지] 서인도 제도의 남쪽 끝에 있는, 영연방 내의 독립국. 수도는 브리지타운.

바베큐 [명] '바비큐(barbecue)'의 잘못.

바벨(barbell) [명][체] 역도(力道)나 근육 단련에 쓰이는 강철제 기구. 철봉 양 끝에 원반형의 쇳덩이를 매닮. =역기.

바벨론(←Babylon) [명][성] 기원전 6세기 초 유대 인을 포로로 잡아간 신바빌로니아 왕국.

바벨-탑(Babel塔) [명] **1** [성] 구약 성서 창세기에 나오는 탑. 노아의 후손들이 하늘에 닿는 탑을 쌓기 시작하였으나, 여호와의 노여움을 사서 중단되었다고 함. **2** 실현 가능성이 거의 없어 무모하거나 터무니없는 일이나 시도. 비유적인 말임. ¶~을 쌓는 이야길랑 그만두게.

바보 [명] **1** 지능이 낮아 사물을 제대로 판

바`보-상자(-箱子) 명 '텔레비전'을, 부정적인 영향을 강조하여 이르는 말.
바`보-스럽다 [-따] 혱⑮ 〈~스러우니, ~스러워〉 모습이나 행동이 모자라고 바보 같은 데가 있다. ¶**바보스러운** 웃음.
바`보-짓 [-짇] 명 어리석고 못난 짓.
바부르(Bābur, Zahīr-ud-dīn Muhammad) 명[인] 인도 무굴 왕조의 창시자(1483~1530).
바비큐(barbecue) 명 주로 야외에서, 소·돼지 등을 통째로 불에 굽는 요리. ×바베큐.
바빌론(Babylon) 명[성] '바벨론'을 가톨릭에서 이르는 이름.
바쁘다 혱〈바쁘니, 바빠〉 1 일이 많거나 급하여 겨를이 없다. ¶눈코 뜰 새 없이 ~. 2 마땅히 다른 일도 해야 함에도 불구하고 (어떤 일을 하기에) 매달려 마음의 여유가 없다. 비급하다. ¶먹고살기에 ~. 3 ('―기', '―기가' 따위의 '―기'나 '바쁘게'의 꼴로 쓰여) '…자마자 서둘러'의 뜻을 나타내는 말. ¶학교가 끝나기 **바쁘게** 집으로 왔다.
바삐 閈 바쁘게. ¶~ 걸음을 옮기다.
바삭 閈 1 가랑잎을 밟거나 잘 마른 것이 서로 닿아서 나는 소리. 2 단단하고 바스러지기 쉬운 물건을 깨물 때 나는 소리. ¶바닥을 ~ 깨물다. 몬버석. 솀바싹. **바삭-하다** 형여
바삭-거리다/-대다 [-꺼(때)-] 동자타 자꾸 바삭 소리가 나다. 또는, 그런 소리를 자꾸 내다. ¶마른 잎들이 바람에 ~. 몬버석이다.
바삭-바삭 [-빠-] 閈 바삭거리는 소리. 몬버석버석. **바삭바삭-하다** 자타여
바삭바삭-하다² [-빠사카-] 혱여 (물체가) 쉽게 바스러지는 특성이 있다. ¶비스킷이 ~. 몬버석버석하다.
바셀린(vaseline) 명[화] 석유를 증류하고 남은 기름을 정제하여 만든, 무색 혹은 담황색의 젤리 상태의 물질. 연고·화장품 등에 쓰임. ×와셀린.
바수다 동타 두드려 자디잘게 깨뜨리다.
바순(bassoon) 명[음] 목관 악기의 하나. 이중의 리드가 있는 저음 악기로, 음역은 약 3옥타브 반에 미침. =파곳.
바스라(Basra) 명[지] 이라크 남동부의 항구 도시.
바스락 閈 마른 검불·나뭇잎 따위를 밟거나 뒤적일 때 나는 소리. **바스락-하다** 동 자타여
바스락-거리다/-대다 [-꺼(때)-] 동자타 자꾸 바스락 소리가 나다. 또는, 그 소리를 내다. ¶천장에서 쥐가 ~.
바스락-바스락 [-빠-] 閈 바스락거리는 소리. **바스락바스락-하다** 자타여
바스락-장난 [-짱-] 명 좀스러운 장난.
바스러-지다 재 1 덩이가 헐어져 잘게 되다. ¶흙덩이리가 ~. 2 깨어져 잘게 조각이 나다. ¶**바스러진** ~. 몬부스러지다. 3 나이에 비해 얼굴이 쪼그라지다.
바스켓(basket) 명체 농구에서, 공을 던져 넣어 득점을 할 수 있게 만든 철제의 링과 거기에 매단 밑이 없는 그물.
바스테르(Basseterre) 명[지] 세인트크리스토퍼 네비스의 수도.

바슬-바슬 閈 덩이진 가루 등이 물기가 말라 쉽게 바스러지는 모양. ㉮파슬파슬. **바슬바슬-하다** 형여 ¶**바슬바슬한** 흙.
바싹 閈 1 물기가 전혀 없이 타 버리거나 말라 버리는 모양. ¶빨래가 ~ 말랐다. 2 아주 가까이 달라붙거나 죄는 모양. ¶책상을 벽에 ~ 붙이다. 3 거침없이 나아가거나 또는 늘어나 주는 모양. ¶세터를 빨았더니 품이 ~ 줄어들었다. 4 '바삭'의 센말. ¶사탕을 ~ 깨물다. 몬버썩. 5 몸이 매우 마른 모양. ¶몸이 ~ 야위다.
바싹-바싹 [-빠-] 閈 '바싹'을 강조하여 이르는 말. 몬버썩버썩.
바야흐로 閈 이제 한창. 또는, 이제 막. ¶~ 때는 ~ 봄이다.
바오로 6세(←Paulus六世) [-쎄-] 명[인] 로마 교황(1897~1978).
바운드(bound) 명체 구기에서, (공이) 바닥이나 지면에 부딪혀 튀어 오르는 일. **바운드-하다** 자 몬바운드-되다 자
바울(←Paul) 명[성] 초기 크리스트교의 사도. 각지로 전도 여행을 하고 교회를 세웠으며, 신약 성서의 상당 부분을 씀. ¶**바울로**(←Paulus) 명[성] '바울'을 가톨릭에서 이르는 이름.
바웬사, 레흐(Wałęsa, Lech) 명[인] 폴란드의 노동 운동가·대통령(1943~).
바위(閈) 1 사람이 들 수 없을 정도의 크기를 가진 암석의 덩어리. ▷돌 2 가위바위보에서, 주먹을 쥐어 내민 것.
[**바위를 차면 제 발부리만 아프다**] 흥분을 참지 못하고 일을 저지르면 제게만 해롭다.
바위-산(-山) 명 바위가 많은 산. 또는, 바위로 이뤄진 산.
바위-섬 명 바위가 많은 섬. 또는, 바위로 이루어진 섬.
바위-틈 명 1 바위의 갈라진 틈. 2 바위와 바위의 사이. ¶~에 핀 꽃.
바윗-돌 [-위똘-윋똘] 명 바위를 돌로 이르는 말. ▷바위처럼 돌.
바이 閈 (주로 '아니다', '못하다' 등의 부정어와 함께 쓰여) 아주 전혀. ¶당신의 어려운 처지를 ~ 모르는 바는 아니나 나 역시 남을 도울 형편이 아니올시다.
바이러스(virus) 명 1[생] 생물체의 살아 있는 세포에 기생하고, 세포 안에서만 증식이 가능한 미생물. 병원체가 되는 것도 있음. ×비루스. 2[컴] 어떤 컴퓨터의 디스크에서 다른 컴퓨터의 디스크에 옮아가 입력된 정보를 지워 버리거나 프로그램의 실행에 오류를 발생시키는 악성 프로그램. =컴퓨터 바이러스.
바이런, 조지 고든(Byron, George Gordon) 명[인] 영국의 시인(1788~1824).
바이로이트(Bayreuth) 명[지] 독일 남부의 도시.
바이메탈(bimetal) 명 열팽창율이 다른 두 종류의 얇은 금속 조각을 맞붙인 것. 화재경보기·온도 조절기 등에 쓰임.
바이브레이션(vibration) 명 1 노래를 부를 때 목청을 떨어 소리를 내는 일. ▷비브라토.
바이블(Bible) 명 1 =성서(聖書). 2 어느 분야에서 권위 있는 책. 또는, 개인이 항상 인생의 지침으로 삼고 있는 책을 성서에 비유하여 이르는 말. ¶손자병법은 육사 생도들의 ~이다.
바이샤(⑩vaiśya) 명 인도 카스트 제도에

서, 제3의 신분. 옛날에는 농업·목축업·상업에 종사하는 서민을 가리켰지만, 후에 상인으로 제한되었음.
바이애슬론(biathlon) 명 동계 올림픽의 한 종목. 스키의 거리 경기와 사격을 복합한 것임.
바이어(buyer) 명 물품을 구입하기 위하여 외국에서 온 무역업자. ㈜수입상.
바이어스(bias) 명 1 옷감의 재단한 곳이 나 혹은 곳 따위가 직물의 올의 방향에 대하여 사선(斜線)으로 되어 있는 것. 또는, 그렇게 재단하는 일. 2 '바이어스 테이프'의 준말.
바이어스^테이프(bias tape) 올의 방향이 비스듬하게 되도록 하여 일정한 폭으로 마름질한 천, 옷의 단이나 수예품의 가장자리 등에 쓰임. ㈜바이어스.
바이얼레이션(violation) 명 농구에서, 파울 이외의 규칙 위반. ¶워킹 ~.
바이-없다[-업따] 혭 《주로 형용사의 '-기'의 꼴 아래에 쓰이어》 정도가 매우 심하다. ¶너를 만나니 기쁘기 ~.
바이오리듬(biorhythm) 명 생물체의 생명 활동에 생기는 일정한 주기적인 변동. 하루를 단위로 하는 수면과 각성이 그 예임. =생체 리듬.
바이오세라믹스(bioceramics) 명 생체에 무해한 비금속 재료와 무기질을 섞어 고온에서 구워 낸 의료용 재료. 인공 치아·인공 뼈 등으로 쓰임.
바이오스(BIOS) 명 [Basic Input Output System] [컴] 운영 체제 가운데 컴퓨터의 입출력을 담당하는 소프트웨어. 사용자가 컴퓨터를 켜면 시작되는 프로그램임.
바이오칩(biochip) 명 [컴] 소형의 기판 위에 디엔에이(DNA)나 단백질 등의 생화학 물질을 집적시킨 전자 소자. 엄청난 기억 용량과 연산 속도를 가짐.
바이오컴퓨터(biocomputer) 명 [컴] 생물의 뇌나 신경의 정보 처리 작용이나 전달 방법을 규명하여, 그것을 응용하려는 컴퓨터.
바이오테크놀로지(biotechnology) 명 =생명 공학.
바이올리니스트(violinist) 명 바이올린 연주가.
바이올린(violin) 명 [음] 가운데가 잘록한 타원형의 통에, 네 줄을 매어 활로 문질러 연주하는 현악기. 음색이 아름답고 음역이 넓음.
바이칼 호(Baikal湖) 명 [지] 러시아 동시베리아 남부에 있는 담수호.
바이킹(Viking) 명 [역] 8~11세기에 스칸디나비아와 덴마크를 거주지로 하고, 해로(海路)로 유럽 각지와 북아메리카를 침공한 북방 게르만 족의 통칭.
바이트(byte) 명 [의][컴] 하나의 단위로서 다루는 비트(bit)의 모임. 1바이트는 8비트의 모임임. 기호는 B. ▷비트·워드.
바인더(binder) 명 1 신문·잡지·서류 따위를 철하여 두는 장치. ¶신문을 ~로 철하다. 2 [농] 곡물을 베어 단으로 묶는 기계.
바자[1](명) 대·수수깡·싸리 따위로 발처럼 엮어 울타리를 만드는 데 쓰는 물건.
바자[2](bazar) 명 공공사업·사회사업 등의 자금을 모으기 위하여 벌이는 시장. =바자회.
바자-회(bazar會) [-회/-훼] 명 =바자(bazar)[2]. ¶불우 이웃 돕기 ~.

바치다_465

바작-바작[-빠-] 튀 1 잘 마른 물건을 이겨 씹거나 빻는 소리. ¶과자를 ~ 씹다. 2 잘 마른 물건이 타는 소리. 또는, 그 모양. ¶종이가 ~ 타다. 3 마음이 몹시 죄어드는 모양. ¶속이 ~ 타다. 4 진땀이 조금씩 자꾸 나는 모양. ¶진땀을 ~ 흘리다. ㈔빠작.
바제도-병(Basedow病) 명 [의] 갑상선의 기능 항진으로 인해 갑상선이 붓고 눈알이 튀어나오는 병. 20~30대의 여자에게서 많이 발생함.
바젤(Basel) 명 [지] 스위스 북부의 항구 도시.
바주카-포(bazooka砲) 명 [군] 대전차용(對戰車用) 로켓포. 원통 모양의 포신에 로켓탄을 재어 어깨에 메고 발사함.
바지[1] 명 위는 통으로 되고 아래는 두 다리를 꿰는 가랑이가 있는, 아랫도리에 입는 옷. ¶겹[홑] ~ / 반~.
바지[2](barge) 명 =바지선.
바지락 명 [동] 얕은 바다의 모래땅에 살며, 껍데기 길이 4~5cm가량으로 표면에 회백색이나 회청색의 줄무늬가 있는 조개. 맛이 좋아 각지에서 양식됨.
바지랑-대[-때] 명 빨랫줄을 받치는 장대.
바지런 명 꾸준히 열심히 일하는 태도. ㈜부지런. **바지런-하다** 혭 하는 일의 태도가 열성적이고 꾸준하다. ¶바지런한 새댁. ㈜부지런하다. **바지런-히** 튀
바지-선(barge船) 명 화물을 운반하기 편하도록 바닥을 편평하고 넓게 만든, 동력 장치가 없는 배. 항만 내나 운하·하천 등 비교적 짧은 거리에서 쓰임. =바지.
바지-씨(-氏) 명 남자 애인.
바지-저고리 명 세상 물정 모르는 시골 무지렁이를 놀리거나 얕잡아 이르는 말.
바지지 튀 물기 있는 물건이 뜨거운 열에 조금씩 닿아 타거나 졸아붙을 때 나는 소리. ㈜부지지. **바지지-하다** 짜여
바지직 튀 1 '바지지' 소리가 급하게 그치는 모양. ¶촛불의 심지가 ~ 소리를 내며 타 들어가다. 2 빳빳하고 단단한 물건이 급하게 찢어지거나 갈라질 때에 나는 소리. 또는, 그 모양. ¶옷이 ~ 찢어지다. 3 마른 똥을 급히 눌 때 나는 소리. ㈜부지직. ㈔빠지직. **바지직-하다** 짜여
바지-춤 명 입은 바지의 허리 부분을 접어 여민 사이. ¶~을 추키다.
바지-통 명 바짓가랑이의 너비.
바짓-가랑이[-지까-/-짇까-] 명 바지에서 다리를 꿰는 부분. ¶~를 붙잡다.
바짓-단[-지딴/-짇딴] 명 바지의 아래 끝을 접어서 감친 부분.
바짝 튀 1 물기가 아주 없이 마르거나 졸아서 말라붙는 모양. ¶~ 마른 빨래. 2 매우 가까이 달라붙는 모양. ¶~ 다가서다. 3 몹시 힘을 주거나 긴장하는 모양. ¶정신을 ~ 차리다. 4 정도가 매우 심해지는 모양. ¶~ 약이 오르다. ㈜부쩍.
바짝-바짝[-빠-] 튀 '바짝'의 힘줌을 강조하여 이르는 말. ㈜부쩍부쩍.
바치다 配 1[다] 1 (웃어른이나 신에게 어떤 물건을) 가지도록 정중하게 내어놓다. ¶신전에 제물을 ~. 2 (몸과 마음을 어떤 대상에) 고스란히 쏟다. ¶평생을 바친 사업. 3 (국가나 공공 기관 등에 재물이나 세금·공납금 등을) 내다. ¶세금을 ~. 2 (보조) 《동사의 어미 '-아/어' 아래에 쓰이어》

어떤 행동이 윗사람에게 하는 것임을 나타내는 말. ¶일러러 / 고해~.
바치다² 〖타〗 (음식이나 사물 따위를) 주체스러울 정도로 욕심을 내어 좋아하거나 즐기다. ¶여자를 ~. 〖셈〗색시를 ~.
바캉스 (㉘vacance) 〖명〗 주로 피서나 휴양을 위한 휴가.
바-코드 (bar code) 〖명〗 상품 관리를 컴퓨터로 할 수 있도록 상품에 표시해 놓은 흑백의 줄무늬 기호. 제조 회사, 제품의 가격·종류 등을 나타냄.
바쿠 (Baku) 〖명〗〖지〗 아제르바이잔의 수도.
바쿠스 (Bacchus) 〖명〗〖신화〗 로마 신화에 나오는 술의 신. 그리스 신화의 디오니소스에 해당함. 영어명은 바커스.
바퀴¹ 〖명〗 ① 〖자립〗 가운데에 있는 축의 둘레를 돌도록 만든, 둥근 테 모양의 물건. 흔히, 수레나 차를 움직이거나 기계를 작동시키는 도구로 이용됨. ¶수레~. ② 〖의존〗 어떤 공간의 둘레를 빙 돌아서 제자리까지 돌아오는 횟수를 세는 단위. ¶운동장을 두 ~ 돌다.
바퀴² 〖명〗 사람의 집 안에 살면서 음식물과 의복에 해를 끼치는, 몸길이 1cm가량의 타원형 갈색 곤충. =바퀴벌레.
바퀴-벌레 〖명〗 =바퀴².
바퀴-살 〖명〗 바퀴통에서 테를 향해 부챗살 모양으로 뻗친 가느다란 막대기나 철사.
바큇-자국 [-퀴자-/-퀻짝-] 〖명〗 탈것이 지나간 뒤에 남겨진 바퀴의 흔적.
바탕¹ 〖명〗 1 사물의 근본을 이루는 기초. ¶휴머니즘 ~에 깔린 작품. 2 사람의 타고난 심성. ¶~이 착한 사람. 3 사람이 나서 자란 환경이나 처지. ¶~이 좋은 집안. 4 무늬·그림·글씨 등이 놓이는 물체의 바닥. ¶붉은 ~에 흰 무늬가 있는 천.
바탕² 〖명〗〖의존〗 활을 쏘아 살이 미치는 거리. ¶활 두 ~.
바탕-색 (-色) 〖명〗 본바탕이 되는 색.
바탱이 〖명〗 중두리와 비슷하나, 배가 더 나오고 아가리가 좁은 오지그릇.
바텐더 (bartender) 〖명〗 바 등에서 손님의 주문을 받고 즉석에서 칵테일 등을 만드는 사람. =조주사(造酒士).
바통 (㉘bâton) 〖명〗〖체〗 =배턴.
바통을 넘기다 어떤 일을 후임자에게 인계하다.
바투 〖부〗 1 두 물체의 사이가 썩 가깝게. ¶~ 앉다. 2 길이가 아주 짧게. ¶고삐를 ~ 잡다. 3 시간이 썩 짧게. ¶날짜를 ~ 잡다.
바특-하다 [-트카-] 〖형〗〖여〗 음식의 국물이 적어 톡톡하다. **바특-이** 〖부〗 ¶국을 ~ 끓이다.
바티칸 (Vatican) 〖명〗 1 '바티칸 궁전'의 준말. 2 〖지〗 =바티칸 시국. 3 '교황청'의 별칭.
바티칸^궁전 (Vatican宮殿) 〖명〗 바티칸 시국에 있는, 교황이 살고 있는 궁전. ▷바티칸.
바티칸^시국 (Vatican市國) 〖명〗 교황을 원수로 하는, 세계 최소의 독립국. =바티칸.
바하마스 (Bahamas) 〖명〗〖지〗 서인도 제도 북부에 있는, 영연방의 독립국. 수도는 나소.
바흐, 요한 제바스티안 (Bach, Johann Sebastian) 〖명〗〖인〗 독일의 작곡가(1685~1750).

박¹ 〖명〗 1 〖식〗 밭이나 인가의 담·지붕에 줄기를 올려 재배하며, 둥근 열매로 바가지를 만드는 한해살이 덩굴풀. 또는, 그 열매. 흰색 꽃이 저녁에 피었다가 아침에 시듦. 2 '바가지②'의 준말.
박² (拍) 〖명〗〖음〗 국악기의 하나. 6개의 얇고 긴 판목(板木)을 모아 한쪽 끝을 끈으로 꿰어, 폈다 접었다 하며 소리를 냄.
박³ (拍) 〖명〗 1 일정한 시간적 길이를 지니는, 박자를 이루는 기본 단위. 2 '박자'의 준말.
박⁴ (箔) 〖명〗 금속을 종이같이 얇게 편 것. ¶금(金) ~ / 은(銀) ~.
박⁵ (泊) 〖명〗〖의존〗 객지에서 묵는 밤의 횟수를 세는 말. ¶2~3일.
박격-포 (迫擊砲) [-껵-] 〖명〗〖군〗 구조가 간단한 근거리용 곡사포. 포신은 짧고 가벼움. ¶~ 부대.
박-고지 [-꼬-] 〖명〗 여물지 않은 박의 속을 파내고 길게 오려서 만든 반찬거리.
박공 (牔栱) [-꽁] 〖명〗〖건〗 마루머리나 합각머리에 '八(팔)' 자 모양으로 붙인 두꺼운 널.
박-꽃 [-꼳] 〖명〗 박의 꽃.
박다 [-따] 〖타〗 1 (어떤 물체를 그보다 큰 물체에) 두들기거나 눌러 힘으로 꽂거나 틀거나 끼우거나 하여 속으로 들어가게 하다. ¶벽에 못을 ~. ¶말뚝을 ~. 2 (음식에 소를) 손으로 눌러서 넣다. ¶만두에 소를 ~. 3 (인쇄물이나 사진을) 똑같은 형상이 되어 나오도록 만들다. 〖비〗찍다. ¶명함을 ~. 4 (물체를 틀이나 판에) 넣어 눌러 찍다. ¶다식을 판에 ~. 5 (바느질할 곳을) 실을 곱걸어 꿰매다. ¶재봉틀로 옷단을 ~. 6 (식물이 뿌리를) 땅속에 단단히 뻗은 상태가 되다. ¶뿌리를 ~. 7 (말이나 글씨, 내용 따위를) 정확히 나타내다. ¶또박또박 박아서 쓴 글씨. 8 (어느 곳에 시선을) 꼼짝하지 않은 상태로 가게 하다. ¶화면에 시선을 박은 채, 움직일 줄을 모른다. 9 (사람이 얼굴이나 그 일부를 다른 물체에) 문힐 정도로 닿게 하다. ¶책상에 코를 박고 잠들다. 10 (사람의 머리나 자동차를 다른 물체에) 상당히 센 힘으로 부딪다. ¶머리를 벽에 ~. 11 (남자의 성기를 여자의 성기에) 삽입하다. 비속한 말임.
박달 [-딸] 〖명〗〖식〗 =박달나무.
박달-나무 [-딸라-] 〖명〗〖식〗 깊은 산에서 자라며, 목질이 매우 단단하여 건축재·가구재로 쓰이는, 높이 30m가량의 낙엽 활엽 교목. =박달.
박대 (薄待) 〖명〗 1 =푸대접. ↔후대. 2 인격을 무시하고 모질게 구는 것. **박대-하다** 〖타〗〖여〗 ¶의붓자식을 ~.
박동 (搏動) [-똥] 〖명〗 맥이 뛰는 것. ¶심장 ~. ▷맥박. **박동-하다** 〖자〗〖여〗
박-동진 (朴東鎭) [-똥-] 〖명〗〖인〗 판소리 명창(1916~2003).
박두 (迫頭) [-뚜] 〖명〗 가까이 닥쳐오는 것. ¶개봉 ~. **박두-하다** 〖자〗〖여〗 ¶입학시험 날짜가 일 주일 앞으로 **박두했다**.
박-두진 (朴斗鎭) [-뚜-] 〖명〗〖인〗 시인(1916~).
박람회 (博覽會) [방남회/방남훼] 〖명〗 산업의 진흥과 기술의 발전을 꾀하기 위하여, 일정 기간 동안 농업·공업·상업 등의 물품을 전시하거나 판매하는 모임. ¶만국 ~ / 무역 ~.

박력(迫力)[방녁] 圏 강하게 일을 밀고 나가는 힘. ¶~ 있는 남자.

박력-분(薄力粉)[방녁뿐] 圏 찰기가 적은 종류의 밀로 만든 밀가루의 하나. 주로, 비스킷·튀김 등에 쓰임. ↔강력분.

박리(剝離)[방니] 圏 **1**(가죽이나 껍질, 또는 표면에 붙거나 칠해진 것을) 벗겨내는 것. ¶도료 ~. **2**(어떤 생체 조직이나 그 표면이) 떨어져 나가거나 벗겨지는 것. ¶망막 ~. **박리-하다** 圄㉧ 벗겨 내다. ¶가죽을 ~. **박리-되다** 圄㉧

박리-다매(薄利多賣)[방니-] 圏 이익을 적게 보고 많이 팜. **박리다매-하다** 圄㉧

박막(薄膜)[방-] 圏 얇은 막.

박멸(撲滅)[방-] 圏 (해로운 벌레 따위를) 죽여서 없애는 것. **박멸-하다** 圄㉧ ¶파리·모기를 ~. **박멸-되다** 圄㉧

박명¹(薄明)[방-] 圏 해가 뜨기 전이나 해가 진 후 얼마 동안 주위가 희미하게 밝은 상태. 또는, 그때.

박명²(薄命)[방-] 圏 **1**사람의 수명이 짧은 것. ¶가인 ~. **2**복이 없이 팔자가 사나운 것. **박명-하다** 圀㉧ ¶박명한 신세.

박모(薄暮)[방-] 圏 =땅거미.

박-목월(朴木月)[방-] 圏[인] 시인(1917~1978).

박무(薄霧)[방-] 圏 옅은 안개. ↔농무.

박문-국(博文局)[방-] 圏[역] 조선 고종 20년(1883)에 설치된, 신문·잡지의 편찬과 인쇄를 맡아보던 기관.

박-문수(朴文秀)[방-] 圏[인] 조선 시대의 문신(1691~1756).

박물-관(博物館)[방-] 圏 역사·예술·민속·산업·자연 과학 등에 관한 자료를 한데 모아 전시하여 사회 교육과 학술 연구에 도움이 되게 한 시설. ¶민속 ~.

박물-학(博物學)[방-] 圏 자연물, 곧 동물·식물·광물의 종류·성질·분포 등을 연구, 기재하는 학문.

박박¹[-빡] 튀 **1**(물체의 표면이나 바닥을) 자꾸 세게 갈거나 긁는 소리. 또는, 그 모양. ¶등어리를 ~ 긁다. **2**얇고 질긴 물건을 자꾸 야무지게 찢는 소리. 또는, 그 모양. ¶사진을 ~ 찢다. **3**세게 문지르거나 닦는 모양. ¶마룻바닥을 ~ 문질러 닦다. **4**(머리털이나 수염 등을) 아주 짧게 깎은 모양. ¶머리를 ~ 밀다. **5**상기되어 기를 쓰는 모양. ¶~ 우기다. 圭빡빡.

박박²[-빡] 튀 얼굴이 몹시 얽은 모양. ¶얼굴이 ~ 얽은 사람.

박복-하다(薄福-)[-뽀카-] 圀㉧ 타고난 복이 적다. ¶박복한 팔자.

박봉(薄俸)[-뽕] 圏 적은 봉급.

박빙(薄氷)[-뼁] 圏 **1**얇게 언 얼음. 圄얼음. **2**(주로 '박빙의' 꼴로 쓰여) 승부나 경기 따위가 서로의 실력이 팽팽하여 어느 한쪽에도 마음을 놓을 수 없는 상태. ¶~의 승부.

박사¹(博士)[-싸] 圏 **1**[역] 교수(敎授)의 임무를 맡거나 전문 기술에 종사하는 사람에게 주는 벼슬. **2**[교] 석사 학위를 소지한 사람이 대학원의 일정 과정을 마친 뒤 시험에 합격하고 논문 심사에 통과하여 받은 학위. 또는, 그 학위를 받은 사람. =닥터. ¶철학 ~. ▷석사·학사. **3**널리 아는 것이 많거나 어떤 일에 능통한 사람을 비유하여 이르는 말.

박사²(薄紗)[-싸] 圏 얇은 사(紗).

박살[-쌀] 圏 깨어져서 조각조각 부서지는 것. ¶~이 나다 / ~을 내다.

박-새[-쌔] 圏[동] 머리와 목은 검은색, 뺨은 흰색, 등은 청회색이며, 목에서 배까지 검은색의 굵은 세로띠가 있는 작은 새. 숲이나 인가 부근에서 볼 수 있음.

박색(薄色)[-쌕] 圏 여자의 얼굴이 못생긴 상태. 또는, 그런 얼굴이나 여자.

박속-같다[-쏙깓-]圀 피부나 치아 등이 곱고 하얗다. ¶박속같은 피부.

박수¹[-쑤] 圏 남자 무당.

박수²[-쑤] 圏 환영·찬탄 등의 뜻으로 손바닥을 여러 번 잇달아 소리가 나게 치는 것. **박수-하다** 圄㉧

박수-갈채(拍手喝采)[-쑤-] 圏 환영·찬탄 등의 뜻으로 손뼉을 치고 소리를 지르는 것. ¶~를 보내다.

박-수근(朴壽根)[-쑤-] 圏[인] 서양화가(1914~1965).

박스(box)[자립의존] =상자. ¶맥주 한 ~.

박스-권(box圈)[-꿘] 圏[경] 주가가 일정한 가격 폭에서 벗어나지 못할 때 그 가격의 범위. ¶~ 장세.

박스-스타일(box style) 圏 주로 여성의 옷에서, 허리가 들어가지 않아 상자 같은 느낌을 주는 스타일. ¶~의 원피스.

박식(博識)[-씩] 圏 (어떤 사람이) 보고 듣고 배운 것이 많아 여러 방면에 많은 지식을 가진 상태에 있는 것. **박식-하다** 圀㉧

박애(博愛) 圏 (모든 사람을) 평등하게 사랑하는 것. ¶~ 정신.

박애-주의(博愛主義)[-의/-이] 圏 인종·종교·국가 등을 초월하여 온 인류가 서로 사랑해야 한다는 주의. 또는, 널리 누구에게나 선의와 애정으로써 대하려는 태도.

박약(薄弱) 圏 **1**(의지·체력 따위가) 굳세지 못한 것. **2**(근거 따위가) 불충분한 것. ¶증거 ~. **3**(지능 따위가) 정상적인 상태에 미치지 못한 것. ¶정신 ~. **박약-하다** 圀㉧

박-연(朴堧) 圏[인] 조선 시대의 음악가(1378~1458).

박-영효(朴泳孝) 圏[인] 조선 시대의 정치가(1861~1939).

박은-이 圏 책을 인쇄한 사람.

박음-질 圏 실을 곱걸어서 튼튼하게 꿰매는 바느질. **박음질-하다** 圄㉧

-바이 젒미 **1**'무엇이 박혀 있는 사람이나 짐승 또는 물건'의 뜻. ¶점-/ 금니 ~. **2**'-배기'의 잘못.

박-이다 ①㉧ '박다'의 사동사. ② 圄 **1**(손바닥이나 발바닥 등에 굳은살이) 생겨서 없어지지 않다. ¶손바닥에 못이 ~. **2**(버릇이나 생각이) 깊이 배다. ¶담배에 인이 ~.

박자(拍子)[-짜] 圏[음] 일정한 빠르기로 강약이 주기적으로 반복·진행되는 음악적 시간의 단위. 围박.

박자-표(拍子標)[-짜] 圏[음] 악보의 첫머리에 붙여 곡의 박자를 나타내는 기호. 흔히, 음자리표 다음에 분수형이나 C·Ç 등으로 표시함.

박장-대소(拍掌大笑)[-짱-] 圏 손뼉을 치며 크게 웃음. **박장대소-하다** 圄㉧ ¶그의 익살에 사람들은 **박장대소했다**.

박절-하다(迫切-)[-절-] 형여 인정이 없고 야박하다. ¶부탁을 **박절하게** 거절하다. **박절히** 부 ¶~ 대하다.

박정-하다(薄情-)[-쩡-] 형여 인정이 박하다. ¶~다정하다.

박-정희(朴正熙)[-쩡히] 명[인] 우리나라의 제5~9대 대통령(1917~1979).

박제(剝製) 명 동물의 내장을 빼내고 안에 솜이나 대팻밥 등을 넣어 살아 있을 때와 같은 모양으로 만드는 일. 또는, 그렇게 만든 물건. ¶~품(品). **박제-하다** 동타여 **박제-되다** 동자

박-제가(朴齊家)[-쩨-] 명[인] 조선 시대의 실학자(1750~1805).

박-종화(朴鍾和)[-쫑-] 명[인] 시인·소설가(1901~1981).

박-중빈(朴重彬)[-쭝-] 명[인] 원불교의 교조(1891~1943).

박:-쥐[-쮜] 명 동 몸은 쥐와 비슷하나 앞다리가 날개처럼 변형되어 날아다니는 포유동물의 총칭. 낮에는 동굴 속에 있다가 밤에 나와 활동함.
[**박쥐의 두 마음**] 우세한 쪽에 붙는 기회주의자의 교활한 마음.

박:쥐-우산(-雨傘)[-쮜-] 명 [우산을 편 모양이 박쥐의 편 날개와 비슷한 데서] 우산살에 집청 천을 씌워 만든 우산.

박:쥐-족(-族)[-쮜-] 명 낮에는 쉬고 밤이 되면 활동을 시작하는 사람들.

박-지원(朴趾源)[-찌-] 명[인] 조선 시대의 실학자(1737~1805).

박진-감(迫眞感)[-찐-] 명 소설·영화 등의 묘사·표현·연기 등이 실제의 모습이나 현실에 가까워 감탄을 자아내는 느낌. ¶~이 넘치는 영화.

박차(拍車) 명 1 승마용 구두의 뒤꿈치에 톱니바퀴 모양으로 달려 있는, 쇠로 만든 물건. 이것으로 말의 배를 차서 빨리 달리게 함. 2 어떤 일을 촉진하려고 더하는 힘. ¶개혁 운동에 ~를 가하다.

박-차다 동타 1 발길로 힘껏 차다. ¶대문을 **박차고** 나가다. 2 (어려움이나 장애물을) 내쳐 물리치다. ¶어떤 고난도 **박차고** 나아갈 용기가 필요하다.

박-첨지(朴僉知) 명 남사당 등이 하던 인형극에 쓰이는 민속 인형의 하나.

박-치기 명 이마로 무엇을 세게 받아 치는 짓. ¶해딩. **박치기-하다** 동자

박탈(剝奪) 명 (어떤 사람에게서 권리나 자격, 재물 등을) 권력의 힘이나 직권 등에 의해 빼앗는 일. ¶~ 판직을 ~. **박탈-되다** 동자 **박탈-하다** 동타여

박탈-감(剝奪感) 명 마땅히 누려야 할 권리나 좋은 조건을 누군가에게 빼앗겼다고 느끼는 일. ¶부유층에 대한 빈곤층의 상대적 ~이 갈수록 커지고 있다.

박테리아(bacteria) 명 =세균.

박테리오파지(bacteriophage) 명[의] 세균에 감염하여 그 세포 내에서만 증식하는 바이러스의 총칭.

박토(薄土) 명 매우 메마른 땅. 비척토. ↔옥토.

박편(薄片) 명 1 얇은 조각. 2 현미경으로 보기 위하여 얇게 한 시료(試料).
¶~술(術). **박피-하다** 동타

박피(剝皮) 명 껍질을 벗기는 것. 비피피.

박하(薄荷)[바카-] 명[식] 잎에서 얻는 향기로운 기름을 사탕·화장품·의약품 등의 향료로 쓰는 여러해살이풀. 높이 60~100cm이고, 여름에 담자색의 꽃이 핌.

박-하다(薄-)[바카-] 형여 1 (마음 씀씀이나 태도가) 너그럽지 못하고 쌀쌀하거나 조금만 베푸는 상태에 있다. ¶인심이 ~. 2 (이익이나 소득이) 크지 않아 보잘것없다. ¶이문이 ~. ↔후하다.

박하-사탕(薄荷沙糖)[바카-] 명 박하의 기름을 넣어 만든 사탕.

박학-다식(博學多識)[바카따-] 명 학문이 넓고 아는 것이 많음. **박학다식-하다** 형여

박학-하다(博學-)[바카카-] 형여 학식이 매우 넓다.

박해(迫害)[바캐] 명 못 견디게 굴어서 해롭게 하는 것. **박해-하다** 동타여 ¶이교도를 ~.

박-혁거세(朴赫居世)[바켝꺼-] 명[인] 신라의 시조(69? B.C.~A.D. 4?).

박-히다[바키-] 동자 1 '박다'의 피동사. 1가시가 발바닥에 ~. 2 (사람이 한곳에) 들어앉아 나오지 않는 상태를 계속하다. 1방구석에 종일 **박혀** 있다. 3 (어떤 모습이 머릿속이나 마음속에) 깊이 인상 지어지다. ¶애절하던 그 모습은 뇌리에 **박혀** 떠나질 않는다. 4 (머릿속에 어떤 사상이나 이념 따위가) 깊이 자리 잡다. ¶혁명 사상이 뼛속에 ~. 5 (어떤 사람이 어떤 특징이) 두드러지게 나타나다. ¶장사꾼 티가 ~.

밖[박] 명 1 자리 1 어떤 물체에 둘러싸이지 않고 그것을 벗어난 공간이나 방향. ¶집 ~. 2 일정한 경계나 이쪽과 저쪽을 구별하기 위해 그은 선 등을 넘어선 공간이나 방향. ¶나라 ~. 3 집이나 조직, 나라를 벗어난 영역. ¶아이가 ~으로만 돈다. 4 집 밖에서 부처님을 하여, '남편'을 가리켜 이르는 말. ¶~에서 하는 일이라 안에서는 모릅니다. ↔안. 2 어찌 어떤 작용이나 생각 등이 미치는 범위를 벗어나는 일이나 영역. ¶그 ~의 일.

밖에 조 '그것말고는', '그것 이외에는'의 뜻을 나타내는 말. 반드시 뒤에 부정이 따름. ¶조금~ 없다.

반¹(反) 명[철] =반정립. ↔정(正).

반²(半) 명 1 하나의 물체를 같은 크기로 둘이 되게 했을 때 그중의 하나. 2 전체의 대상을 수효·분량·길이·넓이·부피 등의 그중의 한 부분. ¶이익을 ~씩 가지다. 3 (일부 명사 앞에 붙어) '중간 정도', '거의 비슷한' 등의 뜻을 나타내는 말. ¶~만년 / ~죽음.

반³(班) 명 1 자리 1 일정한 목적을 위하여 조직한 소단위의 집단. ¶내부~. 2 학급을 학급으로 나눈 단위. ¶~ 대항 축구 시합. 3 최일선 행정을 수행하기 위해 조직한 단위. 도시 지역은 통(統), 군 지역은 이(里)의 아래 단위임. 2 어찌 1을 세는 단위로 이르는 말. ¶1학년 1~.

반:-⁴(反) 접두 반대하거나 상반됨을 나타내는 말. ¶~정부군 / ~지성적 행동.

반가(班家) 명 양반의 집안.

반:-가부좌(半跏趺坐) 명[불] 좌법(坐法)의 하나, 한쪽 발을 다른 쪽 다리의 허벅다리 위에 올려놓고, 다른 쪽 발을 반대쪽 무릎 밑에 놓지 않는 자세. ▷결가부좌. **반가부좌-하다** 동자

반:-가상(半跏像) 명[불] 반가부좌로 앉은 부처의 상(像). ¶금동 미륵 ~.

반가움 명 반가운 마음.
반가워-하다 자타여 반갑게 여기거나 느끼다. ¶오랜만에 친구를 만나 ~.
반:각(半角) 출 기본 활자 절반 크기의 공간이나 사이. ¶자간을 ~ 띄우다.
반:간접^조:명(半間接照明) [-쪼-] 명 대부분의 빛을 위로 향하게 하고 약간의 빛만 내리비치는 조명 방법.
반:감(反感) 명 상대의 언행이나 태도에 대해 거슬리게 여기거나 반발을 느끼는 감정. ¶~을 사다.
반:감²(半減) 명 절반으로 덜거나 주는 것.
반:감-하다 자타여 이익이 ~. **반:감-되다** 자
반:감-기(半減期) 명 [물] 방사성 원소가 붕괴하여 그 원자 수가 반으로 줄어들 때까지 걸리는 시간.
반갑다 [-따] 형여 <반가우니·반가워> (그리던 사람을 만나거나 좋은 일이 생기거나 바라고 기다리던 일이 이루어져서) 마음이 기쁘고 흐뭇하다. ¶반가운 소식. **반가이** 부 ¶손님을 ~ 맞이하다.
반:값(半-) [-깝] 명 원값의 절반.
반:-강제적(半強制的) 관명 거의 강제하다시피 하는 (것). ¶~으로 일을 시키다.
반:-거들충이(半-) 명 배우다가 중도에 그만두어 어중간한 사람.
반:-걸음(半-) 명 한 걸음의 반.
반:격(反擊) 명 되받아 하는 공격. ¶총~.
반:격-하다 자타여
반:경(半徑) 명 '반지름'의 구용어.
반:고리-관(半-管) 명 [생] 척추동물의 내이(内耳)에 있는 기관. 삼 면으로 갈라진 세 관에 림프가 차 있어 그 유동으로 몸의 평형과 위치를 감지함. =세반고리관.
반:-고체(半固體) 명 액체와 반쯤 엉기어 이루어진 무른 고체. 묵·두부 따위.
반:고유-식(半固有食) 명 =연식(軟食).
반:골(反骨·叛骨) 명 어떤 세력이나 권위에 굴하거나 복종하지 않고 저항하는 기개. 또는, 그런 기개를 가진 사람. ¶~ 정신.
반:공(反共) 명 (주로, 다른 명사 앞에서 관형어적으로 쓰여) 공산주의에 반대하는 것. ¶~ 방첩. ↔용공.
반:-공일(半空日) 명 오전만 일을 하고 오후에는 쉬는 날. 곧, 토요일.
반:-관반:민(半官半民) 명 정부와 민간이 공동으로 출자·경영하는 사업 형태.
반:구(半球) 명 1 구(球)를 반으로 쪼갠 한 쪽. 또는, 그런 모양. 2 [지] 지구면을 두 쪽으로 나눈 한 부분. ¶남[북] ~.
반:구-형(半球形) 명 구(球)를 절반으로 나눈 것과 같은 모양.
반:국가-적(反國家的) [-까-] 관명 국가의 존립을 위협하거나 체제에 도전하는 성질이나 있는 (것). ¶~인 행위.
반:군(叛軍) 명 =반란군(叛亂軍).
반:-그림자(半-) 명 [물] 큰 광원(光源)에서 발하는 빛이 물체를 비추었을 때 생기는 그림자 중 빛이 부분적으로 도달하는 침침한 부분. ▷본그림자.
반:기¹(反旗·叛旗) 명 반란을 일으킨 무리가 그 표시로 세우는 기.
반기를 들다 반대하는 뜻을 나타내다. ¶다수의 횡포에 ~.
반:기²(半期) 명 한 기(期)의 절반.
반:기³(半旗) 명 조의를 표하기 위하여 기폭 한 폭만큼 내려서 다는 국기. =조기

(弔旗). ¶현충일을 맞아 ~를 게양하다.
반:기 타여 반가워하거나 반갑게 맞다. ¶개는 꼬리를 흔들며 주인을 **반겼다**.
반:-기생(半寄生) 명 [식] 숙주에게서 양분의 일부를 섭취하는 한편, 자신의 엽록체로 탄소 동화 작용을 하여 살아가는 일.
반:-나마(半-) 부 반이 조금 넘게.
반:-나절(半-) 명 한나절의 반쯤 되는 동안. ¶이 작업은 ~으로 끝낼 수 있다.
반:-나체(半裸體) 명 몸의 극히 일부, 특히 성기나 유방 등의 부끄러운 부분만을 가리고 다른 데는 다 벗은 사람의 몸. ⬗반라. ¶~로 춤을 추는 무희.
반:-날(半-) 명 하루 낮의 반. ⬗한나절.
반:납(返納) 명 1 (빌린 물건을 빌려 주는 일을 하는 곳에) 다시 돌려주는 것. 2 (일단 받은 돈이나 물건을 주었던 사람에게) 어떤 이유에서 다시 돌려주는 것. 3 (휴가를) 권리로서 누리지 않고 쓰지 않는 것.
반:납-하다 타여 ¶책을 도서관에 ~.
반:년(半年) 명 한 해의 반. 곧, 6개월간.
반:농(半農) 명 다른 생업을 겸한 농업.
반다르스리브가완(Bandar Seri Begawan) 지 브루나이의 수도.
반다이크(Van Dyck, Anthony) 인 플랑드르의 화가(1599~1641).
반:-닫이(半-) [-다지] 명 앞의 위쪽 절반이 문짝으로 되어 아래로 젖혀 여닫게 된 궤.
반:-달¹(半-) 명 1 반월형 것. =반월(半月). ¶~ 같은 눈썹. 2 손톱이나 발톱의 뿌리 쪽에 있는 반월형의 흰 부분. ⬗손톱.
반:-달²(半-) 명 한 달의 반. 곧, 보름 동안.
반:달가슴-곰(半--) 명 [동] 몸빛은 광택이 있는 검은색이며, 앞가슴에 반달 모양의 흰 무늬가 있는, 곰의 한 종류.
반:달-꼴(半--) 명 반달같이 생긴 모양. =반월형.
반달^족(Vandal族) 명 [역] 동(東)게르만의 혼성 부족. 민족 대이동기에 이베리아 반도를 거쳐 북아프리카로 건너가 429년 반달 왕국을 세움.
반:대(反對) 명 1 두 사물의 방향이 각각 동쪽[서쪽]에 대해서 서쪽[동쪽], 남쪽[북쪽]에 대해서 북쪽[남쪽]인 상태이거나 위[아래]에 대해서 아래[위]인 상태. 또는, 두 사물의 향하는 방향이 서로 등지고 있는 상태. 2 두 사물의 속성이나 내용 등에 있어서 양 극단으로 대립되어 있거나 공통된 점이 없는 상태. ¶형은 말수가 적은데 동생은 그 ~다. 3 남의 의견이나 행동에 따르지 않고 맞서서 거스르는 것. ¶~ 의견. ↔찬성. **반:대-하다** 타여 (남의 의견이나 행동에 대해) 따르지 않고 맞서서 거스르다. ¶부모가 결혼을 ~. **반:대-되다** 자여 두 사물의 위치·방향·속성·내용 등이 반대의 상태로 나타나다. ¶그는 기존의 학설과 **반대되는** 논문을 발표했다.
반:대-급부(反對給付) [-뿌] 명 1 어떤 일에 대응하는 이익. 2 [법] 쌍무 계약에서, 한쪽의 급부에 대한 다른 쪽의 급부. 물품의 양도에 따른 대금의 지급 따위.
반대기(反對-) 명 밀가루 반죽이나 삶은 푸성귀 등을 얇고 둥글넓적하게 만든 조각.
반:대-말(反對-) 명[언] =반의어.
반:대-쪽(反對-) 명 반대되는 쪽.

반¦대-파(反對派) [명] 반대하는 파.

반¦대-편(反對便) [명] **1** 반대되는 방향이나 쪽. ¶~ 출구. **2** 반대하는 측. ¶~의 저항에 부딪히다.

반¦도(半島) [명][지] 삼면이 바다로 둘러싸이고 한 면은 육지에 이어진 땅. [비]곶.

반¦-도체(半導體) [명][물] 전기를 전하는 성질이 도체와 부도체의 중간 정도인 물질의 총칭. 규소·게르마늄 등이 있으며, 전자 기기의 소자(素子) 등에 이용됨.

반¦동(反動) [명] **1** 어떤 작용에 대하여 그 반대로 일어나는 작용. ¶~이 적은 총. **2** 역사의 진보·발전에 역행하여 탄압적인 수단으로 구체제를 유지 또는 회복하려는 입장이나 정치 행동. **3** =반동분자. ¶~으로 몰다. **반¦동-하다** [동][자][여]

반¦동-분자(反動分子) [명] 공산주의자들이 공산주의에 동조하지 않거나 반대하는 사람을 경멸적으로 이르는 말. =반동.

반¦동-적(反動的) [관][명] **1** 하나의 운동 작용에 대하여 정반대의 운동 작용인 (것). **2** 역사의 조류에 역행하여 진보를 가로막는 경향인 (것).

반두 [명] 양쪽 끝에 손잡이의 대가 있는, 물고기를 잡는 그물.

반드르르 [부] 윤기가 흐르고 매끄러운 모양. ¶~ 윤기가 흐르는 비단. [큰]번드르르. **반드르르-하다** [형][여] ¶얼굴이 ~.

반드시 [부] **1** 어기지 않고 꼭. [비]기필코. ¶약속을 ~ 지켜라. **2** 예외 없이 언제나. ¶부자라고 해서 ~ 행복한 것은 아니다. **3** 필연적으로 꼭. ¶사람은 ~ 죽는다. **4** 체언을 꾸미며, 어떤 일과 관계되는 것이 그 체언이 나타내는 대상에만 국한됨을 나타내는 말. ¶그곳에는 ~ 너만 오너라.

반들-거리다/-대다[1] [동][자] **1** 윤이 날 정도로 매끄럽게 보이다. ¶방바닥이 ~. **2** 어수룩한 맛이 없이 약게만 굴다. ¶**반들거리며** 요리조리 빠진다. [큰]번들거리다. [센]빤들거리다.

반들-거리다/-대다[2] [동][자] 밉살스럽게 게으름을 피우며 놀기만 하다. [큰]번들거리다. [센]빤들거리다.

반들-반들[1] [부] 반들거리는(반들거리다[1]) 모양. ¶구두를 잘 닦아 ~ 윤이 난다. [큰]번들번들. [센]빤들빤들. **반들반들-하다**[1] [형][여]

반들-반들[2] [부] 반들거리는(반들거리다[2]) 모양. [큰]번들번들. [센]빤들빤들. **반들반들-하다**[2] [동][자][여]

반듯-반듯[-듣빤듣] [부] 여럿이 다 반듯한 모양. [큰]번듯번듯. [센]반뜻반뜻. **반듯반듯-하다** [형][여] ¶선을 **반듯반듯하게** 긋다.

반듯-하다[-드타-] [형][여] **1** (사물이) 비뚤어지거나 기울거나 굽지 않고 바르다. ¶**반듯한** 자세. **2** (생김새나 됨됨이가) 나무랄 데 없이 훌륭하다. ¶얼굴이 ~. [큰]번듯하다. [센]반뜻하다. **반듯-이** [부] ¶~ 드러눕다.

반¦등(反騰) [명][경] 내리던 시세가 갑자기 큰 폭으로 상승하는 것. ↔반락. **반¦등-하다** [동][자][여] ¶주가가 ~.

반¦등-세(反騰勢) [명] 물가나 주식 등의 시세가 떨어지다가 갑자기 오르는 기세. ¶주식이 ~를 보이다.

반디 [명][동] =반딧불이.

반딧-불[-디뿔/-딛뿔] [명] 반딧불이의 꽁무니에서 나오는 불빛. =형광.

반딧-불이[-디뿌리/-딛뿌리] [명][동] 여름철 밤에 풀숲에서 반짝반짝 빛을 내며 날아다니는 곤충. 몸길이 1.2~1.8cm의 긴 타원형으로, 앞가슴 등판은 붉은색, 날개는 검은색임. =개똥벌레·반디.

반뜻-반뜻[-뜯빤뜯] [부] '반듯반듯'의 센말. [큰]번뜻번뜻. **반뜻반뜻-하다** [형][여] ¶떡을 네모 **반뜻반뜻하게** 자르다.

반뜻-하다[-뜨타-] [형][여] '반듯하다'의 센말. [큰]번뜻하다. **반뜻-이** [부]

반¦라(半裸)[발-] [명] 사람이 성기나 유방 등의 극히 부끄러운 부분만을 가리고 다른 데는 다 벗은 상태. [비]반나체. ¶~의 여인.

반¦락(反落)[발-] [명][경] 오르던 시세가 갑자기 큰 폭으로 하락하는 것. ↔반등. **반¦락-하다** [동][자][여] ¶주가가 ~.

반¦란(叛亂·反亂)[발-] [명] 정부·지배자 등을 거역하여 내란을 일으키는 일. ¶~을 진압하다.

반¦란-군(叛亂軍)[발-] [명] 반란을 일으킨 군대. =반군.

반¦려[1](伴侶)[발-] [명] 일생을 같이할 짝. ¶인생의 ~를 얻다.

반¦려[2](返戾)[발-] [명] =반환1. **반¦려-하다** [동][타][여] ¶사표를 ~. **반¦려-되다** [동][자]

반¦려-자(伴侶者)[발-] [명] 일생을 같이할 짝이 되는 사람. 곧, 배우자. ¶평생의 ~.

반¦론(反論)[발-] [명] 남의 논설이나 비판에 대하여 반박하는 것. 또는, 그 논설. ¶~을 제기하다. **반¦론-하다** [동][자][여]

반¦-만년(半萬年) [명] 오천 년. ¶~ 역사.

반¦-말(半-) [명] **1** [언] 상대 높임법에서, 상대를 높이지 않고 낮추는, 해체의 비격식체의 말. 해라체와 하게체의 중간 등급에 해당함. **2** 합쇼체나 하오체나 해요체가 아닌, 상대를 낮추는 말을 두루 이르는 말. ¶언제 봤다고 ~이냐? **반¦말-하다** [동][자][여] 반말의 말씨를 써서 말하다.

반¦말-지거리(半-) [명] 반말로 함부로 지껄이는 일. 또는, 그 말투. ¶얻다 대고 ~냐? **반¦말지거리-하다** [동][자][여]

반¦면(反面) [명] 《'-ㄴ/는/은 반면(에)'의 꼴로 쓰여》 뒤에 오는 말과 상반됨을 나타내는 말. ¶그 여자는 얼굴이 예쁜 ~ 노래를 못한다.

반¦면-교사(反面教師) [명] 따르거나 되풀이해서는 안 될 나쁜 본보기. [비]타산지석. ¶그의 실패를 ~로 삼아야 한다.

반¦-명함판(半名銜判) [명] 명함 반만 한 크기의 사진판.

반¦-모음(半母音) [명][언] 모음의 성질을 가지나 모음에 비하여 자음적 요소가 많은 소리. 우리말의 경우 ㅑ·ㅕ·ㅛ·ㅠ·ㅒ·ㅖ·ㅘ·ㅙ·ㅝ·ㅞ 등의 선행음 'ㅣ', 'ㅗ', 'ㅜ' 따위.

반¦목(反目) [명] (사람과[이] 사람이[과]) 서로 싫어하고 미워하는 것. ¶~과 시기를 일삼다. **반¦목-하다** [동][자][여]

반¦문[1](反問) [명] 상대방의 말을 되받아 묻는 것. **반¦문-하다** [동][타][여] [비]되묻다.

반문[2](斑紋) [명] 얼룩얼룩한 무늬.

반¦-물 [명] =반물빛.

반¦물-빛[-삗] [명] 검은빛을 띤 짙은 남빛. =반물.

반¦미(反美) [명] 미국을 싫어하거나 미워하거나 배척하는 일. ¶~ 감정. ↔친미.

반¦-미치광이(半-) [명] 미치광이가 되다시피 한 사람.

반!민족-적(反民族的) [-쩍] 관 민족에 반역하는 (것). ¶~ 행위.
반!민주-적(反民主的) 관 민주주의에 반대하거나 반대되는 (것). ¶~ 처사.
반!-바지(半-) 명 길이가 무릎까지 내려오는 짧은 바지.
반!박(反駁) 명 (남의 의견을) 반대하여 그렇지 않다고 주장하는 것. ¶~ 성명. **반!박-하다** 통타여 ¶순수파들은 참여 문학론에 대해 반박하고 나섰다.
반!반(半半) 명 1 똑같이 가른 반과 반. ¶승패의 확률은 ~이다. 2 = 반의반.
반반-하다 형여 1 구김살이나 울퉁불퉁한 데가 없이 고르고 반듯하다. ¶**반반한** 표면. 쎈빤빤하다. 2 (얼굴이) 어지간히 예쁘다. 주로, 젊은 여자에 대해 쓰며, 다소 얕잡는 어감을 가진 말임. ¶저 여자는 얼굴은 **반반한데** 행실이 바르지 못하다. 3 (물건이) 제법 쓸 만하고 보기가 괜찮다. ¶**반반한** 옷 한 벌 없다. **반반-히** 부
반발(反撥) 명 1 (상대의 요구·주장·처리 등에) 수긍하지 않거나 좋지 않게 여겨 언짢은 마음으로 대들거나 따르지 않는 것. ¶임금 동결이 노조의 ~에 부딪히다. 2 (탄성의 물체가) 되받아 튕기는 것. **반!발-하다** 통자여 **반!발-되다** 통재 ¶되받아 튕기는 힘.
반!발-력(反撥力) 명 되받아 튕기는 힘.
반!발-심(反撥心) [-씸] 명 상대에게 반발하는 마음.
반!백¹(半白) 명 = 반백(斑白)³.
반!백²(半百) 명 백 살의 반. 곧, 쉰 살. ¶~을 살다.
반백³(半白) 명 중년 이상 된 사람의 머리가 흰머리가 많이 생겨 희끗희끗하게 된 상태. = 반백(半白). ¶~의 신사. ▷반발.
반!-벙어리(半-) 명 1 발성 기관의 이상으로 발음을 똑똑히 하지 못하는 사람을 얕잡아 이르는 말. ¶아이는 혀가 짧은지 ~ 소리를 냈다. 2 속 시원히 말을 할 수 없는 입장에 있는 사람.
반!-병신(半病身) 명 1 몸이 완전하지 못하여 제대로 움직일 수 없는 사람. 2 = 반편이.
반!복(反復) 명 (어떤 일을) 연이어 두 번 이상 다시 하거나 이뤄지게 하는 것. ㈑되풀이. ¶~ 연습. **반!복-하다** 통타여 ¶같은 말을 ~. **반!복-되다** 통재
반!복-법(反復法) [-뻡] 명문 수사법의 하나. 같거나 비슷한 어구를 되풀이하여 뜻을 강조하는 방법. 예를 들면 "산에는 꽃이 피네 꽃이 피네 갈 봄 여름 없이 꽃이 피네" 따위.
반!-봇짐(半褓-) [-보찜/-본찜] 명 손에 들고 다닐 만한 봇짐.
반!-봉건(半封建) 명[사] 사회 제도나 의식 속에 아직 남아 있는 봉건적 요소.
반!분(半分) 명 1 절반으로 나누는 것. 2 절반의 분량. **반!분-하다** 통타여 절반으로 나누다. ¶수입을 ~.
반!-비례(反比例) 명[수] 두 양이 서로 관계하면서 변화하여 한쪽이 2배, 3배, ⋯가 될 때 다른 쪽은 1/2, 1/3, ⋯로 되는 관계. ↔정비례. **반!비례-하다** 통재여
반!사(反射) 명 [하여] (거울·유리·금속 따위의 물체의 표면에 부딪쳐 되비치는 것. 또는, (거울·유리·금속 따위의 물체가 빛을) 받아서 되쏘는 것. 2 [물] 빛·소리·전파 따위의 파동이 한 매질(媒質)에서 다른 매질을 향해 진행하다가, 경계면에서 진행 방향을 바꾸어 원래의 매질 속으로 되돌아가는 것. ¶~ 광선. 3 [생] 생물체가 어떤 자극에 대해 거의 기계적으로 나타내는 반응. **반!사-하다** 통재타여 ¶거울에 빛이 ~. **반!사-되다** 통재 ¶유리창에 반사된 햇빛.
반!사-각(反射角) 명[물] 반사 광선이 반사한 점에서 경계면의 법선(法線)과 이루는 각.
반!사-경(反射鏡) 명 광선을 반사시켜 그 방향을 바꾸거나 상(像)을 맺게 하기 위하여 사용하는 광학 기기용 거울.
반!사-광(反射光) 명[물] 거울 따위에 의해 반사된 빛.
반!사^광선(反射光線) 명 하나의 매질(媒質)에서 진행하던 광선이 다른 매질과의 경계면에서 반사한 후 원래의 매질로 되돌아가는 광선. ↔입사 광선.
반!사^망!원경(反射望遠鏡) 명[물] 물체로부터 오는 빛을 오목 거울에 반사시켜 접안렌즈로 확대시킨 상(像)을 만드는 망원경. 주로 천체 관측용임.
반!사-이익(反射利益) 명 1 자신의 노력이 아닌 외부 환경의 영향으로 뜻밖에 얻게 되는 이익. 2 [법] 공익을 위한 법률의 시행이 개인에게 반사적으로 주는 이익.
반!사-적(反射的) 관 어떤 자극에 순간적으로 무의식적 반응을 보이는 (것). ¶~ 행동.
반!사-판(反射板) 명 사진이나 영화 등을 촬영할 때, 빛을 반사시켜 피사체에 비춤으로써 피사체에 그늘이 생기지 않게 하거나 그늘이 강하지 않게 하는 판. = 리플렉터.
반!-사회적(反社會的) [-회-/-훼-] 관 사회의 규약이나 질서·이익에 반하는 (것). ¶~ 단체.
반상¹(班常) 명 양반과 상사람. ↔타파.
반상²(飯床) 명 일정한 가짓수로 격식을 갖추어 차리는 밥상. 종류에 따라 3첩·5첩·7첩·9첩·12첩 등이 있음.
반상-기(飯床器) 명 격식을 갖추어 밥상을 차리게 만든 한 벌의 그릇.
반-상회(班常會) [-회/-훼] 명 반(班) 단위로 조직된 주민들이 매월 한 번씩 가지는 모임.
반색 명 매우 기다리거나 보고 싶은 사람이나 일을 뜻밖에 몹시 반가워하는 것. ¶혼자 놀던 아이는 어머니를 보자 ~을 하며 안겼다. **반색-하다** 통재여
반!생(半生) 명 한평생의 절반. ㈑반평생. ¶~을 교직에 바치다.
반석(盤石·磐石) 명 1 넓고 편편한 큰 돌. ㈑너럭바위. 2 아주 견고하고 든든한 것을 비유하여 이르는 말. ¶국가의 기틀을 ~ 위에 올려놓다.
반!-설음(半舌音) 명[언] = 반혓소리.
반!성(反省) 명 (자기가 한 일이나 행동을) 잘못이나 허물이 없는지 돌이켜 생각하는 것. 또는, (자신의 잘못이나 허물을) 돌이켜 생각하여 깨닫는 것. ¶~의 빛을 보이다. **반!성-하다** 통타여
반!성-문(反省文) 명 자신의 잘못을 반성하여 적는 글.
반!-세기(半世紀) 명 1세기의 절반. 곧, 50년. ¶~에 걸친 무력 투쟁.
반!소(反訴) 명 민사 소송에서, 소송이 진행되고 있는 도중에 피고가 원고를 상대로 제기하는 소송.

반ː-소매(半―) [명] 팔꿈치 정도까지 내려오는 짧은 소매. 또는, 그 옷. =반팔. ▷긴소매.
반ː송(返送) [명] (온 물건을) 다시 되돌려 보내는 것. **반ː송-하다** [동][타][여] **반ː송-되다** [동][자] ¶주소 불명으로 편지가 ~.
반ː-송장(半―) [명] 아주 늙거나 병이 들어 죽은 사람과 다름없게 된 사람.
반송-파(搬送波) [명][물] 전신·전화·텔레비전 따위의 음성이나 영상(映像)의 신호파를 전송하는 데 사용하는 고주파 전류.
반ː수(半數) [명] 전체의 절반이 되는 수. ¶상자 안에 있는 사과의 ~는 썩었다.
반ː숙(半熟) [명] 반쯤 익은 것. 또는, 반쯤 익힌 것. ¶계란 ~. **반ː숙-하다** [동][자][타][여]
반ː-승낙(半承諾) [명] 확답은 아니지만 긍정에 가까운 승낙. ¶벌써 ~은 얻어 놓았어요. **반ː승낙-하다** [동][타][여]
반ː-식민지(半植民地) [―싱―] [명] 형식적으로는 독립국이나 사실에 있어서는 식민지나 다름없는 나라.
반ː신[1](半身) [명] 몸의 절반. ¶상[하]~.
반ː신[2](返信) [명] 회답하는 편지나 전보 따위의 통신. [비]회신. ¶~ 우표.
반ː신[3](叛臣) [명] 임금을 배반한 신하.
반ː신-반ː의(半信半疑) [―의/―이] [명] 얼마쯤 믿으면서도 한편으로는 의심함. **반ː신반ː의-하다** [동][자][타][여]
반ː신불수(半身不隨) [―쑤] [명] 뇌출혈·뇌혈전증 등으로 말미암아 몸의 한쪽이 마비되어 못 쓰게 되는 상태. ¶중풍으로 ~가 되다. ▷편마비.
반ː신-욕(半身浴) [―뇩] [명] 온몸을 담그지 않고 배꼽 아래의 하반신만 뜨거운 물에 담그는 방식의 목욕.
반ː심(叛心) [명] =반의(叛意)[3].
반ː액(半額) [명] 정해진 금액의 절반 가격. ¶~ 세일.
반야(般若) [명] [<[범]Prajñā] [불] 만물의 참된 진리를 깨달아 아는 지혜.
반야-경(般若經) [명][불] 반야바라밀의 깊은 이치를 설한 경전의 총칭.
반야-바라밀(般若波羅蜜) [명][불] 열반에 도달하기 위해 완전한 깨달음의 지혜를 얻는 일.
반야-심경(般若心經) [명][불] 대반야바라밀다경의 핵심을 간결하게 설명한, 260자로 된 짧은 경.
반야-탕(般若湯) [명] 〈은〉 술[1](절에서 승려가 쓰는 말).
반ː-양장(半洋裝) [―냥―] [명] 제본(製本) 방법의 하나. 속장을 실로 매고 겉장을 속장에 접착시켜 씌운 다음, 겉장과 속장을 동시에 마무름. ¶~본(本).
반ː어(反語) [명] 어떤 말을 그 본래의 뜻과는 반대의 뜻으로 써서, 그 뒤에 숨은 반대의 뜻을 강조하는 말. 대개는 무슨 말을 비꼬아서 할 때에 쓰이는 것으로, 못생긴 여자를 '천하일색이야'라고 하는 따위. =아이러니.
반ː어-법(反語法) [―뻡] [명][문] 수사법의 하나. 표현하고자 하는 것과 정반대되는 말을 사용함으로써 오히려 그 표현을 더 강하게 하는 방법. 지각한 사람에게 "빨리도 왔구나."라고 하는 따위.
반ː역(反逆·叛逆) [명] 나라나 왕이나 민족을 배반하는 행위를 하는 것. **반ː역-하다** [동][자][타][여] ¶나라에 **반역한** 무리.
반ː역-자(反逆者) [―짜] [명] 반역한 사람.
반열(班列) [명] 《주로 '반열에 들다[오르다/끼다]'의 꼴로 쓰여》 아주 특별한 자격이나 능력을 가진 자만이 속할 수 있는 지위나 신분. ¶성인(聖人)의 ~에 오르다.
반ː영[1](反映) [명] **1** 빛이 반사하여 비치는 것. **2** (어떤 현상을) 드러내어 표현하는 것. 또는, 그렇게 표현된 것. **반ː영-하다** [동][자][타][여] ¶민의를 국정에 ~. **반ː영-되다** [동][자]
반ː영[2](反影) [명] 반사하여 비치는 그림자.
반ː영구-적(半永久的) [―녕―] [관][명] 거의 영구에 가까운 (것). ¶수명이 ~인 제품.
반ː-올림(半―) [명][수] 근삿값이나 어림수를 구할 때, 어떤 자리의 수가 4 이하이면 버리고 5 이상이면 올리면서 그 미만이 되는 자리의 수를 버리는 일. 10.4는 10으로, 10.5는 11로 하는 따위. 구용어는 사사오입. **반ː올림-하다** [동][타][여]
반ː원[1](半圓) [명][수] 원을 지름으로 2등분한 한 쪽.
반원[2](班員) [명] 한 반을 이루는 각 사람.
반ː월(半月) [명] =반달[1]1.
반ː월-판(半月瓣) [명][생] 심장과 동맥 사이에 있는, 반달같이 생긴 세 개의 판막. 피가 거꾸로 흐르는 것을 막아 줌.
반ː월-형(半月形) [명] =반달꼴.
반ː음(半音) [명][음] 서양 음악에서, 온음의 반이 되는 음정. ▷온음.
반ː음-계(半音階) [―계/―게] [명][음] 서로 이웃하고 있는 각 음의 음정이 모두 반음으로 되어 있는 음계. ▷온음계.
반ː응(反應) [명] **1** 어떤 말이나 글이나 소리나 영상이나 대상 등에 대하여 그로 인한 표정이나 몸짓이나 태도나 심리 등의 변화를 보이는 일. ¶불러도 아무 ~이 없다. **2** [생] 외부의 자극에 대하여 생물의 세포·기관·조직·생체 등이 상태의 변화를 나타내는 일. ¶생체 ~. ↔자극. **3** [화] 물질과 물질이 서로 작용하여 화학적 변화를 일으키는 일. ¶화학 ~. **반ː응-하다** [동][자][여]
반ː의[1](反義) [―의/―이] [명] 반대의 뜻. =반의(反意).
반ː의[2](反意) [―의/―이] [명] **1** 뜻에 반대하는 것. **2** =반의(反義)[1]. ↔동의(同意).
반ː의[3](叛意) [―의/―이] [명] 배반하려는 의사. =반심(叛心).
반ː의-반(半―半) [―의―/―에―] [명] 절반의 반. 곧, 1/4. =반반(半半).
반ː의-어(反義語·反意語) [―의―/―이―] [명][언] 뜻이 정반대되는 관계에 있는 말. =반대말·상대어. ↔동의어.
반ː일(反日) [명] 일본을 싫어하거나 미워하거나 배척하는 일. ¶~ 감정. ↔친일.
반입(搬入) [명] (물품을 어느 곳의 안으로) 운반하여 들여오는 것. ¶음식물 ~ 금지. ↔반출. **반입-하다** [동][타][여] ¶농산물을 산지에서 ~. **반입-되다** [동][자]
반ː-잇소리(半―) [―이쏘―/―읻쏘―] [명] [언] 훈민정음에서, 'ㅿ'의 이름. =반치음(半齒音).
반자[1] [명][건] 방이나 마루의 천장을 평평하게 만드는 시설.
반ː자[2](半字) [명] =약자(略字)[2].
반ː-자동(半自動) [명] 기계의 작동에서, 부분적으로 이루어지는 자동. ¶~ 세탁기. ▷전자동.
반ː-작용(反作用) [명] **1** [물] 물체 A가 물

체 B에 힘을 작용시킬 때, B가 똑같은 크기의 반대 방향의 힘을 A에 미치는 작용. 2 어떤 움직임에 대하여 그에 반대되는 쪽으로 작용하는 움직임.
반장(班長) 명 1 초·중등학교에서, 담임교사를 도와서 한 학급의 학생들을 통솔하는 책임을 맡은 학생. 2 '반(班)'으로 일컬어지는 조직체나 부서나 말단 행정 단위 등의 업무를 책임 맡은 사람. ¶수사 ~.
반!전¹(反戰) 명 전쟁에 반대하는 것. ¶~ 사상. ~ 운동.
반!전²(反轉) 명 1 위치·방향·순서 등이 반대로 되는 것. 2 일의 형세가 뒤바뀌는 것. 반!전-하다 재타 반!전-되다 재
¶상황이 ~.
반!전^도형(反轉圖形) 명[심] 같은 도형인데도 보고 있는 중에 원근(遠近) 또는 그밖의 조건이 뒤바뀌어 다른 그림으로도 보이는 도형.
반!-절¹(半-) 명 아랫사람의 절을 받을 때, 그 답례로 윗몸을 굽혀 하는 절.
반!절²(半切)[-쩔] 명[언] 1 한자(漢字)의 음을 나타냄에 있어서, 다른 두 한자의 음을 반씩 따서 합치는 방법. 가령, '東'의 음을 '德紅切'로 표시하는 방식임. 2 훈민정음의 딴 이름.
반!절³(半切·半截) 명 전지(全紙)를 반으로 자른 크기. 또, 그 크기의 종이.
반!절⁴(半折) 명 =절반.
반!점¹(半點)[-쩜] 명[언] 가로쓰기에 사용되는 쉼표인 ','의 이름. 문장의 절이나 단어 사이에 짧은 휴식을 나타내기 위해 씀. =꽁지점·쿰마. 반점.
반점²(斑點) 명 얼룩얼룩한 점.
반점³(飯店) 명 (주로, 상호에 쓰여) 중국 요리를 파는 음식점임을 나타내는 말. ¶홍콩 ~.
반!정(反正) 명 바른 정치를 하지 못하는 임금을 폐하고, 왕족 중의 다른 사람을 새 임금으로 대신 세우는 일. ¶인조(仁祖)~. 반!정-하다 재
반!-정립(反定立)[-닙] 명[철] 헤겔의 변증법에서, 발전의 도식인 세 단계 중 첫 단계인 정립(定立)을 부정하는 둘째 단계. =반정. 안티테제. ↔정립.
반!-정부(反政府) 명 정부에 반대하는 일. ¶~ 인사(人士).
반!제¹(反帝) 명 '제국주의'에 반대하는 것.
반!제²(返濟) 명 줄 돈을 다 갚는 것. 반!제-하다 타 반!제-되다 재 ¶물품 대금을 ~. 반!제-되다 재
반!제-품(半製品) 명 제품으로서의 모든 제조 과정을 거치지는 않았으나, 그대로 저장·판매가 가능한 중간 제품.
반!주¹(伴奏) 명 1 성악이나 기악에 맞추어 다른 악기로 보조적인 연주를 하는 것. ¶피아노 ~. 반!주-하다 재타
반주²(飯酒) 명 밥을 먹을 때에 곁들여 마시는 술.
반죽 명 1 (쌀가루·밀가루·보릿가루나 흙 등을) 손·발이나 도구 등으로 물과 섞어 끈기를 갖도록 이겨서 이룬 고체 상태의 물질이 되도록 하는 것. 또, 그 물질. ¶떡 ~ / 회 ~. 반죽-하다 타
반죽(이) 좋다 노여움이나 부끄러움을 타는 일이 없다.
반!-죽음(半-) 명 거의 죽게 된 상태. 비빈사. ¶~이 되도록 고문을 당하다.

반줄(Banjul) 명[지] 감비아의 수도.
반!증(反證) 명 1 어떤 주장에 대하여 그것이 참이 아님을 반대되는 논거를 들어 증명하는 것. 또는, 그 증거. 2 어떤 행위나 사실이 어떠한 믿음·판단·주장에 대해 결과적으로 반대되는 것을 증명하는 부정하는 것. 3[법] 민사 소송·형사 소송에서, 상대자가 주장한 사실 또는 제출한 증거에 대하여 그것과 양립될 수 없는 사실을 증명하거나, 또는 그 증거를 부정하기 위하여 제출하는 것. 또는, 그 증거. 반!증-하다 타 ¶무죄임을 반증할 만한 결정적 증거가 있다. 반!증-되다 재
반지(半指·斑指) 명 치장을 목적으로, 또는 결혼·약혼 등을 기념하는 표시로, 금·은 등의 금속으로 만들어 손가락에 끼도록 된, 한 짝의 고리 모양의 물건. 비가락지. ¶금 ~.
반!-지갑(半紙匣) 명 길이를 반으로 접을 수 있는 지갑.
반지르르 부 1 매끄럽고 윤이 나는 모양. ¶머리카락이 ~ 윤이 나다. 2 말 따위를 실속은 없이 겉만 그럴듯하게 하는 모양. 센번지르르. 반지르르-하다 형재 ¶얼굴에 기름이 ~.
반!-지름(半-) 명[수] 원이나 구(球)의 중심에서 그 원둘레 또는 구면 상의 한 점에 이르는 선분의 길이. 구용어는 반경(半徑).
반짇-고리[-찓-] 명 바늘·실·골무 따위의 바느질 기구를 담는 그릇.
반질-거리다/-대다 재 1 매끄러운 윤기가 흐르다. ¶얼굴이 ~. 2 몸을 살살 피하며 게으름을 부리다. ¶반질거리며 말을 안 듣다. 번질거리다. 센빤질거리다.
반질-반질 부 반질거리는 모양. 번질번질. 센빤질빤질. 반질반질-하다 형재 ¶마룻바닥이 ~.
반!-집(半-) 명 바둑에서, 다섯 집 반은 여섯 집 반의 덤을 주고 두어서, 종국(終局) 후 집 계산을 할 때 생기는 계산상의 집.
반짝¹ 부 1 빛이 순간적으로 빛나거나 일시적으로 비치는 모양. ¶해가 ~ 나다. 2 어떤 현상이 잠깐 나타나 두드러지거나 정신이 순간적으로 一時적으로 맑아지는 모양. ¶정신이 ~ 들다. 큰번쩍. 센빤짝. 반짝-하다 자타 ¶오후 들어서야 반짝하여 햇볕이 비치 비가 퍼붓는다.
반짝² 부 1 물건을 아주 가볍게 얼른 드는 모양. ¶짐을 ~ 들다. 2 눈을 갑자기 크게 뜨는 모양. ¶~ 눈을 뜨다. 큰번쩍.
반짝-거리다/-대다[-꺼(때)-] 재타 빛을 내며 반짝이다. ¶반짝거리는 별빛. 큰 번쩍거리다. 센빤짝거리다.
반짝-반짝[-빤-] 부 반짝거리는 모양. ¶별이 ~ 빛나다. 큰번쩍번쩍. 센빤짝빤짝. 반짝반짝-하다 자타형재
반짝-이 명 여성 의복이나 액세서리, 무대 의상 등에 붙이는 반짝이는 조각. 또는, 화장품에 첨가된 반짝이는 성분.
반짝-이다 재타 빛이 잠깐 나타났다가 사라지다. 또는, 그리되게 하다. ¶눈을 ~ / 등불이 ~. 큰번쩍이다.
반!-쪽(半-) 명 1 한 개를 둘로 쪼갠 한 쪽. ¶사과 ~. 2 살이 많이 빠져서 몹시 마른 모습. ¶얼굴이 ~이 되었구나.
반찬(飯饌) 명 밥이나 주된 음식에 곁들여 먹는, 고기나 생선·야채 따위로 만든 음

식. ¶말~/마른~. ⓒ찬.
반찬-거리(飯饌-)[-꺼-] 몡 반찬을 만드는 데 쓰는 여러 가지 재료. =찬거리.
반창-고(絆創膏) 몡 상처에 붙인 거즈나 붕대를 고정시키는 데 쓰는, 헝겊의 한쪽 면에 점착성 물질을 바른 횐색의 테이프.
반창-회(班窓會)[-회/-훼] 몡 학창 시절에 같은 반이었던 사람들끼리 가지는 친목 모임.
반:-체제(反體制) 몡 기존의 사회·정치 체제를 반대하고 개혁을 꾀하는 일. ¶~ 인사/~ 운동.
반:-추(反芻) 몡 1 (소나 염소 따위가 한번 삼킨 먹이를) 다시 게워 내어 씹는 일. =새김질. 2 (어떤 일을) 되풀이하여 음미하고 생각하는 것. **반:추-하다** 国타여 ¶3·1 운동의 의미를 **반추해** 보다.
반:-추위(反芻胃) 몡 반추 동물에서 볼 수 있는 특별한 위(胃), 혹위·벌집위·겹주름위·주름위의 네 방으로 나누어짐.
반출(搬出) 몡 (물건을 있던 곳의 밖으로) 운반하여 내가는 것. ↔반입. **반출-하다** 国타여 **반출-되다** 国자 ¶문화재가 불법으로 ~.
반:-치음(半齒音) 몡[언] =반잇소리.
반:칙(反則) 몡 운동 경기나 게임 등의 규칙을 어기는 것. **반:칙-하다** 国자여.
반:침(半寢) 몡 방 옆에 딸려 물건을 넣어 두게 된 조그마한 방.
반:-코트(半coat) 몡 길이가 엉덩이까지 내려오는 코트.
반:-타작(半打作) 몡[농] 1 =배메기. 2 소득이나 수확이 예상이나 정상의 절반쯤 되는 것을 이르는 말. ¶올해 농사는 ~밖에 안 될 것 같다. **반:타작-하다** 国国여.
반탁(反託) 몡 신탁 통치를 반대하는 것. ↔찬탁.
반:-투 막(半透膜) 몡[화] 혼합물의 일부 성분은 통과시키지만 다른 성분은 통과시키지 않는 막. 방광막·셀로판 막 따위. 2 빛을 잘 통과시키지 않는 막.
반:-투명(半透明) 몡 (물체나 물질이) 속에 들어 있거나 그 너머에 있는 물체의 모습을 흐릿하게 보이게 하는 상태에 있는 것. ¶~ 유리. ▷투명·불투명. **반:투명-하다** 졩여.
반:-투명-체(半透明體) 몡[물] 반투명한 물체. 비닐·유지(油脂)·젖빛 유리 따위.
반:파(半破) 몡 (건물·탈것·구조물 등이) 반쯤 부서지는 것. **반:파-하다** 国자여 **반:파-되다** 国자 ¶산사태로 가옥이 ~.
반:-팔(半-) 몡 =반소매. ▷긴팔.
반:편(半偏-) 몡 지능이 보통 사람보다 아주 낮은 사람. =반병신.
반:평생(半平生) 몡 평생의 반이 되는 기간. ¶~을 교단에서 보내다.
반포(頒布) 몡 (국가나 통치자 등이 공적인 일을) 세상에 널리 펴서 알리는 것. **반포-하다** 国타여 ¶훈민정음을 ~. **반포-되다** 国자.
반:품(返品) 몡 (산 물품을) 도로 환하는 것. 또는, 그런 물품. **반:품-하다** 国타여 ¶재고를 ~. **반:품-되다** 国자.
반:-하다¹ 国자여 1 (이성의 상대에게, 또는 이성의 어떤 점에) 마음이 강하게 이끌려 사랑을 느끼게 되다. ¶첫눈에 **반한** 여자. 2 (사람이나 사물의 긍정적 요소에) 사로잡혀 감탄하는 상태가 되다. ¶사장은 그의 유창한 영어 실력에 **반했다**.
반:-하다² 졩여 1 어두운 가운데 밝은 빛이 약간 비치어 환하다. ¶하늘이 **반하여** 트다. 2 바쁜 가운데 잠간 틈이 있다. 3 (날씨가) 비가 멎고 해가 나서 밝다. ¶어제 하루 겨우 **반하더니** 오늘은 또 비가 오는군. ⓒ번하다. **반:-히** 튀.
반:-하다³(反-) 国자여 (주로 '반하여'의 꼴로 쓰여) 반대가 되다. ¶얼굴은 예쁜 데 **반하여** 마음씨가 나쁘다. 2 (남의 의견이나 규칙에) 거스르거나 어긋나다.
반:한(反韓) 몡 한국을 싫어하거나 미워하거나 배척하는 일. ¶~ 감정.
반합(飯盒) 몡 밥을 지을 수 있게 알루미늄으로 만든 밥그릇. 군대용·등산용으로 쓰임.
반:항(反抗) 몡 (사람이 다른 사람이나 대상에) 순순히 따르지 않고 맞서서 대들거나, 반대하여 저항하는 일. ¶이유 없는 ~. **반:항-하다** 国자여.
반:항-기(反抗期) 몡[심] 아동의 정신 발달의 한 단계로, 자아의식이 강해져서 부모나 어른들의 말을 잘 듣지 않게 되는 시기. 3～5세에 나타나는 제1반항기와 13, 4세에 나타나는 제2반항기가 있음.
반:항-심(反抗心) 몡 반항하는 마음. ¶~이 일다.
반:항-아(反抗兒) 몡 기성세대나 기존의 권위에 맞서거나 대드는 사람(특히, 젊은이).
반:항-적(反抗的) 관몡 반항하는 태도나 경향이 있는 (것). ¶~인 태도.
반:핵(反核) 몡 원자력 원자력 발전소, 그 밖의 모든 원자력 설비의 실험·제조·배치·사용에 반대하는 일. ¶~ 운동.
반:향(反響) 몡[물] 음파가 어떤 물체에 부딪혀 반사하여 같은 음성으로 다시 들리는 일. 2 어떤 일이나 현상이 세상에 영향을 미쳐 일어나는 효과. ¶그의 사회 고발 소설은 독서계에 큰 ~을 일으켰다.
반:허락(半許諾) 몡 반쯤 허락하는 것. ¶이미 ~은 받았다. **반:허락-하다** 国타여.
반:-혁명(反革命)[-형-] 몡 혁명을 반대하는 일. ¶~ 운동/~ 인사(人士).
반:-혓소리(半-)[-혀쏘-/-현쏘-] 몡[언] 훈민정음에서 'ㄹ' 소리를 일컫는 말. =반설음(半舌音).
반환(返還) 몡 1 (물건을) 도로 돌려주는 것. =반려. 2 되돌아오거나 되돌아가는 것. **반:환-하다** 国타여 ¶도서관에서 빌린 책을 ~. **반:환-되다** 国자.
반:환-점(返還點)[-쩜] 몡[체] 경보나 마라톤 경기에서, 선수들이 되돌아오는, 코스의 절반이 되는 지점.
반:-회장(半回裝)[-회-/-훼-] 몡 여자 저고리의 끝동·깃·고름만을 자줏빛이나 남빛 헝겊으로 꾸민 회장. ▷-저고리.
반흔(瘢痕) 몡[의] 화상·외상·궤양이 나아서 아문 후에 남은 자국.
받다¹[-따] I태 1 (사람이 다른 사람이 주거나 보내는 것을) 응하여 자기의 것으로 가지거나 자기 책임 아래 두다. ¶상을 ~. ↔주다. 2 (공중으로 이동하여 자기에게 오는 물건을) 손으로 잡다. ¶날아오는 공을 ~. 3 (흐르거나 쏟아지거나 하는 것을 그릇 따위에) 담기게 하다. ¶욕조에 물을 ~. 4 (바치거나 내는 돈이나 물건을) 책임 아래 맡아 두다. ¶나라에서 세금을 ~. 5 (요구·신청·질문·공격·도전

발_475

등을) 응하는 상태가 되다. ¶주문을 ~. 6 (전화나 신호 따위를) 통하게 하거나 자기에게 오게 하다. ¶좌회전 신호를 ~. 7 (어떤 사람을) 어느 곳에 맞아서 들게 하다. ¶이 병원은 오전 9시부터 환자를 **받는다**. 8 (대상이 외부로부터 빛·열·바람 따위를) 자체에 가진 상태가 되다. ¶유리창이 햇빛을 **받아** 반짝인다. 9 (사람이 다른 사람의 대상이 가하거나 행하는 작용이나 행동이나 일을) 당하거나 입다. ¶도움을 ~. 10 (매기는 노래나 남이 지은 시나 남의 말 등을) 응하여 후렴이나 대응되는 내용으로 뒤를 잇다. ¶말을 ~. 11 (사람이 다른 사람의 응석이나 어리광 등을) 귀엽게 여겨 용납하다. ¶아이들은 응석을 **받아** 주면 버릇이 나빠진다. 12 (물품을) 모개로 사들이다. ¶수산 시장에서 생선을 **받아다가** 판다. 13 (그리 많지 않은 양의 막걸리나 약주 따위의 술을) 사거나, 또는 사서 그릇에 담다. ¶이봐, 술 좀 **받아** 와. 14 (사람이 태어나는 아이를) 출산이 순조롭도록 보살피거나 돕다. ¶산파가 아이를 ~. 15 (씨를) 쓸 목적으로 식물에서 빼내다. ¶꽃씨를 ~. 16 (어떤 인물이 사진을) 실물의 얼굴보다 낫게 나타내는 특성을 지니다. ¶사진을 잘 **받는** 얼굴. 17 (우산이나 양산 을) 머리 위에 펴서 쓰다. ¶우산도 **받지** 않고 빗속을 걷다. [2]짜 1 (음식이나 술 따위가) 입이나 배 속에서 거부감이 없이 허여되다. ¶오늘따라 술이 **받지** 않는 다. 2 (색깔이나 모양이 어떤 대상에) 어울리거나 조화를 이루다. ¶이 옷은 언니에게 잘 **받는다**. 3 (어떤 인물의 사진이) 실물의 얼굴보다 낫게 나오는 특성을 가지다. ¶나는 사진이 잘 **받지** 않는다.
[**받아 놓은 밥상**] 일이 확실하여 조금도 틀림이 없는 경우를 이르는 말.

받다²[-따] 图图 1 (머리나 뿔, 물체의 앞부분으로) 세게 밀어 부딪치다. ¶빗길에 미끄러져 앞차를 ~. 2 (아랫사람이 윗사람을) 정면으로 대들어 공격하다. 속된 말임. ¶부하 직원이 부장을 ~.

-받다³[-따] 图[접미] 일부 명사 아래에 붙어, '입다', '당하다'의 뜻을 나타내는 말. ¶존경~ / 대접~.

받-들다[-뜰-] 图他 <~드니, ~드오> 1 (어떤 사람을) 공경하여 높이 모시다. ¶부모를 잘 **받들어** 모시다. 2 (가르침이나 명령·의도 등을) 지지하고 소중히 여기다. ¶선친의 유지(遺志)를 ~. 3 (사물을) 밑에서 받아 올리다.

받들어-총(-銃)[-뜰-] 图图 제식 훈련 시 구령의 하나. 집총 자세에서 상급자에게 최고의 경의를 표하도록 하는 말. 몸은 부동자세로, 오른손은 편 채 총목을 받치고 왼손으로 총을 수직으로 세워 듦.

받아-넘기다 图他 1 (상대의 질문이나 농담이나 공격적인 말 등을) 적절한 말이나 웃음으로 응하거나 답하다. ¶농담을 웃음으로 ~. 2 (테니스·탁구·배구 등에서, 공을) 받아 쳐서 상대 쪽으로 넘어가게 하다. ¶상대의 강한 서브를 가까스로 ~.

받아-들이다 图(他) 1 (사람들로부터 돈이나 물건 등을) 거두어 받다. ¶국가가 국민들에게서 세금을 ~. 2 (조직·단체 등에서 어떤 사람을) 구성원으로 들어오게 하다. 3 (새롭거나 훌륭한 남의 문물이나 제도를) 받아들여 자기의 일부가 되게 하 다. (ㅂ)도입하다·수용하다. ¶선진국의 문물을 ~. 4 (어떤 사실이나 현실을) 인정하고 용납하거나, 이해하고 수긍하다. ¶주어진 현실을 ~. 5 (남의 의견이나 비판 등을) 찬성하여 따르거나 옳다고 시인하 다. ¶그의 제안을 ~.

받아-먹다[-따] 图他 1 (사람이나 동물이 먹을 것을) 주는 대로 수동적으로 먹다. ¶환자가 죽을 ~. 2 (뇌물이나 금품 등을) 받아 가지다. 다소 속된 말임. (ㅂ)먹다. ¶업자에게서 뇌물을 ~.

받아-쓰기 글자나 문장·어구 따위를 부르는 대로 받아서 쓰는 일. **받아쓰기-하다** 图他

받아-쓰다 图(他) <~쓰니, ~써> (글자·문장·어구 등을) 부르는 대로 받아서 적다.

받아-치다 图他 다른 사람의 공격이나 비판, 농담 등에 대응하여 응수하다. ¶농담을 ~.

받자[-짜] 图 남이 괴롭게 굴거나 부탁하는 것을 잘 받아 주는 것. ¶어리다고 ~를 해 주니까 버릇이 더 나빠진다. **받자-하다** 图他

받-잡다[-짭다] 图(他) <~자오니, ~자와> "받다"의 겸양어. ¶스승의 뜻을 ~.

받치다 图图 1 [무엇이 넘어지거나 떨어지지 않도록] 밑에서 괴다. ¶기둥을 ~. 2 어떤 물건의 속이나 안에 다른 것을 끼워 넣다. 3 [언] 한글에서, 모음 글자 밑에 자음 글자를 붙여 적다. [2]짜 1 앉았거나 누웠을 때 바닥이 딱딱하게 배기다. 2 먹은 것이 잘 소화되지 않고 위로 치밀다. ¶속이 ~. 3 (어떤 기운이나 심리 작용이) 강하게 치밀다. ¶열이 ~.

받쳐 들다 1 (손바닥이나 쟁반 등을) 물건의 밑에 대어 받쳐서 들다. ¶찻잔을 ~. 2 (우산·양산 등을) 펴서 들다.

받쳐 입다 (어떤 옷을 다른 옷의 안에) 더 좋게 보이거나 속이 비치지 않게 하기 위해, 바탕이 되게 입다. ¶재킷 안에 흰 셔츠를 ~.

받침 图 1 밑을 받쳐 괴는 물건. ¶책~ / 꽃~. 2 [언] 한글을 적을 때 모음 글자 밑에 받쳐 적는 자음. ¶끝소리. 3 한자의 왼쪽과 아랫부분을 이루는 부수. '造'에서 '辶' 따위.

받침^규칙(-規則)[언] =맞춤 법칙.

받침-대(-臺)[-때] 图 물체를 안정되게 놓기 위해 밑에 받는, 너르고 평평하게 만든 물건. ¶전화기 ~.

받침-돌[-똘] 图 물건의 밑바닥에 받쳐 놓는 돌.

받침-목(-木) 图 1 나무나 물체 등이 휘거나 꺾어지거나 쓰러지지 않게 받쳐 주는 나무. 2 받침으로 쓰는 나무.

받침-점(-點) 图 [물] 1 [물] 지레를 미 받치는 고정된 점. =지렛목. 2 [건] 구조물을 받치고 있는 부분.

받-히다[바치-] 图 "받다¹"의 피동사. ¶소에게 ~.

발¹ 图 1 사람의 발목 아래에 넓적하고 길쭉하게 이어져 땅을 딛게 된 부분. 넓은 뜻으로는 '다리'를 포함함. ¶맨~. ↔손. 2 동물을 포괄적으로 이르는 말. ¶앞[뒷]~. 3 사람이 다리를 움직여 걷는 일. ¶걸음. ¶~이 빠르다. 4 어떤 물건의 밑에 달려 그것을 받치는 짧은 부분. ¶~이 달린 탁상시계. 5 한시(漢詩)에서, 시구 끝에 다는 운자(韻字). 6

한자의 아랫부분을 이루는 부수. '然'에서 '灬' 따위. [2](의존) (일부 고유어 수 관형사 다음에 제한적으로 쓰여) 걸음의 횟수만큼 움직인 거리를 나타내는 단위. ¶발짝. ¶한 ~ 내디디다.
[발 없는 말이 천 리 간다] 말이란 순식간에 멀리까지 퍼져 나가므로, 말을 삼가야 한다.

발(을) 구르다 안타까움이나 다급함을 형용하는 말. ¶차 시간에 대지 못해 발을 동동 구르다.
발(을) 끊다 오가지 않거나 관계를 끊다.
발(이) 넓다 사귀어 아는 사람이 많다.
발(을) 들여놓다 1 어떤 장소에 들어서다. 2 어떤 환경에 몸을 두다. ¶대학을 졸업하고 교육계에 ~.
발 디딜 틈도 없다 어떤 장소가 발을 디딜 수 없을 만큼 사람으로 꽉 찬 상태에 있다. ¶발 디딜 틈도 없는 만원 버스.
발(이) 맞다 1 여러 사람이 걸을 때 같은 쪽의 발이 동시에 맞추어지다. ¶발이 맞는 의장대의 행진. 2 여러 사람의 말이나 행동이 같은 방향으로 일치되다.
발(이) 묶이다 돈이 떨어지거나 교통수단이 통하지 않아 움직이지 못할 형편이 되다. ¶폭설로 등산 중이 산에서 ~.
발 벗고 나서다 적극적으로 나서다. ¶학우의 취직에 마련에 모두들 ~.
발 뻗고 자다 곤란한 일이나 심리적 압박에서 벗어나 마음 편히 지낼 수 있게 되다.
발에 채다 여기저기 흔하게 널려 있다. ¶발에 채는 게 술집이다.
발이 떨어지지 않다 어느 곳을 떠나려 하나 그곳에 있는 사람이나 대상에 대한 애착이나 걱정이나 미련 등으로 선뜻 떠나지 못하다.
발이 손이 되도록 빌다 손만으로는 부족하여 발까지 동원할 정도로 간절히 빌다.

발¹² 圕 가늘게 쪼갠 대오리나 갈대 같은 것을 엮어 무엇을 가리는 데 쓰는 물건. ¶문에 ~을 치다.

발¹³ 圕 1 천을 이루는 올의 굵기. ¶~이 고운 모시. 2 국수 따위의 가락. 또는, 그 가락의 굵기. ¶라면 ~이 쫄깃쫄깃하다.

발¹⁴ 圕(의존) 길이를 잴 때, 두 팔을 펴서 벌린 길이. ¶한 ~.

-발⁵ 圉回 1 일부 명사에 붙어, '죽죽 내뻗는 줄 또는 그런 기운'의 뜻을 나타내는 말. ¶핏~ / 눈~. 2 일부 명사에 붙어서, 명사가 나타내는 사물의 '영향력'이나 '효력'을 나타내는 말. ¶말~ / 약~ / 화장~.

발⁶(發) 圕(의존) 1 탄알의 수효를 나타내는 단위. ¶공포를 한 ~ 쏘다. 2 야구 경기에서, 홈런을 친 횟수를 세는 단위. ¶홈런을 세 ~ 터트리다. 3 발동기의 수효를 나타내는 단위. ¶쌍 ~ 비행기.

-발⁷(發) 圉回 1 '떠남'의 뜻을 나타내는 말. ¶서울~ 파리행. 2 '발신(發信)'의 뜻을 나타내는 말. ¶3일~ 서울 통신 / 런던~ 통신.

발-가락[-까-] 圕 발의 맨 앞에 따로따로 갈라진 가락. ¶새끼(엄지) ~.

발가락-양말[-까락-] [-洋襪] 圕 발가락을 장갑처럼 하나하나 끼울 수 있게 되어 있는 양말. ¶무좀 방지용 ~.

발가락-뼈[-까-] 圕(생) 발가락을 이루는 14개의 뼈.

발가벗-기다[-벋끼-] 圕(타) '발가벗다'의 사동사. ¶벌거벗기다. ㈜빨가벗기다.

발가-벗다[-벋따] 圕(자) 1 알몸이 되도록 옷을 모두 벗다. 2 산에 나무가 없이 흙이 드러나 보일 정도이다. ¶발가벗은 산. ㈜벌거벗다. ㈜빨가벗다.

발가-숭이 圕 1 발가벗은 알몸뚱이. 2 흙이 드러나 보일 만큼 나무가 없는 산. ¶~ 산. ㈜벌거숭이. ㈜빨가숭이.

발각(發覺) 圕 (몰래 하던 일이) 다른 사람에 의해 발견되어 드러나는 것. **발각-되다** 圕(자) '물건을 훔치다가 ~.

발간(發刊) 圕 (출판물을) 간행하는 것. **발간-하다** 圕(타)여 **발간-되다** 圕(자) ¶미국에서 발간된 잡지.

발-감개 圕 지난날, 먼 길을 가거나 막일을 하거나 할 때 발에 감는 좁고 긴 무명. =갑발. **발감개-하다** 圕(여) 발에 발감개를 감다.

발갛다[-가타] 圖回 <발가니, 발가오, 발개> (어떤 물체가) 연하게 빨갛다. ¶발갛게 물든 노을. ㈜벌겋다. ㈜빨갛다.

발개-지다 圕(자) 발갛게 되다. ¶무안을 당해 낯이 ~. ㈜벌게지다. ㈜빨개지다.

발-걸음[-걸-] 圕 1 사람이 어느 곳을 가기 위해 발을 옮겨 걷는 일. 또는, 그 동작. ¶가벼운 ~. 2 사람이 어느 곳으로 오거나 가거나 하는 행위. ¶집걸음. ¶그 사람 요사이 ~을 뚝 끊었다니까.

발걸음도 안 하다 전혀 오거나 가지 않다.

발-걸이 圕 1 책상과 의자 사이에 발을 걸쳐 놓게 가로로 댄 것. 2 자전거를 탈 때 발을 걸쳐 놓고 밟아서 가게 되어 있는 부분. ▷폐달.

발견(發見) 圕 1 (특별한 의미를 갖거나 아직 알려지지 않은 대상을) 찾아내는 것. ¶신대륙의 ~. 2 (새로운 사실이나 현상, 의문에 대한 답을) 탐구를 통해 알게 되는 것. **발견-하다** 圕(타)여 **발견-되다** 圕(자) ¶구석기 시대의 유물이 ~.

발광(發光) 圕 빛을 내는 것. ¶~ 물질. **발광-하다** 圕(자)여

발광(發狂) 圕 1 병으로 미친 증세가 일어나는 것. 2 무언가 하지 못하고 몸부림을 치거나 성가시게 하거나 수선을 피우거나 하는 짓을 못마땅하게 여겨 야유조로 이르는 말. ¶출세를 해 보려고 ~. **발광-하다**² 圕(자)여

발광-체(發光體) 圕(물) 제 몸에서 스스로 빛을 내는 물체. 태양·항성 따위. ↔암체.

발구 圕 산간 지방에서 마소가 물건을 실어 나르는 썰매.

발군(拔群) 圕 (주로, '발군의'의 꼴로 쓰여) 여럿 가운데 특히 두드러지게 뛰어난 것. ¶~의 실력을 발휘하다.

발굴(發掘) 圕 1 (땅속에 파묻혀 있는 것을) 파내는 것. 2 (알려지지 않거나 뛰어난 것을) 찾아내는 것. ¶신인 ~. **발굴-하다** 圕(타)여 ¶유적을 ~ / 인재를 ~. **발굴-되다** 圕(자)

발-굽[-꿉-] 圕 초식 포유류의 발 끝에 있는, 구두 모양의 단단한 발톱.

발권(發券) 圕 은행권·공채권·사채권·승차권 등을 발행하는 것. **발권-하다** 圕(타)여 **발권-되다** 圕(자)

발그대대-하다 圖여 산뜻하지 않고 조금 천하게 발그스름하다.

발그레-하다 [형][여] 조금 곱게 발그스름하다. ¶발그레한 소녀의 얼굴.
발-그림자 [-끄-] 명 오가는 사람의 발자취나 흔적. 바쁜지 통 ~도 안 비친다.
  발그림자도 아니하다 전혀 찾아오거나 찾아가거나 하지 않다.
발그스레-하다 [형][여] =발그스름하다.
발그스름-하다 [형][여] 조금 발갛다. ¶발그스레하다. ¶발그스름한 얼굴. (큰)벌그스름하다. **발그스름히** [부]
발급(發給) 명 (증명서 따위를) 발행하여 주는 것. (비)발부. ¶학생증 ~. **발급-하다** [동][자][타][여] ¶여권을 ~. **발급-되다** [동][자]
발굿-발굿 [-귿빧-] [부] 붉은 점이 군데군데 박힌 모양. ¶빨루지가 ~ 나타다. (센)빨굿빨굿. **발굿발굿-하다** [형][여]
발기¹(-記) 명 사람이나 물건의 이름을 죽 적은 글발.
발기²(勃起) 명 (남자의 음경이) 성적인 흥분이나 잠자는 동안의 생리적 현상 등으로 단단해지고 커지는 것. **발기-하다** [동][자][여] ¶발기한 성기. **발기-되다** [동][자]
발기³(發起) 명 앞장서 새로운 일을 꾸며 일으키는 것. **발기-하다²** [동][타][여] ¶회사를 설립을 ~.
발'기다 [동][타] 1 속에 있는 것이 드러나게 해쳐 벌리다. ¶밤송이를 ~. (큰)벌기다. 2 (종이·천, 동물의 살 등을) 여러 조각이 나는 상태가 되게 하다. ¶편지를 찢어 ~.
발기-내다 [동][타] 매우 많은 조각을 내어 찢는 모양. ¶화나서 편지를 ~ 찢어 버렸다.
발기⁴부전(勃起不全) [의] 심신의 과로나 내분비 이상·뇌척수 질환 등의 원인으로 음경의 발기가 불충분한 병적 상태.
발기-인(發起人) 명 1 먼저 어떤 일을 시작하는 것을 꾸며 내는 사람. ¶창당 ~. 2 [법] 주식회사의 설립을 기획하여 정관(定款)에 서명한 사람.
발-길 [-낄] 명 1 움직여 나아가는 발. ¶~을 재촉하다. 2 세차게 내뻗는 발. ¶~로 걷어차다. 3 사람들의 왕래를 이르는 말. ¶~이 뜸하다.
  발길이 멀어지다 왕래가 뜸해지다. ¶마음이 멀어지니 자연 **발길이 멀어진다**.
  발길이 무겁다 가고 싶은 마음이 내키지 않다. ¶일이 재미 없으니 출근하는 ~.
  발길이 찍히다 배신을 당하다.
발길-질 [-낄] 명 (사람이나 동물에게) 발로 차는 짓을 하는 것. **발길질·발길질-하다** [동][자][타][여] ¶화풀이로 강아지에게 ~.
발꺅 [부] 1 갑자기 성을 내거나 기운을 쓰는 모양. ¶~ 화내다. 2 갑자기 온통 뒤집히는 모양. ¶감원 바람이 불자 회사가 ~ 뒤집혔다. (큰)벌컥. (거)발칵.
발-꿈치 명 =발뒤꿈치.
발끈 [부] 1 갑자기 왈칵 성을 내는 모양. ¶~ 성을 내다. 2 뒤집어엎을 듯이 시끄러운 모양. (센)빨끈. **발끈-하다** [동][자][여]
발-끝 [-끋] 명 발의 앞 끝. ¶~으로 살금살금 걷다.
발-놀림 [-롤-] 명 발을 놀리는 움직임. ¶권투 선수의 ~이 가볍다. ▷손놀림. **발놀림-하다** [동][자][여]
발단(發端) [-딴-] 명 1 (어떤 일이) 처음 시작되어 벌어지는 것. 또는, 어떤 일이 벌어지게 된 실마리. ¶사소한 말다툼이 사건의 ~이 되었다. 2 [문] 극이나 소설 등에서, 작품의 첫 부분으로 인물이 처음 등장하고 사건의 실마리가 나타나는 단계. **발단-하다** [동][자][여] (어떤 일이) 처음 시작되어 벌어지다. **발단-되다** [동][자] ¶이 전쟁은 인종 문제에서 **발단되었다**.

발달(發達) [-딸] 명 1 (신체나 지능이) 성장하고 발육하면서 완전한 상태에 가까워지는 것. 2 (문명·기술·사회 등의 현상이) 높은 단계에 이르는 것. ¶문명의 ~. 3 (기압·태풍 따위의 규모가) 점차 커지는 것. **발달-하다** [동][자][여] ¶남태평양에서 **발달한** 저기압. **발달-되다** [동][자]
발대-식(發隊式) [-때-] 명 순찰대·기동대 같은 대(隊)를 발기하는 의식.
발-돋움 명 1 키를 돋우느라고 발끝을 디디고 서거나 발밑을 괴는 일. 2 키를 돋우느라고 발밑을 괴는 물건. ¶발판. 3 (어떤 단계로) 올라서는 것. **발돋움-하다** [동][자][여] ¶선진 대열로 ~.
발동(發動) [-똥-] 명 1 내연 기관의 동력을 일으키는 것. ¶모터보트에 ~을 걸다. 2 (어떤 생각이나 욕망이) 일어나는 것. ¶호기심이 ~을 하다. 3 (국가 기관이 법적 권한을) 행사하는 것. **발동-하다** [동][자][여] ¶시위에 공권력이 ~.
  발동을 걸다 어떤 일을 할 태세를 갖추다. 또는, 어떤 일을 하도록 부추기다.
발동-기(發動機) [-똥-] 명 동력을 일으키는 기계. 엔진.
발동기-선(發動機船) [-똥-] 명 발동기를 추진 기관으로 장치하고 운항하는 선박. ¶발동선.
발동-선(發動船) [-똥-] 명 =발동기선.
발-뒤꿈치 [-뒤-] 명 '발꿈치'를 발의 뒤쪽 부분임을 강조하여 이르는 말. ¶뒤꿈치·발꿈치.
  발뒤꿈치도 따를 수 없다 상대가 너무나 뛰어나, 자기와 비교도 안 될 정도이다.
발-뒤축 [-뒤-] 명 발뒤쪽의, 발바닥 바로 위쪽으로 두둑하게 나온 부분.
발-등 [-뜽-] 명 발의 윗부분. ↔발바닥.
  발등에 불이 떨어지다 어떤 일이 몹시 절박하게 닥치다.
  발등의 불을 끄다 눈앞에 닥친 어려움을 처리하여 해결하다. ¶우선 **발등의 불이나 끄고 봐야지**.
발딱 [부] 갑자기 급하게 일어나거나 뒤로 자빠지는 모양. ¶~ 일어나지 못하겠니. (큰)벌떡. (센)빨딱.
발딱-거리다/-대다 [-끄(때)-] [동][자][타] 1 맥박이나 심장이 빠르게 세차게 자꾸 뛰다. 2 입을 힘 있게 놀려서 물을 들이마시다. 3 힘을 쓰고 싶어 안타깝게 애를 쓰다. (큰)벌떡거리다.
발딱-발딱 [-빡-] [부] 발딱거리는 모양. (큰)벌떡벌떡. **발딱발딱-하다** [동][자][타][여] ¶깜짝 놀라 가슴이 ~.
발라-내다 [동][타] 1 (생선의 가시나 뼈나 살 등을) 어떤 도구나 수단으로 몸체에서 따로 떼어 내다. ¶생선의 살을 ~. 2 (과일의 씨나 밤 따위의 열매를) 과일의 살에서 분리하거나, 껍질을 벗겨 분리해 내다. ¶밤톨을 ~.
발라당 [부] 1 발이나 팔을 활짝 벌린 상태로 맥없이 뒤로 가볍게 자빠지거나 눕는 모양. ¶눈길에 미끄러져 뒤로 ~ 넘어지다. (큰)벌러덩. 2 (주로 '까지다'와 함께 쓰여) 순박하거나 순진한 맛이 없이 약삭빠른 모양. ¶어린 녀석이 ~ 까져서 돈만 밝히는군. ㈜발랑.
발라드(⑤ballade) 圀 1 [문] 중세 유럽의 정형시의 하나. 음유 시인에 의해 불려진 자유로운 형식의 짧은 서사시. =담시(譚詩). 2 [음] 자유로운 형식의 서사시적인 가곡이나 기악곡. 3 [음] 대중음악에서, 사랑을 주제로 한 감상적인 노래.
발랄라이카(balalaika) ⑤[음] 러시아의 민속 발현 악기. 삼각형의 공명동(共鳴胴)을 가진 세 개의 현을 손가락 끝으로 타서 연주함. 음색은 감상적이고 우울함.
발랄-하다(潑剌-) ⑱어 1 어린이나 소녀나 젊은 여자가 성격이 명랑하고 생기가 넘치는 상태에 있다. ¶**발랄한** 10대 소녀들. 2 (상상력·문장이) 막힘이 없이 자유롭다. ¶재기 **발랄한** 문필가.
발랑 튀 '발라당'의 준말. ¶방 가운데에 ~ 눕는다. ㈜벌렁.
발레(⑤ballet) 圀 대사 대신에 춤에 의해서 진행되는 예술적 무용극.
발레리, 폴(Valéry, Paul) 圀[인] 프랑스의 시인·평론가(1871~1945).
발레리나(⑤ballerina) 圀 발레를 하는 여자 무용가.
발레타(Valletta) 圀[지] 몰타의 수도.
발렌타인-데이 圀 '밸런타인데이(Valentine Day)'의 잘못.
발령(發令) 圀 1 (어떤 사람을 어떤 직위나 어느 소속으로) 임명하거나 근무하도록 명령을 내리는 것. ¶인사 ~. 2 경보(警報)를 발하는 것. **발령-하다** 圄쩐 ¶공습경보를 ~. **발령-되다** 圄쩐
발로(發露) 圀 (바탕의 사상이나 심리가) 겉으로 드러나는 것. ¶희생정신의 ~. **발로-하다** 圄쩐엇어 **발로-되다** 圄쩐
발론(發論) 圀 (어떤 문제에 대해) 먼저 의견을 꺼내는 것. **발론-하다** 圄쩐엇어 ¶그 문제에 대해서는 아무도 **발론하는** 사람이 없었습니다.
발름-거리다/-대다 囤쩐 탄력 있는 물건이 부드럽고 넓게 바라졌다 달라붙다 하다. 또는, 그리하게 하다. ¶화가 나서 코를 ~. ㈜벌름거리다.
발름-발름 튀 발름거리는 모양. ㈜벌름벌름. **발름발름-하다** 圄쩐엇어 ¶코를 **발름발름하며** 냄새를 맡다.
발리(volley) 圀[체] 1 테니스에서, 상대편에서 넘어오는 공을 땅에 떨어지기 전에 치는 것. 2 =발리킥.
발리다¹ 圄쩐 '바르다'의 피동사.
발리다² 圄쩐 '바르다'의 피동사. ¶씨가 잘 ~.
발리 섬(Bali-) 圀 인도네시아 자바 섬의 동쪽에 있는 화산섬.
발리-킥(volley kick) 圀[체] 축구에서, 공중에 뜬 공이 땅에 떨어지기 전에 차는 일. =발리.
발림¹ 圀 듣기 좋은 말로 비위를 맞추는 일. ¶사탕~.
발림² 圀[음] 판소리에서, 소리의 극적인 전개를 돕기 위하여 하는 동작.
발-맞추다[-맏-] 囤쩐 행동의 방향을 서로 일치시키다.
발매(發賣) 圀 (상품이나 표 등을) 내어서 파는 것. 또는, 팔기 시작하는 것. **발매-하다** 圄타어 ¶승차권을 ~. **발매-되다** 圄쩐
발매-처(發賣處) 圀 발매하는 회사나 기관.

발명¹(發明) 圀 (아직까지 없던 새로운 기계·물건을) 머리를 쓰거나 연구하여 처음으로 만들어 내는 것. ¶필요는 ~의 어머니. ▷발견. **발명-하다**¹ 圄타어 **발명-되다** 圄쩐
발명²(發明) 圀 (죄나 잘못이 없음을) 변명하여 밝히는 것. **발명-하다**² 圄타어 ¶잘못이 있으니 **발명해** 봐야 소용없어.
발명-가(發明家) 圀 발명하는 일을 직업으로 하거나, 그런 일에 일가를 이룬 사람.
발명-왕(發明王) 圀 발명의 제일인자를 기리어 이르는 말. ¶~ 에디슨.
발명-품(發明品) 圀 새로 발명하여 낸 물품.
발모(發毛) 圀 몸에 털, 특히 머리털이 나는 것. ¶~ 촉진제.
발-모가지 圀 '발'이나 '발목'을 낮잡아 이르는 말.
발모-제(發毛劑) 圀 몸의 털, 특히 머리털이 나게 하는 약.
발-목 圀 다리와 발이 이어지는, 다소 잘록한 부분. ¶~을 삐다.
발목(을) 잡히다 1 어떤 일에 꽉 잡혀 벗어나지 못하다. 2 남에게 어떤 약점을 잡히다. ¶발목 잡힐 일이 없다.
발문(跋文) 圀 책의 끝에 본문 내용의 대강이나 간행에 관한 사항을 간략하게 적은 글. ↔서문(序文).
발-밑[-믿] 圀 발바닥이 향하거나 닿는 자리. 또는, 그 자리의 언저리.
발-바닥[-빠-] 圀 서거나 걸을 때 바닥에 닿는, 발 아래쪽의 평평한 부분. ↔발등.
발바닥에 흙 안 묻히고 살다 가만히 앉아서 편하게 살다.
발바리 圀 1 [동] 개의 한 품종. 몸이 작고 다리가 짧으며 온몸에 긴 털이 나 있음. 예쁘고 성질이 순해 애완용으로 많이 기르는 사람을 속되게 이르는 말. 2 경망스럽게 여기저기 잘 싸돌아다니는 사람을 속되게 이르는 말.
발발¹ 튀 1 춥거나 무섭거나 흥분하여 몸을 자꾸 떠는 모양. ¶추워서 ~ 떨다. 2 하찮은 것을 가지고 몹시 아끼는 모양. ¶돈 몇 푼 가지고 ~ 떤다. 3 몸을 바닥에 대고 작은 동작으로 기는 모양. ¶땅바닥을 ~ 기어 접근하다. ㈜벌벌.
발발²(勃發) 圀 (전쟁이나 사건 등이) 갑자기 일어나는 것. **발발-하다** 圄쩐엇어 ¶전쟁이 ~. **발발-되다** 圄쩐
발버둥 圀 다리를 버둥거리며 몸부림을 하는 일. ¶떼쓰느라고 아이가 ~을 치며 울고 있다. 2 기를 쓰고 가면서 있는 힘을 다하는 일. ¶먹고살려고 ~을 치다.
발버둥-질 圀 발버둥을 치는 것. **발버둥질-하다** 圄쩐엇어 ¶망해 가는 회사를 일으키려 **발버둥질해** 봤으나 역부족이었다.
발-병¹(-病)[-뼝] 圀 발에 생기는 병. ¶~ 일리도 못 가서 ~ 난다.
발병²(發病) 圀 (어떤 사람이나 동물에게, 또는 식물에) 병이 생기는 것. **발병-하다** 圄쩐엇어 ¶백일해는 주로 3~6세의 어린이들에게 **발병한다**. **발병-되다** 圄쩐
발본-색원(拔本塞源) 圀 [뿌리를 뽑아 버리고 원인을 막아 버린다는 뜻] 폐단의 근원을 아주 뽑아서 없애는 것. **발본색원-하다** 圄타어 ¶공무원의 부정을 ~.
발부(發付) 圀 증서·영장 등을 발행하는 것. ㈜발급. **발부-하다** 圄타어 ¶고지서

를 ~. **발부-되다** 통 ¶구속 영장이 ~.
발부²(髮膚) 명 머리털과 피부. ¶신체~.
발-부리[-뿌-] 명 발끝의 뾰족한 부분. ¶문턱에 ~가 걸려 넘어지다.
발-붙이다[-부치-] 자 의지하거나 근거로 삼다. ¶이 세상에 발붙일 곳이 없는 불쌍한 아이.
발-뺌 명 마땅히 책임져야 할 일을 책임지지 않으려고 뒤로 물러서거나, 마땅히 참여해야 할 일에 참여하지 않고 꽁무니를 빼는 것. 발뺌-하다 통태여 ¶발뺌하지 말고, 사나이답게 책임져라.
발-뼈 명 발을 이루고 있는 뼈.
발사(發射)[-싸] 명 (총·대포·로켓 등을) 쏘는 것. ¶기관총 ~. 발사-하다 타여 ¶우주선을 ~. 발사-되다 통자
발사-대(發射臺)[-싸-] 명 [군] 유도탄 따위를 쏘기 위해 고정시켜 놓은 장치.
발산(發散)[-싼] 명 1 (어떤 대상이 열·빛·기체·냄새 따위가) 사방으로 퍼져 흩어지는 것. 또는, 어떤 대상이 열·빛·기체·냄새 따위를 사방으로 퍼져 흩어지게 하는 것. 2 (억눌린 마음의 작용이나 젊음·정열 따위를) 마음껏 풀거나 자유롭게 펼치는 것. ⓗ해소. 3 (매력 따위를) 드러내어 느끼게 하는 것. 4 [수] 무한수열·무한급수나 함수의 값이 수렴되지 않는 것. ↔수렴. 발산-하다 통자태여 ¶열을 ~; 젊음을 ~. 발산-되다 통자
발상¹(發祥)[-쌍] 명 (문명이나 역사적 의의가 있는 일이) 세상에 처음 나타나는 것. 발상-하다¹ 통자여
발상²(發想)[-쌍] 명 어떤 일을 생각해 내는 것. 또는, 그 생각. ¶기발한 ~. 발상-하다² 통태여
발상-지(發祥地)[-쌍-] 명 문명이나 역사적 의의가 있는 일이 세상에 처음 나타난 곳. ¶고대 문명의 ~.
발-살[-쌀] 명 발가락의 사이. = 발새.
발-새[-쌔] 명 = 발살.
발생(發生)[-쌩] 명 1 (어떤 사건이나 사물·현상이 어느 곳 또는 세상에) 생겨나거나 나타나는 것. 2 [생] 세포의 증식·분화·형태 형성 등에 의해 어떤 생물체(조직·기관·개체 등)가 단순한 상태로부터 복잡한 상태로 발전하는 일. 발생-하다 통자태여 ¶화재가 ~. 발생-되다 통자
발생-적(發生的)[-쌩-] 명 판명 현상·상태·조건의 기원(起源)에 관한 (것).
발설(發說)[-썰] 명 (어떤 사실을) 입 밖으로 말하여 남이 알게 하는 것. 발설-하다 통태여 ¶이 사실을 발설했다간 큰 일 날 줄 알아라. 발설-되다 통자
발성(發聲) 명 1 노래를 하기 전에 그 준비로서 목소리를 매끄럽게 조절하여 내는 일. 또는, 음역을 넓히기 위한 훈련으로서 목소리를 내는 일. ¶~ 연습. 발성-하다 통자태여
발-소리[-쏘-] 명 걸음을 걸을 때 발이 바닥에 닿아 나는 소리. ¶~를 죽이다.
발송(發送)[-쏭] 명 (물건이나 서류·서信 등을) 띄워서 보내는 것. 발송-하다 태여 ¶우편물을 ~. 발송-되다 통자
발-수건(-手巾)[-쑤-] 명 발을 닦는 데 쓰는 수건.
발신(發信)[-씬] 명 소식이나 우편·전신 등을 보내는 것. ¶~일(日). ↔수신(受信). 발신-하다 통태여
발신-음(發信音)[-씬-] 명 자동식 전화에서, 송수화기를 들었을 때 전화를 걸 수 있는 상태임을 알려 주는 소리.

발신-인(發信人)[-씬-] 명 우편·전신 등을 보낸 사람. ↔수신인.

발-씨름 명 = 다리씨름.

발아(發芽) 명 1 [식] 식물의 씨앗이나 가지 등에 싹이 나오는 것. 2 (사물·현상이) 처음으로 시작되는 것. 비유적인 말임. ⓗ태동. 발아-하다 통자여 ¶이슬람 문명은 중동 지역에서 발아하였다. 발아-되다 통자

발-아래 명 1 서 있는 곳의 바로 아래. 또는, 서 있는 곳에서 굽어 볼 수 있는 곳. ¶절벽 위에서 ~를 내려다보니 아찔하다. 2 어떤 사람이 가진 능력이나 자질의 가장 낮은 수준보다 더 낮은 수준. 비유적인 말임. ¶네가 아무리 애써 봤자 그 아이의 ~도 못 가.

발악(發惡) 명 극도의 위기에 몰리거나 하여, 상대에게 소리를 지르거나 몸부림을 치거나 하면서, 또는 온갖 수단을 다 동원하여 심하게 대들거나 반항하는 것. ¶최후의 ~. 발악-하다 통자태여

발악-적(發惡的)[-쩍] 판명 발악을 하는 (것). ¶~인 몸부림.

발안(發案) 명 1 어떤 안을 생각해 내는 것. 또는, 그 안. 2 의안(議案)을 제출하는 것. 발안-하다 태여

발암(發癌) 명 암이 발생하는 것. 또는, 암을 발생시키는 것. 발암-하다 통여

발암-물질(發癌物質)[-물-] 명 [의] 오랫동안 섭취하거나 흡입하거나 하였을 때 높은 비율로 암을 일으킨다고 보고되어 있는 물질.

발-야구(-野球)[-랴-] 명 발로 공을 차서 야구와 비슷하게 하는 구기. ~축구.

발양(發揚) 명 (마음·재주·기운·기세 등을) 떨쳐 일으키는 것. 발양-하다 태여 ¶애국심을 ~.

발언(發言) 명 말을 꺼내어 의견을 나타내는 것. 또는, 그 말. ¶중대 ~. 발언-하다 통자태여 ¶발언할 기회를 얻다.

발언-권(發言權)[-꿘] 명 회의 석상에서 발언할 수 있는 권리.

발열(發熱) 명 1 열을 내는 것. 2 [의] 체온이 높아지는 것. 발열-하다 통자여

발원¹(發源) 명 1 (강 따위가 어느 곳에서) 비롯하여 흐르는 것. 그 근원. 2 사회 현상이나 사상 등이 처음 발생하는 것. 또는, 그 근원. 발원-하다¹ 통자여 ¶임진강은 두류산에서 발원하여 황해로 흐른다.

발원²(發願) 명 (무엇을) 이루어지기를 신에게 비는 것. 발원-하다² 태여 ¶극락왕생을 ~.

발원-지(發源地) 명 1 강 따위의 흐르는 물이 처음 시작한 곳. 2 사회 현상이나 사상이 처음으로 일어난 곳.

발육(發育) 명 (생물체가) 발달하여 크게 자라는 것. ⓗ생장. 발육-하다 통자여 발육-되다 통자

발음(發音) 명 [언] 사람이 입과 혀를 여러 형태로 움직여 언어를 소리로 나타내는 일. 또는, 그 소리. ¶표준 ~. 발음-하다 통태여 발음-되다 통자

발음¹기관(發音器官) 명 1 [동] 동물체의 소리를 내는 기관. 2 [언] 음성을 내는 데 필요한 기관.

발음²기호(發音記號) 명 [언] 언어의 음을

눈으로 볼 수 있는 형태로 나타내어 기록한 부호. 국제 음성 기호 따위.

발음-체(發音體)[−음−] 명 [물] 그 자체가 진동하여 음원(音源)이 되는 것. 특히, 악기에서 소리를 내는 본체를 말함. 현(絃)·리드(reed) 따위.

발의¹(發意)[−의/−이] 명 **1** 의견을 내는 것. **2** 무슨 일을 생각해 내는 것. **발의-하다** 통타여

발의²(發議)[−의/−이] 명 회의하는 자리에서, 의견을 내는 것. 또는, 의안(議案)을 제출하는 것. **발의-하다²** 통타여

발인(發靷) 명 상여가 묘지를 향하여 떠나는 것. **발인-하다** 통타여

발-자국[−짜−] 명 **1** 자 발로 밟은 곳에 남아 있는 자국. =족적(足跡). × 발자욱. **2** 의존 =발짝.

발-자국 '발자국¹'의 잘못.

발-자취[−짜−] 명 **1** 발로 밟은 흔적. **2** 지나온 과거의 자취. 비족적(足跡). ¶역사의 ∼.

발자크, 오노레 드(Balzac, Honoré de) 인명 프랑스의 소설가(1799∼1850).

발작(發作)[−짝] 명 **1**(병의 증상이) 돌발적으로 일어나는 일. **2**(어떤 감정이) 갑자기 일어나는 것. **발작-되다** 통자여 ¶간질병이 ∼.

발작-적(發作的)[−짝쩍] 관 발작하듯 하는 (것). ¶∼으로 웃어 대다.

발-장구 사람이 헤엄을 칠 때, 엎드린 상태에서 두 발을 교대로 들었다 놓았다 하면서 물을 차는 일. ¶∼를 치다.

발-장단[−짱−] 명 흥에 겨워 발끝이나 발뒤꿈치로 장단을 맞추는 것. ¶노래에 맞추어 ∼을 하다.

발-재간(−才幹)[−째−] 명 발로 부리는 재간.

발-재봉틀(−裁縫−) 명 발을 놀려 돌리게 된 재봉틀. 준발틀. ↔손재봉틀.

발적(發赤)[−쩍] 명 [의] 피부나 점막에 염증이 생겼을 때 나타나는 증상으로, 그 부분이 빨갛게 부어오르는 상태.

발전¹(發展)[−쩐] 명 **1**(대상이나 사물 현상의 능력·수준이 더욱 나아지거나 내용·영역이 충실해지고 확대되어 훌륭한 상태가 되는 것. **2** (일이) 어떤 방향으로 전개되는 것. 비발달. **발전-하다¹** 통자여 ¶사업이 날로 ∼. **발전-되다** 통자여

발전²(發電)[−쩐] 명 [물] 전기를 일으키는 것. ¶원자력 ∼. **발전-하다²** 통자여

발전-기(發電機)[−쩐−] 명 [물] 도체(導體)가 자기장 내에서 운동할 때 전기가 발생하는 것을 이용하여, 기계적 에너지를 전기적 에너지로 바꾸는 장치의 총칭.

발전도상-국(發展途上國)[−쩐−] 명 =개발도상국.

발전-상(發展相)[−쩐−] 명 발전하는 모습. ¶최근 서울의 ∼을 담은 사진.

발전-성(發展性)[−쩐−] 명 발전할 가능성. ¶∼ 있는 사업.

발전-소(發電所)[−쩐−] 명 수력·화력·원자력 따위를 이용하여 발전기를 돌려 전력을 일으키는 시설.

발전-적(發展的)[−쩐−] 관 발전하는 특성을 가진 (것). ¶∼ 계획.

발전-차(發電車)[−쩐−] 명 발전을 하여 각 객차에 냉난방을 공급하는 차량. 보통, 기관차와 객차 사이에 위치함.

발정(發情)[−쩡] 명 주로 동물의 암컷이 성욕을 일으키는 일. **발정-하다** 통자여

발제(發題)[−쩨] 명 세미나·토론회 등에서, 쟁점이 되는 어떤 주제에 대해서 의견이나 주장을 발표하는 것. ¶기조 ∼.

발제-자(發題者)[−쩨−] 명 세미나·토론회 등에서, 정해진 주제에 대한 의견이나 주장을 발표하는 사람.

발족(發足)[−쪽] 명 (새로 설립된 어떤 조직체가) 그 활동을 시작하는 것. 또는, (어떤 조직체를) 새로 만들어 활동을 시작하는 것. **발족-하다** 통자타여 ¶새 정부가 ∼. **발족-되다** 통자

발주(發注)[−쭈−] 명 (물건 등을) 주문하는 것. ↔수주(受注). **발주-하다** 통타여

발진(發疹)[−찐] 명 [의] 열병(熱病)으로 피부나 점막에 좁쌀만한 종기가 생기는 것. 또는, 그 종기. **발진-하다** 통자여

발진²(發進)[−찐] 명 엔진의 힘으로 항공기·함선 따위가 출발하는 것. ¶∼ 기지(基地). **발진-하다²** 통자여

발진-티푸스(發疹typhus)[−찐−] 명 [의] 법정 전염병의 하나. 40℃ 정도의 높은 열과 두통·관절통 등이 계속되며, 온몸에 발진이 생김.

발-질 명 '발길질'의 준말. **발질-하다** 통

발-짓[−찓] 명 발을 움직이는 동작. **발짓-하다** 통자여

발-짝 의존 거리를 걸음을 옮긴 횟수로 나타내는 단위. =발자국. ¶다섯 ∼. ▷ 걸음.

발찌 명 주로 여성이 발목에 걸고 다니는, 팔찌와 같은 모양의 장신구.

발차(發車) 명 자동차·열차 따위가 떠나는 것. ¶∼ 신호. **발차-하다** 통자여 ¶부산행 열차는 30분 간격으로 발차한다.

발착(發着) 명 출발과 도착. ¶∼역. **발착-하다** 통자여

발췌(拔萃) 명 (어떤 책·글·곡·기록물 등에서 핵심적이거나 필요한 부분을) 뽑아 취하는 것. **발췌-하다** 통타여 ¶논문의 일부를 발췌하여 싣다. **발췌-되다** 통자

발췌-곡(拔萃曲) 명[음] 오페라나 기타 큰 규모의 악곡 가운데서 널리 알려진 곡만을 추려 엮은 곡.

발-치 명 **1** 누울 때 발이 가는 쪽. ↔머리맡. **2** 발이 있는 쪽. **3** 어떤 물건의 아랫부분이나 끝 부분. ¶선산 ∼에 묻어 주오.

발칙-스럽다[−쓰−따] 형비〈−스러우니, −스러워〉발칙한 데가 있다. ¶발칙스럽게 굴다. **발칙스레** 부

발칙-하다[−치카−] 형여 **1** 몹시 버릇이 없다. **2** 하는 짓이 아주 괘씸하다. ¶발칙한 놈 같으니라고! 감히 누구를 속여?

발칵 부 '발칼'의 거센말. ¶집안이 ∼ 뒤집히다. 큰벌컥.

발칸^반도(Balkan半島) 명 [지] 유럽 대륙의 남동부, 지중해 동쪽에 돌출한 반도.

발코니(balcony) 명 [건] **1** 서양식 건축에서, 건물 바깥으로 돌출시켜 지붕이 없이 난간을 두른 데. =노대(露臺). **2** 극장의 이 층에 만든 특별석.

발탁(拔擢) 명 (어떤 사람을 어떤 임무를 맡기나 직책에 있을 사람으로) 많은 사람 중에서 골라 뽑는 것. =탁발. 비픽용. **발탁-하다** 통타여 ¶신인을 ∼. **발탁-되다** 통자 ¶국가 대표 선수로 ∼.

발-톱 명 발가락의 끝을 덮어 보호하고 있는, 빨갛이 단단한 물질. ↔손톱.

발트하임[Waldheim, Kurt] 〈인〉 오스트리아의 정치가. 유엔 사무총장 (1918~).

발트 해(Balt海) 〈지〉 유럽 대륙과 스칸디나비아 반도 사이에 있는 바다.

발-틀 〈명〉 '발재봉틀'의 준말. ↔손틀.

발파(發破) 〈명〉 바위 같은 데에 구멍을 뚫고 화약을 넣어 폭파시키는 것. ¶~공 (工). **발파-하다** 〈동〉〈타〉 ¶채석장에서 **발파하는** 폭음이 들려왔다. **발파-되다** 〈동〉〈자〉

발-판(-板) 〈명〉 1 높은 곳에 올라갈 때 발을 디디기 위해 설치한 것. ¶~을 딛고 올라서다. 2 키를 높이려고 발밑에 괴는 물건. 圕발돋움. 3 차에 오르내릴 때 발을 디디는 장치. 4 출세나 입신을 위한 수단 또는 기반. ¶돈을 정계 진출의 ~으로 삼다. 5 [체] 체조·육상·수영·다이빙 등의 경기에서, 뛰는 힘을 돕기 위해서 쓰는 도구. 圕구름판. 6 악기·재봉틀 따위에 발로 밟아 소리를 내거나 무엇을 움직이게 하는 부분. 7 비계의 가설한 널판.

발포¹(發布) 〈명〉 세상에 널리 펴는 것. **발포-하다**¹ 〈동〉〈여〉 ¶계엄령을 ~. **발포-되다** 〈동〉〈여〉

발포²(發泡) 〈명〉 거품이 나는 것. ¶~제 (劑). **발포-하다**² 〈동〉〈여〉

발포³(發砲) 〈명〉 총이나 대포를 쏘는 것. ¶~ 명령. **발포-하다**³ 〈동〉〈여〉

발표(發表) 〈명〉 1 (어떤 사실을) 세상에 또는 일정한 범위의 사람에게 드러내어 알리는 것. ¶합격자 ~. ¶창작물이나 연구 결과 등을 책·신문 등에, 또는 어떤 장소에서) 공개하여 보이거나 알게 하는 것. ¶작품 ~. 3 (자기 의견을 많은 사람 앞에서) 말로 나타내는 것. **발표-하다** 〈동〉〈타〉〈여〉 **발표-되다** 〈동〉〈여〉

발표-회(發表會)[-회/-웨] 〈명〉 연구 창작의 결과를 발표하는 모임. ¶작품 ~.

발-품 〈명〉 걸어 다니는 수고.

발-하다(發-) 〈동〉〈자〉〈타〉〈여〉 1 (꽃 따위가) 피다. 2 (기운·느낌 따위가) 생기거나 일어나다. 또는, 생기거나 일어나게 하다. ¶빛을 ~. 3 어떤 내용을 공개적으로 펴서 드러내다. ¶명령을 ~. 4 군사를 이끌어 움직이다.

발한(發汗) 〈명〉 땀을 내는 일. ¶~욕(浴). **발한-하다** 〈동〉〈자〉〈여〉

발해(渤海) 〈명〉〈역〉 고구려의 장수 대조영이 세운 나라(698~926). 9세기 선왕(宣王) 때 가장 번영하였으나, 거란족의 침입으로 멸망함.

발행(發行) 〈명〉 1 (출판물을) 박아 세상에 펴내는 것. 圕발간. ¶~ 부수. 2 화폐·증권·입장권·증명서 등을 만들어 효력을 발생시키는 것. **발행-하다** 〈동〉〈타〉〈여〉 ¶신문을 ~. **발행-되다** 〈동〉〈여〉

발행-인(發行人) 〈명〉 1 출판물을 발행하는 사람. 법적으로 출판사·신문사 등을 대표하는 사람임. 圕펴낸이. ¶신문 ~. 2 어음이나 수표 등을 발행한 사람. = 발행자.

발행-자(發行者) 〈명〉 =발행인 2.

발현(發現·發顯) 〈명〉 숨겨져 있던 것이 드러나 보이는 것. 또는, 드러나게 하는 것. **발현-하다** 〈동〉〈자〉〈타〉〈여〉 ¶3·1 운동은 우리 민족의 자주독립 정신의 **발현된** 거족적 시위 항쟁이었다.

발현^악기(撥絃樂器)[-끼] 〈명〉 현을 손가락으로 퉁겨서 연주하는 악기. 가야금·거문고·기타 따위.

발호(跋扈) 〈명〉 (어떤 무리가) 권력이나 세력을 얻어 그 힘을 휘두르면서 제멋대로 날뛰는 것. ¶외척의 ~. 왕실의 위신이 땅에 떨어지다. **발호-하다** 〈동〉〈여〉

발화¹(發火) 〈명〉 불이 일어나거나 타기 시작하는 것. ¶자연 ~. **발화-하다**¹ 〈동〉〈여〉 **발화-되다** 〈동〉〈여〉

발화²(發話) 〈명〉〈언〉 현실적으로 소리를 내어 말을 하는 행위. 또는, 그 소리로 전해진 단락의 말.

발화-시(發話時) 〈명〉 현실적으로 소리를 내어 말을 할 때. ▷사건시.

발화-점(發火點)[-쩜] 〈명〉〈화〉 1 공기 중에서 물질을 가열할 때 스스로 발화하여 연소를 시작하는 최저 온도. 2 화재 원인의 감적이서, 화재가 일어난 지점.

발회(發會)[-회/-웨] 〈명〉 1 새로 조직된 회(會)의 첫 모임을 여는 것. 또는, 그 첫 모임. 2 [경] 거래소에서의 매월 최초의 입회(立會). ↔납회. **발회-하다** 〈동〉〈자〉〈여〉

발효¹(發效) 〈명〉 조약·법률·증권·문서 등의 효력이 생기는 것. ¶~일. **발효-하다**¹ 〈동〉〈여〉 ¶이 법은 공포와 동시에 **발효한다**. **발효-되다**¹ 〈동〉〈여〉

발효²(醱酵) 〈명〉〈화〉 효모나 세균 등의 작용으로 유기물이 분해되어 알코올·이산화탄소 등으로 변하는 현상. 술·된장·간장·치즈 등을 만드는 데 이용됨. **발효-하다**² 〈동〉〈자〉〈여〉 **발효-되다**² 〈동〉〈여〉

발효-유(醱酵乳) 〈명〉〈화〉 우유·양젖 따위를 젖산균이나 효모균으로 발효시켜 만든 유제품. 요구르트·젖산 음료 따위.

발휘(發揮) 〈명〉 (재능이나 역량 등을) 떨쳐 드러내는 것. **발휘-하다** 〈동〉〈여〉 ¶실력을 ~. **발휘-되다** 〈동〉〈자〉〈여〉 ¶그의 기량이 유감 없이 **발휘된** 한판 승부였다.

발흥(勃興) 〈명〉 갑자기 일어나서 번창해지는 것. **발흥-하다** 〈동〉〈자〉〈여〉 ¶신흥 공업국으로 ~. **발흥-되다** 〈동〉〈자〉〈여〉

밝-기[발끼] 〈명〉 밝은 정도. 圕광도(光度).

밝다[박따] 〈형〉 1 (빛이) 사물을 또렷이 비출 만큼 강하다. ↔어둡다. ¶형광등 불빛이 ~. 2 (어떤 공간이) 빛이 강하거나 충분하여 사물을 또렷이 구분할 수 있는 상태에 있다. 圕환하다. ¶방 안이 ~. 3 (색깔이) 흰빛이나 빨강·노랑에 가까운 상태에 있다. 또는, (어떤 색깔이) 짙지 않고 연한 상태에 있다. ¶**밝은** 색의 옷. 4 (눈이나 귀가) 잘 보이거나 들리는 상태에 있다. ¶눈이 ~. 5 (사람이 어떤 일이나 사리에) 막힘이 없을 만큼 잘 아는 상태에 있다. 圕통달하다. ¶그는 서울 지리에 ~. 6 (사람의 표정이나 성격이) 명랑하고 유쾌하다. ¶**밝은** 얼굴. 7 (사람의 내용이) 긍정적이고 좋은 상태에 있다. ¶전망이 ~. ↔어둡다. 8 (예절이) 분명하고 바르다. ¶인사성이 ~.
Ⅱ 〈동〉〈자〉 (날이나 일정한 공간이) 해가 뜨면서 점차 환한 상태가 되다. ¶희부옇게 날이 **밝는다**.

밝혀-내다[발켜-] 〈동〉〈타〉 (일의 옳고 그름이나 불분명했던 사실을) 분명하게 알 수 있게 드러내다. ¶무슨 수를 써서라도 진실을 **밝혀내고야** 말겠다.

밝-히다[발키-] 〈동〉〈타〉 1 '밝다 Ⅱ·2'의 사동사. ¶등불로 어둠을 ~. 2 (분명하게 않던 사실을) 분명하게 알 수 있게 드러내다. ¶사건의 진상을 ~. 3 (어떤 사람이 다른 사람에게 자기에 관한 사실을) 드러내어

482_밟다

알게 하다. ¶신분을 ~. 4 (사람이 밤을) 자지 않고 새우다. ¶밤을 뜬눈으로 ~. 5 (주색이나 돈 등을) 지나치게 좋아하다. (비)바치다. ¶돈을 ~.
밟다[밤따] (밟고 / 밟아) 통(타) 1 (사람이나 동물이 어떤 대상을) 발로 체중을 싣거나 힘을 준 상태로 눌러서 어떤 영향이 미치게 하다. ¶남의 발을 ~. 2 (사람이 어느 곳의 땅을) 특별한 뜻을 가진 상태로 가거나 와서 발을 디디다. ¶조국의 땅을 ~. 3 (사람이 다른 사람이나 물건을) 높은 데로 오르거나 다른 데로 이동하기 위해 디디고 서다. ¶발판을 **밟고** 올라서다. 4 (사람이 다른 사람을) 꼼짝 못하게 내누르다. ¶사람이란 **밟으면 밟을수록** 반발하며 마련이다. 5 (필요한 절차나 과정을) 좇아서 거치다. ¶출국 수속을 ~. 6 (어떤 사람의 뒤를) 몰래 따라가다. ¶용의자의 뒤를 ~. 7 (어떤 사람이 겪거나 한 일이나 과정을) 그대로 되풀이하다. ¶너는 형의 전철을 **밟아서는** 안 된다. 8 (춤을 추기 위한 스텝을) 정해진 대로 맞추어 취하다. ¶스텝을 ~.
밟-히다¹[발피—] 통(자)(타) '밟다 1·4·6'의 피동사. ¶발등을 ~.
밟히다²[발피—] 통(자) (눈에) 선하게 나타나다. ¶떼어 놓고 온 젖먹이가 눈에 ~.
밤¹ 1 해가 진 뒤에 날이 완전히 어두워져서 밝기 전까지의 동안. 곧, 저녁과 새벽의 사이. (비)야간. ¶달~/ ~을 새우다. 2 해가 진 뒤부터 먼동이 트기 전까지의 동안. ¶겨울에는 ~이 길다. ↔낮.
[**밤 말은 쥐가 듣고 낮 말은 새가 듣는다**] 늘 말조심하라는 말.
밤을 도와 밤을 이용하여. 또는, 밤을 새워. ¶~ 일을 끝내다.
밤¹² 밤나무의 열매. ¶군~ / 알~.
밤-거리[—] 명 밤이 되었을 때의 거리. ¶휘황한 명동의 ~.
밤-게[—] 명 개펄에 살며, 몸이 밤톨만하고, 눈이 볼록하여 공처럼 보이는 게. 등딱지는 검은 녹색 바탕에 진한 갈색의 얼룩무늬가 있음.
밤-경치(—景致) 명 밤에 보는 경치. (비)야경. ¶불빛이 명멸하는 서울의 ~.
밤-고구마 먹으면 밤 맛처럼 달고 퍽퍽한 고구마. ▷물고구마.
밤-공기(—空氣) [—꽁] 명 밤의 공기. ¶~가 차다.
밤-기운[—끼—] 명 밤에 느껴지는 서늘하거나 찬 기운. ¶~이 차대 왜 나와 있나?
밤-길[—낄] 명 밤에 가는, 날이 어두워진 길.
밤-나무 명(식) 가을에 견과(堅果)인 밤이 열리는 낙엽 활엽 교목. 5~6월에 독특한 향기가 있는 흰색 꽃이 피고, 열매는 가시가 많은 껍데기 속에 들어 있음.
밤-낚시[—낙씨] 명 밤에 하는 낚시질.
밤-낮[—낟] Ⅰ명 밤과 낮. =주야.
Ⅱ명 밤에나 낮에나. ¶늘. = 술타령만 한다.
밤낮을 가리지 않다 쉬지 않고 계속하다. ¶**밤낮을 가리지 않고** 공부하다.
밤낮-없이[—난업씨] 명 늘 언제나. ¶~ 놀기만 한다.
밤-눈 어두운 밤에 무엇을 보는 시력(視力). **밤눈이 어둡다** 시력이 약하여 밤에는 잘 보지 못하다.
밤-늦다[—늗따] 형 밤이 깊다. ¶**밤늦은**

귀가.
밤-무대(—舞臺) 명 연예인이 밤업소에서 공연하는 무대.
밤바(←④ バンパー) 명 [<bumper] '범퍼'로 순화.
밤-바다[—빠—] 명 밤의 바다.
밤-바람[—빠—] 명 밤에 부는 바람. ¶~이 차다.
밤-배[—빼] 명 밤에 다니는 배.
밤-비[—삐] 명 밤에 내리는 비.
밤-사이[—싸—] 명 밤이 지나는 동안. ㈜밤새.
밤-새[—쌔] 명 '밤사이'의 준말. ¶~ 안녕하셨습니까?
밤새-껏[—껃] 명 밤새도록. ¶~ 책을 읽다.
밤-새우다(—)(재) 자지 않고 밤을 밝히다. ¶꼬박 뜬눈으로 ~.
밤-색(—色) 명 여문 밤의 껍질과 같은 색깔. =초콜릿색. (비)갈색. ¶~ 코트.
밤-샘 명 밤을 새우는 일. (비)철야. **밤샘-하다** (재)(여) ¶상가(喪家)에서 ~.
밤-손님[—쏜—] 명 '도둑'의 곁말. ¶~이 들다.
밤¹-송이 명 밤나무 열매인 밤을 싸고 있는 덧껍데기. 밤이 여물면 벌어짐.
밤¹송이-머리 명 밤송이처럼 자란 머리. 특히, 빡빡 깎은 머리가 약간 텁수룩하게 자란 상태인 것을 가리킴.
밤-안개 명 밤에 낀 안개.
밤-일[—닐] 명 밤의 낱낱의 일.
밤-업소(—業所) [—쏘] 명 밤에 영업을 하는, 술집·카바레 등의 업소.
밤-이슬[—니—] 명 밤에 내리는 이슬.
[**밤이슬 맞는 놈**] '도둑놈'의 곁말.
밤-일[—닐] 명 밤에 하는 일. 1야근. 2 '성교(性交)'를 에둘러 이르는 말. **밤일-하다** 통(여)
밤-잠[—짬] 명 밤에 자는 잠. ¶~을 설치다. ↔낮잠.
밤-재우다(—)(타) 하룻밤을 지나게 하다. ¶밀가루 반죽을 ~.
밤-중(—中)[—쭝] 명 1 깊은 밤. 또는, 밤의 한가운데. =야반(夜半). ¶한~. 2 어떤 사실을 전혀 모르고 있음을 빗대어 이르는 말. ¶소식이 온 지가 언젠데 아직 ~이로구면!
밤-차(—車) 명 밤에 운행하는 차.
밤-참 명 밤에 끼니 이외에 간단히 먹는 음식. (비)야식.
밤-콩 명 빛깔과 맛이 밤과 비슷하고 알이 굵은 콩.
밤¹-톨 명 밤의 하나. ¶~에 무수히 반짝이는 1별.
밤-하늘 명 밤의 하늘. ¶~에 무수히 반짝이는 1별.
밥¹ 명 1 쌀·보리·조 따위를 완전히 잠길 정도의 물에 넣고 끓인 뒤에 뜸을 들여 익힌 음식. ¶잡곡~/ ~을 안치다. 2 끼니로 먹는 음식의 통칭. ¶아침~. 3 동물의 먹이의 총칭. ¶물고기의 ~이 되다. 4 차지되는 모가치. ¶제 ~도 못 찾아 먹는다. 5 이용되거나 희생되는 대상. ¶권력의 ~이 되다.
[**밥 먹을 때는 개도 안 때린다**] 사람이 음식을 먹고 있을 때는 때리거나 꾸짖지 말라는 뜻.
밥만 축내다 마땅히 일을 해야 하는데도 하는 일이 없이 지내다. ¶허구한 날 **밥만 축내는** 식충이.

밥 먹듯 하다 예사로 자주 하다. ¶거짓 말을 **밥 먹듯 한다**.
밥² [명] 《반드시 합성어의 꼴로만 쓰여》 연장으로 물건을 베거나 깎을 때 나온 부스러기. ¶톱~ / 실~.
밥³(bop) [명][음] 초기 모던 재즈의 한 형식. 1940년대 초에 시작된 재즈 스타일의 음악으로 경묘한 새로운 리듬·멜로디·하모니가 특징임.
밥-값[-깝] [명] **1** 음식점에서 밥을 먹고 그 대가로 내는 돈이나 값. [비]식대. **2**《주로 '하다', '못 하다'와 함께 쓰여》 사람은 놀고먹어서는 안 된다는 관념에서, 밥을 먹은 만큼 마땅히 해야 하는 일이나 행동. ¶~도 못 하는 주제에 웬 반찬 타령이냐?
밥-걱정[-꺽쩡] [명] 일상생활에서의 끼니에 대한 걱정. ¶이젠 ~은 않고 산다.
밥-공기(-空器) [-꽁-] [명] 밥을 담아 먹는 데 쓰는 공기.
밥-그릇[-끄륻] [명] 밥을 담아 먹는 그릇. [비]식기(食器). ¶~을 부시다.
밥그릇 싸움 제 이익만을 챙기기 위한 다툼을 이르는 말. ¶행정 부처들이 ~에 골몰하다.
밥-맛[밤맏] [명] **1** 밥의 맛. ¶~이 좋다. **2** 밥이 먹고 싶은 마음. [비]식욕·입맛. ¶~을 잃다.
밥맛(이) 떨어지다 아니꼽고 언짢아 정이 떨어지다. 속된 말임.
밥맛-없다[밤맏업따] [형] 아니꼽고 언짢아 상대할 마음이 없다. 속된 말임. ¶정말, **밥맛없는** 친구로군. **밥맛없-이** [부]
밥-물[밤-] [명] **1** 밥을 지을 때 솥에 붓는 물. ¶~을 잡다. **2** 밥이 끓을 때 부글부글 넘는 걸쭉한 물.
밥밑-콩[밤믿-] [명] 밥에 두어 먹는 콩.
밥-반찬(-飯饌) [-빤-] [명] 밥에 곁들여 먹는 반찬.
밥-벌이[-뻘-] [명] 먹고살기 위해 돈을 버는 것. 다소 속된 어감을 가짐. ¶~도 못 하다. **밥벌이-하다** [동][자][여]
밥-보[-뽀] [명] 밥을 유달리 많이 먹는 사람.
밥-사발(-沙鉢) [-싸-] [명] 밥을 담는 사기그릇.
밥-상(-床) [-쌍] [명] 음식을 차리는 상.
밥상-머리(-床-) [-쌍-] [명] 밥을 먹고 있거나 밥상을 향하고 앉은 사람에게 있어서, 밥상을 마주한 그 위치. ¶아내는 아침부터 ~에서 잔소리를 늘어놓았다.
밥-솥[-쏟] [명] 밥을 짓는 솥. ¶전기~.
밥-숟가락[-쑫까-] [명] 밥을 먹는 데 쓰는 숟가락. [준]밥숟갈.
밥숟가락(을) 놓다 '죽다'를 속되게 이르는 말.
밥-숟갈[-쑫깔] [명] '밥숟가락'의 준말.
밥-술[-쑬] [명] **1** 밥을 뜨고 있는 숟가락. **2**《주로 '밥술이나'의 꼴로 쓰여》 굶지 않고 먹을 정도의 밥. ¶겨우 ~이나 뜨고 삽니다.
밥술이나 먹다 사는 형세가 그런대로 여유가 있다.
밥-시간(-時間) [-씨-] [명] 밥 먹을 시간.
밥-쌀 [명] 밥을 지을 쌀. ¶~을 안치다.
밥-알 [명] 밥의 낱알. [비]밥풀.
밥알을 세다 식욕이 없어 깨지락거리며 밥을 먹다.
밥알이 곤두서다 마음에 들지 않는 일을 보거나 당하여 언짢다.
밥-장사[-짱-] [명] 밥을 해서 파는 영업. **밥장사-하다** [동][자][여]
밥-주걱[-쭈-] [명] 나무·플라스틱·쇠붙이 등으로 만든, 밥을 푸는 도구. [준]주걱.
밥-주머니[-쭈-] [명] **1** 밥만 먹고 아무 일도 하지 않는 쓸모없는 사람을 낮잡아 이르는 말. **2** '위(胃)⁴'를 속되게 이르는 말. [비]밥통.
밥-줄[-쭐] [명] **1** '직업'을 속되게 이르는 말. **2**[생] =식도(食道)².
밥줄이 끊어지다 직업을 잃다. 속된 말임.
밥-집[-찝] [명] 간단한 반찬과 함께 밥을 싼값으로 파는 집.
밥-통(-桶) [명] **1** 밥을 담는 통. ¶보온~. **2** 어리석고 답답한 사람을 경멸적으로 이르는 말. 밥만 축내는 존재라는 어감이 있음. ¶어유 저런 ~! **3** '위(胃)⁴'를 낮게 이르는 말. [비]밥주머니.
밥-투정 [명] 밥을 더 달라거나 먹기 싫다고 짜증을 부리는 짓. **밥투정-하다** [동][자][여]
밥-풀 [명] **1** 무엇을 붙이기 위해 풀로 쓰는 밥알. **2** 밥그릇에 몇 알 붙어 있거나, 다른 데에 낱알로 떨어져 있거나 붙어 있는 밥. [비]밥알. ¶입가의 ~이나 떼라.
밥풀-과자(-菓子) [명] 쌀을 튀겨 조청을 발라 뭉친 과자.
밥풀-떼기 [명] 위관 계급을 나타내는 다이아몬드 모양의 물건을 속되게 이르는 말.
밥-하다[바파-] [동][자][여] 밥을 짓다.
밧데리([일]バッテリー) [명] '배터리2'의 잘못.
밧-줄[바쭐/받쭐] [명] 여러 가닥을 꼬아 만든 굵고 튼튼한 줄.
방¹(房) [명] 사람이 잠을 자거나 생활하기 위하여 집의 건물 안에 사방을 막되, 문을 내어 드나들 수 있게 만든 공간. ¶안~ / 사랑~.
방²(旁) [명] 한자의 오른쪽에 붙는 부수. '則'에서 '刂' 따위.
방ː³(榜) [명] '방문(榜文)³'의 준말. ¶~이 나붙다.
방ː⁴(放) [명][의존] **1** 총포를 쏘는 횟수를 세는 말. ¶총을 한 ~ 쏘다. **2** 사진을 찍는 횟수나 필름의 컷 수를 세는 말. ¶24~짜리 필름. **3** 주먹이나 방망이 등으로 치는 횟수를 세는 말. ¶한 ~ 먹이다.
-방⁵(房) [접미] 일부 명사에 붙어, 그와 관계된 영업을 하는 업소임을 나타내는 말. ¶금은~ / 노래~.
방갈로(bungalow) [명] 강가나 산기슭 같은 유원지에 지어 놓은 캠프용의 작은 집.
방ː-게 [명][동] 등딱지가 어두운 청록색으로 사각형이며, 표면에 넓고 깊은 세로 홈이 있는 게. 강어귀의 진흙 바닥에 삶.
방계(傍系) [-계/-게] [명] **1** 혈족의 직계에서 갈라져 나간 계통. ↔직계. **2** 어떤 분야에서 주류(主流)를 벗어나 있는 것.
방계^혈족(傍系血族) [-계-쪽/-게-쪽] [명][법] 자기와 같은 시조(始祖)로부터 갈라져 나온 혈족. 백부모(伯父母)·숙부모·생질·형제자매 따위. ↔직계 혈족.
방계^회ː사(傍系會社) [-계회-/-게훼-] [명][경] 어느 회사의 계통을 이어받은 회사로서, 자회사(子會社)보다는 밀접하지 않고 지배권도 비교적 미치지 않는 회사.
방-고래(房-) [-꼬-] [명] 방의 구들장 밑으로 나 있는, 불길과 연기가 통하여 나

ㅂ

가는 길. ¶~가 막히다. 준고래.
방곡-령(防穀令)[-공녕] 圀 조선 고종 26년(1889)에, 함경 감사 조병식이 일본에 대한 곡물의 수출을 금지한 명령.
방공(防共) 圀 공산주의 세력을 막아 내는 것. ¶~ 태세. **방공-하다** 困回
방공-호(防空壕) 圀 공습 때에 대피하기 위하여 땅속에 파 놓은 시설.
방:과(放課) 圀 (주로, '방과 후'의 꼴로 쓰여) 학교에서, 그날의 정해진 학과가 끝남. 또는, 학과를 끝냄. ¶~ 후에 보자.
방관(傍觀) 圀 (어떤 일을) 돕거나 상관하지 않고 그냥 내버려 두는 것. ¶수수~. **방관-하다** 困回 ¶학교 폭력을 더 이상 **방관할** 수 없다.
방관-자(傍觀者) 圀 방관하는 사람.
방관-적(傍觀的) 웹 방관하는 (것). ¶~ 태도.
방광(膀胱) 圀[생] 신장에서 흘러나오는 오줌을 저장했다가 일정량이 되면 요도를 통해 배출시키는, 주머니 모양의 기관.
방광-염(膀胱炎) 圀[의] 세균 감염 등으로 방광의 점막에 생기는 염증.
방-구들(房-)[-꾸-] 圀 =온돌(溫突).
방:구석(房-)[-꾸-] 圀 물을 깊은 그릇의 하나. 모양이 동이와 같으나, 좀 작음.
방-구석(房-)[-꾸-] 圀 '방(房)'을 속되게 이르는 말. ¶종일 ~에서 뒹굴다.
방:귀 圀 음식물이 창자 속에서 발효할 때 생긴 가스와 입을 통해 공기가 혼합되어 소리를 내면서 항문 밖으로 나오는 현상. 또는, 그 가스. ¶헛 ~.
[**방귀 뀐 놈이 성낸다**] 제가 잘못하고서 오히려 성냄.
방글-거리다/-**대다** 困 소리 없이 입만 약간 벌려 부드럽게 자꾸 웃다. ¶저 애는 늘 **방글거리는** 얼굴이다. 흰병글거리다.
방글라데시(Bangladesh) 圀[지] 인도 동쪽의 인민 공화국. 수도는 다카.
방글-방글 團 방글거리는 모양. ¶~ 웃다. 흰병글병글. **방글방글-하다** 困
방금(方今) 團 바로 조금 전. 멥금방. 지금. ¶~ 도착했다.
방긋¹[-끋] 團 소리 없이 입만 약간 벌려 자연스럽게 웃는 모양. ¶~ 웃다. 흰병긋. 셉빵긋. **방긋-하다** 困
방긋²[-끋] 團 입이나 문이 소리 없이 열려 있는 모양. 흰병긋. 셉빵긋. **방긋-하다** 웹回 **방긋-이** 團
방긋-거리다/-**대다**[-근거(때)-] 困 소리 없이 입을 예쁘게 벌리며 가볍게 자꾸 웃다. 흰병긋거리다. 셉빵긋거리다.
방긋-방긋[-끋빵끋] 團 방긋거리는 모양. ¶아기가 ~ 웃는다. 흰병긋병긋. 셉빵긋빵긋. **방긋방긋-하다** 困
방:기(放棄) 圀 (어떤 일이나 대상을) 버려 두고 돌보지 않는 것. **방:기-하다** 困 멥기:각되다 困
방기²(Bangui) 圀[지] 중앙아프리카 공화국의 수도.
방내(坊內) 圀 마을의 안. 멥동내(洞內).
방년(芳年) 圀 20세 전후의, 여자의 꽃다운 나이. ¶묘령. ¶~ 18세.
방:뇨(放尿) 圀 오줌을 아무 데서나 누는 것. ¶노상 ~. **방:뇨-하다** 困回
방대-하다(厖大-·尨大-) 웹 (양이나 규모가) 매우 많거나 크다. ¶**방대한** 문서. **방대-히** 團
방도(方途·方道) 圀 일을 하거나 문제를 해결할 방법과 도리. ¶살아갈 ~를 찾다.
방독-면(防毒面)[-똥-] 圀 독가스의 흡입을 막기 위하여 얼굴에 쓰는 마스크.
방동사니 圀[식] 왕골과 비슷하나, 키가 10~60cm로 작은 한해살이풀. 밭이나 들에 흔히 자라며, 꽃줄기와 잎을 약용함.
방:둥이 圀 길짐승의 엉덩이.
방:랑(放浪)[-낭] 圀 사람이 긴 나날을 일정한 거처와 계획이 없이 여기저기 떠돌아다니는 것. ¶~ 시인 김삿갓. **방:랑-하다** 困回 ¶이곳저곳으로[을] ~.
방:랑-벽(放浪癖)[-낭-] 圀 정처 없이 떠돌아다니기 좋아하는 버릇.
방:랑-자(放浪者)[-낭-] 圀 정처 없이 여기저기 떠돌아다니는 사람.
방:량(放良)[-냥][역] 노비를 놓아주어 양인(良人)이 되게 하는 것. **방:량-하다** 困回
방:류(放流)[-뉴] 圀 1 가두어 놓은 물을 터서 흘려보내는 것. 2 기르기 위하여, 어린 물고기를 강에 놓아주는 것. **방:류-하다** 困回 ¶저수지의 물을 ~. **방:류-되다** 困
방:만-하다(放漫-) 웹回 제멋대로 풀어져 맺고 끊음이 없다. ¶**방만한** 경영이 회사의 위기를 초래하였다. **방:만-히** 團
방망이 圀 둥글고 길게 깎아 만들어, 무엇을 치거나 두드리거나 다듬는 데에 쓰는 도구. ¶빨랫~ / 야구~.
방망이-질 圀 1 방망이로 다듬이나 두드리는 일. 2 가슴이 몹시 두근거리는 상태의 비유. **방망이질-하다** 困回 ¶벅찬 흥분으로 가슴이 **방망이질했**다.
방:매(放賣) 圀 물건을 내놓아 파는 것. 멥매출(賣出). **방:매-하다** 困回 멥비축
양곡.
방면¹(方面) 圀 1 어떤 방향의 지역. ¶인천 ~. 2 어떤 전문적인 분야나 부문. ¶문학 ~에 관심이 있다.
방:면²(放免) 圀 가두어 두었던 사람을 놓아주는 것. ¶훈계 ~. **방:면-하다** 困回 **방:면-되다** 困 ¶구속 학생이 ~.
방명(芳名) 圀 ('꽃다운 이름'이라는 뜻) 남의 이름을 높여 일컫는 말.
방명-록(芳名錄)[-녹] 圀 행사장·식장·기념관 등에서, 방문하거나 참석한 사람의 이름을 적어 기념이 되도록 하기 위해 마련해 둔 공책. ¶~에 서명하다.
방모-사(紡毛絲) 圀 양 등의 짧은 털이나 재생모 등으로 만든 실.
방:목(放牧) 圀 가축을 놓아기르는 것. **방:목-하다** 困回 ¶풀밭에 젖소를 ~.
방:목-장(放牧場)[-쨩] 圀 소·말·양 등의 가축을 놓아기르는 일정한 곳.
방:문¹(房門) 圀 방으로 드나드는 문.
방:문²(訪問) 圀 (사람이 어느 곳을[에]) 누구를 만나기 위해 찾아가는 것. ¶가정 ~. **방:문-하다** 困回
방문³(榜文) 圀 널리 알리기 위해 길거리 등에 써 붙이는 글. ¶~이 붙다. 준방.
방:문-객(訪問客) 圀 찾아온 손님.
방:문-단(訪問團) 圀 방문하기 위해 조직한 단체나 집단. ¶이산가족 고향~.
방:문^판매(訪問販賣) 圀[경] 판매원이 소비자가 있는 가정이나 직장 등을 직접 찾아가 상품을 판매하는 일. 또는, 그런 방식의 판매. 준방판.
방물 圀 여자에게 쓰이는 화장품이나 바느질 기구, 패물 따위의 물건.

방물-장수 [명] 방물을 팔러 다니는 여자.
방ː미(訪美) [명] 미국을 방문하는 것. **방ː미-하다** [동][자][여]
방-바닥(房―) [―빠―] [명] 방의 바닥.
방방곡곡(坊坊曲曲) [―꼭] [명] 나라 안의 모든 곳. ¶삼천리 ~.
방방-이(房房―) [부] 방마다.
방백(傍白) [명][연] 무대 위에 있는 상대역 배우에게는 들리지 않게 관객에게만 말하는 형식으로 하는 독백의 대사.
방범(防犯) [명] 범죄가 일어나지 않도록 막는 것. ¶~ 초소.
방범-등(防犯燈) [명] 범죄를 막기 위하여, 외진 곳에 설치하는 등.
방범-창(防犯窓) [명] 도둑이 침입할 수 없도록 스테인리스나 알루미늄 따위로 창살을 만들어 붙인 창.
방법(方法) [명] 어떤 일을 이루거나 해결하기 위해 사용하는 기술이나 요령. ¶최선의 ~ / ~을 강구하다. ▷방식·수단.
방법-론(方法論) [―범논] [명][철] 어떤 대상을 연구하는 방법을 다루는 이론.
방벽(防壁) [명] 공격을 막기 위한 벽.
방부(防腐) [명] 썩지 못하게 하는 것. ¶~ 처리. **방부-하다** [동][타][여]
방부-제(防腐劑) [명][약] 미생물의 생육을 막고, 물건이 썩지 않도록 하는 약제.
방ː북(訪北) [명] 북한을 방문하는 것. **방ː북-하다** [동][자][여]
방ː불-하다(彷彿―·髣髴―) [형][여] **1**《주로 '…이 …을 방불케 하다'의 꼴로 쓰여》(어떤 일이나 대상이) 다른 일이나 대상과 아주 비슷하여 구별하거나 분간하기 어렵다. ¶지옥을 **방불케** 하는 전쟁터. **2**(어떤 대상과[에]) 다를 바 없다. ¶궁궐에 **방불할** 만큼 큰 저택. **방ː불-히** [부]
방-비[1](房―) [―삐] [명] 방을 쓸기 위한 비.
방비[2](防備) [명] (침입·피해 따위를) 미리 막아서 지키는 것. 또는, 그 설비. ¶철통 같은 ~. **방비-하다** [동][타][여]
방사[1](房事) [명] 남녀가 성교(性交)하는 일. **방사-하다**[1] [동][자][여]
방ː사[2](放射) [명] **1** 중앙의 한 점에서 사방으로 내뻗치는 것. **2**[물] =복사(輻射)[2]. **방ː사-하다**[2] [동][타][여] **방ː사-되다** [동][자]
방ː사-능(放射能) [명][물] 방사성 원소의 원자핵이 저절로 붕괴되어 방사선을 방출하는 성질. 또는, 그 현상. ¶~ 무기.
방ː사-상(放射狀) [명] 중앙의 한 점에서 사방으로 바퀴살처럼 죽죽 내뻗친 모양. =방사형. ¶~ 도로.
방ː사-선(放射線) [명][물] 방사성 원소의 붕괴로 방출되는 알파선(α線)·베타선(β線)·감마선(γ線)의 총칭.
방ː사선-과(放射線科) [―꽈] [명][의] 방사선을 이용하여 병을 진단·치료하는, 의학의 한 분과.
방ː사-성(放射性) [―썽] [명][물][화] 물질이 방사능을 가진 성질.
방ː사성^동위^원소(放射性同位元素) [―썽―] [명][물][화] 방사성을 지니는 동위 원소.
방ː사-형(放射形) [명] =방사상.
방상-시(方相氏*) [명] ['氏'의 본음은 '씨'] [역] 궁중에서 거행하는 나례(儺禮) 의식에서 악귀를 쫓을 때 쓰는 나자(儺者)의 하나.
방ː생(放生) [명][불] 사람에게 잡혀 죽게 된 동물을 놓아서 살려 주는 일. ¶~ 법회. **방ː생-하다** [동][타][여] ¶물고기를 ~.
방석(方席) [명] 밑이 배기거나 바닥이 찰 때 깔고 앉을 수 있도록 피륙이나 왕골 등으로 네모지거나 둥근 모양으로 만든 작은 자리.
방석-집(方席―) [―찝] [명] **1** 방에 앉아 접대부의 시중을 받으며 술을 마시는 술집. **2**'요정(料亭)[2]'를 속되게 이르는 말.
방ː선-균(放線菌) [명][생] 주로 흙 속에 사는, 세균과 비슷한 미생물. 곰팡이의 균사처럼 실 모양으로 연결되어 자라며, 그 끝에 포자를 만듦.
방세(房貰) [―쎄] [명] 남의 집 방을 일정 기간 빌려 쓰고 내는 돈.
방ː송(放送) [명] 라디오나 텔레비전을 통해, 보도·논평·교양·음악·오락·연예 등을 전파에 실어 다수의 사람이 동시에 청취 또는 시청할 수 있도록 음성이나 영상을 널리 내보내는 일. ¶중계~ / 유선 ~. **방ː송-하다** [동][타][여] **방ː송-되다** [동][자]
방ː송-국(放送局) [명] 일정한 시설을 갖추어 방송을 하는 기관.
방ː송-극(放送劇) [명] 라디오·텔레비전을 통하여 방송되는 극. ¶연속 ~.
방ː송-망(放送網) [명] 라디오·텔레비전의 각 방송국을 연결시켜 같은 프로그램을 동시에 방송하는 체제. =네트워크.
방ː송-실(放送室) [명] 방송을 하는 방.
방수[1](防水) [명] 물체에 물이나 습기가 스며들지 않도록 하는 것. ¶~벽. **방수-하다**[1] [동][자][여]
방수[2](防銹) [명] 녹스는 것을 방지하는 일. ¶~ 도료(塗料). **방수-하다**[2] [동][자][여]
방ː수-로(放水路) [명] 댐·둑 등에서, 홍수를 방지하기 위해 유량을 조절하거나, 이용하고 난 물을 흘려보내기 위해 인공적으로 만든 물길.
방술(方術) [명] 선도(仙道)를 닦는 사람들이 행하는 갖가지 술법.
방습(防濕) [명] 습기를 막는 일. **방습-하다** [동][자][여]
방식[1](方式) [명] 어떤 일을 해내는 일정한 형식이나 형태나 경향이나 스타일. ¶사고 ~. ▷방법.
방식[2](防蝕) [명] 금속 표면의 부식(腐蝕)을 막는 것. **방식-하다** [동][타][여]
방실-거리다/-대다 [동][자] 소리 없이 입을 약간 벌리고 부드럽게 자꾸 웃다. [큰]벙실거리다.
방실-방실 [부] 방실거리는 모양. ¶아기가 ~ 웃는다. [큰]벙실벙실. **방실방실-하다** [동][자][여]
방실-판(房室瓣) [명][생] 심장의 심방과 심실 사이에서 혈액의 역류를 막는 판막.
방ː심(放心) [명] **1** 긴장이 풀어진 상태에서 조심하지 않거나 주의를 기울이지 않는 것. ¶적과 대치된 상황에서 ~은 금물이다. **2** 편안하게 마음을 놓는 것. [비]안심(安心). **방ː심-하다** [동][자][여] ¶이긴 거나 다름없다고 **방심하다가** 역전패를 당했다.
방아 [명] **1** 곡식을 찧거나 빻거나 으깨어 겉껍질을 벗기거나 가루를 내는 데 쓰는 도구. 디딜방아·물레방아·연자방아 따위. **2** 물체나 신체를 상하로 올렸다 내렸다 하는 동작을 비유적으로 이르는 말. ¶입~.
방아-깨비 [명][동] 메뚜기와 비슷하나, 머리와 몸이 가늘고 길며, 몸빛이 녹색인 곤충. 뒷다리가 길어서 끝을 손으로 쥐면 방아를 찧듯 몸을 끄떡거림.

ㅂ

방아-쇠[-쇠/-쉐] [명] 소총·권총 등에 붙어 있는, 집게손가락으로 잡아당겨서 총을 쏘게 되어 있는 굽은 쇠.

방아^타¦령 [명][음] 방아를 주제로 한 경기·서도(西道)의 민요.

방안(方案) [명] 일을 처리할 방법이나 계획. ¶구체적인 ~을 제시하다.

방안-지(方眼紙) [명][수] =모눈종이.

방앗-간(-間) [-아깐/-앋깐] [명] 방아로 곡식을 찧거나 빻는 곳. [비]정미소.

방약무인(傍若無人) [-얌-] [명] 〔곁에 사람이 없는 듯이 행동한다는 뜻〕 거리낌 없이 함부로 행동함. ¶남들이 뭐라건 ~으로 떠들어 대다.

방어[1](防禦) [명] **1** 적의 공격이나 침입을 막는 것. **2** 운동 경기나 게임에서, 상대의 공격·득점을 막는 것. ¶밀집 ~. ↔공격. **방어-하다** [동][타][여] ¶타이틀을 ~.

방어[2](魴魚) [명][동] 몸이 길이 1m 이상의 긴 방추형으로 주둥이가 뾰족하고, 등은 청회색, 배는 은백색이며 옆으로 황색 띠가 있는 바닷물고기.

방어-망(防禦網) [명] 방어를 위한 경계망. ¶~을 구축하다.

방어-벽(防禦壁) [명] 방어하기 위해 쌓은 벽. 또는, 그런 역할을 하는 것. ¶늘 든든한 ~이 되어 주시는 부모님.

방어-선(防禦線) [명][군] 적의 공격을 막기 위해 지역적으로 길게 진지나 병력을 베풀거나 배치한 영역. ¶~을 돌파하다.

방어^운¦전(防禦運轉) [명] 다른 운전자의 부주의한 운전으로 빚어질 수 있는 돌발 사고에 미리 대처하는 운전.

방어-율(防禦率) [명][체] 야구에서, 투수가 상대 팀의 공격을 방어한 비율. ↔타율.

방어-전(防禦戰) [명] **1** 적의 공격이나 침입을 막기 위해 하는 전투. **2** 프로 권투나 프로 레슬링에서, 챔피언이 타이틀을 지키기 위해 치르는 경기.

방언(方言) [명][언] **1** 각 지방의 언어 체계. 표준어는 서울 방언을 토대로 하여 이루어진 것임. **2** 특히, 표준어와 다른 각 지방의 언어 체계나 개별적 단어. [비]사투리. ↔표준어.

방역(防疫) [명] 전염병의 유행을 예방하기 위해 환자나 보균자의 조기 발견·격리·소독 등의 조치를 하는 일. **방역-하다** [동][타][여]

방연-석(方鉛石) [명][광] 납의 중요한 원료가 되는 광물. 연회색의 금속광택이 남.

방¦열(放熱) [명] 열을 발산하는 것. 또는, 그 열. ↔흡열. **방¦열-하다** [동][자][여]

방¦열-기(放熱器) [명] **1** 증기의 열을 발산하여 공기를 따뜻하게 하는 난방 장치. **2** 공기·물 등에 열을 발산시켜 기계를 냉각시키는 기구. =라디에이터.

방¦영(放映) [명] (어떤 프로그램을) 텔레비전으로 방송하는 것. **방¦영-하다** [동][타][여] ¶외화(外畫)를 ~. **방¦영-되다** [동][자]

방울[1] [명] 쇠붙이로 속이 빈 상태로 둥글게 만들고 그 속에 단단한 물건을 넣어, 흔들면 소리가 나게 만든 물건. ¶왕~.

방울[2] [명] [1][자립] **1** 일반적으로 팥알이나 콩알보다 작은 크기로 맺히거나 만들어지는 둥근 형태의 액체. ¶물~ / 이슬~. **2** 속이 빈 상태로 공처럼 동그랗게 부풀어 생기는 액체의 거품. ¶비눗~. [2][의존] [1]을 세는 단위. ¶한 ~.

방울-방울 Ⅰ[명] 방울마다 모두. Ⅱ[부] 여러 개로 방울이 진 모양. ¶콧등에 땀방울이 ~ 솟다.

방울-뱀 [명][동] 꼬리 끝에 발음기가 있어, 꼬리를 흔들면 소리가 나는 독사.

방울-벌레 [명][동] 가을 풀숲에서 고운 방울 소리를 내며 우는 곤충. 몸빛이 암갈색이며 한 쌍의 긴 촉각이 있음.

방울-새[-쌔] [명][동] 몸빛이 짙은 갈색이고, 날개는 검은색과 흰색이 섞여 있으며 노란색 띠가 뚜렷한 작은 새. 숲이나 농경지에서 살며, 고운 울음소리를 냄.

방울-지다 [동][자] 방울이 생겨 맺히다.

방울-토마토(-tomato) [명][식] 열매를 지름 2~3cm의 크기로 아주 작게 개량한 토마토.

방위[1](方位) [명] 어느 위치가 기준점에 대하여 어느 방향에 속하는지를 나타내는 관계. 동·서·남·북의 4방위를 기본으로 하여 8방위·16방위·32방위로 나뉨.

방위[2](防衛) [명] 적의 공격을 막아서 지키는 것. ¶국토~. **방위-하다** [동][타][여]

방위^산¦업(防衛産業) [명] 국가 방위를 위한 군수품을 생산하는 모든 산업. ¶~체(體).

방위-세(防衛稅) [-쎄] [명][법] 국토방위를 위하여, 국방력을 증강하는 데 필요한 재원을 확보하기 위하여 부과하는 국세.

방음(防音) [명] 어떤 시설이나 장치에 의해 소리가 바깥으로 새어 나가거나 바깥에서 새어 들어오는 것을 막는 것. **방음-하다** [동][자][여]

방음-벽(防音壁) [명] 외부의 소음이나 실내의 음향을 차단하기 위하여 두껍게 하거나 방음재를 사용한 벽.

방¦일(訪日) [명] 일본을 방문하는 것. **방¦일-하다** [동][자][여]

방¦임(放任) [명] (보호하거나 감독해야 할 사람이나 일을) 간섭하지 않고 내버려 두는 것. ¶자유~. **방¦임-하다** [동][타][여] ¶부모가 아이들을 ~.

방¦임-주의(放任主義) [-의/-이] [명] 간섭하지 않고 내버려 두는 주의.

방자(房子·幇子) [명][역] 조선 시대에 지방의 관청에서 심부름하던 남자 하인.

방¦자-하다(放恣-) [형][여] 예의를 갖추지 않거나 삼가는 태도가 없이 함부로 또는 멋대로 행동하는 상태에 있다. ¶보자 보자 하니 **방자하기** 짝이 없구나.

방장[1](方丈) [명] 〔방의 크기가 사방 열 자라는 뜻〕 [불] **1** 총림(叢林)의 최고 책임자. [비]주지. **2** 1이 거처하는 방.

방장[2](房長) [명][컴] 인터넷·컴퓨터 통신에서, 특정의 대화방이나 퀴즈방 등을 책임지고 관리하는 사람.

방장[3](房帳) [-짱] [명] 방 안에 치는 휘장.

방재(防災) [명] 폭풍·홍수·화재 등의 재해를 막는 일. ¶~ 시설. **방재-하다** [동][자][여]

방적(紡績) [명] 동식물의 섬유나 합성 섬유를 가공하여 실을 만드는 일. ¶~기(機) / ~ 공업. **방적-하다** [동][자][여]

방¦전(放電) [명][물] **1** 전지나 축전기 또는 전기를 띤 물체에서 전기가 흘러나오는 현상. ¶배터리의 ~으로 차에 시동이 걸리지 않는다. ↔충전. **2** 절연체를 사이에 낀 두 전극 사이에 고전압을 가했을 때 전류가 흐르는 현상. **방¦전-되다** [동][자]

방점(傍點) [-쩜] [명] **1** [언] 15~16세기 중세 후기 국어에서, 단어 음절의 높낮이를 나타내기 위해 그 글자 왼쪽에 찍은 점.

거성(去聲)·상성(上聲)·평성(平聲)·입성(入聲) 등이 있음. =사성점. **2** 보는 사람의 주의를 환기시키기 위하여 글자 옆이나 위에 찍는 점.

방정(方正) 뗑 말이나 행동이 신중하지 못하고 경망스러운 상태. ¶~을 떨다.

방정-맞다[-맏따] 혱 방정을 떠는 성질이 있다. ¶**방정맞은** 소리.

방정-식(方程式) 뗑[수] 식 중의 미지수에 특정한 수치를 주었을 때에만 성립하는 등식. ↔항등식.

방정-하다(方正-) 혱여 (말이나 행동이) 나무랄 데 없이 바르다. ¶**품행**이 ~.

방-정환(方定煥) 뗑[인] 아동 문학가(1899~1931).

방제[1](防除) 뗑 **1** 재앙이나 재해를 미리 막아 제거하는 것. **2** 농작물을 병충해로부터 예방하거나 구제하는 것. **방제-하다** 통여 ¶농약으로 병충해를 ~.

방제[2](房題) 뗑 인터넷상에서, 대화방의 주제나 목적을 나타내려 붙이는 제목.

방조(幇助·幫助) 뗑 (어떤 일을) 거들어서 도와주는 것. ¶~범 / ~죄. **방조-하다** 통여 ¶범죄를 ~.

방조-림(防潮林) 뗑 바닷바람이나 해일 등의 피해를 막기 위하여 해안 지방에 조성한 숲.

방조-범(幇助犯) 뗑[법] 타인의 범죄 행위를 도움으로써 성립하는 범죄. 또는, 그 범인. =종범(從犯).

방조-제(防潮堤) 뗑 밀려드는 조수(潮水)의 피해를 막기 위해 바닷가에 쌓은 둑.

방!종(放縱) 뗑 규범이나 규율을 무시하거나 제멋대로 행동하는 상태에 있는 것. **방!종-하다** 혱여 ¶**방종한** 생활.

방주(方舟) 뗑 네모진 모양의 배. ▷노아의 방주.

방축 뗑 **1** 주로 농사짓는 데 물을 이용하기 위해 논밭 근처에 물이 고여 있도록 둑으로 둘러막은 곳. 저수지보다 크기가 작음. **2** 물이 밀려드는 것을 막기 위해 쌓은 둑. ¶호우로 ~이 무너지다.

방증(傍證) 뗑 사실을 직접 증명할 수 있는 증거가 되지는 않지만, 주변의 상황 등을 밝힘으로써 간접적으로 그 증명하는 데에 구실을 하는 증거. ¶~ 자료.

방지(防止) 뗑 (부정적인 일을) 일어나지 못하게 막는 것. ¶화재 ~. **방지-하다** 통여 ¶사고를 미연에 ~. **방지-되다** 통재

방지-기(房-) 뗑 방을 지키는 사람.

방지-책(防止策) 뗑 부정적인 일을 방지하는 방법. ¶수해 ~을 강구하다.

방직(紡織) 뗑 실로 직물을 짜는 일.

방진[1](方陣) 뗑[군] 병사를 사각형으로 배치하여 치는 진.

방진[2](防塵) 뗑 먼지가 들어오는 것을 막음. ¶~ 마스크.

방책[1](方策) 뗑 방법과 꾀. ¶부패 척결의 ~을 철저하게 세우다.

방책[2](防柵) 뗑 적이나 맹수의 침입을 막기 위하여 쌓은 울타리.

방천(防川) 뗑 둑을 쌓거나 나무를 심어 냇물이 넘쳐 들어오는 것을 막는 것. 또는, 그 둑.

방첨-탑(方尖塔) 뗑 =오벨리스크.

방첩(防諜) 뗑[군] 간첩 활동을 막는 것. **방첩-하다** 통여

방청(傍聽) 뗑 회의나 토론이나 공판 따위를 발언권 없이 곁에서 듣는 것. 또는, 공개 방송에 구경하는 입장으로 참석하는 것. **방청-하다** 통여 ¶공판을 ~.

방청-객(傍聽客) 뗑 방청을 하는 사람.

방청-권(傍聽券) [-꿘] 뗑 방청을 허락하는 표.

방청-석(傍聽席) 뗑 방청객이 앉는 자리.

방추-가공(防皺加工) 뗑 구김이 잘 가는 천에 수지(樹脂)를 먹여서 구김을 방지하는 것.

방추-형(紡錘形) 뗑 물레의 가락 비슷한 모양. 곧, 원기둥의 양 끝이 뾰족한 모양.

방축^가공(防縮加工)[-까-] 뗑 직물이 세탁으로 인하여 수축되는 것을 막기 위한 가공.

방!출(放出) 뗑 **1** 비축해 놓은 것을 내놓는 것. **2**[물] 열·빛·전파의 형태로 에너지를 내보내는 것. **3** (구단 등이 소속 선수를) 팀 밖으로 내보내는 것. **방!출-하다** 통여 ¶정부미를 ~. **방!출-되다** 통재 ¶세 명의 선수가 소속 팀에서 ~.

방충(防蟲) 뗑 해충의 침해를 막는 일.

방충-망(防蟲網) 뗑 모기·파리 등이 들어오지 못하게 창문 같은 곳에 치는 망.

방충-제(防蟲劑) 뗑 해충을 방제하는 약제. 장뇌·나프탈렌 따위.

방!치(放置) 뗑 (어떤 일이나 대상을) 마무리하거나 바로잡거나 처리하지 않고 내버려 두는 것. **방!치-하다** 통태여 ¶사고 차량을 ~. **방!치-되다** 통재

방침(方針) 뗑 앞으로 할 일을 처리해 나갈 방향과 계획. ¶영업 ~.

방카쉬랑스 bankassurance 뗑 [〈banque(은행)+assurance(보험)] 은행이 보험 회사와 제휴해 보험 상품을 판매하는 금융 서비스.

방콕(Bangkok) 뗑[지] 타이의 수도.

방탄-유리(防彈琉璃) [-뉴-] 뗑 강화(強化) 유리를 무색투명한 플라스틱 필름으로 여러 겹 마주 붙여서 총탄의 관통을 막을 수 있게 한 판유리.

방탄-조끼(防彈-) 뗑 총탄이 가슴이나 복부를 뚫지 못하도록 입는, 특수강 따위로 만든 조끼 모양의 옷.

방!탕(放蕩) 뗑 **1** 주색잡기에 빠져 행실이 좋지 못한 것. **2** (마음이) 들떠 걷잡을 수 없는 것. **방!탕-하다** 혱여 ¶**방탕한** 생활.

방파-제(防波堤) 뗑[건] 밀려드는 파도를 막기 위하여 항만에 쌓은 둑.

방!판(訪販) 뗑[경] '방문 판매'의 준말.

방패(防牌·旁牌) 뗑 지난날, 전쟁터 등에서 적과 맞서 싸울 때, 한 손에 들고 적의 칼·창·화살 등의 공격을 막는 데 쓰던, 쇠붙이나 나무 따위로 만든 물건.

방패-막이(防牌-) 뗑 어떤 일을 함에 있어서, 비난이나 처벌 등을 면하거나 막을 수 있게 해 주는 수단이나 방법. 비유적인 말임. ¶그는 아버지의 권력을 ~로 하여 온갖 비리를 저질러 왔다.

방패-연(防牌鳶) 뗑 방패 모양으로 네모난 연.

방편(方便) 뗑 목적을 이루기 위해 그때그때 쉽게 사용하는 수단. ¶결혼을 출세의 ~으로 삼다.

방풍(防風) 뗑 바람을 막는 것. 町바람막이. **방풍-하다** 통여

방풍-림(防風林) [-님] 뗑 바람을 막기 위하여 가꾼 숲.

방학(放學) 뗑[교] 학교에서 학기나 학년

이 끝난 뒤 또는 더위나 추위를 피하기 위하여 수업을 일정 기간 동안 쉬는 일. 또는, 그 기간. ¶여름[겨울] ~. ↔개학. **방학-하다** 통(재)여 방학에 들어가다.
방한¹(防寒) 명 추위를 막는 것. ¶~ 용구. **방한-하다** 통(재)여
방:한²(訪韓) 명 한국을 방문하는 것. ¶~ 인사(人士). ~단.
방한-모(防寒帽) 명 추위를 막기 위하여 쓰는 모자.
방한-복(防寒服) 명 추위를 막기 위하여 입는 옷.
방해(妨害) 명 (어떤 사람이나 대상이 어떤 일을) 해를 주는 행동이나 작용을 하여, 제대로 하거나 나아가지 못하게 하는 것. ¶공무 집행 ~. **방해-하다** 통(타)여 ¶ 영업을 ~. **방해-되다** 통(재)
방해(를) 놓다 남에게 방해가 되는 짓을 하다.
방해-꾼(妨害-) 명 방해하는 사람.
방해-물(妨害物) 명 방해가 되는 물건.
방해-석(方解石) 명(광) 탄산칼슘을 주성분으로 하는 광물. 무색 또는 백색이며 유리 광택이 있다.
방향¹(方向) 명 1 사람이나 사물 등이 향하거나 움직이는 쪽. 2 장차어 나아가고자 하는 일의 목표나 대상. ¶이야기를 엉뚱한 데로 돌리다.
방향²(芳香) 명 꽃다운 향기. 또는, 좋은 냄새. ¶~를 뿜다.
방향-제(芳香劑) 명 좋은 냄새가 있어 기분을 상쾌하게 하는 약제.
방향=탐지기(方向探知機) 명(물) 무선 전신·무선 전화 따위에서 전파가 오는 방향을 측정하여 알아내는 장치.
방향-표(方向標) 명 어느 쪽으로 가는 쪽을 보게 쓰는 부호. 화살표 끝이 가는 쪽을 가리키게 하여 '→(화살표)'를 쓴다.
방형(方形) 명 네모반듯한 모양.
방호(防護) 명 위험을 막아 보호하는 것. ¶~ 시설. **방호-하다** 통(타)여 ¶환자를 방사선 피폭으로부터 **방호**해야 한다.
방화¹(防火) 명 화재를 미리 막는 것. ¶~ 책임자. **방화-하다** 통(재)여
방화²(邦畫) 명 자기 나라에서 만든 영화. ↔외화.
방:화³(放火) 명 (일부러 건물이나 구조물이나 탈것 등에) 불을 지르는 것. ¶게릴라들의 ~와 약탈을 자행하다. ▷ 소화(消火)·실화(失火). **방:화-하다** 통(재)여
방:화-범(放火犯) 명[법] 일부러 불을 질러 화재를 일으킨 사람.
방화-벽(防火壁) 명 1 불에 잘 견디는 재료를 써서 만든 담벼락. 건물의 경계나 내부에 설치한다. 2 [컴] 해커의 침입을 차단시키는 보안 프로그램이나 시스템.
방화-선(防火線) 명 불이 번지는 것을 막기 위하여 불에 탈 만한 것들을 없애고 비워 둔, 띠 모양의 지역.
방황(彷徨) 명 1 방향이나 위치를 잘 몰라 이리저리 헤매는 것. 2 삶의 분명한 목표를 정하지 못하고 마음의 갈등을 겪거나 갈팡질팡하는 것. **방황-하다** 통(재)(타)여 ¶ 길을 잃고 거리를 ~.
방휼지쟁(蚌鷸之爭) [-찌-] 명 [조개와 도요새가 서로 다툴 때 지나가는 사람이 도요새와 조개를 함께 잡았다는 우화에서] 제3자만 이롭게 하는 싸움을 이르는 말. ▷ 어부지리.

밭¹[받] 명[여러] 1 물을 대지 않은 땅에 배추·무 등의 채소나 보리·밀·콩 등의 곡식을 심어 가꾸는 땅. ¶논. 2 식물이 저절로 우거져 있는 땅. ¶풀~. 3 장기·고누·윷놀이·바둑 등에서, 말이 놓이는 자리. 2[여러] 윷판에서, 말이 가는 자리를 세는 단위. ¶한 ~.
밭-²[받] 접 '바깥'을 줄여 쓰는 말. ¶~사돈 / ~주인.
밭-갈이[받깔-] 명 밭을 가는 일. **밭갈이-하다** 통(재)여 ¶소로 ~.
밭-고랑[받꼬-] 명 밭이랑 사이의 골이 진 곳.
밭-농사(-農事) [받-] 명 밭에서 짓는 농사. ↔논농사.
밭다¹[받따] 형(재) 액체가 바싹 줄어들어 말라붙다. 2 몸에 살이 빠져서 여위다.
밭다²[받따] 톰(타) (건더기와 국물이 섞인 것을) 체 같은 데에 부어서 국물만 받아내다. ¶술을 체에 ~.
밭다³[받따] 형 1 시간이나 공간이 몹시 가깝다. ¶해를 넘기지 않으려고 결혼 날짜를 밭게 잡았다. 2 (숨결이) 가쁘고 급하다. ¶밭은 숨을 몰아쉬다. 3 (길이가) 짧다. 4 지나치게 아껴서 인색하다. ¶재물에 ~. 5 즐기는 정도가 너무 심하다. ¶색(色)에 ~. 6 음식을 가려 먹는 것이 심하거나 못 먹는 것이 많다. ¶입이 ~.
밭다리=걸기[받따-] 명[체] 씨름에서, 상대의 오른쪽 다리가 앞으로 나와 있거나 몸무게 중심이 오른쪽에 있을 때, 그 틈을 타서 상대의 왼쪽 다리를 걸고 오른쪽 가슴으로 밀어서 넘어뜨리는 기술. ▷ 안다리 걸기.
밭-두둑[받뚜-] 명 =밭두렁.
밭-두렁[받뚜-] 명 밭이랑의 두둑한 부분. = 밭두둑. ▷ 논두렁.
밭-둑[받-] 명 밭 가로 둘러 있는 둑.
밭-떼기[받-] 명 밭에서 나는 작물을 밭에 나 있는 채로 몽땅 사는 일. ▷ 차떼기.
밭-뙈기[받-] 명 얼마 안 되는 밭을 얕잡아 일컫는 말. ¶손바닥만 한 ~을 부치어 근근이 산다.
밭-머리[받-] 명 밭이랑의 양쪽 끝이 되는 부분.
밭은-기침 명 소리도 크지 않고 힘도 과히 들지 않으며 자주 하는 기침.
밭-이랑[받니-] 명 밭의 이랑.
밭-일[받닐] 명 밭에서 하는 일. ↔논일. **밭일-하다** 통(재)여
밭-작물(-作物) [받짱-] 명 밭에서 거두는 농작물.
밭장-다리[받짱-] 명 두 발끝이 밖으로 벌어진 다리. 또는, 그런 다리를 가진 사람. ↔안짱다리.
밭-치다[받-] 톰(타) '밭다'의 힘줌말.

배¹[자례] 1[생] 사람이나 척추동물의 몸에서 가슴과 골반 사이에 있는 부분. ¶ ~가 나오다. 2[생] 사람이나 짐승의 몸에서, 위·창자 따위가 든 횡격막 아래의 내부 공간. 또는, 그 공간에서 아픔이나 포만·공복 등의 생리적 감각을 일으키는 위·창자 따위의 장기(臟器). ¶~가 아프다. 3[생] 태아가 자라는 공간으로서의 자궁 (胎盤). 4[생] 곤충 따위의 몸통에서 가슴 아래의 부분. 5 긴 물건 가운데의 볼록한 부분. ¶~가 부른 장독. 2[의존] 짐승이 새끼를 낳는 횟수를 세는 단위. ¶한 ~에 다섯 마리를 낳다.

[배가 남산만 하다] ㉠임신한 여자의 배가 몹시 부르다. ㉡되지못하게 거만하고 떵떵거림을 비웃는 말. [배보다 배꼽이 더 크다] 주된 것보다 딸린 것이 더 크거나 많다.

배를 채우다 재물이나 이득을 많이 차지하여 욕심을 채우다.

배(가) 맞다 1 남녀가 남모르게 서로 몸을 허락하다. 2 떳떳하지 못한 일을 하는 데에 서로 뜻이 통하다.

배(가) 아프다 남이 잘되어 심술이 나다.

배[2] [명] 사람·동물·물건 등을 싣고 바다·강·호수 등의 물 위에 떠서 이동할 수 있도록 바닥과 둘레를 막은 탈것. [비]선박. ¶고깃~ / 돛단~.

배[3] [명] 배나무의 열매. 살은 달고 즙이 많음.

배[4](胚) [명][생] 1 발생 초기의 어린 생물. 다세포 동물의 경우에는 난할을 시작하고 난 이후의 발생기에 있는 개체를 이름. 2 수정란이 어느 정도 발달한 어린 포자체. =씨눈.

배ː[5](倍) [명] [1][자립] 수량이나 크기, 정도 등이 두 번 합한 만큼인 것. [비]곱·갑절. ¶물가가 ~는 올랐다. [2][의존] 《수를 나타내는 말 뒤에 쓰여》 그 수만큼 거듭된 수나 양임을 나타내는 말. [비]곱. ¶두 ~.

배[6](杯) [명][의존] 술·음료수의 잔 수를 세는 말. ¶일 ~.

배ː[7](拜) [명][의존] 〔절한다는 뜻〕 편지 글에서, 글을 마치고 글을 쓴 사람의 이름을 밝힌 다음에 경의를 나타내는 뜻으로 쓰는 한문 투의 말. ¶홍길동 ~.

-배[8](輩) [접미] 한자어로 된 명사나 그에 준하는 말 뒤에 붙어, 그 명사의 특성을 가진 사람의 무리임을 나타내거나, 그 무리에 속하는 사람임을 나타내는 말. ¶불량~ / 소인~.

배ː가(倍加) [명] 갑절로 늘리거나 늘어나는 것. **배ː가-하다** [동][자][타][여] ¶생산량을 ~. **배ː가-되다** [동][자] ¶부담이 ~.

배갈(←[중]白干儿) [명] =고량주.

배격(排擊) [명] (남의 의견·사상·물건 등을) 물리치는 것. **배격-하다** [동][타][여] ¶양담배를 ~. **배격-되다** [동][자]

배ː경(背景) [명] 1 뒤쪽의 경치. ¶폭포를 ~으로 하여 사진을 찍다. 2 무대 뒤에 꾸며 놓은 장치. 3 [문] 소설·극 등에서, 사건이 일어나는 시대적·사회적 환경이나 장소. [비]무대. ¶일제 강점기를 ~으로 한 작품. 4 어떤 사물에 관한 숨겨진 사정이나 배후의 세력. ¶이 사건에는 모종의 정치적 ~이 깔려 있다. 5 뒤에서 도와주는 세력이나 힘. ¶~이 든든하다.

배ː경^음악(背景音樂) [명][음] 영화나 연극 등에서 대사나 동작의 배경으로 흐르는 음악.

배-고프다 [형] 〈~고프니, ~고파〉 배 속이 비어서 음식이 먹고 싶다. ↔배부르다.

배고픔 [명] 배가 고픈 상태. ¶~을 느끼다.

배-곯다[-골타] [동][자] 먹는 것이 적어서 배가 차지 않다. 또는, 배가 고파 고통을 받다. ¶**배곯고** 살던 어려운 시절.

배ː관(配管) [명] 액체·기체 등을 보내거나 빼기 위해 관을 배치하는 것. ¶~ 공사. **배ː관-하다** [동][자][여]

배ː교(背教) [명] 자기가 믿는 종교의 교의(教義)를 저버리거나 부정하는 것. ¶~자(者). **배ː교-하다** [동][자][여]

배ː구[1](配球) [명][체] 1 야구에서, 투구(投球)의 종류를 적절히 안배하는 것. 2 배구·농구·축구 등에서, 다른 선수에게 공을 안배하는 일. ¶절묘한 ~로 공격의 맥을 살리다.

배구[2](排球) [명][체] 6명 또는 9명으로 된 두 팀이 한가운데에 네트를 두고, 상대편이 서브한 공을 땅에 떨어뜨리지 않은 상태로 손으로 쳐서 세 번 안에 상대편 코트로 넘기는 경기.

배구-공(排球-) [명] 배구에 쓰이는 공. 흰색의 둥근 공임.

배ː금-주의(拜金主義)[-의/-이] [명] 돈을 최고의 것으로 여기는 주의. ¶~가 만연한 사회.

배ː급(配給) [명] 1 (국가나 사회단체가 구호물자 따위를 사람들에게) 나누어 주는 것. ¶식량 ~. 2 축구 등에서, (볼을) 전방 공격수에게 패스하는 것. ¶미드필더의 안정적인 볼 ~. 3 (완성된 영화를 여러 상영관에) 나누어 주는 것. ¶~ 회사. **배ː급-하다** [동][타][여] **배ː급-되다** [동][자]

-배기[1] [접미] 1 주로 유아의 나이에 붙어, 그 나이의 아이임을 나타내는 말. ¶한 살~. ▷-짜리. 2 나이가 제법 찬 사람임을 나타내는 말. ¶나이~. ×-박이·-바기.

-배기[2] [접미] 어떤 특성이 있는 사물이나 사람임을 나타내는 말. ¶공짜~ / 진짜~. ▷-빼기.

배기[3](排氣) [명] 1 공기를 밖으로 뽑아내는 것. 2 [공] 열기관에서, 일을 끝낸 뒤의 불필요한 증기나 가스. ¶~량(量). **배기-하다** [동][자][타][여] 공기를 밖으로 뽑아내다.

배기-가스(排氣gas) [명] 내연 기관 등에서 불필요하게 되어 배출되는 기체.

배기다[1] [동][자] 몸의 밑에서 단단한 것이 받치는 힘을 느끼게 되다. ¶오래 앉아 있었더니 엉덩이가 **배긴다**.

배기다[2] [동][자] 참기 어려운 일을 끝까지 견디다. ¶일이 힘들어 몸이 **배기질** 못하다.

배기-펌프(排氣pump) [명] 1 =공기 펌프1. 2 광산·토목 공사 등에서, 가스·공기를 배출하는 데 쓰이는 기계의 총칭.

배-꼽 [명][생] 배 한가운데에 오목하게 들어간, 탯줄을 끊은 자리.

배꼽(을) 쥐다 우스움을 참지 못하고 크게 웃다.

배꼽-시계(-時計)[-씨계/-씨게] [명] 배가 고픈 것으로 시간을 짐작하는 일을 시계에 빗대어 우스꽝스럽게 이르는 말.

배꼽-참외[-외/-웨] [명] 꽃받침이 떨어진 자리가 유달리 볼록 내민 참외.

배꼽-춤 [명]〈속〉 벨리 댄스.

배꼽-티(-←T-*shirt*) [명] 길이가 짧아서 배꼽이 드러나게 되어 있는 티셔츠.

배-꽃[-꼳] [명] 배나무의 꽃. =이화(梨花).

배-나무 [명][식] 가을에 열매인 둥근 배가 누렇게 익는 낙엽 활엽 교목. 과수로 재배하는데, 4월에 흰 꽃이 핌. 열매는 달고 특히 수분이 많음.

배낭[1](胚囊) [명][식] 종자식물의 자성 배우체. 이 안에 있는 난세포가 수정하여 자라면 배(胚)가 됨.

배ː낭[2](背囊) [명] 주로 여행이나 야유회 등을 갈 때, 필요한 물건을 넣어서 등에 질 수 있도록 만든, 두 개의 멜빵이 달린 자루 모양의 물건. ¶등산 ~. ▷륙색.

배ː낭-여행(背囊旅行) [명] 배낭에 식량·취

사도구·옷 등을 준비하여 최소의 경비로 다녀오는 여행.
배:내-똥 갓난아이가 먹은 것 없이 맨 처음 싸는 똥. =태변(胎便).
배:내-옷[-옫] 명 깃저고리.
배:냇-병신(-病身) [-내뼝-/-낻뼝-] 명 태어날 때부터 기형적인 몸. 또는, 그런 몸을 가진 사람. 얕잡는 말임.
배:냇-저고리 [-내쩌-/-낻쩌-] 명 =깃저고리.
배:냇-짓 [-내찓/-낻찓] 명 갓난아이가 자면서 웃거나 얼굴을 찡그리는 짓. **배:냇짓-하다** 자여
배너⌃광고(banner廣告) 명 인터넷에서, 웹 페이지에 직사각형의 띠 모양으로 만들어 제시한 광고. 이것을 클릭하면 이 광고를 낸 곳의 홈 페이지가 열림.
배뇨(排尿) 명 오줌을 몸 밖으로 내보내는 것. ¶~가 시원찮다. **배뇨-하다** 자여
배:다¹ 困 1 (액체나 냄새 등이 천이나 종이 등에) 옮겨져 한동안 들어 있는 상태가 되다. ¶담배 냄새가 옷에 ~. 2 (어떤 버릇이) 몸에 붙어 익숙해지거나 어떤 행동을 자주 하게 되다. ¶몸에 밴 버릇. 3 (대상에 어떤 흔적이나 자취가) 남아서 느껴지다. ¶이 유품에는 아버지의 숨결이 짙게 배어 있다.
배:다² 匣 1 (사람이나 동물이 배 속에 아이나 새끼 또는 알을) 가지다. ¶아이를 밴 여자. ¶가슴 속에 이상(을) 가지다. ¶이삭을 밴 벼 포기. 2 匣 (식물의 이삭이나 열매가) 줄기에 생기다. ¶이삭이 ~.
[배지 아니한 아이를 낳으라 한다] 무리한 요구를 함.
배다³ 匣 1 (일정한 공간에 들어 있는 여러 사물의 간격이) 보통의 정도보다 좁다. 예촘촘하다. 밴대말 배게 심다. 2 (소견이) 너그럽거나 너르지 못하고 좁다.
배-다르다 匣ㄹ <~다르니, ~달라> 아버지는 같으나 낳은 어머니가 다르다. ¶배다른 동생. 예이복(異服).
배-다리 명 1 배를 한 줄로 촘촘히 띄워 그 위에 널빤지를 깐 다리. =선교(船橋). 2 교각을 세우지 않고 널조각을 걸쳐 놓은 나무다리.
배달¹ 명 우리나라의 상고 시대 이름. ['倍達'은 취음]
배:달²(配達) 명 (물건을 어떤 사람에게서 주문에 의해 그가 있는 집이나 곳에까지 가져다주는 것. 또는, (우편물을 수신자에게) 가져다주는 것. ¶~료. **배:달-하다** 타여 **배:달-되다** 자여
배달-민족(-民族) 명 우리 민족을 이르는 말.
배:달-원(配達員) 명 배달하는 일을 직업으로 하는 사람. ¶신문 ~.
배:당(配當) 명 1 나누어 맡기는 것. 2 [경] 주식회사가 이익금을 현금 또는 주식으로 할당하여 일부를 출자자나 주주에게 나누어 주는 것. ¶주식 ~. **배:당-하다** 타여 **배:당-되다** 자여
배:당-금(配當金) 명 1 배당하는 돈. 특히, 주식 배당금. 2 [경] 주주에 대한 회사의 이익 분배금.
배:당-락(配當落) [-낙] 명 [경] 배당 기준일이 지나 배당금을 받을 수 없게 된 상태. ↔배당부.

배:당-부(配當附) 명 [경] 매매하는 주식에 배당금을 받을 권리가 딸려 있는 상태. ↔배당락.
배:당-체(配糖體) 명 [화] 당류(糖類)와, 알코올·페놀 등의 수산기(水酸基)가 진 유기 화합물이 결합한 화합물.
배:덕(背德) 명 윤리·도덕에 어그러지는 것. 또는, 은덕을 잊고 배반하는 것. ¶~자. **배:덕-하다** 자여
배-돌다 困 <~도니, ~도오> 한데 어울리지 않고 동떨어져 행동하다.
배드민턴(badminton) 명 [체] 네트를 사이에 두고, 라켓으로 셔틀콕을 서로 치고 받는 경기.
배-따라기 명 서도 민요의 하나. 뱃따라기 춤을 출 때 나중에 부르는 것으로, 어부들의 신세타령을 노래함.
배-때기 '배[1]'을 비속하게 이르는 말.
배라-먹다 [-먹-] 타여 '빌어먹다'의 작은말로, 홀하게 또는 만만치 낮게 이르는 말.
배란(排卵) 명 [생] 성숙한 난세포가 난소에서 배출되는 일. **배란-하다** 자여 **배란-되다** 자여
배란-기(排卵期) 명 [생] 성숙한 난세포가 난소에서 배출되는 시기.
배:래 명 '배래기'의 준말.
배:래-기 명 1 물고기의 배의 부분. 2 한복 소매 아래쪽의 볼록하게 둥글린 부분. 준 배래.
배럴(barrel) 명 [의존] 용량의 단위. 영국에서는 36갤런, 미국에서는 31.5갤런.
배:려(配慮) 명 관심을 가지고 도와주거나 보살펴 주는 것. **배:려-하다** 타여 ¶남을 배려할 줄 모르는 이기적인 행동.
배:례(拜禮) 명 절하는 예(禮). 또는, 절하여 예를 갖추는 것. **배:례-하다** 자여 ¶신랑 신부가 초례청에서 ~.
배메기 명 [농] 지주가 소작인에게 소작료를 수확량의 절반으로 매기는 일. =반타작. **배메기-하다** 타여
배:면(背面) 명 위치상으로 등 쪽의 면. 예뒤쪽. ↔복면(腹面).
배미 명 '논배미'의 준말. 2 [의존] [1]을 세는 단위로 이르는 말. ¶논 한 ~.
배:반(背反·背叛) 명 (의리나 믿음을 지켜야 할 대상을) 저버리고 돌아서는 것. **배:반-하다** 타여 ¶친구를 ~.
배반^사건(排反事件) [-껀] 명 [수] 확률론에서, 몇 개의 사건이 있을 때, 그중 한 사건이 일어나면 나머지 사건은 절대로 일어나지 않을 경우, 그 사건 상호 간을 이르는 말.
배배 부 여러 번 꼬이거나 뒤틀린 모양. ¶~ 꼬인 나무. 예비비.
배뱅잇-굿 [-이꾿/-읻꾿] 명 [민] 관서 지방의 민속 창극의 하나. 한 사람이 창(唱)으로 여러 사람의 역을 맡아 죽은 처녀 배뱅이의 혼을 불러 위로하는 내용임.
배변(排便) 명 대변을 몸 밖으로 내보내는 것. **배변-하다** 자여
배:본(配本) 명 1 책을 배달하는 것. 2 (예약된 출판물을) 예약자에게 배부하는 것. **배:본-하다** 타여 **배:본-되다** 자여
배:부(配付) 명 (출판물이나 문건 따위를) 돌라 주는 것. **배:부-하다** 타여 ¶원서를 ~. **배:부-되다** 자여
배-부르다 匣ㄹ <~부르니, ~불러> 1 더

먹고 싶은 생각이 없을 만큼 양에 차 든 든하다. ↔배고프다. 2 임신하여 배가 불룩하다. 3 위아래와 비교하여 가운데가 불룩하다. 4 넉넉하여 아쉬울 것이 없다. ¶네가 배불렀구나. 주는 돈도 마다하네.

배:분(配分) 圐 몫몫으로 나누는 것. **배: 분-하다** 国田田 ¶인원수에 따라 과자를 ~. **배:분-되다** 国田

배불(拜佛) 圐 불교를 물리치는 것. ¶~ 정책.

배-불뚝이 圐 배가 불뚝하게 나온 사람.

배불리 凰 배가 부르게. ¶~ 먹다.

배비장-전(裵裨將傳) 圐〖문〗조선 후기의 작자·연대 미상의 소설. 여색(女色)에 곧기로 자부하던 배비장이 제주 명기 애랑(愛娘)의 계교에 넘어가 망신당하는 내용으로, 풍자와 야유가 넘치는 작품임.

배:사(背斜) 圐〖지〗지각이 횡압력에 밀려 형성된 습곡에서 산 모양으로 솟은 부분. ↔향사(向斜).

배:산-임수(背山臨水) 圐 땅의 형세가 뒤로는 산을 등지고 앞으로는 물을 면하고 있음.

배:상(拜上) 圐 '절하고 올림'의 뜻으로, 편지 끝의 자기 이름 아래에 쓰는 말.

배상²(賠償) 圐〖법〗남의 권리를 침해한 사람이 그 손해를 물어 주는 것. ¶손해 ~. ▷보상. **배상-하다** 国田田

배:상-금(賠償金) 圐 배상하는 돈.

배:색(配色) 圐 두 가지 이상의 색을 효과적으로 배열·조합하는 것. ¶빨간 머플러와 ~이 잘되는 옷. **배:색-하다** 国田

배:서(背書) 圐 1 책장이나 서면(書面) 뒤에 글자를 쓰는 것. 또는, 그 글씨. 2〖법〗어음·수표 등을 타인에게 양도할 때 그 뒷면에 일정한 사항을 기재하고 서명하는 일. =이서. **배:서-하다** 国田田

배:서-인(背書人) 圐〖법〗배서에 의하여 어음·수표 등의 지시 증권을 양도하거나 담보로 맡긴 사람. ↔피배서인.

배:석(陪席) 圐 (어떤 자리에) 윗사람의 상관을 받들거나 모셔 함께 참석하는 것. **배:석-하다** 国田 ¶양국 수뇌 회담은 통역관이 배석한 가운데 진행되었다.

배:선(配線) 圐 전기가 통할 수 있도록 전선을 설치하는 것. ¶~ 공사. **배:선-하다** 国田田 **배:선-되다** 国田

배:선-도(配線圖) 圐 전기·전자 장치의 각 부품의 배선과 수량을 나타낸 회로도.

배:설(排泄) 圐〖생〗(사람이나 동물이) 음식을 먹어 영양을 섭취하고 그 찌꺼기를 몸 밖으로 내보내는 일. **배:설-하다** 国田 **배:설-되다** 国田

배:설-물(排泄物) 圐 배설된 물질. 대변·소변·땀 따위.

배:소(配所) 圐〖역〗죄인을 귀양 보내는 곳.

배:속¹(配屬) 圐 (사람을 어떤 곳에) 배치하여 속하게 하는 것. **배:속-하다** 国田 **배:속-되다** 国田 ¶예비 부대에 ~.

배:속(倍速) 圐 컴퓨터가 시디(CD)나 디브이디(DVD)의 데이터를 읽어 내는 비교 속도, 기준 속도에 대해 몇 배의 속도인가를 나타낸 것임. ¶52 ~ 시디롬 드라이브.

배:수¹(配水) 圐 상수도의 물을 나누어 보내는 것. **배:수-하다** 国田田

배:수²(倍數) 圐 1〔수〕어떤 정수(整數)의 몇 배가 되는 수. 정수 a가 정수 b로 나누

배양액__491

어질 때 a를 b의 배수라고 함. ↔약수(約數). 2〖출〗한 행에 들어가는 활자의 수.

배수³(排水) 圐 안에 있는 물을 밖으로 뽑아내는 것. ¶~ 시설. **배수-하다**² 国田 ▷ **배수-되다** 国田

배수-구(排水口) 圐 물을 뽑아내는 구멍.

배수-로(排水路) 圐 배수를 위하여 만든 물길.

배:수비례의 법칙(倍數比例-法則) [-의-/-에-] 圐 두 가지 이상의 원소에서 두 가지 이상의 화합물이 만들어질 때, 한쪽 원소의 일정 질량과 화합하는 다른 쪽 원소의 질량은 간단한 정수비(整數比)를 이룬다는 법칙.

배:수-진(背水陣) 圐〔한(漢)나라의 한신이 강을 등지고 진을 쳐서 자기편에게 필승의 각오를 확고하게 하여 조(趙)나라의 군사를 물리쳤다는 데서〕1〔군〕적과 싸울 때 결사적으로 싸우기 위해 뒤로 물러설 수 없도록 강이나 바다를 등지고 치는 진(陣). 2 어떤 일을 기어이 이룰 각오 아래 실패할 경우 값비싼 대가를 치르거나 엄청난 피해를 겪어야 할 상황을 만들어 놓은 상태. ¶노조는 협상이 결렬될 경우 파업을 감행하겠다면서 ~을 치고 나왔다. ▷마지노선.

배시시 凰 입을 조금 벌리면서 소리 없이, 엷게 웃는 모양.

배:식(配食) 圐 군대나 단체 같은 데서 식사를 나누어 주는 것. ¶~ 시간. **배:식-하다** 国田田

배:신(背信) 圐 (자기를 믿는 사람을, 또는 그의 믿음을) 저버리고 돌아서는 것. ¶배반. **배:신-하다** 国田 ¶친구를 ~.

배:신-감(背信感) 圐 배신을 당한 느낌.

배:신-자(背信者) 圐 신의를 저버린 사람.

배:심-원(陪審員) 圐〖법〗재판에서 전문 재판관 외에, 일반 국민으로부터 선출되어 심리·재판에 입회하여 사실 인정에 대하여 판정을 내리는 사람.

배아(胚芽) 圐 1 정자와 난자가 수정되어 아직 14일이 지나지 않은, 장기와 조직으로 나뉘지 않은 세포 덩어리. 2 포자·난자·씨와 같이 새로운 생물로 발생할 수 있는 원형질의 일부.

배아^복제(胚芽複製)〔-쩨〕圐〖생〗핵이 제거된 난자에 체세포의 핵을 이식하여 배아를 인위적으로 만드는 일. 이 배아를 자궁에 착상시키면 복제 동물이나 복제 인간을 만들 수 있음.

배알 圐 1 '사람의 창자'를 비속하게 이르는 말. 2 '속마음'을 속되게 이르는 말. ㈜밸.

배알이 꼴리다 비위가 거슬려 아니꼽다.

속된 말임.

배:알²(拜謁) 圐 (아주 지위가 높거나 존귀한 분을) 만나 뵈는 것. **배:알-하다** 国田 ¶임금을 ~.

배-앓이 [-라-] 圐 배를 앓는 병.

배암 圐〖동〗'뱀'의 잘못.

배:양(培養) 圐 1〖생〗동식물의 조직의 일부 또는 개체나 미생물을 인공적인 조건 아래에서 발육·증식시키는 것. 2 능력·실력 등을 길러 내는 것. **배:양-하다** 国田田 ¶세균을 ~ / 전문 인력을 ~. **배:양-액**(培養液) 圐〖생〗미생물이나 조직의 배양, 고등 식물의 물재배에 필요한 영양분이 들어 있는 액체.

배어-나다 [동][자] **1** 액체 따위가 스며 나오다. ¶손바닥에 땀이 ~. **2** 느낌이나 생각 등이 슬며시 나타나다. ¶그의 행동에서 따뜻한 마음이 ~.

배어-들다 [동][자] 〈~드니, ~드오〉 **1** 액체나 냄새 등이 스며들다. ¶고기 냄새가 옷에 ~. **2** 느낌이나 생각, 기운 등이 깊이 스며들다. ¶가슴속에 슬픔이 ~.

배ː역(配役) [명] 연극·영화 따위에서 배우에게 출연할 역을 나누어 맡기는 것. 또는, 그 역.

배ː열(配列·排列) [명] **1** 벌여 열을 짓는 것. 또는, 일정한 차례나 간격에 따라 벌여 놓는 것. **2** [컴] 동일한 성격의 데이터를 관리하기 쉽도록 하나로 묶는 것. **배ː열-하다** [동][타][여] ¶작품명을 가나다순으로 ~. **배ː열-되다** [동][자]

배엽(胚葉) [명][생] 배(胚)가 발육하는 단계에서, 수정한 난자가 세포 분열을 거듭하여 생기는 세포층.

배ː영(背泳) [명][체] 수영법의 하나. 위를 향해 반듯이 누워, 양팔을 번갈아 회전시켜 물을 밀치면서 두 발로 물장구를 치는 수영법.

배우(俳優) [명] **1** 연극이나 영화 속의 인물로 분장하여 연기하는 사람. ¶영화~. **2** [민] =광대**1**.

배우다 [동][타] **1** (사람이 직접적으로 다른 사람에게 지식이나 기술 등을) 가르침을 받아 알게 되거나 익혀 가다. 또는, (사람이 책이나 기타 간접적인 수단 등에서 지식이나 기술 등을) 얻거나 익혀 가다. ¶학원에서 운전을 ~. ↔가르치다. **2** (남의 언행을) 그대로 본받다. ¶그 할머니는 가난하고 무식하지만 **배울** 것이 많은 분이다. **3** 남 하는 대로 따라 하는 사이에 (어떤 습성을) 붙이다. ¶나는 군대에서 담배를 **배웠다**. **4** (어떤 깨달음을 삶 속에서) 경험하여 알다. ¶배고픔과 눈물 속에서 인생을 ~.

배ː우-자(配偶者) [명] 부부의 한쪽에서 본 다른 쪽. 곧, 남편에 대한 아내, 아내에 대한 남편.

배움 [명] 배워서 지식이나 앎을 얻는 일.

배움-터 [명] 배우는 곳. 특히, '학교'의 고유어로서, 문어적 또는 문학적 표현임.

배웅 [명] (집이나 어느 곳에 있는 사람이 그곳을 떠나는 사람을) 예의상 또는 아쉬운 마음에서, 문밖이나 동구 밖이나 탈것 따위를 타는 곳까지 함께 나가 작별 인사를 나눈 뒤 떠나 보내는 것. [비]전송. ↔마중. **배웅-하다** [동][타][여] ¶손님을 ~.

배ː율(倍率) [명][물] 렌즈·현미경·망원경 등에 의해서 생기는 물체의 상의 크기와 그 물체의 크기와의 비.

배ː은-망덕(背恩忘德) [명] 은덕을 저버리는 태도가 있는 것. **배ː은망덕-하다** [형][여] ¶**배은망덕한** 짓.

배ː음(背音) [명] 연극이나 방송 드라마 등에서, 대사·해설 등의 효과를 내기 위하여 배후에서 들려주는 음악이나 음향. ¶~을 넣다.

배일(排日) [명] 일본이나 일본의 문물 등을 배척하는 것. **배일-하다** [동][자][여]

배ː임(背任) [명] 임무를 배반하는 것. 또는, 임무의 본뜻에 어긋나는 것. 특히, 공무원·회사원이 자기의 이익을 위해 지위를 악용하여 소속 관청이나 회사에 재산상의 손해를 주는 일. **배ː임-하다** [동][자][타][여]

배ː자(褙子) [명] 한복 저고리 위에 덧입는, 소매와 고름이 없고 길이가 짧은 윗옷. ▷조끼.

배ː전[1](倍前) [명] ['이전의 갑절'이라는 뜻] ((주로 '배전의'의 꼴로 쓰여)) 일의 정도가 전보다 훨씬 강하거나 높은 상태임을 가리키는 말. ¶~의 성원을 보내다.

배ː전[2](配電) [명] 발전소에서 보내온 전력을 수요자에게 분배·공급하는 것. **배ː전-하다** [동][자][여]

배ː전-반(配電盤) [명] 발전소·변전소 또는 전기 시설이 되어 있는 건물 같은 곳에 장치한 반(盤).

배ː점(配點)[-쩜] [명] 점수를 배정하는 것. **배ː점-하다** [동][타][여] ¶국어 시험은 1문항에 2점씩 **배점한다**.

배ː접(褙接) [명] 종이·헝겊 따위를 겹쳐 붙이는 일. **배ː접-하다** [동][타][여]

배ː정(配定) [명] 나누어 몫을 정하는 것. ¶좌석 ~. **배ː정-하다** [동][타][여] ¶추첨에 의하여 학교를 ~. **배ː정-되다** [동][자]

배-젖(胚─)[-젇] [명][식] 종자 속에 있는, 발아하기 위한 양분을 저장한 조직.

배제(排除) [명] (어떤 대상을) 어느 범위나 영역에서 제외하는 것. **배제-하다** [동][타][여] ¶정실을 **배제한** 인사 정책. **배제-되다** [동][자]

배중-률(排中律)[-뉼] [명][논] 'A는 반드시 B이거나 B가 아니거나 둘 중의 하나이다.'와 같이 참과 거짓 중 어느 하나가 아닌 중간 개념을 인정하지 않는 논리.

배지(badge) [명] 신분·소속·등급 등을 나타내거나 어떤 일을 기념하기 위해 옷가슴이나 옷깃, 모자 등에 다는, 쇠붙이 따위로 문자나 도형을 나타내어 조그맣게 만든 물건. =휘장. ¶금~. ×뺏지.

배-지기 [명][체] 씨름에서, 상대자를 앞으로 당겨서 배 위로 들어 올려 오른쪽 옆으로 돌려 넘어뜨리는 기술.

배-지느러미 [명][동] 물고기의 배에 달린 지느러미. 몸을 나아가게 하는 역할을 함.

배짱 [명] 꿀리거나 눌리거나 기를 펴기 어려운 상황에서, 조금도 굽히거나 겁을 먹지 않고 고집스레 버티거나 제 뜻대로 하는 태도나 마음의 상태. ¶~을 튕기다.

배짱(을) 내밀다 고집스럽게 버티면서 뻣뻣하게 나오다. ¶우리의 약점을 알고 그가 **배짱을 내밀었다**.

배짱(이) 맞다 서로 뜻과 마음이 맞다.

배짱-부리다 [동][자] 자기 고집을 꺾지 않고 뻣뻣한 태도를 보이다. ¶그녀야 **배짱부릴** 만도 하지. 급한 건 그 사람이니까.

배쭉 [부] (얼굴이나 물건의 일부만) 살짝 내밀거나 나타내는 모양. [큰]비쭉. **배쭉-하다** [동][타][여] ¶입을 ~. **배쭉-이** [부]

배ː차(配車) [명] 자동차·기차 등을 갈라 보내는 것. 또는, 일정한 차례에 따라 알맞은 간격으로 차를 보내는 것. ¶~ 시간. **배ː차-하다** [동][타][여] ¶버스를 10분 간격으로 ~. **배ː차-되다** [동][자]

배척(排斥) [명] 따돌리거나 거부하여 밀어내는 것. [비]배타. ¶외국 상품 ~ 운동. **배척-하다** [동][타][여] **배척-되다** [동][자]

배ː추 [명] [<[중]白菜] [식] 잎을 먹는 채소의 하나로, 잎이 뿌리에서 모여 나와 여러 겹으로 포개져 자라는 두해살이풀. 봄에 노란색 꽃이 핌.

배ː추-김치 [명] 배추로 담근 김치.

배추-벌레 (-) [명] [동] 1 배추의 해충의 총칭. 2 배추흰나비의 애벌레. 무·배추의 해충임.

배추-속대 [-때] [명] 배추 잎의 맨 가운데 있는 노란색의 작은 잎.

배추-흰나비 [-흰-] [명] [동] 날개가 희고 앞날개의 끝부분은 검은 나비. 무밭이나 배추밭에 날아들어, 애벌레는 '배추벌레' 라고 함. =흰나비.

배출¹(排出) [명] (불필요한 물질을) 안에서 밖으로 내보내는 것. ¶가스 ~. **배출-하다**¹ [동][타][여] **배출-되다**¹ [동][자]

배출²(輩出) [명] (인재를) 길러서 사회에 내보내는 것. **배출-하다**² [동][타][여] ¶수많은 인재를 **배출한** 명문 대학. **배출-되다**² [동][자]

배출-구(排出口) [명] 밀어서 밖으로 내보내는 것. ¶가스 ~.

배춧-속 [-쏙/-쏙] [명] 1 배추에서 겉잎에 싸여 있는 속의 연한 것. 2 배추로 포기김치를 담글 때 배추 잎 사이에 넣는 양념.

배치¹(背馳) [명] 서로 반대로 되어 어긋나는 것. **배치-되다**¹ [동][자] ¶멀고 **배치되는** 행동.

배치²(配置) [명] (사람이나 물건 등을) 적당한 자리나 위치에 나누어 두는 것. ¶좌석 ~. **배치-하다** [동][타][여] ¶요소요소에 경찰을 ~. **배치-되다**² [동][자]

배치³(排置) [명] 갈라 벌여 놓는 것. **배치-하다**³ [동][타][여] **배치-되다**³ [동][자]

배치-도(配置圖) [명] 1 인원이나 물자의 배치를 나타낸 도면의 총칭. 2 공장 안에 여러 기계를 장치할 때 나타낸 도면.

배타(排他) [명] (남을) 받아들이지 않고 물리치는 것. ※배척. **배타-하다** [동][타][여] ¶중국은 변방 국가들을 오랑캐라 하여 **배타했었다.**

배타-성(排他性) [-쎙] [명] 1 남을 배척하는 성질. ¶~이 강한 종교. 2 [법] 하나의 대상에 대하여 어떤 사람의 권리가 성립되면, 같은 대상에 대하여 다른 사람의 권리가 인정되지 않는 일.

배타-적(排他的) [명] 배타성이 있는 (것). ¶~ 경제 수역.

배타주의(排他主義) [-의/-이] [명] 남을 배척하는 사상 경향이나 태도.

배-탈(-頉) [명] 배 속이 아프거나 설사를 하는 병.

배태(胚胎) [명] 1 아이나 새끼를 배는 것. ¶~기(期). 2 어떤 일의 원인이 되는 요소를 그 안에 가지는 것. **배태-하다** [동][타][여] ¶급속한 산업화는 여러 가지 사회적 모순과 갈등을 **배태하였다.** **배태-되다** [동][자]

배터리(battery) [명] 1 [체] 야구에서, 투수와 포수. 2 [물] '건전지', '전지', '축전지'로 순화. ▷밧데리.

배턴(baton) [명][체] 릴레이 경주에서, 앞 주자가 다음 주자에게 넘겨주는 짧고 둥근 모양의 막대기. =바통.

배턴^터치(†baton touch) [명][체] 릴레이 경주에서, 배턴을 주고받는 일.

배토(坯土) [명] 질그릇의 원료가 되는 흙.

배-통 (-桶) [명] '배통'의 속된말. 배통이1.

배-통이 [명] 1 '배¹①'을 비속하게 이르는 말. =배통. 2 몸이 커서 밥을 많이 먹는 사람을 놀림조로 이르는 말.

배트(bat) [명][체] 야구·소프트볼·크리켓 등에서, 공을 치는 방망이.

배팅(batting) [명][체] =타격3. ¶~ 찬스.

배팅-오더(batting order) [명][체] =타순.

배판(倍判) [명] 어떤 규격의 갑절이 되는 크기의 판. ¶사륙(四六) ~.

배-편(-便) [명] 배가 오고 가는 편. =선편 (船便). ¶~이 끊기다.

배포¹(排布) [명] 널리 돌라 주는 것. **배포-하다**¹ [동][타][여] ¶선전 책자를 ~. **배포-되다**¹ [동][자]

배포²(排布·排鋪) [명] 1 속으로 어떤 생각을 품고 이리저리 궁리하는 것. 또는, 그 속마음이나 속생각. ¶딴 ~를 차리다. 2 마음속에 품은 뜻이나 바람의 크기나 정도. ¶~가 크다. 3 어떤 일에 부딪히거나 임하여 마음을 쓰는 태도. ㈜마음가짐. ¶~가 유(柔)하다. **배포-하다**² [동][타][여]

배-표(-票) [명] 배를 타기 위한 표. ㈜선표(船票).

배필(配匹) [명] 부부로서의 짝. ¶천생 ~.

배합(配合) [명] 이것저것을 일정한 비율로 한데 섞는 것. **배합-하다** [동][타][여] ¶시멘트에 모래·자갈·물 등을 **배합하여** 콘크리트를 치다. **배합-되다** [동][자]

배합-토(配合土) [명] 식물의 성장에 적합하도록 여러 가지 물질을 일정 비율로 섞어서 만든 흙.

배화-교(拜火敎) [명][종] '조로아스터교'를 불을 숭배한다 하여 이르는 말.

배회(徘徊) [명] [-회/-훼] 아무 목적 없이 이리저리 거니는 것. **배회-하다** [동][자][여] ¶밤거리를 ~.

배후(背後) [명] 1 어떤 대상이 미처 주의를 기울이지 못하고 있는, 등진 쪽. 2 드러나 지 않은 이면. ¶~ 세력.

배후-자(背後者) [명] 배후에 있는 사람.

배후-지(背後地) [명] 도시나 항구의 경제적 세력권에 들어 밀접한 관계를 가지는 주변 지역.

배흘림-기둥 [-끼-] [명] [건] 윗부분이 가장 가늘고 가운데 부분이 가장 굵으며 밑동은 윗부분보다 굵은 기둥. ▷민흘림기둥.

백¹(白) [명] '백지'의 준말. ¶~을 잡다.

백²(百) [Ⅰ] [주] 십의 열 갑절. 한자어 계통의 양수사임. 아라비아 숫자로는 '100', 로마 숫자로는 'C'로 나타냄.
[Ⅱ] [명] ~ 개.
[백 번 듣는 것이 한 번 보는 것만 못하다] 여러 번 귀로 듣는 것보다 직접 눈으로 확인하는 것이 낫다. '백문불여일견'과 같은 말.

백-³(白) [접두] '흰'의 뜻을 나타내는 말. ¶~설기 / ~장미.

-백⁴(白) [접미] 어떤 내용을 사람들에게 알리는 글의 끝에, '아룀' 또는 '사룀'의 뜻으로, 그 글을 쓴 사람의 이름이나 성명을 밝힌 다음에 쓰는, 한문 투의 말. ¶금일 휴업 ~ 주인~.

백⁵(back) [명] 1 뒤로 가거나 보내는 것. 2 뒤에서 받쳐 주는 세력이나 연줄을 속되게 이르는 말. =백그라운드. ¶~이 든든하다. ×빽. 3 [체] 구기 종목에서의 후위(後衛). **백-하다** [동][자] 뒤로 가거나 보내다. ¶자동차를 ~.

백⁶(bag) [명] 휴대용 가방.

백가-쟁명(百家爭鳴) [-까-] [명] [중국 춘추 전국 시대에 많은 사상가가 나와 많은 학설을 주장한 데에서] 많은 학자나 논객들이 온갖 학설과 이론을 거침없이 내세우며 논쟁하는 일. ¶한자 교육 문제를 놓고 ~이 만발하다.

백거이(白居易)[-꺼-] 뗑[인] 당나라의 시인(772~846).

백결^선생(百結先生)[-결-] 뗑[인] 신라 때의 거문고의 명인(?~?).

백계(百計)[-꼐/-꼐] 뗑 온갖 꾀.

백계무책(百計無策)[-꼐-/-꼐-] 뗑 있는 꾀를 다 써 보아도 달리 뾰족한 수가 없음.

백곡(百穀)[-꼭] 뗑 온갖 곡식.

백골(白骨)[-꼴] 뗑 송장의 살이 썩고 남은 흰 뼈.

백골-난망(白骨難忘)[-꼴난-] 뗑 [백골이 된 후에도 잊을 수 없다는 뜻] 큰 은혜나 덕을 잊지 못한다는 감사의 뜻으로 하는 말. ¶이 은혜 ~이로소이다.

백골-단(白骨團)[-꼴딴] 뗑 시위를 진압하는 사복 경찰을 속되이 이르는 말.

백-곰(白-)[-꼼] 뗑[동] 흰곰.

백과-사전(百科事典)[-꽈-] 뗑 학술·기예·가정·사회 등 모든 분야에 걸친 지식을 부문별 또는 자모순으로 배열하여 항목마다 풀이한 사전. =백과전서.

백과-전서(百科全書)[-꽈-] 뗑 1 =백과사전. 2 일정한 체계 아래에서 각종 학술·기예를 부문별로 해설한 총서(叢書).

백관(百官)[-꽌] 뗑 모든 벼슬아치. ≒만조.

백광(白光)[-꽝] 뗑 1[물] =백색광 2. 2[천] 코로나.

백구(白球)[-꾸] 뗑 야구·골프·배구 등에서 쓰이는 흰 공.

백구의 향연(饗宴) 화려하게 펼쳐지는 큰 야구 시합이나 배구 시합.

백-구두(白-)[-꾸-] 뗑 흰색의 구두. 특히, 남성용 단화를 가리킴.

백군(白軍)[-꾼] 뗑 경기 등에서, 백(白)과 청(靑) 양편으로 가를 때, 백 쪽의 편. ↔청군.

백그라운드(background)[-] 뗑 1 회화나 사진의 배경. 2 =백(back) 2.

백금(白金)[-끔] 뗑[화] 은백색의 금속 원소. 원소 기호 Pt, 원자 번호 78, 원자량 195.09. 전성(展性)과 연성(延性)이 풍부함. 기계 부속품, 전극, 장식용 귀금속으로 사용됨.

백기(白旗)[-끼] 뗑 1 바탕의 빛깔이 흰 기. 2 군사(軍的)의 표지 또는 항복의 표시로 쓰이는 흰 기.

백기(를) 들다 항복하거나 굴복하다. ¶적들은 아군의 무차별 공격을 견디지 못하고 **백기**를 들고 말았다.

백-김치(白-)[-] 뗑 고춧가루를 쓰지 않고 담근 흰 배추김치.

백-낙천(白樂天)[-] 뗑[인] '백거이'의 성과 자(字)를 함께 이르는 이름.

백-날(百-)[뱅-] I 뗑 =백일(百日).
Ⅱ튀 '아무리 오래도록', '아무리 애써 (도)'의 뜻으로, 부정적인 일이나 현상이 나아지지 않거나 변함없이 계속됨을 나타내는 말. ¶~ 졸라 봐야 헛소구다.

백납(白-)[뱅-] [한] 살가죽에 허옇게 어루러기가 생겨 점점 퍼지는 난치병.

백-내장(白內障)[뱅-] 뗑[의] 수정체가 회백색으로 흐려져서 시력이 쇠퇴하는 질병.

백-넘버(↑back number) 뗑 운동선수의 등 뒤에 붙이는 번호. =등번호. ¶~ 22번의 선수.

백-네트(↑back net) 뗑[체] 야구장에서, 공을 막기 위해 본루 뒤쪽에 치는 그물.

백년-가약(百年佳約)[뱅-] 뗑 젊은 남녀가 결혼하여 평생을 같이 지낼 것을 다짐하는 아름다운 언약. ¶~을 맺다.

백년-대계(百年大計)[뱅-계/뱅-개] 뗑 먼 뒷날까지 내다보고 세우는 큰 계획. ¶국가의 ~를 세우다.

백년-손(百年-)[뱅-] 뗑 [한평생을 두고 늘 어려운 손님으로 맞아 준다는 뜻] 처가에서 사위를 이르는 말. =백년지객.

백년지객(百年之客)[뱅-] 뗑 =백년손.

백년지계(百年之計)[뱅-계/뱅-개] 뗑 먼 뒷날까지 내다보면서 세우는 계획.

백년-하청(百年河淸)[뱅-] 뗑 [백 년을 기다린들 늘 흐린 중국 황허 강이 맑아지지는 않는다는 뜻] 어떤 일이 아무리 시간이 흘러도 이루어지기 어려움을 이르는 말. ¶공직자의 의식 개혁 없이는 부패척결은 ~일 수밖에 없다.

백년-해로(百年偕老)[뱅-] 뗑 부부가 되어 화락하게 함께 늙음. **백년해로-하다** 통[재]

백-댄서(←backup dancer) 뗑 가수가 노래를 부를 때 노래의 분위기를 돋우기 위해 춤을 추는 사람.

백도(白桃)[-또] 뗑[식] 복숭아의 한 품종. 살이 희고 무름. ▷황도(黃桃).

백동(白銅)[-똥] 뗑 =백통'의 원말.

백두(白頭)[-뚜] 뗑 1 허옇게 센 머리. =백수(白首). ¶~ 노인. 2 ['탕건을 쓰지 못한 맨머리'라는 뜻] [역] 지체는 높으나 벼슬하지 못한 사람.

백두-대간(白頭大幹)[-뚜-] 뗑[지] 백두산에서 시작되어 금강산·설악산·태백산 등을 거쳐 지리산에 이르는 한반도의 중심 산줄기. 약 1,400km에 이름.

백두-산(白頭山)[-뚜-] 뗑[지] 함경도와 중국의 경계에 있는, 우리나라에서 가장 높은 산. 높이 2,744m.

백랍(白蠟)[뱅납] 뗑 =밀납.

백련(白蓮)[뱅년] 뗑 흰 연꽃.

백련-교(白蓮教)[뱅년-] 뗑[종] 중국 송대(宋代) 이후에 성행된, 민간의 비밀 결사 종교.

백령-도(白翎島)[뱅녕-] 뗑[지] 인천광역시 옹진군에 속하는 섬.

백로[1](白露)[뱅노] 뗑 24절기의 하나. 9월 8일경으로, 처서와 추분 사이에 있음.

백로[2](白鷺)[뱅노] 뗑[동] 온몸이 희고, 부리·목·다리는 길며, 날 때 목을 'S'자 모양으로 구부리는 새. 얕은 물가에 삶.

백록-담(白鹿潭)[뱅녹땀] 뗑[지] 제주도 한라산 꼭대기에 있는 호수.

백마(白馬)[뱅-] 뗑 털빛이 흰 말. =흰말. ×백말.

백만(百萬)[뱅-] I 주 만의 백 곱절.
Ⅱ 관 ~ ము.

백만-장자(百萬長者)[뱅-] 뗑 재산이 매우 많은 사람.

백-말(白-) '백마(白馬)'의 잘못.

백면-서생(白面書生)[뱅-] 뗑 글만 읽고 세상일에는 전혀 경험이 없는 사람.

백모(伯母)[뱅-] 뗑 백부의 아내를 이르는 말. ⓗ큰어머니. ▷숙모.

백묵(白墨)[뱅-] 뗑 =분필.

백문불여일견(百聞不如一見)[뱅-] 뗑 무엇이든지 실제로 경험해야 확실히 안다는

백미¹(白米)[뱅―] 명 현미에서 씨눈과 속겨를 완전히 제거하여 현미 중량의 93% 정도가 되게 도정한 쌀. ⨁흰쌀. ⇨현미.

백미²(白眉)[뱅―] 명 [중국 촉한 때, 눈썹에 흰 털이 난 마량(馬良)이 다섯 형제 중 가장 재주가 뛰어났다는 고사에서] 여럿 가운데 가장 뛰어난 사람이나 작품. ¶춘향전은 한국 고전 문학의 ~이다.

백-미러(↑back mirror) 명 자동차·자전거 등에 달려 있는, 뒤쪽을 보는 거울.

백반¹(白飯)[―빤] 명 음식점에서 흰밥에 국과 몇 가지 반찬을 끼워 파는 한 상의 음식.

백반²(白礬)[―빤] 명 [화] 무색투명한 정팔면체의 결정. 매염제·수렴제·정수제 또는 가죽 무두질 등에 쓰임. =명반.

백발(白髮)[―빨] 명 허옇게 센 머리털. 특히, 머리숱의 전부나 대부분이 허옇게 된 머리털을 가리킴. ⨁흰머리. ¶호호~/~이 성성하다. ↔흑발.

백발-백중(百發百中)[―빨―쭝] 명 [활을 백 번 쏘아 백 번 맞힌다는 뜻] 1 총·활 같은 것이 겨눈 곳에 꼭꼭 맞음. ¶~의 사격 솜씨. 2 무슨 일이나 틀림없이 들어 맞는다는 뜻. ¶퀴즈를 내면 ~ 다 알아 맞힌다.

백발삼천장(白髮三千丈)[―빨―] 명 백발이 매우 길게 자랐다는 뜻으로, 몸이 늙고 근심 걱정이나 비탄이 날로 쌓여 감을 이르는 말.

백방(百方)[―빵] 명 [주로 '백방으로', '백방의'의 꼴로 쓰여] 1 온갖 방법이나 방도. ¶병을 고치려고 ~으로 애를 썼으나 허사였다. 2 어디라 할 것 없이 온갖 곳이나 방면. ¶~으로 수소문한다.

백배(百倍)[―빼] 명 [백 곱절'이라는 뜻] 비교할 수 없으리만큼 하루. ¶이 게임이 ~ 더 재미있다.

백배-사죄(百拜謝罪)[―배―죄/―뻬―줴] 명 여러 번 절을 하며 용서를 빎. **백배사죄-하다** 자타 ¶잘못을 ~.

백배-하다(百倍―)[―빼―] 자타여 (용기나 사기 등이) 매우 더하여지다. ¶병사들은 사기가 **백배하여** 싸움터로 나갔다.

백번(百番)[―뻔] 명 1 여러 번 거듭. ¶개를 붙들고 ~ 얘기해야 무슨 소용있어! 2 전적으로는. ¶당신의 말이 ~ 옳습니다.

백병(百病)[―뼝] 명 온갖 병. ¶감기는 ~의 근원이다.

백병-전(白兵戰)[―뼝―] 명 창·칼·총검 등을 가지고 서로 맞붙어 싸우는 육박전.

백보드(backboard) 명 [농구에서, 바스켓을 붙이는 판.

백부(伯父)[―뿌] 명 아버지의 맏형을 이르는 말. ⨁큰아버지. ⇨숙부.

백분(白粉)[―뿐] 명 1 밀·쌀 따위의 흰 가루. 2 =분(粉).

백분-율(百分率)[―뿐뉼] 명 전체 수량을 100으로 하여 그것에 대해 가지는 비율. =퍼센티지.

백분-표(百分表)[―뿐―] 명 백분율을 나타낼 때의 부호. 기호는 %.

백사¹(白沙)[―싸] 명 빛깔이 희고 깨끗한 모래. ⨁흰모래.

백사²(白蛇)[―싸] 명 몸빛이 흰 뱀.

백사³(百事)[―싸] 명 온갖 일.

백사-장(白沙場)[―싸―] 명 강가나 바닷가의 흰모래가 깔려 있는 곳.

백삼(白蔘)[―쌈] 명 [한] 수삼의 잔뿌리를 떼내고 껍질을 벗겨 볕에 말린 인삼. ▷홍삼.

백색(白色)[―쌕] 명 1 눈[雪]이나 우유와 같은 빛깔의 색. ↔흑색. 2 사회주의나 공산주의에 대하여 자본주의를 상징하는 빛깔. ↔적색.

백색-광(白色光)[―쌕꽝] 명 1 흰색의 빛. 2 [물] 태양 광선처럼 각 파장이 적당한 비율로 혼합된 빛. =백광(白光).

백색-선전(白色宣傳)[―쌕썬―] 명 믿을 만한 증거나 자료를 가지고 하는 선전. ↔흑색선전.

백서(白書)[―써] 명 [영국 정부의 보고서가 흰색 표지로 된 데서] [정] 정부가 정치·경제·외교 등에 관한 현황이나 시책을 국민들에게 알리기 위해 발표하는 보고서. ¶경제 ~. ⇨청서(靑書).

백선(百選)[―썬] 명 백 개를 가려 뽑는 것. 또는, 가려 뽑은 백 개. ¶한국 단편문학 ~.

백설(白雪)[―썰] 명 흰 눈. ¶~같이 고운 피부.

백-설기(白―)[―썰―] 명 멥쌀가루만으로 물 없이 물·설탕을 내려 시루에 찐 떡.

백-설탕(白雪糖)[―썰―] 명 흰 빛깔의 설탕.

백성(百姓)[―썽] 명 1 지난날, 피지배 계급인 평민을 이르던 말. ¶가난의 고혈을 짜는 탐관오리. 2 오늘날, '국민'을 예스럽게 이르는 말. 또는, 서민들이 스스로를 자조적으로 이르는 말. ¶우리같이 힘없는 ~이 어떡하겠소? 누르면 당할밖에.

백송(白松)[―쏭] 명 [식] 소나무의 한 종류로, 나무껍질이 큰 비늘처럼 벗겨져서 밋밋하고 흰빛이 나는 상록 침엽 교목.

백수¹(白手)[―쑤] 명 1 직업도 없이 빈둥거리며 놀고먹는 사람. ⨁백수건달·실업자.

백수²(白首)[―쑤] 명 =백두(白頭) 1.

백수³(白壽)[―쑤] 명 [百'에서 '―'을 빼면 99가 되고 '白(백)'자가 되는 데서] '아흔아홉 살'을 이르는 말. ⇨망백.

백수⁴(百獸)[―쑤] 명 온갖 짐승. ¶~의 왕 사자.

백수-건달(白手乾達)[―쑤―] 명 아무것도 가진 것이 없이 빈둥거리며 컬렁컬렁하게 행동하는 사람. ¶장안에서 이름높던 그 한량이 하루아침에 ~이 되었다.

백숙(白熟)[―쑥] 명 (고기·생선 따위를) 양념하지 않고 맹물에 푹 삶아 익히는 것. 또는, 그 음식. ¶영계~. **백숙-하다** 타여

백-스윙(backswing)[체] 야구·테니스·골프 등에서, 공을 칠 때 반동을 주기 위해 배트·라켓·클럽 등을 뒤로 들어 올리는 일. **백스윙-하다** 자타여

백-스크린(↑back screen) 명 [체] 야구에서, 투수가 던지는 공이 타자에게 잘 보이도록 구장의 외야석 중앙에 설치하는 녹색의 벽(壁).

백스페이스-키(back-space key) 명 타자기나 컴퓨터의 글자판에서 이미 쓴 글자를 지우면서 글자받는 위치를 뒤로 옮길 때 쓰는 글쇠.

백신(vaccine) 명 1 [의] 몸에 주사하여 병에 대한 면역성을 가지게 하기 위해, 병원균을 죽이거나 독성을 약화시켜 만든 물질. 예방 접종액으로 쓰임. 2 [컴] 컴퓨

터 바이러스를 찾아내고 손상된 파일을 복구하려는 프로그램.
백아-절현(伯牙絶絃)〖명〗〔거문고의 달인 백아가 그의 거문고 소리를 좋아하던 친구가 죽자 거문고 줄을 끊고 다시는 타지 않았다는 데서〕자기를 알아주는 참된 벗의 죽음을 슬퍼함을 이르는 말.
백악-관(白堊館)[-관]〖명〗미국 워싱턴에 있는, 미국 대통령의 관저.
백악-기(白堊紀)[-끼]〖명〗〔지〕중생대 최후의 기. 동물은 유공충·암모나이트·공룡, 식물은 양치류·속씨식물이 번성했음.
백악-질(白堊質)[-찔]〖명〗〖생〗동물의 이의 치근부(齒根部) 표면을 싸고 있는 반투명 또는 흰색의 얇은 층.
백안(白眼)〖명〗〔'눈알의 흰자위'라는 뜻〕업신여기거나 냉대하여 흘겨보는 눈. ↔청안(靑眼).
백안-시(白眼視)〖명〗〔중국 진(晉)나라의 완적(阮籍)이 반갑지 않은 손님은 백안으로 대했고, 호감이 가는 손님은 청안으로 대했다는 고사에서〕업신여기거나 냉대하여 겨루는 것. ↔청안시. **백안시-하다**〖동〗(여)
백야(白夜)〖명〗〖지〗고위도 지방에서 밝기 전이나 해 진 뒤에도 희미하게 밝은 상태가 계속되는 현상. 북극은 하지, 남극은 동지 때에 일어남. ↔극야(極夜).
백약(百藥)〖명〗온갖 약. ¶~이 무효다.
백업(backup)〖명〗〖컴〗잘못된 조작에 의한 데이터 파일 등의 소실에 대비하여 복사해 놓는 것.
백-여우(白-)〖명〗1 흰 빛깔의 여우. 2 요사스러운 여자를 속되게 이르는 말. ¶~한테 홀려서 단단히 홀렸군.
백연-석(白鉛石)〖광〗탄산납으로 된 광물. 무색·흰색·회색의 결정이며, 납의 중요한 원료임.
백열(白熱)〖명〗1〖물〗물체가 백색광에 가까운 빛을 발할 정도로 온도가 몹시 높은 상태. 또는, 그 열. 2 힘이나 열정이 최고조에 달하는 것. 또는, 그 열기.
백열-등(白熱燈)[-뜽]〖명〗백열 가스등·백열전등 따위의 총칭.
백열-전(白熱戰)[-쩐]〖명〗있는 힘과 재주를 다하여 맹렬히 싸우는 싸움이나 경기. 비백열전(熱戰).
백열-전구(白熱電球)〖명〗진공 또는 비활성 기체를 봉입한 유리구 안의 가는 저항선에 전류를 통하여, 그 발열로 생기는 빛을 이용한 전구.
백열-전등(白熱電燈)〖명〗백열전구를 사용하는 전등.
백엽-상(百葉箱)[-쌍]〖명〗기온·습도·기압 등을 재기 위해 온도계·습도계·기압계 등을 지표에서 약 1.5m 높이에 오도록 설치한, 조그만 집 모양의 흰색 나무 상자.
백오^인^사건(百五人事件)[-껀]〖명〗1911년, 일본 경찰이 신민회(新民會) 회원 105명을 체포·고문한 사건.
백옥(白玉)〖명〗흰 빛깔의 옥. 또는, 흰 구슬. ¶~ 같은 살결.
백-운모(白雲母)〖명〗운모의 한 가지. 판상의 결정으로, 흰색의 광택이 있음. 전기 절연물·내화재 등으로 쓰이음.
백의(白衣)[-의/-이]〖명〗=흰옷.
  백의의 천사 '간호사'를 미화하여 이르는 말.
백의-민족(白衣民族)[-의-/-이-]〖명〗예로부터 흰옷을 즐겨 입은 우리 민족을 이르는 말.
백의-종군(白衣從軍)[-의-/-이-]〖명〗벼슬이 없이 군대를 따라 전장으로 감. **백의종군-하다**〖동〗(여)
백인(白人)〖명〗백인종에 속하는 사람. ↔흑인.
백인-백색(百人百色)[-쌕]〖명〗사람들이 저마다 다른 특색이 있음을 이르는 말.
백-인종(白人種)〖명〗피부색에 따라 구분한 인종의 하나. 흰 빛깔의 피부, 곱슬머리, 푸른 눈, 좁고 높은 코 등이 특징임. ↔유색 인종.
백일(百日)〖명〗아이의 출생일로부터 백 번째가 되는 날. =백날.
백일-기도(百日祈禱)〖명〗어떤 목적으로 백 일을 기한하고 드리는 기도. **백일기도-하다**〖자〗(여) ¶아들을 점지해 달라고 ~.
백일-기침(百日-)[-끼-]〖명〗=백일해.
백일-몽(白日夢)〖명〗〔'대낮에 꾸는 꿈'이라는 뜻〕실현될 수 없는 헛된 공상. ¶불과 한 세기 전만 해도 우주 비행은 ~에 지나지 않았다.
백일-잔치(百日-)〖명〗아기의 백일을 축하하여 베푸는 잔치.
백일-장(白日場)[-짱]〖명〗1〖역〗조선 시대에 각 지방에서 유생들의 학업을 권장하기 위하여 베풀던, 시문(詩文)을 짓는 시험. 2 주로 야외에서 많은 사람들이 모여 주어진 제목이나 소재에 따라 시나 수필 등을 지어 그 뛰어남을 겨루는 대회.
백일-재(百日齋)[-째]〖명〗사람이 죽은 지 백 일 되는 날에 드리는 불공.
백일하-에(白日下-)〖명〗뚜렷하여 세상 사람들이 다 알게. ¶그의 비행(非行)이 ~ 드러났다.
백일-해(百日咳)[-의]〖명〗심한 기침이 나는, 유아의 급성 전염병. =백일기침.
백일-홍(百日紅)〖명〗〖식〗6~10월에 걸쳐 국화와 비슷한 여러 빛깔의 꽃이 피는 한해살이풀. 관상용으로 재배함.
백자(白瓷·白磁)[-짜]〖명〗순백색의 흙 위에 투명한 유약을 발라 구워 만든 자기.
백작(伯爵)[-짝]〖명〗유럽에서, 중세 이후의 귀족계급 중 셋째 작위. 후작의 아래, 자작의 위임.
백장[-짱]〖명〗〔<백정(白丁)〕1〖역〗=백정2. 2 =백장3.
백-장미(白薔薇)[-짱-]〖명〗꽃의 빛깔이 흰색에 가까운 장미.
백전-노장(百戰老將)[-쩐-]〖명〗1 수많은 싸움을 겪은 노련한 장수. 2 세상의 온갖 어려운 일을 많이 겪은 노련한 사람.
백전-백승(百戰百勝)[-쩐-쌩]〖명〗싸울 때마다 다 이김. =백전불패. **백전백승-하다**〖자〗(여)
백전-불패(百戰不敗)[-쩐-]〖명〗=백전백승. **백전불패-하다**〖자〗(여)
백정(白丁)[-쩡]〖명〗1〖역〗고려 시대에 특정한 역(役)이 없었던 일반 농민. 2〖역〗조선 시대에, 소·돼지 등을 잡거나 버들고리 따위를 걸는 일을 직업으로 하던 사람. =백장. 3 도살업을 하는 사람을 얕잡아 이르는 말. =백장.
백제(百濟)〖명〗한반도 남서부에 있던, 고대 국가의 하나(18 B.C.~A.D. 660). 시조는 온조왕(溫祚王).
백조(白鳥)[-쪼]〖명〗〖동〗=고니.

백조-자리(白鳥-) [-쪼-] [명] [천] 여름의 북천(北天)에 있는 별자리.

백주(白晝) [-쭈] [명] =대낮. ¶~에 일어난 살인 강도 사건.

백중(百中·百衆) [-쭝] [명] [민] 명일(名日)의 하나로 음력 칠월 보름날. ⓗ백중날.

백중-날(百中-) [-쭝-] [명] '백중'을 좀 더 구어적으로 이르는 말.

백중-력(百中曆) [-쭝녁] [명] 앞으로 올 백년 동안의 일월(日月)·성신(星辰)·절후(節候) 등을 미리 헤아려서 만든 책력. ▷만세력·천세력.

백중지세(伯仲之勢) [-쭝-] [명] 서로 우열을 가리기 힘든 형세.

백중-하다(伯仲-) [-쭝-] [형여] (제주나 지식 따위가) 어금지금하여 낫고 못함이 없다. ¶양 팀의 실력이 ~.

백지¹(-紙) [-찌] [명] 바둑돌의 흰 것. ⓒ백(白). ↔흑지.

백지²(白紙) [-찌] [명] 1 닥나무 껍질로 만든, 흰빛의 우리나라 종이. 2 아무것도 쓰지 않은 종이. ¶시험지를 ~로 내다. 3 '백지상태'의 준말. ¶모든 계획을 ~로 돌려라.

백지 한 장의 차이 '근소한 차이'를 이르는 말.

백-지도(白地圖) [-찌-] [명] 분포도 작성용이나 지도 기입 연습용으로, 지형의 윤곽만 그린 지도.

백지-상태(白紙狀態) [-찌-] [명] 1 종이에 아무것도 쓰지 않은 상태. 2 어떤 대상에 대하여 아무것도 모르는 상태. ¶나는 음악에 대해서는 거의 ~다. 3 어떤 일을 하기 이전의 상태. ¶모든 일이 ~로 돌아가다. 4 잡념·선입관 따위가 없는 상태. ¶~에서 시작하다. ⓒ백지.

백지^**수표**(白紙手票) [-찌-] [명] [법] 수표 요건의 전부를 비워 둔 채 뒷날에 소지인이 기입할 것을 전제로 하여 발행한 수표.

백지^**어음**(白地-) [-찌-] [명] [법] 어음 요건의 전부 또는 일부를 비워 둔 채 뒷날에 소지인이 기입할 것을 전제로 하여 발행한 어음.

백지^**위임장**(白紙委任狀) [-찌-짱] [명] [법] 위임장의 전부 또는 일부에 아무것도 써넣지 않고 후에 일정한 사람에게 그 것을 보충하게 하는 위임장.

백지-장(白紙張) [-찌짱] [명] 하얀 종이의 낱장.
[백지장도 맞들면 낫다] 아무리 쉬운 일이라도 협력하여 하면 훨씬 효과적이다.
백지장 같다 (얼굴이) 핏기가 없이 창백하다.

백지-화(白紙化) [-찌-] [명] (계획했거나 추진했던 일을) 하지 않기로 하는 것. ⓗ취소·철회. **백지화-하다** [자여] ¶계획을 ~. **백지화-되다** [자]

백질(白質) [-찔] [명] [생] 고등 동물의 신경 중추부에서 신경 섬유의 집단을 이루는, 하얗게 보이는 부분. 신경 신호를 전달하는 기능을 함.

백차(白車) [명] [차제에 흰 줄을 한 데서] 경찰·헌병의 순찰차를 이르는 말.

백척-간두(百尺竿頭) [-깐-] [명] [백 자나 되는 높은 장대 위에 올라섰다는 뜻] 몹시 어렵고 위태로운 지경. ¶나라의 운명이 ~에 서 있다.

백출(百出) [명] 여러 가지로 많이 나오는 것. **백출-하다** [자여] ¶의견이 ~.

백치(白癡·白痴) [명] 뇌에 장애나 질환이 있어 지능이 아주 낮고 정신이 박약한 상태. 또는, 그런 사람. ⓗ천치.

백치-미(白癡美) [명] [여자에 대해 쓰여] 얼굴이 백치처럼 보이면서도 어딘가 사람의 마음을 끄는 데가 있는 아름다움. ¶판능미와 ~의 확신 매릴린 먼로.

백탄(白炭) [명] 화력이 세고 연소 시간이 긴 숯. ↔검탄.

백태(白苔) [명] 1 [한] 신열·위병 등으로 말미암아 혓바닥에 끼는 누르스름한 물질. ▷설태. 2 눈병의 하나. 눈알을 덮어 앞이 안 보이게 하는 희끄무레한 막.

백토(白土) [명] 1 빛깔이 희고 부드러운 흙. 2 [공] =고령토.

백^**토스**(back toss) [명] [체] 배구에서, 세터가 뒤로 올려 주는 토스.

백통 [명] 구리와 니켈의 합금. 은백색으로, 화폐나 장식품 등에 쓰인다. ⓗ백동(白銅).

백파이프(bagpipe) [명] [음] 유럽의 민속 악기. 가죽 주머니에 리드가 있는 몇 개의 관을 달아 그 주머니 속의 공기를 밀어내면서 연주하는 관악기. 스코틀랜드의 것이 유명함.

백팔^**번뇌**(百八煩惱) [-뇌/-눼] [불] 인간이 지닌 108가지의 번뇌.

백팔십-도(百八十度) [-씹또] Ⅰ [명] 정반대의 상태.
Ⅱ [부] =백팔십도로.

백팔십도-로(百八十度-) [-씹또-] [부] 정반대의 상태로. =백팔십도. ¶태도가 ~ 바뀌다.

백^**패스**(back pass) [명] [체] 축구·핸드볼 등에서, 뒤쪽에 있는 자기편 선수에게 하는 패스.

백-포도주(白葡萄酒) [명] 청포도를 주성분으로 하는 황색 내지 황갈색의 포도주.

백합¹(白蛤) [배캅] [명] [동] =대합(大蛤).

백합²(百合) [배캅] [명] 5~6월에 나팔 모양의 커다란 흰 꽃이 피는 여러해살이풀. 또는, 그 뿌리. 땅속에 비늘줄기가 있고, 꽃은 향기가 좋음. 뿌리는 약용임.

백합-꽃(百合-) [배캅꼳] [명] 백합의 꽃. ⓗ백합화.

백합-화(百合花) [배카퐈] [명] =백합꽃.

백해무익-하다(百害無益-) [배캐-이카-] [형여] (사물이) 해롭기만 하고 조금도 이로운 구석이 없다. ¶담배는 **백해무익하다는데** 왜 피우세요?

백핸드(backhand) [명] [체] 테니스·탁구 등에서, 공을 치는 손의 손등이 상대방을 향하도록 하는 타법. ↔포핸드.

백-혈구(白血球) [배켤-] [명] [생] 혈액 속에 있는, 수시로 모양이 변하는 세포. 골수·지라·림프샘에서 만들어지며, 체내에 침입한 세균을 잡아먹음. =흰피톨. ▷적혈구.

백혈-병(白血病) [배켤뼝] [명] [의] 혈액에 생기는 암으로, 혈액 속의 백혈구가 정상보다 많아지는 병.

백호(白虎) [배코] [명] [민] 1 서쪽 방위를 맡은 신으로 여겨지는 흰 바탕에 검은 줄무늬가 있는 호랑이 모습임. 2 풍수설에서, 주산(主山)에서 오른쪽으로 갈라져 나간 산줄기. ↔청룡.

백화¹(白化) [배콰] [명] [동] 흔히 유전적으로 동물의 피부·모발·눈 등에서 색소가 생기지 않는 현상.

백화²(白話)[배콰] [명] 중국의 구어체 언어. 현재의 중국어.
백화³(百花)[배콰] [명] 온갖 꽃.
백화-난만(百花爛漫)[배콰-] [명] 온갖 꽃이 활짝 피어 아름답게 흐드러져 있음. **백화난만-하다** [형][여] ¶**백화난만한** 계절.
백화-만발(百花滿發)[-콰-] [명] **1** 온갖 꽃이 흐드러지게 활짝 핌. **2** 문화나 문명 등이 다양하고 왕성하게 꽃피워지는 것. 비유적인 말임. **백화만발-하다** [동][자][여] ¶**백화만발하는** 계절.
백화-문(白話文)[배콰-] [명] 구어체로 쓴 중국의 글.
백화^운!동(白話運動)[배콰-] [명] 1917년에 중국의 후 스(胡適) 등이 일으킨, 문체의 개혁 운동. 백화에 의한 문장 표현을 주장함으로써 문학 혁명의 도화선이 되었음.
백화-점(百貨店)[배콰-] [명] 한 건물 안에 여러 가지 상품을 부문별로 나누어 진열·판매하는 대규모의 종합 소매점.
백회(白灰)[배쾨/배퀘] [명] =산화칼슘.
밴(VAN) [명] [Value Added Network] = 부가 가치 통신망.
밴대-보지 [명] 어른이 되었는데도 음모(陰毛)가 나지 않은 상태에 있는 보지.
밴댕이 [명][동] 몸길이 약 15cm로 옆으로 납작하며, 등은 검푸른색, 옆구리와 배는 은백색인 바닷물고기. 그물에 걸리면 급한 성질을 못 이겨 바로 죽어 버림.
밴댕이 소갈머리 아주 좁고 얕은 심지(心志). ¶걸핏하면 토라지니 ~지 뭐야.
밴드¹(band) [명] 주로 경음악을 연주하는 악단이나 악대.
밴드²(band) [명] 가죽이나 천 등으로 좁고 길게 만든 띠. ¶헤어~.
밴드-마스터(bandmaster) [명] '악단장(樂團長)', '악단 지휘자'로 순화.
밴조(banjo) [명][음] 미국의 민속 음악이나 재즈에 쓰이는 현악기. 기타와 비슷하나 공명동(共鳴胴)이 원형이며, 현은 보통 4~5줄임. 손가락으로 퉁겨서 연주함.
밴쿠버(Vancouver) [명][지] 캐나다 남서부의 항구 도시.
밴텀-급(bantam級) [명][체] 권투 체급의 하나. 프로는 52.16~53.52kg, 아마추어는 51~54kg임.
밸! [명] '배알¹'의 준말. ¶~이 꼴리다.
밸러스트(ballast) [명] **1** 배에 실은 화물의 양이 적어 배의 균형을 유지하기 어려울 때 안전을 위해 배의 바닥 부분에 싣는 중량물. 물이나 자갈 따위를 실음. **2** 철도의 선로에 깔거나 콘크리트에 섞는 자갈.
밸런스(balance) [명] '균형'으로 순화. ¶~가 깨어지다. ↔언밸런스.
밸런타인-데이(Valentine Day) [명] 로마 사제였던 발렌티누스의 순교를 기념하기 위한 날. 2월 14일로, 사랑하는 사람끼리 선물을 주고받는 풍습이 있으며, 이날은 여자가 구애한다고 함. ×발렌타인데이.
밸브(valve) [명][공] 유체(流體)의 양이나 압력을 제어하는 장치. ¶안전~.
뱀! [명][동] 몸이 가늘고 긴 원통 모양이며, 다리가 없어 땅 위를 기어다니는 파충류의 총칭. 피부는 비늘로 덮여 있으며, 혀는 길고 가늘며 끝이 갈라졌음. ×배암.
뱀!-눈 [명] 독살스럽게 생긴 눈을 비유하여 이르는 말.
뱀!-띠 [명][민] 뱀해에 난 사람의 띠.
뱀!-살 [명] 뱀의 허물처럼 흰 비늘이 일어나는 살.
뱀!-장어(-長魚) [명][동] 몸길이 약 60cm로 뱀과 비슷하며, 배지느러미가 없고, 몸빛이 검푸른 민물고기. 살은 영양가가 높음. [준]장어.
뱀!-탕(-湯) [명] 뱀을 달인 탕약.
뱀!-해 [명][민] =사년(巳年).
뱁!-새[-쌔] [명][동] =붉은머리오목눈이.
[**뱁새가 황새를 따라가면 다리가 찢어진다**] 힘에 겨운 일을 억지로 하면 도리어 해만 입는다.
뱁!새-눈[-쌔-] [명] 작으면서 가늘게 째진 눈.
뱃-가죽[배까-/밷까-] [명] '뱃살'을 속되게 이르는 말.
뱃-고동[배꼬-/밷꼬-] [명] 배에서 신호를 하기 위해 '붕' 소리를 내는 장치. 또는, 그 소리. ¶~ 소리.
뱃-구레[배꾸-/밷꾸-] [명] 사람이나 짐승의 배의 통. 또는, 그 안. ¶그는 ~가 커서 한 말 술도 마다하지 않는다.
뱃-길[배낄/밷낄] [명] 배가 안전하게 다닐 수 있게 정해 놓은 바다나 강 위의 통로. [비]물길·선로(船路)·수로·항로.
뱃-노래[밴-] [명] 배를 부리는 사람이 노를 저어 가며 부르는 노래.
뱃-놀이[밴-] [명] 배를 타고 즐기는 일. **뱃놀이-하다** [동][자][여]
뱃-놈[밴-] [명] '뱃사람'을 얕잡아 이르는 말.
뱃-머리[밴-] [명] 배의 앞 끝. [비]이물. ¶~를 돌리다.
뱃-멀미[밴-] [명] 배를 탔을 때 어지럽고 구역질이 나는 증상. **뱃멀미-하다** [동][자][여]
뱃-병(-病)[배뼝/밷뼝] [명] 배를 앓는 온갖 병.
뱃-사공(-沙工)[배싸-/밷싸-] [명] 주로 강에서 노를 젓는 작은 배를 부리는 일을 직업으로 하는 사람. [준]사공.
뱃-사람[배싸-/밷싸-] [명] 배를 부리거나 배에서 일하는 사람. =수부(水夫).
뱃-삯[배싹/밷싹] [명] 배에 타거나 짐을 싣는 데 치르는 돈.
뱃-살[배쌀/밷쌀] [명] 배를 싸고 있는 살이나 가죽. ¶~을 빼다.
뱃-속[배쏙/밷쏙] [명] 속마음이나 속생각을 속되게 이르는 말. ¶~이 훤히 들여다보인다.
뱃속이 검다 마음보가 더럽고 음흉하다.
뱃-심[배씸/밷씸] [명] 자기의 생각이나 소신대로 밀고 나가는 배짱. ¶~이 좋다.
뱃-자반[배짜-/밷짜-] [명] 생선을 잡은 곳에서 바로 소금에 절여 만든 자반.
뱃-전[배쩐/밷쩐] [명] 배의 양쪽 가장자리 부분.
뱃-집[배찝/밷찝] [명] 사람의 배의 부피. ¶~이 커서 먹기도 많이 먹는다.
뱅 [부] '빙'의 작은말. [센]뺑.
뱅글-뱅글 [부] 작은 것이 매끄럽게 자꾸 도는 모양. ¶팔랑개비가 ~ 돈다. [큰]빙글빙글. [거]팽글팽글.
뱅-뱅 [부] '빙빙'의 작은말.
뱅!어 [명][동] 몸길이 약 10cm로 가늘고 길며, 몸빛은 희고 반투명한 바닷물고기. 봄에 강으로 올라와 알을 낳음.
뱅!어-포(-脯) [명] 괴도라치의 잔 새끼를 여러 마리 붙여서 만든 포.
-뱅이 [접미] 어떤 습관·모양·성질 따위로

그 사람을 낮게 일컫는 말. ¶앉은~ / 주정.

뱅크(bank) 「명」「지」대륙붕에서 언덕 모양으로 높게 솟아오른 부분. 고기 떼가 많이 모임.

뱉:다[밷따] 「동」(타) 1 (입속에 든 물건이나 침 따위를) 어느 곳에) 입 안의 공기를 다소 세게 내보내면서 그 힘으로 입 밖으로 튀어 나가게 하다. ¶침을 ~. 2 (말이나 욕설 따위를) 억제함이 없이 함부로 하다. 3 (차지했던 것을) 어쩔 수 없이 도로 내놓다. ¶착복한 돈을 ~.

버겁다[-따] 「형」(ㅂ)(버거우니, 버거워) (어떤 일이나 대상이 어떤 사람에게) 해내거나 다루기에 능력이 모자라거나 힘이 부치는 상태에 있다. (비)벅차다. ¶그 선수는 나에게 **버거운** 상대다.

버그(bug) 「명」 컴퓨터 프로그램이나 시스템의 착오. 또는, 시스템 동작상의 원인이 되는 프로그램의 잘못.

버그러-지다 「동」 짜임새가 물러나서 틈이 어긋나게 벌어지다. ¶나무 상자가 ~.

버글-거리다/-대다 「동」 (사람이나 짐승·벌레 등이 모여 움직이다. (작)바글거리다.

버글-버글 버글거리는 모양. (작)바글바글. 버글버글-하다 「동」(자)(타)

버금-가다 「동」(자) 서열이나 차례에서 첫째의 다음이다. ¶부산은 우리나라에서 서울에 **버금가는** 대도시다.

버금딸림-음(-音) 「명」「음」음계의 넷째음. 으뜸음의 아래쪽 완전 5도. ▷ 으뜸음·딸림음.

버금딸림-화음(-和音) 「명」「음」 버금딸림음의 위 3화음. 장조에서는 '파·라·도', 단조에서는 '레·파·라'의 3화음.

버꾸 「명」[<법고(法鼓)] 「음」 농악기의 하나. 자루가 달린 작은 북처럼 생겼음.

버나 「명」「민」 광대·재인(才人) 들의 재주종목의 하나. 나무나 대나무 꼬챙이 끝에 사발·대접·접시 등을 얹어 어느 한 손에 들고 공중에서 돌리는 구경거리.

버너(burner) 「명」 흔히 야외 취사에 이용하는 휴대용 가열 기구.

버니어^캘리퍼스(vernier callipers) 「명」물」 어미자 및 어미자 위를 이동하는 아들자로 이루어지는 측정기. 두께·길이·지름 등을 잼.

버둥-거리다/-대다 「동」(자)(타) 1 덩치가 큰 것이 자빠지거나 매달려서 몸을 자꾸 움직이다. 2 곤란한 처지에서 벗어나려고 바득바득 애를 쓰다. (작)바둥거리다.

버둥-버둥 버둥거리는 모양. (작)바둥바둥. 버둥버둥-하다 「동」(자)(타)

버드-나무 「명」「식」 개울가나 들에 자라며, 가늘고 긴 가지가 축축 늘어지는 높이 20m 가량의 낙엽 활엽 교목. 봄에 암자색 꽃이 피는데, 이것을 '버들개지' 라고 함. =버들.

버드러-지다 「자」 1 끝이 밖으로 벌어지다. ¶앞니가 ~. 2 굳어서 뻣뻣하게 되다. (센)뻐드러지다.

버드렁-니 「명」 바깥쪽으로 버드러진 이. (센)뻐드렁니. ↔옥니.

버들 「명」「식」 =버드나무.

버들-가지 「명」 버드나무의 가지.

버들-강아지 「명」 =버들개지.

버들-개지 「명」 버드나무의 꽃. 솜처럼 바람에 날려 흩어짐. =버들강아지.

버들-잎[-립] 「명」 버드나무의 잎.

버들치 「명」「동」 피라미와 비슷하나 크기 조금 크고, 몸빛은 칙칙한 황갈색인 민물고기. 식용보다는 관상용으로 기름.

버들-피리 「명」 1 버들가지로 만든 피리. 2 버들잎을 접어 물고 피리 소리처럼 내어 부는 것.

버디(birdie) 「명」「체」 골프에서, 한 홀의 기준 타수보다 1타수 적은 기록으로 공을 홀에 넣는 일. ▷이:글·앨버트로스.

버라이어티^쇼(variety show) 「명」「연」 노래·춤·촌극·곡예 등 다양한 프로그램으로 엮은 오락물.

버러지 「명」 '벌레'를 좀 더 낮추거나 얕잡아 이르는 말. ¶이 ~만도 못한 놈!

버럭 「부」 화가 나서 갑자기 기를 쓰거나 소리를 지르는 모양. ¶소리를 ~ 지르다. (작)바락.

버럭-버럭[-뻐-] 「부」 억지스럽게 자꾸 기를 쓰거나 소리를 지르는 모양. ¶악을 ~ 쓰다. (작)바락바락.

버려-두다 「동」(타) 1 잘 간수하지 않고 아무렇게나 그냥 놓아 두다. ¶자전거를 칠에 ~. 2 혼자 있게 남겨 놓다. ¶가족을 시골에 **버려둔** 채 돌보지 않다.

버력 「명」「광」 광석이나 탄을 캘 때 나오는, 광물이 섞이지 않은 잡돌.

버르장-머리 「명」 '버릇2'를 속되게 이르는 말. ¶~ 없는 녀석.

버르장-이 「명」 '버릇2'를 구어적으로 이르는 말. ¶~를 고치다.

버르적-거리다/-대다[-쩍(때)-] 「동」(자)(타) 어려운 일이나 고통스러운 고비에서 헤어나려고 팔다리를 내저으며 몸을 자꾸 움직이다.

버르적-버르적[-뻐-] 「부」 버르적거리는 모양. 버르적버르적-하다 「동」(자)(타)

버릇[-름] 「명」 1 오랫동안 되풀이하는 사이에 몸에 굳어서 자기도 모르게 반복적·지속적으로 행하는 특별한 행동. 또는, 일정한 환경이나 조건 아래에서 자기도 모르게 규칙적·반복적으로 행하는 특정한 행동. (비)습관. ¶눈을 깜빡거리는 ~이 있다. 2 윗사람에게 마땅히 지켜야 할 예의. ¶~이 없다.

버릇-되다[-륻되-/-륻뛔-] 「동」(자) 버릇으로 굳어지다. ¶거짓말도 자주 하면 **버릇돼** 못쓴다.

버릇-없다[-른업따] 「형」 어른 앞에서 마땅히 지켜야 할 예의를 차리지 않다. 버릇없-이 「부」 ¶어른에게 ~ 굴다.

버릇-하다[-르타-] 「동」(보조)(어) 동사의 어미 '-아/어' 아래에 쓰여, 무슨 일을 자꾸 거듭하여 버릇이 됨을 나타내는 말. ¶일찍 일어나 ~.

버리다 「동」(타) 1 (가지고 있거나 쓰던 물건이나 물질을) 다시 쓰거나 찾지 않을 생각으로 내놓거나 내던지거나 쏟거나 하다. ¶휴지를 ~. 2 (사람이 자기의 목숨을) 어떤 일을 위해 더 이어지지 않게 하다. ¶조국을 위해 목숨을 ~. 3 (어떤 생각이나 태도, 버릇 등을) 더 이상 가지지 않다. ¶남은 사고방식을 ~. 4 (관계를 맺었던 사람이나 대상을) 다시 만나려고 찾지 않을 생각으로 관계를 끊거나 배반하고 떠나가거나 돌아서다. ¶부모와 처자를 ~. 5 (사람이나 대상을) 망쳐서 온전하지 못하거나 못 쓰게 만들다. ¶어두운 곳에서 책을 많이 봐 눈을

버렸다. 6 (어떤 일이나 물건을) 돌보지 않거나 관심을 두지 않다. ¶버려둔 황무지. 7 어림수를 잡을 때, (어느 수의 자리 미만을) 유효하지 않은 것으로 간주하여 제외하다. ¶소수 둘째 자리 미만을 ~.
2(보조) 《동사의 어미 '-아/어/여' 아래에 쓰여》 1 그 동사가 나타내는 행동을 단호하게 끝내는 상태임을 나타내는 말. ¶이것도 마저 먹어 버려라. 2 동작이나 작용이 이미 이루어져 어쩔 수 없는 상태에 있거나 원치 않는 방향으로 이루어짐을 나타내는 말. ¶약속이 깨어져 ~.

버림 圐〔수〕근삿값이나 어림수를 구할 때, 어떤 자리의 수 미만을 버리는 일. 이를테면, 정수 254과 256을 십의 자리에서 버리면 둘 다 250이 됨. ▷올림.

버림-받다 [-따-] 困〔타〕 일방적으로 관계가 끊기고 배척을 당하다. ¶애인에게 ~.

버마 (Burma) 圐〔지〕'미얀마'의 구칭.

버;마재비 圐〔동〕=사마귀.

버몬트 (Vermont) 圐〔지〕미국 북동부의 주.

버무리 圐 여러 가지를 한데 뒤섞어서 만든 음식. ¶국수~.

버무리다 囸 여러 가지를 골고루 한데 뒤섞다. ¶배추에 여러 가지 양념을 **버무려** 담근 김치.

버물리다 囸 ①困 '버무리다'의 피동사. ②囸 '버무리다'의 사동사.

버벅-거리다/-대다 [-거(때)-] 困〔자〕 《속》 1 (말을) 더듬거리거나 머뭇거리다. 또는, 행동을 자연스럽게 하지 못하고 머뭇거리거나 우물쭈물하다. ¶여자 앞에서 (말을) ~. 2 (컴퓨터·인터넷·동영상 등이) 버벅이 자주 느려지거나 자꾸 끊어지다. ¶메모리 용량이 작아 **버벅거린다**.

버번-위스키 (bourbon whiskey) 圐 증류주의 하나, 옥수수가 주원료이며, 미국 켄터키 주의 버번이 원산지임.

버블 (bubble) 圐〔경〕부동산·주식 등에 돈이 몰려 가격이 비정상적으로 높아진 상태, 순화어는 '거품 (현상)'. ¶~ 경제.

버;새 圐〔동〕암탕나귀와 수말 사이에서 난 잡종. 노새보다 체질·체격이 떨어지며, 증식 번식력이 전혀 없음. 2 암노새와 수말 사이에서 난 잡종. 힘이 약하고 성질이 사나움.

버석 囲 1 가랑잎과 같은 잘 마른 물건을 밟을 때 나는 소리. 2 단단하고 부스러지기 쉬운 물건을 깨물 때 나는 소리. 困바삭. ᄒ뻐석. **버석-하다** 困〔자〕〔타〕

버석-거리다/-대다 [-거(때)-] 困〔자〕〔타〕 자꾸 버석 소리가 나다. 또는, 그리하게 자꾸 내다. ¶풀을 세게 먹어서 **버석거리는** 치마. 困바삭거리다.

버석-버석 [-빠-] 囲 버석거리는 소리. ¶낙엽을 ~ 밟으며 걷다. 困바삭바삭. **버석버석-하다**

버석버석-하다 [-뻐서카-] 圐〔어〕(물체가) 쉽게 버스러지는 특성이 있다. 困바삭바삭하다.

버선 圐 광목·무명·비단 등의 천으로 발 모양과 비슷하게 만들어, 종아리 아랫부분까지 오도록 발에 꿰어서 신는 물건. ¶~솜~.

버선-목 圐 발목에 닿는 버선의 부분. [버선목이라 뒤집어 보이나] 남에게 혐의를 받았을 때에 어떻게 해명할 길이 없음을 이르는 말.

버선-발 圐 버선만 신고, 신을 신지 않은 발. ¶~로 달려 나오다.

버선-코 圐 버선의 앞쪽 끝의 뾰족하게 올라온 부분.

버섯 [-섣] 圐〔식〕그늘진 땅이나 썩은 나무에서 자라며, 몸이 주로 우산 모양이고 포자로 번식하는 하등 생물의 무리. 먹을 수 있는 것과 독이 있는 것이 있음.

버섯-구름 [-섣꾸-] 圐 =원자구름.

버-성기다 囲 1 벌어져서 사이가 뜨다. 2 (사람의 사이가) 친하지 않고 서먹하거나 멀게 느껴지는 상태에 있다. 3 분위기가 어색하거나 거북하다.

버스 (bus) 圐 1 요금을 받고 정해진 노선을 운행하는 대형 자동차. ¶시내 ~. 2〔컴〕데이터나 전력을 전달하는 회로. 특히, 컴퓨터의 경우 마이크로프로세서와 메모리, 입출력 장치 등에서 공유하는 정보 전달로를 가리킴.

버스트 (bust) 圐 양재 (洋裁)에서, 여자의 가슴둘레.

버스트-포인트 (bust point) 圐 가슴의 가장 높은 곳, 즉 젖꼭지의 위치. =비피.

버스-표 (bus票) 圐 버스를 탈 때 그 요금으로 현금 대신 내는 표.

버쩍 囲 1 물기가 아주 없거나 타 버린 모양. ¶날이 가물어 논이 ~ 말랐다. 2 아주 가까이 들러붙거나 아주 우기는 모양. 3 급작스레 늘거나 줄거나, 또는 앞으로 나아가는 모양. 4 '버쩍'의 센말. ¶사과를 ~ 베어 물다.

버쩍-버쩍 [-빼-] 囲 '버쩍'을 강조하여 이르는 말. 困바싹바싹.

버저 (buzzer) 圐 전자석을 이용하여 철편 (鐵片)을 진동시켜서 소리를 내는 장치. 경보와 초인종 등으로 쓰임.

버저-비터 (buzzer-beater) 圐〔체〕농구에서, 각 쿼터의 종료 버저가 울리는 순간에 이뤄져 성공한 슛. ¶~로 극적인 역전승을 거두다.

버전 (version) 圐〔컴〕어떤 프로그램을 수정, 개선하여 완성한 것. 새로워질 때마다 번호를 늘려 나감. =판(版). ¶데모 ~ / 베타 ~.

버젓-하다 [-저타-] 圐〔어〕1 어언번듯하여 조금도 굽힐 만한 것이 없다. ¶**버젓한** 직장. 2 내놓고 행동하는 태도가 뻔뻔하다. ¶금연 구역에서 **버젓하게** 담배를 피우다. **버젓-이** 囲 ~ 행세하다.

버지니아 (Virginia) 圐〔지〕미국 동부의 주.

버짐 圐〔한〕백선균에 의하여 일어나는 피부병의 총칭. 주로 얼굴에 생김.

버찌 圐 벚나무의 열매. =체리.

버캐 圐 액체 속에 들었던 소금기가 엉겨 생긴 찌꺼기. ¶간장 ~.

버크셔-종 (Berkshire種) 圐〔동〕돼지의 한 품종. 영국의 버크셔 원산으로, 털빛이 검고 목·다리·주둥이가 짧음.

버클 (buckle) 圐 혁대를 죄어 고정시키는 장치를 겸한 장식물.

버킷 (bucket) 圐 굴삭기의 끝에 붙어 흙·모래 따위를 파거나 담는 통.

버터 (butter) 圐 우유의 지방을 분리하여 응고시킨 식품. 빵에 발라 먹거나 요리의 재료로 이용됨. ▷마가린.

버튼 (button) 圐 1 '단추'로 순화. 2 전기장치에 전류를 끊거나 이어 주는 장치.

버티다 ①困 1 (어떤 대상이) 외부의

힘이나 충격에 끌려가거나 쓰러지지 않고 견디다. ¶이 건물은 지진에 **버틸** 수 있도록 설계되었다. **2** (사람이) 외부의 강요나 설득, 유혹 등을 받아들이지 않고 맞서다. ¶항복을 하지 않고 끝까지 ~. **3** (사람이나 조직 등이) 어렵고 힘든 조건이나 상황 속에서 굴복하지 않고 참고 견디다. ¶무인도에서 식량도 없이 한 달을 ~. **4** (주로, '버티고'의 꼴로 쓰여) (대상이 어떤 곳에) 꿈쩍 않고 든든히 자리잡다. ¶빚쟁이가 회사 앞에 **버티고** 서 있다. ②타 **1** (물건을) 쓰러지거나 내려앉지 않도록 다른 물건으로 받치다. ¶버팀목으로 벽을 ~. **2** (외부의 힘이나 압력, 유혹, 어려운 상황 등을) 굴하지 않고 견디다. ¶둑이 수압을 **버티지** 못하고 무너지다.

버팀-기둥 圆 세워진 물체가 쓰러지지 않도록 받치는 기둥.

버팀-대 圆 세워진 물체가 쓰러지지 않도록 받치어 댄 물건. ¶~를 받치다.

버팀-목(-木) 圆 **1** 세워진 물체가 쓰러지지 않고 버틸 수 있도록 옆에 댄 나무. **2** 어떤 대상이 존재할 수 있도록 이끌어 주거나 받쳐 주는 사람이나 사물. 비유적인 말임. ¶아버지는 우리 가족의 든든한 ~이시다.

버퍼(buffer) 圆[컴] 데이터를 송신할 때 일어나는 시간의 차이나 데이터 흐름의 속도 차이를 조정하기 위해 일시적으로 데이터를 기억시키는 장치.

벅, 펄 사이든스트리커 (Buck, Pearl Sydenstricker) 圆[인] 미국의 소설가(1892~1973).

벅-벅[-뻑] 甼 **1** 세게 자꾸 긁거나 문대는 소리. 또는, 그 모양. ¶머리를 ~ 긁다. **2** 질기고 얇은 물건을 잇달아 찢는 소리. 또는, 그 모양. ¶종이를 ~ 찢다. **3** 바닥을 자꾸 깎거나 닦거나 밀어 내는 모양. ¶방바닥을 ~ 문지르다. **4** 기를 쓰거나 억지를 부리는 모양. ¶그는 계속해서 ~ 우겼다. 셈박박.셈뻑뻑.

벅수[-쑤] 圆[민] '장승'을 달리 이르는 말. 특히, 전라도·경상남도의 해안 지방에서 쓰이는 말임.

벅차다 圈 **1** 힘에 겹다. ¶봉급이 너무 적어 생활해 나가기가 ~. **2** 넘칠 듯이 가득하다. ¶벅찬 감동을 주는 소설.

벅차-오르다 圈困〈-오르니, -올라〉 큰 감격이나 기쁨으로 가슴이 몹시 뿌듯하여 오다. ¶새 희망으로 가슴이 ~.

번(番) ①圆 **1** 차례로 숙직이나 당직을 하는 일. ¶~을 서다. ②의존 **1** 일의 차례. ¶셋째 ~. **2** 일의 횟수를 세는 단위. ¶나는 그를 한 ~ 만났다. **3** 사물의 차례를 나타내는 단위. ¶백팀번 11~.

번-갈다(番-) 圈困〈주로 '번갈아', '번갈아서'의 꼴로 쓰여〉한 번씩 차례를 바꾸거나 되풀이하다. ¶우리는 시골에 갈 때 **번갈아** 가면서 운전을 했다.

번개 圆 **1** 구름과 구름, 구름과 대지(大地) 사이에서 서로 반대되는 전기 입자가 부딪쳐 방전(放電)을 일으키면서 아주 밝은 빛을 내는 현상. 우렛소리를 낼 때도 많으며, ▷천둥. **2** 동작이 아주 빠르고 날랜 사람이나 사물을 비유하여 이르는 말. **3** 〈속〉 채팅이나 인터넷 게시판 등을 통해 약속을 정해 당장 만나는 일. 통신 언어임. ¶채팅 후 ~를 하다.

번개-탄(-炭) 圆 빠른 시간 내에 연탄에 불을 댕기기 위해 만든 탄.

번갯-불[-개뿔/-갣뿔] 圆 번개가 칠 때 번쩍이는 빛. =전광(電光). [**번갯불에 콩 볶아 먹겠다**] ㉠행동이 매우 민첩하다. ㉡무슨 일을 당장 해치우지 못해 안달하는 사람을 놀리거나 비아냥대는 말.

번거-롭다[-따] 圈비〈-로우니, -로워〉 **1** 일의 갈피가 어수선하고 복잡하다. ¶**번거로운** 절차. **2** 조용하지 못하고 좀 수선스럽다. **번거로이** 甼

번견(番犬) 圆 도둑을 지키거나 망을 보는 개.

번뇌(煩惱)[-뇌/-눼] 圆[불] 미혹(迷惑)으로 인해 마음속에 일어나는 온갖 피로움과 혼란. ¶~를 끊고 열반에 이르다. **번뇌-하다** 圈困

번다-스럽다(煩多-)[-따] 圈비〈-스러우니, -스러워〉 번다한 데가 있다. **번다스레** 甼

번다-하다(煩多-) 圈(여) 번거롭게 많다.

번데기 圆[동] **1** 곤충의 애벌레가 성충이 되는 과정에서 고치 속에 있는 몸. **2** **1**의 상태에 있는 누에를 이르는 말.

번드레-하다 圈(여) 실속 없이 겉모양만 번드르하다. ¶겉만 ~. 셈뻔드레하다.

번드르르 甼 윤기가 있고 미끄러운 모양. 쟉반드르르. **번드르르-하다** 圈(여) ¶속은 텅 빈 녀석이 겉만 **번드르르하게** 차리고 다닌다.

번득 甼 **1** 물체가 광선에 반사되어 순간적으로 한 번 빛을 내는 모양. ¶~ 스치고 지나가는 불빛. **2** 어떤 생각이나 아이디어가 순간적으로 떠오르는 모양. ¶~ 떠오르는 생각. 셈번뜩. **번득-하다** 圈

번득-거리다/-대다[-끄 (때)-] 图困타 자꾸 번득이다. ¶서치라이트가 ~. 셈번뜩거리다.

번득-번득[-뻔-] 甼 번득거리는 모양. 셈번뜩번뜩.

번득-이다 图困타 **1** (물체가) 빛을 순간적으로 반사하여 날카롭게 빛나다. 또는, (물체를) 빛을 순간적으로 반사하여 하여 날카롭게 빛나게 하다. ¶눈빛을 ~. **2** (재치·기지·예지 등이) 사람을 순간적으로 놀라게 할 만큼 뛰어난 상태이다. ¶재치가 ~. 셈번뜩이다.

번들(bundle) 圆 주된 컴퓨터나 소프트웨어에 추가 부담 없이 판매되는 소프트웨어나 장비. ¶~ 제품.

번들-거리다/-대다[1] 图困타 **1** 윤이 날 정도로 미끄럽게 보이다. ¶머리가 햇빛을 받아 ~. **2** 어수룩한 맛이 없이 약게만 굴다. 쟉반들거리다. 셈뻔들거리다.

번들-거리다/-대다[2] 图困 밉살스럽게 게으름을 피우며 놀기만 하다. ¶대학을 나오고도 취직을 못 해 **번들거리고** 있다.

번들-번들[1] 甼 번들거리는(번들거리다[1]) 모양. ¶마룻바닥이 ~ 윤이 나다. 쟉반들반들. 셈뻔들뻔들. **번들번들-하다**[1] 圈(여) ¶얼굴에 개기름이 흘러 ~.

번들-번들[2] 甼 번들거리는(번들거리다[2]) 모양. ¶하는 일 없이 ~ 놀고만 있다. 쟉반들반들. 셈뻔들뻔들. **번들번들-하다**[2] 图困타

번듯-번듯[-듣뻗-] 튀 여럿이 다 번듯한 모양. 잭반듯반듯. 솅번뜻번뜻. **번듯번듯-하다** 튕예

번듯-하다[-드타-] 혱예 1 (사물이) 비뚤어지거나 기울거나 굽지 않고 바르다. ¶네모 번듯한 책상. 2 (생김새나 됨됨이가) 나무랄 데 없이 훌륭하다. ¶이목구비가 ~. 잭반듯하다. 솅번뜻하다. **번듯-이** 튀 ¶~ 눕다.

번득 튀 '번득'의 센말. **번득-하다** 통예

번득-거리다/-대다[-꺼 때-] 통자타 '번득거리다'의 센말. ¶눈을 ~.

번득-번득[-뻔-] 튀 '번득번득'의 센말. **번득번득-하다** 튕예

번득-이다 통자타 '번득이다'의 센말. ¶안경알이 ~.

번뜻-번뜻[-뜯뻔뜯] 튀 '번듯번듯'의 센말. 잭반뜻반뜻. **번뜻번뜻-하다** 혱예

번뜻-하다[-뜨타-] 혱예 '번듯하다'의 센말. 잭반뜻하다. **번뜻-이** 튀

번민(煩悶) 이런저런 삶의 문제로 마음이 복잡하고 답답하여 괴로워하는 것. 비 고뇌·고민. **번민-하다** 통예

번번-이(番番-) 튀 여러 번 다. =매번. 비매양. ▷ ~ 약속을 어기다.

번복(飜覆·翻覆) 몡 (이미 한 말이나 결정이나 판단 등을) 고치거나 바꾸어 처음과 다른 내용이 되게 하는 것. **번복-하다** 튄예 ¶심판이 판정을 ~. **번복-되다** 통예

번성(蕃盛·繁盛) 몡 1 한창 성하게 일어나 퍼지는 것. 2 (나무나 풀이) 무성한 상태가 되는 것. **번성-하다** 통자예 ¶자손이 번성하기를 빌다.

번섹(←sex) 몡 <속> 채팅 후 곧바로 만나서 성 관계를 갖는 일. 인터넷상에서 쓰이는 통신 언어임.

번수[1](番-)[-쑤-] 몡 차례의 수.

번수[2](番手) 몡의 방적사의 굵기를 나타내는 단위. ▷ 데니어.

번스타인, 레너드 (Bernstein, Leonard) 몡[인] 미국의 지휘자·작곡가(1918~1990).

번식(繁殖·蕃息) 몡 붙고 늘어서 많이 퍼지는 것. **번식-하다** 통자예 ¶세균이 ~. **번식-되다** 통예

번식-기(繁殖期)[-끼] 몡[생] 동물이 새끼를 치는 시기.

번식-력(繁殖力)[-녁] 몡 번식하는 힘.

번안(飜案) 몡 1 원작의 줄거리나 사건은 그대로 두고, 풍속·인명·지명 등을 자기 나라에 맞게 바꾸어 고치는 것. ¶~ 가요 / ~ 소설. 2 안건을 뒤집는 것. **번안-하다** 튄예 **번안-되다** 통예

번역(飜譯·翻譯) 몡 (어떤 글이나 문학 작품을 같은 뜻을 가지는 다른 나라의 언어로) 바꾸어 옮기는 것. =역(譯). ¶~자. **번역-하다** 튄예 ¶소월(素月)의 시를 영문으로 ~. **번역-되다** 통예

번역-가(飜譯家)[-까] 몡 번역을 전문적으로 하는 사람.

번역-권(飜譯權)[-꿘] 몡[법] 저작권의 하나. 어떤 저작물을 번역·출판하여 거기서 이익을 얻을 권리.

번역-극(飜譯劇)[-끅] 몡[연] 외국의 희곡을 번역하여 상연하는 극.

번역-물(飜譯物)[-영-] 몡 번역한 서적.

번역-본(飜譯本)[-뽄] 몡 번역한 책.

번역-판(飜譯版) 몡 번역하여 출판한 책.

번연-히(翻然-) 튀 뚜렷하고 환하게. =번히. ¶걱정할 줄 ~ 알면서 전화 한 통화 없다.

번영(繁榮) 몡 번성하고 영화롭게 되는 것. **번영-하다** 통자예 ¶번영하는 조국.

번잡(煩雜) 몡 번거롭게 뒤섞여 어수선한 것. **번잡-하다** 혱예 ¶번잡한 저잣거리.

번잡-스럽다(煩雜-)[-쓰-따] 혱비 <~스러우니, ~스러워> 번잡한 데가 있다. **번잡스레** 튀

번지(番地) 몡 1 거주지를 명시하기 위해 동(洞)이나 이(里)의 토지를 세분해서 붙인 번호. ¶세종로 1~. ▷호(號). 2 [컴] 데이터가 저장되어 있는 기억 장소의 위치. 또는, 그것을 나타내는 수. =어드레스·주소.

번:지다 통자 1 (액체가 종이·천 등의 물체에) 스며서 차츰 젖거나 묻는 범위가 넓게 되다. ¶종이에 잉크가 ~. 2 (불길이 주위의 부분으로) 차츰 타는 범위가 넓게 되다. ¶불길이 삽시간에 이웃집으로 번져 갔다. 3 (어떤 기운이나 현상이) 차츰 넓은 범위나 영역으로 커지다. ¶번짐이 얼굴에 ~.

번지레 튀 조금 번지르한 모양. **번지레-하다** 혱예

번지르르 튀 1 미끄럽고 윤이 나는 모양. ¶얼굴에 기름기가 ~ 흐르다. 2 말 따위를 실속은 없이 겉만 그럴듯하게 하는 모양. 잭반지르르. **번지르르-하다** 혱예

번지-수(番地數)[-쑤] 몡 번지의 수.

번지수가 틀리다 생각을 잘못해서 다른 방향으로 나가다.

번지수를 잘못 찾다 생각을 잘못해서 다른 방향으로 나가다.

번지-점프(bungee jump) 몡 수십 또는 수백 미터 높이의 점프대나 다리·탑·기구(氣球) 등의 물체에 고무로 된 긴 줄의 한끝을 고정시키고, 다른 쪽 끝을 자신의 몸통과 발목에 묶고 뛰어내림으로써 추락의 아찔한 긴박감을 즐기는 스포츠.

번질-거리다/-대다 통자 1 몹시 윤이 나고 미끈거리다. ¶얼굴이 ~. 2 몹시 약게만 굴고 일을 하지 않다. 잭반질거리다. 솅뻔질거리다.

번질-번질 튀 번질거리는 모양. 잭반질반질. 솅뻔질뻔질. **번질번질-하다** 통자혱예 ¶작업복이 기름때가 묻어 ~.

번-째(番-) 의 (고유어로 된 수 관형사 뒤에 쓰여) 1일의 횟수에 차례를 매겨 세는 단위. ¶그의 고시 낙방은 이번으로 다섯 ~이다. 2 사물의 차례를 나타내는 단위. ¶결승접에 첫 ~로 골인하다.

번쩍[1] 튀 1 환한 빛이 순간적으로 빛나는 모양. 2 순간적으로 갑자기 들거나 어떤 생각이 드는 모양. ¶정신이 ~ 들다. 솅반짝. 솅뻔쩍. **번쩍-하다** 통자타예 ¶번갯불이 ~.

번쩍[2] 튀 1 물건을 아주 가볍게 얼른 드는 모양. ¶짐을 ~ 들다. 2 눈을 갑자기 크게 뜨는 모양. ¶눈을 ~ 뜨다. 잭반짝.

번쩍-거리다/-대다[-꺼 때-] 통자타 자꾸 번쩍이다. ¶조명이 ~. 솅반짝거리다. 솅뻔쩍거리다.

번쩍-번쩍[1]-[뻔-] 튀 번쩍거리는 모양. 잭반짝반짝. 솅뻔쩍뻔쩍. **번쩍번쩍-하다** 통자타혱예 ¶황금이 ~. ×삐가번쩍하다. ×빼까번쩍하다.

번쩍-번쩍[2][-뻔-] 튀 물건을 여러 번 쩍 들거나 들리는 모양. ¶무거운 짐들을 ~ 들어 나르다.

번쩍-이다 [동][자][타] 빛이 잠깐 나타났다가 없어지다. 또는, 그리되게 하다. ¶번개가 ~. [작]반짝이다. [센]뻔쩍이다.
번창(繁昌) [명] 번화하고 창성하는 것. **번창-하다** [동][자][여] ¶사업이 날로 ~.
번철(燔鐵) [명] 전(煎)을 부치거나 고기 등을 볶을 때에 쓰는, 솥뚜껑처럼 생긴 무쇠 그릇. ¶~에 기름을 두르다.
번트(bunt) [명][체] 야구에서, 타자가 공이 가까운 거리에 떨어지도록 배트를 공에 가볍게 대는 일. ¶희생[보내기] ~. **번트-하다** [동][타][여]
번ː-하다 [형][여] **1** 어두운 가운데 밝은 빛이 비치어 조금 훤하다. ¶동이 트는지 창문이 ~. **2** 바쁜 가운데 잠깐 틈이 있다. **3** 장마가 잠시 멎고 해가 나서 밝다. ¶하늘이 **번하게** 개다. [작]반하다. **번ː-히** [부] = 번연히. ¶~ 알고 있는 일을 왜 속이니?
번호(番號) Ⅰ[명] 사물에 차례를 매기거나, 사물을 식별하고 구분하기 위해 붙인 숫자. ¶전화~ / 참가 ~.
Ⅱ[감] 제식 훈련 시 구령의 하나. 순번의 수를 외치게 하는 말. 횡대 대형에서는 오른쪽부터, 종대 대형에서는 앞에서부터 번호를 붙임.
번호-순(番號順) [명] 번호의 차례.
번호-판(番號板) [명] **1** 번호를 적은 판. **2** 차량 번호를 적어 자동차에 달고 다니도록 되어 있는, 일정한 크기의 판. **3** [영] 영화 촬영에서, 화면 번호와 촬영 장소·촬영 시간 등을 적어 놓은 나무 판.
번호-표(番號票) [명] 번호를 적은 표.
번화-가(繁華街) [명] 도시의 번화한 거리.
번화-하다(繁華—) [형][여] 거리가 사람이 많이 다니고 상점이 많아 화려하다. ¶**번화한** 거리.
벋-니[번—] [명] '버드렁니'의 준말.
벋다[1][—따] [동][자][타] **1** (나뭇가지·줄기·덩굴·뿌리 등이) 길게 자라나다. 또는, (나무가 가지·줄기·덩굴·뿌리 등을) 자라 더 길어지게 하다. ¶칡덩굴이 ~. **2** (길·강·산맥 등이) 길게 이어지다. ¶죽 **벋은** 고속도로. **3** (팔이나 다리를) 오므렸던 상태에서 반듯하게 펴다. ¶두 다리를 죽 ~. [센]뻗다.
벋다[2][—따] [형] 끝이 바깥쪽으로 향하여 있다. ¶앞니가 ~. ↔옥다.
벋장-다리 [명] '벋정다리'의 잘못.
벋정-다리[—쩡—] [명] **1** 구부렸다 폈다 하지 못하고 늘 벋어 있는 다리. 또는, 그런 다리를 가진 사람. **2** 뻣뻣해져서 자유롭게 굽힐 수가 없게 된 물건. [센]뻗정다리. ×벋장다리.
벌[1] [명] 산이나 언덕이 없이 사방이 탁 트인, 평평하게 넓은 땅. ¶갯~. ▷들.
벌[2] [명] [1][자립] 옷·그릇 등 짝을 이루거나 여러 가지가 한데 모여 갖추어진 한 덩이. [2][의존] 옷·그릇 등 짝을 이룬 물건을 세는 단위. ¶양복 한 ~.
벌ː[3] [명][동] 꽃에서 꿀을 모아 저장하고, 몸 끝의 독침으로 적을 쏘는 곤충의 총칭. 사회생활을 함.
벌[4](罰) [명] 잘못하거나 죄를 지은 사람에게 주는 고통.
벌거벗-기다[—벋끼—] [동][타] '벌거벗다'의 사동사. ¶아이를 **벌거벗기고** 목욕시키다. [작]발가벗기다. [센]뻘거벗기다.
벌거-벗다[—벋따] [동][자] **1** 알몸이 되도록 옷을 모두 벗다. ¶아이들이 **벌거벗고** 물장구치다. **2** 산에 나무가 없어 흙이 드러나 보일 정도가 되다. ¶**벌거벗은** 산. [작]발가벗다. [센]뻘거벗다.
벌거-숭이 [명] **1** 벌거벗은 알몸뚱이. **2** 흙이 드러나 보일 만큼 나무가 없는 산. [작]발가숭이.
벌거숭이-산(—山) [명] =민둥산.
벌ː겋다[—거타] [형][ㅎ] 〈벌거니, 벌거오, 벌게〉 (어떤 물체가) 연하게 뻘겋다. ¶눈이 **벌겋게** 충혈되다. [작]발갛다. [센]뻘겋다.
벌ː게-지다 [동][자] 벌겋게 되다. ¶수치심으로 얼굴이 ~. [작]발개지다. [센]뻘게지다.
벌과-금(罰科金) [명] **1** =벌금1. **2** [법] = 벌금2.
벌그스레-하다 [형][여] =벌그스름하다.
벌그스름-하다 [형][여] 조금 벌겋다. =벌그스레하다. ¶동쪽 하늘이 ~. [작]발그스름하다. **벌그스름-히** [부]
벌금(罰金) [명] **1** 벌로 내게 하는 돈. =벌과금. **2** [법] 형법이 규정하는 형(刑)의 일종. 과료(科料)·몰수와 더불어 재산형의 하나로, 과료보다 금액이 많음. =벌과금. ¶~을 물리다.
벌금-형(罰金刑) [명][법] 범죄에 대한 처벌로 벌금을 물게 하는 형벌.
벌ː기다 [동][타] 속엣것이 드러나게 헤쳐 벌리다. ¶밤송이를 ~. [작]발기다.
벌꺽 [부] **1** 갑자기 성을 내거나 기운을 쓰는 모양. **2** 갑자기 온통 뒤집히는 모양. ¶산업 스파이 사건으로 회사가 ~ 뒤집혔다. [작]발깍. [거]벌컥.
벌꺽-거리다/-대다[—꺼(때)—] [동][타] **1** 액체를 시원스럽게 들이켜다. **2** 진흙·반죽 따위를 자꾸 주무르거나 쑤셔 옆으로 비어져 나오게 하다. [거]벌컥거리다.
벌꺽-벌꺽[—뻘—] [부] 벌꺽거리는 모양. 또는, 그 소리. ¶술을 ~ 들이켜다. [거]벌컥벌컥. **벌꺽벌꺽-하다** [동][자][타][여]
벌ː-꿀 [명] =꿀.
벌ː다[1] [동][자] 〈버니, 버오〉 **1** (물체가) 저절로 공간적으로 틈이 생기다. ¶밤이 익어 ~. **2** (그릇 따위의 아가리가) 바깥쪽으로 넓게 내밀다.
벌ː다[2] [동][타] 〈버니, 버오〉 **1** (돈을) 어떤 일을 하거나 장사를 하거나 하여 자기의 몫으로 되게 하다. ¶돈을 ~. **2** (사람이 어떤 용도의 돈을) 쓰지 않아 남기게 되다. ¶친구 차를 얻어 탔으니 차비를 **번** 셈이다. **3** (매 맞거나 욕먹을 일을) 잘못된 행동을 함으로써 스스로 청하다. ¶저렇게 말을 안 들으니 매를 **벌** 수밖에.
벌떡 [부] 갑자기 급하게 일어나거나 뒤로 자빠지는 모양. ¶~ 일어나다. [작]발딱.
벌떡-거리다/-대다[—꺼(때)—] [동][자][타] **1** 맥박이나 심장이 세차게 자꾸 뛰다. ¶가슴이 ~. **2** 입을 크게 벌려 힘 있게 액체를 들이마시다. **3** 힘을 쓰고 싶거나 활동하고 싶어 안타깝게 애를 쓰다. [작]발딱거리다.
벌떡-벌떡[—뻘—] [부] 벌떡거리는 모양. 또는, 그 소리. ¶냉수를 ~ 들이켜다. [작]발딱발딱. **벌떡벌떡-하다** [동][자][타][여]
벌떡-증(—症)[—쯩] [명] 화가 벌떡벌떡 나는 증세.
벌러덩 [부] 발이나 팔을 활짝 벌린 상태로 맥없이 뒤로 자빠지거나 눕는 모양. ¶길에서 ~ 자빠지다. [작]발라당. [준]벌렁.
벌러-지 [명] '벌레1'의 잘못.

벌렁 [부] '벌러덩'의 준말. ¶뒤로 ~ 자빠지다. [작]발랑.

벌렁-거리다/-대다 [동][자][타] **1** (콧구멍이) 커졌다 작아졌다 하다. 또는, (콧구멍을) 크게 했다 작게 했다 하다. [비]벌름거리다. ¶콧구멍을 **벌렁거리며** 냄새를 맡다. **2** (가슴이) 몹시 놀라거나 흥분하여 마구 뛰다. ¶너무나 놀라 심장이 ~.

벌렁-벌렁 [부] 벌렁거리는 모양. **벌렁벌렁-하다** [동][자][타][여]

벌렁-코 [명] 넓적하게 벌어진 코.

벌레 [명] **1** 일정한 곳에서 꼬물꼬물 움직이거나 식물이나 동물의 몸에 붙어사는, 몸의 크기가 작은 곤충이나 그 애벌레. [비]버러지. ×벌러지. **2** (일부 명사 뒤에 쓰여) 그 명사가 나타내는 한 가지 일이나 사물에만 정신을 쏟는 사람을 얕잡아 이르는 말. ¶돈~ / 공붓~.

벌레잡이^식물 (-植物) [-싱-] [명][식] 잎으로 벌레를 잡아 소화·흡수하여 양분을 취하는 식물. 끈끈이귀개·통발 따위.

벌레잡이-잎 [-입] [명][식] 벌레잡이 식물에 있어서 날아 붙는 벌레를 움켜잡아 소화·흡수하여 양분을 취하는 잎. 끈끈이귀개·파리지옥풀 따위에서 볼 수 있음.

벌름-거리다/-대다 [동][자][타] (탄력 있는 물건이) 부드럽고 넓게 벌어졌다 닫혀졌다 하다. 또는, 그리되게 하다. [비]벌렁거리다. ¶돼지가 코를 ~. [작]발름거리다.

벌름-벌름 [부] 벌름거리는 모양. [작]발름발름. **벌름벌름-하다** [동][자][타][여]

벌ː리다[1] [동][타] **1** (맞닿아 있거나 본래 갈라져 있는 대상을) 사이가 생기게 하거나 더 커지게 하다. ¶가랑이를 ~. **2** (오므리거나 접었던 것을) 펴지거나 열리게 하다. ¶양팔을 ~. **3** '벌이다'의 잘못.

벌ː-리다[2] [동][자] '벌다[2]**1**'의 피동사. ¶돈이 잘 ~.

벌목 (伐木) [명] 멧갓이나 숲의 나무를 베는 것. **벌목-하다** [동][자][타][여]

벌벌 [부] **1** 춥거나 무서워서 자꾸 떠는 모양. ¶추워서 몸이 ~ 떨리다. **2** 재물 따위를 몹시 아끼는 모양. ¶돈 몇 푼에 ~ 떤다. **3** 몸을 바닥에 붙이고 좀 큰 동작으로 기는 모양. [작]발발.

벌-서다 (罰-) [동][자] 벌을 받아 일정한 곳에 서다. ¶복도에 나가 **벌서고** 있어라.

벌세우다 (罰-) [동][타] '벌서다'의 사동사. ¶거짓말한 아이를 ~.

벌써 [부] **1** 얼마 전에. 또는, 오래전에. 어떤 일이 예상을 벗어나 기준 시점보다 앞서서 일어났음을 나타내는 말. ¶마감 시간은 ~ 지났다. **2** 어느 사이에. 어떤 일이 예상보다 빠르게 다가오거나 일어났음을 나타내는 말. ¶~ 퇴근 시간이 됐나? **3** 아주 오래전에. 또는, 아주 오래전의. 말하는 사람이 어떤 일을 과거의 일로 생각함을 나타내는 말. ¶그 일은 ~ 옛날 이야기이다.

벌-쓰다 (罰-) [동][자] 〈~쓰니, ~써〉 벌을 받다.

벌씌우다 (罰-) [-씨-] [동][타] '벌쓰다'의 사동사. ¶숙제 안 해 온 아이들을 ~.

벌ː어-들이다 [동][타] 돈이나 물건 등을 벌어서 가져오다. ¶외화를 ~.

벌ː어-먹다 [-따] [동][자] 벌이를 하여 먹고 살다. ¶하루하루 근근이 ~.

벌ː어-지다 [동][자] **1** (물체가) 맞닿거나 꽉 아물린 자리, 또는 온전한 면에 공간적으로 틈이 생기다. ¶좋아서 입이 ~. **2** (남자의 어깨나 가슴 따위가) 보기 좋게 가로퍼지다. ¶가슴이 떡 **벌어진** 늠름한 체격. [작]바라지다. **3** (식물의 가지가) 옆으로 뻗어지다. ¶가지가 ~. **4** (그릇 따위의 아가리가) 바깥쪽을 향해 넓어지다. **5** (사람의 사이가) 좋지 않게 되다. ¶그들은 사이가 **벌어져** 서로 말도 안 하고 지낸다. **6** (이목을 끌거나 요란한 일이나 상황이) 생겨 진행되다. ¶싸움이 ~. **7** (음식상이) 많은 음식으로 가득하다. ¶떡 **벌어지게** 차린 잔칫상.

벌ː-이 [명] 돈을 버는 일. 주로 장사꾼이나 서민들이 쓰는 구어임. ¶돈~ / 요즘엔 ~가 통 시원찮다.

벌ː이다 [동][타] **1** (대립·다툼·경쟁 등의 성질을 가진 일을) 맹렬하게 또는 남의 이목을 끄는 상태로 행하다. ¶토론을 ~. **2** (어떤 일을) 계획하고 계획대로 되도록 행하다. ¶캠페인을 ~. **3** (가게나 난전 따위를) 갖추어 차리다. ¶가게를 ~. **4** (여러 개의 물건을 평면 위에) 옆으로 하나씩 하나씩 놓아서 모두 잘 보이게 하다. [비]늘어놓다·나열하다·진열하다. ¶화투판을 ~. ×벌리다.

벌점 (罰點) [-쩜] [명] 잘못에 대한 벌을 따져서 매기는 점수. ¶교통 신호 위반으로 15점의 ~을 받다.

벌주 (罰酒) [-쭈] [명] 벌로 먹이는 술.

벌-주다 (罰-) [동][자][타] 벌을 가하다. ¶물건을 훔친 학생을[에게] 단단히 ~.

벌ː-집 [-찝] [명] 벌이 알을 낳고 먹이와 꿀을 저장하며 생활하는 집.

벌집을 건드리다 건드려서는 안 될 것을 공연히 건드려 화근을 만들다.

벌집을 만들다 〈속〉 폭력을 써서 엉망을 만들다.

벌쭉 [부] 속의 것이 드러나 보일 듯 말 듯하게 입을 벌리며 소리 없이 웃는 모양. **벌쭉-하다** [동][자][타][여]

벌채 (伐採) [명] 삼림의 나무를 베거나 섶을 깎아 내는 것. **벌채-하다** [동][타][여]

벌책 (罰責) [명] 죄과를 꾸짖어 가볍게 벌하는 것. **벌책-하다** [동][타][여]

벌초 (伐草) [명] 무덤의 풀을 베어서 깨끗이 하는 것. **벌초-하다** [동][자][타][여] ¶조상의 묘를 ~.

벌충 [명] (손실이나 모자라는 것을) 다른 것으로 대신 채우는 것. **벌충-하다** [동][타][여] ¶며칠 논 것을 **벌충하려고** 밤낮으로 일하다.

벌칙 (罰則) [명] 규율을 위반한 행위에 대한 처벌을 정해 놓은 규칙.

벌ː-침 (-針) [명] 벌의 몸 끝에 있는 침.

벌컥 [부] '벌꺽'의 거센말. ¶화를 ~ 내다 / 온 동네가 ~ 뒤집혔다. [작]발칵.

벌컥-거리다/-대다 [-꺼(때)-] [동][자][타] '벌꺽거리다'의 거센말.

벌컥-벌컥 [-뻘-] [부] '벌꺽벌꺽'의 거센말. ¶그는 화라도 난 듯 술을 ~ 들이켰다. **벌컥벌컥-하다** [동][자][타][여]

벌ː-통 (-桶) [명] 꿀벌을 치는 통.

벌-판 [명] 사방으로 펼쳐진 넓고 평평한 땅. [비]광야. ¶허허~. ▷들판.

벌-하다 (罰-) [동][타][여] 벌을 주다. ¶죄인을 엄히 ~.

범ː[1] [명][동] =호랑이**1**.

[범 없는 골에 토끼가 스승이라] 잘난 사람이 없는 곳에서 못난 사람이 잘난 체함

을 비꼬아 이르는 말. [**범에게 물려 가도 정신만 차리면 산다**] 어떤 곤란에 처해도 정신만 차리면 헤어날 수 있다.

범[2](犯) [명][의존] 범행을 하여 형벌을 받은 횟수를 세는 말. ¶전과 3~.

범¦-[3](汎) [접두] '널리 전체에 걸치는'과 같은 뜻을 나타내는 말. ¶~국민적 / ~세계적 추세.

-범[4](犯) [접미] '범행', '범인'의 뜻을 나타내는 말. ¶현행~ / 살인~.

범¦국민-적(汎國民的) [-궁-] [관][명] 널리 국민 전체에 관계된 (것). ¶~ 운동으로 확산되다.

범¦-띠 [명][민] 범해에 난 사람의 띠.

범¦람(汎濫·氾濫) [-남] [명] **1** 물이 넘쳐흐르는 것. **2** (바람직하지 못한 것이) 마구 쏟아져 나와 나도는 것. **범¦람-하다** [동][자][여] ¶외제 물품이 ~.

범¦람-원(汎濫原) [-남-] [명][지] 하천의 범람으로 흙·모래·자갈이 하천 주변에 퇴적하여 이루어진 평탄한 땅.

범¦례(凡例) [-네] [명] =일러두기.

범벅 [명] **1** 곡식 가루에 호박 따위를 섞어 된풀처럼 쑨 음식. ¶호박~. **2** 여러 가지 사물이 뒤섞여 갈피를 잡을 수 없게 된 상태. ¶뒤~. **3** 몸에 질척질척한 것이 마구 묻은 상태. ¶눈물 ~.

범¦법(犯法) [-뻡] [명] 법에 어긋난 일을 하는 것. ¶~ 행위. **범¦법-하다** [동][자][여]

범¦법-자(犯法者) [-뻡짜] [명] 범법 행위를 한 사람.

범¦부(凡夫) [명] 평범한 사내.

범¦상-하다(凡常-) [형][여] 대수롭지 않고 예사롭다. [비]평범하다. ¶그는 **범상한** 인물이 아니다. **범¦상-히** [부]

범생이 [명]〈은〉 모범생(학생의 말). 얕잡아 이르는 어감이 있음.

범¦서(梵書) [명] **1** 범자(梵字)로 기록된 글. **2** [불] =불경(佛經)[2].

범¦선(帆船) [명] =돛단배.

범¦-세계적(汎世界的) [-계-/-게-] [관][명] 널리 세계 전체에 관계된 (것). ¶~으로 환경 운동을 벌이다.

범¦속-하다(凡俗-) [-소카-] [형][여] 평범하고 속되다. ¶**범속한** 작품.

범¦신-론(汎神論) [-논] [명][철] 우주 만물은 신(神)의 형상이며, 신 그 자체라고 하는 이론이나 관념.

범¦실(凡失) [명][체] 야구 등에서, 평범한 실책. ¶~이 잦다.

범¦애-주의(汎愛主義) [-의/-이] [명][교] 18세기에 독일에서 일어난 계몽주의적 교육 운동. 인간성의 선(善)을 믿고 심신의 조화와 훈육에 중점을 두었음.

범¦어(梵語) [명][언] =산스크리트 어.

범¦용-하다(凡庸-) [형][여] 평범하고 용렬하다.

범¦위(範圍) [명] 제한된 구역의 언저리. 또는, 어떤 것이 미치는 한계. [비]테두리. ¶시험 출제 ~.

범¦의(犯意) [-의/-이] [명][법] 범죄 행위임을 알면서도 그 행위를 하려는 생각.

범¦인[1](凡人) [명] 평범한 사람.

범¦인[2](犯人) [명] 법에 어긋나는 죄(특히, 형사상의 죄)를 저지른 사람. [비]범죄인. ¶~을 추적하다.

범¦자(梵字) [-짜] [명] 범어(梵語), 즉 산스크리트 어를 표기한 문자.

범¦절(凡節) [명] 법도에 맞는 모든 질서나 절차. ¶예의~.

범¦접(犯接) [명] (어떤 대상에) 가까이 다가가 함부로 건드리거나 감히 접하는 것. ¶~을 못 하다. **범¦접-하다** [동][자][여] ¶그에게는 **범접하기** 어려운 위엄이 있다.

범¦종(梵鐘) [명][불] 절에서 사람을 모이게 하거나 시각을 알리기 위하여 치는 종.

범¦죄(犯罪) [-죄/-줴] [명] 죄를 범하는 일. 또는, 그 죄. 특히, 사회에 해를 끼치는 위법 행위. ¶신종 ~ 수법.

범¦죄-인(犯罪人) [-죄-/-줴-] [명][법] 죄를 범한 사람. =범죄자. [비]범인.

범¦죄-자(犯罪者) [-죄-/-줴-] [명][법] =범죄인.

범¦죄-형(犯罪型) [-죄-/-줴-] [명] 범죄를 행할 가능성이 높은 사람에게서 볼 수 있는 외모나 성격의 유형.

범¦주(範疇) [명] **1** [철] 사물의 개념을 분류할 때 가장 기본적이고 보편적인 최고의 유개념(類槪念). **2** 같은 성질의 것이 딸려야 할 부류나 범위. ¶일기는 문학 장르상 수필의 ~에 든다.

범¦천-왕(梵天王) [명][불] 제석천과 함께 부처를 좌우에서 모시는 불법 수호의 신.

범¦칙(犯則) [명] 규칙을 어기는 것. **범¦칙-하다** [동][자][여]

범¦칙-금(犯則金) [-끔] [명][법] 경범죄를 짓거나 도로 교통법을 위반하거나 한 사람에게 물리는 돈.

범¦칭(汎稱·泛稱) [명] 넓은 범위로 쓰는 명칭. 또는, 두루 쓰이는 명칭.

범¦-털 [명]〈은〉 돈 많고 백 있는 복역수(죄수의 말). ▷개털.

범¦퇴(凡退) [-퇴/-퉤] [명][체] 야구에서, 타자가 아무 소득 없이 물러가는 것. ¶삼자 ~. **범¦퇴-하다** [동][자][여]

범¦패(梵唄) [명][불] 절에서 불공을 드릴 때 부르는, 부처의 공덕을 찬양하는 노래.

범퍼(bumper) [명] 충돌 사고 발생 시 충격을 완화시키기 위해 자동차의 앞과 뒤에 길게 댄 장치.

범¦-하다(犯-) [동][타][여] **1** (법률·규칙·도덕을) 어기다. ¶율법을 ~. **2** (잘못을) 저지르다. ¶오류를 ~. **3** 들어감을 금하는 경계나 지역을 함부로 들어가다. **4** (여자를) 정조를 빼앗거나 짓밟다. ¶여자를 ~. **5** (남의 권리·위신·인격·재산 따위를) 해치거나 떨어뜨리거나 빼앗다.

범¦-해 [명][민] =인년(寅年).

범¦행(犯行) [명] 범죄의 행위를 하는 것. 또는, 그 행위. ¶~ 동기. **범¦행-하다** [동][자][여]

법[1](法) [명] [1][자립] **1** [법] 국가의 강제력을 수반하는 사회 규범. 국가 및 공공 기관이 제정한 법률·명령·규칙·조례 따위. =법률. ¶~을 어기다. **2** [불] 삼보(三寶)의 하나. 부처의 교법. [2][의존] **1** 《어미 '-는' 아래에 쓰여》 방식이나 방법. ¶인사하는 ~. **2** 《어미 '-는' 아래에 쓰여》 도리나 정해진 이치. ¶네 맘대로 하는 ~이 어디 있어? **3** 《어미 '-는' 아래에 쓰여》 행동 습성의 예(例)를 이르는 말. ¶그는 아무리 급해도 서두르는 ~이 없다. **4** 《어미 '-ㄴ/는' 아래에 쓰여》 선행하는 용언의 동작이나 상태가 당연함을 나타내는 말. ¶죄를 지으면 벌을 받는 ~이지요. **5** 《어미 '-ㄹ' 아래 '하다'와 함께 쓰여》 어떤 일의 개연성이 있음을 나타내는 말. ¶일이 잘될 ~은 하다.

[법은 멀고 주먹은 가깝다] 법에 호소하거나 사리를 따져 옳고 그름을 가리기보다 손쉽게 폭력을 써서 문제를 해결하려는 태도가 있다.
법 없이 살다 곧고 착하여 법의 규제가 없어도 나쁜 짓을 하지 않다. ¶그는 **법** 없이도 살 사람이다.

-법²(法) 접미 '방법' 또는 '규칙'의 뜻을 나타내는 말. ¶계산~ / 조리~.
법가(法家) [-까-] 명[역] 중국 전국 시대에, 도덕보다는 법을 중하게 여겨 형벌을 엄하게 하는 것이 치국(治國)의 기본이라고 주장한 관자·한비자 등의 학파.
법계¹(法系) [-꼐/-꼐] 명[법] 다른 국가 간 또는 이민족 간에 주고받아 형성된 법의 계통. **대륙 ~.**
법계²(法界) [-꼐/-꼐] 명[불] **1** 대자연의 세계. **2** 만유 제법의 본체인 진여(眞如). **3** 불교도의 사회.
법고(法鼓) [-꼬] 명[불] 불교 의식 때에 부처 앞에서 치는 작은 북.
법과^대'학(法科大學) [-꽈-] 명[교] 법학을 연구하고 가르치는 대학. 준법대.
법관(法官) [-꽌] 명[법] 법원에 소속되어, 대법원 또는 각급 법원에서 재판을 담당하는 공무원.
법규(法規) [-뀨] 명[법] **1** 법률의 규정. 곧, 국민의 행위를 제한한 준칙. **2** 국가와 국민 사이의 권리와 의무에 대하여 일반적으로 규정한 규정.
법^규범(法規範) [-뀨-] 명[법] 법을 구성하는 개개의 규범.
법당(法堂) 명[불] 불상을 안치하고 설법을 하는, 절의 정당(正堂).
법대(法大) [-때] 명[교] '법과 대학'의 준말.
법도(法度) [-또] 명 생활상의 예법과 제도. ¶~ 있는 집안.
법랍(法臘) [법납] 명[불] 승려가 된 뒤로부터 헤아리는 나이. 하안거의 수행을 마치면 한 해로 침. ¶~ 25하[夏].
법랑(琺瑯) [범낭] 명 금속기·도자기 등의 표면에 구워 올려 윤이 나게 하는, 광물을 원료로 한 유약(釉藥). =에나멜.
법랑-질(琺瑯質) [범낭-] 명 이의 표면을 덮어 상아질을 보호하는 단단한 조직.
법령(法令) [범녕] 명[법] 법률과 명령을 아울러 이르는 말. 준영(令).
법률(法律) [범뉼] 명 **1** =법(法)①1. **2** 국회의 의결을 거쳐 제정되는 성문법의 형식.
법률-가(法律家) [범뉼-] 명[법] 법률에 종사하는 전문가.
법률-문제(法律問題) [범뉼-] 명[법] 소송 사건의 심리 재판에 있어, 법률의 해석·적용의 문제와 그 영역. ↔사실문제.
법률^불소급의 원칙(法律不遡及-原則) [범뉼-쏘-의-/범뉼-쏘-의-] 명[법] 법률은 그 제정 전에 발생한 사실에 대하여 소급해서 적용되지 않는다는 원칙.
법률-서(法律書) [범뉼써] 명 **1** 법학에 관한 책. =법서. **2** 법률을 모은 법규집.
법률-안(法律案) [범뉼-] 명[법] 법률의 원안(原案). =법안. **2** 법률이 될 사항을 조목별로 정리하여 국회에 제출하는 문서. ¶~을 본회의에 상정하다.
법률-학(法律學) [범뉼-] 명[법] =법학.
법리(法理) [범니] 명[법] 법률의 근본 원리나 이치.

법망(法網) [범-] 명 법죄자에 대한 법적 제재를, 물고기에 대한 그물에 비유하여 이르는 말. ¶~을 빠져나가다.
법명(法名) [범-] 명[불] 불교에 귀의한 사람에게 지어 주는 이름. =법호.
법무(法務) [범-] 명[법] 법률에 관한 사무.
법무-부(法務部) [범-] 명[법] 행정 각 부의 하나. 국가 법무 행정의 통괄 기관으로 검찰·행형(行刑)·인권 보호·출입국 관리 및 기타 법무에 관한 사무를 관장함.
법무-사(法務士) [범-] 명[법] 타인의 위촉에 의해 보수를 받고 법원·검찰청 등에 제출하는 서류를 작성하는 일을 직업으로 하는 사람. 구칭은 사법 서사.
법문¹(法文) [범-] 명[법] 법령의 문장.
법문²(法門) [범-] 명[불] 중생을 열반에 들게 하는 문이라는 뜻으로, 부처의 교법을 이르는 말.
법복(法服) [-뽁] 명 **1** 법관이 법정에서 입는 옷. **2** [불] =법의(法衣).
법사(法師) [-싸] 명[불] **1** 법회에서 설법하는 승려. **2** 불법에 정통하고 수행의 모범이 되는 승려.
법상-종(法相宗) [-쌍-] 명[불] 불교 종파의 하나. 우주의 본체보다 현상을 세밀히 분류·설명하는 입장을 취하여 온갖 만유는 오직 식(識)이 변해서 이루어진 것에 불과한 것으로 봄.
법서(法書) [-써] 명 =법률서1.
법석 [-썩] 명 소리를 내어 시끌시끌하게 떠드는 일. ¶왜 이리 야단~이냐. **법석-하다** 자여.
법석-거리다/-대다 [-썩꺼(때)-] 동자 자꾸 법석이다.
법석-법석 [-썩뻑썩] 무 법석거리는 모양. **법석법석-하다** 동자여.
법석-이다 [-썩-] 자 시끌시끌하게 떠들다. ¶예식장은 하객들로 **법석였다.**
법선(法線) [-썬] 명[수] 곡선 위의 한 점을 지나고, 이 점의 접선에 수직인 직선. 또는, 곡면 위의 한 점을 지나고, 이 점의 접평면(接平面)에 수직인 직선.
법식(法式) [-씩] 명 법도와 양식. ¶불교의 ~에 따라 의식을 거행하다.
법안¹(法案) 명[법] =법률안1.
법안²(法眼) 명[불] 모든 법을 관찰하는 눈.
법어(法語) 명[불] 불법을 설하는 말.
법열(法悅) 명 깊은 이치를 깨달았을 때와 같은 황홀한 기쁨.
법왕(法王) 명[불] **1** 법을 설하는 주왕(主王)이란 뜻으로, 석가여래를 높여 이르는 말. **2** '염라대왕'을 달리 이르는 말.
법원(法院) 명[법] 국가의 사법권을 행사하는 기관. 대법원·고등 법원·지방 법원·가정 법원 따위가 있음. =재판소.
법의(法衣) [-의/-이] 명[불] 승려가 입는 옷. =법복(法服).
법익(法益) 명[법] 법률에 의해 보호되는 생활상의 이익이나 가치. ¶~을 옹호하다.
법인(法人) 명[법] 자연인 이외의, 법률상 권리·의무의 주체가 될 수 있는 것. ↔자연인.
법인-세(法人稅) [-쎄] 명[법] 법인의 소득 등에 부과되는 세.
법인-체(法人體) 명[법] 법률상 권리·의무의 주체가 될 수 있는 단체나 기관.
법-적(法的) [-쩍] 관[법] 법에 의한 (것).

¶~ 규제.
법전(法典)[-쩐] 圀[법] 국가가 제정한 통일적·체계적인 성문 법규집.
법정¹(法廷·法庭)[-쩡] 圀[법] 법원이 소송 절차에 따라 송사(訟事)를 심리하고 판결하는 곳. =재판정. ¶~ 진술.
법정²(法定)[-쩡] 圀 법률로 규정하는 것. ¶~ 최고형.
법정^관리(法定管理)[-쩡괄-] 圀 기업이 자력으로 해결할 수 없을 만큼 빚이 많아졌을 때, 법원에서 지정한 제삼자가 기업을 대신 관리하는 일.
법정^대:리(法定代理)[-쩡-] 圀[법] 본인의 위임에 의하지 않고 법률의 규정에 의하여 당연히 발생하는 대리 관계. 미성년자에 대한 친권자의 대리 따위. ¶~.
법정-수(法定數)[-쩡-] 圀[법] 법률 행위를 성립시키는 인원수.
법정^전염병(法定傳染病)[-쩡-뼝] 圀[법] 전염성이 강하여 환자의 격리 치료를 법률로 정하고 있는 전염병. 콜레라·장티푸스·결핵 따위.
법정^통화(法定通貨)[-쩡-] 圀[법] 법에 의해 강제 통용력이 인정된 화폐.
법정-형(法定刑)[-쩡-] 圀[법] 형법 등의 형벌 법규 중에서 각개의 범죄에 대하여 규정되어 있는 형. ▷선고형.
법제(法制)[-쩨] 圀[법] 1 법률과 제도. 2 법률로 정해진 여러 가지 제도.
법제-처(法制處)[-쩨-] 圀[법] 국무총리 소속하에 설치된 행정 기관의 하나. 국무회의에 상정될 법령안과 총리령안 및 부령안(部令案)의 심사와 기타 법제에 관한 사무를 관장함.
법조(法曹)[-쪼] 圀[법] 법률 관계 사무에 종사하는 사람. 특히, 재판관·검찰관·변호사 등 법률의 실무에 종사하는 사람. =법조인.
법조-계(法曹界)[-쪼계/-쪼게] 圀 법관·변호사 등 사법에 관계하는 사람들의 사회.
법조-인(法曹人)[-쪼-] 圀 =법조.
법주(法酒)[-쭈] 圀 멥쌀과 누룩을 주원료로 하여 빚는 약주.
법-질서(法秩序)[-찔써] 圀 법에 의하여 유지되는 질서.
법-철학(法哲學)[-철] 圀 법률에 관한 특수 철학으로서 법의 가치·본질을 구명하여 법학의 방법을 세우는 학문.
법치(法治) 圀 법에 의거하여 다스리는 것. 또는, 그 정치. **법치-하다** 졉ᇟᆼ.
법치^국가(法治國家)[-까] 圀[정] 국민의 의사에 따라 제정된 법률을 기초로 하여 국민을 통치하는 국가.
법치-주의(法治主義)[-의/-이] 圀[법] 국가 권력의 행사는 반드시 법률에 근거해야 한다는 정치 원리.
법칙(法則) 圀 1 지켜야 할 규범. 2 사물 사이에 일반적으로 성립하는 보편적 필연적인 관계. ¶관성(慣性)의 ~.
법통¹(法統) 圀 법의 계통이나 전통. ¶그는 동편제의 ~을 이어받은 명창이다.
법통²(法統) 圀[불] 불법의 전통.
법-하다(法-)[지] [보조형] 어떤 일의 개연성이 있음을 나타내는 말. ¶듣고 보니 그럴~.
법학(法學)[버팍] 圀 법질서와 법 현상 등을 연구하는 학문. =법률학.
법학-도(法學徒)[버팍또] 圀 법학을 연구하고 배우는 학생.
법학-자(法學者)[버팍짜] 圀 법학을 연구하는 학자.
법호(法號)[버포] 圀[불] 1 =법명(法名). 2 특히 승려의 시호(諡號).
법화-경(法華經)[버퐈-] 圀[불] '묘법연화경'의 준말.
법회(法會)[버푀/버풰] 圀[불] 설법하는 모임.

벗:¹[벋] 圀 1 마음이 서로 통하여 친하게 사귀는 사람. =붕우. 回동무·친구. 2 어떤 일상적인 일을 함께하여 심심함을 덜 수 있는 사람. ¶말~ / 길~. 3 사람이 늘 가까이하여 심심함이나 지루함을 달래는 사물을 비유적으로 이르는 말. ¶책은 내 마음의 ~이다.
[벗 따라 강남 간다] ㉠벗을 따라서는 먼 길이라도 간다. ㉡별로 하고 싶지는 않지만 남이 권하므로 마지못해 따라 한다.
벗어-지다[버쩌-] 졉ᇟ㉑ 1 (옷·모자·신 따위가) 사람의 몸이나 사물의 작용에 의해 입혀지거나 쓰이거나 신겨지거나 한 상태에서 몸에서 떨어지다. ¶가랑이를 잡고 늘어지는 바람에 바지가 ~. 2 (누명 따위가) 노력에 의해 사실이 밝혀져 면해지게 되다. ¶주위 사람의 적극적인 해명으로 누명이 ~. 3 (거죽의 면이나 거죽에 있는 물질 등이) 외부의 힘에 의해 떨어져 나가는 상태가 되다. ¶칠이 비바람에 ~. 4 (채워지거나 잠기거나 걸린 것이) 열리는 상태가 되다. ¶빗장이 ~.
벗-기다[벋끼-] 졉 ⓣᇟ 1 '벗다'의 사동사. ¶아이의 옷을 ~. 2 (물체를 덮고 있는 껍질이나 동물의 살갗·거죽에 붙어 있는 것 등을) 떨어져 따로 되게 하다. ¶귤 껍질을 ~. 3 (거죽에 낀 것을) 문대거나 닦거나 하여 없애다. ¶때를 ~. 4 (물체에 씌우거나 덮었던 것을) 열어 그 속의 것이 드러나게 하다. ¶장독 뚜껑을 ~. 5 (채워지거나 잠기거나 걸린 것을) 열리게 하다. ¶문고리를 ~. 2ᇟ㉑ '벗다'의 피동사. ¶옷이 벗긴 채 살해되다.
벗:다[벋-] ⓣ 1 (사람이 자기 몸에 입거나 쓰거나 신거나 낀 물건을) 몸에서 떼는 상태가 되다. ¶외투를 ~ / 신발을 ~. ↔입다·쓰다·신다·끼다. 2 (어깨에 멘 지게나 배낭 따위를) 몸에서 내려놓다. ¶배낭을 ~. 3 (의무나 책임, 또는 누명이나 괴로운 상태를) 감당하지 않게 되다. 回면하다. ¶억울한 누명을 ~. 4 (일부의 동물이) 제 몸에서 떨어지게 하다. ¶뱀이 허물을 ~. 5 (사람이 어수룩하거나 미숙한 태도를) 생활의 적응을 통해서 없애게 되다. ¶촌티를 ~. 2ᇟ㉑ (사람이나 동물의 살갗이) 몸에서 떨어지다. ¶살갗이 햇볕에 타서 허물이 ~. 2 (사람의 어수룩하거나 미숙한 태도가) 가셔 없어지다. ¶촌티가 ~.
벗어-나다 졉ᇟ㉑ 1 (일정한 범위 밖으로) 빠져나오다. ¶궤도에서 **벗어난** 열차. 2 (어려운 일에서) 헤어나다. ¶겨우 시험지옥에서 **벗어났다**. 3 (남의 눈에) 들지 못하다. ¶상사의 눈에 ~. 4 (이치나 규율에) 어긋지다. ¶예의에 **벗어난** 행동.
벗어-던지다 졉ᇟ㉑ 남은 들이나 체면, 방법 등을 단호히 내치다. ¶나는 체면을 **벗어던지고** 사정을 했다.
벗어-부치다 졉ᇟ㉑ (옷을) 적극적으로 일할 태세로 힘 있게 벗다. ¶웃통을 벗어

508 _ 벗어붙이다

부치고 일에 달라붙다. [2](재) 어떤 일에 적극적으로 할 태세를 가지다. [비]걷어붙이다. ¶남 돕는 일에 **벗어붙이고** 나서다. ×벗어붙이다.

벗어-붙이다 [동](타) '벗어부치다'의 잘못.
벗어-젖히다 [-저키-] [동](타) (옷을) 활기 있게 또는 시원스럽게 벗다. ¶웃통을 **벗어젖히다**. ×벗어제치다.
벗어-제치다 [동](타) '벗어젖히다'의 잘못.
벗어-지다 [동](재)**1** (옷·모자·신 따위가) 입혀지거나 쓰이거나 신겨지거나 한 상태에서 저절로 흘러내리거나 몸에서 떨어지다. ¶신발이 커서 자꾸 **벗어진다**. **2** (책임이나 누명 따위가) 자연히 또는 저절로 면해지게 되다. ¶시간이 가자 오해가 **벗어졌다**. **3** (살갗이나 거죽의 면이나 물질이) 저절로 또는 문질리거나 깎이거나 하여 떨어지다. ¶나무에서 무릎의 살갗이 ~. **4** (머리가) 머리털이 저절로 많이 빠져 살갗이 드러나다. ¶머리가 훌렁 ~. **5** (기미나 어떤 티가) 없어지다. ¶촌티가 ~. ▷벗겨지다.
벗:-하다 [베타-] [동](재)(타)**1** (어떤 대상을) 벗으로 삼다. ¶자연을 ~. **2** 지체가 같고 나이가 비슷한 사람끼리 서로 딱딱한 경어를 쓰지 않고 허물없이 지내다.
벙거지 [명]**1** [역] 병졸이나 하인이 쓰는, 털로 두껍게 만든 검은 모자. **2** '모자'를 속되이 이르는 말.
벙글-거리다/-대다 [동](자) 입을 벌려 소리 없이 자꾸 부드럽게 웃다. ¶아기가 엄마를 알아보다. **벙글거리다**.
벙글-벙글 [부] 벙글거리는 모양. **중**방글방글. ¶무슨 좋은 일이 있는지 그는 자꾸 **벙글벙글하고** 있다.
벙긋[-글] [부] 소리 없이 입만 좀 크게 벌리며 가볍게 한 번 웃는 모양. **중**방긋. **예**뻥긋. **벙긋-하다**[부](자)
벙긋[-글][부] 입이나 문이 소리 없이 열리는 모양. **중**방긋. **예**뻥긋. **벙긋-하다**[²][부](자)
벙긋-거리다/-대다[-근거(때)-] [동](자) 소리 없이 입만 좀 크게 벌리며 가볍게 자꾸 웃다. **벙긋거리다**.
벙긋-벙긋[-글글] [부] 벙긋거리는 모양. ¶아기가 ~. **중**방긋방긋. **예**뻥긋 뻥긋. **벙긋벙긋-하다**[부](자)
벙긋-하다³[-그타-] [동](타) 입을 벌려 말을 하다. ¶**벙긋할** 생각 하지도 마라. **예**뻥긋하다·뺑긋하다.
벙긋-하다[-그타-] [형](여) '벙긋하다'의 센말. **예**뻥긋하다.
벙벙-하다¹ [형](여) 어쩔 줄 몰라 아무 말 없이 어리둥절하다. ¶어안이 ~. **벙벙-히**[부]
벙벙-하다² [형](여) (물이) 많이 불어나고 가득히 차 있다. ¶부엌 바닥에 물이 ~. **벙벙-히**[부]²
벙시레 [부] 소리 없이 입만 약간 크게 벌려 부드럽게 웃는 모양.
벙실-거리다/-대다 [동](자) 소리 없이 입만 약간 크게 벌려 부드럽게 자꾸 웃다. **중**방실거리다.
벙실-벙실 [부] 벙실거리는 모양. ¶신이 나서 ~ 웃다. **중**방실방실. **벙실벙실-하다**[부](자)
벙싯[-실] [부] 소리 없이 입만 약간 크게 벌려 가볍게 한 번 웃는 모양.
벙싯-거리다/-대다[-싣꺼(때)-] [동](자)

소리 없이 입만 약간 크게 벌려 가볍게 자꾸 웃다.
벙싯-벙싯 [-실빙신] [부] 벙싯거리는 모양. ¶~ 웃다. **벙싯벙싯-하다**[부](자)
벙어리 [명] 청각 기관이나 발음 기관 등에 장애가 있어 말을 하지 못하는 사람을 얕잡아 이르는 말. 완곡어 또는 순화어는 '언어 장애인'.
[벙어리 냉가슴 앓듯] 딱한 사정이 있어도 남에게 말을 못 하고 혼자 속으로 애태우는 답답한 모양.
벙어리-장갑 (-掌匣) [명] 엄지손가락만 가르고 다른 네 손가락은 하나로 합쳐 끼게 만든 장갑.
벙어리-저금통 (-貯金筒) [명] 푼돈을 넣어 모아 두는 데 쓰는 조그마한 저금통.
벙커 (bunker) [명]**1** [체] 골프 코스에서 장애물로 조성된, 모래가 있는 우묵한 지역. **2** [군] =엄폐호.
벙커시-유 (bunker C油) [명] 일반 연료로 쓰이는 중유(重油). 점착성이 강함.
벙:-하다 [형](여) 얼빠진 사람처럼 멍하다. **예**뻥하다. **벙:-히** [부]
벚-꽃 [벋꼳] [명]**1** 벚나무의 꽃. **2** ¶이 그려져 있는 화투짝. 3월이나 세 끗을 나타냄.
벚꽃-놀이 [벋꼰-] [명] 만개한 벚꽃을 구경하며 즐기는 일. ¶진해 ~.
벚-나무 [번-] [명][식] 봄에 담홍색 또는 백색의 꽃이 가지를 뒤덮듯이 화사하게 피는 낙엽 활엽 교목. 7월에 둥근 열매가 흑자색으로 익는데, '버찌'라 하며 식용함.
베 [명]**1** 삼실·무명실·명주실로 짠 피륙. **2** '삼베'의 준말.
베가톤 (begaton) [명] 핵융합에 의한 폭발력을 나타내는 단위. 1베가톤은 TNT 10억 톤의 폭발력에 해당함.
베개 [명] 사람이 잠을 자거나 휴식하기 위해 누울 때, 머리를 받치는 물건.
베갯-머리 [-갠-] [명] 베개를 베고 누워 있는 머리말.
베갯머리-송사 (-訟事) [-갠-] [명] 잠자리에서 아내가 남편에게 바라는 바를 속삭이며 청하는 일.
베갯-속 [-개쏙/-갣쏙] [명] 베개의 속에 넣어서 통통하게 만드는 재료. 왕겨·조·메밀나쩨·새털 등이 많이 쓰임.
베갯-잇 [-갠닏] [명] 베개의 겉을 덧씌워 시치는 천.
베고니아 (begonia) [명][식] 높이 15~30cm로 가지가 많이 갈라지며, 7~9월에 담홍색 꽃이 피는 상록 여러해살이풀. 관상용으로 가꿈.
베긴, 메나헴 볼포비치 (Begin, Menachem Wolfovitch) [인] 이스라엘의 정치가 (1913~1992).
베끼다 [동](여) 글을 그대로 옮겨 쓰다. ¶남의 공책을 그대로.
베냉 (Benin) [명][지] 아프리카 서부에 있는 인민 공화국. 수도는 포르토노보.
베네딕트 (Benedict) [인] 이탈리아의 수도사·성인 (480?~543?).
베네딕트-회 (Benedict會) [-회/-훼] [명][가] 529년 이탈리아의 성 베네딕트가 창설한 수도 단체.
베네룩스 (Benelux) [명] 벨기에·네덜란드·룩셈부르크의 세 나라를 총칭하는 말. 머리글자를 따서 합친 명칭임.
베네수엘라 (Venezuela) [명][지] 남아메리카 대륙의 북단에 위치한 공화국. 수도는 카라카스.

베네치아(Venezia) [명][지] 이탈리아 북부의 항구 도시. 영어명은 베니스(Venice).

베누스(Venus) [명][신화] 로마 신화에 나오는 미와 사랑의 여신. 그리스 신화의 아프로디테에 해당함. 영어명은 비너스.

베니션^블라인드(Venetian blind) [명] 금속·플라스틱 등의 가늘고 긴 얇은 쪽을 가로 엮어서 늘어뜨린 블라인드.

베니스(Venice) [명][지] '베네치아'의 영어명.

베니어(veneer) [명] **1** 목재의 얇은 판. **2** '베니어합판'의 준말.

베니어-판(veneer板) [명] '베니어합판'의 준말.

베니어-합판(veneer合板) [명] 나왕과 같은 목재를 얇게 켜서 나뭇결이 서로 엇갈리게 직각으로 여러 장을 붙여서 만든 판자. [준]베니어·베니어판·합판.

베¦다[1] (베¦고 / 베어) [동][타] (사람이 베개나 어떤 물건을) 누운 상태로 머리 밑에 받치다. ¶팔을 **베고** 눕다.

베¦다[2] (베¦고 / 베어) [동][타] **1** (사람이 날이 있는 도구로 사람이나 동물의 몸, 식물의 줄기·뿌리 따위를) 잘라지게 하다. ¶낫으로 벼를 ~. **2** (사람이 앞니로 연한 물건을) 잘라지게 하다. ¶무를 한입 **베어** 물다. **3** 날이 있는 물건으로 상처를 내다. ¶과일을 깎다가 칼로 손을 ~.

베다[3] ([범]Veda) [명] ['지식'이라는 뜻] [종] 고대 인도의 브라만교의 근본 경전. 인도 최고(最古)의 문헌임.

베델, 어니스트 토머스(Bethell, Ernest Thomas) [명][인] 영국의 언론인(1872~1909).

베드로(←Petrus) [명][성] 예수의 십이 사도 중 한 사람. 예수가 죽은 후 교회의 으뜸가는 지도자가 됨.

베드로-서(←Petrus書) [명][성] 신약 성서 중의 하나. 전서와 후서로 되어 있음.

베드^신(bed scene) [명] 연극·영화 따위에서, 남녀가 침실 등에서 벌이는 정사(情事)를 묘사한 장면.

베드-타운(†bed town) [명] 대도시 주변의 주택 지역. 대도시로 일하러 나갔던 사람들이 밤이 되면 자기 위해 돌아온다는 데서 붙은 이름임. =침상 도시.

베들레헴(Bethlehem) [명][성] 예수의 탄생지. 예루살렘 남쪽에 있음.

베란다(veranda) [명][건] 서양식 건축에서, 집채의 앞쪽으로 툇마루처럼 튀어나오게 잇대어 만든 부분.

베레([프]béret) [명] =베레모.

베레-모([프]béret帽) [명] 차양이 없고, 동글납작하게 생긴 모자. =베레.

베르그송, 앙리 루이(Bergson, Henri Louis) [명][인] 프랑스의 철학자(1859~1941).

베르길리우스 마로, 푸블리우스(Vergilius Maro, Publius) [명][인] 고대 로마의 시인(70~19 B.C.).

베르디, 주세페(Verdi, Giuseppe) [명][인] 이탈리아의 오페라 작곡가(1813~1901).

베르무트([프]vermouth) [명] 포도주에 50여 가지의 향료를 우려서 만든 술. 짙은 다갈색인데 상쾌한 쓴맛이 있음.

베르사유(Versailles) [명][지] 프랑스 북부의 관광 도시.

베르호얀스크(Verkhoyansk) [명][지] 러시아 북동부의 도시.

베른(Bern) [명][지] 스위스의 수도.

베를리오즈, 엑토르(Berlioz, Hector) [명][인] 프랑스의 작곡가(1803~1869).

베를린(Berlin) [명][지] 독일의 수도.

베릴륨(beryllium) [명][화] 은백색의 금속 원소. 원소 기호 Be, 원자 번호 4, 원자량 9.0122. 경합금 재료, 원자로의 감속재 등에 쓰임. 유독함.

베링 해(Bering海) [명][지] 태평양 북부의 캄차카 반도, 알래스카 반도 및 알류샨 열도에 둘러싸인 해역.

베버[1], 막스(Weber, Max) [명][인] 독일의 사회학자·경제학자(1864~1920).

베버[2], 카를 마리아 폰(Weber, Karl Maria von) [명][인] 독일의 작곡가(1786~1826).

베벌리힐스(Beverly Hills) [명][지] 미국 캘리포니아 주에 있는 도시.

베브(Bev) [명][의존] [billion electron volt] [물] 소립자가 가지는 에너지를 나타내는 단위. 1베브는 10억 전자볼트임.

베수비오 산(Vesuvio山) [명][지] 이탈리아 남부, 나폴리의 동쪽에 있는 활화산. 높이 1,281m.

베스타(Vesta) [명][신화] 로마 신화에 나오는 불의 여신. 그리스 신화의 헤스티아에 해당함.

베스트[1](best) [명] **1** '최선'으로 순화. ¶~를 다하다. **2** 《일부 숫자 앞에 쓰여》 그 순위에 드는 최고의 대상임을 나타내는 말. ¶가요 ~ 10(텐).

베스트[2](vest) [명] 남자의 조끼와 비슷한, 소매 없는 여성의 웃옷. ¶털실로 짠 ~.

베스트-드레서(best dresser) [명] '(옷)멋쟁이'로 순화.

베스트^멤버(best member) [명] 운동 경기 따위에서, 가장 뛰어난 선수들을 갖춘 팀. 또는, 그 선수들.

베스트-셀러(best seller) [명] 어떤 기간에 가장 많이 팔린 물건. 특히 출판물을 가리킴. ¶~ 작가.

베스푸치, 아메리고(Vespucci, Amerigo) [명][인] 이탈리아의 탐험가(1454~1512).

베어링(bearing) [명] 회전 또는 왕복 운동을 하는 축을 받치는 기계 부품.

베오그라드(Beograd) [명][지] 세르비아몬테네그로의 수도.

베-옷[-옫] [명] 베로 지은 옷.

베-이다 [동][자][타] '베다[2]'의 피동사. ¶면도를 하다가 얼굴이 **베였다**.

베이루트(Beirut) [명][지] 레바논의 수도.

베이비시터(babysitter) [명] 가정을 방문하여 부모 대신 아기를 돌보아 주는 일을 직업으로 하는 사람. 순화어는 '보모'.

베이스[1](base) [명][체] =누(壘)[4].

베이스[2](bass) [명][음] **1** 성악에서, 남성이 낼 수 있는 가장 낮은 음역의 소리. 또는, 그 음역의 가수. **2** 기악 합주에서, 저음(低音) 부분을 맡는 악기들.

베이스(를) 넣다 **1** 저음으로 반주를 넣다. **2** 옆에서 남의 말을 거들어 주다.

베이스^라인(base line) [명][체] **1** 테니스에서, 코트의 양 끝에 네트와 나란히 그은 선. **2** 야구에서, 베이스와 베이스를 연결하는 선. ¶3루 쪽 ~을 살짝 벗어나는 파울 볼.

베이스-러닝(base running) [명][체] =주루(走壘).

베이스-캠프(base camp) [명] 장거리 등산이나 탐험을 할 때, 지리적으로 조건이 좋은 지점에 설치하는 고정 텐트.
베이식(BASIC) [명] 〔Beginner's All-purpose Symbolic Instruction Code〕 [컴] 초보자도 쉽게 배울 수 있고 사용하기 편리한 대화형 프로그래밍 언어.
베이지(beige) [명] =베이지색.
베이지-색(beige色) [명] 엷고 밝은 갈색. =베이지.
베이징(北京) [명][지] 중국의 수도.
베이징^원인(北京原人) [명][고고] 중국 베이징 교외의 저우커우뎬(周口店) 동굴에서 발견된 화석 인류. 제4기 홍적세 중기에 살았으리라 추정됨. =북경 원인.
베이징^조약(北京條約) [명][역] **1** 1860년 중국의 베이징에서 청나라가 영국·프랑스와 체결한, 애로호(Arrow號) 사건의 강화 조약. **2** 1860년 중국의 베이징에서 청나라가 러시아와 체결한 조약. 러시아에 연해주를 할양했음.
베이컨[1](bacon) [명] 돼지의 등이나 허리의 살을 소금에 절여 훈제(燻製)한 식품.
베이컨[2], 프랜시스(Bacon, Francis) [명][인] 영국의 철학자(1561~1626).
베이킹-파우더(baking powder) [명] 빵·과자 등을 구울 때 밀가루 반죽을 부풀게 하는 데 쓰는 가루.
베일(veil) [명] **1** 여자들이 얼굴을 가리거나 장식하기 위해 쓰는, 망사 등의 아주 얇은 천. **2** 어떤 대상이나 일이 비밀스럽게 가려져 있는 상태. 비유적인 말임. ¶~에 가려진 사건.
베-적삼[-쌈] [명] 무명이나 삼베로 만든, 여름에 입는 홑저고리.
베짱-베짱 [부] 베짱이의 우는 소리.
베짱이 [명][동] 메뚜기와 비슷하나, 몸빛이 녹색이고 촉각이 몸보다 길며, 초가을 풀숲에서 '베짱베짱' 하고 우는 곤충.
베케트, 사뮈엘(Beckett, Samuel) [명][인] 아일랜드 태생의 프랑스의 극작가(1906~1989).
베타^버전(beta version) [명][컴] 정식으로 출시하기 전에 오류 발견을 위해 특정 사용자에게 배포하는 시험용 소프트웨어.
베타-선/β선([그]beta線) [명][물] 방사선의 하나로, 음전기를 띤 고속의 전자선. 투과력은 감마선과 알파선의 중간임.
베타-파/β파([그]beta波) [명][생] 의식이 깨어 있는 상태에서 뇌가 활발히 활동할 때 발생하는, 주파수 14헤르츠 이상의 뇌파.
베테랑([프]vétéran) [명] 어떤 분야에 오랫동안 종사하여 기술이 뛰어나거나 노련한 사람. ¶범죄 수사의 ~.
베토벤, 루트비히 판(Beethoven, Ludwig van) [명][인] 독일의 작곡가(1770~1827).
베트남(Vietnam) [명][지] 인도차이나 반도 동부의 공화국. 수도는 하노이. 음역어는 월남(越南).
베-틀 [명] 삼베·명주·무명 등의 피륙을 짜는 틀.
베팅(betting) [명] 결과가 불확실한 일에 돈을 거는 일. 주로, 도박·경마·외환 거래·주식 매매 등에서 쓰는 말임. **베팅-하다** [동][자][여]
베풀다 [동][타] 〈베푸니, 베푸오〉 **1** (잔치와 같이 여러 사람이 어울려 먹고 마시며 즐기는 자리를) 마련하여 누리게 하다. [비] 벌이다·열다. ¶환갑잔치를 ~. **2** (어떤 사람이 다른 사람에게 그 사람이 고맙게 여길 만한 일을) 주어서 가지게 하다. ¶거지에게 동정을 ~.
벡터(vector) [명][물][수] 크기와 방향을 가지고 있는 양(量). 힘·속도·가속도 등을 나타낼 때 쓰임. ▷스칼라.
벤구리온, 다비드(Ben-Gurion, David) [명][인] 폴란드 태생의 이스라엘의 전 총리(1886~1973).
벤담, 제러미(Bentham, Jeremy) [명][인] 영국의 철학자·법학자(1748~1832).
벤젠(benzene) [명][화] 특유의 방향(芳香)이 있는 무색의 휘발성 액체. 의약·염료·향료·폭약 등의 합성 원료임.
벤처^기업(venture企業) [명][경] 실패할 위험성은 높으나 성공하면 큰 수익이 기대되는 첨단 기술을 가지고 소수의 사람이 사업을 일으킨 중소기업.
벤처^캐피털(venture capital) [명][경] 첨단 기술의 개발 등, 불확실하며 위험이 따르는 기업 활동에 모험 투자되는 자본.
벤츠, 카를(Benz, Karl) [명][인] 독일의 기술자(1844~1929).
벤치(bench) [명] **1** 긴 의자. ¶공원 ~. **2** [체] 운동 경기장에서, 감독 및 선수들이 앉는 자리. ¶~를 지키는 후보 선수.
벤치마킹(benchmarking) [명] 기업이 우수한 타기업의 제품이나 기술, 경영 방식을 배워서 응용하는 일.
벨[1](bell) [명] 전기를 이용하여 소리가 나도록 한 장치. ¶비상~.
벨[2], 알렉산더 그레이엄(Bell, Alexander Graham) [명][인] 영국 태생의 미국의 과학자·발명가(1847~1922).
벨기에(België) [명][지] 유럽의 서북부에 있는 입헌 군주국. 수도는 브뤼셀.
벨라우(Belau) [명][지] =팔라우.
벨로루시(Belorus') [명][지] 러시아·폴란드·우크라이나에 둘러싸여 있는 공화국. 수도는 민스크.
벨리^댄스(belly dance) [명] 배와 허리를 관능적으로 흔들고 돌리는, 이집트·터키 등지에서 추는 춤. [속]배꼽춤.
벨리즈(Belize) [명][지] 유카탄 반도의 동남부에 있는 나라. 수도는 벨모판.
벨맨(bellman) [명] =벨보이.
벨모판(Belmopan) [명][지] 벨리즈의 수도.
벨벳(velvet) [명] 거죽에 고운 털이 돋게 짠 비단. =비로드·우단. ¶~ 치마.
벨-보이(bellboy) [명] 호텔에 투숙하는 손님을 객실에까지 안내해 주고 손님의 가방을 옮겨 주는 일을 하는 사람. =벨맨.
벨테브레이, 얀 야너스(Weltevree, Jan Janes) [명][인] 조선 인조 때에 귀화한 네덜란드의 선원(1595~?).
벨트(belt) [명] **1** 바지·스커트가 흘러내리지 않게 하거나 허리의 맵시를 강조하거나 어떤 자격의 상징을 나타내거나 할 때, 허리에 두르는 긴 띠 모양의 물건. [비]허리띠. ¶챔피언 ~. **2** 두 개의 바퀴에 걸어 동력을 전하는, 띠 모양의 물건. =피대.
벨트^라인(beltline) [명][체] 권투에서, 팬츠 상부의 선. 이 아래를 치면 반칙이 됨.
벨트^컨베이어(belt conveyer) [명][공] 2개의 바퀴에 벨트를 걸어서 돌려, 그 위의 물건을 계속적으로 운반하는 장치.
벳푸(別府) [명][지] 일본의 도시.
벼 [명][식] 논이나 밭에 재배하여, 그 종자로 밥을 지어 먹는 한해살이풀. 또는, 그 종자. 줄기는 높이 50~100cm로 곧고 속이 비었으며, 잎은 가늘고 긺. 열매는 이삭으로 피고 누렇게 익음. ×나락.
벼-농사(-農事) 圀〖농〗벼를 재배하는 일. =쌀농사.
벼라-별 圀 '별의별'의 잘못.
벼락 圀 **1** 구름과 땅 위에 있는 물체 사이에 일어나는 전기 작용의 결과로 소리와 함께 땅 위의 물체를 때리는 현상. =雷雷. ¶～낙뢰. ～이 치다. ～맞다. **2** 몹시 심하게 하는 나무람이나 꾸지람. ¶집에 조금만 늦어도 ～이 떨어진다. **3** (일부 명사와 합성어를 이루어) 순서를 밟아 정상적으로 하거나 되지 않고 갑작스럽게 이루가나 있는 상태. 비유적인 말임. ¶～공부 / ～감투.
벼락(을) 맞다 못된 짓을 하여 천벌을 받다.
벼락-감투[-깜-] 圀 갑작스레 얻은 높은 벼슬.
벼락-같다[-깓따] 囹 **1** 일어나는 행동이 몹시 빠르다. ¶벼락같은 동작. **2** 소리가 크고 요란하다. ¶벼락같은 호령. **벼락같-이** 囝 전화를 받고 ～ 달려 나가다.
벼락-공부(-工夫) [-꽁-] 圀 시험 때가 닥쳐서야 갑자기 서두러 하는 공부. **벼락공부-하다** 圄재어
벼락-부자(-富者) [-뿌-] 圀 아주 짧은 시간에 큰 돈을 번 사람. 凷때부자·졸부.
벼락-불[-뿔] 圀 **1** 벼락 칠 때에 번득이는 번갯불. **2** 몹시 사나운 명령의 비유.
벼락-출세(-出世) [-쎄-] 圀 갑자기 출세하는 것. 또는, 그 출세. **벼락출세-하다** 圄재어
벼락-치기 圀 임박하여 급히 서둘러 하는 일. ¶～공부 / ～으로 일을 하다.
벼랑 圀 산이나 언덕 등에서, 수직에 가깝게 급경사를 이루는 맨 꼭대기 지점. 凷낭떠러지·절벽. ¶～길.
벼랑-길[-낄] 圀 낭떠러지의 길.
벼루 圀 먹을 가는 문방구의 하나.
벼룩 圀〖동〗뒷다리가 발달하여 팔짝팔짝 뛰어다니면서 사람이나 동물의 피를 빨아먹는 적갈색의 작은 곤충.
[벼룩도 낯짝이 있다] 아주 뻔뻔스러운 사람을 보고 하는 말. **[벼룩의 간을 내먹는다]** 어려운 처지에 있는 사람에게서 금품을 뜯어냄을 비유하는 말.
벼룩-시장(-市場) [-씨-] 圀 [프랑스 어 marché aux puces의 역어] 중고품을 팔고 사는 만물시장.
벼르다 圄재어 〈벼르니, 별러〉 (어떤 일을) 이루려고 마음의 준비를 하고 기회를 기다리려가 마음을 굳게 다지다. 凷마음먹다. ¶복수의 순간이 오기를 ～.
벼리다 圄 날이 무딘 연장을 불에 달구어 두드려 날카롭게 만들다. ¶칼을 ～.
벼-메뚜기 圀〖동〗메뚜기과의 하나. 논에서 벼를 갉아 먹는 곤충. 몸빛은 황록색이며, 머리와 가슴은 황갈색임.
벼슬 圀 관청에 나랏일을 맡아 다스리는 자리. 또는, 그 일. ¶구멍가게 주인이 무슨 대단한 ～이라고 유세를 떠는 게야? **벼슬-하다** 圄재어
거나 벼슬자리에 있다.
벼슬-길[-낄] 圀 벼슬아치가 되어 살아가는 일.
벼슬-살이 圀 벼슬아치 노릇을 하는 일. **벼슬살이-하다** 圄재어
벼슬-아치 圀 벼슬을 하는 사람. =관원.
벼슬-자리[-짜-] 圀 벼슬의 직위.
벽¹(壁) 圀 **1** 건축물에서, 칸을 구분하여 흙·벽돌·콘크리트 따위로 수직이 되게 막은 부분. ¶벽돌벽. **2** 장애가 되거나 극복하기 어려운 것을 비유적으로 이르는 말. ¶사업이 자금 압박으로 ～에 부딪히다. **3** 관계나 교류의 단절의 비유.
벽(을) 쌓다 서로 사귀던 관계를 끊다.
¶는 사이에 벽을 쌓고 있다.
벽²(癖) 圀 (주로, 일부의 동사나 명사 뒤에 쓰이어) 그 말이 뜻하는 일을 지나치게 즐기거나 좋아하는 버릇으로의 나타내는 말. ¶방랑～ / 낭비～.
벽개(劈開) [-깨] 圀〖광〗결정체의 광물이 일정하게 결을 따라 쪼개지는 것. **벽개-하다** 圄재어
벽-걸이(壁-) [-거-] 圀 벽이나 기둥에 걸어 두는 장식품의 총칭. ¶～형 에어컨.
벽계-수(碧溪水) [-계-/-계-] 圀 물이 맑아 푸르게 보이는 시냇물.
벽-난로(壁暖爐) [병난-] 圀 벽면에다 아궁이를 내고 굴뚝을 벽 속으로 통하게 한 난로.
벽-돌(甓-) [-똘] 圀〖건〗점토를 주원료로 하여 높은 온도에서 구워 낸 건축 재료. ¶～을 쌓다.
벽돌-담(甓-) [-똘-] 圀 벽돌로 쌓은 담.
벽돌-집(甓-) [-똘-] 圀 벽돌로 지은 집.
벽두(劈頭) [-뚜] 圀 **1** 글의 첫머리. ¶～에 밝힌 바와 같이. **2** 일이 시작된 맨 처음. ¶새해 ～에 일어난 사건.
벽력(霹靂) [병녁] 圀 =벼락**1**. ¶청천～.
벽면(壁面) [병-] 圀 벽의 겉쪽.
벽보(壁報) [-뽀] 圀 어떠한 내용을 널리 알리기 위하여 벽에 붙이는 게시물.
벽보-판(壁報板) [-뽀-] 圀 벽보를 붙일 수 있도록 마련하여 놓은 판.
벽성(僻姓) [-썽] 圀 흔하게 볼 수 없는 썩 드문 성(姓).
벽-시계(壁時計) [-씨게/-씨계] 圀 벽에 걸게 되어 있는 시계. ▷괘종시계.
벽안(碧眼) 圀 눈동자가 파란 눈.
벽-오동(碧梧桐) 圀〖식〗나무껍질이 녹색이며 잎이 넓고 큰, 높이 15m가량의 낙엽활엽 교목. 6월에 노란색의 꽃이 피고, 콩 비슷한 열매가 가을에 익음.
벽장(壁欌) [-짱] 圀〖건〗바람벽을 뚫어 속을 내고 그 안에 물건을 넣게 된 곳.
벽장-문(壁欌門) [-짱-] 圀 벽장에 달아 놓은 문.
벽지¹(僻地) [-찌] 圀 도시에서 멀리 떨어져 외부와 교류가 거의 없는 시골의 한적한 곳. ¶산간～. ▷오지(奧地).
벽지²(壁紙) [-찌] 圀 벽에 바르는 종이.
벽창-호(碧昌-) 圀 우둔하고 고집이 센 사람. 비난 또는 조롱조의 말임. ¶하나만 알고 둘은 모르는 ～ 같으니.
벽체(壁體) 圀〖건〗건물의 벽이 되는 부분. ¶건물이 모두 불타고 ～만 남아 있다.
벽촌(僻村) 圀 도시에서 멀리 떨어져 외부와 교류가 거의 없는 한적한 시골 마을.
벽파(僻派) 圀〖역〗조선 영조 때 사도 세자를 무고하여 탁상파. 주로 노론 계열이었음. ↔시파.
벽화(壁畵) [벼콰] 圀 건물이나 동굴·고분 등의 벽에 그린 그림. ¶고구려 고분 ～.
변¹ 남이 모르게 저희끼리만 암호처럼 쓰는 말. '아편'을 '검은약'이라고 하는

따위.
변²(便) [명] 대소변. 특히, 대변(大便).
변³(邊) [명] **1** 물건의 가장자리. **2** [수] 다각형을 이루는 각 선분. ¶한 ~의 길이. **3** [수] 등식·부등식에서 부호의 양편에 있는 식이나 수. **4** 바둑판의 중앙과 네 귀를 빼놓고 남은 변두리 부분. **5** 한자의 왼쪽에 붙는 부수. '江', '理'에서 '氵', '王' 따위. ¶사람인~.
변ː⁴(辯·辨) [명] 어떤 사람이 자기의 입장이나 처지에서 말하는 의견이나 생각. 또는, 그 말. ¶작가의 ~.
변ː⁵(變) [명] 갑자기 생긴 재앙이나 뜻밖의 일. ¶~을 당하다.
변ː개(變改) [명] 내용을 고쳐서 바꾸는 것. [비]변경. **변ː개-하다** [동][타][여] **변ː개-되다** [동][자]
변경¹(邊境) [명] 나라의 경계가 되는 변두리의 땅. =변방.
변ː경²(變更) [명] (어떤 일을) 그 내용을 다르게 바꾸어서 고치는 것. [비]변개. ¶주소 ~. **변ː경-하다** [동][타][여] ¶계획을 ~. **변ː경-되다** [동][자]
변ː고(變故) [명] 갑작스러운 재앙이나 사고. ¶~를 당하다.
변ː곡-점(變曲點) [-쩜] [명] **1** [수] 함수 그래프에서, 곡선이 볼록한 상태에서 오목한 상태로, 또는 오목한 상태에서 볼록한 상태로 바뀌는 자리의 점. **2** 일의 흐름이 발전·상승에서 퇴보·하락으로, 또는 퇴보·하락에서 발전·상승으로 방향을 바꾸는 지점. ¶주가의 ~.
변ː광-성(變光星) [명][천] 시간에 따라 밝기가 변하는 항성.
변ː괴(變怪) [-괴/-궤] [명] 괴이한 일.
변기(便器) [명] 똥이나 오줌을 눌 수 있도록 화장실에 설치해 놓는 물건.
변ː덕(變德) [명] **1** 이랬다저랬다 하면서 결심이나 결정을 얼마 못 가 바꾸는 태도나 성질을 얕잡아 이르는 말. **2** 날씨가 예상할 수 없게 바뀌는 상태. 비 오다가 해가 쨍하거나 환절기에 기온이 크게 바뀌는 따위.
변덕이 죽 끓듯 하다 몹시 심하게 변덕을 부리다.
변ː덕-맞다(變德-) [-덩맏따] [형] 변덕을 부리는 성질이 있다.
변ː덕-스럽다(變德-) [-쓰-따] [형][ㅂ] <~스러우니, ~스러워> 변덕을 부리는 데가 있다. ¶**변덕스러운** 날씨. **변ː덕스레** [부]
변ː덕-쟁이(變德-) [-쨍-] [명] 변덕을 잘 부리는 사람을 얕잡아 이르는 말.
변-돈(邊-) [-똔] [명] 이자를 주고 빌려 쓰는 돈.
변ː동(變動) [명] (일의 상태가) 바뀌어 달라지는 것. ¶~ 사항. **변ː동-하다** [동][자][여] **변ː동-되다** [동][자] ¶부동산 시세가 ~.
변ː동-비(變動費) [명][경] 생산량의 증감에 따라 변하는 비용. 원료비·노무비·동력비·기계 수선비 따위. ↔고정비.
변-두리(邊-) [명] 어떤 지역의 가장자리를 이루는 곳. ¶서울 ~. ▷근교.
변ː란(變亂) [별-] [명] 사변으로 일어난 소란.
변ː량(變量) [별-] [명][수] 통계에서, 조사 내용으로서의 특성을 수량으로써 나타낸 것. ▷계급.
변ː려-문(騈儷文) [별-] [명][문] 한문 문체의 하나. 주로 4자·6자의 대구를 많이 써서 읽는 사람에게 미감(美感)을 줌.
변ː론(辯論·辨論) [별-] [명] **1** 옳고 그름을 따지는 것. **2** [법] 소송 당사자나 변호인이 법정에서 하는 주장이나 진술. **변ː론-하다** [동][타][여]
변리(邊利) [별-] [명] 남에게 돈을 빌려 쓴 대가로 치르는 일정한 비율의 돈. [비]이자.
변ː리-사(辨理士) [별-] [명][법] 특허·실용신안·의장 또는 상표 등에 관한 사무를 대리 또는 감정하는 일을 직업으로 하는 사람.
변-말 [명] =은어(隱語)².
변ː명(辨明) [명] **1** 사리를 분별하여 밝히는 것. **2** 잘못하게 된 이러저러한 이유를 말하는 것. ¶구구한 ~을 늘어놓다 / ~의 여지가 없다. **변ː명-하다** [동][자][타][여]
변ː모(變貌) [명] 모양이 달라지는 것. 또는, 그 모습. **변ː모-하다** [동][자][여] ¶몰라보게 **변모한** 서울 거리. **변ː모-되다** [동][자]
변발(辮髮·編髮) [명] 만주인의 풍습으로, 남자가 12~13세가 되면 머리 뒷부분만 남겨 놓고 깎은 뒤 남은 부분을 뒤로 길게 땋아 늘인 머리. **변발-하다** [동][자][여]
변방(邊方) [명] =변경(邊境)¹.
변ː법(變法) [-뻡] [명] 변칙적인 방식이나 방법.
변ː법-자강(變法自彊) [-뻡짜-] [명][역] 중국 청나라 말엽에 캉유웨이(康有爲)·량치차오(梁啓超) 등의 혁신파가 내세웠던 개혁 운동의 표어. 부국강병을 실현하고자 함.
변변-하다 [형][여] **1** (됨됨이나 생김새 따위가) 별로 흠이 없이 어지간하다. ¶**변변하지** 못한 사람. **2** 제대로 갖추어져 충분하거나 쓸 만하다. ¶차린 것은 **변변치** 않습니다만 많이 드십시오. **변변-히** [부] ¶~ 먹지도 못하고 고생만 하다.
변ː별(辨別) [명] (사물과 사물의 차이를) 가리거나 의식하여 아는 것. [비]식별·분별. **변ː별-하다** [동][타][여] **변ː별-되다** [동][자]
변ː별-력(辨別力) [명] 변별하는 힘.
변ː복(變服) [명] 남의눈을 피하려고 옷을 달리 차려입는 것. 또는, 그 옷. **변ː복-하다** [동][자][여] ¶여자로 ~.
변비(便秘) [명][의] '변비증'의 준말.
변비-증(便秘症) [-쯩] [명][의] 똥이 잘 누어지지 않는 증세. [준]변비.
변ː사¹(辯士) [명] **1** 말솜씨가 아주 능란한 사람. **2** =연사(演士)². **3** 무성 영화를 상영할 때 대사를 말하거나 그 줄거리를 설명하는 사람.
변ː사²(變死) [명] 뜻밖의 재난으로 죽는 것. [비]횡사.
변ː사-자(變死者) [명] **1** 뜻밖의 사고로 죽은 사람. **2** 사인(死因)에 범죄의 의혹이 있는 사망자.
변ː사-체(變死體) [명] 변사자의 시체.
변ː상(辨償) [명] **1** 빚을 갚는 것. =변제. **2** 끼친 손해를 물어 주는 것. [비]배상. **변ː상-하다** [동][타][여] ¶깨뜨린 유리를 ~.
변ː색(變色) [명] 빛깔이 변하여 달라지는 것. **변ː색-하다** [동][자][여] **변ː색-되다** [동][자]
변ː설(辯舌) [명] 말을 잘하는 재주. [비]언변.
변ː성¹(變性) [명] **1** [물][화] 어떤 원인에 의해 물질의 물리적·화학적 성질이 바뀌는 것. ¶암석의 ~ 작용. **2** [의] 생체의 조직이나 세포가 이상 물질의 출현으로 인하여 그 성질과 모양이 변하는 일. ¶망막

~. **변:성-하다**¹ 동(여) **변:성-되다** 동(자)
변:성²(變聲) 명 사춘기에 목소리가 불안정하고 쉰 듯하게 변하는 일. **변:성-하다²** 동(자여)
변:성-기(變聲期) 명[생] 사춘기에 성대에 변화가 일어나 목소리가 변하는 시기.
변:성-암(變成巖·變成岩) 명[광] 화성암이나 퇴적암이 높은 온도나 압력을 받아 성질이 변한 암석. 편마암·대리암 따위.
변소(便所) 명 대소변을 배출하기 위한 시설. =측간. 비화장실·뒷간. 재래식 ~.
㈜작은집.
변:속(變速) 명 속도를 바꾸는 것. **변:속-하다** 동(자여)
변:속-기(變速機) [-끼] 명 자동차 따위의 원동기에서 출력축(出力軸)의 회전 속도 및 회전력을 바꾸는 장치. =트랜스미션.
변:수(變數) 명 1 [수] 어떤 관계·범위 안에서 여러 가지 값으로 변할 수 있는 수. ↔상수(常數). 2 어떤 상황의 가변적 요인. ¶지역 감정이 선거의 ~로 작용하다.
변:-시체(變屍體) 명 변사(變死)한 시체.
변:신(變身) 명 1 신화나 동화의 세계에서, (사람이나 동물이 다른 동물이나 사람으로) 그 몸의 형태를 바꾸는 것. 2 (어떤 사람이 다른 신분이나 태도 등을 가진 사람으로) 달라지는 것. **변:신-하다** 동(자여) ¶무명 가수에서 일약 스타로 ~.
변:심(變心) 명 마음이 변하는 것. 특히, 이성(異性)에 대한 사랑의 마음이 변하는 것. **변:심-하다** 동(자여)
변:압-기(變壓器) [-끼] 명[물] 전자기 유도 작용을 이용하여 교류 전압이나 전류의 값을 바꾸는 장치.
변:역(變域) 명[수] 함수에서 변수가 취하는 값의 범위.
변:온=동:물(變溫動物) 명[동] 체온을 조절하는 능력이 없어서 바깥 온도에 따라 체온이 변하는 동물. 어류·양서류·파충류 따위. =냉혈 동물. ↔정온 동물.
변:용(變容) 명 (사물이) 형태나 모습이 다르게 바뀌는 것. **변:용-하다** 동(자여)
변:위(變位) 명 물체가 위치를 바꾸는 일. 또는, 그 크기와 방향을 나타내는 양. **변:위-하다** 동(자여)
변의(便意) [-의/-이] 명 대소변, 특히 대변이 보고 싶은 느낌.
변:이(變異) 명[생] 같은 종의 개체 사이에서 형질이 다른 것이 나타나는 현상.
변:장(變裝) 명 본래의 모습을 알아볼 수 없게 하기 위해 옷을 바꾸어 입거나 안경을 쓰거나 가짜 수염을 붙이거나 가발을 쓰거나 하여 다른 모습으로 되게 하는 것. 또는, 그런 옷차림이나 모습. **변:장-하다** 동(자여) ¶거지로 ~.
변:장-술(變裝術) 명 변장하는 재주.
변재(邊材) 명 통나무의 겉 부분. ↔심재.
변:전(變轉) 명 이리저리 변하여 달라지는 것. **변:전-하다** 동(자여) **변:전-되다** 동(자)
변:전-소(變電所) 명 교류 전력을 끌어 들여 그 전압을 낮추거나 직류로 바꾸어서 내보내는 시설.
변:절(變節) 명 절개를 지키지 않고 배반하는 것. **변:절-하다** 동(자여)
변:절-자(變節者) [-짜] 명 변절한 사람.
변:제(辨濟) 명 =변상1. **변:제-하다** 동(타여)
변:조¹(變造) 명 1 다른 모양이나 물건으로 바꾸어 만드는 것. 2 [법] 화폐·문서·유가 증권 등의 진품(眞品)에 대해, 권한이 없이 그 형상과 내용을 변경하는 일. ▷위조. **변:조-하다¹** 동(타여) ¶문서를 ~.
변:조²(變調) 명 1 [음] =조바꿈. 2 [물] 무선 통신에서, 반송파를 음성 등의 신호파로 변화시키는 것. **변:조-하다²** 동(자타여)
변:조-되다 동(자)
변:종(變種) 명 1 전체로서는 그 종류에 들면서 조금 다른 것. 2 [생] 종의 기준 표본이 나타내는 형태와 거의 같지만, 형태의 일부분이나 생리적 성질이나 지리적 분포가 기준 표본을 포함하는 집단과 확실히 구별되는 생물 집단. ↔원종.
변:주(變奏) 명 어떤 주제를 바탕으로 하여, 리듬·선율·화성 등을 여러 가지로 변형하여 연주하는 기법.
변:주-곡(變奏曲) 명[음] 주제의 리듬·선율·화음 등을 여러 가지 방법으로 변화시켜서 전체를 하나의 악곡으로 만든 것.
변죽(邊-) 명 그릇·세간 등의 가장자리.
변죽을 울리다 곧바로 직접 말을 하지 않고 둘러서 말을 하여 짐작하게 하다.
변:증(辨證) 명 변론으로써 어떤 사항을 논증하는 일. **변:증-하다** 동(타여)
변:증-법(辨證法) [-뻡] 명[철] 1 대화를 통해 사물의 진리에 도달하는 소크라테스식 문답법. 2 헤겔 철학에서, 모순과 대립을 지양하고 고차(高次)의 인식에 이르게 되는 사고 형식.
변:증법-적(辨證法的) [-뻡쩍] 관·명 1 변증법에 입각하는 (것). 2 변증법에 어긋나는 (것).
변:질(變質) 명 1 (물질이) 상하거나 썩거나 하여 질이 변하는 것. 2 (어떤 일이나 사상 등이) 본래의 성격을 잃고 좋지 않게 변하는 것. **변:질-하다** 동(자여) **변:질-되다** 동(자여) ¶변질된 종교 집단.
변:질-자(變質者) [-짜] 명[의] 정신병자라고까지는 말할 수 없지만, 성격이나 기질이 이상한 사람.
변:천(變遷) 명 세월이 흐르는 동안에 변하여 바뀌는 것. 또는, 옮겨서 달라지는 것. ¶의복의 ~. **변:천-하다** 동(자여) **변:천-되다** 동(자)
변:칙(變則) 명 원칙이나 규칙을 따르지 않고 그에서 벗어나는 상태. ¶~ 운영. ↔정칙.
변:칙-적(變則的) [-쩍] 관·명 원칙이나 규칙에 어긋나는 (것).
변:태(變態) 명 1 [동] 동물이 성체(成體)와는 형태·생리·생태가 전혀 다른 유생(幼生)의 시기를 거치는 경우에, 유생에서 성체로 변하는 것. 또는, 그 과정. =탈바꿈. 2 [식] 식물의 뿌리·줄기·잎 등의 기관이 본래의 것과는 다른 형태로 변하여 그 상태로 종(種)으로서 고정되는 것. 벌레잡이잎·덩굴손 따위. 3 [심] 정상이 아닌 성욕이나 그로 인한 행위. 또는, 그 성욕을 가졌거나 그 행위를 하는 사람.
변:통(變通) 명 1 형편에 따라 일을 융통성 있게 잘 처리하는 것. ¶~. 2 (돈·물건 따위를) 서로 돌려맞추어 쓰는 것. 비융통. **변:통-하다** 동(타여) ¶돈을 ~.
변:-하다(變-) 동(여) (어떤 대상이) 시간의 흐름에 따라 그 성질·내용·상태 등에 있어서 본래와 다른 것이 되다. 비달라지다·바뀌다. ¶마음이 ~ / 시대가 ~.
변:한(弁韓) 명[역] 삼한의 하나. 낙동강 하류에 형성된 부족 국가로, 후에 신라에

병합됨.
변:한-말(變-)〚언〛음운이 변하여 된 말. '겸연쩍다'에 대하여 '계면쩍다'와 같음.
변:-하다(變-)〚-엄떠〛혱 달라지지 않고 항상 같다. ¶**변함없는** 우정을 보이다. **변:함없-이** 閈 ¶~ 사랑하다.
변:혁(變革)〚명〛(사회·제도·생활 등을) 바꾸어 새롭게 하는 것. ¶인스턴트식품은 우리 식생활에 일대 ~을 가져왔다. **변:혁-하다** 통타여 **변:혁-되다** 통자
변:혁-기(變革期)〚-끼〛〚명〛사회·제도·생활 등이 급격히 바뀌어 달라지는 시기.
변:형(變形)〚명〛모양이나 형태가 달라지거나 달라지게 하는 것. 또는, 그 달라진 모양이나 형태. **변:형-하다** 통자여 ¶이 집은 재래식 가옥을 **변형한** 것이다. **변:형-되다** 통자
변:호(辯護)〚명〛**1** 남을 위하여 변명하고 감싸서 돕는 것. **2**〚법〛법정에서, 검사의 공격으로부터 피고인의 이익을 옹호하는 일. **변:호-하다** 통타여
변:호-사(辯護士)〚명〛〚법〛소송 당사자의 의뢰 또는 법원의 선임 등에 의해, 소송 사무나 일반 법률 사무를 행하는 것을 직업으로 하는 사람.
변:호-인(辯護人)〚명〛〚법〛형사 소송에서, 피의자나 피고인의 이익을 보호하는 보조자로서 그 변호를 담당하는 사람. ¶국선(國選) ~.
변:화(變化)〚명〛**1**(사물의 성질·모양·상태 등이) 변하여 다르게 되는 것. ¶화학적 ~. **2**〚언〛동일한 말을 용법에 따라 어형(語形)을 바꾸는 일. 격 변화·어미변화 따위. **변:화-하다** 통자여 ¶나날이 **변화하는** 세계. **변:화-되다** 통자
변:화-구(變化球)〚-쎄〛〚명〛야구에서 투구나 배구의 서브 등에서, 휘거나 뚝 떨어지거나 하여 진행 방향이 변화하는 공.
변:화-무쌍(變化無雙)〚명〛비할 데 없이 변화가 많거나 심함. **변:화무쌍-하다** 혱여
변:화-법(變化法)〚-뻡〛〚명〛수사법의 한 가지. 글의 단조로움을 덜기 위해 읽는 이의 주의를 환기하기 위해 표현에 변화를 주는 방법. 도치법·인용법·대구법·반어법 등이 이에 속함.
변:환(變換)〚명〛어떤 것이 내용이나 형태가 달라져 다른 사물로 바뀌는 것. 또는, 다르게 하여 바꾸는 것. **변:환-하다** 통자타여

별[¹](별)〚천〛스스로 빛과 열을 내는 우주상의 천체. 곧, 지구·달·행성을 제외한 천체를 가리킴. ¶~이 총총하다. **2** 밤하늘에 점의 형태로 반짝이는 천체를 나타낸, 다섯 개의 뾰족한 끝이 '大(대)' 자 모양으로 내민 도형. **3** 위대한 업적을 남긴 대가를 비유하여 이르는 말. ¶국문학계의 큰 ~이 지다. **4** 장성(將星)의 계급을 나타내는, 다섯 개의 뾰족한 끝을 가진 물건. ¶~을 단 군인. **5**(속) 장성(將星)의 직위나 그 지위에 있는 사람. ¶~이 떴다(장성이 나타났다). **6**(속) 전과자의 감옥살이의 횟수.
별²(別)관 보통과 달리 별난. ¶~ 이상한 사람 다 보겠네.
-별³(別)〚접미〛명사 뒤에 쓰여, 그 명사가 나타내는 종류로 구별하는 말. ¶직업~ / 연령~.
별감(別監)〚명〛〚역〛**1** 고려 시대, 중앙과 지방의 각 관아와 여러 도감(都監)에 소속된 관직. **2** 조선 시대, 궁중의 액정서에 딸려 있던 관직. ¶대전~.
별개(別個)〚명〛서로 다른 것. ¶이것은 그 문제와는 ~의 일이다.
별-거¹(別-)〚명〛'별것'을 구어적으로 이르는 말. ¶봐야 ~ 없어.
별거²(別居)〚명〛(부부나 한집안 식구가) 따로 떨어져 사는 것. ¶그들 부부는 ~ 중이다. ↔동거. **별거-하다** 통자여
별-걱정(別-)〚-쩡〛〚명〛쓸데없는 걱정. ¶넌 ~을 다 하는구나.
별-것(別-)〚-껃〛〚명〛특별한 것. ¶대단한 것인 줄 알았더니 ~ 아니군.
별고(別故)〚명〛특별한 사고. ¶모두 ~ 없이 잘 지내고 있지요.
별곡(別曲)〚명〛〚문〛우리나라 고전 문학의 독특한 시가. 중국의 한문 시가에 있는 운(韻)이나 조(調)가 없다 하여 일컫는 말임. 관동별곡·청산별곡·서경별곡 따위.
별관(別館)〚명〛본관 외에 따로 지은 건물.
별-구경(別-)〚명〛보기 드문 구경. ¶살다 보니 ~ 다 한다.
별궁(別宮)〚명〛〚역〛**1** 왕이나 왕세자의 혼례 때 왕비나 세자빈을 맞아들이는 궁전. **2** 특별히 따로 지은 궁전.
별-궁리(別窮理)〚-니〛〚명〛온갖 궁리. ¶~를 다 해 보았지만 방법이 없다.
별기-군(別技軍)〚명〛〚역〛조선 고종 18년 (1881)에 조직된 근대식 군대.
별-나다(別-)〚-라-〛〚혱〛보통의 경우와 달라 이상하거나 묘하다. ⑱유별나다. ¶별난 사람.
별-나라[-라-]〚명〛'별¹'을 인간에게 친화감이 있는 세계로서 이르는 말.
별납(別納)〚-람〛〚명〛한꺼번에 바치지 않고 따로 떼어서 바치는 것. ¶요금 ~. **별납-하다** 통타여
별-놈(別-)〚-롬〛〚명〛생김새나 성질·언행 등이 별난 사람을 욕으로 이르는 말.
별-다르다(別-)〚혱〛〈~다르니, ~달라〉유난히 다르다. ¶그동안 집안에 **별다른** 일 없었지?
별달리(別-)閈 별다르게. ¶내 말을 ~ 생각하지 마라.
별당(別堂)〚-땅〛〚명〛**1** 몸체의 곁이나 딴 데 따로 지은 집이나 방. ¶~ 아씨. **2**〚불〛절의 주지나 강사가 거처하는 곳.
별도(別途)〚-또〛〚명〛**1** 딴 방도나 방면. ¶이 문제는 차후에 ~로 논의합시다. **2** 딴 용도. ¶~ 지출.
별-도리(別道理)〚명〛달리 변통할 도리. ¶지금으로서는 ~가 없다.
별동-대(別動隊)〚-똥-〛〚명〛본대(本隊)에서 떨어져 나와 전반(全般)의 작전에 유리하도록 독자적으로 행동하는 부대.
별-똥(別-)〚명〛'유성(流星)'을 통속적으로 이르는 말.
별똥-별(別-)〚명〛'유성(流星)'을 통속적으로 이르는 말.
별-로(別-)閈 (부정하는 말과 함께 쓰여) 그다지 특별하거나 두드러지게. ¶대단한데도 ~ 춤지 않다.
별리(別離)〚명〛=이별. **별리-하다** 통자여
별-말(別-)〚명〛**1** 별다른 말. ¶"떠나면서 무슨 말은 없었나요?" "글쎄요, ~ 없었는데요. **2** 별스러운 말. ¶"이 신세를 어

떻게 다 갚지요?" "원, ~을 다 하는군." 3 별의별 말. =별소리. ¶그 사람이 너에 대해 ~을 다 하더군. ¶별말씀.
별-말씀(別-) 몡 '별말'의 높임말.
별-맛(別-) [-맏] 몡 1 별다른 맛. ¶하도 싱싱하다기에 과일을 좀 샀더니 ~도 없더라. 2 =별미.
별매(別賣) 몡 어떤 상품을 팔 때, 그에 따라 붙거나 관계된 물건을 별도로 파는 것. ¶최신형 컴퓨터:120만 원(모니터 ~). 별매-하다 囘엥.
별명(別名) 몡 1 사람의 외모나 성격 등의 특징을 나타내서 본이름 대신에 부르는 이름. 2 본이름 외의 딴 이름. 비별호.
별-문제(別問題) 몡 1만 문제. ¶부자가 되는 것과 행복해지는 것은 ~이다. 2 별다른 문제. 또는, 특별한 문제. ¶이야기를 하다 보니 ~가 다 나왔다.
별미(別味) 몡 특별히 좋은 맛. 또는, 그런 음식. ~별맛. ¶계절의 ~.
별반(別般) Ⅰ 몡 보통과 다름. ¶그 문제에 대해서는 ~의 조처가 있을 것이다. Ⅱ 閂 따로 별다르게. 비별로. ¶이번 회의에서는 특별한 내용은 ~ 없다.
별-밤(別-) 몡 달이 없고 별이 총총히 뜬 밤.
별별(別別) 몡 여러 가지로 별다른. 비별의별. ¶사람이 살다 보면 ~ 일을 다 겪게 마련이다.
별-빛(-뻗) 몡 별의 반짝이는 빛. =성광(星光).
별-사람(別-) 몡 여느 사람과 달리 이상 스러운 사람. ¶돈을 준대도 마다하니 원 ~ 다 보겠구먼.
별산-제(別産制) [-싼-] 몡[법] 부부가 따로따로 재산을 소유하는 제도.
별-생각(別-) 몡 1 별다른 생각. 2 별의별 생각. ¶~ 다 해 봤지만 뾰족한 방법이 없다.
별세(別世) [-쎄] 몡 [세상을 떠난다는 뜻] 사람의 '죽음'을 높여 이르는 말. 별세-하다 囘囘.
별-세계(別世界) [-계/-개] 몡 인간 세계와는 크게 신비한 세계. 또는, 일상생활에서 접할 수 없는 놀랍고 특별한 세계. 비별천지.
별-소리(別-) 몡 =별말. ¶친구 사이에 고맙다니 ~을 다 하는군.
별쇄(別刷) 몡 1 책이나 논문의 일 부분을 뽑아 따로 인쇄하는 일. 2 삽화나 사진을 본문과 다른 종이로 인쇄한 것.
별-수(別-) 몡 1 ('있다', '없다' 등과 함께 쓰여) 달리 어떻게 할 방법. ¶너라고 ~가 있나? 2 여러 가지 방법. ¶~를 다 써 보다.
별-스럽다(別-) [-따] 톟囘 <-스러우니, -스러워> 별난 데가 있다. ¶그는 별스러운 취미를 가졌다. 별스레 閂.
별시(別試) [-씨] 몡[역] 조선 시대, 나라에 경사가 있을 때나 병년(丙年)마다 보이던 문무(文武)의 과거.
별식(別食) [-씩] 몡 늘 먹는 음식과 다른 특별한 음식.
별신-굿(別神-) [-씬굳] 몡[민] 무당이 벌이는 큰 규모의 마을 굿.
별실(別室) [-씰] 몡 특별히 따로 마련된 방.
별안-간(瞥眼間) 몡 전혀 예상치 못한 상태에서 순식간에. =별안간에. 비갑자기·느닷없이. ¶그는 ~ 울기 시작했다.
별안간-에(瞥眼間-) 閂 =별안간.
별의-별(別-別) [-의-/-에-] 괜 미처 예상할 수 없는 모든. 비별별·온갖. ¶~ 사람. ×벼라별.
별-일(別-) [-릴] 몡 1 그 구두쇠가 자선금을 내놓다니 ~이군.
별!-자리 몡[천] 별의 위치를 정하기 위해 밝은 별을 중심으로 밤하늘의 별을 몇 개씩 묶어 나누고, 거기에 동물이나 물건, 신화의 인물 등의 이름을 붙인 것. 오리온자리·큰곰자리 따위. =성좌(星座).
별장(別莊) [-짱] 몡 경치 좋은 곳에 따로 마련한 집.
별장-지기(別莊-) [-짱-] 몡 별장을 지키는 사람. ¶~ 노인.
별정(別定) [-쩡] 몡 별도로 정함. ¶~ 요금.
별정직^공무원(別定職公務員) [-쩡-꽁-] 몡[법] 특정한 업무를 담당하기 위하여 별도의 자격 기준에 의하여 임용되는 공무원.
별종(別種) [-쫑] 몡 별스러운 사람을 속되게 이르는 말.
별주부-전(鼈主簿傳) [-쭈-] 몡[문] 조선 후기의 작자·연대 미상의 고대 소설. 자라와 토끼의 행동을 통하여 인간성의 결여를 풍자한 작품임.
별지(別紙) [-찌] 몡 서류·편지 등에 따로 덧붙이는 종이. ¶~ 첨부.
별-지장(別支障) 몡 별다른 지장. ¶기차나 버스 요금은 ~가 없다.
별-짓(別-) [-짇] 몡 보통과 다른 행동거지. ¶~을 다 하다.
별짜(別-) 몡 <속> 1 별스럽게 생기거나 별스러운 짓을 하는 사람. 비별종. 2 별스럽게 생긴 물건.
별쭝-나다 囘 말이나 하는 짓이 아주 별스럽다. ¶말투가 ~.
별차(別差) 몡 별다른 차이. ¶기차나 버스 요금은 ~가 없다.
별-채(別-) 몡 =딴채.
별책(別册) 몡 따로 된 책. ¶~ 부록.
별-천지(別天地) 몡 1 인간 세계에서 벗어난, 신비하고 복된 세상. 비별세계.
별첨(別添) 몡 (서류 따위를) 따로 붙이는 것. ¶~ 서류. 별첨-하다 囘엥.
별칭(別稱) 몡 달리 부르는 이름.
별-표[-標] 몡 1 별 모양의 표. '★, ☆' 따위. 2 몡 참조·생략·비문번성 등을 나타내는 표. '*'. =눈표.
별표[-表] 몡 따로 붙인 표시나 도표. ¶~ 참조 / 요금은 ~와 같음.
별항(別項) 몡 다른 항목이나 조항. ¶이에 대한 자세한 설명은 ~을 참조하시오.
별행(別行) 몡 따로 잡은 글의 줄.
별호(別號) 몡 1 =호(號) ¹1. 2 본디 이름 외에 붙인 따로 쓰는 이름. 비별명.
별씨(別-) 몡[농] 못자리에 심는 벼의 씨.
볏[볃] 몡 닭·꿩 등의 머리에 세로로 붙은 살 조각. 빛깔이 붉고 톱니처럼 생겼음.
볏-단[벼딴/볃딴] 몡 벼를 베어 묶은 단.
볏-모[변-] 몡 벼의 모.
볏-섬[벼썸/볃썸] 몡 1 벼를 담은 섬. 2 (주로 '볏섬이나'의 꼴로 쓰여) 몇 섬 정도의 그리 많지 않은 벼.
볏-짚[벼찝/볃찝] 몡 벼의 이삭을 떨어낸 뒤의 줄기. 준짚.

병[丙] 몡 1 천간(天干)의 셋째. 2 사물의 차례에서 제3위.

병²(兵) 뗑[군] 이병·일병·상병·병장의 등급. 부사관 아래의. ¶운전~ / 탈영~.
병³(病) 뗑 생물체의 몸에 생리적으로 이상이 생겨 정상적 활동을 하지 못하거나 아픔을 느끼게 되는 현상. 비)질병·질환. ¶불치의 ~. 2 '병통'의 준말. ¶거짓말을 잘하는 것이 그의 ~이다. 3 (일부 명사 뒤에 붙어) '질병'의 뜻을 나타내는 말. ¶심장~ / 간질~.
[병에는 장사 없다] 아무리 장사라도 병에 걸리면 맥을 못 춘다. **[병 주고 약준다]** 해를 입힌 뒤에 어루만진다.
병⁴(甁) 뗑 주로 액체를 담아 두기 위해, 유리나 플라스틱, 진흙 따위로 몸통이 대체로 둥글고 길쭉하게 만든 물건. ¶맥주~. 2(의존) 액체의 분량을 그것이 담긴 병의 수로 세는 말. ¶콜라 세 ~.
병가¹(兵家) 뗑 1 병법에 밝은 사람. 2 중국 춘추 전국 시대 제자백가의 하나로, 병술을 논하던 학파.
병:가²(病暇) 뗑 몸의 병으로 말미암아 얻는 휴가.
병가상사(兵家常事) 뗑 1 전쟁에서 이기고 지는 것은 흔히 있는 일. 2 실패는 흔히 있는 일이니 낙심할 것 없다는 뜻으로 이르는 말. ¶한 번 실수는 ~라.
병:간호(病看護) 뗑 병자를 보살피는 것. 비)병간. **~하다** 타)
병:감(病監) 뗑 교도소에서 병든 죄수를 따로 두는 감방.
병:고(病苦) 뗑 병으로 인한 괴로움.
병과¹(兵科) [-꽈] 뗑[군] 군인이나 부대를 그 임무에 따라 나눈 종류. 보병·포병·공병 따위.
병:과²(併科) 뗑[법] 두 가지 이상의 형(刑)에 처하는 일. 자유형과 벌금형을 아울러 과하는 따위. **병:과-하다** 타)
병:-구완(病-) 뗑 앓는 사람을 돌보아 주는 일. 비)간병. **병:구완-하다** 타)
병권(兵權) [-꿘] 뗑 군대를 다스릴 수 있는 권력. 비)병마수권.
병:균(病菌) 뗑 병을 일으키는 세균. 비)병원균.
병기¹(兵器) 뗑[군] 전쟁에 쓰는 모든 기구. 비)무기. ¶~ 창고.
병기²(併記) 뗑 함께 아울러 적는 것. **병:기-하다** 타) ¶한자를 괄호 속에 넣어 ~. **병:기-되다** 자)
병기-창(兵器廠) 뗑[군] 병기를 만들거나 수리하는 공장.
병-나다(病-) 자) 감기나 몸살 따위의 비교적 가벼운 병이 몸에 생기다. ¶그렇게 과로하면 **병난다**. ▷병들다.
병-나발(甁喇叭*) 뗑⟨속⟩ 나발을 부는 것처럼 병을 거꾸로 입에 대고 안의 액체를 들어키는 일.
　병나발(을) 불다 나발을 부는 식으로, 병을 입에 거꾸로 대고 안의 액체를 들어키다. ¶소주병을 들고 ~.
병:-내다(病-) 타) '병나다'의 사동사.
병동(病棟) 뗑 병원 안의 한 채의 건물. =병사(病舍). ¶내과 ~.
병:-들다(病-) 자) (-드니, -드오) 1 몸에 비교적 고치기 어려운 병이 생기다. ¶병든 몸. 2 (마음이) 비뚤어지거나 건전하지 않게 되다. 비유적인 말임. ¶마음이 ~. ▷병나다.
병-따개(甁-) 뗑 병의 뚜껑을 따는 도구.
병-뚜껑(甁-) 뗑 병의 아가리를 덮는 물건.

병란(兵亂) [-난] 뗑 나라 안에서 싸움질 하는 난리.
병력¹(兵力) [-녁] 뗑 군대의 힘. 또는, 군인의 숫자. ¶~ 증강.
병:력²(病歷) [-녁] 뗑 지금까지 앓은 일이 있는 병의 경험. 비)환자력.
병렬(竝列) [-녈] 뗑 1 나란히 늘어서는 것. 2[물] =병렬연결. ↔직렬. **병:렬-하다** 자)
병렬-연결(竝列連結) [-녈련-] 뗑[물] 전기 회로에서, 전지·저항기·축전기 등을 + 전극끼리, - 전극끼리 각각 연결하는 일. =병렬. ↔직렬연결.
병:리(病理) [-니] 뗑 병의 원인·발생·경과 등에 관한 이론.
병:리-학(病理學) [-니-] 뗑[의] 병의 원인을 탐구하기 위하여, 병체(病體)의 조직, 기관(器官)의 형태나 기능의 변화를 조사하고 병의 성립 원리와 본질을 규명하는 학문.
병마¹(兵馬) 뗑 1 병사와 군마. 2 전쟁에 관한 모든 일. ¶~의 대권을 쥐다.
병:마²(病魔) 뗑 '병(病)'을 악마에 비유하여 이르는 말. ¶~에 시달리다.
병-마개(甁-) 뗑 병의 아가리를 막는 마개.
병-맥주(甁麥酒) [-쭈] 뗑 병에 넣어 파는 맥주.
병:명(病名) 뗑 병의 이름.
병-목(甁-) 뗑 병의 아가리 아래쪽의 잘록한 부분.
병목-현상(甁-現象) [-모컨-] 뗑 도로의 노폭(路幅)이 병목처럼 갑자기 좁아진 곳에서 일어나는 교통 정체 현상.
병무(兵務) 뗑 병사(兵事)에 관한 사무.
병무-청(兵務廳) 뗑 국방부 장관 소속하에 설치된 기관의 하나. 징집·소집 기타 병무 행정에 관한 사무를 관장한.
병:-문안(病問安) 뗑 앓고 있는 사람을 찾아가 병세를 알아보고 위로하는 일. **병:문안-하다** 자)
병방(兵房) 뗑[역] 조선 시대, 육방(六房)의 하나. 병전(兵典)에 관한 사무를 맡아보던 관서.
병법(兵法) [-뻡] 뗑 군사를 지휘하여 전투를 행하는 방법. ¶손자(孫子)~.
병:-보석(病保釋) 뗑[법] 구류 중인 미결수가 병이 날 경우 그를 석방하는 일.
병부(兵部) 뗑 1 신라 때, 군사에 관한 일을 맡아보던 관청. 2 고려 시대, 육부(六部)의 하나. 군사에 관한 일을 맡아봄.
병사¹(兵士) 뗑 =군사(軍士)¹.
병사²(兵舍) 뗑 =병영.
병:사³(病死) 뗑 병으로 죽는 것. ▷자연사. **병:사-하다** 자)
병사⁴(病舍) 뗑 1 병원의 건물. 2 =병동.
병:산(倂算) 뗑 함께 포함시켜 계산하는 것. ¶택시 요금의 시간·거리 ~제. **병:산-하다** 타)
병:살(倂殺) 뗑[체] 야구에서, 두 주자를 한꺼번에 아웃시키는 일. =겟투·더블 플레이. **병:살-하다** 타)
병:살-타(倂殺打) 뗑[체] 야구에서, 주자가 모두 아웃되는 타구.
병:상¹(病床) 뗑 병든 사람이 누워 있는 침상. ¶~에 눕다. ▷병석.
병:상²(病狀) 뗑 병의 상태. =병태(病態).

병!색(病色) 명 병든 사람의 창백하거나 혈색이 나쁜 얼굴빛. ¶~이 완연하다.
병!서(兵書) 명 병법에 관해 쓰여진 책.
병!서²(竝書) 명 자음(子音) 두 글자 또는 세 글자를 가로로 나란히 붙여 쓰는 것. 'ㄲ','ㄻ','ㅃ' 따위.
병!석(病席) 명 병자가 앓아누워 있는 자리. ¶~에 눕다.
병!설(竝設·倂設) 명 (주된 기관이나 건물 등에 종속되는 기관이나 건물 등을) 아울러 갖추거나 세우는 것. ¶K 대학교 · 부 건 부설대학. 병!설-하다 톤(재) 병!설-되다 톤(재) 대학에 부속 병원이~
병!세(病勢) 명 병의 형세. ¶~가 악화(호전)되다
병!소(病巢) 명[의] 병원균이 모여 있어 조직에 병적 변화가 일어나고 있는 곳.
병-술²(瓶-) 명[-쑬] 병에 담아 파는 술. ▷잔술.
병!술²(丙戌) 명 60갑자의 스물셋째.
병!신¹(丙申) 명 60갑자의 서른셋째.
병!신²(病身) 명 1 몸의 어느 부분이 온전하지 못하거나 기형인 사람. 흔히, 경멸조로 쓰임. 순화한 말로는 신체장애인. 2 병을 앓거나 다쳐서 성하지 못하게 된 몸을 이르는 말. ¶중풍으로 한쪽 팔이 ~이 되다. 3 모자라는 행동을 하는 사람을 얕잡거나 핀잔하여 이르는 말. ¶이런 ~! 그것도 못 해? 4 어느 부분을 갖추지 못한 물건. ¶뚜껑이 없어 ~이 된 주발.
[병신 자식이 효도한다] 대수롭지 아니한 것이 도리어 도움이 된다.
병신(이)육갑(六甲)하다 되지못한 사람이 엉뚱한 짓을 한다.
병신-춤(病身-) 명 지배 계층의 양반을 병신으로 풍자하기 위하여 병신 흉내를 내는 춤.
병!실(病室) 명 환자를 치료하기 위하여 따로 거처하게 하는 방.
병아리 명 아직 다 자라지 않은 어린 닭.
병아리 눈물만큼 매우 적은 수량을 이르는 말.
병!약-자(病弱者) 명[-짜] 질병으로 몸이 약한 사람.
병!약-하다(病弱-)-야카다) (혱) (사람의 몸이) 약하여 병을 자주 앓는 상태에 있다. 또는, 병이 들어 약해진 상태이다. ¶얼굴에 핏기가 없는 병약한 소녀. ↔강건하다.
병어 명 몸의 길이가 약 60cm쯤 되고 몸빛이 둥그스름하며, 눈과 입이 작고 몸빛이 회백색인 바닷물고기.
병역(兵役) 명[법] 국민이 의무적으로 군대에 복무하는 일.
병역^의!무(兵役義務) 명[법] 군대에 복무할 의무.
병영(兵營) 명 군대가 들어 거처하는 집. =병사(兵舍). ¶~ 생활.
병!오(丙午) 명 60갑자의 마흔셋째.
병용(並用·倂用) 명 아울러 같이 쓰는 것. 병!용-하다 톤(여) 한글과 한자를 ~. 병!용-되다 톤(재)
병!원¹(病院) 명 1 일정한 시설을 갖추고 병을 진찰하고 치료하는 곳. 2 의료법에서, 입원 환자 30명 이상을 수용할 수 있는 시설을 갖춘 의료 기관. ▷의원·종합병원.
병!원²(病原·病源) 명 병의 원인이 되는 것.
병!원-균(病原菌) 명 병의 원인이 되는 균. 비병균. ¶~을 보유하다.
병!원-체(病原體) 명[의] 감염증을 일으키는 기생 생물. 바이러스·리케차·세균(박테리아)·원생동물 따위.
병!인¹(丙寅) 명 60갑자의 셋째.
병!인²(病因) 명 병의 원인.
병!인-박해(丙寅迫害) 명[-바캐] 명[역] 고종 3년(1866)에 있었던 천주교 박해 사건.
병!인-양요(丙寅洋擾) 명[-냥-] 명[역] 흥선 대원군의 천주교 탄압으로 고종 3년(1866)에 프랑스 함대가 강화도를 침범한 사건.
병!입-고황(病入膏肓) 명[-꼬-] 명 [병이 고황에 들었다는 뜻] 병이 고치기 어려움이 깊이 듦. 비입고황-하다
병!자¹(丙子) 명 60갑자의 열셋째.
병!자²(病者) 명 병을 앓고 있는 사람. 비환자. ¶앓는 ~.
병!자-사화(丙子士禍) 명[역] =사육신 사건.
병!자-수호조약(丙子修好條約) 명[역] =강화도 조약.
병!자-호란(丙子胡亂) 명[역] 조선 인조 14년(1636)에 청나라가 침입하여 일어난 전쟁. 이듬해에 청나라와 굴욕적인 화의(和議)를 맺음.
병장(兵長) 명[군] 국군 계급의 하나. 사병의 맨 위 계급으로, 상병의 위, 하사의 아래임.
병장-기(兵仗器) 명 칼·창·활 등과 같은, 지난날의 무기의 총칭.
병적¹(兵籍) 명 1 군인으로서의 기록. 2 군인의 신분에 관한 사항을 기록한 장부. =병적부.
병!적²(病的) 명[-쩍] 명 언어·행동이 정상을 벗어나 불건전한 것. ¶그는 ~일 만큼 돈에 대한 집착이 강하다.
병적-부(兵籍簿) 명[-뿌] =병적².
병정(兵丁) 명 병역에 복무하는 장정.
병정-개미(兵丁-) 명[동] 사회생활을 하는 개미의 집단에서, 적과 싸우는 임무를 맡은 일개미.
병정-놀이(兵丁-) 명 군사 훈련이나 전투를 흉내 내어 하는, 아이들 놀이의 하나. 병정놀이-하다 톤(재)어
병조(兵曹) 명 고려·조선 시대, 육조(六曹)의 하나. 군사와 우역(郵驛) 등에 관한 일을 맡아보던 관아.
병-조림(瓶-) 명 음식물을 가공하여 병에 넣고 상하지 않게 밀봉하는 일. 또는, 그 음식물. ▷통조림.
병!존(竝存) 명 함께 존재하는 것. 병!존-하다 톤(여) 근대(近代)와 전근대가 병존하는 과도기적 사회.
병졸(兵卒) 명 =군사(軍士)¹.
병!-줄(病-) 명[-쭐] 오래 계속해서 앓는 병. ¶~이 떨어지다.
병!중(病中) 명 병을 앓고 있는 동안.
병!증(病症) 명[-쯩] 명 어떤 병에서 나타나는 증세. ¶특이한 ~을 나타내다.
병!진¹(丙辰) 명 60갑자의 쉰셋째.
병!진²(竝進) 명 함께 나란히 나아가는 것. ¶농공(農工) ~. 병!진-하다 톤(재)어
병참(兵站) 명[군] 군사 작전에 필요한 인원과 물자를 관리·보급·지원하는 일. 또는, 그 병과(兵科). ¶~ 기지.
병!창(竝唱) 명 가야금·거문고 등의

악기를 타면서 거기에 맞추어 스스로 노래를 부르는 것. 또는, 그 노래. ¶산조.
병:충-해(病蟲害) 뗑 식물에 병균이나 벌레에 의해 입는 해(害). ¶~ 방제.
병:-치레(病-) 뗑 병을 앓는 것. ¶~가 잦다. **병:치레-하다** 동(여)
병:칭-하다(並稱-) 한데 아울러서 일컫는 것. **병:칭-하다** 태(여) **병:칭-되다** 자(여)
병태(病態) 뗑 =병상(病狀)².
병통(病-) 뗑 어떤 사물의 자체 안에 있는, 해가 되는 점. ⓒ병.
병폐(病弊) 뗑 [폐-폐] 어떤 제도나 사회적 현상으로 인해 생겨난 해로운 점이나 고질적인 문제. ⓑ폐단·폐해. ¶과소비는 우리 사회의 오랜 ~다.
병풍(屛風) 뗑 바람을 막거나 무엇을 가리거나 장식용으로 방 안에 치는 물건.
병:합(倂合) 뗑 =합병(合倂). **병:합-하다** 동(자타여) **병:합-되다** 동(여)
병해(病害) 뗑 병으로 인한 농작물의 피해.
병:행(竝行) 뗑 1 두 가지 일을 한꺼번에 아울러서 행하는 것. 2 [음] 화음 중의 두 소리가 서로 같은 방향으로 진행하는 일. **병:행-하다** 동(자타여) ¶학업과 직장 생활을 ~. **병:행-되다** 동(여)
병:환(病患) 뗑 상대의 병을 높여 이르는 말. ¶선생님의 ~이 위중하시다.
병후(病後) 뗑 병이 나은 뒤.
병:후^면:역(病後免疫) 뗑[의] 어떤 병을 한 번 앓고 나면 그 병에는 다시 걸리지 않게 되는 후천 면역.
볕[볃] 뗑 해에서 느껴지는 따뜻하거나 뜨거운 기운. ⓑ빛·햇볕. ¶~을 쬐다.
보¹[보] [건] 도리와 직각이 되는 방향으로 기둥과 기둥을 연결하는 나무. ⓑ들보. ▷도리.
-보² 접미 일부 명사나 용언의 어근에 붙어, 그 말이 가지는 특성을 지나치게 가지거나 그 대상을 지나치게 탐하거나 하는 사람들을 별명 삼아 놀림조로 이르는 말. ¶먹~ / 울~ / 느림~.
-보³ 접미 옷·음식 등의 뒤에 붙어, 잠구나 하여 잔뜩 쌓여 있던 것임을 나타냄. ¶울음~ / 말~가 터지다.
보⁴(洑) 뗑 논에 물을 대기 위하여 둑을 쌓고 냇물을 끌어 들이는 곳.
보⁵(褓) 뗑 1 물건을 싸거나 씌우는 데 쓰는 네모진 천. ⓑ식탁~. ▷보자기. 2 가위바위보에서, 손을 펴서 내민 것.
보⁶(寶) 뗑[역] 신라·고려 시대에, 돈이나 곡식 따위를 백성에게 꾸어주고 그 변리를 여러 사업의 기금으로 하게 하던 것.
보⁷(步) 뗑[의존] 거리를 발걸음으로 재는 단위. ¶오 ~.
-보⁸(補) 접미 어떤 관직이나 직책의 보좌 관임을 나타냄. ¶차관~.
보⁹(baud) 뗑[컴] 데이터 전송에 있어서의 변조 속도(變調速度)의 단위. 1보는 1초에 1요소(要素)를 보내는 속도임.
보:각(補角) 뗑[수] 두 각의 합이 180° 일 때, 한쪽 각의 다른 쪽 각에 대한 말.
보:강(補强) 뗑 보태고 채워서 더 튼튼하게 하는 것. ¶체력 ~. **보:강-하다¹** 태(여) ¶조직을 ~. **보:강-되다** 동(여)
보:강(補講) 뗑 결강·휴강을 보충하여 강의하는 것. 또는, 그 강의. **보:강-하다²** 동(자타여)
보:건(保健) 뗑 건강을 지키고 유지하는 일. ¶~ 위생.
보:건^복지부(保健福祉部) [-찌-] 뗑 행정 각 부의 하나. 보건 위생, 방역, 의정(醫政), 약정(藥政), 생활 보호, 자활 지원, 아동·노인·장애인 및 사회 보장에 관한 사무를 맡아봄.
보:건-소(保健所) 뗑 질병의 예방·진료 및 공중 보건의 향상을 위하여 각 구·시·군에 설치한 공공 의료 기관.
보:건-실(保健室) 뗑[교] 보건 교사 등이 학생의 건강이나 위생을 돌보아 주는 곳. 2002년에 '양호실'을 개정한 것임.
보:검(寶劍) 뗑 1 의장(儀仗)에 쓰이는 칼의 하나. 2 보배로운 칼. ⓑ보도(寶刀).
보:격(補格) [-껵] 뗑[언] 어떤 체언이 문장 속에서 보어의 성분임을 나타내는 격.
보:격^조:사(補格助詞) [-껵쪼-] 뗑[언] 체언 아래 쓰여 그 체언이 보어임을 나타내는 조사. '가', '이'가 있음. 가령, "그것은 사실이 아니다."에서의 '이'.
보:결(補缺) 뗑 1 정원(定員)에 빈자리가 생겼을 경우, 새로 사람을 뽑아 그 자리를 채우는 것. ⓑ보궐. 2 빠져서 부족한 것을 메우는 것. **보:결-하다** 태(여)
보:결-생(補缺生) [-쌩] 뗑 보결로 입학한 학생.
보고 조 주로 사람과 관련된 체언에 붙어, 그 체언이 작용의 대상이 됨을 나타내는 보조사. ¶그래, 나~ 네 뒤치다꺼리나 하란 말이냐?
보:고¹(報告) 뗑 1 지시 또는 감독하는 사람에게 일의 내용이나 결과를 말·글 등으로 알리는 것. ¶의정 ~. 2 '보고서'의 준말. **보:고-하다** 동(자타여) ¶상부에 일의 결과를 ~. **보:고-되다** 동(여)
보:고²(寶庫) 뗑 1 귀중한 물건을 간수해 두는 창고. 2 귀중한 것이 간직되어 있는 곳을 비유하여 이르는 말. ¶지식의 ~.
보고-부르기 뗑[음] =시창(視唱).
보:고-서(報告書) 뗑 보고하는 글이나 문서. ¶학술 ~. ⓒ보고.
보고타(Bogotá) 뗑[지] 콜롬비아의 수도.
보:관(保管) 뗑 (물건을 어느 곳에) 안전하게 두는 것. 또는, (어떤 사람의 물건을) 안전하게 관리하는 것. **보:관-하다** 태(여) ¶돈을 금고에 ~. **보:관-되다** 동(여)
보:관-함(保管函) 뗑 물건을 간직하고 관리하기 위해 넣어 두는 곳. ⓑ가방.
보:교(步轎) 뗑 가마의 하나. 정자 지붕 모양으로 가운데를 솟게 하고 사면을 장막으로 둘러침.
보:국-안:민(輔國安民) 뗑 나랏일을 돕고 백성을 편안하게 함.
보:궐(補闕) 뗑 =보결(補缺)1. **보:궐-하다** 동(여)
보:궐^선:거(補闕選擧) 뗑[정] 정원(定員)에 빈자리가 생겼을 때 그 자리를 보충하기 위하여 실시하는 임시 선거. ⓒ보선.
보:균-자(保菌者) 뗑 병의 증상은 보이지 않으나, 병원 미생물을 보유 또는 배출하여 다른 사람에게 감염시킬 위험이 있는 사람. ¶B형 간염 바이러스 ~.
보그르르 ⁔ 물이나 거품이 좁은 범위 안에서 끓어오르거나 일어나는 모양. 또는, 그 소리. ¶똑바기에서 찌꺼기 ~ 끓고 있다. **보그르르-하다** 동(여)
보글-거리다/-대다 동 물이나 거품이 좁은 범위 안에서 자꾸 끓거나 일어나다. ⓑ부글거리다.

보글-보글 튄 보글거리는 모양. ¶주전자에서 물이 ~ 끓다. 큰부글부글. **보글보글-하다** 짠

보금-자리 뗑 1 닭이 토욕을 하거나 꿩 따위가 알을 낳기 위하여 땅을 움푹하게 판 자리. 2 짐승이 잠을 자거나 들어가 사는 일정한 곳. 3 사람이 가정을 이루거나 사는 곳을 비유적으로 이르는 말. 특히, 행복하고 편안한 곳이라는 뜻의 시적 표현임. ¶신혼의 ~를 꾸미다.

보:급¹(普及) 뗑 (문물 등을) 많은 사람들에게 두루 미치게 하여 누릴 수 있게 하는 것. **보:급-하다**¹ 짠태 ¶초등학교에 컴퓨터를 ~. **보:급-되다**¹ 통짠

보:급²(補給) 뗑 (물자·자금 따위를) 대어 주는 것. **보:급-하다**² 태 ¶연료를 ~. **보:급-되다**² 통짠

보:급-로(補給路) [-금노] 뗑[군] 전투기지 또는 전선 부대에 인원·병기·식량 따위를 보급하기 위한 육상·해상·공중의 교통 노선. ¶적의 ~를 차단하다.

보:급-소(普及所) [-쏘] 뗑 일정한 구역 안의 정기 구독자에게 신문을 배달하는, 신문사의 판매 조직.

보:급-소²(補給所) [-쏘] 뗑 보급품의 지급·운송·저장·관리 따위를 하는 곳.

보:급-판(普及版) 뗑 널리 보급할 것을 목적으로 종이나 장정 등을 값싸게 하여 발행한 서적. ▷장서판.

보:급-형(-型) [-그형] 뗑 널리 보급하기 위해 값싸게 만든 제품의 종류. ¶~ 컴퓨터.

보기¹ 뗑 1 어떤 사실이나 내용을 알기 쉽게 구체적으로 든 예. 비본보기. 2 시험 문제에서, 묻는 말 다음에 그 물음과 관련된 사례나 조건을 제시해 놓은 것.

보기²(bogey) 뗑[체] 골프에서, 한 홀의 기준 타수(打數)보다 1타수 많은 기록으로 공을 홀에 넣는 일. ▷버디.

보꾹 뗑 지붕의 안쪽. 곧, 더그매의 천장. =천장(天障).

보내기(-bunt) 뗑[체] =희생 번트.

보내다 태 1 (사람이 어떤 물건이나 물질 등을) 일정한 수단이나 방법으로 이곳에서 다른 곳으로 가게 하다. 비발송하다. ¶애인에게 꽃을 ~. 2 (사람이 어떤 사람이나 그 사람이 탄 차 따위를) 한 곳에서 다른 곳으로 옮겨가게 하다. ¶심부름꾼을 ~. 3 (어떤 사람을 일정한 곳에) 속하는 일원이 되게 하다. ¶아들을 군대에 ~. 4 (사람이 아들이나 딸을 장가나 시집을) 가게 하여 새살림을 차리게 하다. ¶말을 시집을 ~. 5 (어떤 사람을 어떤 목적이나 임무가 되는 일을) 하도록 떠나게 하다. ¶아이를 심부름을 ~. 6 (사람이 어느 곳에 일정한 기간을) 머무르거나 살면서 지나가게 하다. ¶해변에서 휴가를 ~. 7 (어떤 사람이 다른 사람에게 어떤 태도를) 느껴 알도록 나타내다. ¶동생이 연수에게 박수와 환호를 ~. 8 (사람을) 저세상으로 가게 함을 겪다. ¶남편을 교통사고로 비명에 ~.

보내-오다 태 1 (사람이나 물건이) 어떤 사람이 있는 쪽으로 움직이어 위치를 옮기다. ¶돈을 ~. 2 (사람을 어떤 임무나 목적으로 가게 하다. ¶그는 비서를 내게 **보내왔다**. 3 (상대편에게 자신의 마음을) 알도록 나타내다. ¶사랑의 눈길을 ~.

보너스(bonus) 뗑 =상여금. ¶연말 ~

보닉[-니] 뗑 밤·도토리 등의 가장 안쪽에 있는 얇은 껍질.

보닛(bonnet) 뗑 1 턱밑에서 끈을 매게 되어 있는 여성용·어린이용의 모자. 2 자동차의 앞 엔진이 있는 부분의 덮개.

보다¹ I 图 ①태 1 (사람이나 동물이 사물의 형태나 색깔이나 움직임 따위를) 시각에 눈길을 주어 눈으로 알다. ¶눈을 들어 하늘을 ~. 2 (어떤 내용이나 줄거리가 담긴 대상, 곧 영화·연극·텔레비전 프로그램이나 글로 이뤄진 것 등을) 눈을 주하여 이해하다. ¶영화를 ~. 3 (대상의 상태나 사정을) 살펴보거나 헤아리다. ¶맥을 ~. 4 (사람이 물건을) 잘못되지 않거나 문제가 없도록 보살피거나 돌보다. ¶집을 ~. 5 (어떤 일을) 맡아서 행하다. 비담당하다. ¶사회를 ~. 6 (어떤 사람을) 자기 눈앞에 두다. ¶만나다. ¶내일 **보자**. 7 (어떤 관계나 인연이 있는 사람을) 집안에 맞아들이거나 얻어 가지다. ¶며느리를 ~. 8 (시험을) 자기의 실력이 나타나는 상태가 되게 치르다. ¶중간고사를 ~. 9 (어떤 결과를) 이루어 가지다. ¶손해를 ~. 10 (대상을 어떤 존재로, 또는 어떠어떠하게) 알거나 여기거나 평가하다. ¶사람을 어떻게 **보고** 하는 수작이냐? 11 (사람이나 사물을) 고려의 대상으로 넣거나 판단의 기초로 삼다. ¶날 **봐서라도** 네가 참아라. 12 (음식상을) 음식을 갖추어 차리다. ¶상을 ~. 13 (사람이 대변이나 소변을) 항문이나 요도구를 통해 몸 밖으로 내보내다. ¶배설하다. ¶소변을 ~. 14 ('장[시장]을 **보다**'의 꼴로 쓰여) 물건을 팔거나 사다. ¶시장을 ~. 15 (동사의 어미 '-고' 아래에 쓰여) 어떤 일을 우선적으로 하고, 다른 일은 그다음에 생각하거나 고려한다는 뜻을 나타내는 말. ¶배고프더라도 일단 먹고 보자. 16 (동사와 형용사의 어미 '-아/어/여' 아래에 '봐', '봐라', '봐요', '보십시오' 등의 꼴로 쓰여) 어떤 행동이나 상태를 가정하는 뜻을 나타내는 말. ¶그 도자기가 깨졌으 **봐**, 난리 났을걸. 17 (동사나 형용사의 어간에 '-단' 또는 '-기만 해'가 붙고, 그 아래에 '봐(라)'의 꼴로 쓰여) 말하는 사람이 원하지 않는 일이 생기는 것을 가정하는 뜻을 나타내는 말. 그 뒤에 가만두지 않겠다는 내용의 말이 옴. ¶약속을 안 지켰단 **봐**, 혼날 줄 알아. ②(보조) (동사의 어미 '-아/어/여' 아래에 쓰여) 1 어떤 일을 시도하거나 시험 삼아 하는 뜻을 나타내는 말. ¶맞나 안 맞나 입어 보세요. 2 어떤 것을 경험하거나 경험함을 나타내는 말. ¶외국에 가 **본** 적이 있니?

II 휑 (보조) (형용사나 서술격 조사 '이다'의 어미 '-다(가)' 아래에 '보니'의 꼴로 쓰여) 앞에 오는 사실이 뒤에 오는 행동이나 상태의 원인이 됨을 나타내는 말. ¶얼굴이 예쁘**보니** 사내들이 탐을 낸다. 2 (동사의 어미 '-다(가)' 아래에 '보니'의 꼴로 쓰여) 어떤 행동에 열중하여 몰두하다가 문득 시간의 흐름이나 다른 현실을 의식하게 됨을 나타내는 말. ¶일이 살다 **보니** 정이 들었다. 3 (동사의 어미 '-는', '-니' 아래, 또는 형용사나 서술격 조사 '이다'의 어미 '-ㄴ/은가' 아래에 쓰여) 앞말이 나타내는 행동이나 상태를 추측하는 뜻을 나타내는 말. '-았/었/였-'이나 '-겠-' 뒤에서는 형용사의 어

간 뒤에서라도 '-는가', '-나'가 올 수 있음. ¶벌써 잠들었나 **봐요**. 4 (말하는 사람이 주어로 쓰인 문장에서, 동사의 어미 '-ㄹ까/을까' 아래에 '봐(요)', '보다'의 꼴로 쓰여) 앞말이 나타내는 행동에 대해 다소 확고하지 않은 의지를 나타내는 말. ¶직장을 그만둘까 **봐**. 5 (어미 '-ㄹ까/을까' 아래에서 '보나'의 꼴로 쓰여) 앞말이 나타내는 행동이나 상태에 의문을 제기하거나 회의를 품고 있음을 나타내는 말. ¶내 어찌 그 말을 믿을까 **보냐**. 6 (동사의 어미 '-고' 아래에 '보니', '보면'의 꼴로 쓰여) 앞말이 나타내는 행동을 새롭게 또는 새삼스럽게 살펴거나 깨달아 뒤의 행동이나 상태에 대한 됨을 나타내는 말. ¶알고 보면 그 친구도 괜찮은 사람이다.

[보기 좋은 떡이 먹기도 좋다] 겉모양이 좋으면 내용도 좋다.

보란 듯이 남이 보고 부러워하도록 자랑스럽게. ¶~ 큰소리치고 살 테다.

볼 낯(이) 없다 얼굴을 대할 면목이 없다. ¶시험에 떨어져서 어머니는 ~.

볼 장(을) 다 보다 일이 더 손댈 것도 없이 되다.

보다² I 부 한층 더. ¶~ 빠르게. II 조 체언 아래에 붙어, 둘을 비교할 때 쓰는 부사격 조사. ¶내가 너~ 더 크다.

보답(報答) 명 남의 호의나 은혜를 갚는 것. **보답-하다** 통여 ¶은혜에 ~.

보도(步道) 명 보행자의 통행에 사용하도록 된 도로. =인도(人道).

보도¹(報道) 명 신문·라디오·텔레비전 등으로 나라 안팎에서 생긴 일을 널리 일반에게 알리는 것. 또는, 그 소식. **보도-하다** 통여 ¶긴급 뉴스는 ~. **보도-되다** 통자

보도³(輔導·補導) 명 도와서 올바른 데로 인도하는 것. **보도-하다²** 통여

보도(寶刀) 명 보배로운 검. 또는, 잘 만든 귀한 칼. 비보검. ¶전가(傳家)의 ~.

보도-국(報道局) 명 방송국 등에서 보도에 관한 일을 맡아보는 부서.

보도-방(報道房) 명 유흥업소에 접대 여성을 소개해 주고 대가를 받는 불법 조직.

보도-블록(步道block) 명 보도에 덮어 까는 시멘트나 벽돌 따위로 만든 블록.

보도-진(報道陣) 명 현장을 보도하기 위하여 기자나 카메라맨 등으로 구성된 조직. ¶경찰 귀빈실로는 ~들이 몰려들었다.

보드랍다[-따] 형비 (보드라우니, 보드라워) (어떤 물체가) 닿거나 스치는 느낌이 딱딱하거나 빳빳하거나 거칠거나 깔깔하지 않고 매끄럽거나 몰랑몰랑하다. ¶**보드라운** 아기의 살결. 큰부드럽다.

보드-상자(board箱子) 명 골판지로 만든 상자. ×보루박스.

보드카(vodka) 명 알코올 농도가 40∼60%인 러시아의 대표적인 술.

보들레르, 샤를 피에르(Baudelaire, Charles Pierre) 명 [인] 프랑스의 시인 (1821∼1867).

보들보들-하다 형여 살갗에 닿는 느낌이 매우 보드랍다. ¶**보들보들한** 어린아이의 살결. 큰부들부들하다.

보듬다[-따] 타 1 (사람이나 동물을) 품 안에 있도록 두 팔로 감싸다. 비안다·품다. ¶어머니가 아기를 **보듬고** 젖을 물리다. 2 (남의 마음의 고통을) 달래고 어루만지다. ¶남의 상처를 **보듬어** 주자.

보디(body) 명 [체] 1 배와 가슴 부분. 2 비행기나 자동차의 몸체 부분.

보디가드(bodyguard) 명 신변을 호위하는 사람. 비경호원.

보디-랭귀지(body language) 명 음성 언어나 문자에 의하지 않고 몸짓과 표정만으로 의사와 감정을 전달하는 행위.

보디-로션(body lotion) 명 목욕한 후에 몸에 바르는 로션.

보디^블로(body blow) 명[체] 권투에서, 배와 가슴 부분을 치는 일.

보디빌더(body-builder) 명[체] 보디빌딩을 전문적으로 하는 사람.

보디빌딩(body-building) 명[체] 역기·아령 등의 기구를 사용하여 근육을 발달시켜 신체를 보기 좋게 만드는 일.

보디-워크(body work) 명[체] 권투에서, 상반신의 움직임. ¶~가 좋은 선수.

보디^페인팅(body painting) 명[미] 알몸에 그림물감을 칠하여 환상적인 그림이나 무늬를 그리는 일. 또는, 그 그림.

보-따리(褓−) 명 1 [네덜] 보자기로 물건을 싸서 꾸린 뭉치. ¶옷 ~. 2 [어원] 보자기에 꾸린 뭉치를 세는 말. ¶세 ~.

보따리(를) 싸다 다니던 직장이나 회사를 그만두다.

보따리-장수(褓−) 명 보자기에 싼 물건을 여기저기 다니면서 파는 사람.

보라 대 =보라색. ¶연~.

보라-매 명[동] 그해에 난 새끼를 잡아 길들여 사냥에 쓰는 매.

보라-색(−色) 명 파랑과 빨강이 섞인 중간 색깔. 제비꽃의 색깔. =보라.

보람 명 한 일에 대하여 돌아오는 좋은 결과. 또는, 그 일에 대한 만족감. 비효력. ¶~이 없다. **보람-되다** 형 어떤 일을 한 뒤에 좋은 결과나 만족감이 있다.

보람-차다 형 썩 보람이 있다. ¶**보람찬** 하루.

보랏-빛[−랃삗/−란삗] 명 보라색을 띤 사물의 빛깔.

보령(寶齡) 명 임금의 나이를 높여 이르는 말.

보로-금(報勞金) 명 [법] 국가 보안법의 반자를 체포 또는 수사·정보기관에 통보했을 때, 압수물이 있는 경우 상금과 함께 지급되는 돈. 또는, 반(反)국가 단체나 그 관련 구성원으로부터 금품을 취득하여 수사·정보기관에 제공했을 때 지급되는 돈.

보로통-하다 형여 얼굴에 불만스러운 빛이 나타나 있다. ¶**보로통한** 얼굴. 큰부루퉁하다. 센뽀로통하다. **보로통-히** 부

보료 명 솜이나 짐승의 털로 속을 두껍게 넣어, 앉는 자리에만 늘 깔아 두는 요.

보루¹(堡壘) 명 1 [군] 적을 막기 위해 돌·흙·콘크리트 등으로 튼튼하게 쌓은 구축물. 2 수호(守護)해야 할 대상을 비유로 이르는 말. ¶민주주의의 ~.

보루²(←㉰ホル) 명[의준] (<board) 담배 열 갑을 한 묶음으로 세는 단위.

보루-박스(−box) 명 '보드상자'의 잘못.

보류(保留) 명 (어떤 일을) 당장 처리하거나 결정하지 않고 나중으로 미루어 두는 것. =유보. **보류-하다** 통여 ¶행사 계획을 ~. **보류-되다** 통자

보르네오 섬(Borneo−) 명[지] 동남아시아 남부, 말레이 제도에서 가장 큰 섬.

보르도(Bordeaux) 명 프랑스의 보르도 지방에서 나는 포도주.

보르도-액(Bordeaux液) 명[화] 생석회에 황산구리 용액을 섞은 유제(乳劑). 농업용 살충제로 쓰임.

보름 명 1 열닷새 동안. 2 음력으로 그달의 열닷새째 되는 날. 비보름날. ¶정월 ~.

보름-날 [-딸] 명 '보름'을 좀 더 구어적으로 이르는 말. ¶~ 밤.

보름-달 [-딸] 명 음력 보름날에 뜨는 둥근 달. =명월(明月). 비만월.

보름-치 명 음력 보름께에 비나 눈이 오는 날씨.

보리[1] 명[식] 밭에 재배하는 주요 곡식의 하나인 두해살이풀. 또는, 그 종자. 5월에 열매 이삭이 익는데, 까끄라기가 있음. 종자로는 밥 외에 빵·맥주 등을 만듦.

보리[2](菩提) 명 [<⊗Bodhi] 불 1 부처가 깨달은 가장 바른 지혜. 2 수행을 하여 얻는 깨달음의 지혜. 또는, 그 수행 과정.

보리-밟기 [-밥끼] 명[농] 겨울 동안 들뜬 표토(表土)를 눌러 주고, 보리의 뿌리가 잘 내리도록 이른 봄에 보리 싹의 그루터기를 밟아 주는 일.

보리-밥 명 쌀에 보리를 섞거나 또는 보리로만 지은 밥.

보리-밭 [-받] 명 보리를 심은 밭.

보리-새우 명 바다에 사는, 몸길이 24cm까지의 큰 새우. 껍데기는 매끈하고 털이 없으며, 배의 각 마디에는 검은색 줄무늬가 있음. 맛이 좋아 널리 양식됨.

보리-수(菩提樹) 명 1 불 석가가 그 아래에 앉아서 성도(成道)하였다는 나무. 2 절에서 '보리자나무'를 이르는 말.

보리수-나무(菩提樹-) 명[식] 산기슭에 자라며, 5~6월에 향기로운 황백색 꽃이 피고, 10월에 팥알만 한 열매가 붉게 익는 낙엽 활엽 교목.

보리-쌀 명 보리의 열매를 찧어 껍질을 벗긴 쌀.

보리-알 명 보리의 낱알.

보리자-나무(菩提子-) 명[식] 절에서 흔히 심으며, 6~7월에 담황색 꽃이 피고, 회갈색 털로 덮인 둥근 열매가 열리는 낙엽 활엽 교목. 열매로 염주를 만듦.

보리-차(-茶) 명 까맣게 볶은 겉보리를 넣어 끓인 차.

보릿-고개 [-리꼬-/-릳꼬-] 명 햇보리가 날 때까지 넘기기 힘든 고개라는 뜻으로, 묵은 곡식은 다 떨어지고 보리는 아직 덜 여물어 식량이 부족하여 지내기가 어려운 상태. 또는, 그 시기. 비춘궁기.

보릿-자루 [-리짜-/-릳짜-] 명 보리를 넣은 자루.

보릿-짚 [-리찝/-릳찝] 명 이삭을 떤 보리의 짚.

보!매 튀 짐작으로 보기에. ¶~ 정직한 사람 같다.

보먼-주머니(Bowman-) 명[생] 신장(腎臟)의 사구체(絲球體)를 바깥쪽으로 싸고 있는 이중의 주머니.

보메(baumé) 명[의준][물] 액체의 비중을 나타내는 단위.

보!모(保姆) 명 보육원 등의 아동 복지 시설에서 아동의 보육에 종사하는 여자.

보!무(步武) 명 활발하고 버젓하게 걷는 걸음.

보!무당당-하다(步武堂堂-) 형[여] 걸음 걸이가 활발하고 당당하다. ¶보무당당한 행진. 보!무당당-히 튀.

보부라지 명 종이·헝겊·실 따위의 잔 부스러기. ¶실 ~.

보!물(寶物) 명 1 보배로운 물건. =보화. 2 역사적·예술적·학술적 가치가 커서 국가가 법적으로 지정한 유형 문화재. ¶동대문은 ~ 제1호이다. ▷국보.

보!물-단지(寶物-) [-딴-] 명 ['보물을 넣어 두는 단지'라는 뜻] 아주 귀중하거나 소중하여서 보물과 같은 존재나 물건. 비유적인 말임.

보!물-섬(寶物-) [-썸] 명 보물이 숨겨져 있는 섬.

보!물-찾기(寶物-) [-찯끼] 명 여러 곳에 상품의 이름을 적은 종이쪽지를 감추어 놓고, 찾은 사람에게 적힌 대로 상품을 주는 놀이.

보!배 명 [<⊗寶貝] 1 아주 귀하고 소중한 물건. 2 아주 소중한 사람을 비유하여 이르는 말. ¶어린이는 나라의 ~.

보!배-롭다 [-따] 형[비] (~로우니, ~로워) 보배로 삼을 만한 가치가 있다. ¶우리 회사의 보배로운 일꾼. 보!배로이 튀.

보!병(步兵) 명[군] 육군의 전투 병과의 하나. 주로 소총을 가지고 도보로 전투하는 군인. ¶~ 부대.

보보스(Bobos) 명 [←Bohemian+⑩bourgeois] 보헤미안의 자유로운 정신과 부르주아의 물질적인 가치를 동시에 추구하는, 미국의 새로운 상류 계급.

보!복(報復) 명 해를 당한 사람이 상대에게 그에 맞먹는 해를 주는 것. 비앙갚음. 보!복-하다 타[여].

보!복=관세(報復關稅) [-판-] 명[경] 어떤 나라가 자기 나라의 수출품에 대하여 부당하게 높은 관세를 부과할 경우, 이에 맞서 그 나라의 수입품에 대하여 높게 부과하는 관세.

보!부-상(褓負商) 명[역] 봇짐장수와 등짐장수를 아울러 이르는 말.

보부아르, 시몬 드(Beauvoir, Simone de) 명[인] 프랑스의 소설가·평론가(1908~1986).

보!불(黼黻) 명[역] 임금이 예복으로 입는 치마같이 된 부분에 놓은, 도끼와 '亞' 모양의 수.

보빈(bobbin) 명 1 방직 용구의 하나. 거친 실이나 꼰 실 등을 감는 통 모양의 실패. 2 [물] 전선을 감아 코일을 만드는 원형 또는 다각형의 통. 3 =북[2].

보!살(菩薩) 명[불] 위로는 깨달음을 구하고 아래로는 중생을 교화하는, 부처에 버금가는 성인. ¶판þg음~. 2 '나이 많은 여신도(女信徒)'를 대접하여 이르는 말. 3 '고승(高僧)'의 존칭.

보!살[2](補殺) 명[체] 야구에서, 야수(野手)가 잡은 공을 어느 누수(壘手)에게 보내어 주자를 아웃시키는 일을 돕는 일. =어시스트.

보살피다 동[타] (아랫사람이나 노약자 등을) 어려움이나 불편함이 없도록 마음을 쓰거나 돕다. 비돌보다. ¶노모를 ~.

보살핌 명 보살피는 일. ¶부모의 따뜻한 ~ 속에서 자라다.

보!상[1](報償) 명 남에게 빚진 것을 갚는 것. 또는, 남이 베푼 도움이나 은혜, 희망 등에 대해 그 대가를 치러서 갚는 것. ¶국채 ~ 운동. 보!상-하다[1] 동[타][여]. 보!상-되다[1] 동[자].

보:상²(補償)〖명〗**1** 남에게 끼친 손해를 갚는 것. ¶피해 ~. **2**〖심〗신체적으로나 정신적으로 열등감을 가질 때 그것을 보충하려고 하는 마음의 작용. ¶~ 심리. ▷배상. 보:상-하다² 〖자〗〖타〗여 보:상-되다²〖자〗

보:상-금¹(報償金)〖명〗남의 도움·은혜·희생 등에 대하여 그 대가로 주는 돈.

보:상-금²(補償金)〖명〗피해를 보상하기 위해 주는 돈. ¶피해 ~. ▷배상금.

보:색(補色)〖명〗[미] 색상이 다른 두 색을 적당한 비율로 혼합하여 무채색이 될 때, 이 두 색을 서로 일컫는 말. 곧, 빨강과 초록 따위. ¶~ 대비.

보:석¹(保釋)〖명〗[법] 일정한 보증금을 받고, 미결 구류 중의 피고인을 석방시키는 일. ¶병~. 보:석-하다 〖타〗여 보:석-되다 〖자〗

보:석²(寶石)〖명〗[광] 아름다운 빛깔과 광택을 지녀 장식품으로서 가치가 있는 비금속 광물. 다이아몬드·에메랄드·루비·사파이어·진주 따위. =보옥. ¶인조 ~.

보:석^감정사(寶石鑑定士)[-깜-] 〖명〗보석의 진품 여부를 판정하고, 그 품질·가치를 평가하는 일을 직업으로 하는 사람.

보:석-금(保釋金)[-끔] 〖법〗'보석 보증금'의 준말.

보:석^보증금(保釋保證金)[-뽀-] 〖명〗보석을 허가하는 경우에 내게 하는 보증금. ㉡보석금.

보:석-상(寶石商)[-쌍] 〖명〗보석을 매매하는 상점. 또는, 그런 장사나 장수.

보:선(補選)〖명〗'보궐 선거'의 준말.

보:세(保稅)〖명〗관세의 부과가 보류되는 일. ¶~ 상품.

보송-보송 〖부〗**1** (천으로 된 물건이) 잘 말라 촉감이 좋은 모양. **2** (살결이나 얼굴이) 기름기나 축축함이 없이 깨끗하고 부드러운 모양. ㉡뽀송뽀송. **보송보송-하다** 〖형〗여 ¶빨래가 **보송보송하게** 말랐다.

보:수¹(步數)[-쑤] 〖명〗걸음의 수.

보:수²(保守)〖명〗〖경〗'보증 수표'의 준말.

보:수³(保守)〖명〗변혁을 피하려거나 현재의 제도나 관습을 유지하려고 하는 일. ¶~ 세력. ▷수구(守舊)

보:수⁴(補修)〖명〗(낡거나 부서지거나 불완전한 건물이나 구조물 따위를) 문제가 없는 상태가 되도록 수리하는 것. ¶~ 공사. 보:수-하다 〖타〗여 ¶교량을 ~. 보:수-되다 〖자〗

보:수⁵(報酬)〖명〗**1** 고맙게 해 준 데 대한 갚음. **2** 근로의 대가로 주는 돈이나 물품.

보:수-적(保守的)〖관〗보수의 경향이 있는 (것). ¶~인 사고방식. ↔진보적.

보:수-주의(保守主義)[-의/-이] 〖명〗전통과 관습을 중시하여, 사회 현상을 변혁하기보다 그대로 유지하려고자 하는 입장이나 태도. ¶~자(者). ↔진보주의·혁신주의.

보:수-파(保守派)〖명〗보수주의를 지지·주장하는 일파.

보스(boss)〖명〗**1** 실권(實權)을 쥐고 있는 우두머리, 2 범죄 집단의 두목.

보스니아^헤르체고비나(Bosnia Hercegovina)〖지〗유럽 남동부, 발칸 반도 북서부에 있는 공화국. 수도는 사라예보.

보스턴(Boston)〖명〗〖지〗미국 매사추세츠 주에 있는 항구 도시.

보스턴-백(Boston bag)〖명〗바닥은 평평하고 네모졌으나 위쪽은 둥근 모양의 여행용 가방.

보스포루스^해^협(Bosporus海峽)〖명〗〖지〗터키 북서부와 발칸 반도 동쪽 끝 사이에 있는 해협.

보슬-보슬¹ 〖부〗눈·비가 가늘고 성기게 조용히 내리는 모양. ¶봄비가 ~ 내리다. ㉡부슬부슬.

보슬-보슬² 〖부〗(덩이를 이룬 가루 등이) 물기가 적어서 잘 엉기지 못하고 부스러지기 쉬운 모양. ㉡부슬부슬. **보슬보슬-하다** 〖형〗여

보슬-비 〖명〗바람 없이 조용하게 내리는 가랑비. ㉡부슬비.

보습¹ 〖농〗땅을 갈아 흙덩이를 일으키는 데에 쓰는, 삽 모양의 농기구.

보:습²(補習)〖교〗정규 학습의 부족한 부분을 보충하여 학습하는 것.

보:습³(補濕)〖명〗피부가 건조하지 않도록 수분을 공급하여 촉촉함을 유지시키는 일. ¶~ 효과 / ~ 화장품.

보:습^학원(補習學院)[-스콰-] 〖명〗〖교〗주로 초등생이나 중고생을 대상으로 정규 학습의 부족한 부분을 보충하여 가르치는 학원. ¶수학 전문 ~.

보:시(布施)〖명〗['布'의 본음은 '포']〖불〗**1** 자비심으로 남에게 조건 없이 베푸는 것. **2** 불공이나 불사(佛事)를 할 때, 신도들이 절에 올리는 돈이나 물품. 보:시-하다 〖타〗여

보시기 〖명〗**1**〖자명〗김치·깍두기 같은 반찬을 담는 작은 사기그릇. **2**〖의존〗보시기의 분량을 그것이 담긴 보시기의 수로 세는 말. ¶김치 한 ~.

보:신¹(保身)〖명〗자기 한 몸을 보전하는 것. 보:신-하다 〖자〗여

보:신²(補身)〖명〗보약이나 영양 식품을 먹어 몸의 기운을 돋는 것. =몸보신. 보:신-하다²〖자〗〖타〗여

보:신-탕(補身湯)〖명〗'개장국'을 몸을 보하기 위해 먹는다고 하여 이르는 말.

보-쌈¹(褓-)〖명〗**1**[민] 양반집 딸이 둘 이상의 남편을 섬겨야 될 팔자인 경우, 팔자땜을 하기 위해 외간 남자를 몰래 보에 씌어 잡아다가 딸과 재운 다음에 죽이던 일. 또는, 남자들이 혼인하려고 과부를 밤에 몰래 보에 씌어 데려오던 풍습. **2** 뜻밖에 어떤 사람에게 붙잡혀 가는 일.

보-쌈²(褓-)〖명〗삶아서 뼈를 추려 낸 돼지 머리고기 등을 보에 씌어 눌러 놓았다가 썰어서 먹는 음식.

보쌈-김치(褓-)〖명〗갖맞게 썬 배추와 무를 갖은 양념을 하여 배추 잎에 씌어 담근 김치.

보아(boa)〖명〗〖동〗남아메리카에 사는 몸길이 5m가량의 큰 뱀. 몸빛은 적갈색 바탕에 15~20개의 큰 황갈색 얼룩무늬가 있음. 성질이 온순하고 독이 없음.

보아주다 〖타〗(남의 입장을) 살펴 이해하다. ¶남의 사정을 ~. ㉠봐주다.

보아-하니 〖명〗겉모습이나 상황을 살펴보니. ¶~ 볼썽 같은데 그래서야 되겠나.

보:안(保安)〖명〗사회의 안녕질서를 유지하는 것. ¶~ 사범(事犯).

보:안-경(保眼鏡)〖명〗**1** 먼지·바람·광선 등으로부터 눈을 보호하기 위해 쓰는, 도수가 전혀 없거나 아주 약한 안경. **2** 눈의 피로를 덜고 시력을 보호하기 위해 컴퓨

터의 모니터 앞에 부착하는 네모난 유리.
보!안-관(保安官) 몡 미국에서 마을의 치안을 맡아보는 민선 관리.
보!안-등(保安燈) 몡 야간의 조명과 방범을 아울러 밤 밖이나 골목길에 다는 전등.
보!약(補藥) 몡 몸의 저항력을 키우고 기력을 보충해 주는 약.
보!양¹(保養) 몡 몸을 편안히 하여 건강을 보전(保全)하고 활력을 기르는 것. 비후생(養生). 보!양-하다 통자여.
보!양²(補養) 몡[한] 약·식품 등으로 양기(陽氣)가 허한 것을 보하는 일. 특히, 신장의 양기를 보하는 것을 가리킴. ↔보음. 보!양-하다 통자여.
보!얗다[-야타] 톙(보야니, 보야오, 보얘>) 연기나 안개가 낀 것같이 선명하지 않고 희끄무레하다. ¶책에 먹지가 보얗게 앉다. 준뿌옇다. 2 (살결이) 깨끗하면서도 탐스럽게 희다. ¶보얀 아기 피부. 세뽀얗다.
보어¹(補語) 몡[언] 주어와 서술어만으로는 불완전한 문장에서, 그 불완전한 곳을 완전하게 하는 문장 성분. 가령, "얼음이 물이 되었다."에서 '물이' 가 그것임.
보어(Bohr, Aage Niels) 몡[인] 덴마크의 이론 물리학자(1922~).
보여-지다 통자 '보이다①'의 잘못. ¶내일 소식이 올 것으로 보여진다(→보인다).
보!옥(寶玉) 몡[광] =보석(寶石)².
보!온(保溫) 몡 (어떤 물질이나 부분이나 공간을) 일정한 온도로 유지되게 하는 것. 태양의 온도로 유지되게 하는 것. ¶~ 도시락. 보!온-하다 통타여.
보!온-밥통(保溫-桶) 몡 주위의 온도에 관계없이 일정한 온도를 유지하게 만든 밥통.
보!온-병(保溫瓶) 몡 보온 장치가 되어 있는 물병.
보!완(補完) 몡 (사물의 내용을) 부족한 것을 보충하여 완전하게 하는 것. 보!완-하다 통타여. ¶제도를 ~. 보!완-되다 통자.
보!우(保佑) 몡 보살펴 주는 것. 보!우-하다 통타여. ¶하느님이 보우하사 우리나라 만세.
보!위(保衛) 몡 보전하여 지키는 것. 보!위-하다 통타여. ¶국가를 ~.
보!위²(寶位) 몡 제왕의 자리. 비왕위.
보!유(保有) 몡 가지고 있는 것. 보!유-하다 통타여. ¶타이틀을 ~. 보!유-되다 통자.
보!유-고(保有高) 몡 가지고 있는 물건의 수량. ¶외환 ~.
보!유-량(保有量) 몡 가지고 있는 분량이나 수량. ¶핵무기 ~.
보유스레-하다 톙여 =보유스름하다.
보유스름-하다 톙여 빛이 진하지 않고 조금 보얗다. =보유스레하다. ¶보유스름한 달빛. 큰부유스름하다. 보유스름-히 閉.
보!육(保育) 몡 어린아이를 돌보아 기르는 것. 보!육-하다 통타여.
보!육-기(保育器) [-끼] 몡 출생했을 때 몸무게가 2.5kg 이하인 미숙아나 이상이 있는 신생아를 넣어 키우는 기기. =인큐베이터.
보!육-원(保育院) 몡 고아·기아(棄兒) 등 부양 의무자가 없는 아동을 수용·보육하는 시설. 비고아원.

보!은(報恩) 몡 은혜를 갚는 것. ¶결초~. 보!은-하다 통자여.
보!음(補陰) 몡[한] 약·식품 등으로 음기(陰氣)가 허한 것을 보하는 일. ↔보양. 보!음-하다 통자여.
보이(boy) 몡 [본뜻은 '소년'] 식당이나 호텔 등에서 손님을 접대하는 남자. ¶식당 ~.
보-이다 통 ①째 '보다 I'의 피동사. ¶구름 사이로 달이 ~. ×보여지다. 2 ② '보다 I'의 사동사. ¶선을 ~. 2 (사람이나 집단이 어떤 대상이나 문제에 일정한 관점·입장·태도 등을) 밝히거나 나타내다. 또는, (사물이 어떤 형세나 상태를) 알아볼 수 있게 드러내다. ¶수술이 감소 추세를 ~. ③저 ② (형용사나 동사의 어미 '-아/어/여' 아래에 쓰여) 사물의 상태가 어떠하게 생각되거나 짐작됨을 나타내는 말. ¶사람이 똑똑해 ~. 2 (동사의 어미 '-아/어/여' 아래에 쓰여) 사람이 상대에게 어떤 행동을 일부러 또는 의도적으로 하여 보게 함을 나타내는 말. ¶슬픈 표정을 지어 ~. ②비자.
보이^소프라노(boy soprano) 몡[음] 변성기 전의 소년의 목소리. 또는, 그런 소년. 소프라노와 같은 음역과 음색을 가짐.
보이^스카우트(Boy Scouts) 몡[사] 전 세계에 퍼져 있는, 소년들의 수양·교육 단체. 1908년 영국에서 비롯됨. =소년단. ▷걸 스카우트.
보이콧(boycott) 몡 1 [사] =불매 동맹. 2 어떤 일을 공동으로 배척하거나 거부하는 것. 보이콧-하다 통타여. ¶대회를 ~.
보이-프렌드(boy friend) 몡 이성(異性)으로서의 남자 친구. ↔걸프렌드.
보일, 로버트(Boyle, Robert) 몡[인] 영국의 화학자·물리학자(1627~1691).
보일러(boiler) 몡 난방 시설이나 목욕탕 따위에 더운물을 보내기 위해 물을 끓이는 시설. ¶연탄[가스] ~.
보일러-실(boiler室) 몡 보일러가 설치된 공간.
보일·샤를의 법칙(Boyle-Charles-法則) [-의-/-에-][물] 보일의 법칙과 샤를의 법칙에서 나온 법칙으로, 기체의 체적은 압력에 반비례하고 절대 온도에 비례한다는 법칙. ▷이상 기체.
보일의 법칙(Boyle-法則) [-의-/-에-][물] 온도가 일정할 때 일정량의 기체의 부피는 그 압력에 반비례한다는 법칙.
보자기 몡 손으로 머리에 일 수 있을 만한 크기로 물건을 쌀 수 있는, 네모난 천. 의褓(褓).
보잘것-없다[-껃업따] 톙 볼 만한 값어치가 없다. 하찮다. ¶보잘것없는 물건. 보잘것없-이 閉.
보!장(保障) 몡 (어떤 대상이나 상태를) 지장이 없거나 침해받지 않도록 지켜 주는 것. ¶생활 ~. 보!장-하다 통타여. ¶언론의 자유를 ~. 보!장-되다 통자.
보!존(保存) 몡 (어떤 대상을) 본래의 상태대로 온전하게 잘 지키고 유지하는 것. ¶국토 ~. ▷보존. 보!존-하다¹ 통타여. ¶목숨을 ~. 보!존-되다 통자. ¶환경이 잘 보전된 지역.
보!전²(補塡) 몡 부족이나 결손을 보태어 채우는 것. 비전보(塡補). 보!전-하다² 통타여. ¶적자를 ~.
보!정(補正) 몡 1 보충하고 바로잡는 것. ¶

~ 예산(豫算). 2 [물] 실험·관측에서, 외부적 원인에 의한 오차를 없애고 참된 값을 구하는 것. 보!정-하다 동(타여)

보!조[步調] 명 1 여러 사람이 함께 걸을 때, 걸음걸이의 모양·속도 등의 상태. 2 여럿이 일을 할 때 상호 간의 조화나 진행 속도. ¶~를 맞추다

보!조[步助] 명 보충하여 돕는 것. ¶학비 ~. 보!조-하다 동(타여) ¶정부에서는 영세민에게 생활비를 보조하고 있다.

보조개 명 극히 일부의 사람의 경우에, 웃거나 말하거나 할 때 양쪽 또는 한쪽 볼에 오목하게 들어가는 자국. =볼우물. ¶~가 쏙 들어가다 / ~가 패다.

보!조^국사(普照國師)[-싸] 명 [인] 고려 시대의 승려(1158~1210).

보!조-금(補助金) 명 1 보조하기 위하여 주는 돈. ¶학비 ~. 2 국가나 지방 공공 단체가 행정적인 목적을 달성하기 위하여 공공 단체나 기업 또는 개인에게 주는 돈. =교부금.

보!조^단위(補助單位) 명 [물] 기본 단위를 더 작게 나누거나 몇 곱절로 늘인 단위. 길이의 기본 단위인 m에 대해 km, cm, mm 따위. ▷기본 단위.

보!조^동:사(補助動詞) 명 [언] 독립하여 쓰이지 못하고, 본동사 아래에서 그 뜻을 보조하는 동사. "책을 서가에 꽂아 두다."에서 '두다' 따위. =조동사. ▷본동사.

보!-조사(補助詞) 명 [언] 체언뿐 아니라 부사·활용 어미 등에 붙어서, 그것에 어떤 특별한 의미를 더해 주는 조사. '은', '는', '만', '도', '조차' 따위. =도움토씨.

보!조^어:간(補助語幹) 명 [언] 용언의 어간과 어미 사이에 끼어서 어간의 일부가 되어 본어간의 뜻을 여러 가지로 돕는 말. '보시다', '가겠다', '먹이다' 등의 '-시-', '-겠-', '-이-' 따위.

보!조^용:언(補助用言) 명 [언] 본용언 아래에서, 그것을 돕는 구실을 하는 용언. '가지게 되다'에서 '되다' 따위. 보조 동사·보조 형용사 등이 있음. ▷본용언.

보!조-원(補助員) 명 보조하는 일을 맡은 사람. ¶간호 ~.

보!조-적(補助的) 관 보조가 되는 것에 대하여 보조가 되는 (것). ¶~ 역할.

보!조적 연결^어:미(補助的連結語尾) 명 본용언과 보조 용언을 연결하는 어말 어미. '-아/어', '-게', '-지', '-고' 따위.

보!조^형용사(補助形容詞) 명 [언] 본용언 아래에서 그것을 돕는 구실을 하는 형용사. '하고 싶다'에서 '싶다' 따위.

보!존(保存) 명 (중요하거나 가치 있는 물건이나 대상을) 잘 보살피거나 보호하여 본래의 모습 그대로 있게 하는 것. ¶영구 ~. ▷보전. 보!존-하다 동(타여) ¶문화재를 ~. 보!존-되다 동(자)

보!존^등기(保存登記) 명 [법] 소유권을 보존하기 위하여 처음으로 등기부에 올리는 단계의 등기.

보!존^혈액(保存血液) 명 [의] 수혈용으로 채취한 혈액에 항응고제를 첨가하여 냉온에 보존한 것.

보!좌(補左·補佐) 명 상관을 도와 일을 처리하는 것. 보!좌-하다 동(타여) ¶대통령을 ~.

보!좌-관(補佐官) 명 보좌하는 직책. 또는, 그 직책을 맡고 있는 사람.

보!중(保重) 명 몸을 아껴 잘 보전하는 것.
보!중-하다 동(타여) ¶옥체를 보중하소서.

보증(保證) 명 1 어떤 사물에 대해 책임지고 틀림 없음을 증명하는 것. ¶품질 ~. 2 [법] 채무자가 채무를 이행하지 않을 경우, 채무자를 대신하여 채무를 이행할 것을 부담하는 일. ¶~를 서다. 보증-하다 동(타여) ¶신원을 ~. 보증-되다 동(자)

보증-금(保證金) 명 [법] 1 일정한 채무의 담보로서 미리 채권자에게 주는 금전. 2 입찰 또는 계약을 맺을 때 계약 이행의 담보로서 납입하는 금전. ¶~을 걸다. 3 부동산을 임대할 때, 그 소유자가 빌리는 사람에게서 받아서 보관하고 있는 것. ¶전세 ~.

보증-서(保證書) 명 [법] 보증의 증거가 되는 문서. ¶물품 ~.

보증^수표(保證手票) 명 [경] 지급이 보증되어 있는 수표. 특히, 은행에서 발행한 자기앞 수표. 준보수(保手).

보증-인(保證人) 명 [법] 보증 채무(債務)를 지는 사람. ¶~을 세우다.

보!지[¹] 명 여자의 외성기. 곧, 배 아래쪽 두 다리 사이의, 오줌 누는 부분과 아기 낳는 부분 및 그 둘레를 아울러 이르는 말. 비음문. ↔자지.

보!지²(保持) 명 보전하여 잘 지키는 것.
(ㅂ)보!유. 보!지-하다 동(타여)

보!직(補職) 명 어떤 직무의 담당을 명하는 것. 또는, 그 직책. ¶~ 변경.

보짱 명 꿋꿋하게 가지는 생각. 또는, 속으로 품은 요량(料量). ¶~이 크다.

보채다 동(자) 1 (아기가) 몸이 아프거나 배 고프거나 불만족스럽거나 할 때 자꾸 울면서 어떻게 해 달라는 뜻을 나타내다. (ㅂ)칭얼거리다. ¶아기가 몸이 아픈지 밤새 **보챈다**. 2 (사람이) 무엇을 요구하여 성가실 정도로 이야기하다. (ㅂ)조르다. ¶아이들이 나들이를 가자고 **보챈다**.

[**보채는 아이 밥 한 술 더 준다**] 열심히 구하는 사람에게 더 잘해 주게 된다.

보!철(補綴) 명(의) 1 이가 상한 곳을 고쳐 바로잡거나 의치를 해 박는 것. 2 의手·의수 등을 부착하여 신체 기능을 보충하고 외관상 보기 흉하지 않게 해 주는 것. 보!철-하다 동(타여)

보!철-물(補綴物) 명(의) 1 상한 이를 때우거나 씌우는 데 사용되는 여러 가지 재료. 또는, 이가 빠진 부분에 걸거나 끼우거나 하는 의치. 2 신체 기능을 보충하고 외관상 흉하지 않게 해 주는, 의手·의족 등의 물건.

보!청-기(補聽器) 명 잘 들리지 않는 귀의 청력을 보강하기 위해 귀에 꽂는 기구.

보!초(步哨) 명 [군] 경비를 하거나 망을 보는 병사. =보초병. (ㅂ)초병·파수병. ¶~ 근무 / ~를 서다 (세우다).

보!초-병(步哨兵) 명 [군] =보초(步哨).

보!춘-화(報春花) 명 [식] 난초의 한 종류로, 잎은 선형(線形)이며 3~4월에 담녹색의 꽃이 피는 여러해살이풀. =춘란.

보!충(補充) 명 (모자라는 것을) 보태어 채우는 것. ¶~ 설명. 보!충-하다 동(타여) ¶병력(兵力)을 ~. 보!충-되다 동(자)

보!충-대(補充隊) 명 [군] 출정군의 인원 감소를 보충하기 위하여 설치하는 군대. 또는, 배속 근무를 명령하기 전에 장병을 수용하는 부대.

보!충-적(補充的) 관 명 보충이 되거나 보

충이 될 만한 (것). ¶~설명.
보초와나(Botswana) [지] 아프리카 남부에 있는 공화국. 수도는 가보로네.
보카치오, 조반니(Boccaccio, Giovanni) [인] 이탈리아의 작가(1313~1375).
보컬(vocal) [음] 악기 연주에 대해서, 노래 부르는 일. ¶~ 팀.
보컬리스트(vocalist) [음] 팝 그룹과 함께 노래를 부르는 가수.
보크(balk) [체] 야구에서, 주자가 누상(壘上)에 있을 때 투수가 규정에 벗어난 투구 동작을 하는 반칙. 모든 주자에게 각 1루씩의 진루가 허용됨.
보크사이트(bauxite) [명][광] 덩이나 진흙 모양으로 된 알루미늄 원광(原鑛).
보-타이(bow tie) [명] 나비의 편 날개처럼 가로로 짧게 매는 넥타이. (ⓗ)나비넥타이.
보태-기 [명] =더하기.
보태다 [동](타) **1** (모자라는 것을) 더하여 채우다. ¶이 돈은 학비에 보태 써라. **2** 이미 있는 것에 더하여 많아지게 하다.
보탬 [명] 보태어 주는 도움. ¶살림에 ~이 되는 일이라면 무엇이라도 하겠다.
보톡스(botox) [명] 주름살을 제거하기 위해 주사약으로 사용하는 물질.
보:통(普通) I [명] 세상에서 흔히 볼 수 있어 별다르지 않고 평범한 것. 또는, 뛰어나지도 열등하지도 않아 가운데 정도인 것. II [부] 일반적으로 흔히. ¶그는 ~ 하루 두 시간씩 책을 읽는다.
보통(이) 아니다 평범하지 않다. 곧, 매우 뛰어나거나 특별하다. ¶실력이 ~.
보:통-날(普通-) [명] 특별한 일이 없는 여느 날. ¶대목을 앞둔 시장은 ~과는 달리 사람들로 매우 붐볐다.
보:통-내기(普通-) [명] (주로 '아니다'와 함께 쓰여) 만만하게 여길 만한 보통의 사람. =여간내기. ¶나이는 어리지만 말 하는 걸 보니 ~가 아니더라.
보:통 명사(普通名詞) [언] 같은 종류의 사물에 두루 쓰이는 명사. '사람', '나라', '강' 따위. =일반 명사. ↔고유 명사.
보:통-선 거(普通選擧) [명] 선거인의 자격에 재산·신분·성별·교육 정도 등의 제한을 두지 않고, 성년에 달하면 누구에게나 평등한 선거권이 주어지는 선거. ↔제한 선거.
보:통-세(普通稅) [-쎄] [명][법] 지방 자치 단체가 일반 경비를 충당하기 위해 부과하는 조세. 취득세·등록세·면허세·주민세·재산세·자동차세 따위. ↔목적세.
보:통^예금(普通預金) [-네-] [명][경] 예입과 인출을 수시로 자유로이 할 수 있는 통장식 은행 예금의 하나.
보:통^우편(普通郵便) [명] 접수한 날로부터 제4근무일 내에 배달하는 우편. ▷ 바른우편.
보:통-주(普通株) [명][경] 이익 배당이나 잔여 재산 배분에 대해 특별한 권리 내용이 있는 보통의 주식. ▷우선주·후배주.
보:통-학교(普通學校) [-꾜] [교] '초등학교'의 구칭.
보:통-화(普通話) [언] 베이징 어를 기초로 한 중국의 공통어.
보-통이(褓-) [명] 물건을 보에 싼 것. ¶~를 머리에 인 아낙네들.
보트(boat) [명] 노를 젓거나 모터에 의해 추진되는 서양식의 작은 배. ¶모터~.
보트-피플(boat people) [명] 정치적인 박해

나 생활의 악조건을 벗어나기 위해 작은 배를 타고 바다를 통하여 자기 나라를 불법으로 탈출한 사람.
보티첼리, 산드로(Botticelli, Sandro) [인] 이탈리아의 화가(1445?~1510).
보:편(普遍) [명] **1** 널리 두루 미치는 것. **2** 모든 것에 들어맞는 것. 또는, 모든 것에 공통되는 것. ¶~의 원리. ↔특수.
보:편-성(普遍性) [-썽] [명] 모든 것에 두루 미치거나 통하는 성질. ↔특수성.
보:편-적(普遍的) [명] 보편성을 띤 (것). ¶~인 현상.
보:편-주의(普遍主義) [-의/-이] [명][철] 개체보다 보편을 상위에 두고, 개체는 보편에 참여함으로써 그 존재 이유와 의의를 얻는다는 입장.
보:편-타당(普遍妥當) [명] 특별하지 않고 사리에 맞아 타당함. **보:편타당-하다** [형] [여] ¶보편타당한 원칙.
보:편타당-성(普遍妥當性) [-썽] [명] **1** 때와 장소를 초월하여 모든 대상에 유효한 성질. **2** 사리에 맞아 모든 대상에 공평하게 적용될 수 있는 성질.
보:편-화(普遍化) [명] **1** 특수한 것에서, 보편적인 개념·법칙을 만들어 내는 일. **2** 널리 일반에게 퍼져 있는 일. **보:편화-하다** [동](자)(타)(여) **보:편화-되다** [동](자) ¶오늘날에는 신용 거래도 보편화되어 있다.
보:폭(步幅) [명] 걸음의 발자국과 발자국 사이의 거리. =스텝·컴퍼스.
보:표(譜表) [명][음] 음표·쉼표 등을 적어 표시하기 위하여 다섯 줄의 평행선을 가로로 그은 것. ⓗ오선(五線).
보푸라기 [명] 보풀의 낱개. ¶옷에 ~가 일다. ⓗ부푸러기.
보풀 [명] 종이나 헝겊 등의 거죽에 부풀어 일어나는 잔털. ¶~이 일다. ⓗ부풀.
보슬-보슬 [부] 보푸라기가 잘게 일어나는 모양. **보슬보슬-하다** [형][여]
보:필(輔弼) [명] **1** (신하가 임금을) 보좌하는 것. **2** (아랫사람이 윗사람을) 보좌하는 것. 윗사람을 극존대하는 어감을 가진 말임. **보:필-하다** [동](타)(여) ¶그는 청렴함과 강직함으로 왕을 보필하였다.
보:-하다(補-) [동](자)(타)(여) **1** [한] 몸이 허증(虛症)일 때, 약이나 침이나 등등으로 저항력을 키워 주고 보충해 주다. **2** 어떤 직무를 맡기다. ¶이영수 씨를 인사과 과장에 ~.
보:합(保合) [명][경] 시세가 변동하지 않거나 변동의 폭이 극히 소폭(小幅)인 상태. =제자리걸음. ¶~ 시세.
보:합-세(保合勢) [-쎄] [명][경] 변동 없이 그대로 유지되는 시세. ¶주가가 ~를 나타낸다.
보:행(步行) [명] (사람이) 두 다리로 걸어가거나 걸어오는 것. ¶~ 질서. **보:행-하다** [동](자)(여)
보:행-기(步行器) [명] 아직 걷지 못하는 젖먹이가 타고 다니면서 걸음을 익힐 수 있도록 하면, 몸을 지탱할 수 있는 바에 작은 바퀴를 단 기구.
보:행-자(步行者) [명] 걸어서 가는 사람.
보:험(保險) [명][경] 사망·상해·질병 등에 대비하여, 많은 사람들이 미리 일정한 돈을 적립해 두었다가 사고를 당한 사람에게 그 보상금을 주는 제도. ¶생명 ~.
보:험-금(保險金) [명][경] 보험 사고가 발생하였을 때, 보험 회사가 보험 계약자에

526_보험료

보:험-료(保險料) [-뇨] 圀[경] 보험에 가입한 사람이 보험자에게 내는 일정한 돈.

보:험^모집인(保險募集人) 圀[경] 보험 계약의 체결을 중개하는 사람으로서 보험 감독원에 등록된 사람. =보험 설계사·생활 설계사.

보:험^설계사(保險設計士) [-계-/-게-] 圀[경] =보험 모집인.

보:험-업(保險業) 圀 보험 업무를 목적으로 하는 사업.

보:험-자(保險者) 圀[경] 보험 계약에 의하여 피보험자로부터 보험료를 받고, 사고가 발생했을 때 보험금을 지급할 의무를 지는 자. 곧, 보험 회사를 말함. ↔피보험자.

보:험^회사(保險會社) [-회-/-훼-] 圀[경] 보험업을 하는 회사.

보헤미아(Bohemia) 圀[지] 체코의 서부에 있는 지방.

보헤미안(Bohemian) 圀 '보헤미아 지방의 사람'이라는 뜻) 사회 관습에 구애되지 않고 방랑적이며 자유분방한 생활을 하는 사람.

보:혁(保革) 圀 '보수(保守)'와 '개혁'의 세력을 아울러 이르는 말. ¶~ 갈등.

보:현-보살(普賢菩薩) 圀[불] 석가모니여래의 오른쪽에 있는 보살. 불교의 진리와 수행의 덕을 맡았으며, 왼쪽의 문수보살과 함께 중생을 제도하는 일을 도움.

보:현십원-가(普賢十願歌) 圀[문] 고려 시대에 균여 대사가 지은 11수의 향가. 보현보살의 심층 원향(十種願往)을 찬미한 노래임.

보:혈(補血) 圀 약을 먹거나 하여 몸의 조혈 작용을 돕는 것. ¶~ 강장제. **보:혈-하다** 圄㉿ **보:혈-되다** 圄㉿

보:호(保護) 圀 (사람이나 동물 등을) 다치거나 위험에 빠지거나 곤란을 겪지 않도록 보살피고 도와주는 일. 또는, (어떤 대상을) 훼손하거나 침해를 당하거나 피해를 입지 않도록 보살피고 지키는 것. ¶자연~. ¶국민의 생명과 재산을 ~. **보:호-되다** 圄㉿

보:호^감호(保護監護) 圀[법] 재범의 위험이 있는 범죄자를 교도소가 아닌 별도의 시설에 수용하여 사회 복귀에 필요한 직업 훈련을 베풀며 교화하는 제도.

보:호^관세(保護關稅) 圀[경] 국내 산업을 보호·장려할 목적으로 수입품에 과하는 관세.

보:호-국(保護國) 圀[법] 보호 조약에 의해, 외교 및 군사 등에 대하여 피보호국을 감독하고 통제하는 국가. ↔피보호국.

보:호-막(保護膜) 圀 1 생물체의 몸·기관·조직 등을 덮고 있어 그것을 보호하는 구실을 하는 얇은 막. 2 힘 있는 존재의 보호 영역. 비유적인 말임. ¶권력의 ~.

보:호^무역(保護貿易) 圀[경] 국가가 수출입 품목·수량·상대국·결제 방법 등을 지정하는 것으로 무역을 통제·관리하는 일. 또는, 그 무역. ↔자유 무역.

보:호^무역주의(保護貿易主義) [-주의/-주이] 圀[경] 국내 경제 정책상 보호 무역을 실시하려는 주의. =보호주의.

보:호-색(保護色) 圀 동물이 적으로부터 자기 몸을 숨겨 보호하기 위해 주위 환경과 비슷한 몸빛을 가지는 것.

보:호-자(保護者) 圀 1 어떤 사람을 보호할 책임을 가지고 있는 사람. 2 [법] 미성년자에 대하여 친권을 행사하는 사람.

보:호-주의(保護主義) [-의/-이] 圀[경] =보호 무역주의.

보:화(寶貨) 圀 =보물(寶物) 1. ¶금은~.

보:훈(報勳) 圀 나라를 위해 세운 공에 대해 보답하는 일. ¶6월은 호국 ~의 달이다. **보:훈-하다** 圄㉿

복¹(伏) [동] =복어.
복²(伏) 圀[민] '복날'의 준말.
복³(服) 圀 1 '복제(服制)'¹의 준말. 2 = 상복(喪服).

복(을) 입다 복제에 따라 첫 1년 동안 입도록 되어 있는 상복을 입다.

복⁴(福) 圀 1 즐겁고 만족스러운 삶을 사는 운수. ¶새해 ~ 많이 받으십시오. 2 ('남편/자식/아들/부모…' 등의 일부 명사 다음에 쓰어) 그 사람으로 인해 생기는 좋은 운수. ¶자식 ~이 많다. 3 ('상/일…' 등의 일부 명사 다음에 쓰여) 대상을 많이 누리게 되는 운수. ¶상~이 터지다. 4 (일부 동사 다음에 쓰여) 어떤 일을 하게 되는 행운. ¶먹~이 있다.

복-⁵(複) 圁[젭] 단일하지 않고 중복됨을 나타내는 말. ¶~본적 ~모음. ↔단(單)-.
-복(服) 圁[젭] '옷'의 뜻을 나타내는 말. ¶체육~ / 신사~.

복간(復刊) [-깐] 圀 간행을 중지 또는 폐지했던 출판물을 다시 간행하는 것. **복간-하다** 圄㉿ **복간-되다** 圄㉿

복강(腹腔) [-깡] 圀[생] 척추동물의 몸에서 내장과 생식기가 들어 있는 부분.

복강-경(腹腔鏡) [-깡-] 圀 배의 살갗에 작은 구멍을 뚫고 그 안으로 집어넣어 배 안의 장기를 살피거나 수술할 수 있게 만든 내시경.

복개(覆蓋) [-깨] 圀 더러워진 하천에 덮개 구조물을 씌워 겉으로 보이지 않도록 하는 일. ¶~ 공사. **복개-하다** 圄㉿ ¶하천을 ~.

복건(幅巾·幞巾) [-껀] 圀[역] 도복(道服)을 입을 때 머리에 쓰는 건. 현재는 어린 사내아이가 돌날이나 명절에 씀.

복고(復古) [-꼬] 圀 옛 모양이나 옛 제도로 돌아가는 것. ¶왕정 ~. **복고-하다** 圄㉿ **복고-되다** 圄㉿

복고-적(復古的) [-꼬-] 圁[관]圀 과거의 사상이나 전통으로 돌아가려는 (것). ¶~ 경향.

복고-주의(復古主義) [-꼬-의/-꼬-이] 圀 과거의 체제·사상이나 전통에 근거를 두어, 그것을 모방하려는 주의.

복고-풍(復古風) [-꼬-] 圀 과거의 모습으로 돌아가려는 제도나 풍속. 또는, 그런 유행. ¶~의 옷이 유행하다.

복구(復舊) 圀 (부서지거나 파괴되거나 한 시설이나 건물·구조물 등을) 본래의 상태대로 고치거나 짓거나 세우거나 하는 것. 🔝복원. **복구-하다** 圄㉿ ¶폭우로 무너진 담을 ~. **복구-되다** 圄㉿

복권(復權) [-꿘] 圀 법률상 일정한 자격이나 권리를 한번 상실한 사람이 이를 다시 회복하는 것. ↔실권. **복권-하다** 圄㉿ **복권-되다** 圄㉿

복권²(福券) [-꿘] 圀 제비를 뽑아 당첨되면 상금이나 그 밖의 이득을 받게 되는 표찰. ¶주택~.

복궤(複軌) [-꿰] 圀 '복선 궤도'의 준말. ↔단궤.

복귀(復歸) [-뀌] 圐 (본디의 자리나 상태로) 되돌아가는 것. ¶원대(原隊) ~. **복귀-하다** 圐 ¶왕년의 스타가 은막에 ~. **복귀-되다** 圐

복-날(伏-) [봉-] 圐 [민] 초복·중복·말복이 되는 날. ㈜복(伏). ▷삼복(三伏).
  복날 개 패듯 사정없이 매질함을 이르는 말.

복닥-거리다/-대다 [-딱꺼(때)-] 圐㉔ 많은 사람이 좁은 곳에 모여 수선스럽게 뒤끓다. ¶식당에는 손님들이 복닥거렸다.

복닥-복닥 [-딱뽁딱] 團 복닥거리는 모양. **복닥복닥-하다** 圐

복대(腹帶) [-때] 圐 태아의 위치를 고정시키기 위하여 임부의 배에 감는 띠.

복-더위(伏-) [-떠-] 圐 '삼복더위'의 준말.

복덕-방(福德房) [-떵빵] 圐 가옥·토지 등의 매매나 임대차를 중개하는 곳. 요즘에는 '부동산 중개업소'로 명칭이 바뀌고 있음.

복-덩어리(福-) [-떵-] 圐 =복덩이.
복-덩이(福-) [-떵-] 圐 매우 귀중한 사람이나 물건을 비유적으로 이르는 말. =복덩어리.

복도(複道) [-또] 圐 1 건물 안에 다니게 된 긴 통로. =낭하(廊下). 2 건물과 건물 사이에 비나 눈 따위를 맞지 않고 다닐 수 있도록 지붕을 씌워 만든 통로.

복-되다(福-) [-뙤-/-뛔-] 刑 복을 받아 기쁘고 즐겁다. ¶복된 생활을 누리다.

복락(福樂) [봉낙] 圐 행복과 안락(安樂).

복록(福祿) [봉녹] 圐 (타고난 복과 벼슬아치의 녹봉이라는 뜻) 물질적으로 풍요함을 누리는 일. ¶부귀 ~을 타고나다.

복리(福利) [봉니] 圐 행복과 이익. ¶~ 후생(厚生) / 국민의 ~를 증진하다.

복리(複利) [봉니] 圐 [경] 일정한 기간마다 이자를 원금에 합치고 그 합친 금액을 원금으로 하여 계산하는 이자. ↔단리.

복마-전(伏魔殿) [봉-] 圐 ('마귀가 숨어 있는 집'이라는 뜻) 그럴듯한 허울이나 명분 아래 비밀리에 온갖 추악하고 나쁜 일이 꾸며지거나 저질러지는 곳. ¶경마장은 ~이라는 부정적 인식이 아직까지 사라지지 않고 있다.

복막(腹膜) [봉-] 圐 [생] 복강(腹腔) 내의 대부분의 내장과 복벽의 일부를 싸고 있는 얇은 막.

복막-염(腹膜炎) [봉망념] 圐 [의] 복막에 생기는 염증.

복면¹(腹面) [봉-] 圐 위치상으로 배 쪽의 면. ↔배면(背面).

복면²(覆面) [봉-] 圐 남이 알아보지 못하게 헝겊 등으로 얼굴을 싸서 가리는 것. 또는, 가리는 데 쓰는 물건. ¶~을 쓰다. **복면-하다** 圐㉔

복면-강도(覆面強盜) [봉-] 圐 복면을 하고 남의 물건을 빼앗는 도둑.

복-모음(複母音) [봉-] 圐[언] =이중 모음.

복무(服務) [봉-] 圐 군인이나 공무원이 사원 등으로 그 직무나 임무를 맡아 일하는 것. ¶군 ~. **복무-하다** 圐㉔

복무-규정(服務規程) [봉-] 圐 직무나 임무에 힘쓰는 사람이 지켜야 할 사항을 정한 규정. ¶공무원 ~.

복문(複文) [봉-] 圐[언] 1 한 문장에 둘 이상의 절(節)이 주종 관계로 이어진 문장. "봄이 오면 꽃이 핀다." 따위. 2 =겹문장. ↔단문(單文).

복-받치다 [-빧-] 圐㉔ (힘·감정 따위가) 속에서 치밀어 오르다. ¶설움이 ~. 북받치다.

복병(伏兵) [-뼝] 圐 1 [군] 적을 기습하기 위하여 요긴한 길목에 군사를 숨기는 것. 또는, 그 군사. ¶퇴로에서 ~을 만나다. 2 예상치 못한 어려움이나 뜻밖에 나타난 강력한 경쟁 상대가 되는 비유적인 말. ¶여름철 건강의 ~인 식중독을 조심해야 한다.

복-복선(複複線) [-뽁썬] 圐 복선이 두 개 나란히 있는 선로(線路).

복부(腹部) [-뿌] 圐 사람이나 동물의 배 부분. ¶~ 비만.

복-부인(福婦人) [-뿌-] 圐 〈속〉 부동산 투기를 일삼는 부인.

복-부호(複符號) [-뿌-] 圐 [수] 두 개의 기호를 함께 적은 것. '±', '≥' 따위. ㈜복호.

복불복(福不福) [-뿔-] 圐 복이 많거나 적은 정도. 곧, 사람의 운수. ¶당첨되고 안 되고는 ~이다.

복비(福費) [-삐] 圐 부동산 매매나 임대를 중개해 준 대가로 중개업자에게 주는 돈. 공식적으로는 '부동산 중개 수수료'라고 함.

복사¹(複寫) [-싸] 圐 1 (원본을) 베끼는 것. 2 종이를 포개고 그 사이사이에 복사지를 받쳐 한 번에 여러 장을 쓰는 것. 3 (문서·그림·사진 등을) 같은 크기로, 또는 확대·축소하여 복제하는 일. =카피(copy). **복사-하다** 圐㉤㉠ ¶원서를 ~. **복사-되다** 圐㉔

복사²(輻射) [-싸] 圐 열이나 전자기파가 물체로부터 바퀴살처럼 방출되는 현상. =방사(放射). **복사-하다** 圐㉤㉠

복사-기(複寫機·複寫器) [-싸-] 圐 문서나 사진 등을 복사하는 데 쓰이는 기기.

복사-꽃 [-싸꼳] 圐 '복숭아꽃'의 준말.

복사-뼈 [-싸-] 圐 발목 부근에 안팎으로 둥글게 나온 뼈. =복숭아뼈.

복사-선(輻射線) [-싸-] 圐 물체에서 방출되는 전자기파. 가시광선·자외선·엑스선 등의 총칭임.

복사-지(複寫紙) [-싸-] 圐 1 약이나 먹을 칠하여, 복사하는 데 쓰이는 종이. ⓑ비지. 2 복사기에 넣어 원본의 글이나 그림 등이 복사되도록 만든 종이.

복사-판(複寫版) [-싸-] 圐 1 복사하여 낸 책. 2 어떤 사물을 그대로 본뜨거나 그 내용을 똑같이 옮겨 놓은 것.

복상¹(服喪) [-쌍] 圐 상중에 상복을 입는 것. **복상-하다** 圐㉔

복상²(福相) [-쌍] 圐 복스럽게 생긴 상. ↔빈상.

복상사(腹上死) [-쌍-] 圐 성교(性交)를 하다가 남자가 갑자기 여자의 배 위에서 죽는 것. **복상사-하다** 圐㉔

복색(服色) [-쌕] 圐 1 옛날에, 신분이나 지위에 따라서 입던 옷의 꾸밈새와 빛깔. 2 옷의 빛깔.

복서¹(boxer) 圐 권투 선수.

복서²(boxer) 圐[동] 개의 한 품종. 입이 짧고 네모져 합죽하며 코는 들장코임. 독일 원산으로, 용감하고 충직하여 호신용·경비용으로 기름.

복선¹(伏線) [-썬] 圐 1 [문] 소설이나 희곡 등에서, 앞으로 발생할 사건에 대한

복선²(複線)[-썬] 圀 1 겹으로 된 줄. 2 '복선 궤도'의 준말. ↔단선.

복선^궤도(複線軌道)[-썬-] 圀 왕복 선로가 따로따로 나란히 부설되어 있는 궤도. =복선 철도. 㽞복궤·복선. ↔단선 궤도.

복선^철도(複線鐵道)[-썬-또] 圀 =복선 궤도. 㽞복철.

복성(複姓) 圀 두 자로 된 성(姓). 사공(司空)·남궁(南宮)·선우(鮮于)·제갈(諸葛) 따위.

복-소수(複素數)[-쏘쑤] 圀[수] 실수와 허수의 합의 꼴로서 나타내는 수.

복속(服屬)[-쏙] 圀 복종하여 좇는 것. **복속-하다** 困困.

복수¹(復讐)[-쑤] 圀 원수를 갚는 것. ¶~의 칼을 갈다. **복수-하다** 困困.

복수²(腹水)[-쑤] 圀[의] 복강(腹腔) 안에 액체가 차는 병증. 또는, 그 액체.

복수³(複數)[-쑤] 圀 1[수] 둘 이상의 수. 2[언] 주로 인도·유럽 어에서 둘 이상의 사람이나 사물을 나타내는 명사·대명사 및 그것을 받는 동사·형용사 등의 형식. ↔단수.

복수-심(復讐心)[-쑤-] 圀 복수하려는 마음. ¶~에 불타다.

복수-전(復讐戰)[-쑤-] 圀 앞서 진 것을 만회하기 위하여 겨루는 경기나 게임. =설욕전.

복숭아[-쑹-] 圀 복숭아나무의 열매. 연한 주황색이나 붉은색을 띠며, 살은 수분이 많고 부드러우며, 향기가 좋음.

복숭아-꽃[-쑹-꼳] 圀 복숭아나무의 꽃. 㽞복사꽃.

복숭아-나무[-쑹-] 圀[식] 봄에 잎보다 먼저 흰색·담홍색의 꽃이 피며, 7~8월에 열매인 복숭아가 열리는 낙엽 활엽 교목. 열매는 살이 부드럽고 맛이 좋음.

복숭아-뼈[-쑹-] 圀 =복사뼈.

복숭앗-빛[-쑹앋삗/-쑹앋삗] 圀 무르익은 복숭아의 발그스름한 빛깔.

복-스럽다[-쓰-따][<-스러우니, -스러워〉 圀 (생김새가) 복이 많아 보이는 데가 있다. 특히, 얼굴이 알맞게 살이 올라 보기 좋은 상태에 있을 때는 말임. ¶얼굴이 참 **복스럽게** 생겼다. **복스레** 囲.

복슬-강아지[-쓸-] 圀 털이 복슬복슬하고 탐스럽게 생긴 강아지.

복슬-복슬[-쓸-쓸] 囲 짐승이 살이 찌고 털이 많이 난 모양. 㽞북슬북슬. **복슬복슬-하다** 囲圀 ¶털이 복슬복슬한 강아지.

복습(復習)[-씁] 圀 배운 것을 다시 익혀 공부하는 것. ↔예습. **복습-하다** 困困.

복승-식(複勝式)[-] 圀 경마·경륜(競輪) 따위에서 1등과 2등을 함께 알아맞히는 방식. ↔단승식.

복식(服飾)[-씩] 圀 1 옷의 꾸밈새. 2 옷과 장신구.

복식¹(複式)[-씩] 圀[체] '복식 경기'의 준말. ↔단식(單式).

복식^경기(複式競技)[-씩경-] 圀[체] 탁구·테니스 등에서, 서로 두 사람씩 짝을 지어 하는 시합. 㽞복식. ↔단식 경기.

복식^호흡(腹式呼吸)[-씨코-] 圀 횡격막의 상하 운동에 의해 복부의 팽창과 수축이 이뤄지는 호흡. ▷흉식 호흡.

복-십자(複十字)[-씹짜] 圀 결핵 예방 운동의 국제적 상징인 '㐾'의 이름.

복싱(boxing) 圀[체] =권투. ¶~ 선수.

복안¹(腹案) 圀 마음속에 품고 있는 생각.

복안²(複眼) 圀[동] ↔겹눈.

복어(-魚) 圀 몸은 긴 달걀 모양으로, 적의 공격을 받으면 물 또는 공기를 들이마셔 배를 부풀리는 바닷물고기의 총칭. 살은 맛이 좋으나, 독이 있음. =복.

복역(服役) 圀 징역을 사는 것. **복역-하다** 困困 ¶살인죄로 10년 동안 ~.

복역-수(服役囚)[-쑤] 圀 징역을 사는 죄수. ¶장기 ~.

복엽^비행기(複葉飛行機)[-삐-] 圀 앞날개가 동체의 아래위로 둘 있는 비행기.

복용(服用) 圀 약을 먹는 것. ¶식후 ~. **복용-하다** 困困 ¶위장약을 ~.

복원¹(復元·復原) 圀 (부서지거나 없어진 사물을) 원래의 모습이나 상태로 되돌려 놓는 것. **복원-하다**¹ 困困 ¶폭격으로 파괴된 건물을 ~. **복원-되다**¹ 困.

복원²(復員) 圀[군] 전시 체제에서 평상 체제로 돌려 소집된 군인의 복무를 해제하는 것. ↔동원. **복원-하다**² 困困 **복원-되다**² 困.

복원-력(復元力)[-녁] 圀[물] 1 배나 비행기가 기울어졌을 때, 정상의 위치로 되돌아가려고 하는 힘. 2 물체가 변형하였을 때, 그 물체를 원래의 상태로 되돌리려고 하는 힘.

복위(復位) 圀 물러났던 임금이나 후비(后妃)가 다시 그 자리에 오르는 것. ¶폐비(廢妃)를 ~시키다. **복위-하다** 困困 **복위-되다** 困.

복음¹(福音) 圀[가][기] 그리스도에 의해 인류가 구원받게 된다는 기쁜 소식. 또는, 그것을 전하는 가르침. ¶~ 전파.

복음²(複音) 圀 1[음] 두 개 이상의 서로 다른 높이의 음을 동시에 내는 일. 또는, 그 음. 2[언] 발음할 때, 처음과 끝이 다르게 나는 소리. ↔단음(單音).

복음-서(福音書) 圀[기] 신약 성서 가운데 예수의 가르침과 생애를 기록한 마태·마가·누가·요한의 네 책.

복음^성가(福音聖歌) 圀[기] 복음을 전파하고 신앙심을 북돋우기 위해 지은 노래. ▷찬송가.

복자¹(伏字)[-짜] 圀[출] 인쇄물에서, 내용을 밝히지 않으려고 해당 글자 자리에 비우거나, 'O', 'X' 같은 일정한 부호를 넣어 대신하는 일. 또는, 그 부호.

복자²(福者)[-짜] 圀[가] 죽은 뒤에 그의 신앙과 덕행이 공경의 대상이 될 만하다고 공식적으로 지정·선포된 사람.

복-자음(複子音)[-짜-] 圀[언] 둘 이상의 단자음으로 이루어진 자음. ↔단자음.

복작-거리다/-대다[-짝꺼(때)-] 困 (많은 사람이) 좁은 곳에서 수선스럽게 들끓다. 㽞북적거리다.

복작-복작[-짝뽁짝] 囲 복작거리는 모양. 㽞북적북적. **복작복작-하다** 困囲.

복잡다단-하다(複雜多端-)[-짭따-] 囲 일이 두루 뒤섞여 갈피를 잡기가 곤란하다.

복잡-하다(複雜-)[-짜파-] 囲 (사물이) 갈피를 잡기 어려울 만큼 여러 가지가 얽혀 있거나 어수선하다. ¶내부 구조가 **복잡한** 기계.

복장[1](服裝) [-짱] [명] 옷을 입은 상태나 격식. [비]옷차림. ¶검소한 ~.
복장[2](腹臟) [-짱] [명] **1** 가슴의 한복판. ¶다 잡은 고기를 놓쳤으니 ~이 터질 노릇이다. **2** 속으로 품고 있는 생각.
복적(復籍) [-쩍] [명][법] 이혼이나 파양(罷養) 등으로 친가 또는 생가의 호적으로 다시 돌아가는 일. **복적-하다** [동][자][여]
복점(福點) [-쩜] [명] 몸이나 얼굴에 있는, 복을 가져다 준다는 점.
복제[1](服制) [-쩨] [명] **1** 오복(五服)의 제도. [준]복(服). **2** 복장에 대한 규정.
복제[2](複製) [-쩨] [명] **1** (어떤 물건을) 본래의 것과 똑같이 만드는 일. 또는, 그 만든 물건. **2** [법] 어떤 물건이나 대상을 인쇄·사진·복사·녹음·녹화 등의 방법에 의하여 유형물(有形物)로 다시 제작하는 것. ¶무단 ~ 엄금. **복제-하다** [동][타][여] **복제-되다** [동][자] ¶불법으로 **복제된** 책.
복제-판(複製版) [-쩨-] [명] 원화(原畫)를 복제한 인쇄물.
복제-품(複製品) [-쩨-] [명] 본디의 것과 똑같이 본떠 만든 물품.
복조(復調) [-쪼] [명] 변조되어 있는 반송파(搬送波) 가운데서 본디의 신호를 가려내는 일. =검파. **복조-하다** [동][타][여]
복-조리(福笊籬) [-쪼-] [명][민] 그해에 많은 복을 받는다 해서 음력 정월 초하룻날 새벽에 사서 벽에 걸어 두는 조리.
복종(服從) [-쫑] [명] 남의 명령이나 의사에 따르는 것. ¶절대~. **복종-하다** [동][자][여] ¶상관에게 ~.
복중(伏中) [-쭝] [명] 초복에서 말복까지의 사이. ¶~ 음식.
복지[1](服地) [-찌] [명] 양복·양장 등의 재료가 되는 천. ¶순모 ~.
복지[2](福祉) [-찌] [명] 건강하고 편안하고 행복하게 살 수 있게 갖추어진 사회 환경. [비]복리(福利). ¶국민 ~ 향상.
복지^국가(福祉國家) [-찌-까] [명][정] 국민 복지의 증진을 국가의 가장 중요한 사명으로 삼고, 정책적으로 이를 추구하는 국가.
복지부동(伏地不動) [-찌-] [명] 〔땅에 엎드려 움직이지 않는다는 뜻〕 책임 추궁이 두려워 몸을 사리며 일을 소극적·수동적으로 하는 태도를 가리키는 말. ¶~은 공무원 사회의 큰 병폐의 하나이다.
복지^사!업(福祉事業) [-찌-] [명] 복지 국가의 실현을 위해 시행되는 모든 사업.
복지^사회(福祉社會) [-찌-회/-찌-훼] [명] 사람이 행복하고 인간다운 삶을 누릴 수 있는 사회.
복직(復職) [-찍] [명] 물러났던 관직이나 자리에 다시 오르는 것. ¶~ 교수. **복직-하다** [동][자][여] **복직-되다** [동][자]
복창(復唱) [명] (어떤 짤막한 말, 특히 맹세나 다짐 등의 말을) 명령이나 지시를 받아 어떤 사람이 먼저 말하면 큰 소리로 그대로 따라 외는 것. **복창-하다** [동][타][여] ¶선수들이 선서를 ~.
복채(卜債) [명] 점을 친 값으로 점쟁이에게 주는 돈.
복철(複鐵) [명] '복선 철도'의 준말.
복-코(福-) [명] 복스럽게 생긴 코. 흔히, 콧방울 주위가 도톰한 코를 가리킴.
복통(腹痛) [명] **1** 배가 아픈 증세. ¶음식을 잘못 먹고 ~을 일으키다. **2** 몹시 원통하거나 억울하여 답답함을 느끼는 것. **복통-하다** [동][자][여] 몹시 원통하거나 억울하여 답답함을 느끼다. ¶애매하게 생사람을 잡으니 **복통할** 노릇이다.
복판 [명] 사물의 한가운데. ¶과녁의 ~.
복학(復學) [보칵] [명] 정학이나 휴학하고 있던 학생이 다시 학교에 복귀하는 것. **복학-하다** [동][자][여] **복학-되다** [동][자]
복학-생(復學生) [보칵쌩] [명] 정학이나 휴학을 하고 있다가 다시 학교에 복귀한 학생.
복합(複合) [보캅] [명] 둘 이상이 결합하여 하나를 이루는 것. 또는, 둘 이상을 결합시켜 하나를 이루게 하는 것. ¶~ 영양제. **복합-하다** [동][자][타][여] **복합-되다** [동][자]
복합-어(複合語) [보캅-] [명][언] 짜임새가 단일하지 않고 복합적인 말. '덧신'과 같은 파생어와 '짚신'과 같은 합성어가 있음. ↔단일어.
복합-적(複合的) [보캅쩍] [관][명] 어떤 것에 둘 이상의 요소가 혼합되어 있는 (것). 또는, 둘 이상의 요소가 꼬집어 내기 어려울 만큼 뭉뚱그려져 있는 (것). ¶~ 요인.
복합-체(複合體) [보캅-] [명] 두 가지 이상의 요소가 결합하여 하나로 된 것. ¶비타민 비 ~.
복호(複號) [보코] [명][수] '복부호'의 준말.
복화-술(腹話術) [보콰-] [명][연] 입술을 움직이지 않고 이야기하는 기술. 인형극 등에서 쓰임.
복희-씨(伏羲氏·伏犧氏) [보키-] [명] 중국 고대 전설상의 삼황(三皇)의 하나. 고기 잡는 법을 가르치고 팔괘(八卦)를 만들었다 함.
볶다 [복따] [동][타] **1** (음식의 재료를) 프라이팬이나 냄비 등에 넣고 마른 상태 또는 기름을 친 상태로 열을 가하여 자주 이리저리 저으면서 익히다. ¶깨를 ~. **2** (사람을) 이것저것 요구하거나 트집을 잡거나 하여 괴롭게 하다. ¶시어머니가 며느리를 들들 ~. **3** (사람의 머리털을) 열을 가하여 곱슬곱슬하게 하다. 속된 말임. [비]파마하다. ¶머리를 ~.
볶아-치다 [동][자] 몹시 급하게 몰아치다. ¶빨리 가자고 ~.
볶-음 [명] 어떤 재료에 양념을 하여 기름을 두르고 볶은 음식. ¶오징어~.
볶음-밥 [명] 밥을 잘게 썬 고기·당근·감자·양파 등과 함께 기름에 볶아 만든 음식.
볶-이다 [동][자] '볶다'의 피동사. ¶콩이 덜 **볶였다**.
본[1](本) [명] **1** 옳거나 바르거나 훌륭하여 따르거나 배울 만하다고 여겨지는 행동이나 태도나 대상. **2** 어떤 물건을 만들거나 일을 행할 때, 그 내용·형태·방법 등에서 그 바탕이나 기준이 되는 물건이나 일. ¶선진국의 제도를 ~으로 삼다. **3** 옷이나 버선 등을 만들 때 천에 대고 마름질하기 위해, 또는 뜨개질할 때 편물 크기의 기준으로 삼기 위해, 치수에 따라 각 부위를 종이에 그려 잘라 놓은 것. [비]형지. ¶버선~. ▷원형. **4** =본관(本貫)[2]. **5** 노름 등에서, 돈을 따지도 잃지도 않은 상태. [비]본전. ¶헤아려 보니 딱 ~이다.
본[2](本) [관] 다음에 오는 대상이 지금 이 자리에 있거나 또는 이 자리에서 문제 삼고 있는 것이거나, 직책이 자기 자신의 것임을 가리키는 것이거나, 단체가 바로 화자(話者)가 속하고 있는 것임을 나타내는 말 (비)이. ¶~ 사건 / ~ 법정.
본-³(本)[접두] '근본이 되는', '본래의', '본디의'의 뜻. ¶~바탕 / ~뜻.
본⁴(Bonn)[명][지] 독일 서부의 도시.
본가(本家)[명] =본집2.
본거-지(本據地)[명] =근거지.
본건(本件)[-껀][명] 이 사건. 또는, 이 안건.
본격(本格)[-껵][명] 근본에 맞는 격식이나 규격.
본격^소:설(本格小說)[-꺽쏘-][명][문] 제재를 널리 사회 현실에서 구하고, 사건의 진전이나 인물의 움직임을 객관적으로 다루어 근대 소설의 면목을 갖춘 소설. ▷사소설.
본격-적(本格的)[-껵쩍][관][명] 어떤 진행 상태가 제 궤도에 올라 매우 적극적인 (것). ¶~인 더위가 시작되었다.
본격-화(本格化)[-껵퐈][명] 본격적으로 하거나 되는 것. **본격화-하다**[동](자)(여) **본격화-되다**[동](자) ¶분쟁이 ~.
본견(本絹)[명] 명주실로 짠 비단. ↔인조견.
본-고사(本考查)[명] 학력고사·수능 시험 등에 대하여, 대학별로 실시하는 입학시험을 이르는 말. 현재는 법에 의하여 금지되어 있음.
본-고장(本-)[명] 어떤 활동이나 생산이 이뤄지는 본래의 중심지. ¶빈(Wien)은 음악의 ~.
본과(本科)[-꽈][명] 부속 과정이 있는 학교 교육 과정에서 중심이 되는 과정. ¶의과 대학 ~ 1학년. ↔예과.
본관¹(本官)[명] 자기 고을의 원. 곧 수령(守令)을 이르는 말. ¶~ 사또.
본관²(本貫)[명] 어떤 성(姓)이 비롯된 지역. 곧, 어떤 성의 시조가 정착하여 거주한 곳. =본·본향.
본관³(本館)[명] 별관·분관에 대하여 그 중심이 되는 건물. ¶대학 ~.
본교(本校)[명] 1 분교(分校)에 대하여 중심이 되는 학교. 2 자기 학교를 남에게 대하여 이르는 말. ↔타교.
본국¹(本局)[명] 지국(支局)에 대하여 중심이 되는 국. ↔지국.
본국²(本國)[명] 1 자기의 국적이 있는 나라. 2 식민지나 속령(屬領)에 대하여 그를 지배하는 나라.
본-궤도(本軌道)[명] 일의 본격적인 궤도. ¶수출이 ~에 오르다.
본-그림자(本-)[명][물] 불투명체에 가로막혀 광원(光源)으로부터 전혀 빛을 받지 못하여서 어둡게 된 부분. ▷반그림자.
본기(本紀)[명][역] 제왕의 사적(事跡)을 기록한 기전체(紀傳體) 역사의 한 부분.
본-남편(本男便)[명] 이혼·개가하기 전의 본디의 남편.
본능(本能)[명] 학습이나 경험에 의하지 않고 선천적으로 가지고 있는 동물의 행동 습성이나 능력. ¶성 ~ / 귀소 ~.
본능-적(本能的)[-쩍][관][명] 본능이 시키는 대로 움직이려고 하는 (것). ¶~ 욕구.
본당(本堂)[명] 1 절에서 본존(本尊)을 모셔 두는 전당(殿堂). 2 [가] 주임 신부가 상주(常住)하는 성당.
본대(本隊)[명] 자기 본부(本部)가 있는 부대. ¶~로 복귀하다. ↔분대·지대.
본-데[명] 보고 배운 예의범절이나 지식.
본데-없다[-업따][형] 보고 배운 것이 없

다. **본데없-이**[부] ¶~ 자라서 예의범절을 모르다.
본-동사(本動詞)[언] 보조 동사의 도움을 받는 동사. ▷보조 동사.
본드(bond)[명] 나무·가죽·고무 따위의 물건을 붙이는 데에 쓰이는 물질. 상표명에서 온 말임. (비)접착제.
본디(本-)[명] 1 어떤 사물·대상이 있게 된 처음의 시점. 또는, 겉으로 드러난 것과 다른, 사물·대상의 근본. (비)본래·본시·원래. ¶~부터 타고난 성품.
Ⅱ[부] 처음의 시점에 있어서. 또는, 근본에 있어서. (비)본래·본시·원래. ¶그는 심성이 ~ 착한 사람이다.
본딧-말(本-)[-딘-][명] 줄어지기 전의 본디 형태의 말. ▷준말.
본때(本-)[명] 본보기가 될 만한 행동이나 사물.
본때를 보이다 교훈이 될 본보기로 따끔한 맛을 보이다.
본때(가) 있다 훌륭하거나 나무랄 데가 없어 본보기로 할 만한 데가 있다. ¶본때 있는 집안.
본-뜨다(本-)[동](타) ~뜨니, ~떠] 1 모범으로 삼아 그대로 좇아 하다. ¶아이들은 부모가 하는 행동을 **본뜨**게 마련이다. 2 이미 있는 사물을 본으로 삼아 그같이 만들다. ¶남의 화풍(畫風)을 **본뜬** 그림.
본-뜻(本-)[-뜯][명] 1 마음에 품은 애초의 진정한 뜻. (비)본의·본의(本意). 2 말이나 글의 본래의 참뜻.
본래(本來)[불][명] Ⅰ[명] 어떤 대상의, 처음 또는 근본의 상태. =원래. (비)본디. ¶~의 모습.
Ⅱ[부] 처음 또는 근본의 상태에 있어서. =원래. (비)본디. ¶그 사람 ~ 말이 없어.
본령(本領)[불-][명] 근본이 되는 강령이나 특질. ¶문학의 ~은 가치 있는 삶이 무엇인가를 보여 주는 데에 있다.
본론(本論)[불-][명] 말이나 글에서 주된 부분. ▷서론·결론.
본류(本流)[불-][명] 1 강이나 내의 원줄기. ~지류. 2 주된 계통. ¶비판 철학의 ~는 칸트로부터 시작된다.
본-마누라(本-)[명] 첩이나 내연 관계의 여자에 대해 법적인 아내를 다소 낮추어 이르는 말. ▷큰마누라.
본-마음(本-)[명] 1 본디의 마음씨. ¶한때 나쁜 짓을 하였지만 ~은 착하다. 2 본래 마음속에 품고 있는 생각. (비)본심.
본말(本末)[명] 1 일의 처음과 끝. 2 사물의 중요한 부분과 그렇지 않은 부분.
본말이 전도(顚倒)**되다** 일의 순서가 잘못 바뀌거나 중요한 것과 사소한 것이 구별되지 못하는 상태를 이르는 말.
본명(本名)[명] 1 가명(假名)·별명이 아닌 본디 이름. =본이름. (비)실명·원명(原名). 2[가] =세례명.
본-모습(本-)[명] 본디의 모습.
본-무대(本舞臺)[명] 1 임시로 옆에 설치한 무대에 대하여, 원래의 무대를 일컫는 말. 2 어떤 일이 벌어지고 있는 중심이 되는 곳. ¶정치의 ~.
본문(本文)[명] 1 두주(頭註)·각주(脚註)·방주(傍註) 등 주석에 대한 원래의 문장. =원문(原文). 2 책 속에 그림이나 도표·서문·발문 등을 제외한, 주가 되는 문장. 3 번역한 글의 원문(原文).
본-바탕(本-)[명] 1 어떤 사람이 본래부터

오랫동안 살거나 활동해 온 지역. ¶말투로 보아 ~ 사람이 아니다. 2어떤 사람이 본래부터 오랫동안 이뤄지거나 생산되어 중심이 되거나 근원이 되는 곳. ¶사람이 크게 되려면 ~에서 놀아야 한다.
본-바탕(本-) 명 본디부터 가지고 있는 근본이 되는 바탕.
본-받다(本-)[-따] 탄 남의 것을 본보기로 하여 그대로 따라 하다.
본보(本報) 명 이 신문. 신문 보도에서 자기 신문을 지칭하는 말.
본보-기(本-) 명 1본을 받을 만한 대상. ¶신사임당은 한국 여성의 ~로서 추앙받고 있다. 2어떤 사실을 설명하거나 증명해 주는 대표적인 것. ⓑ보기. ¶히틀러는 독재자의 ~이다. 3어떤 조치를 취하기 위해 대표로 내세워 보이는 것.
본-보다(本-) 탄 무엇을 모범으로 삼아 따라 하다. ¶이 사람아, 그게 무슨 짓인가. 애들이 본볼까 무섭네. ▷본받다.
본봉(本俸) 명 =기본급.
본부(本部) 명 기관·단체·회사 등에서, 어떤 일을 행하는 중심 조직. 또는, 그 조직이 있는 곳. ⓑ재해 대책 ~. ↔지부.
본부-석(本部席) 명 운동이나 대회 등을 지휘·관전(觀戰)하기 위하여 본부 지휘에 마련한 임원·귀빈의 자리.
본-부인(本夫人) 명 첩이나 내연의 관계에 있는 여자에 대해, 법적인 부인을 이르는 말.
본부-장(本部長) 명 기관·단체·회사 등의 본부를 지휘하고 책임지는 우두머리.
본분(本分) 명 본래의 직분. 또는, 그 직분에 따른 책임이나 의무. ¶학생의 ~을 지키다.
본사(本寺) 명 [불] 암자나 작은 절을 거느리는 큰 규모의 절.
본사(本社) 명 1지사(支社)에 대하여 주가 되는 회사. ¶~로 발령이 나다. 2자기의 회사를 남에게 대하여 이르는 말.
본산(本山) 명 [불] 어떤 종파에 딸린 여러 절을 총괄하는 큰 절.
본새(本-) 명 1동작이나 버릇의 됨됨이. ¶말하는 ~을 보니 교양이 없군. ×뽄새.
본색(本色) 명 1감추어졌거나 감추려고 했던, 어떤 사람의 좋지 않은 본래의 정체나 성질. ¶그는 결국 사기꾼의 ~을 드러내었다. 2본래의 생김새나 바탕.
본서(本署) 명 지서·분서·파출소에 대하여 주가 되는 관서.
본선¹(本線) 명 도로·철도·전신 등의 주요한 선. ⓑ간선. ↔지선(支線).
본선²(本選) 명 경기나 대회에서 예선을 거쳐 정식으로 우열을 가리는 선발. ¶~에 오르다. ↔예선.
본성(本性) 명 1어떤 사람의 본디의 성질. ⓑ천성. 2사물의 본디의 성질.
본승-만승 관심 없이 건성으로 대하는 모양. **본숭만숭-하다** 탄 ¶혜숙이는 나를 보고도 **본숭만숭했**다.
본시(本是) I 명 본디의 상태. ⓑ본디.
Ⅱ 튀 본디의 상태이다. ⓑ본디. ¶그는 ~ 가난한 집에서 태어났다.
본-시험(本試驗) 명 예비 시험·임시 시험·모의시험에 대하여, 그 본래의 시험.
본심(本心) 명 1감추어졌거나 드러나지 않은, 진짜 속마음. ⓑ본마음. ¶난 정말 그의 ~을 모르겠어요. 2꾸밈이나 거짓이 없는 참마음.

본-얼굴(本-) 명 꾸미거나 바꾸지 않은 본디 그대로의 얼굴.
본업(本業) 명 주가 되는 직업. =주업(主業). ⓑ본직. ↔부업.
본연(本然) 명 사물이나 현상이 처음부터 가지고 있는 것. ¶학자 ~의 임무는 학문을 탐구하는 것이다.
본-예산(本豫算)[-녜-] 명 [법] 국가나 지방 공공 단체의 한 회계 연도에서 세운 연간 예산. ↔추가 경정 예산.
본-용언(本用言)[-농-] 명 [언] 문장 안에서 주된 뜻을 가지면서 보조 용언의 도움을 받는 용언. '하늘이 흐려 있다'에서 '흐리다' 따위. ▷보조 용언.
본원(本源) 명 사물의 주장이 되는 근원.
본원-적(本源的) 관명 본원이 되는 (것).
본위(本位) 명 판단이나 행동에서 중심이 되는 기준. ¶능력 ~.
본유(本有) 명 1본디부터 있음. 또는, 태어나면서부터 가지고 있음. ¶인간 ~의 가치. 2 [불] 본래 지니고 있는 불성(佛性). **본유-하다** 탄 본디부터 있다.
본의¹(本意)[-의/-이] 명 본래의 의도나 생각. ⓑ본뜻·본심. ¶~ 아니게 폐를 끼쳤습니다.
본의²(本義)[-의/-이] 명 =본지(本旨)¹.
본-이름(本-)[-니-] 명 ⇒본명1.
본인(本人) I 명 어떤 일에 직접 관계가 있거나 해당되는 사람. ¶투표는 투표권자 인 ~이 직접 해야야 한다.
Ⅱ 대 (인칭) 공식적인 자리에서 '나'¹을 문어적으로 이르는 말. ¶~에 대한 ~의 생각을 말씀드리자면 이렇습니다.
본적(本籍) 명 [법] 호적을 두고 있는 곳.
본적-지(本籍地)[-찌] 명 [법] 호적이 있는 시·구·읍·면 등의 지역.
본전(本錢) 명 1투자나 투기 등에 밑천으로 들인 돈. ⓑ밑천·본. ¶~을 뽑다.
본전도 못 찾다 일한 결과가 아무 보람이 없이 도리어 하지 않은 것만도 못하다.
본전-치기(本錢-) 명 본전만 받고 파는 것. **본전치기-하다** 탄 ⓑ ~

본점(本店) 명 영업의 본거지가 되는 점포. ¶은행 ~. ↔지점.
본-정신(本精神) 명 본래대로의 온전한 정신. ⓑ제정신. ¶헛소리하는 걸 보니 ~이 아니다.
본존(本尊) 명 [불] 1법당에 모신 부처 가운데서 으뜸 되는 부처. 2'석가모니불'을 으뜸가는 부처란 뜻으로 이르는 말. =본존불.
본존-불(本尊佛) 명 ⇒본존2.
본증(本證) 명 [법] 재판에서, 입증 책임을 지는 당사자가 그 사실을 증명하기 위하여 제출하는 증거. ↔반증(反證).
본지¹(本旨) 명 1본래의 취지나 의미. 2근본이 되는 취지. ⓑ본의(本義).
본지²(本紙) 명 이 신문.
본지³(本誌) 명 1이 잡지. ¶~에 투고한 작품은 일체 반환하지 않음. 2별책·부록 등에 대하여 잡지의 중심이 되는 부분.
본직(本職) 명 주가 되는 직업. ⓑ본업.
본질(本質) 명 1사물의 바탕을 이루는 본디의 성질. ¶문제의 ~을 왜곡하다. 2 [철] 사물의 본성을 이루는, 항구적으로 불변하는 것.
본질-적(本質的)[-쩍] 관명 본질에 관련이 있는 것, 그것 없이는 생각할 수 없을 정도로 중한 (것). ¶~인 문제.

본-집(本一) [명] **1** 자기 가족이 살고 있는 집. **2** 분가하기 이전에 살던 집. ＝본가.
본-채(本一) [명] 여러 채로 이뤄진 집에서 가장 주가 되는 집채.
본처(本妻) [명] '아내'를 첩에 상대하여 이르는 말. ＝적실(嫡室). [비]정실(正室).
본척-만척[-청-] [부] ＝본체만체. **본척만척-하다** [동][타][여]
본체(本體) [명] **1** 사물의 정체. **2** 기계 따위의 중심 부분. ¶컴퓨터의 ~. **3** [철] 현상적 사물의 근저에 있는 초감성적 실재.
본체-만체 [부] 보고도 안 본 듯이. ＝본척만척. ¶~ 지나가다. **본체만체-하다** [동][타][여]
본초^자오선(本初子午線) [명][지] 지구의 경도(經度) 측정에 기준이 되는 자오선. 영국의 그리니치 천문대를 지나는 선을 0°로 함.
본토(本土) [명] **1** 식민지에 대해, 그것을 지배하는 나라의 영토. ¶영국 ~. **2** (외국어를 논하는 문맥에 쓰여) 외국어의 근원지가 되는 나라의 땅. ¶~ 발음. **3** '대만'에 대하여 중국 대륙을 이르는 말. 또는, 지난날 '홍콩'에 대하여 중국 대륙을 이르던 말.
본토-박이(本土一) [명] 어느 나라에서 대대로 또는 태어나서 줄곧 살아온 사람. [비]토박이. ¶미국 ~.
본토-불(本土弗) [명] 미국 정부에 의해서 발행되는 미국의 정화(正貨). ▷군표.
본향(本鄕) [명] ＝본관(本貫)[2].
본-회의(本會議)[-회의/-훼이] [명] 분과회의에 대하여, 전원이 참석하는 정식 회의. ¶상임 위원회를 거쳐 ~에 상정하다.
볼[1] [명] 사람의 얼굴에서, 광대뼈와 어금니 사이에 있는 부분의 살. 뺨의 일부를 이름. ▷뺨.
  볼(이) 붓다 불만을 느껴 성난 표정이 나타나다.
볼[2] [명] **1** 좁고 기름한 물건의 너비. ¶~이 좁은 구두. **2** 버선 밑바닥의 앞뒤에 대는 헝겊 조각. ¶버선에 ~을 대다.
볼[3](ball) [명] **1** ＝공[1]. ¶~을 차다. **2** [체] 야구에서, 투수가 던진 공이 스트라이크 존을 벗어나는 일.
볼가 강(Volga江) [명][지] 러시아 서부를 흐르는 강. 길이 3,530km.
볼-거리[1] [명][한] '유행성 이하선염'을 한의학에서 이르는 말.
볼-거리[2][-꺼-] [명] 눈으로 보아 즐길 만한, 풍물·영화·연극·쇼·전시회 따위의 대상. ¶~가 많은 관광지.
볼그레-하다 [형][여] 곱다랗게 볼그스름하다. ¶**볼그레한** 두 뺨. [큰]불그레하다.
볼그스레-하다 [형][여] ＝볼그스름하다.
볼그스름-하다 [형][여] (빛깔이) 다소 밝고 산뜻하게 붉은 데가 있다. ＝볼그스레하다. [큰]불그스름하다. **볼그스름-히** [부]
볼긋-볼긋[-귿뽈귿] [부] 군데군데에 약간 곱게 붉은빛이 있는 모양. [큰]불긋불긋. **볼긋볼긋-하다** [형][여]
볼:기 [명] 엉덩이에서, 좌우로 살이 볼록하고 둥글게 내민 부분.
  볼기(를) 맞다 옛 제도에서, 곤장을 맞다. ¶죄 없이 관아에 잡혀가 ~.
  볼기(를) 치다 옛 제도에서, 곤장을 치다.
볼:기-짝 [명] '볼기'를 얕잡아 이르는 말.
볼-꼴 [명] 남의 눈에 비치는 겉모양. ¶~이 사납게 파자마 바람으로 돌아다니느냐?
볼-넷(ball一)[-넫] [명][체] ＝포볼.
볼드(bold) [명][출] 로마자의 활자 중 보통 활자체보다 선이 굵은 체.
볼-따구니 [명] '볼[1]'을 홀하게 이르는 말. [비]볼때기.
볼-때기 [명] '볼[1]'을 격을 낮추어 이르는 말.
볼락 [명][동] 몸은 방추형으로 주둥이가 뾰족하고, 이가 밖으로 벋어 나왔으며 눈이 크고 불거진 바닷물고기. 몸빛은 회갈색에 흑색 가로띠가 있음. 맛이 좋음.
볼레로([에]bolero) [명] **1** [음] 3/4박자로 된 에스파냐의 민속 무용. 또는, 그 춤곡. **2** 에스파냐풍으로 된 여성의 짧은 윗옷.
볼록 [부] 물체의 거죽이 작게 쏙 내밀려 있는 모양. [큰]불룩. **볼록-하다** [형][여] ¶가슴이 **볼록하게** 나오다. **볼록-이** [부]
볼록^거울[-꺼-] [명][물] 표면이 철면(凸面)으로 되어 있는 반사경. 보통 구면 거울을 말함. 자동차의 백미러 등으로 쓰임. ↔오목 거울.
볼록^렌즈(-lens) [명][물] 가운데가 볼록하게 도드라진 렌즈. 통과한 광선을 한 점에 모으며, 현미경·망원경·사진기 등을 만드는 데 쓰임. ↔오목 렌즈.
볼록-판(-版) [명][출] 인쇄판 형식의 하나. 잉크가 묻어서 인쇄될 부분이 다른 면보다 볼록하게 도드라진 판. 목판·활판 따위. ＝철판(凸版). ↔오목판.
볼륨(volume) [명] **1** 물건이나 몸의 외형에서 느껴지는 입체감. [비]부피감·양감(量感). ¶~ 있는 몸매. **2** 라디오·텔레비전·전축 등에서 나는 소리의 크기. ¶~을 높이다. **3** 목소리의 우렁차거나 우렁우렁한 정도. [비]성량. ¶~ 있는 목소리.
볼리비아(Bolivia) [명][지] 남아메리카 중앙부에 있는 공화국. 헌법상의 수도는 수크레, 행정상의 수도는 라파스.
볼링(bowling) [명][체] 크고 무거운 공을 굴려 약 20m 전방에 정삼각형으로 세워 둔 표주박 모양의 10개의 핀을 가능한 한 많이 쓰러뜨리는 경기.
볼링-공(bowling一) [명] 볼링에 쓰이는 공.
볼링-장(bowling場) [명] 볼링을 할 수 있는 설비를 갖춘 곳.
볼만-하다 [형][여] 볼 가치가 있다. ¶올여름에는 **볼만한** 영화들이 많이 개봉되었다.
볼-메다 [형] (주로 '볼멘'의 꼴로 쓰여) 못마땅해 화가 나 있다. ¶**볼멘** 얼굴[표정].
볼멘-소리 [명] 못마땅하게 여겨 불평조로 하는 말.
볼모 [명] **1** 약속 이행의 담보로 상대방에 잡혀 두는 사람. **2** 조약(條約) 이행의 담보로 상대국에 억류하여 둔 사람. ＝인질.
볼셰비즘(Bolshevism) [명] 볼셰비키의 정치 사상. ↔멘셰비즘.
볼셰비키([러]Bol'sheviki) [명] ['다수파'라는 뜻] [사] 1903년 러시아 사회 민주 노동당이 두 파로 분열될 때, 레닌이 이끄는 좌익의 다수파. 1918년 러시아 공산당으로 개칭됨. ↔멘셰비키.
볼썽-사납다[-따] [형][ㅂ] <~사나우니, ~사나워> (어떤 모습이나 행동이) 보기에 역겹거나 언짢다. ¶**볼썽사나운** 옷차림.
볼-연지(-臙脂)[-련-] [명] 화장할 때 볼에 바르는 연지.
볼-우물 [명] ＝보조개.
볼:-일[-릴] [명] **1** 해야 할 일. ＝용건·용

무. ⓗ일. ¶~ 보러 나가다. 2'용변'을 완곡하게 이르는 말.
볼^카운트(ball count) [체] 야구에서, 한 타자에게 투수가 던진 공의 스트라이크와 볼의 수. ¶~가 불리하다.
볼타, 알레산드로(Volta, Alessandro) [인] 이탈리아의 물리학자(1745~1827).
볼타^전^지(Volta電池) [물] 묽은 황산 속에 아연을 음극, 구리를 양극으로 하여 만든 전지.
볼테르(Voltaire) [인] 프랑스의 계몽주의 사상가(1694~1778).
볼트(bolt) 두 물체를 죄거나 접합하는 데 쓰이는 공구. 쇠막대의 한쪽 끝에 대가리가 있고, 다른 쪽 끝은 수나사로 되어 있음. 보통 너트와 함께 쓰임.
볼트²(volt) [의지][물] 전위차·전압·기전력의 실용 단위. 1볼트는 1암페어의 정상 전류가 저항 1옴의 도선(導線)을 흐르고 있을 때 이 양 끝의 전위차임. 기호는 V.
볼-펜(ball pen) 대롱 모양의 플라스틱에 잉크를 넣어 그 끝에 달린 쇠 부분에서 잉크가 묻어 나오도록 만든 필기도구.
볼-품 겉으로 드러나 보이는 볼 만한 모습. ¶~은 없지만 실용적인 물건.
볼품-없다[-업따] [그림] 겉으로 드러나 보이는 모습이 초라하다. ¶볼품없는 세간살이. **볼품-없이** ⓗ ¶방 한쪽에 낡고 삐걱거리는 책상이 ~ 놓여 있다.
봄 [그림] 1년의 네 계절 중 첫째 계절. 보통 양력 3, 4, 5월에 해당하는데, 날씨가 따뜻하고 새싹이 돋기 시작함. ¶이른 ~. 2'한창때'를 비유하는 말. ¶인생의 ~.
봄(을) 타다 1봄철에 입맛이 없고 몸이 나른하고 파리해지다. 2봄을 맞아 마음이 싱숭생숭해지기에 들뜨다.
봄-가을 [그림] 봄과 가을.
봄-기운[-끼-] [그림] 봄의 기운. 또는, 그 느낌. ¶~이 완연한 날씨.
봄-꽃[-꼳] [그림] 봄에 피는 꽃.
봄-나물 [그림] 봄에 산이나 들에 돋아나는 나물.
봄-날 [그림] 봄철의 날. 또는, 그 날씨.
봄-눈 [그림] 봄에 오는 눈. ⓗ춘설(春雪).
봄눈 녹듯 무엇이 빨리 스러지는 모양을 이르는 말. ¶미움이 ~ 사라지다.
봄-동 '얼갈이배추'의 잘못.
봄-맞이 [그림] 봄을 맞는 일. **봄맞이-하다** [동] (자)(여)
봄-물 [그림] 봄이 되어 얼음이나 눈이 녹아 흐르는 물.
봄-바람[-빠-] [그림] 봄철에 불어오는 따뜻한 바람. =춘풍(春風).
봄-밤[-빰] [그림] 봄철의 밤.
봄^방학(-放學) [-빵-] [그림] 초등·중등학교에서, 학년이 바뀌는 2월 말에 을 주일 안팎으로 하는 방학.
봄베(Bombe) [그림] 고압 상태의 기체를 저장하는 데에 쓰이는, 두꺼운 강철로 만든 원주형의 용기.
봄베이(Bombay) [지] '뭄바이'의 구칭.
봄-별[-뼏] [그림] 봄철에 비치는 따뜻한 햇별. ¶~이 따사롭다.
봄-비[-삐] [그림] 봄철에 오는 비.
봄-빛[-삗] [그림] 햇빛이나 자연현상에서 느껴지는 봄의 기운. ⓗ춘색(春色). ¶산과 들에는 ~이 완연하다.
봄-소식(-消息) [그림] 봄이 왔음을 느끼게 하는 자연의 여러 현상을 이르는 말.

봉곳하다_533

봄-옷[-옫] [그림] 봄에 입는 옷.
봄-장마[-짱-] [그림] 봄철에 여러 날 계속해서 오는 장마.
봄-철 [그림] 기후적으로 봄인 계절. =춘계·춘기·춘철.
봅슬레이(bobsleigh) [체] 앞뒤에 활주부가 있고 핸들 브레이크가 달린 강철제 썰매. 또는, 그것을 이용하여 사면(斜面)에 설치한 얼음 코스를 활강하는 경기.
봇-물(洑-)[본-] [그림] 1보에 괸 물. 또는, 보에서 흘러내리는 물. 2사물·현상이 한꺼번에 세찬 기세로 이뤄지는 상태를 비유적으로 이르는 말. ¶재건축이 ~을 이루다.
봇-짐(褓-)[본짐/본찜] [그림] 물건을 보자기에 싸서 꾸린 짐. ¶~을 짊어지다. ⓗ등짐.
봇짐-장수(褓-)[-] [보점-/본찜-] [그림] 물건을 보자기에 싸서 메고 다니며 파는 사람. ⓗ등짐장수.
봉¹ [그림] 그릇 따위의 뚫어진 구멍이나 이의 썩은 부분에 박아서 메우는 다른 조각. ¶~을 박다.
봉²(封) [그림] 1종이로 싼 물건의 덩이. 2물건 속에 딴 것을 싸서 넣은 물건. ¶~을 박다. 3신랑 집에서 선채(先綵) 외에 따로 신부 집에 보내는 돈. [2][의지] 봉지 따위를 세는 단위. ¶약-세 ~.
봉³(峯) [그림] 산의 가장 높이 솟은 부분. ⓗ산봉우리. ¶금강산 일만 이천 ~.
봉⁴ [그림] 1봉술에서, 무기로 사용하는 둥근 나무 막대. 2장대높이뛰기에서, 몸을 솟구치게 해 짚는 긴 대.
봉⁵(鳳) [그림] 1'봉황'의 준말. 2봉황의 수컷. 3어수룩하여 이용해 먹기 좋은 사람의 비유. ¶~을 잡다.
봉건(封建) [역] 천자가 나라의 토지를 제후에게 나누어 주는 일.
봉건-사상(封建思想) [그림] 지난 시대, 특히 조선 시대의 사회 제도나 유교적 이념이 나 인습을 고집하려고 하는 사상.
봉건^사회(封建社會) [-회/-훼] [사] 봉건적 생산 양식을 바탕으로 한 중세의 사회.
봉건^시대(封建時代) [그림] [역] 6~15세기 말까지의, 봉건 제도가 국가나 사회 구성의 기준이던 시대.
봉건-적(封建的) [관] (사고방식이나 태도가) 봉건주의의 특성을 가지고 있는 (것). ¶~ 사고방식.
봉건^제도(封建制度) [그림] [역] 1중국 주나라 때 천자가 여러 제후에게 토지를 나누어 주고, 각각 그 영내의 전권(全權)을 갖도록 한 통치 제도. ▷ 군현 제도. 2중세 유럽에서, 군주와 제후 사이에 봉토의 수여 관계로서 성립된 주종 관계.
봉건-주의(封建主義) [-의/-이] [그림] 지난 시대, 특히 조선 시대의 낡은 인습과 제도를 고집하려고 하는 사고방식이나 태도.
봉고(bongo) [음] 라틴 음악에 사용되는 타악기의 하나. 크고 작은 두 개의 북으로 한 벌을 이룸.
봉고-파직(封庫罷職) [그림] [역] 1어사나 감사(監司)가 부정을 저지른 원을 파면시키고, 관가의 창고를 봉하여 잠그는 일.
봉곳-봉곳[-곧-곧] [그림] 여러 곳이 모두 봉곳한 모양. ¶~ 부풀어 오른 꽃망울들.
봉곳봉곳-하다 [그림] (여)
봉곳-하다[-고타-] [그림] (여) (물체가) 조금

도도록하게 나오거나 솟은 상태에 있다. [비]볼록하다. ¶**봉곳한** 젖가슴. **봉곳-이** [부]

봉ː급(俸給) [명] 계속적으로 근무하는 사람에게 주기적으로 지급하는 일정한 보수.

봉ː급-날(俸給―) [―금―] [명] 봉급을 지급하는 날.

봉ː급-생활(俸給生活) [―쌩―] [명] 봉급을 받아 생계를 꾸려 나가는 생활. **봉ː급생활-하다** [동][자][여]

봉ː급생활-자(俸給生活者) [―쌩―짜] [명] 봉급을 받아 생활하는 사람. =샐러리맨.

봉ː급-쟁이(俸給―) [―쨍―] [명] '봉급생활자'를 얕잡아 일컫는 말.

봉기(蜂起) [명] (피지배 세력이) 통치 세력에 대항하여 벌 떼처럼 들고일어나는 것. ¶농민 ~. **봉기-하다** [동][자][여]

봉노 [명] =봉놋방.

봉놋-방(―房) [―노빵/―녿빵] [명] 나그네들이 자는, 주막집의 가장 큰 방. =봉노.

봉당(封堂) [명][건] 안방과 건넌방 사이의 마루를 놓을 자리를 흙바닥 그대로 둔 곳.

봉ː독(奉讀) [명] (글을) 삼가 받들어 읽는 것. **봉ː독-하다** [동][타][여] ¶성경을 ~.

봉-돌[―똘] [명] 낚시가 물속에 가라앉도록 낚싯줄에 매다는 작은 납덩이나 돌덩이.

봉두(峯頭) [명] 산봉우리의 맨 위.

봉두-난발(蓬頭亂髮) [명] 쑥대강이같이 마구 흐트러진 머리털.

봉변(逢變) [명] **1** 뜻밖의 변을 당하는 것. 또는, 그 변. ¶밤길에 불량배한테 ~을 당하다. **2** 망신스러운 일을 당하는 것. 또는, 그 일.

봉봉([프]bonbon) [명] 속에 과즙이나 브랜디·위스키 등을 넣은 캔디.

봉분(封墳) [명] 흙을 둥글게 쌓아 올려서 무덤을 만드는 것. 또는, 그 무덤.

봉ː사[1] [명] 눈이 멀어 앞을 볼 수 없는 사람. 완곡어 또는 순화어는 '시각 장애인'. [비]맹인·소경·장님.

[**봉사 개천 나무란다**] 제 잘못을 남에게 전가한다.

봉ː사[2](奉仕) [명] **1** (국가나 사회 또는 남을 위하여) 자신을 돌보지 않고 애쓰는 것. ¶~ 활동. **2** 상인이 손님에게 헐값으로 물건을 파는 것. ¶~ 가격. **봉ː사-하다**[1] [동][자][여] ¶지역 사회에 ~.

봉ː사[3](奉祀) [명] 조상의 제사를 받들어 모시는 것. **봉ː사-하다**[2] [동][자][여]

봉ː사-자(奉仕者) [명] 봉사하는 사람. ¶자원 ~.

봉ː산^탈ː춤(鳳山―) [명][민] 황해도 봉산 지방에서 전하여 내려오는 탈춤.

봉상(棒狀) [명] 가늘고 긴 막대기 모양.

봉ː선-화(鳳仙花) [명][식] 여름에 붉은색·흰색의 꽃이 피며, 꽃과 잎으로 손톱에 물을 들이는 한해살이풀. 열매는 익으면 저절로 톡 터지면서 까만 씨가 튀어나옴. =봉숭아.

봉ː선화-물(鳳仙花―) [명] 봉선화의 꽃과 잎에 백반을 넣고 찧은 것을 손톱이나 발톱에 붙인 뒤 봉선화 잎이나 헝겊으로 싸맨 상태로 하룻밤을 지내어 붉게 들이는 물. =봉숭아물.

봉ː송(奉送) [명] 영령(英靈)·유골·성물(聖物) 따위를 정중히 보내는 일. ¶올림픽 성화 ~. **봉ː송-하다** [동][타][여]

봉쇄(封鎖) [명] **1** 굳게 잠가서 드나들지 못하게 막는 것. **2** [법] 전시(戰時)나 평시에, 해군력으로써 상대국의 연안·항구의 교통을 차단하는 일. **봉쇄-하다** [동][타][여] ¶데모를 원천 ~. **봉쇄-되다** [동][자] ¶통로가 ~.

봉수[1](封手) [명] 바둑에서, 대국이 하루 만에 끝나지 않을 경우에 그날의 마지막 수를 상대가 모르게 종이에 써서 봉해 두는 일. **봉수-하다** [동][자][여]

봉수[2](烽燧) [명][역] **1** =봉화. **2** =봉수제.

봉수-대(烽燧臺) [명] 봉화를 올릴 수 있게 만들어 놓은 곳. =봉화대.

봉수-제(烽燧制) [명][역] 봉화를 올려 지방에서 발생한 병란·사변 등 급한 소식을 중앙에 알리는 통신 제도. =봉수(烽燧).

봉술(棒術) [명] 봉을 사용하여 공격과 방어를 하는 무술.

봉ː숭아 [명][식] =봉선화.

봉ː숭아-물 [명] =봉선화물.

봉ː안(奉安) [명] 신주(神主)나 화상(畫像)을 모시는 것. **봉ː안-하다** [동][타][여] ¶위패를 ~. **봉ː안-되다** [동][자]

봉ː양(奉養) [명] 부모나 조부모를 받들어 섬기는 것. **봉ː양-하다** [동][타][여]

봉ː오동^전ː투(鳳梧洞戰鬪) [명][역] 1920년에 만주 봉오동에서 홍범도가 이끄는 대한 독립군이 일본군 제19사단을 물리쳐 이긴 싸움.

봉오리 [명] '꽃봉오리**1**'의 준말.

봉우리 [명] '산봉우리'의 준말.

봉인(封印) [명] 봉투·함·문 등을 합당한 조건을 갖추지 않고는 열지 못하도록 봉하고 그 자리에 도장을 찍는 것. 또는, 그렇게 찍힌 도장. **봉인-하다** [동][타][여] ¶투표함을 ~.

봉제(縫製) [명] 재봉틀 따위로 박아서 만드는 일. ¶~ 인형.

봉지(封紙) [명] [1][자립] 종이나 비닐 등으로 물건을 담을 수 있게 주머니 모양으로 만든 물건. ¶비닐~. [2][의존] 물건의 양을 그것이 담긴 봉지의 수로 헤아리는 말. ¶과자 세 ~.

봉ː직(奉職) [명] 공무에 종사하는 것. **봉ː직-하다** [동][자][여] ¶일생을 공무원으로 ~.

봉착(逢着) [명] 어떤 처지나 상태에 부닥치는 것. **봉착-하다** [동][자][여] ¶난관에 ~.

봉ː창[1](奉唱) [명] 엄숙한 마음으로 노래를 부르는 것. ¶애국가 ~. **봉ː창-하다** [동][타][여]

봉창[2](封窓) [명][건] 벽에 구멍을 내어 종이를 바른 창.

봉ː축(奉祝) [명] 공경하는 마음으로 축하하는 것. **봉ː축-하다** [동][타][여] ¶석가의 탄신을 ~.

봉토(封土) [명] **1** 흙을 쌓아 올리는 것. 또는, 그 흙. **2** 제후(諸侯)를 봉하여 내준 땅. =영지(領地). **봉토-하다** [동][자][여] 흙을 쌓아 올리다.

봉투(封套) [명] 편지·서류 등을 넣기 위하여 종이로 만든 네모난 물건. ¶편지 ~.

봉-하다(封―) [동][타][여] **1** (문·봉투·그릇 따위를) 열지 못하게 꼭 붙이거나 싸서 막다. ¶풀로 편지를 ~. **2** (입을) 말하고 싶지 않거나 말할 수 없는 분위기에 눌리거나 하여 다물다. ¶입을 **봉하고** 침묵을 지키다. **3** [역] 임금이 신하에게 영지를 주고 제후로 삼다. **4** [역] 임금이 직품(職品)을 내리다.

봉함(封緘) [명] 편지를 봉투에 넣고 봉하는 것. 또는, 그 편지. **봉함-하다** [동][타][여]

봉함-엽서(封緘葉書)[-녑써] 명 사연을 써서 겹쳐 접으면 크기가 보통 엽서와 같게 되며, 봉할 수 있는 우편엽서.

봉함¹(封緘) 명 봉하여 붙이는 것. **봉함-하다** 타

봉함²(縫合) 명 꿰매어 붙이는 것. 특히, 외과 수술에서 환부를 꿰매어 붙이는 것. **봉함-하다**² 타

봉!행(奉行) 명 (어떤 일을) 삼가 받들어 행하는 것. **봉!행-하다** 타

봉!헌(奉獻) 명 (하느님이나 부처에게 예물이나 제물 등을) 삼가 바치는 것. ¶~예배. **봉!헌-하다** 타

봉화(烽火) 명 [역] 횃불과 연기로써 난리나 급보를 전하는 통신 방법. =봉수.

봉화-대(烽火臺) 명 =봉수대.

봉!황(鳳凰) 명 고대 중국에서 상서로운 새로 여기던 상상의 새. 몸은, 전반신은 기린, 후반신은 사슴, 목은 뱀, 꼬리는 물고기, 등은 거북, 턱은 제비, 부리는 닭을 닮고, 깃에는 오색 무늬가 있음. ®봉.

봐/-주다 타 '보아주다'의 준말.

뵈!다¹[뵈/-뷔-] 자 ① ㉤ '보이다'의 준말. ¶젊어 뵈는 얼굴. ② 타 ¹'보이다'의 준말. ²'보다'의 겸양어. ¶어디서 많이 뵌 분 같은데, 누구시더라…?

뵙!다[뵙//뱁따] 타 '뵈다②'를 더욱 겸손하게 이르는 말. ¶자세한 내용은 직접 뵙고 말씀드리겠습니다.

부¹ 명 공장이나 기선 따위의 굵고 낮은 기적 소리.

부²(父) 명 '아버지¹'의 기록에서의 문어적 칭호. →모(母).

부³(夫) 명 '남편'의 기록에서의 문어적 칭호. ↔부(婦).

부⁴(不) 명 ¹'아님'을 나타내는 말. ² 의 안 표결에서 불찬성의 표시. ↔가(可).

부⁵(府) 명 ¹[역] 대도호부사(大都護府使)·도호부사가 있는 지방 관청의 하나. ²[일제] 행정 구획의 하나. 지금의 '시(市)'에 해당함. ¶경성(京城)~.

부⁶(部) 명 ① ㉤ ¹회사나 기타 조직의 사무 분담의 단위. 과(課)의 위, 실(室)의 아래임. ¶총무~. ² 우리나라의 중앙 행정 기관의 분류의 하나. ¶국방~. ② ㉥ ¹사물을 여러 갈래로 나누었을 때의 하나. ¶행사의 제2~ 순서. ² 신문이나 책·서류 등을 세는 단위. ¶초판을 만 ~ 찍다.

부⁷(婦) 명 '아내'의 기록에서의 문어적 칭호. ↔부(夫).

부⁸(富) 명 ¹많은 재화. ² 특정한 경제 주체가 소유한 재화(財貨)의 총계.

부-⁹(不) 접두 첫소리가 'ㄷ', 'ㅈ'으로 시작되는 일부 한자어 앞에 붙어, '않음'·'아님'·'어긋남' 등의 뜻을 나타내는 말. ¶~자유/~도덕. ▷불(不)-.

부!-¹⁰(副) 접두 ¹'버금'의 뜻을 나타내는 말. ¶~사장. ²주된 것이 아닌 '부차적인 것'의 뜻을 나타내는 말. ¶~산물/~수입. ↔정(正)-.

-부¹¹(付) 접미 ¹날짜나 날을 나타내는 말에 붙어, 그 날짜나 날에 문서나 우편물이 발행물 따위가 작성되거나 제출되거나 발행되거나 효력이 발생됨을 나타내는 말. ¶5월 1일~ 신문/오늘~로 발령을 내다. ² 일부 명사에 붙어, 어떤 사실이나 대상이 딸리거나 붙어 있음을 나타내는 말. ¶시한~/조건~.

-부¹²(部) 접미 '부분'이나 '부문'의 뜻을 나타내는 말. ¶중심~/꼬리~.

부¹³(分/ふ) 명 ㉥ '푼 1·4·5'의 잘못. ¶3 ~ 이자.

부!가(附加) 명 덧붙이는 것. ㉦ 첨가. ¶~ 기능. ㉤ **부!가-하다** 타 여 **부!가-되다** 자

부!가^가치(附加價値) 명 [경] 어떤 물품을 생산하는 과정에서 새롭게 덧붙여진 가치. 곧, 매출액에서 원료비·감가상각비 등을 뺀 것으로, 인건비·이자·이윤의 합계를 가리킴. ¶~가 높은 상품.

부!가^가치세(附加價値稅)[-쎄] 명 [법] 국세의 한 가지. 거래 단계별로 상품·용역에 새로 부가되는 가치, 곧 이익에 대해서만 부과되는 일반 소비세.

부!가^가치^통신망(附加價値通信網) 명 정보의 축적·제공·통신 속도 및 형식의 변환, 통신 경로의 변동 등의 정보 서비스가 부가된 통신망. =밴(VAN).

부각¹ 명 깻잎·가죽나무 순·다시마 잎·풋고추·감자·김 등에 찹쌀 풀을 발라서 말린 뒤 기름에 튀긴 반찬. ▷튀각.

부각²(浮刻) 명 ¹(사물의 특징이) 두드러지게 나타나는 것, 또는, (사물의 특징을) 두드러지게 나타내는 것. ²(어떤 사물·현상이) 두드러지게 드러나는 것. **부각-하다** 타 여 ¶문명의 위기를 부각한 작품. **부각-되다** 자 ¶개헌 문제가 새롭게 ~.

부!강-하다(富强-) 형 여 (나라가) 경제적으로 부유하고 군사적으로 강하다. ¶미국은 세계에서 가장 **부강**한 나라이다.

부!검(剖檢) 명 사망 원인을 밝히기 위해 시체를 해부하여 검사하는 일. ¶시체 ~. **부!검-하다** 타 여

부!결(否決) 명 회의 등에서, (제출된 안을) 일정한 절차에 따라 반대하여 받아들이지 않기로 결정하는 것. ↔가결(可決). **부!결-하다** 타 여 **부!결-되다** 자 ¶의안이 ~.

부계(父系) 명 [-계/-게] 아버지 쪽의 혈연 계통. ¶~ 혈족. ↔모계(母系).

부!고¹(附高) 명 ㉤ '부속 고등학교'의 준말. ¶사대~.

부!고²(訃告) 명 사람의 죽음을 일정한 격식을 갖춘 글로 친척·친지에게 알리는 일. 또는, 그 글. ▷부음(訃音).

부곡(部曲) 명 [역] 신라·고려 시대의 천민 집단 부락.

부!과(賦課) 명 ¹(세금이나 부담금 따위를) 매기어 부담하게 하는 것. ²(일정한 책임이나 일을) 부담하여 맡게 하는 것. **부!과-하다** 타 여 ¶탈세를 한 기업에게 무거운 세금을 ~. **부!과-되다** 자 ¶무거운 임무가 ~.

부!과-금(賦課金) 명 부과된 돈. =부금.

부!관(副官) 명 [군] 부대장·지휘관의 명을 받아 행정 업무를 맡아보는 참모.

부!관-참시(剖棺斬屍) 명 [역] 죽은 뒤에 큰 죄가 드러난 사람의 관을 쪼개어 시신의 목을 베던 형벌.

부교(浮橋) 명 교각을 사용하지 않고 배나 뗏목 등을 잇대어 매고 그 위에 널빤지를 깔아 만든 다리.

부!교감^신경(副交感神經) 명 [생] 교감 신경과 더불어 자율 신경계를 이루는 신경. 교감 신경과 길항 작용을 함. →교감 신경.

부!-교수(副敎授) 명 대학에서 학생을 지

도하고 연구에 종사하는, 정교수 아래, 조교수 위의 등급에 있는 교원.
부!-교재(副教材) 명 교과서를 보완하여 보조적으로 쓰이는 교재.
부!국(富國) 명 **1** 부유한 나라. ↔빈국. **2** 나라를 부유하게 만듦.
부!국-강병(富國強兵) [-깡-] 명 나라를 부유하게 하고 군대를 강하게 함.
부군¹(夫君) 명 '남편'의 높임말.
부군²(府君) 명 죽은 아버지나 남자 조상에 대한 존칭. 주로, 위패나 지방(紙榜)에 쓰는 말임. ¶현고(顯考) 학생(學生)~ 신위(神位).
부권(父權) [-꿘] 명 **1** 아버지가 가장(家長)으로서 가족에 대하여 가지는 권한. ¶~ 상실의 시대. **2** [법] 아버지가 가지는 친권. ↔모권.
부!귀(富貴) 명 재산이 많고 지위가 높은 것. ↔빈천.
부!귀-영화(富貴榮華) 명 재산이 많고 지위가 높으며 영화로움. ¶~를 누리다.
부그르르 뛰 물이나 거품이 끓어오르거나 일어나는 모양. 또는, 그 소리. ¶주전자의 물이 ~ 끓다. 작보그르르. **부그르르-하다** 자여
부!근(附近) 명 어떤 곳을 중심으로 가까운 곳.
부글-거리다/-대다 자타 **1** 물이나 거품이 자꾸 끓거나 일어나다. ¶찌개가 부글거리며 끓고 있다. 작보글거리다. **2** (배속이) 가스가 차서 끄르륵거리는 소리가 들다. **3** (마음속이) 화가 나서 흥분 상태가 되다.
부글-부글 뛰 부글거리는 모양. 또는, 그 소리. 작보글보글. **부글부글-하다** 통
부!금(賦金) 명 **1** =부과금. **2** 일정 기간마다 부어 나가는 돈. ¶주택~.
부!기¹(附記) 명 원문(原文)에 덧붙여 적는 것. 또는, 그 기록. **부!기-하다** 타여
부!기-되다 자여
부!기²(浮氣) 명 몸이나 얼굴이 병적으로 부은 상태. ¶~가 내리다(빠지다).
부!기³(簿記) 명 [경] 자산·자본·부채의 수지·증감 등을 일정한 방식으로 정리하여 장부에 적는 방법.
부기우기(boogie-woogie) 명 [음] 블루스에서 파생된 재즈 음악의 한 형식. 1920년대 후반에 흑인 사이에서 유행한.
부꾸미 명 찹쌀가루·밀가루·수수 가루 등을 반죽하여 둥글납작하게 번철에 지진 떡. =전병(煎餅).
부끄러움 명 부끄러워하는 상태나 부끄러운 느낌. 비수치심. ¶~을 무릅쓰고 말하다. 준부끄럼.
부끄러워-하다 자타여 부끄러운 태도를 나타내다. ¶그만한 일 가지고 뭘 그렇게 부끄러워하나.
부끄럼 명 '부끄러움'의 준말. ¶~을 타다.
부끄럽다 [-따] 형ㅂ ⟨부끄러우니, 부끄러워⟩ (어떤 일이나 행동이) 당당하거나 떳떳하지 못하게 느끼는 상태에 있거나, 숫기나 용기가 없어 거리낌을 느끼는 상태에 있다. 비부끄럽다. ¶과찬을 해 주시니 오히려 부끄럽습니다. **부끄러이** 뛰
부-나비(-) 명 =날나방.
부녀¹(父女) 명 아버지와 딸을 동시에 이르는 말.
부녀²(婦女) 명 '부녀자'의 준말.

부녀-간(父女間) 명 아버지와 딸 사이.
부녀-자(婦女子) 명 성년이 된 여자를 두루 일컫는 말. 비부녀. ▷아녀자.
부녀-회(婦女會) [-회/-훼] 명 부녀자들이 일상생활 향상이나 친목 도모 등으로 대처하기 위해 마을·동(洞)·아파트 단지 등의 지역 사회 단위로 결성한 모임.
부!농(富農) 명 농사의 규모가 크고 수입이 많은 농가 또는 농민. ↔빈농.
부다-가야(Buddha-Gayā) 명 [불] 석가모니가 보리수 아래에서 깨달음을 얻은 곳. 인도 비하르 주에 있음.
부다페스트(Budapest) 명 [지] 헝가리의 수도.
부닥-뜨리다/-트리다 자타 부딪치거나 맞닥뜨리다.
부닥-치다 자타 **1** (물체와 물체가, 또는 물체가 물체와) 세게 부딪다. ¶승용차가 화물차와 ~. **2** (사람이나 동물, 물체가 다른 물체에) 부딪히다. ¶머리를 기둥에 ~. **3** (사람이 뜻밖의 어려움에) 부딪히다. ¶난관에~.
부단-하다(不斷-) 형여 끊임이 없다. ¶부단한 노력을 기울이다. **부단-히** 뛰 ¶~ 애를 쓰다.
부!담(負擔) 명 **1** 어떤 일에 대한 짐스러운 의무나 책임. ¶정신적 ~이 크다. **2** (사람이나 단체가 비용을) 책임을 지는 것. ¶일체의 경비는 각자 ~임. **부!담-하다** 타여 (사람이나 단체가 비용을) 책임을 지다.
부!담-감(負擔感) 명 어떤 일에 대한 의무나 책임 때문에 마음이 무겁거나 힘든 상태. ¶그 일에 대해 ~을 느낀다.
부!담-금(負擔金) 명 부담하는 돈.
부!담-스럽다(負擔-) [-따] 형ㅂ ⟨-스러우니, -스러워⟩ 부담이 되는 느낌이 있다. **부!담-스레** 뛰
부당(不當) 명 (일부 명사 앞에 쓰이어) 사리에 맞지 않거나 합당하지 않은 것. ¶~ 요금 / ~ 해고. **부당-하다** 형여 ¶**부당한** 처사. **부당-히** 뛰
부당-성(不當性) [-썽] 명 부당한 성질.
부!대¹(附帶) 명 기본이 되는 것에 결달아서 덧붙이는 것. ¶~시설 / ~조건.
부!대²(負袋) 명 종이·피륙 등으로 만든 큰 자루. =포대. ¶시멘트 ~. **2** (의존) 부대에 담긴 물질의 분량을 헤아리는 단위. =포대. ¶밀가루 한 ~. ×푸대.
부대³(部隊) 명 **1** [군] 군대의 조직 단위의 하나. ¶공수 ~. **2** 공통의 목적을 가지고 집단적인 행동을 취하는 무리. ¶박수 ~.
부대-고기(部隊-) 명 미군 부대에서 유출된 햄·소시지·베이컨 등의 고기.
부대끼다 자타 **1** 무엇에 시달려서 피로움을 당하다. ¶만원 버스 안에서 이리저리 ~. **2** (배 속이) 탈이 나서 쓰리거나 울렁울렁하다.
부!대-시설(附帶施設) 명 주가 되는 건축물에 덧붙어 있는 시설. ¶주차장 같은 ~이 잘되어 있는 건물.
부대-원(部隊員) 명 부대의 대원.
부대-장(部隊長) 명 한 부대를 지휘하는 우두머리.
부!대-조건(附帶條件) [-껀] 명 어떤 조건에 덧붙은 조건.
부대-찌개(部隊-) 명 소시지·햄·베이컨 등을 김치와 함께 얼큰하게 끓인 찌개. 예전에 미군 부대에서 나온 고기를 재료

부덕(不德) 덕이 없는 것. ¶이번 일은 제 ~의 소치입니다. **부덕-하다** 혱여

제가 **부덕하여** 이런 일이 생겼습니다.

부덕²(婦德) 명 부녀의 덕행.

부도¹(不渡) 명경 수표나 어음을 가진 사람이 발행자의 예금 부족으로 그 지급을 받을 수 없게 되는 일.

부!도²(附圖) 명 어떤 책에 딸리는 지도나 도표. ¶지리~.

부도³(浮屠·浮圖) 명불 이름난 승려의 유골을 안치한 탑.

부도-나다(不渡-) 자 수표나 어음을 가진 사람의 발행자의 예금 부족으로 그 지급을 받지 못하게 되다.

부도-내다(不渡-) 타 수표나 어음의 지급 기일까지 지급을 하지 못하다.

부-도덕(不道德) 명 도덕에 어긋나는 것.
부도덕-하다 혱여 **부도덕한** 행동.

부도^수표(不渡手票) 명경 지급인으로 지정된 은행이 지급을 거절한 수표.

부!-도심(副都心) 명 대도시의 팽창에 따라 그 변두리에 생기는 부차적인 중심지. ¶영등포·청량리 등은 서울의 ~을 형성하고 있다.

부도-체(不導體) 명물 열이나 전기를 전달하기 어려운 물체. 유리·솜·석면 따위. =절연체. ↔도체.

부동¹(不動) 명 (물건이나 몸이) 움직이지 않는 것. ¶~자세. **부동-하다** 자여

부동²(浮動) 명 붙박여 있지 않고 움직이는 것. ¶~인구. **부동-하다** 자여

부동³(苻同) 명 (그른 일에) 어울려 한통속이 되는 것. **부동-하다** 자여 ¶탐관오리와 **부동하여** 백성을 착취하다.

부동-산(不動産) 명법 움직여 옮길 수 없는 재산. 토지 및 그 정착물인 건물이나 수목(樹木) 따위. ¶~ 투기. ↔동산.

부동산-업(不動産業) 명 사고파는 일이나 관리하고 빌리는 일 따위를 대신해 주거나 중개하는 사업.

부동-성(浮動性) 명성 정착하거나 안정하지 못하고 이리저리 변하거나 움직이기 쉬운 성질. ¶~ 자금.

부동심(不動心) 명 마음이 외부의 충동에 흔들리지 않는 것. **부동심-하다** 자여

부동-액(不凍液) 명화 자동차 엔진의 냉각수가 어는 것을 막는 데 쓰이는 액체.

부동-자세(不動姿勢) 명 움직이지 않고 똑바로 서 있는 자세.

부동-초(不動哨) 명일정한 초소에서 그 자리를 떠나지 않고 근무하는 초병(哨兵). ↔동초.

부동-표(浮動票) 명 특정한 입후보자나 정당에 투표할 것으로 확정지을 수 없는, 변화 가능성이 많은 표. ¶~ 흡수에 총력을 기울이다. ↔고정표.

부동-항(不凍港) 명지 겨울에 해면 동결 지역에 있으면서 난류의 영향으로 해면이 얼지 않는 항구.

부두(埠頭) 명 항구에서, 배를 대어 사람이 타고 내리거나 짐을 싣고 부릴 수 있게 목재나 콘크리트 등으로 만든 축조물.

부!-두목(副頭目) 명 두목 다음가는 데 있는 사람.

부둣-가(埠頭-)[-두까/-둗까] 명 부두가 있는 근처.

부둥켜-안다[-따] 타 (사람이나 동물이나 물체를) 힘 있게 안다. 비부여안다·

끌어안다. ¶30년 만에 만난 자매는 서로 **부둥켜안고** 울었다.

부드럽다[-따] 혱비〈부드러우니, 부드러워〉 1 (어떤 물체가) 닿거나 스치거나 씹히는 느낌이 딱딱하거나 뻣뻣하거나 거칠거나 껄끄럽거나 매끄럽거나 말랑말랑하다. ¶**부드러운** 살결. 좽보드랍다. 2 (기계가 돌아가는 상태나 몸놀림, 또는 일의 진행 등이) 어렵거나 뻑뻑하지 않고 잘 이뤄지는 상태에 있다. 비순조롭다·유연하다. ¶일이 **부드럽게** 풀려 나가다. 3 (사람의 마음씨나 말씨나 시선 등이) 따뜻하고 남을 편안하게 하는 상태에 있다. 비온화하다. ¶말씨가 ~. 4 (빛·맛·음악 등이) 자극이 강하지 않아 느낌이 좋다. ¶**부드러운** 달빛[음악]. **부드러이** 부

부득-부득[-뿍-] 부 억지스럽게 자꾸 우기거나 조르는 모양. ¶자기가 옳다고 ~ 우기다. 좽바득바득.

부득불(不得不)[-뿔] 부 하지 않을 수 없어. =불가불. ¶~ 내가 가야만 하겠다.

부득이(不得已) 부 마지못하여. 또는 하는 수 없이. ¶~ 계획을 취소하다.

부득이-하다(不得已-) 혱여 사정이 여의치 않아 할 수 없다. ¶**부득이한** 경우를 제외하고는 전원 참석해야 한다.

부들 명식 연못가나 습지에 자라며, 여름에 노란 꽃이 아주 모양으로 피고, 적갈색의 긴 타원형 열매가 열리는 여러해살이풀. 높이 1~1.5m로, 잎은 가늘고 긺.

부들-부들¹ 부 몸을 잇달아 크게 떠는 모양. ¶무서워 몸을 ~ 떨다. 좽바들바들. 센푸들푸들. **부들부들-하다**¹ 자여

부들부들-하다² 혱여 살갗에 닿는 느낌이 매우 부드럽다. ¶**부들부들한** 양털. 좽보들보들하다.

부등-식(不等式) 명수 두 수 또는 두 식을 부등호로 연결한 식. ↔등식.

부등-할(不等割) 명 동물극의 할구(割球)가 식물극의 할구보다 작은 경우의 난할(卵割). 성게·척추동물 등이 이에 딸림. =동할.

부등-호(不等號) 명수 두 수 또는 두 식 사이의 대소 관계를 나타내는 기호. 기호는 '>', '<'.

부!디 부 바라건대 꼭. ¶이번 모임에 ~ 참석해 주십시오.

부딪다[-딛따] 타 1 자 1 (움직이는 물체와 물체가, 또는 움직이는 물체가 다른 물체와) 움직이는 힘에 의해 서로 힘있게 마주 닿다. 비충돌하다. ¶승용차가 화물차와 ~. 2 (움직이는 물체가 다른 물체에) 힘있게 닿게 하다. ¶추격해 오던 차가 옆으로 다가와 우리 차에 **부딪는다**. 2 타 (사람이나 물건이 제 몸이나 물체를 다른 물체에) 움직이거나 힘을 가해 힘있게 하다. ¶그들은 일부러 차를 앞 차에 **부딪었다**.

부딪-치다[-딛-] 타 1 타 1 '부딪다1'의 힘줌말. 실제의 언어 현실에서는 '부딪다' 보다 훨씬 많이 쓰임. ¶뒷차가 일부러 내 차에 **부딪쳤다**. 2 (사람이 새로운 현실이나 세계, 어려움 등과) 피하지 않고 맞서거나 싸우다. ¶겁먹지 말고 일단 **부딪쳐 봐**! 3 (사람이 다른 사람과, 또는 사람의 시선이 다른 사람의 시선과) 우연히 짧은 시간 만나는 상태가 되다. 비맞닥뜨리다. ¶동창생과 길에서 우연히 ~. 2 타 '부딪다2'의 힘줌말. ¶시위대가 경찰과 몸을 **부딪치며** 앞으로 나아갔다.

부딪-히다[-디치-] 통(자) 1 '부딪다[】의 피동사. ¶앞차가 뒤차에 범퍼를 ~. 2 (움직이는 사람이나 동물, 물체가 다른 물체에) 뜻하지 않게 돌발적으로 힘있게 닿는 상태가 되다. ¶배가 암초에 **부딪혀** 난파되었다. 3 어떤 일을 하는 과정에서, (사람이 뜻밖의 어려움에) 이르게 되다. ¶난관에~.

부뚜막 명 솥을 걸어 놓는 아궁이 위의 편편한 언저리.
[부뚜막의 소금도 집어넣어야 짜다] 아무리 손쉬운 일이라도 힘을 들이지 않으면 이루어지지 않는다.

부라리다 통(타) (사람이 눈을) 크게 뜨고 눈망울을 사납게 굴리다. ¶험상궂게 얼굴로 눈을 ~.

부라-질 명 젖먹이의 두 겨드랑이를 껴서 붙잡고 좌우로 흔들며 두 다리를 번갈아 오르내리게 하는 짓. **부라질-하다**

부락(部落) 명 시골 마을.

부란(孵卵) 명 알이 깨는 것. 또는, 알을 까는 것. **부란-하다** 통(자)(타)(여)

부란-기(孵卵器) 명 달걀이나 물고기의 알을 인공적으로 부화시키는 기구. =부화기.

부랑-아(浮浪兒) 명 부모의 곁을 떠나 일정한 주거 없이 떠돌아다니는 아이.

부랑-자(浮浪者) 명 일정한 주거나 직업이 없이 떠돌아다니는 사람.

부랴-부랴 부 매우 급히 서두르는 모양. ¶기차 시간에 늦지 않게 ~.

부랴-사랴 부 매우 부산하고 황급히 서두르는 모양. ¶갑자기 손님이 온다기에 ~ 음식을 준비했다.

부러 부 거짓되이 일부러. ¶알면서도 ~ 모르는 척하다.

부러-뜨리다/-트리다 통(타) 꺾어서 부러지게 하다. =분지르다. ¶연필을 ~.

부러워-하다 통(타)여 부럽게 생각하다. ¶재능을 ~.

부러-지다 통(자) (길이를 가진 단단한 물체가) 외부의 압력이나 순간적인 힘을 받아 어느 부분이 꺾여 거의 끊어질 정도가 되거나 완전히 끊어지다. ¶넘어져서 팔뼈가 ~. 2 '딱 부러지게'의 꼴로 쓰여) 어떤 일을 하는 태도나 자세가 단호하거나 확실한 상태가 되다. ¶김 과장은 일을 딱 **부러지게** 한다.

부:럼 명(민) 음력 정월 보름날 새벽에 까먹는 땅콩·호두·잣·밤·은행 따위의 총칭. 이런 것들을 먹으면 일 년 내내 부스럼이 생기지 않는다고 함. ¶~을 깨물다.

부럽다[-따] 형(ㅂ)〈부러우니, 부러워〉 (우월하거나 좋은 처지에 있는 상대가, 또는 상대의 우월한 점이나 좋은 처지가) 자기와 비교가 되어 자기도 그런 처지이거나 그런 점을 가졌으면 하고 바라는 상태에 있다. ¶그의 아름다운 목소리가 ~.

부레 명[동] 경골어류의 몸속에 있는, 안에 기체가 들어 있는 얇은 막 모양의 주머니. 뜨고 가라앉는 것을 조절하는 구실을 함. 2 '부레풀'의 준말.

부레-끓다[-끌타] 통(자) 〈속〉 몹시 성이 나다.

부레-옥잠(-玉簪) [-짬] 명[식] 연못가나 습지에 자라며, 잎은 육질(肉質)이고 잎자루가 불룩하여 물고기의 부레처럼 물에 뜨는 여러해살이풀. 여름에 엷은 자주색 꽃이 핌.

부레-풀 명 민어의 부레를 끓여 만든 풀. 준부레.

부력(浮力) 명[물] 액체나 기체 속에 들어 있는 물체에 중력과 반대되는 방향으로 작용하는 힘. 물체를 물에 뜨게 함.

부령(部令) 명[법] 행정 각 부의 장관이 소관 사무에 관하여 발하는 명령.

부:록(附錄) 명 1 본문의 끝에 덧붙이는 기록. 2 신문·잡지 등의 본지에 덧붙인 지면이나 따로 내는 책자. ¶별책 ~.

부루퉁-하다 형(여) 못마땅하여 성난 빛이 얼굴에 나타나 있다. 준보로통하다. 센뿌루퉁하다. **부루퉁-히** 부

부룬디(Burundi) 명[지] 아프리카의 동부에 있는 공화국. 수도는 부줌부라.

부류(部類) 명 종류에 따라 나눈 갈래. ¶같은 ~의 사람.

부르다¹ 통(타)르 〈부르니, 불러〉 1 (사람이 어떤 사람을) 그의 이름이나 호칭 등을 말하거나 손짓·눈짓 등을 보내어, 자기에게 향하게 하거나 나오게 하다. 2 (사람이 어떤 사람을 어떤 장소에) 청하여 오게 하다. ¶의사를 집으로 ~. 3 (사람이 자기 앞에 없는 사람을) 보거나 만나기 위해 제삼자를 통해 찾다. ¶선생님께서 너를 **부르신다**. 4 (사람이 어떤 사람에게 명단이나 문구, 숫자 등을) 비교적 큰 소리로 읽거나 말하여 그에 답하거나 응하게 하다. ¶출석을 ~. 5 (사물이 사람을) 어떤 일에 동참하도록, 또는 자기에게 오도록 끌다. ¶푸른 바다가 우리를 **부른다**. 6 (사람이 노래를) 목소리로 이루어 나타내다. ¶유행가를 ~. 7 (만세 등을) 소리 높여 외치다. ¶만세를 ~. 8 (어떤 대상을) 무엇이라고 가리켜 말하다. 비칭하다. ¶직장 선후배 사이지만 그를 형이라고 **불렀다**. 9 (값이나 액수 등을) 얼마라고 말하다. ¶값을 ~. 10 (어떤 말이나) 그것과 관련된 어떤 일을 생기게 하다. 비초래하다·야기하다. ¶화(禍)를 ~.

부르는 것이 값이다 상인이 마음대로 값을 매긴다는 뜻으로, 값이 일정하지 않고 그때그때 달라짐을 이르는 말. ¶요즘 채소는 ~.

부르다² 형(르) 〈부르니, 불러〉 (명사 '배' 또는 '배'가 들어가는 합성어와 결합하여) 1 (사람·동물의 배가) 먹은 것이 많아 더 먹고 싶은 것이 없을 정도로 든든하다. ¶배가 **불러** 더 못 먹겠다. 2 (사람이나 동물, 또는 물체의 배가) 불룩하게 내민 상태에 있다. ¶임신하여 배가 ~.

부르델, 에밀(Bourdelle, Emile) 명[인] 프랑스의 조각가(1861~1929).

부르르 부 1 (춥거나 무섭거나 분함 등으로) 갑자기 몸을 움츠리며 떠는 모양. ¶화가 나서 ~ 몸을 떨다. 2 좁은 그릇 속에서 적은 물이 끓어오르는 모양. 또는, 그 소리. 거푸르르.

부르릉 부 발동기가 발동할 때 나는 소리.

부르릉-거리다/-대다 통(자)(타) 잇달아 부르릉 소리가 나다. 또는, 그런 소리를 내다. ¶자동차가 ~. 준부릉거리다.

부르릉-부르릉 부 부르릉거리는 소리. 준부릉부릉. **부르릉부르릉-하다**

부르주아(@bourgeois) 명 1 [사] 중세 유럽 도시에서의 중산 계급의 시민. 2 근대 사회에서의 자본가 계급에 속하는 사람. ↔프롤레타리아. 3 '부자(富者)'를 속되게 이르는 말.

부르주아지(bourgeoisie) 명[사] =자본가 계급. ↔프롤레타리아트.
부르-쥐다 통(주먹을) 힘들여 쥐다. ¶화가 난 그는 주먹을 **부르쥐며** 소리쳤다.
부르-짖다[-짇따] 통 ① 재 〈사람〉 다른 사람의 주의를 끌기 위해 있는 힘을 다해 크게 소리를 내다. 비절규하다. ¶살려 달라고 ~. ▷울부짖다. ② 태 ①〈사람이 외침 소리를〉다른 사람의 주의를 끌기 위해 있는 힘을 다해 내다. ¶여인은 자식의 이름을 **부르짖으며** 흐느꼈다. ② (어떤 주장이나 의견을) 열렬히 말하다. 비절규하다. ¶자유를 ~.
부르카(burka) 명 이슬람 국가, 특히 아프가니스탄에서 여성들이 눈만 내놓고 온몸을 가리는, 장옷 비슷한 옷.
부르키나파소(Burkina Faso) 명[지] 서아프리카의 볼타 강 상류에 위치한 공화국. 수도는 와가두구. 구칭은 오트볼타.
부르트다 통 재 〈부르트니, 부르터〉 1 살가죽이 부어서 살 속에 물이 괴다. ¶피곤하여 입술이 ~. 2 물것에 물려 살이 도톨도톨 부어오르다. ¶모기에 물린 자리가 ~.
부름 명 국가나 초월적 존재나 윗사람 등이 어떤 일을 시키기 위해 부르는 것. ¶조국의 ~을 받고 군에 입대하다.
부름-켜 명[식] =형성층.
부릅뜨다 통 〈부릅뜨니, 부릅떠〉(사람이 눈을) 무섭게 보일 만큼 크게 뜨다. ¶눈을 **부릅뜨고** 노려보다. ▷부라리다.
부릉-거리다/-대다 재타 '부르릉거리다'의 준말.
부릉-부릉 '부르릉부르릉'의 준말. **부릉부릉-하다** 재 타

부리 명 1 새나 닭·오리 등의 입이 되는, 뾰족하면서 또는 다소 길게 내민 단단한 부분. 2 (다른 명사와 합성어를 이루어) 부피를 가진 물체에서 뾰족하게 내밀거나 가늘고 길게 뻗어 나온 부분을 이르는 말. ¶돌~ / 소맷~.
부리나케 뮈 몹시 서둘러서 아주 급하게. ¶연락을 받자마자 ~ 달려갔다.
부리다¹ 통 태 ① (마소와 같은 짐승을) 몰아서 일을 시키다. ¶소를 ~. 2 (사람을) 다스려 일을 시키다. 비사역(使役)하다. ¶그는 사람 **부릴** 줄을 안다. 3 (기계를) 뜻대로 다루어 움직이다. ¶자동차를 ~. 4 (귀신을) 자기 뜻대로 움직이다. ¶귀신 부리는 재주. 5 (재주·꾀 따위를) 나타내거나 발휘하다. ¶요술을 ~. 6 (좋지 않은 행동이나 태도나 상태를) 짐짓 보이거나 나타내다. ¶어리광을 ~.
부리다² 통 태 (실었던 짐을) 풀어 내려놓다. ¶창고에서 화물을 ~.
부리부리-하다 휑 (눈이) 크고 광채가 번득이면서 힘찬 기운을 띤 상태에 있다. ¶눈이 **부리부리하게** 생긴 남자.
부:마(駙馬) 명[역] 임금의 사위.
부:마-도위(駙馬都尉) 명[역] 임금의 사위에게 주는 칭호.
부메랑(boomerang) 명 1 오스트레일리아 원주민이 사용하는 무기의 한 가지. 'ㄱ'자로 구부러진 나무 막대기인데, 던져서 목표물에 맞지 않으면 되돌아온다. 2 1을 모방한 놀이 기구.
부메랑^효:과(boomerang效果) 명[경] 선진국이 개발 도상국에 자본재를 수출한 결과, 값싼 현지 생산품이 선진국에 역수출되어 선진국 업체와 경쟁하는 현상.

부모(父母) 명 아버지와 어머니를 아울러 이르는 말. 비양친·어버이.
[부모가 자식을 겉 낳았지 속 낳았나] 자기 자식이라도 그 속은 알 수 없다는 말.
부:목(副木) 명 팔다리가 부러지거나 삐거나 하였을 때, 다친 부위를 움직이지 못하도록 응급 수단으로 대는, 판자나 막대 모양의 나무나 금속. ¶~을 대다.
부문(部門) 명 (주로 명사 뒤에 쓰여) 사물의 영역을 여럿으로 분류했을 때, 그 분류된 작은 영역을 이르는 말. ¶신춘문예 시 ~ 당선작. ▷부분.
부:-반장(副班長) 명 학급에서, 반장 다음 가는 지위에 있는 사람.
부:복(俯伏) 명 고개를 숙이고 엎드리는 것. **부:복-하다** 재타여 ¶만조백관이 어전에 ~.
부부(夫婦) 명 결혼한 또는 결혼한 남녀. 곧, 남편과 아내를 아울러 이르는 말. =부처. 비내외. ¶신혼 ~ / 맞벌이 ~.
[부부 싸움은 칼로 물 베기] 내외간 싸움은 쉽게 화합한다는 뜻.
부부-간(夫婦間) 명 부부의 사이. =부부지간. 비내외간.
부부-애(夫婦愛) 명 부부의 서로에 대한 사랑.
부부-유별(夫婦有別) 명 오륜(五倫)의 하나. 부부간에는 엄격히 지켜야 할 인류의 구별이 있음.
부-부인(府夫人) 명[역] 조선 시대, 대군의 아내와 왕비의 어머니에 대한 작호.
부부지간(夫婦之間) 명 =부부간.
부분(部分) 명 전체의 일부를 이루는 부위나 범위나 요소. ↔전체. ▷부문.
부분^월식(部分月蝕)[-씩] 명[천] 달의 일부분만 가려지는 월식. ↔개기 월식.
부분^일식(部分日蝕)[-씩] 명[천] 태양의 일부분만 달에 가려지는 일식. ↔개기 일식.
부분-적(部分的) 관 명 전체 가운데 한 부분이 되는 (것). 또는, 부분에 관계되는 (것). ↔전체적.
부분^집합(部分集合)[-지팝] 명[수] 집합 B의 원소가 모두 집합 A의 원소가 되어 있을 때의 집합 B를 집합 A에 대하여 일컫는 말. ↔전체 집합.
부분-품(部分品) 명 =부품(部品).
부비다 통 '비비다'의 잘못.
부비^트랩(booby trap) 명[군] 적을 살상하기 위해 보이지 않게 위장해 설치한 폭발물.
부사(府使) 명[역] 대도호부사(大都護府使)와 도호부사의 총칭.
부:사(副詞) 명 품사의 하나. 동사나 형용사, 또는 체언·수식언·구·절·문장 등으로써 그 의미를 더욱 분명하게 해 주는 단어. '갑자기', '이리' 따위. =어찌씨.
부:사-격(副詞格) 명[군] 어떤 체언이 문장 속에서 부사어의 기능을 가지고 있음을 나타내는 격.
부:사격^조:사(副詞格助詞)[-껵쪼-] 명[언] 체언이나 용언의 명사형 아래에 붙어서 그 말을 부사어로 만드는 조사. '에', '에서', '로', '과' 따위.
부:-사관(副士官) 명[군] 원사(元士)·상사·중사·하사의 총칭. 2001년에 '하사관'을 개칭한 것임.
부:사-구(副詞句) 명[언] 부사의 구실을

540 _ 부사어

하는 구. "그 새는 아주 높이 난다."에서 '아주 높이' 따위.
부:사-어(副詞語) 〖언〗 문장 성분의 하나로 부사의 구실을 하는 단어·어절·관용구.
부:-사장(副社長) 〖명〗 회사에서 사장 다음 가는 지위. 또는, 그 사람.
부:-사절(副詞節) 〖명〗〖언〗 부사와 같은 구실을 하는 절. "땀이 비 오듯이 흐르다."에서 '비 오듯이' 따위.
부산¹ 〖명〗 바쁘거나 급해 요란하게 서두르거나 어수선하게 떠드는 일. ¶~을 피우다.
부산²(釜山) 〖명〗〖지〗 경상남도의 남동쪽에 있는 광역시.
부:-산물(副産物) 〖명〗 1 주산물의 생산 과정에서 덧생기는, 상품 가치가 있는 물건. ↔주산물. 2 어떤 일에 부수적으로 생기는 일이나 현상. ¶조기 교육의 ~.
부산-스럽다[-따] 〖형〗〈~스러우니, ~스러워〉 부산한 데가 있다.
부산-하다 〖형여〗 바쁘게 서두르는 모습이 어수선하거나 떠들썩하다. ¶서울역 대합실은 귀성객들로 **부산**했다. **부산-히** 〖부〗
부-삽 〖명〗 숯불이나 재 따위를 담아 옮기는 데 쓰이는 삽.
부:상¹(負商) 〖명〗=등짐장수.
부:상²(負傷) 〖명〗 몸에 상처를 입는 것. **부:상-하다**² 〖자여〗
부상³(浮上) 〖명〗 1 물 위로 떠오르는 것. 2 어떤 현상이 보통 때보다 더 큰 관심을 끌거나 불우한 처지에 있던 사람이 갑자기 좋은 자리로 올라서는 일. **부상-하다**² 〖자여〗 ¶잠수함이 ~ / 무명 신인이 강력한 우승 후보로 ~.
부:상⁴(副賞) 〖명〗 상장과 정식 상 외에 덧붙여 주는 상. ¶상패와 ~을 수여하다.
부상⁵(富商) 〖명〗 자본이 많은 상인.
부:상-병(負傷兵) 〖명〗 싸움터에서 상처를 입은 군인.
부:상-자(負傷者) 〖명〗 상처를 입은 사람.
부서(部署) 〖명〗 조직체에서, 업무의 성격에 따라 나눈 조직의 단위.
부서-뜨리다/-트리다 〖타여〗 1 깨어져 여러 조각이 나게 하다. ㉑부스러뜨리다. 2 제대로 쓸 수 없게 헐어지거나 깨어지게 하다. × 부숴뜨리다.
부서-장(部署長) 〖명〗 기관이나 단체에서, 한 부서의 우두머리.
부서-지다 〖자여〗 1 (단단하거나 바싹 마른 물건이) 외부의 힘이나 그 무엇을 받아 여러 조각이 나다. ¶돌이 **부서져** 모래가 되다. 2 (짜서 만든 물건이나 구조물 등이) 제대로 쓸 수 없을 정도로 망가지거나 제 형태를 잃다. ¶지진으로 건물이 ~. 3 (덩어리진 액체가) 다른 물체에 세게 부딪쳐 물방울을 이루며 흩어지다. ¶파도가 **부서지는** 바닷가. 4 (희망·기대 등이) 이룰 수 없는 상태가 되다. ¶집값이 크게 뛰어 내 집 마련의 꿈이 ~. × 부숴지다.
부석(浮石) 〖명〗 화산의 용암이 갑자기 식어서 된 다공질의 가벼운 돌.
부석-부석[-썩-] 〖부〗 살이 좀 부어오른 모양. ㉑푸석푸석. **부석부석-하다** 〖형여〗 ¶얼굴이 ~.
부:설¹(附設) 〖명〗 어떤 데에 부속시켜 설치하는 것. ¶교육 대학 ~ 유치원. **부:설-하다**¹ 〖타여〗 ¶대학에 연구소를 ~. **부:설-되다**¹ 〖자여〗

부:설²(敷設) 〖명〗 (철도·교량·지뢰 등을) 설치하는 것. ¶교량 ~ 공사. **부:설-하다**² 〖타여〗 ¶철도를 ~. **부:설-되다**² 〖자여〗
부성(父性) 〖명〗 아버지로서 가지는 성질. ↔모성(母性).
부성-애(父性愛) 〖명〗 아버지로서의 자식에 대한 사랑. ↔모성애.
부:세(富世) 〖명〗 몸길이 50cm가량으로 작은 민어와 비슷하며, 몸빛은 적황색인 바닷물고기.
부:속(附屬) 〖명〗 1 주되는 사물에 딸려서 붙는 일. 또는, 그런 사물. ¶의과 대학 ~ 병원. 2 '부속품'의 준말. **부:속-하다** 〖자여〗 주되는 사물에 딸려서 붙다. **부:속-되다** 〖자〗
부:속^고등학교(附屬高等學校)[-꼬-꾜] 〖교〗 사범 대학에 부설한 인문계 고등학교. ㉑부고.
부:속-물(附屬物)[-송-] 〖명〗 주되는 사물에 부속된 물건.
부:속^병원(附屬病院)[-뼝-] 〖명〗 의과 대학에 부속된 병원. 의과 대학생의 실습과 연구를 목적으로 설치함.
부:속^중학교(附屬中學校)[-쭝-꾜] 〖교〗 사범 대학에 부설한 중학교. ㉑부중.
부:속-품(附屬品) 〖명〗 주가 되는 물건과 일체가 되어야 비로소 기능을 하는 물건. ¶기계 ~. ㉑부속.
부:수¹(附隨) 〖명〗 (어떤 것이 주되는 일이나 대상에) 덧붙거나 따라붙는 것. ¶~조건. **부:수-하다** 〖자여〗 **부:수-되다** 〖자〗
부수²(部首) 〖명〗 한자 자전에서 글자를 찾는 길잡이가 되는 글자의 한 부분. '大'자는 '天', '失', '央' 등의 부수가 됨. ▷변(邊).
부수³(部數)[-쑤] 〖명〗 책·신문 등의 부(部)의 수효. ¶일간지의 발행 ~.
부수다 〖타〗 1 여러 조각이 나게 두드려 깨뜨리다. ¶광석을 잘게 ~. 2 어떤 물건을 파괴하거나 못 쓰게 만들다. ¶대문을 ~. ㉑바수다. × 부시다.
부수-색인(部首索引) 〖명〗 한 한자전(漢字字典) 등에서 부수를 찾기 쉽게 만든 색인.
부:-수입(副收入) 〖명〗 1 본수입 이외의 수입. 2 비공식적인 수입. ¶~을 챙기다.
부:수-적(附隨的) 〖관명〗 주되는 일이나 대상에 덧붙거나 따라붙는 특성이 있는 (것). ¶~ 조건.
부숴-뜨리다 〖타〗 '부서뜨리다'의 잘못.
부숴-지다 〖자〗 '부서지다'의 잘못.
부스(booth) 〖명〗 1 공중전화·샤워·매표 등을 할 수 있도록 한두 사람이 들어갈 수 있는 크기로 칸을 질러 막은 시설물. ¶티켓 ~. 2 박람회 등에서, 물건을 전시하고 판매할 수 있도록 설치한 시설물.
부스러기 〖명〗 어떤 물체에서 잘게 부스러져 떨어져 나온 자잘한 조각. ¶과자 ~.
부스러-뜨리다/-트리다 〖타〗 깨어져 잘게 조각이 나게 하다. ㉑부서트리다.
부스러-지다 〖자〗 1 덩이가 헐어져 잘게 되다. 2 깨어져 여러 조각이 나다. ㉑바스러지다.
부스럭 〖부〗 마른 검불 따위를 밟거나 뒤적일 때 나는 소리. **부스럭-하다** 〖자여〗〖타여〗 ¶**부스럭하는** 소리에 놀라 잠을 깼다.
부스럭-거리다/-대다[-꺼(때)-] 〖자〗〖타〗 자꾸 부스럭 소리가 나다. 또는, 그런 소리를 내다. ¶마루 밑에서 **부스럭거리는**

부여안다_541

소리가 들린다.
부스럭-부스럭[-뻑-] 閉 부스럭거리는 소리. **부스럭부스럭-하다** 통(자여)
부스럼 閉 피부에 나는 종기의 총칭.
부스스 閉 1 느리게 슬그머니 일어나는 모양. 2 누워 있던 잠자리에서 슬그머니 일어나 말없이 나간다. 2 머리털 같은 것이 어지럽게 흐트러지거나 일어선 모양. 3 부스러기가 어지럽게 헤어지는 모양. 또는, 그런 소리. =푸시시. ×부시시. **부스스-하다** 형여 ¶머리가~.
부슬-부슬¹ 閉 눈·비가 가늘고 성기게 내리는 모양. ¶봄비가~ 내리다. 참보슬보슬.
부슬-부슬² 閉 물기가 적어서 잘 엉기지 않는 모양. 참보슬보슬. **부슬부슬-하다** 형여 ¶백설기가 말라서~.
부슬-비 閉 부슬부슬 내리는 비. 참보슬비.
부시¹ 閉 부싯돌을 쳐서 작은 불티가 일어나게 하는 얇은 쇳조각.
부시², 조지 워커(Bush, George Walker) 閉[인] 미국의 제43대 대통령(1946~).
부시³, 조지 허버트 워커(Bush, George Herbert Walker) 閉[인] 미국의 제41대 대통령(1924~).
부시다¹ 통태 (그릇 따위를) 물로 깨끗이 씻다. ¶밥그릇을~.
부시다² 통태 '부수다'의 잘못.
부시다³ 통여 (만드시 '눈(眼)'과 함께 쓰이어) 너무 강한 빛 때문에 제대로 뜨거나 사물을 보기 어려운 상태에 있다. ¶햇빛에 눈이~.
부시먼-족(Bushman族) 閉 아프리카의 칼라하리 사막에 사는 흑인종. 키가 작고 피부는 황갈색임.
부시시 '부스스'의 잘못.
부:식¹(副食) 閉 사람이 끼니때, 주식(主食)에 곁들여 먹는 음식. ↔주식.
부:식²(腐植) 閉 죽은 동식물이 흙 속에서 미생물의 작용으로 분해되어 이루어진, 흑갈색의 물질. =부식질.
부:식³(腐蝕) 閉 1 썩어서 문드러지는 것. 2 [화] 금속이 외부로부터의 화학 작용에 의해 변화되는 현상. **부:식-하다** 통태여 ¶부식된 낡은 수도관.
부:식-비(副食費) 閉 부식에 드는 비용.
부:식-질(腐植質) 閉 =부식².
부:식-토(腐植土) 閉[농] 20% 이상의 부식질을 포함한 흑갈색의 비옥한 토양. 농작에 좋음.
부:신(副腎) 閉[생] 좌우의 신장 위에 하나씩 있는 내분비 기관.
부:신-수질(副腎髓質) 閉[생] 부신의 중앙부를 형성하는 내분비 조직. 아드레날린 등을 분비함.
부:신-피질(副腎皮質) 閉[생] 부신의 표층부를 차지하는 조직. 부신 피질 호르몬을 분비함.
부:실(副室) 閉 '첩'을 점잖게 이르는 말. ↔정실(正室).
부실-기업(不實企業) 閉 경영이 부실하고 재정이 불안정한 기업.
부실-하다(不實-) 형여 1 (몸·마음·행동 따위가) 옹골차지 못하고 약하다. ¶몸이~. 2 미덥지 못하다. ¶부실한 사람. 3 (내용이) 실속이 없고 모자라는 데가 있다. ¶반찬이~.
부:심¹(副審) 閉[체] 운동 경기에서, 주심

(主審)을 보좌하는 심판원. ▷주심.
부:심²(腐心) 閉 근심·걱정이나 무엇을 생각하느라고 마음을 쓰이는 것. ¶철치~.
부:심-하다 통자여 ¶대책 마련에~.
부싯-돌 [-시똘/-싣똘] 閉 부시로 치면 불티가 일어나는, 불을 피우는 도구로 사용되던 돌.
부싱(bushing) 閉 전선을 벽에 관통시킬 때 절연시키기 위해 끼는, 사기 따위로 만든 관.
부아 閉 분한 마음. ¶~를 돋우다 /~가 치밀다.
부아-통 閉 '부아'를 속되게 이르는 말. ¶~이 터지다.
부양¹(扶養) 閉 생활 능력이 없는 사람의 생활을 돌보는 것. **부양-하다**¹ 통태여 ¶처자식을~. **부양-되다**
부양²(浮揚) 閉 1 물속에 가라앉은 것이 위로 떠오르는 것. 또는, 떠오르게 하는 것. 2 공중으로 떠오르는 것. 또는, 떠오르게 하는 것. 3 침체된 경기에 활기를 주는 것. ¶증시~ 대책. **부양-하다**² 통태여
부양-가족(扶養家族) 閉 처자나 노부모 등 자기가 부양하고 있는 가족.
부양-책(浮揚策) 閉 경제를 부양할 대책이나 방법. ¶경기~.
부어-오르다 통자여 <~오르니, ~올라> 살갗 등이 부어서 부풀어 오르다. ¶벌에 쏘인 자리가 부어올랐다.
부:언(附言) 閉 중심이 되는 말을 한 다음에 어떤 말을 덧붙여서 말하는 것. 또는, 그 말. **부:언-하다** 통태여 ¶마지막으로 한마디만 부언하겠습니다.
부:업(副業) 閉 본업의 여가를 이용하여 하는 벌이나 직업. ¶가내~. ↔본업.
부엉-부엉 閉 부엉이의 울음소리.
부엉-새 閉 =부엉이.
부엉-이 閉 올빼미와 비슷하나, 눈이 크고 머리 꼭대기에 귀 모양의 깃털이 있는 새의 총칭. 깊은 숲 속에 살며, 해질 무렵에 '부엉부엉' 하고 욺. =부엉새.
부엌 [-억] 閉 가정집에서, 밥을 짓거나 음식을 만들 수 있도록 꾸민 공간. 旧주방. 취사장.
부엌-간(-間) [-억깐] 閉 부엌으로 쓰는 곳.
부엌-데기 [-억떼-] 閉 부엌일을 맡아서 하는 여자를 얕잡아 이르는 말.
부엌-문(-門) [-엉-] 閉 부엌으로 출입하는 문.
부엌-방(-房) [-억빵] 閉 전통 또는 재래 가옥에서, 부엌 바로 옆에 있으면서 부엌과 투하게 되어 있는 작은 방.
부엌-일 [-엉닐] 閉 부엌에서 하는 것. 곧, 음식을 만들거나 설거지하는 일 따위. **부엌일-하다** 통자여
부엌-칼 [-억-] 閉 부엌에서 음식을 만들 때 쓰는 칼. 旧식칼.
부에노스아이레스(Buenos Aires) 閉[지] 아르헨티나의 수도.
부여¹(夫餘·扶餘) 閉[역] 기원전 1세기경에 퉁구스 계통의 부여족이 북만주 일대에 세운 나라.
부:여²(附與·賦與) 閉 (어떤 사람에게 권리·임무·의식·재능 등을) 가지게 해 주는 것. ¶특권~. 2 (사물에 가치나 의의 등을) 붙여 주는 것. ¶의미~. **부:여-하다** 통태여 **부:여-되다**
부여-안다 [-따] 통태 (사람이나 물체를)

슬픈 마음이나 괴로운 심정으로 한동안 힘 있게 안다. 주로, 문어적인 표현에서 쓰임. [비]부둥켜안다. ¶어머님의 주검을 **부여안고** 흐느껴 울다.

부여-잡다[-따] [동][타] 손으로 붙들어 잡다. ¶손목을 ~.

부¦역[1](附逆) [명] 국가에 반역하는 일에 가담하거나 편드는 것. **부¦역-하다** [동][자][여]

부¦역[2](賦役) [명] 국가 또는 공공 단체가 특정한 공익사업을 위하여 국민에게 보수 없이 의무적으로 지우는 노역(勞役).

부¦역-자(附逆者)[-짜] [명] 국가에 반역하는 일에 가담하거나 편든 사람.

부¦연(敷衍) [명] 어떤 사실이나 내용에 대해 알기 쉽게 덧붙여 자세히 설명하는 것. ¶~ 설명. **부¦연-하다** [동][타][여]

부¦엽-토(腐葉土) [명][농] 나뭇잎 따위가 썩어서 된 흙.

부¦옇다[-여타] [형][ㅎ] 〈부여니, 부여오, 부예〉 산뜻하거나 뚜렷하지 않고 희읍스름하다. ¶먼지가 **부옇게** 끼다. [작]보얗다. [센]뿌옇다.

부왕(父王) [명] 아버지인 임금.

부원(部員) [명] 부(部)에 속하는 사람.

부원-군(府院君) [명][역] 조선 시대, 임금의 장인이나 정1품 공신에게 주던 작호.

부위(部位) [명] 어느 부분이 있는 위치. ¶어깨 ~에 통증을 느끼다.

부유(浮遊·浮游) [명] **1** 물이나 공중을 떠다니는 일. ¶~ 식물. **2** 직업도 없이 갈 곳도 정하지 않고 이리저리 떠돌아다니는 것. **부유-하다**[1] [동][자][타][여] ¶미세한 먼지 입자가 공중을 ~.

부유스레-하다 [형][여] =부유스름하다.

부유스름-하다 [형][여] 빛이 진하지 않고 조금 부옇다. =부유스레하다. ¶**부유스름한** 유리. [작]보유스름하다. **부유스름-히** [부]

부¦유-층(富裕層) [명] 부유하게 잘사는 계층.

부¦유-하다[2](富裕-) [형][여] (어떤 사람이나 집안, 나라 등이) 먹고 입고 쓰기에 충분할 만큼 재산이 많다. ¶**부유한** 가정.

부윤(府尹) [명] **1** [역] 조선 시대의 종2품 문관의 외관직. 지방 관청인 부(府)의 우두머리임. **2** [일제] 부(府)의 우두머리. 지금의 시장(市長)에 해당함.

부¦음(訃音) [명] 어떤 사람이 죽었다는 소식이나 기별. ▷부고(訃告).

부¦응(副應) [명] (어떤 사람이 상대의 기대나 요구, 또는 상황 등에) 맞추거나 응하여 좇거나 따르는 것. **부¦응-하다** [동][자][여] ¶여러분의 성원에 **부응해서** 꼭 우승하겠습니다.

부¦의[1](附議)[-의/-이] [명] 토의에 부치는 것. **부¦의-하다** [동][타][여] ¶이번 정기 국회에 **부의할** 안건이 산적해 있다.

부¦의[2](賻儀)[-의/-이] [명] **1** 초상집에 부조로 보내는 돈이나 물품. 또는, 그 일. **2** 초상집에 조위금을 낼 때 그 봉투나 단자에 쓰는 말. [비]근조.

부¦의-금(賻儀金)[-의-/-이-] [명] 초상집에 부조로 주는 돈. [비]조위금.

부¦-의장(副議長) [명] 의장을 돕고 의장의 유고 시에 그 직무를 대리하는 사람. 또는, 그 직위.

부¦익부(富益富)[-뿌] [명] 부자일수록 더욱 부자가 됨. ¶~ 빈익빈. ↔빈익빈.

부인[1](夫人) [명] 남의 '아내'를 다소 높여 이르는 말.

부¦인[2](否認) [명] (어떤 사실을) 인정하지 않고 아니라고 하는 것. ↔시인. **부¦인-하다** [동][타][여] ¶아무도 **부인할** 수 없는 사실. **부¦인-되다** [동][자]

부인[3](婦人) [명] 결혼한 여자.

부인-과(婦人科)[-꽈] [명][의] 부인병의 질환을 진찰·치료하는, 의학의 한 분과. ▷산부인과.

부인-병(婦人病)[-뼝] [명][의] 여성의 생식기에 일어나는 질환의 총칭.

부인-복(婦人服) [명] 부인들이 입는 옷.

부인-회(婦人會)[-회/-훼] [명] 부인들이 수양·오락·연구·사회봉사 따위를 목적으로 조직한 단체.

부¦임(赴任) [명] 임명을 받아 근무할 곳으로 가는 것. **부¦임-하다** [동][자][여] ¶새로 **부임한** 교장 선생님.

부자[1](父子) [명] 아버지와 아들을 동시에 이르는 말. ↔모녀.

부¦자[2](附子) [명][한] 바꽃의 뿌리. 양기를 돕고 오한·신경통·관절염 등에 쓰이나 극약임.

부¦자[3](富者) [명] 많은 재산을 가진 사람. [비]갑부. ↔빈자.

[**부자는 망해도 삼 년 먹을 것이 있다**] 본래 부자이던 사람은 망했다 하더라도 얼마 동안은 그럭저럭 살아 나갈 수 있다.

부자-간(父子間) [명] 아버지와 아들의 사이. =부자지간.

부자연-스럽다(不自然-)[-따] [형][ㅂ] 〈~스러우니, ~스러워〉 부자연한 데가 있다. ¶**부자연스런** 태도. **부자연스레** [부]

부자연-하다(不自然-) [형][여] (말·행동 따위가) 자연스럽지 못하다.

부자유-스럽다(不自由-)[-따] [형][ㅂ] 〈~스러우니, ~스러워〉 부자유한 데가 있다. **부자유스레** [부]

부자-유친(父子有親) [명] 오륜(五倫)의 하나. 아버지와 아들 사이의 도(道)는 친애(親愛)에 있음. 또는, 그 도리.

부자유-하다(不自由-) [형][여] 얽매여 자유롭지 못하다.

부자지간(父子之間) [명] =부자간.

부¦-작용(副作用) [명] **1** [의] 약이 지닌 그 본래의 작용 이외에 부수되어 일어나는 작용. 보통 유해(有害)한 것을 이름. ¶~을 일으키다. **2** 어떤 일에 부수되어 일어나는 바람직하지 못한 일. ¶개발에 따르는 환경 파괴의 ~이 심각하다.

부-작위(不作爲) [명][법] 마땅히 해야 할 것으로 기대되는 일정한 행위를 하지 않는 일. ↔작위.

부잡-하다(浮雜-)[-자파-] [형][여] (사람이) 얌전하지 못하여 설치고 다니면서 문제나 말썽을 일으키는 상태에 있다. ¶**부잡한** 아이.

부¦잣-집(富者-)[-자찝/-잗찝] [명] 재산이 많아 살림이 넉넉한 사람의 집.

[**부잣집 맏며느릿감이라**] 얼굴이 복스럽고 듬직하게 생긴 여자를 이르는 말.

부장[1](部長) [명] 부(部)의 책임자.

부¦장[2](副長) [명] **1** 장(長)을 돕는 지위. 또는, 그 사람. **2** [군] 군함에서, 함장의 다음가는 지위. 또는, 그 사람.

부¦장[3](副葬) [명] 장례를 지낼 때 죽은 사람이 생전에 사용하던 여러 가지 물품을 함께 묻는 일. **부¦장-하다** [동][타][여]

부¦장-품(副葬品) [명] 장사 지낼 때, 시체

부재¹(不在) 圏 그곳에 있지 않는 것. ¶지도력 ~. **부재-하다** 困困

부재²(部材) 圏[건] 구조물의 뼈대를 이루는 데에 중요한 요소가 되는 철재·목재 따위의 총칭.

부재-자(不在者) 圏 1 그 자리에 없는 사람. 2 [법] 오랫동안 주소지를 떠나 있는 사람.

부재자^투표(不在者投票) 圏[법] 일정한 사유로 인하여 선거인이 그 주소지의 투표소에 가지 않고 우편으로 행하는 투표.

부재-중(不在中) 圏 자기의 집 또는 직장 등에 있지 않는 동안. ¶친구를 만나러 그의 회사를 방문하였으나 그는 ~이었다.

부!적(符籍) 圏 민도교(民道敎) 등 민간 신앙에서 하는 일로, 악귀나 잡신을 쫓고 재앙을 물리치기 위해 붉은 글씨 모양의 것을 야릇하게 그려 몸에 지니거나 집에 붙이는 종이.

부-적격(不適格) [-껵] 圏 적격이 아닌 것. ¶~ 판정. **부적격-하다** 톙困

부적격-자(不適格者) [-껵짜] 圏 어떤 일에 알맞은 자격을 지니지 못한 사람.

부적당-하다(不適當-) [-땅-] 톙困 적당하지 않다.

부-적응(不適應) 圏 적응하지 못함. **부적응-하다** 困困 ¶시대의 변화에 ~.

부적절-하다(不適切-) [-쩔-] 톙困 적절하지 않다. ¶지금 그 문제를 거론한다는 것은 시기상으로 **부적절**한 것 같다.

부-적합(不適合) [-저캅] 圏 적합하지 않음. **부적합-하다** 톙困

부전(不戰) 圏 불완전한 것. ¶불발 ~.

부!전령-산맥(赴戰嶺山脈) [-절-] 圏[지] 함경남도의 북동쪽에서 남서쪽으로 뻗은 산맥.

부전-승(不戰勝) 圏 추첨이나 상대의 기권 등으로 경기를 치르지 않고 이기는 것. ¶~으로 결승에 진출하다.

부전자전(父傳子傳) 圏 아버지의 성격이나 버릇을 아들이 닮음. ¶~이라더니 그 아버지에 그 아들이로군.

부절(不絶) 圏 끊어지지 않는 것. ¶연락~.

부-젓가락 [-저까-/-젇까-] 圏 화로에 꽂아 두고 쓰는, 쇠로 만든 젓가락.

부!정¹(不正) 圏 행동이나 일이 올바르지 못하거나 정당하지 못한 상태. ¶~ 축재. **부정-하다**¹ 톙困 ¶그는 **부정**한 방법으로 돈을 모았다.

부정²(不定) 圏 분명하게 정해지지 않은 것. ¶거처 ~. **부정-하다**²

부정³(不貞) 圏 여자가 정조를 지키지 않는 것. **부정-하다**³ 톙困

부정⁴(不淨) 圏 민간 신앙에서, (어떤 대상이나 일이) 재앙이나 질병을 불러올 만큼 생리적·물리적·정신적·윤리적으로 흉하고 더러운 상태에 있는 것. 또는, 그 대상이나 일. **부정-하다**⁴ 톙困 ¶해산달이니 **부정**한 곳에 출입하지 마라.
부정(을) 타다 부정한 일로 해를 입다. ¶임신부는 **부정 타**는 일을 피해야 한다.

부정⁵(父情) 圏 자식에 대한 아버지의 사랑이나 정.

부!정⁶(否定) 圏 (어떤 사실을) 그렇지 않다고 말하거나 단정하는 것. ↔긍정. **부!정-되다**⁵ 톙困 ¶범행 사실을 ~. **부!정-되다** 困困

부정^관사(不定冠詞) 圏[언] 구미어(歐美

부조화 __543

語)에서 볼 수 있는 관사의 하나. 명사가 불특정 사물을 나타내는 경우 앞에 덧붙여지는 관사임. ↔정관사.

부-정기(不定期) 圏 시간이나 기한이 일정하게 정하여 있지 않음. ↔정기(定期).

부정기-적(不定期的) 圏 시간이나 기한이 일정하게 정하여져 있지 않는 (것). ¶~ 모임.

부정-맥(不整脈) 圏[의] 심장 박동이 리듬을 잃고 불규칙하게 되는 병적인 상태. 또는, 심장이 운동·흥분 등의 원인 없이 지나치게 느려지거나 빨리 뛰는 상태. ↔정맥(整脈).

부!정-문(否定文) 圏[언] 부정의 뜻을 나타내는 문장. 부사 '아니(안)', '못'을 쓰거나 부정의 뜻을 나타내는 용언 '아니다', '않다', '못하다', '말다'를 써서 만듦.

부!정^부!사(否定副詞) 圏[언] 용언의 의미를 부정하는 방식으로 꾸며 주는 부사. "밥을 안 먹는다."에서 '안' 따위.

부정-부패(不正腐敗) 圏 생활이 깨끗하지 못하고 썩을 대로 썩음. **부정부패-하다** 톙困

부정^선!거(不正選擧) 圏 부정한 수단과 방법에 의한 선거. ↔공명선거.

부!정-어(否定語) 圏 '아니', '아니다'와 같이, 부정하는 뜻을 가진 말.

부!정^의문문(否定疑問文) 圏[언] 부정의 형태를 띤 의문문. "영수 안 갔니?" 따위.

부!정-적(否定的) 쫌 1 좋지 않거나 바람직하지 못한 특성이 있는 (것). ¶음란물은 청소년에게 ~인 영향을 준다. 2 반감이나 거부감을 가지고 받아들이지 않는 태도를 보이는 (것). 또는, 판단·평가 등이 어떤 것을 반대하거나 부정하는 상태에 있는 (것). ¶매사에 ~인 사람. ↔긍정적.

부정직-하다(不正直-) [-지카-] 톙困 정직하지 않다. ¶**부정직한** 사람.

부정-행위(不正行爲) 圏 올바르지 못한 행위. ¶시험 중에 ~를 저지르다.

부정-형(不定形) 圏 모양이나 양식이 일정하지 않은 것.

부-정확(不正確) 圏 정확하지 않은 것. **부정확-하다** 톙困 ¶**부정확한** 대답.

부제¹(部制) 圏 전체를 몇 부분으로 구분하여 운영하는 제도. ¶승용차 10~ 운동.

부!제²(副題) 圏 책이나 논문 등의 표제 열에 덧붙이는 제목. =서브타이틀. ↔주제.

부!-제학(副提學) 圏[역] 조선 시대, 홍문관에 둔 정3품 당상관의 벼슬.

부조¹(父祖) 圏 아버지와 할아버지. ¶~ 대대로 살던 집.

부조²(扶助) 圏 1 잔칫집이나 상가(喪家) 등에 돈이나 물건을 보내는 것. 2 도와주는 것. ¶상호 ~. ×부주. **부조-하다** 困困

부조³(浮彫) 圏[미] 어떤 형상을 평평한 면에 도드라지게 새기는 기법. 또는, 그렇게 만들어진 조각. =릴리프. ¶석고 ~.

부조-금(扶助金) 圏 부조로 주는 돈. ×부주금.

부-조리(不條理) 圏 이치나 도리에 맞지 않는 일. ¶사회 ~를 척결하다. **부조리-하다** 톙困

부-조화(不調和) 圏 서로 잘 조화되지 않는 것. ¶이상과 현실의 ~. **부조화-하다** 톙困

부족¹(不足) 圐 (어떤 대상이) 일정한 기준이나 한도에 미치지 못하는 상태에 있는 것. ¶능력 ~. ↔과잉. **부족-하다** 閺 ¶자본이 ~.

부족²(部族) 圐 공통의 조상·언어·종교 등을 가진, 원시 또는 미개 사회의 구성 단위인 지역적 생활 공동체. ▷씨족.

부족-감(不足感) [-깜] 圐 부족하다고 여겨지는 느낌.

부족-국가(部族國家) [-꾹까] 圐 [역] 원시 사회에서 부족의 의하여 형성된 국가.

부족-분(不足分) [-뿐] 圐 모자라는 몫이나 부분 또는 분량.

부:존-자원(賦存資源) 圐 경제적 목적으로 이용할 수 있는 지각(地殼) 안의 지질학적 자원.

부종(浮腫) 圐 [한] 심장병·신장병 등으로 온몸이 붓거나, 혈액 순환 장애 등으로 몸의 한 부분이 붓는 증세. =부증.

부주圐 '부조(扶助)"'의 잘못.

부주-금(-金) 圐 '부조금'의 잘못.

부-주의(不注意) [-의/-이] 圐 주의하지 않는 것. ¶운전 ~/~로 인한 사고. **부주의-하다** 閺 ¶부주의한 행동.

부줌부라(Bujumbura) 圐[지] 부룬디의 수도.

부ː중(附中) 圐[교] '부속 중학교'의 준말.

부증(浮症) 圐 [한] =부종(浮腫).

부지¹(不知) 圐 (어떤 대상이나 사실을) 알지 못하거나 의식하지 못하는 것. ¶생면-의 얼굴. **부지-하다** 閺 ¶자씨.

부지²(扶持·扶支) 圐 어렵사리 보존하거나 지탱하는 것. **부지-하다** 閺 ¶목숨을 ~. **부지-되다** 閺.

부지³(敷地) 圐 건물이나 도로 시설을 하기 위한 땅. ¶工場 ~.

부지기수(不知其數) 圐 너무 많아서 그 수효를 알 수가 없음. ¶그 책은 오자가 ~다.

부지깽이 圐 아궁이 따위에 불을 땔 때, 불을 거두어 넣거나 끌어내는 데에 쓰는 막대기.

부지런 圐 어떤 일을 꾸물거리지 않고 열심히 하는 태도. ¶~을 떨다. ↔게으름.

부지런-하다 閺 (사람이) 할 일을 미루지 않고 제때에 열심히 하는 생활 태도가 있다. 또는, 어떤 일을 꾸물거리지 않고 열심히 하는 태도가 있다. 町근면하다. ↔게으르다. ~게으르다. 2 (사람이) 몸의 어느 부분을 쉬지 않고 빠르게 움직이는 상태에 있다. ¶부지런하게 발을 옮기다. **부지런-히** 閺.

부지불식-간(不知不識間) [-썩깐] 圐 생각지도 알지도 못하는 사이. ¶~에 일어난 일.

부지-세월(不知歲月) 圐 세월이 가는 줄을 모름.

부지-중(不知中) 圐 알지 못하는 사이. ¶~무의식중. ¶~에 비명을 지르다.

부지지 閺 물기 있는 물건이 뜨거운 열에 닿을 때에 나는 소리. 图바지지. **부지지-하다** 閺.

부지직 閺 1 '부지지' 소리가 급하게 그치는 모양. 2 뻣뻣하고 질긴 물건이 급하게 째지거나 갈라질 때에 나는 소리. 또는, 그 모양. 3 무른 똥을 눌 때 둔하게 나는 소리. 图바지직. 셀뿌지직. **부지직-하다** 閺閻閻.

부지하세월(不知何歲月) 언제나 이루어질지 기약할 수 없이 늦어짐. ¶자금 부족으로 완공은 ~이다.

부-직포(不織布) 圐 기계로 짜지 않고 섬유를 적당히 배열하여 접착제에 담그거나 접착제를 뿌리고 열처리하여 만든, 시트 모양의 천.

부진(不振) 圐 (힘·업적·건강·식욕 따위가) 활발하지 못한 것. ¶발육 ~. **부진-하다** 閺囻 ¶성적이 ~.

부질-없다 [-업따] 閺 대수롭지 않거나 공연하여 쓸모가 없다. ¶닭이 먼저냐, 달걀이 먼저냐 하는 논쟁은 **부질없**는 일이다. **부질없-이** 閺 ¶나는 ~ 걱정만 했다.

부-집게 [-께] 圐 숯불·불덩어리·석탄 덩이 등을 집는 데 쓰이는 집게.

부쩍 閺 1 사물이 갑자기 나아가거나 늘거나 주는 모양. ¶키가 ~ 크다. 2 몹시 힘을 주거나 긴장하는 모양. 图바짝.

부쩍-부쩍 [-뿌-] 閺 '부쩍'을 강조하여 이르는 말. ¶살이 ~ 찌다. 图바짝바짝.

부:차(副次) 圐 =이차(二次)1.

부:차-적(副次的) 圐 중요하거나 중심이 되는 것에 대해, 그리 중요치 않거나 절실하지 않은 (것). 町이차적. ¶~ 문제/~인 원인.

부:착(附着·付着) 圐 꽉 붙어서 떨어지지 않는 것. 또는, 떨어지지 않게 붙이는 것. **부:착-하다** 閺囻 ¶벽보를 게시판에 ~. **부:착-되다** 閺.

부창-부수(夫唱婦隨) 圐 남편이 주장하고 아내가 이에 잘 따르는 것이 부부 사이의 도리라는 말.

부채¹ 圐 손으로 잡고 좌우로 움직여 바람을 일으키는, 주로 여러 개의 가는 대오리에 종이나 천을 발라서 만든 물건.

부:채²(負債) 圐 남에게 진 빚. ¶~을 청산하다.

부채-꼴 圐 1 부채처럼 생긴 모양. ¶~의 땅. 2 [수] 원의 두 개의 반지름과 그 호(弧)로 둘러싸인 부분.

부채-질 圐 1 부채를 흔들어 바람을 일으키는 일. 2 (좋지 않은 일)을 더욱 부추기는 것. 또는, (감정을) 더욱 격해지게 하는 것. **부채질-하다** 閺囻 ¶잘못된 신호 체계가 교통 혼잡을 ~.

부채-춤 圐 부채를 들고 추는 춤.

부챗-살 [-채쌀/-챋쌀] 圐 부채의 뼈대를 이루는 여러 개의 대오리.

부처¹ 圐 [<⑱Buddha] [불] 1불교의 교조인 석가모니를 크게 깨달은 이로서 이르는 말. =불타. 2 불교의 대도(大道)를 깨달은 성인(聖人). 町부처님.

부처²(夫妻) 圐 =부부(夫婦). ¶대통령 ~.

부처³(部處) 圐 정부 조직체로서의 '부'와 '처'를 아울러 이르는 말. ¶정부 각 ~.

부처-님 圐 1 '부처'의 높임말. 2 어질고 순하여 좀처럼 화를 낼 줄 모르는 사람. 또는, 자비심이 아주 많은 사람, 비유적인 말임. ¶법 없이도 살 수 있는 ~ 같은 사람.

[**부처님 가운데 토막**] 어질고 순하거나 자비심이 많은 사람을 익살스럽게 이르는 말.

부처님 오신 날 [불] 불교의 교조인 석가모니가 태어난 날. 음력 4월 8일임. =석가 탄신일.

부-촌(富村) 圐 부자가 많은 마을. 또는, 살기가 넉넉한 마을. ↔빈촌.

부:-총리(副總理) [-니] [명] 국무총리가 특별히 위임하는 사무를 처리하고, 또한 국무총리 유고 시에 그 직무를 대리하는 국무 위원. 재정 경제부 장관과 교육 인적 자원부 장관이 겸임함.

부:-총장(副總長) [명] 총장을 보좌하며 총장의 유고 시에 그 직무를 대리하는 직위. 또는, 그 사람.

부:-총재(副總裁) [명] 총재를 보좌하며 총재의 유고 시에 그 직무를 대리하는 직위. 또는, 그 사람.

부:추 [명][식] 봄에 땅속의 작은 비늘줄기에서 가늘고 긴 잎이 모여 나며, 7~8월에 흰 꽃이 피는 여러해살이풀. 잎은 식용하고, 종자는 약재로 씀.

부:추기다 [동][타] 남을 이리저리 들쑤셔 어떤 일을 하도록 만들다. ¶노동자를 **부추겨** 노사 분규를 일으키다.

부:축 [명] (혼자 서거나 걷기 어려운 사람을) 옆에서 팔이나 어깨나 허리 등을 붙들어 서거나 걸을 수 있게 돕는 것. **부:축-하다** [동][타][여] ¶노인을 ~.

부츠(boots) [명] 목이 긴 구두. 앵클부츠·롱부츠 등이 있음.

부치다[1] [동][자] (어떤 일이나 대상이 힘이나 능력에) 미치지 못하여 제대로 다루기 어려운 상태가 되다. ¶그 일은 힘에 **부쳐** 도저히 못 하겠다.

부치다[2] [동] [1][타] **1** (상대에게 편지나 물건, 돈 등을) 우편이나 온라인 등으로 가게 하다. ¶부모님께 편지를 ~. **2** (어떤 문제를 토의나 재판 등에) 넘기어 처리하게 하다. ¶안건을 회의에 ~/가부를 표결에 ~. **3** (원고를 인쇄에) 들어가도록 넘기다. ¶김 교수는 논문을 탈고하는 대로 인쇄에 **부칠** 예정이다. **4** (어떤 일을 문제가 되지 않거나 문제를 삼지 않거나 대수롭지 않은 상태에) 있게 하다. ¶불문(不問)에 ~. **5** (사람이 자기의 심정을 자연물이나 동식물에) 의지하여 대신 나타내다. [비]가탁(假託)하다. ¶시인이 기러기에 **부쳐** 외로움을 노래하다. **6** (사람이 제집이 아닌 곳에서 자고 먹는 일을) 일정 기간 정하여 두고 하다. ¶객지에서 하숙을 ~. [2][자] 어떤 글에서, (어떤 행사나 특별한 날에) 즈음하여 어떤 의견을 나타내다. 흔히, 글의 제목이나 부제(副題)에서 쓰는 말임. ¶한글날에 **부치는** 글.

부치다[3] [동][타] 논밭을 이용하여 농사를 짓다. ¶남의 논을 ~.

부치다[4] [동][타] 기름 친 번철에 빈대떡·저냐·전병 등의 음식을 익혀 만들다. [비]지지다. ¶빈대떡을 ~.

부치다[5] [동][타] 부채 등을 흔들어서 바람을 일으키다. ¶부채를 ~.

부:칙(附則) [명] **1** 어떤 규정을 보충하기 위해 덧붙인 규칙. **2** [법] 법령의 끝에 붙여 부수적인 사항을 보충하는 규정.

부친(父親) [명] '아버지1'을 격식을 갖추어 지칭하는 말. ↔모친.

부친-상(父親喪) [명] 아버지의 상사(喪事). ↔모친상.

부침(浮沈) [명] **1** 물 위에 떠올랐다 물속에 잠겼다 하는 것. **2** (세력 따위가) 성하고 쇠함을 비유적으로 이르는 말. **부침-하다** [동][자][여]

부침-개 [명] 기름에 부치는 음식의 총칭. [비]지짐이. ¶녹두~.

부침개-질 [명] 부침개를 부치는 일. **부침개질-하다** [동][자][여]

부케([프]bouquet) [명] 주로 결혼식 때 신부가 손에 드는 작은 꽃다발.

부쿠레슈티(București) [명][지] 루마니아의 수도.

부킹(booking) [명] **1** '예약'으로 순화. ¶골프장 ~. **2** 〈속〉 나이트클럽·카바레 등에서, 즉석에서 이성의 상대를 만나 어울리게 해 주는 일.

부:탁(付託) [명] (어떤 사람에게 어떤 일을) 해 달라고, 또는 하게 해 달라고 청하거나 맡기는 것. **부:탁-하다** [동][타][여] ¶친지에게 취직을 ~.

부탄(Bhutan) [명][지] 인도와 티베트 사이, 히말라야 산기슭에 있는 나라. 수도는 팀푸.

부탄-가스(butane gas) [명][화] 부탄·부틸렌의 혼합 가스. 압축하면 쉽게 액화(液化)하므로 가스라이터 등에 쓰임.

부터 [조] 차례의 시작이나, 시간 또는 공간의 한계를 나타내는 보조사. ¶너~ 출발해라. ↔까지.

부:-통령(副統領) [-녕] [명][법] 미국 등 일부 대통령 중심제 국가에서, 대통령을 보좌하고 대통령 유고 시에 그 직무를 대행하는 사람. 또는, 그 직위.

부:-티(富-) [명] 〈속〉 부유하게 보이는 모습이나 태도. ¶~ 나는 얼굴. ↔빈티.

부티르-산(←butyric酸) [명][화] 부탄올의 산화에 의하여 얻어지는 불쾌한 냄새를 가진 기름 모양의 액체. 향료의 합성 원료 등에 쓰임.

부티르산-균(←butyric酸菌) [명][화] 탄수화물을 발효시켜 부티르산을 생성하는 균. 토양·물·곡류·우유 등에 존재함.

부팅(booting) [명][컴] 컴퓨터를 사용할 수 있도록 보조 기억 장치에 있는 운영 체계를 주기억 장치로 복사하는 과정.

부:패(腐敗) [명] **1** [화] 미생물의 작용에 의하여 단백질이나 지방 유기물이 분해되어 악취를 풍기고 유독 물질이 발생하는 것. 또는, 그 현상. **2** (사회, 또는 사회를 구성하는 조직이나 그 구성원이) 도덕적·법적으로 타락한 상태가 되는 것. ¶정치의 부정~. **부:패-하다** [동][자][여] ¶**부패한** 고기. **부:패-되다** [동][자]

부:패-상(腐敗相) [명] 어떤 사회의, 도덕적·정신적으로 부패한 모습. ¶공직 사회의 ~을 고발한 기사.

부평-초(浮萍草) [명][식] =개구리밥.

부표(浮標) [명] 선박의 안전 항행을 위해 설치하는 항로 표지의 하나. 암초나 여울 또는 침몰선 등의 존재를 알리기 위해 해저에 설치하여 해면까지 사슬로 연결하여 띄우는 구조물. ¶계선(繫船) ~.

부:-표제어(副標題語) [명] 언어사전·백과사전 등에서, 다른 표제어에 딸려 배열되는 말. 주로 '-하다', '-되다' 등이 붙어 파생된 말을 이름. ▷표제어.

부푸러기 [명] 부풀의 낱개. ¶스웨터에 ~가 일다. [작]보푸라기.

부풀 [명] 종이·피륙의 거죽에 일어나는 잔털. [작]보풀.

부풀다 [동][자] 〈부푸니, 부푸오〉 **1** (종이·헝겊 등의 거죽이) 부푸러기가 일어나다. **2** (물체가) 속에 기체나 액체가 들어가 거죽이 늘어나면서 부피가 커지다. ¶불에 데어 살갗이 ~. **3** (마음이 앞으로의 일에 대한 희망이나 기대에) 들뜨거나 벅차다.

¶꿈에 부푼 대학 1년생. 4부피가 커지다. ¶빵 반죽이 **부풀어** 오르다.
부풀리다 [타] '부풀다'의 사동사. ¶이스트를 넣어 빵을 ~. 2 (어떤 일이나 대상을) 실제보다 더 크거나 대단한 것으로 나타내다. ¶그는 자기가 겪은 일을 무용담이나 되는 양 **부풀려서** 말했다. 3 (가격을) 본래의 제값보다 더 높아지게 하다. ¶중간 상인이 물건 값을 ~.
부품(部品) [명] 기계 따위의 어떤 부분에 쓰이는 물품. =부분품. ¶기계 ~.
부피 [명] 입체를 이루는 물체나 도형의 공간의 크기. =체적.
부피-감(-感) [명] 부피가 있게 느껴지는 느낌. 비볼륨. ¶마른 체형에 잘 어울리는 ~ 있는 옷.
부:하[1](負荷) [명] [물] 원동기에서 내는 에너지를 소비하는 것. 또는, 소비하는 동력의 크기.
부하[2](部下) [명] 남의 아래에서 그 사람의 명령에 따라 움직이는 사람. ¶~ 직원. ↔상관.
부!-하다(富-) [형여] (몸이) 뚱뚱하다. ¶몸이 ~.
부!합(符合) [명] 어떤 현상이나 대상이 서로 꼭 들어맞는 것. **부합-되다** [동자] 현실과 부합되지 않는 이론.
부!항(附缸) [명] 고름이나 독혈(毒血)을 뽑아내기 위하여 부항단지를 붙이는 일.
부!항-단지(附缸-) [-딴-] [명] 부항을 붙이는 데에 쓰이는 작은 단지.
부형(父兄) [명] 1 아버지와 형. 2 =학부형.
부형-회(父兄會) [-회/-훼] [명] =학부모회.
부!호[1](符號) [명] 1 어떤 뜻을 나타내기 위하여 정한 기호. ¶문장 ~. 2 [수] 양수·음수를 나타내는 기호. '+'를 양부호, '-'를 음부호라고 함.
부!호[2](富豪) [명] 재산이 넉넉하고 세력이 있는 사람.
부화(孵化) [명] 동물의 새끼가 알을 깨고 밖으로 나오는 것. 또는, 어미가 알을 깨고 밖으로 나오게 하는 것. ¶인공 ~. **부화-하다** [동자타여] **부화-되다** [동자]
부화-기(孵化器) [명] =부란기(孵卵器).
부!화-뇌동(附和雷同) [-뇌-/-뤠-] [명] 줏대 없이 남의 의견에 따라 움직임. **부!화뇌동-하다** [동자]
부!활(復活) [명] 1 죽었다가 되살아나는 것. 비소생. 2 쇠퇴되거나 폐지된 것을 다시 일으키거나 이룩하는 것. 또는, 그렇게 되는 것. ¶제국주의의 ~. 3 [가][기] 한번 죽은 사람이 다시 살아난다는 신앙. 특히, 크리스트교에서 예수 그리스도의 부활을 말함. **부!활-하다** [동자타여] **부!활-되다** [동자]
부!활-절(復活節) [-쩔] [명] 1 [가] 그리스도의 부활을 기념하는 날. 춘분 후의 첫 만월 직후의 일요일. 2 [가] 부활 주일로부터 50일 동안의 기간.
부황(浮黃) [명] 오래 굶어 살가죽이 들떠서 붓고 누렇게 되는 병. ¶~이 들다.
부!회(附會·傅會) [-회/-훼] [명] 근거가 없고 이치에 닿지 않는데도 억지로 발라 맞추는 것. ¶견강 ~. **부!회-하다** [동타여]
부!-회장(副會長) [-회/-훼-] [명] 회장 다음가는 직위. 또는, 그 사람.

어나는 것. 또는, 다시 일어나게 하는 것. ¶문예 ~. **부:흥-하다** [동자타여] **부!흥-되다** [동자]
북[1] [명] 1 베틀에 딸린 부속품의 하나. 날실의 틀으로 왔다 갔다 하면서 씨실을 풀어 줌. 2 재봉틀의 부속품의 하나. 밑실을 감은 실톳을 넣어 두는 조그마한 쇠통. =보빈.
북[2] [명] [음] 타악기의 하나. 둥근 나무통의 양쪽에 가죽을 팽팽하게 씌워 채나 손으로 치면 소리가 나게 만든 물건.
북[3] [명] 식물의 뿌리를 싸고 있는 흙.
북[4] [명] 1 천이나 두꺼운 종이를 힘 있게 찢는 소리나 모양. 또는, 꿰매어지거나 철해진 것을 힘 있게 뜯어내는 소리나 모양. 2 부드럽고 무른 물건의 거죽을 날카롭거나 거친 것으로 힘 있게 긁거나 문지르는 소리나 모양.
북[5](北) [명] =북쪽. ↔남(南).
북경(北京) [-꼉] [명] [지] '베이징'을 우리 한자음으로 읽은 이름.
북경^원인(北京原人) [-꼉-] [고고] =베이징 원인.
북괴(北傀) [-괴/-꿰] [명] 북한 괴뢰 집단. 곧, 북한의 공산 집단을 적개심을 가지고 이르는 말. ¶~의 만행.
북구(北歐) [-꾸] [명] =북유럽.
북국(北國) [-꾹] [명] 우리나라의 북쪽에 있는 나라. 특히, 대륙의 북쪽의 추운 지방의 나라. ↔남국.
북극(北極) [-끅] [명] 1 [물] 자석이 가리키는 북쪽. =엔 극. 2 [지] 지축(地軸)이 지구 상의 북쪽에서 지표를 꿰뚫는 점. 또는, 지구의 북쪽 끝. 3 [천] 천구 상에서 지축을 북쪽으로 연장한 선이 천구를 꿰뚫는 점. ↔남극.
북극-곰(北極-) [-끅꼼] [명][동] =흰곰.
북극-권(北極圈) [-끅꿘] [명] [지] 지구 상에서 북위 66°33' 이북 지역. 이곳에서는 하짓날에는 하루 종일 해가 지지 않고, 동짓날에는 하루 종일 해가 뜨지 않음. ↔남극권.
북극-성(北極星) [-끅썽] [명] [천] 작은곰자리의 알파성. 북극의 위치를 나타내는 데 이용됨.
북극-해(北極海) [-끄캐] [명] [지] 오대양의 하나. 북극을 중심으로 북아메리카·유라시아 두 대륙에 둘러싸인 해역. =북빙양.
북-녘(北-) [붕녁] [명] '북쪽'을 시적·문어적으로 이르는 말. ↔남녘.
북단(北端) [-딴] [명] 북쪽 끝. ↔남단.
북대서양^조약^기구(北大西洋條約機構) [-때-꺼-] [명] 북대서양 조약에 의하여 설립된 지역적 집단 안전 보장 기구. =나토(NATO).
북더기 [명] '북데기'의 잘못.
북데기 [-떼-] [명] 짚·풀 따위의 엉클어진 뭉텅이. ×북더기.
북도(北道) [-또] [명] 1 경기도 북쪽에 있는 도. 곧, 황해도·평안도·함경도. 2 남·북의 둘로 되어 있는 도에서 북쪽의 도. ↔남도.
북-돋다[-똗따] [동타] '북돋우다'의 준말.
북-돋우다[-또-] [동타] (기운·의욕·용기 등을) 강하게 생기거나 느끼게 하다. ¶의욕을 ~. 준북돋다.
북동(北東) [-똥] [명] 북쪽을 기준으로 하여 북쪽과 동쪽 사이의 방위. ↔남서. ▷

동북.
북동-쪽(北東-) [-똥-] 몡 북동의 방위가 되는 쪽. ↔남서쪽. ▷동북쪽.
북동-풍(北東風) [-똥-] 몡 북동쪽에서 불어오는 바람. ↔남서풍. ▷동북풍.
북두-칠성(北斗七星) [-뚜-썽] 몡[천] 큰곰자리에서 가장 뚜렷하게 보이는, 국자 모양으로 생긴 일곱 개의 별.
북-마스터(bookmaster) 몡 주로 대형 서점에서, 고객에게 책에 관한 정보를 제공해 주는 사람.
북-마크(bookmark) 몡[컴] 인터넷에서, 자주 찾는 웹 사이트를 별도로 등록함으로써, 주소를 매번 입력하지 않고 클릭만으로 쉽고 빠르게 접속할 수 있게 하는 일. '즐겨찾기', '바로찾기'로 순화.
북망-산(北邙山) [붕-] 몡 [중국 허난 성(河南省) 뤄양에 있는 낮은 산 이름으로, 후한 이래 여기에 무덤이 많았던 데서] 사람이 죽어서 파묻히는 곳을 이르는 말.
북문(北門) [붕-] 몡 성각이나 궁 등의 북쪽으로 난 문. ↔남문.
북미(北美) [붕-] 몡[지] = 북아메리카. ↔남미.
북-반구(北半球) [-빤-] 몡[지] 지구의 적도에서 북쪽 부분. ↔남반구.
북-받치다[-빧-] 통재 (힘·감정 따위가) 속에서 치밀어 오르다. ¶설움이 ~. 좸복받치다.
북방(北方) [-빵] 몡 북쪽 방향이나 지역. ↔남방.
북방²불교(北方佛敎) [-빵-] 몡[불] 인도의 아소카 왕 이후에 인도의 북방에서 일어나 티베트·중국·한국·일본 등지에 전파된 불교. 대승 불교가 중심임. ▷남방불교.
북벌(北伐) [-뻘] 몡 북쪽에 있는 나라나 적을 정벌하는 것. **북벌-하다** 통예.
북부(北部) [-뿌-] 몡 어떤 지역의 북쪽 부분. ↔ 지방. ↔남부.
북-북(北-) [-뿍] 튀 1 천이나 두꺼운 종이를 자꾸 힘있게 찢는 소리나 모양. 또는, 께매어졌거나 철해진 것을 자꾸 세게 뜯어 내는 소리나 모양. 2 부드럽고 무른 물건의 거죽을 날카롭거나 거친 것으로 자꾸 힘있게 긁거나 문지르는 소리나 모양.
북-북동(北北東) [-뿍똥] 몡 북쪽과 북동쪽의 중간 방위.
북-북서(北北西) [-뿍써] 몡 북쪽과 북서쪽의 중간 방위.
북빙-양(北氷洋) [-뼁냥] 몡[지] = 북극해(北極海).
북상(北上) [-쌍] 몡 (어떤 세력이나 현상 등이) 북쪽을 향하여 올라가거나 올라오는 것. ↔남하. **북상-하다** 통예 ¶태풍이 ~.
북새-통[-쌔-] 몡 여러 사람이 부산하게 떠들어 대는 바람. ¶애들 ~에 아무것도 못 해요.
북서(北西) [-써] 몡 북쪽을 기준으로 하여 북쪽과 서쪽 사이의 방위. ↔남동. ▷서북.
북서-쪽(北西-) [-써-] 몡 북서의 방위가 되는 쪽. ↔남동쪽. ▷서북쪽.
북서-풍(北西風) [-써-] 몡 북서쪽에서 불어오는 바람. ↔남동풍. ▷서북풍.
북-소리[-쏘-] 몡 북을 칠 때 나는 소리.
북송¹(北宋) [-쏭] 몡[역] 중국의 왕조(960~1126). 송나라가 수도를 강남(江南)으

북송²(北送) [-쏭] 몡 (사람·물자 등을) 북한으로 보내는 것. **북송-하다** 타예 ¶구호 물품을 ~. **북송-되다** 통재.
북슬-북슬[-쓸-쓸] 튀 짐승이 살이 찌고 털이 많은 모양. 좸복슬복슬. **북슬북슬-하다** 혱예.
북-십자성(北十字星) [-씹짜-] 몡[천] 백조자리에서, '十(십)' 자 모양으로 이루는 다섯 개의 별. ▷남십자성.
북-아메리카(北America) 몡[지] 육대주의 하나. 아메리카 대륙의 북부와 주변의 섬들로 이루어진 대륙. =북미.
북안(北岸) [부간] 몡 강이나 바다의 북쪽 기슭.
북양(北洋) [부걍] 몡 북쪽의 바다. ↔남양.
북어(北魚) [부거] 몡 내장을 빼내고 햇볕에 바짝 말린 명태.
북어-포(北魚脯) 몡 북어로 만든 포.
북엇-국(北魚-) [-어꾹/-얻꾹] 몡 북어를 잘게 뜯어 파를 넣고 달걀을 풀어 끓인 국.
북위¹(北緯) 몡 적도 이북의 위도. ↔남위.
북위²(北魏) 몡[역] 중국(北朝)의 한 나라(386~534). 선비족인 탁발규가 화베이(華北)에 건국함.
북-유럽(北Europe) 몡[지] 유럽 북부의 지역. 곧, 아이슬란드·덴마크·노르웨이·스웨덴·핀란드 등의 지역을 가리킴. =북구(北歐). ↔남유럽.
북인(北人) 몡[역] 조선 시대, 사색당파의 하나. 남인(南人)에 대하여 이산해·남이공 등을 중심으로 한 당파. ↔남인.
북-재비[-째-] 몡 결립패·소리판 등에서 북을 치는 사람. 비고수(鼓手).
북적-거리다/**-대다**[-쩍꺼-/(때)-] 통재 많은 사람이 모여 수선스럽게 자꾸 뒤끓다. ¶손님들로 **북적거리는** 잔칫집. 좸복작거리다.
북적도^해^류(北赤道海流) [-쩍또-] 몡[지] 적도의 부근을 동에서 서로 흐르는 해류. ↔남적도 해류.
북적-북적[-쩍쩍] 튀 북적거리는 모양. 좸복작복작. **북적북적-하다** 재예 ¶피서객으로 **북적북적한** 해수욕장.
북적-이다[-쩍-] 통재 (많은 사람이) 모여 매우 수선스럽게 뒤끓다. ¶사람들이 **북적이는** 서울역 광장.
북조(北朝) [-쪼] 몡[역] 중국 남북조 시대에 북위(北魏)·동위(東魏)·서위(西魏)·북제(北齊)·북주(北周)의 다섯 왕조의 총칭. ↔남조.
북-조선(北朝鮮) [-쪼-] 몡 북한에서 스스로를 칭하는 말.
북종-화(北宗畵) [-쫑-] 몡[미] 중국 회화의 2대 유파의 하나. 선명한 색채의 산수화를 주로 하여 크고 강하며 날카로운 선으로 웅장한 맛을 강조하는 기법을 사용. ↔남종화.
북진(北進) [-찐] 몡 (어떤 세력이) 북쪽으로 진출하는 것. ¶~ 정책. ↔남진. **북진-하다** 통재예.
북-쪽(北-) 몡 1 해가 떠오르는 쪽을 바라보고 섰을 때, 그 방향에 대하여 왼쪽으로 90도가 되는 방향. 2 북쪽에 있는 지역. 특히, 남한(南韓)의 지역에 상대하여, 북한의 지역을 이르는 말. =북. ↔남쪽.
북-채 몡 북을 치는 방망이.
북천(北天) [-천] 몡 북쪽 하늘. ↔남천.
북-춤 몡 북을 두드리며 추는 춤. 비무고

(舞鼓).
북측(北側) 명 북쪽 또는 북한의 지역이나 편. ¶핵 문제에 대한 ~의 입장. ↔남측.
북침(北侵) 명 **1** 남쪽에 있는 나라가 북쪽에 있는 나라를 침략하는 것. **2** 남한이 북한을 침략하는 것. ↔남침. **북침-하다** 丞재여
북-통(-筒) 명 북의 몸이 되는 둥근 나무통.
북-편(-便) 명음 장구에서, 손으로 쳐서 소리를 내는 쪽의 면. ↔채편.
북풍(北風) 명 북쪽에서 불어오는 바람. ↔남풍.
북풍-한설(北風寒雪) 명 북쪽에서 불어오는 바람과 차가운 눈. ¶~이 몰아치다.
북학-파(北學派) [부칵-] 명역 조선 영조·정조 때의 실학의 일파. 청조 (淸朝)의 발달된 문화를 받아들일 것을 주장한 학파로, 이덕무·박지원 등이 대표적임.
북한(北韓) 명 **1** 해방 후부터 6·25 전쟁 전까지, 한반도의 북위 38도선 이북 지역을 이르던 말. **2** 1953년 군사 휴전 협정에 의해 설정된, 한반도의 군사 분계선 이북 지역. ↔남한.
북-한대(北寒帶) [부칸-] 명지 북극권에 속하는 지역. 반 년은 밤이 계속되고, 반 년은 낮이 계속됨. ↔남한대.
북한-산(北漢山) [부칸-] 명지 서울특별시와 경기도 고양시 사이에 있는 산. 높이 836m.
북한산-성(北漢山城) [부칸-] 명지 경기도 고양시 북한산에 있는 산성.
북해¹(北海) [부캐] 명 북쪽의 바다. 凹북양.
북해²(北海) [부캐] 명지 유럽 대륙과 영국에 둘러싸인, 대서양 해역.
북해-도(北海道) [부캐-] 명지 '홋카이도'를 우리 한자음으로 읽은 말.
북행(北行) [부캥] 명 북쪽으로 가는 것. ↔남행. **북행-하다** 丞여
북향(北向) [부캥] 명 북쪽을 향하는 것. 또는, 그 방향. ↔남향.
북향-집(北向-) [부캥집] 명 대청이 북쪽을 향하고 있는 집. ↔남향집.
북-회귀선(北回歸線) [부쾨-/부퀘-] 명 북위 23°27'의 위선. 하지에 태양이 이 선을 통과함. ↔남회귀선.
분¹ 명 **1** 어떤 사람을 가리켜 그 사람을 높여 이르는 말. **2** 사람의 수를 셀 때, 그 사람을 높여 세는 단위. ¶두 ~.
분¹²(分) 준 '분수(分數)²'의 준말. ¶~에 넘치는 상을 받다.
분³(扮) 명 '분장(扮裝)'의 준말.
분⁴(盆) 명 흙을 담아 화초나 나무를 심는 그릇.
분⁵(粉) 명 얼굴에 바르는, 가루로 된 화장품. 주로 베이지색임. =백분(白粉).
분⁶(憤) 명 억울하거나 원통하거나 하여 화가 나는 상태. ¶~을 삭이다.
분⁷(分) 의존 **1** 시간의 길이로 나타내는 단위의 하나. 1분은 한 시간의 60분의 1에 해당함. ¶10~간 휴식. **2** 한 시간을 60으로 나누었을 때, 어느 시점이 그 가운데의 하나임을 나타내는 말. ¶2시 15~. **3** 각도·경위도에서 1도의 1/60을 세는 단위. 기호는 '. ¶27도 5~.
분⁸(分) 준 소수(小數)의 하나. 일의 십분의 일. 리(厘)의 열 배. 곧, 10^{-1}. =푼.
-분⁹(分) 접미 **1** ('~은 분~', '~는 분~'
의 꼴로 쓰여) 한자어 숫자에 붙어, 전체를 그 수로 분하거나 어떤 수를 그 수로 나누는 것임을 나타내는 말. ¶5~의 3. **2** 몫이 되는 분량을 뜻하는 말. ¶불고기 2인~. **3** 물질의 성분임을 나타내는 말. ¶당~/지방~.
분가(分家) 명 가족의 일부가 주로 결혼 등으로 살림을 차려 따로 나가는 것. **분가-하다** 丞재여 ¶결혼을 하여 ~.
분-가루(粉-) [-까-] 명 화장품으로 쓰이는 분의 가루.
분간(分揀) 명 사물의 옳고 그름, 같고 다름을 가려서 아는 것. ¶얼굴이 비슷비슷해서 누가 누군지 ~이 안 된다. **분간-하다** 타여 ¶앞을 분간할 수 없을 정도로 짙은 안개. **분간-되다** 丞여
분-갈이(盆-) 명 화분에 심은 풀이나 나무를 다른 화분에 옮겨 심는 일. **분갈이-하다** 丞타여
분개(憤慨) 명 몹시 분하게 여기는 것. 또는, 몹시 화를 내는 것. **분개-하다** 丞재여 ¶근로자들은 부당한 해고에 **분개**했다.
분격(憤激) 명 몹시 노엽고 분한 감정이 치밀어 오르는 것. 凹격노. **분격-하다** 丞여
분-결(憤-) [-껼] 명 =분김에.
분경-에 (憤-) [-껼-] 명 =분김에.
분계-선(分界線) [-계-/-게-] 명 지역 등이 나뉠 때에 그 경계를 이루는 선. ¶군사 ~.
분골-쇄신(粉骨碎身) 명 [뼈를 가루로 만들고 몸을 부순다는 뜻] 자기 몸을 돌보지 않고, 지극한 정성으로 전력을 다한다는 말. **분골쇄신-하다** 丞재여
분과¹(分科) [-꽈] 명 각 전문 과목이나 업무에 따라 나누는 것. 또는, 그 나눈 과목이나 업무.
분과²(分課) [-꽈] 명 업무를 분담하기 위하여 몇 개의 과로 나누는 것. 또는, 그 과.
분관(分館) 명 본관에서 갈려 나온 관.
분광(分光) 명물 빛이 파장의 차이에 따라 여러 색으로 나뉘어 나타나는 현상. 凹스펙트럼.
분교(分校) [-꾜] 명 본교로부터 멀리 떨어진 지역에 사는 학생을 위해 그곳에 따로 세운, 같은 이름의 학교.
분권(分權) [-꿘] 명 권력을 분산하는 것. ¶지방 ~. ↔집권.
분규(紛糾) 명 이해나 주장이 뒤엉켜서 말썽이 많고 시끄러운 것. ¶노사(勞使) ~.
분극(分極) 명물 **1** 전기장이나 자기장 속에 놓인 물체 양 음의 전하가 나타나거나 자기극이 생기는 현상. **2** 전기 분해를 하거나 전지를 사용할 때, 원래의 전류와 반대 방향의 기전력이 생기는 현상.
분극-화(分極化) [-그롸] 명 하나이던 것이 서로 대립되는 두 극으로 갈라지거나 가르는 것. **분극화-하다** 丞재타여 **분극화-되다** 丞여
분급(分給) 명 **1** 몫몫으로 나누어 주는 것. **2** 몇 차례로 나누어 지급하는 것. **분급-하다** 타여 **분급-되다** 丞여
분기¹(分岐·分歧) 명 나뉘어서 갈라지는 것. 또, 그 갈래.
분기²(分期) 명 1년을 넷으로 구분한 3개월씩의 기간. ¶일사(一四) ~.
분기³(憤氣·忿氣) 명 원통하여 일어나는 분하고 성난 기운.

분기-점(分岐點) [-쩜] 명 1 여러 갈래로 갈라지기 시작하는 곳. 2 대전은 호남선과 경부선의 ~이다. 2 사물이 방향을 바꾸어 갈라지는 점. ¶인생의 ~.

분:기-충천(憤氣衝天) 명 분한 마음이 하늘을 찌를 듯 격렬하게 북받쳐 오름. =분기탱천. **분:기충천-하다** 통(자여)

분:기-탱천(憤氣撑天) 명 =분기충천. **분:기탱천-하다** 통(자여)

분:김-에(憤-) [-낌-] 명 성이 왈칵 난 서슬에. =분결에. ¶~ 한 대 후려치다.

분-꽃(粉-) [-꼳] 명[식] 여름에서 가을에 걸쳐 깔때기 모양의 흰색·빨간색·노란색 꽃이 피는 한해살이풀. 씨는 팥알만 하며 까맣게 익는데, 속에 흰 가루가 들어 있음. 관상용으로 심음.

분납(分納) 명 여러 번에 나누어서 내는 일. **분납-하다** 통(타여) ¶세금을 ~.

분:노(憤怒·忿怒) 명 분하여 성을 내는 것. ¶~에 찬 목소리. **분:노-하다** 통(자여) ¶부패 권력에 대해 온 국민이 ~.

분뇨(糞尿) 명 똥과 오줌. ¶~ 처리장.

분단¹(分團) 명[교] 학급을 몇으로 나누는 것. 또는, 그 나누어진 부분.

분단²(分斷) 명 동강이 나게 끊어 자르는 것. ¶국토 ~. **분단-하다** 통(타여) **분단-되다** 통(자여) ¶남북으로 **분단된** 조국.

분단-국가(分斷國家) [-까] 명[정] 전쟁 또는 외국의 지배 등으로 인하여 둘 이상으로 갈라진 국가.

분-단장(粉丹粧) 명 분을 바르며 단장하는 일. **분단장-하다** 통(자여)

분담(分擔) 명 (여럿이 일이나 부담 등을) 나누어서 맡는 것. ¶사무 ~. **분담-하다** 통(타여) ¶비용을 ~. **분담-되다** 통(자여)

분당(分黨) 명 당파를 가르거나, 당파가 갈라지는 것. 또는, 그 당파.

분대(分隊) 명[군] 1 군대 편성 단위의 하나. 소대를 몇으로 나눈 대. 2 본대(本隊)에서 나뉘어 나온 군대. ↔본대.

분도-기(分度器) 명 =각도기.

분동(分銅) 명 천칭으로 무게를 달 때의 한 쪽 판 위에 올려놓는 추.

분란(紛亂) [불-] 명 어수선하고 소란한 것. ¶조용한 가정에 ~을 일으키다.

분:량(分量) [불-] 명 수량의 많고 적음이나 부피의 크고 작은 정도.

분력(分力) [불-] 명[물] 하나의 힘이 둘 이상의 힘의 합일 때, 그 여러 개의 각각의 힘. ↔합력.

분류¹(分類) [불-] 명 종류에 따라 가르는 것. **분류-하다**¹ 통(타여) ¶자료를 연대별로 ~. **분류-되다** 통(자여)

분류²(奔流) [불-] 명 1 세차게 빨리 흐르는 것. 또는, 그 물줄기. 2 어떤 현실이 매우 힘차게 변화·발전하는 상태. **분류-하다**² 통(자여)

분리(分離) [불-] 명 나누어 따로 떼어 내는 것. ¶정경(政經) ~. **분리-하다** 통(타여) ¶남자와 여자를 **분리하여** 수용하다. **분리-되다** 통(자여)

분리-수거(分離收去) [불-] 명 쓰레기 등을 종류별로 분리하여 수거하는 것을 거두어 감. ¶쓰레기 ~를 실시하다.

분립(分立) [불-] 명 갈라져서 따로 서는 것. ¶삼권 ~. **분립-하다** 통(자여) **분립-되다** 통(자여)

분만(分娩) 명 (산모가 태어날 상태에 이른 배 속의 아기를) 몸 밖으로 나오게 하는 것. 働출산·해산. ¶자연 ~. **분만-하다** 통(타여) ¶아기를 ~.

분만-실(分娩室) 명 병원에서 산모가 아이를 낳을 수 있도록 마련한 방.

분말(粉末) 명 고체의 물질을 부수거나 갈아서 만든 아주 작은 알갱이 상태의 물질. 働가루. ¶~주스.

분명(分明) 명 틀림없다. 또는, 확실하게. ¶내가 너라도 ~ 그렇게 했을 거야. **분명-하다**(分明-) 통(어떤 대상이) 확실히 알 수 있거나 구별할 수 있게 또렷하다. ¶기억이 **분명치** 않다. ↔불분명하다. **분명-히** 부 ¶~ 말하지만 난 네 뜻을 따를 수 없다.

분모(分母) 명[수] 분수 또는 분수식에서 가로줄 아래에 있는 수나 식. ¶공통 ~. ↔분자.

분묘(墳墓) 명 =무덤.

분:무(噴霧) 명 (물이나 약품 등을) 안개처럼 뿜어내는 것. **분:무-하다** 통(타여) ¶살충제를 ~.

분:무-기(噴霧器) 명 액체를 안개와 같이 뿜어내는 기구. =스프레이.

분:발(奮發) 명 마음을 돋우어 기운을 내는 것. **분:발-하다** 통(자여) ¶**분발하여** 다음에는 꼭 우승하기를 바란다.

분방(奔放) 명 규율이나 어떤 틀에서 벗어나 구애받는 것이 없는 상태. **분방-하다** 통(여) ¶자유~.

분배(分配) 명 1 몇 개의 몫으로 갈라서 나누는 것. 2 [경] 생산 과정에 참여한 지주·자본주·노동자 등에게 생산으로 얻은 이익을 나누는 것. ¶소득 ~. **분배-하다** 통(타여) ¶재산을 ~. **분배-되다** 통(자여)

분배^국민^소:득(分配國民所得) [-궁-] 명[경] 국민 소득을 생산에 참가한 생산 요소에 대한 분배의 측면에서 본 것.

분배^법칙(分配法則) 명[수] 수의 덧셈과 곱셈에 관하여 성립되는 법칙의 하나. $a \times (b+c) = a \times b + a \times c$, $(a+b) \times c = a \times c + b \times c$ 따위.

분별(分別) 명 1 서로 구별을 지어 가르는 것. 2 사물을 종류에 따라 나누는 것. 3 세상 물정에 대한 바른 생각이나 판단. ¶나이가 그만하면 ~이 있어야 하지 않겠느냐? **분별-하다** 통(타여) ¶어둠 속에서 누가 누군지 **분별할** 수 없었다.

분별-력(分別力) [불-] 명 1 서로 다른 일이나 사물을 구별하여 가르는 능력. 2 세상 물정에 대한 옳고 그름을 판단하는 능력. ¶~이 없는 사람.

분별-없다(分別-) [-업따] 형 올바른 사리 판단을 하고 시비를 가릴 능력이 없다. ¶**분별없은** 행동. **분별없-이** 부 ¶~ 나서다.

분봉(分蜂) 명 벌통 속에 있는 꿀벌의 일부인 한 떼가 나뉘어 나와서 새로 벌 떼를 이루는 현상. 또는, 한 떼를 갈라내어 다른 통으로 나누는 일. **분봉-하다** 통(자여)

분:부(分付·吩咐) 명 아랫사람에게 명령을 내리는 것. 또는, 그 명령. ¶~대로 거행하겠습니다. **분:부-하다** 통(타여)

분분-하다(紛紛-) 형 1 흩날리는 모양이 뒤섞여 어수선하다. ¶백설이 ~. 2 (의견 따위가) 어수선하게 많아 갈피를 잡을 수 없다. ¶의견이 **분분하여** 좀처럼 결론이 나지 않는다. **분분-히** 부

분비(分泌) 명[생] 세포가 몸에 필요한 액

550 _ 분비물

체 상태의 특수한 물질을 만들어 배출하는 것. 동(타여) ¶침샘에서 침을 ~. **분비-되다** 동

분바-물(分泌物) 명 침·땀·위액·젖 따위와 같이, 분비선에서 나오는 물질.

분사¹(分詞) 명 [언] 인도·유럽 어족 여러 나라 말의 동사 어형(語形) 변화의 하나. 동사의 형용사적 형태로, 시제(時制)와 태(態)를 나타냄. ¶현재 ~.

분사²(焚死) 명 불에 타서 죽는 것. 비소사(燒死). **분사-하다** 동(자여)

분:사³(憤死) 명 분에 못 이겨 죽는 것. **분:사-하다** 동(자여) ¶헤이그에서 **분사한** 이준 열사.

분:사⁴(噴射) 명 세차게 내뿜는 것. **분:사-하다** 동(타여)

분산(分散) 명 1 갈라져 흩어지거나 흩어지게 하는 것. ¶인구 ~. 2 [물] 파장(波長)이 다른 여러 빛이 프리즘을 통과할 때 굴절률이 다르기 때문에 갈라지는 현상. ¶빛의 ~. [분산되다] 동(자)여 ¶대문 안의 학교와 학원을 외곽으로 ~. **분산-되다** 동(자)

분서-갱유(焚書坑儒) 명 [역] 중국의 진시황(秦始皇)이 학자들의 정치적 비판을 막기 위해, 민간의 서적을 불태우고 유생(儒生)들을 구덩이에 묻어 죽인 일.

분석(分析) 명 1 얽혀 있거나 복잡한 일을 풀어서 개별적인 요소나 성질로 나누는 것. ¶정신 ~. 2 [논][철] 복잡한 현상이나 대상 또는 개념을, 그것을 구성하는 단순한 요소로 분해하는 일. ↔종합. 3 [물][화] 물질의 조성이나 거기에 포함되어 있는 화합물·화원소·원자의 상태 등을 물리적 또는 화학적 방법을 사용하여 알아내는 일. 또는, 그 조작. **분석-하다** 동(타여) ¶최근의 경제 동향을 ~. **분석-되다** 동(자)

분석-적(分析的) [-쩍] 관(명) 분석하여 하는 (것). ¶사물 현상에 대한 ~인 접근.

분소(分所) 명 본부에 대하여 따로 설치한 사무소나 영업소. ¶~ 파견 근무.

분속(分速) 명 1분간을 단위로 하여 잰 속도. 》지속·초속.

분쇄(粉碎) 명 1 가루처럼 잘게 부스러뜨리는 것. 2 여지없이 쳐부수는 것. **분쇄-하다** 동(타여) ¶광복을 ~ / 적의 침략기도를 ~. **분쇄-되다** 동(자)

분:수¹(分數) 명 1 사물을 분간하는 슬기. 2 자기 신분에 알맞은 한도. ¶~에 맞게 살다 / ~를 모르다. ⓒ 분(分). 3 사람으로서 당연하게 이를 수 있는 한계. ¶에끼, 이 사람! 넘담도 ~가 있지.

분수²(分數) [-쑤] 명 [수] 정수 a를 0이 아닌 정수 b로 나눈 몫을 a/b로 표시한 것.

분:수³(噴水) 명 공원·광장·호수 등에 볼거리로 물을 위로 뿜어내게 한 장치. 또는, 거기서 뿜어 나오는 물.

분:수-대(噴水臺) 명 광장이나 공원 등에 분수가 나오도록 마련한 구조물.

분수-령(分水嶺) 명 1 [지] 한 줄기로 흐르던 물이 양쪽으로 갈라져 흐르기 시작하는 산마루나 산맥. 2 어떤 사물이 발전하는 데 있어서의 전환점을 비유하여 일컫는 말. ¶4·19 혁명이 민주 발전의 ~이 되었다.

분수-식(分數式) [-쑤-] 명 [수] 분모에 미지수가 들어 있는 식.

분:수-없다(分數-) [-업따] 형 1 사물을 분별할 만한 슬기가 없다. 2 요량이 없다. **분:수없-이** 부

분식¹(粉食) 명 밀가루 등을 재료로 하여 만든, 국수·빵·만두 따위의 음식. 또는, 그런 음식을 먹는 것. ¶~ 센터. **분식-하다** 동(타여)

분식²(粉飾) 명 1 내용이 없이 겉꾸밈만을 좋게 꾸미는 것. 2 실제보다 좋게 보이도록 거짓으로 꾸미는 것. ¶~ 회계. **분식-하다** 동(타여) **분식-되다** 동(자)

분식-집(粉食-) [-찝] 명 국수류·빵·만두 등 간단하게 먹을 수 있는 음식을 파는 가게.

분신¹(分身) 명 한 주체에서 갈라져 나온 것. ¶작품은 작가의 ~이나 다름없다. **분신-하다** 동(자여)

분신²(焚身) 명 몸을 불사르는 것. **분신-하다** 동(자여)

분신-자살(焚身自殺) 명 자기의 몸에 불을 질러 스스로 목숨을 끊음. **분신자살-하다** 동(자여)

분실(紛失) 명 (물건 따위를) 자기도 모르는 사이에 잃어버리는 일. ¶~ 신고. **분실-하다** 동(타여) ¶지갑을 ~. **분실-되다** 동(자)

분실-물(紛失物) 명 자기도 모르는 사이에 잃어버린 물건. ¶지하철 ~ 센터.

분야(分野) 명 여러 갈래로 나누어진 범위나 부문. 비영역. ¶전문 ~.

분양(分讓) 명 전체를 몇 개로 나누어 양도하는 것. 특히, 토지나 건물을 구분하여 파는 것. ¶~가(價). **분양-하다** 동(타여) ¶상가를 ~. **분양-되다** 동(자)

분업(分業) 명 1 일을 나누어서 하는 것. 2 [경] 생산의 온 과정을 여러 전문적 부문으로 나누어, 여러 사람이 분담하여 일을 완성하는 노동 형태. ≒협업. **분업-하다** 동(타여)

분업-화(分業化) [-어콰] 명 분업 형태로 되어 가는 것. 또는, 분업 형태가 되도록 하는 것. **분업화-하다** 동(자여)(타여) **분업화-되다** 동(자) ¶분업화된 공정(工程).

분:연(奮然) 어근 떨쳐 일어나는 기운이 세차고 꿋꿋한 모양. **분:연-하다** 형(여) **분:연-히** 부 ¶침략자의 압제에 항거하여 ~ 일어나다.

분열¹(分列) 명 1 각각 나누어서 벌여 놓는 것. 2 갈라서 늘어서는 것. **분열-하다**¹ 동(자여)

분열²(分裂) 명 1 (어떤 집단·단체·사상 따위가) 갈라져 나뉘는 것. 2 [생] 하나의 세포 또는 개체가 둘 이상의 세포로 나뉘어 불어나는 것. ¶세포 ~. **분열-하다**² 동(자여) **분열-되다** 동(자) ¶국론이 ~.

분원(分院) 명 본원(本院)에서 사업상 따로 나누어 설치한 따로 기관.

분위기(雰圍氣) 명 어떤 곳이나 상황이나 장면이 거기 있거나 그것을 대하는 사람에게 일으키는 어떤 느낌. 또는, 어떤 원인이 주위 사람들에게 느끼게 하는 특별한 느낌. ¶공포 ~ / ~ 있는 카페.

분유(粉乳) 명 우유를 농축하여 가루로 만든 것. ¶탈지(脫脂) ~.

분임(分任) 명 임무를 나누어 맡는 것. ¶~ 토의. **분임-하다** 동(타여)

분자(分子) 명 1 [화] 각 물질의 화학적 성질을 가진 최소의 단위 입자. 2 [수] 분수

또는 분수식에서 나누어지는 쪽의 수 또는 식. ↔분모. **3** 어떤 특성을 가진 인간의 개체. 주로, 부정적 관점에서 쓰는 말임. ¶불평~.

분자-량(分子量)[―냥] [명][화] 질량수가 12인 탄소 원자 ^{12}C의 질량을 12로 정하였을 때의 각종 분자의 상대적인 질량.

분자-식(分子式)[명][화] 원소 기호를 사용하여 물질의 분자 조성을 나타내는 식. 물의 분자식은 H_2O, 이산화탄소의 분자식은 CO_2 따위.

분장¹(分掌)[명] 일이나 사무를 나누어 맡아 처리하는 것. 분장-하다¹ [타여] ¶업무를 ~.

분장²(扮裝)[명] 배우가 등장인물에 어울리도록 얼굴·몸·옷 등을 꾸미는 일. 또는, 그런 차림새. ⊕분. **분장-하다**² [동][자여] ¶거지로 분장한 배우. ⊕분하다.

분장-사(扮裝師)[명] 영화나 연극에서, 배우들의 분장을 전문으로 맡아보는 사람.

분재(盆栽)[명] 보고 즐기기 위해 나무를 화분에 심어서, 실제의 크기보다 훨씬 작게 가꾸어 기르는 일. 또, 그 나무. **분재-하다** [동][타여]

분쟁(紛爭)[명] 말썽을 일으켜 시끄럽게 다투는 것. ¶국경~. **분쟁-하다** [동][자여]

분!전(奮戰)[명] 있는 힘을 다하여 싸우는 것. ⊕분투. **분!전-하다** [동][자여] ¶불리한 여건에서 분전하였으나 시합에 졌다.

분절(分節)[명] 사물을 마디로 가르는 것. 또는, 그 마디. **분절-하다** [동][타여] **분절-되다** [동][자여]

분절 운!동(分節運動)[명][생] 포유류의 소장에 나타나는 소화 운동의 하나. 일정한 사이를 두고 수축과 이완이 교대로 일어나 음식물과 소화액이 잘 섞이게 됨.

분점(分店)[명] 본점에서 따로 갈라 벌인 점포.

분주-하다(奔走-)[형여] (사람이) 할 일이 많거나 시간이 급하여 몸을 빠르게 움직이는 상태에 있다. ⊕바쁘다. ¶사람들이 분주하게 거리를 오가다. **분주-히** [부]

분지(盆地)[명][지] 산지나 대지(臺地)로 둘러싸인 평평한 지역. ¶침식~.

분지르다 [동][타여] ⟨분지르니, 분질러⟩ = 부러뜨리다.

분진(粉塵)[명] 공기 중에 날아다니면서 공기를 오염시키는 미세한 입자 상태의 물질. ⊕먼지·티끌.

분책(分冊)[명] 한 책을 여러 권으로 갈라서 제본하는 것. 또는, 그렇게 만든 책. **분책-하다** [동][타여] ¶사전을 상·하권으로 ~.

분철(分綴)[명][언] **1** 여러 형태소가 연결될 때 그 각각을 밝혀 적는 표기법. ↔연철. **2** 인도·유럽 어 등에서, 단어의 철자를 음절에 의해 가르는 일. **분철-하다** [동]

분청-사기(粉靑沙器)[명] 고려청자의 뒤를 이은 조선 시대의 자기. 청자에 백토로 분을 발라 다시 구워 낸 것으로, 회청색 내지 회황색을 띰.

분초(分秒)[명] 시계의 분과 초. 곧, 매우 짧은 시간을 비유하여 일컫는 말.
  분초를 다투다 1 아주 짧은 시간이라도 아껴 남김없이 서두르다. ¶분초를 다투어 공부하다. **2** 매우 급하다. ¶분초를 다투는 수술 환자.

분!출(噴出)[명] 뿜어 나오는 것. 또는, 내뿜는 것. ¶용암~. **분!출-하다** [동][자여] ¶석유가 ~. **분!출-되다** [동][자여]

분!출-구(噴出口)[명] 분출하는 구멍.

분칠(粉漆)[명] 얼굴에 분을 바르는 일을 낮잡아 이르는 말. ¶얼굴에 허옇게 ~한 여자. **분칠-하다** [동][자여]

분침(分針)[명] 시계의 분을 가리키는 바늘. =장침(長針). ▷초침(秒針).

분칭(分秤)[명] 한 푼쭝에서 스무 냥쭝까지 다는 조그마한 저울. 약이나 금은 등을 달 때 씀.

분탄(粉炭)[명] 가루로 된 숯이나 석탄.

분탕-질(焚蕩-)[명] 도둑들이 불을 지르고 집 안을 마구 어질러 놓고 재물을 훔쳐 가는 것. **분탕질-하다** [동][자여]

분!통(憤痛)[명] 몹시 분하여 마음이 쓰리고 아픈 것. ¶~이 터지다.

분!투(奮鬪)[명] 있는 힘을 다하여 싸우거나 노력하는 것. ⊕분전. ¶선전(善戰)~. **분!투-하다** [동][자여]

분파(分派)[명] 한동아리 안에서 생각의 차이나 이해의 대립으로 여럿으로 갈라지는 것. 또는, 그 갈래. **분파-하다** [동][자여]

분!패(憤敗)[명] (경기나 싸움에서 이길 수 있는 것을) 분하게 지는 것. **분!패-하다** [동][자여] ¶결승전에서 1점 차로 ~.

분포(分布)[명] **1** 흩어져 퍼져 있는 것. ¶인구 ~. **2** [생] 동식물의 지리적인 생육 범위. **분포-하다** [동][자여] **분포-되다** [동][자여]

분!풀이(憤-)[명] 분한 마음을 푸는 일. **분!풀이-하다** [동][자여]

분필(粉筆)[명] 백악(白堊)이나 구운 석고의 분말을 물에 개어 막대기 모양으로 굳힌 것. 칠판·석반(石盤) 등에 필기하는 데 쓰임. =백묵. ¶~색.

분-하다¹(扮-)[타여] '분장(扮裝)하다'의 준말. ¶'춘향전'에서 월매로 ~.

분!-하다²(憤-·忿-)[형여] **1** 억울한 일을 당하여 원통하다. ¶친구의 배신을 생각하면 정말 ~. **2** 될 듯한 일이 되지 않아 섭섭하고 아깝다. ¶다 이긴 경기를 막판에 역전당하다니 정말 ~. **분!-히** [부]

분할(分割)[명] 나누어 쪼개는 것. ¶~ 상환. **분할-하다** [동][타여] ¶토지를 택지와 공원 부지로 ~. **분할-되다** [동][자여]

분합¹(分合)[명] 나누었다 합했다 하는 것. 또는, 나뉘었다 모였다 하는 것. **분합-하다** [동][타여]

분합²(粉盒)[명] 분을 담는 작은 사기그릇.

분해(分解)[명] **1** 여러 부분이 결합되어 이루어진 것을 개개의 부분으로 나누는 것. ¶총기~. **2** [화] 화합물을 보다 간단한 두 가지 이상의 물질로 나누는 것. ↔화합. **3** [물] 합성물을 그 구성 요소로 나누는 것. ↔종합. **분해-하다** [동][타여] ¶기계를 분해하여 소제하다. **분해-되다** [동][자여]

분해-자(分解者)[명][생] 생물의 시체나 동물의 배설물에 있는 유기물을 무기물로 분해하는 미생물. 세균·곰팡이 따위.

분향(焚香)[명] 향을 피우는 것. **분향-하다** [동][자여] ¶불전에 ~.

분향-재배(焚香再拜)[명] 향을 피우고 두 번 절하는 것. **분향재배-하다** [동][자여] ¶영전(靈前)에 ~.

분홍(粉紅)[명] =분홍색.

분홍-빛(粉紅-)[―삗] [명] **1** 분홍색을 띤 사물의 빛깔. **2** (일부 명사 앞에 관형어적으로 쓰여) 낭만적이고 몽상적인 상태. =핑크빛. ¶연애편지의 ~ 사연.

분:홍-색(粉紅色) 명 엷게 붉은 빛깔. 흰색과 붉은색이 섞인 중간 색깔임. =분홍. 핑크색. ¶~ 립스틱.

분화¹(分化) 명 1 단순한 것, 등질(等質)인 것이 복잡하면, 이질(異質)인 것으로 갈려 나가는 것. 2〔생〕생물의 발생 과정에서, 분열·증식되는 세포가 각각 형태적·기능적으로 변화하여 역할에 맞는 특이성을 확립해 가는 현상. **분화-하다**¹ 동 (자여) **분화-되다** (자여) ¶작업이 ~.

분:화²(噴火) 명 [지] 화산이 터져서 불기운을 내뿜는 것. **분:화-하다**² 자여

분:화-구(噴火口) 명 [지] =화구(火口) '3.

분회(分會) [-회/-훼] 명 본회(本會)에서 갈라져 나온 작은 조직체.

붇:다(-따) (붇:고/불어) 자여 〈불으니, 불어〉 1 〔물체가〕 물기를 흡수하여 부피가 커지다. ¶라면은 붇기 전에 먹어라. 2 〔분량이나 수효가〕 많아지다. ¶체중이 ~.

불¹ 명 1 물질이 높은 온도로 빛과 열을 내면서 타는 현상. 2 집이나 재산 등이 타는 재난. 비화재. 3 어둠을 밝히는 기구나 물체가 빛을 내어 환해진 상태. ¶전등~. 4 사람의 마음이 열정적으로 되거나 열에 받친 상태를 비유적으로 이르는 말. ¶사랑에 ~이 붙다.

불² 접모 아주 극심함을 나타내는 말. ¶~더위 / ~상놈.

불³ 접모 동식물의 이름 앞에 붙어 그 빛깔이 '붉음'을 나타내는 말. ¶~개미 / ~콩.

불⁴(佛) 명 [불] 삼보(三寶)의 하나. 진리를 깨달은 이. 곧, 부처.

불⁵(佛) 명 '불란서'를 줄여 이르는 말.

불⁶(弗) 명 (의존) =달러 ⒈ ¶백만 ~.

불⁻⁷(不) 접모 'ㄷ', 'ㅈ' 이외의 첫소리로 시작되는 일부 한자어 앞에 붙어, '아님', '어긋남' 등의 뜻을 나타내는 말. 불(非)-. ¶~능 / ~공정. ~가 ~.

불가¹(不可) 명 1 옳지 않은 것. 2 어떤 일을 해서는 안 되는 상태에 있는 것. ¶미성년자 관람 ~. **불가-하다** 형여

불가²(佛家) 명 [불] 불교를 믿는 사람. 또는, 그들의 사회. =불문(佛門)·선문.

불-가결(不可缺) 명 없어서는 안 되는 것. ¶필수 ~. **불가결-하다** 형여

불-가능(不可能) 명 할 수 없는 것. 또는, 가능하지 않은 것. ¶내 사전에 ~이란 없다. ↔가능. **불가능-하다** 형여 ¶실현 불가능한 일.

불가리아(Bulgaria) 명 [지] 발칸 반도의 동부에 있는 공화국. 수도는 소피아.

불-가뭄 명 아주 심한 가뭄.

불-가분(不可分) 명 나누려야 나눌 수 없는 것. ¶돈과 권력은 ~의 관계가 있다.

불가불(不可不) 뷔 =부득불.

불가사리(명사) 명 바다에 살며, 납작한 몸에 5개의 팔이 있어 별 모양을 이루고, 표면에 가시가 빽빽이 나 있는 동물의 총칭.

불가사의(不可思議) [-의/-이] I 명 보통 사람의 생각으로는 미루어 헤아릴 수 없을 만큼 이상야릇한 일. ¶세계 7대 ~. **불가사의-하다** 형여 ¶불가사의한 사건. II 준 십진급수의 하나. 무량대수의 만분의 일임. 곧, 10⁶⁴.

불가입-성(不可入性) [-씽] 명 [물] 두 개의 물체가 동시에 동일한 공간을 차지하지 못한다는 성질.

불가지-론(不可知論) 명 [철] 초경험적인 존재와 그 본질은 인식할 수 없다는 설.

불가-침(不可侵) 명 침범해서는 안 됨.

불가침 조약(不可侵條約) [명] [정] 서로 상대국을 침략하지 않을 것을 약속하는 조약. ¶상호 ~.

불가피-하다(不可避-) 형여 피할 수가 없다. ¶불가피한 상황.

불가항-력(不可抗力) [-녁] 명 사람의 힘으로는 저항할 수 없는 힘. ¶~의 사고.

불가-해(不可解) 명 이해할 수 없는 것. **불가해-하다** 형여

불-간섭(不干涉) 명 일에 간섭하지 않는 것. ¶내정 ~.

불감-증(不感症) [-쯩] 명 1 [의] 주로, 여자가 성교할 때 폐감을 느끼지 못하는 증세. 2 감각이 둔하거나 익숙해져서 별다른 느낌을 갖지 못하는 일. ¶안전 ~.

불감청이언정 고소원(不敢請−固所願) 감히 먼저 청하거나 말을 꺼내지는 못하지만 내심 바라던 일이라는 뜻. ¶~이라, 자네가 그렇게만 해 준다면야 나야 더 바랄 게 뭐 있겠나.

불-같다[-갇따] 형비 (사람의 성질이나 기세, 태도가) 급하고 사납다. ¶불같은 성미. **불같-이** 뷔

불-개미 명 몸빛이 적갈색이고 온몸에 누런 털이 나 있는 개미. 낙엽송 잎으로 집을 높이 짓고 그 밑 땅속에서 삶.

불-개입(不介入) 명 어떠한 일에 개입하지 않는 것. **불개입-하다** 자여

불거-지다 자여 1 물체의 거죽으로 툭 비어져 나오다. 비튀어나오다. ¶이마에 혹이 ~. 2 어떠한 현상이 두드러지게 겉으로 드러나거나 갑자기 생겨나다. ¶정치권에 뇌물 사건이 ~.

불건성-유(不乾性油) [-뉴] 명 [화] 공기에 드러나도 마르거나 얇은 막이 생기지 않는 식물유. 올리브유·동백기름 따위. ↔건성유.

불건전-하다(不健全-) 형여 건전하지 않다. ¶불건전한 생각.

불결-하다(不潔-) 형여 1 (몸·물체·물질·장소 등이) 지저분하거나 더러워 좋지 않은 느낌을 주는 상태에 있다. 비더럽다. ¶불결한 음식물. ↔청결하다. 2 (어떤 사람이) 성적(性的)인 태도나 행동이 비도덕적이어서 역겹다.

불경¹(不敬) 명 경의를 나타냄이 없이 무례한 것. **불경-하다** 형여 ¶불경한 행동.

불경²(佛經) 명 [불] 불교의 경전. =범서(梵書)·불전. ⓒ경(經).

불-경기(不景氣) 명 경기가 좋지 않음. 비불황. ↔호경기.

불경-스럽다(不敬-) (-따) 형비 〈-스러우니, -스러워〉 불경한 데가 있다. **불경스레** 뷔

불계(不計) [-계/-게] 명 1 (시비나 이해, 사정 따위를) 가리어 따지지 않는 것. 2 바둑에서, 승부가 뚜렷하게 나타나 집수를 셀 필요가 없는 것.

불계-승(不計勝) [-계-/-게-] 명 바둑에서, 상대가 졌다고 생각하고 끝까지 두지 않고 포기를 선언했을 때 거두는 승리. ↔불계패. **불계승-하다** 자여

불계-패(不計敗) [-계-/-게-] 명 바둑에서, 졌다고 생각하고 끝까지 두지 않고 포기를 선언함으로써 안게 되는 패배.

불계승. **불계패-하다** 통[자연]
불고(不顧)[명] 돌보지 않는 것. 또는, 돌아보지 않는 것. **불고-하다** 통[타연] ¶체면을 ~.
불-고기 명 쇠고기 등의 살코기를 얇게 하며 양념하여 재었다가 불에 구운 음식. 또는, 그 고기.
불고지-죄(不告知罪)[-쬐/-쮀] 명[법] 국가 보안법을 위반한 사람을 알고 있으면서도 고의로 수사 기관이나 정보기관에 알리지 않는 경우에 성립하는 죄.
불-곰 명동 몸길이가 2m로 매우 크며, 몸빛은 대체로 갈색인 곰. 헤엄을 잘 치고, 나무에도 잘 오름.
불공(佛供)[명] 부처 앞에 공양하는 일. **불공-하다**[1] 통[자연]
불공대천지원수(不共戴天之怨讐) 세상에서 더불어 살 수 없을 만큼 원한이 깊은 원수. 준대천지원수.
불-공정(不公正)[명] 공정하지 않은 것. ¶~ 거래. **불공정-하다** 형연 ¶불공정한 판정.
불공평-하다(不公平-)[형연] 공평하지 않다. ¶불공평한 처사. ↔공평하다.
불공(不恭)[2] 공손하지 않다. ¶어른에게 불공한 언사를 쓰다.
불과(不過)[부] 수량을 나타내는 말 앞에 쓰여, 그 수량이 기대하나 보통의 경우보다 훨씬 적거나 낮은 것임을 뜻하는 말. ¶시험이 ~ 열흘밖에 남지 않았다.
불과-하다(不過-)[형연] [조사 '에' 다음에 쓰여] 어떤 수량이나 정도에 지나지 않다. 그 말은 변명에 ~.
불교(佛敎)[명불] 기원전 5세기에 석가모니가 창시한 종교. 인생의 생로병사의 괴로움의 세계임을 깨닫고 그로부터 해탈하여 열반에 이르는 것을 궁극적 이상으로 삼음.
불교-도(佛敎徒)[명] 불교를 믿는 사람. 준불도(佛徒).
불구¹(不具)[명] 몸의 어느 부분이 제 기능을 못 하거나 기형인 상태. ¶~의 몸.
불구²(佛具)[명] 불당을 꾸미거나 법회 등을 행할 때 쓰는 물건이나 장치.
불-구경 명 화재를 구경하는 일. **불구경-하다** 통[자연]
불-구덩이[-꾸-][명] 세차게 타오르는 불길의 속.
불-구속(不拘束)[명법] 구속하지 않는 것. ¶~ 입건. **불구속-하다** 통[타연]
불구-자(不具者)[명] 불구인 사람. 근래에는 '장애인', '신체장애인' 등의 완곡한 표현이 쓰이고 있음.
불구-하다(不拘-)[부사연] [조사 '에' 나 어미 '-ㄴ데/는데/은데' 뒤에 보조사 '도'가 붙은 형태 아래에 '불구하고'의 꼴로 쓰여] 무엇에 얽매여 거리끼지 않다. ¶가뭄에도 불구하고 농작물이 풍작이다.
불굴(不屈)[명] [주로, '불굴의'의 꼴로만 쓰여] 굽히지 않는 것. ¶~의 정신. **불굴-하다**[1] 통[자연]
불귀(不歸)[명] 돌아오거나 돌아가지 않는 것.
불귀의 객(客) 딴 세상으로 가서 돌아오지 못한다는 뜻으로, 죽은 사람을 이르는 말. ¶교통사고로 ~이 되고 말았다.
불-규칙(不規則)[명] [일부 명사 앞에 쓰여] 규칙에서 벗어나는 것. **불규칙-하다** 형연 ¶생활이 ~.

불규칙^동!사(不規則動詞)[-똥-][명언] 불규칙 활용을 하는 동사. ↔규칙 동사.
불규칙^용!언(不規則用言)[-쩡농-][언] 불규칙 활용을 하는 용언. ↔규칙 용언.
불규칙-적(不規則的)[-쩍] 관명 불규칙한. ¶통증이 ~으로 반복되다.
불규칙^형!용사(不規則形容詞)[-치켱-][명언] 불규칙 활용을 하는 형용사. ↔규칙 형용사.
불규칙^활용(不規則活用)[-치활-][언] 용언이 활용할 때 어간 또는 어미가 불규칙하면서 달라지는 것. '짓다'가 '지어'로 활용하는 ㅅ 불규칙 활용 따위.
불-균등(不均等)[명] 균등하지 않은 것. ¶기회의 ~. **불균등-하다** 형연
불-균형(不均衡)[명] 균형이 잡히지 못한 것. ¶수입과 수출의 ~. **불균형-하다** 형연
불그락-푸르락 명 '붉으락푸르락'의 잘못.
불그레-하다 형연 약간 곱게 불그스름하다. ¶불그레한 볼. 좍볼그레하다.
불그스레-하다 형연 =불그스름하다.
불그스름-하다 형연 (빛깔이) 다소 어둡고 충충하게 붉은 데가 있다. =불그스레하다. ¶뺨이 ~. 좍볼그스름하다. **불그스름-히** 부
불그죽죽-하다[-쭈카-] 형연 빛깔이 고르지 못하면서 칙칙하게 불그스름하다.
불긋-불긋[-귿뿔귿] 부 전체가 붉지 않고 군데군데 붉은 모양. 좍볼긋볼긋. **불긋불긋-하다** 형연
불-기¹(~氣)[-끼][명] =불기운.
불기²(佛紀)[명불] (주로, 어느 해를 나타낸 숫자 앞에 쓰여) 그해가 석가모니가 입멸한 해를 기원으로 한 것임을 나타내는 말. 기원전 544년을 불기 1년으로 함. ¶서기 2004년은 ~ 2548년으로.
불-기둥[-끼-][명] 기둥 모양으로 높이 치솟아 오르는 불길. ¶~이 치솟다.
불-기소(不起訴)[명법] 사건이 죄가 되지 않거나, 범죄의 증명이 없거나, 또는 공소의 요건을 갖추지 못하였을 때 검사가 공소를 제기하지 않는 일. ▷기소 유예.
불-기운[-끼-][명] 불에서 나오는 뜨거운 기운. =불기. 비화기(火氣).
불-길[-낄][명] 1 기세 있게 타오르는 불. 또는, 그런 불의 기운. ¶~이 치솟다. 2 감정이나 정열이 고조되거나 격앙된 상태를 비유적으로 이르는 말. ¶분노의 ~. 3 어떤 현상의 거센 기세를 비유적으로 이. ¶요원의 ~.
불길-하다(不吉-)[형연] 운수 따위가 좋지 않다. ¶불길한 예감.
불-까다 통타 동물에게 불알을 발라내다. 거세하다.
불-꽃[-꼳][명] 1 물체에 불이 붙었을 때, 열과 빛을 내면서 타오르는 부분. 비화염. ¶등잔의 ~이 넘실거리다. 2 금속·돌 따위가 서로 부딪칠 때 일어나는 불빛. ¶부싯돌에서 ~이 일다. 3 축제나 놀이를 위해 만든 화약이 공중에서 터질 때, 사방으로 흩어지면서 어떤 무늬 같은 것을 나타내는 불의 형상.
불꽃(이) 튀다 겨루는 모양이 치열하다. ¶**불꽃** 튀는 경쟁을 치르다.
불꽃-같다[-꼳깓따][형] 사물의 일어나는 형세가 왕성하다. **불꽃같-이** 부

불꽃-놀이[-꼰-] 圈 경축이나 기념행사 가 있는 날에 공중으로 화포나 폭죽 등을 쏘아 올려, 그것이 터질 때의 화려한 불꽃을 즐기는 일.

불끈 튀 1 두드러지게 위로 치밀거나 떠오르거나 솟아나는 모양. ¶근육이 ~ 솟다. 2 주먹을 단단하게 쥐는 모양. ¶두 주먹을 ~ 쥐고 다짐하다. 3 흥분하여 성을 울컥 내는 모양. ¶화가 ~ 치솟다.

불끈-거리다/-대다 [-꺼때-] 困 困 하찮은 일에도 걸핏하면 성을 잘 내다.

불끈-불끈 튀 자꾸 불끈하는 모양. ¶용기가 ~ 솟다. **불끈불끈-하다**

불-나다[-라-] 困 困 (어느 곳이나 물체에) 쉽게 끄기 어려운 상태의 불이 일어나다. ¶소방차가 불난 곳으로 출동하다.
[**불난 집에 부채질한다**] 남의 재앙이나 불행을 점점 더 커지도록 만들다.

불-나방[-라-] 困 困 날개가 비교적 크며, 앞날개는 흑갈색, 뒷날개는 오렌지색 바탕에 검은 무늬가 있는 나방. 콩·뽕나무·머위 등의 해충임. =부나비.

불내다[-래-] 困 困 불나다의 사동사.

불능(不能)[-릉] 囹 1 할 수 없는 상태. 재기 ~ 2 [수] 방정식이 근(根)을 갖지 않는 일. **불능-하다** 困 困 할 수 없다.

불:다 (불고 / 불어) 困〈부니, 부오〉 [ ] 困 1 (바람이) 한쪽에서 다른 쪽으로 움직이다. ㉠일다. ¶태풍이 ~. 2 ('바람', '태풍' 등과 함께 쓰여) 어떤 현상이나 기운 등이 거세게 일어나다. ¶영어 학습 광풍이 ~ / 인사 태풍이 ~. [2] 困 1 (사람이 물체를) 식게 하거나 부풀게 하거나 튀겨지게 하거나 먼지가 날아가거나 하게 하기 위해 입술을 동그랗게 오므린 상태로 숨을 힘 있게 내보내다. ¶고무풍선을 입으로 ~. 2 콧김을 내보내다. 3 (사람이 입김을) 입을 약간 오므리거나 벌려서 나가게 하다. 또는, 그렇게 하여 (물체를) 더운 기운이 미치게 하다. ¶유리창에 입김을 호호 ~. 4 (사람이 소리를 내는 물체나 악기를) 입에 대고 숨을 내보내어 소리가 나게 하다. 또는, (휘파람을) 입술을 아주 좁게 오므려 숨을 내보냄으로써 나게 하다. ¶휘파람을 ~. 5 (어떤 사람이 다른 사람에게 자백을 억압하여 강요하는 상황에 쓰여) (죄지은 사실이나 감춘 비밀을) 사실대로 말하다. ¶털어놓다.
[**좋은 말로 할 때 어서 불어!**] 어린 자녀를 아주 소중히 여긴 곰게 기름을 바르다.

불당(佛堂)[-땅] 囹 困 부처를 모셔 놓은 집이 있는 집. =불전(佛殿).

불-더미[-떠-] 囹 불이 붙은 더미. ¶~ 속으로 뛰어들다.

불-더위 囹 몹시 심한 더위. ㉠불볕더위. ¶삼복 ~에 초목이 타는 듯하다.

불-덩어리[-떵-] 囹 1 타고 있는 물체의 덩어리. 2 =불덩이2.

불-덩이[-떵-] 囹 1 타고 있는 물체의 덩이. 2 몹시 뜨거운 것이나 물건을 비유하여 이르는 말. =불덩어리.

불도¹(-道)[-또] 囹 '불교도'의 준말.

불도²(佛道)[-또] 囹 1 부처의 가르침. 2 수행을 쌓아 부처가 되는 길.

불도그(bulldog) 囹 1 [동] 개의 한 품종. 영국 원산으로, 머리가 크고 네모지며, 입이 넓고 코가 넓적함. 생김새는 무서워 보이지만 용감하고 충직하여, 집을 지키거나 호신용으로 알맞음. 2 성질이 사납고 끈질긴 사람의 비유. ✕불독.

불-도장(-圖章) 囹 =낙인(烙印)1.

불도저(bulldozer) 囹 1 땅을 깎고 평평하게 고르기 위하여 커다란 칫날과 무한궤도를 장치한 특수 자동차. 2 일의 앞뒤를 헤아리지 않고 무조건 밀고 나가는 사람의 비유.

불독 '불도그(bulldog)'의 잘못.

불-두덩[-뚜-] 囹 남녀의 생식기 주위의 두두룩한 부분.

불-땀 囹 불기운의 세고 약한 정도. ¶대솔 장작이라야 ~이 좋다.

불-똥 囹 1 불에 타고 있는 물체에서 튀어나오는 작은 불덩이. 2 심지 끝이 다 타서 찌끼꺼기가 엉긴 덩이.

불똥(이) 튀다 재앙이나 화가 미치다.

불뚝 튀 1 갑자기 무뚝뚝하게 화를 내는 모양. ¶심통이 난 얼굴로 ~ 화를 내다. 2 갑자기 솟아 나와 불룩한 모양. ¶팔뚝에 힘줄이 ~ 솟다.

불뚝-거리다/-대다[-꺼때-] 困 1 갑자기 무뚝뚝하게 자꾸 화를 내다. 2 여기저기서 자꾸 갑자기 불룩불룩하게 솟아나오다. ¶근육이 **불뚝거리는 팔**.

불뚝-불뚝[-뿍-] 튀 불뚝거리는 모양. ¶다혈질이라 조그마한 일에도 ~ 화를 낸다. **불뚝불뚝-하다**

불란서(佛蘭西) 囹 [지] '프랑스'의 음역어.

불량(不良) 囹 1 (사람이) 사회 규범에 벗어나거나 질서를 어지럽히는 행동을 자주 하는 상태에 있는 것. ¶~ 청소년. 2 (물건이나 대상이) 질이나 수준에 있어서 낮거나 좋지 않은 상태에 있는 것. ¶~ 식품. **불량-하다** 匓匓 ¶품행이 ~. ↔선량하다.

불량-배(不良輩) 囹 행동이 불량한 사람의 무리. 또는, 그 무리에 속하는 사람.

불량-품(不良品) 囹 품질이 나쁜 물건. ¶~ 추방 운동.

불러-내다 困 불러서 나오게 하다. ¶친구를 전화로 ~.

불러-들이다 困 불러서 들어오게 하다. ¶손님을 ~.

불러-오다 困〈~오너라〉불러서 오게 하다. ¶의사를 ~.

불러-올리다 困 아래 기관의 사람이나 자기보다 아래의 사람을 불러서 오게 하다. ¶부하 직원을 본사로 ~.

불러-일으키다 困 (숨어 있거나 가라앉아 있는 것들을) 드러나거나 일어나게 하다. ¶경각심을 ~.

불령-선인(不逞鮮人) 囹 일제 강점기에, 일본 제국에 비협조적이고 저항적이던 한국인을 이르던 말.

불로-불사(不老不死)[-싸] 囹 늙지도 않고 죽지도 않음. **불로불사-하다** 困 困

불로ˆ소득(不勞所得) 囹 생산적인 노동에 직접 참여하지 않고 얻는 소득. 이자·지대(地代)·배당금 따위. ▷근로 소득.

불로ˆ소득세(不勞所得稅) 囹 [법] 불로 소득에 과하는 국세(國稅). 상속세·증여세 따위.

불로-장생(不老長生) 囹 늙지 않고 오래 삶. **불로장생-하다** 困 困

불로-초(不老草) 囹 먹으면 늙지 않는다는 상상의 풀.

불룩 튀 물체의 거죽이 겉으로 쑥 내민 모양. ¶배를 ~ 내밀다. 큰볼록. **불룩-하다**

불법화_555

불룩-거리다/-대다[-꺼(때)-] 통(자)(타) 물체의 거죽이 겉으로 쑥 내밀었다 들어갔다 하다. 또는, 그리되게 하다.
불룩-불룩[-뿔-] 튄 불룩거리는 모양. **불룩불룩-하다** 통(자)(타)형(여)
불륜(不倫) 명 (기혼자가 배우자 이외의 이성과, 또는 미혼자가 기혼의 이성과) 성 관계를 맺는 일. 또는, 인륜을 벗어나 성 관계를 맺는 일. ¶ ~ 관계.
불-리다¹ 통(자) (어떤 물체가 바람에) 공중에 뜨거나 이리저리 움직이다. ¶낙엽이 바람에 불려 날아가다.
불리다² 통(자) '부르다'의 피동사. ¶베토벤은 '악성(樂聖)'이라 불린다. ×불리우다.
불리다³ 통(타) '부르다'의 사동사. ¶배를 ~.
불리다⁴ 통(타) 1 '붇다'의 사동사. ¶녹두를 물에 ~. 2 (어떤 말이나 소문, 수치 등을) 사실과 다르게 더 크거나 대단한 것이 되게 하다. (비)과장되다·부풀리다. ¶소문을 불려서 퍼뜨리다.
불리우다 '불리다⁴'의 잘못. ¶음악의 아버지라 불리우는(→불리는) 바흐.
불리-하다(不利-) 형(여) (상황이나 입장 등이) 좋지 않아 해를 입을 가능성이 있거나, 상대보다 어려움을 겪게 될 상태에 있다. ¶불리한 상황. ↔유리하다.
불만(不滿) 명 마음에 들거나 차지 않아 언짢거나 원망스러운 것. ¶~을 품다.
불만-스럽다(不滿-)[-따] 형(ㅂ)〈~스러우니, ~스러워〉불만을 느끼게 하는 점이 있다. **불만스러운 표정. 불만스레** 튄
불만족-스럽다(不滿足-)[-쓰-따] 형(ㅂ)〈~스러우니, ~스러워〉불만족한 데가 있다. **불만족스레** 튄
불만족-하다(不滿足-)[-조카-] 형(여) (어떤 일에) 부족함이 있어 충분치 못한 느낌이 드는 상태에 있다.
불매(不買) 명 사지 않는 것. ¶~ 운동. 불매-하다 통(타)
불매^동맹(不買同盟) 명[사] 노동조합의 쟁의 방법의 하나. 쟁의 중 기업의 제품을 사지 않도록 제삼자에 권유·호소하는 행위. =보이콧.
불면(不眠) 명 잠을 못 자는 것. ¶~의 밤을 보내다.
불면-증(不眠症)[-쯩] 명 밤에 잠이 잘 오지 않는 증세.
불멸(不滅) 명 멸망하지 않거나 없어지지 않는 것. ¶~의 진리. **불멸-하다** 통(자)
불멸-기원(佛滅紀元) 명[불] 석가모니가 입멸한 해를 기원으로 하는 일.
불명(不明) 명 분명하지 않은 것. ¶행방~/원인~의 병.
불명료-하다(不明瞭-)[-뇨-] 형(여) 명료하지 않다. (비)불분명하다.
불명예(不名譽) 명 명예롭지 못한 것. ¶~를 씻다.
불명예-스럽다(不名譽-)[-따] 형(ㅂ)〈~스러우니, ~스러워〉명예롭지 못한 데가 있다.
불명예^제대(不名譽除隊) 명[군] 군사 법원에서 유죄 판결을 받아 강제로 당하는 불명예스러운 제대. ↔명예 제대.
불명확-하다(不明確-)[-화카-] 형(여) 명확하지 않다.
불모(不毛) 명 1 땅이 거칠고 메말라 곡식이나 다른 식물이 자라지 않는 것. ¶~의 사막. 2 성장이나 결실이 없는 상태의 비유. ¶한국 문학의 ~ 시기.
불모-지(不毛地) 명 1 풀이나 나무가 자라지 못하는 거칠고 메마른 땅. 2 어떤 사물이나 현상이 전혀 발달하지 못하고 있는 곳. ¶그 방면의 연구는 ~나 다름없다.
불목-하니[-모카-] 명[불] 절에서 밥 짓고 물 긷는 일을 맡아서 하는 사람.
불목-하다(不睦-)[-모카-] 형(여) 사이가 서로 좋지 않다.
불문¹(不問) 명 1 물어 밝히지 않는 것. 2 가리지 않는 것. **불문-하다** 통(타)(여) ¶남녀노소를 불문하고 좋아하는 영화.
불문에 부치다 묻지 않고 그대로 내버려두다. ¶지난 일은 불문에 부치겠다.
불문²(佛門) 명 =불가². ¶~에 들다.
불문가지(不問可知) 명 묻지 않아도 알 수 있음. ¶자내 행색을 보니 그동안의 생활이 어떠했는지는 ~로군.
불문곡절(不問曲折)[-쩔] 명 (주로 '불문곡절하고'의 꼴로 쓰여) 이런저런 사정을 묻지 않는 것. **불문곡절-하다** 통(자)(타)(여)
불문곡직(不問曲直) 명 옳고 그름을 묻거나 따지지 않은 채 무조건. (비)다짜고짜로. **불문곡직-하다** 통(자)(타)(여) (주로 '불문곡직하고'의 꼴로 쓰여) ¶그는 불문곡직하고 내 멱살부터 잡았다.
불문-법(不文法) 명 문자로 된 법의 형식을 갖추지 않은 법. 관습법·판례법 따위. ↔불문법. →성문법.
불문-율(不文律)[-뉼] 명 1[법] =불문법. ↔성문율. 2 일부러 정해 놓은 것은 아닌데 으레 지키기로 되어 있는 규칙. ¶고향에 가면 성묘부터 하는 게 그의 ~이다.
불-문학(佛文學) 명 프랑스 어로 표현된 문학. 또는, 그것을 연구하는 학문.
불미-스럽다(不美-)[-따] 형(ㅂ)〈~스러우니, ~스러워〉불미한 데가 있다. ¶불미스러운 행동을 하다. **불미스레** 튄
불미-하다(不美-) 형(여) 아름답지 못하여 추잡하다.
불-바다 명 1 넓은 지역에 걸쳐 사납게 타오르는 불. ¶사방은 순식간에 ~로 변했다. 2 불이 밝게 켜진 드넓은 곳.
불발(不發) 명 1 총알·폭탄 따위가 발사되지 않거나 터지지 않는 것. 2 계획했던 일을 못 하게 되는 것. ¶쿠데타가 ~로 끝나다. **불발-되다** 통(자)
불발-탄(不發彈) 명 발사가 되지 않거나, 발사 후에도 폭발하지 않은 탄알·포탄·폭탄.
불방(不放) 명 방송 프로그램이 예정되었던 날에 방송되지 않는 것. 또는, 방송하지 않는 것. **불방-되다** 통(자) ¶긴급 뉴스로 드라마가 ~.
불-배 명 1 수전(水戰)에서, 적의 배에 불을 붙이는 데 쓰이는 배. 2 야간에 고기를 잡을 때에 불을 밝혀 주는 배.
불법¹(不法) 명 어떤 행위가 타인의 권리나 자유를 침해하거나 법이 금지된 것을 어긴 상태인 것. (비)위법. ¶~ 주차. ↔합법. **불법-하다** 형(여)
불법²(佛法) 명[불] 부처의 가르침.
불법-적(不法的)[-쩍] 관(명) 법에 어긋나는 (것). ¶~으로 사람을 감금하다.
불법^행위(不法行爲)[-뻐뷔-] 명[법] 고의 또는 과실에 의해 타인의 권리를 침해하여 손해를 입히는 행위. ▷위법 행위.
불법-화(不法化)[-뻐콰] 명 국가 정책에

어긋나는 정당이나 사회 단체를 불법적인 것으로 인정하는 것. **불법화-하다** 톤타 예 **불법화-되다** 톤자

불-벼락 명 1 불같이 사나운 책망이나 명령. ¶~이 떨어지다.
불변(不變) 명 변하지 않는 것. ¶영구~. ↔가변(可變). **불변-하다** 톤자 예
불-빈[-삔] 명 몹시 뜨겁게 내리쬐는 별.
불볕-더위[-변띠-] 명 불볕이 내리쬐는 더위. 비뙤약볕더위.
불복(不服) 명 1 복종하지 않는 것. 2 죄에 대한 형벌을 받아들이지 않는 것. 비항복-하다 톤자예 ¶명령에~.
불-복종(不服從)[-종] 명 복종하지 않는 것. 비불복. ¶무저항 ~ 운동. **불복종-하다** 톤자예
불분명-하다(不分明-) 예 분명하지 않다. 비불명료하다. ¶불분명한 대답. ↔분명하다.
불-붙다[-붇-] 톤자 1 물체에 불이 붙어 타다. 2 어떤 열의나 정열이 일어나다. ¶찬반 토론이 불붙기 시작하다.
불-이다[-치-] 톤타 예 '불붙다'의 사동사. ¶장작에 ~.
불비(不備) [-부치-] 명 제대로 갖추어져 있지 않은 것. **불비-하다** 예 ¶불비한 조건.
불-빛[-삗] 명 1 타는 불의 빛. 2 전등·등잔불·별 등에서 비치는 빛. ¶인가에서 ~이 새어 나오다.
불사(不死) [-싸] 명 죽지 않는 일. ¶불로(不老).
불사²(不辭) [-싸] 명 사양하지 않는 것. **불사-하다** 톤타예 ¶한 번만 더 영공을 침범한다면 전쟁도 **불사하겠다**.
불사³(佛寺) [-싸] 명 =절¹.
불사⁴(佛事) [-싸] 명 부처를 위하는 일과 관련되어 불가에서 행하는 모든 일.
불-사르다 톤타예 〈-사르니, -살라〉 1 불에 태워 없애다. 비사르다. ¶유품을 불살라 버리다. 2 (부정적인 것을) 죄다 없애다. ¶망념을 ~.
불사불멸(不死不滅) [-싸-] 명 죽지도 없어지지도 않음. 비불생불멸(不生不滅).
불사-신(不死身) [-싸-] 명 '어떤 곤란을 당해도 기력을 잃거나 낙망하지 않는 사람'의 비유. ¶우리 겨레는 역사의 고된 시련 속에서 ~처럼 되살아났다.
불사이군(不事二君) [-싸-] 명 한 사람이 두 임금을 섬기지 않음. ¶사육신은 ~의 절의(節義)를 굽히지 않았다.
불사-조(不死鳥) [-싸-] 명 1 영원히 죽지 않는다는 전설의 새와 같이, 어떤 어려움이나 고난에 빠져도 굳세게 이겨 내는 사람의 비유. 2 [신화] 이집트 신화에 나오는 신비한 새. 500∼600년마다 한 번 스스로 향나무를 쌓아 불을 피워 불에 타 죽고 그 재 속에서 다시 어린 새가 되어서 나타난다고 함. =불새·피닉스.
불상(佛像) [-쌍] 불 부처의 형상을 표현한 조각이나 화상(畫像).
불상-놈(常-) [-쌍-] 명 아주 천한 상놈.
불상-사(不祥事) [-쌍-] 명 상서롭지 못할. ¶집안에 ~이 일어나다.
불-새 [-쌔] 명 [신화] =불사조.
불생불멸(不生不滅) [-쌩-] 명 불 생겨나지도 않고 없어지지도 않고 항상 그대로 변함이 없음.
불서(佛書) [-써] 명 불교에 관한 책.
불성(佛性) [-썽] 명 불 중생에게 본디 갖추어진, 부처가 될 수 있는 성품.
불성실-하다(不誠實-) [-썽-] 예 성실하지 못하다. **불성실한** 태도.
불-세출(不世出) [-쎄-] 명 좀처럼 세상에 나타나지 않을 만큼 뛰어난 것. ¶~의 영웅.
불소(弗素) [-쏘] 명 [화] =플루오르. ¶~ 치약.
불-소급(不遡及) [-쏘-] 명 소급하지 않는 것. ¶법률 ~의 원칙.
불-속[-쏙] 명 총탄이나 포탄이 터지고 날아드는 데를 비유하여 이르는 말.
불손-하다(不遜-) [-쏜-] 예 (어떤 사람이) 다른 사람 앞에서 예의를 갖추지 않거나 버릇없이 행동하는 상태에 있다. ¶손님을 대하는 태도가 ~. ↔공손하다.
불손-히 부
불수(不隨·不遂) [-쑤] 명 수족이나 몸이 마비되어 마음대로 움직이지 못하는 상태. ¶반신(半身)~의 몸.
불수의-근(不隨意筋) [-쑤의-/-쑤이-] 명 [생] 의지의 지배를 받지 않는 근육. 내장근의 대부분이 이에 속하며, 심장근을 제외하고는 형태적으로는 민무늬근임. =제대로근. ↔수의근.
불순(不純) [-쑨] 명 순수하지 못한 것. ¶~세력. **불순-하다**¹ 예 ¶불순한 마음.
불순-히¹ 부
불순-물(不純物) [-쑨-] 명 순수한 물질 속에 섞여 있는 순수하지 못한 물질.
불순-분자(不純分子) [-쑨-] 명 사상이나 이념이 그 조직 안의 것과 달라서 비판을 받을 만한 사람. ¶~를 색출하다.
불순-하다²(不順-) [-쑨-] 예 1 온순하지 못하다. ¶불순한 언사. 2 순조롭지 못하다. ¶불순한 날씨. **불순-히**²
불시(不時) [-씨] 명 뜻하지 않을 때. ¶~의 사태에 대비하다.
불시-로(不時-) [-씨-] 부 뜻하지 않게 갑자기. ¶~ 검문을 하다.
불시-에(不時-) [-씨-] 부 뜻하지 않은 때에. ¶경찰이 ~ 들이닥치다.
불시-착(不時着) [-씨-] 명 비행기가 기관 고장이나 기상 관계, 연료 부족 등으로 목적지에 이르기 전에 예정되지 않은 지점에 착륙하는 일. **불시착-하다** 톤자예 ¶여객기가 기관 고장으로 사막에 ~.
불식(拂拭) [-씩] 명 말끔히 털어 없애는 일. **불식-하다** 톤타예 ¶악습(惡習)을 ~. **불식-되다** 톤자 ¶정부의 해명에도 국민의 의혹은 **불식되지** 않았다.
불신(不信) [-씬] 명 (어떤 사람이나 대상을) 거짓으로 속이거나 기만하는 행동을 한다고 여겨 믿지 않는 것. 또는, (어떤 사람의 말이나 행동을) 거짓으로 여겨 믿지 않는 것. ¶~ 풍조. **불신-하다** 톤타예
불신-감(不信感) [-씬-] 명 믿지 못하는 마음. ¶~을 조장하다[해소하다].
불-신임(不信任) [-씬-] 명 신임하지 않는 것. ¶~ 투표. **불신임-하다** 톤타예
불신임-안(不信任案) [-씬-] 명 [정] 의회(議會)에서, 정부 또는 국무 위원에 대한 불신임을 결의한 안건.
불심(佛心) [-씸] 불 1 자비스러운 부처의 마음. 2 깊이 깨달아 속세의 번뇌에 흔들리지 않는 마음.
불심-검문(不審檢問) [-씸-] 명 [법] 경찰·헌병 등이 길거리 등에서 거동이 수상하거나 어떤 혐의가 있어 보이는 사람에

대해 신분증 제시 등을 요구하면서 조사하고 질문하는 것. ¶에 불응하다.

불쌍-하다 톙 〈누가〉 동정하고 싶은 마음이 들거나 슬픔을 느낄 만큼 처지가 어렵거나 불행하다. ¶집도 절도 없는 **불쌍한** 노인. **불쌍-히** 뷔 ¶~ 여기다.

불-쏘시개 몡 장작이나 숯에 불을 옮겨 붙이기 위하여 먼저 태우는 잎나무나 관솔 따위의 총칭. ⓒ쏘시개.

불쑥 뷔 1 갑자기 쑥 내미는 모양. ¶어느 날 그가 ~ 나타났다. 2 앞뒤 생각 없이 말을 하는 모양. ¶엉뚱한 말을 ~ 하다. **불쑥-거리다** 죠 · **불쑥-하다** 통짜

불쑥-불쑥 [-쑬-] 뷔 생각하지도 않았던 것이 여기저기서 갑자기 나타나는 모양. ¶남 얘기하는데 ~ 나서지 마라.

불-씨 몡 1 꺼지지 않고 불을 이어 가는 불덩이. ¶화로의 ~를 꺼뜨리다. 2 무슨 사건이 일어날 실마리. ¶말 한마디가 ~가 되어 싸움이 벌어지다.

불안(不安) 몡 1 (마음이) 편안하지도 조마조마한 것. ¶~에 떨다. 2 (상황이) 술렁거려 어수선한 것. ¶정치적 ~. 3 (몸, 특히 배 속이) 편치 않은 것. **불안-하다** 톙어 ¶**불안한** 표정. **불안-히** 뷔

불안-감(不安感) 몡 불안한 느낌.

불안-스럽다(不安-) [-따] 톙비 〈-스러우, ~스러워〉 불안한 데가 있다. ¶아기가 뒤뚱거리며 걷는 것이 ~. **불안스레** 뷔

불-안정(不安定) 몡 (일부 명사 앞에 쓰여) 안정되지 않은 상태에 있는 것. ¶~ 사회. **불안정-하다** 톙어 ¶**자세가** ~.

불-알(-) 몡 '고환'을 속되게 이르는 말. [**불알 두 쪽밖에는 없다**] 가진 것이 아무 것도 없는 빈털터리.

불알-친구(-親舊) 몡 남자 사이에서, 어릴 때부터 같이 놀면서 가까이 지낸 친구.

불야-성(不夜城) 몡 [중국 한나라 때 있었던 불야성이 밤에 해가 떠 환히 밝았다는 데서] 등불이 많이 켜 있어 밤에도 대낮처럼 밝은 곳. ¶~을 이룬 명동 밤거리.

불어(佛語) 몡 프랑스 어.

불어-나다 통짜 본디보다 커지거나 많아지다. ¶집중 호우로 강물이 **불어났다**.

불어-넣다 [-너타] 통태 (어떤 사상이나 의식을) 일깨워 가지게 하다. ¶자유주의 사상을 ~.

불어-오다 통짜 (바람이) 이쪽으로 불다.

불어-제치다 통태 바람이 세차게 불다.

불언(不言) 몡 말을 하지 않는 것. **불언-하다** 통짜어

불-여우(-) [-려-] 몡 1 [동] 한국의 북부와 만주 동부 지방에 사는, 여우의 한 종류. 2 변덕스럽고 요사스러운 여자를 속되게 비유하여 이르는 말. ¶~ 같은 계집.

불어-튼튼(不如-) 몡 튼튼한 것은 이것보다 더 나은 것은 없음. ¶만사 ~

불연(不燃) 몡 타지 않음. ¶~ 재료.

불-연속(不連續) 몡 연속되어 있지 않은 것. 도중에 끊어져 있는 것.

불온(不穩) 몡 (일부 명사 앞에 쓰여) (사상·태도 등이) 통치 권력이나 체제에 맞서거나 어긋나는 성질이 있는 것. ¶~ 서적. **불온-하다** 톙어 ¶**불온한** 사상.

불-완전(不完全) 몡 (일부 명사 앞에 쓰여) 완전하지 못한 것. ¶~ 취업. ↔완전. **불완전-하다** 톙어 ¶**불완전한** 상태.

불완전^동^사(不完全動詞) 몡 [언] 1 활용이 완전하지 못한 동사. '가로되', '가론' 의 꼴로만 활용하는 '가로다' 따위. 2 서술어가 불완전하여 반드시 보어를 필요로 하는 동사. ↔완전 동사.

불완전^명사(不完全名詞) 몡 [언] =의존 명사.

불완전^형용사(不完全形容詞) 몡 [언] 보어가 있어야 서술이 완전해지는 형용사. '같다', '아니다' 따위. ↔완전 형용사.

불요불굴(不搖不屈) 몡 흔들리지 않고 굽히지도 않음. ¶~의 정신.

불요불급-하다(不要不急-) [-그파-] 톙어 필요하지도 급하지도 않다. ¶생활에 **불요불급한** 사치품 구입을 억제하다.

불요식^행위(不要式行爲) [-시캥-] 몡 [법] 일정한 형식이나 방식을 필요로 하지 않는 행위. ↔요식 행위.

불용(不用) 몡 (어떤 물건을) 사용하지 않는 것. ¶일회용품 ~ 운동. **불용-하다** 통태

불용(不溶) 몡 [화] 액체에 녹지 않음. ↔가용(可溶).

불우(不遇) 몡 (주로 일부 명사 앞에 관형어적으로 쓰여) 가정 형편이 넉넉지 못하여 생활이 어렵고 힘든 상태. ¶~ 이웃.

불우-하다(不遇-) 톙어 가정 형편이 넉넉지 못하여 생활이 어렵고 힘들다. 또는, 포부나 재능은 있어도 좋은 때를 만나지 못하여 불행하다. ¶**불우한** 일생.

불운(不運) 몡 운수가 좋지 못한 것. 또는, 그러한 운수. ¶~와 (兒)-의 연속. ↔ 행운. **불운-하다** 톙어

불원-간(不遠間) 뷔 =불원간에.

불원간-에(不遠間-) 뷔 오래지 않아. = 불원간. ¶~ 한번 찾아뵙겠습니다.

불원-천리(不遠千里) [-철-] 몡 천 리를 멀다고 여기지 않음. **불원천리-하다** 통짜어 ¶**불원천리하고** 찾아온 고향 친구.

불유쾌-하다(不愉快-) 톙어 마음이 언짢아 즐겁지 않다. ¶**불유쾌한** 냄새.

불응(不應) 몡 (요구나 명령 따위에) 따르지 않거나 응하지 않는 것. **불응-하다** 통짜어 ¶**검문에** ~.

불의[1](不意) [-의/-이] 몡 ('불의의', '불의에'의 꼴로 쓰여) 전혀 예상하지 못함. 부정적인 문맥에서 쓰이는 말입. 바뜻밖. ¶~의 사고.

불의-간(不義) [-의/-이] 몡 1 의리·정의에 어긋나는 것. ¶~에 항거하다. 2 남녀가 도의에 벗어난 관계를 맺는 것. ¶~의 판계. **불의-하다** 톙어

불-이익(不利益) [-리-] 몡 이익이 되지 못하거나 손해가 되는 상태. ¶~을 감수하다.

불-이행(不履行) [-리-] 몡 이행하지 않는 것. ↔책무 ~. **불이행-하다** 통태어 ¶의무를 ~.

불일-간(不日間) 몡뷔 =불일내. ¶~ 찾아뵙겠습니다.

불일-내(不日內) [-래] I 몡 며칠 안. = 불일간. ¶~로 돈을 갚으마. II 뷔 오래지 않아. =불일간.

불-일치(不一致) 몡 일치하지 않음. ¶의견의 ~. **불일치-하다** 통짜어

불임(不妊·不姙) 몡 임신하지 못하는 것. ¶~을 극복하다. **불임-하다** 통짜어

불임-증(不妊症) [-쯩] 몡 [의] 피임하지 않고 성생활을 계속해도 임신이 되지 않는 증상.

불입(拂入) 圀 1 여러 번에 걸쳐 나누어 내게 되어 있는 돈을 매달 또는 정기적으로 내는 것. ¶적금 ~. 2 '납입', '납부'로 순화. **불입-하다** 图[H어] ¶할부금을 ~. **불입-되다** 图[어]
불자¹(佛子) [-짜] 圀[불] 1 부처의 제자. 2 불교 신자. 3 모든 중생.
불자²(佛者) 圀 =불제자.
불-자동차(-自動車) 圀 =소방차.
불-장난 圀 1 아이들이 불을 피우거나 옮거나 붙이거나 하면서 노는 위험한 장난. 2 청춘 남녀의 무모하고 무분별한 사랑이나 성적인 관계를 동반한 사랑. 또는, 남녀간의 불륜의 사랑. 비유적인 말임. 3 전쟁을 하기에 이르도록 도발하는 행위. 비유적인 말임. **불장난-하다** 图[재어]
불전¹(佛典) [-쩐] 圀[불] =불경(佛經)².
불전²(佛前) [-쩐] 圀[불] =불당(佛堂).
불전³(佛殿) [-쩐] 圀[불] =불당(佛堂).
불-제자(佛弟子) 圀[불] 불교에 귀의한 사람의 통칭. =불자(佛者).
불-조심(-操心) 圀 화재가 일어나지 않도록 조심하는 것. ¶자나 깨나 ~. **불조심-하다** 图[재어]
불-지옥(-地獄) 圀 온통 불에 휩싸여 있는 곳을 비유하여 이르는 말. ¶가스 폭발로 일대는 삽시간에 ~으로 변했다.
불-집 [-찝] 圀 말썽이 되거나 위험성이 있는 사물이나 요소. ¶~을 만들다.
불집을 건드리다 위험을 스스로 불러들이다.
불-차(-車) 圀 =소방차.
불착(不着) 圀 1 도착하지 않는 일. 2 착용하지 않는 것. **불착-하다** 图[재어]
불-찬성(不贊成) 圀 찬성하지 않는 것. **불찬성-하다** 图[타어]
불찰(不察) 圀 잘 살피지 않아 생긴 잘못. ¶너를 믿은 것이 내 ~이었다.
불참(不參) 圀 참가하지 않거나 참석하지 않는 것. **불참-하다** 图[재어] ¶회의에 ~.
불철저-하다(不徹底-) [-쩌-] 휑[어] 철저하지 않다. ¶불철저한 수사.
불철-주야(不撤晝夜) 圀[부] 어떤 일에 골몰하거나 밤낮을 가리지 않음. 또는, 그 모양. ¶~ 학업에 정진하다.
불청-객(不請客) 圀 청하지 않았는데 찾아온 손님. 곧, 달갑지 않은 손님.
불체포^특권(不逮捕特權) [-기-] [법] 국회의원이 가지는 특권의 하나. 국회의원은 현행범이 아니면 회기 중에 국회의 동의 없이 체포당하지 않는 권리. ▷면책특권.
불초(不肖) Ⅰ 圀 [어버이의 덕망을 따르지 못하는 뜻] 1 어버이의 덕망을 따르지 못하는 못난 자식을 이르는 말. 주로, 자기를 부모에게 낮추어 이르는 말임. 2 '어리석고 못난 사람'이란 뜻으로 자기를 낮추는 말. ¶~ 소생 인사드리옵니다. **불초-하다** 휑[어] 1 어버이의 덕망을 따르지 못할 만큼 못나고 어리석다. ¶불초한 이 자식을 부디 용서하십시오. 2 못나고 어리석다.
Ⅱ 떼[인칭] '불초자'의 준말.
불초-자(不肖子) 圀 어버이에 대하여 아들이 '자기'를 낮추어 일컫는 말. 圉불초.
불출¹(不出) 圀 '어리석고 못난 사람'을 조롱하는 말. ¶팔~.
불출²(不出) 圀 밖에 나가지 않는 것. ¶두문(杜門)~. **불출-하다** 图[재어]
불-출마(不出馬) 圀 출마하지 않는 것. **불출마-하다** 图[재어] ¶선거에 ~.
불충(不忠) 圀 충성하지 않는 것. **불충-하다** 휑[어] ¶나라에 ~. ▷충성하다².
불-충분(不充分) 圀 충분하지 않은 것. ¶증거 ~으로 석방되다. **불충분-하다** 휑[어] ¶설명이 ~.
불충실-하다(不充實-) 휑[어] 1 (내용이) 알차지 못하다. ¶내용이 ~. 2 정성스럽고 참되지 못하다. ¶근무 태도가 ~.
불충-하다(不忠-) 휑[어] 충성스럽지 않다. ¶불충한 신하.
불측-하다(不測-) [-츠카-] 휑[어] (생각이나 행동이) 괘씸하고 엉큼하다. ¶천하에 불측한 놈.
불치(不治) 圀 병이 잘 낫지 않거나 고칠 수 없는 것. ¶~의 병.
불치-병(不治病) [-뼝] 圀 고치지 못하는 병. ¶~에 걸리다.
불치하문(不恥下問) 圀 아랫사람이나 자기보다 못한 사람에게 묻는 것을 부끄러워하지 않음.
불-친절(不親切) 圀 친절하지 않은 것. **불친절-하다** 휑[어] ¶불친절한 태도.
불-침¹(-鍼) 圀 1 장난으로, 자는 사람의 살에 놓고 불을 붙여 놀라서 깨게 하는, 성냥개비를 태워서 만든 숯 따위의 물건. ¶~을 놓다. 2 '불에 달군 쇠꼬챙이.
불침²(不侵) 圀 =불침략.
불-침략(不侵略) [-냑] 圀 침략하지 않는 것. =불침(不侵).
불침-번(不寢番) 圀 밤에 잠을 자지 않고 번을 서는 일. 또는, 그 사람.
불카누스(Vulcanus) 圀[신화] 로마 신화에 나오는 불과 대장장이의 신. 그리스 신화의 헤파이스토스에 해당함. 영어명은 벌컨(Vulcan).
불콰-하다 휑[어] (술기운을 띠거나 혈기가 좋아서 얼굴빛이) 보기 좋게 불그레하다.
불쾌-감(不快感) 圀 불쾌한 느낌.
불쾌-지수(不快指數) 圀 기온과 습도에 따라 인체가 느끼는 불쾌감의 정도를 나타내는 수치. 수치가 70~75이면 10%, 75~80이면 50%, 80 이상이면 대부분의 사람이 불쾌감을 느낀다고 함.
불쾌-하다(不快-) 휑[어] (마음이나 기분이) 못마땅하거나 거슬리는 데가 있어 언짢다. ¶불쾌한 냄새가 나다. ↔유쾌하다. **불쾌-히** 图 ~생각하다.
불타(佛陀) 圀[불] =부처¹.
불-타다 图[재] 1 (물체가) 불이 붙어서 타다. ¶상가가 ~. 2 (감정·열성·욕 따위가) 마음속에 강하게 생기다. 囲끓어오르다. ¶불타는 정열.
불타-오르다 图[르] 〈~오르니, ~올라〉 1 불이 붙어서 타오르다. ¶장작 더미가 ~. 2 불이 타는 것처럼 붉은빛으로 빛나다. ¶불타오르는 노을. 3 감정이나 기세가 세차게 끓어오르다. ¶그의 두 눈은 증오로 불타올랐다.
불탑(佛塔) 圀[불] 절에 세운 탑.
불태우다 图[타] '불타다'의 사동사.
불테리어(bullterrier) 圀[동] 불도그와 테리어를 교배시킨 잡종견(雜種犬). 털이 짧고, 성질이 강하고 영리함. 수렵견·애완견으로 이용됨.
불통(不通) 圀 1 (교통이나 통신 등이) 막혀 연락이 되지 않는 것. ¶전화가 종일 ~이다. 2 의사가 통하지 않는 것. **불통-하다** 图[재어] 연락을 하지 않다. **불통-되다**

다 통(자) ¶철도가 폭설(暴雪)로 ~.
불-투명(不透明) 명 1 (물체나 물질이) 그 속에 들어 있거나 그 너머에 있는 물체의 모습을 전혀 보이지 않게 하는 상태. ¶~ 유리. ↔투명. 2 (어떤 일이) 어떻게 진행되거나 결정될지, 또는 (태도가) 이것인지 저것인지 전혀 알 수 없는 상태. 불투명-하다 통(자) ¶미래가 ~.
불퉁-거리다/-대다 통(자) 자꾸 부루퉁한 얼굴로 퉁명스럽게 말하다.
불퉁-불퉁 불퉁거리는 모양. ¶일이 뜻대로 안 된다고 ~ 화를 내다. 불퉁불퉁-하다 통(자)
불퉁-스럽다[-따] 형(ㅂ) ⟨-스러우니, -스러워⟩ 퉁명스럽게 말을 불쑥불쑥 내던지는 데가 있다. ¶불퉁스러운 어조.
불-특정(不特定)[-쩡] 명 특별히 정하지 않음. ¶~ 다수(多數). ↔특정.
불-티 명 타는 불에서 튀는 작은 불똥.
불티-나다 통(자) (주로 '불티나게'의 꼴로 쓰여) 물건 팔리는 것이 매우 빠르고 활발하게 이루어지다. ¶날씨가 추워지자 난방 용품이 불티나게 잘 팔린다.
불-판(-板) 명 고기를 구울 때 사용하는, 쇠로 된 판.
불패(不敗) 명 지지 않는 것. 불패-하다 통(자)(재)
불펜(bullpen) 명(체) 야구에서, 구원 투수가 경기 중에 준비 운동을 하는 장소. ¶~에서 투구 연습을 하다.
불편(不便) 명 1 편리하지 않은 것. ¶덕분에 ~ 없이 지냈습니다. ↔편리. 2 (몸·마음 등이) 편하지 못한 것. 불편-하다 형(ㅕ) ¶감기로 몸이 ~.
불편부당(不偏不黨-) 명(하) 어느 편으로도 치우치지 않아 공정하고 중립적인 상태에 있다. ¶불편부당한 처사.
불편-스럽다(不便-)[-따] 형(ㅂ) ⟨-스러우니, -스러워⟩ 불편한 데가 있다. ¶활동하기 불편스러운 옷. 불편스레 부
불평(不平) 명 마음에 들지 않아 못마땅하게 여기거나, 그것을 말이나 행동으로 나타내는 것. ¶~을 늘어놓다. 불평-하다 통(타)(여)
불-평등(不平等) 명 평등하지 않은 것. 불평등-하다 형(여) ¶불평등한 대우.
불평등^조약(不平等條約) 명 강대국과 약소국 사이에 맺어져 약소국이 일방적으로 불리한 조건을 무릅쓰게 되어지는 조약.
불평-분자(不平分子) 명 어떤 조직체의 시책에 불만을 품고 투덜거리는 사람을 못마땅하게 이르는 말.
불-평만(不平不滿) 명 마음에 들지 않아 못마땅하여 마음에 차지 않음. ¶~을 늘어놓다.
불-포화(不飽和) 명(화)(물) 포화에 이르지 않은 상태. 불포화-하다 통(자)(여)
불포화^지방산(不飽和脂肪酸) 명(화) 사슬 모양으로 결합된 탄소의 일부가 이중 결합되어 있는 지방산. 올레산·리놀레산·리놀렌산 따위. ↔포화 지방산.
불필요-하다(不必要-) 형(여) 필요하지 않다. 불필요한 지출을 줄이다.
불하(拂下) 명 국가나 공공 단체의 재산을 민간에 팔아넘기는 일. 불하-하다 통(타)(여) ¶국유지를 ~.
불학(不學) 명 배우지 못한 것. ㈜무학(無學). 불학-하다 통(자)(여)
불한(佛韓) 명 1 프랑스와 한국. 2 프랑스

어와 한국어. ¶~사전.
불한-당(不汗黨) 명 1 때 지어 돌아다니며 강도. ㈜화적(火賊). 2 때 지어 다니며 행패를 부리는 무리. ¶~ 같은 놈.
불한-문화(不咸文化·弗咸文化) 명(역) 우리 민족을 근간(根幹)으로 하여 이루어진, 백두산 중심의 고대 문화.
불-합격(不合格) 명(하) (사람이나 물건이 시험·검사·심사 등에) 일정한 기준의 자격이나 규격을 갖추지 못한 것으로 판정을 받는 것. ↔합격. 불합격-하다 통(자)(자) ¶면접에서 ~. 불합격-되다 통(자)
불-합리(不合理) 명 ㉮ 합리적이 아닌 것. ↔합리. 불합리-하다 형(여) ¶불합리한 규정.
불행(不幸) 명 1 행복하지 못한 것. ㈜불운. 2 좋지 않은 일을 당하는 것. ↔행(幸)·행복. 불행-하다 통(여) ¶불행한 일생. 불행-히 부
불행 중 다행 불행한 일이 더 커지지 않고 잘 마무리되어 다행스러운 것. ¶교통사고를 당했으나 ~으로 목숨은 건졌다.
불허(不許) 명 1 (어떤 단체나 기관 등이 어떤 일을) 허가하지 않는 것. ¶판매 ~. 2 (어떤 일을) 불가능하게 할 수 없는 것. ¶예측 ~의 경기. 불허-하다 통(타) ¶타의 추종을 ~. 불허-되다 통(자)
불현-듯[-듣] 부 어떤 생각이 갑자기 강렬하게 떠오르는 모양. =불현듯이. ¶~ 뇌리를 스치는 시상(詩想).
불현-듯이 부 =불현듯.
불협화-음(不協和音)[-쩌콰-] 명 1 [음] =안어울림음. ↔협화음. 2 서로 뜻이 맞지 않아 일어나는 충돌.
불-호령(-號令) 명 갑작스럽게 내리는 무섭고 급한 호령. ¶밤늦게 귀가하던 아버지의 ~이 떨어진다.
불혹(不惑) 명 '공자가 40세에 이르러 세상일에 미혹되지 않았다는 데서' '마흔 살'을 이르는 말.
불혹지년(不惑之年)[-찌-] 명 불혹의 나이, 곧, '마흔 살'을 일컫는 말.
불화¹(不和) 명 서로 사이좋게 지내지 못하는 것. ¶가정~. 불화-하다 통(여)
불화²(佛畫) 명 부처·보살을 그린 그림. 또는, 불교에 관한 그림. ㈜탱화.
불-화살 명 =화전(火箭)².
불확실-하다(不確實-)[-씰-] 형(여) 확실하지 않다. ¶불확실한 미래.
불확정-하다(不確定-)[-쩡-] 형(여) 확실하게 정해진 것 같지 아니하다.
불환^지폐(不換紙幣)[-빼/-폐] 명(경) 본위 화폐와 바꿀 수 없는 지폐. ↔태환지폐.
불황(不況) 명(경) 경기가 좋지 않아 산업의 경제 활동이 활발하지 못하여 된 상태. ㈜불경기. ¶수출 경기가 ~의 늪에 빠지다. ↔호황.
불효(不孝) 명 효도를 하지 않는 것. ↔효. 불효-하다 통(자)(형)(여) ¶불효한 자식을 용서하소서.
불효막심-하다(不孝莫甚-)[-씸-] 형(여) 부모에게 저지른 불효가 아주 심하다. ¶불효막심한 녀석 같으니라고.
불효-자(不孝子) 명 불효하는 자식.
불후(不朽) 명 썩지 아니함. 곧 가치가 변하거나 없어지지 않는 것. ¶~의 명작.
붉-나무[붕-] 명(식) 산에 자라며, 잎은 가을에 빨갛게 물드는 작은 낙엽 활엽 교

목. 잎에 돋는 혹을 '오배자'라 하며, 약재·염료로 씀.

붉다[북따] Ⅰ[형] **1** (어떤 물체나 물질이) 타오르는 불과 같은 빛깔을 가진 상태에 있다. 또는, 익은 고추의 색깔을 가진 상태에 있다. ¶**붉은** 피. **2** (사람의 사상이나 태도가) 공산주의적 상태에 있다. ¶그는 머릿속에 **붉은** 물이 들어 있다.
Ⅱ[동][자] (어떤 물체가) 타오르는 불과 같은 빛깔을 띠다. ¶동녘 하늘이 서서히 **붉는다**.

붉-돔[북똠] [명][동] 도미의 한 종류로, 몸길이 40cm가량이고 몸빛이 붉은 바닷물고기.

붉어-지다 [동][자] 붉게 되다. ¶얼굴이 ~.

붉으락-푸르락 [부] 몹시 흥분하거나 노하여 안색이 붉었다 푸르렀다 하는 모양. ¶~ 어찌할 바를 모르다. ×불그락푸르락·푸르락붉으락. **붉으락푸르락-하다** [동][자][여]

붉은머리-오목눈이[-몽-] [명][동] 등 쪽은 진한 적갈색, 배 쪽은 황갈색이며, 부리는 굵고 짧으며 꽁지가 긴 작은 새. 숲에서 떼 지어 살며 시끄럽게 울어 댐. =뱁새.

붉은-빛[-빋] [명] 붉은 빛깔.

붉은-색(-色) [명] 붉은 색깔.

붉은-인(-燐) [명][화] 적자색의 분말로 된 인. 인광(燐光)을 발하지 않으며 독이 없음. 성냥·불꽃 등에 이용함.

붉은-피톨 [명][생] =적혈구. ↔흰피톨.

붉-히다[불키-] [동][타] 성이 나거나 부끄러워 안색을 붉게 하다. ¶얼굴을 ~.

붐(boom) [명] 〔원래는 꿀벌이나 풍뎅이 등의 붕붕거리는 소리, 또는 먼 우렛소리나 포성 등을 나타내는 의성어〕 어떤 사회 현상이 급격히 성장 발전하거나 대유행을 이루는 것. ¶~이 일다 / ~을 일으키다.

붐비다 [동][자] (사람이나 차가 일정한 곳에) 복잡할 만큼 많이 드나들거나 왔다 갔다 하다. 또는, (어느 곳이) 많은 사람이나 차들이 드나들거나 왔다 갔다 하여 복잡한 상태를 이루다. ¶피서객으로 **붐비는** 역 대합실.

붓[붇] [명] 〔<[중]筆〕 **1** 글씨를 쓰거나 그림을 그릴 때 먹이나 물감 등을 찍어서 사용하는, 짐승의 털을 원추형으로 추려 모아 가는 대나무 자루 끝에 고정시킨 도구. **2** (글을 쓰는 행동과 관련된 제한된 문맥에 쓰여) '필기도구'를 가리키는 말. ¶할 말은 많으나 이만 ~을 놓겠습니다.
붓을 꺾다 문필 생활을 그만두다. [비]절필하다.

붓-글씨[붇끌-] [명] 붓(특히, 서예용 붓)으로 쓰는 한글이나 한자의 글씨.

붓-꽃[붇꼳] [명][식] 산기슭 건조한 곳에서 자라며, 잎은 길쭉한 칼 모양이고, 이른 봄에 붓 모양의 뾰족한 꽃봉오리가 나와 자주색 꽃이 피는 여러해살이풀.

붓-끝[붇끋] [명] 글을 써 내려가는 기세를 비유적으로 이르는 말. =필봉(筆鋒). ¶날카로운 ~으로 부패 권력을 폭로하다.

붓-놀림[분-] [명] 글씨를 쓰거나 그림을 그릴 때 붓을 놀리는 동작.

붓!다[1][붇따] (붓!고 / 부어) [동][자][ㅅ] 〈부으니, 부어〉 **1** (사람이나 동물의 몸 또는 몸 안의 기관이) 병적인 원인에 의하거나 다치거나 벌레에 쏘이거나 하여 그 부피가 본래보다 커지다. ¶벌에 쏘인 자리가 ~. **2** (사람의 볼이) 화가 나서 볼록해지다. 또는, (사람이) 화가 난 표정을 짓다. ¶아이는 잔뜩 **부은** 표정을 하고 있었다.

붓!다[2][붇따] (붓!고 / 부어) [동][타][ㅅ] 〈부으니, 부어〉 **1** (액체나 가루, 무더기를 이룬 작은 알갱이 상태의 물질을) 그것이 들어 있는 그릇이나 포장 등을 기울이면서 비교적 굵은 줄기를 이루게 하여 다른 데에 흐르거나 떨어지게 하다. [비]따르다·쏟다. ¶솥에 물을 ~. **2** (씨앗을) 모종을 내기 위해 배게 뿌리다. ¶모를 ~. **3** (곗돈·적금·이자 등을) 일정한 기한마다 내다. ¶매달 적금을 ~.

붓-대[붇때] [명] 붓의 촉을 박는 가는 대.

붓-두껍[붇뚜-] [명] 사용하지 않을 때 붓의 촉을 끼워 두는 뚜껑.

붕 [부] **1** 막혔던 기체나 가스가 터져 빠지거나 나오는 소리. **2** 배의 경적 소리. [센]뿡. **3** 비행기 또는 벌 등의 큰 곤충이 날 때 나는 소리. **4** 자동차의 가속 페달을 힘주어 밟을 때 나는 소리. **5** 어떤 것을 허망하게 잃거나 날린 모양.

붕괴(崩壞) [-괴/-궤] [명] 허물어져 무너지는 것. ¶아파트 ~ 사고. **붕괴-하다** [동][자][여] **붕괴-되다** [동][자] ¶담이 ~.

붕당(朋黨) [명][역] **1** 중국 후한·당나라·송나라 때에 발생한 정치적 당파. **2** 조선 시대에 이념과 이해에 따라 이루어진 사림(士林)의 집단.

붕대(繃帶) [명] 몸에 상처가 났을 때, 피가 나오는 것을 멈추게 하거나 그 부분을 보호하기 위해 둘레에 감는, 소독된 무명이나 거즈 등으로 된 긴 천.

붕락(崩落) [-낙] [명] **1** 무너져서 떨어지는 것. **2** 물건 값이 갑자기 뚝 떨어지는 것. [비]폭락. **붕락-하다** [동][자][여] **붕락-되다** [동][자]

붕-붕 [부] **1** 막혔던 기체나 가스가 터져 빠질 때 자꾸 나는 소리. ¶방귀를 ~ 뀌다. **2** 배의 경적 소리. [센]뿡뿡. **3** 비행기나 곤충이 계속 날 때 나는 소리. **4** 자동차의 가속 페달을 잇달아 힘주어 밟을 때 나는 소리.

붕붕-거리다/-대다 [동][자][타] 붕붕 소리가 자꾸 나다. 또는, 그런 소리를 내다. ¶벌한 마리가 계속 머리 위에서 ~.

붕산(硼酸) [명][화] 무색무취의 비늘 모양의 결정. 약한 살균력이 있어서 양칫물, 세안액, 연고제로 쓰임.

붕소(硼素) [명][화] 비금속 원소의 하나. 원소 기호 B, 원자 번호 5, 원자량 10.811. 흑갈색의 금속광택을 지닌 단단한 고체임. 천연으로는 붕산·붕사로 산출됨.

붕!어[1] [명][동] 몸이 길이 20~43cm로 넓적하고, 등은 푸른 갈색, 배는 누르스름한 흰색이며 비늘이 큰 민물고기. 잉어와 비슷하나 수염이 없음.

붕어[2](崩御) [명] 임금이 세상을 떠나는 것. [비]승하. **붕어-하다** [동][자][여]

붕!어-눈 [명] 붕어의 눈처럼 크고 툭 튀어나온 눈.

붕!어-빵 [명] **1** 붕어 모양으로 구운 풀빵. **2** 서로 얼굴이 매우 닮은 사람을 비유하여 이르는 말. ¶아들이 아버지와 ~이다.

붕우(朋友) [명] =벗1.

붕우-유신(朋友有信) [명] 오륜(五倫)의 하나. 벗의 도리는 믿음에 있음을 가리키는 말.

붕-장어(-長魚) [명][동] 몸길이 90cm가량

붙다[붇따] 동(자) **1** (어떤 물체가 다른 물체에) 끈적끈적한 기운이나 당기는 힘, 또는 두 물체를 잇는 물건에 의해 떨어지지 않고 닿아 있다. ¶자석에 못이 ~. **2** (어떤 사람이나 물체가 다른 사람이나 물체와) 틈이 없이 맞닿거나 매우 가까운 거리에 있게 되다. ¶바짝 **붙어** 앉다. **3** (사람이나 물체에 다른 것이) 딸리거나 더 있게 되다. ¶요인에게 경호원이 ~. **4** (사람이 어느 편이나 대상에) 들어가 속하게 되거나 좇아서 따르다. 행동 주체가 되는 사람을 얕잡아 이르는 말. ¶권력자에게 **붙어** 아부하다. **5** (사람을 뽑거나 일정한 자격을 주는 시험에) 통과하여 뽑히거나 자격을 가지게 되다. ¶합격하다. ¶대학에 ~. **6** (불이 다른 물체에) 옮기어 타다. ¶짚더미에 불이 ~. **7** (귀신 따위가) 옮아 들어 작용을 하다. ¶집안에 귀신이 **붙었는지** 우환이 많다. **8** 이름이 딸리다. ¶그 친구에게는 구두쇠라는 별명이 **붙게** 되었다. **9** (다투거나 싸우거나 겨루는 일이) 생기어 벌어지다. ¶싸비가 ~. **10** (사람이 어느 곳에서) 오래 자리를 옮기지 않고 머무르다. 행동 주체가 되는 사람을 얕잡아 이르는 말. ¶그 애는 좀처럼 집에 **붙어** 있지 않는다. **11** (사람이 어떤 일에) 나서서 거들다. **12** (어떤 대상에 실력이나 능력, 속도 등이) 더욱 커지게 되다. ¶자동차에 가속이 ~. **13** (어떤 감정이나 습성, 태도 등이) 새로 생기다. ¶나쁜 버릇이 ~. **14** (어떤 일에 조건·이유·구실 등이) 뒤에 따르다. ¶조건이 ~. **15** (물질의 변화·변형을 나타내는 일부 동사의 다음에 쓰여) (액체상태의 물질이나 액체를 많이 포함한 물질이) 고체 상태로 굳으면서 다른 물체에 떨어지지 않게 되다. 주로, 합성어를 이룸. ¶밥이 눌어 ~. **16** (동물의 암컷과 수컷이) 교미하거나 일정한 자세로 몸이 닿게 하다. **17**<속> (남녀가) 정분 관계를 맺다.

붙-들다[붇들-] 동(타) 〈~드니, ~드요〉 **1** (대상을 손이나 팔로) 마음대로 움직이거나 달아나거나 하지 못하도록 잡거나 누르다. ¶멱살을 **붙들고** 싸우다. **2** (사람을) 가지 못하게 말리다. ¶가겠다는 사람을 **붙들지** 마라. **3** (어떤 일을) 쉽게 끝내지 못하고 부진하게 하다. ¶한 시간이면 끝날 일을 종일 **붙들고** 있으면 어떡해?

붙들-리다[붇뜰-] 동(자) '붙들다'의 피동사. ¶술자리에 ~.

붙-박다[붇빡-] 동(타) (주로 '붙박아'의 꼴로 쓰여) 한곳에 고정시키거나 고착시키다. ¶**붙박아** 놓다 / **붙박아** 두다.

붙박-이[붇빠기] 명 한곳에 고정되어 이동이 없는 상태 또는 사물.

붙박이-다[붇빠기-] 동(자) '붙박다'의 피동사.

붙박이-장(-欌)[붇빠-] 명 벽에 붙여 옮길 수 없게 된 장.

붙어-먹다[-따] 동(자) **1** '간통하다'를 속되게 이르는 말. ¶유부녀와 ~. **2** 남에게 의지하여 얻어먹거나 이득을 보다.

붙어-살다 동(자) 〈~사니, ~사오〉 **1** 남에게 의지하여 살다. ¶큰집에 ~. **2** 머물러 살다. **3** 다른 생물의 몸에 기생하다.

-붙이[부치] 접미 **1** 가까운 사람의 겨레라는 말. ¶살~ / 일가~. **2** 어떤 것에 딸린 같은 종류라는 말. ¶쇠~ / 고기~.

불-이다[부치-] [붙임성] 동 **1** '붙다'의 사동사. ¶우표를 ~ / 흥정을 ~. **2** 사람이 상대에게 말을 하여 어떤 대화가 이뤄지게 하다. (비)걸다. ~. **3** (빰을 손바닥으로) 아픔을 느낄 만큼 세게 닿게 하다. (비)때리다·때리다. ¶따귀를 한 대 올려 ~. **4** 노름이나 내기에서, (돈을) 걸거나 대다. ¶한 판에 만 원을 ~. **5** (어떤 사람에게 경례를) 오른손을 모자나 이마에 올려서 나타내다. ¶사병이 장교에게 경례를 ~.

붙임-성(-性) 명 남에게 상냥하게 대하거나 말을 잘 붙이면서 잘 어울리는 성질. ¶~이 있는 사람.

붙임-줄[부침쭐] 명 악보에서, 높이가 같은 두 음을 끊지 않고 이어서 연주할 것을 가리키는 호선 '⌢'의 이름. =타이(tie).

붙임-표(-標)[부침-] 명 **1** 이음표의 하나. '-'의 이름. 사전·논문 등에서 합성어를 나타낼 때 또는 접사나 어미임을 나타낼 때나 외래어와 고유어 또는 한자어가 결합되는 경우에 쓰임. =하이픈.

붙-잡다[붇짭따] 동(타) **1** (대상을 손이나 팔로) 놓치거나 떨어지지 않도록 단단히 잡다. ¶손잡이를 ~. **2** (어떤 사람을) 달아나지 못하게 잡다. (비)체포하다. ¶경찰이 강도를 ~. **3** (어떤 사람을) 떠나지 못하게 말리다나, 다른 곳으로 가지 못하게 막다. ¶더 놀다 가라고 **붙잡는** 바람에 늦었다. **4** (어떤 일을) 일거리로 삼거나 문제가 되는 대상으로 삼다. ¶어려운 수학 문제를 **붙잡고** 씨름하다. **5** (일자리를) 가지게 되다. (비)얻다. ¶직장을 ~. **6** (기회를) 놓치지 않고 자기에게 유용한 상태가 되게 하다. ¶절호의 기회를 ~.

붙잡-히다[붇짜피-] 동(자) '붙잡다'의 피동사. ¶물건을 훔치려다 주인한테 ~.

뷔페(@buffet) 명 여러 사람이 먹을 수 있는 갖가지 음식을 한데 차려 놓고, 사람들이 각자의 식성과 양에 따라 개인 접시에 음식을 덜어다 먹게 한 상차림.

뷰렛(burette) 명 적정(滴定) 등에서, 용액의 부피를 측정하는 데 쓰이는 화학 실험 기구.

뷰-파인더(viewfinder) 명[사진] =파인더.

브나로드^운동(◎v narod運動) 명 ['브나로드'는 '민중 속으로'의 뜻] [사] 1870년 러시아에서, 청년 귀족과 학생들이 농민을 주체로 사회 개혁을 이루고자 일으킨 계몽 선전 운동.

브라(bra) 명 '브래지어'를 아주 제한된 문맥에서 이르는 말. ¶노 ~.

브라만(Brahman) 명 인도의 카스트 제도에서 가장 높은 지위인 승려 계급. 음역어는 바라문(婆羅門).

브라만-교(Brahman敎) 명[종] 불교에 앞서 인도에서 베다(Veda) 신앙을 중심으로 발달한 종교. 희생을 중히 여기며, 고행·결백 등을 으뜸으로 삼음.

브라보(⑩bravo) 감 '잘한다!', '좋다!', '만세!' 등의 뜻으로 환호할 때 내는 소리. ¶샴페인을 터뜨리자 사람들은 일제히 "~!" 하고 외쳤다.

브라스^밴드(brass band) 명[음] =관악

대.

브라우닝, 로버트(Browning, Robert) [명] [인] 영국의 시인(1812~1889).

브라우저(browser) [명][컴] 인터넷상에서 웹에 연결시켜 주는 윈도 기반의 소프트웨어. =웹 브라우저.

브라운, 카를 페르디난트(Braun, Karl Ferdinand) [명][인] 독일의 물리학자(1850~1918).

브라운-관(Braun管) [명] **1** [물] 전자관의 하나. 전자 빔을 형광면에 쬐어 전기 신호를 광학상(光學像)으로 바꾸는 음극선관. 텔레비전·레이더 등에 이용됨. **2** 텔레비전을 비유하여 이르는 말. ¶탤런트 김○○ 양이 ~에 컴백하다.

브라운-색(brown色) [명] =갈색.

브라자빌(Brazzaville) [명][지] 콩고의 수도.

브라질(Brazil) [명][지] 남아메리카 동부에 위치한 연방 공화국. 수도는 브라질리아.

브라질리아(Brasília) [명][지] 브라질의 수도.

브라티슬라바(Bratislava) [명][지] 슬로바키아의 수도.

브라흐마([범]Brāhma) [명][종] 브라만교의 창조신. 범(梵)이라 옮겨 씀.

브란트, 빌리(Brandt, Willy) [명][인] 독일의 전 총리(1913~1992).

브람스, 요하네스(Brahms, Johannes) [명] [인] 독일의 작곡가(1833~1897).

브래지어(brassiere) [명] 유방이 처지지 않게 받쳐 주고 겉옷을 입었을 때 가슴의 모양을 맵시 있게 해 주는, 여성용 속옷의 하나. [비]브라.

브랜드(brand) [명] 특정 회사의 제품이나 서비스를 식별하는 데 사용되는 명칭이나 마크. 순화어는 '상표'. ¶고급〔유명〕 ~.

브랜디(brandy) [명] 과실주, 특히 백포도주를 증류하여 만든 양주.

브러시(brush) [명] **1** =솔². **2** 솔 모양의 빗.

브레이크¹(brake) [명] **1** 자동차·열차·자전거 등의 바퀴 회전을 멈추게 하거나 늦추는 장치. [비]제동기. ¶~가 파열되다. **2** 어떤 일을 멈추게 하거나 못 하게 하는 일. 비유적인 말임. ¶무분별한 외제 상품 수입에 ~를 걸다.

브레이크²(break) [명][체] **1** 야구에서, 투수가 던진 공이 굴절하는 일. **2** 권투에서, 클린치한 두 선수에게 주심이 떨어질 것을 명령하는 말.

브레이크-댄스(breakdance) [명] 1980년대에 뉴욕의 흑인 청소년들이 길거리에서 춘 데서 비롯된 춤. 자유롭고 즉흥적이며 곡예적인 율동을 보여 줌. ¶머리를 땅에 대고 회전하는 기술의 ~.

브레인(brain) [명] 〔'두뇌' 라는 뜻〕 정부나 기업 등에 속하여 자문에 응하는, 학식과 경험이 풍부한 전문가.

브레인스토밍(brainstorming) [명] 자유로운 토론에 의해서 창조적인 아이디어를 끌어내는 일. 기획 회의 등에서 행해짐.

브레즈네프, 레오니트 일리치(Brezhnev, Leonid Il'ich) [명][인] 소련의 정치가·공산당 서기장(1906~1982).

브렌트-유(Brent油) [명] 영국 북해 지역에서 생산되는 원유.

브로마이드(bromide) [명][사진] **1** 브롬화은을 감광제로 하여 만든 인화지. 또는, 그 인화지로 현상한, 색이 변하지 않는 사진. **2** †대량으로 복제한 연예인·스포츠 스타 등의 사진.

브로슈어(brochure) [명] 어떤 상품이나 대상을 광고하기 위해 여러 가지 정보와 사진·그림 등을 담아서 만든 얇은 책자.

브로치(brooch) [명] 여자 옷의 깃이나 앞가슴에 핀으로 고정시키는 장신구의 하나.

브로커(broker) [명][경] =중개 상인.

브론테¹, 샬럿(Bronte, Charlotte) [명][인] 영국의 여류 소설가(1816~1855).

브론테², 에밀리(Bronte, Emily) [명][인] 영국의 여류 소설가·시인(1818~1848).

브롬([독]Brom) [명][화] 악취가 나는, 적갈색의 원소. 원소 기호 Br, 원자 번호 35, 원자량 79.909. 휘발성 액체로 유독하며, 의약·사진 감광 재료로 쓰임.

브루나이(Brunei) [명][지] 보르네오 섬 북서 해안에 있는 왕국. 수도는 반다르스리브가완.

브뤼셀(Brussel) [명][지] 벨기에의 수도.

브리더(breeder) [명] 개·고양이 등의 우수한 혈통을 선별하여, 유지·번식시키는 일을 직업적으로 하는 사람.

브리지(bridge) [명] 〔'다리', '교량' 의 뜻〕 **1** 열차의 차량과 차량을 연결하는 장치. **2** [의] =가공 의치. **3** 코 위에 걸리는 안경테의 부분. **4** 카드놀이의 한 종류. 네 사람이 두 패로 나뉘어 13번 중 몇 트릭에서 이기는가를 예상하여 돈을 겲. **5** [방송] 장면 전환에 사용되는 음악이나 음향. **6** 당구에서, 큐를 고정시키기 위해 고리처럼 만드는 손의 형태. **7** [체] 레슬링에서, 누워서 머리와 발로 몸을 버팀으로써 다리 모양을 이루는 동작.

브리지타운(Bridgetown) [명][지] 바베이도스의 수도.

브리프(←briefs) [명] '삼각팬티'를 전문적으로 이르는 말. 주로 의류업계나 패션계에서 쓰는 말임.

브리핑(briefing) [명] (어떤 사람에게 업무나 현황 등을) 개략적으로 설명하거나 보고하는 것. **브리핑-하다** [동][타][여] ¶신임 장관에게 업무를 ~.

브이-넥(V neck) [명] =삼각목둘레.

브이디티^증후군(VDT症候群) [명] 〔VDT: video display terminal〕 [의] 컴퓨터 모니터 앞에서 오랫동안 작업을 한 뒤, 목·어깨·손목의 통증, 눈의 피로와 충혈, 두통 등을 느끼는 증세.

브이시아르(VCR) [명] 〔video cassette recorder〕 텔레비전 프로그램을 비디오테이프에 녹화하거나 비디오테이프를 영상으로 재생하는 장치. =브이티아르·비디오카세트리코더.

브이아이피(VIP) [명] 〔very important person〕 정부 요인이나 국빈 등과 같이 특별히 대우해야 할 아주 중요한 인물.

브이에이치에프(VHF) [명] 〔very high frequency〕 [물] =초단파.

브이제이(VJ) [명] 〔video jockey〕 =비디오자키.

브이티아르(VTR) [명] 〔videotape recorder〕 **1** 자기 테이프에 텔레비전 프로그램의 영상과 음향을 기록하고 재생하는 장치. =비디오테이프리코더. **2** =브이시아르.

블라디보스토크(Vladivostok) [명][지] 러시아 남동부의 항구 도시.

블라우스(blouse) [명] 여자들이 입는, 셔츠 모양의 품이 넉넉한 윗옷.
블라인드(blind) 명 창문에 달아 햇빛을 가리는 물건.
블랙(black) 명 ['검다'는 뜻] 커피에 크림이나 설탕을 타지 않은 상태. ¶커피를 ~으로 마시다.
블랙-리스트(blacklist) 명 감시가 필요한 위험인물의 명부. 흔히, 수사 기관 등에서 위험인물의 동태를 파악하기 위해 비치해 둠.
블랙^먼데이(Black Monday) 명[경] 미국의 주가가 대폭락했던 1987년 10월 19일 월요일을 이르는 말. 그와 같이 주가 대폭락이 일어난 날을 비유적으로 이르는 말.
블랙-박스(black box) 명 여객기·수송기와 같은 항공기 안에 비치하는 데이터 자동 기록 장치. 사고가 났을 때 그 원인을 밝히는 데 중요한 구실을 함.
블랙^유머(black humor) 명 일순간 웃음을 자아내지만 배후에 심각하고 잔혹한 느낌을 담고 있는 유머.
블랙-커피(black coffee) 명 설탕이나 크림을 넣지 않은 진한 커피.
블랙^코미디(black comedy) 명 블랙 유머를 제로 한 희극의 희곡. 냉소적이고 잔인하면서 음산하면서 풍자적인 특징을 가짐.
블랙-홀(black hole) 명 엄청난 중력으로 주위의 모든 물체, 심지어 빛조차도 끌어당기는 초고밀도의 천체.
블랭크(blank) 명 '빈칸', '공백'으로 순화. ¶글자간의 ~이 생기다.
블레셋(←Philistia) 명 팔레스타인 서부 해안 지대의 영토 및 그곳에 정착한 고대 팔레스타인 민족.
블레어, 토니(Blair, Tony) 명[인] 영국의 정치가·총리(1953~).
블레이드(blade) 명 1 추진기 등의 날개. 2 [체] 스케이트의 얼음 면에 접촉하는 금속 부분. =에지.
블로거(blogger) 명 블로그를 만들고 운영하는 사람.
블로그(blog) 명 [web+log] 개인이 자신의 공간으로서 일기·칼럼·기사 등을 자유롭게 올릴 수 있도록 마련해 놓은 웹 페이지.
블로킹(blocking) 명[체] 1 농구에서, 상대 선수의 진행을 신체적 접촉에 의해 방해하는 일. 반칙임. 2 권투에서, 상대의 펀치를 팔이나 팔꿈치, 어깨 등으로 막아 공격을 저지하는 일. 3 배구에서, 상대편의 공격에 대해 네트 앞에서 점프하여 두 손으로 공을 막아 상대편 코트로 공을 되돌려 보내는 일. **블로킹-하다** 돌(여)
블록¹(bloc) 명 정치·경제상의 목적으로 결합한, 국가나 단체의 연합.
블록²(block) 명 1 길에 깔거나 건축에 쓰이는 나무·돌·콘크리트 등의 덩어리. ¶주도~. 2 시가(市街)의 한 구획. 3 [컴] 기억 장치와 입출력 장치 사이에서 이동되는 데이터 단위. 4 [컴] 한 단위로 취급되는 연속된 워드의 집합. 5 나무나 플라스틱의 조각을 쌓거나 끼워 맞추어 여러 가지 사물의 형태를 만드는 장난감.
블록버스터(blockbuster) 명 막대한 제작비를 들여 흥행에 크게 성공한 대작 영화.
블록^슛(block shoot) 명[체] 농구에서, 상대의 슛이 반원을 그리기 전에 쳐 내는

수비 행위.
블론드(blond) 명 금빛 머리털. 또는, 그런 머리털을 가진 여자.
블루^라운드(Blue Round) 명[경] 무역과 노동 문제를 연계하여, 각국의 근로 조건을 국제적으로 개선하고 표준화하기 위해 추진되는 다자간 협상.
블루머(bloomer) 명 예전에 체조·승마 등의 스포츠에서 여자들이 입던 헐렁한 바지. 또는, 그런 모양으로 만든 겉바지나 속바지.
블루스(blues) 명 1 [음] 19세기 중엽에 미국 흑인들 사이에서 발생한 느리고 슬픈 음악. 2 ↑남녀 한 쌍이 가볍게 안은 상태에서 느리게 추는 사교춤.
블루-진(blue jeans) 명 =청바지.
블루-칩(blue chip) 명[경] 재무 내용이 건실하고 수익성과 안정성이 높은 대형 우량주.
블루-칼라(blue-collar) 명 [주로 청색 작업복을 입은 데서] 생산 현장이나 작업 현장에서 육체노동을 하는 근로자. ↔화이트칼라.
비¹ 명 1 대기 중의 수증기가 높은 공중에서 찬 공기를 만나 식어서 엉겨 땅 위로 떨어지는 물방울. 2 비가 오는 모양이 그려져 있는 화투짝. 12월이나 열두 끗을 나타냄.
[비 온 뒤에 땅이 굳어진다] 풍파가 있은 후에 일이 더 단단해진다.
비가 오나 눈이 오나 어떤 악조건 밑에서도 한결같이. =눈이 오나 비가 오나.
비² 명 짚·싸리·수수나 짐승의 털을 묶어, 방이나 마루나 마당이나 길거리 등의 바닥에 있는 쓰레기를 쓸 수 있게 만든 도구. ⓗ빗자루. ⓗ비.
비³(比) 명[수] 어떤 두 개의 수 또는 양을 서로 비교하여 몇 배인가를 보이는 관계.
비⁴(妃) 명 1 왕의 아내. 2 황태자의 아내.
비⁵(妣) 명 돌아가신 어머니. ↔고(考).
비⁶(碑) 명 1 어진 은혜나 큰일을 기념하기 위하여 돌·쇠붙이·나무 따위에 그 내용을 새겨 세워 놓은 물건. 2 '묘비'의 준말.
비-⁷(非) 접투 일부 한자어 앞에 붙어, '아님', '않음' 등의 뜻을 나타내는 말. ⓗ비불-. ¶~공식 / ~인간적.
-비⁸(費) 접미 '비용'의 뜻을 나타내는 말. ¶경상~ / 생활~.
비⁹(B) 명 1 학점이나 사물의 단계를 나타내는 기호의 하나. A의 다음가는 것을 나타냄. ¶~학점. 2 [음악] 연필심의 짙은 정도를 나타내는 기호. 2B, 3B, 4B 등 숫자가 커질수록 진함. 3 [음] 음이름의 하나. '나'음.
비:가(悲歌) 명 슬프고 애절한 노래.
비:-가시광선(非可視光線) 명[물] 눈에 보이지 않는 복사선. 자외선·적외선 따위. ↔가시광선.
비:가역^반:응(非可逆反應) [-빤-] 명 [화] 역반응의 속도가 무시해도 좋을 만큼 아주 작고, 화학 평형 생성계에서 저하게 치우친 화학 반응. ↔가역 반응.
비각(碑閣) 명 안에 비를 세워 놓은 집.
비:감(悲感) 명 슬프거나 애달프게 느껴지는 상태에 있는 것. 또는, 그런 느낌. **비:감-하다** 돌(여)
비강(鼻腔) 명[생] 콧구멍이 인두까지의 공기 통로. 후각을 맡고, 공기 속의 이물을 제거하는 작용이 있음. ⓗ콧속.

비-거리(飛距離) 명 1 [체] 야구·골프 등에서, 친 공이 날아간 거리. 2 [체] 스키의 점프 경기에서, 점프대에서 착지 지점까지의 거리. 3 쏜 미사일이 날아간 거리.

비격 부 크고 단단한 물건이 서로 닿아 갈리어 나는 소리. ¶문이 ~ 열리다. (센)삐걱·삐격. **비격-하다** 통(자)(여)

비격-거리다/-대다[-끼때-] 통(자)(바) 자꾸 비격 소리를 내다. 또는, 그 소리가 자꾸 나다. ¶열린 문학이 바람에 ~. (센)삐격거리다.

비격-비격[-께-] 부 비격거리는 소리. (센)삐격삐격. **비격비격-하다** 통(자)(여)

비겁-하다(卑怯-)[-꺼파-] 형(여) (사람 또는 그의 행동이) 어려움에 처했을 때 바르고 당당하게 응하거나 하지 않고 겁을 먹고 대하는 태도가 있다. (비)비열하다. ¶비겁한 짓.

비-견(比肩) 명 어깨를 나란히 하는 것. **비견-하다** 통(여) ¶그는 톨스토이에 비견할 만한 소설가이다.

비결(祕訣) 명 세상에 알려져 있지 않은, 자기만의 묘한 방법. (비)노하우. ¶장수의 ~ / 성공의 ~.

비-결정론(非決定論)[-쩡논] 명[철] 인간의 의지는 다른 어떤 원인으로 결정되는 것이 아니고, 자기 자신의 독립적 행동의 동기에서 결정된다는 설. ↔결정론.

비-결정성(非結晶性)[-쩡씽] 명[정] 고체를 구성하는 원자 또는 분자·이온이 결정(結晶)과 같은 규칙적인 배열을 하지 않고 모여 있는 상태. =무정형(無定形).

비경(祕境) 명 사람의 발길이 잘 닿지 않는, 신비롭고 아름다운 곳. 또는, 그 경치. ¶액금강의 ~을 끼고 있는 바다.

비-경제적(非經濟的) 관명 산출량이나 효과에 비해 비용·물자·노력 등이 많이 드는 (것).

비계[-게/-게] 명 돼지고기 등에서, 살가죽과 살코기 사이에 두껍게 층을 이루어 끼어 있는 기름의 부분.

비계[-게/-게] 명 [건] 높은 곳에서 공사할 때 디디고 설 수 있도록 장나무와 널을 다리처럼 걸쳐 놓은 장치.

비곗-덩어리[-게떵-/-겐떵-/-게떵-/-겐떵-] 명 1 돼지 따위의 덩어리진 비계. 2 몹시 살이 찐 사람을 놀림조로 이르는 말.

비곗-살[-게쌀/-겐쌀/-게쌀/-겐쌀] 명 1 비계가 많은 살. 2 사람의 통통한 살을 속되게 이르는 말.

비고(備考) 명 문서 따위에서, 그 내용에 참고가 될 만한 사항을 보충하여 기입하는 일. 또는, 그 사항.

비고-란(備考欄) 명 비고를 적기 위하여 마련해 둔 난.

비-공개(非公開) 명 공개하지 않음. ¶~ 회의.

비-공식(非公式) 명 공식이 아니고 사사로움. ¶~ 방문. ↔공식.

비-공식적(非公式的)[-쩍] 관명 공식이 아니고 사사로운 (것). ¶~ 면사.

비-공인(非公認) 명 공식적으로 인정받지 못함. ¶~ 세계 신기록.

비-과세(非課稅) 명 세금을 매기지 않는 것. ¶~ 대상.

비-과학적(非科學的)[-쩍] 관명 과학적이 아닌 (것). 또는, 과학적인 근거가 없

는 (것). ¶~ 방법.

비관(悲觀) 명 1 인생을 슬픈 것으로 보아늘 어둡고 우울한 감정을 가지는 것. 2 일이 잘 안 될 것으로 보는 것. ↔낙관. **비관-하다** 통(여) ¶인생을 ~.

비관-론(悲觀論)[-논] 명 인생이나 사물을 비관하는 견해. ↔낙관론.

비관-적(悲觀的) 관명 비관하는 (것). ¶~ 견해. ↔낙관적.

비관-주의(悲觀主義)[-의/-이] 명[철] 인생이나 사물을 비관하며 살아가는 태도나 경향. ↔낙관주의. ▷염세주의.

비교(比較) 명 둘 이상의 것을 견주어 차이·우열·공통점 등을 살피는 것. **비교-하다** 통(타)(여) ¶국산품과 수입품의 품질을 **비교**해 보다. **비교-되다** 통(여).

비교²(祕敎) 명 비밀 의식을 행하는 종교.

비교-급(比較級) 명[언] 유럽 어 등에서 형용사·부사가 취하는 어형 변화의 하나. 비교의 대상과 비교하여 성질·상태의 정도가 더 심한 것을 나타냄. ▷원급·최상급.

비-교육적(非敎育的)[-쩍] 관명 교육적으로 올바르거나 바람직하지 않은 (것). ¶~언 언동 [처사].

비교-적(比較的) I 관명 비교하는 (것). ¶남북한 언어의 ~ 고찰. II 부 일정한 것이나 보통 정도보다는 더. ¶시험 문제가 ~ 쉬웠다.

비구¹(比丘) 명[불] 출가하여 계율을 받고 불도를 닦는 남자 승려. =비구승. ↔비구니.

비구²(飛球) 명 [체] = 뜬공.

비구-니(比丘尼) 명[불] 출가하여 계율을 받고 불도를 닦는 여자 승려. ↔비구.

비-구름 명[기상] = 난층운. ¶~을 동반한 태풍이 불어오다.

비-구상(非具象) 명[미] 구체적으로 사물을 재현하지 않고 대상의 본질을 추상적으로 표현한 회화나 조소. ↔구상.

비구-승(比丘僧) 명[불] =비구(比丘)¹. ↔대처승.

비-군사적(非軍事的) 관명 군사적이 아닌 (것). ¶~ 문제.

비굴-하다(卑屈-) 형(여) (사람이나 그의 행동이) 자기보다 강한 사람이나 세력 앞에서 바른 주장이나 행동을 하지 못하고 지나치게 낮추거나 굽히는 태도가 있다. ¶**비굴**한 태도. **비굴-히** 부

비극(悲劇) 명 1 [연] 내용이 슬프고 불행한 결말을 가지는 연극. 때로, 그런 내용의 영화나 방송극을 가리키기도 함. 2 매우 비참한 사건. ¶6·25는 아직도 아물지 않은 동족상잔의 ~이다. ↔희극.

비극-적(悲劇的)[-쩍] 관명 1 비극을 특징으로 하는 (것). 2 매우 비참한 (것). ¶~ 운명.

비근-하다(卑近-) 형(여) (어떤 사례가) 쉽게 또는 흔히 보고 들을 수 있을 만큼 주위에 가깝다. ¶**비근**한 예를 들다.

비금비금-하다 형(여) 견주어 보아 서로 비슷하다. ¶실력이 ~.

비-금속¹(卑金屬) 명[화] 금속의 성질을 가지지 않은 금속.

비-금속²(非金屬) 명[화] 공기 중에서 쉽게 산화되는 금속의 총칭. 철·구리·납·아연·알루미늄 따위. ↔귀금속.

비금속^원소(非金屬元素) 명[광] 금속 상태의 홑원소 물질을 갖지 않은 원소.

산소·수소·질소·탄소·규소·플루오르·브롬·붕소 따위. ↔금속 원소.

비:기(祕記) 圀 1 길흉화복을 예언하여 적은 기록. 2 비밀히 기록함. 또는, 그 기록.

비기다¹ 图(자)탸 1 서로 비금비금하여 승부를 가리지 못하다. ¶결승전에서 3 대 3으로 ~. 2 셈할 것을 서로 에우다. 圕상쇄하다. ¶줄 것과 받을 것을 ~.

비기다² 图탸 1 서로 견주어 보다. ¶비길 데 없이 착하다. 2 빗대어 말하다. 圕비유하다. ¶인생을 연극에 ~.

비껴-가다 图(자)탸 1 비스듬히 스쳐 지나다. ¶공이 골대를 살짝~. 2 어떤 감정이나 표정, 모습 등이 얼굴에 잠깐 스쳐 지나가다. ¶그녀의 눈가에 슬픔이 ~.

비껴-들다¹ 图탸〈~드니, ~드오〉비스듬히 들다. ¶햇살이 창틈으로 ~.

비껴-들다² 图탸〈~드니, ~드오〉비스듬히 위로 쳐들다. ¶총을 ~.

비:-꼬다 图탸 1 몸을 바로 가지지 못하고 비비 틀다. ¶좀이 쑤시는 듯 몸을 ~. 2 남의 비위를 상할 만큼 빈정거리다. ¶비꼬아 말하다.

비:꼬-이다 图(자) 1 마음이 올곧지 않고 그릇된 방향으로 나가다. 2 일이 순조롭지 않고 잘못되어 가다. ¶하는 일마다 ~.

비끄러-매다 图탸 (어떤 것을 끈·줄 등으로) 서로 떨어지지 못하게 붙잡아 매다. ¶소 고삐를 나무에 ~.

비끗[-끋] 튀 1 맞추어 끼일 물건이 서로 어긋나서 맞지 않는 모양. 2 잘못하여 일이 어긋나는 모양. 쎈뻬끗. **비끗-하다** 图(자)탸 ¶발목이 ~.

비끗-거리다/-대다 [-끋꺼(때)-] 图(자) 1 일이 될 듯 될 듯하면서도 잘 안 되다. 2 맞추어 끼일 물건이 어긋나서 맞지 않다. ¶미닫이 문이 **비끗거리고** 안 열린다. 쎈뻬끗거리다.

비끗-비끗[-끋끋] 튀 비끗거리는 모양. 쎈뻬끗뻬끗. **비끗비끗-하다** 图(자)탸

비끼다 图자 1 비스듬히 비치다. ¶석양이 산마루에 ~. 2 비스듬하게 놓이거나 늘어지다. ¶큰 칼을 **비껴** 차다. 3 어떤 표정이 얼굴에 잠깐 나타나다. ¶얼굴에 어두운 그늘이 ~.

비난(非難) 圀 (어떤 사람을, 또는 그의 결점이나 잘못을) 문제 삼아 나쁘게 말하는 것. ¶~의 화살. **비난-하다** 图탸 ¶실책을 ~.

비:난-조(非難調) [-쪼] 圀 남을 비난하는 투.

비너스(Venus) 圀[신화] '베누스'의 영어명.

비녀 圀 1 여자의 쪽 찐 머리가 풀어지지 않게 가로질러 꽂는, '一(일)' 자 모양의 장식구. ¶금~. 2 관(冠)이나 가체를 머리에 고정시키기 위해 꽂는 장식구.

비:노동력-인구(非勞動力人口) [-녁-] 圀[사] 생산 연령 인구 가운데 육아·가사(家事)·질병 등으로 인하여 노동 시장에 나타나지 않는 인구. ↔노동력 인구.

비:-논리적(非論理的) [-놀-] 圀 논리적이 아닌 (것). ¶그의 이론은 ~이다.

비:-농가(非農家) 圀 농촌에 살기는 하나 농사를 짓지 않는 집.

비뇨-기(泌尿器) 圀[생] 오줌을 만들고 그것을 배설하는 기관. 신장·수뇨관·방광·요도 등으로 이루어짐.

비뇨기-과(泌尿器科) [-꽈] 圀[의] 비뇨

비단결__565

기의 질환을 연구·치료하는, 의학의 한 분과.

비누 圀 몸을 씻거나 옷을 빨거나 할 때, 물기 있는 몸이나 옷 등에 묻혀 문지름으로써 때를 빼내는 물질. ¶세숫~.

비누-질 圀 때를 빼거나 씻기 위해 비누를 문지르는 일. **비누질-하다** 图(자)탸

비누-칠(-漆) 圀 때를 없애려고 비누를 바르는 일. **비누칠-하다** 图(자)탸

비눗-갑(-匣) [-누깝/-눋깝] 圀 비누를 담아 두고 쓰는 갑.

비눗-기[-누끼/-눋끼] 圀 비눗물의 기운.

비눗-물[-눈-] 圀 비누를 푼 물.

비눗-방울[-누빵-/-눋빵-] 圀 비눗물을 가는 대롱의 끝이나 동그란 고리 등에 묻힌 다음, 입으로 불거나 허공에 저으나 함으로써 생기는, 둥글고 투명한 방울.

비늘 圀 1 어류·파충류의 몸 표면을 촘촘히 덮고 있는 얇고 다소 딱딱한 작은 조각. ¶생선 ~. 2 물고기의 비늘과 비슷하게 생긴 물건의 총칭.

비늘-구름 圀[기상] =권적운.

비:-능률적(非能率的) [-늘쩍] 圀圀 능률적이 아닌 (것). ¶~인 방법.

비니온(Vinyon) 圀 미국의 비스코스 회사에서 만든 염화 비닐의 합성 섬유. 돛·절연재 등에 쓰임. 상표명에서 온 말임.

비닐(vinyl) 圀[화] 비닐 수지나 비닐 섬유를 이용하여 만든 제품의 총칭. 내수성이 강함.

비닐론(vinylon) 圀 폴리비닐 알코올계의 합성수지. 친수성과 흡습성이 있어, 어망·의복 등에 널리 쓰임.

비닐-봉지(vinyl紙) 圀 비닐로 만든 봉지.

비닐-우산(vinyl雨傘) 圀 대나무 오리로 된 살에 비닐을 씌운 간이 우산.

비닐-장갑(vinyl掌匣) 圀 비닐로 만든 일회용 장갑.

비닐-하우스(†vinyl house) 圀 채소·화훼류를 촉성 재배하거나 열대 식물을 재배하기 위하여 비닐로 만든 온실.

비:다 图자 1 (일정한 공간을 가진 물건이나 대상이) 아무것도 들어 있거나 담겨 있거나 차 있지 않은 상태가 되다. ¶빈 그릇. 2 (집이나 방이나 자리, 또는 공간을 가진 구조물이) 그것을 차지하거나 지키는 사람이 없는 상태가 되다. ¶열차가 텅텅 ~. 3 (사람의 손이나 몸이) 들거나 지니어 둔 물건이 없는 상태가 되다. ¶아무것도 준비할 것은 없고 빈 몸으로 오면 된다. 4 (사람의 마음이) 의지할 대상이나 보람으로 삼을 만한 것이 없어 외롭거나 쓸쓸하게 되다. ¶소녀는 텅 빈 마음을 가눌 길 없어 팬스레 눈물을 짓는다. 5 (사람의 머릿속이) 지식이나 생각다운 생각을 가지지 못하게 되다. ¶골이 빈 녀석. 6 (본래 있던 일정한 액수나 수량에서 얼마가) 모자라는 상태가 되다. ¶거스름돈을 세어 보니 천 원이 **빈다**.

[빈 수레가 요란하다] 실속 없는 사람일 수록 떠들어 댄다.

비:단¹(緋緞) 圀 명주실로 광택이 나게 짠 피륙의 총칭. 圕견직물.

비단²(非但) 튀 부정하는 말 앞에서, '다만'의 뜻으로 쓰이는 말. ¶경영이 어려운 것은 우리 회사뿐만이 아니다.

비:단-결(緋緞-) [-껼] 圀 1 비단의 바탕

에 나타나는 올의 짜임새. **2** 마음이 곱고 착한 상태. 또는, 살결·털 등이 부드럽고 매끄러운 상태. 비유적인 말임. ¶옆집 새댁은 마음씨가 ~이라니까.

비:단-길(緋緞—)[—낄] [명][역] 내륙 아시아를 가로질러 중국과 서방 세계를 연결하던 고대의 통상로(通商路). 동서 문화의 교류에 중요한 역할을 하였음. =실크로드.

비:단-실(緋緞—) [명] =견사(絹絲).

비:단-옷(緋緞—)[—옫] [명] 비단으로 지은 옷.

비:대-증(肥大症)[—쯩] [명][의] 몸의 조직이나 장기가 병적으로 커지는 증세. ¶갑상선 ~.

비:-대칭(非對稱) [명] 대칭이 아님. ↔대칭.

비:대-하다(肥大—) [형][여] **1** 살이 쪄서 몸집이 크다. ¶몸집이 ~. **2** 권력·조직·집단 따위의 규모가 어느 한계 이상으로 크다. ¶기구(機構)가 ~.

비데([프]bidet) [명] 걸터앉아 위로 분출하는 물로 성기나 항문을 씻을 수 있도록 변기에 설치하는 장치.

비:-도덕적(非道德的)[—쩍] [관][명] 도덕적 규범에 어긋나는 (것). ¶~ 행위.

비둘기 [명][동] 성질이 순하여 공원 같은 데서 많이 기르는 새. 날개의 힘이 강하여 멀리까지 날 수 있고, 귀소성이 있어 통신에 이용됨.

비둘기-파(—派) [명] 어떤 분쟁에 있어서 상대편의 주장과 타협하며 온건하게 일을 해결하려는 경향의 사람들. ↔매파.

비듬 [명][생] 살갗, 특히 머리의 살갗에서 떨어져 나온 잔 비늘 모양의 허연 물질.

비등[1](飛騰) [명] 높이 날아오르는 것. **비등-하다**[1] [동][자][여] ¶독수리가 하늘로 ~.

비:등[2](沸騰) [명] **1** [화] 액체가 어느 온도 이상으로 가열되어, 그 증기압이 주위의 압력보다 커져서 액체의 표면뿐만 아니라 내부에서도 기화하는 현상. **2** 물 끓듯 떠들썩해지는 것. **비:등-하다**[2] [동][자][여] ¶현 정권이 무능하다는 여론이 ~.

비:등-점(沸騰點)[—쩜] [명][화] =끓는점.

비:등-하다[3](比等—) [형][여] (어떤 사람이나 대상이 다른 사람이나 대상과) 능력이나 수준 등이 서로 비슷하다. ¶실력이 ~.

비디오(video) [명] **1** 비디오테이프에 기록된 영화나 텔레비전 프로그램이나 기타 영상물. 또는, 그 비디오테이프. **2** '비디오카세트리코더'의 준말. ▷오디오.

비디오^게임(video game) [명] 마이크로칩과 컴퓨터 기술을 조합하여 스크린 위에서 벌이는 게임. 여러 가지 소프트웨어를 써서 할 수 있음.

비디오-디스크(videodisk) [명] 영상(映像)과 음성을 디지털 신호로서 기록한 원반.

비디오-방(video房) [명] 돈을 내고 비디오를 볼 수 있도록 꾸며 놓은 업소.

비디오^아트(video art) [명] 비디오를 표현 수단으로 하는 영상 예술.

비디오-자키(video jockey) [명] 텔레비전의 대중음악 프로에서, 뮤직 비디오 따위를 소개해 주는 사람. =브이제이(VJ). ▷디스크자키.

비디오^카드(video card) [명][컴] =영상 카드.

비디오-카메라(video camera) [명] 고체 촬영 소자를 내장하여, 영상을 전기 신호로 변환하는 카메라.

비디오카세트-리코더(video cassette recorder) [명] =브이시아르(VCR). [준]비디오.

비디오-테이프(videotape) [명] 영상 신호나 음성 신호를 기록하기 위한 자기(磁氣) 테이프. 또는, 기록한 테이프.

비디오테이프-리코더(videotape recorder) [명] =브이티아르(VTR).

비디오텍스(videotex) [명] 전화 회선 등을 이용하여 가정이나 사무실의 비디오 단말기에 희망하는 정보를 표시·제공하는 통신 정보 서비스.

비디오폰(videophone) [명] **1** 화상으로 상대방의 얼굴을 보면서 통화할 수 있는 전화. **2** 대문 밖에 있는 사람을 집 안에서 영상 화면으로 확인할 수 있는 인터폰.

비딱-하다[—따카—] [형][여] '삐딱하다1'의 여린말.

비뚜로 [부] '삐뚜로'의 여린말.

비뚜름-하다 [형][여] '삐뚜름하다'의 여린말. **비뚜름-히** [부]

비뚤다 [형] 〈비뚜니, 비뚜오〉 **1** 바르지 못하고 한쪽으로 기울어지거나 쏠려 있다. ¶줄이 ~. **2** (마음이나 태도가) 올바르거나 건전하지 못하고 잘못된 상태에 있다. ¶매사를 **비뚤게** 보다. [센]삐뚤다.

비뚤어-지다 [동][자] 비뚤게 되다. ¶줄이 ~. [센]삐뚤어지다.

비럭-질[—찔] [명] 남에게 구걸하는 짓. **비럭질-하다** [동][타][여]

비렁-뱅이 [명] '거지1'을 얕잡아 이르는 말. ×거렁뱅이.

비:련(悲戀) [명] 슬프게 끝나는 사랑.

비:례(比例) [명] **1** [수] 두 양 또는 두 수에 있어서, 한쪽이 2배, 3배, …로 되면 다른 한쪽도 2배, 3배, …로 되는 일. 또는, 이 관계를 다루는 산법(算法). **2** [미] 표현된 물상(物象)의 각 부분 상호 간, 또는 전체와 부분 간의 양적 관계. **비:례-하다** [동][자][여]

비:례^대:표제(比例代表制) [명][정] 각 정당의 득표수에 비례하여 의원을 선출하는 선거 제도.

비:례-세(比例稅)[—쎄] [명][법] 과세 대상의 크기에 관계없이 일정한 세율로 부과하는 세. ▷누진세·역진세.

비:례-식(比例式) [명][수] 두 비(比)가 같음을 나타내는 식. $a:b=c:d$ 따위.

비로드(←[포]veludo) [명] =벨벳.

비로서 [부] '비로소'의 잘못.

비로소 [부] 그제야 처음으로. 어떤 일이나 현상이 다른 일이나 현상이 있고 난 후에야 처음으로 이루어짐을 나타내는 말. ¶건강을 잃은 뒤에야 ~ 건강의 소중함을 깨달았다. ×비로서.

비로자나-불(毘盧遮那佛) [명][불] 연화장 세계에 살며, 그 몸은 법계(法界)에 두루 차서 큰 광명을 내비추어 중생을 제도한다는 부처.

비록[1] [부] 아무리 그러하다 할지라도. ¶~ 남이지만 형제처럼 우애 있게 지냈다.

비:록[2](祕錄) [명] 숨겨져 있던 사실의 기록.

비롯-되다[—롣뙤—/—롣뛔—] [동][자] (사물이) 처음 시작되다. ¶그들 부부의 불화는 남편의 무관심에서 **비롯되었다**.

비롯-하다[—로타—] [동][여] [1][자] (사물이) 처음으로 시작되다. ¶우주는 태초에 혼돈에서 **비롯하였다.** [2][불타] (‘비롯하여’, ‘비롯한’ 의 꼴로 쓰여) 여럿을 차례로 말할 때 어떤 것을 첫머리로 하다. ¶사과를 **비롯한** 배·감·포도 등의 과일.

비¦료(肥料) [명] 토지의 생산력을 높이고 식물의 생장을 촉진하기 위하여 경작지에 뿌려 주는 영양 물질. [비]거름. ¶화학 ~.

비루 [명] 개·말·나귀 등의 피부가 헐고 털이 빠지는 병. ¶~가 오르다.

비루-먹다[-따] [동][자] (개·말·나귀 등이) 피부가 헐고 털이 빠지는 병에 걸리다. ¶**비루먹은** 강아지〔망아지〕.

비루스([러]virus) [명][생] ‘바이러스**1**’의 잘못.

비¦루-하다(鄙陋—) [형][여] (행동이나 성질이) 너절하고 더럽다. ¶**비루한** 말씨.

비름 [명][식] 높이 1m가량으로 굵은 가지가 벋으며, 잎은 넓은 타원형인 한해살이풀. 들이나 길가에 나며, 잎을 먹기 위해 재배하기도 함.

비¦리(非理) [명] 도덕이나 법에 어긋나 사회적으로 용납하기 어려운 일. ¶~를 척결하다.

비리다 [형] **1** (어떤 물질이나 물건의 맛이나 냄새가) 물고기에서 나는 것과 같거나 날콩을 씹을 때의 맛과 같아 역겹다. ¶**비린** 음식. **2** (하는 짓이) 좀스럽고 째째하여 비위에 거슬리는 상태에 있다. ¶돈깨나 있다는 놈이 푼돈 가지고 되게 **비리게** 구네.

비리-비리 [부] 비틀어질 정도로 몹시 여윈 모양. ¶~ 마른 팔뚝. **비리비리-하다** [형][여] ¶몸이 ~.

비린-내 [명] 비린 냄새. ¶생선 ~.
비린내(가) 나다 =젖비린내(가) 나다. ➜젖비린내.

비릿-비릿[-릳삐릳] [부] **1** 냄새나 맛이 몹시 비릿한 모양. **2** 구차스럽거나 던적스러운 짓이 마음에 아니꼽고 더러운 모양. **비릿비릿-하다** [형][여] ¶어시장 쪽에서 **비릿비릿한** 냄새가 풍겨 왔다.

비릿-하다[-리타-] [형][여] (냄새나 맛이) 조금 비린 듯하다. ¶**비릿한** 피 냄새.

비막(飛膜) [명][생] 박쥐·하늘다람쥐·날도마뱀 등의 발가락 사이에서 꼬리에 이르기까지 피부가 늘어나서 생긴 막. 이 막을 펴서 날개처럼 날아다닐 수 있음.

비¦만(肥滿) [명] 살이 너무 많이 쪄서 몸이 뚱뚱한 상태. **비¦만-하다** [형][여]

비¦만-아(肥滿兒) [명] 살이 너무 많이 쪄서 몸이 뚱뚱한 아이.

비¦만-증(肥滿症)[-쯩] [명][의] 몸에 지방이 과잉으로 축적된 상태. 체중이 표준 체중보다 20% 이상 많은 경우를 말함.

비말(飛沫) [명] 튀어 오르거나 날아 흩어지는 물방울. ¶파도의 ~.

비¦망-록(備忘錄)[-녹] [명] 잊지 않으려고 중요한 골자를 적어 두는 책자.

비¦매-품(非賣品) [명] 견본 또는 특정인에게 배부하는 것으로, 일반에게는 팔지 않는 물품. ↔판매품.

비¦명[1](非命) [명] 사람이 제 수명을 다 누리지 못한 상태. 뜻밖의 사고 등으로 갑자기 죽었을 때 그 죽음을 이르는 말임. ¶~에 가다.

비¦명[2](悲鳴) [명] 몹시 놀라거나 극심한 고통을 느끼거나 하는 순간, 자기도 모르게 지르는, ‘악’, ‘으악’ 등의 소리.

비명[3](碑銘) [명] 비석에 새긴 글.

비¦명-횡사(非命橫死)[-횡-/-휑-] [명] 자기 수명대로 다 살지 못하고 뜻밖의 재난으로 죽음. **비¦명횡사-하다** [동][자][여] ¶교통사고로 ~.

비¦목[1](費目) [명] 비용을 지출하는 명목.

비목[2](碑木) [명] 비(碑)로서 세워진 나무.

비¦몽사몽(非夢似夢) [명] 꿈인지 생시인지 어렴풋한 상태.

비¦몽사몽-간(非夢似夢間) [명] 꿈인지 생시인지 어렴풋한 동안.

비¦-무장(非武裝) [명] 무장하지 않음.

비¦무장^지대(非武裝地帶) [명][군] 교전국 쌍방이 협정에 의하여 무력을 배치하지 않은 지대. =디엠제트(DMZ).

비문(碑文) [명] 비(碑)에 새긴 글.

비¦밀(祕密) [명] **1** 숨기어 남에게 공개하거나 알리지 않는 일. ¶~이 탄로 나다. **2** 밝혀지거나 알려지지 않은 속내. ¶우주의 ~. **비¦밀-하다** [형][여] **비¦밀-히** [부]

비¦밀-경찰(祕密警察) [명] 어떤 국가 형태를 유지하기 위하여, 반국가 활동을 단속하는 비밀 보안 기구.

비¦밀-과외(祕密課外)[-외/-웨] [명] 정해진 과정 이외의 수업을 행정 기관이나 감독자 몰래 비밀리에 하는 일.

비¦밀-리(祕密裏) [부] =비밀리에.

비¦밀리-에(祕密裏—) [부] 관계자 이외에 남이 모르는 가운데. =비밀리. ¶~ 만나다.

비¦밀-문서(祕密文書) [명] 남에게 알려서는 안 될 문서. [비]밀서.

비¦밀-번호(祕密番號) [명] 은행 예금 계좌에서 출금하거나 컴퓨터 통신망에 접속하거나 할 때, 정당한 권리가 있는 사람임을 확인받기 위해 제시해야 하는 일련의 숫자.

비¦밀-스럽다(祕密—)[-따] [형][ㅂ] 〈~스러우니, ~스러워〉 비밀한 데가 있다. ¶그의 행동은 왠지 ~. **비¦밀스레** [부]

비-바람 [명] **1** 비와 바람. [비]풍우(風雨). **2** 비를 동반한 센 바람. ¶먹구름이 몰려오는가 싶더니 ~이 몰아치기 시작했다.

비바리 [명] 바다에서 해산물을 채취하는 일을 하는 처녀.

비바체([이]vivace) [명][음] 악곡의 속도를 지시하는 말로, ‘아주 빠르게’의 뜻.

비바크([독]Biwak) [명] 등산에서, 부득이한 상황으로 텐트를 치지 못하고 바위 밑이나 나무 아래, 암벽, 기타 비좁은 곳에서 하룻밤을 지새는 일.

비발디, 안토니오(Vivaldi, Antonio) [명][인] 이탈리아의 작곡가(1678~1741).

비¦방[1](祕方) [명][한] 자기만 알고, 남에게는 알리지 않는 특효의 약방문. ¶~약.

비방[2](誹謗) [명] (남을) 비웃고 헐뜯어 말하는 것. **비방-하다** [동][타][여] ¶상대를 ~.

비버(beaver) [명][동] 삼림 속 물가에 살며, 튼튼한 앞니로 나뭇가지와 돌·흙을 모아 댐을 만들고 집을 짓는 포유동물. 뒷발에 물갈퀴가 있어 헤엄을 잘 침.

비¦번(非番) [명] 당번이 아님. ↔당번.

비-벌레 [명][동] 바닷가 모래 속에 살며, 몸은 길이 약 10cm의 가늘고 긴 원통 모양으로 앞에 촉수(觸手)가 비 모양으로 달려 있는 동물의 총칭.

비¦범-하다(非凡—) [형][여] 보통 수준보다 훨씬 뛰어나다. [비]비상(非常)하다. ¶그림에 **비범한** 재주를 보이다. ↔평범하다.

비¦법(祕法)[-뻡] [명] 어떤 어려운 일을

할 수 있는, 사람들이 잘 모르는 특별한 방법. ¶건강 ~.
비:변-사(備邊司)[역] 조선 시대에, 군국(軍國)의 사무를 맡아보던 관아.
비보¹(飛報)[명] 매우 빨리 알리는 것. 또는, 그런 보고. [비]급보.
비:보²(悲報)[명] 슬픈 소식. ↔희보(喜報).
비-보라[명] 세찬 바람에 휘몰아쳐서 쏟아지는 비. ¶~로 바깥 풍경이 뿌예졌다.
비복(婢僕)[명] 계집종과 사내종.
비:통(悲痛)[명] 슬프고 분하게 여기는 것. 또는, 그 슬픔과 분함. ¶~에 찬 목소리. 비분-하다[자여].
비:분-강개(悲憤慷慨)[명] 의롭지 못하거나 잘못되어 가는 일에 대해 슬프고 분한 마음을 느낌. 비분강개-하다[자여] ¶민영환은 을사조약이 체결되자 비분강개하여 나머지 자결하였다.
비브라토(①vibrato)[음] 현악기·관악기 연주나 성악에서, 음을 상하로 가늘게 떨어 아름답게 울리게 하는 기법. ▷바이브레이션.
비브라폰(vibraphone)[음] 타악기의 하나. 음률을 가진 쇳조각 밑에 전기 장치가 있는 공명체를 붙인 철금(鐵琴).
비브리오(⑩vibrio)[명] 나선상 세균의 무리. 여름철에 어패류를 통해 인체에 들어와 식중독을 일으킴. 콜레라균·장염비브리오 따위.
비비¹[부] 여러 번 꼬이거나 뒤틀린 모양. 자루채어 ~ 틀리다. [죽]배배.
비비²(狒狒)[명][동]=망토개코원숭이.
비비다[동] ①[타] (비교적 부드러운 물체의 면을) 다른 물체의 면에 닿게 하여 상대로 평행이 되는 방향으로 왕복하여 움직이다. ¶추워서 손을 ~. 2 (밥이나 국수 따위의 음식을) 다른 반찬이나 양념을 넣고 숟가락이나 젓가락 등으로 이리저리 뒤집어서 섞이게 하다. [비]부비다. ¶국수 장면을 젓가락으로 ~. 3 (어떤 물체나 물질을) 두 손바닥 사이에 넣고 손을 엇갈리게 반복적으로 움직이거나 그렇게 움직임으로써 뭉쳐지거나 꼬이게 만들다. ¶새끼를 부비 꼬다. ×부비다. ②[자] ①(남을) 이 다른 사람에게) 비위를 맞추는 행동을 하다. [비]아부하다·아첨하다. ¶상관은 사장에게 너무 비빈다. 2 어떤 일을 에서 힘겹게 하거나 무리함을 무릅쓰고 억지스럽게 하다.
비비-대다[동][타] 자주 대고 비비다. ¶아이의 볼에다 뺨을 ~.
비비배배[부] 종달새 따위가 우는 소리.
비비에스(BBS)[명] [bulletin board system] =전자 게시판.
비비적-거리다/-대다[-꺽(쩍)-][자여] 비비는 동작을 자주 하다. ¶손바닥을 ~.
비비적-비비적[-쩍-][부] 비비적거리는 모양.
비빈(妃嬪)[역] 비(妃)와 빈(嬪).
비빔-냉면(-冷麪)[명] 육수는 없이 고기나 등어회, 나물 같은 것을 넣고 양념하여 비빈 냉면. ▷물냉면.
비빔-밥[-빱][명] 고기·나물 따위를 섞고 갖은 양념과 고명을 넣어서 비빈 밥.
비:사(秘史)[명] 세상에 알려지지 않은 이면사(裏面史). ¶궁중 ~.
비사우(Bissau)[지] 기니비사우의 수도.

비사치-기[명] 아이들 놀이의 하나. 손바닥만 한 납작한 돌을 세워 놓고, 얼마쯤 떨어진 곳에서 돌을 던져 맞히거나 발로 돌을 차서 맞혀 넘어뜨림. ×비석차기.
비:산(砒酸)[명][화] 비소 또는 삼산화이비소를 진한 질산과 함께 가열하여 농축해서 얻어지는 무색의 결정. 유독함.
비:상¹(非常)[명] ①(일부 명사 앞에 쓰여) 어떤 행동이 긴급한 상황에서 이뤄지는 것임. 또는, 어떤 일이나 대상이 긴급한 상황을 뜻함. ¶~대단/~ 대책. 2 긴급한 상황. 또는, 그 상황에 대처하는 일. ¶테러에 대비한 ~이 걸리다.
비:상²(飛上)[명] 날아오르는 것. 비상-하다[자여].
비:상³(飛翔)[명] (새가) 날개를 펴고 공중을 나는 것. ¶~력(力). 비상-하다²[자여] ¶하늘 높이 비상하는 새.
비:상⁴(砒霜)[명][약] 비석(砒石)에 열을 주어 승화시켜 얻은 결정체. 독성이 강함.
비:상-경계(非常警戒)[-계/-게][명] 국가적 또는 사회적으로 위급한 일이 일어나거나 일어날 우려가 있을 때, 특정 지역을 특별히 경계하는 일. ¶테러에 대비한 ~령이 내리다.
비:상-경보(非常警報)[명] 위급한 일이 있을 때, 사이렌 등의 신호로 사람들에게 알리는 일. ¶~ 시설.
비:상-계엄(非常戒嚴)[-계-/-게-][명][법] 전쟁 또는 전쟁에 준하는 사변으로 사회 질서가 극도로 교란된 지역에 선포하는 계엄.
비:상-구(非常口)[명] 급작스러운 사고가 있을 때 급히 피할 수 있도록 특별히 마련한 출입구.
비:상-근(非常勤)[명] 매일이 아닌, 필요한 날이나 때에만 하는 근무. ¶~ 공무원. ↔상근.
비:상-근무(非常勤務)[명] 뜻밖의 긴급한 사태가 발생했을 때 이를 해결하기 위하여 평소보다 강화하여 하는 근무.
비:상-금(非常金)[명] 비상시에 쓰기 위하여 따로 마련해 둔 돈.
비:상-등(非常燈)[명] 1 아주 긴급하거나 위급할 때 남에게 그것을 알리기 위해 켜는 등. ¶~을 켜고 달리는 구급차. 2 갑자기 전기가 나가거나 했을 때에 쓰는 등.
비:상-망(非常網)[명] 군사 및 치안 유지상 중대 사건이 일어났을 때, 평소보다 더 강화하여 편 경계. 또는, 그 범위. ¶~을 뚫다.
비:상-벨(非常bell)[명] 1 화재나 기타 비상 사태를 알리려고 울리는 벨. 2 화재 발생이나 도둑의 침입을 자동적으로 탐지하여 알리는 장치의 벨.
비:상-사태(非常事態)[명] 1 심상치 않은 큰 사태. 2 국가 비상사태.
비:상-선(非常線)[명] 1 특별히 지정하여 비상경계를 하는 구역. ¶그 일대는 ~을 치고 물샐틈 없는 경계 태세에 들어갔다. 2 특별한 경우에 쓰도록 하고 평소에는 따로 마련된 전화선.
비:상-소집(非常召集)[명] 1 갑자기 급한 일이 생겼을 경우, 필요한 사람을 불시에 불러 모으는 일. 2 [군] 전쟁이나 사변이 일어났을 때 예비역을 불러 모으는 일.
비:상-수단(非常手段)[명] 대처해야 할 급박한 일이 일어났을 경우에 임시변통으로 급히 처리하는 방법.

비ː상-시(非常時) [명] 대처해야 할 급박한 일이 벌어진 때. ¶~에 대비한 식량 비축. ↔평상시.
비ː상-시국(非常時局) [명] 전쟁·사변·재해 등으로 국가가 중대한 위기를 맞이한 시국. ¶~ 선언.
비ː상-식량(非常食糧) [-싱냥] [명] 비상시에 대비하려고 마련한 식량.
비ː-상식적(非常識的) [-쩍] [관][명] 상식에 어긋나는 (것). ¶~ 발언.
비ː상-용(非常用) [-뇽] [명] 비상시에 쓰이게 되어 있는 상태. 또는, 그런 용도의 대상. ¶~ 식량.
비ː상-조치(非常措置) [명][법] 비상시에 국정 전반에 걸쳐 대통령이 내리는 조치.
비ː상^착륙(非常着陸) [-창뉵] [명] 항공기가 기체(機體) 내의 이상이나 돌발적인 사태 아래에서 하는 불시의 착륙.
비ː상-하다³(非常-) [형][여] **1** 예사롭지 않다. ¶사람들은 이번 선거에 **비상한** 관심을 보였다. ↔심상하다. **2** 매우 뛰어나다. [비]비범하다. ¶머리가 ~. **비ː상-히** [부]
비ː색(翡色) [명] 고려청자와 같은 푸른 빛.
비ː-생산적(非生産的) [관][명] 생산과 직접 관계가 없는 (것). ¶~인 사업. ↔생산적.
비ː서(祕書) [명] 요직(要職)에 있는 사람 밑에서 기밀문서나 용무를 맡아보는 직위. 또는, 그 사람. ¶회장 ~.
비ː서-관(祕書官) [명][법] 대통령, 국무총리, 국회 의장, 대법원장, 정부의 각 부 장관 등의 밑에서 기밀한 문서나 사무를 맡아보는 별정직 공무원.
비ː서-실(祕書室) [명] 비서관이나 비서가 사무를 보는 방. 또는, 그 기관.
비석(碑石) [명] 돌로 만든 비(碑).
비석-차기(碑石-) [명] '비사치기'의 잘못.
비ː선(祕線) [명] 어떤 조직(특히, 정치 조직)의 우두머리가 비밀리에 거느리는, 비공식적이고 사적인 지휘·명령의 계통. ¶~을 통해 보고를 받다.
비ː소¹(砒素) [명][화] 금속광택이 나는 결정성의 무른 고체 원소. 원소 기호 As, 원자 번호 33, 원자량 74.9216. 의약이나 농약의 원료로 쓰임.
비소²(誹笑) [명] =비웃음. ¶~를 면하지 못할 짓을 행하다.
비ː-소설(非小說) [명] '논픽션'을 이르는 말. 또는, '논픽션'과 '수필'을 소설과 구별하여 이르는 말. ¶~ 부문 베스트셀러.
비ː속(卑屬) [명][법] 친족 관계의 촌수에서, 기준이 되는 사람보다 뒤의 세대인 혈족. ↔존속.
비ː속-하다(卑俗-) [-소카-] [형][여] 격이 낮고 속되다. ¶말씨가 ~. ↔고상하다.
비ː수(匕首) [명] 날이 날카롭고 짧은 칼. ¶가슴에 ~를 품다.
비ː수-기(非需期) [명] 상품이나 서비스의 수요가 많지 않은 시기. ↔성수기.
비슈누(Viṣṇu) [명][신화] 힌두교에서, 세계의 질서를 유지하는 신.
비슈케크(Bishkek) [명][지] 키르기스스탄의 수도.
비스듬-하다 [형][여] (물체가) 수평이나 수직이 되지 않고 한쪽으로 기울어져 있다. ¶액자가 **비스듬하게** 걸려 있다. **비스듬-히** [부] ¶벽에 ~ 기대다.
비스름-하다 [형][여] 거의 비슷하다. ¶형과 동생의 얼굴이 ~. **비스름-히** [부] ¶답을 ~ 맞히다.
비스마르크, 오토 에두아르트 레오폴트 폰 (Bismarck, Otto Eduard Leopold von) [명][인] 독일의 정치가·철혈 재상(1815~1898).
비스무트([독]Wismut) [명][화] 붉은빛을 띤 은백색의 금속 원소. 원소 기호 Bi, 원자 번호 83, 원자량 208.9806. 가용 합금의 재료로 쓰임.
비스코스(viscose) [명][화] 목재 펄프에 수산화나트륨과 이황화탄소를 반응시켜 얻는, 점성(粘性)이 있는 액체. 인조 견사나 셀로판 등의 원료임.
비스코스^레이온(viscose rayon) [명][화] 비스코스를 원료로 하여 만든 인조 섬유.
비스킷(biscuit) [명] 밀가루에 설탕·버터·우유 등을 섞어 구운 과자.
비스타^비전(Vista Vision) [명][영] 와이드 스크린 방식에 의한 영화. 화면이 크고 선명하며, 원근감·입체감이 남. 상표명에서 온 말임.
비슷비슷-하다 [-슴삐스타-] [형][여] 여럿이 모두 비슷하다. ¶**비슷비슷한** 키.
비슷-하다¹ [-스타-] [형][여] 한쪽으로 조금 기울어져 있다. **비슷-이** [부]
비슷-하다² [-스타-] [형][여] **1** (둘 또는 그 이상의 대상이) 서로 크기나 모양이나 성질이나 상태나 정도 등에서 똑같지는 않으나 어느 정도 같은 상태에 있다. [비]엇비슷하다·유사하다. ¶원작과 **비슷하게** 만든 모작. **2** 《흔히 조사가 없는 체언 다음에 쓰여》 (정체가 확인되지 않은 어떤 대상이 누구 또는 무엇이라고) 짐작되는 상태에 있다. ¶저기 김 선생님 **비슷한** 분이 오신다. **3** 《구어체의 말로 쓰여》 (솜씨나 능력이) 썩 훌륭하지는 않으나 어지간한 수준이나 정도를 나타내는 상태에 있다. 또는, 《조사 없는 체언 다음에 쓰여》 그 체언이 나타내는 대상이라고 하기엔 어느 정도 꼴은 이루고 있으나 다소 미흡한 상태에 있다. ¶취미 삼아 시(詩) **비슷한** 걸 쓰고 있습니다.
비시(B.C.) [명] 〔Before Christ〕 =기원전. ↔에이디(A.D.).
비시지(BCG) [명] 〔Bacillus Calmette Guérin〕 [의] 소의 결핵균에서 독성을 없애고 만든 결핵 예방 백신.
비신(碑身) [명] 비문을 새긴, 비석의 몸체.
비ː-신사적(非紳士的) [관][명] 신사답지 않은 (것). 또는, 교양이 없고 점잖지 못한 (것). ¶~ 행위.
비실-거리다/-대다 [동][자] 힘이 없어 자꾸 비틀거리거나 활기 없이 움직이다.
비실-비실 [부] 비실거리는 모양. ¶~ 걷다. **비실비실-하다** [동][자][여]
비싸다 [형] **1** (물건 값이나 어떤 일에 대한 비용이) 비교 대상이나 보통의 경우보다 더 많이 나가거나 드는 상태에 있다. [비]값나가다·값비싸다·값지다. ¶**비싼** 옷. ↔싸다. **2** (어떤 일에 대한 대가가) 보통의 정도를 넘는 상태에 있다. ¶**비싼** 대가를 치르다. **3** 《주로 '비싸게'의 꼴로 쓰여》 (사람이) 다른 사람의 요구나 부탁을 쉽게 들어주지 않고 거만한 태도를 보이는 상태에 있다. ¶부탁 하나 들어 달라는데 되게 **비싸게** 구네.
비썩 [부] 살가죽이 아주 쭈그러질 정도로 여윈 모양.
비아냥-거리다/-대다 [동][자][타] 얄밉게 빈정거리다. ¶비아냥거리는 투로 말하다. ×비양거리다.
비-안개 몡 비가 쏟아질 때 안개가 낀 것처럼 흐려 보이는 현상.
비:애(悲哀) 몡 어떤 일이나 현상에 대해, 그것이 부조리하고 바람직하지 못하다고 여기면서 느끼게 되는 슬픔이나 서글픔. ¶삶에 대한 ~.
비:애-감(悲哀感) 몡 비애를 느끼는 감정.
비-약(-約) 몡 화투 놀이에서, 비 넉 장을 모아서 이루는 약.
비약²(飛躍) 몡 **1** 높이 뛰어오르는 것. ¶스키의 ~ 경기. **2** 힘차게 활동하는 것. **3** 빠른 속도로 발전·향상하는 것. **4** 논리나 사고방식 등이 차례를 따르지 않고 나아가는 것. ¶논리의 ~. **비약-하다** 困困 ¶선진국으로 ~.
비약-적(飛躍的) [-쩍] 관몡 아주 빨리 발전·향상하는 성질을 띠는 (것). ¶경제가 ~으로 발전하다.
비양-거리다 困困 '비아냥거리다'의 잘못.
비:-양심적(非良心的) 관몡 양심적이 아닌 (것). ¶~인 처사.
비(어(卑語·鄙語) 몡 **1** 점잖지 못하고 천한 말. **2** 낮추어 보거나 얕보아 하는 말.
비어-지다 [-어-/-어-] 困困 **1** 속에서 겉으로 쑥 내밀다. ¶뱃꼽이 ~. **2** 숨기거나 참거나 하던 일이 드러나다. ¶쉬쉬하던 일이 ~.
비어-홀(beer hall) 몡 맥주와 간단한 음식을 곁들여 파는 술집.
비엔나(Vienna) 몡 (지) '빈(Wien)²'의 영어명.
비엔나-소시지(Vienna sausage) 몡 기계로 저민 고기를 양 또는 염소의 소장(小腸)에 채워 넣은 작고 가느다란 소시지.
비엔나^왈츠(Vienna waltz) 몡 **1** 1820년대에 빈(Wien)에서 시작된, 템포가 빠른 춤곡. 또는, 그 곡에 맞춰 추는 춤. 남녀가 거리를 두고 안은 상태에서 3박자 리듬에 맞추어 빙글빙글 돌면서 추는 것이 특징임.
비엔나-커피(†Vienna coffee) 몡 거품을 낸 크림을 위에 듬뿍 얹은 커피.
비엔날레(ⓘbiennale) 몡 ['2년마다'의 뜻] [미] 2년마다 열리는 국제적 미술 전람회. 베네치아·파리 등의 것이 유명함.
비엔티안(Vientiane) 몡 (지) 라오스의 수도.
비:엘(B/L) 몡 [bill of lading] [경] =선화증권.
비역 몡 남자끼리 남녀가 성교하듯 성적인 행위를 하는 짓. ¶~질.
비:열(比熱) 몡 [물][화] 물질 1g의 온도를 1℃ 올리는 데 필요한 열량.
비:열-하다(卑劣-·鄙劣-) 형요 (하는 짓이나 성품이) 목적을 이루기 위해 정당하지 못하고 치사한 방법을 이용하는 상태에 있다. 삐비겁하다. ¶**비열한** 인간.
비염(鼻炎) 몡 [의] 비강(鼻腔) 점막에 생기는 염증.
비오 튐 솔개의 울음소리.
비-오리 몡 수컷은 등의 중앙부만 검고 머리는 광택이 나는 짙은 녹색이며, 암컷은 등이 회색이고 머리는 갈색인 물새. 강·호수에 날아오는 겨울 철새임.
비오-비오 튐 솔개가 계속하여 우는 소리.
비오틴(biotin) 몡 [생] 비타민 B 복합체의 하나. 장내(腸內)의 유용 미생물의 배양에 반드시 필요한 물질로, 결핍되면 탈모나 피부염 따위를 일으킴.
비:옥-하다(肥沃-) [-오카-] 형요 땅이 걸고 기름지다. ¶**비옥한** 땅.
비올라(ⓘviola) 몡 바이올린보다 조금 크고, 4줄로 되어 있는 현악기. 바이올린과 첼로의 중간 음역을 맡는데, 소리는 어둡고 둔함.
비:-옷 [-온] 몡 비가 올 때 옷이 젖지 않도록 겉옷 위에 덧입는, 비닐이나 방수 처리가 된 천으로 코트 모양으로 만든 옷. =레인코트·우의.
비:용(費用) 몡 물건을 사거나 어떤 일을 하는 데 드는 돈. ¶~을 절약하다.
비-우다 围 '비다'의 사동사. ¶집을 ~. **2** (잔이나 그릇에) 내용물을 먹어서 비게 하다. 또는, 잔이나 그릇에 담긴 음료나 음식을 남김없이 마시거나 먹다. ¶밥 한 그릇을 깨끗이 **비웠다**.
비:운(悲運) 몡 비참하거나 불행한, 슬픈 운명. ¶~의 왕조.
비:웃다[-욷따] 围 (어떤 행동을 하는 사람을, 또는 그 사람의 행동을) 터무니없거나 어처구니없다고 여겨 얕잡는 상태가 되다. 또는, 그런 태도로 '흥', '피', '쳇' 하는 소리를 내다. ¶사람들은 모두 그의 만용을 **비웃었다**.
비:웃-음 몡 비웃는 일. 또는, 그 웃음. =비소. ᆑ조소(嘲笑). ¶남의 ~을 사다.
비:원(悲願) 몡 꼭 이루고자 하는 비장한 소원.
비:위¹(非違) 몡 법에 어긋남. 또는, 그 일. ¶공무원의 ~ 사실.
비위²(脾胃) 몡 **1** 어떤 음식을 먹었을 때 입에 맞거나 맞지 않는 느낌의 상태. ¶비린내가 심해 ~가 상하다. **2** 어떤 사람의 말이나 행동으로 인해 기분이 좋아지거나 언짢아지는 느낌의 상태. ¶사탕발림으로 남의 ~를 맞추다.
비위(를) 건드리다 기분을 상하게 하다. ¶잘난 체하는 꼴이 사람 **비위를 건드린단** 말야.
비:-위생적(非衛生的) 관몡 위생적이 아닌, 또는 위생 관념에 맞지 않는 (것). ¶~인 주거 환경.
비:위-짱(脾胃-) 몡 '비위(脾胃)¹·²'를 속되이 이르는 말.
비윗-살 [-위쌀/-윋쌀] 몡 비위를 부리는 배짱. ¶~ 좋은 사람.
비:유(比喩·譬喩) 몡 어떤 현상·사물을 그와 비슷한 다른 현상·사물을 끌어대어 표현하는 일. **비:유-하다** 困困 ¶인생을 연극에 ~. ᆑ비유되다.
비:유-법(比喩法) [-뻡] 관몡(문) 수사법의 한 가지. 뭔가를 표현할 때 그 표현을 좀더 효과적으로 하거나 표현되고 있는 사항의 이해를 깊게 하기 위하여 비유를 사용하는 방법. 직유법·은유법·의인법·대유법·풍유법·활유법 등이 이에 속함.
비:-육우(肥育牛) 몡 특별히 살이 찌도록 기른 소.
비:-윤리적(非倫理的) [-율-] 관몡 사람이 마땅히 행하거나 지켜야 할 도리가 아닌 (것). ¶~ 행위.
비:율(比率) 몡 [수] 어떤 두 양의 다른 수나 양에 대한 비. ¶탈락자의 ~.
비:음(鼻音) 몡 **1** =콧소리. **2** [언] 입 안의 통로를 막고 날숨을 코로 내보내면서

내는 소리. 'ㄴ', 'ㅁ', 'ㅇ' 따위. =콧소리. ↔구음(口音).

비읍 명 한글 자모의 여섯째 글자. 'ㅂ'의 이름. 목젖으로 콧길을 막고 두 입술을 다물었다가 떼면서 내는 무성 파열음. 받침으로 그칠 때는 입술을 떼지 않음.

비읍^불규칙^용언(-不規則用言)[-뿝-칭농-] 명[언] 비읍 불규칙 활용을 하는 용언.

비읍^불규칙^활용(-不規則活用)[-뿝-치롤-] 명[언] 용언의 불규칙 활용의 하나. 어간의 끝소리인 'ㅂ'이 '아'나 '어'로 시작되는 어미 앞에서 '오'로 변하고, '어'나 '어'로 시작되는 어미 및 매개 모음을 요구하는 어미 앞에서는 '우'로 변함. '돕+아>도와', '굽+어>구워'따위.

비:-이성적(非理性的) 관명 이성적이 아닌 (것). ¶~ 행동.

비:-인간(非人間) 명 [사람이 사는 세상이 아니라는 뜻] 경치가 썩 아름다운 선경(仙境).

비:-인간적(非人間的) 관명 사람으로서는 차마 할 수 없는 (것). ¶~인 만행.

비:-인도적(非人道的) 관명 사람의 도리에 어긋나는 (것). ¶~ 처사.

비:일일:재(非一非再) 명 [같은 종류의 현상이] 한두 번이나 한둘이 아니고 많음.

비:일비:재-하다 형여 ¶이 지역은 신호등이 없어 교통사고가 ~.

비자(visa) 명 =사증(査證). ¶~ 발급.

비:-자금(祕資金) 명 주로 기업가나 정치가 등이 불법적이거나 부정한 방법으로 마련하여 은밀하게 관리하는 돈. ¶~을 조성하다.

비:자-나무(榧子-) 명[식] 높이 25m에 이르며, 가지가 사방으로 퍼지고 가을에 암 딱한 타원형 열매가 적자색으로 익는 상록 침엽 교목. 열매는 '비자'라 하여 약용함.

비:자발적 실업(非自發的失業)[-쩍-][경] 현재의 임금 수준에서 노동자가 일할 능력과 의사가 있으나, 일자리가 없어 발생하는 실업. ↔자발적 실업.

비잔티움^문화(Byzantium文化) 명[역] 그리스 문화의 전통과 동방 문화를 융합한 비잔티움 제국의 문화. 모자이크·돔(dome)을 이용한 건축에 특징이 있음.

비:장(祕藏) 명 아무도 모르게 감추어 소중히 간직하는 것. ¶~의 무기. **비:장-하다**[1] 타여

비:장[2](脾臟) 명[생] =지라.

비:-장애인(非障礙人) 명 신체적·정신적으로 장애가 없는 사람을 '장애인'에 대비하여 이르는 말.

비:장-하다(悲壯-) 형여 슬프면서도 꿋꿋하고 굳세다. ¶비장한 각오.

비:적(匪賊) 명 떼를 지어 다니며 살인·약탈을 일삼는 도둑.

비:전[1](祕傳) 명 비밀히 전해 내려오는 것. 또는, 그 방법. **비:전-하다** 타여 **비:전-되다** 자 ¶비전되어 오고 있는 묘방.

비전[2](vision) 명 강력한 동기와 의욕을 불러일으키는 미래의 꿈이나 목표. ¶~이 있는 사람. ×보전.

비:-전문가(非專門家) 명 전문가가 아닌 사람.

비:-전문적(非專門的) 관명 전문적이 아

비지떡 571

닌 (것).

비:-전해질(非電解質) 명[물][화] 수용액 속에서 이온으로 해리(解離)되지 않아 전류를 통하지 않는 물질. 알코올·설탕·글리세린 따위. ↔전해질.

비:점(沸點)[-쩜] 명[물] =끓는점.

비:접 명 앓는 사람이 자리를 옮겨 요양하는 것. ¶~을 나가다. (찬)피접(避接).

비:-정규군(非正規軍) 명[군] 정식으로 군 편제에 소속되어 있지 않은 무장한 개인이나 집단. ↔정규군.

비:-정상(非正常) 명 일반적 기준에서 벗어나 바르지 않은 상태. ↔정상.

비:-정상적(非正常的) 관명 정상적이 아닌 (것). ¶~인 성격.

비:정-하다(非情-) 형여 사람으로서의 따뜻한 정이나 인간미가 없다. ¶이웃의 아픔에 철저히 무관심한 **비정한** 현실.

비제, 조르주(Bizet, Georges) 명[인] 프랑스의 작곡가(1838~1875).

비:전(vision) '비전2(vision)'의 잘못.

비:조(鼻祖) 명 세상의 주목할 만한 중요한 일을 처음 시작한 사람. (찬)시조.

비:-좁다[-따] 형 (통로를 이루는 곳이) 활발히 다니거나 움직이기 어려울 만큼 폭이 작다. 또는, (어떤 장소가) 그 안에 사람이나 물체가 많아 공간의 여유가 많지 않다. ¶비좁은 골목길. ⇨돕다.

비:-주류(非主流) 명 조직이나 단체에서, '소수파'를 이르는 말. ↔주류(主流).

비죽[1] 위 (얼굴이나 물건의 일부만) 살짝 내밀거나 나타내는 모양. (찬)비쪽·빼죽·뻬쭉. **비죽-비죽-이**[1] 위

비죽-거리다/-대다[-끼(때)-] 자타 (불평이 있거나 울려고 할 때) 소리 없이 입을 내밀고 실룩거리다. (찬)비쪽거리다·빼죽거리다·뻬쭉거리다.

비죽-비죽[1][-삐-] 위 비죽거리는 모양. (찬)비쪽비쭉·빼죽빼죽·뻬쭉뻬쭉. **비죽비죽-하다** 형여 ¶입을 비죽비죽하다가 마침내 울음을 터뜨렸다.

비죽-비죽[2][-삐-] 위 여러 개가 다 비죽하게 솟아 나온 모양. ¶빌딩들이 ~ 솟아 있다. (찬)비쪽비쭉·빼죽빼죽·뻬쭉뻬쭉. **비죽비죽-하다** 형여

비죽-하다[2][-주카-] 형여 솟아 나온 물건의 끝이 약간 내밀어 있다. (찬)비쪽하다·빼쭉하다·뻬쭉하다. **비죽-이**[2] 위

비:준(批准) 명[법] 조약을 헌법상의 조약 체결권자가 마지막으로 확인·동의하는 일. **비:준-하다** 타여 **비:준-되다** 자

비:중(比重) 명 1[물] 어떤 물질의 질량과 그것과 같은 체적의 표준 물질의 질량과의 비. 보통 4°C의 물을 표준 물질로 함. 2 다른 것과 비교할 때의 중요도. ¶경제 발전에 ~을 둔 정책.

비즈(beads) 명 수예품·장신구·실내 장식 등에 쓰이는, 구멍이 뚫린 작은 구슬.

비즈니스(business) 명 '사업', '업무'로 순화. ¶~ 관계로 해외 출장을 가다.

비즈니스맨(businessman) 명 사업을 경영하는 사람. ¶실업가.

비지 명 두부를 만드는 과정에서, 맷돌에 간 콩을 자루에 넣어 짜냄으로써 두유를 얻은 뒤에 남는 콩의 찌꺼기.

비지-땀 명 힘이 드는 노동을 할 때에 몹시 쏟아지는 땀.

비지-떡 명 1 비지에 쌀가루나 밀가루를 섞어 반대떡처럼 부친 떡. 2 '보잘것없는

것'을 비유하는 말. ¶싼 게 ~이다.
비-질 명 비로 쓰는 일. **비질-하다** 통타여
비집다[-따] 타 1 (맞붙거나 좁은 데를) 벌리거나 헤치거나 뚫어서 틈을 내거나 넓히다. ¶청중 속을 비집고 들어가다. 2 (눈을) 비벼서 크게 뜨다. ¶눈을 비집고 찾아보아도 보이지 않는다.
비쩍 뛰 살가죽이 몹시 쭈그러질 정도로 여윈 모양.
비쭉 뛰 '비죽'의 센말. 잭배쭉. 셴삐쭉. **비쭉-하다**¹ 톙여 ¶입을 ~. **비쭉-이** 뛰
비쭉-거리다/-대다[-꺼때-] 통 '비죽거리다'의 센말. ¶입을 ~. 셴삐쭉거리다.
비쭉-비쭉¹[-뻐-] 뛰 '비죽비죽'의 센말. 셴삐쭉삐쭉. **비쭉비쭉-하다**¹ 톙여
비쭉-비쭉²[-뻐-] 뛰 '비죽비죽'의 센말. 셴삐쭉삐쭉. **비쭉비쭉-하다**² 통여
비쭉-하다²[-주카-] 톙여 '비죽하다'의 센말. 셴삐쭉하다. **비쭉-이**² 뛰 ¶입을 ~ 내밀다.
비참-하다(悲惨-) 톙여 (어떤 상태나 모습이) 몹시 불행한 상태에 있어 슬프고 끔찍하다. ¶비참한 광경. **비참하-이** 뛰
비책(祕策) 명 몰래 숨긴 방법이나 꾀.
비척-거리다/-대다[-꺼때-] 통자 '비치적거리다'의 준말.
비척-비척[-뻐-] 뛰 '비치적비치적'의 준말. **비척비척-하다** 통자여
비천-상(飛天像) 명 하늘을 날아다니며 하게 사람과 왕래한다는 여자 선인을 그린 그림.
비:천-하다(卑賤-) 톙여 신분이 낮고 천하다. ¶비천한 신분으로 태어나다. ↔고귀하다·존귀하다.
비첩(婢妾) 명 종으로서 첩이 된 여자.
비추다 国1)타 1 (사람이 빛을 내는 물체를 어느 곳이나 대상에) 향한 상태로 빛을 보내어 밝게 하거나, (빛을 내는 물체로 어느 곳이나 대상을) 빛을 보내어 밝게 하다. ¶무대에 조명을 ~. 2 (빛을 내는 대상이 어느 곳이나 대상을) 빛을 보내어 밝게 하다. ¶태양이 온 세상을 ~. 3 (거울이나 수면 등의 빛을 반사하는 물체나 물질에 자기의 얼굴이나 몸을) 앞에 둠으로써 그 모습이 나타나게 하다. ¶거울에 얼굴을 **비추어** 보다. 4 (물체를 불빛이나 햇빛 등에) 향하게 하여 빛이 통과하게 함으로써 잘 보이게 내다보이게 하다. ¶필름을 햇빛에 **비추어** 보다. 5 (영사기나 환등기 등으로) 필름이나 슬라이드에 빛을 통과시켜 어떤 영상을 스크린에 나타나게 하다. 2)자 (주로 '비추어'의 꼴로 쓰이어) (어떤 사실이나 대상에) 견주어 살피거나 근거하여 판단하다. ¶양심에 **비추어** 한 점 부끄러움이 없다. ▷비치다.
비추-이다 통자 '비추다'의 피동사. 国비추다.
비:축(備蓄) 명 만약의 경우에 대비하여 저축하여 두는 것. ¶~미(米). **비:축-하다** 통타여 ¶식량을 ~.
비취(翡翠) 명 (광) 짙은 초록색의 경옥 (硬玉). 빛깔이 아름다워 보석으로 쓰임.
비취다 통 '비추이다'의 준말.
비:취-색(翡翠色) 명 비취와 같이 곱고 짙은 초록색.
비:치(備置) 명 마련하여 갖추어 두는 것.

¶~ 품목. **비:치-하다** 통타여 ¶가정에 비상약을 **비치해** 두다. **비:치-되다** 통자여 ¶갖가지 자료가 **비치된** 도서관.
비치-가운(†beach gown) 명 바닷가에서, 수영복 위에 입는 가운.
비치다 통 1)자 1 (빛이 어느 곳이나 대상에) 미치어 밝게 되다. ¶구름 사이로 햇빛이 ~. 2 (대상의 모양이나 그림자가 가로막거나 덮거나 가리고 있는 유리나 물, 또는 얇은 천이나 종이 등으로 된 물체나 물질에) 나타나 보이다. ¶창문에서 사람의 모습이 어렴풋이 ~. 3 (어떤 대상의 모습이 거울이나 수면 등에 물체나 물질에) 그대로 나타나다. 国투영되다. ¶거울에 **비친** 나의 모습. 4 (영사기나 환등기 등으로 보내진 어떤 영상이 스크린에) 나타나 보이다. ¶주인공의 얼굴이 화면 가득히 ~. 5 (대상이 사람의 눈에) 어떤 모습으로 나타나 보이다. 또는, 어떤 상태나 속성의 존재로 생각되다. ¶그의 태도가 내 눈에는 이상하게 **비쳤다**. 6 (사람 몸속의 피가) 배설물이나 침에 조금 섞여 나오거나, 항문이나 성기를 통해 약간 나오는 상태가 되다. ¶가래에 피가 ~. 2)타 1 ('얼굴', '그림자', '코빼기' 등을 목적어로 취하는 문장으로 쓰이어) (사람이 얼굴을 어느 곳이나 자리에) 잠깐 동안 나타내다. ¶회의장에 얼굴만 슬쩍 ~. 2 (사람이 마음속의 생각이나 뜻을 상대에게) 눈치 채도록 넌지시 말하거나 표현하다. 国내비치다·암시하다. ¶제의에 응할 뜻이 있음을 ~.
비치웨어(beachwear) 명 해변에서 입는 옷과 그 액세서리의 총칭. ¶여성미를 강조한 ~.
비치적-거리다/-대다[-꺼때-] 통자 한쪽으로 약간 비틀거리다. 国비척거리다.
비치적-비치적[-뻐-] 뛰 비치적거리는 모양. 준비척비척. **비치적비치적-하다** 통자여
비치-파라솔(†beach+⊕parasol) 명 주로 해수욕장 등에서 사용할 목적으로 만든 큰 파라솔.
비칠-거리다/-대다 통자타 약간 비치적거리다.
비칠-비칠 뛰 비칠거리는 모양. **비칠비칠-하다** 통자타여
비:칭(卑稱) 명 낮추어 일컫는 말. ↔존칭.
비커(beaker) 명 (화) 액체를 붓는 주둥이가 달린 원통형의 화학 실험용 유리그릇.
비:켜-나다 통자 몸을 옮겨 물러나다. ¶썩 비켜나지 못할까!
비:켜-서다 통자 몸을 옮겨 물러서다. ¶자동차 경적 소리에 놀라 얼른 ~.
비키니(bikini) 명 1946년 파리 패션쇼에 첫선을 보인 수영복으로, 패션쇼가 있기 며칠 전에 태평양 비키니 환초에서 원자폭탄 실험이 이뤄진 데 착안하여 디자이너가 붙인 이름) 브래지어와 팬티 모양으로 상하가 분리되어 노출 부분이 많은 여자용 수영복. ¶~ 차림.
비키니-장(Bikini裝) 명 강철 따위로 뼈대를 얽고 천이나 비닐을 씌워 지퍼로 여닫게 한 간단한 장롱.
비:키다 통 1)자 (사람이나 차 등이) 다른 사람이나 차, 짐 등이 지나가는 데 방해되지 않도록 있던 곳에서 약간 자리를 옮기다. ¶옆으로 **비켜** 서시오. 2)타 1 (사-

람이나 차 등이) 다른 사람이나 차, 짐 등이 다닐 수 있도록 한쪽으로 자리를 옮겨 (길을) 나게 하다. ¶길을 좀 비켜 주세요. **2** (사람이 자신이 운전하거나 모는 차나 수레 등을) 사람이나 다른 차·수레 등이 지나가는 데 방해되지 않도록 한쪽으로 옮기다. ¶택시 기사가 차를 길 한옆으로 ~. **3** (사람이나 차 등이 가는 데 방해가 되는 대상을) 마주치거나 부딪치지 않도록 옆으로 피하다. ¶자동차가 자전거를 비켜 가느라 서행하다. **4** (사람이 있던 자리를) 다른 사람을 위해 다른 곳으로 옮기다. ¶동생이 있게 자리를 **비켜** 주다.
비타민(vitamin) 명[화] 동물체의 성장과 생명 유지에 필수적인 영양 물질. 체내에서 만들어지지 않으므로, 식품을 통해 섭취해야 함.
비타민^디(vitamin D) 명[화] 비타민의 하나. 칼슘이나 인을 뼈에 정착시키는 작용을 하며, 부족하면 구루병·골다공증 등을 일으킴. 간·난황·버터 등에 들어 있음.
비타민^비^복합체(vitamin B複合體) [--보캅--] 명[화] 비타민 $B_1·B_2·B_6·B_{12}$, 니코틴산, 판토텐산, 비오틴, 폴산 등의 혼합물. 효모·현미 등에 들어 있음.
비타민^비^원/비타민 B1(vitamin B one) 명[화] 비타민 B 복합체의 하나. 탄수화물의 대사에 관여하며, 부족하면 각기병을 일으킴. 현미·보리 등에 들어 있음.
비타민^비^투/비타민 B2(vitamin B two) 명[화] 비타민 B 복합체의 하나. 탄수화물·단백질·지방의 대사에 관여하며, 부족하면 구내염·결막염을 일으킴. 우유·간 등에 들어 있음.
비타민^시(vitamin C) 명[화] 비타민의 하나. 아미노산의 대사에 관여하며, 부족하면 괴혈병을 일으킴. 야채나 과실에 들어 있음.
비타민^에이(vitamin A) 명[화] 비타민의 하나. 시각 작용에 관여하며, 부족하면 야맹증을 일으킴. 간·버터·녹황색 채소에 들어 있음.
비타민^이(vitamin E) 명[화] 비타민의 하나. 동물의 생식 기능에 관여하며, 부족하면 유산(流産)을 일으킴. 시금치·우유 등에 들어 있음. =토코페롤.
비타민-제(vitamin劑) 명 비타민 결핍의 치료와 예방을 위하여 비타민을 순수하게 추출 또는 합성한 약.
비-타협적(非妥協的) [--쩍] 관·명 타협하지 않는 성격이나 일을 하는 (것). ¶~인 성격.
비:탄(悲歎·悲嘆) 명 슬퍼하여 탄식하는 것. ¶~에 잠기다.
비탈 명 산·언덕·길 따위의 한쪽으로 기울어진 상태나 정도. 또는, 그 기울어진 곳. =산--.
비탈-길[--낄] 명 비탈진 언덕의 길.
비탈-지다 图 땅이 몹시 가파르게 기울어져 있다. ¶비탈진 언덕.
비토(veto) 명 =거부권.
비:통-하다(悲痛--) 형 슬퍼서 마음이 몹시 아프다. ¶그 여자는 아들의 죽음을 몹시 **비통해하다**. **비:통-히** 부
비트¹ 명 간첩이나 게릴라가 일시적으로 몸을 숨기기 위해 눈에 띄지 않게 파 놓은 구덩이.
비트²(beat) 명[음] 박자. 특히, 대중음악에서 강한 악센트의 리듬.
비트³(bit) 의존·컴 데이터를 나타내는 최소 단위. 모든 데이터는 0과 1의 조합으로 구성되는데, 이 0 또는 1이 하나의 비트가 됨. ▷바이트(byte)·워드(word).
비트겐슈타인, 루트비히(Wittgenstein, Ludwig) 명[인] 오스트리아 태생의 영국의 철학자(1889~1951).
비트^제너레이션(Beat Generation) 명 1950년대 중반 미국에서 발생, 현대의 산업사회 및 기성세대의 질서·도덕·문학에 반발한 방랑자적인 문학·예술가의 무리나 세대.
비틀 부 힘이 없거나 어지러워 이리저리 쓰러질 듯한 모양. **비틀-비틀** 부
비틀-거리다/-대다 图[자] 이리저리 쓰러질 듯이 걷다. ¶술에 취해 ~.
비틀-걸음 명 비틀거리며 걷는 걸음.
비:틀다 图[타] 〈비트니, 비트오〉 **1** (사람이 어느 정도 길이가 있는 물체를) 꼬이도록 힘있게 돌리다. ¶빨래를 비틀어 짜다. **2** (잘되어 가던 일을) 어긋나게 하다. ¶다 된 협상을 새로운 요구를 내세워 **비틀**어 버렸다.
비:틀-리다 图[자] '비틀다'의 피동사. ¶왜 하는 일마다 비틀리는지 모르겠다.
비틀-비틀 부 비틀거리는 모양. ¶술에 취해 ~ 걷다. **비틀비틀-하다** 图[자]
비:틀어-지다 图[자] **1** (다소 길이가 있는 물체가) 힘을 받아 꼬인 상태가 되다. ¶닭의 목이 닭장수의 손에 의해 홱 ~. **2** (물체가) 물기가 마르면서 꼬인 상태가 되다. ¶걸레가 말라~. **3** (일이) 어긋나게 되다. ¶일이 기획 단계에서부터 ~. **4** (사귀는 관계가) 좋지 않은 상태가 되다. ¶두 사람의 판계가 **비틀어지기** 시작한 것은 지난해부터이다.
비티아즈^해:연(Vityaz海淵) 명[지] 마리아나 해구 남부에 있는, 세계에서 가장 깊은 해연. 깊이 약 1,034m.
비파(琵琶) 명[음] 타원형의 몸통에 곧고 짧은 자루가 달린 현악기.
비파이브/B5 명 종이 규격의 하나. 182mm×257mm의 크기임.
비:판(批判) 명 사물의 옳고 그름이나 잘되고 못됨에 대하여 검토하여 평가·판정하는 일. 또는, (잘못된 점이나 부정적인 면을) 드러내어 좋지 않다고 평하거나 판단하는 것. **비:판-하다** 图[타] ¶체제를 ~. **비:판-되다** 图[자]
비:판-력(批判力) [--녁] 명 비판하는 능력.
비:판-적(批判的) 관·명 비판하는 태도·입장에서 하는 (것). ¶~ 발언.
비:평(批評) 명 **1** 사물의 미추(美醜)·선악·장단점·시비를 평가하여 가치를 판단하는 것. ¶문예 ~. **2** 남의 결점을 드러내어 말하는 것. **비:평-하다** 图[타]·图[자] **비:평-되다** 图[자]
비:평-가(批評家) 명 =평론가.
비포/B4 명 종이 규격의 하나. 257mm×364mm의 크기임.
비:-포장도로(非鋪裝道路) 명 포장되지 않은 도로. ↔포장도로.
비:-표준어(非標準語) 명 표준어가 아닌 말. ↔표준어.
비:품(備品) 명 늘 갖추어 두고 쓰는 물품. ▷--대장(臺帳). --소모품.
비프가스 명 '비프커틀릿'의 잘못.
비프-스테이크(beefsteak) 명 쇠고기를 적당한 두께로 썰어 소금과 후춧가루를

뿌려 구운 음식. ㉰스테이크.
비프-커틀릿(↑beef cutlet) 몡 쇠고기를 빵가루에 묻혀 기름에 튀긴 서양 요리. ×비프가스.
비피(BP) 몡 =비스트포인트.
비피에스(bps) 몡 [bit per second] [통] 1초에 전송할 수 있는 비트의 수를 나타내는 통신 속도의 단위.
비:하(卑下) 몡 (자기나 남을) 형편없는 존재로 여겨 낮추는 것. ¶자기 ~. **비:하-하다** 통(재)(타) **비:하-되다** 통(재)
비:-하다(比-) 통(재) ①(타) (사물을 다른 것에) 비교하거나 견주다. ¶장미의 아름다움을 무엇에 **비하랴**. ②(재) ('…에 비해(서)', '…에 비하면'의 꼴로 쓰여) 어떤 것을 기준으로 놓고 판단하다. ¶나이에 **비해** 성숙하다.
비할 바 없다 차이가 너무 커서 비길 데가 없다.
비하인드-스토리(behind story) 몡 '뒷이야기', '숨겨진 이야기'로 순화.
비:-합리적(非合理的) [-합니-] 관몡 ①이치에 맞지 않는 (것). ¶~인 생각. ②[철] 이성이나 오성(悟性)으로 파악할 수 없는 (것). ↔합리적.
비:-합리주의(非合理主義) [-합니-의/-합니-이] [철] 이성이나 오성보다 감정·직관·본능 등을 세계·사고(思考)의 원리로 보는 주의.
비:-합법(非合法) [-뻡] 몡 법률이 정한 바에 위반되는 것. ↔합법.
비:-합법적(非合法的) [-뻡쩍] 관몡 법률이 정한 바에 위배되는 (것). ¶~ 절차. ↔합법적.
비:-핵(非核) 몡 (일부 명사 앞에서 관형어적으로 쓰여) 핵무기가 없음. ¶~ 지대 / ~ 국가.
비:핵-화(非核化) [-해콰] 몡 어떤 지역에 핵무기가 없어지게 하는 것. ¶한반도 ~ 선언. **비:핵화-하다** 통(재)(타) **비:핵화-되다** 통(재)
비:행(非行) 몡 법이나 사회 규범에서 벗어난 좋지 못한 행동. 특히, 청소년의 범죄 행위를 가리킴. ¶~ 청소년.
비행²(飛行) 몡 (항공기·헬리콥터·미사일 등이) 일정한 높이를 유지하면서 공중으로 날아가는 것. ¶~ 물체. **비행-하다** 통(재)¶대서양 상공을 ~.
비행-기(飛行機) 몡 추진 장치를 갖추고 고정된 날개에 작용하는 양력(揚力)을 이용하여 하늘을 나는 물건. (비)항공기.
비행기(를) 태우다 남을 정도 이상으로 칭찬하는 것. ¶**비행기 태우지** 마라. 떨어질까 무섭다.
비행기-구름(飛行機-) 몡 [기상] 비행기가 날 때 뒤에 꼬리처럼 길게 생기는, 구름 모양의 물질. =비행운.
비행-사(飛行士) 몡 비행기를 조종하는 사람. ¶우주 ~.
비행-선(飛行船) 몡 유선형의 가스 주머니에 공기보다 가벼운 헬륨이나 수소 따위의 가스를 넣어서 추진기로 비행하는 항공기.
비행-술(飛行術) 몡 비행기를 조종하는 기술.
비행-운(飛行雲) 몡[기상] =비행기구름.
비행-장(飛行場) 몡 비행기가 뜨고 내릴 수 있는 설비를 갖춘 장소. ¶군용 ~. ▷ 공항.

비행-접시(飛行-) [-씨] 몡 미확인 비행 물체 중 접시 모양의 비행체.
비행-정(飛行艇) 몡 동체가 큰 부선(浮船)의 형태로 되어 있어, 물 위에서 뜨고 날 수 있는 항공기. ▷수상 비행기.
비:-현실적(非現實的) [-쩍] 관몡 현실과는 동떨어진 (것). ¶~인 생각.
비:-협조적(非協調的) [-쩍] 관몡 협조적이 아닌 (것). ¶~인 태도.
비-형(B型) 몡 ABO식 혈액형의 하나. B형인 사람은 B형과 O형인 사람에게 각각 수혈받을 수 있고, B형과 AB형인 사람에게 수혈할 수 있음.
비형^간염(B型肝炎) [-녀ㅁ] 몡 비형 간염 바이러스의 감염에 의한 간염. 성교나 수혈을 통해서 감염됨.
비호¹(庇護) 몡 (어떤 사람을) 편을 들거나 두둔하여 보호하는 것. **비:호-하다** 통(타)
비호²(飛虎) 몡 나는 듯이 빨리 달리는 호랑이.
비호-같다(飛虎-) [-갇따] 형 동작이 용맹스럽고 매우 날래다. **비호같-이** 튀 ¶~ 내닫다.
비화¹(飛火) 몡 (어떤 일이 뜻밖의 사건으로 발전하거나 발전하는 계기가 되는 것. **비화-하다** 통(재)(타)¶사소한 충격 사건이 전쟁으로 ~. **비화-되다** 통(재)
비:화²(祕話) 몡 세상에 알려지지 않은 이야기. ¶궁중 ~.
비화³(悲話) 몡 슬픈 이야기. (비)애화.
비:활성^기체(非活性氣體) [-씽-] 몡[화] 화학 반응을 일으키기 어려운 기체. 주기율표의 0족에 속하는 원소임.
비:황(備荒) 몡 흉년이나 재액에 대비하는 것. ¶~ 작물. ▷구황.
비:-효율적(非效率的) [-쩍] 관몡 어떤 일이나 방식이 효율이 없는 (것). ¶업무를 ~으로 처리하다.
빅 ① 바둑에서, 두 집을 가지지 못해 독립해서 살 수는 없지만, 상대편 돌과의 관계로 잡히지 않는 형세. ② 바둑에서, 쌍방의 집의 수효가 같아 비김.
빅-게임(big game) 몡 규모나 중요성이 아주 큰 경기나 게임.
빅-뉴스(big news) 몡 중대한 소식. 또는, 놀라운 뉴스.
빅-딜(↑big deal) 몡[경] 산업계의 대규모 구조 조정 과정에서, 서로 업종이 중복된 재벌들이 각각 경쟁력 없는 계열 기업을 포기함으로써 경쟁적으로 살아남 기업들의 경쟁력을 더욱 강화하는 일. 순화어는 '업종 교환'.
빅-뱅(big bang) 몡 ['대폭발'이라는 뜻] ①[천] 약 200억 년 전 원시 우주에 있었다고 하는 대폭발. 이 폭발로 오늘날의 우주가 생성되었고 현재까지도 팽창이 계속된다고 함. ②[경] 금융 제도의 대변혁.
빅토리(victory) 몡 ['승리'라는 뜻] 흔히, 운동 경기에서 응원할 때 이기라고 외치는 소리.
빅토리아¹(Victoria) 몡[지] 세이셸의 수도.
빅토리아²(Victoria) 몡[인] 영국의 여왕(1819~1901).
빅토리아^호(Victoria湖) 몡[지] 아프리카 동부, 적도 바로 아래에 있는 담수호.
빈¹(嬪) 몡[역] ①조선 시대의 내명부의 하나. 임금의 제1부실(副室)로 정1품의 품계임. 2 왕세자의 부인.
빈²(Wien) 圀[지] 오스트리아의 수도. 영어명은 비엔나(Vienna).
빈곤(貧困) 圀 1 가난하여 살기가 어려운 것. ⓑ빈궁. ¶절대적 ~. 2 필요한 것이 없거나 부족한 것. ¶자료의 ~. **빈곤-하다** 혱예 ¶가정이 ~. **빈곤-히** 튀
빈공-과(賓貢科)[역] 중국 당나라 때에, 외국인에게 보이던 과거.
빈:-구석 圀 서로 잘 어울리지 못하여 생기는 부족한 점이나 빈틈.
빈국(貧國) 圀 가난한 나라. ↔부국.
빈궁¹(貧窮) 圀 가난하고 군색한 것. ⓑ빈곤. **빈궁-하다** 혱예 ¶빈궁한 살림. **빈궁-히** 튀
빈궁²(嬪宮)[역] 1 왕세자의 아내. 2 조선 시대, 빈이나 세자빈이 거처하던 곳.
빈:-껍데기[-떼-] 圀 실속 없이 허울만 좋은 것을 비유하여 이르는 말.
빈농(貧農) 圀 가난한 농가나 농민. ↔부농(富農).
빈대 圀[동] 인가에 살면서 사람의 피를 빨아 먹는, 둥글넓적한 갈색의 작은 곤충. 고약한 냄새를 풍김.
빈대 붙다 남에게 빌붙어서 공으로 득을 보다.
빈대-떡 圀 녹두를 갈아 나물이나 돼지고기 등을 넣고 번철에 부쳐 만든 전(煎)의 하나. =녹두떡
빈대-코 圀 '납작코'의 잘못.
빈도(頻度) 圀 같은 현상이 되풀이되는 정도. ¶빈도수. ¶사용 ~가 높다.
빈도-수(頻度數)[-쑤] 圀 =빈도.
빈둥-거리다 /-대다 통(자) 아무 하는 일 없이 놀기만 하다. ¶대학까지 나온 녀석이 집에서 **빈둥거리고**만 있다.
빈둥-빈둥 튀 빈둥거리는 모양. ¶~ 세월만 보내다. **빈둥빈둥-하다** 통(자)
빈들-거리다 /-대다 통(자) 부끄러운 줄도 모르고 게으르게 그저 놀기만 하다.
빈들-빈들 튀 빈들거리는 모양. ¶~ 놀지만 말고 공부 좀 해라. **빈들빈들-하다** 통(자)
빈라덴, 오사마(Bin Laden, Osama) 圀[인] 사우디아라비아 태생의 국제 테러리스트 (1956~).
빈:-말 圀 실속이 없는 말. ¶~이라도 칭찬해 줘서 고마워. **빈:-말하다** 통(자)
빈맥(頻脈) 圀 맥박의 횟수가 정상보다 많은 맥.
빈민(貧民) 圀 가난하게 사는 사람.
빈민-가(貧民街) 圀 가난한 사람들이 모여 사는 거리나 지역. ⓑ슬럼(slum).
빈민-굴(貧民窟) 圀 가난한 사람들이 사는, 집들이 낡고 범죄가 많은 지역.
빈발(頻發) 圀 (어떤 일이) 자주 일어나는 것. **빈발-하다** 통(자)예 ¶화재가 ~.
빈:-방(-房) 圀 사람이 거처하지 않고 비워 둔 방.
빈번-하다(頻繁-) 혱예 거듭되는 횟수가 잦아 번거롭다. ¶사람의 왕래가 **빈번한** 거리. **빈번-히** 튀 ¶사람들이 ~ 오가다.
빈^볼(bean ball) 圀[체] 야구에서, 투수가 타자의 기(氣)를 꺾기 위하여 고의로 타자의 머리를 향하여 던지는 공.
빈부(貧富) 圀 가난함과 부유함. ¶~의 격차가 심하다.
빈사¹(賓辭)[논] 판단·명제(命題) 등에서 주사에 결합되어 그것을 설명·규정하는 개념. ↔주사(主辭).
빈사²(瀕死) 圀 거의 죽을 지경에 이름. ¶빈사죽음. ¶~ 상태에 빠지다.
빈사-지경(瀕死地境) 圀 거의 다 죽게 된 처지나 형편. ¶~을 헤매다.
빈상(貧相) 圀 1 가난한 운명을 나타내는 인상. ↔복상(福相). 2 궁상맞은 모습.
빈소(殯所) 圀 발인 때까지 관을 모셔두는 방. ¶~를 지키다.
빈:-속 圀 먹은 지가 오래 되어 시장한 배 속. ⓑ공복(空腹). ¶~에 술이 들어가니 금방 핑 돈다.
빈:-손 圀 1 사람이 아무것도 제것으로 가지지 않은 상태를 비유적으로 이르는 말. ¶~으로 왔다가 ~으로 가는 게 인생이다. 2 예의나 인사의 표시인 선물을 준비하지 않은 상태를 비유적으로 이르는 말. ⓑ맨손. ¶남의 집에 ~으로 갈 수 있나?
빈손 털다 1 헛일이 되어 아무 소득이 없다. ¶사업이 망하여 **빈손 털고** 말았다. 2 가지고 있던 것을 몽땅 털다. ¶노름판에서 **빈손 털고** 나서다.
빈약-하다(貧弱-)[-야카-] 혱예 1 (내용이) 충실하지 못하고 보잘것없다. ¶빈약한 지식. 2 (신체가) 살집이 없고 약하다. ¶하체가 ~.
빈익빈(貧益貧)[-삔] 圀 가난한 사람이 더욱 가난하게 되는 것. ↔부익부.
빈자(貧者) 圀 가난한 사람. ↔부자.
빈:-자리 圀 1 비어 있는 자리. ¶만원이라 ~가 없다. 2 결원이 되어 비어 있는 직위. ⓑ공석(空席). ¶~를 메우다.
빈정-거리다 /-대다 통(자)예 비웃는 태도로 자꾸 은근히 놀리다. ¶**빈정거리지**만 말고 얘기를 끝까지 들어 봐.
빈정-빈정 튀 빈정거리는 모양. **빈정빈정-하다** 통(자)
빈:-주먹 圀 1 사람이 아무것도 가지지 못한 상태를 비유적으로 이르는 말. ⓑ맨주먹. ¶~으로 일어서다.
빈:-집 圀 1 사람이 살지 않는 집. 2 식구들이 모두 나가 비어 있는 집. ¶~을 털다.
빈천(貧賤) 圀 가난하고 천한 것. ↔부귀. **빈천-하다** 혱예 **빈천-히** 튀
빈촌(貧村) 圀 가난한 사람들이 사는 마을. ↔부촌(富村).
빈축(噸蹙·顰蹙) 圀 1 눈살을 찌푸리고 얼굴을 찡그리는 것. 2 남들로부터 받는 비난이나 미움. ¶주위의 ~을 사다. **빈축-하다** 통(자)예
빈출(頻出) 圀 자주 나오는 일. ¶~ 문제. **빈출-하다** 통(자)예
빈:-칸 圀 1 비어 있는 칸. ¶~을 채우다. 2 비어 있는 부분.
빈:-털터리 圀 재산을 다 없애고 아무것도 없게 된 사람.
빈트후크(Windhoek) 圀[지] 나미비아의 수도.
빈:-틈 圀 1 비어 있는 사이. ¶~이 없이 자리를 메운 관중. 2 허술하거나 부족한 점. ¶~이 많은 사람.
빈:-틈-없다[-업따] 혱 허술한 데가 없이 치밀하다. ¶신중하고 **빈틈없는** 사람. **빈:틈없-이** 튀
빈-티(貧-)[속] 가난한 듯이 보이는 모습이나 태도. ¶~ 나는 옷차림. ↔부티.
빈한-하다(貧寒-) 혱예 가난하여 집안이 쓸쓸하다. ¶**빈한한** 살림살이. **빈한-히** 튀

빈혈(貧血) [의] 혈액 속의 적혈구 또는 혈색소가 정상치 이하로 줄어 안색이 나빠지고 어지럼을 느끼는 증세. ¶악성 ~.

빌 게이츠(Bill Gates) [인] ⇒게이츠(Gates).

빌뉴스(Vil'nyus) [지] 리투아니아의 수도.

빌:다¹ (빌고 / 빌어) [동](바) (비니, 비오) 1 (사람이 어떤 일이 이루어지게 해 주기를 초월적인 존재에게) 경건한 마음과 종교적 믿음을 가지고 청하다. 또는, 그렇게 청하면서 두 손을 손바닥이 닿게 모으거나, 모은 상태로 비비다. 비기구하다·기원하다. ¶부디 성공하시길 **빕니다**. 3 (사람이 다른 사람에게 잘못을) 용서해 달라고 하거나, (용서를) 받기를 구하다. 또는, 그렇게 하면서 두 손을 비비다. ¶잘못했다고 용서를 ~.

빌:다² (빌고 / 빌어) [동](바) (비니, 비오) (사람이 다른 사람에게 밥 따위를) 동정에 호소하여 얻다. 비구걸하다·동냥하다. ¶거지가 밥을 **빌어다**가 먹다.

빌다³ [동](바) '빌리다'의 잘못.

빌딩(building) [명] 철근 콘크리트로 지은 서양식 고층 건물.

빌라(↑villa) [명] (본뜻은 '별장') 다세대 주택이나 연립 주택의 이름을 지을 때, 고유 이름 뒤에 흔히 붙이는 말. 때로, 다세대 주택이나 연립 주택 자체를 가리키는 경우도 있음.

빌레몬-서(←Philemon書) [명][성] 신약 성서 중의 한 권.

빌리 그레이엄(Billy Graham) [명][인] ⇒그레이엄(Graham).

빌리다 [동](바) 1 (어떤 사람에게서 돈이나 물건을) 나중에 갚거나 돌려주기로 하고 얼마 동안 가져다가 쓰다. ¶친구한테서 돈을 ~. 2 (주로 '주다', '달라', '다오' 와 함께 쓰여) (어떤 사람에게 돈이나 물건을) 나중에 받기로 하거나 얼마 동안 쓰도록 하다. ¶친구에게 소설책을 **빌려** 주다. 3 (다른 사람이나 대상의 도움을) 일을 하기 위해 끌어 오거나 받아들이다. ¶형의 힘을 **빌려** 사업을 시작하다. 4 (어떤 말이나 글을) 다른 말이나 글에 끌어 오다. 비인용하다. ¶사르트르의 말을 **빌리자면**, 자유는 곧 책임을 수반한다 했다. 5 (어떤 형식을) 직접적인 관계가 없는 일에 이용하다. 또는, (어떤 자리나 기회를) 어떤 일을 하는 데 이용하다. ¶이 자리를 **빌려** 감사드립니다. ×빌다.

빌립보-서(←Philippi書) [명][성] 신약 성서 중의 한 권.

빌미 [명] 1 좋지 않은 일이 일어나게 된 원인. ¶외도가 ~가 되어 파경에 이르다. 2 좋지 않은 일을 하기 위한 구실. 비핑계. ¶권력을 ~로 뇌물을 받다. **빌미-하다** [동](자여) 좋지 않은 일의 원인이 되다.

빌바오(Bilbao) [명][지] 에스파냐 북부의 공업 도시.

빌-붙다 [-붙따] [동](자) 남에게 들러붙어서 아첨하고 알랑거리다. ¶권력에 **빌붙어** 특혜를 누리다.

빌빌 [부] 1 여리고 느리게 움직이는 모양. 2 기운 없이 느리게 행동하는 모양. **빌빌-하다** [부](여) ¶젊은 사람이 왜 그렇게 **빌빌하냐**?

빌빌-거리다 / -대다 [동](자) 자꾸 빌빌하다.

빌어-먹다 [-따] [동](자)(타) (사람이 밥 따위를) 동정에 호소하여 얻어먹다. 또는, 그런 생활을 하다. ¶**빌어먹기** 딱 알맞다. 비배라먹다.

빌어-먹을 [관형] (어떤 대상이나 일이 몹시 못마땅하거나 그로 인해 화가 났을 때 욕으로 하는 말. ¶~ 놈.

빌트인(built-in) [명] (주로, 가구나 가전제품을 나타내는 말 앞에 쓰여) 그 물건이 붙박이이거나 설치형임을 뜻하는 말. ¶~ 가구 / ~ 냉장고.

빔¹ [명] 명절날이나 잔치 때에 새 옷을 차려입는 일. 또는, 그 옷. ¶설~.

빔²(beam) [명] 1 건축물의 들보나 도리. 2 빛이나 전자(電子)의 흐름.

빗¹ [빋] [명] 사람이 머리털을 가지런하게 빗는 데에 쓰는, 가늘고 긴 살이 달린 도구. ¶참~ / 머리~.

빗-² [빋] [접두] '바로 곧지 않게', '가로 비스듬하게', '잘못'의 뜻을 나타내는 말. ¶~금 / ~나가다.

빗-각(-角) [빋깍] [명][수] 예각이나 둔각과 같이 직각이나 평각이 아닌 각. 구용어는 사각(斜角).

빗-금¹(-線) [빋끔] [명][수] =사선(斜線)³.

빗-금² [빋끔] [명][언] 쉼표의 하나. '/'의 이름. 1 대응·대립되거나 대등한 것을 함께 보이는 단어와 구·절 사이에 씀. '착한 사람 / 악한 사람' 따위. 2 분수(分數)를 나타낼 때 씀. '3/4분기' 따위.

빗-기다 [빋끼-] [동](타) 1 '빗다'의 사동사. 2 (남의 머리털을) 빗어 주다. ¶아이의 머리를 ~.

빗-길 [빋낄 / 빋낄] [명] 비가 내리고 있거나 비에 젖어 있는 찻길. ¶~ 과속 운전.

빗-나가다 [빋-] [동](자) 비뚜로 나가다. ¶화살이 과녁을 ~ / 예상이 ~.

빗다 [빋따] [동](타) (머리털을) 빗의 살을 넣은 상태로 어느 쪽으로 움직임으로써 가지런하게 하다.

빗-대다 [빋-] [동](타) 1 (어떤 것을 다른 것에) 견주어 같은 것으로 보다. 비비유하다·비교하다. ¶이 글은 소녀의 모습을 꽃에 **빗대어** 표현하고 있다. 2 넌지시 둘러서 가리키다. ¶그의 비아냥거림은 나를 **빗댄** 것 같아 심한 모욕을 느낀다.

빗-맞다 [빈맏따] [명] 1 목표하지 않은 곳에 맞다. ¶총알이 ~. 2 («하는 일이 잘못되어 달리 이루어지다. ¶예상이 ~.

빗맞-히다 [빈마치-] [동](타) '빗맞다'의 사동사. ¶과녁을 ~.

빗-면(-面) [빈-] [명][수][물] 수평면과 90° 이내의 각을 이룬 평면. 구용어는 사면(斜面).

빗-물 [빈-] [명] 비가 와서 괸 물.

빗-발 [빋빨 / 빋빨] [명] 비가 내릴 때 줄이 진 것처럼 보이는 상태. 또는, 그 비. ¶후드득후드득 ~이 듣기 시작하다.

빗발-치다 [빋빨- / 빋빨-] [동](자) 1 빗줄기가 세차게 쏟아지다. 2 (탄알 등이) 빗발처럼 세차게 쏟아지다. ¶탄알이 **빗발치는** 전쟁터. 3 (비난·독촉 등이) 끊이지 않고 세차게 몰아치다. ¶비난의 소리가 ~.

빗-방울 [빋빵- / 빋빵-] [명] 비로 떨어지는 물방울.

빗-변(-邊) [빋변] [명] 직각 삼각형의 직각에 마주 대한 변.

빗-살 [빋쌀] [명] 빗의 잘게 갈라진 낱낱의 살. ¶~이 촘촘하다.

빗살무늬^토기(-土器)[빋쌀-니-] 몡 [고고] 신석기 시대의 북방계 토기의 하나. 표면에 빗살 같은 평행선이나 물결 모양을 이룬 점선 따위의 무늬를 넣어 얄팍하게 만들었음. =즐문토기.

빗-소리[비쏘-/빋쏘-] 몡 비가 내리는 소리.

빗-속[비쏙/빋쏙] 몡 비가 내리는 그 속. ⓗ우중(雨中).

빗-자루[비짜-/빋짜-] 몡 '비'를 달리, 또는 다소 속된 어감을 갖고 이르는 말. 일상 구어에서 '비'보다 더 많이 쓰임.

빗장[빋짱] 몡 '문빗장'의 준말. ¶문에 ~을 지르다.

빗장-뼈[빋짱-] 몡[생] 가슴 좌우의 위쪽에 있는, 'S' 자형을 이루는 한 쌍의 뼈. =쇄골(鎖骨).

빗-줄기[비쭐-/빋쭐-] 몡 줄기진 것처럼 세차게 내리는 비. ¶장대 같은 ~.

빗-질[빋찔] 몡 빗으로 머리를 빗는 일. 빗질-하다 타여 ¶머리를 곱게 ~.

빙¹ 튄 1 일정한 둘레를 한 바퀴 도는 모양. ¶섬을 한 바퀴 ~ 돌다. 2 둘레를 에워싼 모양. ¶한자리에 ~ 둘러앉다. 3 어지럼 때문에 주위 공간이 도는 듯한 모양. ¶머리가 ~ 돌다. 4 이야기를 핵심을 찌르지 않고 모호하거나 완곡하게 돌리는 모양. ¶~ 돌려 말하다. 5 눈물이 갑자기 글썽해지는 모양. ¶눈물이 ~ 돌다. 캔뱅. 삥.

빙고(bingo) 몡 여러 사람이 가로·세로로 5개씩 그어진 칸에 각각 숫자가 적힌 카드를 가지고, 게임판에서 뽑은 순자가 자기 카드의 숫자를 맞추는 게임. 가로·세로 또는 사선으로 한 줄의 숫자를 가장 먼저 맞추는 사람이 이김.

빙과(氷菓) 몡 설탕물을 얼리거나 설탕물에 우유·과실즙·향료 등을 섞어 얼린 과자. =얼음과자. 참 -류(類).

빙그레 튄 입만 약간 벌리고 소리 없이 부드럽게 웃는 모양. ¶소리 없이 ~ 웃다.

빙그르르 튄 1 미끄러지듯 한 바퀴 도는 모양. ¶빙판 위를 ~ 돌다. 2 갑자기 어지러우나 어쩔함을 느끼는 모양. 캔핑그르르.

빙글-거리다/-대다 통자여 입을 약간 벌리고 소리 없이 부드럽게 자꾸 웃다. ¶그는 무슨 좋은 일이 있는지 종일 빙글거렸다.

빙글-빙글¹ 튄 빙글거리는 모양. ¶~ 웃다. 빙글빙글-하다 자여

빙글-빙글² 튄 미끄럽게 자꾸 도는 모양. ¶회전목마가 ~ 돌다. 캔뱅글뱅글. 큰핑글핑글.

빙긋 [-귿] 튄 입을 약간 벌리고 소리 없이 가볍게 한 번 웃는 모양. 빙긋-하다 통자여 빙긋이 튄 ¶~ 웃다.

빙긋-거리다/-대다 [-귿꺼(때)-] 통자여 자꾸 빙긋 웃다.

빙긋-빙긋 [-귿뻥귿] 튄 빙긋거리는 모양. ¶실성한 사람처럼 혼자서 ~ 웃는다. 빙긋빙긋-하다 자여

빙기(氷期) 몡[지] 빙하 시대 중 특히 기후가 한랭하여 온대 지방까지 빙하로 덮였던 시기. ↔간빙기.

빙모(聘母) 몡 =장모(丈母).

빙무(氷霧) 몡 추운 땅에서, 공중에 뜨는 아주 작은 얼음의 결정으로 생기는 안개.

빙벽(氷壁) 몡 얼음이나 눈에 덮인 낭떠러지. ¶~ 등반.

빙-빙 튄 1 자꾸 빙 도는 모양. ¶솔개가 공중에서 ~ 돈다. 2 어지럽 때문에 주위 공간이 자꾸 도는 듯한 모양. 3 이야기를 자꾸 모호하거나 완곡하게 돌리는 모양. 캔뺑뺑.

빙산(氷山) 몡[지] 남극이나 북극의 바다에 떠 있는 거대한 얼음 덩어리.

빙산의 일각(一角) 바람직하지 못한 일의 대부분이 숨겨져 있고 외부로 드러나 있는 것은 극히 일부분에 지나지 않음을 비유하여 이르는 말.

빙상(氷上) 몡 얼음의 위.

빙상-경기(氷上競技) 몡[체] 얼음판 위에서 하는 경기의 총칭. 스케이팅·아이스하키 따위.

빙수(氷水) 몡 얼음을 눈처럼 잘게 갈아 팥·설탕·과일 등을 넣어 만든 음식. ¶팥 ~.

빙식(氷蝕) 몡[지] 빙하에 의한 침식.

빙싯 [-싣] 튄 입을 살며시 벌릴 듯하면서 소리 없이 부드럽고 가볍게 한 번 웃는 모양. 빙싯-하다 자여 빙싯-이 튄

빙싯-거리다/-대다 [-싣꺼(때)-] 통자여 입을 살며시 벌릴 듯하면서 소리 없이 부드럽게 자꾸 웃다.

빙싯-빙싯 [-싣삥싣] 튄 빙싯거리는 모양. 빙싯빙싯-하다 자여

빙어 몡[동] 몸길이 15cm가량으로 가늘고 길며 옆으로 납작하며, 몸빛은 연한 회색에 등은 황갈색이고 옆구리에 거무스름한 세로줄이 나 있는 바닷물고기.

빙원(氷原) 몡[지] 지표은 얼음으로 덮여 있는 극지방의 벌판.

빙의(憑依) [-의/-이] 몡 떠도는 영혼이 다른 사람의 몸에 옮겨 붙는 것. ¶~ 현상. 빙의-하다 자여

빙자(憑藉) 몡 (어떤 일을) 부정적인 일이나 바람직하지 못한 일을 하기 위해, 그럴듯한 이유나 핑계로 내세우거나, 수단으로 이용하는 것. 빙자-하다 타여 ¶종교를 빙자한 사기 행각.

빙장(聘丈·氷丈) 몡 =장인(丈人)¹.

빙점(氷點) [-쩜] 몡[물] '어는점'으로 순화.

빙정(氷晶) 몡[기상] 대기(大氣)가 0°C 이하로 냉각되었을 때, 대기 중에 생기는 작은 얼음의 결정.

빙질(氷質) 몡 스케이팅을 할 때, 얼음의 단단한 정도나 편평하고 미끄러운 정도. ¶~이 좋은 스케이트장.

빙-초산(氷醋酸) 몡 수분이 거의 없는, 순도 높은 아세트산.

빙:충-맞다 [-맏따] 혱 (사람이) 똘똘하지 못하고 어리석다. ¶그는 **빙충맞게** 남한테 이용만 당한다.

빙:충-이 몡 빙충맞은 사람.

빙판(氷板) 몡 땅 위의 눈이나 물기가 얼어서 된 얼음판. ¶~이 지다.

빙하(氷河) 몡[지] 극지방이나 고산 지대의 만년설이 거대한 얼음으로 변하여 그 무게로 인해 비탈면을 흘러 내려와 강처럼 흐르는 것.

빙하^시대(氷河時代) 몡[지] 지질 시대 중 기후가 한랭하고 빙하가 발달한 시대.

빙화(氷花) 몡 식물 따위에 수분이 얼어붙어 흰 꽃처럼 되는 현상.

빚 [빋] 몡 1 어떤 사람에게서 또는 은행 등에서 빌려 써서 갚아야 할 돈. 2 다른 사람이 자기에게 베푼 도움에 대해 갚아야

빛내다[빈-] 图卧 빛을 얻다. ¶빛내서라도 내 학비를 내야 대마.

빛다[빋-] 图卧 1 (가루 상태의 물질을 반죽해서 만드는 어떤 음식이나 물체들) 손으로 매만져 일정한 모양으로 이뤄지게 하다. ¶송편을 ~. 2 (술을 어떤 재료로) 누룩의 작용으로 만들어지게 하다. ¶쌀로 막걸리를 ~. 3 (어떤 사람이나 일이나 작용 등이 어떤 결과를) 생기게 하다. 町낳다·만들다·일으키다. ¶비리 공무원이 사회적으로 물의를 ~.

빛-더미[빋떠-] 명 감당하기 어려운 큰 빛. ¶사업 실패로 ~에 올라앉다.

빛-돈[빋똔] 명 빚으로 쓰거나 주는 돈.

빛-보증(-保證)[빋뽀-] 명 다른 사람이 빛을 내는 데 참여하여 계약한 날에 갚을 것을 보증하는 일.

빚어-내다[비저-] 图卧 1 (가루 상태의 물질을 반죽해서 어떤 형태의 음식이나 물건을) 만들어 내다. ¶흙으로 인형을 ~. 2 지에밥과 누룩을 버무려 술을 담가 내다. ¶청주를 ~. 3 (어떤 결과나 현상을) 만들어 내다. ¶독재 정치가 유혈 사태를 ~.

빚어-지다[비저-] 图자 1 (가루 상태의 물질이 이겨져서 어떤 형태의 물건을 만들어지다. ¶석고로 빚어진 두상. 2 지에밥과 누룩이 버무려져 술이 만들어지다. 3 어떤 결과나 현상이 일어나다. ¶논란이 ~.

빛-잔치[빋짠-] 명 빚쟁이들이 몰려와서 빚진 사람의 물건을 빚돈 대신 가져가는 일. 빛잔치-하다 图자

빛-쟁이[빋쩽-] 명 '빛을 준 사람'을 얕잡아 이르는 말.

빛-지다[빋찌-] 图자匣 1 (남에게) 얼마의 돈을 빚을 얻다. ¶친구에게 빚진 돈을 갚다. 2 (남에게) 신세를 지다. ¶나는 그 친구에게 빚진 게 많다.

빛[빋] 명 1 어둠을 밝혀 사물의 형체나 색을 눈으로 볼 수 있게 해 주는 파동(波動). 町광(光). ¶별. 町햇. 2 물질이나 물체가 나타내는 색. ¶푸른 ~. 3 물체의 표면이 기름이나 왁스 따위로 잘 닦여 반짝반짝하게 된 상태. ¶구두가 반짝반짝 ~이 난다. 4 사람의 표정이나 몸가짐에 나타나는 안색이나 태도. 町기색(氣色). ¶얼굴~. 5 자연물에서 느낄 수 있는 어떤 기운이나 현상. ¶봄~이 완연하다. 6 어려서 정신적인 힘이나 희망을 주는 대상을 비유하여 이르는 말. ¶인류의 ~이신 스승님. 7 두드러진 데가 있어 남들이 알아주는 데에서 오는 보람. ¶~도 나지 않는 일에 헌신하다. 8 영향을 미치는 힘이나 의의.
[빛 좋은 개살구] 겉만 번지르르하고 실속이 없음을 이르는 말.

빛을 보다 세상에 알려져 제 가치를 인정받다.

빛을 잃다 제 구실을 하지 못하게 되어 보잘것없이 되다. ¶마르크시즘은 이미 오래전에 빛을 잃었다.

빛-깔[빋-] 명 '빛²'의 성질이나 상태. 町색깔. ¶무지개 ~.

빛-나다[빈-] 图자 1 빛이 환하게 비치다. ¶밤하늘에 빛나는 별. 2 빛이 반사되어 반짝이거나 윤이 나다. ¶햇빛을 받아 강물이 반짝반짝 빛난다. 3 영광이 드러나다. ¶청사에 길이 빛날 그의 업적.

빛내다[빈-] 图卧 '빛나다'의 사동사. ¶조국의 이름을 빛내고 돌아오다.

빛-바래다[빋빠-] 휑 (주로 '빛바랜'의 꼴로 쓰여) 남에서 빛이 변하거나 열어진 상태에 있다. 또는, (추억이) 오래 되어 가물가물하다. ¶빛바랜 사진.

빛-발[빋빨] 명 내어 뻗치는 빛의 줄기. ¶~이 세다.

빛-살[빋쌀] 명 비쳐 나가는 빛의 가닥. 町광선.

빠개다 图卧 1 (작고 단단한 물건을) 두 쪽으로 갈라서 조각을 내다. ¶장작을 ~. 2 (작고 단단한 물체의 틈을) 넓게 벌리다. 3 (거의 되어 가는 일을) 틀어지거나 깨지게 하다. ¶다 된 일을 빠개 놓았군. 큰빠개다.

빠꼼-이 명 어떤 일에 모르는 것 없이 아주 잘 아는 사람. 구어적인 말임. ¶재벌크라면 총무부 김 대리가 ~라니까.

빠꾸(←ᅟᅵ영back) 명 1 '뒤로', '후진'로 순화. 2 퇴짜를 놓는 것. 町각하(却下). 町유 미비로 ~당했다.

빠끔-거리다/-대다 图자卧 1 담배를 잇달아 세게 빨아 피우다. ¶담배를 ~. 2 물고기 따위가 입을 자꾸 벌려 물이나 공기 등을 들이마시다. 町빠끔거리다.

빠끔-빠끔¹ 튀 '빠끔거리는 모양. ¶담배를 ~ 피우다. 町빠끔빠끔. 빠끔빠끔-하다¹ 图자卧

빠끔-빠끔² 튀 여러 군데가 빠끔한 모양. 빠끔빠끔-하다² 휑여

빠끔-하다 휑 틈사이나 구멍 같은 것이 깊숙이 또렷하게 벌어져 있다. 빠끔-히 튀 ¶문이 ~ 열려 있다.

빠닥빠닥-하다[-다카-] 휑여 종이 따위가 구김살 없이 쫙 빳빳하다. ¶빠닥빠닥한 새 지폐.

빠드득 '바드득'의 센말. ¶~ 이를 갈다. 빠드득-하다 图자卧

빠드득-거리다/-대다 [-꺼-] 图자 '바드득거리다'의 센말.

빠드득-빠드득 튀 '바드득바드득'의 센말. 빠드득빠드득-하다 图자卧

빠득-빠득 튀 '바득바득'의 센말. ¶제가 잘했다고 ~ 우긴다.

빠듯-하다[-드타-] 휑여 '바듯하다'의 센말. ¶빠듯한 살림. 빠듯-이 튀 ¶기한을 ~ 잡다.

빠따(←ᅟᅵ영batter) 명 <batter> 몽둥이나 각목 등으로 엉덩이나 허벅지를 때리는 매. '몽둥이'로 순화. ¶~를 맞다.

빠-뜨리다/-트리다 图卧 1 (사람·동물·물체 등을 물·허방 등에) 빠지게 하다. ¶실수로 짐을 물속에 ~. 2 (사람을 어려운 지경에) 놓이게 하다. ¶친구를 함정에 ~. 3 (어떤 대상을 들어 있어야 할 것이나 범위에서) 빠지게 하다. ¶한 줄을 빠뜨리고 베끼다. 4 (물건을) 부주의로 흘려 잃어버리다. ¶허둥대다가 차 안에서 서류를 빠뜨리고 내렸다. ×빠치다.

빠르기 명[음] = 템포.

빠르기-말 명[음] 악곡의 연주 속도를 감각적으로 표시하는 말. 알레그로·안단테

따위. ▷빠르기표.
빠르기-표(-標) 명 [음] 악곡의 연주 속도를 지시하는 기호.
빠르다 형ㄷ(빠르니, 빨라) 1 물체가 움직이거나 사람이나 동물이 행동하는 데 걸리는 시간이 보통의 정도나 비교 대상보다 짧다. ¶비행기는 열차보다 ~. 2 (어떤 일이나 작용의 진행이) 보통의 정도보다 시간적으로 덜 걸리는 상태이다. ¶진도가 ~. 3 어떤 일이 생기거나 어떤 일을 하기에는 아직 시간이 더 필요한 상태이다. 凹이르다. ¶학교 가기에는 ~. 4 (어떤 일이) 시간적 순서에 있어서 어떤 기준이나 비교 대상보다 앞선 상태에 있다. ¶그의 군 입대는 나보다 1년 ~. ↔늦다.
빠른-우편(-郵便) 명 보통 접수한 날의 다음 날까지는 배달되는 우편. ▷보통 우편.
빠릿빠릿-하다[-릳-리다-] 형여 똘똘하고 행동이 날래다.
빠삭-하다[-사카-] 형여 〈속〉어떤 일을 낱낱이 잘 알고 있어 환하다.
빠이빠이(←bye-bye) 감〈유아〉'잘 가', '잘 있어', '안녕'의 뜻으로 헤어질 때 하는 인사말.
빠작-빠작 부 '바작바작'의 센말. ¶진땀이 ~ 나다.
빠:져-나가다[-저-] 동자 제한된 장소나 경계 밖으로 나가다. ¶포위망을 ~.
빠:져-나오다[-저-] 동자 제한된 장소나 경계 밖으로 나오다. ¶대오에서 ~.
빠:지다¹ 동자 1 (박혀 있는 것이) 제자리에서 밖으로 나오게 되다. ¶나사가 ~. 2 (속에 있는 액체·기체·냄새 등이) 밖으로 새어 나가다. ¶바람 빠진 공. 3 (천에 낀 때나 물든 것이) 빨래나 세탁에 의해 없어지다. ¶때가 ~. 4 (어떤 대상이 들어 있어야 할 것이나 범위에) 들어 있지 않은 상태가 되다. ¶이름이 명단에서 ~. 5 (사람이나 어떤 대상이 중심을 이루거나 본래의 것이 아닌 다른 길이나 곳, 또는 방향으로) 벗어나 가다. ¶샛길로 ~. 6 (사람의 힘이나 기운이) 심리적·육체적 원인으로 몸에서 줄거나 없어지다. ¶맥이 ~. 7 (몸이나 얼굴의 살이) 본래의 부피와 무게보다 작아지거나 덜 나가는 상태가 되다. ¶살이 ~. 8 (어떤 대상이) 다른 대상에 비해 질이나 가치에 있어서 뒤떨어지다. ¶누구에게도 빠지지 않는 실력. 9 (사람이 모이기로 한 곳에) 나가지 않거나, (모이는 단체나 조직에서) 그 구성원이 되기를 그만두다. ¶동창회에 ~. 10 (어떤 대상이) 있던 곳에서 다른 곳으로 가는 상태가 되다. ¶착가 잘 ~. 11 (기준이 되는 분량이나 수량이나 수에서 얼마가) 모자라거나 없는 상태가 되다. ¶10만 원에서 1000원이 ~. 12 (사람의 몸매나 자동차의 차체 등이) 어떠한 형태를 가진 상태가 되다. ¶그 여자는 아주 늘씬하게 빠졌다. 13 (그릇의 밑바닥이) 떨어져 버리다. ¶밑이 빠진 독.
빠:지다² Ⅰ 동자 1 (물속이나 구덩이 등에) 떨어져 들어가다. ¶물에 ~. 2 (어떤 것에) 마음을 빼앗기다. ¶사랑에 ~. 3 (곤란한 처지에) 놓이게 되다. ¶충태에 ~. 4 (웜에) 속아 넘어가다. ¶유혹에 ~.
Ⅱ 형 (보조) (형용사나 동사의 어미 '-아/어/여' 아래에 쓰여) 그 용언의 상태나 작

용이 심함을 나타내거나 화자가 그것을 못마땅하게 여김을 나타내는 말. ¶낡아 ~/썩어 ~.
빠지직 부 1 '바지직'의 센말. ¶걸은 장작이 ~ 소리를 내며 탄다. 凹뿌지직. 2 진땀 따위가 조금씩 살갗으로 배어 나오는 모양. **빠지직-하다** 동여
빠:짐없-이[-업씨] 부 하나도 빼놓지 않고. ¶한 사람도 ~ 모두 참석하십시오.
빠:짐-표(-標) 명 [언] 안드러냄표의 하나. 글자의 자리를 비워 둠을 나타내는 '□'의 이름. 1 옛 비문이나 서적 등에서 글자가 분명하지 않을 때 그 글자의 수효만큼 씀. 2 글자가 들어가야 할 자리를 나타낼 때에 씀.
빠찡꼬(←Ⓙぱちんこ) 명 1 쇠구슬을 용수철로 튀겨서 경사진 판면의 뚫린 구멍에 들어가게 함으로써 경품을 타는 사행성 놀이 기구. 2 '슬롯머신'의 잘못.
빠치다¹ 동타 '바치다'의 센말.
빠치다² 동타 '빠뜨리다'의 잘못.
빡빡¹ 부 '박박'의 센말. 1 ~ 문지르다.
빡빡² 부 담배를 피울 때 세게 소리를 내어 ~ 빠는 모양. 凹뻑뻑.
빡빡-머리[-빠-] 명 =까까머리.
빡빡-하다[-빠카-] 형여 1 물기가 적어서 보드라운 맛이 적다. ¶반죽이 너무 ~. 2 건더기가 가득막하게 많다. ¶국이 너무 ~. 3 여유가 없이 꼭 맞아 빠듯하다. ¶일짜가 ~. 4 융통성이 적고 고지식하다. ¶형편 좀 봐 달라는데 왜 그리 빡빡하게 굴어? 5 (기계·수레바퀴 등의 작동이) 매끄럽지 않다. 凹뻑뻑하다. **빡빡-이** 부
빤들-거리다/-대다¹ 동자 '반들거리다¹'의 센말. ¶대리석 바닥이 **빤들거린다**. 凹뻔들거리다.
빤들-거리다/-대다² 동자 '반들거리다²'의 센말. 凹뻔들거리다.
빤들-빤들¹ 부 '반들반들¹'의 센말. ¶장롱에서 ~ 윤이 난다. 凹뻔들뻔들. **빤들빤들-하다¹** 형여
빤들-빤들² 부 '반들반들²'의 센말. ¶~꾀만 부린다. 凹뻔들뻔들. **빤들빤들-하다²** 형여
빤빤-하다 형여 1 '반반하다'의 센말. ¶빤빤하게 다듬다. 2 부끄러워할 만한 일에도 부끄러워할 줄을 모른다. ¶빤빤한 낯짝. 凹뻔뻔하다. **빤빤-히** 부
빤쓰(←Ⓙパンツ) 명 〈pants〉'팬티'로 순화.
빤질-거리다/-대다 동자 '반질거리다'의 센말. ¶**빤질거리며** 요리조리 빠지기만 한다. 凹뻔질거리다.
빤질-빤질 부 '반질반질'의 센말. 凹뻔질뻔질. **빤질빤질-하다** 동자형여
빤짝 부 '반짝¹'의 센말. ¶해가 ~ 나다. 凹뻔쩍. **빤짝-하다** 동자형여 ¶경기가 빤짝했다가 도로 침체되다.
빤짝-거리다/-대다[-꺼(때)-] 동자 '반짝거리다'의 센말. ¶멀리서 불빛이 ~. 凹뻔쩍거리다.
빤짝-빤짝 부 '반짝반짝'의 센말. ¶별이 ~ 빛난다. 凹뻔쩍뻔쩍. **빤짝빤짝-하다** 동자형여
빤짝-이다 동자형여 '반짝이다'의 센말. ¶다이아 반지가 ~. 凹뻔쩍이다.
빤:-하다 형여 1 (무슨 일이) 그렇게 될

것이 분명하다. ¶결과는 불을 보듯 ~.
㉰뻔하다. 2 (심하던 병세가) 조금 가라
앉아 덜하다. ¶병세가 좀 **빤하더니** 요 며
칠 사이에 더 악화되었다. 3 (바라보는 눈
매가) 또렷하다. ¶눈을 **빤하게** 뜨고 쳐다
보다. **빤:-히** ㉻ ~속이 ~ 들여다보인다.
빨가벗-기다[-벋끼-] ㉠㉷ '빨가벗다'의
사동사. ¶애를 **빨가벗기다**.
빨가-벗다[-벋따] ㉠㉘ '발가벗다'의 센
말. ㉰빨가벗다.
빨가-숭이 ㉠ '발가숭이'의 센말.
빨간-딱지[-찌] ㉠ 1 =적찰(赤札). ¶~
가 붙다. 2 압류한 물건에 붙이는 딱지. ¶
집달관이 와서 모든 가구에 ~를 붙였다.
3 →딱지⁴.
빨간-빛[-삗] ㉠ 빨간 빛깔.
빨간-색(-色) ㉠ 빨간 색깔.
빨간-약(-藥) [-냑] ㉠ '머큐로크롬'을
일상적으로 이르는 말.
빨강 ㉠ 빨간 빛깔. 또는, 그런 색을 내는
물감같은 물질. ¶~ 물감.
빨'갛다[-가타] ㉡㉗〈빨가니, 빨가오,
빨개〉 ①잘익은 고추나 피〔血〕나 잘
익은 앵두의 색깔을 가진 상태에 있다. ¶
빨간 사과. ㉰뻘겋다. ㉺발갛다.
빨:개-지다 ㉠㉗ '발개지다'의 센말. ¶부
끄러워 얼굴이 ~. ㉰뻘게지다.
빨갱이 ㉠ 공산주의자나 공산주의를 가리
키는 비속한 말.
빨긋-빨긋[-귿-귿] ㉠ '발긋발긋'의 센
말. **빨긋빨긋-하다** ㉠㉘
빨끈 ㉻ '발끈'의 센말. **빨끈-하다** ㉠㉗㉘
빨다' ㉠㉘〈빠니, 빠오〉 1 (사람이나 물체
이 액체나 기체의 물질을) 그것이 든 용
기나 물체에 있는 구멍이나 관 등에 입술
을 대고 입을 붙을 오목하게 들어가거나 움
직이면서, 입 안으로 들어오게 하다. 또
는, (액체나 기체가 든 용기나 물체를)
그 구멍이나 관 등에 입술을 대고 액체나
기체가 나오도록 볼이 오목해지게 움직이
면서 안쪽으로 힘을 받게 하다. ¶아기가
어머니의 젖을 ~. 2 (일부의 곤충이 어떤
물질을) 대롱 모양의 입을 통해 몸 안으
로 들어오게 하다. ¶나비가 꽃의 꿀을
~. 3 (사람이 어떤 물체를) 입속에 넣거
나 입에 물고 혀로 훑거나 침으로 적셔
녹이다. ¶아기가 손가락을 ~. 4 (다른
사람의 재물 등을) 빼앗아 자기 것으로
만들다. ¶백성의 고혈을 ~.
빨다² ㉠㉘〈빠니, 빠오〉 (천으로 만든 물
건을) 물에 담그거나 적시거나 또는 비누
질하여 비비거나 주무르거나 두드리거나
하여 때가 빠지게 하다. ¶옷을 ~.
빨다³ ㉰〈빠니, 빠오〉 끝이 차차 가늘어져
뾰족하다. ¶턱이 ~.
빨-대[-때] ㉠ 병이나 큰 그릇에 들어 있는
우유나 음료수를 빨아 먹는 데 쓰는 가는
대롱. =스트로(straw).
빨따 ㉻ '발따'의 센말. ¶그는 자리에서 ~
일어서더니 밖으로 나갔다.
빨랑-빨랑 ㉻ 아주 가볍고도 재빠르게 행
동하는 모양. ¶꾸물대지 말고 ~ 해라.
빨래 ㉠ 1 더러운 옷이나 피륙 따위를 물에
빠는 일. ㉰세탁. 2 물에 빨아 깨끗이 씻
어 낼 옷이나 피륙. 또는, 빨아서 젖은 상태에 있거
나 말리기 위해 널어 놓은 상태의 옷이나
피륙, ㉥빨랫감. ¶~를 널다. **빨래-하다**
㉠㉗㉘ (사람이) 더러운 옷이나 피륙 등
을 물에 빨다.

빨래-방(-房) ㉠ 고객이 자동 세탁기에
빨랫감과 함께 돈을 직접 넣고 작동시킬
수 있도록 설비한 세탁 업소.
빨래-집게[-께] ㉠ 빨랫줄에 빨래를 널
어 말릴 때, 빨래가 날아가거나 떨어지지
않도록 집어서 고정시켜 두는 도구.
빨래-터 ㉠ 냇가 같은 곳에 빨래할 수 있
게 정해 놓은 장소.
빨래-판(-板) ㉠ 빨랫감을 올려놓고 비벼
빠는 판.
빨랫-감[-래깜/-랟깜] ㉠ 빨래할 옷이나
피륙 따위의 총칭. ㉥빨래·세탁물.
빨랫-비누[-래삐-/-랟삐-] ㉠ 빨래할
때 쓰는 비누. =세탁비누. ▷빗솔비누.
빨랫-줄[-래쭐/-랟쭐] ㉠ 빨랫감을 빨아
서 말리는 줄.
빨리 ㉻ 빠르게. ¶~ 다녀오너라.
빨-리다' ㉠㉗ 1 '빨다¹'의 피동사. ¶젖
이 잘 ~. 2 (어떤 대상이나 물질이) 끌어
들이는 힘이 작용하는 쪽으로 이끌리다.
¶담배가 잘 ~. 2㉘ 1 '빨다¹'의 사동사.
¶아기에게 젖을 ~. 2 '빨다¹'의 피동사.
¶모기한테 피를 ~.
빨-리다² ㉠ 1㉗ '빨다²'의 피동사. 2㉘
'빨다²'의 사동사. ¶파출부에게 옷을 ~.
빨리-빨리 ㉻ 아주 빠르게. ¶~ 뛰어라.
빨리-하다 ㉠㉘ 어떤 일의 속도를 빠르
게 하다. ¶손놀림을 ~.
빨빨 ㉻ 1 바쁘게 쏘다니는 모양. 2 땀을
많이 흘리는 모양. ㉰뻘뻘.
빨빨-거리다/-대다 ㉠㉗ 바쁘게 여기
기 쏘다니다. ¶계집애가 밤늦게 어딜 **빨
빨거리고** 다니느냐?
빨아-내다 ㉠㉘ 속에 있는 것을 빨아서 나
오게 하다. ¶독을 ~.
빨아-들이다 ㉠㉘ 1 (식물이나 물체가 수
분이나 양분·기체 등을) 안으로 스미게
하거나 들어오게 하다. ¶진공청소기가 먼
지를 ~. 2 마음을 강하게 끌어들이다. 비
유적인 말임. ¶그의 소설은 독자를 **빨아
들이는** 흡인력이 있다.
빨아-먹다[-따] ㉘ 남의 것을 우려내
어 자기 것으로 만들다. ¶백성의 고혈을
빨아먹는 탐관오리.
빨아-올리다 ㉠㉘ (기계나 식물이 액체나
기체 등을) 안으로 들어오게 하여 위쪽으
로 올리다. ¶식물의 뿌리가 물을 ~.
빨치산(←partizan) ㉠ 적의 배후에서
통신·교통 시설을 파괴하거나 무기나 물
자를 탈취하고 인명을 살상하는 비정규
군. 특히, 우리나라에서 6·25 전쟁 때
그 전후에 각지에서 활동했던 공산 게릴
라를 가리킴. =파르티잔. ㉥유격대.
빨-판 ㉠ 동물이 다른 동물이나 물체
에 달라붙기 위한 기관(器官). 낙지·오징
어의 발 등에서 볼 수 있음. ㉥흡반.
빨-펌프(-pump) ㉠ 피스톤에 밸브가 있
어 밑으로 누르면 밸브가 열려 물이 위로
올라오고, 위로 올리면 밸브가 막히면서
옆으로 물이 흘러나오는 펌프. ↔밀펌프.
빳빳-하다[빧빠타-] ㉗ 1 단단하고 꼿
꼿하다. ¶**빳빳하게** 언 빨래. 2 풀기가 세
거나 팽팽하게 켕기는 힘이 있다. ¶**빳빳
한** 종이. ㉰뻣뻣하다. **빳빳-이** ㉻ ~ 고
개를 들다.
빵' [〈〔포〕pão] ㉠ 밀가루나 다른 곡식의
가루에 효모나 베이킹파우더를 배합한 상
태로 반죽하여 불에 굽거나 찐 음식. ¶찐
~. 2 생존에 필요한 양식을 비유하여 이

르는 말. ¶사람은 ~만으론 살 수 없다.
빵² [명] **1** 갑자기 무엇이 터지는 소리. ¶총을 ~ 쏘다. **2** 공을 세차게 차는 모양. 또는, 그 소리. **3** 구멍이 뚫어진 모양. ¶구멍이 ~ 뚫리다. ¶뺑. **4** 자동차 따위의 경적을 한 번 울리는 소리.
빵-가루[-까-] [명] 빵을 말려 만든 가루.
빵-간(-間) [명] 감방(監房).
빵꾸(←日パンク) [명] 〈<puncture〉 '펑크'로 순화.
빵긋¹[-끋] [부] '방긋'의 센말. ¶뺑끗. 빵긋-하다 [동][자][여]
빵긋²[-끋] [부] '방긋²'의 센말. ¶뺑끗. 빵끗-하다 [형][여] 빵긋-이 [부]
빵긋-거리다[-끋끄-] [동][자] =빵긋대다. ¶'방긋거리다'의 센말. ¶뺑긋거리다.
빵긋-빵긋[-끋-끋] [부] '방긋방긋'의 센말. ¶뺑긋뺑긋. 빵긋빵긋-하다 [동][자]
빵떡-모자(-帽子) [-떡-] [명] =빵모자.
빵-모자(-帽子) [명] 차양이 없이 둥글고 납작하게 생긴 모자. ≒뺑떡모자.
빵-빵¹ [부] **1** 무엇이 요란하게 연달아 터지는 소리. **2** 공을 세차게 연달아 차는 소리. ¶공을 ~ 차다. **3** 구멍이 여러 개 뚫어진 모양. 빵빵.
빵-빵² [부] 자동차 따위가 잇달아 경적을 울리는 소리.
빵빵-거리다/-대다 [동][자][여] 자동차 따위가 경적을 잇달아 울리는 소리를 내다.
빵빵-하다 [형][여] **1** (배가) 음식을 많이 먹어 매우 부르다. **2** 〈속〉 재산이나 명예, 사회적 지위 등이 부러울 을 만하다. ¶김 대리는 처가 쪽이 ~. **3** 〈속〉 (여자의 엉덩이나 가슴이) 불룩 있고 크다.
빵-점(-點) [-쩜] [명] '영점(零點)'을 속되게 이르는 말. ¶그는 남편으로서는 ~이다.
빵-집[-찝] [명] 빵을 만들어 파는 집.
빻¹다[빠타] [빻고·빻아] [동][타] (물체를) 단단한 것으로 때리거나 눌러서 가루가 되게 하다. ¶고추를 곱게 ~.
빼 [부] **1** 어린아이가 새된 소리로 우는 소리. **2** 버들피리·보리피리 따위를 불 때에 나는 새된 소리.
빼곡-하다 [-고카-] [형][여] 빼곡하게 차곡차곡 포개져 있다. ¶빼곡히 [부] ¶식당에는 손님들이 ~ 들어차 있다.
빼기[-끼] [수] 빼는 일. ↔더하기. **빼;기-하다** [동][타]
-빼기 [접미] 어떤 특성이 있는 사물이나 사람임을 나타내는 말. ¶곱~/ 역척~. ▷-배기.
빼-내다 [동][타] **1** 박힌 것을 뽑아내다. ¶기둥의 못을 ~. **2** 여럿 중에서 필요한 것을 골라내다. ¶썩은 것은 빼내 버리다. **3** 남의 것을 들어내다. ¶비밀 서류를 ~. **4** 남의 회사 사원을 빼내 가다. **5** 얽매인 사람을 자유롭게 해 주다. ¶친구를 유치장에서 빼내 주다.
빼-놓다[-노타] [동][타] **1** 한 무리에 들어 있는 것을 놓지 못하게 하다. ¶나만 빼놓고 저희끼리만 갔다. **2** 여럿 중에서 하나를 골라 놓다. ¶후일의 참고로 몇몇 자료를 ~.
빼다 [빼고 / 빼어] ①[타] **1** (속에 끼여 있거나 박혀 있는 것을) 밖으로 나오게 하다. ↔끼다·박다. **2** (일정한 공간 속에 간혀 있는 공기나 물 따위를) 밖으로 나오게 하다. ¶타이어의 바람을 ~. **3** (일정한 수량이나 분량에서 얼마를) 덜어 내거나 적어지게 하다. ↔더하다. **4** (어떤 대상에서 다른 대상을) 포함시키지 않다. ¶제외하다. ¶그는 잠자는 시간을 빼고는 온종일 공부만 한다. **5** (때나 얼룩 따위를) 물이나 약품 따위로 빨거나 씻거나 닦아 없애다. ¶옷에서 잉크 얼룩을 ~. **6** (힘이나 기운이나 혼 등을) 몸에서 없어지게 하다. ¶어깨에 힘을 빼고 심호흡을 하다. **7** (사람이 자기 몸의 살을) 일정 기간 운동을 하거나 밥을 덜 먹거나 하여 줄게 하다. ¶아랫배의 군살을 ~. **8** (목을) 길게 뽑아 늘이다. ↔뽑다. ¶목을 빼고 기다리다. **9** (목소리를) 길게 늘이다. ↔뽑다. ¶소년은 목청을 한껏 빼어 노래를 부르기 시작했다. **10** (긴 형태의 물건을) 어떤 기계나 원료를 가지고 만들어 내다. ↔뽑다. ¶기계로 국수를 ~. **11** (옷을) 미끈하게 차려입다. ¶양복을 쪽 빼고 나서다. **12** (어떤 행동을) 일부러 지어 보이다. ¶얌전을 ~. **13** (저금이나 보증금 따위를) 쓸 수 있는 것으로 하다. ¶통장에서 돈을 빼 쓰다. **14** (생김새가 누구를) 똑같이 닮다. ¶저 애는 제 아비를 쏙 뺐어. ②[자] **1** (사람이) 다른 사람을 피하여 다른 곳으로 빠르게 가다. ↔빼다. ¶그들은 차를 훔쳐 타고 서쪽으로 뺐다. **2** 두렵거나 싫어서 하지 않으려 하다. ¶노래 한 곡 하라는데 왜 그렇게 빼니.
빼다(가) 박다 (어떤 사람이 다른 사람을, 특히 자식이 부모를) 똑같이 닮다. ¶너는 엄마를 **빼다가 박았구나**.
빼도 박도 못하다 일이 난처하게 되어 이러지도 저러지도 못하다. ¶멋모르고 일을 시작했다가 이제 와서 **빼도 박도 못하게** 됐다.
빼;-닮다[-담따] [동][타] (생김새나 어떤 점이 누구나 무엇을) 똑같이 닮다. ¶아빠를 쏙 **빼닮은** 아이.
빼;-돌리다 [동][타] 슬쩍 빼내어 다른 곳으로 보내다. ¶공금을 ~.
빼딱-하다[-따카-] [형][여] (물체가) 한쪽으로 비스듬히 기울어져 있다. ¶모자를 **빼딱하게** 쓰다. 빼딱-히 [부] 빼딱-이 [부]
빼;-먹다[-따] [동][타] **1** 말이나 글의 구절 같은 것을 빠뜨리다. ¶한 마디 말도 하나도 빼먹지 말고 전해라. **2** 남의 물건을 돌려내어 가지다. ¶알짜만 ~. **3** 어떤 일을 게을리 하여 하지 않다. ¶강의를 ~.
빼;-물다 [동][타] 〈~무니, ~무오〉 **1** 거만하거나 성난 태도로 입을 뾰족하게 내밀다. **2** 혀를 이로 물고 밖으로 늘어뜨리다. ¶혀를 빼물고 죽다.
빼빼¹ [부] 배들리도록 여원 모양. ¶제대로 먹지 못해 ~ 마르다. 빼빼.
빼-빼² [부] **1** 어린아이가 새된 소리로 자꾸 우는 소리. **2** 버들피리·보리피리 따위를 자꾸 불 때에 나는 새된 소리. 빼빼.
빼빼-하다 [형][여] 몸이 여윈 상태에 있다.
빼앗-기다[-앋끼-] [동][타] '빼앗다'의 피동. ¶나라를 ~. 뺏기다.
빼앗-다[-앋따] [동][타] **1** 남의 것을 억지로 자기 것으로 만들다. ¶강탈하다. 뺏다·탈취하다. ¶남의 재물을 ~. **2** 남의 마음을 사로잡다. ¶뭇사람의 마음을 **빼앗은** 절세의 미인. **3** 정조 따위를 짓밟다. ¶

순결을 ~. **4** 남의 일이나 시간 따위를 억지로 가로채거나 차지하다. ¶시간을 **빼앗아** 죄송합니다. **5** 법적인 권한으로 남의 권리·자격 따위를 잃게 하다. ¶선수 자격을 ~. [준]뺏다.

빼어-나다 [형] 여럿 가운데서 특히 뛰어나다. ¶**빼어난** 인물.

빼!-입다[-따] [동][타] 옷을 매끈하게 잘 차려입다. ¶새 양복을 쭉 ~.

빼치다 [동][타] 빠져나오게 하다.

빽[1] [명] '백(back)'[5]**2**'의 잘못.

빽[2] [부] **1** 소리를 한 번 버럭 지르는 모양. 또는, 그 소리. ¶소리를 ~ 지르다. **2** 기차가 기적을 한 번 울리는 소리. [큰]삑.

빽[3] [부] 여럿이 배게 들어선 모양.

빽-빽 [부] **1** 소리를 자꾸 지르거나 아기가 시끄럽게 우는 모양. 또는, 그 소리. **2** 기차가 기적을 잇달아 울리는 소리. [큰]삑삑.

빽빽-거리다/-대다[-꺼(때)-] [동][자] 자꾸 빽빽 소리를 내다. [큰]삑삑거리다.

빽빽-하다[-빼카-] [형][여] 사이가 붙어서 촘촘하다. ¶시장에 가게들이 **빽빽하게** 들어서다. **빽빽-이** [부] ¶숲에 우람한 나무가 ~ 들어차다.

뺀질-거리다/-대다 [동][자] 〈속〉 (사람이) 일을 충실히 하지 않고 요령만 피우면서 얄밉게 행동하다.

뺀질-뺀질 [부] 〈속〉 뺀질거리는 모양. **뺀질뺀질-하다** [동][자][여]

뺀질-이 [명] 〈속〉 뺀질거리는 사람.

뺄!-셈[-쎔] [명][수] 어떤 수에서 어떤 수를 덜어 내는 셈. ↔덧셈. **뺄!셈-하다** [동][자][타][여]

뺄!셈-표(-標)[-쎔-] [명][수] 뺄셈의 부호인 '-'의 이름. [비]마이너스. ↔덧셈표.

뺌-따귀 [명] '뺨따귀'의 잘못.

뺏!-기다[뺃끼-] [동][타] '빼앗기다'의 준말. ¶공연한 일에 시간을 ~.

뺏!다[뺃따] [동][타] '빼앗다'의 준말. ¶돈을 ~.

뺏지 [명] '배지(badge)'의 잘못.

뺑 [부] '뱅'의 센말. [큰]삥.

뺑뺑-이 [명] **1** 숫자가 적힌 원판(圓板)이 회전하는 동안 화살로 맞혀 등급을 정하는 기구. 또는, 그 노름. **2** 춤 교습소에서 남녀가 춤추는 일을 속되게 이르는 말.

뺑소니 [명] 옳지 않은 짓을 하려고, 또는 하고 나서 달아나는 것. ¶~ 운전사.

뺑소니-차(-車) [명] 교통사고를 내고 그대로 도망친 자동차를 속되게 이르는 말.

뺑소니-치다 [동][자] 옳지 않은 짓을 하려고, 또는 하고 나서 도망치다. ¶교통사고를 내고 ~.

뺨 [명] 사람의 얼굴에서, 코와 귀 사이, 관자놀이와 턱 위의 사이가 되는 부분. ¶~이 불그스름하다. ▷볼.

뺨-따구니 [명] '뺨따귀'의 잘못.

뺨-따귀 [명] 주로 손바닥으로 때리거나 맞는 대상으로서의 '뺨'을 속되게 이르는 말. [비]따귀. ×뺌따귀·뺨따구니.

뺨-치다 [동][타] (비교 대상을) 능가하다. 주로 구어체에 쓰임. ¶프로를 **뺨칠** 정도의 실력.

뻐개다[1] [동][타] **1** (단단한 물체를) 두 쪽으로 갈라 조각을 내다. ¶장작을 ~. **2** (단단한 물체의 틈을) 넓게 벌리다. **3** (거의 되어 가는 일을) 틀어지게 하다. ¶다 된 흥정을 ~. **4** 〈속〉 기뻐서 입을 벌리다. [작]빠개다.

뻐개다[2] [동][자] '뻐기다'의 잘못.

뻐근-하다 [형][여] **1** 근육이 몹시 피로하여 뻐개지는 듯하고 움직이기가 거북하다. ¶갑자기 운동을 했더니 몸이 ~. **2** 어떤 느낌으로 가슴이 꽉 차서 뻐개지는 듯하다. **뻐근-히** [부]

뻐기다 [동][자] 자기가 남보다 더 좋은 것을 가지거나 누리고 있음을 잘난 체하면서 자랑하다. ¶돈깨나 있다고 ~. ×뻐개다.

뻐꾸기 [명][동] 두견이와 비슷하나 훨씬 크며, 산이나 숲 속에 살면서 '뻐꾹뻐꾹' 하고 우는 여름 철새. 때까치·꾀꼬리 같은 다른 새의 집에 알을 낳음. =뻐꾹새.

뻐꾸기-시계(-時計)[-게/-게] [명] 일정한 시각이 되면 모형으로 된 뻐꾸기가 안에서 나와 그 시각의 수만큼 '뻐꾹', '뻐꾹' 하고 울어 시각을 알려 주는 벽시계.

뻐꾹 [부] 뻐꾸기의 우는 소리.

뻐꾹-뻐꾹 [부] 뻐꾸기가 잇달아 우는 소리.

뻐꾹-새[-쌔] [명][동] =뻐꾸기.

뻐끔-거리다/-대다 [동][타] **1** 담배를 잇달아 세게 빨아 피우다. ¶화가 나서 담배를 ~. **2** (물고기 등이) 입을 자꾸 벌려 물이나 공기 등을 들이마시다. ¶붕어가 입을 ~. [작]빠끔거리다.

뻐끔-뻐끔 [부] 뻐끔거리는 모양. ¶그는 말없이 담배만 ~ 피우고 있다. [작]빠끔빠끔. **뻐끔뻐끔-하다** [동][타][여]

뻐드러-지다 [동][자] '버드러지다'의 센말.

뻐드렁-니 [명] 밖으로 뻗은 앞니.

뻐-세다 [형] 뻣뻣하고 거세다.

뻐치다 [동][자][타] '뻗치다'의 잘못.

뻑-뻑[1] [부] '벅벅'의 센말. [작]빡빡.

뻑뻑[2] [부] 담배를 세게 빠는 모양. 또는, 그 소리. ¶담배를 ~ 빨다. [작]빡빡.

뻑뻑-하다[-뻐카-] [형][여] **1** 물기가 적어서 부드러운 맛이 없다. ¶반죽이 ~. **2** 국물보다 건더기가 그들먹하게 많다. ¶된장찌개를 **뻑뻑하게** 끓이다. **3** 여유가 없이 꼭 맞아 빠듯하다. ¶기한이 너무 ~. **4** 융통성이 없고 고지식하다. **5** (기계·바퀴 등의 작동이) 매끄럽지 않다. ¶수레바퀴가 ~. [작]빡빡하다. **뻑뻑-이** [부]

뻑적지근-하다[-쩍찌-] [형][여] 가슴·목구멍 같은 데가 뻐근하게 좀 아픈 느낌이 있다. ¶어깨가 ~. **뻑적지근-히** [부]

뻔 [명][의존] 《동사의 어미 '-ㄹ' 아래에 '하다'와 함께 쓰여》 어떤 일이 일어나지는 않았으나 그럴 가능성이 아주 높았음을 나타내는 말. ¶그는 전쟁 통에 여러 번 죽을 ~도 했다.

뻔드레-하다 [형][여] '번드레하다'의 센말.

뻔들-거리다/-대다[1] [동][자] '번들거리다[1]'의 센말. ¶마룻바닥이 ~. [작]빤들거리다.

뻔들-거리다/-대다[2] [동][자] '번들거리다[2]'의 센말. ¶게으름만 피우며 ~. [작]빤들거리다.

뻔들-뻔들[1] [부] '번들번들[1]'의 센말. [작]빤들빤들. **뻔들뻔들-하다**[1] [형][여]

뻔들-뻔들[2] [부] '번들번들[2]'의 센말. [작]빤들빤들. **뻔들뻔들-하다**[2] [동][자][여]

뻔뻔-스럽다[-따] [형][ㅂ] 〈~스러우니, ~스러워〉 뻔뻔한 데가 있다. ¶**뻔뻔스러운** 행동. **뻔뻔스레** [부]

뻔뻔-하다 [형][여] 부끄러워할 만한 일에도 부끄러워할 줄 모르다. ¶저 **뻔뻔한** 얼굴 좀 보게나. [작]빤빤하다. **뻔뻔-히** [부]

뻔-거리다/-대다 邳 '번질거리다'의 센말. 작뺀질거리다.

뻔질-나다 [-라-] 困 (주로 '뻔질나게'의 꼴로 쓰여) 드나드는 것이 매우 잦다. ¶배탈이 났는지 화장실을 **뻔질나게** 드나든다. 샌뻔찔나다.

뻔질-뻔질 彊 '번질번질'의 센말. 작뺀질 뺀질. **뻔질-뻔질하다** 彊形여 ¶얼굴이 ~.

뻔쩍 '번쩍'의 센말. 작뺀짝. **뻔쩍-하다** 彊여

뻔쩍-거리다/-대다 [-꺼(때)-] 困 邳 '번쩍거리다'의 센말. ¶헤드라이트가 ~. 작뺀짝거리다.

뻔쩍-뻔쩍 彊 '번쩍번쩍'의 센말. 작뺀짝 뺀짝. **뻔쩍뻔쩍-하다** 困邳여 ¶번갯 불이 ~.

뻔쩍-이다 困邳 '번쩍이다'의 센말. 작뺀짝이다.

뻔찔-나다 [-라-] 困 '뻔질나다'의 센말.

뻔!-하다¹ 彊 (무슨 일이) 그렇게 될 것이 분명하다. ¶보나 마나 ~. 작뻔하다.

뻔!-히 彊 알면서 물어보다.

뻔-하다² 彊逋 (동사의 어미 '-ㄹ' 아래에 쓰여) 일이 일어나지는 않았으나 그럴 가능성이 아주 높았음을 나타내는 말. ¶늦잠을 자서 지각할 **뻔했다**.

뻗다 [뻗-] 囯邳 1 (식물의 가지나 뿌리, 덩굴 등이 어느 쪽으로) 길게 이어져 자라나다. ¶가지가 ~. 예벋다. 2 (길·강·산맥·선 따위의 줄기가 어느 방향으로) 길게 이어지다. ¶통신망이 전국에 거미줄처럼 ~. 3 (세력 등이) 어떤 범위에 미치다. ¶세계로 **뻗어** 가는 국력. 4 '죽다'를 속되게 이르는 말. ¶총을 맞고 ~. 5 맞아서 정신을 잃거나 기진맥진하여 쓰러지다. 속된 말임. ¶한 대 맞고 **뻗었다**. [2] 甲 (구부린 팔이나 다리 등을) 반듯하게 쭉 펴다. ¶다리를 쭉 **뻗고** 편하게 앉아라. 2 (식물이 가지나 뿌리, 덩굴 등을 어느 쪽으로) 길게 이어지게 하다. ¶꽃나무가 뿌리를 제대로 **뻗지** 못하고 말라 죽었다.

뻗-대다 [-때-] 困邳 쉬이 따르지 않고 고집스럽게 버티다. ¶그렇게 **뻗대** 봐야 소용없다.

뻗장-다리 [-짱-] 명 '뻗정다리'의 잘못.

뻗정-다리 [-쩡-] 명 '벋정다리'의 센말. 乄뻗장다리.

뻗-지르다 [-찌-] 困囸〈-지르니, ~질러〉길게 벋어서 저 끝까지 뻗쳐서 내지르다. ¶빛살을 ~.

뻗쳐-오르다 [-쳐-] 困邳〈-오르니, ~올라〉(물줄기나 불줄기 등이) 뻗쳐 위로 오르다. ¶불길이 점점 ~.

뻗-치다 [-치-] 囸 1 '뻗다'의 힘줌말. ¶세력이 널리 ~. 2 (머리털이) 가지런하지 않고 위나 옆으로 빼죽빼죽 뻗다. 3 (어떤 기운이) 솟구쳐 어디에 미치다. 또는, (화가 머리끝까지) 나다. 乄뻐치다.

뻘¹ '개펄'의 잘못.

-뻘² 젭미 일부 친족 어휘에 붙어, 먼 친족이거나 친족이 아닌 사람이 어떤 사람에 대하여, 그런 친족 관계에 준하거나 연령적으로 그런 관계나 다름없음을 나타내는 말. ¶조카~ / 아버지~.

뻘거벗-기다 [-벋끼-] 邳 '뻘거벗다'의 사동사. 乄빨가벗기다. 예벌거벗기다.

뻘거-벗다 [-벋따] 困 '벌거벗다'의 센말. ¶냇가에서 **뻘거벗고** 노는 아이들. 乄빨가벗다.

뻘-겋다 [-커타] 彊佒〈뻘거니, 뻘거오, 뻘게〉(어떤 물체가) 다소 탁하고 어두운 듯하게 빨갛다. ¶숯불이 **뻘겋게** 피다. 乄빨갛다. 예벌겋다.

뻘게-지다 邳 '벌게지다'의 센말. ¶얼굴이 ~. 乄빨개지다.

뻘뻘 甲 1 이리저리 바쁘게 쏘다니는 모양. 2 땀이 걸잠을 수 없이 많이 나는 모양. ¶비지땀을 ~ 흘리다. 乄빨빨.

뻣뻣-하다 [뻗뻐타-] 彊여 1 물건이 굳고 꿋꿋하다. ¶뻣뻣하게 얼다. 2 풀기가 세거나 팽팽하게 켕기는 힘이 있다. ¶풀을 먹여 **뻣뻣한** 모시 치마. 乄빳빳하다. 3 (태도나 성격에) 고분고분한 맛이 없다. ¶그의 **뻣뻣한** 태도에 그만 화가 나고 말았다. 4 (몸이) 움직임이나 자연스럽지 못하고 굳어 있다. ¶**뻣뻣하게** 서서 노래를 부르다. **뻣뻣-이** 甲

뻣-세다 [뻗쎄-] 彊 뻣뻣하고 억세다.

뻥¹ '허풍'이나 '거짓말'을 속되게 이르는 말.

뻥² 甲 1 구멍이 뚫어진 모양. ¶~ 뚫린 구멍. 2 갑자기 요란스럽게 터지는 소리. ¶폭음이 ~ 터지다. 3 공을 세차게 차는 모양. ¶골키퍼가 공을 ~ 차다. 乄빵.

뻥-까다 邳 〈속〉 거짓말하다. =뻥치다. ¶**뻥까지** 말고 바른대로 말해!

뻥끗¹ [-끋] 甲 '벙긋'의 센말. 乄빵끗. **뻥끗-하다¹** 邳여

뻥끗² [-끋] 甲 '벙긋'의 센말. 乄빵끗. **뻥끗-하다²** 囸여

뻥끗-거리다/-대다 [-끋꺼(때)-] 困邳 '벙긋거리다'의 센말. 乄빵끗거리다.

뻥끗-뻥끗 [-끋-끋] 甲 '벙긋벙긋'의 센말. 乄빵끗빵끗. **뻥끗뻥끗-하다** 困邳여

뻥끗-하다³ [-끋타-] 囸 '벙긋하다', '벙싯하다'의 센말.

뻥끗-하면 [-끋타-] 甲 입을 열었다 하면. ¶너는 ~ 남의 탓만 하는구나.

뻥-뻥 甲 1 구멍이 여러 개 뚫어진 모양. ¶창호지에 구멍이 ~ 뚫려 있다. 2 공구를 세차게 연방 차는 소리. ¶밖에서 공을 ~ 차다. 3 요란스럽게 연달아 터지는 소리. ¶폭죽이 ~ 터지다. 乄빵빵. 4 잇달아 큰소리치는 모양. ¶알지도 못하면서 큰소리만 ~ 치고 있다.

뻥-치다 邳〈속〉=뻥까다.

뻥-튀기 명 1 (쌀·옥수수, 말린 떡 따위를) 밀폐된 기계에 넣고 한동안 가열한 뒤, 뚜껑을 여는 순간 뻥 하는 소리와 함께 부피가 커지는 것. 또는, 그렇게 만들어진 군것질 음식. 2 (어떤 일을) 실제보다 부풀리는 것. **뻥튀기-하다** 困

뻥!-하다 彊 '벙하다'의 센말. **뻥!-히** 甲

뻬빠 (←®페-paper) 명 〈paper〉 '사포(沙布)'로 순화.

뻰찌 (←®펜-チ) 명 〈pincers〉 '펜치'로 순화.

뼁끼 (←®펜-キ) 명 〈®pek〉 '페인트'로 순화.

뼈 명 1 [생] 척추동물의 살 속에 있어, 몸을 지탱하고 보호하는 단단한 물질. =골(骨). 2 사물의 기본이 되는 줄거리나 핵심. 囲뼈대. ¶농민들이 겪는 삶의 애환이 이 소설의 ~를 이루고 있다. 3 예사롭지

않은 속뜻. ¶그 사람 말 속에 ~가 있는 것 같다. 4 기개나 줏대를 비유적으로 이르는 말. ¶그 사람은 이래도 흥 저래도 흥 하는 ~ 없는 위인이다.

뼈도 못 추리다 죽은 뒤에 추릴 뼈조차 없다는 뜻으로, 상대와 싸움의 적수가 될 수 없음을 과장되게 이르는 말. ¶그 사람 손에 걸렸다 하면 **뼈도 못 추릴 걸**.

뼈를 깎다 매우 견디기 어려운 고통을 비유적으로 이르는 말.

뼈만 남다 지나치게 여윈 모습을 이르는 말.

뼈(가) 빠지게 육체적으로 매우 힘든 일을 해 나가는 것을 형용하는 말.

뼈에 사무치다 원한·고통 따위가 뼛속에 스미도록 깊고 강하다.

뼈-끝[-끋] 圐 1 뼈마디의 끝. ¶~이 쑤시다. 2 남은 고기.

뼈-다귀 圐 1 뼈의 낱개. 2 '뼈'를 속되게 이르는 말.

뼈-대 圐 1 사람이나 동물의 몸을 지탱하는 뼈의 형체. 凷골격. ¶~가 크다. 2 구조물을 튼튼하게 짜거나 지탱할 수 있도록 가로세로 짜 맞춘, 길이가 있는 물건. ¶불에 타 ~만 남은 건물. 3 글이나 영화·드라마 등에서, 핵심을 이루는 줄거리나 중심이 되는 얼개. 凷골격·뼈.

뼈대(가) 있다 문벌이 좋다. ¶뼈대 있는 집안은 다르다.

뼈-마디 圐[生] 뼈와 뼈가 이어진 부분. = 골절. 凷관절. ¶~가 쑤시다.

뼈-아프다 圐〈~아프니, ~아파〉 (부정적인 일이나 사실이) 그 일을 겪거나 느끼는 사람의 마음에 고통스럽게 여겨지는 상태에 있다. 凷뼈저리다. ¶뼈아픈 패배.

뼈-저리다 圐 (슬픔이나 뉘우침 등의 감정이, 또는 어떤 사실에 대한 느낌이나 생각이) 고통스러울 만큼 강렬하다. 凷뼈아프다.

뼈-품 圐 뼈가 휠 정도로 고되고 힘들게 하는 일. ¶~을 팔아 자식을 공부시키다.

뼘 圐 1 (자칭) 엄지손가락과 다른 손가락을 한껏 펴서 벌렸을 때, 엄지손가락과 가운뎃손가락 사이의 길이. ¶~으로 재다. 2 (의존) 어떤 길이를 엄지손가락과 다른 손가락을 벌린 상태의 것으로 잴 때, 그 벌리는 횟수를 세는 말. ¶한 ~.

뼘-가루[뼘까-/뼘까-] 圐 = 뼘편.

뼛-골[뼈꼴/뼏꼴] 圐 뼈의 골수. 凷골. ¶~이 쑤시다.

뼛골(이) 빠지다 육체적으로 매우 힘든 일을 해 나가다. ¶뼛골 빠지게 일해도 받는 건 푼돈 안 된다.

뼛-속[뼈쏙/뼏쏙] 圐 뼈의 속. 특히, 어떤 것을 아주 절실히 느끼는 곳으로서의 심리적 공간을 가리킴. 凷골수. ¶~에 사무치는 그리움.

뼛-조각[뼈쪼-/뼏쪼-] 圐 = 골편.

뽀드득 圐 1 쌓인 눈을 밟을 때 나는 소리. 2 물체나 몸을 씻거나 닦을 때 나는 소리. 3 이를 가는 소리. 凷뿌드득. **뽀드득-하다** 圐(자)(타)

뽀드득-거리다/-대다[-거(때)-] 圐 (타) 뽀드득 소리가 자꾸 나다. 또는, 그런 소리를 자꾸 내다. 凷뿌드득거리다.

뽀드득-뽀드득 圐 뽀드득거리는 소리. 凷뿌드득뿌드득. **뽀드득뽀드득-하다** 圐 (타)(자)

뽀로통-하다 圐 '보로통하다'의 센말.

¶뽀로통해서 말도 안 한다. 凷뿌루퉁하다. **뽀로통-히** 閉

뽀록-나다[-롱-] 圐(자) 〈俗〉들통 나다.

뽀르르 閉 작은 사람이 부리나케 쫓아가거나 달려가는 모양. ¶걸핏하면 친정으로 ~ 달려간다.

뽀뽀 圐 1 어린아이와 부모 (또는 어른) 사이에서, 사랑의 도구로 힘을 주어 양쪽에 입을 맞추는 일. 주로 어린아이가 쓰는 말이거나 어린아이를 대상으로 하여 쓰는 말임. 2 '키스(kiss)'를 완곡하게 이르는 말. **뽀뽀-하다** 圐(자)(타)

뽀송-뽀송 圐(하여타) '보송보송'의 센말. **뽀송뽀송-하다** 圐(여)

뽀!얗다[-야타] 圐(ㅎ) 〈뽀야니, 뽀야오, 뽀얘〉'보얗다'의 센말. ¶먼지가 뽀얗게 일다. 凷뿌옇다.

뽄새 圐 '본새'의 잘못.

뽐-내다 圐(자)(타) (자신의 뛰어난 점을) 남에게 드러내 보이며 자랑하다. ¶힘을 ~ / 미모를 ~.

뽑다[-따] 圐(타) 1 (박히거나 끼워져 있는 것을) 손이나 도구로 힘을 주어 당겨서 밖으로 나오게 하다. 凷빼다. ¶못을 장도리로 ~. 2 (목을) 길게 늘여 솟구다. ¶구경꾼들 사이로 목을 길게 ~. 3 (어떤 물건을) 재료에서 어떤 물질을 끄집어내거나 다른 형태로 이끌어 내어 만들다. ¶국수를 기계로 ~. 4 (노래나 소리 등을) 목에서 나오게 하다. ¶노래를 한 곡 ~. 5 (속에 들어 있는 액체나 기체를) 힘이나 작용을 가하여 밖으로 나오게 하다. ¶피를 ~. 6 (어떤 대상이나 사람을) 여러 가운데에서 특별히 고르거나 일정한 자격을 가진 자가 되게 하다. 凷선정하다·선출하다·선택하다. ¶대표를 ~. 7 (무엇에 들인 돈을) 도로 찾아내다. ¶본전을 ~. 8 (비용이나 요금 등을) 계산하여 어떤 액수가 나오게 하다. ¶소요 경비를 ~. 9 (자동차 따위를) 새로 사서 출고시키다. ¶김 대리는 지난주에 새 차를 **뽑았다더라**. 10 편집에서, (지면의 어느 부분을) 어떤 크기나 모양으로 두드러지게 나타내다. ¶신문 1면 제목을 굵은 고딕으로 ~.

뽑아-내다 圐(타) 1 (박히거나 끼워져 있는 것을) 잡아당겨 밖으로 뽑다. 凷빼다. ¶나무를 뿌리째 ~. 2 여럿 가운데서 어떤 것을 가려 뽑다. ¶책장에서 책을 ~. 3 (속에 들어 있는 액체나 기체를) 밖으로 빼내다. ¶주사기로 피를 **뽑아내** 검사를 하다. 4 (무엇에 들인 돈을) 그 양만큼 거두어들이다. 5 (소리를) 길게 밖으로 내다. 6 운동 경기에서 점수를 내다. ¶한 골을 더 **뽑아내** 승리를 굳히다.

뽑-히다[뽀피-] 圐(자) '뽑다'의 피동사. ¶동창회 회장으로 ~.

뽕¹ 圐 1 '뽕잎'의 준말. ¶~을 따다. 2 [식] '뽕나무'의 준말.
[뽕도 따고 임도 보고] 두 가지 일을 동시에 이룸을 이르는 말.

뽕² 圐 1 주로 정장용 옷의 어깨에 탭시를 내기 위해 넣는 두툼한 천. ¶어깨에 ~을 넣다. 2 브래지어에 가슴이 풍만해 보이도록 하기 위해 넣는 두툼한 패드.

뽕³ 圐〈俗〉필로폰.

뽕⁴ 圐 1 막혔던 기체나 가스가 좁은 구멍으로 갑자기 터져 나오는 소리. ¶방귀를 ~ 뀌다. 2 작은 구멍이 또렷하게 뚫리는 소리. 또는, 그 모양. ¶양말에 구멍이 ~

뚫리다 툴동. 뚫. 뚫.

뽕-나무 명[식] 잎을 누에의 사료로 쓰기 위해 재배하는 낙엽 교목 또는 관목. 봄에 황록색 꽃이 피고, 6월에 자홍색 열매의 '오디'가 열리는데, 단맛이 있어 식용함. 준뽕.

뽕-브라(-bra) 명 가슴이 풍만해 보이도록 뽕을 넣은 브래지어.

뽕-빠지다 통자 〈속〉진이 다 빠지다. ¶뽕빠지게 일하다.

뽕-뽕 툴 1 막혔던 공기나 가스가 좁은 구멍으로 계속 터져 나오는 소리. 2 작은 구멍들이 또렷또렷하게 뚫어지는 소리. 또는, 그 모양. ¶창호지에 구멍을 ~ 뚫다. 튼뿡뿡. 괜풍풍. **뿅뿅-하다** 통자여.

뽕-잎[-닙] 명 뽕나무의 잎. 준뽕.

뽕짝 명 〈속〉트로트.

뾰두라지 명 =뾰루지.

뾰로통-하다 혱여 못마땅하여 몹시 성난 빛이 있다. ¶뾰로통해서 앉아 있다.

뾰루지 명 뾰족하게 부어오른 작은 부스럼. =뾰두라지. ¶이마에 ~가 나다.

뾰족-구두[-꾸-] 명 뒷굽이 뾰족한 여자 구두. =하이힐.

뾰족-뾰족 툴 여럿이 모두 뾰족한 모양. **뾰족뾰족-하다** 혱여.

뾰족-하다[-조카-] 혱여 1 (물체의 끝이) 차츰 뾰쪽해져서 날카롭다. ¶연필을 뾰족하게 깎다. 2 (어떤 생각이나 방법이) 특별하거나 신통하다. ¶아무리 생각해도 뾰족한 수가 없다. 센뾰쪽하다. **뾰족-이** 튀.

뾰주리-감 명 조금 기름하고 끝이 뾰족한 감. 장준·고추감 따위.

뾰쪽-하다[-조카-] 혱여 '뾰족하다'의 센말. **뾰쪽-이** 튀.

뿅 튀 1 전자오락에서, 총이나 포를 쏘는 소리. 2〈속〉마음이 흔들리거나 반하는 모양. ¶정수는 경희의 아름다운 모습을 보는 순간 ~ 가고 말았다.

뿅-망치 명 내려치면 '뿅' 하고 소리가 나는, 플라스틱 장난감 망치.

뿅-뿅 튀 전자오락에서, 총이나 포를 잇달아 쏘는 소리.

뿌다구니 명 물건의 뾰쪽 내민 부분. ¶돌~에 걸려 넘어졌다.

뿌드득 튀 1 잠을 자면서, 또는 미움의 감정을 가지고 이를 가는 소리. 젠뽀드득. **뿌드득-하다** 자여.

뿌드득-거리다/-대다[-꺼(때)-] 자타 뿌드득 소리가 자꾸 나다. 또는, 그런 소리를 자꾸 내다. 젠뽀드득거리다.

뿌드득-뿌드득 튀 뿌드득거리는 소리. 젠뽀드득뽀드득. **뿌드득뿌드득-하다** 자타여.

뿌듯-하다 혱여 1 (마음이) 기쁨이나 보람 등으로 벅차다. ¶힘은 들었지만 일을 마치고 나니 가슴이 ~. 2 꽉 들어차서 그득하다. ¶가스가 차 아랫배가 ~. **뿌듯-이** 튀.

뿌루퉁-하다 혱여 '부루퉁하다'의 센말. ¶그녀는 화난 사람처럼 뿌루퉁해 있다. 작뽀로통하다. **뿌루퉁-히** 튀.

뿌리 명 1[식] 식물의 줄기에 이어져 땅속으로 뻗는, 수분과 양분을 빨아올리는 기관. ¶잡초를 ~째 뽑다. 2 무엇에 박혀 있는 물건의 일부. ¶혀 ~. 3 사물이나 현상의 근본. ¶조상의 ~ / 악의 ~. ②의존 뿌리를 먹는 식물을 세는 단위. ¶산삼 한 ~.

뿌리(가) 깊다 사물의 연유하는 바가 오래다. ¶뿌리 깊은 전통.

뿌리(를) 뽑다 폐해의 근원을 깨끗이 없애다. ¶폭력 조직을 ~.

뿌리-골무 명[식] 뿌리의 끝 부분에 있는 모자 모양의 조직. 생장점을 보호하는 작용을 함.

뿌리-내리다 통자 옮긴 곳에 자리를 잡다. ¶먼 이국 땅에서 뿌리내리고 살다.

뿌리다 [] 자 1〈눈이나 비 따위가〉 그리 많지 않게 날려 떨어지다. ¶날이 잔뜩 찌푸리더니 비가 뿌리기 시작했다. [2] 타 1 (물이나 가루, 또는 알갱이 형태의 작은 물체를) 공중이나 땅바닥이나 다른 물체에 손이나 기구를 이용하여 흩어지게 떤지거나 떨어지게 하다. ¶밭에 씨를 ~. 2 (구름이나 비나 눈 같은 곳에) 그리 많지 않게 날리거나 떨어지게 하다. ¶오늘은 곳에 따라 가끔 비를 뿌리는 날씨를 보이겠습니다. 3 (슬픔을) 꿰 흘리는 상태를 이루다. ¶눈물을 뿌리며 작별하다. 4 (돈을) 여기저기 마구 쓰다. ¶유흥가에 돈을 뿌리고 다니다. 5 (좋지 않은 소문 따위를) 여러 사람의 입에 오르내리는 상태가 되게 하다. ¶미모의 여배우가 염문을 뿌리며 다닌다.

뿌리-박다[-따] 통자타 1 토대를 잡아 안정한 상태를 이루다. ¶농촌에 뿌리박고 살다. 2 (사물이 무엇에) 그 근원을 가지다. ¶서양의 문학은 전통적으로 기독교적인 인간관에 뿌리박고 있다.

뿌리박-히다[-바키-] 통자 (사물이 무엇에) 그 근원이 되어 자리가 잡히다. ¶권위 의식이 깊이 ~.

뿌리-채소(-菜蔬) 명 뿌리 또는 땅속줄기를 먹는 채소. 무·당근·연근 따위.

뿌리-치다 통타 1 붙잡힌 것을 홱 빼내어 놓치게 하다. ¶잡은 손을 ~. 2 (말리거나 권하는 것을) 거절하여 물리치다. ¶유혹을 ~. 3 경기나 경쟁에서 뒤지고 있는 편이 따라붙는 것을 막아 내다. ¶상대 팀의 막판 추격을 뿌리치고 우승하다.

뿌리-털 명[식] 식물의 뿌리 끝에 실처럼 길고 부드럽게 나온 가는 털.

뿌리-혹 명[식] 세균이나 균사가 고등 식물의 뿌리에 침입하여, 그 자극으로 뿌리의 조직이 이상 발육하여 생긴 혹 모양의 조직.

뿌리혹-박테리아(-bacteria) 명[식] 콩과 식물의 뿌리에 공생하여 뿌리혹을 생기게 하는 세균.

뿌옇다[-여타] 혱여 〈뿌여니, 뿌여어, 뿌옣〉 '부옇다'의 센말. ¶안개가 뿌옇게 끼다. 작뽀얗다.

뿌지직 튀 '부지직'의 센말. 작뽀지직. **뿌지직-하다** 자여.

뿐 Ⅰ 의존 (어미 '-ㄹ' 다음에 쓰이어) 어떤 사실이나 행동이 오로지 그러한 됨을 나타낸다. ¶그는 허공을 멍연히 응시할 ~ 아무 말이 없었다.
Ⅱ 조 그것만이고 더는 없다는 뜻을 나타내는 보조사. ¶가진 것은 이것 ~이다.

뿐만 아니라 어떤 것에 대한 내용이 앞에 서술한 것말고 다른 것이 더 있을 때, 그에 앞서 쓰는 말. ¶그 여자는 얼굴도 예쁠 ~ 마음씨도 곱다.

뿔 명 1 [동] 소·염소·사슴 등 동물의 머리에 솟은 단단하고 뾰족한 물질. ¶~이 돋다. 2 물건의 머리 부분이나 표면에 불쑥 나온 부분.
뿔² 명 ('뿔이 나다'의 꼴로 쓰여) '화²'를 구어적으로 이르는 말. ¶~이 나서 말도 하지 않고 제 방에 틀어박혀 있다.
뿔-나다[-라-] 동재 '성나다'의 낮은말. ¶동생은 잔뜩 **뿔난** 표정을 짓고 있다.
뿔-따귀 명 ('뿔따구가 나다'의 꼴로 쓰여) '뿔'을 속되게 이르는 말. ×뿔따귀.
뿔-따귀 명 〈속〉'뿔따구'의 잘못.
뿔-이 명 제각기 따로따로 흩어지는 모양. ¶전쟁 중에 가족이 ~ 헤어졌다.
뿔-테 명 뿔로 만든 안경테. ¶~ 안경.
뿜:다[-따] 타 1 속에 있는 기체·액체를 밖으로 불어 내보내거나 세차게 밀어 내 보내다. ¶분수가 시원하게 물을 뿜고 있다. 2 (빛·냄새·기운 따위를) 세차게 풍기다. ¶향기를 **뿜는 돌**.
뿜어-내다 동타 속의 것을 뿜어 밖으로 나오게 하다. ¶굴뚝에 시커먼 연기를 ~.
뿡 팀 1'붕1·2'의 센말. 좌뽕. 2 조금 큰 구멍이 뚫리는 소리. 또는, 그 모양. 좌뽕.
뿡-뿡 팀 1'붕붕1·2'의 센말. 2 조금 큰 구멍들이 뚫리는 소리. 또는, 그 모양. ¶구멍이 ~ 뚫리다. 좌뽕뽕. 3 자동차 따위가 잇달아 경적을 울리는 소리. **뿡뿡-하다** 동자
삐 팀 1 버들피리·보리피리 같은 것을 불 때에 높게 나는 소리. 좌삐. 2 음성 메시지를 남기기 전에 전화기에서 나는 신호음을 나타내는 말. 또는, 전자 제품에서 어떤 신호로 나는 소리를 나타내는 말.
삐걱 팀 '비걱'의 센말. 좌삑걱. **삐걱-하다** 동자타
삐걱-거리다/-대다[-꺼(때)-] 동자타 '비걱거리다'의 센말. ¶의자가 남아 ~.
삐걱-삐걱 팀 '비걱비걱'의 센말. **삐걱-하다** 동자타
삐까번쩍-하다 형여 '번쩍번쩍하다'의 잘못.
삐까뻐까-하다 형여 '번쩍번쩍하다'의 잘못.
삐꺽 팀 '비걱', '삐걱'의 센말. **삐꺽-하다** 동자타
삐끗[-끝] 팀 '비끗'의 센말. **삐끗-하다** 동자타 ¶허리가 ~.
삐끗-거리다/-대다[-끝꺼(때)-] 동자 '비끗거리다'의 센말.
삐끗-삐끗[-끝-끝] 팀 '비끗비끗'의 센말. **삐끗삐끗-하다** 동자여
삐끼(←びき) 명 〈속〉 주로 술집에 고용되어, 지나가는 사람을 손님으로 끌어들이는 일을 하는 사람.
삐다¹ 자 1 (몸의 어느 부분이) 잘못 놀리거나 움직여 뼈마디가 어긋나다. ¶손목이 ~. 2 타 (몸의 어느 부분을) 잘못 놀리거나 움직여 뼈마디가 어긋나게 되다. ¶영수는 축구를 하다가 발목을 **삐었다**.
삐딱-하다[-따카-] 형여 1 (어떤 물체가) 한쪽으로 비스듬히 기울어져 있다. ¶모자를 **삐딱하게** 쓰다. 2 (사람이 또는 말이나 태도가) 퉁명스럽거나 비죽인 데가 있다. ¶그는 사람이 ~. 좌배딱하다. 예비딱하다.
삐뚜로 팀 비뚤어지게. ¶줄을 ~ 서다. 예비뚜로.
삐뚜름-하다 형여 한쪽으로 조금 비뚤어져 있다. 예비뚜름하다. **삐뚜름-히** 팀

삐뚤-거리다/-대다 동자타 1 이리저리 자꾸 기울며 흔들거리다. 2 곧지 못하여 이리저리 구부러지다.
삐뚤다 형 (삐뚜니, 삐뚜오) '비뚤다'의 센말. ¶마음이 **삐뚤어** 몸도 바르지 못하다.
삐뚤-삐뚤 팀 삐뚤거리는 모양. ¶글씨를 ~ 쓰다. **삐뚤삐뚤-하다** 동자타여
삐뚤어-지다 자 '비뚤어지다'의 센말. ¶**삐뚤어진** 성격 / 줄이 ~.
삐라(←びら) 명 [<bill] '전단(傳單)'의 일.
삐삐¹ 명 〈속〉 무선 호출기.
삐삐² 팀 비틀리도록 바짝 여윈 모양. ¶~ 마른 사람.
삐-삐³ 팀 버들피리·보리피리 같은 것을 자꾸 불 때에 높게 나는 소리. 좌삐삐.
삐악 팀 병아리의 울음소리.
삐악-삐악 팀 병아리의 울음이 계속 나는 소리.
삐져-나오다[-저-] 자 속에 있는 것이 겉으로 불거져 나오다. ¶속옷이 ~.
삐죽 팀 '비죽'의 센말. ¶불만을 얼굴을 내밀다. 센쀼죽. **삐죽-하다** 형여 **삐죽-이** 팀
삐죽-거리다/-대다[-거(때)-] 동자타 '비죽거리다'의 센말. ¶금방이라도 울 듯이 입을 ~. 센쀼죽거리다.
삐죽-삐죽¹ 팀 '비죽비죽'의 센말. 센쀼죽쀼죽. **삐죽삐죽-하다** 동자타여
삐죽-삐죽² 팀 '비죽비죽'의 센말. 센쀼죽쀼죽. **삐죽삐죽-하다** 형여
삐쭉-하다²[-쭈카-] 형여 '비죽하다'의 센말. 센쀼쭉하다. **삐쭉-이** 팀
삐질-삐질 팀 육체적·심리적으로 몹시 힘들어하면서 땀을 흘리는 모양. ¶땀을 ~ 흘리면서 어려운 수학 문제를 풀다.
삐쭉 팀 볼품없이 매우 마른 모양.
삐쭉 팀 '비죽', '비쭉', '삐죽'의 센말. **삐쭉-하다** 형여타여 **삐쭉-이** 팀
삐쭉-거리다/-대다[-꺼(때)-] 동자타 '비죽거리다', '비쭉거리다', '삐죽거리다'의 센말. ¶토라져서 입을 ~.
삐쭉-삐쭉¹ 팀 '비죽비죽', '비쭉비쭉', '삐죽삐죽'의 센말. ¶사내 녀석이 그렇게 ~ 울면 못써. **삐쭉삐쭉-하다** 동자타여
삐쭉-삐쭉² 팀 '비죽비죽', '비쭉비쭉', '삐죽삐죽'의 센말. **삐쭉삐쭉-하다** 형여
삐쭉-하다²[-쭈카-] 형여 '비죽하다', '비쭉하다', '삐죽하다'의 센말. **삐쭉-이** 팀
삐:치다¹ 동자 노여움을 타서 마음이 토라지다. ¶그는 조그만 일에도 잘 **삐친다**.
삐:치다² 동타 붓으로 글씨를 쓸 때에 삐침 획을 긋다.
삐:침 명 한자의 획 '丿'의 이름. ▷파임.
삑 팀 1 기차가 기적을 새되게 한 번 울리는 소리. 2 소리를 한 번 날카롭게 지르는 모양. 또는 그 소리. 좌빅.
삑-삑 팀 1 기차가 기적을 새되게 잇달아 울리는 소리. 2 아기가 새된 소리로 시끄럽게 자꾸 우는 소리. 3 쥐가 새된 소리로 자꾸 우는 소리. 좌빅빅.
삑삑-거리다/-대다[-꺼(때)-] 동자 자꾸 삑삑 소리를 내다. 좌빅빅거리다.
삘리리-삘리리 팀 피리 따위를 흥겹게 부는 소리. ¶**삘리리**를 ~ 불다.
삥 팀 '빙'의 센말. 좌뼁.
삥땅 명 〈속〉 중간에서 받아 가지고 다른 사람에게 넘겨주어야 할 돈 따위의 일부를 미리 떼어 후무리는 짓. ¶~을 치다.

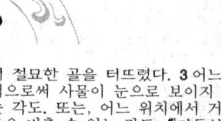

ㅅ →시옷.
ㅅ^**불규칙용'언**(-不規則用言) 〔명〕〔언〕
→시옷불규칙용언.
ㅅ^**불규칙활용**(-不規則活用) 〔명〕〔언〕→
시옷불규칙활용.
사¹ 〔명〕〔음〕 서양 음악의 7음 음계에서 다섯째 음이름. 영어로는 지(G), 이탈리아 어로는 솔(sol). ¶~장조.
-사² 〔어미〕 모음이나 'ㄹ' 받침으로 끝나는 용언의 어간에 붙어, '-시어'의 뜻을 예스럽게 이르는 말. ¶하늘이시여, 굽어살피~ 저희를 구하소서. ⇨-으사.
사¹³(士) 〔명〕 장기짝의 하나. '士' 자를 새긴 것으로, 왕을 보호하는 임무를 띠어 궁 안에서만 각 칸씩 움직일 수 있음. 한 편에 둘씩 있음.
사¹⁴(巳) 〔명〕 십이지(十二支)의 여섯째. 뱀을 상징함.
사¹⁵(死) 〔명〕 '죽음'을 문어적으로 이르는 말. ¶생과 ~의 갈림길. '시어' ↔생(生).
사⁶(私) 〔명〕 개인에게 관계되는 사사로운 것. ¶공과 ~를 구분하다. ↔공(公).
사⁷(邪) 〔명〕 1 바르지 못함. ~→정(正). 2 요사스러운 것. ¶~가 끼다.
사⁸(社) 〔명〕 '회사'를 뜻하는 말. ¶신문~.
사⁹(紗) 〔명〕 얇고 가벼운 비단의 하나. 여름 옷감으로 많이 쓰임.
사¹⁰(事) 〔의존〕 (지시·경고·명령 등의 내용을 갖는 문어에서) 동사의 어미 '-ㄹ', '-을'의 뒤에 쓰여) '일', '것' 등의 뜻을 나타내는 말. ¶시간 엄수 ~.
사¹¹(四) Ⅰ〔주〕'넷'과 같은 뜻의 한자어. 계통의 수사. 아라비아 숫자로는 '4', 로마 숫자로는 'Ⅳ'로 나타냄.
Ⅱ〔관〕'네', '넷째'의 뜻. ¶~ 년.
-**사**¹²(士) 〔접미〕 한자어로 된 일부 명사에 붙어, 그 명사가 뜻할 수 있는 일을 할 수 있는 공인된 자격을 가진 사람임을 나타내는 말. ¶변호~ / 기능~.
-**사**¹³(史) 〔접미〕'역사(歷史)'의 뜻. ¶정치~ / 경제~.
-**사**¹⁴(寺) 〔접미〕'절'의 뜻. ¶불국~.
-**사**¹⁵(事) 〔접미〕'일'의 뜻. ¶관심~ / 중대~.
-**사**¹⁶(師) 〔접미〕 한자어로 된 일부 명사에 붙어, 그 명사가 뜻하는 일을 직업적으로 하는 사람임을 나타내는 말. ¶사진~ / 간호~.
-**사**¹⁷(詞) 〔접미〕'품사'의 뜻. ¶형용~ / 대명~.
-**사**¹⁸(辭) 〔접미〕'말', '글'의 뜻. ¶개회~ / 취임~.
사·가¹(史家) 〔명〕'역사가'의 준말.
사가²(私家) 〔명〕 =사삿집.
사¹**각**¹(四角) 〔수〕'사각형'의 준말. ¶권투 선수가 ~의 링에 오르다.
사¦**각**²(死角) 〔명〕 1〔군〕 총포의 사정거리 안에 있으면서도 장애물이나 총포의 구조 등의 이유로 조준을 할 수 없는 범위. 2 축구 등의 경기에서, 선수의 위치상 슈팅을 하기 어려운 각도. ¶그는 완전한 ~에서 절묘한 골을 터뜨렸다. 3 어느 위치에 섬으로써 사물이 눈으로 보이지 않게 되는 각도. 또는, 어느 위치에서 거울이 사물을 비출 수 없는 각도. ¶자동차의 백미러로 볼 수 없는 ~ 범위. 4 뜻밖에 어떤 일이 관심으로부터 벗어나 있거나 영향력이 미치지 않는 상태. 비유적인 말임. ¶범죄 단속의 ~지대.
사각³(斜角) 〔수〕'빗각'의 구용어.
사각-거리다(四角--) [-꺼−] 〔자〕〔여〕 1 사과·배 또는 과자 따위를 씹을 때와 같은 소리가 자꾸 나다. 또는, 그런 소리를 자꾸 내다. 2 갈대 같은 것이 마찰하는 소리가 자꾸 나다. 또는, 그런 소리를 자꾸 내다. ⊕사각대다.
사¦**각-기둥**(四角-) [-끼−] 〔명〕〔수〕 밑면이 사각형으로 된 각기둥.
사¦**각-모**(四角帽) [-장−] 〔명〕'사각모자'의 준말.
사¦**각-모자**(四角帽子) [-장−] 〔명〕 윗면이 사각형을 이루고 차양이 달린 모자. 지난날, 주로 대학생의 제모(制帽)로 쓰였으나, 근래에는 거의 쓰이지 않음. 대학에서, 졸업식과 같은 공식적인 행사에 교수와 학생이 쓰는, 윗면이 납작한 사각형에 술이 달리고 차양이 없는 검은색 모자. ⊕사각모.
사¦**각-뿔**(四角-) 〔명〕〔수〕 밑면이 사각형인 각뿔.
사각-사각(--) 〔부〕 사각거리는 소리. ¶배를 ~ 썰어 먹다. ⊕서걱서걱. **사각사각-하다** 〔자〕〔여〕
사¦**각-지대**(死角地帶) [−찌−] 〔명〕 1 시각의 각도상 사물이 보이지 않거나 어떤 작용을 미칠 수 없는 곳. 2 관심이나 영향이 미치지 못하는 영역. 비유적인 말임. ¶안전의 ~.
사¦**각-팬티**(四角+panties) 〔명〕 사각형 모양으로 된 팬티.
사¦**각-형**(四角形) [-카켱] 〔명〕〔수〕 네 개의 꼭짓점이 있고 네 개의 선분으로 둘러싸인 평면 도형. =사변형. ⓗ네모꼴·네모꼴.
사간-원(司諫院) 〔명〕〔역〕 삼사(三司)의 하나. 조선 시대에 임금에게 간하는 일을 맡아보던 관청.
사갈-시(蛇蝎視) [-씨] 〔명〕 〔뱀이나 전갈을 보듯이 한다는 뜻〕 어떤 사람을 아주 싫어하여 혐오스럽거나 위험한 존재로 여기는 것. **사갈시-하다** 〔자〕〔여〕
사감¹(私感) 〔명〕 사사로운 감정.
사감²(舍監) 〔명〕 기숙사에서 기숙생을 감독하는 사람.
사¦**강**¹(四强) 〔명〕 운동 경기에서, 준결승에 진출한 4개의 팀이나 4명의 선수.
사강², 프랑수아즈(Sagan, Françoise) 〔명〕〔인〕 프랑스의 여류 소설가(1935~2004).
사¦**개** 〔명〕 1 상자 같은 것의 네 모퉁이를 요철형(凹凸形)으로 만들어 끼워 맞추게 된 부분. 2〔건〕 도리나 장여를 박기 위해 기둥머리를 네 갈래로 오려 낸 부분.

사-거리¹(四-) 圈 =네거리.
사-거리²(射距離) 圈[군] 탄환의 발사점에서 도달점까지의 거리. =사정(射程)·사정거리. ¶유효~.
사:건(事件)[-껀] 圈 **1** 사회적으로 많은 사람들의 일이거나 충격을 주어 세상 사람들의 관심을 집중시키는 어떤 일. ¶역사적 ~. **2**[법] ¬소송 사건. ¶민사 ~. **3**[수] 확률론에서, 어떤 시행에서 일어날 수 있는 일정한 조건의 일.
사:건-시(事件時)[-껀-] 圈[언] 어떤 행동이나 작용이 일어난 시점. 시간과 관련되는 문장을 설명할 때 쓰는 말임. ▷발화시.
사격(射擊) 圈 화포·총 등을 쏘는 것. ¶집중 ~. **사격-하다** 哥(자)(타)(여)
사격-권(射擊圈)[-꿘] 圈 총포를 쏘아 맞힐 수 있는 범위. ¶적이 ~에 들다.
사격-수(射擊手)[-쑤] 圈 사격을 하는 사람. (비)사수(射手).
사격-장(射擊場)[-짱] 圈 사격 연습을 위하여 표적 따위를 마련하여 놓은 곳.
사견(私見) 圈 공적으로, 또는 공개적인 자리에서, 개인의 사사로운 생각이나 의견을 이르는 말.
사:경¹(四更) 圈 하룻밤을 다섯으로 나눈 넷째 부분. 곧, 새벽 1시에서 3시 사이.
사:경²(死境) 圈 병이나 부상 등으로 인해 목숨이 위태로운 지경. ¶~을 헤매다.
사:계¹(四季) 圈[-계/-게] 圈 =사철 I.
사계²(斯界) 圈 그 방면이나 분야의 세계. ¶~의 권위자.
사:-계절(四季節)[-계-/-게-] 圈 =사철 I.
사:고¹(四苦) 圈[불] 인생의 네 고통. 곧, 생고(生苦)·노고(老苦)·병고(病苦)·사고(死苦).
사:고²(史庫) 圈[역] 조선 시대에, 실록(實錄) 등 국가적으로 중요한 문헌을 보관하던 창고.
사고³(社告) 圈 회사 등에서 알리는 광고.
사:고⁴(事故) 圈 **1** 뜻밖에 일어나는 불행하거나 해로운 일. ¶교통 ~. **2** 사람이 우발적으로 일으키는 말썽이나 문젯거리. ¶저 녀석은 ~만 치고 다닌다.
사고⁵(思考) 圈 어떤 방식으로, 또는 일정한 체계나 논리에 따라 생각하는 일. ¶사유(思惟). ¶합리적 ~. **사고-하다** 哥(자)(여)(타) ¶대상을 논리적으로 ~.
사고-력(思考力) 圈 생각하고 궁리하는 힘. ¶~을 기르다.
사고-무친(四顧無親) 圈 의지할 만한 사람이 전혀 없음. ¶~의 고아.
사:고-뭉치(事故-) 圈 사고나 말썽만 늘 일으키는 사람을 얕잡아 이르는 말.
사고-방식(思考方式) 圈 어떤 사람이나 사물에 대해 생각하거나 판단하는 일정한 방식이나 태도. ¶건전한 ~.
사:고-사(事故死) 圈 사고로 인한 죽음.
사:고-전서(四庫全書) 圈[책] 중국 청나라 건륭(乾隆帝)의 명으로 편찬된, 중국 최대의 총서.
사고-팔다 哥[타] 〈-파니, -파오〉 물건 등을 사기도 하고 팔기도 하다. ¶집을 ~.
사:골(四骨) 圈 짐승, 특히 소의 네 다리뼈. 흔히 고기로 삶. ¶~을 푹 고다.
사공(沙工·砂工) 圈 '뱃사공'의 준말. [**사공이 많으면 배가 산으로 간다**] 주관하는 사람이 없이 여러 사람이 자기주장만 하면 일을 이루기 어렵다.

사과¹(沙果) 圈 사과나무의 열매. 비타민 C가 많으며, 신맛·단맛이 있음. ×능금.
사:과²(謝過) 圈 〈상대에게 자기 잘못에 대하여, 또는 자기 잘못을〉 인정하거나 뉘우치고 미안하게 생각함을 말하는 것. **사:과-하다** 哥(자)(여)
사과-나무(沙果-) 圈[식] 4~5월에 흰 꽃이 피고, 8~9월에 열매인 '사과'가 익는 낙엽 활엽 교목. 과수로 널리 재배됨.
사:과-드리다(謝過-) 哥 '사과하다'의 객체 높임말. ¶선배님께 무례했던 점을 ~.
사:과-문(謝過文) 圈 사과의 뜻을 적은 글.
사:관¹(土官) 圈[군] 장교의 총칭.
사:관²(史官) 圈[역] 역사의 편찬을 맡아, 그 초고를 쓰던 벼슬. 그 관원.
사:관³(史觀) 圈 '역사관(歷史觀)'의 준말.
사:관-생도(土官生徒) 圈[군] 장교가 되기 위하여 각 군 사관학교에서 교육을 받고 있는 생도.
사:관-학교(土官學校)[-교] 圈[군] 육군·해군·공군의 정규 장교를 양성하는 4년제 군사 학교.
사:관-후보생(土官候補生) 圈 장교로 임관하기 위하여 소정의 단기 군사 교육을 받는 사람.
사:광(四光) 圈 화투 놀이에서, 네 개의 광(光) 패를 모아서 되는 약.
사:교¹(邪敎) 圈 사회에 해로운 작용을 하는 그릇된 종교. ¬사도. ↔정교(正敎).
사:교²(社交) 圈 사회적으로 교제하여 사귀는 것. ¶~장(場). **사교-하다** 哥(자)(여)
사교-계(社交界)[-계/-게] 圈 주로 상류 계급 사람들로 형성되는, 교제를 위한 사회. ¶그 여자는 ~의 여왕이다.
사교-댄스(社交dance) 圈 =사교춤.
사교-성(社交性)[-썽] 圈 남과 사귀기를 좋아하거나 쉽게 사귀는 성질.
사교-술(社交術) 圈 사람들과 사회적으로 교제하는 솜씨. ¶뛰어난 ~.
사-교육(私敎育) 圈 개인이나 사설 단체가 사사로이 베푸는 교육. ↔공교육.
사교육-비(私敎育費)[-삐] 圈 학부모가 자녀에게 학교 교육 외의 학원을 보내거나 개인 교습을 시키거나 부교재를 사 주거나 함으로써 추가로 지출하는 비용.
사교-적(社交的) 圈 사교성이 많은 (것). ¶~인 성격.
사교-춤(社交-) 圈 사교나 오락을 목적으로 남녀 한 쌍이 추는 형식의 춤. 블루스·지르박·탱고·왈츠 따위. =사교댄스.
사:구¹(四球) 圈[체] =포볼.
사:구²(死球) 圈[체] =데드 볼.
사구³(沙丘·砂丘) 圈[지] 해안·사막 등에서, 센찬 바람에 의하여 운반·퇴적되어 이루어진 모래 언덕.
사구-체(絲球體) 圈[생] 신장의 피질부에 있는 모세 혈관이 공 모양의 작은 덩어리로 모인 것.
사:군(四郡) 圈[역] **1** 조선 세종 때, 북방의 여진족을 막기 위해 압록강 상류에 설치했던 여연(閭延)·자성(慈城)·무창(茂昌)·우예(虞芮)의 네 군. **2** =한사군.
사:군이충(事君以忠) 圈 세속 오계의 하나. 임금을 충성으로써 섬겨야 한다는 말.
사:-군자(四君子) 圈[미] 동양화에서 고결

함이 군자와 같다는 뜻으로, 매화·난초·국화·대나무를 일컫는 말. 또는, 그것을 그린 그림.

사권(私權)[—꿘][명][법] 사법(私法) 관계에서 개인의 재산·신분 등에 관한 권리. 인격권·신분권·채권·물권·무체 재산권 따위. ↔공권.

사귀(邪鬼)[명] 요사스러운 귀신.

사귀다[동][1]자 (누구와) 서로 사이가 가까워지도록 어울리다. 비교제하다. [2]타 (누구를) 어울리거나 만나 가까운 사람으로 만들다.

사귐-성(—性)[—썽][명] 남과 어울려 잘 사귀는 성품.

사규(社規)[명] 회사의 규칙.

사그라-뜨리다/—트리다[타] 사그라지게 하다. ¶무쇠라도 **사그라뜨릴** 듯한 뜨거운 의지.

사그라-지다[동]재 격한 감정이나 강한 기세 등이 가라앉거나 꺾여 없어지거나 약한 상태가 되다. ¶분노가 ~.

사:극(史劇)[연] '역사극'의 준말.

사근사근-하다[형여] 1 (사람의 성질이나 생김새가) 붙임성이 있어 상냥하고 시원스럽다. ¶사람이 **사근사근하여** 누구에게나 좋은 인상을 준다. 2 (과일 따위가) 이에 씹히는 상태가 알맞게 수분이 있어 연하다. ¶사과가 ~. **사근사근**[부]

사글-세(—貰)[—쎄][명] 남의 집이나 방을 빌려 쓰는 대가로 내게 되어 있는 얼마의 보증금과 매월 내게 되어 있는 일정액의 돈. 또는, 보증금 얼마에 매달 일정액을 내고 집이나 방을 빌리는 일. 비월세. ×삭월세.

사글셋-방(—貰房)[—쎄빵/—쎈빵][명] 사글셋을 내고 빌려 쓰는 방. 비월세방.

사금(沙金·砂金)[명][광] 강바닥이나 해안의 모래에 섞여 있는 작은 알갱이의 금. =금모래.

사금-광(沙金鑛)[명] 사금을 캐는 금광.

사금-파리[명] 사기그릇의 깨어진 작은 조각.

사:급-수(四級水)[—쑤][명] 하천의 수질(水質) 등급의 하나. 심하게 오염된 물. 물고기는 살 수 없으며, 실지렁이나 나방 애벌레 들이 살 수 있음.

사:기(士氣)[명] 일을 잘해 내고자 하는 의욕이나 일을 해낼 수 있다는 자신감. ¶—를 진작하다 / ~가 하늘을 찌를 듯하다.

사:기(史記)[명] 역사적인 사실을 적어 놓은 책. =사서(史書).

사기³(沙器·砂器)[명] =사기그릇.

사기⁴(詐欺)[명] 못된 꾀로 남을 속이는 것. ¶부녀자를 상대로 ~ 행각을 벌이다.

사기-그릇(沙器—)[—른][명] 백토 따위로 구워 만든 그릇. =사기·자기(瓷器).

사기-꾼(詐欺—)[명] 상습적으로 남을 속여 이득을 꾀하는 사람.

사기-대접(沙器—)[명] 사기로 만든 대접.

사기업(私企業)[명][경] 민간인의 출자로 경영되는 기업. ↔공기업.

사기-죄(詐欺罪)[—쬐/—쮀][명][법] 사람을 속여 재물을 빼앗거나, 재산상의 불법한 이익을 얻거나, 또는 제삼자로 하여금 이를 얻게 함으로써 성립하는 범죄.

사:기-충천(士氣衝天)[명] 사기가 하늘을 찌를 듯이 높은 상태가 됨. **사:기충천-하다**[동][재여] ¶**사기충천한** 병사들.

사나(Sanaa)[명][지] 예멘의 수도.

사나이[명] '남자'를 굳세고 의리 있고 대범한 존재로서 강조하여 이르는 말. ¶~ 대장부. 준사내.

사-나흘[명] 사흘이나 나흘. =사날.

사날[명] =사나흘.

사:납다[—따][형][ㅂ]〈사나우니, 사나워〉1 (성질·행동·생김새 따위가) 억세고 험하다. ¶**사나운** 짐승. 2 (비·바람 따위가) 매우 심하다. ¶파도가 **사납게** 치다. 3 (어떤 현상이나 상황이) 순탄하지 못하거나 나쁘다. ¶팔자가 ~.

사내¹[명] 1 '사나이'의 준말. 2 '남자'인 사람을 범속하게 이르는 말. 3 한 여자와 같이 사는 남자를 낮추어 이르는 말. ¶술집 작부가 ~를 얻다. ↔계집.

사내²(社內)[명] 회사의 안. ¶~ 결혼.

사내-구실[명] 주로 성생활과 관련한 남자로서의 구실.

사내-놈[명] '사내'를 낮추어 이르는 말. ¶~ 계집년.

사내-대장부(—大丈夫)[명] '대장부'의 힘줌말.

사내-보(社內報)[명] 회사에서 사원들을 대상으로 하여 내는, 잡지나 신문 형태의 정기 간행물. ↔사외보.

사내-새끼[명] '사내'를 욕하여 이르는 말.

사내-아이[명] 어린 남자 아이. =동자(童子). 비남아. 준사내애. ↔계집아이.

사내-애[명] '사내아이'의 준말.

사내-자식(—子息)[명] 1 '사내'을 속되게 이르는 말. 2 '아들'을 낮추어 이르는 말.

사내-종[명] 남의 집에서 종살이하는 남자. =노복·종복. ↔계집종.

사내-주(社內株)[명][경] 회사가 일단 발행한 주식을 다시 취득한 후, 소각하지 않고 소유하고 있는 주식. ↔사외주.

사냥[명][<산행(山行)] 총이나 그 밖의 도구로 산이나 들의 짐승을 잡는 일. ¶꿩 ~. **사냥-하다**[동][타여]

사냥-감[—깜][명] 사냥하여 잡으려고 하는 대상.

사냥-개[—깨][명] 1 사냥할 때 쓰는 길들인 개. 2 '염탐꾼'을 속되게 이르는 말.

사냥-꾼[명] 사냥하는 사람. 또는, 사냥을 직업으로 하는 사람.

사냥-총(—銃)[명] 사냥에 알맞도록 만든 총. =엽총.

사냥-터[명] 사냥을 하는 곳.

사:년(巳年)[명][민] 태세의 지지(地支)가 사(巳)로 된 해. 을사년 따위. =뱀해.

사념(邪念)[명] 올바르지 못한 그릇된 생각.

사념(思念)[명] 의식 속에 일어나는 생각. 문어적인 말임. ¶무릇 번뇌는 ~에서 온다고 했습니다.

사-노비(私奴婢)[명][역] 권문세가에서 사사로이 부리는 노비. ↔관노비.

사:농공상(士農工商)[명] 봉건 시대의 네 가지 사회적 계급. 곧, 선비·농부·공장(工匠)·상인.

사다[동][타] 1 (어떤 물건을) 값을 치르고 자기 것으로 가지다. ¶백화점에서 옷을 ~. ↔팔다. 2 (사람이 어떤 사람을) 돈을 주고 품을 하는 일을 하게 하다. ¶사람을 **사서** 짐을 나르다. 3 (사람이 다른 사람에게 어떤 감정이나 생각을) 상대가 어떤 행동을 하거나 태도를 보이고 가지게 하다. ¶윗사람의 환심을 ~. 4 (고생·병 등을) 공연히 하거나 얻다. ¶**사서** 고생하다. 5

(어떤 사람의 태도나 능력, 또는 대상의 가치를) 훌륭하거나 좋다고 여기다. [비]평가하다. ¶너의 열정은 높이 **살** 만하다.

사-다리 [명] 높은 곳에 걸쳐서 오르내릴 수 있도록, 두 개의 긴 장대 사이에 일정한 간격으로 여러 개의 디딤대를 가로지른 물건. =사닥다리.

사다리-꼴 [명][수] 한 쌍의 대변이 평행한 사각형.

사다리-차(-車) [명] 사다리를 갖추고 있는 차. 높은 건물에 화재가 났을 때나 공중에서 일을 할 때, 이삿짐을 올리거나 내릴 때 쓰임.

사다-새 [명][동] 온몸이 희고 날개 끝만 검으며, 부리가 길고 아랫부리에 주머니가 달려 있어 먹이를 넣어 두는 큰 물새. =펠리컨.

사닥-다리[-따-] [명] =사다리.

사ː단[1](四端) [명][철] 인간의 본성에서 우러나오는 네 가지 마음씨. 곧, 측은지심(惻隱之心)·수오지심(羞惡之心)·사양지심(辭讓之心)·시비지심(是非之心).

사ː단[2](事端) [명] **1** 일이나 사건의 실마리나 빌미. ¶두 집안은 사소한 언쟁이 ~이 되어 반목하게 되었다. **2** '사달'의 잘못.

사단[3](社團) [명][법] **1** 다수인의 집합체로, 그 자체의 특정한 목적을 위하여 결합된 독립 단일체. **2** '사단 법인'의 준말. ↔재단(財團).

사단[4](師團) [명][군] 군대의 편성 단위의 하나. 사령부를 가지며, 고정적인 편제로 이루어진 최대의 부대. 군단의 아래, 여단·연대의 위임. ¶~장(長).

사단[5](←satan) [명][성] =사탄.

사단^법인(社團法人) [명][법] 법률상의 권리·의무의 주체로 인정된 사단. [준]사단.

사달 [명] (주로 '나다' 등과 함께 쓰여) 뜻밖의 사고나 탈. ¶일은 전혀 예상치 못했던 데서 ~이 났다. ×사단.

사담(私談) [명] 회의나 강의나 공적인 행사 등을 행하는 자리에서, 개인끼리 사사로이 하는 이야기. ¶회의 중에는 ~을 나누지 마시오.

사ː당[1] [명][민] 지난날, 떼를 지어 떠돌아다니면서 노래와 춤을 팔던 여자. ['寺黨'은 취음] ▷남사당.

사당[2](私黨) [명] 사사로운 목적을 위하여 모인 도당(徒黨). ↔공당(公黨).

사당[3](祠堂) [명] 조상의 신주(神主)를 모셔 놓은 집.

사ː당-패(-牌) [명][민] 사당의 무리. 춤과 노래를 파는 여자들을 중심으로 하여, 그들에게 붙어살면서 갖가지 잔일을 하는 남자들로 구성됨.

사ː대[1](四大) [명] **1** [불] 세상 만물을 구성하는 땅·물·불·바람의 네 가지 요소. 곧, 지대·수대·화대·풍대. **2** 사람의 몸.

사ː대[2](事大) [명] 약소국이 외교 정책상 강대국과 정면 대결을 피하고 예의를 갖추어 섬기는 일. ¶~ 정책. **사ː대-하다** [동][자][타][여]

사대[3](師大) [명][교] '사범 대학'의 준말.

사ː대-당(事大黨) [명] 세력이 강한 나라를 붙좇는 무리나 당파.

사ː-대문(四大門) [명][역] 조선 시대, 서울의 동서남북에 둔 네 대문. 곧, 동의 흥인지문, 서의 돈의문, 남의 숭례문, 북의 숙정문.

사ː-대부(士大夫) [명][역] 사(士)와 대부(大夫). 곧, 벼슬·문벌이 높은 집안의 사람을 이르는 말.

사ː대-사상(事大思想) [명] 강대국을 맹목적으로 우러러 섬기려 하거나 강대국의 문화·학문 등을 우월하게 여겨 무비판적으로 받아들이려 하는 사상. ¶~에 젖다.

사ː대-육신(四大六身) [-씬] [명] [두 팔, 두 다리, 머리, 몸뚱이라는 뜻] '온몸'을 일컫는 말. ¶~이 멀쩡한 녀석이 할 짓이 없어 비럭질이냐?

사ː대-주의(事大主義) [-의/-이] [명] 강대국을 맹목적으로 섬기려 하거나 강대국의 문화·학문 등을 우월하게 여겨 무비판적으로 받아들이려는 태도나 입장.

사도[1](邪道) [명] **1** 올바르지 않은 그릇된 길. ↔정도(正道). **2** =사교(邪敎)[1].

사ː도[2](使徒) [명] **1** [성] 예수를 따르면서 그의 가르침을 세상에 전한 사람. 특히, 예수가 선택한 열두 명의 제자. **2** 어떤 고귀한 일을 위하여 헌신적으로 힘쓰는 사람을 이르는 말. ¶평화의 ~.

사도[3](師道) [명] 스승으로서의 도리.

사도[4](斯道) [명] 일정한 전문적인 방면의 기예나 도. ¶~의 대가(大家).

사도^세ː자(思悼世子) [명][인] 조선 영조의 둘째 아들(1735~1762).

사ː도-행전(使徒行傳) [명][성] 신약 성서 중의 한 권.

사돈(查頓) [명] **1** 혼인한 두 집안 사이에서, 혼인 당사자를 제외하고 서로 같은 항렬의 상대편 사람을 호칭하거나 지칭하는 말. **2** 혼인으로 말미암아 두 집안 사이에 형성되는 관계. ×사둔.

[**사돈 남 나무란다**] 자기도 같은 잘못이 있으면서, 자기 잘못은 제쳐 놓고 남의 잘못만 나무란다.

사돈의 팔촌 남이나 다름없는 먼 인척.

사돈-댁(查頓宅) [-땍] [명] **1** =안사돈. **2** '사돈집'의 높임말.

사돈-어른(查頓-) [명] 자녀 배우자의 아버지를 높여 호칭 또는 지칭하는 말.

사돈-집(查頓-) [-찝] [명] 서로 사돈이 되는 집. [높]사돈댁.

[**사돈집과 뒷간은 멀어야 한다**] 사돈집이 가까이 있으면 말이 나돌기 쉽고 뒷간은 고약한 냄새가 나므로 멀수록 좋다. [**사돈집 잔치에 감 놓아라 배 놓아라 한다**] 남의 일에 상관없는 자가 끼어든다.

사돈-처녀(查頓處女) [명] 사돈집의 미혼 여자를 이르는 말.

사돈-총각(查頓總角) [명] 사돈집의 미혼 남자를 이르는 말.

사ː동(使動) [명][언] 주체가 제3의 대상에게 동작이나 행동을 시키는 동사의 성질.

사ː-동사(使動詞) [명][언] 남으로 하여금 동작이나 행동을 하도록 함을 나타내는 동사. 용언의 어근에 접사 '-이-, -히-, -리-, -기-, -우-, -구-, -추-' 등이 붙어서 이뤄짐. '먹이다', '깨우다' 따위. ↔주동사.

사둔 [명] '사돈(查頓)'의 잘못.

사-들이다 [동][타] 사서 들여오다. ¶가구를 ~.

사디스트(sadist) [명] 사디즘의 경향이 있는 사람.

사디즘(sadism) [명][심] 변태 성욕의 하나. 성적 대상에게 육체적·정신적 고통을 줌으로써 성적 만족을 얻는 이상 성욕. 흔히 남자에게 많음. =가학애. ↔마조히즘.

사:또 [역] 백성이나 이속(吏屬)이 고을 원을 공대하여 이르는 말. ¶신관 ~.

사뜨-기 [명] 꼴두나 타래버선의 두 쪽을 합쳐 마무를 때, 가장자리를 위아래로 번갈아 걸쳐 도드라지게 꿰매는 바느질.

사라다 (⑨サラダ) [명] <salad> '샐러드'로 순화.

사라사테, 파블로 데 (Sarasate, Pablo de) [명] [인] 에스파냐 태생의 프랑스의 작곡가·바이올리니스트(1844~1908).

사라센^인 (Saracen人) [명] 1 고대 그리스·로마 세계에서의 아라비아 북부의 아라비아 인의 호칭. 2 십자군 시대에, 유럽인이 이슬람교도를 부르던 말.

사라예보 (Sarajevo) [명] [지] 보스니아 헤르체고비나의 수도.

사라지다 [동](자) 1 (현상이나 자취가) 존재하지 않게 되다. ¶햇무리 구름 속으로 ~. 2 (생각이나 감정 따위가) 마음속에 있지 않게 되다. ¶슬픔이 ~. ⓒ스러지다. 3 '죽다①'을 에둘러서 이르는 말. ¶단두대의 이슬로 ~.

사락-사락 [—싸—] [부] 눈 따위가 가볍게 내리는 소리. ¶밤새 눈이 ~ 내렸다.

사:람 [Ⅰ][자명] 1 말과 생각을 할 수 있고, 두 발로 서서 다니며, 사회를 이루어 사는, 지구 상에서 가장 발달한 동물. 또는, 그런 특성을 가진 구체적 개체. ⓗ인간. ¶~은 만물의 영장이다. 2 1을 다른 동물과는 구별되는 존엄한 존재로서 이르는 말. 3 도덕을 알고 덕성을 갖춘 인격체. ¶학문을 하기 전에 먼저 ~이 되어라. 4 일정한 능력과 자격을 갖춘 인물. ¶사람을 구해야 하는데 ~이 없다. 5 어떤 일을 시키거나 심부름을 할 일꾼이나 인원. ¶작업을 하려면 ~이 필요하다. 6 인품의 됨됨이. ¶~이 좋다. 7 최소한 정이 통하고 염치를 아는 존재로서의 인격체. ¶저도 ~인데 양심이 있겠지. 8 이성자(理性的)·도덕적 존재만이 아닌, 감정적이고 욕망을 느끼는 존재. 9 자기 이외의 남을 막연하게 이르는 말. ¶~들의 비난을 받다. 10 '하게' 할 상대를 호칭 또는 지칭 하는 말. ¶이 ~아, 어딜 그리 이제 오나? 11 대화 상대에게 자기 자신을 엄연한 인격체로서 가리켜 이르는 말. ¶아니, ~을 뭘로 보고 이러는 거야? 12 (어떤 지역이나 시대를 나타내는 말 다음에 쓰여) 그 지역이나 때에 태어나거나 살고 있거나 산 자. ¶서울 ~. [2](의존) 인원을 세거나 꼽을 때 사람을 나타내는 단위. ¶한 ~.
[사람 나고 돈 났지 돈 나고 사람 났나] 돈만 알고 사람을 무시하는 사람에게 돈보다 더 귀중함을 일깨우 이르는 말. [사람 위에 사람 없고 사람 밑에 사람 없다] 사람은 본래 태어날 때부터 평등하게 태어났다. [사람은 죽으면 이름을 남기고 범은 죽으면 가죽을 남긴다] 인생의 목적은 좋은 일을 하여 명예로운 이름을 후세에 남기는 데 있다. [사람의 새끼는 서울로 보내고 마소 새끼는 시골로 보내라] 사람은 넓고 큰 곳에서 자라야 견문도 넓어지고 출세할 기회도 많다는 말. [사람 팔자 시간문제] 사람의 팔자는 순식간에 달라질 수도 있다는 말.
사람(을) 잡다 1 사람을 죽이다. 2 남을 극심한 곤경으로 몰아넣다. ¶내가 훔쳤다고? **사람 잡을** 소리 하지 말게.
사람 죽이다 1 사람을 너무 힘들게 만들거나 고통을 느끼게 만들다. ¶시험공부가 **사람 죽이는구나**. 2 **사람**을 황홀할 만큼 매혹하다. ¶이 사진 **사람 죽이네**.

사:람-값 [—깝] [명] 사람으로서의 가치. ¶그만한 나이가 되었으면 ~ 좀 해라.

사:람-대접 (—待接) [명] 사람에게 적합한 예의를 갖춰서 대해 주는 일. **사:람대접-하다** [동](타)

사:람-됨 [—뒴/—뒘] [명] 사람의 됨됨이. ⓗ위인(爲人).

사:람-멀미 [명] 사람이 많은 곳에서 느끼는, 머리가 아프고 어지러운 증세.

사랑¹ [명] 1 이성(異性)의 상대에게서 성적(性的)으로 이끌려 열렬히 좋아하는 마음의 상태. 또는, 그렇게 귀중히 여기는 상대를 가리키기도 함. ⓗ애정. ¶첫 ~ / ~이 싹트다. 2 부모나 스승, 또는 신(神)이나 윗사람이 자식이나 제자, 또는 인간이나 아랫사람을 아끼고 소중히 위하는 마음의 상태. 때로, 자식이나 제자가 부모나 스승을 존경하고 따르는 마음의 상태를 가리키기도 함. ¶내리~. 3 남을 돕고 이해하고 가까이 하려는 마음. ¶~이 없는 메마른 사회. 4 사람이 가치 있는 사물이나 대상을 몹시 아끼고 귀중히 여기는 일. ¶조국에 대한 ~. **사랑-하다** [동](자)(타)
사랑의 보금자리 서로 사랑하는 사람이 만드는 새 가정.

사랑² (舍廊) [명] 집의 안채와 떨어져, 바깥주인이 거처하며 손님을 접대하는 곳.

사랑-니 [이성(異性)에 대한 관심이 많은 시기에 첫사랑을 앓듯 몹시 아프면서 나는 이라는 뜻에서] [명] 17~21세에 입의 맨 안쪽 구석에 나는 어금니.

사랑-방 (舍廊房) [명] 사랑으로 쓰는 방.

사랑-스럽다 [—따] [형](비)<—스러우니, —스러워> (어떤 대상이) 사랑을 느끼게 하는 데가 있다. ¶사랑스러운 어린이. 사랑스레.

사랑-싸움 [명] 주로 젊은 연인들이나 부부 사이에 사랑으로 일어나는, 악의 없는 다툼. **사랑싸움-하다** [동](자)(어)

사랑-양반 (舍廊兩班) [—냥—] [명] 1 남의 남편을 그의 부인 앞에서 일컫는 말. ⓗ바깥양반. 2 전날, 그 집의 남자 주인을 일컫던 말.

사랑-채 (舍廊—) [명] 사랑으로 쓰는 집채.

사래 [명] 묘지기나 마름이 수고의 보수로 얻어서 부쳐 먹는 논밭.

사:레 [명] 잘못 삼킨 음식물이 기도(氣道)로 들어갔을 때 반사 작용으로 튀어 나오면서 기침을 하는 상태.

사:레-들다 [동](자) <—드니, —드오> =사레들리다. ¶사레들겠다, 천천히 먹어라.

사:레-들리다 [동](자) 음식을 잘못 삼켜 기도가 약간 막히면서 반사적으로 기침을 하다. =사레들다.

사려 (思慮) [명] (주로 '사려(가) 깊다'의 꼴로 쓰여) 어떤 일에 대해 여러 가지로 헤아리고 생각하는 것. ¶~가 깊은 사람. **사려-하다** [동](자)(타)

사려-물다 [동](타) '사리물다'의 잘못.

사:력¹ (死力) [명] (주로 '사력을 다하다'의 꼴로 쓰여) 죽기를 각오하여 내는 힘. 또는, 낼 수 있는 최대한의 힘. ⓗ죽을힘. ¶~을 다하여 싸우다.

사력² (沙礫·砂礫) [명] =자갈.

사력³ (社歷) [명] 1 회사의 역사. 또는, 회사 창립 이래의 햇수. 2 입사(入社) 후의 햇수.

사련(邪戀) [명] 떳떳하지 못하거나 도리에 벗어난 남녀간의 사랑. ¶그들 두 ~의 주인공은 결국 함께 자살하였다.

사령[1](司令) [명][군] **1** 군대나 함선 등을 지휘·감독하는 것. **2** 연대급 이상 단위 부대의 일직(日直)·주번(週番)의 책임 장교.

사ː령[2](死靈) [명] 죽은 사람의 영혼.

사ː령[3](使令) [명][역] 조선 시대에 관아에서 심부름 등 천한 일을 맡던 사람.

사령[4](辭令) [명] 임명·해임(解任) 등에 관한 공식적인 발령.

사령-관(司令官) [명][군] 군대나 함대 따위의 지휘·통솔권을 가진 사령부의 장.

사령-부(司令部) [명][군] 사령관이 소속 부대를 지휘·운영하기 위한 본부.

사령-선(司令船) [명][군] =기함(旗艦)[2].

사령-장(辭令狀) [―짱] [명] 임명이나 해임의 내용을 적어 당사자에게 주는 문서.

사령-탑(司令塔) [명] **1** [군] 군함에서 함장이 지휘를 하기 위하여 만들어 놓은, 높은 탑 모양의 장소. **2** 작전·지시 등을 하는 중추부. ¶한국 축구의 ~.

사ː례[1](四禮) [명] 관례(冠禮)·혼례(婚禮)·상례(喪禮)·제례(祭禮)의 네 가지 의례.

사ː례[2](事例) [명] 어떤 일에 관하여 실제로 일어난 낱낱의 사건. ¶성공 ~.

사ː례[3](謝禮) [명] (언행으로나 물품으로) 상대편에게 고마운 뜻을 나타내는 것. 또는, 그 인사. ¶당선 ~. **사ː례-하다** [동][자][타][여] ¶일만 잘 해결해 주시면 후히 **사례하겠습니다.**

사ː례-금(謝禮金) [명] 사례의 뜻으로 주는 돈.

사로-잡다[―따] [동][타] **1** (사람이나 동물을) 산 채로 잡다. ¶토끼를 ~. **2** (어떤 대상이 사람의 마음을) 강한 힘으로 끌리거나 반하게 만들다. ¶그 여자의 빼어난 미모는 뭇 남자의 마음을 **사로잡았다.**

사로잡-히다[―자피―] [동][자] '사로잡다'의 피동사. ¶적에게 ~.

사롱([말]sarong) [명] 인도네시아·말레이시아·폴리네시아·스리랑카 등지에서 남녀 구분 없이 입는, 스커트와 비슷한 의상.

사뢰다[―뢰―/―뤠―] [동][타] 웃어른께 삼가 말씀을 드리다.

사ː료[1](史料) [명] 역사의 연구·편찬에 재료가 되는 문헌이나 유물.

사료[2](思料) [명] 생각하여 헤아리는 것. **사료-하다** [동][타][여] **사료-되다** [동][자] ¶내일 행사에는 많은 사람들이 참여할 것으로 **사료되는바** 철저한 사전 준비가 요망됨.

사료[3](飼料) [명] 가축에게 주는 먹이. [비]먹이. ¶배합 ~.

사ː륙^배ː판/4·6 배판(四六倍判) [―빼―] [명][출] 책 판형의 하나. 사륙판의 2배 크기.

사ː륙-제/4·6제(四六制) [―쩨] [명] **1** 수확한 곡식의 4할은 지주에게 주고, 나머지 6할은 소작인이 차지하는 제도. **2** 이익이나 몫을 어느 한쪽이 4할을 가지고 다른 한쪽이 6할을 가지는 일. ▷삼칠제.

사ː륙-판/4·6판(四六判) [명][출] 책 판형의 하나. 가로 127mm, 세로 188mm의 크기. ▷국판.

사ː륜(四輪) [명] 네 개의 바퀴.

사르다 [동][타][르] 〈사르니, 살라〉 **1** 불에 태워 없애다. ¶향을 ~. **2** 불을 일으켜 붙이다. [비]불사르다. ¶아궁이에 불을 ~.

사르르 [부] **1** 얽히거나 뭉쳤던 것이 부드럽게 풀리는 모양. ¶옷고름이 ~ 풀리다. **2** 얼음이나 눈 따위가 저절로 녹는 모양. ¶봄볕에 눈이 ~ 녹아 없어지다. **3** 졸음이 오거나 살며시 눈을 감거나 뜨는 모양. ¶칭얼대던 아기가 젖을 물더니 어느새 ~ 잠이 들었다. **4** 살며시 순하게 움직이는 모양. ¶방문이 ~ 열리다. [큰]스르르.

사르륵-거리다/-대다[―꺼(때)―] [동][자] (물건이) 조금씩 마찰되거나 매끄럽게 쓸리면서 가볍게 소리를 내다.

사르륵-사르륵[―싸―] [부] 사르륵거리는 소리. **사르륵사르륵-하다** [동][자][여]

사르코지, 니콜라 (Sarkozy, Nicolas) [명][인] 프랑스의 대통령(1955~).

사르트르, 장 폴 (Sartre, Jean Paul) [명][인] 프랑스의 소설가·철학자(1905~1980).

사리[1] [명] [1][자립] 국수·실·새끼 등을 사리어 감은 뭉치. ¶국수 ~. [2][의존] [1]의 뭉치를 세는 단위. ¶냉면 한 ~.

사리[2] [명] [1][자립] 윷놀이에서, '모'나 '윷'을 두루 이르는 말. [2][의존] '모'나 '윷'을 던진 횟수를 세는 단위. ¶모를 두 ~ 치다.

사리[3] [명] =한사리.

사리[4](私利) [명] 사사로운 이익. ↔공리.

사ː리[5](事理) [명] 사물의 이치나 도리. ¶~에 닿지 않는 말.

사리[6](舍利·奢利) [명][불] 부처나 성자(聖者)의 유골. 후세에는 화장한 뒤 나오는 구슬 모양의 것만 가리킴.

사리[7]([힌]sārī) [명] 인도 여성의 민속 의상. 기다란 천을 페티코트와 짧은 윗옷을 입은 위로 허리에 감고, 나머지는 어깨에 두르거나 머리에 덮어씌워 착용함.

사리다 [동][타] **1** (국수나 새끼 따위의 긴 물건을) 헝클어지지 않게 빙빙 둘러서 둥그렇게 포개어 감다. ¶국수를 ~. **2** (뱀 따위가 몸을) 똬리처럼 감다. ¶몸뚱이를 **사린** 구렁이. **3** (몸을) 어떤 일에 적극적으로 임하지 않고 살살 피하며 아끼다. ¶제 몸만 ~. **4** (정신을) 바짝 죄어 가다듬다. ¶마음을 **사려** 먹다. [큰]서리다.

사리-물다 [동][타] 〈~무니, ~무오〉 (이를) 악물다. ×사려물다.

사리불(舍利佛) [명][불] '사리푸트라'의 음역어.

사리-사욕(私利私慾) [명] 사사로운 이익과 욕심. ¶~에 눈이 어두운 비위 공직자.

사리-탑(舍利塔) [명][불] 부처의 사리를 모셔 둔 탑.

사리푸트라(Sāriputra) [명][불] 석가모니의 10대 제자 중 한 사람(?~486 B.C.). 지혜가 가장 뛰어난 제자였음.

사ː림(士林) [명] =유림(儒林).

사ː림-파(士林派) [명][역] 조선 중기에 정치·사회를 주도한 유림(儒林) 세력. 성리학을 정치 원리로 삼고 급진적인 개혁을 추진하여, 훈구파와 대립함. ▷훈구파.

사립[1] [명] '사립문'의 준말.

사립[2](私立) [명] 개인 또는 사법인이 공익의 사업 기관을 세워서 운영하는 일. 또는, 그 기관. ▷공립·관립·국립.

사립-대학(私立大學) [―때―] [명] 개인 또는 사법인이 설립하여 경영하는 대학. ▷국립대학.

사립-문(―門) [―림―] [명] 나뭇가지로 엮어 만든 문. [준]사립. ×싸리문.

사립-학교(私立學校) [―리팍꾜] [명] 개인 또는 사법인이 설립하여 경영하는 학교.

▷공립학교·국립 학교.
사마귀¹ [의] 피부 위에 낟알만 하게 도도록이 돋은 군살.
사!마귀² [명][동] 몸이 길이 7~8cm가량으로 가늘고 길며, 앞다리가 낫처럼 구부러져 벌레를 잡아먹기 편리하게 되어 있는 황갈색 또는 녹색의 곤충. =버마재비.
사마리아(Samaria) [명][성] 팔레스타인에 있었던, 고대 이스라엘 왕국의 수도.
사마천(司馬遷) [명][인] 전한(前漢)의 역사가 (145?~86? B.C.).
사막(沙漠·砂漠) [명][지] 강수량이 적어 식물이 거의 살지 못하고, 자갈과 모래로 뒤덮인 넓은 땅. ¶사하라 ~.
사!망(死亡) [명] (사람이) 죽는 것. 타인의 죽음에 대해 특별히 높이거나 낮추는 뜻이 없이 가장 일반적으로 쓰이는 말임. →숨생. 사!망-하다[동] ¶교통사고로 버스 승객 중 3명이 **사망했다**.
사!망-률(死亡率) [-뉼] [명] 1 어느 특정 인구에 대한 일정 기간의 사망자 수의 비율. 2 병에 걸린 사람에 대한 사망자의 비율.
사!망-자(死亡者) [명] 사망한 사람.
사!면¹(四面) [명] 동서남북 또는 앞뒤 좌우의 네 방면 또는 면. ¶~이 벽으로 막히다.
사!면²(赦免) [명][법] 죄를 사면하여 형벌을 면제하는 것. ¶특별 ~. **사!면-하다**[동] (타)(여) **사!면-되다**[자]
사면(斜面) [명] 수평면에 대하여, 경사진 평면이나 지면(地面). ¶급~.
사!면-초가(四面楚歌) [명] 초(楚)나라의 항우가, 사면을 포위한 한(漢)나라 군사 쪽에서 들려오는 초나라의 노래를 듣고, 초나라 군사가 이미 항복한 것으로 놀랐다는 고사에서, 사면이 모두 적에게 포위되거나, 누구의 지지나 도움도 받을 수 없어 고립된 상태를 이르는 말.
사!멸(死滅) [명] 죽어 없어지는 것. **사!멸-하다**[동] **사!멸-되다**[자] ¶지구 상에서 **사멸된** 동물.
사명¹ 회사의 이름.
사!명²(使命) [명] 마땅히 해야 할 일로서 맡겨진 일. (비)임무. ¶~을 띠다.
사!명-감(使命感) [명] 주어진 임무를 책임 있게 수행하려는 의지나 마음가짐.
사!명당(四溟堂) [명][인] 조선 시대의 승려 (1544~1610).
사모¹(私募) [명][경] 불특정 다수의 대중을 대상으로 하지 않고, 특정 소수의 투자가, 곧 기관 투자가나 특정 개인을 상대로 행하는 증권 모집. ↔공모(公募).
사모²(思慕) [명] 1 이성의 상대를 마음속으로 은근히 또는 애틋하게 생각하고 그리워하는 것. ¶~의 정. 2 (어떤 대상을) 우러러 받들고 따르는 것. **사모-하다**[동] (타)(여) ¶선생님을 마음속으로 ~.
사모³(師母) [명] 목사의 아내.
사모(紗帽) [명] 조선 시대, 문무관이 평상복에 착용하던 모자. 지금은 흔히 전통 혼례식 때 신랑이 씀.
사모-곡(思母曲) [명][문] 작자·연대 미상의 고려 가요의 하나. 아버지보다 어머니의 사랑이 더 크고 지극함을 노래하였음.
사모-관대(紗帽冠帶) [명] 사모와 관대.
사모관대-하다[동] (자)(여) 사모와 관대를 갖추어 격식 있게 예장을 차리다.
사모-님(師母-) [명] 1 남자 선생님의 아내를 높여서 부르거나 이르는 말. 2 남의 아내 또는 윗사람의 아내를 높여서 부르거나 이르는 말. 또는, 기혼 여자를 높여서 부르거나 이르는 말.
사모바르(@samovar) [명] 러시아 전래의 특유한 주전자. 중앙에 상하로 통하는 관이 있어 그 속에 숯불을 넣고 물을 끓임.
사모아(Samoa) [명][지] 남태평양 사모아 제도의 주요부를 차지하는 나라. 수도는 아피아.
사모아^제도(Samoa諸島) [명][지] 남태평양 중앙부에 있는 한 무리의 섬.
사!(私務) [명] 사사로운 개인의 일. ↔공무(公務).
사!무(事務) [명] 회사나 관공서 등에서, 문서를 정리하거나 다루는 일. ¶행정 ~ / ~를 인계하다. ▷업무.
사!무-관(事務官) [명] 국가 공무원의 직급의 하나. 주사(主事)의 위, 서기관의 아래로 5급임.
사!무-국(事務局) [명] 조직·단체 등에서 운영상의 여러 사무를 담당하는 큰 단위의 부서. ¶유엔 ~.
사!무-기기(事務機器) [명] 사무의 합리화와 능률 향상을 위해 쓰는 기계. 복사기·계산기 따위.
사무라이(@侍/さむらい) [명] 일본 봉건 시대의 무사.
사!무-소(事務所) [명] 1 변호사·법무사·공인 회계사 등이 고객을 상대로 업무를 보기 위해 차린 곳. 2 읍·면·동 따위의 민원 행정 업무를 처리하는 곳. 3 관리 업무를 위해 현지에 설치한 말단 기구. ¶출장 ~.
사!무-실(事務室) [명] 사무를 보는 방.
사무엘-기(Samuel記) [명][성] 구약 성서 중의 하나. 상·하 두 권으로 되어 있음.
사!무-용(事務用) [명] 사무를 보는 데 쓰이는 상태. 또는, 그런 목적의 대상.
사!무-원(事務員) [명] =사무직원.
사!무^자동화(事務自動化) [명] 문서나 정보의 작성·보관·전달 등 사무실에서의 작업을 개인용 컴퓨터와 팩스·프린터·팩시밀리 등의 기기를 활용하여 자동화하는 일. =오에이(OA).
사!무-장(事務長) [명] 사무원을 지휘하고 그 사무를 책임지고 관리하는 직위. 또는, 그 직위에 있는 사람.
사!무-적(事務的) [관] 1 사무에 관한 (것). ¶~인 일. 2 무슨 일을 하는 데 진심이나 성의가 없이 기계적이고 형식적인 (것). ¶~인 말투.
사!무-직(事務職) [명] 사무실에서 사무를 보는 직책이나 직업. ▷생산직.
사!무-직원(事務職員) [명] 관청이나 회사 등에서, 일반 사무를 맡아보는 직원. =사무원.
사!무-총장(事務總長) [명] 사무국의 일을 지휘 총괄하는 사람. ¶유엔 ~.
사무치다 [동](자) 1 (어떤 감정이나 생각이 마음속에) 어떤 느낌 등이 깊이 강렬하게 느껴지다. ¶뼈에 **사무치는** 원한. 2 (병·추위·아픔 등이 몸에) 깊은 곳까지 이르러 미치다. ¶형이 골수에 ~.
사문¹(沙門) [불] 출가하여 불도를 닦는 사람, 곧 승려를 이르는 말.
사문²(師門) [명] 1 스승의 집. 2 스승의 문하(門下).
사문-직(斜紋織) [명] =능직.

사¦문-화(死文化) [명] 법령이나 규칙 등이 실제적인 효력을 잃어버리는 것. **사¦문화-하다** [동][자][타][여] **사¦문화-되다** [동][자] ¶ **사문화된** 조항.

사¦물[1](四物) [명] 풍물에 쓰는 네 가지 악기. 곧, 꽹과리·징·북·장구.

사¦물[2](死物) [명] **1** 죽은 생물. ↔활물(活物). **2** 고장이 났거나 처박혀 있거나 돌보지 않아서 실제로 활용하거나 활동하지 못하는 것.

사물[3](私物) [명] 직장이나 학교, 기타 공동생활 공간 등에서, 개인이 사사로이 소유하는 물건을 구별하여 이르는 말.

사¦물[4](事物) [명] 세계에 객관적으로 존재하는 일체의 물체와 현상.

사¦물-놀이(四物―) [―롤―] [명][음] 4명 이상의 사람이 꽹과리·징·장구·북을 가지고 연주하는 일. 또는, 그 음악.

사물-함(私物函) [명] 직장이나 학교 등에서, 개인 소유의 물건을 넣어 두는 함.

사뭇[―묻] [부] **1** 심하게 마구. ¶두려움으로 온몸이 ~ 떨렸다. **2** 내내 끝까지. 또는, 줄곧 한결같이. 어떤 행동이나 상태가 달라지거나 중단되지 않고 계속됨을 나타내는 말임. ¶한 달 동안 ~ 바빴다. **3** 마음에 사무치도록 아주. ¶큰 상을 받게 되어 ~ 기쁘다. **4** 아주 딴판으로. ¶예상과는 ~ 다르다.

사미(沙彌) [명][불] 출가해서 오계와 십계를 지키고 있지만 아직 구족계를 받지 않은 남자 수행자. 행자 다음의 단계로, 구족계를 받으면 비구가 됨.

사미-니(沙彌尼) [명][불] 출가해서 오계와 십계를 지키고 있지만 아직 구족계를 받지 않은 여자 수행자. 행자 다음의 단계로, 구족계를 받으면 비구니가 됨.

사미-승(沙彌僧) [명][불] '사미'를 예비 승려로서 이르는 말.

사미인-곡(思美人曲) [명][문] 조선 선조 때 송강 정철이 지은 가사. 조정에서 물러나 임금을 그리는 정을 간곡하게 읊은 것임.

사바(娑婆) [명] 〔<[범]sabhā〕 **1** [불] 중생이 살고 있는 이 세계. =사바세계·인간계. **2** 군대·감옥·유곽 등에서, 바깥의 자유로운 세계를 속되게 이르는 말.

사바나(savanna) [명][지] 열대·아열대 지방에서 볼 수 있는 건조한 초원. 건계와 우계가 뚜렷하며, 키가 큰 식물이 밀생함.

사바-사바([일]さばさば) [명]〈속〉 아첨하여 특혜를 받거나 뒷거래를 통해 일을 꾸미는 것. **사바사바-하다** [동][타][여]

사바-세계(娑婆世界) [―계/―게] [명][불] =사바**1**.

사¦-박자(四拍子) [―짜] [명][음] 악곡의 한 마디가 네 박자로 된 것.

사¦반-세기(四半世紀) [명] 1세기의 4분의 1. 곧, 25년.

사발(沙鉢) [명] [1][자립] 밥이나 국을 담는 데 쓰이는, 사기로 만든 그릇. 아래는 좁고 위는 넓게 벌어졌으며 굽이 달림. [2][의존] 국이나 밥 등의 분량을 그것이 담긴 사발의 수로 헤아리는 말. ¶국 두 ~.

사발-면(沙鉢麵) [명] 사발 모양의 일회용 용기 속에 든 라면. 또는, 그 용기에 뜨거운 물을 부어 즉석에서 익힌 라면. ▷컵라면.

사발-시계(沙鉢時計) [―계/―게] [명] 사발 모양의 둥근 탁상시계.

사발-통문(沙鉢通文) [명][역] 호소문이나 격문 등을 쓸 때, 누가 주모자인지 알지 못하게 하기 위하여 필두(筆頭)가 없이 관계자의 이름을 사발 모양으로 뻥 돌려 가며 적은 통문.

사¦방[1](四方) [명] **1** 네 방위. 곧, 동·서·남·북의 총칭. **2** 여러 곳. [비]주위. ¶~을 둘러보다.

사방[2](沙防·砂防) [명][건] 산·강가·바닷가 등에서 흙이나 모래가 떠내려가거나 무너져 내리는 것을 막기 위해 나무를 심거나 둑을 쌓거나 하는 일. ¶~ 공사.

사방^정계(斜方晶系) [―계/―게] [명][광] 길이가 다른 세 결정축이 서로 직각으로 만나는 결정계.

사¦방-치기(四方―) [명] 어린이 놀이의 하나. 땅바닥에 네모나 동그라미로 된 칸을 여러 개 그려 놓고, 그 안에서 납작한 돌을 한 발로 차서 차례로 다음 칸으로 옮기다가 정해진 칸에 가서는 그 돌을 발등에 올려놓고 공중으로 띄워 받아 돌아옴.

사¦방-침(四方枕) [명] 팔꿈치를 괴고 비스듬히 기대앉게 된, 네모난 물건.

사¦방-탁자(四方卓子) [―짜] [명] 네 기둥에 네모난 선반이 너덧 층 있는 탁자.

사¦방-팔방(四方八方) [명] 모든 방향이나 방면. ¶~으로 수소문하다.

사¦배(四拜) [명] 네 번 절하는 것. **사¦배-하다** [동][자][여]

사¦범[1](事犯) [명][법] 《주로, 일부 명사 다음에 쓰여》 그 명사가 나타내는 영역에 대한 범죄이거나, 그런 죄를 범한 사람임을 나타내는 말. ¶정치 ~.

사범[2](師範) [명] **1** 유도·태권도·바둑·꽃꽂이 등의 무술이나 기예 등을 가르치는 자격을 가진 사람. ¶태권도 ~. **2** 제한된 문맥에서, '사범학교'를 줄여 이르는 말. ¶경성 ~.

사범^대¦학(師範大學) [명][교] 사범 교육을 실시하는 단과 대학. [준]사대.

사범-학교(師範學校) [―꾜] [명][교] 지난날, 초등학교 교사를 양성하던 교육 기관. 현재는 '교육 대학'으로 개편됨.

사법[1](司法) [명][법] 삼권(三權)의 하나. 분쟁 해결을 위해서 법을 적용하여 그 적법성과 위법성 또는 권리관계를 확정·선언하는 행위. ▷입법·행정.

사법[2](私法) [―뻡] [명][법] 개인 사이의 권리·의무 관계 등 사적 생활상의 법률 관계를 규정한 법. 민법·상법 따위. ↔공법.

사법-관(司法官) [―꽌] [명][법] 사법권의 행사에 관여하는 공무원. 법관을 이르며, 때로는 검찰관까지도 이름.

사법-권(司法權) [―꿘] [명][법] 사법 작용을 행하는 국가 통치권의 하나. 법원이 이를 행함. ▷입법권·행정권.

사법-부(司法府) [―뿌] [명][법] 삼권 분립에 의한 국가 통치 기구의 하나. 소송 절차에 따라 사법권을 행사하는 '법원'을 가리킴. ▷입법부·행정부.

사법^서사(司法書士) [―써―] [명] '법무사'의 구칭.

사법^시험(司法試驗) [―씨―] [명] 판사·검사·변호사·군 법무관이 되려는 사람의 학식·능력을 검정하는 국가시험. [준]사시(司試). ▷고등 고시.

사-법인(私法人) [명][법] 사법(私法)의 적용을 받는 법인. 내부 조직에 따라 사단 법인·재단 법인으로, 목적에 따라 영리 법인·공익 법인으로 나뉨. ↔공법인.

사변¹(事變) 圏 1 선전 포고 없이 일어난 국가 간의 무력 충돌. ¶육이오 ~. 2 전쟁까지는 이르지 않았으나 경찰의 힘으로는 막을 수 없으며 병력을 사용하는 난리.

사변²(思辨) 圏 1 잘 생각하여 사물의 도리를 분별하는 일. 2 [철] 실천이나 경험을 개재시키지 않고, 순수한 사고·이성만으로 사물의 진상을 파악하려고 하는 일. **사변-하다** 圄(자타)여

사변-적(思辨的) 관团 경험이나 실천을 바탕으로 하지 않고 오로지 이론이나 사유에 의한 상태인 (것).

사변-형(四邊形) 圏 [수] =사각형.

사별(死別) 圏 (배우자·부모·자식 등의 가족과) 그 사람이 죽음으로써 이별하는 것. ↔생이별. **사별-하다** 圄(자)(타)여 ¶아내와 ~.

사병¹(士兵) 圏 [군] 부사관의 아래 계급에 속하는 군인을 이르는 말. 곧, 이병·일병·상병·병장의 계급을 가진 군인.

사병²(私兵) 圏 개인이 세력을 펴기 위하여 사사로이 양성·유지하고 있는 병사. ▷관군.

사보(社報) 圏 기업에서 그 회사의 직원이나 그 회사 제품을 구매하는 소비자를 대상으로 하여 발행하는, 잡지나 신문 형태의 간행물. '사내보', '사외보'로 구분하기도 함.

사보타주(⊛sabotage) 圏 =태업1.

사복¹(私服) 圏 학생·군인·경찰 등에게 있어서, 교복이나 제복이 아닌 평상복. ¶~ 경찰. ▷공복·관복. **사복-하다** 圄(자)여 사복을 입다.

사복²(私腹) 圏 사사로운 이익이나 욕심. ¶~을 채우다.

사복-형사(私服刑事) [-보켱-] 圏 범죄 수사나 잠복, 미행 등을 위하여 사복을 입고 근무하는 경찰관.

사본(寫本) 圏 원본을 그대로 베끼거나 기계로 복사하여 만든 책이나 서류. 또는, 그렇게 만드는 것. ¶주민 등록증 ~.

사부¹(師夫) 圏 여선생님을 높여서 부르게 이르는 말. 일반적으로, 접미사 '-님'을 붙여서 높임말로 씀.

사부²(師父) 圏 아버지처럼 우러러 받드는 스승. 일반적으로, 접미사 '-님'을 붙여서 '스승'의 높임말로 씀.

사-부인(査夫人) 圏 '안사돈'의 높임말.

사:부^합주(四部合奏) [-쭈] 圏 [음] 소리의 높고 낮음을 조화시키기 위하여 네 가지의 악기로 하는 합주. 한 성부의 악기가 둘 이상인 경우도 사중주와 다름.

사:부^합창(四部合唱) 圏 [음] 네 성부로 이루어지는 합창. 한 성부에 두 사람 이상인 경우도 사중창과 다름.

사북 圏 1 부챗살·가위다리의 교차한 곳에 박는, 못과 같은 물건. 2 문고리나 배목을 박는 데 튼튼하고 보기 좋게 하기 위해 양쪽에 끼워 넣는 쇠붙이 조각. 3 '가장 중요한 것'의 비유. ¶~ 노릇을 하다.

사:분-기(四分期) 圏 한 기간, 특히 1회계 연도를 4등분한 기간.

사:분-면(四分面) 圏 [수] 1 원의 4분의 1. 2 한 평면을 직교하는 두 직선으로 나누는 네 부분의 하나.

사분사분-하다 麾여 (성질이나 마음이) 부드럽고 상냥하다. ¶사분사분한 말씨.

사:분-오열(四分五裂) 圏 여러 갈래로 찢어지거나 흩어짐. **사:분오열-하다** 圄(자)여 ¶국론이 ~. **사:분오열-되다** 圄(자)여

사:분-음표(四分音標) 圏 온음표의 1/4의 길이를 가지는 음표. 기호는 'ʃ'.

사브르(⊛sabre) 圏 1 펜싱 경기의 한 종목. 베는 것을 주로 하되, 찌르기를 병용하는 것이 특징임. 2 1에서 쓰는 검. 길이 105cm, 무게 500g 이하.

사비(私費) 圏 1 개인이 부담하는 비용. 비자비. ¶~ 유학하다. ↔공비. 2 개인이 사사로이 쓰는 비용.

사:비-성(泗沘城) 圏 [역] 백제의 마지막 수도. 지금의 충남 부여임.

사뿐 昿 소리가 나지 않을 정도로 발을 가볍고 조심스럽게 내디디는 모양. **사뿐-히**¹ 昿

사뿐-사뿐 昿 소리가 나지 않을 정도로 자꾸 가볍게 걷는 모양.

사뿐-하다 麾여 몸과 마음이 가볍고 시원하다. **사뿐-히**² 昿

사사¹(私事) 圏 개인적인 일. 비사삿일. ↔공사(公事).

사사²(師事) 圏 (어떤 사람을) 스승으로 섬겨 가르침을 받는 것. 또는, (어떤 사람에게 무엇을) 스승으로 섬기면서 배우는 것. ▷사숙. **사사-하다** 圄(타)여 ¶소월은 안서 김억에게 시(詩)를 사사했다.

사:사건건(事事件件) [-껀껀-] Ⅰ 圏 모든 일. 또는, 온갖 사건. Ⅱ 昿 일마다. =사사건건이. ¶~ 시비를 걸다.

사:사건건-이(事事件件-) [-껀건-] 昿 =사사건건Ⅱ.

사사-기(士師記) 圏 [성] 구약 성서 중의 한 권.

사사-롭다(私私-) [-따] 麾団 〈-로우니, -로워〉 (어떤 일이) 공적(公的)인 상태에 있지 않고 사적(私的)인 성질을 띠고 있다. ¶사사로운 욕심을 버려라. **사로이** 昿

사:-사분기/4/4分期(四四分期) 圏 일년을 넷으로 나눈 넷째 기간. 곧, 10·11·12월의 석 달 동안을 말함.

사:사-오입(四捨五入) 圏 [수] '반올림'의 구용어. **사:사오입-하다** 圄(타)여

사:산(死産) 圏 죽은 태아를 낳는 것. 특히, 임신 4개월 이후의 경우를 가리킴. **사:산-하다** 圄(타)여

사:산-아(死産兒) 圏[의] 죽어서 나온 태아.

사산^왕조^페르시아(Sasan王朝Persia) 圏 [역] 페르시아의 한 왕조(226~651). 사라센 제국에 멸망됨.

사살(射殺) 圏 (사람이나 동물을) 활이나 총 따위로 쏘아 죽이는 것. **사살-하다** 圄(타)여 ¶적을 ~. **사살-되다** 圄(자)여

사삿-일(私私-) [-산닐] 圏 사사로운 일. 비사사(私事).

사삿-집(私私-) [-사찝/-삳찝] 圏 일반 개인의 살림집. =사가(私家).

사:상¹(史上) 圏 '역사상'의 준말. ¶~ 최대의 비극.

사:상²(四象) 圏 1 '일월성신'의 총칭. 2 음양의 네 가지 상징. 곧, 태양(太陽)·소양(少陽)·태음(太陰)·소음(少陰).

사:상³(死狀) 圏 거의 죽게 된 상태.

사:상⁴(死傷) 圏 죽거나 다치는 것. 또는, 죽음과 부상. **사:상-하다** 圄(자)여

사:상⁵(事象) 圏 관찰할 수 있는 형태로 나

타나는 사물과 현상.

사:상⁶(思想) 명 **1** 사람이 품고 있는 생각이나 견해. ¶~이 건전한 청년. **2** [철] 사물 현상에 대해 판단하고 추리하여 생긴, 체계화된 관념. 또는, 어떤 시대나 지역, 특정 집단이나 개인의 지적 활동의 소산이나 그 내용. ¶서구~.

사:상⁷(捨象) 명 인식 활동에서, 사물을 추상(抽象)할 때 비본질적이거나 우연적인 성질이나 측면을 배제하는 작용. 또는, 어떤 요소를 배제하는 일. ▷추상(抽象).

사:상-하다 团[자)(여)

사:상-가(思想家) 명 사상, 특히 철학 사상에 일가를 이룬 사람.

사:상-계(思想界) [-계/-게] 명 **1** 사상 활동의 분야. 곧, 학술·종교 등의 세계. **2** 학자·종교가 등과 같은 사상가들의 사회.

사상-누각(沙上樓閣) 명 '모래 위에 세운 누각'이라는 뜻) 기초가 튼튼하지 못하여 오래 견디지 못할 일이나 물건의 비유.

사:상-범(思想犯) 명 [사] 사회 체제에 반대하는 사상을 가지고 그 개혁을 꾀하는 행위로 말미암아 성립되는 범죄. 또는, 그런 죄를 지은 사람.

사:상-병(死傷兵) 명 전투에서 죽거나 부상한 병사. ¶많은 ~을 내다.

사상^의학(四象醫學) 명 [한] 사람의 체질을 태양인·태음인·소양인·소음인으로 나누어, 같은 종류의 질병이라도 체질에 따라 다른 약을 써야 한다는 학설. 조선 고종 때의 한의학자 이제마가 주장함.

사:상-자(死傷者) 명 죽은 사람과 다친 사람. ¶화재로 많은 ~가 났다.

사:상-적(思想的) 명 사상을 나타내는 (것).

사:상-전(思想戰) 명 적국(敵國) 국민의 사상을 어지럽히고 전의(戰意)를 잃게 하기 위해 이데올로기 선전 등의 행위.

사상-충(絲狀蟲) 명 =필라리아.

사:색¹(四色) 명 [역] 조선 중기 이후의, 노론·소론·남인·북인의 네 당파. =사색당파.

사:색²(死色) 명 죽을상이 된 창백한 얼굴 빛. ¶~이 되다.

사색³(思索) 명 삶이나 철학적인 문제에 대하여 깊이 생각하고 이치를 찾는 것. ¶~에 잠기다. **사색-하다** 团[자)(여)

사:색-당파(四色黨派) [-땅-] 명 [역] =사색(四色).

사색-적(思索的) [-쩍] 관[명] 사색을 많이 하거나 좋아하는 상태에 있는 (것). ¶우울하고 ~인 소녀.

사:색(死色) 명 죽음과 삶.

사생(寫生) 명 사물을 보고 실제대로 표현하거나 그리는 것. ¶~ 대회. **사생-하다** 团[타)(여)

사:생-결단(死生決斷) [-딴] 명 죽고 사는 것을 돌보지 않고 끝장을 냄. ¶~을 내다. **사:생결단-하다** 团[자)(여)

사:생-아(私生兒) 명 법률상 정식 부부가 아닌 사람 사이에서 태어난 아이.

사생-화(寫生畫) 명[미] 자연이나 사물을 실제로 보면서 그대로 그린 그림. ↔상상화(想像畫).

사:-생활(私生活) 명 개인의 사사로운 생활. ¶신변.

사:서¹(史書) 명 =사기(史記)².

사:서²(司書) 명 도서의 정리·보존 및 열람에 관한 업무 등, 도서관 운영에 필요한 지식과 자격을 갖춘 전문직. 또는, 그 직에 종사하는 사람.

사:서³(四書) 명 유교의 경전인 논어·맹자·중용·대학. ¶~삼경.

사:서(辭書) 명 =사전(辭典). ¶~류.

사:서-삼경(四書三經) 명 사서와 삼경. 곧, 논어·맹자·중용·대학·시경·서경·주역.

사:서-오경(四書五經) 명 사서와 오경. 곧, 논어·맹자·중용·대학·시경·서경·주역·예기·춘추.

사서-함(私書函) 명 [통] '우편 사서함'의 준말.

사석(私席) 명 사사로이 만난 자리. ↔공석(公席).

사:선¹(死線) 명 넘거나 통과하기 위해서는 죽음을 무릅써야 하는 경계선. 또는, 전쟁 등에서의 죽을 고비. ¶~을 넘다.

사선²(私選) 명 개인의 선택 또는 선임. ¶~변호인. ↔국선.

사선³(斜線) 명 **1** 비스듬하게 그은 줄. **2** [수] 한 평면 또는 직선에 수직이 아닌 선. ¶=빗금.

사선^변:호인(私選辯護人) 명[법] 형사 피고인 측에서 선임한 변호인. ↔국선 변호인.

사설¹(私設) 명 개인이 설립하는 것. 또는, 그 시설. ¶~ 학원/~ 도서관. ↔공설.

사설²(私說) 명 한 개인의 학설이나 생각.

사설³(社說) 명 신문·잡지 등에서 그 사(社)의 주장으로 실어 펼치는 논설. ¶~란(欄).

사설⁴(辭說) 명 **1** 지루하거나 짜증이 날 만큼 길게 늘어놓는 말. ¶~을 늘어놓다. **2** [음] =아니리.

사설-시조(辭說時調) 명 **1** [문] 초장·중장·종장 6구 가운데 2구 이상이 평시조보다 길어진 시조. 중장이 길어지는 경우가 많으나 초장과 종장이 길어지기도 하며 3장이 모두 길어지기도 함. 단, 종장 첫 구는 대체로 길어지지 않음. **2** [음] 시조 창법에서, 평시조가 아닌 긴 시조를 얹어 부르는, 엇시조·사설지름 잠가 등의 통칭.

사설-탐정(私設探偵) 명 사사로이 탐정 업무에 종사하는 사람.

사:성¹(四姓) 명 =카스트(caste).

사:성²(四星) 명[민] =사주단자. ¶~이 가다/~을 보내다.

사:성³(四聲) 명[언] **1** 한자의 음을 고저·장단에 따라 나눈 네 가지 음조. 곧, 상성·거성·평성·입성. **2** 중세 국어에서, 상성·거성·평성·입성으로 분류하여 나타낸 네 가지 음조. 중국 한자음을 나타내는 전통적 술어를 우리말에 적용한 것으로, 방점을 찍어서 나타냈음. ▷방점.

사:성-장군(四星將軍) 명[군] 계급장의 별이 네 개인 장군. 곧, 대장(大將).

사:성-점(四聲點) [-쩜] 명[언] =방점1.

사세¹(社勢) 명 회사의 사업이 벌어 나가는 기세. ¶~가 확장되다.

사:세²(事勢) 명 일의 되어 가는 형세. ¶~가 불리하다.

사:세부득이(事勢不得已) 명 일의 형세가 그렇게 하지 않을 수 없어. **사:세부득이-하다** 혱[여]

사-소설(私小說) 명[문] 작가가 자기 신변의 사소한 일상사를 세밀하게 그리거나, 작가 자신의 치부를 적나라하게 드러내는 특성을 가진 소설. 흔히, 일인칭 소설의 형식을 지님. ▷본격 소설·일인칭 소설.
사소-하다(些少-)[혱예] 매우 작거나 적다. 흔하잖다. ¶**사소한** 문제.
사:수¹(死守)[명] 죽음을 무릅쓰고 지키는 것. **사:수-하다**[타여] ¶진지를 ~.
사수²(射手)[명] 대포·총·활 등을 쏘는 사람. ®(名)~.
사수-자리(射手-)[명][천]=궁수자리.
사숙(私淑)[명] (학문이나 예술 등에 뛰어난 인물들을) 홀로 마음속으로 사모하여 그 사람의 저서나 작품 등을 통해 본받아 배우는 것. ▷사사(師事). **사숙-하다**[동][타여] ¶그는 릴케를 **사숙하여** 존재 탐구의 시를 썼다.
사숙²(私塾)[명]=글방.
사숙³(舍叔)[명] 자기 삼촌을 남에게 이르는 말.
사:순-절(四旬節)[명][가][기] 부활 주일 전 40일간의 재기(齋期).
사스(SARS)[명] [Severe Acute Respiratory Syndrome] 고열·기침·호흡 곤란 등의 호흡기 증상을 보이는, 코로나바이러스에 의한 전염병.
사슬[명] 여러 개의 고리를 줄을 이루도록 걸어서 이은 물건. ®쇠사슬.
사슴[명][동] 몸빛은 갈색에 흰 반문이 있고, 수컷의 머리에 나뭇가지 모양의 뿔이 한 쌍 있는 포유동물. 갓 나온 뿔은 '녹용'이라 하여 강장제로 쓰임.
사슴-벌레[명][동] 몸빛은 광택이 나는 흑갈색으로, 큰 턱이 집게 모양으로 갈라져 사슴 뿔과 같은 모양을 한 곤충. 나무줄기에 붙어 나뭇진을 빨아 먹고 삶.
사슴-뿔[명] 사슴의 뿔.
사:시¹(巳時)[명] 십이시의 여섯째 시. 곧, 오전 9시부터 11시까지의 동안.
사:시²(四時)I[명] 춘(春)·하(夏)·추(秋)·동(冬)의 네 철.
II[튀] 사철을 통해 늘. ¶~ 푸른 소나무.
사시³(司試)[명] '사법 시험'의 준말.
사시⁴(社是)[명] 회사나 결사(結社)의 경영상의 주된 방침.
사시⁵(斜視)[명] 양쪽 눈의 시선이 평행하지 않은 병적인 상태. ▷사팔뜨기.
사시-나무[명][식] 잎은 길이 2~6cm의 타원형이며 잎자루가 길어 다른 나무보다 바람에 잘 흔들리는 낙엽 활엽 교목. 목재는 성냥개비·종이 등의 원료로 쓰임.
사시나무 떨듯 몸을 몹시 떠는 모양을 이르는 말.
사:시-도(四時圖)[명] 사철의 풍경을 그린 그림.
사시미(の刺身/さしみ)[명] '생선회(生鮮膾)'로 순화.
사:시-사:철(四時四-)[튀] 어느 계절이나 늘. 또는, 한결같이 언제나. ®사시장철. ¶~ 푸른 나무.
사시-안(斜視眼)[명][의] 양쪽의 시선이 서로 맞추이지 않은 상태에 있는 눈. ▷사팔눈.
사:시-장철(四時長-)[명] 사시의 어느 철이나 늘. ®사시사철.
사시-적(斜視的)[관][명] 대상을 삐딱하게 편견을 가지고 대하는 (것). ¶~인 견해.
사식¹(私食)[명] 교도소나 유치장에 갇힌 사람에게 사비로 들여보내는 음식. ↔관식(官食).
사식²(寫植)[명][출] '사진 식자'의 준말.
사식-기(寫植機)[-끼] [명][출] '사진 식자

기'의 준말.
사신¹(四神)[명][민] 동서남북의 각 방위를 맡은 신으로 여겨지는 네 가지 동물. 곧, 동쪽의 청룡, 서쪽의 백호, 남쪽의 주작, 북쪽의 현무. ®~도(圖).
사:신²(使臣)[명] 임금의 명을 받고 다른 나라에 파견되는 신하. ¶봉명(奉命) ~.
사:실¹(史實)[명] 역사상의 사실(事實).
사:실²(事實) I [명] 1 실제로 또는 객관적으로 있거나 있었던 일이나 현상. ¶~을 바탕으로 한 소설. 2 (주로, 관형절이나 앞의 문장을 받는 관형사 다음에 쓰여) 앞에 서술된 내용이 나타내는 그 일이나 현상이나 상황임을 가리키는 말. ¶그가 찰판이었다는 ~을 아는 사람은 많지 않다. 3 어떤 말이나 내용이 실제의 일이나 현상과 어긋남이 없이 참인 상태. ¶그의 말은 ~이다.
II[튀] 실지에 있어서. 또는, 진실을 말하자면. ®사실상. ¶그 소식을 듣고 ~ 속으로는 무척 놀랐다.
사:실³(寫實)[명] 사물을 있는 그대로 그려내는 것. ¶~ 묘사.
사:실-감(事實感)[명] 사실과 들어맞는, 거짓이 아닌 참의 느낌. ¶전쟁의 비극을 ~ 있게 묘사하여.
사:실-무근(事實無根)[명] 근거가 없는 일. 또는, 전혀 아니란 다른 일. ¶그 소문은 전혀 ~이다. **사:실무근-하다**[혱여]
사:실-문제(事實問題)[명][법] 소송 사건의 심리에 있어서, 사실 관계가 인정(認定)에 관한 일. ↔법률문제.
사:실-상(事實上) I [명] 실제로 있었던 상태. 또는, 현재에 있는 상태.
II[튀] 실제에 있어서. ®사실. ¶이 일은 ~ 끝장난 것이나 다름없다.
사:실-성(寫實性)[-썽] [명] 사실주의적인 특성. ¶이 소설은 흥미로운 소재를 다루고는 있으나 ~이 결여되어 있다.
사:실-적(寫實的)[-쩍] [관][명] 사물을 실지로 있는 그대로 그려 나타내는 경향이 있는 (것). ¶풍경을 ~으로 그리다.
사:실-주의(寫實主義)[-의/-이] [명][예] 19세기 후반에 낭만주의에 대립하여 일어난, 자연이나 현실을 있는 그대로 묘사·재현하려고 하는 예술상의 경향. =리얼리즘.
사실주의-자(寫實主義者)[-의/-이] [명] 사실주의를 주장하는 사람. =리얼리스트.
사:실-혼(事實婚)[명][법] 사실상 부부이면서 법률상으로는 부부로 인정받을 수 없는 혼인. 내연(內緣) 관계 따위.
사심(私心)[명] 사사로운 마음. ¶~을 버리다 / ~ 없이 공무를 집행하다.
사:십(四十) I [주] '마흔'과 같은 뜻의 한자어 계통의 수사. 아라비아 숫자로는 '40', 로마 숫자로는 'XL'로 나타냄.
II[명] '마흔', '마흔째'의 뜻. ¶~ 개.
사:십구공-탄(四十九孔炭)[-꾸-] [명] 49개의 구멍이 있는 연탄.
사:십구-일(四十九日)[-꾸-] [명][불] 사람이 죽고 나서 다음 생을 얻을 때까지의 날수. =칠칠일(七七日).
사:십구일-재(四十九日齋)[-꾸-] [명][불] 사람이 죽은 지 49일 되는 날에 지내는 재. =사십구재.
사:십구-재(四十九齋)[-꾸-] [명][불] =사십구일재.

사:씨-남정기(謝氏南征記) 〖명〗〖책〗 조선 숙종 때 김만중이 한글로 쓴 소설. 숙종이 인현왕후를 폐위시키고 장 희빈을 왕비로 맞아들인 사실을 풍자한 것임.

사악-하다(邪惡-)〖형여〗간사하고 악하다. ¶사악한 마음.

사:안(事案) 〖명〗 법률적으로 문제가 되어 있는 일의 안건. ¶범법(犯法) ~.

사암(沙巖·砂巖) 〖명〗〖광〗 석영이나 장석의 모래알이 굳어서 된 암석.

사:액(賜額) 〖역〗 임금이 사당·서원(書院) 등에 이름을 지어 그것을 적은 현판을 내리는 것. **사액-하다** 〖동(사)여〗 ¶선조가 사액한 도산 서원.

사약(賜藥) 〖역〗 임금이 죄를 지은 신하나 왕족에게 사형의 방법으로 독약을 내리는 것. 또는, 그 약.

사양¹(仕樣) 〖명〗 자동차·기계·건축물 등의 형상·구조·치수·성능·부속물 등에 대한 규정이나 설명. 영어순는 '설명(서)', '품목', '규격'. ¶선택 ~.

사양²(斜陽) 〖명〗 **1** 해질 무렵에 비스듬히 비치는 햇볕. ¶석양. **2** 새로 나타나는 것에 밀려서 남은 것이 점점 몰락해 가는 것. ¶~산업.

사양³(辭讓) 〖명〗 (남이 권유한 것이나 무엇을 하기를) 겸손한 마음으로, 또는 예의를 갖추어 응하지 않거나 받아들이지 않는 것. **사양-하다** 〖동(타)여〗 ¶사양하지 말고 많이 드십시오.

사양-길(斜陽-) [-낄] 〖명〗 새로운 것에 밀려 점점 몰락해 가는 과정이나 방향. ¶~.

사양-서(仕樣書) 〖명〗 '설명서', '시방서(示方書)'로 순화.

사양지심(辭讓之心) 〖명〗 사단(四端)의 하나. 사양할 줄 아는 마음.

사:어(死語) 〖명〗〖언〗 과거에는 쓰였으나 현재는 쓰이지 않게 된 언어. =페어.

사:업(事業) 〖명〗 **1** 일정한 목적과 계획을 가지고 경영되는 지속적인 경제 활동. ¶~을 확장하다. **2** 일정한 목적을 가지고 조직적으로 행해지는 비영리적 사회 활동. ¶자선 ~. **사:업-하다** 〖동(자)여〗

사:업-가(事業家) [-까] 〖명〗 사업을 계획하고 경영하는 사람. 또는, 사업에 능한 사람. ¶자선 ~.

사:업-단(事業團) [-딴] 〖명〗 특정한 공공목적 때문에 특별법에 의해 설립된 특수법인. 나라의 경제 정책이나 사회 정책의 수행을 담당함. ¶방송 ~.

사:업-성(事業性) [-썽] 〖명〗 사업으로서의 가치. ¶~이 떨어지다.

사:업-자(事業者) [-짜] 〖명〗 상업·공업·금융업 및 그 밖의 사업을 영위하는 자.

사:업-장(事業場) [-짱] 〖명〗 사업을 경영하는 장소. 사업자 또는 사용인이 상시 주재하여 거래의 전부 또는 일부가 이루어지는 곳을 뜻함. ¶근로자 5인 이상의 ~.

사:업-주(事業主) [-쭈] 〖명〗 경영하는 사업의 임자 또는 그 자본주.

사:업-체(事業體) 〖명〗 사업하는 기관.

사:에이치ˆ클럽(四H club) 〖명〗 1914년에 미국에서 창설된, 농촌 청소년의 조직. 생활의 개선이나 기술의 개발을 목적으로 함. 4H는 head(두뇌)·hands(손)·heart(마음)·health(건강)의 머리글자를 딴 것임.

사:역(使役) 〖명〗 (사람이나 동물을) 부리어 일을 시키는 것. **사:역-하다** 〖동(타)여〗

사:역-견(使役犬) [-껸] 〖명〗 충실함과 뛰어난 지능·후각·청각 등을 이용하여 인간에게 도움이 되도록 훈련시킨 개. 번견(番犬)·목양견·맹도견·경찰견, 썰매를 끄는 개 등이 있음.

사:연¹(事緣) 〖명〗 어떤 사람이 어떤 행동을 하게 되거나 어떤 상황에 놓이게 된 자세한 사정과 까닭. ¶이게 어찌 된 영문인지 그 ~을 말해 보아라.

사연²(辭緣·詞緣) 〖명〗 편지 글 속에 들어 있는, 하고자 하는 이야기나 내용. ¶애달픈 ~이 담긴 편지.

사열(查閱) 〖명〗 **1** 조사하거나 검열하기 위하여 하나씩 쭉 살펴보는 것. ¶~관(官). **2**〖군〗 부대의 훈련 정도, 사기 등을 열병(閱兵)과 분열을 통하여 살피는 일. **사열-하다** 〖동(타)여〗

사열-식(查閱式) 〖명〗〖군〗 군대 장병을 정렬시키거나 행진시켜 그 사기나 장비를 살피는 의식.

사영(私營) 〖명〗 (기업·단체, 사업 등이) 개인이 운영하는 상태인 것. ↔공영.

-사오-¹ 〖어미〗(선어말) 자음으로 끝나는 용언의 어간이나 어미 '-았/었-', '-겠-' 아래와 'ㄴ(-ㄴ, -나, -니 등)', 'ㄹ', 'ㅁ' 및 모음으로 시작되는 어미 앞에 쓰여, '-으오-'를 더 공손하게 나타내는 선어말 어미. ¶민~니. ▷-사옵--오--으오-.

사:오²(四五) 〖관〗 사나 오. 또는, 사와 오. ¶~ 년.

-사오리까 〖어미〗 선어말 어미 '-사오-'에 어말 어미 '-리까'가 결합하여, '합쇼'할 상대에게 동작이나 상태에 대한 의향을 묻는 뜻을 나타내는 종결 어미. ¶밥을 좀 먹~? ▷-오리까--으오리까.

-사오리다 〖어미〗 선어말 어미 '-사오-'에 어말 어미 '-리다'가 결합하여, '합쇼'할 상대에게 쓰이는 종결 어미. **1** 추측이나 견해를 나타냄. ¶대나무는 남쪽에 많~. **2** 자신의 의향이나 약속을 나타냄. ¶이른새 꼭 갚~. ▷-오리다--으오리다.

-사오이다 〖어미〗 평서형 종결 어미 '-으오이다'의 정중한 말. '-사옵니다'보다 조금 낮은 말로, 역사 소설·사극 등에서 제한적으로 쓰임. ¶밥을 먹~. ⊙-사와다/-소이다.

사오정(沙悟淨) 〖명〗 **1** 서유기에 등장하는, 하천의 괴물. **2** 말귀를 못 알아듣고 엉뚱한 소리를 잘하는 사람. 비유적인 말임.

사옥(社屋) 〖명〗 회사의 건물. ¶~을 신축하다.

-사옵- 〖어미〗(선어말) 자음으로 끝나는 용언의 어간이나 어미 '-았/었-', '-겠-' 아래와 'ㄱ', 'ㄴ(-나이다, -는 등)', 'ㄷ', 'ㅅ', 'ㅈ'으로 시작되는 어미 앞에 쓰여, '-으옵-'을 더 공손하게 나타내는 선어말 어미. ¶았~나이다. ⊙-삽-. ▷-사오--으옵--으옵-.

-사옵니까 [-음니-] 〖어미〗 선어말 어미 '-사오-'와 어말 어미 '-ㅂ니까'가 결합하여, '합쇼'할 상대에게 공손하게 묻는 뜻을 나타내는 종결 어미. ¶무엇 찾~? ▷-오옵니까--으옵니까.

-사옵니다 [-음니-] 〖어미〗 선어말 어미 '-사오-'와 어말 어미 '-ㅂ니다'가 결합하여, '합쇼'할 상대에게 현재의 동작·상태·사실을 공손하게 나타내는 종결 어미. ¶먼

-사읍디까[-띠-] 어미 선어말 어미 '-사오-'와 어말 어미 '-ㅂ디까'가 결합하여, '합쇼'할 상대에게 지난 일을 돌이켜 공손하게 묻는 뜻을 나타내는 종결 어미. ¶그걸 믿~? ▷-으읍디까-읍디까.

-사읍디다[-띠-] 어미 선어말 어미 '-사오-'와 어말 어미 '-ㅂ디다'가 결합하여, '합쇼'할 상대에게 지난 일을 돌이켜 공손하게 묻는 뜻을 나타내는 종결 어미. ¶돈을 안 받~. ▷-으읍디다-읍디다.

사외(社外)[-외/-웨] 명 회사의 외부. 또는, 회사의 구성원이나 관계자가 아닌 사람. ¶~에서의 판촉 활동.

-사외다[-외-/-웨-] 어미 '-사오이다'의 준말. ¶당신의 생각은 내 뜻과 같~. ▷-소이다-.

사외-보(社外報)[-외-/-웨-] 명 기업에서 대외 홍보를 위해 발행하여, 소비자에게 무료로 배포하는 잡지 형태의 간행물. ↔사내보.

사외^이사(社外理事)[-외-/-웨-] 명[경] 기업 경영의 투명성과 공공성을 높이기 위해 외부에서 영입한 비상근 이사.

사외-주(社外株)[-외-/-웨-] 명[경] 기업 외부의 주주에 의해서 소유되고 있는 주식. ↔사내주.

사욕[1](私慾) 명 자기 한 개인의 이익만을 찾는 욕심. ¶사리~.

사욕[2](邪慾) 명 1 그릇된 욕망. 2 =육욕.

사용[1](使用) 명 공용물을 사사로이 쓰는 것. ↔공용. **사용-하다**[1] 동[타][여]

사용[2](使用) 명 1 (물건을) 일정한 목적으로, 또는 본래의 기능에 맞게 쓰는 것. 2 기업에서 사람을 부리는 일. 극히 제한된 문맥에서만 쓰임. ¶~ 중명. **사용-하다**[2] 동[타][여] ¶코르크를 병마개로 ~. **사용-되다** 동[자][여]

사:용-권(使用權)[-꿘] 명[법] 남의 땅이나 물건 등을 사용할 수 있는 권리.

사:용-료(使用料)[-뇨] 명 사용한 값으로 치르는 요금. ¶도로 ~.

사:용-법(使用法)[-뻡] 명 물건이나 시설을 사용하는 방법. ¶사용고지 ~.

사:용-인(使用人) 명 1 물건을 사용하는 사람. =사용자. 2 남에게 부림을 받는 사람.

사:용-자(使用者) 명 1 =사용인1. 2 [법] 근로자를 고용하는 개인이나 법인. 3 [컴] 컴퓨터를 이용하는 사람.

사:용-주(使用主) 명 물건을 쓰거나 사람을 부릴 권리를 가진 사람.

사우(社友) 명 같은 결사 또는 한 회사에서 함께 일하는 동료.

사우나(sauna) 명 대중목욕탕 등에서, 열기나 증기로 공기를 뜨겁게 할 수 있도록 시설한 작고 밀폐된 공간. 또는, 그 안에서 땀을 내는 일.

사우나-탕(sauna湯) 명 사우나 시설이 되어 있는 목욕탕.

사우디아라비아(Saudi Arabia) 명[지] 아라비아 반도 중앙부에 있는 왕국. 수도는 리야드.

사우스다코타(South Dakota) 명[지] 미국 북부의 주.

사우스캐롤라이나(South Carolina) 명[지] 미국 동부의 주.

사운(社運) 명 회사의 운명. ¶신제품 개발에 ~을 걸다.

사운드(sound) 명 음향. 특히, 오케스트라·밴드 등 음악 연주에서 들을 수 있는 음향. ¶비엔나 오케스트라가 펼치는 신비의 ~.

사운드-트랙(soundtrack) 명[영] 영화 필름의 가장자리에 음성·음악·효과음 등이 기록된 부분.

사원[1](寺院) 명 1 [불] '절'을 문어적으로 이르는 말. 2 이슬람교·힌두교 등의 예배소를 이르는 말. ¶이슬람 ~.

사원[2](社員) 명 회사에 근무하는 사람. 🟦회사원. ¶신입 ~.

사:월(四月) 명 한 해의 열두 달 가운데 넷째 달.

사위[1] 명 딸의 남편. [사위 사랑은 장모, 며느리 사랑은 시아버지] 장모는 사위를 아끼고, 시아버지는 며느리를 귀여워하는 일반적인 경향에서 나온 말.

사:위[2](四圍) 명 사방의 둘레. ¶~가 고요하다.

사위[3](許僞) 명 거짓을 꾸며 속이는 것. **사위-하다** 동[자][여]

사위다 자 (모닥불·장작불·화롯불 따위가) 다 타서 꺼지는 상태가 되다.

사위-스럽다[-따] 형비 (~스러우니, ~스러워) 미신적으로 어쩐지 불길하고 마음에 꺼림직하다. **사위스레** 부

사윗-감[-윋깜/-윈깜] 명 사위로 삼을 만한 사람. 🟦며느릿감.

사유[1](私有) 명 개인의 소유. 또는, 그 소유물. ↔공유. **사유-하다** 동[타][여]

사유[2](事由) 명 일의 까닭. ¶~를 묻다.

사유[3](思惟) 명 이성(理性)을 통해 생각하고 이해하고 판단하는 일. 🟦사고. **사유-하다** 동[자][타][여]

사유-권(私有權)[-꿘] 명[법] 개인의 소유로 할 수 있는 권리. ¶~의 침해.

사유-서(事由書) 명 일의 까닭을 적은 문서. ¶~를 제출하다.

사유-지(私有地) 명 개인 또는 사법인이 소유하는 토지. ↔공유지.

사유-화(私有化) 명 (어떤 대상을) 개인의 소유로 하는 일. ▷국유화. **사유화-하다** 동[자][타][여] ¶국유지를 ~. **사유화-되다** 동[자]

사육(飼育) 명 짐승을 먹여 기르는 것. **사육-하다** 동[타][여] ¶토끼를 ~. **사육-되다** 동[자]

사:-육신(死六臣)[-씬] 명[역] 조선 세조 때, 단종의 복위를 꾀하다가 잡혀 죽은 여섯 명의 충신. 곧, 이개·하위지·유성원·유응부·성삼문·박팽년. ▷생육신.

사:육신^사:건(死六臣事件)[-씬-껀] 명[역] 세조 2년(1456)에 성삼문 등이 단종(端宗)의 복위를 꾀하다가 실패하여 일어난 사건. =병자사화.

사육-장(飼育場)[-짱] 명 가축이나 짐승을 먹여 기르는 곳.

사:육-제(謝肉祭)[-쩨] 명[가] 가톨릭 국가에서 사순절 직전의 3일 또는 7일간 행해지는 축제. ↔카니발.

사은(謝恩) 명 은혜를 감사히 여겨 사례하는 것. ¶~ 대매출. **사은-하다** 동[자][여]

사:은-품(謝恩品) 명 기업에서 고객에게 답례로 주는 물건.

사:은-회(謝恩會)[-회/-웨] 명 졸업생이 스승의 은혜를 감사하는 뜻으로 스승을 모시고 베푸는 모임.

사¦의[1](謝意) [-의/-이] [명] 감사하게 여기는 마음. ¶심심한 ~를 표하다.
사의[2](辭意) [-의/-이] [명] 사퇴·사임할 의사. ¶~를 표명하다.
사이 [명] **1** 한 곳에서 다른 한 곳까지, 또는 한 물건에서 다른 한 물건까지의 거리나 공간. [비]간(間). ¶서울과 부산 ~. **2** 어떤 때에서 다른 어떤 때까지의 동안. ¶눈 깜박할 ~. **3** 어떤 일에 들이는 시간적 겨를이나 여유. ¶놀고 있을 ~가 없다. **4** 서로 맺은 관계나 사귀는 정분. ¶친구 ~. [준]새. **사이-하다** [동][타][여] 사이에 두다. ¶ 탁자를 **사이하고** 마주 앉다.
사이공(Saigon) [명][지] '호찌민[2]'의 구칭.
-사이다[1] [어미] 모음이나 'ㄹ' 받침으로 끝나는 동사의 어간에 붙어, '합쇼' 할 상대에게 청유함을 나타내는 종결 어미. ¶과일 좀 드~. ▷-으사이다.
사이다[2](†cider) [명] 〔본뜻은 '사과술'〕 탄산수에 당분과 향료를 섞어 만든, 무색의 청량음료.
사이드^드럼(side drum) [명][음] =작은북2.
사이드-라인(sideline) [명][체] =터치라인.
사이드^미러(side mirror) [명] 자동차 등의 차체 앞쪽 옆면에 다는 거울.
사이드^브레이크(†side brake) [명] =핸드 브레이크.
사이드^스로(←side*arm* throw) [명][체] 야구에서, 투수가 지면과 거의 평행하게 팔을 뻗으며 투구하는 일.
사이드^아웃(side out) [명][체] 테니스에서, 공이 사이드라인 밖으로 나가는 일.
사이드카(sidecar) [명] 오토바이 등의 옆에 달린 운반차. 또는, 그것이 달린 오토바이.
사이렌(siren) [명] 시각이나 경보를 알리기 위하여 소리가 나게 만든 장치.
사이버(cyber) [명] 《주로 일부 명사 앞에 쓰여》 그 대상이나 활동이 인터넷상의 가상공간에 존재하거나 그곳에서 이뤄지는 것임을 뜻하는 말. ¶~ 가수 / ~ 대학.
사이버네틱스(cybernetics) [명][물] 생물의 자기 제어(自己制御)의 원리를 기계 장치에 적용하여, 인공두뇌의 실현과 오토메이션의 개량을 지향하는 과학의 한 분야.
사이버^머니(cyber money) [명] 인터넷상에서 물건을 구입하거나 콘텐츠를 이용하거나 할 때 사용하는 무형의 돈. =전자화폐.
사이버-섹스(cybersex) [명] =가상섹스.
사이버-스페이스(cyberspace) [명][컴] =가상공간.
사이보그(cyborg) [명] 〔cyber*netic*+or*ganism*〕 몸의 일부나 장기 등을 전자 장치나 기계 등으로 개조하여 생리 기능을 크게 강화한 인간.
사¦이비(似而非) [명] 《일부 명사 앞에 쓰여》 겉으로는 비슷하나 본질은 완전히 다른 것. ¶~ 학자 / ~ 종교.
사이-사이 Ⅰ[명] 사이와 사이.
Ⅱ[부] 사이마다. [비]틈틈이. ¶일하면서 ~ 휴식을 취하다.
사이-시옷[-옫] [명][언] 복합 명사 또는 복합 명사에 준할 만한 말의 두 말 사이에서 뒷말의 첫소리가 된소리가 나고 앞말이 모음으로 끝날 때 앞말에 받쳐 적는 시옷. 뒷말의 첫소리가 'ㄴ', 'ㅁ' 또는 모음일 때, 'ㄴ'이나 'ㄴㄴ' 소리가 덧날 경우에도 이에 따름. '촛불', '나뭇잎' 등에서의 'ㅅ'을 이름.
사이-음(-音) [명][음] 원음(原音)을 반음 내리거나 올린 음. 곧, 피아노·오르간의 검은건반의 음. ↔원음.
사이잘-삼(sisal-) [명][식] 용설란과 비슷하게 생겼으나 줄기가 짧고 가시가 없는 열대 식물. 잎에서 채취한 섬유로 그물·밧줄 등을 만듦.
사이-좋다[-조타] [형] 서로 다정하다. ¶ **사이좋은** 친구.
사이즈(size) [명] 옷이나 신발 등의 치수. ¶ 라지(large) ~.
사이-짓기[-짇끼] [명][농] 주되는 작물 사이에 다른 작물을 심어 가꾸는 일.
사이코드라마(psychodrama) [명][심] 환자에게 과제 해결에 필요한 드라마를 즉흥적으로 연기하게 하여, 환자의 억압된 감정·갈등을 표출시킴으로써 적응 장애를 치료하는 기법. =심리극.
사이클(cycle) [명] **1** 일정한 주기로 되풀이하여 순환되는 일. **2** 자전거. 특히, 손잡이 부분이 아래쪽으로 구부러지고 바퀴의 폭이 좁은 자전거. ¶~ 경기.
사이클론(cyclone) [명][기상] 인도양 벵골만과 아라비아 해에 발생하는 강한 열대성 저기압. 태풍과 같은 성질을 지님.
사이클링(cycling) [명] 스포츠나 레크리에이션을 목적으로 자전거를 타고 멀리 나가는 일.
사이클^히트(†cycle hit) [명][체] 야구에서, 타자가 한 게임에서 1루타·2루타·3루타·홈런을 모두 친 경우를 이르는 말.
사이트(site) [명][컴] 어떤 기업·단체·개인 등이 정보를 제공하기 위해 마련해 놓은 인터넷상의 장소. ¶웹 ~ / 무료 ~.
사이판 섬(Saipan-) [명][지] 서태평양 마리아나 제도의 남쪽에 있는 섬.
사이펀(siphon) [명][물] 압력 차를 이용하여 액체를 그 액면보다 높은 곳으로 일단 유도하여 낮은 곳으로 옮기는 구부러진 관. 또는, 그 장치.
사익(私益) [명] 개인의 이익. ↔공익.
사¦인[1](死因) [명] 죽게 된 원인. ¶~ 불명.
사인[2](私人) [명] 개인 자격으로서의 사람. ↔공인(公人).
사인[3](sign) [명] 〔'서명하다', '기호·몸짓'의 뜻〕 **1** 서류나 기타의 것에 자기 이름을 쓰는 일. 또는, 그 글자. ¶영화배우의 ~을 받다. **2** 몸짓·눈짓 등으로 어떤 의사를 전달하는 일. 또는, 그 동작. ¶야구 감독이 타자에게 번트 ~을 냈다. **사인-하다** [동][자][여]
사인[4](sine) [명][수] 삼각 함수의 하나. 직각 삼각형의 한 예각의 대변과 빗변과의 비를 그 각에 대하여 일컫는 말. 기호는 sin.
사¦인-교(四人轎) [명] 앞뒤에 각각 두 사람씩 모두 네 사람이 메는 가마.
사인-펜(†sign pen) [명] 펠트로 된 섬유성 심(心)에 수성 잉크를 넣은 필기도구.
사인-회(sign會) [-회/-훼] [명] 작가나 연예인, 운동선수 등이 자기의 작품을 홍보하거나 팬을 위해 사인을 해 주는 모임. ¶팬 ~.
사¦-일구/4·19(四一九) [명][역] =사일구혁명.
사¦일구^혁명(四一九革命) [-형-] [명][역] 1960년 4월, 학생을 비롯한 국민들이 이

사일로(silo) 명 1 [농] 풋바심 작물이나 목초를 채워 엔실리지를 만들기 위하여 돌·벽돌·콘크리트 등으로 만든 저장 창고. 2 [군] 미사일 발사 장치를 격납하기 위한 지하 설비.

사임(辭任) 명 맡고 있던 직무를 스스로 그만두는 것. **사임-하다** 통[자][타][여] ¶회장 ~.

사잇-길 명 '샛길'의 잘못.

사잇-소리[-이쏘-/-읻쏘-] 명[언] 두 말이 결합하여 한 덩어리를 이룰 때 그 사이에 덧생기는 소리. 뒤의 예사소리가 된소리가 되거나 뒤의 형태소가 'ㅣ', 'ㅑ', 'ㅕ' 등으로 시작될 때에는 'ㄴ' 또는 'ㄴㄴ'이 덧남.

사잇소리^현^상(-現象)[-이쏘-/-읻쏘-] 명[언] 합성 명사에서, 앞의 말의 끝소리가 울림소리이고, 뒤의 첫소리가 안울림 예사소리일 때, 뒤의 예사소리가 된소리로 변하는 일. '냇가'가 [내까], '솜이불'이 [솜니불]로 소리 나는 따위.

사:자¹(死者) 명 죽은 사람.

사:자²(使者) 명 1 명령이나 부탁을 받고 심부름하는 사람. 2 [불] 죽은 사람의 혼을 저승으로 잡아간다는 저승의 귀신.

사자³(獅子) 명[동] 털이 짧고 황갈색이며, 수컷은 머리와 목 주위에 긴 갈기가 있는 포유동물. 초원에 떼 지어 살며, 몸집이 크고 기운이 세어 '백수의 왕'으로 불림. [사자 없는 산에 토끼가 왕 노릇 한다] 잘난 사람이 없는 곳에서 못난 사람이 우쭐거린다.

사자-놀이(獅子-) 명[민] 음력 정월 보름날, 사자탈을 쓰고 춤을 추면서 노는 민속놀이.

사자-자리(獅子-) 명[천] 황도 십이궁의 다섯째 별자리. 큰곰자리와 처녀자리 사이에 있고, 5월 초순에 자오선을 통과함.

사자-좌(獅子座) 명[불] 부처가 앉는 자리. 또는, 고승이나 법사가 설법할 때 앉는 자리.

사자-후(獅子吼) 명 ['사자의 으르렁거리는 소리'라는 뜻] 1 [불] 부처의 설법, 그의 설법에 뭇 악마가 굴복한 데서 온 말임. 2 진리나 정도를 설하여 사설(邪說)을 끊어버리는 것. 3 부르짖는 듯한 열변. ¶ ~를 토하다.

사:잣-밥(使者-)[-자빱/-잗빱] 명 초상난 집에서 죽은 사람의 넋을 부를 때 저승사자에게 대접하는 뜻으로 채반에 담아 놓는 밥.

사:장¹(死藏) 명 (사물을) 활용하지 않고 썩혀 두는 것. ¶재능을 ~시키다. **사:장-하다¹** 통[타][여] **사:장-되다** 통[자]

사장²(私藏) 명 개인이 사사로이 간직하는 일. 또는, 그렇게 간직한 물건. **사장-하다²** 통[타][여] ¶그는 국보급 문화재를 몇 점 **사장하다**.

사장³(社長) 명 1 회사를 대표하는 최고 책임자. ▷대표 이사. 2 ('사장님'의 꼴로 쓰여) 주로 장사하는 사람이 중년 이상의 남자 손님을 과잉으로 공대하여 부르는 말.

사장⁴(査丈) 명 항렬이 높은 사돈. 특히, 자녀 배우자의 조부모나 동기 배우자의 부모를 가리킴. ¶~ 어른.

사장⁵(寫場) 명 1 사진관 안에 사진을 찍는 시설을 갖추어 놓은 곳. 2 사진관의 이름 뒤에 붙어 상호를 이루는 말. ¶극동 ~.

사재(私財) 명 개인의 재산. ¶~를 털어 학교를 짓다.

사재-기(私財-) 명 값이 크게 오를 것을 내다보고 필요 이상으로 사 두는 일. (비)매점(買-). **사재기-하다**.

사-재다 톰 (물건을) 값이 크게 오를 것을 내다보고 필요 이상으로 사 두다. ¶상인들은 명절을 앞두고 제수용품을 **사재었다**.

사저(私邸) 명 개인의 저택. 특히, 고위 관리의 사택. ↔관저.

사:-적¹(史的)[-쩍] 관[명] 역사에 관한 (것). 또는, 역사를 통해 이뤄지는 (것). (비)역사적. ¶~ 고찰.

사:적²(史蹟·史跡) 명 역사적으로 중요한 의미가 있는 곳이나 시설물. 또는, 그 가운데 국가가 문화재로 지정한 곳.

사-적³(私的)[-쩍] 관[명] 개인에 관계된 (것). ¶~인 문제. ↔공적.

사:적⁴(事跡·事蹟) 명 사업의 남은 자취.

사:적-지(史蹟地)[-찌] 명 역사적으로 중요한 사건이나 시설의 자취가 남아 있는 땅.

사전¹(私田)[-쩐] 명[역] 개인 소유의 논밭. ↔공전.

사:전²(事典) 명 사물·사항을 나타내는 말을 모아 일정한 순서로 배열하여 해설을 넣은 책. ¶백과~ (辭典).

사:전³(事前) 명 어떤 일이 있기 전이나 어떤 일을 시작하기 전. ¶~ 승인. ↔사후.

사전⁴(辭典) 명 어휘를 모아 일정한 순서로 배열하여 싣고 각각 그 표기 형태·발음·의미·어원·용법 등을 해설한 책. ¶사서, ¶대~ (-) / 국어~. ▷사전(事典).

사:절¹(使節) 명 나라를 대표하여 일정한 사명을 띠고 외국에 파견되는 사람. ¶외교 ~.

사:절²(謝絶) 명 (요구나 제의를) 받아들이지 않고 물리치는 것. ¶면회 ~ / 외상 ~. **사:절-하다²** 통[타][여]

사:절-단(使節團)[-딴] 명 나라를 대표하여 일정한 사명을 띠고 외국에 파견되는 사람들로 조직된 단체. ¶외교 ~.

사:절-지(四折紙)[-찌] 명 전지(全紙)를 넷으로 접은 크기로 자른 종이.

사정¹(司正) 명 (일을) 다스려 바로잡는 것. ¶~ 위원. **사정-하다¹** 통[타][여]

사정²(事情) 명 1 일의 형편이나 까닭. ¶부득이한 ~. 2 일의 형편이나 까닭을 말하고 뭔가를 간청하는 것. **사:정-하다²** 통[자][타][여] 일의 형편이나 까닭을 말하고 무엇을 간청하다. ¶그는 빚쟁이에게 며칠만 더 참아 달라고 **사정했다**.

사정³(査正) 명 (그릇된 것을) 조사하여 바로잡는 것. **사정-하다³** 통[타][여]

사정⁴(査定) 명 조사·심사하여 결정하는 것. ¶세액 ~. **사정-하다⁴** 통[타][여]

사정⁵(射程) 명[군] =사거리.

사:정⁶(射精) 명[생] (성숙한 남자가) 성적인 흥분이 최고에 달하여 성기의 요도구에서 정액을 내쏟듯이 밖으로 내보내는 것. **사:정-하다⁶** 통[타][여]

사정-거리(射程距離) 명[군] =사거리². ¶~를 벗어나다.

사:정-사정(事情事情) 명 (남에게) 자꾸 사정하는 것. **사:정사정-하다** 통[자][타][여]

¶돈 좀 빌려 달라고 ~.
사:정-없다(事情-) [-업따] 혱 남의 사정을 보봄이 없이 무자비하다. **사:정없-이** 튀 ¶~ 나무라다.
사제¹(司祭) 몡[가] 주교와 신부의 총칭.
사제²(私製) 몡 개인이 사사로이 만드는 것. 또는, 그 물건. ¶~ 폭탄. ↔관제.
사제³(師弟) 몡 스승과 제자.
사제-간(師弟間) 몡 스승과 제자 사이. =사제지간.
사제지간(師弟之間) 몡 =사제간.
사조(思潮) 몡 한 시대의 일반적인 사상의 흐름. ¶문예 ~.
사-조직(私組織) 몡 개인이 사사로이 만든 조직.
사:족(四足) 몡 1 짐승의 네 발. 또는, 그 짐승. 2 '사지(四肢)'를 속되게 이르는 말.
사족(을) 못 쓰다 무엇에 반하거나 혹해 어쩔 줄을 모르다. ¶술이라면 ~.
사족²(蛇足) 몡 ['뱀의 다리'라는 뜻으로, '화사첨족(畫蛇添足)'을 줄인 말] 이미 충분함에도 불구하고 쓸데없이 덧붙인 일이나 내용. ⓑ군더더기. ¶~을 달다.
사:죄(謝罪) 몡 -죄/-줴 지은 죄에 대하여 용서를 비는 일. **사:죄-하다** 톰자타여 ¶자식의 잘못에 대해 정중히 ~.
사:죄-드리다(謝罪-) [-드-/-쥐-] 톰여 '사죄하다'의 객체 높임말. ¶아버님께 제 잘못을 **사죄드립니다**.
사:주¹(四柱) 몡 1 사람이 태어난 연·월·일·시의 네 간지(干支). 운명의 길흉을 점치는 자료가 됨. ¶~를 보다. 2 =사주단자. ¶~를 보내다.
사주²(社主) 몡 회사의 주인.
사주³(使嗾) 몡 (어떤 사람을) 부추겨 부정적인 일을 시키는 것. ¶불순 세력의 ~를 받다. **사:주-하다** 톰타여 ¶살인을 사주한 혐의로 검거되다.
사:주-단자(四柱單子) [-딴-] 몡[민] 정혼한 뒤 신랑의 사주를 적어 신부 집에 보내는 간지(簡紙). =사주·사성(四星).
사:주-팔자(四柱八字) [-짜] 몡[민] 1 사주의 간지가 되는 여덟 글자. 곧, 생년월일시를 갑자년·을축월·병인일·정묘시와 같이 나타내므로, 한 주에 두 글자씩 모두 여덟 글자임. 2 사주에 의해 정해지는 평생의 운세. ¶~가 사납다.
사:중-주(四重奏) 몡 실내악의 하나. 서로 다른 네 개의 독주 악기에 의한 합주. 현악 사중주 따위.
사:중-창(四重唱) 몡[음] 성부(聲部)가 다른 네 명의 가수에 의한 중창.
사증(査證) 몡 [정] 国 어떤 사람이 다른 나라에 가고자 할 때 소지해야 하는, 그 나라의 출입국 관리 기관이 입국을 허가하여 발행한 증서. =비자(visa).
사:지(四肢) 몡 두 팔과 두 다리. ¶~가 멀쩡한 녀석이 허구한 날 놀고먹기만 할 테냐?
사:지(死地) 몡 죽을 지경의 매우 위험한 곳. ¶~에 몰리다.
사지³(寺址) 몡 절터.
사지⁴(沙地·砂地) 몡 =모래땅.
사지⁵(서지〈serge〉²)의 잘못.
사:지곡직(事之曲直) [-찍] 몡 일의 옳고 그름. ¶~를 가리다.
사직¹(司直) 몡 법에 의하여 시비곡직을 가리는 재판관 또는 법관. ¶~ 당국.
사직²(社稷) 몡 '나라' 또는 '조정'을 일컫는 말. ¶종묘 ~이 위태롭다.
사직³(辭職) 몡 맡은 직무를 내놓고 그만두는 것. ¶권고 ~. **사직-하다** 톰자타여
사직-서(辭職書) [-써] 몡 맡은 직무를 내놓고 물러나게 해 줄 것을 청하는 서류. ⓑ사표(辭表).
사직-원(辭職願) 몡 사직할 뜻을 밝히고 허락을 구하는 일. 또는, 그 문서.
사진(寫眞) 몡 필름을 넣은 사진기로 물체를 찍은 뒤에, 그 필름을 이용하여 특수한 종이에 재현한 영상. ¶스냅 ~.
사진-관(寫眞館) 몡 촬영 스튜디오를 갖추고 주로 인물 사진을 찍어 주는 일을 전문으로 하는 업소.
사진-기(寫眞機) 몡 =카메라1.
사진^기자(寫眞記者) 몡 신문사·잡지사 등에서 사진 찍는 일을 하는 기자. =카메라맨.
사진-발(寫眞-) [-빨] 몡 사진을 찍었을 때 얼굴이 사진에 나오는 효과. ¶~이 잘 받는 배우.
사진-사(寫眞師) 몡 사진기로 어떤 대상 (특히, 사람)을 찍어서 사진으로 만들어 주는 일을 직업으로 하는 사람.
사진^섬광^전구(寫眞閃光電球) 몡 실내 또는 야간 사진 촬영에 쓰이는 특수 전구. 속에 알루미늄박(-箔)과 산소가 들어 있어, 전류를 통하면 순간적으로 연소하여 강렬한 빛을 냄.
사진^식자(寫眞植字) [-짜] 몡[출] 사진 식자를 인화하여 필름에 직접 글자를 잔 작식 하는 일. =사식.
사진^식자기(寫眞植字機) [-짜-] 몡[출] 활자를 쓰지 않고, 음판(陰板)으로 되어 있는 유리 문자판의 조작에 의하여 활자를 하나씩 필름이나 인화지에 촬영하여 문자 조판을 하는 기계. ⓑ사식기.
사진-작가(寫眞作家) [-까] 몡 예술 사진을 전문으로 찍는 일에 종사하는 사람.
사진-첩(寫眞帖) 몡 사진을 붙여 보존하기 위해, 여러 장의 두꺼운 종이를 한쪽으로 엮어 책처럼 만든 물건. =앨범.
사진-틀(寫眞-) 몡 사진이나 그림을 끼워 넣어, 벽에 걸거나 책상머리에 세워 놓고 보는 틀.
사:진-차원(四次元) [수] 공간의 3차원에 시간을 더한 차원.
사찰¹(寺刹) 몡 '절'을 문어적으로 이르는 말. ¶대(大) ~.
사찰²(査察) 몡 어떤 일이 규정에 따라 준수되고 있는지를 조사·확인하는 것. ¶세무(稅務) ~. **사찰-하다** 톰타여
사창-가(私娼街) 몡 당국의 허가 없이 창녀들이 매음 행위를 하는 집이 몰려 있는 거리. ⓑ텍사스.
사채¹(私債) 몡 공인된 금융 기관이 아닌, 개인에게서 빌려 쓰는 빚. ↔공채(公債).
사채²(社債) 몡[법] 주식회사가 사업에 필요한 자금을 조달하려고 모집하는 채무. =회사채.
사채-놀이(私債-) 몡 비교적 많은 자금을 운용하여 벌이는 돈놀이.
사:천-왕(四天王) 몡[불] 사방을 지켜 불법에 귀의한 중생을 수호하는 네 신. 동의 지국천왕, 남의 증장천왕, 서의 광목천왕, 북의 다문천왕을 가리킴.
사:-철(四-) I 몡 봄·여름·가을·겨울의 네 철. =사계·사계절. ⓑ사시. ¶사시~

Ⅱ부 어느 시절을 막론하고 늘. ¶~ 푸른 나무.

사철-나무(四-) [-라-] 명[식] 잎이 타원형으로 두껍고 광택이 있으며, 가을에 작고 둥근 열매가 빨갛게 익는 상록 관목. 정원수나 울타리용으로 흔히 심음.

사체¹(死體) 명 사람 또는 그 밖의 동물의 죽은 몸. 﨎시체. ¶~ 부검.

사체²(斜體) 명[출] 1 활자 또는 사진 식자에서, 오른쪽 또는 왼쪽으로 비스듬히 기운 자체(字體). 2 =이탤릭체.

사초¹(史草) 명[역] 사관(史官)이 기록하여 둔 사기(史記)의 초고(草稿).

사초²(莎草) 명 무덤에 떼를 입혀 잘 다듬는 것. **사초-하다** 자타여 ¶선산에 ~.

사:촌(四寸) 명 아버지의 친형제의 아들·딸. 같은 항렬이며, 할아버지가 같음.
[사촌이 땅을 사면 배가 아프다] 남이 잘 되는 것을 매우 시기함을 일컫는 말.

사추-기(思秋期) 명 인생에서 새로이 정신적·육체적 변화를 겪는 중년의 시기. '사춘기'라는 말을 본떠 만든 신조어임.

사춘-기(思春期) 명 신체적·정신적으로 아동의 시기를 지나 청년기로 옮아가는, 13〜17세가량의 시기. ¶~의 소녀.

사출(射出) 명 (액체·가스·탄알 따위를) 쏘아 내보내는 것. **사출-하다** 타여
사출-되다 자여

사취(詐取) 명 (남의 것을) 거짓으로 속여서 빼앗는 것. **사취-하다** 타여

사치(奢侈) 명 쓸쓸이나 치레를 지나칠 만큼 호화롭거나 고급스럽게 하는 것. ¶~풍조. 사치에 ⇨사치하다.

사치-스럽다(奢侈-) [-따] 형비 ⟨~스러우니, ~스러워⟩ 사치한 데가 있다. ¶사치스러운 옷차림. **사치스레** 부

사치-품(奢侈品) 명 생활의 필요 정도에 넘치거나 분수에 지나친 물품.

사치-하다²(奢侈-) 형여 쓸쓸이나 치레가 분수에 지나치다. ¶사치한 생활.

사:칙(四則) 명[수] 덧셈·뺄셈·곱셈·나눗셈의 네 가지 법칙.

사친이효(事親以孝) 세속 오계의 하나, 어버이를 효로써 섬기라는 말.

사칭(詐稱) 명 부당한 이익을 얻기 위하여 이름·직업을 거짓으로 속여 말하는 것. **사칭-하다** 자타여 ¶경찰을 ~.

사카린(saccharin) 명[화] 인공 감미료의 하나. 무색 반투명의 결정. 단맛이 매우 강하여 설탕 대용품으로 쓰임.

사쿠라(櫻/さくら) 명 1 '벚나무', '한통속'의 뜻 2 ⟨속⟩ 변절한 사람. 특히, 여당과 은밀히 야합하는 야당 정치인을 가리킴. ¶~ 없애기.

사타구니 명 '살'을 낮추어 일컫는 말.

사탄(Satan) 명 ['적대자(敵對者)'라는 뜻] [성] 악마. 또는, 악마의 우두머리. 하느님과 대립하는 악(惡)을 인격화한 것임. =사단.

사탑¹(寺塔) 명 절에 있는 탑.

사탑²(斜塔) 명 한쪽으로 비스듬히 기울어진 탑. ¶피사(Pisa)의 ~.

사탕(沙糖*·砂糖*) 명 ['糖'의 본음은 '당'] 엿이나 설탕을 끓여 여러 가지 모양으로 만든, 달고 단단한 과자. ¶알~.

사탕-무(沙糖*-) 명[식] 잎은 긴 타원형으로 두껍고, 뿌리는 무와 비슷하며 단맛이 있어 즙을 내어 설탕을 만드는 두해살이풀. 열대 및 아열대 지방에서 재배함.

사탕-발림(沙糖*-) 명 달콤한 말로 비위를 맞추어 살살 달래는 것. 또는, 그 말이나 짓. ¶~에 넘어가다. **사탕발림-하다** 자여

사탕-수수(沙糖*-) 명[식] 줄기에서 짠 즙으로 설탕을 만드는, 수수와 비슷한 여러해살이풀. 열대 및 아열대 지방에서 재배함.

사태¹ 명 소의 오금에 붙은 고깃덩이. 곰국거리로 쓰임. ¶~찜.

사태²(沙汰) 명 1 높은 언덕이나 산비탈 또는 쌓인 눈 따위가 무너져 내려앉는 일. ¶눈[산]~. 2 사람이나 물건이 한꺼번에 많이 쏟아져 나오는 일의 비유. ¶시장에 수박 ~가 났다.

사:태³(事態) 명 벌어진 일의 상태. 또는, 일의 되어 가는 형편. ¶비상~.

사택(舍宅) 명 기업체나 기관에서 근무하는 직원을 위하여 그 기업체나 기관에서 지은 살림집.

사택(社宅) 명 주로 사원들의 살림집으로 쓰기 위하여 회사에서 마련한 집.

사탸그라하^운:동(Satyagraha運動) [사탸는 '진리', 그라하는 '장악'이라는 뜻] 인도의 마하트마 간디와 그의 추종자들이 영국에 대한 투쟁으로 벌인 비폭력 저항 운동.

사토(沙土·砂土) 명 =모래흙.

사통(私通) 명 (부부가 아닌 남녀가) 몰래 정을 통하는 것. **사통-하다** 자타여

사:통-팔달(四通八達) [-딸] 명 어떤 지역이나 길이 사방팔방으로 통함. **사:통팔달-하다** 자여

사퇴(辭退) [-퇴/-퉤-] 명 (어떤 일을) 그만두고 물러서는 것. ¶총~. **사퇴-하다** 자여 ¶장관 직을 ~.

사퇴-서(辭退書) [-퇴-/-퉤-] 명 어떤 직책에서 물러나겠다는 뜻을 적은 문서.

사:투(死鬪) 명 죽을힘을 다하여 싸우는 것. ¶적과 ~를 벌이다.

사:투리 명 어느 지방에서만 쓰이는, 표준어가 아닌 말. 﨎방언.

사특-하다(邪慝-) [-트카-] 형여 요사스럽고 간특하다.

사파리(safari) 명 아프리카에서 야생 동물을 관찰·탐사하거나 사냥하면서 하는 여행.

사파이어(sapphire) 명 =청옥(靑玉).

사:팔-눈 [-눈] 명 사팔뜨기의 눈. 곧, '사시안'을 얕잡아 이르는 말임. ▷사시안.

사:팔-뜨기(斜-) 명 '사시(斜視)인 사람'을 얕잡아 이르는 말. 또는, '사시인 사람'을 얕잡아 이르는 말. ▷사시.

사포(沙布·砂布) 명 금강사나 유리 가루 등을 발라 붙인 천이나 종이. 물체의 거죽을 반드럽게 하거나 녹을 닦는 데 쓰임. =샌드페이퍼.

사포닌(saponin) 명[화] 식물계에 널리 존재하는 배당체의 비당(非糖) 부분이 여러 고리 화합물로 이루어진 것의 총칭.

사폭(邪幅) 명 남자 한복 바지의 허리와 마루폭 사이에 잇대어 붙이는 네 쪽의 천.

사표¹(師表) 명 학식과 덕행이 높아 모범이 될 만한 사람. ¶백범 김구 선생이야말로 겨레의 ~이시다.

사표²(辭表) 명 사임의 뜻을 적은 서면. 﨎사직서. ¶~를 수리하다.

사피즘(sapphism) 명 [그리스의 여류 시

인 사포(Sappho)와 그녀의 미녀 문하생들이 즐겼다는 데서] 여자끼리의 동성애.
사:필귀정(事必歸正) 圀 모든 일은 반드시 바른 데로 돌아감.
사:-하다(赦-) 圀(타어) (허물이나 지은 죄를) 탓하거나 벌하지 않고 용서하다. ¶죄를 ~.
사하라^사막(Sahara沙漠) 圀[지] 아프리카 북부의 대부분을 차지하는, 세계 최대의 사막.
사하로프, 안드레이 드미트리예비치(Sakharov, Andrei Dimitrievich) 圀[인] 소련의 물리학자·인권 운동가(1921~1989).
사:학¹(史學) 圀 '역사학'의 준말. ¶~자.
사학²(私學) 圀 1 개인이 세운 교육 기관. — 재단. 2 [역] 고려 시대의 사설 교육 기관. 구재 학당·문헌공도 따위. ↔관학.
사학³(邪學) 圀 [역] 조선 시대에, 성리학을 숭상하는 사람들이 천주학을 요사스러운 학문이라 하여 배척하며 이르던 말.
사학⁴(斯學) 圀 이 학문. 그 방면의 학문. ¶~의 권위자.
사:학-가(史學家) [-까] 圀 역사학을 연구하는 사람.
사:-한국(四汗國) 圀[역] 칭기즈 칸이 네 아들에게 분봉(分封)한 4개의 변경 국가. 곧, 킵차크한국·차가타이한국·오고타이한국·일한국.
사할린(Sakhalin) 圀[지] 러시아의 동부에 있는 섬.
사:항(事項) 圀 1 여럿으로 벌인 하나하나의 내용이나 항목. =항(項). 2 [한정하는 말 다음에 쓰여] 그것을 해야 할 내용이나 일. ¶주의 ~ / 지시 ~.
사:해¹(四海) 圀 1 사방의 바다. 2 온 세상.
사:해²(死海) 圀[지] 아라비아 반도 북서부에 있는 호수. 염분이 많아 생물이 살지 못함.
사:해-동포(四海同胞) 圀 =사해형제.
사:해-형제(四海兄弟) 圀 [사해 안에 있는 사람은 모두 형제라고 한 데서] 세상의 사람이 다 형제와 같다는 뜻으로, 친밀함을 이르는 말. ~하다.
사행(蛇行) 圀 뱀처럼 구불구불 휘어서 가는 것. 사행-하다(巫어).
사행-심(射幸心) 圀 요행을 바라는 마음. ¶~을 조장하다.
사향(麝香) 圀 사향노루의 수컷에서 얻어지는 향료. 흑갈색 가루이며 향기가 강함. 강심제·각성제 등의 약재로 쓰임.
사:향-노루(麝香-) 圀 사슴의 한 종류로, 몸빛이 짙은 갈색이며 암수 모두 뿔이 없는 포유동물. 수컷의 배 부분에 있는 향 주머니에 사향이 들어 있음.
사헌-부(司憲府) 圀[역] 고려·조선 시대, 나라의 정사를 논의하고, 관리의 비행을 조사·규탄하며, 풍속을 바로잡던 관아.
사:혈(死血) 圀[한] 타박상 등으로 몸속에 고여 있거나 기의 흐름이 정체되어 제대로 순환되지 않고 있는 피. ㊀죽은피. ▷ 死
사:형(死刑) 圀[법] 수형자(受刑者)의 목숨을 끊는 형벌. 우리나라의 현행법은 교수형으로 집행함. ¶~ 선고. **사:형-하다** 몸(타여) **사:형-되다** 圀

사형²(私刑) 圀 법률에 의하지 않고 개인이나 사적 단체가 사사로이 범죄자 등에 가하는 제재(制裁). ㊉린치.
사형³(師兄) 圀 1 나이나 학덕이 자기보다

높은 사람을 높여 이르는 말. 2 [불] 한 스승 밑에서 불법을 배우는 선배.
사형⁴(詞兄) 圀 친구로 사귀는 학자나 문인끼리 서로 존경하여 부르는 호칭.
사:형-수(死刑囚) 圀 [법] 사형 선고를 받은 죄수.
사:형-장(死刑場) 圀 [법] 사형을 집행하는 장소. ㊉형장.
사:화(士禍) 圀 [역] 조선 시대에, 조정의 신하나 선비들이 반대파에게 몰려 참혹한 화를 입은 사건. ¶기묘[을사] ~.
사:-화산(死火山) 圀[지] 구조나 암질(巖質)로 보아 화산임이 인정되지만, 역사상의 활동 기록이 없는 화산. ↔활화산.
사:환(使喚) 圀 회사·관청 등에 고용되어 잔심부름을 해 주는 사람. 현재는 거의 사용되지 않는 말임. ㊉급사.
사:활(死活) 圀 죽기와 살기라는 뜻으로, 어떤 중대한 문제를 생사(生死)에 비유하여 이르는 말. ¶회사의 ~이 걸린 사업.
사회¹(司會) [-회] 圀 1 회의나 의식 등을 진행하는 것. 2 '사회자'의 준말.
사회²(社會) [-회/-훼] 圀 1 공동생활을 영위하는 인간의 조직화된 집단생활의 총칭. ¶~에 공헌하다. 2 같은 종류의 생물 개체 간의 상호 관계나 그것들의 집합. ¶꿀벌의 ~. 3 같은 부류의 집단. ¶상류 ~. 4 학생·군인·죄수 등이 자기가 속하고 있는 영역 이외의 생활 영역을 이르는 말. ㊉세상. ¶바깥 ~.
사회의 목탁 세상 사람들을 일깨우고 이끄는 일. 또는, 그 일을 하는 존재. ¶신문은 사회의 감시자이자 ~으로서의 구실을 다해야 한다.
사회^계:약설(社會契約說) [-회계-설/-훼계-설] 圀[사] 사회 및 국가의 기원에 관한 학설. 사회 성립의 근거는 그 구성원인 개인이 자유 평등한 자격으로 합의한 계약에 있다고 하는 학설.
사회^과학(社會科學) [-회-/-훼-] 圀 사회 현상을 실증적 방법에 의해 분석하여, 그 객관적 법칙을 명확히 하려는 학문의 총칭. 정치학·경제학·법학·교육학·통계학 따위. ▷인문 과학·자연 과학.
사회-권(社會權) [-회꿘-훼꿘] 圀[법] 국민이 생존하기 위해 국가에 대하여 일정한 공공적(公共的)인 배려를 요구할 권리. 교육을 받을 권리, 근로의 권리, 근로자의 단결권 따위. ㊉자유권.
사회-단체(社會團體) [-회-/-훼-] 圀 사회 문제의 해결이나 사회 운동을 목적으로 하는 단체.
사회-면(社會面) [-회-/-훼-] 圀 신문에서 사회에 관한 기사를 싣는 지면.
사회^문:제(社會問題) [-회-/-훼-] 圀 사회 제도나 사회 구조의 결함·모순으로 말미암아 생기는 여러 문제. 실업 문제·주택 문제·인구 문제·교통 문제 따위.
사회^보:장(社會保障) [-회-/-훼-] 圀 [사] 국민의 질병·실업·노령 등으로 생기는 생활상의 여러 문제를 국가가 제도적으로 해결하여 국민의 생존권을 보장하는 일. ¶~ 제도.
사회-복지(社會福祉) [-회-찌/-훼-찌] 圀[사] 사회 구성원들이 사회 제도를 통하여 의식주 등의 기본적인 욕구를 충족시킬 수 있도록 도움을 제공하는 사회적 활동의 총체.
사회-봉사(社會奉仕) [-회-/-훼-] 圀

사회의 이익이나 복지를 위하여 노동력이나 금품 등을 제공하는 행위.
사회-부(社會部)[-회-/-훼-] 명 신문사 등에서, 사회 문제의 기사를 다루는 부서.
사회-사업(社會事業)[-회-/-훼-] 명 [사] 개인 또는 단체에 의하여 행해지는 사회 공중의 생활 개선·보호 교화 등 사회 복지에 관한 사업. ¶-가(家).
사회-상(社會相)[-회-/-훼-] 명 사회의 양상이나 실태. ¶1950년대의 한국 ~.
사회-생활(社會生活)[-회-/-훼-] 명 [사] 여러 형태의 사람들이 집단적으로 모여서 질서를 유지하며 살아가는 공동생활. 2 [생] 많은 수의 생물이 모여서 일을 맡아 하며 공동생활을 영위하는 일.
사회-성(社會性)[-회성/-훼성] 명 1 집단을 만들려서 생활하려는, 인간의 기본적 성향. 2 남과의 관계나 집단생활을 잘해 나가는 소질이나 능력. (비)사교성.
사회-악(社會惡)[-회-/-훼-] 명 사회가 가진 모순에서 발생하는 해악. 빈곤·범죄·도박·매음 따위. ¶-을 일소하다.
사회^운동(社會運動)[-회-/-훼-] 명 [사] 사회의 변혁·개량을 위하여, 또는 어떤 사회 문제의 해결을 위하여 의식적으로 행하는 집단 운동. 노동 운동·농촌 운동 따위.
사회-의식(社會意識)[-회-/-훼-] 명 [사] 사회의 구성원이 공통으로 가지고 있는 사고 감정·의지·능의 총체. 도덕·관습·이데올로기·계급의식 따위.
사회-인(社會人)[-회-/-훼-] 명 [사] 1 사회를 구성하는 사람. 2 학생에 대해, 직업을 가지고 사회 활동을 하는 사람을 이르는 말. ¶학교를 졸업하고 ~이 되다.
사회-자(司會者)[-회-/-훼-] 명 사회를 맡아보는 사람. (준)사회.
사회-장(社會葬)[-회-/-훼-] 명 사회에 끼친 공로가 큰 사람이 죽었을 때, 모든 사회단체가 연합하여 지내는 장사.
사회-적(社會的)[-회-/-훼-] 관·명 사회에 관계되거나 사회의 성격을 띤 (것).
사회-주의(社會主義)[-회-의/-훼-이] 명 사유 재산 제도를 폐지하고, 생산 수단의 사회적 공유를 통하여 이상적인 평등 사회를 실현하려는 사상 또는 운동.
사회-학(社會學)[-회-/-훼-] 명 인간의 공동생활에 관한 현상이나 사회의 조직·구성의 특징 등을 연구하는 학문.
사회-화(社會化)[-회-/-훼-] 명 1 인간이 기성 사회에 동화(同化)해 가는 일. 2 사적(私的)인 존재나 소유를 공적(公的)인 존재나 소유로 바꾸어 가는 일. **사회화-하다** 자(재)여 **사회화-되다** 자(자)

사:후¹(死後) 명 죽은 후. ¶~의 세계. ↔ 생전.
[**사후 약방문**] 이미 그르친 일을 뒤늦게 돌이키려고 헛되이 노력하는 상태를 비웃어 이르는 말.
사:후²(事後) 명 어떤 일이 발생하거나 끝난 뒤. ¶~ 처리. ↔사전(事前).
사:후^경직(死後硬直) [의] 죽은 후, 근육이 화학 변화에 의하여 경직하는 일.
사훈(社訓) 명 사원이 지켜야 할 회사의 방침.
사흘-날[-흔-] 명 (초(初)가 붙거나 단독으로 쓰여, 또는 열·스무 다음에 쓰여) 각각 어느 달의 3일·13일·23일임을 나타내는 말.
사흘 명 1 하루가 세 번 있는 시간의 길이. 곧, 세 날. 2 (초(初)·열·스무 다음에 쓰여) 각각 어느 달의 3일·13일·23일임을 고유어로 나타내는 말.
사흘이 멀다 하고 어떤 일의 도수가 몹시 잦음을 이르는 말. ¶~ 지각을 하다.
삭¹ 뷔 1 칼이나 가위로 종이나 헝겊 따위를 단번에 베거나 써는 소리나 모양. 2 거침없이 밀거나 쓸어 나가는 모양. 3 조금도 남김없이 모두. (은)석. (센)싹.
삭²(朔) 명 1 (합삭'의 준말. 2 (의존) 달수를 나타내는 말. (비)개월. (팔) ~.
삭감(削減)[-깜] 명 (예산이나 비용, 물량 등을) 깎아서 줄이는 것. **삭감-하다** 타(재) ¶경비를 ~. **삭감-되다** 자(자)
예산이 ~.
삭다[-따] 자(자) 1 (고체로 된 물체가) 오래되어 본바탕이 변하여 외부의 힘에 쉽게 부서지거나 찢어지거나 조각이 나는 상태가 되다. ¶비에 **삭은** 밧줄. 2 (김치나 젓갈 따위의 음식물이) 발효하여 맛이 들다. ¶젓갈이 ~. 3 (먹다 남은 음식물이) 사람의 침의 작용으로 풀어지거나 묽어지다. 먹다 남긴 팥죽이 **삭아서** 못 먹게 되었다. 4 (음식물이) 배 안에서 소화되어 내려가다. ¶먹어면 먹은 밥이 아직 **삭지** 않았다. 5 (긴장이나 화가) 가라앉아 풀리다. ¶분이 ~. 6 (사람의 얼굴이나 몸이) 싱싱한 기운을 잃다. ¶고생을 해서 얼굴이 많이 **삭았다**.
삭막-하다(索莫-·索寞-·索漠-) [상마카-] 형여 1 (어느 곳이) 텅 비거나 폐허가 되어 쓸쓸하다. ¶**삭막한** 겨울 들녘. 2 정을 나눔이 없이 메마르다. ¶**삭막한** 인정세태.
삭망(朔望·朔朢)[상-] 명 음력 초하룻날과 보름날.
삭발(削髮)[-빨] 명 1 머리털을 박박 깎는 것. 또는, 그 머리. 2 출가(出家)하여 승려가 되는 것. **삭발-하다** 자(자)여
삭발-식(削髮式)[-빨-] 명 머리를 박박 깎는 의식(儀式).
삭-삭[-싹] 뷔 1 종이나 헝겊 따위를 거침없이 자꾸 베어 나가는 모양. 또는, 그 소리. ¶종이를 ~ 오리다. 2 거침없이 자꾸 가볍게 쓸거나 밀거나 비비거나 하는 모양. 또는, 그 소리. ¶두 손을 ~ 비비며 용서를 빌다. 3 조금도 남김없이 모두. ¶밥을 ~ 긁어먹다. (은)석석. (센)싹싹.
삭신[-씬] 명 몸의 근육과 뼈마디. ¶~이 쑤신다.
삭월-세(朔月貰) 명 '사글세'의 잘못.
삭-이다 자(타) '삭다4·5'의 사동사. ¶분을 ~.
삭정-이[-쩡-] 명 살아 있는 나무에 말라 죽은 채 붙어 있는 작은 가지. 또는, 그것이 땅에 떨어져 있는 것.
삭제(削除)[-쩨] 명 1 깎아 없애는 일. 2 지워 버리는 일. 3 [컴] 화면에 표시된 문자를 지우는 일, 또는, 파일 내의 레코드를 제거하거나 기억 장치에서 프로그램을 지우는 일. **삭제-하다** 타(자)여 ¶명부에서 이름을 ~. **삭제-되다** 자(자)
삭탈(削奪) 명(역) =삭탈관직. **삭탈-하다** 타(재)여
삭탈-관직(削奪官職) 명(역) 죄지은 자의 벼슬과 품계를 빼앗고 벼슬아치의 명부에

서 그 이름을 지워 버림. =삭탈. **삭탈관직-하다** [동][타][여]

삭풍(朔風) [명] 겨울철의 북풍.

삭-히다[사키-] [동][타] '삭다2'의 사동사. ¶젓갈을 ~.

삯[삭] [명] **1** 품을 들여 일한 데 대하여 주는 돈이나 물건. ¶품~. **2** 어떤 물건·시설을 이용한 대가(代價). ¶뱃~/찻~.

삯-꾼[삭-] [명] 삯을 받고 일하는 일꾼.

삯-바느질[삭빠-] [명] 삯을 받고 해 주는 바느질. **삯바느질-하다** [동][자][여]

삯-일[상닐] [명] 품삯을 받고 하는 일. **삯일-하다** [동][자][여]

삯일-꾼[상닐-] [명] 삯일을 하는 사람.

삯-전(-錢)[삭쩐] [명] 삯으로 받는 돈.

산[1](山) [명] 주위의 평지에 대해, 삼각형에 가까운 모양으로 경사를 이루면서 높이 솟아 있는 지형. 대개, 나무숲을 이룸.
 [**산에 가야 범을 잡지**] ㉠적극적으로 행동해야만 성공할 수 있다. ㉡일을 이루기 위해서는 그 선행 조건을 갖추어야 한다.
 산 넘어 산이다 고생이나 어려움이 갈수록 점점 더 심해진다.

산ː[2](算) [명] =셈[1]1. ¶~이 틀리다.

산[3](酸) [명][화] 물에 녹았을 때 이온화하여 수소 이온을 만드는 물질. 청색 리트머스 종이를 붉게 변화시키며, 신맛이 남. ↔염기.

-산[4](產) [접미] 어디서 산출되거나 생산된 물건임을 나타내는 말. ¶한국~ 인삼/호주~ 젖소.

산간(山間) [명] 《주로 관형어적으로 쓰여》 산과 산 사이에 위치하거나 산속에 자리 잡은 것. ¶~ 마을.

산간-벽지(山間僻地)[-찌] [명] 산간에 있는 외진 곳.

산ː개(散開) [명] **1** 흩어 벌리는 것. **2** [군] 밀집된 군대를 적당한 간격을 두고 넓게 벌리는 것. **산ː개-하다** [동][자][타][여] **산ː개-되다** [동][자]

산ː개^성단(散開星團) [명][천] 수십 또는 수백 개의 항성이 천구 상의 한 지역에 불규칙하게 모여 있는 성단. ↔구상 성단.

산계(山系)[-계/-게] [명][지] 거의 같은 방향으로 벋어 있는 여러 개의 산맥들.

산ː고(產苦) [명] **1** 여자가 아이를 낳을 때에 겪는 육체적인 괴로움. **2** 무엇을 힘들게 만들거나 이루어 낼 때 겪는 고통.

산곡(山谷) [명] =산골짜기.

산곡-풍(山谷風) [명][기상] 산 사이의 협곡에서 부는 바람. 이 바람이 규칙적으로 불면 좋은 날씨가 계속되며, 그렇지 않으면 날씨 이변의 전조가 됨. =산풍. ↔골바람.

산-골(山-)[-꼴] [명] 구석지고 후미진 깊은 산속.

산-골짜기(山-)[-꼴-] [명] 산과 산 사이의 우묵하게 들어간 곳. =산곡(山谷). [준]산골짝.

산-골짝(山-)[-꼴-] [명] '산골짜기'의 준말.

산ː곽(產藿) [명] =해산미역.

산괴(山塊)[-괴/-궤] [명] 산줄기에서 따로 떨어져 있는 산의 덩어리.

산국(山菊) [명][식] 들국화의 한 종류로, 가을에 지름 1.5cm가량의 노란 꽃이 피는 여러해살이풀. 꽃을 약용함.

산-굽이(山-)[-꿉-] [명] 산이 휘어서 구부러진 곳.

산-그늘(山-)[-끄-] [명] 산이 가려서 생긴 그늘.

산ː기(產氣)[-끼] [명] 아이를 낳을 기미.

산-기슭(山-)[-끼슥] [명] 산의 비탈이 끝나는 아랫부분. =산록(山麓).

산-길(山-)[-낄] [명] 산에 나 있는 길.

산-꼭대기(山-)[-때-] [명] 산의 맨 위. [비]산정(山頂).

산-나리(山-) [명][식] 땅속에 둥근 비늘줄기가 있으며, 6~7월에 백합과 비슷한 흰색 바탕에 적갈색 반점이 있는 꽃이 피는 여러해살이풀. 비늘줄기는 식용함.

산-나물(山-) [명] 산에 나는 나물. =산채.

산ː-달(產-)[-딸] [명] 아이를 낳을 달. [비]해산달.

산대-놀음(山臺-) [명][민] 고려 시대에 발생하여 조선 시대에 발전한 가면극. 탈을 쓴 광대가 풍악에 맞추어 춤을 추며 노래와 재담을 곁들임.

산-더미(山-)[-떠-] [명] 산처럼 큰 더미. 사물이나 일이 매우 많음을 비유하는 말. ¶빨랫감이 ~처럼 쌓여 있다.

산ː도[1](產道) [명][생] 아이를 낳을 때 태아가 통과하는 통로.

산도[2](酸度) [명][화] **1** =산성도. **2** 염기의 분자 중에서, 수용액이 되었을 때 이온이 될 수 있는 수산기의 수.

산-돌림(山-)[-똘-] [명] **1** 산기슭으로 내리는 소나기. **2** 이리저리 돌아다니며 한 줄기씩 쏟아지는 소나기.

산-동네(山-)[-똥-] [명] 산등성이나 산비탈에 자리 잡고 있는 동네.

산-돼지(山-)[-뙈-] [명][동] =멧돼지.

산들-거리다/-대다 [동][자] 서늘한 바람이 잇달아 부드럽게 불다. ¶봄바람이 **산들거리며** 귀밑을 간질인다.

산들-바람 [명] 시원하고 가볍게 부는 바람. [큰]선들바람.

산들-산들 [부] 산들거리는 모양. ¶바람이 ~ 불다.

산-등(山-)[-뜽] [명] '산등성이'의 준말.

산-등성(山-)[-뜽-] [명] '산등성이'의 준말.

산-등성이(山-)[-뜽-] [명] 산의 등줄기. [준]산등·산등성·등성이.

산-딸기(山-) [명] 산딸기나무의 열매.

산딸기-나무(山-) [명][식] 산에서 자라며, 열매인 산딸기가 열리는 낙엽 활엽 관목. 열매는 7월에 붉게 익는데, 달고 향기로워 식용함.

산뜻-하다[-뜨타-] [형][여] **1** (대상이) 깨끗하거나 말끔하거나 단정하거나 하여 보기에 좋은 느낌이 있다. ¶**산뜻한** 옷차림. **2** (기분이) 언짢은 데 없이 가볍고 즐겁다. ¶목욕을 하고 나니 기분이 ~. [큰]선뜻하다. **산뜻-이** [부]

산ː란[1](產卵)[살-] [명] 알을 낳는 것. **산ː란-하다**[1] [동][자][여]

산ː란[2](散亂)[살-] [명][물] 파동이나 입자선이 물체와 충돌하여 각 방향으로 흩어지는 현상.

산ː란-기(產卵期)[살-] [명] 알을 낳을 시기.

산ː란-하다[2](散亂-)[살-] [형][여] 어수선하고 뒤숭숭하다. ¶마음〔정신〕이 ~. **산ː란-히** [부]

산레모(San Remo) [명][지] 이탈리아 북서부의 항구 도시.

산록(山麓) [살-] [명] =산기슭.
산림(山林) [살-] [명] 산에 있는 숲. [비]삼림. ¶~ 보호.
산림-녹화(山林綠化) [살-노콰] [명] 식목·산림 보호·사방 공사 등으로 산에 초목이 무성하게 하는 일. 또는, 그 운동.
산림-욕(山林浴) [살-뇩] [명] =삼림욕.
산림-처사(山林處士) [살-] [명] 벼슬이나 세속을 떠나 산골에 파묻혀 글이나 읽고 지내는 선비.
산림-청(山林廳) [살-] [명][법] 농림부 장관 소속하에 설치된 기관의 하나. 산림에 관한 사무를 관장함.
산림-학파(山林學派) [살-] [명][역] 조선 연산군 때, 사화(士禍)와 당쟁을 피하여 강호(江湖)에 묻혀 독서와 문장으로 낙을 삼던 선비들의 통칭.
산-마루(山-) [명] 산등성이에서 삼각형으로 솟은 부분의 꼭대기.
산-마루터기(山-) [명] 산마루의 두드러진 곳. [준]산마루턱.
산-마루턱(山-) [명] '산마루터기'의 준말.
산마리노(San Marino) [명][지] **1** 이탈리아 반도의 북부에 있는, 유럽에서 가장 작고 오래된 공화국. **2** **1**의 수도.
산-마을(山-) [명] 산골에 있는 마을.
산막(山幕) [명] **1** 사냥꾼 또는 약초를 캐거나 숯을 굽는 사람이 임시로 쓰려고 산속에 간단히 지은 집. **2** 산지에 있는 숙박 및 휴게 시설의 총칭.
산ː만-하다(散漫-) [형][여] 질서나 통일성이 없이 어수선하다. ¶주의가 ~.
산ː매(散賣) [명] 물건을 생산자나 도매상에서 사들여 소비자에게 직접 파는 일. ¶도(都)~. **산ː매-하다** [동][타][여]
산맥(山脈) [명][지] 여러 산이 일정한 방향으로 잇달아 길게 뻗쳐 줄기를 이룬 지대. ¶태백~.
산ː모(産母) [명] 아이를 갓 낳은 여자. 때로, 출산이 임박해 있거나 출산 중인 여자를 가리키는 경우도 있음. =산부.
산-모롱이(山-) [명] 산모퉁이의 빙 둘린 곳. ¶~를 돌아가다.
산-모퉁이(山-) [명] 산기슭의 쑥 내민 귀퉁이. ¶~를 돌아서면 마을이 보인다.
산ː-목숨[-쑴] [명] 살아 있는 목숨.
산문¹(山門) [명] **1** 산의 어귀. **2** [불] 절. 또는, 절의 바깥문.
산ː문²(散文) [명][문] 운율과 리듬과 같은 음악적 특성을 띠지 않고, 자유로운 문장으로 쓴 글. 소설·수필 따위. ↔운문.
산ː문-시(散文詩) [명][문] 행(行)과 연(聯)을 나누지 않고 쓴, 산문 형식의 서정시.
산ː물(産物) [명] **1** 그 지방에서 산출되는 물건. **2** 어떤 것에 의하여 생겨나는 사물. [비]소산물. ¶인간 소외 현상은 현대 문명의 ~이다.
산미(酸味) [명] =신맛.
산ː발¹(散發) [명] (어떤 일이) 여기저기서 이따금 일어나는 것. **산ː발-하다**¹ [동][자][여]
산ː발²(散髮) [명] 머리를 너저분하게 풀어 헤치는 것. **산ː발-하다**² [동][자][여] ¶소복한 여자가 **산발한** 채 울고 있다.
산ː발-적(散發的) [-쩍] [관][명] 여기저기서 이따금씩 일어나는 상태에 있는 (것). ¶시위가 시내 곳곳에서 ~으로 벌어졌다.
산-발치(山-) [명] 산의 아랫부분.
산-밤(山-) [-빰] [명] 산밤나무에 열린 밤.
산-밤나무(山-) [-빰-] [명] **1** 산에서 저절로 자란 밤나무. **2** [식] 산에서 자라며, 가을에 밤나무의 열매보다 작은 밤이 열리는 낙엽 활엽 교목.
산ː보(散步) [-뽀] [명] =산책. **산ː보-하다** [동][자][타][여]
산복(山腹) [명] =산허리**1**.
산봉(山峯) [명] =산봉우리.
산-봉우리(山-) [-뽕-] [명] 산꼭대기의 뾰족하게 솟은 부분. =산봉. [비]봉. [준]봉우리.
산ː부(産婦) [명] =산모(産母).
산ː부인-과(産婦人科) [-꽈] [명][의] 임신, 해산, 신생아, 부인병 등을 다루는, 의학의 한 분과. ▷부인과.
산-불(山-) [-뿔] [명] 산에 난 불. =산화.
산-비둘기(山-) [-삐-] [명][동] =염주비둘기.
산-비탈(山-) [-삐-] [명] 산기슭의 비탈진 땅.
산사(山寺) [명] 산속에 있는 절.
산사-나무(山査-) [명][식] 산에서 자라며, 5월에 흰 꽃이 피고 가을에 '산사자'라고 하는 열매가 붉게 익는 낙엽 활엽 교목. 열매는 약용함.
산-사람(山-) [-싸-] [명] **1** 산에서 사는 사람. **2** 산을 즐겨 자주 오르는 사람. 특히, 등산가를 이르는 말임.
산-사태(山沙汰) [명][지] 큰비나 지진 등으로, 산중턱의 바윗돌이나 흙이 갑자기 무너져 내리는 현상.
산ː산-이(散散-) [부] 단단한 물체가 조각조각 깨어지거나 부서지거나, 기대나 꿈 등이 여지없이 무너진 모양. ¶기대가 ~ 부서지다.
산ː산-조각(散散-) [명] 아주 잘게 깨어진 여러 조각. ¶꽃병이 떨어져 ~이 났다.
산살바도르(San Salvador) [명][지] 엘살바도르의 수도.
산삼(山蔘) [명][식] 깊은 산속에 야생하는 삼. 약효가 재배종보다 월등함.
산상(山上) [명] 산의 위.
산-새(山-) [-쌔] [명] 산에서 사는 새의 총칭.
산색(山色) [명] 산의 경치.
산성¹(山城) [명] 산 위에 쌓은 성.
산성²(酸性) [명][화] 산이 나타내는 기본적 성질. 신맛이 나며, 수용액에서는 pH가 7보다 작고, 청색 리트머스 종이를 적색으로 변화시킴. ↔염기성.
산성-도(酸性度) [명][화] 용액의 산성의 정도. 수소 이온의 농도 또는 수소 이온 지수(pH)로 표시함. =산도(酸度).
산성-비(酸性-) [명] 산성을 강하게 나타내는 비. 석탄·석유의 연소에 의하여 생기는 황산화물·질소 산화물이 원인임. 토양을 변질시키고, 동식물에 피해를 줌.
산성^식품(酸性食品) [명] 식품을 태웠을 때 그 재 속에 황·인·염소 등의 산성 성분이 많이 함유되어 있는 식품. 곡류·생선·육류 따위. ↔알칼리성 식품.
산성-화(酸性化) [명] 산성으로 변함. 또는, 산성으로 변화시킴. **산성화-하다** [동][자][타][여] **산성화-되다** [동][자]
산세(山勢) [명] 산의 형세. ¶~가 험하다 / ~가 수려하다.
산소¹(山所) [명] 어떤 사람의 조상이나 가족의 묘를 조성해 놓은 곳. [비]묘소. ¶할아버지 ~.
산소²(酸素) [명][화] 무색무취의 기체 원

ㅅ

608 _ 산소마스크

소. 원소 기호 O, 원자 번호 8, 원자량 15.9994. 공기의 약 5분의 1의 부피를 차지하며, 생물의 호흡에 필수적인 물질임.
산소-마스크(酸素mask) 명 고공(高空)이나 깊은 갱 속과 같은, 산소가 희박한 곳에서 착용하는 마스크. 산소 탱크에 연결되어 있음.
산속(山-) [-쏙] 명 산의 속. 비산중.
산-송장 명 살아 있으나 활동력이 전혀 없어 죽은 것과 다름없는 사람을 이르는 말. ¶~이나 다름없는.
산수¹(山水) 명 1산과 물이라는 뜻으로, 산·계곡·강·들 따위로 이루어진 자연. 또는, 그 자연의 모습. 2 [미] '산수화'의 준말. ¶~에 능한 화가.
산수²(算數) 명 1수의 성질과 산술을 가르치던 초등학교의 교과명. 제6차 교육과정 때 '수학'으로 그 명칭이 바뀜. 비셈본. 2 =산술.
산수-갑산(山水甲山) 명 '삼수갑산(三水甲山)'의 잘못.
산수-도(山水圖) 명 [미] =산수화.
산-수유(山茱萸) 명 산수유나무의 열매. 또는, 그 씨를 말린 것. 해열·강장제로 쓰임.
산수유-나무(山茱萸-) 명 [식] 봄에 노란 꽃이 잎보다 먼저 피고, 가을에 긴 타원형 열매가 붉게 익는 낙엽 활엽 교목. 산과 들에 자라며, 열매는 약용됨.
산수-화(山水畫) 명 [미] 동양화에서, 자연의 풍경을 그린 그림. 준산수.
산술(算術) 명 일상생활에 실지로 응용할 수 있는, 수 또는 양의 간단한 성질 및 셈을 다루는 수학적 계산 방법. =산수(算數).
산술-급수(算術級數) [-쑤-] 명 [수] =등차급수.
산술급수-적(算術級數的) [-쑤-] 관 수의 증가가 거듭될 때마다 일정한 수가 더해져 이뤄지는 (것). 곧, 수량의 증가가 완만히 이뤄지는 (것). ¶식량은 ~으로 증가하는 (것)은 기하급수적으로 증가한다. ▷기하급수적.
산술-적(算術的) [-쩍] 관 산술의 방식으로 이루어진 (것). ¶~ 통계.
산스크리트-어(⊗Sanskrit語) 명 [언] 인도·유럽 어족 중 인도·이란 어파에 속하는 옛 인도·아리아 말. 불경이나 고대 인도 문학은 이것으로 기록되었음. =범어.
산신(山神) 명 [민] =산신령.
산신-당(山神堂) 명 [민] 산신을 모신 집.
산신-령(山神靈) [-실-] 명 [민] 산을 수호하는 신령. =산신.
산신-제(山神祭) 명 [민] 산신에게 지내는 제사. 춘산제.
산실(産室) 명 1해산하는 방. 2어떤 것이 새로 생겨나거나 이루어진 곳의 비유. ¶명작(名作)의 ~.
산아(産兒) 명 아이를 낳는 일. 또는, 그 아이.
산아^제:한(産兒制限) 명 [사] 인공적인 피임 방법을 써서 출산을 조절하는 일.
산악(山岳·山嶽) 명 높고 험준하게 솟은 산들. ¶~ 지대.
산악-국(山岳國) [-꾹-] 명 국토의 대부분이 산악으로 이루어진 나라.
산악-인(山岳人) 명 등산을 즐기거나 잘하는 사람.
산악-자전거(山岳自轉車) [-짜-] 명 산악 지형 및 비포장도로에서 타기에 적합하도록 만든 자전거. =엠티비(MTB).
산악-회(山岳會) [-아쾨/-아퀘] 명 등산하는 사람들로 이루어진 단체.
산-안개(山-) 명 [지] 산의 사면을 따라 기류가 상승할 때 생기는 안개.
산야(山野) 명 산과 들.
산양(山羊) 명 [동] =염양(羚羊)¹.
산-언덕(山-) 명 산의, 언덕처럼 낮은 부분.
산업(産業) 명 [경] 인간의 생활에 필요한 여러 가지 재화를 생산하는 사업. 농업·공업·수산업·임업·광업 따위. ¶기간~.
산업-공해(産業公害) [-꽁-] 명 공장에서 배출되는 가스·매연·폐수·소음 등의 공해.
산업^디자인(産業design) 명 공업 생산품의 의장(意匠)이나 설계.
산업^박람회(産業博覽會) [-빵남회/-빵남훼] 명 산업의 진흥을 위하여, 각종 생산품을 한자리에 모아 여러 사람에게 관람·구매시키는 박람회.
산업-별(産業別) [-뼐] 명 산업의 종류에 따른 구별. ¶~ 인구.
산업^스파이(産業spy) 명 기업의 경영·기술·생산·판매 등에 관한 정보를 몰래 알아내는 일. 또는, 그 일을 하는 사람.
산업용 로봇(産業用robot) [-엄뇽-] 명 컴퓨터의 제어에 의하여 종래 인간의 손 작업에 의지하고 있던 공정 작업을 대신하는 공업용 기계.
산업-은행(産業銀行) 명 '한국 산업 은행'의 준말.
산업^자본(産業資本) [-짜-] 명 [경] 생산을 목적으로 하는 산업 활동에 쓰이는 자본.
산업^자원부(産業資源部) [-짜-] 명 행정 각 부의 하나. 상업·무역 및 무역 진흥·공업·에너지 및 지하자원에 관한 사무를 맡아봄.
산업^재산권(産業財産權) [-째-낀] 명 [법] 산업상의 발명이나 고안에 대한 재산권. 특허권·의장권·실용신안권·상표권 등이 있음.
산업^재해(産業災害) [-째-] 명 [사] 노동 과정에서 업무상 일어난 사고 또는 직업병으로 말미암아 근로자가 받는 신체적 장해. 춘산재.
산업-체(産業體) 명 생산하는 업체. ¶방위~.
산업^혁명(産業革命) [-여평-] 명 [역] 18세기 후반 영국에서 시작되어 유럽 각지로 퍼져 나간, 기계의 발명과 기술의 혁신에 의한 경제·사회 조직의 비약적 변혁.
산업-화(産業化) [-어퐈] 명 산업으로 돌리는 것. 또는, 산업의 형태가 되게 하는 것. **산:업화-하다** 통(자) **산:업화-되다** 통(자)
산-울림(山-) 명 산에서 큰 소리를 내면 그 소리가 되울려오는 현상. 비메아리.
산-울타리 명 산 나무들을 심어서 만든 울타리. 탱자나무·측백나무 등으로 함. ×생울타리.
산월(産月) 명 =해산달.
산유(産油) 명 원유를 생산하는 것.
산유-국(産油國) 명 원유를 생산하는 나라.
산입(算入) 명 셈에 넣는 일. **산:입-하다** 통(타) ¶구속 일수를 형기에 ~. **산:입-**

산:자(饊子·粲子) 찹쌀가루를 반죽하여 납작하게 떼어 기름에 지지고, 튀밥이나 깨 따위를 꿀과 함께 묻힌 유밀과.
산-자락(山-) 산의 기슭 진 부분.
산자-수명(山紫水明) 산수의 경치가 썩 좋음. 산자수명-하다[형여]
산장(山莊) 산속에 있는 별장.
산장-지기(山莊-) 산장에 머물러 살면서 그를 관리하는 사람.
산:재¹(産災) '산업 재해'의 준말.
산:재²(散在) 여기저기 흩어져 있는 것. 산:재-하다[자여] ¶인가가 산재해 있는 마을.
산적¹(山賊) 예전에, 산속에 근거지를 두고 있던 도적. ↔해적.
산적²(山積) (물건이나 일 등이) 산더미처럼 많이 쌓이거나 밀리는 것. 산적-하다[자여] ¶산적한 과제.
산:적³(散炙) 쇠고기 따위를 길쭉길쭉하게 썰어 갖은 양념을 하여 꼬챙이에 꿰어서 구운 음식.
산:전(産前) 아이를 낳기 바로 전. ↔산후(産後).
산전-수전(山戰水戰) 세상을 살면서 겪은 온갖 고생과 어려움. 비유적인 말임. ¶~ 다 겪은 여자.
산정¹(山頂) 산의 정상. 비산꼭대기.
산:정²(算定) 셈하여 정하는 것. ¶~가격. 산:정-하다[타여] ¶판매 가격을 ~.
산정-무한(山情無限) 산에서 느끼는 정취가 한이 없음.
산제(山祭) 명 '산신제'의 준말.
산:조(散調) [음] 가야금·거문고·대금 등을 장구의 반주로 연주하는 기악 독주 음악. 처음에는 느리게 시작했다가 점점 빠르게 변함. ¶가야금 ~. ↔병창.
산-줄기(山-) [-쭐-] 큰 산에서 길게 뻗어 나간 산의 줄기.
산중(山中) 산의 깊숙한 안. 특히, 인적이 드문 곳. ¶깊은 ~.
산중-호걸(山中豪傑) ['산속에 있는 호걸'이라는 뜻] '호랑이'를 일컫는 말.
산:-증인(-證人) 어떤 분야의 역사 따위를 생생하게 증언할 수 있는 사람. ¶역사의 ~.
산지¹(山地) 산으로 이루어진 지대. ↔평지.
산:지²(産地) 생산되어 나오는 곳. 비산출지. ¶~ 가격.
산지기(山-) 남의 산이나 뫼를 맡아서 돌보는 사람.
산-지니(山-) 산에서 자라 여러 해가 묵은 매나 새매. ↔수지니.
산:지사방(散之四方) Ⅰ명 사방으로 흩어짐. 또는, 그렇게 된 것. ¶피난길에 식구들이 ~으로 흩어졌다. Ⅱ부 사방으로 흩어지는 사방으로.
산:-지식(-知識) 실생활에 활용할 수 있는 지식. ¶여행을 통해 ~을 얻다.
산:-지옥(-地獄) 명 =생지옥.
산-짐승(山-) [-찜-] 산에서 사는 짐승. ▷山짐승.
산채¹(山菜) 명 =산나물.
산채²(山寨·山砦) 옛날에 도둑들이 산속에 둘·목책 따위를 둘러서 진을 치고 살던 곳.
산:책(散策) 바람을 쐬거나 기분 전환하기 위해 비교적 조용한 곳을 한가롭게 걷는 것. =산보. 산:책-하다[자여]
산:책-로(散策路) [-챙노] 산책할 수 있게 만든 길.
산천(山川) 명 산과 내. 곧, '자연'을 이르는 말. 비산하(山河). ¶고국~.
산천-경개(山川景觀) 명 자연의 경치.
산천초목(山川草木) 명 산과 물과 풀과 나무. 곧, '자연'을 일컬음.
산초(山椒) 명 산초나무의 열매.
산초-나무(山椒-) 명 [식] 8~9월에 흰색의 작은 꽃이 피고, 가을에 작고 동글동글한 열매가 녹갈색으로 익는 낙엽 활엽 관목. 산기슭에 자라며, 열매는 식용됨.
산촌(山村) 명 산속에 있는 마을.
산:출¹(産出) 명 (물건을) 생산하여 내는 것. 산:출-하다[타여] ¶철을 산출하는 광산. 산:출-되다¹[자여] ¶쌀이 ~.
산:출²(算出) 명 계산하여 내는 것. ¶성적~. 산:출-하다²[타여] ¶원가를 ~. 산:출-되다²[자여]
산:출-지(産出地) [-찌] 명 산출한 곳. 비산지.
산타(←Santa Claus) 명 =산타클로스.
산타클로스(Santa Claus) 명 크리스마스 전날 밤에 굴뚝으로 들어와 잠자는 어린이의 양말이나 구두 속에 선물을 넣고 간다는, 붉은 외투와 모자를 쓰고 수염이 하얀 노인. =산타.
산:탄(霰彈·散彈) 명 [군] 폭발할 때 잔 탄알이 한꺼번에 터져 나오게 된 탄알. 가까운 거리의 목표물에 대해 효과가 큼.
산-토끼(山-) [-토-] 명 [동] 산이나 풀숲에 야생하는 토끼. 집토끼와 비슷하며, 여름에는 털빛이 갈색이고, 겨울에는 흰색으로 변하는 것도 있음. ▷집토끼.
산토닌(santonin) 명 [약] 회충 구제약으로 쓰이는 무색무취의 가루.
산토도밍고(Santo Domingo) 명 [지] 도미니카 공화국의 수도.
산:통¹(疝痛) 명[의] =진통(陣痛) ¹.
산:통²(算筒) 명 소경이 점치는 데 쓰는 산가지를 넣는 통.
산통(을) 깨다 다 된 일을 이루지 못하게 되다.
산티아고(Santiago) 명 [지] 칠레의 수도.
산:파(産婆) 명 1 산모가 아이를 낳을 때 곁에서 산모를 돌보아 아이를 받아 주는 여자. 오늘날에는 그 자격을 가진 사람을 '조산사'라고 부름. 2 어떤 일의 실현을 위하여 잘 주선해서 이루어지도록 하는 존재의 비유.
산:파-술(産婆術) 명 1 [의] 해산·임부·태아 등을 다루는 기술. 2 [철] =대화법.
산:파-역(産婆役) 명 산파의 구실. 또는, 그런 구실을 하는 사람.
산풍(山風) 명 [기상] ¶산곡풍. ↔곡풍.
산플라티나(sanplatina) 명 니켈과 크롬의 합금. 주로, 치과에서 금 대신 쓰임. 상표명에서 온 말임.
산하¹(山河) 명 산과 큰 내. 또는, 자연의 총칭. 비산천. ¶그리운 조국 ~.
산하²(傘下) 명 어떤 대상이 중심적·지배적인 인물이나 기관·단체 등의 세력 아래에 딸려 있는 상태. ¶교육 인적 자원부 ~의 연구 단체.
산:학(産學) 명 산업계와 학계. ¶~ 협동.
산해진미(山海珍味) 명 산과 바다의 산물을 다 갖추어 썩 잘 차린 진귀한 음식.
산행(山行) 명 1 산길을 걸어가는 것. 2 운

동 삼아 산에 가는 것. **산행-하다** 통〈여〉
산-허리(山─) 명 **1** 산의 중턱. =산복(山腹). **2** 구름이 ~에 걸려 있다. **2** 산등성이의 잘록하게 들어간 곳.
산형(山形) 명 산의 생김새.
산호(珊瑚) 명〈동〉따뜻하고 얕은 바다 속 바위에 나뭇가지 모양으로 모여서 붙어 사는 동물의 총칭. 또는, 이 동물이 죽은 뒤에 남기는 석회질 뼈대. 흔히, 가공하여 장식품을 만듦.
산호-도(珊瑚島) 명〈지〉산호초가 바다 위에 5m 이상 드러나서 이루어진 섬.
산호-색(珊瑚色) 명 산호의 가지의 빛깔과 같은 연한 분홍색.
산호세(San José) 명〈지〉코스타리카의 수도.
산호-초(珊瑚礁) 명〈지〉산호충의 유해나 분비물로 이루어진 석회질의 암초.
산호혼-식(珊瑚婚式) 명 서양에서, 결혼 35주년을 축하하는 의식.
산회¹(山火) 명 =산불.
산|화²(散花·散華) 명〔꽃같이 진다는 뜻〕꽃다운 목숨이 전장(戰場) 등에서 사라지는 것. **산화-하다**¹〈자〉¶적과 맞서 싸우다가 장렬하게 **산화한** 용사들.
산화³(酸化) 명〈화〉어떤 물질이 산소와 화합하거나 수소를 잃는 반응. 또는, 어떤 원자·분자·이온 등이 전자를 잃는 일. ↔환원. **산화-하다**²〈자〉〈여〉 **산화-되다** 통〈자〉
산화-마그네슘(酸化magnesium) 명〈화〉마그네슘을 공기 중에서 태웠을 때에 생기는 흰색 가루. 내화재·마그네시아 시멘트 원료·의약품 등에 쓰임.
산화-물(酸化物) 명〈화〉산소와 다른 원소와의 화합물.
산화-수소(酸化水素) 명〈화〉'물'의 화학적 명칭.
산화-알루미늄(酸化aluminium) 명〈화〉알루미늄의 산화물. 알루미늄의 제조 원료, 연마재, 내화 재료 등으로 쓰임. =알루미나.
산화-제(酸化劑) 명〈화〉산화 작용을 일으키는 물질. 산소·오존·과산화수소·이산화망간 따위. ▷환원제.
산화-칼슘(酸化calcium) 명 탄산칼슘의 열분해에 의하여 생기는 하얀 고체의 가루. 물을 부으면 급격하게 반응하여 높은 열을 내고 수산화칼슘이 됨. 회반죽이나 모르타르, 또는 카바이드의 원료로 쓰임. =산화·생석회·칙(灰). ▷수산화칼슘.
산-후(産後) 명 아이를 낳은 뒤. ¶~ 조리.
↔산전.
산|휴(産休) 명 '출산 휴가'의 준말.
살¹ 명 **1** 사람이나 동물의 몸에서, 근육이나 지방질과 같이 연한 조직으로 된 부분. ¶~이 찌다. **2** 사람의 몸에서 맨 바깥쪽에 있는 조직. ㈇살가죽·살갗·피부. ¶~이 희다. **3** 짐승이나 물고기의 고기에서, 뼈나 가시에 붙어 있는 연한 부분. 또는, 짐승의 고기에서 지방이나 힘줄을 뺀 연한 부분. ¶~이 연하다. **4** 조개나 게 등의 껍데기 속의 연한 물질. ¶조갯~. **5** 식물의 열매나 뿌리나 줄기에서, 그 껍질 안에 들어 있는 연하고 부드러운 조직. ¶배는 ~에 물이 많이 시원하.
살로 가다 먹은 것이 살이 되다.
살(을) 붙이다 대강의 줄거리에 여러 가지를 덧붙여 보태다.
살(을) 섞다 성 관계(性關係)를 맺다. 완곡하게 이르는 말.
살을 에다 추위나 슬픔 따위로 살을 베어 내듯 고통스럽다. ¶살을 에는 듯한 추위.
살² 명 **1** 부채나 연 등의 뼈대가 되는, 얇고 긴 나무. ¶부챗~. **2** 바퀴·얼레·우산 등의 축에서 방사상으로 가늘고 길게 뻗어 나간 물건. ¶~이 부러진 우산. **3** 주로 전통 가옥의 문이나 창에서, 뼈대가 되는 가는 나무. **4** 빗에서 머리털을 가지런하게 하는 낱낱의 가지진 부분. ㈇빗살. ¶~이 빠진 빗. **5** '화살'의 준말. **6** 빛이나 물 따위의 내뻗치는 기운. ¶햇~/물~.
살³ 명 노름판에서, 걸어 놓은 목에 덧붙여 태워 놓는 돈. ¶~을 지르다.
살⁴ 명〈어〉사람이나 동물의 나이를 세는 단위. 주로 고유어 수사 다음에 쓰임. ㈇세(歲). ¶세 ~ 먹은 아이.
살-⁵〔접두〕일부 명사 앞에 붙어, 온전하지 못함의 뜻을 나타내는 말. ¶~눈/~얼음.
살⁶(煞) 명〈민〉**1** 민간 신앙에서, 사람에게 병·재앙·변괴 따위를 일으킨다고 생각되는, 실체를 알 수 없거나 막연히 악한 귀신의 짓이라 여겨지는 현상과 독한 기운. **2** 부부간·형제간 등의 애정이나 우애를 나빠지게 하는 사악한 기운.
살이 끼다 1 재앙이나 질병 등을 일으키는 나쁜 기운이나 악귀가 들러붙다. **2** 부부간이나 형제간의 애정이나 우애를 나빠지게 하는 사악한 기운이 들러붙다.
살-가죽〔─까─〕 명 몸의 살을 싸고 있는 껍질. ¶넘어져 무릎의 ~이 벗어졌다.
살갑다〔─따〕 형〈살가우니, 살가워〉 **1** (집이나 상자 등이) 겉으로 보기보다는 속이 너르다. **2** (마음이) 상냥하고 부드럽다. ¶**살갑게** 대하다.
살-갗〔─깓〕 명 살가죽의 겉면. ㈇피부.
살-같이〔─가치〕 부 쏜 화살과 같이 매우 빠르게. ㈇쏜살같이. ¶세월이 ~ 흐르다.
살-거리〔─꺼─〕 명 몸에 붙은 살의 정도와 모양. ¶~가 좋은 남자.
살-결〔─껼〕 명 살갗의 결. ¶고운 ~.
살구 명 살구나무·개살구나무 등의 열매. 살은 먹고, 씨의 알맹이는 '행인'이라 하여 한약재로 씀.
살구-꽃〔─꼳〕 명 살구나무의 꽃.
살구-나무 명〈식〉봄에 연분홍 꽃이 잎보다 먼저 피고, 7월에 둥글고 털이 많은 열매가 붉게 익는 낙엽 활엽 교목. 열매는 식용하며, 씨는 약용함.
살균(殺菌) 명 세균 등의 미생물을 죽이는 것. =멸균. **살균-하다**〈자〉〈여〉 ¶우유를 저온으로 ~.
살균-제(殺菌劑) 명〈약〉살균하는 효과를 가진 약제. 크레졸·알코올 따위.
살그머니 부 남이 알아채지 못하게 가만히. ¶문을 ~ 열다.
살금-살금 부 남이 알아채지 못하게 소리를 내지 않고 조심하여 걷거나 기어가는 모양. ㈇살살. ¶~ 걷다. ㈀슬금슬금.
살-기¹〔─끼〕 명 몸에 살이 붙은 정도. ¶~가 넬로 없는 얼굴.
살기²(殺氣) 명 사람의 표정이나 태도에서 느껴지는, 남을 죽이거나 해칠 것 같은 기운. ¶눈에 ~가 돌다.
살기등등-하다(殺氣騰騰─) 형〈여〉살기가 얼굴에 잔뜩 올라 있다.

살-길[-낄] 圐 살아가기 위한 방도. ¶~이 막막하다.
살-날[-랄] 圐 앞으로 세상에 살아 있을 날. ¶앞으로 ~이 얼마 남지 않았다.
살-내[-래] 圐 몸에서 나는 냄새.
살-눈[-룬] 圐[식] 변태한 곁눈의 하나. 양분을 저장하며 다육질임.
살:다 [살:고/살아] 困〈사니, 사오〉 [1]困 1 (사람이나 동식물이) 호흡을 하면서 음식이나 양분을 섭취하여 스스로 활동하는 상태를 유지하다. 또는, 그런 능력을 가지다. ↔죽다. 2 (사람이나 동식물이 일정한 곳에서) 그곳을 터전으로 삼아 활동하거나 생활하다. ㉑거주하다·거처하다. ¶내가 사는 아파트. 3 (사람이) 살림을 하거나 생활을 이루어 나가다. ¶품을 팔아 하루하루 ~. 4 (사람이 어느 한곳에서) 이례적으로 많은 시간을 보내다. ¶그는 요즘 도서관에서 **산다**. 5 (일정한 동안 지속하는 물체의 움직임이나 불 등의 현상이) 계속 유지되는 상태를 보이다. ¶시계가 **살아** 있네! 6 (기세나 기운이) 뚜렷이 나타나다. ¶기가 ~. 7 장기·바둑·윷놀이 등에서, (말이) 장기나 바둑의 판이나 말판 위에 다닐 수 있는 상태를 가지다. ¶차와 포가 더 **살아** 있다. 8 (사물·현상이) 제 기능이나 구실이나 효력 등을 나타내다. ¶산 교훈. 9 (그림·글씨 등이) 움직일 듯이 힘차고 생동하는 상태를 보이다. ¶추사의 글씨는 한 획 한 획이 **살아** 있다. [2]㉯ 1 (사람이 일정한 일을) 맡거나 겪거나 치르면서 세월을 보내다. ¶징역을 ~. 2 ('삶'을 목적어로 하여) (사람이) 어떤 삶을) 이루면서 생활을 하다. ¶고통스런 삶을 ~. 3 (집안 살림을) 꾸려 나가다. ¶딴살림을 ~.
[산] (사람) 입에 거미줄 치랴 살기가 어렵다고 섭나리 죽기야 하겠느냐는 말.
살-대[-때] 圐[건] 기둥이나 벽 따위가 넘어지는 것을 막기 위해 버티는 대.
살-덩어리[-떵-] 圐 살로 이루어진 덩어리. ㉑살덩이.
살-덩이[-떵-] 圐 '살덩어리'의 준말.
살뜰-하다 圐阅 1 착실하고 실속이 있다. ¶살림을 살뜰하게 꾸려 나가다. 2 자상하고 다정다감하다. **살뜰-히** 閇
살랑 閇 바람이 가볍게 부는 모양.
살랑-거리다/-대다 圐 [1]困 (조금 추운 듯한 바람이) 가볍게 자꾸 불다. [2]㉯ 바람을 가볍게 저어 바람을 내면서 걷다.
살랑-살랑 閇 살랑거리는 모양. ¶봄바람이 ~ 불어온다. **살랑살랑-하다** 圐困阅
㉑阅 **살랑살랑한** 초가을 날씨.
살래-살래 閇 몸의 한 부분을 가볍게 잇달아 흔드는 모양. ¶꼬리를 ~ 흔들다. ㉑설레설레.
살로메(Salome) 圐[성] 유대 왕비 헤로디아의 딸. 의붓아버지 헤롯 왕 앞에서 춤을 추어 그 상으로 세례자 요한의 목을 베어 달라고 하여 그 목을 얻었다는 딸.
살롱(salon) 圐 1 상류 계급이 사교를 위하여 모이는 곳. 프랑스에서 특히 유행했음. 2 미술 단체의 정기 전람회. 3 양주 등을 파는 술집.
살롱-문학(㉓salon文學) [문] 圐 17~18세기에 프랑스의 귀족 계급의 살롱을 중심으로 발달한 문학. 내용의 깊이보다 재치나 형식의 아름다움을 중요시하였음.
살륙 圐 '살육(殺戮)'의 잘못.

살살거리다_611

살-리다 圐㉯ '살다'의 사동사. ¶꺼진 불을 ~ / 개성을 ~.
살리타(Salietai) 圐[인] 몽고 제국의 장수 (?~1232).
살림 圐 1 한집안을 이루어 살아가는 일. ¶~을 차리다. 2 살아가는 상태나 형편. ¶궁색한 ~. 3 제약된 문맥에서 '살림살이'를 이르는 말. ¶~을 장만하다. **살림-하다** 圐困阅
[살림에는 눈이 보배라] 살림을 알뜰하게 잘하려면 일일이 잘 보살펴야 한다는 말.
살림-꾼 圐 1 살림을 맡아서 하는 사람. 2 살림을 알뜰히 잘 꾸려 가는 사람.
살림-방(-房) [-빵] 圐 살림하는 방.
살림-살이 圐 1 살림을 차려서 사는 일. 2 살림에 쓰이는 세간. ¶~를 장만하다. **살림살이-하다** 圐困阅
살림-집[-찝] 圐 살림하는 집. ↔가겟집.
살-맛[-맏] 圐 남의 살과 서로 맞닿아서 느끼는 감촉.
살:-맛²[-맏] 圐 세상을 살아가는 재미. ¶~을 잃다 / ~ 나는 세상.
살며시 閇 가볍게 또는 드러나지 않게 넌지시. ¶~ 다가앉다. ㉑슬며시.
살모넬라-균(salmonella菌) 圐[의] 사람·포유류·조류 등의 장(腸)에 기생하는 병원성 세균. 식중독·위장염 등을 일으킴.
살모-사(殺母蛇) 圐
살무사 圐阅 머리는 납작하게 세모지고, 몸빛은 갈색 바탕에 겁고 둥근 점이 있으며, 독이 있는 뱀. =살모사.
살벌-하다(殺伐-) 圐阅 행동이나 분위기가 위험을 느낄 만큼 무시무시하다. ¶분위기가 ~.

살-별[쎨] 圐 혜성(彗星)1.
살-보시(-布*施) 圐 (여자가 승려에게) 몸을 허락하는 것. 속된 말임. **살보시-하다** 圐困阅
살-붙이[-부치] 圐 가까운 혈육. 또는, 그 사람. 보통 부모와 자식 관계에서 씀.
살-비늘 圐 =인비늘.
살-빛[-삗] 圐 살갗의 빛깔. ㉑색色·피부색. ¶~이 검다[희다].
살사(㉔salsa) 圐[음] 쿠바의 리듬에 재즈·록큰롤·솔 등을 혼합한 활기 넘치는 춤곡. 또는, 그 곡에 맞춰 추는 춤. '남녀가 몸을 밀착하여 관능적으로 춤.
살살¹ 閇 1 조금 달게 또는 그릇의 물이 천천히 고루 끓는 모양. 2 온돌방이 뭉근하게 고루 더운 모양. 3 쨉은 다리를 가볍게 움직여 기어 다니는 모양. 4 머리를 천천히 살래살래 흔드는 모양. ¶싫다고 머리를 ~ 흔들다. ㉑설설.
살살 기다 남의 앞에서 두려워 행동을 자유로이 하지 못하다. ¶고양이 앞의 쥐처럼 **살살 긴다**.
살살² 閇 1 남이 모르게 또는 두려움을 가지고 조심하여 행동하는 모양. ¶뒤를 밟다. 2 힘을 주지 않고 가만히 하는 모양. ¶~ 긁다. 3 남을 부드러운 태도로 달래거나 꾀는 모양. ¶우는 애를 ~ 달래다. 4 과자나 음식 등이 맛이 있어 입속에서 저절로 녹아 없어지는 모양. ¶아이스크림이 입 안에서 ~ 녹다. 5 눈웃음을 은근히 사람의 마음이 끌리는 태가 있게 치는 모양. ¶눈웃음을 ~ 치다.
살살³ 閇 배가 조금씩 쓰리며 아픈 모양. ¶아랫배가 ~ 아프다.
살살-거리다/-대다 圐困 1 쨉은 다리를

살살-이 명 간사스럽게 알랑거리는 사람을 얕잡아 이르는 말.

살상(殺傷) [-쌍] 명 사람을 죽이거나 상처를 입히는 것. **살상-하다** 타여

살-색(-色) [-쌕] 명 1 사람 살갗의 색깔. 비살빛. 2 황인종의 살갗 빛깔처럼, 엷게 누르면서 불그레한 색깔. 2002년, 정부는 인종 차별적 소지를 없애기 위해, 한국 산업 규격에서 '살색' 대신 '연주황'을 사용하기로 결정한 바 있음.

살생(殺生) [-쌩] 명 짐승이나 사람을 죽이는 것. **살생-하다** 자타여

살생-부(殺生簿) [-쌩-] 명 [계유정난 때 수양 대군이 정적을 제거하기 위해 죽일 사람과 살릴 사람의 이름을 적은 장부에서 유래되어] 권력을 가진 자가 어떤 일에 부적절한 대상을 탈락시키거나 퇴출시키고자 하여 그 이름을 적어 놓은 기록. ¶정치판에는 총선 때마다 공천을 둘러싸고 ~가 등장한다.

살생-유택(殺生有擇) [-쌩-] 명 세속오계의 하나. 살생할 때는 가려서 하라는 말, 곧, 함부로 살생을 하지 말라.

살-성(-性) [-쌩] 명 상처가 나거나 데거나 헐었을 때 살이 낫는, 살갗의 성질. ¶~이 좋다[나쁘다].

살수(薩水) [-쑤] 명 [역] '청천강'의 옛 이름.

살수^대!첩(薩水大捷) [-쑤-] 명 [역] 고구려 영양왕 23년(612)에 쳐들어온 수나라 양제의 30만 대군을 을지문덕 장군이 살수에서 크게 물리쳐 이긴 싸움.

살수-차(撒水車) [-쑤-] 명 도로나 운동장 따위에 먼지가 나지 않도록 물을 뿌리는 차. =물자동차.

살신성인(殺身成仁) [-씬-] 명 자기 몸을 희생하여 인(仁)을 이룸. **살신성인-하다** 자여

살아-가다 동자 생활해 나가다. ¶품팔이로 하루하루를 ~.

살아-나다 자 1 죽었거나 거의 죽게 되었다가 다시 살게 되다. ¶구사일생으로 ~. 2 〈꺼져 가던 불이〉 다시 일어나다. ¶연탄불이 ~. 3 몹시 어려운 고비에서 벗어나다. 4 〈기억·감정·정서 등이〉 사그라졌다가 다시 떠오르다. 5 〈약했던 세력이〉 다시 성해지다. ¶기세가 ~. 6 〈패었던 자리가〉 도로 돌아나다.

살아-남다 [-따] 자 1 여럿 가운데 일부가 죽음을 모면하여 목숨을 구하다. 2 치열한 경쟁에서 낙오되지 않고 승자로 남다. ¶생존 경쟁에서 ~.

살아-생이별(-生離別) [-니-] 명 '생이별'을 강조한 말.

살아-생전(-生前) [-] 부 이 세상에 살아 있는 동안. ¶부모님 ~에 효도해라.

살아-오다 동자 1 목숨을 이어 오거나 생활해 오다. 2 다치 않고 돌아오다. ¶구사일생으로 ~. 3 잊었던 감정이나 기억이 되살아나다. ¶빛바랜 사진을 보는 순간 옛 추억이 생생하게 **살아왔다**. 4 어떤 일정한 일자리나 일해 오거나 일정 기간 어떤 일을 겪어 오다. ¶교사로 30여 년을 ~. 5 어떤 종류의 인생·생애·시대 등을 견디며 생활해 오다. ¶고난의 삶을 ~.

살아-평생(-平生) 명 사람이 살아가는 일생 내내의 동안.

살-얼음 명 얇게 살짝 언 얼음. 비박빙. ¶~이 잡히다.

살얼음을 밟는 것 같다 위태위태하여 마음이 몹시 불안하다.

살얼음-판 명 1 얇게 언 얼음판. 2 매우 위태롭고 아슬아슬한 지경의 비유. ¶~ 같은 집안 분위기.

살-여울 [-려-] 명 급하고 빠른 여울.

살육(殺戮) [-] 명 ['戮'의 본음은 '륙'] 〈사람들을〉 전쟁이나 난리 등에서 마구 죽이는 것. ×살륙. **살육-하다** 동타여

살의(殺意) [-의/-이] 명 사람을 죽이려고 마음을 먹은 상태. 또는, 그런 마음이 태도나 표정에 드러나 있는 상태. ¶~를 품다.

-살이 접미 '무엇에 종사하거나 기거하여 살아가는 생활'의 뜻을 나타내는 말. ¶시집~/셋방~.

살인(殺人) 명 사람을 죽이는 것. 특히, 법이나 윤리를 벗어난 수단·방법으로 죽이는 것을 가리킴. ¶~ 사건. **살인-하다** 동자여

살인-강도(殺人強盜) 명 재물을 빼앗기 위하여 사람을 죽이는 도둑.

살인^광선(殺人光線) [-] 군 초단파 전류·고압 전류·방사선 따위를 이용하여 먼 곳에 있는 적을 죽이는 과학 무기.

살인-극(殺人劇) 명 살인을 저지르는 난동. ¶처참한 ~.

살인-나다(殺人-) 동자 살인 사건이 생기다.

살인-내다(殺人-) 동자 살인을 저지르다.

살인-마(殺人魔) 명 함부로 사람을 죽이는 악독한 사람을 마귀에 빗대어 이르는 말.

살인-범(殺人犯) 명[법] 사람을 죽인 범인. =살해범.

살인-자(殺人者) 명 사람을 죽인 사람.

살인-적(殺人的) 관형 〈어떤 상황이나 상태가〉 사람의 몸이 견디기 어려울 만큼 고통스럽고 지독한 것. ¶~인 더위.

살인-죄(殺人罪) [-쬐/-쮀] 명[법] 고의로 사람을 죽인 죄.

살-점(-點) [-쩜] 명 몸뚱이나 살덩어리에서 떨어져 나오거나 베어 내거나 때어 낸 살의 작은 조각. ¶살갗이 찢겨 ~이 떨어져 나가다.

살-조림 동 = 꼬막.

살-지다 자 몸에 살이 많아 탐스럽다. 비살찌다. ¶살진 암소.

살-집 [-찝] 명 (주로 '좋다'와 함께 쓰여) 몸에 살이 오른 상태. 비육덕(肉德). ¶~이 좋은 중년 여자.

살짜꿍 명 '살짝'을 강조하여 이르는 말.

살짝 부 1 남이 모르는 사이에 재빨리. ¶~ 숨다. 2 힘들이지 않고 가볍게. 또는, 심하지 않게 약간. ¶시금치를 ~ 데치다. 비슬쩍.

살짝-살짝 [-쌀-] 부 자꾸 살짝 행동하는 모양. 비슬쩍슬쩍.

살쩍 명 관자놀이와 귀 사이에 난 털. =귀밑털.

살-찌다 동자 몸에 살이 많아지다. 비살지다. ¶살찌기 높고 말이 **살찌는** 계절.

살찌-우다 타 '살찌다'의 사동사.

살충-제(殺蟲劑) 명[약] 해로운 벌레를 죽이기 위하여 쓰는 약제. =구충제.

살-친구(-親舊) 명 비역질의 상대가 되는 친구.

살캉-거리다/-대다 통(자) 설삶은 콩이나 밤 따위가 씹히는 것 같은 소리나 느낌이 있다. ¶설컹거리다. 셈쌀캉거리다.

살캉-살캉 튀 살캉거리는 모양. 또는, 그 소리. ¶설컹설컹. 셈쌀캉쌀캉. **살캉-하다** 통(자)여

살코기 명 뼈·기름기·힘줄 따위가 섞이지 않고 살로만 된 고기. 비살·정육(精肉). ¶~를 발라내다.

살쾡이 명통 고양이와 비슷하나 좀 크며, 갈색 바탕에 흑갈색의 무늬가 있는 포유동물. 산과 들에 사는데, 밤에 나와 꿩·닭 등을 잡아먹음. =삵. ×살쾡이.

살판-나다 통(자) 1 좋은 일이나 재물이 생겨 썩 살기 좋아지다. 2 기를 펴고 살아갈 수 있게 되다. ¶방학이 되자 아이들은 살판난 듯 여기저기 싸다녔다.

살펴-보다 통(타) 깊은 관심을 가지고 하나하나 자세히 보다. ¶주위를 ~.

살포(撒布) 명통 1 (액체나 기체 상태의 물질이나 약품을) 공중으로 뿜어서 뿌리는 것. 2 (많은 장수의 전단 등을) 공중으로 흩어서 뿌리는 것. **살포-하다** 통(타) ¶ 농약을 ~ / 전단을 ~. **살포-되다** 통(자)여

살포시 튀 포근하게 살며시. 또는, 드러나지 않을 정도로 살며시. ¶나비가 ~ 날개를 접다.

살-풀이(煞-) 명민 흉살(凶煞)을 미리 피하게 해 준다 하여 하는 굿. ¶~ 굿. **살풀이-하다** 통(자)여

살-풍경(殺風景) 명 1 아무 볼품이 없이 삭막하고 쓸쓸한 풍경. 2 살기를 띤 광경. **살풍경-하다** 형여 ¶살풍경한 공장 지대.

살피다 통(타) 1 조심하여 자세히 보다. ¶방을 ~. 2 어떤 현상을 주의하여 관찰하거나 미루어 헤아리다. ¶국제 정세를 ~.

살-피듬 명 몸에 살이 피둥피둥한 정도로. ¶~이 좋은 중년 남자.

살해(殺害) 명 (사람을) 해쳐서 죽이는 것. **살해-하다** 통(타)여 **살해-되다** 통(자)여 ¶그 겨우 독이 올라 날카로워진 이.

살해-범(殺害犯) 명 =살인범.

삵[삭] 명 =살쾡이.

삵-괭이 [삭-] 명 '살쾡이'의 잘못.

삶[삼] 명 사람이 살아가거나 생활하는 일. 비생(生). 1고달픈 ~. 반죽음.

삶:다[삼따] (삶고 / 삶아) 통(타) 1 (익지 않은 음식을) 잠길 정도로 물을 부은 상태에서 끓여서 익게 하다. ¶삶은 달걀. 2 (빨래·식기·의료기 따위를) 때를 빼거나 소독하기 위해 물속에 넣고 끓이다. ¶빨래를 ~. 3 (사람이 다른 사람을) 듣기 좋은 말을 하거나 무엇을 베풀거나 하여 자기 분을 맞춰 줌으로써 어떤 일에 대해 너그럽게 받아들이는 마음을 가지게 만들다. ¶구워삶다. ¶누나를 삶아 용돈을 얻다. 4 (논이나 밭을) 그 흙을 써레 따위로 이리저리 헤쳐 무르게 하다.

삼[삼] 명(생) 태아를 싸고 있는 막과 태반.

삼(을) 가르다 해산한 뒤 탯줄을 끊다.

삼²[의] 명 병으로 눈동자의 겉부분에 하얗게 생기는 희거나 붉은 점. ¶~이 선 눈.

삼³ 명(식) 줄기의 껍질을 섬유의 원료로 쓰는 한해살이풀. 여러해살이 덩굴풀. 7~8월에 연한 녹색의 꽃이 핌. =대마(大麻)·마(麻).

삼⁴(參) 명(식) 1 '인삼'과 '산삼'의 총칭. 2 '인삼'의 준말.

삼⁵(三·參) I 쥐 '셋'과 같은 뜻의 한자어 계통의 수사. 아라비아 숫자로는 '3', 로마 숫자로는 'Ⅲ'으로 나타냄. Ⅱ 관 '세', '셋째'의 뜻. ¶~ 년.

삼가 튀 공손하게 예의를 갖추어. 또는, 엄숙하고 경건한 마음으로. ¶~ 고인의 명복을 빕니다.

삼가다 통(타) 1 (말이나 행동을) 예의나 도리에 벗어나지 않게 조심해서 하다. ¶말을 ~. 2 (술·담배·음식 등을) 건강을 지키거나 예의를 갖추기 위해 가급적 먹거나 피우거나 하지 않다. 또는, (어떤 행동을) 이성적으로 억제하여 가급적 하지 않다. ¶술을 ~. ×삼가하다.

삼가-하다 통(타) '삼가다'의 잘못.

삼각(三角) 명(수) '삼각형'의 준말.

삼각-건(三角巾) [-껀] 명(의) 부상자의 응급 치료에 쓰이는 삼각형의 헝겊.

삼각-관계(三角關係) [-콴계 / -콴게] 명한 여자를 두 남자가 사랑하거나, 한 남자를 두 여자가 사랑하는 미묘한 관계.

삼각-근(三角筋) [-끈] 명(생) 어깨의 어깨의 둥근 부분에 있으며 어깨 관절을 덮고 있는, 삼각형 모양의 근육.

삼각-기둥(三角-) [-끼-] 명(수) 밑면이 삼각형으로 된 각기둥.

삼각-대(三脚臺) [-때] 명 기관총이나 실험 기구 등을 얹어 놓는, 세 발이 달린 쇠로 된 기구.

삼각-목도리(三角-) [-강-똘-] 명 'V'자 모양으로 터진 목둘레선. =브이넥.

삼각-비(三角比) [-삐] 명 직각 삼각형의 세 변에서 어느 두 변을 취하여 만든 비의 값.

삼각-뿔(三角-) 명(수) 밑면이 삼각형인 각뿔.

삼각-자(三角-) [-짜] 명 삼각형으로 된 자.

삼각-주(三角洲) [-쭈] 명(지) 강물에 떠내려 온 흙·모래 따위가 강어귀에 쌓여 이루어진 충적 평야. =델타.

삼각-팬티(三角←panties) 명 다리는 거의 가리지 않고 성기와 엉덩이 부분만을 가리는, 삼각형에 가까운 팬티.

삼각^함수(三角函數) [-가캄쑤] 명(수) 각의 크기를 삼각비로 나타내는 함수. 사인·코사인·탄젠트·코탄젠트·시컨트·코시컨트 등이 있음.

삼각-형(三角形) [-가켱] 명(수) 일직선 위에 있지 않은 세 점을 맺는, 직선으로 이루어진 평면 도형. 비세모꼴. 준삼각.

삼각형-자리(三角形-) [-가켱-] 명(천) 12월 중순에 거의 우리나라 천정을 지나는 작은 별자리. 안드로메다자리의 남동쪽에 길쭉한 이등변 삼각형을 이룸.

삼강(三綱) 명 유교의 도덕에서 기본이 되는 세 가지 근본. 군위신강(君爲臣綱:임금은 신하의 근본이 됨), 부위자강(父爲子綱:아버지는 자식의 근본이 됨), 부위부강(夫爲婦綱:남편은 아내의 근본이 됨).

삼강-오륜(三綱五倫) 명 유교의 도덕에서 기본이 되는 세 가지의 근본과 사람으로서 지켜야 할 다섯 가지의 도리.

삼-거리(三-) 명 세 갈래로 나뉜 길. ¶천안 ~.

삼겹-살(三-) [-쌀] 명 돼지의 갈비에 붙은 살로, 굳기름과 살이 세 겹으로 되어

있는 것처럼 보이는 고기.

삼경[1](三更) [명] 하룻밤을 다섯으로 나눈 셋째의 부분. 밤 11시부터 새벽 1시까지의 동안. [비]한밤중.

삼경[2](三經) [명][책] 시경·서경·주역의 세 경서(經書). ¶사서(四書)~.

삼계(三界)[-계/-게] [명][불] **1** 천계(天界)·지계(地界)·인계(人界). **2** 중생이 사는 세 세계. 곧, 욕계(欲界)·색계(色界)·무색계(無色界).

삼계-탕(蔘鷄湯)[-계-/-게-] [명][한] 어린 햇닭의 내장을 빼고 인삼·대추·찹쌀 등을 넣어 푹 삶은 음식.

삼고-초려(三顧草廬) [명] 〔중국 촉한의 임금 유비가 제갈량의 초옥을 세 번이나 방문하여 마침내 군사(軍師)로 삼은 고사에서〕 어떤 인재를 맞아들이기 위해 그의 사양에도 불구하고 여러 번 찾아가 간절하게 청하는 일.

삼관-왕(三冠王) [명] **1** 세 종류의 칭호나 영예를 동시에 차지한 사람. **2** 운동 경기에서 세 종목 또는 세 부문에 걸쳐 우승하거나 수위를 차지한 사람. ¶수영에서 ~이 탄생하다.

삼광(三光) [명] 화투에서, 솔·공산·벚꽃의 세 광.

삼교[1](三校) [명][출] 재교(再校)의 다음에 세 번째로 보는 교정. 또는, 그 교정지.

삼교[2](三教) [명] 유교·불교·도교.

삼-교대(三交代) [명] 필요한 시간을 셋으로 나누어 번갈아 임무를 맡는 일.

삼국(三國) [명] **1** 세 나라. ¶~ 동맹. **2** [역] 신라·백제·고구려의 세 나라. ¶~ 통일.

삼국-사기(三國史記)[-싸-] [명][책] 고려 인종 때 김부식이 기전체로 엮은, 신라·고구려·백제의 정사(正史). 삼국유사와 함께 우리나라에서 현존하는 가장 오래된 역사책임. 50권 10책.

삼국^시대(三國時代)[-씨-] [명][역] **1** 고구려·백제·신라가 맞서 있던 시대. **2** 중국의 위(魏)·촉(蜀)·오(吳)가 맞서 있던 시대.

삼국-유사(三國遺事)[-궁뉴-] [명][책] 고려 충렬왕 때 승려 일연이 지은 역사책. 신라·고구려·백제의 역사 외에 단군의 사적·신화·전설·설화·향가 등이 풍부히 수록된 귀중한 자료임. 5권 3책.

삼군(三軍) [명][군] **1** 전체의 군대. [비]전군(全軍). **2** 육군·해군·공군의 총칭.

삼권(三權)[-꿘] [명][법] 입법권·사법권·행정권의 총칭.

삼권^분립(三權分立)[-꿘불-] [명][법] 국가 권력을 입법·사법·행정의 삼권으로 분리하여 서로 견제하게 함으로써 권력의 남용을 막고, 국민의 권리·자유를 확보하기 위한 국가 조직상의 원리.

삼급-수(三級水)[-쑤] [명] 하천의 수질 등급의 하나. 황갈색의 탁한 물. 바닥에 모래와 자갈이 깔려 있으며, 붕어·잉어·메기·뱀장어·미꾸라지 등이 살 수 있음.

삼-나무(杉-) [명][식] 높이 40m가량 자라며, 가지와 잎이 빽빽이 나서 삼각뿔의 나무 모양을 이루는 상록 침엽 교목. 목재는 건축재나 가구재로 쓰임.

삼남[1](三男) [명] **1** 셋째 아들. **2** 슬하에 둔 세 명의 아들. ¶~ 일녀.

삼남[2](三南) [명] 충청도·전라도·경상도의 총칭. ¶~ 지방.

삼녀(三女) [명] **1** 셋째 딸. **2** 슬하에 둔 세 명의 딸.

삼년-상(三年喪) [명] 세 해 동안의 거상(居喪). ¶~을 치르다.

삼-눈 [명][의] 눈망울에 삼이 생겨 몹시 쑤시고 눈알이 붉어지는 병. 또는, 그 눈.

삼ː다[1][-따] (삼ː고 / 삼아) [동][타] **1** (사람이 어떤 사람을) 자기와 어떤 인연이나 관계를 가진 사람으로 만들다. ¶고아를 양자로 ~. **2** (어떤 일이나 물건을) 일정한 성격의 것으로 만들거나 여기다. ¶가르치는 일을 평생의 직업으로 ~.

삼ː다[2][-따] (삼ː고 / 삼아) [동][타] **1** 짚신이나 미투리 따위를 만들다. ¶짚신을 ~. **2** 삼이나 모시풀 같은 섬유를 찢어 그 끝을 비벼 꼬아 잇다. ¶삼을 ~.

삼다-도(三多島) [명] 여자·돌·바람이 많은 섬이라는 뜻으로, '제주도'를 이르는 말.

삼-단[-딴] [명] 삼을 묶은 단.

삼단 같은 머리 숱이 많고 긴 머리.

삼단^논법(三段論法)[-뻡] [명][논] 전제(前提)가 둘, 결론이 하나로 이루어지는 연역적 추리법. 현대 논리학에서는, 특히 A이면 B, B이면 C, 고로 A이면 C라는 형태의 것을 이름.

삼-대[1][-때] [명] 삼의 줄기.

삼대[2](三代) [명] 아버지와 아들과 손자의 세 대. ¶~가 한집에 살다.

삼동(三冬) [명] 겨울의 석 달.

삼두-박근(三頭膊筋)[-끈] [명][생] 위팔의 뒤쪽에 있는 큰 근육. 팔꿈치를 펴는 작용을 함.

삼두^정치(三頭政治) [명][역] 고대 로마에서 두 차례에 걸쳐 행해진, 세 사람에 의한 전제 정치. 공화정에서 제정(帝政)으로 넘어가는 과도기적인 정치 형태임.

삼등(三等) [명] 《주로 일부 명사나 한자 어근 앞에 쓰여》 수준이나 등급이 가장 낮은 부류임을 나타내는 말. ¶~칸 / ~ 선실. ▷일등·이등.

삼-등분(三等分) [명] 셋으로 똑같이 나누는 것. **삼등분-하다** [동][타][여] ¶빵을 ~.

삼등-실(三等室) [명] 선박이나 열차 등에서, 가장 낮은 등급의 시설을 갖춘 방.

삼-디(三D) [명] 〔dirty, dangerous, difficult의 세 단어 첫 글자가 d인 데서 온 말〕 근로자 또는 노동 인력이 더럽고, 위험하고, 어려운 일을 기피하는 사회적 현상. ¶~ 업종.

삼라-만상(森羅萬象)[-나-] [명] 우주 속에 있는 온갖 사물과 현상. ¶~이 잠든 듯이 고요한 밤.

삼락(三樂)[-낙] [명] 군자의 세 가지 즐거움. 곧, 부모가 살아 계시고 형제가 무고한 것, 하늘과 사람에게 부끄러울 것이 없는 것, 영재(英才)를 가르치는 것.

삼루(三壘)[-누] [명][체] **1** 야구에서, 이루와 본루 사이에 있는 셋째 베이스. **2** '삼루수'의 준말.

삼루-수(三壘手)[-누-] [명][체] 야구에서, 삼루를 지키는 선수. [준]삼루.

삼루-타(三壘打)[-누-] [명][체] 야구에서, 타자가 한 번에 삼루까지 나갈 수 있게 친 안타.

삼류(三流)[-뉴] [명] 어떤 부류에 있어서 정도나 수준이 가장 낮은 층. ¶~ 극장.

삼륙-판/3·6판(三六判)[-뉵-] [명][출] 책의 규격의 하나. 가로 103mm, 세로 182mm로 소형 보급판임.

삼륜-차(三輪車)[-뉸-] [명] 바퀴가 세 개

달린 자동차.

삼림(森林) [—님] [명] 넓은 지역에 걸쳐 나무가 우거져 이룬 숲. [비]산림. ¶~ 보호 / ~ 자원.

삼림-욕(森林浴) [—님뇩] [명] 숲 속을 거닐면서 숲의 기운을 쐬는 일. 삼림이 방출하는 피톤치드의 살균 효과와 녹색으로 인한 정신적 해방 효과 등이 있음. =산림욕. **삼림욕-하다** [동][자][여]

삼림욕-장(森林浴場) [—님뇩짱] [명] 삼림욕을 할 수 있게 조건을 갖추어 놓은 곳.

삼매(三昧) [명] [<[범]Samādhi] **1** [불] 잡념을 떠나서 한 가지 일에만 정신을 집중시키는 일. =삼매경. **2** 어떤 일에 열중하여 몰두해 있는 상태. 비유적인 말임. ¶독서 ~에 빠지다.

삼매-경(三昧境) [명][불] =삼매**1**.

삼면(三面) [명] 세 방면. ¶한국은 ~이 바다로 둘러싸인 반도국이다.

삼문(三門) [명] **1** 대궐이나 관청·사당 등의 건물 앞에 세운 세 문. 곧, 정문(正門)·동협문(東夾門)·서협문(西夾門). **2** [불] 절 입구의 문을 세 가지 해탈에 이르는 문이라는 뜻으로 이르는 말.

삼민-주의(三民主義) [—의/—이] [명][정] 1905년에 중국의 쑨원(孫文)이 제창한, 중국 혁명의 기본 이념. 민족주의·민권주의·민생주의의 3원칙으로 이루어짐.

삼바(samba) [명][음] 브라질 흑인계 주민의 춤곡. 2/4박자로 매우 빠르고 정열적임. 또는, 그 곡에 맞춰 추는 춤.

삼박 [부] 잘 드는 칼에 쉽게 베어지는 모양. [큰]섬벅. [센]삼빡·쌈박.

삼박-삼박 [—쌈—] [부] 잘 드는 칼에 쉽게 자꾸 베어지는 모양. ¶무가 ~ 잘라지다. [큰]섬벅섬벅. [센]삼빡삼빡·쌈박쌈박. **삼박삼박-하다** [동][자][여]

삼-박자(三拍子) [—짜] [명] **1** [음] 3박이 한 단위가 되는 박자. 보통 강약약(強弱弱)의 꼴을 가짐. **2** 어떤 대상에게 있어야 할 중요한 세 가지 요소. ¶춤·노래·연기의 ~를 고루 갖춘 뮤지컬 스타.

삼발-이 [명] **1** 둥근 쇠테에 발이 세 개 달린 기구. 화로에 세우고 그릇을 얹어 음식을 끓임. =동그랑쇠. **2** 세 발이 달린 받침대. 나침반·망원경·사진기 등을 올려놓는 데 쓰임.

삼배(三拜) [명] 세 번 절하는 것. **삼배-하다** [동][자][여]

삼백예순-날(三百—) [—뱅네—] [명] '일 년 동안 내내'의 뜻. ¶자식 하나 있는 게 저 모양이니 ~ 마음 편한 날이 없다.

삼-베 [명] 삼실로 짠 피륙. =마포(麻布). [준]베.

삼베-옷 [—옫] [명] 삼베로 지은 옷.

삼-별초(三別抄) [명][역] 고려 고종 때 최우(崔瑀)가 창설한 특수 군대.

삼보(三寶) [명][불] 불자들이 삶의 지표이자 수호의 대상으로 받드는 세 가지 보배. 곧, 불(佛:부처)·법(法:부처의 가르침)·승(僧:승려 또는 불교의 교단).

삼보일배(三步一拜) [명][불] 성지 순례를 하거나 목적지를 향해 이동할 때 세 걸음에 한 번씩 절하면서 나아가는 수행.

삼복(三伏) [명] **1** '초복', '중복', '말복'의 총칭. **2** 여름철의 몹시 더운 기간.

삼복-더위(三伏—) [—떠—] [명] 삼복 무렵의 몹시 심한 더위. [준]복더위.

삼부[1](三府) [명] 행정부·사법부·입법부의 총칭. ¶~ 요인(要人).

삼부[2](三部) [명] 세 부분이나 부류. ¶~작.

삼-부자(三父子) [명] 아버지와 두 아들.

삼부^합창(三部合唱) [명][음] 각 성부(聲部)마다 두 사람 이상씩 세 성부로 이루어지는 합창. 소프라노·메조소프라노·알토의 삼부 합창이 대표적임.

삼분(三分) [명] 셋으로 나누는 것. **삼분-하다** [동][타][여] ¶재산을 ~. **삼분-되다** [동][자]

삼빡 [부] '삼박'의 센말.

삼빡-삼빡 [—쌈—] [부] '삼박삼박'의 센말. **삼빡삼빡-하다** [동][자][여]

삼사[1](三司) [명][역] 조선 시대, 사헌부·사간원·홍문관의 총칭.

삼사[2](三四) [관] 삼이나 사. 또는, 삼과 사. ¶~ 명.

삼-사분기/3/4분기(三四分期) [명] 일 년을 넷으로 나눈 셋째 기간. 곧, 7·8·9월의 석 달 동안을 말함.

삼사^정계(三斜晶系) [—계/—게] [명][광] 세 결정축의 길이가 모두 다르고, 축의 각도도 모두 달라서 경사진 각을 이루며 서로 얽혀 있는 결정계.

삼삼(三三) [명] 바둑판의 가로세로 각각 제3선이 만나는 네 귀의 점. ▷화점(花點).

삼삼오오(三三五五) [부] 서너 사람 또는 너더댓 사람이 여기저기 떼를 지어 다니거나 무슨 일을 하는 모양. ¶학생들이 ~ 떼 지어 가다.

삼삼-하다[1] [형][여] 잊히지 않아 눈에 어리다. ¶고향에 계신 부모님 얼굴이 눈에 ~. **삼삼-히**[1] [부]

삼삼-하다[2] [형][여] **1** (음식이) 조금 싱거운 듯하면서 맛이 있다. ¶**삼삼한** 동치미 국물. [큰]심심하다. **2** 〈속〉 (사물의 됨됨이나 생김새가) 마음이 끌리게 그럴듯하다. ¶저 여자 아주 **삼삼하게** 생겼는걸. **삼삼-히**[2] [부]

삼색(三色) [명] 세 가지 빛깔.

삼선(三選) [명] 선거에 세 번 당선되는 것. ¶~ 의원.

삼성-혈(三姓穴) [명][지] 제주시 동문(東門) 밖의 땅에 있는 세 개의 구멍. 탐라국의 개조인 고(高)·부(夫)·양(良) 삼신이 나왔다는 전설이 있음.

삼세(三世) [명] **1** 《교포의 세대를 구별하는 문맥에 쓰여》 이민을 처음 간 세대의 손자나 손녀를 이르는 말. ¶교포 ~. **2** 주로 서양에서, 같은 이름으로 같은 자리에 세 번째로 오른 교황이나 황제의 이름 뒤에 붙이는 말. ¶헨리 ~. **3** 주로 서양에서, 할아버지와 같은 성명을 가진 손자의 성 뒤에 붙이는 말. ¶록펠러 ~.

삼-세번(三—番) [명] 더도 덜도 아니고 꼭 세 번.

삼-세판(三—) [명] 더도 덜도 말고 꼭 세 판. ¶~으로 승부를 내다.

삼손(Samson) [명][성] 고대 이스라엘의 장사(壯士). 블레셋과 싸우던 중, 들릴라의 꾐에 빠져 힘의 원천인 머리털을 잘리고 힘을 잃었으나, 하느님에게 기도하여 다시 힘을 얻고 많은 블레셋 인을 죽임.

삼수(三修) [명] 입학시험에 두 번 실패하고 또다시 이듬해의 시험을 공부하는 것. **삼수-하다** [동][자][여]

삼수-갑산(三水甲山) [—싼] [명] [조선 시대의 귀양지인 함경남도의 삼수와 갑산 지방을 가리키는 말] 《주로, '가더라도', '갈망정', '가는 한이 있어도' 등의 말과 함께 쓰여) 어떤 결심을 단단히 하는 문맥에서, 무릅쓰거나 각오해야 할 최악의 상황을 강조하여 이르는 말. ¶나중에 ~에 가더라도 내 권리를 포기하지 않겠다. ×산수갑산.

삼순-구식(三旬九食) [명] 〔서른 날에 아홉 끼니밖에 못 먹는다는 뜻〕 끼니를 잇기 어려울 만큼 몹시 가난한 상태.

삼승(三乘) [명][수] '세제곱'의 구용어.

삼시(三時) [명] 아침·점심·저녁의 세 끼니. 또는, 세 때.

삼식(三食) [명] 아침·점심·저녁의 세 끼 식사.

삼신[1](三辰) [명] 해와 달과 별. 특히 북두칠성의 세 가지.

삼신[2](三神) [명] **1** 환인·환웅·환검의 세 신인(神人). **2** [민] 아이를 점지한다는 세 신령.

삼-신산(三神山) [명] 중국 전설에 나오는 봉래산·방장산·영주산. 불로불사의 약초가 있어 신선이 산다고 함.

삼신-할머니(三神—) [명][민] 삼신이 할머니 모습을 하고 있다는 데서, '삼신(三神)[2]**2**'를 달리 이르는 말.

삼심^제¦도(三審制度) [명][법] 재판의 판결에 불복하는 경우에 한 사건에 대하여 세 번 재판을 받을 수 있는 제도.

삼십(三十) Ⅰ [수] '서른'과 같은 뜻의 한자어 계통의 수사. 아라비아 숫자로는 '30', 로마 숫자로는 'XXX'로 나타냄.
Ⅱ [관] '서른', '서른째'의 뜻. ¶~ 년.

삼십육-계(三十六計) [—심뉵께/—심늌께] [명] (주로, '놓다', '치다' 등과 함께 쓰여) 아주 불리하거나 위급한 상황에 처하여 도망을 치는 일. 구어체의 말임. [비]뺑소니. ¶걸음아 날 살려라 하고 ~를 놓다.
[**삼십육계 줄행랑이 제일**] 위태한 때에는 도망하여 화를 피하고 몸을 보전함이 상책이라는 말.

삼엄-하다(森嚴—) [형][여] 분위기가 무서우리만큼 빈틈이 없고 엄숙하다. ¶**삼엄한** 경계망.

삼-에스(三S) [명] 〔sports, screen, sex(또는 speed)의 머리글자를 딴 말〕 운동과 영화·연예 및 성 해방 또는 속도의 셋을 가리키는 말. ¶~를 좋게 하는 우민 정책.

삼역(三役) [명] 세 가지 역할. ¶일인 ~.

삼엽-충(三葉蟲) [명][동] 고생대에 바다에서 살았던 화석 동물. 몸은 편평한 타원형으로 머리·가슴·꼬리로 나누어지며, 가슴은 많은 마디로 되어 있음.

삼오-판/3·5판(三五判) [명][출] 책 판형의 하나. 가로 8.4cm, 세로 14.8cm의 크기.

삼우(三虞) [명] 장사 지낸 뒤에 세 번째 지내는 제사. =삼우제. ▷초우·재우.

삼우-제(三虞祭) [명] =삼우.

삼-원색(三原色) [명] 모든 빛깔의 바탕이 되는 세 가지 색. 그림물감에서는 빨강·노랑·파랑, 빛에서는 빨강·녹색·파랑임.

삼월(三月) [명] 한 해의 열두 달 가운데 셋째 달.

삼위-일체(三位一體) [명] **1** 세 가지가 하나의 목적을 위해 연관·통합되는 일. ¶민관군이 ~가 되어 난국을 극복하다. **2** [가][기] 성부·성자·성령의 세 위격이 하나의 실체인 하느님 안에 존재한다는 교의.

삼은(三隱) [명][역] 고려 말기의 성리학자인 포은(圃隱) 정몽주, 목은(牧隱) 이색, 야은(冶隱) 길재의 세 사람을 일컫는 말.

삼인-조(三人組) [명] 어떤 행동을 같이하기 위한 무리가 세 사람으로 이루어진 상태. 또는, 그 무리. ¶~ 강도.

삼인-칭(三人稱) [명][언] =제삼 인칭.

삼인칭^소¦설(三人稱小說) [명][문] 주인공이 삼인칭 대명사로 된 소설. ▷일인칭 소설.

삼인칭^시¦점(三人稱視點) [—쩜] [명][문] 이야기 속에 등장하지 않는 화자(話者)가 이야기 속에 등장하는 모든 인물에 대하여 서술하는 방식. ▷일인칭 시점.

삼일^운¦동/3·1 운동(三一運動) [명][역] 1919년 3월 1일, 손병희 등 33인이 주동이 되어 독립 선언문을 낭독하고 일제로부터의 해방과 민족의 독립을 외친 일.

삼일-장(三日葬) [명] 죽은 지 사흘 만에 지내는 장사. ▷오일장.

삼일-절/3·1절(三一節) [—쩔] [명] 삼일 운동을 기념하는 국경일. 3월 1일.

삼일-정신/3·1정신(三一精神) [명] 3·1 운동 때, 온 민족이 단결하여 우리의 자주독립과 세계 평화를 실현하려 한 정신.

삼일-천하(三日天下) [명] **1** 아주 짧은 기간의 집권을 비유하는 말. **2** [역] 갑신정변 때, 정권을 잡은 개화당이 3일 만에 실각한 일을 이르는 말.

삼자(三者) [명] **1** '제삼자'의 준말. **2** 세 사람. ¶~ 회담.

삼자-대면(三者對面) [명] 서로 주장이 달라 다툼이 있을 때 시비를 가리기 위해 그 일에 관계있는 세 사람을 대면시키는 일. **삼자대면-하다** [동][자][여]

삼자^범¦퇴(三者凡退) [—퇴/—퉤] [명][체] 야구에서, 타자 셋이 연달아 출루하지 못하고 물러남.

삼장(三藏) [명][불] **1** 세 가지의 불교 경전. 곧, 경장(經藏)·율장(律藏)·논장(論藏). **2** 경(經)·율(律)·논(論)의 세 가지에 통달한 승려. ¶~ 법사.

삼장^법사(三藏法師) [—싸] [명][불] **1** 경(經)·율(律)·논(論) 삼장에 정통한 법사. **2** 당나라의 고승인 '현장(玄奘)'의 속칭.

삼재[1](三才) [명] 천(天)·지(地)·인(人).

삼재[2](三災) [명] 사람에게 9년마다 찾아온다는 세 가지 재난. 전쟁·전염병·굶주림의 소삼재와 수재(水災)·화재(火災)·풍재(風災)의 대삼재가 있음. ¶~가 들다.

삼정(三政) [명][역] 조선 후기에, 국가 재정의 주축을 이루었던 전정(田政)·군정(軍政)·환곡(還穀)의 세 가지 제도.

삼-정승(三政丞) [명][역] 영의정·좌의정·우의정의 세 정승.

삼족(三族) [명] 부계(父系)·모계(母系)·처계(妻系)의 세 족속. ¶~을 멸하다.

삼종(三從) [명] =팔촌(八寸).

삼종지도(三從之道) [명] 봉건 시대의 여자가 지켜야 할 세 가지 도리. 어려서는 아버지를, 시집가서는 남편을, 남편이 죽은 후에는 자식을 좇으라는 것.

삼중(三重) [명] **1** 세 겹. ¶~ 유리. **2** 세 가지가 겹친 것. ¶~ 추돌 사고.

삼중^결합(三重結合) [명][화] 분자 내의 두 원자가 세 개의 원자가(原子價) 단위로 이루어진 결합. CH≡CH 따위.

삼중-고(三重苦) [명] 세 가지 고통이 겹치는 일. 특히, 소경·귀머거리·벙어리의 고통을 다 가지고 있는 것을 말함.

삼중^수소(三重水素) [명][화] 수소의 동위

원소의 하나. 질량수 3으로 가장 무거우며, 방사성 추적자(追跡子)로 쓰임. 기호는 ^{3}H 또는 T.
삼중-주(三重奏) [명][음] 실내악의 하나. 서로 다른 세 개의 악기에 의한 합주. 피아노 삼중주 따위. [비]트리오.
삼중-창(三重唱) [명][음] 성부가 다른 세 사람의 가수에 의한 중창. [비]트리오.
삼지-창(三枝槍) [명] **1** 끝이 세 갈래로 갈라진 창. [비]당파창. **2** 〈속〉 포크(fork).
삼진(三振) [명][체] =스트라이크 아웃.
삼짇-날[-진-] [명][민] 음력 3월 초사흗날.
삼차(三次) [명][수] 정식(整式)·대수 방정식·대수 곡선 등의 차수(次數)가 3인 것.
삼-차원(三次元) [명][수] 가로·세로·높이의 세 차원을 지닌 입체적 공간.
삼창(三唱) [명] 세 번 부르는 일. ¶만세 ~. **삼창-하다** [동][타][여] ¶구호를 ~.
삼척-동자(三尺童子)[-똥-] [명] 키가 아직 석 자밖에 자라지 않은 아이. 곧, 어린아이를 가리킴. ¶~도 다 아는 사실.
삼천-갑자(三千甲子)[-짜] [명] 60갑자의 삼천 배. 곧, 18만 년.
삼천갑자 동방삭(東方朔) 중국 전한(前漢)의 동방삭을 18만 년이나 살았다 하여 부르는 속칭. 장수하는 사람의 대명사로 쓰임.
삼천-리(三千里)[-철-] [명] 함경북도의 북쪽 끝에서 제주도의 남쪽 끝까지 약 3,000리가 된다고 하여, 우리나라의 땅을 이르는 말. ¶~ 방방곡곡.
삼천리-강산(三千里江山)[-철-] [명] 우리나라의 강산을 일컫는 말.
삼-첨판(三尖瓣) [명][생] 포유류의 심장의 우심실과 우심방 사이에 있는, 앞·뒤·안쪽의 세 판막(瓣膜). 심실이 수축할 때 피가 심방으로 역류하는 것을 막음.
삼첩-기(三疊紀)[-끼] [명][지] =트라이아스기(Trias紀).
삼첩-반상(三-飯床)[-빤-] [명] 밥·국·김치·간장을 기본 음식으로 하여, 생채·숙채·구이(또는 조림)의 3가지 반찬을 갖춘 상차림. 또는, 그 그릇 한 벌.
삼초^룰(三秒rule) [명][체] 농구에서, 공을 가지고 있는 팀의 선수가 상대편의 바스켓에 가까운 제한 구역 안에 3초 이상 머무는 것을 금지하는 규칙.
삼촌(三寸) [명] 아버지의 형제. 특히, 미혼일 때 사용하는 말임. 호칭 및 지칭으로 쓰임. [비]아저씨. ×삼춘.
삼촌-설(三寸舌) [명] 길이는 세 치에 불과하지만 상대를 설복시키는 강력한 힘을 가진 것이라는 뜻에서, 사람의 혀를 이르는 말.
삼-총사(三銃士) [명] 〔프랑스의 소설가 뒤마가 지은 소설의 제목, 또는 그 소설에 나오는 세 명의 주인공을 가리키는 말에서〕 서로 단짝을 이루는 세 사람. 또는, 아주 친하여 늘 함께 어울려 다니는 세 사람. 비유적인 말임. ¶미녀 ~.
삼추(三秋) [명] **1** 가을의 석 달. **2** 세 해의 가을이라는 뜻으로, 3년의 세월을 이르는 말. **3** '긴 세월'의 비유. ¶하루가 ~ 같다.
삼춘 [명] '삼촌(三寸)'의 잘못.
삼층-밥(三層-)[-빱] [명] 삼 층이 되게 지은 밥. 솥의 밥이 중간은 제대로 되었으나, 맨 위는 설거나 질고, 맨 밑은 탄 상태를 익살스럽게 이르는 말.
삼층-집(三層-)[-찝] [명] 삼 층으로 지은 집.
삼치 [명][동] 몸이 길이 최대 1m가량으로 가늘고 길며, 등은 회청색에 짙은 갈색의 둥근 무늬가 있는 바닷물고기.
삼-치기(三-) [명]〈속〉 한 사람이 여러 개의 동전이나 구슬을 두 손에 넣고 흔들다가 한 손에 일부를 쥔 뒤, 상대에게 그것이 1, 2, 3 중 어느 수에 해당하는지 알아맞히게 하는 놀이.
삼칠-일(三七日) [명][민] =세이레.
삼칠-제(三七制)[-쩨] [명] **1** 수확한 곡식의 3할을 지주에게 소작료로 주고, 소작인이 7할을 가지는 제도. **2** 이익이나 몫을 어느 한쪽이 3할을 가지고 다른 한쪽이 7할을 가지기로 하는 일. ▷사륙제.
삼키다 [동][타] **1** (입속에 든 음식이나 어떤 물질·물건을) 목구멍으로 넘기다. ¶군침을 ~. **2** (불길이나 파도 따위의 거센 기운이 어떤 대상을) 사라지게 하거나 휩쓸어 가다. ¶거센 파도가 배를 ~. **3** (세력을 가진 존재가 어떤 것을) 힘에 의해 부당하게 자기의 것으로 만들다. ¶친구의 재산을 **삼키고** 달아나다. **4** (사람이 눈물·웃음 등을) 밖으로 나오지 않도록 애써 억누르다. [비]참다·억제하다. ¶울분을 ~.
삼태(三胎) [명] 세쌍둥이를 잉태하는 일. 또는, 그 아이.
삼태기 [명] 대오리·싸리·짚 등으로 엮어 만든, 흙이나 쓰레기, 거름 따위를 담아 나르는 데에 쓰는 기구.
삼태-성(三台星) [명][천] 큰곰자리 중에 있는 상태성·중태성·하태성.
삼투(滲透) [명][물] 농도가 다른 두 액체를 반투막으로 막아 놓았을 때, 농도가 낮은 쪽에서 높은 쪽으로 용매가 옮겨 가는 현상. **삼투-하다** [동][자][여] **삼투-되다** [동][자]
삼투-압(滲透壓) [명][물] 삼투 현상이 일어날 때, 반투막이 받는 압력.
삼파-전(三巴戰) [명] 셋이 어우러져 싸우는 일. 또는, 그 싸움. ¶~이 벌어지다.
삼판-양승(三-兩勝)[-냥-] [명] 승부를 겨룰 때 세 판 중에서 두 판을 먼저 이기는 편이 승리하는 일. =삼판이승.
삼판-이승(三-二勝) [명] =삼판양승.
삼팔-따라지(三八-) [명] **1** 노름판에서, 세 끗과 여덟 끗을 합하여 된 한 끗. 아주 낮은 끗수임. **2** 삼팔선 이북에서 월남한 사람을 놀림조로 이르는 말. =따라지.
삼팔-선(三八線)[-썬] [명][지] 제2차 세계 대전 직후, 우리나라가 남북으로 나뉘게 된 경계선인 북위 38° 선을 이르는 말.
삼포(三浦) [명][역] 조선 세종 때, 왜인에 대한 회유책으로 개항한, 웅천의 내이포, 동래의 부산포, 울산의 염포의 세 항구.
삼한(三韓) [명][역] 상고 시대, 우리나라 남쪽에 있던 세 나라. 곧, 마한·진한·변한.
삼한-갑족(三韓甲族)[-쪽] [명] 우리나라의 대대로 문벌이 높은 집안.
삼한^사!온(三寒四溫) [명][기상] 겨울철에 3일가량 춥고 4일가량 따뜻한 날씨가 주기적으로 나타나는 현상. 우리나라와 중국 동북부 지방의 특징적인 기후임.
삼한-통보(三韓通寶) [명][역] 고려 숙종 때 만들어 쓰던 엽전의 하나.
삼행-시(三行詩) [명] 세 줄로 이뤄진 시.
삼헌(三獻) [명] 제사 때에 술잔을 세 번 올리는 일. 곧, 초헌(初獻)·아헌(亞獻)·종헌(終獻).

삼현(三絃)[음] 세 가지 현악기. 곧, 거문고·가야금·향비파. ▷육각(六角).
삼현^육각(三絃六角)[-뉴ː각][음] 삼현과 육각을 아울러 이르는 말.
삼-화음(三和音)[-씨][음] 어떤 음을 기초음으로 하여 그 위에 3도·5도의 음을 겹쳐 만든 화음. ¶으뜸 ~.
삼-회장(三回裝)[-회/-훼-][명] 여자 저고리의 깃·끝동·겨드랑이의 세 부분에 다른 빛깔의 천을 대어 장식한 것. ¶~저고리.
삽¹[자혀][①][자혀] 땅을 파고 흙을 뜨는 데 쓰는 연장. ¶모종-. [②][의존] 흙이나 모래 등의 분량을 그것이 담긴 삽의 수로 헤아리는 말. ¶흙 한 ~.
-삽-² [어미](선어말) '-사옵-'의 준말. ¶먹고. ▷-잡-.
삽사리[-싸-][명][동]=삽살개.
삽살-개[-쌀-][명][동] 몸과 얼굴에 긴 털이 많이 나 있는, 우리나라 토종 개. =삽사리.
삽시(霎時)[-씨][명] '삽시간'의 준말.
삽시-간(霎時間)[-씨-][명] 아주 짧은 시간. 웹경각·순식간·일순간. ¶불이 ~에 마을로 번졌다. 働삽시.
삽입(挿入)[사빕][명][하][타] **1** (절·항목, 기계의 구멍 등에 어떤 것을) 끼워 넣거나 꽂는 것. **2** (어떤 내용을) 끼워 넣는 것. **삽입-하다**[동][타] ¶항문에 좌약을 ~./계약서에 단서 조항을 ~. **삽입-되다**[동][자]
삽입-곡(挿入曲)[-꼭][명] 영화나 연극·드라마 등에서 내용이나 분위기에 어울리게 적절히 끼워 넣는 음악.
삽입-구(挿入句)[-꾸][명][언] 문장을 보충적으로 설명하기 위해, 그 문장의 다른 성분에 직접 관계됨이 없이 삽입된 구.
삽입-표(挿入標)[명]=끼움표.
삽-자루[-짜-][명] 삽날에 끼우는 자루.
삽-질[-찔][명] 삽으로 땅을 파거나 흙을 때내는 일. **삽질-하다**[자][여]
삽화¹(挿話)[사퐈][명]=에피소드**1**.
삽화²(挿畵)[사퐈][명][출] 서적·신문·잡지 등에서, 내용을 보충하거나 기사의 이해를 돕기 위해 넣는 그림.
삽화-가(挿畵家)[사퐈-][명] 삽화를 그리는 것을 직업으로 하는 사람.
삿-갓[사갇][명] 대오리나 갈대로 거칠게 엮어 비나 볕을 피하기 위해 쓰는 갓.
삿:대[사때][명] 배를 물가에서 떼거나 대 가로 댈 때, 또는 물이 얕은 곳에서 깊은 곳으로 배를 밀어 갈 때에 쓰는 긴 막대.
삿:대-질[-때-][명] 말다툼할 때 상대편을 향해 집게손가락을 내밀고나 까딱거리거나 얼굴 쪽으로 찌를 듯이 자꾸 내미는 짓. **삿:대질-하다**[자][여]
삿-자리[산짜-][명] 갈대를 엮어서 만든 자리.
삿포로(札幌)[명][지] 일본의 도시.
상¹(上)[명] **1** '임금'의 높임말. **2** 차례나 등급을 둘 또는 셋으로 나누었을 때, 맨 첫째에 해당하는 차례나 등급. ▷중·하. **3**(공간이나 위치를 나타내는 명사 뒤에 쓰여) 그 공간이나 위치의 '위'임을 나타내는 말. ¶일직선 ~의 두 점.
상²(床)[명] 음식을 차려 놓고 먹을 수 있도록 나무나 그 밖의 재료로 위는 평평하게 하고 아래에는 다리를 달아 일정한 높이를 갖게 만든 물건. 또는, 그 물건에 음식을 차려 놓은 것. 働밥상·소반·식탁.
상³(相)[명] **1** 관상학에서, 얼굴이나 체격의 됨됨이. ¶저 아이는 잘자 크게 될 ~이다. **2** 온갖 종류에 나타나는 모양과 태도. **3** 그때그때 얼굴에 나타나는 모양. ¶놀라운 ~. **4**[물] 물리적·화학적으로 균질(均質)인 물질의 부분. 기체상·액체상·고체상 따위.
상⁴(商)[명] 오음(五音) 중 둘째 음.
상⁵(喪)[명] **1** '거상(居喪)'의 준말. **2** 부모, 승중(承重)의 조부모·증조부모·고조부모와 맏아들의 상사(喪事)에 대한 의례.
상⁶(象)[명] 장기짝의 하나. '象(상)' 자를 새긴 것으로, 선 한 칸을 간 다음에 대각선으로 두 칸을 가게 되어 있음. 한 편에 둘씩 있음.
상⁷(想)[명] 작품을 만드는 작자의 생각. ¶기발한 ~이 떠오르다.
상⁸(像)[명] **1** 사람이나 물건의 형체를 본떠서 만들거나 그린 것. **2**[물] 광선의 반사 또는 굴절로 생기는 물체의 형상.
상⁹(賞)[명] 잘한 일을 칭찬하거나 칭송하기 위하여 어떤 단체나 기관 등에서 주는, 증서나 돈이나 값어치 있는 물건. ¶노벨~.
-상¹⁰(上)[접미] 주로 추상적 명사에 붙어, '…에 있어서', '…의 측면(에서)', '…의 관계(로)', '…의 추상적 공간' 등의 뜻을 나타내는 말. ¶역사~ / 인터넷~.
-상¹¹(狀)[접미] '모양', '상태'의 뜻을 나타내는 말. ¶방사(放射)~ / 나선(螺旋)~.
-상¹²(商)[접미] '장사', '장수'의 뜻을 나타내는 말. ¶도매~ / 고물~.
상가¹(商家)[명] 장사를 업으로 하는 집.
상가²(商街)[명] 상점이 많이 늘어서 있는 거리. 웹지하~.
상가³(喪家)[명] 사람이 죽어 장례를 치르는 집. =상갓집. 働초상집.
상가-아파트(商街-apartment)[명] 건물의 일부를 각각 상가와 주택으로 사용할 수 있도록 분리한 건축물. 지상에 가까운 층에는 상가나 사무실이, 위층에는 주택이 있음.
상간(相姦)[명] (남녀가) 서로 정을 통하거나 간음하는 것. ¶근친~.
상:감¹(上監)[명] '임금'의 높임말.
상감²(象嵌)[명] 금속·도자기 등의 겉면에 무늬를 새기고 거기에 금·은·자개 등을 박아 넣는 기술. 또는, 그 작품.
상:감-마마(上監媽媽)[명] '상감'을 더욱 높여 호칭 또는 지칭하는 말.
상감^청자(象嵌靑瓷)[미] 상감 기법으로 여러 가지 무늬를 새겨 만든 청자.
상갓-집(喪家-)[-가찝/-갇찝]=상가(喪家)³.
상강(霜降)[명] 24절기의 하나. 10월 23일 경으로, 한로(寒露)와 입동 사이에 있음.
상거(相距)[명] 어느 곳에서 얼마의 거리가 떨어짐. 또는, 떨어져 있는 두 곳의 거리. **상거-하다**[자][여]
상-거래(商去來)[명] 상업상의 거래.
상:-거지(上-)[명] 아주 비참할 정도로 불쌍한 거지. ¶거지 취급 해도 저런 ~는 처음 본다.
상-것(常-)[-껃][명] **1** 예전에, 양반 계급이 평민을 얕잡는 뜻으로 이르던 말. **2** 남을 심하게 욕으로 이르는 말. 働쌍것.
상:게(上揭)[명] 위에 게재(揭載)하거나 게시하는 것. **상:게-하다**[타][여]
상:게-서(上揭書)[명] 논문·학술 서적 등의

각주에서, 인용한 출처가 바로 앞에서 밝힌 책과 같은 책임을 나타내는 말. '위의 책' 이라고도 함. ▷전게서.

상견(相見) [명] 서로 만나 보는 것. **상견-하다** [동][자][여] ¶사돈 될 사람끼리 처음 ~.

상견-례(相見禮)[-녜] [명] **1** 서로 공식적으로 만나 보는 예. **2** 결혼식에서, 신랑 신부가 서로에게 동등한 예를 갖추어 마주 절하는 일.

상:경(上京) [명] 지방에서 서울로 올라오는 것. **상:경-하다** [동][자][여] ¶무작정 ~.

상계(相計)[-계/-게] [명][법] 채무자가 채권자에 대하여 자기도 같은 종류의 채권을 가지는 경우에, 당사자 일방의 의사 표시에 의하여 쌍방의 채무를 같은 액수만큼 소멸시키는 일. =상쇄(相殺). **상계-하다** [동][타][여]

상:고¹(上古) [명][역] 역사의 시대 구분의 하나. 문헌에 의존할 수 있는 한에서의 가장 오랜 옛날을 이름. ▷근고·중고.

상:고²(上告) [명][법] 제2심 판결에 대한 상소(上訴). **상:고-하다**¹ [동][자][타][여] ¶고등 법원의 판결에 불복하여 대법원에 ~.

상고³(商高) [명][교] '상업 고등학교'의 준말.

상고⁴(詳考) [명] 자세하게 참고하거나 검토하는 것. **상고-하다**² [동][타][여]

상고대 [명] 나무에 내린 눈이 추위에 얼어붙은 것.

상고-머리 [명] 옆머리와 뒷머리를 치올려 깎고 앞머리는 가르마 없이 내리 빗은 상태에서 일자로 가지런히 자른 머리.

상:고-사(上古史) [명][역] 상고 시대의 역사. 우리나라에서는 단군 시대로부터 삼한(三韓) 시대까지의 역사임.

상:고^시대(上古時代) [명][역] 상고의 시대. =상대(上代).

상:고-심(上告審) [명][법] 상고한 소송 사건의 심판.

상:공¹(上空) [명] 어떤 지역의 위에 있는 공중. ¶수도권 ~.

상공²(商工) [명] '상공업'의 준말.

상-공업(商工業) [명] 상업과 공업. [준]상공.

상공^회:의소(商工會議所)[-회의-/-훼이-] [명] 상공업자들이 그 지방 상공업의 개선·발전을 위해 조직한 특수 법인.

상과(商科)[-꽈] [명][교] 상업에 관한 교과목.

상과^대:학(商科大學)[-꽈-] [명][교] 상업 및 경제에 관한 전문 학술과 경영 기술을 가르치는 단과 대학. [준]상대.

상:관¹(上官) [명] 윗자리의 관리. ¶직속~. ↔부하.

상관²(相關) [명] **1** 서로 관련을 가지는 것. 또는, 그 관계. **2** 남의 일에 간섭하는 것. **상관-하다** [동][자][타][여] ¶네가 **상관할** 일이 아니다. **상관-되다** [동][자]

상관-관계(相關關係)[-계/-게] [명] 두 가지 것의 한쪽이 변화하면 다른 쪽도 따라서 변화하는 관계.

상관-없다(相關-)[-업따] [형] =관계없다. ¶그것은 너와 **상관없는** 일이니 간섭하지 마라. **상관없-이** [부]

상관-있다(相關-)[-읻따] [형] =관계있다. ¶이 일은 네 미래와 ~.

상궁(尙宮) [명][역] **1** 고려 시대, 여관(女官)의 하나. **2** 조선 시대, 여관(女官)의 정5품 벼슬. ¶제조(提調)~.

상:권¹(上卷) [명] 두 권 또는 세 권으로 가른 책의 첫째 권. ▷중권·하권.

상권²(商圈)[-꿘] [명][경] 상업상의 세력 범위. ¶~이 형성되다.

상권³(商權)[-꿘] [명] **1** [법] 상업상의 권리. **2** 상업의 주도권.

상궤(常軌) [명] 늘 좇아야 할 바른길. ¶~를 벗어난 행동.

상규(常規) [명] **1** 일반적인 규정이나 규칙. 또는, 사물의 표준. ¶~에 벗어난 행동을 하다. **2** 늘 변하지 않는 규칙.

상극(相剋) [명] **1** [민] 음양오행설에서, 만물을 이루는 요소인 쇠〔金〕·물〔水〕·나무〔木〕·불〔火〕·흙〔土〕 중 어느 요소끼리 서로 견제하는 일. ↔상생(相生). **2** 둘이서 서로 사이가 좋지 않아 갈등을 일으키는 상태. 또는, 동시에 섭취했을 때 탈이 나거나 나쁜 결과가 나타나는 음식과 음식의 관계. ¶장어와 복숭아는 ~이다.

상근(常勤) [명] 매일 일정한 시간을 근무하는 것. ↔비상근. **상근-하다** [동][자][여]

상금(賞金) [명] 상으로 주는 돈.

상:급(上級) [명]《일부 명사 앞에 관형어적으로 쓰이거나 복합어로 쓰여》 등급이나 계급을 크게 둘로 나눌 때 높은 쪽의 등급이나 계급. ¶~생/~ 학교. ↔하급.

상:급-반(上級班)[-빤] [명] =윗반1.

상:급^법원(上級法院)[-뻡-] [명] 하급의 법원을 감독하는 법원. 지방 법원에 대해서는 고등 법원, 고등 법원에 대해서는 대법원임. ↔하급 법원.

상:급-생(上級生)[-쌩] [명] 학년이 높은 학생. ↔하급생.

상:급-자(上級者)[-짜] [명] 더 높은 등급이나 계급에 있는 사람.

상:기¹(上記) [명] 글의 앞 부분에 어떤 내용을 적는 것. 또는, 그 내용. ↔하기. **상:기-하다**¹ [동][자][여] ¶**상기한** 바와 같이.

상:기²(上氣) [명] (얼굴이) 설렘·긴장·흥분·수치심 등으로 불그레해지는 것. 또는, 그렇게 불그레해지면서 표정이 다소 굳어지는 것. **상:기-하다**² [동][자][여] **상:기-되다**¹ [동][자] ¶붉게 **상기된** 얼굴.

상기³(喪期) [명] 상복(喪服)을 입는 동안.

상:기⁴(想起) [명] (지난 일을) 다시 생각해 내는 것. **상:기-하다**³ [동][타][여] ¶6·25의 비극을 ~. **상:기-되다**² [동][자]

상:-길(上-)[-낄] [명] 같은 종류 가운데 등급이 상(上)에 속하는 상태. 또는, 그 물건이나 존재. ↔핫길. ▷중길.

상:납(上納) [명] **1** (뇌물 따위를 권력이나 권한을 가진 자에게) 바치는 것. **2** 옛날에, (조세나 특산물을 나라에) 바치는 것. **상:납-하다** [동][타][여] ¶고위 공무원에게 뇌물을 ~.

상냥-스럽다[-따] [형][ㅂ] 〈~스러우니, ~스러워〉 상냥한 데가 있다. **상냥스레** [부]

상냥-하다 [형][여] (성질이) 사근사근하고 부드럽다. ¶**상냥한** 마음씨. **상냥-히** [부]

상:념(想念) [명] 마음속에 생겨나는 이런저런 생각. ¶온갖 ~/~에 잠기다.

상노(床奴) [명] 밥상을 나르거나 잔심부름을 하는 아이.

상-놈(常-) [명] **1** 지난날, 신분이 낮은 남자를 낮추어 이르던 말. **2** 본데없이 막된 남자라는 뜻으로 욕하는 말. [센]쌍놈.

상:-늙은이(上-) [명] 늙은이들 가운데 가장 나이가 많은 늙은이.

상-다리(床-)[-따-] [명] 상에 붙어서 상을 받치는 다리. ¶~가 휘어지게 차리다.

상:단¹(上段) 뗑 1 페이지의 위쪽 부분. ¶45페이지 ~ 둘째 줄. 2 여러 단으로 된 것의 위에 있는 단. ¶냉장고 ~. ↔하단.
상:단²(上端) 뗑 위쪽의 끝. ↔하단.
상:달¹(上−) [−딸] 뗑 '시월상달'의 준말.
상:달²(上達) 뗑 (윗사람에게 아랫사람의 뜻을) 말이나 글로 전하여 알리는 것. ¶하의~. ↔하달. **상:달-하다** 国(재여)
상담(相談) 뗑 (어려운 문제를 전문가나 윗사람과) 이야기하면서 해결하는 답을 찾는 것. 또는, (어려운 문제를 전문가나 윗사람에게) 물으면서 조언이나 충고를 구하는 것. ¶인생~. **상담-하다** 国(타여) ¶변호사와 [에게] 유산 문제를 ~.
상담(商談) 뗑 (상대와) 상업상의 거래를 위해 이야기를 하는 것. ¶외국 바이어와 ~을 나누다. **상담-하다²** 国(재여)
상담-소(相談所) 뗑 상담에 관하여 문고 의논할 수 있도록 설치된 사회 시설이나 업소. ¶법률 ~.
상담-실(相談室) 뗑 학교·회사·기관 등에서, 상담하는 일을 하는 부서. 또는, 그 방. ¶고객 ~.
상담-역(相談役) [−녁] 뗑 상담의 상대가 되는 역. 특히, 여러 가지 어려운 일에 대하여 조언하는 사람.
상담-원(相談員) 뗑 개인의 생활이나 적응 문제 등에 관하여 상담에 응하고 조언하는 사람. =카운슬러.
상당(相當) 뗑 1 (어떤 물건이 어떤 값어치에) 해당하거나 같은 것. ¶10만 원 ~의 시계. 2 (어떤 일이 어떤 경우나 상태에) 알맞거나 합당한 상태를 이루는 것. **상당-하다¹** 国(재여) ☞상당하다².
상당-수(相當數) 뗑 어지간히 많은 수. ¶ 요즘은 학생의 ~가 안경을 쓰고 있다.
상당-액(相當額) 뗑 어지간히 많은 금액. 2 어떤 기준에 가까운 금액.
상당-하다²(相當−) 鬪여 (대상의 능력·수준·정도·수량 등이) 보통의 경우를 어지간히 넘어서고 있다. ¶상당한 실력. **상당-히** 用 ¶시험 문제가 ~ 어렵다.
상대¹(上代) 뗑 =상고 시대.
상대²(相對) 뗑 1 서로 마주 대하는 것. 또는, 그 대상. ¶말 ~. 2 서로 겨루는 것. 또는, 겨룰 만한 대상. ¶그는 만만찮은 ~다. 3 서로 대비시키는 것. ↔절대. **상대-하다** 国(재여) **상대-적¹**[−쩍]
상대³(商大) 뗑(교) '상과 대학'의 준말.
상대-국(相對國) 뗑 외교 교섭의 상대가 되는 나라.
상대^높임법(相對−法) [−뻡] 뗑(언) 높임법의 하나. 일정한 종결 어미를 선택함으로써 상대방을 높이는 것으로, 해라체·하게체·하오체·합쇼체 등이 있음. ▷객체 높임법.
상대-방(相對方) 뗑 어떤 사람에 대해, 마주 대하고 있거나 겨루고 있거나 하는 사람. ㈃상대편. ¶~의 의사를 존중하다.
상대-성(相對性) [−썽] 뗑(철) 사물이 그 자체로 독립적으로 존재하지 않고 다른 사물과 의존적인 관계를 가지는 성질.
상대성^이:론(相對性理論) [−썽이−] 뗑(물) 아인슈타인이 확립한 물리학의 기초 이론. 상대성 원리를 전제로 하며, 특수 상대성 이론과 일반 상대성 이론이 있음.
상대-어(相對語) [−어] 뗑(언) =반의어.
상대-역(相對役) 뗑 연극·영화 등에서, 어떠한 역에 대하여 상대가 되는 역. 특히, 여[남]주인공에 대한 남[여]주인공의 역.
상대-자(相對者) 뗑 어떤 일을 할 때 상대가 되는 사람. ¶마땅한 결혼 ~가 없다.
상대-적(相對的) 凾 다른 것과 비교·대립하는 관계에 있는 (것). ¶~ 가치. ↔절대적.
상대-주의(相對主義) [−의/−이] 뗑(철) 인식론이나 논리학에서, 진리나 가치의 절대성을 부정하고 상대성을 주장하는 설. ↔절대주의.
상대-편(相對便) 뗑 어느 편에 대해, 서로 대하고 있거나 맞서 겨루고 있는 편. ㈃상대방.
상대^평:가(相對評價) [−까] 뗑(교) 일정한 집단 내에서 개인의 학력의 상대적 위치를 나타내는 평가 방법. ↔절대 평가.
상도(常道) 뗑 변하지 않는 떳떳한 도리.
상도(商道) 뗑 =상도덕.
상-도덕(商道德) 뗑 상업 활동에서 지켜야 할 도덕. 특히, 상업자 상호 간의 도의. =상도.
상-동(上同) 뗑 서류·문서 등에서, 같은 내용을 다시 쓰는 것을 피하기 위해 '위에 적은 사실과 같음'의 뜻으로 쓰는 말.
상두-꾼(喪−) 뗑 상여를 메는 사람. ㈃상여꾼.
상:등(上等) 뗑 높은 등급.
상:등-병(上等兵) 뗑(군) =상병(上兵)¹.
상:등-품(上等品) 뗑 품질이 썩 좋은 물건. ↔하등품.
상:략(上略) [−냑] 뗑 어떤 글을 인용하거나 할 때, 길이 관계로 앞부분을 생략하는 것. 본문 다시 쓰는 것을 '상략'이라고 씀. ▷중략·하략. **상:략-하다** 国(재여)
상:량(上樑) [−냥] 뗑(건) 1 기둥에 보를 얹고 그 위에 마룻대를 올리는 것. 2 =마룻대. **상:량-하다** 国(재여)
상례¹(常例) [−녜] 뗑 보통 있는 예.
상례²(喪禮) [−녜] 뗑 상중(喪中)에 행하는 모든 예절.
상록^관:목(常綠灌木) [−꽌목−] 뗑(식) 일년 내내 늘 잎이 푸른 관목.
상록^교목(常綠喬木) [−꾜목−] 뗑(식) 일년 내내 늘 잎이 푸른 교목.
상록-수(常綠樹) [−녹쑤] 뗑(식) 일 년 내내 늘 잎이 푸른 나무. 소나무·대나무 따위. =늘푸른나무. ↔낙엽수.
상론(詳論) [−논] 뗑 자세히 논하는 것. 또는, 자세한 논의. **상론-하다** 国(타여)
상:류(上流) [−뉴] 뗑 1 강의 흐름에서, 시작되는 지역. ↔하류. 2 사회 계급이나 사회적 지위와 생활 수준이 높은 부류에 속해 있는 상태. 또는, 그 부류. ¶~ 계층. ▷중류·하류.
상:륙(上陸) [−뉵] 뗑 배에서 내려 육지로 오르는 것. **상:륙-하다** 国(재여)
상리(商利) [−니] 뗑 장사하여 얻은 이익.
상리(商理) [−니] 뗑 장사하는 도리. 또는, 그 이치.
상리^공:생(相利共生) [−니−] 뗑(생) 종류가 다른 생물이 공생에 의해 서로 이익을 얻고 있는 관계. 집게와 말미잘, 개미와 진딧물 따위. ↔편리 공생.
상-말(常−) 뗑 점잖지 못하고 상스러운 말. ㈃속어. **상말-하다** 国(재여)
상:-머리(床−) 뗑 상의 앞이나 옆.
상:-머슴(上−) 뗑 힘든 일을 잘하는 장정 머슴.
상:면¹(上面) 뗑 =윗면. ↔하면.

상면²(相面) 명 1서로 대면하는 것. 2서로 처음으로 만나 인사하고 알게 되는 것. **상면-하다** 재타여 ¶김 선생님과는 지난번에 이미 상면하였다.
상:명(上命) 명 1상부의 명령. ¶~ 하달(下達). 2=어명(御命).
상:명-하복(上命下服) 명 윗사람은 일방적으로 명령하고 아랫사람은 철저히 복종하는 일. ¶~의 행정 관행.
상모(象毛) 명 벙거지 꼭지에다 참대와 구슬로 장식하고 끝에다 뻑 혹은 긴 백지 오리를 붙인 것. ¶~를 돌리다.
상무(常務) 명 일상의 업무.
상무-이사(常務理事) 명 재단이나 회사 등의 이사 가운데 일상 업무를 집행하는 이사. ㉰상무.
상민(常民) 명 양반이 아닌 평민. ㉭상사람. ↔양반.
상반(相反) 명 서로 반대되거나 어긋나는 것. **상반-하다** 재여 **상반-되다** 동재 ¶상반되는 의견.
상:-반기(上半期) 명 어느 기간을 둘로 나눈 그 앞쪽의 반이 되는 동안. ↔하반기.
상:-반부(上半部) 명 위쪽 절반 부분. ㉭상부. ↔하반부.
상:-반신(上半身) 명 사람의 몸에서 허리 위의 부분. ↔하반신.
상방(上方) 명 위쪽의 방향. ↔하방.
상:배(喪配) 명 '상처(喪妻)' 또는 '아내 상(喪)'을 격을 갖추어 이르는 말. 주로 부음에 많이 쓰이는 말.
상벌(賞罰) 명 잘한 것에는 상을 주고 못한 것에는 벌을 주는 일. ¶~ 규정. **상벌-하다** 타여
상법(商法) [-뻡] 명 [법] 넓은 뜻으로는 영리 기업에 관한 법규의 총칭. 좁은 뜻으로는 상업에 관한 사권(私權)의 관계를 규정한 법률.
상:병¹(上兵) 명 [군] 국군 계급의 하나. 사병에 속하는 계급으로, 일병의 위, 병장의 아래임. ㉭상등병.
상병²(傷兵) 명 부상당한 병사.
상보(床褓) [-뽀] 명 음식을 차려 놓은 상을 덮는 보자기.
상보²(相補) 명 서로 보충하는 것. ¶~ 관계. **상보-하다** 동재타여
상보³(詳報) 명 자세하게 보고하거나 보도하는 것. 또는, 자세한 보고나 보도. ↔약보. **상보-하다** 동재타여
상복¹(喪服) 명 상중(喪中)에 있는 사람이 입는 예복. 복服(服). 소복(素服).
상복²(賞福) [-뽁] 명 상을 받는 복.
상:봉¹(上峯) 명 높은 산봉우리. ¶히말라야 ~에 태극기를 꽂다.
상봉²(相逢) 명 (둘 이상의 사람이, 또는 사람과[이] 사람과[과]) 오랫동안 헤어져 있다가 서로 만나는 것. **상봉-하다** 재타여 ¶이산가족이 40년 만에 ~.
상:부¹(上部) 명 1위쪽 부분. 2보다 위의 관청이나 직위. ¶~에 보고하다. ↔하부.
상부-상조(相扶相助) 명 서로서로 돕는 것. ¶~의 미덕. **상부상조-하다** 재여
상비(常備) 명 늘 갖추어 두는 것. ¶~ 약. **상비-하다** 타여 **상비-되다** 재여 ¶구급약을 ~. 상비-되다 재여
상비-군(常備軍) 명 1[군] 유사시에 대비하여 평시에 늘 편성·유지하고 있는 군대. 2경기에 대비하여 평시에 늘 편성·유지하고 있는 스포츠 팀. ¶올림픽 ~.
상비-약(常備藥) 명 가정이나 병원 등에 늘 준비해 두는 약. ¶가정 ~.
상:사¹(上士) 명 [군] 국군 계급의 하나. 부사관에 속하는 계급으로, 중사의 위, 원사의 아래임.
상:사²(上司) 명 직장이나 군대에서 자기보다 직위나 계급이 위인 사람.
상사³(商社) 명 '상사 회사'의 준말.
상사⁴(喪事) 명 초상이 난 일.
상사-기관(相似器官) 명 [생] 서로 종류가 다른 생물에 있어서 발생적으로는 그 기원이 다르나 그 형상이나 기능·작용이 서로 닮아 있는 기관.
상-사람(常-) [-싸-] 명 조선 중엽 이후에 평민을 일컫던 말. =상인(常人). ㉭상민. ↔양반.
상사-별곡(相思別曲) 명 [문] 조선 시대의 십이 가사의 하나. 생이별한 남녀의 애절한 정을 읊은 것임.
상사-병(相思病) [-뼝] 명 이성의 상대를 몹시 그리워하나 그 사랑을 이룰 수 없어 생기는 병.
상사^회사(商事會社) [-회/-훼-] 명 [법] 상행위를 목적으로 설립된 사단 법인. ㉰상사.
상:상(想像) 명 (실제로 겪거나 대하지 않은 어떤 일을) 머릿속으로 미루어 생각하거나 머리에 어떤 현상으로 그려 보는 것. **상:상-하다** 동재타여 ¶10년 후의 미래를 ~.
　상상의 날개를 펴다 사람이 머릿속으로 어떤 상상을 자유롭게 이뤄지게 하다.
상:상-력(想像力) [-녁] 명 상상하는 능력. ¶~을 발휘하다.
상:상-봉(上上峯) 명 여러 봉우리 가운데 가장 높은 봉우리.
상:상-외(想像外) [-외/-웨] 명 생각이나 짐작 밖. ¶그가 시험에 떨어졌다니 ~였다.
상:상^임신(想像妊娠) 명 [의] 임신을 몹시 원하는 여성이 실제로 임신한 것이 아닌데도 입덧이나 태동의 자각 등 임신과 비슷한 신체적 증상을 나타내는 일.
상:상-화(想像畫) 명 [미] 실물을 보지 않고 상상하여 그리는 그림. ↔사생화.
상생(相生) 명 1[민] 음양오행설에서, 만물을 이루는 다섯 가지 요소인 쇠(金)·물(水)·나무(木)·불(火)·흙(土)이 순환적으로 돌면서 서로 좋은 영향을 주고받는 일. ↔상극(相剋). 2서로 돕고 화합함으로써 함께 발전하고 번영하는 것. ¶~의 정치. **상생-하다** 재여
상:서(上書) 명 웃어른에게 편지를 올리는 것. 또는, 그 편지. ¶아버님 전 ~. **상:서-하다** 동재여
상서-롭다(祥瑞-) [-따] 형비 ¶〈-로우니, -로워〉복되고 좋은 일이 있을 것 같은 상태에 있다. ¶상서로운 조짐. **상서-로이** 부
상:석¹(上席) 명 일터·모임·계급 등에서의 윗자리. ↔말석.
상석²(床石) 명 [민] 제사 음식을 차려 놓기 위해 무덤 앞에 돌로 상처럼 네모나게 만들어 고정시켜 놓은 석물.
상석³(象石) 명 [민] 능(陵)·원(園)에 사람이나 짐승의 모양으로 만들어 세운 석물(石物).
상선(商船) 명 상업상의 목적으로 쓰이는 배. 여객선·화물선 따위.

상설(常設) [명] 언제든지 이용할 수 있도록 시설을 갖추어 두는 것. ¶~ 할인 매장. **상설-하다** [동][타][여] **상설-되다** [동][자]
상설-관(常設館) [명] 언제든지 이용할 수 있도록 시설을 갖추어 놓은 건물.
상ː성(上聲) [명][언] **1** 중세 국어의 사성(四聲)의 하나. 처음이 낮고 나중이 높은 소리. 글자에 표시할 때 왼쪽에 점 두 개를 찍음. **2** 한자음의 사성의 하나. 처음이 낮고 차차 높아지다가 가장 높게 되었을 때 그치는 소리.
상세-하다(詳細—) [형][여] (글이나 말 등이) 내용에 있어서 작은 부분에까지도 분명하게 밝혀 주는 상태에 있다. [비]자세하다·세밀하다. ¶**상세한** 설명. **상세-히** [부]
상ː소¹(上疏) [명][역] 신하가 임금에게 건의·진정·비판 등의 내용을 담은 글을 올리는 일. 또는, 그 글. ¶탄핵 ~. **상ː소-하다**¹ [동][자][여]
상ː소²(上訴) [명][법] 하급 법원의 판결에 따르지 않고 상급 법원에 재심을 요구하는 일. **상ː소-하다**² [동][자][여]
상-소리(常—) [—쏘—] [명] 상스러운 말. 또는, 상스러운 소리. [센]쌍소리.
상ː소-문(上疏文) [명] 상소하는 글.
상ː소-심(上訴審) [명][법] 상소 사건에 대한 상소 법원의 심리. 항소심·상고심·항고심 등이 있음.
상속(相續) [명][법] 일정한 친족 관계가 있는 사람 사이에서 한쪽이 죽었을 때 다른 한쪽이 호주권 또는 재산상의 권리·의무 일체를 이어받는 일. **상속-하다** [동][타][여] **상속-되다** [동][자]
상속-권(相續權) [—꿘] [명][법] 상속인이 가지는 법률상의 권리.
상속-세(相續稅) [—쎄] [명][법] 국세의 한 가지. 상속된 재산에 부과하는 세금.
상속-인(相續人) [명][법] 상속받는 사람의 법률상의 호칭. ↔피상속인.
상쇄(相殺) [명] **1** [법] =상계(相計). **2** 상반되는 것이 서로 영향을 미쳐서 효과가 없어지는 것. **상쇄-하다** [동][타][여] ¶손익(損益)을 **상쇄하고** 나니 남는 것이 없다. **상쇄-되다** [동][자]
상ː쇠 [—쇠/—쉐] [명] [<상수(上手)] 두레패·굿중패·걸립패·농악대 등에서 전체를 지휘하는, 꽹과리를 제일 잘 치는 사람.
상ː수¹(上手) [명] 높은 수나 솜씨. 또는, 그런 사람. =윗수. [비]고수(高手). ↔하수.
상ː수²(上水) [명] 수도관을 통해 공급되는, 사람이 먹고 사용하는 맑은 물. ↔하수.
상ː수³(上數) [명] 가장 좋은 꾀. [비]상책.
상수⁴(常數) [명] **1** [수] 어떤 관계를 통해서도 변하지 않는 일정한 값을 가진 수나 양. 원주율 따위. ↔변수. **2** [물][화] 물질의 물리적·화학적 성질을 표시하는 수치. 즉, 일정한 상태에 있는 물질의 성질에 관하여 일정량을 보이는 수.
상ː수-도(上水道) [명] 식수 등을 관을 통하여 각 지역에 공급하는 설비. [준]수도. ↔하수도.
상ː수도-관(上水道管) [명] 수돗물을 공급하고 분배하는 데 쓰는 관.
상ː수리 [명] 상수리나무의 열매.
상ː수리-나무 [명][식] 도토리와 비슷한 열매가 열리는 높이 20~25m의 낙엽 교목. 열매는 '상수리'라 하는데, 묵을 만듦.
상ː수-원(上水源) [명] 상수도로 공급할 물을 지속적으로 얻는 곳. 보통, 댐을 만들어 강물을 저장하는 곳을 가리킴. ¶수도권의 젖줄인 팔당 ~.
상ː순(上旬) [명] 초하루부터 초열흘까지의 사이. =초순. ▷중순·하순.
상ː술¹(上述) [명] 위에 또는 앞부분에 말하거나 적는 것. **상ː술-하다**¹ [동][자][타][여]
상술²(商術) [명] 장사하는 솜씨.
상술³(詳述) [명] 자세히 설명하여 말하는 것. **상술-하다**² [동][타][여]
상-스럽다(常—) [—쓰—따] [형][ㅂ] <~스러우니, ~스러워> 말이나 행동이 낮고 천한 데가 있다. ¶**상스러운** 말. [센]쌍스럽다.
상습(常習) [명] 늘 하는 버릇. ¶~ 절도.
상습-범(常習犯) [—뻠] [명][법] 어떤 범죄를 상습적으로 저지름으로써 성립하는 범죄. 또는, 그런 죄를 지은 사람.
상습-적(常習的) [—쩍] [관][명] 좋지 않은 일을 버릇처럼 일삼는 (것). ¶거짓말을 ~으로 하다.
상ː승¹(上昇) [명] **1** (물체나 물질이) 낮은 데에서 높은 곳으로 옮겨 가는 것. ↔하강. **2** (어떤 대상이) 수준·등급·가치·정도 등이 높아지거나 올라가는 것. ¶물가 ~. ↔하락. **상ː승-하다** [동][자][여] ¶기온이 ~. **상ː승-되다** [동][자]
상승²(常勝) [명] 늘 이기는 것.
상승 가도(街道)**를 달리다** 상승하는 기세를 몰아 계속 나아가다.
상ː승^기류(上昇氣流) [명][기상] 대기 속에서 위쪽으로 향하는 공기의 흐름.
상ː승-세(上昇勢) [명] 물가·주가·운세 등이 위로 올라가는 기세. [비]오름세. ↔하락세.
상ː승-일로(上昇一路) [명] 오로지 한길로 계속 올라감. ¶~를 달리다.
상승^작용(相乘作用) [명] 몇 가지 원인이 함께 겹쳐 작용하면 하나씩 작용할 때의 합(合)보다 더 큰 효과를 나타내는 현상.
상승-효과(相乘效果) [명] **1** 여러 요인이 함께 작용하여 하나씩 작용할 때보다 더 커지는 효과. **2** [약] 두 종류 이상의 약물을 병용하였을 때, 하나씩 썼을 때보다 더 강해지는 효과.
상시(常時) Ⅰ[명] **1** 임시가 아닌 보통 때. =항시. **2** '평상시'의 준말.
Ⅱ[부] 보통 때에 늘.
[**상시에 먹은 마음 취중**(醉中)**에 난다**] 술에 취하게 되면 평소에 가졌던 생각이 말이나 행동으로 나타난다.
상ː식¹(上食) [명] 상가(喪家)에서, 아침저녁으로 죽은 사람의 혼백을 모신 곳에 차려 올리는 음식.
상식²(常食) [명] 늘 먹는 일. 또는, 그 음식. **상식-하다** [동][타][여]
상식³(常識) [명] 보통 사람이 가지고 있는, 또는 가져야 할 지식이나 판단력.
상식-선(常識線) [—썬] [명] 상식적으로 인정하거나 허용하는 한계. ¶~에서 무난히 합의가 이루어지다.
상식-적(常識的) [—쩍] [관][명] 상식이 되는 (것). 또는, 상식에 속하는 (것). ¶이번 일은 ~으로 납득이 가질 않는다.
상식-화(常識化) [—시콰] [명] 상식적인 것이 되거나 되게 하는 것. **상식화-되다** [동][자]
상ː신(上申) [명] 윗사람이나 관청 등에 일에 대한 의견·사정 등을 말이나 글로 여쭈는 것. **상ː신-하다** [동][타][여] ¶부하의 승진을 상부 기관에 ~.
상실(喪失) 몡 (지위·자격·권리·기회나 기억·의욕·감각 따위를) 잃어버리는 것. ¶기억 ~. **상실-하다** 통(타)(여) ¶자격을 ~. **상실-되다** 통(자)
상실-감(喪失感) 몡 무엇인가를 잃어버린 후의 느낌이나 감정 상태. ¶~에 빠지다.
상심(傷心) 몡 실패나 잘하지 못하거나 기타 좋지 않은 일로 인해 절망이나 마음의 아픔을 느끼는 상태가 되는 것. **상심-하다** 통(자)(여) ¶사업의 실패로 크게 ~.
상아(象牙) 몡 코끼리의 위턱에 나서 입 밖으로 길게 뻗어 나온 두 개의 엄니. 썩 단단하고 엷은 황백색임.
상아-색(象牙色) 몡 상아의 빛깔. 곧, 엷은 황백색. =상앗빛·아이보리색.
상아-질(象牙質) 몡(생) 척추동물의 치아를 이루는 황백색의 단단한 물질.
상아-탑(象牙塔) 몡 현실의 실천적인 문제를 외면한 채 이론적 연구에 몰두하는 곳으로서의 '대학'을 비판조로 이르는 말. 또는, 세속에 물들지 않고 진리만 탐구하는 곳으로서의 '대학'을 이르는 말.
상앗-빛(象牙-) [-아삗/-앋삗] 몡 =상아색.
상어 몡 몸은 방추형으로 지느러미가 크며, 입이 머리의 아래쪽에 있고 날카로운 이가 촘촘히 나 있는 바닷물고기. 크기는 16cm에서 18m까지 다양하며, 성질이 난폭함. 살과 지느러미는 식용함.
상업(商業) 몡 상품을 사고팖으로써 이익을 얻는 일.
상업-계(商業界) [-계/-꼐] 몡 상업의 사회. 또는, 상인들의 사회.
상업^고등학교(商業高等學校) [-꼬-꾜] 몡(교) 상업에 관한 지식과 기술의 전문 교육을 주로 하는 실업 고등학교. 준상고.
상업^방'송(商業放送) [-빵-] 몡 상업적인 광고 수입으로 운영되는 방송.
상업-성(商業性) [-썽] 몡 상업으로서의 이윤을 중요시하는 특성. ¶지나치게 ~만을 추구한 영화.
상업-영어(商業英語) [-엉녕-] 몡 상거래나 무역 실무에서 주로 쓰이는 영어.
상업-주의(商業主義) [-쭈의/-쭈이] 몡 무엇이든지 돈벌이의 대상으로 보는 영리 본위의 사고방식. ¶~가 팽배하다.
상여¹(喪輿) 몡 장례 때, 여럿이 메어 시신을 운반할 수 있도록 만든 기구. ¶꽃~.
상여²(賞與) 몡 1 상으로 금품을 주는 것. 또는, 그 금품. 2 관청이나 회사 등에서 직원의 업적을 참작하여 급료 외에 돈을 주는 것. 또는, 그 돈.
상여-금(賞與金) 몡 상여로 주는 돈. =보너스.
상여-꾼(喪輿-) 몡 상여를 메는 사람. 田상두꾼.
상'연(上演) 몡 (연극 따위를) 무대에 행하여 관객에게 보이는 일. ¶~ 기간. **상'연-하다** 통(타)(여) **상'연-되다** 통(자)
상'연-권(上演權) [-꿘] 몡(법) 공연권의 하나. 연극이나 악극의 각본을 상연할 수 있는 권리.
상-염색체(常染色體) [-념-] 몡(생) 염색체 중에서 성염색체 이외의 염색체.
상영-소리(喪輿-) [-여쏘-/-얻쏘-] 몡 상여꾼들이 상여를 메고 가면서 부르는 구슬픈 소리. =만가(輓歌).

상의하달_623

상영-집(喪輿-) [-여찝/-엳찝] 몡 상여와 그에 딸린 제구를 넣어 두는 초막.
상'영(上映) 몡 (영화관 등에서 영화를) 영사기로 막에 영상이 나타나게 하여 관객에게 보이는 일. ¶동시 ~. **상'영-하다** 통(타)(여) **상'영-되다** 통(자)
상'영-관(上映館) 몡 객석·스크린·음향 시설 등을 갖추고 영화를 상영하는 업소. ¶극장·영화관. 田복합 ~.
상'영-권(上映權) [-꿘] 몡(법) 공연권의 하나. 영화를 상영할 수 있는 권리.
상'오(上午) 몡 =오전1. ↔하오.
상'온(常溫) 몡 1 늘 일정한 온도. =항온. 2 자연 그대로의 기온. 보통 15℃를 가리킴. ¶바나나는 ~에서 보관해야 한다.
상'왕(上王) 몡 왕위를 물려준 뒤 생존해 있는 전왕(前王). 田태상왕.
상용¹(常用) 몡 늘 쓰는 일. 또는, 일상적으로 사용하는 일. **상용-하다** 통(타)(여) ¶두통약을 ~. **상용-되다** 통(자)
상용²(商用) 몡 상업상으로 쓰거나 쓰이는 것. ¶~ 소프트웨어.
상용-로그(常用log) 몡(수) 10을 밑으로 하는 로그.
상용-어(常用語) 몡 일상생활에서 늘 쓰거나 쓰이는 말. ▷학술어.
상용-한자(常用漢字) [-짜] 몡 일상생활에서 널리 사용하는 한자. ▷교육한자.
상용-화¹(常用化) 몡 어떤 물건이 널리 보급되어 일상적으로 쓰이게 되는 것. 또는, 그렇게 되게 하는 것. **상용화-하다**¹ 통(자)(타)(여) **상용화-되다**¹ 통(자) ¶휴대 전화가 상용화된 지는 몇 년 되지 않는다.
상용-화²(商用化) 몡 어떤 물건이 상업용으로 만들어지는 것. 또는, 그렇게 하는 것. **상용화-하다**² 통(자)(타)(여) **상용화-되다**² 통(자) ¶그 신약은 내년쯤 상용화되어 시판될 예정이다.
상'원¹(上元) 몡 명절의 하나. 음력 정월 보름날. 田대보름.
상'원²(上院) 몡(정) 양원제 국회에서, 하원과 더불어 국회를 구성하는 또 하나의 의원(議院). ¶~ 의원(議員). ↔하원.
상'위¹(上位) 몡 높은 순위나 등급이나 위치. ¶성적이 ~에 들다. ↔중위·하위.
상위²(相違) 몡 서로 틀리거나 어긋나는 데가 있는 것. ¶이 등본은 원본과 대조하여 ~가 없다. **상위-하다** 통(자)(여)
상'위^개'념(上位概念) 몡(논) 다른 개념보다 큰 외연을 가지는 개념. '사전'은 '국어사전'의 상위 개념임. ↔하위 개념.
상'위-권(上位圈) [-꿘] 몡 상위에 속하는 범위. ¶성적이 ~에 들다. ↔하위권.
상응(相應) 몡 서로 맞아 어울리는 것. **상응-하다** 통(자)(여) ¶노력에 상응하는 보수를 받다. **상응-되다** 통(자)
상'의¹(上衣) [-의/-이] 몡 '윗옷'을 문어적으로 이르는 말. ↔하의.
상의²(相議·商議) [-의/-이] 몡 (어떤 사람이 다른 사람과, 또는 둘 이상의 사람이 서로 어떤 문제를) 서로 의논하는 것. **상의-하다**¹ 통(타)(여) ¶부모님과 잘 상의하여 결정하여라.
상'의³(詳議) [-의/-이] 몡 상세하게 의논하는 것. 또는, 그 의논. **상의-하다**² 통(타)(여)
상'의-하달(上意下達) [-의/-이-] 몡 윗사람의 뜻이나 명령을 아랫사람에게 전함. ↔하의상달.

상이(傷痍) 명 전투 등에 참가했다가 몸의 일부가 다쳐 제대로 쓸 수 없게 된 상태. ¶~군경.
상이-군인(傷痍軍人) 명 전투 시나 군사상 공무 집행 시에 부상을 당해 장애인이 된 군인.
상이-용사(傷痍勇士) 명 군에서 복무하다 부상을 입고 장애인이 되어 제대한 군인.
상이-점(相異點) [-쩜] 명 서로 다른 점.
상이-하다(相異-) 형여 서로 다르다. ¶의견이 ~.
상인(喪人) 명 =상제². ☞계.
상인²(商人) 명 장사하는 사람. ▷상수.
상-일(常-) [-닐] 명 별로 기술을 요하지 않는 막일. **상일-하다** 자여
상일-꾼(常-) [-닐-] 명 상일을 업으로 하는 사람. ▷막일꾼.
상임(常任) 명 일정한 일을 늘 계속하여 맡는 것.
상임^위원회(常任委員會) [-회/-훼] 명 [법] 국회에서, 각 전문 분야로 나누어 조직한 상설 위원회.
상임^이사국(常任理事國) 명 [정] 국제 연합의 안전 보장 이사회에 항상 대표자를 참석시키고 있는 나라. 곧, 미국·영국·러시아·프랑스·중국의 5개국.
상자(箱子) 명 ① [재밀] 물건을 담아 놓기 위해 나무나 두꺼운 종이 등으로 만든, 직육면체의 꼴로 된 물건. =박스. ¶선물~. ② (의존) 물건이 담긴 상자를 세는 말. =박스. ¶사과 한 ~.
상잔(相殘) 명 서로 싸우고 해치는 것. ¶동족~의 비극.
상:장¹(上場) 명 [경] 주식이나 어떤 물건을 매매 대상으로 하기 위하여 거래소에 일정한 자격이나 조건을 갖춘 거래 물건으로서 등록하는 일. ¶~ 기업체. **상:장-하다** 타여 **상:장-되다** 자여 ¶증권 거래소에 **상장된** 주식.
상장²(喪杖) 명 상제가 짚는 지팡이.
상장³(喪章) 명 거상(居喪)이나 조상(弔喪)의 뜻을 나타내기 위해 옷깃이나 소매 등에 다는 표. 검은 헝겊이나 삼베 조각을 씀.
상장⁴(賞狀) [-짱] 명 상(賞)으로 주는 중서. ¶~과 부상.
상:장-주(上場株) [-짱-] 명 [경] 유가 증권 상장 규정에 따라 소정의 절차를 밟고 증권 시장에 상장되어 매매되고 있는 주식.
상:장^회:사(上場會社) [-회/-훼-] 명 발행 주식이 증권 시장에 상장되어 있는 회사.
상:재(上梓) 명 [목판에 올린다는 뜻] 출판할 책을 적는 것. **상:재-하다** 자타여 ¶소설을 단행본으로 ~. **상:재-되다** 자여
상쟁(相爭) 명 서로 다투는 것. ¶골육~. **상쟁-하다** 자여
상전(上典) 명 예전에, 종에 대하여 그 주인을 이르던 말.
상전-벽해(桑田碧海) [-벼캐] 명 [뽕나무 밭이 변하여서 푸른 바다가 된다는 뜻] 세상일의 변천이 심함의 비유. ¶~라더니 고향의 모습은 몰라보게 달라져 있었다.
상점(商店) 명 일정한 시설을 갖추고 물건을 파는 곳.
상접(相接) 명 서로 한데 닿거나 붙는 것. **상접-하다** 자여 ¶피골이 ~.
상:정¹(上程) 명 토의할 안건을 회의에 내놓는 것. **상:정-하다** 타여 ¶안건을 회의에 ~. **상:정-되다** 자여
상정²(常情) 명 사람에게 공통적으로 있는 보통의 인정. ¶인지(人之)~.
상:정³(想定) 명 (어떤 상황을) 상상하여 가정하는 것. **상:정-하다** 타여 ¶100년 후의 세계를 ~. **상:정-되다** 자여
상:제¹(上帝) 명 하늘에 있으면서 만물을 맡아 다스린다고 하는 존재. 뗴하느님. 뗴옥황~.
상제²(喪制) 명 상례(喪禮)에서, 고인의 배우자와 직계 자손.
상조(相助) 명 서로 돕는 것. ¶상부~.
상:존¹(尙存) 명 아직 존재하는 일. **상:존-하다¹** 자여 언제나 존재하는 일. **상존-하다²** 자여
상존²(常存) 명 언제나 존재하는 일. **상존-하다²** 자여
상종(相從) 명 서로 따르며 친하게 교제하는 것. ¶유유(類類)~. **상종-하다** 자여 ¶그런 소인배와는 **상종하지** 마라.
상-종가(上終價) [-까] 명 [경] 증권 거래소에서, 하루에 오를 수 있는 최고 한도까지 올라간 주가. ↔하종가.
상:좌¹(上佐) 명 [불] ① 사승(師僧)의 대를 이을 여럿 가운데에서 가장 높은 사람. ② 절에서, '제자'의 뜻으로 이르는 말.
상:좌²(上座) 명 모인 사람들 중 가장 높은 사람이 앉는 자리. 뗴윗자리, 상석.
상주¹(常住) 명 항상 살고 있는 것. **상주-하다¹** 자여 ¶서울에 **상주하며** 부산에 한 달에 한 번씩 내려간다.
상주²(常駐) 명 언제나 주둔·주재하고 있는 것. ¶~군(軍). **상주-하다²** 자여
상주³(喪主) 명 주가 되는 상제. 대개 장자(長子)가 됨. 뗴맏상제.
상주-인구(常住人口) 명 한 지역에 주소를 두고 늘 사는 인구.
상중(喪中) 명 상제로 있는 동안.
상:중하(上中下) 명 등급에서, 상과 중과 하.
상:지(上肢) 명 =팔¹. ▷하지(下肢).
상:질(上質) 명 상(上)에 속하는 품질. ¶~지(紙). ↔하질. ▷중질.
상징(象徵) 명 ① 사회적인 제도나 규약에 따라 추상적인 것을 구체적 사물로 나타내는 일. 또는, 그렇게 나타낸 표상(標識)·기호·물건 따위. ② [문] 어떤 관념이나 사상을 구체적인 사물이나 심상(心像)을 통해 암시하는 일. 또는, 그 사물이나 심상. =심벌. **상징-하다** 타여 ¶국기는 국가를 **상징한다**.
상징-어(象徵語) 명 [언] 의성어나 의태어와 같이 소리나 움직임을 나타낸 말. '멍멍', '출렁출렁' 따위.
상징-적(象徵的) 명 상징의 성질을 띠는 (것). ¶~ 표현.
상징-주의(象徵主義) [-의/-이] 명 [문] 19세기 말, 프랑스에서 자연주의에 대한 반동으로 일어난, 내면적이고 신비적인 세계를 상징으로 표현하려고 하는 문예상의 한 경향.
상징-화(象徵化) 명 (어떤 대상을) 상징이 되게 하는 것. **상징화-하다** 자타여 ¶인간 정신의 승리를 **상징화한** 작품. **상징화-되다** 자여
상-차림(床-) 명 우리나라의 전통적인 음식상을 차리는 형식의 하나.
상채기 명 '생채기'의 잘못.
상:책(上策) 명 어떤 일을 이루는 가장 좋은 방법. 뗴상수(上數). ¶위험한 일은 아

예 피하는 게 ~이다. ↔하책.
상처¹(喪妻) 몡 아내가 죽어 혼자가 되는 것. **상처-하다** 짜예 ¶그는 젊어서 **상처**한 뒤 지금까지 홀아비로 지내고 있다.
상처²(傷處) 몡 **1** 살갗이 다쳐서 찢어지거나 벗어지거나 한 상태. 또는, 그 자리. ¶~가 아물다. **2** 배신당하거나 미움을 받거나 비난받거나 했을 때, 마음속으로 느끼는 쓰라림이나 괴로움. ¶실연의 ~를 술로 달래다. **3** 전쟁·재난 등으로 생긴 정신적·물질적 피해. ¶전쟁의 ~.
상처-투성이(傷處~) 몡 몸에 상처가 많은 상태.
상체(上體) 몡 허리를 경계로 하여 그 위쪽의 몸. 곧, 가슴·어깨·팔 등이 있는 부분. 비윗몸.
상추 몡 (식) 크고 주름진 잎을 채소로 먹는 한해살이풀. 줄기는 1m까지 자라며, 6~7월에 담황색 꽃이 핌. ×상치.
상추-쌈 몡 상추에 밥을 한 술 정도 된장이나 고추장과 함께 얹어 싸 먹는 음식.
상춘(賞春) 몡 봄의 경치를 구경하며 즐기는 것. ¶~ 인파.
상춘-객(賞春客) 몡 봄의 경치를 구경하며 즐기는 사람.
상춘-곡(賞春曲) 몡 (문) 조선 성종 때 정극인이 지은 가사(歌辭). 우리나라 최초의 가사로 침.
상충(相衝) 몡 맞지 않고 서로 어긋나는 것. **상충-하다** 짜예 ¶의견이 ~. **상충-되다** 짜예
상층(上層) 몡 **1**=위층. **2** 위의 계급. ↔하층.
상층-운(上層雲) 몡 (기상) 지상에서 5~13km의 높이에 떠 있는 구름. 권운·권적운·권층운이 이에 속함. ↔하층운.
상치¹(相値) 몡 두 가지 일이 공교롭게 접치는 것. **상치-되다** 짜예 ¶제삿날과 출장일이 ~.
상치²(相馳) 몡 (일이나 뜻이) 서로 어긋나는 것. **상치-하다** 짜예 **상치-되다²** 짜예 ¶두 사람의 의견이 ~.
상치³(相値) '상추'의 잘못.
상:쾌-하다(爽快~) 혭예 (기분이) 시원하고 유쾌하다. ¶**상쾌한** 아침. **상:쾌-히** 틧
상큼-하다¹ 혭예 아랫도리가 윗도리보다 어울리지 않게 길쭉하다.
상큼-하다² 혭예 **1** (음식 맛이나 냄새가) 향기롭고 신선하여 좋다. ¶냉이무침이 ~. **2** (젊은 여자가) 모습이 깨끗하고 맑다. ¶풋풋하고 **상큼한** 소녀. **3** (공기가) 시원하고 깨끗하여 상쾌하다. ¶새벽 공기가 ~. **4** (출발이) 순조롭게 이뤄져 상쾌하다. ¶한국은 첫 경기에서 대승을 거두며 **상큼하게** 출발했다.
상태(狀態) 몡 사물·현상이 처해 있는 형편이나 모양. ¶혼수~.
상통¹(相一) 몡 '얼굴'을 속되게 이르는 말.
상통²(相通) 몡 **1** (마음과 뜻이) 서로 통하는 것. **2** 어떤 일에 서로 관계되는 바가 있는 것. **상통-하다** 짜예 ¶기맥이 ~. **상통-되다** 짜예
상투 몡 [<순上頭] **1** 예전에, 남자의 머리털을 끌어 올려 정수리 위에 소댕 꼭지처럼 뾰족하게 틀어서 묶은 머리 모양. 또는, 그 머리의 뾰족한 부분. 장가든 뒤에 하는 머리 모양임. ¶~를 틀다. **2**(주

상피 조직 __ 625

로 '잡다'와 함께 쓰여) 주식 매입이 최고의 가격에서 이뤄진 상태. 속된 말임. ¶막차 탔다가 ~만 잡았다. ▷천장.
[**상투 위에 올라앉다**] 상대를 만만히 보고 기어오르는 행동을 함을 이르는 말.
상투메(São Tomé) 몡 (지) 상투메 프린시페의 수도.
상투메 프린시페(←São Tomé and Príncipe) (지) 아프리카 기니 만 동남부에 있는 공화국. 수도는 상투메.
상투-어(常套語) 몡 늘 써서 버릇이 되다시피 한 말. ¶진부한 ~를 쓰다.
상투-적(常套的) 관몡 늘 버릇이 되다시피 한 (것). ¶~ 문구 / ~인 수법.
상트페테르부르크(Sankt Peterburg) (지) 러시아 북서부의 도시.
상파울루(São Paulo) 몡 (지) 브라질 남동부의 상공업 도시.
상-판(相~) 몡 '상판대기'의 준말. ×쌍판.
상판²(床板) 몡 (건) 교량에서, 교각과 교각 위에 걸쳐 놓는 바닥판.
상-판대기(相~) (~때~) 몡 '얼굴'을 비속하게 이르는 말. 준상판. ×쌍판대기.
상:팔자(上八字) [~짜] 몡 썩 좋은 팔자. ¶무자식 ~.
상패(賞牌) 몡 상으로 주는 패.
상:편(上篇) 몡 두 편 또는 세 편으로 된 책의 첫째 편. ▷중편·하편.
상평-창(常平倉) 몡 (역) 고려 성종 12년 (993)에 설치한 물가 조절 기관. 생활필수품의 가격이 쌀 때 비싼 값으로 사들였다가 오르면 싼 값으로 되팔았음.
상평-통보(常平通寶) 몡 (역) 조선 시대에 쓰던 엽전 이름. 인조 11년(1633)부터 조선 말기 신식 화폐가 나올 때까지 200년 이상 통용됨.
상표(商標) 몡 (경) 상품의 생산·가공·증명·양도 등을 다루는 업자가 그 상품에 대해, 경쟁자의 것과 구별하기 위해 사용하는 기호·문자·도형 등의 일정한 표지. =트레이드마크. ¶등록 ~ / ~를 도용하다.
상표-권(商標權) 몡 (법) 산업 재산권의 하나. 어떤 상표를 독점 사용할 수 있는 권리. 상표를 특허청에 등록함으로써 발생함.
상표-명(商標名) 몡 단어나 문자나 숫자 등으로 표시된 상표의 이름.
상:품¹(上品) 몡 질이 좋은 물품.
상품²(商品) 몡 장사로 파는 물건. 또는, 매매를 목적으로 한 재화(財貨).
상품³(賞品) 몡 상으로 주는 물품.
상품-권(商品券) [~꿘] 몡 액면에 상당하는 상품과 교환할 수 있는, 백화점이나 상점 등에서 발행하는 무기명 유가 증권. ¶문화 ~.
상품-명(商品名) 몡 매매할 상품의 이름.
상품-화(商品化) 몡 상품이 되거나 상품으로 만드는 것. **상품화-하다** 타예 ¶발명품을 ~. **상품화-되다** 짜예
상:피¹(上皮) 몡 (생) 몸의 겉을 이루는 가죽. ▷외피.
상피²(相避) 몡 서로 피해야 할, 유복친이나 일가친족끼리의 성적(性的) 관계. ¶~ 붙다.
상:피^조직(上皮組織) 몡 (생) 동물체의 바깥 표면이나 내부 기관의 표면을 싸고 있는 조직. 보호·분비·배설·흡수 및 감각 작용을 맡아봄.

상:하(上下) 명 1 위와 아래. ¶~ 좌우를 둘러보다. 2 윗사람과 주고받음.
상:-하권(上下卷) 명 두 권으로 된 책의 상권과 하권. ¶~으로 나뉜 소설.
상-하다(傷─) 형여 1 (자) 1 (물건이나 물체가) 부분적으로 깨지거나 금이 가거나 금히거나 하여 흠이 생기다. ¶높은 곳에서 떨어져 빼가 ~. 2 (음식물이) 변질되어 먹을 수 없는 상태가 되다. 반부패하다. ¶우유가 ~. 3 (사람의 몸이나 몸 안의 기관이) 건강하지 않은 상태가 되거나, 그런 결과로 야윈 상태가 되다. ¶마음고생이 심했는지 얼굴이 많이 상했다. 4 (마음이나 기분이) 언짢은 상태가 되다, ¶속이 ~. 5 (가깝게 맺고 있는 관계가) 틀어져 나빠지다. ¶친구 사이에 돈 때문에 의가 ~. 2 태 1 (사람의 몸이나 몸 안의 기관을) 건강하지 않은 상태로 되게 하다. ¶폭음으로 위를 상했다. 2 (마음이나 기분을) 언짢게 하다. ¶남의 기분을 상하지 않게 말하다.
상:-하수도(上下水道) 명 상수도와 하수도를 아울러 이르는 말.
상하이(上海) 명[지] 중국 동부의 상공업 도시.
상:한(上限) 명 1 위아래로 일정한 범위를 이루고 있을 때, 위쪽의 한계. ↔하한. 2 [수] 어떤 집합에 속하는 어느 요소보다도 작지 않은 수 중에서 가장 작은 수.
상:한-가(上限價)[-까] 명[경] 하루에 오를 수 있는 가격의 상한선까지 오른 주가. 반하한가.
상:한-선(上限線) 명 더 이상 올라갈 수 없는 한계선. ↔하한선.
상:해(上海) 명[지] '상하이'를 우리 한자음으로 읽은 이름.
상해(傷害) 명 (남의 몸에) 상처를 내어 해를 입히는 것. 상해-하다 동여
상해[3](霜害) 명[농] =서리 피해.
상해-죄(傷害罪) [─쬐/─쮀] 명[법] 폭행 등의 행위로 남의 신체나 외모에 손상을 주는 죄. ▷폭행죄.
상!행(上行) 명 지방에서 서울로 올라가는 것. ↔하행. 1→ 열차.
상!행-선(上行線) 명 지방에서 서울로 올라가는 철도나 도로. ↔하행선.
상-행위(商行爲) 명[법] 영리를 목적으로 하는 매매·임대·운수(運輸) 등의 행위.
상!향(上向) 명 1 위를 향하는 것. 2 (질·수준·수량 따위가) 좋아지거나 오르거나 커지거나 많아지는 것. ¶수출 목표를 ~ 조정하다. ↔하향.
상!향-등(上向燈) 명 불빛을 멀리 나가게 하기 위해 위로 향하게 한, 자동차의 등.
상:현(上弦) 명[천] 음력 매월 7~8일경에 뜨는 달. 둥근 쪽이 아래로 향함. ↔하현.
상!현-달(上弦─)[─딸] 명 상현 때의 반원형의 달. ↔하현달.
상형(象形) 명 1 어떤 물건의 형상을 본뜸. 2 육서(六書)의 하나. 사물의 모양을 본떠서 만든 글자. '日', '月', '山', '木' 따위. 3 [언] '상형 문자'의 준말.
상형^문자(象形文字) [─짜] 명[언] 물체의 모양을 본뜬 그림에서 성립되었다고 보는 최고 고대의 문자의 총칭. 한자(漢字)의 일부와 고대 이집트 문자 따위. 준상형.
상호[1](相互) 명부 피차가 서로. ¶~ 관계.
상호[2](商號) 명 상점이나 회사의 이름.

상호^동화(相互同化) 명[언] 인접하는 두 음이 서로 영향을 주고받아 동화하는 현상. '독립'이 '동닙'으로, '사이'가 '새'로 되는 따위. ▷순행 동화·역행 동화.
상호^부조(相互扶助) 명 공동생활에서 개인들끼리 서로 돕는 일.
상호^신:용^금고(相互信用金庫) 명[경] 서민 금융 회사의 하나. 영세 상공인을 위한 금전 융통, 상호 신용계의 구성, 어음 할인, 대출 등에 관한 일을 취급함.
상호-주의(相互主義) [─의/─이] 명[법] 자국인(自國人)이 외국에서 법률상·조약상 부여받고 있는 권리의 범위 내에서, 외국인에게도 같은 정도의 권리를 인정하는 주의.
상혼(商魂) 명 어떻게 해서든 이익만을 얻으려고 하는 상인의 속셈이나 태도. ¶동심을 울리는 얄팍한~.
상환[1](相換) 명 서로 바꾸는 것. =인환. ¶물품 ~. 상환-하다 동여
상환[2](償還) 명 빚을 갚는 것. ¶5년 거치 10년~. 상환-하다 동여
상황[1](狀況) 명 일이 되어 가는 형편이나 모양. ¶진척~.
상황[2](桑黃) 명[식] 뽕나무비늘버섯과의 버섯. 반원형 또는 말굽 모양이며, 표면은 단단한 목질로서 둥근 홈과 가로세로 홈이 나 있음. 주로 뽕나무와 활엽수의 줄기에서 자람. 암의 치료약으로 쓰임. ⇒상황버섯.
상황-버섯(桑黃─) [─섣] 명[식] =상황.
상황-실(狀況室) 명 계획·통계·기록·도표 등 모든 상황을 파악할 수 있는 상황판과 그 밖의 시설이 갖추어진 방.
상황-판(狀況板) 명 어떤 일의 상황을 한눈에 알아볼 수 있도록 도표로 나타낸 판. ¶교통~.
상:회[1](上廻) [─회/─훼] 명 (어떤 기준을) 웃도는 것. ↔하회. 상:회-하다 동여 ¶예년 수준을 훨씬 상회하는 수확량.
상회[2](商會) [─회/─훼] 명 몇 사람이 모여 영업을 하는 기업체·상점·상사(商社) 등의 이름에 덧붙여 쓰는 말.
상:후-하박(上厚下薄) 명 윗사람에게는 후하고 아랫사람에게는 박함. ↔하후상박. 상:후하박-하다 형여
상흔(傷痕) 명 다친 자리의 흔적. 비흉터.
샅 명 두 다리가 갈라지는 곳.
샅-바[삳─] 명[체] 씨름을 할 때 허리와 다리에 매어 상대편의 손잡이로 쓰게 하는, 무명으로 만든 띠.
샅샅-이[삳싸치] 부 틈이 있는 곳마다. 또는, 빈틈없이 모조리. ¶약초를 찾기 위해 온 산을 ~ 뒤지다.
새[1] 명[식] 뿌리줄기가 옆으로 벋으면서 번식하고, 줄기는 높이 30~120cm이며, 잎은 좁고 길쭉한 여러해살이풀. 산기슭에 흔히 자라며, 8~9월에 담녹색 꽃이 핌.
새[2] 명 '사이'의 준말. ¶~가 벌어지다.
새(가) 뜨다 1 사이가 벌어져 틈이 있다. 2 (관계가) 소원(疏遠)하다.
새[3] 명 몸에 깃털이 나 있고 다리가 둘이며 날개로 하늘을 비교적 오랫동안 날 수 있는 짐승. 난생 동물임. 비조류(鳥類).
[새 발의 피] 하찮은 일이나 분량이 아주 적음을 뜻하는 말. '조족지혈(鳥足之血)'과 같은 말.
새[4] 명사 앞에 쓰여 그 뒤에 오는 사물이나 사람이 처음의 상태에 있거나 처음

의 의미를 가지는 뜻을 나타내는 말. ¶~책 / ~옷. ↔헌-.
새-⁵ 【접두】 어간의 첫 음절이 양성 모음이고 첫소리가 안울림소리인 일부 색채 형용사의 앞에 붙어, 빛깔이 짙으면서도 새뜻하거나 밝음을 나타내는 말. ¶~파랗다 / ~하얗다. (ⓒ)시-. ▷샛-.
-애⁶ 【접미】 일부 명사나 용언의 명사형에 붙어, '됨됨이', '상태', '모양', '행동' 등의 뜻을 나타내는 말. ¶모양~ / 짜임~.
새:-가슴 圀 1 가슴뼈가 불거져 있어 새의 가슴처럼 볼록한 가슴. 2 겁이 많거나 도량이 좁은 사람의 마음을 비유하여 이르는 말.
새-것 [-걷] 圀 1 새로 나오거나 만든 것. ¶냉장고를 ~으로 바꾸다. 2 아직 쓰지 않은 물건. 3 낡지 않은 것. ¶이 옷은 3년이나 입었는데도 아직 ~. ¶~헌것.
새겨-듣다 [-따] 【타】〔다〕〈-들으니, -들어〕 1 잊지 않도록 정신을 차려 듣다. ¶선생님의 말씀을 잘. 2 말하고자 하는 의도를 잘 헤아려 듣다.
새경 圀 지난날, 농가에서 한 해 동안 일해 준 대가로 머슴에게 주던 돈이나 물건.
새근-거리다/-대다 【자,타】 '쌔근거리다'의 여린말. ▷시근거리다.
새근-새근 貝 '쌔근쌔근'의 여린말. ▷시근시근. 새큰새큰하다.
새큼-하다 【형】 '새콤하다'의 여린말.
새기다¹ 【타】 1 (어떤 글자나 형상 따위를 나무나 돌 등의 단단한 물체에) 칼이나 정 따위로 파거나 쪼아서 도드라지거나 옴폭한 상태로 나타나게 하다. ¶도장을 ~. 2 (어떤 글자나 형상 따위를) 자수를 하거나 자개를 박거나 하여 나타나게 하다. ¶자개로 이름을 새긴 명패. 3 (어떤 말이나 일을 마음속에) 쉬 잊혀지 않게 간직하거나 기억하다. 비유적인 말임. ¶명심하다・유념하다. ¶선생님의 말씀을 마음속에 ~.
새기다² 【타】 1 (어려운 말이나 글의 뜻을) 알기 쉽게 풀다. 또는, (말이나 글의 속뜻이나 참뜻을) 미루어 헤아리거나 이해하다. ¶철학 책은 정독하면서 그 뜻을 잘 새겨야 한다. 2 (한문이나 한자의 뜻을) 우리말로 풀이하다.
새기다³ 【타】 (소나 양 등의 동물이 일단 먹어 버린 속에 있는 것들) 입 안에 다시 내어 씹다. ¶소가 여물을 새기고 있다.
새김 圀 나무・돌・쇠붙이 등에 글씨나 형상을 새기는 일. 또는, 그 물건.
새김-질 【동】 =반추(反芻). 새김질-하다.
새-까맣다 [-마타] 【형】〈-까마니, -까마오, ~까매〉 1 아주 짙게 까맣다. ¶새까만 눈동자. 【回】시꺼멓다. 【어】새카맣다. 2 아득히 멀다. ¶산 아래로 마을이 새까맣게 내려다보인다. 3 어떤 사실에 대해 알거나 기억하지 못하는 상태에 있다. ¶네 생일을 새까맣게 잊고 있었다. 4 (주로 '새까만'의 꼴로 쓰여) (어떤 사람이) 다른 사람에 대해 연령・지위・서열 등이 아주 어리거나 낮은 단계에 있다. ¶새까만 후배. 5 모여든 사람이나 동물의 무리가 엄청나게 많은 상태에 있다. ¶군사들이 새까맣게 몰려왔다. ▷샛까맣다.
새까매-지다 【자】 새까맣게 되다. ¶고기가 너무 타서 ~.
새끼¹ 圀 짚 두 가닥을 하나로 꼬아서 길게 이어지게 만든 물건.
새끼² 圀 1 짐승의 어린것. 2 '자식'을 낮추어 이르는 말. ¶제 ~ 예쁘지 않은 사람이 어디 있겠나. 3 어떤 사람, 특히 남자를 경멸하여 욕할 때 이르는 말. '놈'이나 '녀석'보다 심한 욕임.
새끼(를) 치다 본디 있는 것을 바탕으로 그 수효나 가지를 늘어나게 하다. ¶증권 투자를 했더니 돈이 제법 새끼를 쳤다.
새끼-똥구멍 [-꾸-] 圀 똥구멍 위에 조금 옴폭 들어간 부분.
새끼-발 '새끼발가락'의 준말.
새끼-발가락 [-까-] 圀 다섯 발가락 중에 가장 작은 발가락. (ⓒ)새끼발.
새끼-발톱 圀 새끼발가락의 발톱.
새끼-손 '새끼손가락'의 준말.
새끼-손가락 [-까-] 圀 다섯 손가락 중에 가장 작은 손가락. (ⓒ)새끼손.
새끼-손톱 圀 새끼손가락의 손톱.
새끼-줄 圀 새끼로 된 줄.
새:-나다 【자】 (비밀이) 밖으로 드러나다. ¶기밀이 ~.
새-날 圀 1 새로 밝아 오는 날. 2 새로운 시대. 또는, 닥쳐올 앞날.
새-내기 圀 대학이나 단체 등에 갓 들어온 사람. 근래에 대학가에서 쓰이기 시작한 신조어임.
새:다¹ 【자】 (액체나 기체, 가루나 작은 알갱이 상태의 물질이) 공간을 가진 물체나 용기(容器)의 작은 틈을 통해 조금씩 바깥으로 나오다. 또는, (공간을 가진 물체나 용기가) 작은 틈이라는 액체・기체・가루・알갱이 등의 물질이 조금씩 바깥으로 나오는 상태가 되다. ¶냄비가 구멍이 나 물이 ~. 2 (빛이) 작은 틈을 통해 비쳐 나오거나 나가다. ¶문틈으로 불빛이 ~. 3 (소리가) 둘러막힌 공간의 틈 사이로 언뜻언뜻 들리는 상태가 되다. ¶웃음소리가 문밖으로 새어 나오다. 4 (재물이나 물건이) 주인이나 관리하는 사람이 모르는 사이에 다른 데로 가거나 있어지다. ¶회사의 공금이 ~. 5 (비밀이나 정보 따위가) 일정한 영역 밖의 사람들에게 알려지다. ¶군사 기밀이 ~. 6 (사람이) 어떤 모임이나 대열 등에서 몰래 빠져나가다. 속된 말임. ¶회의 도중에 ~.
새:다² 【자】 (날이) 동쪽 하늘이 훤히 밝는 때에 이르다. 또는, (밤이) 끝나 어둠이 걷히는 때에 이르다. ¶밤이 새도록 술을 마시다.
새다³ 【타】 '세우다'의 잘못.
새-달 圀 이달에 이어 새로 맞는 달. 【回】내달.
새:-대가리 圀 우둔한 사람을 새의 머리에 빗대어 이르는 말.
새-댁(-宅) 圀 '새색시'의 높임말.
새-되다 [-되-/-뒈-] 【형】 (소리가) 높고 날카롭다. ¶새된 비명 소리.
새-똥 圀 새의 똥.
새뜻-하다 [-뜨타-] 【형】(ⓒ) 새롭고 산뜻하다. 새뜻-이 貝 ¶옷을 ~ 차려입다.
새-로 貝 1 지금까지 있은 적이 없이 처음으로. ¶~ 산 화장품. 2 전과 달리 새롭게. ¶집을 ~ 수리하다. 3 12시를 넘긴 시각 앞에 쓰여, 시각이 다시 시작됨을 뜻하는 말.
새로이 貝 1 새롭게 다시 고쳐서. ¶~ 단장한 건물. 2 전에 없던 것이 처음으로. ¶~ 탄생한 박사.

새록-새록[-쎄-] 튀 **1** 어떤 생각이나 느낌이나 기억 등이 자꾸 새롭게 생기는 모양. ¶~ 정이 들다. **2** 어떤 일이나 현상이 새로움을 더해 가는 모양. ¶새순이 ~ 돋아난다.

새-롭다[-따] 혱ㅂ <~로우니, ~로워> **1** 지금까지 있은 적이 없다. 또는, 지금까지의 것과 다르다. 새로운 기계 / 새로운 변신. **2** 전과 다르게 느껴지거나 더 생생하게 느껴지는 맛이 있다. ¶고향에 오니 옛 추억이 ~. **3** 아주 절실하게 필요하거나 아쉽다. ¶단돈 천 원이 ~.

새마을^금고(-金庫) 자금의 조성 및 이용과 회원의 경제적·사회적 지위의 향상 및 지역 사회 개발 등을 위하여 설립된 비영리 법인.

새마을^운^동(-運動) 1970년에 시작된 우리나라의 범국민적 지역 사회 개발 운동. 근면·자조·협동 정신을 바탕으로, 생활환경의 개선과 소득 증대를 도모함.

새-말 새로 생긴 말. (비)신어(新語).

새:-매 몡동 매와 비슷하나 몸이 약간 작고, 등은 흑색, 배는 흰색으로 온몸에 암갈색의 가로무늬가 있는 새.

새-물 몡 새로 갓 나온 과실·생선 따위의 총칭. ¶~ 수박.

새물-내[-래] 몡 빨래하여 갓 입은 옷에서 나는 냄새.

새-바람 몡 새롭게 변하는 풍조. ¶교육계에 ~이 불다.

새:발-뜨기 몡 옷의 단을 처리하거나 장식을 목적으로, 새의 발자국처럼 'ㅅ'자 모양으로 바느질하는 일.

새벽 몡 **1** 동쪽 하늘에 어둠이 걷히기 시작하여 해가 뜨기 전까지의, 날이 어슴푸레한 동안. **2** 밤 12시를 지나 해가 뜨기 전까지의 동안. ¶~ 한 시.

새벽-같이[-까치] 튀 동이 트기가 무섭게 아주 일찍이. ¶~ 일어나다.

새벽-길[-낄] 몡 새벽에 가는, 날이 밝지 않은 길.

새벽-녘[-병녁] 몡 새벽 무렵. ¶밤새 뒤척이더니 ~에야 잠이 들었다.

새벽-닭[-딱] 몡 새벽녘에 우는 닭.

새벽-바람[-빠-] 몡 새벽에 부는 찬 바람.

새벽-밥[-빱] 몡 새벽에 짓거나 먹는 밥.

새벽-별[-뼐] 몡 '샛별1'의 잘못.

새벽-빛[-삗] 몡 날이 새려고 먼동이 트는 빛. (비)서광.

새벽-안개 몡 날이 샐 무렵에 끼는 안개.

새벽-잠[-짬] 몡 **1** 새벽에 자는 잠. ¶~을 설치다. **2** 습관적으로 새벽에 깊이 드는 잠. ¶노인이라 ~이 없다.

새벽-종(-鐘)[-쫑] 몡 새벽에 치는 종.

새벽-차(-車) 몡 새벽에 떠나거나 도착하는 기차나 버스.

새-봄 몡 겨울을 보내고 새 기분으로 맞이하는 첫봄. =신춘(新春). ¶~ 단장을 한 주택가.

새-빨갛다[-가타] 혱ㅎ <~빨가니, ~빨가오, ~빨개> 아주 진하게 빨갛고 새뜻하다. ¶새빨갛게 익은 사과. (시)시뻘겋다. ×샛빨갛다.

새빨간 거짓말 전혀 터무니없는 거짓말. ¶그가 대통령을 나왔다는 고사는 ~이다.

새-사람 몡 **1** 새로 시집온 사람을 손윗사람이 일컫는 말. ¶~이 들어오다. **2** 이전의 바르지 못한 생활 태도를 고쳐 새로운 생활을 시작한 사람. ¶~이 되다.

새-살 몡 부스럼이나 상처가 나은 자리에 새로 돋아난 살. =생살. ¶~이 돋다.

새-살림 몡 결혼해서 처음 시작하는 살림.

새삼 튀 **1** 이미 알고 있는 사실에 대하여 느껴지는 감정이 갑자기 새롭게. **2** 지난 일을 공연히 다시 들추어내어 갑작스러운 느낌이 들게. =새삼스레.

새삼-스럽다[-따] 혱ㅂ <~스러우니, ~스러워> **1** 이미 알고 있는 사실에 대하여 느껴지는 감정이 갑자기 새롭다. ¶부모님의 사랑을 **새삼스럽게** 느끼다. **2** 지난 일을 공연히 다시 들추어내는 느낌이 있다. ¶그 얘기는 **새삼스럽게** 왜 하는가?

새삼스레 튀 =새삼. ¶~ 무슨 말이냐?

새새 튀 '새실새실'의 준말.

새새-거리다/-대다 동재 실없이 까불며 자꾸 웃다.

새-색시[-씨] 몡 새로 시집온 여자. (준)색시. (비)새댁. 새아가씨.

새-서방(-書房) 몡 '신랑(新郞)'을 속되게 이르는 말.

새:-소리 몡 새의 울음소리.

새-순(-筍) 몡 새로 나온 애순.

새시(sash) 몡 금속제로 된 창틀. ¶알루미늄 ~. ×샤시.

새-신랑(-新郞)[-실-] 몡 갓 결혼한 신랑.

새실-거리다/-대다 동재 실없이 까불며 자꾸 웃다.

새실-새실 튀 새실거리는 모양. ¶~ 웃다. (준)새새. 새실새실-하다 동재어

새-싹 몡 **1** 새로 돋은 싹. **2** 사물의 근원이 되는 새로운 시초. ¶어린이는 나라의 ~이다.

새-아가 곱 시부모가 갓 시집온 며느리를 친근하게 부르는 말.

새-아가씨 시부모가 갓 시집온 며느리를 친근하게 이르는 말.

새-아기씨 몡 '새색시'의 높임말. (비)새아씨.

새-아씨 몡 '새아기씨'의 준말.

새:-알 몡 새의 알. **2** 새의 종.

새:알-꼽재기[-쩨-] 몡 **1** 새알처럼 아주 작은 물건이나 분량의 비유. **2** 좀스럽고 옹졸한 사람을 낮추어 이르는 말.

새:알-심(-心) 몡 찹쌀가루나 수수 가루로 새알만 하게 동글동글한 덩어리를 만들어 팥죽에 넣는 것.

새암 몡 '샘'의 잘못.

새앙 몡 =생강(生薑).

새앙-머리 몡[역] 조선 시대에 나인이 예장할 때 하던 머리. 머리를 두 갈래로 땋은 후, 그것을 다시 틀어 올려 위아래로 두 덩이 지게 하고 댕기로 중간을 묶음.

새앙-쥐 몡동 '생쥐'의 잘못.

새-어머니 몡 새로 시집온, 아버지의 후취.

새-언니 몡 갓 시집온, 오빠의 아내를 이르는 말.

새-엄마 몡 어린아이가 '새어머니'를 호칭 또는 지칭하는 말.

새옹지마(塞翁之馬) 몡 [중국 변방에 사는 한 노인의 말이 도망을 쳤는데, 그 뒤 여러 가지 일이 꼬리를 물고 복(福)과 화(禍)로 바뀌면서 일어났다는 고사에서] 인생의 길흉화복은 변화가 많아 예측하기 어렵다는 말. ¶인간 만사 ~.

새우 몡동 냇물이나 바닷물에 살며, 몸이

길고 여러 마디로 되어 있으며 단단한 껍데기에 싸여 있는 작은 동물. 가슴과 배에 각각 5쌍의 다리가 있으며, 한 쌍의 긴 촉각이 있음.
[새우 싸움에 고래 등 터진다] 남의 싸움에 관계없는 사람이 해를 입는다.
새우다 圄(타) (사람이 밤을) 잠을 자지 않고 보내다. 삐밝히다. ¶공부하느라고 밤을 ~. ×새다.
새우-잠 圐 비좁은 곳에서 새우처럼 몸을 모로 꼬부리고 불편하게 자는 잠.
새우-젓 [-전] 圐 잔 새우로 담근 젓.
새우-튀김 圐 새우를 통째로 기름에 튀긴 것.
새-잎 [-입] 圐 새로 돋아난 초목의 잎.
새:-장 (-穔) 圐 새를 넣어 기르는, 철사로 얽어 만든 장치. =조롱(鳥籠). ¶~에 갇힌 새.
새-장가 圐 남자가 새로 하는 결혼.
새:-조개 圐[동] 껍데기가 지름 약 9cm의 원형으로 볼록하며, 표면에 방사상 매이 있고 부드러운 털이 촘촘히 나 있는 조개. 바다 속 진흙 바닥에 살며, 식용함.
새:-중간 (-中間) 圐 '중간'의 힘줌말. ¶~에 끼여 입장이 난처하다.
새-집¹ 圐 새로 장만하여 든 집.
새-집² 圐 새가 깃들이는 집.
새:-참 圐 농부나 육체노동을 하는 사람이 일을 하다가 잠시 쉬는 동안 먹는 간단한 음식. 또는, 일을 하다가 잠시 쉬는 동안.
새-총 (-銃) 圐 1 새를 잡는 데 쓰는 공기총. 2 'Y' 자 모양의 쇠붙이나 나뭇가지에 고무줄을 매고 작은 조약돌을 끼어 고무줄을 늘였다가 놓음으로써 돌이 튀어 나가게 하는 장난감.
새:치 圐 젊은 사람의 검은 머리에 섞여서 난 흰 머리카락.
새:-치기 圐 순서를 어기고 남의 자리에 끼어드는 짓. **새:치기-하다**
새치름-하다 圐ⓒ 좀 새침하다. **새치름-히**
새침-데기 [-떼-] 圐 새침한 태도가 있는 사람.
새침-하다 囲ⓒ 짐짓 쌀쌀한 대하는 태도가 있다. ¶새침한 성격.
새-카맣다 [-마타] 囲ⓒ <~까마니, ~까마요, ~까매> '새까맣다'의 거센말. ¶새카만 얼굴. ⓒ시커멓다.
새콤달콤-하다 囲ⓒ 약간 시면서 맛깔스럽게 달다.
새콤-새콤 閉 여럿이 다 새콤한 모양. 또는, 몹시 새콤한 모양. ⓒ시쿰시쿰. **새콤-하다** 囲ⓒ
새콤-하다 囲ⓒ (음식이나 먹는 물질이) 다소 시면서도 그런대로 맛깔스러운 데가 있다. ¶새콤한 살구의 맛. ⓒ시쿰하다.
새큰-거리다/-대다 죄 (뼈마디가) 자꾸 새큰하다.
새큰-새큰 閉 새큰거리는 모양. ⓒ시큰시큰. **새큰새큰-하다** 囲ⓒ
새큰-하다 囲ⓒ (뼈마디가) 좀 시다. ¶접질린 발목이 ~. ⓒ시큰하다.
새콤달콤-하다 囲ⓒ 약간 새콤하면서 맛깔스럽게 달다. **새콤달콤한 자두의 맛.
새콤-새콤 閉 여럿이 다 새콤한 모양. 또는, 매우 새콤한 모양. ⓒ시쿰시쿰. **새콤-하다** 囲ⓒ
새콤-하다 囲ⓒ (음식이나 물질이) 조금 신맛이 있다. ⓒ시쿰하다. ⓔ새금하다.

색사 _ 629

새:-털 圐 새의 털.
새:털-구름 圐[기상] =권운(卷雲).
새-파랗다 [-라타] 囲ⓒ <~파라니, ~파라요, ~파래> 1 (빛깔이) 짙고 새뜻하게 파랗다. ¶새파란 가을 하늘. 2 (얼굴·입술 등이) 춥거나 겁에 질려 매우 파랗다. ¶추워서 입술이 **새파랗게** 질리다. ⓒ시퍼렇다. 3 (사람이, 또는 사람의 나이가) 아직 충분히 성숙하지 못하거나 삶의 경험을 제대로 쌓지 못한 상태에 있다. ¶새파란 나이에 과부가 되다. ⓒ시퍼렇다.
새파래-지다 困ⓒ 새파랗게 되다. ¶겁에 질려 얼굴이 ~.
새-판 圐 1 새로 벌어진 일의 판. 또는, 새로운 판국. 2 노름·바둑·장기 따위의 새로 시작된 판.
새-하얗다 [-야타] 囲ⓒ <~하야니, ~하야오, ~하얘> 매우 하얗다. ¶새하얀 손.
새하얘-지다 囲ⓒ 새하얗게 되다. ¶눈이 내려 세상이 온통 **새하얘졌다**.
새-해 圐 새로 시작되는 해. 어느 해의 말에 그다음 해를 가리키거나, 어느 해의 초에 그해를 가리켜 쓰는 말임. =신년. ¶~ 복 많이 받으십시오. ↔묵은해.

색¹ (色) 圐 1 빛의 반사와 흡수의 결과로 눈에 느껴지는, 사물의 밝고 어두움이나 빨강·파랑·노랑 등의 물리적 현상. 또는, 그것을 나타내는 물감 등의 안료. ¶~이 엷다. 2 같은 부류를 가리키는 말. 3 '색사(色事)'나 '색정'의 뜻. ¶~을 탐하다.
색² (sack) 圐 물건을 넣어 어깨에 메고 다닐 수 있게 만든 자루.
색감 (色感) [-깜] 圐 색채의 감각. 또는, 빛깔에서 받는 느낌. ¶~이 뛰어나다.
색골 (色骨) [-꼴] 圐 색을 지나치게 탐하는 사람. ⓝ호색가.
색광 (色狂) [-꽝] 圐 색에 미쳐 비정상적인 행동을 하는 사람. =색마(色魔).
색깔 (色-) 圐 1 색의 성질이나 성분·상태. ⓝ빛깔. 2 고유한 특성이나 특질. 또는, 개성적 특징. ¶뚜렷한 자기 ~을 드러내다. 3 정치 이념적 성향. 또는, 좌파 또는 우파의 성향. ¶~ 논쟁.
색-다르다 (色-) [-따르-] 囲ⓒ <-다르니, -달라> 보통 것과 다른 특색이 있다. ¶색다른 경기.
색달리 (色-) [-딸-] 閉 색다르게. ¶평범한 옷도 모델이 입으니 ~ 보인다.
색-대 (色-) [-때] 圐 가마니나 섬 속에 든 곡식을 찔러서 빼 보는 연장.
색동 (色-) [-똥] 圐 오색 비단 조각을 잇대어서 만든 어린이의 저고리 소맷감.
색동-옷 (色-) [-똥옫] 圐 색동을 대서 만든 옷.
색동-저고리 (色-) [-똥-] 圐 색동으로 소매를 대어 만든 어린이의 저고리.
색등 (色燈) [-뜽] 圐 빨강·파랑·노랑 따위의 빛깔로 비치는 등.
색마 (色魔) [-마] 圐 =색광(色狂).
색맹 (色盲) [-맹] 圐[생] 색깔을 가리지 못하거나 다른 색깔로 잘못 보는 상태. 또는, 그러한 사람.
색-분필 (色粉筆) [-뿐-] 圐 흰색 이외의 색을 내는 분필.
색⁴**분해** (色分解) [-뿐-] 圐[출] 컬러 인쇄를 하기 위해 원고로부터 4색으로 가른 네거티브를 만듦.
색사 (色事) [-싸] 圐 남녀가 육체적으로 관계를 맺는 일.

색사²(色絲) [-싸] 명 =색실.

색상(色相) [-쌍] 명[미] 색의 3요소의 하나. 유채색으로, 어떤 색을 다른 색과 구별하는 근거가 되는 특질. 곧, 빨강·파랑·녹색 등으로 구별되는 특성. ¶밝은 ~의 옷. 명도·채도.

색상-환(色相環) [-쌍-] 명[미] 색상에 따라 계통적으로 색을 둥글게 배열한 것. 마주 보는 두 색은 서로 보색(補色) 관계에 있음.

색새¹[-쌕] 부 숨을 가느다랗게 쉬는 소리. ¶아기가 등에 업혀 ~ 잘도 잔다. 센쌕쌕.

색색²(色色) [-쌕] 명 1 여러 가지 빛깔. ¶~으로 수놓다. 2 여러 가지. 비가지각색.

색색-거리다/-대다 [-쌕-] 자 쌕쌕거리다. 타 자꾸 색색 소리를 내다. ¶어린이가 뛰어와서 색색거리며 말했다. 큰식식거리다. 센쌕쌕거리다.

색색-이(色色-) [-쌕-] 부 1 여러 가지 빛깔로. ¶~ 물들이다. 2 여러 가지로.

색소(色素) [-쏘] 명 색깔을 나타나게 하는 근원이 되는 물질. ¶식용 ~.

색소-체(色素體) [-쏘-] 명[식] 식물 세포에 들어 있는 색소를 함유하는 소체(小體). 엽록체·백색체·유색체로 나뉨.

색소폰(saxophone) 명 세로로 부는 금속제의 목관 악기. 음색이 부드럽고 음량이 풍부하여 재즈곡에 많이 쓰임.

색-스럽다(色-) [-쓰-따] 형 <-스러우니, -스러워> 여러 가지 색깔로 꾸며 잘 어울리는 데가 있다.

색소혼(saxhorn) 명[음] 금관 악기의 하나. 취주악의 중심이 되는 악기로, 관이 몇 겹으로 구부러졌으며 음역이 넓음.

색¹**시** [-씨] 명 1 '색시'의 준말. 2 시집 가지 않은 젊은 여자. 비규수. ¶참한 ~. 3 술집 등의 접대부를 속되게 이르는 말. 4 전날에, 젊은 아내를 호칭 또는 지칭하던 말. ¶~야, 내말 좀 들어 봐.

색시-걸음(-) [-씨-] 명 새색시처럼 아주 얌전하고 조심스럽게 걷는 걸음.

색-실(色-) [-씰] 명 물감을 들인 실. =색사(色絲).

색¹**싯-감** [-씨깜/-씰깜] 명 =신붓감.

색¹**싯-집** [-씨찝/-씰찝] 명 접대부를 두고 술을 파는 집.

색-안경(色眼鏡) 명 색깔이 있는 유리를 낀 안경. 비선글라스.
색안경(을) 쓰다 좋지 않은 감정이나 주관적인 선입관으로 대하다.

색-연필(色鉛筆) [생년-] 명 심에 광물질의 물감을 섞어 빛깔이 나게 만든 연필.

색욕(色慾) 명 색정을 일으키는 욕망. 비성욕·색정·정욕.

색-유리(色琉璃) [생뉴-] 명 여러 가지 색으로 물들인 유리. 장식용이나 사진기의 필터, 신호 등에 쓰임.

색인(索引) 명 책 속에 다루어진 중요한 단어나 용어를 독자가 쉽게 찾을 수 있도록 페이지를 밝혀 벌여 놓은 것. =인덱스·찾아보기.

색정(色情) [-쩡] 명 성적인 자극을 받는 마음의 상태. 비색욕.

색정-적(色情的) [-쩡-] 관명 색정에 쏠린 ¶~ 표현.

색조(色調) [-쪼] 명 빛깔의 강하고 약함, 짙고 옅음 따위의 정도. 비톤(tone). ¶부드러운 ~의 풍경화.

색-종이(色-) [-쫑-] 명 물들인 갖가지 색의 종이. =색지(色紙).

색주-가(色酒家) [-쭈-] 명 예전에, 몸파는 여자를 둔 술집을 이르던 말.

색즉시공(色卽是空) [-쪽씨-] 명[불] 반야경의 말로, 유형(有形)의 만물인 색은 모두 인연의 소생(所生)으로서 그 본성은 공(空)이라는 뜻.

색지(色紙) [-찌] 명 =색종이.

색채(色彩) 명 1 어떤 물체나 물질이 띠고 있는 색의 상태. 비빛깔·색깔. ¶밝은 ~. 2 사물의 표현이나 대하는 자세 등에서 나타나는 일정한 성질·경향 또는 맛. ¶보수적 ~가 짙은 정당.

색채-감(色彩感) [-미] 색채가 잘 조화되고 못 된 데에 대한 느낌.

색출(索出) 명 (문제가 되는 대상을) 뒤져서 찾아내는 것. **색출-하다** 동타여 ¶밀입국자를 ~.

색칠(色漆) 명 어느 곳에 어떤 색을 칠하는 것. 또는, 그 칠. 비도색(塗色). **색칠-하다** 동자타여

색탐(色貪) 명 여색을 탐하는 것. **색탐-하다** 동자여

샌!-님 명 ['생원(生員)님'이 준 말] 1 옛날에, 양반집의 남자 어른을 높여 이르던 말. ¶남산골 ~. 2 얌전하고 소심하며 융통성 없는 남자를 얕잡아 이르는 말.

샌드-백(sandbag) 명[체] 권투에서, 주먹 단련을 위하여 천장에 매달아 놓고 치는, 모래를 넣은 자루.

샌드위치(sandwich) 명 1 얇게 썬 두 조각의 빵 사이에 고기·달걀·채소류·치즈 등을 넣은 서양식 음식. 2 서로 대립되거나 상반되는 사람이나 대상의 중간에 끼여 곤란한 처지가 된 상태. 비유적인 말임. ¶한국은 정보 기술 산업에서도 선진국과 중국 사이에서 ~가 될 수 있다.

샌드위치-맨(sandwich man) 명 몸의 앞뒤에 광고판을 달고 거리를 다니는 사람.

샌드페이퍼(sandpaper) 명 =사포(沙布).

샌들(sandal) 명 바닥에 달린 끈으로 발등을 매어 신는 신발. 발등이 거의 드러나며, 주로 여름철에 신음.

샌퍼라이징(Sanforizing) 명[공] 직물, 특히 면직물의 수축을 방지하는 가공법. 상표명임.

샌프란시스코(San Francisco) 명[지] 미국 캘리포니아 주에 있는 항구 도시.

샐러드(salad) 명 야채에 과일·달걀·햄 등을 곁들여 마요네즈나 드레싱 등을 쳐서 맛을 낸 서양 요리. ¶야채~.

샐러드-드레싱(salad dressing) 명 샐러드에 쓰이는 드레싱의 총칭.

샐러드-유(salad油) 명 샐러드에 쓰이는 기름. 올리브유·유채 기름·땅콩기름 따위가 원료가 됨.

샐러리-맨(†salary man) 명 =봉급생활자.

샐룩 부 근육의 일부분이, 또는 일부분을 갑자기 움직이는 모양. 큰실룩. **샐룩-하다** 동자타여

샐룩-거리다/-대다 [-꺼(때)-] 동자타여 잇달아 샐룩하다. 큰실룩거리다.

샐룩-샐룩 [-쌜-] 부 샐룩거리는 모양. 큰실룩실룩. **샐룩샐룩-하다** 동자타여

샐비어(salvia) 명[식] =깨꽃.

샐샐 부 소리를 내지 않고 실없이 또는 비위를 맞추며 웃는 모양. ¶얄밉게 ~ 웃

다. ㈜실실. 샐샐-하다 통㈜여

샐쭉 ⁉ **1** 어떤 감정의 표현으로서 입이나 눈을 한쪽으로 샐긋하는 모양. **2** 마음에 차지 않아 약간 고까워하는 태도를 짓는 모양. ¶~ 토라지다. ㈜샐죽.
샐쭉-하다 혱㈜여 **샐쭉-이** ⁉
샐쭉-거리다/-대다 [-꺼(때)-] 통㈜타 잇달아 샐쭉하다. ¶입술을 ~.
샐쭉-샐쭉 [-쌜-] ⁉ 샐쭉거리는 모양.
샐쭉샐쭉-하다 혱㈜여
샘¹ 똉 **1** 물이 땅에서 솟아 나오는 곳. **2** '샘터'의 준말. **3** 〖생〗 생물체 몸속의 액체 물질을 분비·배설하는 기능을 하는 상피 조직성의 기관. 땀샘·침샘 따위.
샘² 똉 남의 일이나 물건을 탐내거나, 자기보다 나은 처지에 있는 사람이나 적수를 미워하고 속을 태움. 또는, 그런 마음. ㈜시기·질투. ×새암. **샘!-하다** 통㈜여
샘!-나다 통㈜ 샘하는 마음이 생기다.
샘!-내다 통㈜타 샘하는 마음을 먹다. 또는, 샘을 부리다.
샘!-물 똉 샘에서 나오는 물.
샘!-솟다 [-솓따] 통㈜ 힘·용기 따위가 줄기차게 솟아나다. ¶희망이 ~.
샘!-터 똉 샘물이 솟아 나오는 곳. 또는, 그 언저리. ㈜샘툼.
샘플(sample) 똉 =견본. ¶신제품의 ~.
샘플러(sampler) 똉[음] 자연계의 온갖 소리를 디지털 방식으로 저장해 놓았다가 가공·재생하여 연주에 이용하는 장치.
샘플링(sampling) 똉[수] =표본 추출.
샛- [샌] ⁉ 어간의 첫 음절이 양성 모음이고 첫소리가 울림소리인 일부 색채 형용사의 앞에 붙어, 빛깔이 짙으면서도 산뜻하거나 밝음을 나타내는 말. ¶~노랗다/~말갛다. ㈜싯-. ▷새-.
샛!-강(-江) [새깡/샏깡] 똉 강의 본류(本流)에서 갈라져서 가운데에 섬을 이루고, 다시 하류에서 본류에 합쳐지는 지류.
샛!-골목 [새꼴-/샏꼴-] 똉 골목들 사이에 난 작은 골목.
샛!-길 [새낄/샏낄] 똉 큰길에서 갈린, 또는 큰길로 통하는 작은 길. ¶~로 질러가다. ×사잇길.
샛-까맣다 혱ㅎ '새까맣다'의 잘못.
샛-노랗다 [샌-라타] 혱ㅎ〈~노라니, ~노라오, ~노래〉 더할 나위 없이 노랗다. ¶샛노란 은행잎. ㈜싯누렇다.
샛!-눈 [샌-] 똉 감은 듯하면서 살짝 뜨고 보는 눈. ㈜속눈.
샛!-문(-門) [샌-] 똉 **1** 정문 외에 따로 만든 작은 문. **2** 방과 방 사이에 있는 작은 문.
샛-바람 [새빠-/샏빠-] 똉 '동풍(東風)'을 뱃사람이 일컫는 말.
샛!-방(-房) [새빵/샏빵] 똉 방과 방 사이에 있는 작은 방.
샛!-별 [새뺄/샏뺄] 똉 **1** [천] 새벽에 동쪽 하늘에서 반짝이는 '금성(金星)'을 이르는 말. =효성(曉星). ×새벽별. **2** 어떤 분야나 영역에서 장래가 촉망되어 주목받고 있는 사람. 비유적인 말임. ¶영화계의 ~로 떠오르다.
샛-빨갛다 혱ㅎ '새빨갛다'의 잘못.
샛!-서방 (-書房) [새써-/샏써-] 똉 남편 있는 여자가 남편 몰래 관계하는 남자.
샛-파랗다 혱ㅎ '새파랗다'의 잘못.
생¹(生) 똉 인간이 목숨을 유지하고 있는 상태. ㈜삶. ¶~의 철학. ↔사(死).

생계비_631

생²(生) ⁉ **1** 과실·곡식·음식물 따위가 익지 않았거나 또는 그것을 익히지 않았음을 나타내는 말. ¶~김치 /~감자. **2** 나무 따위가 아직 마르지 않은 상태임을 나타내는 말. ¶~나무/~가지. **3** 가공도 하지 않았거나 손을 대지 않은 그대로의 상태임을 나타내는 말. ¶~가죽/~머리. **4** 피륙을 빨거나 누이지 않았음을 나타내는 말. ¶~모시/~당목. **5** 무리하거나 애매하거나 공연한 억지임을 나타내는 말. ¶~고생/~야단. **6** 불행하거나 억울하게 겪은 것임을 나타내는 말. ¶~이별/~과부. **7** '실제로 낳은'의 뜻을 나타내는 말. ¶~부모/~아버지. **8** 현실과 동떨어진 생생함을 나타내는 말. ¶~지옥.
-생³(生) ⁉ **1** 성(姓) 밑에 붙어, 젊은 사람임을 나타내는 말. ¶김(金)~. **2** 연월일이나 간지 다음에 쓰여, 그때에 태어났음을 나타내는 말. ¶1950년 3월 1일~. **3** 햇수 다음에 쓰여, 그만한 햇수 동안 자란 식물임을 나타내는 말. ¶2년~ 소나무. **4** 학년 다음에 쓰여, 그 학년의 학생임을 나타내는 말. ¶중학교 1학년~.
생가(生家) 똉 어떤 사람이 태어난 집.
생-가슴(生-) 똉 공연한 근심 걱정 때문에 상하는 마음. ¶~을 태우다.
생각 **1** 사람이 머리를 써서 사물을 헤아리고 인식하고 판단하는 작용. **2** 어떤 것에 대한 의견이나 느낌. ¶제 ~은 이렇습니다. **3** 머릿속으로 그리는 상상이나 상념. ¶~조차 못 했던 일. **4** 어떤 것에 대한 기억. ¶~이 안 나다. **5** 마음속으로 작정하거나 각오하는 것. ¶모든 걸 잊고 공부에 전념할 ~이다. **6** 사리를 분별하는 것. ¶~ 없이 말을 내뱉다. **7** 어떤 것에 대한 관심이나 욕구. ¶금방 점심을 먹었더니 아무 ~이 없는데. **생각-하다** 통㈜타여 ¶옛일을~.
생각다 못하여 아무리 생각해도 별로 신통한 수가 없어서.
생각이 꿀떡 같다 무엇을 하고 싶은 생각이 매우 간절하다.
생각-나다 [-강-] 통㈜ 생각이 떠오르다. ¶문득 어린 시절이 생각났다.
생-각시 [-씨] 똉[역] 새앙머리를 한 어린 궁녀.
생강(生薑) 똉[식] 향긋한 냄새와 매운맛이 있는 노란색 덩이줄기를 양념이나 향신료로 쓰는 여러해살이풀. 또는, 그 덩이줄기. =새앙.
생강-나무(生薑-) 똉[식] 초봄에 잎보다 먼저 노란색 꽃이 피고, 9월에 작고 둥근 열매가 붉게 익는 낙엽 활엽 관목. 가지를 꺾으면 생강 비슷한 향긋한 냄새가 남. 어린잎으로 '작설차'를 만듦.
생강-즙(生薑汁) 똉 생강의 즙.
생강-차(生薑茶) 똉 생강을 넣어 달인 차.
생-것(生-) [-껃] 똉 고기·열매·채소 등의, 익히지 않은 것. ㈜날것.
생겨-나다 통㈜ 없던 것이 있게 되다. ㈜발생하다·출생하다. ¶머리에 혹이 ~.
생견(生繭) 똉 말리지 않은 고치.
생-하다(生硬-) 혱여 **1** 세상 물정에 어둡고 완고하다. **2** (글의 표현이) 낯설고 어색하다. ¶생경한 표현.
생계(生計) [-게/-계] 똉 사람이 굶거나 헐벗지 않고 하루하루 먹고 살아가는 방도. ¶~가 어렵다/~를 잇다.
생계-비(生計費) [-게-/-계-] 똉 기본

적인 살림을 꾸려 나가는 데에 드는 비용. [비]생활비.
생-고기(生-) [명] =날고기.
생-고무(生-) [명] 라텍스를 아세트산으로 굳힌 원료 고무.
생-고생(生苦生) [명] 공연히 하는 고생. ¶눈이 오는 날 등산을 갔다가 ~만 했다. **생고생-하다** [동][자][여]
생-고집(生固執) [명] 이유도 없이 억지로 부리는 고집. ¶밥을 안 먹겠다고 ~을 부리다.
생-과부(生寡婦) [명] **1** 남편과 생이별한 여자. **2** 갓 결혼하여 남편이 죽어서 혼자 된 여자. ▷청상(靑孀).
생-과자(生菓子) [명] 수분을 함유시켜 무르게 만든 과자.
생광(生光) [명] **1** 영광스럽고 빛이 나는 것. ¶참석해 주시면 ~이겠습니다. **2** 아쉬운 때에 쓰게 되어 보람이 있는 것.
생광-스럽다(生光-)[-따] [형][ㅂ]〈~스러우니, ~스러워〉 **1** 영광스럽고 빛이 나는 점이 있다. ¶제 자식의 결혼식에 참석해 주셔서 **생광스럽습니다**. **2** 아쉬운 때에 쓰게 되어 보람이 있다. **생광스레** [부]
생-굴(生-) [명] 익히지 않은 굴.
생글-거리다/-대다 [동][자] 소리 없이 부드럽고 정답게 자꾸 눈으로 웃다. [큰]싱글거리다.
생글-생글 [부] 생글거리는 모양. ¶~ 웃다. [큰]싱글싱글. **생글생글-하다** [동][자][여]
생급-스럽다[-쓰-따] [형][ㅂ]〈~스러우니, ~스러워〉 **1** (하는 일이나 짓이) 뜻밖이고 갑작스럽다. **2** (하는 말이) 엉뚱하다. **생급스레** [부]
생긋[-귿] [부] 소리 없이 살짝 정답게 눈웃음만 치는 모양. [큰]싱긋. [센]생끗·쌩긋. **생긋-이** [부]
생긋-거리다/-대다[-귿꺼(때)-] [동][자] 자꾸 생긋 웃다. [큰]싱긋거리다. [센]생끗거리다.
생긋-생긋[-귿쌩귿] [부] 생긋거리는 모양. ¶~ 웃기를 잘하는 아가씨. [큰]싱긋싱긋. [센]생끗생끗. **생긋생긋-하다** [동][자][여]
생기(生氣) [명] 싱싱하고 힘찬 기운. [비]생채·활기. ¶~가 돌다 / ~가 넘치다.
생기다 Ⅰ[동][자] **1** (어디에 없던 것이) 새로 있게 되다. ¶얼굴에 여드름이 ~. **2** (어떤 것이) 자기의 소유가 되다. ¶돈이 ~. **3** (어떤 일이나 현상이) 나타나거나 있게 되다. [비]발생하다·일어나다. ¶교통사고가 ~. **4** (사람에게 어떤 마음이나 욕구가) 일어나 있게 되다. ¶욕심이 ~. **5** 됨됨이가 어떠하게 되어 있다. ¶예쁘게 ~. Ⅱ[형][보조] (어미 '-게' 아래에 쓰여) 어떠한 지경에 이르게 되다. ¶얼마나 맞았던지 죽게 **생겼다**.
생기-론(生氣論) [명][철] 생명 현상은 물리적·화학적 법칙으로는 설명할 수 없는 독자적인 원리에 의하여 지배된다는 이론.
생기발랄-하다(生氣潑剌-) [형][여] 생기가 넘치고 명랑하다. ¶**생기발랄한** 젊은이들.
생-김(生-) [명] 굽거나 양념하지 않은 김.
생김-새 [명] 어떤 특징이나 인상을 나타내는, 사람 얼굴이나 동식물 등의 모양. [비]모습·형태. ¶~가 우락부락하다.
생김-생김 [명] 이모저모로 보는 생김새. ¶~이 마음에 쏙 든다.
생-김치(生-) [명] =날김치.
생끗[-끋] [부] '생긋'의 센말. [큰]싱끗. **생끗-하다** [동][자][여] **생끗-이** [부]
생끗-거리다/-대다[-끋꺼(때)-] [동][자] '생긋거리다'의 센말.
생끗-생끗[-끋쌩끋] [부] '생긋생긋'의 센말. **생끗생끗-하다** [동][자][여]
생-나무(生-) [명] **1** 살아 있는 나무. **2** 벤 채로 아직 마르지 않은 나무. =생목(生木). ↔마른나무.
생-나물(生-) [명] 익히지 않은 것으로 무친 나물.
생-난리(生亂離)[-날-] [명] 아무 까닭도 없이 몹시 시끄럽게 들볶아 대는 판. ¶~를 치다.
생남(生男) [명] 아들을 낳는 것. ↔생녀.
생녀(生女) [명] 딸을 낳는 것. ↔생남.
생년(生年) [명] 출생한 해. ↔몰년·졸년.
생년월일(生年月日) [명] 출생한 해와 달과 날. ↔졸년월일.
생년월일시(生年月日時)[-씨] [명] 출생한 해와 달과 날과 시.
생-니(生-) [명] 탈 없는 성한 이.
생-담배(生-) [명] 피우지 않는 상태에서 타고 있는 담배.
생도(生徒) [명][교] **1** 군의 교육 기관, 특히 사관학교의 학생. ¶사관(士官) ~. **2** 전에, 중등학교 이하의 학생을 이르던 말.
생-돈(生-) [명] 공연한 일에 드는 돈.
생동(生動) [명] **1** 생기 있게 살아 움직이는 것. **2** (그림·글씨, 또는 기타 예술 작품이) 썩 잘되어, 살아 움직이는 것과 같이 보이는 것. **생동-하다** [동][자][여] ¶만물이 **생동하는** 봄.
생동-감(生動感) [명] 힘차게 살아 움직이는 것과 같은 느낌. ¶~ 넘치는 묘사.
생득-적(生得的)[-쩍] [관][명] 성질이나 능력 등이 태어나면서 갖추어져 있는 (것).
생때-같다(生-)[-갇따] [형] 몸이 튼튼하여 병이 없다.
생-떼(生-) [명] 당치도 않은 일에 억지를 쓰거나 떼를 부리는 짓.
생-떼거리(生-) [명] '생떼'를 속되게 이르는 말. ¶돈을 내놓으라고 ~를 쓰다.
생뚱-맞다[-맏따] [형] 말이나 행동의 앞뒤가 맞지 않아 매우 엉뚱하다.
생래-적(生來的)[-내-] [관][명] 태어난 이래 가지고 있는 (것). ¶인간은 누구나 ~인 고독을 안고 살아간다.
생략(省略)[-냑] [명] (어떤 부분이나 내용을) 간단하게 줄이거나 빼는 것. ¶이하 ~. [준]약(略). **생략-하다** [동][타][여] ¶절차를 ~. [준]약하다. **생략-되다** [동][자]
생략-법(省略法)[-냑뻡] [명][문] 수사법의 하나. 문장의 어느 부분을 일부러 생략함으로써 함축미나 암시·여운 등을 느끼게 하는 방법.
생략-표(省略標)[-냑-] [명][언] =줄임표1.
생력-화(省力化)[-녀콰] [명][경] 산업의 기계화·자동화·무인화를 촉진시켜 노동력을 줄이는 일. **생력화-하다** [동][자][타][여] **생력화-되다** [동][자]
생로랑, 이브(Saint-Laurent, Yves) [명][인] 알제리 태생의 프랑스의 복식 디자이너(1936~).
생로병사(生老病死)[-노-] [명][불] 중생이 반드시 겪어야 하는 네 가지 고통. 곧, 나고, 늙고, 병들고, 죽는 일.
생률(生栗)[-뉼] [명] 제상(祭床)이나 잔칫상에 올리는, 나부죽하게 쳐서 깎은 날

밥. ¶~을 쳐서 제상에 올리다.
생리¹(生利)[-니-] 명 사람이 살아가는 데 필요한 경제적 이익이 있는 것.
생리²(生理)[-니-] 명 1 생물체의 생물학적 기능과 작용. 또는, 그 원리. ¶~ 현상. 2 생활하는 습성이나 본능. ¶~에 맞지 않다. 3 [생] =월경¹.
생리-대(生理帶)[-니-] 명 월경으로 흘러나오는 피를 흡수시키기 위하여 샅에 대는 물건. 倒패드(pad).
생리^식염수(生理食鹽水)[-니-] 명[약] 사람의 혈액·체액과 삼투압이 같게 한 0.9%의 식염수. 환자의 주사용, 콘택트렌즈 세척용 등으로 쓰임. 준식염수.
생리^작용(生理作用)[-니-] 명[생] 생물의 생활하는 작용. 곧, 혈액 순환·호흡·소화·배설·생식 등에 관한 작용의 총칭.
생리-적(生理的)[-니-] 관뒝 1 생리에 관계되거나 근거하는 (것). ¶~ 작용. 2 이치나 사리로서가 아니라, 본능적·육체적인 (것). ¶~으로 싫어하다.
생리-통(生理痛)[-니-] 명[의] 월경 때 하복부나 자궁 등에 생기는 통증.
생리-학(生理學)[-니-] 명[생] 주로 기능적인 면에서 생명 현상의 영위를 자연 과학적으로 구명하는 학문.
생리^휴가(生理休暇)[-니-] 명 근로 기준법에 의하여 일정한 조건 아래에서 월경 때에 여성 근로자에게 주는 휴가.
생-매장(生埋葬) 명 1 (사람을) 산 채로 땅속에 묻는 것. 2 멀쩡한 사람을 허물을 씌워 사회적 지위에서 몰아내는 것. 생매장-하다 타여 ¶정적(政敵)을 ~. **생매장-되다** 자여
생-맥주(生麥酒)[-쭈] 명 살균 처리를 하지 않은, 양조된 그대로의 맥주.
생맥줏-집(生麥酒-)[--쭙집/--쭌집] 명 생맥주를 전문으로 파는 술집.
생-머리(生-) 명 1 파마를 하지 않은 자연 그대로의 머리. 특히, 직모. 때로, 곱슬머리를 직모로 곧게 편 머리를 가리키기도 함. 2 멀쩡하다가 공연히 아프게 되는 머리를 가리키는 말. ¶~이 아프다.
생면부지(生面不知) 명 서로 만나 본 일이 없어 도무지 알지 못함. 또는, 그런 사람. ¶그분은 ~의 저를 돌봐 주셨습니다.
생멸(生滅) 명[불] 우주 만물의 생김과 없어짐. **생멸-하다** 자여
생명(生命) 명 1 사람이 살아서 숨 쉬고 활동할 수 있게 하는 힘. 倒목숨. ¶~의 은인. 2 여자의 자궁 속에 자리 잡아 장차 사람으로 태어날 존재. ¶~을 잉태하다. 3 동물과 식물의, 생물로서 살아 있게 하는 힘. ¶~의 기원. 4 사물의 존립에 가장 중요한 점. ¶화려한 색채가 그 그림의 ~이다. 5 사물이 유지되는 기간. ¶인기에 편승한 작품일수록 ~이 짧다.
생명^공학(生命工學) 명 생명 현상·생물 기능 그 자체를 인공적으로 조작하는 기술의 총칭. =바이오테크놀로지.
생명^과학(生命科學) 명 생명 현상을 생물학·화학·물리학 등의 기초적인 면라, 의학·심리학·사회학·농학·공학 등의 응용면에서 연구하는 학문.
생명-권(生命權)[-꿘] 명 인권의 하나로, 생명을 불법으로 침해당하지 않을 권리.
생명-력(生命力)[-녁] 명 1 생명을 유지하려고 하는 힘. ¶잡초의 질긴 ~. 2 사물 현상의 본질적 기능이나 영향력 등을 발휘하는 힘. ¶~을 잃은 학설.

생명^보!험(生命保險) 명[경] 사람의 사망 또는 일정 연령까지의 생존을 조건으로 하여 일정 금액을 지급할 것을 약정하는 보험.
생명-선(生命線) 명 1 생명을 유지하는 데 필요한 중요한 존재나 방도. 2 [민] 수상(手相)에서, 생명의 길이를 나타낸다는 손금. ¶~이 길어 오래 살겠다.
생명-수(生命水) 명 ['영원한 영적 생명에 필요한 물'이라는 뜻) [가][기] 그리스도의 복음의 비유.
생명-점(生命點)[-쩜] 명[생] 덜미의 바로 위, 꼭뒤 아래의 약간 오목한 곳. 이곳을 바늘로 찌르면 죽음.
생명-체(生命體) 명 생명이 있는 존재. ¶배 속에서 귀한 ~가 자라고 있다.
생모(生母) 명 자기를 낳은 어머니. 倒친어머니.
생목¹(生-) 명 위(胃)에서 입으로 올라오는 삭지 않은 음식물이나 시큼한 위액. ¶~이 오르다.
생목²(生木) 명 =생나무. ¶~ 장작.
생-목숨(生-)[-쑴] 명 {주로, '끊다/버리다/잃다/빼'앗다…' 와 같은 동사와 함께 쓰여} 억울하거나 공연한 목숨을 이르는 말. ¶전쟁으로 백성들이 ~을 잃었다.
생몰(生沒·生歿) 명 태어남과 죽음. ¶~ 연대.
생-몰년(生沒年)[-련] 명 태어난 해와 죽은 해. ¶~ 미상.
생물(生物) 명 생명을 가진 것. 증식·성장·물질대사 등 각종 반응성·조절성 등을 나타내는 것의 총칭. 동물·식물·미생물로 나뉨. ↔무생물.
생물-체(生物體) 명[생] 동물이나 식물처럼 살아 있는 존재. =유기체.
생물-학(生物學) 명 생물 또는 생명 현상을 연구하는 과학.
생물학^무!기(生物學武器)[-항-] 명[군] 병원성을 나타내는 미생물을 적지에 살포함으로써 인축(人畜)·식물을 가해·살상하려고 하는 무기.
생물학-전(生物學戰)[-쩐] 명[군] 생물학 무기를 사용하는 전쟁. =세균전.
생-미역(生-) 명 바다에서 따서 물기를 말리지 않은 상태의 미역. =물미역.
생반(生飯) 명[불] 밥을 먹기 전에 아귀(餓鬼), 또는 새와 들짐승 등에게 주기 위해 조금씩 떠내는 밥.
생-밤(生-) 명 =날밤².
생-방(生放) 명 '생방송'의 준말.
생-방송(生放送) 명 방송 프로그램을 미리 녹음하거나 녹화하지 않고 스튜디오나 현장에서 진행되는 상태 그대로 그 즉시 보거나 들을 수 있도록 전파에 실어 내보내는 일. 또는, 그 방송. 준생방. **생방송-하다** 타여
생-백신(生vaccine) 명[약] 병원성(病原性)을 약하게 한, 살아 있는 병원균으로 만든 백신. 비시지(BCG) 따위.
생-벼락(生-) 명 =날벼락.
생병(生病) 명 무리한 일을 하다가 생으로 얻은 병. ¶그만 좀 쉬어라. ~ 나겠다.
생부(生父) 명 자기를 낳은 아버지. 倒친아버지.
생불(生佛) 명[불] 살아 있는 부처라는 뜻으로, 덕행이 뛰어난 승려를 이르는 말.
생사¹(生死) 명 삶과 죽음. ¶~ 불명.

생사²(生絲) 圀 삶지 않은 명주실.
생사-고락(生死苦樂) 圀 삶과 죽음과 괴로움과 즐거움. ¶~을 함께한 전우.
생-사람(生-) 圀 1 아무 잘못이 없는 사람, 2 아무 관계가 없는 사람.
 생사람(을) 잡다 아무 잘못이나 관계가 없는 사람에게 누명을 씌우다. ¶내가 언제 그랬어? 공연히 **생사람 잡지** 마라.
생사-존망(生死存亡) 圀 살아 있음과 죽어 없어짐. ¶~이 달린 중대 문제.
생사-탕(生蛇湯) 圀 산 뱀을 달인 탕약.
생산(生産) 圀 1 [경] 인간이 자연에 작용을 가하여 어떤 효용을 가진 재화나 서비스를 만들어 내는 활동. ↔소비. 2 아이를 낳는 것. 예스러운 표현임. **생산-하다** ㈀㈁ **생산-되다** ㈂
생산-가(生産-) [-까] 圀 '생산 가격'의 준말. ¶공장 ~.
생산^가격(生産價格) [-까-] 圀[경] 생산비에 평균 이윤을 더한 금액. ↔생산가.
생산-고(生産高) [-꼬] 圀[경] 1 =생산액. 2 =생산량.
생산-량(生産量) [-냥] 圀[경] 생산되는 양. =생산고. ↔소비량.
생산-력(生産力) [-녁] 圀[경] 물질적 재화를 생산하는 능력. ¶~의 저하.
생산-물(生産物) 圀[경] 생산되는 물건.
생산-비(生産費) 圀[경] 어떤 재화를 생산하는 데에 드는 비용. 가변 비용과 불변 비용으로 나뉨. ¶~의 절감.
생산-성(生産性) [-썽] 圀[경] 어떤 생산 요소가 생산에 이바지하는 정도나 그 효율성. 일반적으로 노동 생산성을 가리킴. ¶~ 향상.
생산-액(生産額) 圀[경] 일정한 기간에 생산되어 나오는 재화의 수량. =생산고.
생산-자(生産者) 圀 1 재화의 생산에 종사하는 사람. ↔소비자. 2 [생] 어느 공간의 먹이 사슬에서 무기물로부터 유기물을 합성할 수 있는 독립 영양 생물의 총칭. 보통은 녹색 식물이 이에 해당함.
생산-재(生産財) 圀[경] 생산의 과정에서 쓰이는 재료나 자재. ↔소비재.
생산-적(生産的) ㎱ 1 생산에 관계있거나, 생산성이 많은 (것). 2 그것이 바탕이 되어 새로운 것이 생겨나는 (것). ㈁건설적. ¶~인 사고방식. ↔비생산적.
생산-지(生産地) 圀 어떤 물건이 생산되는 곳. ↔소비지.
생산-직(生産職) 圀 물건을 직접 생산하는 업무를 맡아보는 직책이나 직업. ▷사무직.
생산-품(生産品) 圀[경] 생산되는 물품.
생-살(生-) 圀 1 =새살. 2 아무 탈이 없는 성한 살. ¶~을 찢는 듯한 아픔.
생살-여탈(生殺與奪) [-러-] 圀 [살리고 죽임, 주고 빼앗음의 뜻] 남의 목숨과 재물을 좌지우지하는 일. ¶~을 마음대로 하던 무서운 독재자.
생삼(生-) 圀 =수삼(水蔘).
생상스, 카미유(Saint-Saëns, Camille) 圀 [인] 프랑스의 작곡가(1835~1921).
생-새우(生-) 圀 말리거나 익히거나 절이지 않은 새우.
생색(生色) 圀 (주로, '나다', '내다', '쓰다' 등과 함께 쓰여) 도움이나 은혜 등을 베푼 일을 짐짓 남에게 드러내거나 그런 일이 알려지게 됨으로써 서게 되는 체면.

생색-나다(生色-) [-샌-] 圀 도움이나 은혜 등을 베푼 일을 남이 알아줌으로써 체면이 서게 되거나 만족감을 가지게 되다. =낫나다.
생색-내다(生色-) [-샌-] 圀 도움이나 은혜 등을 베푼 일을 남이 알아주기를 바라면서 짐짓 드러내다. =낫내다.
생생-하다 ㎲ 1 시들거나 상하지 않고 성하다. ㈁싱싱하다. ㈃쌩쌩하다. 2 (기억이나 현상이) 눈앞에 보는 것같이 또렷하다. ¶그때의 일은 아직도 기억에 ~. 3 현실적으로 분명하다. ¶생생한 증거. **생-생히** ㈂
생-석회(生石灰) [-서쾨/-서퀘] 圀[화] =산화칼슘.
생선(生鮮) 圀 바다에서 잡아서 햇볕에 말리거나 소금에 절이지 않은, 비교적 싱싱한 식용(食用) 대상의 물고기.
생선-초밥(生鮮醋-) 圀 초밥에 생선회를 얹은 일본 요리.
생선-회(生鮮膾) [-회/-훼] 圀 싱싱한 생선을 살만 저며 간장이나 초고추장에 찍어 먹는 음식.
생성(生成) 圀 (사물이) 생겨나는 것. 또는, 생기게 하는 것. ¶~물. **생성-하다** ㈀㈁㈂ **생성-되다** ㈂
생-소나무(生-) 圀 1 살아 있는 소나무. 2 벤 지 얼마 안 되어 아직 마르지 않은 소나무. ¶~솔.
생소-하다(生疏-) ㎲ 1 (어떤 대상이) 별로 대한 적이 없어 심리적으로 멀게 느껴지거나 서먹함을 느끼는 상태에 있다. ㈃낯설다. ¶처음 가는 곳이라 모든 것이 ~. 2 (어떤 사물이) 익숙하지 않거나 서투르다. ¶기계 방면에는 ~.
생-손[-쏜] 圀 '생인손'의 준말.
생-솔(生-) 圀 =생소나무. ¶~ 가지.
생수(生水) 圀 1 샘에서 나오는 물. 2 '광천수'를 통속적으로 이르는 말.
생시(生時) 圀 1 태어난 시간. 2 자지 않고 깨어 있을 때. ¶이게 꿈이냐 ~냐. 3 살아 있을 때.
생시몽, 클로드 앙리 드 루브루아(Saint-Simon, Claude Henri de Rouvroy) 圀[인] 프랑스의 사상가(1760~1825).
생식¹(生食) 圀 1 음식물을 익히지 않고 날로 먹는 것. ↔화식(火食). 2 말린 야채·버섯·해조·곡류 등을 갈아서 생으로 먹는 일. 또는, 그 음식. **생식-하다¹** ㈂
생식²(生殖) 圀 생물이 자기와 닮은 개체를 만들어 종족을 유지하는 현상. **생식-하다²** ㈂㈁
생식-기(生殖器) [-끼] 圀[생] =생식 기관.
생식^기관(生殖器官) [-끼-] 圀[생] 생물이 생식 작용을 하기 위하여 갖춘 기관의 총칭. 동물에는 정소·난소·수정관·나팔관·전립선·음경·자궁·질 등, 식물에는 암술·수술 등이 있음. =생식기. ㈁성기.
생식-력(生殖力) [-녁] 圀[생] 개개의 생물이 태어날 때부터 가지고 있는 잠재적인 종족 재생산 능력.
생식-샘(生殖-) [-쌤] 圀[생] 배우자를 형성하는 기관. 수컷에서는 정소, 암컷에서는 난소를 말함. =생식선·성선(性腺).
생식-선(生殖腺) [-썬] 圀[생] =생식샘.
생신(生辰) 圀 '생일'의 높임말.
생-쌀(生-) 圀 익히지 않은 쌀.

생애(生涯) 圓 살아온 한평생 동안. ¶그는 암 연구에 ~를 바쳤다.
생약(生藥) 圓[약] 식물·동물·광물 등을 그대로 쓰거나, 성질을 바꾸지 않는 정도로 절단·파쇄·건조하여 가공·조제한 약.
생업(生業) 圓 살아가기 위하여 가지는 직업. ¶농사를 ~으로 삼다.
생-우유(生牛乳) 圓 1 끓이지 않은, 소에서 짜낸 그대로의 우유. 2 분유에 대해, 멸균한 액체 우유를 이르는 말.
생-울타리(生-) 圓 '산울타리'의 잘못.
생원(生員) 圓[역] 조선 시대에 소과인 생원과의 과거에 합격한 사람. 2 나이 많은 선비를 대접하여 그 성 밑에 붙여 부르는 말. ¶김 ~.
생육(生育) 圓 1 낳아서 기르는 것. 2 (생물이) 살아서 자라는 것. ¶벼의 ~ 기간.
생육-하다(生育-) 圓재타여 →사육다.
생-육신(生六臣) 圓[-씬][역] 조선 시대, 세조가 단종으로부터 왕위를 빼앗자 세상에 뜻이 없어 벼슬을 버리고 절개를 지킨 여섯 신하. 곧, 이맹전·조여·원호·김시습·성담수·남효온. ⇔사육신.
생-으로(生-) 圓 1 익거나 마르거나 삶지 않은 채로. ¶날로. 2 저절로 되지 않고 무리하게. ¶사람을 ~ 볶아낸다.
생이 圓[동] 민물에 살며, 몸길이 3cm가량으로 새우와 비슷한 절지동물. 몸빛은 갈색이며 암컷의 배에 흑갈색 무늬가 있다. 젓을 담가 먹음. ≒토하(土蝦).
생이-가래 圓[식] 논·연못 등의 물 위에 떠서 자라며, 잎이 3개씩 돌려나는데 2개는 물 위에 뜨고 1개는 물속에서 뿌리 구실을 하는 한해살이풀.
생-이별(生離別) 圓[-니-] 圓 부부나 부모 자식, 형제 사이에서 어쩔 수 없는 사정으로 만날 기약 없이 헤어지는 것. ↔사별. **생이별-하다** 圓자타여 ¶전쟁으로 말미암아 남편과 ~.
생인-발(生-) 圓[한] 발가락 끝에 종기가 나서 곪는 병.
생인-손(生-) 圓[한] 손가락 끝에 종기가 나서 곪는 병. ¶~을 앓다. 圁생손.
생일(生日) 圓 어떤 사람이 세상에 태어난 것을 해마다 한 번씩 기념하거나 축하하는, 태어난 그달 그날. ㉫생일날. 圁생신(生辰).
생일-날(生日-)[-랄] 圓 '생일'을 좀 더 구어적으로 이르는 말.
생일-상(生日床)[-쌍] 圓 생일을 쇠기 위해 음식을 차려 놓은 상.
생일-잔치(生日-) 圓 생일에 베푸는 잔치.
생자-필멸(生者必滅) 圓[불] 생명이 있는 것은 반드시 죽음. 인생의 무상(無常)을 이르는 말.
생장(生長) 圓 (동물이나 식물 등이) 나서 자라는 것. **생장-하다** 圓자여
생장-점(生長點)[-쩜] 圓[식] 식물이 자라는 부분, 뿌리의 끝에 있는 것. ≒생장부.
생장^호르몬(生長hormone) 圓[동] 뇌하수체 전엽(前葉)에서 분비되어, 주로 성장을 촉진하는 호르몬. ≒성장호르몬.
생전(生前) Ⅰ圓 살아 있는 동안. ¶선생님~에 이룩한 업적. ↔사후(死後).
Ⅱ 圓 지금까지 전혀 경험하지 못했음을 강조하는 말. ¶이런 꽃은 ~ 처음 본다.
생존(生存) 圓 (사람이나 동물 등이) 생명을 위협하는 악조건이나 위험 속에서 죽지 않고 살거나 살아남는 것. ¶적자 ~.
생존-하다(生存-) 圓자여 ¶항공기 사고에서 기적적으로 **생존**한 사람.
생존^경!쟁(生存競爭) 圓 1[생] 다윈의 진화론에서, 생물이 다음 세대를 남기기 위하여 환경에 보다 잘 적응하려고 하면서 동종 또는 이종 간에 서로 경쟁하는 일. 적응하지 못하는 개체는 자연도태됨. 2 인간 사회에서, 생활의 존속이나 지위의 획득을 둘러싸고 일어나는 경쟁.
생존-권(生存權)[-꿘] 圓[법] 인간의 기본적인 자연권의 하나. 사회의 각 개인이 완전한 사람으로서의 생존을 누릴 권리.
생존-자(生存者) 圓 살아 있는 사람. 또는, 끝까지 살아남은 사람.
생-죽음(生-) 圓 제명대로 살지 못하고 죽는 것. 횡사·자살·타살 따위.
생-중계(生中繼) 圓[-게/-계] 圓 스포츠나 행사 등의 실황을 동시적으로 중계방송하는 일. **생중계-하다** 圓재여 ¶WBC 타이틀전을 ~. **생중계-되다** 圓재여
생!-쥐 圓[동] 몸길이 6~10cm로 아주 작은 쥐. 주로 인가에 살며, 곡물·채소 등을 해침. 유전학·의학 등의 실험용으로 기름. ×새앙쥐.
생즙(生汁) 圓 식물의 날것을 짓찧어서 짜낸 액체.
생-지옥(生地獄) 圓 지옥과 같이 처참할 정도로 아주 고통스러운 곳. 또는, 그런 상태. ≒산지옥.
생질(甥姪) 圓 누이의 아들.
생-질녀(甥姪女)[-려] 圓 누이의 딸.
생채(生菜) 圓 익히지 않고 날로 무친 나물. ¶무~.
생-채기 圓 손톱 따위에 할퀴어지거나 무엇에 긁혀 생긴 작은 상처. ¶남의 얼굴에 ~를 내다. ×상채기.
생!-철(-鐵) 圓 안팎에 주석을 입힌 얇은 철판. 통조림통이나 석유통 등을 만드는 데 쓰임. ㉫양철.
생체(生體) 圓 생물의 몸. 또는, 살아 있는 몸. ¶~ 검사.
생체^공학(生體工學) 圓[생] 생물이 가진 뛰어난 기능, 예를 들면 정보 처리·인식·운동·에너지 변환·저장 등을 공학적으로 실현시켜 활용하려는 학문.
생체^리듬(生體rhythm) 圓[생] =바이오리듬.
생체^반!응(生體反應) 圓[생] 살아 있는 세포 안에서 일어나는 반응. 세포의 생사(生死)를 판별하는 데 이용됨.
생-크림(生cream) 圓 우유에서 갓 분리된 신선한 크림.
생태[1](生太) 圓 말리거나 얼리지 않은, 잡은 그대로의 명태. ▷명태.
생태[2](生態) 圓[생] 생물의 생활 상태. ¶어류의 ~를 조사하다.
생태-계(生態系)[-게/-계] 圓[생] 어느 환경에서 사는 생물군과 그 생물들을 제어하는 제반 요인을 포함한 복합 체계.
생태-학(生態學) 圓[생] 생물학의 한 분야. 생물의 생활 상태와 환경에 대한 관계를 과학적으로 연구하는 학문.
생텍쥐페리, 앙투안 드(Saint-Exupéry, Antoine de) 圓[인] 프랑스의 소설가·비행사(1900~1944).
생-트집(生-) 圓 아무 까닭도 없이 일부러 트집을 잡는 것. 또는, 그 트집.

생판(生-) Ⅰ관 (어떤 일에 대하여) 전혀 모르거나 손을 대지 않음. 또는, 그런 것이나 사람.
Ⅱ부 **1** 아주 생소하게. ¶~ 처음 듣는 말. **2** 터무니없이 무리하게. ¶있지도 않은 것을 내놓으라고 ~ 떼를 쓴다.

생-포(生捕)명 산 채로 잡는 것. **생포-하다** 동(타여) ¶적을 ~. **생포-되다** 동(자) ¶생포된 짐승.

생-피(生-)명 살아 있는 동물의 몸에서 갓 빼낸 피.

생필-품(生必品)명 '생활필수품'의 준말.

생-합성(生合成)명[생] 생물체에서 세포의 작용에 의한 유기 물질의 합성.

생화(生花)명 살아 있는 나무나 화초에서 꺾은 꽃. ↔조화(造花).

생-화학(生化學)명[화] 생물체의 구성 물질 및 생물체 내에서의 화학 반응을 해명하고 생명 현상을 연구하는 학문.

생환(生還)명 **1** 살아서 돌아오는 것. ¶~자. **2**[체] 야구에서, 주자가 본루에 돌아와 한 점을 얻는 것. **생환-하다** 동(자여)

생활(生活)명 **1** 사람이 일정한 환경에서 어떤 활동을 하면서 살아가는 일. ¶사회 ~/취미 ~. **2** 주로 물질적 측면에서, 사람이 먹고 입고 쓰면서 사는 일. ¶~이 어렵다. **3**(조직체나 집단을 나타내는 말 다음에 쓰이어) 그 조직체나 집단의 구성원으로서 활동하는 일. ¶직장 ~. **4** 생물, 특히 동물이 제 기능과 구실을 하면서 살아가는 일. **생활-하다** 동(자여)

생활-고(生活苦)명 경제적 빈곤으로 생기는 생활의 어려움. ¶~에 시달리다.

생활-공간(生活空間)명 일상생활을 하며 나가는 장소. ¶~이 넓다.

생활-권(生活圈)[-꿘]명 통근·통학·구매·문화 등 사람들의 생활에 필요한 여러 요소들이 밀접하게 결합되어 있는 공간적 범위. ¶일일~.

생활-급(生活給)명 근로자의 최저 생활의 보장을 전제로 하여 주는 기본 임금. ¶~의 보장을 촉구하다.

생활^기록부(生活記錄簿)[-뿌]명[교] 학생의 학교생활 및 성적 등을 기록하여 학교에 비치하는 장부. =학적부.

생활-난(生活難)[-란]명 물질적인 면에서의 생활상의 어려움.

생활-력(生活力)명 사람이 사회생활에 적응하면서 생계를 꾸려 나갈 수 있는 능력. ¶~이 강하다.

생활-비(生活費)명 생활하여 나가는 데 필요한 모든 비용. ⓑ생계비.

생활-사(生活史)[-싸]명 **1**[생] 생물의 개체가 발생하여, 생육 후 다음 세대를 만들고 죽을 때까지의 생활 과정. **2** 한 민족의 생활이 변천해 온 역사.

생활-상(生活相)[-쌍]명 생활해 나가는 모양. ¶이 그림은 조선 시대 여인의 ~을 담고 있다.

생활^설계사(生活設計士)[-계-/-게-][경]=보험 모집인.

생활-수준(生活水準)명 소득 수준·소비 수준 등에 의하여 화폐적 또는 수량적으로 측정되는 생활의 내용 또는 정도의 높이. ¶~이 향상되다.

생활-신조(生活信條)명 생활을 해 나가는 데 있어 굳게 믿어 지키고자 하는 생각. ¶정직과 성실을 ~로 삼다.

생활-양식(生活樣式)[-량-]명 어떤 사회 또는 집단의 성원이 공유하고 있는 생활 방법에 대한 인식이나 행동의 양식.

생활-용수(生活用水)[-룡-]명 일상생활에 쓰이는 물.

생활-인(生活人)명 생활을 해 나가는 사람. 인간의 생활을 가정의, 주로 경제 면에서 파악한 말임.

생활-체(生活體)명 생활하는 개체로서의 생물체.

생활^체육(生活體育)명 일반인이 건강을 위하여 부담 없이 지속적으로 할 수 있는 운동.

생활^통지표(生活通知表)명[교] 학교에서 학습자의 지능·생활 태도·학업 성적·출석 상태 등을 적어 가정에 보내는 표. ⓑ통지표.

생활-필수품(生活必需品)[-쑤-]명 일상생활에 반드시 필요한 물건. ⓑ생활용품.

생활-하수(生活下水)명 일상생활을 하는 데 쓰이고 난 뒤 하천으로 내려오는 물. ¶공장 폐수와 ~로 하천이 오염된다.

생활-한복(生活韓服)명 전통 한복을 개량하여 활동하기에 편리하도록 만든 옷. =개량한복.

생활-화(生活化)명 (어떤 일을) 생활 속에서 늘 실천하거나 생활 습관이 되게 하는 것. **생활화-하다** 동(타여) ¶질서를 ~. **생활화-되다** 동(자)

생활-환경(生活環境)명 대기(大氣)·물·대지(大地)·공간 등에 의하여 구성된 인간의 일상생활 장소로서의 환경.

생황(笙簧·笙篁)[음] 아악(雅樂)에 쓰이는 관악기의 하나. 둥근 통 위에 17개의 죽관(竹管)을 둘러 세우고, 주전자의 귀때 비슷한 부리로 불게 되어 있음.

생-후(生後)명 태어난 후. 또는, 출생한 후. ¶~ 6개월 된 아기.

생흔(生痕)명[생] 과거에 살았던 생물의 생활 현상과 생명 현상의 흔적. 발자취, 기어간 자취, 살던 동굴 따위.

샤갈, 마르크(Chagall, Marc)명[인] 러시아 태생의 프랑스의 화가(1887~1985).

샤넬, 가브리엘(Chanel, Gabrielle)명[인] 프랑스의 복식 디자이너(1884~1971).

샤를, 자크 알렉상드르 세자르(Charles, Jacques Alexandre César)명[인] 프랑스의 물리학자(1746~1823).

샤를마뉴^대:제(Charlemagne大帝)명[인] '카롤루스 대제'의 프랑스 어명.

샤를의 법칙(Charles-法則)[-의-/-에-][물] 일정량의 기체의 부피는 압력이 일정하면 절대 온도에 비례한다는 법칙.

샤머니즘(shamanism)명[종] 샤먼이 초자연적 존재와의 직접적 교류에 의하여 점복(占卜), 예언, 병 치료 등을 하는 종교 현상. =무술(巫術). ▷무속·무신 문화.

샤먼(shaman)명[종] 샤머니즘에서, 신령·정령·사령(死靈) 등과 영적으로 교류하는 능력을 갖고 치료·예언·악마 퇴치·공수 등을 하는 사람. 무당·박수·영매 따위.

샤베트명 '셔벗(sherbet)'의 잘못.

샤부샤부(しゃぶしゃぶ)명 얇게 썬 쇠고기를 끓는 국물에 데쳐 양념장에 찍어 먹는 일본식 요리.

샤시명 '새시(sash)'의 잘못.

샤쓰(일)シャツ)명 [<shirt]=셔츠.

샤워(shower)명 샤워기를 이용하여 몸에 물을 뿌리면서 몸을 씻는 일. **샤워-하다** 동(자여)

샤워-기(shower器) [명] 물뿌리개처럼 작은 구멍이 많이 뚫려 있어 여러 줄기의 물이 뿜어져 나오게 되어 있는, 목욕할 때 쓰이는 도구.
샤콘([프]chaconne) [명][음] 16세기에 에스파냐에서 생겨난, 3/4박자의 느린 춤곡.
샤프(sharp) [명] **1** [음] =올림표. **2** '샤프펜슬'의 준말.
샤프-심(sharp心) [명] 샤프펜슬에 넣어 쓰는 가는 심.
샤프-펜슬(†sharp pencil) [명] 연필심을 넣고 윗부분을 눌러 심을 조금씩 밀어내어 쓰게 만든 필기도구. 상표명인 '에버샤프펜슬'에서 온 말임. [준]샤프.
샤프-하다(sharp−) [형][여] '명석하다'로 순화. ¶두뇌가 **샤프한** 젊은이.
샬레([독]Schale) [명] 의학·약학 검사 등에 쓰이는, 둥글고 운두가 낮은 유리그릇.
샴-쌍둥이(Siam雙−) [명] 기형적으로 몸의 일부가 서로 붙은 채로 태어난 일란성 쌍둥이.
샴페인(champagne) [명] 이산화탄소를 함유한 백포도주. ¶~을 터뜨리다.
샴푸(shampoo) [명] 머리를 감는 데 쓰는 액체의 세제. **샴푸-하다** [동][자][여] 머리를 샴푸로 감다.
샷(shot) [명] **1** [체] 골프 등에서, 공을 한 번 치는 일. ×숏. **2** [영] '숏**1**'의 잘못.
샹들리에([프]chandelier) [명] 천장에 매달아 드리우게 된, 꽃 모양이나 여러 개의 가지가 방사형으로 나 있는 화려한 장식의 등.
샹송([프]chanson) [명][음] 프랑스 대중 사이에서 널리 불리는 가요.
샹파뉴(Champagne) [명][지] 프랑스 북부에 있는 지방.
섀도-복싱(shadowboxing) [명][체] 권투에서, 상대가 있다고 가상하고 공격·방어·풋워크 등의 동작을 혼자 연습하는 일.
섀도^캐비닛(shadow cabinet) [명][정] 정권 교체에 대비하여, 야당에서 정권을 잡을 경우를 예상하고 조직하는 내각.
섀미(chamois) [명] 염소·양 등의 무두질한 부드러운 가죽. ×세무.
서[1] [명][음] 향피리·세피리·당피리·생 따위의 입으로 부는 부분에 붙여, 공기를 불어 넣어 진동시킴으로써 소리를 나게 하는, 대나무나 갈대나 금속 따위로 만든 얇은 조각. [비]리드(reed). ×혀.
서ː[2] [관] ('돈, 말, 발, 푼, …' 등의 단위성 의존 명사 앞에 쓰여) 수량이 '셋'임을 나타내는 말. ¶금 ~ 돈 / 쌀 ~ 말. ▷석·세.
서[3] [조] **1** '에서**1**·**2**'의 준말. ¶어디~ 오는 길이오? **2** '혼자', '둘이', '셋이' 등 사람의 수를 나타내는 체언에 붙어, 그 수를 강조하는 보조사. ¶둘이~ 청소를 하다.
서[4](西) [명] =서쪽. ↔동(東).
서ː[5](序) [명] '서문(序文)[2]'의 준말.
서ː[6](署) [명] '경찰서', '세무서' 등의 관서(官署)를 줄여서 이르는 말.
서ː-[7](庶) [접두] 본처가 아닌 몸에서 난 사람을 나타내는 말. ¶~삼촌 / ~자녀.
서가(書架) [명] 문서나 서적을 얹어 두는 시렁. ¶~에 책이 꽂히다.
서간(書簡·書柬) [명] '편지'를 문어적으로 이르는 말. ¶옥중 ~.
서간-문(書簡文) [명][문] =서한문.
서간-체(書簡體) [명] 서한문 형식의 문체.
서ː거(逝去) [명] 사회적으로 지위가 높거나 유명한 사람의 '죽음'을 높여 이르는 말. **서ː거-하다** [동][자][여] '죽다'의 높임말.
서걱-거리다/-대다[−꺼(때)−] [동][자][타] **1** 연한 과자나 사과·배 따위를 씹을 때와 같은 소리가 자꾸 나다. 또는, 그런 소리를 자꾸 내다. **2** 갈대 같은 것이 마찰하는 소리가 자꾸 나다. 또는, 그런 소리를 자꾸 내다. [작]사각거리다.
서걱-서걱[−써−] [부] 서걱거리는 소리. 또는, 그 모양. ¶사과를 ~ 베어 먹다. [작]사각사각. **서걱서걱-하다** [동][자][타][여]
서경[1](西經) [명][지] 본초 자오선을 0°로 하여 서쪽으로 180°까지의 경선. ↔동경.
서경[2](書經) [명][책] 오경(五經)의 하나. 요순 때부터 주나라 때까지의 역사 기록을 공자가 정리하여 편찬한 것이라고 함.
서ː경[3](敍景) [명] 경치를 글로 적어 나타내는 것. **서ː경-하다** [동][자][여]
서-경덕(徐敬德) [명][인] 조선 시대의 학자(1489~1546).
서경-별곡(西京別曲) [명][문] 작자·연대 미상의 고려 가요. 서경에 사는 여인이 사랑하는 사람과 이별하는 애틋한 심정이 담겨 있음.
서고(書庫) [명] 책을 넣어 두는 곳집. =문고(文庫).
서ː곡(序曲) [명] **1** [음] 가극·성극(聖劇)·모음곡 등의 막을 열기 전이나 주요한 부분을 시작하기 전에 연주하는 기악곡. **2** 어떤 큰일의 시초. 비유적인 말임. ¶그 일은 장차 벌어질 비극의 ~에 불과했다. ▷전주곡.
서관(書館) [명] =서점(書店).
서ː광(曙光) [명] **1** 새벽에 동이 틀 때의 빛. [비]새벽빛. **2** 좋지 못하던 상태에서 조금 나타나 보이는 희망의 징조. ¶남북통일의 ~이 비치다.
서구(西歐) [명][지] **1** 서유럽을 중심으로 한 유럽과 미국을 중심으로 한 북아메리카의, 선진 문명을 가진 지역. ¶~ 문명. **2** =서유럽. ↔동구.
서구-적(西歐的) [관][명] 서구의 특징을 지니고 있는 (것). ¶~인 외모.
서글서글-하다 [형][여] (성질이나 생김새가) 너그럽고 부드럽다. ¶눈매가 ~.
서글프다 [형] 〈서글프니, 서글퍼〉 **1** (마음이) 허전하고 슬프다. ¶**서글픈** 신세. **2** 어떤 일이 한심하거나 통탄스러워 언짢다. ¶몰락한 우리 집안을 생각하면 **서글프기** 짝이 없다. **서글피** [부]
서글픔 [명] 서글픈 마음이나 느낌. ¶갑자기 늘어난 흰머리에 ~을 느끼다.
서기[1](西紀) [명] 《주로, 어느 해를 나타낸 숫자 앞에 쓰여》 그해가 예수가 태어난 해를 기원으로 한 것임을 나타내는 말. ¶~ 2004년.
서기[2](書記) [명] **1** 단체·회의 같은 데에서 문서나 기록을 맡아보는 사람. **2** [역] 조선 말기에 각 관청에서 서무(庶務)에 종사하던 판임관(判任官)의 하나. **3** 국가 공무원의 직급의 하나. 주사보의 아래, 서기보의 위로 8급임.
서ː기[3](瑞氣) [명] 상서로운 기운.
서기-관(書記官) [명] 국가 공무원의 직급의 하나. 부이사관의 아래, 사무관의 위로 4급임.
서기-보(書記補) [명] 국가 공무원의 직급의 하나. 일반직 공무원 가운데 가장 낮

서기-장(書記長) 圖 주로 사회주의 정당에서, 중앙 집행 위원회에 딸린 서기국의 장(長).
서까래 圖[건] 한옥에서, 지붕을 덮을 수 있도록 마룻대와 도리 또는 보에 걸쳐 놓는 나무.
서껀 图 어떤 대상이 여럿의 대상에 함께 포함됨을 나타내는 보조사. 요즘에는 잘 쓰이지 않음. ¶떡, 과자~ 많이 먹었다.
서남(西南) 圖 서쪽을 기준으로 하여 서쪽과 남쪽 사이의 방위. ↔동북. ▷남서.
서-남쪽(西南) 圖 서쪽과 남서쪽의 중간 되는 방위.
서남-아시아(西南Asia) 圖[지] 중앙아시아와 인도를 제외한 아시아의 남서부 지역. 이란 지방, 아라비아 지방, 소아시아 반도의 터키 지방을 가리킴.
서남-쪽(西南-) 圖 '남서쪽'을 전통적 동양식 방위로 이르는 말. ↔동북쪽. ▷남서쪽.
서남-풍(西南風) 圖 '남서풍'을 전통적 동양식 방위로 이르는 말. ↔동북풍. ▷남서풍.
서낭 圖[민] 1 서낭신이 붙어 있다는 나무. 2 '서낭신'의 준말. (원)성황(城隍).
서낭-당(-堂) 圖[민] 서낭신을 모신 당. (원)성황당.
서낭-신(-神) 圖[민] 한 마을의 터를 지켜 준다는 신. 또는, 한 마을의 수호신. (준)서낭.
서-너 圉 셋이나 넷. ¶~ 사람.
서너-째 㑗圉 셋째나 넷째.
서넛[-넏] 圉 셋이나 넷.
서:녀(庶女) 圖 첩에게서 난 딸.
서-녘(西-)[-녁] 圖 '서쪽'을 시적·문어적으로 이르는 말. ↔동녘.
서느렇다 혱[러타] 〈서느러니, 서느런, 서느레〉 서늘한 느낌을 주는 데가 있다. ¶바람이 ~. (쎈)써느렇다.
서늘-하다 혱[여] 1 (기온·바람 등이) 약간 추운 느낌을 주는 상태에 있다. ¶서늘한 가을 날씨. ③시원하다. 2 (가슴이) 놀라거나 두려워 추운 느낌이 있다. ¶시퍼런 칼날을 보니 가슴이 ~. 3 (눈매나 눈빛이) 시원하고 선선하다. ¶서늘한 눈매를 가진 청년. (쎈)써늘하다. 서늘-히 튀
서다 圐[]] 1 (사람이) 두 발바닥을 땅에 댄 상태로 윗몸과 다리가 일직선이 되게 하다. (비)기립하다. ¶차려 자세로 ~. ↔앉다. 2 (네발짐승이) 네 발바닥을 땅에 댄 상태로 다리를 쭉 뻗고 몸을 곧게 하다. ¶기린이 큰 키로 **서서** 나뭇잎을 따먹는다. 3 (부피를 가진 물체가) 땅 위에 수직의 상태로 있게 되다. (비)솟다. ¶길가에 전봇대가 **서** 있다. 4 (한 곳에 있던 곳으로 가던 대상이) 어느 곳에서 멈추다. (비)정지하다. ¶기차가 역에 ~. 5 (사람이 어떤 위치나 처지에) 있게 되거나 놓이다. ¶운명의 기로에 ~. 6 (나라나 기관 따위가) 이루어져 그 기능을 발휘하게 되다. ¶학교가 ~. 7 (장이 어느 곳에이) 물건을 사고팔 수 있도록 베풀어지다. ¶마을에 장이 ~. 8 (어느 곳에 어떤 모습이나 현상이) 이루어져 나타나다. ¶눈에 핏발이 ~. 9 (무딘 것, 또는 처져 있는 것이) 날카롭게 되거나 빳빳하게 위로 향하게 되다. ¶시퍼렇게 날이 **선** 칼날. 10 (계획·결심·자신감 등이) 마음에 이루

어지다. ¶성공할 수 있다는 확신이 ~. 11 (질서나 규율, 체계나 논리 등이) 올바르게 있게 되거나 짜임새 있게 갖추어지다. ¶교통질서가 ~. 12 (체면이) 깎이지 않고 유지되다. ¶위신이 ~. 13 (아이가) 배 속에 생기기 시작하다. ¶아이가 **서느라** 입덧이 심하다. 2㈀ 1 (어떤 역할을) 맡아서 하다. ¶중매를 ~. 2 (사람이 줄을) 이루도록 다른 사람과의 위치를 맞추다. ¶2열 축으로 줄을 ~.
설 자리가 없다 존재 의의나 존립 근거가 없다. ¶국내 농산물은 이제 ~.
설 자리를 잃다 존재 의의나 존립 기반을 잃다.
서단(西端) 圖 서쪽 끝. ↔동단.
서당(書堂) 圖 =글방.
[서당 개 삼 년에 풍월을 한다] 무식한 사람이라도 유식한 사람과 같이 오래 지내면 자연히 식견이 생긴다.
서더리 圖 '서덜'의 잘못.
서덜 圖 생선의 살을 발라내고 남은 뼈·대가리·껍질 따위. ×서더리.
서도(西道) 圖[지] 황해도·평안도 지방의 통칭. ¶~ 잡가.
서도²(書道) 圖 1 글씨를 쓰는 올바른 도(道). 2 예전에, 서예를 이르던 말.
서도-민요(西道民謠) 圖[음] 평안도와 황해도 지방에서 불리는 민요. 수심가·난봉가·몽금포 타령 따위.
서독(西獨) 圖[역] 1949년 9월에 독일의 서부 지역에 수립되었던 연방 공화국. 1990년 동독과 통합하여 독일 연방 공화국을 이름.
서동-요(薯童謠) 圖[문] 서동이 신라의 선화 공주를 사모하여 지은 4구체 향가.
서:두¹(序頭) 圖 1 어떤 일이나 차례의 첫머리. 2 할 말의 첫머리. ¶할 말이 많아 어디서부터 ~를 꺼내야 할지 모르겠다.
서두²(書頭) 圖 어떤 글의 본론에 들어가기 전의 첫머리. (비)글머리.
서두르다 圐[여] 〈서드르니, 서둘러〉 (사람이 일을) 급히 하려고 바삐 움직이거나 빨리 진행하다. ¶출근 준비를 ~. (준)서둘다.
서둘다 圐[자타] 〈서두니, 서두는〉 '서두르다'의 준말. ¶서둘지 말고 찬찬히 해라.
서라벌(徐羅伐) 圖[역] 1 '신라'의 옛 이름. 2 '경주(慶州)'의 옛 이름.
서랍 圖 책상·장롱·경대 등에 달린, 빼었다 꺼냈다 하는 뚜껑 없는 상자. ×설합.
서랍-장(-欌)[-짱] 圖 서랍만으로 이루어진 장.
서:러움 圖 =설음.
서:러워-하다 圐[여] 서럽게 여기다. =설워하다. ¶이별을 몹시 ~.
서:럽다[-따] 혱[ㅂ] 〈서러우니, 서러워〉 원통하거나 억울하거나 불우한 처지에 있거나 하여 울고 싶은 느낌이 있다. =섧다. ¶부모를 잃고 **서럽게** 울다.
서력(西曆) 圖 해를 나타낼 때 예수 그리스도가 탄생한 해를 기원으로 하는 방식.
서력-기원(西曆紀元)[-끼-] 圖 예수 그리스도가 탄생한 해를 기원으로 하는 일.
서로 Ⅰ 튀 관계되는 둘 이상의 것 사이에서, 각기 그 상대에 대하여. 또는, 쌍방이 번차례로. (비)피차. ¶~ 돕고 살다. Ⅱ 圖 짝을 이루거나 관계를 맺고 있는 상대. ¶~의 행복을 빌다.
서로-서로 튀 '서로'의 힘줌말. ¶~ 양

보하는 미덕을 갖다.
서로-소(-素) 명[수] 여러 개의 수들 사이에 1 이외의 공약수가 없음을 일컫는 말.
서:론(序論·緒論) 명 본론에 들어가기 전의, 본론의 실마리가 되는 논설. =머리말. ▷본론·결론.
서류¹(書類) 명 글자로 기록한 문서의 총칭. ¶비밀 ~.
서:류²(庶流) 명 서자(庶子)의 계통.
서류-철(書類綴) 명 여러 가지 서류를 한데 모아 매어 두는 것. 또는, 그렇게 된 책. =파일.
서른 Ⅰ㊄ 1 열의 세 곱절. ▷삼십. 2 사람이나 사물의 수량을 셀 때, 열의 세 곱절에 해당하는 수효. ¶나이가 벌써 ~이다.
Ⅱ관 1 ~ 명.
서름-하다 혱여 1 남과 가깝지 못하다. ¶그와는 서름한 사이다. 2 사물에 익숙하지 못하다.
서리¹ 명 1 [기상] 공기 중의 많은 양의 수증기가 기온이 영하로 내려갈 때 지면이나 그 위의 물체에 닿아서 얼어붙은 흰 가루 모양의 잔 얼음. 2 머리털의 일부가 희끗희끗 센 상태를 비유적으로 이르는 말. ¶머리에 ~가 앉은 초로의 신사.
서리(를) 맞다 (권력이나 난폭한 힘 등에 의하여) 타격이나 피해를 입고 힘을 잃다. ¶경기 불황으로 판망 산업이 서리를 맞고 있다.
서리² 명 주로 농촌에서, 밭에서 기르는 작물의 열매나 집에서 기르는 닭 따위의 가축을 여러 사람이 함께 장난삼아 주인 몰래 훔치는 일. 또는, 그렇게 훔친 것을 함께 먹는 일. ¶수박 ~. **서리-하다** 태여
서:리³(胥吏) 명 [역] 중앙과 지방 관아에 속하여 말단의 행정 실무에 종사하는 하급 관리. =아전(衙前). ▷관속(官屬).
서리⁴(書史) 명 [역] 조선 시대. 경아전(京衙前)의 하나. 주로 서책(書冊)을 보관하는 업무를 맡은 하급의 서리(胥吏).
서:리⁵(署理) 명 어떤 조직에서 결원(缺員)이 생겼을 때, 그 직무를 대리하는 것. 또는, 그 사람. ¶국무총리 ~.
서리-꽃(-꼴) 명 유리창 등에 서린 수증기가 얼어서 꽃처럼 된 무늬.
서리다¹ 혱여 1 (수증기가 어디에) 찬 기운을 받아 물방울을 지어 엉기다. ¶안경에 김이 ~. 2 (어떤 기운이 표정 등에) 어리어 나타나다. ¶그의 얼굴에는 범치 못할 위엄이 서려 있었다. 3 (어떤 생각이 마음속에) 깊이 자리 잡아 간직되다. ¶한(恨)이 ~. 4 (어떤 가느다란 것이) 한곳에 많이 얽크러지다. ¶거미줄에 ~.
서리다² 타 (길고 잘 감기는 물건을) 동그랗게 포개어 감다. ¶독사가 몸을 ~. ㉴사리다.
서리-서리 ㊆ 1 (긴 물건이) 자꾸 서려진 모양. ¶~ 몸을 감은 구렁이. 2 (어떤 감정이) 복잡하게 서려 얽힌 모양. ¶~ 얽힌 원한.
서리피¦해(-被害) 명 [농] 봄의 늦서리나 가을의 올서리 등, 보통 그의 서리가 내릴 염려가 없는 시기에 서리가 내려 농작물과 초목이 받는 피해. =상해(霜害).
서림(書林) 명 (책을 많이 모아 두는 곳이라는 뜻) 주로, 서점의 상호 끝에 붙이는 말. ¶문화 ~.
서릿-발[-리빨/-릳빨] 명 겨울에 땅속의 수분이 얼어 성에처럼 되어 기둥 모양으로 뻗어 있는 것. 또는, 그로 인해 지면이 부풀어 오르는 현상. ▷추상(秋霜).
서릿발 같다 매우 매섭고 준엄하다.
서:막(序幕) 명 1 [연] 연극 따위에서, 처음에 인물과 사건 등을 예비적으로 보여 주는 막. 2 일의 처음 부분. ¶올림픽의 -이 올랐다.
서머-스쿨(summer school) 명 =여름학교.
서머^타임(summer time) 명 낮시간을 잘 이용하여 일의 능률을 올리고자 공약(公約)으로 정한 시각. 이른 여름에 표준 시간보다 한 시간 빠르게 했다가 늦은 여름에 다시 표준 시간으로 돌림. =일광 절약 시간.
서먹서먹-하다[-써머카-] 혱여 매우 서먹하다. ¶언제부터인지 두 사람 사이가 서먹서먹해졌더라.
서먹-하다[-머카-] 혱여 익숙하지 않아 어색하다. ¶초면이라 좀 ~.
서멧(cermet) 명 세라믹의 내마모성(耐磨耗性)·내열성과 금속의 인성(靭性)을 함께 지닌 복합 재료. 제트 엔진이나 경질 공구 등에 사용함.
서면(書面) 명 일정한 내용을 적은 문서. ¶~으로 답하다.
서:명(書名) 명 책의 이름. ㉴책명.
서:명²(署名) 명 자기의 이름을 써넣는 것. 또는, 써넣은 그것. ¶저자의 ~이 든 책을 기증받다. **서:명-하다** 태여㉦ ¶계약서에 ~.
서:명^날인(署名捺印) 명 [법] 문서상에 이름 또는 상호(商號)를 표시하고 도장을 찍는 일.
서:명^운:동(署名運動) 명 [사] 어떤 주장·의견에 대한 찬성의 서명을 얻기 위한 운동. ¶~을 벌이다.
서:모(庶母) 명 아버지의 첩. ▷계모.
서:무(庶務) 명 특별한 명목이 없는 여러 가지 일반적인 사무. 또는, 그 일을 맡은 사람.
서:무-실(庶務室) 명 주로 학교 따위에 일반 사무를 맡아 처리하는 방.
서문¹(西門) 명 성곽이나 궁 등의 서쪽으로 난 문. ↔동문.
서:문²(序文) 명 =머리말1. ㉴서. ↔발문.
서:민(庶民) 명 1 아무 벼슬이 없는 평민. =서인(庶人). ㉴백성. 2 사회적 특권이나 경제적인 부를 누리지 못하는 일반 사람.
서:민-적(庶民的) 명관 서민에 특유한 (것). 또는, 서민과 같은 (것). ¶무밈이 없는 ~인 생활 태도.
서:민-층(庶民層) 명 서민에 속하는 계층.
서바이벌^게임(survival game) 명 총알을 맞으면 물감이 묻어나게 되어 있는 모의 총으로 전쟁놀이를 하는 레저 스포츠. 1990년대에 들어서 쓰이기 시작한 말임.
서반(西班) 명 [역] =무반(武班). ↔동반.
서반아(西班牙) 명 [지] '에스파냐'의 음역어.
서방¹(西方) 명 1 서쪽 방향이나 지역. ㉴동방. 2 서유럽의 자유주의 국가. ¶~ 자유 진영.
서방²(書房) 명 1 '남편'을 낮추어 이르는 말. 2 성에 붙여, 사위나 매제, 아래 동서 등의 호칭 또는 지칭으로 쓰이는 말.
서방^국가(西方國家) [-까] 명 미국과 서

유럽의 자유주 국가를 이르는 말. =서방세계.

서방^극락(西方極樂) [—궁낙] 圓 [불] 사바세계에서 서쪽으로 십만억 불토(佛土)를 지나서 있다는 아미타불의 극락정토.

서방-님(書房—) 圓 1 전날에, '남편'을 높여 부르던 말. 2 결혼한 시동생에 대한 호칭. ▷도련님·아주버님. 3 옛날에, 벼슬이 없는 젊은 사람을 상사람이 높여 부르는 말.

서방^세계(西方世界) [—계/—게] 圓 =서방 국가.

서방-질(書房—) 圓 제 남편이 아닌 남자와 몰래 정을 통하는 짓. ꘋ화냥질. ↔서방질. **서방질-하다** 困困

서버(server) 圓 [컴] 네트워크로 연결된 다른 컴퓨터들에 정보를 제공하고 관리하는 구실을 하는 컴퓨터. 또는, 그 프로그램. ¶~에 접속해서 필요한 파일을 내려받다. ▷클라이언트.

서법¹(書法) [—뻡] 圓 글씨 쓰는 법.

서:법²(敍法) [—뻡] 圓 [언] 문장의 내용에 대한, 화자의 심적 태도를 나타내는 동사의 어형 변화. 의문법·청유법 따위.

서부(西部) 圓 어떤 지역의 서쪽 부분. ↔동부.

서부-극(西部劇) 圓 [영] =서부 활극.

서부^영화(西部映畫) 圓 미국 서부의 카우보이 등의 활약을 주제로 한 영화.

서-부터(西—) '에서부터'의 준말. ¶여기~벽돌을 쌓아라.

서부^활극(西部活劇) 圓 [영] 개척기 미국 서부 지방을 무대로 하여, 개척인의 활약상을 다룬 영화. =서부극.

서북(西北) 圓 서쪽을 기준으로 하여 서쪽과 북쪽 사이의 방위. ↔동남. ▷북서.

서북-쪽(西北—) 圓 '북서쪽'을 전통적 동양식 방위로 이르는 말. ↔동남쪽. ▷북서쪽.

서북-풍(西北風) 圓 '북서풍'을 전통적 동양식 방위로 이르는 말. ↔동남풍. ▷북서풍.

서브(serve) 圓 [체] 탁구·배구·테니스 등에서, 공격 측이 먼저 공을 상대편 코트에 쳐 넣는 일. 또는, 그 공. =서비스. ↔리시브. **서브-하다** 困困

서브-권(serve權) 圓 [체] 탁구·배구·테니스 등에서, 서브를 할 수 있는 권리.

서브타이틀(subtitle) 圓 1=부제(副題). 2=설명자막. ↔메인타이틀.

서비스(service) 圓 1 개인적으로 남을 위하여 여러 가지로 봉사하는 것. 특히, 장사에서 손님을 접대하고 편의를 제공하는 것. ¶~가 좋은 상점. 2 †장사에서, 값을 깎아 주든지 덤을 붙여 주든지 하여 고객에게 이익을 베푸는 것. 3 [체] =서브. 4 =용역(用役). **서비스-하다** 困困

서비스^라인(service line) 圓 테니스에서 서비스 박스의 네트에 평행하는 선.

서비스^박스(service box) 圓 [체] 테니스에서, 서브를 그 안에 넣어야 하는 직사각형의 구획.

서비스-업(service業) 圓 [사] 산업을 크게 분류할 때의 한 분야. 여관 등의 숙박 설비 대여업, 광고업, 자동차 등의 수리업, 영화·연극 등의 흥행업 및 기타 비영리 단체 등이 포함됨.

서비스^에이스(service ace) 圓 [체] 테니스·배구·탁구 등에서, 서브한 공을 상대편이 제대로 받지 못하여 득점하는 일. =에이스.

서빙(serving) 圓 '접대'의 뜻) 음식점·카페 등에서 음식을 나르며 시중을 드는 일. **서빙-하다** 困

서:사¹(序詞) 圓 책 따위의 첫머리에 그 책의 취지나 내용을 적은 글.

서:사²(敍事) 圓 일련의 사실이나 사건 등의 이야기를 언어나 영상 등으로 진술하는 일.

서사³(書士) 圓 대서(代書)나 필사(筆寫)를 직업으로 하는 사람. ¶사법 ~.

서:사-문(敍事文) 圓 일련의 사실이나 사건 등의 이야기를 객관적으로 서술한 글. ▷서정문.

서:사-물(敍事物) 圓 [예] 일련의 사실이나 사건 등의 이야기를 언어나 영상(映像) 등으로 진술한 가공물. 소설·서사시·신화·영화·연극 따위.

서:사-시(敍事詩) 圓 [문] 역사적 사실이나 신화, 전설, 영웅의 사적 등을 묘사한 비교적 긴 시. ▷서정시·극시.

서산(西山) 圓 서쪽에 있는 산. ¶~에 지는 해.

서산-낙일(西山落日) 圓 1 서산에 지는 해. 2 세력·힘 등이 기울어져 멸망하게 된 판국.

서산^대:사(西山大師) 圓 [인] 조선 시대의 승려(1520~1604).

서산-마루(西山—) 圓 서쪽에 있는 산의 꼭대기.

서:-삼촌(庶三寸) 圓 =서숙(庶叔).

서상(瑞相) 圓 상서로운 조짐.

서생(書生) 圓 예전에, 유교 경전을 읽으며 공부하는 사람(특히, 젊은 남자)을 이르던 말. ¶백면(白面)~.

서:-생원(鼠生員) 圓 '쥐'를 의인화해서 속되게 일컫는 말.

서:서-히(徐徐—) 틧 움직임이 느리거나 더디게. ꘋ천천히. ¶차를 ~ 몰다.

서:설¹(序說) 圓 머리말로서의 논설.

서:설²(瑞雪) 圓 상서로운 눈.

서성-거리다/-대다 困困 한곳에 서 있지 않고 서서 왔다 갔다 하다. ¶그는 초조하여 방 안을 **서성거렸다**.

서성-서성 틧 서성거리는 모양. **서성서성-하다** 困困

서성-이다 困困 서서 그저 왔다 갔다 하다. ¶골목길을 ~.

서:수(序數) 圓 [수] 사물의 순서를 나타내는 수.

서:-수사(序數詞) 圓 [언] 차례를 나타내는 수사. 첫째·둘째… 등의 고유어 계통과 제일·제이… 등의 한자어 계통이 있음. ↔양수사.

서:숙(庶叔) 圓 할아버지의 서자(庶子). =서삼촌.

서:술(敍述) 圓 사물의 사정이나 내용 등을 차례를 좇아 기술하는 것. **서:술-하다** 困困 **서:술-되다** 困 ¶요점만 간단하게 **서술되어** 있다.

서:술-격(敍述格) [—껵] 圓 [언] 어떤 체언이 문장에서 서술어의 기능을 가지고 있음을 나타내는 격.

서:술격^조:사(敍述格助詞) [—껵쪼—] 圓 [언] 체언 또는 체언의 명사형 아래에 붙어, 그 말로 하여금 서술어가 되게 하는 조사. '이다' 하나뿐임. 다른 조사와는 달리 '이고', '이나', '이면' 등으로 활용됨.

서술-부(敍述部)【명】〖언〗서술어와 그에 딸린 목적어·보어 및 이들에 딸린 수식어를 아울러 일컫는 말. =술부. ↔주어부.

서술-어(敍述語)【명】〖언〗한 문장에서 주어의 성질·상태·움직임을 서술하는 말. =술어. ↔주어.

서술-절(敍述節)【명】〖언〗서술어가 되는 절. "철수가 눈이 크다."에서 '눈이 크다' 따위.

서스펜디드˚게임(suspended game)【명】〖체〗야구에서, 시간 제한이나 조명의 고장 등에 의하여 시합을 계속할 수 없을 때, 훗날 속행할 것을 조건으로 하여 일시 정지된 시합.

서스펜션(suspension)【명】**1**〖화〗콜로이드 입자의 크기보다 큰 고체 입자가 분산되어 있는 용액. **2** 자동차에서, 차체의 무게를 받쳐 주는 장치.

서스펜스(suspense)【명】영화·드라마·소설 등의 전개가 관객이나 독자에게 주는 불안감과 긴박감. ¶스릴과 ~가 넘치는 액션 영화.

서슬【명】①〖자립〗**1** 쇠붙이 연장이나 유리 조각 등의 날카로운 부분. 또는, 그 부분에 서리는 기운. ¶~이 시퍼런 칼날. **2** 세력이나 기세가 날카롭고 등등한 상태. ¶~이 시퍼런 명문 세가. ②의존('-는 서슬에'의 꼴로 쓰여) 어떤 결과의 원인이 되는 행동이 날카로운 기세로 이뤄지는 상태임을 나타내는 말. ¶미친 듯이 대드는 ~에 겁을 먹고 달아났다.

서슬이 시퍼렇다 '서슬이 푸르다'를 세게 나타내는 말. ¶조선 말 **서슬이 시퍼렇던** 여흥 민씨 세도.

서슬(이) 푸르다 권세·기세 따위가 아주 대단하다.

서슴다[-따]【형】〖자타〗(말이나 행동을 망설이거나 어려워하면서 조심하여 소극적으로 하다. 주로, 부정적인 말과 함께 쓰임. **서슴지** 말고 말해 보아라.

서슴-없다[-엄따]【형】서슴거리는 태도가 없다. 🎯기탄없다. **서슴-이**【부】¶그는 자기가 보고 느낀 바를 ~말했다.

서ː시(序詩)【명】〖문〗긴 시에서 머리말 구실을 하는 부분.

서식(書式)【명】증서·원서·신고서 등을 작성하는 일정한 법식.

서ː식²(棲息)【명】동물이 어떤 곳에 깃들어 사는 것. ¶~처(處). **서ː식-하다**【동】〖자〗

서ː식-지(棲息地)[-찌]【명】동물이 깃들어 사는 곳.

서신(書信)【명】'편지'를 문어적으로 이르는 말. ¶~왕래.

서-아시아(西Asia)【명】〖지〗아시아의 서남부. 아라비아 반도를 포함한 동쪽의 아프가니스탄으로부터 서쪽의 터키까지의 지역임.

서안(西岸)【명】서쪽 연안. ↔동안.

서안(書案)【명】책을 얹는 책상.

서ː약(誓約)【명】맹세하고 약속하는 것. **서ː약-하다**【동】

서ː약-서(誓約書)[-써]【명】서약하는 글. 또는, 그 문서.

서양(西洋)【명】유럽과 아메리카의 지역. 🎯구미(歐美). ¶~문명. ↔동양.

서양-사(西洋史)【명】서양 여러 나라의 역사. ↔동양사.

서양-식(西洋式)【명】서양에서 들어온 양식(樣式)·격식. 🎯양식(洋式).

서양-음악(西洋音樂)【명】〖음〗서양에서 발생하여 발달한 음악. 오페라·오케스트라·실내악 따위. 🎯양악.

서양-인(西洋人)【명】서양 여러 나라의 사람. ↔동양인.

서양-장기(西洋將棋)【명】=체스(chess).

서양-적(西洋的)【관】【명】서양의 특징을 지니고 있는 (것). ↔동양적.

서양-화(西洋畫)【명】〖미〗서양에서 발달된 그림. 유화·수채화·파스텔화·연필화·펜화 따위. ↔동양화.

서양화-가(西洋畫家)【명】서양화 그리는 일을 직업으로 하는 사람. ↔동양화가.

서ː언(序言·緖言)【명】=머리말1.

서ː업(庶孼)【명】서자와 그 자손.

서역(西域)【역】중국의 서방 지역에 있는 여러 나라의 총칭.

서ː열(序列)【명】어떤 기준이나 순서를 따라 늘어섬. 또는, 그 순서. ¶연공~.

서예(書藝)【명】붓을 가지고 한자나 한글을 조형적으로 쓰는 예술.

서예-가(書藝家)【명】서예로 일가를 이룬 사람. 또는, 직업적으로 붓글씨를 쓰는 예술가.

서운-하다【형】마음에 모자라 섭섭한 느낌이 있다. ¶좀 더 놀다 가지, 벌써 떠난다니 **서운하구나**. **서운-히**【부】

서울【명】**1** 한 나라의 중앙 정부가 있는, 가장 중심적인 도시. 🎯도읍·수도. **2** [지] 우리나라의 수도.

[서울 가서 김 서방 찾는다] 무턱대고 막연하게 찾아다닌다.

서울-깍쟁이[-쨍-]【명】시골 사람이 서울 사람의 까다롭고 인색한 모양을 꼬집어 하는 말.

서울-내기[-래-]【명】서울에서 태어나고 자란 사람을 이르는 말. ↔시골내기.

서울-말【명】서울 사람이 쓰는 말. 표준어의 기초가 됨. ▷방언(方言).

서원¹(書院)【명】조선 시대에 선비들이 모여 학문을 강론하거나 훌륭한 선비의 위패를 모셔 놓고 제사하던 곳.

서ː원²(署員)【명】'서(署)'자가 붙은 관서에 근무하는 사람.

서ː원³(誓願)【명】신이나 부처에게 수행이나 신앙상의 목적으로 어떤 일을 하겠다고 맹세하고 약속하는 일. **서ː원-하다**【동】

서-유럽(西Europe)【명】〖지〗유럽 서부의 지역. 곧, 영국·프랑스·독일·오스트리아·네덜란드·스위스 등의 지역을 가리킴. =서구(西歐). ↔동유럽.

서이【부】'셋이'의 잘못.

서인¹(西人)【역】사색당파의 하나. 조선 선조 때 심의겸을 중심으로 한 당파. 또는, 그 당파에 속한 사람. ↔동인.

서ː인²(庶人)【명】=서민1.

서인도˚제도(西印度諸島)【명】〖지〗중앙아메리카의 동부에 있는 한 무리의 섬.

서ː자(庶子)【명】첩에게서 난 아들. ↔적자.

서ː장(署長)【명】'서(署)'자가 붙은 관서의 우두머리. ¶경찰서 ~.

서장-관(書狀官)【명】[역] 조선 시대에 외국에 보내는 사신을 따라가는 임시 벼슬인 기록관(記錄官).

서재(書齋)【명】**1** 책을 갖추어 두고 글을 읽거나 쓰는 방. **2** =글방.

서-재필(徐載弼)【명】【인】독립 운동가(1864

~1951).

서적(書籍) [명] 제품 또는 물체로서의 '책(冊)'을 이르는 말. 또는, 《주로 명사 뒤에 쓰여》 그 명사의 특성을 띤 '책'임을 가리키는 말. ¶외국 ~ / 신간 ~.

서전[1](書典) [명] =책(冊)[1][1]1.

서ː전[2](緖戰) [명] 전쟁이나 시합에서 첫 번째 싸움. ¶~을 승리로 장식하다.

서점(書店) [명] 책을 파는 가게. =서관(書館)·책방. [비]서림.

서ː정[1](抒情·敍情) [명] **1** 자연이나 사물에 접하여 마음속에 일어나는 감정. **2** [문] 문학 장르의 하나. 자아가 세계를 주관적으로 바라보면서 일정한 리듬을 가진 절약된 언어로 표현하는 양식. 시·시조·향가·장가·경기체가 따위가 이에 속함.

서ː정[2](庶政) [명] 여러 가지 방면의 정사(政事). ¶~을 쇄신하다.

서ː정-문(抒情文) [명][문] 작가의 주관적인 감정이나 정서를 표현한 글. ▷서사문.

서ː정-쇄신(庶政刷新) [명] 여러 가지 정치상의 폐단을 말끔히 고쳐 새롭게 함.

서ː정-시(抒情詩) [명][문] 작가의 감정이나 정서를 주관적으로 표현한, 길이가 비교적 짧고 이야기 줄거리가 없는 시. ▷서사시·극시.

서ː정-적(抒情的) [관][명] 서정의 성격을 띤 (것). ¶~인 노래.

서-정주(徐廷柱) [명][인] 시인(1914~2000).

서ː주(序奏) [명][음] 뒤에 나올 중요한 부분의 악곡을 도입하는 준비로서 연주되는 전주(前奏).

서ː주-부(序奏部) [명][음] 악곡의 주요 부분에 들어가기 전에 도입하는 의미로 마련한 부분. 비교적 느린 템포로 연주하며, 교향곡이나 소나타의 머리 부분에 둠. =도입부.

서지[1](書誌) [명] **1** 어떤 인물·제목 등에 관한 문헌 목록. **2** 책이나 문서의 형식이나 체제·성립·전래(傳來) 등에 관한 사실. 또는, 그것을 기술한 것.

서지[2](serge) [명] 무늬가 씨실에 대해 45도로 된 모직물. 학생복 등에 쓰임. ×사지.

서지-학(書誌學) [명] 도서(圖書)를 연구 대상으로 하여 분류·해제(解題)·감정(鑑定) 등을 과학적으로 행하는 학문.

서진[1](西進) [명] 서쪽으로 나아가는 것. ↔동진. **서진-하다** [동][자][여]

서진[2](書鎭) [명] 책장이나 종이쪽이 바람에 날리지 않도록 누르는 물건. =문진.

서-쪽(西-) [명] 해가 지는 쪽의 방향. 또는, 그 지역. =서(西). ↔동쪽.

서쪽에서 해가 뜨다 상대가 예상 밖의 일을 하려고 하거나 하였을 때 놀랍다거나 믿어지지 않는다는 뜻으로 이르는 말.

서찰(書札) [명] '편지'를 예스럽게 이르는 말. ¶친필 ~.

서책(書冊) [명] =책(冊)[1][1]1.

서첩(書帖) [명] 이름난 사람의 글씨를 모아 꾸며 만든 책.

서체(書體) [명] **1** 글씨를 써 놓은 모양. [비]필체. **2** 특히, 붓글씨에서 글씨를 쓰는 일정한 격식이나 양식. 한자에서 해서·행서·초서·예서·전서, 한글에서 궁체 따위. **3** 활자나 인쇄 문자, 컴퓨터 화면의 글자 등의, 자형(字形)의 양식. 명조·송조·청조·고딕 따위. =글씨체.

서ː출(庶出) [명] 첩에게서 태어난 아들과 딸. ↔적출(嫡出).

서치라이트(searchlight) [명] =탐조등.

서캐 [명] 이의 알.

서커스(circus) [명] 마술, 여러 가지 곡예, 어릿광대의 우스갯짓, 동물의 묘기 등을 보여 주는 흥행물.

서클(circle) [명] 같은 이해관계·직업·취미 등에 의하여 결합된 사람들. 또는, 그런 단체. ¶~ 활동.

서클-렌즈(circle lens) [명] 눈동자가 닿는 부분의 가장자리를 검게 처리해 눈동자를 크고 또렷하게 보이도록 해 주는 콘택트렌즈.

서킷(circuit) [명] **1** [물] =전기 회로. **2** 자동차·오토바이 등의 경주용 환상(環狀) 도로.

서킷^브레이커(circuit breaker) [명][경] 주가의 등락 폭이 갑자기 심하게 커질 경우, 시장에 미칠 엄청난 충격을 고려하여 주식 매매를 일시적으로 정지시키는 일.

서^태후(西太后) [명][인] 청나라 함풍제의 황후(1835~1908).

서ː투르다 [형][르] 〈서투르니, 서툴러〉 **1** 일에 익숙하지 못하여 다루기가 설다. ¶**서투른** 솜씨. **2** 앞뒤를 재지 못하고 섣부르다. ¶**서투른** 수작 하지 마라. [준]서툴다.

[**서투른 무당이 장구만 나무란다**] 기술이 부족한 사람이 자기 능력은 모르고 도구만 나쁘다고 탓한다.

서ː툴다 [형] 〈서투니, 서툰〉 '서투르다'의 준말. ¶비록 **서툴지만** 정성을 들인 작품.

서편(西便) [명] 서쪽 편. ↔동편.

서편-제(西便制) [명][음] 판소리에서, 조선 말기의 명창 박유전의 법제를 이어받은 유파. 발성을 가볍게 하며 소리의 꼬리를 길게 늘이는 특징을 보임. 전라도의 서남 지역에서 성함. ▷동편제·중고제.

서평(書評) [명] 책 내용에 대한 평. ¶신간(新刊) ~.

서포터(supporter) [명] ['지지자', '원조자'의 뜻] **1** 등산에서, 수송·취사·경계·연락 등의 임무를 맡은 지원대. **2** 특정 운동 팀을 지지하는 사람.

서표(書標) [명] 책 읽던 곳을 쉽게 찾을 수 있도록 책장 사이에 끼워 두는 종이 오리. [비]책갈피.

서ː-푼 [명] ['한 푼짜리 엽전 세 개'라는 뜻] 아주 보잘것없는 것.

서ː푼-어치 [명] =서푼짜리. ¶~도 안 되는 물건.

서ː푼-짜리 [명] 값어치가 서 푼밖에 안 된다는 뜻으로, 아주 보잘것없는 대상을 이르는 말. =서푼어치. ¶~ 소설.

서ː품(敍品) [명][가] 안수에 의하여 주교·사제·부제를 임명하는 일. ¶~식(式).

서풍(西風) [명] 서쪽에서 불어오는 바람. ↔동풍. ▷하늬바람.

서핑(surfing) [명] **1** =파도타기. **2** [음] 미국에서 생긴 재즈의 하나. **3** [컴] =웹 서핑. ¶인터넷 ~.

서하(西夏) [명][역] 중국의 한 왕조(1032~1227). 이원호가 지금의 간쑤 성(甘肅省)에서 내몽골에 걸쳐 세웠음.

서학(西學) [명] **1** 서양의 학문. [비]신학. **2** 조선 시대에 '천주교'를 이르던 말.

서한(書翰) [명] 편지 가운데 특히 공식적인 편지를 이르는 말. ¶대통령께 보내는 공개 ~.

서한-문(書翰文) [명][문] 편지에 쓰이는 문체. 또는, 그런 문체로 쓴 글. =서간문.
서한^문학(書翰文學) [문] 서간체 형식으로 쓰인 문학. '젊은 베르테르의 슬픔'이 그 대표적 작품임.
서해(西海) 1 서쪽에 있는 바다. 2 [지] 우리나라 '황해(黃海)'를 이르는 말. ↔동해.
서해-안(西海岸) 서해의 해안.
서'행(徐行) (자동차·열차 등이) 느린 속도로 가는 것. ¶제차(諸車) ~. **서'행-하다** ¶눈이 내리자 차들이 서행하기 시작했다.
서향(西向) 서쪽을 향하는 것. 또는, 그 방향. ↔동향. **서향-하다**
서'혜(鼠蹊) [-헤/-혜] '샅'을 전문적으로 이르는 말.
서'혜-부(鼠蹊部) [-헤/-혜-] [생] 불두덩 옆에 오목하게 된 곳.
서화(書畵) 글씨와 그림. ¶~ 전시회.
서화-가(書畵家) 글씨와 그림을 잘하는 사람. 또는, 그것을 직업으로 하는 사람.
서화-상(書畵商) 그림과 글씨를 전문으로 사고파는 장사. 또는, 그 사람.
서화-첩(書畵帖) 글씨와 그림을 모아 엮은 책.
서-희(徐熙) [-히] [인] 고려 시대의 문신·외교가(942~998).
석[1] 「냥, 되, 섬, 자, 달, 대, 잔, 장, 판」 등의 단위성 의존 명사 앞에 쓰이어 수량이 '셋'임을 나타내는 말. ¶엽전 ~ 냥/술 ~ 잔. ▷서·세.
석[2] 1 칼이나 가위로 종이나 헝겊 등을 단숨에 베거나서 써는 모양. 또는, 그 소리. 2 거침없이 밀거나 쓸어 나가는 모양. 3 조금도 남김없이 모두. 작삭. 센석.
석[3] (石) 의존 '섬'[2]. ¶공양미 삼 백 ~.
석[4] (席) 의존 '좌석'을 세는 단위로 이르는 말. ¶오백 ~을 갖춘 강당.
-석[5] (席) 접미 명사 뒤에 붙어, '자리'의 뜻을 나타내는 말. ¶경로~ / 내빈~.
석가(釋迦) [-까] ('능력 있는 자'라는 뜻) 1 고대 인도의 크샤트리아 계급에 속하는 종족의 하나. 석가모니도 이 종족에 속함. 2 [불] '석가모니'의 준말.
석가-모니(釋迦牟尼) [-까-] [불] 불교의 개조(624?~544? B.C.). 네팔의 룸비니에서 태어나 29세에 출가하여 득도했으며, 그 뒤 인도 각지를 돌아다니며 설법하다가 80세에 입적함. ⓒ석가.
석가모니-불(釋迦牟尼佛) [-까-] [불] 부처로서의 모시는 석가모니.
석가모니-여래(釋迦牟尼如來) [-까-] [불] '석가모니'를 신성하게 이르는 말. ⓒ석가여래.
석가-세존(釋迦世尊) [-까-] [불] '석가모니'를 높이어 이르는 말. ⓒ세존.
석가-여래(釋迦如來) [-까-] [불] '석가모니여래'의 준말.
석가^탄신일(釋迦誕辰日) [-까-] [불] =부처님 오신 날.
석가-탑(釋迦塔) [-까-] [불] 석가의 치아·머리털·사리 등을 모셔 둔 탑.
석각(石刻) [-깍] 돌에 글이나 글씨를 새기는 일. 또는, 그 조각품. ▷목각. **석각-하다**
석간(石刊) [-깐] '석간신문'의 준말. ↔조간.
석간-수(石間水) [-깐-] 바위틈에서 흘러나오는 샘물.

석물 __643

석간-신문(夕刊新聞) [-깐-] 저녁때에 발행하는 신문. ⓒ석간. ↔조간신문.
석감(石龕) [-깜] [불] 불상을 모셔 두는, 돌로 만든 방.
석고(石膏) [-꼬] [광] 황산칼슘과 물을 주성분으로 한 광물. 무색 또는 백색의 결정이며, 가열하여 소석고를 만듦. 분필·시멘트·조각 재료 등에 사용함.
석고-대죄(席藁待罪) [-꼬-죄/-꼬-줴] 거적을 깔고 엎드려 처벌을 기다림. **석고대죄-하다**
석고-상(石膏像) [-꼬-] 석고로 만든 초상(肖像).
석공(石工) [-꽁] 1 =석수(石手)'. 2 '석공업'의 준말.
석공-업(石工業) [-꽁-] 돌·콘크리트·벽돌 등을 다루는 직업. ⓒ석공.
석곽-묘(石槨墓) [-꽉-] [고고] =돌덧널무덤.
석관(石棺) [-꽌] =돌널.
석교(石橋) [-꾜] =돌다리.
석굴(石窟) [-꿀] 바위에 뚫린 굴.
석궁(石弓) [-꿍] 그 사기. 1 고대 중국의 무기의 하나. 용수철을 사용하여 돌을 발사하는 대형의 활. 2 소총과 같이 생긴 몸체에 활을 부착하고 방아쇠를 당겨 화살을 발사하는 무기.
석권(席卷·席捲) [-꿘] ('돗자리를 만다는 뜻) (넓은 세력 범위를) 거침없이 기세로 우뚝나 정상을 차지하는 것. **석권-하다** ¶수영에서 전 종목을 ~.
석기(石器) [-끼] 돌로 만든 도구. 특히, 선사 시대에 만들어진 석제(石製)의 유물.
석기^시대(石器時代) [-끼-] [역] 인류 문명의 발달 단계에서 돌을 이용하여 도구를 만들어 쓰던 시대. 구석기 시대와 신석기 시대로 나뉨.
석녀(石女) [성-] 생식 기관 등의 이상으로 아이를 낳지 못하는 여자.
석대(石臺) [-때] 돌을 쌓아 만든 밑받침.
석두(石頭) [-뚜] =돌대가리.
석등(石燈) [-뚱] 절이나 능묘 둥지에 세우는, 돌로 만든 등. ▷장명등.
석류(石榴) [성뉴] 석류나무의 열매. 익으면 껍질이 저절로 터지고, 신맛이 나는 씨알을 날로 먹음.
석류-나무(石榴-) [성뉴-] [식] 5~6월에 짙은 붉은색 꽃이 피고, 가을에 열매인 석류가 주홍색으로 익는 낙엽 활엽 교목. 열매는 익으면 껍질이 저절로 터지면서 씨가 드러남.
석면(石綿) [성-] [광] 사문석 또는 각섬석이 섬유질로 변한 광물. 광택이 나며 열과 전기가 잘 통하지 않으므로, 방열·방화재로 쓰임.
석명(釋明) [성-] (어떤 사실을) 해명하여 확실하게 밝히는 것. **석명-하다** ¶그는 검찰에 출두하여 자신의 억울함을 석명하겠다는 입장을 밝혔다.
석명-서(釋明書) [성-] 어떤 사실을 해명하여 확실하게 밝히는 글. ¶윤 의원은 자신의 행동에 대한 ~를 당 지도부에 제출했다.
석문(石文) [성-] 비석·벽돌·기와 위에 새긴 문.
석문[2] (石門) [성-] 돌로 만든 문.
석물(石物) [성-] 무덤 앞에 돌로 만들

석방(釋放) [-빵] 圄 〖법〗 (구속되어 있거나 형을 살고 있는 사람을) 법에 따라 풀어 자유롭게 하는 것. ⓑ방면. ¶무죄 ~. **석방-하다** 图<타여> ¶포로를 ~. **석방-되다** 图<자>

석-벌(石-) [-뻘] 圄 바위틈에 집을 짓고 사는 벌. 이 벌이 친 꿀을 '석청(石淸)'이라고 함.

석벽(石壁) [-뼉] 圄 돌로 쌓은 담이나 벽.

석별(惜別) [-뼐] 圄 아쉬운 이별. 또는, 이별을 아쉬워하는 것. ¶오랜 친구들과 ~의 정을 나누다. **석별-하다** 图<자여>

석불(石佛) [-뿔] 圄 =돌부처1.

석비(石碑) [-삐] 圄 =돌비.

석-빙고(石氷庫) [-삥-] 圄 〖역〗 경상북도 경주에 있는, 신라 때부터 얼음을 넣어 두던 창고.

석사(碩士) [-싸] 圄 ① 학위의 하나. 학사의 학위를 가진 사람으로서 대학원 과정을 마치고 논문이 통과된 사람에게 수여하는 학위. 또는, 그 학위를 받은 사람. ¶~ 과정. ▷박사·학사.

석!-삼년(三年) [-쌈-] 圄 여러 해 또는 오랜 시일을 이르는 말. ¶그렇게 하다가는 ~이 걸려도 끝나지 않겠다.

석상¹(石像) [-쌍] 圄 돌로 만든, 사람이나 동물의 형상.

석상²(席上) [-쌍] 圄 여러 사람이 모인 자리. ¶회의 ~.

석석 [-썩] 囝 **1** 칼이나 가위 따위로 종이·피륙 등을 거침없이 베거나 써는 모양. 또는, 그 소리. ¶두꺼운 천을 ~ 자르다. **2** 거침없이 가볍게 비비거나 쓸거나 하는 모양. 또는, 그 소리. ¶~ 문지르다. <작>싹싹. <센>썩썩.

석-쇠(-쇠) 圄 고기 따위를 굽는 기구. 굵은 쇠 테두리에 가는 철사나 구리 선 따위로 잘게 그물처럼 엮어 네모지거나 둥글게 만듦.

석수¹(石手) [-쑤] 圄 돌을 정 따위로 쪼거나 하여 어떤 형상을 빚거나 도구를 만드는 일을 직업으로 하는 사람. ⓑ석공.

석수²(石獸) [-쑤] 圄 무덤 속이나 둘레에 세우는, 돌로 만든 짐승의 형상.

석순(石筍) [-쑨] 圄 〖광〗 종유굴 안의 천장에 있는 종유석에서 떨어진 탄산석회의 용액이 굳어 죽순 모양으로 된 돌기물.

석식(夕食) [-씩] 圄 =저녁밥.

석실(石室) [-씰] 圄 돌방.

석실-분(石室墳) [-씰-] 圄〖고고〗 =돌방무덤.

석양(夕陽) 1 저물녘의 해. 또는, 그 햇빛. ⓑ낙조·사양(斜陽). ¶~에 타는 노을. **2** 해가 저물 무렵. **3** 노년(老年)의 시기를 비유하여 이르는 말. ⓑ황혼.

석양-빛(夕陽-) [-뼏] 圄 저녁때의 햇빛.

석연-하다(釋然-) 형여 (주로, 부정(否定)을 나타내는 말과 함께 쓰이어) 어떤 일에 대한 의문이나 의심이 깨끗이 풀려 시원스럽다. ¶**석연치** 않은 태도.

석영(石英) 圄 이산화규소로 이루어진 육방 정계의 광물. 순수한 것은 무색투명하며 수정이라고 함. 광학 기기·유리·도자(陶瓷)의 재료로 쓰임. ⓑ차돌.

석유(石油) 圄 〖광〗 천연으로 지하에서 산출되는 액체 탄화수소. 또는, 그것을 정제하여 얻은 물질. 천연 그대로의 것은 원유라 하고, 정제한 것은 정유라고 함. 연료와 화학 공업의 원료로 쓰임.

석유-난로(石油暖爐) [-날-] 圄 등유를 사용하는 난로.

석유^수출국^기구(石油輸出國機構) [-끼-] 圄 석유 가격 안정과 생산량 조정을 목적으로, 산유국 회의에서 결성된 기구. ⓑ오펙(OPEC).

석유-통(石油桶) 圄 석유를 담는 통. 흔히 플라스틱이나 양철로 만듦.

석이(石耳·石栮) 圄〖식〗깊은 산속 바위에 붙어 자라며, 몸이 편평한 원반형으로 표면이 번들번들하고 잿빛인 버섯. 식용함. =석이버섯.

석이-버섯(石耳-) [-섣] 圄 =석이.

석인(石人) 圄 능(陵) 앞에 세우는, 돌로 만든 사람의 형상. 문인석·무인석 따위.

석장(錫杖) [-짱] 圄 승려가 짚고 다니는 지팡이. 윗부분에 여러 개의 고리가 달려 있어 움직일 때마다 소리가 남.

석-장승(石-) [-짱-] 圄〖민〗 돌로 된 장승.

석재(石材) [-째] 圄 토목·건축 및 그 밖의 석기 제작의 재료로 쓰이는 돌.

석전(石戰) [-쩐] 圄〖민〗 =석전놀이. **석전-하다** 图<자여>

석전-놀이(石戰-) [-쩐-] 圄〖민〗 음력 정월 대보름날 같은 날 남자들이 편을 나누어 서로 돌팔매질을 하여 승부를 가리던 놀이. =석전.

석정(石井) [-쩡] 圄 벽을 돌로 쌓은 우물.

석조(石造) [-쪼] 圄 돌로 물건을 만드는 일. 또는, 그 물건. ¶~ 건물.

석좌^교수(碩座敎授) [-쫘-] 圄 기업이나 개인이 기부한 기금으로 계속적인 연구를 하도록 대학에서 지정한 교수.

석주(石柱) [-쭈] 圄 돌로 만든 기둥. ⓑ돌기둥.

석-주명(石宙明) [-쭈-] 圄〖인〗 생물학자 (1908~1950).

석죽(石竹) [-쭉] 圄〖식〗 =패랭이꽃.

석질(石質) [-찔] 圄 돌의 본바탕이나 성질.

석차(席次) 圄 성적의 차례.

석청(石淸) 圄 석벌이 산속 나무나 돌 사이에 집을 짓고 쌓아 놓은 꿀. 꿀 중에 상품(上品)으로 침.

석총(石塚) 圄 돌을 쌓아 올려 만든 무덤. 만주 지안 현(集安縣) 일대의 고구려 고분 등이 그 대표적인 것임. =돌무덤.

석축(石築) 圄 〖건〗 돌로 쌓아 만든 옹벽.

석출(析出) 圄 〖화〗 액체 상태의 물질에서 고체를 분리해 내거나, 화합물을 분해하여 어떤 물질을 분리해 내는 것. **석출-하다** 图<타여> **석출-되다** 图<자>

석탄(石炭) 圄〖광〗 태고 때의 식물이 땅속에 묻힌 후 오랜 세월에 걸쳐 땅의 열과 압력을 받아 생성된 흑색 또는 갈색의 가연성(可燃性)의 퇴적암. 연료와 화학 공업의 원료가 됨. ⓒ탄.

석탄-기(石炭紀) [-끼] 圄〖지〗 고생대 중에서 데본기의 뒤, 페름기 앞의 기. 곤충류·양서류 등이 나타나고 양치식물이 번성함.

석탄-층(石炭層) 圄〖광〗 =탄층.

석탑(石塔) 圄 돌로 쌓은 탑. ⓑ돌탑.

석판(石板) 圄 돌로 넓고 얇게 깎아 만든 판. 그 위에 석필로 글씨를 씀.

석판^인쇄(石版印刷) [-출] 圄 석판에 글씨를 쓰거나 그림을 그리고 약품 처리를 하

석판-화(石版畵)[서콰][명] 물과 기름이 섞이지 않는 성질을 이용하여, 석판에 그림을 그려 찍어 내는 판화.

석필(石筆)[서콰][명] 납석(蠟石) 따위를 납작한 연필 모양으로 만들어서 석판에 글씨·그림을 그리는 데 쓰는 문방구.

석학(碩學)[서칵][명] 학문이 아주 깊은 경지에 이른 사람을 우러르는 뜻에서 이르는 말.

석현(昔賢)[서켠][명] 옛 현인.

석호¹(石虎)[서코][명] 왕릉 주위에 세우는, 돌로 만든 호랑이의 형상.

석호²(潟湖)[서코][지] 사취·사주·삼각주 등에 의하여 외해(外海)와 분리되어 생긴 호수.

석화¹(石化)[서콰][생] 생물의 유해(遺骸)가 땅속에 묻혀 있는 동안에, 규산이나 탄산칼슘 등이 각 조직 사이에 침투하여 화석이 되는 것. **석화-하다**[자연]

석화²(石花)[서콰][동]=굴¹.

석회(石灰)[서쾨/서퀘][화] 석회석을 불에 태워 얻는 생석회와 여기에 물을 가하여 얻는 소석회의 총칭. 흰색의 가루로, 회반죽이나 모르타르 또는 석고의 원료로 쓰임. ⓒ회.

석회^동^굴(石灰洞窟)[서쾨-/서퀘-][명][지] 카르스트 지형의 하나. 석회암 지대가 지하수의 용해 작용을 받아서 생긴 동굴. =종유굴.

석회-분(石灰分)[서쾨-/서퀘-][명] 석회의 성분.

석회-석(石灰石)[서쾨-/서퀘-][광] =석회암.

석회-암(石灰巖·石灰岩)[서쾨-/서퀘-][명] 탄산칼슘을 주성분으로 하는 퇴적암. 시멘트 원료·석회·비료 원료로 쓰임. =석회석.

석회-질(石灰質)[서쾨-/서퀘-][명] 석회 성분을 주로 가진 물질.

섞-갈리다[석깔-][자] 갈피를 잡지 못하게 여러 가지가 한데 뒤섞이다. ¶정신이 ~.

섞다[석따][타] 1 (어떤 물질에 다른 물질을) 넣은 뒤 젓거나 이리저리 뒤집거나 하여 고루 섞이는 상태가 되게 하다. 또는, (여럿의 대상에 어떤 대상을, 또는 둘 이상의 대상을) 함께 뒤섞이어 들어 있게 하다. ¶쌀에 잡곡을 **섞어** 밥을 짓다. 2 (어떤 말이나 행동에 다른 말이나 행동을) 함께 나타내다. ¶제스처를 **섞어** 가며 말하다.

섞박-지[석빡찌][명] 절인 배추와 무를 넓적하게 썰고 파·마늘·생강·고춧가루·조기젓국으로 버무려 담근 김치.

섞어-짓기[-진끼][명][농] 한곳에 두 가지 이상의 작물을 심기.

섞어-찌개[명] 고기와 여러 가지 야채를 섞어서 끓인 찌개.

섞-이다[석끼-][자] '섞다'의 피동사. ¶쌀에 뉘와 돌이 ~.

섟[석][명] 서슬에 불끈 일어나는 노염거나 좋지 않은 감정. ¶말 한마디에 ~이 풀어지다.

선¹(先)[명] 결혼을 앞둔 남녀나 그 부모 등이 상대가 되는 사람이 배우자로서 마땅한지 어떤지 직접 만나거나 간접으로 살펴 알아보는 일.

선-¹[접투] '익숙하지 못한', '격에 맞지 않아 서툰', '덜 된'의 뜻을 나타내는 말. ¶~무당/~잠.

선³(先)[명] 1 바둑·장기 따위를 시작할 때 상대편보다 먼저 두는 일. 또는, 그 사람. 2 화투를 칠 때, 패를 돌라 주고 먼저 패를 떼는 사람.

선⁴(善)[명] 착하고 올발라 도덕적 기준에 맞는 것. ↔악(惡).

선⁵(線)[명] 1 일정한 면 위에, 필기도구 따위로 그리거나 인쇄 등의 방법으로 찍거나 하여, 가늘고 길게 이어서 된 흔적. ⓑ줄·금. 2 어떤 수치나 정도를 기준으로 한 한도나 한계. ¶주가가 900~이 무너지다. 3 어떤 ель을 하는 수단이 되는 어떤 인물이나 단체와 맺고 있는 관계. ¶고위층에~이 닿다. 4 전기나 전화 등이 주된 것으로부터 이어지는 상태. ¶~이 끊어져서 전화가 불통이다. 5 미적(美的) 대상으로서의, 물체의 윤곽. ¶~이 아름다운 한복. 6 [수] 한 점이 연속적으로 움직여 이루어진 자취. 직선·곡선 따위.

선을 긋다 사물을 구별하어 이것과 저것으로 가르다. ¶이 문제는 여기서 분명히 **선을 긋고** 나가는 것이 좋다.

선을 넘다 (부부가 아닌 남녀가) 성관계를 맺다. ¶넘어서는 안 될 ~.

선을 대다 연계를 가지다.

선이 굵다 1 생김새가 크고 투박하다. ¶**선이 굵은** 얼굴. 2 성격이 잘지 않고 통이 크다.

선¹⁶(選)[명] 시험이나 심사에 든 사람을 이르는 말. ¶~에 들다.

선¹⁷(膳)[명] 호박·오이·가지·배추·두부 등의 식물성 식품에 소를 넣어 만든 찜 요리의 하나.

선⁸(禪)[불] 1 마음을 가다듬고 정신을 통일하여 무아 정적(無我靜寂)의 경지에 몰입하는 일. ⓑ선정(禪定). 2 '좌선(坐禪)'의 준말.

선-⁹(先)[접투] 1 '돌아간'의 뜻을 나타내는 말. ¶~대왕/~대부인. 2 '앞선', '먼저'의 뜻을 나타내는 말. ¶~이자/~보름.

-선¹⁰(船)[접투] '배'의 뜻을 나타내는 말. ¶여객~/화물~/유람~.

-선¹¹(線)[접투] 철도나 항공 등의 노선임을 가리키는 말. ¶경부~/국제~.

-선¹²(選)[접투] 1 일부 명사나 수 뒤에 붙어, 명사가 나타내는 대상을 수가 나타내는 개수만큼 골라 뽑은 것임을 나타내는 말. ¶수필~/명시 100~. 2 3 이상의 수 뒤에 붙어, 그 횟수만큼 선출됨을 나타내는 말. ¶3~ 의원.

선가(禪家)[명] 참선하는 승려.

선각(先覺)[명] 1 (사물의 변천, 앞으로 다가올 일 등을) 남보다 앞서서 깨닫는 것. 2 '선각자'의 준말. **선각-하다**[타여]

선각-자(先覺者)[-짜][명] 시대의 변화나 앞날의 일을 남보다 앞서서 깨닫고 사회적으로 훌륭한 일을 했거나 하려고 한 사람. ⓒ선각.

선거¹(船渠)[명][건] 선박의 건조나 수리, 또는 하물을 싣고 부리기 위한 설비. =독(dock).

선거²(選擧)[명] 어떤 조직이나 집단의 대표자 등을 뽑기 위해 그 구성원이 투표와 같은 일정한 절차를 밟는 일. ¶공명 ~. **선거-하다**[타여]

선거^공약(選擧公約)[명] 선거 때에 정당이나 입후보자가 공중 앞에 제시하는, 당선 후 피 나갈 시책에 관한 공적인 약속.
선:거^관리^위원회(選擧管理委員會) [-괄-회/-괄-홰] [명] [법] 선거와 국민 투표의 공정한 관리 및 정당에 관한 사무를 관장하는 기관. ㉠선관위.
선:거-구(選擧區) [명] [정] 의원을 선출하는 단위로서, 전국을 지역적으로 구분한 구역. [=대구.
선:거-권(選擧權) [-꿘] [명] [법] 선거에 참여하여 투표할 수 있는 권리.
선:거-법(選擧法) [-뻡] [명] [법] 각종 선거에 관한 법률.
선:거^사:범(選擧事犯) [명] [법] 각종 선거법에 저촉되거나, 선거법을 위반함으로써 성립되는 범죄. 또는, 그 범인.
선:거-인(選擧人) [명] [법] 선거권을 가진 사람. ⓑ유권자.
선:거-일(選擧日) [명] 선거를 하는 날.
선:거-전(選擧戰) [명] 선거에 입후보한 사람들이 당선되기 위해 벌이는 경쟁.
선-걸음 [명] 이미 내디디 걷고 있는 그대로의 걸음. 또는, 이왕 내디딘 걸음. ¶앉은 ~에 일어서오너라.
선견(先見) [명] 닥쳐올 일을 미리 내다보고 아는. ¶~이 있는 사람.
선견-자(先見者) [명] 1 앞날의 일을 미리 짐작하는 사람. 2 =선지자1.
선견지명(先見之明) [명] 닥쳐올 일을 미리 짐작하는 밝은 지혜.
선결(先決) [명] 다른 문제보다 앞서 해결하는 것. ¶~ 과제. **선결-하다** [동][타][여]
선결-되다 [동][자]
선경(仙境) [명] 1 신선이 산다는 곳. =선계(仙界). 2 경치가 신비스럽고 그윽한 곳.
선계(仙界) [-계/-계] [명] =선경1. ↔속계(俗界).
선고(宣告) [명] 1 선언하여 널리 알리는 것. 2 [법] 공판정에서 재판의 판결을 알리는 일. **선고-하다** [동][타][여] ¶무죄를 ~. **선고-되다** [동][자]
선고-형(宣告刑) [명] [법] 법정형의 범위 안에서 법관이 형량을 정하여 선고하는 형. ▷법정형.
선:곡(選曲) [명] (부르거나 연주하거나 들려주거나 할 노래나 곡을) 고르는 일. **선:곡-하다** [동][타][여]
선공(先攻) [명] [체] 운동 경기 등에서, 먼저 공격하는 것. 또는, 그 편쪽. ¶상대 팀의 ~으로 경기가 시작되었다.
선:과(善果) [명] [불] 좋은 과보(果報). 또는, 착한 일에 대한 갚음. ↔악과.
선:관위(選管委) [명] '선거 관리 위원회'의 준말.
선:광(選鑛) [명] [광] 캐낸 광석의 품질을 높이기 위하여 잡된 것을 가려내는 일. **선:광-하다** [동][타][여]
선교¹(宣敎) [명] 종교를 전도하여 널리 펴는 것. 특히, 크리스트교에서 널리 쓰는 말임. ▷포교. **선교-하다** [동][자][타][여]
선교²(船橋) [명] 1 =배다리. 2 선장이 항해·통신 따위를 지휘하는, 상갑판에 높게 잡은 자리.
선교³(禪敎) [명] 선종과 교종.
선교-사(宣敎師) [명] 1 [종] 종교를 널리 전도하는 사람. 2 [기] 외국에 파견되어 기독교의 전도에 종사하는 사람.
선구¹(先驅) [명] '선구자'의 준말.
선:구²(選球) [명] [체] 야구에서, 타자가 투수가 던진 공이 스트라이크인지 불인지
가려내는 것. **선:구-하다** [동][자][여]
선:구-안(選球眼) [명] [체] 야구에서, 타자가 투수가 던진 공이 스트라이크인지 볼인지 가려내는 능력.
선구-자(先驅者) [명] 어떤 일이나 사상에서 그 시대의 다른 사람보다 앞선 사람. ¶우리말 연구의 ~. ㉠선구.
선구-적(先驅的) [관][명] 시대의 맨 앞에서는 (것). ¶~ 역할을 하다.
선:국(選局) [명] 수신기를 조절하여 방송국을 고르는 것. **선:국-하다** [동][자][여]
선글라스(←sunglasses) [명] 주로 야외에서 강한 햇빛으로 눈이 부실 때 눈을 보호하기 위해 쓰는, 렌즈에 색이 들어간 안경. ⓑ색안경.
선금(先金) [명] 물건 값이나 품삯 등의 지불 기한이 되기 전에 그 전부나 일부를 먼저 치르는 돈.
선급(船級) [명] '선박 급수'의 준말.
선남-선녀(善男善女) [명] 선량한 보통 사람들. 특히, 미혼의 젊은 남녀를 가리킴.
선납(先納) [명] 기한 전에 미리 돈을 내는 것. ⓑ예납(豫納). **선납-하다** [동][타][여]
선내(船內) [명] 배의 안.
선녀(仙女) [명] 선경(仙境)에 사는 여자 신선. ¶천상의 ~.
선다-님 [명] '선달'을 높여 이르는 말.
선:다-형(選多型) [명] [교] 객관식 시험 문제 형식의 하나. 세 개 이상의 항목 중에서 정답 또는 가장 적당한 항을 고르는 형식. ¶사지(四肢) ~.
선단¹(仙丹) [명] 신선이 만든다는 장생불사의 영약. =선약(仙藥).
선단²(先端) [명] 앞쪽의 끝.
선단³(船團) [명] 배를 함께 공동으로 하는 배의 무리. ¶해상에서 조업을 하는 ~.
선단-식(船團式) [명] 재벌이 규모의 확장을 꾀하여 여러 기업을 거느리고 운영하는 방식. 비유적인 말임. ¶~ 부실 경영.
선달(先達) [명] [역] 문무과에 급제했으나 아직 벼슬을 받지 못한 사람. ¶봉이 김 ~.
선대(先代) [명] 조상의 세대. ¶~로부터 물려받은 문화유산. ↔후대.
선-대왕(先大王) [명] 죽은 전왕(前王)을 높여 이르는 말.
선-대칭(線對稱) [명] [수] 도형 중의 서로 대응하는 어느 두 점을 연결하는 직선이 모두 주어진 직선에 의하여 수직으로 2등분되는 위치 관계. ▷면대칭·점대칭.
선:덕^여왕(善德女王) [-덩녀-] [명] [인] 신라의 제27대 왕(?~647).
선:도¹(先渡) [명] 거래 매매에서, 계약 후 일정 기한이 지난 뒤 화물을 인도하는 일.
선도²(先導) [명] 앞에 서서 인도하는 것. ¶~하는 (者). **선도-하다** [동][타][여]
선:도³(善導) [명] (어떤 사람을) 올바른 행동을 하도록 이끄는 것. ¶청소년 ~에 앞장서다. **선:도-하다** [동][타][여]
선도⁴(鮮度) [명] 채소·고기·생선 따위의 신선한 정도.
선도-적(先導的) [관][명] 앞에 서서 인도하는 (것). ¶~ 역할.
선-돌 [명] [고고] 신석기 시대의 거석 기념물의 하나. 커다란 자연석을 수직으로 세워 놓은 것으로, 묘비 따위는 주술적인 것으로 짐작됨. =입석·멘히르.
선동(煽動) [명] (사람을) 언동이나 문서 등으로 부추겨 좋지 않은 일을 하게 하거나

그런 일에 동조하게 하는 것. [비]충동질. ¶~자(者). **선동-하다** [동][타][여] ¶대중을 ~. **선동-되다** [동][자]
선동-가(煽動家) [명] 군중의 감정을 부추겨 그들로 하여금 좋지 않은 일을 하게 하는 사람.
선동-적(煽動的) [관][명] 남을 부추겨 좋지 않은 일을 하게 하거나 그런 일에 동조하게 하는 (것). ¶~인 언동.
선두¹(先頭) [명] 맨 앞. ¶~를 고수하다.
선두²(船頭) [명] =이물¹. ↔선미(船尾).
선득 [부] 갑자기 놀라거나 찬 느낌을 받는 모양. ¶~ 한기가 들다. [센]선뜩. **선득-하다** [형][여]
선득-거리다/-대다[-꺼(때)-] [동][자] 선득한 느낌이 자꾸 들다. [센]선뜩거리다.
선득-선득[-썬-] [부] 선득거리는 모양. [센]선뜩선뜩. **선득선득-하다** [동][자][형][여]
선들-바람 [명] 시원하고 가볍게 부는 바람. [작]산들바람.
선뜩 [부] '선득'의 센말. **선뜩-하다** [형][여]
선뜩-거리다/-대다[-꺼(때)-] [동][자] '선득거리다'의 센말.
선뜩-선뜩[-썬-] [부] '선득선득'의 센말. **선뜩선뜩-하다** [동][자][형][여] ¶요사이 아침 저녁에는 제법 ~.
선뜻[-뜯] [부] 가볍고 빠르고 시원스럽게. ¶마음이 ~ 내키지 않는다.
선뜻-하다[-뜨타-] [형][여] 깨끗하고 시원하다. [작]산뜻하다.
선ː량(選良)[설-] [명] **1** 뛰어난 인물을 뽑는 것. 또는, 선출된 인물. **2** '국회의원'의 별칭.
선ː량-하다(善良-)[설-] [형][여] (사람이) 법이나 도덕에 어긋남이 없이 바르게 살아가는 상태에 있다. ¶**선량한** 시민. ↔불량하다.
선례(先例)[설-] [명] =전례(前例)³. ¶~에 따르다.
선로¹(船路)[설-] [명] 배가 다니는, 바다의 일정한 통로. [비]뱃길.
선로²(線路)[설-] [명] **1** 열차나 전차가 다닐 수 있게 긴 쇠를 두 줄로 나란하게 놓은 통로. [비]레일·궤도·철로. ¶~ 이탈. **2** 송전선·전신선 등 옥외의 유선 전기 회로. ¶~ 고장.
선루프(sunroof) [명] 빛이나 공기가 차 안으로 들어올 수 있게 승용차의 천장에 낸, 여닫을 수 있게 된 창.
선ː린(善隣)[설-] [명] 이웃이나 이웃 나라와 사이좋게 지내는 것. 또는, 그런 이웃. ¶~ 정책 / ~ 외교.
선ː망(羨望) [명] (어떤 사람이나 직업이나 대상을) 부러워하여 그렇게 되기를 바라거나, 누리기를 꿈꾸는 것. ¶~의 대상이 되다. **선ː망-하다** [동][타][여]
선ː-머슴 [명] 차분하지 못하고 몹시 덜렁거리는 사내아이.
선명-하다(鮮明-) [형][여] (어떤 대상이) 또렷하여 분명하게 알 수 있거나 느껴지는 상태에 있다. ¶기억이 ~. **선명-히** [부] ¶안개가 걷히자 산봉우리가 ~ 드러났다.
선묘(線描) [명] 선만으로 그리는 것. **선묘-하다** [동][타][여]
선ː-무당 [명][민] 서투르고 미숙한 무당. [**선무당이 사람 잡는다**] 미숙한 사람이 잘하는 체하다가 일을 그르쳐 놓는다.
선문(禪門) [명][불] **1** =선종(禪宗)². **2** =불가(佛家)².
선-문답(禪問答) [명] **1** [불] 참선하는 사람들끼리 진리를 찾기 위해 묻고 답하는 대화. **2** 진의를 알기 어려운 알쏭달쏭한 말을 하거나 주고받는 일. 또는, 그 말. ¶그는 기자들의 질문에 ~만 늘어놓았다.
선물¹(先物) [명][경] 장래의 일정한 시기에 현품을 넘겨줄 조건으로 매매 계약을 하는 거래 종목. ↔실물(實物).
선ː물²(膳物) [명] (남에게 물품을) 사랑·고마움·예의 등의 표시로서 주는 것. 또는, 그 물품. **선ː물-하다** [동][타][여]
선미(船尾) [명] =고물². ↔선두(船頭).
선ː민(選民) [명] **1** [성] 하느님의 은총을 입어 '거룩한 백성'으로 택함을 받은 이스라엘 백성을 이르는 말. **2** 한 사회에서 특별한 혜택을 받고 잘사는 소수의 사람.
선ː민-의식(選民意識) [명] 세계의 온 백성 중에서 유일신을 믿는 자기 백성만이 여호와의 택함을 받았다고 믿는, 이스라엘 사람의 민족적·종교적 우월감.
선박(船舶) [명] '배²'를 이르는 말. 특히, 상당히 큰 규모로 만들어진 배를 가리킴.
선박^급수(船舶級數)[-끕쑤] [명] 외국 항로에 취항하는 선박에 부여되는 국제적 등급. [준]선급.
선반¹ [명] 물건을 얹어 두기 위해 널빤지·철판 따위를 벽에 달아 만든 것.
선반²(旋盤) [명][공] 금속 소재를 회전시켜 갈거나 파내거나 도려내는 공작 기계.
선발¹(先發) [명] **1** 남보다 먼저 출발하거나 시작하는 것. ↔후발. **2** [체] 야구에서, 경기의 1회부터 출전하는 것. **선발-하다**¹ [동][자][여]
선ː발²(選拔) [명] (우수하거나 뛰어난 대상을) 많은 가운데서 택하여 뽑는 것. ¶신입생 ~. **선ː발-하다**² [동][타][여] **선ː발-되다** [동][자] ¶대표 선수로 ~.
선발-대(先發隊)[-때] [명] 먼저 출발한 무리 또는 부대. ↔후발대.
선ː발-전(選拔戰)[-쩐] [명] 많은 선수 중에서 우수한 선수를 가려 뽑는 시합.
선발^투수(先發投手) [명][체] 야구에서, 1회부터 출전하는 투수.
선ː방¹(善防) [명] (공격을) 잘 막아 내는 것. ¶골키퍼의 ~. **선ː방-하다** [동][타][여]
선방²(禪房) [명][불] 참선하는 방.
선배(先輩) [명] **1** 같은 분야에서, 지위·나이·학예·경험 등이 자기보다 앞선 사람. ¶직장 ~. **2** 자기 출신 학교를 먼저 거친 사람. ¶대학 ~. ↔후배.
선ː별(選別) [명] (대상을) 어떤 기준에 따라 구별하여 택하는 것. 또는, 기준에 따라 택하여 구별하는 것. ¶~ 작업. **선ː별-하다** [동][타][여] **선ː별-되다** [동][자]
선ː별-적(選別的) [관][명] 어떤 일을 어떤 기준에 따라 구별하여 행하는 (것). ¶배아 복제의 ~ 허용.
선ː-보다 [동][자][타] (결혼을 앞둔 남녀나 그 부모 등이) 상대가 되는 사람이 배우자로서 마땅한지 어떤지를 직접 또는 간접으로 살펴 알아보다. ¶사윗감을 ~.
선ː보-이다 [동][타] **1** '선보다'의 사동사. ¶딸을 ~. **2** (새로운 상품이나 물건을) 세상에 처음 내놓아 알리거나 살피게 하다. ¶신제품을 ~.
선봉(先鋒) [명] 맨 앞장. ¶~에 서다.
선봉-대(先鋒隊) [명] 선봉에 서는 대열이나 부대.
선봉-대장(先鋒大將) [명] 앞장선 부대를

지휘하는 장수. ㉰선봉장.
선봉-장(先鋒將) 명 '선봉대장'의 준말.
선분(線分) 명 [수] 직선 위에서 그 위의 두 점에 한정된 부분.
선:-불¹ 명 설맞은 총.
　선불(을) 맞다 치명적이 아닌 어설픈 타격을 받다.
선불²(先拂) 명 돈을 미리 지불하는 것. ↔후불. **선불-하다** 통㉠㉤ ¶대금을 ~.
선비¹ 명 1 조선 시대 또는 그 이전에, 유교적 교양과 학식과 인품을 갖춘 사람을 이르던 말. 2 학문을 닦는 사람을 예스럽게 이르는 말. ¶그는 ~ 집안 출신이다.
선비²(鮮卑) 명[역] 고대 북아시아의 몽골 족에 속하는 유목 민족.
선사(先史) 명 역사 시대 이전. ¶~ 시대.
선:사²(膳賜) 명 1 (남에게 물건을) 정성스러운 마음의 표시로서 주는 것. 2 (어떤 좋은 일이 어떤 사람에게 기쁨·즐거움·행복 등을) 가져다주는 것. **선:사-하다** 통㉤ ¶상호의 합격 소식은 온 가족에게 기쁨을 선사하였다.
선사³(禪師) 명[불] 선종의 절. =선원.
선사⁴(禪師) 명[지] 선종(禪宗)의 법리(法理)에 통달한 승려.
선사^시대(先史時代) 명[역] 고고학에서의 시대 구분의 하나. 보통 석기 시대와 청동기 시대를 말하는 것. 문헌적 사료가 전혀 없는 시대임. ▷역사 시대.
선산(先山) 명 1 =선영(先塋). 2 조상의 무덤이 있는 산.
선상¹(船上) 명 항해 중인 배의 안.
선상²(線上) 명 [선(線)의 위]라는 뜻으로, 어떤 상태에 있음을 이르는 말. ¶수사 ~ / 연장 ~.
선상³(線狀) 명 선(線)처럼 가는 줄을 이룬 모양. ㊀선형(線形).
선상-지(扇狀地) 명[지] 내가 산지에서 평지로 흘러나오는 골짜기 어귀에 자갈이나 모래가 퇴적하여 이룬 부채꼴의 지형.
선생(先生) 명 1 학생을 가르치는 일을 하는 사람. 오늘날, 교사·교수 등은 이에 속함. ¶담임 ~. ㉠꼰대. 2 사회적으로 덕망이 높거나 우리보다 알 만한 사람에 대해, 객관적인 거리를 가지고 그를 높여 이르는 말. ¶김구 ~. 3 '하오' 할 상대에 대해, 격식을 갖추어 그를 대접하여 이르는 말. 4 일 같은 것에 많거나 잘 아는 사람의 비유. ¶낚시에는 내가 ~이다.
선생-님(先生-) 명 1 학생이나 남을 가르치는 사람을 높여 이르는 말. 2 타인에 대해, 격식을 갖추어 그를 높여 이르는 말.
선생-질(先生-) 명[지] 학생을 가르치는 일을 낮잡아 이르는 말. **선생질-하다** 통㉠㉤
선서(宣誓) 명 여러 사람 앞에서 어떤 일을 틀림없이 지키거나 따를 것을 맹세하는 것. ¶대통령 취임 ~/증인 ~. **선서-하다** 통㉤
선선-하다 형㉤ 1 시원한 느낌이 들 만큼 서늘하다. ¶선선한 가을바람. 2 성질이 시원스럽고 쾌활하다. 3 (웅하는 태도가) 까다롭지 않거나 주저함이 없다. **선선-히** 부 ¶부탁을 ~ 들어주다.
선-소리 명[음] 여러 소리꾼이 흥겹게 춤을 섞어 가면서 서서 부르는 잡가. =입창(立唱). ↔앉은소리.
선:-소리² 명 이치에 맞지 않는 덜된 소리.
선수¹(先手) 명 1 남이 하기 전에 앞질러 하는 행동. 2 바둑·장기에서, 먼저 놓거나 두는 일. 또는, 상대편이 어떤 수를 쓰기 전에 그 판국에 먼저 놓는 일. ↔후수.
　선수(를) 치다 남보다 먼저 손을 대어 시작하다.
선수²(船首) 명 =이물.
선:수³(選手) 명 1 경기나 시합에 출전하는 사람. 또는, 직업적으로 스포츠를 하는 사람. ¶국가 대표 ~. 2 어떤 일을 능숙하게 하거나 버릇으로 자주 하는 사람을 빗대어 이르는 말. ¶그는 춤에는 ~다.
선:수-권(選手權) 명[-꿘] 경기에서 우승한 선수·단체에 주는 자격. ¶~ 보유자.
선수-금(先受金) 명[경] 용역이나 상품의 대가를 분할하여 받기로 하였을 때 먼저 받은 돈. 또는, 그 계정.
선:수-단(選手團) 명 어떤 경기의 선수들로 조직된 단체. ¶체조 ~.
선수-촌(選手村) 명 선수들이 집단적으로 숙식할 수 있는 시설을 갖추어 놓은 일정한 지역.
선:-순환(善循環) 명 어떤 일이 좋은 결과를 내고 그것이 또 다른 좋은 일의 원인이 되는 현상이 되풀이되는 것. ↔악순환.
선술-집[-찝] 명 술청 앞에 선 채로 술을 마시게 된 간단한 술집.
선승¹(先勝) 명 여러 번 하는 경기에서 먼저 이기는 것. **선승-하다** 통㉠
선승²(禪僧) 명[불] 선종(禪宗)의 승려. 또는, 참선 수행을 통해 깨달음을 얻고자 하는 승려. ▷학승.
선식(禪食) 명 1 절에서 선승들이 먹는, 곡류와 채소 위주의 음식. 2 여러 가지 곡류를 날것으로 빻거나 갈아서 섞은 가루 음식. 근래에 건강식으로 이용되고 있음.
선실(船室) 명 배 안에서 승객들이 쓰도록 만든 방.
선:심¹(善心) 명 남에게 베푸는 후한 마음.
　선심(을) 쓰다 남을 도와주는 착한 마음을 베풀다.
선심²(線審) 명[체] 테니스·축구·배구 등에서, 경기장의 선(線)에 관한 규칙을 맡아보는 보조 심판.
선:악(善惡) 명 선(善)과 악(惡).
선:악-과(善惡果) 명[-꽈] 명[성] 선악과나무의 열매. 아담과 하와가 하느님의 계율을 어기고 이 열매를 따 먹음으로써 에덴동산에서 쫓겨났다고 함. ㊀금단의 열매.
선:악과-나무(善惡果-) 명[-꽈-] 명[성] 에덴동산의 한가운데 있었다고 하는 나무. 이 나무의 열매인 선악과를 먹으면 선과 악을 알게 된다고 함.
선약¹(仙藥) 명 1 효험이 썩 좋은 약. 2 =선단(仙丹)¹.
선약²(先約) 명 먼저 약속하는 일. 또는, 그 약속. ↔후약. **선약-하다** 통㉤
선양(宣揚) 명 (명예·명성 등을) 널리 떨치거나 드날리는 것. **선양-하다** 통㉤ ¶국위를 ~.
선양²(瀋陽) 명[지] 중국 북동부의 도시.
선어말^어:미(先語末語尾) 명[언] 어말 어미에 선행하여 나타나는 어미. '-시-/으시-', '-음/았-' 과 같은 경어에 관한 것과, '-앗/었-', '-ㄴ/는-', '-더-', '-겠-' 과 같은 시상(時相)에 관한 것 등이 있음.
선언(宣言) 명 어떤 일이나 주장·방침 등을 공적으로 널리 말하여 알리는 것. ¶독립 ~/개회 ~. **선언-하다** 통㉠㉤ ¶탈

되를 ~. **선언-되다** 통짜
선언-문(宣言文) 명 선언하는 취지를 적은 글.
선언-서(宣言書) 명 어떤 일을 선언하여 공표하는 문서. ¶독립~.
선연-하다(鮮然-) 혱여 실제로 보는 것 같이 생생하다. ㉑뚜렷하다. ¶삼십 년 전의 일이 **선연하게** 떠오르다. **선연-히** 튀
선열(先烈) 명 나라를 위하여 싸우다가 죽은 열사(烈士). ¶순국~.
선영(先瑩) 명 조상의 무덤. =선산.
선예-도(線銳度) 명[사진] 사진의 선명한 정도.
선왕(先王) 명 선대의 임금. ¶~의 치적.
선:외(選外) [-외/-웨] 명 응모한 작품에서 뽑히는 범위 안에 들지 못함. ¶아깝게 ~로 밀려난 작품.
선용(善用) 명 알맞게 잘 쓰는 것. ↔악용. **선용-하다** 통태여 ¶여가를 ~.
선:웃음 명 우습지도 않으면서 꾸며 웃는 웃음. ¶~을 치다.
선원[1](船員) 명 배 안에서 운항과 승객 관리에 관한 일을 맡아보는 사람.
선원[2](禪院) 명[불] 1 =선사(禪寺)[3]. 2 선정(禪定)을 닦는 도량(道場).
선율(旋律) 명[음] 높이가 다른 음이 리듬을 동반하여 연속적으로 이어지면서 어떤 음악적 내용을 이룬 것. ㉑가락. ¶클래식의 감미로운 ~이 흐르다.
선:의(善意) [-의/-이] 명 1 좋은 의도나 의미. 또는 선한 뜻. ¶~의 경쟁/~의 거짓말. ↔악의. 2 (주로 명사 앞에 쓰이거나 '선의의' 의 꼴로 쓰여) 고의나 악의가 없음. 특히, 법률적으로 문제가 된 일이나 피해가 사실을 잘 알지 못한 상태에서 이뤄진 것임을 나타내는 말. ¶~의 피해를 입다.
선-이자(先利子) [-니-] 명 빚을 얻을 때에 본전에서 미리 떼어 내는 이자.
선인[1](仙人) 명 =신선(神仙)[1].
선인[2](先人) 명 전대(前代)의 사람. ↔후인(後人).
선인[3](善人) 명 선량한 사람. ↔악인.
선인-장(仙人掌) 명[식] 줄기가 다육질이고 표면에 가시가 많이 있으며, 여러 빛깔의 꽃이 피는 식물의 총칭. 사막 지대에서 자라며, 관상용으로도 많이 재배함.
선-일 [-닐] 명 서서 하는 일. ↔앉은일.
선임(先任) 명 어떤 임무를 먼저 맡는 것. 또는, 그 임무나 사람. ¶~ 부사관. ↔후임. **선임-하다**[1] 통태여
선:임(選任) 명 사람을 가려 뽑아서 직무를 맡기는 것. **선:임-하다**[2] 통태여 **선:임원도**[3] ¶유엔 사무총장에 ~을 깨다.
선임-자(先任者) 명 어떤 임무나 직무를 먼저 맡아 하던 사람.
선임-감(先入感) [-깜] 명 =선입관.
선입-견(先入見) [-껸] 명 =선입관.
선입-관(先入觀) [-꽌] 명 어떤 일이나 대상에 대하여, 미리 어떠어떠하다거나 어떠어떠할 것이라고 믿는, 예전부터 굳어져 있는 관념이나 견해. 주로, 부정적인 뜻으로 쓰임. =선입견·선입감. ¶일체의 ~을 배제하다.
선:-잠 명 깊이 들지 못하거나 흡족하게 이루지 못한 잠. ¶~이 들다/~을 깨다.
선장(船長) 명 배의 항행과 배 안의 사무를 통괄하는 선원의 우두머리.
선적[1](船積) 명 배에 짐을 싣는 것. **선적-하다**[1] 통태여 ¶화물을 ~. **선적-되다** 통짜
선적[2](船籍) 명[법] 선박의 국적(國籍).
선전[1](宣傳) 명 주의·주장이나 사물의 존재·효능 따위를 남에게 이해시키고 공감을 얻을 목적으로 잘 설명하여 널리 알리는 일. ¶~ 효과. **선전-하다**[1] 통태여 ¶새 상품을 ~. **선전-되다** 통짜
선전[2](宣戰) 명[법] 한 나라가 다른 나라에 대하여 전쟁을 개시한다는 의사를 밝혀 나타내는 것. **선전-하다**[2] 통짜
선전[3](深圳) 명[지] 중국 남동부의 도시.
선:전[4](善戰) 명 전투·경기 등에서, 실력을 발휘하여, 또는 최선을 다하여 잘 싸우는 것. ¶~ 분투. **선:전-하다**[3] 통짜여 ¶강팀을 만나 **선전했으나** 패하고 말았다.
선전-문(宣傳文) 명 선전의 내용이나 취지를 적은 글.
선전-용(宣傳用) [-뇽] 명 선전하는 데 쓰이는 상태. 또는, 그런 목적의 대상. ¶~ 포스터.
선전-탑(宣傳塔) 명 선전·계몽을 목적으로 일정 기간 동안 세우는 높은 건조물.
선전-포:고(宣戰布告) 명 상대국과 전쟁 상태에 들어감을 선언·공포함.
선점(先占) 명 남보다 앞서서 차지하는 것. **선점-하다** 통태
선:정[1](善政) 명 바르고 착하게 다스리는 것. 또는, 그런 정치. ↔악정(惡政).
선:정[2](選定) 명 가려서 정하는 것. **선:정-하다** 통태여 **선:정-되다** 통짜여 ¶최우수작으로 **선정된** 작품.
선정[3](禪定) 명[불] 번뇌를 가라앉히고 마음을 하나로 집중하여 흐트러짐이 없게 하는 일. ㉑선(禪).
선:정-비(善政碑) 명 선정을 베푼 관리의 덕을 기념하기 위하여 세운 비석.
선정-적(煽情的) 명 글·그림·영화·방송·공연 등이 말초적인 흥미나 성적인 흥분을 불러일으키는 특성이 있는 (것). ¶~인 춤.
선정-주의(煽情主義) [-의/-이] 명 글·그림·영화·방송·공연 등에서 말초적인 흥미나 성적 흥분을 불러일으키려고 애쓰는 태도나 경향. =센세이셔널리즘. ¶상업적 ~에 빠진 공연 문화.
선제(先制) 명 선수(先手)를 써서 상대방을 견제하는 것. **선제-하다** 통태여
선제-골(先制goal) 명[체] 축구나 하키 등의 구기 경기에서, 한 팀이 상대 팀보다 먼저 넣은 점수. ¶~을 터트리다.
선제-공격(先制攻擊) 명 상대편을 견제하기 위하여 선수를 써서 공격하는 일.
선조[1](先祖) 명 먼 대의 조상.
선조[2](宣祖) 명[인] 조선의 제14대 왕 (1552~1608).
선종[1](腺腫) 명[의] 생물체 내에서 분비 작용을 하는 기관인 선(腺)의 세포가 증식하여 생기는 양성(良性)의 종양. 흔히, 위장·자궁의 점막에 생김.
선종[2](禪宗) 명[불] 불교의 한 종파. 이심전심의 묘법으로 참선에 의해 본성을 터득함을 중요시함. =선문. ↔교종(敎宗).
선주(船主) 명 배의 임자.
선-주민(先住民) 명 먼저 거주하던 사람.
선지 명 짐승, 특히 소를 잡아서 받은 피. =선지피.
선지-자(先知者) 명 1 남보다 먼저 깨달아 아는 사람. =선견자. 2 [성] 예수 이전에

나타나 예수의 강림과 하느님의 뜻을 예 언하던 사람. =예언자.
선지-피 (先知―) **圏 1** =선지. **2** 다쳐서 선지처럼 쏟아져 나오는 피.
선진 (先進) **圏** 발전의 단계나 진보의 정도 가 다른 것보다 앞서는 일. 또는, 앞서 있 는 일. ¶~ 국가. ↔후진.
선진-국 (先進國) **圏** 정치·경제·문화 등이 발달하여, 타국의 원조 따위에 의존함이 없이 자립하는 나라. ↔후진국.
선진-적 (先進的) **関** 발전의 단계가 앞 서 있는 (것). ¶~ 사상.
선집 (選集) **圏** 한 사람 또는 여러 사람의 작품 중 몇 가지를 추려 모은 책. ¶현대 문학~.
선짓-국 [―지꾹/―짇꾹] **圏** 선지를 넣어 끓인 국.
선착 (先着) **圏** 먼저 도착하는 것. 또는, 어 떤 기준에 먼저 다다르는 것. **선착-하다**
圏困围困 결승에 선착했다.
선착-순 (先着順) [―쑨] **圏** 먼저 와 닿는 차례. ¶지원서를 ~으로 접수하다.
선착-장 (船着場) [―짱] **圏** 배가 와서 닿는 곳.
선창¹ (先唱) **圏** (노래나 구령 따위를) 맨 먼저 부르는 것. **선창-하다** **圏困困** ¶만 세를 ~.
선창² (船窓) **圏** 배의 창문.
선창³ (船艙) **圏** 물가에 다리처럼 만들어, 배가 닿을 수 있게 한 곳.
선-처 (善處) **圏** (어떤 문제를) 좋은 방향 으로 잘 처리하는 것. ¶~를 바랍니다.
선:처-하다 **圏困困**
선천 (先天) **圏** 태어날 때부터 몸에 갖추어 져 있음. ↔후천.
선천-성 (先天性) [―썽] **圏** 본래부터 타고 난 성질. ¶~ 질환. ↔후천성.
선천성^기형 (先天性畸形) [―썽―] **圏**[의] 날 때부터 신체에 기형을 나타내는 일. 곧, '배냇병신'의 의학적 명칭임.
선천-적 (先天的) **関** 날 때부터 이미 갖 추고 있는 성질의 (것). ¶~ 소질. ↔후 천적.
선철¹ (先哲) **圏** 옛날의 어질고 사리에 밝 은 사람. =선현(先賢).
선철² (銑鐵) [광] ☞주철.
선체 (船體) **圏** 배의 몸체.
선:출 (選出) **圏** 어떤 사람을 어떤 직위의 사람으로, 또는 어떤 직위의 사람을 일 정한 절차를 거쳐 여럿 가운데서 뽑는 것. **선!출-하다** **圏困围** ¶회장을 ~. **선! 출-되다** **圏困** ¶선출된 임원.
선취 (先取) **圏** (권리·지위·점수 등) 남 보다 먼저 차지하는 것. ¶~ 골. **선취-하 다** **圏困困** ¶우리 팀이 한 점을 **선취했다**.
선취-점 (先取點) [―쩜] **圏** 운동 경기 등에 서, 먼저 딴 점수.
선친 (先親) **圏** 남에게 '돌아가신 자기의 아버지'를 이르는 말.
선캄브리아-대 (先Cambria代) **圏**[지] 지 질 시대에서, 캄브리아기 이전의 최초의 시대. 시생대와 원생대로 구분됨.
선-크림 (sun cream) **圏** 햇볕에 그을리는 것을 방지하고 햇살의 자외선으로부터 피 부를 보호하기 위해 바르는 크림.
선-키 (立―) **圏** 섰을 때의 키. ↔앉은키.
선;탄 (選炭) **圏** 채굴된 석탄에서 불순물을 가려내어 품질이 좋은 석탄으로 만드는 일.

선태-류 (蘚苔類) [식] =선태식물.
선태-식물 (蘚苔植物) [―씽―] **圏**[식] 그늘 지고 습기 찬 곳에서 자라며, 포자로 번 식하는 원시적 식물의 무리. 몸은 줄기· 잎의 구별이 있는 것과 편평한 잎 모양인 것이 있음. 우산이끼·물이끼·솔이끼 등이 있음. =선태류.
선:택 (選擇) **圏** (둘 이상의 대상 가운데에 서 필요하거나 적합한 대상을) 가리어 택 하는 것. **선!택-하다** **圏困围** ¶배우자를 ~. **선!택-되다** **圏困**
선!택^과목 (選擇科目) [―꽈―] **圏**[교] 선 택하여 학습하거나 시험을 치를 수 있는 학과목이나 교과목. ↔필수 과목.
선!택-권 (選擇權) [―꿘] **圏** 선택할 수 있 는 권리.
선!택-형 (選擇型) [―태켱] **圏** 미리 제시된 답 중에서 고르거나 지시에 따라 알맞은 답을 고르도록 하는 시험 문항 형식.
선탠 (suntan) **圏** 살갗을 햇볕에 알맞게 그 을려서 고운 갈색으로 만드는 일.
선탠-오일 (suntan oil) **圏** 피부를 볕에 고 루 알맞게 태우는 데 쓰이는, 유제(油劑) 타입의 화장품.
선팅 (tsunting) **圏** (sun+tinting) 햇빛의 통과를 부분적으로 줄이기 위한 건물이나 자동차 등의 창유리에 색깔 있는 얇은 필 름을 막을 붙이는 일.
선편 (船便) **圏** =배편.
선포 (宣布) **圏** 세상에 널리 알리는 것. **선 포-하다** **圏困围** ¶헌법을 제정하여 ~. **선포-되다** **圏困** ¶계엄령이 ~.
선표 (船票) **圏** 배를 탈 수 있는 표. ⍢배 표.
선풍 (仙風) **圏** 선인(仙人)과 같은 기질이 나 풍채. ¶~도골(道骨).
선풍 (旋風) **圏** 어떤 일이나 현상이 돌발 적으로 사회에 강한 영향을 끼치는 상태 의 비유. ¶검가 ~이 불다.
선풍-기 (扇風機) **圏** 작은 전동기의 축에 날개를 달아, 그 회전으로 바람을 일으키 는 장치.
선풍-적 (旋風的) **関** 회오리바람처럼 돌 발적으로 발생하여 사회에 큰 영향을 미 치거나 관심의 대상이 될 만한 (것). ¶~ 인 인기를 얻다.
선하 (船荷) **圏** =선화물(船貨物).
선:-하다¹ **圏困** 잊혀지지 않고 눈앞에 선 명히 보이는 듯하다. ¶생전의 어머니 모 습이 아직도 눈에 ~. **선:-히** **围**
선-하다² (先―) **圏困困** **1** 바둑·장기·고누 등에서, 패를 돌라 주로 먼저 치는 자격을 가지다. ¶네가 **선할** 차례다.
선!-하다³ (善―) **関困** (사람의 마음이나 행동이) 모질지 않고 좋고 어질다. ⍢ 착하다. ¶**선한** 사람. ↔악하다.
선학 (先學) **圏** 학문상의 선배. ↔후학.
선행 (先行) **圏 1** 남보다 앞서 가는 것. ¶ ~ 부대. **2** 딴 일에 앞서서 행하는 것. ¶ ~ 작업. **선행-하다** **圏困困围** **선행-되다** **圏困**
선행² (善行) **圏** 착하고 어진 행실. ⍢악행 (惡行).
선행-사 (先行詞) **圏**[언] 영어 등의 유럽 어에서, 관계 대명사나 관계 부사 앞에 놓여 그것이 이끄는 절의 수식을 받는 단 어나 구나 절.
선행^조건 (先行條件) [―껀] **圏** 선행해야

선험-적(先驗的)【관】【철】대상에 대한 인식이 경험에 의하지 않고 선천적인 (것). ¶~ 직관.
선현(先賢)【명】=선철(先哲)¹.
선혈(鮮血)【명】몸에서 막 흘러나온 붉은 피. ¶~이 낭자하다.
선형¹(船形)【명】배의 모양.
선형²(船型)【명】선처럼 가늘고 긴 모양. 비선상(線狀).
선형-동물(線形動物)【명】[동] 몸이 가는 실 모양으로 혈관과 호흡기가 없고, 자웅 이체이며, 대부분 기생생활을 하는 동물의 한 무리. 편충·회충 등이 이에 속함.
선:호(選好)【명】(어떤 대상을) 특별히 가려서 좋아하는. ¶남아·사상. **선:호-하다**【자타】¶여성들이 **선호하는** 제품.
선:호-도(選好度)【명】어떤 대상을 특별히 가려서 좋아하는 정도. ¶소비자·조사.
선-홍색(鮮紅色)【명】산뜻한 다홍빛.
선화¹(船貨)【명】배에 싣고 운송하는 짐. =선하(船荷).
선화²(線畫)【미】색칠을 하지 않고 선으로만 그린 그림.
선화^증권(船貨證券)[-꿘]【명】【경】해상 운송에서 화물의 인도 청구권을 표시한 유가 증권. =비엘(B/L).
선회(旋回)[-회/-훼]【명】1(비행기나 새 따위가) 공중에서 원을 그리며 돌거나, 반원을 그리며 방향을 바꾸는 것. 2 정책이나 방침 등을 다른 방향으로 바꾸어 추진하는 것. **선회-하다**【자타】¶비행기가 하늘을 ~/여당이 강경 자세로 ~.
선후(先後)【명】먼저와 나중의 차례. 비전후. ¶모든 일에는 ~가 있는 법이다.
선-후배(先後輩)【명】선배와 후배.
선:후지책(善後之策)【명】뒷갈망을 잘하려는 계책.
섣-달[-딸]【명】음력 십이월. ¶~ 그믐날.
섣달-그믐[-딸-]【명】음력으로 한 해의 마지막 날.
섣:-부르다[-뿌-]【형】<-부르니, ~불러> 솜씨가 설고 어설프다.
섣불리[-뿔-]【부】섣부르게. ¶~ 다루다가는 큰코다친다.
설¹【명】1 명절인 새해 첫날. 이날은 웃어른께 세배를 올리며 흔히 떡국을 먹음. 보통 음력 1월 1일을 가리킴. 비설날. ¶~을 쇠다. 2 새해의 첫머리. =세시(歲時)·연시(年始). 비세수(歲首)·세초.
설-²【접두】동사나 동사로 된 명사 앞에 붙어, '불충분'의 뜻을 나타내는 말. ¶~익다/~구이.
설³(說)【명】견해·주의·학설 등을 이르는 말. ¶그 말의 어원에 대해서는 학자마다 ~이 다르다.
-설⁴(說)【접미】일부 명사 뒤에 붙어, '견해', '학설', '풍설' 등의 뜻을 나타내는 말. ¶진화~/~지동.
설거지【명】먹고 난 뒤의 그릇을 씻어 치우는 일. ×설겆이. **설거지-하다**【자타】
설거지-통【명】=개숫통.
설겆-이【명】'설거지'의 잘못.
설경(雪景)【명】눈이 내리거나 눈이 쌓인 경치.
설계(設計)[-계/-게]【명】1 건설·제작·공사 등에 있어서 그 목적에 따라 실제적으로 계획을 세우고, 도면 등으로 명시하는 일. ¶건축·. 2(앞으로 이룩할 일에 대하여) 계획을 세우는 것. 또는, 그 계획. **설계-하다**【자타】¶장밋빛 미래를 ~. **설계-되다**【자】
설계-도(設計圖)[-계-/-게-]【명】1 설계한 구조·형상·치수 등을 일정한 규약에 따라서 그린 도면. ¶공사 ~. 2 앞으로 이룩할 일에 대한 계획.
설계-사(設計士)[-계-/-게-]【명】설계를 업으로 하는 기사(技士). ¶건축 ~.
설교(說敎)【명】1 목회자나 승려 등이 종교의 교리나 그 교리를 바탕으로 한 어떤 내용의 말을 신자에게 설명하여 일깨우는 것. 2(어떤 사람에게) 잘못을 나무라거나 하면서 마땅히 이렇게 저렇게 행해야 된다고 가르치고 타이르는 것. **설교-하다**【자타】¶지금 나한테 설교하는 거냐?
설-구이【명】【공】=초벌구이. **설구이-하다**【자타】
설국(雪國)【명】온통 눈으로 뒤덮인 세상. 주로 문학적 표현에 쓰임.
설근(舌根)【명】=혀뿌리.
설-깨다【동】(잠이) 다 깨지 못하다.
설:-날[-랄]【명】'설'¹을 좀 더 구어적으로 이르는 말.
설:다¹(설고/설어) I 【동】<서니, 서오> (밥이나 떡 등이) 열이 충분히 가해지지 않아 덜 익다. ¶밥이 ~.
II 【형】<서니, 서오> (어떤 사람이나 사물 또는 말 등이) 예전에 별로 보거나 듣지 못한 상태에 있다. ¶낯이 ~.
설다²【형】'섧다'의 잘못.
설단-음(舌端音)[-따-]【언】=혀끝소리.
설-데치다【타】조금 덜 데치다.
설-되다[-되-/-뙈-]【동】【자】충분하지 않게 되다. ¶밥이 ~.
설득(說得)【명】(어떤 사람을[에게]) 어떤 일을 하도록 말로 알아듣게 구슬리거나 이끄는 것. **설득-하다**【자타】¶가출 청소년을 **설득하여** 귀가시키다. **설득-되다**【자】
설득-력(說得力)[-뜽녁]【명】설득하는 힘. ¶그의 주장은 ~이 있어 보인다.
설랑【조】격 조사 '서'와 보조사 '랑'이 결합한 격 조사. ¶여기~ 서 있지 마라.
▷에서랑.
설령【부】옛날에, 처마 끝 같은 곳에 달아 놓아, 사람을 부를 때 줄을 잡아당기면 소리를 내게 하던 방울.
설령-줄[-쭐]【명】설령을 울릴 때에 잡아당기는 줄.
설렁-탕(-湯)【명】사골·도가니·우족·쇠머리·사태·내장 등을 국물이 뽀얗게 되도록 푹 고아서 끓인 탕. ▷곰탕.
설레【의존】(명사나 동사의 어미 '-는' 아래에 조사 '에'와 함께 쓰여) 어수선하게 설레거나 움직이는 상황이나 기세임을 나타내는 말. 비바람. ¶아이들~에 일을 할 수 없다.
설레다【자】(마음이) 들떠서 두근거리다. ¶내일 수학여행을 떠날 걸 생각하니 가슴이 **설레인다**.×
설레-발【명】몹시 서두르며 부산하게 구는 짓.
설레발-치다【동】【자】몹시 서두르며 부산하게 굴다.
설레-설레【부】몸의 한 부분을 크게 잇달아 흔드는 모양. ¶고개를 ~ 흔든다. 좀살래살래.

설레-이다 동 '설레다'의 잘못.
설령(設令) 부 (가정적으로 긍정하면서도 부정할 때에 쓰여) 그러하다고 하더라도. =설사·설혹. ¶~ 의식을 회복하더라도 오래가지는 못할 거요.
설록-차(雪綠茶) 명 우리나라에서 나는 녹차의 하나.
설립(設立) 명 (기관이나 조직체 등을) 새로 만드는 것. **설립-하다** 동(타여) **설립-되다** 동(자) ¶정부에 의해 **설립된** 연구소.
설립-자(設立者) [-짜] 명 기관이나 조직체를 새로 만든 사람.
설마 부 (부정적인 추측을 강조할 때에 쓰여) 아무리 그러하기로. =설마하니·설마한들. ¶~ 그럴 리야 없겠지.
[설마가 사람 죽인다] 설마 그럴 리야 없겠지 하고 마음을 놓는 데서 탈이 난다.
설마르다 동(르) (~마르니, ~말라) 덜 마르다. ¶**설마른** 빨래.
설마-하니 부 =설마. ¶~ 그 먼 길을 걸어왔을까.
설마-한들 부 =설마. ¶그가 ~ 거짓말이야 했을라고.
설-맞다 [-맏따] 동 1 (총알·화살 따위를) 급소에 바로 맞지 않다. ¶총을 **설맞은** 멧돼지가 사납게 날뛰다. 2 (매 따위를) 덜 맞다. ¶매를 **설맞아** 까부는 거냐?
설:-맞이 명 설을 맞는 일. **설:맞이-하다** 동
설맹(雪盲) 명(의) 쌓인 눈에서 반사되는 강한 햇빛으로 결막이나 각막에 염증이 생겨 눈이 부시거나 일시적으로 보이지 않게 되는 증상.
설명(說明) 명 (어떤 일이나 대상을) 그 내용을 상대편이 잘 알 수 있도록 쉽게 밝혀 말하는 것. 또는, 그 말. **설명-하다** 동(타여) **설명-되다** 동(자)
설명-문(說明文) 명(문) 독자의 이해를 목적으로 어떤 사항에 대해 객관적·논리적으로 설명한 글.
설명-서(說明書) 명 내용이나 이유, 사용법 등을 설명한 글. ¶전자 제품 사용 ~.
설명^의문문(說明疑問文) 명(언) 상대의 구체적인 설명을 요구하는 의문문. "어디서 만날까?"와 같은 문장.
설명-자막(說明字幕) 명 영화나 텔레비전 화면에서 내용의 이해를 돕는 보조 자막. =서브타이틀.
설문(設問) 명 문제·물음을 내는 것. 또는, 그 문제나 물음. ¶~ 조사. **설문-하다** 동(자)
설문-지(設問紙) 명 조사를 하거나 통계 자료 등을 얻기 위해 어떤 주제에 대해 문제를 내어 만든 질문지.
설법(說法) [-뻡] 명(불) 불교의 교의를 풀어 밝히는 것. **설법-하다** 동(자여)
설복(說伏·說服) 명 (어떤 사람이) 알아듣게 말을 하여 자신의 뜻을 따르거나 받아들이게 하는 것. ⓑ설득. **설복-하다** 동(타여) **설복-되다** 동 ¶그는 아버지의 말에 **설복되어** 가업을 잇기로 했다.
설봉(舌鋒) 명 혀의 날카로운 위세. 곧, 매서운 말재주.
설봉²(雪峯) 명 눈으로 덮인 산봉우리.
설비(設備) 명 어떤 목적에 필요한 건물·기물·장치 등을 갖추는 것. 또는, 그 갖춘 물건. ¶최신 ~를 갖춘 공장. **설비-하다** 동(타여) **설비-되다** 동(자)
설:-빔 명 설을 맞아 차려입는 새 옷. **설:빔-하다** 동(자) 설빔으로 차림을 하다.
설사¹(泄瀉) [-싸] 명(의) 배탈 따위로 묽은 똥을 누는 것. **설사-하다** 동(자여)
설사²(設使) [-싸] 부 =설령. ¶~ 비가 온다 하더라도 산행을 할 것이다.
설사-약(泄瀉藥) [-싸-] 명 1 설사를 멎게 하는 약. =지사제. 2 설사를 하게 하는 약.
설산(雪山) [-싼] 명 눈이 쌓인 산.
설-삶다 [-삼따] 동(타) 충분히 삶지 않아 덜 익은 상태가 되게 하다. ¶**설삶은** 고구마.
설상-가상(雪上加霜) [-쌍-] 명 [눈 위에 서리가 덮인다는 뜻] 난처한 일이나 불행이 잇달아 일어남. ¶실직한데다가 ~으로 병까지 났다. ↔금상첨화.
설상-화(舌狀花) [-쌍-] 명(식) =혀꽃.
설선(雪線) [-썬] 명(지) 높은 산에서 일년 내내 눈이 녹지 않는 부분과 녹는 부분의 경계선.
설설 부 1 좀 넓은 그릇에 담긴 물이 천천히 고루 끓는 모양. 2 온돌방이 뭉근하게 고루 더운 모양. ¶아랫목이 ~ 끓다. 3 벌레 따위가 다리를 움직여 기어 다니는 모양. 4 머리를 천천히 설레설레 흔드는 모양. ¶고개를 ~ 흔들다. ☞살살.
설설 기다 남 앞에서 두려워 행동을 자유로이 못하다. ¶그는 마누라한테 **설설 기는** 공처가이다.
설악-산(雪嶽山) [-싼] 명(지) 강원도 양양군과 인제군 사이에 있는 산. 높이 1,708m.
설암(舌癌) [-쌈] 명(의) 혀의 끝이나 가장자리에 생기는 암.
설왕설래(說往說來) 명 서로 변론하느라고 옥신각신하는 것. 또는, 말이 오고 가는 것. **설왕설래-하다** 동(자여)
설욕(雪辱) 명 상대에 이김으로써 지난번 패배의 부끄러움을 씻고 명예를 되찾는 것. **설욕-하다** 동(타여) ¶후반전에서 역전승하여 작년의 패배를 **설욕하였다**.
설욕-전(雪辱戰) [-쩐] 명 =복수전.
설:움 명 서럽게 느껴지는 마음. =서러움. ¶~이 북받치다.
설:워-하다 동(타여) =서러워하다.
설원(雪原) [-눤] 명(지) 고산 지방 및 극지방에서, 눈이 녹지 않은 채로 늘 쌓여 있는 지역. ▷눈밭.
설음(舌音) 명(언) =혓소리.
설:-음식(-飮食) 명 설에 먹는 색다른 음식. 떡국·식혜·수정과·약밥 따위.
설의-법(設疑法) [-의뻡/-이뻡] 명(문) 수사법의 하나. 내용으로 미루어 누구나 충분히 알 수 있는 사실을 의문 형식으로 표현함으로써 그 사실을 강조하는 방법. '온종일 굶었으니 얼마나 배가 고플 것인가.' 따위.
설-익다 [-릭따] 동(자) 덜 익다. ¶밥이 ~.
설전(舌戰) [-쩐] 명 말로 옳고 그름을 따져 싸우는 것. ⓑ말다툼. ¶~을 벌이다.
설전-음(舌顫音) [-쩌-] 명(언) 혀끝을 윗잇몸에 연속적으로 대었다 떼었다 하여 혀끝과 잇몸 사이로 숨을 내보내는 것과 그것을 막는 것이 반복될 때 나는 소리.
설정(設定) [-쩡] 명 1 (어떤 사물을) 마련하여 정하는 것. ¶목표 ~. 2 (규칙이나 문제·주제·차원이나 ~) 3 [법] 제한 물권을 새로이 발생시키는 것. **설정-하다** 동(타여) ¶근저당권을 ~. 설정-

되다 통(자)
설중-매(雪中梅)[-중-] 명 눈 속에 핀 매화.
설-총(薛聰) 명[인] 신라 때의 학자(?~?).
설치(設置) 명 1 (어떤 기계나 장치 등을 어느 곳에) 달거나 매거나 붙이거나 하여 놓아두는 것. ↔어떤 ~. 공사. 2 (어떤 단체나 기관에 특정한 목적의 기구나 조직이나 건물 등을) 베풀어 마련하는 것. **설치-하다** 통(타)여 ¶담에 철조망을 ~. **설치-되다** 통(자)
설-치다[1] 통(자) 1 몹시 날뛰다. ¶불량배들이 거리를 **설치**고 다니다. 2 찬찬하지 못하고 참을성 없이 서둘다.
설광(閃光) 명 순간적으로 강렬히 비치는 광선. ¶~이 번쩍하는.
설-치다[2] 통(자) (잠을) 자다 깨다 하여 충분히 자지 못하다. ¶잠을 **설쳤**더니 얼굴이 부석부석하다.
설치-류(齧齒類) 명[동] 포유동물의 한 무리. 상하 모두 한 쌍씩 있는 날카로운 앞니로 물체를 잘 갉아 먹는 것이 특징임. 대부분 몸이 작고, 꼬리가 김. 쥐·다람쥐 따위가 이에 속함.
설컹-거리다/**-대다** 통(자) 설익은 밤이나 콩이 씹히는 소리가 자꾸 나다. ¶고구마가 덜 익어서 ~. 잘살캉거리다. 센썰컹거리다.
설컹-설컹 튀 설컹거리는 모양. ¶밥에 놓은 콩이 ~ 씹히다. 잘살캉살캉. 센썰컹썰컹. **설컹설컹-하다** 형(여)
설탕(雪糖*·屑糖*) 명 [`糖`의 본음은 `당`] 맛이 달고 물에 잘 녹는 무색의 결정. 사탕수수·사탕무 등을 원료로 하여 만듦.
설탕-물(雪糖*-) 명 설탕을 탄 물.
설태(舌苔) 명[의] 열병·소화기 질환 등으로 혓바닥에 끼는, 이끼 모양의 물질.
설파(說破) 명 1 사물의 내용을 밝혀 말하는 것. 2 상대편의 이론을 완전히 깨뜨려 뒤엎는 것. 비논파. **설파-하다** 통(타)여 **설파-되다** 통(자)
설피(雪皮) 명 산간 지대에서, 눈에 빠지지 않도록 신 바닥에 대는, 칡·노·새끼 따위로 얽어서 만든 넓적한 물건. 또는, 장화 모양으로 만든 방한화.
설핏[-핃] 튀 해의 밝은 빛이 약해진 모양. ¶해가 ~ 기운 서쪽 하늘.
설핏-하다[-피타-] 형(여) 해가 져서 밝은 빛이 약하다. ¶**설핏**한 저녁노을.
설-하다(說-) 통(타)여 (도리·이치·학설 등을) 설명하여 말하다. ¶불법을 ~.
설하-정(舌下錠) 명[약] 혀 밑에 넣고 녹여서 먹는 약약.
설한-풍(雪寒風) 명 눈과 함께 휘몰아치는 차가운 바람. 비눈바람.
설합(舌盒) 명 '서랍'의 잘못.
설해(雪害) 명 눈이 많이 내려서 생기는 피해.
설형(楔形) 명 쐐기의 모양.
설형^문자(楔形文字)[-짜] 명[언] 고대 오리엔트에서 점토판에 썼던, 쐐기 모양의 문자. =쐐기 문자.
설혹(設或) 튀 =설령. ¶~ 잘못이 있더라도, 넓은 마음으로 대하게.
설화[1](舌禍) 명 여러 사람 앞에서 한 말이 법에 저촉되거나 다른 사람들을 노하게 하여 법적 제재를 받거나 사람들의 비난을 받게 되는 것. ▷필화.
설화[2](雪花·雪華) 명 1 =눈송이. 2 나뭇가지에 꽃처럼 붙은 눈발.

섬지기_653

설화[3](說話) 명 예로부터 어떤 민족이나 집단에 구전(口傳)되어 오는 이야기. 신화·전설·민담으로 나뉨.
설화^문학(說話文學) 명[문] 설화를 소재로 하여 문학적 형태를 갖춘 문학.
섥;다[설마] 통(자)<설우니, 설워) =서럽다. ¶설워 말고 힘을 내라. ×설다.
섬[1] 명 1(자력) 곡식을 담는, 짚으로 엮은 멱서리. 2(의존) 곡식·액체의 분량을 그것이 담긴 섬의 수로 헤아리는 말. 한 섬은 대두 열 말임. =석(石). ¶벼 석 ~.
섬[2] 명 '섬돌'의 준말.
섬[3] 명[지] 바다·강·호수 등에 사방이 둘러싸인, 대륙보다 작은 육지. ¶바위~.
섬기다 통(타) (윗사람이나 큰 나라 또는 초월적인 존재 등을) 우러러 떠받들다. 비공경하다. ¶부모를 극진히 ~.
섬;-나라 명 사방이 바다에 둘러싸인 나라. ¶~ 일본.
섬-돌[-똘] 명 집채의 앞뒤에 오르내리기 위하여 만든 돌층계. =댓돌. 준섬.
섬뜩-하다[-뜨카-] 형(여) 소름이 끼칠 만큼 무섭고 끔찍하다. ¶가슴이 ~. ×섬찟하다.
섬록-암(閃綠巖·閃綠岩)[-녹-] 명[광] 화성암의 한 가지. 주로 사장석과 각섬석으로 됨. 녹색 및 회녹색을 띠며, 단단하여 건축용 석재로 쓰임.
섬마-섬마 갑 어린아이가 따로서기를 익힐 때, 어른이 붙들었던 손을 떼려고 하면서 내는 소리. =따로따로.
섬멸(殲滅) 명 (적을) 모조리 무찔러 없애는 것. **섬멸-하다** 통(타)여 ¶적을 ~.
섬모(纖毛) 명 1 솜털. 2 [생] 하등 생물의 체표(體表)나 세포 표면에 있는, 운동성을 가진 미소한 털 모양의 돌기.
섬모-충(纖毛蟲) 명) 몸에 섬모가 나 있는 원생동물의 총칭. 섬모로 물속을 헤엄쳐서 먹이를 찾음. 짚신벌레·나팔벌레·종벌레 따위.
섬벅 튀 잘 드는 칼에 쉽게 베어지는 모양. 잘삼박. 센썸벅.
섬벅-섬벅[-썸-] 튀 잘 드는 칼에 쉽게 잇달아 베어지는 모양. 잘삼박삼박. 센썸벅썸벅. **섬벅섬벅-하다** 통(자)여
섬;-사람[-싸-] 명 섬에 사는 사람. 비도민(島民).
섬섬-옥수(纖纖玉手)[-쑤] 명 가냘프고 고운 여자의 손을 이르는 말.
섬세-하다(纖細-) 형(여) 1 가냘프고 가늘다. 2 매우 찬찬하고 세밀하다. ¶여성의 심리를 **섬세**한 필치로 그려 낸 소설. **섬세-히** 튀
섬아연-석(閃亞鉛石) 명[광] 아연의 원료가 되는 광물. 황갈색이나 검은색으로 금속광택이 있음. 구용어는 섬아연광.
섬약-하다(纖弱-)[-야카-] 형(여) 가냘프고 약하다.
섬유(纖維) 명 1 미세한 실 모양의 물질. 종이나 천 등의 원료임.
섬유^공업(纖維工業) 명[공] 섬유를 생산하거나, 섬유를 원료로서 사용하는 가공품을 생산하는 공업의 총칭.
섬유-소(纖維素) 명[생] =셀룰로오스.
섬유-질(纖維質) 명 섬유로 이루어진 물질. 과일과 야채에 많음.
섬-지기 명[의존] 논밭의 넓이의 단위. 한 섬

지기는 한 섬의 씨앗을 뿌릴 만한 넓이로서, 마지기의 10배임. 곧, 논은 2,000평 또는 1,500평, 밭은 1,000평 또는 2,000평 정도를 가리킴. ¶논 두 ~.

섬진-강(蟾津江) [~깡] 〖지〗 전라북도 진안에서 시작하여 경상남도를 거쳐 남해로 흘러드는 강. 길이 212km.

섬쩍지근-하다 [~찌~] 〖형〗 무섭고 꺼림칙한 느낌이 사라지지 않는 상태에 있다. **섬쩍지근-히** 〖부〗

섬찟-하다 〖형〗 '섬뜩하다'의 잘못.

섭동(攝動) [~똥] 〖명〗 〖천〗 태양계의 천체가 다른 행성의 인력으로 타원 궤도에 변화를 일으키는 일.

섭렵(涉獵) [섬녑] 〖명〗 〔물을 건너고 여기저기 찾아다닌다는 뜻〕 여러 가지 책을 널리 읽는 것. **섭렵-하다** 〖동〗〖타〗〖여〗 ¶동서의 고전을 ~.

섭리(攝理) [섬니] 〖명〗 1 자연계를 지배하고 있는 원리와 법칙. ¶자연의 ~. 2 〖가〗〖기〗 세상과 우주 만물을 다스리는 하느님의 뜻. ¶신의 ~. **섭리-하다** 〖동〗〖타〗〖여〗

섭생(攝生) [~쌩] 〖명〗 좋은 음식을 골라서 먹는 등의 방법으로 건강을 유지하고 나아지게 하는 것. 비양생(養生). **섭생-하다** 〖동〗〖여〗

섭섭-하다 [~써파~] 〖형〗 1 정에 끌려 서로 헤어지기가 어렵다. 든든한 친구와 헤어지자니 정말 ~. 2 없어지는 것이 아깝다. 3 기대에 어그러져 마음이 서운하고 불만스럽다. ¶내 부탁을 거절하다니 정말 ~. ×섭ра하다. **섭섭-히** 〖부〗

섭씨(攝氏) 〖명〗 '섭씨온도'의 준말.

섭씨-온도(攝氏溫度) 〖물〗 섭씨온도계의 눈금의 명칭. 기호는 ℃. 준섭씨. ▷화씨온도.

섭씨-온도계(攝氏溫度計) [~계/~게] 〖명〗 〖물〗 1기압에서 물의 어는점을 0℃, 끓는점을 100℃로 정하고, 그 사이를 100등분한 온도계.

섭외(涉外) [~외/~웨] 〖명〗 외부와 연락·교섭하는 일. ¶~ 활동. **섭외-하다** 〖동〗〖타〗〖여〗 ¶광고 모델을 ~.

섭정(攝政) [~쩡] 〖명〗 임금이 직접 통치할 수 없을 때, 임금을 대신하여 나라를 다스리는 것. 또는, 그 사람. **섭정-하다** 〖동〗〖자〗〖여〗

섭취(攝取) 〖명〗 1 영양이 되는 물질을 몸안에 받아들이는 것. 2 〔긍정적 요소를〕 받아들이는 것. ¶선진 문화의 ~. **섭취-하다** 〖동〗〖타〗〖여〗 ¶음식을 골고루 ~. **섭취-되다** 〖동〗〖자〗

섭-하다 〖형〗 '섭섭하다'의 잘못.

섰다 [섣따] 〖명〗 화투를 두 장씩 노나 가지고 끗수로 겨루는 노름의 한 가지. 돈을 더 태우며 버틸 때 '섰다'라고 말함.

성¹(性) 〖명〗 불유쾌한 충동으로 왈칵 치미는 노여운 감정.
성이 머리끝까지 나다 성이 몹시 나다.

성² 〖명〗〖어미〗 ('-ㄴ', '-는', '-ㄹ' 아래에 '싶다', '부르다', '하다'와 함께 쓰여〕 '~것 같다'의 뜻으로, 막연한 추측이나 가능성을 나타내는 말. ¶그분이 내일 올 ~은 도무지 확실하지 않다.

성³(姓) 〖명〗 출생의 계통을 나타내는, 겨레붙이의 칭호. 곧, 김(金)·박(朴)·이(李) 따위. 즉성씨.
성을 갈겠다 다시는 하지 않겠다고 맹세하거나 장담·단언할 때 이르는 말. ¶내 말이 거짓말이면 ~.

성⁴(性) 〖명〗 1 사람·사물의 본성이나 본바탕. 2 〖생〗 남성과 여성, 암컷과 수컷의 구별. 또는, 남성 또는 여성의 육체적 특성. 3 남녀간의 육체적 행위(키스·애무·성교 따위)에 관계되는 일. ≒섹스. ¶~에 눈을 뜨다. 4 〖언〗 인도·유럽 어에서, 명사·대명사 등의 문법상 성질의 하나로서 남성·여성·중성으로 나뉘는 것.
성(에) 차다 흡족하게 여겨지다.

성⁵(省) 〖명〗 1 〖지〗 중국의 지방 행정 구획의 이름. ¶광동 ~. 2 〖정〗 일본의 중앙 행정 기관. ¶외무~.

성⁶(城) 〖명〗 적을 막기 위하여 흙이나 돌로 쌓은 큰 담. ≒성곽.

성⁷(聖) 〖관〗〖기〗 성인으로 추앙받는 사람의 이름 앞에 붙이는 말. ¶~ 베드로.

성-⁸(聖) 〖접두〗〖가〗〖기〗 크리스트교에 관한 사물의 이름 앞에 붙어, 거룩한 뜻이나 그 관계를 나타내는 말. ¶~만찬 / ~십자가.

-성⁹(性) 〖접미〗 일부 명사 뒤에 붙어, 그런 성질·경향을 나타내는 말. ¶인간~ / 순수~.

성가(成家) 〖명〗 1 재물을 모아 한 집안을 일으키는 것. ¶자수~. 2 학문이나 기술이 뛰어나서 한 체계를 이루는 것. **성가-하다** 〖동〗〖자〗〖여〗

성가²(聖歌) 〖명〗 1 크리스트교의 종교 가곡. 2 〖가〗 미사 때와 기타 예식 때 부르는 노래.

성가(聲價) [~까] 〖명〗 세상의 좋은 소문이나 평판. ¶그 회사 제품은 해외 시장에서 ~를 인정받았다.

성가-대(聖歌隊) 〖가〗〖기〗 찬송가나 성가를 부르기 위하여 조직된 합창대.

성가시다 〖형〗 자꾸 들볶거나 번거롭게 굴어 괴롭고 귀찮다. ¶싫다는데도 남자가 줄곧 따라다니면서 **성가시게** 군다.

성-가정(聖家庭) 〖가〗 성모 마리아·요셉·예수로 이루어지는 거룩한 가족. 예로부터 회화·조각의 좋은 제재가 됨.

성감(性感) 〖명〗 성교(性交)할 때에 느끼는 육체적 쾌감.

성감-대(性感帶) 〖명〗 자극을 받으면 성적 흥분이나 쾌감을 일으키는 신체의 부분.

성게 〖동〗 바다에 수많은 가시가 나있고 몸이 둥글고 표면에 수많은 가시가 나 있는 동물. 발생학·세포학의 실험에 많이 쓰임.

성격(性格) [~껵] 〖명〗 1 각 개인에게 특유한 감정·의지·행동 등의 경향. ¶침착한 ~ / ~이 원만하다. 2 어떤 사물이나 현상이 자체로 지니고 있는 성질.

성격^배우(性格俳優) [~껵빼~] 〖연〗 어떤 인물의 개성적인 성격을 교묘하고 능숙하게 잘 표현하는 재능을 가진 배우.

성격-파(性格派) [~껵~] 〖연〗 〔주로 '배우' 앞에 쓰여〕 인물의 개성적인 성격을 능숙하게 연기해 내는 부류. ¶~ 배우.

성-결(性-) [~껼] 〖명〗 성품의 끔끔하나 사나운 바탕이나 상태.

성결-교(聖潔敎) 〖기〗 개신교의 한 파. 오순절의 성령 세례를 강조함.

성경(聖經) 〖가〗〖기〗 크리스트교의 경전. 비성서.

성-골(聖骨) 〖명〗 신라 때 골품의 첫째 등급. 부모가 모두 왕족인 사람. ▷진골.

성공(成功) 〖명〗 1 〔목적으로 삼은 일에〕 잘 대응하거나 최선을 다하여 뜻을 이루는

성공(成功) [-꽁] 〖명〗 ❶어떤 일을 뜻한 대로 이루는 것. ❷(어떤 일이) 뜻한 대로 잘 이루어지는 것. ❸(사람이) 사회 활동의 결과로 높은 지위나 많은 재물을 얻게 되거나 크게 이름을 떨치게 되는 것. ↔실패. **성공-하다** 〖동〗〖자〗 ¶이 영화는 흥행에 **성공했다**.

성공-담(成功談) 〖명〗 어떤 일을 성공하기까지 그에 얽힌 이야기. ↔실패담.

성공-리(成功裡) [-니] 〖명〗 =성공리에.

성공리-에(成功裡-) [-니-] 〖부〗 일이 성공적으로 잘되는 가운데. =성공리. ¶공연을 ~ 마치다.

성공-적(成功的) 〖관〗〖명〗 성공했다고 할 만한 (것). ¶수술을 ~으로 끝내다.

성:-공회(聖公會) [-회/-훼] 〖명〗〖기〗 개신교의 한 파. 영국 국교회의 전통과 조직을 같이하는 교회의 총칭.

성과(成果) [-꽈] 〖명〗 일이 이루어진 결과. ¶학술 조사에서 큰 ~를 올리다.

성과-급(成果給) [-꽈-] 〖명〗 작업의 성과를 기준으로 하여 지급되는 임금. ↔기간급·시간급.

성곽(城郭·城廓) 〖명〗 ❶내성(內城)과 외성(外城)을 아울러 이르는 말. ❷=성(城).

성광(星光) 〖명〗=별빛.

성:교(性交) 〖명〗 남녀가 육체적으로 관계하는 것. 곧, 남자의 음경을 여자의 질 속에 삽입하는 것. =교합(交合). 〖비〗성행위·밤일·교접. **성:교-하다** 〖동〗〖자〗.

성:-교육(性敎育) 〖교〗 청소년에게 성에 관한 올바른 지식을 주기 위한 교육.

성구(成句) [-꾸] 〖명〗 ❶〖언〗 하나의 뭉뚱그려진 뜻을 나타내는 글귀. 또는, 예로부터 내려오는 관용구. ❷옛사람이 지어 널리 알려져 쓰이고 있는 글귀. ×성귀.

성:구(聖句) [-꾸] 〖명〗 성서에 있는 글귀.

성:군(聖君) 〖명〗 어질고 덕이 뛰어난 임금. =성왕.

성귀(成句) "성구(成句)"의 잘못.

성균-관(成均館) 〖역〗 고려·조선 시대의 유교의 교육을 맡아보던 곳. =태학. [성균관 개구리] 자나 깨나 글만 읽는 사람을 놀으로 이르는 말.

성글다 (〈성그니, 성그오〉=성기다.

성금(誠金) 〖명〗 어려운 사람을 돕거나 공익사업을 위해 자발적으로 내는 돈. ¶불우이웃 돕기 ~. 〖헌〗금.

성:급-하다(性急-) [-그파-] 〖형〗〖여〗 어떤 사람이) 어떤 일을 차분함이 없이 급하게 하는 상태에 있다. ¶**성급한** 행동. **성:급-히** 〖부〗 ¶너무 ~ 판단하지 마라.

성:기(性器) 〖명〗 성교 또는 교미를 하기 위한 신체 기관. 〖비〗생식 기관.

성기다 〖형〗 ❶물건과 물건의 간격이 뜨다. ¶머리카락이 ~. ❷시간적으로 동안이 뜨다. =성글다. ↔배다.

성:-깔(性-) 〖명〗 성질을 부리는 버릇이나 태도. 주로, 부정적인 문맥에 쓰임. ¶~을 부리다 / ~이 있다.

성:깔-머리(性-) 〖명〗 '성깔'을 속되게 이르는 말.

성:-나다 〖자〗 ❶노엽거나 불쾌한 감정이 나다. 〖비〗화나다·골나다. ¶**성난** 얼굴. ❷흥분되어 거친 기운이 일어나다. ¶**성난** 파도. ❸잘못 건드려 종기가 크다.

성난 젊은이들 〖문〗 제2차 세계 대전 후 기성 사회의 질서·권위·제도등을 날카롭게 비판한, 영국의 젊은 작가군.

성내(城內) 〖명〗 성의 안.

성:-내다 〖동〗〖자〗 노여움을 나타내다. 〖비〗골내다·화내다.

성냥 〖명〗 [<석유황(石硫黃)] 가늘고 짤막한 나뭇개비의 한쪽 끝에 황린이나 적린이나 황 따위를 묻혀서, 그것을 거친 면에 문지르면 불꽃이 일어나게 만든 물건.

성냥-갑(-匣) [-깝] 〖명〗 성냥개비를 넣는 갑.

성냥-개비 [-깨-] 〖명〗 성냥의 낱개비.

성냥-불 [-뿔] 〖명〗 성냥으로 켜는 불.

성:녀(聖女) 〖명〗 여자 성인(聖人).

성년(成年) 〖명〗〖법〗 신체나 지능이 완전히 발달되어 완전한 행위 능력이 있다고 보는 나이. 우리나라 민법에서는 만 20세를 성년으로 규정함. 〖비〗어른. ↔미성년.

성년-식(成年式) 〖명〗 만 20세가 되는 젊은이에게 성인으로서의 자부심과 책임감을 일깨워 주기 위해 베푸는 의식. ▷관례.

성년의 날(成年-) [-에/-에-] 〖명〗 만 20세가 되는 젊은이에게 성인으로서의 자부심과 책임감을 일깨워 주기 위해 정부에서 제정한 기념일. 5월 셋째 월요일.

성:능(性能) 〖명〗 어떤 물건이 지닌 성질과 기능. ¶~이 우수한 엔진.

성단(星團) 〖명〗〖천〗 천구 상의 군데군데에 몰려 있는 별들의 집단.

성:당(聖堂) 〖명〗 가톨릭의 종교 의식이 행해지는 건물. 〖비〗성전(聖殿).

성대¹ 〖동〗 몸은 길이 40cm 안팎으로 가늘고 길며, 주둥이가 뾰족한 바닷물고기. 몸빛은 등이 보라색이고 암적색 무늬가 있음. 식용함.

성대²(聲帶) 〖명〗〖생〗 사람의 후두(喉頭) 중앙부에 있어 그 진동으로 소리를 내는 한 쌍의 기관. =목청.

성대-모사(聲帶模寫) 〖명〗 다른 사람의 목소리나 동물의 소리를 흉내 내는 일.

성:대-하다(盛大-) 〖형〗〖여〗 (규모·집회·기세 따위가) 성대하고 크다. 〖비〗푸짐하다. **성대한** 만찬. **성:대-히** 〖부〗 ¶예식을 ~ 치르다.

성:덕(聖德) 〖명〗 ❶성인의 거룩한 덕. ❷임금의 덕.

성:도¹(成道) 〖명〗〖불〗 수행을 하여 깨달음을 얻는 일. 특히, 석가모니가 보리수 아래서 큰 깨달음을 얻은 일.

성도²(星圖) 〖명〗〖천〗 항성의 적경(赤經)·적위(赤緯)·등급 등을 표시한 그림.

성:도³(聖徒) 〖명〗 ❶〖기〗 기독교 신자들이 서로 상대방을 높여 부르는 말.

성:도⁴(聖都) 〖명〗 성스러운 도시.

성:-도덕(性道德) 〖명〗 남녀 사이의 성에 관한 사회적 윤리 규범. ¶~이 문란해지다.

성:도착-증(性倒錯症) [-쯩] 〖명〗〖심〗 비정상적인 자극에 의해 성적 만족을 얻으려는 증상. 관음증·노출증·사디즘 따위.

성량(聲量) 〖명〗 말하거나 노래 부르거나 할 때, 목소리의 크기나 우렁찬 정도. 〖비〗불륨·음량. ¶~이 풍부한 가수.

성:령(聖靈) [-녕] 〖명〗〖가〗〖기〗 성삼위의 제3위격. 하느님의 영(靈)을 말함. =성신. 〖참〗성부·성자.

성례(成禮) [-녜] 〖명〗 혼인의 예식을 지내는 것. **성례-하다** 〖동〗〖여〗.

성리-학(性理學) 〖명〗〖철〗 중국 송(宋)·명(明) 대에 성했던 유학의 한 계통. 성명(性命)과 이기(理氣)의 관계를 논한 유교 철학의, 남송의 주희가 집대성했음. =도학·주자학.

성립(成立) [-닙] 〖명〗 일이나 물건이 이루어지는 것. 성립-하다 통(자여) 성립-되다 통(자) ¶계약으로 ~.
성:-마르다(性-) 형[르]〈~마르니, ~말라〉 참을성이 없고 성질이 조급하다.
성:-매매(性賣買) 몡 돈을 대가로 주거나 받고 성행위를 하는 일. ¶청소년 ~.
성:명¹(姓名) 몡 성(姓)과 이름을 아울러 이르는 말. 삐이름. 성함.
성:명²(性命) 몡 인성(人性)과 천명(天命).
성:명³(聲明) 몡 어떤 일에 대한 입장이나 태도, 견해 따위를 글이나 말로 여러 사람에게 밝히는 것. 또는, 그 입장이나 견해. 삐메시지. ¶~을 발표하다. 성명-하다 통(타여)
성:명부지(姓名不知) 몡 성명을 모른다는 뜻으로, 아무 관계가 없음을 이르는 말.
성명-서(聲明書) 몡 공적(公的) 기관이나 단체 등이 일정 사항에 대하여서 그의 방침·견해를 공표하는 문서.
성:모(聖母) 몡[가] =성모 마리아.
성:모^마리아(聖母Maria) 몡[가] 예수 그리스도의 어머니인 마리아를 높여 부르는 이름. =성모.
성:모-상(聖母像) 몡 성모 마리아의 조각상.
성:모-송(聖母誦) 몡[가] 성모 마리아를 칭송하는 기도. ¶=아베 마리아.
성묘(省墓) 몡 조상의 산소를 찾아 돌보는 것, 또는 그 일. 주로 설·한식·추석날에 함. 성묘-하다 통(자여)
성묘-객(省墓客) 몡 성묘하러 가는 사람.
성문(成文) 몡[가] 문장이나 문서를 작성하는 것. 또는, 그 문장이나 법문. ¶~헌법. 성문-하다 통(타여)
성문²(城門) 몡 성의 출입구에 만든 문.
성문³(聲紋) 몡 목소리를 주파수 분석 장치로 줄무늬 모양의 그림으로 바꾼 것. 범죄 수사 등에 이용함.
성문-법(成文法) 몡[-뻡] 몡[법] 문자로 적어 나타내고, 문서의 형식을 갖추고 있는 법. =성문율. ↔불문법.
성문-율(成文律) 몡[-뉼] 몡[법] =성문법. ↔불문율.
성문-화(成文化) 몡 문장으로 써서 나타내는 것. 성문화-하다 통(타여) ¶계약 내용을 ~. 성문화-되다 통(자여)
성물(聖物) 몡 1 신성한 물건. 2[가][기] 종교적 의식에 쓰이는 여러 가지 거룩한 물건.
성:미(性味) 몡 성질과 비위. 또는, 성정과 취미. ¶괴팍한 ~.
성:배(聖杯) 몡[가][기] 예수가 최후의 만찬에 쓴 술잔.
성:-범죄(性犯罪) 몡[-죄/-쮀] 몡 성에 관계되는 범죄. 강간·강제 추행 따위.
성:벽(性癖) 몡 굳어진 성미나 버릇.
성벽²(城壁) 몡 성을 쌓아 만든 벽.
성:별(性別) 몡 남성·여성의 구별. ¶응시 자격은 ~과 연령의 제한이 없음.
성:병(性病) 몡[-뼝] 몡[의] 주로 성행위에 의하여 전염되는 병. 매독·임질 따위.
성:복(成服) 몡 상가에서 초상 난 뒤 처음으로 상복을 입는 일. 성복-하다 통(자여)
성:복²(盛服) 몡 잘 차려입은 옷.
성:부¹(聖父) 몡 삼위일체의 제1위격. 하느님의 부성(父性)을 나타냄. ▷성자·성령.
성부²(聲部) 몡[음] 다성 음악을 구성하는 각 부분. 소프라노·알토·테너·베이스 따위. =파트(part).
성:-부르다 [보동]〈~부르니, ~불러〉 =성싶다. ¶하늘이 잔뜩 흐려 있는 걸 보니 금방이라도 비가 쏟아질 ~.
성분(成分) 몡 1 물체를 이루는 바탕이 되는 요소. 2[언] 하나의 문장을 구성하는 요소. 곧, 주어·서술어·목적어 따위. 어떤 사람이 가지고 있는 사회 이념적 사상의 경향, 또는 그가 태어나거나 속해 있는 사회 계층의 성격. ¶출신 ~.
성분^부사(成分副詞) 몡[언] 문장의 한 성분을 꾸며 주는 부사. 성상 부사·지시 부사·부정 부사 등이 있음. ▷문장 부사.
성불(成佛) 몡[불] 깨달음을 얻어 부처가 되는 것. 성불-하다 통(자여)
성:비(性比) 몡[생] 같은 종(種) 중에서의 암컷과 수컷의 개체 수의 비.
성사¹(成事) 몡 일을 이루는 것. 또는, 일이 이루어지는 것. ¶결혼을 ~시키다. 성사-하다 통(자여) 성사-되다 통(자여)
성:사²(聖事) 몡[가] 형상 있는 표적으로써 형상 없는 신의 은총을 드러내는 것. 곧, 세례·견진·고백·성체·병자·신품·혼배의 일곱 가지임.
성-삼문(成三問) 몡[인] 조선 시대의 문신 (1418~1456).
성:-삼위(聖三位) 몡[기] 삼위일체인 하느님의 세 위격. 곧, 성부·성자·성령.
성:상¹(星霜) 몡 [주로] 1 긴 세월. 흐른 기와지붕이 천고의 ~을 말해 준다. 2 ('~ 개 성상'의 꼴로 쓰여) '해'를 문어적으로 이르는 말. ¶25개 ~이 흐르다. [2] (의존) (주로 '10여, 20여, 30여 …' 등의 꼴로 쓰여) '년(年)' 또는 '년의 세월'의 뜻을 문어적으로 이르는 말. ¶50여 ~.
성:상²(聖上) 몡 살아 있는 자기 나라의 임금을 높여 이르는 말. 삐주상(主上).
성:상³(聖像) 몡[가] 그리스도나 성모 또는 성인들의 모습을 그리거나 새긴 상(像).
성:상^관형사(性狀冠形詞) 몡 사물의 성질이나 상태를 나타내는 관형사. '새', '헌', '순(純)' 따위. ▷지시 관형사.
성:-상납(性上納) 몡〈속〉어떤 특혜나 대가를 바라고 권력을 가진 사람에게 여자가 자기의 몸을 바치는 것. 또는, 뇌물의 수단으로 여자를 바치는 것.
성:상^부사(性狀副詞) 몡[언] 사물의 성질이나 상태를 한정하여 꾸미는 부사. '잘', '데굴데굴' 따위. ▷지시 부사.
성:상^형용사(性狀形容詞) 몡 사물의 속성이나 상태를 나타내는 형용사. '붉다', '기쁘다' 따위. ▷지시 형용사.
성:-생활(性生活) 몡 남녀의 육체적 관계에 관한 생활.
성:서(聖書) 몡[가][기] 크리스트교의 경전이 되는 책. 구약 성서와 신약 성서로 이뤄짐. =바이블. 삐성경.
성:선(性腺) 몡[생] =생식샘.
성:선-설(性善說) 몡[윤] 인간의 본성은 선천적으로 착하나, 나쁜 환경이나 물욕(物慾)으로 악한 일을 저지르게 된다는 설. 중국의 맹자가 주장함. ↔성악설.
성성-이(猩猩-) 몡[동] =오랑우탄.
성성-하다(星星-) 형(여) 머리털이 대부분 세어 허옇게 된 상태에 있다. ¶백발이 성성한 노인.
성:세(盛世) 몡 국운이 번창하고 있는 태평한 시대. 삐성시(盛時).

성ː세²(聖世) [명] 어진 임금이 다스리는 세상. 또는, 그 시대를 높여 이르는 말. ¶태평~.

성ː쇠(盛衰) [-쇠/-쉐] [명] 성함과 쇠퇴함. ¶흥망~.

성수¹(星宿) [명][천] 모든 별자리의 별들.

성ː수²(聖水) [명][가][기] 성례에 쓰기 위하여 교회의 이름으로 축성(祝聖)한 물.

성ː수-기(盛需期) [명] 상품이나 서비스의 수요가 많은 시기. ¶선풍기는 여름이 ~이다. ↔비수기.

성숙(成熟) [명] **1** (농작물·과실 등이) 충분히 익는 것. **2** (몸과 마음이) 자라서 어른스럽게 되는 것. **3** 경험이나 습관을 쌓아서 익숙해지는 것. **4** 오랜 준비 기간을 거쳐서, 어떤 일을 시작하기 위한 적당한 시기에 이르는 것. **성숙-하다** [동][자][여] ¶**성숙한** 연기. **성숙-되다** [동][자] ¶노사 모두 **성숙된** 자세로 협상에 임하다.

성숙-기(成熟期) [-끼] [명] **1** 성숙되어 가는 동안. **2** 성숙된 시기. **3** 사람의 육체와 정신의 발육이 한창인 때.

성ː-스럽다(聖-) [-따] [형][ㅂ] 〈~스러우니, ~스러워〉 신성(神聖)한 상태에 있다. ¶성당은 예배를 드리는 **성스러운** 곳이다.

성시¹(成市) [명] 장이 서는 것. 또는, 시장을 이루는 것. ¶문전(門前)~.

성ː시²(盛市) [명] 성황을 이룬 시장.

성ː시³(盛時) [명] 국운이 흥성한 때. [비]성세(盛世).

성ː신(聖神) [명][가][기] =성령(聖靈).

성실(誠實) [명] 맡은 일을 정성을 다해 열심히 하는 태도가 있는 것. **성실-하다** [형][여] [비]착실하다. ¶**성실한** 학생. **성실-히** [부] ¶~ 살고 있다.

성실-성(誠實性) [-썽] [명] 맡은 일을 정성을 다해 열심히 하려는 태도나 성질.

성심(誠心) [명] 진실되고 정성스러운 마음. ¶~으로 일하다.

성심-껏(誠心-) [-껃] [부] 정성을 다하여. ¶맡은 일을 ~ 처리하다.

성심-성의(誠心誠意) [-의/-이] [명] 정성스럽고 참된 마음과 뜻. ¶~를 다하다.

성심성의-껏(誠心誠意-) [-의껃/-이껃] [부] 정성스럽고 참된 마음과 뜻을 다하여. ¶질문에 ~ 대답하다.

성-싶다 [-십따] [형][보조] (어미 '-ㄴ', '-는', '-ㄹ' 아래에 쓰여) '~ 것 같다'의 뜻으로, 막연한 추측이나 가능성을 나타내는 말. =성부르다·성하다. ¶구름이 잔뜩 낀 걸 보니 비가 올 ~.

성ː씨(姓氏) [명] '성(姓)³'을 높이거나 격식을 갖추어 이르는 말.

성악(聲樂) [명][음] 사람의 목소리로 표현하는 음악. 특히, 가곡·오페라와 같은 서양의 고전 음악을 가리킴. ↔기악(器樂).

성악-가(聲樂家) [-까] [명] 가곡이나 오페라 등을 주로 노래하는 음악가.

성악-곡(聲樂曲) [-꼭] [명][음] 성악을 위해 만든 곡.

성ː악-설(性惡說) [-썰] [명][윤] 인간의 본성은 이기적이고 악하므로 선(善) 행위는 후천적 습득에 의해서만 가능하다고 보는 설. 중국의 순자가 주장함. ↔성선설.

성-안¹(城-) [명] 성벽으로 둘러싸인 안.

성안²(成案) [명] 어떤 내용·계획·방침 등에 관한 안을 작성하는 것. 또는, 그 안. **성안-하다** [동][타][여] **성안-되다** [동][자]

성ː애(性愛) [명] 남녀 사이의 성적인 애정.

성어¹(成魚) [명] 다 자란 물고기. ↔치어.

성어²(成語) [명] 예로부터 쓰여 관용적인 뜻으로 굳어진 말.

성ː업(盛業) [명] 사업이 썩 잘됨. ¶그 가게가 요사이 아주 ~ 중이더군.

성에 [명] 추운 겨울에 유리나 벽 등에 수증기가 허옇게 얼어붙은 것. ¶~가 끼다.

성엣-장 [-에짱/-엗짱] [명] 물 위에 떠서 흘러가는 얼음덩이.

성역¹(城役) [명] 성(城)을 새로 쌓거나 고쳐 쌓는 일.

성ː역²(聖域) [명] **1** 아무나 함부로 접근할 수 없는 종교적으로 신성한 지역. **2** 법적인 처벌이나 제재를 가하지 못하는, 절대 권력이나 특수한 세력의 영역을 비유적으로 이르는 말. ¶~ 없는 수사.

성역³(聲域) [명][음] 사람이 노래 부를 수 있는 음성의 범위. ¶~이 넓다.

성ː-염색체(性染色體) [명][생] 암수의 성을 결정하는 데 관계하는 염색체.

성ː왕(聖王) [명] =성군(聖君).

성ː욕(性慾) [명] 성적인 만족이나 쾌감을 느끼고 싶어 하는 욕구. [비]정욕. ¶~ 감퇴 / 변태 ~.

성우(聲優) [명] 라디오의 방송극이나 외화의 더빙 등에서, 모습은 나타내지 않고 목소리만으로 연기하는 배우.

성운(星雲) [명][천] 구름 모양으로 퍼져 보이는 천체.

성ː웅(聖雄) [명] 뛰어난 영웅. ¶~ 이순신.

성원¹(成員) [명] **1** 어떤 단체·조직을 형성하는 사람. [비]구성원·멤버. **2** 회의 성립에 필요한 인원. ¶~ 미달.

성ː원²(聖院) [명][종] 이슬람교에서, 예배를 보는 건물을 이르는 말. =모스크.

성원³(聲援) [명] 남이 하는 일이 잘되도록 격려하거나 도와주는 것. ¶아낌없는 ~을 보내다. **성원-하다** [동][타][여]

성ː은(聖恩) [명] 임금의 큰 은혜. ¶~이 망극하옵니다.

성의(誠意) [-의/-이] [명] 어떤 일을 정성껏 하는 태도나 마음. ¶~가 없다.

성의-껏(誠意-) [-의껃/-이껃] [부] 있는 성의를 다하여. ¶~ 보살피다.

성인¹(成人) [명] 이미 성년이 된 사람. 보통, 만 20세 이상의 남녀를 일컬음. =대인. [비]어른.

성인²(成因) [명] 사물이 이루어지는 원인.

성ː인³(聖人) [명] **1** 덕과 지혜가 뛰어나 길이 우러러 받들고 모든 사람의 스승이 될 만한 사람. =성자(聖者). **2** [가] 교회에서 일정한 의식에 의해 성덕이 뛰어난 사람으로 선포한 사람.

성ː인-군자(聖人君子) [명] 성인이나 군자처럼 언행이 바르고 높은 덕을 갖춘 사람. 비유적인 말임.

성인-병(成人病) [-뼝] [명][의] 주로 중년 이후에 나타나는 병의 총칭. 동맥 경화·고혈압·당뇨병·백내장 따위.

성인-용(成人用) [-뇽] [명] 성인이 이용하게 되어 있는 상태. 또는, 그런 목적의 대상. ¶~ 영화.

성ː자¹(姓字) [-짜] [명] 성(姓)을 나타내는 글자.

성ː자²(聖子) [명][가][기] 성삼위의 제2위격. 성부의 아들인 예수 그리스도를 말함. ▷성령·성부.

성ː자³(聖者) [명] =성인(聖人)³1.

성장¹(成長) 명 1 (사람·동식물이) 자라서 점점 커지는 것. 2 사물의 규모가 커지는 것. ¶경제 ~/고도(高度) ~. **성장-하다** 통(자)여 ¶그 회사는 한국의 10대 기업의 하나로 성장했다. **성장-되다** 통(자)여

성장²(盛裝) 명 잘 차려입는 것. 또는, 그런 차림. **성장-하다**² 통(자)여

성장-기(成長期) 명 1 성장하는 동안. 2 성장하는 시기. ↔노쇠기.

성장-률(成長率) [-뉼] 명[경] '경제 성장률'의 준말.

성장-세(成長勢) 명 어떤 일이나 상태가 커지는 형세. ¶~가 둔화되다.

성장-점(成長點) [-쩜] 명[식] =생장점.

성장-주(成長株) 명[경] 장래에 높은 성장이 기대되는 기업의 주식.

성장-통(成長痛) 명[의] 성장 속도가 빠른 아동에게 나타나는, 종아리와 정강이 따위는 허벅지에 통증을 느끼는 증세.

성장-판(成長板) 명[생] 뼈를 발달하게 성장을 이루게 키를 크게 하는 뼈 끝의 부분. 손목·팔꿈치·어깨·발목·무릎·대퇴골·척추 등 관절 주위에 위치함. ¶~이 열려 있어 키가 더 자랄 수 있음.

성장^호르몬(成長hormone) 명[동] =생장 호르몬.

성적¹(成績) 명 1 하여 온 일이나 사업 등의 결과. ¶판매도 상반기의 판매 ~이 좋지 않다. 2[교] 학생들이 배운 지식·기능·태도 등이 평가된 결과. ¶시험 ~.

성적²(性的) [-쩍] 관[의] 성(性)에 관계하는 (것). ¶~ 욕망.

성적-순(成績順) [-쑨] 명 성적의 좋고 나쁨으로 매기는 순서. ¶~으로 내신 등급을 매기다.

성적-표(成績表) 명 성적을 기록한 표. 특히, 학업 성적 일람표.

성전¹(聖典) 명 '경전'을 성스럽다는 뜻으로 이르는 말.

성전²(聖殿) 명 신성한 전당.

성전³(聖戰) 명 1 종교적 이데올로기에 의하여 수행되는 전쟁. 2 거룩한 사명을 띤 전쟁. ¶조국 광복을 위한 ~에 몸을 바치다.

성-전환(性轉換) 명 남성 또는 수컷, 여성 또는 암컷이 반대의 성의 특성을 나타내거나 나타낼 수 있게 하는 일이나 현상.

성정(性情) 명 성질과 심정. 또는, 타고난 본성. ¶성품(性稟). ¶~이 어질다.

성정-머리(性情-) [-쩡-] 명 '성정(性情)'을 속되게 이르는 말. ¶~가 고약하다.

성조¹(成鳥) 명 다 자라 생식력을 가진 새.

성조²(聲調) 명 1 목소리의 가락. 2[언] 자어를 이루는 각 음절의 일정한 소리의 높이.

성조-기(星條旗) 명 미국의 국기.

성종(成宗) 명[인] 고려의 제6대 왕(960~997).

성좌(星座) 명[천] =별자리. ¶오리온 ~.

성주¹(-) 명[민] 집을 지키고 보호한다는 신령.

성주²(城主) 명 1 성의 우두머리.

성주-풀이(-) 명[민] 무당이 성주를 받아들일 때 복을 빌기 위해 부르는 노래. 또는, 그 굿. **성주-풀이하다** 통(자)여

성지(聖地) 명 종교적인 유적이 있는 곳. ¶~를 순례하다.

성직(聖職) 명 1 거룩한 직분. 2[가][기] 교회에 의하여 규정된 규범에 따라 하느님에게 봉사하는 직무. 또는, 그런 직분.

성직-자(聖職者) [-짜] 명 교회에서, 신자들의 신앙을 지도하고 인도하는 직분을 가진 사람. 주교·신부·목사 따위.

성질(性質) 명 1 마음의 바탕. ¶~이 급하다. 2 사물이나 현상이 본디부터 가지고 있는 고유의 특성. ¶그 문제는 이 자리에서 논의할 ~의 것이 아니다.

성질-나다(性質-) [-라-] 통(자) '화나다'를 약간 속되이 이르는 말.

성질-내다(性質-) [-래-] 통(자) '화내다'를 약간 속되이 이르는 말. =성질부리다.

성질-부리다(性質-) 통(자) =성질내다.

성징(性徵) 명 남녀·자웅(雌雄)을 구별하는 형태적 특징.

성차(性差) 명 남성과 여성의 신체적·생리적·정신적 차이.

성찬¹(盛饌) 명 푸짐하게 잘 차린 음식.

성찬²(聖餐) 명[기] 성찬식 때 쓰는 음식.

성찬-식(聖餐式) 명[기] 예수의 최후를 기념하여 그 살과 피를 상징하는 빵과 포도주를 나누는 의식.

성찰(省察) 명 (자기 자신이나 자신이 한 일을) 마음속으로 되돌아보고 살피는 것. ¶자아 ~. **성찰-하다** 통(타)여

성채(城砦) 명[인] 성과 요새.

성철(性澈) 명[인] 승려(1912~1993).

성체¹(成體) 명[생] 다 자라서 생식 능력이 있는 동물. 또는, 그 몸. ↔유생(幼生).

성체²(聖體) 명[가] 성스럽게 된 빵과 포도주. 곧, 예수의 몸과 피를 가리킴.

성총(聖寵) 명 임금의 은총.

성-추행(性醜行) 명 폭행이나 협박을 수단으로 하여 이성에게 성교 이외의 성적인 행위를 하는 일. '성희롱'보다는 무겁고 '성폭행'보다는 가벼운 범죄 행위임. **성추행-하다** 통(자)여

성충(成蟲) 명[동] 다 자라서 생식 능력이 있는 곤충. =엄지벌레. ↔애벌레.

성취(成就) 명 목적한 바를 이루는 것. **성취-하다** 통(타)여 ¶목적을 ~. **성취-되다** 통(자) ¶소원이 ~.

성취-감(成就感) 명 목표한 것을 이루었을 때 느끼는 만족스러운 감정.

성취-동기(成就動機) 명 어떤 일을 훌륭하게 이루어 보겠다는 내적 의욕.

성취^지수(成就指數) 명[교] 교육 지수(EQ)를 지능 지수(IQ)로 나눈 것에 100을 곱한 수치. 지능에 비하여 학습이 어느 정도인가를 보여 줌. =에이큐(AQ).

성층(成層) 명 층을 이루는 것. 또는, 그 층. **성층-하다** 통(자)여

성층-권(成層圈) [-꿘] 명[기상] 대류권과 중간권 사이에 있는, 거의 안정된 대기층. 높이는 약 10~50km.

성큼 튀 1 발을 높이 들고 크게 내어 놓는 모양. ¶~ 차에 오르다. 2 어떤 때가 갑자기 가까워진 모양. ¶가을이 ~ 다가오다.

성큼-성큼 튀 발을 잇달아 높이 들고 크게 떼어 놓는 모양.

성탄(聖誕) 명[기] 성인이나 임금의 탄생. 2[가][기] '성탄절'의 준말.

성탄-절(聖誕節) 명[가][기] =크리스마스. ◎성탄.

성-터(城-) 명 성이 있던 자리.

성토(聲討) 명 여러 사람이 모여서 어떤 잘못을 논의하고 규탄하는 것. ¶~대회.

성토-하다 통여 ¶농민들은 농정(農政)의 실패를 **성토하는** 모임을 가졌다.
성토-장(聲討場) 명 여러 사람이 모여서 어떤 잘못을 논의하고 규탄하는 곳. ¶회의장은 경영진에 대한 ~이 되었다.
성패(成敗) 명 성공과 실패. ¶~ 여부.
성:-폭력(性暴力) [-풍녁] 명 상대가 원치 않는데도 강제로 성적(性的)인 언동을 하는 일. 강제로 하는 입맞춤·포옹·성교는 물론, 음란 전화나 공공연한 음담패설 등도 이에 해당함. ¶직장 내.
성:-폭행(性暴行) [-포캥] 명 폭행이나 협박을 수단으로 하여 이성과 성교를 하는 일. '성희롱'이나 '성추행' 보다 무거운 범죄 행위임. **성:폭행-하다** 통자
성:품(性品) 명 성질과 됨됨이. ¶너그러운 ~.
성:정(性情) 명 =성정(性情).
성:하(聖下) 명 [가] '교황(敎皇)'을 높이 이르는 말.
성-하다¹ 형여 1 본디대로 온전하다. ¶옷이 낡아 **성한** 곳이 없다. 2 병이나 탈이 없다. ¶몸도 **성치** 않은데 어딜 가려느냐. **성-히** 부 ¶몸 ~ 잘 있느냐?
성-하다² 형보여 =성싶다.
성-하다³(盛-) 형여 1 (기운·세력이) 한창 왕성하다. ¶공업이 **성한** 나라. 2 (나무가) 싱싱하며 푸르다. **성:-히** 부
성:함(姓銜) 명 '이름²' 또는 '성명'을 높여 이르는 말.
성:행(性行) 명 성질과 행실.
성행²(盛行) 명 매우 왕성하게 유행하는 것. **성행-하다** 통자여 ¶밀수가 ~. **성:행-되다** 통자
성:-행위(性行爲) 명 성적(性的)인 관계를 맺는 행위. 粗성교(性交).
성향(性向) 명 성질상의 경향. 田기질. ¶소비 ~ / 진보적 ~ 의 지식인.
성:현(聖賢) 명 성인과 현인을 아울러 이르는 말. ¶~ 군자.
성형(成形) 명 1 [의] 외과적 수단으로 신체의 어떤 부분을 고치거나 만드는 것. 2 [공] 그릇의 형체를 만드는 것. **성형-하다** 통타여 **성형-되다** 통자여
성형-수술(成形手術) 명 [의] 상해(傷害)로 인한 인체의 변형이나 선천적 기형, 또는 미관상 보기 흉한 부분을 외과적으로 교정·회복시키는 수술. **준성형술**.
성형-술(成形術) 명 =성형수술.
성형-외과(成形外科) [-외꽈/-웨꽈] 명 [의] 인체의 겉에 나타난 선천적·후천적 기형을 정상적인 모양으로 고치어서 외모를 보기 좋게 고치는 외과.
성:-호(聖號) 명 [가] 신자가 신앙을 나타 내기 위해 손으로 긋는 '十' 자 표.
성-호르몬(性hormone) [-몬] 명 [생] 척추동물의 생식샘에서 분비되는 호르몬. 생식기의 발육·기능 유지, 제2차 성징의 발현, 발정 상태 등에 관계함.
성혼(成婚) 명 (어떤 사람과) 혼인을 맺는 것. **성혼-하다** 통자여
성홍-열(猩紅熱) [-녈] 명 [의] 제2종 전염병의 하나. 주로 어린아이에게 나타나는데, 갑자기 열이 나고 목이 아프며 온몸에 붉은 발진이 생김.
성화¹(成火) 명 1 일이 뜻대로 되지 않아 답답하거나 애가 타는 것. 또는, 그런 증세. 2 매우 귀찮게 하는 일. ¶~ 를 부리다. **성화-하다** 통자여

성:화²(聖火) 명[체] 올림픽 따위의 큰 체육 대회장에 켜 놓는 횃불. ¶~ 를 봉송하다 / ~ 를 채화하다.
성:화³(聖畫) 명[미] 크리스트교의 내용을 그린 종교화.
성화-같다(星火-) [-갇따] 형 독촉 따위가 매우 심하고 다급하다. ¶빛 독촉이 ~. **성화같-이** 부
성황¹(城隍) 명[민] '서낭'의 원말.
성황²(盛況) 명 행사·모임·공연 등이 많은 사람들이 모여들어 활기를 띤 상태. ¶연극 공연이 ~ 을 이루다.
성황-당(城隍堂) 명[민] '서낭당'의 원말.
성:황-리(盛況裡) [-니] 부 =성황리에.
성:황리-에(盛況裏-) [-니-] 부 성황을 이룬 가운데. =성황리. ¶연주회가 ~ 끝나다.
성:-희롱(性戱弄) [-히-] 명 이성(異性)을 상대로 하여 음란한 말을 하거나 원치 않는 신체 접촉 등을 함으로써 굴욕감을 느끼게 하는 일. '성폭행'이나 '성추행' 보다는 가벼운 범죄 행위임. **성:희롱-하다** 통타여
섶¹[섭] 명 덩굴지거나 줄기가 약한 식물을 지탱시키기 위해 옆에 세우는 막대.
섶²[섭] 명 '옷섶'의 준말.
섶³[섭] 명 '섶나무'의 준말.
[섶을 지고 불로 들어가려 한다] 화를 자청하는 어리석은 행동을 하려 한다.
섶-나무[섭-] 명 잎나무·물거리·풋나무 의 땔나무감의 통칭. 준섶.
세:¹ 관 ('서' 나 '석'이 어울리는 단위성 의존 명사 이외의 것과 폭넓게 어울려) 수량이 '셋' 임을 나타내는 말. ¶~ 개 / ~ 가지 / ~ 번. ▷서·석.
[세 살 적 버릇이 여든까지 간다] 어릴 때 몸에 밴 버릇은 쉽게 고쳐지지 않는다.
세 치의 혀 '사람의 혀' 를 길이는 짧지만 영향력은 강함을 강조하는 뜻으로 이르는 말. ¶~ 로 천하를 쥐락펴락하다.
-세! 어미 동사의 어간에 붙어, '하게' 할 상대에게 무엇을 함께하자는 뜻을 나타내는 종결 어미. ¶이제 그만 일어나~.
세:¹(世) 명[지] 지질 시대 구분 단위의 하나. 기(紀)를 세분화한 것임. 홍적세·충적세 따위.
세:²(世) 명[존] 한 집안의 시조로부터 아래로 대의 차례를 헤아리는 말. ¶나폴레옹 1~. ▷대(代).
세:³(貰) 명 돈을 받고 빌려 주는 일. 또는, 그 돈. ¶~ 를 놓다.
세:⁴(稅) 명 '조세(租稅)' 의 준말.
세:⁵(勢) 명 '세력¹' 의 준말. ¶~ 를 겨루다.
세:⁶(歲) 의 사람의 나이를 세는 단위. 주로 한자어 수사 다음에 쓰임. 田산. ¶삼 ~ 삼 아동복.
세:-가(世家) 명 대대로 나라의 중요한 자리에 있거나 특권을 누리는 집안.
세:-간¹(-間) 명 집안 살림에 쓰는 온갖 물건. 田살림살이. ~=세간살이.
세간(을) 나다 함께 살던 사람이 따로 살림을 차리다. 田분가하다.
세:간²(世間) 명 1 세상의 많은 사람들. 또는, 많은 사람이 어우러져 사는 세상. ¶~ 의 이목을 끌다. 2 [불] 끊임없이 변화하고 생멸(生滅)을 거듭하는 현상 세계.
세간-살이[-싸-] 명 =세간.
세:계(世界) [-계/-게] 명 1 인류가 살고 있는 지구. 또는, 인류 사회 전체. ¶~ 속

세:계-관(世界觀)[-계-/-게-] 명 철세계를 하나의 통일체로 보고, 그 의의나 가치에 대하여 생각하는 사고방식.

세:계^기록(世界記錄)[-계-/-게-] 명 기록경기 등에서, 세계 최고의 기록. ¶~ 보유자.

세:계^대전(世界大戰)[-계-/-게-] 명 세계적인 규모로 벌어지는 큰 전쟁. 흔히, 20세기 전반기에 있었던 제1차·제2차 세계 대전을 가리킴.

세:계-력(世界曆)[-계-/-게-] 명 천현행의 태양력인 그레고리력의 결함을 줄이기 위하여 한때 구상되었던 역법.

세:계-무대(世界舞臺)[-계-/-게-] 명 세계적인 활동 분야. ¶우리의 상품이 ~에 진출하다. ㈜국제무대.

세:계^무:역^기구(世界貿易機構)[-계-끼-/-게-끼-] 명 국제 무역의 규정을 통괄하는 세계적 기구. 가트(GATT)를 대신하여 무역 분쟁 조정, 관세 인하 요구, 반덤핑 규제 등의 법적 권한과 구속력을 행사함. =더블유티오(WTO).

세:계^보:건^기구(世界保健機構)[-계-/-게-] 명 보건 위생 문제를 위한 국제 협력을 목적으로 하는 국제 연합의 전문 기구. =더블유에이치오(WHO).

세:계-사(世界史)[-계-/-게-] 명 세계 전체를 통일적으로 연관시켜서 본 인류의 역사.

세:계-상(世界像)[-계-/-게-] 명 일정한 세계관으로 본 세계의 모습.

세:계-시(世界時)[-계-/-게-] 명 지지구의 자전에 준거하여 표시되는 세계 공통의 시각. 영국의 그리니치 천문대를 통과하는 자오선을 기준으로 함.

세:계^시:장(世界市場)[-계-/-게-] 명 경세계적인 무역에 의해 이루어지는 추상적 시장.

세:계-어(世界語)[-계-/-게-] 명 언1 세계 여러 나라에서 공용으로 사용하기 위하여 만든 언어. 에스페란토 따위. =인공 언어. 2 세계적으로 널리 통용되는 언어, 영어 따위. =국제어.

세:계-인(世界人)[-계-/-게-] 명 1 세계의 모든 사람의 이목을 집중시키다. 2 세계적으로 유명한 사람.

세:계^인권^선언(世界人權宣言)[-계-권-/-게-권-] 명 1948년에 국제 연합 총회에서 채택된, 인권에 관한 세계 선언.

세:계-적(世界的)[-계-/-게-] 관명 범위나 규모가 세계 전체에 미치는 (것). 또는, 세계에서 가장 뛰어난 (것). ¶~인 피아니스트.

세:계-주의(世界主義)[-계-/-게-의/-게-이] 명 개인이 자기가 소속하는 민족 또는 국가를 초월하여, 직접적으로 자기를 세계 사회의 일원으로 파악하는 사상 및 행동 양식.

세:계^지도(世界地圖)[-계-/-게-] 명 지세계 여러 나라를 그린 지도.

세:계-화(世界化)[-계-/-게-] 명 자 정보 통신의 급격한 발달로, 세계가 사회·경제·문화적으로 활발하게 교류하면서 하나로 통합되어 가는 현상. ¶~ 시대에 발맞추어 국제 경쟁력을 강화한다. 2 어떤 대상이 세계의 여러 대상과 교류·협력·경쟁하면서 발전되는 상태가 되는 것. 또는, 어떤 대상을 그런 상태가 되게 만드는 것. ¶교육의 ~. **세:계화-하다** 자타

세고비아, 안드레스(Segovia, Andrés) 명 인 에스파냐의 기타리스트(1893~1987).

세곡(稅穀) 명 조세로 바치는 곡식.

세:공¹(細工) 명 잔손질이 많이 가는 수공(手工). ¶보석 ~.

세공²(歲貢) 명 지난날, 해마다 나라에 바치던 공물(貢物).

세:공-품(細工品) 명 잔손을 많이 들여 만든 물건.

세관(稅關) 명 공항·항만·국경 지대에서 관세·톤세의 부과 징수, 수출입 화물의 단속, 수출입 화물에 대한 내국세의 부과 징수 등의 사무를 맡아보는 행정 기관.

세:관-원(稅關員) 명 세관 업무를 맡아보는 사람.

세:균(細菌) 명 단세포로 이루어진 미생물. 광합성을 하지 못하여 기생 생활을 하며, 사람의 몸에 병을 일으키는 원인이 되기도 함. =박테리아. ㈜균.

세:균-전(細菌戰) [-쩐] 명 =생물학전.

세금(稅金) 명 소득이나 소비, 보유·취득 등에 대해 국가나 지방 자치 단체에 내도록 법에 따라 매기는 일정 액수의 돈. ¶~을 부과하다.

세:-기¹[물] 어떤 물질의 성질이 센 정도. =강도(強度). ¶빛의 ~.

세:기²(世紀) 명 1 (수관) 서력(西曆)에서, 100년을 단위로 하는 동안. 가령, 20세기는 1901년부터 2000년까지를 가리킴. 2 일정한 역사적 시대. ¶우주 시대의 새로운 ~를 열다. 3 (주로 '세기의'의 꼴로 쓰여) 한 번밖에 없을 정도이거나 한 세기를 대표할 만큼 중요하거나 대단함을 이르는 말. ¶~의 영웅. ② (의존) ①의 1을 단위로 세는 말. ¶21~.

세:기³(細技) 명 어떤 일을 섬세하거나 정교하게 해내는 기술. ¶장인의 ~가 요구되는 어려운 작업.

세:기-말(世紀末) 명 1 한 세기의 끝. 2 유럽, 특히 프랑스에 절망적 불안적 분위기가 지배하던 19세기 말. 3 사회의 몰락으로, 사상이 부패하고 도덕·질서 등이 퇴폐와 혼란에 빠지는 때.

세:기말-적(世紀末的)[-쩍] 관명 세기말의 경향을 나타내는 (것). ¶~ 퇴폐풍조가 만연하다.

세:기-적(世紀的) 관명 세기를 대표할 만한 (것). ¶~인 천재.

세:-끼 하루에 세 번 먹는 밥. ¶그럭저럭 ~ 밥은 굶지 않고 산다.

-세나 어미 '-세'보다 다소 친근한 느낌을 주는 종결 어미. ¶그만 가~.

세:-내:다(貰-) 타 돈을 주고 남의 것을 빌려 쓰다. ¶셋낸 집. ↔세놓다.

세네갈(Senegal) 명 지 아프리카 서안에 위치한 공화국. 수도는 다카르.

세네카, 루키우스 안나에우스(Seneca, Lucius Annaeus) 명 인 에스파냐 태생의 고대 로마의 철학자(4? B.C.~A.D. 65).

세:-놓다(貰-)[-노타] 타 대가를 받고 물건을 남에게 빌려 주다. ¶집을 ~. ↔세내다.

세:뇌(洗腦)[-뇌/-눼] 명 어떤 사람의 생

세뇨관(細尿管) 〖생〗 혈액 중의 노폐물을 오줌으로 걸러 내는 신장 속의 가는 관.

세다¹ 〈세고 / 세어〉 〖동〗 **1** (사람의 머리털이나 몸에 난 털이) 나이가 듦에 따라 희어지다. ¶머리가 허옇게 **센** 팔십 노인. **2** (얼굴이) 혈색이 없다.

세다² 〈세고 / 세어〉 〖동〗 **1** (사물을) 수효를 알기 위해 그 대상의 하나하나를 수의 차례와 맞추어 나가다. ㈑헤아리다. ¶출석한 사람의 수를 ~. **2** (수를) 일정한 수에 이르기까지 수의 차례에 따라 각각의 이름을 입 밖이나 입속으로 말하다. ¶하나에서 열까지 ~.

세다³ 〈세고 / 세어〉 〖동〗 **1** (사람이나 동물이 가지거나 가하는 힘이) 보통의 정도를 넘는 상태에 있다. ㈑강하다. ¶팔심이 ~. **2** (사람이 겨루는 일이나 견디는 일 등이 보통의 경우보다 잘 해내는 상태에 있다. ¶술이 ~. **3** (사람이) 남에게 굽히거나 물러서거나 하지 않는 태도를 가진 상태에 있다. ¶그 여자는 콧대가 ~. **4** (바람·물살·불길 등의 기운이) 보통의 정도를 넘는 상태에 있다. ㈑거세다·세차다. ¶물살이 **센** 여울목. **5** (사람의 운명이나 집이나 묘의 터가) 좋지 않은 기운이 있어 궂은 일이나 불행이 생기는 상태에 있다. ¶팔자가 ~.

세단(sedan) 지붕이 있고, 문이 4개이며 뒤에 트렁크가 있는 가장 일반적인 형식의 5인승 자동차.

세대¹(世代) 〖명〗 [1]〈자빌〉 **1** 공통의 시대적·사회적 경험을 토대로 동질적인 사고방식과 가치관을 가지고 있는, 일정 폭의 연령층에 속하는 사람. 또는, 그 연령층. ¶기성 ~ / 4·19 ~. **2** 조상에서 자손으로 이어지는 대의 서열. **3** 〖생〗 유전학에서, 어버이로부터 자손으로 이어지는 혈통의 각 단계. ¶잡종 1~. [2]〈의존〉 [부모가 속한 시대와 그 자녀가 속한 시대의 차이가 약 30년인 데에서] 30년 정도의 기간을 단위로 이르는 말. ¶지금으로부터 한 ~ 전만 해도 가난이 우리의 일상이었다. **2** 〈의〉1, 2, 3, … 등의 숫자 다음에 쓰이어 얼마의 기간이나 새롭게 발전하는 기술이나 물품에 대하여 말할 때, 발전하는 매 단계의 순서를 구별하여 이르는 말. ¶제3~ 이동 통신 기술.

세:대²(世帶) 〖명〗〈자빌〉= 가구(家口)¹. ¶한 집에 여러 ~가 살고 있다.

세:대-교체(世代交替) 〖명〗 신세대가 구세대와 교대하여 어떤 일의 주역이 됨. ¶정계의 ~.

세:대-주(世帶主) 〖명〗 한 세대의 주장이 되는 사람.

세:도(勢道) 〖명〗 정치상의 권세. 또는, 그 권세를 마구 휘두르는 일. ¶~ 가문.

세:도-가(勢道家) 〖명〗 정치상의 권세를 휘두르는 사람. 또는, 그런 집안.

세:도막^형식(-形式) [-마켱-] 〖명〗〖음〗 하나의 곡이 큰악절 세 개로 이루어진 형식.

세라믹(←ceramics) 〖명〗 고온에서 구워 만든 비금속 무기질 고체 재료. 유리·도자기·시멘트·내화물 등이 이름.

세라피스트(therapist) 〖명〗 육체적·정신적·정서적인 문제가 있는 사람을 약물이나 수술이 아닌 특별한 방법으로 치료하는 전문가. 의사와는 구별됨. ¶섹스 ~ / 아로마 ~ (향기 치료사).

세레나데(serenade) 〖명〗 밤에 연인의 집 창가에서 부르거나 연주하는 사랑의 노래. 뒤에 연주회용의 가곡 또는 기악곡으로 발달하였음. = 소야곡.

세:력(勢力) 〖명〗 **1** 권력이나 기세의 힘. ¶~ 다툼. ㉷세(勢). **2** 어떤 속성이나 힘을 가진 집단으로 이르는 말. ¶보수[혁신] ~.

세:력-가(勢力家) [-까] 〖명〗 세력이 있는 사람.

세:력-권(勢力圈) [-꿘] 〖명〗 어떤 세력이 미치는 범위. ¶~을 확장하다.

세:련-되다(洗練-) [-되-/-뒈-] 〖동〗 **1** 서투르지 않고 능숙하다. ¶사람을 대하는 품이 ~. **2** 깔끔하고 품위가 있다. ¶세련된 옷차림. **3** (말이나 글이) 군더더기가 없이 잘 다듬어져 있다. ¶세련된 문장.

세:련-미(洗練味) 〖명〗 세련된 맛.

세:례(洗禮) 〖명〗 [종] 크리스트교·유대교 등에서, 정식으로 교인이 될 때에 베푸는 의식. ㉷영세. ㉯침례. **2** 원치 않는 물건이나 물질이나 타격 등이 한꺼번에 많이 몸에 쏟아지는 상태. 비유적인 말임. ¶폭탄 ~ / 질문 ~.

세:례-명(洗禮名) 〖명〗〖가〗 세례를 받을 때에 붙여지는 이름. 성인(聖人)의 이름을 땀. = 본명(本名).

세로 Ⅰ 위에서 아래로 된 방향. 또는, 그 길이. = 종(縱). ¶~로 쓴 글씨 / ~로.
Ⅱ 위에서 아래의 방향으로. ↔가로.

세:로-무늬 [-니] 〖명〗 세로로 길게 나타난 무늬. ↔가로무늬.

세:로-쓰기 〖명〗 글씨를 세로로 쓰는 일. = 종서(縱書). ↔가로쓰기. **세:로쓰기-하다** 〖동〗㉡.

세:로-줄 〖명〗 **1** 세로로 그은 줄. = 종선(縱線). ↔가로줄. **2** 〖음〗 마디를 구분하기 위하여 보표에 그은 수직선. ㉻곁세로줄.

세:로-짜기 〖명〗〖출〗 조판에서, 활자를 위에서 아래로 읽도록 배열하는 방식. = 종조(縱組). ↔가로짜기.

세:로-축(-軸) 〖수〗 직각으로 교차하는 좌표에서 세로로 잡은 좌표축. ↔가로축.

세:로-피리 〖명〗 세로로 쥐고 부는 피리. ▷가로피리.

세:로-획(-畫) [-획/-훽] 〖명〗 글자의, 위에서 아래로 세로로 긋는 획. ↔가로획.

세:론(世論) 〖명〗 = 여론(輿論).

세륨(cerium) 〖명〗 희토류 원소의 하나. 원소 기호 Ce, 원자 번호 58, 원자량 140.120. 갈륨석·모나자이트 중에서 산출되며, 공기 중에서 쉽게 산화함. 발화 합금으로 쓰임.

세르반테스 사아베드라, 미겔 데(Cervantes Saavedra, Miguel de) 〖명〗[인] 에스파냐의 소설가(1547~1616).

세르비아(Serbia) 〖명〗[지] 유럽 남동부에 있는 공화국. 수도는 베오그라드.

세르비아-몬테네그로(Serbia and Montenegro) 〖명〗[지] 유럽 남동부 발칸 반도에 있던 연합 국가. 2006년 '세르비아'와 '몬테네그로'로 분리됨.

세리신(sericin) 〖명〗〖화〗 생사(生絲)의 겉에 붙어 있는 아교 모양의 단백질.

세리프(serif) 圀 인쇄체의 로마자에서 획의 시작이나 끝 부분에 있는 작은 돌출선.

세:립(細粒) 圀 매우 잔 알갱이.

세:마치-장단(-長短) 圀[음] 민속악 장단의 하나. 8분의 9박자의 빠른 장단. '아리랑', '양산도' 따위.

세메다인(Cemedine) 圀 고체를 붙이는 데에 쓰는 합성 접착제의 하나. 상표명에서 온 말임.

세:면(洗面) 圀 =세수¹.

세:면-기(洗面器) 圀 얼굴이나 손을 씻을 수 있게 수도를 달아서 벽에 설치한, 대야 모양의 물건.

세:면-대(洗面臺) 圀 세면기를 설치한 대.

세:면-도구(洗面道具) 圀 얼굴을 씻거나 머리를 감거나 면도 따위를 할 때 쓰이는 도구. 비누·샴푸·칫솔·치약·수건 따위.

세:면-장(洗面場) 圀 세면 시설을 갖추어 놓은 곳.

세:모¹(細-) 圀 '삼각형'을 일상적으로 이르는 말.

세:모²(歲暮) 圀 =세밀. ¶거리의 ~ 풍경.

세:모-꼴(細-) 圀 '삼각형'을 일상적으로 이르는 말.

세:모-나다(細-) 阿 형태가 세모로 된 상태에 있다. 비세모지다. ¶세모난 조각 케이크.

세:모시(細-) 圀 올이 아주 가늘고 고운 모시.

세:모-지다(細-) 阿 형태가 세모를 이룬 상태에 있다. 비세모나다. ¶세모진 얼굴형.

세:목(細目) 圀 상세하게 가른 조목.

세:-몰이(勢-) 圀 선거에서, 유세 등을 통하여 자신의 지지 세력을 늘리려고 분위기를 조성하는 일. ¶국회의원 후보들이 ~에 나서다.

세:무¹(稅務) 圀 세금을 매기고 거두어들이는 것에 관련된 일.

세:무² 圀 '새미(chamois)'의 잘못.

세:무-사(稅務士) 圀 세무사법에 의하여 남의 의뢰를 받아 세무 대리, 세무 서류의 작성 등을 직업으로 하는 사람.

세:무-사찰(稅務査察) 圀 조세 규정을 어긴 데에 대한 강제 조사.

세:무-서(稅務署) 圀 세무청에 속한 지방 관청. 내국세에 관한 사무를 맡아봄.

세:무^조사(稅務調査) 圀 세무 관서가 세금을 매기기 위하여 행하는 모든 조사 활동.

세미나(seminar) 圀 1 대학에서 교수의 지도 아래 특정한 주제에 대해 학생들이 토론·연구하게 하는 교육 방법. 2 전문인 등이 특정한 과제에 관하여 여는 연수회나 강습회.

세미-누드(seminude) 圀 사진·동영상·쇼 등에서, 성기·유방(여성의 경우)만을 가린 누드. 비반나체.

세미콜론(semicolon) 圀[언] =쌍반점.

세미클래식(←semiclassical music) 圀[음] 클래식 중에서 좀 가볍고 규모도 작아서 대중들이 듣기 쉬운 음악.

세미파이널(semifinal) 圀[체] 권투에서, 메인이벤트 바로 전에 거행되는 시합.

세:밀-하다(細密-) 阿阿 자세하고 빈틈 없이 꼼꼼하다. ¶세밀한 계획. ↔소략하다. **세:밀-히** 阿 ¶~ 관찰하다.

세:밀-화(細密畫) 圀[미] 1 세부가 복잡한 물체나 대상을 세밀하게 사실적으로 그린 삽화. 2 =미니아튀르.

세:-밀(歲-)[-밀] 圀 한 해의 마지막 무렵. 설달그믐. 비연말. ↔세초.

세:-반고리관(-半-管) 圀[생] =반고리관.

세:발(洗髮) 圀 머리를 감는 것. ¶~제(劑). **세:발-하다** 阿阿.

세:발-자전거(-自轉車) 圀 어린아이들이 타는, 바퀴가 세 개 달린 자전거.

세:방-화(世方化) 圀 세계와 교류·협력·경쟁하여 발전을 꾀하는 세계화와 지역의 전통과 특색을 살려 경쟁력을 갖추는 지역화를 동시에 추구하는 일.

세:배(歲拜) 圀 섣달그믐이나 정초에 웃어른에게 하는 절. **세:배-하다** 阿阿.

세:뱃-돈(歲拜-)[-배똔/-밷똔] 圀 세배한 아이들에게 세뱃값으로 받은 사람이 주는 돈.

세:-버들(細-) 圀[식] 가지가 매우 가는 버드나무.

세:법(稅法)[-뻡] 圀[법] 조세에 관한 법의 총칭. 납세 의무, 조세의 부과·징수 등을 규정함.

세:부(細部) 圀 자세한 부분. ¶~ 사항.

세:부-적(細部的) 阳圀 아주 작은 부분까지 미치는 (것). ¶계획을 ~으로 검토하다.

세:분(細分) 圀 자세히 분류하는 것. 또는, 여럿으로 자세히 나누는 것. **세:분-하다** 阿(태) **세:분-되다** 阿(자).

세:분-화(細分化) 圀 사물이 여러 갈래로 잘게 나누어지는 것. 또는, 그렇게 나누어지게 하는 것. ¶업무의 ~. **세:분-화하다** 阿(자)(태) **세:분-화되다** 阿(자).

세:-불리(勢不利) 圀 형세나 상황이 불리한 상태에 있는 것. ¶~를 느낀 조 9단이 강수로 맞받아쳤다.

세:비(歲費) 圀 1 국가 기관의 1년간의 경비. 2 [법] 국회의원이 받는 보수.

세비야(Sevilla) 圀[지] 에스파냐 남부의 항구 도시.

세:사¹(世事) 圀 세상의 일. ¶~에 어둡다.

세:사²(細沙) 圀 가는 모래.

세:상(世上) 圀 Ⅰ 1 모든 사람이 살고 있는 사회의 통칭. 비세속·천하. ¶어지러운 ~. 2 한 사람이 태어나서 죽을 때까지의 동안. 비평생. ¶한 ~ 잘살아 보세. 3 마음대로 활동할 수 있는 곳. ¶제 ~을 만나다. 4 교도소·군대·수도원과 같이 제약받는 곳에서 '바깥 사회'를 일컫는 말. ¶~ 소식이 궁금하다. 5 세상 사람들의 인심. ¶각박한 ~.

Ⅱ 圓 (주로, 구어체에서 쓰여) 1 '도무지', '도대체'의 뜻으로 다음에 오는 말을 강조하는 말. ¶아무리 타일러도 ~ 말을 들어야지. 2 더할 나위 없이. ¶그는 ~ 편한 사람이야.

세상(을) 떠나다 사람이 '죽다'를 에둘러서 일컫는 말.

세상이 바뀌다 (일정한 범위에서, 제도·구조·조직·관계 등의 면으로 보아) 사회의 본래 상태가 근본적으로 달라지다.

세:상-만사(世上萬事) 圀 세상에서 일어나는 온갖 일. ¶가 일장춘몽이다.

세:상-모르다(世上-) 阿(자)[阿] (~모르니, ~몰라) 1 세상 물정에 어두워 일상생활에서 일을 잘 못하다. ¶세상모르는 소리만 하고 있군. 2 의식하지 못할 정도로 깊은 잠에 빠져 아무것도 모르다. ¶세상모르고 자다.

세!상-사(世上事) 명 세상의 일. 비세상일. ¶~에 무관심하다.
세:상-살이(世上-) 명 세상을 살아가는 일. ¶고달픈 ~.
세:상-없어도(世上-) 閉 무슨 일이 있더라도 꼭. 하천하없이도. ¶~ 그 약속은 지켜야 한다.
세:상-없이(世上-) 閉 세상에 다시없이. 또는, 비할 데 없이. 비천하없이. ¶~ 좋은 물건.
세:상-에(世上-) 김 뜻밖의 일이나 다시없을 만한 일이 생겼을 때에 놀라는 뜻으로 쓰는 말. ¶~, 희한한 일도 다 있네.
세:상-일(世上-)[-닐] 명 세상에서 벌어지거나 일어나는 일. 비세상사. ¶마음먹은 대로 되지 않는 게 ~이다.
세:상-천지(世上天地) 명 '세상1'을 강조하여 이르는 말. ¶~에 이런 법은 없다.
세:선(細線) 명 가는 줄.
세:세-하다(細細-) 형여 아주 자세하다. ¶세세한 설명. 세:세-히 閉 ¶~ 살피다.
세:속(世俗) 명 1 속된 세상. ¶~을 등지다. 2 세상의 풍속. ¶~을 따르다.
세:속^오:계(世俗五戒)[-계/-게][역] 신라 때에 화랑의 다섯 가지 계율. 곧, 사군이충·사친이효·교우이신·임전무퇴·살생유택.
세:속-적(世俗的)[-쩍] 관 세상의 풍속을 따르는 (것). ¶~인 견해 / ~ 행동.
세:속-화(世俗化)[-소콰] 명 (종교·예술·문화 등의 사물이나 현상이) 세속적인 상태로 되는 것. 또는, 그렇게 되게 하는 것. 세:속화-하다 자여 세:속화-되다 동자
세!손(世孫) 명 '왕세손'의 준말.
세!손²(世孫) 명(의칭) 어떤 사람이 한 집안의 시조로부터 몇 번째 자손인지를 헤아리는 단위. 곧, 시조의 아들은 1세손이고, 손자는 2세손임. 대손(代孫). ¶그는 창녕 성씨의 회공공파 26-이다. ▷대조.
세!수(洗手) 명 (사람이) 물로 얼굴을 씻는 것. = 세면. ▷세안. 세!수-하다 동자여
세!수²(稅收) 명 '세수입'의 준말.
세!수³(歲首) 명 한 해의 첫머리. 비설·세초·연두.
세!수-수건(洗手手巾) 명 세수하고 얼굴을 닦는 수건.
세!수-입(稅收入) 명 조세(租稅)로 얻는 수입. 준세수.
세!숫-대야(洗手-)[-수때-/-숟대-] 명 세수할 때 쓰는 대야.
세!숫-물(洗手-)[-순-] 명 세수하는 데 쓰는 물.
세!숫-비누(洗手-)[-숩-/-숟삐-] 명 세수할 때에 쓰는 비누. ▷빨랫비누.
세슘(cesium) 명[화] 은백색의 연한 금속 원소. 원소 기호 Cs, 원자 번호 55, 원자량 132.905. 전기의 양도체이며 평면판에 쓰임.
세!습(世習) 명 세상의 풍습.
세!습²(世襲) 명 한 집안의 재산·신분·업무 등을 대대로 물려받는 일. 세!습-되다 동자여 세!습-하다 동자여 ¶왕위를 ~.
세!습-무(世襲巫) 명[민] 대대로 대를 물려받아 되는 무당. ▷강신무.
세!습-적(世襲的)[-쩍] 관 한 집안의 재산·신분·업무 등을 대대로 물려받는

(것). ¶~인 신분 사회.
세!시(歲時) 명 1 =설1·2. 2 한 해의 절기나 달이나 계절에 따른 때. ¶~풍속.
세!심-하다(細心-) 형여 작은 일에도 꼼꼼하게 주의하여 빈틈이 없다. ¶세심한 배려를 해 주다. 세!심-히 閉
세!-쌍둥이(-雙-) 명 한 배에서 한꺼번에 태어난 세 사람.
세!안(洗顔) 명 얼굴 피부의 더러움을 비눗질을 하거나 클렌징크림을 바르거나 하여 깨끗이 씻거나 닦아 없애는 것. ¶~크림. ▷세수. 세!안-하다 동자여
세!액(稅額) 명 조세의 액수.
세!업(世業) 명 대대로 물려 내려오는 작업. =가업(家業).
-세요 어미 1 모음이나 'ㄹ' 받침으로 끝나는 동사의 어간에 붙어, '해요' 할 상대에게 명령·청유·의문의 뜻을 나타내는 종결 어미. ¶어서 오~. 2 모음이나 'ㄹ' 받침으로 끝나는 형용사의 어간에 붙어, '해요' 할 상대에게 평서·의문의 뜻을 나타내는 종결 어미. 비-셔요. ¶아주머니는 아직 고우~. ▷-으세요.
세!우(細雨) 명 잎새가 가는 비.
세우다 타 '서다'의 사동사. ¶학교를 ~. 2 강하게 내세우다. ¶고집을 ~.
세워-총(-銃) 김 명 제식 훈련 시 구령의 하나. 차려 자세로 오른손은 가늠쇠를 잡고 개머리판이 지면에 닿게 총을 세우는 말.
세!원(稅源) 명[경] 세금을 매기는 근원인 소득 또는 재산.
세!월(歲月) 명 1 해(年)나 달로 헤아릴 만한, 지나가는 시간. 일반적으로는, 몇 년, 몇 십 년의 시간을 가리키는 경우가 많음. ¶~광음. ¶~이 유수와 같다. 2 지내는 형편이나 재미. ¶요즘 자네 ~이 좋은 모양이군. 3 거래에서의 실속이나 재미. ¶이런 판국에 무슨 장산들 ~이 있겠나.
[세월이 약] 마음의 상처나 슬픔도 시간이 지나면 스스로 잊혀진다는 말.
세월 가는 줄 모르다 어떤 일에 몰두하거나 탐닉하여 시간이 흐르는 것을 의식하지 못하다.
세월을 만나다 좋은 때를 만나 활개 치다.
세월이 좀먹다 '세월이 좀먹느냐'와 같은 반어 의문문으로 쓰여, 세월이 어떻게 되더라도 하느냐의 뜻으로 이르는 말. 곧, 서두를 필요가 없다는 말.
세!율(稅率) 명 [법] '과세율'의 준말.
세!-이래(명)[민] 아이가 태어난 지 스무 나루가 되는 날. =삼칠일.
세이브(save) 명 1 [체] 야구에서, 경기를 리드하고 있을 때 구원 투수로 등판하여 끝까지 던져서 승리로 이끄는 일. 또는, 그 기록. ¶6승 1패 9-. 2 [컴] =저장2. 세이브-하다 동자여
세이셸(Seychelles) 명[지] 아프리카 동부 인도양에 있는, 90여 개의 작은 섬으로 이루어진 공화국. 수도는 빅토리아.
세이프(safe) 명[체] 야구에서, 주자가 누(壘)에 안전하게 진출하여 아웃을 면하는 일. ↔아웃.
세이프티^번트(†safety bunt) 명[체] 야구에서, 주자를 다음 누까지 나아가게 할 뿐만 아니라 타자 자신도 일루에 살아 나아가기 위해 하는 번트. 비희생 번트.
세!인(世人) 명 세상 사람. ¶~의 주목을

세인트루시아(Saint Lucia) 【지】 서인도 제도의 남동부에 있는 섬나라. 수도는 캐스트리스.

세인트루이스(Saint Louis) 【지】 미국 미주리 주에 있는 상공업 도시.

세인트빈센트 그레나딘(←Saint Vincent and the Grenadines) 【지】 서인도 제도 동쪽에 있는 섬나라. 수도는 킹스타운.

세인트조지스(Saint George's) 【지】 그레나다의 수도.

세인트존스(Saint John's) 【지】 앤티가바부다의 수도.

세인트크리스토퍼 네비스(←Saint Christopher and Nevis) 【지】 서인도 제도의 동부 리워드 제도에 속하는 섬나라. 수도는 바스테르.

세인트헬레나 섬(Saint Helena-) 【지】 남대서양, 아프리카 대륙 서부에 있는 영국령의 화산섬.

세일(sale) 【명】 판매. 특히, 염가 매출을 엥으로 주로 쓰임. ¶바겐~. **세일-하다** 【동】【자여】

세일러-복(sailor服) 【명】 등에 네모진 깃을 드리우고 삼각으로 접은 천을 가슴에서 묶게 만든 수병(水兵)의 윗옷. 또는, 그 옷을 본떠 만든 어린이·여학생용의 윗옷.

세일즈맨(salesman) 【명】 외판원.

세:입(稅入) 【명】 조세의 수입.

세:입(歲入) 【명】【경】 국가나 지방 자치 단체의 한 회계 연도 동안의 총수입. ↔세출(歲出).

세:입-자(貰入者)[-짜] 【명】 세를 내고 남의 집이나 방 따위를 빌려 쓰는 사람.

세:자(世子) 【명】【역】 '왕세자'의 준말. ¶~로 책봉하다.

세:자-궁(世子宮) 【명】【역】 **1** '왕세자'의 높임말. **2** 왕세자가 거처하는 궁전. 凹동궁(東宮).

세:자-빈(世子嬪) 【명】【역】 왕세자의 아내.

세잔(Cézanne, Paul) 【명】【인】 프랑스의 화가(1839~1906).

세:전(世傳) 【명】 대대로 전하는 것. 또는, 대대로 전해 내려오는 것. ¶~의 전답(田畓). **세:전-하다** 【동】【자여여】

세:정(世情) 【명】 세상의 형편. ¶~에 밝다.

세:정(洗淨) 【명】 【물체를】 청결하고 위생적으로 씻어 주는 것. ¶~ 작용과 미백 효과가 큰 제품. **세:정-하다** 【동】【여】

세:정(稅政) 【명】 세무(稅務)에 관한 행정.

세:정-제(洗淨劑) 【명】 물체에 낀 때를 씻어 내는 기능을 가진 물질. ¶엔진 ~. **2** 입 안이나 안구(眼球) ~ 등 인체의 질 안 등을 청결하게 씻어 주는 기능을 가진 액체. ¶구강 ~.

세:제(洗劑) 【명】 몸을 씻거나 빨래하거나 청소를 할 때, 때를 씻어 내는 작용을 하도록 만든 물질. ¶주방 ~.

세:제(稅制) 【명】 세무에 관한 제도.

세:-제곱 【명】【수】 같은 수를 세 번 곱하는 일. 또는, 그 곱. 구승이는 삼승(三乘)·입방. **세:제곱-하다** 【동】【여】

세:제곱-근(-根)[-끈] 【수】 A를 세제곱한 것이 B일 때, B에 대한 A를 이르는 말. 2는 8의 세제곱근이다.

세:제곱-미터(-meter) 【명】【의준】 미터법에 의한 부피의 단위. 1세제곱미터는 가로·세로·높이가 각각 1미터인 정육면체의 부피임. 기호는 m³.

세:제곱-센티미터(-centimeter) 【명】【의준】 미터법에 의한 부피의 단위. 1세제곱센티미터는 1세제곱미터의 100만분의 1임. 기호는 cm³. =시시(cc).

세조¹(世祖) 【명】【인】 조선의 제7대 왕(1417~1468).

세조²(世祖) 【명】【의준】 =대조(代祖)².

세존(世尊) 【명】【불】 '석가세존'의 준말.

세종(世宗) 【명】【인】 조선의 제4대 왕(1397~1450).

세:-주다(貰-) 【동】【타여】 셋돈을 받고 물건이나 집 따위를 빌려 주다. ¶세준 가게 터.

세-째 【관】 '셋째'의 잘못.

세:차¹(洗車) 【명】 자동차의 차체나 바퀴 등에 묻은 먼지나 흙을 물로 씻어 내는 것. **세:차-하다** 【동】【여】

세:차²(歲差) 【명】【지】 지구의 자전축이 황도의 북극을 중심으로 23.5°의 기울기를 이루면서 약 2만 5800년을 주기로 하여 도는 현상.

세:-차다 【형】 (기운이나 기세가) 보통의 정도를 훨씬 넘는 상태에 있다. 凹세다. ¶세찬 바람·저항.

세:차-장(洗車場) 【명】 세차하는 시설을 갖추어 놓은 곳.

세:척(洗滌) 【명】 **1** 물체에 낀 때를 씻어 내는 것. ¶식기 ~. **2** (위나 대장 등을) 의료적 방법으로 씻어 내어 이물질이나 노폐물을 없애는 것. ¶장 ~. **세:척-되다** 【동】【자여】 ¶위(胃)를 ~. **세:척-하다** 【동】【자여】

세:척-기(洗滌器)[-끼] 【명】 물건이나 몸을 세척하는 기기. ¶식기 ~.

세:척-력(洗滌力)[-청녁] 【명】 물체를 깨끗이 씻는 힘. ¶~이 뛰어난 세제.

세:척-제(洗滌劑)[-쩨] 【명】 물체나 신체 부위를 세척하는 데에 쓰이는 물질. ¶구강 ~.

세:초(歲初) 【명】 새해의 첫머리. 凹설·세수(歲首)·연두. ↔세밑.

세:출(歲出) 【명】【경】 국가나 지방 자치 단체의 한 회계 연도 동안의 총지출. ↔세입.

세:칙(細則) 【명】 으뜸이 되는 규칙을 다시 나누어 자세하게 만든 규칙. ¶시행 ~.

세:침(細針) 【명】 가는 바늘.

세:칭(世稱) 【명】 세상에서 흔히 말함. ¶~ 일류 대학을 나온 엘리트.

세컨드(second) 【명】 '둘째' 라는 뜻】 **1** 【체】 권투에서, 경기 중 선수에게 작전을 지시하고 부상했을 때 돌보는 역할을 담당하는 사람. **2** '2*1*1'을 속되게 이르는 말. ¶~를 두다.

세쿼이아(sequoia) 【명】【식】 중생대 쥐라기에서 신생대 제삼기에 걸쳐 지구 상에 번성한 것으로 추정되는 상록 교목. 세계 여러 곳에서 화석이 발견되지만, 현재는 미국에서만 2종이 자람.

세:탁(洗濯) 【명】 **1** 옷이나 천으로 된 물건을 빠는 일. 凹빨래. ¶~하기 좋은 섬체. **2** 범죄 행위나 불법 활동에서 생긴 돈의 출처나 소유자를 감추기 위해 금융 기관 등을 이용하여 그 돈을 합법적인 상태로 조작하는 일. ¶돈 ~/자금 ~. **세:탁-하다** 【동】【여】

세:탁-기(洗濯機)[-끼] 【명】 빨래하는 기계. ¶가정용 ~.

세:탁-물(洗濯物)[-탕-] 【명】 세탁할 물건이나 세탁한 물건. 凹빨랫감.

세:탁-비누(洗濯-)[-삐-] 【명】 =빨랫비

누.
세:탁-소(洗濯所)[-쏘] 명 세탁하는 기계를 갖추어 돈을 받고 남의 빨래나 다림질을 해 주는 곳.
세:태(世態) 명 세상의 형편. ¶부조리가 만연되어 있는 ~를 풍자한 만화.
세터(setter) 명 1[동] 개의 한 품종. 귀는 머리 뒤쪽으로 길게 늘어지고, 목과 사지가 길며, 털은 흰 바탕에 검은색이나 오렌지색의 무늬가 있음. 영국 원산으로, 새 사냥에 쓰임. 2[체] 배구에서, 스파이커가 공격하기 쉽게 공을 토스하여 주는 선수.
세트(set) 명 [Ⅰ][자립] 1 도구·가구 따위의 한 벌. ¶응접~/선물~. 2 영화·텔레비전 드라마 및 그 촬영용으로 꾸며진 여러 장치. ¶오픈 ~. 3 [체] 테니스·배구·탁구 등에서, 1회의 승부. 2[의존] 1]을 단위로 세는 말. ¶비누 한 ~.
세트^스코어(set score) [체] 테니스·배구·탁구 등에서, 쌍방이 이긴 세트의 수. ¶~ 3 대 2로 이기다.
세트^포인트(set point) [체] 테니스·배구 등에서, 세트의 승패를 결정하는 마지막 한 점.
세트^플레이(†set play) 명[체] 축구·하키·농구·배구 등에서, 공격수들이 미리 치밀하게 짜인 전술에 따라 상대편의 공격을 펼치는 일. ¶코너킥 ~로 결승 골을 뽑아내다.
세팅(setting) 명 1 영화·드라마 촬영을 위해, 또는 무대 공연을 위해 필요한 장치나 소도구를 배치하는 일. ¶무대 ~. 2 주로 격식 있는 상차림에서, 식탁에 식기와 음식을 배치하는 일. ¶테이블 ~. 3 머리털을 일정한 도구로 말아 올려 곱슬거리게 만드는 일. ¶~ 파마. 4 장신구에 보석을 미적으로 구성·배치하는 일. **세팅-하다** 명[자대] ¶중앙에 다이아몬드를 세팅한 반지.
세:파(世波) 명 모질고 거센 세상의 풍파. ¶~에 찌든 얼굴.
세팍타크로(sepaktakraw) 명 ⓦsepak[발로 차다]과 takraw[공]. 각 3 인으로 구성된 두 팀이 네트를 사이에 두고 발을 사용하여 자기 코트에서 볼을 떨어 뜨리지 않고 3회 이내의 터치로 상대편의 코트에 차 넘기는 운동 경기.
세:편(細片) 명 작은 조각.
세:평(世評) 명 세상 사람들의 평판. ¶그는 청렴한 정치가로 ~이 높다.
세:포(細胞) 명 1[생] 생물체의 구조상·기능상의 기본 단위. 세포질로 이루어지고, 속에 보통 한 개의 핵(核)을 가지며 세포막에 싸여 있음. 2 =세포 조직2.
세:포-막(細胞膜) 명[생] 세포질의 가장 바깥층에 있고 세포의 형태를 유지하는 아주 얇은 막.
세:포-벽(細胞壁) 명[식] 식물 세포의 가장 바깥쪽에 있는 튼튼한 피막.
세:포^분열(細胞分裂) 명[생] 하나의 세포가 핵분열과 세포질 분열에 의하여 두 개 이상의 세포로 나뉘어지는 현상.
세:포^조직(細胞組織) 명 1 [생] 각 세포의 연결로 이루어진 생물체의 조직. 2 정당·단체 등의 기본 말단 조직. 특히, 공산당의 말단 조직. =세포.
세:포-질(細胞質) 명[생] 세포를 구성하는 원형질 중 핵을 제외한 부분.

세:필(細筆) 명 잔글씨를 쓰는 가는 붓.
섹슈얼-하다(sexual-) 형[여] 성적 충동을 느끼게 하는 데가 있다. ¶섹슈얼한 몸짓.
섹스(sex) 명 1 =성(性) '2·3. 2 성교하는 일. **섹스-하다** 명[자대] (이성의 상대와) 성교하다.
섹스-어필(sex appeal) 명 성적(性的)인 매력을 보이는 일. **섹스어필-하다** 명[자대] ¶섹스어필하는 여자.
섹시-하다(sexy-) 형[여] 성적 매력이 있다. ¶섹시한 옷차림.
섹터(sector) 명[컴] 자기 디스크나 플로피 디스크에서, 동심원의 트랙(track)을 여러 구획으로 나눈 부분.
섹티즌(†sextizen) 명 [sex+netizen]〈속〉인터넷에서 음란 사이트를 즐겨 찾는 네티즌.
센 강(Seine江) 명[지] 프랑스 북부를 흐르는 강. 길이 780km.
센-말 명[언] 뜻은 같지만 어감을 세게 하기 위하여 된소리를 쓰는 말. '벌컥다'에 대한 '빨갛다' 따위.
센-머리 명 하얗게 된 머리털. ㉰백발.
센-물 명[화] 칼슘염·마그네슘염 등의 광물질이 비교적 많이 녹아 있는 물. 비누 거품이 잘 일지 않아 세탁 용수로 적당하지 않음. =경수(硬水). ↔단물.
센:-박(-拍) 명[음] 한 마디 안에서 세게 연주하는 박자. =강박. ↔여린박.
센서(sensor) 명 =감지기.
센서스(census) 명 '국세 조사', '인구 조사', '통계 조사'로 순화.
센세이셔널리즘(sensationalism) 명 1 =인기주의. 2 [문] =선정주의.
센세이셔널-하다(sensational-) 형[여] 세상 사람들을 흥분시킬 만한 상태이다.
센세이션(sensation) 명 많은 사람을 순식간에 흥분시키거나 관심을 불러일으키는 것. ¶그 소설은 독서계에 ~을 일으켰다.
센슈얼-하다(sensual-) 형[여] 관능적·감각적인 특성이 있다.
센스(sense) 명 일에 대한 감각이나 판단력. ¶~가 뛰어나다.
센터(center) 명 ['중앙', '중심'이라는 뜻] 1[체] 축구·배구·농구 등의 구기에서, 중앙의 위치. 또는, 그 위치에 선 선수. ¶장신 ~. 2 (일부 명사 뒤에 쓰여) 그와 관계된 일을 하는 업소임을 나타내거나, 업소의 상호를 이루는 말. ¶이삿짐 ~ / 분식 ~.
센터^라인(center line) 명[체] 경기장의 코트 따위를 중앙으로 2분하는 선.
센터링(centering) 명[체] 축구·하키 등에서, 양쪽의 사이드라인 근처에 있는 선수가 중앙에 있는 자기편 선수에게 공을 패스하는 일. **센터링-하다** 명[자대]
센터^서클(center circle) 명[체] 농구·축구·아이스하키 등에서, 경기장 중앙에 그어 놓은 원.
센터^플라이(center fly) 명[체] 야구에서, 중견수 쪽으로 쳐 올린 공.
센:-털 명 =강모(剛毛).
센트(cent) 명[의존] 미국·캐나다·오스트레일리아의 화폐 단위. 달러의 1/100. 기호는 ¢.
센티(←centimeter) 명[의존] '센티미터'의 준말.
센티-그램(centigram) 명[의존] 질량의 단위. 1g의 1/100. 기호는 cg.

센티-리터(centiliter) [명][의존] 용량의 단위. 1*l*의 1/100. 기호는 *cl*.

센티멘털리즘(sentimentalism) [명] =감상주의.

센티멘털-하다(sentimental—) [형][여] 감상적·감정적인 특성이 있다. ¶낙엽만 져도 슬퍼지는 **센티멘털한** 소녀. [준]센티하다.

센티-미터(centimeter) [명][의존] 길이의 단위. 1m의 1/100. 기호는 cm. [준]센티.

센티-하다(←senti*mental*—) [형][여] '센티멘털하다'의 준말.

셀(cell) [명][컴] 기억 장치로서의 기능을 갖는 위치를 나타내는 단위. 즉, 한 비트, 한 바이트 또는 한 워드 같은 정보의 한 단위에 대한 기억 장소임.

셀러리(celery) [명][식] 잎이 깃 모양으로 갈라지며, 줄기와 잎에 상큼한 향기가 있어 채소로 식용하는 한해살이풀 또는 두해살이풀.

셀렌([독]Selen) [명][화] 산소족 원소의 하나. 원소 기호 Se, 원자 번호 34, 원자량 78.96. 유리의 착색이나 광전지·정류기 등에 이용됨.

셀로판(cellophane) [명] 비스코스로 만든 얇은 막질의 물질. 무색투명하고 유리 모양의 광택이 있음. 포장용으로 쓰임. =셀로판지.

셀로판-지(cellophane紙) [명] =셀로판.

셀로판-테이프(cellophane tape) [명] 셀로판에 점착제를 바른 접착테이프. ▷스카치테이프.

셀룰로오스(cellulose) [명][화] 고등 식물이나 조류(藻類)의 세포막 섬유의 주성분. 목재·목화 등에서 채취되며, 종이·의류·폭약 등의 원료로 널리 쓰임. =섬유소.

셀룰로이드(celluloid) [명][화] 니트로셀룰로오스에 장뇌를 섞어서 만든 플라스틱. 장난감·문방구·필름 등의 원료로 쓰임.

셀바스(Selvas) [명][지] 남아메리카의 아마존 강 유역의 열대 밀림 지역. 고온 다습하며, 파라고무나무의 원생지임.

셀주크^제ː국(Seljuk帝國) [명][역] 셀주크 튀르크가 세운 나라(1037~1157). 중앙아시아·서남아시아의 대부분을 차지하여 터키계 이슬람교도 최초의 통일 국가를 형성함.

셀주크^튀르크(Seljuk Türk) [명][역] 10세기에 튀르크 민족이 중앙아시아와 러시아 동남부로부터 이동할 때, 셀주크라는 이름의 족장이 이끈 유목 민족.

셀프-서비스(self-service) [명] 음식점·슈퍼마켓 등에서, 종업원의 도움을 받지 않고 고객이 직접 음식을 식탁으로 나른다든지, 살 물건을 계산대에까지 가져온다든지 하는 일. 또는, 그런 방식.

셈ː [명] [1][자립] **1** 수를 세는 일. =산(算). ¶덧[뺄]~. **2** 주고받을 돈·물건 따위를 서로 따져 밝히는 일. ¶~을 치르다. **3** 사물을 분별하는 슬기. [2][의존] **1**《주로 '-ㄴ/은 셈이다'의 꼴로 쓰여》'형편', '셈판'의 뜻을 나타내는 말. ¶어찌 된 ~인지 약을 먹어도 낫지 않는다. **2**《주로 '-ㄹ/을 셈이다', '-ㄹ/을 셈으로'의 꼴로 쓰여》'작정', '속셈'의 뜻을 나타내는 말. ¶앞으로 어떻게 할 ~이냐? **3**《주로 '-ㄴ/은', '-는', '-ㄹ/을' 다음에 '셈 치다'의 꼴로 쓰여》미루어 가정함을 뜻하는 말. ¶없는 ~ 치다.

셈이 흐리다 (사람이) 남에게 갚거나 주어야 할 돈을 제때에 잘 갚거나 주지 않는 태도나 습성이 있다.

셈ː-나다 [동][자] 사물을 분별하는 판단력이 생겨나다.

셈ː-본 [명] 지난날, 셈을 가르치던 초등학교 교과. 명칭이 '산수'로 바뀌었다가 '수학'으로 바뀜.

셈ː-씨 [명][언] =수사(數詞)[5].

셈^어ː족(Sem語族) [명][언] 북아프리카에서 서남아시아에 걸쳐 퍼져 있는 어족. 히브리 어·아랍 어·페니키아 어·에티오피아 어 등이 이에 속함.

셈ː여림-표(—標)[—녀—] [명][음] 악보에서, 그 곡을 강하게 또는 약하게 하라고 지시하는 부호.

셈ː-판 [명] 사실의 형편. 또는, 그 원인이나 까닭. ¶어찌 된 ~인지 영 알 수가 없다.

셈프레([이]sempre) [명][음] 악곡의 표현 방법을 나타내는 말로, '항상', '계속해서'의 뜻.

셈ː-하다 [동][타][여] 수효를 세거나 액수를 따지다.

셋ː[섿] [수] **1** 둘에 하나를 더한 수. ▷삼(三). **2** 사람이나 사물의 수량을 셀 때, 둘 다음에 해당하는 수효. ¶이것을 나르려면 장정 ~은 필요하다.

셋ː-방(貰房)[세빵/섿빵] [명] 세를 내고 빌려 쓰는 방.

셋ː방-살이(貰房—)[세빵—/섿빵—] [명] 셋방을 빌려 사는 살림살이.

셋ː-이 I [명] '세 사람'을 이르는 말. ¶~서 놀러 갔다. ×서이.
II [부] 세 사람이 함께. ×서이.

셋ː-잇단음표(—音標)[섿닏딴—] [명][음] 잇단음표의 하나. 2등분해야 할 음표를 3등분한 음표.

셋ː-집(貰—)[세찝/섿찝] [명] 세를 내고 빌려 사는 집.

셋ː-째[섿—] [수][관] 차례를 매길 때, 둘째의 다음에 오는 수. ×세째.

셋톱^박스(set-top box) [명][컴] 디지털 위성 방송용 수신 장비. 곧, 디지털 텔레비전 방송을 일반 아날로그 텔레비전으로도 수신할 수 있게 해 주는 장치임.

셔벗(sherbet) [명] 과즙에 물·우유·크림·설탕 등을 넣고 얼린 과자. ×샤베트.

-셔요 [어미] 모음이나 'ㄹ' 받침으로 끝나는 용언의 어간에 붙어, '해요' 할 상대에게 명령·청유·의문·평서의 뜻을 나타내는 종결 어미. [비]-세요. ¶시장하실 텐데 어서 드~. [본]-시어요. ▷-으셔요.

셔츠(←shirt) [명] 남자들이 입는 서양식 윗도리. 와이셔츠·티셔츠·남방셔츠 따위. =샤쓰.

셔터(shutter) [명] **1** [사진] 카메라에서, 광선이 들어가는 구멍을 순간적으로 여닫는 장치. ¶~를 누르다. **2** †띠 모양의 철판을 두루마리처럼 엮어 감아올리거나 내릴 수 있도록 한 문. ¶~를 내리다.

셔틀-버스(shuttle bus) [명] 가까운 거리를 일정 시간마다 왕복 운행하는 버스.

셔틀콕(shuttlecock) [명][체] 배드민턴 경기에 사용하는 공. 한쪽 끝이 둥근 코르크에 깃털을 꽂아 만듦.

션ː찮다[—찬타] [형] '시원찮다'의 준말. ¶손님 대접이 ~.

셰르파(Sherpa) [명] 네팔 동부에 살고 있는 티베트의 한 종족. 산을 잘 타서 히말라야 등산에서 짐을 나르며 안내하는 인부로서 유명함.
셰어웨어(shareware) 〖명〗〖컴〗 일정 기간 무료로 사용해 보고 마음에 들면 값을 지불하고 사용하게 되어 있는 소프트웨어.
셰이커(shaker) 〖명〗 칵테일을 만들기 위한 음료 혼합기.
셰익스피어, 윌리엄 (Shakespeare, William) 〖인〗 영국의 극작가·시인(1564~1616).
셰일(shale) 〖명〗〖광〗 점토가 응결하여 이루어진 암석. 대개 얇은 층으로 되어 잘 벗겨지는 성질이 있음. =셰일암·혈암.
셰퍼드(shepherd) 〖명〗〖동〗 개의 한 품종. 늑대와 비슷한데 퍽 영리하고 충실·용감하며, 후각이 예민함. 독일 원산으로, 경찰견·군용견 등으로 쓰임.
셸리, 퍼시 비시 (Shelley, Percy Bysshe) 〖인〗 영국의 시인(1792~1822).
소¹ 〖명〗 1 〖동〗 몸집이 크고 힘이 세며 성질이 순순하여, 가축으로 기르며 농사일이나 짐을 나르는 데 쓰는 포유동물. 머리에 짧고 굵은 두 개의 뿔이 있으며, 몸의 털은 짧음. 고기와 젖을 식용함. 2 일을 꾸준히 또는 열심히 불평 없이 하는 사람, 또는 어떤 일을 아주 느리게 하는 사람을 비유적으로 이르는 말.
[소 닭 보듯 닭 소 보듯] 아무런 관심도 없이 본 둥 만 둥 함을 가리키는 말. [소도 언덕이 있어야 비빈다] 의지할 곳이 있어야 무슨 일을 할 수 있다. [소 잃고 외양간 고친다] 이미 실패한 뒤에 후회해도 소용이 없다는 말.
소² 〖명〗 1 송편·만두·떡 등을 만들 때, 속에 넣는 여러 가지 재료. 2 통김치·오이소박이 등의 속에 넣는 여러 가지 고명.
소-³ 〖접두〗 =쇠-¹.
-소⁴ 〖어미〗 자음으로 끝나는 용언의 어간이나 어미 '-았/-었-', '-겠-'의 아래에 붙어, '하오'할 상대에게 의문·평서의 뜻을 나타내는 종결 어미. ¶그건 여기 있~. ▷-오.-으오.
소¹⁵(小) 〖명〗 크기에 따라 대·중·소로 나눌 경우의 제일 작은 것. ↔대(大).
소⁶(沼) 〖명〗〖지〗 호수보다 얕고 진흙이 많으며, 침수 식물이 무성한 곳. 2 =늪1.
소¹⁷(素) 〖명〗 음식에 고기나 생선이 들지 않은 것.
소⁸(訴) 〖명〗〖법〗 법원에 대하여 사법상의 권리나 법률 관계의 존부(存否)에 대한 심판을 청구하는 행위.
소⁹(蘇) 〖명〗 '소련'을 줄여 이르는 말.
소!-¹⁰(小) 〖접두〗 '작다'는 뜻. ¶~사전 / ~극장. ↔대-.
-소¹¹(所) 〖접미〗 일부 명사에 붙어, 어떤 단체·장소·업소 등이 그 명사가 뜻하는 일을 하는 곳임을 나타내는 말. ¶이발~ / 연구~.
소:-가족(小家族) 〖명〗 1 〖사〗 =핵가족. 2 식구가 적은 가족. ↔대가족.
소-가죽 〖명〗 =쇠가죽.
소!가지 〖명〗 '심성(心性)'을 속되게 이르는 말. ¶못된 ~.
소각(燒却) 〖명〗 (어떤 물건을) 불에 태워서 없애 버리는 것. 소각-하다 〖동〗〖타〗〖여〗 ¶쓰레기를 ~. 소각-되다 〖동〗〖자〗
소각-로(燒却爐) 〖명〗 쓰레기나 폐기물을 태워 버리는 시설물.
소각-장(燒却場) [-짱] 〖명〗 쓰레기나 폐기물 따위를 태워 버리는 장소.

소-간(-肝) 〖명〗 =쇠간.
소!갈-딱지 [-찌] 〖명〗 =소갈머리.
소!갈-머리 〖명〗 마음 또는 속에 가진 생각을 얕잡아 이르는 말. =소갈딱지.
소-갈비 〖명〗 =쇠갈비.
소갈-증(消渴症) [-쯩] 〖명〗〖한〗 목이 말라 물이 자꾸 먹히는 병.
소:감(所感) 〖명〗 특별한 일, 특히 기쁜 일이나 뜻 깊은 일을 겪은 뒤, 마음에 느낀 바. 또는, 느낀 바의 생각. 圓감상. ¶당선 ~ / ~을 피력하다.
소:강(小康) 〖명〗 소란하던 것이 그치고 다소 잠잠한 것.
소:강-상태(小康狀態) 〖명〗 소란하던 것이 그치고 다소 잠잠한 상태. ¶~에 빠지다.
소개(紹介) 〖명〗 1 (어떤 사람을 다른 사람에게) 어떠어떠한 사람임을 말하여 알게 하거나, 서로 알고 지내도록 중간에서 관계를 맺어 주는 것. 2 (어떤 대상을 다른 사람에게) 그 내용이나 정보 등을 알게 하는 것. ¶신간(新刊) ~. 소개-하다¹ 〖타〗〖여〗 소개-되다 〖자〗
소개²(疏開) 〖명〗 공습·화재 등에 대비하여 한곳에 집중된 주민이나 시설물을 분산시키는 것. 소개-하다² 〖타〗〖여〗
소개-령(疏開令) 〖명〗 공습·화재 등에 대비하여 주민이나 시설물을 대피시키거나 분산시키는 명령. 2〖군〗적군의 포화로 인한 피해를 줄이기 위해 전투 대형의 거리나 간격을 넓히게 하는 명령.
소개-비(紹介費) 〖명〗 소개받은 대가로 소개업자에게 치르는 돈.
소개-소(紹介所) 〖명〗 1 소개업을 하는 곳. 2 '직업소개소'의 준말.
소개-업(紹介業) 〖명〗 구전을 목적으로 집·토지·직업 등의 알선이나 매매 또는 임대 등의 소개를 일삼는 업. ▷중개업.
소개-장(紹介狀) [-짱] 〖명〗 사람이나 사물을 소개하는 내용의 편지나 문서.
소개-팅(紹介+meeting) 〖명〗〖속〗 서로 모르는 남녀가 제삼자의 소개를 받아 사귀기 위해 만나 보는 것.
소거(消去) 〖명〗 1 지워 버리는 것. 또는, 사라져 없어지는 것. 2〖컴〗 =리셋1. 소거-하다 〖타〗〖여〗 소거-되다 〖자〗
소거-법(消去法) [-뻡] 〖수〗 둘 이상의 미지수를 가진 방정식에서 특정한 미지수를 없애는 방법.
소-걸음 〖명〗 소처럼 느릿느릿 걷는 걸음.
소격(疏隔) 〖명〗 서로 사귀는 사이가 멀어져서 왕래가 막히는 것. 소격-하다 〖여〗
소:견(所見) 〖명〗 사물을 살펴보고 인식하는 바의 의견이나 생각. ¶~을 밝히다.
소:견-머리(所見-) 〖명〗 '소견(所見)'을 속되게 이르는 말. ¶~ 없는 녀석.
소결(燒結) 〖명〗〖화〗 가루를 압축 성형하여 녹는점 이하의 온도로 가열하였을 때, 가루가 서로 밀착하여 단단하게 뭉치는 현상. 소결-하다 〖자〗〖여〗 소결-되다 〖자〗
소:경 〖명〗 눈이 멀어 못 보는 사람. 완곡어 또는 순화어로는 '시각 장애인'. 圓맹인·장남·봉사.
[소경 개천 나무란다] 자기의 잘못은 모르고 남만 탓한다.
소:계¹(小計) [-계/-게] 〖명〗 한 부분만의 합계. ↔총계.
소:고¹(小考) 〖명〗 《주로 논문 제목 속에 쓰여》 논하는 사물의 범위가 작은 고찰, 또는 자신의 이론적 고찰을 겸손하게 이르

는 말.
소:고²(小鼓) [명][음] 1 =작은북1. 2 우리나라의 속악(俗樂) 민요 악기. 양면을 얇은 가죽으로 메웠으며, 운두가 낮고 작은 북으로 대개 자루가 달렸음. 나무 채로 침.
소-고기 [명] =쇠고기.
소:고-재비(小鼓-) [명][음] 농악에서 소고를 맡아 치는 사람.
소-고집(-固執) [명] =쇠고집.
소:곡(小曲) [명][음] '소품곡'의 준말.
소곤-거리다/-대다 [동][자][타] 작은 목소리로 자꾸 가만히 말하다. ¶현수는 동생의 귀에 대고 무엇인가를 **소곤거렸다**. [큰]수군거리다. [센]쏘곤거리다. ×소근거리다.
소곤-소곤 [부] 소곤거리는 소리. 또는, 그 모양. ¶두 사람이 마주 앉아 ~ 속삭이다. [큰]수군수군. [센]쏘곤쏘곤. ×소근소근. **소곤소곤-하다** [동][자][타][여]
소곳-하다[-고타-] [형][여] 1 약간 숙인 듯하다. 2 좀 다소곳하다. [큰]수긋하다. **소곳-이** [부] ¶~ 앉아 있다.
소:관¹(所管) [명] 맡아 다스리는 바. 또는, 그 범위. ¶그 일은 우리 ~ 밖의 일이다.
소:관²(所關) [명] 관계되는 바. ¶팔자~.
소:관-사(所關事) [명] 관계하는 일. 또는, 관계되는 일.
소:-괄호(小括弧) [명] 묶음표의 하나. ( )의 이름. 1 원어(原語)·연대·주석(註釋)·설명 등을 넣을 때에 씀. 2 빈 자리임을 나타낼 때에 씀. '우리나라 수도는 ( )이다.' 따위. 3 [수] 어떤 식의 계산을 다른 계산보다 먼저 할 것을 요구할 때에 씀. ▷대괄호·중괄호.
소구¹(訴求) [명][법] 소송에 의하여 권리를 행사하는 일. 특히, 청구권의 행사를 말함. **소구-하다¹** [동][타][여]
소구²(遡求) [명][법] 어음이나 수표가 부도로 지급이 거절되거나 지급이 불가능해 보일 때, 그 소지인이 배서인이나 발행인에게 변상을 청구하는 일. ¶~권. **소구-하다²** [동][타][여]
소:국(小國) [명] 작은 나라. ↔대국.
소굴(巢窟) [명] 좋지 못한 짓을 하는 사람들이 활동의 근거지로 삼고 있는 곳. ¶도둑의 ~.
소-귀 [명] =쇠귀.
소:-규모(小規模) [명] 일의 규모나 범위가 좁고 작은 것. ¶~ 기업. ↔대규모.
소극¹(消極) [명] 1 태도가 수동적이고 비활동적인 상태. ¶~ 행위. 2 내용이 부정적이고 형식적인 상태. ¶~ 명제. ↔적극.
소:극²(笑劇) [명][연] 익살과 웃음거리를 주로 하여 관중을 웃기는 연극. 특히, 15세기 프랑스에서 성행함.
소극-성(消極性)[-썽] [명] 소극적인 성질이나 상태. ↔적극성.
소:-극장(小劇場)[-짱] [명] 상업주의적인 대극장의 연극을 부정하고 연극 본래의 예술성의 추구, 실험 연극의 시연(試演), 관객과의 친화를 도모하는 등의 목적으로 만들어진 소규모의 극장.
소극-적(消極的)[-쩍] [관][명] 자진하여 나아가려는 기백이 부족하고 활동적이 아닌 (것). ¶~ 자세. ↔적극적.
소근-거리다 [동][자][타] '소곤거리다'의 잘못.
소근-소근 [부] '소곤소곤'의 잘못.
소금¹ [명][화] 바닷물을 증발시키거나 땅속에서 캐어서 얻는, 짠맛이 나는 흰 빛깔의 결정체. =염(鹽).
소:금²(小笒) [명][음] 국악에 쓰이는 목관악기의 하나. 삼금(三笒) 중 가장 작고, 구멍이 7개 있음. 지금은 전하지 않음.
소금-구이 [명] 생선·쇠고기 등에 소금을 쳐서 굽는 일. 또는, 그 고기.
소금-국[-꾹] [명] 소금을 많이 넣어 너무 짜게 된 국.
소금-기(-氣)[-끼] [명] 어떤 물질 속에 들어 있는 짭짤한 맛이나 기운. [비]염분.
소금-물 [명] 소금을 녹인 물. [비]식염수.
소금-밭[-받] [명] =염전(鹽田).
소금-버캐 [명] 엉겨서 말라붙은 소금 덩이.
소금쟁이 [명][동] 3쌍의 긴 다리로 못이나 호수의 수면에 떠서 사는 검은색 곤충.
소급(遡及) [명] 지나간 일에까지 거슬러 올라가서 미치게 하는 것. **소급-하다** [동][자][타][여] ¶형벌 법규는 **소급하여** 적용할 수 없다.
소:기(所期) [명] (주로 '소기의'의 꼴로 쓰여) 기대한 바. ¶~의 목적을 달성하다.
소:-기업(小企業) [명] 규모가 작은 기업.
소-꼬리 [명] =쇠꼬리.
소꿉 [명] 아이들이 살림살이의 흉내를 내며 노는 데 쓰는, 그릇을 비롯한 부엌 세간을 본떠 만든 장난감의 총칭.
소꿉-놀이[-꿈-] [명] 소꿉을 가지고 노는 아이들의 놀이. **소꿉놀이-하다** [동][자][여]
소꿉-동무[-똥-] [명] 어릴 적에 같이 소꿉놀이를 하며 놀던 동무. 곧, 아주 어렸을 때의 친구. =소꿉친구.
소꿉-장난[-짱-] [명] 소꿉놀이를 하며 노는 장난. **소꿉장난-하다** [동][자][여]
소꿉-친구(-親舊) [명] =소꿉동무.
소나(sonar) [명] [sound navigation and ranging] =음파 탐지기.
소나기 [명] 1 갑자기 세차게 쏟아지다가 곧 그치는 비. 흔히, 번개·천둥·강풍 등을 동반함. =소낙비. 2 (일부 명사와 합성어를 이루어) 어떤 일이 매우 세찬 기세로 급격히 이뤄지는 상태임을 이르는 말. ¶~ 펀치.
소나기-구름 [명][기상] =적란운.
소나기-밥 [명] 평소에는 얼마 먹지 않던 사람이 어쩌다가 갑자기 많이 먹는 밥.
소-나무 [명][식] 나무껍질이 적갈색이며, 바늘 모양의 잎이 2개씩 뭉쳐 나는 상록 침엽 교목. 가을에 표면이 많은 조각으로 덮인 달걀 모양의 열매인 '솔방울'이 황갈색으로 익음. =솔. [원]솔나무.
소나타([이]sonata) [명][음] 16세기 중기 바로크 초기 이후에 발달한 악곡의 형식. 기악을 위한 독주곡 또는 실내악으로 2악장 이상으로 이루어졌음.
소나티네([독]Sonatine) [명][음] 악장의 규모가 작고 짧은 소나타.
소낙-비[-삐] [명] =소나기1.
소네트(sonnet) [명][문] 서양 시가(詩歌)의 한 형식. 14행의 단시(短詩)로서, 복잡한 운(韻)으로 짜여짐.
소:녀¹(小女) I [명] 키나 몸집이 작은 계집아이.
II [대][인칭] 예전에, 여자가 웃어른에게 자기를 겸손하게 낮추어 이르던 말.
소:녀²(少女) [명] 유아(幼兒)의 단계는 지났으나 아직 어른이 되지 못한 여자. 주로 10대 중반의 여자를 가리킴. ¶문학~. ↔소년.
소:녀-가장(少女家長) [명] 부모가 없거나, 부모가 생계를 꾸려 나갈 수 없는 형편에

소론_669

소:녀-단(少女團) 명 =걸 스카우트.
소:녀-취미(少女趣味) 명 소녀들에게서 흔히 볼 수 있는 감상적·낭만적이고 아기자기한 취미.
소:녀-티(少女-) 명 소녀에게서 풍기는 고유한 기색이나 태도.
소:년(少年) 명 1 유아(幼兒)의 단계는 지났으나 아직 어른이 되지 못한 남자, 주로 14세 중반의 ǎ男자를 가리킴. ¶사춘기 ~. ↔소녀. 2 [법] 소년법에서, 20세 미만의 사람. 3 (일부 명사와 함께 쓰여) 젊은 사람임을 나타내거나 젊은 시절에 이루어나 하는 것임을 나타내는 말. ¶~ 재상.
소:년-가장(少年家長) 명 부모가 없거나, 부모가 생계를 꾸려 나갈 수 없는 형편에 있어, 집안의 생계를 책임지게 된 소년.
소:년-기(少年期) 명 어린이의 단계는 지났으나 아직 어른이 되지 못한 단계의 시기. 일반적으로 13~18세 정도의 기간을 가리킴.
소:년-단(少年團) 명 =보이 스카우트.
소:년-원(少年院) 명 [법] 법무부 장관 소속하에 설치된 기관의 하나. 법원의 보호처분에 의하여 송치된 소년을 수용하고, 교정 교화(矯正敎化)함.
소:농(小農) 명 작은 규모로 짓는 농사. 또는, 그런 농가나 농민. ▷대농·중농.
소:뇌(小腦)[-뇌/-눼] 명 [생] 대뇌의 아래, 연수(延髓) 뒤에 있는 타원형 뇌수의 한 부분. 수의근의 조절, 몸의 평형 및 운동을 맡아봄. =작은골.
소다(soda) 명 [화] 금속 나트륨과 화합하여 된 염. 가성 소다·탄산소다 등이 있음.
소다-수(soda水) 명 =탄산수.
소-달구지 명 소가 끄는 수레. ㈜우차.
소담-스럽다[-따] (형)(ㅂ)〈-스러우니, -스러워〉 소담한 데가 있다. ¶쟁반에 떡이 소담스럽게 담겨 있다. **소담스레** 부
소담-하다 형여 1 생김새가 탐스럽다. ¶정원에 국화꽃이 소담하게 피어 있다. 2 음식이 넉넉하여 보기에도 먹음직하다. ¶과일이 소담하게 담겨 있다. **소담-히** 부
소:대(小隊) 명[군] 군대 편성의 한 단위. 대개 중대의 1/3 또는 1/4의 인원으로서, 4개의 분대로 이루어짐.
소:대-장(小隊長) 명[군] 소대를 지휘·통솔하는 책임 장교. 보통 소위나 중위가 맡음.
소뎅(명) 솥의 뚜껑. 특히, 무쇠솥의 뚜껑을 가리킴. ㈜솥뚜껑.
소데나시(일袖無し/そでなし) 명 '민소매'의 일본말.
소:-도구(小道具) 명[예] 연극·영화에서, 무대 장치에 쓰이거나 배우가 연기할 때 이용하는, 비교적 작은 물건. ㈜소품.
소-도둑 명 1 소를 훔치는 짓. 또는, 그 도둑. 2 (주로 '같다' 와 함께 쓰여) 험상궂고 음흉해 보이는 남자를 적대감을 가지고 이르는 말. ¶~ 같이 생긴 녀석.
소도둑-놈[-둑-] 명 '소도둑' 을 욕하여 이르는 말.
소:-도시(小都市) 명 작은 규모의 도시.
소독(消毒) 명[의] 감염 예방을 위해 병원균을 죽이는 일. 약물·일광·열기·증기 등에 의한 방법이 있음. ¶일광 ~. **소독-하다** 통타여 **소독-되다** 통자
소독-약(消毒藥)[-동냑] 명 [약] 소독하는 데 쓰이는 약제. 알코올·요오드·크레졸 따위. ㈜살균제.

소독-저(消毒-)[-쩌] 명 소독을 한 나무 젓가락.
소돔(Sodom) 명[성] 구약 성서 '창세기' 에 나오는, 팔레스타인 남쪽 근방의 한 도시. 성적(性的) 문란으로 하느님의 노여움을 사, 하늘에서 내린 불로 멸망함.
소동(騷動) 명 어떤 사건이나 문제의 발생으로 여러 사람들이 놀라거나 흥분하여 법석거리거나 소란을 일으키는 것. ¶큰 ~이 벌어지다.
소:되(小斗) 명 닷 되들이 말. 대두의 반되는 분량임. ¶쌀 ~ 서 말. ▷대두.
소:득(所得) 명 1 어떤 일의 결과로 얻은 정신적·물질적 이익. 2 [경] 일정 기간 동안의 근로·사업, 또는 자산의 운영 등에서 얻는 수입. 봉급·노임·지대(地代)·이자 따위. ¶근로 ~.
소:득^공제(所得控除)[-꽁-] 명 [법] 과세 대상 소득액을 결정하기 위하여 총소득액으로부터 법으로 정한 금액을 빼내는 일. 기초 공제·부양가족 공제·의료비 공제 등이 있음.
소:득-세(所得稅)[-쎄] 명[법] 개인의 1년간의 소득액을 표준으로 하여 부과하는 국세(國稅).
소:득-액(所得額) 명 소득으로 들어온 돈의 액수.
소등(消燈) 명 등불이나 전등을 끄는 것. ↔점등. **소등-하다** 통자여 **소등-되다** 통자
소:-똥 명 =쇠똥.
소-띠 명[민] 소해에 난 사람의 띠.
소라 명 1 [동] 바다에 살며, 높이 10cm, 지름 8cm가량의 두껍고 단단한 나선형 껍데기를 가진 고둥. 살은 식용하고, 껍데기는 자개·단추·바둑돌을 만듦. 2 [음] '나각' 의 잘못.
소라-색(일そら色) 명 '하늘색' 의 잘못.
소란(騷亂) 명 사람이 시끄럽게 떠들거나 하여 (분위기가) 어수선하고 어지러운 것. ¶~을 떨다. **소란-하다** 형여 ¶싸움이라도 났나, 바깥이 왜 이리 **소란한지**?
소란-스럽다(騷亂-)[-따] 형 (ㅂ)〈-스러우니, -스러워〉 소란한 데가 있다. **소란-스레** 부
소략-하다(疎略-)[-랴카-] 형여 (일에) 꼼꼼하지 못하고 엉성하다. ↔세밀하다. **소략-히** 부
소:량(少量) 명 적은 분량. ↔다량(多量).
소련(蘇聯) 명[역] 유라시아 대륙의 북부에 존재했던 세계 최초의 사회주의 국가. 1991년 각 공화국의 연방 이탈의 확대로 붕괴됨. 수도는 모스크바. =소비에트 사회주의 공화국 연방·유에스에스아르.
소:령(少領) 명[군] 국군 계급의 하나. 영관의 맨 아래 계급으로, 대위의 위, 중령의 아래임.
소:로[1](小路) 명 작은 길. =협로. ↔대로.
소로[2], 헨리 데이비드(Thoreau, Henry David) 명[인] 미국의 사상가·수필가 (1817~1862).
소록-소록[-쏘-] 부 1 아기가 곱게 자는 모양. ¶우리 아기 착한 아기 ~ 잠들라. 2 비나 눈이 소리 없이 내리는 모양.
소:론[1](小論) 명 규모가 작은 논설이나 논문.
소:론[2](少論) 명[역] 조선 시대, 사색당과

의 하나. 숙종 때 서인(西人) 중에 소장파 윤증·조지겸 등이 영수인 송시열 등과 반목하여 갈려 나온 당파. ↔노론.

소르르 [부] **1** 뭉치거나 얽히거나 걸린 물건이 잘 풀리거나 흘러내리는 모양. ¶옷고름이 ~ 풀리다. **2** 졸음이 오는 모양. ¶~ 졸음이 오다.

소!름 [명] 추위나 공포감을 느낄 때 살갗에 돋아나는 좁쌀 같은 것. ¶~이 돋다.

소리 [명] **1** [물] 물체가 부딪치거나 빠르게 떨리거나 할 때, 사람이나 동물의 귀에 전달되어 청각을 일으키는 공기의 진동. [비]음(音). ¶총~ / 파도 ~. **2** 사람이 발음 기관을 작용시켜 일으키는 일체의 공기 진동. ¶기침 ~. **3** 동물이 발음 기관을 작용시켜 일으키는 일체의 공기 진동. ¶뻐꾸기 ~. **4** 어떤 사람의 말이 못마땅하거나 뜻밖이거나 할 때, 그의 '말'을 얕잡아 이르는 말. ¶쓸데없는 ~. **5** '판소리'나 '잡가'와 같은 전통적인 노래. 또는, '노래'를 예스럽게 이르는 말. ¶어디 ~ 한 마디 해 보렴. **6** 항간의 여론이나 소문, 또는 호소. ¶국민의 ~. **소리-하다** [동][자][여] 판소리나 잡가 따위를 부르다.
　소리를 죽이다 소리를 내지 않거나 매우 낮추다. ¶**소리를 죽여** 흐느끼다.
　소리 소문도 없이 동작이 드러남이 없이 슬그머니. ¶~ 사라지다.

소리개 [명][동] '솔개'의 잘못.

소리-굽쇠[-쐬/-쒜] [명][물] 균질한 길쭉한 금속 막대를 'U' 자형으로 휘어 가운데에 자루를 단 것. 음향 측정, 악기의 조율 등에 씀.

소리-글자(-字)[-짜] [명][언] =표음 문자. ↔뜻글자.

소리-꾼 [명] 판소리나 잡가 따위의 소리를 잘하는 사람.

소리-소리 [부] 자꾸 크게 소리를 지르는 모양. ¶화가 나서 ~ 지르다.

소리-쟁이 [명] 노래 부르는 일을 직업으로 하는 사람을 얕잡아 이르는 말.

소리-치다 [동][자] (사람이) 목청을 크게 하여 말하거나 어떤 소리를 내다. [비]외치다.

소!립-자(素粒子)[-짜] [명][물] 물리학에서 극미립자(極微粒子)라고 생각되고 있는 광양자·전자·양성자·중성자·중간자·중성 입자·양전자 등의 총칭.

소릿-결[-리껼/-릳껼] [명][물] =음파.

소!만(小滿) [명] 24절기의 하나. 5월 21일경으로, 입하와 망종 사이에 있음.

소말리아(Somalia) [명][지] 아프리카 대륙의 동쪽 끝에 있는 공화국. 수도는 모가디슈.

소!망(所望) [명] 간절히 바라는 바. 또는, 그 바람. **소!망-하다** [동][타][여] (어떤 일을) 간절히 바라다. ¶병이 완쾌되기를 ~.

소매[1] [명] 상체에 입는 옷에서, 팔을 싸는 원통 모양의 부분. =팔소매. [비]옷소매.
　소매를 걷고 나서다 몸소 어떤 일에 앞장서서 나서다. ¶남을 돕는 일이라면 ~.

소!매[2](小賣) [명] (물건을) 생산자나 도매상으로부터 사들여 직접 소비자에게 파는 일. ↔도매. **소!매-하다** [동][타][여]

소!매-가격(小賣價格)[-까-] [명] 물건을 소매할 때의 가격. ↔도매가격.

소!매-상(小賣商) [명] 소매하는 장사. 또는, 그 장수. ↔도매상.

소!매-업(小賣業) [명] 소매를 하는 영업. ↔도매업.

소!매-점(小賣店) [명] 소매를 하는 상점.

소매-치기 [명] 남의 주머니나 가방 속에 들어 있는 돈이나 귀중품, 또는 남이 몸에 차거나 지니고 있는 귀금속 따위를 남이 알아채지 못하게 교묘한 손놀림으로 훔치는 짓. 또는, 그런 짓을 하는 사람. ▷날치기. **소매치기-하다** [동][타][여]

소매-통 [명] 소매의 폭.

소!맥(小麥) [명][식] =밀[1].

소!맥-분(小麥粉)[-뿐] [명] =밀가루.

소맷-부리[-매뿌-/-맫뿌-] [명] 옷소매의 아가리.

소맷-자락[-매짜-/-맫짜-] [명] 옷소매의 자락.

소-머리 [명] =쇠머리.

소멸(消滅) [명] 사라져 없어지는 것. **소멸-하다** [동][자][여] **소멸-되다** [동][자]

소명(召命) [명] **1** [가][기] 하느님의 일을 하도록 하느님으로부터 받는 부름. **2** 어떤 사람이, 사회가 자신에게 요청하고 있다고 느끼는 임무나 책임. ¶직업에 대한 ~ 의식.

소모[1](消耗) [명] (물질·힘·시간 등을) 써서 없애는 것. ¶연료의 ~가 큰 고급 승용차. **소모-하다**[1] [동][타][여] ¶체력을 ~. **소모-되다** [동][자]

소모[2](梳毛) [명] 양모의 짧은 섬유는 없애고 긴 섬유만 골라 가지런하게 하는 공정(工程). 또는, 그렇게 한 긴 섬유. **소모-하다**[2] [동][타][여]

소모-량(消耗量) [명] 소모한 양.

소모-사(梳毛絲) [명] 소모 방적 공정에 의하여 만들어진 가는 털실.

소-모임(小-) [명] 작은 규모의 모임. ¶취미 활동을 위한 ~.

소모-전(消耗戰) [명] 쉽게 승부가 나지 않아, 인원·병기·물자 따위가 계속 투입되는 전쟁.

소모-품(消耗品) [명] 사무용품 가운데서 쓰는 대로 닳아 없어지거나 못 쓰게 되는 물품. 종이·연필·잉크 따위. ↔비품.

소!목(小目) [명] 바둑에서, 바둑판 네 모서리의 셋째 줄과 넷째 줄이 만나는 점.

소!묘(素描) [명][미] 형태·명암을 주로 하여 단색(單色)으로 그린 그림. =데생.

소!문(所聞) [명] 사람들의 입에서 입으로 전해져 널리 알려진, 어떤 말이나 사실. ¶뜬[헛]~ / ~이 자자하다.

소!문-나다(所聞-) [동][자] 소문이 퍼지다.
　[**소문난 잔치에 먹을 것 없다**] 소문에 비하여 내용이 보잘것없다.

소!문-내다(所聞-) [동][타] 소문을 퍼뜨리다.

소!-문자(小文字)[-짜] [명] 서양 문자의 작은 체의 문자. ↔대문자.

소박(疏薄) [명] (아내를) 박대하여 육체관계를 갖지 않고 멀리하는 것. **소박-하다**[1] [동][타][여] ¶조강지처를 ~.

소박-데기(疏薄-)[-떼-] [명] 소박을 맞은 여자.

소박-맞다(疏薄-)[-방맏따] [동][자] 남편에게 소박을 당하다. ¶첫날밤에 ~.

소박-하다[2](素朴-)[-바카-] [형][여] 꾸밈이나 거짓이 없이 수수하다. ¶**소박한** 생활.

소!반(小盤) [명] 음식을 놓고 먹는 작은 상.

소방(消防) [명] 화재를 방지하고 불난 것을 끄는 일. ¶~ 시설.

소방^공무원(消防公務員) 명[법] 화재의 예방·경계 또는 진압을 직무로 하는 공무원. ⓑ소방관.

소방-관(消防官) 명 '소방 공무원'의 통칭.

소방-대(消防隊) 명[법] 소방 기구를 장비한 군대와 의용(義勇) 소방대원으로 편성된 조직체.

소방대-원(消防隊員) 명 소방대의 구성원.

소방-도로(消防道路) 명 화재와 같은 재해가 발생했을 때 최소한 소방차가 드나들 수 있을 만한 너비의 도로.

소방-서(消防署) 명 화재를 예방·진압하는 업무를 수행하는 일선 소방 기관.

소방-수(消防手) 명 1 '소방관', '소방대원'으로 순화. 2 '구원 투수'를 비유적으로 이르는 말.

소방-차(消防車) 명 소방 및 인명 구조에 필요한 각종 장비를 갖추고 그 임무에 쓰이는 특수차. ≒불자동차·불차.

소:백-산(小白山) [-싼] 명[지] 충청북도 단양군과 경상북도 영주시 사이에 있는 산. 높이 1,440m.

소:백-산맥(小白山脈) [-싼-] 명[지] 태백산맥에서 갈라져 나와, 남서쪽으로 뻗은 산맥.

소변(小便) 명 사람의 '오줌'을 완곡하게 이르는 말. ¶~이 잦다. ▷대변.

소:변^검:사(小便檢査) 명 질환의 유무를 발견하기 위해 오줌의 양·색·혼탁·당(糖)·담즙 색소·세균·혈구 따위를 검사하는 일.

소:변-기(小便器) 명 오줌을 누게 만든 기구.

소:변-보다(小便-) 자 '오줌 누다'를 점잖게 이르는 말.

소보로-빵(㉘ぼろ-) 명 '곰보빵'으로 순화.

소:복(素服) 명 하얗게 차려입은 한복. 흔히 상사(喪事)에 입음. **소복-하다**[1] 재어 소복을 입다. ¶소복한 여인.

소복-소복(-쏘-) 부 여럿이 모두 소복한 모양. ¶뜰에는 눈이 ~ 쌓인다. ≒수북수북. **소복소복-하다** 형여.

소복-하다[2] [-보카-] 형여 (물건이) 도드라지게 많이 담겨 있거나 쌓여 있다. ¶밥을 소복하게 담다. ≒수북하다. **소복-이** 부 ¶지붕 위에 눈이 ~ 쌓였다.

소:-부르주아(小®bourgeois) 명 =소시민(小市民).

소:북(小北) 명[역] 조선 선조 때 유영경·남이공 등을 중심으로 북인(北人)에서 갈린 당파. ↔대북.

소비(消費) 명 (돈이나 물품, 시간, 노력 등을) 들이거나 써서 없애는 것. ↔생산. **소비-하다** 타여 ¶시간과 정력을 ~. **소비-되다** 자여.

소비-량(消費量) 명 물자를 소비하는 분량. ↔생산량.

소비-세(消費稅) [-쎄] 명[법] 개인의 소비에 대하여 부과하는 세금.

소비에트^사회주의^공:화국^연방(Soviet社會主義共和國聯邦) [-회-의-궁년-/-훼-이-궁년-] 명[역] =소련.

소비-자(消費者) 명 물건을 사거나 서비스를 이용하는 사람. 또는, 물건을 사는 사람. ¶~ 단체. ↔생산자.

소비자^물가^지수(消費者物價指數) [-까-] 명[경] 소비자가 구입하는 상품이나 서비스의 가격 변동을 나타내는 지수. 통계청에서 조사하여 매월 발표함.

소비자^파:산(消費者破産) 명[법] =개인파산.

소비-재(消費財) 명 개인의 욕망을 충족시키기 위하여 소비되는 재화. 식료품·소모품 따위. ↔생산재.

소비-지(消費地) 명 어떤 물건이 소비되는 지역. ↔생산지.

소-뼈 명 =쇠뼈.

소:사[1] (小使) 명 지난날, 학교나 회사 등에 고용되어 잔일을 하던 사람.

소사[2] (掃射) 명[군] 기관총 등을 상하 좌우로 휘둘러 연달아 쏘는 일. ¶기총(機銃) ~. **소사-하다**[1] 타여.

소사[3] (燒死) 명 불에 타서 죽는 것. ⓑ분사(焚死). **소사-하다**[2] 자여.

소사-나무 명[식] 나무 모양과 가을의 붉은 잎이 아름다워 분재로 많이 가꾸는 낙엽 활엽 소교목. 우리나라 특산종으로 따뜻한 바닷가에서 자람.

소:-사전(小辭典) 명 다루기에 편하도록 어휘 수를 줄이고 부피를 작게 만든 사전. ▷대사전·중사전.

소:산(所産) 명 '소산물'의 준말. ¶오늘의 우승은 인내와 노력의 ~이다.

소:산-물(所産物) 명 1 일정한 지역에서 생산되는 물건. 2 어떤 행위나 정세 등의 결과로 나타나는 현상. ¶환경오염은 산업 사회의 ~이다. ⓒ소산.

소:상(小祥) 명 사람이 죽은 지 1년 만에 지내는 제사. ▷대상(大祥).

소:상(塑像) 명 찰흙으로 만든 사람의 형상. ¶석고 ~.

소:-상인(小商人) 명 작은 규모로 장사하는 사람.

소상-하다(昭詳-) 형여 분명하고 자세하다. **소상-히** 부 ¶이유를 ~ 밝혀라.

소:생[1] (所生) 명 자기가 낳은 아들이나 딸. ¶전처 ~.

소생[2] (蘇生·甦生) 명 다시 살아나는 것. ⓑ회생(回生). **소생-하다** 자여 ¶만물이 소생하는 봄.

소:생[3] (小生) 때[인칭] 남자가 윗사람 앞에서 자기를 낮추어 이르는 말. 편지 글에서나 잔존할 뿐 오늘날 거의 소멸되어 가고 있음. ¶불초 ~ 문안 인사 올립니다.

-소서 어미 모음이나 'ㄹ' 받침으로 끝나는 동사의 어간에 붙어, '합쇼' 할 상대에게 바라거나 시키는 뜻을 나타내는 종결어미. ¶용서하~. ▷-으소서.

소:서[1] (小暑) 명[민] 24절기의 하나. 7월 7일경으로, 하지와 대서(大暑) 사이에 있음.

소-석회(消石灰) [-쇠/-쉐] 명[화] =수산화칼슘.

소:-선거구(小選擧區) 명[정] 한 선거구에서 한 사람의 의원을 뽑는 제도의 선거구. ↔대선거구.

소:설[1] (小雪) 명[민] 24절기의 하나. 11월 22일경으로, 입동과 대설(大雪) 사이에 있음.

소:설[2] (小說) 명 1 인간의 삶에 관한 있을 법한 사건을 작가의 상상에 의해 공적(架空的)으로 꾸며 내어 산문으로 표현한, 문학의 한 갈래. ¶추리 ~. 2 '책으로 만들어진 소설'을 이르는 말.

소:설-가(小說家) 圈 소설을 전문적으로 쓰는 사람.
소:설-책(小說冊) 圈 소설이 실린 책.
소:설-화(小說化) 圈 (어떤 사실을) 소설로 꾸미는 것. **소:설화-되다** 통자. **소:설화-하다** 통타.
소성(塑性) 圈 [물] 고체 성질의 하나. 외력(外力)을 받아 형태가 바뀐 고체가 외력을 없애도 본디의 상태로 돌아가지 않는 성질. ▷탄성(彈性).
소세지 圈 '소시지(sausage)'의 잘못.
소소리-바람 圈 이른 봄에 살 속으로 스며드는 듯한 차고 매운 바람.
소:소-하다(小小-) 휑여 자질구레하거나 변변치 않다. **소:소한 일**[문제].
소속(所屬) 圈 어떤 기관이나 단체에 딸리는 것. 또는, 그 딸린 곳. ¶~ 부대. **소:속-하다** 통자타. **소:속-되다** 통자.
소속-감(所屬感) [-깜] 圈 자신이 어떤 집단에 소속되어 있다고 느끼는 일.
소송(訴訟) 圈 [법] 고소하는 자와 고소당하는 자를 당사자로 하여, 법원이 제삼자의 입장에서 재판을 하는 절차. 민사 소송과 형사 소송이 있음. =송사(訟事). ¶~을 제기하다. **소:송-하다** 통자타.
소송-법(訴訟法) [-뻡] 圈 [법] 소송 절차를 규정한 법규의 총칭.
소송^사:건(訴訟事件) [-껀] 圈 [법] 소송을 일으킨 사건. =사건.
소:수¹(小數) 圈 0보다 크고 1보다 작은 실수(實數). 0 다음에 점을 찍어 나타냄.
소:수²(少數) 圈 적은 수효. ¶~의 의견. ↔다수.
소수³(素數) [-쑤] 圈[수] 1과 그 수 자신 외의 자연수로는 똑떨어지게 나눌 수 없는 자연수. 곧, 2, 3, 5, 7, 11, ...
소:수-당(少數黨) 圈[정] 소수의 사람으로 조직된 정당. 또는, 국회에서 의석(議席)이 적은 정당. ↔다수당.
소:수^대:표제(少數代表制) 圈[정] 다수파의 의석(議席) 독점을 막고, 소수파도 어느 정도의 의석을 확보할 수 있도록 한 선거 제도. ↔다수 대표제.
소:수림-왕(小獸林王) 圈[인] 고구려의 제17대 왕(?~384).
소:수^민족(少數民族) 圈 복수 민족으로 구성되어 있는 국가에서, 지배적 세력을 가진 민족에 대하여, 상대적으로 인구가 적고 언어·관습 등을 달리하는 민족.
소:수-점(小數點) [-쩜] 圈[수] 소수의 부분과 정수(整數)의 부분을 구획하기 위하여 첫자리와 1/10 되는 자리 사이에 찍는 점. 3.5의 ~.
소:수-파(少數派) 圈 속하여 있는 사람의 수가 적은 쪽의 파. ↔다수파.
소:-순환(小循環) 圈[생] =폐순환. ↔대순환.
소쉬르, 페르디낭 드(Saussure, Ferdinand de) 圈[인] 스위스의 언어학자(1857~1913).
소스¹(sauce) 圈 서양 요리에서, 맛을 돋우기 위해 음식에 치는 걸쭉한 액체. ¶토마토~.
소스²(source) 圈 [원천', '근본'이란 뜻] 정보 등의 출처. 어떤 정보를 제공하는 사람이나 책 또는 자료를 말함.
소스라-치다 통자 깜짝 놀라 몸을 떠는 듯이 움직이다. ¶느닷없는 비명 소리에 소스라치게 놀라 돌아보았다.
소슬-바람(蕭瑟-) 圈 으스스하고 쓸쓸하게 부는 가을바람.
소슬-하다(蕭瑟-) 휑여 (바람, 특히 가을바람이) 으스스하고 서늘한 상태에 있다. ¶소슬한 바람.
소:승¹(小乘) 圈 [불] 석가 후기 불교의 2대 유파의 하나. 수행을 통한 개인의 해탈을 가르치는 교법. ↔대승(大乘).
소:승²(小僧) 데[인칭] 승려가 자기를 낮추어 이르는 말.
소:승-불교(小乘佛敎) 圈 [불] 소승을 주지(主旨)로 하는 교파의 총칭. 스리랑카·타이·미얀마·캄보디아 등 주로 동남아시아로 전파됨. ↔대승 불교.
소:승-적(小乘的) 쥔圈 작은 일에 얽매여 대국적인 면을 보지 못하는 (것). ↔대승적.
소:-시민(小市民) 圈 부르주아와 프롤레타리아의 중간에 위치하는, 수공업자·소상인 및 봉급생활자·하급 공무원 등의 총칭. ≒소부르주아. ¶현실에 안주하려고 하는 ~ 근성.
소시지(sausage) 圈 양념하여 다진 고기를 소나 돼지의 창자 또는 인공 재료 안에 채워 넣고 익힌 가공 식품. ×소세지.
소:식¹(小食) 圈 음식을 적게 먹는 일. ↔대식. **소:식-하다** 통자.
소식²(消息) 圈 **1** 어떤 사람의 안부에 관한 기별이나 알림. ¶~이 감감하다. **2** 어떤 일에 대한 상황이나 동정을 알리는 일. ¶국내 ~.
소식이 깜깜 소식을 전혀 모르는 상태를 속되게 이르는 말. ¶여태 그것도 모르고 있었어? ~이구나.
소-식³(蘇軾) 圈[인] 북송의 문인(1036~1101).
소식-가(小食家) [-까] 圈 음식을 보통 사람보다 적게 먹는 사람. ↔대식가.
소식-불통(消息不通) [-뿔-] 圈 **1** 소식이 서로 끊김. **2** 어떤 일이나 사정에 대해서 도무지 알지 못함.
소식-지(消息紙) [-찌] 圈 어떤 단체의 새로운 소식을 알리는 유인물.
소식-통(消息通) 圈 어떤 뉴스나 소식을 전하는 입장에서, 그 일의 내막이나 사정을 잘 아는 사람을 이름을 밝히지 않은 상태로 가리키는 말. ¶믿을 만한 ~에 따르면….
소:신¹(所信) 圈 어떤 일을 함에 있어서 옳다고 믿고 그에 따라 하려고 하는 생각. ¶~을 피력하다.
소:신²(小臣) 圈[인칭] 신하가 임금에게 대하여 '자기'를 낮추어 이르는 말.
소:실¹(小室) 圈 =첩(妾)¹.
소:실²(消失) 圈 사라져 없어지는 것. **소실-하다**¹통자타. **소실-되다**¹통자.
소실³(燒失) 圈 불에 타서 없어지는 것. **소실-하다**²통자타. **소실-되다**²통자. ¶경복궁은 임진왜란 때 소실되었으나 대원군이 중건하였다.
소심-하다(小心-) 휑여 (사람의 성격이나 태도가) 별일 아닌 것에 지나치게 마음을 쓰면서 매사에 걱정이 많거나 너무 조심하는 상태에 있다. ¶소심한 성격. ↔대범하다. ▷세심하다. **소심-히**튀.
소:싯-적(少時-) [-시쩍/-싣쩍] 圈 젊었을 때. 또는, 어렸을 때. ¶나도 ~에는 힘깨나 썼는데 말이야.

소:아¹(小我) 圕 1 〖철〗 우주 전체로서의 유일 절대인 실체(實體)에 대하여, 인간이 가진 작은 자아(自我). 2 〖불〗 진실도 없고 자재(自在)도 없이, 개인적인 욕망과 망집에 사로잡힌 나. ↔대아.

소:아²(小兒) 圕 =어린아이.

소:아-과(小兒科)[-꽈] 圕〖의〗어린아이의 내과적인 병을 전문적으로 진찰·치료하는, 의학의 한 분과.

소:아-마비(小兒痲痺)[-] 圕〖의〗어린아이에게 많이 일어나는 운동 기능의 마비.

소:아-병(小兒病)[-뼝] 圕 1 〖의〗어린아이에게 특히 많은 내과적인 병의 총칭. 백일해·디프테리아·홍역·성홍열 따위. 2 언동이 유치하고 감정에 흐르거나 극단으로 치닫기 쉬운 성향.

소:아병-적(小兒病的)[-뼝-] 괸〖명〗사고 방식이나 행동이 유치하고 자기중심으로 치닫는 (것). ¶일본의 역사 왜곡은 참으로 ~인 태도라 아니할 수 없다.

소:-아시아(小Asia) 囼〖지〗흑해·에게 해·지중해에 둘러싸인, 아시아 서쪽 끝의 반도.

소:액(少額) 圕 적은 액수. ↔다액(多額).

소:액-환(少額換) 圕 어느 우체국에서나 현금과 바꿀 수 있는 우편환 증서.

소:야-곡(小夜曲) 圕〖음〗=세레나데.

소양(素養) 圕 평소에 닦아 쌓은 교양. ¶유럽 문학에 ~이 깊다.

소양-강(昭陽江) 囼〖지〗강원도 인제에서 시작하여 춘천에서 북한강으로 흘러드는 강. 길이 166.2km.

소:양-인(少陽人) 囼〖한〗사상 의학(四象醫學)에서 사람의 체질을 넷으로 가른 하나. 소화기가 강하고 생식기 기능이 약한 형으로, 민첩하며 비판적이지만 감정적이고 끈기가 부족한 편임. ▷사상 의학.

소염-제(消炎劑) 圕〖약〗염증을 치료하는 약제의 총칭.

소:엽(小葉) 圕 1 작은 잎. 2 〖식〗겹잎을 이루는 작은 잎.

소외(疏外·疎外)[-외/-웨] 圕 싫어하여 따돌리는 것. **소외-하다** 图(태)(여) **소외-되다** 图(자)¶친구들로부터 ~.

소외-감(疏外感)[-외/-웨-] 圕 남에게 따돌림을 당한 것 같은 느낌.

소:요¹(所要) 圕 어떤 일에 요구되거나 필요한 바. ¶~ 시간. **소:요-하다**¹ 图(태)(여) (어떤 일에 얼마의 시간이나 비용 등을) 쓰다. ¶이 작업 준비에 한 달을 소요했다. **소:요-되다** 图(자)

소요²(逍遙) 圕〖여〗정한 곳이 없이 슬슬 거닐며 돌아다니는 것. **소요-하다**² 图(자)(여)

소요(騷擾) 圕〖법〗여럿이 떼 지어 폭행·협박 따위를 함으로써 공공질서를 어지럽히는 일.

소:용¹(所用) 圕 어떤 일에 의미나 효용을 가지거나 쓸모가 되는 바. ¶이 물건은 내게 ~이 없다. **소:용-되다** 图(자)

소용(昭容) 圕〖역〗조선 시대에 내명부의 하나. 왕의 후궁에게 내리던 품계로 정3품임.

소용-돌이 圕 1 강이나 바다 등에서, 물이 빠르게 원을 그리며 도는 현상. 또는, 그런 현상을 이루는 물살. ¶배가 ~에 휩쓸려 침몰하다. 2 바람·불길 따위가 원을 돌리며 세차게 도는 현상. 3 사회적 현상이나 역사적 상황이 격렬하게 혼란으로 보이는 상태. 비유적인 말임. ¶혁명의 ~ 속에서 빛어진 비극.

소용돌이-치다(-) 图 1 물이 빙빙 돌면서 흘러 나가다. ¶여울목의 물이 ~. 2 (힘·사상·감정 따위가) 서로 엉켜 요란스럽게 움직이다. ¶소용돌이치는 세계 정세.

소:용-없다(所用-)[-업때] 圕 쓸모가 없거나 득이 될 것이 없다. ¶지난 일은 아무리 후회해도 ~.

소:-우주(小宇宙) 圕 1 〖철〗우주의 한 부분이면서도 그 자체로 하나의 독립된 우주의 모습을 가지는 존재. 특히, 인간을 이름. ↔대우주. 2 〖천〗타원 또는 소용돌이 모양으로 우주에 점점이 있는 성운.

소:원¹(所願) 圕 이루어지기를 간절히 원하는 바. 回원(願). ¶평생의 ~. **소:원-하다**¹ 图(태)(여) ¶남북통일이 되기를 ~.

소원(訴願) 圕〖법〗행정 행위가 위법하거나 부당할 때 상급 관청에 대하여 처분의 취소 또는 변경을 호소하는 일. **소원-하다**² 图(태)(여)

소원-하다³(疏遠·疎遠-) 廏(여) 지내는 사이가 친하지 않고 멀다. ¶소원한 사이.

소:위¹(少尉) 圕〖군〗국군 계급의 하나. 위관의 맨 아래 계급으로 준위의 위, 중위의 아래임.

소:위²(所爲) 圕 1 하는 일. 2 =소행.

소:위³(所謂) 閇 세상에서 흔히 말하는 바. 回이른바. ¶오늘날과 같은 현대 사회에서도 미신과 온갖 주술 신앙이 ~ 종교라는 허울을 쓰고 번창하고 있다.

소:-위원회(小委員會)[-회/-웨] 圕 한 위원회의 위원 가운데 다시 몇 사람을 뽑아 어떤 일을 맡아보게 한 위원회.

소:유(所有) 圕 자기 것으로 가지는 일. 또는, 그 물건. ¶국가 ~의 재산. **소:유-하다** 图(태)(여) ¶토지를 ~. **소:유-되다** 图(자)

소:유-격(所有格)[-껵] 圕〖언〗=관형격.

소:유-권(所有權)[-꿘] 圕〖법〗목적물을 자유로이 사용·수익·처분하며 또는 완전히 지배할 수 있는 권리. ¶~을 이전하다.

소:유-물(所有物) 圕 자기 것으로 가지고 있는 물건.

소:유-욕(所有慾) 圕 자기 것으로 만들고 싶은 욕망.

소:유-자(所有者) 圕 1 무엇을 가진 사람. ¶재빠른 운동 신경의 ~. 2 소유권을 가진 사람. ¶자동차 ~.

소:유-주(所有主) 圕 소유권을 가진 사람.

소:유-지(所有地) 圕 자기 것으로 가지고 있는 땅. ¶국유의 ~.

소음¹(消音) 圕 소리를 없애는 것.

소음²(騷音) 圕 불규칙하게 뒤섞어 시끄럽게 들리는 소리. ¶~ 공해.

소음-기(消音器) 圕 내연 기관에서 배출되는 가스의 폭음을 없애는 장치.

소:음-인(少陰人) 圕〖한〗사상 의학(四象醫學)에서, 사람의 체질을 넷으로 가른 하나. 소화기가 약하고 생식기 기능이 강한 형으로, 내성적·사색적인 반면 결단력이 부족한 편임. ▷사상 의학.

소읍(小邑) 圕 작은 고을.

-소이까 〖어미〗예스럽게 정중하게 묻는 의미를 나타내는 종결 어미. ¶진정 떠나시겠~?

-소이다 〖어미〗'-사오이다'의 준말. ¶좋~. ↔쇠다. ▷사외다.

소:인¹(小人) Ⅰ 圕 1 나이가 어린 사람. ↔대인. 2 키·몸집 등이 작은 사람. 3 도량

이 좁고 간사한 사람.
Ⅱ(인칭) 윗사람에 대해 자기를 낮추어 가리키는 말. 반상(班常)이 구별되던 시대에 쓰이던 말임. ¶~ 물러가겠습니다.
소인²(素因) 圆 1 근본이 되는 까닭. 2 병에 걸리기 쉬운 내적 요인을 가지고 있는 신체상의 상태. ¶유전적 ~.
소인³(消印) 圆 우체국에서 우표 따위에 찍는, 접수 날짜·국명(局名) 등이 새겨진 도장. ¶7일자 ~이 찍힌 편지.
소인-국(小人國) 圆 소인들만이 살고 있다는 상상의 나라.
소:인-네(小人−) 때(인칭) '쇤네'의 본딧말.
소:인-배(小人輩) 圆 간사하고 도량이 좁은 사람들의 무리. 또는, 그 무리에 속하는 사람.
소-인수(素因數) 圆[수] 어떤 정수를 소수(素數)만의 곱으로 나눌 때의 각 인수. '12=2×2×3'에서 '2'와 '3' 따위.
소인수⁻분해(素因數分解) 圆[수] 합성수를 소수(素數)의 곱의 꼴로 바꾸는 일. 곧, 12=2²×3 따위.
소⁻인원(少人員) 圆 적은 수의 인원.
소일(消日) 圆 마음을 붙여 심심하지 않게 세월을 보내는 것. **소일-하다** 困困 ¶정년퇴직한 뒤 독서로 소일하고 있다.
소일-거리(消日−)[−꺼−] 圆 그저 세월을 보내기 위하여 삼을거리로 하는 일.
소:임(所任) 圆 맡은 바 직책. ¶자기의 ~을 다하다.
소:자(小子) 때(인칭) 아들이 부모에 대하여 '자기'를 낮추어 이르는 말.
소:자²(小字) 圆 작은 글자. ↔대자(大字).
소자³(素子) 圆[물] 장치·전자 회로 등의 구성 요소가 되는 낱낱의 부품으로, 독립된 고유의 기능을 갖고 있는 것.
소:-자본(小資本) 圆 적은 자본.
소작(小作) 圆[농] 농토가 없는 농민이 소작료를 내고 남의 땅을 빌려 농사를 짓는 것. ↔자작(自作). **소작-하다** 困困
소작-권(小作權)[−꿘] 圆 소작료를 내고 남의 땅을 빌려 농사를 짓는 권리.
소작-농(小作農)[−장−] 圆 소작료를 내고 남의 땅을 빌려 짓는 농사. 또는, 그 농민. ↔자작농.
소:작-료(小作料)[−장뇨] 圆 남의 땅을 빌려 농사를 짓는 값으로 땅임자에게 치르는 돈. ▷도조(賭租).
소:작-인(小作人) 圆 남의 땅을 빌려 농사를 짓는 사람. ㉿작인.
소:작-지(小作地)[−찌] 圆 소작인이 빌려서 농사를 짓는 땅.
소:장(小腸)[−짱] 圆[생] 위와 대장(大腸) 사이에 있는 대롱 모양의 긴 소화관. 길이 6~7m로, 연동(蠕動)·분절 운동을 하여 양분을 흡수함. =작은창자.
소:장²(少將) 圆[군] 국군 계급의 하나. 장관에 속하는 계급으로, 준장의 위, 중장의 아래임.
소:장³(所長) 圆 연구소·출장소·강습소 등과 곁에 '소(所)'라고 이름 붙은 곳의 으뜸머리. ¶연구소 ~.
소:장⁴(所藏) 圆 (그림·책·골동품 등의 귀중한 물건을) 제 소유물로서 간직하는 것. ¶박물관 ~ 문화재. **소:장-하다** 困困
소장⁵(訴狀)[−짱] 圆[법] 소송을 제기하기 위하여 법원에 제출하는 서류.
소:장-파(少壯派) 圆 젊고 기운이 왕성한 사람들로 이루어진 파. ↔노장파.
소:장-품(所藏品) 圆 자기 것으로 간직하고 있는 물품.
소:재¹(所在) 圆 1 (사람·건물·단체·물건 등이) 있는 곳. ¶~ 불명 / 수도근 ~ 대학. 2 (주로 '책임 소재'의 꼴로 쓰이어) (책임이) 있는 대상. ¶책임 ~를 묻다.
소:재-하다(所在−) 困困 (건물·단체 등이 어느 곳에) 자리 잡다. ¶인천에 소재하는 공장.
소재²(素材) 圆 1[문] 예술 작품 속에 담거나 그리고자 하는, 물리적 대상이나 자연현상이나 생활상이나 역사적 사건 등의 재료. ¶임진왜란을 ~로 한 소설. 2 가공을 하지 않은 본디 그대로의 재료.
소:재-지(所在地) 圆 건물이나 기관 등이 자리 잡고 있는 곳. ¶도청 ~.
소:저(小姐) 圆 지난날, '처녀'를 대접하여 이르던 말.
소:전¹(小篆) 圆 한문 육서(六書)의 하나. 중국 진시황 때, 이사가 대전(大篆)을 간략하게 변형하여 만든 글씨체임. ▷대전.
소전²(素錢) 圆 장차 주화로 만들기 위해 제조된, 아직 앞뒷면에 아무것도 새겨지지 않은 동전 형태의 금속.
소:-전제(小前提) 圆[논] 삼단 논법에서, 소개념을 가진 전제. ↔대전제.
소:절(小節) 圆[음] ➝마디6.
소:절²(所定) 圆 (주로 '소정의'의 꼴로 쓰여) 미리 정해진 바. ¶~의 양식.
소-젖[−젇] 圆 =쇠젖.
소:제(掃除) 圆 =청소(淸掃). **소:제-하다** 困困 ㉿소제되다.
소:-제목(小題目) 圆 큰제목 아래에서 다시 몇 갈래로 나뉘어 작은 제목.
소:조(塑造) 圆[미] 진흙 따위의 재료를 이용하여 덧붙여 가며 만드는 조소(彫塑)의 한 방법. **소:조-하다** 困困
소주(燒酒) 圆 곡류·고구마·당밀 등을 발효시켜 증류한 술. 물처럼 맑고 알코올 성분이 많은 대중적인 술임. ¶~를 마시다.
소주-병(燒酒瓶)[−뼝] 圆 소주를 담는 일정한 형태의 병.
소주-잔(燒酒盞)[−잔] 圆 소주를 따라 마시는 데 쓰는, 운두가 얕은 작은 술잔.
소:주-주(小株主) 圆 한 회사의 발행 주식 중 적은 몫을 소유한 주주. ↔대주주.
소주-고리(燒酒−)[−주꼬−/−준꼬−] 圆 소주를 고는 오지그릇. ㉿고리.
소줏-집(燒酒−)[−주찝/−줃찝] 圆 소주를 파는 술집.
소:중-하다(所重−) 휑어 (사람이나 대상이) 중요한 의미나 가치를 가진 상태에 있다. ¶가보를 소중하게 간직하다. **소:중-히** 뒤 ¶시간을 ~ 여기다.
소:증(素症)−[−쯩] 圆 오랫동안 채식을 하여 고기가 먹고 싶어 지는 증세.
소:지¹(所持) 圆 가지고 있는 일. 또는, 그 물건. **소:지-하다** 困困 ¶총기를 불법으로 ~.
소지²(素地) 圆 어떤 사람이나 대상이 본바탕에 있어서 어떤 일을 일으키거나 이루게 될 가능성. ¶그 사람은 범죄를 저지를 ~가 다분하다.
소:지-인(所持人) 圆 =소지자.
소:지-자(所持者) 圆 가지고 있는 사람. =소지인. ¶자격증 ~.
소:지-품(所持品) 圆 지니고 있는 물품. ¶~ 검사.

소진¹(消盡) 圖 (기운이나 물질 따위가) 줄거나 다 쓰이거나 하여 없어지는 것. 또는, (기운이나 물질 따위를) 다 써서 없애는 것. **소진-하다**¹ 酌郦冏 모든 정력을 ~. **소진-되다**¹ 困

소진²(燒盡) 圖 다 타서 없어지는 것. **소진-하다**² 困郦 **소진-되다**² 困

소질(素質) 圖 사람이 태어나면서부터 갖추고 있어 발전할 가능성이 많은, 어떤 일에 대한 재능이나 바탕. ¶~을 계발하다 / ~을 살리다.

소집(召集) 圖 1 (단체나 조직체의 구성원을) 불러서 모으는 것. ¶비상~. 2 [법] 국가가 예비역·보충역 또는 제2국민역에 대해 현역 복무 외의 군 복무의 의무를 부과하는 것. ¶방위~. **소집-하다** 酌郦 ¶회의를 ~. **소집-되다** 困

소:-집단(小集團) 圖 구성원 서로 간의 직접적인 접촉과 친밀한 의사소통이 가능하도록 적은 수의 인원으로 이루어진 집단. 가족·친지·클럽·직장 동료 따위.

소:-짜(小-) 圖 크기의 구별이 있는 옷·먹을거리 등에서, 작은 것.

소쩍-새[-쌔] 圖雨 몸길이 20cm가량 되는, 부엉이 류의 한 종류. 밤에 활동하며, '소쩍소쩍' 하고 구슬픈 소리로 욺.

소쩍-소쩍[-쪼-] 郘 소쩍새가 우는 소리.

소창 圖 이불 따위의 속감.

소:-책자(小冊子)[-짜] 圖 자그마하게 만든 책.

소철(蘇鐵) 圖雨 줄기는 잎자루로 덮이고 가지가 없으며, 줄기 끝에 많은 잎이 모여 나 사방으로 젖혀지는 열대성 상록 관목. 8월에 수꽃과 암꽃이 줄기 끝에 핌.

소:-첩(小妾) 圖 옛날에, 결혼한 여자가 남편에 대해 '자기'를 낮추어 이르던 말.

소청¹(所請) 圖 청하는 바. ¶아버님께 한 가지 ~이 있습니다.

소청²(訴請) 圖[법] 징계 처분 등으로 불리한 처분을 받은 공무원이 그 처분에 불복하여, 처분의 취소나 변경을 청구하는 일. **소청-하다** 酌郦

소:총(小銃) 圖[군] 휴대용 전투 화기의 하나. 보병 전투의 기본 무기로, 단발·연발·자동·반자동 등이 있음. =소화기총.

소추(訴追) 圖[법] 탄핵 발의를 하여 파면을 요구하는 행위. **소추-하다** 酌郦

소:출(所出) 圖 논밭에서 나는 곡식의 양. 또는, 그 형편.

소:치(所致) 圖 어떤 까닭으로 생긴 바. ¶부혁의 ~ / 게으름의 ~.

소켓(socket) 圖 전구 따위를 끼워 넣어 전선과 접속되게 하는 기구.

소쿠리 圖 1 ㉠ 가늘게 쪼갠 대로 결어서 위가 트이고 테가 있게 만든 밑을 둥글게 만든, 식품을 담아 말리거나 물기를 빼는 데 사용하는 용기. 요즘에는 플라스틱 제품이 많음. ▷바구니. 2 ㉡ 물체의 분량을 그것이 담긴 소쿠리의 수로 헤아리는 말. 항아리, 작은 것.

소크라테스(Socrates) 圖[인] 고대 그리스의 철학자(470?~399 B.C.).

소탈-하다(疏脫-·疎脫-) 쥔 예절이나 형식에 얽매이지 않고 수수하고 털털하다. **소탈한 성격.**

소탕(掃蕩) 圖 휩쓸어 죄다 없애 버리는 것. ¶~ 작전. **소탕-하다** 酌郦 ¶공비를 ~. **소탕-되다** 困

소프트 콘택트렌즈 __675

소탕-전(掃蕩戰) 圖[군] 적의 패잔병을 샅샅이 뒤져 없애 버리는 전투.

소태 圖 1 [식] =소태나무. 2 '소태껍질'의 준말.

소태 같다 쥔 맛이 몹시 쓰다.

소태-껍질[-찔] 圖 소태나무의 껍질. 맛이 매우 쓰며, 한약재로 쓰임. ㊞소태.

소태-나무 圖[식] 산에서 자라며, 몹시 쓴 맛이 있는 나무껍질을 약재로 쓰는 낙엽 활엽 교목. 6월에 황록색 꽃이 피고, 잎은 가을에 노랗게 변함. =소태.

소택(沼澤) 圖 늪과 못.

소택-지(沼澤地) 圖 늪과 연못으로 둘러싸인 낮고 습한 땅.

소통(疏通) 圖 1 막히지 않고 잘 통하는 것. ¶차량 ~이 원활하다. 2 (상대방과 의사를) 서로 전하는 것. ¶의사~이 잘된다. **소통-하다** 酌郦 **소통-되다** 困

소팅(sorting) 圖[컴] 컴퓨터에서, 데이터를 일정한 조건에 따라 분류·구분하는 일. **소팅-하다** 酌郦

소파¹(sofa) 圖 주로 거실이나 응접실에 배치하는, 등받이와 팔걸이가 있는 푹신한 의자.

소파²(SOFA) 圖 [Status of Forces Agreement] [법] =한미 행정 협정.

소파^수술(搔爬手術) 圖[의] 진단 또는 치료의 목적으로 자궁 내용물을 제거하거나 조직을 채취하는 수술. 일반적으로는 인공 임신 중절이나 유산을 할 때 자궁 내 용물을 제거하는 것을 말함.

소:포(小包) 圖 1 '소포 우편'의 준말. 2 '소포 우편물'의 준말. ¶~을 부치다.

소:포^우편(小包郵便) 圖 서신 이외에 작은 물건을 내용으로 하는 우편. ㊞소포.

소:포^우편물(小包郵便物) 圖 소포 우편으로 보내는 물품. ㊞소포.

소포클레스(Sophocles) 圖[인] 고대 그리스의 비극 작가(496?~406 B.C.).

소:폭(小幅) Ⅰ 圖 작은 폭이나 작은 범위. ¶임금을 ~으로 올리다. ↔대폭. Ⅱ 郘 작은 폭이나 범위로. ↔대폭.

소품(小品) 圖 1 문학·음악·미술 등에서, 길이가 짧거나 규모가 작은 작품. 2 연극·영화 등에서, 무대나 세트에 배치하는 이동 가능한 물품이나, 배우가 들거나 지니고 연기하는 데 이용하는 작은 물품. ㊟소도구. 3 가구·인테리어 등에서, 부피가 작은 물품. ¶인테리어 ~.

소:품-곡(小品曲) 圖[음] 작은 규모의 곡. ㊞소곡.

소풍(逍風·消風) 圖 1 학생들이 교사의 인솔하에 야외에 나가 자연의 사물을 관찰하고 여러 가지 놀이를 즐기면서 하루를 보내는 일. ¶봄 ~. 2 기분을 전환하거나 머리를 식히기 위해 밖에 나가 바람을 쐬는 일. 오늘날에는 잘 쓰지 않는 말임.

소프라노(ⓘsoprano) 圖[음] 성악에서, 여성이 낼 수 있는 가장 높은 음역(音域)의 소리. 또는, 그 음역의 가수.

소프트^렌즈(soft lens) 圖 =소프트 콘택트렌즈.

소프트-볼(softball) 圖 가죽제의 부드럽고 큰 공. 또는, 그 공으로 하는 야구. 주로, 어린이나 여자들이 함.

소프트웨어(software) 圖[컴] 컴퓨터 시스템을 효율적으로 운영하기 위해 개발된 프로그램의 총칭. ▷하드웨어.

소프트^콘택트렌즈(soft contact lens) 圖

676 소프호스

종래의 콘택트렌즈의 소재를 개량하여, 렌즈의 함수율(含水率)을 높여 산소의 투과성을 높인 콘택트렌즈. =소프트 렌즈.
소프호스 몡 '숍호스(sovkhoz)'의 잘못.
소:피(小避) 몡 '오줌' 이나 '오줌 누는 일'을 완곡하게 이르는 말.
소:피-보다(小避-) 죈 오줌을 누다.
소피스트(sophist) 몡 [그리스 어로 '현인(賢人)', '지자(知者)'란 뜻] [철] 기원전 5세기경, 주로 아테네에서 변론술을 가르치는 것을 직업으로 삼던 사람.
소피아(Sofia) 몡 [지] 불가리아의 수도.
소:학(小學) 몡 '소학교'의 준말.
소:-학교(小學校) [-꾜] 몡 [교] '초등학교'의 구칭.
소:한(小寒) 몡 24절기의 하나. 1월 6일경으로, 동지와 대한 사이에 있음. 연중 가장 추울 때임.
소:해 몡 [민] =축년(丑年).
소행(所行) 몡 해 놓은 일이나 짓. =소위(所爲). ¶-은 괘씸하다.
소:-행성(小行星) 몡 [천] 화성과 목성 사이의 궤도에서 태양의 둘레를 공전하는 무수히 많은 작은 천체. ▷대행성.
소:형(小形) 몡 물건의 작은 형체. ↔대형(大形).
소:형(小型) 몡 같은 종류의 사물 중에서, 작은 규격이나 규모. ¶- 자동차. ↔대형(大型).
소:형-차(小型車) 몡 크기나 배기량이 작은 자동차.
소호(SOHO) 몡 [Small Office;Home Office] 소자본으로 주로 컴퓨터를 활용하여 작은 사무실이나 자기 집에서 할 수 있는 새로운 사업 형태.
소홀-하다(疎忽-) 형예 대수롭지 않고 예사롭다. 또는, 탐탁하지 않고 데면데면하다. ¶경계(警戒)가 ~. **소홀-히** 뷔 ¶~ 취급하다.
소화¹(消火) 몡 불을 끄는 일. ↔점화. **소화-하다**¹(消火)타여 **소화-되다**¹ 짜
소화²(消化) 몡 1 [생] 먹은 음식물이 체내에 흡수될 수 있도록 잘게 부수거나 유화 물질로 바꾸는 작용. 2 (배운 지식이나 기술 따위를) 충분히 익혀 자기 것으로 만드는 것. 3 (주어진 일을) 해결하거나 처리하는 것. **소화-하다**²(消化)타여 ¶오늘 안으로 그 일을 다 소화해야 한다. **소화-되다**² 짜 ¶잘 소화되지 않는 음식.
소화³(燒火) 몡 불에 태우거나 사르는 것. **소화-하다**³ 타여
소:-화기(小火器) 몡 [군] 개인이 휴대하고 전투할 수 있는 총기류. 소총·기관총·권총 따위.
소화-기(消火器) 몡 불이 났을 때, 불을 끄는 데 쓰는 기구.
소화-기³(消化器) 몡 [생] 음식물을 소화·흡수하는 기관.
소:-화물(小貨物) 몡 철도나 운송업체에 의뢰해 부치는 부피가 작은 화물.
소화^불량(消化不良) [의] 과음·과식, 부패물의 섭취, 감염증, 피로 등에 의해 음식물이 충분히 소화되지 않는 상태. ¶-에 걸리다.
소화-샘(消化-) 몡 [생] 소화액을 분비하는 샘의 총칭. 침샘·위샘 따위.
소화-전(消化栓) 몡 소화 호스를 장치하기 위하여 상수도의 급수관에 설치하는 시설.

소화-제(消化劑) 몡 [약] 소화액의 분비가 적을 때 소화를 돕는 약제.
소환¹(召喚) 몡 [법] 법원이 피고인·증인·변호인 등에게 출두를 명령하는 일. ¶-에 불응하다. **소환-하다**¹타여 ¶증인을 ~. **소환-되다**¹ 짜
소환²(召還) 몡 1 일을 끝마치기 전에 불러 돌아오게 하는 것. 2 [법] 외교 사절이나 영사 등을 본국으로 불러들이는 것. **소환-하다**²타여 **소환-되다**² 짜 ¶주미(駐美) 대사가 본국으로 ~.
소환-장(召喚狀) [-짱] 몡 [법] 1 민사 소송법에서, 법원이 당사자나 그 밖의 소송 관계인에게 기일을 알려 출두를 명령하는 뜻을 기재한 서면. 2 형사 소송법에서, 소환의 재판을 기재한 영장(令狀).
소환-제(召還制) 몡 [정] 임기 만료 전에 선거민의 투표에 의하여 공무원을 파면시키는 제도. =리콜제.
소:회(所懷) [회/-훼] 몡 마음에 품고 있는 생각. ¶망명 생활의 ~를 피력하다.
속:¹ 몡 1 부피가 있는 물체나 일정한 공간·영역의 내부를 이루는 곳. ¶통~/주머니 ~. ↔겉. 2 어떤 현상이나 상황, 일의 안이나 가운데. ¶영화 ~의 주인공. 3 안에 들어 있는 중심이 되는 사물. ¶-이 잘 익은 수박. 4 사람의 몸에서 배의 안. ¶-이 쓰리다. 5 감추어진 깊이 있는 내용. ¶겉으로 화려한 연예계도 ~을 들여다보면 어려운 점이 많다. 6 사람이 마음을 쓰는 태도. ¶-이 좋은 총각. 7 마음에 품고 있는 생각. ¶-이 빤히 들여다보이다. 8 사리를 분별할 수 있는 힘이나 정신. 또는, 줏대 있게 행동하는 태도. ¶집안 형편도 모르고 ~도 없이 돈타령이나 ¶
속(을) **긁다** 남의 속이 뒤집어지게 비위를 살살 건드리다.
속(을) **끓이다** 일이 뜻대로 안 되거나 고민이 있어 마음의 괴로움을 겪다. ¶집 안일로 ~.
속(이) **달다** 마음이 죄이고 안타까워지다. ¶어떻게 될 것인지 걱정되어 ~.
속(이) **뒤집히다** 몹시 아니꼽게 느껴지다.
속(을) **떠보다** 남의 마음을 알려고 넘겨짚다. ¶속을 떠보려고 한 소리야.
속(이) **보이다** 엉큼한 마음이 들여다보이다. ¶속 보이는 소리.
속 빈 강정 1 겉만 그럴듯하고 속에는 아무 실속도 없음을 이르는 말. 2 주머니에 돈이 한 푼도 없음을 이르는 말.
속(을) **썩이다** 1 (뜻대로 되지 않거나 좋지 못한 일로) 몹시 괴로워하다. 2 남의 마음을 몹시 상하게 하다.
속(을) **태우다** 몹시 걱정이 되어 마음을 졸이다.
속(을) **풀다** 과음한 뒤에 해장국이나 해장술 등을 먹고 쓰리거나 울렁거리는 배 속을 편안하게 하다.
속(이) **풀리다** 1 화를 냈거나 토라졌던 감정이 누그러지다. 2 과음 따위에 쓰리거나 울렁거리던 배 속이 편안해지다.
속²(屬) 몡 [생] 생물 분류학의 한 단위. 과(科)의 아래, 종(種)의 위임.
속³(續) 두 명사 앞에 붙어서, '그 전의 것에 잇따라 된'의 뜻을 나타내는 말. ¶~대전(大典) / ~미인곡(美人曲).
속간(續刊) [-깐] 몡 (간행을 중단했던 신문·잡지 등을) 다시 계속하여 간행하는

속간-하다 통태 **속간-되다** 통자
속개(續開)[-깨] 명 (일단 멈추었던 회의 따위를) 다시 계속하여 여는 것. 속개-하다 통태 ¶회의를 ~. **속개-되다** 통자 ¶속개된 임시 국회.
속:-겨[-껴] 명 곡식의 겉거가 벗겨진 다음에 나온 고운 겨. ↔겉겨.
속결(速決)[-껼] 명 빨리 결정하거나 처리하는 것. ¶속전~. **속결-하다** 통태
속계(俗界)[-계/-께] 명 세속의 사람이 살고 있는 현실 세계. ↔선계(仙界).
속:-곳[-꼳] 명 '속곳옷'과 '단속곳'의 총칭.
속공(速攻)[-꽁] 명체 축구·농구 따위의 운동 경기에서, 지체함이 없이 재빠른 동작으로 공격하는 것. ¶~ 작전을 쓰다. ↔지공(遲攻). **속공-하다** 통태
속국(屬國)[-꾹] 명정 =종속국.
속:-궁합(-宮合)[-꿍-] 명 1 [민] 사주 가운데에 태어난 날과 시를 가지고 부부의 내면적 관계를 따져 보는 궁합. ↔겉궁합. 2 부부간의 성적(性的) 만족도나 조화의 정도를 속되게 이르는 말.
속:-귀[-뀌] 명[생] =내이. ↔겉귀.
속기(速記)[-끼] 명 (남의 말을) 간략한 회의 부호를 이용하여 사람이 말하는 속도에 일치할 수 있게 빨리 받아 적는 것. 또는, 그 기록. **속기-하다** 통태
속기-록(速記錄)[-끼-] 명 속기에 의한 기록. 또는, 그것을 일반 사람이 사용하는 글자로 옮겨 적은 기록. ¶국회 ~.
속기-사(速記士)[-끼-] 명 속기를 직업으로 하는 사람.
속:-꺼풀 명 겉꺼풀 안에 있는 꺼풀. ↔겉꺼풀.
속:-껍질[-껍-] 명 겉껍질 안에 접으로 있는 껍질. =내피. ↔겉껍질.
속:-내[-쏭] 명 마음속에 감추거나 드러내지 않고 있는 생각. 비속내평. ¶~를 털어놓다.
속:-내의(-內衣)[-쏭-의/-쏭-이] 명 '내의(內衣)'를 속에 입는 것임을 강조하여 이르는 말.
속:-내평[-쏭-] 명 겉으로 드러나지 않은 사정이나 실상. 비속내.
속:-눈[-쏭-] 명 (주로 '속눈을 뜨다'의 꼴로 쓰여) 눈을 감은 채에서 약간 뜬 눈. 비샛눈. ¶자는 체하면서 ~을 뜨고 살피다.
속:-눈썹[-쏭-] 명 눈시울에 난 털. 비속섭.
속다[-따] 통자 (사람 또는 때로 동물이 거짓이나 꾀에) 그 말이나 행동이나 대상을 참인 것으로 잘못 알거나 받아들이다. 비넘어가다. ¶사기꾼에게 ~.
속닥-거리다/-대다[-딱꺼(때)-] 통자 어렁이 모여 작은 목소리로 은밀하게 계속 이야기하다. ¶숙덕거리다. 쎈쪽닥거리다.
속닥-속닥[-딱쏙딱] 톡 속닥거리는 소리나 모양. ¶숙덕숙덕. 쎈쪽닥쪽닥. **속닥-하다** 통자태
속단(速斷)[-딴] 명 깊이 생각하지 않고 성급하면 판단하는 것. **속단-하다** 통태 ¶중분히 없이 심중만 가지고 함부로 속단하지 마라.
속달[-딸] 명 '속달 우편'의 준말.
속달-우편(速達郵便)[-딸-] 명 '빠른우편'의 구용어. ⑥속달.

속담(俗談)[-땀] 명 예부터 민간에 전하여 오는, 교훈이나 풍자를 담은 짧은 어구.
속:-대[-때] 명 푸성귀의 겉대 속에 있는 줄기나 잎. ↔겉대.
속:-대중[-때-] 명 속으로만 대중하는 것, 또는 그 대중. ↔겉대중. **속:대중-하다** 통태
속도(速度)[-또-] 명 1 물체가 나아가는 빠르기. 2 일이 진행되는 빠르기. 비템포. 3[물] 물체의 단위 시간 내에서의 위치 변화. 거리뿐만 아니라 방향까지도 포함하는 벡터양(vector量)임. 비속력.
속도-감(速度感)[-또-] 명 물체가 나아가거나 일이 진행되는 빠르기의 느낌. ¶일이 ~ 있게 진행되다.
속도-계(速度計)[-또계/-또계] 명 속도를 측정하는 계기의 총칭.
속도-광(速度狂)[-또-] 명 자동차나 오토바이 등을 고속으로 운전하면서 느끼는 쾌감을 광적으로 즐기는 사람.
속도-위반(速度違反)[-또-] 명 1 교통 법규상 제한되어 있는 차량의 속도를 넘어 속력을 내는 일. 2 결혼 전에 아기를 갖는 일을 우스갯소리로 이르는 말.
속독(速讀)[-똑] 명 글을 빨리 읽는 것. ¶~술(術). **속독-하다** 통태
속:-되다(俗-)[-뙤/-뛔] 혱 1 (어떤 말이나 행동이) 점잖지 못하거나 품위가 없이 거칠거나 함부로 이뤄지는 상태에 있다. 비상스럽다·천박하다·저속하다. ¶속된 말로 미치고 팔짝 뛰겠구먼. 2 (어떤 대상이) 성스러움이나 고결함을 가지지 못하고 욕심이나 시기나 미움이나 다툼이나 갈등 등에 싸여 있거나 그런 것들을 가진 상태이다. ¶속된 세상.
속등(續騰)[-뜽] 명 (값이 따위가) 계속하여 오르는 것. ↔속락. **속등-하다** 통자태 ¶물가가 ~.
속:-뜨물 명 쌀이나 보리 등을 여러 번 씻어 버린 다음에 나오는 깨끗한 뜨물. ↔겉뜨물.
속:-뜻[-뜯] 명 1 마음속에 품고 있는 깊은 뜻. 2 글의 이면(裏面)에 흐르고 있는 근본 의미. ¶ 속독하여 ~을 알다.
속락(續落)[-낙] 명 (값이 따위가) 계속하여 떨어지는 것. ↔속등. **속락-하다** 통자태 ¶원유 값이 ~.
속량(贖良)[-냥] 명 1[역] 몸값을 받고 종의 신분을 풀어 주어 양민이 되게 하는 것. 2[성] =속죄2. **속량-하다** 통자태 **속량-되다** 통자
속력(速力)[-녁] 명 움직이는 물체, 특히 차·비행기·배 등의 탈것이 이동하는 빠르기. ¶속도·스피드.
속리-산(俗離山)[송니-] 명[지] 충청북도 보은군과 경상북도 상주시 사이에 있는 산. 높이 1,058m.
속:-마음[송-] 명 겉으로 드러나지 않은 참마음. 비내심. ↔겉마음.
속:-말[송-] 명 본심에서 우러나오는 말. ↔겉말.
속:-맘[송-] 명 '속마음'의 준말.
속명(俗名)[송-] 명 1 사물이나 동식물 등의 정식 이름에 대하여, 민간에 종속적으로 부르는 이름. 2[불] 승려의 출가하기 전의 이름.
속물(俗物)[송-] 명 돈이나 출세나 공명 등의 세속적인 일만을 추구하거나 관심거리로 삼는 사람. 경멸조의 말임.

속물-근성(俗物根性)[송―] 명 돈을 벌거나 출세를 하거나 공명을 떨치거나 하는 일을 최고의 가치로 알고 오로지 그런 일에만 관심을 기울이는 태도나 성질.
속-바지[―빠―] 명 =고쟁이.
속박(束縛)[―빡] 명 강압적으로 얽어매거나 제한을 가하여 자유롭지 못하게 하는 것. 속박-하다 통(타) 속박-되다 통(자)
속발(速發)[―빨] 명 (효과가) 빨리 나타나는 것. 속발-하다 통(자)
속발-성(速發性)[―빨썽] 명 어떤 병이 다른 병에 바로 이어서 생기는 특성. ¶―고혈압.
속-발톱[―빨―] 명 발톱에 있는 반달 모양의 하얀 부분.
속-병(―病)[―뼝] 명 배 속의 병을 통틀어 일컫는 말. ×속앓이.
속보(速步)[―뽀] 명 빠르게 걷는 걸음.
속보¹(速報)[―뽀] 명 빨리 알리는 것. 또는, 그 보도. ¶뉴스 ―. 속보-하다¹
속보²(續報)[―뽀] 명 앞의 보도에 계속하여 알리는 것. 또는, 그 보도. 속보-하다²
속-불꽃[―뿔꼳] 명(화) 불꽃의 안쪽에 있는, 녹청색의 가장 밝은 부분. ↔겉불꽃.
속사(速射)[―싸] 명 (총·포 따위를) 계속하여 빨리 쏘는 것. 속사-하다¹
속사²(速寫)[―싸] 명 1 글씨를 빨리 쓰거나 베끼는 것. 2 사진을 빨리 찍는 것. 속사-하다²
속-사정(―事情)[―싸―] 명 겉으로 드러나지 않고 있는 일의 형편.
속사-포(速射砲)[―싸―] 명(군) 포탄을 쉽게 장전하여 빨리 발사할 수 있는 포.
속삭-거리다/대다[―싹꺼(때)―] 통(타) 자꾸 속삭이다.
속삭-속삭[―싹―] 튀 속삭거리는 소리나 모양. 속삭속삭-하다 통(타)
속삭-이다[―싹―] 통 1(타) (사람이) 목의 성대를 거의 사용하지 않고 작은 소리로 말하다. 2(자) (사람이 어떤 말을) 아주 작은 목소리로 하다. 특히, 사랑의 말을 정답게 나누는 행위를 가리킴. ¶사랑을 ―.
속삭임[―싹―] 명 속삭이는 말이나 소리. 주로, 문학적인 표현에서 쓰임. ¶사랑의 ―.
속-살[―쌀] 명 1 입은 옷에 가려져 있는 부분의 살. 또는, 보통 때에 옷을 입고 있어서 외부에 잘 노출되지 않는 부분의 살. ¶옷이 얇아 ―이 비치다. ↔겉살. 2 겉으로 보기보다 속으로 실속 있게 찬 살. 3 파부 안쪽의 살. 4 열매·줄기·잎의 겉껍질 안에 있는 부분.
속살-거리다/대다[―쌀―] 통(자)(타) 작은 목소리로 정겹게 자꾸 이야기하다.
속살-속살[―쌀―] 튀 속살거리는 소리나 모양. 속살속살-하다 통(자)(타)
속-상하다(―傷―)[―쌍―] 형 마음이 불편하고 괴롭다. ¶시험을 잘못 봐서 ―.
속설(俗說)[―썰] 명 학문적·과학적으로 증명되지 않은 채 세간에 전해 내려오는 설이나 견해. ¶그 주장은 근거 없는 ―에 불과하다.
속성¹(俗姓)[―썽] 명(불) 승려가 되기 전의 성. ¶의상(義湘)의 ―은 김(金)이다.
속성²(速成)[―썽] 명 일이 빨리 이루어지는 것. ¶― 재배.
속성³(屬性)[―썽] 명 1 사물이 갖는 어떤 성질. 2(철) 사물의 본질을 이루는 성질.
속세(俗世)[―쎄] 명 종교(특히, 불교)의 관점에서, 속되어 성스럽지 못한 세상. ¶―를 떠나 입산하다.
속:-셈[―쎔] 명 1 마음속으로 하는 궁리. =심산. ¶엉큼한 ―을 품다. 2 연필이나 계산기 등을 쓰지 않고 머릿속으로 하는 계산. 비암산.
속:-셔츠(―←shirt) 명 맨 속에 입는 셔츠.
속:-소리[―쏘―] 명(언) 우리말의 음절 구성에서, 가운뎃의 모음. '산', '들' 등에서의 'ㅏ', 'ㅡ' 따위. =중성.
속속(續續) 튀 자꾸 잇달아서. ¶각국의 선수단이 ― 입국하다.
속-곳[―꼳] 명 한복에서, 속바지 밑에 입는 여자용 속옷.
속:속-들이[―쏙뜰―] 튀 깊은 속까지 샅샅이. ¶이 법행은 집안 사정을 ― 잘 알고 있는 자에 의해 이루어진 것 같다.
속:-손톱[―쏜―] 명 손톱에 있는 반달 모양의 하얀 부분. 비반달.
속수-무책(束手無策)[―쑤―] 명 어찌할 도리가 없어 손을 둔 듯이 꼼짝 못함. ¶겉잡을 수 없이 번지는 산불에 사람들은 ―이었다.
속:-씨식물(―植物)[―씽―] 명(식) 종자식물 가운데 밑씨가 씨방에 싸여 있는 식물. 감나무·벚나무 따위. ↔겉씨식물.
속악(俗樂) 명(음) 아악(雅樂)을 제외한 모든 궁중 음악을 일컫는 말. ↔아악. 2 '민속악'의 잘못. ↔정악.
속:-앓이[―알―] 명 1 말 못 할 고민이 있어 속으로 끙끙 앓는 일. 2 '속병'의 잘못.
속어(俗語) 명 격식이나 예절을 갖추어야 할 자리에서 쓰기 어려운, 품위가 낮고 구어적인 말. 또는, 젊은 층에서 주로 사용하는 구어적이고 속된 신어. =슬랭. 비상말·속언(俗言).
속언¹(俗言) 명 속된 말. 비속어(俗語).
속언²(俗諺) 명 세간에 떠도는 상스러운 말.
속:-없다[―업따] 형 생각이 줏대가 없다.
속:없-이 튀
속연(續演) 명 1 연극이 호평을 얻어 예정한 기간을 연장하여 상연하는 것. 2 1회의 상연이 끝난 뒤 간격을 두지 않고 계속하여 상연하는 것. 속연-하다 통(타)
속영(續映) 명 1 영화가 호평을 얻어 예정한 기간을 연장하여 상영하는 것. 2 1회의 상영이 끝난 뒤 간격을 두지 않고 계속하여 상영하는 것. 속영-하다 통(타)
속:-옷[―온] 명 몸에서 나는 땀·분비물을 흡수하게 하거나, 체형의 결점을 보완하거나, 겉옷의 맵시를 더하거나, 겉옷에서 속이 훤히 비치지 않게 하기 위해, 밖으로 보이지 않게 속에 입는 옷. 비내의·속의. ↔겉옷.
속요(俗謠) 명 1 민간에 널리 떠도는 속된 노래. 2[문] =고려 가요. 3[음] '잡가(雜歌)'의 딴 이름.
속음(俗音) 명 한자의 원음이 변하여 대중에게 통용되는 음.
속-이다 통(타) '속다'의 사동사. ¶저울눈을 ― / 남의 눈을 ―.
속인(俗人) 명 1 평범한 사람. 2 속된 사람.

속인-법(屬人法)[-뻡][명][법] 사람이 국적이나 주소를 가지고 있는 나라의 법률.

속인-주의(屬人主義)[-의/-이][명][법] 1 법령, 특히 형법상의 범죄자가 외국에 가 서 있고, 그 범죄 행위가 외국 땅에서 발생한 것이라도, 처벌상의 법률 적용은 자국의 법에 따라야 한다는 주장. ↔속지주의. 2 = 혈통주의.

속임-수(-數)[-쑤] [명] 남을 꾀어서 속이는 짓. 또는, 그 수단. =암수(暗數). ¶~에 넘어가다.

속!-잎[송닙] [명] 1 배추·양배추 따위의 안쪽의 잎. 2 풀·나무의 우듬지 속에서 새로 돋아나는 잎. ≒겉잎.

속자(俗字)[-짜] [명] 관습적으로 자획을 약간 달리하여 쓰는 한자. '皐'을 '皋'으로 쓰는 따위. ↔정자(正字).

속!-장(-張)[-짱] [명] 책·공책에서, 표지를 제외한, 각각의 페이지를 이루는 종이. ≒속지. ↔겉장.

속-장경(續藏經)[-짱-] [명][불] 대각국사의 의천이 대장경을 결집할 때에 빠진 것을 모아 엮은 불전(佛典).

속!-저고리[-쩌-] [명] 속에 입는 여자의 저고리. ↔겉저고리.

속!-적삼[-쩍쌈] [명] 한복에서, 저고리 속에 입는 옷.

속전-속결(速戰速決)[-쩐-결] [명] 1 싸움을 오래 끌지 않고 속히 빨리 결판을 냄. 2 어떤 일을 빨리 진행하여 빨리 끝내는 모양. 비유적인 말임. ¶일을 ~로 처리하다.

속절-없다[-쩔업따] [형] 아무리 하여도 별도리가 없다. 또는, 달리는 되지 않아하는 수 없다. ¶눈물과 한숨으로 **속절없**는 세월을 보내다. **속절없-이** [부] ¶꽃다운 시절이 ~ 흘러가다.

속!-정(-情)[-쩡] [명] 은근하고 깊은 정. ¶겉으로는 무뚝뚝하지만 ~이 깊다.

속죄(贖罪)[-쬐/-쮀] [명] 1 물질적으로나 그 밖의 방법으로 죄·과오 등을 씻는 일. 2[성] 예수가 십자가에 못 박힘으로써 인류의 죄를 대신 씻어 구원한 일. =속량. **속죄-하다** [동](자여)¶잘못을 ~.

속죄-양(贖罪羊)[-쬐-/-쮀-] [명] 1[종] 유대교도들이 속죄일에 제물로 바치는 양이나 염소. 2 남의 죄를 대신 지는 사람의 비유. ㉔희생양.

속!-주머니[-쭈-] [명] 옷의 안이나 속옷에 단 주머니. ㉔안주머니.

속!-지(-紙)[-찌] [명] 1 편지 따위의 봉투 속에 들어 있는 글 쪽지이. 2 =속장.

속지-법(屬地法)[-찌뻡] [명][법] 국적과 관계없이 사람이나 물건이 속해 있는 나라의 법률.

속지-주의(屬地主義)[-찌-의/-찌-이] [명][법] 1 본인의 영토 안에 있는 사람은 본인의 국적과 관계없이 누구나 그곳의 법을 따라야 한다는 주의. ↔속인주의. 2 =출생지주의.

속!-짐작(-斟酌)[-찜-] [명] 마음속으로 짐작하는 것. 또는, 그 짐작. ↔겉짐작. **속짐작-하다** [동](타여)

속출(續出) [명] (어떤 일이나 대상이) 잇달아 생겨남. **속출-하다** [동](자여)

속!-치마 [명] 속에 받쳐 입는 치마.

속칭(俗稱) [명] 통속적으로 일컫는 일. 또는, 그 명칭.

속!-탈(-頉) [명] 먹은 것이 잘 삭지 않아 생기는 병.

속편(續篇) [명] 어떤 소설이나 영화나 드라마를 바탕으로 그 줄거리나 등장인물이나 기법 등을 비슷하게 하는 그 연속물로 만든 소설이나 영화나 드라마. ↔전편.

속!-표지(-表紙) [명][-] 책의 겉표지 다음에 붙이는 얇은 종이로 된 표지. ↔겉표지.

속-하다(屬-)[소카-] [동](자여) 1 (사물이) 어떤 부류나 영역에) 딸리어 해당하다. ¶늑대는 갯과에 **속한**다. 2 (사람이 어떤 조직이나 기관에) 구성원으로 들어 있는 상태가 되다. ¶내가 **속해** 있는 회사.

속-하다²(速-)[소카-] [형] 어떤 일의 진행이 빠르다. **속-히** [부] ¶~ 다녀오너라.

속행(速行)[소캥] [명] 빨리 행하는 것. **속행-하다** [동](자여)

속행(續行)[소캥] [명] (중단됐던 일을) 이어서 계속하는 것. **속행-하다** [동] **속행-되다** [자] ¶비가 그쳐 중단되었던 경기가 ~.

속효-성(速效性)[소쿄썽] [명] 효과가 빨리 나타나는 성질. ¶~ 비료. ↔지효성.

솎다[속따] [동](타여) 배게 나 있는 채소 등을 군데군데 뽑아 성기게 하다. ¶배추를 ~.

솎아-베기 [명] =간벌(間伐). **솎아베기-하다** [동](타여)

솎음 [명] 배게 난 푸성귀 등을 군데군데 솎아 내는 일. **솎음-하다** [동](타여)

솎음-배추 [명] 솎아 낸 어린 배추.

손¹ [명] 1 사람이나 원숭이류의 팔 끝에 이어져, 물건을 잡거나 다룰 수 있는 부분. ¶원(오른) ~. ↔발. 2 제한된 문맥에서, '손가락'을 가리키는 말. ¶~을 꼽다. 3 어떤 일을 하는 데 필요한 인력(人力). ㉑일손. ¶~이 달리다. 4 어떤 일을 하는 사람의 손질이나 노력, 기술. ¶~이 많이 가는 일. 5 사람의 수완이나 꾀. ¶장사꾼의 ~에 놀아나다. 6 어떤 사람의 영향력이나 권한이 미치는 범위. ¶~에 넣다.

[손 안 대고 코 풀기] 일을 힘 안 들이고 아주 쉽게 해치운다는 말. **[손이 발이 되도록 빌다]** 허물이나 잘못을 용서해 달라고 간절히 빌다.

손(을) 끊다 교제나 거래 관계를 끊다.

손(을) 내밀다 무엇을 달라고 요구하다. ¶나도 염치가 있지, 매번 부모님께 **손을** 내밀 수야 있나.

손(을) 떼다 1 하고 있던 일을 그만두다. ¶이제 그 일에서 나는 **손을 뗐**다. 2 하던 일을 끝마치고 다시 손대지 않다.

손(이) 뜨다 일하는 동작이 매우 굼뜨다.

손(을) 멈추다 하던 동작을 잠간 중지하다. ¶일하던 **손을 멈추**고 뒤돌아보다.

손(을) 벌리다 (돈 따위를) 귀찮게 요구하다.

손(을) 뻗치다 이제까지 하지 않던 일을 해 보다. 또는, 세력을 넓히다.

손(을) 씻다 부정적인 일에 대한 관계를 청산하다. ¶그는 범죄 조직에서 **손을 씻**고 착실히 살아가고 있다.

손에 걸리다 손아귀에 잡혀 들다. ¶그놈이 내 **손에 걸리**면 가만두지 않겠다.

손에 땀을 쥐다 아슬아슬하여 마음이 조마조마하도록 몹시 애를 태우다. ¶결승전은 관중의 **손에 땀을 쥐**게 하는 역전의 연속이었다.

손에 잡히다 차분하게 마음을 가라앉혀 일할 수 있게 되다. ¶마음이 산란하여 일이 손에 잡히지 않는다.
손에 쥐다 어떤 것을 자기 소유로 만들다. ¶부귀와 명예를 함께 ~.
손(을) 놓다 하던 일을 그만두다.
손(에) 익다 손에 익숙하다.
손(이) 크다 1 씀씀이가 후하고 크다. 2 수단이 좋고 많다.
손(을) 타다 1 사람이나 물건이 많은 사람의 손길이 미쳐 약해지거나 나빠지다. 2 물건의 일부가 자주 없어지다.
손(을) 떼다 어떤 일을 마침으로써 그 부담에서 벗어나다. 또는, 미련을 버리고 그만두다.
손² 뎽 1 남의 집에 와서 일시적으로 묵는 사람. ¶사랑에 ~이 들다. 2 주인을 찾아온 사람. 삔손님. ¶~을 대접하다. 3 영업하는 집에 찾아온 사람. 삔객(客).
손³ 뎽민 날수를 따라 네 방위로 돌아다니면서 사람의 활동을 방해한다는 귀신.
  손 없는 날 민 사람 일을 방해하는 귀신이 없어 이사하거나 혼인하거나 먼길을 떠나기에 좋다고 믿어지는 날. 곧, 음력 9·10·19·20·29·30일.
손⁴ 뎽 생선을 두 마리씩 세는 단위. 특히, 자반고등어를 센 것의 배에 작은 것을 끼워 놓은 두 마리를 한 손이라 함. ¶자반고등어 한 ~.
손⁵ 뎽 '-다'의 뒤에 붙고, 그 아래에 '치더라도', '치자' 따위의 말과 어울려, 양보의 뜻을 나타내는 보조사. ¶내가 잘못했다 ~ 치더라도, 네가 그럴 수 있니?
손!⁶(孫) 뎽 '후손(後孫)'의 준말. ¶~이 귀한 집안.
손-가락[-까-] 뎽 손끝에 가늘고 길게 갈려 있어, 굽혔다 폈다 할 수 있고 물건을 잡는 구실을 하는 다섯 개의 가락. 각각의 이름은 엄지손가락·집게손가락·가운뎃손가락·약손가락·새끼손가락임.
  손가락 하나 까딱하지 않다 일은 하지 않고 뻰뻰스럽게 놀기만 하다.
손가락-질[-까-찔] 뎽 1 손가락 중 집게손가락만 펴서 그것으로 어떤 대상을 가리키는 짓. 특히, 그 대상이 비난받아 마땅한 사람일 때 하는 행동임. 2 (어떤 사람을) 그의 좋지 않은 행동을 문제 삼아 비난하거나 흉을 보는 것. ¶남한테 ~을 받다. **손가락질-하다** 통(타)(여)
손-가마[-까-] 뎽민 =가마타기.
손-가방[-까-] 뎽 손에 들고 다니는 작은 가방.
손-거스러미[-꺼-] 뎽 손톱의 뿌리가 박힌 자리에 일어난 거스러미. 삔거스러미. ¶~가 일다.
손-거울[-꺼-] 뎽 작은 거울. 또는, 손으로 들고 볼 수 있도록 자루가 달린 얼굴만 한 크기의 거울.
손!괘(巽卦) 뎽 8괘의 하나. 상형(象形)은 '☴'으로 바람을 상징함.
손:괴(損壞) 뎽[-괴/-궤] 뎽 다른 사람의 물건을 망가뜨려 손해를 입히는 것. 법률이나 공공 문서 등에서 주로 쓰이는 말임. **손:괴-하다** 통(타)(여)
손-금[-끔] 뎽 손바닥 살가죽에 줄무늬를 이룬 금.
  손금(을) 보다 민 손금의 생김새로 사람의 길흉화복을 살피다.
손금-쟁이[-끔-] 뎽 남의 손금을 보아 주는 것을 직업으로 하는 사람을 얕잡아 이르는 말.

손-기정(孫基禎) 뎽[인] 마라톤 선수·체육인(1912~2002).
손-길[-낄] 뎽 1 손바닥을 펴서 내민 손. 2 위해 주려는 마음으로 내미는 손. ¶불우 이웃을 돕는 사랑의 ~.
손-깍지 뎽 열 손가락을 맞물리게 끼워서 잡은 상태. 또는, 그 손.
손-꼽다[-따-] ꚈŽ[1](타) 수나 차례를 세느라 손가락을 꼽다. ¶소풍날을 **손꼽아** 기다리다. [2](타) (어떤 대상을) 두드러진 존재로 지목하다. ¶우리나라 명산으로는 한라산·설악산 등을 **손꼽는다**.
손꼽-히다[-꼬피-] 통(여) '손꼽다[2]'의 피동사.
손-끝[-끋] 뎽 1 손가락의 끝. 2 손을 놀려 하는 일 솜씨. ¶~이 야무지다.
  손끝(이) 여물다 손으로 하는 일을 빈틈없이 되탈 없이 아주 잘하다.
손-나발[-빼빠*] 뎽 1 손을 입에다 대고 나팔을 부는 것같이 소리를 내는 것. 2 멀리까지 들리도록 소리를 지를 때, 손을 입에 대고 나팔 모양을 만드는 것.
손녀(孫女) 뎽 아들이 낳은 딸.
손녀-딸(孫女-) 뎽 '손녀'를 귀엽게 이르는 말.
손-놀림 뎽 손을 놀리는 움직임. ¶~이 재다. ▷발놀림.
손-님 뎽 1 누구를 찾아오거나 어느 곳을 방문한 사람. 그를 맞는 쪽의 입장에서 하는 말임. 삔손. 2 영업상의 고객이나 승객 등을 이르는 말. 삔객(客).
손님-맞이 뎽 오는 손님을 맞아들이는 일. **손님맞이-하다** 통(타)(여)
손-대다 통(타) 1 손으로 만지다. ¶작품에 **손대지** 마시오. 2 일을 시작하다. ¶어디서부터 **손대야** 할지 모르겠다. 3 어떤 일에 관계하거나 간섭하다. ¶부동산 투기에 ~. 4 남을 때리다. ¶이 아이에게 **손댄** 사람이 누구요? 5 고치거나 매만지거나 하다. ¶수정하다. ¶초고(草稿)에 ~. 6 남의 재물을 불법적으로 착복하다. ¶공금에 ~. 7 다스리거나 처리하다.
손-대중[-때-] 뎽 1 손으로 쥐어 보거나 들어 보아서 어림으로 하는 헤아림. 또는, 그 분량. **손대중-하다** 통(타)(여)
손-도장(-圖章) [-또-] 뎽 =지장³.
손-독(-毒) [-똑] 뎽 가려운 자리나 헌살에 손을 대어서 생긴 독기. ¶가려워서 심하게 긁었더니 ~이 올랐다.
손-동작(-動作) [-똥-] 뎽 손을 놀리는 동작.
손-들다 통(자) <~드니, ~드오> 어쩔 수가 없어 포기하다. ¶그렇게 일러 주어도 말을 듣지 않으니 나도 이젠 **손들었다**.
손-등[-뜽] 뎽 손의 바깥쪽. 곧, 손바닥의 뒤. ↔손바닥.
손-때 뎽 1 손으로 만져서 묻은 때. 2 오랜 세월을 두고 손질이 길이 든 흔적.
  손때(가) 묻다 (그릇·가구 따위에) 손이 많이 가서 길이 들다. ¶어머니의 **손때가** 묻은 장롱.
손-뜨개 뎽 1 손으로 뜨는 일. 2 손으로 뜬 물건.
손:료(損料) [솔-] 뎽 물건을 빌려 주고 그 닳고 상한 값으로 받는 돈.
손-마디 뎽 손가락의 뼈마디.
손-맛[-맏] 뎽 1 낚시에서, 입질이나 물고기 당기는 힘이 손에 전해 오는 느낌. 2 음식을 만드는 사람의 손끝에서 나오는 맛. ¶어머니의 ~을 느끼게 하는 구수한 된장찌개. 3 '매맛'의 잘못.
손-모가지 圀 **1** '손'을 비속하게 일컫는 말. **2** '손목'을 비속하게 일컫는 말.
손-목 圀 손과 팔이 이어지는, 다소 잘록해지는 부분. 町팔목.
손목-시계(--時計) [-씨계/-씨게] 圀 손목에 차는 작은 시계. ×팔목시계·팔뚝시계.
손-바느질 [-빠-] 圀 재봉틀을 사용하지 않고 손으로 하는 바느질. **손바느질-하다** 됨<!>例
손-바닥 [-빠-] 圀 손의 안쪽. 곧, 손등의 반대되는 쪽. ↔손등.
손바닥(을) 뒤집듯 하다 순식간에 변하거나 노골적으로 태도를 바꾸는 경향이 있다.
손바닥만 하다 면적이 아주 좁다. ¶**손바닥만 한** 마당.
손-발 圀 손과 발. =수족(手足).
손발(이) 맞다 함께 일을 하는 데에 의견·수단·방법 등이 서로 맞다.
손-버릇 [-뻐-] 圀 **1** 손에 익은 버릇. **2** 남의 것을 훔치거나 망가뜨리는 버릇. ¶~이 나쁘다.
손-병희(孫秉熙) [-히] 圀[인] 독립 운동가·천도교 교주(1861~1922).
손-보다 됨<!> **1** (기계·도구·시설물 등을) 고장 난 것을 고치거나 문제점을 살펴서 손질하다. ¶새 차라서 특별히 **손볼** 데가 없다. **2**<속> 폭행을 가하여 혼을 내다. 주로 운동계에서 쓰는 말이다.
손부(孫婦) 圀 =손자며느리.
손-부끄럽다 [-따] 휑<!>⟨~부끄러우니, ~부끄러워⟩ 무엇을 남에게서 받으려거나 남에게 주려고 손을 내밀었다가 허탕이 되어 무안하고 난처하다. ¶모처럼 드리는 것을 받지 않으신다면 제가 **손부끄러워서** 어떻게 하라고요.
손!비(損費) 圀 어떤 비용 가운데 손해에 해당하는 비용.
손-빨래 圀 손으로 비벼 빠는 빨래. **손빨래-하다** 됨<!>
손-뼉 圀 두 손을 마주 쳤을 때의, 손바닥과 손가락을 합친 전면의 바닥.
손뼉(을) 치다 어떤 일에 찬성하거나 좋아하다.
손-사래 [-싸-] 圀 조용히 하라거나 어떤 일을 부인하려 할 때에 손을 펴서 휘젓는 일.
손사래(를) 치다 거절이나 부인을 하며 손을 펴서 마구 휘젓다.
손!상(損傷) 圀 **1** (물체를) 깨뜨리거나 상하게 하는 것. ¶차체(車體)에 ~을 입다. **2** (명예·체면·가치 등을) 떨어뜨려 해가 되게 하는 것. **손!상-하다** 됨<!>[<!>] ¶회사의 명예를 ~. **손!상-되다** 됨<!>
손!색(遜色) 圀 서로 비교해 보아서 못한 점. ¶이 제품은 외제 물건에 비해 조금도 ~이 없다.
손!색-없다(遜色-) [-업따] 휑 서로 견주어 못한 점이 없다. ¶이번 당선작은 세계 화단에 내놓아도 **손색없는** 수작이다. **손색없-이** 图
손수 图 남의 힘을 빌리지 않고 직접 자기 손으로. ¶그 여자는 자신의 옷을 ~ 만들어 입는다. ▷몸소.
손-수건(-手巾) [-쑤-] 圀 몸에 지니고 다니는 작은 수건.
손-수레 圀 사람이 직접 손으로 끄는 수레.
손-쉽다 [-따] 휑<!>⟨~쉬우니, ~쉬워⟩ 일을 처리하기가 아주 쉽다. ¶**손쉽게** 해결하다.
손!실(損失) 圀 가지고 있는 금전·물질 등을 잃게 되어 좋지 않게 된 상태. =실(失). 町손해. ¶~을 초래하다. ↔이득.
손-쓰다 됨<!>⟨~쓰니, ~써⟩ 시기를 놓치면 안 될 일에 필요한 조치를 취하다. ¶부상이 심하니 빨리 **손써야** 한다.
손-아귀 圀 **1** 손을 쥘 때의, 엄지손가락과 다른 네 손가락 사이. =아귀. **2** 대상을 지배할 수 있는 영향력의 안이나 범위. ¶그 지방의 모든 이권(利權)이 그의 ~에 들어가 버렸다.
손아귀에 넣다 완전히 자기 것으로 만들다.
손-아래 圀 자기보다 나이나 항렬·지위·계급 등이 낮은 관계. 또는, 그런 사람. =수하(手下). ↔손위.
손아랫-사람 [-래싸-/-랟싸-] 圀 손아래가 되는 사람. ↔손윗사람.
손-안 圀 어떤 대상을 제 뜻대로 할 수 있는 능력의 안. 町수중(手中).
손안에 넣다 (어떤 대상을) 제 뜻대로 할 수 있는 상태로 만들다.
손오공(孫悟空) 圀 중국 소설 '서유기'의 주인공. 신통력을 지닌 원숭이로서, 삼장법사의 제자가 되어 많은 어려움을 극복하고 인도에서 불경을 가져옴.
손-위 圀 자기보다 나이나 항렬·지위·계급 등이 높은 관계. 또는, 그런 사람. ¶~ 동서(同壻). ↔손아래.
손윗-사람 [-위싸-/-윋싸-] 圀 손위가 되는 사람. ↔손아랫사람.
손!익(損益) 圀 손해와 이익. ¶~을 따지다.
손!익^계!산서(損益計算書) [-께-/-께-] 圀[경] 복식 부기에서, 한 회계 기간 동안의 손익 과정을 나타내기 위하여 결산 후에 작성하는 표.
손자¹(孫子) 圀 아들 또는 딸이 낳은 아들.
손자²(孫子) 圀[인] 춘추 시대의 병법가(?~?).
손-자국 [-짜-] 圀 물건에 남아 있는, 손이 닿은 흔적. 또는, 살갗에 남아 있는, 손으로 때린 흔적.
손자-며느리(孫子-) 圀 손자의 아내. =손부(孫婦).
손!자삼우(損者三友) 圀 사귀어 자기에게 손해가 되는 세 가지 부류의 벗. 곧, 편벽한 벗, 말만 잘하고 성실하지 못한 벗, 너무 착하기만 하고 줏대가 없는 벗. ↔익자삼우.
손-잡다 [-따] 됨<!> **1** 손과 손을 마주 잡다. ¶**손잡고** 걸어가다. **2** 함께 힘을 합하여 무슨 일을 하다. ¶친구와 **손잡고** 동업하다. **3** 소원(疎遠)하였던 관계를 청산하고 다시 친숙해지다.
손-잡이 圀 물건에 덧붙여서 손으로 잡게 된 부분. ¶~가 달린 컵.
손-장난 [-짱-] 圀 **1**심심때에 손을 놀려서 하는 여러 가지 장난. ¶~을 치다. **2** 노름을 달리 이르는 말. **3**<속> 수음(手淫). **손장난-하다** 됨<!>例
손!재(損財) 圀 재물을 잃어버리는 것. 또는, 그 재물.

손-재간(-才幹)[-쩨-] 圀 =손재주.
손-재봉틀(-裁縫-) 圀 손으로 돌려서 바느질하는 소형의 재봉틀. 㑘손틀. ↔발재봉틀.
손'재-수(損財數)[-쑤] 圀 재물을 잃을 운수. ¶~가 있다.
손-재주[-쩨-] 圀 손으로 무엇을 잘 만드는 재주. 㑘손재간.
손-전등(-電燈)[-쩐-] 圀 전지를 장치하여 가지고 다닐 수 있게 만든 전등. =회중전등·플래시.
손'절-매(損切賣)[-쩔-] 圀ㆍ경 가격 하락이 예상될 때, 손해를 덜 보기 위해 주식이나 부동산 등을 산 값보다 싸게 파는 일.
손주 圀 손자와 손녀를 아울러 이르는 말.
손-지갑(-紙匣)[-찌-] 圀 돈이나 신용 카드 등을 넣어 손에 가지고 다닐 수 있도록 만든 작은 지갑.
손-질 圀 1 달 또는 물건을 손을 대어 잘 매만지는 일. 2 남을 함부로 때리는 일. ¶아이에게 ~을 하다. 손질-하다 围(타)어 ¶화단을 ~.
손-짓[-찓] 圀 손을 놀려 어떤 사물을 가리키거나 의사를 나타내는 일. 손짓-하다 围(자)(타)어 ¶빨리 오라고 ~.
손-찌검 圀 손으로 남을 때리는 일. ¶걸핏하면 ~을 한다. 손찌검-하다 围(자)(타)어
손-칼국수[-쑤] 圀 손으로 만든 것임을 강조하여 이르는 말. 또는, 손으로 만든 칼국수를 기계로 빼는 칼국수와 구별하여 이르는 말.
손-톱 圀 손가락 끝의 윗부분을 덮고 있는, 뿔같이 단단한 물질. ¶발톱.
손톱도 안 들어가다 손톱자국도 안 날 정도로 사람됨이 무척 야무지고 인색하다. ¶그는 손톱도 안 들어가는 사람이다.
손톱만큼도 〔뒤에 반드시 부정어가 쓰여〕 극히 적은 수량(少量)을 비유하는 말. ¶너에겐 ~ 잘못이 없다.
손톱-깎이 圀 손톱이나 발톱을 깎는, 날이 달린 작은 도구.
손톱-눈[-톰-] 圀 손톱의 좌우 양쪽 가장자리와 살의 사이.
손톱-자국[-짜-] 圀 손톱으로 다쳐 생긴 자국. ¶얼굴에 ~을 내다.
손-틀 圀 '손재봉틀'의 준말. ↔발틀.
손-풍금(-風琴) 圀(음) =아코디언.
손'해(損害) 圀 가지고 있거나 누릴 수 있는 물질이나 행복 등을 잃거나 빼앗겨 좋지 않게 된 상태. ㉠손실. ¶금전적 ~. ↔이익. 손'해-되다 围(자)
손'해-나다(損害-) 围(자) 손해가 생기다.
손'해-배상(損害賠償) 圀(법) 법률의 규정에 따라 남이 입은 손해를 메워 주는 일. ¶~금 / ~을 청구하다.
솔¹[-씩] 圀 1 =소나무. 2 솔잎이 그려져 있는 화투짝. 1월이나 한 끗을 나타냄.
솔²[-] 圀 때나 먼지를 쓸거나 닦을 때나 바르거나 칠하기 위해 짐승의 털이나 합성수지, 가는 철사 따위를 곧추세워 만든 도구. ¶브러시. ¶~질.
솔³(⑩sol) 圀(음) 1 음이름 '사'의 이탈리아어. 2 장음계에서 다섯째 음.
솔가(率家) 圀 온 집안 식구를 거느리고 가는 것. 솔가-하다 围(자)어
솔-가리[-까-] 圀 말라서 땅에 떨어져 쌓인 솔잎. 불쏘시개로 씀.
솔-가지[-까-] 圀 땔감으로 쓰기 위해, 잘라 내어 말린 소나무의 잔가지.

솔개 圀 공중에서 날개를 편 채로 맴돌다가 작은 새나 뱀 등의 먹이를 발견하면 재빨리 내려와 잡아먹는 새. 몸빛은 암갈색이며, 날 때에 제비처럼 교차되는 꽁짓깃 특징임. ✕소리개.
솔거(率居) 圀(인) 신라 때의 화가(?-?).
솔기 圀 옷이나 이불을 만들 때, 두 폭의 천을 맞대고 꿰매어 생긴 줄. ¶~가 터지다.
솔깃-하다[-기타-] 围(여) (어떤 사람의 말에) 그럴듯하게 여겨져 마음이 이끌리는 상태에 있다. ¶돈을 많이 벌 수 있다는 친구의 말에 귀가 ~. 솔깃-이 튀
솔-나무[-라-] 圀(식) '소나무'의 원말.
솔-나방[-라-] 圀(동) 몸빛은 갈색 바탕에 무늬가 있고, 날개에 희거나 검은 불규칙한 줄무늬가 있는 나방. 애벌레를 '송충이'라 하는데, 솔잎을 먹는 해충임.
솔'다¹{솔고 / 솔아}(소니, 소오) (물건이) 말라서 죄어들거나 굳어지다. ¶상처가 솔아서 진물이 나지 않는다.
솔'다²{솔고 / 솔아}(소니, 소오) (소매나 바짓가랑이나 그것의 통이나 옷의 품 따위가) 좁거나 끼는 상태에 있다. ¶저고리 품이 ~.
솔라닌(solanine) 圀(화) 감자의 새 눈에서 얻어지는 알칼로이드 배당체(配糖體)의 한 가지. 간독 중독의 원인이 되기도 함.
솔로(⑩solo) 圀(음) 1 독창(獨唱)이나 독주(獨奏). 2 관현악의 어떤 부분을 단독의 주자(奏者)가 연주하는 일.
솔로몬¹(Solomon) 圀(성) 고대 이스라엘 왕국의 왕(?-?). 국가의 부강을 이룩하여, 이른바 '솔로몬의 영화'를 누렸으며, 뛰어난 지혜로도 유명함.
솔로몬²(Solomon) 圀(지) 태평양 남서부, 뉴기니섬 동쪽에 있는 솔로몬 제도와 산타크루즈 제도로 이루어진 나라. 수도는 호니아라.
솔루션(solution) 圀(컴) 수요자의 요구에 맞춘 소프트웨어를 개발함으로써 문제를 해결하는 일. 또는, 그 소프트웨어. ¶~ 개발 업체 / 의료 상담 ~.
솔리스트(⑩soliste) 圀(음) 혼자 반주에 맞춰 노래 또는 연주를 하거나, 협주 도중에 혼자 노래 또는 연주를 하는 사람.
솔 뮤직(soul music) 圀(음) 블루스 스타일에 재즈·가스펠·팝 요소를 가미한 흑인 음악.
솔-바람 圀 솔숲에 이는 바람. ¶송풍.
솔-방울[-빵-] 圀 소나무 열매의 송이.
솔-밭[-받] 圀 소나무가 많이 들어서 있는 밭.
솔베이-법(Solvay法) 圀(화) =암모니아소다법.
솔선(率先)[-썬] 圀 남보다 앞장서서 하는 것. 솔선-하다 围(자)어 ¶그 일에 아무도 솔선하여 나설 사람이 없었다.
솔선-수범(率先垂範)[-썬-] 圀 앞장서서 하여 모범을 보이는 것. 솔선수범-하다 围(자)
솔솔 튀 1 물·가루 등이 계속 흐르거나 새어 나오는 모양. 2 바람이 부드럽고 가볍게 부는 모양. ¶바람이 ~ 분다. 3 얽힌 실이나 끈 등이 쉽게 잘 풀려 나오는 모양. ㄴ술술.
솔-숲[-숩] 圀 소나무가 많이 우거진 숲. =송림.
솔-잎[-립] 圀 소나무의 잎.

솔제니친, 알렉산드르 이사예비치(Sol-zhenitsyn, Aleksandr Isajevich) 〖인〗 러시아의 소설가(1918~).
솔직-하다(率直-) 〖─찌카─〗 〖형여〗 (사람이) 마음속의 생각이나 느낌을 숨기지 않고 말하거나 드러내는 태도가 있다. ㈜정직하다. ¶그 청년은 성격이 활달하고 ~.
솔직-히(率直-) 〖부〗 ¶잘못을 ~ 시인하다.
솔-질 〖명〗 솔로 먼지 따위를 문질러 털기나 닦는 일. **솔질-하다** 〖동자여〗 ¶구두를 ~.
솔트(SALT) 〖명〗 [Strategic Arms Limitation Talks] 미국과 소련 사이에 1969년부터 개시된 전략 무기 제한에 관한 협상 및 이를 바탕으로 한 두 나라 사이의 협정. =전략 무기 제한 협정.
솜[1] 〖명〗 목화에서 씨를 빼내고 남은, 흰 털뭉치와 같은 물건. 면직물과 같은 옷감을 만드는 데 쓰거나 옷·이부자리·방석 등에 이용함. ¶~을 타다.
솜-뭉치 〖명〗 솜을 뭉뚱그린 뭉치.
솜-바지 〖명〗 솜을 두어서 만든 바지.
솜-방망이[1] 〖명〗 1 솜을 나무 막대나 쇠꼬챙이 끝에 방망이처럼 묶어 붙인 것. 기름을 찍어 불을 붙여 횃불로 씀. 2 그리 강하지 않은 주먹이나 타격. 또는, 가벼운 처벌이나 비판. 비유적인 말임. ¶그 복서는 주먹이 ~다.
솜-버선 〖명〗 솜을 넣어 만든 버선.
솜브레로(⑩sombrero) 〖명〗 에스파냐·멕시코 등에서 쓰는, 중앙이 높고 챙이 썩 넓은 모자.
솜-사탕(-沙糖*) 〖명〗 사탕 과자의 하나. 설탕을 불에 녹인 후 원심기로 회전시키면서 작은 구멍으로 밀어내면 바깥 공기에 닿아서 섬유 모양으로 굳어지는데, 이것을 막대에 감아 솜 모양으로 만듦.
솜씨 〖명〗 1 손을 놀려서 무엇을 만드는 재주. ¶요리 ~. 2 어떤 일을 해 나가는 수단이나 능력. ㈜수완. ¶말~.
솜-옷 〖명〗 솜을 넣어 만든 옷.
솜-이불[-니-] 〖명〗 솜을 두어서 만든 이불.
솜-저고리 〖명〗 솜을 두어 만든 저고리.
솜-털 〖명〗 썩 잘고 보드라운 털. ¶뽀얀 얼굴에 보송보송한 ~이 돋다.
솜-틀 〖명〗 솜을 뜯어서 부풀려 펴는 기계.
솜틀-집[-찝] 〖명〗 솜 트는 일을 업으로 하는 집.
솝호스(⑩sovkhoz) 〖명〗 소련의 국영 농장. ▷콜호스.
솟-구다[솓꾸-] 〖동타〗 〈몸을〉 위로 솟게 하다.
솟구-치다[솓꾸-] 〖동자타〗 빠르고 세게 솟거나 솟구다. ¶분수의 물줄기가 높이 ~ / **솟구치는** 분노를 참지 못하였다.
솟다[솓따] 〖동자〗 1 (어떤 물체나 물질이) 세찬 힘을 가지고 아래에서 위로, 또는 속에서 겉으로 오르거나 나오다. ¶불길이 하늘로 ~. 2 (해나 달이) 지평선이나 수평선 아래에서 하늘 가운데로 옮겨 가다. ㈜돋다·뜨다. 3 (물체가) 편편한 바닥 위에 높이 세워지거나 내밀어 두드러지다. ¶산이 우뚝 **솟아** 있다. 4 (땀이나 눈물이) 갑자기 몸이나 눈에 생기다. ¶격렬한 운동을 했더니 온몸에 땀이 ~. 5 (어떤 힘이나 기운이나 의욕 등이) 사람의 몸이나 마음에 세차게 생기다. ¶용기가 ~. 6 (정도를 가진 것이) 그 수준에 있어서 갑자기 높아지다. ¶물가가 ~.
솟-대 [솓때] 〖명〗 1 마을 수호신 및 경계의 상징으로 나무로 만든 새를 꼭대기에 달아 마을 입구에 세운 장대. 2 [민] 솟대쟁이가 올라가 재주를 부리는 장대.
솟대-쟁이 [솓때-] 〖명〗[민] 탈을 쓰고 솟대 꼭대기에 올라가 재주를 부리는 사람.
솟아-나다 〖동〗 1 (샘물·연기·땀 등이) 솟아서 밖으로 나오다. ¶굴뚝에서 연기가 ~. 2 (힘·기운·용기 따위가) 사람의 몸이나 마음에 생겨나다. ¶용기가 ~.
솟아-오르다 〈-오르니, -올라〉 솟아서 위로 오르다. ¶불길이 ~.
솟을-대문(-大門) [-때-] 〖명〗 행랑채보다 기둥을 높게 세운 대문.
송(宋) 〖명〗〖역〗 중국의 나라 이름. 1 주(周代)의 한 나라(?~286 B.C.). 2 남북조 시대, 남조 최초의 왕조(420~478). 3 5대 10국을 통일한 왕조(960~1270). 조광윤이 건국했고, 원나라에 망함.
송가(頌歌) 〖명〗 공덕을 기리는 노래.
송고(送稿) 〖명〗 원고(原稿)를 보내는 것. **송고-하다** 〖동자여〗
송골-매(松鶻-) 〖명〗 =매[2].
송골-송골(松骨松骨) 〖부〗 땀·소름 따위가 자디잘게 많이 돋아나는 모양. ¶이마에 땀방울이 ~ 맺히다.
송곳[-곧] 〖명〗 1 작은 구멍을 뚫는 연장. 2 썰매를 탄 사람이 썰매를 움직이거나 얼어붙은 얼음판을 헤쳐 양손에 쥐고 얼음을 찍는 도구. 흔히, 'T' 자 모양의 나무 끝에 긴 쇠꼬챙이를 박아 만듦.
송곳-니[-곧-] 〖명〗 상하 좌우의, 앞니와 어금니 사이에 있는 뾰족한 이.
송공(頌功) 〖명〗 그동안의 공적을 기리는 뜻으로, 정년퇴직하는 사람에게 축의금을 전할 때 그 봉투나 단자(單子)에 쓰는 말. ㈜근축.
송과-선(松果腺) 〖명〗〖생〗 제3뇌실(腦室)의 후부에 있는 작은 솔방울 모양의 내분비 기관. 성선 자극 호르몬을 억제하는 멜라토닌을 만들어 냄.
송구-스럽다(悚懼-) [-따] 〖형ㅂ〗〈-스러우니, -스러워〉 송구한 데가 있다. **송구스레**
송구-영신(送舊迎新) 〖명〗 묵은해를 보내고 새해를 맞음.
송구-하다(悚懼-) 〖형여〗 두려워서 마음이 몹시 거북하다. ¶이렇게 큰 상을 주시니 **송구할** 따름입니다. **송구-히** 〖부〗
송금(送金) 〖명〗 돈을 부치는 것. ¶~인(人). **송금-하다** 〖동자여〗
송기(松肌) 〖명〗 소나무의 속껍질.
송낙 〖명〗 송라로 우산 모양으로 엮어 만든, 여승(女僧)이 쓰는 모자.
송년(送年) 〖명〗 한 해를 보내는 것. ¶~의 밤.
송년-회(送年會) [-회/-훼] 〖명〗 연말에 한 해를 돌이켜보면서 새해를 맞자는 뜻으로 베푸는 모임.
송달(送達) 〖명〗 1 (편지·서류·물품 등을) 보내 주는 것. 2 [법] 소송상의 서류를 일정한 방식에 따라 당사자 및 소송 관계인에게 보내 주는 것. **송달-하다** 〖동여〗
송덕-비(頌德碑) 〖명〗 공덕을 기리어 후세에 길이 빛내기 위하여 세운 비.
송도(松都) 〖명〗〖역〗 고려의 수도. 지금의 황해도 개성임.
송두리-째 〖명〗 있는 바 전부를 모조리. ¶노름으로 재산을 ~ 날리다.

송라(松蘿)[-나] [명][식] 높은 산에서 자라는 나무의 줄기와 가지에 실처럼 주렁주렁 달려 붙어 사는 지의류 식물.
송림(松林)[-님] [명] =솔숲.
송:별(送別) [명] (떠나는 사람을) 이별하여 보내는 것. **송:별-하다** [동][타][여]
송:별-사(送別辭)[-싸] [명] 떠나는 사람에게 하는 인사말. [준]송사.
송:별-회(送別會)[-회/-훼] [명] 송별의 섭섭함과 앞날의 행운을 바라는 뜻으로 베푸는 모임.
송:부(送付) [명] 편지나 물품 등을 부쳐 보내는 것. **송:부-하다** [동][타][여]
송:사¹(送辭) [명] '송별사'의 준말.
송:사²(訟事) [명] **1** [역] 백성끼리의 분쟁을 관부에 호소하여 그 판결을 구하는 일. **2** =소송(訴訟). **송:사-하다** [동][자][타][여]
송:사리 [명] **1** [동] 냇물이나 연못 등에서 떼 지어 헤엄쳐 다니는, 몸길이 5cm가량의 가늘고 작은 민물고기. 몸빛은 엷은 회갈색으로, 옆구리에 잘고 검은 점이 많음. **2** 권력이 없는 약자나 하찮은 사람을 비유하여 이르는 말. ¶폭력배 단속에 ~만 걸려들었다.
송송 [부] **1** 물건을 아주 잘게 빨리 써는 모양. ¶파를 ~ 썰다. **2** 작은 구멍이 많이 뚫린 모양. ¶양말에 구멍이 ~ 났다. **3** 살갗에 자디잔 땀방울이나 소름 따위가 많이 난 모양. ¶이마에 땀방울이 ~ 내돋다. [큰]숭숭. **송송-하다** [형][여]
송:수-관(送水管) [명] 상수도의 물을 보내는 관.
송:-수신(送受信) [명] 송신과 수신.
송:수화-기(送受話器) [명] **1** 송화기와 수화기. **2** 양쪽 끝에 말하는 부분과 듣는 부분이 달린, 전화기의 한 부분. 통속적으로는 흔히 '수화기'라고 함.
송:-시열(宋時烈) [명][인] 조선 시대의 문신·학자(1607~1689).
송:신(送信) [명] 통신을 보내는 것. ¶~ 장치. ↔수신(受信). **송:신-하다** [동][자][타][여] **송:신-되다** [동][자]
송:신-기(送信機) [명] 무선 통신·방송 등에서 신호를 고주파의 전류로 바꾸어 송신 안테나에서 보내는 장치. ↔수신기.
송:신-소(送信所) [명] 무선·유선 전신의 송신을 맡은 기관.
송아지 [명] 아직 다 자라지 않은 어린 소.
[**송아지 못된 것은 엉덩이에 뿔 난다**] 되지못한 것이 엇나가는 짓을 한다.
송악(松嶽) [명][역] '개성(開城)'의 신라 때 이름.
송알-송알 [부] 땀·물이 방울방울 많이 맺힌 모양. ¶풀잎에 이슬이 ~ 맺혔다. [큰]숭얼숭얼.
송어(松魚) [명][동] 몸길이 60cm가량으로 등이 짙은 남색이며, 옆구리에 암갈색 반점이 있는 바닷물고기. 산란기에 강 상류로 올라가 알을 낳음. 살은 맛이 좋음.
송:연-하다(悚然-·竦然-) [형][여] 두려워서 몸을 옹송그리다. ¶모골이 ~. **송:연-히** [부]
송유(松油) [명] **1** 솔가지를 잘라서 불에 구워 받은 기름. **2** [화] =테레빈유.
송:유-관(送油管) [명] 석유나 휘발유를 다른 곳으로 보내기 위하여 시설한 관.
송이¹ [명] [1][자립] 꽃·눈·열매 등의, 낱낱의 작고 소담한 덩이나 덩어리. ¶꽃~ / 눈~. [2][의존] 꽃이나 열매의 덩어리를 세는 단위. ¶장미 한 ~.
송이²(松栮) [명][식] 삿갓 지름 8~20cm로, 표면이 엷은 다갈색인 버섯. 솔밭의 축축한 땅에서 자라며, 향기와 맛이 좋아 식용함. =송이버섯.
송이-버섯(松栮-)[-섣] [명][식] =송이².
송이-송이 [부] 송이마다.
송:장¹ [명] 사람이나 동물의 죽은 몸뚱이. [비]시체.
[**송장 때리고 살인났다**] 억울하게 큰 벌을 받게 되었음을 이르는 말.
송:장²(送狀)[-짱] [명] **1** 물품을 받을 사람에게 그 물품의 내용을 적어 보내는 문서. **2** [경] 매매 상품을 멀리 떨어진 곳에 발송할 때, 수화인(受貨人)에게 보내는 상품의 명세서. =인보이스.
송:장-헤엄 [명][체] '배영(背泳)'을 통속적으로 이르는 말.
송:전(送電) [명] 발전소에서 발생된 전력을 수요지 근처의 변전소로 보내는 일. **송:전-하다** [동][자][여]
송:전-선(送電線) [명] 발전소에서 발생된 전력을 변전소로 보내기 위하여 시설한 전선.
송:전-탑(送電塔) [명] 고압 전선을 걸기 위하여 높이 세운 철탑.
송죽(松竹) [명] 소나무와 대나무.
송죽매(松竹梅)[-중-] [명] 소나무·대나무·매화나무. 예로부터 세한삼우(歲寒三友)라 하여 시제(詩題)나 화제(畫題)로 많이 삼아 옴.
송죽지절(松竹之節)[-찌-] [명] 소나무같이 꿋꿋하고 대나무같이 곧은 절개.
송진(松津) [명] 소나무 등의 침엽수에서 분비되는 끈적끈적한 액체.
송:출(送出) [명] (가스·액체 또는 전파 등을) 일정한 곳으로 내보내는 일. **송:출-하다** [동][타][여] **송:출-되다** [동][자]
송:출-관(送出管) [명] 가스·액체 등을 밖으로 내보내는 관. ¶가스 ~.
송충-이(松蟲-) [명][동] 솔나방의 애벌레. 누에 비슷한데, 몸빛은 흑갈색이고 온몸에 털이 있음. 솔잎을 갉아 먹음.
송:치(送致) [명][법] 수사 기관에서 검찰청으로, 또는 한 검찰청에서 다른 검찰청으로 피의자와 서류를 넘겨 보내는 일. **송:치-하다** [동][타][여] **송:치-되다** [동][자]
송판(松板) [명] 소나무를 켠 널빤지.
송편(松-) [명] 멥쌀가루를 반죽하여 소를 넣고 모시조개 모양으로 빚어 솔잎을 깔고 찐 떡. ¶~을 빚다.
송풍(松風) [명] 솔숲 사이를 스쳐 부는 바람. [비]솔바람.
송:풍-기(送風機) [명] 바람을 일으켜 보내는 기계. 실내 환기에 많이 쓰임.
송:학(宋學) [명] 중국 송나라 때에 체계화된 새로운 유교 철학. ▷성리학.
송화(松花) [명] 소나무의 꽃. 또는, 그 꽃가루.
송:화-기(送話器) [명] 전화기의 음파의 진동을 전기적 진동으로 바꾸는 장치. ↔수화기.
송:환(送還) [명] 도로 돌려보내는 것. **송:환-하다** [동][타][여] ¶포로를 ~. **송:환-되다** [동][자]
송홧-가루(松花-)[-화까-/-홛까-] [명] 소나무의 꽃가루. 또는, 그것을 말린 가루.
솥[솓] [명] 밥을 짓거나 물이나 국 등을 끓이는 데 쓰는, 무쇠나 양은 등으로 만든 그릇. =솥단지. ¶밥~ / 국 ~.

솥-단지[솓딴-] [명] =솥.

솥-뚜껑[솓-] [명] 솥을 덮는 뚜껑. [비]소댕.

솥뚜껑 운전수 밥솥을 다루는 사람이란 뜻으로, '가정주부'를 속되게 이르는 말.

쏴 [부] **1** 나뭇가지나 물건의 틈 사이로 스쳐 부는 바람 소리. **2** 비바람 소리. **3** 바닷물이 물결치며 밀려오는 소리. ¶파도가 ~ 밀려왔다간 다시 밀려갔다. **4** 물이나 그 밖의 액체가 급히 내려가거나 나오는 소리. [센]쏴.

쏼라-쏼라 [부] 알아듣지 못할 외국어를 말하는 소리. 또는, 그 모양. ¶코쟁이가 뭐라고 ~ 씨부렁거리는데 한 마디도 알아들을 수가 없다. **쏼라쏼라-하다** [동][타][여]

쏼쏼 [부] **1** 물이 거침없이 흐르는 소리. 또는, 그 모양. **2** 가루 따위가 체의 구멍으로 빠져 내리는 소리. 또는, 그 모양.

쇄¦(刷) [명][의존] 책을 똑같은 내용으로 다시 출간할 때, 그 출간 횟수를 세는 단위. 맨 처음 출간한 경우는 1판 1쇄가 됨. ¶3판 8~. ▷판(版).

쇄¦골(鎖骨) [명][생] =빗장뼈.

쇄¦국(鎖國) [명] 다른 나라와의 통상·교역을 금지하는 것. ¶~ 정책. ↔개국(開國). **쇄¦국-하다** [동][자][여]

쇄¦도(殺到) [명] (지원·주문·응모 따위나 그런 것을 하는 사람들이) 한꺼번에 많이 몰려드는 것. **쇄¦도-하다** [동][자][여] ¶주문이 ~ / 문의 전화가 ~.

쇄¦락-하다(灑落-·洒落-)[-라카-] [형][여] (기분이나 몸이) 상쾌하고 깨끗하다. ¶초가을의 **쇄락한** 기운.

쇄¦빙-선(碎氷船) [명] 얼어붙은 강이나 바다의 얼음을 깨뜨려 부수고 뱃길을 내는 특수한 장비를 갖춘 배.

쇄¦상(鎖狀) [명] 쇠고리를 길게 이어 놓은 것과 같은 모양.

쇄¦석-기(碎石機)[-끼] [명] 바위나 돌을 부수어 알맞은 크기의 자갈로 만드는 기계.

쇄¦선(鎖線) [명] 실선과 점으로 이어져 일정한 간격으로 평행선을 이루는, 설계 도면 상의 선.

쇄¦신(刷新) [명] 나쁜 폐단을 없애고 새롭게 하는 것. ¶서정(庶政)~. **쇄¦신-하다** [동][타][여] ¶공직자의 기강을 ~. **쇄¦신-되다** [동][자]

쇠[1][쇠/쉐] [명] **1** 철광석을 높은 열로 녹여 내어 만든, 은백색의 단단한 물질. 전문어로는 '철(鐵)'이라고 함. ¶~를 달구다. **2** 광물에서 나는 쇠붙이의 총칭. **3** '열쇠1'의 준말. **4** '자물쇠'의 준말. **5** '돈'을 속되게 이르는 말. **6** '자석'을 속되게 이르는 말. **7** 농악 따위에서, '꽹과리'나 '징'을 이르는 말.

쇠-[2][쇠/쉐] [접두] 일부 명사 앞에 붙어, 그것이 소의 부위이거나 소와 관계된 물체이거나, 소와 같은 특성이 있음을 나타내는 말. =소-. ¶~고기 / ~고집.

쇠¦-가죽[쇠-/쉐-] [명] 소의 가죽. =소가죽·우피.

쇠¦-간(-肝)[쇠-/쉐-] [명] 소의 간. =소간.

쇠-갈고리[쇠-/쉐-] [명] 쇠로 만든 갈고리.

쇠¦-갈비[쇠-/쉐-] [명] 소의 갈비. =소갈비.

쇠¦-고기[쇠-/쉐-] [명] 사람의 식용 대상으로 삼는 소의 살. =소고기.

쇠-고랑[쇠-/쉐-] [명] '수갑'을 속되게 이르는 말. ¶~을 차다. [준]고랑.

쇠-고리[쇠-/쉐-] [명] 쇠로 만든 고리.

쇠¦-고집(-固執)[쇠-/쉐-] [명] 몹시 검질기게 센 고집. 또는, 그런 사람. =황소고집·소고집. ▷옹고집.

쇠¦-귀[쇠-/쉐-] [명] 소의 귀. =소귀.

[**쇠귀에 경 읽기**] 아무리 가르치고 일러 주어도 알아듣지 못함. '우이독경(牛耳讀經)'과 같은 말.

쇠¦-기름[쇠-/쉐-] [명] 소의 지방 조직을 정제하여 얻은 지방. 흰색의 덩어리로 연고류·식용유·비누 등의 제조 원료가 됨. =우지(牛脂).

쇠¦-꼬리[쇠-/쉐-] [명] 소의 꼬리. =소꼬리.

쇠-꼬챙이[쇠-/쉐-] [명] **1** 쇠로 만든 꼬챙이. **2** 몹시 여위었으면서도 옹골차며 날카로움의 비유.

쇠다[1][쇠-/쉐-] [동][자] 채소 따위가 너무 자라 연하지 않고 억세다. ¶고사리가 ~.

쇠¦다[2][쇠-/쉐-] [동][타] 명절이나 기념일 같은 날을 맞이하여 지내다. ¶설을 ~.

-쇠다[3][쇠-/쉐-] [어미] '-소이다'의 준말. ¶잘 모르겠~.

쇠-도리깨[쇠-/쉐-] [명][역] 쇠로 도리깨 같이 만든 병기(兵器)의 하나.

쇠¦-등에[쇠-/쉐-] [명][동] 소의 몸에서 피를 빨아 먹는, 파리와 비슷한 곤충. 몸빛은 검은 회색이고, 각 배마디에 노란색 무늬가 있음. =등에.

쇠¦-똥[쇠-/쉐-] [명] 소의 똥. =소똥.

[**쇠똥도 약에 쓰려면 없다**] 흔하던 것도 소용이 있어 찾으면 없다.

쇠¦똥-구리[쇠-/쉐-] [명][동] 쇠똥이나 말똥을 둥글게 굴려 집으로 가져다 먹이로 하거나 그 속에 알을 낳는 곤충. 몸은 편평한 타원형이며, 몸빛은 검고 광택이 있음. =말똥구리.

쇠뜨기[쇠-/쉐-] [명][식] 들이나 밭에 흔히 자라며, 봄에 '뱀밥'이라는 어린 포자 줄기를 식용하는 여러해살이 양치식물.

쇠락(衰落)[쇠-/쉐-] [명] 쇠약하여 말라서 떨어지는 것. **쇠락-하다** [동][자][여]

쇠-막대기[쇠-때-/쉐-때-] [명] 쇠로 만든 막대기.

쇠망(衰亡)[쇠-/쉐-] [명] 쇠퇴하여 망하는 것. **쇠망-하다** [동][자][여]

쇠-망치[쇠-/쉐-] [명] 쇠로 만든 망치.

쇠¦-머리[쇠-/쉐-] [명] 소의 머리. =소머리.

쇠-몽둥이[쇠-/쉐-] [명] 쇠로 만든 몽둥이. =철퇴(鐵槌).

쇠-문(-門)[쇠-/쉐-] [명] 쇠로 된 문. [비]철문.

쇠-뭉치[쇠-/쉐-] [명] 뭉쳐진 쇳덩어리.

쇠-붙이[쇠부치/쉐부치] [명] **1** 쇠에 속하는 물질의 총칭. [비]금속. **2** 철물이나 쇠의 부스러기, 쇠의 조각 따위의 총칭.

쇠¦-비름[쇠-/쉐-] [명][식] 몸 전체가 육질이고 붉은빛이 돌며, 여름에 노란 꽃이 피는 한해살이풀. 길가나 밭둑에 흔히 자라며, 식용 및 약용함.

쇠¦-뼈[쇠-/쉐-] [명] 소의 뼈. =소뼈.

쇠¦-뿔[쇠-/쉐-] [명] 소의 뿔.

[**쇠뿔도 단김에 빼랬다**] 쇠뿔을 뽑으려면

불로 달구어 놓은 김에 뽑아야 한다는 뜻으로, 무슨 일을 하려고 하였으면 망설이지 말고 곧 행동에 옮기라는 말.
쇠-사슬[쇠-/쉐-] 몡 쇠고리를 여러 개 죽 이은 줄. ≒체인. ⓗ사슬.
쇠스랑[쇠-/쉐-] 몡[농] 땅을 파헤쳐 고르거나 두엄·풀 무더기 등을 쳐내는 데 쓰는, 갈퀴 모양의 농기구. 쇠로 3~5개의 발을 만들고 자루를 박음.
쇠¦-심줄[쇠-쭐/쉐-쭐] 몡 소의 힘줄.
쇠약-하다(衰弱-) [쇠야카-/쉐야카-] 쥉옘 약하여 병에 쉽게 걸리거나 자주 앓는 상태에 있다. ¶오랜 병치레로 몸이 ~.
쇠잔-하다(衰殘-) [쇠-/쉐-] 쥉옘 기운이나 힘이 없어져 약하다. ¶쇠잔한 몸.
쇠¦-젖[쇠전/쉐전] 몡 소의 젖. =소젖.
쇠¦-족(-足) [쇠-/쉐-] 몡 소의 발. ⓗ우족(牛足).
쇠¦-죽(-粥) [쇠-/쉐-] 몡 짚과 콩·풀 따위를 섞어 끓인 소의 먹이.
쇠-줄[쇠-/쉐-] 몡 철사 따위의 쇠로 만든 줄.
쇠진(衰盡) [쇠-/쉐-] 몡 (기운·힘 등이) 빠질 대로 빠져서 없어지는 것. 쇠진하다 툉 ¶기력이 ~.
쇠-창살(-窓-) [쇠-쌀/쉐-쌀] 몡 쇠로 만든 창살.
쇠-칼[쇠-/쉐-] 몡 쇠로 만든 칼.
쇠-톱[쇠-/쉐-] 몡 쇠를 자르는 데에 쓰는 톱.
쇠퇴(衰退·衰頹) [쇠퇴/쉐퉤] 몡 (사물이 세력이나 형세가) 힘을 잃고 약해지거나, 세력에서 점점 없어지게 가는 상태가 되는 것. 쇠퇴-하다 통(자)옘 ¶문명이 ~. 쇠퇴-되다 통
쇠¦-파리[쇠-/쉐-] 몡[동] 몸이 꿀벌과 비슷하며, 소나 말의 피를 빨아 먹고, 그 살갗에 알을 낳아 기생하는 곤충.
쇠-하다(衰-) [쇠-/쉐-] 툉(자)옘 (힘이나 세력 따위가) 차차 줄어서 약해지다. ¶근력이 ~.
쇤-네[쇤-] 대(인칭) 하인·하녀가 상전에 대하여 자기를 낮추어 이르는 말. 툉소인네.
쇳-가루[쇠까루/쉗까루/쉐까루/쉗까루] 몡 쇠의 가루.
쇳-덩어리[쇠떵-/쉗떵-/쉐떵-/쉗떵-] 몡 쇠붙이의 덩어리.
쇳-덩이[쇠떵-/쉗떵-/쉐떵-/쉗떵-] 몡 쇠붙이의 덩이.
쇳-물[쇤-/쉔-] 몡 1 쇠의 녹이 우러난 물. 2 높은 열에 녹아서 물같이 된 쇠.
쇳-소리[쇠쏘-/쉗쏘-/쉐쏘-/쉗쏘-] 몡 1 쇠가 부딪쳐서 나는 소리. 또는, 그와 같은 소리. ⓗ금속성(金屬聲). 2 쇳쟁을 울릴 정도로 야무지고 날카로운 말소리.
쇳-조각[쇠쪼-/쉗쪼-/쉐쪼-/쉗쪼-] 몡 조각난 쇠붙이.
쇳-줄[쇠쭐/쉗쭐/쉐쭐/쉗쭐] 몡[광] '광맥'을 고유어로 이르는 말.
쇼¹(show) 몡 1 무대 예술에서, 춤과 노래 등 시각적 요소를 강조한 오락. ¶뮤지컬 ~. 2 일부러 꾸며서 하는 일을 빗대어 이르는 말. ¶미친 척하는 것도 다 ~다.
쇼², 조지 버나드 (Shaw, George Bernard) 몡[인] 영국의 극작가·비평가(1856~1950).

쇼-걸(showgirl) 몡 쇼에 나오는 여배우.
쇼군(⑥將軍/しょうぐん) 몡[역] 병권(兵權)과 정권을 장악한, 막부의 우두머리.
쇼맨십(showmanship) 몡 많은 사람들 앞에서 특이한 말·몸짓·표정 등으로 이목을 끌면서 그들을 재미있고 즐겁게 하는 재능. 또는, 그렇게 하면서 자기를 드러내고 싶어 하는 기질. ¶~이 강하다 / ~을 발휘하다.
쇼비니즘(chauvinism) 몡 [나폴레옹을 신과 같이 숭배한 프랑스 병사 쇼뱅의 이름에서] 광신적이고 배타적인 애국주의.
쇼-윈도(show window) 몡 가게의 진열창. 춘윈도.
쇼크(shock) 몡 1 예기치 않은 사태에 갑자기 느끼는 마음의 동요. ⓗ충격. 2 [의] 혈액 순환 부전을 급격하게 일으켜서 혈압 저하·의식 장애·무기력 등의 증상을 나타내는 상태.
쇼크(를) 먹다 충격을 받다. 속된 말임.
쇼크-사(shock死) 몡[의] 외상을 입었으나 수술을 하였을 때, 쇼크 증상을 일으켜 죽는 일.
쇼킹-하다(shocking-) 옘옘 (어떤 일이) 충격을 받을 만큼 놀랍다. ¶쇼킹한 뉴스.
쇼토쿠^태자(聖德太子) 몡[인] 일본의 정치가·사상가(573~621).
쇼트(short) 몡 ['짧다'는 뜻] 1[체] 탁구의 단타법(短打法). 탁구대 가까이에 있다가 공이 바운드하자마자 치는 방법. 2[체] 골프에서, 공이 목적한 자리에 미치지 못하고 공을 친 사람 바로 앞에서 멈추는 것.
쇼트닝(shortening) 몡 과자나 빵을 만드는 데 쓰이는, 반고체 상태의 유지(油脂) 제품.
쇼트-커트(short cut) 몡 1 뒷머리가 목덜미에 올 정도로 자르되, 단발보다 전체적으로 층이 지게 한 여자의 머리 모양. ▷단발(斷髮). 2[체] 탁구에서, 짧게 깎아 치는 타법.
쇼트^트랙(short track) 몡[체] 트랙의 한 바퀴의 거리가 100m, 또는 125m인 실내 링크에서 하는 스피드 스케이트 경기.
쇼팽, 프레데리크 프랑수아(Chopin, Frédéric François) 몡[인] 폴란드 태생의 프랑스의 작곡가·피아니스트(1810~1849).
쇼펜하우어, 아르투르(Schopenhauer, Arthur) 몡[인] 독일의 철학자(1788~1860).
쇼핑(shopping) 몡 물건을 사러 백화점이나 상점에 가는 일. ⓗ장보기. 쇼핑-하다 통(자)옘
쇼핑-몰(shopping mall) 몡 쇼핑하기 편리하도록 많은 소매 상점들이 모여 있는 대형 건물이나 공간. ¶동대문의 대형 ~.
쇼핑-백(shopping bag) 몡 쇼핑하여 산 물건을 담을 수 있게, 종이나 비닐 등으로 네모지게 만들어 손잡이 끈을 단 물건.
쇼핑-센터(shopping center) 몡 한군데에서 여러 가지 물건을 살 수 있는, 상점이 집중된 곳.
쇼핑-카트(shopping cart) 몡 슈퍼마켓이나 대형 할인점 등에서 장 본 물건을 실을 수 있게 만든 간이 수레. =카트.
쇼핑^호스트(↑shopping host) 몡 텔레비전 홈 쇼핑에서, 상품 정보를 제공하면서 프로그램을 이끌어 가는 사람. '판매 진행자'로 순화.

쇼-하다(show-) 툐재어 믿게 하려고 일부러 꾸며서 하다. ¶슬픈 척 쇼하지 마.
숄(shawl) 명 천이나 모사(毛紗) 따위로 삼각형·사각형 모양으로 만들어 어깨에 걸쳐 덮는 일종의 목도리.
숄더-백(shoulder bag) 명 어깨에 메는 가방.
숏(shot) 명 1[영] =컷(cut) Ⅰ①1. ×샷. 2[체] '샷(shot)¹'의 잘못.
수¹ 명 성(性)이 구분되어 있는 생물에서, 정세포(精細胞)를 만들어 내거나 수꽃이 피는 성질. 또는, 그런 성질을 가진 성(性). ↔암.
수² [의존] 1[(관형사형 어미 '-ㄴ', '-는', 또는 일부 관형사 뒤에 쓰이어) 어떤 일을 해결하거나 처리하는 방법이나 수단. ¶뾰족한 ~가 없다. 2[(관형사형 어미 '-는' 뒤에 쓰이어) 필연적이지는 않으나 가능한 경우임을 나타내는 말. ¶방심하면 다치는 ~가 있으니 조심해라. 3[(관형사형 어미 '-ㄹ' 뒤에 쓰이어) 어떤 능력이나 의향, 또는 가능한 방법을 나타내는 말. ¶지쳐서 더 이상 뛸 ~가 없다. 4[(관형사형 어미 '-ㄹ' 뒤에 쓰이어) 아직 확실치는 않으나 가능함을 나타내는 말. ¶내일 비가 올 ~도 있다. 5[(관형사형 어미 '-ㄹ' 뒤에 쓰이어) 어떤 일을 허용하거나 용납함을 나타내는 말. ¶노약자는 입장할 ~ 있다. 2[(의존] 가장 좋은 방법이나 방도. ¶자신 없을 때는 뒤꽁무니를 빼는 게 ~다.
수-³ 1생물의 웅성(雄性)임을 나타내는 말. ¶~노루 / ~돼지. ▷숫-. 2쌍을 이루는 사물에서, 상대적·능동적이거나 볼록한 특성을 가진 상태임을 비유적으로 이르는 말. ¶~키와 / ~돌쩌. ↔암-.
수⁴(手) 명 1[바둑·장기 따위에서 두는 기술. ¶~가 높다. 2남과 겨룰 때 나타내는 수완·재간. ¶~를 쓰다. 2[(의존] 바둑·장기 등에서 한 번씩 번갈아 두는 번수. ¶다섯 ~ 앞을 봐야 한다.
수⁵(水) 명 '수요일'을 줄여 이르는 말.
수⁶(秀) 명[교] 성적을 매기는 등급의 하나. '수·우·미·양·가'의 5단계 중 첫째 등급.
수⁷(隋) 명[역] 중국의 한 왕조(581~618). 양견(楊堅)이 건국하여 통일 국가를 이루었으나, 당(唐)나라에 망함.
수⁸(壽) 명 1장수(長壽)의 뜻. 오래 삶. ¶~를 누리다. 2'나이'의 궁전식으로 일컫는 말. ¶팔십 ~. 3'수명'의 준말. ¶~를 다하다.
수!⁹(數) 명 1'운수'의 준말. ¶~가 사납다. 2좋은 운수. ¶~가 나다.
수!¹⁰(數) 명 1세거나 헤아린 양(量). 2[수] 자연수·정수·분수·유리수·무리수·실수·허수 등의 총칭. 좁은 뜻으로는 자연수를 가리킴.
수!¹¹(繡) 명 헝겊에 색실로 그림이나 글자 따위를 바늘로 떠서 놓는 일. 또는, 그 그림이나 글자.
수¹²(首) 명 1시(詩)나 노래를 세는 단위. ¶시조 한 ~. 2=마리. ¶닭 오십 ~.
수-¹³(數) [접두] '여럿', '몇'의 뜻을 나타내는 말. ¶~백만 / ~천만.
-수¹⁴(手) [접미] 어떤 명사 뒤에 붙어, 그 일에 종사하는 사람을 나타내는 말. ¶조타~.
-수¹⁵(囚) [접미] '죄수'의 뜻을 나타내는 말. ¶탈옥~ / 사형~.

수가(酬價) [-까] 명 보수로 주는 대가.
수간¹(樹幹) 명 나무의 줄기.
수간²(獸姦) 명 변태 성욕의 하나. 인간이 동물과 행하는 성교. **수간-하다** 톤재어
수-간호사(首看護師) 명 간호사의 우두머리.
수감(收監) 명 사람을 구치소나 교도소에 가두어 두는 것. 也투옥. **수감-하다** 톤태 ¶죄인을 ~. **수감-되다** 톤재
수감-자(收監者) 명 구치소나 교도소에 갇힌 사람.
수갑(手匣) 명 죄수나 피의자의 양쪽 손목에 채우는, 쇠붙이를 가지고 한 쌍의 고리 모양으로 만든 물건.
수강(受講) 명 강의나 강습을 받는 것. ¶~을 신청하다. **수강-하다** 톤태
수강-생(受講生) 명 강의·강습을 받고 있거나 받은 학생.
수강-증(受講證) [-쯩] 명 수강생임을 증명하는 문서.
수-개미 명 개미의 수컷. ↔암개미. ×수캐미.
수!-개월(數個月) 명 두서너 달. 또는, 여러 달.
수거(收去) 명 거두어 가는 것. ¶쓰레기 ~. **수거-하다** 톤태
수-거미 명 거미의 수컷. ↔암거미. ×수커미.
수건(手巾) 명 얼굴이나 손이나 몸을 씻은 뒤에 물기를 닦기 위하여 사용하는, 면 따위의 천으로 네모지게 만든 물건. 也타월. ¶세수~.
 수건을 던지다 권투 시합에서, 경기 도중에 위기에 몰린 선수 진영에서 수건을 링 안으로 던짐으로써 패배를 인정하고 시합 포기의 뜻을 나타내다.
수건-돌리기(手巾-) 명 여러 사람이 빙 둘러 앉고, 술래가 수건을 갖고 사람들의 뒤를 돌다가 한 사람 뒤에 놓고 한 바퀴 돌 때까지 모르고 있으면 잡히는 놀이.
수검(受檢) 명 검사나 검열 등을 받는 것. ¶~자(者). **수검-하다** 톤재
수-게 명 게의 수컷. ↔암게.
수결(手決) 명 지난 시대에, 관직에 있는 사람이 문서에 도장 대신 붓으로 써서 나타내던 독특한 표지(標識).
수경¹(水耕) 명[농] =물재배.
수경²(水鏡) 명 =물안경.
수계¹(水系) [-계/-게] 명[지] 같은 물줄기를 이루며 흐르는 하천의 본류나 지류의 계통. ¶한강 ~.
수계²(水界) [-계/-게] 명 1[지] =수권(水圈)¹. 2물과 육지와의 경계.
수고 명 어떤 일을 하느라고 힘을 들이고 애를 쓰는 것. ¶더운 날씨에 ~가 많습니다. **수고-하다** 톤재어
수고²(樹高) 명 나무의 높이.
수고-롭다 [-따] 형ㅂ <~로우니, ~로워> 일을 처리하기가 괴롭고 고되다. ¶수고롭지만 심부름 좀 해 주시겠어요? 수고로이 튀
수고-비(-費) 명 수고한 대가로 받는 돈.
수고-스럽다 [-따] 형ㅂ <~스러우니, ~스러워> 일을 하기에 수고로움이 있다.
수고스레 튀
수-고양이 명 고양이의 수컷. ↔암고양이. ×수코양이.

수-곰 圀 곰의 수컷. ↔암곰. ×수콤.
수공¹(手工) 圀 **1** 손으로 하는 공예. **2** 손으로 하는 일의 품. 또는, 그 삯. ¶~이 많이 들다.
수공²(水攻) 圀[군] 막았던 물길을 일시에 터뜨려 적을 공격하거나 적지를 침수시키는 전법.
수공-업(手工業) 圀 간단한 도구와 손을 사용하여 생산하는, 작은 규모의 공업. ↔기계 공업.
수공-품(手工品) 圀 손으로 만든 공예품.
수관(樹冠) 圀[식] 나무의 가지와 잎이 많이 달려 있는 줄기의 윗부분. 원추형·부채꼴·반구형 등의 형태를 이룸.
수관-계(水管系) [-계/-게] 圀[동] 극피동물에 있는 가느다란 관 모양의 기관. 속에는 바닷물과 체액이 들어 있는데, 호흡·순환 기능 외에 일부는 관족이 되어 운동을 함.
수¹-관형사(數冠形詞) 圀[언] 사물의 수나 양을 나타내는 관형사. '두개'에서 '두'따위.
수괴(首魁) [-괴/-궤] 圀 =괴수(魁首)².
수교¹(手交) 圀 손수 건네주는 것. **수교-하다** 圄⨀⨂ ¶임명장을 ~.
수교²(修交) 圀 나라와 나라 사이에 외교의 관계를 맺는 것. **수교-하다** 圄⨂.
수구¹(水球) 圀[체] 풀 안에서, 각각 7명씩 짠 두 편이 서로 헤엄을 치며 공을 상대편의 골에 넣어 득점을 겨루는 경기.
수구²(守舊) 圀 사회의 변화를 거부하고 기존의 제도나 관습을 고집하는 일. 비난조의 말임. ¶~ 반동 세력. ▷보수.
수구-당(守舊黨) 圀[역] 조선 말기에 명성 황후와 민씨 일가의 중심으로 하여 청나라 세력에 의지, 개화당과 대립하던 보수 세력의 정치 집단. ▷개화당.
수구-초심(首丘初心) 圀 [여우가 죽을 때에 머리를 저 살던 굴이 있는 언덕 쪽으로 향한다는 뜻] 근본을 잊지 않고 ² 고향을 그리워하는 마음을 이르는 말. =호사수구.
수구-파(守舊派) 圀 진보적인 것을 외면하고 옛 제도나 풍습을 그대로 지키고 따르는 보수적인 파.
수국(水菊) 圀[식] 잎은 타원형으로 두껍고 광택이 있으며, 6~7월에 보라색의 작은 꽃이 줄기 끝에 공 모양으로 모여 피는 낙엽 활엽 관목. 관상용으로 심음.
수군(水軍) 圀[역] 조선 시대, 물 위를 방위하던 군대.
수군-거리다/-대다 国 남이 알아듣지 못하도록 낮은 목소리로 자꾸 가만히 말하다. ⑩소곤거리다. 셴쑤군거리다.
수군덕-거리다/-대다 [-거-/-대-] 国 제멋대로 마구 수군거리다. ¶길에서 사람들이 ~. 셴쑤군덕거리다.
수군덕-수군덕 [-∘!-] 튀 수군덕거리는 모양. 셴쑤군덕쑤군덕. **수군덕수군덕-하다** 国
수군-수군 튀 수군거리는 소리. 또는, 그 모양. ⑩소곤소곤. 셴쑤군쑤군. ¶~ 얘기를 주고받다. **수군수군-하다** 国⨀⨂
수군-절도사(水軍節度使) [-또-] 圀[역] 조선 시대에 각 도의 수군을 총지휘하던, 정3품 외직 무관. ⑩수사(水使).
수굿-하다 [-구타-] 혭 조금 숙은 듯하다. ¶길절하던 전염병이 ~. ⑩소곳하다. **수굿-이** 튀
수궁(水宮) 圀 물속에 있다고 하는 용궁.

수궁-가(水宮歌) 圀[음] 판소리 다섯 마당 가운데 하나. 토끼와 자라의 행동을 통하여 인간의 어리석음을 풍자한 내용임.
수권(水圈) [-꿘] 圀[지] 지구의 표면에서 물이 차지하고 있는 부분. 지구 전 표면적의 약 70%를 차지함. ⑩수계(水界).
수권²(受權) [-꿘] 圀 정권을 이어받는 것. ¶~ 정당.
수권³(授權) [-꿘] 圀[법] 일정한 자격·권리·권한 따위를 특정인에게 부여하는 일. 특히, 대리권(代理權)을 부여하는 일.
수그러-들다 ㉧ <~드니, ~드오> **1** (머리나 고개 등이) 안으로 굽어 들거나 기울어져 들어가다. ¶고개가 푹 ~. **2** (기세가) 점점 줄어들다. ¶더위가 ~.
수그러-지다 ㉧ **1** (머리·고개 등이) 저절로 숙여지다. ¶그의 헌신적인 봉사에 머리가 **수그러진다**. **2** (기세가) 누그러지다. ¶그의 완강한 태도가 수그러졌다.
수그리다 国⨀ **1** 푹 깊이 숙이다. ¶천장이 낮으니 머리를 수그리시오. **2** 기세 따위를 굽히거나 줄이다.
수금(收金) 圀 받을 돈을 거두어들이는 것. ¶~ 사원. **수금-하다** 国⨂ ¶물건값을 ~.
수금-원(收金員) 圀 받아야 할 돈을 거두어들이는 일을 하는 사람.
수급¹(收給) 圀 수입과 지급.
수급²(受給) 圀 급여·연금·배급 등을 받는 일. ¶~자. **수급-하다** 国⨂
수급³(需給) 圀 수요와 공급.
수긍(首肯) 圀 (남의 말·행동·태도 등을) 옳다거나 그럴 수 있다고 인정하는 것. ¶당신 이야기를 듣고 보니 ~이 갑니다. **수긍-하다** 国⨂ **수긍-되다** 国⨀
수기¹(手記) 圀 **1** 삶 속에서 어려움을 겪거나 이겨 낸 자기의 뜻있는 체험을 남들에게 알리기 위해 쓴 글. ¶생활 ~ / 일선 교사의 체험 ~. **2** (글이나 글씨를) 제 손으로 직접 쓰는 것. **수기-하다** 国⨂ (글이나 글씨를) 제 손으로 직접 쓰다.
수기²(手旗) 圀 **1** 손에 쥐는 작은 기. **2** 해상에서 선박과 선박, 선박과 육지 사이, 또는 군인들 사이에서 신호로 쓰이는 작은 기. ¶~ 신호.
수기^신!호(手旗信號) 圀 붉은 수기와 흰 수기를 이용한 근거리 교신(交信) 수단. 보통 선박과 선박 또는 선박과 육지 사이에서 쓰임.
수-꽃 [-꼳] 圀[식] 단성화의 하나. 수술만 가진 꽃. ↔암꽃.
수-꿩 圀 꿩의 수컷. =장끼. ↔암꿩. ×수평·숫꿩.
수-나무 圀[식] 자웅 이주로 된 나무에서, 열매가 열리지 않는 나무. ↔암나무.
수-나사(-螺絲) 圀 표면에 볼록한 곳과 오목한 홈이 있어 암나사에 끼우게 되어 있는 나사. ↔암나사. ▷숫나사.
수난(受難) 圀 겪어 내기 어려운 일을 당하는 것. ¶~의 역사.
수난-기(受難期) 圀 수난을 겪는 시기. ¶일제 강점기는 우리 민족의 ~였다.
수납¹(收納) 圀 **1** 금품을 받아서 거두어들이는 것. ¶~ 창구. **2** 장이나 상자형 가구 등에 물건을 넣어 두는 것. **수납-하다¹** 国⨂
수납²(受納) 圀 받아서 넣어 두는 것. **수납-하다²** 国⨂
수납-공간(收納空間) [-꽁-] 圀 물건을

넣어 두는 공간. ¶~이 부족하다.
수납-장(收納欌) [-짱] 圀 물건을 정리하여 넣어 두는 장.
수녀(修女) 圀[가] 청빈·정결·복종을 서약하고 독신으로 수도하는 여자.
수녀-원(修女院) 圀[가] 수녀들이 일정한 규율 아래 공동생활을 하면서 수행(修行)을 하는 곳.
수¦년(數年) 圀 여러 해.
수-노루 圀 노루의 수컷. ↔암노루.
수-놈 圀 '수컷'을 귀엽게 일컫는 말. ↔암놈. ⁄숫놈.
수¦-놓다(繡-) [-노타] 囤 1 여러 가지 색실을 바늘에 꿰어 피륙에 그림·글씨·무늬 따위를 떠서 놓다. ¶공작을 아름답게 **수놓는** 병풍. 2 (비유적으로 쓰이어) 색실로 수놓은 것처럼 아름다운 경치를 이루다. ¶밤하늘을 **수놓은** 별.
수뇌(首腦) [-뇌/-눼-] 圀 어떤 조직·단체·기관 등에서 가장 중요한 자리의 인물. ¶~ 회담.
수뇌-부(首腦部) [-뇌/-눼-] 圀 어떤 조직·단체·기관의 수뇌가 되는 간부급.
수뇨-관(輸尿管) 圀[생] 신장에서 방광으로 오줌을 보내는 가늘고 긴 관.
수눅 圀 버선등의 꿰맨 솔기.
수능(修能) 圀[교] '대학 수학 능력 시험'의 준말.
수니-파(ⓐSunni派) 圀[종] 이슬람교의 정통파. 수나(Sunna)를 수호하고 4대 칼리프까지를 마호메트의 정통적 후계자로 간주함. ▷시아파.
수¦다 圀 자질구레한 일에 대해 쓸데없이 많은 이야기를 하는 것. ¶~를 떨다.
수¦다-스럽다 [-따] 圀[ㅂ] ⟨~스러우니, ~스러워⟩ 수다를 떠는 데가 있다. **수¦다스레** 囝
수¦다-쟁이 圀 몹시 수다스러운 사람을 얕잡아 일컫는 말.
수¦다-하다(數多-) 閭[여] 수효가 많다. ¶수다한 문제점. **수¦다히** 囝
수단(手段) 圀 1 어떤 일을 하는 데 쓰이는, 구체적 또는 추상적 대상. ⓗ도구·방편. ⓔ교통~. 2 어떤 일을 이루거나 처리하기 위해 꾀하는 행동이나 재간이나 솜씨. ¶별별 ~을 다 쓰다. ▷방법.
수단²(Sudan) 圀[지] 아프리카 북동부에 있는 민주 공화국. 수도는 하르툼.
수-단추 圀 똑딱단추의 암단추에 끼우는, 가운데가 볼록 튀어나온 단추. ↔암단추.
수달(水獺·水獭) 圀 몸길이 60～75cm로, 네 다리가 짧으며 발가락 사이에 물갈퀴가 있는 족제빗과의 동물. 물가에 굴을 파고 살며, 모피는 목도리로 쓰임. =물개.
수담-관(輸膽管) 圀[생] 간과 쓸개즙에서 쓸개즙을 받아 십이지장에 보내는 관의 총칭.
수당(手當) 圀 정해진 봉급 외에 정기적으로 또는 수시로 지급되는 보수. ¶특근 ~. ▷기본급.
수더분-하다 閭[여] (성질이) 까다롭지 않아 순하고 무던하다. ¶**수더분해** 보이다.
수도¹(手刀) 圀[체] 새끼손가락 쪽 부분에서 손목에 이르는 부분. 태권도에서 적의 급소를 치는 데 쓰임. ¶벽돌을 ~로 내려치다.
수도²(水都) 圀 강·바다·호수 등을 끼고 있는 경치 좋은 도시. ¶~ 베네치아.
수도³(水道) 圀 뱃길 또는 물길. ¶한려 ~.
수도⁴(水道) 圀 1 물을 공급받을 수 있도록 관을 놓고 그 끝에 꼭지를 달아 잠글 수 있게 만든 장치. 2 '상수도'의 준말. ¶~ 요금.
수도⁵(首都) 圀 한 나라의 중앙 정부가 있는 도시. ⓗ서울.
수도⁶(修道) 圀 도를 닦는 것. ¶~ 생활.
수도-하다 困[여]
수도-관(水道管) 圀 수돗물을 보내는 관.
수도-권(首都圈) [-꿘] 圀 수도를 중심으로 이루어지는 대도시권.
수도-꼭지(水道-) [-찌] 圀 상수도에서, 물을 나오게 하거나 막기 위하여 손으로 트는 부분.
수도-료(水道料) 圀 수돗물을 사용하는 데 대한 요금.
수도-사(修道士) 圀[가] =수사(修士)².
수도-세(水道稅) [-쎄] 圀 '수도료'를 통속적으로 이르는 말.
수도-승(修道僧) 圀[불] 도를 닦는 승려.
수도-원(修道院) 圀[가] 수사(修士)나 수녀가 일정한 규율 아래 공동생활을 하면서 수행을 하는 곳.
수도-자(修道者) 圀 1 도를 닦는 사람. 2 [가] 수사(修士) 또는 수녀(修女).
수돗-물(水道-) [-돈-] 圀 수도에서 나오는 물.
수동¹(手動) 圀 기계 장치에 의해 움직이는 것이 아니고 일일이 손으로 다루어서 움직이게 하는 상태. ▷자동.
수동²(受動) 圀 1 어떤 행동이나 작용이 자발성 없이 남의 힘이나 뜻에 의해 이뤄지는 상태. 2 [언] =피동(被動). ↔능동.
수동-성(受動性) [-쎙] 圀 자발성이 없이, 다른 것의 작용을 받아 움직이는 성질. ↔능동성.
수동-식(手動式) 圀 손으로 움직여서 사용하도록 되어 있는 것. 또는, 그런 방식. ¶~ 펌프. ▷자동식.
수동-적(受動的) 圀 어떤 행동을 남의 힘이나 뜻으로 행하는 상태에 있는 (것). ¶~ 태도 / ~으로 대처하다. ↔능동적.
수두(水痘) 圀[의] 발열과 함께 전신에 수포성 발진이 나타나는, 어린이에게 많은 바이러스성 전염병.
수두룩-하다 [-루카-] 閭[여] 1 수량이 아주 많고 흔하다. ¶오자가 **수두룩한** 책. 2 분량이 제법 많아서 수북하다. ×수둑하다. **수두룩-이** 囝
수둑-하다 閭[여] '수두룩하다'의 잘못.
수드라(ⓑsudra) 圀 인도의 사성(四姓) 중에서 가장 낮은 계급인 노예 계급. 주로 농업과 도살에 종사했음.
수¦-땀(數-) 圀 앞으로 닥쳐올 나쁜 운수를 미리 다른 고난을 겪어서 대신하는 것. ⓗ액땜. **수¦땀-하다** 困[여]
수라(水剌*) 圀⟨궁⟩ ['剌'의 본음은 '랄'] 임금에게 올리는 진지.
수라-간(水剌*間) [-깐] 圀[역] 임금의 진지를 짓는 주방.
수라-상(水剌*床) [-쌍] 圀 임금에게 올리는 진짓상.
수라-장(修羅場) 圀 1 [불] 아수라왕이 제석천과 싸운 마당. =아수라장. 2 싸움이나 기타의 이유로 혼란에 빠진 곳. 또는, 그런 상태. =아수라장. ¶의견 충돌로 회의장은 ~이 되었다.
수락(受諾*) 圀 ['諾'의 본음은 '낙'] (요구를) 받아들여 승낙하는 것. **수락-하다**

동[타] ¶회담 제의를 ~. 수락-되다 동[재] ¶우리 측의 제안이 수락되었다.
수란(水卵) 명 달걀을 깨뜨려 그릇에 담고 끓는 물에 넣어 흰자만 익힌 음식.
수란(水-)을 뜨다 수란을 만들다.
수란-관(輸卵管) 명[생] =나팔관2.
수랭-식(水冷式) 명 기계의 열 따위를 물로써 식히는 방식. ¶~ 기관. ↔공랭식.
수량(水量) 명 물의 분량.
수량²(數量) 명 헤아려서 숫자로 나타낸 사물의 수효나 양. ¶~ 조사.
수런-거리다/-대다 자 여러 사람이 한데 모여 시끄럽게 지껄이다.
수런-수런 부 수런거리는 모양. ¶수런수런 이야기하다. 수런수런-하다 자
수렁 명 1 곤죽이 된 진흙과 개흙이 많이 괸 곳. 2 헤어나기 힘든 곤욕의 비유.
수레 명 짐을 싣거나 사람을 태워서 옮기는 사람이나 마소 등이 끌도록 만들어 좌우에 바퀴를 단 기구.
수레-바퀴 명 수레 밑에 댄 바퀴.
수려-하다(秀麗-) 형여 (경치나 사람의 얼굴이) 빼어나게 아름답다. ¶경치가 ~ / 이목구비가 수려한 청년.
수력(水力) 명 물이 가지고 있는 운동 에너지 또는 위치 에너지를 이용하여 어떤 일을 하였을 때의 물의 동력. 또는, 그 에너지.
수력^발전(水力發電) [-빨쩐] 명 강물의 흐름을 이용하여 터빈을 돌리고, 그 힘으로 발전기를 돌려 전력을 얻는 발전 방식. ▷화력 발전.
수력^발전소(水力發電所) [-빨쩐-] 명 수력 발전으로 전력을 일으키는 발전소.
수련¹(修鍊·修練) 명 (인격·기술·학문 등을) 닦아서 단련하는 것. 수련-하다 타여
수련²(睡蓮) 명[식] 연못에서 자라며, 말갈 모양의 커다란 잎이 물 위에 뜨는 여러해살이풀. 여름에 흰색의 꽃이 핌.
수련-의(修鍊醫) [-의/-이] 명[의] =전공의.
수련-회(修鍊會) [-회/-훼] 명 어떤 단체에서, 그 구성원들이 마음을 닦고 서로 결속을 다지기 위해 최소한 1박 2일 이상 가지는 모임.
수렴(收斂) 명 1 (돈이나 물건 등을) 거두어들이는 것. 2 여러 의견이나 주장 등을 한데 모으는 것. 3 [수] 변수(變數)가 일정한 값에 한없이 가까워지는 일. ↔발산. 4 [물] 광선이나 전류·유체 등이 한 점에 모이는 일. 수렴-하다 동[자][타]여 ¶여론을 ~.
수렴-청정(垂簾聽政) 명[역] 임금이 어린 나이로 즉위하였을 때 왕대비나 대왕대비가 정사를 돌보는 일. 수렴청정-하다 자
수렵(狩獵) 명 '사냥'을 문어적으로 이르는 말. ¶~ 생활. 수렵-하다 자
수령¹(守令) 명[역] 조선 시대에, 각 고을을 맡아 다스리던 지방관. 관찰사·목사·부사·군수·현감·현령 따위. =원(員).
수령²(受領) 명 (돈이나 물건 등을) 받아들이는 것. ¶~액(額). 수령-하다 타여 ¶우편물을 ~.
수령³(首領) 명 한 당파나 무리의 우두머리. ¶동학농민 ~ 전봉준.
수령⁴(樹齡) 명 나무의 나이. ¶~ 300년이 넘는 은행나무.

수령-인(受領人) 명 수령하는 사람.
수로(水路) 명 1 =물길2. ↔육로. 2 선박이 다닐 수 있는 수면 상의 일정한 길. ㉑뱃길.
수로-왕(首露王) 명[인] 가야의 시조(?-199).
수록(收錄) 명 1 모아서 기록하는 것. 또는, 그 기록. 2 책이나 잡지에 싣는 것. 수록-하다 동[타]여 수록-되다 동[자] ¶이 사전에는 약 8만 단어가 수록되어 있다.
수뢰¹(水雷) [-뢰/-뤠] 명[군] 위력이 강한 폭약을 단단한 용기 속에 장치하여 물속에서 폭발시켜 적의 함정을 파괴하는 무기.
수뢰²(受賂) [-뢰/-뤠] 명 뇌물을 받는 것. ↔증뢰. 수뢰-하다 동[자]여
수료(修了) 명 학교에서, 일정한 학업이나 학년의 과정을 마치는 것. 또는, 학원이나 강습소 등에서, 일정한 배움의 과정을 마치는 것. 수료-하다 동[타]여 ¶대학 3학년 과정을 ~.
수료-생(修了生) 명 일정한 학업이나 배움의 과정을 마친 학생.
수-류탄(手榴彈) 명[군] 손으로 던져 폭발 시킴으로써 적을 살상하는 소형 폭탄.
수륙(水陸) 명 1 물과 뭍. 곧, 바다와 육지. 2 수로와 육로.
수륙-만리(水陸萬里) [-룽말-] 명 바다와 육지를 사이에 두고 멀리 떨어짐.
수륙^양용(水陸兩用) [-룽냥-] 명[군] 육지나 물에서 다 사용할 수 있는 것. ¶~의 장갑차.
수리¹ 명[동] 크고 끝이 굽은 부리와 굵고 날카로운 발톱을 가지고 들쥐나 토끼·물고기·뱀 등을 잡아먹는 사나운 새의 총칭. 독수리·검독수리·참수리 등이 있음.
수리²(水利) 명 물을 식수·관개용·공업용 등으로 이용하는 일. ¶판개 ~ 시설.
수리³(受理) 명 서류를 받아서 처리하는 것. 수리-하다 동[타]여 수리-되다¹ 동[자] ¶사표(辭表)가 ~.
수리⁴(修理) 명 (기계·전자 제품·집 등을) 고장 나거나 허름한 데를 손보아 고치는 것. ▷수선. 수리-하다 동[타]여 ¶낡은 집을 ~. 수리-되다² 동[자]
수:리⁵(數理) 명 1 수학적 원리. 또는, 수를 계산하거나 다루는 일. ¶~에 밝다.
수리-공(修理工) 명 고장 나거나 허름한 데를 손보아 고치는 일을 맡아 하는 기능공. ¶자동차 ~.
수리남(Surinam) 명[지] 남아메리카의 북부에 있는 공화국. 수도는 파라마리보.
수리-비(修理費) 명 수리하는 데에 드는 비용.
수리취 명[식] 줄기는 높이 80~100cm로 흰 털이 빽빽하고, 가을에 엉겅퀴 비슷한 자주색 꽃이 피는 여러해살이풀. 어린잎을 떡을 만들어 먹음.
수리-학(水理學) 명[유체] 역학에 기초를 두고, 토목 공학·기계 공학 등에 응용하기 위해 물의 역학적 문제를 연구 대상으로 하는 학문.
수림(樹林) 명 나무가 우거진 숲. '숲'과 거의 같은 뜻이나 문어적인 말임.
수립(樹立) 명 (국가·정부·제도·계획 등을) 이룩하여 세우는 것. 수립-하다 동[타]여 수립-되다 동[자] ¶새 정부가 ~.
수마(水魔) 명 수해(水害)를 마귀에 비유하여 이르는 말. ¶~가 할퀴고 간 마을은

폐허로 변하였다.

수미²(睡魔) 圀 '졸지 말아야 할 상황에서 못 견디게 쏟아지는 졸음'을 마귀에 빗대어 이르는 말.

수마트라 섬(Sumatra-) [지] 인도네시아 서부에 있는 섬.

수¦만(數萬) Ⅰ㊞ 여러 만. ¶~의 군중. Ⅱ관 ¶~ 명.

수¦많다(數-) [-만타] 톙 (주로 '수많은'의 꼴로 쓰여) (대상이) 그 수효가 아주 많다. ¶수많은 별. **수¦많-이** 凰

수-말 圀 말의 수컷. ↔암말.

수매(收買) 圀 거두어 사들이는 것. ¶추곡 ~ 가격. **수매-하다** 图타여

수매-화(水媒花) 圀[식] 물의 매개로 화분(花粉)을 수정하는 꽃.

수맥(水脈) 圀[지] 땅속을 흐르는 지하수의 줄기.

수메르(Sumer) 圀[역] 고대 메소포타미아 남부 지방 및 그 민족. 세계 최고(最古)의 문명이 발상한 지역임.

수면¹(水面) 圀 물의 표면. ¶잔잔한 ~. **수면 위로 떠오르다** (감추어졌거나 은밀하게 이뤄지던 일이) 세상에 드러나는 상태가 되다. ¶개헌 논의가 ~.

수면²(睡眠) 圀 1 잠자는 일. ¶~ 부족. 2 활동을 쉬고 있는 상태의 비유. **수면-하다** 图여

수면-병(睡眠病) [-뼝] 圀[의] 아프리카에서 볼 수 있는 풍토병. 트리파노소마의 감염으로 발병하며, 체체파리가 이 병을 매개함.

수면-제(睡眠劑) 圀[약] 중추 신경 기능을 억제하고 수면 상태로 되게 하는 약.

수명(壽命) 圀 1 생물의 목숨. 또는, 살아 있는 연한(年限). ¶한국인의 평균 ~. ㊞ 수(壽). 2 물건이 사용에 견디는 기간. ¶이 기계는 ~이 짧다.

수명-장수(壽命長壽) 圀 수명이 길어 오래 삶. 어린아이의 명이 길어 오래 살기를 빌 때에 씀.

수모¹(手母) 圀 전통 혼례 때, 신부의 단장 및 예식을 곁에서 거들어 주는 여자.

수모²(受侮) 圀 남에게 모욕을 당하는 것. ¶~를 겪다.

수-모기 圀 모기의 수컷. ↔암모기.

수목(樹木) 圀 식물로서 살아 있는 나무. ¶~이 우거지다.

수목-원(樹木園) 圀 많은 종의 나무들을 심어 그 생태를 연구하면서 동시에 일반에게 공개하는 장소.

수몰(水沒) 圀 (땅 위의 건축물 따위가) 물속에 잠기는 것. ¶~ 지역. **수몰-되다** 图재 ¶댐 건설로 마을이 ~.

수-무지개 圀 쌍무지개 중 안쪽의 것으로, 빛이 더 곱고 짙은 무지개. ↔암무지개.

수묵(水墨) 圀 빛이 엷은 먹물.

수묵-화(水墨畵) [-무콰] 圀[미] 동양화에서, 채색을 쓰지 않고 수묵의 짙고 엷음의 조화(調和)로 형상을 표현하는 그림.

수문(水門) 圀[건] 물의 흐름을 막거나 유량(流量)을 조절하기 위한 구조물.

수문-장(守門將) 圀 1[역] 성문이나 궁문을 지키는 무관직. 또는, 대문을 지키는 신장(神將)의 하나. 2 '골키퍼'를 비유적으로 이르는 말.

수미(首尾) 圀 사물의 머리와 꼬리. 곧, 처음과 끝.

수미-산(須彌山) 圀[불] 불교의 우주관에서, 세계의 중앙에 있다고 믿어지는 산.

수미-상응(首尾相應) 圀 1 서로 응하여 도와줌. 2 양 끝이 서로 통함. **수미상응-하다** 图여

수밀(水密) 圀[물] 수조(水槽)·관(管) 따위가 그 속의 물을 조금도 흘리지 않고 수압에 견뎌 나는 상태. 또는, 그 작용.

수밀-도(水蜜桃) [-또] 圀[식] 껍질이 얇고 살과 물이 많으며 맛이 단 복숭아.

수바(Suva) 圀[지] 피지의 수도.

수¦-바늘(繡-) 圀 수를 놓을 때 쓰는 바늘.

수박¹ 圀[식] 여름철의 주요 과일인 크고 둥근 녹색의 열매가 열리는 한해살이풀. 또는, 그 열매. 줄기는 덩굴성이고, 여름에 담황색 꽃이 핌. 열매는 달고 수분이 많음.
[수박 겉 핥기] 사물에 대한 이해나 접근이 본질이나 참뜻에 이르지 못하고 피상적인 상태에 그침을 이르는 말.

수박²(手搏) 圀 맨손으로 격투하여 승부를 겨루는 경기. 지금의 권투 같은 것.

수¦박-색(-色) [-쌕] 圀 수박의 껍질과 같은 짙은 초록빛.

수¦박-씨 圀 수박의 씨.

수반¹(水盤) 圀 물을 담아 꽃을 꽂거나 수석(壽石)을 넣고 보는 물건. 바닥이 편평하고 운두가 낮음.

수반²(首班) 圀 1 어떤 반열(班列)의 첫째. 2 행정부의 우두머리. ¶행정 ~.

수반³(隨伴) 圀 1 (어떤 일이 다른 일을) 함께 일어나게 하는 것. 또는, (어떤 일에) 다른 일이 함께 일어나는 것. **수반-하다** 图자타여 ¶물질문명에 **수반하는** 여러 가지 폐해. **수반-되다** 图여

수-반구(水半球) 圀[지] 지구를 수륙(水陸) 분포에 의해 둘로 나눌 경우, 육지보다 바다가 많이 차지하는 반구. 수륙의 면적 비는 9 대 1임. ↔육반구.

수발 圀 (거동이 불편하거나 병이 들거나 한 사람을) 곁에서 제대로 먹거나 입거나 행동할 수 있도록 도와주는 것. 圀시중. **수발-하다** 图여

수발-들다 图타 (~드니, ~드오) 여러 가지로 시중을 들다.

수배(手配) 圀 1 (어떤 사람을) 범죄의 혐의가 있다고 보고 수사하기 위해 찾는 것. ¶지명 ~. 2 (어떤 일에 필요한 인력이나 장비를) 널리 찾는 것. **수배-하다** 图타여 ¶용의자를 ~. **수배-되다** 图재

수배-자(手配者) 圀 범죄의 혐의가 있어 수사 기관에서 찾고 있는 사람.

수¦백(數百) [-빽] Ⅰ㊞ 여러 백. ¶~에 이르다. Ⅱ관 ¶~ 명.

수¦-백만(數百萬) [-뺑-] Ⅰ㊞ 여러 백만. ¶~에 달하다. Ⅱ관 ¶~ 달러.

수-벌 圀 벌의 수컷. ↔암벌. ×수펄.

수범¹ 圀 범의 수컷. ↔암범. ×수펌.

수범²(垂範) 圀 모범을 보이는 것. ¶솔선 ~. **수범-하다** 图여

수법(手法) [-뻡] 圀 1 일을 다루는 방법이나 재간. 2 예술 작품을 만드는 기교나 표현 방법. ¶초현실주의적 ~.

수병(水兵) 圀[군] 해군의 병사.

수보리(須菩提) 圀 '수보디'의 음역어.

수복¹(收復) 圀 잃었던 땅을 되찾는 것. ¶국토 ~. **수복-하다** 图타여 **수복-되다** 图재

수복²(壽福) 圀 오래 사는 것과 복을 누리는 것.

수복-강녕(壽福康寧) [-깡-] 圀 오래 살고 복을 누리며 건강하고 마음이 편안함.

수:¹본(繡本) [-뽄] 圀 수를 놓기 위하여 어떤 형상을 종이나 헝겊 따위에 그려 놓은 도안.

수부(水夫) 圀 1 배에서 허드렛일을 맡아 하는 하급 선원. 2 =뱃사람.

수부티(Subhūti) 圀[불] 석가모니의 10대 제자 중 한 사람. 공(空)과 무상(無常)의 도리를 가장 먼저 깨달은 제자임.

수북-수북 [-쑤-] 用 여럿이 모두 수북한 모양. ¶밥을 ~ 담다. 짝소복소복. **수북수북-하다** 혱여

수북-하다 [-부카-] 혱여 (물건 따위가 많이) 담겨 있거나 쌓여 있다. ¶책상 위에 먼지가 ~. 짝소복하다. **수북-이** 用 며칠 쉬었더니 일감이 ~ 쌓였다.

수분¹(水分) 圀 어떤 물건이나 물질이 포함하고 있는 물의 성분. 비물기. ¶~이 많은 과일.

수분²(受粉) 圀[식] 종자식물에서 수술의 화분(花粉)이 바람·곤충·새 등에 의해, 또는 인공적으로 암술머리에 옮겨지는 일. =가루받이.

수비(守備) 圀 1 (성이나 진지 등을) 침입하지 못하도록 지키는 것. 2 운동 경기나 게임 등에서, 점수를 잃거나 지지 않기 위해 맞서서 행동하는 것. ¶적들을 돌파하다. ↔공격. **수비-하다** 통여

수비-대(守備隊) 圀 수비를 위하여 두는 군대.

수비-벽(守備壁) 圀 운동 경기에서, 상대 편의 공격을 지켜 막는 조직. ¶~을 뚫고 득점하다.

수비-수(守備手) 圀[체] 운동 경기에서, 주로 수비를 맡는 선수. ↔공격수.

수사¹(水使) 圀[역] '수군절도사'의 준말.

수사²(修士) 圀 청빈·정결·복종의 세 가지를 서약하고 독신으로 수도하는 남자. ≒도사다.

수사³(修辭) 圀 말이나 글을 꾸며 보다 아름답고 정연하게 하는 일. 그 기술.

수사⁴(捜査) 圀[법] 검사 또는 사법 경찰관이 공소를 제기 또는 유지하기 위해 범인을 찾거나 범죄에 관한 증거를 수집하는 것. ¶초동(初動) ~. **수사-하다** 태여

수:사⁵(數詞) 圀[언] 품사의 하나, 사물의 수량이나 차례를 나타내는 단어. 양수사와 서수사가 있음. '하나' '둘', '첫째' '둘째' 따위. ≒셈씨.

수사-관(捜査官) 圀 범죄 수사에 종사하는 관리.

수사^기관(捜査機關) 圀[법] 범죄를 수사할 권한을 가진 국가 기관. 검사·사법 경찰관 따위.

수:-사납다(數-) [-따] 혱ㅂ〈-사나우니, -사나워〉 운수가 나쁘다.

수사-대(捜査隊) 圀 군대나 경찰에서, 범인이나 용의자 등을 찾고 조사하는 일을 맡은 부대.

수-사돈(-査頓) 圀 사위 편의 사돈. ↔암사돈, 누님사돈.

수사-력(捜査力) 圀 수사를 하는 능력이나 역량. ¶증거를 찾는 데 ~을 모으다.

수사-망(捜査網) 圀 마치 그물을 쳐 놓은 것처럼 수사를 배치하여 수사하는 조직. ¶물샐틈없는 ~을 펴다.

수사-법(修辭法) [-뻡] 圀 말이나 글을 효과적으로 표현하기 위한 특별한 기교나 방법. 비유법·강조법 따위.

수사-본부(捜査本部) 圀 중대한 범죄의 수사를 위하여 관할 경찰서에 임시로 설치하여 그 수사의 지휘를 맡는 본부.

수-사슴 圀 사슴의 수컷. ↔암사슴.

수-사자(-獅子) 圀 사자의 수컷. ↔암사자.

수사-진(捜査陣) 圀 범죄 수사를 위하여 구성된 수사관의 진용.

수사-학(修辭學) 圀[문] 상대에게 영향을 끼칠 수 있도록 말이나 글을 유려하면서도 짜임새 있고 설득력 있게 표현하는 기술. 또는, 그것을 체계화한 지식.

수산(水産) 圀 '수산물'의 준말.

수산-물(水産物) 圀 바다·강 등에서 얻을 수 있는 물고기·해초 등의 산물. ⓒ수산.

수산-업(水産業) 圀 수산물의 어획·양식·채취·가공 등의 사업.

수산업^협동조합(水産業協同組合) [-어 펌똥-] 圀 수산업자의 영리 및 경제적·사회적 지위 향상과 수산업 생산력 증강을 목적으로 설립된 조합. ⓒ수협.

수산화-나트륨(水酸化®Natrium) 圀[화] 식염수를 전기 분해 하여 얻는 흰색의 결정. 물에 잘 녹으며 강한 염기성을 나타냄. 합성 섬유나 비누의 제조, 석유 정제 등에 널리 사용됨.

수산화-칼륨(水酸化®Kalium) 圀[화] 염화칼륨의 수용액을 전기 분해 하여 얻는 흰색의 결정. 극약이며 칼륨 유리의 원료, 의약품 등에 씀.

수산화-칼슘(水酸化calcium) 圀[화] 산화칼슘에 물을 가하면 생기는, 흰색의 가루. 산성 토양의 중화제, 표백분의 원료, 모르타르의 재료로 씀. ≒소석회.

수삼¹(水蔘) 圀 밭에서 캐낸 후 말리지 않은 상태의 인삼. ↔생삼. ↔건삼.

수:삼²(數三) 圀 두서너. 또는, 여러. ¶~배(杯).

수상¹(手相) 圀 손금이나 손의 모양 등을 보고 그 사람의 운수나 길흉을 판단하는 점. ¶~을 보다.

수상²(水上) 圀 물의 위. ¶~ 가옥.

수상³(受像) 圀[물] 영상 전파나 영상 광선을 받아서 화상으로 변환시키는 것. **수상-하다¹** 타여

수상⁴(受賞) 圀 상을 받는 것. ¶~ 소감. ↔수상(授賞). **수상-하다²** 자여

수상⁵(首相) 圀 군주 국가나 공산 국가에서 내각의 최고 지위를 이르던 말. 현재는 일반적으로 '총리(總理)'로 부름.

수상⁶(授賞) 圀 상을 주는 것. ↔수상(受賞).

수상⁷(隨想) 圀 그때그때 일어나는 느낌이나 생각. 또는, 그것을 적은 글. ▷수필.

수상-기(受像機) 圀 방송된 전파를 받아 영상으로 나타내는 장치. ¶텔레비전 ~.

수상-록(隨想錄) [-녹] 圀 그때그때 일어나는 느낌이나 생각들을 적어 모은 책.

수상^비행기(水上飛行機) 圀 물 위를 활주하여 뜨고 내리는 비행기. 또는, 비행정을 이름.

수상-스럽다(殊常-) [-따] 혱ㅂ〈-스러우니, -스러워〉 수상한 데가 있다. **수상스레** 用

수상^스키(水上ski) 圀[체] 모터보트에 맨

수수하다 _693

로프를 쥐고 보트에 끌려가며 스키로 수면을 활주하는 스포츠.
수상-자(受賞者) 圈 상을 받는 사람.
수상-작(受賞作) 圈 상을 받은 작품. ¶신춘문예 ~.
수상-쩍다(殊常一) [一따] 囹 수상한 데가 있다. ¶거동이 수상쩍은 사람.
수상-하다³(殊常一) 囹 (행동이나 사람이) 좋지 않은 점에서 의심이 가는 상태에 있다. ¶행동이 ~. **수상-히** 團
수-새 圈 새의 수컷. ↔암새.
수색(搜索) 圈 [법] 증거물 따위를 찾기 위하여 신체·주택 따위를 조사하는 일. [몸~]. **수색-하다** 圄⒯⒨
수색-대(搜索隊) [一때] 圈 [군] 적의 위치나 병력, 화력 등을 수색하기 위하여 파견되는 군대.
수색^영장(搜索令狀) [一생녕짱] 圈 [법] 검사나 사법 경찰관이 수색할 때에 제시하는 영장. 검사의 신청에 의하여 판사가 발부함.
수생^동:물(水生動物) 圈 물속에서 사는 동물의 총칭. ↔육생 동물.
수석¹(水石) 圈 =수석(壽石)³.
수석²(首席) 圈 1 서열에 있어서 맨 윗자리. ¶~ 연구원. 2 시험 등에서, 순위가 첫째인 상태. ¶~ 합격. ↔말석.
수석³(壽石) 圈 형태나 색채, 무늬 등에서 자연의 아름다움과 정취를 맛볼 수 있는 자연석 (自然石). =수석(水石).
수석-대표(首席代表) [一때一] 圈 여러 대표 가운데 우두머리.
수선¹ 圈 사람의 정신을 어지럽게 만드는 부산한 말이나 짓. ¶~을 떨다.
수선²(垂線) 圈 [수] 어떤 직선 또는 어떤 평면과 직각을 이루는 직선. =수직선·연직선.
수선³(修繕) 圈 (옷·구두·가방 등을) 길이 나 문제 있는 부분을 고치는 것. ▷수리. **수선-하다** 圄⒯⒨ ¶구두를 ~. **수선-되다** 圄⒨
수선-거리다/-대다 圄⒨ 1 수선스럽게 자꾸 떠들다. 2 시끄러워서 정신이 산란해지다.
수선-공(修繕工) 圈 낡은 물건을 고치는 일을 하는 사람. ¶구두 ~.
수선-수선 團 수선거리는 모양. **수선수선-하다** 圄⒨
수선-스럽다 [一따] 圁⒝ 〈~스러우니, ~스러워〉 수선거리는 느낌이 있다. **수선스레** 團
수선-화(水仙花) 圈 [식] 둥근 비늘줄기에서 가늘고 긴 잎이 나오며, 이른 봄에 흰색 또는 노란색 꽃이 피는 여러해살이풀. 관상용으로 심음.
수성¹(水性) 圈 물에 녹기 쉬운 성질. ¶~잉크. ↔유성 (油性).
수성²(水星) 圈 [천] 태양계의 첫 번째 행성. 해가 진 직후 또는 해 뜨기 직전에 잠시 볼 수 있음.
수성³(首星) 圈 =알파성.
수성⁴(獸性) 圈 1 짐승의 성질. 2 육체적 욕정. 3 야만적이거나 잔인한 성질.
수성-암(水成岩) 圈 [광] =퇴적암.
수성^페인트(水性paint) 圈 물에 풀거나 회석하여서는 도료. 주로 건축물 내부의 도장(塗裝)에 쓰임.
수세(守勢) 圈 적을 맞아 지키는 형세. 또 는, 그 군세. ¶~에 몰리다. ↔공세.
수세미 圈 1 짚이나 수세미외의 열매 속 따위로 만들어 설거지할 때 그릇을 씻는 물건. 또는, 그것과 비슷하게 화학 섬유로 만든 물건. 2 [식] =수세미외.
수세미-외 [一외/一웨] 圈 [식] 줄기가 덩굴손으로 다른 물건을 감고 올라가며, 여름에 노란 꽃이 피고, 긴 원통형의 열매가 열리는 한해살이풀. 열매 속의 섬유로 수세미를 만듦. =수세미.
수세-식(水洗式) 圈 대소변에 급수 장치를 하여 오물이 물에 씻겨 내려가도록 하는 방식. ¶~ 변소.
수-소¹ 圈 소의 수컷. ↔암소. ◇황소. × 숫소.
수소²(水素) 圈 [화] 냄새와 맛과 빛깔이 없고, 가장 가벼운 기체 원소. 원소 기호 H, 원자 번호 1, 원자량 1.00797. 산소와 화합하여 물이 됨. 산화물의 환원, 산수소 불꽃 등에 쓰임.
수-소문(搜所聞) 圈 세상에 떠도는 소문을 두루 찾아 살피는 것. **수소문-하다** 圄⒨ ¶행방을 사방으로 ~.
수소-탄(水素彈) 圈 '수소 폭탄'의 준말.
수소^폭탄(水素爆彈) 圈 수소 동위 원소의 핵융합 반응을 이용하여 만든 폭탄. ◇수폭·수소탄.
수속(手續) 圈 어떤 일을 수행하거나 처리함에 있어서 그 전에 거쳐야 할 과정이나 단계. 回절차. ¶입국[出國] ~/~을 밟다. **수속-하다** 圄⒯⒨
수송(輸送) 圈 (기차·항공기·배·자동차 등으로) 사람이나 물건을 실어 옮기는 것. ¶항공 ~. **수송-되다** 圄⒨ ¶보급품을 ~. **수송-하다** 圄⒨
수송-기(輸送機) 圈 자재·인원·화물의 수송을 주목적으로 설계된 항공기.
수송-량(輸送量) [一냥] 圈 교통 기관이 실어 나르는 인원이나 화물의 양.
수송-선(輸送船) 圈 사람·화물 등을 실어 나르는 데 쓰이는 배. ¶화물 ~.
수수¹ 圈 [식] 작고 둥글둥글한 적갈색 또는 황갈색 종자를 곡식으로 먹는 한해살이 풀. 또는, 그 종자. 가을에 큰 원뿔 이삭이 적갈색으로 익음. 종자는 밥·엿·떡·술 등을 만듦. =고량(高粱).
수수²(收受) 圈 [법] 무상으로 금품을 취득하는 일. 또는, 그런 행위. 형법상 수뢰죄 및 장물죄를 이루는 요건이 됨. **수수-하다¹** 圄⒨
수수³(授受) 圈 주고받고 하는 것. **수수-하다²** 圄⒨
수수-경단(一瓊團) 圈 찰수수 가루를 반죽하여 둥글둥글하게 빚어 삶아 내어 팥고물을 묻힌 음식.
수수-깡 圈 수수의 줄기. 또는, 수수나 옥수수 줄기의 껍질을 벗긴 심. =수숫대.
수수께끼 圈 1 어떤 사물을 빗대어 말하여 알아맞히는 놀이. 2 사물이 복잡하고 이상하여 알 수 없는 것. ¶~의 인물.
수수-롭다(愁愁一) [一따] 圁⒝ 〈~로우니, ~로워〉 마음이 서글프고 쓸쓸하다.
수수-료(手數料) 圈 국가나 공공 단체 또는 공공 기관이 남을 위하여 행하는 공적인 일에 대하여 그 보상으로 징수하는 요금. ¶등기 ~.
수수-방관(袖手傍觀) 圈 (팔짱을 끼고 보고만 있다는 뜻) 간섭하거나 거들지 않고 그대로 버려둠. ¶사람이 죽어 가는데 ~이다. **수수방관-하다** 圄⒨
수수-하다³ 圄 1 (물건의 품질이나 겉

모양 또는 사람의 옷차림 등이) 그리 나쁘지 않고 어지간하다. ¶**수수한** 옷차림. **2** (사람의 성질이) 꾸밈이나 거짓이 없고 무던하다.

수수-히 图

수순(手順) 图 '차례', '순서', '절차'로 순화.

수술¹ 图[식] 수술대와 꽃밥으로 이루어진 종자식물의 웅성 생식 기관. ↔암술.

수술¹(手術) 图 **1**[의] 피부나 기타 몸의 일부를 외과 기구로 자르거나 째거나 하여 병을 치료하는 일. ¶맹장 ~. **2** 어떤 결함을 근본적으로 고치는 일의 비유. ¶교육 정책에 일대 ~이 가해지다. **수술-하다** 图(中)因 ¶심장을 ~.

수술-대¹[-때] 图[식] 수술의 꽃밥을 떠받치고 있는 가느다란 줄기.

수술-대²(手術臺) 图 수술을 하기 위하여 설비한 대.

수술대에 오르다 (어떤 대상이) 그 내용이나 구조나 체제 등이 뜯어고쳐지는 상황에 처하다. ¶권력 기관의 비리가 ~.

수술-비(手術費) 图 수술을 하는 데에 드는 비용.

수술-실(手術室) 图 수술을 하기 위하여 필요한 설비를 갖추어 둔 방.

수숫-대[-수때/-순때] 图 =수수깡.

수습¹(收拾) 图 **1** 어수선한 사태를 거두어 바로잡는 것. **2** 산란한 마음을 가라앉히는 것. ¶사태 ~. **수습-하다** 图(中)因 ¶사태를 ~.

수습-되다 图(재) ¶모든 일이 원만히 ~.

수습²(修習) 图 (학업·실무 따위를) 배워 익히는 것. ¶~ 기간. **수습-하다** 图(中)因

수습-공(修習工)[-꽁] 图 기술을 배워 익히는 과정에 있는 공원(工員).

수습-기자(修習記者)[-끼-] 图 수습 과정에 있는 기자.

수습-사원(修習社員)[-싸-] 图 수습 과정에 있는 사원.

수습-책(收拾策) 图 사건을 수습하는 방책. ¶사후 ~을 논의하다.

수시(隨時) 图 때를 따라 하는 것. ¶~ 점수.

수시-로(隨時-) 图 아무 때나 늘. ¶기계를 ~ 점검하다.

수식¹ 图 **1** 겉모양을 꾸미는 것. **2**[언] 문장에서 체언과 용언에 말을 덧붙여 뜻을 자세하는 꾸미는 일. **3** 문장의 표현을 화려하게 또는 기교 있게 꾸미는 것. **수식-하다** 图(中)因 **수식-되다** 图(재) ¶미사여구로만 수식된 문장.

수:식²(數式) 图[수] 수 또는 양을 나타내는 숫자나 문자를 계산 기호로 연결한 식.

수식-어(修飾語) 图[언] **1** =수식언. **2** 표현을 아름답고 강렬하게 또는 명확하게 하기 위해 꾸미는 말.

수식-언(修飾言) 图[언] 체언이나 용언의 의미를 수식·한정하기 위해 첨가되는 문장 성분, 활용하지 않으며, 관형사와 부사가 이에 속함. =수식어.

수신¹(受信) 图 **1** 우편물·전보 등의 통신을 받는 것. **2** 유선 또는 무선 통신에서 그 신호를 받는 것. ↔발신·송신. **수신-하다** 图(中)因 **수신-되다** 图(재)

수신²(受信) 图[경] 금융 기관이 고객으로부터 받는 신용. (興信)

수신³(修身) 图 마음과 행실을 바르게 닦아 수양하는 일. **수신-하다²** 图(中)因

수신-기(受信機) 图 외부로부터의 신호를 받아 필요한 정보를 얻는 장치. 일반적으로 무선 통신기를 가리킨다. ↔송신기.

수신-사(修信使) 图[역] 조선 말기, 일본에 보내던 외교 사신. 전 이름은 '통신사'.

수신-인(受信人) 图 **1** 전보·우편물 등의 통신을 받는 사람. **2** 유선 또는 무선 통신에서 신호를 받는 사람. =수신자. ↔발신인.

수신-자(受信者) 图 =수신인. ¶~ 부담 전화.

수신-제가(修身齊家) 图 몸과 마음을 닦아 수양하고 집안을 다스리는 일. ¶~ 치국평천하. **수신제가-하다** 图(中)因

수-신호(手信號) 图 **1** 철도 신호의 하나. 사람이 낮에는 기(旗)를, 밤에는 등불을 가지고 하는 신호. **2** 차량에 대하여 경찰관·신호원이 손으로 하는 신호.

수:-실(繡-) 图 수를 놓는 데에 쓰는 실.

수심(水深) 图 물의 깊이. ¶~이 깊다.

수심²(垂心) 图[수] 삼각형의 각 꼭짓점에서 대변(對邊)에 내린 세 개의 수선(垂線)이 서로 만나는 점.

수심³(愁心) 图 시름이나 걱정으로 어둡고 그늘이 진 마음. 또는, 그것이 얼굴에 나타난 상태. ¶~에 잠기다.

수심-가(愁心歌) 图[음] 서도 민요의 하나. 장단이 일정하지 않은 구슬픈 노래로, 인생의 허무함을 한탄하거나 임 그리는 정회를 읊는 사설로 보임.

수십(數十) **I** ㈜ 여러 십. **II** 판 ¶~ 년.

수:-십만(數十萬)[-심-] **I** ㈜ 여러 십만. ¶~의 관객을 동원하다. **II** 판 ¶그 책은 ~ 부가 팔렸다.

수압(水壓) 图 물에 의해 생기는 압력.

수압-기(水壓機)[-끼] 图 물의 압력을 이용하여 작은 힘으로 큰 힘을 얻어 프레스·절단·압착 등을 하는 기계의 총칭.

수액(樹液) 图 **1** 땅속에서 나무의 줄기를 통해 잎으로 올라가는 액. **2** 나무껍질 등에서 분비되는 액. 고무나무의 유액(乳液) 따위.

수양¹(收養) 图 ('아들·딸…' 등과 함께 쓰여) 남의 자식을 데려다가 자식으로 삼은 사람임을 나타내는 말. 또는, ('부모/아버지/어머니…' 등과 함께 쓰여) 자식이 낳지 않았으나 자식으로 삼아 기르는 사람임을 나타내는 말. ¶~딸 / ~부모.

수양²(修養) 图 몸과 마음을 단련하여 품성이나 지혜, 도덕을 닦는 것. ¶~이 부족하다. **수양-하다** 图(中)因

수-양³(-羊) 图 '숫양'의 잘못.

수양-딸(收養-) 图 남의 자식을 데려다가 기른 딸. =양녀·양딸.

수양-버들(垂楊-) 图[식] 가늘고 긴 가지가 아래로 휘어 늘어진, 잎이 길쭉한 낙엽 활엽 교목. 봄에 황록색 꽃이 핌. 풍치목으로 심음.

수어지교(水魚之交) [물과 물고기의 사귐이라는 뜻] 아주 친밀하여 떨어질 수 없는 사이.

수:억(數億) **I** ㈜ 여러 억. ¶~의 인구. **II** 판 ¶~ 년.

수:-억만(數億萬)[-엉-] **I** ㈜ 여러 억만. **II** 판 ¶~ 원.

수업¹(受業) 图 학생이 학교에서 학업의 가르침을 받는 것. **수업-하다¹** 图(中)因

수업²(修業) 图 기술이나 학업을 익혀 닦는 것. ¶작가 ~. **수업-하다²** 图(中)因

수업³(授業) 图 (주로, 교사가) 학생들을

대상으로 일정한 교과 내용을 가르치는 것. ¶~ 시간. ▷강의. **수업-하다**³ [동][자][타][여]
수업-료(授業料)[-엄뇨] [명] 가르침을 받는 데 대한 보수로 학생이 내는 돈.
수¦-없다(數-)[-업따] [형] 헤아릴 수 없이 많다. **수¦없-이** [부] ¶~ 많은 별들.
수에즈^운¦하(Suez運河) [명][지] 이집트 북동부, 지중해와 홍해를 잇는 운하.
수여(授與) [명] 상장이나 훈장 따위를 주는 것. ¶~식(式). **수여-하다** [동][타][여] ¶노벨상을 ~. **수여-되다** [동][자] ¶훈장이 ~.
수역(水域) [명] 수면의 일정한 구역. ¶전관 ~/위험 ~.
수연(壽宴·壽筵) [명] 장수를 축하하는 잔치. 특히, 환갑 또는 그 이상의 생일잔치. ¶축(祝) ~.
수¦열(數列) [명][수] 일정한 규칙에 따라 한 줄로 배열된 수의 열. $a_1, a_2, a_3, \cdots, a_n$의 꼴로 배열한 것으로, $\{a_n\}$으로 나타냄.
수염(鬚髥) [명] **1** 10대 후반의 나이가 되면서부터 남자의 입 주위나 턱 또는 뺨에 나는 털. ¶~이 텁수룩하다. **2** 개·고양이·쥐 등의 동물의 입 주위에 다소 굵고 길게 나는 몇 가닥의 털. 또는, 염소와 같은 동물의 턱 밑에 길게 나는 털. ¶고양이 ~. **3** 메기·미꾸라지 등의 물고기의 주둥이 옆에 길거나 짧게 뻗은 돌기. ¶메기의 긴 ~. **4** 벼·보리·옥수수 등의 낟알 끝이나 사이에 가늘게 난 까끄라기 또는 털 모양의 것. ¶옥수수~.
[**수염이 대 자라도 먹어야 양반이다**] 배가 불러야만 체면도 차릴 수 있다.
수염-발(鬚髥-)[-빨] [명] 길게 길러서 늘어뜨린 수염의 채.
수염-뿌리(鬚髥-) [명][식] 원뿌리와 곁뿌리의 구별이 없이 뿌리줄기에서 수염처럼 많이 뻗어 나온 뿌리.
수-염소 [명] '숫염소'의 잘못.
수영¹(水泳) [명][체] (사람이) 주로 스포츠나 놀이로서 물속에서 팔과 다리를 일정한 방법으로 움직이면서 몸을 뜨게 하여 나아가는 일. [비]헤엄. **수영-하다** [동][자][여]
수영²(水營) [명][역] 조선 시대에 수군절도사가 있던 군영.
수영-복(水泳服) [명] 수영할 때에 입는 옷. ¶비키니 ~.
수영-장(水泳場) [명] 수영하면서 놀거나, 수영 경기 등을 할 수 있도록 시설을 갖춘 곳. =풀장.
수예(手藝) [명] 뜨개질이나 자수와 같이 주로 천과 실을 이용하여 여러 가지 가정 장식품을 만드는 일. ¶~점(店).
수예-품(手藝品) [명] 주로 천과 실을 이용하여 만든 여러 가지 가정 장식품. 자수품·테이블보·레이스 소품 따위.
수오지심(羞惡之心) [명] 사단(四端)의 하나. 불의를 부끄러워하고 착하지 못함을 미워하는 마음.
수온(水溫) [명] 물의 온도.
수완(手腕) [명] 일을 꾸미거나 처리해 나가는 재간. ¶~이 좋다.
수완-가(手腕家) [명] 수완이 아주 좋은 사람.
수요¹(水曜) [명] 《주로, 일부 명사 앞에 쓰여》 '수요일'을 줄여 이르는 말. ¶~ 집회/~ 강좌.
수요²(需要) [명][경] 어떤 상품이나 서비스 등을 일정한 가격으로 사려고 하는 욕구. ↔공급.
수요-량(需要量) [명][경] 수요의 크기를 나타내는 양. ↔공급량.
수요의 법칙(需要-法則)[-의-/-에-][경] 가격이 높아지면 수요가 줄어들고, 가격이 낮아지면 수요가 늘어난다는 법칙. ↔공급의 법칙.
수-요일(水曜日) [명] 한 주일의 요일의 하나. 화요일의 다음, 목요일의 전에 옴.
수요-자(需要者) [명] 필요해서 사고자 하는 사람. ¶실(實) ~.
수요-층(需要層) [명] 어떤 물건을 사고자 하는 사람들. ¶~이 늘다.
수욕(獸慾) [명] 짐승과 같은 음란한 욕망. ¶~을 채우다.
수용¹(收用) [명] 거두어들여 쓰는 것. **수용-하다**¹ [동][타][여] **수용-되다**¹ [동][자]
수용²(收容) [명] (사람이나 물품 등을 어느 장소나 시설에) 받아들이거나 거두어 모여 있거나 모아져 있게 하는 것. ¶~ 인원. **수용-하다**² [동][타][여] ¶이 경기장은 1만 명의 관중을 **수용할** 수 있다. **수용-되다**² [동][자]
수용³(受容) [명] (남의 문물이나 의견 등을) 인정하거나 용납하여 받아들이는 것. **수용-하다**³ [동][타][여] ¶외래문화를 ~.
수용-성(水溶性)[-썽] [명][화] 어떤 물질이 물에 녹는 성질. ↔지용성.
수용성^비타민(水溶性vitamin)[-썽-] [명][화] 물에 녹는 성질을 가진 비타민. 비타민 B 복합체·비타민 C 따위. ▷지용성 비타민.
수용-소(收容所) [명] 많은 사람을 집단적으로 한곳에 가두거나 넣어 두고 맡는 곳. ¶포로~.
수용-액(水溶液) [명] 어떤 물질을 물에 녹인 액체. 식염수 따위.
수운(水運) [명] 물건·사람 등을 배로 실어 나르는 것. 또는, 뱃길을 통한 수송.
수원(水源) [명] 물이 흘러나오는 근원.
수원-지¹(水源地) [명] 물이 흘러나오는 근원이 되는 곳.
수원-지²(水源池) [명] 상수도에 보낼 물을 모아 두는 곳.
수월찮다[-찬타] [형] 수월하지 않다. ¶일이 ~. **수월찮-이** [부] ¶비용이 ~ 들다.
수월-하다 [형][여] 힘들지 않아 하기가 쉽다. ¶손으로 하는 것보다는 기계로 하는 편이 훨씬 ~. **수월-히** [부]
수위¹(水位) [명] 강·바다·호수·저수지 등의 물의 높이. ¶위험 ~.
수위를 조절하다 어떤 일을 처리하는 수준이나 정도를 조절하다. ¶시장 동향을 보아 가면서 공급의 ~.
수위²(守衛) [명] 관청·회사·공장·학교 등의 경비를 맡아보는 사람.
수위³(首位) [명] 등급·직위 등의 첫째가는 자리. ¶~를 차지하다.
수위-실(守衛室) [명] 수위가 있는 방.
수위^타¦자(首位打者) [명][체] 야구에서, 타율이 가장 높은 타자.
수유(授乳) [명] 젖먹이에게 젖을 먹이는 것. ¶~ 시간. **수유-하다** [동][자][여]
수육 [명] 삶아 익힌 쇠고기.
수은(水銀) [명][화] 은백색의 무거운 금속 원소. 원소 기호 Hg, 원자 번호 80, 원자량 200.59. 상온에서 액체인 유일한 금속이며 유독함. 아말감의 제조, 온도계·기압계·수은등·화학 약품 등에 쓰임.

수은-등(水銀燈) [명][물] 아크등의 하나. 수은 증기를 진공관에 가득 채워 방전시킴으로써 빛을 얻음.
수은-주(水銀柱) [명][물] 수은 온도계나 수은 기압계의 유리 대롱에 수은으로 채워진 부분. 그 높이로 온도를 잼.
수-은행나무(-銀杏-) [명] 수꽃만 피고 열매를 맺지 않는 은행나무. ↔암은행나무. ×으은행나무
수음(手淫) [명] 손이나 물건으로 자기의 성기를 자극하여 성적 쾌감을 얻는 짓. =마스터베이션·오나니슴·자위(自慰). (비)용두질. ◇손장난. **수음-하다** [동][자][여]
수의¹(囚衣) [-의/-이] [명] 죄수가 입는 옷. =죄수복. ¶푸른 ~.
수의²(壽衣) [-의/-이] [명] 염습(殮襲)할 때 시체에 입히는 옷.
수의³(隨意) [-의/-이] [명] 자기의 마음대로 하는 것.
수의⁴(獸醫) [-의/-이] [명][의] '수의사'의 준말.
수의과^대학(獸醫科大學) [-의과/-이-과] [명] 수의학을 연구·강의하는 단과 대학. ⓒ수의대.
수의-근(隨意筋) [-의/-이-] [명][생] 척수 신경의 지배를 받아 의지에 따라서 움직일 수 있는 근육, 골격근, 항문 괄약근, 허·인두·후두의 근 따위. =맘대로근. ↔불수의근.
수의-대(獸醫大) [-의/-이-] [명][교] '수의과 대학'의 준말.
수-의사(獸醫師) [명] 동물, 특히 가축에 생기는 여러 가지 질병의 진찰·치료를 맡아보는 의사. ⓒ수의.
수의-학(獸醫學) [-의/-이-] [명] 동물, 특히 가축 질병의 치료 및 위생·사육·관리·경영 등을 연구하는 학문.
수이 '쉬이¹'의 잘못.
수익(收益) [명] 1 이익을 거두어들이는 것. 또는, 그 이익. 2 [경] 기업이 경제 활동의 대가로서 얻은 경제 가치. ¶판매 ~.
수익-금(收益金) [-끔] [명] 이익으로 얻은 돈.
수익-성(收益性) [-썽] [명][경] 이윤을 거둘 수 있는 정도. ¶~이 높다[낮다].
수익-자(受益者) [-짜] [명] 1 이익을 얻는 사람. 2 [경] 신용장에 따라 어음을 발행할 권한이 있는 사람.
수인¹(手印) [명][불] 불보살의 서원이나 깨달음의 덕 등을 나타내는 손의 모양. 양손의 손가락을 특별한 모양으로 구부리거나 펴서 나타낸 것임.
수인²(囚人) [명] 감옥에 갇힌 사람. (비)죄수. ¶~ 번호.
수-인사(修人事) [명] 인사를 차리는 것. ¶~를 나누다. **수인사-하다** [동][자][여]
수인성^전염병(水因性傳染病) [-씽-뼝] [명][의] 물·음식물에 들어 있는 세균에 의하여 전염되는 질환. 이질·장티푸스·콜레라 따위.
수인-씨(燧人氏) [명] 중국 고대 전설상의 삼황(三皇)의 하나. 불을 쓰는 법과 음식물의 조리법을 전하였다고 함. ▷복희씨·신농씨.
수!일(數日) [명] 여러 날. (비)며칠.
수임(受任) [명] 1 임명이나 임무를 받는 것. 2 [법] 위임 사무를 처리할 의무를 지는 것. **수임-하다** [동][자][여]
수입¹(收入) [명] 1 돈·물품 등을 거두어들이는 것. 또는, 그 물품이나 돈. ¶잡~. 2 [경] 개인·국가·단체 등이 합법적으로 얻어 들이는 금액. ¶경상 ~. ↔지출. **수입-되다**¹ [동][피][여] **수입-하다**¹
수입²(輸入) [명] 1 외국의 물품을 사들이는 것. ¶~ 개방. 2 외국의 사상·문화 등을 배워 들여오는 것. ↔수출. **수입-하다**² [동][타][여] **수입-되다**²
수입-국(輸入國) [-꾹] [명] 물품 따위를 수입하는 나라. ¶밀~. ↔수출국.
수입-상(輸入商) [-쌍] [명] 외국 물품을 수입하는 장사. 또는, 그 상인. ↔수출상.
수입-원(收入源) [명] 수입이 되는 원천. ¶~이 불분명한 호화 생활자.
수입^인지(收入印紙) [명][법] 국고 수입이 되는 조세·수수료 등을 징수하기 위하여 국가가 발행하는, 우표 모양의 증표.
수입-품(輸入品) [명] 수입한 물품. ↔수출품.
수-자원(水資源) [명] 농업·공업·발전(發電) 등에 이용되는, 자원으로서의 물.
수자-직(繻子織) [명] 직물을 짤 때, 날실이나 씨실 어느 한쪽이 표면에 많이 나타나게 짜는 방법. ▷능직·평직.
수자폰(sousaphone) [명][음] 금관 악기의 하나. 튜바의 일종으로, 관이 둥글게 말려 있고 지름 60cm 남짓한 큰 나팔꽃 모양이며, 어깨에 걸치고 연주함.
수작¹(秀作) [명] 뛰어난 작품. ¶젊은이들의 정신적 고뇌와 방황을 그린 ~.
수작²(酬酌) [명] [잔을 권하고 술을 따른다는 뜻] 1 (어떤 사람에게) 계획적이거나 좋지 않은 의도나 생각을 가지고 말을 붙이거나 거는 것. ¶~을 걸다[붙이다]. 2 좋지 않은 의도를 가지고 교묘한 말이나 행동으로 상대를 누르거나 해를 주려고 하는 것을 얕잡아 이르는 말. ¶허튼 ~. **수작-하다** [동][자][여]
수-작업(手作業) [명] 손으로 직접 하는 작업.
수장¹(水葬) [명] 시체를 물속에 넣어 장사하는 것. **수장-하다**¹ [동][타][여] **수장-되다**¹ [동][자]
수장²(收藏) [명] 거두어서 잘 간직하는 것. **수장-하다**² [동][타][여] ¶고서(古書)를 ~.
수장³(首長) [명] 집단이나 단체를 지배·통솔하는 사람. (비)우두머리.
수재¹(水災) [명] 홍수 등으로 인한 재난. (비)수해(水害). ¶~ 의연금.
수재²(秀才) [명] 머리가 뛰어나게 좋은 사람.
수재-민(水災民) [명] 홍수나 장마 등으로 재해를 당한 사람.
수저 [명] 1 숟가락과 젓가락을 아울러 이르는 말. 세는 단위는 벌. 2 '숟가락'을 달리 이르는 말.
수저-질 [명] 숟가락과 젓가락을 써서 음식을 먹는 일. ¶~이 서툴다.
수저-통(-筒) [명] 수저를 담거나 꽂아 두는 통.
수!-적(數的) [-쩍] [관][명] 숫자상으로 보는 (것). ¶~으로 우세하다[불리하다].
수전(水戰) [명] 물 위에서 하는 싸움. ¶산전(山戰) ~. **수전-하다** [동][자][여]
수전-노(守錢奴) [명] 돈을 모을 줄만 알고 쓰는 데에는 몹시 인색한 사람을 낮추어 이르는 말.
수전-증(手顫症) [-쯩] [명][한] 물건을 잡을 때 자꾸 손이 떨리는 증세.

수절(守節) 명 정절(貞節)을 지키는 것. 수절-하다 통재여 ¶과부로 평생을 ~.

수젓-집[-저집/-전집] 명 수저를 넣어 두는 주머니.

수정¹(水晶) 명 [광] 무색투명한 석영. 육방정계의 결정이며, 불순물이 섞여 자색·흑색·황색·홍색 등을 띰. 장식품·광학 기기 등에 쓰임. =크리스털. ¶자(紫)~.

수정²(受精) 명 [생] 암수의 생식 세포가 새로운 개체를 이루기 위해 하나로 합쳐지는 일. =정받이. 수정-하다¹ 통재여 수정-되다¹ 통재

수정³(修正) 명 (잘못된 것을) 바로잡아 고치는 것. 수정-하다² 통타여 ¶원고를 ~. 수정-되다² 통재

수정⁴(修訂) 명 (이미 발행한 책을) 다음 판에서 그 내용을 고치거나 바로잡는 것. ¶~판(版). 수정-하다³ 통타여

수정⁵(修整) 명 사진술에서, 인화(印畵)를 선명하게 하거나, 화상(畵像)을 꾸미기 위하여 음화에 수정 니스를 발라 연필로 고치는 일. 수정-하다⁴ 통타여

수-정과(水正果) 명 계피와 생강을 달인 물에 설탕이나 꿀을 타서 식힌 뒤, 곶감을 넣고 잣을 띄운 음료.

수정-관(輸精管) 명 정소에서 만든 정충을 정낭으로 보내는 관. =정관.

수정-란(受精卵) [-난] 명 [생] 수정을 받아들여 수정이 된 난자. ↔무정란.

수정-안(修正案) 명 원안(原案)의 잘못된 부분을 고친 의안.

수정-주의(修正主義) [-의/-이] 명 [사] 마르크스주의의 혁명적 요소를 수정하여 새로운 정세에 따르려는 입장. 계급투쟁의 포기, 프롤레타리아 독재의 부정 등을 주장함. ▷교조주의.

수정-체(水晶體) 명 [생] 눈알의 눈동자 바로 뒤에 붙은, 볼록 렌즈 모양의 투명체. 빛을 굴절시켜 망막 위에 상(像)을 맺음.

수제(手製) 명 손으로 만드는 일. 또는, 그 물건. ¶~ 폭탄.

수제비 밀가루를 반죽하여 맑은장국 등에 적당한 크기로 떼어 넣어 익힌 음식.

수제비(를) 뜨다 1 반죽한 밀가루를 조금씩 떼어 끓는 장국에 넣다. 2 =물수제비뜨다.

수-제자(首弟子) 명 여러 제자 중에서 배움이 가장 뛰어난 제자.

수제-품(手製品) 명 손으로 만든 물품.

수조(水槽) 명 물을 담아 두는 큰 통.

수족(手足) 명 1 =손발. 2 손발처럼 마음대로 부리는 사람의 비유.

수족-관(水族館) [-관] 명 물속에 사는 동물을 기르는, 유리로 사방을 막아 물을 담게 되어 있는 용기나 구조물.

수:종¹(數種) 명 몇 가지 종류.

수종²(樹種) 명 나무의 종류.

수종³(隨從) 명 남을 따라다니며 곁에서 시중을 드는 것. 또는, 그 사람.

수주(受注) 명 (물건의 생산 등을) 주문받는 일. ↔발주(發注). 수주-하다 통타여 ¶건설 공사를 ~.

수준(水準) 명 사물의 가치나 등급 따위의 높고 낮은 정도. 또는, 가치·등급·질에 있어서, 세상에서 인정되는 기준. 비레벨. 맨생활~.

수준-급(水準級) [-끕] 명 실력이나 가치 따위가 상당한 수준에 있는 상태. ¶그의 그림 실력은 ~이다.

수준-작(水準作) 명 상당한 수준에 도달한 작품.

수줍다[-따] 형 (사람이) 숫기가 없어 다른 사람, 특히 낯선 사람 앞에서 말이나 행동을 활발하게 하지 못하고 어려워하거나 조심하는 상태에 있다. 비부끄럽다. ¶얼굴을 붉히며 수줍게 웃다.

수줍어-하다 통여 부끄러워하는 기색을 하다.

수줍-음 명 수줍어하는 일. ¶~을 잘 타는 성격.

수중¹(水中) 명 =물속. ¶~ 촬영.

수중²(手中) 명 자기의 소유 또는 자기 세력이나 권력을 부릴 수 있는 범위. 비손아귀·손안. ¶~에 넣다.

수중-고혼(水中孤魂) 명 물에 빠져 죽은 사람의 외로운 넋.

수중^발레(水中ballet) 명[체] =싱크로나이즈드 스위밍.

수중-보(水中洑) 명[건] 하천의 수량과 흐름을 조절하기 위해 물속에 만든, 둑 모양의 시설물.

수중^식물(水中植物) [-싱-] 명[식] 물속에서 생활하는 식물의 총칭.

수-증기(水蒸氣) 명 기체 상태로 되어 있는 물. 또는, 이것이 공기 중에서 응결하여 매우 작은 물방울로 된 것. 준증기.

수지¹(收支) 명 수입과 지출. ¶무역 ~.

수지²(樹脂) 명 1 식물, 특히 침엽수로부터 분비되는 끈끈한 액체. 또는, 그것이 공기에 닿아 산화하여 굳어진 것. 송진·호박 따위. 2 천연수지와 합성수지의 총칭.

수지니(手-) 명 사람의 손으로 길들인 매나 새매. ↔산지니.

수지-맞다(收支-) [-맏따] 통 1 장사 등에서, 돈을 이익이 남을 만큼 버는 상태가 되다. ¶수지맞는 장사. 2 뜻밖에 큰 이익을 얻는 상태가 되다. ¶세뱃돈을 그렇게나 많이 받았어? 야, 수지맞았네.

수지-침(手指鍼) [-침] 명 손가락·손바닥·손등에는 온몸의 각 기관에 대응하는 부위가 있어서 그곳에 침을 놓아 자극을 줌으로써 몸의 질병을 치료하는 일. 또는, 그 침.

수직(垂直) 명 1 물체를 실에 매달아 드리웠을 때 그 실이 보이는 방향. ¶~으로 낙하하다. ↔수평. 2 [수] 직선과 직선, 직선과 평면, 평면과 평면이 서로 만나 직각을 이루는 상태. 비연직(鉛直).

수직-선(垂直線) [-썬] 명 =수선(垂線)².

수질(水質) 명 물에 포함된 불순물의 질적·양적인 성질. ¶~ 검사.

수집¹(收集) 명 거두어 모으는 것. 수집-하다¹ 통타여 수집-되다¹ 통재

수집²(蒐集) 명 (어떤 물건이나 자료를) 취미나 연구를 위하여 모으는 것. ¶우표 ~. 수집-하다² 통타여 ¶논문을 쓰기 위해 자료를 ~. 수집-되다² 통재

수집-광(蒐集狂) [-광] 명 무엇이든 수집하려고 드는 병적인 버릇. 또는, 그런 사람.

수집-상(蒐集商) [-쌍] 명 고서(古書)·희서(稀書)·골동품 등을 모아 파는 장사. 또는, 그 장수.

수차¹(水車) 명 1 =물레방아. 2 =무자위.

수차²(水差) 명[물] 렌즈 끝에서 나온 빛이 렌즈나 거울에 의하여 상(像)을 만들 때, 광선이 한 점에 완전히 모이지 않아 상이 흐려지거나 비뚤어지거나 하는 현상.

수차³(數次) 명부 =수차례·누차. ¶~에 걸쳐 건의하다 / 미국을 ~ 방문하다.
수!-차례(數-) 명 여러 차례. =수차. ¶~의 시도 / ~ 전화하다.
수채 명 집 안에서 버린 허드렛물이나 빗물이 흘러 나가도록 만든 시설.
수채-화(水彩畵) 명[미] 서양화의 하나. 물에 적신 붓으로 물감을 풀어서 그리는 그림. ▷유화.
수채-구멍[-채꾸/-쳉꾸] 명 수채의 허드렛물이 빠져나가는 구멍.
수척-하다(瘦瘠-)[-처카-] 형여 (얼굴이나 몸이) 야위어서 건강하지 않게 보이는 상태에 있다. ¶수척한 얼굴.
수!천(數千) 명 여러 천. II관 ¶~ 명의 관판.
수!-천만(數千萬) I 주 여러 천만. II관 ¶그는 ~ 원을 모았다.
수첩(手帖) 명 늘 가지고 다니면서 기억해 두어야 할 내용을 적을 수 있도록 만든 조그마한 공책.
수청(守廳) 명[역] 아녀자나 기생이 높은 벼슬아치에게 몸을 바쳐 시중을 들던 일. ¶~을 들다.
수초(水草) 명[식] 물속이나 물가에 자라는 풀. =물풀.
수축(收縮) 명 오그라들거나 주는 것. ↔이완. 수축-하다 명(자)여 ¶근육이 ~. 수축-되다 (자)
수축(修築) 명 건축물을 고쳐 쌓는 것. 수축-하다² 명(타)여 ¶축대를 ~.
수축-색(收縮色)[-쌕] 명[미] 배경 속으로 빨려 들어가 뒤로 물러나 보이는 것 같은 색. 녹색·청색 따위의 한색(寒色) 계통의 색. ↔팽창색.
수출(輸出) 명 국내의 상품·기술 따위를 외국으로 팔아 내보내는 것. ↔수입. 수출-하다 명(타)여 수출-되다 (자)
수출-국(輸出國) 명 물품 따위를 수출하는 나라. ¶원유 ~. ↔수입국.
수출-상(輸出商) 명[쌍] 국내 상품을 수출하는 상인. ↔수입상.
수출입(輸出入) 명 수출과 수입.
수출-품(輸出品) 명 외국에 수출하는 물품. ↔수입품.
수취¹(收取) 명 거두어들여 가지는 것. 수취-하다¹ 명(타)여
수취²(受取) 명 받아 가지는 것. ¶~ 증서. 수취-하다² 명(타)여 ¶우편물을 ~.
수취-인(受取人) 명 1 서류나 물건을 받는 사람. ¶~ 불명. 2[법] 발행인으로부터 어음이나 수표를 교부받아 지닌 최초의 사람.
수치¹(羞恥) 명 당당하거나 떳떳하지 못하여 느끼는 부끄러움. ¶질서의 파괴는 문화인의 ~.
수!치²(數値) 명[수] 1 대상의 상태·정도·수준 등을 계산하거나 측정하여 나타낸 수. 2 =값6.
수치-감(羞恥感) 명 당당하거나 떳떳하지 못하여서 부끄러운 느낌. ¶모욕적인 언사에 ~을 느끼다.
수치-스럽다(羞恥-)[-따] 형비(~스러우니, ~스러워) 수치를 느낄 만한 데가 있다. ¶수치스러운 과거. 수치스레 부
수치-심(羞恥心) 명 당당하거나 떳떳하지 못하여서 부끄러움을 느끼는 마음.
수!치-화(數値化) 명 (어떤 대상을) 수치의 상태로 나타내는 것. 수!치화-하다 명(타)여 수!치화-되다 (자)
수칙(守則) 명 행동·절차에 관하여 지켜야 할 사항을 정한 규칙. ¶안전 ~.
수카르노, 아크멧(Sukarno, Achmed) 명[인] 인도네시아의 초대 대통령(1901~1970).
수캉아지 명 강아지의 수컷. ↔암캉아지. ×숫강아지.
수캐 명 개의 수컷. ↔암캐. ×숫개.
수캐미 명 '수개미'의 잘못.
수커미 명 '수거미'의 잘못.
수컷[-컫] 명 새끼나 알을 배거나 부화시킬 수 있도록 정액을 내보낼 수 있는 성(性)을 가진 동물. ↔암컷. ×숫것.
수코양이 명 '수고양이'의 잘못.
수코타이^왕국(Sukhothai王國) 명[역] 13세기 중엽, 타이 북부 지방에 타이 족이 세운 왕국(1256~1350).
수콤 명 '수곰'의 잘못.
수퀑 명 '수꿩'의 잘못.
수크레(Sucre) 명[지] 볼리비아의 헌법상의 수도.
수크로오스(sucrose) 명[화] 사탕수수·사탕무 등의 식물에 함유되어 있는 단사 정계의 결정. 물에 잘 녹으며 단맛이 남. 캐러멜·흡착제의 원료 등에 쓰임. =자당.
수키와 명 암키와 사이를 엎어 잇는 기와. ↔암키와. ×숫기와.
수타-면(手打麵) 명 손으로 밀가루 반죽을 판에 탁탁 두들겨 가면서 뽑는 국수.
수탁(受託) 명 남의 부탁이나 촉탁 등을 받는 것. 수탁-하다 명(타)여 ¶가옥 이전 등기의 대행(代行)을 수탁하였다.
수탈(收奪) 명 (부패한 관료나 정부 기관 등이 재물을) 부당하게 빼앗는 것. ¶일자. 수탈-하다 명(타)여 ¶일제(日帝)는 토지 조사 사업이라는 이름을 내걸고 농민의 토지를 수탈하였다.
수탉[-탁] 명 닭의 수컷. ↔암탉. ×숫닭.
수탕나귀 명 당나귀의 수컷. ↔암탕나귀. ×숫당나귀.
수태(受胎) 명 (아기나 새끼를) 배 속에 가지게 되는 것. 비임신·잉태. 수태-하다 명(타)여 수태-되다 (자)
수-토끼 명 토끼의 수컷. ↔암토끼. ×숫토끼.
수통 (水桶) 명 =물통1.
수퇘지 명 돼지의 수컷. ↔암퇘지. ×숫돼지.
수!-틀(繡-) 명 수놓을 때 바탕을 팽팽하게 하기 위하여 끼는 틀.
수-틀리다 (자) 일이 생각대로 이뤄지지 않거나 마음에 들지 않은 상태가 되다. 속된 어감의 구어임.
수!판(數板) 명 셈을 하는 데 쓰는 도구. =주판. ¶~을 놓다.
수!판-셈(數板-) 명 수판으로 하는 셈. =주산. 수!판셈-하다 명(타)여
수!판-알(數板-) 명 수판셈을 하는 단위가 되는 작은 알맹이. =주판알.
수판알을 튕기다 이해타산을 따져 보다.
수펄 명 '수벌'의 잘못.
수펌 명 '수범'의 잘못.
수평(水平) 명 1 정지(靜止)한 수면처럼 평평한 상태. ↔수직. 2 지구 중력의 방향과 직각을 이루는 것. 또는, 그 방향.
수평-면(水平面) 명 중력(重力)의 방향과 직각을 이루는 면.

수평-선(水平線) 圈 1 하늘과 바다가 멀리 맞닿아 경계를 이루는 선. ¶~ 너머로 해가 지다. ▷지평선. 2 중력의 방향과 직각을 이루는 선. ↔연직선.

수평아리 圈 병아리의 수컷. ↔암평아리. ✕숫병아리.

수포¹(水泡) 圈 1 물이 출렁거리거나 물체에 부딪거나 할 때 생기는 거품이나 작은 방울. 2 에서 노력한 것이 헛된 결과가 된 상태를 비유적으로 이르는 말. 凷물거품. ¶모든 노력이 ~로 돌아갔다.

수포²(水疱) 圈[의] 살가죽이 좁쌀·콩알·호두알만 하게 부풀어 올라 속에 물이 잡힌 것. 凷물집.

수폭(水爆) 圈[군] '수소 폭탄'의 준말.

수표(手票) 圈[경] 은행에 당좌 예금을 가진 사람이 소지인에 일정 금액을 지급할 것을 은행 등에 위탁하는 유가 증권. ¶자기앞 ~.

수풀 圈 1 덤불과 풀과 작은 나무들이 무성하게 한데 엉킨 곳. 2 '숲'의 본딧말.

수프(soup) 圈 서양 요리에서, 고기·야채 등을 삶아서 맛을 낸 국물. ¶크림~.

수피(樹皮) 圈 =나무껍질.

수필(隨筆) 圈[문] 인생의 체험에 대한 작자의 다방면의 생각이나 느낌을 특별한 형식에 얽매임이 없이 자유롭게 산문으로 표현한, 문학의 한 갈래. 일기·편지·기행문·독후감 따위가 이에 속함. =에세이.

수필-가(隨筆家) 圈 수필로 일가를 이룬 사람.

수필-집(隨筆集) 圈 수필을 모은 책.

수하¹(手下) 圈 =손아래. ¶~의 군사.

수하²(誰何) 떼[인칭] '누구²'를 극히 제한된 문맥에서 쓰는 말. ¶이를 어긴 자는 ~를 막론하고 엄벌에 처할 것이다.

수-하다(壽-) 圈困囧 오래 살다.

수하-물(手荷物) 圈 철도·비행기·배 등을 이용하는 여행객이 타고 내릴 때 손에 들고 다닐 수 있는 짐. =수조물.

수학¹(受學) 圈 학문을 배우는 것. **수학-하다** 困囧

수학²(修學) 圈 학업을 닦는 것. **수학-하다** 困囧 ¶대학에서 법학을 ~.

수:학³(數學) 圈[수] 주로 수량 및 공간의 성질에 관하여 연구하는 학문. 산수·대수학·기하학·해석학 및 이를 응용하는 학문의 총칭. ¶응용 ~.

수학-여행(修學旅行)[-항녀-] 圈[교] 학생들이 문화 유적지 등을 직접 보고 배우도록 하기 위해, 교사의 인솔하에 실시하는 여행. ¶경주로 ~를 떠나다.

수해(水害) 圈 홍수로 인한 재해. 凷수재(水災). ¶~ 대책.

수행(修行) 圈 1 행실·학문·기에 등을 닦는 것. 2 불교의 가르침을 믿고 실천하는 일. 3 생리적 욕구를 금하고 정신 및 육체를 훈련함으로써, 정신의 정화나 신적(神的)인 존재와의 합일을 얻으려고 하는 종교적 행위. **수행-하다** 困囧

수행(遂行) 圈 계획한 대로 해내는 것. ¶공무 ~. **수행-하다** 困囧 ¶책임을 충실히 ~. **수행-되다** 困囧

수행(隨行) 圈 일정한 임무를 띠고 따라가는 것. **수행-하다** 困囧 ¶많은 기자들이 취재차 대통령을 ~.

수행-원(隨行員) 圈 높은 지위에 있는 사람을 따라다니며 그를 돕거나 신변을 보호하는 사람.

수험(受驗) 圈 시험을 치르는 것. ¶~ 자격 / ~ 준비.

수험-료(受驗料)[-뇨] 圈 시험을 치르는 사람이 수수료로 내는 돈.

수험-생(受驗生) 圈 시험을 치르는 학생.

수험-서(受驗書) 圈 시험을 치르기 위하여 미리 공부할 수 있도록 만든 책.

수험-표(受驗票) 圈 시험을 치르는 사람임을 증명하는 표.

수혈¹(竪穴) 圈 지표에서 수직으로 파 내려간 구멍. ¶~ 주거(住居).

수혈²(輸血) 圈 1[의] 건강한 사람으로부터 채취한 혈액 또는 혈액 성분을 환자의 정맥 내에 주입하는 것. 2 부족한 자금을 끌어다가 메워 넣는 것. 비유적인 말임. **수혈-하다** 困囧囧 ¶수혈 환자에게 ~. **수혈-되다** 困囧 ¶자금난을 겪고 있는 기업에 긴급 자금이 ~.

수협(水協) 圈 '수산업 협동조합'의 준말.

수형(受刑) 圈 형벌을 받는 것. **수형-하다** 困囧

수형-자(受刑者) 圈[법] 형(刑)이 확정되어 구금(拘禁)이 수반되는 형의 집행을 받고 있는 자. =기결수.

수혜(受惠)[-혜/-혜] 圈 혜택을 받거나 이득을 보는 것. ¶연금 ~ 실태.

수혜-자(受惠者)[-혜-/-혜-] 圈 혜택을 받는 사람.

수호¹(守護) 圈 지키고 보호하는 것. **수호-하다** 困囧 ¶조국을 ~. **수호-되다** 困囧

수호²(修好) 圈 사이좋게 지내는 것. ¶~ 판계를 맺다. **수호-하다** 困囧

수호-신(守護神) 圈 개인이나 가정·국가 등을 수호하는 신.

수호-천사(守護天使) 圈[가] 사람을 착한 길로 인도하여 보호할 사명을 맡은 천사.

수화¹(水化) 圈 수용액 속에서 용질 분자나 이온이 용매인 물 분자와 결합하여 하나의 집단을 형성하는 일. **수화-하다** 困囧

수화²(手話) 圈 듣지도 말하지도 못하는 사람들 사이에서 손과 팔의 동작이나 손가락 모양을 통해 의사를 전달하는 일. 또는, 그 방법.

수화-기(受話器) 圈 1 전화기나 무선기 따위에서 전류를 음성으로 바꾸는 장치. ¶~를 들다. ↔송화기. 2 '송수화기'를 관용적으로 이르는 말.

수-화물(手貨物) 圈 =수하물.

수확(收穫) 圈 1 (곡식을) 거두어들이는 것. 또는, 그 소출. 2 어떤 일에 대한 성과를 비유하여 이르는 말. ¶이번 세미나에서 얻은 ~이 크다. **수확-하다** 困囧

수확-고(收穫高)[-꼬] 圈 =수확량.

수확-기(收穫期)[-끼] 圈 농작물을 거두어들이는 시기.

수확-량(收穫量)[-황냥] 圈 수확한 분량. =수확고.

수회¹(收賄)[-회/-훼] 圈 뇌물을 받는 것. ¶수뢰. 凷~죄. ↔증회. **수회-하다** 困囧 ¶그 공무원이 기업인으로부터 거금을 수회한 혐의를 받고 있다.

수:회²(數回)[-회/-훼] 圈囧 여러 번. ¶~에 걸친 교섭.

수:효(數爻) 圈 사물의 낱낱의 수.

수훈¹(首勳) 圈 첫째가는 큰 공훈.

수훈²(殊勳) 圈 뛰어난 공훈. ¶~ 선수.

숙고(熟考)[-꼬] 圈 잘 생각하는 것. ¶심

사~. 숙고-하다(타여)
숙과(熟果)[-꽈] 명 '숙실과'의 준말.
숙녀(淑女)[숭-] 명 1 교양과 예의를 갖춘 정숙한 여자. ¶조そ~. 2 성년이 된 여자의 미칭. ¶에비~. ↔신사.
숙녀-복(淑女服)[숭-] 명 성인 여자가 입는 서양식 정장. 주로 옷 파는 곳에서 쓰는 말.
숙다[-따] 재 1 (머리·고개·허리 등이) 앞으로 기울어지다. 2 (기운이나 기세가) 꺾이거나 줄다. ¶기세가 숙다.
숙달(熟達)[-딸] 명 (어떤 일에) 능숙하게 통달하는 것. 또는, (어떤 일을) 능숙하게 하는 것. ¶~자(者). 숙달-하다 재타여 ¶영어에 ~. 숙달-되다 동재 ¶숙달된 조교'가 시범을 보이다.
숙덕-거리다/-대다[-떡 (때)-] 동재타 여럿이 모여 작은 목소리로 은밀하게 계속 이야기하다. ¶사람들이 대문 앞에서 숙덕거리고 있었다. 좍속닥거리다. 쎈쑥덕거리다.
숙덕-공론(-公論)[-떡꽁논] 명 남몰래 숙덕거리는 의론. ¶아침부터 골방에 모여 웬 ~이냐? 좍쑥덕공론.
숙덕-숙덕[-떡떡] 뷔 숙덕거리는 모양. 좍속닥속닥. 쎈쑥덕쑥덕. **숙덕숙덕-하다** 재
숙독(熟讀)[-똑] 명 1 익숙하도록 읽는 것. 2 글의 뜻을 잘 생각하면서 읽는 것. **숙독-하다** 타여 ▷다독·난독.
숙련(熟練·熟鍊)[승년] 명 어떤 일에 익숙해져 있는 상태가 되는 것. ¶~을 요하는 일. **숙련-되다** 재여 **숙련-하다** 재타여 ¶숙련된 솜씨.
숙련-공(熟練工)[승년-] 명 기술이 숙련된 직공.
숙망(宿望)[숭-] 명 오래도록 품은 소망.
숙맥(菽麥)[숭-] 명 '숙맥불변(菽麥不辨)'에서 온 말 사리 분별을 못하는 어리석은 사람을 놀림조로 또는 얕잡아 이르는 말. ¶굴러 들어오는 복을 제 발로 차 버려? 이 사람 정말 ~이로구먼. ×쑥맥.
숙맥불변(菽麥不辨)[숭-뼌-] 명 콩인지 보리인지 분간하지 못할 만큼 어리석음.
숙면(熟眠)[숭-] 명 깊이 잠이 드는 것. 또는, 그런 잠. **숙면-하다** 재여
숙명(宿命)[숭-] 명 날 때부터 정해진 운명. ¶그 여자는 불행으로 점철된 자신의 기구한 일생을 ~으로 받아들였다.
숙명-론(宿命論)[숭-논] 명 ☞운명론.
숙명-적(宿命的)[숭-] 관명 이미 정해진 운명에 의한 (것). ¶~인 라이벌 관계.
숙모(叔母)[숭-] 명 숙부(叔父)의 아내를 이르는 말. 印작은어머니. ▷백모(伯母).
숙박(宿泊)[-빡] 명 (여관·호텔 등에) 머물러 잠을 자는 것. ¶~ 시설. **숙박-하다** 재여
숙박-계(宿泊계)[-빡꼐/-께] 명 =숙박신고(宿泊申告).
숙박-료(宿泊料)[-빵뇨] 명 여관·호텔 등에서 숙박한 값으로 치르는 요금.
숙박-부(宿泊簿)[-빡뿌] 명 숙박인의 주소·성명·행선지 따위를 적는 장부.
숙박-신고(宿泊申告)[-빡씬-] 명 여관 같은 데서 숙박인의 인적 사항을 관할 경찰에 신고함. 또는, 그 서류. =숙박계.
숙박-업(宿泊業)[-빡-] 명 여관·호텔 등과 같이 손님을 숙박시키고 요금을 받는 영업.

숙변(宿便)[-뼌] 명 장(腸) 속에 오래 머물러 있는 대변.
숙부(叔父)[-뿌] 명 아버지의 남동생을 이르는 말. 印작은아버지. ▷백부(伯父).
숙성(熟成)[-썽] 명 1 충분히 익숙해진 상태가 되는 것. 2 발효된 것이 잘 익는 것. 특히, 된장이나 술 등의 향미(香味)를 내는 일. **숙성-하다**[1] 재타여 **숙성-되다**[1] 동(재)
숙성-하다[2](夙成-)[-썽-] 형여 발육이나 지각이 나이에 비하여 빠르다. 印조숙하다. ¶숙성한 아이.
숙소(宿所)[-쏘] 명 제집을 떠난 사람이 임시로 머물러 묵는 곳.
숙수(熟手)[-쑤] 명 잔치 때 음식을 만드는 사람. 또는, 그 일을 직업으로 하는 사람. 印조리사.
숙식(宿食)[-씩] 명 자고 먹는 것. ¶~비. **숙식-하다** 동(재여) ¶친구 집에서 ~.
숙-실과(熟實果)[-씰-] 명 유밀과(油蜜果)를 실과에 견주어 일컫는 말. 준숙과.
숙어(熟語)[승-] 명 두 개 이상의 낱말이 합하여 하나의 뜻을 이루는 말. 또는, 관용적으로 특유한 뜻을 나타내는 성구(成句). 印관용어. ¶영어 ~.
숙연-하다(肅然-)[승-] 형여 고요하고 엄숙하다. **숙연-히** 뷔 ¶숙연한 분위기.
숙원[1](宿怨)[숭-] 명 오래 묵은 원한.
숙원[2](宿願)[숭-] 명 오랫동안 풀어 온 바람이나 소원.
숙의[1](淑儀)[-의/-이] 명[역] 조선 시대, 종2품 내명부의 품계.
숙의[2](熟議)[-의/-이] 명 깊이 생각하여 충분히 의논하는 것. ¶~를 거듭하다. **숙의-하다** 재타여
숙-이다 동타 '숙다'의 사동사. ¶고개를 숙이시오.
숙적(宿敵)[-쩍] 명 오래전부터의 원수나 적수. ¶~ 일본을 꺾다.
숙정(肅正)[-쩡] 명 엄하게 다스려 부정을 없애는 것. **숙정-하다** 동타여 ¶군기(軍紀)를 ~.
숙제(宿題)[-쩨] 명 1 학교에서 배운 것의 복습과 예습을 목적으로 내주는 과제. ¶방학 ~. 2 앞으로 두고 생각하여 볼 문제. 3 목는 문제. ¶부동산 투기 방지는 정부의 오랜 ~이다.
숙종(肅宗)[-쫑] 명[인] 조선의 제19대 왕 (1661~1720).
숙주[1][-쭈] 명 '숙주나물'의 준말.
숙주[2](宿主)[-쭈] 명 기생 생물이 기생하는 동물 또는 식물. ¶중간 ~.
숙주-나물[-쭈-] 명 1 녹두에 물을 주어 싹이 나게 한 나물. 印숙주. 2 숙주를 양념하여 무친 반찬.
숙지(熟知)[-찌] 명 (어떤 사실이나 내용 등을) 익숙하게 잘 아는 것. **숙지-하다** 타여 ¶관련 규정을 숙지하시오.
숙-지다[-찌-] 재여 (어떤 현상이나 기세 따위가) 차츰 수그러들다.
숙직(宿直)[-찍] 명 관청·회사 등의 직장에서 잠을 자며 지키는 일. 또는, 그 사람. ¶~당직. **숙직-하다** 동(재여)
숙직-실(宿直室)[-찍씰] 명 숙직하는 사람이 자는 방.
숙질(叔姪)[-찔] 명 아저씨와 조카를 동시에 아울러 이르는 말.
숙청(肅淸) 명 엄하게 다스려 잘못이나 그

룻된 일을 치워 없애는 것. 또는, 그런 사람을 없애는 것. 특히, 독재 정치 등에서 반대파를 추방하는 일. **숙청-하다** 타여 ¶반대파를 ~. **숙청-되다** 자여

숙취(宿醉) 명 이튿날까지 깨지 않은 취기. ¶~로 머리가 아프다.

숙환(宿患) [수콴] 명 오랫동안 앓아 온 병. ¶~으로 별세하다.

순¹ 튀 욕할 때에 '아주'의 뜻으로 쓰는 말. ¶~ 몹쓸 놈 같으니라구.

순²(巡) 명 [1][자럭] 국궁(國弓)에서, 여러 사람이 각각 한 번에 화살 다섯 대씩을 돌아가며 쏘는 일. [2][의] 명을 세는 단위로 이르는 말. ¶한 ~을 쏘다.

순³(筍·笋) 명 나뭇가지나 풀줄기로 된, 길 쭉 돋은 싹.

순⁴(純) 관 잡물이 섞이지 않은. 순전한. ¶ ~ 우리말 ~ 살코기.

순⁵(順) 접미 어떤 명사 뒤에 붙어, 차례를 나타내는 말. ¶기억니은~ / 선착~.

순간¹(旬刊) 명 (신문·잡지 따위를) 열흘 간격으로 발행하는 일. 또는, 그 발행물. ▷월간. 주간.

순간²(瞬間) 명 1 극히 짧은 시간. ¶역사적인 ~. 2 어떤 일이 일어난 바로 그때. 비찰나. ¶골목을 막 벗어나려는 ~ 누군가 내 등을 탁 쳤다.

순간-순간(瞬間瞬間) Ⅰ 명 순간과 순간. 곧, 매 순간.
Ⅱ 튀 매 순간.

순간-온수기(瞬間溫水器) 명 관(管) 안의 물이 흐름과 동시에 가스버너에 점화되어 수통에서 온수가 나오게 된 기구.

순간-적(瞬間的) 관 눈 깜짝할 사이에 있는 (것). ¶~으로 일어난 사고.

순검(巡檢) 명 1 순찰하며 살피는 것. 2 [역] 조선 말에 경무청에 딸렸던 경찰 관직. 지금의 순경에 해당함.

순결(純潔) 명 1 (마음이) 순수하고 깨끗한 상태에 있는 것. 2 여자가 성적(性的)인 경험을 하지 않고 처녀의 몸을 유지하고 있는 상태. ¶~을 잃다. ▷동정(童貞). 3 (남자나 여자가) 정신적이나 부도덕한 성관계를 맺지 않아 정신적·육체적으로 깨끗한 상태에 있는 것. **순결-하다** 형여. **순결한** 마음씨. **순결-히** 튀

순경(巡警) 명 경찰관의 최하 계급.

순경-음(脣輕音) 명 [언] 고어에서 입술을 거쳐 나오는 가벼운 소리. 'ㅸ', 'ㅹ', 'ㆄ'을 이름.

순계(純系) [-게/-계] 명 [생] 육종학상 자기 수정에 의하여 얻는, 유전 형질이 동일한 계통.

순교(殉敎) 명 [종] 자기가 믿는 신앙을 지키기 위하여 목숨을 바치는 것. **순교-하다** 자여 ¶이십사인.

순교-자(殉敎者) 명 순교한 사람.

순국(殉國) 명 나라를 위하여 목숨을 바치는 것. **순국-하다** 자여

순국-선열(殉國先烈) [-년-] 명 나라를 위하여 목숨을 바친 윗대의 열사. ¶~을 추모하다.

순국열사(殉國烈士) [-궁녈싸-] 명 나라를 위해 목숨을 바쳐 장렬히 싸운 사람.

순금(純金) 명 잡물이 섞이지 않은 순수한 금. 비이십사금.

순¹-기능(順機能) 명 사물에 좋은 방향으로 작용하는 기능. ¶산업 발전의 ~과 역기능.

순대 명 돼지의 창자 속에 쌀·두부·파·숙주나물 등을 넣고 삶아 익힌 음식.

순도(純度) 명 어떤 물질이 화학적으로 얼마나 순수한가의 정도. ¶~ 99%의 금.

순-두부(-豆腐) 명 눌러서 굳히지 않은 두부.

순:-둥이(順-) 명 순한 아이를 귀엽게 이르는 말.

순라-군(巡邏軍) [술-] 명 [역] 조선 시대에, 도둑·화재 등을 경계하기 위하여 밤에 순찰을 돌던 군졸.

순례(巡禮) [술-] 명 [종] 종교적으로 의미 있는 곳을 참배하는 것. ¶성지(聖地) ~. **순례-하다** 타여

순례-자(巡禮者) [술-] 명 성지(聖地)를 순례하는 사람.

순록(馴鹿) [술-] 명 [동] 북극 툰드라 지대에 떼지어 사는, 사슴의 한 종류. 몸은 모두 뿔이 있고, 털빛은 여름에는 암갈색, 겨울에는 회색임. 가축으로 기르며 썰매를 끌게 하고, 고기와 젖을 식용함.

순:리(順理) [술-] 명 마땅히 지키거나 따라야 할 도리나 이치. ¶~를 따라 살다.

순:리-적(順理的) [술-] 관 이치에 따르는 (것).

순망치한(脣亡齒寒) 명 서로 밀접한 관계에 있어서 하나가 망하면 다른 하나도 그 영향을 받음. '입술이 없으면 이가 시리다'와 같은 말.

순-매도(純賣渡) 명 [경] 주식 거래에 있어서, 어떤 투자자, 또는 어떤 종목의 매도가 매수보다 많을 경우에 매도에서 매수를 뺀 나머지 거래량이나 거래액. 또는, 매도가 매수보다 많은 거래 상태. ↔순매수. **순매도-하다** 타여

순-매수(純買收) 명 [경] 주식 거래에 있어서, 어떤 투자자, 또는 어떤 종목의 매수가 매도보다 많을 경우에 매수에서 매도를 뺀 나머지 거래량이나 거래액. 또는, 매수가 매도보다 많은 거래 상태. ↔순매도. **순매수-하다** 타여

순면(純綿) 명 면사(綿絲)로만 짠 직물.

순모(純毛) 명 면사나 화학 섬유 따위가 섞이지 않은 순수한 털실이나 모직물.

순-무 명 [식] 무의 한 종류로, 뿌리가 둥글고 자주색인 한해살이풀 또는 두해살이풀. 또는, 그 뿌리. 채소로 재배함.

순박-하다(淳朴-·淳樸-·醇朴-) [-박-] 형여 순하고 꾸밈이 없다. ¶**순박한** 시골 청년.

순발-력(瞬發力) 명 1 [체] 근섬유의 순간적인 수축에 의하여 나타나는 근육의 힘. 순간적으로 몸을 움직여 곧 힘을 낼 수 있는 능력. ¶~이 뛰어난 단거리 선수. 2 뜻밖의 일이나 어려움에 순간적으로 재빠르게 대처하는 능력. 비유적인 말임. ¶유창한 화술과 ~이 돋보이는 엠시.

순방(巡訪) 명 차례로 방문하는 것. ¶~ 외교. **순방-하다** 타여 ¶동남아 7개국을 ~.

순배(巡杯) 명 술자리에서 술잔을 차례로 돌리는 일. 또는, 그 술잔. ¶술이 한 ~

순백(純白) 명 '순백색'의 준말.

순-백색(純白色) [-쌕] 명 다른 빛이 섞이지 않은 순수한 흰빛.

순백-하다(純白-) [-배카-] 형여 1 순수하게 희다. ¶**순백한** 색. 2 마음이 더럽지 않고 깨끗하다. ¶**순백한** 마음.

순:번(順番) 명 차례대로 갈아드는 번. 또는, 그 순서. ¶~을 기다리다.
순사(巡査) 명 [일제] 경찰관의 최하위 계급. 지금의 순경(巡警)에 해당함.
순:산(順産) 명 아무런 탈이 없이 순조롭게 아이를 낳는 것. =안산(安産). ↔난산. **순:산-하다** 동(타여)
순상-지(楯狀地) [-찌] 지 고대 지질 시대에 지각 운동을 받아 뭉쳐진, 대륙의 중앙부를 형성하는 방패 모양의 땅덩이. 로렌시아 순상지 따위.
순상^화산(楯狀火山) [-짜] 지 유동성이 큰 용암이 완만하고 얇게 널리 분출하여, 방패 모양을 이룬 화산.
순색(純色) 명 1 색상 중에서 채도가 가장 높은 빛깔. 2 순수한 빛깔.
순:서(順序) 명 1 여러 대상을 벌이거나 늘어놓는 일정한 질서. (비)차례. 2 어떤 일들이 행해지거나 이뤄질 때, 어느 것이 먼저이고 어느 것이 나중인가에 대한 구분.
순:서-도(順序圖) [-또] 명 (컴) 컴퓨터에서, 프로그램의 작성 순서를 여러 가지 기호로 도식화한 것.
순-소득(純所得) 명 전체 소득에서 소득을 얻기 위하여 들인 비용을 뺀 순수한 소득.
순수(純粹) 명 1 잡된 것이나 이질적인 것이 섞이지 않은 상태. 2 사사로운 욕심이나 못된 생각이 없는 것. **순수-하다** 형여
¶순수한 물 / 동기가 ~.
순수^문학(純粹文學) [문] 대중적인 오락 위주의 문학이 아닌, 순수한 예술성을 지향하는 문학. ↔통속 문학.
순수-비(巡狩碑) [명] [역] 임금이 나라 안을 돌아다니며 살핀 곳을 기념하기 위하여 세운 비석. ¶진흥왕 ~.
순수-시(純粹詩) [문] 1 교훈·관념 등의 산문적 요소를 배제하고 언어의 음악성이나 회화성에 주력하는 시. 2 어떤 이념이나 주장을 배제하고 순수한 서정을 지향하는 시. ↔참여시.
순:순-하다(順順-) 형여 (성질이) 고분고분하고 순하다. **순:순-히** 부 ¶~ 물러가다.
순순환^소:수(純循環小數) 명 [수] 소수 첫째 자리부터 순환하는 소수. ▷순환 소수.
순시(巡視) 명 돌아다니며 사정을 살피는 것. 또는, 그 사람. ¶대통령의 연두 ~. **순시-하다** 동(타여) ¶내무반을 ~.
순시-선(巡視船) 명 해상(海上)을 돌며 치안을 맡아보는 특수선.
순식-간(瞬息間) [-깐] 명 눈을 한 번 깜짝하거나 숨을 한 번 쉴 정도의 극히 짧은 동안. (비)삽시간. ¶불길이 ~에 사방으로.
순애(純愛) 명 순수한 사랑.
순애-물(純愛物) 명 영화·연극·소설 따위에서 순수한 애정을 주제로 한 작품.
순양-함(巡洋艦) 명 [군] 군함의 하나. 전함과 구축함의 중간 단계의 배로, 정찰·경계·공격 등에 쓰임.
순:연(順延) 명 차례로 기일을 늦추는 것. **순:연-하다** 동(타여) ¶우천(雨天)일 경우에 경기 일정을 순연한다.
순:열(順列) [-렬] 명 [수] 주어진 물건 중에서 몇 개를 취하여 어떤 순서로 나열한 것.
순:위(順位) 명 차례를 나타내는 자리. ¶~ 결정전.

순은(純銀) 명 잡물이 섞이지 않은 순수한 은.
순음(脣音) 명 [언] =입술소리.
순-음악(純音樂) [-음] 명 음악 외의 다른 예술의 표상이나 관념과 직접 연결되지 않고 음의 구성 면에 집중하려는 음악. ↔표제 음악.
순:응(順應) 명 1 환경의 변화에 익숙해지거나 체제·명령 따위에 적응하여 따르는 것. 2 생물체의 기능적·성질·상태가 주어진 외부 조건의 지속적인 변화에 따라 변화하는 것. **순:응-하다** 동(자여)
순-이익(純利益) [-니-] 명 총이익 중에서 영업비·잡비 등 총비용을 빼고 남은 순전한 이익. (준)순이.
순익(純益) 명 '순이익'의 준말.
순자(荀子) 명 [인] 전국 시대 조나라의 사상가(298?~238? B.C.).
순장(殉葬) 명 [역] 임금이나 귀족이 죽었을 때, 살아 있는 그의 아내나 신하 또는 종을 함께 장사 지내는 일. **순장-하다** 동(타여)
순전-하다(純全-) 형여 (주로 어떤 명사 앞에서 '순전한'의 꼴로 쓰여) 그 명사가 나타내는 특성이나 속성을 전적으로 가진 상태에 있다. ¶네가 그렇게 생각하는 것은 순전한 오해다. **순전-히** 부 ¶이번 사고는 ~ 네 탓이다.
순:접(順接) 명 [언] 두 문장이 접속할 때, 앞뒤 문장의 내용이 논리적 모순 없이 이유·원인·조건 등의 관계에 따라 이어지는 일. '그리고', '그래서', '그러므로' 등의 접속사가 쓰임. ↔역접.
순정(純情) 명 순결한 애정. ¶~을 바치다.
순:조-롭다(順調-) [-따] 형ㅂ여 <-로우니, ~로워> (일이) 탈이나 말썽 없이 예정대로 잘되어 가는 상태에 있다. ¶순조로운 항해. **순:조로이** 부 ¶일이 ~ 진행되다.
순종[1](純宗) 명 [인] 조선의 제27대 왕 (1874~1926).
순종[2](純種) 명 [생] 딴 계통과 섞이지 않은 순수한 종(種). ¶~의 진돗개. ↔잡종.
순:종[3](順從) 명 (어떤 사람에게, 또는 그의 말에 (을)) 순순히 따르는 것. **순:종-하다** 동(자타여) ¶선생님 말씀에 ~.
순지르기(筍-) 명 초목의 곁순을 잘라 내는 일.
순직(殉職) 명 직무를 수행하는 중에 목숨을 잃는 것. **순직-하다** 동여.
순직-하다[2](純直-) [-지카-] 형여 (마음이) 순박하고 곧다. **순직한 농부**.
순진무구-하다(純眞無垢-) 티 없이 순진하다. ¶순진무구한 표정을 짓다.
순진-하다(純眞-) 형여 1 (사람, 특히 어린이가) 마음에 꾸밈이 없이 순박하고 참되다. 2 때 묻지 않은 순진한 어린이. 2 (사람, 특히 성년이 된 사람이) 세상 물정에 어두워 어수룩하다. 얄팍한 말임. ¶사람이 순진해서 남에게 잘 속다.
순:차(順次) 명 돌아오는 차례.
순:차-적(順次的) 관(명) 순서를 따라 차례 차례 하는 (것). ¶일을 ~으로 해결하다.
순찰(巡察) 명 두루 돌아다니면서 사정을 살피는 것. ¶~을 돌다. **순찰-하다** 동(타여)
순찰-대(巡察隊) [-때] 명 순찰할 목적으로 조직된 부대나 경찰대. ¶기동 ~.

순찰-사(巡察使)[-싸] 명(역) 조선 시대, 전시에 왕명으로 지방의 군무를 순찰하는 임시직.

순찰^지구대(巡察地區隊) 명(법) 순찰 활동을 좀 더 효율적으로 펼 수 있도록 3~4개의 파출소를 통합하여 편성한 치안 경찰 조직. 2003년에 도입됨.

순찰-차(巡察車) 명 헌병·경찰 등이 타고 범죄나 사고의 방지 등을 위하여 순회하는 자동차.

순치(馴致) 명 길들여 적응시키는 것. ¶민물장어를 바다로 ~시키다. 순치-하다 동(타여)
순치-되다 동(자여)

순치-음(脣齒音) 명(언) 아랫입술과 윗니 사이에서 나는 소리. 영어의 'v', 'f' 따위.

순:탄-하다(順坦-) 형(여) (일의 과정이나 진행 등이) 별 어려움 없이 무난하다. ¶순탄한 인생 항로.

순!풍(順風) 명 배가 가는 쪽으로 부는 바람. ¶~에 돛을 달다. ↔역풍.

순!-하다(順-) 형여 1 (성질·태도가) 남이 시키는 대로 잘 따르거나 남의 뜻을 잘 받아들이는 상태에 있다. (빤)순하다. ¶순한 양. 2 (맛이) 독하지 않다. ¶순한 술. 3 일이 쉽고 까다롭지 않다.

순항(巡航) 명 배나 항공기를 타고 여러 곳을 돌아다니는 것. 순항-하다[1] 동(타여) ¶태평양 연안을 ~.

순항²(順航) 명 1 순조롭게 항행하는 것. 2 바람이나 조류를 뒤로 밀면서 항행하는 것. 순!항-하다²[1] 동(자여)

순항^미사일(巡航missile) 명(군) 제트 기관으로 추진하는 무인(無人) 유도 미사일. 컴퓨터로 제어되며, 명중률이 높고, 초저공비행이나 우회 항행을 할 수 있음. =크루즈 미사일.

순행(巡行) 명 여러 곳으로 돌아다니는 것. 순!행-하다[1] 동(자여)

순!행²(順行) 명 1 차례대로 가는 것. 2 거스르지 않고 행하는 것. 순!행-하다²[1] 동(자여)

순!행^동화(順行同化) 명(언) 동화작용을 받는 음이 앞에 오는 음의 영향을 받는 음운 현상. '칼날'의 '날'이 '랄'로 동화되는 따위. ↔상호 동화·역행 동화.

순홍(純紅) 명 '순홍색'의 준말.

순-홍색(純紅色) 명 순수한 다홍색. 준순홍.

순화¹(純化) 명 불순한 것을 없애 순수하게 하는 것. 순화-하다¹ 동(타여) 순화-되다¹ 동(자여)

순화²(醇化) 명 1 정성 어린 가르침의 감화. 2 잡스러운 것을 없애고 순수하게 되게 하는 것. ¶국어 ~ 운동. 순화-하다² 동(타여) ¶불량 청소년을 ~. 순화-되다² 동(자여)

순화-어(醇化語) 명 지나치게 어려운 말이나 비규범적인 말, 또는 외래어 등을 알기 쉽고 규범적인 상태로, 또는 아름다운 고유어로 순화한 말.

순환(循環) 명 1 (어떤 물체나 물질이) 일정한 곳을 주기적으로 되풀이하여 도는 것. ¶혈액 ~. 2 어떤 상태에서 변화의 과정을 거쳐 다시 본래의 상태로 되돌아오는 것. 또는, 그런 일을 되풀이하는 것. ¶물의 ~. 3 [컴] =루프(loop). 순환-하다 동(자여) 순환-되다 동(자)

순환-계(循環系)[-계/-게] 명(생) 동물체의 여러 조직에 산소·영양분을 공급하고, 가스 교환이나 노폐물의 배출을 행하는 일련의 기관.

순환-기(循環器) 명(생) 동물체의 순환계를 이루는 기관. 심장·혈관·림프관 따위.

순환^도!로(循環道路) 명 일정한 지역을 순환할 수 있도록 닦아 놓은 도로.

순환-매(循環買) 명(경) 증권 시장에서, 한 종목에서 다른 종목으로, 또는 한 업종에서 다른 업종으로 대상이 순환적으로 바뀌면서 매입이 이뤄지는 현상.

순환-선(循環線) 명 기차·전차 따위가 한 바퀴 돌아서 떠난 자리로 와서 다시 돌게 된 선로. 또는, 그렇게 운행되는 기차·전차 따위.

순환^소!수(循環小數) 명(수) 소수 부분에 몇 가지의 수가 같은 순서로 계속 되풀이되는 소수. 1/3=0.3333… 따위.

순회(巡廻)[-회/-훼] 명 여러 곳으로 돌아다니는 것. ¶지방 ~를 떠나다. 순회-하다 동(타여) ¶유럽을 ~.

순회-공연(巡廻公演)[-회/-훼-] 명 여러 곳을 돌며 공연하는 것. 또는, 그 공연. 순회공연-하다 동(타여) ¶전국 각지를 순회공연하차던 극단.

순회-도서관(巡廻圖書館)[-회/-훼-] 명 도서관이 없는 지방을 순회하며 책을 빌려 주는 소규모 도서관. =이동도서관.

숟-가락[-까-] 명 1[자붙] 사람이 밥이나 국을 떠먹을 때 쓰는, 납작하면서도 약간 오목하게 들어간 타원형의 부분에 긴 자루가 달린 도구. 또는, 액체나 가루 상태의 물질을 뜨거나 뜨는 데 쓰는 같은 모양의 도구. (비)수저·스푼. ¶찻~. 2[의존] 수저로 음식을 뜨는 횟수나 분량을 세는 단위. ¶~술. ¶밥 한 ~. 준숟.
숟가락(을) 놓다 죽다. 완폭하게 이르는 말임.

숟가락-질[-까-찔] 명 숟가락을 써서 음식물을 떠먹는 일. 숟가락질-하다 동(자여)

숟-갈[-깔] 명 '숟가락'의 준말.

술¹ 명 알코올 성분이 있어 마시면 취하는 액체. (비)곡차·약주. ¶~을 빚다.
[술 받아 주고 뺨 맞는다] 남을 대접하고도 도리어 해를 입는다.
술 먹은 개 술 취한 사람을 멸시하는 말.
술이 고래다 술을 아주 많이 마실 수 있는 주량을 가지다.
술이 떡이 되게 마시다 술을 정신을 차릴 수 없을 정도로 많이 마시다.
술이 술을 먹는다 취할수록 술을 더 마신다.

술!² 명 가마·기(旗)·띠·끈이나 여자의 옷 따위에 장식으로 다는 여러 가닥의 실.

술³(=) (의존) =숟가락(2). ¶한 ~ 뜨시오.

술⁴(戌) 명 십이지(十二支)의 열한째. 개를 상징함.

-술⁵(術) 접미 '기술', '재주'의 뜻을 나타내는 말. ¶화장~ / 최면~.

술-값[-깝] 명 술의 값.

술-고래 명 술을 많이 마시는 사람을 놀림조로 이르는 말.

술-기(-氣)[-끼] 명 =술기운.

술-기운[-끼-] 명 술에 취한 기운. =술김.

술-김[-낌] 명 술에 취한 김. ¶~에 큰소리친다.

술-꾼 명 술을 좋아하여 잘 마시는 사람.

술-내[-래] 명 술 냄새.
술년(戌年)[-련] 명 (민) 태세(太歲)의 지지(地支)가 술(戌)인 해. 무술년 따위. =개해.
술-대접(-待接)[-때-] 명 손님에게 술을 대접하는 일. **술대접-하다** 통(자타여)
술-도가(-都家)[-또-] 명 술을 양조하여 도매하는 집. =주조장.
술-독¹[-똑] 명 술을 빚어 담아 두는 독.
술-독²(-毒)[-똑] 명 술 중독으로 얼굴에 나타나는 붉은 점이나 빛. =주독.
술-떡 명 막걸리를 섞은 떡이라는 뜻으로, '증편'을 달리 이르는 말.
술래 명 술래잡기에서 숨은 아이들을 찾아내는 아이.
술래-잡기[-끼] 명 여럿 가운데 한 아이가 술래가 되어 숨은 아이들을 찾아내는 놀이의 하나. **술래잡기-하다** 통(자여)
슬렁-거리다/-대다 통(자) 어수선하게 소란이 일다. ¶그 소식에 좌중은 **슬렁거리**기 시작했다.
슬렁-슬렁 부 슬렁거리는 모양. **슬렁슬렁-하다** 형(여)
슬렁-이다 통(자) 어수선하게 설레다. ¶연말이 되니 공연히 마음이 **슬렁인다**.
술-배[-빼] 명 1 평소에 술을 많이 마셔서 살이 찐 배. 2 술을 마실 수 있는 배. ¶~가 크다.
술-버릇[-뻐른] 명 술을 마시고 부리는 못 고약하게.
술법(術法)[-뻡] 명 복술(卜術)·둔갑술·축지법 등의 방법이나 그 기술.
술-병¹(-病)[-뼝] 명 술을 많이 마셔서 생기는 병.
술-병²(-甁)[-뼝] 명 술을 담는 병.
술부(述部) 명 =서술부.
술사(術士)[-싸] 명 술책을 잘 꾸미는 사람.
술-상(-床)[-쌍] 명 술과 안주를 차려 놓은 상. =주안상.
술-손님[-쏜-] 명 술을 마시려고 오는 사람.
술수(術數)[-쑤] 명 1 (민) 음양·복서(卜筮) 등에서 길흉을 점치는 방법. 2 =술책. ¶권모~에 능한 사람.
술술 부 1 물·가루 등이 잇달아 흐르거나 자꾸 새어 나오는 모양. 2 얽힌 끈이나 실 따위가 잘 풀려 나오는 모양. 3 말이 막힘이 없이 잘 나오는 모양. ¶비밀을 숨김없이 ~ 털어놓다. 4 바람이 부드럽게 부는 모양. 투(-히). 5 어떤 문제가 쉽게 풀리는 모양. ¶문제가 ~ 풀리다.
술시(戌時)[-씨] 명 1 십이시의 열한째 시. 곧, 오후 7시부터 9시까지의 동안. 2 이십사시의 스물한째 시. 곧, 오후 7시 반부터 8시 반까지의 동안.
술-심부름 명 술 마시는 사람들 옆에서 술을 받아 오거나 잔·안주를 가져오는 일.
술-안주(-按酒) 명 술을 마실 때에 곁들여 먹는 음식. =안주.
술어¹(述語) 명 =서술어.
술어²(術語) 명 '학술어'의 준말.
술-자리[-짜-] 명 술을 마시며 노는 자리. 또는, 술상을 베푼 자리. =술좌석. ¶~를 마련하다.
술-잔(-盞)[-짠] 명 술을 따라 마시는 그릇. ¶잔. ¶~을 돌리다.
술-잔치 명 술을 마시며 즐기는 간단한 잔치. =주연(酒宴).

술-장사 명 술을 파는 영업. **술장사-하다** 통(자여)
술-장수 명 술장사를 하는 사람.
술-좌석(-座席)[-쫘-] 명 =술자리.
술-주정(-酒酊)[-쭈-] 명 '주정'을 술로 인한 것임을 강조하여 이르는 말. **술주정-하다** 통(자여)
술-주정뱅이(-酒酊-)[-쭈-] 명 '주정뱅이'를 술의 뜻을 강조하여 이르는 말.
술-지게미[-찌-] 명 =지게미.
술-집[-찝] 명 술을 파는 집. =주점.
술책(術策) 명 어떤 일을 꾸미는 꾀나 방법. =수단.
술-청(-廳) 명 선술집 등에서, 술을 마시는 목로 주위의 공간이나 자리. 또는, 널빤지로 된 긴 목로.
술-친구(-親舊) 명 술을 함께 마시면서 사귄 친구.
술-타령 명 다른 일은 다 제쳐 놓고 술만 찾거나 먹는 일. ¶그는 사업에 실패한 뒤로 날마다 ~이다. **술타령-하다** 통(자여)
술탄(sultan) 명(역) 이슬람 전제 군주의 칭호. ¶오스만 제국의 ~.
술-통(-桶) 명 술을 담아 두는 큰 통.
술-판 명 술자리가 벌어진 판.
술회(述懷)[-회/-훼] 명 마음속에 품고 있는 생각이나 느낌을 말하는 것. 또는, 그 말. **술회-하다** 통(타여) ¶그는 자신의 심정을 담담하게 **술회하였다**.
숨 명 1 사람이나 동물이 살아 있는 상태를 이어 가기 위하여 끊임없이 코나 입을 통해 공기를 들이마시고 내쉬는 일. 또는, 그렇게 하여 지속되고 있는 생명. 町호흡. ¶~이 차다. 2 채소 따위가 삶거나 소금에 절이기 전에 가지는 빳빳한 기운이나 성질. ¶간물로 배추의 ~을 죽이다.
숨(이) 가쁘다 어떠한 일이 몹시 급박하다. ¶숨 가쁘게 돌아가는 정세.
숨(을) 거두다 죽다. 완곡하게 이르는 말임. ¶그는 89세로 **숨을 거두었다**.
숨(이) 끊어지다 죽다. 비유적인 말임.
숨(을) 돌리다 1 가쁜 숨을 가라앉히다. 2 바쁜 중에 잠시 휴식을 취하다. ¶숨 돌릴 새도 없이 바쁘다.
숨(이) 막히다 숨을 쉴 수 없을 정도로 답답함을 느끼다. 2 상황이 심한 긴장감이나 압박감을 주다. ¶**숨 막히는** 대결.
숨(을) 쉬다 살아서 움직이거나 활동하다.
숨 쉴 사이 없다 조금 쉴 만한 시간적 여유가 없다. ¶일에 쫓겨 ~.
숨이 턱에 닿다(차다) 매우 숨이 차다.
숨(이) 죽다 1 (야채가) 소금에 절여 성한 기운을 잃다. 2 기세나 기운이 수그러들다.
숨:-결[-껼] 명 1 숨 쉬는 속도나 높낮이. ¶~이 고르다. 2 사물 현상의 어떤 기운이나 느낌을 생명체에 비유하여 이르는 말. ¶새순에서 봄의 ~이 느껴진다.
숨:-골[-꼴] 명(생) =연수(延髓)³.
숨:-구멍[-꾸-] 명 1 어떤 답답한 상태를 조금 완화해 주는 것의 비유. ¶경기가 풀렸는지 장사가 이제 ~이 트인다. 2 [동] =기문(氣門). 3 [식] =기공(氣孔)¹.
숨기다 통(타) 1 '숨다'의 사동사. ¶범인을 집에 **숨겨** 주다. 2 (어떤 사물이나 사실을) 감추거나 드러내지 않다. 町은닉하다. ·은폐하다. ¶신분을 ~.
숨김-없다[-업따] 형 숨기는 일이 없다.

숨김없-이 튀 ¶죄를 ~ 고백하다.
숨김-표(-標) 몡[언] 안드러냄표의 하나. 알면서도 고의로 드러내지 않음을 나타낼 때 사용하는 '××', '○○' 등의 이름. 1 금기어나 공공연히 쓰기 어려운 비속어의 경우, 그 글자의 수효만큼 씀. 2 비밀을 유지할 사항일 경우에 그 글자의 수효만큼 씀. '육군 ○○ 부대' 따위.
숨-넘어가다 통자 숨이 끊어져 죽다. ¶숨넘어가는 듯한 외마디.
숨:다[-따] 〔숨고 / 숨어〕 통자 1 (상대의 눈에 잘 띄지 않거나 상대가 잘 찾을 수 없는 곳에) 자기 몸을 감추다. ¶달이 구름 속으로 ~. ¶이 집에 범인이 숨어 있다. 2 (주로 '숨은'의 꼴로 쓰여) (어떤 일이나 대상이) 세상이나 외부에 잘 드러나지 않는 상태가 되다. ¶숨은 노력 / 숨은 인재.
숨-대롱[-때-] 몡 잠수한 상태에서 입에 물고 숨을 쉴 수 있도록 만든 대롱 모양의 물건. =스노클.
숨바꼭-질[-찔] 몡 1 숨는 사람을 찾아나는 아이들의 놀이. 2 무엇이 숨었다 보였다 하는 일. ¶달이 구름 속으로 ~을 한다. 숨바꼭질-하다 통자
숨!-소리[-쏘-] 몡 숨을 쉴 때 나는 소리. ¶~를 죽이다.
숨!쉬기^운동(-運動) 몡[체] 맨손 체조의 하나. 숨을 깊이 들이마시고 내쉬는 운동.
숨어-들다 통자〔~드니, ~드오〕 몰래 기어들다. ¶몰래 민가에 ~.
숨은그림-찾기[-찬끼] 몡 복잡하게 그려진 그림 속에서 교묘하게 감추어진 어떤 그림을 찾아내는 놀이. 또는, 그런 놀이를 할 수 있도록 의도적으로 어떤 그림을 감추어서 그린 복잡한 그림.
숨!-죽이다 통자 숨소리가 들리지 않게 조용히 하다. ¶숨죽이고 엿듣다.
숨!-줄[-쭐] 몡 =기관(氣管)².
숨!-지다 통자 숨이 끊어져 죽다. 비운명하다. ¶교통사고로 ~.
숨!-차다 휑 숨이 가빠서 숨 쉬기가 어렵다. ¶급히 달려왔더니 몹시 ~.
숨!-통(-筒) 몡[생] =기관(氣管)². ¶~이 막히다.
숨:-표(-標) 몡[음] 악보에서, 쉼표가 없는 곳에서 숨을 쉬라는 뜻으로, 동기나 마디의 위에 적는 표. 기호는 ',' 또는 'V'.
숫-¹[순] 접뒤 '다른 것이 섞이거나 더럽혀지지 않고 본디 생긴 그대로'라는 뜻을 나타내는 말. ¶~처녀 / ~보기.
숫-²[순] 접뒤 일부 동물 이름에 붙어, 웅성(雄性)임을 나타내는 말. ¶~양 / ~염소. ↔주-.
숫-강아지 몡 '수캉아지'의 잘못.
숫-개 몡 '수캐'의 잘못.
숫-것[순껃] 몡 '수컷'의 잘못.
숫-구멍[숟꾸-] 몡 갓난아이 정수리의 발딱발딱 뛰는 곳.
숫-기(-氣)[숟끼] 몡 남을 대하거나 남과 어울릴 때 수줍어하거나 주눅이 들거나 하지 않고 활달하고 씩씩하게 행동하는 기질이나 태도. ¶저 아이는 ~가 없어 남 앞에서 노래도 못 부른다.
숫-기와 몡 '수키와'의 잘못.
숫-꿩 몡 '수꿩'의 잘못.
숫-나사(-螺絲) 몡 '수나사'의 잘못.
숫-놈 몡 '수놈'의 잘못.
숫-닭 몡 '수탉'의 잘못.
숫-당나귀(-唐-) 몡 '수탕나귀'의 잘못.
숫-돌[숟똘] 몡 칼 따위를 갈아서 날을 세우는 데 쓰는 돌.
숫-돼지 몡 '수돼지'의 잘못.
숫-되다[숟뙤-/숟뛔-] 휑 순진하고 어수룩하다. ¶숫된 시골 처녀.
숫-병아리 몡 '수평아리'의 잘못.
숫-보기[숟뽀-] 몡 1 숫된 사람. ¶~로만 알았더니 여간내기가 아니구먼. 2 숫총각이나 숫처녀.
숫-사돈(-查頓) 몡 '수사돈'의 잘못.
숫-소 몡 '수소'의 잘못.
숫-양(-羊)[순냥] 몡 양의 수컷. ↔암양. ×수양.
숫-염소[순념-] 몡 염소의 수컷. ↔암염소. ×수염소.
숫-은행나무(-銀杏-) 몡[식] '수은행나무'의 잘못.
숫!자(數字)[숟짜/숟짜] 몡 1 수를 나타내는 글자. 1, 2, 3, … 또는 一, 二, 三, … 따위. ¶아라비아 ~. 2 금전·예산·통계 등 숫자로 표시되는 사항. 수량적인 사항. ¶~에 밝다〔어둡다〕.
숫!자-놀음(數字-)[숟짜-/숟짜-] 몡 통계·회계 등에서, 실제의 현실과 동떨어진 채 숫자상으로만 아귀가 맞게 처리하거나 조작하는 일. 비난조의 말임. ¶~으로 회사의 수익을 뻥튀기하다.
숫제[숟쩨] 튀 1 순박하고 진실하게. 2 처음부터 차라리. 또는, 아예 전적으로. ¶일을 건성으로 하려면 ~ 하지 마라.
숫-처녀(-處女)[숟-] 몡 남자와 성적(性的) 관계가 없는 처녀. 비동정녀·처녀. ↔숫총각.
숫-총각(-總角)[숟-] 몡 여자와 성적(性的) 관계가 없는 총각. 비동정남. ↔숫처녀.
숫-토끼 몡 '수토끼'의 잘못.
숭고-하다(崇高-) 휑여 숭엄하고 고상하다. ¶숭고한 희생정신.
숭굴숭굴-하다 휑여 1 (얼굴이) 귀염성 있고 덕성스럽다. 2 (성질이) 너그럽고 원만하다.
숭늉 몡 누룽지가 있는 밥솥에 물을 붓고 끓인 물. 구수한 맛이 있으며, 대개 밥을 다 먹은 뒤에 마심.
숭덩-숭덩 튀 1 물건을 굵직하고 거칠게 빨리 써는 모양. ¶무를 ~ 썰다. 2 바느질할 때 거칠게 호는 모양. ¶~ 꿰매어 입다. 잰쑹덩쑹덩.
숭례-문(崇禮門)[-네-] 몡 조선 시대의 한양(漢陽) 도성의 남쪽 정문. 국보 제1호임. =남대문.
숭배(崇拜) 몡 1 우러러 공경하는 것. 2 신이나 부처 등을 우러러 신앙하는 것. ¶우상 ~. 숭배-하다 태여 ¶조상을 ~. 숭배-되다 통여
숭불(崇佛) 몡 부처·불교를 숭상하는 것.
숭상(崇尙) 몡 (어떤 대상을) 높여 소중히 여기는 것. 숭상-하다 태여 ¶학문을 ~.
숭숭 튀 1 물건을 듬성듬성 빨리 써는 모양. ¶호박을 ~ 썰다. 2 조금 큰 구멍이 많이 뚫린 모양. ¶구멍이 ~ 뚫린 창호지. 3 살갗에 큰 땀방울이나 소름 등이 많이 난 모양. 잰송송. 숭숭-하다 휑
숭앙(崇仰) 몡 높여 우러러보는 것. ¶전국민의 ~을 받는 지도자. 숭앙-하다 통

[타][여]

숭ː어 [명][동] 몸은 길이 70cm 안팎으로 가늘고 긴 원통형이며 머리 부분이 크고, 몸빛은 회청색인 바닷물고기. 도약력이 뛰어나 물 위로 높이 뛰어오름.

숭얼-숭얼 [부] 땀·물이 방울방울 많이 맺힌 모양. ¶이마에 땀방울이 ~ 맺히다. [작]송알송알.

숭엄-하다(崇嚴—) [형][여] 숭고하고 존엄하다.

숭유(崇儒) [명] 유교를 숭상하는 것. ¶~ 정책.

숯[숟] [명] 땔감으로 쓰기 위해, 나무를 가마 속에 넣어서 구워 낸 검은 덩어리. ＝목탄(木炭).

[**숯이 검정 나무란다**] 자기 허물을 생각하지 않고 남의 잘못을 들추어낸다.

숯-덩이[숟떵-] [명] 숯으로 뭉쳐 만든 덩이. ¶빨간 ~가 담긴 화로.

숯-불[숟뿔] [명] 숯이 타는 불.

숯불-갈비[숟뿔-] [명] 숯불에 구운 갈비.

숯-장수[숟짱-] [명] **1** 숯을 파는 장수. **2** 얼굴이 검은 사람을 놓으로 이르는 말.

숱[숟] [명] 머리털 따위의 부피나 분량. ¶~이 많다[적다].

숱-하다[수타-] [형][여] 썩 많다. ¶그는 전쟁터에서 사람이 죽는 걸 **숱하게** 보았다.

숲[숩] [명] 많은 나무, 특히 교목들이 무성하게 우거진 곳. ¶솔~. [본]수풀.

숲-길[숩낄] [명] 숲 속에 있는 길.

쉬¹ [명] 파리의 알. ¶~를 슬다.

쉬ː² Ⅰ[명] 〈유아〉 오줌이나 오줌을 누는 일. ¶엄마, 나 ~ 마려워.

Ⅱ[감] 어린아이에게 오줌을 누일 때 하는 소리.

쉬ː³ [부] '쉬이'의 준말.

쉬ː⁴ [감] 상대에게 시끄럽게 하거나 소리를 내지 말라는 뜻으로 내는 소리. ¶~, 조용히 해. ▷쉿.

쉬ː다¹ (쉬ː고 / 쉬어) [동][자] (음식이) 오래 두거나 하여 맛이 시큼하게 변하여 먹을 수 없는 상태가 되다. [비]상하다·썩다. ¶콩나물무침이 ~.

쉬ː다² (쉬ː고 / 쉬어) [동][자] 소리를 지르거나 목을 지나치게 쓰거나 목청에 탈이 생기거나 하여, (목소리가) 탁하고 거칠고 잘 나지 않는 상태가 되다. ¶목이 ~.

쉬ː다³ (쉬ː고 / 쉬어) [동][자][타] **1** (사람이) 육체적·정신적인 일이나 운동을 하다가 멈추고 몸이 힘들지 않고 편안한 상태가 되게 하다. ¶하던 일을 멈추고 ~. **2** (회사나 가게, 학교나 관청 등이) 하루 또는 그 이상의 날을 문을 닫고 일을 하지 않다. ¶오늘은 회사가 **쉬는** 날이다. **3** (사람이) 매일 다니거나 나가는 일터를 하루 또는 그 이상의 날 동안 나가지 않거나 아주 그만두다. **4** (사람이 어느 곳에서) 일시적으로 머무르다. ¶작은아들 집에서 며칠 **쉬기**로 했다. **5** (사람이) 잠을 자면서 피로를 풀다. **6** (물체나 물질이) 움직임을 멈추다. ¶**쉬지** 않고 흐르는 강물.

쉬ː다⁴ (쉬ː고 / 쉬어) [동][타] **1** (사람이나 동물이 숨을) 생명을 이어 가기 위해 코나 입을 통해 들이마셨다 내었다 하기를 되풀이하다. ¶숨을 ~. **2** (사람이 한숨을) 코나 입을 통해 몸 밖으로 내보내다. ¶한숨을 ~.

쉬르레알리슴([프]surréalisme) [명][예] ＝초현실주의.

쉬ː쉬-하다 [동][타][여] 남이 알까 두려워하여 숨기다. ¶소문이 새어 나갈까 ~.

쉬-슬다 [동][자] 〈~스니, ~스오〉 파리가 알을 여기저기 낳다.

쉬어 [감][명] 제식 훈련 시 구령의 하나. '열중쉬어'의 자세에서 손을 풀고 보다 편한 자세를 가지라는 말.

쉬엄-쉬엄 [부] 쉬어 가며 천천히 하는 모양. ¶일을 ~ 하다.

쉬이 [부] **1** 쉽게. ¶그 정도는 누구나 ~ 할 수 있는 일이다. ×수이. **2** 오래지 않아. [준]쉬.

쉬이-보다 [동][타]가볍게 또는 쉽게 보다.

쉬이-여기다 [동][타] 쉽게 생각하다.

쉬-파리 [명][동] 파리의 한 종류로, 몸빛은 회색에 3개의 검은 세로줄이 있고, 동물의 사체나 쓰레기장 등에서 발생하는 곤충. ＝왕파리.

쉬ː-하다 [동][자][여] 〈유아〉 오줌을 누다.

쉰ː Ⅰ[수] **1** 열의 다섯 곱절. ▷오십. **2** 사람이나 사물의 수량을 셀 때, 열의 다섯 곱절에 해당하는 수효. ¶나이가 ~이다.

Ⅱ[관] ¶~ 개.

쉰ː-내 [명] 음식 따위가 쉬어서 나는 시큼한 냄새. ¶밥에서 ~가 나다.

쉰ː-둥이 [명] 쉰 살에 낳은 늦둥이.

쉰ː-밥 [명] 쉬어서 쉰내가 나거나 시큼하게 된 밥.

쉼ː-터 [명] 쉬는 장소.

쉼ː-표(—標) [명] **1** [언] 반점·모점·가운뎃점·쌍점·빗금의 총칭. 흔히는, 반점만을 가리킴. **2** [음] 악보에서 쉼을 나타내는 기호.

쉽ː다[—따] (쉽ː고 / 쉬워) [형][ㅂ] 〈쉬우니, 쉬워〉 **1** (어떤 일이) 하거나 다루기에 적은 힘이나 노력으로 가능한 상태에 있다. [비]용이하다. ¶시험 문제가 ~. **2** ('-기(가) 쉽다'의 꼴로 쓰여) 앞뒤 상황으로 미루어 어떻게 될, 또는 어떠할 가능성이 많은 상태에 있다. ¶틀리기 **쉬운** 문제. **3** (말이나 글이) 무슨 뜻을 나타내는지 얼른 이해할 수 있는 상태에 있다. ¶**쉬운** 말로 풀어서 얘기하다. ↔어렵다.

쉽ː-사리[—싸—] [부] 아주 쉽게. 순조롭게. ¶일은 ~ 끝나지 않았다.

쉿[쉳] [감] 상대에게 소리를 내지 말라는 뜻으로 급하게 내는 소리. ¶~, 놈들이 오고 있다!

슈뢰더, 게르하르트(Schröder, Gerhard) [명][인] 독일의 정치가·총리(1944~).

슈만, 로베르트 알렉산더(Schumann, Robert Alexander) [명][인] 독일의 작곡가(1810~1856).

슈미즈([프]chemise) [명] 여성의 양장용 속옷의 하나. 원피스 모양으로 소매가 없고 어깨 끈이 달려 있으며, 길이는 허벅다리까지 내려옴.

슈바이처, 알베르트(Schweitzer, Albert) [명][인] 독일계 프랑스의 의사·철학자(1875~1965).

슈베르트, 프란츠 페터(Schubert, Franz Peter) [명][인] 오스트리아의 작곡가(1797~1828).

슈-크림(†[프]chou＋cream) [명] 반죽한 밀가루를 구워 내어 그 속에 크림을 넣어 만든 서양 과자.

슈트라우스¹, 요한(Strauss, Johann) [명][인] 오스트리아의 작곡가(1825~1899).

슈트라우스², 요한 밥티스트(Strauss, Jo-

hann Baptist) 명[인] 오스트리아의 작곡가(1804~1849).

슈팅 (shooting) 명[체] 구기에서, 골이나 바스켓에 공을 차거나 던져서 넣는 일.

슈팅^가드 (shooting guard) 명 농구에서, 가드의 역할을 하면서 기회가 생기면 슈팅을 하는 포지션. 또는, 그 선수.

슈퍼 (←supermarket) 명 '슈퍼마켓'의 준말.

슈퍼마켓 (supermarket) 명 고객이 손수 매장에서 상품을 고른 뒤, 대금은 계산대에서 치르게 되어 있는 대규모 소매점. 준슈퍼.

슈퍼맨 (superman) 명 정신적·육체적으로 놀라울 만큼 뛰어난 능력을 가진 사람. 비초인.

슈퍼바이저 (supervisor) 명 '감독자', '관리자'로 순화.

슈퍼-스타 (superstar) 명 많은 사람들에게 사랑받고다시피 한 가수나 배우나 스포츠 선수.

슈퍼스테이션 (superstation) 명 지방 텔레비전 방송국의 프로그램을 통신 위성을 이용하여 전국 각지의 케이블 방송국에 배급하는 서비스. 또는, 그런 서비스를 하는 방송국.

슈퍼우먼 (superwoman) 명 정신적·육체적으로 놀라울 만큼 뛰어난 능력을 가진 여성. 특히, 가정 일과 직업상의 일을 모두 성공적으로 이뤄 낸 여성.

슈퍼-컴퓨터 (supercomputer) 명 컴 대량의 데이터를 초고속으로 처리할 수 있는 컴퓨터.

슈퍼-파워 (superpower) 명 '초강대국', '초강자'로 순화.

슈피리어 호 (Superior湖) 명[지] 미국과 캐나다의 국경에 있는 담수호.

슐레지엔 (Schlesien) 명[지] 폴란드의 남서부에 있는 지방.

슐리만,하인리히 (Schliemann, Heinrich) 명[인] 독일의 고고학자(1822~1890).

슛 (shoot) 명[체] 농구·축구 등에서, 바스켓이나 골을 향하여 공을 던지거나 차는 일. ¶헤딩~. **슛-하다** 통타여.

스가랴-서 (←Zechariah書) 명[성] 구약 성서 중의 한 권.

스냅 (snap) 명 1 = 똑딱단추. 2 [사진] '스냅 사진'의 준말. 3 [체] 야구 등의 구기에서, 공을 던질 때의 손목의 움직임. 또는, 그 힘.

스냅^사진 (snap寫眞) 명 [사진] 인위적으로 연출되지 않은 장면을 즉흥적으로 찍은 사진. 준스냅.

스노모빌 (snowmobile) 명 앞바퀴 대신 썰매를 단 눈 자동차.

스노보드 (snowboard) 명 널빤지 위에 몸을 싣고 눈이 쌓인 비탈을 미끄러져 내려오는 운동. 또는, 그 널빤지.

스노클 (snorkel) 명 =숨대롱.

스노클링 (snorkeling) 명 =스킨 다이빙.

스노-타이어 (snow tire) 명 눈길 주행용으로 만든 타이어.

스님 명[불] '승려'를 높여서 호칭 또는 지칭하는 말.

스라소니 명[동] 몸길이 1m가량으로 살쾡이 비슷한 포유동물. 깊은 삼림에 살며, 나무를 잘 타고 헤엄도 잘 침. 성질이 난폭함.

스란 명 치맛단에 금박을 박아 선을 두른 것.

스란-치마 명 스란을 단 긴치마. 입으면 발이 보이지 않을 만큼 길고 폭이 넓음.

스러지다 통여 1 (형체·빛 등이) 차차 희미해지면서 없어지다. ¶별빛이 ~. 2 (어떤 존재가) 서서히 없어지다. ¶햇빛에 ~스러지는 이슬. 3 (어떤 감정이나 생각 등이) 누그러지거나 약해져 없어지다. ¶미움과 원망이 어느덧 ~. 작사라지다.

-스럽다 [-따] 접미 명사 아래에 붙어, 그러한 느낌이나 요소가 있다는 뜻의 형용사를 만드는 말. 특히, 형용사 '-하다'에 비해 미흡성(未洽性)의 어감을 가짐. 가령 '행복하다'에 대해 '행복스럽다'는 조금 덜 행복하다는 어감을 가짐. ¶평화~/사랑~.

-스레하다 접미 =-스름하다. ¶불그~.

스로인 (throw-in) 명[체] 축구에서, 터치라인 밖으로 나간 공을 두 손으로 높이 들어 경기장 안으로 던지는 일. **스로인-하다** 통(여).

스루^패스 (through pass) 명[체] 축구에서, 상대편 사이를 통과해서 전방으로 보내 주는 패스.

스르 부 1 얽히거나 뭉쳤던 것이 부드럽게 풀리는 모양. ¶매듭이 ~ 풀리다. 2 얼음이나 눈 따위가 저절로 녹는 모양. ¶입속에서 ~ 녹는 솜사탕. 3 자기도 모르게 잠이 들거나 졸음이 오는 모양. ¶~ 잠이 들다. 4 눈이 저절로 감기거나 눈을 자기도 모르게 감는 모양. ¶졸려서 눈이 ~ 감긴다. 5 아주 슬며시, 가만가만 움직이는 모양. ¶문이 ~ 열리다. 큰사르르.

-스름하다 접미 어떤 빛깔이나 형상을 나타내는 말 아래에 붙어, 빛깔이 옅거나 그 형상과 비슷하다는 뜻을 나타내는 말. = -스레하다. ¶불그~ /둥그~.

스리랑카 (Sri Lanka) 명[지] 인도 반도의 남동쪽에 있는 섬으로 이루어진 공화국. 수도는 스리자야와르데네푸라.

스리런 홈런 (three-run home run) 명[체] 야구에서, 주자가 두 명 진루해 있을 때 타자가 치는 홈런. 3점을 득점함.

스리-슬쩍 부 남이 모르는 사이에 아주 재빠르게.

스리^아웃 (three out) 명[체] 야구에서, 공격 측의 선수가 세 사람 아웃되는 일. 공격과 수비가 교체됨.

스리자야와르데네푸라 (Sri Jayawardenepura) 명[지] 스리랑카의 수도.

스리^쿠션 (←three cushions) 명 당구에서, 제 공을 쳐서 나머지 두 공을 맞히되, 그 사이에 3회 이상 쿠션에 닿아야만 득점이 되는 경기 방식.

스리쿼터 (three-quarter) 명 지프와 트럭의 중간급의 자동차.

스리피스 (three-piece) 명 세 가지가 갖추어진 한 벌의 양복. 남자용은 재킷·조끼·바지, 여자용은 재킷·조끼·블라우스·스커트(바지).

스릴 (thrill) 명 간담을 서늘하게 하며 아슬아슬하게 하는 느낌. ¶~이 넘치는 액션 영화.

스릴러 (thriller) 명 영화·연극·소설 등에서 괴기하고 스릴이 있는 작품.

스마트-하다 (smart-) 형(여) (모양이) 단정하고 말쑥하다. ¶스마트한 옷차림.

스매시 (smash) 명[체] 테니스·탁구·배구 등에서, 공을 네트 너머로 세게 내려치는

일. =스매싱. **스매시-하다** 동(타)여
스매싱(smashing) 명(체) =스매시. 스매싱-하다 동(타)여
스멀-거리다/-대다 동(자) (몸이) 살갗에 작은 벌레가 기는 것처럼 근질거리다. ¶등이 송충이가 붙은 듯 스멀거린다.
스멀-스멀 튀 스멀거리는 모양. 스멀스멀-하다 형여
스메타나, 베드르지흐(Smetana, Bedřich) 인 체코의 작곡가(1824~1884).
스며-들다 자(ㄷ)〈-드니, -드오〉(바람·가스·물·냄새·추위 따위가) 틈이 있는 곳을 통해 안으로 들어오다. ¶추위가 뼛속까지 ~.
스모(❷相撲·角力/すもう) 명 일본의 전통적인 씨름.
스모그 명 [smoke+fog] 일정 지역의 공기가 오염되어 안개가 낀 것처럼 뿌옇게 흐려지는 현상. 또는, 그 공기.
스무 관 '스물'의 뜻. ¶~ 개.
스무-고개 명 스무 번의 질문으로 어떤 문제를 알아맞히는 놀이.
스무-남은 관(수) 스물 남짓한 (수).
스무드-하다(smooth-) 형여 '순조롭다', '부드럽다'로 순화. ¶스무드한 출발.
스무-째 수관 차례를 매길 때, 열아홉째의 다음에 오는 수.
스물 주 1 열의 갑절. ▷이십. 2 사람이나 사물의 수량을 셀 때, 열의 갑절에 해당하는 수효.
스미다 자 1 (물 따위의 액체가 종이나 천이나 흙이나 기타의 물질에) 작은 틈을 통해 들어가다. ¶땀에 빗물이 ~. 2 (기체·바람·한기 따위가) 속으로 흘러들다. ¶찬 바람이 옷 속으로 ~. 3 (어떤 감정이 마음에) 자리 잡거나 생기다. 타사무치다. ¶가슴 깊이 스미는 외로움. 4 (마음이나 정 따위가 어떤 대상에) 담겨 있다. ¶어머니의 사랑이 스며 있는 도시락.
스미스, 애덤(Smith, Adam) 인 영국의 경제학자(1723~1790).
스바냐-서(←Zephaniah書) 명(성) 구약성서 중의 한 권.
스산-하다 형여 1 몹시 어수선하고 쓸쓸하다. ¶낙엽이 뒹구는 스산한 거리. 2 (날씨가) 흐리고 으스스하다. ¶스산한 날씨. 3 (마음이) 가라앉지 않고 어수선하다. ¶마음이 ~.
스스럼-없다 [-업따] 형 스스러운 마음이 없다. 스스럼없이 튀 ¶~ 대하다.
스스럽다 [-따] 형(ㅂ)〈스스러우니, 스스러워〉 1 사귀어 지내는 사이가 그리 두텁지 못하여 조심스럽다. 2 수줍고 부끄러운 데가 있다.
스스로 I 튀 1 제 힘으로. ¶남의 손 빌리지 말고 ~ 해라. 2 자진하여. 3 저절로. ¶문이 ~ 닫히다.
II 명 자기 자신. ¶~를 속이지 마라.
스승 명 자기를 가르쳐 이끌어 주는 사람. (비선생.
스승의 날 [-의-에-에-] 명 스승의 은혜를 되새기며 사은의 뜻으로 기념하는 날. 5월 15일.
스시 (❷鮨/すし) 명 '초밥'으로 순화.
스와데시(❷Swadeshi) 명 ['자국(自國)'의 뜻] 20세기 초기에 인도에서 전개되었던 독립 운동의 표어의 하나. 영국 상품을 배척하고, 국산품의 애용과 장려를 주장함. ▷스와라지.

스와라지(❷Swaraj) 명 ['자치(自治)'의 뜻] 정 1906년에 인도에서 일어난 자치 운동. 영국인을 몰리처 인도인 스스로 인도를 다스리자는 주장임. ▷스와데시.
스와질란드(Swaziland) 명(지) 아프리카의 남부, 남아프리카 공화국과 모잠비크의 경계에 있는 작은 입헌 군주국. 수도는 음바바네.
스와핑(swapping) 명 1 [컴] 주기억 장치의 영역과 보조 기억 장치의 영역을 바꾸어 주는 일. 2 둘 이상의 부부가 서로 배우자를 교환해 성 관계를 맺는 일.
스웨덴(Sweden) 명(지) 북유럽, 스칸디나비아 반도의 동부에 있는 입헌 군주국. 수도는 스톡홀름.
스웨터(sweater) 명 털실로 짠, 소매가 긴 상의.
스위스(Suisse) 명(지) 중부 유럽에 있는 연방 공화국. 수도는 베른.
스위치(switch) 명 전기 회로를 이었다 끊었다 하는 장치.
스위치히터(switch-hitter) 명(체) 야구에서, 공을 좌우 어느 쪽 타석에서도 칠 수 있는 타자.
스위트-룸(suite room) 명 호텔 등에서 욕실이 딸린 침실, 거실 응접실 따위가 하나로 붙어 있는 특별실을 이르는 말.
스위퍼(sweeper) 명 ['청소부'라는 뜻] (체) 1 축구에서, 골키퍼의 바로 앞에 위치한 최후의 수비 선수. 2 볼링에서, 핀을 옆으로 쓸어 내듯이 넘어뜨리는 볼.
스위프트, 조너선(Swift, Jonathan) 명(인) 영국의 소설가(1667~1745).
스윙(swing) 명(체) 1 권투에서, 수평으로 크게 반원을 그리듯이 주먹을 휘두르는 동작. 2 야구에서, 타자가 배트를 휘두르는 동작. 3 골프에서, 골프채를 휘두르는 동작. 스윙-하다 자여
스쳐-보다 [-처-] 타 세밀하지 않게 슬쩍 보다.
스치다 자(타)여 1 서로 약간 닿으면서 지나가다. ¶옷길을 ~. 2 (냄새·소리·바람 등이) 약하게 잠시 느껴지다. ¶찬 바람이 얼굴을 ~. 어떤 생각이나 표정이 퍼뜩 떠올랐다가 사라지다. ¶얼굴에 실망의 빛이 스치고 지나간다.
스카우트(scout) 명 1 보이 스카우트나 걸 스카우트를 줄여 이르는 말. 2 (유망한 선수나 연예인, 인재 등을) 물색하여 뽑는 것. 스카우트-하다 동(타)여 (유망한 선수나 연예인, 인재 등을) 물색하여 뽑는다. ¶우수 선수를 ~. 스카우트-되다 자여
스카이-다이버(skydiver) 명 스카이다이빙을 하는 사람.
스카이-다이빙(skydiving) 명(체) 절벽이나 고층 건물 같은 높은 곳에서, 또는 비행 중인 항공기에서 낙하산을 착용한 채 뛰어내려 목표 지점에 착륙하는 공중 스포츠.
스카이-라운지(†sky lounge) 명 고층 빌딩의 맨 위층에 베푼 휴게실.
스카이라인(skyline) 명 산·건물 등이 하늘과 구획하는 윤곽선.
스카이랩(Skylab) 명 [sky+laboratory] 1973년 미국에서 쏘아 올린 소형 우주 정거장.
스카이박스(skybox) 명 '특별 관람석', '전용 관람석'으로 순화.
스카이^서브(sky serve) 명(체) 탁구에서,

공을 높이 위로 띄웠다가 공이 내려올 때 탁구채로 돌려 보내는 서브.
스카이웨이(skyway) 뗑 산마루를 따라 이어지는 관광 도로. ¶북악 ~.
스카치(Scotch) 뗑 '스카치위스키'의 준말.
스카치-위스키(Scotch whisky) 뗑 스코틀랜드 특산의 위스키. ㉰스카치.
스카치-테이프(Scotch tape) 뗑 접착용 셀로판테이프. 상품명에서 온 말임.
스카프(scarf) 뗑 주로 여성이 방한용·장식용으로 목에 감거나 머리에 쓰는, 보자기만 한 얇은 천.
스칸디나비아^반도(Scandinavia半島) 뗑[지] 유럽 북부에 있는 반도.
스칼라(scalar) 뗑[수][물] 하나의 수치만으로 완전히 표시되는 양. 방향의 구별이 없음. 질량·밀도 따위.
스캐너(scanner) 뗑 1 [컴] 그림이나 사진의 화상, 또는 문자나 바코드 등을 읽어 들이는 입력 장치. 2 텔레비전의 주사기. 3 [출] 색도 분해기의 일종. 상품명에서 유래됨.
스캐닝(scanning) 뗑 =스캔1·2.
스캔(scan) 뗑 1 원하는 파일이나 프로그램을 검색하고 찾아내는 일. 2 사진·그림·문자 등을 스캐너로 읽어 들이는 일. =스캐닝. 3 [을] =주사(走査)'. 스캔-하다
스캔들(scandal) 뗑 매우 충격적이고 부도덕한 사건. 또는, 치욕적인 평판이나 소문. ㈜추문·물의. ¶~을 일으키다.
스캘핑(scalping) 뗑[경] 투자 위험을 극소화하기 위해 아주 작은 이익을 목적으로 매매하는 투기성 선물환 거래.
스커트(skirt) 뗑 허리로부터 하반신을 덮는, 서양식 치마. ¶미니~.
스컬(scull) 뗑[체] 좌우의 노를 한 사람이 젓는 좁고 기다랗고 가벼운 경조용(競漕用) 보트. 또는, 그 보트로 하는 경기.
스컹크(skunk) 뗑 몸길이 약 40cm로 온몸이 긴 털로 덮였으며, 몸빛은 검고 뒷머리에서 등 쪽으로 흰 띠무늬가 있는 포유동물. 적을 만나면 항문에서 냄새가 고약한 액체를 뿜어냄.
스케르초(이scherzo) 뗑[음] 해학적이며 빠르고 경쾌한 기악곡.
스케이트(skate) 뗑 구두 바닥에 쇠날을 붙이고 얼음판 위를 지치는 운동 기구. ¶피겨 [스피드] ~.
스케이트-보드(skateboard) 뗑 위에 올라서서 언덕 따위를 미끄러져 내려타는, 바퀴가 달린 판대기.
스케이트-장(skate場) 뗑 스케이팅을 위한 설비를 갖춘 곳. ¶실내 ~.
스케이팅(skating) 뗑[체] 스케이트를 신고 얼음판 위를 지치는 일. 스케이팅-하다 동{타며}
스케일(scale) 뗑 1 일이나 계획 등의 규모. ¶~이 방대한 사업. 2 인물의 도량이 나 됨됨이. ¶~이 큰 인물.
스케일링(scaling) 뗑[의] 치석(齒石)을 제거하는 일. 스케일링-하다 {타며}
스케줄(schedule) 뗑 시간에 따라 구체적으로 세운 계획. 또는, 그 계획표. ㉰일정. ¶~을 잡다.
스케치(sketch) 뗑 1 [미] 대상을 세부적으로 묘사하지 않고 빨리 그리는 것. 또는, 그 그림. 2 [음] 어떤 느낌이나 인상을 간단하게 묘사한 소곡(小曲). 스케치-하다 동{타며}
스케치-북(sketchbook) 뗑 스케치를 할 수 있도록 도화지 따위를 여러 장 한데 모아 맨 책.
스코어(score) 뗑[체] 경기의 득점. ¶타이 ~ / ~ 차가 크게 벌어지다.
스코어-보드(scoreboard) 뗑[체] 운동 경기장 등에서, 경기의 득점·경과 등을 알리는 게시판.
스코틀랜드(Scotland) 뗑[지] 영국 그레이트브리튼 섬의 북부 지방.
스코페(Skopje) 뗑[지] 마케도니아의 수도.
스콜(squall) 뗑[기상] 강풍·우레를 수반하는 열대 지방의 세찬 소나기.
스콜라^철학(⑩schola哲學) 뗑[철] 중세 유럽에서 크리스트교 신학을 중심으로 형성된 철학. 이성과 신앙의 조화를 목표로 하였음.
스콧[1], 로버트 팰컨(Scott, Robert Falcon) 뗑[인] 영국의 탐험가(1868~1912).
스콧[2], 월터(Scott, Walter) 뗑[인] 영국의 시인·소설가(1771~1832).
스쿠버(scuba) 뗑 자급식(自給式) 잠수 호흡 장치. 압축 공기통을 메어 지고 압력 자동 조절기를 통하여 마우스피스로 호흡하게 만든 것. ▷애퀄렁.
스쿠버^다이빙(scuba diving) 뗑[체] 압축 공기통을 멘 상태에서 물안경과 오리발을 착용하고 비교적 깊은 물속에서 오랫동안 헤엄치는 일. ▷스킨 다이빙.
스쿠터(scooter) 뗑 1 소형 오토바이의 하나. 원동기를 좌석 밑에 두고 작은 바퀴 둘을 단 것임. 2 아이들이 한쪽 발을 올려 놓고 땅 위에서 미끄럼 타는 외발 롤러스케이트.
스쿠프(scoop) 뗑 신문·잡지 기자가 남을 앞질러서 특종 기사를 찾아내는 일. 또는, 그런 특종 기사. 스쿠프-하다 동{타며}
스쿨-버스(school bus) 뗑 학생들이 등하교 때에 이용하는, 학교의 버스.
스쿼시(squash) 뗑 1 과즙을 소다수로 묽게 하고 설탕을 넣은 음료. ¶레몬 ~. 2 [체] 사방이 벽으로 둘러싸인 코트에서, 라켓으로 단단한 고무공을 벽에 맞혀 공이 마루에 두 번 튕기기 전에 되받아치는 구기 경기.
스쿼어^댄스(square dance) 뗑 여덟 사람이 둘씩 짝을 지어 마주 서서 사각을 이루면서 추는 단체 댄스.
스퀴즈^번트(squeeze bunt) 뗑[체] 야구에서, 희생 번트의 하나. 무사(無死) 또는 1사(死)에서 3루 주자의 득점을 목적으로 행하는 번트.
스퀴즈^플레이(squeeze play) 뗑[체] 야구에서, 스퀴즈 번트로 득점을 도모하는 전술.
스크랩(scrap) 뗑 신문·잡지 등에서 필요한 글이나 사진을 오려 내는 일. 또는, 그 오려 낸 것. 스크랩-하다 동{타며}
스크랩-북(scrapbook) 뗑 신문·잡지 등에서 필요한 부분을 오려 내어 붙인 책.
스크럼(scrum) 뗑 1 [체] 럭비에서 반칙 후 경기를 재개할 때, 3명 이상의 양편 선수가 맞겨루듯 서로 마주한 상태에서 각각 어깨와 상체를 밀착하여 한 덩어리가 되는 자세를 취하는 일. ¶루스 ~. 2 여럿이 팔을 꽉 끼고 뭉치는 일. ¶시위대가 ~을 짜고 경찰과 대치하다.

스크롤-바(scroll bar) 〖컴〗 컴퓨터 모니터에 보이는 화면을 상하 좌우로 움직이면서 보고자 하는 화면. 마우스를 눌러 사용하는 막대 모양의 표시.

스크루(screw) 선박에서 원동기의 회전력을 추진력으로 바꾸는 프로펠러형 추진 장치.

스크린(screen) 〖명〗 영사기나 환등기로 필름이나 슬라이드의 상을 비추는 흰색의 막. 또는, 그 상이 비춰진 화면. ㉕영사막.

스크린^쿼터(screen quota) 〖영〗 영화관에서 1년에 기준 일수 이상 의무적으로 국산 영화를 상영하게 하는 제도. 국산 영화의 보호를 위한 제도임.

스크린-플레이(screenplay) 〖체〗 농구에서, 자기편 선수를 앞세워 상대의 수비를 제지하게 하고 그 뒤에서 득점을 노리는 공격법.

스크립터(scripter) 영화나 텔레비전, 라디오 등의 대본 작가.

스크립트(script) 〖명〗 영화나 방송의 대본이나 각본.

스키(ski) 〖명〗 **1** 눈 위를 지치는 데 쓰는, 좁고 긴 판상(板狀)의 기구. 신발이 부착되어 있으며 2개의 지팡이를 짚고 달림. **2** [체] **1**을 이용하여 눈 위를 달리고 활강하고 점프하는 운동.

스키드 마크(skid mark) 급브레이크를 밟거나 했을 때 자동차가 미끄러지면서 노면에 남기게 되는, 타이어의 검은 자국.

스키-장(ski場) 〖명〗 스키를 탈 수 있는 시설을 갖춘 곳.

스키타이(Scythai) 〖명〗 기원전 6~3세기에 걸쳐 흑해·카스피해 연안에서 활약한 이란계의 유목 기마 민족.

스키트^사격(skeet射擊) 〖체〗 클레이 사격 경기에서, 사수(射手)의 좌우에 있는 높고 낮은 두 곳에서 동시에 방출되는 하나 또는 두 개의 클레이 피전을 명중시키는 경기.

스키피오 아프리카누스, 푸블리우스 코르넬리우스(Scipio Africanus, Publius Cornelius) 〖인〗 고대 로마의 장군(236~184 B.C.).

스킨^다이버(skin diver) 〖명〗 물안경·오리발·숨대롱 정도의 장비를 갖추고 스포츠로서의 잠수를 즐기는 사람.

스킨^다이빙(skin diving) 〖명〗 공기통을 메지 않은 상태에서 오리발과 숨대롱과 물안경을 착용하고 비교적 깊지 않은 물속에서 헤엄치는 일. =스노클링. ▷스쿠버 다이빙.

스킨-로션(skin lotion) 〖명〗 피부 보호에 쓰는 중성의 화장수.

스킨십(↑skinship) 〖명〗 피부의 상호 접촉에 의한 애정의 교류.

스킨-케어(skin care) 〖명〗 화장품이나 약품으로 피부를 가꾸는 일. '피부 관리'로 순화.

스타(star) 〖명〗 ['별'이라는 뜻] **1** 높은 인기를 얻고 있는 연예인이나 운동선수를 이르는 말. ¶톱~. **2** 장성(將星)의 계급인 별을 통속적으로 이르는 말. 또는, 장성을 가리키기도 함. ¶투(two) ~.

스타덤(stardom) 〖명〗 인기 스타의 지위 또는 신분. ¶~에 오르다.

스타디움(ⓔstadium) 〖명〗 육상 경기장·야구장 등 주위에 관람석이 있는 대경기장.

스타-루비(star ruby) 〖명〗 연마하면 여섯 줄의 별빛을 내쏘는 루비.

스타워즈^계획(Star Wars計劃) [-계획/-계획] 〖군〗 '전략 방위 구상'의 별칭.

스타인벡, 존 언스트(Steinbeck, John Ernst) 〖인〗 미국의 소설가(1902~1968).

스타일(style) 〖명〗 사물의 일정한 양식. **1** [예] 미술·건축·음악·문학 등에서, 어떤 유파나 시대를 대표하는 특유한 양식. ¶바로크 ~의 건축. **2** 〖문〗 문학 작품의 구성이나 형식, 또는 문체. ¶헤밍웨이의 하드보일드 ~의 소설. **3** 복식(服飾)이나 두발(頭髮)의 형(型). ¶헤어 ~.

스타일(을) 구기다 〈속〉 체면이나 위신이 깎이다.

스타일리스트(stylist) 〖명〗 텔레비전 광고 촬영 현장에서 모델의 의상·분장·헤어스타일·액세서리 등을 결정하는 사람.

스타카토(ⓘstaccato) 〖음〗 한 음표씩 끊어서 연주하는 일. 또는, 그 기호. 음표의 위 또는 아래에 '·'을 붙임.

스타카티시모(ⓘstaccatissimo) 〖음〗 음을 아주 짧게 끊어서 연주하는 일. 또는, 그 기호.

스타킹(stocking) 〖명〗 **1** 나일론 등으로 아주 얇고 신축성이 강한, 목이 긴 여자용 양말. ¶팬티-. **2** 야구·축구·등산을 할 때 신는, 바닥이 없이 발바닥에 조금 걸치게만 되고 목이 길며 두툼한 양말.

스타터(starter) 〖명〗 **1** =점등관. **2** 자동차 엔진 등의 시동 장치.

스타트(start) 〖명〗 '시작', '출발'로 순화. ¶~가 좋지 않아 기록이 저조했다.

스타팅^멤버(starting member) 〖체〗 선수 교대를 할 수 있는 단체 경기에서, 처음에 출장하는 선수.

스타팅^블록(starting block) 〖체〗 육상 경기의 단거리 달리기에서, 스타트할 때 발을 걸치게 하는 기구.

스타-플레이어(star player) 〖명〗 인기 있는 운동선수.

스탈린, 이오시프 비사리오노비치(Stalin, Iosif Vissarionovich) 〖인〗 소련의 정치가(1879~1953).

스탕달(Stendhal) 〖인〗 프랑스의 소설가(1783~1842).

스태그플레이션(stagflation) 〖명〗 [stagnation+inflation] 〖경〗 경기 불황 상태에서도 물가가 계속 오르는 현상.

스태미나(stamina) 〖명〗 어떤 활동을 지속적으로 할 수 있는 육체적인 힘. ㉕원기·정력. ¶왕성한 ~.

스태프(staff) 〖명〗 **1** 영화·연극·방송 등에서, 배우나 연기자를 제외한 제작진. 곧, 감독·음악·촬영·조명 따위를 맡은 사람. **2** 경영 관리 조직에서, 전문 지식을 활용하여 경영자와 관리자에게 조언 및 권고를 하는 부문. 또는, 그 부문에 종사하는 사람. ×스탭.

스탠드(stand) 〖명〗 **1** 물건을 세우는 대 같은 것. ¶잉크~. **2** 운동 경기장의 계단식 관람석. ¶~를 꽉 메운 관중. **3** ↑ =전기스탠드. **4** 음식점·술집 등에서, 카운터를 향하여 의자를 설치하는 일정한 자리.

스탠드-바(↑stand bar) 〖명〗 서양식의 간이 술집. 긴 스탠드 앞에 의자를 늘어놓았음. =바(bar).

스탠드-칼라(stand collar) 圀 중국 옷이나 전의 남학생 교복의 깃처럼 목둘레가 선 칼라.

스탠딩^스타트(standing start) 圀[체] 육상 경기의 중거리 및 장거리 경주에서, 선 자세로 출발하는 방법.

스탠리, 헨리 모턴(Stanley, Henry Morton) 圀[인] 영국의 탐험가(1841~1904).

스탠바이(←stand-by) 圀[방송] **1** 프로듀서가 방송이 시작되기 직전에 스태프와 출연자에게 준비하라는 뜻으로 외치는 말. **2** 돌발 사태로 예정된 방송이 이뤄지지 못할 경우를 대비한 임시 프로그램.

스탠스(stance) 圀[체] **1** 골프·야구·테니스 등에서, 공을 칠 때의 두 발의 위치나 벌린 폭. **2** 권투에서, 상대 선수와 마주 섰을 때의 발을 벌린 자세나 거리.

스탬프(stamp) 圀 잉크를 묻혀 눌러 찍는 고무도장.

스탬프-잉크(stamp ink) 圀 고무도장 따위를 찍을 때 쓰는 잉크.

스탭 圀 '스태프(staff)'의 잘못.

스턴트-맨(stunt man) 圀[영] 영화·텔레비전 드라마의 위험하고 아슬아슬한 장면에서, 주연 배우의 대역을 하는 전문 배우.

스테고돈(stegodon) 圀[동] 신생대에 살았던, 코끼리와 비슷한 화석 동물. 동남아시아 각지에서 발견됨.

스테디-셀러(steady seller) 圀 오랜 기간에 걸쳐 꾸준히 팔리는 책.

스테레오(stereo) 圀 방송이나 레코드 등의 입체적 음향 재생 방식. 또는, 그 장치.

스테레오^방·송(stereo放送) 圀 =입체방송.

스테레오^타입(stereo type) 圀 창의성이 없이 판에 박힌 방식. ¶~에서 벗어나지 못하는 멜로드라마.

스테로이드(steroid) 圀[화] 콜레스테롤·담즙산·성호르몬 등 생체 내에서 중요한 작용을 하는 물질이 포함된 유기 화합물. 동식물체에 널리 존재함.

스테이션-왜건(station wagon) 圀 승용차 차체의 형(型)의 하나. 좌석을 접었다 폈다 할 수 있으며, 차내의 뒷부분에 짐을 실을 수 있음.

스테이지(stage) 圀 '무대'로 순화.

스테이크(steak) 圀 '비프스테이크'의 준말.

스테이플러(stapler) 圀 =호치키스.

스테이플^파이버(staple fiber) 圀 인조 섬유를 짧게 잘라 양털 또는 솜처럼 정제·방사(紡絲)한 섬유. 또는, 그 섬유로 짠 옷감이나 실.

스테인드-글라스(stained glass) 圀 색유리를 쓰거나 색을 칠하여 무늬나 그림을 나타낸 판유리. 성당·교회 등의 유리창에 쓰임.

스테인리스(stainless) 圀 '스테인리스강'을 일상적으로 이르는 말.

스테인리스-강(stainless鋼) 圀 니켈·크롬 등을 많이 넣어 녹슬지 않고 약품에도 부식되지 않도록 한 강철. =스테인리스 스틸. ×스텐.

스테인리스^스틸(stainless steel) 圀 =스테인리스강.

스테파노, 지우세페 디(Stefano, Giuseppe di) 圀[인] 이탈리아의 테너 가수(1921~).

스텐 [stainless+steel] '스테인리스강'의 잘못.

스텐실(stencil) 圀[미] 염색이나 판화 기법의 하나. 무늬를 도려낸 두꺼운 종이를 천이나 나무·유리 등에 놓고, 붓으로 아크릴 물감을 찍어 두드리거나 문질러 무늬를 나타내는 방법.

스텝[1](step) 圀 ['걸음'이라는 뜻] 댄스에서, 발동작의 한 단위. ¶워킹 ~.

스텝[2](steppe) 圀 중위도 지방에 펼쳐진 온대 초원. 시베리아에서 중앙아시아에 걸친 광대한 초원과 북아메리카의 프레리, 남아메리카의 팜파스, 남아프리카의 초원 등 온대 초원 전역을 가리킴.

스텝^기후(steppe氣候) 圀[지] 스텝 지역의 기후. 사막 기후보다는 다소 비가 내려서 덜 건조함.

스토, 헤리엇 엘리자베스 비처(Stowe, Harriet Elizabeth Beecher) 圀[인] 미국의 소설가(1811~1896).

스토리(story) 圀 소설·영화·연극 등의 이야기 줄거리.

스토리-텔러(storyteller) 圀 스토리를 흥미진진하게 잘 풀어 나가는 소설가를 '이야기꾼'이라는 뜻으로 이르는 말.

스토리-텔링(storytelling) 圀 소설이나 영화 등에서, 작가가 스토리를 전개해 나가는 일.

스토아^철학(Stoa哲學) 圀[철] 스토아학파의 철학. 윤리를 중심 문제로 하고 욕망을 억제하여 자연의 법도에 따를 것을 주장함.

스토아-학파(Stoa學派) 圀[철] 기원전 4세기 말에 그리스의 철학자 제논이 창시한 그리스 철학의 한 파. 금욕과 극기를 통하여 자연에 순종하는 현자(賢者)의 이성적 생활을 이상(理想)으로 내세웠음.

스토커(stalker) 圀 특정한 사람을 일방적으로 좋아하거나 흠모하여 병적으로 집요하게 따라다니며 귀찮게 하는 사람.

스토킹(stalking) 圀 특정한 사람을 일방적으로 좋아하거나 흠모하여 병적으로 집요하게 따라다니며 귀찮게 하는 일.

스톡^옵션(stock option) 圀[경] 기업에서 임직원에게 자사의 주식을 액면가나 시세보다 낮은 가격으로 살 수 있는 권리를 주는 일.

스톡홀름(Stockholm) 圀[지] 스웨덴의 수도.

스톤헨지(Stonehenge) 圀 영국 솔즈베리 평원에 있는, 고대의 거석 기념물. 거대한 돌기둥들이 하나의 중심점을 향해 원형으로 늘어서 있다.

스톱(stop) 圀 움직임을 멈추는 것. 또는, 멈추라는 뜻으로 외치는 말. **스톱-하다** 짜예 ¶버스가 ~.

스톱워치(stopwatch) 圀 =초시계.

스튜(stew) 圀 고기에 감자·당근·양파를 넣고 버터에 볶아서 끓인 서양 요리.

스튜디오(studio) 圀 **1** 사진가·화가·조각가 등의 작업실. **2** 영화 촬영소. **3** 방송국의 방송실.

스튜어디스(stewardess) 圀 항공기 안에서 승객에게 서비스하는 여자 승무원.

스트라디바리, 안토니오(Stradivari, Antonio) 圀[인] 이탈리아의 바이올린 제작자(1644?~1737).

스트라빈스키, 이고리 페도로비치(Stravinsky, Igor Fedorovich) 圀[인] 제정 러

시아 태생의 미국의 작곡가(1882~1971).
스트라이커(striker) 명[체] 축구·배구에서, 공격력·득점력이 있는 선수.
스트라이크¹(strike) 명 1 =동맹 파업. 2 =동맹 휴학. **스트라이크-하다** 困困 동맹 파업을 벌이다.
스트라이크²(strike) 명[체] 1 야구에서, 투수가 던진 공이 스트라이크 존을 지나가는 일. 2 볼링에서, 제1투로 핀을 전부 쓰러뜨리는 일.
스트라이크^아웃(strike-out) 명[체] 야구에서, 타자가 세 번 스트라이크를 당하여 그대로 아웃되는 것. =삼진(三振).
스트라이크^존(strike zone) 명[체] 야구에서, 투수가 던진 공이 스트라이크라고 판정되는 범위. 곧, 타자가 타격 자세를 취했을 때 겨드랑이와 무릎 사이에 해당하는 높이의 홈 베이스 위의 공간대.
스트레스(stress) 명 1 괴로움을 주는 상황이나 적응하기 어려운 환경에 처했을 때 느끼는 심리적·신체적 긴장 상태. 2 [언] =강세(強勢).
스트레이트(straight) 명 1 ['직선', '곧장'의 뜻] 1 어떤 상황이 동일하게 계속되는 것. ¶3세트를 ~로 이기다. 2 [체] 야구에서 타자를 1루로 내보내는 것. 3 [체] =직구. 4 [체] 권투에서, 팔을 일직선으로 쭉 뻗어 타격하는 방식. ¶롱(long) ~. 5 양주에 물을 타지 않고 그냥 마시는 일. 또는, 그술.
스트레이트-파마(†←straight permanent) 명 머리털을 곧게 하기 위한 파마.
스트레치(stretch) 명[체] 경기장·경마장 등의 직선 코스. ¶홈 ~.
스트레칭(stretching) 명[체] 팔·다리·가슴·허리 등의 신체 부위를 힘껏 뻗거나 펴 줌으로써, 근육의 긴장을 풀어 주고 관절이 잘 움직일 수 있게 해 주는 일.
스트렙토마이신(streptomycin) 명[약] 방선균의 일종인 스트렙토미세스속(屬)에서 분리된 항생 물질. 결핵의 특효약임. ㉿마이신.
스트로(straw) 명 =빨대.
스트로보(←stroboscopic light) 명[사진] 사진을 찍을 때에 쓰는 플래시의 한 가지. 태양 광선에 가장 가까운 섬광을 발하며, 반복 사용이 가능함.
스트로크(stroke) 명[체] 1 골프에서, 클럽으로 공을 치는 일. 2 테니스에서, 라켓으로 공을 치는 일.
스트리밍(streaming) 명[통] 인터넷에서 데이터를 연속적으로 전송하여 실시간으로 재생하는 일. ¶~ 기술을 이용한 실시간 화상 회의.
스트리킹(streaking) 명 벌거벗고 대로(大路)나 대학 구내 등 공공장소를 달리는 일. **스트리킹-하다** 困困
스트리퍼(stripper) 명 스트립쇼에 출연하는 사람.
스트립-쇼(strip show) 명 무용수가 음악에 맞추어 몸을 추면서 옷을 하나씩 벗어 나가는 선정적인 쇼.
스티렌(styrene) 명[화] 자극적인 냄새가 있는 무색의 액체. 스티렌 수지·합성 고무 따위의 제조 원료로 쓰임. =스티롤.
스티로폼(←®Styropor) 명 '스티로폴'의 잘못.
스티로폴(Styrofoam) 명 속에 작은 기포를 무수히 지닌 가벼운 합성수지. 단열재나 포장 재료 등으로 이용됨. 상표명에서 온 말임. ×스티로폼.
스티롤(®Styrol) 명[화] =스티렌.
스티븐슨(Stevenson, Robert Louis) 명[인] 영국의 소설가(1850~1894).
스티치(stitch) 명 서양 바느질에서, 바늘로 뜨거나 박거나 꿰맨 한 땀이나 한 코. 또는, 그런 방법.
스티커(sticker) 명 1 선전이나 어떤 표지(標識)로서 붙이는 작은 종잇조각. 앞면에는 글이나 그림이 들어 있고, 뒷면에는 풀칠이 되어 있음. ¶주차 ~. 2 교통경찰이 교통 법규 위반자에게 발부하는 범칙금 부과 서류.
스틱(stick) 명 1 '지팡이'로 순화. 2 [체] 하키에서 쓰는 타봉(打棒).
스틸¹(steal) 명[체] =도루(盜壘).
스틸²(steel) 명 =강철1.
스틸^테이프(steel tape) 명 강철로 만든 측량용 자의 하나. 띠 모양인데, 말아서 둥근 케이스에 넣게 되어 있음.
스틸^하우스(steel house) 명 철재로 된 골조에 우레탄 등을 발포시켜 만든 벽체를 조립하여 지은 주택. 내진성·내구성 등이 강함.
스팀(steam) 명 ['수증기', '김'의 뜻] 증기를 통하여 열을 내는 난방 장치.
스파(spa) 명 여러 가지 입욕제를 넣은 욕조에 몸을 담그고 다양한 수압의 물줄기에 마사지함으로써 몸의 피로를 풀고 피부 미용의 효과를 얻는 일. 또는, 그런 일을 전문으로 하는 업소.
스파게티(®spaghetti) 명 국수 모양의 이탈리아 음식.
스파르타^교육(Sparta教育) 명 1 고대 그리스의 스파르타에서 행하여진 몹시 엄격한 국가주의적 교육. 2 [교] 스파르타의 엄격한 교육을 본뜬 교육 방법의 총칭.
스파링(sparring) 명[체] 권투에서, 헤드기어를 쓰고 실전과 같은 형식으로 하는 연습 경기. ¶공개 ~ / ~ 파트너.
스파이(spy) 명 =간첩. ¶산업 ~.
스파이-웨어(spyware) 명[컴] 무료로 배포되는 소프트웨어를 인터넷 등으로 내려받을 때, 그 속에 숨어 있다가 자동으로 사용자의 컴퓨터에 설치되어 그의 개인 신상 정보를 스파이처럼 빼내 가는 프로그램.
스파이커(spiker) 명[체] 배구에서, 스파이크를 하는 사람.
스파이크(spike) 명[체] 배구에서, 네트 가까이 띄운 공을 상대편 코트로 세게 내리치는 공격법. ¶강(強) ~. **스파이크-하다** 困困
스파크(spark) 명[물] 방전(放電)할 때 생기는 불꽃. ¶~가 일어나다.
스판덱스(spandex) 명 고무와 비슷한 탄성을 지닌 폴리우레탄 합성 섬유. 잘 늘어나고 가볍고 질겨서, 수영복·스포츠 의류 등에 쓰임.
스패너(spanner) 명 볼트·너트 등을 풀거나 죄는 공구. =렌치.
스팸^메일(spam mail) 명[통] 원치 않는데도 일방적으로 보내어지는 광고성 이메일. =정크 메일.
스팽글(spangle) 명 반짝거리는 얇은 장식 조각. 금속·플라스틱·합성수지 등으로 만들며, 무대 의상·야회복·핸드백·구두 등에 붙임. [비]반짝이.
스퍼트(spurt) [명][체] 달리기나 경영(競泳) 등에서 전속력을 내는 일. 순화어는 '전력 질주'. ¶라스트 ~. **스퍼트-하다** [동][자][여]
스펀지(sponge) [명] 생고무나 합성수지로 해면처럼 만든 물건. ×스폰지.
스펀지-케이크(sponge cake) [명] 밀가루·달걀·설탕을 주재료로 하여, 스펀지처럼 속이 성기게 구운 서양식 빵.
스페어(spare) [명] **1** 긴급한 경우에 바꾸어서 사용할 수 있도록 늘 준비하여 두는, 같은 종류의 물건. [비]여벌. **2** [체] 볼링에서, 제1투에서 쓰러뜨리지 못한 핀을 제2투에서 모두 쓰러뜨리는 것.
스페어-타이어(spare tire) [명] 자동차의 펑크에 대비한 예비 타이어.
스페이드(spade) [명] 트럼프 패의 하나. 검은빛의 나뭇잎 모양의 무늬가 인쇄되어 있음.
스페이스(space) [명] **1** 어떤 장소의 남은 공간. **2** 신문이나 책 등의 지면(紙面)의 여백.
스페이스-바(space bar) [명] 글자 사이를 뗄 때 누르는, 타자기나 컴퓨터 자판의 가로로 긴 키.
스페인(Spain) [명][지] =에스파냐.
스페인^어(Spain語) [명][언] =에스파냐어.
스펙터클-하다(spectacle—) [형][여] '웅장하다', '웅대하다', '거대하다'로 순화.
스펙트럼(spectrum) [명] **1** [물] 가시광선·자외선·적외선 따위를 분광기로 분해했을 때 파장의 순서에 따라 배열된 성분. **2** 의견·생각·현상 등에 있어서 다양성의 범위나 폭. ¶같은 개혁 세력이라 해도 거기에는 다양한 이념적 ~이 존재한다.
스펜서, 허버트(Spenser, Herbert) [명][인] 영국의 철학자·사회학자(1820~1903).
스펠(spell) [명] =스펠링.
스펠링(spelling) [명] 표음 문자, 특히 유럽어를 바르게 철자(綴字)하는 일. 또는, 그 방식. =스펠.
스포르찬도([이]sforzando) [명][음] 악곡의 표현 방법을 나타내는 말로, '특히 세게'의 뜻. 기호는 *sfz*.
스포이트([네]spuit) [명] 잉크·물약 따위를 옮겨 넣을 때에 쓰는, 고무 주머니가 달린 유리관.
스포일러(spoiler) [명] **1** 항공기의 주날개 위쪽에 부착되어, 양력(揚力)을 줄이고 항력(抗力)을 증가시킴으로써 하강을 돕는 장치. **2** 차체 뒤쪽 상부에 부착하여 자동차가 고속으로 달릴 때 차가 위쪽으로 들리는 것을 막아 주는 바람받이판.
스포츠(sports) [명] 여가 활동이나 경기, 체력 단련을 위하여 하는 신체 운동의 총칭. ¶~ 뉴스.
스포츠-맨(sportsman) [명] 운동에 능숙하여 운동 경기에 참가하는 사람. [비]운동선수.
스포츠맨-십(sportsmanship) [명] 정정당당하고 공명하게 승부를 겨루는 정신.
스포츠-머리(sports—) [명] 앞머리만 조금 남기고 옆과 뒤를 바짝 깎은, 남자의 머리.
스포츠^센터(sports center) [명] **1** 각종 운동 시설을 갖춘 큰 체육관. **2** 각종 경기장이 모여 있는 곳.
스포츠-카(sports car) [명] 스피드를 내는 것에 중점을 두어 만든 오락용·경주용의 소형 자동차.
스포츠-캐스터(sportscaster) [명][방송] 스포츠 실황을 중계하는 일을 하는 사람. =캐스터.
스포트-라이트(spotlight) [명] **1** [연] 극장 무대의 한 부분이나 한 인물만을 특히 밝게 비추는 조명. **2** (주로 '받다'와 함께 쓰여) 세상 사람의 주목·관심 등을 비유하여 이르는 말. 순화어는 '각광', '주시'. ¶매스컴의 ~를 받다.
스포티-하다(sporty—) [형][여] (어떤 대상이) 경쾌함과 활동성을 갖추고 있다. ¶스포티한 옷차림.
스폰서(sponsor) [명] **1** 행사·자선 사업 따위에 기부금을 내어 돕는 사람. [비]후원자. **2** 라디오·텔레비전 방송에서 프로그램을 제공하는 광고주.
스폰지 [명] '스펀지(sponge)'의 잘못.
스폿^광ː고(spot廣告) [명] 라디오나 텔레비전 방송에서, 프로그램 사이에 하는 짧은 광고.
스폿^뉴스(spot news) [명] 라디오·텔레비전 방송에서, 프로그램 사이에 내보내는 짤막한 뉴스.
스폿^펀드(spot fund) [명][경] 투자 신탁에서, 만기일 이전이라도 미리 정해진 목표 수익률을 달성하면 해지하여 수수료 없이 상환할 수 있는 투자 상품.
스푼(spoon) [명] [1][자립] **1** 주로 서양 음식을 먹을 때 사용하는 숟가락. 또는, 커피나 차를 마실 때 사용하는 작은 숟가락. ¶티~. **2** [체] 골프에서, 3번 우든 클럽. [2][의존] [1]**1**에 담긴 커피나 설탕 등의 분량을 세는 단위.
스풀(spool) [명] **1** 카메라의 필름을 되감는 틀. **2** 릴(reel)에 낚싯줄이 감기는 실패.
스프레이(spray) [명] **1** =분무기. **2** 머리를 드라이기로 말린 뒤 머리 형태를 고정시키기 위해 뿌리는 물질.
스프린터(sprinter) [명] 육상·수영 등에서, 단거리 선수.
스프린트(sprint) [명][체] 육상 경기·수영 경기·스피드 스케이팅 등의 단거리 레이스. 또는, 단거리를 전력(全力)으로 달리거나 수영하는 일.
스프링(spring) [명] =용수철.
스프링보드(springboard) [명][체] =도약판**1**.
스프링보드^다이빙(springboard diving) [명][체] 높이 1m 또는 3m의 도약판에서 뛰어내리는 다이빙 경기.
스프링^캠프(spring camp) [명] 프로 야구·프로 축구 등에서, 봄의 정규 리그가 시작되기 전에 집중적으로 가지는 합숙 훈련. 또는, 그 장소.
스프링-코트(†spring coat) [명] 봄·가을에 입는 가벼운 외투.
스프링클러(sprinkler) [명] 작물이나 잔디에 물을 주거나, 화재 시 작동하도록 건물의 천장에 설치하는, 물을 사방으로 분사하는 장치.
스피노자, 바뤼흐(Spinoza, Baruch) [명] [인] 네덜란드의 유대계 철학자(1632~1677).
스피드(speed) [명] 물체의 움직임이나 어떤 일의 진행의 빠르기. [비]속력·속도.
스피드^건(speed gun) [명] 움직이는 물체의 속도를 재는, 권총 모양의 기구. 흔히, 투수가 던지는 공이나 달리는 자동차의 속도를 재는 데 이용함.
스피드-광(speed狂) 명 자동차나 오토바이를 아주 빠른 속도로 모는 것을 즐기는 사람.
스피드^스케이팅(speed skating) 명[체] 일정한 거리의 얼음 위를 활주하여 그 속도를 겨루는 스케이팅 경기.
스피디-하다(speedy-) 형여 '빠르다'로 순화. ¶수비에서 공격으로의 전환이 아주 스피디한 경기.
스피로헤타(ⓓspirochaeta) 명[식] 가늘고 긴 나사 모양의 미생물의 총칭. 재귀열·와일병·매독 등의 병원체가 됨.
스피츠(spitz) 명 개의 한 품종. 온몸이 희고 긴 털로 덮여 있으며, 얼굴이 뾰족하고 귀가 위로 솟아 있음. 애완용임.
스피치(speech) 명 회합 등에 모인 사람들 앞에서 어떤 주제에 대해 비교적 짤막하게 발하는 이야기. ¶축사 ~ / 3분 ~.
스피카토(ⓘspiccato) 명[음] 바이올린 등 현악기를 연주할 때, 손목을 움직여 활을 튀게 함으로써 음을 가늘고 짧게 끊는 연주법.
스피커(speaker) 명 1 전축·텔레비전·라디오·녹음기 등에서, 소리가 나오는 장치. 2 =확성기.
스핀(spin) 명 ['회전'의 뜻] 체 구기 종목에서, 공이 회전하는 것. ¶~을 준 볼.
스필버그, 스티븐(Spielberg, Steven) [인] 미국의 영화 제작자·감독(1947~).
스핏-볼(spitball) 명[체] 야구에서, 투수가 공의 일부에 침을 발라 던지는 변화구. 반칙 투구임.
스핑크스(Sphinx) 명[신화] 1 고대 오리엔트 신화에 나오는, 머리는 사람이고 몸은 사자인 괴물. 이집트에서는 왕(王)의 권력을 상징하여, 신전·분묘 등의 입구에 석상으로 세웠음. 2 그리스 신화에 나오는 괴물. 상반신은 여자이고 하반신은 날개가 돋친 사자의 모습으로, 행인에게 수수께끼를 내어 풀지 못하면 죽였다고 함.
슬(瑟) 명 긴 오동나무통에 25개의 줄을 건 고대 중국의 현악기.
슬그머니 튀 1 남이 모르거나 드러나지 않게 가만히. ¶~ 사라지다. 2 혼자 마음속으로 은근히. ¶그의 성공담을 듣다가 ~ 부러운 생각이 들었다. 잘살그머니.
슬금-슬금 튀 남이 모르게 또는 두려운 마음을 가지고 조심스럽게 행동하는 모양. 비슬금. ¶~ 피하다. 잘살금살금.
슬기 명 사물의 이치를 잘 깨닫고 일을 바르고 정확하게 처리할 방도를 생각해 내는 재능. 비지혜.
슬기-롭다[-따] 형ㅂ〈~로우니, ~로워〉 슬기가 있다. 비지혜롭다. ¶위기를 슬기롭게 극복하다. **슬기로이** 튀
슬다[1] 자(스니, 스오) 흠이 돋았던 부스럼이나 소름의 자국이 없어지다.
슬다[2] 동 [1]타 〈스니, 스오〉 (벌레나 물고기 따위가 알을) 깔겨 놓다. ¶파리가 알을 ~. [2]자 1 (쇠붙이에 녹이) 생기다. ¶갈에 녹이 ~. 2 (곰팡이가) 생기다. ¶식빵에 곰팡이가 ~.
슬라브^족(Slav族) 명 유럽의 동부 및 중부에 거주하며 슬라브 어를 사용하는 민족의 총칭.
슬라이더(slider) 명[체] 야구에서, 투수가 던진 공이 타자 근처에서 미끄러지듯 바깥쪽으로 흐르는 상태. 또는, 그런 상태의 공. ¶위력적인 ~을 구사하다.
슬라이드(slide) 명 환등기에 넣어 비출 수 있도록 테두리를 씌워 만든 포지티브 필름.
슬라이드^글라스(slide glass) 명[물] 현미경의 대물렌즈 아래에 끼워 받치는 유리판. =깔유리. ↔커버 글라스.
슬라이딩(sliding) 명[체] 1 야구에서, 수비가 공을 잡거나 주자(走者)가 베이스를 터치할 때 미끄러지듯 몸을 던지는 동작. ¶~ 세이프. 2 배구에서, 상대가 공격한 공을 몸을 날리듯 미끄러지면서 리시브하는 일. **슬라이딩-하다** 동자여
슬라이딩^태클(sliding tackle) 명[체] 축구에서, 상대편이 가진 공을 빼앗기 위하여 미끄러져 들어가는 동작.
슬라이스(slice) 명 1 식품 등을 얇게 저미는 일. 또는, 그런 조각. ¶~ 치즈. 2[체] 테니스나 탁구에서, 공을 깎듯이 쳐서 아래로 회전시키는 타법.
슬래그(slag) 명 광물을 제련할 때, 광석에서 금속을 빼내고 남은 찌꺼기.
슬래브(slab) 명 건축에서, 바닥에 깔거나 지붕을 덮는 판판한 콘크리트 구조물.
슬랙스(slacks) 명 평상복 바지.
슬램^덩크(slam dunk) 명[체] 농구에서, 강력하거나 극적인 덩크 슛.
슬랭(slang) 명 =속어(俗語).
슬러거(slugger) 명[체] 야구에서, 장타를 많이 날릴 수 있는 힘을 가진 타자.
슬럼(slum) 명 빈민(貧民)이 모여 사는 도시의 한 지역. 비빈민가.
슬럼프(slump) 명 1 제 실력을 발휘하지 못하는 부진 상태가 비교적 길게 계속되는 일. ¶~에 빠지다. 2 경기(景氣)가 침체되어 있는 현상.
슬렁-슬렁 튀 1 꼼꼼하지 않게 대충 해치우는 모양. ¶일을 ~ 하다. 2 느릿느릿 굼뜨게 움직이는 모양.
슬레이트(slate) 명 지붕을 이는 데 쓰이는 점판암의 얇은 판. 또는, 석면에 시멘트를 섞어 만드는 얇은 판. ¶~ 지붕.
슬로건(slogan) 명 =표어. ¶'하나뿐인 지구를 살리자'를 ~으로 내걸다.
슬로^모션(slow motion) 명[영] 고속도 촬영으로 인해 화면 속에서 실제 속도보다 느리게 보이는 피사체의 움직임.
슬로바키아(Slovakia) 명[지] 유럽의 중앙 내륙, 폴란드·헝가리·우크라이나·체코에 둘러싸인 국가. 수도는 브라티슬라바.
슬로베니아(Slovenia) 명[지] 유럽 남동부, 발칸 반도 북서부에 있는 공화국. 수도는 류블랴나.
슬로^볼(slow ball) 명[체] 야구에서, 투수가 던지는 느린 공.
슬로-비디오(slow video) 명 비디오테이프에서, 빠른 움직임을 느린 움직임으로 바꾸어 편집 재생한 화면. 운동 경기 중계나 기술 분석 등에 이용됨.
슬로프(slope) 명 스키·눈썰매 등을 탈 수 있도록 조성한, 눈 덮인 경사면.
슬롯-머신(slot machine) 명 동전을 넣고 기계를 조작하여 정해진 짝을 맞추면 일정 액수의 돈이 나오는, 상자 모양의 자동 도박기. ×빠찡코.
슬리퍼(slipper) 명 주로, 실내에서 신거나 집 밖의 가까운 곳에 갈 때 신는, 발등만

을 덮거나 발가락만 끼울 수 있게 만든 신발.
슬리핑-백(sleeping bag) [명] 겹으로 된 천 사이에 솜·깃털 등을 넣고 자루 모양으로 만든 침구. 주로, 야영할 때 씀. =침낭.
슬림-형(slim形) [명] '얇은 형', '소형²'로 순화. ¶~ 노트북 컴퓨터.
슬립(slip) [명] 여성의 양장용 속옷의 하나. 가는 끈을 어깨에 걸어서 입으며, 길이는 위에 입는 드레스보다 짧음.
슬릿(slit) [명] 광선 또는 입자선의 나비를 제한하기 위하여, 두 장의 날을 나란히 마주 보게 하여 만든 좁은 틈.
슬며시 [부] **1** 드러나지 않게 넌지시. ¶~ 귀띔을 해 주다. [작]살며시. **2** 어떤 감정 따위가 속에서 천천히 은근하게 일어나는 모양. ¶~ 울화가 치밀다.
슬슬 [부] **1** 두려움을 가지고 조심스럽게 행동하는 모양. ¶~ 눈치를 보다. **2** 드러내지 않고 슬그머니. **3** 남을 교묘하게 달래거나 꾀는 모양. ¶사탕발림으로 ~ 구슬리다. **4** 서두르지 않고 천천히. ¶시간이 넉넉하니 ~ 걸어가자. [작]살살.
슬쩍 [부] **1** 남이 모르는 사이에 재빨리. ¶~ 쪽지를 전하다. **2** 표 나지 않게 넌지시. ¶그는 아무도 없을 때 내게 ~ 말을 걸었다. **3** 심하지 않게 약간. ¶시금치를 ~ 데치다. **4** 특별히 유의하거나 정성을 들이지 않고 빠르게. [작]살짝. **슬쩍-하다** [동][타][여] <속> 남의 물건을 몰래 훔치다.
슬쩍-슬쩍[-쓸-] [부] **1** 남의 눈을 피하여 잇달아 재빠르게 하는 모양. ¶~ 떡을 집어먹다. **2** 힘들이지 않고 모두 가볍게 하는 모양. ¶서류를 ~ 보아 넘기다. [작]살짝살짝.
슬퍼-하다 [동][타][여] 슬프게 여기다. ¶친구의 죽음을 ~. ↔기뻐하다.
슬프다 [형] <슬프니, 슬퍼> **1** (사람의 마음이) 가슴 아프거나 불쌍한 생각이 들거나 하여 울고 싶은 상태에 있다. [비]서글프다·서럽다. ¶슬픈 이야기. ↔기쁘다. **2** (어떤 일이) 바람직하지 않아 우울하거나 가슴 아프거나 언짢은 느낌을 주는 상태에 있다. ¶오늘날 황금만능주의가 팽배해 가는 것은 슬픈 일이다.
슬픔 [명] 슬픈 마음이나 느낌. ¶술로 ~을 달래다. ↔기쁨.
슬피 [부] 슬프게. ¶~ 울다.
슬하(膝下) [명] ['무릎 아래'라는 뜻] 거느리는 곁이나 품 안. 주로, 부모의 보호 영역을 이름. ¶~에 자식이 없다.
슴벅-거리다/-대다[-꺼(때)-] [동][자][타] 눈꺼풀을 움직여 자꾸 눈을 감았다 떴다 하다. ¶눈을 ~.
슴벅-슴벅[-쏨-] [부] 슴벅거리는 모양. **슴벅슴벅-하다** [동][자][타][여]
슴베 [명] 칼·호미·낫 따위의 자루 속에 박히는 뾰족한 부분.
습격(襲擊)[-껵] [명] (적의 무리를, 또는 그 무리가 있는 곳을) 갑자기 침입하여 공격하는 것. ¶~대(隊). **습격-하다** [동][타][여] ¶밤을 틈타 적진을 ~.
습곡(褶曲)[-꼭] [명][지] 수평으로 퇴적한 지층이 상하 또는 옆으로부터의 압력을 받아 물결 모양으로 되는 현상.
습관(習慣)[-꽌] [명] 어떤 행동이 오랫동안 되풀이하여 행해져서 어떤 조건이나 상황하에서 으레 그 행동을 하게 된 상태. 또는, 그 행동.
습관-성(習慣性)[-꽌썽] [명] 몇 번씩이나 되풀이하여 일어나는, 또는 행하는 성질.
습관-적(習慣的)[-꽌-] [관][명] 버릇이 되어 있는 (것).
습관-화(習慣化)[-꽌-] [명] 버릇으로 되거나 버릇이 되게 하는 것. **습관화-하다** [동][자][타][여] **습관화-되다** [동][자]
습구(濕球)[-꾸] [명][물] 건습구 습도계의 두 개의 구부(球部) 중 젖은 헝겊으로 싼 쪽의 것. ↔건구.
습기(濕氣)[-끼] [명] 어떤 물체나 물질에 배어 있는 축축한 기운. ¶~가 차다.
-습네[습-] [어미] 'ㄹ' 이외의 자음으로 끝나는 용언의 어간이나 어미 '-았/었-', '-겠-'의 아래에 붙어 다른 문장에 인용구나 인용절로 안기는 형태로만 쓰여, 어떤 것을 내세움을 못마땅한 투로 이르는 종결 어미. ¶그는 돈이 많~ 하고 자랑한다. ▷-ㅂ네.
-습니까[습-] [어미] 'ㄹ' 이외의 자음으로 끝나는 용언의 어간이나 어미 '-았/었-', '-겠-'의 아래에 붙어, '합쇼' 할 상대에게 물음을 나타내는 종결 어미. ¶밖에 누가 오셨~? ▷-ㅂ니까. ×-읍니까.
-습니다[습-] [어미] 'ㄹ' 이외의 자음으로 끝나는 용언의 어간이나 어미 '-았/었-', '-겠-'의 아래에 붙어, '합쇼' 할 상대에게 동작이나 상태·사실을 설명하는 종결 어미. ¶나는 그의 결백을 믿~. ▷-ㅂ니다. ×-읍니다.
습도(濕度)[-또] [명][물] 공기 중에 포함되어 있는 수증기의 양을 나타낸 수치. 보통, 백분율로 나타냄.
습도-계(濕度計)[-또계/-또게] [명][물] 대기 중의 습도를 재는 계기.
습득¹(拾得)[-뜩] [명] (남이 잃어버리거나 버리거나 한 물건을) 우연히 주워서 얻거나 가지고 있는 것. **습득-하다**¹ [동][타][여] ¶길에서 손목시계를 ~.
습득²(習得)[-뜩] [명] (지식·관념·기술 등을) 비교적 긴 시간 동안 배우고 익혀서 얻게 되는 것. **습득-하다**² [동][타][여] ¶새로운 기술을 ~. **습득-되다** [동][자]
습득-물(拾得物)[-뜽-] [명] 주워서 얻은 물건. ¶~ 보관소.
-습디까[-띠-] [어미] 'ㄹ' 이외의 자음으로 끝나는 용언의 어간이나 어미 '-았/었-', '-겠-'의 아래에 붙어, '하오' 할 상대에게 그가 경험한 사실을 묻는 뜻을 나타내는 종결 어미. ¶대회장에 사람이 많~? ▷-ㅂ디까.
-습디다[-띠-] [어미] 'ㄹ' 이외의 자음으로 끝나는 용언의 어간이나 어미 '-았/었-', '-겠-'의 아래에 붙어, '하오' 할 상대에게 자기가 경험한 일을 설명하는 종결 어미. ¶연말이라 그런지 거리에 사람이 많~. ▷-ㅂ디다.
습생(濕生)[-쌩] [명][식] 식물이 축축한 곳에서 자라나는 것. **습생-하다** [동][자][여]
습성¹(習性)[-썽] [명] **1** 어떤 사람이 자기도 모르게 반복적으로 나타내는 일정한 행동. [비]버릇·습관. ¶그는 여자 앞에서 말을 더듬는 ~이 있다. **2** 같은 종류의 동물이 생활하면서 공통적으로 나타내는 행동 특성.
습성²(濕性)[-썽] [명] 공기 중에서 잘 마르지 않고 젖어 있는 성질. ↔건성.
습속(習俗)[-쏙] [명] 습관이 된 풍속.
습식(濕式)[-씩] [명] 용액이나 용제 따위

습윤²^기후(濕潤氣候) 명[지] 강수량이 증발량보다 많은 기후. ↔건조 기후.
습자(習字) [-짜] 명 글씨 쓰기를 익히는 것. 또는, 붓글씨를 연습하는 일. 습자-하다 재여

습자-지(習字紙) [-짜-] 명 습자에 쓰이는 얇은 종이.
습작(習作) [-짝] 명 (시·소설·그림 등을) 연습 삼아 짓는 것. 또는, 그런 작품. ¶~으로 써 본 소설. 습작-하다 타여
습작-기(習作期) [-짝끼] 명 본격적인 작가나 화가가 되기 전에 시·소설·그림 등을 연습 삼아 짓거나 그리면서 실력을 쌓아 가는 시기나 기간.
-습죠 [-쬬] 어미 '-습지요'의 준말. ¶제가 그를 만나 단판을 지었~. ▷-ㅂ죠.
습지(濕地) [-찌] 명 축축한 땅.
-습지요 [-찌-] 어미 'ㄹ' 이외의 자음으로 끝나는 용언의 어간이나 어미 '-았-', '-겠-'의 아래에 붙어, '합쇼'할 상대에게 확실하다고 믿는 사실을 말할 때 쓰는 평서형 또는 의문형 종결 어미. ¶비가 많이 왔~. 준-습죠. ▷-ㅂ지요.
습진(濕疹) [-찐] 명[의] 옴벌레 등에 의하여 살갗에 생기는 염증. 벌겋게 붓거나 작은 물집 등이 생기며 가렵고 짓무름.
습-하다(濕-) [스파-] 형여 메마르지 않고 축축하다. ¶습한 땅.

승¹(乘) 명[수] 밑수를 지수가 나타내는 번수만큼 곱함을 뜻하는 말.
승²(僧) 명[불] 삼보(三寶)의 하나. 불도를 행하는 비구·비구니·사미·사미니의 총칭.
승³(勝) 명[의존] 운동 경기·게임·바둑 등에서, 겨루어 이긴 횟수나 차례를 헤아리는 말. 또는, 바둑에서 몇 집 차이로 승리했는지를 나타내는 말. ¶41전 39-2패 / 첫 ~ / 반집 ~. ↔패(敗).
승가(僧伽) 명 [<samgha] [불] =승려.
승가(僧家) 명 승려의 사회.
승강-구(昇降口) 명 열차나 버스 등의 타고 내리는 곳.
승강-기(昇降機) 명 =엘리베이터.
승강-대(昇降臺) 명 오르내릴 수 있도록 만든 층대. ¶기차의 ~.
승강-이(昇降-) 명 서로 자기주장을 고집하며 옥신각신하는 일. 티실랑이. ¶~를 벌이다. 승강이-하다 재여
승강-장(乘降場) 명 정거장의 차를 타고 내리는 곳.
승개-교(昇開橋) 명[건] 양쪽 교각에 철탑을 세우고 그 꼭대기에 도르래를 설치하여, 밑의 선박이 통과할 때 바닥판을 들어 올릴 수 있게 만든 다리.
승객(乘客) 명 배·차·비행기 등의 탈것을 타는 손님.
승격(昇格) [-껵] 명 (어떤 대상의) 자격이나 지위를 높이는 것. 승격-하다 재여 승격-되다 재여 ¶읍(邑)에서 시(市)로 ~.
승계(承繼) [-계/-게] 명 =계승(繼承). 승계-하다 타여
승교(乘轎) 명 =가마⁵.
승구(承句) [-꾸] 명 한시(漢詩)에서 절구의 제2구. 또는, 율시의 제3구 및 제4구.
승군(僧軍) 명 승려들로 조직된 군대. =승병.
승급(昇級·陞級) 명 등급이 오르는 것. ¶~ 시험. 승급-하다 재여 승급-되다 재여

승기(勝機) 명 경기·전투 등에서, 이길 수 있는 기회. ¶상대 선수의 체력이 급격히 떨어졌을 때 겁정적으로 ~를 잡았다.
승낙(承諾) 명 (청하는 바를) 들어주는 것. 티허락. ×승락. 승낙-하다 타여 ¶출연 제의를 ~. 승낙-되다 재여
승냥이 명[동] 몸길이 76~100cm로, 이리와 비슷하나 더 작고 꼬리가 긴 포유동물. 몸빛은 적색을 띤 회갈색에서 황갈색·홍갈색 등으로 변함. 성질이 난폭함.
승락(勝諾) '승낙(承諾)'의 잘못.
승랍(僧臘) [-납] 명 승려로서 살아온 햇수.
승려(僧侶) [-녀] 명[불] 출가하여 불법을 믿고 불도를 닦는 사람. '중'에 비해 문어적이며 격식을 갖춘 말림. =승가(僧伽). 티대사·스님.
승률(勝率) [-뉼] 명 경기 따위에서 이기는 비율. ¶5할 대의 ~을 올리다.
승리(勝利) [-니] 명 (전쟁·경기 등에서) 겨루어서 이기는 것. ¶최후의 ~. 승리-하다 재여
승리-감(勝利感) [-니-] 명 승리한 데서 오는 우월한 느낌이나 기쁨.
승리-자(勝利者) [-니-] 명 승리한 사람. 또는, 승리한 축. 승리자.
승리^투수(勝利投手) [-니-] 명[체] 야구에서, 한 경기에서 팀의 승리에 가장 공헌한 투수. ↔패전 투수.
승마(乘馬) 명 1 말을 타는 것. 티기마. 2 [체] 사람이 말을 타고 그 말에게 정해진 여러 가지 동작을 하게 하는 것. 또는, 그것을 겨루는 경기. 승마-하다 재여
승마-술(乘馬術) 명 말을 타고 부리는 재주. 티마술.
승무(僧舞) 명 민속 무용의 하나. 흔히 남색 치마에 흰 장삼을 입고 어깨에 붉은 가사를 걸치며 흰 고깔을 쓰고 춤.
승무-원(乘務員) 명 열차·여객선·여객기 안에서 운전 또는 조종 업무와 승객의 안내와 안전 업무를 맡아보는 사람.
승방(僧房) 명 1 절에서 승려들이 거처하는 건물. 2 '여승방(女僧房)'의 준말.
승병(僧兵) 명 =승군(僧軍).
승보(勝報) 명 싸움·경기에 이긴 보고. 또는, 그 보도. ↔패보.
승복(承服) 명 (어떤 의견·주장·결정·결과 등에) 받아들여 따르는 것. 승복-하다 재여 ¶심판의 판정에 ~.
승복²(僧服) 명 승려의 옷.
승부(勝負) 명 경기나 경쟁 등에서, 이기고 지는 것. 또는, 이기고 짐을 가리키는, 이기고 짐이 가려지는 것. ¶비정한 ~의 세계. ◇승패.
승부-사(勝負師) 명 경기나 경쟁에서, 패할 위험을 무릅쓰고 근성과 뱃심으로 과감하게 승부를 거는 특성이 있는 사람. ¶~ 기질을 발휘하다.
승부-수(勝負手) 명 바둑이나 장기 등에서, 판국의 승패를 좌우하는 경우에 결단을 내려 두는 수. ¶~를 던지다.
승부-욕(勝負慾) 명 상대와 경쟁을 하여 승부를 내려고 하는 욕심. 특히, 그 경쟁에서 이기려고 하는 욕심.
승부-차기(勝負-) 명[체] 축구에서, 무승부로 경기가 끝났을 때 양 팀 키커가 상대편 골키퍼와 일대일 상황에서 번갈아

공을 차 넣음으로써 승부를 내는 일. 양 팀이 각각 다섯 번씩을 하게 되어 있음.
승산(勝算) 명 시합·경쟁·전투 등에서, 이길 가망. ¶이번 시합은 ~이 거의 없다.
승선(乘船) 명 배를 타는 것. ↔하선. 승선-하다 통(자)여
승세(勝勢) 명 이길 기세. ¶만루 홈런으로 ~을 굳히다. ↔패세.
승소(勝訴) 명 소송에서 이기는 것. ↔패소. 승소-하다 통(자)여
승수¹(乘數)[-쑤] 명[수] 곱셈에서, 어떤 수에 곱하는 수. 3×2=6에서 '2' 따위. ↔피승수.
승수²(勝數)[-쑤] 명[체] 어떤 팀이나 선수가 일정 기간 동안 치른 경기에서 이긴 수. ↔패수.
승승-장구(乘勝長驅) 명 싸움에 이긴 여세를 몰아 계속 몰아침. 승승장구-하다 통(자)여 ¶우리 팀은 예선 초반부터 승승장구하여 결승에 올랐다.
승압(昇壓) 명 전류 따위의 압력을 높이는 것. 승압-하다 통(자)(타)여
승압-기(昇壓器)[-끼] 명 선로(線路)의 선간(線間) 전압을 높이는 변압기.
승용-차(乘用車) 명 주로 10인 이하의 인원을 운송하기 적합하게 만들어진 자동차.
승운(勝運) 명 이길 운.
승원(僧院·僧園) 명 승려가 수도하는 곳.
승은(承恩) 명 1 신하가 임금으로부터 특별한 은혜를 받는 것. 2 여자가 임금의 총애를 받아 밤에 모시는 것. 승은-하다 통(자)여
승인¹(承認) 명 1 정당하다고 인정하는 것. 또는, 사실임을 인정하는 것. 2[법] 국가나 정부 등에 대하여 국제법상의 지위를 인정하는 것. 승인-한다 통(타)여 승인-되다 통(자)
승인²(勝因) 명 이긴 원인. ↔패인.
승자(勝者) 명 경기나 싸움에서 이긴 사람. 또는, 이긴 편. ↔패자.
승적(僧籍) 명[불] 승려의 신분을 등록한 명부.
승전(勝戰) 명 싸움에 이기는 것. ↔패전. 승전-하다 통(자)여
승전-가(勝戰歌) 명 싸움이나 경기에서 이기고 부르는 노래.
승전-고(勝戰鼓) 명 지난 시대에, 전투에 이겼을 때 치던 북. ¶~를 울리다.
승점(勝點)[-쩜] 명 운동 경기에서, 승패를 숫자화하여 나타낸 점수. ¶2승 1무 1패로 ~ 5를 기록하다.
승정-원(承政院) 명[역] 조선 시대에 왕명의 출납을 맡아보던 관아.
승지(承旨) 명[역] 1 고려 시대, 밀직사의 좌승지·우승지·좌부승지·우부승지의 총칭. 2 조선 시대, 승정원에 딸려 왕명의 출납을 맡아보던 정3품의 당상관.
승진(昇進·陞進) 명 직위가 오르는 것. 승진-하다 통(자)여 승진-되다 통(자)
승차¹(乘車) 명 차를 타는 것. ↔하차. 승차-하다 통(자)여
승차²(勝差) 명[체] 리그전으로 치러지는 시합 등에서 이기고 진 경기 수의 차.
승차-감(乘車感) 명 달리는 차 안에 앉아 있는 사람이 차체의 흔들림이나 쏠림에 따라 몸으로 느끼게 되는 안락감의 정도. ¶~이 좋은 고급 승용차.
승차-권(乘車券)[-꿘] 명 열차·전철·버스 등을 탈 때, 차비를 냈음을 증명하거

시_717

나 차를 탈 수 있음을 나타내기 위해 내거나 보이는 표. 田차표.
승천(昇天) 명 1 하늘에 오르는 것. 2[성] 예수가 부활한 후 하늘로 올라간 일. 승천-하다 통(자)여
승패(勝敗) 명 전투나 경기 등에서, 이기거나 지는 것. ¶이 게임은 득점 수에 따라 ~가 결정된다. ▷승부.
승하(昇遐) 명 임금이 세상을 떠나는 것. 田붕어. 승하-하다 통(자)여
-하다(勝-) 형[여] (어떤 것이) 두드러지거나 뛰어나다.
승합-자동차(乘合自動車)[-짜-] 명 주로 11인 이상을 운송할 수 있게 만들어진 자동차. =승합차.
승합-차(乘合車) 명 =승합자동차.
승홍-수(昇汞水) 명[약] 염화 제이수은의 수용액. 독성이 매우 강하며, 살균 소독약으로 쓰임.
승화(昇華) 명 1[물][화] 고체가 액체 상태를 거치지 않고 기체로 변하는 현상. ▷기화. 2 사물이 보다 고상한 영역으로 높아지는 일. ¶정신적 고뇌를 시로 ~시키다. 승화-하다 통(자)여 승화-되다 통(자)
시¹ 갑 못마땅하거나 마음에 차지 않을 때 내뱉는 말. 쎄씨.
시-² 접투 어간의 첫 음절이 음성 모음이고 첫소리가 안울림소리인 일부 색채 형용사의 앞에 붙어, 빛깔이 짙으면서 우중충하거나 다소 어두움을 나타내는 말. ¶~퍼렇다 / ~뻘겋다. 짝새-. ▷싯-.
-시-³ 어미 (선어말) 모음이나 'ㄹ' 받침으로 끝나는 어간에 붙는 선어말 어미. 어간 끝 음절의 'ㄹ' 받침은 탈락됨. 1 행동이나 상태를 나타내는 서술어의 주체를 존대하는 뜻을 나타냄. ¶할머니께서 오~었다. 2 이중 주어 문장에서, 상위 주어가 인물이고 그 인물의 신체나 그 일부, 또는 소유물 등이 하위 주어일 때, 그 인물을 존대하는 뜻으로 서술어의 어간에 붙이는 말. ¶할아버지가 수염이 가~다. ▷-으시-.
시⁴(市) 명 도(道)의 관할 구역 안에 두는, 하급 지방 자치 단체의 하나. 도시의 형태를 갖추고 있는, 인구 5만 명 이상의 지방 행정 구역임.
시⁵(時) 명 1[자립] 사람이 난 시각. ¶생년월일과 ~를 대라. 2[의] 1 하루 시간의 길이를 스물넷으로 똑같이 나누었을 때, 어느 시점이 그 가운데의 하나임을 나타내는 말. ¶정각 12~. 2 (일부 명사나 어미 '-을' 뒤에서 쓰여) '때'의 뜻. ¶이를 어겼을 ~에는 처벌을 받을 것이다.
시도 때도 없다 행함에 있어 정해진 때가 없다. 곧, 때를 가려서 하는 분별이 없다. ¶시도 때도 없이 잠을 잔다.
시⁶(詩) 명[문] 정서와 사상을 운율적이고 함축적인 언어로 표현한, 문학의 한 갈래. 내용에 따라 서정시·서사시·극시로 나뉨. ¶~를 읊다.
시-⁷(媤) 접투 '시집'의 뜻을 나타내는 말. ¶~어머니 / ~누이.
-시⁸ 접미 명사나 명사적 어근에 붙어, '-로 여김, -하게 봄'의 뜻. ¶동한~ / 적대~.
시⁹(C) 명 1 학점이나 사물의 단계를 나타내는 기호의 하나. A, B 다음가는 것을 나타냄. ¶~ 학점. 2[음] 음이름의 하나. '다'ја. 3 섭씨온도를 나타내는 기호. ¶4

도 ~.
시¹⁰(Ⓞsi) [음] **1** 음이름 '나'의 이탈리아어. **2** 장음계에서 일곱째 음.
시가¹(市街) [명] **1** 도시의 큰 길거리. ¶~행진. **2** 상점이 죽 늘어선 거리.
시가²(市價) [-까] [명] 시장의 가격.
시가³(始價) [-까] [명][경] 주식 시장에서 당일 입회 중 최초로 형성된 가격. ↔종가(終價).
시가⁴(時價) [-까] [명] 현재의 물건 값. =시세.
시가⁵(媤家) [명] 시부모가 사는 집. 또는, 남편 쪽의 집안. 시집.
시가⁶(詩歌) [명] **1** 시 문학(詩文學)의 총칭. **2** 시와 노래.
시가⁷(cigar) [명] 담뱃잎을 통째로 돌돌 말아서 만든 담배. =여송연·엽궐련.
시가-전(市街戰) [명] 시가지에서 벌이는 전투.
시가-지(市街地) [명] 시가를 이룬 지역.
시가-행진(市街行進) [명] 시가에서 행진하는 일. **시가행진-하다** [동] [자여]
시각¹(時刻) [명] **1** 시간의 어떤 순간에서의 시점. =시각. ¶출발 ~. **2** 짧은 시간. ¶~을 다투는 일.
시각²(視角) [명] 사물을 관찰·파악하는 기본적인 자세의 비유. ¶부정적인 ~.
시각³(視覺) [명][생] 물체의 형태나 빛깔 등을 인식하는 눈의 감각. ¶~ 장애.
시각-차(視角差) [명] 사물을 관찰하고 파악하는 기본적인 자세의 차이. ¶~를 좁히다.
시각-표(時刻表) [명] =시각표2.
시각-화(視覺化) [-가콰] [명] (보이지 않는 것을) 일정한 형태로 나타내어 보이는 것. **시각화-하다** [동][자)[여]
시간(時間) [명] **1**[약] **1** 어떤 시각에서 어떤 시각과의 사이. **2** 어떤 행동을 할 틈. ¶일에 쫓겨 독서할 ~이 없다. **3** =시각(時刻)'1. ¶출발 ~. **4** 어떤 일을 하기로 정해진 시각. ¶수업 ~. **5** 때의 흐름. ¶~이 해결해 줄 문제. **2**[의존] 하루의 1/24의 동안을 나타내는 말. ¶두 ~.
시간 가는 줄 모르다 바빠서 몰아치거나 몰두하여 시간이 흘러가는 것을 알지 못하다. ¶독서삼매경에 빠져 ~.
시간을 벌다 시간적인 여유를 확보하다.
시간(을) 죽이다 보람 없이 시간을 흘려 보내다. ¶우두커니 앉아 ~.
시간^강사(時間講師) [명] 초중고 또는 대학에서, 시간당 일정액의 급료를 받기로 하고 계약직으로 고용된 강사.
시간-관념(時間觀念) [명] 시간을 소중히 여기거나 철저히 지키려는 의식. ¶~이 희박하다[철저하다].
시간-급(時間給) [명] **1** 노동한 시간에 따라 지급되는 임금. 월급·주급·일급 등이 있음. **2** 1시간당 임금. 주로 임시 고용자에게 적용됨. ↔성과급.
시간-기록계(時間記錄計) [-계/-게] [명] 회사원의 출퇴근을 자동으로 기록하는 기계.
시간-대(時間帶) [명] 하루 중에서 어느 시각에서 어느 시각까지의 일정한 폭의 시간. ¶텔레비전의 황금 ~.
시간-문제(時間問題) [명] 결과가 뻔하여 일정한 시간이 주어지면 해결될 문제. ¶범인을 잡는 것은 ~이다.
시간^외^근무(時間外勤務) [-외-/-웨-] [명] 정해져 있는 노동 시간 외의 근무.
시간-적(時間的) [관][명] 시간상의 (것). ¶~인 여유가 없다.
시간차^공격(時間差攻擊) [명][체] 배구에서, 한 사람의 공격수가 공격하는 체하고 뛰어오른 상대 팀의 블로킹을 유도한 뒤에 다른 공격수가 약간의 시간차를 두고 블로킹이 없는 상태에서 공격하는 방법.
시간-표(時間表) [명] **1** 일정한 시간 배당을 적어 넣은 표. ¶수업 ~. **2** 기차·자동차·여객선 따위의 출발과 도착 시각을 나타낸 표. =시각표. ¶열차 ~.
시-건방지다 [형] (어떤 사람이) 나이나 신분이나 자격 등에 어울리지 않게 분수없거나 주제넘은 행동을 하여 마땅찮게 여겨지는 상태에 있다.
시경(詩經) [명][책] 중국 최고(最古)의 시집으로 오경(五經)의 하나. 공자가 편찬했다고 전해지나 미상임. 춘추 시대의 가요를 수록함.
시계¹(市界) [-계/-게] [명] 시의 지리적 경계.
시계²(時計) [-계/-게] [명] 시각을 나타내거나 시간을 재는 기계나 장치의 총칭.
시계³(視界) [-계/-게] [명] 일정한 위치에서, 앞이 가로막히거나 가려지지 않은 상태로 비교적 멀리 볼 수 있는 사물의 범위. 町시야. ¶짙은 안개가 ~를 가리다.
시계-불알(時計-) [-계-/-게-] [명] **1** '시계추'를 속되게 이르는 말. **2** 쓸데없이 왔다 갔다 하는 사람의 비유.
시계-자리(時計-) [-계-/-게-] [명][천] 에리다누스자리의 동쪽에 있으며, 남쪽 하늘의 지평선 가까이에서 볼 수 있는 작은 별자리.
시계-추(時計錘) [-계-/-게-] [명] 괘종 시계에 매달린 추.
시계-탑(時計塔) [-계-/-게-] [명] 멀리서도 볼 수 있도록 시계를 장치한 탑.
시계-포(時計鋪) [-계-/-게-] [명] 시계를 사고팔거나 고치는 가게.
시곗-바늘(時計-) [-계빠-/-게빠-/-겐빠-/-겐빠-] [명] 시간·분·초 등을 가리키는 시계의 바늘.
시곗-줄(時計-) [-계쭐-/-게쭐-/-겐쭐-/-겐쭐-] [명] 신체에 차거나 다른 곳에 걸기 위해 시계에 매단 줄.
시-고모(媤姑母) [명] 남편의 고모.
시골 [명] **1** 도시에서 떨어져 있어, 비교적 한적하고 사람들이 주로 농사를 짓고 살며 자연의 모습을 쉽게 접할 수 있는 곳. 町전원·지방·촌. **2** 고향을 떠나 대도시, 특히 서울에 나와 사는 사람이 자기 고향을 이르는 말.
시골-구석 [-꾸-] [명] '시골'을 얕잡아 이르는 말. 町촌구석.
시골-내기 [-래-] [명] 시골에서 태어나 자란 사람. ↔서울내기.
시골-뜨기 [명] '시골 사람'을 얕잡아 하는 말. 町촌뜨기.
시골-집 [-찝] [명] **1** 시골에 있는 집. **2** 고향에 있는 자기 집.
시공¹(施工) [명] 공사를 시행하는 것. ¶~자(者). **시공-하다** [동][타여]
시공²(時空) [명] 시간과 공간을 아울러 이르는 말.
시-공간(時空間) [명][물] 보통 삼차원 공간과, 그 세 방향에 독립적인 한 방향으로서 시간을 더한 사차원의 공간.

시:구¹(始球)〖명〗[체] 야구에서, 경기를 시작하기 전에 저명인사가 투수로서 포수에게 공을 던지는 일. ¶시장의 ~로 경기가 시작되었다. **시:구-하다** 〖자여〗

시구²(詩句)〖명〗[-꾸] 시의 구절. ×싯귀.

시:국¹(市國)〖명〗 하나의 시(市)만으로 형성된 나라. ¶바티칸 ~.

시국²(時局)〖명〗 현시의 국내 및 국제 정세. ¶비상~.

시국-관(時局觀) [-관] 〖명〗 시국을 내다보는 관점.

시궁 〖명〗 더러운 물이 잘 빠지지 않고 썩어서 질척질척하게 된 도랑창.

시궁-창 〖명〗 시궁의 바닥. 또는, 그 속.

시그널 뮤직(signal music) 〖명〗 정기적·연속적인 방송 프로그램과 그 방송의 직전과 직후에 일종의 신호로서 연주하는 음악.

시그마/σ(Ⓔsigma) 〖명〗[수] 같은 종류의 수치의 합계를 나타내는 기호인 'Σ'의 이름.

시극(詩劇) 〖명〗[연] 운문으로 씌어진 극. 또는, 부분적으로 산문을 섞은 운문극.

시근-거리다/-대다 〖자여타여〗 배가 부르거나 분이 치밀어 숨가쁘게 자꾸 가쁘고 거칠게 나다. 또는, 그런 소리를 자꾸 내다. ¶아직도 화가 풀리지 않았는지 **시근거리**고 있다. 쎈씨근거리다.

시근덕-거리다/-대다 [-꺼(때)-] 〖자〗〖타〗 몹시 거칠게 시근거리다. 쎈씨근덕거리다.

시근덕-시근덕 [-씨-] 〖부〗 시근덕거리는 모양. 쎈씨근덕씨근덕. **시근덕시근덕-하다** 〖자여〗

시근-시근 [-씨-] 〖부〗 시근거리는 모양. 쎈씨근씨근. **시근시근-하다** 〖자〗〖타여〗

시금떨떨-하다 〖형여〗 맛이 조금 시고 떫다. ㉠시금털털하다.

시:금-석(試金石) 〖명〗 1 〖광〗 귀금속의 순도(純度)를 판정하는 데 쓰이는, 검은빛의 현무암이나 규질(硅質)의 암석. 2 어떤 일의 가치·수준·가능성 등을 판정하는 기준이 되는 사물. 비유적인 말임. ¶엘리게쿠는 문화 수준을 판가름하는 ~이다.

시금치 〖명〗[<⊕赤根菜] [식] 잎을 나물로 먹거나 국을 끓여 먹는 한해살이풀 또는 두해살이풀. 뿌리는 육질이며 굵고 붉은색임. 채소로 재배함.

시금털털-하다 〖형여〗 '시금떨떨하다'의 거센말. ¶맛살구가 ~.

시급-하다(時急-) [-그파-] 〖형여〗 (어떤 일이) 시간적으로 빨리 해결하거나 처리해야 할 상태에 있다. ¶시급하다·절박하다. ¶**시급한** 문제. **시급-히** 〖부〗

시기¹(始期) 〖명〗 어떤 일이 시작되는 시기(時期). ↔종기(終期).

시기²(時期) 〖명〗 어떤 일이나 현상이 진행되는 때.

시기³(時機) 〖명〗 알맞은 때나 기회. ¶~에 적절하다.

시기⁴(猜忌) 〖명〗 (어떤 사람이 자기보다 뛰어난 사람을, 또는 그의 뛰어난 능력 등을) 샘하여 미워하는 것. **시기-하다** 〖타여〗

시기-상조(時機尙早) 〖명〗 어떤 일을 함에 있어서, 때가 아직 이름. ¶전면적 수입개방은 우리 산업의 여건상 ~이다.

시기-심(猜忌心) 〖명〗 남을 샘하는 마음.

시김새 〖음〗 1 판소리에서, 소리를 하는 방법이나 상태. 2 국악에서, 주된 음의 앞과 뒤에서 꾸며 주는 음.

시-꺼멓다 [-머타] 〖형여〗〈~꺼머니, ~꺼머오, ~꺼메〉 아주 짙게 꺼멓다. ¶고기가 타서 ~. ㉠새까맣다. ㉰시커멓다.

시끄럽다 [-따] 〖형여〗〈시끄러우·시끄러워〉 1 (소리가) 지나치게 커서 귀에 거슬리거나 듣기 싫은 상태에 있다. 또는, (어떤 공간에) 귀에 거슬릴 정도로 큰 소리가 들리는 상태에 있다. ⓑ떠들썩하다·소란하다. ¶**시끄러운** 록 음악. 2 어떤 집단이나 사회에 말썽이나 문제가 생겨 이러쿵저러쿵하는 말이 듣기 싫을 만큼 많이 오가는 상태에 있다. ¶비자금 문제로 정가가 ~. 3 상대의 말이 못마땅하거나 언짢거나 할 때, 상대에게 그런 말을 하지 말라는 뜻으로 하는 공격적인 말. ¶**시끄러워**! 아무 말 말고 가만히 있어.

시끈-가오리 〖명〗 몸이 둥글고 꼬리는 짧고 굵으며, 몸빛은 황갈색 바탕에 검은 점이 흩어져 있는 바닷물고기. 몸에 전기를 일으켜 적을 막음. =전기가오리.

시끌벅적-하다 [-쩌카-] 〖형여〗 시끄럽고 벅적거려 요란하다. ¶시장은 장사꾼들의 고함 소리로 온통 **시끌벅적하였다**.

시끌시끌-하다 〖형여〗 정신이 어지럽도록 시끄럽다. ¶귀성객으로 **시끌시끌한** 역 대합실.

시나리오(scenario) 〖명〗 1 [문] 영화 상영을 전제로 극적인 사건을 대사·지문·해설을 통하여 표현한, 문학의 한 갈래. =영화각본. 2 어떤 사건에서 앞으로 일어나리라고 예상되는 구체적인 경과나 가상적인 결과. ¶양국 사이에 전쟁이 일어날 수 있다는 최악의 ~도 생각해 볼 수 있다.

시나브로 〖부〗 모르는 사이에 조금씩 조금씩. ¶나뭇잎이 ~ 떨어져 쌓이다.

시나위 〖명〗[음] 속악(俗樂)의 하나. 향피리·대금·해금·장구로 편성되는 합주로, 남도의 무악(巫樂)임.

시나이 산(Sinai山) 〖명〗 구약 성서 '출애굽기'에 나오는 산. 모세가 이 산에서 하느님으로부터 십계명을 받음. 지금의 시나이 반도에 있는 산으로 추정됨.

시:내¹ 〖명〗 골짜기나 평지에서 흐르는 자그마한 내.

시:내²(市內) 〖명〗 도시의 안. 또는, 시의 구역 안. ↔시외.

시:내-버스(市內bus) 〖명〗 시내에서 일정한 구간을 운행하는 버스. ↔시외버스.

시냅스(synapse) 〖명〗[생] 신경 세포의 신경 돌기의 말단이 다른 신경 세포에 접합하는 부위.

시:냇-가 [-내까/-낻까] 〖명〗 시냇물 가의 땅. 또는, 시내의 가.

시:냇-물 [-낸-] 〖명〗 시내에 흐르는 물.

시너(thinner) 〖명〗[화] 유성(油性) 도료를 도장하기 알맞은 점도(粘度)로 묽게 하기 위한 희석제. ×신나.

시너지(synergy) 〖명〗 둘 이상의 요소나 사물이 결합하여 함께 작용했을 때, 그 각각이 따로 작용한 결과를 합한 것보다 더 강하게 나타내는 힘이나 효과. 순화어는 '상승효과'. ¶긴밀한 상호 협조를 통하여 ~ 효과를 얻다.

시네라마(Cinerama) 〖명〗[영] 3대의 특수 영사기를 동시에 가동하여 입체감을 살리고 입체 음향을 곁들여 실감을 높인, 대형 영화의 한 가지. 상표명에서 온 말임.

시네마-스코프(Cinema Scope) 〖명〗대형 영화의 하나. 보통 영사기에 특수 렌즈를 써서 넓은 범위를 압축 촬영하고 이를 같은 렌즈를 써서 다시 확대하여 영사함. 상표명에서 온 말임.

시ː녀(侍女) 〖명〗지체 높은 사람의 가까이에 있으면서 시중을 드는 여자.

시놉시스(synopsis) 〖명〗드라마·영화 등의 개요. 흔히, 주제·등장인물·줄거리 등을 간단히 적은 것을 말함.

시누(媤—) 〖명〗'시누이'의 준말.

시-누이(媤—) 〖명〗여자가 남편의 누나나 누이동생을 이르는 말. ㉘시누. ↔올케.

시늉 〖명〗어떤 움직임이나 모양을 흉내 내는 것. ¶죽으려면 죽는—이라도 해라.

시름-시름 〖부〗'시름시름'의 잘못.

시니시즘(cynicism) 〖명〗**1**〖철〗=견유주의. **2** 세상을 냉소적으로 바라보는 태도.

시니컬-하다(cynical—) 〖형〗냉소적인 태도가 있다. ¶시니컬하게 웃다.

시다 〖형〗**1**(음식이나 과일 등의 맛이) 식초의 맛과 비슷한 상태에 있다. ¶신 김치. **2**(이가) 상하거나 이상이 있어 차거나 신 음식 또는 찬 바람이 닿았을 때 시린 느낌을 받는 상태에 있다. ¶귤을 먹으면 이가 ~. **3**(뼈의 관절 등이) 빠거나 이상이 생겨 그 부위를 움직일때 신경을 건드려 약간의 아픔을 느끼는 상태에 있다. ㉑시큰하다. ¶발목이 ~. **4**(눈이) 강한 빛을 받아 잘 뜰 수 없는 상태에 있다. ¶햇살이 강렬해 눈이 ~. **5**(코허리가) 슬픔을 느끼거나 감격하여 싸하거나 매캐한 상태에 있다. ¶코허리가 ~.

시단(詩壇) 〖명〗시인들의 사회.

시ː달(示達) 〖명〗상부에서 하부(下部)로 명령·통지 등을 문서로 전달하는 일. **시ː달-하다** 〖타〗 ¶작업 계획을 ~. **시ː달-되다** 〖자〗

시달리다 〖자〗(어떤 일이나 대상에) 괴로움을 당하다. ¶빛에 ~.

시달림 〖명〗괴로움이나 성가심을 당하는 일. ¶~을 받다.

시답다[—따] 〖형〗(주로, 부정하는 말과 함께 쓰여) 만족할 만하거나 대수롭다. ¶시답지 않은 얘기.

시답잖다[—짠타] 〖형〗보잘것없어 마음에 차지 않다. ¶그는 내가 쓴 원고를 죽 읽어 보더니 **시답잖은** 표정을 지었다.

시대(時代) 〖명〗**1** 어떤 표준에 의하여 구분한 일정한 기간. 또는, 특정한 일이나 물건과 결부되어 의식되는 한 시기. ¶조선 ~. **2** 지금 있으나 다루는 그 시기. 또는, 화제로 삼고 있는 그 시기. ¶~의 총아.

시대-감각(時代感覺) 〖명〗자기가 살고 있는 시대의 흐름과 특성 등을 이해하고 파악할 줄 아는 감각. ¶~이 뒤진 사람.

시대-극(時代劇) 〖명〗역사상 어떤 시대의 일을 가지고 꾸민 연극이나 극영화.

시대-물(時代物) 〖명〗역사상의 사건 등에서 취재·각색한 시대 소설·시대극 따위. ↔현대물.

시대-병(時代病)[—뼝] 〖명〗시대 풍조에 따라 일어나는 건전하지 못한 폐해 또는 유행병.

시대-상(時代相) 〖명〗어떤 시대의 되어 가는 모든 형편. 또는, 한 시대의 사회상.

시대-적(時代的) 〖관〗〖명〗**1**'시대적(인) ···'의 꼴로 쓰여)그 시대의 (것). ¶~ 사명.

2('시대적으로'의 꼴로 쓰여)'시대의 특성(상)', '시대에 따라', '시대로부터' 등을 뜻하는 말. ¶~으로 불우한 시기에 태어나다.

시대-정신(時代精神) 〖명〗어떤 시대의 사회에 널리 퍼져 그 시대를 지배하거나 특징짓는 정신.

시대-착오(時代錯誤) 〖명〗변화된 새로운 시대의 풍조에 낡고 뒤떨어진 생각이나 생활 방식으로 대처하는 일.

시대착오-적(時代錯誤的) 〖관〗〖명〗시대착오의 성질을 띤 (것). ¶~ 발상.

시댁(媤宅) 〖명〗'시집¹'의 높임말.

시ː도¹(市道) 〖명〗시내의 도로로서 시장이 그 노선을 인정하고 시비(市費)로 건설·관리·유지하는 도로.

시ː도²(試圖) 〖명〗(어떤 일을) 하려고 꾀하거나, 시험 삼아 하는 것. **시ː도-하다** 〖타〗 ¶정면 돌파를 ~. **시ː도-되다** 〖자〗

시동(始動) 〖명〗발전기·전동기·증기 기관·내연 기관 등의 발동을 걸거나 돌리는 것. ¶~을 걸다.

시-동생(媤同生) 〖명〗여자가 남편의 남동생을 이르는 말.

시드(seed) 〖명〗**1**〖체〗토너먼트식 경기에서, 처음부터 강한 선수나 팀끼리 맞붙지 않게 대진표를 짜는 일. ¶~ 배정을 받다. **2** 바둑에서, 본선에서 성적이 우수한 자에게 주는 차기 본선의 진출권.

시드니(Sydney) 〖명〗〖지〗오스트레일리아 남동부의 항구 도시.

시들다 〖자〗〈시드니, 시드오〉**1**(식물의 잎이나 꽃) 싱싱함을 잃고 줄기나 잎이 마른 상태가 되거나 색깔이 누렇게 되다. ¶잎이 누렇게 ~. **2**(사람의 얼굴이나 몸이) 늙거나 고생을 많이 하거나 하여 생기를 잃거나 기력이 쇠해지다. 비유적인 말임. ¶늙고 병들어 **시들어** 버린 몸뚱이. **3** 어떤 일에 대한 의욕이나 열정이 기세 등이 사라지다. ¶그의 열정도 결국 **시들어** 버렸다.

시들-시들 〖부〗약간 시들어 힘없는 모양. ¶잎이 ~ 마른다. **시들시들-하다** 〖형〗

시들-하다 〖형〗(어떤 일이) 그에 대한 의욕이나 흥미를 잃어 시시하고 하찮은 상태에 있다. ¶요새는 영화 구경도 **시들해졌다.**

시디¹(CD) 〖명〗고음질의 음악이나 대량의 정보를 수록해 놓은, 보통의 레코드보다 작은 플라스틱 원반. =콤팩트디스크.

시디²(CD) 〖명〗[certificate of deposit] 〖경〗=양도성 예금 증서.

시디-롬(CD-ROM) 〖명〗[compact disk read-only memory] 〖컴〗컴퓨터가 읽기만 할 수 있고 내용을 지우거나 변경할 수 없는, 대량의 정보를 수록한 시디.

시디롬-드라이브(CD-ROM drive) 〖명〗〖컴〗시디롬에 저장된 데이터나 프로그램을 읽어 주는 장치.

시디-아이(CD-I) 〖명〗[compact disk interactive] 사용자가 대화식으로 활용할 수 있도록, 음성뿐 아니라 정지 화상·동화상(動畫像)·그래픽·문자·프로그램 등이 함께 저장된 시디. 학습용이나 게임용 프로그램이 많음.

시디-지(CD-G) 〖명〗[compact disk graphics] 문자나 정지 화상을 넣어 음악과 동시에 재생할 수 있게 한 시디. 노래방용으로 많이 쓰임.

시디-플레이어(CD player) 圀 [CD: compact disk] 시디를 재생하기 위한 장치.

시라크, 자크(Chirac, Jaques) 圀[인] 프랑스의 정치가·대통령(1932~).

시래기 圀 무청이나 배추 잎을 말린 것. 흔히, 농촌에서는 무청을 짚으로 엮어서 말림. ¶우거지.

시래깃-국[-기꾹/-긴꾹] 圀 시래기를 넣어 끓인 토장국.

시럽(syrup) 圀 당밀(糖蜜)에 타르타르산·시트르산 따위를 넣어 신맛이 있게 하여 향료와 색소를 넣은 음료.

시렁 圀 1 물건을 얹어 놓을 수 있도록 방이나 광 등의 벽과 벽 사이에 두 개의 긴 통나무를 가로질러 설치한 구조물. 2 '선반'을 달리 이르는 말.

시:력(視力) 圀 물체의 형태를 분간하는 눈의 능력. ¶~을 잃다.

시련(試鍊·試練) 圀 겪기 어려운 시험과 단련.

시론¹(時論) 圀 그때그때 일어나는 시사(時事)에 대한 평론.

시론²(詩論) 圀 시 일반의 본질·양식 등에 관한 이론. 또는, 그 평론.

시:료(試料) 圀[화] 시험·검사·분석 등에 쓰이는 물질이나 생물.

시루 圀 떡 등을 찌는 데 쓰는, 김이 통하도록 바닥에 구멍이 여러 개 뚫려 있는 질그릇.

시루-떡 圀 시루에 쌀가루를 넣고 고물을 얹어 켜켜이 안쳐 찐 떡.

시룻-밑[-룬믿] 圀 시루의 구멍을 막아 시루 안의 것이 새지 않도록 하는 물건.

시룻-번[-루뻔/-룯뻔] 圀 시루를 솥에 얹힐 때 그 틈에서 김이 새지 않게 둘러서 바르는, 밀가루·멥쌀가루 등의 반죽.

시류(時流) 圀 그 시대의 풍조·유행. ¶~에 영합하다 / ~에 편승하다.

시름 圀 오래전부터 해결하지 못한 어려운 문제 때문에 마음이 무겁고 우울한 상태. ㊣걱정·근심. ¶~에 잠기다.

시름-겹다[-따] 匜<-겨우니, -겨워> 감당하지 못할 정도로 시름이 많다.

시름-시름 變 병세가 더하지도 않고 낫지도 않으면서 오래 끄는 모양. ¶~ 앓은 지 3년. ¶시늠시늠.

시름-없다[-업따] 圀 1 근심 걱정이 없게 이 없다. 2 아무 생각이 없다. **시름없-이** 變 ¶~ 먼 산을 바라보다.

시리다 匜 (사람의 몸의 일부가) 찬 기운에 접하여 추위를 느끼는 상태이다. ¶발이 ~.

시리아(Syria) 圀[지] 서아시아의 지중해 연안에 있는 공화국. 수도는 다마스쿠스.

시리얼(cereal) 圀 주로 아침에 간단하게 먹을 수 있도록 곡류를 가공한 음식. 대개 우유를 부어서 먹음.

시리얼 넘버(serial number) '제조 번호', '일련번호'로 순화.

시리우스(Sirius) 圀[천] 큰개자리의 으뜸가는 별. 밤하늘에서 볼 수 있는 가장 밝은 별임.

시리즈(series) 圀 1 같은 종류의 연속 기획물. 연속 출판물이나 방송 프로의 연속물 따위. 2 어떤 특정 종목을 차례를 따라 일정한 기간에 계속하는 운동 경기. ¶코리안 ~ / 월드 ~.

시:립(市立) 圀 시에서 설립하여 관리·유지하는 것. ¶~ 병원.

시릿-하다[-리타-] 圀匜 조금 시린 듯하다. ¶찬 것을 먹으니 이가 ~.

시마(sima) 圀 [주요 원소가 규소(Si)와 마그네슘(Mg)인 데서] [지] 지구 내부에서 시알의 밑. 지하 수십 km에서 약 1,200km에 이르는 층임. ▷시알.

시:말-서(始末書)[-써] 圀 사고나 과실이 있을 때, 당사자가 그 일의 경위를 자세히 적은 문서.

시멘트(cement) 圀[건] 진흙이 섞인 석회석을 주원료로 하여 여기에 소량의 석고를 넣어서 가루로 만든, 토목·건축 재료로 쓰는 접합제. =양회(洋灰).

시모(媤母) 圀 =시어머니.

시모노세키(下關) 圀[지] 일본의 항만 도시.

시:무(始務) 圀 관공서 등에서 연초에 근무를 시작하는 것. ¶~ 일. ↔종무(終務).

시무룩-하다[-루카-] 匜 마음에 맞지 않은 일로 풀이 죽어 활발치 못하거나 우울한 표정이 있다. ¶시무룩한 표정. **시무룩-이** 變

시:무-식(始務式) 圀 연초에 근무를 시작할 때 행하는 의식. ↔종무식.

시문(詩文) 圀 시가(詩歌)와 산문을 아울러 이르는 말.

시^문학(詩文學) 圀 시가에 관한 문학.

시뮬레이션(simulation) 圀 비용 문제나 그 밖의 이유로 실제로 수행할 수 없는 일을 컴퓨터로 모형화하여 모의로 실험하는 일.

시뮬레이션^액션(simulation action) [체] =할리우드 액션.

시뮬레이터(simulator) 圀[컴] 복잡한 작동 상황 등을 컴퓨터를 사용하여 실제 장면과 같도록 재현하는 장치. 항공기의 조종, 원자로 운전 등의 훈련이나 시험 연구 등에 사용됨.

시:민(市民) 圀 1 시의 주민. ¶서울 ~. 2 서양에서, 국정에 참여할 지위에 있는 국민. ㊣공민(公民).

시민의 발 버스·지하철과 같은 도시의 대중교통 수단.

시:민^계급(市民階級)[-계-/-게-] 圀[사] 서양 봉건 시대에 도시에서 상업과 공업에 종사하던 사람들. 시민 혁명을 일으켜 시민 사회를 성립시킴. ㊣부르주아지.

시:민-권(市民權)[-꿘] 圀[법] 시민으로서의 직업·사상·재산·신앙 등의 자유가 보장되며, 정치에 참가할 수 있는 권리.

시:민-단체(市民團體) 圀 시민들의 자발적 참여에 의해 시민운동을 벌이는 단체.

시:민-법(市民法)[-뻡] 圀[법] 1 고대 로마 시민에게 적용되던 실정법(實定法). 2 근대 시민 사회를 규율하는 법체계. 좁은 뜻으로는 민법(民法)을 가리킴.

시:민^사회(市民社會)[-회/-훼] 圀[정] 유럽에서 시민 혁명을 통해 성립된, 개인의 자유와 권리를 기초로 하는 사회.

시:민-운동(市民運動) 圀 시민의 입장에서 행해지는 사회 개선 운동.

시:민^혁명(市民革命)[-형-] 圀[역] 근대 유럽에서 시민 계급이 봉건 체제를 무너뜨리고 시민 사회와 근대 국가의 체제를 성립시킨 혁명. 프랑스 혁명·청교도 혁명이 대표적임.

시바(Siva) 圀[신화] 힌두교에서, 파괴 및 생식의 신.
시:반(屍斑)[의] 사람이 죽은 후 1~10시간 사이에서 피부에 생기는 자홍색 또는 자청색의 반점.
시:발(始發)[명] 맨 처음 떠나는 것. **시:발-하다**[자여]
시:발-역(始發驛)[-력][명] 한 열차 노선에서 기점(起點)이 되는 역. 경부선의 서울역 같은 것. ↔종착역.
시:발-점(始發點)[-쩜][명] **1** 첫 출발을 하는 지점. ↔종착점. **2** 어떤 일의 계기가 되는 시점.
시:방(十方)[명]['十'의 본음은 '십'][불] 사방(四方)·사유(四維:동북·동남·서남·서북의 네 방향)·상하(上下)의 총칭.
시:방(時方)[명] =지금(只今)[명]
시:방-서(示方書)[명] 순서를 적은 문서. 특히, 설계가 복잡한 구조물이나 주문품의 내용이나 그림을 기록한 서류.
시:범(示範)[명] 모범을 보이는 것. ¶—경기. **시:범-하다**[자여]
시베리아(Siberia)[명][지] 아시아 대륙 북부, 러시아의 우랄 산맥 동쪽의 지역.
시베리아^기단(Siberia氣團)[명][기상] 시베리아 고긴압 권내에 생기는 한랭하고 건조한 기단. 겨울철 우리나라의 날씨를 지배함.
시벨리우스, 잔(Sibelius, Jean)[명][인] 핀란드의 작곡가(1865~1957).
시보[1](時報)[명] 표준 시간을 라디오나 통신 등에 의하여 일반인들에게 알리는 일. ¶정오 —.
시보[2](試補)[명] 어떤 관직에 정식으로 임명되기 전에 실지로 그 일에 종사하여 익히는 일. 또는, 그 직책. ¶사법관 —.
시부(媤父)[명] =시아버지.
시부렁-거리다/-대다[자타] 쓸데없는 말을 함부로 자꾸 지껄이다. ⑩씨부렁거리다.
시부렁-시부렁[부] 시부렁거리는 모양. ⑩씨부렁씨부렁. **시부렁시부렁-하다**[자여]
시-부모(媤父母)[명] 시아버지와 시어머니.
시분할^시스템(時分割system)[명][컴] 많은 수의 사용자가 단일 전산기 체계에서 동시에 작업할 수 있도록 하는 기술.
시:비[1](是非)[명] **1** 옳음과 그름. ㈜시비·잘잘못. ¶—를 분명히 가리다. **2** 어떤 일에 대해 옳다느니 그르다느니 잘했느니 못했느니 하면서 삼아 말하는 것. ¶—를 걸다. **시:비-하다**[자타여]
시비(詩碑)[명] 시를 새긴 비석.
시:비-곡직(是非曲直)[-찍][명] 옳고 그르고 굽고 곧음. ¶—을 따지다.
시:비-조(是非調)[-쪼][명] 시비하는 듯한 투. 또는 말투.
시:비지심(是非之心)[명] 사단(四端)의 하나, 옳고 그름을 가릴 줄 아는 마음.
시:빗-거리(是非-)[-비꺼-/-빋꺼-][명] 옳으니 그르니 하는 말다툼의 내용이 될 만한 것. ¶사소한 —로 다투다.
시-빨겋다[-거타][형ㅎ] ¶입술이 시빨겋다. **빨게** 몹시 빨갛다. ¶시뻘건 불길이 솟아오르다. ㈜새빨갛다.
시빨개-지다[자] 시뻘겋게 되다.
시쁘다[형]<시쁘니·시뻐> 마음에 차지 않다. 또는, 대수롭지 않다. ¶시쁜 표정.
시:사[1](示唆)[명] 어떤 사실을 뚜렷하게

드러내지 않은 상태로 알게 하거나 깨닫게 하는 것. **시:사-하다**[1][타여] ¶독일의 통일은 같은 분단국인 우리에게 **시사하는** 바가 크다.
시사[2](時祀)[명] =시향.
시사[3](時事)[명] 그때그때 세상에서 일어나 사람들의 주목을 끄는 일이나 사건. ¶—토론/— 문제.
시:사[4](試寫)[명] 새 영화를 일반에게 공개하기 전에 관계자·평론가 등 특정인에게 상영해 보이는 일. **시:사-하다**[타여]
시사-만평(時事漫評)[명] 그때그때의 세상일에 대해 특별한 체계 없이 하는 비평.
시사-만화(時事漫畫)[명] 그때그때의 사회적 관심사를 해학과 풍자로 그리는 만화.
시사-물(時事物)[명] 시사 문제를 다룬 기사나 방송 프로그램이나 간행물.
시사-성(時事性)[-썽][명] 시사로서의 특징을 가지고 있는 성질. ¶—을 띤 만화.
시사-용어(時事用語)[명] 시사에 관련된 용어.
시:사-회(試寫會)[-회/-훼][명] 새 영화를 개봉에 앞서 관계자·평론가 등 특정인들에게 상영해 보이는 행사.
시-삼촌(媤三寸)[명] 남편의 삼촌.
시:상[1](施賞)[명] (어떤 사람에게 상을) 주는 것. 특히, 식을 베푼 자리에서 상장이나 상품, 상금 등을 주는 일을 말함. **시:상-하다**[자여]
시:상[2](視床)[명] 간뇌의 뒤쪽에 있는 달걀 모양의 회백질로, 후각 이외의 지각 신경이 대뇌로 가는 도중의 접속 부분.
시상[3](詩想)[명] **1** 시를 짓는 데 필요한 시인의 착상이나 구상. ¶—이 떠오르다. **2** 시에 나타난 사상이나 감정.
시:상-식(施賞式)[명] 시상할 때 베푸는 의식.
시:상-화석(示相化石)[명][지] 어느 지층이 어떤 기후나 환경에 있었는지를 아는 데 도움이 되는 화석. ▷표준 화석.
시새다[자] *'시새우다'의 준말.
시새우다[타] **1** (자기보다 나은 사람을) 공연히 미워하고 싫어하다. ¶남이 잘되는 것을 **시새워** 헐뜯다. **2** 남보다 낫기 위하여 서로 다투다. ㈜시새다.
시새움[명] 시새우는 것. 또는, 그런 마음. ㈜시샘. **시새움-하다**[자여]
시샘[명] '시새움'의 준말. **시샘-하다**[자여]
시:생-대(始生代)[명][지] 지질 시대의 선캄브리아대를 둘로 나눌 때, 그 첫째 시대. 약 25억 년 이전으로 추정되며, 미생물의 화석을 볼 수 있음. ▷선캄브리아대·원생대.
시:선[1](視線)[명] **1** 대상을 바라보는 눈의 방향이나 기운. ¶한곳에 —을 고정하다. **2** 어떤 대상에 대한 사람의 관심이나 태도. 따가운. ¶주위의 —을 끌다.
시선[2](詩仙)[명] 중국 당나라 때의 시인 '이백(李白)'을 일컫는 말.
시선-집(詩選集)[명] 시를 뽑아 엮은 책.
시:설(施設)[명] (설비·장치 등을) 베풀어 차리는 것. 또는, 그 차려 놓은 것. ¶오락 —/편의 —. **시:설-하다**[타여]
시:설-물(施設物)[명] 시설해 놓은 일정한 구조물.
시성(詩聖)[명] **1** 고금(古今)에 뛰어난 위대한 시인. ¶— 타고르. **2** 중국 당나라 때의 시인 '두보(杜甫)'를 일컫는 말.

시세(時勢) 명 1 그때의 형세. 또는, 세상의 형편. 2 =시가(時價). ¶~의 변동이 심하다.

시소(seesaw) 명 긴 널빤지의 한가운데를 괴어, 그 양 끝에 사람이 타고 오르락내리락하게 만든 놀이 기구.

시소-게임(seesaw game) 명 형세가 서로 엇비슷한 일진일퇴의 경기.

시소러스(thesaurus) 명 1 단어들의 의미에 따라 분류·배열한 일종의 유의어 사전. 2 컴퓨터 등의 정보 검색에서 적확한 정보를 가려내기 위하여 사용되는 검색어의 어휘집.

시속¹(時俗) 명 그 시대의 풍속.

시속²(時速) 명 한 시간에 달리는 속도. ¶~ 60km로 자동차를 몰다.

시숍(sysop) 명[통] 피시 통신·인터넷에서, 전자 게시판을 운영하는 사람.

시숙(媤叔) 명 남편의 형제.

시:술(施術) 명 1 (의사가 환자에게) 의술, 특히 수술을 베푸는 것. 2 (어떤 사람에게) 최면술 따위의 도술을 베푸는 것. **시:술-하다** 돼(여)

시스템(system) 명 1 체계적인 방법이나 조직, 또는 제도. ¶효율적인 관리 ~. 2 [컴] 중앙 처리 장치·기억 장치·입출력 장치·통신 회선 등의 유기적 결합.

시:승(試乘) 명 (탈것을 시험 삼아 타 보는 것. **시:승-하다** 돼(여) ¶시장이 새로 개통되는 지하철을 ~.

시시(cc) 명〔약〕(cubic centimeter) =세제곱센티미터. ¶500~짜리 우유.

시시각각(時時刻刻) 명[-각] 图 시각마다 변화의 차이나 진행의 정도를 뚜렷이 느낄 만한 상태(로). =일각일각. ¶계곡의 물이 ~으로 불어난다.

시시껄렁-하다 톰[여] 시시하고 형편없다. '시시하다'를 속되게 이르는 말. ¶시시껄렁한 잡담.

시시닥-거리다/-대다[-꺼(때)-] 돼(자) '시시덕거리다'의 작은말.

시시덕-거리다/-대다[-꺼(때)-] 돼(자) 실없이 웃고 떠들어 대다. 히죽시시닥거리다. ×희죽거리다·히히덕거리다.

시시때때-로(時時-) 图 '때때로'의 힘줌말.

시시-로(時時-) 图 =때때로.

시:시-비비(是是非非) 명 어떤 일에 대한 잘잘못. 또는, 일의 잘잘못을 따져서 가리거나 다투는 것. 비시비. ¶~를 가리다. **시:시비비-하다** 돼(여)

시시-콜콜 图 시시하고 자질구레한 것까지 낱낱이 다 따지거나 다루는 모양. ¶~ 간섭하다. **시시콜콜-하다** 톰[여] **시시콜콜-히** 图

시시^티브이(CCTV) 명〔[closed-circuit television〕] =폐회로 텔레비전.

시시포스(Sisyphos) 명〔신화〕 그리스 신화에 나오는 코린트의 왕. 제우스를 속인 죄로, 높은 산 위로 밀어 올린 바위가 굴러 떨어지면 다시 밀어 올리는 영원한 벌을 받음. ×시지푸스.

시시-하다 톰[여] 1 신통한 데가 없고 하찮다. ¶그따위 **시시한** 얘기 집어치워. 2 좀스럽고 쩨쩨하다. ¶**시시하게** 돈 몇 푼 가지고 별일 떠니?

시:식(試食) 명 (음식을) 맛이나 요리 솜씨를 알아보기 위해 시험 삼아 먹는 것. **시:식-하다** 돼(타여) ¶요리를 ~.

시:신(屍身) 명 죽은 사람의 몸. 비시체. ¶~을 수습하다.

시:신-경(視神經) 명〔생〕 망막이 받은 빛의 자극을 뇌로 전달하는 신경. ¶~ 만.

시:신-세(始新世) 명〔지〕 =에오세.

시심(詩心) 명 시를 짓고자 하는 마음이나 욕구. ¶시정(詩情). ▷시흥(詩興).

시-아버님(媤-) 명 '시아버지'의 높임말.

시-아버지(媤-) 명 남편의 아버지. =시부(媤父). ¶시아버님.

시아이(CI) 명〔[corperate identity〕 기업이나 단체의 이미지를 심볼마크나 캐릭터 등을 통하여 시각적으로 체계화·단일화하는 일.

시아이에이(CIA) 명〔[Central Intelligence Agency〕] =미국 중앙 정보국.

시-아주버니(媤-) 명 남편의 형을 지칭하는 말.

시아-파(ⓐShiah派) 명〔종〕 이슬람교의 2대 분파의 하나. 마호메트의 사위인 알리를 그 정통적 후계자로 봄. ▷수니파.

시안(西安) 명 중국 중부의 도시.

시:안²(試案) 명 시험적으로 세운 계획.

시안화-칼륨(ⓑcyaan化ⓒKalium) 명〔화〕 흰색의 조해성(潮解性)이 있는 고체. 독성이 매우 강함. 금·은·구리의 전기 도금이나 야금·농약 등에 쓰임.

시알(sial) 명〔주요 원소가 규소(Si)와 알루미늄(Al)인 데서〕[지] 지각(地殼)의 맨 위층에 주로 화강암질 암석으로 된 부분. ▷시마.

시암(Siam) 명〔'타이'의 구칭.

시앗[-앋] 명 남편의 첩. ¶~을 보다.
[**시앗을 보면 길가의 돌부처도 돌아앉는다**] 부처같이 어진 부인도 시앗을 보면 마음이 변하여 시기하고 중오한다. [**시앗이 시앗 꼴을 못 본다**] 시앗이 제 시앗을 더 못 본다.

시애틀(Seattle) 명[지] 미국 워싱턴 주에 있는 상공업 도시.

시:야(視野) 명 1 시선이 미치어 사물을 볼 수 있는 범위. 비시계. ¶높은 건물이 ~를 가리다. 2 세상의 사물 현상을 이해하거나 살필 수 있는 지적인 능력의 범위. 비유적인 말임. ¶여행을 많이 하다 보면 ~가 넓어지기 마련이다.

시:약(試藥) 명 분석이나 합성등의 화학적 실험에 사용하는 비교적 순도(純度)가 높은 화학 약품. 또는, 특정 물질의 검출·분석에 사용되는 화학 약품.

시어(詩語) 명 시에 쓰는 말. 또는, 시에 있는 말.

시-어른(媤-) 명 시댁의 어른. 문맥에 따라 시부모만을 가리키기도 하고 시부모를 포함하여 시댁의 다른 어른을 가리키기도 함.

시-어머니(媤-) 명 남편의 어머니. =시모(媤母). ¶시어머님.

시-어머님(媤-) 명 '시어머니'의 높임말.

시-어미(媤-) 명 '시어머니'를 낮추어 이르는 말.

-시어요 어미 '-셔요'의 본딧말. 선어말 어미 '-시-'와 어미 '-아요 / 어요'가 결합한 말임. ¶어서 오 ~. ▷-으시어요.

시^언어(C言語) 명〔컴〕 프로그램을 기계어 명령에 가까운 형으로 기술할 수 있는 언어.

시에라리온(Sierra Leone) 명[지] 아프리

카 서쪽 해안에 있는 공화국. 수도는 프리타운.
시에이^티브이(CATV) 圐 [community antenna television] **1** 도시 빌딩이나 산간 벽지 등 텔레비전 난시청 지역에서, 전파를 각 가정으로 분배하기 위한 공동 안테나 시설. **2** = 케이블 티브이.
시에프(↑CF) 圐 [commercial film] 광고 선전용의 텔레비전 필름. ¶~ 모델.
시엠(CM) 圐 [commercial message] 상업 방송에서 하는 광고·선전 문구.
시엠-송(↑CM song) 圐 [CM:commercial message] 광고 선전용의 노래.
시-여 ㊂ 호격 조사 '여'를 더 높인 말. ¶황제~, 신에게 자비를 베풀어 주옵소서. ▷이시여.
시:연(試演) 圐 무용·연극 등을 일반에게 공개하기 전에 시험적으로 상연하는 일. ¶~회(會). **시:연-하다** 国(라)
시:영(市營) 圐 시(市)에서 하는 경영.
시오니즘(Zionism) 圐 세계 여러 곳에 흩어져 있던 유대 인이 그들 조상의 땅인 팔레스타인에 유대 민족 국가를 건설하려는 민족주의 운동. 1948년 이스라엘의 독립으로 실현됨.
시오디(COD) 圐 [chemical oxygen demand] = 화학적 산소 요구량.
시온(Zion) 圐 [성] 이스라엘 예루살렘에 있는 언덕. 이스라엘의 상징으로서, 이스라엘 민족 신앙의 중심지임.
시옷[-옫] 圐 한글 자모의 일곱째 글자. 'ㅅ'의 이름. 목청으로 콧길을 막고 앞 윗바닥을 윗잇몸에 닿을락 말락 하게 올려, 내쉬는 숨이 그 사이를 비집고 나오면서 마찰하여 나는 무성 마찰음. 받침으로 그칠 때에는 'ㄷ'과 같은 소리가 됨.
시옷^불규칙^용언/ㅅ 불규칙 용언(-不規則用言) [-올률-정농-] [언] = 시옷 불규칙 활용을 하는 용언.
시옷^불규칙^활용/ㅅ 불규칙 활용(-不規則活用) [-올률-호랄-] [언] 어간의 끝 'ㅅ'이 어미의 모음 앞에서 탈락하는 활용. '잇다'가 '이으니', '이어' 로 활용되는 따위.
시:외(市外) [-외/-웨] 圐 시의 구역 밖의 근처 지역. ¶~ 전차. ↔시내.
시:외-버스(市外bus) [-외/-/-웨-] 圐 어떤 시내에서 특정한 시외 노선으로만 운행하는 버스. ↔시내버스.
시:외-할머니(媤外-) [-외/-/-웨-] 圐 남편의 외할머니.
시:외-할아버지(媤外-) [-외/-/-웨-] 圐 남편의 외할아버지.
시:용(試用) 圐 시험 삼아 써 보는 것. **시:용-하다** 国(라)
시:용-향악보(時用鄕樂譜) [-뽀] 圐[책] 조선 시대, 편자·연대 미상의 가곡집. 26수의 가사가 원형대로 실려 있음.
시우-쇠 [-쇠/-쉐] 圐 무쇠를 불려서 만든 쇠붙이의 하나.
시운(時運) 圐 어느 시대에 태어나거나 삶으로써 가지게 되는 운수. ¶~을 타다.
시:-운전(試運轉) 圐 기차·배·기계 등을 만들어 시운전에 시험적으로 운전하는 일. **시:운전-하다** 国(라)
시울 圐 눈이나 입 등의 언저리. ¶눈~.
시:원(始原) 圐 사물이나 현상이 시작된 처음.
시원섭섭-하다 [-써파-] 혬(여) (어떤 일이) 한편으로는 시원하면서도 다른 한편으로는 섭섭하다. ¶과년한 딸을 시집보내고 나니 ~.
시원-스럽다[-따] 혬(비)〈-스러우니, -스러워〉 시원한 태도나 느낌이 있다. **시원스레** 閈 일을 - 잘하다.
시원시원-하다 혬(여) **1** (사람이) 성격이 좀스럽지 않고 너그럽고 통이 크다. ¶그 사람 성격이 **시원시원해서** 좋다. **2** (태도가) 망설임이나 감추는 데가 없이 적극적이고 분명하다. ¶우물쭈물하지 말고, 시원시원하게 대답해라. **3** (사람의 생김새가) 눈·코·입 등이 크고 시원스러워 보기 좋은 상태에 있다. ¶이목구비가 **시원시원한** 미인. **시원시원-히** 閈
시원찮다[-찬타] 혬 마음에 흡족하지 않다. ¶대답이 ~. ㉰선찮다.
시원-하다 혬(여) **1** (몸이 더워진 상태에서 바람이나 물 등의 물질이) 더운 기운을 가시게 할 만큼 상쾌하거나 차다. ¶시원한 바람. ㉰서늘하다. **2** 마음을 무겁게 하던 것이 해결되어 홀가분하고 가뿐하다. ¶빚을 갚고 나니 ~. **3** (사람이 마음이) 아무 걱정이 없어 마음이 가뿐하다. ¶앞이 탁 트여 ~. **4** 마음이 후련하게 새롭거나 신통하다. ¶무슨 **시원한** 뉴스라도 좀 없나? **5** 가렵거나 트릿하던 것이 말끔하게 사라져 기분이 좋다. ¶등을 **시원하게** 긁어 주다. **6** ('시원하지'의 형태로 '않다', '못하다'의 앞에 쓰이어) 기대·희망·욕구에 충분할 만큼 만족하다. ¶불이 **시원치 않은** 아궁이 속이 끓지 않았다. **7** 서글서글하고 친절하다. **8** (음식이) 차고 산뜻하거나, 뜨거우면서 구수한 맛이 있다. ¶시원한 냉면. **9** 지저분한 것이 없이 깨끗하고 미끈하다. ¶쓰레기 더미를 **시원하게** 처냈다.
시월(↑月) 圐 '十'의 본음은 '십'] 한해의 열두 달 가운데 열째 달. ㉰시월.
시월-상달(↑月上-) [-딸] 圐 햇곡식을 신에게 드리기에 가장 좋은 달이란 뜻으로, 10월을 소중스럽게 일컫는 말. ㉰상달.
시위¹ 圐 '활시위'의 준말.
시:위²(示威) 圐 **1** 위력이나 기세를 드러내어 보이는 것. ¶그는 아내에게 무언의 ~를 벌였다. **2** = 시위운동. **시:위-하다¹** 国(라)
시:위³(侍衛) 圐 임금을 곁에서 모시고 호위하는 것. 또는, 그 사람. **시:위-하다²** 国(라)
시:위-대(示威隊) 圐 시위하는 대오.
시:위-대²(侍衛隊) 圐[역] 조선 말기에 임금을 호위하던 군대.
시:위-운동(示威運動) 圐 사람들이 일정한 의사·요구를 내걸고, 그 실현을 위해 집회나 행진을 하는 일. = 시위. ㉤데모.
시:유(市有地) 圐 시가 소유하는 토지.
시:음(試飮) 圐 (음료수·술 등을) 맛보기 위해 마셔 보는 것. **시:음-하다** 国(라)
시의(時宜) 圐 [-의/-이] 그때의 사정에 맞는 것. ¶~ 적절하다.
시:-의원(市議員) 圐 '시의회 의원'의 준말.
시:-의회(市議會) [-회/-웨] 圐 지방 자치 단체로서의 시의 의결 기관.
시:의회^의원(市議會議員) [-회/-/-웨-] 圐 시의회의 구성원. 시의 시민에 의해 선출되며, 임기는 4년. ㉰시의원.
시이오(CEO) 圐 [chief executive officer] 기업의 최고 경영자.

시:인¹(是認) 몡 〈자기가 보거나 듣거나 알거나 행한(行一) 일이나 사실이 정말인지 아닌지에 대한 물음에 대해서〉 그러하다고 인정하거나 긍정하는 것. ↔부인.
시인-하다 톰(타)에 ¶법썩 사실을 ~.
시인²(詩人) 몡 시를 전문적으로 짓는 사람.
시일(時日) 몡 1 때와 날. 旦날짜. ¶~과 장소를 정하다. 2 기일 또는 기한.
시:작¹(始作) 몡 어떤 일이나 대상이 시간적·공간적으로 처음의 단계에 있는 상태. 또는, 어떤 일이나 대상을 처음의 단계에 있게 하는 행동이나 작용. 시:작-하다¹ 톰에 1(타)〈사람이나 동물, 기타의 대상이 어떤 일을〉 처음 이루어지는 단계에 있게 하다. ¶9시부터 수업을 ~. 2(자) 1〈어떤 일이〉 시간적으로 처음의 단계에 있게 되다. ¶새 역사가 ~. 2〈길이를 가진 대상이〉 공간적으로 처음의 단계에 있게 되다. ¶두만강은 백두산에서 시작한다. 시:작-되다 톰(자)에 ¶새 학기가 ~.
[시작이 반이다] 일은 처음에 시작하기가 어렵지, 일단 시작하면 끝마치는 것은 그리 어렵지 않다는 말.
시작²(詩作) 몡 시를 짓는 일. 시작-하다²
시:작-종(始作鐘) [-종] 몡 공부나 일 등의 시작을 알리는 종.
시장¹ 몡 배가 고픈 것. 시장-하다 혱에 ¶종일 굶었으니 오죽 시장할꼬?
[시장이 반찬] 배가 고프면 반찬이 없어도 밥이 맛있다는 말.
시:장²(市長) 몡 시의 행정을 책임지는 최고의 직원. 또는, 그 직위에 있는 사람.
시:장³(市場) 몡 1 매일 또는 정기적으로 많은 상인들이 모여서 잔거리를 비롯한 일상 잡화를 파는 장소. 旦장(場). ¶수산~. 2 재화나 용역이 거래되어 가격이 결정되는 추상적인 영역이나 공간. ¶국제 ~ / 금융 ~.
시:장^가격(市場價格) [-까-] 몡(경) 시장에서 경쟁과 수요·공급의 관계를 통해 형성되는 상품·서비스의 가격. 旦시가.
시:장^경제(市場經濟) 몡(경) 시장의 자유로운 거래와 경쟁을 원칙으로 하는 경제.
시장-기(-氣) 몡 배가 고픈 느낌.
시:장-바구니(市場-) [-빠-] 몡 =장바구니.
시:장-성(市場性) [-씽] 몡(경) 상품이 시장에서 팔리거나 유통될 수 있는 가능성.
시:장^점유율(市場占有率) [-뉼] 몡(경) 경쟁 시장에서, 특정 기간 내에 있어서의 어떤 상품의 총매상 중, 한 기업의 상품이 차지하는 매상 비율.
시:장^조사(市場調査) 몡(경) 기업이 재화나 서비스의 생산·유통·수요에 관하여, 사실의 수집·기록·분석 등을 하는 일.
시저(Caesar) 몡[인] '카이사르'의 영어명.
시-적(詩的) [-쩍] 관명 사물이 시의 정취를 가진 (것). ¶~ 분위기.
시전(市廛) 몡 조선 시대, 종로를 중심으로 한 도로변에 있었던 점포.
시절(時節) 몡 1 =계절. ¶꽃 피는 ~. 2 일정한 시기나 때. ¶~이 어수선하다. 3 사람의 일생을 연령으로 구분하는 어느 한 동안. ¶청년 ~.
시절-가(時節歌) 몡(음) =시조(時調)².
시점¹(時點) [-쩜] 몡 시간의 흐름 위에서의 특정한 때. ¶사건이 일어난 ~.

시:점²(視點) [-쩜] 몡 1 어떤 대상에 시력의 중심이 가 닿는 위치. 2 [문] 소설에서, 작가가 이야기를 서술하는 방식이나 관점. 곧, 이야기를 구성하고 있는 인물·행위·사건 등을 제시하는 작중 화자가 1인칭이나 3인칭이냐 하는 따위.
시:접 몡 옷 솔기의 속으로 접혀서 들어간 부분.
시:정¹(市井) 몡 인가가 모인 곳. ¶~의 부랑배.
시:정²(市政) 몡 시의 행정. ¶~ 감사.
시:정³(是正) 몡 잘못된 것을 바로잡는 것. 시:정-하다 톰(타)에 ¶잘못된 관행은 시정되어야 한다.
시:정⁴(施政) 몡 시정을 시행하는 것. 또는, 그 정치. ¶~ 방침.
시:정⁵(詩情) 몡 시적인 정취.
시제¹(時制) 몡[언] 말하는 시간을 중심으로 사건이 일어난 시간의 앞뒤를 표시하는 문법 범주. 우리말 시제에는 과거·현재·미래가 있음.
시제²(時祭) 몡 =시향(時享).
시제³(詩題) 몡 시의 제목. 또는, 시의 제재(題材).
시:제-품(試製品) 몡 시험적으로 만든 제품.
시:조¹(始祖) 몡 1 나라나 왕조나 성씨(姓氏) 등을 처음 세우거나 일으킨 사람. ¶우리나라의 ~는 단군이다. 2 어떤 사상이나 학문 등을 처음 개척하거나 일으킨 사람. 旦비조(鼻祖). ¶주자학의 ~.
시조²(時調) 몡 1 [문] 고려 말부터 발달해 온, 우리나라 고유의 정형시. 보통 초장·중장·종장으로 이루어지며, 글자 수는 모두 45자 내외임. ▷평시조. 2 [음] 조선 시대에 확립한 정형시의 3장 형식에 관한 반주 없이 일정한 가락을 붙여 부르는 노래. 旦시절가. ¶단가(短歌). ▷가곡.
시:조-새(始祖-) 몡[동] 조류(鳥類)의 시조로 알려진 화석 동물. 쥐라기 석회암 속에서 발견됨.
시:종¹(始終) I 몡 처음과 끝. 시:종-하다 톰에 ¶처음부터 끝까지 하다. ¶회의는 엄숙한 분위기로 시종하였다.
II 튀 처음부터 끝까지. ¶정수는 선생님의 말씀을 ~ 말없이 듣기만 했다.
시종²(侍從) 몡[역] 조선 말기, 궁내부의 시종원(侍從院)의 주임관 벼슬.
시:종여일-하다(始終如--) [-녀-] 혱에 처음부터 끝까지 변함없이 한결같다. ¶그분은 평생 동안 시종여일하게 학문만을 연구했다.
시:종-일관(始終一貫) I 몡 처음부터 끝까지 한결같이 함. 시:종일관-하다 톰(자)에 ¶말없이 미소를 ~.
II 튀 처음부터 끝까지 한결같이. ¶그는 ~ 묵비권을 행사하였다.
시:주(施主) 몡 1 승려에게 또는 절에 물건을 베풀어 주는 사람. 또는, 그 일. 시:주-하다 톰(타)에 ¶공양미를 ~.
시중¹ 몡 〈받들어 모시거나 돌보아 주어야 할 사람을〉 곁에서 도와주거나 여러 가지 심부름을 하는 일. ¶병~.
시:중² 몡 도시의 안.
시:중³(侍中) 몡[역] 1 고려 시대, 광평성·내사 문하성·중서문하성·문하부의 종1품 벼슬. 2 조선 초기의 문하부의 정1품 벼슬.
시중-들다 톰(타)〈~드니, ~드오〉 옆에서

보살피거나 심부름을 하다. ¶환자를 ~.

시¦중^은행(市中銀行) [명] 대도시에 본점이 있고 전국에 지점을 둔 일반 은행. ▷ 지방 은행.

시즌(season) [명] 매년 어떤 활동, 특히 행락·레저·스포츠 행사 등이 활발히 이루어지는 시기. ¶프로 야구의 ~이 시작되다.

시즌-오프(†season off) [명] 어떤 활동이나 행사가 열리지 않는 시기. ¶프로 야구가 ~에 들어가다.

시지푸스 [명][신화] '시시포스(Sisyphos)'의 잘못.

시-집[1](媤-) [명] **1** 여자의 입장에서, 시부모를 중심으로 한 남편의 집안을 이르는 말. [비]시가(媤家). [높]시댁. **2**《주로, '가다', '오다', '보내다' 등의 동사와 함께 쓰여》 여자가 혼인하는 일. ↔장가.

시집[2](詩集) [명] 시를 모아 엮은 책.

시집-가다(媤-) [-까-] [동][자] (여자가) 결혼하다. [비]출가하다.

시집-보내다(媤-) [-뽀-] [동][타] (여자를) 결혼을 시키다.

시집-살이(媤-) [-쌀-] [명] **1** 여자가 시집에서 하는 살림살이. ↔친정살이. **2** 남의 밑에서 그 감독·간섭을 받으면서 하는 고된 일의 비유. **시집살이-하다** [동][자][여]

시집-오다(媤-) [동][자] 여자가 결혼하여 아내가 되어 오다.

시차(時差) [명] **1** [지] 세계 표준시를 기준으로 하여 정한 세계 각 지역의 시간 차이. ¶~ 조절. **2** 어떤 일을 하는 시간·시각에 차가 지게 하는 일. ¶~를 두다.

시차-제(時差制) [명] 어떤 일을 하는 데 시간에 차이를 두는 제도. ¶~ 출근.

시¦찰(視察) [명] 돌아다니며 실제의 사정을 살피는 것. ¶산업 ~. **시¦찰-하다** [동][타][여]

시¦찰-단(視察團) [-딴] [명] 두루 돌아다니며 실제의 사정을 살피기 위해 조직한 사람들의 무리.

시¦창(視唱) [명][음] 악보를 보고 노래를 부르는 방법. =보고부르기.

시¦책[1](施策) [명] 국가나 행정 기관이 실행하는 정책. ¶정부의 부동산 ~.

시책[2](時策) [명] 시국에 대처할 정책.

시¦청[1](市廳) [명] 시의 행정 사무를 맡아보는 곳.

시¦청[2](視聽) [명] (텔레비전·비디오 등을) 보고 듣는 일. **시¦청-하다** [동][타][여]

시¦청-각(視聽覺) [명] 시각과 청각. ¶~ 자료 / ~교실.

시¦청각^교¦육(視聽覺敎育) [-꾜-] [명] [교] 학습 능률을 높이기 위해 실물·지도·표본·사진·슬라이드·레코드·비디오테이프·영화 등의 자료를 활용하는 교육.

시¦청-료(視聽料) [-뇨] [명] 텔레비전을 보는 데 대하여 내는 요금.

시¦청-률(視聽率) [-뉼] [명] 텔레비전의 어떤 프로그램을 시청하는 비율. ¶~을 높이기 위한 방송사 간의 경쟁.

시¦청-자(視聽者) [명] 텔레비전의 방송 프로그램을 시청하는 사람.

시¦체(屍體) [명] 죽은 사람이나 동물의 몸. [비]사체(死體)·시신. ¶~를 인양하다.

시¦체-실(屍體室) [명] 병원에서, 시체를 수용하는 방.

시쳇-말(時體-) [-첸-] [명] 요즘 흔히 쓰이거나 유행하는 말. 특히, 속된 어감의 말. [비]요샛말. ¶웃통을 벗어젖힌 그의 몸은 ~로 장난이 아니었다.

시¦초(始初) [명] **1** 맨 처음. ¶이 일은 ~부터 잘못되었다. **2** [경] 증권 시장에서 당일의 첫 입회.

시¦추(試錐) [명][광] 광상 탐사·지질 조사 등을 위하여 땅에 깊이 구멍을 뚫는 일. ¶~ 작업. **시¦추-하다** [동][타][여]

시추에이션(situation) [명] ['장소', '상황'의 뜻] 소설·연극·영화 등에서, 극적(劇的)인 장면이나 상황.

시추에이션^코미디(situation comedy) [명] =시트콤.

시¦축(始蹴) [명] 축구 대회 개막식에서, 첫 경기를 시작하기 직전에 저명인사가 대회의 시작을 알리는 뜻으로 하프 라인에서 골문을 향해 공을 차는 일. **시¦축-하다** [동][자][여]

시치다 [동][타] 천을 두 겹 이상 맞대어 듬성듬성 겉과 안의 바늘땀의 길이가 다르게 꿰매다. ¶이불 홑청을 ~.

시치미 [명] **1** 매의 임자를 표시하여 매의 꽁지 털 속에 매어 둔 네모난 뿔. **2**《주로 '시치미를 떼다', '시치미를 따다'의 꼴로 쓰여》 자기가 하고도 하지 않은 체하거나 알고도 모르는 체하는 태도. ¶~ 떼지 말고 누가 그랬는지 어서 말해! [준]시침.

시칠리아(Sicilia) [명][지] 이탈리아 남서부에 있는, 지중해 최대의 섬.

시침[1] [명] '시치미'의 준말.

시침[2] [명] '시침질'의 준말.

시¦침[3](施鍼) [명] 몸에 침을 놓는 것. **시¦침-하다** [동][자][타][여]

시침[4](時針) [명] 시계에서, 시를 나타내는 짧은 바늘. =단침(短針).

시침-바느질 [명] 양복 따위를 지을 때 몸에 맞는지 어떤지를 보기 위하여 완성 전에 대강 시쳐 하는 바느질. =가봉. **시침바느질-하다** [동][타][여]

시침-질 [명] 바늘로 시치는 일. [준]시침. **시침질-하다** [동][타][여]

시카고(Chicago) [명][지] 미국 일리노이 주에 있는 항구 도시.

시-커멓다 [-머타] [형][ㅎ] 〈~커머니, ~커머오, ~커메〉 '시꺼멓다'의 거센말. ¶얼굴이 ~. [작]새카맣다.

시컨트(secant) [명][수] 삼각 함수의 하나. 직각 삼각형의 빗변과 한 예각을 낀 밑변과의 비를 그 각에 대하여 이르는 말. ↔ 코사인.

시쿰-시쿰 [부] 여럿이 다 시쿰한 모양. 또는, 몹시 시쿰한 모양. [작]새콤새콤. **시쿰시쿰-하다** [형][여] ¶김치 맛이 ~.

시쿰-하다 [형][여] (음식이나 먹는 물질이) 다소 시면서도 입맛이 썩 끌리지 않는 상태에 있다. [작]새콤하다.

시퀀스(sequence) [명] ['연속', '연쇄'의 뜻] **1** 영화·텔레비전에서, 몇 개의 장면이 모여 하나의 에피소드를 이루는 단위. **2** [교] 학습 단원의 배열.

시큰-거리다/-대다 [동][자] (뼈마디가) 자꾸 시큰하다. ¶발목이 ~. [작]새큰거리다.

시큰둥-하다 [형][여] 달갑지 않거나 못마땅하여 시들하다. ¶**시큰둥한** 표정.

시큰-시큰 [부] 자꾸 시큰한 모양. [작]새큰새큰. **시큰시큰-하다** [형][여] ¶갑자기 심한 운동을 했더니 무릎이 ~.

시큰-하다 [형][여] (뼈마디가) 좀 시다. ¶팔목[발목]이 ~. [작]새큰하다.

시클라멘(cyclamen) [명][식] 알뿌리에서 잎과 꽃줄기가 나와 높이 15cm가량 자라머, 흰색·분홍색·빨간색 등의 꽃이 아래를 향해 피는 여러해살이풀. 원예 식물로 재배함.

시름-시름 튀 여럿이 다 시름한 모양. 또는, 매우 시름한 모양. ⟨작⟩새큼새큼. **시큼시큼-하다** 형여 ¶열매가 모두 ~.

시름-하다 형여 (음식이나 물질이) 입맛에 맞지 않게 조금 시다. ¶시큼한 맛이 도는 과일. ⟨작⟩새큼하다.

시키다¹ 타 1 (사람이 다른 사람이나 동물에게 어떤 일이나 행동을) 하게 하다. 또는, (사람이 다른 사람을) 자기 뜻에 따라 어떤 일을 하게 만들다. ¶부모가 자식에게 공부를 ~. 2 음식점 등에서, (손님이 주인이나 종업원에게 음식을) 만들어 오거나 가져오도록 주문하다. ¶중국집에서 자장면을 시켜 먹다. 2 [보조] (동사의 어미 '-게(끔)', '-도록' 아래에 쓰여) 어떤 사람이 상대에게 어떤 행동을 하도록 작용을 가하거나 영향을 미치는 뜻을 나타내는 말. ¶선생님이 학생들에게 열심히 공부하도록 ~.

-시키다² 접미 '-하다'가 붙을 수 있는 동작성 어근에 붙어, 사동의 뜻, 곧 '하게 하다'의 뜻을 갖게 하는 말. ¶상대를 나에게 굴복~. ¶운전사에게 차를 정지~.

시턴 어니스트 에번 톰프슨(Seton, Ernest Evan Thompson) 명 영국 태생의 미국의 소설가(1860~1946).

시-테크 (時←technology) 명 시간을 전략적으로 활용하고 시간의 효율을 극대화하는 기술.

시트¹(seat) 명 자동차·기차·비행기·극장 등의 좌석.

시트²(sheet) 명 침대의 매트리스에 씌우는 얇은 천.

시트르-산(←citric酸) 명 [화] 레몬이나 밀감 속에 있는 염기성 산. 청량음료·의약 등에 씀. =구연산.

시트-커버(†seat cover) 명 좌석의 등받이 덮개. 특히, 자동차의 시트에 덮어두는 천이나 가죽.

시트콤(sitcom) 명 등장인물과 무대는 같으나 매회 독립된 소재를 다루는 방송 코미디. =시추에이션 코미디.

시티(CT) 명 [computed tomography]의 인체의 횡단면을 촬영하여 각 방향에서의 상을 컴퓨터로 처리하는 의료 기기.

시티^촬영(CT撮影) 명 [CT:computed tomography]의 시티를 이용한 컴퓨터 단층 촬영법. 종양 등을 검출해 내는 기술임.

시파(時派) 명 조선 후기에 일어난 당파의 하나. 사도 세자를 동정하던 남인 계열로, 벽파(僻派)와 대립함. ↔벽파.

시판(市販) 명 (상품을) 시장이나 시중에서 일반에게 판매하는 일. **시판-하다** 타여 ¶기획 상품을 ~. **시판-되다** 자여

시-퍼렇다 [-러타] 형여 ⟨~퍼러니, ~퍼러오, ~퍼레⟩ 1 (빛깔이) 짙고 다소 어둡게 퍼렇다. ¶시퍼런 바다. 2 (얼굴이나 입술 따위가) 춥거나 겁에 질려 매우 퍼렇다. ¶추워서 얼굴이 ~. ⟨작⟩새파랗다. 3 (날이) 아주 날카로워 두려움을 주는 상태에 있다. ¶시퍼런 말날.

시퍼렇게 살아 있다 죽지 않고 멀쩡하게 살아 있음을 강조하는 말.

시편¹(詩篇) 명 낱낱의 시 작품. 또는, 여러 시 작품.

시편²(詩篇) 명 구약 성서 중의 한 권.

시폰(chiffon) 명 매우 얇고 매끄러운 직물. 비단이나 인조견의 직물로, 베일·모자의 장식 등에 쓰임.

시풍(詩風) 명 한 시인이나 시에 나타나는 독특한 기풍. ¶낭만주의적 ~.

시피유(CPU) 명 [central processing unit] [컴] =중앙 처리 장치.

시학(詩學) 명 [문] 시의 본질·형식·기법 등을 연구하는 학문.

시한(時限) 명 일정하게 한정된 기간이나 시간. ¶~ 내에 일을 마치다.

시한-부(時限附) 명 조건이나 상황이 일정한 기간이 정해져 있거나 시간의 한계를 두고 있는 상태. ¶암 선고를 받은 ~ 인생.

시한-폭탄(時限爆彈) 명 시한 장치에 의하여 일정한 시간이 지난 뒤 터지게 되어 있는 폭탄.

시-할머니(媤一) 명 남편의 할머니.
시-할아버지(媤一) 명 남편의 할아버지.

시합(試合) 명 재주를 겨루어 이기고 짐을 다투는 일. ¶권투~. **시합-하다** 자여

시해(弑害) 명 부모나 임금을 죽이는 것. **시해-하다** 타여 **시해-되다** 자여

시행¹(施行) 명 1 실제로 행하는 것. 2 [법] 법령의 효력을 실제로 발생시키는 것. **시행-하다** 타여 ¶분부대로 ~. **시행-되다** 자여

시행²(試行) 명 1 시험적으로 행하는 것. 2 [수] 확률에서, 주사위를 던지는 일과 같이 반복할 수 있는 실험이나 관측을 하는 일.

시행-령(施行令) [-녕] 명 [법] 법률 시행에 필요한 자세한 규정을 내용으로 하는 법규 명령.

시행-착오(試行錯誤) 명 어떤 목표를 추구하는 과정에서 좀 더 좋은 방법을 발견할 때까지 실패를 겪으면서 여러 가지 방법을 시도하는 일. ¶~ 끝에 성공하다.

시향(時享) 명 1 음력 2월·5월·8월 15일에 집안의 사당에 지내는 제사. 2 음력 10월에 5대 이상의 조상 산소에서 지내는 제사. =시사(時祀)·시제(時祭).

시헌-력(時憲曆) [-녁] 명 [역] 중국 명·청대에 쓰던 역법의 하나. 태음력에 태양력의 원리를 적용하여 24절기의 시각과 하루의 시각을 정밀하게 계산하여 만듦.

시험(試驗) 명 1 배운 지식이나 기술·기능 등의 수준이나 정도를 일정한 방법이나 절차에 따라 알아보는 일. ⟨비⟩평가. ¶입학 ~. 2 사물의 성질이나 기능, 상태 등을 알아보기 위해 실제로 다루거나 행해 보는 것. ¶~ 운전. 3 크리스트교에서, 인간의 믿음이나 도덕성을 확인하거나 강화하기 위해 신(神)이 내리는 시련이나 사탄이 던지는 악의 유혹. 또는, 인간이 신을 의심하여 신의 뜻이나 반응을 떠보려고 하는 일. **시험-하다** 타여 ¶자동차의 성능을 ~.

시험-공부(試驗工夫) 명 시험을 치기 위하여 하는 공부.

시험-관¹(試驗官) 명 시험 문제를 내거나 채점을 하는 사람. 또는, 시험을 감독하는 사람.

시험-관²(試驗管) 명 [화] 화학·의학 등의 실험에 쓰는, 한쪽 끝이 막힌 길쭉하고 투명한 유리관.

시험관^아기(試驗管-) 명 [의] 난자를 몸

밖으로 꺼내어 유리관 속에서 정자와 수정시킨 후, 60시간이 지난 후 모체의 자궁에 옮겨 완전하게 발육시킨 아기.

시험-대(試驗臺) 圏 1 물리·화학 따위 학문의 실험 연구를 할 수 있도록 만든 대. 2 가치·기량 따위를 시험하는 자리.
　시험대에 오르다 시험의 대상으로 되다.
시험-장(試驗場) 圏 1 시험을 치르는 곳. 2 농업이나 공업 등에서, 개량·발명 등에 관하여 실지로 시험할 수 있도록 시설을 갖추어 놓은 곳. ¶임업 ~.
시험-적(試驗的) 판명 시험 삼아 행하는 (것). ¶~ 단계.
시험-지(試驗紙) 圏 1 시험 문제가 쓰여 있는 종이. 2 [화] 용액이나 기체의 성질을 시험하여 밝히는 데 쓰는 종이. ¶리트머스 ~.
시험-지옥(試驗地獄) 圏 시험의 경쟁이 심하여, 응시자가 몹시 어려움을 겪음을 비유적으로 이르는 말.
시:호(諡號) 圏 임금·정승·유현(儒賢) 들이 죽은 뒤에, 그들의 공덕을 기리어 주는 이름.
시화(詩畫) 圏 1 시와 그림. 2 시를 곁들인 그림.
시화-전(詩畫展) 圏 시와 그림을 전시하는 전람회.
시:황(市況) 圏 상품·주식 등의 매매나 거래의 상황.
시:황제(始皇帝) 圏[인] 진(秦) 나라의 초대 황제(259~210 B.C.).
시효(時效) 圏[법] 어떤 권리를 취득하게 하거나 소멸시키는 법률적인 기간. ¶~ 정지.
시흥(詩興) 圏 시를 짓고 싶은 충동이나 감흥. ¶~이 일다.
시¹ 뛰 좁은 틈으로 김이나 바람이 세차게 나오는 소리. 또는, 그 모양.
시²(式) 圏 ① 어미 1 어떤 일을 기념하거나 축하하거나 기리거나 하기 위해, 정해진 절차와 관례적인 격식에 맞춰 행사를 치르는 일. ¶기념~. 2 [수] 둘 이상의 수나 문자들은 +, -, × 등의 연산 기호로 연결해 놓은 것. ② 의존 (관형사형 어미 '-는', '-ㄴ' 또는 일부 관형어 뒤에 쓰여) 어떤 일을 하는 '방식'임을 나타내는 말. ¶그런 ~으로 하지 마라.
-식³(式) 접미 '방식'이나 '법식'의 뜻을 나타낸다. ¶자동~ / 한국~.
식객(食客) [-깩] 圏 1 예전에 세력가의 집에 있어서 문객(門客) 노릇을 하면서 사람. 2 하는 일 없이 남의 집에 얹혀 밥만 얻어먹고 사는 사람.
식견(識見) [-껸] 圏 사물에 대한 지식과 판단력. ¶~을 넓히다.
식경(食頃) [-꼉] 圏 (주로, '한/두어/서너… 식경'의 꼴로 쓰여) 밥을 먹을 만한 정도의 시간 동안. 곧, 잠깐 동안.
식곤-증(食困症) [-꼰쯩] 圏 음식을 먹은 뒤 몸이 나른하고 졸음이 오는 증세.
식구(食口) [-꾸] 圏 1 같은 집에서 살며 끼니를 함께하는 사람. ¶집안 ~. 2 '한 조직체에서 함께 일하는 사람'을 친밀감을 가지고 이르는 말. ¶우리 부서에 새 ~가 들어왔다.
식권(食券) [-꿘] 圏 식당에서 음식점에서 내면 음식을 주도록 되어 있는 표.
식기(食器) [-끼] 圏 음식을 담아 먹는 그릇. 밥그릇·국그릇·찬그릇 따위.

식다 [-따] 圏 困 1 (높은 열을 가진 물질이나 물체, 또는 몸 따위가) 열을 잃어 낮은 온도를 나타내게 되다. ⓑ 냉각되다. ¶국이 ~. 2 (사람의 정열·열기·의욕이나, 또는 열띤 분위기 따위가) 세찬 기운을 잃고 줄거나 가라앉다. ¶애정이 ~. 3 (땀이) 더위를 느끼지 않을 만큼 말라서 없어지거나 더 흐르지 않게 되다.
　[식은 죽 먹기] 아주 하기 쉽다는 말.
식단(食單) [-] 圏 가정·기숙사·구내식당 등에서, 일정한 기간 동안에 먹을 음식의 종류를 날짜와 끼니별로 정해 놓은 계획표.
식당(食堂) [-땅] 圏 1 식사할 수 있는 시설을 갖춘 방. 2 음식·요리 등을 만들어 파는 가게.
식당-차(食堂車) [-땅-] 圏 열차에서 식당 설비를 갖추고 있는 찻간.
식대(食代) [-때] 圏 음식점에서 먹은 음식 값으로 내는 돈. ⓑ 밥값.
식도¹(食刀) [-또] 圏 식칼.
식도²(食道) [-또] 圏[생] 고등 동물의 소화 기관의 일부. 인두(咽頭)에서 위(胃)에 이르는 긴 관으로, 삼킨 음식물이 위에 이르는 통로임. =밥줄.
식-도락(食道樂) [-또-] 圏 맛있거나 진귀한 음식을 취미 삼아 먹는 즐거움.
식도락-가(食道樂家) [-또-까] 圏 맛있거나 진귀한 음식을 맛보는 것을 즐거움으로 삼는 사람.
식도-암(食道癌) [-또-] 圏[의] 식도 상피(上皮)에 생기는 악성 종양.
식량(食糧) [싱냥] 圏 식량을 만들어 먹을 수 있는 곡식이나 감자·고구마 따위. ⓑ 양식.
식량-난(食糧難) [싱냥-] 圏 식량이 부족하여 생기는 어려움.
식료(食料) [싱뇨] 圏 음식의 재료.
식료-품(食料品) [싱뇨-] 圏 음식의 재료가 되는 물품.
식모¹(食母) [싱-] 圏 남의 집에 고용되어 주로 부엌일을 맡아 하는 여자. 예전에 쓰이던 말로, 현재는 '가정부'로 불림.
식모²(植毛) [싱-] 圏 털을 옮겨 심는 일. **식모-하다** 困 타
식모-살이(食母-) [싱-] 圏 남의 집에 고용되어 주로 부엌일을 맡아 하는 생활이나 일. **식모살이-하다** 困 타
식목(植木) [-] 圏 나무를 심는 것. 또는, 그 나무. ⓑ 식수. **식목-하다** 困 타
식목-일(植木日) [싱-] 圏 나무를 많이 심고 아껴 가꾸도록 권장하려고 국가에서 정한, 나무 심는 날. 4월 5일.
식물(植物) [싱-] 圏[생] 생물을 크게 둘로 나누었을 때의 한 무리. 광합성을 하여 만든 유기물을 섭취해서 살아가며, 대부분 이동 운동을 할 수 없음. ▷동물.
식물-도감(植物圖鑑) [싱-] 圏 여러 범위의 식물들에 대해 그림이나 사진으로 형상을 나타내고 해설을 붙인 책.
식물-상(植物相) [싱-쌍] 圏 특정 지역에서 생육하는 식물의 모든 종류.
식물-성(植物性) [싱-] 圏 1 식물에게 특유한 성질. 2 (어떤 물질의 바탕이) 식물에서 뽑아내어 이루어진 성질. ¶~ 기름. ▷동물성·광물성.
식물-원(植物園) [싱-] 圏 식물의 연구 및 식물에 관한 지식을 보급하기 위해, 온갖

종류의 식물을 모아 기르면서 사람들이 관찰할 수 있게 꾸며 놓은 곳. ▷동물원.

식물-인간(植物人間)[싱-] [명] 대뇌의 손상으로 의식과 운동 기능은 상실한 채, 숨 쉬고, 먹고, 배설하는 기능만을 유지하고 있는 사람.

식물-체(植物體)[싱-] [명] 식물로서의 유기체. ▷동물체.

식물-학(植物學)[싱-] [명] 식물을 연구 대상으로 하는 생물학의 한 분야. ↔동물학.

식민(植民)[싱-] [명] 강대국이 종속 관계에 있는 나라에 정치적·경제적 목적으로 자국민을 이주시키는 일. 또는, 그 이주민.

식민^사!관(植民史觀)[싱-] [명][역] 한반도의 식민 통치를 정당화하기 위해 일제의 학자들이 중심이 되어 구축한, 한국 역사에 대한 왜곡된 사관.

식민-지(植民地)[싱-] [명] 정치적·경제적으로 다른 나라의 지배를 받아 국가로서의 주권을 갖고 있지 않은 나라.

식별(識別)[-뼐] [명] (대상을) 무엇인지 알아보거나, (다른 대상과) 그 차이를 알아 구별하는 것. [비]변별. ¶~력(力). **식별-하다** [동][타][여] ¶아군기와 적기를 ~. **식별-되다** [동][자]

식비(食費)[-삐] [명] 먹는 데 드는 비용.

식-빵(食-) [명] 주로 토스트·샌드위치 등을 만들어 먹는, 네모 상자 모양의 빵.

식사¹(式辭)[-싸] [명] 식장(式場)에서 주례자나 내빈(來賓) 등이 그 식에 대하여 인사로 하는 말.

식사²(食事)[-싸] [명] 끼니로 음식을 먹는 것. 또는, 그 음식. **식사-하다** [동][자][여]

식상(食傷)[-쌍] [명] **1** 같은 음식만 자꾸 먹어 물리는 것. **2** 똑같은 일을 되풀이하여 싫증이 나는 것. **식상-하다** [동][자][여] ¶시청자들은 멜로드라마에 **식상해** 있다.

식-생활(食生活)[-쌩-] [명] 먹고 사는 생활. ¶~ 개선. ▷의생활·주생활.

식성(食性)[-썽] [명] 음식을 종류에 따라 좋아하여 잘 먹거나, 싫어하여 잘 안 먹는 입맛의 습성. ¶~이 까다롭다.

식-세포(食細胞)[-쎄-] [명][생] 세균이나 이물질을 자기 몸 안에 잡아들여 소화·분해하는 세포.

식세포^작용(食細胞作用)[-쎄-] [명][생] 식세포가 세균이나 이물질을 자기 몸 안에 잡아들여 소화·분해하는 작용.

식솔(食率)[-쏠] [명] 집안에 딸린 식구. ¶~을 거느리다.

식수¹(食水)[-쑤] [명] 먹는 물. [비]음료수.

식수²(植樹)[-쑤] [명] 나무를 심는 것. 또는, 그 나무. [비]식목. ¶기념~. **식수-하다** [동][자][타][여]

식수-난(食水難)[-쑤-] [명] 식수의 부족으로 겪는 어려움.

식순(式順)[-쑨] [명] 의식을 진행하는 차례. ¶~에 따라 국민의례가 있겠습니다.

식스^맨(←six*th* man) [명] ['여섯 번째 선수'라는 뜻] [체] 농구에서, 5명의 선발 선수에는 들지 못하나 위기 때 최우선적으로 투입되는 후보 선수. 승패에 큰 영향을 미치기 때문에 중요한 의미를 가짐.

식-습관(食習慣)[-씁꽌] [명] 음식을 먹는 태도나 기호 등에서 비롯되는, 식생활의 습관. ¶바른 ~을 가지다.

식식[-씩] [부] 숨을 매우 가쁘게 쉬는 소리. [작]색색. [센]씩씩. **식식-하다** [동][자][타][여]

식식-거리다/-대다[-씩꺼(때)-] [동][자][타] 자꾸 식식 소리를 내며 가쁘게 숨 쉬다. ¶숨이 차서 ~. [작]색색거리다. [센]씩씩거리다.

식언(食言) [명] 약속한 말을 지키지 않는 것. **식언-하다** [동][자][여]

식염(食鹽) [명] 식용으로 하는 소금.

식염-수(食鹽水) [명] **1** 식염을 탄 물. [비]소금물. **2** [약] '생리 식염수'의 준말.

식욕(食慾) [명] 음식을 먹고 싶어 하는 욕망. [비]밥맛. ¶~이 왕성하다.

식용(食用) [명] 먹을 것으로 쓰는 일.

식용^달팽이(食用-) [명][동] 식용으로 하는 달팽이의 하나. 껍데기의 높이와 지름이 약 45mm이고 담황색에 구형(球形)임. 프랑스에서는 포도밭에서 기르는데, 그 요리는 유명함.

식용-유(食用油)[-뉴] [명] 음식에 넣거나 음식을 튀기거나 부치거나 할 때 사용하는 기름. 참기름·콩기름·들기름 따위.

식은-땀 [명] **1** 몸이 쇠약하여 병적으로 나는 땀. **2** 정신의 긴장으로 흐르는 땀. ¶난처해진 나는 ~이 흘렀다.

식음(食飮) [명] 먹고 마시는 일. ¶~을 전폐하다.

식이(食餌) [명] 사람이 음식물을 먹고 마시는 것.

식이^요법(食餌療法)[-뻡] [명][의] 일상 섭취하는 음식의 품질·성분·분량 등을 과학적으로 조절하여 직접 질병을 치료하거나 예방하는 데 활용하는 일.

식인-종(食人種) [명] 사람을 잡아먹는 풍습이 있는 미개 인종.

식자¹(植字)[-짜] [명][출] 활판 인쇄에서 문선공이 뽑아 놓은 활자로 원고에 맞추어 판(版)을 짜는 일. ¶~공(工). **식자-하다** [동][타][여] **식자-되다** [동][자]

식자²(識者)[-짜] [명] 학식을 많이 쌓은 사람.

식자-우환(識字憂患)[-짜-] [명] 학식이 있는 것이 도리어 근심을 사게 됨.

식장(式場)[-짱] [명] 식을 거행하는 곳.

식재(植栽)[-째] [명] (화초나 나무를) 심어서 재배하는 것. ¶조경(造景) ~ 공사. **식재-하다** [동][타][여] **식재-되다** [동][자]

식전¹(式典)[-쩐] [명] =의식(儀式)².

식전²(式前)[-쩐] [명] 식을 거행하기 전. ¶~ 행사. ↔식후(式後).

식전³(食前)[-쩐] [명] **1** 밥을 먹기 전. ¶~에 약을 먹다. ↔식후. **2** 아침밥을 먹기 전. 곧, 이른 아침. ¶~부터 웬 수선이냐?

식-중독(食中毒)[-쭝-] [명][의] 상한 음식이나 유해 물질이 함유된 음식물을 먹음으로써 설사·구토·복통·발열 등의 증세를 일으키는 일.

식초(食醋) [명] 액체 조미료의 하나. 약간의 초산이 들어 있어 신맛이 남. =초.

식충-이(食蟲-) [명] **1** 밥만 먹고 하는 일이 없는 사람을 경멸조 또는 비난조로 이르는 말. **2** 밥을 많이 먹는 사람을 경멸조 또는 비난조로 이르는 말. [비]먹보.

식-칼(食-) [명] 부엌에서 쓰는 칼. =식도. [비]부엌칼.

식탁(食卓) [명] 음식을 차려 놓고 식사를 하도록 만든 탁자.

식탁-보(食卓褓)[-뽀] [명] 식탁에 까는 널따란 보.

식탐(食貪) 명 음식을 욕심 사납게 탐내는 일. **식탐-하다** 동(자여)

식판(食板) 명 넓적한 플라스틱·스테인리스 등의 몇 개의 오목한 부분을 만들어 밥·국·반찬 등을 담아서 먹을 수 있게 만든 그릇. 주로 구내식당에서 사용함.

식품(食品) 명 사람이 먹을 수 있는, 천연의 상태이거나 가공 또는 조리한 상태의 물품. ¶인스턴트 ~/~불량.

식품^의약품^안전청(食品醫藥品安全廳) 명 [법] 보건 복지부 장관 소속하에 설치된 기관의 하나. 식품·의약품·의약 부외품·마약 등에 관한 사무를 맡아봄.

식품-점(食品店) 명 각종 식품을 파는 가게.

식피-술(植皮術) 명 [의] 화상 또는 외상으로 결손된 피부에 환자 자신 또는 다른 사람의 건강한 피부 조직을 옮겨 붙이는 방법.

식해(食醢) [시캐] 명 소금으로 절인 생선을 토막을 쳐서 쌀밥이나 조밥과 고춧가루를 넣어 버무린 뒤 삭힌 반찬.

식혜(食醯) [시케/시켸] 명 쌀밥에 엿기름 가루를 우린 물을 부어 삭힌 뒤에 설탕을 넣고 끓여 식힌 다음 건져 둔 밥을 띄운 음료.

식후¹(式後) [시쿠] 명 식을 거행한 후. ¶~ 행사. ↔식전(式前).

식후²(食後) [시쿠] 명 밥을 먹은 뒤. ¶이 약은 ~ 30분에 드십시오. ↔식전(食前).

식-히다 [시키-] 동(타) 1 '식다'의 사동사. ¶밥을 ~. 2 (머리를) 복잡한 생각을 떨쳐서 편안한 상태가 되게 하다. ¶조용한 음악을 들으면서 머리를 ~.

신¹ 명 사람이 땅을 밟고 걸어 다닐 때에 발을 보호하기 위해 신는 물건. 흔히, 구두·운동화 등을 가리킴. ㉧신발.

신² 명 어떤 일에 열성과 재미가 생겨 퍽 좋아진 기분.

신³(申) 명 십이지(十二支)의 아홉째. 원숭이를 상징함.

신⁴(辛) 명 천간(天干)의 여덟째.

신⁵(神) 명 1 종교의 대상으로 인간이나 또는 초자연적 위력을 가진 존재로 믿어지는 존재. ¶~의 가호가 있기를 빕니다. 2 '귀신'의 준말.

신(이) 내리다 무당에게 신이 붙어 동작을 하다.

신⁶(臣) 명(인칭) 신하가 임금에 대해서 자기를 일컫는 말.

신-⁷(新) '새로운'의 뜻을 나타내는 말. ¶~제품/~무기. ↔구(舊)-.

신⁸(scene) 명[영] =장면2. ¶신스~.

신간(新刊) 명 책을 새로 내는 것. 또는, 새로 간행한 책. ¶~ 서적.

신간-회(新幹會) [-회/-훼] 명[역] 1927년에 조직된 민족 운동 단체.

신갈-나무 [-라-] 명[식] 나무껍질이 흑갈색이고 새로로 갈라지며, 도토리가 열리는 낙엽 활엽 교목. 우리나라 산에서 가장 흔히 볼 수 있음.

신검(身檢) 명 '신체검사'의 준말.

신격(神格) [-껵] 명 신으로서의 자격. 또는, 신의 품격. ㉧인격.

신격-화(神格化) [-껵화] 명 (어떤 대상을) 신과 같은 존재로 여기는 상태가 되는 것. **신격화-하다** 동(타)자 **신격화-되다** 동(자)

신경(神經) 명 1 [생] 중추의 흥분을 몸의 각 부분에 전하거나, 몸의 각 부분으로부터의 자극을 중추에 전하여 각 기관의 작용을 통합하는 실 모양의 기관. ¶~을 자극하다. 2 어떤 일이나 현상을 느끼고 의식하는 마음이나 감각의 작용. 구어체의 말임. ¶~이 예민하다.

신경(을) 쓰다 (어떤 일에) 지나치게 의식이 미치거나, 세심하게 관심을 가지다. 구어체의 말임.

신경-계(神經系) [-계/-계] 명 신경을 구성하는 한 계통의 기관. 중추 신경계·말초 신경계·자율 신경계로 이루어짐.

신경-과민(神經過敏) 명 사소한 자극에도 민감한 반응을 보이는, 신경계의 불안정한 상태.

신경-성(神經性) [-썽] 명 1 어떤 병이나 증세가 신경 계통의 이상에서 오는 성질. 2 '신인성'을 통속적으로 이르는 말. ¶뚜렷한 원인이 없는 ~ 두통.

신경^쇠약(神經衰弱) [-쇠-/-쉐-] 명[의] 내적·외적 자극에 예민하게 반응하여 피로감·불면증·현기증 등 정신적·신체적 장애를 일으키는 증후군.

신경^안정제(神經安靜劑) 명[약] 신경 쇠약·노이로제·불면증 따위의 신경증을 다스려 안정시켜 주는 약.

신경-외과(神經外科) [-외꽈/-웨꽈] 명[의] 뇌, 척수, 말초 신경의 병을 수술적 치료로 고치려는, 외과의 한 분과.

신경-전(神經戰) 명 1 경쟁 또는 대립 관계에 있는 개인이나 단체 사이에서, 상대를 누르기 위해 심리적으로 상대의 신경을 자극하는 일. 또는, 그런 싸움. 2 [군] 적극적으로 공격하지 않고, 모략·선전 등으로 서서히 상대방의 신경을 피로하게 하여 사기를 잃게 하는 전술. 또는, 그런 전술에 의한 싸움.

신경^정신과(神經精神科) [-꽈] 명[의] 정신 장애인의 진단·치료를 행하는, 의학의 한 분과. =정신과.

신경-중추(神經中樞) 명[생] 신경 세포가 모여 있는 부분. 말초 신경으로부터 자극을 받고 통제하며, 명령을 전달함. ㉧중추.

신경-증(神經症) [-쯩] 명[의] 심리적 원인으로 두통·불면·가슴 두근거림 등이 생기는 질환. 노이로제·히스테리 따위.

신경-질(神經質) 명 1 신경이 날카로워 별일이 아닌데도 짜증이나 화를 내는 일. 2 [심] 정서적으로 불안정하며, 사소한 일에도 병적으로 과민하게 반응하는 기질.

신경질-쟁이(神經質-) 명 신경질을 잘 부리는 사람을 낮잡아 이르는 말.

신경질-적(神經質的) [-쩍] 관[명] 신경질을 부리는 성질이 있는 (것).

신경-통(神經痛) 명[의] 일정한 신경 경로를 따라 일어나는 발작성의 통증.

신-경향(新傾向) 명 사상·풍속 등의 새로운 경향. ¶~ 소설.

신고¹(申告) 명 상사(上司)나 회사·학교·관청 등 공적 사무를 다루는 부서에 일정한 사실을 알리는 일. 특히, 국민이 행정 관청에 일정한 사항을 알리는 일. ¶출생 ~. **신고-하다** 동(타)자

신고²(辛苦) 명 어려운 일을 당하여 몹시 애쓰는 것. 또는, 그 고통이나 고생. **신고-하다**² 동(자여)

신고-식(申告式) 명 어떤 조직에 신참자가 처음 들어올 때 고참자에게 신고하는

의식.
신-고전주의(新古典主義) [-의/-이] 명 1 [문] 18~19세기 유럽의 문예 사조. 고전주의의 합리성과 엄격한 형식미를 중시함. 2 [미] 18~19세기 유럽의 미술 사조. 고대 그리스·로마 미술로의 복귀를 주장함.
신곡(新曲) 명 새로 지은 곡. ¶~ 발표회.
신:관¹(信管) 명 포탄·폭탄 등에 장치하여 작약(炸藥)을 점화·폭발시키는 장치.
신관²(新官) 명 1 새로 임명된 관리. 2 새로 부임한 관리. ¶~ 사또. ↔구관.
신관³(新館) 명 비슷한 용도로 쓰이는 두 건물 중 새로 지은 건물. ▷구관.
신교(新敎) 명 [기] =프로테스탄트. ↔구교(舊敎).
신-교육(新敎育) 명 [교] 1 옛날의 한학(漢學) 교육에 대하여, 학교를 중심으로 한 새로운 교육. 2 종래의 형식적·획일적·주지적 교육에 대하여, 피교육자의 흥미와 경험을 기본으로 삼아 자유·개성·환경을 존중하는 교육.
신구(新舊) 명 새것과 헌것. 또는, 새로운 대상과 예전의 대상. ¶~ 사상.
신-국면(新局面) [-궁-] 명 새로운 국면. ¶~에 접어들다.
신권¹(神權) [-꿘] 명 1 신에게서 받은 신성한 권력. 2 [가] 성직자가 행사하는 직권.
신권²(新券) [-꿘] 명 1 화폐 개혁을 통해 새로 발행한 화폐. 2 빳빳한 새 지폐. ▷구권.
신규(新規) 명 어떤 일이 어떤 규정에 따라 새롭게 이루어지는 상태에 있는 것. ¶사원을 ~ 채용하다.
신극(新劇) 명 [연] 1920년대에 창극이나 신파극에 대항하여, 서구 근대극의 요소를 도입한 새로운 연극. ▷구극.
신기(神技) 명 완성의 극치에 이른 기술. 또는, 뛰어난 재주나 기술. ¶그의 솜씨는 ~에 가깝다.
신기(神氣) 명 1 만물 생성의 원기(元氣). 2 불가사의한 이상한 운기(雲氣). ¶~가 감돌다. 3 정신과 기운.
신기(神氣) [-끼] 명 무속 신앙에서, 신이 어떤 사람의 몸에 들어와 벗어날 수 없는 힘을 미치고 있는 상태. ¶~가 있다.
신기-군(神騎軍) 명 [역] 고려 숙종 때, 윤관(尹瓘)이 여진을 정벌하기 위해 조직한 별부만의 기병.
신기-누설(神機漏泄) 명 비밀에 속하는 일을 누설함. 신기누설-하다 자여
신-기다 동타 '신다'의 사동사. ¶양말을 ~.
신-기록(新記錄) 명 성적을 수치로 나타내는 운동 경기 등에서, 종래에 없던 새로운 최고 기록. ¶세계 / ~을 세우다.
신기-롭다¹(神奇-) [-따] 형비 <-로우니, -로워> 신묘하고 기이한 느낌이 있다. 신기로이¹
신기-롭다²(神奇-) [-따] 형비 <-로우니, -로워> 새롭고 기이한 느낌이 있다. 신기로이²
신기루(蜃氣樓) 명 1 대기 중의 빛이 이상 굴절을 하여 바다·사막 등의 수면이나 지면 위쪽에 멀리 다른 곳에 있는 물체가 반사되어 나타나 보이는 현상. 2 현실의 토대가 없는 공상이나 망상. 또는, 이상이나 망상 속에서만 가능한 사물. 비공중

신들리다 __731

누각. ¶일확천금의 ~를 좇는 투기꾼.
신-기술(新技術) 명 새로운 기술.
신-기원(新紀元) 명 획기적인 사실로 인하여 나타나는 새 시대. ¶~을 이루다.
신기-하다¹(神奇-) 형여 신비롭고 기이하여 묘하다. ¶첨쟁이의 말이 신기하게도 딱 들어맞았다.
신기-하다²(新奇-) 형여 새롭고 별나고 이하다. ¶전에 보지 못하던 신기한 물건.
신나 명[화] '시너(thinner)'의 잘못.
신남-산(-cinnamic酸) 명 계피유를 산화시켜 만든, 무색의 결정. 인조 향료로 화장품의 원료가 됨. =계피산.
신-낭만주의(新浪漫主義) [-의/-이] 명 [문] 19세기 말기에서 20세기 초기에 걸쳐 독일을 중심으로 하여 일어난 문예 사조. 자연주의에 반항하여, 주체적·자발적 심정의 복권(復權)을 주장함.
신년(申年) 명 태세(太歲)의 지지(地支)가 신(申)으로 된 해. =원숭이해.
신년²(新年) 명 =새해. 囮근하(謹賀) ~.
신년-사(新年辭) 명 새해를 맞이하여 하는 공식적인 인사말.
신:념(信念) 명 자기가 생각하는 바나 행하려고 하는 바에 대해 옳다거나 이룰 수 있다고 믿는 마음의 상태. ¶굳은 ~.
신농-씨(神農氏) 명 중국 고대 전설상의 삼황(三皇)의 하나. 농사짓는 법을 처음으로 가르쳤다고 함.
신:다 [-따] <신고 / 신어> 동타 (사람이) 신이나 양말·버선 따위를 자기의 발, 또는 발과 다리에 감싸지거나 씌워지게 하다. ¶착용하다. 뾧벗다.
신:-단위(腎單位) 명 [생] =네프론.
신당(新黨) 명 새로 조직한 당.
신-대륙(新大陸) 명 [지] 남북아메리카 대륙. 넓은 의미로는 오스트레일리아 대륙도 포함함. ↔구대륙.
신데렐라(Cinderella) 명 1 유럽 옛 동화에 나오는 여주인공. 계모와 그녀의 딸들에게 구박을 받던 중 궁주 무도회에서 잃어버린 유리 구두가 인연이 되어 왕자와 결혼하게 됨. 2 하루아침에 고귀한 신분이 되거나 유명하게 된 여자의 비유.
신데렐라^콤플렉스(Cinderella complex) 명 [심] 여성이 일시에 자신의 인생을 화려하게 변모시켜 줄 왕자와 같은 남자의 출현을 기다리는 심리적 의존 상태.
신:도(信徒) 명 종교를 믿는 사람. 뾧신자. 뾧불교 ~.
신도(新都) 명 새로 정한 도읍. ▷구도.
신-도시(新都市) 명 대도시의 근교에 계획적으로 개발한 신주택지. 인구 과밀·교통 체증·주택난 등을 해결하기 위한 것임.
신-돈(辛旽) 명[인] 고려 시대의 승려(?-1371).
신동(神童) 명 재주와 지혜가 남달리 뛰어난 아이.
신드롬(syndrome) 명 일련의 질병적인 징후. 또는, 바람직하지 않은 행동이나 의식을 나타내는 일정한 경향. 뾧증후군. ¶피터 팬 ~.
신-들리다(神-) 동자 1 (사람의) 귀신이나 신과 접하게 되어 본래의 제정신이 아닌 상태에서 초자연적인 능력을 나타내는 상태가 되다. ¶신들린 무당. 2 어떤 일, 특히 예술적 활동이나 작업에 몰아의 지경으로 열중하는 상태가 되다. 비유적인

신디케이트 (syndicate) 〖명〗〖경〗 **1** 기업의 독점 형태의 하나. 지배력이 가장 강한 카르텔에서 시장 통제를 하나의 공동 판매 기관에 의하여 행하는 일. **2** 공채·사채·주식 등의 인수에서, 위험을 분산할 목적으로 금융업자가 조직하는 단체.

신-딸(神-)〖명〗〖민〗 늙은 무당의 수양딸이나 대를 잇는 젊은 무당. ↔신어미.

신라(新羅)〖실-〗〖역〗 한반도의 일부를 차지하던, 고대 국가의 하나(57 B.C.~A.D. 935). 시조는 박혁거세.

신라-방(新羅坊)〖실-〗〖역〗 통일 신라 시대에 당나라에 설치되었던, 신라인의 집단 거류지.

신랄-하다(辛辣-)〖실-〗〖형여〗 (사물의 분석이나 비평이) 매우 날카롭다. ¶**신랄한** 비평. **신랄-히**〖부〗

신랑(新郞)〖실-〗〖명〗 **1** 갓 결혼하였거나, 결혼하는 남자. ↔신부. **2** 신혼 초의 '남편'을 지칭하는 말.

신랑-감(新郞-)〖실-깜〗〖명〗 신랑이 될 만한 인물. 또는, 신랑이 될 사람. ↔신부감

신랑달-기(新郞-)〖실-〗〖민〗 신랑이 신부 집에 갔을 때, 신부의 젊은 일가친척이나 마을 청년들이 신랑을 거꾸로 매달고 발바닥을 때리며 곤욕을 주는 일.

신력(新曆)〖실-〗〖명〗 **1** 새 책력. **2** =태양력. ↔구력(舊曆).

신령(神靈)〖실-〗〖명〗〖민〗 풍속으로 섬기는 모든 신. ¶산-. 준신령님.

신령-님(神靈-)〖실-〗〖명〗〖민〗 '신령'을 공경하여 일컫는 말.

신령-스럽다(神靈-)〖실-따〗〖형ㅂ〗〈~스러우니, ~스러워〉 신령한 데가 있다. **신령스레**〖부〗

신령-하다(神靈-)〖실-〗〖형여〗 신기하고 영묘하다.

신록(新綠)〖실-〗〖명〗 늦봄이나 초여름에 새로 나온 잎의 푸른빛. ¶-의 계절.

신뢰(信賴)〖실뢰/실뤠〗〖명〗 상대의 능력이나 태도를 믿고 의지하는 것. **신뢰-하다**〖타여〗

신뢰-감(信賴感)〖실뢰-/실뤠-〗〖명〗 믿고 의지하는 마음.

신뢰-도(信賴度)〖실뢰-/실뤠-〗〖명〗 신뢰하는 정도.

신뢰-성(信賴性)〖실뢰썽/실뤠썽〗〖명〗 신뢰할 수 있는 성질. ⓗ믿음성.

신-립(申砬)〖실-〗〖인〗 =신입(申砬)¹.

신-맛〖명〗 식초나 포도·귤·사과 등을 먹을 때 느끼는 것과 같은 맛. =산미.

신망(信望)〖명〗 믿고 기대하는 것. 또는, 믿음과 덕망. ¶-이 두텁다. **신:망-하다**〖타여〗

신-면목(新面目)〖명〗 아주 달라진 새로운 면모.

신¹〖명〗 어떤 일을 하면서 흥겹고 신이 나는 상태. ¶-이 나서 춤을 춘다.

신²(身命)〖명〗 몸과 목숨. ¶-을 바치다.

신³(身命)〖명〗 천지의 신령.

신명-기(申命記)〖성〗 구약 성서 중의 한 권.

신묘(辛卯)〖명〗 60갑자의 스물여덟째.

신묘-하다(神妙-)〖실-〗〖형여〗 신기하고 묘하다. ¶제갈량의 **신묘한** 계책.

신:문(訊問)〖명〗〖법〗 민사 또는 형사 소송법에서, 검사·변호인·법관이 법정에서 피고인·증인·당사자·피해자 등을 상대로 사실 관계를 확인시키기 위해 직접 묻는 일. 또는, 검찰이 피의자나 증인 등을 출석시켜 질문을 통해 사건을 조사하는 일. ¶증인 ~. ▷심문. **신:문-하다**〖타여〗 ¶피의자를 ~.

신문²(新聞)〖명〗 **1** 사회 전반에 대한 새 소식과 화제를 신속하게 보도·해설하고 논평하는 정기 간행물. ¶일간 ~. **2** '신문지'의 준말.

신문-고(申聞鼓)〖명〗 조선 태종 때, 대궐의 문루(門樓)에 달아 두어 백성이 억울한 일을 호소할 때 치게 한 북.

신문¯기자(新聞記者)〖명〗 신문에 실을 기사를 취재·수집·집필·편집하는 사람.

신-문명(新文明)〖명〗 새 시대의 새로운 문명. 봉건 시대의 문명에 대하여 자본주의적 문명을 이르는 말.

신문-사(新聞社)〖명〗 신문을 발행하는 회사.

신문-지(新聞紙)〖명〗 신문 기사가 인쇄된 종이. 기사를 읽기 위한 대상으로서의 가치를 잃고, 단순히 일정한 크기의 물질로서의 종이를 가리킴. 준신문.

신문-철(新聞綴)〖명〗 여러 장의 신문을 철하기 위한 기구. 또는, 거기에 철한 신문.

신문-팔이(新聞-)〖명〗 길거리·열차·버스 등에서 신문을 들고 다니면서 파는 사람.

신-문학(新文學)〖명〗 갑오개혁 이후의 개화사상에 따라 서구의 문예 사조를 받아들여 이루어진 새로운 형식과 내용의 문학.

신문화¯운동(新文化運動)〖명〗〖역〗 1917~21년에 유교적·봉건적 제도·문화에 반대하여 후스·루쉰 등을 중심으로 전개된, 중국의 문화 운동.

신-물〖명〗 **1** 먹은 것이 체하여 트림할 때 넘어오는 시큼한 액체. **2** 지긋지긋하고 진절머리가 나는 일.

신물(이) 나다 몹시 귀찮고 지긋지긋한 느낌이 들다.

신미(辛未)〖명〗 60갑자의 여덟째.

신미-양요(辛未洋擾)〖명〗〖역〗 조선 고종 8년(1871)에 미국 군함 5척이 통상을 강요하고자 강화도를 침입한 사건.

신민(臣民)〖명〗 군주국의 신하와 백성.

신민-회(新民會)〖-회/-훼〗〖명〗〖역〗 1907년에 안창호가 양기탁·신채호 등과 함께 조직한 배일(排日) 비밀 결사.

신-바람〖-빠-〗〖명〗 일이 잘되거나 좋은 일이 있거나 하여 기분이 좋고 기운이 솟는 마음의 상태. ⓗ어깨바람.

신발〖명〗 '신'을 구어적으로 이르는 말.

신-발명(新發明)〖명〗 새로운 발명. 또는, 새로 발명하는 일. **신발명-하다**〖타여〗

신발-장(-欌)〖-짱〗〖명〗 =신장¹.

신발-주머니〖명〗 =신주머니.

신발-짝〖명〗 '신발'을 얕잡아 이르거나 품격이 낮게 이르는 말.

신방(新房)〖명〗 **1** 신랑·신부가 첫날밤을 치르도록 꾸민 방. ⓗ화촉동방. ¶-을 차리다. **2** 신랑·신부가 거처하도록 새로 꾸민 방.

신법(新法)〖-뻡〗〖명〗 새로 만든 법. ↔구법.

신변(身邊)〖명〗 몸의 주변. 또는, 몸. ¶-보호 / ~이 위태롭다.

신변-잡기(身邊雜記)〖-끼〗〖명〗 자신의 주변에서 일어나는 여러 가지 일을 적은 수

신선하다_733

필체의 글.
신병¹(身柄) 명 체포·구금·보호 등의 대상이 되는, 사람의 몸. ¶범인의 ~을 확보하다.
신병²(身病) 명 몸에 생긴 병.
신병³(新兵) 명 새로 입대한 병사.
신보(新譜) 명 새로 취입한 레코드.
신-불[-뿔] 명 신의 혼.
신봉(信奉) 명 (교리나 사상 등을) 옳다고 믿고 받드는 것. ¶~자. **신:봉-하다** 통타 **신:봉-되다** 통자
신부(神父) 명[가] 가톨릭의 사제(司祭).
신부²(新婦) 명 갓 결혼했거나, 결혼하는 여자. ↔신랑.
신:-부전(腎不全) 명[의] 신장의 기능이 저하된 상태. 고혈압, 빈혈, 노폐물의 축적 등의 증상을 보임.
신분(身分) 명 1 개인의 사회적 지위나 서열. 2 [법] 사람의 법률상 지위나 자격.
신분-증(身分證)[-쯩] 명 어떤 사람의 신분을 증명하는, 명함 크기의 카드. =아이디카드. ¶~을 제시하다.
신불neath(神佛) 명 신령과 부처.
신붓-감(新婦-)[-부깜/-분깜] 명 신부가 될 만한 인물. 또는, 신부가 될 사람. =색싯감. ¶참한 ~. ↔신랑감.
신비(神祕) 명 사람의 힘이나 지혜로는 도저히 이해할 수 없는 신묘한 비밀. 또는, 보통의 이론과 인식을 초월한 일. ¶자연의 ~. **신비-하다** 형여 ¶신비한 우주의 세계.
신비-감(神祕感) 명 신비스러운 느낌.
신비-롭다(神祕-)[-따] 형ㅂ <-로우니, -로워> 신비한 상태에 있다. **신비로이** 부
신비-스럽다(神祕性)[-따] 형ㅂ <-스러우니, -스러워> 신비한 태가 있다. **신비스레** 부
신비-주의(神祕主義)[-의/-이] 명 절대자·신의 초월적 실재를, 일상의 감각세계를 벗어난 내적인 직관에 의해 직접 체험하려고 하는 종교·철학상의 입장.
신-비평(新批評)[문] 1930~50년대 미국에서 주류를 이루었던 문예 비평. 작품을 작가나 시대 상황으로부터 독립된 자율적인 존재로 보았으며, 언어의 기능과 의미를 세부적으로 치밀하게 분석하는 태도를 보였다.
신:빙(信憑) 명 믿어서 근거나 증거로 삼는 것. **신:빙-하다** 통여 ¶**신빙할** 만한 자료. ¶~ 성이 없다.
신:빙-성(信憑性)[-썽] 명 믿어서 근거나 증거로 삼을 수 있는 성질.
신사¹(辛巳) 명 60갑자의 여든여덟째.
신:사²(紳士) 명 1 사람됨이나 몸가짐이 점잖고 교양이 있으며, 예의 바른 남자. 2 '일반 남자'의 미칭. ¶~ 숙녀 여러분. ↔숙녀.
신사³(神社) 명 일본의 고유 종교인 신도(神道)의 신령을 모셔 놓고 제사를 지내는 곳. ¶~ 참배.
신:사-도(紳士道) 명 신사로서 마땅히 지켜야 할 도리. ¶~에 벗어난 행동.
신-사륙판(新四六判) 명[출] 책 판형의 하나. 가로 124mm, 세로 176mm의 크기. 사륙판보다 길이와 너비가 조금씩 작음.
신:사-복(紳士服) 명 성인 남자가 입는 서양식 정장. 비양복.
신-사실주의(新寫實主義)[-의/-이] 명 1 [예] 사실주의의 단순한 묘사에서 한 걸음 나아가 인생의 내면적 진리를 표현하려고 하는 예술상의 태도나 주의. 2 [영] 제2차 세계 대전 후에 이탈리아에서 일어난 영화 예술 운동. =네오리얼리즘.
신:사^유람단(紳士遊覽團)[-역] 조선 고종 18년(1881)에 새로운 문물제도의 시찰을 위하여 일본에 파견되었던 시찰단.
신-사임당(申師任堂) 명[인] 조선 시대의 서화가(1504~1551). 이율곡의 어머니임.
신:사-적(紳士的) 관 신사다운 (것). 곧, 정중하거나 점잖게 행동하는 (것). ¶ ~으로 해결하다.
신산(辛酸) 명 세상살이의 고됨과 쓰라림. **신산-하다** 형여
신상¹(身上) 명 한 사람의 신변에 관계된 형편. ¶~에 관한 일.
신상²(神像) 명 신의 형상을 나타낸 그림이나 조각.
신상-명세서(身上明細書) 명 개인의 경력과 형편을 자세히 적은 기록.
신-상품(新商品) 명 새로 개발한 상품.
신색(神色) 명 남을 보거 그의 '안색(顔色)'을 이르는 말. ¶약을 드신 후로 ~이 한결 좋아지셨습니다.
신생(新生) 명 새로 생기거나 태어나는 일. ¶~국.
신생-대(新生代)[지] 지질 시대 중에서 가장 새로운 시대. 약 6500만 년 전부터 현재까지를 이름. 속씨식물·포유류의 전성시대이며, 말기에 인류가 나타났음.
신생-아(新生兒) 명 갓 태어난 아이. 일반적으로 출생한 뒤 2주까지의 시기에 있는 아이를 가리킴.
신생아^황달(新生兒黃疸) 명[의] 생후 2~3일 되는 갓난아이에게 나타나는 생리적 황달. 7~10일 사이에 자연히 없어짐.
신:서²(信書)[문] '편지'를 문어적으로 이르는 말.
신서²(新書) 명 새로 나온 책. ↔고서.
신석기^시대(新石器時代)[-끼-][고고] 구석기 시대 이후, 청동기 시대 이전까지의 시대. 인간이 정착의 생활을 하고 간석기를 사용했으며, 목축과 농경이 시작되었음. ▷구석기 시대.
신선(神仙) 명 1 도교의 이상(理想)으로 여기는 인간상. 곧, 인간계를 떠나 산속에 살며, 불로불사의 기술을 닦아 신통력을 얻은 사람. =선인. 2 세속적인 상식에 구애되지 않는, 무욕(無慾)한 사람.
신선-놀음(神仙-) 명 생활의 근심이나 시름을 잊고 재미나 즐거움에 흠뻑 빠져 있는 일.
[신선놀음에 도낏자루 썩는 줄 모른다] 재미있는 일에 정신이 팔려서 세월 가는 줄 모른다.
신선-도¹(神仙圖) 명[미] 신선이 노니는 모양을 추상하여 그린 그림.
신선-도²(新鮮度) 명 신선한 정도. 비선도(鮮度).
신선-로(神仙爐)[-설-] 명 상 위에 놓고 여러 가지 채소와 고기·생선을 넣고 끓이는, 구리·놋쇠 등으로 만든 굽이 높은 그릇. 또는, 그것에 끓인 음식.
신선-미(新鮮味) 명 새롭고 산뜻한 맛.
신선-하다(新鮮-) 형여 1 더러움이 없이 깨끗하다. ¶**신선한** 새벽 공기. 2 (채소·열매·고기 등이) 생기를 잃지 않고 싱싱하다. ¶**신선한** 채소. 3 새롭고 싱그럽다.

¶**신선한** 충격.

신설(新設) 뗑 새로 설치하거나 설비하는 것. **신설-하다** 태여 ¶공장을 ~. **신설-되다** 자

신성¹(神性) 뗑 신의 성격 또는 속성(屬性).

신성²(神聖) 뗑 1 신의 숭고하고 존엄함. ¶~ 모독. 2 함부로 할 수 없는 중하고 엄숙한 것. **신성-하다** 혱여 ¶**신성한** 제단.

신성³(新星) 뗑 1 [천] 전에는 보이지 않던 별이 갑자기 환하게 빛나다가 얼마 후 다시 빛이 약해지는 별. 2 연예계에 새로 나타나서 인기를 모은 사람.

신성-불가침(神聖不可侵) 뗑 거룩하고 존엄하여 함부로 건드릴 수 없음. ¶~ 조약.

신성-시(神聖視) 뗑 신성하게 여기는 일. **신성시-하다** 태여 **신성시-되다** 자여 ¶인도에서는 소가 **신성시되고** 있다.

신세(身世) 뗑 1 주로 불행한 일과 관련된 일신상의 처지와 형편. ¶불쌍한 ~. 2 남에게 도움을 받거나 괴로움을 끼치는 일. ¶~를 끼치다[지다].

신-세계(新世界) [-계/-게] 뗑 1 [지] = 신대륙. 2 구세계. 2 아직 경험해 보지 못했거나 처음 경험해 보는 새로운 세계.

신-세대(新世代) 뗑 지금 자라나고 있는 젊은 세대. 일반적으로, 20대 이하의 세대를 가리킴. ↔구세대.

신세-타령(身世-) 뗑 불우한 신세를 한탄하여 늘어놓는 일. 또는, 그 이야기. **신세타령-하다** 태여

신-소리 뗑 상대자의 말을 받아 엉뚱한 말로 놓하는 말. ▷흰소리. **신소리-하다** 자

신-소설(新小說) 뗑 [문] 갑오개혁 이후의 개화기를 시대 배경으로 하여 창작된 일군의 소설. 봉건 타파와 개화·계몽, 자주독립 등이 그 주요 내용임. 이인직의 '혈의 누'가 그 대표작임. ▷고대 소설.

신-소재(新素材) 뗑 종래의 재료인 금속·플라스틱 등에 없는 뛰어난 특성을 가진 새로운 재료. 뉴 세라믹스·형상 기억 합금·광섬유 따위.

신속-하다(迅速-) [-소카-] 혱여 매우 빠르고 날쌔다. ¶**신속한** 이동. **신:속-히** 뷔 ¶뉴스를 ~ 보도하다.

신수(身手) 뗑 1 용모와 풍채. 2 사람의 얼굴에 드러난 건강 상태의 빛. ¶병을 앓고 나더니 ~가 말이 아니다. **신수**가 **훤하다** 용모가 단정하고 풍채가 시원스럽다.

신수²(身數) 뗑 사람의 운수. ¶~가 불길하다.

신-숙주(申叔舟) [-주] 뗑 [인] 조선 시대의 문신(1417~1475).

신승(辛勝) 뗑 (경기 등에서) 겨우 이기는 것. ↔낙승. **신승-하다** 자여

신시¹(申時) 뗑 십이시의 아홉째 시. 곧, 오후 3시부터 5시까지의 동안.

신시²(神市) 뗑 [역] 환웅이 태백산 신단수 밑에 세웠다는 도시.

신시³(新詩) 뗑 사상적·형식적으로 새로운 방향을 지향하는 시.

신-시가(新市街) 뗑 구시가에 대하여, 새로 발전한 시가. ↔구시가.

신-시가지(新市街地) 뗑 새롭게 형성된 시가지.

신-시대(新時代) 뗑 새로 맞고 있거나 맞게 될 시대. ¶~의 조류. ↔구시대.

신시사이저(synthesizer) 뗑 [음] 건반을 눌러 여러 가지 악기 음을 비롯하여 자연계의 소리, 환상의 소리 등의 다양한 음향을 내는 전자 악기.

신식(新式) 뗑 새로운 격식이나 형식. ¶~ 결혼. ↔구식.

신신-당부(申申當付) 뗑 (어떤 일을) 몇 번이고 거듭하여 간절히 당부하는 것. **신신당부-하다** 태여 ¶어머니께서 몸조심하라고 **신신당부하셨다**.

신실-하다(信實-) 혱여 믿음성이 있고 진실하다.

신심(信心) 뗑 종교를 믿는 마음.

신안(新案) 뗑 새로운 제안이나 고안.

신안^특허(新案特許) [-트커] 뗑 '실용신안 특허'의 준말.

신앙(信仰) 뗑 절대자를 믿고 따르며 교의(敎義)를 받들어 지키는 일. 倒믿음. **신앙-하다** 태여

신앙의 자유 =종교의 자유.

신앙^고^백(信仰告白) 뗑 [가] [기] 미사나 예배 때, 신자들이 그리스도에 대한 자신의 믿음을 고백하는 뜻으로 사도 신경을 외는 일.

신앙-심(信仰心) 뗑 신이나 부처를 믿는 마음.

신약¹(新約) 뗑 1 [가] [기] 하느님이 예수를 통하여 신자들에게 한 새 약속. 2 [성] '신약 성서'의 준말.

신약²(新藥) 뗑 새로 발명된 약. 곧, 기존의 의약품과 다른 신물질을 함유한 약품을 가리킴.

신약^성^서(新約聖書) [-썽-] 뗑 [성] 그리스도 탄생 후의 신(神)의 계시를 기록한 크리스트교의 성전(聖典). 준신약. ▷구약 성서.

신어(新語) 뗑 새로 생긴 말. 또는, 새로 귀화(歸化)한 외래어. 倒신조어.

신-어미(神-) 뗑 젊은 무당을 수양딸로 삼아 신의 계통을 전해 주는 늙은 무당. ↔신딸.

신-여성(新女性) [-녀-] 뗑 일제 강점기에, 신식 교육을 받거나 개화 문명에 영향을 받은 여성을 이르던 말.

신역(身役) 뗑 몸으로 치르는 노역(勞役).

신열(身熱) 뗑 병으로 인하여 오르는 몸의 열. 준열.

신예(新銳) 뗑 새롭고 기세나 힘이 빼어남. 또는, 그런 것이나 사람. ¶~ 전투기.

신용(信用) 뗑 1 틀림없다고 여겨지는 사람이나 사물이 갖는 가치나 평판. ¶~을 잃다. 2 [경] 상대방이 일정 기간 후 상환 또는 지불할 수 있는 능력을 가진다고 믿고 물건을 빌려 주거나 지불을 연기하여 주는 일. ¶~ 판매. **신용-하다** 태여 ¶그의 말을 **신용할** 수 없다.

신용^대^출(信用貸出) [경] 채무자를 믿고, 담보나 보증이 없이 돈이나 물건을 빌려 주는 일.

신용-장(信用狀) [-짱] 뗑 [경] 수입업자나 해외여행자를 위하여 그 거래 은행이 그들의 신용을 제삼자에게 보증하기 위해 발행하는 서류. =엘시(L/C). ¶수입업자가 외국환 은행에서 ~ 개설을 의뢰하다.

신용^카드(信用card) 뗑 [경] 상품이나 서비스의 대금을 일정 기간 후에 지불할 수 있도록 유예하는, 신용 판매 제도에 이용

되는 카드. =크레디트 카드.
신!우(腎盂) 명⟨생⟩ 척추동물의 신장 안에 있는 빈 곳. 오줌이 여기에 모였다가 방광으로 빠짐.
신원¹(身元) 명 개인이 자라 온 과정과 관련되는 자료. 곧, 주소·본적·신분·직업 따위. ¶~이 확실하다.
신원(伸寃) 명 원통한 일을 푸는 것. **신원-하다** 됨⟨타여⟩
신원 보증(身元保證) 명⟨법⟩ 고용 계약에서, 피고용자가 고용주에게 손해를 끼칠 경우 그 배상을 시킬 목적으로 일정한 금전을 담보로 내게 하거나 보증인을 내세워 배상의 의무를 지게 하는 일.
신위(神位) 명 죽은 사람의 영혼이 의지할 자리. 지방(紙榜)이나 고인의 사진 따위.
신유(辛酉) 명 60갑자의 쉰여덟째.
신유-박해(辛酉迫害) [-바캐] 명⟨역⟩ 조선 순조 1년(1801)인 신유년에 있었던, 천주교도에 대한 박해 사건.
신-윤복(申潤福) 명⟨인⟩ 조선 시대의 풍속 화가(1758~?).
신음(呻吟) 명 **1** (병이나 고통으로) 앓는 소리를 내는 것. ¶끙끙 ~ 소리를 내다. **2** 괴로움이나 고통으로 허덕이며 고생하는 것. **신음-하다** 됨⟨자여⟩
신!의(信義) [-의/-이] 명 믿음과 의리. ¶~를 저버리다.
신인(新人) 명 어떤 분야에 새로 등장한 사람. ¶~을 발굴하다.
신!인-도(信認度) 명 어떤 국가나 기업에 대한, 믿고 인정할 만한 정도. ¶국가 ~.
신-인상주의(新印象主義) [-의/-이] 명⟨미⟩ 19세기 말기에 프랑스에서 인상파의 수법을 더욱 과학적으로 추구하여 일어난 회화 경향. 점묘법(點描法)을 특징으로 삼았음. =점묘주의.
신-인상파(新印象派) 명⟨미⟩ 신인상주의 화가의 일파.
신인-왕(新人王) 명⟨체⟩ **1** 프로 권투에서, 신인전에서 우승한 선수. 또는, 그 타이틀. **2** 프로 야구나 프로 축구에서, 시즌 중 활약이 가장 눈부셨던 신인 선수에게 주어지는 타이틀.
신!임(信任) 명 맡긴 일을 잘하다고, 또는 잘하리라고 믿는 것. 또는, 그렇게 믿고 일을 맡기는 것. ¶~이 두텁다. **신!임-하다** 됨⟨타여⟩
신임²(新任) 명 (관직 등에) 새로 임명되거나 취임하는 것. 또는, 그 사람. ¶~ 장판 / ~ 교사.
신!임-장(信任狀) [-짱] 명⟨법⟩ 특정인을 외교 사절로 파견하는 취지와 그 사람의 신분을 접수국에 통고하는 문서.
신-입¹(申砬) 명⟨인⟩ 조선 시대의 장군(1546~1592). =신립.
신입²(新入) 명 어떤 단체나 모임에 새로 들어오는 것. ¶~ 사원. **신입-하다** 됨⟨자여⟩
신입-생(新入生) 명 새로 입학한 학생. ¶~ 환영회.
신!자(信者) 명 종교를 믿는 사람. 비교도(教徒). ¶기독교 ~ / 불교 ~.
신작(新作) 명 (작품 등을) 새로 지어 만드는 일. 또는, 그 작품. ¶~ 소설.
신작-로(新作路) [-짱노] 명 '새로 만든 길'이라는 뜻) 자동차가 다닐 수 있을 정도로 넓게 새로 닦은 길.
신-장¹(-欌) [-짱] 명 신을 넣어 두는 장.

=신발장.
신장²(身長·身丈) 명 =키¹ **1**.
신장³(伸長) 명 (길이 따위를) 길게 늘이는 것. 또는, (길이 따위가) 길게 늘어나는 것. **신장-하다** 됨⟨자여⟩됨 **신장-되다**¹ 됨⟨자⟩
신장(伸張) 명 (세력이나 역량이나 규모 따위를) 이전보다 늘리거나 커지게 하는 것. ¶민권 ~. **신장-하다**² 됨⟨타여⟩ ¶체력을 ~. **신장-되다**² 됨⟨자⟩ ¶국력이 ~.
신장⁵(神將) 명⟨민⟩ 여러 방위에 많은 권속 신을 거느리고 나쁜 귀신을 물리치고 쫓아내는 신.
신장⁶(新粧) 명 건물 등을 새로 단장하는 것. 또는, 그 단장. **신장-하다**³ 됨⟨타여⟩
신!장⁷(腎臟) 명⟨생⟩ 척추동물의 비뇨기계 장기(臟器)의 하나. 좌우에 한 쌍 있는데, 사람의 것은 강낭콩 모양임. 체내에 생긴 불필요한 물질을 오줌으로 배설하는 구실을 함. =콩팥. ¶~ 이식.
신장-개업(新裝開業) 명 점포를 새로 만들거나 꾸며 하는 개업. **신장개업-하다** 됨⟨자여⟩
신!장-병(腎臟病) [-뼝] 명⟨의⟩ 신장에 생기는 병의 총칭. 신장염·신경핵 따위.
신!장-염(腎臟炎) [-념] 명⟨의⟩ 신장에 생기는 염증.
신-재효(申在孝) 명⟨인⟩ 조선 시대의 판소리 작가(1812~1884).
신저(新著) 명 새로 지은 책.
신전(神殿) 명 신을 모신 전각(殿閣). ¶그리스의 파르테논 ~.
신점(神占) 명 무당이 신의 힘을 빌려 치는 점.
신접-살림(新接) [-쌀-] 명 처음으로 차린 살림살이. **신접살림-하다** 됨⟨자여⟩
신정(新正) 명 지난날, 정부가 양력 설을 명절로 공식화했던 시절에 양력 1월 1일을 이르던 말. 전통적인 음력 설과 대비하는 뜻으로 쓰었음. ¶~구정.
신-제도(新制度) 명 새로운 제도.
신-제품(新製品) 명 새로 만든 물건.
신!조(信條) 명 살아가면서 반드시 지키거나 실천해야 한다고 믿고 있는 원칙. ¶근검절약을 ~로 삼다.
신조-어(新造語) 명 새로 만들어진 단어. 됨신어.
신종(新種) 명 새로운 종류. ¶~ 무기.
신종^기업^어음(新種企業-) 명⟨경⟩ 기업의 단기 자금 조달을 쉽게 하기 위한 어음 형식. 금리를 자율적으로 결정함.
신주(神主) 명 죽은 사람의 위패.
신주 모시듯 조심스럽고 몹시 소중하게 다루는 모양. ¶가보를 ~ 한다.
신주²(新株) 명 주식회사가 증자(增資)나 합병 때에 발행하는 주식. ↔구주.
신-주머니 [-쭈-] 명 신을 넣어 들고 다니는 주머니. =신발주머니.
신줏-단지(神主-) [-쭈딴-/-쭌딴-] 명⟨민⟩ 신주를 모시는 그릇.
신!중(愼重) 명 (어떤 일을 하는 태도가) 주의 깊고 조심스러운 것. ¶~을 기하다. **신!중-하다** 됨⟨여⟩ **신!중-히** 뒤 ¶좀 더 ~ 생각해 보아라.
신!중-론(愼重論) [-논] 명 어떤 일에 아주 신중하게 대처하고자 하는 입장이나 이론. ¶대북 정책에 ~을 펴다.
신-지식인(新知識人) 명 학력과 관계없이 부가 가치가 높은 실용적 지식이나 기술을 창출해 내는 사람.
신진(新進) 圈 어떤 사회에 새로 나아가는 것. 또는, 그 사람. ¶~ 세력. **신진-하다** 톰(자)

신진-대사(新陳代謝) 圈 **1** [생] =물질대사. 있는 것이 없어지고 새것이 대신 생기는 일.

신-짝 圈 '신'을 홀하게 이르는 말.
신차(新車) 圈 새로운 모델로 개발된 차. ¶~ 발표회.
신참(新參) 圈 어떤 사람이 어떤 단체나 부류에 들어오거나 참가한 지 얼마 안 된 상태. 또는, 그 사람. ¶~병(兵). ↔고참.
신참-내기(新參-) 圈 어떤 단체나 부류에 새로 들어오거나 참가하는 사람을 다소 낮추어 이르는 말.
신-창 圈 신의 바닥에 댄 고무나 가죽.
신-채호(申采浩) [인] 사학자·독립 운동가(1880~1936).
신:천옹(信天翁) 圈[동] =앨버트로스1.
신-천지(新天地) 圈 새로운 세상. ¶~가 열리다.
신첩(臣妾) 때(인칭) 왕비나 후궁이 임금에게 대하여 스스로를 이르는 말.
신청(申請) 圈 어떤 일이나 물건을) 청구하는 것. ¶~곡. **신청-하다** 톰(타여) ¶휴가를 ~. **신청-되다** 톰(자)
신청-서(申請書) 圈 신청하는 뜻을 나타내는 문서. ¶수강 ~.
신체(身體) 圈 사람의 형상을 이루는, 머리에서 발끝까지의 부분. 뵌몸·육신·육체. ¶~를 단련하다.
신체의 자유 법률에 의하지 않고는 체포·구금·신문·처벌 등을 받지 않는 자유
신체-검사(身體檢査) 圈 건강이나 신체의 외적인 상태를 알기 위하여 질병 유무나 체중·키·시력 등을 검사하는 일. 죔신검.
신체발부(身體髮膚) 圈 몸과 머리털과 피부, 몸의 전체.
신체-시(新體詩) 圈[문] 우리나라 신문학 초창기에 나타난 새로운 형식의 시. 최남선의 '해에게서 소년에게'가 효시임.
신체-장애인(身體障礙人) 圈 선천적으로, 또는 병이나 부상 등으로 신체에 장애가 있는 사람. '불구자'의 완곡한 표현임.
신-체조(新體操) 圈[체] =리듬 체조.
신축¹(辛丑) 圈 60갑자의 서른여덟째.
신축²(新築) 圈 (집 따위를) 새로 짓는 것. ¶~ 부지. **신축-하다** 톰(타여) ¶아파트를 ~. **신축-되다** 톰(자)
신축-성(伸縮性) [-썽] 圈 **1** 늘어나고 줄어드는 성질. ¶~이 좋은 옷감. **2** 일의 형편에 따라 적절하게 대처할 수 있는 성질. ¶~ 있는 정책.
신춘(新春) 圈 새 봄.
신춘-문예(新春文藝) 圈 매년 연말에 각 신문사에서 아마추어 작가들을 대상으로 문예 작품을 공모하여 새해 초에 당선 작품을 발표하고 시상하는 제도.
신출(新出) 圈 새로 나온 인물이나 물건. ¶~ 문제 / ~ 품종. **신출-하다** 톰(자) 새로 나오다.
신출-귀몰(新出鬼沒) 圈 [귀신같이 나타났다가 사라진다는 뜻] 자유자재로 출몰하여 그 변화를 쉽사리 알 수 없음. **신출귀몰-하다** 톰(자)
신출-내기(新出-) [-래-] 圈 어떤 일에 처음 나서서 일이 서툰 사람.
신:탁¹(信託) 圈 **1** 믿고 맡기는 부탁하는

것. **2** 일정한 목적에 따라 재산의 관리와 처분을 남에게 맡기는 것. ¶~ 계약. **신:탁-하다** 톰(타여)
신탁²(神託) 圈 신이 사람을 매개자로 하여 그의 뜻을 나타내거나 인간의 물음에 대답하는 일.
신:탁^통:치(信託統治) 圈 국제 연합의 위탁을 받은 나라가 국제 연합의 감독 하에 일정한 지역을 통치하는 일.
신:탁^통:치^이:사회(信託統治理事會) [-회/-홰] 圈[정] '국제 연합 신탁 통치 이사회'의 준말.
신토불이(身土不二) 圈 [사람의 몸과 사람이 태어난 땅은 둘이 아니라 하나라는 뜻] (주로, 관행어적으로 쓰여) 어떤 물품이나 대상이 우리나라에서 생산된 것이거나 우리나라 고유의 산물임을 나타내는 말. ¶~ 우리 농산물.
신통(神通) 圈 모든 것을 신기롭게 통달하는 일. **신통-하다**¹ 톰(자여) ▷신통하다².
신통-력(神通力) [-녁] 圈 보통 사람이 할 수 없는 일을 해낼 수 있는 영묘한 힘.
신통방통-하다(神通-通-) 圈(여) 매우 대견하고 칭찬해 줄 만하다. ¶우리 막내가 **신통방통하게도** 1등을 했지 뭐예요.
신통-하다²(神通-) 圈(여) **1** 신기할 정도로 묘하다. ¶그 성우의 목소리는 이 박사와 **신통하게** 닮았다. **2** (주로, '-기(가) 놀라울 만큼' 대단하다. ¶약한 체집에 **신통하게도** 고질병이 싹 나았다. **3** 칭찬해 줄 만하게 대견하다. ¶어린것이 **신통하기도** 하지. **4** 별다른 데가 있거나 마음에 들 만큼 마땅하다. ¶응모는 많았으나 **신통한** 작품이 없다. **신통-히** 囝
신-트림 圈 시큼한 냄새나 신물이 목구멍으로 넘어오면서 나는 트림. ¶속이 거북하더니 ~이 나온다.
신파(新派) 圈[연] '신파극'의 준말.
신파-극(新派劇) 圈[연] 재래의 창극의 테두리를 벗어나 현실과 인정, 비화 등을 제재로 한 통속적인 연극. 죔신극.
신판(新版) 圈 **1** 새로 출판된 책. ↔구판. **2** 과거의 어떤 사실·인물·작품과 일치하는 새로운 사물이나 인물. ¶~ 홍부전.
신:표(信標) 圈 뒷날에 보고 서로 표적이 되게 하기 위하여 주고받는 물건.
신품¹(神品) 圈[가] '신품 성사'의 준말.
신품²(新品) 圈 새로 개발된 물품. ▷중고품.
신품^성:사(神品聖事) 圈[가] 그리스도의 대리인인 사제에게 교회의 성사를 집행할 수 있는 권한을 주는 성사. 죔신품.
신풍(新風) 圈 새로운 풍조.
신하(臣下) 圈 임금을 섬기어 벼슬하는 사람.
신학¹(神學) 圈[종] 종교상의 신(神), 특히 크리스트교의 진리에 대하여 신앙의 입장에서 이론적으로 연구하는 학문.
신학²(新學) 圈 '신학문'의 준말.
신학-교(神學校) [-꾜] 圈[교] 신학을 가르치는 학교. 대학 과정에 속함.
신-학기(新學期) [-끼] 圈 새 학기.
신-학문(新學問) [-항-] 圈 재래의 한학(漢學)에 대하여 근래 서양에서 들어온 새로운 학문을 이르는 말. 죔신학.
신해(辛亥) 圈 60갑자의 마흔여덟째.
신해-혁명(辛亥革命) [-형-] 圈[역] 1911년 청조(淸朝)를 무너뜨리고 중화민국을 수립한 부르주아 민주주의 혁명.

신행(新行) 명 =우귀(于歸). ¶~길. 신행-하다 재

신형(新型) 명 새로운 형. ¶~ 자동차. ~구형.

신:호(信號) 명 서로 떨어져 있는 곳에서 이미 약속된 일정한 부호를 써서 의사를 통하는 방법. 또는, 그 부호. ¶공격 ~. **신:호-하다** 재타여 ¶손짓으로 ~.

신:호-기(信號機) 명 1 도로 교통에서, 문자나 기호 또는 등화로써 진행·정지·방향 전환·주의 신호를 표시하기 위하여 사람이나 전기의 힘에 의해 조작되는 장치. 2 철도 교통의 안전을 위하여 신호를 내보내는 장치.

신:호-등(信號燈) 명 교통 신호를 하기 위하여 켜는 등.

신:호-탄(信號彈) 명[군] 신호를 알리기 위하여 쓰는 탄알.

신혼(新婚) 명 갓 결혼한 것. ¶~ 생활.

신혼-부부(新婚夫婦) 명 갓 결혼한 부부.

신혼-살림(新婚-) 명 갓 결혼하여 꾸미는 새살림.

신혼-여행(新婚旅行) [-녀-] 명 결혼식을 마치고 신혼부부가 함께 가는 여행. ≒밀월여행. ▣허니문.

신화(神話) 명 1 우주의 기원, 신이나 영웅의 사적(事績), 민족의 태곳적 역사 등, 고대인의 사유나 표상이 반영된 신성한 이야기. ¶단군 ~ / 그리스 ~. 2 절대적이고 획기적인 업적을 비유적으로 이르는 말. ¶불모의 사막을 옥토로 바꾸는 ~를 창조하다. ▷전설.

신화-시대(神話時代) 명 역사가 있기 이전의 신화 속에서만 존재하던 시대.

신흥(新興) 명 (사회적 현상이나 사실이) 새로 일어나는 것. ¶~ 재벌. **신흥-하다** 재여

싣:다[-따] (싣고 / 실어) 타타ㄷ〈실으니, 실어〉 1 (차·배·비행기·수레 등에 다소 무게가 나가는 물체를) 운반하거나 올리다. ⓗ적재하다. ¶트럭에 이삿짐을 ~. 2 (사람이 차·배·비행기 등의 탈것에 자기 몸을) 어느 곳을 가게 올라타게 하다. ¶새벽 첫차에 몸을 ~. 3 (편집자가 책·잡지·신문 등에 어떤 글·그림·사진을) 내용으로 다루어 인쇄된 상태가 되게 하다. ⓗ게재하다. ¶신문에 특집 기사를 ~. 4 (구름·바람 등이 어떤 기운을) 움직이면서 머금거나 가진 상태이다. ¶먹구름이 비를 가득 싣고 오다. 5 (논·보에 물을) 괴게 하다. ¶논에 물을 ~.

실[1] 명 고치·털·솜·삼 따위를 가늘고 길게 자아내어서 꼰 것.
[실 가는 데 바늘도 간다] 둘이 떨어지지 않고 꼭 같이 따라다닌다.

실-[2] 접두 일부 명사 앞에 쓰여, '가느다란', '썩 작은', '엷은'의 뜻을 나타내는 말. ¶~버들 / ~핏줄.

실[3](失) 명 =손실(損失). ↔득(得).

실[4](室) 명 [1](직업) 회사나 관청의 사무 분담 부서의 하나. 과(課)나 부(部)의 우임. ¶기획~. [2](의존) 호텔·여관 등의 객실 수를 세는 단위. ¶객실이 300~이 넘는 고급 호텔.

실[5](實) 명 1 실질의 내용. ⓗ알맹이. ¶명분보다 ~을 취하다. 2[한] 인체에 저항력이 상당히 있으면서 병이 들어와 있는 상태. ↔허(虛).

-실[6](室) 접미 일정한 목적에 쓰이는 방을 뜻하는 말. ¶양호~ / 사무~.

실각(失脚) 명 권력 투쟁·혁명·선거 등에 의해 권력이나 정치적 지위를 잃는 것. **실각-하다** 재여 **실각-되다** 재

실감(實感) 명 실지로 체험하는 듯하게 느끼는 것. ¶~이 나다. **실감-하다** 타여 **실감-되다** 재

실:-개천 작은 개천.

실격(失格) [-껵] 명 자격을 잃는 것. ¶~차. **실격-하다** 재여 **실격-되다** 재

실:-고추 실같이 가늘게 썬 고추. 고명으로 씀.

실과(實科) [-꽈] 명[교] 예전에, 초등학교 과목의 하나. 일상생활에 필요한 의식주와 직업에 대한 기초 지식과 기능을 내용으로 함.

실권[1](失權) [-꿘] 명 권리나 권세를 잃는 것. ↔복권(復權). **실권-하다** 재여 **실권-되다** 재

실권[2](實權) [-꿘] 명 실제로 행사할 수 있는 권리나 권세.

실그러-뜨리다 / -트리다 타 한쪽으로 비뚤어지게 하다. ¶입술을 실그러뜨리며 웃다. ⓔ씰그러뜨리다.

실근(實根) 명[로그 방정식의 근으로 실수(實數)인 것. ↔허근.

실:-금 1 그릇 따위가 터지거나 깨져서 생긴 금. 2 실같이 가늘게 그은 금.

실기(實技) 명 실지의 기술. ¶~ 평가.

실:-날[-랄] 명 실의 올.

실:날-같다[-랄깓따] 혱 1 아주 가늘다. 2 (목숨이나 희망 따위가) 미미하여 끊어지지나 사라질 듯 위태롭다. ¶실낱같은 목숨을 부지하다. **실:낱같-이** 튀

실내(室內) [-래] 명 건물이나 방의 안. ¶~ 수영장. ↔실외.

실내-등(室內燈) [-래-] 명 실내에 설치한 등. ↔옥외등.

실내-악(室內樂) [-래-] 명[음] 한 악기가 한 성부씩을 맡는 기악의 합주 음악.

실내악-단(室內樂團) [-래-편] 명 실내악을 연주하기 위한 2~10명의 소규모 악단.

실내-화(室內靴) [-래-] 명 실내에서 신는 신.

실:-눈[-룬] 명 가늘게 뜬 눈. ¶~을 뜨고 바라보다.

실:-뜨기 명 실의 두 끝을 맞대어서 양쪽 손가락에 얼기설기 얽어 가지고 두 사람이 주고받으면서 여러 가지 모양을 만드는 놀이. **실:뜨기-하다** 재

실랑이 명 이러니저러니 하며 남을 못살게 굴거나 괴롭히는 일. ⓗ승강이. ¶~를 벌이다. **실랑이-하다** 재

실러 프리드리히(Schiller, Friedrich) 인명 독일의 시인·극작가(1759~1805).

실력(實力) 명 1 실제의 역량. ¶~이 뛰어나다. 2 강제력이나 무력(武力). ¶경찰은 ~을 행사하여 시위대를 해산시켰다.

실력-가(實力家) [-까] 명 실력이 있는 사람. ¶그 학자는 사계의 ~다.

실력-자(實力者) [-짜] 명 실질적인 권력이나 역량을 가지고 있는 사람. ¶정계의 막후 ~.

실력-파(實力派) 명 실력을 잘 갖춘 부류의 사람. ¶그 학생은 영어를 자유자재로 구사하는 ~.

실례[1](失禮) 명 말이나 행동이 예의에 벗어나는 것. 또는, 그런 말이나 행동. ⓗ

결례. ¶~를 무릅쓰다. 실례-하다 통(자)
(여) ¶**바빠서 이만 실례하겠습니다. 실례-되다** 통(자)
실례²(實例) 명 실제의 예. ¶~을 들다.
실-로(實)- 튀 = 참으로. ¶이것이 ~ 얼마 만의 만남인가.
실로폰(xylophone) 명(음) 타악기의 하나. 대(臺) 위에 조율된 여러 나무토막을 길이와 두께의 차례로 배열해 놓고 2개의 채로 쳐서 소리를 냄.
실록(實錄) 명 1 어떤 인물이나 역사적 사실에 대해 믿을 만한 자료를 바탕으로 구성한 글. 2임금의 재위 기간 동안 있었던 일을 연대순으로 기록한 것. ¶세조 ~.
실루리아-기(←Silurian紀) 명(지) 고생대 중에서 오르도비스기의 뒤, 데본기 앞의 기. 해조류와 산호충·필석류·삼엽충류 따위가 살았음.
실루엣(silhouette) 명 빛을 등진 물체를 빛을 안는 방향에서 바라보았을 때, 그림자처럼 윤곽 안이 검게 보이는 물체의 형상. 특히, 그런 형상을 나타낸 그림이나 사진.
실룩 튀 근육의 한 부분이 실그러지게 움직이는 모양. (작)샐룩. (센)씰룩. **실룩-하다** 통(자)(타)(여)
실룩-거리다/-대다[-꺼(때)-] 통(자)(타) 자꾸 실룩하다. (작)샐룩거리다. (센)씰룩거리다.
실룩-샐룩[-쌜-] 튀 실룩거리면서 샐룩거리는 모양. **실룩샐룩-하다** 통(자)(타)
실룩-실룩[-씰-] 튀 실룩거리는 모양. (작)샐룩샐룩. (센)씰룩씰룩. **실룩실룩-하다** 통(자)(타)(여)
실리(實利) 명 현실적인 이익. (비)실익. ¶명분보다 ~를 추구하다.
실리다 통 1(자) '싣다'의 피동사. ¶잡지에 나의 글이 실렸다. 2(자) '싣다'의 사동사. ¶부상자를 병원 구급차에 실려 보내다.
실리-주의(實利主義)[-의/-이] 명 1 (윤) =공리주의. 2 (법) 형벌은 사회 방위의 수단으로서, 사회의 필요와 실익(實益)에 기인한다는 법리상의 주의.
실리카-겔(silica+독Gel) 명(화) 비결정성의 규산. 무색 또는 흰색으로, 가스나 수증기 등 물에 대한 흡착성이 강하여, 탈수제·건조제·흡착제로 씀.
실리콘(silicone) 명(화) =규소 수지.
실린더(cylinder) 명(공) 증기 기관·내연 기관 등의 주요 부분의 하나. 속이 빈 원통 모양이고, 그 내부에서 피스톤이 왕복 운동을 함. =기통(氣筒).
실링(shilling) 명(의존) 영국의 옛 화폐 단위. 2 우간다·케냐·탄자니아 등의 화폐 단위. 1실링은 100센트.
실-마리 명 1일이나 사건을 풀어 나갈 수 있는 단서. ¶=단초. ¶사건 해결의 ~가 좀처럼 풀리지 않는다.
실망(失望) 명 (어떤 사물에 대해) 바라는 대로 되지 않아, 또는 (어떤 사람에게) 기대가 어긋나며, 마음이 좋지 않은 상태가 되는 일. (비)낙심. ¶기대가 크면 ~도 큰 법이다. **실망-하다** 통(자)(여)
실망-감(失望感) 명 실망했을 때의 기분이나 감정. ¶얼굴에 ~이 역력하다.
실망-스럽다(失望-)[-따] 혭(ㅂ)<-스러우니, -스러워> 실망이 되는 점이 있다. ¶믿었던 너마저 실패하다니 적이 ~.
실!-매듭 명 실을 감아 맨 자리의 매듭. ¶바느질을 끝내고 ~을 짓다.
실명¹(失明) 명 시력을 잃는 것. **실명-하다** 통(자)(여) ¶한쪽 눈을 ~. **실명-되다** 통(자)
실명²(實名) 명 진짜 이름. (비)본명. ↔가명(假名)
실명-제(實名制) 명(경) =금융 실명제.
실무(實務) 명 실제의 업무. ¶~에 밝다.
실무-자(實務者) 명 어떤 사무를 실지로 담당하는 사람.
실무-적(實務的) 관(명) 실무에 관계되는 (것). ¶사업 계획의 대강은 결정되었고 ~인 문제만 남았다.
실물(實物) 명 1사진·영상·그림 등이 아닌, 실제의 인물이나 물건. ¶~ 크기 / 사진보다 ~이 낫다. 2 [경] 주식·물품 등의 실제 상품. (비)현물. ↔선물(先物).
실물^경제(實物經濟)[-경-] 명(경) 1 = 자연 경제. 2 이론이 아니라 실제의 동향으로서의 경제.
실물-대(實物大)[-때] 명 실물과 꼭 같은 크기. ¶~로 확대한 사진.
실!-바람 명 솔솔 부는 바람.
실!-밥[-빱] 명 1 옷이나 수술한 곳을 꿰맨 실의 드러난 부분. ¶~을 뽑다. 2 옷을기 따위에서 뜯어낸 실의 보무라지. ¶옷에 ~이 붙어 있다.
실백(實柏) 명 껍데기를 벗긴 알맹이 잣. ¶수정과에 ~을 띄우다.
실!-버들 명 가늘고 길게 늘어진 버들. 곧, '수양버들'의 이칭.
실버-산업(silver産業) 명 ['silver'는 '은빛'이란 뜻으로, 백발의 노인을 비유한 말] 고령자를 대상으로 상품을 제조하거나 판매하는 산업. 건강식품·의료·휴양 및 관광 등의 사업이 이에 해당함.
실버-타운(silver town) 명 노인을 대상으로 돈을 내고 살아갈 수 있도록 주거 시설·휴양 시설 따위를 갖춘 지역.
실!-보무라지[-뿌-] 명 실의 부스러기.
실!-비¹ 실같이 가늘게 내리는 비.
실비²(實費) 명 이익이나 수당 등을 제하고 실제로 드는 비용. ~ 제공.
실사¹(實寫) 명 사실로 있는 일.
실사²(實査)[-싸] 명 실지에 대하여 검사하는 것. 또는, 실제상의 조사. ¶~ 보고서. **실사-하다**¹ 통(자)(타)(여) **실사-하다**² 통(타)(여)
실사³(實寫)[-싸] 명 실물·실경(實景)·실황 등을 그리거나 촬영하는 것. 또는, 그 그림이나 사진. **실사-하다**² 통(타)(여)
실사⁴(實辭)[-싸] 명(언) =실질 형태소.
실사-구시(實事求是)[-싸-] 명(철) 사실에 토대를 두어 진리를 탐구하는 일. 문헌학적인 고증의 정확을 존중하는 과학적·객관주의적 학문 태도를 이르는 말임.
실-사회(實社會) 명 =싸회/-싸회] 명 실제의 사회. 소설 등으로 꾸며지거나, 학창 시절에 상상하던 것과는 다른 현실의 사회를 이름.
실상¹(實狀)[-쌍] Ⅰ명 실제의 상태나 정황. ¶그는 겉으로 웃고 있었지만 ~은 피눈물을 흘리고 있었다.
Ⅱ 튀 =실제로.
실상²(實相)[-쌍] 명 실제의 모양이나 내용. ¶북한의 ~.
실상³(實像)[-쌍] 명 1 [물] 빛이 렌즈나 거울 등으로 굴절·반사한 후 다시 한 점에 모여 만든 상(像). 2 겉모양을 떨쳐 버린 진실된 모습을 비유적으로 이르는 말.

¶정부의 부동산 정책, 무엇이 문제인가? 그 ~과 허상을 벗긴다. ↔허상.
실색(失色) [-쌕] [명] 놀라서 얼굴빛이 변하는 것. ¶아연~. **실색-하다** [동][자][여]
실-생활(實生活) [-쌩-] [명] 이론이나 공상이 아닌 실제의 생활. ¶~과 동떨어진 공리공론.
실선(實線) [-썬] [명] 제도(製圖)에서, 끊어진 곳이 없이 이어져 있는 선. ▷점선.
실성(失性) [-썽] [명] 정신에 이상이 생기는 것. **실성-하다** [동][자][여] ¶**실성한** 사람.
실세[1](失勢) [-쎄] [명] 세력을 잃는 것. ↔득세. **실세-하다** [동][자][여]
실세[2](實勢) [-쎄] [명] **1** 실제의 세력. 또는, 그 기운. **2** 실제의 시세. ¶~ 가격.
실소(失笑) [-쏘] [명] 어처구니가 없어 자기도 모르게 웃음이 나오는 것. 또는, 그 웃음. **실소-하다** [동][자][여]
실-속(實-) [-쏙] [명] **1** 실제의 속 내용. ¶~이 없는 강의. **2** 겉으로 드러나지 않는 알짜 이익. ¶~을 차리다.
실속-파(實-派) [-쏙-] [명] 실속을 잘 차리는 부류의 사람.
실수[1](失手) [-쑤] [명] 부주의로 잘못을 저지르는 것. 또는, 그 잘못. [비]실패. ¶~ 연발. **실수-하다** [동][자][타][여] ¶말을 ~.
실수[2](實收) [-쑤] [명] 실제의 수입이나 수확.
실수[3](實需) [-쑤] [명] '실수요'의 준말.
실수[4](實數) [-쑤] [명] **1** 실제의 수효. **2** [수] 유리수와 무리수의 총칭. ↔허수.
실-수요(實需要) [명] 실제로 소비하기 위한 수요. [준]실수. ↔가수요.
실수요-자(實需要者) [명] 실제로 필요하여 사거나 얻고자 하는 사람. ¶부동산 투기를 막아 ~를 보호하다.
실습(實習) [-씁] [명][교] 이미 배운 이론을 토대로 하여 실지로 해 보고 익히는 일. ¶현장 ~. **실습-하다** [동][타][여]
실습-생(實習生) [-씁쌩] [명] 실습을 하는 학생. ¶교육 ~.
실습-실(實習室) [-씁씰] [명] 실습을 하는 교실. ¶어학 ~.
실습-지(實習地) [-씁찌] [명] 실습을 위하여 마련된 땅. 또는, 그곳. ¶농업 ~.
실시(實施) [-씨] [명] 실제로 시행하는 것. [비]실행. **실시-하다** [동][타][여] ¶훈련을 ~. **실시-되다** [동][자]
실-시간(實時間) [명][컴] 입력된 데이터를 순식간에 처리하여 그 즉시 출력하는 상태. 또는, 네트워크로 연결된 컴퓨터 사이에 입출력이 거의 동시에 이뤄지는 상태. ¶~ 온라인 시스템.
실시^등:급(實視等級) [-씨-] [명][천] 육안으로 보이는 별의 밝기를 등급으로 나타낸 것. ▷절대 등급.
실신(失神) [-씬] [명] 병이나 충격 따위로 의식할 수 없는 상태에 이르는 것. **실신-하다** [동][자][여] ¶갑작스런 충격으로 ~.
실실 [부] 소리를 내지 않고 실없이 어리석은 듯하게 웃는 모양. ¶~ 웃으면서 이죽거리다. [작]샐샐. **실실-하다** [동][자][여]
실심(失心) [-씸] [명] 근심으로 마음이 산란하고 맥이 빠지는 것. **실심-하다** [동][자][여]
실어-증(失語症) [-쯩] [명][의] 뇌의 언어 중추의 장애로 말을 하지 못하거나 알아들을 수 없게 되는 병증.
실언(失言) [명] 실수로 하지 말아야 할 말을 하는 것. 또는, 그 말. [비]말실수. **실언-하다** [동][자][여]
실업[1](失業) [명][경] 노동력을 가진 사람이 일할 기회를 얻지 못하거나 일자리를 잃는 것. **실업-하다** [동][자][여]
실업[2](實業) [명] 농업·공업·상업·수산업 등 생산 경제에 관한 사업.
실업-가(實業家) [-까] [명] 규모가 큰 생산·경영 등 경제적 사업을 영위하는 사람. [비]사업가.
실업-계[1](實業系) [-께/-께] [명] 실업의 범위나 영역. ¶~ 학교.
실업-계[2](實業界) [-께/-께] [명] 실업가들로 이루어진 사회적 분야.
실업-률(失業率) [-엄뉼] [명] 노동력을 가진 인구에 대해 실업자가 차지하는 비율.
실업-자(失業者) [-짜] [명] 직업을 잃거나 얻지 못한 사람.
실업-학교(實業學校) [-어팍꾜] [명][교] 실업 교육을 실시하는 학교.
실-없다(實-) [-업따] [형] (말이나 하는 짓이) 공연하거나 쓸데없어 실제 내용이 없다. ¶**실없는** 소리. **실없-이** [부]
실연[1](失戀*) [명] ['戀'의 본음은 '련'] 연애에 실패하는 것. **실연-하다**[1] [동][자][여] ¶**실연한** 여자.
실연[2](實演) [명][연] 배우가 무대에서 직접 연기하는 것. **실연-하다**[2] [동][자][타][여]
실:-오라기 [명] 낱낱으로 구별되는 실의 동강. =실오리. ¶~ 하나 걸치지 않은 몸.
실:-오리 [명] =실오라기.
실온(室溫) [명] 일반적인 실내의 온도. 보통 20℃ 전후임.
실외(室外) [-외/-웨] [명] 방의 밖. ¶~ 운동. ↔실내.
실용(實用) [명] 실생활에 사용되거나 소용되는 것. ¶~ 영어. **실용-하다** [동][타][여] **실용-되다** [동][자]
실용^단위(實用單位) [명][물] 기본 단위나 유도 단위와는 달리, 실용에 있어서 습관적으로 쓰이는 단위. 마력(馬力)·킬로와트 따위.
실용-문(實用文) [명] 실생활의 필요에 따라 쓰는 글. 공문·통신문·서간문 따위.
실용-서(實用書) [명] 내용이 실제 생활에 쓸모가 있는 책.
실용-성(實用性) [-썽] [명] 실생활에 알맞은 성질이나 특성.
실용-신안(實用新案) [명] 물품의 형상·구조·조립에 있어서 산업상으로 실제 이용이 가능한 고안.
실용신안^특허(實用新案特許) [-트커] [명][법] 실용신안에 대하여 독점적이며 배타적인 제작·판매의 권리를 허가하는 일. [준]신안 특허.
실용-적(實用的) [관][명] 실생활에 알맞은 (것). ¶~인 가구.
실용-주의(實用主義) [-의/-이] [명][철] 19세기 후반 이후 미국을 중심으로 하여 일어난 반형이상학적인 철학 사상. 행동을 중시하며, 사고·관념의 진리성은 객관적으로 타당한 것이어야 한다고 주장함. =프래그머티즘.
실용-품(實用品) [명] 실용적 가치가 있는 물품.
실용-화(實用化) [명] (어떤 물건을) 실생활에 널리 쓰이게 만드는 것. ¶인터페론의 개발이 ~ 단계에 들어섰다. **실용화-하다** [동][타][여] **실용화-되다** [동][자]

실-은(實-) 부 사실대로 말하자면. ¶~ 모두 제가 한 짓입니다.

실의(失意)[-의/-이] 명 뜻이나 의욕을 잃는 것. ¶~에 빠지다. **실의-하다** 동(자여)

실익(實益) 명 실제의 이익. 비실리.

실장(室長)[-짱] 명 부서로서의 실(室)의 우두머리.

실:-장갑(-掌匣) 명 실로 결어 만든 장갑.

실재(實在)[-째] I 명 1 실제로 존재하는 것. ¶~ 인물. ↔가공(架空). 2 철 인간의 의식이나 경험과는 상관없이 객관적으로 독립하여 존재하는 것. ↔가상(假象). **실재-하다** 동(자여)

실재-론(實在論)[-째-] 명[철] 인식론에서, 의식이나 주관과는 다른 독립된 객관적 존재를 인정하고 그것을 올바른 인식의 대상 또는 기준으로 삼는 것. ↔관념론.

실재-성(實在性)[-째썽] 명[철] 의식으로부터 독립하여 있는 객관적 존재성.

실적(實績)[-쩍] 명 실제의 업적이나 공적. ¶판매 ~.

실전(實戰)[-쩐] 명 실제의 전투. ¶~을 방불케 하는 훈련.

실점(失點)[-쩜] 명 운동 경기나 승부 등에서 점수를 잃는 것, 또는 그 점수. ¶~을 만회하다. ↔득점. **실점-하다** 동(자여)

실정¹(失政)[-쩡] 명 정치를 잘못하는 것, 또는 잘못된 정치. **실정-하다** 동(자여)

실정²(實情)[-쩡] 명 실제의 사정이나 정세. ¶~을 파악하다.

실정-법(實定法)[-쩡뻡] 명[법] 사회에서 현실적으로 시행되고 있는 법. 판례법·관습법 따위. ↔자연법.

실제(實際)[-쩨] I 명 현실의 경우나 형편. ¶~는 -의 나이보다 젊어 보인다.
II 부 =실제로.

실제-로(實際-)[-쩨-] 부 거짓이나 상상이 아니고 현실적으로. =실상·실제·실지·실지로. 비사실. ¶이 드라마는 ~ 있었던 일을 소재로 한 것이다.

실제-적(實際的)[-쩨-] 관 실제의 형편을 중시하거나 실제의 상황에 토대를 둔 (것). ¶~ 사고(思考).

실조(失調)[-쪼] 명 조화나 균형을 잃는 것. ¶영양 ~.

실족(失足)[-쪽] 명 발을 잘못 디디는 것, 또는 잘못 디뎌 떨어지는 것. **실족-하다** 동(자여) ¶계단에서 ~.

실족-사(失足死)[-쪽싸] 명 높은 곳에서 발을 잘못 디뎌 떨어져 죽는 일. **실족사-하다** 동(자여)

실존(實存)[-쫀] 명 1 실제로 존재하는 것. 2 [철] 현실적 상황에 있는 인간의 유한성·불안·허무와, 그것을 초월하여 본래적인 자기를 구하는 인간의 운동. **실존-하다** 동(자여) 실제로 존재하다. ¶그는 현재 실존하는 인물이다.

실존-주의(實存主義)[-쫀-의/-쫀-이] 명[철] 인간은 궁극적으로 허무하고 부조리한 세계 속에 실존하고 있으며, 자기가 스스로를 정립하는 자유로운 존재라고 보는 철학 또는 문학상의 입장이나 태도. **실존^철학**(實存哲學)[-쫀-] 명[철] 인간 실존의 구조와 문제성을 밝히려는 철학.

실종(失踪)[-종] 명 종적을 잃어 소재나 생사를 알 수 없게 되는 것. ¶~ 신고. **실종-되다** 동(자여) ¶조난 사고로 2명이 ~.

실종-자(失踪者)[-종-] 명 실종된 사람.

실증(實證)[-쯩] 명 사실에 근거를 두어서 증명하는 것, 또는 그 증거. **실증-하다** 동(타여) ¶그가 범인임을 **실증할** 만한 결정적 단서가 없다. **실증-되다** 동(자여)

실증-적(實證的)[-쯩-] 관 단지 사고(思考)에 의하여 논증되는 것이 아니고, 경험적 사실의 관찰·실험에 의하여 적극적으로 증명되는 (것).

실증-주의(實證主義)[-쯩-의/-쯩-이] 명[철] 현상(現象)의 배후에서 형이상학적 원인을 찾으려는 사변(思辨)을 배제하고, 관찰이나 실험으로써 검증할 수 있는 지식만을 인정하려는 입장.

실지(實地)[-찌] I 명 1 어떤 사물의 실제의 경우나 처지. ¶~ 훈련. 2 사물이 현재 있는 곳.
II 부 =실제로. ¶~ 겪은 이야기.

실지-로(實地-)[-찌-] 부 =실제로. ¶~ 사격을 해 보다.

실직(失職)[-찍] 명 직업을 잃는 것. ¶~자. **실직-하다** 동(자여) ¶그는 실직하여 몇 달째 놀고 있다. **실직-되다** 동(자여)

실질(實質)[-찔] 명 실제의 본바탕. 비실체. ¶~ 소득.

실질^임금(實質賃金)[-찔-] 명[경] 임금의 실질적인 가치를 나타내는 금액. 곧, 명목 임금을 물가 지수로 나눈 액수.

실질-적(實質的)[-찔쩍] 관명 실제의 내용을 이루는 (것). ¶그 집의 ~ 소유주는 아내이다.

실질^형태소(實質形態素)[-찔-] 명[언] 구체적인 대상이나 동작·상태를 나타내는 형태소. 곧, "철수는 밥을 먹었다."에서 '철수', '밥', '먹' 따위. =실사(實辭). ↔형식 형태소.

실쭉 부 1 어떤 감정의 표현으로서 눈이나 입을 한쪽으로 실긋 움직이는 모양. ¶~ 웃다. 2 마음에 차지 않아 조금 고까워하는 태도를 나타내는 모양. 좽샐쭉. **실쭉-하다** 형여 **실쭉-이** 부

실책(失策) 명 잘못된 계책.

실천(實踐) 명 (마음먹은 것이나 말한 바를) 실제로 행하는 것. ¶실행. ¶결심을 ~에 옮기다. **실천-하다** 동(타여) **실천-되다** 동(자여)

실천-가(實踐家) 명 할 일을 실천에 잘 옮기는 사람.

실천-력(實踐力)[-녁] 명 실천하는 능력.

실천-적(實踐的) 관명 단지 머리로 생각하는 것만이 아니고 구체적으로 옮기는 (것). ¶~ 판단.

실천^철학(實踐哲學) 명[철] 실천의 문제를 주요 대상으로 하고, 또 실천을 이론의 바탕으로 삼는 철학.

실체(實體) 명 1 사물의 본체. 비실질. ¶사건의 ~를 파헤치다. 2 [철] 사물이 가진 가지가지 성질·상태·작용·관계 등의 근거에 있으면서 동일성을 가지고 자재(自在)하는 것. ¶우주의 ~.

실체-법(實體法)[-뻡] 명[법] 권리·의무의 실체를 규정하는 법률. 민법·상법 따위. ↔절차법.

실추(失墜) 명 (명예나 위신을) 떨어뜨리거나 잃는 것. **실추-하다** 동(타여) **실추-되다** 동(자여) ¶교사의 권위가 ~.

실측(實測) 명 실제로 측량하는 것. ¶~

면적. **실측-하다** 동(타)여 **실측-되다** 동(자)
실컷[-컨] 튀 마음에 하고 싶은 대로 한 껏. ¶~ 울고 나니 속이 후련하다.
실크(silk) 몡 견사(絹絲). 또는, 그 실로 짠 피륙. ¶~ 넥타이.
실크^로드(Silk Road) 몡[역] =비단길.
실크^스크린^인쇄(silk screen印刷) 몡[출] 등사판과 유사한 공판인쇄의 하나. 결이 거친 명주를 틀에 붙이고, 인쇄하지 않을 부분을 갖풀이나 형지(型紙)로 덮어 가리고, 그 위에서 고무 롤러로 잉크를 눌러 인쇄함.
실크-해트(silk hat) 몡 남자가 쓰는 정장용 서양 모자. 짙이 높고 챙이 좁으며 원통형임.
실-타래 몡 긴 실을 필요할 때 풀어서 쓰기 좋도록 가지런하게 사리어 놓은 것.
실탄(實彈) 몡 쏘았을 때 실효를 나타내는 탄알. ¶~을 장전하다.
실태(實態) 몡 있는 그대로의 상태. 또는, 실제의 모양. ¶태풍 피해의 ~을 조사하다.
실토(實吐) 몡 (숨기고 있던 일을) 사실대로 말하는 것. **실토-하다** 동(타)여 ¶숨겨온 모든 사실을 ~.
실-파 몡[식] 모판에서 길러 낸, 가는 줄기의 어린 파.
실팍-하다[-파카-] 혱여 사람이나 물건이 보기에 매우 실하다. ¶그는 키가 작달막하지만 몸집이 ~.
실-패¹ 몡 실을 감아 두는 물건.
실패²(失敗) 몡 1 목적으로 삼은 일에 제대로 대응하지 못하거나 능력이 부족하거나 조건이 불리하거나 하여 뜻을 이루게 되지 못하는 것. 비실수. 2 (어떤 일이) 뜻한 대로 이뤄지지 못하거나, 망하거나 결딴나는 상태가 되는 것. ↔성공. **실패-하다** 동(자)여 ¶사업이 ~.
실패-담(失敗談) 몡 어떤 일에 실패하게 된 데 대한 이야기. ↔성공담.
실패-작(失敗作) 몡 실패한 작품.
실-핏줄 몡[-피쭐/-핃쭐] 몡[생] =모세혈관.
실-하다(實-) 혱여 1 든든하고 튼튼하다. ¶실한 장정. 2 재산이 넉넉하다. ¶살림이 ~. 3 허실 없이 옹골차다. ¶그곳까지 10리 길은 **실하**게 될 거요. **실-히** 튀
실학(實學) 몡 1 실제로 소용이 되는 학문. 상학(商學)·공학·의학 등. 2 [역] 조선 영조·정조 때, 당시의 전통 유학에서 벗어나 실생활의 유익을 목표로 한 학문. 실사구시와 이용후생, 기술의 존중과 국민 경제 생활의 향상에 관하여 연구함.
실학-자(實學者)[-짜] 몡[역] 조선 중엽에 실학을 주장한 사람.
실학-파(實學派)[-역] 조선 중엽에 실학 사상을 주장한 학파. 박지원·정약용·이익 등이 이에 속함.
실행(實行) 몡 1 실제로 행하는 것. 비실시. ¶~에 옮기다. 2 [컴] 컴퓨터를 프로그램에 따라 작동시키는 것. **실행-하다** 동(타)여 ¶약속대로 ~. **실행-되다** 동(자)
실향(失鄕) 몡 고향을 잃거나 빼앗기는 것.
실향-민(失鄕民) 몡 전쟁이나 정치적 상황으로 고향을 떠나 타향살이를 하는 사람.
실험(實驗) 몡 1 실제로 시험하는 것. 특히, 자연 과학에서, 특정 현상이나 관계를 연구하기 위해 인공적인 일정한 조건을 설정하고 현상을 일으켜서 관찰하고 측정하는 일. 2 예술에서, 새로운 형식이나 방법을 시도하는 일. **실험-하다** 동(타)여 ¶약의 효능을 ~.
실험-대(實驗臺) 몡 실험의 대상물이나 기구를 얹고 실험하는 대.
실험-식(實驗式) 몡[화] 화합물의 조성을 원소 기호로 가장 간단하게 표시하는 화학식.
실험-실(實驗室) 몡 실험을 하기 위한 장치와 설비를 갖추어 놓은 방.
실험-적(實驗的) 관형 몡 실험에 의한 (것). 또는, 실험의 속성을 띤 (것). ¶~ 단계.
실험-학교(實驗學校)[-꾜] 몡[교] 새로운 교육의 이론이나 방법을 실제로 연구·실험하기 위하여 설립한 학교.
실현(實現) 몡 (어떤 일을) 실제로 이루거나 현실로 나타내는 것. **실현-하다** 동(타)여 ¶꿈을 ~. **실현-되다** 동(자)
실현-성(實現性)[-썽] 몡 실현될 가능성. ¶그 계획은 ~이 희박하다.
실형(實刑) 몡 집행 유예가 아닌, 실제로 받는 형벌. ¶3년 ~을 선고하다.
실화¹(失火) 몡 잘못하여 불을 내는 것. 또는, 그 불. ↔방화. **실화-하다** 동(자)여
실화²(實話) 몡 실지로 있었던 사실의 이야기. ¶~에 바탕을 둔 영화.
실황(實況) 몡 실제의 상황. ¶경기 ~를 중계방송하다.
실효¹(失效) 몡 효력을 잃는 것. **실효-하다** 동(자)여 **실효-되다** 동(자)
실효²(實效) 몡 실제의 효력. ¶노력이 ~를 거두다.
실효-성(實效性)[-썽] 몡 실제의 효력을 가지는 성질. ¶~이 없는 정책.
싫다[실타] 혱 1 (어떤 일이나 대상이) 마음에 들지 않거나 나쁘게 생각하여 가까이하거나 가지거나 가까이하거나 하고 싶지 않은 상태에 있다. ¶나는 여름은 ~. ↔좋다. 2 (어떤 일을 하기가) 내키지 않거나 의욕이 없는 상태에 있다. ¶밥을 먹기 ~.
싫어-하다[실-] 동(타)여 싫게 여기다.
싫-증(-症)[실쯩] 몡 달갑지 않게 여기는 마음. 비염증. ¶~을 내다.
심¹(心) 몡 1 나무의 고갱이. 2 양복저고리의 어깨나 깃 같은 데를 빳빳하게 하기 위하여 넣는 헝겊. ¶와이셔츠 깃에 ~을 넣다. 3 연필 따위의 한복판에 들어 있는 빛깔을 내는 부분. ¶연필~.
-심²(心) 접미 어떤 명사 뒤에 붙어, 그 마음을 뜻하는 말. ¶자만~ / 영웅~.
심각-성(深刻性)[-썽] 몡 심각한 상태를 띤 성질.
심각-하다(深刻-)[-가카-] 혱여 (상태나 정도가) 매우 혹독하거나 중대하다. 또는, 절박한이 있다. ¶재청난이 ~. **심각-히** 튀 ¶~ 생각하다.
심경(心境) 몡 마음가짐. ¶~의 변화.
심근(心筋) 몡[생] 심장의 벽을 이루는 두꺼운 근육.
심근^경색증(心筋梗塞症)[-쯩] 몡[의] 관상 동맥에 혈전 등이 생겨 혈액의 순환 장애가 일어나 그 부분의 심근이 괴사(壞死)하는 질환.
심금(心琴) 몡 ['마음속의 거문고' 라는 뜻] 감동을 잘 일으키는 마음속의 부분.
심금(을) 울리다 (어떤 말·글·작품·행동 등이) 마음의 감동을 일으키다. ¶세상

사람들의 **심금**을 울렸던 감동의 드라마.

심급(審級) 圏[법] 같은 사건을 반복 심판하는, 각각 급(級)이 다른 법원 사이의 심판 순서. 또는, 그 상하의 관계.

심기(心氣) 圏 마음으로 느끼는 기분. ¶~가 불편하다.

심-기다 圄(자) '심다'의 피동사.

심기-일전(心機一轉)[-전] 圏 어떤 계기로 그 전까지의 생각을 뒤집듯이 마음이 바뀜. **심기일전-하다** 圄(자)어 ¶**심기일전하여** 새 출발을 하다.

심:난-하다(甚難-) 閉어 몹시 어렵다.

심:다[-따] (심고/심어) 囼어 **1**(식물의 뿌리나 씨앗 등을) 뿌리를 내리거나 싹이 터서 자랄 수 있도록 흙 속에 묻다. ¶산에 나무를 ~. **2**(사람이 어떤 사람을 어느 일터나 부서에) 어떤 의도를 가지고, 또는 장래를 내다보고 자리 잡아 일하게 하다. ¶라이벌 회사에 사람을 ~. **3**(사람이나 대상이 어떤 사람의 마음속에 소중한 생각이나 태도를) 확고하면서 자리 잡게 하다. ¶선생님은 내게 문학에 대한 열정을 **심어** 주셨다. **4**[인체의 어느 부위에 털을] 의술의 방법으로 박아서 자라게 하다. (비)식모(植毛)하다. ¶두부(頭部)에 머리털을 ~. **5**[윷판에 활짝을] 꽂아서 배열하다. ¶납 활짝을 판에 ~.

심:대-하다(甚大-) 閉어 몹시 크다.

심덕(心德) 圏 너그럽고 착한 마음의 품성. ¶사려 깊고 ~이 고운 여자.

심:도(深度) 圏 ①사물의 깊은 정도. 특히, 생각이나 학문 등의 깊이. ¶비행 청소년 문제를 ~ 있게 분석한 글.

심드렁-하다 閉어 마음에 탐탁하지 않으며 관심이 거의 없다. ¶그는 나의 질문에 **심드렁히** 대답했다. **심드렁-히** 閉

심란-하다(心亂-)[-난-] 閉어 마음이 어수선하다. ¶여기저기 벌여 놓은 일이 모두 시원치 않아 **심란하기만** 하다.

심려(心慮)[-녀] 圏 마음으로 염려하는 것. 또는, 그 염려. ¶~를 끼쳐 드려 죄송합니다. **심려-하다** 囼어 ¶너무 **심려하지** 마십시오.

심령(心靈) 圏 **1**[철] 마음의 작용을 일으키는 근원적인 존재. (비)정신. **2**[철] 육체를 떠나서 존재한다고 생각되는 마음의 주체. **3**[심] 정신과학으로는 설명할 수 없는 신비하고 불가사의한 심적 현상.

심령-술(心靈術)[-녕-] 圏 특이한 심령 작용을 일으키는 여러 가지 기술.

심리[1](心理)[-니] 圏 마음의 작용과 의식의 상태. ¶여성의 ~ / ~ 묘사.

심리[2](審理)[-니] 圏[법] 재판에 필요한 사실 관계 및 법률 관계를 명확히 하기 위하여 법원이 조사를 하는 행위. **심리-하다** 囼(타)어 ¶사실을 ~.

심리-극(心理劇)[-니-] 圏 **1**[연] 섬세한 심리를 묘사한 대화(對話)를 주제로 하여 꾸민 연극. **2**[심] =사이코드라마.

심리-적(心理的)[-니-] 관[圏] **1**심리가 작용한 (것). ¶~ 갈등. **2**심리에 관한 (것). ¶~.

심리-전(心理戰)[-니-] 圏[어] 명확한 적대 행동(敵對行動)은 취하지 않으면서 상대방 국민의 심리에 작용하게 하여 외교·군사 관계 등을 자기 나라에 유리한 작전으로 이끌게 하는 전법에 의한 싸움.

심리-주의(心理主義)[-니-의/-니-이] 圏[철] 철학이나 정신과학의 여러 문제를 인간의 심적·주관적 과정으로 환원하여 심리학적 견지에서 생각하는 입장.

심리-학(心理學)[-니-] 圏[심] 인간이나 동물의 심리와 행동을 과학적으로 연구하는 학문.

심마니 圏 깊은 산에 들어가 산삼 캐는 것을 업으로 하는 사람.

심마니-말 圏 심마니들만이 서로 쓰는 변말. '쌀'을 '모새'라고 하는 따위.

심문(審問) 圏[법] 법관이 당사자나 이해 관계자에게 개별적으로 소송 사건에 관하여, 입으로 또는 문서로 하고 싶은 말이 있는지를 묻는 일. ▷신문(訊問). **심문-하다** 囼(타)어 ¶피의자를 ~.

심미(審美) 圏 미(美)와 추(醜)를 살펴 미의 본질을 밝히는 것. ¶~관(觀).

심미-안(審美眼) 圏 미(美)를 살펴 찾는 안목. ¶그는 그림에 대한 ~이 있다.

심박-수(心搏數)[-쑤] 圏 심장 박동의 횟수.

심방(心房) 圏 심장의 상반부를 차지하고 체순환 및 폐순환의 혈액을 받는 부분. ▷심실(心室).

심방[2](尋訪) 圏 방문해 찾아보는 것. **심방-하다** 囼(타)어 ¶목사가 신도의 집을 ~.

심벌(symbol) 圏 **1**=상징. ¶비둘기는 평화의 ~이다. **2**=기호(記號).

심벌-마크(↑symbol mark) 圏 정당이나 단체가 운동 방침·주장 혹은 행사 따위를 상징하기 위하여 만들어 낸 표지.

심벌즈(cymbals) 圏[음] 쇠붙이로 둥글넓적하게 만든 타악기. 두 짝을 마주 쳐서 소리를 냄.

심-보(心-)[-뽀] 圏 =마음보. ¶~가 고약하다.

심복(心腹) 圏 ('심장(또는 가슴)과 배'라는 뜻) 무슨 일이든 믿고 맡길 수 있는 충성스러운 부하. (비)충복.

심-봤다[-봗따] 圐 심마니가 산삼을 발견했을 때 세 번 외치는 소리.

심:부(深部) 圏 깊은 곳.

심:부름 圏 남이 사람이 시켜서 그 일 대신에 어느 곳에 물건을 사거나 전하거나 가지러 가거나 갔다 오는 것. ¶잔~.

심:부름-하다 囼(자)어

심:부름-꾼 圏 심부름하는 사람.

심:부름-센터(-center) 圏 수수료를 받고 남의 잔심부름을 해 주는 곳.

심-부전(心不全) 圏[의] 심장의 병으로 인해 심장이 신체에서 필요로 하는 혈액을 충분히 내보낼 수 없는 상태. 호흡 곤란·부종 등의 증상이 나타남.

심사[1](心思) 圏 **1**어떤 일에 대해 기뻐하거나 슬퍼하거나 언짢아하거나 괴로워하거나 노여워하거나 하는 마음의 작용. ¶~가 편치 않다. **2**맞갖지 않아 어깃장을 놓고 싶은 상태의 마음. 심술. 심보.

심사(가) 사납다 마음보가 나쁘고 심술이 많다.

심사[2](審査) 圏 적부(適否), 당락이나 합격 여부, 등급 등을 가리기 위하여 자세히 살피고 조사하는 것. ¶서류 ~. **심사-하다** 囼(타)어 ¶작품을 ~.

심사-숙고(深思熟考)[-꼬] 圏 깊이 잘 생각함. **심사숙고-하다** 囼(타)어

심산[1](心算) 圏 =속셈1. ¶나를 속일 ~이구나.

심:산[2](深山) 圏 깊고 험한 산.

심:산-유곡(深山幽谷)[-뉴-] 圏 깊은 산

의 으슥한 골짜기.
심상¹(心狀)〖명〗마음의 상태.
심상²(心象·心像)〖심〗1 상상력에 의하여 구체적인 정경(情景)을 마음속에 그리는 일. 2 이전에 감각에 의하여 얻어졌던 것이 마음속에서 재생한 것. ≒이미지. ⒣표상(表象).
심상³(心想)〖명〗마음속의 생각.
심상-하다(尋常-)〖형여〗대수롭지 않고 예사롭다. ¶동태가 **심상치** 않다. ↔비상(非常)하다. **심상-히** 〖부〗
심성(心性)〖명〗1 본디부터 타고난 마음씨. ¶~이 곱다. 2〖불〗참되고 변하지 않는 마음의 본체(本體).
심성-암(深成巖·深成岩)〖광〗마그마가 지하 깊은 곳에서 천천히 굳어 이루어진 화성암. 화강암 섬록암 따위.
심술(心術)〖명〗1 온당하지 않게 고집을 부리는 마음. 2 남을 골리기 좋아하거나 남이 잘못되는 것을 좋아하는 마음보.
심술-궂다(心術-)[-굳따]〖형〗심술이 몹시 많다. ¶**심술궂은** 짓.
심술-기(心術氣)[-끼]〖명〗심술을 부리고 싶은 마음. 또는, 표정에서 느낄 수 있는 심술의 기운. ¶~가 발동하다.
심술-꾸러기(心術-)〖명〗심술이 아주 심한 사람.
심술-딱지(心術-)[-찌]〖명〗'심술'을 속되게 이르는 말.
심술-부리다(心術-)〖동자〗짐짓 심술궂은 행동을 하다.
심술-쟁이(心術-)〖명〗심술을 잘 부리는 사람을 얕잡아 이르는 말. ¶~ 놀부.
심신(心身)〖명〗마음과 몸. ¶~ 단련.
심신^미약(心神微弱)〖법〗심신 상실보다는 정도가 가벼우나, 정신 기능이 쇠약하여 선악을 식별할 능력이 극히 미약한 상태. =심신 박약.
심신^박약(心神薄弱)〖법〗=심신 미약.
심신^상실(心神喪失)〖법〗정신 기능의 장애로 선악을 식별할 능력이 없거나 의사를 결정할 능력이 없는 상태. 심신 미약보다 정도가 심함. 민법상으로는 금치산(禁治産)의 원인이 되고, 형법상으로는 처벌 행위도 처벌되지 않음.
심실(心室)〖생〗심장의 하반부를 차지하여 혈액을 내보내는 부분. ▷심방.
심심-산골(深深山-)[-꼴]〖명〗아주 깊은 산골.
심심찮다[-찬타]〖형〗어떤 일의 빈도가 잦다. ¶도난 사고가 **심심찮게** 일어나다.
심심-파적(-破寂)〖명〗무료하고 지루한 시간을 보내기 위해 취미나 재미 삼아 어떤 일을 하는 것. ⒣심심풀이.
심심-풀이〖명〗심심함을 잊거나 없애기 위한 방편. 또는, 그 방편이 되는, 마음의 부담이 없이 가볍고 즐겁게 할 수 있는 어떤 일. ⒣심심파적. ¶~로 난초를 기르다.
심심-하다¹〖형여〗(음식이) 짠맛을 보통의 상태보다 덜 가진 상태에 있다. ¶동치미를 **심심하게** 담그다. 〖작〗삼삼하다. **심심-히**¹〖부〗
심심-하다²〖형여〗할 일이 없어 시간 보내기가 지루하고 재미없다. **심심-히**²〖부〗
심심-하다³(甚深-)〖형여〗(마음의 표현 정도가) 매우 깊다. ¶**심심한** 사의를 표하다. **심심-히**³〖부〗
심야(深夜)〖명〗깊은 밤. ⒣한밤중. ¶~ 방송.
심약-하다(心弱-)[-야카-]〖형여〗마음이 약하다.
심연(深淵)〖명〗1 물이 깊은 못. 2 빠져나오기 어려운 깊은 구렁을 비유하는 말. ¶절망의 ~.
심오-하다(深奧-)〖형여〗(이론·이치·내용 등이) 어렵고 깊다. ¶**심오한** 이치.
심원-하다(深遠-)〖형여〗(내용이) 쉽게 헤아릴 수 없이 깊다. ¶**심원한** 사상.
심음(心音)〖명〗〖생〗심장이 수축할 때나 확장할 때에 나는 소리.
심:의(審議)[-의/-이]〖명〗심사하고 토의하는 것. **심:의-하다** 〖타여〗¶새 법안을 ~. **심:의-되다** 〖자〗
심:의-회(審議會)[-의회/-이훼]〖명〗어떤 사항을 심의하기 위하여 모인 회.
심인-성(心因性)[-썽]〖명〗어떤 병이나 증세가 정신적·심리적인 원인에서 오는 성질. ¶~ 위장 장애. ▷신경성.
심장(心臟)〖명〗1〖생〗순환기계의 중추 기관. 혈액을 혈관 속에 밀어내어 순환시키는 역할을 함. =염통. 2 사물의 중심이 되는 곳을 비유하여 이르는 말. ¶서울은 자동차의 ~이라고 할 수 있다. 3 '마음'을 비유하여 이르는 말.
심장이 강하다 비위가 좋고 뱃심이 세다.
심장이 뛰다 맥박이 빨라지면서 흥분하다.
심장^마비(心臟痲痺)〖의〗여러 가지 원인으로 심장의 기능이 갑자기 멈추는 일. 대개는 사망함.
심장-병(心臟病)[-뼝]〖의〗심장에 생기는 여러 가지 병의 총칭. 심장 판막증·심장염 따위.
심장-부(心臟部)〖명〗1 심장이 있는 부분. 2 중심이 되는 가장 중요한 부분을 비유하여 이르는 말. ¶적의 ~에 침투하다.
심장-사(心臟死)〖명〗〖의〗1 심장병으로 갑자기 죽는 일. 2 심장의 기능이 영구히 정지되어 심장 박동이 더 이상 이뤄지지 않는 상태로서의 죽음. ▷뇌사.
심장^판막증(心臟瓣膜症)[-쯩]〖명〗〖의〗심장 판막의 이상으로 생기는 여러 가지 병. 가슴 두근거림·피로감·호흡 곤란·부종(浮腫)·부정맥 등의 증상이 나타남.
심장-하다(深長-)〖형여〗깊고 함축성이 많다. ¶의미**심장한** 말.
심장-형(心臟形)〖명〗심장과 같이 생긴 모양.
심재(心材)〖명〗나무줄기의 중심부인 단단한 부분. 또는, 그것으로 된 재목. ↔변재.
심-적(心的)[-쩍]〖관〗마음으로 느끼거나 마음에 관한 (것). ¶~ 고통. ↔물적.
심전-도(心電圖)〖명〗〖의〗심장의 수축에 따른 활동 전류와 활동 전위차를 파상(波狀) 곡선으로 기록한 도면.
심정(心情)〖명〗마음에 품은 생각과 감정. ¶괴로운 ~을 털어놓다.
심-줄[-쭐]〖명〗'힘줄'의 변한말.
심중(心中)〖명〗=마음속. ¶~을 헤아리다.
심증(心證)〖명〗1 마음에 받는 인상. 2〖법〗법관이 소송 사건 심리에서 마음에 얻게 된 인식이나 확신. ¶그가 범인이라는 ~가는데 물증이 없다.
심지¹(心-)〖명〗〈⊗心兒〉1 등잔·남포·초 따위에 실·형겊을 꼬아서 불을 붙이게 된 물건. 불을 돋우다. 2 남포·폭탄 따위를 터뜨리기 위해 불을 붙이게 되어 있는 줄. 3 구멍이나 틈바구니에 박는 솜이나 헝겊 등의 총칭. ¶수술한 자리에 ~를 박다. 4 '제비'의 잘못.
심지²(心地) 圀 마음의 본바탕. ¶~가 곱다(바르다).
심지³(心志) 圀 마음에 품은 의지. ¶~가 굳다.
심지어(甚至於) 囝 심하다 못하여 나중에는. ¶밥은커녕 ~ 물 한 모금 못 마셨다.
심·청(沈淸) 圀 '심청전'에 나오는 여주인공. 효성이 지극함.
심:청-가(沈淸歌) [음] 판소리 다섯 마당 가운데 하나. 효녀 심청의 이야기를 판소리로 짠 것임.
심:청-전(沈淸傳) 圀[책] 조선 시대에 쓰여진, 작자 연대 미상의 고대 소설의 하나. 효녀 심청이 지극한 효성으로 소경인 아버지의 눈을 뜨게 하였다는 내용임.
심취(心醉) 圀 어떤 일·사물 등에) 깊이 빠져 마음을 쏟는 것. **심취-하다** 图[자] ¶문학에 ~. **심취-되다** 图[자]
심:층(深層) 圀 속의 깊은 층. ¶~ 취재.
심통(心-) 圀 '마음을 쓰는 바탕' 또는 '못마땅하여 골이 나 있거나 골부림을 하는 마음의 상태'를 속되게 이르는 말. ¶~을 부리다.
심:판(審判) 圀 1 문제가 되는 안건을 심사하여 판정을 내리는 일. 2[체] 스포츠 경기 등에서, 규칙의 적부(適否)·우열·승패를 판정하는 일. 또는, 그것을 하는 사람. 3[가][기] 하느님이 인간의 죄를 따져 묻는 일. ¶최후의 ~. 4[법] 사건을 심리하여 판단, 또는 판결하는 것. **심:판-하다**
심:판-관(審判官) 圀[법] 군 판사(軍判事)와 함께 군사 법원을 구성하는 재판관의 하나.
심:판-대(審判臺) 圀 1[체] 경기의 심판을 하는 데 편리하도록 만든 대. 2 연악의 판단이 내려지는 자리. ¶~에 오르다.
심폐(心肺) 圀[-폐/-폐] 圀 심장과 폐.
심폐-사(心肺死) 圀[-폐/-폐] 圀[의] 호흡, 심장 박동, 뇌의 활동이 모두 정지된 상태로서의 죽음. 죽음의 판정에 있어서 '뇌사'와 대비되는 말임. ▷뇌사.
심포니(symphony) 圀[음] =교향곡.
심포니^오케스트라(symphony orchestra) 圀[음] =교향악단.
심포지엄(symposium) 圀 특정한 문제에 대하여 두 사람 이상의 전문가가 서로 다른 각도에서 의견을 발표하고 참석자의 질문에 답하는 형식의 토론회. ¶공해 대책에 대한 ~.
심플-하다(simple-) 휑[여] '단순하다'로 순화. ¶심플한 디자인.
심!-하다(甚-) 휑[여] (어떤 현상이나 사물이나 언동 등의 상태나 정도가) 바람직하지 않게 강하거나 지독하거나 지나치다. ¶잦다(~).
심:해(深海) 圀 깊은 바다. 보통 수심 200 m 이상의 깊은 곳을 말함. ↔천해.
심:해-어(深海魚) 圀[동] 수심 200m 이상의 깊은 바다에 사는 어류의 총칭.
심혈(心血) 圀 온갖 정성과 힘. ¶~을 기울이다.
심!-호흡(深呼吸) 圀 폐 속에 공기를 될 수 있는 대로 많이 드나들게 하는 호흡법. **심:호흡-하다** 图[자]
심혼(心魂) 圀 마음이나 정신.

심화¹(心火) 圀 1 마음속에 울적하게 일어나는 화. ¶~가 끓다. 2 마음에 치받쳐서 나는 병.
심:화²(深化) 圀 1 어떤 현상이 차차 깊어지거나 깊어 가게 하는 것. 2 심오해지거나 심오하게 하는 것. **심:화-하다** 图[자][타] **심:화-되다** 图[자] ¶이번 사건으로 양국의 적대감이 한층 **심화되었다**.
심회(心懷) 圀[-회/-훼] 圀 마음속에 느껴 품고 있는 생각. ¶서글픈 ~.
심:-훈(沈熏) 圀[인] 소설가(1901~1936).
심-히(甚-) 囝 정말로 몹시. ¶집의 마음이 ~ 괴롭도다.
십(十) I㈜ '열'과 같은 뜻의 한자어 계통의 수사. 아라비아 숫자로는 '10', 로마 숫자로는 'X'로 나타냄. II쾅 '열', '열째'의 뜻. ~ 리.
[십 년 묵은 체증이 내리다] 어떤 일 때문에 더할 나위 없이 속이 후련함을 느낀다는 말. **[십 년이면 강산도 변한다]** 세월이 흐르면 세상에서 변하지 않는 것은 없다.
십간(十干) [-간] 圀 =천간.
십걸(十傑) [-걸] 圀 어떤 분야에서 능력이 뛰어난 열 사람의 인물. ¶탁구 ~.
십계(十戒) [-계/-게] 圀[불] 사미와 사미니가 지켜야 할 열 가지 계율. 곧, 오계(五戒: 살생하지 말 것, 훔치지 말 것, 음행하지 말 것, 거짓말하지 말 것, 술 마시지 말 것)를 포함하여, 꽃다발을 쓰거나 향을 바르지 말 것, 노래하고 춤추고 풍류를 즐기지 말 것, 높고 큰 평상에 앉지 말 것, 제때가 아니면 먹지 말 것, 재물을 모으지 말 것 따위.
십-계명(十誡命) [-께-/-께-] 圀[성] 하느님이 모세에게 계시한 열 가지의 계명. 곧, 다른 신을 섬기지 말 것, 우상을 섬기지 말 것, 하느님의 이름을 망령되이 하지 말 것, 안식일을 지킬 것, 어버이를 공경할 것, 살인하지 말 것, 간음하지 말 것, 도둑질하지 말 것, 거짓말하지 말 것, 이웃의 것을 탐내지 말 것.
십구공-탄(十九孔炭) [-꾸-] 圀 19개의 구멍이 뚫린 연탄.
십년-감수(十年減壽) [심-] 圀 [수명이 10년이나 줄었다는 뜻] 심한 공포·위험 등을 겪고 하는 말. **십년감수-하다** 图[자] ¶얼마나 무서웠던지 **십년감수했다**.
십년-공부(十年工夫) [심-] 圀 오랜 세월 두고 쌓은 공.
[십년공부 도로 아미타불] 오랫동안 공을 쌓아 오던 일이 허사가 됨을 이르는 말.
십년지계(十年之計) [심-계/심-게] 圀 십 년을 내다보는 원대한 계획.
십년-지기(十年知己) [심-] 圀 오래전부터 사귀어 온 친구. ¶그는 나의 ~이다.
십만(十萬) [심-] I㈜ 만(萬)의 열 곱절. II쾅 ~ 대군.
십벌지목(十伐之木) [-뻘-] 圀 아무리 뜻이 굳은 사람이라도 여러 번 유혹하면 결국은 마음이 변한다는 말. '열 번 찍어 아니 넘어가는 나무 없다'와 같은 말.
십분(十分) [-뿐] 囝 아주 충분하게. ¶실력을 ~ 발휘하다.
-ㅂ시사 囝 모음이나 ㄹ 받침으로 끝나는 동사의 어간에 붙어, '바람[所望]'을 나타내는 합쇼체의 종결 어미. ¶부디 왕림하시어 자리를 빛내 주~ 간곡히 부탁드립니다. ▷-으십시오.
십상¹[-쌍] I㈜ (주로 '십상이다'의 꼴로

쓰여) 어떤 대상으로 알맞음. ¶생태는 매운탕 감으로 아주 ~이다.
Ⅱ[부] 어떤 대상으로 알맞게. ¶그 곳터는 아이들의 놀이터로 ~ 좋았다.
십상²(十常)[-쌍-] [명] (주로 '-기 십상이다'의 꼴로 쓰여) 거의 그럴 수밖에 없음. ¶그렇게 놀다가는 낙제하기 ~이다.
십상-팔구(十常八九)[-쌍-] [명] =십중팔구.
-십시다[-씨-] [어미] 모음이나 'ㄹ' 받침으로 끝나는 동사의 어간에 붙어, '합쇼' 할 상대에게 청유의 뜻을 나타내는 종결 어미. ¶그의 말대로 하~. ▷-으십시다.
-십시오[-씨-] [어미] 모음이나 'ㄹ' 받침으로 끝나는 동사의 어간에 붙어, '합쇼' 할 상대에게 명령·부탁의 뜻을 나타내는 종결 어미. ¶편히 쉬~. ▷-으십시오.
십시일반(十匙一飯)[-씨-] [명] [밥 열 이면 한 사람분의 먹을 양식이 된다는 뜻] 여럿이 힘을 합하면 한 사람을 돕기 쉽다는 비유.
십월 [명] '시월(十月)'의 잘못.
십육-강(十六强)[심뉵깡] [명] 운동 경기에서, 준준결승에 진출할 자격을 가리기 위해 싸워야 할 16개의 팀이나 16명의 선수.
십육-방위(十六方位)[심뉵빵-] [명] 동서남북을 다시 16의 방향으로 나눈 방위.
십육분-쉼표(十六分-標)[심뉵뿐-] [음] 온쉼표의 1/16의 길이를 가지는 쉼표. 기호는 '𝄿'.
십육분-음표(十六分音標)[심뉵뿐-] [음] 온음표의 1/16의 길이를 가지는 음표. 기호는 '𝅘𝅥𝅯'.
십이ˆ가사(十二歌詞)[문] 조선 후기에 널리 불리던 열두 편의 가사. '백구사', '죽지사', '어부사', '행군악', '황계사', '춘면곡', '상사별곡', '권주가', '처사가', '양양가', '수양산가', '매화 타령'.
십이륙ˆ사ː태/10·26 사태(十二六事態)[-쑤-] [명] 1979년 10월 26일에 박정희 대통령이 중앙 정보부장 김재규에게 피살된 사건. 이 사건으로 유신 체제가 붕괴되었음.
십이ˆ성좌(十二星座)[천] =황도 십이궁.
십이-시(十二時) [명] 하루를 12등분하여 십이지(十二支)의 이름을 붙여 일컫는 열두 시.
십이-월(十二月) [명] 한 해의 열두 달 가운데 열두째 달. 음력 십이월은 '섣달'이라고 함.
십이-지(十二支) [명] 동양 역학의 12요계. 곧, 육률(六律)과 육려(六呂)로 이루어짐.
십이ː제ː자(十二弟子) [명] 예수가 선택한 열두 명의 제자. 곧, 베드로·안드레·야고보·요한·빌립·바돌로메·도마·마태·야고보(알패오의 아들)·다대오·시몬·유다.
십이-지(十二支) [명] 그 포괄하는 수가 모두 열둘(자·축·인·묘·진·사·오·미·신·유·술·해)이라는 데에서 '지지(地支)'를 달리 이르는 말.
십이지ˆ신상(十二支神像)[명][민] 십이지를 12종의 동물로 상징하여 각각 방향과 시간을 맡아 지키고 보호하는 수면 인신상(獸面人身像).
십이지-장(十二指腸) [생] 소장 가운데 위의 유문(幽門)에 이어지는 부분. 길이 약 30cm이며, 'C' 자 모양으로 굽음.
십이지장-충(十二指腸蟲) [명] [동] 몸길이 약 1cm로 가늘고 긴 인체 기생충. 입이나 피부를 통해 체내로 들어가 소장의 윗부분인 공장(空腸)에 기생함.
십인-십색(十人十色)[-쌕] [명] 사람이 좋아하는 것이나 생각하는 바가 저마다 달라 가지각색임. ¶사람의 생각은 ~이다.
십일-월(十一月) [명] 한 해의 열두 달 가운데 열한째 달. 음력 십일월은 '동짓달'이라고 함.
십일-조(十一條)[-쪼] [기] 교인이 교회에 바치는, 자기 수입의 십분의 일에 해당하는 재물.
십자(十字)[-짜] [명] '十(십)'의 자형(字形).
십자-가(十字架)[-짜-] [명] 1 고대 서양에서 죄인을 사형하던 '十(십)' 자 모양의 형구. 2 [예수가 못 박혀 죽은 데서] [가] 크리스트교도가 희생과 속죄의 표상으로 예배하고 장식으로 쓰는 '十(십)' 자 모양의 표지.
십자가를 지다 남을 대신하여 고난의 짐이나 희생의 역할을 떠맡다. ¶모두 하지 않겠다면 내가 십자가를 지지.
십자-군(十字軍)[-짜-] [명] 1 [역] 중세 유럽의 크리스트교도가 팔레스타인과 예루살렘을 이슬람교도로부터 다시 찾기 위하여 감행한 대원정에 참가한 군대. 2 어떤 이상·신념에 토대하여 전투를 하는 군대. ¶평화의 ~.
십자-드라이버(十字driver)[-짜-] [명] 십자못을 돌려 박거나 들어 빼는 데 쓰는 연장.
십자-로(十字路)[-짜-] [명] '十(십)' 자 모양의 네 갈래로 갈라지는 길. ⨁네거리.
십-자매(十姉妹)[-짜-] [동] 몸길이 12~13cm로 참새와 비슷하며, 가정에서 애완용으로 많이 기르는 새. 몸빛은 흰 것, 고리 가슴에 갈색 띠가 있는 것, 눈둘자가 붉음.
십자-못(十字-)[-짜못] [명] 대가리에 '十(십)' 자 모양의 홈이 있는 나사못.
십자-수(十字繡)[-짜-] [명] =크로스스티치.
십자ˆ포화(十字砲火)[-짜-] [명] 1 [군] 전후좌우에서 한곳을 향해 총과 대포를 쏘는 공격. 2 집중적인 공격이나 비난, 비유적인 말임. ¶악덕 기업이 언론으로부터 ~를 맞다.
십자-형(十字形)[-짜-] [명] '十(십)' 자 모양으로 된 형상.
십장(什長)[-짱] [명] 인부를 직접 감독하는 두목. ¶노동판의 ~.
십-장생(十長生)[-쌩] [명] 장생불사한다는 열 가지. 곧, 해·산·물·돌·구름·소나무·불로초·거북·학·사슴. ¶~을 수놓은 병풍.
십전-대보탕(十全大補湯)[-전-] [명] [한] 원기를 돕는 약. 숙지황·백작약·천궁·당귀·인삼·백출·백복령·감초·황기·육계를 조합하여 만듦.
십종-경ː기(十種競技)[-쫑-] [명] [체] 육상 경기의 남성 혼성 경기. 한 사람이 10종목을 2일 동안 겨루어 총득점으로 승부를 가림. 첫날에는 100m 달리기·멀리뛰기·포환던지기·높이뛰기·400m 달리기를, 둘째 날에는 110m 허들·원반던지기·

장대높이뛰기·창던지기·1500m 달리기를 함. ⑤오종 경기.

십중-팔구(十中八九) [-중-] 몡閅[열 가운데 여덟이나 아홉이 그러하리란 뜻] 거의 예외 없이 그러할 것이라는 추측을 나타내는 말. =십상팔구. ¶그야말 무모한 계획이라면 ~는 실패할 것이다.

십진-법(十進法) [-찐뻡] 몡[수] 숫자 0, 1, 2, 3, 4, 5, 6, 7, 8, 9를 써서 10씩 모아서 윗자리로 올려 나아가는 표기법.

십진-수(十進數) [-찐-] 몡[수] 십진법으로 나타낸 수.

십초-룰(十秒rule) 몡[체] 1 농구에서, 자유투를 하는 사람이 공을 받았을 때부터 10초 안에 던져야 하는 규칙. 2 농구에서, 수비하던 팀이 공격으로 전환할 때 10초 안에 프런트 코트로 공을 가져가야 하는 규칙.

십촌(十寸) 몡 고조부의 친형제의 고손자·고손녀. 같은 항렬이며, 5대조가 같음.

십팔-금(十八金) 몡 순금의 금분(金分)을 24라 하는 데 대하여, 금분이 18인 금.

십팔-기(十八技) 몡 중국에서 전해 온 열여덟 가지 무예.

십팔-번(十八番) 몡〈속〉어떤 사람이 가장 즐겨서 잘 부르는 노래. 삐애창곡.

싯-[신] 쩝두 어간의 첫 음절이 음성 모음이고 첫소리가 울림소리인 일부 색채 형용사의 앞에 붙어, 빛깔이 짙으면서 우중충하거나 다소 어두움을 나타내는 말. ¶~누렇다/~멀겋다. ⑤샛-.

싯-귀 몡 '시구(詩句)'의 잘못.

싯-누렇다[신-러타] 톙〈~누러니, ~누러오, ~누레〉매우 누렇다. ⑤샛노랗다.

싱가포르(Singapore) 몡[지] 1 말레이 반도의 동남단에 있는 공화국. 2 1의 수도.

싱건-김치 몡 김장 때 삼삼하게 담근 무김치.

싱겁다[-따] 톙〈싱거우니, 싱거워〉 1 (간을 맞추어 맛을 내는 음식이) 짠맛이 보통의 정도보다 덜해 소금이나 간장 등이 더 들어가야야 할 상태이다. ¶국이 ~. ↔짜다. 2 (술이나 담배 등이) 그 맛이나 독한 정도에 있어서 기대하거나 원하는 정도에 미치지 못한 상태에 있다. ¶싱거운 막걸리. 3 (사물의 내용이) 기대한 바와 달리 알찬 태가 없이 엉성하거나 허술하다. ¶그 영화는 싱겁게 끝나 버렸다. 4 (사람이) 말이나 행동에 있어서 제격에 어울리지 않게 엉뚱한 태가 있다. ¶싱겁게 키만 훌쭉한 사나이.

싱그럽다[-따] 톙〈싱그러우니, 싱그러워〉 1 싱싱하고 생기 있다. ¶소년의 해맑고 싱그러운 미소. 2 신선하고 향긋하다. ¶싱그러운 라일락 향기가 코에 스민다.

싱그레 閅 소리 없이 슬며시 눈만 움직여서 웃는 모양. **싱그레-하다** 톙㉡.

싱글(single) 몡 1 한 개. 삐단일(單一). 2 '~ 홀련. 2 '싱글브레스트'의 준말. 3 '독신(獨身)', '미혼'으로 순화.

싱글-거리다/-대다 통㉠ 은근히 눈만 움직여 자꾸 소리 없이 웃음 짓다. ㉰생글거리다.

싱글-벙글 閅 싱글거리면서 벙글거리는 모양. **싱글벙글-하다** 통㉠㉰.

싱글-베드(single bed) 몡 일인용의 침대. ↔더블베드.

싱글-브레스트(←single-breasted) 몡 재

킷이나 외투의 여미는 부분이 앞의 중앙에 있으면서 옷섶의 겹치는 부분이 좁고 외올 단추로 된 형식. 또는, 그런 형식의 옷. 삐홑자락. ㉰싱글. ↔더블브레스트.

싱글-싱글 閅 싱글거리는 모양. ㉰생글생글. **싱글싱글-하다** 통㉠㉰.

싱긋[-귿] 閅 정답게 살짝 눈웃음치는 모양. ¶그는 나와 눈이 마주치자 ~ 웃는다. ㉰생긋. ㉒싱끗·씽긋. **싱긋-하다** 통㉠㉰ **싱긋-이** 閅.

싱긋-거리다/-대다[-귿꺼(때)-] 통㉠ 자꾸 싱긋하다. ㉰생긋거리다.

싱긋-싱긋[-귿씽귿-] 閅 싱긋거리는 모양. ㉰생긋생긋. **싱긋싱긋-하다** 통㉠㉰.

싱끗[-끋] 閅 '싱긋'의 센말. ㉰생끗. **싱끗-하다** 통㉠㉰ **싱끗-이** 閅.

싱숭-생숭 閅 마음이 들떠 어수선하고 갈 팡질팡하는 모양. **싱숭생숭-하다** 톙㉠ ¶봄이 되니 공연히 마음이 ~.

싱싱-하다 톙㉠ 1 시들거나 상하지 않고 생기가 있다. ¶싱싱한 과일. 2 (초목이) 자라는 힘이 왕성하다. ¶나무가 싱싱하게 자란다. 3 (빛깔이) 맑고 산뜻하다. ¶6월은 싱싱한 초록빛 계절. ㉰생생하다. ㉒씽씽하다. **싱싱-히** 閅.

싱아 몡[식] 산기슭에 흔히 나며, 줄기는 1m 이상으로 곧게 자라고, 6∼8월에 흰 꽃이 피는 여러해살이 풀. 어린잎과 줄기는 신맛이 있으며 날로 먹음.

싱어송라이터(singer-songwriter) 몡 '가수 겸 작곡가'로 순화.

싱커(sinker) 몡[체] 야구에서, 투수의 공이 큰 회전 없이 타자의 몸 쪽으로 가라앉는 상태. 또는, 그런 상태의 공.

싱크-대(sink臺) 몡 조리할 재료를 다듬거나 가열하거나 설거지를 하거나 씻은 그릇을 넣어 두거나 할 수 있도록 만든 부엌 시설. 조리대·개수대·가스대·식기장 등으로 이루어짐.

싱크로나이즈드^스위밍(synchronized swimming) 몡[체] 음악에 맞추어 헤엄치면서 동작 기술의 정확함과 표현의 아름다움을 겨루는 수영 경기의 하나. =수중 발레.

싱크-탱크(think tank) 몡 정치·경제·사회 등 모든 영역에 걸쳐 아이디어와 조언을 제공하는 전문가 집단. 또는, 그런 전문가 집단으로 이루어진 연구소. '두뇌 집단'으로 순화.

싶다[십따] 톙ⓘ 1 (의존 명사 '듯', '성'의 다음에 쓰여) 일이 어떠하거나 어찌 될 가능성이 꽤 큰 것으로 추측됨을 나타내는 말. ¶하늘을 보니 비가 곧 올 듯 ~. 2 (보조) 1 (주로, 동사의 어미 '-고' 아래에 쓰여) 어떤 일을 하기를 바라는 상태에 있음을 나타내는 말. ¶나는 냉면을 먹고 ~. 2 (어미 '-ㄴ가/은가/는가', '-지', '-다' 등의 아래에 쓰여) 앞에 오는 내용에 대하여 확신은 아니지만 어느 정도 그러하리라 생각함을 나타내는 말. ¶누가 싸우는가 싶어 가 보았다. 3 (어미 '-ㄹ까/을까' 아래에 쓰여) 앞에 오는 내용에 대해 어느 정도 의문을 가지고 있거나, 그렇게 될까 걱정하거나 두려워함을 나타내는 말. ¶설마 그 사람이 그런 짓을 할까 ~. 4 ('-았/었' 앞에 오는 동사나 형용사의 어미 '-면/으면' 아래에 쓰여) 앞의 내용에 대해 그렇게 되거나 그러하였으면 좋겠다는 희망을 가정적으로 나타

내는 말. ¶주위가 좀 더 조용했으면 ~.

ㅆ

-ㅆ- [어미](선어말) 'ㅏ', 'ㅓ'로 끝나는 어간 아래에서, '-았/었-'의 '아/어'가 탈락된 꼴. ¶가~다. ▷-았-·-었-.

싸가지 [명] **1** 〈방〉 싹수(강원·전라). **2** (주로 '싸가지(가) 없다'의 꼴로 쓰여) '예의범절'을 속되게 이르는 말. ¶~가 없는 녀석.

싸-개 [명] 물건을 싸는 종이나 헝겊. ¶발~.

싸개-통 [명] 여러 사람이 둘러싸고 다투며 승강이를 하는 상황.

싸고-돌다 [동][타] 〈~도니, ~도오〉 **1** 무엇을 중심으로 하여 그 둘레에서 자꾸 움직이다. **2** 누구를 두둔하여 행동하다. ¶엄마는 오빠만 **싸고돈다**. [준]싸돌다.

싸구려 Ⅰ[감] 장사치가 손님을 끌려고 값이 싸다는 뜻으로 외치는 말.
Ⅱ[명] 값이 싼 질이 낮은 물건. ¶~ 옷.

싸느랗다[-라타] [형][ㅎ] 〈싸느라니, 싸느라오, 싸느래〉 싸늘한 느낌을 주는 데가 있다. ¶날씨가 ~. [큰]써느렇다.

싸늘-하다 [형][여] **1** (기온이나 바람 등이) 약간 추운 느낌을 주는 상태에 있다. ¶**싸늘한** 가을바람. **2** (물체의 온도가) 차가운 느낌을 주는 상태에 있다. ¶**싸늘하게** 식은 찻잔. **3** (표정 따위가) 따뜻하거나 부드럽지 않고 차가운 느낌을 주는 상태에 있다. ¶**싸늘한** 표정. [큰]써늘하다. **싸늘-히** [부]

싸다[1] [동][타] **1** (어떤 물체를 넓이를 가진 물체에[로]) 둘러서 가려지거나 담기게 하다. [비]포장하다. ¶선물을 포장지로 예쁘게 ~. **2** (어떤 물건을) 다른 곳으로 옮기기 좋게 담는 도구에 넣거나 끈으로 묶거나 종이나 천으로 두르다. ¶이삿짐을 ~. **3** (어떤 것이 대상의 둘레를) 둥글게 막거나 두르다. 또는, (사람이 대상의 둘레를 어떤 것으로) 둥글게 막거나 두르다. ¶기사(記事)를 박스로 ~.

싸다[2] [동][타] **1** (사람이 똥이나 오줌을) 참지 못하거나 제대로 가리지 못하여 이불이나 옷 등에 나오게 하다. ¶철수가 지난밤에 오줌을 **쌌다**. **2** '누다'를 속되게 이르는 말. **3** (몸속의 정액을) 몸 밖으로 나오게 하다. 속된 말임. [비]사정(射精)하다.

싸다[3] [형] **1** (불기운이) 이용하기에 정도가 세다. ¶**싼** 불에 물을 끓이다. **2** (움직이는 정도가) 보통의 경우보다 빠르다. ¶밥을 **싸게** 먹다.

싸다[4] [형] **1** (물건의 값이나 어떤 일에 대한 비용이) 비교 대상이나 보통의 경우보다 적게 나가거나 드는 상태에 있다. [비]값싸다·헐하다. ¶옷을 **싸게** 사다. ↔비싸다. **2** (주로 동사의 어미 '-아/어' 뒤에 쓰여) (사람이 벌을 받거나 욕을 먹거나 좋지 않은 일을 당하는 것이) 그의 잘못된 행동에 비추어 보아 당연하거나 마땅하다. ¶그 못된 놈! 천벌을 받아 ~.
[**싼 것이 비지떡**] 값이 싼 물건은 품질이 나쁘다는 말.

싸-다니다 [동][자][타] (사람이) 있어야 할 곳에 있지 않고 여기저기를 마구 다니다. 얕잡는 어감을 가진 말임. [비]싸돌아다니다·쏘다니다. ¶밤거리를 ~. [준]싸대다.

싸-대다 [동][자][타] '싸다니다'의 준말.

싸-돌다 [동][타] 〈~도니, ~도오〉 '싸고돌다'의 준말.

싸-돌아다니다 [동][자][타] (사람이) 있어야 할 곳에 있지 않고 여기저기를 마구 돌아다니다. 얕잡는 어감을 가진 말임. [비]싸다니다. ¶다 큰 계집애가 어디를 그렇게 **싸돌아다니느냐**?

싸라기 [명] 쌀의 부스러기.

싸라기-눈 [명] 빗방울이 갑자기 찬 바람을 만나 얼어 떨어지는 눈. [준]싸락눈.

싸락-눈[-랑-] [명] '싸라기눈'의 준말.

싸리 [명][식] 가지가 많이 갈라지고 한여름에 자주색 꽃이 피는 낙엽 활엽 관목. 좋은 밀원(蜜源) 식물로서, 산과 들에 흔히 자라며, 줄기로 비를 만듦. =싸리나무.

싸리-나무 [명][식] =싸리.

싸리-문(-門) [명] **1** 싸리로 결어 만든 문. **2** '사립문'의 잘못.

싸리-버섯[-섣] [명][식] 굵은 흰 자루 위에 싸리비 모양의 가지를 치고, 가지 끝은 담홍색을 띠는 버섯. 숲 속에 나며, 식용 버섯임.

싸리-비 [명] 싸리로 만든 비.

싸-매다 [동][타] 보자기 따위로 물건을 싸고 꼭 매다. ¶수건으로 머리를 **싸매고** 눕다.

싸-안다[-따] [동][타] (두 팔로 무엇을) 감싸 안다.

싸우다 [동][자] **1** (사람이나 동물이 다른 사람이나 동물과) 몸의 힘이나 무기나 입으로 하는 말을 가지고 서로 공격하여 이기려고 하다. [비]겨루다·다투다. **2** (나라와 나라, 아군과 적군, 정부군과 반란군 등이) 무기를 가지고 상대를 이기거나 무찌르려고 공격하다. [비]전쟁하다·전투하다. **3** 운동 경기에서, (선수나 팀이) 상대와 실력을 겨루어 이기려고 하다. ¶최선을 다해 ~. **4** (닥쳐온 어려움이나 병이나 유혹 따위와) 맞서서 그것을 이겨 내기 위해 노력하다. ¶이를 악물며 추위와 ~. **5** 어떤 목적을 이루기 위해 어려움을 무릅쓰거나 시련을 견디다. [비]투쟁하다. ¶조국의 독립을 위해 ~.

싸움 [명] 싸우는 일. [준]쌈. **싸움-하다** [동][자][여] [준]쌈하다.
[**싸움은 말리고 흥정은 붙이랬다**] 나쁜 일은 말리고 좋은 일은 권함이 옳다.

싸움-꾼 [명] 싸움을 잘하는 사람.

싸움-닭[-딱] [명] 닭싸움에 이용하는 닭. =투계(鬪鷄).

싸움-쟁이 [명] 사소한 일에도 잘 다투는 사람을 얕잡아 이르는 말.

싸움-질 [명] 어떤 사람이 다른 사람과 싸우는 짓. ¶그는 술만 마시면 ~을 한다. [준]쌈질. **싸움질-하다** [동][자][여]

싸움-터 [명] 전쟁이나 싸움이 벌어진 곳.

싸움-판 [명] 싸움이 벌어진 판.

싸-이다 [동][자] **1** '싸다[1]'의 피동사. ¶보자기에 **싸인** 것을 풀다. **2** 헤어나지 못할 정도로 뒤덮이다. ¶불안에 ~.

싸-잡다[-따] [동][타] **1** (주로 '싸잡아(서)'의 꼴로 쓰여) (어떤 대상들을) 모두 하나의 부류로 보다. 또는, (어떤 대상을) 부당하게 어떤 부류로 취급하다. 부정적인 어감이 있는 말임. ¶무소속 후보는 여야를 **싸잡아** 비난했다. **2** (손 따위로 신체 부위를) 덮듯이 잡다. ¶그는 한 대 얻어

맞고는 얼굴을 **싸잡은** 채 쓰러졌다.
싸잡-히다[-자피-] [동][자] '싸잡다'의 피동사.
싸-전(-廛) [명] 쌀과 그 밖의 곡식을 파는 가게. [비]쌀가게.
싸-지르다[1] [동][자][타][르] 〈~지르니, ~질러〉 '싸다니다'를 속되게 이르는 말.
싸-지르다[2] [동][타][르] 〈~지르니, ~질러〉 '싸다²'를 속되게 이르는 말.
싸ː-하다 [형][여] 혀나 목구멍 또는 코에 자극을 주어 아린 듯한 느낌이 있다. ¶매워서 입 안이 ~.
싹[1] [명] **1** 식물의 씨나 줄기나 가지나 열매 등에서 새로 자라나기 시작한 잎이나 줄기. ¶~이 돋아나다. **2** 어떤 일이나 현상이 이루어지려고 하는 맨 처음의 조짐. 비유적인 말임. [비]싹수. ¶조선 후기에 들어 근대화의 ~이 자라기 시작하였다.
싹이 노랗다 =싹수(가) 노랗다. ➔싹수.
싹[2] [부] '삭¹'의 센말. [큰]썩.
싹둑[-뚝] [부] 연한 물건을 단번에 베거나 자르는 모양. 또는, 그 소리. ¶머리털을 ~ 잘라 버리다.
싹둑-거리다/-대다[-뚝꺼(때)-] [동][자][타] 자꾸 싹둑 소리가 나다. 또는, 자꾸 그런 소리를 내다.
싹둑-싹둑[-뚝-뚝] [부] 싹둑거리는 소리. 또는, 그 모양. **싹둑싹둑-하다** [동][자][타][여]
싹-수[-쑤] [명] 어떤 일이나 사람이 장차 잘될 것 같은 낌새나 조짐. [비]싹. ¶~가 보이다.
싹수(가) 노랗다 처음부터 또는 어릴 때부터 잘될 가능성이 보이지 않다. =싹이 노랗다.
싹수-없다[-쑤업따] [형] 장래성이 없다. **싹수없-이** [부]
싹-싹 [부] '삭삭'의 센말. ¶두 손으로 ~ 빌다. [큰]썩썩.
싹싹-하다[-싸카-] [형][여] 성질이 상냥하고 눈치가 재빠르다. ¶사람이 **싹싹해서** 그만이야.
싹-쓸이 [명] **1** 죄다 쓸어버리는 것. **2** =판쓸이. **싹쓸이-하다** [동][타][여]
싹-트다 [동][자] 〈~트니, ~터〉 (어떤 일이나 현상이) 이루어지려고 하는 조짐이 처음 나타나다. [비]움트다. ¶사랑이 ~.
싼-값[-갑] [명] 시세에 비하여 헐한 값. =염가·저가(低價).
쌀 [명] **1** 벼의 껍질을 벗긴 알맹이. 밥·죽 등 주식으로 하는 외에 떡·과자·술 등을 만드는 데 씀. **2** '입쌀'의 준말.
쌀-가게[-까-] [명] 쌀 등의 곡물을 파는 가게. =쌀집. [비]싸전.
쌀-가루[-까-] [명] 쌀을 빻아 만든 가루.
쌀-가마[-까-] [명] '쌀가마니'의 준말.
쌀-가마니[-까-] [명] 쌀을 담은 가마니. [준]쌀가마.
쌀-값[-깝] [명] 쌀의 가격. [비]쌀금.
쌀-겨[-껴] [명] 쌀을 쓿을 때 나오는 가장 고운 속겨. =등겨. ▷왕겨.
쌀-금[-끔] [명] 쌀의 사고파는 값. [비]쌀값.
쌀-농사(-農事)[-롱-] [명][농] =벼농사.
쌀-독[-똑] [명] 쌀을 넣어 두는 독.
[**쌀독에서 인심 난다**] 자기가 넉넉해야 남도 도울 수 있다.
쌀-뜨물 [명] 쌀을 씻고 난 뿌연 물.
쌀랑-하다 [형][여] (건물·방 등의 안이나 바깥공기 등이) 몸에 다소 춥게 느껴지는 상태에 있다. ¶밖에 나오니 좀 ~. [큰]썰렁하다.
쌀-밥 [명] 입쌀로만 지은 밥. [비]흰밥·이밥.
쌀-벌레 [명] **1** 쌀을 갉아 먹는 벌레. **2** 아무 하는 일 없이 놀고먹는 사람을 꼬집어 이르는 말.
쌀-보리 [명][식] 까끄라기가 짧고, 껍질과 알이 딱 붙지 않아 쉽게 벗겨지는, 보리의 한 품종. ▷겉보리.
쌀-부대(-負袋)[-뿌-] [명] 쌀을 담는 부대.
쌀쌀-맞다[-맏따] [형] (성질이나 태도가) 얄밉도록 쌀쌀하다.
쌀쌀-하다 [형][여] **1** 날씨가 음산하고 꽤 차다. ¶**쌀쌀한** 날씨. [큰]쓸쓸하다. **2** (성질이나 태도가) 정다운 맛이 없고 차다. [비]냉담하다. **쌀쌀-히** [부]
쌀-알 [명] 쌀의 낱알.
쌀-장사 [명] 쌀을 사고파는 일. **쌀장사-하다** [동][자][여]
쌀-장수 [명] 쌀장사를 직업으로 하는 사람.
쌀-집[-찝] [명] =쌀가게.
쌀캉-거리다/-대다 [동][자] '살캉거리다'의 센말. [큰]썰컹거리다.
쌀캉-쌀캉 [부] '살캉살캉'의 센말. [큰]썰컹썰컹. **쌀캉쌀캉-하다** [동][자][형][여]
쌀-통(-桶) [명] 쌀을 넣어 두는 통.
쌈[1] [명] 상추·배추·깻잎·호박잎 등으로 밥이나 고기, 양념장 등을 싸서 먹는 음식.
쌈ː[2] [명] '싸움'의 준말.
쌈[3] [명][의존] 바늘 24개를 단위로 세는 말. ¶바늘 한 ~.
쌈박 [부] '삼박'의 센말. [큰]썸벅.
쌈박-쌈박 [부] '삼박삼박'의 센말. [큰]썸벅썸벅. **쌈박쌈박-하다** [동][자][여]
쌈박-하다[-바카-] [형][여] 마음에 썩 들게 그럴싸하다.
쌈-밥 [명] 채소 잎에 여러 가지 재료를 쌈장을 넣어 밥과 함께 싸서 먹는 음식.
쌈-장(-醬) [명] 상추쌈 따위에 넣어 먹는, 양념한 고추장이나 된장.
쌈지 [명] 담배·부시 등을 담는 주머니.
쌈ː-질 [명] '싸움질'의 준말. **쌈ː질-하다** [동][자][여]
쌈짓-돈[-지똔/-짇똔] [명] ['쌈지에 넣어 둔 돈'이라는 뜻] 비상금이나 용돈과 같은 소액의 돈.
[**쌈짓돈이 주머닛돈**] '주머닛돈이 쌈짓돈'과 같은 말. ➔주머닛돈.
쌈ː-하다 [동][자][여] '싸움하다'의 준말.
쌉싸래-하다 [형][여] 약간 쌉쌀한 듯하다. [큰]씁쓰레하다. =쌉싸름하다.
쌉싸름-하다 [형][여] =쌉싸래하다.
쌉쌀-하다 [형][여] 조금 쓴맛이 있다. ¶**쌉쌀한** 인삼차. [큰]씁쓸하다.
쌍[1] [감] 몹시 격분하거나 또는 남에게 욕할 때 내뱉는 소리.
쌍[2](雙) [명] [1][자립] 둘씩 짝을 이룬 것. ¶~을 짓다. [2][의존] 둘씩 짝을 이룬 것을 세는 말. ¶토끼 한 ~.
쌍-가락지(雙-)[-찌] [명] '가락지'의 힘줌말.
쌍-가마[1](雙-) [명] 머리 위에 2개 있는 가마.
쌍-가마[2](雙-) [명][역] 말 두 마리가 각각 앞뒤의 채를 메고 가는 가마.
쌍-것[-껃] [명] '상것'의 센말.
쌍-곡선(雙曲線)[-썬] [명] **1** [수] 한 평면 위에서 두 정점(定點)에서의 거리의 차가 일정한 점의 자취로 나타나는 곡선. **2** 어떤 상대(相對)되는 일이 발생하여 제가끔 발전하는 것의 비유. ¶희비(喜悲)~.

쌍-구균(雙球菌)圓 구균 중에서, 두 개씩 짝을 이루어 신장이나 잠두 모양을 하고 있는 구균. 임균·폐렴 쌍구균 따위.

쌍-권총(雙拳銃)圓 양손에 하나씩 쥐고 쏘는 두 개의 권총.

쌍-기역(雙-)圓[언] 'ㄱ'의 된소리. 'ㄲ'의 이름. 목젖으로 콧길을 막으면서 숨길을 닫고, 혀뿌리를 연구개에 붙였다가 떼면서 세게 터뜨려 내는 소리. 받침으로 그칠 때는 'ㄱ'과 같은 소리가 됨.

쌍-까풀(雙-)圓 =쌍꺼풀.

쌍-꺼풀(雙-)圓 두 겹으로 된 눈꺼풀. =쌍까풀.

쌍-끌이(雙-)圓[수산] 두 척의 동력선이 하나의 그물을 함께 나란히 끌되, 그물이 바다 밑바닥에 닿게 하여 물고기를 잡는 방식. 또는, 그런 방식의 어업.

쌍-년(雙-)圓 본데없이 막된 여자라는 뜻으로 욕하는 말.

쌍-놈(雙-)圓 '상놈2'의 센말.

쌍동-밤(雙童-)圓 한 톨에 두 쪽이 들어 있는 밤. ×쌍밤.

쌍두-마차(雙頭馬車)圓 말 두 마리가 끄는 마차.

쌍-둥이(雙-)圓 한 배에서 한꺼번에 태어난, 둘 또는 그 이상의 사람. 비쌍생아. ¶이란성(二卵性)~.

쌍둥이-자리(雙-)圓[천] 황도 십이궁의 셋째 별자리. 황소자리와 게자리 사이에 있으며, 3월 초순에 자오선을 통과함.

쌍-디귿(雙-)圓[언] 'ㄷ'의 된소리. 'ㄸ'의 이름. 목젖으로 콧길을 막고 혀끝을 윗잇몸에 붙였다가 떼면서 세게 터뜨려 내는 소리.

쌍떡잎-식물(雙-植物)[-떵닙씽-]圓[식] 속씨식물의 한 강. 배(胚)가 터서 나 두 개의 떡잎이 있고 줄기가 비대하며, 잎맥은 그물 모양임. 국화·도라지 따위가 이에 속함. ↔외떡잎식물.

쌍륙(雙六)[-뉵]圓 주사위 둘을 던져, 나오는 사위대로 말을 써서 먼저 궁에 들어 보내는 편이 이기는 놀이.

쌍무(雙務)圓 계약 당사자 쌍방이 서로 지는 의무. ~계약. ↔편무.

쌍-무지개(雙-)圓 한꺼번에 위아래로 두 개가 나란히 선 무지개.

쌍-반점(雙半點)圓[언] 가로쓰기 문장 부호의 하나인 ';'의 이름. 문장을 일단 끊었다가 이어서 설명을 더 계속할 경우에 씀. =세미콜론.

쌍-받침(雙-)圓[언] 똑같은 자음이 겹쳐서 된 된소리 받침. '볶다', '있다' 등에서 'ㄲ', 'ㅆ' 따위. ▷겹받침·홑받침.

쌍발(雙發)圓 **1** 발동기가 두 대 달린 것. ~식 비행기. **2** 총알이 나가는 구멍이 둘인 것. ~엽총. ↔단발(單發).

쌍발-기(雙發機)圓 발동기를 두 대 가지고 있는 비행기.

쌍방(雙方)圓 =양방(兩方)'. ¶피해자와 가해자 ~이 원만하게 합의를 보다.

쌍-방향(雙方向)圓 =양방향. ¶인터넷을 통한 ~ 교육 프로그램.

쌍벽(雙璧)圓 ['한 쌍의 둥근 옥(玉)'이라는 뜻] 두 사람이나 사물이 서로 우열을 가리기 어려울 만큼 뛰어나 나란히 두각을 나타낸 상태. ¶퇴계와 율곡은 조선 초 성리학에서 ~을 이룬 학자이다.

쌍봉(雙峯)圓 나란히 선 두 개의 봉우리.

쌍봉-낙타(雙峯駱駝)圓[동] 등에 2개의 혹이 있는 낙타. 몽골의 초원에서 살며, 온순하고 힘이 세어 짐을 나르는 데 이용됨. ▷단봉낙타.

쌍-비읍(雙-)圓[언] 'ㅂ'의 된소리. 'ㅃ'의 이름. 목젖으로 콧길을 막으면서 숨길을 닫고, 입술로 입길을 막았다가 떼면서 세게 터뜨려 내는 소리.

쌍생-아(雙生兒)圓 한 배에서 한꺼번에 태어난 두 아이. 비쌍둥이.

쌍성(雙星)圓[천] 서로의 인력 작용으로 공통의 무게 중심의 주위를 공전하고 있는 2개의 항성.

쌍-소리[-쏘-]圓 '상소리'의 센말.

쌍수(雙手)圓 오른손과 왼손의 두 손. ¶너의 제안을 ~를 들어 환영한다.

쌍-스럽다(雙-)圓ꂾ<~-스러우니, ~-스러워>'상스럽다'의 센말.

쌍-시옷(雙-)[-온]圓[언] 'ㅅ'의 된소리. 'ㅆ'의 이름. 목젖으로 콧길을 막고 앞 혓바닥을 윗잇몸에 닿을 정도로 높여 그 사이를 통과하는 숨이 마찰을 일으키게 하면서 세게 터뜨려 내는 소리. 받침으로 그칠 때는 'ㄷ'과 같은 소리가 됨.

쌍-심지(雙心-)圓 한 등잔에 있는 두 개의 심지.

쌍심지(를) 켜다 몹시 화를 내어 눈에 열화를 띠다. ¶눈에 쌍심지를 켜고 덤벼들다.

쌍심지-서다(雙心-)圓ꀎ 두 눈에 불이 날 만큼 몹시 화가 나다.

쌍십-절(雙十節)[-쩔]圓 1911년의 신해혁명과 1912년의 정부 수립을 기념하는 중화민국의 축일. 10월 10일.

쌍쌍(雙雙)圓 둘이 쌍쌍.

쌍쌍-이(雙雙-)ꁚ 둘씩 둘씩 쌍을 지은 모양. ¶남녀가 어울려 ~ 춤을 추다.

쌍쌍-파티(雙雙party)圓 남녀가 쌍을 이루어 참석하는 파티.

쌍-안경(雙眼鏡)圓[물] 두 개의 망원경을 나란히 붙여 두 눈으로 동시에 멀리까지 볼 수 있는 광학 기기.

쌍-알(雙-)圓 노른자가 두 개인 달걀.

쌍-욕(-辱)[-뇩]圓 쌍스러운 욕설.

쌍절-곤(雙節棍)圓 짧은 두 개의 막대기를 사슬로 연결한 중국 전통 무기.

쌍점(雙點)圓[언] 문장 부호 가운데 쉼표의 하나인 ':'의 이름. 내포되는 종류를 들거나, 소표제 뒤에 간단한 설명을 붙이거나, 저자명 다음에 저서명을 적거나, 시(時)와 분(分), 장(章)과 절(節) 등을 구별하거나 둘 이상을 대비할 때에 씀. =콜론.

쌍-지읒(雙-)[-은]圓[언] 'ㅈ'의 된소리. 'ㅉ'의 이름. 숨길을 닫고 앞 혓바닥을 경구개에 단단히 붙였다가 입김을 밀면서 세게 터뜨릴 때 나는 소리.

쌍-지팡이(雙-)圓 두 다리가 성하지 못한 사람이 짚는 두 개의 지팡이.

쌍지팡이(를) 짚고 나서다 참견을 잘하는 사람을 비꼴 때 덧없어 쓰는 말로, 잘 나서다.

쌍-칼(雙-)圓 양손에 한 자루씩 가지는 칼. 또는, 그런 칼을 쓰는 사람.

쌍태(雙胎)圓 한 배안에 태아가 둘 있음. 또는, 그 태아. ¶~ 임신.

쌍-판(雙-)圓 '상판'의 잘못.

쌍-판대기 '상판대기'의 잘못.

쌍화-점(雙花店) [문] 작자·연대 미상의, 고려 가요의 하나. 당시의 퇴폐한 성 윤리(性倫理)를 잘 묘사하고 있음.

쌍화-탕(雙和湯) [-](한) 백작약·숙지황·황기·당귀·천궁 등으로 조제한 탕약. 피로 회복과 허한(虛汗)을 거두는 데 씀.

쌍-희자(雙喜字) [-히짜] [명] 그림이나 자수 등에 쓰는 '囍'의 총칭.

쌓다[싸타] [타] 1 (많은 물체를) 아래에서 위로 놓아 가면서 점점 높아지게 하다. ¶포개다. ¶볏단을 ~. 2 (어떤 구조물을) 일정한 크기의 물체를 아래에서 위로 차곡차곡 놓아 끼우고 이루어지게 하다. ¶축조하다. ¶벽돌로 담을 ~. 3 (능력이나 바탕이나 덕행 등을) 탄탄하게 쌓기거나 충실하게 갖추다. 또는, 그렇게 되기 위해 (훈련이나 수양 등을) 계속하여 해 나가다. ¶기초를 ~.

쌓-이다[싸-] [자] 1'쌓다'의 피동사. ¶산처럼 쌓인 노적가리. ❀쌓다. 2 한꺼번에 많이 겹쳐지다. ¶피로가 ~.

쌔근-거리다/-대다 [자] 1 (어린아이나 여자가) 곤히 잠이 들어 자꾸 숨소리를 내다. 2 배가 부르거나 화가 치밀어 자꾸 거친 숨소리를 내다. ❀씨근거리다. ⓔ새근거리다.

쌔근쌔근 [부] 쌔근거리는 모양. ❀씨근씨근. ⓔ새근새근. ¶~ 잠든 아기.

쌨:다 [형] 1'쌓이다'의 준말. 2 (주로, '쌨'、'쌨'、(쌨고) 쌨다'의 꼴로 쓰여) 쌓여 있을 만큼 퍽 흔하게 있다. ¶그만한 미인은 **쌔고 쌨다**.

쌔비다 [타] ⟨속⟩ 남의 물건을 슬쩍 훔치다.

쌕새기 [명] 여치와 비슷하며 더 작고 앞날개가 길며, 몸빛이 연두색인 곤충. 습기가 있는 풀밭에 살며, 수컷은 가을철 낮에 앞날개를 비벼 울음소리를 냄.

쌕쌕 [부] '색색'의 센말. ❀씩씩. **쌕쌕-하다** [자][여]

쌕쌕-거리다/-대다 [-꺼(때)-] [자][여] '색색거리다'의 센말. ¶씩씩거리다.

쌕쌕-이 [명] ⟨속⟩ 제트기(jet機).

쌤:-통 [명] (조사 '이다'와 함께 쓰여) 남이 낭패를 보았을 때 고소해하는 뜻으로 이르는 말. ¶잘난 체하더니 고거 ~이다.

쌩 [부] 바람이 세차게 스쳐 지나거나, 물체가 세차게 바람을 일으키며 빠르게 움직일 때 나는 소리. 또는, 그 모양. ❀생.

쌩긋[-귿] [부] '생긋'의 센말. ¶~ 웃다. ❀씽긋. **쌩긋-하다** [형] **쌩긋이** [부]

쌩-쌩 [부] 바람이 세차게 스쳐 지나거나, 물체가 세차게 바람을 일으키며 빠르게 움직일 때 잇달아 나는 소리. 또는, 그 모양. ¶인적 없는 길을 ~ 달리는 자동차. ❀씽씽.

쌩쌩-하다 [형] '생생하다1'의 센말. ❀씽씽하다.

써-내다 [타] 글씨나 글을 써서 내놓다. ¶논문을 ~.

써-넣다 [-너타] [타] 글씨를 적어 넣다. ¶괄호 안에 알맞은 말을 **써넣으시오**.

써느렇다 [-러타] [형] ⟨써느러니, 써느러오, 써느런⟩ '서느렇다'의 센말. **써느렇게** 식은 방바닥. ❀싸느렇다.

써늘-하다 [형] '서늘하다'의 센말. ¶**써늘한 바람. ❀싸늘하다. 써늘-히** [부]

써:레 [명]⟨농⟩갈아 놓은 논바닥을 고르거나 흙덩이를 잘게 부수는 농기구. 말이나 소가 끌게 함.

써-먹다 [-따] [타] 어떤 목적에 이용하다. ¶영어를 ~.

썩1 [부] 1 어떤 기준보다 훨씬 뛰어나게. ¶순희의 노래를 ~ 잘 부른다. 2 지체 없이 빨리. 또는, 거침없이. ¶꼴도 보기 싫으니 ~ 나가거라.

썩2 [부] '석'의 센말. ¶사과를 한 입 ~ 베 먹다.

썩다 [-따] [자] 1 [자] 1 (유기물이) 균에 의해 본래의 성질을 잃고 나쁜 냄새를 내며 힘을 가했을 때 쉽게 부스러지거나 해지거나 뭉개어지는 상태가 되다. [타] 부패하다·상(傷)하다. ¶**썩은** 생선. 2 (사람 몸의 일부가) 균의 작용으로 그 기능을 잃어 가는 상태가 되다. ¶곪기다 ~. 3 (쇠가) 녹이 심하게 슬어 부스러지기 쉬운 상태가 되다. ¶삭다. ¶양철 지붕이 ~. 4 (물건이나 재주나 능력, 또는 재주나 능력을 가진 사람이) 쓰여야 할 데에 제대로 쓰이지 못한 상태로 있게 되다. ¶아까운 재능이 **썩고** 있다. 5 (사람의 정신이) 도덕적으로 올바르지 못한 상태에 있게 되거나, (사회의 조직이나 기관 등이) 그 구성원이 부정이나 비리를 저지르는 상태가 되다. ¶**썩어** 빠진 정신 상태. 6 (마음이) 걱정·근심으로 몹시 힘들고 괴로운 상태가 되다. ¶**썩다. ¶양식 때문에 속이 푹푹 ~. 7 (사람의 얼굴이) 건강을 잃어 혈색이 나쁜 상태가 되다. 구어체의 말임. ¶술에 절어 얼굴이 **썩었다**. [타] 근심·걱정으로 속을 태우다. ¶그는 자식 때문에 평생을 속을 **썩었다**.

[썩어도 준치] 값어치가 있는 물건은 썩거나 헐어도 어느 정도 본디의 값어치를 지니고 있다는 뜻.

썩-썩 [부] '석석'의 센말. ❀싹싹.

썩-이다 [타] '썩다1.6'의 사동사. ¶부모속 좀 작작 **썩여라**. ▷썩히다.

썩-히다 [써키-] [타] '썩다1·4'의 사동사. ¶거름을 ~ / 인재를 ~. ▷썩이다.

썰:다 [타] ⟨써니, 써오⟩ (두께나 길이가 있는 물체를 톱이나 칼 등으로) 누르는 힘을 가하면서 앞뒤로 움직여 조금씩 잘라지게 하거나, (그 물체를 칼로) 잘게 토막 내다. ¶나무를 톱으로 ~.

썰렁-하다 [형] 1 (건물·방 등의 안이나 바깥공기 등이) 몸에 다소 춥게 느껴지는 상태에 있다. ¶불기운이 없어 방 안이 ~. ❀쌀랑하다. 2 (거리나 비교적 넓은 공간 등이) 텅 비어서 쓸쓸하다. ¶명절날 도심의 거리에 사람이 없어 ~. 3 (분위기가) 갑자기 어색하고 냉랭하거나 서먹하다. ¶분위기가 ~. 4 ⟨속⟩ (유머·농담 등이) 재미없고 시시하다. ¶**썰렁한** 개그.

썰:-리다 [자] '썰다'의 피동사. ¶칼이 무디어 파가 잘 **썰리지** 않는다. 2 [타] '썰다'의 사동사.

썰매 [명] 1 눈 위나 얼음판 위를 사람을 태우거나 짐을 싣고 갈 수 있게 만든 탈것. 흔히, 개·순록·말 등이 앞에서 끎. 2 얼음판 위에서 아이들이 올라앉아 미끄럼을 탈 수 있게 만든 물건.

썰-물 [명][지] 달의 인력으로 바닷물이 밀려 나가서 해면이 낮아지는 현상. 또는, 그 바닷물. ↔밀물.

썰컹-거리다/-대다 [자] '설컹거리다'의 센말. ❀쌀캉거리다.

썰컹-썰컹 튄 '설컹설컹'의 센말. 좌쌀캉 쌀캉. **썰컹썰컹-하다** 튄⟨재⟩⟨형⟩⟨여⟩
썰벅 튄 '섬벅'의 센말. 좌쌈박.
썸벅-썸벅 튄 '섬벅섬벅'의 센말. 좌쌈박 쌈박. **썸벅썸벅-하다** 튄⟨재⟩⟨타⟩⟨여⟩
쏘가리 명 몸길이 40~50cm로 머리가 길고 입이 크며, 몸 전체에 보라색·회색 등의 불규칙한 다각형 무늬가 많은 민물 고기. 식용함.
쏘곤-거리다/-대다 동⟨재⟩⟨타⟩ '소곤거리다'의 센말. 큰쑤군거리다.
쏘곤-쏘곤 튄 '소곤소곤'의 센말. 큰쑤군 쑤군. **쏘곤쏘곤-하다** 동⟨재⟩⟨타⟩⟨여⟩ ¶귓속말 로 ~.
쏘:다 (쏘[고 / 쏘-아) 동 ①⟨타⟩ 1 (활·총·대포 등을) 일정한 곳을 향하여 한 뒤 시위를 당겼다 놓거나 방아쇠를 당기거나 뇌관에 불을 붙이거나 하여 화살이나 총알이나 포탄 등이 나가게 하다. 또는, (활·총·대포 등으로 목표물을) 맞히기 위해 화살·총알·포탄 등이 나가게 하다. ¶총을 ~. 2 (일부 벌레가 사람이나 동물의 몸을) 제 몸의 침과 같은 것으로 찔러서 아픔을 느끼게 하다. ¶벌이 손등을 ~. 3 (어떤 물질이나 음식의 냄새나 맛이) 코나 혀를 찌를 듯이 강하게 자극하다. ¶냄새가 코를 ~. 매운맛. 4⟨속⟩ 기분을 내는 뜻에서 남에게 음식이나 술을 사거나 유흥비를 혼자서 내다. ¶오늘 점심은 내가 **쏜다**! ② ⟨재⟩ (상대방에게) 움찔함을 느끼도록 공격적으로 말하다. ¶그 여자는 톡톡 **쏘는** 것이 매력이다.
쏘-다니다 동⟨재⟩⟨타⟩ (사람이) 한곳에 있지 않고 계속해서 여기저기를 다니다. ¶온종일 어디를 그렇게 **쏘다녔느냐**? 준쏘대다.
쏘-대다 동⟨재⟩⟨타⟩ '쏘다니다'의 준말.
쏘삭-거리다/-대다 [-꺼-(때)-] 동⟨타⟩ 1 자꾸 쑤셔고 뒤지며 쏘시다. ¶화롯불을 ~. 2 가만히 있는 사람을 자꾸 꾀거나 추겨서 들썩이다. ¶공부하는 친구를 **쏘삭거려** 놀러 나가다. 큰쑤석거리다.
쏘삭-쏘삭 튄 쏘삭거리는 모양. 큰쑤석쑤석. **쏘삭쏘삭-하다** 동⟨타⟩
쏘시개 명 '불쏘시개'의 준말.
쏘아-보다 동⟨타⟩ (상대를) 공격적인 눈길로 날카롭게 보다. 비노려보다.
쏘아-붙이다 [-부치-] 동⟨타⟩ 쏘는 것처럼 날카로운 말투로 상대방을 공격하다. ¶말 핀하면 **쏘아붙이는** 사람. 큰쏴붙이다.
쏘-이다¹ 동⟨재⟩ '쏘다1 2'의 피동사. ¶벌에 ~. 준쐬다.
쏘이다² 동⟨타⟩ =쐬다¹.
쏙 튄 1 몹시 내밀거나 들어간 모양. ¶눈이 ~ 들어가다. 2 깊이 빠지는 모양. ¶물속에 ~ 빠지다. 3 매우 탐닉하는 모양. ¶책에 ~ 빠지다. 4 제외되거나 참여하지 않는 모양. ¶명단에 내 이름만 ~ 빠졌다. 5 (때가) 깨끗이 없어지는 모양. ¶때가 ~ 빠지다. 6 언행이 경솔하고 기탄없는 모양. ¶어른들 말씀하시는데 ~ 나서다. 7 (용모가) 아주 매끈한 모양. ¶새 옷을 ~ 빼입다.
쏙닥-거리다/-대다 [-딱꺼-(때)-] 동⟨타⟩ '속닥거리다'의 센말. ¶아이들이 뭐라고 **쏙닥거리더니** 우르르 몰려 내닫는다.
쏙닥-쏙닥 [-딱-딱] 튄 '속닥속닥'의 센말. 큰쑥덕쑥덕. **쏙닥쏙닥-하다** 동⟨타⟩⟨여⟩

쏙독-새 [-똑쌔] 명 동 몸길이가 29cm가량으로 입이 크고 부리와 다리는 짧으며, 몸빛은 흑갈색에 복잡한 무늬가 있는 새. 숲 속에 살면서 저녁 무렵에 작은 곤충을 잡아먹음.
쏙-쏙 튄 1 여러 군데가 다 쏙 내밀거나 들어간 모양. ¶속잎이 ~ 돋아나다. 2 자꾸 쏙 집어넣거나 뽑아내는 모양. ¶흰 머리털을 ~ 뽑아내다. 3 바늘로 자꾸 쑤시듯 아픈 모양. ¶배가 ~ 쑤시다. 4 말을 거침없이 해대거나 나서는 모양. 5 기억이나 인상이 아주 선명하게 이루어지는 모양. ¶김 선생님의 강의는 머리에 ~ 들어온다. 큰쑥쑥.
쏜살-같다 [-갇따] 형 쏜 화살과 같이 매우 빠르다. **쏜살같-이** 튄 ¶자동차가 거리를 ~ 질주하다.
쏟다 [-따] 동⟨타⟩ 1 (액체나 물질을) 그것이 들어 있는 용기(容器)를 거꾸로 하여, 한꺼번에 아래로 떨어지게 하다. 또는, (액체나 물질을) 그것이 들어 있는 용기를 실수로 쓰러뜨리거나 엎거나 하여, 모두 용기의 바깥으로 나오게 하다. 비따르다·붓다. ¶양동이의 물을 독에 ~. 2 (눈물이나 땀, 피 등을) 많이 흘리다. ¶코피를 ~. 3 (마음이나 정신, 정열이나 정성 등을 어떤 대상이나 일에) 많이 기울이다. 들이다. ¶심혈을 **쏟은** 작품. 4 (마음속에 품고 있는 말이나 생각을) 모두 밖으로 나타내다. ¶털어놓다. ¶불평을 **쏟아 놓다**. 5 (구름이나 해가 비나 햇빛을) 많이 또는 강하게 내리게 하거나 비치게 하다. ¶검은 먹구름이 마침내 세찬 빗줄기를 **쏟아 놓는**다.
쏟-뜨리다/-트리다 동⟨타⟩ '쏟다'의 힘줌말.
쏟아-지다 동⟨재⟩ 1 (액체나 물질이) 그것이 들어 있는 용기(容器)에서 한꺼번에 흘러나오거나 떨어지다. ¶컵이 쓰러져 물이 ~. 2 (눈물이나 땀, 피 등이) 많이 흐르다. ¶눈물이 걷잡을 수 없이 ~. 3 (어떤 일이나 대상, 현상이) 한꺼번에 많이 몰리거나 생기다. ¶주문이 ~. 4 (비나 눈, 햇빛 따위가) 많이 또는 강하게 내리거나 비치다. ¶소나기가 ~.
쏠:다 동⟨타⟩ ⟨쏘니, 쏘오⟩ (쥐·좀 따위가) 잘게 물어뜯거나 깎다. ¶쥐가 찬장을 ~.
쏠리다 동 1 (물체가) 기울어시끼면서 한쪽으로 몰리다. ¶차체가 갑자기 한쪽으로 **쏠렸다**. 2 (시선이나 마음이) 어떤 대상에 끌려 기울어지거나 집중되다. ¶사람들의 시선이 내게로 **쏠렸다**.
쏠쏠-하다 형 (품질·수준·정도 따위가) 어지간하여 쓸 만하다. ¶장사가 **쏠쏠하게** 잘된다. 큰쑬쑬하다. **쏠쏠-히** 튄
쏴 튄 '쏘아'의 준말.
쏴-붙이다 [-부치-] 동⟨타⟩ '쏘아붙이다'의 준말.
쐐:기¹ 명 물건의 틈에 박아서 사개가 물러나지 못하게 하거나 물건들의 사이를 벌리는 데 쓰이는 물건.
쐐기(를) 박다 뒤탈이 없도록 미리 단단히 다짐을 하다. ¶빌려간 돈을 갚지 않으면 재산을 압류하겠다고 ~.
쐐:기² 명 동 1 쐐기나방의 애벌레. 독침을 가진 것이 많고, 사람의 피부에 쏘이면 심한 통증을 느낌. 2 '풀쐐기'의 준말.
쐐:기-나방 명 동 몸과 다리는 털로 덮여

752_쐐기 문자

있고 더듬이는 빗살 또는 실 모양이던 나방의 한 무리. 애벌레는 '쐐기'라고 함.

쐐기^문자(-文字) [-짜] 명 [언] =설형 문자.

쐬:다¹ [쐬-/쒜-] (쐬고 / 쐬어) 툉 (바람·연기·햇볕 따위를) 그 기운이 몸에 미치게 받다. =쏘이다. ¶머리가 무거우니 바람 좀 쐬고 오겠소.

쐬:다² [쐬-/쒜-] (쐬고 / 쐬어) 툉 '쏘이다'의 준말. ¶벌에 ~.

쑤군-거리다/-대다 툉(자)(여) '수군거리다'의 센말. 쑈쏘곤거리다.

쑤군덕-거리다/-대다 [-꺼 (때) -] 툉(자)(여) '수군덕거리다'의 센말.

쑤군덕-쑤군덕 뮈 '수군덕수군덕'의 센말. 쑤군덕쑤군덕-하다 툉(자)(여)

쑤군-쑤군 뮈 '수군수군'의 센말. ¶귓속말을 ~ 주고받다. 쑈쏘곤쏘곤. 쑤군쑤군-하다 툉(자)(여)

쑤다 툉(타) 곡식의 알이나 가루를 물에 끓여 익히다. ¶죽을 ~.

쑤석-거리다/-대다 [-꺼 (때) -] 툉(타) 1 자꾸 들추고 뒤지며 쑤시다. ¶화로의 불을 ~. 2 가만히 있는 사람을 자꾸 꾀거나 추겨서 들썩이다. 쑈쏘삭거리다.

쑤석-쑤석 뮈 쑤석거리는 모양. 쑈쏘삭쏘삭. 쑤석쑤석-하다 툉(타)(여)

쑤시-이다 툉 1 함부로 들추거나 쑤시다. 2 은근히 꾀거나 충동질하여 마음이 들썩이게 하다.

쑤시다¹ 툉(자) (사람의 관절이나 근육이나 머리 등이) 병적(病的)인 원인으로 바늘로 자꾸 찌르는 것 같은 아픔을 느끼다. ¶팔다리가 ~.

쑤시다² 툉(타) 1 (가늘고 긴 물체로 다른 물체의 구멍이나 틈을) 더 벌어지거나 뚫리게 이리저리 밀어 넣다. 또는, 그렇게 하여 (속에 든 것을) 밖으로 나오게 하다. ¶이쑤시개로 이를 ~. 2 (사람이 여러 사람의 틈을) 헤치거나 비집다. ¶만원 버스속을 쑤시고 들어가다. 3 (속에 감추어진 사실을) 알아내기 위해 이리저리 살피거나 조사하다. ¶신문 기자가 정계의 비리를 ~. 4 (회사나 기관 등을) 일자리를 찾거나 어떤 관계를 맺거나 하기 위해 비집고 들다. ¶일자리라도 얻을까 하여 몇몇 회사를 쑤셔 보다.

쑥¹ 뮈 너무 순진하거나 어리석은 사람을 이르는 말. ¶양반이 영 ~이구먼.

쑥² 몡 [식] 들에 흔히 자라며, 봄에 독특한 향기가 있는 어린잎을 뜯어 국을 끓이거나 떡을 해 먹는 여러해살이풀. 줄기와 잎자루는 약재로 쓰임.

쑥³ 뮈 1 몹시 내밀거나 들어간 모양. ¶~ 들어간 눈. 2 깊이 밀어 넣거나 빠지거나 길게 뽑아내는 모양. ¶물건을 안으로 ~ 밀어 넣다. 3 갑자기 올라가거나 내려가는 모양. ¶성적이 ~ 올라가다. 4 말이 경솔하고 기탄없는 모양. ¶마구 말이나 ~ 내뱉다. 5 (용모가) 아주 미끈한 모양. ¶~ 빼다.

쑥-갓 [-깓] 몡 [식] 잎이 깃 모양으로 갈라지며 냄새가 향긋하여 쌈을 싸 먹거나 생선찌개 등에 넣는 여러해살이풀 또는 두해살이풀. 채소로 재배됨.

쑥-국 [-꾹] 몡 어린 쑥을 데쳐 곱게 이긴 뒤에 고기 익은 것과 섞어 빚어, 달걀을 씌우고 맑은장국에 넣어 끓인 국.

쑥-대강이 [-때-] 몡 머리털이 마구 흐트러져서 몹시 산란한 머리. =쑥대머리.

쑥대-머리 [-때-] 몡 =쑥대강이.

쑥대-밭 [-때받] 몡 1 쑥이 우거져 자라는 땅. 2 폐허가 된 상태를 비유적으로 이르는 말. ¶폭격을 받아 그 일대가 ~이 되었다. 준쑥밭.

쑥덕-거리다/-대다 [-떡꺼 (때) -] 툉(자) '숙덕거리다'의 센말.

쑥덕-공론 (-公論) [-떡꽁논] 몡 '숙덕공론'의 센말. 쑥덕공론-하다 툉(자)(여)

쑥덕-쑥덕 [-떡-떡] 뮈 '숙덕숙덕'의 센말. ¶그 사람에 대해서 ~ 뒷말을 하다. 쑈쏙닥쏙닥. 쑥덕쑥덕-하다 툉(자)(타)(여)

쑥-떡 몡 쑥을 넣어 만든 떡.

쑥맥 몡 '숙맥(菽麥)'의 잘못.

쑥-밭 [-빧] 몡 '쑥대밭'의 준말. ¶전쟁으로 마을이 ~이 되어 버렸다.

쑥-버무리 [-뻐-] 몡 쌀가루와 쑥을 한데 버무려서 시루에 찐 떡.

쑥-부쟁이 [-뿌-] 몡 [식] 땅속줄기가 옆으로 벋으며 자라고, 7~10월에 자주색 꽃이 피는 여러해살이풀. 약간 습한 산이나 들에서 자람.

쑥-색 (-色) [-쌕] 몡 마른 쑥의 빛깔. 곧, 회색 바탕에 진한 녹색.

쑥-스럽다 [-쓰-] (형)(ㅂ) ⟨~스러우니, ~스러워⟩ (하는 짓이나 모양이) 어색하여 부끄럽다. ¶저를 그토록 칭찬해 주시니 정말 쑥스럽습니다.

쑥-쑥 뮈 1 여러 군데가 다 쑥 내밀거나 들어간 모양. ¶쑥숙이 ~ 돋아나다. 2 잇달아 잘 빠지거나 뽑히거나 밀어 넣는 모양. ¶하수도 물이 ~ 잘 빠진다. 3 어린이 갑자기 올라가거나 내려가는 모양. 또는, 갑자기 많이 올라가거나 내려가는 모양. ¶물가가 ~ 올라가다. 4 말을 거리낌 없이 해대거나 나서는 모양. ¶건방지게 ~ 나서지 마라. 5 바늘로 자꾸 쑤시듯이 아픈 모양. ¶온몸이 ~ 쑤신다.

순-원 (孫文) [-뤈] [인] 중화민국의 정치가·혁명가 (1866~1925).

쏠쏠-하다 [형](여) (품질·수준·정도 따위가) 어지간하여 괜찮다. ¶장사가 여간 쏠쏠하지 않다. 쑈쏠쏠하다.

쏭덩-쏭덩 뮈 '숭덩숭덩'의 센말. ¶아무렇게나 ~ 꿰매 입은 저고리. 쏭덩쏭덩-하다

쑹화 강 (松花江) 몡 [지] 중국 둥베이 (東北) 지방을 흐르는 강. 길이 1,927km.

쒜-쒜 캄 어린아이의 다친 데나 아픈 곳을 만져 주며 달랠 때에 내는 소리. ¶~, 다 나았다.

쓰-개 몡 머리에 쓰는 물건의 총칭.

쓰개-치마 몡 예전에 부녀자가 나들이할 때, 내외를 하기 위하여 머리로부터 몸의 윗부분을 가려 쓰던, 치마 비슷한 쓰개.

쓰기 몡 [교] 언어 학습에서, 자신이 표현하고자 하는 바나 남에게 전달하고자 하는 것을 글로 짓는 일. ↔읽기.

쓰다¹ 툉(타) ⟨쓰니, 써⟩ 1 (사람이 펜·연필·붓 등의 필기도구로 글자를) 종이나 그 밖의 평평한 면에 일정한 획을 그어 어떤 모양으로 이루어지게 하다. ⋓적다·기록하다·필기하다. ¶글씨를 예쁘게 ~. 2 (일정한 내용과 형식을 가진 글을) 머릿속에서 생각해 내어 종이 등에 글씨로 나타내다. ⋓짓다·창작하다. ¶시를 ~. 3 (곡을) 머릿속에서 생각해 내어 일정한 기호로 악보 위에 나타내다. ⋓작곡하다.

쓰다² 통(타) 〈쓰니, 써〉 **1** (머리에 모자 따위를) 덮어서 고정되게 하다. ¶신사가 사모를 ~. **2** (얼굴에 어떤 물건을) 덮어서 가리거나 걸러 있게 하다. ¶안경을 ~. ↔벗다. **3** (우산이나 양산 따위를) 편 상태로 자기 머리 위의 일정한 높이에 있게 하다. ¶우산을 쓰고 학교에 가다. **4** (먼지 따위를) 몸이나 몸체에 덮은 상태가 되다. ¶인부들이 먼지를 쓰고 일하다. ▷뒤집어쓰다. **5** (형구나 굴레 따위를) 목에 넣어 걸다. ¶옥에 갇혀 칼을 쓰고 있는 춘향이. **6** (누명이나 허물이) 지거나 받게 되다. ¶억울하게 누명을 ~.

쓰다³ 통〈쓰니, 써〉 [1]타 **1** (어떤 물건이나 대상을) 어떤 일을 하는 데 그 도구나 재료나 수단이 되게 하다. ⃝사용하다. ¶국산품을 ~. **2** (어떤 물건을 일정한 목적의 대상으로) 삼아 역할이나 기능을 가지게 하다. ¶말을 흥미로 ~. **3** (시간이나 돈을) 어떤 일을 하는 데 들이다. ¶경비로 십만 원을 ~. **4** (사람에) 돈을 주고 일정한 곳에서 하는 일을 하게 하다. ⃝부리다. ¶경력 사원을 ~. **5** (어떤 말이나 언어를) 어떤 뜻이나 생각을 나타내는 수단으로 삼다. ¶고운 말을 ~. **6** (어떤 일에 마음이나 힘이나 머리 등을) 기울이거나 들이거나 짜다. ¶신경을 ~. **7** (주로 부정적인 말과 함께 쓰여) (몸가짐를) 제대로 놀리거나 움직이다. ¶다쳐서 허리를 못 ~. **8** (메나 억지를) 강하게 나타내다. ¶내가 먼저 쓰겠다. [2]자 (반문하거나 부정하는 말의 서술어로 쓰여) 사람의 도리에 맞아 바른 상태가 되다. ¶그렇게 상스런 말을 하면 쓰니?

쓰다⁴ 통(타) 〈쓰니, 써〉 시체를 묻고 무덤을 만들다. ¶명당자리에 뫼를 ~.

쓰다⁵ 형〈쓰니, 써〉 **1** (먹거나 마시는 대상이) 혀로 느끼거나 쓸개 또는 소태의 맛과 같다. ¶쓴 약. ↔달다. **2** 몸이 아프거나 몸의 상태가 나쁘거나 하여 음식을 먹고 싶지 않은 상태에 있다. ¶입맛이 ~. **3** (어떤 일이) 괴로움이나 언짢음을 가져다주는 상태에 있다. ¶인생의 쓴 경험을 맛보다.

[쓰다 달다 말이 없다] 도무지 상관을 하지 않고 의견을 말하지 않는다. [쓰면 뱉고 달면 삼킨다] 신의를 돌보지 않고 자게 이로우면 취하고 그렇지 않으면 버린다.

쓰다듬다[-따] 통(타) **1** 손으로 쓸어 어루만지다. ¶턱수염을 ~. **2** (마음을 가라앉히려고) 살살 달래다.

쓰라리다 형 **1** (다친 자리가) 쓰리고 아리다. ¶상처가 ~. **2** (마음이) 몹시 괴롭다. ¶쓰라린 과거.

쓰라림 명 쓰라린 느낌이나 마음. ¶패배의 ~을 겪다 / 실연의 ~을 맛 보다.

쓰러-뜨리다/-트리다 통(타) 쓰러지게 하다. ¶다리를 걸어 상대를 ~.

쓰러-지다 통(자) **1** (사람이) 외부의 힘을 받거나 기진맥진하거나 병·부상 등의 원인으로 하여, 몸의 균형을 잃고 지면이나 바닥에 길게 누워지거나 엎드려진 상태가 되다. ¶넘어지다. **2** 고혈압으로 ~. **2** (높이가 있는 물체가) 외부의 힘을 받거나 내부 구조의 불균형으로 인하여 한쪽으로 쏠리면서 몸체의 윗부분이 바닥에 닿거나 그에 가까운 상태가 되다. ¶나무가 ~. **3** (국가·회사·기관 등이) 제 기능을 잃고 망한 상태가 되다. ¶회사가 부도를 내고 ~.

쓰레기 명 비로 쓸어 내는 먼지나 내다 버릴 물건의 총칭. ¶~를 쳐내다.

쓰레기-봉투(-封套) 명 쓰레기를 담아서 버리는 데 쓰는 봉투.

쓰레기-차(-車) 명 쓰레기를 운반하여 버리는 차.

쓰레기-통(-桶) 명 쓰레기를 담는 통.

쓰레-받기[-기] 명 비로 쓸어 모은 쓰레기를 다른 곳에 버리기 위해 담는 기구.

쓰레-질 명 비로 쓸어 집 안을 깨끗하게 하는 일. **쓰레질-하다**

쓰르라미 명[동] =저녁매미.

쓰리(←掏摸/すり) 명 '소매치기'로 순화.

쓰리-꾼(←掏摸/すり-) 명 '소매치기'로 순화.

쓰리다 **1** 다친 살에 매운 기가 닿을 때처럼 아프다. ¶상처가 ~. **2** (뱃속이) 날카로운 것으로 쑤시는 듯이 아프다. ¶자식을 잃은 쓰리고 아픈 가슴. **3** 몹시 시장하여 허기지다. ¶배가 고파 속이 ~.

쓰메키리(爪切り/つめきり) 명 '손톱깎이'로 순화.

쓰시마 섬(對馬-) 명[지] 일본 규슈 북서부에 있는 섬.

쓰-이다¹ 통[자] [1]**1** 글씨가 써지다. ¶글씨가 잘 쓰이는 만년필. **2** '쓰다'의 피동사. ¶그 자백서는 강제로 쓰인 것이었소. [2] '쓰다'의 사동사. ¶동생에게 쓰인 글씨.

쓰-이다² 통[자] '쓰다²'의 피동사. ¶모자가 너무 작아 잘 쓰이지 않는다. ⃝씌다.

쓰-이다³ 통[자] '쓰다³'의 피동사. ¶창고로 쓰이는 집. ⃝씌다.

쓰임-새 명 쓰임의 수량이나 정도.

쓱 **1** 슬쩍 사라지는 모양. ¶어느새 ~ 없어졌군. **2** 척 내닫거나 나서는 모양. **3** 빨리 지나가는 모양. **4** 슬쩍 문지르는 모양. 또는, 그 소리. ¶수염을 ~ 쓰다듬다. **5** 넌지시 슬쩍 행동하는 모양. ¶주위를 한번 ~ 둘러보다.

쓱싹 **1** 톱으로 켜거나 줄질을 할 때 나는 소리. **2** 어떤 일을 얼버무려 해치우는 모양. ¶일을 상의도 없이 ~ 해처웠다. **3** 남의 돈이나 물건을 슬쩍 가지는 모양. ¶공금을 ~ 빼돌리다. **쓱싹-하다** 통(타)[여] ¶전해 달라고 한 돈을 중간에서 ~.

쓱-쓱 **1** 자꾸 쓱 문대거나 비비는 모양. ¶흙 묻은 손을 바지에 ~ 문지르다. **2** 일을 손쉽게 거침없이 해치우는 모양. ¶일을 ~ 해치우다.

쓴-맛[-맏] 명 **1** 한약이나 소태 등을 먹을 때 느끼는 것과 같은 맛. **2** 쓰라리거나 뼈 아픈 경험. ¶인생의 ~.

[쓴맛 단맛 다 보았다] 세상의 괴로움과 즐거움을 다 겪었다는 말.

쓴-소리 명 귀에는 거슬리겠지만 충고·비판의 뜻으로 하는 말. ⃝고언.

쓴-웃음 명 어처구니가 없거나 마땅치 않아 씁쓸하거나 하여 입을 다물거나 의 벌리지 않고 웃는 듯 마는 듯하게 짓는 웃음. ⃝고소.(苦笑).

쓴-잔(-盞) 명 실패나 패배 등의 쓰라린 경험을 비유하여 이르는 말. ⃝고배. ¶패배의 ~을 들다.

쓸개 [명][생] 간 아래쪽에 있는 주머니 모양의 기관. 쓸개즙을 일시적으로 괴게 하고 농축함. =담·담낭.
[**쓸개에 가 붙고 간에 가 붙는다**] 자기에게 이로우면 지조 없이 이쪽에 붙었다 저쪽에 붙었다 한다.

쓸개(가) 빠지다 (어떤 사람이) 줏대와 자존심을 갖추지 못하다. 비난조의 말임. ¶쓸개 빠진 놈! 넌 오기도 없냐?

쓸개-즙(-汁) [명][생] 척추동물의 간에서 만들어져 쓸개에 저장되었다가 십이지장으로 흐르는 소화액. 지방의 소화를 도움. =담즙.

쓸다¹ [동][타] 〈쓰니, 쓰오〉 **1** (비 따위로 어느 곳의 바닥에 쌓이거나 널린 작은 물체나 가루 상태의 물질을) 비를 바닥의 표면에 대고 일정하게 움직임으로써 한곳으로 가거나 모이게 하다. 또는, (비 따위로 어느 곳을) 쌓이거나 널린 물체나 물질이 한곳에 모이게 하여 치우다. ¶낙엽을 ~. **2** (사람이 사물이나 몸의 어느 부분을 손바닥으로) 일정한 넓이가 닿게 하여 만지거나 문지르다. ¶아픈 배를 손으로 ~. **3** (어느 정도 넓이가 있는 물체가 바닥을) 질질 끌듯이 스치다. 학문적인 표현임. ¶치마가 마당을 쓸고 다닌다. **4** (큰 세력을 가진 대상이 어느 곳이나 일정 범위의 대상을) 매우 강한 힘으로 그의 세력 아래 있게 하거나 모두 혼자 차지하다. 비휩쓸다. ¶독감이 전국을 ~.

쓸다² [동][타] 〈쓰니, 쓰오〉 줄 따위로 문질러서 닳거나 깎게 하다. ¶줄로 ~.

쓸-데 [명] 쓸 자리. 또는, 써야 할 곳. ¶급히 ~가 있으니 돈 좀 빌려 줘.

쓸데-없다 [-떼업따] [형] 실제에 아무런 가치나 의의가 없다. 비소용없다. ¶내가 다 알아서 할 테니 쓸데없는 걱정은 하지 마라. **쓸데없-이** [부] 남의 일에 ~ 참견하지 마라.

쓸리다¹ [동][자] (풀이 센 옷 등에) 살이 문질려 살갗이 벗겨지다.

쓸리다² [동][자] (한쪽으로) 비스듬히 기울어지다.

쓸리다³ [동] '쓸다'의 피동사.

쓸-모 [명] 이용하거나 활용하거나 취하여 쓸 만한 가치. 비쓰임새·효용. ¶~ 있게 만들다.

쓸모-없다 [-업따] [형] 쓸 만한 가치가 없다. ¶그따위 쓸모없는 고물 자전거를 누가 탐낸담? **쓸모없-이** [부]

쓸쓸-하다 [형] **1** 외롭고 적적하다. ¶쓸쓸한 겨울 바다. **2** 날씨가 조금 차고 음산하다. 작을쓸하다. **쓸쓸-히** [부] ¶혼자서 ~ 지내고 있다.

쓸어-내리다 [동][타] (수염이나 머리카락 등을) 아래로 쓸면서 만지다. ¶머리를 ~.

쓸어-버리다 [동][타] (부정적인 것을) 모조리 없애다. ¶잡념을 ~.

쓸어-안다 [-따] [동][타] **1** (사람이나 동물을) 사랑이나 연민의 감정을 가지고 안다. **2** (물체를) 슬픔·쓸쓸함·그리움 따위의 이유로 팔로 쓸면서 감싸 안다. ¶비석을 **쓸어안고** 오열하다. **3** (자신의 가슴이나 배를) 팔로 감싸면서 어루만지다. 또는, (쓸쓸하거나 허전한 마음을) 스스로 달래거나 참다. ¶허기진 배를 **쓸어안고** 잠이 든 아이들.

쓿다 [쓸타] [동][타] 거친 쌀·조·수수 등을 찧어 깨끗하게 하다. ¶쌀을 ~.

씀바귀 [명][식] 산과 들에 흔히 자라며, 이른 봄에 쓴맛이 나는 뿌리와 어린잎을 나물로 먹는 여러해살이풀. 초여름에 노란색 꽃이 핌.

씀씀-이 [명] **1** 어떤 사람이 평소 돈이나 물자를 쓰는 정도나 규모. ¶~가 헤프다. **2** 남에게 도움을 베풀거나 남의 입장을 헤아리거나 하는, 마음을 쓰는 태도. ¶마음~가 눈물겹게 고맙다.

씁쓰레-하다 [형][여] 맛이 조금 씁쓸한 듯하다. =씁쓰름하다. 와쌉싸래하다.

씁쓰름-하다 [형][여] =씁쓰레하다.

씁쓸-하다 [형][여] **1** (맛이) 조금 쓰다. 와쌉쌀하다. **2** (사람의 마음이) 언짢거나 못마땅하거나 불쾌한 일에 대해 언짢은 기분을 누르거나 한심스럽게 여기거나 어쩔 수 없어 서글프게 여기는 상태에 있다. ¶**씁쓸한** 웃음. **씁쓸-히** [부]

씌다¹ [씨-] [동][자] 귀신이 접하다. ¶물귀신에 **씌어서** 물에 빠져 죽다.

씌다² [씨-] [동][자] '쓰이다'의 준말.

씌ː다³ [씨-] [동][자] '쓰이다'의 준말.

씌다⁴ [씨-] [동][자] '쓰이다'의 준말.

씌우다 [씨-] [동] '쓰다'의 사동사. ¶모자를 ~ / 누명을 ~.

씨¹ [명] **1** 식물의 열매 속에 들어 있는 것으로, 땅에 뿌려지면 싹이 터서 다시 같은 식물로 자라게 될, 비교적 단단한 물질. 비씨앗·종자. ¶~를 ~. **2** 동물의 암컷의 난자가 수정하기 위하여 필요한, 수컷의 몸에서 만들어지는 물질. 때로, 사람에 대해서도 속된 어감을 담아 씀. ¶수탉에게서 ~를 받다. **3** 사람의 혈통이나 자손을 비속하게 이르는 말. ¶~도 속여! **4** 세상에 남아 있는 어떤 종류나 부류의 사람이나 생물이나 물건의 존재. ¶역적의 ~를 말리다. **5** 점점 커지거나 발전하여 어떤 결과를 빚게 될, 처음의 원인. ¶말~이 되는 법이다.

씨를 말리다 어떤 종류의 것을 하나도 남기지 않고 죄다 없애다.

씨(가) 먹다 말이 조리가 닿아 설득하는 힘을 가지다. ¶씨가 먹지 않는 소리.

씨² [명][언] =품사(品詞).

씨³ [감] '시'의 센말.

-씨⁴ [접미] '태도', '버릇'의 뜻을 나타내는 말. ¶마음~ / 말~.

씨⁵(氏) **Ⅰ** [명] **1** 〈주로〉 (성년(成年)이 된 사람의 성(姓)이나 성명이나 이름 아래에 쓰여) 그 사람을 높이거나 대접하여 부르거나 이르는 뜻을 나타내는 말. 대체로 동료나 아랫사람에게 쓰는 말로, 공식적·사무적인 자리에서가 아니면 윗사람에게 쓰기 어려움. ¶김 ~. 나 좀 봐.
Ⅱ [의] 주로 글에서, 성년이 된 사람을 성이나 성명을 생략한 채로 이르는 존칭. 앞에서 성명을 이미 밝힌 경우에 쓸 수 있는 말임. ¶~의 주장은 여러 가지 논리적 결함을 가지고 있다.

-씨⁶(氏) [접미] 성(姓)을 나타내는 명사 뒤에 붙어, 그 성 자체를 나타내는 말. ¶밀양 박~ / 김~ 아저씨. (原).

씨-감자 [명] 씨앗으로 쓸 감자.

씨근-거리다/-대다 [동][자] 숨가쁘게 가쁘거나 화가 치밀어 자꾸 거친 숨소리를 내다. 작세근거리다. 예시근거리다.

씨근덕-거리다/-대다 [-껀(떡)-] [자] '시근덕거리다'의 센말. ¶분을 참지 못한 그는 한참이나 **씨근덕거렸다**.
씨근덕-씨근덕 甲 '시근덕시근덕'의 센말. 씨근덕씨근덕-하다 동자여
씨근-씨근 甲 씨근거리는 모양. 잘쌔근쌔근. 예시근시근. 씨근씨근-하다 동자여
씨-눈 명[생]=배(胚)'2.
씨-닭[-딹] 명=종계.
씨도둑은 못 한다 남의 씨[혈통]를 훔칠 수 없다는 뜻으로, 아무리 감추어도 부인 하려 해도 자식은 유전적으로 부모를 닮을 수밖에 없다는 말.
씨-돼지 명 씨를 받으려고 기르는 돼지. =종돈(種豚).
씨르래기 명=여치.
씨름 명[체] 두 사람이 샅바를 넓적다리에 걸어 서로 잡고 힘과 기술로 상대를 넘어뜨리는, 우리나라 고유의 경기. ¶-장사. 2 무엇을 이루려고 끈기 있게 노력하는 일. **씨름-하다** 동자여 ¶책과 ~.
씨름-꾼 명 씨름하는 사람. 또는, 씨름을 잘하는 사람.
씨름-판 명 씨름을 하는 판.
씨-말 명=종마(種馬).
씨-받이[-바지] 명 전에, 대(代)를 이을 아이를 다른 여자가 대신 낳아 주던 일. 또는, 그 여자.
씨-방(-房) 명[식] 암술대 밑에 붙은 통통한 주머니 모양의 부분. 그 속에 밑씨가 들어 있음.
씨부렁-거리다/-대다 자타 '시부렁거리다'의 센말. ¶입속으로 뭐라고 ~.
씨부렁-씨부렁 甲 '시부렁시부렁'의 센말. 씨부렁씨부렁-하다 동자여
씨-뿌리기 명[농] 논밭에 곡식의 씨앗을 뿌리는 일. =파종(播種).
씨-소 명=종우(種牛).
씨식잖다[-잔타] 형 같잖고 되잖다. ¶그게 무슨 **씨식잖은** 소리냐?
씨-실 명 피륙을 가로 건너 짜는 실. =위사(緯絲). ↔날실.
씨아 명 목화의 씨를 빼는 기구.
씨-알 명 1 =종자(種卵). 2 곡식 등의 종자로서의 낱알.
씨알이 먹다 '씨(가) 먹다'를 속되이 이르는 말. →씨¹.
씨알-머리 명 사람의 종자를 욕으로 이르는 말.
씨-암탉[-탁] 명 씨를 받으려고 기르는 암탉. ¶사위가 온다고 ~을 잡는다.
씨앗[-앋] 명 곡식이나 채소의 씨.
씨-조개 명 씨를 받기 위해 기르는 조개.
씨족(氏族) 명 원시 사회에서 공동의 조상을 가진 혈족 단체. ▷부족(部族).
씨-종 명 대대로 전하여 내려가며 종노릇을 하는 사람.
씨-줄 명[지]=위선(緯線)². ↔날줄.
씨-토끼 명=종토(種兔).
씨팔 亞 상대를 저주하거나 불평·불만을 나타낼 때에 내뱉는 아주 심한 욕설.
씩¹ 甲 한 번 소리 없이 싱겁게 웃는 모양. ¶멋쩍게 ~ 웃다.
-씩² 접미 수사나 수량·정도를 나타낸 말에 붙어, 여럿이 다 같은 수량이나 정도로 나누거나, 같은 수량이나 정도로 되풀이됨을 나타내는 말. ¶조금~ / 그는 한 달에 두 번~ 산에 오른다.

씩씩 甲 '식식'의 센말. 잘쌕쌕. 씩씩-하다 동자여
씩씩-거리다/-대다[-꺼(때)-] 자 '식식거리다'의 센말. ¶화가 나서 ~. 잘쌕쌕거리다.
씩씩-하다²[-씨카-] 형여 굳세고 당당하다. ¶씩씩한 젊은이. 씩씩-히 甲
쎌그러-뜨리다/-트리다 동타 '실그러뜨리다'의 센말.
쎌룩 甲 '실룩'의 센말. 쎌룩-하다 동자여 ¶입을 ~.
쎌룩-거리다/-대다[-꺼(때)-] 자타 '실룩거리다'의 센말. ¶입을 ~.
쎌룩-쎌룩 甲 '실룩실룩'의 센말. 쎌룩쎌룩-하다 동자여
씹 명 1 어른의 '보지'를 비속하게 이르는 말. 금기어임. ↔좆. 2 (사람이 이성의 사람과) 성교를 하는 것. 일반적 상황에서 절대로 쓸 수 없는 말. 금기어임. **씹-하다** 동자여 (사람이 이성의 사람과) 성교를 하다. 금기어임.
씹다[-따] 타여 1 (사람이나 동물이 음식이나 물건을) 위아래의 이[특히, 어금니] 사이에 넣고 여러 번 이를 힘주어 맞닿게 하여, 잘게 부수거나 부드러운 상태가 되게 하다. ¶밥을 꼭꼭 **씹어** 먹다. 2 (사람이 어떤 사람이나 그의 행동을) 여러 사람 앞에서 나쁘게 말하다. 속된 말임. 비헐뜯다. ¶남을 공연히 ~.
씹어-뱉다[-밷따] 동타여 말을 아무렇게나 되는 대로 지껄이다. 속된 말임. ¶막말을 서슴없이 ~.
씹-히다[씨피-] 동 ①=씹다'의 피동사. ¶밥에 섞인 돌이 ~. ②=씹다'의 사동사.
씻-기다[씯끼-] 동 ①자=씻다'의 피동사. ¶오랜 세월을 물결에 **씻겨** 닳고 닳은 조약돌. ②타=씻다'의 사동사.
씻김-굿[씯낌꿋] 명[민] 전라남도 지방(주로 진도)에서 행해지는, 죽은 영혼의 부정(不淨)을 씻어 주어 극락왕생하게 하고, 자손의 복을 비는 굿.
씻-나락 명[방]=볍씨(경상·전라).
씻다[씯따] 동타여 1 (물체나 몸을 물로) 그 표면이 깨끗해지게 하다. 특히, (대상을) 물에 담그거나 물에 묻힌 한 상태에서 손 따위로 문지르거나 하면서 표면의 더러운 물질이 없어지게 하다. ¶얼굴을 ~. 2 (휴지나 손수건 따위로 몸의 어떤 부분을) 깨끗해지게 하다. 비닦다. ¶휴지로 밑을 ~. 3 (누명·치욕·죄과 따위를) 깨끗히 벗다. ¶범인이 잡혀서 누명을 **씻게** 되었다. 4 (원한 따위를) 없어지게 하다. ¶천추에 **씻지** 못할 원한.
씻은 듯이 아주 깨끗하게. ¶약을 먹었더니 아프던 곳이 ~ 나았다.
씽 甲 바람이 세차게 스쳐 지나거나, 물체가 세차게 바람을 일으키며 나아갈 때에 나는 소리. 또는, 그 모양. 잘생생.
씽굿[-귿] 甲 '싱긋'의 센말. ¶그는 ~ 웃는 것으로 나에게 동의해 주었다. 잘쌩긋. 씽긋-하다 동자여 씽긋-이 甲
씽-씽 甲 바람이 세차게 스쳐 지나거나, 물체가 세차게 바람을 일으키며 나아갈 때에 잇달아 나는 소리. 또는, 그 모양. ¶고속도로를 ~ 달리는 자동차. 잘쌩쌩.
씽씽-하다 형여 '싱싱하다'의 센말. 잘쌩쌩하다.

ㅇ →이응.

아¹ 명[언] 한글 모음 'ㅏ'의 이름.
[**아** 해 다르고 **어** 해 다르다] 같은 내용의 이야기도 이렇게 말하여 다르고 저렇게 말하여 다르다.

아² 캄 1 놀람·당황함·초조함 등을 나타내거나 급할 때에 내는 소리. ¶~, 이를 어쩌. 2 남에게 말하려 할 때 주의를 환기하기 위해 내는 소리. 3 감동적인 느낌을 나타내거나 한탄할 때 내는 소리. ¶~, 가을이 깊어 가누나.

아³ 캄 입 안이 들여다보일 만큼 크게 벌린 모양.

아⁴ 〔亞〕 조 받침이 있는 명사 아래에 붙어, 부름을 나타내는 호격 조사. ¶미경~, 놀자. ▷야.

-아⁵ 어미 끝 음절의 모음이 'ㅏ', 'ㅑ', 'ㅗ'인 용언의 어간에 붙는 연결 또는 종결 어미. 단, 선어말 어미 '-았-' 다음에는 '-어'가 붙음. 1 용언의 어간에 붙어, 보조 용언과 연결되게 하거나, 이유·근거 등을 나타내는 연결 어미. ¶물이 얕~ 그냥 건너도 된다. 2 동사의 어간에 붙어, 시간상의 선후 관계를 나타내는 연결 어미. ¶그를 찾~ 길을 떠났다. 3 동사의 어간에 붙어, 방법을 나타내는 연결 어미. ㈜-아서. ¶밥을 물에 말~ 먹다. 4 용언의 어간에 붙어, 어떤 사실을 서술하거나 물음을 나타내는 반말 투의 종결 어미. ¶네가 늦~. 5 동사의 어간에 붙어, 명령이나 청유를 나타내는 반말 투의 종결 어미. ¶깨끗이 닦~. 6 형용사의 어간에 붙어, 감탄의 뜻을 나타내는 종결 어미. ¶아이, 좋~! 7 동사의 어간에 붙어, 집에 명령을 내리는 군대식 구령에 쓰이는 종결 어미. ¶앞으로가! ▷-어.

아!-⁶ 〔亞〕 접두 '다음가는'의 뜻. ¶~열대 /~한대.

-아⁷ 〔兒〕 접미 1 '어린아이'의 뜻을 나타내는 말. ¶신생~ / 미숙~. 2 '장정' 또는 '남아'의 뜻. ¶행운~ / 풍운~.

아가 Ⅰ명 '아기'를 귀여움의 대상으로서 이르는 말.
Ⅱ갑 1 아기를 부르는 말. 2 시부모가 젊은 며느리를 친근하게 부르는 말. 주로 아이를 낳기 전에 쓰는 말임.

아가〔雅歌〕 명[성] 구약 성서 중의 한 권.

아가리 명 1 '입¹'을 비속하게 이르는 말. 2 용기(容器) 따위의, 물건을 넣고 내고 하는 어귀.
아가리(를) **놀리다** '말하다'를 비속하게 이르는 말.

아가미 명[동] 물속에서 사는 동물, 특히 어류에 발달한 호흡 기관. 붉은 참빗 모양으로 생겼으며, 이곳을 통해 물속의 산소를 받아들임.

아가씨 명 1 지난날, 지체 있는 집안의 처녀를 신분이 낮은 사람이 호칭 또는 지칭하던 말. 2 미혼의 젊은 여자를 윗사람이나 비슷한 나이의 사람이 호칭 또는 지칭하는 말. ¶~, 길 좀 물읍시다. 3 손아래 시누이를 호칭 또는 지칭하는 말.

아가페〔ⓔagapē〕 명 인간에 대한 신(神)의 절대적이고 무조건적인 사랑. 또는, 보상을 바라지 않고 베푸는 인간의 희생적인 사랑.

아고라〔ⓔagora〕 명[역] 고대 그리스의 도시 국가에 있던 공공(公共)의 광장. 로마의 포룸에 해당함.

아관〔俄館〕 명[역] 조선 말기에 서울에 있었던 러시아 공사관.

아관^파천〔俄館播遷〕 명[역] 조선 말기인 1896년 2월 11일부터 다음 해 2월 25일까지 고종과 세자가 러시아 공사관에서 거처한 사건.

아교〔阿膠〕 명 쇠가죽을 끈끈하도록 고아서 말린 접착제.

아구-**찜** 명 '아귀찜'의 잘못.

아ː**국**〔我國〕 명 우리의 나라. ㈜우리나라.

아ː**군**〔我軍〕 명 우리 편의 군대. ↔적군.

아궁 명 '아궁이'의 준말.

아궁이 명 가마나 방·솥·구덩이 같은 데에 불을 때기 위하여 만든 구멍. ㈜아궁.

아귀¹ 명 1 드물게 '손아귀'를 달리 이르는 말. ¶~의 힘이 세다. 2 두루마기나 여자 속곳의 옆을 트는 구멍. ¶~를 트다.
아귀(가) **맞다** 논리적으로 앞뒤의 관계가 들어맞다. 또는, 숫자·수효 등이 계산상 들어맞다.
아귀(를) **맞추다** 논리적으로 앞뒤의 관계가 들어맞게 하다. 또는, 숫자·수효 등이 계산상 틀림이 없게 맞추다.

아귀² 명[동] 몸이 납작하며, 머리와 입이 몸시 큰 바닷물고기. 몸 표면은 비늘이 없이 피질 돌기로 덮여 있고, 몸빛은 회갈색에 많은 점이 흩어져 있음. 식용함.

아ː**귀**³〔餓鬼〕 명 1 [불] 생전에 인색하고 탐욕을 많이 부려, 죽은 뒤에 굶주림의 고통을 받는 귀신. 2 염치없이 먹을 것을 탐하는 사람의 비유.

아귀-**다툼** 명 서로 헐뜯고 기를 쓰며 사납게 다투는 일. **아귀다툼**-**하다** 재여미

아귀-**아귀** 튐 음식을 욕심껏 입 안에 넣고 마구 씹어 먹는 모양. ¶며칠 굶은 사람처럼 ~ 먹어 대다.

아귀-**찜** 명 아귀에 콩나물·미나리·미더덕 등의 재료와 함께 고춧가루·녹말풀 등을 넣고 걸쭉하게 찐 음식. ×아구찜.

아귀-**힘** 명 손아귀에 잡고 쥐는 힘.

아그 명〈방〉아이'(전남).

아그레망〔ⓕagrément〕 명[정] 대사·공사 등 외교 사절을 파견할 때, 정식으로 임명하기 전에 상대국에 요청하는 승낙.

아그배-**나무** 명[식] 봄에 흰색 꽃이 피고, 가을에 배와 비슷하게 생긴 앵두만 한 붉은 열매가 익는 낙엽 활엽 교목. 산에서 자라는데, 관상용으로도 심음.

아금-**받다**[-따] 혱 알뜰하고 다부지다.

아기 명 1 젖을 먹거나 자라고 있는 정도의 어린 사람. 2 어머니의 배 속에서 자라고 있는 생명체. ㈜아이. ¶~를 배다. 3 나이 어린 딸이나 며느리를 귀엽게 이르는

말. ¶새~. 4 짐승이나 사물의 이름 앞에 쓰여, 짐승의 어린 새끼나 작은 사물을 귀엽게 이르는 말. ¶~ 곰 / ~ 별. ▷아가. ×애기.

아기-씨 [명] 1 지난날, 지체 있는 집안의 처녀를 신분이 낮은 사람이 높여서 호칭 또는 지칭하던 말. 2 지난날, 갓 시집온 색시를 신분이 낮은 사람이 높여서 호칭 또는 지칭하던 말. 3 손아래 시누이를 호칭 또는 지칭하는 말. [비]아가씨.

아기-자기 [부] 1 여러 가지가 어울려 아름답고 예쁜 모양. 2 오밀조밀하게 잔재미가 있고 즐거운 모양. 3 재미나 흥미를 느껴 마음이 자릿자릿한 모양. **아기자기-하다** [형][여] ¶**아기자기한** 신혼 생활.

아기-집 [명][생] =자궁(子宮)[1].

아까 Ⅰ[부] 현재로부터 약간의 시간 전에. Ⅱ[명] 현재로부터 약간의 시간 전.

아까시-나무 [명][식] 산에 흔히 자라며, 가지에 가시가 있고, 5~6월에 향기가 강한 흰색의 작은 꽃이 송이를 이루어 피는 낙엽 활엽 교목. =아카시아.

아까워-하다 [동][타][여] 아깝게 여기다. 또는, 아까운 생각을 가지다. ¶잃어버린 돈을 **아까워한들** 무슨 소용이 있나.

아깝다[-따] [형][ㅂ] <아까우니, 아까워> 1 (잃거나 없어지거나 버리거나 놓치거나 한 대상이) 가치 있는 것이어서 섭섭하거나 서운하다. ¶다 잡은 물고기를 **아깝게** 놓쳤다. 2 (어떤 대상이) 가치 있는 것이어서 함부로 쓰거나 버리거나 내놓거나 하기가 싫다. ¶돈이 **아까워서** 벌벌 떨다. 3 (가치 있는 대상이) 제대로 쓰이거나 다루어지지 못해 안타깝다. ¶재주가 ~.

아끼다 [동][타] 1 (물건이나 돈·시간 등을) 함부로 쓰거나 아무렇게나 다루지 않고 아깝게 생각하거나 귀중하게 여기다. ¶돈을 ~ / 시간을 ~. 2 (사람이 아랫사람이나 평교간의 사람을) 소중하게 여겨 관심있게 보살피거나 위하는 마음을 가지다. ¶**아끼는** 제자. 3 (몸을) 움직여 일하기를 두려워하거나, (노력을) 들이기를 소극적으로 하다. ¶몸을 ~.

아낌-없다[-업따] [형] 1 (사람의 태도가) 물건이나 돈을 쓰는 데 있어 아깝게 여김이 없다. 2 어떤 일을 함에 있어 주저함이나 소극적인 태도가 없다. ¶**아낌없는** 성원을 보내다. **아낌없-이** [부] ¶~ 주다.

아나[1] [감] 상대의 분수에 맞지 않는 희망이나 꿈에 대해서 비웃거나 조롱하여 이르는 말.

아나[2] [감] <방> 옜다(경남).

아나고([일]穴子/あなご) [명] '붕장어'로 순화.

아나운서(announcer) [명] 1 방송국에서 뉴스 보도, 사회, 실황 중계방송 등을 맡아 하는 사람. 또는, 그 직책. 2 경기장·극장·역 등에서 안내 방송을 하는 사람.

아낙 [명] '아낙네'의 준말.

아낙-네[-낭-] [명] 부녀자 특히 시골의 부녀자를 이르는 말. [준]아낙.

아난다(Ānanda) [명][불] 석가모니의 10대 제자 중 한 사람(?~?). 석가모니의 열반 후 경전 결집에 참가하여 큰 업적을 남김.

아날로그(analogue) [명][물] 물질·시스템 등의 상태를 연속적으로 변화하는 물리량(物理量)으로 나타내는 것. ▷디지털.

아날로그-시계(analogue時計) [-계/-게] [명] 문자판에 바늘로 시간을 나타내는 시계. ▷디지털시계.

아날로그^컴퓨터(analogue computer) [명][컴] 길이·전압·전류 등과 같은 연속적인 양을 이용하여 계산하는 컴퓨터. 데이터의 변환 없이 직접 입력이 가능하므로 연산 속도가 빠름. ▷디지털 컴퓨터.

아내 [명] 결혼하여 남자의 짝이 된 여자를 그 남자에 대하여 이르는 말. =처(妻). ↔남편. ×안해.

[**아내가 귀여우면 처갓집 말뚝 보고도 절한다**] ㉠아내가 좋으면 아내에 딸린 하찮은 것까지도 좋게 보인다. ㉡한 가지가 마음에 들면 다른 것까지도 좋아 보인다.

아냐 [감] '아니야'의 준말.

아네모네(anemone) [명][식] 알뿌리에서 7~8개의 꽃줄기가 나와, 봄에 꽃줄기 끝에 붉은색·자주색·청색·흰색 등의 꽃이 피는 여러해살이풀. 관상용으로 기름.

아녀-자(兒女子) [명] 1 어린이와 여자. 2 여자를 낮추어 이르는 말.

아노락(anorak) [명] 후드가 달린, 방한용·방풍용 상의.

아노미([프]anomie) [명][사] 사회의 동요·해체로 인해 나타나는, 개인의 행동·욕구의 무규제 상태. 노이로제·비행(非行)·범죄·자살 등의 형태를 취함. ¶~ 현상.

아뇨 [감] '아니요'의 준말.

아늑-하다[-느카-] [형][여] 주위가 휑하니 터져 있지 않고 포근히 둘러싸여 편안하고 평온한 느낌을 주는 상태에 있다. ¶**아늑한** 분위기의 찻집. **아늑-히** [부]

아니[1] [부] 1 (용언 앞에 쓰여) 그 말의 동작이나 작용, 상태나 속성을 부정하는 뜻을 나타내는 말. 현대 국어에서는 일반적으로, 준말인 '안'이 더 널리 쓰임. ¶~ 먹다 / 몸이 안 좋다. [준]안. ▷못. 2 어떤 사실을 서술하면서 그 정도나 범위를 특히 강조하고자 할 때 쓰여, 정도나 범위의 차이가 있는 두 개의 말을 벌이고 앞의 것을 부정함으로써 뒤의 것의 정도나 범위를 더욱 강조하는 말. ¶이 물건은 천만금, ~ 억만금을 준다 해도 팔 수 없다.

[**아니 땐 굴뚝에 연기 날까**] 원인이 없이 결과가 있을 수 없다는 말.

아니 할 말로 차마 해서는 아니 될 극단적인 말로.

아니[2] [감] 1 긍정 또는 부정의 답을 요구하는 물음에 대해서, 부정의 뜻으로 대답하는 반말 투의 말. ¶"네가 그랬니?" "~, 안 그랬어." ▷아니요. 2 어떤 일이 뜻밖에 벌어진 것일 때, 말하는 사람이 놀라움을 나타내어 하는 말. ¶~, 그럴 수가.

아니꼽다[-따] [형][ㅂ] <아니꼬우니, 아니꼬워> 1 비위가 뒤집혀 토할 듯하다. 2 (하는 짓이나 말이) 건방지고 되바라져서 불쾌하다. ¶뽐내는 꼴이 ~.

아니다 [형] 어떤 사실을 부정하는 뜻을 나타내는 말. ¶그는 학생이 ~.

[**아닌 밤중에 홍두깨**] 예기하지 못한 말을 불쑥 꺼내거나 뜻밖의 일을 갑자기 당하는 경우에 이르는 말.

아니나 다를까 과연 예측한 바와 같다는 뜻을 나타낼 때에 하는 말.

아닌 게 아니라 아니라고 부정할 수 없게. ¶듣고 보니 ~ 네 말이 맞다.

아닌 밤중에 뜻하지 않은 밤중에. 뜻밖의 때에. ¶~ 이 무슨 날벼락인가.

아니리 [명][음] 판소리에서, 창을 하는 사

758_아니마

이 사이에 가락을 붙이지 않고 이야기하듯 엮어 나가는 말. =사설. ⓑ발림.
아니마(ⓔanima) 圄[심] 남성의 무의식 속에 잠재해 있는 여성적 특성. 심리학자 융의 용어임. ▷아니무스.
아니마토(ⓘanimato) 圄[음] 악곡의 표현 방법을 나타내는 말로, '생기 있게', '힘차게'의 뜻.
아니무스(ⓔanimus) 圄[심] 여성의 무의식 속에 잠재해 있는 남성적 특성. 심리학자 융의 용어임. ▷아니마.
아니-야 뀝 아랫사람이나 대등한 관계에 있는 사람이 묻는 말에 부정하여 대답할 때 쓰는 말. ¶"너 거기 갔었지?" "~, 난 집에 있었어." ⓒ아냐.
아니-요 뀝 긍정 또는 부정의 답을 요구하는 물음에 대해서, '해요' 할 상대에게 부정의 뜻으로 대답하는 말. ¶"너 밥 먹었니?" "~, 안 먹었어요." ⓒ아뇨.
아니-하다 조동 조형 '않다 I②·II'의 본딧말.
-아다 에미 '-아다가'의 준말. ¶그놈을 잡~ 닦달하면 실토할 거다. ▷-어다.
-아다가 에미 끝 음절의 모음이 'ㅏ', 'ㅗ'인 동사의 어간에 붙어, 어떤 동작을 다음 동작과 순차적으로 이어 주는 종속적 연결 어미. ¶고기를 잡~ 어항에 넣었다. ⓒ-아다. ▷-어다가.
아다지오(ⓘadagio) 圄[음] 악곡의 속도를 지시하는 말로, '매우 느리게'의 뜻. 라르고보다는 조금 빠르고 안단테보다는 느림.
아담(Adam) 圄[성] 구약 성서에 나오는, 인류의 시조. 하느님이 흙을 빚어 만들었다 함.
아담-하다(雅淡-·雅澹-) 혬여 1 집이나 방이나 정원 등이) 지나치게 크지 않으면서도 깨끗하고 균형을 갖춘 상태에 있다. ¶아담한 정원. 2 (속) (키·체구·크기) 등이) 자그마한 상태에 있다. 근래에 쓰이기 시작한 구어체의 속음임. ¶아담한 체구. **아담-히** 뮈
-아도 에미 끝 음절의 모음이 'ㅏ', 'ㅑ', 'ㅗ'인 용언의 어간에 붙어, 그 사실을 인정하나 다음의 사실과 상관이 없음을 나타내는 종속적 연결 어미. 'ㅏ'로 끝나는 어간 아래에서는 '아'가 탈락됨. ¶키는 작~ 야무지다. ▷-도·-어도.
아동(兒童) 圄 1 신체적·지적으로 미숙한 단계에 있는, 어린 사람. 일반적으로 초등학교에 다니는 시기의 사람을 가리킴. 2 [법] 아동 복지법상, 18세 미만의 사람.
아동-문학(兒童文學) 圄[문] 어린이를 대상으로, 어른이 그들의 교육과 정서를 위하여 창작한 문학. 동요·동시·동화 따위.
아동-복(兒童服) 圄 어린이가 입도록 만든 옷.
아동-시(兒童詩) 圄 어린이가 지은 시. =동시(童詩).
아동-용(兒童用) [-뇽] 圄 아동이 이용하게 되어 있는 상태. 또는, 그런 목적의 대상. ¶~ 책상.
아둔-하다 혬여 지혜롭지 못하고 어리석다. ¶아둔한 사람.
아드-님 圄 남을 높여 그의 '아들'을 이르는 말. ⓑ자제. ↔따님.
아드득 뮈 1 이를 한 번 야무지게 가는 소리. 2 작고 단단한 물건을 힘껏 깨물어서 깨뜨릴 때에 나는 소리. ⓐ으드득. 아드득-하다 쪼재여

아드레날린(adrenaline) 圄[화] 척추동물의 부신 수질에서 분비되는 호르몬. 혈당량을 조절하며, 심장 기능을 강하게 하여 혈압을 올림. 강심제·지혈제 등으로 쓰임.
아드리아 해(Adria海) 圄[지] 이탈리아와 발칸 반도에 둘러싸인, 지중해 북부 해역.
아득-바득 [-빠-] 뮈 몹시 고집을 부리거나 애를 쓰는 모양. ¶끝까지 ~ 우기다. **아득바득-하다** 쪼재여
아득-하다 [-드카-] 혬여 1 (물체가) 매우 멀리 떨어져 있어 가물가물하게 보이는 상태에 있다. 또는, 거리상으로 매우 멀리 떨어진 상태에 있다. ¶아득한 지평선. 2 (소리가) 거리상으로 매우 멀어서 들릴 듯 말 듯한 상태에 있다. ¶누군가 우리를 부르는 소리가 아득하게 들려왔다. 3 (시점이) 아주 오래전인 상태에 있다. ¶아득한 옛날. 4 (어떤 일이) 뾰족한 수가 없어 막연하다. ¶살아갈 일이 아득하기만 하다. **아득-히** 뮈 ~멀다.
아들 圄 1 성(性)이 남자인 자식. ¶첫~. 2 어떤 공동체에서 태어나거나 길러진 남자 (주로, 젊은이)인 사람을 비유적으로 또는 친밀감을 가지고 이르는 말. ¶늠름하고 씩씩한 대한의 ~. ⓑ딸.
아들-내미 圄 '아들'을 귀엽게 또는 정겹게 이르는 말. 구어적인 말로, 남의 아들에 대해서는 격의 없는 사이일 때 쓰임. ↔딸내미.
아들-놈 [-롬] 圄 1 '아들자식'을 겸손하게 이르는 말. ¶"애가 제 ~입니다. 2 '아들'을 낮추어 이르는 말. ↔딸년.
아들-딸 圄 아들과 딸. ⓑ자녀.
아들-아이 圄 남에게 자기 아들을 이르는 말. ⓒ아들애. ↔딸아이.
아들-애 圄 '아들아이'의 준말. ↔딸애.
아들-자 圄[수] 길이나 각도를 잴 때 가장 작은 눈금의 끝수를 보다 정밀하게 재려고 덧붙여서 쓰는 보조자. ↔어미자.
아들-자식(-子息) 圄 남에게 자기 아들을 이르는 말. ↔딸자식.
아등-바등 뮈 몹시 억지스럽게 자꾸 애를 쓰거나 우겨 대는 모양. ¶어떻게 해서든 살아 보려고 ~ 애를 쓰다. **아등바등-하다** 쪼재여
아디스아바바(Addis Ababa) 圄[지] 에티오피아의 수도.
아따 뀝 무엇이 몹시 심하여 못마땅할 때 내는 소리. ¶~ 귀찮게 구네. ⓐ어따.
아뜩 뮈 [-뜨-] 圄여 갑자기 어지러워 까무러칠 듯한 상태에 있다. ¶충격적인 소식에 정신이 ~. ⓐ아득하다. 아뜩-히 뮈
-아라 에미 1 '가다'와 '가다'로 끝나는 동사, '오다'와 '오다'로 끝나는 동사를 제외하고 끝 음절의 모음이 'ㅏ', 'ㅑ', 'ㅗ'인 동사의 어간에 붙어, '해라' 할 상대에게 명령의 뜻을 나타내는 종결 어미. ¶잠 잡~. 2 끝 음절의 모음이 'ㅏ', 'ㅑ', 'ㅗ'인 형용사의 어간에 붙어, 감탄의 뜻을 나타내는 종결 어미. ¶참 달도 밝~. ▷-어라.
아라베스크(ⓕarabesque) 圄 ['아라비아 풍'이라는 뜻] 1 [미] 아라비아에서 발안된, 기하학무늬·당초무늬 등을 융합한 환상적인 무늬. 2 [음] 하나의 악상을 환상적·장식적인 내용으로 전개하는 악곡.
아라비아(Arabia) 圄[지] 아시아 남서부,

페르시아 만·인도양·홍해에 둘러싸여 있는 지역.

아라비아^반!도(Arabia半島) [명][지] 아시아 남서부에 있는, 세계 최대의 반도.

아라비아^사막(Arabia沙漠) [명][지] 이집트 동부에 있는 암석 사막.

아라비아^숫!자(Arabia數字) [-수짜/-숟짜] [명][수] 오늘날 전 세계적으로 가장 널리 쓰이는, 0, 1, 2, 3, 4, 5, 6, 7, 8, 9의 숫자. ▷로마 숫자.

아라비아^어(Arabia語) [명][언] =아랍어.

아라비아^인(Arabia人) [명] =아랍 인.

아라비아 해(Arabia海) [명][지] 인도와 아라비아 반도에 둘러싸인, 인도양 북서부 해역.

아라사(俄羅斯) [명] '러시아'의 음역어.

아라파트, 야세르(Arafat, Yasser) [명][인] 팔레스타인 민족 해방 운동의 지도자(1929~).

아라한(阿羅漢) [명] [<[범]arhan] [불] **1** 소승 불교에서, 온갖 번뇌를 끊고 깨달음을 얻어 공덕을 갖춘 성자(聖者)를 이르는 말. **2** 생사를 이미 초월하여 배울 만한 법도가 없게 된 경지의 부처. [준]나한.

아락-바락[-빠-] [부] 성이 나서 기를 쓰고 대드는 모양. ¶형에게 ~ 대들다.

아람 [명] 밤·상수리 따위가 나무에 달린 채 저절로 충분히 익은 상태. 또는, 그 열매.

아랍^어(Arab語) [명][언] 아라비아 반도, 중동 일부 지역, 북아프리카에서 쓰이는 언어. 셈 어족에 속함. =아라비아 어.

아랍^에미리트(Arab Emirates) [명][지] 페르시아 만 남쪽 기슭에 있는 연방국. 수도는 아부다비.

아랍^인(Arab人) [명] 셈 어족으로 아랍 어를 사용하는 인종. 중동·북아프리카에 분포하고, 대부분이 이슬람교도임. =아라비아 인.

아랑곳[-곧] [명] 어떤 일을 마음에 두거나 상관하는 것. **아랑곳-하다** [동][자][타][여] ¶남의 시선을 **아랑곳하지** 않다.

아랑곳-없다[-곧업따] [형] 어떤 일을 마음에 두거나 상관함이 없다. **아랑곳없-이** [부] ¶무더위도 ~ 맹훈련을 하다.

아래 [명] **1** 어떤 기준이나 중간보다 낮은 위치. 또는, 그 위치에 있는 부분. ¶산 ~. **2** 신분·지위·연령·등급·정도 따위에서, 어떤 것보다 낮은 자리나 위치. ¶두 살 ~의 동생. **3** 글 따위에서, 뒤에 들 내용. ¶주의 사항은 ~와 같다. **4** 조건이나 영향 따위가 미치는 범위. ¶시부모 ~에서 살다. **5** '음부(陰部)'를 완곡하게 이르는 말. ¶~만 살짝 가린 나부. ↔위.

아래-옷[-옫] [명] 허리 아래에 입는 옷. [비]하의. ↔윗옷.

아래-위 [명] 아래와 위. [비]위아래·상하. ¶그는 나를 ~로 훑어보았다.

아래위-턱 [명] 아랫사람과 윗사람의 구별. ¶자네는 ~도 모르나?

아래윗-집[-위찝/-윋찝] [명] 아랫집과 윗집.

아래-쪽 [명] 아래가 되는 쪽. ↔위쪽.

아래-층(-層) [명] 여러 층으로 된 것의 아래에 있는 층. ↔위층.

아래-턱 [명] 아래쪽의 턱. ↔위턱.

아래턱-뼈 [명][생] 아래턱을 이루는 말발굽 모양의 뼈. ↔위턱뼈.

아랫-것[-래껃/-랟껃] [명] 지체가 낮은 사람을 낮추어 이르는 말.

아랫-길[-래낄/-랟낄] [명] **1** 아래쪽에 있는 길. **2** 품질이 다른 것에 비해 못한 것. ↔윗길.

아랫-녘[-랜녁] [명] 경상도와 전라도를 일컫는 말.

아랫-니[-랜-] [명] 아래쪽 잇몸에 난 이. ↔윗니.

아랫-단[-래딴/-랟딴] [명] 옷 아래 가장자리를 안으로 접어 붙이거나 감친 부분.

아랫-도리[-래또-/-랟또-] [명] **1** '아래옷'을 좀 더 구어적으로 이르는 말. =아랫도리옷. ↔윗도리. **2** 허리 아래의 부분, 또는 성기가 있는 부분을 구어적으로 이르는 말. [비]하체. ¶~만 겨우 가리다.

아랫도리-옷[-래또-옫/-랟또-옫] [명] =아랫도리**1**.

아랫-돌[-래똘/-랟똘] [명] 아래쪽에 있는 돌. ↔윗돌.

아랫-동네[-래똥-/-랟똥-] [명] 어떤 동네에 대하여, 아래쪽에 있는 동네. ↔윗동네.

아랫-마을[-랜-] [명] 어떤 마을에 대하여, 아래쪽 또는 지대가 낮은 쪽에 있는 마을. ↔윗마을.

아랫-면(-面) [-랜-] [명] 아래쪽의 면. =하면(下面). ↔윗면.

아랫-목[-랜-] [명] 구들 놓은 방에서, 아궁이에 가까운 쪽의 방바닥. ↔윗목.

아랫-몸[-랜-] [명] 허리 아래의 몸. [비]하체. ↔윗몸.

아랫-물[-랜-] [명] 흘러가는 강이나 시내의 아래쪽의 물. ↔윗물.

아랫-반(-班) [-래빤/-랟빤] [명] **1** 아래 학년의 학급. **2** 학업 수준 등이 낮은 반. ↔윗반.

아랫-방(-房) [-래빵/-랟빵] [명] 이어져 있는 두 방 가운데 아궁이에 가까운 쪽의 방. ↔윗방.

아랫-배[-래빼/-랟빼] [명] 배꼽 아래쪽의 배. ¶~가 살살 아프다. ↔윗배.

아랫-변(-邊) [-래뼌/-랟뼌] [명][수] 사다리꼴에서 아래의 변. ↔윗변.

아랫-부분(-部分) [-래뿌-/-랟뿌-] [명] 전체 가운데 아래에 해당하는 부분. ↔윗부분.

아랫-분[-래뿐/-랟뿐] [명] 어떤 사람을 높여, 그의 아랫사람을 이르는 말. ↔윗분.

아랫-사람[-래싸-/-랟싸-] [명] 나이나 지위 등이 자기 또는 어떤 사람보다 적거나 낮은 사람. [비]손아랫사람. ↔윗사람.

아랫-입술[-랜닙쑬] [명] 아래쪽의 입술. ↔윗입술.

아랫-자리[-래짜-/-랟짜-] [명] **1** 낮은 곳의 자리. **2** 아랫사람이 앉는 자리. [비]하좌. **3** 낮은 지위의 자리. [비]하위. **4** [수] 십진법에서 어느 자리의 다음 자리. ↔윗자리.

아랫-집[-래찝/-랟찝] [명] 아래쪽에 이웃하여 있거나 지대가 낮은 곳에 있는 집. ↔윗집.

아!량(雅量) [명] 너그럽고 깊은 마음씨. ¶~을 베풀다. ▷도량(度量).

아레스(Ares) [명][신화] 그리스 신화에 나오는 군신(軍神). 제우스와 헤라의 아들로 흉포함. 로마 신화의 마르스(Mars)에 해당함.

아련-하다 [형][여] 똑똑히 분간하기 어렵게

어렴풋하다. ¶**아련한** 추억에 잠기다. 아련히 뮈 ¶~ 떠오르는 옛 친구의 모습.
아령(啞鈴) 몡 운동 기구의 하나. 쇠붙이나 나무로 양 끝을 공처럼 만듦. 두 개가 한 벌임. =덤벨.
아로-새기다 图(타) 1 (어떤 형상을) 또렷하게 파서 새기다. 2 (어떤 일을 마음속에) 또렷하게 기억되게 하다. 비유적인 말임. ¶추억을 마음속에 ~.
아롱-거리다/-대다 图例 점이나 줄이 연하여 고르게 무늬져 아른거리다. ¶아지랑이 **아롱거리는** 봄날 아침. 튭아롱거리다.
아롱-다롱 뭐 점이나 줄이 여기저기 고르지 않게 아롱진 모양. **아롱다롱-하다** 형 어 ¶**아롱다롱한** 커튼의 무늬.
아롱-사태 몡 쇠고기 뭉치사태의 한가운데에 붙은 살덩이.
아롱-아롱 뭐 아롱거리는 모양. 튭어룽어룽. **아롱아롱-하다** 형 어
아롱-이 몡 아롱진 점. 또는, 그런 점이 있는 짐승이나 물건. 튭어룽이.
아롱-지다 I 형 아롱진 무늬가 있다. ¶온갖 색으로 **아롱진** 꽃밭.
II 图(자) 아롱아롱한 무늬가 생기다.
아뢰다[-뢰-/-웨-] 图(타) 말씀드려 알리다. ¶**아뢰올** 말씀은 다음과 같습니다.
아ː류(亞流) 몡 학문·예술·학문 등에서, 독창성이 없이 모방하는 일이나 그렇게 한 사람. 또는, 그런 일을 하는 사람. ¶그 시는 이상(李箱) 문학의 ~에 불과하다.
아르(are) 몡(의전) 넓이의 단위. 1아르는 $100m^2$임. 기호는 a.
아르곤(argon) 몡 희유기체 원소의 하나. 원소 기호 Ar, 원자 번호 18, 원자량 39.948. 무색무취의 비활성 기체임. 백열 전구·형광등·진공관 등의 봉입 가스로 쓰임.
아르기닌(arginine) 몡 화 단백질을 구성하는 염기성 아미노산의 하나. 핵단백질에 많이 들어 있으며 합성됨.
아르^누보@art nouveau) 몡 ('새로운 예술'이라는 뜻) 19세기 말부터 20세기 초에 걸쳐 유럽과 미국에서 유행한 예술 양식의 하나. 자연 형태에서 모티프를 얻어 유연하고 유동적인 곡선을 사용함.
아르메니아(Armenia) 몡 지 이란·터키와 접하고 있는 공화국. 수도는 예레반.
아르바이트@Arbeit) 몡 ['일', '노동', '연구'의 뜻) 학생이나 주부나 직업인이 학업이나 가사나 본업 이외에 돈을 벌기 위해 하는 임시적인 일. 비 부업. ~생. **아르바이트-하다** 图(자 어)
아르에스시(RSC) 몡 [referee stop contest] 체 아마추어 권투 경기에서, 한쪽 선수가 실력이 너무 기울거나 부상을 당했을 때, 주심이 선수 보호 차원에서 경기를 정지시키는 일.
아르에이치식 혈액형(Rh式血液型) [-애킹] 생 Rh 인자의 유무에 따라 나눈, 사람의 혈액형. Rh 인자를 가진 것을 Rh 플러스, 갖지 않은 것을 Rh 마이너스라고 함.
아르엔에이(RNA) 몡 [ribonucleic acid] 생 리보오스를 함유하는 핵산. 단백질 합성에 관여함. ▷디엔에이.
아르오티시(ROTC) 몡 [Reserve Officer's Training Corps] 군 대학생에게 군사 훈련을 실시하여 졸업과 동시에 장교로 임명하는 제도. =학생 군사 교육단.

아르키메데스의 원리(Archimedes—原理) [-의원/-읜-] 물 액체나 기체 속에 있는 물체는 그 물체가 밀어 낸 액체나 기체의 무게만큼의 부력을 받는다는 법칙.
아르테미스(Artemis) 몡 신화 그리스 신화에 나오는 달과 사냥의 여신. 제우스의 딸임. 로마 신화의 디아나에 해당함.
아르헨티나(Argentina) 몡 지 남아메리카 남부, 대서양 연안에 있는 공화국. 수도는 부에노스아이레스.
아른-거리다/-대다 图(자) 1 무엇이 어렴풋하게 보이다 말다 하다. ¶수평선 멀리 **아른거리는** 고깃배 하나. 2 물이나 거울에 비친 그림자가 흔들리다. ¶호수에 비친 탑 그림자가 ~. 튭어른거리다.
아른-아른 뭐 아른거리는 모양. 튭어른어른. **아른아른-하다** 형 자 어
아름 몡 ① 셈 두 팔을 벌려 껴안은 둘레의 길이나 물건의 양. ② 셈 두 팔을 벌려 껴안은 둘레의 길이나 물건의 양을 세는 단위. ¶세 ~이나 되는 은행나무.
아름-거리다/-대다 图(자)(타) 1 (말이나 행동을) 똑똑하게 하지 않고 우물쭈물하는 상태로 하다. 2 (일을) 엉터리로 하여 눈속이다. 튭어름거리다.
아름다움 몡 눈이나 귀에, 또는 마음에 아름답게 느껴지는 현상. 图 미(美). ¶외모의 ~보다 내면의 ~을 추구하다.
아름-답다[-따] 형(ㅂ) 〈-다우니, -다워〉 1 (대상의 모습이) 균형과 조화를 이루어 눈으로 보기에 즐거움을 주는 상태에 있다. 图 예쁘다·곱다. ¶**아름다운** 여신. 2 (음향이나 목소리 등이) 귀로 듣기에 상쾌함을 주는 상태에 있다. ¶**아름다운** 노랫소리. 3 (어떤 대상이) 훌륭하거나 갸륵하여 기쁨을 주는 상태에 있다. ¶그의 희생정신은 참으로 ~.
아름-드리 몡 (주로 나무를 뜻하는 명사 앞에서 관형어처럼 쓰여) 둘레가 한 아름이 넘음. 곧, 아주 굵음을 나타내는 말. ¶~ 느티나무.
아름-아름 뭐 아름거리는 모양. 튭어름어름. **아름아름-하다** 图(자)(타) 어
아름-차다 图 1 힘에 겹다. 2 보람 있고 알차다. ¶**아름찬** 미래를 꿈꾸다.
아리까리-하다 형 어 1 '알쏭달쏭하다'의 잘못. 2 '아리송하다'의 잘못.
아리다 图 1 알알하여 혀끝을 찌르는 듯한 느낌이 있다. ¶입 속이 너무 매워서 혀가 ~. 2 상처나 살갗이 쓰리는 듯이 아프다. ¶칼에 베인 상처가 몹시 ~.
아리땁다 형 (주로 '아리따우니, 아리따워') (생김새나 몸가짐이) 사랑스럽고 아름답다. ¶**아리따운** 처녀.
아리랑 몡 음 우리나라의 대표적인 민요의 하나. 기본 장단은 세마치이나 지방에 따라 가사와 곡조가 약간씩 다름.
아리랑-치기 몡 속 밤거리에서 술에 취해 몸을 잘 가누지 못하는 사람의 금품을 터는 범행.
아리송-하다 형 어 긴가민가하여 또렷하게 분간하기 어렵다. ¶그 말이 무슨 뜻인지 ~. ×아리까리하다.
아리스토텔레스(Aristoteles) 몡 인 고대 그리스의 철학자(384~322 B.C.).
아리아@aria) 몡 음 1 오페라에서, 오케스트라의 반주가 있는 서정적 독창곡. =영창(詠唱). 2 서정적인 소곡(小曲).

아리아드네(Ariadne) [명][신화] 그리스 신화에 나오는 미노스 왕의 딸. 괴물을 죽이기 위해 미궁 속으로 들어가는 테세우스에게 실타래를 주어 길을 인도함.
아리아리-하다 [형][여] **1** 모두가 아리송하다. ¶뭐가 뭔지 **아리아리하여** 모르겠다. **2** 계속하여 아린 느낌이 있다. ¶매운 고추를 먹었더니 혀끝이 ~.
아리아^인(Arya人) [명] 인도·유럽 어족에 속하는 언어를 쓰고, 기원전 1500년경 중앙아시아로부터 인도나 이란에 이주한 고대 민족.
아릿-하다[-리타-] [형][여] 조금 아리다.
아마[1] [부] 확실히 단정할 수는 없지만 미루어 짐작하거나 생각해 보건대. [비]십중팔구. ¶잘은 모르지만 ~ 그럴 거야.
아마[2](亞麻) [명][식] 줄기 껍질의 섬유로 리넨을 짜고, 씨로는 '아마인유'라는 기름을 짜는 한해살이풀. 줄기는 높이 1m가량으로 가늘고 속이 비었음.
아마[3](←amateur) [명] '아마추어'의 준말. ¶~ 3단.
아마겟돈(←Harmagedon) [명][성] 신약 성서 '요한 계시록'에 나오는 지명. 선과 악이 싸울 최후의 전쟁터라고 함.
아마-도 [부] '아마[1]'의 힘줌말.
아마릴리스(amaryllis) [명][식] 남아메리카에서 원예 품종으로 교배한 여러해살이풀. 온실에서 기르며, 12월부터 3월까지 붉은색·담홍색·흰색 등의 꽃이 핌.
아마존(Amazon) [명][신화] 그리스 신화에 나오는 여무사족(女武士族).
아마존 강(Amazon江) [명][지] 남아메리카 북부를 적도를 따라 서에서 동으로 흐르는 강. 길이 6,200km.
아마추어(amateur) [명] 예술이나 스포츠, 기술 등에 관계된 일을 직업적으로가 아니라 즐거움이나 취미를 목적으로 하여 하는 사람. [비]애호가·비전문가. ¶~ 권투 선수. [준]아마. ↔프로.
아마추어^무선사(amateur無線士) [명] 국가가 인정하는 자격을 갖추고 비영리적 목적으로 무선 장비를 통해 통신을 하는 사람. =햄(ham).
아말감(amalgam) [명][화] 수은과 다른 금속과의 합금. 금·은의 야금과 거울의 반사면 및 치과용 충전재(充塡材)로 쓰임.
아메리카(America) [명][지] **1** 북아메리카와 남아메리카를 합쳐 이르는 말. =아메리카 주. **2** =미국.
아메리카^주(America洲) [명][지] '아메리카'를 주(洲)로서 일컫는 말. =미주.
아메리카^합중국(America合衆國) [-쭝-] [명][지] =미국.
아메리칸-드림(American dream) [명] **1** 미국 사람들이 갖고 있는 미국적인 이상 사회를 이룩하려는 꿈. 곧, 자유·평등·민주주의의 이상향으로서의 미국. **2** 기회의 땅 미국에서 온갖 어려움을 이겨 내고 크게 성공하는 일. ¶그는 ~을 일궈 낸 이민 1세대이다.
아메바(amoeba) [명][동] 크기가 0.02~0.5 mm인 단세포 원생동물. 민물이나 바닷물 또는 습지의 흙 속에 살며, 위족(僞足)을 내어 활동함.
아멘([히]amen) [감][가][기] 기도·찬송 또는 설교 끝에, 그 내용에 동의하거나 그것이 이루어지기를 바란다는 뜻으로 하는 말.
아멘호테프 사!세(Amenhotep四世) [명] [인] 고대 이집트의 왕(?~1347? B.C.).
아명(兒名) [명] 아이 때의 이름.
아모레([이]amore) [명][음] 악곡의 표현 방법을 나타내는 말로, '애정을 가지고'의 뜻.
아모스-서(Amos書) [명][성] 구약 성서 중의 한 권.
아몬드(almond) [명][식] =편도(扁桃)[2].
아!무 I [대](인칭) **1** 말하는 사람이 대상이 되는 사람을 특정한 범위에 국한시키지 않고 가리킬 때 쓰는 부정칭 대명사. ¶이 일은 ~나 하는 게 아니야. **2** ⟪성(姓) 아래에 붙여⟫ 사람의 이름을 굳이 밝힐 필요가 없거나 감추려 할 때, 그 이름을 대신하여 이를 때 쓰는 말. ¶박 ~네 학교.
II [관] 뒤에 오는 명사와 관련된 대상의 범위를 전혀 제한하지 않거나 굳이 한정하지 않음을 나타내는 말. [비]어떤·아무런. ¶~ 소용도 없는 일.
아!무-개 [대](인칭) 사람의 이름으로 말해야 할 자리에, 그 이름을 대신하여 이르는 말. ¶이 ~가 사는 집.
아!무-것[-걷] [대](지시) **1** 그 어떤 것. ¶덕수는 먹성이 좋아 ~이나 잘 먹는다. **2** ⟪주로, '아니다'와 함께 쓰여⟫ 그다지 대단하거나 특별한 것. ¶그는 성질이 괴팍해서 ~도 아닌 걸 가지고 화를 낸다.
아!무래도 [부] **1** 아무리 생각해 보아도. ¶~ 저놈이 수상하다. **2** 아무리 이리저리 해 보아도. ¶난 ~ 안 돼.
아!무러면 [부] ⟪주로 의문문 속에 쓰여⟫ 있기 어려운 경우나 상태를 가정하는 뜻을 나타내는 말. [비]설마. ¶~ 내가 너한테 질까 보냐?
아!무러-하다 [형][여] =아무렇다.
아!무런 [관] ⟪주로, '없다', '않다', '못하다' 등의 부정적인 말과 함께 쓰여⟫ 뒤에 오는 명사와 관련된 대상의, 있을 수 있는 모든 범위를 나타내는 말. ¶~ 말도 하지 않고 떠나다.
아!무렇다[-러타] [형][ㅎ] 〈아무러니, 아무러오, 아무래〉 **1** (사물이) 어떤 상태나 조건에 놓여 있다. ¶가문이야 **아무러면** 어때, 사람만 똑똑하면 됐지. **2** (사물이) 특별히 문제가 되는 상태에 있다. ¶잘못을 저지르고도 **아무렇지**도 않게 생각하다. **3** (일이나 행동이) 어떤 통제나 제약이나 절제가 없는 상태에 있다. =아무러하다. ¶그림을 **아무렇게**나 그리다.
아!무려나 [감] 아무렇게나 하고 싶은 대로 하라고 승낙하는 말.
아!무렴 [감] 상대의 말에 강한 긍정을 보일 때 쓰여, 말할 나위 없이 그렇다는 뜻을 나타내는 말. ¶"사과는 역시 대구산이 최고라니까!" "~, 그렇고말고." [준]암.
아!무리 I [부] 정도가 매우 심함을 나타낼 때 쓰이는 말. =암만. ¶~ 바빠도 이번 모임에는 꼭 참석해야만 한다.
II [감] 어떤 형편이 결코 그럴 리가 없다는 뜻으로 쓰는 말. ¶~, 그가 그런 말을 했을까?
[**아무리 바빠도 바늘허리 매어 쓰지는 못한다**] 아무리 바쁘더라도 꼭 필요한 순서를 어기거나 격식을 무시하고는 일을 제대로 할 수 없다.
아!무-아무 I [대](인칭) 한 사람 이상을 꼭 지정하지 않고 이르는 말. [비]모모(某某). ¶올스타전에 ~가 나가기로 되었다.
II [관] 어떤 사물을 지정하지 않고 거듭 감

아:무-짝 명 아무 방면. ¶~에도 소용없는 물건.
아:무-쪼록 튀 여하간에 부디. 말하는 사람의 부탁·바람을 나타내는 문장 앞에 쓰여, 그 부탁이나 바람이 간절한 것임을 나타내는 말임. =모쪼록. ¶~ 몸 건강히 지내시기 바랍니다.
아:무튼 튀 일이나 사정이 어찌 되었든 간에. 어떻든·어쨌든·여하튼·하여튼. ¶~ 빨리 와. 준암튼. ×아뭏든.
아:무튼지 튀 '아무튼'을 좀 더 구어적으로 이르는 말. ¶~ 끝은 끝내고 봐야지.
아문센, 로알(Amundsen, Roald) 명[인] 노르웨이의 탐험가(1872~1928).
아물-거리다/-대다 자 1 눈이나 정신이 희미해져 아지랑이가 낀 것처럼 느껴지다. ¶정신이 ~. 2 일이나 행동을 싱겁스럽게 하지 못하고 꼬물거리다.
아물다 자 (아무느, 아무오) (부스럼이나 상처가) 나아 살가죽이 맞붙다. ¶상처가 깊어서 빨리 아물지 않는다.
아물-리다 타 1 '아물다'의 사동사. 2 (말이나 셈 등을) 끝을 짓다. 3 (벌어진 일을) 잘되도록 어우르다.
아물-아물 튀 아물거리는 모양. ¶수평선 너머로 고깃배가 ~ 사라지다. 아물아물-하다 자
아뭏든 튀 '아무튼'의 잘못.
아미(蛾眉) 명 1 젊은 여자의 '눈썹'의 미칭. 2 '미인(美人)'의 미칭.
아미노-산(amino酸) 명[화] 단백질을 가수 분해 하여 얻은 유기 화합물. 글리신·아스파라긴·글루탐산·리신 등이 대표적인 것임. ▷단백질.
아미타-불(阿彌陀佛) 명[불] 대승 불교 정토교의 중심을 이루는 부처. 극락세계에 머물면서 설법(說法)을 하고 있는데, 중생이 이 부처의 이름으로 염불을 하면 극락에 갈 수 있다고 함. =아미타여래.
아미타-여래(阿彌陀如來) 명[불] =아미타불.
아민(amine) 명 암모니아의 수소 원자를 탄화수소기로 치환한 화합물의 총칭.
아밀라아제(Amylase) 명[화] 녹말을 가수 분해 하여 만든 수가지 소량의 덱스트린으로 만드는 효소제. 2 =디아스타아제.
아바나(Havana) 명[지] 쿠바의 수도.
아바-마마(-媽媽) 명[궁] 임금이나 임금의 아들딸이 자기 아버지를 이르는 말.
아바타(avatar) 명 ['화신', '분신'의 뜻][컴] 인터넷 채팅이나 머드 게임 등에서, 사용자가 자신의 역할을 대신하는 존재로 내세우는 애니메이션 캐릭터.
아방가르드(@avant-garde) 명 ['전위대(前衛隊)'의 뜻][예] 제1차 세계 대전 무렵부터 프랑스 등에서 일어난 예술 운동. 기성의 예술 관념이나 형식을 부정하고 혁신적 예술을 주장함. =전위파.
아방-궁(阿房宮) 명 [중국 진시황이 지은 거대하고 호화로운 궁전의 이름] 아주 크고 호화로운 집을 비난조로 이르는 말.
아버-님 명 1'아버지1'을 높여 또는 정중히 지칭하는 말. 2'시아버지'를 호칭 또는 지칭하는 말. ↔어머님.
아버지 명 1 자기를 낳은, 어머니의 남편. 또는, 자식을 가진 남자를 자식에 대한 관계로 이르는 말. 호칭 및 지칭으로 쓰임. 높곤대. 높아버님. 낮아비. 2 자녀의 이름 뒤에 붙여, 자기 남편을 호칭 또는 지칭하는 말. ¶창수 ~! 3 어떤 일을 처음 이루거나 완성한 사람. ¶바흐는 서양 근대 음악의 ~이다. 4 [가][기] 삼위일체의 제일위인 '하느님'을 친근하게 호칭 또는 지칭하는 말. ¶하늘에 계신 ~시여.
아범 명 1'아비1·2·3·4·5 를 대강 대접하여 이르는 말. ¶지난날, 중년 정도의 나이가 된 남자 하인을 조금 대접하여 이르던 말. ↔어멈.
아베-마리아(@Ave Maria) 명 1 [가] =성모송. 2 [음] 성모 마리아를 찬미하는 악곡.
아베크-족(@avec族) 명 ['avec'는 '~와 함께'를 뜻하는 전치사] 젊은 한 쌍의 남녀. 특히, 연인 관계의 남녀.
아벨(Abel) 명[성] 구약 성서 '창세기'에 나오는, 아담과 하와의 둘째 아들. 형 가인에게 살해되었음.
아보가드로의 법칙(Avogadro-法則) [-의-/-에-] [화] 모든 기체는 같은 온도·압력 아래서는 같은 부피 속에 같은 수의 분자가 포함되어 있다는 법칙.
아부(阿附) 명 (자기보다 지위가 높은 사람이나 아쉬운 소리를 해야 할 상대에게) 그의 마음을 사기 위해 짐짓 그의 기분을 좋게 할 만한 말이나 행동을 하는 것. ¶~는 근성이 있다. 아부-하다 자타
아부다비(Abu Dhabi) 명[지] 아랍 에미리트의 수도.
아부자(Abuja) 명[지] 나이지리아의 수도.
아브라함(Abraham) 명[성] 구약 성서 '창세기'에 나오는 이스라엘 민족의 시조.
아비 명 ['아버지'를 낮추어 이르는 말] 1 할아버지나 할머니, 또는 그 이상의 집안 어른 앞에서 '아버지'를 지칭하는 말. 2 손자·손녀, 또는 그 이하의 집안 자손에게 그들의 아버지인 아들을 지칭하는 말. 3 자식 있는 여자가 시부모나 친정 부모 앞에서 아이들 아버지인 남편을 지칭하는 말. 4 며느리에게 그의 남편인 아들·손녀의 아버지인 아들을 지칭하는 말. 5 결혼하여 자식을 둔 아들을 호칭 또는 지칭하는 말. 6 남자가 자식에게 자기 자신을 지칭하는 말. ↔어미. ×애비.
아비-규환(阿鼻叫喚) 명 (여러 사람이 비참한 지경에 빠져 울부짖는 참상(慘狀)을 형용하는 말.
아빠 명 1 어린아이가 '아버지'를 호칭 또는 지칭하는 말. 2 어린 자녀 이름 뒤에 붙여, 자기 남편을 호칭 또는 지칭하는 말.
아뿔싸 감 일을 잘못하였음을 깨닫고 뉘우칠 때 내는 소리. ¶~, 미처 그걸 생각 못 했구나.
아:사(餓死) 명 굶어 죽는 것. ↔직전. 아:사-하다 자연
아사달(阿斯達) 명[역] 단군 조선 개국 당시의 도읍. 평양 부근의 백악산(白岳山), 또는 황해도의 구월산(九月山)이라고 함.
아:사-선상(餓死線上) 명 굶어 죽게 된 지경. =아사지경. ¶~을 헤매는 난민.
아:사-지경(餓死之境) 명 =아사선상. ¶~에 놓이다.
아삭-거리다/-대다 [-꺼(때)-] 동 자타 연하고 싱싱한 과실이나 채소 따위를 씹는 소리가 자꾸 나다. 또는, 그런 소리를 자꾸 내다.
아삭-아삭 튀 아삭거리는 소리. 또는, 그

모양. ¶사과를 ~ 베어 먹다. **아삭아삭-하다** 통(ⓧ)(ⓣ)(ⓘ)

아삼(Assam) 명[지] 인도 북동부에 있는 다우(多雨) 지역.

아삼륙(←⑥二三六) [←뉵] 명 1 마작에서, 골패의 쌍진아·쌍장삼·쌍준륙의 세 쌍. 2 서로 꼭 맞는 짝. ¶못된 놈들이 ~으로 어울려 다니다.

아서¹ 캄 아랫사람에게 그렇게 하지 말라고 막는 말. ×아서.

-아서² 어 끝 음절의 모음이 'ㅏ','ㅑ','ㅗ'인 용언의 어간에 붙는 연결 어미. 1 이유·근거를 나타냄. ¶기회를 놓~ 가겠다. 2 동사의 어간에 붙어, 시간적 전후 관계를 나타냄. ¶가서 잡아 오다. 3 동사의 어간에 붙어, 방법을 나타냄. ㉑-아. ¶잉어를 고~ 먹다. ▷-어서.

아서라 캄 '해라' 할 사람에게 그렇게 하지 말라고 막는 말. ¶~, 다칠라. ×앗아라.

아성(牙城) 명 상대와의 싸움이나 경쟁에서, 지켜야 할 가장 중요한 곳. ¶적의 ~를 무너뜨리다.

아세아(亞細亞) 명[지] '아시아'의 음역어.

아세테이트^섬유(acetate纖維) 명 아세틸셀룰로스로 만드는 반합성 섬유. 광택·감촉은 실크와 비슷하며 탄력성·보온성이 좋으나 화학 공업 원료로 중요함.

아세톤(acetone) 명[화] 특이한 냄새가 있는 무색의 휘발성 액체. 인화성이 강하고 용매(溶媒)로 쓰임.

아세트-산(←acetic酸) 명[화] 지방산의 하나. 자극적인 냄새가 있고 신맛이 나는 무색의 액체. ㉑초산(醋酸).

아세트-알데히드(acetaldehyde) 명[화] 자극적인 냄새가 나는 무색의 액체. 유기 화학 공업의 원료. 플라스틱·합성 고무의 중간제로 중요함.

아세틸렌(acetylene) 명[화] 가연성(可燃性)이 된는 무색의 기체. 조명·용접 등에 이용하며, 화학 공업 원료로 중요함.

아세틸-셀룰로오스(acetyl cellulose) 명[화] 셀룰로오스와 아세트산의 에스테르. 아세테이트 인견·필름·래커·플라스틱 등으로 이용함.

아셈(ASEM) [Asia Europe Meeting] 아시아 유럽 간 정치·경제·사회·문화 등 제반 분야에서 포괄적 협력을 도모하는 회의체. 1996년에 타이에서 1차 회의가 열리면서 발족됨.

아소카^왕(Asoka王) 명[인] 인도 마우리아 왕조의 왕(?~?).

아수라(阿修羅) 명 [<ⓑasura] [불] 항상 제석천과 싸우기를 좋아하는 악신(惡神).

아수라-장(阿修羅場) 명 1 [불] =수라장. 2 =수라장2. ¶학새 경보가 울리자 건물 안은 순식간에 ~으로 변했다.

아순시온(Asunción) 명[지] 파라과이의 수도.

아쉬움 명 아쉬운 상태. 또는, 아쉬운 마음. ¶우승을 하지 못한 ~이 크다.

아쉬워-하다 통(ⓗ)(ⓔ) 1 필요할 때 모자라거나 없어서 안타깝고 불만스럽게 여기다. 2 미련이 남아 서운하게 여기다. ¶이별을 ~.

아쉽다[-따] 톙(ⓑ)(ⓕ) <아쉬우니, 아쉬워> 1 필요할 때 없거나 모자라서 만족하지 못하고 안타깝다. ¶없을 때는 쌀 한 줌이 **아쉬운** 법이다. 2 미련이 남아 서운하다.

¶헤어지기가 **아쉬워** 눈물이 흘렀다.

아쉬운 소리 필요한 것을 남에게서 얻거나 빌리기 위하여 사정하는 말. ¶남에게 ~는 않고 산다.

아슈하바트(Ashkhabad) 명[지] 투르크메니스탄의 수도.

아스라-하다 톙(ⓔ) 1 아슬아슬하게 높거나 까마득하게 멀다. ¶63빌딩을 밑에서 올려다보니 꼭대기가 **아스라했다**. 2 (기억이) 어렴풋하다. **아스라-이** 문 ¶어린 시절의 추억이 ~ 떠오른다.

아스라-지다 통(ⓩ) 1 덩어리가 깨져서 여러 조각이 되다. 2 살갗이 무엇에 부딪혀 벗겨지다. ㉑으스러지다.

아스마라(Asmara) 명[지] 에리트레아의 수도.

아스키-코드(ASCII code) 명 [ASCII: American Standard Code for Information Interchange] [컴] 미국 표준화 협회가 제정한 정보 교환용 표준 코드.

아스타나(Astana) 명[지] 카자흐스탄의 수도.

아스텍^문명(Aztec文明) [-역] 14세기 이후 멕시코 고원에서 번성하던 아스텍 왕국의 문명. 그림 문자·거석 건조물·역법(曆法) 등이 발달하였음.

아스트린젠트(astringent) 명 수렴성이 큰 화장수. 피지(皮脂)나 땀의 분비를 저하시키고, 피부를 탄력 있게 함.

아스파라거스(asparagus) 명[식] 줄기에서 가는 가지가 많이 벋으로 솔잎 같은 작은 잎이 달려, 가지가 마치 일차처럼 보이는 여러해살이풀. 어린줄기는 채소로 식용함.

아스팍(ASPAC) 명 [Asian and Pacific Council] =아시아 태평양 이사회.

아스팔트(asphalt) 명 1 원유 탄화수소를 주성분으로 하는 흑색의 고체 또는 반고체. 석유 정제 때에 잔류물로 얻어지며, 도로 포장·절연제·건축 재료 등으로 이용됨. 2 1로 포장한 도로.

아스피린(aspirin) 명[약] 냄새가 없는 하얀 결정체로, 해열·진통제로 쓰이는 약. 상표명임.

아슬-아슬 문 1 몸에 소름이 끼치도록 차가운 느낌이 자꾸 드는 모양. ㉑오슬오슬·으슬으슬. 2 몹시 위태로워 몸에 소름이 끼치도록 두려움을 느끼는 모양. **아슬아슬-하다** 톙(ⓔ) ¶**아슬아슬한** 묘기.

아승기(阿僧祇) 명 [<ⓑasamkhya] [불] 수로 표현할 수 없는 가장 많은 수. 또는, 시간. ㉑무량·무한.

아시리아(Assyria) 명[지] 아시아 서남부, 티그리스 강·유프라테스 강 상류 지역의 옛 이름. 또는, 이곳에 세운 셈기(Sem系) 아시리아 인의 제국.

아시아(Asia) 명[지] 육대주의 하나. 지구 북반구의 동부분 대부분을 차지하는 대륙. 음역어는 아세아(亞細亞).

아시아^개발^은행(Asia開發銀行) 명 아시아 및 극동 지역의 경제 개발과 협력을 증진하기 위하여 자금의 융자·기술 원조 등을 행하는 국제 은행.

아시아^경기^대회(Asia競技大會) [-회/-훼] 명 아시아 여러 나라의 우호 증진과 평화를 돕는 아시아 경기 대회. 1951년 이후로 4년에 한 번씩 국제 올림픽 대회의 중간 해에 개최함. =아시안 게임.

아시아-달러(Asia-dollar) 명[경] 싱가포르 등 동남아시아의 주요 환·금융 시장에 모여 있는 달러 자금.

아시아^주(Asia洲) 명[지] '아시아'를 주(洲)로서 일컫는 말.

아시아^태평양^이사회(Asia太平洋理事會)[-회/-훼] 아시아·태평양 지역의 연대와 국제 협력을 목적으로 한국의 제창에 의해 1966년에 발족된 기구. 1973년 사실상 해체됨. =아스팍(ASPAC).

아시안-게임(Asian game) 명 =아시아 경기 대회.

아:씨 명 전날에, 하인이나 신분이 낮은 사람이 상전이나 지체가 높은 집의 어리거나 젊은 여자를 높여서 호칭 또는 지칭하던 말.

아-아 탄 1 감격하거나 탄식할 때 내는 소리. ¶~ 기어이 해내고야 말았구나. 2 뜻밖의 일을 당하였을 때 내는 소리. ¶~ 이게 어찌 된 일인가? 3 떼 지어 싸울 때, 기운을 돋우려고 내는 소리. 큰어이.

아:악(雅樂)[-/음] 궁중에서 연주되고 의식(儀式)에서 쓰이던 음악. ↔속악. ▷雅樂·학악.

아:악-기(雅樂器)[-끼] 명[음] 아악에 쓰이는 악기.

아야¹ 감 갑자기 아픔을 느끼고 내는 소리. ¶~, 왜 꼬집고 그래?

-아야² 어미 끝 음절의 모음이 'ㅏ', 'ㅑ', 'ㅗ'인 용언의 어간에 붙는 연결 어미. 1 뒷말에 대한 어떤 조건이 꼭 필요함을 나타냄. ¶먹어 보-아 맛을 안다. 2 아무리 크게 가정(假定)을 하여도 결과에 큰 영향이 있음을 나타냄. ¶아무리 졸라 보-아 소용없다. ▷-어야·여야.

-아야지 어미 끝 음절의 모음이 'ㅏ', 'ㅑ', 'ㅗ'인 용언의 어간에 붙는 반말 투의 종결 어미. 단, 선어말 어미 'ㅆ' 다음에는 '-어야지'가 됨. 1 혼잣말로 다짐하는 뜻을 나타냄. ¶법인을 반드시 내 손으로 잡-. 2 상대에게 부드럽게 어떤 사실을 환기 또는 촉구하거나 동의를 구하는 뜻을 나타냄. ¶늦었는데 얼른 가 보-~? ▷-지·-어야지·여야지.

아얌 명 겨울에 부녀자들이 나들이할 때 춥지 않도록 머리에 쓰던 물건. 위는 터져 있으며 이마만 덮고 귀는 내놓음.

아양 명 주로 여자나 아이가 귀염 받으려고 알랑거리는 말이나 짓. ¶~을 떨다.

아역(兒役) 명 연극이나 영화에서, 어린이의 역. 또는, 어린이의 역을 맡은 배우.

아연¹(亞鉛) 명[광] 청백색의 금속 원소. 원소 기호 Zn, 원자 번호 30, 원자량 65.39. 전극, 도금 재료, 놋쇠·양은 등의 합금 재료로 쓰임.

아연²(俄然) 튀 급작스러운 모양. 아연하다 형여.

아연³(啞然) 튀 너무 놀라거나 어이가 없거나 기가 막혀 입을 딱 벌리고 말을 못 하는 모양. 아연-하다² 형여 ¶그의 여서구니없는 요구에 아연하여 할 말을 잃었다. 아연-히.

아연-실색(啞然失色)[-색] 명 뜻밖의 일에 너무 놀라 얼굴빛이 변함. 아연실색-하다 동여 ¶정치인의 무책임한 망언에 ~.

아:열대(亞熱帶)[-때] 명[지] 열대와 온대의 중간 지대. 대체로 남북 위도 각각 20~30° 사이의 지대임. =난대(暖帶).

아:열대^기후(亞熱帶氣候)[-때-] 명[지] 아열대 지역 특유의 기후. 지중해성 기후와 건조 기후가 이에 속함.

아:열대-림(亞熱帶林)[-때-] 명[지] =아대림.

아예 튀 (부정적인 뜻의 서술어와 함께 쓰여) 어떤 행동이 처음부터 단호함을 나타내는 말. ¶그런 일은 ~ 하지 마라.

아오먼(澳門) 명[지] 중국 남동부의 도시.

아오자이(@aosái) 명 ('긴 옷'이라는 뜻) 베트남 여성의 민속 옷. 기다란 상의와 헐렁한 바지로 이루어짐.

아옹 캄 얼굴을 가리고 있다가 손을 뗄 때서 어린아이를 어르는 소리. 큰아웅.

아옹-다옹 튀 조그마한 시빗거리로 서로 자꾸 다투는 모양. ¶형제끼리 서로 안 지려고 ~ 싸운다.

-아요 어미 끝 음절의 모음이 'ㅏ', 'ㅑ', 'ㅗ'인 용언의 어간에 붙어, 서술·의문·명령·청유의 뜻을 나타내는, '해요체'의 종결 어미. ¶이걸 먹-. ▷-어요.

아우 명 같은 부모한테서 태어난 남자 사이에서, 나이가 많은 쪽 남자에 대해 나이가 적은 쪽 남자를 이르거나 부르는 말. 비동생. 존아우님. ↔형.

아우(를) 보다 아우가 생기다.

아우구스투스(Augustus) 명[인] 고대 로마의 황제(63 B.C.~A.D. 14). 본명은 옥타비아누스.

아우구스티누스, 아우렐리우스(Augustinus, Aurelius) 명[인] 고대 로마의 주교·성인(354~430).

아우-님 명 '아우'을 높이어 이르는 말.

아우라(aura) 명 '분위기', '후광(後光)' 등으로 순화.

아우러-지다 동재 여럿이 한 덩어리나 한 덩어리를 이루게 되다. 준어우러지다.

아우르다 동여〈아우르니, 아울러〉여럿을 조화하여 한 덩어리나 한 판이 되게 하다. ¶여럿이 힘을 ~. 준어우르다.

아우성(-聲) 명 여럿이 함께 기세를 올려 부르짖는 소리.

아우성-치다(-聲-) 동재 여럿이 함께 기세를 올려 부르짖다. ¶살려 달라고 ~.

아우슈비츠(Auschwitz) 명[지] 폴란드 남부의 화학 공업 도시.

아우트라인(outline) 명 1 사물의 테두리를 이루는 선. 또는, 명암 없이 윤곽만 그린 스케치. 2 사물의 간추린 줄거리. 비개요. ¶기획의 ~을 설명하다.

아욱 명[식] 넓은 손바닥 모양의 잎과 줄기를 식용하는 두해살이풀. 6~7월에 작은 분홍색 꽃이 핌. 씨는 약용함.

아울러 튀 동시에 같이. ¶필기도구와 수첩류를 반드시 지참할 것.

아웃(out) 명[체] 1 구기에서, 공이 규정선 바깥으로 나가는 일. ↔인(in). 2 야구에서, 타자나 주자가 공격할 자격을 잃는 일. ↔세이프. 아웃-되다 동여.

아웃렛(outlet) 명 상설 할인 판매점. ¶~매장.

아웃-복싱(↑out boxing) 명[체] 권투에서, 상대자와 일정한 거리를 유지하면서 유효한 타격을 노리는 전법. ↔인파이팅.

아웃-사이더(outsider) 명 1[경] 동업자의 협정이나 단체에 참가하지 않은 사람. 2 사회의 기성 틀에서 벗어나서 독자적인 사상을 지니고 행동하는 사람. 비국외자·제삼자·이방인.

아웃-사이드(outside) 〔명〕〔체〕테니스·배구 등에서, 공이 일정한 경계선 밖으로 떨어지는 일. ↔인사이드.

아웃소싱(outsourcing) 〔명〕〔경〕기업이 생산·유통·포장·용역 등을 외주로 하는 방식으로 기업 외부에서 조달하는 일.

아웃-코스(↑out course) 〔명〕〔체〕**1** 야구에서, 타자로부터 먼 쪽으로 지나가는 공의 길. **2** 육상 경기·스피드 스케이팅 등에서, 트랙의 바깥쪽 코스. ↔인코스.

아웅 얼굴을 가리고 있다가 손을 떼면서 어린아이를 어르는 소리. 참아웅.

아웅 산(Aung San) 〔명〕〔인〕미얀마의 독립 운동 지도자(1915~1947).

아웅 산 수 치(Aung San Suu Kyi) 〔명〕〔인〕미얀마의 정치가(1945~).

아유 〔감〕**1** 뜻밖에 일어난 일에 대한 놀라움을 나타내는 소리. ¶~, 이게 웬일일까. **2** 힘에 부치거나 피곤할 때에 내는 소리. ¶~, 무겁기도 해라. 비아이고. 은어유.

아음(牙音) 〔명〕 =어금닛소리.

아이¹ 〔명〕**1** 나이가 어린 사람. **2** 배 속에서 아직 태어나지 않거나 막 태어난 사람. ¶~를 배다. **3** 결혼하지 않은 자식을 부모 입장에서 지칭하는 말. 비자식. ¶이 ~가 저희 집 늦둥이지요. **4** 어른이 아닌 제삼자를 예사롭게 또는 얕잡아 지칭하는 말. ¶요즘 ~들은 버르장머리가 없다니까. 준애.

[**아이 보는 데는 찬물도 못 먹는다**] 아이 앞에서는 행동을 삼가야 한다. [**아이 싸움이 어른 싸움 된다**] 작은 일이 차차 커진다는 말.

아이(를) 지우다 태아가 달이 차기 전에 죽어서 나오게 하다.

아이² 〔감〕남에게 무엇을 재촉하거나, 무엇이 마음에 선뜻 내키지 않을 때 내는 소리. ¶그러지 말아요. **2** '아이고¹'의 준말. ¶~, 깜짝이야.

아이고 〔감〕**1** 몹시 아프거나, 힘들거나, 놀라거나, 원통하거나, 기막힐 때 내는 소리. 비아유. ¶~, 분해! 은아이. 큰어이구. **2** 우는 소리. 특히, 상중(喪中)에 곡하는 소리.

아이고-머니 〔감〕 '아이고'의 힘줌말. ¶~, 이걸 어째!

아이고-아이고 〔감〕상제가 곡하는 소리. 은애고애고.

아이-놈 〔명〕 '사내아이'를 낮추어 이르는 말.

아이누(Ainu) 〔명〕일본의 홋카이도와 사할린에 사는 종족. 인종학상 백인종의 한 분파에 황인종의 피가 섞인 종족임.

아이다호(Idaho) 〔명〕〔지〕미국 북서부의 주.

아이덴티티(identity) 〔명〕〔심〕 =자기 동일성(自己同一性).

아이디(ID) 〔명〕 [identification] 〔컴〕사용자가 컴퓨터 시스템이나 통신망에 들어갈 때 입력하는 자기의 고유 이름.

아이디어(idea) 〔명〕어떤 일에 대한 착상이나 구상. ¶참신한 ~를 내다.

아이디어-맨(idea man) 〔명〕뛰어난 아이디어를 생각해 내는 사람.

아이디에이(IDA) 〔명〕 [International Development Association] =국제 개발 협회.

아이디-카드(ID card) 〔명〕 [ID:identification] =신분증.

아이-라이너(eye liner) 〔명〕눈의 윤곽을 그리는 화장품.

아이-라인(eye line) 〔명〕눈을 크게 보이기 위한 화장법으로, 눈언저리에 그리는 선.

아이러니(irony) 〔명〕**1** =반어(反語). **2** 예상 밖의 결과가 빚은 모순이나 부조화. ¶승자와 패자가 뒤바뀌는 역사의 ~.

아이로니컬-하다(ironical-) 〔형〕아이러니가 있다. ¶제 꾀에 제가 속아 넘어가다니 **아이로니컬한** 일이다.

아이론(←iron) 〔명〕 =다리미로 순화.

아이리스(iris) 〔명〕〔식〕학명(學名)을 '아이리스(Iris)'라고 하는 여러 종류의 붓꽃 중에서, 외국 원산의 붓꽃을 일반적으로 이르는 말.

아이리스^아웃(iris out) 〔명〕〔영〕영화의 화면이, 주위로부터 가운데 또는 일정 부분을 둥글게 남겨 놓고 차차 어두워지는 일. =아이오(IO). ↔아이리스 인.

아이리스^인(iris in) 〔명〕〔영〕영화의 화면이, 한가운데서부터 주위로 둥글게 퍼져 전체가 나타나는 일. =아이아이(II). ↔아이리스 아웃.

아이보리-색(ivory色) 〔명〕 =상아색.

아이브로-펜슬(eyebrow pencil) 〔명〕눈가나 눈썹에 선을 그어 모양을 다듬는 데 쓰는, 연필 모양의 화장 도구.

아이비아르디(IBRD) 〔명〕 [International Bank for Reconstruction and Development] 〔경〕 =국제 부흥 개발 은행.

아이-섀도(eye shadow) 〔명〕눈이 아름답게 보이도록 눈두덩에 바르는 화장품.

아이-쇼핑(↑eye shopping) 〔명〕물건을 사지는 않고 눈으로 구경만 하는 일.

아이스^댄싱(ice dancing) 〔명〕〔체〕피겨 스케이팅 종목의 하나. 남녀 1쌍이 댄스 스텝을 기본으로 음악에 맞추어 연기함.

아이스^링크(ice rink) 〔명〕실내 스케이트장.

아이스-박스(icebox) 〔명〕얼음을 넣어 그 냉기로 음식물을 차게 보관하는 상자.

아이스-커피(↑iced coffee) 〔명〕얼음을 넣어 차게 한 커피. 비냉커피.

아이스-케이크(↑ice cake) 〔명〕설탕이나 사카린을 넣은 물을 얼려서 막대기를 꽂은 과자. 오늘날에는 사어화되어 거의 쓰이지 않음.

아이스-크림(ice cream) 〔명〕우유·달걀·향료·설탕 등을 섞은 물을 얼린 먹을거리.

아이스하켄(독Eishaken) 〔명〕빙벽을 등반할 때, 밧줄을 걸기 위하여 박아 두는 큰 쇠못처럼 생긴 기구.

아이스-하키(ice hockey) 〔명〕〔체〕얼음판에서 각 팀 6명의 경기자가 스케이트를 타고 하는 경기. 끝이 구부러진 긴 막대기를 가지고 고무로 된 퍽을 쳐서 상대 팀 골에 많이 넣는 팀이 이김. 은하키. ▷플드하키.

아이슬란드(Iceland) 〔명〕〔지〕북대서양의 유럽과 그린란드의 중간에 있는 공화국. 수도는 레이캬비크.

아이시(IC) 〔명〕**1** [integrated circuit] 〔컴〕 =집적 회로. **2** [interchange] =인터체인지.

아이시비엠(ICBM) 〔명〕 [Intercontinental Ballistic Missile] 〔군〕 =대륙 간 탄도 유도탄.

아이시^카드(IC card) 〔명〕 [IC:integrated circuit] 집적 회로(IC)를 넣은 플라스틱

제 카드.
아이아르비엠(IRBM) 명 [Intermediate Range Ballistic Missile] [군] =중거리 탄도 유도탄.
아이아르시(IRC) 명 [International Red Cross] =국제 적십자.
아이-아버지 명 **1** 어린 자식을 가진 남자를 호칭 또는 지칭하는 말. **2** 아이 있는 여자가 자기의 남편을 남에게 말할 때 지칭하는 말. ㉭에아버지.
아이-아빠 명 '아이아버지'를 친근하게 이르는 말. ㉭에아빠.
아이아이(II) 명 [iris in] [영] =아이리스인.
아이-어머니 명 **1** 어린 자식을 가진 여자를 호칭 또는 지칭하는 말. **2** 아이 있는 남자가 자기의 아내를 남에게 말할 때 지칭하는 말. ㉭에어머니.
아이언^클럽(iron club) 명[체] 골프에서, 헤드가 금속제로 된 클럽. ▷우든 클럽.
아이-엄마 명 '아이어머니'를 친근하게 이르는 말. ㉭에엄마.
아이에스디엔(ISDN) 명 [integrated service digital network] =종합 정보 통신망.
아이에스비엔(ISBN) 명 [International Standard Book Number] 도서·자료 정리를 위하여 쓰는 국제적인 기호. 2007년부터 13자리 숫자를 사용함. =국제 표준 도서 번호.
아이에스피(ISP) 명 [Internet Service Provider] [컴] 인터넷 접속 서비스를 제공하는 업체.
아이에이이에이(IAEA) 명 [International Atomic Energy Agency] =국제 원자력 기구.
아이엘오(ILO) 명 [International Labor Organization] =국제 노동 기구.
아이엠에프(IMF) 명 [International Monetary Fund] =국제 통화 기금.
아이오(IO) 명 [iris out] [영] =아이리스아웃.
아이오시(IOC) 명 [International Olympic Committee] =국제 올림픽 위원회.
아이오와(Iowa) 명[지] 미국 중부의 주.
아이제이(IJ) 명 [internet jockey] =인터넷자키.
아이젠(Eisen) 명 등산할 때, 얼음 따위에 미끄러지지 않도록 구두 밑에 덧신는 쇠로 만든 도구.
아이젠하워, 드와이트 데이비드(Eisenhower, Dwight David) 명[인] 미국의 제34대 대통령(1890~1969).
아이-참 감 기대에 어긋나는 일이 있거나, 못마땅하거나, 초조하거나, 부끄러워 어쩔 줄 모르거나 할 때 하는 말. ¶~, 야단났네.
아이코 감 몹시 부딪치거나 갑자기 놀랐을 때 내는 소리. ¶~, 큰일 났네. ㉭이쿠. ✕아이쿠.
아이콘(icon) 명 **1** '상(像)', '초상'의 뜻. [종] 그리스 정교회에서 예배의 대상으로 삼는, 예수·성모·성도·순교자의 초상. **2** [컴] 컴퓨터에서 주는 명령을 문자나 기호로 화면 위에 표시한 것.
아이쿠 감 '아이코'의 잘못.
아이큐(IQ) 명 [intelligence quotient] =지능 지수.
아이템(item) 명 **1** 상품·자료 등의 품목이나 항목. ¶자료를 ~별로 분류하다. **2** 어떤 기획이나 개발이나 창작 등의 바탕이 되는 소재. ¶시장성이 있는 기발한 ~을 찾아내다. **3** [컴] 한 단위로 다루어지는 데이터의 집합.
아이티(IT) 명 [information technology] [컴] 정보를 신속·정확하고 효율적으로 수집·처리하고 전달하기 위한 유형·무형의 기술의 총칭. 구체적으로 컴퓨터 하드웨어·소프트웨어, 통신 장비 관련 서비스와 부품을 생산하는 기술을 가리킴. =정보 기술.
아이티²(Haïti) 명[지] 히스파니올라 섬의 서부를 차지하는 공화국. 수도는 포르토프랭스.
아이피¹(IP) 명 [information provider] [통] 통신망을 통하여 사용자들에게 정보를 제공하고 일정액의 사용료를 받아 운영하는 업체.
아이피²(IP) 명 [internet protocol] [통] 서로 독립적인 통신망을 연결하여 함께 사용할 수 있게 하는 통신 규약.
아이피^주:소(IP住所) 명 [IP:internet protocol] [컴] 숫자로 나타낸 인터넷 사이트 주소. 0부터 255까지의 숫자 4개로 구성되며, 각 숫자는 '.'으로 구분함. ▷도메인.
아인슈타인, 알베르트(Einstein, Albert) 명[인] 독일 태생의 미국의 이론 물리학자(1879~1955).
아일랜드(Ireland) 명[지] 아일랜드 섬의 북동부를 제외한 지역을 차지하는 공화국. 수도는 더블린.
아작-거리다/-대다 [-꺼(때)-] 동㉯㉰ 조금 단단한 물건을 깨물어 바스러지는 소리가 자꾸 나다. 또는, 그런 소리를 자꾸 내다. ㉭어적거리다·으적거리다.
아작-아작 부 아작거리는 소리. ㉭어적어적·으적으적. 아작아작-하다 ㉯㉰㉭
아잔타^석굴(Ajanta石窟) [-꿀] 명[고고] 인도 서부, 뭄바이 북동쪽에 있는 고대 불교 석굴 사원. 인도 예술의 보고임.
아장-거리다/-대다 동㉯ 키가 작은 사람이나 짐승이 찬찬히 걷다. ㉭어정거리다.
아장-아장 부 아장거리는 모양. ¶아기가 ~ 걸어가다. ㉭어정어정. 아장아장-하다 ㉯㉰㉯
아쟁(牙箏) 명[음] 7현(七絃)으로 된 현악기의 하나. 전면은 오동나무, 후면은 밤나무로 만들고, 개나리나무로 된 활을 켤 뒤로 문질러 소리를 냄.
아저씨 명 **1** 성인 남자를 예사롭게 이르는 말. **2** 부모와 같은 항렬에 있는, 아버지의 친형제를 제외한 남자를 이르는 말. 가령, 고모부·이모부·외삼촌·종숙·재종숙 등을 호칭 또는 지칭하는 말임. **3** 결혼하지 않은, 아버지의 남동생을 이르는 말. ㉭삼촌. ↔아주머니.
아전(衙前) 명[역] 조선 시대의 '서리(胥吏)'의 딴 이름.
아:전인수(我田引水) 명 자기에게만 유리하도록 함을 이르는 말. '제 논에 물 대기'와 같은 말.
아제르바이잔(Azerbaidzhan) 명[지] 서아시아 카스피 해의 서안 지역에 있는 공화국. 수도는 바쿠.
아젠다 명 '어젠다(agenda)'의 잘못.
아조토박터(azotobacter) 명[생] 흙 속에

아종(亞種)[史][생] 생물 분류상의 한 단위. 종(種)의 아래인데, 종으로 독립시킬 만큼 크지는 않지만 변종(變種)으로 하기에는 서로 다른 점이 많은 한 무리의 생물에 쓰는 말.

아좌^태자(阿佐太子)[명][인] 백제 위덕왕의 아들(?~?).

아주¹[부] 1 〔형용사나 관형사 다른 부사, 또는 정도를 나타낼 수 있는 일부 명사나 동사 앞에 쓰여〕 정도가 더할 수 없는 보통의 경우보다 훨씬 넘어서 있는 상태로. 圓매우·몹시. ¶영화의 노래는 ~ 잘 부른다. 2〔주로, 동사 앞에 쓰여〕 어떤 행동이나 작용이 완전히 이루어져 변경하거나 더 이상 어찌할 수 없는 상태에 있음을 나타내는 말. 圓전혀·완전히. ¶그는 신앙을 가진 뒤부터 一 가족사랑이 되었다. ✕영판.

아주²[감] 남의 잘하는 체하는 말이나 행동을 조롱하는 말. ¶~, 제법 어른 같은 말을 하는군.

아주까리[명][식] =피마자.
아주까리-기름[명] =피마자유.
아주-낮춤[─낟─][명][언] 1 인칭 대명사에서 가장 낮추어 이르는 말. 너·저·소인 따위. =극비칭. 2 종결 어미를 쓸 때, 말 듣는 이를 아주 낮추는 것. '해라' 등을 씀. ↔아주높임.
아주-높임[언] 1 인칭 대명사에서 가장 높이어 이르는 말. 어르신·각하 따위. =극존칭. 2 종결 어미를 쓸 때, 말 듣는 이를 아주 높이는 것. '합니다·합쇼' 따위를 씀. ↔아주낮춤.
아주머니[명] 1 결혼한 여자를 예사롭게 이르는 말. 2 부모와 같은 항렬의 여자를 이르는 말. 가령, 고모·이모·외숙모·종숙모·재종숙모 등을 호칭 또는 지칭하는 말입. 3 남자가 같은 항렬의 형뻘이 되는 남자의 아내에 대해 이르는 말. 가령, 형수나 아내 오빠의 부인 등에 대해 호칭 또는 지칭하는 말. ⑥아주머님. ⑥아주씨.
[아주머니 떡도 싸야 사 먹지] 모든 일은 이해관계가 앞선다는 말.
아주머님[명] '아주머니'의 높임말.
아주버니[명] 남편과 항렬이 같은 사람中 손위에 남편보다 나이가 많은 사람에 대한 지칭 또는 호칭. ⑦시숙. ⑤아주버님.
아주버님[명] '아주버니'의 높임말.
아줌마[명] '아주머니'을 달리 이르는 좀 더 허물없이 호칭 또는 지칭하는 말. 또는, '주부, 특히 30~40대의 여자'를 부정적인 뜻으로 이르는 말. ¶결혼해서 애 낳더니 ~가 다 됐구나.
아지랑이[명] 봄날 햇빛이 강하게 쬘 때, 공기가 공중에 아른아른 움직이는 것처럼 보이는 현상. ¶~가 피어오르다. ✕아지랭이.
아지랭이[명] '아지랑이'의 잘못.
아지트(←⒜agit*punkt*)[명][사] 비합법적 활동의 비밀 본부. 또는, 비합법 운동이나 조직적 범죄자의 은신처. ¶모(某) 요정을 ~로 삼다.
아직[부] 어떤 일이 이루어지거나 어떻게 되기까지 시간이 더 지나야 함을 나타내거나, 어떤 일이나 상태가 끝나지 않고 지속되고 있음을 나타내는 말. ¶일을 ~ 끝내지 못하다. ▷여태.

아직기(阿直岐)[─끼][명][인] 백제의 학자(?~?).
아직-껏[─껟][부] 아직까지. ¶~ 한 번도 먹어 본 적이 없는 음식.
아집(我執)[명] 제 생각만 옳다고 믿고 고집하는 기질이나 성격. ¶~에 빠지다.
아찔-하다[형][여] 갑자기 어지럽고 정신이 아득하다. ¶바람이 어찌나 가파르든지 내려다보기만 해도 ~. ⑤어찔하다.
아차[감] 무엇이 잘못된 것을 갑자기 깨달을 때 내는 소리. ¶~, 또 속았구나.
아첨(阿諂)[명] 남의 환심을 사거나 잘 보이려고 알랑거리는 것. 圓아부. **아첨-하다**[재][여] 〔윗사람에게〕 ~.
아첼레란도(ⓘ*accelerando*)[부][음] 악곡의 속도를 지시하는 말로, '점점 빠르게'의 뜻. ↔리타르단도.
아취(雅趣)[명] 아담한 정취. 또는, 그런 취미. ¶~를 자아낸다.
-아치[접미] 어떤 일을 나타내는 일부 명사에 붙어, 그 일에 종사하는 사람임을 나타내는 말. ¶벼슬~/동냥~.
아치²(arch)[명] 1〔건〕 건축 기법의 한 가지. 창이나 문 또는 다리의 위쪽을 활 모양의 곡선으로 쌓아 올린 것. 2 축하·환영 등의 뜻으로 호형으로 만든 광고물.
아치-교(arch橋)[명] 본체가 아치로 되어 있는 다리.
아치-형(arch形)[명] 천장 따위가 활 모양의 곡선으로 된 형태나 형식. ¶~ 교량.
아침[명] 1 날이 새면서부터 오전 반나절까지의 동안. 2 사람이 자고 일어나 해가 뜰 무렵에 먹는 끼니. ¶~을 거르다. ↔저녁.
아침-거리[─꺼─][명] 아침 끼니를 만들 거리. ↔저녁거리.
아침-결[─껼][명] 아침인 동안.
아침-나절[명] 아침 무렵의 한동안. ¶내일 ~에 뵙겠습니다. ↔저녁나절.
아침-녘[─녁][명] 아침 무렵.
아침-노을[명] 아침에 해돋이 햇살로 벌겋게 보이는 현상. ⓒ아침놀. ↔저녁노을.
아침-놀[명] '아침노을'의 준말. ↔저녁놀.
아침-때[명] 시간이 아침인 때. 또는, 아침을 먹을 무렵인 때. ↔저녁때.
아침-밥[─빱][명] 사람이 아침에 끼니로 먹는 밥. =조반·조식. ↔저녁밥.
아침-상(─床)[─쌍][명] 아침밥을 차린 밥상. ↔저녁상.
아침-잠[─짬][명] 1 아침에 자는 잠. 2 습관적으로 아침 늦게까지 자는 잠.
아침-저녁[명] 아침과 저녁. 圓조석(朝夕). ¶부모님께 ~으로 문안을 드립니다.
아카데미(academy)[명] 〔플라톤이 창설한 아카데메이아(Académeia)에서 유래〕 1 서양 여러 나라에서 학문·예술에 관한 권위 있는 단체. 한림원·학술원 따위. 2 대학·연구소 등 학문·예술의 중심이 되는 단체·기관의 총칭.
아카데미-상(academy賞)[명][영] 미국의 영화상. 미국의 영화 예술 과학 아카데미가 해마다 가장 우수한 작품·배우·감독, 외국 우수 영화 등의 각 부문에 수여함. =오스카상.
아카데믹-하다(academic─)[형][여] '학구적이다', '학문적이다'로 순화. ¶**아카데믹한 화풍**(畫風).
아카시아(acacia)[명][식] =아까시나무.
아케이드(arcade)[명] 1〔건〕 아치를 연속적으로 기둥 위에 가설한 것. 또는, 그 공간. **2** 아치형의 지붕이 있는 통로. 특히, 양쪽에 상점이 있는 통로를 이름.

아칸소(Arkansas) 〖지〗 미국 남부의 주.

아코디언(accordion) 〖음〗 양손으로 든 상태에서 주름상자를 폈다 접었다 하면서 양 끝에 있는 건반과 버튼을 눌러 연주하는 악기. ≒손풍금.

아콩카과 산(Aconcagua山) 〖지〗 안데스 산맥에 있는, 아메리카 대륙의 최고봉. 높이 6,959m

아퀴 일을 마무르는 끝매듭.

아퀴나스, 토마스(Aquinas, Thomas) 〖인〗 이탈리아의 신학자·철학자(1225?~1174).

아크-등(arc燈) 〖물〗 아크 방전에 따른 발광을 이용한 광원. 탐조등, 영사용 광원, 사진 제판용 광원 등에 이용됨.

아크라(Accra) 〖지〗 가나의 수도.

아크라이트, 리처드(Arkwright, Richard) 〖인〗 영국의 발명가·실업가(1732~1792).

아크로폴리스(Acropolis) 〖지〗 고대 그리스의 여러 폴리스에서, 시민 결합의 중심을 이룬 언덕.

아크릴(←acrylic) 〖화〗'아크릴산 수지'의 준말. ¶~ 간판.

아크릴산(-酸<acrylic酸樹脂>) 〖화〗 아크릴산 및 그 유도체의 중합에 의하여 만들어지는 합성수지. 투명도가 높고 가볍고 튼튼함. 유기 유리·치과 재료·접착제 등에 쓰임. ㉭아크릴.

아크바르(Akbar) 〖인〗 인도 무굴 제국의 황제(1542~1605).

아키노, 코라손(Aquino, Corazon) 〖인〗 필리핀의 정치가·대통령(1933~).

아킬레스-건(Achilles腱) 〖명〗 **1** 〖생〗 =아킬레스 힘줄. **2** 아킬레우스의 신화에서 치명적인 약점을 비유하여 이르는 말.

아킬레스^힘줄(Achilles-) [-쫄] 〖생〗 발뒤꿈치의 뼈 위에 붙어 있는 힘줄로, 인체에서 가장 강한 힘줄로, 보행 운동에 중요함. ≒아킬레스건.

아킬레우스(Achilleus) 〖신화〗 그리스 신화에 나오는 영웅. 호메로스의 서사시 '일리아드'의 주요 인물로 불사신이었는데, 유일한 약점인 발뒤꿈치를 화살에 맞고 죽음.

아테나(Athena) 〖신화〗 그리스 신화에 나오는 지혜·전쟁의 여신. 제우스의 딸이며, 아테네의 수호신임. 로마 신화의 미네르바(Minerva)에 해당함.

아테네(Athenae) 〖지〗 그리스의 수도.

아^템포(ⓘa tempo) 〖음〗 악곡의 속도를 지시하는 말로, '본디 빠르기로'의 뜻.

아토피성^피부염(atopy性皮膚炎) 〖의〗 주로 어린아이의 뺨·몸통·오금 등이 심하게 가렵고 진물이 나는 악성 피부염.

아톰(atom) 〖화〗〖철〗 =원자(原子)².

아트-지(art紙) 〖명〗 광물성의 백색 안료와 접착제 등을 섞은 도료를 바르고 매끄럽고 치밀한 지면으로 만든 양지(洋紙). 사진용 인쇄 등에 널리 쓰임.

아틀라스(Atlas) 〖신화〗 그리스 신화에 나오는 거인 신. 그 일족이 제우스 신과 싸워 패하자, 천체를 어지럽힌 죄로 하늘을 어깨로 떠받쳐야 하는 벌을 받았음.

아틀란티스(Atlantis) 〖신화〗 플라톤의 '크리티아스'(Critias) 등에 묘사된 전설상의 왕국. 찬란한 문화를 자랑했는데, 지진 때문에 하룻밤에 바다 속으로 가라앉다고 함. '이상향'의 뜻으로도 씀.

아틀리에(ⓕatelier) 〖명〗 **1** 화가·조각가의 작업실. ㉭화실. **2** 사진관의 촬영실. ㉭스튜디오.

아파시오나토(ⓘappassionato) 〖음〗 악곡의 표현 방법을 나타내는 말로, '열정적으로', '정열적으로', '격심한'의 뜻.

아파치^족(Apache族) 〖명〗 미국 남서부에 사는 아메리카 인디언의 한 부족.

아파트(←apartment) 〖명〗 공동 주택의 하나. 5층 이상의 건물을 층마다 여러 집으로 일정하게 구획하여 각각에 독립된 가구가 생활할 수 있도록 만든 주거 형태. ¶맨션~. ▷공동 주택.

아파-하다 〖재〗〖타〗 아프게 느끼다. ¶너무 마음 아파하지 말게.

아펜젤러, 헨리 거하드(Appenzeller, Henry Gerhard) 〖인〗 미국의 선교사·교육가(1858~1902).

아편(阿片·鴉片) 〖명〗 덜 익은 양귀비 열매의 진을 건조시켜 얻는, 고무 모양의 물질. 마취·진통 작용이 있어 의약품으로 쓰이지만, 계속 쓰면 중독이 되는 마약임.

아편-쟁이(阿片-) 〖명〗'아편 중독자'를 홀하게 이르는 말.

아포리즘(aphorism) 〖명〗 깊은 진리를 간결하게 표현한 말이나 글. 격언·금언·잠언·경구 따위.

아포스트로피(apostrophe) 〖명〗 영어에서, 생략 또는 소유격을 나타내는 기호 ' ' '의 일.

아폴로(Apollo) 〖명〗 **1** 〖신화〗'아폴론'의 라틴어·영어명. **2** 미국 우주선의 이름.

아폴로^계(-)획(Apollo計劃) [-계획/-게획] 〖명〗 미국 항공 우주국(NASA)에 의한 달 착륙 유인 비행 계획. 1969년 아폴로 11호가 인류 최초로 달에 착륙하였음.

아폴로^눈병(Apollo-病) [-뼝] 〖명〗'출혈성 결막염'의 속칭. 1969년 아폴로 11호 우주선이 지구로 돌아온 무렵에 유행하였다 하여 붙은 이름.

아폴론(Apollon) 〖신화〗 그리스 신화에 나오는 태양·예언·의료·음악의 신. 로마 신화의 아폴로(Apollo)에 해당함.

아폴론-형(Apollon型) 〖명〗 니체가 그의 저작'비극의 탄생'에서 말한 예술 유형의 하나. 단정·엄격·질서·조화 등을 특징으로 함. ↔디오니소스형.

아프가니스탄(Afghanistan) 〖지〗 아시아의 남서부에 있는 민주 공화국. 수도는 카불. ㉭아프간.

아프간¹(afghan) 〖명〗 아프간바늘을 써서, 대바늘뜨기와 코바늘뜨기의 기술을 혼합, 왕복 두 번의 동작을 반복해 가며 뜨는 뜨개질 방식. 또는, 그렇게 짠 편물.

아프간²(←Afghanistan) 〖지〗 =아프가니스탄.

아프간-바늘(afghan-) 〖명〗 긴 대바늘의 한쪽 끝이 미늘 모양으로 된 뜨개바늘의 한 가지.

아프다 〖아프니, 아파〗 **1** 〖몸의 어느 부분이〗 다치거나 맞거나 날카로운 자극을 받아 괴로움을 느끼는 상태에 있다. 또는, 병적인 원인으로 신경이나 자극을 받아 어느 순간에 괴로움을 느끼는 상태에 있다. ¶무릎이 까져 ~. **2** 〖몸이〗 병이 나거나 들어서 앓는 상태에 있다. ¶몸이 아파

결근하다. ⓑ편찮다. **3**(마음이) 슬픔이나 연민이나 쓰라림 등을 느껴 괴로운 상태에 있다. ¶가슴 **아픈** 추억. **4**(머리가) 해결하기 어려운 일이나 복잡한 문제로 생각을 이끌어 나가기에 벅차거나 괴로운 상태에 있다. ¶골치 **아픈** 문제.

아프로디테(Aphrodite) 뗑[신화] 그리스 신화에 나오는 미(美)와 사랑의 여신. 로마 신화의 베누스(Venus)에 해당함.

아^프리오리(ⓔa priori) 뗑['앞선 것으로부터'의 뜻][철] 인식·개념 등이 후천적 경험에 의존하지 않고, 그것에 논리적으로 앞서 있어서 부여된 것.

아프리카(Africa) 뗑[지] 육대주의 하나. 지중해를 사이에 두고 유라시아 대륙과 면하고 있는 대륙. 거의 중앙부에 적도가 있음.

아프리카^주(Africa洲) 뗑[지] '아프리카'를 주(洲)로서 일컫는 말.

아프리카-코끼리(Africa-) 뗑[동] 아프리카 초원에 사는 코끼리. 인도코끼리보다 몸집이 훨씬 크고 귀도 크며, 성질이 사나움. ▷인도코끼리.

아프터-서비스 뗑 '애프터서비스(after service)'의 잘못.

아프트식 철도(Abt式鐵道) 급경사면에 설치된 기어식 철도.

아플리케(ⓔappliqué) 뗑 천으로 여러 가지 모양을 오려, 다른 천에 꿰매거나 붙이는 수예.

아픔 뗑 **1**몸의 어느 부분이 아픈 상태. 다치거나 맞거나 찔리거나 꼬집히거나 할 때, 또는 병적인 원인으로 느끼는 감각임. ⓑ통증. **2**마음이 괴롭거나 쓰라린 상태. ¶사람은 누구나 ~을 안고 살아간다.

아피아(Apia) 뗑 사모아의 수도.

아하 ② 미처 생각하지 못하던 것을 깨달아 느낄 때에 내는 소리. ¶~, 그래서 그가 화를 냈구나. ⓒ어허.

아하하 ② 거리낌 없이 큰 소리로 웃는 소리. ⓒ어허허.

아:-한대(亞寒帶) 뗑[지] 온대와 한대의 중간으로, 위도 50~70°의 기후대. 겨울은 춥고 길며, 여름이 짧음. =냉대.

아함-경(阿含經) 뗑[불] **1**석가모니의 언행록. **2**소승 불교의 경전(經典)의 총칭.

아;호(雅號) 뗑 문인·예술가 등의 호(號) 나 별호를 이르는 말.

아홉 Ⅰ㊀ **1**여덟에 하나를 더한 수. ▷구(九). **2**사람이나 사물의 수량을 셀 때, 여덟보다 하나가 더 많게 해당하는 수효.
 Ⅱ관 **1**~ 장.

아홉-수(-數) [-쑤] 뗑 9, 19, 29, 39 등과 아홉이 든 수. 민간에서는 남자 나이에 이 수가 들면 결혼·이사 등을 꺼리는 풍습이 있음.

아홉-째 ㊀관 차례를 매길 때, 여덟째의 다음에 오는 수.

아:-황산(亞黃酸) 뗑[화] 이산화황을 물에 녹여 만든 불안정한 산. 산성이 약하며, 황산을 가열하면 분해되어 이산화황이 발생함. 환원제·표백제로 쓰임.

아:황산-가스(亞黃酸gas) 뗑[화] =이산화황.

아후라^마즈다(Ahura Mazda) 뗑['아후라'는 신, '마즈다'는 지혜라는 뜻][종] 조로아스터교의 주신(主神).

아흐레 뗑 **1**하루가 아홉 번 있는 시간의 길이. 곧, 아홉 날. **2**(초(初)·열·스무 다음에 쓰여) 각각 어느 달의 9일·19일·29일임을 고유어로 나타내는 말.

아흐렛-날[-렌-] 뗑 **1**(초(初)가 붙거나 단독으로 쓰여, 또는 열·초·스무 다음에 쓰여) 각각 어느 달의 9일, 19일, 29일임을 나타내는 말.

아흔 Ⅰ㊀ **1**열의 아홉 곱절. ▷구십. **2**사람이나 사물의 수량을 셀 때, 열의 아홉 곱절에 해당하는 수효.

악¹ 뗑 극도의 위기에 몰리거나 아주 심하게 학대받거나 억눌리거나 했을 때, 있는 힘을 다하여 그에 맞서거나 반항하려고 하는 독한 마음이나 기운. ¶~을 쓰다.
악에 받치다 악이 몹시 나다. ¶악에 받쳐 소리를 지르다.

악² 뗑 **1**남이 놀라도록 갑자기 지르는 소리. **2**놀랐을 때 무의식적으로 지르는 소리. ¶"~!" 하는 비명 소리가 들려왔다.

악³(惡) 뗑 **1**바르지 못함. **2**[윤] 양심을 좇지 않고 도덕률을 어기는 일. ¶악을 ~. ↔선(善).

악곡(樂曲) [-꼭] 뗑[음] 음악의 일반을 이르는 말. 곧, 성악곡·기악곡 등의 총칭.

악공(樂工) [-꽁] 뗑[역] 조선 시대, 궁중의 음악 연주를 맡아 하던 사람.

악과(惡果) [-꽈] 뗑[불] 나쁜 짓에 대한 결과. ¶악인(惡因)~. ↔선과.

악귀(惡鬼) [-뀌] 뗑 몹쓸 귀신.

악극(惡劇) [-끅] 뗑[연] 오페라가 성악적인 기교에만 치우치는 것을 배격하고, 음악을 극적 내용의 표현에 합치시킨 극.

악극-단(樂劇團) [-끅딴] 뗑[연] 악극을 상연할 목적으로 조직된 단체. ⓑ악단.

악기(樂器) [-끼] 뗑[음] 불거나 두드리거나 튀기거나 퉁겨서, 어떤 높이나 길이나 세기나 음색을 가진 소리가 나도록 일정한 형태로 만든 기구의 총칭. 곧, 나팔·피아노·북·바이올린·기타 따위.

악-기류(惡氣流) [-끼-] 뗑[기상] 순조롭지 못한 대기의 유동(流動).

악기-점(樂器店) [-끼-] 뗑 여러 가지 악기를 파는 가게.

악녀(惡女) [앙-] 뗑 성질이 악독한 여자.

악다구니 [-따-] 뗑 사납게 성을 내며 욕하거나 소리를 지르는 것. 또는, 그 소리. ¶~를 퍼붓다. **악다구니-하다** 재

악-다물다 [-따-] 태(~다무니, ~다무오) 힘을 주어 꼭 다물다.

악단(樂團) [-딴] 뗑 **1**[음] 음악 연주를 목적으로 조직된 단체. **2**[연] '악극단'의 준말.

악단(樂壇) [-딴] 뗑 음악가들의 사회.

악담(惡談) [-땀] 뗑 남을 비방하거나 못되도록 저주하는 말. ¶~을 퍼붓다. ↔덕담. **악담-하다** 재

악당(惡黨) [-땅] 뗑 **1**악한 무리. **2**나쁜 짓을 일삼는 사람. ⓑ악한.

악대(樂隊) [-때] 뗑 기악(器樂)의 합주대. 주로 취주악의 단체.

악덕(惡德) [-떡] 뗑 **1**못된 마음씨. **2**도덕에 어그러지는 나쁜 짓. ¶~ 상인.

악독-하다(惡毒) [-또카-] 혱ⓔ 마음이 악하고 독살스럽다. ¶악독한 여자. **악독-히** 閏

악동(惡童) [-똥] 뗑 **1**행실이 나쁜 아이. **2**=장난꾸러기.

악랄-하다(惡辣) [앙날-] 혱ⓔ 악독하고 잔인하다. ¶**악랄한** 방법으로 남을 해

치다. **악할-히** 튀
악력(握力)[앙녁] 명 손아귀로 무엇을 쥐는 힘. ¶~이 세다.
악력-계(握力計)[앙녁꼐/앙녁께] 명[체] 손아귀 힘을 재는 기구.
악령(惡靈)[앙녕] 명 원한을 품고 재앙을 내린다는 영혼.
악마(惡魔)[앙-] 명 1 [불] 불도 수행을 방해하는 악신. 2 [가][기] 신의 적대자로서, 단순히 악으로 유혹하려 멸망시키는 존재. 3 사람에게 재앙을 내리는 악령. 4 몹시 흉악한 사람의 비유.
악명(惡名)[앙-] 명 악랄하거나 흉악하거나 질이 나쁘다고 하는 소문이나 평판. ¶~ 높다.
악몽(惡夢)[앙-] 명 무섭거나 기괴하거나 불길한 꿈. ¶밤새 ~에 시달리다.
악-물다[앙-][~무니, ~무오] 몹시 아프거나 성나거나 참아 견디거나, 또는 단단히 결심할 때 아래위의 이를 꽉 마주 물다. ¶이를 **악물고** 공부하다.
악-바리[-빠-] 명 성미가 강파르고 모진 사람.
악법(惡法)[-뻡] 명 사회에 해를 끼치는 나쁜 법률. ¶~을 철폐하다.
악보(樂譜)[-뽀] 명[음] 음악의 곡조를 일정한 기호를 써서 기록한 것.
악사(樂士)[-싸] 명 값을 파는 업소나 길거리 등에서 악기를 연주하는 사람.
악상¹(惡喪)[-쌍] 명 부모보다 앞서 죽는 사람의 상사(喪事).
악상²(樂想)[-쌍] 명 1 음악의 주제·구성·곡풍(曲風) 등에 관한 작곡가의 착상. 2 음악 속에 표현되어 있는 사상.
악-선전(惡宣傳)[-썬-] 명 남에게 해를 끼치기 위하여 하는, 악의에 찬 선전. **악선전-하다** 통(타여)
악성¹(惡性)[-썽] 명 1 [의] 질환이나 종양이 수술이나 약물 등으로 치료하기 불가능하거나 매우 어려운 상태인 것. ↔ 종양. 2 양성. 2 어떤 일이 바로잡기 매우 어려울 만큼 지독하거나 나쁜 상태인 것. ¶~루머.
악성²(樂聖)[-썽] 명 성인(聖人)이라고 할 만큼 썩 뛰어난 음악가. ¶~ 베토벤.
악센트(accent)[-쎈-] 명 1 [언] 말 가운데 어떤 음절, 또는 글 가운데 어떤 말을 강세·음조, 음의 길이 등의 수단으로 높이거나 힘주는 일. 2 [음] 악곡의 특정한 자리가 강조되어 어떤 음을 다른 음보다 크고 힘있게 내는 일. 3 복장·건축·도안 등의 디자인에서 전체의 조화를 어느 한 점에 의하여 강조하는 일. 또는, 그 물건. ¶색의 대비에 ~을 두다.
악셀 '액셀러레이터'의 잘못.
악수¹(握手)[-쑤] 명 (두 사람이, 또는 나라와[이] 사람와[과]) 오랜만에 만나거나 처음 대면하여 인사를 나눌 때, 또는 축복하거나 화해하거나 할 때, 반가움이나 친근함을 나타내기 위해 오른손을 마주 내어 잠시 잡는 것. ¶~를 청하다. **악수-하다** 통(자여)
악수²(惡手)[-쑤] 명 바둑이나 장기에서 잘못 두는 나쁜 수. ↔호수.
악-순환(惡循環)[-쑨-] 명 어떤 일이 나쁜 결과를 내고 그것이 또 다른 나쁜 일의 원인이 되는 현상이 되풀이되는 것. ↔선순환.
악습(惡習)[-씁] 명 나쁜 습관이나 풍습. ¶~을 타파[일소]하다.
악신(惡神)[-씬] 명 사람에게 재앙을 준다는 나쁜 신(神).
악-쓰다 통(자)〈-쓰니, -써〉 위기나 학대나 억눌림 등에 맞서거나 남항하여 있는 힘을 다해 독한 마음이나 기운을 쓰다. 또는, 그렇게 독한 마음으로 소리를 크게 지르다.
악악-거리다/-대다[-거(때)-] 통(자) 불만이나 화가 나서 내서 연해 소리를 치다.
악어(鰐魚)[아거] 명[동] 열대 지방의 강이나 호수에 살며, 도마뱀 비슷하나 몸이 매우 큰 동물. 머리 부분이 크고 입이 길며, 뒷발에 물갈퀴가 있음. 가죽은 널리 쓰임.
악어와 악어새 [악어새는 악어의 이 사이에 낀 음식 찌꺼기를 빼어 먹음으로써 먹이를 얻고, 악어는 이로써 입 안을 청소하게 된다는 데에서] 서로 뗄 수 없는 공생의 관계를 이르는 말.
악어의 눈물 [악어가 먹이를 잡아먹을 때 눈물을 흘린다는 데에서] 강자나 가해자가 약자나 피해자 앞에서 보이는 거짓 눈물이나 위선적인 동정.
악역(惡役)[아겨] 명 놀이·연극·영화 따위에서, 악인으로 분장하는 배역. ¶~ 배우.
악연(惡緣)[아견] 명 서로에게 불행이나 악영향을 주는 나쁜 인연. 또는, 서로 미워하거나 마음의 상처를 주면서도 질기게 이어지는 남녀 관계의 인연. ¶어쩌면 너와 난 첫 만남부터 ~이었는지도 모른다.
악-영향(惡影響)[아경-] 명 나쁜 영향.
악용(惡用)[아굥] 명 나쁘게 이용하는 것. ↔선용. **악용-하다** 통(타여)¶남의 약점을 ~. **악용-되다** 통(자)
악운(惡運)[아군] 명 사나운 운수. ↔호운.
악의(惡意)[아긔/-이] 명 1 남을 해치려 하거나 미워하는 마음. ¶~를 품다. 2 옳지 않거나 좋지 않은 의미. ¶~로 해석하다. ↔선의.
악의-적(惡意的)[-의-/-이-] 관명 남을 해치거나 해롭게 하려는 마음을 가진(것). ¶~인 행동.
악-이용(惡利用)[아기-] 명 (어떤 일이나 대상을) 악의적으로 이용하는 것. **악이용-하다** 통(타여)¶남의 호의를 ~.
악인(惡人)[아긴] 명 악한 사람. ↔선인.
악장¹(樂長)[-짱] 명 주악(奏樂) 단체의 우두머리.
악장²(樂章)[-짱] 명[음] 소나타·교향곡 등과 같이 몇 개의 소곡(小曲)이 모여서 큰 악곡이 되는 경우의 각 소곡. ¶제1~.
악장-가사(樂章歌詞)[-짱-] 명[책] 고려 시대부터 조선 초기까지의 속요·가곡 등이 수록된 시가집. '처용가', '청산별곡', '가시리' 등 24편의 시가가 수록됨.
악재(惡材)[-째] 명[경] 증권 거래에서, 시세 하락의 원인이 되는 재료. ↔호재.
악전-고투(惡戰苦鬪)[-쩐-] 명 불리한 상황에서 몹시 힘든 싸움을 벌이거나, 곤란과 역경을 힘겹게 헤쳐 나감. ¶~ 끝에 등정에 성공하다. **악전고투-하다** 통(자여)
악절(樂節)[-쩔] 명[음] 선율 구조상 어떤 악상을 나타내는 단위. 작은악절과 큰악절이 있다.
악정(惡政)[-쩡] 명 국민을 몹시 괴롭히고 나라를 그르치는 정치. ↔선정.
악-조건(惡條件)[-쪼껀] 명 어렵거나 힘들거나 불리한 조건이나 여건. ¶~을 무릅쓰고 등반을 강행하다. ↔호조건.

악종(惡種)[-쭝] 圀 성질이 흉악한 사람이나 동물.

악질(惡質)[-찔] 圀 못되고 나쁜 성질. 또는, 그런 성질을 가진 사람.

악질-분자(惡質分子)[-찔-] 圀 악질적으로 행동하여 타인에게나 사회에 해독을 끼치는 사람.

악질-적(惡質的)[-찔쩍] 관圀 바탕이나 성질이 좋지 않은 (것).

악착(齷齪) 圀 **1** 사소한 일에 매우 끈기있고 모진 것. ¶~을 떨다. **2** 도량이 몹시 좁은 것. ㉿억척.

악착-같다(齷齪-)[-깓따] 혱 끈기가 있고 모질다. ¶악착같은 사람. ㉿억척같다. 악착같이 閈 ¶~ 덤비다.

악착-스럽다(齷齪-)[-쓰-] 혱(日〈-스러우니, -스러워〉 작은 일에 힘을 다하여 쉬지 않고 애를 쓰는 태도가 있다. ㉿억척스럽다. **악착스레** 閈

악처(惡妻) 圀 마음이 바르지 못하고 사나운 아내.

악-천후(惡天候) 圀 몹시 나쁜 날씨. ¶~를 무릅쓰고 경기를 진행하다.

악취(惡臭) 圀 고약한 냄새.

악-취미(惡趣味) 圀 **1** 좋지 못한 취미. **2** 괴벽스러운 취미.

악티늄(actinium) 圀(화) 은백색의 금속 원소. 원소 기호 Ac, 원자 번호 89, 원자량 227. 동위 원소는 모두 방사성이며, 화학적 성질은 란탄과 비슷함.

악-패듯[-듣] 閈 사정없이 몹시 심하게.

악평(惡評) 圀 나쁜 평판이나 평가. ¶작품이 ~을 받다. ↔호평. **악평-하다** 国&;

악폐(惡弊)[-폐/-페] 圀 나쁜 폐단. ¶~를 근절시키다.

악필(惡筆) 圀 마구 갈겨서서 알아보기 힘든 글씨. 또는, 보기 싫게 쓴 글씨.

악-하다(惡-)[아카-] 혱 (사람의 마음이나 행동이) 도덕적으로 옳지 않거나 남에게 해를 주는 상태에 있다. ㉿사악하다. 악독하다. 악랄하다. ↔선하다.

악학-궤범(樂學軌範)[아카궤-] 圀[책] 조선 성종 때, 성현 등이 임금의 명을 받고 편찬한 음악서. 백제 가요 '정읍사'와 고려 가요 등이 실려 있음. 9권 3책.

악한(惡漢)[아칸] 圀 악독한 짓을 하는 사람. ㉿악당. 흉한.

악한^소설(惡漢小說)[아칸-] 圀[문] 16 세기에 에스파냐에서 발생하여 유럽에서 유행한, 악한을 주인공으로 하는 소설.

악행(惡行)[아캥] 圀 악독한 행위. ¶~을 저지르다. ↔선행.

악형(惡刑)[아켱] 圀 모질고 잔인한 형벌에 처하는 것. 또는, 그 형벌.

악화¹(惡化)[아콰] 圀 어떤 상태·성질·관계 따위가 나쁘게 변해 가는 것. ¶경제 상태가 ~ 일로에 있다. ↔호전. **악화-하다** 国&;, **악화-되다** 国&; ¶병이 ~.

악화²(惡貨)[아콰] 圀 지금(地金)의 가격이 법정 가격보다도 낮은 화폐. ↔양화.
◇**악화는 양화를 구축한다** [영국의 재정가 그레셤이 한 말로, 가치가 낮은 화폐가 큰 세력을 지니어 가치가 높은 화폐를 유통되지 못하게 만든다는 뜻] 좋지 않거나 바람직하지 못한 것이 오히려 좋거나 바람직한 것을 누르는 것을 이르는 말.

안¹ 圀 **1** 둘러싸인 가에서 가운데로 향한 곳이나 쪽. ¶서랍 ~. **2** 일정한 표준이나 한계에 미치지 못한 정도. ¶1시간 ~에 끝내다. **3** 집이나 조직, 나라를 벗어나지 않는 영역. **4** 남편을 뜻하는 '밖'에 상대되는 말로 '아내'를 이르는 말. ↔밖. **5** 집 안에서 부인들이 거처하는 방. 凹바깥방. **6** '안전'의 준말.

안² 閈 '아니'의 준말. ¶왜 ~ 먹니?

안³(案) 圀 **1** '안건'의 준말. **2** 머리로 짜내 생각이나 계획. ¶구체적 ~을 세우다.

안가(安家) 圀 청와대나 국가 정보원 등의 정부 기관이 어떤 일을 비밀리에 도모하기 위해 사용하는, 외부에 알려지지 않은 일반 가옥.

안-간힘[-깐-] 圀 불만·고통·울화 따위를 참으려고 하나 저절로 자꾸 나오는 간힘. ¶~을 쓰다.

안-감[-깜] 圀 **1** 옷 안에 받치는 감. =안 찝. **2** 물건의 안에 대는 감. ↔겉감.

안개 圀 **1** 지표면 가까이에 아주 작은 물방울들이 앞을 잘 볼 수 없을 만큼 부옇게 떠 있는 현상. ¶밤~. **2** 어떤 사실이나 대상이 감춰져 있거나 밝혀지지 않아 도무지 알 수 없는 상태. 비유적인 말임. ¶~ 정국/~ 속에 묻혀 있는 사건.

안'개-구름[기상] =층운.

안'개-꽃[-꼳] 圀[식] 줄기는 높이 40~ 50cm가량이고 가지가 많이 갈라지며, 5~ 6월경 자잘한 흰 꽃이 많이 피는 한해살이풀. 원예·꽃꽂이용으로 재배함.

안'개-등(-燈) 圀 짙은 안개가 끼거나 눈 또는 비가 내릴 때, 운전 시야를 확보하고 다른 차에 자신의 존재를 알리기 위해 켜는 자동차 조명등.

안'개-비 圀 안개처럼 날리는 가는 비.

안거(安居) 圀[불] 승려들이 일정 기간 동안 한곳에 모여 일절 외부에 나가지 않고 참선 수행하는 일. 때로, 재가 불자들이 하기도 함. 하안거·동안거 등이 있음. ▷ 하안거·하안거, **안거-하다** 国&;

안건(案件)[-껀] 圀 토의하거나 조사하여야 할 사실. ㉿안.

안-견(安堅) 圀[인] 조선 시대의 화가(?~?).

안경(眼鏡) 圀 시력이 나쁜 눈을 잘 보이게 하기 위해, 둥그런 테에 렌즈를 끼우고 다리를 달아 눈 앞에 걸칠 수 있게 만든 물건.

안'경-다리(眼鏡-)[-따-] 圀 안경테의 좌우에 달아 귀에 거는 부분.

안'경-사(眼鏡士) 圀 시력 보정용 안경의 제조 및 판매 업무를 할 수 있는 자격을 가진 사람.

안'경-알(眼鏡-) 圀 안경테에 끼우는 렌즈. 凹알.

안'경-원(眼鏡院) 圀 안경사 자격을 가진 사람이 안경을 전문으로 파는 집. 凹안경점.

안'경-점(眼鏡店) 圀 안경을 파는 집. 점차 '안경원'으로 명칭이 바뀌고 있음.

안'경-집(眼鏡-)[-찝] 圀 안경을 넣는 갑.

안'경-테(眼鏡-) 圀 안경알을 끼우는 테두리.

안과(眼科)[-꽈] 圀 눈병을 연구하고 치료하는, 의학의 한 분과.

안'광(眼光) 圀 **1** 눈의 정기. 凹눈빛. **2** 사물을 꿰뚫어 보는 힘. ¶~이 날카롭다.
◇**안광이 지배(紙背)를 철(徹)하다** 눈빛이 종이를 뚫는다는 뜻으로, 통찰력이 뛰어남을 형용하는 말.

안구

안:구(眼球) 몡[생] 사람의 눈의 주요 부분을 이루는, 공 모양의 기관. ⋓눈알.

안:구^건조증(眼球乾燥症) [-쯩] 몡[의] 결막이나 공막의 겉껍질이 두꺼워지고 굳어져 눈알이 눈물에 젖지 않고 하얀 은빛을 내는 병.

안:구-은행(眼球銀行) 몡 각막 이식을 위해 안구 제공자의 등록, 안구의 적출(摘出)·보존 등을 행하는 기관.

안-기다 [-끼-]〈아〉'안다'의 피동사. ¶엄마 품에 **안겨** 잠든 아기. ②톈 ①'안다'의 사동사. ¶엄마에게 아기를 ~. ②당하게 하거나 들게 하다. ¶날벼락[물벼락]을 ~.

안긴-문장(-文章) 몡[언] 안은문장 속에 절의 형태로 포함되어 있는 문장. '내가 빌려 준 책을 다 읽었니?'에서 '내가 빌려 준' 따위. ▷안은문장.

안나푸르나(Annapurna) 몡[지] 네팔의 히말라야 산맥 중앙부에 있는 연봉(連峯). 높이 8,708m.

안:내(案內) 몡 1 (어느 곳의 사정을 잘 모르는 사람을) 가고자 하는 곳으로 데려다 주거나, 그렇게 하면서 그 곳의 사정이나 알고자 하는 것을 알려 주는 것. ¶판ھ ~. 2 (어떤 일이나 사정을) 소개하거나 알려 주는 것. ¶~ 방송. **안:내-하다** 톈⋓㉠ **안:내-되다** 톈㉠

안:내-도(案內圖) 몡 안내하는 내용을 그린 그림. ¶주요 판ھ ~.

안:내-서(案內書) 몡 안내하는 내용을 적은 책이나 글. ¶판ھ ~.

안:내-소(案內所) 몡 어떤 장소나 사물에 부설되어, 그 장소나 사물에 대한 안내를 맡아 하는 곳.

안:내-양(案內孃) 몡 1 손님을 안내하는 젊은 여자. 2 예전에, 버스의 여자장(女車掌)을 대접하여 이르던 말.

안:내-원(案內員) 몡 안내하는 것을 임무로 하는 사람.

안:내-인(案內人) 몡 어느 곳의 사정을 잘 모르는 사람에게 안내를 해 주는 역할을 하는 사람. ¶안내자. ¶행사장 ~.

안:내-자(案內者) 몡 길·장소 등을 안내하는 사람. 또는, 오랜 경험이나 뛰어난 능력으로 어떤 일을 잘 해 나가도록 도와주는 사람이나 책. ¶안내인. ¶길 ~.

안:내-장(案內狀) [-짱] 몡 안내하는 내용을 적어 보내는 서면.

안:내-판(案內板) 몡 안내하는 내용을 적거나 그린 판. ¶교통 ~.

안녕(安寧) Ⅰ 몡 사회나 국가가 안전하고 태평한 것. ¶국민의 ~을 빌다.
Ⅱ 몝 서로 만나거나 헤어질 때 하는 인사말. ¶철수야, ~!

안녕-하다(安寧-) 혱㉠ 아무 탈 없이 몸이 건강하고 평안하다. ¶댁네 모두 **안녕하신지요**? **안녕-히** 囝

안-녹산(安祿山) [-싼] 몡[인] 당나라의 무장(703?~757).

안:다 [-따] (안고 / 안아) 톈⋓ 1 (사람이 다른 사람이나 동물, 물건을) 두 팔 또는 한 팔로 둘러 자기 가슴 쪽으로 힘있게 끌어당기다. 또는, 그렇게 하여 (대상을) 자기 품 안에 있게 하다. ⋓품다. ¶아기를 품에 ~. 2 (사람이 비교적 센 바람이나 그 바람을 동반한 비나 눈, 또는 햇빛 따위를) 앞으로 나아가면서 몸의 앞면으로 받는 상태가 되다. ¶바람을 **안고** 걷다. ↔지다. 3 (남의 빚이나 책임 따위를) 자기의 것으로 가지거나 무릅쓰다. ¶부채를 **안고** 기업을 인수하다. 4 (새나 닭이 알을) 까기 위해 가슴과 배 부분으로 덮다. ¶어미 닭이 알을 ~. 5 (어떤 생각이나 감정을) 마음속에 가지다. ¶포부를 **안고** 상경하다. 6 (사람이 벽 등을) 향하여 가슴 가까이에 있게 하다. ¶벽을 **안고** 기업을 인수하다.

안다리^걸기 [-따-] 몡[체] 씨름에서, 상대의 오른쪽 다리의 무릎 뒤를 자기 오른쪽 다리로 걸고 다리샅바와 허리샅바를 당기며 가슴과 어깨로 상대의 상체를 밀어서 넘어뜨리는 기술. ▷밭다리 걸기.

안단테(㋑andante) 몡[음] 악곡의 속도를 지시하는 말로, '느리게'의 뜻. 모데라토와 아다지오의 중간 속도.

안단테^칸타빌레(㋑andante cantabile) 몡[음] 악곡의 속도와 표현 방법을 나타내는 말로, '느린 빠르기로 노래하듯이'의 뜻.

안단티노(㋑andantino) 몡[음] 악곡의 속도를 지시하는 말로, '안단테보다 빠르게', '조금 느리게'의 뜻.

안달 몡 속을 태우며 조급하게 구는 것. **안달-하다** 톈㉠ ¶집에 가고 싶어 ~.

안달루시아(Andalucia) 몡[지] 에스파냐 남서부에 있는 곡창 지대.

안달복달-하다 [-달-딸-] 톈㉠ 몹시 속을 태우며 조급하게 볶아치다. ¶막내아들이 자전거를 사 달라고 ~.

안:대(眼帶) 몡 1 눈병이 났을 때 아픈 눈을 가리는 거즈 등의 천 조각. 2 쉽게 잠들지 못하거나 밝은 데서 잠이 잘 들게 하기 위해 눈을 가리는 물건. ¶수면용 ~.

안데르센, 한스 크리스티안 (Andersen, Hans Christian) 몡[인] 덴마크의 동화 작가·소설가(1805~1875).

안데스^산맥(Andes山脈) 몡[지] 남아메리카 대륙 서부에 있는, 세계에서 가장 긴 산맥.

안도(安堵) 몡 걱정이나 불안에서 벗어나 마음을 놓는 것. ¶~의 한숨을 쉬다. **안도-하다** 톈㉠

안도-감(安堵感) 몡 안심이 되는 마음.

안도라(Andorra) 몡[지] 프랑스와 에스파냐의 국경, 피레네 산맥 가운데 있는 작은 내륙국. 수도는 안도라라베야.

안도라라베야(Andorra-la-Vella) 몡[지] 안도라의 수도.

안동^도호부(安東都護府) 몡[역] 고구려가 망한 뒤, 그 영토를 다스리기 위하여 평양에 두었던 당나라의 통치 기관.

안-되다[1] [-되-/-뒈-] 톈⋓㉠ 1 일·현상·물건 따위가 좋게 이루어지지 않다. ¶요즘 장사가 **안돼서** 걱정이다.

[안되는 사람은 뒤로 넘어져도 코가 깨진다] 일이 안되려면 보통 생각할 수 없는 실패와 재난이 거듭된다. [안되면 조상 탓] 제 잘못을 남에게 전가시킨다는 뜻.

안-되다[2] [-되-/-뒈-] 혱 1 섭섭하거나 가엾어 마음이 언짢다. ¶그렇게 고생하는 걸 보니 정말 마음이 **안됐어**. 2 근심이나 병 따위로 얼굴이 많이 상하다. ¶몸살을 심하게 앓더니 얼굴이 **안됐구나**.

안드러냄-표(-標) 몡[언] 숨김표·빠짐표·줄임표의 총칭.

안드로메다(Andromeda) 몡[신화] 그리스 신화에 나오는 에티오피아의 공주. 괴물 메두사를 죽인 페르세우스와 결혼했고,

죽어서 별자리가 되었음.
안드로메다-자리(Andromeda-) 명[천] 가을철 북쪽 하늘에 보이는 별자리. 페가수스자리 사각형의 세 별과 함께 북두칠성과 비슷한 모양을 이룬다.
안-뜨기 명 편물의 대바늘뜨기에서 가장 기본이 되는 뜨개질법. 겉뜨기의 안쪽처럼 코를 안으로만 감아 떠 나가는 방법임. ▷겉뜨기.
안-뜰 명 안채에 있는 뜰.
안락-사(安樂死)[알-싸] 명[법] 도저히 살아날 가망이 없는 환자를, 본인 또는 가족의 요구에 따라 고통이 적은 방법으로 인공적으로 죽음에 이르게 하는 일.
안락-의자(安樂椅子)[알-] 명 팔걸이가 있고 앉아서 편하게 기댈 수 있는 의자.
안락-하다(安樂-)[알라카-] 형 몸과 마음이 편안하고 즐겁다. ¶안락한 생활.
안료(顏料)[알-] 명 색깔이 있고 물이나 그 밖의 용제에 녹지 않는 미세한 분말.
안'마¹(按摩) 명 손으로 몸을 두드리거나 주물러서 피의 순환을 도와주는 일. =마사지. **안'마-하다** 탄여
안'마²(鞍馬) 명[체] 말 모양으로 만든 대(臺) 위에 두 개의 손잡이를 부착시킨 기계 체조 용구. 또는, 그 용구를 이용하여 하는 남자 체조 경기 종목.
안'마-기(按摩器) 명 안마로 피로를 풀거나 병을 치료하도록 만든 기구.
안-마당 명 집 안에 있는 마당. 또는, 안채에 있는 마당.
안'마-사(按摩師) 명 안마를 할 수 있는 자격을 갖춘 사람.
안면(顏面) 명 1 얼굴의 면. ¶~의 근육. 2 서로 얼굴을 알아 만한 분수. ¶~이 있다.
  안면(을) 바꾸다 잘 알던 사람을 새삼스럽게 짐짓 모른 체하다.
안면-도(安眠島) 명[지] 충청남도 태안군에 있는 섬.
안면-박대(顏面薄待)[-때-] 명 잘 아는 사람을 푸대접함. **안면박대-하다** 탄여
안면-방해(安眠妨害) 명 남이 잠잘 때 요란스럽게 굴어서 잠을 자지 못하게 함. **안면방해-하다** 자여
안면부지(顏面不知) 명 얼굴을 모름. 또는, 그 사람. ¶~의 인물.
안면-치레(顏面-) 명 얼굴을 알고 있는 사람에 대해서 체면이나 차리는 짓.
안'목(眼目) 명 사물을 보고 분별하는 견식. ¶~이 높다.
안'무(按舞)[-] 명[연] 음악에 따르는 무용을 구상하고 창작하는 것. 또는, 그것을 가르치는 일. **안'무-하다** 탄여
안'무-가(按舞家) 명 안무를 전문으로 맡아 하는 사람.
안민(安民) 명 1 민심을 어루만져 진정시키는 것. 2 백성을 편안히 살게 하는 것.
안민-가(安民歌)[-] 명[문] 신라 경덕왕 때 충담사가 지은 10구체 향가. 치국안민(治國安民)의 도리를 읊은 노래임.
안반 명 떡을 칠 때에 쓰는 두껍고 넓은 나무판. =떡판.
  안반 같다 (둥이나 엉덩이 등이) 크고 넓다. **약반 같은 둥.**
안반-짝 명 '안반'을 속되게 이르는 말. ¶~ 같은 엉덩이.
안-방(-房)[-빵] 명 1 한옥에서, 주인 부부가 잠을 자고, 안주인이 평상시 생활하는, 집에서 가장 중심이 되는 방. =내방(內房). 2 양옥·아파트 등에서, 주인 부부가 잠을 자는 가장 큰 방.
안방-극장(-房劇場)[-빵-짱] 명 '텔레비전을 보는 각 가정의 방'을 극장에 비유하는 말.
안방-마님(-房-)[-빵-] 명 안방에 거처하며 가사(家事)의 권한을 쥐고 있는, 옛날 양반집의 마님을 일컫는 말.
안배(按排·按配) 명 알맞게 잘 배치하거나 처분하는 것. **안배-하다** 탄여 ¶역할을 적당히 ~. **안배-되다** 자
안-벽¹(-壁) 명 안쪽의 벽. =내벽. ↔겉벽·바깥벽.
안-벽²(岸壁) 명 항만이나 운하의 가에 배를 대기 좋게 쌓은 벽.
안보(安保) 명[정] '안전 보장'의 준말. ¶~ 국가 ~.
안부(安否) 명 어떤 사람이 탈 없이 편안하게 지내는지 그렇지 않은지에 대한 소식. 또는, 인사로 그것을 전하거나 묻는 일. ¶~ 전화. **안부-하다** 자여
안빈(安貧) 명 가난한 가운데에도 편안한 마음으로 지내는 것. **안빈-하다** 자여
안빈-낙도(安貧樂道)[-또] 명 가난한 생활 속에서도 편안한 마음으로 분수를 지키며 지냄. **안빈낙도-하다** 자여 ¶대자연에 파묻혀 안빈낙도하며 유유자적하다.
안-사돈(-査頓)[-싸-] 명 딸의 시어머니나 며느리의 친정어머니를 양편 사돈집에서 서로 이르는 말. =사돈댁. ↔바깥사돈.
안-사람[-싸-] 명 '아내'를 예사롭게 또는 낮추어 지칭하는 말.
안산¹(安產) 명 =순산. **안산-하다** 탄여
안산²(案山) 명[민] 풍수지리에서, 집터나 묏자리의 맞은편에 있는 산.
안산-암(安山巖·安山岩) 명[광] 화산암의 하나. 사장석·각섬석·흑운모·휘석 등을 함유하며, 불에 강하고 세공하기가 쉬워 건축·토목에 쓰임.
안-살림[-쌀-] 명 '안살림살이'의 준말.
안살림-살이[-쌀-] 명 여자식구들에 의한 집안의 살림살이. ⓣ안살림.
안색(顏色) 명 건강이나 감정의 상태가 나타나는 얼굴의 빛깔이나 표정. ⓑ얼굴빛. ¶~이 창백하다.
안성-맞춤(安城-)[-맏-] 명 [경기도 안성(安城)에 유기를 주문하여 만든 것과 같다는 데서] 조건이나 상황이 어떤 일에 딱 들어맞게 된 것을 비유적으로 이르는 말. ¶날씨가 등산하기엔 ~이군.
안'수(按手)[-] 명[기] 기도를 할 때나 기타 교회 예식에서 주례자가 신자의 머리 위에 자신의 손을 얹는 일. ¶~ 기도. **안'수-하다** 자여
안스럽다 형ㅂ '안쓰럽다'의 잘못.
안시-성(安市城) 명[역] 삼국 시대에, 고구려와 당나라의 경계에 있던 성.
안식(安息) 명 근심 걱정 없이 편안하게 쉬는 것. ¶마음의 ~을 얻다. **안식-하다** 자여
안-식구(-食口)[-씩꾸] 명 자기 아내를 낮추어 이르는 말.
안식-일(安息日) 명[종] 1 유대교에서, 일주(一週)의 제7일, 지금의 금요일 일몰에서 토요일의 일몰까지를 말함. 2 크리스트교에서, 일요일.
안식-처(安息處) 명 편히 쉬는 곳.

안-심[1] [명] 소의 갈비 안쪽 고기. 부드럽고 연함.
안심[2](安心) [명] 아무 걱정 없이 마음을 편히 가지는 것. [비]방심. **안심-하다** [동][자][여] ¶이 약은 부작용이 없어 **안심하고** 복용할 수 있다. **안심-되다** [동][자]
안쓰럽다[-따] [형][ㅂ] 〈안쓰러우니, 안쓰러워〉 아랫사람이나 약자의 딱한 사정이 마음에 언짢고 가엾다. ¶애들이 배고파하는 것을 **안쓰러워** 못 보겠다. ×안스럽다.
안¦압(眼壓) [명][생] 각막과 공막(鞏膜)에 둘러싸여 있는 안구 내부의 일정한 압력.
안¦약(眼藥) [명][약] 눈병을 치료하는 데 쓰는 약. 특히, 눈에 직접 넣는 액체 상태의 약. =눈약.
안어울림-음(-音) [명][음] 둘 이상의 음이 동시에 날 때 서로 융합하지 않아 불안정한 느낌을 주는 화음. =불협화음. ↔어울림음.
안¦-연고(眼軟膏) [명][약] 안질에 쓰는 연고.
안온-하다(安穩-) [형][여] **1** 조용하고 평안하다. ¶**안온한** 생활. **2** 바람이 없고 따뜻하다. ¶**안온한** 날씨. **안온-히** [부]
안울림-소리 [명][언] 성대를 진동시키지 않고 내는 소리. 곧, 자음의 ㄱ·ㄷ·ㅂ·ㅅ·ㅈ·ㅊ·ㅋ·ㅌ·ㅍ·ㅎ 따위. =무성음. ↔울림소리.
안위[1](安危) [명] 안전함과 위태함. ¶국가 ~에 직결되는 일.
안위[2](安慰) [명] 몸을 편하게 하고 마음을 위로하는 것. **안위-하다** [동][타][여]
안은-문장(-文章) [명][언] 주어와 서술어의 관계가 두 번 이상 이루어지며 성분절을 가진 문장. "지구가 둥글다는 것은 오래전에 증명되었다."에서 '지구가 둥글다는 것'은 안긴문장이고, 전체의 문장은 안은문장임. ▷안긴문장.
안이-하다(安易-) [형][여] 너무 쉽게 여기는 태도가 있다. ¶**안이한** 생각.
안-익태(安益泰) [명][인] 작곡가·지휘자(1906~1965).
안-일[1][-닐] [명] 집안에서 주로 여자들이 하는 일. ↔바깥일.
안일[2](安逸) [명] 애쓰지 않고 편안함만을 누리려 하는 것. **안일-하다** [형][여] 편안하게만 하려 할 뿐 애씀이 없다. ¶감이 입안에 떨어지기만을 바라는 **안일한** 자세.
안-자락[-짜-] [명] 저고리·두루마기·치마 등을 여밀 때 안쪽으로 들어가는 옷자락. ↔겉자락.
안장[1](安葬) [명] 편안하게 장사 지내는 것. **안장-하다** [동][타][여] ¶유해를 선산에 ~. **안장-되다** [동][자]
안¦장[2](鞍裝) [명] **1** 사람이 올라앉을 수 있도록 말의 등에 얹는 제구. ¶말~. **2** 자전거 등의 앉게 된 자리.
안-전[1](-殿)[-쩐] [명] 궁궐 안의 임금이 거처하는 집. =내전(內殿).
안전[2](安全) [명] 사고나 재해를 당할 위험이 없는 상태. ¶교통~. ↔위험. **안전-하다** [형][여] **안전-히** [부]
안¦전[3](案前) [명] 존귀한 사람이 앉아 있는 자리의 앞. ¶어느 ~이라고 거짓을 아뢰오리까.
안¦전[4](眼前) [명] =눈앞1.
안전-감(安全感) [명] 편안하여 조금도 위태로움이 없는 느낌.
안전-거리(安全距離) [명] **1** 안전 운행을 위해 유지해야 하는, 차와 차 사이의 최소한의 거리. ¶~ 미확보로 인한 추돌 사고. **2** =안전시거.
안전-기(安全器) [명][물] 파손 및 화재를 방지하기 위하여 전기 회로 가운데 끼우는 장치. 일정량 이상의 전류가 흐르면 그 속의 퓨즈가 녹아 자동적으로 회로를 절단하게 되어 있음. [속]두꺼비집.
안전-도(安全度) [명] 사물의 안전한 정도.
안전-띠(安全-) [명] =안전벨트.
안전-망(安全網) [명] 높은 건물을 지을 때, 거기서 일하는 사람의 안전이나 그 밑을 지나는 사람의 안전을 위하여 치는 그물.
안전-면도기(安全面刀器) [명] 살을 벨 염려가 없도록 얇은 직사각형의 면도날을 쇠로 된 작은 틀에 끼워서 쓰는 면도기.
안전-모(安全帽) [명] 공장·작업장 또는 운동 경기 등에서 머리를 다치지 않도록 보호하기 위하여 쓰는 모자.
안전-밸브(安全valve) [명] 증기관의 안전장치의 한 가지. 압력이 규정 이상으로 오르면 저절로 밸브가 열려 초과 증기를 밖으로 빼내는 장치.
안전-벨트(安全belt) [명] 자동차·항공기 따위에서 충격으로부터 보호하려고 사람을 좌석에 고정시키는 띠. =안전띠.
안전^보¦장(安全保障) [명][정] 외부의 침략이나 공격으로부터 국가와 국민의 안전을 지키는 일. ¶국가 ~. [준]안보.
안전^보¦장^이¦사회(安全保障理事會)[-회/-훼] [명][정] '국제 연합 안전 보장 이사회'의 준말.
안전-사고(安全事故) [명] 공장이나 공사장 등에서 안전 교육의 미비, 또는 부주의 등으로 일어나는 사고.
안전-선(安全線) [명] 전철의 플랫폼 등에 승객이 움직이는 열차에 너무 가까이 다가서지 못하도록 그어 놓은 선.
안전-성(安全性)[-썽] [명] 안전하거나 안전을 보장하는 성질.
안전-시거(安全視距) [명] 굽은 길이나 고개 등에서, 맞은편에서 오는 차가 처음 발견되는 거리. =안전거리.
안전-시설(安全施設) [명] 운수 기관·생산업소·건설 공사장 등에서, 재해를 막기 위하여 설치한 시설.
안전-유리(安全琉璃)[-뉴-] [명] 파손되더라도 파편이 튀지 않아 다칠 위험이 적은 유리.
안전-장치(安全裝置) [명][군] 총의 방아쇠가 움직이지 못하도록 잠그는 장치.
안전-지대(安全地帶) [명] **1** 도로를 횡단하는 보행자의 안전을 위해 안전표지나 그 밖의 이와 비슷한 공작물로써 안전한 지대임을 표시한 도로 위의 부분. **2** 어떤 재해에 대하여 안전한 곳. ¶~로 대피하다.
안전-판(安全瓣) [명] 다른 사물의 위험이나 파멸을 막는 구실을 하는 것. ¶사회의 ~ 구실을 하다.
안전-표지(安全標識) [명] 교통의 안전에 필요한 주의·규제·지시 등을 표시하는 표지판 또는 도로의 바닥에 기호나 문자 또는 선 등으로 나타낸 표지.
안전-핀(安全pin) [명] **1** 타원형으로 구부려서 끝을 안전하게 집어넣은 핀. **2** 포탄·폭탄 또는 소화기 따위가 돌발적으로 터지지 못하도록 신관(信管)에 꽂는 핀.
안절부절-못하다[-모타-] [동][자][여] 마음이 초조하고 불안하여 어찌할 바를 모르다. ¶그는 아들이 수술받고 있는 동안 **안절부절못하였다.** ×안절부절하다.

안절부절-하다 [동][자][여] '안절부절못하다'의 잘못.

안정[1](安定) [명] 흔들림이 없이 안전하게 자리 잡는 것. ¶물가 ~. **안정-하다**[1] [동][자][여] **안정-되다** [동][자] ¶**안정된** 직장.

안정[2](安靜) [명] 육체적 또는 정신적으로 편안하고 고요한 것. **안정-하다**[2] [형][여]

안정[3](安靜) [명] 병을 치료하기 위하여 몸의 활동을 피하고 조용히 쉬는 것. ¶절대 ~을 요함. **안정-하다**[3] [동][자][여]

안정-감[1](安定感) [명] 안정된 느낌.

안정-감[2](安靜感) [명] 육체적 또는 정신적으로 편안하고 고요한 느낌.

안정-권(安定圈) [-꿘] [명] 안전하게 자리 잡은 범위. ¶합격 ~에 들다.

안정-기(安定期) [명] 안정된 상태가 계속되는 기간. ¶정치적 ~를 맞이하다.

안정-도(安定度) [명][물] 물체가 안정 상태를 유지하는 정도.

안-정복(安鼎福) [명][인] 조선 시대의 학자(1712~1791).

안정-성(安定性) [-썽] [명] 바뀌어 달라지지 않고 일정한 상태를 유지하는 성질. ¶~이 높은 직장.

안정-세(安定勢) [명] **1** 안정된 세력. ¶의석 수에서 ~를 확보하다. **2** 안정 상태를 유지하는 시세.

안정-제(安靜劑) [명][약] '정신 안정제'의 준말.

안주[1](安住) [명] **1** 자리 잡고 편안하게 사는 것. **2** 더 나아지고자 하는 의욕을 잃고 현재의 상태나 처지에 만족하는 것. **안주-하다** [동][자][여] ¶기성도덕과 질서에 ~.

안주[2](按酒) [명] =술안주.

안-주머니 [-쭈-] [명] 옷 따위의 안쪽에 달린 주머니. [비]속주머니. ↔겉주머니.

안-주인(-主人) [-쭈-] [명] 여자 주인. =주인댁. ↔바깥주인.

안줏-감(按酒-) [-주깜/-줃깜] [명] 안주가 될 만한 음식물. [비]안줏거리.

안줏-거리(按酒-) [-주꺼-/-줃꺼-] [명] 술을 마시면서 곁들여 먹는 먹을거리. [비]안줏감.

안!중(眼中) [명] 《부정하는 말과 함께 쓰여》 생각하거나 관심을 두고 있는 범위. ¶그런 일 따위는 내 ~에도 없다.

안-중근(安重根) [명][인] 독립 운동가(1879~1910).

안-지름 [-찌-] [명] 관(管) 등의 안쪽으로 잰 지름. =내경(內徑). ↔바깥지름.

안!질(眼疾) [명][의] 눈에 생긴 질환. [비]눈병.

안-집 [-찝] [명] **1** =안채. **2** 한 집에서 둘 이상의 가구가 살 때, 주인집을 이르는 말. **3** 전에, 하인이 주인집을 이르던 말.

안-짝 [명] 일정한 거리나 수에 미치지 못하는 범위. ¶십만 원 ~이면 살 수 있다.

안짱-걸음 [명] 두 발끝을 안쪽을 향해 들여 모아 걷는 걸음. ▷팔자걸음.

안짱-다리 [명] 두 발끝이 안쪽으로 우긋한 다리. 또는, 그런 다리를 가진 사람. ↔발장다리.

안-쪽 [명] 안으로 향한 부분. =내측. ↔바깥쪽.

안-찝 [명] =안감1. [준]안.

안-차다 [형] 겁이 없고 깜찍하다.

안착(安着) [명] 탈 없이 도착하는 것. **안착-하다** [동][자][여] ¶비행기가 활주로에 ~. **안착-되다** [동][자]

안-창 [명] 신 안에 까는 가죽이나 헝겊.

안-창남(安昌男) [명][인] 우리나라 최초의 비행사(1900~1930).

안창-살 [-쌀] [명] 소의 갈비 안쪽에 붙어 있는 연한 살.

안창-치기 [명] 주로 저고리 안주머니를 터는 소매치기.

안-창호(安昌浩) [명][인] 독립 운동가(1878~1938).

안-채 [명] 안팎 각 채로 된 집의, 안에 있는 채. =안집. ↔바깥채.

안!출(案出) [명] 생각하여 내는 것. **안!출-하다** [동][타][여] ¶묘책을 ~.

안치(安置) [명] **1** 상(像)·위패·시신 등을 잘 모셔 두는 것. **2** [역] 귀양 간 죄인을 가두어 두는 것. ¶위리(圍籬)~. **안치-하다** [동][타][여] ¶영안실에 시신을 ~. **안치-되다** [동][자]

안치다 [동][타] (밥이나 떡이나 국이나 찌개 등을) 만들기 위해 솥이나 시루나 냄비 등에 그 재료를 넣고 열을 가하여, 익히거나 찌거나 끓이거나 하다. 때로, 음식 재료를 용기에 넣는 것만을 뜻할 경우도 있음. ¶쌀을 씻어서 밥을 **안쳐** 놓다.

안치-소(安置所) [명] 안치하여 두는 곳. ¶시체~.

안타(安打) [명][체] 야구에서, 타자가 베이스에 나아갈 수 있도록 공을 치는 일. =히트(hit). ¶10타수 3~.

안타까워-하다 [동][타][여] 안타깝게 여기다. ¶사람들은 그의 죽음을 **안타까워했다.**

안타깝다 [-따] [형][ㅂ] 〈안타까우니, 안타까워〉 뜻대로 되지 않거나 딱하여 애가 타고 마음이 답답하다. ¶아직도 굶주리는 아이들이 많다니 참 **안타까운** 일이다. **안타까이** [부]

안타나나리보(Antananarivo) [명][지] 마다가스카르의 수도.

안테나(antenna) [명][물] 무선 전신·라디오·텔레비전 등의 전파를 송신 또는 수신하기 위하여 공중에 세우는 도선 장치.

안토니우스, 마르쿠스(Antonius, Marcus) [명][인] 고대 로마의 군인·정치가(82~30 B.C.).

안토시안(anthocyan) [명][식] 식물의 꽃·잎·열매 등의 세포액 중에 퍼져 있는 색소.

안티몬([독]Antimon) [명][화] 은백색의 금속 원소. 원소 기호 Sb, 원자 번호 51, 원자량 121.75. 광택이 있으며 유독함. 활자 합금·반도체 등의 재료로 쓰임.

안티-사이트(anti-site) [명][컴] 어떤 대상을 반대할 목적으로 개설한 인터넷 사이트.

안티옥신(antiauxin) [명][생] 옥신의 작용과 반대로, 생물의 성장을 억제시키는 작용을 하는 물질. ↔옥신.

안티테제([독]Antithese) [명][철] =반정립. ↔테제.

안팎 [-팍] [명] **1** 사물이나 영역의 안과 밖. ¶집의 ~을 돌아보다. **2** 《수량을 나타내는 말 다음에 쓰여》 그 수량에 거의 가까워 벗어나더라도 약간 넘거나 못 미치는 상태임을 나타내는 말. [비]내외(內外). ¶스물 ~의 청년. **3** 부부를 안사람과 바깥사람의 뜻으로 이르는 말. ¶그 집은 ~이 다 부지런하다.

ㅇ

안팎-일 [-팡닐] 명 안일과 바깥일.
안평^대:군(安平大君) 명 조선 세종의 셋째 아들·서예가(1418~1453).
안:하무인(眼下無人) 명 [눈 아래 사람이 없다는 뜻] 방자하고 교만하여 주위 사람을 업신여김. ¶그는 부잣집 외아들로 귀염만 받고 자라 도대체 ~이다.
안해 '아내'의 잘못.
안-향(安珦) 명[인] 고려 시대의 문신·학자(1243~1306).
안-회(顔回) [-회/-훼] 명[인] 춘추 시대 노나라의 학자(521~490 B.C.).
앉다[안따] 짜 1 (사람이나 동물이) 윗몸을 세운 상태에서, 엉덩이를 몸무게가 실리게 하여 바닥이나 다른 물건 위에 올려놓다. 또는, (사람이) 윗몸을 세운 상태에서 두 발이나 정강이가 바닥에 닿도록 무릎을 구부려 엉덩이를 다리나 발 위에 올려놓거나, 윗몸을 앞쪽으로 약간 비스듬히 기울인 상태에서 발바닥을 바닥에 붙인 자세로 엉덩이를 낮추고 무릎을 구부리다. ¶무릎을 꿇고 ~. ※서다. 2 (새나 날벌레 등이 일정한 곳에) 날기를 그치고 발을 디디다. ¶새가 나뭇가지에 ~. ▷내려앉다. 3 (집 따위가) 어떤 방향으로 자리를 잡다. ¶그 집은 남향으로 **앉았다**. 4 (사람이 어떤 직위나 자리에) 있게 되다. ¶대학 동창이 대기업의 높은 자리에 ~. 5 (공기 중의 먼지나 먼지처럼 엷게 있으는 것이) 어떤 물건의 앙금 따위가) 어떤 물건 위나 밑바닥에 내려 쌓이다. ¶장롱 위에 먼지가 뽀얗게 **앉았다**. 6 (주로, '앉아(서)'의 꼴로 쓰여) 어떤 일을 위해 적극적으로 나서지 않다. ¶가만히 **앉아만** 있어서야 일이 해결되겠소?
[앉아 주고 서서 받는다] 빌려 주기는 쉬우나 받기는 어렵다. [앉은 자리에 풀도 안 나겠다] 사람이 너무 깔끔하고 매서울 만큼 냉정하다.
앉아서 벼락 맞다 가만히 있다가 화를 당하다. 뜻밖의 화를 당하다.
앉은-뱅이 명 앉기는 하여도 서지 못하는 장애인.
앉은뱅이-걸음 명 앉은 채 걷는 걸음걸이.
앉은뱅이-저울 명 받침판에 물건을 올려놓고 무게를 재는 저울.
앉은뱅이-책상(-冊床) [-쌍] 명 의자 없이 바닥에 앉아서 사용하도록 만든 책상.
앉은-소리 [-음] 명 잡가(雜歌)에서, 자리에 앉아서 부르는 방식. 또는, 그런 방식으로 부르는 소리. ≒좌창(坐唱). ↔선소리.
앉은-일 [-닐] 명 자리에 앉아서 하는 일. ↔선일.
앉은-자리 명 어떤 일을 벌이고 있는 바로 그 자리. ¶책을 ~에서 다 읽어 치렀다.
앉은-장사 명 일정한 곳에 가게를 내고 하는 장사. ↔도붓장사.
앉은-장수 명 앉은장사를 하는 사람. ↔도붓장수.
앉은-절 명 허리를 굽히고 꿇어앉으면서 정중하게 하는 절.
앉은-키 명 사람이 등을 곧게 세우고 앉았을 때, 엉덩이가 닿는 면에서 머리 끝에 이르는 길이. ↔선키.
앉-히다[안치-] 태 1 '앉다'의 사동사. ¶아이를 의자에 ~. 2 (시루를 솥에) 올려놓고 그 닿는 부분에 밀가루 반죽 등을 빙 둘러 발라 틈새 없이 걸쳐지게 하다.

또는, (솥을 부뚜막에) 전이 걸리게 올려놓다. ¶떡을 찌다. ▷시루를 ~.
않다[안타] 【 】 짜 1 (주로 구어체에서, '하다'가 붙어 동사를 이루는 명사를 목적어로 하는 구조에 쓰여) (어떤 일을) 행동으로 이루지 아니하다. ¶말은 **않지만** 속으로 얼마나 답답하겠소? 【 】(2) 동사의 어미 '-지' 아래에 쓰이어 그 동사의 의미를 부정하는 뜻을 나타내는 말. ¶내일은 학교에 가지 **않는다**. 뜻아니하다.
Ⅱ 혱(보조) (형용사의 어미 '-지' 아래에 쓰이어) 그 형용사의 의미를 부정하는 뜻을 나타내는 말. ¶마음이 기쁘지 ~. 본아니하다.

알¹ 명 【1】 (자립) 1 조류(鳥類)나 뱀·거북, 또는 벌레·물고기 등의 암컷이 낳는, 새끼나 애벌레가 될 둥근 모양의 물건. ¶~을 까다. 2 낱개로서의 작고 둥근 식물의 열매. 특히, 크기나 굵기에 초점을 둘 때 쓰이는 말임. ¶콩 ~/~이 굵다. 3 (주로 일부 명사 다음에 쓰여) 작고 둥근 물건을 이르는 말. ¶總~/모래~. 4 안경 렌즈를 구어적으로 이르는 말. ¶안경알. 5 배추의 고갱이를 싸고 여러 겹으로 뭉친 덩이. ¶~이 찬 배추. 6 근육이 딴딴하게 뭉쳐 둥글게 된 상태. ¶종아리에 ~이 배다. 【2】(의존) 새의 알이나 작고 둥근 물건을 세는 단위. ¶달걀 한 ~/사탕 두 ~.
알-² 접두 1 일부 명사 앞에 붙어, 벗거나 벗겨진 상태임을 나타내는 말. ¶~몸/~밤. 2 일부 명사 앞에 붙어, '순전한', '진짜', '실속 있는'의 뜻을 나타내는 말. ¶~깍쟁이/~부자. 3 일부 명사 앞에 붙어, 알처럼 동글동글한 것임을 나타내는 말. ¶~사탕/~약. 4 일부 명사 앞에 붙어, 둥글면서 작은 것임을 나타내는 말. ¶~뚝배기/~항아리.
알고리듬 명 1 열매 같은 것의 낱개. 뗑낱알.
알-갱이 명 작고 동그란 물질이나 물체. 뗑입자.
알-거지 명 재산을 모두 잃어버려 가진 것이 전혀 없는 사람. 얄팍하거나 조롱하는 말임. ¶사업이 망하여 하루아침에 ~가 되다.
알-건달(-乾達) 명 형편없는 진짜 건달.
알겨-내다 태 소소한 남의 것을 좀스럽고 더러운 것이도 피어서 빼앗다. ¶어린이의 코 묻은 돈을 **알겨내는** 장사꾼.
알고리듬(algorithm) 명 어떤 문제를 풀어 답을 얻어 내는 구체적인 방법이나 과정이나 절차. 프로그램을 만드는 기초가 됨. ¶방정식을 풀기 위한 컴퓨터 ~.
알-고명 명 달걀흰자와 노른자를 각각 번철에 얇게 부쳐 잘게 썬 고명.
알-곡(-穀) 명 쭉정이나 잡것이 섞이지 않은 곡식.
알골(ALGOL) 명 [algorithmic language] [컴] 과학 계산이 주목적인 디지털 컴퓨터용 알고리즘을 표준화하기 위해 1965년 국제 표준 기구 회의에서 채택한 언어.
알-깍쟁이 [-쟁-] 명 1 성질이 다부지고 모진 사람. 2 아이 깍쟁이. 또는, 어려서부터 깍쟁이인 사람.
알나리-깔나리 [-라-라-] 명 아이들이 남을 놀릴 때 하는 말. ¶~ 오줌 쌌다네.
알!다(알¦고/알아) 태 1 (아니, 아오) 1 (어떤 사실이나 현상을) 의식이나 감각으로 느끼거나 깨닫다. 뗑의식하다. ¶밖에 나와서야 비가 온다는 것을 **알았다**. 2 (어떤 사실이나 정보를) 머릿속에 가지다.

또는, (사물을) 헤아리거나 정보를 통해 어떤 상태인지 깨닫다. [비]파악하다·이해하다. ¶나도 네 마음 다 **안다**. **3** (어떤 심리적 상태를) 마음속으로 느끼거나 깨닫다. ¶부모의 은혜를 ~. **4** (어떤 지식이나 사물의 내용을) 배우거나 궁리하여 그 참뜻을 깨닫다. [비]인식하다. ¶낱말의 뜻을 ~. **5** (사람이 어떤 사람을) 만나거나 본 적이 있어 누구인지 가릴 수 있게 되거나 사귐을 가지다. 또는, (그 사람을) 어떤 성격을 가졌고 본바탕은 무엇인지, 어떻게 살아왔고 또 살고 있는지 등에 대해 꽤 보고 들은 바를 가지다. ¶너 내가 누구인지 **알겠니**? **6** ('-ㄹ/을 줄' 다음에 쓰여) (사람이 어떤 일을) 행할 능력을 가지다. ¶운전할 줄 **아니**? **7** (주로 부정적인 서술어와 함께 쓰여) 어떤 일에 대해 관여하거나 관심을 가지다. ¶그건 내가 **알** 바 아니다. ↔모르다. **8** (대상을 어떤 존재로, 또는 어떤 상태로) 여기거나 이해하다. [비]간주하다. ¶그는 나를 세상에서 가장 친한 벗으로 **알고** 있다. **9** (사람이 어떤 일을) 어떻게 할지 스스로 정하다. [비]판단하다. ¶내가 **알아서** 할게. **10** (보조사 '만' 다음에 쓰여) (어떤 대상을) 가장 소중한 것으로 여기다. ¶돈만 **아는** 구두쇠. **11** (잘 모르던 대상을) 비로소 그 좋은 점을 깨달아 갖고자 하거나 가까이하려 하다. ¶아이가 벌써부터 돈을 **알아** 가지고 어쩌려고 그래? **12** 상대의 명령이나 요청에 대해 그대로 하겠다는 뜻을 나타내는 말.

[**아는 것이 병**] 알기 때문에 걱정하게 된다는 말. [**아는 길도 물어 가랬다**] 쉬운 일도 신중하게 최선을 다해야 한다. [**알아야 면장을 하지**] 무슨 일을 하려면, 특히 윗사람이 되려면, 실력과 견식이 있어야 한다는 말.

알게 모르게 알기는 하나 거의 의식하지 않은 상태에서. ¶~ 비용이 많이 든다.

알다가도 모를 일 어떤 일이 하도 뜻밖이어서 선뜻 이해가 가지 않음을 이르는 말. ¶1, 2등만 다투던 그가 불합격이라니 ~이다.

알데히드(aldehyde) [명][화] 알데히드기(基)를 가지는 화합물의 총칭. 자극적인 냄새가 나고 휘발하기 쉬움.

알딸딸-하다 [형][여] 술을 마셔 다소 취한 기운을 느끼는 상태에 있다.

알뜰 [명] (주로 일부 명사 앞에 쓰여) 생활비를 아끼며 규모 있는 살림을 하는 일. ¶~ 주부 / ~ 시장.

알뜰-살뜰 [부] 살림을 아끼며 정성껏 규모 있게 꾸려 가는 모양. ¶살림을 ~ 꾸려 나가다. **알뜰살뜰-하다** [형][여]

알뜰-하다 [형][여] 일이나 살림을 정성스럽고 규모 있게 하여 빈틈이 없다. ¶**알뜰한** 주부. **알뜰-히** [부] ¶살림을 ~ 잘하다.

알라(Allah) [명][종] 이슬람교의 유일·절대·전능의 신.

알람브라^궁전(Alhambra宮殿) [명] 에스파냐의 그라나다에 있는 14세기 이슬람 왕국의 궁전.

알랑-거리다/-대다 [동][자] 교묘한 말과 짓으로 남의 비위를 맞추다.

알랑-방귀 [명] '알랑거리는 짓'을 속되게 이르는 말.

알랑방귀(를) 뀌다 알랑거리며 아첨을 떨다. 속된 말임.

알랑-알랑 [부] 알랑거리는 모양. **알랑알랑-하다** [동][자][여]

알래스카(Alaska) [명][지] 캐나다 북서부에 있는, 미국의 주.

알량-하다 [형][여] 시시하고 보잘것없다. ¶그 **알량한** 지식을 가지고 아는 체하는군.

알레고리(allegory) [명][문] 표면적인 이야기나 묘사 뒤에 어떤 정신적·도덕적 의미가 암시되어 있는 비유. =풍유.

알레그레토([이]allegretto) [명][음] 악곡의 속도를 지시하는 말로, '조금 빠르게', '알레그로보다 조금 느리게'의 뜻.

알레그로([이]allegro) [명][음] 악곡의 속도를 지시하는 말로, '빠르게'의 뜻.

알레그로^콘^브리오([이]allegro con brio) [명][음] 악곡의 표현 방법과 속도를 나타내는 말로, '힘차게 빨리'의 뜻.

알레르기([독]Allergie) [명] **1** [생] 특수 체질을 가진 사람이 꽃가루, 동물의 털, 음식 등의 특정한 물질에 대해 비정상적으로 나타내는 과민 반응. 콧물·두드러기·호흡곤란 등의 증상이 있음. **2** 어떤 사물을 머리에서 거부하는 심리적 반응.

알레르기-성([독]Allergie性) [명][의] 어떤 병의 증상이 알레르기로 말미암아 일어나는 성질. ¶~ 비염.

알렉산더^대¦왕(Alexander大王) [명][인] 마케도니아의 왕(356~323 B.C.). =알렉산드로스 대왕.

알렉산드로스^대¦왕(Alexandros大王) [명][인] =알렉산더 대왕.

알렉산드리아(Alexandria) [명][지] 이집트 북부의 항구 도시.

알렐루야([라]alleluia) [명][성] =할렐루야.

알력(軋轢) [명] 〔수레바퀴가 삐걱거린다는 뜻〕 의견이 맞지 않아 서로 충돌하는 것. ¶그 조직은 각 파벌 사이에 ~이 심하다.

알로-까다 [형] '몹시 약다'는 뜻을 얕잡아 이르는 말. ¶**알로까진** 어린아이.

알로에([라]aloe) [명][식] 잎은 두꺼운 육질(肉質)의 칼 모양으로 가장자리에 가시가 있고, 겨울에서 봄에 걸쳐 주황색 꽃이 피는 상록 여러해살이풀. 잎을 약용함.

알로하-셔츠(←aloha shirt) [명] 하와이에서 비롯된 여름용 셔츠. 화려한 무늬가 있고 소매가 짧으며 바지 위에 늘어뜨려 입음. =남방셔츠.

알록-달록[-딸-] [부] 여러 빛깔의 점이나 줄이 고르지 않게 이룬 무늬가 밴 모양. [큰]얼룩덜룩. **알록달록-하다** [형][여] ¶**알록달록한** 이불보.

알루마이트(alumite) [명][화] 알루미늄의 표면에 산화알루미늄의 피막을 만들어 내식성(耐蝕性)·내마모성·내열성이 향상되도록 처리한 것의 상표명.

알루미나(alumina) [명][화] =산화알루미늄.

알루미늄(aluminium) [명][화] 은백색의 연하고 가벼운 금속 원소. 원소 기호 Al, 원자 번호 13, 원자량 26.9815. 가공하기 쉽고 내식성이 있으며 무해하므로, 건축·화학·가정용 제품 따위에 널리 쓰임.

알루미늄-박(aluminium箔) [명][화] 알루미늄을 얇게 편 것. 내식성이 뛰어나고 무해하여 포장 재료·단열재 등으로 쓰임.

알류샨^열도(Aleutian列島) [-또] [명][지] 태평양 북부, 알래스카와 캄차카 반도 사이에 있는 열도.

알리, 무하마드(Ali, Muhammad) [명][인]

ㅇ

미국의 프로 권투 선수(1942~).

알-리다 [동][타] '알다'의 사동사. ¶많은 사람들에게 기쁜 소식을 ~.

알리바이(alibi) [명][법] 범죄 사건이 발생한 시간에 피의자가 그 현장에 있지 않았음을 뒷받침하는 증거나 사실. =현장 부재 증명. ¶~가 입증되다.

알림-장(-狀)[-짱] [명] 알려야 할 내용을 적은 글.

알림-판(-板) [명] 여러 사람에게 알리는 내용을 적거나 적은 것을 붙이는 판.

알¦-맞다[-맏따] [형] (무엇이, 또는 누가 어떤 일이나 경우에) 그 기준이나 정도에 있어서 모자람이나 지나침이 없이 좋다. [비]적당하다. ¶소풍 가기에 **알맞은** 날씨.

알맹이 [명] **1** 껍데기나 껍질에 싸인 비교적 작은 크기의 고체 물질. [비]내용물. **2** 사물에 들어 있어야 할, 중요하거나 가치 있는 내용. ¶~가 없는 글.

알-몸 [명] **1** 아무것도 입지 않은 사람의 몸. [비]나신(裸身)·나체·맨몸. **2** 재산이나 재물이 전혀 없는 사람의 비유.

알-몸뚱이 [명] '알몸'을 낮추어 이르는 말.

알바니아(Albania) [명][지] 발칸 반도 남서부에 있는 인민 공화국. 수도는 티라나.

알-박기[-끼] [명]〈속〉 재건축 또는 재개발 예정지에 속한 땅이나 건물을 산 뒤, 사업자에게 터무니없이 비싼 값을 요구하며 팔지 않고 버티는 일. ¶~ 수법으로 엄청난 차익을 얻다.

알-박이 [명] '알배기1'의 잘못.

알-밤 [명] **1** 밤송이에서 빼내거나 떨어진 밤톨. **2** 주먹을 쥔 상태에서 가운뎃손가락을 약간 내밀어 그 부분으로 머리를 때리는 일. [비]꿀밤. ¶~을 먹이다.

알배-기 [명] **1** 알이 들어 배가 부른 생선. ×알박이. **2** 겉보다 속이 야무진 상태.

알-배다 [동][자] **1** 알을 가지다. ¶**알밴** 닭. **2** 곡식의 알이 들다.

알-버섯[-섣] [명][식] 바닷가 솔밭의 모래땅에 자라며, 희고 공 모양으로 생긴 버섯. 솔 향기가 있고, 식용함.

알부민(albumin) [명][화] 단순 단백질의 한 가지. 생물체 중에 널리 분포하며, 혈청·유즙·콩·달걀흰자 등에 많음.

알-부자(-富者) [명] 겉보기와는 달리 실속이 있는 부자. ¶저 사람, 행색은 남루하지만 ~라고 소문났다.

알비노(albino) [명] 선천적으로 피부·모발·눈 등의 멜라닌 색소가 결핍 또는 결여된 비정상적인 개체. 피부색은 백색, 모발은 황백색, 눈동자는 적색이며, 지능 장애·발육 장애 등이 따르는 수가 많음.

알-뿌리 [명][식] 지하에 있는 식물체의 일부인 뿌리·줄기·잎 등이 알 모양으로 비대하여, 양분을 저장한 것. =구근(球根).

알뿌리^식물(-植物)[-싱물] [명][식] 알뿌리를 가지는 식물의 총칭. 튤립·글라디올러스 따위.

알-사탕(-沙糖*) [명] 알 모양의 작고 동글동글한 사탕.

알선(斡旋)[-썬] [명] **1** 남의 일이 잘되도록 주선하는 것. **2** [법] 분쟁을 해결하거나 계약을 성립시키기 위하여 제3자가 양 당사자 사이에서 노력하는 것. **알선-하다** [동][타][여] ¶직장을 ~. **알선-되다** [동][자]

알성-과(謁聖科)[-썽-] [명][역] =알성시.

알성-시(謁聖試)[-썽-] [명][역] 조선 시대, 임금이 문묘에 참배한 뒤 성균관에서 보이던 과거. =알성과.

알^세뇨(이al segno) [명][음] '기호가 있는 곳까지'의 뜻.

알싸-하다 [형][여] (매운맛이나 냄새 등으로) 혀나 코의 속이 알알하다. ¶마른 솔가지를 태우는 냄새가 ~.

알쏭-달쏭 [부] 생각이 자꾸 헛갈려 분간할 수 있을 듯하면서도 얼른 분간이 안 되는 모양. **알쏭달쏭-하다** [형][여] ¶**알쏭달쏭한** 문제. ×아리까리하다.

알아-내다 [동][타] 어떤 방법을 통해 모르던 것을 새로 알다. ¶두 사람의 관계를 ~.

알아-듣다[-따] [동][타][ㄷ]〈~들으니, ~들어〉 **1** 남의 말을 듣고 그 뜻을 알다. ¶무슨 말인지 **알아듣지** 못하겠다. **2** 어떤 소리를 분간하여 듣다. ¶나는 어머니의 발자국 소리를 **알아듣는다**.

알아-맞추다 [동][타] '알아맞히다'의 잘못.

알아-맞히다[-마치-] [동][타] 요구된 답을 알아서 맞게 대다. ¶수수께끼를 ~. ×알아맞추다.

알아-먹다[-따] [동][타] '알아듣다', '알아보다'를 속되게 이르는 말. ¶몇 번씩 얘기했는데도 말귀를 **알아먹어야** 말이지.

알아-보다 [동][타] **1** 조사하거나 살펴보다. ¶교통편을 ~. **2** 잊어버리지 않고 기억하다. ¶그는 아직도 내 얼굴을 **알아보더라**. **3** 무엇을 보고 분간하다. ¶글씨를 휘갈겨 써서 **알아볼** 수가 없다. **4** 어떤 가치나 사람의 능력 따위를 밝히어 알다.

알아-주다 [동][타] **1** 남의 장점을 인정해 주다. **2** 남의 사정을 이해하여 주다. ↔몰라주다.

알아-차리다 [동][타] **1** 알고 정신을 차리거나 깨닫다. ¶나는 그제서야 무슨 일이 일어났는지를 **알아차렸다**. **2** =알아채다.

알아-채다 [동][타] 낌새를 미리 알다. =알아차리다. ¶적의 기습 공격을 미리 ~.

알알-이 [부] 한 알 한 알마다. ¶~ 여문 옥수수.

알알-하다 [형][여] **1** (몹시 맵거나 독한 것이 혀끝에 닿을 때처럼) 아리고 쏘는 느낌이 있다. ¶고추가 어찌나 매운지 혀가 ~. **2** (상처 따위가) 꽤 아리다. ¶일광욕을 했더니 등이 ~. [큰]얼얼하다.

알-약(-藥)[-략] [명] 가루나 액체 상태가 아닌 알갱이 형태로 만든 약. ▷가루약.

알은-척 [명] =알은체. **알은척-하다** [동][자][타][여]

알은-체 [명] **1** (남의 일에) 관심을 가지고 끼어들거나 나서서 거드는 것. [비]간섭. **2** (어떤 사람이) 다른 사람에게 인사를 건네면서 그를 안다는 표정을 짓거나 반가움을 나타내는 것. =알은척. **알은체-하다** [동][자][타][여] ¶남의 일에 공연히 **알은체하지** 마라.

알음 [명] **1** 사람끼리 서로 아는 일. ¶전부터 ~이 있던 사람. **2** 알고 있는 것.

알음-알음 [명] **1** 서로 아는 관계. ¶~으로 취직을 부탁하다. **2** 서로 가진 친분.

알자스(Alsace) [명][지] 프랑스 북동부에 있는 지방.

알-전구(-電球) [명] 갓 따위의 가리개가 없는 전구. 또는, 전선 끝에 매달려 있는 맨 전구.

알제(Alger) [명][지] 알제리의 수도.

알제리(Algérie) [명][지] 아프리카 대륙 북서부의 공화국. 수도는 알제.

알¹-조[-쪼] 圏 알 만한 일. ¶부모가 그 모양이니 자식은 보지 않아도 ~다.
알-줄기 [-찌] 圏 땅속줄기의 하나. 주축(主軸)을 이루는 줄기의 밑 부분이 녹말 등의 양분을 많이 저장하여 살이 쪄서 공 모양을 이룬 것.
알-지단(-◎鷄蛋) 圏 지단을 달걀로 부쳐 만든 것이라 하여 분명히 일컫는 말.
알-집[-찝] 圏 =난소(卵巢).
알짜 圏 1 중요하고도 핵심이 되는 것. ¶~ 정보. 2 (일부 명사 앞에 관형어적으로 쓰여) 실속이나 실익이 있음. ¶~ 가업. 3 (일부 명사 앞에 관형어적으로 쓰여) 더도 덜도 아닌 진짜. ¶~ 건달.
알짜-배기 圏 '알짜'를 속되이 이르는 말.
알짱-거리다/-대다 圏(자) 공연히 자꾸 아장거리다. ¶내 눈앞에서 **알짱거리지** 말고 썩 꺼져라. ⨟얼쩡거리다.
알짱-알짱 🅤 알짱거리는 모양. ⨟얼쩡얼쩡. **알짱알짱-하다** 圏(자타)(여)
알-찌개 圏 달걀 등을 깨어 고기와 여러 가지 양념을 넣고 끓인 찌개.
알-차다 圏 내용이 아주 충실하다. 또는, 속이 꽉 차다. ¶알찬 내용의 책.
알츠하이머-병(Alzheimer病) 圏[의] 뇌 신경 세포 안에 아밀로이드라는 독성 단백질이 쌓여 뇌세포를 죽임으로써 기억력이 떨어지고 뇌 기능이 약해지는, 노인 특유의 질환.
알칼로이드(alkaloid) 圏[화] 식물체 속에 존재하는, 질소를 함유하는 염기성 유기 화합물의 총칭. 진통·진해·마취 작용을 함. 니코틴·모르핀·카페인 따위.
알칼리(alkali) 圏 염기(鹽基) 중에서 물에 녹는 물질의 총칭. 수산화나트륨·수산화칼륨 등이 이에 속하며, 수용액은 붉은 리트머스 종이를 청색으로 변화시킴.
알칼리-성(alkali性) 圏 알칼리를 나타내는 성질. ¶~ 토양. ▷염기성.
알칼리성^식품(alkali性食品) 圏 식품을 태웠을 때 그 재 속에 칼슘·칼륨·마그네슘 등 알칼리성 성분이 많이 들어 있는 식품. 야채·과일·우유 따위. ↔산성 식품.
알칼리^전:지(alkali電池) 圏[화] 충전(充電)이 가능한 2차 전지의 하나. 가볍고 수명이 긺.
알코올(alcohol) 圏 1 [화] 색이 없고 휘발하기 쉬우며, 특유의 유기물을 포함하고 있는 액체. 연료·용매 외에 주류(酒類)나 의약품 제조 등에 쓰임. 2 [화] =에탄올. 3'술'의 은어로도 쓰이는 말. ¶~ 의존자. 4 1로 만든 소독용 약품을 이르는 말.
알코올-램프(alcohol lamp) 圏 알코올을 연료로 하는 램프. 화학 실험 등에 쓰임.
알코올-버너(alcohol burner) 圏 알코올을 연료로 하는 휴대용 가열 기구.
알코올-성(alcohol性) 圏 알코올이 들어 있는 성질. ¶~ 음료.
알코올-음료(alcohol飮料)[-뇨] 圏 알코올을 함유하는 음료. 곧, '술'을 달리 이르는 말.
알코올^의존자(alcohol依存者) 圏[의] 알코올 의존증에 빠진 사람.
알코올^의존증(alcohol依存症) [-쯩] 圏[의] 알코올을 장기간에 걸쳐 마시는 동안 습관성이 되어 그만두려 해도 그만둘 수 없게 된 상태. 세계 보건 기구의 제의에 따라, '알코올 중독'을 고친 용어임.
알코올^중독(alcohol中毒) 圏[의] '알코올 의존증'의 구용어.

알콩-달콩 🅤 잔재미가 있고 즐겁게. ¶~ 재미있게 살다. **알콩달콩-하다** 圏(여)
알타리-무 圏 '총각무'의 잘못.
알타이^어:족(Altai語族) 圏[언] 튀르크 어족·몽골 어족·퉁구스 어족의 총칭. 모음조화와 교착어적 특성을 보이며, 어두 (語頭)에 r음이 오지 않는 특징이 있음.
알토(⊙alto) 圏[음] 성악에서, 여성이 낼 수 있는 가장 낮은 음역의 소리. 또는, 그 음역의 가수.
알-토란(-土卵) 圏 껍질을 벗겨 깨끗하게 다듬은 토란.
알토란 같다 (살림·재산 등이) 옹골차게 실속이 있다. ¶**알토란 같은** 재산.
알-통 圏 사람의 몸에서 근육이 불거져 나온 부분. 특히, 팔을 굽힌 상태에서 힘을 주었을 때, 위팔 안쪽에 둥글게 불거지는 근육.
알파/α(⊙alpha) 圏 어떤 미지수. ¶기본급에 ~를 더 지급하겠다.
알파와 오메가 1 처음과 마지막. **2** 전부. 총체.
알파벳(alphabet) 圏 그리스 문자·로마자 등 구미(歐美) 언어의 표기에 쓰이는 문자. 또는, 그것의 총체. 로마자를 가리킴.
알파벳-순(alphabet順) 圏 로마자의 ABC 순. ¶~을 적용하다.
알파-선(⊙alpha線) 圏[물] 방사선의 하나로, 양전기를 띤 알파 입자의 흐름. 투과력은 약하지만, 전리 작용은 강함.
알파-성(⊙alpha星) 圏[천] 각 별자리 가운데 가장 밝은 별. =수성(首星).
알파인^종:목(alpine種目) 圏[체] 스키 경기에서, 활강·회전·대회전 종목 및 그것의 복합 경기. ▷노르딕 종목.
알파카(alpaca) 圏 양과 비슷하나, 목과 목덜미가 훨씬 길고 귀가 서 있는 포유 동물. 흑갈색의 길고 부드러운 털은 옷감으로 쓰이며, 고기는 식용함.
알파-파(⊙alpha波) 圏[생] 눈을 감고 몸을 이완시키면서 편안히 쉴 때 발생하는, 7~13헤르츠의 뇌파.
알프스^산맥(Alps山脈) 圏[지] 유럽 대륙의 남서부에 있는 높고 험준한 산맥. 길이 4,731km.
알^피네(⊙al fine) 圏[음] 악곡의 표현 방법을 나타내는 말로, '끝까지'의 뜻.
알피니즘(alpinism) 圏 오직 산에 오르는 것만을 목적으로 하는 스포츠로서의 등산. 또는, 그런 등산에 대한 사고방식.
알현(謁見) 圏 지체가 높고 귀한 사람을 찾아뵙는 일. **알현-하다** 圏(자타)(여)
앎¹[암] 圏 아는 일. ㈜지식.
앓다[알타] 圏(자타) 1 (병을) 가지고 있어 몸의 괴로움을 느끼다. 또는, (특정한 몸의 부위를) 병으로 괴롭게 느끼다. ¶중병을 ~. 2 마음에 근심이 있어 괴로움을 느끼다. ¶골머리를 ~.
[앓느니 죽지] 어떤 일을 궁여지책으로 하느니보다는 차라리 하자는 편이 낫다. **[앓던 이 빠진 것 같다]** 걱정거리가 없어져 시원하다.
앓아-눕다(-따) 圏(자)(ㅂ) <~-누우니, ~-누워> 앓아서 자리에 눕다. 또는, 자리에 누워 있어야 할 만한 상태로 앓다. ¶몸살로 ~.
암¹ 圏 성(性)이 구분되어 있는 생물에서, 새끼나 알을 배어 낳을 수 있거나, 열매를 맺을 수 있는 성질. 또는, 그런 성질을 가진 성(性). ↔수.
암² 『아무렴』의 준말. ¶~, 그렇고말고.
암³(癌) 몡 1 [의] 몸속의 조직 세포가 급속도로 무제한 증식을 하여 악성 종양을 이루는 난치의 병. ¶위~/~이 진행되다. 2 고치기 어려운 사회적인 병리 현상. 비유적인 말임. ¶정치적 부패는 우리 사회의 ~이라고 할 수 있다.
암-⁴ 〖접두〗 1 생물에서, 자성(雌性)임을 나타내는 말. ¶~개/~돼지. 2 쌍을 이루는 사물에서, 자성적·수동적이거나 오목한 특성을 가진 상태임을 비유적으로 이르는 말. ¶~나사/~단추/~수-.
-**암**⁵(庵) 〖접미〗 암자(庵子)의 뜻을 나타내는 말. ¶판음~.
-**암**⁶(巖) 〖접미〗 어떤 종류의 암석임을 나타내는 말. ¶수성~/화강~.
암-갈색(暗褐色) [-쌕] 몡 어두운 갈색.
암-개미 몡 개미의 암컷. ↔수개미. ×암캐미.
암-거래(暗去來) 몡 법을 어기면서 몰래 무엇을 사고파는 짓. **암-거래-되다** 통(타여) **암-거래-하다** 통(타여) ¶밀수품으로 ~.
암-거미 몡 거미의 암컷. ↔수거미. ×암캐미.
암-게 몡 게의 암컷. ↔수게. ×암케.
암-고양이 몡 고양이의 암컷. ↔수고양이. ×암코양이.
암-곰 몡 곰의 암컷. ↔수곰. ×암콤.
암권(巖圈) [-꿘] [지] 지구의 가장 바깥층. 지각과 맨틀 상부를 합한 것으로, 단단함.
암기(暗記) 몡 사물을 외어 잊지 않는 것. ¶~법. **암기-하다** 통(타여) ¶단어를 ~.
암기-력(暗記力) 몡 사물을 외어 잊지 않는 힘.
암키-와 몡 『암키와』의 잘못.
암-꽃[-꼳] 몡 [식] 밤나무·호박 따위와 같이 암술만이 있는 꽃. ↔수꽃.
암-꿩 몡 꿩의 암컷. =까투리. ↔수꿩. ×암퀑.
암-나무 몡 자웅 이주로 된 나무에서 열매를 맺을 수 있는 나무. ↔수나무.
암-나사(-螺絲) 몡 수나사를 끼울 수 있도록 나선형으로 나사골을 판 나사. ↔수나사.
암-내¹ 몡 발정기에 암컷의 몸에서 나는 냄새. ¶~를 피우다.
암-내² 몡 겨드랑이에서 나는 좋지 못한 냄새. (비)액취.
암-노루 몡 노루의 암컷. ↔수노루.
암-녹색(暗綠色) [-쌕] 몡 어두운 녹색.
암-놈 몡 암컷을 귀엽게 이르는 말. ↔수놈.
암-단추 몡 수단추가 들어가서 걸리게 된 단추. ↔수단추.
암-달러(暗dollar) 몡 암시장에서 몰래 거래되는 달러 화폐.
암-달러-상(暗dollar商) 몡 암시장에서 몰래 달러를 사고파는 일. 또는, 그런 장사꾼.
암-닭 몡 『암탉』의 잘못.
암담-하다(暗澹-) 톙예 1 어두컴컴하고 쓸쓸하다. 2 희망이 없이 막막하다. ¶직장에서 해고되어 먹고살 길이 ~.
암-당나귀 몡 『암탕나귀』의 잘못.
암류(暗流) [-뉴] 몡 1 물 바닥의 흐름. 2 겉으로 드러나지 않은 불온한 움직임.

암릉(巖稜) [-능] 몡 경사가 비교적 완만한 바위 능선. 경사가 수직에 가까운 '암벽'과는 구별됨. ¶~ 등반.
암릉-화(巖稜靴) [-능-] 몡 암릉 등반에 사용하기 적합하게 만든 신발.
암만¹ 위 밝힐 필요가 없는 값이나 수량 따위를 일컬을 때 쓰는 말. ¶이번에 ~의 돈을 벌었다.
암만² 위 =아무리. ¶~ 말해도 안 듣는다.
암만³(Amman) 요르단의 수도.
암만-해도 위 '아무래도'와 같은 뜻이나 제약된 지역에서 쓰이는 말.
암-말¹ 몡 말의 암컷. ↔수말.
암-말² '아무 말'이 준 말. ¶~ 말고 따라와.
암매(暗賣) 몡 물건을 몰래 파는 것. **암매-하다** 통(타여)
암:매장(暗埋葬) 몡 (시체를) 몰래 땅속에 묻는 것. **암:매장-하다** 통(타여) ¶살해한 시체를 ~. **암:매장-되다** 통(자)
암맥(巖脈) [-맥] [지] 화성암의 마그마가 다른 암석 사이로 들어가서 굳은 줄기.
암-모기 몡 모기의 암컷. ↔수모기.
암모나이트(ammonite) [-동] 고생대 데본기에서 중생대 백악기까지의 지층에서 발견되는 화석 조개. 껍데기는 나선형이며, 크기는 4~5cm에서 수 m에 이름.
암모늄(ammonium) 몡 [화] 질소 1원자와 수소 4원자로 결합되는 염기성의 1가의 기(基). 산과 화합하여 염류를 만듦.
암모니아(ammonia) 몡 [화] 자극적인 악취가 나는 무색의 용액. 질소와 수소의 화합물로, 석탄을 건류할 때 생기거나 인공적으로 합성함. 질소 비료·요소 수지 등의 제조에 쓰임.
암모니아 소다법(ammonia soda法) 몡 [화] 소금·암모니아·탄산가스·물을 원료로 하여 탄산나트륨을 만드는 방법. =솔베이법.
암모니아-수(ammonia水) 몡 [화] 암모니아를 물에 녹인 용액. 무색의 액체로, 시약(試藥)·의약 등으로 쓰임.
암-무지개 몡 쌍무지개에서 빛이 엷고 흐린 무지개. ↔수무지개.
암묵(暗默) 몡 자신의 태도나 뜻을 겉으로 드러내거나 말하지 않는 것. ¶~의 양해. **암묵-하다** 통(타여)
암묵-리(暗默裏) [-니] 몡 =암묵리에.
암묵-리에(暗默裏-) [-뭉니-] 튀 자신의 태도나 뜻을 겉으로 드러내거나 말로 표현하지 않는 가운데. =암묵리. ¶~ 동조하다.
암묵-적(暗默的) [-쩍] 관몡 어떤 일이 자신의 태도나 뜻을 겉으로 드러내거나 표현하지 않은 상태에서 이뤄지는 (것). ¶~인 지지(동의).
암묵-지(暗默知) [-찌] 몡 개인적 경험에 의해 얻어지는, 명확히 정의되거나 표현되기 어려운 주관적 지식. ▷형식지.
암반(巖盤) 몡 바위로 이루어진 지층이나 지반. ¶~ 천연수.
암반-수(巖盤水) 몡 암반을 뚫어서 끌어올린 물. ¶지하 ~.
암-벌 몡 벌의 암컷. ↔수벌. ×암뻘.
암-범 몡 범의 암컷. ↔수범. ×암펌.
암벽(巖壁) 몡 바위가 깎아지른 듯이 높이 솟아 수직의 벽을 이룬 것. ¶~ 등반.
암-사내 몡 여자처럼 소극적이고 수줍음이 많은 사내.

암-사돈(一查頓) [명] 며느리 쪽의 사돈. ↔수사돈.
암-사슴 [명] 사슴의 암컷. ↔수사슴.
암-사자(一獅子) [명] 사자의 암컷. ↔수사자.
암ː산[1](暗算) [명] (수 계산을) 수판이나 계산기로 하지 않고, 또는 숫자를 종이 등에 써서 하지 않고 머릿속으로 하는 것. [비]속셈. ↔필산. **암ː산-하다** [동][타][여]
암산[2](巖山) [명] 바위가 많은 산.
암ː살(暗殺) [명] (사람, 특히 정치적으로 중요한 인물을) 몰래 죽이는 것. =도살(盜殺). ¶요인 ~/~을 기도하다. **암ː살-하다** [동][타][여] **암ː살-되다** [동][자]
암ː상 [명] 남을 미워하고 샘을 잘 내는 잔망스러운 심술. ¶~을 떨다[부리다].
암-새 [명] 새의 암컷. ↔수새.
암ː색(暗色) [명] 어두운 빛깔.
암석(巖石) [명][지] 지구의 표면을 덮고 있는 단단한 물질.
암ː-세포(癌細胞) [명][의] 암을 형성하는 세포.
암-소 [명] 소의 암컷. ↔수소·황소.
암ː송(暗誦) [명] (글을) 보지 않고 외는 것. **암ː송-하다** [동][타][여] ¶시를 ~.
암-수[1] [명] 암컷과 수컷. =자웅. ¶~ 감별.
암ː수[2](暗數) [명] =속임수. ¶~를 쓰다.
암수-딴그루 [명][식] =자웅 이주. ↔암수한그루.
암수-딴몸 [명][동] =자웅 이체. ↔암수한몸.
암수-한그루 [명][식] =자웅 동주. ↔암수딴그루.
암수-한몸 [명][동] =자웅 동체. ↔암수딴몸.
암-술 [명][식] 종자식물의 꽃 속에 있는, 종자를 만드는 자성(雌性) 기관. 암술머리·씨방·암술대로 이루어짐. ↔수술.
암술-대[-때] [명][식] 암술머리와 암술의 씨방을 연결하는 둥근기둥 모양의 가늘고 긴 부분.
암술-머리 [명][식] 암술의 꼭대기에 있어 꽃가루를 받는 부분.
암스테르담(Amsterdam) [명][지] 네덜란드의 수도.
암스트롱, 닐 올던(Armstrong, Niel Alden) [명][인] 미국의 우주 비행사(1930~).
암ː시(暗示) [명] **1** (어떤 사람이 어떤 일이나 사실을) 꼬집어 말하거나 나타내지는 않으나 간접적으로 짐작할 만하게 말하거나 나타내는 것. 또는, (어떤 일이나 사실이 그와 관계되는 다른 일이나 사실을) 짐작하거나 연상하여 알게 하는 것. ¶~를 주다. ↔명시(明示). **2** [심] 언어 및 기타의 자극으로써 이성(理性)에 호소함이 없이 타인의 관념·결심·행동 등을 유발하는 일. ¶자기 ~를 걸다. **암ː시-하다** [동][타][여] **암ː시-되다** [동][자]
암ː-시장(暗市場) [명] 암거래가 이루어지는 시장.
암ː실(暗室) [명] 빛이 들어오지 못하도록 꾸민 캄캄한 방. 사진 현상이나 화학 실험을 할 때 사용함.
암ː암-리(暗暗裏)[-니] [부] =암암리에.
암ː암리-에(暗暗裏-)[-니-] [부] 남이 모르는 사이에. =암암리. ¶~ 계획을 추진하다.
암ː약(暗躍) [명] (어떤 세력이) 비밀리에 숨어서 활동하는 것. **암ː약-하다** [동][자][여] ¶대도시를 무대로 각종 범죄 조직이 **암약하고** 있다.
암-양(一羊)[-냥] [명] 양의 암컷. ↔숫양.
암염(巖鹽) [명][광] 광물로서 천연으로 산출되는 소금. 염화나트륨이 주성분인 결정(結晶)으로 무색 또는 흰색임. 식염의 제조 원료로 중요함.
암-염소[-념-] [명] 염소의 암컷. ↔숫염소.
암ː영(暗影) [명] **1** 어두운 그림자. **2** 어떤 일에 지장을 주거나 방해가 되는 나쁜 징조. ¶그의 앞날에 ~이 깔리다.
암ː운(暗雲) [명] **1** 곧 비가 내릴 것 같은 검은 구름. **2** 위험·파탄이 일어날 듯한 기미. ¶~이 감돌다.
암ː울-하다(暗鬱-) [형][여] 암담하고 침울하다. ¶**암울했던** 일제의 강점 시대.
암-은행나무(一銀杏-) [명] 열매가 열리는 은행나무. ↔수은행나무.
암자(庵子) [명][불] **1** 큰 절에 딸린 작은 절. **2** 승려가 임시로 거처하며 도를 닦는 집.
암ː-자색(暗紫色) [명] 어두운 자줏빛.
암ː장(暗葬) [명] 남몰래 장사를 지내는 것. [비]암매장. **암ː장-하다** [동][타][여]
암ː-적(癌的)[-쩍] [관][명] 큰 장애나 고치기 힘든 나쁜 병폐가 되고 있는 (것). ¶땅 투기꾼들은 우리 사회의 ~ 존재이다.
암ː-적색(暗赤色)[-쌕] [명] 검붉은 빛.
암ː종(癌腫) [명][의] 표피·점막·선 조직(腺組織) 등의 상피 조직에 생기는 악성 종양.
암ː-죽(一粥) [명] 곡식이나 밤의 가루로 묽게 쑨 죽. 어린아이에게 젖 대신 먹임.
암ː중-모색(暗中摸索) [명] [어둠 속에서 더듬으며 물건을 찾는다는 뜻] 어림으로 무엇을 알아내거나 찾아내려 함. ¶실마리를 찾기 위해 ~을 계속하다. **암ː중모색-하다** [동][타][여]
암ː-청색(暗青色) [명] 검푸른 빛.
암ː체(暗體) [명][물] 스스로 빛을 내지 못하는 물체. ↔발광체.
암ː초(暗礁) [명] **1** 바다나 큰 호수의 수면 바로 아래에 보이지 않게 잠겨 있어 배와 충돌할 위험이 있는 바위나 산호. ¶배가 ~에 부딪혀 좌초되다. **2** 뜻밖의 어려움이나 장애. 비유적인 말임. ¶계획이 ~에 걸리다.
암캉아지 [명] 강아지의 암컷. ↔수캉아지.
암캐 [명] 개의 암컷. ↔수캐.
암-캐미 [명] '암개미' 의 잘못.
암커미 [명] '암거미' 의 잘못.
암컷[-컫] [명] 새끼나 알을 배어 낳을 수 있는 성(性)을 가진 동물. ↔수컷.
암케 [명] '암게' 의 잘못.
암코양이 [명] '암고양이' 의 잘못.
암콤 [명] '암곰' 의 잘못.
암퀑 [명] '암꿩' 의 잘못.
암키와 [명] 지붕의 고랑이 되도록 젖혀 놓은 기와. ↔수키와. ×암기와.
암탉[-탁] [명] 닭의 암컷. ↔수탉. ×암닭. [**암탉이 울면 집안이 망한다**] 집안의 큰 일에 여자가 너무 나서서 참견하면 집안 일이 잘되지 않는다.
암탕나귀 [명] 당나귀의 암컷. ↔수탕나귀. ×암당나귀.
암-토끼 [명] 토끼의 암컷. ↔수토끼.
암퇘지 [명] 돼지의 암컷. ↔수퇘지.

암:투(暗鬪) 명 (주로 조직 내부에서, 어떤 사람이나 세력과) 상대를 눌러 이기려고 겉으로 드러나지 않게 투쟁하는 것. ¶~가 벌어지다. **암:투-하다** 동(자)(여)

암:투-극(暗鬪劇) 명 암투를 하는 상황. ¶~을 벌이다.

암튼 튀 '아무튼'의 준말. ¶~ 잘해 보자.

암팡-지다 혱 (몸집이 작거나 나이가 어린 사람, 특히 여자, 또는 그의 행동이나 태도가) 무르거나 만만한 데가 없이 세차고 사납다. 비야무지다. ¶**암팡지게** 대들다.

암펄 명 '암벌'의 잘못.

암펌 명 '암범'의 잘못.

암페어(ampere) 명[의존][물] 전류의 세기를 재는 국제 기준 단위. 1암페어는 매초 1쿨롱의 전기량이 흐를 때의 전류의 세기임. 기호는 A.

암페어-시(ampere時) 명[의존][물] 전기량을 나타내는 단위. 1암페어시는 1암페어의 전류가 1시간 흐르는 전기량임. 기호 Ah.

암평아리 명 병아리의 암컷. ↔수평아리.

암:표(暗票) 명 불법적으로 웃돈을 붙여 몰래 파는, 입장권·차표 따위의 표.

암:표-상(暗票商) 명 입장권·차표 등을 사들인 뒤, 불법적으로 웃돈을 붙여 몰래 파는 사람.

암:행(暗行) 명 (어떤 목적을 위해) 자기의 정체를 숨기고 돌아다니는 일. 암사. **암:행-하다** 자(여) ¶공직자 기강 확립을 위해 사정(司正) 위원들이 ~.

암:행-어사(暗行御史) 명[역] 조선 시대, 임금의 명을 받아 지방 정치의 잘잘못과 백성의 사정을 비밀리에 살피던 임시 관직, 또는 그 관직에 있던 사람. 준어사.

암:호(暗號) 명 1 비밀을 유지하기 위하여 당사자끼리만 알 수 있도록 꾸민 약속 기호. ¶~문(文)/~를 풀다. 2 [컴] 데이터 파일에 붙이는 비밀 기호.

암:-회색(暗灰色) [-회-/-훼-] 명 어두운 재색.

암:흑(暗黑) 명 1 빛이 없어 어둡고 캄캄한 상태. 2 정신상 또는 생활상 암담하거나 비참한 상태. 비유적인 말임. ¶~의 땅에서 기아와 중노동에 시달리다.

암:흑-가(暗黑街) [-까] 명 치안 상태가 좋지 않아 범죄나 불법 행위가 자주 발생하는 지역, 또는, 폭력배나 범죄 조직이 활개를 치는 추상적인 지역이나 세계. ¶~를 주름잡는 폭력배.

암:흑-기(暗黑期) [-끼] 명 도덕이나 이성, 문명이 쇠퇴하고 세상이 어지러운 시기. ¶암흑시대. ¶일제 강점의 ~.

암:흑-대륙(暗黑大陸) [-때-] 명 '아프리카'를 문명이 뒤진 어둠의 대륙이라는 뜻으로 이르는 말.

암:흑-면(暗黑面) [-흥-] 명 사물의 어둡고 추한 면.

암:흑-상(暗黑相) [-쌍] 명 어둡고 참담한 양상. ¶전세주의 사회의 ~을 그린 소설.

암:흑-세계(暗黑世界) [-쎄계/-쎄게] 명 1 어둠에 잠긴 세계. 2 범죄나 부도덕으로 가득 찬 세계.

암:흑-시대(暗黑時代) [-씨-] 명 1 암정·전란 등으로 사람이 혼란하며 문화가 쇠퇴한 시대. 비암흑기. 2 [역] 유럽 역사에서, 중세를 가리키는 말.

압각(壓覺) [-깍] 명[생] 피부가 외부의 힘에 눌렸을 때에 생기는 감각.

압권(壓卷) [-꿘] 명 [고대 중국의 관리 등용 시험에서, 가장 뛰어난 답안지를 다른 답안지 위에 얹어 놓았다는 고사에서] 1 많은 책이나 작품 가운데에서 가장 잘 지은 책이나 작품, 또는, 같은 책이나 작품 가운데에서 가장 잘 지은 부분. ¶소설 '유화'는 소월(素月) 문학의 ~이다. 2 예술적·기술적인 여러 일이나 대상 가운데에서 가장 뛰어나 인상이 깊은 것. ¶그의 노래가 그날 행사의 ~이었다.

압도(壓倒) 명 1 (우세한 힘이나 지세로) 꼼짝 못하게 누르는 것. 압도-하다 동(타)(여) ¶기량 면에서 상대방을 ~. **압도-되다** 동(자) ¶상대방의 기세에~.

압도-적(壓倒的) [-또-] 관[명] 아주 뛰어나게 우세하여 남을 눌러 버릴 만한 (것). ¶~인 표 차이로 당선되다.

압력(壓力) [압녁] 명 1 어떤 물체가 다른 물체를 누르거나 미는 힘. 2 권력이나 세력에 의해 강제적으로 타인을 자기 의지에 따르게 하는 힘. 비유적인 말임. ¶판게 기관에 ~을 넣다(가하다).

압력^단체(壓力團體) [암녁딴-] 명 특정의 이익이나 주의(主義)를 달성하기 위하여 의회·정당·행정 관청 등에 정치적 압력을 가하는 사회 집단.

압력-솥(壓力-) [암녁쏟] 명 용기 안의 압력을 높이기 위해 뚜껑으로 밀폐할 수 있게 만든 솥. 조리 시간을 단축할 수 있음.

압록-강(鴨綠江) [암녹깡] 명[지] 한반도 북부와 중국 동북부의 국경을 흐르는, 우리나라에서 가장 긴 강. 길이 790km.

압류(押留) [암뉴] 명[법] 국가 권력으로 특정한 물건 또는 권리에 대하여 개인의 처분을 금하는 행위. **압류-하다** 동(타)(여) ¶재산을 ~. **압류-되다** 동(자)

압박(壓迫) [-빡] 명 1 억누르는 힘으로 내리 누르는 것. 2 기운을 못 펴게 세력으로 내리누르는 것. ¶생활의 ~. 압박-하다 동(타)(여) ¶봉대로 복부를 ~. **압박-되다** 동(자)

압박-감(壓迫感) [-빡깜] 명 압박을 받는 느낌. ¶정신적인 ~에서 벗어나다.

압박^붕대(壓迫繃帶) [-빡뚱-] 명[의] 심한 출혈이나 헤르니아 등이 일어났을 때, 이를 막기 위하여 국소를 압박하는 붕대.

압박^축구(壓迫蹴球) [-빡-꾸] 명[체] 상대가 공격할 수 있는 공간을 최소화하기 위해 강력한 수비 전술을 펴는 축구.

압사(壓死) [-싸] 명 무엇에 눌려 죽는 것. **압사-하다** 동(자)(여) **압사-되다** 동(자)

압살(壓殺) [-쌀] 명 눌러 죽이는 것. **압살-하다** 동(타)(여) **압살-되다** 동(자)

압송(押送) [-쏭] 명 (피의자나 범인을) 붙잡아 수사 기관으로 보내는 것. 비호송. **압송-하다** 동(타)(여) **압송-되다** 동(자)

압수(押收) [-쑤] 명[법] 법원이 증거물 또는 볼수해야 할 것으로 인정되는 물건의 점유를 강제로 취득하는 일. ¶~ 영장. ▷몰수. **압수-하다** 동(타)(여) ¶밀수품을 ~. **압수-되다** 동(자)

압슬(壓膝) [-쓸] 명[역] 조선 시대에, 죄인에게 행하던 고문. 죄인을 기둥에 묶어 사금파리를 깔아 놓은 자리에 무릎을 꿇게 하고 그 위에 널빤지를 대고 무거운 돌을 올려 사용을 강요하였음.

압승(壓勝) [-씅] 명 압도적으로 이기는 것. ¶~을 거두다. **압승-하다** 동(자)(여)

압연(壓延) 명[공] 롤(roll)을 회전시켜 그 사이에 금속 재료를 지나게 하여 판·봉(棒)·관 등의 모양으로 성형·가공하는 것. ¶~기(機). **압연-하다** 匣타여
압운(押韻) 명[문] 시행(詩行)의 첫머리나 중간 또는 끄트머리에 동일한 운을 규칙적으로 다는 일. **압운-하다** 匣짜여
압정¹(押釘)[-쩡] 명 손가락으로 눌러 박는, 대가리가 둥글넓적하고 크며 촉이 짧은 쇠못. =압핀.
압정²(壓政) 명 권력으로 억누르는 정치. ¶폭군의 ~에 시달리다.
압제(壓制) 명 권력으로 강제로 누르는 것. ¶일제(日帝)의 ~에 항거하다. **압제-하다** 匣타여
압존-법(壓尊法)[-쫀뻡] 명[언] 대상이 화자보다는 높지만 청자보다 낮을 때, 그 대상을 높여서 말하지 못하는 어법. 가령, "할아버지, 아버지가 아직 안 왔습니다."라고 하는 따위.
압지(押紙·壓紙)[-찌] 명 잉크나 먹물 따위로 쓴 것이 번지거나 묻어나지 않도록 위에 눌러서 물기를 빨아들이는 종이.
압착(壓搾) 명 1 눌러 짜내는 것. 2 압력을 가해서 물질의 밀도를 높이는 것. **압착-하다** 匣타여
압축(壓縮) 명 1 기체나 물체 따위에 압력을 가하여 그 부피를 줄이는 것. ¶~기(機). 2 (문장·내용·범위 등을) 줄이어 짧아지거나 작아지게 하는 것. **압축-하다** 匣타여 **압축-되다** 匣짜여 ¶가전제품 시장이 3파전으로 ~.
압출(壓出) 명 (좁은 구멍 따위로) 눌러서 밀어내는 것. **압출-하다** 匣타여 **압출-다** 匣짜여
압통(壓痛) 명 압박했을 때 느끼는 아픔.
압-핀(押pin) 명 =압정(押釘)¹.
압흔(壓痕)[아픈] 명[의] 부종(浮腫)에서, 근육을 손가락으로 누르면 살한 자리가 원상태로 돌아가지 않고 한동안 그대로 있는 흔적.
앗[앋] 값 다급하거나 놀라서 내는 소리. ¶~, 큰일 났다!
앗다[앋따 / 아싸] 匣타여 빼앗거나 가로채다. ¶수마(水魔)는 많은 인명과 재산을 순식간에 **앗아** 갔다.
앗아 召 '아서'의 잘못.
앗아라 召 '아서라'의 잘못.
-**았**-[안] 어미 (선어말) 끝 음절의 모음이 'ㅏ', 'ㅑ', 'ㅗ'인 용언의 어간에 붙어, 주로 과거의 시제를 나타내는 선어말 어미. 1 일이 과거에 일어났음을 나타냄. ¶그는 어제 일찍을 낚~다. 2 일이 과거부터 이루어져 현재에까지 미침을 나타냄. ¶몇 해 동안의 노력이 마침내 결실을 보~다. 3 현재의 상태를 나타냄. ¶결전의 날이 다가왔다. 4 미래의 사실을 확신을 가지고 표현할 때 쓰는 말. ¶숙제를 안 했으니 난 선생님한테 매 맞~다. 5 일이 실현될 수 없게 되었음을 반어적으로 이르는 말. ¶빗쟁이가 도망갔으니 돈은 이제 다 받~다. ▷-었-.
-**았었**-[-얻] 어미 (선어말) 끝 음절의 모음이 'ㅏ', 'ㅑ', 'ㅗ'인 용언의 어간에 붙어, 과거의 사건 내용이 현재와 비교하여 다르거나 단절되어 있음을 나타내는 선어말 어미. ¶몇 년 전만 해도 이 저수지에서 잉어를 낚~다.
-**았자**[앋짜] 어미 끝 음절의 모음이 'ㅏ', 'ㅑ', 'ㅗ'인 용언의 어간에 붙어, '그 행

동이나 상태가 이루어지거나 그것을 인정한다 할지라도'의 뜻으로 상반되는 결과가 있을 수밖에 없음을 나타내는 연결 어미. ¶지금 가 보~ 늦었다. ▷-었자.
앙¹ 肁 개 따위가 물려고 덤빌 때 내는 소리. 또는, 그 모양.
앙² Ⅰ 肁 어린아이의 울음소리. Ⅱ 肁 남을 놀래게 하려고 지르는 소리.
앙-가슴 명 두 젖 사이의 가슴. ¶~을 풀어 헤치다.
앙가주망(㉺engagement) 명 ['약속', '구속', '저당 잡히기'의 뜻] [철] 인간이 사회·정치 문제에 관계하고 참여하면서, 자유롭게 자기의 실존을 성취하는 일.
앙감-질 명 한 발을 들고 한 발로만 뛰는 동작. **앙감질-하다** 匣짜여 ×깽감발.
앙-갚음 명 남이 저에게 해를 준 대로 저도 그에게 해를 주는 일. ㈔보복·복수. **앙갚음-하다** 匣타여 ¶지난날 당했던 수

앙고라(Angora) 명 앙고라토끼의 털로 짠 직물. 광택이 있고 보온성이 풍부함.
앙고라-토끼(Angora-) 명[동] 온몸이 10cm가 넘는 긴 털로 덮여 있는, 집토끼의 한 품종. 털 빛깔은 흰색·검은색·갈색 등이 있으며, 털은 가볍고 아름다워 직물에 쓰임.
앙골라(Angola) 명[지] 아프리카의 남서부에 있는 인민 공화국. 수도는 루안다.
앙!괭이 명 얼굴에 먹이나 검정 따위를 함부로 칠하여 놓은 모양.
앙금 명 1 액체의 바닥에 가라앉은 가루 상태의 물질. ㈔침전물. ¶~을 가라앉히다. 2 싸우거나 다투거나 한 뒤에 마음속에 남아 있는 미움·원망·분노 등의 감정을 비유하여 이르는 말. ¶가슴에 남아 있는 ~을 털어 버리다.
앙꼬(㉺あんこ) 명 '팥소'로 순화.
앙-다물다 匣타 <~다무니, ~다무오> (입을) 힘을 주어 꼭 다물다. ¶그는 입을 **앙다물고** 상대를 노려보았다.
앙!등(昻騰) 명 (물가 따위가) 오르는 것. ㈔등귀. ¶물가 ~. **앙등-하다** 匣짜여
앙!망(仰望) 명 우러러 바라는 것. 주로 편지 따위에서 쓰임. **앙망-하다** 匣타여
앙바틈-하다 匣여 짤막하고 딱 바라져 있다. ¶**앙바틈한** 체구.
앙!부-일영(仰釜日影) 명[천] 조선 세종 19년(1437)에 만든, 해시계의 하나. 솥 모양의 그릇 안쪽에 24절기를 나타내는 눈금을 새겼음.
앙상블(㉺ensemble) 명 1 [음] 2인 이상에 의한 가창(歌唱)이나 연주. 2 [음] 주로 실내악을 연주하는 소인원의 합주단·합창단. 3 연주나 연극 따위의 통일적 효과나 조화. 4 복장이나 배색(配色)이 이루는 조화. 5 드레스와 코트, 또는 스커트와 재킷을 같은 천으로 만들어 조화가 된 한 벌의 여성복.
앙상-하다 匥여 1 짜이지 못하여 어설프다. 2 나뭇잎이 지고 가지만 남아서 스산하다. ¶가까만 **앙상한** 겨울나무. 3 뼈만 남은 것처럼 마르다. ¶뼈만 **앙상한** 아픈간 난민. ㈔엉성하다. **앙상-히** 肁
앙숙(怏宿) 명 서로 미워하거나 잘 싸우거나 자주 다툼을 일으키는 관계에 있는, 두 사람의 사이.
앙심(怏心) 명 원한을 품고 앙갚음하려고 벼르는 마음. ¶~을 먹다[품다].

앙알-거리다/-대다 [동][자] 윗사람에 대하여 원망하는 뜻으로 종알거리다.
앙알-앙알 [부] 앙알거리는 소리나 모양. ¶~ 떼를 쓰다. **앙알앙알-하다** [동][자][여]
앙앙 [부] 어린아이가 크게 우는 소리. 또는, 그 모양. ¶~ 울다. [큰]엉엉.
앙앙-거리다/-대다 [동][자] **1** 어린아이가 소리를 크게 내어 울거나 자꾸 보채며 우는 소리를 하다. **2** 앙탈을 부리며 자꾸 보채다. [큰]엉엉거리다.
앙앙불락(怏怏不樂) [명] 마음에 차지 않아 못마땅하게 여김. **앙앙불락-하다** [동][자][타][여]
앙!양(昂揚) [명] (정신·열의·사기 등을) 드높이는 것. **앙!양-하다** [동][타][여] ¶애국심을 ~. **앙!양-되다** [동][자]
앙증-맞다[-맏따] [형] 크기가 아주 작으면서도 갖출 것은 다 갖추어져 깜찍하고 귀엽다.
앙증-스럽다[-따] [형][ㅂ] <~스러우니, ~스러워> 크기가 아주 작으면서도 갖출 것은 다 갖추어져 깜찍하고 귀여운 데가 있다. **앙증스레** [부]
앙카라(Ankara) [명][지] 터키의 수도.
앙칼-스럽다[-따] [형][ㅂ] <~스러우니, ~스러워> 앙칼진 데가 있다. ¶**앙칼스러운** 여자. **앙칼스레** [부]
앙칼-지다 [형] (사람, 특히 여자의 목소리나 말소리가) 공격적일 만큼 날카롭다. 또는, (여자의 행동이) 사납고 공격적인 상태에 있다. ¶**앙칼진** 목소리.
앙케트([프]enquête) [명] 사람들의 의견을 조사하기 위해 같은 질문을 여러 사람에게 물어 회답을 구하는 것. 또는, 그런 조사 방법. ¶~ 조사.
앙코르([프]encore) [명] ['다시 한 번'의 뜻으로] **1** 출연자의 훌륭한 솜씨를 찬양하여 박수 등으로 재연을 요구하는 일. [비]재창. ¶~ 곡. **2** 호평을 받는 연극·영화 등을 다시 상영하거나 방송하는 일.
앙코르^와트(Angkor Wat) [명][고고] 캄보디아 서북부에 있는, 12세기의 석조 사원. 크메르 미술을 대표함.
앙큼-하다 [형][여] (사람, 특히 여자가) 교묘하게 속마음을 감추고 나쁜 짓이나 못된 짓을 하는 태도가 있다. 비난조의 말임. [비]깜찍하다. ¶이 발칙하고 **앙큼한** 년 같으니! [큰]엉큼하다.
앙탈 [명] 생떼를 쓰며 고집을 부리거나 말을 듣지 않는 것. ¶~을 부리다. **앙탈-하다** [동][자][여]
앙티-로망([프]anti-roman) [명][문] 1950년대에 프랑스에서 일어난, 전통적인 소설 형식이나 관습을 부정하고 전위적인 수법을 시도한 실험적 소설.
앙페르의 법칙(Ampère-法則) [-의-/-에-][물] 전류에 의해 생기는 자기장의 방향과 크기를 나타내는 법칙.
앞[압] [명] **1** 사람이나 기타의 대상이 향하고 있는 방향. 또는, 그 방향에 있거나 그 방향에서 대상과 가까운 공간. ¶~으로 나아가다. **2** 방향을 가진 물체에서, 향하고 있는 쪽에 있는 부분. ¶충돌 사고로 ~이 찌그러진 승용차. ↔뒤. **3** 시간상으로나 차례에 있어서 먼저인 것이나 부분. ¶~을 다투다. **4** 장차 올 시간. ¶~을 내다보다. **5** 어떤 현실이나 조건·상황에 직면한 상태. ¶인간은 누구나 죽음 ~에서 초연하기 어려운 법이다. **6** 차례에 따라 오는 몫. ¶사과가 한 사람 ~에 한 개 꼴로 돌아간다. **7** 어떤 행위의 목적 대상이 되는 쪽. ¶내 ~으로 송금해라. **8** 편지·초대장 등의 봉투에서, 손아랫사람의 이름 밑에 써서, 그가 받는 사람임을 나타내는 말. ¶김철수 ~. ▷귀하. **9** 신체의 전면(前面). 특히, 젖가슴이나 음부를 가리킴. ¶~만 살짝 가리다.
앞이 캄캄하다 앞으로 어찌해야 좋을지 생각이 떠오르지 않아 답답하다.
앞-가르마[압까-] [명] 앞머리 한가운데로 반듯하게 탄 가르마. ▷옆가르마.
앞-가림[압까-] [명] 제 앞에 닥친 일이나 처리할 만한 것. ¶제 ~도 못 하다. **앞가림-하다** [동][자][여]
앞-가슴[압까-] [명] **1** '가슴'의 힘줌말. **2** 윗옷의 앞자락. ¶~을 여미다. **3** [동] 곤충의 가슴 부분 중 앞의 부분.
앞-길[압낄] [명] **1** 앞에 난 길. **2** 가는 길. 또는, 가야 할 길. **3** 장차 나아갈 길. [비]전도(前途). ¶~이 창창한 청년.
[**앞길이 구만 리 같다**] 아직 나이가 젊어서 얼마든지 기회가 있다.
앞-날[암-] [명] **1** 앞으로 맞게 될 날. [비]뒷날·훗날. ¶~이 창창하다. **2** 정해진 때까지 앞으로 남은 날.
앞-날개[암-] [명] **1** [동] 곤충의 날개 가운데 앞에 있는 한 쌍의 날개. **2** 비행기 등의 앞쪽에 있는 날개. ↔뒷날개.
앞-니[암-] [명] 앞쪽으로 아래위에 각각 네 개씩 난 이.
앞-다리[압따-] [명] **1** 네발짐승의 앞쪽에 있는 두 다리. **2** 두 다리를 앞뒤로 벌렸을 때 앞쪽에 있는 다리. **3** 책상·의자 따위의 앞쪽의 다리. ↔뒷다리.
앞-당기다[압땅-] [동][타] 이미 정해진 시간을 앞으로 당기다. ¶완공 기일을 ~.
앞-동산[압똥-] [명] 집 또는 마을 앞에 있는 동산. ↔뒷동산.
앞-두다[압뚜-] [동][타] (닥쳐올 때나 곳·일 따위를) 앞에 두거나 바라보다. ¶시험을 열흘 ~.
앞-뒤[압뛰] [명] **1** 앞과 뒤. =전후. **2** 일의 전체적인 상황. 또는, 말이나 글의 전체적인 문맥. ¶~가 안 맞는 얘기.
앞뒤가 막히다 융통성이 없어 답답하다. ¶**앞뒤가** 꽉 **막힌** 사람.
앞뒤를 재다 신중히 따지고 계산하다.
앞뒤-짱구[압뛰-] [명] 이마와 뒤통수가 앞뒤로 많이 튀어나온 머리. 또는, 그런 머리를 가진 사람.
앞-뒷면(-面)[압뛴-] [명] 앞면과 뒷면을 아울러 이르는 말.
앞-뒷문(-門)[압뛴-] [명] 앞문과 뒷문을 아울러 이르는 말.
앞-뒷집[압뛰찝/압뛷찝] [명] 앞집과 뒷집을 아울러 이르는 말. ¶~에 살던 사이.
앞-뜰[압-] [명] 집채 앞에 있는 뜰. ↔뒤뜰.
앞-말[암-] [명] **1** 앞에서 한 말. ↔뒷말. **2** 앞으로 할 말. ¶~을 재촉하다.
앞-머리[암-] [명] **1** 정수리 앞쪽 부분의 머리. **2** 머리의 앞쪽에 난 머리털. ↔뒷머리. **3** (긴 물건이나 행렬의) 앞부분. ¶열차의 ~.
앞-면(-面)[암-] [명] 물체의 앞쪽 면. [비]전면(前面). ¶동전의 ~. ↔뒷면.
앞-모습[암-] [명] 앞에서 본 모습. ↔뒷모습.

앞-몸[압-] 圀 네발짐승의 몸의 앞부분. 곧, 머리에서 허리까지의 부분. ↔뒷몸.

앞-문(-門)[암-] 圀 집이나 방의 앞쪽에 있는 문. ↔뒷문.

앞-바다[압빠-] 圀 기상 예보에서, 서해·남해는 해안선에서 20해리 이내, 동해는 해안선에서 12해리 이내의 해역을 이르는 말. ▷먼 바다.

앞-바퀴[압빠-] 圀 수레나 차 따위의 앞에 있는 바퀴. ↔뒷바퀴.

앞-발[압빨] 圀 1 네발짐승의 앞쪽에 있는 두 발. 2 두 발을 앞뒤로 벌릴 때 앞쪽에 놓인 발. ↔뒷발.

앞발-질[압빨-] 圀 네발짐승이 앞발로 걸어차거나 치는 짓. ↔뒷발질. **앞발질-하다**屆阯阨

앞-부분(-部分)[압뿌-] 圀 1 물체의 앞쪽에 있는 부분. 2 어떤 일이나 형식, 상황 등의 앞을 이루는 부분. ↔뒷부분.

앞-사람[압싸-] 圀 1 앞에 있는 사람. 또는, 먼저 사람. 2 앞 세대의 사람. 凹선인. ↔뒷사람.

앞-산(-山)[압싼] 圀 마을이나 집의 앞쪽에 있는 산. ↔뒷산.

앞-서[압써] 囝 1 다른 사람·일보다 먼저. ¶남을 원망하기에 ~ 스스로에게 물어라. 2 지금으로부터 이전에.

앞-서다[압써-] 屆阯阨 1 공간적으로 앞에 서다. ¶그는 아내보다 몇 걸음 **앞서서** 걸었다. 2 (어떤 일이 다른 것보다) 시간적으로 전의 상태가 되다. ¶말보다 행동이 ~. 3 (능력이나 수준이) 더 뛰어난 수준이나 상태가 되다. ¶메달 경쟁에서 우리나라가 일본을 ~.

앞서거니 뒤서거니 앞에 서기도 하고 뒤에 서기도 하며. ¶선수들이 ~ 달리다.

앞-세우다[압쎄-] 屆 1 (자식·손자 등을) 먼저 세상을 뜨게 하다. ¶자식을 **앞세운** 노인. 2 '앞서다'의 사동사. 凹맡-.

앞앞-이[압-] 囝 각 사람의 앞에.

앞-어금니[압-] 圀 송곳니 뒤에 있는 두 개씩의 이. 상하 좌우 합쳐서 8개임. ↔뒤어금니.

앞으로-가(屆) 제식 훈련 시 구령의 하나. 발을 곧게 디디며 줄지어 앞으로 걸어가라는 말.

앞으로-나란히 (屆) 팔을 앞으로 뻗어 앞 사람과 적당한 간격을 두고 줄을 맞추어 정렬하라는 구령.

앞-이마[암니-] 圀 양옆에 비해 다소 내민, 이마의 앞쪽 부분.

앞-일[압닐] 圀 앞으로 닥쳐올 일. ¶~을 모르다.

앞-자락[압짜-] 圀 옷의 앞쪽 자락.

앞-자리[압짜-] 圀 앞쪽에 있는 자리. ↔뒷자리.

앞-잡이[압짬-] 圀 1 앞에서 인도하는 사람. ¶길~. 2 남의 시킴을 받고 끄나풀 노릇을 하는 사람. ≒주구. ¶일제의 ~.

앞-장[압짱] 圀 여럿이 나아갈 때 맨 앞자리.

앞장-서다[압짱-] 屆 1 맨 앞에 서다. ¶네가 **앞장서라**. 2 어떤 일에 적극적으로 참여하거나 활동하다. ¶어려운 일에는 늘 그가 **앞장선다**.

앞장-세우다[압짱-] 屆阨 '앞장서다'의 사동사. ¶태극기를 **앞장세우고** 입장하다.

앞-주머니[압쭈-] 圀 바지의 앞에 있는 주머니. ↔뒷주머니.

앞-줄[압쭐] 圀 앞쪽에 있는 줄. ↔뒷줄.

앞지르-기[압찌-] 圀 뒤에 가는 차가 앞서서 주행하는 차의 앞으로 나아가는 일. =추월. **앞지르기-하다**屆阯阨

앞지르기^차로(-車路)[압찌-] 圀 앞차를 앞질러 갈 수 있는 길임을 나타내는 차로.

앞-지르다[압찌-] 屆阯阞阨〈~지르니, ~질러〉남보다 빨리 가서 앞을 차지하다. ¶지름길로 **앞질러** 가다. ◁따라먹다.

앞-집[압찝] 圀 앞쪽에 있는 집. ↔뒷집.
[**앞집 처녀 믿다가 장가 못 간다**] 남은 생각지도 않는데 저 혼자 지레짐작으로 믿고만 있다가는 낭패를 보게 된다.

앞-짱구[압-] 圀 이마가 남달리 많이 튀어나온 머리통. 또는, 그런 머리통을 가진 사람. ▷뒤짱구.

앞-쪽[압-] 圀 어떤 사물의 앞 방면. =전방(前方). ↔뒤쪽.

앞-차(-車)[압-] [압] 圀 1 앞 차례의 차. ¶~로 먼저 가거라. 2 앞에 있거나 앞에서 달리는 차. ¶~를 들이받다. ↔뒤차.

앞-차기[압-] 圀 (혜) 태권도에서, 무릎이 앞가슴에 닿을 정도로 다리를 높이 올리고, 발을 목표와 직선이 되도록 뻗으며 상대방을 차는 발기술.

앞-창[압-] 圀 신 따위의 앞쪽에 대는 창. ↔뒤창.

앞-채[압-] 圀 한 울안의 몸채 앞에 있는 집채. ↔뒤채.

앞-치마[압-] 圀 요리·설거지·작업 등을 할 때 몸의 앞쪽 전체나 하반신 앞쪽만을 가릴 수 있게 천으로 만든 물건. 凹에이프런. ▷행주치마.

앞-트임[압-] 圀 옷자락의 앞을 트는 것. 또는, 그 튼 부분. ↔뒤트임.

앞-표지(-表紙)[압-] 圀 책의 앞쪽 표지. ↔뒤표지.

애[애][언] 한글 모음 'ㅐ'의 이름.

애² 圀 1 이뤄져야 할 일이 이뤄지지 않고 있거나, 또는 이뤄지지 않을 것 같은 조바심이 나거나 초조함을 느끼는 마음의 상태. ¶~가 타다/~를 태우다. 2 어떤 일이 잘 이뤄지지 않아 겪는 어려움. 또는, 어떤 일을 잘 이루기 위해 들이는 노력. ¶~를 먹다.

애(가) 터지다 이뤄져야 할 일이 이뤄지지 않고 있거나, 또는 이뤄지지 않을 것 같아 속이 터질 것 같은 상태가 되다.

애³ 圀 '아이'의 준말. ¶~를 업다.

애⁴ 囵 업신여기는 뜻을 나타내는 말. 凹개. 屆에.

-애⁵ 屆 형용사 '없다'의 어간에 붙어, 그 상태가 일어나게 함을 나타내는 말. ¶없~다.

애(愛) 졉 일부 명사에 붙어, 그 명사가 나타내는 대상에 대한, 또는 그 대상의 '사랑'임을 나타내는 말. ¶동포~ / 모성~.

애가(哀歌) 圀 슬픈 노래. 凹엘레지.

애:-간장(-肝腸) 圀 ['애'는 창자, '간장'은 '간'(肝)을 뜻하는 데에서] (주로, '끓이다/녹이다/녹다/타다' 등과 함께 쓰이어) 근심하거나 걱정하거나 안타까워할 때, 마음의 고통으로 해를 입는다고 생각되는 몸속의 장기(臟器). ¶자식 걱정으로 ~을 태우다.

애개 囵 1 뉘우치거나 탄식할 때 아주 가볍게 내는 소리. ¶~, 또 틀렸네. 2 대단치 않은 것을 업신여겨 내는 소리. [비]애. ¶~, 겨우 요것뿐이야?
애걔걔 [감] '애걔'를 거듭할 때나, 그보다 크게 느낄 때 내는 소리. ¶~, 이게 뭐야?
애걸(哀乞) [명] 슬프게 하소연하며 비는 것. **애걸-하다** [동][자][타][여] ¶도와 달라고 ~.
애걸-복걸(哀乞伏乞)[-껄] [명] (어떤 부탁이나 소원을 들어 달라고) 애처로울 정도로 굽실거리며 사정사정하는 것. **애걸복걸-하다** [동][자][타][여] ¶살려 달라고 ~.
애¦견(愛犬) [명] 개를 귀여워하는 것. 또는, 그 개. ¶~가(家).
애고 [감] '아이고'의 준말. ¶~, 내 팔자야. [큰]에구. ×애구.
애고-대고 [부] 소리를 함부로 내어서 우는 모양. **애고대고-하다** [동][자][여]
애고머니 [감] '아이고머니'의 준말. ¶~, 계란이 깨져 버렸네. [큰]에구머니.
애고-애고 [감] '아이고아이고'의 준말.
애고-지고 [부] 소리 내어 매우 슬프게 우는 모양.
애¦교(愛嬌) [명] 말이나 행동을 상냥하고 사분사분하게 하여 귀엽고 사랑스러운 상태. 또는, 그 말씨나 행동. ¶~가 철철 넘치다 / ~가 만점이다. ▷아양.
애¦교-스럽다(愛嬌-)[-따] [형][ㅂ]〈~스러우니, ~스러워〉 남에게 귀엽고 사랑스럽게 보이는 태도가 있다. ¶**애교스러운** 말투.
애¦교-심(愛校心) [명] 자기 학교를 사랑하는 마음.
애구 [감] '애고'의 잘못.
애¦국(愛國) [명] 자기 나라를 사랑하는 것. **애¦국-하다** [동][자][여]
애¦국-가(愛國歌)[-까] [명][음] **1** 나라 사랑하는 마음을 일깨우기 위한 노래. [비]국가(國歌). **2** 안익태가 작곡하고 작사자는 미상인, 나라 사랑을 담은 노래. 1948년 정부 수립 이후 국가로 결정되었음.
애¦국-심(愛國心)[-씸] [명] 나라를 사랑하는 마음.
애¦국-자(愛國者)[-짜] [명] 자기 나라를 사랑하는 사람.
애¦국-지사(愛國志士)[-찌-] [명] 나라를 위하여 제 몸과 마음을 다 바쳐 공헌하는 사람.
애급(埃及) [명][지] '이집트'의 음역어.
애기 [명] '아기'의 잘못.
애꾸 [명] **1** '애꾸눈'의 준말. **2** '애꾸눈이'의 준말.
애꾸-눈 [명] 한쪽이 먼 눈. [준]애꾸.
애꾸눈-이 [명] 한쪽 눈이 먼 사람. =외눈박이. [준]애꾸. ×외눈.
애-꿎다[-꾿따] [형] **1** 아무런 잘못 없이 억울하다. ¶**애꿎게** 꾸중을 듣다. **2** (('애꿎은'으로 쓰여)) 그 일과는 아무런 상관이 없다. ¶그는 **애꿎은** 담배만 피워 댔다.
애¦-끊다[-끈타] [동][자] 마음이 몹시 슬퍼서 창자가 끊어질 듯하다. ¶**애끊는** 슬픔. ▷애끓다.
애¦-끓다[-끌타] [동][자] 몹시 답답하거나 안타까워 속이 끓는 듯하다. [비]애타다. ¶**애끓는** 절규. ▷애끊다.
애널리스트(analyst) [명] '증시 분석가'로 순화.
애¦-늙은이 [명] 하는 짓이나 체질이 늙은이 같은 아이를 놀림조로 이르는 말.
애니메이션(animation) [명][영] 동작이나 모양이 조금씩 다른 많은 그림이나 인형을 한 장면씩 촬영하여 영사하였을 때 화상이 연속하여 움직이는 것처럼 보이게 하는 것.
애니미즘(animism) [명][종] 자연계의 모든 사물에는 영적·생명적인 것이 두루 퍼져 있어, 여러 가지 현상은 그것의 작용이라고 보는 세계관. 또는, 원시 종교·민간 신앙에서의 잡다한 신령에 대한 신앙.
애¦-달다 [동][자] 〈~다니, ~다오〉 마음이 쓰여 속이 달치는 듯하게 되다. ¶막차를 놓친 그녀는 **애달아** 발을 동동 굴렀다.
애달프다 [형]〈애달프니, 애달파〉 (어떤 일이) 안타깝도록 마음이 쓰리고 아프다. ¶**애달픈** 사연. ×애닯다.
애달피 [부] 애달프게. ¶~ 울다.
애닯다 [형] '애달프다'의 잘못.
애-당초(-當初) Ⅰ[명] 어떤 일의 맨 처음의 단계. [비]애초. ×애시당초.
Ⅱ[부] 어떤 일의 맨 처음 단계에. ¶이 일은 ~ 시작부터 잘못이었다. ×애시당초.
애도(哀悼) [명] 사람의 죽음을 슬퍼하는 것. ¶삼가 ~의 뜻을 표하다. **애도-하다** [동][타][여] ¶죽음을 ~.
애¦독(愛讀) [명] 특별히 좋아하여 즐겨 읽는 것. **애¦독-하다** [동][타][여]
애¦독-서(愛讀書)[-써] [명] 애독하는 서적. 특히, 즐겨 읽는 책.
애¦독-자(愛讀者)[-짜] [명] 어떤 책이나 신문, 잡지 등을 특별히 좋아하여 즐겨 읽는 사람.
애-동지(-冬至) [명] 음력 11월 10일 이전에 드는 동지. ↔늦동지.
애드-리브(ad lib) [명] **1** [음] 재즈에서, 일정한 코드 진행과 테마에 의거하여 연주자가 즉흥적으로 행하는 연주. **2** [연] 연극·방송에서, 출연자가 대본에 없는 대사나 연기를 즉흥적으로 넣어서 하는 일. 또는, 그 대사.
애드벌룬(adballoon) [명] 광고하는 글·그림 등을 매달아 공중에 띄우는 풍선.
애-띠다 [형] '앳되다'의 잘못.
애련(哀憐) [명] 애처롭고 가엾게 여기는 것. **애련-하다**¹ [동][타][여]
애련-하다²(哀憐-) [형][여] 애처롭고 가엾다. **애련-히** [부]
애로(隘路) [명] **1** 좁고 험한 길. **2** 어떤 일을 하는 데 가로막히는 장애. ¶~ 사항.
애리조나(Arizona) [명][지] 미국 남서부의 주.
애¦마(愛馬) [명] 자기가 사랑하는 말.
애¦매모호-하다(曖昧模糊-) [형][여] 말·태도 등이 희미하고 흐려 분명하지 않다.
애¦매-성(曖昧性)[-썽] [명] 희미하여 분명하지 않은 성질.
애¦매-하다¹ [형][여] 아무 잘못이 없이 원통한 책망을 받아 억울하다. ¶**애매하게** 죄를 뒤집어쓰다. [준]앰하다. **애¦매-히**¹ [부]
애¦매-하다²(曖昧-) [형][여] 희미하여 확실하지 못하다. ¶태도가 ~. **애¦매-히**² [부]
애¦-먹다[-따] [동][자] 속이 상하도록 어려움을 겪다. ¶이 일을 수습하자면 **애먹게** 생겼다.
애¦먹-이다 [동][타] '애먹다'의 사동사. ¶말썽을 부려 부모를 ~.
애¦먼 [관] **1** 엉뚱하게 딴. ¶~ 짓 하지 마라. **2** 애매하게 딴. ¶~ 사람 욕먹이다.
애¦모(愛慕) [명] 사랑하여 그리워하는 것.

¶그대를 향한 끝없는 ~의 정. 애:모-하다(태여)
애:무(愛撫)[명] (주로, 이성의 몸을) 성적인 감정을 가지고 어루만지는 것. ¶~의 손길. 애:무-하다(톤)(태여)
애:-물(-物)[명]1 애를 태우는 물건 또는 사람. 2 나이 어려서 부모보다 먼저 죽은 자식.
애:물-단지(-物-)[-딴-][명] '애물'을 속되게 이르는 말.
애버리지(average)[명][체] 볼링에서, 1게임당 평균 득점.
애-벌[명] 같은 일을 되풀이할 때에 그 첫번째 차례. =초벌. ¶~빨래.
애벌-같이[명][농] 논이나 밭을 첫 번째 가는 일. 애벌같이-하다(톤)(태여)¶논을 ~.
애벌-구이[공] =초벌구이.
애:-벌레[명] 알에서 나온 후 아직 다 자라지 않은 벌레. =유충(幼蟲). ↔성충.
애벌-빨래[명] 첫 번째로 대강 하는 빨래.
애비[명] '아비'의 잘못.
애사¹(哀史)[명] 개인이나 국가의 슬픈 역사. ¶단종(端宗) ~.
애사²(哀詞)[명] 사람의 죽음을 슬퍼하여 지은 글 또는, 그 말.
애사-심(愛社心)[명] 자기가 근무하는 회사를 아끼고 사랑하는 마음.
애상(哀想)[명] 슬픈 생각.
애:-새끼[명] '자식'을 비속하게 이르는 말.
애석(哀惜)[명] (어떤 일이 바라던 대로 이루어지지 않아) 슬프고 아깝다. ¶애석하게 한 점 차로 지다. 애석-히(부)
애:송(愛誦)[명] 시나 노래를 즐겨서 외는 것. 애:송-하다(톤)(태여)¶그는 늘 소월의 시를 애송했다.
애-송이[명]1 '아직 어린 상태를 벗어나지 못한 사람'을 얕잡아 이르는 말. 2 '능력이나 수준이 비할 바가 못 되는 사람'을 얕잡아 이르는 말. ¶그까짓 ~쯤은 백 명이 덤벼도 무서울 것 없다. ×애숭이.
애수(哀愁)[명] 서글프고 쓸쓸한 느낌이나 감정. ¶~ 어린 눈 / ~에 젖다.
애-순(-筍)[명] 나무나 풀의 새로 나는 어린싹. =어린순.
애-숭이[명] '애송이'의 잘못.
애시-당초(-當初)[명] '애당초'의 잘못.
애:-쓰다(자)(~쓰니, ~써) 마음과 힘을 다하여 노력하거나 힘쓰기 위하여 힘쓰다. ¶애써 일한 것이 헛일이 되었다.
애:-아버지[명] '아이아버지'의 준말.
애:-아빠[명] '아이아빠'의 준말.
애:-어른[명] 하는 짓이나 생각이 어른과 같은 어린아이.
애:-어머니[명] '아이어머니'의 준말.
애:-엄마[명] '아이엄마'의 준말.
애연-가(愛煙家)[명] 담배를 즐겨 피우는 사람.
애오라지[부] 달리 어쩌지 못하고 다만. 또는, 부족한 대로 겨우. '오로지', '오직' 등과 비슷한 말이나 예스러운 말임. ¶그는 한평생을 ~ 땅을 일구며 살아왔다.
애옥-살이[-쌀-][명] 가난에 쪼들려 고생하며 사는 살림살이. 애옥살이-하다(자여)
애:완(愛玩)[명] 사랑하여 가까이 두고 다루거나 보며 즐기는 것. 애:완-하다(톤)(태여)
애:완-견(愛玩犬)[명] 주로 실내에서 애완으로 기르는 개. 스피츠·치와와 따위.

애처롭다_787

애:완-동물(愛玩動物)[명] 애완을 목적으로 집에서 기르는 동물. 개·고양이·새·금붕어 따위.
애:완-용(愛玩用)[-농][명] 사랑하여 가까이 두고 다루거나 보며 즐기기 위한 것.
애:욕(愛慾)[명]1 애정과 욕심. 2 이성에 대한 성애(性愛)의 욕심. 2 정욕(情慾).
애:용(愛用)[명] (어떤 물건을) 즐겨 자주 사용하는 것. 애:용-하다(톤)(태여)¶국산품을 ~. 애:용-되다(톤)(태여)
애원(哀願)[명] (어떤 일을) 애처롭게 사정하여 간절히 바라는 것. 애원-하다(톤)(태여)¶한 번만 더 도와 달라고 ~.
애:인(愛人)[명] 이성(異性)으로서 사랑하는 사람. (비)연인.
애자(礙子·碍子)[명] 전선을 지탱하고 절연하기 위하여 전봇대 따위에 다는 여러 모양의 기구. =뚱딴지.
애잔-하다[형](여) (어떤 대상이) 그 모습이나 상태가 여리거나 나약하거나 있는 것을 느끼거나 가슴 아프게 하는 상태에 있다. ¶길가에 두어 송이 핀 애잔한 들꽃. 애잔-히(부)
애:장(愛藏)[명] (어떤 물건을) 소중히 간수하는 일. ¶~품(品). 애:장-하다(톤)(태여)
애-저녁[명] '애초'의 잘못.
애절-하다(哀切-)[형여] 안타깝도록 슬프고 절절하다. ¶끝내 이루지 못한 애절한 사랑. 애절-히(부)
애정¹(愛情)[명] 가엾게 여기는 마음. 또는, 슬픈 심정(心情).
애정²(愛情)[명]1 사람이 다른 사람이나 대상을 따뜻한 정이나 각별한 관심을 가지고 사랑하거나 대하는 일. 또는, 그런 정이나 관심. ¶부모 없이 자라 ~에 굶주린 아이들. 2 특히, 남녀간의 성(性)에 토대를 둔 사랑. ¶~이 없는 결혼 생활.
애:-제자(愛弟子)[명] 특별히 아끼고 사랑하는 제자.
애조(哀調)[명] 시·노래·음악 등에서 느껴지는 슬픈 기분이나 분위기. ¶~를 띤 가락.
애:족(愛族)[명] 겨레를 사랑하는 것. ¶애국 ~정신. 애:족-하다(톤)(태여)
애:주(愛酒)[명] 술을 몹시 좋아하는 것.
애:주-가(愛酒家)[명] 술을 좋아하는 사람.
애:증(愛憎)[명] 사랑과 미움. ¶~으로 인한 번민.
애:지중지(愛之重之)[부] (사람·물건을) 매우 사랑하고 소중히 여기는 모양. 애:지중지-하다(톤)(태여)¶외아들을 ~.
애:착(愛着)[명] 몹시 사랑하고 아껴 집착하는 것. ¶~이 가는 물건.
애:착-심(愛着心)[-씸][명] 애착하는 마음. ¶삶에 대한 ~.
애:창(愛唱)[명] 시나 노래를 즐겨 부르는 것. 애:창-하다(톤)(태여)애:창-되다(톤)(재)¶널리 애창되고 있는 명곡.
애:창-곡(愛唱曲)[명] 어떤 사람 또는 어떤 부류의 사람이 즐겨 부르는 곡. ¶십팔번. ¶나의 ~은 '보릿밭'이다.
애:처-가(愛妻家)[명] 유난히 아내를 아끼고 사랑하는 남자.
애처-롭다[-따][형ㅂ](~로우니, ~로워) (나약하거나 연약한 대상이 처한 어렵거나 딱한 상황이) 동정심을 불러일으키거나 마음을 아프게 하는 상태에 있다. ¶아이가 배가 고파 애처롭게 운다. 애처로이

애:¶~ 여기다.
애:첩(愛妾) 명 사랑하고 아끼는 첩.
애:청(愛聽) 명 즐겨 듣는 일. ¶~자(者).
 애:청-하다 통(타여) ¶애청하는 프로.
애초(-初) 명 일이 시작되는 맨 처음. ¶당초·애당초. ¶그런 위험한 일은 ~에 하지 말아야지. ×애저녁.
애:칭(愛稱) 명 본명 또는 정식의 이름 대신에 친근하게 부르는 이름. ¶'로니'는 '로널드'의 ~이다.
애퀄렁(aqualung) 명 고압 압축 공기가 든 수중(水中) 호흡기. 잠수할 때 등에 메고 활동함. ▷스쿠버.
애:-타다 통(자) 이뤄져야 할 일이 이뤄지지 않고 있거나, 또는 이뤄지지 않을 것 같아 속이 타는 것 같은 상태가 되다. ㈎끓다. ¶합격 여부를 몰라 ~. ×애저녁.
애:타-심(愛他心) 명 남을 사랑하는 마음.
애:태우다(愛-) 통(타) '애타다'의 사동사.
애:-통[-통] '애'를 속되게 이르는 말. ¶~터지다.
애통²(哀痛) 명 몹시 슬퍼하는 것. 애통-하다 통(자여)
애통-하다²(哀痛) 형(여) 몹시 애달프고 슬프다. ¶꽃다운 나이에 세상을 뜨다니 애통한 일이다. 애통-히 부
애틀랜타(Atlanta) 명(지) 미국 조지아 주에 있는 상공업 도시.
애틋-하다[-트타-] 형(여) 안타까워 애가 타는 듯하다. ¶두 남녀의 애틋한 사랑 이야기. 애틋-이 부
애:-티 어린 모양이나 태도. ¶~가 나다. ~를 벗다.
애프터^리코딩(after recording) 명[영] 후시 녹음.
애프터-서비스(†after service) 명 상품을 판매한 후, 제조업자가 그 상품에 대해 수리·설치·점검 등의 봉사를 하는 일. ─에이에스(AS). ¶아프터서비스.
애플-파이(apple pie) 명 설탕을 넣고 조린 사과를, 밀가루에 달걀·버터 따위를 넣어 넓게 만든 것으로 싸서 찐 양과자.
애:향(愛鄕) 명 고향을 아끼고 사랑하는 것.
애:향-심(愛鄕心) 명 고향을 아끼고 사랑하는 마음.
애:호¹(愛好) 명 (어떤 일을) 취미로서 좋아하고 즐기는 것. 애:호-하다 통(타여) ¶음악을 ~.
애:호²(愛護) 명 (동물이나 사물을) 사랑하고 보호하는 것. ¶동물 ~. 애:호-하다² 통(타여)
애:호-가(愛好家) 명 어떤 사물을 몹시 사랑하고 즐기는 사람.
애-호박 명 덜 자란 어린 호박. 주로 길둥근 것을 가리키는데, 전을 부치거나 볶아서 나물로 먹거나 찌개에 넣어서 먹음.
애화(哀話) 명 슬픈 이야기. ㈎비화.
애환(哀歡) 명 슬픔과 기쁨. ¶삶의 ~.
액¹(厄) 명 모질고 사나운 운수. ¶~을 때우다.
액²(液) 명 물·기름처럼 유동하는 물질.
-액³(額) 접미 명사 뒤에 붙어서, 수량·액수를 나타낸다. ¶초과~ / ~수출~.
액년(厄年)[앵-] 명 1 운수가 사나운 해. 2 [민] 사람의 일생 중에 재난을 만나게 될 것이라고 하는 나이. 남자는 25, 42, 50세, 여자는 19, 33, 37세.
액-때우다(厄-) 통(자) 앞으로 닥칠 액을 다른 가벼운 곤란으로 미리 겪어 넘긴다.
액땜(厄-) 명 액때우는 일. ㈎수땜. 액땜-하다 통(자여)
액-막이(厄-)[앵-] 명[민] 앞으로 닥칠 액을 미리 막는 일.
액면(額面)[앵-] 명 1 [경] 화폐나 유가 증권 등의 앞면. 2 [경] '액면 가격'의 준말. 3 '말이나 글의 표현된 그대로의 값'을 비유하여 이르는 말. ¶그 말을 ~ 그대로 믿다.
액면-가(額面價)[앵-까] 명[경] =액면 가격.
액면^가격(額面價格)[앵-까-] 명[경] 1 유가 증권 등의 표면에 적힌 가격. 2 화폐의 면에 표기된 금액. ㈎액면가. ㈎액면.
액비(液肥)[-삐] 명[농] 액체로 된 거름.
액상(液狀)[-쌍] 명 물질이 액체로 되어 있는 상태.
액세서리(accessory) 명 1 옷을 입었을 때 돋보이도록 하기 위해 옷이나 몸에 달거나 걸치거나 쓰거나 신거나 하는 여러 가지 물건. 곧, 목걸이·귀걸이·팔찌·브로치·모자·스카프·벨트 따위. 2 어떤 기계의 본체에 덧붙이거나 일부를 갈아 끼우거나 하여 그 기능이나 효과를 변화·강화시키는 물건. ¶카(car) ~.
액세스(access) 명[컴] =접근5.
액세스-권(access權) 명 1 일반 시민이, 나라·자치체 등이 가진 문서·정보의 내용 등을 공개하게 하여 알 수 있는 권리. 2 매스 미디어를 이용하여 의견 광고나 반론을 발표하는 권리.
액셀(←accelerator) 명 =액셀러레이터.
액셀러레이터(accelerator) 명 발로 밟게 된, 자동차의 가속 장치. =가속 페달·액셀. ×악셀.
액션(action) 명 I ['행동', '동작'의 뜻] 명 배우의 연기. 특히, 격투 등의 거친 연기. ¶~ 스타.
II 촬영을 시작할 때, 감독이 배우에게 연기를 시작하라는 뜻으로 외치는 말.
액션-물(action物) 명 격투 등의 거친 연기를 주로 다룬 영화 작품.
액션^페인팅(action painting) 명[미] 캔버스 위에 물감을 흘려서 떨어뜨리거나 뿌리거나 하여 화면을 구성하는, 그러진 결과보다는 그리는 행위 자체를 중요시하는 회화 수법. 제2차 세계 대전 이후 미국에서 일어난 추상 회화 운동임.
액수(額數)[-쑤] 명 돈이 얼마인지를 나타낸 수. ¶손해 ~.
액운(厄運) 명 액을 당할 운수. ↔길운.
액자(額子)[-짜] 명 그림이나 사진 따위를 끼우는 틀.
액정(液晶)[-쩡] 명[물] 액체와 고체의 중간적인 상태의 물질. 시계·계산기의 문자 표시나 텔레비전 화면 등에 응용됨.
액정-서(掖庭署)[-쩡-] 명[역] 조선 시대에 왕명의 전달, 임금이 쓰는 붓과 벼루의 공급, 대궐 열쇠의 보관, 대궐 뜰의 설비 등에 관한 일을 맡아보던 관청.
액체(液體)[-체] 명[물][화] 유동성이 있어 자유롭게 변형되지만 부피가 일정하여 용기를 이루기 어려운 상태의 물질. 물·기름 따위. ▷고체·기체.
액체-화(液體化)[-체-] 명[화][물] =액화1. 액체화-하다 통(자타여) 액체화-되다 통(자여)
액취(腋臭) 명 겨드랑이에서 나는 냄새. ㈎암내.

액티브-하다(active-) 형여 '활동적이다', '적극적이다'로 순화.
액화(液化) 명[물] 1 기체가 냉각·압축되어 액체로 변하는 현상. 또는, 그렇게 만드는 일. ⇔기화. 2 고체가 액체로 변하는 현상. ▷기화. **액화-되다** 동자 <타동>
액화^석유^가스(液化石油gas) [애콰-] 명 석유 정제의 부산물로 나오는 프로판·부탄 등의 탄화수소를 주성분으로 하는 기체를 상온에서 가압하여 액화한 것. 가정용·공업용·자동차용 연료로 쓰임. =엘피지가스·엘피지(LPG).
액화^천연가스(液化天然gas) [애콰-] 명[화] 메탄을 주성분으로 하는 천연가스를 냉각하여 액화한 것. 도시가스용·발전용 연료, 화학 공업 원료로 쓰임. =엘엔지(LNG).
앤더슨.메리언(Anderson, Marian) 명[인] 미국의 알토 가수(1902~1993).
앤^여왕(Anne女王) 명[인] 영국 스튜어트 왕조의 마지막 여왕(1665~1714).
앤티가 바부다(←Antigua and Barbuda) [지] 동카리브 해에 있는 섬나라. 수도는 세인트존스.
앨라배마(Alabama) 명[지] 미국 남동부의 주.
앨리(alley) 명[체] 볼링에서, 공을 굴리는 대(臺). =레인.
앨버트로스(albatross) 명 1[동] 거위와 모습이 비슷하나 더 커서 편 날개 길이가 2~3.5m에 이르며, 날개를 편 상태로 며칠 가까이는 나는 새. =신천옹(信天翁). 2[체] 골프에서, 한 홀의 기준 타수보다 3타수 적은 기록으로 공을 홀에 넣는 일. ▷버디·이글.
앨범(album) 명 1 =사진첩. 2 여러 곡을 수록한 엘피 레코드나 시디. 여음반.
앰뷸런스(ambulance) 명 =구급차.
앰풀(ampule) 명[의] 1회분의 주사약을 넣고 봉한 유리 용기.
앰프(←amplifier) 명 소리를 크게 만들어 멀리 전달할 수 있도록 하는 전기 장치. 여증폭기.
앰:-하다 형여 '애매하다'의 준말. ¶앰한 소리.
앳-되다[애뙤/앤되/애뛔/앤뛔-] 형 (얼굴이나 목소리 등이) 어려 보이거나 느껴지는 데가 있다. ¶앳된 목소리. ×애띠다.
앵¹ 부 모기·벌 따위의 날벌레가 빨리 날 때에 나는 소리.
앵² 부 성나거나 분하거나 딱하거나 짜증이 날 때에 내는 소리.
앵글(angle) 명 1 [각도'라는 뜻] 1 =카메라 앵글. 2 사물을 보는 관점. 3 'ㄱ'자 모양으로 구부린 철제 쇠붙이.
앵글로-색슨(Anglo-Saxon) 명 5세기경 독일에서 영국으로 건너가 여러 왕국을 세운 게르만 족의 일부. 앵글 족·색슨 족으로 이루어졌음. 현재 영국 국민의 주된 혈통임.
앵도(櫻桃) 명 '앵두'의 잘못.
앵-돌아지다 동자 1 마음이 토라지다. 2 틀려서 홱 돌아가다.
앵두 명 [<櫻桃] 앵두나무의 열매. 작고 둥글며 빨간빛을 띰. ¶~ 같은 입술. ×앵도.
앵두-나무 명[식] 4월에 흰 꽃이 잎보다 먼저 피며, 6월에 작고 둥근 열매인 '앵두'가 빨갛게 익는 낙엽 활엽 관목.
앵둣-빛 [-두삔/-둗삗] 명 앵두처럼 붉은 빛.
앵무-새(鸚鵡−) 명[동] 숲 속에 살며, 목소리를 잘 흉내 내어 애완용으로도 기르는 새. 몸빛이 아름다우며, 머리는 크고 둥글며 우관(羽冠)이 있고, 부리는 고부라져 있음.
앵무-조개(鸚鵡−) 명[동] 고생대 캄브리아기에 나타나 오늘날까지 남아 있는 바닷조개. 껍데기는 긴지름 15cm가량의 나선형으로, 입구 부분은 앵무새의 부리처럼 생겼음.
앵벌-이 명 <속> 지하도나 육교나 전철 안이나 길거리 등에서, 갓난아이를 업거나 불구의 몸을 내보이거나 하면서 구걸하는 사람이나, 조직의 사주를 받아 껌 따위를 팔러 다니는 아이.
앵앵-거리다/-대다 동자 (모기·벌 따위가) 날면서 앵앵 소리를 내다. ¶밤이 되니 모기가 앵앵거리며 극성을 부린다.
앵커(anchor) 명 =앵커맨.
앵커리지(Anchorage) 명[지] 미국 알래스카 주에 있는 항구 도시.
앵커-맨(anchorman) 명 방송의 뉴스 프로그램에서, 기자들이 직접 보도하는 여러 뉴스를 짧게 논평하면서 이어 가는 진행자. =앵커.
앵커-우먼(anchorwoman) 명 방송의 뉴스 프로그램에서, 여러 뉴스를 짧게 논평하면서 이어 가는 여자 진행자.
앵클-부츠(ankle boots) 명 발목까지 덮이는 구두. ▷롱부츠.
야¹ 명[언] 한글 모음 'ㅑ'의 이름.
야² 감 1 매우 놀랍거나 반가울 때 내는 소리. ¶~, 많다! 2 어른이 아이를 부르거나, 아이들끼리 서로 부를 때 쓰는 말. 비야. ¶~, 나 좀 보자. 3 '예'의 잘못.
야³ 조 1 모음으로 끝나는 체언에 붙어, 해당하는 대상이나 사실을 특별히 강조하는 뜻을 나타내는 보조사. ¶밤이 깊어서~ 돌아오다. 2 윗사람의 종결 어미에 붙어, 듣는 사람에게 어떤 사실을 환기하는 뜻을 나타내는 보조사. ¶비가 많이 온다~. 3 모음으로 끝나는 체언 뒤에 붙는 호격 조사. ¶철수~, 이리 오너라. ▷아.
-야⁴ 어미 '이다', '아니다'의 어간에 붙어, 어떤 사실을 서술하거나 물을 때에 쓰이는 반말 투의 종결 어미. ¶소문은 그런데 사실은 그게 아니~.
야⁵(野) 명 '야당'을 줄여 이르는 말. ¶~ 3당. ↔여(與).
야간(夜間) 명 1 어떤 일을 하는 시간으로서의, 밤 동안. ¶~작업. 2 '야간 학교'를 줄여 이르는 말. ↔주간.
야간^경기(夜間競技) 명[체] 야구·축구 등에서, 밤에 조명등을 켜고 진행하는 경기. =나이트 게임.
야간^대학(夜間大學) 명 낮에 직장에 다니는 사람들을 위해 밤에 공부할 수 있도록 개설한 대학.
야간-열차(夜間列車) [-녈-] 명 야간에 운행하는 열차.
야간-작업(夜間作業) 명 야간에 하는 작업. 비밤일. **야간작업-하다** 동자여
야간^학교(夜間學校) [-꾜] 명[교] 밤에 수업하는 학교. 준야학.
야경¹(夜景) 명 밤의 경치. ¶서울의 ~.

야:경²(夜警) [명] 밤사이에 화재·범죄가 없도록 살피고 지키는 것. **야:경-하다** [동][자][여]
야:경-꾼(夜警—) [명] 방범·방화를 목적으로 야간에 경계·순찰을 도는 사람.
야고보-서(←Jakobus書) [명][성] 신약 성서 중의 한 권.
야곰-야곰 [부] '야금야금'의 잘못.
야곱(←Jacob) [명][성] 구약 성서에 나오는 이삭의 아들. 쌍둥이 형 에서를 속여 장자권을 빼앗았으며, 그의 12명의 자식들이 이스라엘 12부족의 조상이 됨.
야:광(夜光) [명] 어떤 물체가 불에 타거나 전기 작용에 의하지 않고 어둠 속에서 제 형태를 드러낼 만큼 약하나마 빛을 내는 상태. 또는, 그런 물체. ¶~ 시계.
야:광-충(夜光蟲) [명][동] 몸이 지름 1~2mm의 공 모양으로 담홍색을 띤 원생동물. 해변에 살며, 파도가 치면 청백색 빛을 냄. 적조(赤潮) 현상의 원인이 됨.
야:구(野球) [명][체] 9명씩으로 이루어진 두 팀이 각각 9회씩 서로 공격과 수비를 번갈아 하며, 투수가 던진 공을 방망이로 쳐서 얻는 점수로 승부를 가리는 경기.
야:구-공(野球—) [명] 야구에 쓰이는 공. 코르크나 고무에 실을 감고 가죽으로 겉을 싸서 만든, 흰색의 공임.
야:구^방망이(野球—) [명] 야구 경기를 할 때, 공을 치는 방망이. [비]배트.
야:구-장(野球場) [명] 야구 경기를 할 수 있도록 마련된 운동장.
야:권(野圈) [—꿘] [명] 야당에 속하는 정치가의 범위. ¶~ 인사. ↔여권.
야:근(夜勤) [명] 밤에 근무하는 것. **야:근-하다** [동][자][여]
야:금¹(冶金) [명][공] 광석에서 금속을 골라내는 일. 또는, 골라낸 금속을 정제(精製)하거나 합금을 만들거나 가공하거나 하는 일. **야:금-하다** [동][타][여]
야:금²(野禽) [명] 산이나 들에서 사는 새. [비]야조(野鳥). ↔가금(家禽).
야금-거리다/-대다 [동][타] **1** 무엇을 입 안에 넣고 조금씩 찬찬히 먹어 들어가다. **2** 조금씩 자꾸 축내거나 소비하다.
야금-야금[—나—/—그마—] [부] 야금거리는 모양. ¶과자를 ~ 먹다. ×야곰야곰.
야:기¹(夜氣) [명] 밤의 차고 눅눅한 기운.
야:기²(惹起) [명] (사람이나 집단 등이 부정적인 일이나 사건 등을) 생기게 하는 것. **야:기-하다** [동][타][여] ¶분쟁을 ~. **야:기-되다** [동][자] ¶중대 사건이 ~.
야끼-만두(←[일]焼き/やき 饅頭) [명] '군만두'로 순화.
야:뇨-증(夜尿症) [—쯩] [명][의] 밤에 자다가 무의식중에 오줌을 자주 싸는 증세.
야누스(Janus) [명][신화] 로마 신화에 나오는, 앞뒤 두 얼굴을 가진 신(神). 성과 집의 문을 지키며 전쟁과 평화를 나타냄.
  야누스의 얼굴 표리부동한 태도나 성격을 비유하여 이르는 말.
야:단(惹端) [명] **1** 떠들썩하게 일을 벌이거나 매우 부산하게 법석거리는 것. **2** 소리를 높여 마구 꾸짖는 일. ¶~을 맞다. **3** 난처하거나 딱한 일. **야:단-하다** [동][자][여]
야:단-나다(惹端—) [동][자] **1** 떠들썩한 일이 벌어지다. ¶저 집은 잔치하느라 **야단났구먼.** **2** 몹시 곤란하거나 어려운 일이 생기다. ¶수술비를 못 구해 **야단났다.**
야:단-맞다(惹端—) [—맏따] [동][자] 꾸지람을 듣다. ¶떠들다가 선생님께 ~.
야:단-법석(惹端—) [—썩] [명] 야단스럽게 법석을 떠는 것.
야:단-스럽다(惹端—) [—따] [형][ㅂ] 〈~스러우니, ~스러워〉 매우 소란하고 떠들썩하다. **야:단스레** [부]
야:단-치다(惹端—) [동][자][타] 마구 꾸짖다. ¶잘못하면 따끔하게 **야단치세요.**
야:담(野談) [명] 야사(野史)의 이야기.
야:당(野黨) [명] 정당 정치에서, 현재 정권을 잡고 있지 않은 정당. ↔여당.
야드(yard) [명][의존] 야드파운드법의 길이의 단위. 1야드는 3피트로, 91.44cm임. 기호는 yd. =마(碼).
야들-야들[—랴—/—드랴—] [부] 윤이 나고 보들보들한 모양. **야들야들-하다** [형][여] ¶**야들야들한** 살결.
야렌(Yaren) [명][지] 나우루의 수도.
야로 [명] 감추어진 음흉한 속셈이나 꾀. 속된 말임. [비]흉계·흑막. ¶이번 일에는 분명히 무슨 ~가 있는 것 같다.
야:료(惹鬧*) [명] ['鬧'의 본음은 '뇨'] 까닭 없이 트집을 잡고 함부로 떠들어 대는 짓. ¶젊은애들이 와서 ~를 부리다.
야릇-하다[—르타—] [형][여] (어떤 상태나 현상이) 무엇이라 표현하기 어렵거나 그 뜻을 쉽게 알기 어려운 상태에 있다. [비]묘하다·미묘하다. ¶**야릇한** 표정을 짓다.
야리꾸리-하다 [형][여] 〈속〉 야릇하고 기묘하다. ¶**야리꾸리한** 옷차림.
야마([에]llama) [명][동] =라마(lama).
야마리 [명] =얌통머리. ¶~가 없다.
야:만(野蠻) [명] 미개하여 문화가 뒤떨어진 상태. 또는, 그런 종족.
야:만-스럽다(野蠻—) [—따] [형][ㅂ] 〈~스러우니, ~스러워〉 야만의 상태에 있다. **야:만스레** [부]
야:만-인(野蠻人) [명] **1** 지능이 미개하고 문화의 정도가 낮은 사람. ↔문명인·문화인. **2** 교양이 없고 무례한 사람을 비난조로 이르는 말.
야:만-적(野蠻的) [관][명] 야만스러운 (것). ¶~ 행위.
야-말로 [조] 모음으로 끝나는 체언에 붙어, '그것이야 참말로'의 뜻을 나타내는 보조사. ¶너~ 이 일에 적격이다. ▷이야말로.
야:망(野望) [명] **1** 큰일을 이루고자 하는 소망. ¶소년들이여, ~을 가져라! **2** 그릇된 야심을 품은 욕망. ¶헛된 ~을 품다.
야:맹-증(夜盲症) [—쯩] [명][의] 망막에 있는 간상세포의 능력이 감퇴하여 밤에는 사물이 잘 보이지 않는 증상. 후천적으로는 비타민 A의 결핍으로 일어남.
야멸-차다 [형] ▷야멸치다.
야멸-치다 [형] **1** 남의 사정은 돌보지 않고 자기만 생각하는 태도가 있다. **2** 태도가 차고 매섭다. ¶그는 내 부탁을 **야멸치게** 거절했다. ▷야멸차다.
야무수크로(Yamoussoukro) [명][지] 코트디부아르의 수도.
야무-지다 [형] (성격이나 태도가) 어수룩함이 없이 올차고 똑똑하다. ¶일을 **야무지게** 잘하다.
야물다 Ⅰ [동][자] 〈야무니, 야무오〉 (곡식이) 알이 들어 단단하게 익다. [큰]여물다.
Ⅱ [형] **1** (씀씀이가) 헤프지 않고 알뜰하다. ¶살림을 **야물게** 하다. **2** 일이 잘되어 뒤탈이 없다. ¶일을 **야물게** 처리하다. [큰]

여물다. 3 (사람됨이) 빈틈이 없이 아무지다. ¶체구는 작아도 야주 ~.
야물딱-지다(─) [방] 야무지다(경남).
야미(闇/やみ) 명 '뒷거래'로 순화.
야:바위 명 1 교묘한 속임수로 물주가 돈을 따는 노름의 하나. 2 협잡의 수단으로 그럴듯하게 꾸미는 일의 총칭.
  야바위(를) 치다 옳지 않은 방법으로 남의 눈을 속이다.
야:바위-꾼 명 야바위 치는 사람을 얕잡아 일컫는 말.
야:박-스럽다(野薄─) [─쓰-따] [형][ㅂ]〈~스러우니, ~스러워〉 야박한 데가 있다.
  야:박스레 부
야:박-하다(野薄─) [─바카─] [형][여] 얄 팍하고 인정이 없다. ¶야박한 세상인심. 야박-히 부
야:반(夜半) 명 =밤중1.
야:반-도주(夜半逃走) 명 사람의 눈을 피해 한밤중에 도망하는 것. ×야밤도주.
  야:반도주-하다 자여 빚을 지고 ~.
야:-밤(夜─) 명 깊은 밤.
야:밤-도주(夜─逃走) 명 '야반도주'의 잘못.
야:밤-중(夜─中) [─쭝] 명 =한밤중.
야:-별초(夜別抄) 명[역] 고려 고종 때, 최우(崔瑀)가 조직한 특별 부대. 도둑을 막기 위하여 설치한 것임.
야:비-하다(野卑─ ·野鄙─) [형][여] (성질·행동이) 상스럽고 천하다. ¶말씨가 ~.
야:사(野史) 명 민간에서 사사로이 기록한 역사. ¶~집. ↔정사(正史).
야:산(野山) 명 들 근처의 나지막한 산.
야:살 명 얄망궂고 되바라진 말씨나 태도. ¶~을 떨다. ▷얄다.
야:상-곡(夜想曲) 명[음] =녹턴.
야:생(野生) 명 1 (동물이나 식물이) 산이나 들에서 저절로 나거나 자라는 것. 2 (주로 파생어를 이루어) 사람이 순하게 길들지 않은 상태. ¶~녀(女). 야:생-하다 자여
야:생-마(野生馬) 명 야생하는 말.
야:생-화(野生花) 명 산과 들에 저절로 피는 화초. 들꽃.
야:설(冶說) 명 [속] ['야한 이야기'라는 뜻] 음란한 소설. 인터넷상에서 쓰이는 통신 언어임.
야:성(野性) 명 길들여지지 않은 자연 또는 본능 그대로의 성질.
야:성-미(野性美) 명 거친 성질이나 본능적인 행동에서 풍기는 미.
야:성-적(野性的) [관] 자연 또는 본능 그대로의 거친 상태로 있는.
야:속-하다(野俗─) [─소카─] [형][여] (무정한 행동이나 그런 행동을 한 사람이) 섭섭하게 여겨져 언짢다. ¶그는 **야속하게**도 내 부탁을 거절했다. **야:속-히** 부
야:수(野獸) 명 1 길들지 않은 야생의 사나운 짐승. 2 몹시 거칠고 사납게 행동하는 사람을 비유적으로 이르는 말.
야:수-파(野獸派) 명 20세기 초기에 프랑스에서 일어난 회화의 한 유파. 강렬한 색채의 대비와 대담한 필치가 그 특징임. 마티스·루오 등이 그 대표적 화가임. =포비슴.
야:숙(野宿) 명 들에서 자는 것. (비)노숙(露宿). **야:숙-하다** 자여
야스퍼스 카를(Jaspers, Karl) 명[인] 독일의 철학자(1883~1969).
야:습(夜襲) 명 밤에 적을 덮쳐 공격하는 것. **야:습-하다** 타여 ¶적을 ~.
야:-시장(夜市場) 명 밤에 벌이는 시장.
야:식(夜食) 명 끼니 이외에 밤에 음식을 먹는 것. 또는, 그 음식. (비)밤참. **야:식-하다** 자여
야:심(野心) 명 1 옳지 못하거나 그릇된 일을 이루려고 꾀하려고 하는 마음. ¶~을 품다. 2 대담하고 획기적인 것을 시도하려는 생각이나 마음. ¶~에 찬 젊은이.
야:심-가(野心家) 명 야심을 품고 있는 사람.
야:심만만-하다(野心滿滿─) [형][여] 야심이 가득 찬 상태에 있다. ¶**야심만만한** 청년. **야:심만만-히** 부
야:심-작(野心作) 명 대담하고 획기적인 것을 시도하려고 마음먹은 작품. ¶중견 작가가 오랜 침묵 끝에 내놓은 ~.
야:심-적(野心的) [관] 야심을 품은 (것).
야:심-하다(夜深─) [형][여] 밤이 깊다. ¶**야심한** 시각에 어딜 가시오?
야:업(夜業) 명 야간에 작업하는 것. (비)밤일. **야:업-하다** 자여
야:영(野營) 명 천막 따위를 치고 야외에서 잠. 또는, 그렇게 하는 생활. (비)캠핑. **야:영-하다** 자여 ¶산에서 ~.
야:영-객(野營客) 명 휴양이나 훈련을 하기 위해 야외에서 천막을 치고 생활하는 사람.
야:영-장(野營場) 명 야영할 수 있도록 조성해 놓은 곳.
야옹 부 고양이가 우는 소리.
야옹-야옹 부 고양이가 자꾸 야옹 소리를 내는 모양. 또는, 그 소리.
야옹-이 명 〈유아〉 고양이.
야:외(野外) [─외/─웨] 명 1 시가에서 좀 떨어져 있는 들. 또는, 그런 지역. 2 옥외나 노천(露天)을 이르는 말. ¶~촬영.
야:외-극장(野外劇場) [─외/─웨─짱/─웨─짱] 명 거리의 광장이나 마을의 빈 터 등에 특별한 시설이 없이 세운 극장.
야:외-무대(野外舞臺) [─외/─/─웨─] 명 거리의 광장이나 마을의 빈 터 등에 마련한 무대.
야:욕(野慾) 명 옳지 못하거나 그릇된 일을 이루거나 꾀하려고 하는 욕심.
야운데(Yaoundé) 명[지] 카메룬의 수도.
야위다 자 (몸이나 얼굴이) 살이 빠져서 앙상한 상태가 되다. (비)마르다. ¶근심 걱정으로 몸이 **야위어** 가다. 준여위다.
야:유(揶揄) 명 남을 빈정거려 놀리는 것. 또는, 그런 말이나 짓. ¶~가 터져 나오다. **야:유-하다** 타여
야:유-조(揶揄調) [─쪼] 명 빈정거리며 놀리는 투.
야:유-회(野遊會) [─회/─훼] 명 야외에 나가 노는 모임.
야율-아보기(耶律阿保機) 명[인] 요나라의 시조(872~926).
야:음(夜陰) 명 밤의 어두운 때. ¶~을 타서 도망하다.
야:인(野人) 명 1 벼슬살이를 하지 않는 사람. ¶벼슬을 버리고 ~으로 돌아가다. 2 예전에, 압록강과 두만강 이북에 살던 만주족. ¶~ 정벌.
야:-자[1] [속] 어떤 사람이 다른 사람과 서로 해라체의 말을 하게 되는 상태. ¶~를 놓다[트다].
야:자[2] (椰子) 명 야자나무의 열매.

야자-나무(椰子-) 명〔식〕줄기가 높이 10~30m로 곧게 자라며, 커다란 잎이 줄기 끝에 뭉쳐 나는 열대 상록 교목. 열매 속의 배젖을 말린 것을 '코프라'라 하는데, 비누·인조버터 등을 만드는 데 쓰임. =야자수.

야자-수(椰子樹) 명〔식〕=야자나무.

야자-유(椰子油) 명 야자의 씨에서 짠 기름. 비누·양초의 원료로 씀.

야자-타임(-time) 명〈속〉야유회나 여럿이 어울리는 자리에서, 평소에 높임말을 써야 하는 윗사람에게 해라체의 말을 쓸 수 있도록 허용하는 시간.

야:적(野積) 명 임시로 한데에 쌓아 두는 것. ⓑ노적(露積). **야:적-하다** 자예 ¶볏단을 논둑에 ~. **야:적-되다** 자예

야:적-장(野積場) [-짱] 명 곡식 단이나 물건을 임시로 한데에 쌓아 두는 곳.

야:전(野戰) 명〔군〕산이나 들에서 하는 전투.

야:전-군(野戰軍) 명〔군〕산이나 들에서의 전투 임무를 맡고 있는 군대.

야:전^병:원(野戰病院) 명〔군〕부상병을 일시적으로 수용·치료하기 위하여 전투 지역과 가까운 곳에 설치하는 병원.

야:전-잠바(野戰-@ジャンパ) 명 전투할 때 군인이 입을 수 있도록 만든, 두툼하고 질이 단 잠바.

야:전^침:대(野戰寢臺) 명〔군〕접었다 폈다 할 수 있는 나무틀에 즈크를 댄, 야전용의 간이침대.

야:전-포(野戰砲) 명〔군〕야전에 쓰는 대포. 준야포.

야조(野鳥) 명 야생의 새. ⓑ야금(野禽).

-야지 어미 음절의 모음이 'ㅏ', 'ㅓ'인 용언의 어간 아래에서 '-아야지', '-어야지'의 '아', '어'가 탈락된 꼴. ¶어서 일해~.

야지²(@野次/やじ) 명 '야유'로 순화.

아지랑 (일부 동사와 함께 쓰이어) 얄밉도록 능청맞고 천연스러운 태도. ¶~을 떨다.

야:차(夜叉) 명 1 사나운 귀신의 하나. ⓑ두억시니. 2 [<@yaksa] [불] 모습이 추악하고 잔인한 귀신. 하늘을 날아다니며 사람을 괴롭힌다는 귀신.

야:채(野菜) 명 '채소'를 주로 식용 대상으로 이르는 말. ¶~샐러드.

야:채-수:프(野菜soup) 명 감자·당근·양파·양배추 등을 썰어서 냄비에 넣고 육수를 부어 끓인 수프.

야코-죽다[-따] 재예〈속〉'기죽다'를 속되게 이르는 말.

야쿠자(@やくざ) 명 일본의 조직 폭력 집단.

야크(yak) 명 소와 비슷하나 몸 아랫면에 긴 털이 나 있고 어깨가 불룩하게 튀어나온 포유동물. 티베트 고원이나 몬 말라귀 지방에서 가축으로 기름.

야타-족(-族) 명〈속〉자가용 승용차를 몰고 유흥가를 돌아다니면서, 배회하는 여자를 태워 엽색 행각을 벌이는 부유층의 젊은 남자. ⓑ오렌지족.

야트막-하다[-마카-] 혱예 높이가 좀 얕은 듯하다. ¶야트막한 고개. **야트막-이** 부

야:포(野砲) 명〔군〕'야전포'의 준말.

야:-하다(冶-) 혱예 1 (옷차림이나 화장 따위가) 천하게 느껴질 만큼 화려하거나 성적(性的)으로 자극하는 상태에 있다. ¶화장이 ~. 2 (글이나 그림이나 이야기가) 성적(性的)인 내용을 담고 있어 부끄러움을 주는 상태에 있다. ¶야한 농담.

야:학(夜學) 명 1 [교] '야간 학교'의 준말. 2 밤에 공부하는 것. **야:학-하다** 자예

야:합(野合) 명 1 부부 아닌 남녀가 서로 정을 통하는 것. 2 좋지 못한 목적 아래 서로 어울리는 것. **야:합-하다** 자예 불순 세력과 ~.

야:행(夜行) 명 1 밤에 길을 가는 것. ¶~열차. 2 밤에 활동하는 것. ↔주행.

야:행-성(夜行性) [-썽] 명 낮에는 쉬고 밤에 활동하는 동물의 습성.

야호 등산하는 사람이 동료에게 자기의 위치를 알리거나 그에 답할 때 외치는 소리. 또는, 산 정상이나 봉우리에 올라 상쾌감이나 기개를 나타내어 지르는 소리.

야:화(夜話) 명〔문〕밤에 모여서 하는 가벼운 이야기. 또는, 그것을 기록한 책. ¶천일~.

야:회-복(夜會服) [-회/-훼-] 명 서양식의 사교적 모임에서 입는 예복. 남자용은 연미복, 여자용은 이브닝드레스임.

야훼(Yahweh) 명〔가〕'여호와'를 가톨릭에서 이르는 말.

약¹ 명 1 고추·담배 등의 식물이 지닌 자극적인 성분. 2 다른 사람의 못마땅한 행동으로 화가 난 감정의 상태.
 약(이) 오르다 1 고추·담배 따위가 잘 자라 자극적인 성분이 많아지다. ¶고추에 **약이 올라** 맵다. 2 다른 사람의 못마땅한 행동으로 화가 나다.
 약(을) 올리다 약이 오르게 하다.

약²(約) 명 화투·마작 등에서, 특별한 끗수를 지을 수 있는 특권이 생기는 일. 또는, 그 권.

약³(略) 명 '생략'의 준말. ¶이하 ~.

약⁴(藥) 명 1 병을 치료·예방하거나 상처를 낫게 하기 위하여 먹거나 바르거나 주사하는 물질. ¶알-/위장-. 2 건전지, 또는, 건전지의 전기를 내는 힘. ¶~이 다 닳아 플래시에 불이 들어오지 않는다. 3 해충·세균·짐승 등을 없애는 데에 쓰는 물질. 농약·소독약·쥐약 따위. ¶밭에 ~을 치다. 4 몸을 내기 위해 바르는 물질. 유약·구두약 따위. ¶구두에 ~을 칠하다. 5 마음이나 마음에 이로운 것의 비유. ¶들어 두면 ~이 되는 말. 6 '뇌물'을 속되이 이르는 말. ¶판계 직원에게 ~을 쓰다.
 [약에 쓰려도 없다] 아무리 애써서 구하여도 조금도 구할 수가 없다.
 약(을) 팔다 이것저것 끌어대어 이야기를 늘어놓거나 입담 좋은 말로 수다를 떨다. 속된 말임.

약⁵(約) 관 수량을 나타내는 말 앞에 쓰여, 정확하지는 않으나 거의 그 수치에 가까움을 나타내는 말. ¶대강·대강·대충.

약간(若干) [-깐] I 명 얼마 되지 않는 양이나 정도. ¶~의 식량.
Ⅱ 부 양이나 정도에 있어서 얼마 되지 않거나 그리 심하지 않게. ¶배가 ~ 부르다.

약-간(藥-) [-깝] 명 약을 복용하는 데 드는 돈.

약골(弱骨) [-꼴] 명 1 몸이 약한 사람. ⓑ 약한 골격.

약과(藥果) [-꽈] 명 1 밀가루를 기름과 꿀에 반죽한 뒤 과줄판에 박아서 기름에 지진 유밀과. =과줄. 2 '그쯤 당하는 일

약술__793

은 아무것도 아님'의 뜻으로 이르는 말. ¶시집보내야 할 딸이 둘씩이나 된다고? 그건 ~일세. 난 자그마치 넷 아닌가?
약관¹(約款)[-꽌] 명 조약·계약 등에서 정해진 하나하나의 조항.
약관²(弱冠)[-꽌] 명 남자의 나이 20세를 이르는 말.
약국(弱國)[-꾹] 명 국력이 약한 나라. ↔강국(強國).
약국(藥局)[-꾹] 명 약사가 의사의 처방에 따라 약을 조제하거나 의약품을 판매하는 곳. ▷약방.
약다[-따] 형 1 (사람이) 제게 이롭게 꾀를 부리는 수단이 좋다. ¶약아 빠지다. 2 꾀가 많고 눈치가 빠르다. 비영리하다. ¶다섯 살짜리치고는 참 ~.
약대(藥大)[-때] 명교 '약학 대학'의 준말.
약도(略圖)[-또] 명 어떤 집이나 장소 등의 위치를 나타내기 위해 그곳에 이르는 길과 그 주위의 주요 건물 등을 간략하게 그린 지도.
약동(躍動)[-똥] 명 생기 있고 활발하게 움직이는 것. **약동-하다** 동자여 ¶**약동하**는 젊음.
약력(略歷)[양녁] 명 간단히 줄여서 나타낸, 어떤 사람의 학력·경력 따위의 이력. ¶저자 ~.
약령(藥令)[양녕] 명 봄·가을에 약재(藥材)를 팔고 사는 장. =약령시.
약령-시(藥令市)[양녕-] 명 =약령.
약명(藥名)[양-] 명 약의 이름.
약물¹(略物)[양-] 명출 특수한 어휘를 대용(代用) 혹은 생략하기 위하여 만들어진 도형·문자·부호 등의 활자.
약-물²(藥-)[양-] 명 1 약을 타거나 달이거나 우린 물. 2 먹어서 몸에 약이 된다는 샘물. =약수(藥水).
약물³(藥物)[양-] 명 약재(藥材)가 되는 물질. ¶~ 치료.
약물^중독(藥物中毒)[양-] 명의 어떤 약물에 대한 억제하기 어려운 욕구에 따라 지속적 또는 주기적으로 섭취하는 상태. 흔히, 마약·진통제·진정제 등을 계속하여 또는 과다하게 복용할 때 일어남.
약박(弱拍)[-빡] 명음 =여린박. ↔강박.
약-발(藥-)[-빨] 명 약을 복용한 뒤에 나타나는 약의 효험. ¶~이 받다.
약-밥(藥-)[-빱] 명 물에 불린 찹쌀을 시루에 찐 뒤에 진간장·흑설탕·대추·밤·참기름·잣 따위를 섞어 다시 시루에 쪄 거나 중탕하여 만든 음식. =약식(藥食).
약방(藥房)[-빵] 명 1'약국(藥局)'을 달리 이르는 말. 2 양약사가 없이 약종상 면허만으로 양약을 소매하는 가게. 3 지난날, '한약국'을 이르던 말.
[약방에 감초] 한방에 꼭 들어가는 약재인 감초처럼, 어떤 일에나 빠짐없이 끼어드는 사람이나 물건을 이르는 말.
약방-문(藥方文)[-빵-] 명 약을 짓기 위하여 약 이름과 분량을 적은 종이. =약화제.
약병(藥瓶)[-뼝] 명 약을 담는 병.
약-병아리(藥-)[-뼝-] 명 =영계¹1.
약보(略報)[-뽀] 명 개략적인 보고 또는 보도. ↔상보.
약-보합(弱保合)[-뽀-] 경 주식 등의 시세가 약간 하락한 상태에서 보합 상태를 유지하는 것. ↔강보합.

약-봉지(藥封紙)[-뽕-] 명 약을 담는 봉지.
약분(約分)[-뿐] 명수 분수의 분모와 분자를 공약수로 나누어 간단하게 하는 일. **약분-하다** 타여
약-빠르다 형르 <~빠르니, ~빨라> 약고 재빠르다. ¶잇속에 밝고 **약빠른** 사람.
약빠리 ® '약빠른 사람'을 얕잡아 일컫는 말.
약사(略史)[-싸] 명 간단히 줄여 기록한 역사. ¶대한민국 ~.
약사(藥事)[-싸] 명법 의약품·의약 부외품(醫藥部外品)·화장품·의료 용구 및 위생 용품의 제조·조제·감정·보관·수출입·판매 등에 관련된 사항.
약사³(藥師)[-싸] 명 자격증을 가지고 의사의 처방에 따라 약을 조제하거나 의약품을 판매하는 사람. 구칭은 약제사.
약-사발(藥沙鉢)[-싸-] 명 1 약을 담는 사발. 2 옛날에, 사약(賜藥)을 내릴 때, 독약을 담던 그릇.
약삭-빠르다[-싹-] 형르 <~빠르니, ~빨라> 1 꾀가 있고 눈치가 빠르다. 2 남의 마음을 알아채고 제 잇속을 차리기 위해 눈치 빠르게 행동하는 태도가 있다. ¶사람이 얄밉도록 ~.
약산(弱酸)[-싼] 명화 수용액 중에서 이온화도가 작은 산. 아세트산·붕산 따위. ↔강산.
약-상자(藥箱子)[-쌍-] 명 약을 넣어 두는 상자.
약세(弱勢)[-쎄] 명 1 약한 세력. 2 경 시세가 하락하는 경향에 있는 것. 또는, 그런 장세(場勢). ¶증권 시세가 ~를 보이다. ↔강세.
약소(弱小)[-쏘] 명 약하고 작은 것. **약소-하다** 형여
약소-국(弱小國)[-쏘-] 명 정치·경제·군사적으로 힘이 약한 나라. ↔강대국.
약소-민족(弱小民族)[-쏘-] 명 힘이 약하여 강대국의 지배를 받는 민족.
약소-하다²(略少-)[-쏘-] 형여 (물건이) 내용이 적고 변변하지 못하다. ¶**약소합니다만** 제 성의이오니 받아 주십시오.
약속(約束)[-쏙] 명 (어떤 사람이 장래에 다른 사람과, 또는 다른 사람에게 어떤 일을 할 것을) 미리 정해 두는 것. 또는, 그 내용. ¶~ 시간. **약속-하다** 타여 ¶갑분이와 결혼을 ~. **약속-되다** 자
약속^어음(約束-)[-쏙-] 명경 발행한 사람이 그 어음을 가지고 있는 사람에게 일정 금액을 지급할 것을 약속하는 어음.
약-손(藥-)[-쏜] 명 1'약손가락'의 준말. 2 만지면 아픈 곳이 낫는다고 하면서 아픈 데를 어루만져 주는 손을 이르는 말. ¶어머니 손은 ~.
약-손가락(藥-)[-쏜까-] 명 엄지손가락부터 세어 넷째손가락. =무명지·약지(藥指). ☞약손.
약-솜(藥-)[-쏨] 명 기름기와 불순물을 없애고 소독한 솜. 비탈지면.
약수¹(約數)[-쑤] 명수 어떤 수나 식을 나누어 나머지가 없이 떨어지는 수나 식. ¶3은 6의 ~이다. ↔배수.
약수²(藥水)[-쑤] 명 먹거나 몸을 담그거나 하면 약효가 있다는 샘물. 비약물.
약수-터(藥水-)[-쑤-] 명 약수가 나는 곳.
약-술¹(藥-)[-쑬] 명 1 약으로 먹는 술.

2 약재를 넣어 빚은 술. [비]약주.
약술²(略述)[-쑬] [명] 간단하게 논술하는 것. **약술-하다** [동][타][여]
약시(弱視)[-씨] [명] 시력이 약한 것. 치료·훈련 혹은 안경으로 교정해도 통상의 시력을 얻을 수 없는 상태. 또는, 그런 시력을 가진 사람.
약식¹(略式)[-씩] [명] 정식의 복잡한 절차를 일부 빼거나 줄인 간단한 방식. ¶행사를 ~으로 치르다.
약식²(藥食)[-씩] [명] =약밥.
약-쑥(藥-) [명] 약재로 쓰는 쑥. '산쑥'을 일컬음.
약어(略語) [명][언] =준말.
약용(藥用) [명] 약으로 쓰는 일. ¶~ 작물. **약용-하다** [동][타][여]
약육-강식(弱肉強食)[-깡-] [명] 약한 자는 강한 자에게 먹힘. ¶~의 논리.
약음(弱音) [명] 약한 음. 또는, 약한 소리.
약자¹(弱者)[-짜] [명] 힘이나 능력 따위가 약한 자. ↔강자.
약자²(略字)[-짜] [명] 정자(正字)에 대하여, 글자의 획수를 줄여 간단하게 한 한자(漢字). 가령, '寶'를 '宝'로 쓰는 따위. =반자(半字).
약장(藥欌)[-짱] [명] 약재(藥材)를 갈라서 따로따로 넣어 두는 장.
약-장수(藥-)[-짱-] [명] **1** 약을 파는 사람. **2** 이것저것 끌어대어 이야기를 잘하는 사람을 속되게 이르는 말.
약재¹(弱材)[-째] [명] '약재료'의 준말.
약재²(藥材)[-째] [명] 약을 짓는 데 쓰는 재료.
약-재료(弱材料)[-째-] [명][경] 증권 시장에서, 시세를 내리는 원인이 되는 사항. [준]약재.
약재-상(藥材商)[-째-] [명] 약재료, 주로 한약재를 파는 장사 또는 장수.
약전(藥典)[-쩐] [명][법] 국가가 약품에 대해 그 원료·제법·순도·성질 등을 기재하여, 약제의 처방의 기준을 정한 책.
약점(弱點)[-쩜] [명] 어떤 사람에게 있어서, 부족하거나 떳떳하지 못하여 감추고 싶거나 기를 펴지 못하게 되는 점. [비]결점·단점. ↔강점.
약정(約定)[-쩡] [명] **1** 약속하여 정하는 일. **2** [경] 증권 시장에서 거래원 사이에 증권의 매매가 성립된 것. **약정-하다** [동][타][여] **약정-되다** [동][자] ¶**약정된** 사항.
약정-고(約定高)[-쩡-] [명][경] 어느 증권 회사에서 일정 기간 동안 주식을 매매한 총액. ¶주식 시장이 안정을 되찾으면서 증권사들의 ~가 크게 늘고 있다.
약정-서(約定書)[-쩡-] [명] 약정한 내용을 기록한 문서.
약제(藥劑)[-쩨] [명] 여러 가지 약재(藥材)를 섞어 조제한 의약품. 또는, 약재를 가공하여 약으로 쓸 수 있도록 한 것.
약제-사(藥劑師)[-쩨-] [명] '약사(藥師)³'의 구칭.
약제-실(藥劑室)[-쩨-] [명] 병원이나 약국에서 약사가 약을 조제하는 곳. [비]조제실.
약조(約條)[-쪼] [명] **1** 조건을 붙여 약속하는 일. **2** 약속하여 정한 조항. **약조-하다** [동][타][여] 조건을 붙여 약속하다.
약조-금(約條金)[-쪼-] [명] =계약 보증금.
약졸(弱卒)[-쫄] [명] 약한 군졸. ¶용장(勇將) 밑에 ~은 없다.
약종-상(藥種商)[-쫑-] [명] 약재를 파는 장수. 또는, 그 장사.
약주(藥酒)[-쭈] [명] **1** =맑은술. **2** 약재를 넣어 빚은 술. [비]약술. **3** 상대를 높여, 그가 마셨거나 마시는 '술'을 가리켜 이르는 말. ¶~가 과하시군요.
약지(藥指)[-찌] [명] =약손가락.
약진¹(弱震)[-찐] [명][지] 진도 3의 지진. 집이 흔들리고 창문이 울리며 그릇의 물 표면이 움직일 정도의 지진.
약진²(躍進)[-찐] [명] **1** 힘차게 앞으로 뛰어 나아가는 것. **2** 매우 빠르게 발전하거나 나아가는 것. **약진-하다** [동][자][여] ¶세계로 **약진하는** 한국.
약질(弱質)[-찔] [명] 허약한 체질. 또는, 그런 체질을 가진 사람. [비]약골.
약체(弱體) [명] **1** 허약한 몸. **2** 실력이 약한 팀이나 조직. ¶우루과이는 ~ 볼리비아를 5 대 0으로 대파했다.
약초(藥草) [명] 약의 재료로 쓰이는 풀.
약취(略取) [명][법] 폭행·협박 등의 수단으로 다른 사람을 자기 또는 제삼자의 실력적 지배하에 두거나 후려 들이는 행위. **약취-하다** [동][타][여]
약-칠(藥漆) [명] 물건에 광택을 내기 위하여 약을 바르고 문지르는 것. **약칠-하다** [동][자][타][여] ¶구두에 ~.
약칭(略稱) [명] 간략하게 줄여서 일컫는 것. '축구 협회'를 '축협'이라고 일컫는 따위. **약칭-하다** [동][타][여]
약탈(掠奪) [명] (남의 것을) 폭력을 써서 강제로 빼앗는 것. **약탈-하다** [동][타][여]
약-탕기(藥湯器)[-끼] [명] 탕약을 달이는 데 쓰는 질그릇.
약-팀(弱team) [명] 전력(戰力)이 약한 팀. ↔강팀.
약품(藥品) [명] **1** 제제한 약을 물품으로 이르는 말. **2** 화학 작용을 일으키는 데 사용하거나 그 작용에 의해 만들어지는 고체·액체 등의 물질. ¶화학 ~.
약-하다¹(弱-)[야카-] [형][여] **1** (힘의 정도가) 작다. ¶바람이 ~. **2** 견디는 힘이 작다. ¶이 옷감은 열에 ~. **3** (몸이) 건강하지 못하고 여리다. ¶아이가 몸이 **약해서** 걱정이다. **4** 정신적으로 굳지 못하고 여리다. ¶의지가 **약한** 사람. **5** (자극 등이) 미미하다. ¶**약한** 통증을 느끼다. **6** (무엇에) 미숙하거나 서투르다. ¶나는 수학 과목에 ~. ↔강하다.
약-하다²(略-)[야카-] [동][타][여] '생략하다'의 준말.
약학(藥學)[야칵] [명] 의약품의 개발·제조·관리 등을 목표로 하여, 여기에 필요한 기초학을 체계화한 학문.
약학^대학(藥學大學)[야칵때-] [명][교] 약학에 대한 전문적인 원리와 지식을 연구·습득하는 대학. [준]약대.
약호(略號)[야코] [명] 알기 쉽고 간략하게 만든 부호.
약혼(約婚)[야콘] [명] (남자와 여자가, 또는 어떤 사람이 이성의 상대와) 장차 혼인하기로 약속하는 것. 또는, 그 약속. ¶~반지. ↔파혼. **약혼-하다** [동][자][여]
약혼-녀(約婚女)[야콘-] [명] 약혼한 여자.
약혼-식(約婚式)[야콘-] [명] 약혼할 때에 베푸는 의식.
약혼-자(約婚者)[야콘-] [명] 약혼한 여자나 남자.

약화(弱化) [야콰] 명 (세력·힘 따위가) 약해지거나 약하게 하는 것. ↔강화. **약화-하다** 통(타)(자) **약화-되다** 통(자) ¶적의 공세가 ~.

약-화제(藥和劑) [야콰-] 명 =약방문.

약효(藥效) [야쿄] 명 약이 병을 낫게 하는 작용이나 정도. ¶~가 떨어지다.

얄개 명 장난기가 있고 짓궂은 짓을 잘하는 사람을 놀림조로 이르는 말.

얄-궂다 [-굳따] 형 야릇하고 짓궂다. ¶**얄궂은** 운명.

얄망-궂다 [-굳따] 형 (성질이) 요망하여 까다롭고 얄밉다.

얄-밉다 [-따] 형(ㅂ) <~미우니, ~미워> (어떤 사람이, 또는 그가 하는 짓이) 비위에 거슬리게 하는 데가 있게 밉다. 또는, 지나치게 완벽하거나 뛰어나 오히려 밉다. ¶**얄밉게** 굴다.

얄쌍-하다 형여 '얄팍하다'의 잘못.

얄타(Yalta) 명[지] 우크라이나 남부의 항구 도시.

얄팍-하다 [-파카-] 형여 1 (두께가) 조금 얇다. ¶생선 살을 **얄팍하게** 쎠미다. 2 (사람됨이) 깊은 맛이 없고 속이 빤히 들여다보이다. ¶**얄팍한** 생각. ×얄쌍하다.

얇!다 [얄따] 형 1 부피를 가진 물체의 두께가 보통의 정도, 또는 기준 대상의 것을 미치지 못하는 상태에 있다. ¶**얇은** 옷. 2 층의 상태를 이루는 사물의 높이나 집단의 규모가 보통의 정도를 미치지 못하는 상태에 있다. ¶선수층이 ~. 튼**엷다**. ↔두껍다. 3 바둑에서, (어떤 수나 형세가) 기반이 약하다. ¶~ 수가 ~. 튼**엷다**. ↔두껍다.

얌냠 튀 <유아> '냠냠'의 잘못.

얌냠-하다 통(타) <유아> '냠냠하다'의 잘못.

얌생이 명 남의 물건을 조금씩 슬쩍슬쩍 훔쳐 내는 일을 속되게 이르는 말.

얌전 명 공손하고 조심스럽게 삼가는 태도. ¶~을 떨다 / ~을 빼다.

얌전-이 명 '얌전한 사람'을 별명 삼아 이르는 말.

얌전-하다 형여 1 (사람이 또는 그의 언행이) 공손하고 조심스럽게 삼가는 태도가 있다. ¶**얌전한** 사람. ▷음전하다. 2 (꾸밈새나 모양새가) 아담하고 단정하여 점잖다. ¶한복을 **얌전하게** 차려입다. 3 (일솜씨가) 꼼꼼하고 정성을 들인 데가 있다. ¶바느질 솜씨가 ~. **얌전-히** 튀 ¶까불지 말고 ~ 앉아 있어라.

얌체 명 얌치가 없는 사람을 얕잡아 이르는 말.

얌체-족(-族) 명 얌체 짓을 하는 무리.

얌치 명 마음이 깨끗하여 부끄러움을 아는 태도. 튼**염치**.

얌통-머리 명 '얌치'를 속되게 이르는 말. =야마리.

얍삽-하다 [-싸파-] 형여 <속> (사람이) 얕은꾀를 쓰면서 제 이익만을 취하려는 태도가 있다. ¶**얍삽한** 사람.

얏 캄 힘을 불끈 주거나 정신을 모을 때 내는 소리.

양¹ 의존 1 (어미 '-ㄴ', '-는' 아래에 쓰여) 거짓 꾸밈의 상태, 또는 실제로는 아니나 주관적으로 그렇게 여기는 상태를 나타내는 말. ¶대학에 갈 ~이면 공부를 해라. 3 (동사 어미 '-ㄹ' 아래에 '양이면'의 꼴로 쓰여) 그런 상황임을 나타내는 말. ¶그녀는 나와 눈이라도 마주칠 ~이면 얼굴을 붉히곤 했다.

양²(羊) 명[동] 온몸에 곱슬곱슬한 긴 털이 나 있고, 성질은 온순하여 예부터 가축으로 길러 온 포유동물. 털은 모직물의 원료가 되고, 고기·젖·가죽도 이용함. =면양. 2 [인간은 약한 존재라는 뜻에서] [가][기] '신자(信者)'를 비유하여 이르는 말. ¶길 잃은 ~.

양³(良) 명[교] 성적을 매기는 등급의 하나. '수·우·미·양·가'의 5단계 중 넷째 등급.

양⁴(胖) 명 '소의 위'를 먹을거리로서 이르는 말.

양⁵(陽) 명[철] 태극(太極)이 나뉜 두 가지 성질·기운의 하나. 적극적이고 능동적인 방면을 상징함. ↔음(陰).

양⁶(量) 명 1 세거나 재거나 할 수 있는 사물의 크기. 한자어와 합성어를 이루어 어말에 놓일 때에는 '량'으로 표기함. ¶생산량 / ~보다 질(質). ↔질(質). 2 어떤 사람이나 동물이 음식을 먹을 수 있는 알맞은 한도나 최대의 한도. ¶~에 차지 않으면 더 먹어라.

양⁷(樣) 명[의존] (어미 '-는' 다음에 쓰여) 사람이 어떤 일이나 행동을 하는 '모습'이나 '태도'를 이르는 말. ¶일하는 ~을 보아하니 신출내기는 아닌 듯하다.

양⁸(孃) 명[의존] (어리거나 젊은 미혼의, 가족이나 친척이 아닌 손아래 여자의 성이나 성명이나 이름 아래에 쓰여) 그 여자를 격식을 갖추어 친근하게 또는 대접하여 부르거나 이르는 뜻을 나타내는 말.

양⁹(兩) 관 '두', '양쪽편' 등의 뜻을 나타내는 말. ¶~ 국가 / ~ 선수.

양-¹⁰(洋) 접두 '서양의', '서양식의', '서양 원산의' 등의 뜻을 나타내는 말. ¶~과자 / ~담배.

양!-¹¹(養) 접두 남의 자녀를 데려다 길러 자신의 자식으로 만들 때 그 상호 관계를 나타내는 데 쓰는 말. ¶~부모 / ~딸.

-양¹²(洋) 접미 '대양(大洋)'을 나타내는 말. ¶태평~ / 대서~. ▷-해(海).

-양¹³(孃) 접미 어떤 일을 나타내는 일부 명사에 붙어, 그런 일을 직업으로 하는 여자(일반적으로 미혼)임을 나타내는 말. ¶교환~ / 안내~.

양가¹(良家) 명 지체가 있는 좋은 집안. = 양갓집. ¶~의 자제.

양!가²(兩家) 명 양쪽 집안. ¶~ 부모님을 모시고 상견례를 가지다.

양-가죽(羊-) 명 양의 가죽. =양피.

양각(陽刻) 명[미] 그림이나 문자 따위를 도드라지게 새기는 것. =돋을새김. ↔음각. **양각-하다** 통(타)(자) **양각-되다** 통(자)

양-갈보(洋-) 명 지난날 주로 미군을 상대로 몸을 파는 여자를 경멸조로 이르는 말.

양감(量感) 명[미] 화면에 대상의 부피나 무게의 느낌이 나도록 그리는 일. 또는, 그런 느낌. 튼**볼륨**. ▷질감.

양갓-집(良家-) 명 [-가찝/-갇찝] = 양가(良家)¹.

양갱(羊羹) 명 =단팥묵.

양!건 예!금(兩建預金) [-네-] 명[경] 은행에서 자금을 대출해 줄 때, 대출의 조건으로 들게 하는 정기 예금 또는 적금 등의 예금. ⑥껶기.
양:계(養鷄) [-계/-게] 몡 닭을 먹여 기르는 것.
양계-장(養鷄場) [-계-/-게-] 몡 설비를 갖추어 닭을 대량으로 기르는 곳.
양-고기(羊-) 몡 양의 고기.
양곡(糧穀) 몡 양식으로 쓰는 곡식.
양곤(Yangon) 몡[지] 미얀마의 수도.
양-공주(洋公主) 몡 '양갈보'를 비꼬아 이르는 말.
양과(洋菓) 몡 서양식으로 만든 과자. 케이크·파이·빵 등의 생과자와 비스킷·초콜릿·사탕·껌 등의 건과자로 재배함. ▷한과(韓菓).
양'괄-식(兩括式) [문] 산문 구성 방식의 하나. 글의 중심 내용이 글의 첫머리와 마지막에 반복하여 나타나는 형태. ▷두괄식.
양:국(兩國) 몡 두 나라. ¶~의 경제 협력.
양궁(洋弓) 몡 서양식의 활. 또는, 그 활로 겨루는 경기.
양귀비¹(楊貴妃) 몡[식] 5~6월에 흰색·붉은색의 아름다운 꽃이 피며, 열매의 즙으로 아편을 만드는 한해살이풀 또는 두해살이풀. 약용 또는 관상용으로 재배함.
양^귀:비²(楊貴妃) 몡[인] 당나라 현종의 비(妃) (719~756).
양:극¹(兩極) 몡 1 [지] 북극과 남극. 2 [물] 양극과 음극. 3 =양극단.
양극²(陽極) 몡[물] 두 전극 사이에 전류가 흐를 때, 전위(電位)가 높은 쪽의 전극. ↔음극.
양:극(兩極端) [-딴] 몡 두 사물 사이에 매우 심하게 거리가 있거나 서로 상반되는 일. ⇒준 양극(兩極).
양:극-화(兩極化) [-그콰] 몡 서로 점점 더 달라지고 멀어지는 것. ¶이념의 ~. 양:극화-하다 재재타 양:극화-되다 재
양금(洋琴) 몡[음] 국악기의 하나. 사다리꼴의 편면(板面) 위에 놋쇠로 만든 14벌의 줄을 얹어, 대나무로 만든 채로 두드려 소리를 냄.
양기(陽氣) 몡 1 만물이 소생·활동하려는 기운. 2 남자의 성적인 기운이나 기력. ¶ 정력. ¶~가 부족하다. ↔음기.
양-껏(量-) [-껃] 閠 먹을 수 있는 양의 한도까지. ¶~ 드십시오.
양:-날(兩-) 몡 양쪽에 날이 있는 것.
양:날-톱(兩-) 몡 양쪽에 날이 있는 톱.
양:녀(養女) 몡 1 =수양딸. 2 [법] 입양에 의하여 혼인 중 출생한 딸로서의 신분을 획득한 사람.
양념 몡 1 맛을 돋우기 위하여 음식에 조금 넣는 소금·간장·깨소금·참기름·된장·고추장 따위의 물질. ¶갖은 ~. 2 흥이나 재미를 더하는 요소를 비유적으로 이르는 말. 양념-하다 재재타 1 (음식에) 양념을 넣거나 치다. 2 (이야기에) 살을 붙여 재미있고 다채롭게 꾸미다.
양념-간장(-醬) 몡 =양념장.
양념-감 [-깜] 몡 양념으로 쓸는 재료. =양념거리.
양념-거리 [-꺼-] 몡 =양념감.
양념-장(-醬) 몡 여러 가지 양념을 한 장. =양념간장.
양:-다리(兩-) 몡 사람의 왼쪽과 오른쪽의 두 다리.
  양다리(를) 걸치다 양쪽에서 이익을 보려고 두 편에 모두 관계를 가지다.

양:단¹(兩端) 몡 두 끝.
양:단²(兩斷) 몡 하나를 둘로 나누거나 끊는 것. ¶일도(一刀)~. 양:단-하다 재 양:단-되다 재
양단(洋緞) 몡 은실이나 색실로 여러 가지 무늬를 놓고 두껍게 짠 고급 비단.
양:단-간(兩端間) 閠 어찌 되든지. 또는, 두 가지 중. ¶좌우~. ¶~에 선택해라.
양:(陽-) 몡 어느 곳에 볕이 들고 있는 상태에 있는 것. 또는, 그곳. ¶양지. ¶~이 지다. ↔응달.
양-담배(洋-) 몡 서양에서 만든 담배. 특히, 미국제 담배.
양:대(兩大) 몡 두 개의 큰. 또는, 양쪽이 다 큰. ¶~ 세력.
양:도(讓渡) 몡[법] 권리·재산·법률상의 지위 등을 남에게 넘겨주는 것. ¶~수수(-受). 양:도-하다 재타 양:도-되다 재
양:도성^예:금^증서(讓渡性預金證書) [-성-] 몡[경] 정기 예금 가운데 제3자에게 양도할 수 있도록 발행한 무기명 예금 증서. ¶시디(CD).
양:도^소:득세(讓渡所得稅) [-쎄] 몡[법] 토지·건물 등을 유상으로 양도하여 얻은 양도 차익에 대하여 부과하는 조세.
양:돈(養豚) 몡 돼지를 먹여 기르는 것. ¶~ 업.
양-동이(洋-) 몡 함석 따위로 바닥이 둥글고 판판하며 위쪽으로 비스듬하게 벌어지게 만들어, 반원형으로 구부린 굵은 철사를 손잡이로 단, 물 따위를 긷는 데 쓰는 물건.
양동^작전(陽動作戰) [-쩐] 몡[군] 자기 편의 의도를 숨기기 위하여 본래의 작전과는 관계없는 움직임을 강조하여 적을 속이는 작전. 또는, 그와 비슷한 행위.
양:-돼:지(養-) 몡 =양돼.
양-딸기(洋-) 몡[식] =딸기.
양떼-구름(羊-) 몡[기상] =고적운.
양-띠(羊-) 몡[민] 양해에 난 사람의 띠.
양란(洋蘭) [-난] 몡[식] 꽃을 감상하기 위하여 온실에서 재배하는 난과 식물의 총칭. 열대·아열대 원산으로, 카틀레야·덴드로비 등 많은 종류가 있음. ▷동양란.
양력¹(揚力) [-녁] 몡[유체] 유체(流體) 속을 운동하는 물체에, 그 운동 방향과 직각인 방향으로 작용하는 힘. 비행기가 날 수 있는 것은 날개에서 생긴 이 힘 때문임.
양력²(陽曆) [-녁] 몡 '태양력'의 준말. ↔음력.
양:로-원(養老院) [-노-] 몡[사] 의지할 수 없는 노인을 수용하여 돌보아 주는 곳.
양:론(兩論) [-논] 몡 두 가지의 서로 대립되는 의론. ¶찬반(贊反)~.
양:립(兩立) [-닙] 몡 1 두 가지의 것이 동시에 따로 성립하는 것. 2 둘이 서로 굽힘 없이 맞서는 것. 양:립-하다 재재타 ¶공산주의와 자본주의는 서로 양립할 수 없는 이데올로기다. 양:립-되다 재
양막(羊膜) 몡[생] 포유류의 태아를 둘러싼 반투명의 얇은 막. 속에는 양수가 들어 있음.
양말(洋襪·洋韈) 몡 발과 다리 아랫부분에 걸쳐 신을 수 있도록 털실·나일론 등의 섬유로 짠, 두 짝의 물건. ¶면~.
양말-목(洋襪-) 몡 양말에서, 발목 위쪽 덮는 긴 부분. ¶~이 흘러내리다.

양말-짝(洋襪—) [명] '양말'을 얕잡아 이르거나 품격이 낮게 이르는 말.
양ː면(兩面) [명] **1** 사물의 두 면. 또는, 겉과 안. ¶~ 인쇄. **2** 표면에 나타난 점과 숨은 점. **3** 두 가지 방면. ¶물심~.
양ː면-성(兩面性) [—썽] [명] 한 가지 사물이 가진 서로 반대되는 두 가지의 성질.
양ː면-테이프(兩面tape) [명] 안팎의 두 면 모두 접착이 가능한 테이프.
양명-학(陽明學) [명][철] 중국 명나라의 왕양명이 주창한 신유교 철학. 지행합일설을 주장함. ▷지행합일설.
양모[1](羊毛) [명] =양털.
양ː모[2](養母) [명] =양어머니.
양묘-기(揚錨機) [명] 배의 닻을 끌어 올리고 풀어 내리는 장치를 한 기계.
양ː미-간(兩眉間) [명] 두 눈썹 사이. ¶~을 찌푸리다. [준]미간.
양미리 [명][동] 몸길이 약 9cm로 가늘며 옆으로 납작하고, 배지느러미가 없는 바닷물고기. 몸빛은 등은 황갈색, 배는 은백색임. 식용함.
양민(良民) [명] **1** 선량한 백성. ¶~을 학살하다. **2** [역] 양반과 천민 사이의 중간 계층. =양인(良人).
양ː반(兩班) [명] **1** [역] 조선 시대에 문반(文班)과 무반(武班)을 아울러 이르던 말. ↔상민·상사람. **2** 점잖고 착한 사람. ¶그 사람이야말로 ~이지. **3** 자기 남편을 제삼자에게 지칭하는 말. ¶우리 집 ~. **4** 남자를 범연히 또는 홀하게 이르는 말. ¶이런 싱거운 ~이 있나. **5** 사정이나 형편 등이 좋아진 상태를 이르는 말. ¶옛날 견습생 시절에 비하면 지금이야 ~이죠. [**양반은 물에 빠져도 개헤엄은 안 한다**] 아무리 다급한 경우라 하더라도 체면을 유지하려고 노력한다. [**양반은 얼어 죽어도 짚불은 안 쬔다**] 아무리 궁하거나 다급한 경우를 만나도 체면에 어울리지 않는 일은 하지 않는다.
양ː반-걸음(兩班—) [명] 다리를 크게 떼어 느릿느릿 걷는 걸음.
양ː반-전(兩班傳) [명][문] 조선 정조 때 박지원이 지은 한문 소설. 몰락하는 양반 계급의 위선과 무능력을 풍자·비판하고 이완된 사도(士道)를 바로잡을 것을 강조한 내용임.
양ː-발(兩—) [명] 사람의 왼쪽과 오른쪽의 두 발.
양ː방[1](兩方) [명] 이쪽과 저쪽. 이편과 저편. =쌍방.
양방[2](洋方) [명] 우리나라 전통 의술에 대하여, 서양에서 들어온 의술을 이르는 말. ↔한방.
양ː-방향(兩方向) [명] 한쪽만으로의 방향이 아닌, 이쪽에서 저쪽, 저쪽에서 이쪽으로의 두 방향. =쌍방향. ¶~ 화상 회의 / ~ 서비스.
양-배추(洋—) [명][식] 잎이 두껍고 녹색을 띤 흰색이며, 고갱이가 뭉쳐 큰 공 모양을 이루는 두해살이풀. 잎을 먹는 채소로 재배함.
양-버들(洋—) [명][식] 높이 30m로, 미루나무와 비슷하나 잎이 더 넓은 낙엽 활엽 교목. 가로수로 많이 심음. ▷미루나무.
양ː변(兩邊) [명] **1** 양쪽의 가장자리. **2** [수] 등호나 부등호의 양쪽을 아울러 이르는 말.
양-변기(洋便器) [명] 걸터앉아서 변을 보게 되어 있는 수세식 변기. =좌변기.
양ː병(養兵) [명] 군사를 양성하는 것. **양ː병-하다** [동][자][타][여] ¶십만 대군을 ~.
양ː보(讓步) [명] **1** (남에게 좌석이나 길이나 물건 따위를) 사양하여 물러나는 것. **2** 자기의 주장을 굽혀 남의 의견을 좇는 것. **3** 남을 위해 자신의 이익을 희생하는 것. **양ː보-하다** [동][타][여] ¶자리를 ~.
양복(洋服) [명] **1** 서양식 의복. ↔한복. **2** 남성이 입는 서양식 정장(正裝). 재킷과 바지로 이루어지며, 조끼가 포함되기도 함. [비]신사복.
양복-감(洋服—) [—깜] [명] 양복을 지을 옷감. =양복지.
양복-바지(洋服—) [—빠—] [명] 양복의 아랫도리옷. ×즈봉.
양복-장(洋服欌) [—짱] [명] 양복을 넣거나 걸어 둘 수 있게 만든 가구.
양복-점(洋服店) [—쩜] [명] 양복을 만들거나 파는 가게.
양복-지(洋服地) [—찌] [명] =양복감.
양ː봉(養蜂) [명] 꿀을 얻기 위하여 벌을 치는 것. 또는, 그 벌. ¶~업.
양ː부(養父) [명] =양아버지.
양ː-부모(養父母) [명] 양자로 들어간 집의 부모.
양ː분[1](兩分) [명] 둘로 가르거나 나누어지는 것. [비]이분(二分). **양ː분-하다** [동][타][여] **양ː분-되다** [동][자]
양ː분[2](養分) [명] 영양이 되는 성분. [비]영양분. ¶~을 섭취하다.
양ː비-론(兩非論) [명] 어떤 주장이나 입장이 서로 대립해 있을 때, 양쪽 모두 옳지 않다고 비판하는 일. ▷양시론.
양산[1](陽傘) [명] 주로 여자들이 얼굴 등의 살결이 타지 않도록 햇볕을 가리기 위해 쓰고 다니는, 우산과 같은 구조의 물건. [비]파라솔.
양산[2](量產) [명] (물건을) 대량으로 생산하는 것. **양산-하다** [동][타][여] **양산-되다** [동][자]
양산-도(陽山道) [명][음] 경기 민요 선소리의 하나. 세마치장단에 맞추어 부르는 경쾌한 노래.
양상[1](良相) [명] 훌륭한 재상.
양상[2](樣相) [명] 사물 현상의 모양이나 상태. ¶복잡한 ~을 나타내다.
양상-군자(梁上君子) [명] 〔후한(後漢)의 진식(陳寔)이 들보 위에 숨어 있는 도둑을 가리켜 한 말에서〕 '도둑'을 듣기 좋게 이르는 말.
양-상추(洋—) [명][식] 개량종 상추로서, 잎이 둥글고 넓으며 양배추처럼 결구성(結球性)인 한해살이풀 또는 두해살이풀.
양ː생(養生) [명] **1** 병에 걸리지 않도록 건강 관리를 잘하는 것. [비]보양·섭생. **2** [건] 콘크리트 치기를 마친 뒤, 충격·하중·온도 등에 의한 나쁜 영향을 받지 않게 하면서 콘크리트를 잘 굳히는 일. **양ː생-하다** [동][자][여]
양서(良書) [명] 내용이 좋고 유익한 책.
양ː서-류(兩棲類) [명][동] 척추동물 중 땅과 물 양쪽에서 살 수 있는 동물의 한 무리. 난생이며 변태를 함. 개구리·도롱뇽 등이 이에 속함.
양성[1](良性) [명][의] 질환이나 종양이 치명적이지 않아 수술이나 약물 등으로 치료가 가능한 상태인 것. ¶~ 종양. ▷악성.
양ː성[2](兩性) [명] **1** 남성과 여성. **2** [생] 웅

성(雄性)과 자성(雌性). 3 사물의 서로 다른 두 가지 성질.

양성³(陽性) 명 1 양(陽)의 성질. 곧, 적극적이고 활동적인 성질. 2 [의] '양성 반응'의 준말. ↔음성.

양:성⁴(養成) 명 (인재를) 가르쳐서 기르는 것. 비육성. ¶인재 ~. **양:성-하다** 타여 ¶후진을 ~. **양:성-되다** 자여

양성^모:음(陽性母音) 명 [언] 음색·어감이 밝고 산뜻한 모음. 비교적 입을 크게 벌려서 소리를 냄. 'ㅏ', 'ㅗ', 'ㅑ', 'ㅛ', 'ㅘ' 따위. ↔음성 모음.

양성^반:응(陽性反應) 명 [의] 병을 진단하기 위하여 화학적·생물학적으로 검사를 한 결과 특정한 반응이 나타나는 일. =포지티브. ⊗양성. ↔음성 반응.

양성-자(陽性子) 명 [물] 소립자의 하나. 전하(電荷)는 양의 전기를 가지며, 중성자와 더불어 핵자(核子)라 불리고 원자핵을 구성함. 기호는 P.

양성-화(陽性化) 명 (이미 있어 온 음성적·부정적·불법적 현상을) 현실로 받아들여 법이나 제도상으로 정당한 것이 되게 하는 것. ¶무허가 주택 ~. ↔음성화. **양성화-하다** 타여 **양성화-되다** 자여

양속(良俗) 명 아름다운 풍속. ¶미풍 ~.

양:-손(兩-) 명 왼쪽과 오른쪽의 두 손.

양:손-잡이(兩-) 명 왼손과 오른손을 다 능숙하게 쓰는 사람.

양송이(洋松栮) 명 갓의 지름 5~12cm로 처음에는 구형이나 점차 편평해지는 흰색의 버섯. 식용 버섯으로 재배함.

양수¹(羊水) 명[생] 양막(羊膜) 안의 액(液). 태아를 보호하며, 출산할 때 흘러나와 분만을 쉽게 함.

양:수²(兩手) 명 양쪽 손. 비양손.

양:수³(揚水) 명 물을 위로 퍼 올리는 것. 또는, 그 물. **양수-하다** 타여

양:수⁴(陽數) 명 [수] 0보다 큰 수. ↔음수.

양:수⁵(讓受) 명 타인의 권리·재산·법률상의 지위 등을 넘겨받는 일. ↔양도. **양:수-하다** 타여

양수-기(揚水機) 명 모터의 힘으로 물을 퍼 올리는 기계.

양:수사(量數詞) 명 [언] 사물의 수효를 나타내는 수사. '하나', '둘', '열', '스물', '일', '이', '삼' 따위. ↔서수사.

양순-하다(良順-) 형여 어질고 순하다. ¶**양순한** 아이. **양순-히** 부

양:시-론(兩是論) 명 어떤 주장이나 입장이 서로 대립해 있을 때, 양쪽 모두 옳다고 긍정하거나 인정하는 일. ▷양비론.

양식¹(良識) 명 도덕적·윤리적으로 건전한 생각이나 분별. ¶지성인으로서의 그의 ~의 의심스럽다.

양식²(洋式) 명 '서양식'의 준말.

양식³(洋食) 명 서양식의 음식. 비양요리.

양식⁴(樣式) 명 1 일정한 모양과 방식. ¶생활 ~. 2 일정한 시대·민족 등의 예술 작품이 공통적으로 지니고 있는 독특한 형태. ¶바로크 ~.

양:식⁵(養殖) 명 이용 가치가 높은 물고기·해조(海藻)·버섯 따위를 인공적으로 길러서 번식시키는 일. ¶인공 ~. **양:식-하다** 타여

양식⁶(糧食) 명 1끼니를 이을 곡식. 비식량. 2정신적인 성장에 도움을 주는 지식이나 사상을 비유적으로 이르는 말. ¶책을 읽어 마음의 ~을 쌓다.

양식-거리(糧食-) [-꺼-] 명 양식으로 할 거리.

양:식-업(養殖業) 명 물고기·해조(海藻)·버섯 등의 양식을 전문으로 하는 생산업.

양:식-장(養殖場) [-짱] 명 물고기·해조·버섯 등의 양식을 전문으로 하는 곳.

양식-집(洋食-) [-찝] 명 서양 음식을 전문으로 파는 가게.

양실(洋室) 명 서양식으로 꾸민 방.

양:심(良心) 명 자기의 행위에 대하여 옳고 그름, 선과 악의 판단을 내리는 도덕적 의식. ¶~의 가책을 느끼다.

양심의 자유 외적인 강박에 굴하지 않고 자기의 양심에 따라 행동하는 자유.

양:심-범(良心犯) 명 사상·신념을 내세워 행동한 이유로 투옥·구금되어 있는 사람. =양심수.

양:심-선언(良心宣言) 명 감추어져 온 잘못이나 허물을 양심에 따라 많은 사람들 앞에서 고백하는 일. 특히, 권력 기관의 비리나 부정을 잘 알고 있거나 그에 연루되어 있는 사람이 그 사실을 양심에 따라 사회적으로 드러내어 알리는 일.

양:심-수(良心囚) 명 =양심범.

양:심-적(良心的) 명 양심에 비추어 보아 거리끼거나 부끄럽지 않은 (것). ¶~인 사람.

양:-아들(養-) 명 =양자(養子)¹.

양:-아버지(養-) 명 양자로 들어가 섬기는 아버지. =양부(養父).

양-아욱(洋-) 명[식] =제라늄.

양-아치 명 '거지'를 속되게 이르는 말.

양악(洋樂) 명[음] 서양 음악'의 준말.

양악기(洋樂器) [-끼] 명 서양 음악을 연주하는 데에 사용하는 악기. 피아노·바이올린 따위.

양:안¹(兩岸) 명 강·하천 등의 양쪽 기슭.

양안²(量案) 명[역] 조선 시대의 토지 대장.

양약(洋藥) 명 서양 의술로 만든 약. ↔한약(韓藥).

양양-거리다/-대다 자타 어린아이가 우는 소리를 내며 자꾸 보챈다.

양양-하다¹(洋洋-) 형여 1 바다가 한없이 넓다. 2 사람의 앞길이 발전할 여지가 매우 넓다. ¶전도가 **양양한** 청년. **양양-히** 부

양양-하다²(揚揚-) 형여 득의의 빛을 外모와 행동에 나타내는 태도가 있다. ¶의기(意氣) ~. **양양-히** 부

양:어(養魚) 명 물고기를 인공적으로 길러 번식시키는 것. 또는, 그 물고기. **양:어-하다** 자여

양:-어깨(兩-) 명 사람의 왼쪽과 오른쪽의 두 어깨.

양:-어머니(養-) 명 양자로 들어가서 섬기는 어머니. =양모(養母).

양:어-장(養魚場) 명 물고기를 인공적으로 번식시키고 기르는 곳.

양:여(讓與) 명 자기 소유를 남에게 넘겨주는 것. **양:여-하다** 타여

양:-옆(兩-) [-녑] 명 좌우 양쪽 옆.

양옥(洋屋) 명 1 서양의 건축 양식으로 지은 건물. 2 외형이나 내부 구조를 서양의 가옥 형태를 본떠 지은 단독 주택. =양옥집. ↔한옥.

양옥-집(洋屋-) [-찝] 명 =양옥.

양-요리(洋料理) [-뇨-] 명 서양에서 발달한 요리의 총칭. 비양식(洋食).

양ː용(兩用) [명] 양쪽 방면에 쓰이는 것. ¶수륙 ~ 장갑차.
양ː원(兩院) [명][법] 양원 제도를 택하는 나라의, 의회에서의 두 의원(議院). 상원과 하원, 또는 참의원과 민의원 따위.
양ː원-제(兩院制) [명][법] 국회의 구성을 양원으로 하는 제도. ↔단원제.
양ː위(讓位) [명] 임금의 자리를 물려주는 것. **양ː위-하다** [동][자][타][여]
양ː육(養育) [명] (아이를) 보살펴서 기르는 것. **양ː육-하다** [동][타][여] **양ː육-되다** [동][자] ¶그는 할머니 손에 의해 **양육되었다**.
양ː육-권(養育權) [-꿘] [명] 아이를 양육할 법적인 권리.
양ː육-비(養育費) [-삐] [명] 양육하는 데에 드는 비용.
양은(洋銀) [명] 구리·아연·니켈을 합금하여 만든 금속. 식기·장식품 등에 쓰임. ¶~솥 / ~ 냄비.
양은-그릇(洋銀-) [-륻] [명] 양은으로 만든 그릇.
양ː의[1](兩儀) [-의/-이] [명][철] 양(陽)과 음(陰). 또는, 하늘과 땅.
양의[2](洋醫) [-의/-이] [명] '양의사'의 준말.
양-의사(洋醫師) [명] 서양 의술을 베푸는 의사. [준]양의.
양-이온(陽ion) [명][화] 양전기를 띤 이온. Na^+, Ba^{2+} 따위. ↔음이온.
양인[1](良人) [명] **1** 착하고 좋은 사람. **2** [역] =양민(良民).
양ː인[2](兩人) [명] 두 사람.
양ː일(兩日) [명] 두 날.
양ː일-간(兩日間) [명] 두 날 동안. 또는, 두 날 사이.
양ː자[1](兩者) [명] 두 사람. 또는, 두 개의 사물. ¶~의 합의하에 일을 처리하다.
양자[2](陽子) [명][물] '양성자'로 순화.
양자[3](量子) [명][물] 어떤 물리량이 어떤 일정한 단위량의 정수배(整數倍)의 값으로 표시될 때, 그 최소의 단위량.
양ː자[4](養子) [명] **1** 아들 없는 집에서 대를 잇기 위해 동성동본 중에서 데려온, 조카뻘 되는 남자 아이. =양아들. **2** [법] 입양에 의해 자식의 자격을 얻은 사람.
양자-론(量子論) [명][물] 물질의 미시적 구조·기능을 양자 역학을 기초로 하여 해명하는 이론.
양-자리(羊-) [명][천] 황도 십이궁의 첫째 별자리. 물고기자리와 황소자리 사이에 있으며, 12월 하순에 자오선을 통과함.
양자^역학(量子力學) [-여칵] [명][물] 소립자·원자·분자 등의 미시적인 계(系)에 적용되는 역학.
양ː자-택일(兩者擇一) [명] 둘 중 하나를 택함. **양ː자택일-하다** [동][자][여] ¶굴종이냐, 자유냐? **양자택일하라**.
양ː잠(養蠶) [명] 누에를 치는 것. ¶~업(業). **양ː잠-하다** [동][자][여]
양장(洋裝) [명] **1** (여자가) 옷을 서양식 정장으로 차려입는 것. 또는, 그 옷. ¶~ 차림. **2** 제본(製本) 방법의 하나. 철사 또는 실로 꿰맨 본문을 두꺼운 종이·헝겊·가죽 따위의 표지로 싸 붙임. 주로 사전류에 이용됨. ¶~본(本). **양장-하다** [동][자][타][여]
양장-미인(洋裝美人) [명] 양장한 미인. 주로, 예전에 쓰던 말임.
양장-점(洋裝店) [명] 여자의 양장 옷을 짓고 파는 상점. 근래에는 '의상실'이란 말을 주로 씀.
양재(洋裁) [명] 양복을 재단·재봉하는 일.
양-재기(洋-) [명] 양은이나 알루미늄으로 만든 그릇.
양-잿물(洋-) [-잰-] [명] 빨래하는 데 쓰이는 수산화나트륨. [준]잿물.
양-적(量的) [-쩍] [관][명] 양에 관계되는 (것). ¶~인 성장. ↔질적.
양-전기(陽電氣) [명][물] 유리 막대를 헝겊에 문질렀을 때, 유리 막대 쪽에 생기는 전기. 또는, 그와 같은 성질의 전기. '+' 부호로 표시함. ↔음전기.
양-전자(陽電子) [명][물] 질량·스핀 등 소립자로서의 속성은 전자와 같으나 양전하를 띠는 입자. ↔음전자.
양-전하(陽電荷) [명][물] 양전기의 전하. ↔음전하.
양-젖(羊-) [-젇] [명] 양의 젖.
양제(煬帝) [명][인] 수나라의 황제(569~618).
양ː조[1](兩朝) [명] **1** 앞뒤의 두 왕조. ¶고려와 조선의 ~. **2** 앞뒤 두 임금의 시대.
양ː조[2](釀造) [명] (술·간장·식초 등을) 담가 만드는 것. ¶~업. **양ː조-하다** [동][타][여]
양ː조-간장(釀造-醬) [명] 메주를 발효시켜 얻은 간장. ▷화학간장.
양ː조-장(釀造場) [명] 술·간장·식초 등을 양조하는 공장.
양ː주[1](兩主) [명] [('바깥주인과 안주인'이라는 뜻] 부부를 이르는 말.
양주[2](洋酒) [명] **1** 서양에서 들여온 술. **2** 서양식 양조법으로 만든 알코올 도수가 높은 증류주. 위스키·브랜디·진 따위.
양-주동(梁柱東) [명][인] 시인·국문학자(1903~1977).
양주-잔(洋酒盞) [-짠] [명] 양주를 마실 때 쓰는 유리잔.
양지[1](洋紙) [명] 서양식으로 만든 종이.
양지[2](陽地) [명] 볕이 바로 드는 땅. [비]양달. ↔음지.
[**양지가 음지 되고 음지가 양지 된다**] 세상일의 성하고 쇠함은 서로 바뀌게 마련이라는 말.
양지[3](諒知) [명] (어떤 사실이나 사정을) 헤아려서 아는 것. **양지-하다** [동][타][여] ¶반품이 불가한 점을 **양지해** 주십시오.
양지-머리 [명] 소의 가슴에 붙은 살. 국을 끓이거나 편육을 만드는 데 씀.
양지-바르다(陽地-) [형][르] <~바르니, ~발라> (땅이) 볕이 잘 드는 상태에 있다. ¶**양지바른** 곳에 뫼를 쓰다.
양지-쪽(陽地-) [명] 볕이 잘 드는 쪽.
양질(良質) [명] 좋은 품질. ¶~의 종이.
양ː-쪽(兩-) [명] 두 쪽. ¶~ 손.
양쯔 강(揚子江) [명][지] 중국 중앙부를 동서로 흐르는 강. 길이 6,300km.
양ː차(兩次) [명] 두 번. 또는, 두 차례.
양철(洋鐵) [명] 안팎에 주석을 입힌 얇은 철판. 통조림통·석유통 등을 만드는 데 쓰임. [비]생철.
양철-집(洋鐵-) [-찝] [명] 지붕을 양철로 인 집.
양철-통(洋鐵桶) [명] 양철로 만든 통.
양-초(洋-) [명] 가래떡처럼 길둥글게 만든 흰빛의 초.
양춘-가절(陽春佳節) [명] 따뜻하고 좋은 봄철. ¶~에 백년가약을 맺다.
양ː측(兩側) [명] **1** 두 편. [비]양방(兩方). ¶~의 입장. **2** 양쪽의 측면.

양치 명 약물이나 물로 입 안을 가시는 것. 또는, 이를 닦는 것. [養齒'는 취음] **양치-하다** 통

양-치기(羊-) 명 양을 치는 일. 또는, 그 사람.

양치-류(羊齒類) 명[식] =고사리류.

양치-식물(羊齒植物) [-씽-] 명[식] 관다발을 가진 식물류에서 꽃이 피지 않고 포자로 번식하는 식물의 총칭. 솔잎란류·석송류·속새류·고사리류 등으로 나뉨.

양치-질 명 양치하는 일. 특히, 칫솔 따위로 이를 닦는 일. **양치질-하다** 통자여

양:친(兩親) 명 아버지와 어머니.

양:친(養親) 명 1 길러 준 부모. 2 양자로 간 집의 양부모.

양칫-물[-친-] 명 양치할 때 쓰는 물이나 약물.

양코-배기(洋-) 명 '서양 사람'을, 큰 코를 가진 사람이라는 뜻으로 놀림조로 이르는 말.

양키(Yankee) 명 [원래 미국 동북부, 특히 뉴잉글랜드 출신의 사람이라는 뜻] '미국 사람'을 경멸조로 이르는 말.

양-탄자(洋-) 명 =융단.

양태(樣態) 명 사물의 존재 상태와 양상.

양태^부:사(樣態副詞) 명 문장 부사의 한 가지. 화자(話者)의 태도를 나타내는 기능을 가짐. 과연·설마·제발 따위.

양-털(羊-) 명 양의 털. 모사나 모직물의 원료가 됨. ≒양모(羊毛). ㈜울.

양-파(洋-) 명 잎은 가늘고 긴 원통 모양이며, 땅속의 비늘줄기는 매운맛과 특이한 향기가 있어서 널리 식용하는 여러해살이풀.

양:-팔(兩-) 명 사람의 왼쪽과 오른쪽의 두 팔. ¶~ 간격, 좌우로나란히!

양:편(兩便) 명 두 편. ¶~ 대표.

양푼 명 음식을 담거나 데우는 데 쓰는 놋 그릇. 크고 둥글며 바닥이 편평함.

양품-점(洋品店) 명 옷·화장품·액세서리 등을 파는 가게. 근래에 와서는 여자 옷만을 주로 팖.

양피(洋皮) 명 =양가죽. ¶~ 장갑.

양피-지(羊皮紙) 명 양의 가죽을 펴 약품 처리한 후 표백하여 말린, 글씨를 쓰는 재료.

양-하다 통보조 ⟨어미 '-ㄴ', '-는' 아래에 쓰여⟩ 거짓으로 꾸미거나 짐짓 행동함을 나타내는 말. ¶오는 날 아는 **양하며** 인사를 했다.

양학(洋學) 명 서양의 학문.

양해(羊一) 명[민] =미년(未年).

양해(諒解) 명 문제가 되는 사정이나 상황을 잘 살펴서 너그럽게 받아들이는 것. ㈜이해(理解). ¶~를 구하다. **양해-하다** 통타여 ¶피치 못할 사정으로 모임에 불참하오니 **양해해** 주시기 바랍니다.

양:호(養護) 명 예전에, 학교에서 학생의 건강이나 위생을 돌보아 주던 일. ¶~ 교사.

양:호-실(養護室) 명 '보건실'의 구칭.

양호-하다(良好-) 형여 (사물이나 대상의 질·기능·수준·정도 등이) 만족할 만한 상태에 있다. ¶건강 상태가 ~.

양화[1](良貨) 명 품질이 좋은 화폐. 실제 가격과 법정가격의 차이가 적은 화폐를 이름. ¶~는 구축한다. ↔악화.

양화[2](陽畫) 명 음화(陰畫)를 인화지에 박은 사진. ↔음화.

양화-점(洋靴店) 명 구두를 파는 가게. ㈜구둣방.

양회(洋灰) [-회/-훼] 명[건] =시멘트.

얕다[얃따] 형 1 (어떤 대상이) 위·수면·지면 등에서 밑에 이르는 거리나 바닥에서 위·꼭대기 등에 이르는 거리가 보통의 정도 또는 비교 대상보다 가깝다. ¶**얕은** 개울. 2 (생각이나 마음 쓰는 것이) 깊숙한 부분에 이르지 못하거나 너그럽지 못한 상태에 있다. ¶**생각이** ~. 3 (학문이나 지식, 연구 따위가) 쌓은 바가 적이, 그 수준이 보통이나 비교 대상보다 못하다. ¶**얕은** 소견. 4 (잠이) 깨기 쉬운 상태에 있다. ¶**얕은** 잠. ↔깊다.

얕-보다[얃뽀-] 통타 (상대를) 실제보다 그의 능력이나 수준, 가치 등을 낮게 보다. ㈜깔보다. ¶**얕보았다간** 큰코다친다.

얕은-꾀[-꾀/-꿰] 명 속이 들여다보이는 낮은 수준의 꾀.

얕은-수 명 속이 훤히 들여다보이는 수. ¶~를 쓰다 / ~에 넘어가다.

얕-잡다[얃짭따] 통타 낮추어 하찮게 대하다. ¶그를 너무나 **얕잡아** 보지 마라.

얕추[얃-] 튄 얕게. ¶~ 보다.

얘[1] 명[언] 한글 모음 'ㅒ'의 이름.

얘[2] I 대 1 어리거나 젊은 사람이 동년배의 사람을 부를 때 쓰는 말. 또는, 손윗사람이 손아래인 어리거나 젊은 사람을 부를 때 쓰는 말. 일반적으로 여자들이 많이 쓰는 말임. ㈜아. 2 서로 말을 놓는 동년배의 어리거나 젊은 여자들끼리 대화할 때 별 뜻 없이 문장 끝에 붙이는 말. ¶어머, 정말 반갑다 ~.
II '이 애'가 준 말. 어리거나 젊은 사람이 동년배의 가까운 거리에 있는 사람을 가리켜, 또는 손윗사람이 가까운 거리에 있는 손아랫사람을 가리켜, 상대에게 이르는 말. ¶어머니, ~가 철수예요. ㈜/개. /쟤.

얘:기 명 '이야기'의 준말. ¶**옛날**~. **얘:기-하다** 통자타여 **얘:기-되다** 통

얘:기-꽃 [-꼳] 명 '이야깃꽃'의 준말.

얘:기-꾼 명 '이야기꾼'의 준말.

얘:기-거리 [-꺼리-/-낀-] 명 '이야깃거리'의 준말.

어[1] 명[언] 한글 모음 'ㅓ'의 이름.

어[2] 갑 1 가볍게 놀람이나 당황한 느낌 따위를 나타내는 소리. ¶~! 지갑을 놓고 왔네. 2 남에게 말하려 할 때 주의를 환기하기 위해 내는 소리. 3 감동하는 느낌을 나타내는 말. ¶~, 그 그림 참 잘 그렸다!

-어[3] 어미 끝 음절의 모음이 'ㅏ', 'ㅗ', 'ㅑ'가 아닌 용언의 어간이나 선어말 어미 '-았-'에 붙는 연결 또는 종결 어미. 1 용언의 어간에 붙어, 보조 용언과 연결되게 하거나 이유·근거 등을 나타내는 연결 어미. ¶밥이 깊 ~ 간다. 2 동사 어간에 붙어, 시간적 선후 관계를 나타내는 연결 어미. ¶종이를 접 ~ 학을 만들었다. 3 동사의 어간에 붙어, 방법을 나타내는 연결 어미. ㈜어서. ¶양념을 넣 ~ 맛을 낸다. 4 용언의 어간에 붙어, 어떤 사실을 서술하거나 물음을 나타내는 반말 투의 종결 어미. ¶난 네 말을 믿 ~. 5 동사 어간에 붙어, 명령이나 청유를 나타내는 반말 투의 종결 어미. ¶깊이 묻 ~. 6 형용사의 어간에 붙어, 감탄의 뜻을 나타내는 종결 어미. ¶아이, 예뻐! 7 동사의 어간에 붙어, 집단에 명령을 내리는 군대식 구령에 쓰이는 종결 어미. ¶열중쉬 ~! ▷-아.

-어⁴(語) [접미] 명사에 붙어, '말'의 뜻을 나타내는 말. ¶외국~/외래~.
어가(御駕) [명] 임금이 타는 수레.
어간(於間) [명] 시간이나 공간의 일정한 사이. ¶내가 대학에 다닌 건 1990년대 후반 ~이었다.
어간(語幹) [명][언] 활용어의 활용에서 변하지 않는 부분. ¶읽는다, 읽는다, 읽고, 읽지, … 등에서의 '읽-'. ↔어미.
어감(語感) [명] 말소리 또는 말투의 차이에 따라 말이 주는 느낌과 맛. 圓말맛.
어거지 [명] "억지"의 잘못.
어구¹(語句) [명] 말의 마디나 구절. ×어귀.
어구²(漁具) [명] 고기 잡는 데 쓰는 도구.
어구³(漁區) [명] 수산물을 잡거나 따거나 또는 가공하기 위하여 특별히 정한 구역.
어군¹(魚群) [명] 물고기의 떼.
어군²(語群) [명][언] 지리적 또는 기타의 관계에 의하여 분류한 언어의 무리.
어군-탐지기(魚群探知機) [명] 어선 바닥에서 내는 초음파의 반사에 의하여 물속의 어군의 존재나 수량·종류 등을 분석하는 장치.
어귀¹ [명] 드나드는 목의 첫머리. ¶강~.
어귀² [명] '어구(語句)'의 잘못.
어그러-뜨리다/-트리다 [타] 어그러지게 하다. ¶약속을 ~.
어그러-지다 [자] 1짜여야 할 것이 물러나거나 들어와서 맞지 않다. ¶사개가 ~. 2예상이나 기대가 빗나가 이루어지지 않다. ¶기대와 **어그러진** 결과. 3사이가 나빠지게 되다. ¶친구와 사이가 ~.
어근(語根) [명][언] 한 단어를 형성하는 둘 이상의 형태소 중에서, 접사나 어미가 아닌, 의미의 중심이 되는 형태소. '놀다', '먹이' 등에서 '놀-', '먹-' 따위.
어글어글-하다 [형] 1 (눈이) 커서 시원스럽다. 2 (생김새나 성질이) 너그럽고 부드럽다.
어금-니 [명] 송곳니의 안쪽으로 있는 모든 큰 이. 음식물을 잘게 부수는 역할을 함.
어금니를 악물다 고통·분노 등을 참느라고 이를 악물어 굳은 의지를 나타낸다.
어금닛-소리 [-니쏘-/-닏쏘-] [명] 훈민정음에서 'ㄱ', 'ㄲ', 'ㅇ', 'ㅋ'을 이르는 말. =아음(牙音).
어긋-나가다 [-근-] [자] 어긋나게 나가다. ¶사춘기 이후로 아이는 **어긋나가는** 듯했다.
어긋나-기 [-근-] [명][식] 식물의 잎이 마디마다 방향을 달리하여 하나씩 어긋맞게 나는 잎차례의 하나. =호생(互生).
어긋-나다 [-근-] [자] 1 서로 엇갈리다. ¶길이 **어긋나서** 못 만났다. 2 서로 꼭 맞지 않다. ¶집게가 ~. 3 (말이나 행동이) 일정한 기준에서 벗어나다. ¶규칙에 ~. 4 (서로의 마음이) 틀어지거나 잘못 생기다. ¶두 사람은 이미 사이가 **어긋났다**.
어기다 [타] (약속이나 법·규칙, 또는 명령 등을) 지키거나 따르지 않고 거스르다. 圓거역하다·위반하다. ¶법을 ~.
↔지키다.
어기야-디야 [감] 뱃사람이 노를 저을 때에 흥겨워서 내는 소리. ⓒ어야디야.
어기여차 [감] 여럿이 힘을 합할 때 일제히 내는 소리.
어기적-거리다/-대다 [-꺼 (때)-] [자] 다리를 마음대로 놀리지 못하고 부자연스럽게 억지로 움직이며 천천히 걷다.
어기적-어기적 [부] 어기적거리는 모양. 어기적어기적-하다 [자][타]
어기-차다 [형] (성질이) 매우 굳세다. ¶일을 **어기차게** 하다.
어김-없다 [-업따] [형] 1 어기는 일이 없다. ¶그는 한번 약속을하면 **어김없는** 사람이다. 2 틀림이 없다. ¶소문은 **어김없는** 사실로 밝혀졌다. **어김없-이** [부]
어깃-장 [-기짱/-긷짱] [명] 널문을 짤 때 널쪽을 맞추어서 띠 모양의 나무를 대고 못을 박은 뒤, 그 문짝이 일그러지지 않게 대각선으로 붙인 띠 모양의 나무.
어깃장(을) 놓다 다른 사람의 말이나 행동에 조화를 이루도록 맞추지 않고 일부러 그에 어긋나는 말이나 행동을 하다.
어깨 [명] 1 사람의 몸에서, 목의 아래 끝에서 팔의 위 끝에 이르는 부분. ¶~가 떡 벌어진 청년. 2 사람의 옷에서, 깃이나 목둘레를 이루는 곳의 양쪽과 소매의 위쪽 끝까지의 부분. ¶~에 심을 넣은 양복. 3 〈속〉 어느 집단에서, 다른 사람을 억누르면서 주먹을 잘 휘두르는 사람. 圓불량배·깡패. ¶깨는 우리 학교 ~다.
어깨가 가볍다 무거운 책임에서 벗어나 마음이 홀가분하다.
어깨가 무겁다 무거운 책임을 져서 마음의 부담이 크다. ¶분에 넘치는 직책을 맡고 보니 ~.
어깨가 처지다 힘이 빠져 어깨가 늘어지다. 기력을 잃거나 낙심하는 모양을 일컬음.
어깨를 겨루다 (상대와) 대등한 위치에서 실력을 겨루다.
어깨를 나란히 하다 (상대와) 실력이 비슷한 상태가 되다.
어깨를 짓누르다 의무나 책임, 제약 등이 중압감을 주다.
어깨-끈 [명] 옷이나 가방 등에서, 어깨에 걸거나 매게 되어 있는 끈 모양의 부분. ¶~ 없는 브라.
어깨너머-로 [부] 남이 하는 것을 옆에서 보거나 듣거나 하면서. ¶~ 배운 바둑.
어깨너멋-글 [-머끌/-멀끌] [명] 남이 공부하는 옆에서 어깨너머로 배운 글.
어깨-동무 [명] 1 서로 상대방의 어깨에 팔을 얹어 끼고 나란히 하는 일. 또는, 그렇게 하고 노는 아이들의 놀이. 2 나이나 키가 비슷한 동무. **어깨동무-하다** [자][타] 서로 상대방의 어깨에 팔을 얹어 끼고 나란히 하다. ¶셋이서 **어깨동무하고** 걷다.
어깨-띠 [명] 한쪽 어깨 위에서 대각선으로 반대쪽 옆구리 부분에 오게 매는 띠. ¶~를 두르고 시위를 벌이다.
어깨-번호(-番號) [명][출] 표제어나 본문의 글자 오른쪽 위에 작게 매긴 번호.
어깨-뼈 [명][생] 척추동물의 상지골과 몸통을 연결하는 등의 위쪽에 있는 한 쌍의 뼈. =견갑골.
어깨-선(-線) [명] 1 어깨의 외형이 이루는 추상적인 곡선. 2 바느질에서 앞길과 뒷길을 잇는, 어깨 부분을 이루는 선.
어깨-춤 [명] 신이 나서 어깨를 위아래로 쓱거리는 일. 또는, 어깨를 으쓱거리며 추는 춤. ¶~을 덩실덩실 추다.
어깨-허리 [명] 여자 속옷에서, 어깨에 걸치는 부분이 있는 치마허리. ▷끈허리·치마허리.
어깻-바람 [-깨빠-/-깯빠-] [명] 신이 나서 어깨를 으쓱거리며, 활발하게 동작하는 기운. ¶신바람. ¶~이 나다.
어깻-죽지 [-깨쭉찌/-깯쭈찌] 圀 팔이 어깨에 붙은 부분. ¶~가 뻐근하다.
어깻-짓 [-께찓/-깯찓] 圀 어깨를 흔들거나 움직이는 짓. **어깻짓-하다** 图(타여)
어늘-하다 (語訥-) 톙예 (말하는 것이) 술이 이뤄지지 못하여 자주 막히고 주의를 끌지 못할 만큼 재미없는 상태에 있다. ¶말이 ~.
어느 괸 1 주어진 여러 사물이나 사람 가운데 대상으로 삼는 것이 무엇이거나 누구인지 묻거나 의문을 갖는 뜻을 나타내는 말. ¶둘 중에 ~ 것이 더 좋을까? 2 ('정도', '만큼' 등의 명사 앞에 쓰여) 수량의 크기를 묻거나, 웬만한 상태임을 나타내는 말. ¶키가 ~ 정도나? 3 주어진 사물이나 사람 대상이 되는 것을 확실히 밝히지 않고 가리킬 때 쓰이는 말. ¶~ 해 겨울, 4 (뒤에 오는 명사에 '나/이나', '-든(지)/이든(지)', '라도/이라도' 등의 조사가 붙어) 관련되는 대상이 특별히 제한되지 않음을 나타내는 말. ¶오고 싶으면 ~ 때나 찾아오너라.
[어느 장단에 춤추랴] 참견하는 사람이 많아, 어느 장단을 따라야 할지, 어떻게 해야 할지 난처함을 이르는 말.
어느 겨를에 어느 사이에. ¶~ 그 많은 일을 해냈느냐?
어느 세월에 얼마나 뒤에. ¶쓰고 싶은 것 다 쓰고 ~ 돈을 모으니?
어느-덧 [-덛] 튀 어느 사이에. 삐어언간. ¶~ 10년이 흘렀다.
어느-새 어느 틈에 벌써. ¶~ 날이 어두워지기 시작했다.
어는-점 (-點) 圀 물과 얼음이 1기압하에서 평형 상태에 있을 때의 온도. 곧, 물이 얼기 시작하거나 얼음이 녹기 시작할 때의 온도. 섭씨 0도를 이름.
-어다 어미 '-어다가'의 준말. ¶꽃을 꺾어 화분을 만들었다. ▷-아다.
-어다가 어미 끝 음절의 모음이 'ㅏ', 'ㅗ'가 아닌 동사의 어간에 붙어, 어떤 행동을 다음 동작과 순차적으로 이어 주는 연결 어미. ¶빚을 얻~ 사업을 시작하였다. ㉤-어다. ▷-아다가.
어댑터 (adapter) 圀 기계·기구 등을 다목적으로 쓰거나 부가 부가 기구로 쓸 때, 그것을 부착시키기 위한 보조 기구.
-어도 어미 끝 음절의 모음이 'ㅏ', 'ㅗ', 'ㅗ'가 아닌 용언('아니다' 제외)의 어간에 붙어, 그 사실을 인정하거나 그 다음 사실과는 상관없음을 나타내는 연결 어미. ¶안 먹~ 괜찮아. ▷-도-아도.
어동육서 (魚東肉西) [-뉵써] 圀 제사상을 차릴 때, 어찬(魚饌)은 동쪽에, 육찬(肉饌)은 서쪽에 놓는 일. ¶홍동백서.
어두 (語頭) 圀 말의 처음. 삐말머리.
어두움 圀 '어둠'의 본딧말.
어두육미 (魚頭肉尾) [-윰-] 圀 물고기는 머리, 짐승은 꼬리 쪽이 맛이 좋다는 말.
어두일미 (魚頭一味) 圀 물고기는 머리가 맛이 있다는 말. ▷어두육미.
어두컴컴-하다 톙예 (어느 공간이) 빛이 거의 없어 컴컴하다. ¶어두컴컴한 방.
어둑-새벽 圀 어둑어둑한 새벽.
어둑-어둑 튀 사물을 뚜렷이 분간할 수 없을 만큼 어두운 모양. **어둑어둑-하다** 톙예 ¶해가 지자 사방이 어둑어둑해졌다.

어둑-하다 [-두카-] 톙예 제법 어둡다. ¶깊은 숲 속이라 낮인데도 ~.
어둠 圀 빛이 없어 매우 어둡거나 깜깜한 상태. ¶칠흑 같은 ~. 본어두움.
어둠-길 [-낄] 圀 날이 어두워진 길.
어둠-살 [-쌀] 圀 어둑어둑한 어둠의 기운. ¶사방에 ~이 끼기 시작한다.
어둠-상자 (-箱子) [-쌍-] 圀[사진] 밖에서 빛이 새어 들어오지 못하게 만든, 사진기의 렌즈와 감광판이 들어 있는 상자.
어둠침침-하다 톙예 (등불 또는 공간이) 빛이 아주 약하여 사물을 제대로 구별할 수 없는 상태에 있다. ¶어둠침침한 방 안. **어둠침침-히** 튀
어둡다 [-따] 톙ㅂ 1 (어두우니, 어두워) (불빛이) 사물을 또렷이 비출 수 없을 만큼 약하다. 삐희미하다. ¶어두운 등잔불. 2 (어떤 공간이) 빛이 없거나 약하여 사물을 제대로 구별할 수 없는 상태에 있다. ¶어두워서 앞이 잘 보이지 않는다. 3 (색깔이) 검은빛에 가까운 상태에 있다. 또는, (어떤 색깔이) 검은빛의 요소를 많이 가진 상태에 있다. ¶어두운 회색. 4 (눈이나 귀가) 잘 보이지 않거나 들리지 않는 상태에 있다. ¶귀가 어두워 잘 듣지 못한다. 5 (사람이 어떤 일에 통하지 못하여) 잘 모르는 상태에 있다. ¶세상 물정에 ~. 6 (사람의 표정이) 우울하거나 근심이 어린 상태에 있다. 또는, (사람의 성격이) 비관적이고 염세적인 상태에 있다. ¶표정이 ~. 7 (사물의 내용이) 부정적이거나 건전하지 못하거나 참담한 상태에 있다. ¶어두운 과거를 청산하다.
어드레스 (address) 圀[컴] =번지(番地) 2.
어드바이스 (advice) 圀 '조언', '도움말', '충고'로 순화.
어드밴티지 (advantage) 圀[체] 테니스·탁구에서, 듀스가 된 다음에 어느 편이든지 먼저 한 점을 얻는 일.
어드밴티지-룰 (advantage rule) 圀[체] 축구·핸드볼·럭비 등에서, 반칙이 일어난 상황이 반칙을 당한 쪽에 유리할 때 심판이 경기를 계속 진행시키는 규칙.
어디 Ⅰ 때(지시) 1 말하는 사람이 모르는 장소를 가리켜 그곳의 위치나 성격, 이름 등을 묻는 의문 대명사. ¶여기가 ~입니까? 2 어떤 장소를 특정한 곳으로 국한하지 않고 막연하게 가리킬 때 쓰이는 부정칭 대명사. ¶네가 가고 싶다면 ~든 가거라. 3 잘 모르거나 말하고 싶지 않은 장소를 가리킬 때 쓰이는 부정칭 대명사. ¶~ 좀 다녀오마. 4 '어떤 점이나 ूूूू'의 뜻을 나타내는 부정칭 대명사. ¶그 사람이 ~가 그렇게 좋으니? 5 (반어 의문문으로 쓰여) 수량 따위가 꽤 대단하다는 뜻을 나타내는 말. ¶용돈에 놀러 덧 되냐 ~냐?
Ⅱ 갋 1 설의적인 반문(設問)으로 반문할 때 쓰는 말. ¶그게 ~ 말이나 되는 소리냐? 2 다짐하거나 벼를 때 이르는 말. ¶네 이놈, ~ 두고 보자! 3 상대의 의견을 반박할 때 하는 말.
[어디 개가 짖느냐 한다] 남이 하는 말을 무시하여 들은 체도 않는다.
어따[1] 갋 무엇이 몹시 심하여 마음에 못마땅할 때에 내는 소리. ¶~, 큰소리는 잘 치네. ㉤아따.
어따[2] '얻다'의 잘못.
어때 '어떠해'가 준 말. ¶형이 없으면 ~

우리끼리 가자.
어떠어떠-하다 [형여] 〈어떤 성질이나 상태가〉 어떠하고 어떠하다. 구체적으로 말할 수 없거나 밝힐 필요가 없을 때 씀.
어떠-하다 [형여] '어떻다'의 본딧말.
어떡-하다 [-떠카-] '어떠하게 하다'가 준 말. ¶난 어떡하면 좋지?
어떤 [어떠한'이 준 말] 1 뒤에 오는 명사의 특성이나 내용이나 상태나 성격이 무엇인지 묻거나 의문을 가지는 뜻을 나타내는 말. [비]무슨. ¶네가 사귀는 남자는 ~ 사람이냐? 2 주어진 여러 사물 중 대상으로 삼는 것이 무엇인지를 묻거나 의문을 가지는 뜻을 나타내는 말. [비]어느. ¶~ 것이 더 마음에 드니? 3 대상을 누구라거나 무엇이라고 뚜렷이 밝히지 않고 가리킬 때 쓰이는 말. ¶아까 ~ 사람이 널 찾아왔다. 4 (뒤에 오는 명사에 '나/이나', '든(지)/이든(지)', '라도/이라도' 등의 조사가 붙어) 관련되는 대상이 특별히 제한되지 않음을 나타내는 말. ¶~ 말이라도 좋으니 한마디만 해라.
어떻다 [-떠타] [형여] 〈어머니, 어떠오, 어때〉 의견이나 일의 성질·상태 따위가 어찌 되어 있다. ¶건강은 좀 어떠니? [본]어떠하다.
어떻든 [-떠튼] [부] 일이나 사정이 어찌 되었든 간에. [비]아무튼·어쨌든·여하튼·하여튼.
어뜩-하다 [-뜨카-] [형여] 갑자기 어지러워 까무러칠 듯한 상태에 있다. ¶어뜩하다.
-어라 [어미] 1 끝 음절의 모음이 'ㅏ', 'ㅗ'가 아닌 동사의 어간에 붙어, '해라' 할 상대에게 명령의 뜻을 나타내는 종결어미. ¶어서 먹~. 2 끝 음절의 모음이 'ㅏ', 'ㅑ', 'ㅗ'가 아닌 형용사('아니다' 제외)의 어간에 붙어, 감탄의 뜻을 나타내는 종결어미. ¶에그, 가엾~. ▷-아라.
어럽쇼 [-쑈] [감] 뜻밖의 일이 벌어졌을 때 다소 놀라서 하는 말. ¶~, 죽은 줄 알았더니 살아 있네.
어레인지 (arrange) [명] 1 '각색(脚色)'의 순화. 2 '편곡(編曲)'으로 순화.
어려움 [명] 어떤 일이 어려운 상태.
어려워-하다 [여] 옷어른이나 상대를 어렵게 생각하다. ¶어려워하지 말고 편히 앉게. 2 일할 때 힘이 들어 애를 쓰다.
어려이 [부] 어렵게. ¶~ 빚을 갚다.
어련-하다 [형여] (수사 의문속에 의문형으로 쓰여) 오죽하거나 여간 훌륭하다. 대상을 긍정적으로 칭찬하는 뜻으로 쓰이는 말이나, 때로 반어적으로 비아냥거리는 뜻을 나타내기도 함. ¶대가의 작품이라니 어련하겠습니까? 어련-히 [부] ¶그가 ~ 잘 알아서 할까?
어렴풋-하다 [-푸타-] [형여] 1 기억이 또렷하지 않다. ¶어렴풋한 유년의 기억. 2 잘 보이거나 들리지 않다. ¶어렴풋하게 들리는 목소리. 3 잠이 깊이 들지 않아 의식이 있는 듯 만 듯하다. 어렴풋-이 [부] ¶옛 친구의 얼굴이 ~ 생각난다.
어렵다 [-따] [형여] 〈어려우니, 어려워〉 1 (어떤 일이) 적은 힘이나 노력으로는 이루어지지 않거나 해결되지 않는 상태에 있다. ¶어려운 수학 시험. 2 (주로 '-기(가) 어렵다'의 꼴로 쓰여) (어떤 일이) 이루어질 가능성이 적다. ¶이번에 헤어지면 다시 만나기 어려울 것이다. 3 (말이나

글이) 무슨 뜻을 나타내는지 이해가 잘 안 가는 상태에 있다. [비]난삽하다·난해하다. ¶어려운 철학 서적. ~쉽다. 4 (살림이) 가난하여 살아가기가 힘든 상태에 있다. ¶살림이 몹시 ~. 5 〈상대가 되는 사람이〉 두렵거나 거리감이 있어 마음 놓고 대하거나 거리낌 없이 얘기를 나눌 수 없는 상태에 있다. ¶시부모 앞이라 어려워서 말을 못 한다.
어렵사리 [-싸-] [부] 매우 어렵게. ¶~ 일을 끝내다.
어로 (漁撈) [명] 수산물을 잡거나 채취하는 것. ¶~ 금지 구역.
어록 (語錄) [명] 위인이나 유명인의 짤막하면서도 기억할 만한 말들을 모은 기록. 또는, 그 책. ¶처칠 ~.
어뢰 (魚雷) [-뢰/-뭬] [명] [군] 군함·잠수함 등을 목표물로 하여 발사되는, 물고기 모양의 수중 폭발물.
어룡 (魚龍) [명] [동] 중생대의 쥐라기부터 백악기에 걸쳐 살았던 공룡의 한 종류. 오늘날의 돌고래와 비슷하게 생겼는데, 주둥이가 앞으로 길게 튀어나와 있고 날카로운 이빨이 많이 나 있음.
어루러기 [의] 피부병의 한 가지. 땀이 흔한 사람의 몸에 사상균(絲狀菌)의 기생으로 생기는데, 처음에는 원형 또는 타원형의 작은 점으로 시작하여 차차 퍼지면 황갈색 또는 검은빛으로 변함.
어루-만지다 [타] 1 (사람이 다른 사람이나 동물의 몸의 일부를) 그 사람이나 동물을 사랑하거나 좋아하거나 귀여워하여, 손을 편 상태로 가볍게 만지다. ¶선생님은 나의 머리를 어루만져 주셨다. 2 (사람이나 초월적인 존재가 어떤 사람의 슬프거나 괴롭거나 한 마음을) 사랑하고 이해하는 마음으로 달래다. 비유적인 말임. ¶남의 상처를 어루만져 주다.
어룽 '어룽이'의 준말.
어룽-거리다/-대다 [동재] (점이나 줄이나 형체 등이) 무늬를 이루듯 뚜렷하지 않게 어른거리다. [주]아롱거리다.
어룽-어룽 [부] 어룽거리는 모양. [주]아롱아롱. **어룽어룽-하다**
어룽-이 [명] 어룽진 점. 또는, 그런 점이 있는 짐승이나 물건. [주]아롱이.
어류 (魚類) [명] [동] 척추동물 중 일생을 물 속에서 살고, 지느러미로 운동하며, 아가미로 호흡하는 동물의 무리. 대부분 난생임. =어족.
어:르다 [타변] 〈어르니, 얼러〉 1 어린아이를 귀엽게 다루거나 달래어 기쁘게 하여 주다. ¶아기를 ~. 2 (사람이나 짐승을) 놀리며 장난하다. ¶고양이가 쥐를 어르고 있다.
[**어르고 뺨 치기**] 그럴듯한 말로 꾀어서 은근히 남을 해침.
어:른신 '어르신'의 준말.
어:르신-네 1 남의 아버지를 높여 이르는 말. 2 아버지뻘이 되거나 그 이상 되는 어른을 높여 이름. [준]어르신.
어:른 [명] 1 다 자란 사람. 또는, 다 자라 자기 일이나 행동에 책임질 수 있는 사람. [비]성인. 2 아이가 커서 되어 인생의 한 단계로서 결혼을 한 어엿한 존재. ¶결혼을 했으니 너도 이제 ~이다. 3 지위·항렬·나이 따위가 자기보다 높거나 많은 사람. 4 한 집안에 나이가 많고 위엄이 있는 사람. 또는, 한 동네에 나이가 많고 경륜

어른 빼치다 아이가 어른도 못 당할 만큼 영악스럽다. ¶그놈 나이는 적어도 어른 빼치는군.

어른-거리다/-대다 통(자) 1 무엇이 보이다 말다 하다. ¶어릴 때 떠난 고향 마을이 눈에 ~. 2 그림자가 희미하게 움직이다. ¶어스름한 달빛에 뭔가 어른거리고 지나갔다. 3 물이나 거울에 비치는 듯이 흔들려 안정하지 못하다. 働아른거리다.

어른-스럽다[-따] 형ㅂ <~-스러우니, ~스러워> (아직 어른이 되지 못한 사람이) 말이나 행동을 어른과 같이 의젓하거나 점잖게 하는 데가 있다. ¶나이에 비해 ~. 어른스레 (부)

어른-어른 (부) 어른거리는 모양. 働아른아른. 어른어른-하다 통(자)(여)

어름 1 두 지역이 서로 맞닿거나 경계를 이루는 곳. 또는, 그 근처. ¶두 강이 어우러지는 ~에-산다. 2 어떤 시기나 때가 되는 시점의 경계나 그 가까이. ¶새벽 1시 ~에 잠을 깨다.

어름-거리다/-대다 통(자)(여) 1 말이나 행동을 우물쭈물하며 똑똑하게 하지 못하다. 2 일을 엉터리로 하여 눈을 속이다. 働아름거리다.

어름-어름 (부) 어름거리는 모양. ¶말을 딱 부러지게 안 하고 ~ 넘어가려고 한다. 働아름아름. 어름어름-하다 통(자)(여)

어름치 명 우리나라 특산인 잉어의 한 종류. 몸길이 25cm가량이며, 몸빛은 은색 바탕에 등 쪽은 암갈색이며, 옆구리에 흑점의 세로줄이 7~8개 있음.

어리 1 싸리 따위의 가는 낱가지로 반구형에 가깝게 촘촘히 결어 병아리들을 가두어 둘 수 있게 만든 물건. 2 닭 장수가 닭을 팔러 다닐 때, 닭을 넣어 둘 수 있게 만든 물건.

어리광 명 아이가 어른에게 귀여움을 받고 싶어서 짐짓 아주 어린아이의 말투나 태도를 흉내 내는 일. ¶~을 부리다. ▷옹석. 어리광-하다 통(자)(여)

어리-굴젓[-젇] 명 고춧가루 따위로 버무린 생굴에 소금 간을 하여 삭힌 것.

어리다[1] 통(자) 1 (눈물이 눈에) 솟아 괴다. ¶눈에 눈물이 ~. 2 (공기 중의 물기가 물체의 표면에) 엉기어 덮이다. ¶유리창에 물기가 ~. 3 (어떤 현상·기운이) 은근히 나타나다. ¶입가에 미소가 ~. 4 (정성이나 감정 등이) 담겨 있거나 배어 있다. ¶정성 어린 선물. 5 (빛이나 그림자가) 희미하게 비치다. ¶수면에 어린 산 그림자. 6 (모습이 눈에) 어른어른 떠오르다. ¶두고 온 고향 산천이 눈에 어린다.

어리다[2] 형 1 (사람이) 세상에 태어난 지 얼마 안 되어 나이가 10대 전반을 넘지 않은 상태에 있다. ¶어린 시절. 2 (나이가) 비교 대상보다 적은 상태에 있다. ¶동생은 나보다 두 살이 ~. 3 (동물이나 식물이) 세상에 나온 지 얼마 안 되어 다 자라지 않은 상태에 있다. ¶어린 송아지. 4 (사람의 행동이나 생각이) 나이와 경험이 적어 완전하지 않은 상태에 있다. 비유치하다. ¶초등학생이라 하는 짓이 ~.

어리다[3] 형 너무나 현란한 빛으로 눈이 부시다. ¶찬란한 빛에 눈이 ~. 2 황홀하거나 도취되어 정신이 얼떨떨하다.

어리둥절-하다 형(여) 어떤 사람이나 행동, 주위의 상황 등에 대해, 순간적으로 그 의미를 깨닫지 못하거나 뭐가 뭔지 몰라 멍한 상태에 있다. ¶영문을 몰라 ~.

어리벙벙-하다 형(여) 어리둥절하여 갈피를 잡을 수 없다. ¶갑작스런 질문에 어리벙벙했다. 어리벙벙-히 (부)

어리-보기 명 판단력이 모자라 행동이 어리석은 사람. 얕잡는 말. 비얼뜨기.

어리석다[-따] 형 슬기롭지 못하여 행동이나 판단을 바르게 하는 상태에 있다. 비우둔하다. ¶어리석은 짓.

어리숙-하다 형(여) ▷어수룩하다.

어린-것[-걷] 명 '어린아이'나 '어린 자식'을 홀하게 또는 애사롭게 이르는 말. ¶~이 무얼 안다고 나서느냐.

어린-나무 명 나서 한두 해쯤 자란 나무.

어린-놈 명 나이가 어린 사내아이를 낮추어 이르는 말. ¶~이 제법이구나.

어린-뿌리 명(식) 충분히 성장하기 전의 뿌리.

어린-순(-筍) 명 =애순.

어린-싹 명(식) 종자의 배(胚)의 일부분으로, 발아하여 줄기·잎이 되는 부분.

어린-아이 명 나이가 어린 아이. =소아(小兒). 비아동. 图어린애.

어린-애 명 '어린아이'의 준말.

어린-양(-羊) 명 1[가][기] 인류의 죄를 대신 속죄한 구세주인 예수를 가리키는 말. 2 남을 위하여 자기를 희생하는 사람을 일컫는 말.

어린-이 명 나이 어린 사람. 특히, 4, 5세부터 초등학생까지의 아동을 대접하거나 또는 격식을 갖추어 이르는 문어 투의 말임. 비아동.

어린이-날 명 어린이를 소중히 여기고 바르고 훌륭하게 기르자는 뜻에서 지정한 기념일. 5월 5일.

어린이-집 명 6세 미만의 어린이를 보호자의 위탁을 받아 일정 기간 동안 매일 맡아서 돌보아 주는 시설.

어린-잎[-닙] 명 새로 나온 연한 잎.

어림 명 대강 짐작으로 헤아리는 것. 어림-하다 통(타)(여) ¶경비를 어림해 보다. 어림 반 푼어치도 없다 아주 부당하거나 터무니없는 소리를 한다는 뜻으로 이르는 말.

어림-셈 명 대강 짐작으로 하는 셈. 어림셈-하다 통(자)(여)

어림-없다[-업따] 형 1 너무 많거나 커서 어림조차 할 수 없다. 2 도저히 될 수 없거나 당할 수 없다. ¶나를 속이겠다니 어림없는 수작이야. 어림없-이 (부)

어림-잡다[-따] 통(타) 대강 짐작으로 헤아려 치다. ¶하객이 어림잡아 백 명은 올걸세.

어림-짐작(-斟酌) 명 어림으로 대강 헤아리는 짐작. =가량. ¶~으로 계산해 보다. 어림짐작-하다 통(타)(여)

어림-치다 통(타) =어림잡다.

어릿-거리다/-대다[-릳꺼-] 통(자) 1 어렴풋하게 자꾸 눈앞에 어려 오다. 2 말과 행동이 활발하지 못하고 생기 없이 움직이다.

어릿-광대[-릳광-] 명 1 얼러광대의 재주가 시작되기 전에 먼저 나와서 우스운 이야기나 짓을 하여 판을 어울리게 하는 사람. ▷얼러광대. 2 무슨 일에 앞잡이로 나서서 그 일을 시작하기 좋게 해 주는 사람. ¶악당들의 ~짓을 하다. 3 우스운 짓이나 말로 남을 잘 웃기는 사람.
어릿-어릿[-릳-릳] 튀 어릿거리는 모양. **어릿어릿-하다** 통(자여)
어마 감 주로 여자가 몹시 놀랐을 때 내는 소리. ⑩어머.
어마나 감 '어마'의 힘줌말. ⑩어머나.
어마-뜨거라 감 매우 무섭거나 꺼리는 것을 만났을 때 놀라 지르는 소리.
어마-마마(-媽媽) 명〈궁〉임금 또는 임금의 아들딸이 그 어머니를 부르는 말.
어마어마-하다 혱여) 엄청나고 굉장하다. ¶**어마어마한** 규모. ⑩어마하다.
어마-하다 혱여) '어마어마하다'의 준말.
어:말[語末] 명 단어의 끝.
어:말^어:미(語末語尾) 명[언] 활용 어미에 있어서 맨 뒤에 오는 어미. 선어말 어미에 상대하여 일컫는 말로, 종결 어미·연결 어미·전성 어미로 나뉨.
어망(漁網·魚網) 명 물고기를 잡는 그물.
어머 감 주로 여자가 몹시 놀랐을 때 내는 소리. ⑤어마.
어머나 감 '어머'의 힘줌말. ¶~, 이 일을 어쩌지. ⑤어마나.
어머니 명 1 자기를 낳은 여자. 또는, 자식을 낳은 여자를 자식에 대한 관계로 이르는 말. 호칭 및 지칭으로 쓰임. ⓐ어미. 2 '시어머니'를 호칭 또는 지칭하는 말. ⓐ어머님. 3 자녀의 이름 뒤에 붙여, 자기 아내를 호칭 또는 지칭하는 말. ¶영희~, 방으로 들어오너라. 4 사물이 생겨 나는 근본. 비유적인 말임. ¶실패는 성공의 ~이다.
어머-님 명 '어머니1·2'를 높여 호칭 또는 지칭하는 말. ↔아버님.
어머-머 감 '어머'의 힘줌말.
어멈 명 1 '어미1·2·3·4·5·6'을 약간 대접하여 이르는 말. 2 지난날, 중년 정도가 된 여자 하인을 좀 대접하여 이르던 말. ¶행랑~. ↔아범.
어:명(御命) 명 임금의 명령. =상명(上命). ⑩왕명·칙명. ¶~을 받들다.
어-국(魚-) 명 생선의 살을 으깨어 소금·조미료 등을 넣고 반죽한 뒤 가열·옹고시킨 음식.
어:문(語文) 명 말과 글. ⑩언문.
어:-문학(語文學) 명 어학과 문학.
어물(魚物) 명 생선 또는 생선을 가공하여 말린 것. ⑩건(乾)~.
어물-거리다/-대다 재 1 눈앞에서 보일 듯 말 듯하게 자꾸 조금씩 움직이다. ¶여기서 **어물거리지** 마라. 2 말이나 행동을 똑똑히 하지 못하고 우물쭈물하다. ¶말을 꺼내지 못하고 자꾸 ~.
어물-어물 튀 어물거리는 모양. **어물어물-하다** 통(자여) ¶**어물어물하다가** 좋은 기회를 놓쳤다.
어물-전(魚物廛) 명 어물을 전문으로 파는 가게.
[어물전 망신은 꼴뚜기가 시킨다] 못난 자일수록 같이 있는 동료들을 망신시킨다.
어물-쩍 튀 말이나 행동을 일부러 살짝 어물거려 넘기는 모양. ¶불리하니까 ~ 넘기려 들다.
어물쩍-거리다/-대다[-끄때-] 통(자여) 꾀를 부리느라고 말이나 행동을 모호하게 하다.
어물쩍-어물쩍 튀 어물쩍거리는 모양. 어물쩍어물쩍-하다 통(자여)

어물쩍-하다[-쩌카-] 통(자여) 어물거려 넘기다.
어미 명 ['어머니'를 낮추어 이르는 말] 1 할아버지나 할머니, 또는 그 이상의 집안 어른 앞에서 '어머니'를 지칭하는 말. 2 손자·손녀, 또는 그 이하의 집안 자손에게 그들의 어머니인 며느리를 지칭하는 말. 3 자식 있는 남자가 부모나 장인·장모 앞에서 아이들 어머니인 아내를 지칭하는 말. 4 아들에게 그의 아내이자 손자·손녀의 어머니인 며느리를 지칭하는 말. 5 사위에게 그의 아내이자 외손자·외손녀의 어머니인 딸을 지칭하는 말. 6 결혼하여 자식을 둔 딸을 호칭 또는 지칭하는 말. 7 여자가 자식들에 대하여 자신을 지칭하는 말. ↔아비. 8 새끼를 낳은 암짐승. ¶~곰. ×에미.
어:미²(語尾) 명[언] 용언 및 서술격 조사의 어간에 붙어, 그 쓰임에 따라 여러 가지 형태가 바뀌면서 다른 말과의 문법적 관계를 나타내는 말. 선어말 어미와 어말 어미로 나뉨. '하고, 했겠다'에서 '-고, -겠-, -다' 따위. ⑩어간.
어:미-변화(語尾變化) 명[언] =활용2.
어미-자 명 아들자에 대해, 고정되어 있는 자. 큰 치수를 재는 데 쓰임. ↔아들자.
어미-젖[-젇] 명 어미의 젖. ⑩모유.
어민(漁民) 명 어업에 종사하는 사람. 집합체를 가리키는 말로서, 특정 개인을 가리키는 어려움. ⑩어부.
어박(魚粕) 명 기름을 짜고 남은 물고기의 찌꺼기. 비료·사료 등으로 쓰임.
어버이 명 아버지와 어머니를 아울러 이르는 말. ⑩부모.
어버이-날 명 어버이에 대한 은혜를 되새기고, 어른과 노인에 대한 공경심을 기르자는 뜻으로 정한 날. 5월 8일.
어벌쩡 튀 남을 속이거나 난처함 등을 면하려고 슬쩍 어물거려 넘기는 모양. **어벌쩡-하다** 통(자여)
어:법(語法) 명[-뻡] 명[언] 말의 일정한 법칙. ¶~에 어긋나다.
어벙-하다 혱여) 똘똘하지 못하고 멍청하다. 속된말.
어부(漁夫·漁父) 명 고기잡이를 직업으로 하는 사람. ⑩고기잡이.
어부바 Ⅰ 감〈유아〉 업거나 업히는 일. **어부바-하다** 통(자여) 어린아이를 업거나 업히다.
Ⅱ 감〈유아〉어린아이가 업어 달라고 하는 소리, 또는, 어린아이에게 업히라는 뜻으로 하는 소리.
어부-사(漁父詞) 명[문] 조선 명종 때 이현보가 고려 가요 '어부가'를 개작한 연시조. 늙은 어부의 즐거움을 읊은 것임.
어부-사시사(漁父四時詞) 명[문] 조선 효종 때 윤선도가 지은 연시조. 강촌에서 사는 어부의 생활을 우리말로 읊은 것임. 춘·하·추·동 각각 10수씩 모두 40수.
어부지리(漁夫之利) 명 [도요새와 무명조개가 다투는 틈을 타서 어부가 둘 다 잡았다는 고사에서] 양자(兩者)가 다투는 바람에 엉뚱한 제삼자가 이익을 보게 됨을 이르는 말. ⑩견토지쟁·방휼지쟁.
어분(魚粉) 명 물고기를 찌거나 말려서 빻은 것. 비료·사료·식료에 쓰임.
어:불성설(語不成說) 명 조리가 맞지 않아 도무지 말이 되지 않음. ¶맨손으로 호랑이를 잡는다는 것은 ~이다.

어빡-자빡[-짜-] 閉 여러 개 포갠 것이 고르지 않은 모양. **어빡자빡-하다** 颐여

어:사(御史) 閉 1 왕명으로 특별한 임무를 맡아 지방에 파견되는 임시직 관리. 2 '암행어사'의 준말. 비어사또.

어:사-또(御史-) 閉[역] '어사(御史)'의 높임말.

어:사-출두(御史出頭) [-뚜] 閉[역] 조선 시대에, 암행어사가 중요한 사건을 처리하기 위하여 좌기(坐起)를 벌이던 일.

어:사-화(御賜花) 閉[역] 조선 시대, 문무과의 급제자에게 임금이 내리던 종이꽃.

어-살(魚-) 閉 물고기를 잡기 위하여 물 속에 둘러 꽂은 나무 울.

어:색-하다(語塞-)[-새카-] 톙여 1 서먹서먹하거나 쑥스러운 데가 있어 멋쩍거나 겸연쩍다. ¶어색한 분위기. 2 서투르거나 어울리지 않아 부자연스럽다. ¶외국인이 북장단에 맞춰 **어색하게** 우리 전통 춤을 추었다. **어:색-히** 부

어서¹ 튀 '빨리', '곧'의 뜻으로 행동을 재촉하는 말. ¶~ 일어나.

-어서² 어미 끝 음절의 모음이 'ㅏ', 'ㅑ', 'ㅗ'가 아닌 용언('아니다' 제외)의 어간에 붙는 연결 어미. 'ㅓ'로 끝나는 어간 아래에서는 '어'가 탈락됨. 1 이유·근거를 나타냄. ¶국이 너무 뜨거워 맛이 없다. 2 -라서. 3 동사의 어간에 붙어, 시간적 전후 관계를 나타냄. ¶웃옷을 벗어 어깨에 걸치다. 3 동사의 어간에 붙어, 방법을 나타냄. ㉥다. ¶구워서 잡수세요. ▷-아서.

어서-어서 튀 '어서'를 더 강조하는 말.

어선¹(魚船) 閉 =낚싯배.

어선²(漁船) 閉 고기잡이를 하는 배. =고 깃배(고기잡이배). ▷그물맞 ~.

어:설프다 〈어설프니, 어설퍼〉 1 꼭 이지 못하여 조밀하지 않다. 2 하는 일이 몸에 익지 않아 서투르다. ¶일하는 게 ~.

어:설피 튀 어설프게. ¶~ 덤벼들었다간 낭패를 볼 거다.

어셈블러(assembler) 閉[컴] 어셈블리 언 어를 기계어로 번역해 주는 프로그램. ▷인터프리터·컴파일러.

어셈블리-언어(assembly言語) 閉[컴] 기 계어를 인간의 자연 언어에 가깝게 기호 화한 언어.

어:수(御手) 閉 임금의 손. 비옥수(玉手).

어수룩-하다[-루카-] 톙여 1 (말이나 행동이) 숫되고 후하다. 2 되바라지지 않고 조금 어리석은 듯하다. ¶그렇게 **어수룩해서야** 어찌 험한 세상을 살아가겠나? ▷어리숙하다.

어수선-하다 톙여 1 (사물이) 얽히고 뒤섞여 어지럽고 수선스럽다. ¶방 안에 책들이 **어수선하게** 널려 있다. 2 (마음이) 뒤숭숭하고 산란하다. ¶마음이 **어수선하여** 일을 할 수 없다. **어수선-히** 부

어:순(語順) 閉 말이나 글에서, 주어·술어·목적어·수식어 등이 배열되는 순서.

어스(earth) 閉[물] =접지(接地).

어스레-하다 톙여 빛이 조금 어둑하다. =어스름하다. ¶**어스레한** 달빛.

어스름 閉 날이 저물 무렵이나 동이 트기 전에 햇빛이 고루 비치지 않아 물체가 희미하게 보일 만큼 어두운 상태. ¶저녁[새벽] ~. ▷으스름.

어스름-밤[-빰] 閉 조금 어둑어둑한 저녁.

어스름-하다 톙여 =어스레하다.

어스-선(earth線) 閉[물] =접지선.

어슬렁-거리다/-대다 째여 (몸집이 큰 사람이나 짐승이) 몸을 조금 흔들며 천천히 걸어 다니다. ¶그는 뒷짐을 지고 사무실을 **어슬렁거리고** 다녔다.

어슬렁-어슬렁 튀 어슬렁거리는 모양. **어슬렁어슬렁-하다** 째여

어슬-어슬(-어슬) 튀 날이 어두워지거나 밝아지는 모양. **어슬어슬-하다** 톙여

어슴푸레 튀 1 (빛이 약하거나 멀어) 어둑하고 희미한 모양. 2 뚜렷하게 보이거나 들리지 않고 희미하고 흐릿한 모양. 3 (기억이) 분명하게 떠오르지 않고 희미한 모양. **어슴푸레-하다** 톙여 ¶기억이 ~.

어슷비슷-하다[-슫삐스타-] 톙여 큰 차이 없이 서로 비슷하다. ¶실력이 ~.

어슷-썰기[-슫-] 閉 무나 배추 등을 한 쪽으로 비스듬하게 써는 일.

어슷-하다[-스타-] 톙여 물건이 한쪽으로 조금 기울어지거나 비뚤다.

어시스트(assist) 閉[체] 1 축구·농구·아이스하키 등에서, 득점하기에 알맞은 위치에 있는 선수에게 공을 보내는 일. 또는, 그런 선수. 2 =보살(補殺). **어시스트-하다** 째여

어-시장(魚市場) 閉 생선 등의 어물(魚物)을 파는 시장.

어신(魚信) 閉 낚시질에서, 물고기가 입질을 할 때, 저·낚싯줄·낚싯대에 나타나는 변화나 전해지는 감촉.

어안¹렌즈(魚眼lens) 閉[사진] 카메라 앵글이 180°를 넘는 초광각 특수 렌즈. 굴곡 있는 화상이 찍힘.

어:안이 벙벙하다 뜻밖에 놀랍거나 기막힌 일을 당하여 어리둥절하다. ¶낯선 사내가 다짜고짜 멱살을 잡자 청년은 영문을 몰라 **어안이 벙벙했다**.

-어야 어미 끝 음절의 모음이 'ㅏ', 'ㅑ', 'ㅗ'가 아닌 용언('아니다' 제외)의 어간에 붙는 연결 어미. 1 뒷말에 대한 어떤 조건이 꼭 필요함을 나타냄. ¶물이 있고기가 있지. 2 가정을 아무리 크게 하여도 결과에 큰 영향이 없음을 나타냄. ¶네가 뛰어 벼룩이지. ▷-아야.-여야.

어야-디야 캡 '어기야디야'의 준말.

-어야지 어미 끝 음절의 모음이 'ㅏ', 'ㅑ', 'ㅗ'가 아닌 용언의 어간이나 선어말 어미 '-았-'에 붙는 반말 투의 종결 어미. 1 혼잣말로 다짐하는 뜻을 나타냄. ¶책을 좀 읽-. 2 상대에게 부드럽게 어떤 사실을 환기 또는 촉구하거나 동의를 구하는 뜻을 나타냄. ¶휴지는 휴지통에 넣어야지. ▷-지.-아야지.-여야지.

어-어 캡 1 뜻밖에 일이 그릇되거나 이상하게 될 때 내는 소리. ¶~, 이상하다. 이게 뭐지? 2 때 지어 싸울 때 기운을 돋우려고 내는 소리. ¶~.

어언(於焉) 튀 알지 못하는 동안에 어느덧. =어언간. ¶고향을 떠난 지도 ~ 20년이 지났다.

어언-간(於焉間) 튀 =어언.

어업(漁業) 閉 영리를 목적으로 수산 동식물을 잡거나 양식하는 산업. ¶원양 ~.

어여-머리 閉 조선 시대, 부인이 예장할 때 머리에 얹던, 다리로 된 커다란 머리.

어여쁘다 〈어여쁘니, 어여뻐〉 '예쁘다'의 예스러운 말. ¶꽃처럼 **어여쁜** 얼굴.

어여삐 [부] 어여쁘게. ¶부족한 점이 있더라도 ~ 보아주셔요.
어엿-하다[-여타-] [형][여] 당당하고 떳떳하다. ¶학교를 졸업하고 **어엿한** 사회인이 되다. **어엿-이** [부]
어영-부영 [부] 적극성이 없이 나태하게 행동하는 모양. ¶하는 일 없이 ~ 세월만 보내다.
-어요 [어미] **1** 서술격 조사 '이다' 또는 '아니다'의 어간에 붙어, 서술·의문을 나타내는, '해요체'에 해당하는 종결 어미. [비]-에요. ¶그분은 참 훌륭한 분이~. **2** 끝 음절의 모음이 'ㅏ', 'ㅑ', 'ㅗ'가 아닌 용언의 어간에 붙어, 서술·의문·명령·청유의 뜻을 나타내는, '해요체'의 종결 어미. 'ㅓ'로 끝나는 어간 아래에서는 '어'가 탈락됨. ¶함께 있~. ▷-아요.
어!용(御用) [명] 권력에 영합하여 그 이익을 위해서 자주성 없이 행동하는 것. ¶~ 단체.
어우러-지다 [동][자] 여럿이 조화되어 한 덩어리나 한 판을 이루게 되다. ¶풍물패와 **어우러져** 흥겹게 놀다. [작]아우러지다.
어우르다 [동][타][르] 〈어우르니, 어울러〉 여럿을 모아서 한 덩어리나 한 판이 되게 하다. ¶씨름을 ~. [작]아우르다.
어울리다 [동][자] **1** (사람이 사람과) 서로 사귀는 관계를 가지면서 함께 다니거나 놀거나 하다. ¶불량배들과 **어울려** 다니다. **2** (어떤 사람·물건이 다른 사람·물건과 [에 / 에게]) 서로 조화를 이루어 좋은 상태를 나타내다. ¶옷에 잘 **어울리는** 액세서리. [준]얼리다.
어울림-음(-音) [명][음] 동시에 울린 두 개 이상의 음이 잘 조화되어 듣기 좋은 화음. =협화음. ↔안어울림음.
어!원(語源·語原) [명][언] 어떤 말이 생겨난 근원. 또는, 개개의 단어가 갖는 근원적인 어형(語形)이나 뜻. ¶~을 밝히다.
어웨이^경!기(away競技) [명][체] 프로 야구·축구·농구 등에서, 상대 팀의 연고지에서 하는 경기. ↔홈경기.
어유[1] [감] **1** 뜻밖에 일어난 일에 대한 놀라움을 나타내는 소리. **2** 힘에 부치거나 피곤할 때에 내는 소리. [비]어이구. [작]아유.
어유[2](魚油) [명] 정어리·청어 등 물고기를 쪄서 압착하여 얻는 기름. 식품·비누 등의 원료로 씀.
어육(魚肉) [명] **1** 생선의 고기. **2** '남에게 짓밟힘'의 비유. ¶나라가 적군에 유린되고 백성은 ~이 되었다.
어음[1] [명] **1** [경] 일정한 시기에 일정한 장소에서 일정한 금액을 지급하겠다고 약속한 유가 증권. ¶부도 ~ / ~을 발행하다. **2** [역] 돈 치르기를 약속하는 표 쪽. 수결이나 도장을 지르고 한가운데를 짜개어 채무자와 채권자가 한 쪽씩 나누어 가짐.
어!음[2](語音) [명] 말의 소리.
어음^할인(-割引) [명][경] 은행이 어음 소지인의 의뢰에 의해 만기일까지의 이자를 뗀 금액으로 어음을 사는 일. [준]할인.
어!의[1](御醫) [-의/-이] [명] 임금의 병을 치료하는 의원.
어!의[2](語義) [-의/-이] [명] 말의 뜻. [비]말뜻.
어이[1] [부] '어찌'의 예스러운 말. ¶~ 내가 그걸 모르랴.
어이[2] [감] '어이구'의 준말. ¶~, 힘들다.
어!이[3] [감] 주로 성인 남자들이 아랫사람이나 동년배를 부를 때 쓰는 말. ¶~ 김 씨, 나 좀 도와줘.
어이구 [감] 아프거나 힘들 때, 놀랍거나 기막힐 때, 상쾌하거나 반가울 때 내는 소리. [비]어유. ¶~, 시원하다. [준]어이. [작]아이고.
어이구나 [감] '어이구'의 힘줌말.
어이-어이 [감] 상제(喪制)를 제외한 복인(服人)이나 조객(弔客)이 곡하는 소리.
어이-없다[-업따] [형] 일이 너무 뜻밖이어서 기가 막힐 지경이다. [비]어처구니없다. ¶**어이없어** 말이 안 나오다. **어이-없이** [부] ¶방심하다가 ~ 한 판을 지다.
어이쿠 [감] 다른 물체에 몹시 세게 부딪치거나 갑자기 놀랐을 때에 내는 소리. ¶~, 큰 실수를 했구나. [작]아이코.
어이-하다 [동][자][타][여] '어찌하다'의 예스러운 말. ¶어허, 이 일을 **어이할고**?
어인 [관] '어찌 된'을 예스럽게 이르는 말.
어장(漁場) [명] **1** 고기잡이를 하는 곳. **2** [지] 풍부한 수산 자원이 있고, 어업을 할 수 있는 수역(水域). ¶멸치 ~.
어저께 [명][부] '어제'를 보다 구어적으로 이르는 말. ¶까치 까치 설날은 ~고요….
어적-거리다/-대다[-꺼(때)-] [동][자][타] 꽤 단단한 물건을 깨물어 단번에 부스러지는 소리가 자꾸 나다. 또는, 그런 소리를 자꾸 내다. [작]아작거리다.
어적-어적 [부] 어적거리는 소리. ¶무를 통째로 ~ 씹어 먹다. [작]아작아작. **어적어적-하다** [동][자][타][여]
어!전[1](御前) [명] 임금의 앞. ¶~ 회의.
어!전[2](御殿) [명] 임금이 있는 곳.
어!절(語節) [명][언] 문장을 이루는 도막도막의 마디. 문장 성분의 최소 단위로서 띄어쓰기의 단위가 됨.
어정-거리다/-대다 [동][자][타] 키가 큰 사람이나 짐승이 한가로이 이리저리 천천히 걷다. ¶하는 일 없이 **어정거리다가** 하루해를 보냈다. [작]아장거리다.
어정-어정 [부] 어정거리는 모양. [작]아장아장. **어정어정-하다** [동][자][타][여]
어정쩡-하다 [형][여] 분명하지 않고 모호하거나 어중간하다. ¶**어정쩡한** 태도. **어정쩡-히** [부] ¶~ 서 있다.
어정-칠월(-七月) [명] 농사철로 보아 바쁜 때라 음력 칠월은 어정거리다 지나가 버린다는 말.
[**어정칠월 동동팔월**] 농가에서 음력 칠월은 어정거리다가 가고, 팔월은 추수에 바빠 동동거리는 사이에 가 버린다는 말.
어제 Ⅰ[명] **1** 오늘의 바로 전날. [비]어저께. **2** 과거를 비유적으로 이르는 말. ¶그는 ~의 그가 아니다.
Ⅱ[부] 오늘의 바로 전날에. [비]어저께.
어제-오늘 [명] 가까운 요 며칠. 곧, 아주 최근. ¶사교육은 ~의 문제가 아니다.
어제-저녁 [명] 어제의 저녁. [준]엊저녁.
어젠다(agenda) [명] 사회적·정치적으로 중요한 과제나 정책. 또는, 논의해야 할 문제. 순화어는 '과제', '의제'. ¶국가적 ~. ×아젠다.
어젯-밤[-제빰/-젣빰] [명] 어제의 밤. =전야(前夜).
어!조(語調) [명] 말하는 사람의 어떤 감정을 나타내 주는, 말의 억양이나 목소리의 상태. ¶격한 ~로 말하다.
어!조-사(語助辭) [명][언] 한문의 토. 실질적인 뜻은 없고 다른 글자의 보조로만 쓰임. '焉', '也', '於' 따위.

어족¹(魚族) [명][동] =어류(魚類).

어족²(語族) [명][언] 세계의 언어를 계통적으로 연구하여 같은 기원에서 파생하였다고 보이는 언어를 일괄하여 일컫는 말. 인도·유럽 어족, 알타이 어족 따위.

어종(魚種) [명] 물고기의 종류. ¶이 강에는 다양한 ~이 살고 있다.

어:줍다[-따] [형] 1 (말이나 행동이) 익숙지 않아 서투르고 어설프다. ¶외국인이 **어줍은** 발음으로 우리말을 더듬거렸다. 2 (몸의 일부가) 저리거나 굽거나 하여 움직임이 부자유스럽거나 부자연하다.

어줍잖다 '어줍잖다'의 잘못.

어중-하다(於中-) [형][여] ['어중간'은 거의 중간이 되는 데라는 뜻] 사물의 정도가 아주 모자라는 것도 아니고 아주 넘치는 것도 아니어서 어떻게 하기가 어렵다. 또는, 대상의 상태가 이것도 아니고 저것도 아니어서 어떻게 하기가 어렵다. ¶지금 출발하기에는 시간이 ~. **어중간-히** [부]

어중-되다(於中-) [-뙤-/-뛔-] [형][여] 정도가 넘고 처져 알맞지 않다. ¶혼자 먹자니 많고 둘이 먹자니 적어 ~.

어:중이-떠중이 [명] 각 방면에서 마구 모인 탐탁하지 못한 여러 사람. ¶~들이 모여서 될 한다는 건지 모르겠다.

어지간-하다 [형][여] 1 일정한 표준에 거의 근사하다. ¶인품은 그만하면 **어지간한** 셈이다. 2 뛰어나지 못하고 보통 수준에 있다. 3 생각보다는 무던하다. ¶그걸 참다니 그도 참 ~. **어지간-히** [부] [비]제법·퍽. ¶~ 잘 참았다.

어지러-뜨리다/-트리다 [동][타] 어지럽게 하다. ¶누가 이렇게 방을 **어지러뜨렸니**?

어지럼 [명] 어지러워 주위 공간이 빙 도는 듯이 느끼는 일.

어지럼-증(-症) [-쯩] [명] 몸이 평형감각을 잃고 주위 공간이 빙 도는 듯이 느끼는 증상. [비]현기증.

어지럽다[-따] [형][비]<어지러우니, 어지러워> 1 사물이 빙빙 도는 것 같아 몸을 가누기가 어렵다. ¶빈혈 때문에 앉았다 일어서면 ~. 2 (사물이) 질서 없이 흩어져 어수선하다. ¶방 안에 옷가지들이 **어지럽게** 널려 있다. 3 (사물 현상이) 뒤얽혀 갈피를 잡을 수 없다. ¶그 문제를 생각하면 머리가 ~. 4 (나라나 사회가) 편안하거나 태평하지 못하고 혼란한 상태에 있다. ¶나라가 ~. 5 (품행이) 바르지 못하고 너절하다. ¶**어지러운** 여자관계. **어지러이** [부] ¶책들이 ~ 널려 있다.

어지럽-히다 [-러피-] [동][타] '어지럽다'의 사동사. ¶방을 ~.

어지르다 [동][타]<어지르니, 어질러> 정돈되어 있는 일이나 물건을 함부로 놓다. ¶방을 **어지르지** 좀 마라.

어:지-자지 [명] 1 남자와 여자의 생식기를 한 몸에 겸하여 가진 사람이나 동물. 2 제기차기에서, 이쪽 저쪽 발을 바꾸어 차는 것.

어질다 [형][비]<어지니, 어지오> 성품이 인자하고 덕행이 높다. ¶**어진** 임금.

어질-병(-病) [-뼝] [명][한] 정신이 어질어질하여지는 병.

어질-어질 [부] 현기가 나서 눈이 캄캄해지고 자꾸 어지러운 모양. **어질어질-하다** [형][여]

어질-증(-症) [-쯩] [명] 어질병의 증세. [비]현기증.

어찌 [부] '어찌하여'의 준말. ¶~ 이렇게 늦었니?

어째서 '어찌하여서'가 준 말. ¶~ 너는 그 모양이냐.

어쨌건[-쨋껀] [부] 사태가 어떻게 되었든 관계없이. ¶사정이야 ~ 네가 늦은 건 사실이야.

어쨌든[-쨋든] [부] 일이나 사정이 어찌 되었든 간에. [비]아무튼·어떻든·여하튼·하여튼. ¶~ 만나 보자.

어쨌든지[-쨋든-] [부] '어쨌든'을 좀 더 구어적으로 이르는 말.

어쩌고-저쩌고 [부] 어떤 사실에 대해 이런 저런 말로 설명하거나 이야기를 늘어놓는 것을 구어적으로 이르는 말. ¶이러쿵저러쿵, ~ 해도 여름엔 수박이 제일이다.

어쩌다¹ [동][여] '어찌하다'의 준말. ¶좋아서 **어쩔** 줄을 모른다.

어쩌다² '어쩌다가'의 준말. ¶~ 시간이 나면 안부 전해 주게.

어쩌다가 [부] 1 뜻밖에 우연히. ¶~ 그 자리에 있게 되었다. 2 이따금 또는 가끔하다가. ¶~ 오는 손님. 준어쩌다.

어쩌면 Ⅰ [부] 1 확실하지 않지만 짐작하건대. ¶~ 내가 갈지도 몰라. 2 도대체 어떻게 해서. ¶~ 그렇게 예쁠까? 준어쩜. Ⅱ '어찌하면'이 준 말. ¶~ 좋을지 모르겠다.

어쩐지 [부] 어찌 된 까닭인지. ¶~ 좀 이상하더라니.

어쩜 [부] '어쩌면'의 준말. ¶~ 그리도 낯이 두꺼울까?

어쭙잖다 [-짠타] [형] 1 (언행이) 분수에 넘치거나 주제넘어 되지 않은 상태에 있다. ¶남의 일에 **어쭙잖게** 끼어들어 감 놔라 대추 놔라 하지 마라. 2 (대상이) 드러내어 내세우기에 보잘것없거나 어설픈 상태에 있다. ¶**어쭙잖은** 지식. ×어줍잖다.

어찌 [부] 1 어떤 이유로. ¶네가 ~ 그런 짓을 할 수 있단 말이냐? 2 어떤 방법으로. ¶먼 길을 ~ 갈꼬. 3 어떤 정도로. ¶~ 바람이 세던지 날아갈 뻔했다.

어찌나 [부] '어찌³'의 힘준말. ¶여섯밤은 ~ 더운지 잠 한숨도 못 잤다.

어찌-씨 [명][언] =부사(副詞)².

어찌어찌-하다 [부] 이래저래 어떻게 하다. ¶**어찌어찌해서** 위기를 모면했다.

어찌-하다 [동][여] '어떻게 하다'의 뜻. ¶이번 일은 **어찌해** 볼 도리가 없다. 준어쩌다.

어찌-하여 [부] 어떤 이유나 원인으로. ¶~ 하루아침에 마음이 변했는가. 준어쩌.

어쩔-하다 [형][여] 갑자기 어지럽고 머리가 내둘리다. 준어쩔하다.

어차피(於此彼) [부] 이렇게 하든지 저렇게 하든지. 또는, 이렇게 되든지 저렇게 되든지. ¶~ 갈 것이라면 당장 가거라.

어처구니 [명] 상상 밖의 엄청나게 큰 사람이나 물건.

어처구니-없다 [-업따] [형] 터무니없거나 말이 안 돼 기가 막힐 지경이다. ¶그는 **어처구니없는** 주장을 해 대면서 자기 뜻에 따를 것을 강요했다. **어처구니없-이** [부] ¶~ 나가떨어지다.

어촌(漁村) [명] 고기잡이를 하는 사람들이 모여서 사는 마을. [비]갯마을.

어치¹ [명][동] 비둘기보다 조금 작고, 몸은 적갈색이며 날개에 청색과 검은색의 가로띠가 있는 새. 목이 쉰 듯한 소리로 울어

대며, 다른 새들의 소리를 잘 흉내 냄.
-어치[2] [접미] 그 값에 상당하는 분량이나 정도. ¶천 원~의 과자 / 고기 만 원~.
어¦투(語套) [명] =말투.
어¦파(語派) [명][언] 한 어족(語族)에서 같은 시기에 분화된 여러 언어의 총칭.
어패럴^산¦업(apparel産業) [명] 모피(毛皮) 제품을 제외한 모든 의류 제품을 디자인하여 만드는 산업.
어패-류(魚貝類) [명] 어류와 조개류의 총칭.
어퍼컷(uppercut) [명][체] 권투에서, 상대와 근접한 거리에서 싸울 때 턱이나 명치 부근을 주먹으로 올려 치는 공격법.
어¦폐(語弊) [-폐/-페] [명] (주로, '어폐가 있다' 의 꼴로 쓰여) 말이 적절치 않아 생기는 모순이나 잘못. ¶다수가 절대적으로 옳다는 것은 ~가 있는 말이다.
어프로치(approach) [명] **1** 학문이나 연구 등에서, 대상에 접근하는 일. **2** [체] 스키의 점프 경기나 멀리뛰기·높이뛰기 등에서, 스타트에서 도약점까지의 사이. **3** [체] 골프에서, 그린 지대의 홀을 향하여 공을 치는 방법.
어필(appeal) [명] 〔호소한다는 뜻〕 **1** 호소하는 힘이 있는 것. 곧, 마음을 끄는 힘이 있는 것. ¶섹스~. **2** [체] 운동 경기에서, 선수가 심판에게 판정에 대한 이의를 제기하는 것. **어필-하다** [동][자][여] ¶그 영화는 새로운 영상 미학으로 젊은이들에게 강하게 **어필하였다**.
어¦-하다 [동][타][여] 어린아이의 응석을 받으며 떠받들어 주다. ¶자꾸 **어해** 주니까 점점 버릇이 없어진다.
어¦학(語學) [명] **1** [언] 어떤 나라의 언어, 특히 문법을 연구 대상으로 하는 학문. **2** 외국어를 연구하거나 습득하기 위한 학문. **3** [언] '언어학' 의 준말.
어¦학-자(語學者) [-짜] [명] '언어학자' 의 준말.
어항[1](魚缸) [명] **1** 금붕어나 열대어 따위의 관상용 물고기를 넣어 기르는, 투명한 유리로 둥글거나 네모지게 만든 용기. **2** 주로 내에서 물고기를 잡을 때 쓰는 유리 용기. 안에 된장이나 깻묵 등을 넣고 물에 담가 두면 물고기가 들어왔다가 나가지 못함.
어항[2](漁港) [명] 어선이 근거지로 삼아 정박하고, 출어 준비와 어획물의 양륙을 하는 항구.
어허 [감] **1** 미처 생각하지 못하던 어떤 것을 깨달아 느꼈을 때 내는 소리. ¶~, 벌써 시간이 이렇게 되었나! [작]아하. **2** 상대(주로 아랫사람)의 행위가 좀 못마땅할 때 제지하거나 나무라는 뜻으로 내는 소리. ¶~, 어른 앞에서 그 무슨 짓이냐.
어허허 [부] 조금 무게 있게 너털웃음을 웃는 소리. [작]아하하.
어험 [감] 짐짓 위엄을 내어 기침하는 소리. =으흠.
어¦혈(瘀血) [명][한] 피가 제대로 순환되지 않고 뭉쳐 있는 상태. 또는, 그 피. 타박상을 입거나 기가 허하거나 할 때 발생함. ¶~을 풀다 / ~이 뭉치다.
어¦형(語形) [명][언] 말이나 단어의 형태.
어¦화 [감] 기쁜 마음을 나타내어 노래로 누구를 부르는 소리. ¶~, 벗님네야.
어화-둥둥 [감] 노래를 겸하여 아기를 어르는 소리. ¶~, 내 사랑아.
어황(漁況) [명] 어떤 어장(漁場)에서의, 물고기의 종류·어획량 등의 고기잡이 상황. ¶~이 좋지 않다.
어획(漁獲) [-획/-훽] [명] 수산물을 잡거나 채취하는 것. 또는, 그 물건. **어획-하다** [동][타][여]
어획-고(漁獲高) [-획꼬/-훽꼬] [명] 어획한 수산물의 총량. 또는, 그 가격의 총액.
어획-량(漁獲量) [-횡냥/-휑냥] [명] 잡은 물고기의 수량.
어¦휘(語彙) [명] **1** 일정한 범위 안에서 쓰이는 낱말의 총체. [비]단어. ¶기본 ~. **2** [언] 어떤 종류의 말을 간단한 설명을 붙여 순서대로 모아 적어 놓은 글.
어¦휘-력(語彙力) [명] 어휘를 구사(驅使)할 수 있는 능력. ¶~을 신장하다.
어흥 [부] **1** 호랑이가 우는 소리. **2** 어린애를 겁나게 하기 위하여 호랑이의 우는 소리를 흉내 내는 소리.
어흥-이 [명] 〈유아〉 호랑이.
억[1] [감] 갑자기 놀라거나 쓰러질 때 내는 소리.
억[2](億) Ⅰ [수] 만(萬)의 만 곱절.
Ⅱ [관] ¶일~ 원을 장학금으로 기탁하다.
억겁(億劫) [-껍] [명][불] 무한히 긴 오랜 세상 또는 세월. ¶~의 세월.
억견(臆見) [-껸] [명] 억측하여 헤아리는 소견.
억년(億年) [엉-] [명] 매우 긴 세월.
억-누르다 [엉-] [동][타][르] 〈~누르니, ~눌러〉 억지로 마구 내리누르다. ¶격정을 ~ / 약자를 ~.
억눌리다 [엉-] [동][자] '억누르다' 의 피동사. ¶침략자에게 **억눌려** 살다.
억대(億臺) [-때] [명] 억으로 헤아릴 만함. ¶~의 부자.
억류(抑留) [엉뉴] [명] (사람을 어느 곳에) 억지로 머물게 하는 것. **억류-하다** [동][타][여] **억류-되다** [동][자] ¶사할린에 **억류되어** 있는 우리 동포들.
억만(億萬) [엉-] [관] '억(億)[2]Ⅱ' 를 강조하여 이르는 말. 또는, 헤아릴 수 없이 많은 상태를 이르는 말. ¶~ 가지 시름.
억만-금(億萬金) [엉-] [명] 엄청나게 많은 돈. ¶그 일은 ~을 준다 해도 하기 싫다.
억만-년(億萬年) [엉-] [명] 무궁한 세월.
억만-장자(億萬長者) [엉-] [명] 엄청나게 많은 재산을 가지고 있는 사람. '백만장자' 의 '백만' 을 '억만' 으로 바꾸어 좀 더 강조한 말임.
억불(抑佛) [-뿔] [명] 불교를 억제하는 것. **억불-하다** [동][자][여]
억¦새 [-쌔] [명][식] 갈대와 비슷하나 갈대보다 열은 색의 꽃이 피는, 높이 1~2m의 여러해살이풀. 7~9월에 황갈색 꽃이 피며, 산지에 떼 지어 자람. ▷갈대.
억¦새-밭 [-쌔받] [명] 억새가 우거진 곳.
억¦새-풀 [-쌔-] [명] '억새' 를 구어적으로 이르는 말.
억설(臆說) [-썰] [명] 근거도 없이 억지로 우겨 대는 말. ¶항간에 ~이 구구하다. **억설-하다** [동][타][여]
억-세다 [-쎄-] [형] **1** 결심한 바를 이루려는 뜻이 굳고 세차다. ¶**억센** 의지. **2** 식물의 잎이나 줄기가 뻣뻣하고 세다. **3** 운수 따위의 좋고 나쁜 정도가 심하다.
억수 [-쑤] [명] 물을 퍼붓듯이 세차게 내리는 비. [비]호우. ¶~로 퍼붓는 장대비.
억압(抑壓) [명] **1** (사람을) 자기의 뜻대로 또는 자유롭게 행동하지 못하도록 억으르는 것. 또는, 행동이나 자유 등을 억지로 억으르는 것. 2 [심] 정신 분석 용어의 하나. 불쾌한 생각이나 감정을 무의식중에 억눌러 의식에 떠오르지 않게 하는 것. ¶~을 쓰다. 억울-히 부.
억압-하다 통(타여) ¶반체제 지식인을 ~.
억압-되다 통(자).
억압-적(抑壓的)[-쩍] 관 뜻대로 행동하지 못하도록 억으르는 특성이 있는 (것). ¶~ 태도.
억양(抑揚) [언] 이어진 말의 일정한 단위에 나타나는 소리의 높낮이의 상태나 변동의 유형. 말이 가지는 원래의 뜻 이외에 화자(話者)의 태도를 나타내는 기능 =인토네이션.
억양-법(抑揚法) [-뻡] 명[문] 수사법의 하나. 대상을 앞에서 긍정적으로 표현하고 뒤에서 부정적으로 표현하거나 그 반대의 순서로 표현하는 방법. "얼굴은 예쁘면 마음씨가 고약하다." 따위.
억울-하다(抑鬱-) 형 애매한 일을 당해서 원통하고 답답하다. ¶억울하게 누명을 쓰다. 억울-히 부.
억장(億丈) [-짱] 명 썩 높은 것. 또는, 그 길이.
억장이 무너지다 극심한 슬픔이나 절망 등으로 몹시 가슴이 아프고 괴로운 상태가 되다. ¶일찍이 죽은 자식 생각을 하면 지금도 억장이 무너진다.
억제(抑制) [-쩨] 명 1 흥분되려는 감정, 격렬한 욕망, 충동적인 행동 등을 내리눌러 멎게 하는 것. 2 급하게 세차게 나아가려는 것을 억눌러 멎게 하는 것. =제지(制止). ¶인플레의 ~. **억제-하다** 통(타여) ¶감정을 ~. **억제-되다** 통(자).
억조-창생(億兆蒼生) [-조-] 명 수많은 백성. ¶도탄에 빠진 ~을 구하다.
억지¹ [-찌] 명 생각이나 행동을 무리하게 해내려는 고집. ¶~을 부리다. ×어거지.
[**억지가 사촌보다 낫다**] 남에게 의존하기보다는 억지로라도 제힘으로 하는 것이 낫다.
억지 춘향(이) '춘향전'에서, 변 사또가 춘향으로 하여금 억지로 수청 들라고 강요한 데서 나온 말) 일이 순리대로 이루어진 것이 아니라 억지로 하여 겨우 이루어진 것을 이르는 말.
억지²(抑止) [-찌] 명 억눌러 제지하는 것. **억지-하다** 통(타여).
억지-력(抑止力) [-찌-] 명 한쪽이 공격하려고 하여도 상대편의 반격이 두려워서 공격하지 못하도록 하는 힘.
억지-로 [-찌-] 부 무리한 정도로나. ¶안 넘어가는 밥을 ~ 먹다.
억지-스럽다 [-찌-따] 형(ㅂ변) <~스러우니, ~스러워> 억지를 부리는 데가 있다. ¶억지스러운 연기. **억지스레** 부.
억지-웃음 [-찌-] 명 웃기 싫은 것을 억지로 웃는 웃음. ¶~을 유발하는 코미디.
**억지-로 보이는 것을 ~.
억척 끈덕지고 억센 태도. 또는, 그런 사람. ¶~을 떨다(부리다). ¶돈을 벌다.
억척-같다 [-깓따] 형 아주 끈덕지고 억세다. ¶사람이 ~. ☞악착같다. **억척같-이** 부 ¶~ 돈을 벌다.
억척-스럽다 [-쓰-따] 형(ㅂ변) <~스러우니, ~스러워> 모질고 굳은 태도가 있다. ☞악착스럽다. **억척스레** 부.
억척-이 억척스러운 사람.
억측(臆測) 명 이유와 근거가 없는 추측.

¶~이 난무하다. **억측-하다** 통(타여).
억하-심정(抑何心情) [어카-] 명 대체 무슨 마음으로 그리하는지 알기 어렵다는 뜻. ¶무슨 ~으로 그런 말을 하오?
언감생심(焉敢生心) 명 감히 그런 마음을 품을 수도 없음.
언급(言及) 명 (어떤 문제에 대하여) 어떤 의견을 나타내거나 판단을 내려 말하는 것. ¶~을 회피하다. **언급-하다** 통(타여) **언급-되다** 통(자).
언니 1 같은 부모한테서 태어난 여자 사이에서, 나이가 적은 쪽 여자에 대해 나이가 많은 쪽 여자를 이르거나 부르는 말. 2 일가친척 가운데 항렬이 같은 여자 사이에서, 나이가 적은 쪽 여자에 대해 나이가 많은 쪽 여자를 이르거나 부르는 말. ↔동생. 3 나이가 약간 차이 나는 남남끼리의 여자 사이에서, 나이가 적은 여자가 나이가 많은 여자를 가리켜 대접하는 뜻으로, 또는 정다움을 나타내어 이르거나 부르는 말. 4 오빠의 아내를 이르거나 부르는 말.
언더그라운드(underground) 명[예] 상업성을 무시한 전위 예술(前衛藝術) 또는 실험 예술의 풍조. 또는, 그 예술. 1960년대에 미국에서 영화를 중심으로 일어남.
언더-라인(underline) 명 '밑줄'로 순화.
언더-스로(←underhand throw) 명[체] =언더핸드 스로.
언더웨어(underwear) 명 내의류의 총칭.
언더^파(under par) 명 골프에서, 기준 타수(打數)인 파 72 이하로 18홀을 한 바퀴 도는 일.
언더핸드^스로(underhand throw) 명[체] 야구에서, 팔을 어깨 밑으로부터 위쪽으로 치켜 올리면서 공을 던지는 방법. =언더스로.
언덕 명 평지보다 높고 산보다는 낮은, 비교적 완만하이 비탈이 진 땅.
언덕-길 [-낄] 명 산길·고개 따위에 좀 높고 비탈진 길.
언덕-바지 [-빠-] 명 =언덕배기.
언덕-배기 [-빼-] 명 언덕의 꼭대기. 또는, 언덕의 몹시 비탈진 곳. =언덕바지.
언도(言渡) 명[법] 재판장이 판결을 알림. '선고(宣告)'로 순화. **언도-하다** 통(타여) ¶사형을 ~.
언동(言動) 명 사람이 어느 곳에서 하는 말과 행동. ¶~이 불손하다.
언뜻 [-뜯] 부 1 보거나 보이는 것이 아주 짧은 순간에 이뤄지는 모양. ¶~ 보기에는 진짜 같지만 사실은 가짜다. 2 생각이나 기억 등이 문득 떠오르는 모양. ㉿얼핏. ¶좋은 생각이 ~ 떠오르다. ×펀뜻.
언뜻-언뜻 [-뜯-뜯] 부 잇달아 보이거나 생각나는 모양. ㉿얼핏얼핏. ¶구름 사이로 ~ 보이는 푸른 하늘.
언로(言路) [얼-] 명 신하나 백성이 임금에게 말을 할 수 있는 길. '요로(要路)'에 의견을 개진할 수 있는 길'의 뜻으로도 쓰임. ¶~가 열리다.
언론(言論) [얼-] 명 1 개인이 타인에게 어떤 문제에 대해 말이나 글이나 연파 등을 통해 자기의 생각을 표현하거나 발표하는 일. 2 신문·라디오·텔레비전·통신·잡지 등을 통해 뉴스나 어떤 사실을 밝혀 알리거나 어떤 문제에 대하여 여론을 형성하는 활동. ¶~ 매체.

언론의 자유 개인이 그 사상 또는 의견을 말로 발표할 수 있는 자유.
언론-계(言論界)[얼-계/어-게] 명 언론에 종사하는 사람들의 사회.
언론^기관(言論機關)[얼-] 명 언론을 담당하는 기관. 신문사·방송국 따위.
언론-사(言論社)[얼-] 명 언론을 담당하는 회사. 신문사·방송사 따위.
언론-인(言論人)[얼-] 명 언론 기관에 관계하여 언론을 직업으로 하는 사람.
-언마는 어미 '-건마는'의 예스러운 말.
-언만 어미 '-건만'의 예스러운 말.
언명(言明) 명 말로써 의사나 태도를 분명히 나타내는 것. **언명-하다** 통타여 ¶그는 조국의 민주화를 위해 끝까지 싸울 것임을 **언명했다**.
언문¹(言文) 명 말과 글. 삐언문.
언:문²(諺文) 명 '상말을 적는 글자'라는 뜻) '한글'을 한문에 상대하여 낮추어 일컫던 말. ▷편지. ▷진서(眞書).
언문-일치(言文一致) 명 실제로 쓰이는 말과 글로 적은 말이 일치함.
얼밸런스(unbalance) 명 사물이 균형이 잡히지 않음. 삐불균형·부조화. ↔밸런스. **얼밸런스-하다** 형여
언변(言辯) 명 남 앞에서 말을 막힘이 없이 잘하는 능력. 삐구변. ¶~이 좋다.
언사(言辭) 명 말하는 사람의 말씨. ¶불손한 ~를 쓰다.
언설(言說) 명 말로써 설명하는 것. 또는, 그 설명하는 말. **언설-하다** 통타여
언성(言聲) 명 말의 소리. 삐말소리. ¶~을 높이다.
언약(言約) 명 (어떤 일을) 말로 약속하는 것. 또는, 그 약속. ¶굳은 ~. **언약-하다** 통타여 ¶우리는 장래의 결혼을 **언약한** 사이다.
언어(言語) 명 1 사상·감정을 나타내고 의사를 소통하기 위한, 음성·문자 따위의 수단. 또는, 그 음성이나 문자의 사회 관습적인 체계. 삐말. ¶~ 순화. 2 동물이 어떤 의사나 의지를 나타내기 위해 취하는 몸짓이나 내는 소리. ¶꿀벌의 ~.
언어-도단(言語道斷) [-딴] 명 어이가 막힌다는 뜻) 어이가 없어서 말하려 해도 말할 수 없음. ¶자식이 부모를 업신여기다니 ~이다.
언어^예술(言語藝術) 명 말로 나타내는 예술. 시·소설·희곡 따위.
언어-유희(言語遊戲) [-히] 명 1 =말놀이. 2 실질적인 내용도 없이 미사여구나 현학적인 말을 늘어놓는 일. ¶~에 빠진 고답적인 서정시.
언어-폭력(言語暴力) [-녁] 명 말로써 온갖 욕설·음담패설을 늘어놓거나 욕설·협박 등을 하는 일. ¶~에 시달리다.
언어-학(言語學) 명 언어의 본질을 과학적으로 밝히는 학문. 쥰어학.
언어학-자(言語學者) [-짜] 명 언어학을 연구하는 학자.
언외(言外) [-외/-웨] 명 말 자체의 뜻 외. 또는, 말의 표현 바깥. ¶~의 의미.
언쟁(言爭) 명 =말다툼. ¶~을 벌이다. **언쟁-하다** 통자여
언저리 명 둘레의 근방. 또는, 주위의 부근. ¶입-/눈-에 멍이 들다.
언:제 I 대지시 1 어느 때. 어느 때에 이루어지는 때나 이루어진 때를 물을 때 쓰이는 말임. ¶~ 오겠니? 2 미래의 어느 때에 가서. ¶~ 한번 만나자. 3 (조사 '는'과 함께 쓰여) 과거의 어느 때에. ¶~는 좋아한다더니 이제는 싫어진 거야? 4 (조사 '나', '든', '든지', '라도' 같은 뜻의 말과 쓰여) 어느 시간에 특별히 제약되지 않음을 나타내는 말. ¶~든 놀러 오너라.
II 대지시 어느 때. 어떤 일과 관련된 때를 묻는 데 쓰이는 말임. ¶방학은 ~부터지?
언:제-나 부 1 모든 시간의 범위에 걸쳐서. 또는, 때에 따라 달라짐이 없이 늘. 삐항상. ×노다지. 2 어느 때에 가서야. ¶나는 ~ 저렇게 큰 집에서 살아 볼까?
언:젠가 부 1 미래의 어느 때에 가서는. 2 과거의 어느 때에. ¶그 지방에는 ~ 한번 가 본 적이 있다.
언중(言衆) 명 동일한 언어를 사용하고 있는 사회 안의 대중.
언중-유골(言中有骨) [-뉴-] 명 예사로운 말 속에 단단한 뼈 같은 속뜻이 있다는 말.
언질(言質) 명 어떤 일에 대해 약속하거나 허락하여 말하는 것. 특히, 나중에 다른 말을 할 수 없게 만드는 것으로서의 약속을 가리킴. ¶사전에 어떤 ~을 받았다.
언짢다 [-짠타] 형 마음에 들지 않거나 불쾌하다. ¶내 말을 **언짢게** 생각지 마라.
언짢아-하다 [-짠-] 타여 언짢게 여기다. ¶그만한 일에 **언짢아하면** 어떻게 하니?
언청이 명 윗입술이 선천적으로 찢어진 사람. 또는, 그 찢어진 입술.
언커크(UNCURK) 명 [United Nations Commission for Unification and Rehabilitation of Korea] 한국을 통일하여 민주적인 독립 국가를 수립하자는 목적 아래 1950년 10월 7일 유엔 총회의 결의에 따라 설치되었던 기구. 1973년에 해체됨.
언표(言表) 명 (어떤 사실을) 말로 나타내는 것. 또는, 그 말. **언표-하다** 통타여 **언표-되다** 통자
언필칭(言必稱) 부 말을 할 때마다 반드시. 번번이 입에 담아. ¶많은 인사들이 ~ 애국 애국 하지만 진짜 애국자는 드물다.
언:해(諺解) 명 한문을 한글로 번역하는 것. 또는, 그 책. ¶두시(杜詩) ~.
언행(言行) 명 사람이 평소에 하는 말과 행동. ¶~이 바르다/~이 일치되다.
언행-록(言行錄) [-녹] 명 어떤 사람의 언행을 적은 책.
언행-일치(言行一致) 명 말과 행동이 같음.
얹다 [언따] 타 1 (물건을 다른 물건 위에) 올려놓다. ¶난로에 주전자를 ~. 2 (일정한 양이나 액수의 물건이나 돈에 작은 양이나 액수의 것을) 더 보태다. ¶웃돈을 **얹어** 되팔다. 3 윷놀이에서, 한 말을 다른 말에 업어 어우르다.
얹은-머리 명 여자의 머리를 땋아서 위로 둥글게 둘러 얹은 머리.
얹혀-살다 타 <-사니, -사오> 남에게 의지하여 붙어살다. ¶그 나이에 아직도 부모에게 **얹혀살다**.
얹-히다 [언치-] 자 1 '얹다'의 피동사. ¶장롱 위에 **얹힌** 상자. 2 남에게 붙어살다. ¶그는 형님 댁에 **얹혀** 지내고 있다. 3 (먹은 음식이) 체하다. ¶저녁 먹은 것이 **얹힌** 것 같다.
얻:다 [-따] 타여 1 (어떤 물건을) 남이 주어서 제 것으로 받아 가지다. ¶친구에게서 **얻은** 옷. 2 (자기에게 없는, 물건이

아닌 대상을) 구하거나 찾아서 가지다. ¶새 직장을 ~. 3 (어떤 일에서 긍정적인 심리 상태나 좋은 결과를) 가지거나 누리게 되다. ¶봉사 활동에서 기쁨을 ~. 4 (어떤 사람이 어떤 일에 있어서 다른 사람들로부터 긍정적인 태도나 반응을) 가지게 되다. ¶부모의 허락을 **얻어** 결혼하다. 5 (돈이나 물건 등을) 이자나 세를 주고 빌리다. ¶전셋방을 ~. 6 (남편·아내·사위·며느리, 또는 아들·딸 등을) 새 식구로 가지다. ¶참한 며느리를 **얻으셨군**요. 7 (병을) 몸에 가진 상태가 되다. ¶과로하여 병을 ~.

얻다[2] [-따] '어디에다'가 준 말. ¶그 많은 돈을 다 ~ 썼느냐? ×어따.

얻어-걸리다 图 어쩌하다가 우연히 물건이나 일이 생기다.

얻어-듣다[-따] 图ㄷ[변] <~들으니, ~들어> 남한테서 우연히 듣고 알다.
  얻어들은 풍월 정식으로 배운 것이 아니라 남에게서 자주 들어 아는 지식.

얻어-맞다[-맏따] 图(x)(x) 1 남에게 매를 맞다. ¶한 대 ~. 2 언론이나 여론의 비난을 받는 것을 비유적으로 이르는 말. ¶K 기업의 방송에서 **얻어맞었다**.

얻어-먹다[-따] 图(x)(x) 1 (남이 주거나 베푸는 음식을) 거저 얻어서 먹다. 또는, (사람이) 생활 능력이 없어서 먹는 일을 남에게 의지하여 해결하다. ¶친구한테서 저녁을 ~. 2 (남에게서 욕을) 듣는 상태가 되다. ¶욕을 ~.

얻어-터지다 图(x)(x) '얻어맞다'을 속되게 이르는 말.

얼[1] 图 정신의 줏대. 비넋·혼. ¶한국인의 ~이 담긴 전통문화.

얼-[2] 절투 1 명사 위에 붙어서, '되다가 덜 된', '똑똑하지 못한'의 뜻을 나타내는 말. ¶~إلخ / ~요기. 2 동사 위에 붙어서, '여러 가지가 뒤섞어', '분명하지 못하게'의 뜻을 나타내는 말. ¶~넘어가다 / ~버무리다.

얼-간 图 (일부 명사 앞에 쓰여) 소금을 조금 뿌려서 약간 절임. ¶~ 고등어.

얼간-이 图 (대충 간을 맞춘 것처럼 조금 모자란다는 뜻) 됨됨이가 변변하지 못하고 모자라는 사람을 낮추보아 이르는 말.

얼-갈이 图 1 논밭을 겨울에 대강 갈아엎는 일. 2 푸성귀를 겨울에 심는 일. 또는, 그 푸성귀.

얼갈이-배추 图 겨울에 심어 가꾸는 배추. ↔봄동.

얼개 图 사물의 짜임새나 구조. ¶기계의 ~ / 소설의 기본적 ~.

얼결-에[-결-] 图 '얼떨결에'의 준말. ¶하도 조르는 바람에 ~ 승낙하고 말았다.

얼굴 图 1 사람의 눈·코·입·이마·턱 및 두 뺨과 두 귀 등이 있는 머리의 앞면. 또는, 그 전체적 윤곽이나 생김새. 비안면. 2 사람의 감정이나 체면 등을 드러내는 부분으로서의 머리 앞면. 비낯·체면·면목. ¶부모의 ~ 에 먹칠을 하다. 3 어떤 존재로서의 '인물'을 달리 이르는 말. ¶영화계의 새 ~. 4 어느 곳에서의 사람의 모습. ¶회의장에서 뜻밖에 ~을 만났다. 5 사물을 대표하거나 그 진면목을 보여 주는 존재. ¶한국의 대한민국의 ~.

얼굴(을) 붉히다 부끄럽게 여기거나 화를 내어 얼굴빛을 붉게 하다.

얼굴에 동칠을 하다 명예·체면을 손상시키는 짓을 하다.

얼굴에 철판을 깔다 염치나 체면도 없이 몹시 뻔뻔스럽다. ¶**얼굴에 철판을 깔지** 않고서야 어떻게 그런 짓을 했을까?

얼굴에 침 뱉다 망신 놓고 모욕을 주다.

얼굴을 내밀다 모습을 나타내다.

얼굴이 두껍다 부끄러움이나 거리낌이 없이 뻔뻔하다.

얼굴이 뜨겁다 부끄럽거나 창피하여 남을 대할 면목이 없다.

얼굴이 반쪽이 되다 앓거나 고통을 겪거나 하여 얼굴이 몹시 수척해지다.

얼굴이 팔리다 세상에 널리 알려지게 되다. 유명해지다.

얼굴이 피다 얼굴에 살이 오르고 화색이 돌다. ¶**얼굴이 핀** 것을 보니 형편이 좋아진 모양이다.

얼굴-값[-깝] 图 (주로 '하다', '못하다'와 함께 쓰여) 1 잘생긴 얼굴에 걸맞추나 어울림직한 바른 행동. 비인물값. ¶그는 제 ~도 못하는 놈이다. 2 (반어적으로 쓰여) (주로 여자가) 예쁜 얼굴을 가지고 좋지 못한 행실을 보이는 상태.

얼굴-마담(-④madame) 图 1 술집이나 다방에서, 얼굴이 예쁘고 경험이 많아 손님을 끄는 구실을 하는 마담. 2 실권은 없으나 대외명분상 대표 구실을 하는 사람. ¶그이 회장이지 사실은 ~에 불과하다.

얼굴-빛[-삗] 图 얼굴에 나타나는 표정이나 얼굴의 빛깔. =얼굴색. 비낯빛·안색. ¶돈 얘기를 듣자 그는 ~이 변했다.

얼굴빛이 붉으락푸르락하다 극도의 분노와 흥분을 잠지 못하여 안색이 상기되었다 창백해졌다 하다. ¶화가 나서 ~.

얼굴-색(-色) 图 =얼굴빛.

얼굴-형(-型) 图 얼굴 외곽의 특징적인 형태. ¶둥근 ~.

얼근-하다 형(여) 1 매우맛으로 입 안이 얼얼하다. ¶**얼근한** 찌개 국물. 2 술기운이 몸에 돌기 시작하는 상태에 있다. 비거나하다. 짜얼큰하다. **얼근-히** 튀 ¶술에 ~ 취하다.

얼기-설기 튀 실낱이 연하고 가는 것이 이리저리 얽힌 모양. 짜얼키설키.

얼:다 (얼고 / 얼어) 图(x) <어니, 어오> 1 (물이나 액체 상태의 물질, 또는 물기를 가진 물체가) 영하의 온도에 의해 고체 상태의 물질로 굳어지다. ¶강물이 꽁꽁 ~. 2 (사람의 몸이) 추위로 빳빳해질 만큼 차가워지다. ¶손발이 ~. 3 (어떤 사람이) 두려움이나 긴장을 일으키는 분위기나 사람 앞에서 말이나 행동이 활발하지 못하고 부자연스럽게 되다. ¶위축되다. ¶그는 마이크 앞에서 **얼어서** 말이 안 나왔다. 4 (허가) 술에 취하여 굳어지다. ¶만취하여 혀가 ~.

[언 발에 오줌 누기] 어떤 일이 잠시의 효력은 있으나 그 효력이 곧 사라져 버리는 것의 비유.

얼어 죽을 못마땅하게 여겨 얼토당토않다는 뜻으로 하는 말. ¶네까짓 놈이 대학은 무슨 ~ 대학이냐?

얼떨-결에[-결-] 图 정신이 얼떨떨한 판에. ¶~ 승낙해 버렸다. ㉜얼결에. ×얼떨김에.

얼떨김-에 '얼떨결에'의 잘못.

얼떨떨-하다 형(여) 정신이 매우 얼떨하다. =떨떨하다. ¶뜻밖의 청혼에 ~.

얼:뜨-기 图 흐리멍덩하고 어리석은 사람.

경멸적인 말임. ⓑ어리보기.
얼!-뜨다 [혱] ⟨~뜨니, ~떠⟩ (사람이) 야무진 데가 없이 흐리멍덩하고 어리석다.
얼!러-맞추다 [-맏-] [타] 그럴듯하게 남의 비위를 맞추다. ¶적당한 말로 ~.
얼럭-광대 [-꽝-] 몡 '어릿광대'에 대해 본격적인 연희를 하는 광대를 이르는 말.
얼렁-뚱땅 튀 남이 잘 의식하지 않는 사이에 슬쩍 속이거나 적당히 넘겨 버리는 모양. ⓑ엄벙뗑. ¶이번 일은 ~ 넘어가지 않을 걸세. **얼렁뚱땅-하다**
얼레 몡 연줄·낚싯줄 따위를 감는 데 쓰는 기구.
얼레-빗 [-빋] 몡 빗살이 굵고 성긴 빗. ↔참빗.
얼레지 몡〔식〕 높은 산에 자라며, 봄에 자주색 꽃이 피는 여러해살이풀. 어린잎은 나물로 먹고, 덩이뿌리는 약용함.
얼루기 몡 얼룩얼룩한 무늬나 점. 또는, 그런 짐승이나 물건.
얼룩 몡 어떤 물체의 바탕에 다른 빛깔의 액체 따위가 젖거나 스미거나 하여 잘 지워지지 않게 남은 자국이나 더러움. ¶옷에 ~이 생기다(지다).
얼룩-덜룩 [-떨-] 튀 여러 빛깔의 점이나 줄이 고르지 않게 이곳 저곳에 밴 모양. ④알록달록. **얼룩덜룩-하다** 혱재 ¶벽이 빗물로 ~.
얼룩-말 [-룽-] 몡〔동〕 말과 비슷하나 말보다 작고, 몸빛이 흰색 또는 담황색 바탕에 검은 줄무늬가 있는 포유동물. 아프리카 초원에 떼 지어 삶.
얼룩-무늬 [-룽-니] 몡 얼룩진 무늬.
얼룩-소 [-쏘] 몡 털빛이 얼룩얼룩한 소.
얼룩-송아지 [-쏭-] 몡 털빛이 얼룩얼룩한 송아지.
얼룩-얼룩 튀 여러 빛깔의 점이나 줄로 고르게 이루어진 무늬가 밴 모양. **얼룩얼룩-하다** 혱
얼룩-점 [-點] [-쩜] 몡 물건에 박힌 얼룩얼룩한 점.
얼룩-지다 [-찌-] 재 1 거죽에 얼룩이 생기다. ¶눈물로 **얼룩진** 얼굴. 2 (추상적 대상이) 좋지 못한 요소가 섞여 말끔하지 않은 상태가 되다. ¶눈물과 한숨으로 **얼룩진** 세월.
얼른 튀 시간을 끌지 말고 곧. ¶~ 가자.
얼른-거리다/-대다 재 1 무엇이 자꾸 보이다 말다 하다. 2 큰 무늬나 비치는 그림자 등이 물결 지어 자꾸 움직이다.
얼른-얼른[1] 튀 얼른거리는 모양. **얼른얼른-하다** 재
얼른-얼른[2] 튀 '얼른'의 힘줌말.
얼리!다[1] [타] 1 〔동〕 '어울리다'의 준말. ¶친구들과 잘 ~. 2 〔④〕 어울리게 하다.
얼-리다[2] [타] '얼다'의 사동사. ¶물을 ~.
얼마 몡 1 말하는 사람이 수량·분량 등을 모를 때, 그 수치적 크기가를 묻는 뜻으로 쓰는 말. ¶이 책은 ~요? 2 수량·분량 등을 뚜렷이 밝히지 않고 말할 때 쓰는 말. 또는, 수량이나 분량 등을 뚜렷이 밝히지는 않으나 비교적 적은 것임을 가리키는 말. ¶나는 값이 ~라는 것만 알을 뿐 내용은 모른다. 3 수량이나 정도를 특별히 한정하지 않음을 나타내는 말. ¶나는 ~든지 널 용서할 수 있다.
얼마-간 (-間) 몡 1 그리 길지 않은 시간 동안. 또는, 그리 많지 않은 정도. ¶~의 여유를 주시오.
얼마-나 튀 1 〔반어 의문문 속에 쓰이거나 '-느지 모른다'와 함께 쓰여〕 서술어를 강한 긍정의 뜻으로 꾸며 주는 말. ¶그리던 어머니를 만났으니 ~ 반가울까? 2 〔'얼마만큼'이 준 말〕 ¶인원이 ~ 더 필요하냐?
얼-버무리다 [타] 1 답변하기가 어려운 말을 분명하지 않게 하거나 적당히 대충하다. ¶대답을 ~. 2 (어떤 일을) 분명하게 처리하지 않고 얼렁뚱땅 넘기다. ¶사건을 적당히 ~.
얼!-빠지다 재 정신이 나가다. ¶**얼빠진** 사람처럼 멍하니 앉아 있다.
얼싸-안다 [-따] [타] 두 팔을 벌리어 껴안다. ¶전쟁터에서 살아 돌아온 아들을 **얼싸안고** 눈물을 흘리다.
얼싸-절싸 튀 흥겨워 뛰노는 모양.
얼수 〔감〕 탈춤을 출 때, 춤을 추는 사람이나 관객이 흥에 겨워 내는 소리.
얼씨-구 〔감〕 1 흥겨워 떠들 때 가볍게 장단을 맞추며 내는 소리. ¶~ 좋다. 2 보기에 아니꼬울 때에 조롱으로 하는 소리. ¶~, 잘도 논다.
얼씨구나 〔감〕 '얼씨구'의 힘줌말.
얼씨구-절씨구 〔감〕 흥겨워 장단으로 내는 소리. ¶~ 지화자 좋다.
얼씬 튀 무엇이 눈앞에 얼른 나타나는 모양. **얼씬-하다** 재자이 ¶다시는 내 눈앞에 **얼씬하지** 마라.
얼씬-거리다/-대다 재 눈앞에 자꾸 나타나다.
얼씬-얼씬 튀 얼씬거리는 모양. **얼씬얼씬-하다** 재
얼어-붙다 [-붇따] 재 1 (물질이) 얼어서 단단히 들러붙다. 2 (몸이) 긴장하거나 공포를 느껴 굳어지다. ¶공포로 온몸이 ~. 3 (마음이나 분위기가) 냉랭해지거나 활기를 잃고 위축되다. ¶사채 시장이 ~.
얼얼-하다 1 맵거나 독하여 혀끝이 몹시 아리고 쏘는 느낌이 있다. ¶고추가 어찌나 매운지 혀가 ~. 2 (부딪거나 맞은 자리가) 둔하게 아리다. ¶얻어맞은 뺨이 ~. ④알알하다.
얼-요기 (-療飢) [-료-] 몡 충분치 못하나마 대강 하는 요기. ¶밥이 될 때까지 인절미로 ~나 하시지요.
얼-음 몡 물이 얼어 굳어진 물질.
얼음 (이) 박이다 어느 신체 부위에 동상이 생기다. ¶발가락에 ~.
얼음-과자 (-菓子) 몡 =빙과(氷菓).
얼음-낚시 [-낙씨] 몡 겨울에 강이나 저수지의 얼음을 동그랗게 뚫고 하는 낚시.
얼음-덩이 [-떵-] 몡 얼음의 덩어리.
얼음-물 몡 1 얼음을 넣어 차게 한 물. 2 얼음처럼 차가운 물.
얼음-베개 [-게] 몡 머리를 차게 하기 위하여 베는 베개. 고무 따위로 만들어 그 속에 얼음을 넣음.
얼음-장 [-짱] 몡 넓은 조각의 얼음.
얼음장 같다 매우 차다. ¶방바닥이 ~.
얼음-주머니 몡 속에 얼음을 넣어 열이 높은 환자의 머리나 상처에 대는 주머니.
얼음-지치기 몡 얼음 위를 지치는 운동이나 놀이. **얼음지치기-하다** 재자이
얼음-집 [-찝] 몡 =이글루.
얼음-찜질 몡 찜질의 하나. 몸의 어느 부분에 얼음을 대어 열을 내리게 하는 일.

얼음찜질-하다 〖자〗〖여〗
얼음-판 〖명〗 얼음이 넓게 얼어 있는, 길이나 땅 등의 바닥. 비)빙판.
얼-짱 〖명〗〈속〉 어떤 집단이나 사이버 공간에서 얼굴이 가장 예쁘거나 잘생긴 사람.
얼쩡-거리다/-대다 〖자〗〖여〗 하는 일도 없이 자꾸 돌아다니다. ¶공연히 **얼쩡거리지** 말고 집에 돌아가거라. 좐)알짱거리다.
얼쩡-얼쩡 〖부〗 얼쩡거리는 모양. 좐)알쩡알쩡. **얼쩡얼쩡-하다** 〖동〗〖자,타〗〖여〗
얼찐-거리다/-대다 〖동〗〖여〗 가까이 붙어서 자꾸 아첨하는 태도를 보이다.
얼찐-얼찐 〖부〗 얼찐거리는 모양. **얼찐얼찐-하다** 〖자〗〖여〗
얼:-차려 〖명〗 군대에서, 군기를 바로잡기 위해 상급자가 하급자에게 때리지는 않으면서 육체적 고통을 가하는 일. 비)기합.
얼추 〖부〗 1 어지간한 정도로 대충. ¶기초 공사를 ~ 해 놓다. 2 어떤 기준에 거의 가깝게. ¶약속 시간이 ~ 다 되었군.
얼추-잡다[-따] 〖동〗〖타〗 (대상의 수량을) 대강 짐작하여 가늠하다. 비)어림잡다. ¶**얼추잡아도** 손님이 백 명은 넘을 거야.
얼-치기 〖명〗 1 이것도 저것도 아닌 중간치기. 2 탐탁하지 않은 사람. 3 이것저것이 조금씩 섞인 것.
얼크러-뜨리다/-트리다 〖동〗〖타〗 얼크러지게 하다.
얼크러-지다 〖동〗〖자〗 일이나 물건이 이리저리 몹시 얽히다. ¶털실이 ~.
얼큰-하다 〖형〗〖여〗 '얼근하다'의 거센말. ¶찌개 국물이 ~. **얼큰-히** 〖부〗 ¶ ~ 취하다.
얼키-설키 〖부〗 '얼기설기'의 거센말. **얼키설키-하다** 〖형〗〖여〗
얼토당토-않다[-안타] 〖형〗 1 전혀 관계가 없다. ¶**얼토당토않은** 사람이 법인으로 불리다. 2 전혀 합당하지 않다. ¶**얼토당토않은** 말.
얼핏 〖부〗 어느 순간에 잠깐. 비)언뜻. ¶그의 얼굴을 먼발치로 ~ 보다.
얼핏-얼핏[-핃-핃] 〖부〗 어느 순간마다 잠깐잠깐. 비)언뜻언뜻.
얽다¹[억따] 〖동〗〖자〗 1 얼굴에 마맛자국이 생기다. ¶얼굴이 살짝 ~. 2 물건의 겉에 흠이 많이 나다.
얽다²[억따] 〖동〗〖타〗 1 (노끈이나 줄 따위로) 이리저리 걸어서 묶다. 2 없는 일을 있는 것처럼 이러저러하게 꾸미다. ¶그는 엉뚱한 사건에 나를 **얽어** 넣었다.
얽-매다[엉-] 〖동〗 = 얽어매다.
얽매-이다[엉-] 〖동〗〖자〗 '얽매다'의 피동사. ¶직장에 ~.
얽어-매다 〖동〗〖타〗 1 얽어서 동여매다. 2 죄인을 포승으로 단단히 ~. 2 마음대로 할 수 없게 구속하다. ≡얽매다. ¶몸과 마음을 **얽어매고** 있는 번뇌로부터 벗어나다.
얽히고-설키다[얼키-] 〖동〗〖자〗 (일·생각이) 몹시 복잡하게 되다. ¶**얽히고설킨** 인간관계.
얽-히다[얼키-] 〖동〗〖자〗 1 '얽다'의 피동사. ¶뇌물 수수 사건에 **얽혀** 들어가다. 2 서로 엇갈리다. ¶나뭇가지가 ~. 3 (어느 １ 것을 중심으로 여러 가지 일·생각 등이) 복잡해지다. ¶사건이 묘하게 **얽혔다**. 4 (일·사건이) 수선화에 **얽힌** 사연.
엄격-하다(嚴格-)[-껵카-] 〖형〗〖여〗 (말·태도·규율 등이) 매우 엄하고 철저하다. ¶**엄격한** 규칙. **엄격-히** 〖부〗 ~ 금하다.
엄금(嚴禁) 〖명〗 (어떤 일을) 엄하게 금지하는 것. ¶화기(火氣) ~. **엄금-하다** 〖동〗〖타〗 ¶음주 운전을 ~.

엄:-니 〖명〗 매우 크고 날카롭게 발달한 포유동물의 이. 호랑이·멧돼지·사자 등은 송곳니가 발달한 것이고, 코끼리는 앞니가 발달한 것임.
엄단(嚴斷) 〖명〗 (어떤 일이나 대상을) 엄중히 처단하는 것. **엄단-하다** 〖동〗〖타〗〖여〗
엄동(嚴冬) 〖명〗 몹시 추운 겨울.
엄동-설한(嚴冬雪寒) 〖명〗 눈이 오고 몹시 추운 겨울.
엄두 〖명〗 (주로 부정적인 말과 쓰여) 감히 무엇을 하려는 마음. ¶너무 추워서 밖에 나갈 ~가 안 난다.
엄마 〖명〗 1 어린아이가 '어머니'를 호칭 또는 지칭하는 말. '어머니'에 비해 좀 더 정감 있는 어감을 가짐. 2 어린 자녀 이름 뒤에 붙어, 자기 아내를 호칭 또는 지칭하는 말.
엄명(嚴命) 〖명〗 엄하게 명령하는 것. 또는, 그 명령. **엄명-하다** 〖동〗〖타〗〖여〗
엄밀-하다(嚴密-) 〖형〗〖여〗 엄중하고 세밀하여 빈틈이 없다. ¶**엄밀한** 조사. **엄밀-히** 〖부〗 ¶법을 ~ 집행하다.
엄벌(嚴罰) 〖명〗 엄하게 벌을 주는 것. 또는, 그 벌. ¶ ~에 처하다. **엄벌-하다** 〖동〗〖타〗〖여〗
엄벙-덤벙 〖부〗 차분함이나 신중함이 없이 되는대로 대충 하는 모양. **엄벙덤벙-하다** 〖동〗〖여〗 ¶**엄벙덤벙하지** 말고 처음부터 차근차근 말해 보아라.
엄벙-땡 〖명〗 모르는 체하면서 슬쩍 넘어가거나 속이는 모양. ¶**엄벙땡땡**. ~ 넘어가다. **엄벙땡-하다** 〖자〗〖여〗
엄부(嚴父) 〖명〗 엄한 아버지. ▷자모.
엄살 〖명〗 고통이나 어려움을 거짓 꾸미거나 실지보다 보태어서 나타내는 태도. ¶아프다고 ~을 부리다(피우다).
엄살-꾸러기 〖명〗 엄살이 아주 심한 사람.
엄살-떨다 〖동〗 (~떠니, ~떠오) 엄살을 몹시 부리다. ¶**엄살떨지** 말고 빨리 해.
엄선(嚴選) 〖명〗 (어떤 대상을) 엄하고 철저하게 가려 뽑는 것. **엄선-하다** 〖동〗〖타〗〖여〗 **엄선-되다** 〖동〗〖자〗 ¶**엄선된** 자료.
엄수(嚴守) 〖명〗 (규칙 등을) 엄격하게 지키는 일. ¶시간 ~. **엄수-하다** 〖동〗〖타〗〖여〗 ¶시간을 ~. **엄수-되다** 〖동〗〖자〗
엄숙-주의(嚴肅主義)[-쭈의/-쭈이] 〖명〗 〖윤〗 도덕률이나 원리·원칙 등을 매우 엄격하게 고집하는 사고방식이나 입장.
엄숙-하다(嚴肅-)[-수카-] 〖형〗〖여〗 1 장엄하고 정숙하다. ¶**엄숙한** 분위기. 2 위엄이 있고 정중하다. ¶**엄숙한** 표정. **엄숙-히** 〖부〗
엄:습(掩襲) 〖명〗 1 (적을) 갑작스레 습격하는 것. 2 (부정적인 현상이 어느 곳이나 사람의 몸이나 마음을) 갑자기 덮치는 상태가 되는 것. **엄:습-하다** 〖동〗〖타〗〖여〗 ¶자리에 드니 피로가 **엄습해** 왔다.
엄연-하다(儼然-) 〖형〗〖여〗 현상이 뚜렷하여 누구도 감히 부인할 수 없다. ¶독도는 **엄연한** 우리 땅이다. **엄연-히** 〖부〗 ¶ ~ 살아 있는 사람을 두고 죽었다는 소문을 듣다.
엄정-중립(嚴正中立)[-닙] 〖명〗 국외중립(局外中立)의 지위를 엄격히 지켜 전쟁 중인 나라의 어느 쪽도 도와주지 않는 일.
엄정-하다(嚴正-) 〖형〗〖여〗 엄격하고 바르다. ¶**엄정한** 재판. **엄정-히** 〖부〗
엄존(嚴存) 〖명〗 엄연하게 존재하는 것. **엄**

존-하다 통(자여)
엄중-하다(嚴重-)[형여] 몹시 엄하다. ¶**엄중**한 처단. **엄중-히** 뛰 ¶다시는 실수 없도록 ~ 경고하다.
엄지[명] '엄지가락'의 준말.
엄지-가락[명] 엄지손가락이나 엄지발가락. ㉿엄지.
엄지-발[명] '엄지발가락'의 준말.
엄지-발가락[-까-][명] 발가락 중 가장 굵은 첫째 발가락. ㉿엄지.
엄지-발톱[명] 엄지발가락의 발톱.
엄지-벌레[명][동] =성충(成蟲).
엄지-손[명] '엄지손가락'의 준말.
엄지-손가락[-까-][명] 손가락 중 가장 굵고 짧은 첫째 손가락. =무지(拇指). ㉿엄지손.
엄지-손톱[명] 엄지손가락의 손톱.
엄지-족(-族)[명]〈속〉 휴대 전화로 문자 메시지를 보내거나 게임하는 것을 즐기는 부류의 사람. 엄지손가락을 주로 사용한다 하여 붙여진 이름임.
엄처-시하(嚴妻侍下)[명] 아내에게 쥐어사는 사람을 조롱하여 일컫는 말.
엄청 뛰 더할 나위 없이 심하거나 대단하게. ¶얼굴이 ~ 예쁘시네요.
엄청-나다[형여] 정도나 규모가 놀라울 정도로 심하거나 대단하다. 또는, 충격적일 만큼 대대하다. ¶**엄청**난 많은 인파.
엄친(嚴親)[명] 남에게 자기 아버지를 격식을 갖춰 이르는 말.
엄폐(掩蔽)[-폐/-페][명] 가리어 숨기는 일. **엄폐-하다** 통(타여) ¶진상을 ~.
엄폐-호(掩蔽壕)[-폐-/-페-][명][군] 적에게 보이지 않도록 위를 덮어 만든 참호. =벙커. ▷방공호.
엄포[명] 실속 없다는 말로 남을 위협하거나 호령하는 짓. **엄포-하다** 통(자여타여)
엄포(를) 놓다 실속 없다는 말로 남을 위협하거나 호령하다. ¶그는 당장 돈을 갚지 않으면 고소하겠다고 **엄포**를 놓았다.
엄-하다(嚴-)[형여] 1 규율이나 예절을 지키는 데에 매우 딱딱하고 바르다. ¶**엄하**신 아버지. 2 잘못되지 않도록 주의가 심하다. ¶**엄한** 훈계. 3 벌이 심하고 냉정하다. ¶**엄한** 형벌. **엄-히** 뛰 ¶~ 다스리다.
엄호(掩護)[명][군] 적의 공격으로부터 자기편을 보호하는 것. ¶~ 사격. **엄호-하다** 통(타여)
엄혹-하다(嚴酷-)[-호카-][형여] (시련·억압 등이) 매섭고 혹독하다. ¶군부 독재의 **엄혹**한 시대. **엄혹-히** 뛰
업¹[명] 한 집안의 살림을 보호하고 늘게 한다는 동물이나 사람.
업²[명] 1 생계의 수단으로 삼는 일. ⋓직업. 2[불] 인간이 마음속으로 생각하거나 입으로 말하거나 몸으로 행동하는 선악의 온갖 행위. 3[불] 과거의 선하거나 악한 행위로 말미암아 미래에 받게 되는 과. =카르마. 4 부여된 과업.
-업³(業) [접미] '산업' 또는 '사업'의 뜻을 나타내는 말. ¶판광~ / 건설~.
업계(業界)[-꼐/-께][명] 같은 산업이나 상업에 종사하는 사람의 사회. ¶~의 움직임.
업-구렁이[-꾸-][명][민] 집안에서 업의 구실을 한다는 구렁이.
업그레이드(upgrade)[명] 1[컴] 하드웨어나 소프트웨어의 성능을 기존 제품보다 향상시키는 일. 2 '향상', '개선'으로 순화.

업히다_815

업그레이드-하다 통(타여) ¶펜티엄Ⅱ를 펜티엄Ⅲ로 ~. **업그레이드-되다** 통(자)
업다[-따] 통(타) 1 (사람이 다른 사람을) 등에 올려놓고 손으로 받치거나 띠 같은 것으로 매어 떨어지지 않게 하다. ¶아낙네가 젖먹이를 등에 ~. 2 (어떤 세력이나 사람을) 자기가 어떤 일을 하는 데 뒤에서 힘이 되어주는 존재로 하다. ¶외척의 세력을 **업고** 횡포를 부리다. 3 (어떤 일에 남을) 자기에게서 유리하도록 끌고 들어가다. ¶애먼 사람을 **업고** 들어가다. 4 (남의 물건을) 허락 없이 가지다. ¶친구네 집에서 그림을 한 점 **업어** 왔다. 5 윷놀이에서, (다른 말을) 한데 어우르다. ¶걸에 있는 말이 뒷개에 있는 말을 ~.
업은 아이 삼 년 찾는다 가까운 데에 있는 것을 모르고 다른 곳에 가서 찾는다.
업어 가도 모르다 잠이 깊이 들어 웬만한 소리나 일에는 깨어나지 않다.
업데이트(update)[명][컴] 기존의 정보나 데이터를 수정·변경하거나 최신의 정보나 데이터를 추가하는 일. ⋓갱신. **업데이트-하다** 통(타여) ¶자료를 매주 ~. **업데이트-되다** 통(자)
업-둥이[-뚱-][명] 자기 집 문 앞에 버려져 있으나 주인이 얻거나 하여 기르는 아이.
업라이트^피아노(upright piano)[명][음] 현(絃)을 세로로 친 직립형의 피아노. 가정용·연습용임. ▷그랜드 피아노.
업로드(upload)[명] 인터넷이나 컴퓨터 통신을 통하여 정보를 관리하는 컴퓨터에 파일이나 프로그램을 전송하는 일. ↔다운로드.
업무(業務)[엄-][명] 직장에서 의무나 직분에 따라 맡아서 하는 일.
업보(業報)[-뽀][명][불] 선악의 행업으로 말미암은 과보. ¶전생의 ~.
업소(業所)[-쏘][명] 일정한 시설을 갖추고 영업을 하는 곳. 특히, 유통업이나 요식업, 기타 소규모의 자영업을 하는 곳을 가리킴. ¶야간 ~.
업신-여기다[-썬녀-][통타] 교만한 마음에서 남을 낮추보거나 멸시하다. ¶고아라고 함부로 **업신여기**지 마라.
업신여김[-썬녀-][명] 남을 업신여기는 일. ¶가난하다고 ~을 받다. ㉿업신.
업심[-썸][명] '업신여김'의 준말.
업어^치기[어-][명][체] 1 씨름에서, 몸을 돌려 궁둥이를 상대방의 배에 들이대고 업듯이 하여 둘러메치는 기술. 2 유도에서, 상대를 자기 뒤로 업어서 어깨 너머로 넘기는 기술.
업자(業者)[-짜][명] 영업이나 사업을 하는 사람.
업저버[명] '옵서버(observer)'의 잘못.
업적(業績)[-쩍][명] 어떤 일을 하여 이룬 성과나 공적. ¶~을 남기다.
업종(業種)[-쫑][명] 영업이나 사업이나 산업의 종류.
업주(業主)[-쭈][명] 영업하는 집의 주인.
업진(業-)[-찐][명] 소의 가슴에 붙은 고기.
업체(業體)[명] 사업이나 기업의 주체.
업황(業況)[어황][명] 영업의 경기(景氣) 상태. ¶~이 호조를 띰에 따라 흑자 전환이 기대되다.
업-히다[어피-][통] 1(피) '업다'의 피동사. ¶아기가 엄마에게 **업혀** 잠이 들었다. 2(타) '업다'의 사동사.

없다

없:다[업따] 혱 1 (사람이나 사물 등이 어느 곳에) 공간이나 자리를 차지하지 않은 상태에 있다. ¶구름 한 점 없는 하늘. 2 (사람이나 사물이) 실재(實在)로서 존재하지 않은 상태에 있다. ¶이 세상에 귀신이란 ~. 3 (어떤 사실이나 현상 등이) 현실로 존재하지 않은 상태에 있다. ¶나는 그런 말을 한 사실이 ~. 4 (사람이나 동물이) 어떤 대상이나 현상·성질·능력 등을 가지지 않은 상태에 있다. 또는, (사람이나 동물에게 어떤 대상이나 현상·성질·능력 등이) 갖추어지거나 주어지지 않은 상태에 있다. ¶실력이 ~. 5 (어떤 대상에 다른 대상이) 그 일부로서 달리거나 붙거나 속하지 않은 상태에 있다. ¶말라가 없는 옷. 6 (어떤 일이) 생기거나 벌어지지 않은 상태에 있다. ¶오늘은 수업이 ~. 7 (사람이나 생물이 어느 곳에) 머무르거나 살지 않는 상태에 있다. ¶우리나라에 없는 식물. 8 (어떤 것이) 많이 많거나 변변치 않은 상태에 있다. ¶없는 살림을 꾸려 나가느라 고생이 많다. 9 (사람이나 사물이) 드문 상태에 있다. ¶세상에 그런 효과는 ~. 10 말하는 사람이 상대를 위압하여, '가만두지 않겠다'는 뜻으로 올러메는 말. ¶한 번만 더 그따위 거짓말을 하면 **없어!** 11 (주로, '-ㄹ 수 없다'의 꼴로 쓰여) 어떤 일을 이루는 것이 불가능하거나 용납하기 어려움을 나타내거나, 어떤 일이 생기는 것이 불가능하거나 용납되기 어려움을 나타내는 말. ¶이룰 수 없는 꿈. ↔있다.

[없는 놈이 찬밥 더운밥을 가리랴] 급하고 아쉬울 때면 무엇이나 다 고맙게 여기고 좋고 나쁜 것을 가리지 않는다는 말.

없는 것이 없다 무엇이든지 다 있다.

없:-애다[업쌔-] 톤탄 1 (어떤 대상·사물을) 없어지게 하다. ¶노름으로 많은 재산을 ~. 2 (어떤 사람이 다른 사람을) 죽여서 세상에서 사라지게 하다. 주로, 범죄인들이 쓰는 말임. ¶놈을 쥐도 새도 모르게 **없애** 버려.

없:-이[업씨] 閁 1 없는 상태로. ¶이번 행사는 아무 사고 ~ 끝났다. 2 가난하게. ¶~ 살아도 아쉬운 소리는 않는다.

없:이-하다[업씨-] 톤탄타 없어지게 하다.

엇-[얻] 접투 1 주로, 일부 동사나 명사 앞에 붙어, '어긋나게', '비뚜로', '비스듬하게' 등의 뜻을 나타내는 말. ¶~나가다 / ~갈리다. 2 주로, 일부 형용사나 명사 앞에 붙어, 형용사가 나타내는 상태나, 명사가 나타내는 대상에 폐 또는 어느 정도 가까운 상태에 있음을 나타내는 말. ¶~구수하다 / ~비슷하다.

엇-가다[얻까-] 쟈 1 언행이 사리에 어그러지게 나가다. 2 =엇나가다1.

엇-각(-角)[얻깍] 閁[수] 한 직선이 다른 두 직선과 만날 때 서로 반대쪽에서 상대하는 각. ▷동위각.

엇-갈리다[얻깔-] 툐쟈 1 (움직이는 두 물체가) 서로 마주 보고 오다가 한 지점에서 순간적으로 다른 쪽으로 다른 방향으로 갈리다. ¶기차가 **엇갈리는** 시간. 2 (마주 오고 가는 사람의 길이) 서로 어긋나 만나지 못하는 상태가 되다. ¶마중 나갔던 길이 ~. 3 (서로 대비되거나 모순되는 것들이) 동시에 겹치거나 함께 존재하다. ¶희비가 ~.

엇-걸다[얻껄-] 툐탄 (~거니, ~거오) 서로 마주 걸다.

엇걸-리다[얻껄-] 툐쟈 '엇걸다'의 피동사.

엇구수-하다[얻꾸수-] 혱여 1 음식 맛이 패 구수하다. 2 하는 말이 이치에 그럴듯하다. 3 하는 짓이나 차림이 수수하면서도 은근한 맛이 있어 마음을 끄는 데가 있다.

엇-나가다[언-] 쟈 1 일 따위가 계획했던 것과 달리 잘못되어 가다. =엇가다. ¶하는 일이 모두 ~. 2 (비위가 틀려서) 말과 행동이 이치에 어긋나게 비뚜로 나가다. ¶지나치게 나무라면 오히려 **엇나가기** 쉽다.

엇물-리다[언-] 툐쟈 어긋나게 물리다.

엇-바꾸다[얻빠-] 툐탄 1 서로 마주 바꾸다. ¶두 사람은 가지고 있던 물건을 서로 **엇바꾸었다**. 2 서로 엇갈리게 바꾸다. ¶두 다리를 **엇바꾸어** 걷다.

엇바뀌다[얻빠-] 툐쟈 '엇바꾸다'의 피동사.

엇-박자(-拍子)[얻빡짜] 閁 1 [음] 센박이 한 음절 또는 반 음절 먼저 들어가거나 나중에 나오는 박자. 2 어떤 일을 함께 하면서 조화를 이루지 못하는 상태.

엇비슷-하다[얻삐스타-] 혱여 1 어지간히 비슷하다. 2 약간 비스듬하다. **엇비슷-이** 閁 1답이~ 맞다.

엇-셈[얻쎔] 閁 1 서로 주고받을 것을 비겨서 없애는 셈. 2 제삼자에게 셈을 넘겨서 당사자끼리는 서로 비겨 없애는 셈.

엇-시조(-時調)[얻씨-] 閁 [문] 초장·중장·종장 가운데 어느 한 장이나 두 장이 평시조보다 약간 길어진 시조.

-었-[얻] 어미(선어말) 끝 음절의 모음이 'ㅏ', 'ㅑ', 'ㅗ'가 아닌 어간에 붙어 주로 과거의 시제를 나타내는 선어말 어미. 1 일이 과거에 일어났음을 나타냄. ¶나는 이맘땀의 '무정'을 읽~다. 2 일이 과거부터 이루어져 현재에까지 미침을 나타냄. ¶꽃봉오리가 오늘 아침 활짝 피~다. 3 현재의 상태를 나타냄. ¶공사가 끝나려면 아직 멀~다. 4 미래의 사실을 확신을 가지고 표현할 때 쓰는 말. ¶너 이제 아이 들한테 욕먹~다. 5 일이 실현될 수 없게 되었음을 반어적으로 이르는 말. ¶배탈이 났으니 산해진미는 다 먹~구면. ▷-았-.

-었었-[얻얻] 어미(선어말) 끝 음절의 모음이 'ㅏ', 'ㅑ', 'ㅗ'가 아닌 어간에 붙어, 과거의 사건 내용이 현재와 비교하여 다르거나 단절되어 있음을 나타내는 선어말 어미. ¶그에게는 몹시 가물~다.

-었자[얻짜] 어미 끝 음절의 모음이 'ㅏ', 'ㅑ', 'ㅗ'가 아닌 용언의 어간에 붙어, '그 행동이나 상태가 이루어지거나 그것을 인정한다 할지라도'의 뜻으로 상반되는 결과가 있을 수밖에 없음을 나타내는 연결 어미. ¶아무리 먹~ 내 입만 아플 뿐이다. ▷-았자.

엉 김 1 뜻밖에 놀라운 일을 당하거나 갑자기 무엇을 깨달았을 때 내는 소리. ¶~, 그게 사실인가? 2 주로 아랫사람의 잘못을 따지거나 다짐을 하며 내는 소리. ¶너 정말 자꾸 거짓말할 테냐, ~?

엉거주춤 閁 1 앉지도 서지도 않고 반쯤 굽히고 있는 모양. ¶~ 서 있다. 2 일을 딱 잘라 하지 못하고 망설이는 모양. **엉거주춤-하다** 쟈혱여

엉겁결-에[-결-] 뛰 갑자스러워 자기도 모르는 사이에. ¶~ 승낙을 했다.

엉겅퀴 명[식] 여름에 자주색 꽃이 피는 여러해살이풀. 전체에 빽빽한 흰 털이 있고, 잎 가장자리에 톱니와 가시가 있음.

엉구다 동(타) 여러 가지를 모아 일이 되도록 하다.

엉금-엉금 뛰 몸집이 큰 사람 또는 동물이 느리게 걷거나 기는 모양. ¶거북이가 ~ 기어간다.

엉기다 동(자) 1 (끈기가 있는 액체가) 한데 뭉쳐 굳어지다. ¶피가 ~. 2 (물기 있는 가루나 흙 따위가) 말라서 굳다. ¶창틀에 흙먼지가 **엉겨** 있다. 3 (무엇이) 한데 얽히다. ¶그 집 담벼락에는 담쟁이덩굴이 서로 **엉겨** 있었다. 4 여럿이 떼를 지어 들러붙다. ¶빵 부스러기에 개미 떼가 **엉겨** 있다. 5 한 덩어리가 되어 어울리다.

엉김 명[화] 액체 또는 기체 중에 분산되어 있는 미립자가 모여 큰 입자가 되어 침전하는 현상. =응결.

엉너리 명 남의 환심을 사려고 어벌쩡하게 서두르는 짓. ¶~를 치다.

엉!덩-방아 명 엉덩이로 바닥을 쾅 구르는 짓. 곧, 넘어져 털썩 주저앉는 짓. ¶얼음판에서 미끄러져 ~를 찧다. ×궁둥방아.

엉!덩-뼈 명[생] =골반.

엉덩이 명 사람이나 짐승의 허벅다리 뒤쪽 위로부터 허리까지의 신체 부분. =히프. 田둔부. ¶~가 퍼직퍼직하다.
[**엉덩이에 뿔이 났다**] 어린 사람이 옳은 가르침을 받아들이지 않고 빗나간다.

엉덩이가 근질근질하다 일어나 활동하고 싶어 가만히 앉아 있을 수가 없다. ¶총 잘 방에만 앉아 있었더니 ~.

엉덩이가 무겁다 한번 앉으면 좀처럼 일어날 줄을 모른다.

엉덩이를 붙이다 자리 잡고 앉다. ¶너무 바빠서 **엉덩이를** 붙일 시간도 없다.

엉!덩이-뼈 명[생] =엉치등뼈.

엉!덩이-춤 명 =엉덩춤.

엉!덩잇-바람[-이빠-/-읻빠-] 명 신이 나서 엉덩이를 흔들며 걷는 일.

엉!덩잇-짓[-이짇/-읻짇] 명 엉덩이를 흔드는 짓. 엉덩잇짓-하다.

엉!덩-짝 명 '엉덩이'를 속되게 이르는 말.

엉!덩-춤 명 신이 나서 엉덩이를 들썩이는 짓. =엉덩이춤. ¶~이 절로 나오다.

엉!덩-판 명 엉덩이의 넓적한 부분.

엉뚱-스럽다[-따] 형비(~스러우니, ~스러워) 엉뚱한 데가 있다. **엉뚱스레** 뛰

엉뚱-하다 형여 1 말이나 행동이 분수에 맞지 않게 지나치다. ¶학생 신분에 사업을 하겠다니, 참 **엉뚱한** 녀석이야. 2 상식적으로 생각하거나 짐작하는 것과 전혀 다르다. ¶묻는 말에는 대답하지 않고 **엉뚱한** 소리만 한다.

엉망 명 일이나 물건이 헝클어지고 뒤섞여 갈피를 잡을 수 없을 만큼 결딴나거나 어수선한 상태. ¶어머니가 안 계시니 집안 꼴이 ~이다.

엉망-진창 명 '엉망'의 힘줌말. ¶진흙탕에서 놀아 신발이 ~이다.

엉성-하다 형여 1 꼭 짜이지 못하여 어울리는 맛이 없다. ¶작품 구성이 ~. 2 빽빽하지 못하고 성기다. ¶**엉성한** 머리칼. 函앙상하다. **엉성-히** 뛰

엉엉 뛰 목 놓아서 크게 우는 소리. 또는, 그 모양. ¶부둥켜안고 ~ 울다. 函앙앙.

엉엉-거리다/-대다 동(자) 1 계속해서 목놓아 엉엉 울다. 2 엉살을 부리며 괴로운 처지를 자꾸 하소연하다. 函앙앙거리다.

엉치-등뼈 명[생] 요추 아래에 있는 삼각형의 뼈. =엉덩이뼈.

엉클다 동(타) 〈엉크니, 엉크오〉 1 (실·줄·덩굴·머리털 등을) 이리저리 얽히게 하다. ¶실을 **엉클어** 놓다. 카형클다. 2 (일을) 뒤얽히게 하여 갈피를 잡을 수 없게 하다.

엉클어-뜨리다/-트리다 동(타) (실·줄·덩굴·머리털 등이나 일을) 엉클어지게 하다. 카형클어뜨리다.

엉클어-지다 동(자) 1 (실·줄·덩굴·머리털 등이) 서로 얽히어 풀기 어렵게 되다. ¶**엉클어진** 낚싯줄을 풀다. 카형클어지다. 2 (일이) 뒤얽혀 갈피를 잡을 수 없게 되다. ¶계획이 **엉클어져** 버리게 되었다.

엉큼-하다 형여 (사람이) 남에게 제 마음을 감추거나 거짓으로 꾸미고 교묘하게 어떤 욕심이나 속셈을 이루려는 태도가 있다. 비난조의 말임. 田음흉하다. ¶**엉큼한** 생각. 函앙큼하다. ×웅큼하다.

엉키다 동(자) 1 (실·줄·머리털·그물 따위가) 이리저리 얽혀 꼬이거나 뭉친 상태가 되다. 田엉클어지다. ¶머리카락이 **엉켜서** 잘 빗어지지 않는다. 2 (어떤 일이나 생각 등이) 해결하거나 갈피를 잡기 어렵게 복잡한 상태가 되다. ¶잡다한 생각이 머릿속에 **엉켜** 있다. 3 (여러 사람이나 동물 등이) 서로 몸을 이리저리 어지럽게 덮치거나 얽는 상태가 되다. ¶수많은 뱀들이 **엉켜** 꿈틀거린다.

엄터리 명 1 터무니없는 말이나 행동. 또는, 그런 말이나 행동을 하는 사람. 2 허울만 있고 내용이 빈약하거나 실제와 어긋나는 것. ¶~이 제품 ~로군.

엄터리-없다[-업-] 형비 이치에 닿지 않다. ¶그따위 **엄터리없는** 소릴랑 집어치워! **엄터리없-이** 뛰

엊-그저께[얻끄-] Ⅰ명 며칠 전. =엊그제. ¶~이 카메라 ~는 이상이 없었는데. Ⅱ뛰 며칠 전에. =엊그제.

엊-그제[얻끄-] 명 =엊그저께.

엊-저녁[얻쩌-] 명 '어제저녁'의 준말.

엎다[업따] 동(타) 1 (물체를) 거꾸로 돌려 위로 향한 면을 밑으로 향하게 하다. 비뒤집다. ¶책을 **엎어** 놓고 나가다. 2 (그릇 따위를) 부주의로 넘어뜨려 속에 들었던 것이 쏟아지게 하다. ¶국그릇을 ~. 3 (사람이나 물건, 제도 따위를) 제대로 있는 것을 힘이나 실력으로 쓰러뜨리거나 넘어지게 하다. ¶그 남자는 밥상을 **엎었다**. 4 (이미 있어 온 이론이나 주장, 일 등을) 깨뜨리거나 바꾸거나 효력이 없는 것이 되게 하다. ¶계획을 ~.

엎드러-지다[업뜨-] 동(자) 잘못하여 앞으로 ...

엎드려-뻗쳐[업뜨-처] 감[군] 두 손바닥과 발끝으로 몸을 받치고 곧게 뻗쳐 엎드리라는 구령. 또는, 그 구령에 따라 하는 동작.

엎드리다[업뜨-] 동(자) 몸의 앞부분을 바닥에 대거나 그에 가깝게 숙이다. ¶책상에 **엎드려** 잠이 들다. 函엎디다.
[**엎드려 절 받기**] 상대방은 생각도 하지 않는데 이편에서 이런저런 방법을 써서 상대방으로 하여금 자기에게 유리한 행동을 하도록 한다는 말.

818 _ 엎디다

엎디다[업띠-] 툉(재) '엎드리다'의 준말.
엎어-지다[-어-] 툉(재) 1 앞으로 넘어지다. ¶문지방에 걸려 ~. 2 위아래가 뒤집히다. ¶밥상이 ~.
[엎어지면 코 닿을 데] 매우 가까운 거리를 이르는 말.
엎-지르다[업찌-] 툉(타)〈-지르니, -질러〉(그릇 속에 담긴 액체를) 밖으로 쏟아지게 하다. ¶우유를 ~.
[엎지른 물] 다시 바로잡거나 돌이킬 수 없는 일의 비유. ¶이미 ~인데 생각하면 뭘 하나.
엎질러-지다[업쩔-] 툉(재) (액체가) 그릇 밖으로 쏟아져 나오게 되다. ¶잉크가 ~.
엎-치다 툉 1⃝(재) 배를 바닥 쪽으로 깔다. 2⃝(타) '엎다'의 힘줌말.
[엎친 데 덮치다] 어렵거나 불행한 일이 겹쳐 닥치다.
엎치락-뒤치락[-뛰-] 튀 1 몸을 엎었다 뒤쳤었다 하는 모양. 2 양편 세력이 서로 비슷하게 겨루어 나가는 모양. ¶경기가 ~ 역전을 거듭하다. **엎치락뒤치락-하다** 툉(재) ¶잠을 이루지 못하고 ~.
에¹ 뗭[언] 한글 모음 'ㅔ'의 이름.
에² 캄 1 뜻에 맞지 않아 역정을 내는 소리. ¶~, 참 재수 없네. 캄애. 2 가볍게 거절하거나 나무랄 때 내는 소리. ¶~, 무슨 일을 이렇게 하냐? 3 기분이 좋거나 상쾌할 때 내는 소리. ¶~, 시원하다.
['에'해 다르고 '애'해 다르다] 비록 작은 차이로 말씨에 따라 상대에게 주는 느낌은 크게 다르다.
에³ 뒷말이 곧 나오지 않아 뜸을 약간 들일 때 내는 소리. ¶~, 그게 그러니까...
에⁴ 조 1 처소를 나타내는 부사격 조사. ¶들~ 핀 꽃. 2 때를 나타내는 부사격 조사. ¶당신 시~ 만나자. 3 진행 방향이나 지향점을 나타내는 부사격 조사. ¶친구를 맞으러 공항~ 갔다. 4 원인을 나타내는 부사격 조사. ¶바람~ 날리는 낙엽. 5 어떤 동작이나 행동의 영향을 입은 대상을 나타내는 부사격 조사. ¶식물이나 물체, 기관·집단 등의 무정물임. ¶화초~ 물을 주다. 6 어떤 행동이나 상태가 이루어지는 데 필요한 간접적인 대상을 나타내는 부사격 조사. ¶깊은 생각~ 잠기다. 7 어떤 경우를 나타내는 부사격 조사. ¶이 약은 신경통~ 좋다. 8 단위나 비율을 나타냄. ¶약을 하루~ 두 번 먹다. 9 일정한 기준을 나타내는 부사격 조사. ¶맞춤법~ 어긋나는 표기. 10 두 가지 이상의 체언을 같은 자격으로 이어 주는 접속 조사. ¶밥~ 고기~ 잔뜩 먹었네.
에게 조 사람 또는 동물과 관련된 체언에 붙어 쓰이는 부사격 조사. 1 앞에 오는 체언이 어떤 행동이나 작용이 미치는 대상임을 나타냄. ¶사람들~ 알리다. 2 문장 주어가 어떤 행동이나 작용을 당하거나 입는 뜻을 가지는 문장에서, 앞에 오는 체언이 그런 행동이나 작용을 시키는 주체임을 나타냄. ¶개구리가 뱀~ 잡아먹히다. 3 앞에 오는 체언이 무엇이 존재하는 대상임을 가리킴. ¶책임은 나~ 있다. 4 앞에 오는 체언이 어떤 일이나 사실을 판단하는 대상임을 나타냄. ¶그 구두쇠~ 는 돈이 최고다. 존게. 높게. ▷더러.
에게-다 격 조사 '에게'에 보조사 '다'가 결합한 말. ¶아이를 누구~ 맡길까?

에게-로 조 사람 따위의 활동하는 대상에 쓰여, 무엇에 닿아 감을 나타내는 부사격 조사. ¶한테로. 준게로.
에게^문명(←Aegean文明) 명[역] 기원전 30세기부터 기원전 12세기까지 에게 해 주변에 번영한 청동기 문명의 총칭.
에게-서 조 사람 따위의 활동하는 대상에 쓰여, 어떤 행위의 출발점이나 탈취의 뜻을 나타내는 부사격 조사. ¶한테서. ¶그녀~ 편지가 오다. 준게서.
에게 해(←Aegean海) 명[지] 그리스·소아시아 반도 및 크레타 섬에 둘러싸인, 지중해 동부 해역.
에계[-계/-게] 캄 1 뉘우치거나 탄식을 할 때 내는 소리. 2 작은 것을 업신여겨 하는 소리. ¶~, 겨우 요것뿐이야.
에계계[-계계/-게게] 캄 '에계'를 거듭한 것이 줄어든 말. ¶~, 그것도 못 해?
에고(ego) 명 =자아(自我)2.
에고이스트(egoist) 명 =이기주의자.
에고이즘(egoism) 명 =이기주의.
에구 캄 매우 상심하거나 놀랐을 때에 저절로 나오는 소리. ¶~, 내 팔자야. 캄애고.
에구구 캄 '에구'를 잇따라 내는 소리.
에구머니 캄 몹시 놀랐을 때 하는 말. ¶~, 큰일 났네. 캄애고머니.
에구 캄 가엽거나 섬뜩하거나 징그러울 때 내는 소리. ¶~, 가엾어라!
에:끼 캄 마음에 마뜩찮을 때 내는 소리. ¶~, 이게 무슨 짓이야?
에나멜(enamel) 명 1 안료를 포함하는 도료(塗料)의 총칭. 광택이 있고 포장품이나 피혁 제품을 비롯하여 기계·차량 등의 외부 도장에 쓰임. 2 =법랑(琺瑯).
에나멜-선(enamel線) 명 구리선이나 알루미늄선을, 에나멜로 만든 껍질을 입혀 만든 전선.
에너지(energy) 명 1 활동을 할 수 있는 근원이 되는 힘. ¶정력. 2 [물] 물체가 가지고 있는, 일을 할 수 있는 능력의 양. 3 동력 자원을 이르는 말. ¶~의 절약.
에너지-난(energy難) 명 전기·석유·석탄 등의 에너지가 부족해서 겪는 어려움.
에너지-원(energy源) 명 에너지의 근원.
에누리 명 1 값을 깎는 일. 2 늘이는 장사가 어디 있어? 2 자기에게 유리하도록 사실보다 보태거나 줄이는 일. **에누리-하다** 툉(타) ¶천 원만 에누리합시다.
에:다¹(에고/에어) 툉(타) 1 날카로운 연장으로 도려내다. ¶살을 에는 듯한 추위. 2 칼로 도려내듯 마음을 아프게 하다. ¶가슴을 에는 슬픔. ⇒에이다.
에-다² 조 '에다가'의 준말.
에-다가 조 1 일정한 위치를 나타내는 격 조사, 격 조사 '에'에 보조사 '다가'가 결합한 말임. ¶짐은 여기~ 갖다 놓아라. 2 더해지는 대상을 나타내는 격 조사, 격 조사 '에'에 보조사 '다가'가 결합한 말임. ¶물~ 꿀을 타다. 준에다.
에덴(Eden) 명[히브리 어로 '기쁨'이라는 뜻] [성] 구약 성서 창세기에서, 인류의 시조 아담과 하와를 위해 하느님이 만든 낙원. =에덴동산.
에덴-동산(Eden東山) 명[성] =에덴.
에델바이스(Edelweiss) 명[식] 높이 10~20cm이고, 몸 전체가 흰 솜털로 덮여 있으며, 벨벳 같은 우아한 흰색의 꽃이 피는 여러해살이풀. 유럽 알프스 원산의 고산 식물임.
에-돌다 통(재)(~도니, ~도오) **1** 곧바로 나아가지 않고 멀리 돌거나, 어떤 주위를 돌다. ¶그 강은 들과 마을을 에돌아 흐른다. **2** 접근하지 않고 피하거나 거리를 두다.
에-두르다 통(터)(~두르니, ~둘러) **1** 에워서 둘러막다. **2** 바로 말하지 않고 둘러서 말하여 짐작하게 하다.
에듀테인먼트(edutainment) 명[교] 게임하듯이 즐기면서 학습할 수 있도록, 교육에 오락성을 가미하여 만든 소프트웨어나 프로그램.
에디슨, 토머스 앨바(Edison, Thomas Alva) 명[인] 미국의 발명가(1847~1931).
에-뜨거라 감 '혼날 뻔하였다'는 뜻으로 내는 소리.
에라 감 **1** 단념이나 실망의 뜻을 나타내는 소리. ¶~, 나도 모르겠다. 될 대로 되라지. **2** 아이에게 그리 말라는 뜻으로 나무라는 소리. ¶~, 이놈들!
에러(error) 명 ['실수', '실책'의 뜻] **1** [체] 야구에서, 잡을 수 있는 타구나 송구를 잡지 못해 주자를 살게 하는 것. **2** [컴] =오류**2**.
에로(←erotic) 관 [일부 명사나 형태소 앞에 쓰여] 성욕을 자극하는 내용을 담고 있는 상태임을 나타내는 말. ¶~물.
에로틱-하다(erotic-) 형여 (대상이) 성적인 욕망이나 감정을 자극하는 특성이 있다. ¶에로틱한 영화.
에로스¹(㉠eros) 명 **1** [철] 참된 실재인 이데아(idea)를 동경하는 사랑. 플라톤에 의해 쓰인 말임. **2** 성적(性的)인 사랑.
에로스²(Eros) 명[신화] 그리스 신화에 나오는 사랑의 신. 날개가 있고 활과 화살을 가지고 다님. 로마 신화의 큐피드에 해당함.
에로티시즘(eroticism) 명 주로 문학·미술 등의 예술에서, 성적(性的) 요소나 분위기를 강조하는 경향.
에루화 감 노래할 때 흥거움을 나타내는 소리.
에르그(erg) 명[여준][물] 일이나 에너지의 CGS 단위. 1에르그는 1다인(dyn)의 힘이 물체에 작용하여 그 힘의 방향으로 1cm 움직일 때 그 힘이 행한 일임. 기호는 erg.
에리트레아(Eritrea) 명[지] 아프리카의 중서부, 홍해(紅海) 남서안에 있는 공화국. 1993년에 독립함. 수도는 아스마라.
에멀션(emulsion) 명[화] 미세한 입자로 된 액체가 다른 액체 속에 분산하여 젖 모양을 이룬 것.
에메랄드(emerald) 명[광] 육각기둥 모양의 결정을 이루고 있는 진한 녹색의 투명한 보석.
에메랄드-그린(emerald green) 명 에메랄드같이 맑고 아름다운 녹색.
에뮤(emu) 명[동] 날개는 퇴화하여 날지 못하며, 길고 튼튼한 다리로 빨리 달릴 수 있는 큰 새. 오스트레일리아 특산으로, 타조와 비슷하나 목이 짧음.
에미 '어미'의 잘못.
에베레스트 산(Everest山) 명[지] 네팔과 티베트의 국경에 있는, 히말라야 산맥의 최고봉. 높이 8,848m.
에베소-서(←Ephesus書) 명[성] 신약 성서 중의 한 권.

에스트로겐 _ 819

에보나이트(ebonite) 명 생고무에 30~50%의 황을 넣고 장시간 가열하여 얻는 물질. 단단한 검은색 물질로 절연체로 쓰임.
에비 명감 어린아이에게 '무서운 것'이라는 뜻으로 놀라게 하는 말. 또는, 그런 가상적인 것. ¶~, 만지지 마라.
에서 조 **1** 어떤 행동이나 상태가 일어나고 있는 처소를 나타내는 부사격 조사. ¶학교~ 운동회가 있다. **2** 어떤 행동의 출발점을 나타내는 부사격 조사. ¶요람~ 무덤까지. ㈜서. **3** 단체를 나타내는 명사에 붙는 주격 조사. ¶우리 회사~ 경비를 부담한다.
에서-부터 조 '에서'와 '부터'가 겹쳐진 보조사. 움직임의 출발점을 나타냄. ¶여기~ 저기까지 뛰어라. ㈜서부터.
에설랑 조 격 조사 '에서'와 보조사 '크랑'이 결합한 격 조사. ¶그곳~ 꼼짝 말고 기다려라. ▷설랑.
에세이(essay) 명[문] =수필.
에센스(essence) 명 ['물체의 본질', '정수(精髓)'의 뜻] 식물의 꽃 따위에서 뽑아낸 향료. 화장품·비누·식품 등에 쓰임.
에스(S) 명 **1** [South] 자석·나침반 등에서, 남쪽을 나타내는 기호. **2** [small] 의류 등의 치수·크기가 표준보다 작음을 표시하는 기호. ▷엠(M)·엘(L).
에스겔-서(Ezekiel書) 명[성] 구약 성서 중의 한 권.
에스-극(S極) 명 =남극**1**.
에스더-기(←Esther記) 명[성] 구약 성서 중의 한 권.
에스디아르(SDR) 명 [special drawing rights] [경] =특별 인출권.
에스디아이(SDI) 명 [Strategic Defence Initiative] [군] =전략 방위 구상.
에스라-기(←Ezra記) 명[성] 구약 성서 중의 한 권.
에스램(SRAM) 명[컴] 전원 공급이 계속될 때까지는 기억된 내용이 사라지지 않는 램. =정적 램. ↔디램.
에스에이치에프(SHF) 명 [superhigh frequency] [물] =초고주파.
에스에프(SF) 명 [science fiction] [문] =공상 과학 소설.
에스오에스(SOS) 명 **1** 1906년에 국제 무선 전신 회의에서 결정된 조난 신호. **2** 급히 도움을 요청하는 일. 비유적인 말임.
에스컬레이터(escalator) 명 동력으로 사람이나 화물을 위아래 층으로 운반하는, 계단 모양의 승강 장치.
에스코트(escort) 명 ['호위병', '보호자'의 뜻] 어떤 개인이나 단체가 무사하도록 유도·호위하는 일. **에스코트-하다** 탄여 외국 원수를 에스코트하는 경찰 호위대.
에스키모(Eskimo) 명 아시아 대륙의 베링 해협 연안에서 북아메리카·그린란드 동안에 이르는 북극 지방에 사는 인종.
에스테르(ester) 명[화] 산(酸)과 알코올 또는 페놀이 작용하여 탈수 반응을 일으켜 생긴 화합물의 총칭.
에스토니아(Estonia) 명[지] 라트비아와 러시아에 접하고 발트 해·핀란드 만에 면하고 있는 국가. 수도는 탈린.
에스트로겐(estrogen) 명[생] 여성 호르몬의 하나. 난소의 여포로부터 생성되며, 여성의 제2차 성징을 발현시켜, 여성을 발정하게 하는 작용을 함.

에스파냐(España) [명][지] 유럽의 남서부, 이베리아 반도의 대부분을 차지하고 있는 입헌 군주국. 수도는 마드리드. 음역어는 서반아(西班牙). =스페인.

에스파냐^어(España語) [명][언] 에스파냐 및 중남미 여러 나라(브라질·아이티 등은 제외)에서 쓰이는 언어. 인도·유럽 어족의 이탤릭 어파에 속함. =스페인 어.

에스페란토(Esperanto) [명][언] 1887년 폴란드의 자멘호프가 만든 인공 국제어. 자모(字母)는 28자이며, 문법이 간단함.

에스프레소([이]espresso) [명] 작은 잔에 따라 마시는, 맛과 향이 아주 진한 커피.

에스프레시보([이]espressivo) [명][음] 악곡의 표현 방법을 나타내는 말로, '표정을 풍부하게', '정감이 넘치게'의 뜻.

에스프리([프]esprit) [명] 〔정신·기지(機智)의 뜻〕 예술에서의 발랄한 지성이나 번뜩이는 재치.

에스피-반(SP盤) [명] 〔SP:standard playing〕 1분간 78회전 하는 음반. ▷엘피반·이피반.

에어(air) [명] 공기. 특히, 압축 공기.

에어로빅(†aerobic) [명] '에어로빅댄스'의 준말.

에어로빅-댄스(aerobic dance) [명] 미용 체조의 하나. 심장이나 폐를 자극하여 혈액 순환 작용을 촉진시키고 산소 소비량을 증대시키는 운동을 춤으로 구성한 것. [준]에어로빅.

에어로빅스(aerobics) [명] =유산소 운동.

에어로졸(aerosol) [명] 용기 속에 액체가 압축되어 담겨 있어 누르면 분무되게 되어 있는 방식. 또는, 그런 방식으로 분무되는 물질.

에어-백(air bag) [명] 자동차가 충돌할 때 순간적으로 공기 주머니가 튀어나와 팽창함으로써 충격을 완화시켜 탑승자의 머리·가슴을 보호하는 장치.

에어-쇼(†air show) [명] 비행기가 공중에서 펼쳐 보이는 연기(演技). 전시 비행·곡예비행 따위.

에어컨(←air *conditioner*) [명] 여름에 실내 공기의 온도·습도를 조절하는 장치. [본]에어컨디셔너.

에어컨디셔너(air conditioner) [명] '에어컨'의 본딧말.

에어-쿠션(air cushion) [명] 공기를 넣어 푹신하게 만든 등받침이나 쿠션.

에어^펌프(air pump) [명] =공기 펌프2.

에어^포켓(air pocket) [명] 공중에 부분적으로 하강 기류가 흐르고 있는 구역. 비행기가 이곳에 들어가면 양력(揚力)이 감소되어, 갑자기 낙하하거나 요동을 함.

에오-세(←Eo*cene*世) [명][지] 신생대 제3기 중에서 팔레오세의 뒤, 올리고세 앞의 세. 조개류가 번성했고, 많은 석탄층이 퇴적되었음. =시신세.

-에요 [어미] 서술격 조사 '이다' 또는 '아니다'의 어간에 붙어, 서술·의문을 나타내는, '해요체'에 해당하는 종결 어미. [비]-어요. ¶저 사람이 사장이~?

에우다 [동][타] **1** (사물을) 사방으로 빙 둘러싸다. **2** (끼니를) 때워서 넘기다.

에우리디케(Euridice) [명][신화] 그리스 신화에 나오는 오르페우스의 아내.

에우리피데스(Euripides) [명][인] 고대 그리스의 비극 시인(484?~406? B.C.).

에워-싸다 [동][타] 사방을 둘러서 싸다. ¶산이 마을을 ~.

에워싸-이다 [동][자] '에워싸다'의 피동사.

에-의[-의/-이] [조] '…에 대한'의 뜻을 나타내는, 격 조사 '에'와 격 조사 '의'가 결합한 관형격 조사. ¶무도회~ 초대.

에이[1] [감] **1** 실망하여 단념할 때에 내는 소리. ¶~, 모르겠다. **2** '에이끼'의 준말.

에이[2](A) [명] **1** 학점이나 사물의 단계를 나타내는 기호의 하나. 최상위를 나타냄. ¶~ 학점. **2** [음] 음이름의 하나. '가' 음.

에이그 [감] 아주 밉거나 한탄스러울 때 내는 소리. ¶~, 지지리도 못난 녀석.

에이-급(A級) [명] 가장 뛰어나거나 우수한 등급. [비]일급(一級).

에이끼 [감] 손아랫사람을 못마땅하여 꾸짖거나 속이 상할 때 내는 소리. ¶~, 이 고얀 녀석. [준]에이.

에-이다 [동][자] **1** '에다[1]'의 피동사. ¶살이 에이는 듯한 추위. **2** '에다[1]'의 잘못.

에이-디[1](A.D.) [명] 〔[라]Anno Domini〕 = 기원후(紀元後). ↔비시(B.C.).

에이디[2](AD) [명] 〔assistant director〕 [방송] =조연출.

에이디에스엘(ADSL) [명] 〔Asymmetric Digital Subscriber Line〕 [통] 기존의 전화선을 사용하여 인터넷과 일반 전화를 동시에 이용할 수 있는, 가입자와 전화국 간의 데이터 교환 속도가 다른 시스템.

에이레(Eire) [명][지] '아일랜드'의 구칭.

에이비시(ABC) [명] 영어 알파벳의 처음 석 자로, 초보 또는 입문(入門)을 뜻하는 말.

에이비시^무기(ABC武器) [명] 〔ABC: atomic, biological and chemical〕 =화생방 무기.

에이비엠(ABM) [명] 〔anti-ballistic missile〕 [군] =탄도탄 요격 미사일.

에이비오식 혈액형(ABO式血液型) [-애켱][의] 사람의 혈액형의 하나. A형·B형·O형·AB형의 네 가지로 나뉨.

에이비-형(AB型) [명][생] ABO식 혈액형의 하나. AB형인 사람은 A형·B형·O형·AB형인 사람에게서 각각 수혈받을 수 있고, AB형인 사람에게만 수혈할 수 있음.

에이스(ace) [명] **1** 일(一). 트럼프나 주사위 따위의 한 끗. **2** [체] 야구에서, 팀의 주전 투수. **3** [체] =서비스 에이스.

에이스리/A3 [명] 종이 규격의 하나. 297mm×420mm의 크기임.

에이아르에스(ARS) [명] 〔Automatic Response Service, Audio Response System〕 [통] 컴퓨터가 사람을 대신하여 합성된 음성으로 응답하게 되어 있는 시스템. ¶~ 전화.

에이아이디(AID) [명] 〔Agency for International Development〕 1961년에 종래의 여러 원조 기관을 통합 흡수하여 발족한, 미국의 해외 원조 기관.

에이에스(†AS) [명] =애프터서비스.

에이에이엠(AAM) [명] 〔air-to-air missile〕 [군] 적의 항공기를 목표로 항공기에서 쏘는 미사일.

에이엘비엠(ALBM) [명] 〔air-launched ballistic missile〕 [군] 항공기에서 지상을 향하여 발사하는 탄도 미사일.

에이엠[1](AM) [명] 〔amplitude modulation〕 [물] =진폭 변조.

에이엠[2](A.M., a.m.) [명] 〔[라]ante meridiem〕 오전(午前). 시각을 나타내는 숫자

앞에 덧붙여 '오전 …시'의 뜻을 나타냄. ↔피엠(P.M.).
에이엠^방ː송(AM放送) 명 [AM:amplitude modulation] [방송] 진폭 변조 방식에 의한 방송.
에이전시(agency) 명 어떤 전문적인 영역의 일을 대행해 주는 업체. 순화어는 '대행사'. ¶말고 ~.
에이전트(agent) 명 '대리인', '대행인'으로 순화.
에이즈(AIDS) 명 [Acquired Immune Deficiency Syndrome] [의] 면역력이 극도로 저하되어 신체가 병원체에 대하여 무방비 상태에 이르는 병. 성교·수혈 등에 의해 감염되며, 사망률이 매우 높음. =후천성 면역 결핍증.
에이치(H) 명 [hard] 연필심의 경도(硬度)를 나타내는 기호. H, 2H, 3H 등 숫자가 커질수록 단단함. ▷B(B).
에이치디^티브이(HD TV) 명 [high-definition television] =고선명 텔레비전.
에이치비(HB) 명 [hard black] 연필심의 경도(硬度)를 나타내는 기호. 별로 단단하지도 무르지도 않은 중간치의 것.
에이치아이브이(HIV) 명 [human immunodeficiency virus] [의] 에이즈를 일으키는 바이러스. 인체 면역 결핍 바이러스.
에이치티엠엘(HTML) 명 [hypertext markup language] [컴] 하이퍼텍스트를 만들어 내는 프로그램 언어.
에이커(acre) 의 야드파운드법의 면적의 단위. 1에이커는 4,047m²임. 기호는 ac.
에이큐(AQ) 명 [achievement quotient] [교] =성취 지수.
에이펙(APEC) 명 [Asia Pacific Economic Cooperation] 환태평양 지역의 자유 무역 확대, 경제 협력 등을 목적으로 1989년에 창설된 기구. 아시아 태평양 경제 협력체.
에이포/A4 명 종이 규격의 하나. 210mm×297mm의 크기임. ¶~ 용지.
에이프런(apron) 명 요리나 설거지 등을 할 때 옷이 더럽혀지지 않도록 몸의 앞쪽, 곧 가슴에서 무릎 부근까지를 가릴 수 있게 되어 있는, 천으로 만든 물건. ㉿앞치마.
에이-형(A型) 명 [생] ABO식 혈액형의 하나. A형인 사람은 A형과 O형인 사람에게서 수혈받을 수 있고, A형과 AB형인 사람에게 수혈할 수 있음.
에인절피시(angelfish) 명동 몸은 길이 10~15cm로 납작하고 지느러미가 길게 뻗져 있다는 모양 열대어. 몸빛은 연한 회색에 검고 굵은 가로무늬가 몇 개 있음. 관상용으로 기름.
에잇[-읻] 갑 비위에 거슬려 마음이 불쾌할 때 내는 소리. ¶~, 못된 것!
에지(edge) 명[체] 1 =에지볼. 2 골프에서, 그린·벙커·홀 등의 가장자리. 3 =블레이드2. 4 스키의 양쪽 모서리 부분.
에지-볼(edge ball) 명[체] 탁구에서, 공이 탁구대의 모서리에 맞는 일. =에지.
에취 갑 재채기할 때 나는 소리.
에칭(etching) 명[출] 동판 위에 질산에 부식되지 않는 일종의 밑을 칠하고, 그 표면에 바늘로 그림이나 글을 새겨, 이것을 질산에 넣어 부식시켜 만드는 오목판 인쇄술. 또는, 그 인쇄물.

에프엠 방송 __821

에코¹(echo) 명 마이크 사용 시 소리가 메아리처럼 반복해서 울리는 현상.
에코²(Echo) 명 [신화] 그리스 신화에 나오는 숲의 요정. 미소년 나르키소스를 사랑했으나 거절당하고 슬픔 때문에 몸은 없어지고 메아리가 되었다고 한다.
에콰도르(Ecuador) 명[지] 남아메리카의 태평양 연안, 적도(赤道)의 남북에 걸쳐 있는 공화국. 수도는 키토.
에쿠 갑 깜짝 놀랐을 때 내는 소리.
에큐(ECU) 명 [European Currency Unit] [경] 유럽 공동체 안에서 공통으로 쓰는 통화 계산 단위. =유럽 통화 단위.
에크 갑 갑자기 몹시 놀랐을 때에 내는 소리. ¶~, 뜨거워라.
에탄올(ethanol) 명[화] 무색투명한 휘발성 액체. 특유의 맛과 냄새가 있으며, 술의 주성분임. 화학 약품의 합성 원료로 쓰임. =알코올.
에테르(ether) 명[화] =에틸에테르.
에토스(⸱ethos) 명 1 [철] 성격·습성 등, 개인의 특질. 2 사회 집단·민족 등을 특징짓는 기풍·관습. 3 예술 작품에 담긴 도덕적·이성적인 특성. ↔파토스.
에튀드(⸱étude) 명 1 [음] 주로 기악의 연습을 위해 만든 악곡. =연습곡. 2 그림이나 조각 등에서, 습작·시작(試作).
에티오피아(Ethiopia) 명[지] 아프리카 동북부, 홍해(紅海)에 면한 인민 민주 공화국. 수도는 아디스아바바.
에티켓(⸱étiquette) 명 남을 상대할 때 지켜야 할 예절. ¶~에 어긋나다.
에틸렌(ethylene) 명[화] 에틸렌계 탄화수소의 하나. 무색의 가연성 기체. 폴리에틸렌 등 유기 화학 제품의 원료가 됨.
에틸-에테르(ethyl ether) 명[화] 에탄올에 진한 황산을 넣고 증류해서 만드는, 무색의 액체. 특유의 향기가 있으며 휘발성이 강함. 유기 용제·마취제 따위로 쓰임. =에테르.
에페(⸱épée) 명[체] 1 펜싱 경기의 한 종목. 온몸을 공격 대상으로 하고 찌르기를 주로 함. 2 1에서 쓰는 검. 무게 770g, 길이 90cm임.
에프(F) 명 1 학점을 구분하는 기호의 하나. 낙제를 뜻함. 2 [음] 음이름의 하나. '바' 음. 3 [Fahrenheit] 화씨온도를 표시하는 기호. 4 [focal] 렌즈의 밝기나 조리개의 크기를 표시하는 기호. 수치가 작을수록 밝음. 5 [fine] 연필심의 경도(硬度)를 나타내는 기호. HB와 H의 중간임.
에프비아이(FBI) 명 [Federal Bureau of Investigation] 미국 정부의 법무부 안에 설치된 비밀경찰 부서.
에프-수(⸱數) 명[사진] 렌즈의 밝기를 나타내는 수. 이 값이 작을수록 밝음.
에프아이(FI) 명 [fade-in] =페이드인. ↔에프오(FO).
에프에이오(FAO) 명 [Food and Agriculture Organization] =국제 연합 식량 농업 기구.
에프엠(FM) 명 [frequency modulation] [물] =주파수 변조.
에프엠²(FM) 명 [field manual] 1 [군] 야전 훈련 교범. 2 (속) 원리 원칙. ¶그는 매사를 ~대로 처리한다.
에프엠^방ː송(FM放送) 명 [FM:frequency modulation] [방송] 주파수 변조 방식에 의한 방송. 잡음이 없고, 스테레오화

에프오(FO) [fade-out] =페이드아웃. ↔에프아이(FI).
에피소드(episode) 명 **1** 이야기나 사건의 줄거리에 끼인 짤막한 토막 이야기. =삽화. **2** 남에게 알려지지 않은 재미있는 이야기. ⓗ일화.
에피쿠로스(Epicouros) 명[인] 고대 그리스의 철학자(341~270 B.C.).
에필로그(epilogue) 명 **1**[연] 연극의 맨 마지막에, 배우가 관객에게 하는 폐막의 인사말. **2** 드라마·영화·소설 등에서, 결말에 해당하는 부분. ↔프롤로그.
에헤 꿈 **1** 가소롭거나 기막힌 일을 당할 때에 내는 소리. ¶~! 웃기는군. **2** 노랫소리를 흥에 겨워 내는 소리.
에헤야 꿈 노래에서 '에헤'를 멋있게 뱉는 소리.
에헤헤 꿈 **1** 가소롭다는 듯이 웃는 웃음소리. **2** 천하고 비굴하게 웃는 웃음소리.
에헴 꿈 짐짓 점잔을 빼거나 자기의 출현을 알리기 위하여 일부러 내는 헛기침 소리.
엑기스(←ⓙエキス) 명 [<extract] '진액 (津液)2'로 순화.
엑스(X) 명 **1**[수] 미지수를 나타내는 기호. 보통, 소문자 이탤릭체로 씀. **2** 가새표 ✕를 달리 일컫는 말. ↔오엑스(OX).
엑스-각(X脚) 명[의] 양쪽 무릎이 비정상적으로 접근되어 있어서 'X' 자처럼 되어 있는 다리. ↔오각(O脚).
엑스-레이(X-ray) 명 **1**[물] =엑스선. **2** =엑스선 사진.
엑스-선(X線) 명[물] 전자기파 중 파장이 0.01~100옹스트롬 범위의 것. 물질에 대한 투과력이 세어 물질 연구·재료 시험·의료 등에 이용함. ↔뢴트겐·엑스레이.
엑스선^사진(X線寫眞) 명 X선을 물체에 조사(照射)하여 촬영한 투사 사진. 인체 내부의 이물의 발견, 질병의 진단 등에 쓰임. ↔엑스레이.
엑스^세대(X世代) 명 **1** 미국에서, 1965년 이후에 태어난 세대. 더글러스 쿠플랜드의 소설(1991) 제목에서 비롯됨. **2** 뜻이 바뀌어, 자기주장이 강한 신세대.
엑스엑스엑스(XXX) 명 무선 전신에 의한 만국 공통의 긴급 신호. 에스오에스(SOS) 다음가는 제2급의 위난(危難)에 발신함.
엑스^염색체(X染色體) 명[생] 암컷과 수컷의 성염색체와 공통염색체로 들어 있는 염색체. 암컷에는 2개, 수컷에는 1개가 있음. ↔와이염색체.
엑스터시(ecstasy) 명 감정이 고조되어 자기 자신을 잊고 도취 상태가 되는 현상.
엑스트라(extra) 명 역할이 미미하여 대개 대사가 없고 화면의 구도를 위한 보조자 구실을 하는 연기자. 흔히, 행인·군중 등으로 등장함. ▷단역.
엑스포(Expo) 명 [Exposition] =만국 박람회.
엑슬란(Exlan) 아크릴계 합성 섬유의 하나. 가볍고 보온성이 좋음. 상품명에서 온 말임.
엔¹(N) 명 [North] 자석·나침반 등에서 북쪽을 나타내는 기호.
엔²(ⓙ円/えん) 명[의존] 일본의 화폐 단위. 기호는 ¥ 또는 Y.
엔간-하다 톙[여] 사물의 정도가 일정한 기준이나 보통의 경우에서 그리 벗어나지 않은 상태에 있다. ¶엔간해서는 그의 고집을 꺾을 수 없다. **엔간-히** 뿌 그 녀석 참 ~ 보챈다.
엔-고(ⓙ円/えん 高) 명[경] 국제 환시세에서 일본 화폐인 엔의 값이 다른 나라 화폐에 비해 상대적으로 높아진 현상.
엔^극(N極) 명 =북극1.
엔¹-담 명 가장자리를 빙 둘러서 싼 담.
엔도르핀(endorphin) 명[생] 신경 세포의 작용을 조절하므로 모르핀과 같은 진통 작용을 하는, 뇌하수체 전엽에서 분비되는 물질.
엔드^라인(end line) 명[체] 테니스·배구·농구 등의 직사각형 코트에서 짧은 쪽의 구획선. ▷사이드라인.
엔들 图 명사 다음에 붙어 반어의 뜻을 나타내는 보조사. ¶언들 못 가랴.
엔^세대(N世代) 명 [N:net] [사] 디지털 기술과 함께 성장하여 컴퓨터와 인터넷에 친숙하며 쌍방향 의사소통에 능숙한 신세대.
엔실리지(ensilage) 명[농] 목초·옥수수 등의 사료 작물을 사일로에 넣고 밀폐하여 젖산 발효시켜 저장한 사료.
엔오시(NOC) 명 [National Olympic Committee] =국가 올림픽 위원회.
엔조이-하다(enjoy-) 탄여타 '즐기다'로 순화. ¶인생을 ~.
엔지(N.G.) 명 [no good] [영] [방송] 영화·텔레비전·라디오 등에서 촬영·녹화·녹음 등이 의도대로 잘되지 않아 실패한 상태가 되는 일. ¶~가 나다.
엔지니어(engineer) 명 기계·전기·토목 등의 기술자.
엔지오(NGO) 명 [nongovernmental organization] 정치·경제·환경·인권 등의 문제를 해결하기 위해 민간단체가 중심이 되어 조직된 비정부(非政府) 국제 단체.
엔진(engine) 명 연료를 태워 기계를 움직이는 힘을 내게 하는 기계 장치. ⓗ기관 (機關). ¶~이 꺼지다.
엔진-룸(ⓣengine room) 명 자동차에서, 엔진이 장착되어 있는 공간.
엔진^오일(engine oil) 명 내연 기관에 쓰는 윤활유.
엔카(ⓙえんか/演歌) 명 애조를 띤 가락의 일본 대중가요.
엔탈피(enthalpy) 명[물] 열역학에서 사용하는 물리량(物理量)의 하나. 계(系) 밖에서 가해진 압력과 그것에 의하여 변화한 부피의 곱을, 계의 내부 에너지에 더한 양(量). 기호는 H.
엔터^키(enter key) 명[컴] 컴퓨터의 자판에서, 입력을 완료시키거나 명령을 실행시키는 키. =리턴 키.
엔트로피(entropy) 명[물] 열량과 온도에 관계되는 물질계의 상태를 나타내는 열역학적 양(量)의 하나.
엔트리(entry) 명 **1**[체] 경기·경연 등의 참가의 등록. 또는, 참가자 명부. **2** 사전의 표제어.
엔피티(NPT) 명 [nuclear non-proliferation treaty] =핵 확산 금지 조약.
엔-화(ⓙ円/えん 貨) 명 엔을 화폐 단위로 하는 돈.
엘(L) 명 [large] 의류 등에서, 대형 치수를 나타내는 기호. ▷에스(S)·엠(M).
엘-니뇨(ⓔEl Niño) 명[기상] 남아메리카 서해안을 따라 흐르는 찬 페루 해류 속에 이상 난류가 갑자기 흘러드는 현상. 플랑크톤이나 멸치의 감소, 연안 지역의 집중호우·홍수 등을 가져옴. ▷라니냐.

엘디(LD) 圀 〔laser disk〕 =레이저 디스크.

엘레지(®élégie) 圀 슬픔을 노래한 악곡·가곡·시가(詩歌).

엘렉트라(Electra) 圀〔신화〕 그리스 신화에 나오는, 미케네의 왕 아가멤논의 딸. 아버지를 죽인 어머니를 미워하여, 동생을 시켜서 어머니를 죽이게 함.

엘렉트라^콤플렉스(Electra complex) 圀〔심〕 정신 분석학 용어에서, 딸이 무의식적으로 어머니를 미워하고 아버지를 따르는 경향. ▷오이디푸스 콤플렉스.

엘로라^석굴(Ellora石窟) [-꿀] 圀〔고고〕 인도 서부, 아우랑가바드 북서쪽에 있는 석굴 유적. 5~10세기에 만들어졌으며, 불교·힌두교·자이나교 사원이 혼재함.

엘리베이터(elevator) 圀 동력을 사용하여 사람이나 화물을 아래위로 나르는 장치. =승강기.

엘리베이터-걸(elevator girl) 圀 백화점이나 고층 빌딩 등에서, 엘리베이터를 작동하며 층별 위치 안내를 하는 여자.

엘리엇¹, 조지(Eliot, George) 圀〔인〕 영국의 작가(1819~1880).

엘리엇², 토머스 스턴스(Eliot, Thomas Stearns) 圀〔인〕 미국 태생의 영국의 시인·평론가(1888~1965).

엘리자베스 이:세(Elizabeth二世) 圀〔인〕 영국의 여왕(1926~).

엘리자베스 일세(Elizabeth一世) [-쎄] 圀〔인〕 영국의 여왕(1533~1603).

엘리트(®élite) 圀 어떤 사회에서 우수한 능력이 있다고 인정된 사람. 또는, 사회적으로 높은 지위에 올라 지도적 역할을 하는 사람. ¶~ 사원.

엘리트-주의(®élite主義) [-의/-에] 圀 **1** 소수의 엘리트가 사회나 국가를 지배하고 이끌어야 한다고 믿는 태도나 입장. **2** 어떤 사람이 엘리트로서의 자부심이나 우월감을 가지는 태도.

엘바 섬(Elba-) 圀〔지〕 이탈리아 서부에 있는 섬.

엘보(†elbow) 圀〔의〕 과도한 운동으로 팔꿈치의 근육이나 힘줄이 손상되어 통증을 일으키는 증상. ¶테니스 ~.

엘살바도르(El Salvador) 圀〔지〕 중앙아메리카 태평양 연안에 있는 공화국. 수도는 산살바도르.

엘시(L/C) 圀 〔letter of credit〕 [경] =신용장(信用狀).

엘시엠(L.C.M.) 圀 〔least common multiple〕 [수] =최소 공배수.

엘에스디(LSD) 圀 〔lysergic acid diethylamide〕 [약] 맥각(麥角)의 알칼로이드에서 얻는, 무미·무취의 강력한 환각 유발제.

엘에스아이(LSI) 圀 〔large scale integration〕 [컴] =고밀도 집적 회로.

엘엔지(LNG) 圀 〔liquefied natural gas〕 =액화 천연가스.

엘피^가스(LP gas) 圀 〔LP:liquefied petroleum〕 =액화 석유 가스.

엘피-반(LP盤) 圀 〔LP:long playing〕 1분간에 33⅓ 회전하는 장시간 연주용 음반. ▷에스피반·이피반.

엘피지(LPG) 圀 〔liquefied petroleum gas〕 =액화 석유 가스.

엠(M) 圀 〔medium〕 의류의 치수가 표준임을 나타내는 기호. ▷에스(S)·엘(L).

엠바고(embargo) 圀 **1** 정부가 상선에 대해 내리는 출입항 금지 명령. **2** 기사(記事)의 보도 시점 제한.

엠보싱(embossing) 圀〔미(美)〕 요철이 있는 철판이나 프레스로 종이·금속·플라스틱 등의 한쪽 면을 눌러 일정한 형태의 도드라진 무늬를 만드는 일. ¶~ 화장지.

엠브이피(MVP) 圀 〔most valuable player〕 [체] 운동 경기, 특히 프로 야구나 농구에서 그 시즌 중에 가장 우수한 성적을 올린 선수. =최우수 선수.

엠블럼(emblem) 圀 어떤 단체나 대상을 상징적으로 나타낸 도형.

엠비에이(MBA) 圀 〔Master of Business Administration〕 경영학 석사.

엠시(MC) 圀 〔master of ceremonies〕 연예 공연이나 퀴즈·쇼·인터뷰 등의 방송 프로그램을 진행하는 사회자.

엠아르비엠(MRBM) 圀 〔medium range ballistic missile〕 사정거리 1,000km 내외의 미사일.

엠아르아이(MRI) 圀 〔magnetic resonance imager〕[의] 체내의 원자에 핵자기 공명을 일으켜 얻은 정보를 컴퓨터로 영상화하는 질병 진단 장치. =자기 공명 영상 장치.

엠앤드에이(M&A) 圀 〔mergers and acquisitions〕 기업 합병 및 인수. 곧, 두 개 이상의 기업이 합병하거나, 한 기업이 다른 기업의 주식이나 자산을 취득하여 경영권을 인수하는 일을 동시에 일컫는 말임. 순화어는 '인수 합병'.

엠티(†MT) 圀 〔membership+training〕 주로 대학생 사회에서, 같은 과나 서클에서 구성원들의 친목을 도모하고 단합을 이루기 위해 수련회를 갖는 일.

엠티비(MTB) 圀 〔mountain bike〕 =산악 자전거.

엠펙(MPEG) 圀 〔Motion Picture Expert Group〕[컴] 컬러 동화상의 압축 방식에 대한 국제 표준화 작업을 추진하는 조직.

엠피(MP) 圀 〔Military Police〕 [군] =헌병.

엠피-반(MP盤) 圀 〔MP:medium playing〕 LP반과 회전수는 같으나 홈이 넓어서 풍부한 음량의 녹음을 할 수 있는 레코드.

엠피-스리/MP3(MP three) 圀 〔MPEG-1 Audio Layer 3〕 압축 기술을 사용하여 시디(CD) 음반의 음질을 거의 유지하면서 데이터의 크기를 10분의 1가지 줄인 파일. 또는, 그 파일에 채택된 압축 방식. ¶ ~ 플레이어.

엥겔, 에른스트(Engel, Ernst) 圀〔인〕 독일의 통계학자(1821~1896).

엥겔^계:수(Engel係數) [-계-/-게-] 圀〔경〕 생계비 가운데 식비(食費)가 차지하는 비율. ▷엥겔 법칙.

엥겔=법칙(Engel法則) 圀〔경〕 소득이 증가함에 따라 가계 지출에서 식비가 차지하는 비율이 작아진다고 하는 법칙. 독일의 엥겔이 주창했음.

엥겔스, 프리드리히(Engels, Friedrich) 圀〔인〕 독일의 경제학자·사회주의자(1820~1895).

여¹ 圀 한글 모음 'ㅕ'의 이름.

여² 〔대〕 '여기'의 잘못. ¶물이 ~까지 찼다.
여³ 〔조〕 받침 없는 체언에 붙어, 부르거나 호소하는 뜻을 나타내는 호격 조사. ¶동포~, 일어나라, 나라를 위하여. ▷이여.
-여⁴ 〔어미〕 '여' 불규칙 용언의 어간에 붙어, 어미 '-아'의 뜻으로 쓰이는 연결 어미. ¶괴로와~. ▷-아-.
여⁵(女) 〔명〕 '딸'의, 기록에서의 문어적 칭호. ↔자(子).
여¹(與) 〔명〕 '여당'을 줄여 이르는 말. ↔야(野).
여-⁷(女) 〔접두〕 일부 명사 앞에 쓰여, '여자'의 뜻을 나타내는 말. ¶~학생 / ~동창.
-여⁸(餘) 〔접미〕 주로 한자로 된 수사 밑에 붙어, 그 수 이상이라는 뜻을 나타내는 말. ¶백~ 년 / 오십~ 명.
여가(餘暇) 〔명〕 일이 없어 한가하게 남는 시간. 비짬·틈·겨를. ¶~ 선용.
여각¹(旅閣) 〔명〕 조선 시대에 해산물·곡물 등의 매매를 거간하며, 또 그 물건의 임자를 묵게 하던 집.
여각²(餘角) 〔명〕 두 각의 합이 직각일 때, 그 한 각에 대한 다른 각을 이르는 말.
여간(如干) I〔부〕 ('아니다', '않다' 등의 부정적인 서술어와 함께 쓰이어) 보통으로. 또는, 어지간히. ¶~ 춥지 않다.
Ⅱ〔관〕 (부정적인 뜻의 서술어와 함께 쓰여) 웬만한. 또는, 어지간한.
Ⅲ〔명〕 (주로 '아니다'를 서술어로 하여) 보통의 정도. 또는, 만만한 정도. ¶어린애가 하는 짓이 ~이 아니다. **여간-하다** 〔형여〕 이만저만하다. 또는, 어지간하다.
¶**여간해서** 는 못 푸는 문제.
여간-내기(如干-) 〔명〕 =보통내기. ¶몸집은 작고 가냘프지만 ~가 아니다.
여-간첩(女間諜) 〔명〕 여자 간첩.
여-감방(女監房) 〔명〕 여자 죄수를 가두어 두는 감방.
여객(旅客) 〔명〕 비행기·배·열차·버스 등을 타고 여행하는 사람.
여객-기(旅客機) [-끼] 〔명〕 여객을 태워 나르는 비행기.
여객-선(旅客船) 〔명〕 여객을 태워 나르는 배. ¶호화 ~.
여건(與件) [-껀] 〔명〕 어떤 일을 하는 데 주어진 조건. ¶~이 허락된다면 공부를 계속하고 싶다.
여걸(女傑) 〔명〕 호걸스러운 여자. 비여장부.
여겨-보다 〔동타〕 눈에 익혀 가며 자세히 보다. 비야겨보다.
여격(與格) [-껵] 〔명·언〕 1 문장 속의 어떤 체언이 수여의 대상임을 나타내는 격. 2 유럽 어 등에서 볼 수 있는, 간접 목적을 나타내는 격 또는 어미변화의 형태.
여격-조사(與格助詞) [-껵쪼-] 〔명·언〕 체언 아래에 쓰여, 체언으로 하여금 무엇을 받는 자리에 서게 하는 격 조사. '에게', '께', '한테' 따위.
여경(女警) 〔명〕 여자 경찰관.
여고(女高) 〔명〕 '여자 고등학교'를 줄여 이르는 말. ¶~ 동창.
여고-생(女高生) 〔명〕 '여자 고등학생'을 줄여 이르는 말.
여공(女工) 〔명〕 공장에서 일하는 여자.
여과(濾過) 〔명〕 1 〔화〕 액체·기체를 걸러 내는 것. 2 (어떤 대상을) 부정적이거나 부적절한 요소가 없도록 거르는 것. ¶외국 문물을 ~ 없이 수용하다. **여과하다** 〔동타여〕 ¶물을 **여과하여** 마시다. **여과-되다** 〔동자〕 ¶필터에 니코틴이 ~.
여과-기(濾過器) 〔명〕 걸러 내는 기구. 비필터.
여과-지(濾過紙) 〔명·화〕 =거름종이.
여관(旅館) 〔명〕 돈을 받고 사람에게 잠을 잘 수 있도록 방을 빌려 주는 곳. 호텔보다는 급이 낮고 여인숙보다는 급이 높음. ▷호텔·여인숙.
여관-방(旅館房) [-빵] 〔명〕 여관에서 손님이 묵는 방.
여-교사(女敎師) 〔명〕 여자 교사. 비여선생.
여군(女軍) 〔명·군〕 여자 군인. 또는, 그 군대.
여권¹(女權) [-꿘] 〔명〕 여성의 사회적·정치적·법률상의 권리. ¶~이 향상되다.
여권²(旅券) [-꿘] 〔명〕 외국에 여행하는 사람의 신분·국적을 증명하기 위해, 그 나라의 보호를 의뢰하는 문서. ¶~을 발급하다.
여권³(興圈) [-꿘] 〔명〕 여당에 속하는 정치가의 범위. ¶~ 인사(人士). ↔야권.
여권-신장(女權伸張) [-꿘-] 〔명·사〕 여성의 사회상·정치상·법률상의 권리와 지위를 높이는 일.
여급(女給) 〔명〕 카페·바 등에서 손님의 시중을 드는 여자.
여기 I 〔대〕 1〔지시〕 1 말하는 사람이 자기가 있는 장소나 듣는 사람보다 자기 쪽에 가까이 있는 장소를 가리켜 이르는 말. ¶~에 텐트를 치자. ㈜에. 2 거론하고 있는 대상, 곧 어떤 일이나 문제 등을 '이것', '이 점', '이 부분'의 뜻으로 이르는 말. ¶너는 이제 ~서 손을 떼라. ㈜요기. 2〔인칭〕 말하는 자기가 자기 쪽에 가까이 있는 사람을 듣는 사람에게 가리켜 이르는 말. 주로, 듣는 사람이 그를 모르는 경우에 쓰는데, 그가 윗사람일 경우에는 사용하지 않음. ¶~는 내 친구 김동수 씨, 인사하시죠. ▷거기·저기.
Ⅱ 〔부〕 이곳에. 말하는 사람이 있는 곳을 포함하여 자기 쪽에 가까운 곳을 가리키는 말임. ¶그 물건은 ~ 놔 두세요. ㈜요기. ▷거기·저기.
여기다 〔동타〕 (사람이 어떤 대상을 어떠한 성격이나 상태, 자격을 가진 대상으로, 또는 대상을 어떠하게) 판단하여 생각하거나 간주하다. ¶부모 잃은 아이를 불쌍히 ~.
여-기자(女記者) 〔명〕 여자 기자.
여기-저기 I 〔명〕 부근의 여러 곳. 비곳곳·이곳저곳. ㈜요기조기.
Ⅱ 〔부〕 부근의 여러 곳에. 비이곳저곳. ¶하루 종일 ~ 다니다. ㈜요기조기.
여뀌 〔명·식〕 논둑이나 냇가에 자라며, 줄기는 붉은 갈색으로 가지가 많이 벋고, 6~9월에 이삭 모양의 흰 꽃이 피는 한해살이풀. 잎은 매운맛이 있어 조미료로 씀.
여남은 I〔수〕 열 남짓한 수. ¶친구 ~이 놀러 왔다.
Ⅱ〔관〕 ¶~ 개.
여남은-째 〔수관〕 열째 남짓한 차례.
여념(餘念) 〔명〕 생각하고 있는 대상 이외의 다른 생각. ¶연습에 ~이 없는 선수들.
여느 〔관〕 그 밖의 다른. 또는, 다른 보통의. ¶~ 날처럼 6시에 깨다. ×여늬.
여늬 〔관〕 '여느'의 잘못.
여단(旅團) 〔명·군〕 군대를 편성하는 단위

의 하나. 보통 2개 연대로 구성되며, 사단보다는 규모가 작음.

여ː-닫다[-따] [동][타] 열고 닫고 하다. ¶책상 서랍을 ~.

여ː닫-이[-다지] [명] 문틀에 고정한 경첩이나 돌쩌귀 등을 축으로 하여 열고 닫는 방식. 또는, 그런 방식의 문이나 창. ▷미닫이.

여ː닫-히다[-다치-] [동][자] '여닫다'의 피동사. ¶이 문은 자동으로 **여닫힌다**.

여담(餘談) [명] 용건이나 본 줄거리와 관계없이 하는 이야기.

여ː당(與黨) [명] 정당 정치에서, 정권을 잡고 있는 정당. ↔야당.

여대(女大) [명][교] '여자 대학'을 줄여 이르는 말.

여대-생(女大生) [명] '여자 대학생'을 줄여 이르는 말.

여덟[-덜] Ⅰ[수] **1** 일곱에 하나를 더한 수. ▷팔(八). **2** 사람이나 사물의 수량을 셀 때, 일곱 다음에 해당하는 수효.
Ⅱ[관] ¶~ 개.

여덟-째[-덜-] [수][관] 차례를 매길 때, 일곱째의 다음에 오는 수.

-여도 [어미] '여' 불규칙 용언의 어간에 붙어, 어미 '-아도'의 뜻으로 쓰이는 연결 어미. ¶그렇게 사정을 하~ 눈 하나 꿈쩍 안 하더라. ▷-아도·-어도.

여독[1](旅毒) [명] 여행으로 말미암아 생긴 몸의 피로. ¶~을 풀다.

여독[2](餘毒) [명] **1** 채 풀리지 않고 남아 있는 독기. **2** 뒤에까지 남은 해로운 요소.

여-동생(女同生) [명] 여자 동생. ↔남동생.

여드레 [명] **1** 하루가 여덟 번 있는 시간의 길이. 곧, 여덟 날. **2** 《초(初)·열·스무 다음에 쓰여》 각각 어느 달의 8일·18일·28일임을 고유어로 나타내는 말. ¶초~.

여드렛-날[-렌-] [명] 《초(初)가 붙거나 단독으로 쓰여, 또는 열·스무 다음에 쓰여》 각각 어느 달의 8일, 18일, 28일임을 나타내는 말.

여드름 [명] 주로 사춘기에 이른 남녀의 얼굴·가슴 등에 도톨도톨하게 나는 작은 종기. ¶~을 짜다.

여든 Ⅰ[수] **1** 열의 여덟 곱절. ▷팔십. **2** 사람이나 사물의 수량을 셀 때, 열의 여덟 곱절에 해당하는 수효.
Ⅱ[관] ¶~ 살.

-여라 [어미] '여' 불규칙 용언의 어간에 붙어, 명령·감탄의 뜻을 나타내는 종결 어미. ¶가엾기도 하~.

여래(如來) [명][불] '석가모니여래'의 준말.

여러 [관] 수효가 하나나 둘이 아니고 그보다 많은. 곧, 셋 이상 열 미만 정도의. ¶~ 가지 / ~ 종류의 꽃.

여러모-로 [부] 여러 방면으로. [비]다각도로. ¶이번 일에 ~ 수고가 많았습니다.

여러-분 [대][인칭] 말하는 사람이 자신이 상대하고 있는 여러 사람이나 많은 사람의 무리를 높여서 이르는 말. ¶동포 ~.

여러해-살이 [명][식] 식물이 뿌리나 땅속줄기가 남아 있어서 해마다 줄기와 잎이 돋아나는 것을 이르는 말. =다년생. ↔한해살이.

여러해살이-풀 [명][식] 겨울에는 땅 위의 부분이 죽어도 봄이 되면 다시 움이 돋아나는 풀. 대개 3년 이상 사는 것을 가리킴. =다년초. ↔한해살이풀.

여럿[-럳] [수] 하나나 둘이 아니고 그보다 많은 수효의 사람이나 사물. 일반적으로 셋 이상 열 미만 정도의 수효를 가리킴. ¶일꾼을 ~ 얻다.

여럿-이 Ⅰ[명] '여러 사람'을 이르는 말. ¶일을 ~서 분담하다.
Ⅱ[부] 여러 사람이 함께.

여력(餘力) [명] 어떤 일을 하고 남은 힘. 곧, 다른 일을 할 수 있는 힘. ¶자식을 대학에 보낼 ~은 있다.

여로(旅路) [명] 여행하는 길. ¶~에 오르다.

여ː론(輿論) [명] 사회의 어떠한 현상이나 정치적 문제 등에 대하여 국민들이 나타내는 공통된 의견. =세론. [비]공론. ¶~에 따르다.

여ː론^조사(輿論調査) [명] 면접이나 질문서·전화 등을 통하여 대중의 의견을 조사하는 일.

여ː론-화(輿論化) [명] 여론으로 나타나거나 나타내는 것. 또는, 공통된 의견이 되거나 되게 하는 것. **여ː론화-하다** [동][자][타][여] ¶사회의 병폐를 **여론화하여** 시정하다. **여ː론화-되다** [동][자]

여류(女流) [명] 《어떤 명사 앞에 쓰여》 그 방면에 능숙한 여성임을 나타내는 말. ¶~ 작가 / ~ 시인.

여름 [명] 1년의 네 계절 중 둘째 계절. 보통 양력 6, 7, 8월에 해당하는데, 날씨가 덥고 녹음이 우거짐.
여름(을) 타다 여름철에 더위를 견디지 못하여 원기를 잃고 힘들어하다.

여름-날 [명] 여름철의 날. 또는, 그 날씨.

여름-내 [부] 온 여름 동안.

여름-눈 [명][식] 여름에 나서 그해 안에 터서 자라는 눈. ↔겨울눈.

여름-밤[-빰] [명] 여름의 밤.

여름^방학(-放學)[-빵-] [명] 여름의 한창 더울 때에 하는 방학.

여름-비[-삐] [명] 여름철에 오는 비.

여름-새 [명][동] 봄에서 초여름에 걸쳐 남쪽에서 날아와 번식한 뒤, 가을에 다시 남쪽으로 가는 철새. 우리나라에서는 제비·두견이 따위. ↔겨울새.

여름-옷[-옫] [명] 여름에 입는 옷. [비]하복.

여름-잠[-짬] [명][동] =하면[2]. ↔겨울잠.

여름-철 [명] 기후적으로 여름인 계절. =하절.

여름-털 [명] 털갈이하는 동물의 여름철 털. 겨울털보다 성기며 두꺼움. ↔겨울털.

여름-학교(-學校)[-꾜] [명] 여름 방학 동안에 일정한 학과나 실습을 목적으로 열리는 학교. =서머스쿨.

여름-휴가(-休暇) [명] 여름철에 더위 등으로 실시하는 휴가.

여리다 [형] **1** 단단하거나 질기지 않아 연하고 약하다. ¶피부가 ~. **2** (의지나 감정이) 모질지 못하고 무르다. ¶**여린** 마음에 상처를 받다.

여린-말 [명] 센말이나 거센말에 대하여, 예사소리로 된 말. 가령, '딸까닥'에 대하여 '달가닥'과 같은 말.

여린-박(-拍) [명][음] 한 마디 안에서 센박 다음의 박자. 곧, 악센트가 없는 박자. =약박. ↔센박.

여말(麗末) [명] 고려 시대의 말기.

여ː망(輿望) [명] 많은 사람의 기대. ¶국민의 ~에 부응하다.

여맥(餘脈) [명] **1** 산맥이나 산의 주된 줄기에서 이어져 나간 작은 줄기. **2** 세력을 거의 잃어 허울만 남아 있는 상태. ¶그 무렵 신라는 겨우 ~을 유지하고 있었다.
여명(黎明) 명 **1** 희미하게 날이 밝을 무렵. ¶~의 하늘. **2** 희망의 빛.
여명-기(黎明期) 명 희망에 찬 새 시대가 갓 시작되는 시기. ¶신문학의 ~.
여물 명 마소를 먹이기 위하여 잘게 썬 짚이나 마른풀. ¶~을 썰다.
여물다 Ⅰ 통〈자〉(여무니, 여무오) (곡식이)다 자라 알맹이 단단하게 익다. ㈗영글다. ¶잘 **여문** 옥수수. 轂야물다.
Ⅱ 형 (어떤 사람이나 일이) 잘되어 뒤탈이 없다. ¶끝끝이 ~. 轂야물다.
여미다 통⒯ (옷깃 따위를) 바로잡아 합쳐서 단정하게 하다. ¶옷깃을 ~.
여:민동락(與民同樂) [-낙] 명 임금이 백성과 함께 즐거워함. **여:민동락-하다** 통여
여:민락(與民樂) [-낙] 명 〔음〕 조선 시대, 아악의 한 가지. 임금의 거둥 때나 궁중의 잔치 때에 연주함.
여반장(如反掌) 명 〔손바닥을 뒤집는 것 같다는 뜻〕 어떤 일이 매우 쉬움을 이르는 말.
여-배우(女俳優) 명 여자 배우. ㈜여우. ↔남배우.
여백(餘白) 명 종이와 같은 평면에 그림이나 글씨가 채워지지 않고 남은 빈 부분.
여-벌(餘-) 명 **1** 가외의 것. **2** 입고 있는 옷 외에 여유가 있는 남은 옷.
여-보 명 **1** 부부 사이에서 서로를 부르는 호칭어. **2** 나이가 지긋한 남자가 그리 친숙하지 않거나 잘 모르는 동년배 이하의 남자를 무뚝뚝하게 또는 퉁명스럽게 부를 때 쓰는 호칭어. ¶~, 거 아무것도 모르면 잡자코 있구려.
여-보게 명 나이가 지긋한 사람이 사위나 제자나 아들 친구와 같은 젊은 남자를 부르거나, 장년 이상의 남자가 자기 친구를 대접하여 부를 때 쓰는 하게체의 호칭어. ¶~ 김 서방.
여-보세요 명 **1** 그리 친숙하지 않거나 잘 모르는 사람을 부를 때 쓰는 해요체 또는 합쇼체의 호칭어. **2** 전화를 받거나 걸 때 부르는 말. 상대가 윗사람이든 아랫사람이든 관계없이 씀. ¶~, 누구 찾으세요?
여-보시게 명 '여보게'를 좀 더 높여 이르는 말. ¶~, 내 말도 좀 들어주시게.
여-보시오 명 주로 중년 이상의 남자가 그리 친숙하지 않거나 잘 모르는 동년배 이하의 사람을 무뚝뚝하게 또는 퉁명스럽게 부를 때 쓰는 하오체의 호칭어. ¶~, 거 점잖은 체면에 그러면 되겠소?
여-보십시오 [-씨-] 명 그리 친숙하지 않거나 잘 모르는 사람을 부를 때 쓰는 합쇼체의 호칭어.
여복¹(女卜) 명 여자 점쟁이.
여복²(女服) 명 **1** 여자의 옷. **2** 남자가 여자처럼 꾸민 옷차림. ↔남복(男服). **여복-하다** 쟈㈜ 남자가 여자처럼 옷차림을 꾸미다.
여복³(女福) 명 여자가 잘 따르는 복.
여-봐라 명 '해라' 할 상대를 부르는 말. ¶~, 게 아무도 없느냐.
여봐란-듯이 튄 남에게 수모를 받다가 그것을 활짝 벗어나게 된 때에, 이것 좀 보라는 듯이 으스거리며 자랑함을 이르는 말. ¶~ 꾸며 놓고 살다.
여봐-요 명 **1** 그리 친숙하지 않거나 잘 모르는 사람을 부를 때 쓰는 해요체의 호칭

어. **2** 부부간에 서로를 부르는 말.
여:부(與否) 명 **1** 어떤 사실의 이냐 아님, 그러함과 그렇지 않음. 또는, 무엇을 하고 하지 않음. ¶사실 ~. **2** (주로, '있다', '없다' 와 함께 쓰여) 어떤 사실이 틀리거나 의심할 여지. '있다'와 함께 쓰일 때에는 의문문을 이룸. ¶"일은 잘됐겠지?" "그야, ~가 있겠습니까?"
여북 튄 주로 의문문에 쓰여, '얼마나', '오죽', '작히나'의 뜻으로 이르는 말. ¶~ 답답하면 이런 이야기를 하겠는가.
여북-이나 튄 ~여북'의 힘줌말. ¶복권이 당첨된다면 ~ 좋을까.
여북-하다 [-부카-] 형㈜ (주로 '여북하면', '여북해야', '여북해서' 등의 꼴로 의문문에 쓰여) '오죽 심했으면', '오죽하랴'의 뜻으로, 어떤 극한적 상황에서 그럴 수밖에 없으리라는 것을 긍정하여 이르는 말. ¶어머니를 여의었으니 그 슬픔이 **여북하랴**.
여분(餘分) 명 =나머지1. ¶~이 없다.
여^불규칙^용:언(-不規則用言) [-칭뇽-] [언] [여] 불규칙 활용'을 하는 용언.
여^불규칙^활용(-不規則活用) [-치롤-] [언] 어미 '-아'가 '-여'로 변하는 불규칙한 어미 활용. '하다' 및 접미사 '-하다' 가 붙는 모든 용언은 '여' 불규칙 활용을 함.
여비(旅費) 명 여행에 드는 비용.
여-비서(女祕書) 명 여자 비서.
여사(女史) 명 **1** 결혼한 여자를 높여 이르는 말. **2** 사회적으로 저명한 여자를 높여 이르는 말. 주로 성명 아래 붙여 씀.
여-사무원(女事務員) 명 여자 사무원.
여-사원(女社員) 명 여자 사원.
여-사장(女社長) 명 여자 사장.
여상¹(女相) 명 여자처럼 생긴 남자의 얼굴. ↔남상.
여상²(女商) 명[교] '여자 상업 고등학교' 를 줄여 이르는 말.
여색(女色) 명 **1** 여자와의 육체적 관계. ¶~을 탐하다. **2** 여자의 아름다운 모습이나 얼굴빛.
여색²(餘色) 명 〔물〕 두 빛깔의 광선이 혼합한 결과 백색광이 될 때, 그중 한 광선을 다른 광선에 대하여 이르는 말. 적색과 녹색 따위.
여생(餘生) 명 노인의, 앞으로 얼마 남지 않은 인생. ¶~을 편안히 보내다.
-여서 [어미] '여' 불규칙 용언의 어간에 붙어, 어미 '-아서'의 뜻으로 쓰이는 연결 어미. ¶노력하~ 성공하다. ▷-아서·-어서.
여-선생(女先生) 명 여자 선생. ㈖여교사. ↔남선생.
여섯 [-섣] Ⅰ 주 **1** 다섯에 하나를 더한 수. ㈜육(六). **2** 사람이나 사물의 수량을 셀 때, 다섯 다음에 해당하는 수효.
Ⅱ 명 ¶~ 차례.
여섯-째 [-섣-] 준관 차례를 매길 때, 다섯째의 다음에 오는 수. ¶~ 시간.
여성¹(女性) 명 **1** 아기를 직접 낳을 수 있는 성(性)에 속하는 사람. 일정한 나이가 되면 월경을 하며, 젖을 먹일 수 있는 유방과 자궁·음문(陰門)등의 생식 기관을 가짐. ㈜여직업. ▷여자·여인. **2** 〔언〕 인도·유럽 어 등에서, 명사·대명사 등의 성(性)의 구별의 하나. ↔남성(男性).

여성²(女聲) 명 1 여자의 목소리. 2 [음] 성악의 여성의 성부(聲部). 곧, 소프라노·알토 따위. ↔합성. (비)남성(男聲).

여성-계(女性界) [-게/-게] 명 여성들의 사회. ¶~ 인사.

여성-미(女性美) 명 여성에게 특유한 육체상 또는 성질상의 아름다움. ↔남성미.

여성-부(女性部) 명 행정 각 부의 하나. 여성 정책 수립·조정, 여성 인권 보호, 남녀 차별 개선 등 여성 지위 향상에 관한 사무를 맡아봄.

여성-상(女性像) 명 1 여자의 모습. 또는, 그것을 표현한 그림이나 조각. 2 여자로서 갖추어야 할 모습. ¶이상적인 ~.

여성-적(女性的) 관명 여성답거나 여성과 같은 (것). ↔남성적.

여성-지(女性誌) 명 성인 여성을 주된 독자층으로 하여 만든 잡지.

여성-학(女性學) 명 역사적·문화적 측면에서 여성의 역할을 연구하는 학문.

여성⁺**호르몬**(女性hormone) [-몬] [생] 여성의 난소(卵巢)에서 분비되어 제2차 성징을 나타내고, 여성 생식기의 발육을 촉진시키는 호르몬. ↔남성 호르몬.

여세(餘勢) 명 어떤 일을 치른 다음의 나머지 세력이나 기세. ¶예선전에서의 연승~를 몰아 결승전을 우승으로 이끌다.

여:소-야대(與小野大) 명 여당의 국회의원 숫자가 야당의 국회의원 숫자보다 적은 상태. ¶불안정한 ~ 정국.

여:송-연(呂宋煙) 명 필리핀의 루손 섬에서 나는 엽궐련. 독하되 향기가 좋음. 2 =시가(cigar)⁷.

여수¹(女囚) 명 여자 죄수.

여수²(旅愁) 명 객지에서 느끼는 쓸쓸한 느낌. ¶~를 달래다.

여-순경(女巡警) 명 여자 순경.

여승(女僧) 명 [불] 여자 승려. (비)비구니.

여승-방(女僧房) 명 [불] 여승들이 사는 절. ⑤승방.

여식(女息) 명 남에게 자기 딸을 이르는 말.

여신¹(女神) 명 여자 신(神). ¶행운의 ~.

여:신²(與信) 명 [경] 금융 기관에서, 고객을 신용하는 일. 곧, 고객에게 돈을 빌려 주는 일. ↔수신(受信).

여실-하다(如實-) 형여 (어떤 대상이) 어떤 사실이나 실상을 뚜렷하게 느끼게 해 주는 상태에 있다. 여실-히 부 ¶스코어가 두 팀의 실력 차를 ~ 말해 준다.

여심(女心) 명 여자의 마음.

여아(女兒) 명 1 성별이 여자인 아이. (비)계집아이. ↔남아. 2 남에게 자기 딸을 이르는 말.

-여야¹ 어미 '여' 불규칙 용언의 어간에 붙어, 어미 '-아야'의 뜻으로 쓰이는 연결 어미. ¶어떤 일이든지 열심히 하~ 한다. ▷-아야·-어야.

여야²(與野) 명 여당과 야당. ¶~ 합의.

-여야지 어미 '여' 불규칙 용언의 어간에 붙는 반말 투의 종결 어미. 1 혼잣말로 다짐하는 뜻을 나타냄. ¶이번 시합에서는 꼭 우승을 하~. 2 상대에게 부드럽게 어떤 사실을 환기 또는 촉구하거나 동의를 구하는 뜻을 나타냄. ¶네 방 청소는 네가 하~? ▷-아야지·-어야지.

여열(餘熱) 명 1 고열(高熱) 뒤에 남아 있는 신열(身熱). 2 무더위가 지난 뒤에 남아 있는 더위. 3 아직 다 식지 않고 남아 있는 열.

여염(閻閻) 명 백성의 살림집이 많이 모여 있는 곳.

여염-집(閻閻-) [-찝] 명 일반 백성의 살림집.

여왕(女王) 명 1 여자 임금. 2 어떤 영역에서 중심적 위치에 있는 여자를 비유하여 이르는 말. ¶은막의 ~.

여왕-개미(女王-) 명[동] 알을 낳을 능력이 있는 암캐미. 보통 일개미보다 크며, 개미 사회의 우두머리임.

여왕-벌(女王-) 명[동] 사회생활을 하는 벌 떼에서 알을 낳을 수 있는 암벌. 몸이 크며, 벌 사회의 우두머리임.

여우¹ 명 1 [동] 산림 지대에 사는, 개와 비슷한 포유동물. 몸이 홀쭉하며, 주둥이가 길고 뾰족함. 몸빛은 적갈색이며, 성질이 교활함. 털가죽은 목도리로 쓰임. 2 간사하고 교활한 여자를 비유하여 이르는 말. ¶그 여자는 백 년 묵은 ~야. ▷늑대. 3 하는 짓이 깜찍하고 영악한 계집아이를 비유하여 이르는 말.

여우²(女優) 명 '여배우'의 준말. ¶~ 주연상. ↔남우.

여우-비 명 볕이 나는 날 잠깐 오다가 그치는 비.

여운(餘韻) 명 1 어떤 일이 있은 뒤에 아직 가시지 않고 남아 있는 느낌. ¶~을 남기다. 2 =여음(餘音).

여울 명 강이나 바다에서, 깊이가 얕거나 폭이 좁아서 물살이 세고 빠르게 흐르는 부분. 또는, 그 부분의 세고 빠른 물살. ¶~강.

여울-목 명 여울을 이룬 곳.

여울-지다 동(자) 여울을 이루다.

여위다 동(자) (몸이나 얼굴이) 살이 빠져서 앙상한 상태가 되다. ¶여윈 손. (과)야위다.

여유(餘裕) 명 1 사물이 물질적·공간적·시간적으로 넉넉하여 남음이 있는 상태. ¶생활에 ~가 없다. 2 느긋하고 차분하며 생각하거나 행동하는 마음의 상태. 또는, 대범하고 너그럽게 일을 처리하는 마음의 상태. ~ 있는 태도를 보이다.

여유-롭다(餘裕-) [-따] 형(비) <-로우니, -로워> 여유가 있다. ¶여유로운 시간을 보내다.

여유작작-하다(餘裕綽綽-) [-짜카-] 형여 말이나 행동이 너그럽고 침착하다. ¶여유작작한 태도.

여윳-돈(餘裕-) [-유똔/-윧똔] 명 넉넉하여 남는 돈.

여음(餘音) 명 소리가 그친 뒤의 울림. =여운.

여의다 [-의-/-이-] 동(타) 1 죽어서 이별하다. ¶일찍이 부모를 ~. 2 멀리 떠나보내다. ¶고운 임 여의옵고. 3 (딸을) 결혼시켜 남의 집안사람이 되게 하다. (비)시집보내다. 떠나보낸 물건.

여의-봉(如意棒) [-의-/-이-] 명 바늘만 한 크기에서 아주 커다란 물건의 크기까지 자유자재로 늘어나거나 줄일 수 있는, '서유기'의 주인공 손오공이 가지고 다녔다는 물건.

여-의사(女醫師) 명 여자 의사.

여의-주(如意珠) 명[불] 용의 턱 아래에 있다는 구슬. 이를 얻으면 온갖 조화를 부릴 수 있다고 함.

여의찮다(如意-) [-의찬타/-이찬타] 형

여의하지 않다.
여의-하다(如意-)[-의-/-이-] 형여 일이 마음먹은 대로 되는 상태에 있다. ¶형편이 **여의치** 못하구.
-여이다 어미 '하다'의 어간 '하-'에 붙어, 듣는 사람을 극히 높이는 합쇼체의 평서형 종결 어미. ¶성은이 망극하~.
여인(女人) 명 성년의 여자를 문어적으로 이르는 말. ¶중년－. ▷여성·여자.
여인-네(女人-) 명 여인들. 여인 일반을 두루 이르는 말임.
여인-상(女人像) 명 전형적인 여성의 모습. 또는, 여성으로서 갖추어야 할 참다운 모습. ⓑ여성상. ¶한국의 ～.
여인-숙(旅人宿) 명 규모가 작고 값이 싼 숙박업소. 호텔·여관보다 급이 낮음.
여자(女子) 명 1 아기를 직접 낳을 수 있는 성(性)의 사람을 두루 이르는 말. '여성', '여인' 보다 훨씬 일반적으로 쓰임. ▷여성·여인. 2 한 남자의 아내나 애인을 이르는 말. ¶나는 ～가 없어. ↔남자.
여자-관계(女子關係)[-계/-게] 명 이성으로서 여자와 맺는 관계. ▷남자관계.
여자-구실(女子-) 명 주로, 여자는 아이를 낳을 수 있어야 한다는 뜻과 관련된 여자로서의 구실.
여장¹(女裝) 명 (남자가) 여자처럼 차리는 것. ¶～ 남자. ↔남장. 여장-하다 자타
여장²(旅裝) 명 여행할 때의 차림. ¶～을 풀다.
여-장군(女將軍) 명 1 여자 장수(將帥). 2 몸이 크고 힘이 센 여자를 놀림조로 이르는 말.
여-장부(女丈夫) 명 남자처럼 굳세고 활걸한 여자. ⓑ여걸.
여전(女專) 명 '여자 전문학교'를 줄여 이르는 말. ¶이화(梨花) ～.
여전-하다(如前-) 형여 (어떤 대상이) 변함이 없이 전과 같다. ¶그 버릇은 예나 지금이나 **여전하군**. **여전-히** 뭐 ¶술은 ～ 잘 마시는군.
여-점원(女店員) 명 여자 점원.
여정¹(旅情) 명 여행할 때에 우러나오는 마음의 회포. ¶한 잔 술로 ～을 달래다.
여정²(旅程) 명 여행의 과정이나 일정(日程). ¶40일간의 긴 ～을 마치다.
여제(女帝) 명 여자 황제.
여존-남비(女尊男卑) 명 사회적인 지위나 권리에 있어서 여자를 남자보다 우대하고 존중하는 일. ↔남존여비.
여-종업원(女從業員) 명 여자 종업원.
여죄(餘罪)[-죄/-줴] 명 주(主)가 되는 죄 이외의 다른 죄.
여-주인(女主人) 명 여자 주인.
여-주인공(女主人公) 명 소설·연극·영화 등에서 가장 중심적인 역할을 하는 여자.
여중(女中) 명 '여자 중학교'를 줄여 이르는 말.
여중-생(女中生) 명 '여자 중학생'을 줄여 이르는 말.
여지(餘地) 명(의존) (주로, 관형사형 어미 '-ㄹ'이나 관형격 조사 '의' 다음에 쓰여) 어떤 일을 하거나 이룰, 또는 어떤 일이 일어날, 다소의 가능성. ¶아직도 타협할 ～는 있다.
여지-없다(餘地-)[-업따] 형 더 어찌할 나위가 있을 만큼 가치가 없다. 또는, 달리 어찌할 방법이나 가능성이 없다. **여지없-이** 뭐 ¶상대 팀에게 ～ 패하다.

여직 뭐 '여태'의 잘못.
여직-껏 뭐 '여태껏'의 잘못.
여-직원(女職員) 명 여자 직원.
여진¹(女眞) 명[역] ＝여진족.
여진²(餘震) 명[지] 큰 지진이 일어난 다음에 잇달아 일어나는 작은 지진.
여진-족(女眞族) 명[역] 10세기 이후 만주 지방 동부에 살던, 수렵·목축을 주로 하는 퉁구스계의 민족. ≒여진(女眞).
여-집합(餘集合)[-지팝] 명[수] 전체 집합의 부분 집합 A에 관하여 전체 집합의 요소로서 A에 포함되지 않는 요소의 전체가 만드는 집합. A 또는 A'로 나타냄.
여:쭈다 동타 1 '묻다'의 겸양어. ¶잘 모르겠으면 선생님께 **여쭈어** 보아라. 2 (윗사람에게 말이나 인사 등을) 올리다. ⓑ여쭙다. ¶어른에게 인사 **여쭈어라**.
여:쭙다[-따] 동타(ㅂ) 〈여쭈오니, 여쭈워〉 '여쭈다'를 더욱 겸손하게 이르는 말. ¶말씀을 **여쭙고** 양해를 구해라.
여차 명[동] =영차.
여차여차-하다(如此如此-) 형여 =이러이러하다. ¶**여차여차한** 이유로 갈 수 없게 되었다. **여차여차-히** 뭐
여차-하다¹(如此-) 형여 =이렇다. 여차-히 뭐
여차-하다²(如此-) 동자 일이 뜻대로 되지 않다. ¶**여차하면** 비상 수단을 쓰자.
여창(女唱) 명 1 남자가 여자 목소리로 노래 부르는 일. 또는, 그 노래. ↔남창.
여창-남수(女唱男隨) 명 여자가 앞에 나서서 서두르고 남자가 뒤에서 따라만 하는 것. 여창남수-하다 동자여
여체(女體) 명 여자의 육체.
여:치 명[동] 한여름 낮 풀숲에서 '찌르륵 찌르륵' 하고 우는, 녹색 또는 황갈색의 곤충. 몸은 길이가 약 3.3～4cm로 통통하고 긴 촉각이 있음. ≒찌르래기.
여친(女親) 명〈속〉여자 친구. 인터넷상에서 쓰이는 통신 언어임. ↔남친.
여타(餘他) 명 그 밖의 다른 것. ¶～의 사항은 개별 문의 바람.
여탕(女湯) 명 대중목욕탕에서, 여자만이 사용할 수 있도록 구분된 곳. ↔남탕.
여태 뭐 어떤 행동이나 일이 이미 끝나거나 이뤄졌음에 함에도 그렇게 되지 않은 상태에 있음을 불만스럽게 여기는 뜻을 나타내는 말. 또는, 바람직하지 않거나 부정적인 행동이나 일이 현재까지 계속되어 옴을 나타내는 말. ＝입때. ¶어딜 가서 ～ 무얼 했니? ▷입때. ×여직.
여태-껏[-껃] 뭐 여태까지. ＝이제껏·입때껏. ×여직껏.
여투다 동타 (물건이나 돈을) 아껴 쓰고 나머지를 모아 두다. ¶몰래 **여투어** 두었던 돈을 요긴할 때 꺼내 쓰다.
여파(餘波) 명 1 큰 풍파가 지나간 뒤에 일어나는 물결. 2 어떠한 일이 끝난 뒤에 남아 미치는 영향. ¶석유 파동의 ～로 물가가 치솟다.
여편-네(女便-) 명 1 결혼한 여자를 낮추어 이르는 말. 2 자기 아내를 낮추어 이르는 말. ×예펜네.
여피(yuppie) 명 〔young urban professionals의 머리글자 yup에 '히피(hippie)'의 뒷부분을 합성하여 만든 말〕도시 주변을 주된 생활 기반으로 하여 지적 직업에 종사하는 신자유주의 지향의 젊은이들.
여필종부(女必從夫) 명 아내는 반드시 남

편에게 순종하여 좇아야 함.
여하(如何)[명] 어떻게 하는가 하는 것, 또는 어떠한가 하는 것. ¶성공은 노력 ~에 달려있다.
여하-간(如何間)[부] 어떠하든지 간에. 비하여간. ¶~ 부딪쳐 보자.
여-하다(如-)[형여] '같다'를 예스럽게 이르는 말. **여-히**[부]
여하-튼(如何-)[부] 일이나 사정이 어찌 되었든 간에. 비아무튼·어쨌든·하여튼. ¶~ 만나一야 이야기하자.
여하-하다(如何-)[형여] (주로, 극단적·극한적 상황을 나타내는 문맥의 부사절을 이루어) (사정이나 형편이) 어떠하다. ¶여하한 일이 있어도 결정 사항을 번복할 수 없다.
여-학교(女學校)[-꾜][명][교] 여자만을 가르치는 학교의 통칭.
여-학생(女學生)[-쌩][명] 여자 학생. ↔남학생.
여한(餘恨)[명] 풀지 못하고 남은 원한. ¶이제는 죽어도 ~이 없다.
여행(旅行)[명] 자기가 사는 곳을 떠나 객지나 외국에 가는 일. ¶신혼~ / 무전~. **여행-하다**[동자여]
여행-객(旅行客)[명] 여행 중인 사람을 손님으로 일컫는 말.
여행-기(旅行記)[명] 여행 중의 견문이나 감상을 적은 글. 비기행문. ¶걸리버 ~.
여행-길(旅行-)[-낄][명] 여행하는 길이나 경로.
여행-사(旅行社)[명] 여행자의 편의를 돌보아 주는 일을 업으로 하는 영업 기관.
여행자^수표(旅行者手票)[명] 해외여행자의 편의를 위하여 환은행에서 발행하는 수표. 세계 어느 곳에서나 현금으로 바꿀 수 있음.
여행-지(旅行地)[명] 여행하는 곳.
여호수아-기(←Joshua記)[명][성] 구약 성서 중의 한 권.
여호와(←㉯Jehovah)[명] (히브리 어로 '스스로 있는 자'라는 뜻)[성] 구약 성서에 나오는, 이스라엘 민족의 유일신의 이름. 비㉯야훼.
여호와의 증인(←Jehovah-證人)[-의-/-에-][?] 19세기 후반에 미국에서 발생한, 기독교 종파의 하나. 아마겟돈의 최후의 전쟁으로 세상이 멸망하고 그리스도의 천년 통치가 온다고 믿음.
여흥(餘興)[명] 연회나 모임 끝에 흥을 더하기 위하여 하는 연예나 오락.
역[1](役)[명] **1** 영화나 연극 등에서 배우가 맡아서 하는 작중 인물에 대한 소임. =역할. **2** 특별히 맡은 일. ¶상담~.
역[2](易)[명] =주역(周易)[2].
역[3](逆)[명] **1** 반대 또는 거꾸로임. ¶~으로 말하다. **2** [논] 어떤 정리(定理)의 가설과 종결을 뒤바꾸어 얻은 정리.
역[4](譯)[명] =번역. ¶햄릿의 한국어 ~.
역[5](驛)[명] 사람들이 타고 내리거나 화물을 싣고 부리기 위해 열차가 멈출 수 있도록 시설을 갖춘 곳. 비철도역. 비정거장. ¶찬이 ~.
역-[6](逆) '거꾸로', '반대'의 뜻을 나타내는 말. ¶~효과 / ~선전.
역-겹다(逆-)[-껍따][형비](~겨우니, ~겨워} **1** (맛이나 냄새 등이) 비위가 거슬려 토하고 싶은 느낌을 주는 상태에 있다. ¶달걀 썩는 듯한 **역겨운** 냄새. **2** (어

떤 일이) 비위를 거스를 만큼 싫은 느낌을 주는 상태에 있다. ¶**역겨운** 이야기.
역경(逆境)[-꼉][명] 사는 과정에서 겪게 되는 불행하거나 힘든 상황. ¶~에 처하다. / ~을 딛고 일어서다.
역공(逆攻)[-꽁][명] 공격을 받다가 역으로 맞받아 하는 공격. ¶상대의 공을 빼앗아 ~을 펼치다. **역공-하다**[동자여]
역-공세(逆攻勢)[-꽁-][명] 수세에 몰리다가 역으로 가하는 공세. ¶~을 취하다.
역관[1](譯官)[-꽌][명] 통역을 맡아보는 관리.
역관[2](驛館)[-꽌][명][역] 역참에서 인마(人馬)의 중계를 맡아보는 집.
역광(逆光)[-꽝][명][물] 사진 촬영이나 그림을 그리는 대상이 되는 물체의 배후에서 비치는 광선. ¶사진을 ~으로 찍다.
역-구내(驛構內)[명] 역이 차지하고 있는 일정한 구역의 안.
역군(役軍)[-꾼][명] 일정한 부문에서 중요한 역할을 하는 일꾼. ¶산업의 ~.
역귀(疫鬼)[-뀌][명] 역병을 일으키는 귀신.
역-귀성(逆歸省)[-뀌-][명] 명절 때 자식이 고향에 있는 부모를 찾아가는 것에 대하여 거꾸로 부모가 객지에 있는 자식들을 찾아가는 일.
역기(力器)[-끼][명][체] =바벨.
역-기능(逆機能)[-끼-][명] 본디 목적한 것과는 반대로 작용하는 기능. ¶~을 낳다.
역-내(域內)[영-][명] 구역의 안. ↔역외.
역-단층(逆斷層)[-딴-][명][지] 단층면을 따라 상반(上盤)의 지층이 하반(下盤)의 지층 위로 밀려 올라가 있는 단층. ↔정단층.
역당(逆黨)[-땅][명] 역적의 무리. =역도.
역대(歷代)[-때][명] 이어 내려온 여러 대(代). ¶~ 대통령.
역대-기(歷代記)[-때-][명][성] 구약 성서 중의 한 권. 상·하 두 권임.
역도[1](力道)[-또][명][체] 역기를 양손으로 머리 위까지 들어 올려 그 최고 중량을 겨루는 경기.
역도[2](逆徒)[-또][명] =역당(逆黨).
역동-적(力動的)[-똥-][명] 힘있고 활발하게 움직이는 (것). ¶국제 정세의 ~인 변화.
역량(力量)[영냥][명] 어떤 사람이 갖춘, 어떤 일에 대한 능력. 또는, 그 능력의 크기나 정도. ¶~을 과시하다.
역력-하다(歷歷-)[영녁카-][형여] (자취나 낌새 등이) 또렷하다. ¶뉘우치는 빛이 ~. **역력-히**[부]
역류(逆流)[영뉴][명] **1** (물 따위가) 거슬러 흐르는 것. 또는, 그런 물. ¶~ 현상. **2** 흐름을 거슬러 올라가는 것. ¶역사의 ~. **역류-하다**[동자여] ¶강을 **역류하는** 언어 때.
역마(驛馬)[영-][명][역] =역말.
역마-살(驛馬煞)[영-쌀][명] 사람이 한곳에 머물러 살지 못하고 늘 이곳저곳을 떠돌아다니게 되어 있다고 하는 모진 운수. ¶~이 끼다.
역-마차(驛馬車)[영-][명] 서양에서, 철도가 통하기 전에 사람이나 화물을 운반하기 위하여 정기적으로 다니던 마차.
역-말(驛-)[영-][명][역] 각 역참에 갖추어 두고 관용으로 쓰는 말. =역마.

역모(逆謀)[영-] 명 반역을 도모하는 것. 또는, 반역하는 죄. ¶~에 가담하다. **역모-하다** 톤(자여)

역-모션(逆motion) 명 1 [체] 구기 종목에서, 움직이려고 한 방향과 반대되는 방향으로 갑자기 몸의 자세를 바꾸는 동작. ¶유격수가 ~으로 공을 잡다. 2 [영] 영화에서, 촬영한 것을 프린트할 때 그 순서를 거꾸로 하는 일. 높은 곳으로 뛰어오르는 장면을 실제로는 높은 곳에서 뛰어내리는 장면을 촬영하여 거꾸로 프린트하는 것 따위.

역무-원(驛務員)[영-] 명 철도역에서, 안내·매표·개표·집표 등의 일을 맡아보는 사람.

역-반응(逆反應)[-빤-] 명[화] 일정한 반응에 대하여, 동시에 그와 반대 방향으로 진행되는 반응. ↔정반응.

역발산(力拔山)[-빨-] 명 힘이 산을 뽑을 만큼 엄청나게 센 상태의 비유.

역발산-기개세(力拔山氣蓋世)[-빨싼-] 명 [항우가 가이베(垓下)에서 한(漢)나라 군사에게 포위되었을 때, 적군들이 사방에서 초나라 노래를 부르는 것을 듣고 읊었다는 시의 한 구절에서] 힘은 산을 뽑고, 기상은 세상을 덮을 만함.

역-방향(逆方向)[-빵-] 명 어떤 방향에 대하여 반대되는 방향.

역법(曆法)[-뻡] 명 천체의 주기적 현상을 기준하여, 시간을 구분하고 날짜의 순서를 매기는 방법.

역병(疫病)[-뼝] 명[의] 악성(惡性)의 유행병. 주기적으로 ~이 돈다.

역부족(力不足)[-뿌-] 명 힘이나 기량 등이 모자라는 상태에 있는 것. ¶최선을 다했으나 ~으로 패하다.

역분-전(役分田)[-뿐-] 명[역] 고려 태조가 공신들에게 그 공로에 따라 나누어 주던 토지.

역사(力士)[-싸] 명 뛰어나게 힘이 센 사람.

역사[2](役事)[-싸] 명 1 토목·건축 등의 공사. 2 [성] (하느님이나 성령이 역사하는) 일을 행하거나 이루는 것. 또는, 그 능력. **역사-하다** 톤(자여)

역사[3](歷史)[-싸] 명 1 지난날, 오랜 세월에 걸쳐 국가나 세계, 민족 등이 겪어 온 정치적·사회적 변천의 과정이나 중요한 사실·사건의 자취. 또는, 그에 대한 비판적 조사나 연구. 2 사물이 과거로부터 변천하고 발전해 온 자취나 자취. ¶~와 전통을 자랑하는 명문 대학.

역사[4](驛舍)[-싸] 명 역으로 쓰는 건물.

역사-가(歷史家)[-싸-] 명 역사를 전문으로 연구하는 사람. 존사가.

역사-관(歷史觀)[-싸-] 명[역] 역사의 발전 법칙에 대한 체계 있는 견해. ¶유물론적 ~. 존사관.

역사-극(歷史劇)[-싸-] 명[연] 역사적 사실에서 취재하여 만든 극. 존사극.

역사-물(歷史物)[-싸-] 명 역사를 주제로 한 작품.

역사-상(歷史上)[-싸-] 명 역사에 나타나 있는 바. ¶~ 초유의 사건. 존사상.

역사-시대(歷史時代)[-싸-] 명[역] 고고학상 선사 시대 다음으로, 인류 생활에 관한 문헌 자료가 전해져 있는 시대.

역사-적(歷史的)[-싸-] 관 1 역사에 관계되는 (것). 또는, 역사의 입장에서 보는 (것). (비)사적. ¶~으로 고찰하다. 2 역사에 남을 만큼 중요한 (것). ¶~ 인물. 3 역사를 통하여 이야기될 만큼 시대가 오랜 (것). ¶~ 유산.

역사-책(歷史冊)[-싸-] 명 역사를 기록한 책.

역사-학(歷史學)[-싸-] 명 역사를 연구 대상으로 하는 학문. 존사학.

역산(逆算)[-싼] 명 1 [수] 어떤 계산을 한 결과를 계산하기 전의 수 또는 식으로 되돌아가게 하는 계산. 뺄셈은 덧셈의 역산, 나눗셈은 곱셈의 역산임. 2 순서를 거꾸로 해서 뒤쪽에서 앞으로 계산하는 일. **역산-하다** 톤(타여) ¶나이에서 태어난 해를 ~.

역-삼각형(逆三角形)[-쌈까켱] 명 [수] 밑변을 위로, 꼭짓점을 아래로 한 삼각형.

역서[1](易書)[-써] 명 점(占)에 관한 것을 기록한 책.

역서[2](曆書)[-써] 명 1 = 책력(冊曆). 2 역학(曆學)에 관한 서적.

역서[3](譯書)[-써] 명 번역한 책이나 글. ↔원서(原書).

역-선전(逆宣傳)[-썬-] 명 상대의 선전에 대해, 반대 입장에서 상대에게 불리하도록 선전하는 일. **역선전-하다** 톤(타여)

역설[1](力說)[-썰] 명 (어떤 일을) 힘주어 주장하는 것. **역설-하다** 톤(타여) ¶국민 저축의 필요성을 ~. **역설-되다** 톤(자)

역설[2](逆說)[-썰] 명[문] 표면적으로는 모순적이고 불합리하지만, 사실은 그 속에 진실을 담고 있는 말 "님은 갔지만 나는 님을 보내지 아니하였습니다"(한용운) 등이 그 예임. =패러독스.

역설-적(逆說的)[-썰쩍-] 관 역설인 것.

역성[-썽] 명 옳고 그름에 관계없이 한쪽만 편을 들어 주는 일. ¶너는 항상 그 사람 ~을 드는구나.

역성-들다[-썽-] 톤(타) <~드니, ~드오> 누가 옳고 그른지는 상관하지 않고 한쪽만 편을 들어 주다. ¶형과 싸우면 어머니는 언제나 형만 역성드신다. ×편역들다.

역성-혁명(易姓革命)[-썽형-] 명[역] 유교 정치사상의 기본 관념의 하나. 임금이 덕이 없으면 타성(他姓)의 임금이 새로 나와 왕조가 교체된다(易姓)는 것. 준개벽.

역세-권(驛勢圈)[-쎄꿘] 명 역의 경제적·상업적 영향력이 미치는, 전철역이나 철도역을 중심으로 한 지역. 준개벽.

역수(逆數)[-쑤] 명[수] 어떤 수로 1을 나누어 얻은 몫을 그 어떤 수에 대하여 이르는 말. 예컨대, '5'의 역수는 '1/5'임.

역-수출(逆輸出)[-쑤-] 명[경] 일단 수입하였던 물건을 그 나라로 다시 수출하는 것. **역수출-하다** 톤(타여) **역수출-되다** 톤(자)

역순(逆順)[-쑨] 명 거꾸로 된 순서. ¶우리말 ~ 사전.

역술[1](易術)[-쑬] 명 역점(易占)을 치는 기술이나 방법.

역술[2](曆術)[-쑬] 명 해와 달의 운행을 재어 책력을 만드는 기술.

역술-가(易術家)[-쑬-] 명 역점(易占)을 치는 일을 직업으로 하는 사람.

역습(逆襲)[-씁] 명 방어하는 입장에 서 있던 편이 반대로 공격에 나서는 일. ¶방심하고 있다가 ~을 당하다. **역습-하다**

역행__831

역 ¶상대 선수의 허점을 노려 ~.
역시¹(譯詩) [-씨] 명 번역한 시.
역시²(亦是) [-씨] 閉 1 어떤 대상의 동작이나 상태가 다른 대상에도 마찬가지로 나타나거나 작용함을 이르는 말. 回또한. ¶네가 기뻐다면 나도 ~ 기쁘다. 2 아무리 생각해도. ¶이 일은 ~ 경험이 많은 자네가 맡는 게 좋겠어. 3 예상한 바대로. 또는, 늘 그렇듯이. ¶설마 했는데 ~ 내 짐작이 맞았군.
역신(疫神) [-씬] 閉 1 민 집집마다 찾아다니며 천연두를 앓게 한다는 귀신. 2 '천연두'를 이르는 말.
역신²(逆臣) [-씬] 閉 반역한 신하. ↔충신.
역암(礫巖) 閉 지 자갈이 진흙이나 모래에 섞여 굳어져서 된 퇴적암.
역어(譯語) 閉 번역할 때 쓰이는 말. ↔원어.
역연-하다(歷然-) 郞 (표정이나 기색, 흔적 등이) 숨길 수 없을 만큼 분명하다. ¶피로한 기색이 얼굴에 ~. **역연-히** 閉
역역(域外) [-외/-웨] 閉 일정한 구역의 밖. ~반출. ↔역내.
역용(逆用) 閉 반대로 이용하는 것. 回반이용. **역용-하다** 郞郞 **역용-되다** 郞郞
역-이용(逆利用) 閉 반대로 이용하는 것. 回역용. **역이용-하다** 郞郞 **역이용-되다** 郞郞
역임(歷任) 閉 여러 직위를 두루 거쳐 지내는 것. **역임-하다** 郞郞 ¶고위 판직을 ~.
역자(譯者) [-짜] 閉 글을 번역한 사람. = 옮긴이.
역작(力作) [-짝] 閉 힘을 기울여 짓는 일. 또는, 그런 작품. ¶필생의 ~.
역장(驛長) [-짱] 閉 역의 사무를 관장하고 지휘·감독하는 책임자.
역저(力著) [-쩌] 閉 힘을 기울여 지은 저서. ¶오랜 연구 끝에 이루어진 ~.
역적(逆賊) [-쩍] 閉 자기 나라나 임금에게 반역하는 사람.
역적-모의(逆賊謀議) [-쩡-의/-쩡-이] 閉 역적들이 모여 반역을 꾀하는 것. **역적모의-하다** 郞郞
역전¹(力戰) [-쩐] 閉 힘을 다하여 싸우는 것. =역투. ¶~ 분투. **역전-하다**¹ 郞郞
역전²(逆轉) [-쩐] 閉 형세가 뒤집히는 것. ¶~ 홈런. **역전-하다**² 郞郞 **역전-되다** 郞郞 ¶경기 종료 3분을 남기고 ~.
역전³(歷戰) [-쩐] 閉 많은 싸움을 겪는 것. ¶~의 용사.
역전⁴(驛前) [-쩐] 閉 정거장의 앞.
역전⁵(驛傳) [-쩐] 閉郞 장거리를 몇 구간으로 나누고 몇 사람의 경기자가 한 팀이 되어, 그 맡은 구간을 달려서 배턴을 전하는 일. ¶~ 마라톤.
역전^경`주(驛傳競走) [-쩐-] 閉郞 장거리를 이어달리기하는 경기로서, 몇 사람이 한 팀을 이루어 그 맡은 한 구간씩을 달리는 경주. ~=역전 마라톤.
역전-극(逆轉劇) [-쩐-] 閉 형세가 뒤집히는 장면. ¶숨 막히는 ~이 펼쳐지다.
역전^마라톤(驛傳marathon) [-쩐-] 郞 =역전 경주.
역전-승(逆轉勝) [-쩐-] 閉 경기 따위에서 형세가 뒤바뀌어 이기는 것. ↔역전패. **역전승-하다** 郞郞
역전-패(逆轉敗) [-쩐-] 閉 경기 따위에서 형세가 뒤바뀌어 지는 것. ↔역전승. **역전패-하다** 郞郞

역점¹(力點) [-쩜] 閉 사물의 중심이 되는 점. ¶이번 행사는 단원 간의 친목 증진에 ~을 두었다.
역점²(易占) [-쩜] 閉 주역(周易)의 괘사와 육십사괘에 의해 치는 점.
역접(逆接) [-쩝] 閉언 두 문장이 접속할 때, 뒷 문장의 내용이 앞 문장의 내용과 상반되거나 일치하지 않는 일. '그러나', '그렇지만' 등의 접속사가 쓰임. ↔순접.
역정(逆情) [-쩡] 閉 몹시 언짢거나 못마땅하게 여겨 내는 성. 주로, 윗사람에게 쓰는 말임. =역증. ¶~을 사다.
역정²(歷程) [-쩡] 閉 거치거나 지나온 과정. ¶인생 ~.
역조(逆調) [-쪼] 閉 일의 진척이 나쁜 방향으로 가는 상태. ¶대일(對日) 무역 ~.
역졸(驛卒) [-쫄] 閉역 역에 딸려 심부름하는 사람.
역주¹(力走) [-쭈] 閉 경주 등에서, 있는 힘을 다해 달리는 것. **역주-하다** 郞郞 ¶마라톤 전 구간을 끝까지 ~.
역주²(譯註) [-쭈] 閉 번역자가 다는 주석.
역-주행(逆走行) [-쭈-] 閉 자동차가 진행 방향이 정해져 있는 차로에서 진행 방향대로 달리지 않고 그 반대 방향으로 달리는 것. **역주행-하다** 郞郞
역증(逆症) [-쯩] 閉 =역정(逆情)¹.
역지사지(易地思之) [-찌-] 閉 처지를 바꾸어 생각함. **역지사지-하다** 郞郞
역직-기(力織機) [-찍끼] 閉 수력·전력 등의 동력으로 움직이는 베틀.
역진-세(逆進稅) [-찐쎄] 閉법 과세 물건의 수량이 증가함에 따라 세율이 낮아지는 조세. ↔누진세.
역질(疫疾) [-찔] 閉한 '천연두'를 한의학에서 이르는 말. ¶~이 돌다.
역참(驛站) 閉역 역마를 갈아타는 곳.
역-천명(逆天命) 閉 천명 또는 천리(天理)를 어기는 것. **역천명-하다** 郞郞
역청-탄(瀝青炭) [-] 閉광 석탄의 한 가지. 칠흑빛이 나며 탄소의 함량은 무연탄보다 적지만 유질(油質)이 풍부함.
역투(力投) 閉체 야구에서, 투수가 힘껏 공을 던지는 일. **역투-하다** 郞郞
역투²(力鬪) 閉 =역전(力戰)¹. ¶분전(奮戰)~. **역투-하다**² 郞郞
역풍(逆風) 閉 1 거슬러 부는 바람. 2 바람을 안고 가는 것. ↔순풍.
역-하다(逆-) [여카-] 郞郞 1 구역날 듯 속이 메스껍다. ¶속이 뒤집힐 만큼 냄새가 몹시 ~. 2 마음에 거슬려 못마땅하다.
역학¹(力學) [여칵] 閉 1 물 물리학의 한 부문. 물체에 작용하는 힘과 물체의 운동과의 관계를 연구하는 과학. 2 사 사회 집단들 사이에서 세력이나 영향력을 미치는 일. ¶국제 사회의 ~ 관계.
역학²(易學) [여칵] 閉철 주역(周易)을 연구하는 학문.
역학³(疫學) [여칵] 閉의 어떤 지역이나 집단 안에서 일어나는 질병의 원인이나 변동 상태를 연구하는 학문. ¶~ 조사.
역학⁴(曆學) [여칵] 閉 책력(册曆)에 관한 연구를 하는 학문.
역할(役割) [여칼] 閉 1 대상이 어떤 일에 있어서 가지는 자격이나 의무나 기능. 回구실. 2 ~의 역.¹.
역행¹(力行) [여캥] 閉 힘써 행하는 것. ¶무실(務實) ~. **역행-하다**¹ 郞郞
역행²(逆行) [여캥] 閉 1 (일정한 순서·체

역행^동화(逆行同化) [여캥-] 몡[언] 어떤 음운이 뒤에 오는 음운의 영향을 받아서 그와 비슷하거나 같게 소리가 나는 현상. ▷순행 동화·상호 동화.

역혼(逆婚) 몡 아우나 누이동생이 형이나 언니보다 먼저 혼인하는 것. **역혼-하다** 통(자)여

역-효과(逆效果) [여쿄-] 몡 바랐던 것과 정반대되는, 좋지 않은 효과. ¶보약도 과용하면 오히려 ~가 난다.

엮다[역따] 퇴(目) 1 (어떤 물건을 대·싸리·왕골·짚 따위의 긴 오리를 재료로 하여) 얽거나 줄로 매어서 만들다. ¶왕골로 돗자리를 ~. 2 (끈이나 줄로 여러 개의 물건을) 줄을 이루도록 하여 어긋매껴 묶다. ¶짚으로 굴비를 ~. 3 (글이나 이야기 등을) 일정한 순서와 체계에 의해 이루어 짜다. 비유적인 말. ¶책을 ~.

엮은-이 몡 책 따위를 엮은 사람. ⾒편자.

엮-이다 재 '엮다'의 피동사.

연¹(年) 몡 (주로, 다른 체언 앞에 쓰이어) '한 해'의 뜻을 나타내는 말. ¶~ 강우량 / ~ 평균.

연²(鳶) 몡 종이에 댓가지를 붙여 실을 매어 공중에 날리는 장난감. ¶가오리~.

연³(蓮) 몡[식] =연꽃

연⁴(緣) 몡 '연분(緣分)'의 준말. ¶너와는 ~이 아닌가 보다.

연⁵(輦) 몡[역] 임금이 타는 가마의 하나. 덩치는한데 좌우와 앞에 주렴이 있고 채가 썩 길다.

연⁶(燕) 몡[역] 중국 전국 시대의 칠웅(七雄)의 하나. 진(秦)나라에 멸망됨.

연⁷(燕) 몡[역] 중국 오호 십육국 시대의 나라. 전연·후연·서연·남연·북연의 다섯 나라가 있었음.

연⁸(聯) 몡[문] 1 한시(漢詩)에서, 상대가 되는 두 구(句)를 한 짝으로 일컫는 말. 2 시의 전개의 한 단위가 되는 몇 줄씩의 시행(詩行).

연⁹(連) 몡[어] ['림(ream)의 음역어'] 양지(洋紙)를 세는 단위의 하나. 1연은 전지 500장을 가리킴. ⾒림.

연¹⁰(延) 공사나 작업 따위가 한 사람에 의해, 또는 하루에 이루어진 것으로 보고 셈한 총수치임을 나타내는 말. ¶작업에 ~ 5만 명이 동원되었다.

연-¹¹(延) 젭투 인원·일수·면적 등의 명사에 붙어, 통틀어 계산된 수치로서의 그것임을 나타내는 말. ¶~인원 / ~건평.

연-¹²(軟) 젭투 '부드러운', '엷은'의 뜻. ¶~분홍 / ~보라.

연-¹³(連) 젭투 일부 명사나 동사, 부사 '거푸' 앞에 쓰이어, '계속하여', '잇달아'의 뜻을 더하는 말. ¶~이틀 / ~달다.

연가(年暇) 몡 직장에서 직원들에게 1년에 일정 기간을 쉬게 해 주는 유급 휴가.

연가(戀歌) 몡 사랑하는 사람을 그리워하며 부른 노래.

연-가곡(連歌曲) 몡[음] 악상(樂想)이나 곡의 성격상 서로 관련을 가지고, 하나의 음악적 체계로 엮어진 일련의 가곡. 슈베르트의 '겨울 나그네' 따위.

연간¹(年刊) 몡 1년에 한 번씩 간행하는 일. 또는, 그 간행물.

연간²(年間) 몡 1 한 해 동안. ¶~ 수입. 2 어느 왕이 재위한 동안. ¶세종 ~.

연간-지(年刊誌) 몡 1년에 한 번씩 발행하는, 잡지 스타일의 정기 간행물.

연감(年鑑) 몡 어떤 분야에 관한 1년간의 사전·통계 등을 실어 한 해에 한 번씩 내는 간행물. ¶미술 ~ / 출판 ~.

연-개소문(淵蓋蘇文) 몡[인] 고구려의 재상·장군(?～666).

연-거퍼(連-) 퇴 '연거푸'의 잘못.

연-거푸(連-) 퇴 잇달아 여러 번. ¶~ 세 번을 이기다. ×연거퍼.

연-건평(延建坪) 몡 고층 건물 등에서, 각 층의 바닥의 면적을 합친 평수.

연결(連結) 몡 1 (물체를 다른 물체와) 하나로 이어지게 하는 것. 2 (대상과 대상과) 서로 관계가 있게 하는 것. **연결-하다** 통(타)여 ¶섬과 육지를 **연결하는** 다리. **연결-되다** 통(자)여 ¶치밀한 조직과 ~.

연결^어미(連結語尾) 몡[언] 어간에 붙어 다음 말에 연결시키는 구실을 하는 어미. -고, -며, -니, -나, -아, -어 따위.

연결-형(連結形) 몡[언] 활용어에 있어서, 연결 어미가 붙은 활용형.

연계(連繫·聯繫) [-게/-계] 몡 관련하여 관계를 맺는 것. 또는, 그런 관계. ¶양자 사이에는 아무 ~도 없다. **연계-하다** 통(타)여 **연계-되다** 통 ¶재야 세력과 ~.

연고¹(軟膏) 몡 지방·바셀린 등에 약품을 섞은 반고형의 외용제. 외상(外傷)·피부 질환에 쓰임.

연고²(緣故) 몡 1 혈연·학연·지연 등의 관계. 2 어떤 일에 대한 까닭. ⾒연유. ¶무슨 ~로 날 괴롭히는가요?

연고-자(緣故者) 몡 혈통·정분 또는 법률상의 관계나 인연을 맺고 있는 사람. ¶~가 없는 행려병자.

연고-지(緣故地) 몡 혈통·정분 또는 법률상의 인연이나 관계가 맺어진 곳. 곧, 출생지·거주지 따위.

연골(軟骨) 몡[생] 결합 조직의 하나로서, 뼈와 함께 몸을 지탱하는 무른 뼈. =물렁뼈. ↔경골.

연공(年功) 몡 1 여러 해 동안 근무한 공로. ¶~을 쌓다. 2 오랜 동안 익힌 기술.

연공-서열(年功序列) 몡 근속 연수나 나이가 늘어 감에 따라 지위가 올라가는 일. 또는, 그 체계.

연관¹(煙管) 몡 1 매연(煤煙)을 보내는 관. ⾒연통. 2 보일러 내부에 설치한, 연소 가스가 통하는 관.

연관²(鉛管) 몡 수돗물·가스 등을 통하게 하는 데 쓰는, 납으로 만든 관.

연관³(聯關) 몡 사물 현상들 사이에 서로 관계를 이루는 것. ⾒관련. ¶사적인 친분을 공적인 일에 ~ 짓지 마라. **연관-하다** 통(타)여 **연관-되다** 통(자)여 ¶그 사건에는 범죄 조직이 깊이 **연관되어** 있다.

연관-성(聯關性) [-썽] 몡 연관되는 특성이나 성질.

연관-통(聯關痛) 몡[의] 내장이나 몸 내부에 질환이 있을 때, 그것과 신경이 연결된 부위, 특히 피부에 느끼는 통증.

연교-차(年較差) 몡[기상] 1년 동안에 측정한 기온·습도 등의 최댓값과 최솟값의 차이. ¶기온의 ~가 큰 지방. ▷일교차.

연:구(研究) 몡 어떤 대상을 깊이 있게 조사하고 생각하여 이치나 사실을 밝히는 것. **연:구-하다** 통(타)여 ¶고대 역사를 ~. **연:구-되다** 통(자)

연구²(軟球)圓[체] 연식 야구·연식 정구에서 쓰는 무른 고무공. ↔경구.
연:-구개(軟口蓋)圓[생] 입천장 뒤쪽의 연한 부분. 뒤 끝 중앙에 목젖이 있음. ↔경구개.
연:구개-음(軟口蓋音)圓[언] 혀의 뒷부분과 연구개 사이에서 나는 소리. 'ㅇ', 'ㄱ', 'ㄲ', 'ㅋ' 따위. ☞경구개음.
연:구-비(研究費)圓 어떤 사물의 연구에 소요되는 비용.
연:구-소(研究所)圓 연구를 전문으로 하는 기관. ¶원자력 ~.
연:구-실(研究室)圓 학교나 기관에 부설되어 어떤 사물의 연구를 전문으로 하는 기관 또는 방. ¶교수 ~.
연:구-원¹(研究員)圓 연구에 종사하는 사람.
연:구-원²(研究院)圓 어떤 분야를 전문적으로 연구하기 위하여 설치한 기관.
연극(演劇)圓 1[연] 배우가 무대 위에서 각본에 따라 말과 동작에 의해 표현한 것을 관객에게 보이는 예술. 2 거짓을 사실처럼 그럴싸하게 꾸며서 행동하는 일. ¶그따위 ~에 속아 넘어갈 줄 아니. **연극-하다**〖자여〗 거짓을 사실인 것처럼 그럴싸하게 꾸며 행동하다.
연:극-계(演劇界)[-꼐/-께]圓 연극에 종사하는 사람들의 사회.
연:극-배우(演劇俳優)[-빼-]圓 연극을 하는 배우.
연:극-인(演劇人)圓 연극을 직업으로 하는 사람.
연근(蓮根)圓 연꽃의 뿌리. =연뿌리.
연금¹(年金)圓[법] 국가나 단체가 법이나 계약에 따라 개인에게 일정 기간 또는 죽기까지 해마다 정기적으로 주는 돈.
연:금²(軟禁)圓 신체의 자유는 구속하지 않고 다만 외부와의 연락을 제한하는 감시하는 정도의 감금. ¶가택 ~. **연:금-하다**〖타여〗 **연:금-되다**〖자여〗
연:금-술(鍊金術)圓 고대 이집트에서 시작되어 유럽에 전해진 원시적 화학 기술. 구리·납·주석 등의 비금속을 금·은 같은 귀금속으로 변화시키며, 늙지 않는 영약(靈藥)을 만들려고 했음.
연:금술-사(鍊金術師)[-씨]圓 연금술에 관한 기술을 가진 사람.
연기(年紀)圓 '나이'를 달리 이르는 말.
연기¹(延期)圓 어떤 일을 정했던 시점이나 기한을 뒤로 미루는 것. ¶무기 ~. **연기-하다**〖타여〗 ¶우천으로 시합을 ~. **연기-되다**〖자여〗
연기³(煙氣)圓 물체가 탈 때에 생기는 잿빛 또는 검은 잿빛의 기체. ¶담배 ~.
연기⁴(演技)圓 1 연극이나 영화에서 배우가 맡은 배역의 행동이나 성격을 창조하여 나타내는 일. 또는, 그 기술. 2 체조·수영·스케이팅·스키·곡예 등에서, 예술적이거나 고도의 기술적인 동작을 많은 사람 앞에서 행하여 보이는 일. ¶공중 ~/수중 ~. **연기-하다**〖타여〗
연기⁵(緣起)圓[불] 현상 세계의 모든 것이 서로 의존하고 영향을 주고받는 관계 속에서 성립됨을 이르는 말.
연:기-력(演技力)圓 배우의 연기 기술과 연기에 대한 역량. ¶~이 뛰어난 배우.
연기-설(緣起說)圓[불] 모든 현상은 무수한 원인이나 조건이 상호 연관하여 성립하는 것으로, 독립된 실체가 있는 것도 아니고 창조신에 의해 만들어진 것도 아니라는 설.

연:기-자(演技者)圓 스크린이나 무대에 출연하여 연기를 하는 사람.
연:기-파(演技派)圓 연극·영화에서, 맡은 배역의 행동이나 성격을 잘 드러내는 배우 무리. ¶~ 배우.
연-꽃(蓮-)[-꼳]圓[식] 연못에 커다란 둥근 잎이 떠서 자라며, 7~8월에 붉은색 또는 흰색의 五잎의 꽃이 피는 여러해살이풀. 또는, 그 꽃. 굵은 뿌리줄기를 식용함. =연(蓮)·연화(蓮花).
연-날리기(鳶-)圓 연을 공중에 띄우는 놀이. **연-날리기-하다**〖자여〗
연내(年內)圓 올해 안. ¶그 공장은 ~에 완공될 예정이다.
연년-생(年年生)圓 아이를 한 살 터울로 낳음. 또는, 그 아이. ¶~인 형과 아우.
연년-이(年年-)[?]해마다 거르지 않고. ~를 증가되는 생산량.
연-녹색(軟綠色)[-쌕]圓 연한 녹색.
연-놈圓 계집과 사내를 싸잡아 욕으로 일컫는 말. ¶~이 눈이 맞아 달아났다. ×년놈.
연단(演壇)圓 연설이나 강연을 하는 사람이 올라서는 단. ¶~에 오르다.
연-달다(連-)〖자여〗〈~다니, ~다오〉=잇닿다. ¶**연달아** 차가 걸려 오다.
연대¹(年代)圓 지나간 긴 시간을 일정한 햇수의 단위로 나누는 것. ¶지질 ~. ▷대
연대²(連帶)圓 1 어떤 행위의 이행에 있어서, 두 사람 이상이 공동으로 책임을 지는 것. 2 한 덩어리로 서로 결속되어 있는 것. ¶~의식. **연대-하다**〖자여〗
연대³(聯隊)圓[군] 군대 편제 단위의 하나. 사단의 아래, 대대의 위로, 3개 대대로 편성됨.
연대-감(連帶感)圓 한 덩어리로 결속되어 있음을 느끼는 마음.
연대-기(年代記)圓 연대의 순서를 따라 주요한 역사적 사건을 적은 기록.
연대^보증(連帶保證)圓[법] 보증인이 채무자와 연대하여 채무를 이행할 것을 약속하는 보증.
연대-순(年代順)圓 연대를 따라 벌여 놓은 순서.
연대-장(聯隊長)圓[군] 연대의 최고 지휘관. 보통 대령이 맡음.
연대-표(年代表)圓 역사상의 사건을 일어난 연대순으로 배열하여 적은 표. ¶세계사 ~. ⓒ연표.
연도¹(年度)圓 〔주로 일부 명사 뒤에 쓰여〕그 명사가 나타내는 일이 있은 특정한 해를 이르는 말. ¶졸업 ~ / 회사 설립 ~. ▷년도.
연도²(沿道)圓 큰길의 좌우 근처. ¶~에 늘어선 환영 인파.
연동¹(聯動·連動)圓 1 기계 따위에서 한 부분을 움직이면 연결되어 있는 다른 부분도 잇달아 자동적으로 움직이는 일. ¶~ 장치. 2 사물에 어떤 작용이 가해지면 그와 연관된 다른 사물에 자동적으로 영향을 미쳐 어떤 작용이 함께 이뤄지는 것. ¶국내 증시가 뉴욕 증시의 ~ 효과로 오랜만에 반등세를 보였다. **연동-하다** 〖자여〗¶과세 표준을 물가 변동에 **연동하여** 주기적으로 조정하다.
연동²(蠕動)圓 1 지렁이 등의 벌레가 꿈틀

거리며 앞으로 가는 것. 또는, 일반적으로 그런 꿈틀거림. 2 [생] =연동 운동.
연동^운동(蠕動運動) [열-] [생] 동물의 위장이 근육의 수축에 의해 물결이 퍼져 나가듯이 천천히 움직이는 것. 내용물을 아래쪽으로 보내는 역할을 함. =연동.
연두¹(年頭) [명] 해의 첫머리. ㈀세수(歲首)·세초. ¶~ 기자 회견.
연두²(軟豆) [명] =연두색. ¶~ 치마.
연두^교서(年頭敎書) [정] 미국의 '일반 교서'를 연두에 의회에 보낸다는 뜻에서 일컫는 말.
연두-벌레(軟豆-) [명][동] =유글레나.
연두-색(軟豆色) [명] 노랑과 녹색의 중간 색깔. 완두콩의 익은 색깔임. =연두.
연두-빛(軟豆-) [-두뺃/-둗뺃] [명] 연두색을 띤 사물의 빛깔.
연등(燃燈) [명] '부처님 오신 날'에 켜는 등불. ¶~ 행렬.
연등-회(燃燈會) [-회/-훼] [명][불] 등불을 밝혀 부처의 덕을 찬미하는 불교 행사. 고려 초부터 있었던 국가적 행사로, 오늘날에는 석가 탄신일에 전국의 사찰에서 행함. ▷팔관회.
-연때(緣-) [명] 인연이 맺어지는 기회. ¶~ 가 닿다.
연락(連絡·聯絡) [열-] [명] 1 서로 관계를 가지는 것. 2 상대방에게 알리는 것. ¶~ 사항. **연락-하다** [자][타][여] ¶전화로 ~. **연락-되다** [자]
연락-망(連絡網) [열랑-] [명] 연락하려고 벌여 놓은 조직 체계, 또는 무선·유선의 통신망. ¶비상 ~.
연락-병(連絡兵) [열-빵] [명][군] 군사 명령서나 전언(傳言)을 전달하는 연락 임무를 맡은 병사.
연락-선(連絡船) [열-썬] [명] 비교적 가까운 거리의 해협이나 수로(水路)를 횡단하여 왕복하는 배. ¶부판(釜關) ~.
연락-원(連絡員) [열-] [명] 연락의 임무를 맡은 사람.
연락-처(連絡處) [열-] [명] 연락을 주고받기 위하여 정하여 둔 곳.
연래(年來) [열-] [명] 어떤 계속되는 기간에서, 지난 몇 해. 또는, 여러 해 전부터. ¶~에 없었던 큰 홍수. ㈀년래.
연령(年齡) [열-] [명] 사람이 세상에 나서 현재 또는 기준이 되는 때까지 살아온 햇수. ㈀나이. ¶평균 ~ / 정신 ~.
연령-층(年齡層) [열-] [명] 나이가 같거나 비슷한 사람들의 층.
연례(年例) [열-] [명] 해마다 내려오는 전례. ¶~행사.
연로-하다(年老-) [열-] [형][여] 나이가 많아서 늙다. ¶연로하신 부모님. ↔연소(年少)하다.
연료(燃料) [열-] [명] 열·빛·동력을 얻기 위하여 연소시키는 재료. ㈀땔감. ¶고체 [액체] ~.
연루(連累) [열-] [명] 남이 저지른 죄에 관련되는 것. =연좌(連坐). **연루-되다** [동][자] ¶독직 사건에 ~.
연루-자(連累者) [열-] [명][법] 남이 저지른 죄에 관련된 사람.
연륙-교(連陸橋) [열-꾜] [명] 육지와 섬을 이은 다리.
연륜(年輪) [열-] [명] 여러 해 동안의 노력이나 경험에 의하여 이룩된 숙련의 정도. ¶업무에 ~이 쌓이다.

연리(年利) [열-] [경] 1년간에 얼마로 정해진 이율. ¶~ 10%의 이율.
연리-지(連理枝) [열-] [명] (채웅의 방 앞에 있던 두 그루의 나무가 가지가 붙고 결이 통하여 하나가 되었다는 데서) 화목한 부부 또는 남녀의 사이를 비유하여 이르는 말.
연립(聯立) [열-] [명] 둘 이상의 것이 아울러 서 있는 것. 또는, 그러면서 전체적으로는 하나의 형태로 되어 있는 것. **연립-하다** [자][여]
연립^방정식(聯立方程式) [열-빵-] [명][수] 둘 이상의 방정식에 둘 이상의 미지수가 있을 때, 그 미지수의 각 값이 주어진 방정식을 모두 만족시키는 방정식.
연립^정부(聯立政府) [열-쩡-] [정] 둘 이상의 정당이나 단체의 연립에 의하여 세워진 정부. ㈀연정.
연립^주택(聯立住宅) [열-쭈-] [명] 공동 주택의 하나. 현행 건축법에 의하면, 4층 이하로 동당(棟當) 건축 연면적이 660m²를 초과하는 건물을 말함. ▷공동 주택.
연:마(研磨·練磨·鍊磨) [명] 1 (돌·쇠붙이 등을) 갈고 닦는 일. ~장(場). 2 (학문·정신·기술 등을) 배우고 닦는 일. ¶기술 ~. **연:마-하다** [타][여] ¶심신(心身)을 ~. **연:마-되다** [동][자]
연막(煙幕) [명] 1 [군] 자기편의 군사 행동이나 적의 사격 목표가 될 만한 것을 적에게 보이지 않으려고 약품을 써서 피워 놓은 짙은 연기. 2 교묘하여 말을 돌려 상대방이 문제의 핵심을 가려내지 못하게 하는 일. ¶너스레를 떨며 ~을 치다.
연막-작전(煙幕作戰) [-짝쩐] [명] =연막 전술2. ¶~을 펴다.
연막-전술(煙幕戰術) [-쩐-] [명] 1 [군] 적의 관측이나 사격으로부터 아군의 군사 행동 따위를 감추기 위해 연막을 치는 전술. 2 어떤 사실을 숨기기 위해 교묘하고 능청스러운 말이나 수단을 써서 상대방이 갈피를 잡지 못하게 하는 일. 비유적인 말임. =연막작전.
연막-탄(煙幕彈) [명] 폭발하면 짙은 연기를 내뿜도록 되어 있는 폭탄.
연만-하다(年晚-·年滿-) [형][여] 나이가 아주 많다.
연말(年末) [명] 한 해의 마지막 때. ㈀세밑. ¶~ 보너스. ↔연시·연초.
연말-연시(年末年始) [-련-] [명] 한 해의 마지막 때와 새해의 첫머리.
연말^정산(年末精算) [명][법] 급여 소득에서 원천 과세한 1년 동안의 소득세에 대해, 연말에 넘치거나 모자란 액수를 정산하는 일.
연맹(聯盟) [명] 공동의 목적을 가진 단체나 개인이 같은 행동을 취할 것을 맹약하는 일. 또는, 그 조직체. ¶국제 ~. **연맹-하다** [자][여]
연맹-전(聯盟戰) [체] =리그전.
연-면적(延面積) [명] 건축물 각 층의 바닥면적을 합한 전체.
연면-하다(連綿-) [형][여] 끊이지 않고 계속되어 잇닿아 있다. ¶연면한 우리 역사. **연면-히** [부] ¶~ 초근목피로 ~.
연명¹(延命) [명] 목숨을 겨우 이어 가는 것. **연명-하다** [자][여] ¶초근목피로 ~.
연명²(連名·聯名) [명] 하나의 문서에 두 사람 이상이 잇대어 서명하는 것. **연명-하다**² [동][자][타][여]

연모¹ 물건을 만들거나 일을 할 때에 쓰는 기구와 재료.
연:모²(戀慕) 이성(異性)을 사랑하여 몹시 그리워하는 것. ¶애틋한 ~의 정을 느끼다. **연:모-하다** 툍태여
연목구어(緣木求魚) [-꾸-] 툍 〔나무에 올라 물고기를 구한다는 뜻〕 불가능한 일을 무리하게 하려 함을 비유하는 말.
연-못(蓮-) [-몯] 툍 정원이나 마당 등에 보고 즐기기 위해 만든 못. 흔히, 연꽃을 심음.
연못-가(蓮-) [-몯까] 툍 연못의 변두리.
연무(煙霧·煙霧) 툍 1 연기와 안개. 2 〔기상〕 먼지와 그을음이 공중에 떠다녀 생기는 대기의 혼탁 현상.
연:미-복(燕尾服) 툍 앞쪽은 짧고 뒤쪽은 두 갈래로 길게 내려와 제비 꼬리처럼 되어 있는, 결혼식 등의 공식적인 행사에 입는 남자 예복.
연민(憐憫·憐愍) 툍 불쌍하고 가련하게 여기는 것. ¶~의 정을 느끼다.
연발(延發) 툍 정한 기일이나 시각을 늦추어 출발하는 것. **연발-하다** 툍자
연발(連發) 툍 1 연이어서 일어나는 것. ¶실수 ~. 2 〔총·화살 따위를〕 잇달아 쏘는 것. ¶6~ 권총. 3 잇달아 내쏘는 것. **연발-하다** 툍태여 ¶그 미국인은 고려청자를 보더니 '원더풀'을 **연발하였다**.
연발-총(連發銃) 툍〔군〕 탄창 속에 여러 개의 탄환을 넣어 연발할 수 있는 총. ↔단발총.
연-밥(蓮-) [-빱] 툍 연꽃의 열매. 약으로 쓰이며, 먹기도 함.
연방¹ 잇달아 곧. 연이어 금방. ¶손님이 ~ 들이닥치다. ▷연신.
연방(聯邦) 툍 자치권을 가진 2개 이상의 주(州)나 국가가 공통의 정치 이념 아래에 결합하여 구성하는 국가. 미국·캐나다·스위스 따위. ¶~ 의회.
연방-제(聯邦制) 툍 연방의 정치 제도.
연배(年輩) 툍 서로 비슷한 나이. 또는, 그런 사람. ¶그는 나와 비슷한 ~이다.
연변(沿邊) 툍 국경·강·철도·도로 따위의 언저리 일대. ¶고속도로 ~.
연변²(延邊) 툍〔지〕'옌볜'을 우리 한자음으로 읽은 이름.
연:병(練兵·鍊兵) 툍〔군〕 각 병과의 전투에 필요한 여러 가지 동작과 작업 따위를 평시에 훈련하는 일. =조련(調鍊). **연:병-하다** 툍자여
연:병-장(練兵場) 툍〔군〕 군인들을 훈련시키기 위해, 부대 안에 닦은 넓은 장소.
연보(年報) 툍 어떤 사실·사업에 대하여 한 해에 한 번씩 내는 보고. 또는, 그런 간행물. ▷월보·일보.
연보²(年譜) 툍 사람이 한평생 지낸 일을 연월순(年月順)으로 간략하게 적은 기록. ¶작가 ~.
연:보³(補補) 툍〔기〕=헌금(獻金)1.
연:-보라(軟-) 툍 =연보라색.
연:-보라색(軟-色) 툍 연한 보라색. ▷보라.
연봉(年俸) 툍 일 년 단위로 정하여 지급하는 봉급.
연봉²(連峯) 툍 죽 이어져 있는 산봉우리.
연봉-제(年俸制) 툍 일 년 단위로 정하여 지급하는 제도. 종래의 월급제가 연공서열적 성격을 띤 데 반해, 이 제도는 능력에 따른 성과급의 성격을 띰.
연부(年賦) 툍 치러야 할 돈을 매년 얼마씩 나누어 내는 일. 또는, 그 돈. ▷월부.
연분(緣分) 툍 1 사람들 사이에 맺어지는 깊은 관계. ¶~이 닿다. 2 하늘이 베푼 인연. ¶천생 ~. ▷연(緣).
연분구등-법(年分九等法) [-뻡] 툍〔역〕 조선 세종 때에 실시한 조세 제도의 하나. 그해의 수확을 풍흉에 따라 9등급으로 나누었음.
연:-분홍(軟粉紅) 툍 =연분홍색.
연:-분홍색(軟粉紅色) 툍 연한 분홍색. =연분홍.
연비(連比) 툍〔수〕 세 개 이상의 수나 양의 비.
연비²(燃費) 툍 자동차가 1l의 연료로 얼마의 거리를 달릴 수 있는가를 나타낸 수치. ¶~가 높은 자동차.
연-뿌리(蓮-) 툍 =연근(蓮根).
연사(年事) 툍 농사가 되어 가는 형편.
연:사²(演士) 툍 연설하는 사람. =변사.
연:사(研磨) 툍 굳기가 높은 광물의 입자나 숫돌로 물체의 표면을 갈아 반들반들하게 만드는 일. 비연마. **연:삭-하다** 툍태여
연산¹(年産) 툍 일 년 동안의 생산고 또는 산출고. ¶~300만톤.
연:산²(演算) 툍〔수〕 식이 나타낸 일정한 규칙에 따라 계산하는 일. ¶~ 기호. **연:산-하다** 툍태여
연:산-군(燕山君) 툍〔인〕 조선의 제10대 왕(1476~1506).
연:산-자(演算子) 툍〔수〕 벡터 공간·함수 공간의 요소를 다른 요소에 대응시키는 연산 기호.
연상¹(年上) 툍 어떤 사람에 대하여 나이가 위인 상태. 또는, 그 위의 사람. ¶~의 아내. ↔연하.
연상²(聯想) 툍〔심〕 한 관념으로 인하여 관련되는 다른 관념을 생각하게 되는 현상. ¶자유 ~. **연상-하다** 툍태여 **연상-되다** 툍자 ¶가을 하면 낙엽이 **연상된다**.
연서¹(連署) 툍 한 문서에 여러 사람이 서명하는 것. ¶시민의 ~를 얻어 탄원서를 내다. **연서-하다** 툍태여
연:서²(戀書) 툍 =연애편지.
연석(連席) 툍 여럿이 한곳에 죽 늘어앉는 것. ¶~회의. **연석-하다** 툍자여
연:설(演說) 툍 공중 앞에서 자기의 주의나 주장, 의견을 진술하는 것. ¶합동 ~. **연:설-하다** 툍자여
연:설-가(演說家) 툍 연설을 잘하는 사람.
연:설-문(演說文) 툍 연설의 내용을 적은 글.
연:설-조(演說調) [-쪼] 툍 연설하는 어조. ¶그의 말은 언제나 ~에 가깝다.
연성¹(延性) 툍〔물〕 물질이 탄성 한계를 넘는 힘을 받아도 파괴되지 않고 늘어나는 성질. 백금·금·은·구리·알루미늄 등에서 현저함.
연성²(軟性) 툍 무르거나 부드럽고 약한 성질. ¶~ 세제(洗劑). ↔경성(硬性).
연:성-헌법(軟性憲法) [-뻡] 툍〔법〕 특별하게 엄격한 절차를 필요로 하지 않고 일반 법률과 같은 개정 절차로 개헌이 가능한 헌법. ↔경성 헌법.
연세(年歲) 툍 '나이'의 높임말. ¶~가 지긋한 노인.
연소¹(燃燒) 툍 불길이 이웃으로 번져서 타는 것. **연소-하다**¹ 툍자태여 **연소-되다**¹

통(자) ¶시장에서 난 불로 인근 주택 다섯 채가 **연소되었다**.

연소²(燃燒) 명(화) 물질이 산소와 화합할 때 다량의 빛과 열을 발하는 현상. **연소-하다**² 통(자) **연소-되다**² 통(자)

연소-자(年少者) 명 나이가 어린 사람. 공연법에서는 만 18세 미만의 사람을 가리킴. ¶~ 관람 불가.

연소-하다³(年少-) 형예 나이가 어리다. ¶**연소한** 학생. ↔**연로**(年老)**하다**.

연속(連續) 명 끊이지 않고 죽 잇거나 지속하는 것. ¶~ 방송극 / 3회 ~ 안타를 치다. **연속-하다** 통(자)(타) **연속-되다** 통(자)

연속-극(連續劇) [-끅] 명 라디오·텔레비전 등에서 한 편의 드라마를 정기적으로 일부분씩 연속하여 방송하는 극. ¶주말 [일일] ~.

연속-무늬(連續-) [-송-니] 명 같은 모양이 한데 계속해서 이어지는 무늬.

연속-성(連續性) [-썽] 명 끊이지 않고 죽 이어지거나 지속되는 성질·상태.

연속-적(連續的) [-쩍] 관·명 연달아 이어지는 (것).

연쇄(連鎖) 명 사물 현상이 사슬처럼 서로 연결되어 통일체를 이룸 것. ¶~ 살인 사건. **연쇄-하다** 통(자) **연쇄-되다** 통(자)

연쇄-상(連鎖狀) 명 사슬처럼 생긴 모양.

연쇄-점(連鎖店) 명 동일 메이커의 상품을 취급하는 많은 소매 상점을 각처에 두고 중앙부의 통제에 따라 경영되는 점포 조직. =체인점.

연수¹(年收) 명 일 년 동안의 수입.

연수²(年數) [-쑤] 명 근무~.

연수³(延髓) 명(생) 척추동물의 뇌의 최하부에서 척수의 윗부분으로 이어지는 부분. 폐·심장·혈관 등의 운동을 조절함. =숨골.

연수⁴(研修) 명 주로 직장인이나 사회인이 실력이나 자질을 향상시키기 위해 일정한 곳에 가서 일정 기간 동안 어떤 분야에 대해 공부하거나 수련하는 것. 때로, 학생이 학교 이외의 곳에 가서 일정 기간 동안 수련하는 것을 가리키기도 함. ¶어학~ / 교원 ~. **연수-하다** 통(자)(타)

연수⁵(軟水) 명(화) =단물4. ↔경수.

연수-생(硏修生) 명 연수를 받는 사람.

연수-원(硏修院) 명 주로 어떤 직업인을 대상으로 자질 향상을 위해 직무 교육이나 교양 교육을 전문적으로 행하는 기관.

연-수정(煙水晶) 명(광) 연기가 낀 것 같은, 흑갈색의 수정.

연수-필(軟隨筆) 명(문) =경수필.

연습(演習) 명 실지로 하듯이 함으로써 익히는 것. ¶에행~. **연습-하다**¹ 통(타)

연습(練習·鍊習) 명 (학문·기예 따위를) 익숙하도록 익히는 것. ¶~ 문제. **연습-하다**² 통(타)

연습-곡(練習曲) [-꼭] 명(음) =에튀드 (étude)1.

연습-장(演習場) [-짱] 명 1 연습을 할 수 있도록 일정한 설비를 갖추어 놓은 곳. ¶골프 ~. 2 [군] 지상 부대의 교육 훈련, 연습에 사용하는 특정 지역.

연습-장²(練習帳) [-짱] 명 연습할 때 쓰는 공책.

연승(連勝) 명 1 연이어 이기는 것. ¶연전 ~ / 3~을 거두다. ↔연패. 2 '연승식'의 준말. **연승-하다** 통(자) 연이어 이기다.

연승-식(連勝式) 명 경마 등에서, 1·2착 또는 1·2·3착까지의 하나를 적중시키는 방식. ⓒ연승. ▷경식·복승식.

연시(年始) 명 =설2. ¶연말~. ↔연말.

연시²(軟柿·軟柹) 명 푹 익어 붉고 말랑말랑한 감. ⓑ홍시.

연-시조(聯時調) 명(문) 두 개 이상의 평시조가 이어진 형식의 시조.

연식(軟食) 명 죽·빵·국수 따위의 주식과 소화되기 쉬운 부식을 곁들인 음식물. =반고형식. ▷유동식.

연식^정구(軟式庭球) [-쩡-] 명(체) 테니스와 경기 방식이 거의 같으나, 단단한 공 대신 부드러운 공을 사용하는 운동 경기. =정구. ▷경식 정구.

연신 부 ▷연방.

연안(沿岸) 명 1 육지와 닿아 있는 강·바다·호수 등의 물가. 2 강·호수·바다의 가에 있는 지방. ¶태평양 ~ 지대.

연안^어업(沿岸漁業) 명 해안에서 멀지 않은 바다에서 하는 어업. ↔원양 어업.

연애(戀愛) 명 (부부가 아닌 남녀가 상대 방과) 서로 이성으로서 사랑하는 관계를 이루는 것. ¶~ 감정. **연애-하다** 통(자)

연애-결혼(戀愛結婚) 명 연애에서 출발하여 이루어진 결혼. ▷중매결혼.

연애-편지(戀愛便紙) 명 연애하는 남녀 사이에 주고받는 애정의 편지. =연서.

연약-하다(軟弱-) [-야카-] 형예 부드럽고 약하다. ¶**연약한** 풀꽃.

연어(鰱魚) 명(동) 몸길이 약 70cm로 위아래로 약간 납작하며, 등 쪽이 청회색의 바닷물고기. 가을에 자기가 태어난 강 상류로 올라와 알을 낳고 죽음.

연역(演繹) 명(논) 어떤 명제로부터 논리 규칙에 따라 결론을 이끌어 내는 것. 보통, 일반적 원리로부터 특수한 원리나 사실을 끌어내는 것을 말함. ↔귀납. **연역-하다** 통(타)

연역-법(演繹法) [-뻡] 명(논) 연역에 의한 추리 방법. 삼단 논법이 그 대표적인 형식임. ↔귀납법.

연역-적(演繹的) [-쩍] 관·명(논) 연역의 방식에 의한 (것). ↔귀납적.

연연-하다(戀戀-) 형예 I 애틋하게 그립다. ¶**연연한** 정을 품다.
II(자) 집착하여 미련을 두다. ¶권력 [돈]에 ~. **연연-히** 부

연예(演藝) 명 대중 앞에서 음악·춤·연극·쇼 등을 해 보이는 일. 또는, 그 재주.

연예-계(演藝界) [-계/-개] 명 연예인들의 사회.

연예-인(演藝人) 명 연예에 종사하는 배우·가수·코미디언 등의 총칭.

연옥(煉獄) 명(가) 세상에서 지은 죄를 다 씻지 못해 천국에 바로 들어가지 못하고 불로써 그 죄를 정화(淨化)시키는 상태. 또는, 그 장소.

연-와(燕窩) 명 중국의 바위틈에 사는 제비인 금사연의 둥지. 물고기와 해조(海藻)를 물어다가 지은 것으로, 중국 요리의 상등 국거리임.

연원(淵源) 명 사물의 근본.

연월일(年月日) 명 해와 달과 날. ¶출생 ~.

연월일시(年月日時) [-씨] 명 해와 달과 날과 시.

연유(煉乳) 명 우유를 진공 상태에서 2분의 1에서 3분의 1정도로 농축한 것.

연유²(緣由) 명 (무엇이 어떤 사실에) 근

연유-하다(緣由-) 통(자여) 연유되다.
연음^법칙(連音法則) 명[언] 앞 음절의 받침에 모음으로 시작되는 형식 형태소가 이어지면, 앞의 받침이 다음 음절의 첫소리로 발음되는 음운 법칙. '빛이'가 '비치'로 소리 나는 따위. ↔절음 법칙.
연-이율(年利率) [-니-] 명 1년을 단위로 정하는 이율. ¶~ 9%.
연:인(戀人) 명 서로 사랑하는 관계에 있는 남녀. 또는, 이성(異性)으로서 그리며 사랑하는 사람. =애인. ¶다정한 ~.
연-인원(延人員) 명 어떤 일에 종사한 인원을, 하루에 완성한 것으로 가정하여 계산한 총수. 가령, 10사람이 5일 걸려 완성한 일의 연인원은 50명임.
연일(連日) 명 여러 날을 계속하여 한결같이. ¶~ 성황을 이루다.
연일-연야(連日連夜) [-런-] 명 어떤 일을 낮이나 밤이나 계속함.
연임(連任) 명 어떤 사람이 임기가 끝나기 전 직위나 직책을) 임기가 끝난 뒤에 계속하여 다시 맡는 것. ▷중임(重任). **연임-하다** 통(타여) **연임-되다** 통(자여)
연-잇다(連-) [-닏따] 통(자여)〈-으니라, -이어〉 연달아 죽 잇다. ¶연이은 불행으로 슬픔에 빠지다.
연-잎(蓮-) [-닙] 명 연꽃의 잎.
연:자-매(研子-) 명 큰 밑돌 위에 그보다 작고 둥근 돌을 세로로 세워, 이것을 소나 말이 끌어 돌리게 하여 곡식을 찧는 큰 매. =연자방아.
연:자-방아(研子-) 명 =연자매.
연작[1](連作) 명[문] =연작(聯作)[2]. ¶~ 소설. **연작-하다** 통(타여)
연작[2](連作) 명[문] 여러 작가가 한 작품을 나누어 맡아서 쓰는 것. 또는, 그 작품. ¶~ 장편 소설. 2 한 작가가 같은 주인공의 단편 소설을 몇 편 써서, 그것을 연결하여 장편 소설로 만든 것. =연작(連作). **연작-하다** 통(타여)
연장[1] 명 1 농사일이나 목수 일, 기계 수리, 기타 수공업 등에 쓰이는 도구. 2 남자의 성기를 속되게 이르는 말. ¶음경.
연장(年長) 명 나이가 위인 것. 또는, 그 사람. ¶그분은 나보다 10년 ~이다.
연장[3](延長) 명 1 길이·기간 등을 처음에 정한 것보다도 길게 늘리는 것. 또는, 예정한 횟수를 추가하는 것. ¶~ 근무. ↔ 단축. 2 물건의 길이, 걸어간 거리 등을 일괄한 경우의 전체 길이. ㈜전장. ¶~ 10km의 코스. 3 [수] 주어진 선분을 어떤 방향 또는 양쪽 방향으로 늘이는 일. 4 어떤 일의 계속이라고 생각되는 것. 또는, 하나로 이어진 것. ¶소풍도 수업의 ~이다. **연장-하다** 통(타여) ¶복무 기한을 ~.
연장-선(延長線) 명 사물이 다른 사물과 시간적으로 미적적으로 되어 있는 상태.
연장-자(年長者) 명 나이가 위인 사람.
연장-전(延長戰) 명[체] 운동 경기에서, 정한 시간까지 승부가 나지 않을 때, 시간을 연장하여 계속하는 경기.
연재(連載) 명 (소설·논픽션·만화 등을 신문·잡지 등에) 오랜 기간 동안 매회 또는 일정한 때마다 계속하여 싣는 것. **연재-하다** 통(타여) **연재-되다** 통(자여)
연재-만화(連載漫畫) 명 신문이나 잡지에 연재하는 만화.
연재-물(連載物) 명 신문·잡지에 연재되는 소설·만화 따위의 총칭.
연재-소설(連載小說) 명[문] 신문이나 잡지에 연재하는 소설.
연:적(硯滴) 명 벼루에 먹을 갈 때 쓸 물을 담아 두는 그릇.
연:적(戀敵) 명 연애의 경쟁자, 또는 자기의 연애를 방해하는 사람.
연전(年前) 명 몇 해 전.
연전[2](連戰) 명 여러 번 연달아 싸우는 것. **연전-하다** 통(자여)
연전-연승(連戰連勝) [-년-] 명 싸울 때마다 연달아 이김. **연전연승-하다** 통(자여)
연전-연패(連戰連敗) [-년-] 명 싸울 때마다 연달아 짐. **연전연패-하다** 통(자여)
연접(連接) 명 서로 잇닿는 것. 또는, 서로 맞닿게 하는 것. **연접-하다** 통(자여) **연접-되다** 통(자)
연정[1](聯政) 명[정] '연립 정부'의 준말.
연:정[2](戀情) 명 이성을 그리워하며 사모하는 마음. ¶~을 품다.
연:제(演題) 명 연설이나 강연의 제목.
연조(年條) 명 1 어떤 일에 종사한 햇수. ¶~가 짧은 사람. 2 사물의 역사나 유래. 3 어떤 해에 어떤 일이 일어났다는 것을 하나하나 기록한 조목.
연좌[1](連坐) 명 1 여러 사람이 잇대어 앉는 것. ¶~ 데모. 2 =연루(連累). 3 [법] 한 사람의 범죄에 대하여 특정 범위의 사람이 연대 책임을 지고 처벌되는 일. ¶~제. **연좌-하다** 통(자여) **연좌-되다**[1] 통(자여) ¶역모 사건에 연좌되어 귀양을 간.
연좌[2](緣坐) 명[역] 일가(一家)의 범죄로 인하여, 죄 없이 처벌당하는 일. **연좌-하다**[2] 통(자여) **연좌-되다**[2] 통(자)
연좌-시위(連坐示威) 명 죽 연달아 앉아서 하는 시위. ¶거리에서 ~을 벌이다.
연:주[1](演奏) 명[음] (어떤 사람이) 악기를 통해 음(音)으로 나타내는 것. 또는, (현 악기를) 불거나 치거나 타거나 하여 곡을 나타내는 것. ¶피아노 ~. **연:주-하다**[1] 통(타여) **연:주-되다**[1] 통(자여)
연주[2](連奏·聯奏) 명[음] 2인 이상이 같은 종류의 악기를 동시에 연주하는 것. **연주-하다**[2] 통(타여)
연:주-가(演奏家) 명 연주를 전문으로 하는 사람.
연:주-법(演奏法) [-뻡] 명 연주하는 방법. ¶기타 ~.
연주-시:차(年周視差) 명[천] 어떤 항성을 지구에서 본 방향과 태양에서 본 방향과의 차이. 항성까지의 거리를 측정하는 데에 쓰임.
연:주-자(演奏者) 명 연주하는 사람. ㈜주자(奏者).
연주-창(連珠瘡) 명[한] 목 부분의 림프샘이 결핵균의 침범을 받아 종창이 생겨 곪아 터지는 것.
연:주황(軟朱黃) 명 연한 주황색.
연:주-회(演奏會) 명[-회/-훼] 명[음] 음악을 연주하여 청중에게 들려주는 모임. ㈜콘서트.
연-줄[1](鳶-) [-쭐] 명 연을 매어 날리는 데에 쓰는 실.
연-줄[2](緣-) 명 어떤 사람의 세상살이에 득을 가져다주는, 혈연·지연·학연·정분 등의 특별한 관계. 또는, 그런 관계가 이뤄지는 인연.

연줄-연줄(綠-綠-) [-줄-] 囝 거듭되는 연줄로.
연중¹(年中) 囝 한 해 동안. ¶~ 갑우량.
연중²(連中) 囝 연달아 목표에 꼭 맞히는 것. 연발-~. **연중-하다** 囝짜 **연중-되다** 통짜
연중-무휴(年中無休) 囝 한 해 동안 하루도 쉬는 일이 없음. ¶~로 영업하다.
연중-행사(年中行事) 囝 해마다 정기적으로 하는 행사.
연지(臙脂) 囝 1 여자의 볼이나 입술에 바르는 붉은빛의 화장용 물감. 2 특히, 1을 볼에 동그랗게 찍은 점. ¶~ 찍고 곤지 찍은 신부.
연지-벌레(臙脂-) 囝동 선인장에 기생하는 작은 곤충. 수컷은 몸이 가늘고 적갈색이며, 암컷은 둥근 달걀 모양이고 흰색인데, 붉은 색소인 카민을 추출함.
연직(鉛直) 囝 1 연직선의 방향과 같은 상태. 2 수평 직선이 다른 직선·평면에 대하여 수직인 상태.
연직-선(鉛直線) [-썬-] 囝 1 [물] 지구 표면의 어떤 점에서, 그 점을 지나는 중력의 방향을 나타내는 선. ↔수평선. 2 [수]=수선².
연ː질(軟質) 囝 부드러운 성질. 또는, 그러한 물질. ¶~ 유리. ↔경질(硬質).
연차(年次) 囝 1 나이의 차례. 2 햇수의 차례. ¶~ 계획을 세우다.
연차-적(年次的) 囝 햇수의 차례에 따라 단계적으로 하는 (것). ¶~ 사업.
연차^휴가(年次休暇) 囝 [법] 해마다 종업원에게 주도록 정해진 유급 휴가. 密연휴. ▷월차 휴가.
연착(延着) 囝 정한 일시보다 늦게 도착하는 것. **연착-하다** 통짜어 ¶기차가 1시간 ~.
연ː-착륙(軟着陸) [-창뉵] 囝 1 우주를 비행하는 물체가 천체에 충돌하지 않고 속도를 줄여 충격 없이 착륙하는 일. 2 [경] 경기 하강이나 후퇴가 급격하지 않고 서서히 부드럽게 이뤄지는 일. ↔경착륙. **연ː착륙-하다** 통짜어 ¶천문가들 사이에 미국 경제가 **연착륙하리라**는 낙관론으로 우세하다. **연ː착륙-되다** 통짜
연ː찬(硏鑽) 囝 (학문 따위를) 깊이 연구하는 것. **연ː찬-하다** 통타어
연철¹(連綴) 囝[언] 실사와 허사 등이 연결될 때에, 그것을 구분하여 밝혀 적지 않고 소리 나는 대로 이어 적는 표기법. '구름애'를 '구르매'로 하는 따위. ↔분철. **연철-하다** 통타어 **연철-되다** 통짜
연철²(軟鐵) 囝광 탄소 함유량이 0.02% 이하인 무른 철. 전연성(展延性)이 크며, 전자기 재료로 이용됨. ↔강철.
연체(延滯) 囝 (내야 할 돈이나 반납해야 할 물건을) 정해진 기간 안에 내지 않거나 되돌려 주지 않는 것. ¶~ 이자. **연체-하다** 통타어 ¶카드 결제를 ~. **연체-되다** 통짜 ¶돈이 ~.
연ː체-동물(軟體動物) 囝동 몸이 뼈가 없고 부드러우며, 대부분 석회질의 단단한 껍데기에 싸여 있는 동물의 총칭. 대개 물속에서 살며, 조개·낙지·달팽이 등이 이에 속함.
연체-료(延滯料) 囝 정해진 기간 안에, 의무적으로 내야 할 돈을 내지 않았거나 반납해야 할 물건을 되돌려 주지 않았을 때, 그에 대한 책임으로 물리는 돈.

연초¹(年初) 囝 새해가 시작되는 무렵. 비연시(年始). ↔연말.
연초²(煙草) 囝=담배1.
연ː-초록(軟草綠) 囝=연초록색.
연ː-초록색(軟草綠色) [-쌕] 囝 연한 초록색. =연초록.
연출(演出) 囝 1 각본을 바탕으로 하여, 배우의 연기 및 무대 장치·의상·분장·조명·음악 등의 여러 요소를 종합하여 효과적으로 무대 공연을 창출하는 일. 또는, 그것을 맡은 사람. 때로, 영화의 '감독'을 가리키기도 함. 2 규모가 큰 식이나 집단 등을 총지휘하여 효과적으로 진행시키는 것. 3 (어떤 상황이나 상태를) 이루어서 만드는 것. **연출-하다** 통타어 ¶해프닝을 ~ / 묘기를 ~. **연출-되다** 통짜
연출-가(演出家) 囝 연극이나 방송극 등의 연출을 전문으로 하는 사람.
연출-자(演出者) [-짜] 囝 어떤 연극이나 방송극이나 방송 프로그램 등을 연출한 사람. ▷연출가.
연타(連打) 囝 연속하여 때리거나 치는 것. ¶~를 날리다. **연타-하다** 통타어
연탄¹(煉炭) 囝 무연탄·코크스·목탄 등의 가루를 반죽하여 원통형으로 만든 고체 연료. 세로로 여러 개의 구멍이 뚫려 있음. ¶~ 구멍. 密탄.
연탄²(連彈·聯彈) 囝동 한 대의 피아노를 두 사람이 연주하는 일. **연탄-하다** 통타어
연탄-가스(煉炭gas) 囝 연탄의 연소 과정에서 발생하는, 일산화탄소를 주성분으로 하는 가스. ¶~ 중독.
연탄-불(煉炭-) [-뿔] 囝 연탄에 붙은 불.
연탄-재(煉炭-) [-째] 囝 연탄이 다 타고 남은 재.
연탄-집게(煉炭-) [-께] 囝 연탄을 옮기거나 연탄불을 갈 때에 쓰는 쇠 집게.
연통(煙筒) 囝 양철·슬레이트 등으로 둥글게 만든 굴뚝.
연통-제(聯通制) 囝 1919년에 상하이의 대한민국 임시 정부가 국내외의 업무 연락을 위해 설립한 극비의 행정 조직.
연ː투¹(軟投) 囝체 야구에서, 투수가 느린 공을 던지는 것. **연ː투-하다** 통타어
연투²(連投) 囝체 야구에서, 한 투수가 두 게임 이상을 연속 등판(登板)하여 투구하는 것. **연투-하다**² 통타어
연파(連破) 囝 전쟁이나 운동 경기 등에서, 상대를 연속하여 무찔러 패배시키는 것. **연파-하다** 통타어
연판(鉛版) 囝 활자 조판의 원판에서 지형(紙型)을 뜬 다음, 납·주석·안티몬의 합금을 녹여서 부어 만든 복제판.
연판-장(連判狀) [-짱] 囝 어떤 의견이나 주장에 동의한다는 뜻으로 여러 사람이 잇달아 이름을 쓰거나 도장을 찍은 문서. ¶~을 돌리다.
연패¹(連敗) 囝 싸움 따위에 연달아 패하는 것. ↔연승. **연패-하다**¹ 통짜어
연패²(連霸) 囝 잇달아 우승하는 것. 또는, 계속하여 패권을 잡는 것. **연패-하다**² 통타어
연-평균(年平均) 囝 1년을 단위로 하여 내는 평균. ¶~ 강수량.
연평-도(延坪島) 囝지 황해도 남쪽, 경기도 옹진군에 속하는 섬.
연표(年表) 囝 '연대표'의 준말.

연필(鉛筆) 명 주로 육각기둥이나 원기둥 모양으로 된 길고 가는 나무의 한가운데에 검거나 색깔 있는 심을 박아 넣어 그 심으로 글씨를 쓰거나 그림을 그리게 되어 있는 물건.

연필-깎이(鉛筆-) 명 연필을 깎는 데 쓰는 기구. 칼날이 든 통 속에 구멍을 통하여 연필을 끼우고 손잡이를 돌려서 깎도록 되어 있음.

연필-꽂이(鉛筆-) 명 연필·볼펜 등 필기구를 꽂아 두는 기구.

연필-심(鉛筆心·鉛筆芯) 명 연필의 중심에 넣는 심.

연하¹(年下) 명 어떤 사람에 대하여 나이가 아래인 상태. 또는, 그 아래인 사람. ¶그녀는 나보다 오 년 ~이다. ↔연상.

연하²(年賀) 명 새해를 축하함.

연-하다(連-) 통(자여) 1 잇닿아 있다. 또는, 잇대어 있다. ¶두 집이 **연하여** 있다. 2 행위나 현상이 끊이지 않고 계속 이어지다. ¶**연해** 고개를 끄덕이다.

연:-하다²(軟-) 혱(여) 1 물질의 바탕이 무르고 부드럽다. 특히, (음식물이) 부드러워 잘 섭히는 상태에 있다. ¶쇠고기가 ~. ¶질기다. 2 (물감이) 그 색깔을 나타내는 물질이 적어 희미하거나 흐릿하다. ㈎엳다, 열븨다, 햇빛. ↔진하다.

-연하다³(然-) 접미 '-인 체하다', '-인 것처럼 뽐내다'의 뜻을 나타내는 말. ¶대가(大家)~ / 학자~.

연하-장(年賀狀) -짱 명 새해를 축하하는 간단한 인사 편지, 또는, 새해를 축하하는 내용의 글과 그림을 종이에 인쇄한, 카드나 엽서 형태의 물건.

연한(年限) 명 정해진 햇수. ¶근무 ~.

연합(聯合) 명 두 가지 이상의 사물이 합하여 하나의 조직체를 만드는 것. 또는, 그 조직체. ¶국제 ~. **연합-하다** 통(자타)

연합-고사(聯合考査) [-꼬-] 명(교) 지역의 전체 학교가 연합하여 동시에 모든 학생에게 보이는 고사.

연합-국(聯合國) [-꾹] 명 1 공통의 목적을 위해 연합한 나라. 2 제2차 세계 대전에서, 추축국과 싸운 여러 나라의 총칭.

연합-군(聯合軍) [-꾼] 명(군) 1 두 나라 이상이 연합하여 만든 군대. 2 연합국의 군대.

연해¹(沿海) 명 1 바다에 잇닿은 지대. 2 육지에 가까운 바다.

연해²(緣海) 명(지) 대양(大洋)의 가장자리에 있으면서 대륙과 열도(列島)에 둘리어 있는 바다. 우리나라의 동해 따위.

연행(連行) 명 경찰이나 검찰이 피의자를 수사 기관으로 데리고 가는 것. **연행-하다** 통(타) ¶살인 용의자를 경찰서로 ~. **연행-되다** 통(자)

연:혁(沿革) 명 어느 기관·단체·기업·지역 등이 처음 생긴 뒤로 어느 시점까지 변천하여 온 내력. ¶학교의 ~을 소개하다.

연호¹(年號) 명 1 [역] 군주 시대에, 군주가 나라를 다스리는 해의 차례를 나타내기 위해 붙이던 칭호. 원칙적으로 황제만 사용하고, 제후는 사용하지 못함. =다년호. 2 나라나라에서 해의 차례를 나타내기 위해 붙이는 칭호.

연호²(連呼) 명 계속하여 부르는 것. **연호-하다** 통(타여) ¶관중들이 선수의 이름을 **연호하며** 열광했다.

연:화¹(軟化) 명 1 단단한 것이 무르게 되는 것. 2 완강히 고집하던 의견을 버리고 타협하는 태도로 바뀌는 것. ↔경화. **연:화-하다** 통(자여) **연:화-되다** 통(자)

연:화²(軟貨) 명(경) 1 주조 화폐에 대하여, 지폐를 가리키는 말. 2 국제 수지의 결제에서, 금 또는 각국의 화폐와 바꿀 수 없는 화폐. ↔경화.

연화³(蓮花·蓮華) 명 =연꽃.

연화-대(蓮花臺) 명 1 [불] =연화좌. 2 [역] 정재(呈才) 때에 추는 춤의 한 가지.

연화-문(蓮花紋) 명 연꽃 무늬.

연화-좌(蓮花座) 명(불) 연꽃 모양의 불좌(佛座). =연화대.

연:회(宴會) [-회/-훼] 명 축하·위로·환영·석별 등을 위하여 여러 사람이 모여 베푸는 잔치.

연-회비(年會費) [-회-/-훼-] 명 회원으로 가입한 단체나 모임의 회원의 자격을 유지하는 대가로 1년에 한 번씩 내는 일정액의 돈. ¶카드 ~.

연:회-석(宴會席) [-회-/-훼-] 명 연회가 베풀어진 자리. ¶~ 완비.

연횡-설(連衡說) [-횡-/-휑-] 명(역) 중국 전국 시대에 장의(張儀)가 주장한 외교 정책설. 진(秦)나라 동쪽에 있던 여섯 나라가 각각 진나라와 연합하여 불가침 조약을 맺어야 한다는 주장. ↔합종설.

연후(然後) 명부 그러한 뒤. ¶결혼 문제는 학업을 모두 마친 ~에 결정하겠다.

연휴¹(年休) 명(법) '연차 휴가'의 준말.

연휴²(連休) 명 이틀 이상 계속되는 휴일. ¶황금 ~.

연:희(演戲) [-히] 명 지난날, 광대·재인 등의 예능인이 사람들 앞에서 노래·춤·재담·극·묘기 등의 재주를 보이던 일.

열-아홉 I ㈜ 여덟이나 아홉.

열: I ㈜ ~살.

열¹ I ㈜ 1 아홉에 하나를 더한 수. ▷십. 2 사람이나 사물의 수량을 셀 때, 아홉 다음에 해당하는 수효. II 명 ~사람.

[열 길 물속은 알아도 한 길 사람의 속은 모른다] 사람의 마음속은 헤아리기가 어렵다. [열 번 찍어 아니 넘어가는 나무 없다] 아무리 뜻이 굳은 사람이라도 여러 번 유혹하면 결국은 마음이 변한다. [열 손가락 깨물어 안 아픈 손가락이 없다] 혈육은 다 마찬가지로 귀하다.

열에 아홉 열 가운데 아홉. 곧, 거의 모두. ㈎십중팔구.

열 일 제치다 한 가지 긴요한 일 때문에 다른 모든 일을 미루다. ¶**열 일 제치**고, 내 꼭 가겠소.

열²(列) 명 1 (자연) 사람·물건이 죽 벌어 선 줄. ¶~을 짓다. 2 (의존) 세는 단위로 이르는 말. ¶2~.

열³(熱) 명 1 [물] [화] 온도가 다른 두 물체 사이에서 고온 쪽에서 저온 쪽으로 이동하는 에너지. ¶태양 ~. 2 객관적으로 느끼는 몸의 열기. 병적인 상태. ¶정점 ~을 더해 가는 경기. 3 '신열(身熱)'의 준말. ¶~이 내리다. 4 열성 또는 열의. ¶공부에 ~을 낸다.

열(을) 받다 사람이 감정의 자극을 받거나 흥분을 느끼다.

열에 받치다 몹시 흥분하거나 격분하다.

열(을) 올리다 (어떤 일에) 지나치게 열중하거나 의욕을 보이다. 구어체의 말임. ¶왜 남의 일에 **열을 올리**고 그래?

열이 식다 흥분이나 정열이 가라앉다.
열-가소성(熱可塑性) [-썽] 圀[화] 상온에서는 변형하기 어려우나, 가열하면 녹아서 다른 모양으로 변할 수 있는 성질. 금속·유리·합성수지 등에서 볼 수 있음. ↔열경화성.
열강(列強) 圀 여러 강한 나라. ¶세계-.
열거(列擧) 圀[하] (실례나 사실을) 죽 들어서 말하는 것. **열거-하다** 圀[타여] ¶그의 비행(非行)을 낱낱이 -. **열거-되다** 圀[자여]
열거-법(列擧法) [-뻡] 圀[문] 수사법상 강조법의 한 가지. 비슷한 내용의 어구를 여러 개 늘어놓음으로써 문장의 내용을 강조하는 수법.
열경화-성(熱硬化性) [-썽] 圀[화] 상온에서는 변형하기 어려우나, 가열하면 경화(硬化)하는 성질. 플라스틱 등에서 볼 수 있음. ↔열가소성.
열광(熱狂) 圀[하] 너무 기뻐하거나 감동하여 광적으로 흥분하는 것. ¶-의 도가니. **열광-하다** 圀[자여]
열광-적(熱狂的) 圀 열광하는 기세가 있는 (것). ¶-인 응원.
열구자-탕(悅口子湯) 圀 신선로에 여러 가지 어육과 채소를 색을 맞추어 넣고 그 위에 각종 과실을 넣어 끓인 음식.
열국(列國) 圀 여러 나라. ¶- 회의.
열기(熱氣) 圀 1 뜨거운 공기. ¶-가 식다. 2 열광으로 인한 흥분. ¶경기는 -를 더해 갔다. 3 높은 체온. 곧, 신열(身熱).
열-기관(熱機關) 圀 열에너지를 기계적 에너지로 바꾸는 원동기의 총칭. 내연 기관과 외연 기관으로 나뉨.
열-기구(熱氣球) 圀 공기를 버너로 가열 팽창시켜 바깥 공기와의 비중의 차로 공중에 뜨도록 만든 기구.
열-꽃(熱-) [-꼳] 圀 몸의 열이 몹시 높아져 살갗의 여기저기에 돋아나는 붉은 점. 열ონი몸. ¶-이 피다.
열-나다(熱-) [-라-] 圀[자] 1 몸에서 열이 나다. 2 열성이 나다. ¶열나게 공부하다. 3 화가 나다. ¶사람 열나게 하지 마.
열-나절(熱-) [-라-] 圀 하루의 반 안에서 꽤 오랫동안. ¶밥 한 술 뜨는 데 -이나 걸리니, 원.
열녀(烈女) [-려] 圀 절개가 곧은 여자. 특히, 조선 시대에 위난을 당해 목숨을 던져 정조를 지키거나 남편이 죽은 후 수절하면서 평생 시부모를 봉양하거나 한 부녀자를 일컬어 일컫던 말임. =열부(烈婦). ¶- 춘향이.
열녀-문(烈女門) [-려-] 圀 열녀를 칭찬하고 굳이 받들기 위하여 세운, 큰 문처럼 생긴 기념물.
열:다¹[열ː고 / 열어] (여니, 여오) (어떤 식물에 열매가) 씨방이 발달하여 일정한 형태를 이루다. ⒫맺다. ¶사과가 탐스런 주렁주렁 열었다.
열:다²[열ː고 / 열어] 圀[타] (여니, 여오) 1 (문을) 닫들거나 바람이 통하거나 바깥으로 터진 상태가 되게 움직이다. ¶창문을 활짝 -. 2 (뚜껑·마개·서랍 등을) 그릇·병 등의 안의 공간이 바깥과 통하거나, 서랍의 안이 나타나도록 벗기거나 따거나 빼다. ¶마개를 -. 3 (자물쇠를 열쇠로, 또는 어떤 조작을 가해) 잠기지 않은 상태가 되게 하다. ¶열쇠로 자물쇠를 -. 4 (회의·모임 등을) 벌여 가지다. ¶전시회를 -. 5 (가게·학교 등을) 그 영업이나 업무를 시작하거나 행하다. ¶가게를 열고 손님을 맞다. 6 (사물의 통로나 진로, 나아갈 방향을) 뚫거나 제시하거나 마련하다. ⒫개척하다. ¶희망찬 새 시대를 -. 7 (다른 국가와의 관계를) 맺어 교류가 지다. ¶국교를 -. ↔닫다.
열대(熱帶) [-때] 圀[지] 적도를 중심으로 북회귀선과 남회귀선 사이의 지대. 연평균 기온이 20℃ 이상임.
열대^기후(熱帶氣候) [-때-] 圀[지] 일년 내내 매우 덥고 연교차가 작은 열대 지방의 기후.
열대-림(熱帶林) [-때-] 圀[지] 열대 지방에 있는 삼림 식물대.
열대-병(熱帶病) [-때-] 圀[의] 열대 지방에서 많이 볼 수 있는 병의 총칭. 수면병·아메바성 이질·말라리아 따위.
열대^수렴대(熱帶收斂帶) [-때-] 圀[기상] 적도 부근의, 바람이 거의 불지 않는 지대. =적도 수렴대.
열대-야(熱帶夜) [-때-] 圀 최저 기온이 25℃ 이상인, 아주 더운 밤.
열대-어(熱帶魚) [-때-] 圀[동] 열대 및 아열대 지방에 사는 어류. 진기한 형태와 고운 빛깔을 가진 것이 많아 관상용으로 기름. 에인젤피시·거피·네온테트라 따위.
열대^우림^기후(熱帶雨林氣候) [-때-] 圀[지] 열대 기후의 하나. 가장 더운 달의 기후로 연 강수량이 2,000mm를 넘음. 키 큰 상록 활엽수가 밀림을 이루며, 정기적으로 스콜이 내림.
열대^저기압(熱帶低氣壓) [-때-] 圀[기상] 열대 지방의 해상에 발생하는 저기압. 발달하면 심한 폭풍우를 동반하며, 발생하는 지역에 따라 태풍·허리케인·사이클론 등으로 불림.
열도¹(列島) [-또] 圀[지] 줄을 지은 모양으로 죽 늘어서 있는 섬들. ¶알류샨 -.
열도²(熱度) [-또] 圀 1 신열의 도수. 2 열성의 정도. ¶토론회가 -를 더해 가다.
열독(熱讀) [-똑] 圀 (어떤 책이나 신문 등을) 적극성을 가지고 열심히 읽는 것. **열독-하다** 圀[타여] ¶경제 신문을 -.
열등(劣等) [-뜽] 圀 평균적인 수준의 것과 비교하여서 뒤떨어져 있는 것. ↔우등.
열등-하다 圀[여] ¶열등한 학생.
열등-감(劣等感) [-뜽-] 圀[심] 자기가 남보다 뒤떨어졌거나 못났다고 하면서 스스로를 비하하는 심리 상태. ↔우월감.
열등-생(劣等生) [-뜽-] 圀 성적이 열등한 학생. ↔우등생.
열등-의식(劣等意識) [-뜽-] 圀 자기가 남보다 열등하다고 느끼는 의식.
열-띠다(熱-) 圀 (어떤 일을 하는 태도나 분위기 등이) 열렬하거나 열기(熱氣)를 띤 상태에 있다. ¶열띤 응원을 하다.
열람(閱覽) 圀 (책·문서 등을) 죽 훑어보거나 조사하여 보는 것. **열람-하다** 圀[타여] ¶등기부를 -.
열람-실(閱覽室) 圀 도서관 등에서 도서를 열람하는 방.
열량(熱量) 圀[물] 열을 에너지의 양으로 나타낸 것. ¶-이 높은 식품.
열렬-하다(熱烈-·烈烈-) 圀[여] (어떤 것에 대한 애정이나 태도가) 매우 맹렬하다. ¶열렬한 팬. **열렬-히** 閃
열-리다¹(熱-) 圀[자] '열다'의 피동사. 곧, (어떤 식물의 열매가) 자연적으로 여는 상태가 되다. ⒫맺히다. ¶감이 주렁주렁 -.

열-리다² (자) '열다'의 피동사. ¶만찬회가 ~/앞일이 ~.

열린-회로(-回路)[-회-/-훼-] 명 (물) 전기 회로에서, 도선의 일부가 끊겼거나 완전히 연결되지 못한 회로. ↔닫힌회로.

열망(熱望) 명 열렬히 바라는 것. 열망-하다 (통)(타여) ¶평화 통일을 ~.

열매 명 1 식물이 수정하여 씨방이 자라게 된 것. (비)과실. 2 '성과(成果)'를 비유하여 이르는 말. ¶사랑의 ~.

열매-채소(-菜蔬) 명 과실을 먹는 채소. 가지·오이·토마토 따위.

열명(列名) 명 여럿의 이름을 나란히 벌여 적는 것. 열명-하다 (통)(타여)

열-무 명 주로 잎과 줄기를 먹기 위해 여름에 뿌리가 작게 자란 무.

열무-김치 명 절인 열무를 파, 마늘, 고춧가루, 소금 등으로 버무려서, 밀가루를 묽게 푼 물을 훙건하게 부어 익힌 김치.

열반(涅槃) 명 (불) 1 불도를 완전히 이루어 일체의 번뇌를 해탈한 최고의 경지. =니르바나. 2 =입적(入寂). ¶~에 들다. 열반-하다 (통)(자여)

열반-종(涅槃宗) 명 (불) 불교의 한 종파. 열반경(涅槃經)을 그 근본 성전(聖典)으로 함. 우리나라에서는 신라 때 보덕 화상(普德和尙)이 개종하였음.

열변(熱辯) 명 목소리를 높여 열렬히 주장하는 말. ¶~을 토하다.

열병(閱兵) 명 (군) 정렬한 군대의 앞뒤를 돌면서 그 위용(威容)과 사기 상태를 검열하는 일. ¶~식. 열병-하다 (통)(타여)

열병²(熱病) 명 1 의) 높은 열을 수반하는 질병. 두통·식욕 부진 등이 수반됨. 2 어떤 일에 몹시 훙분된 상태를 비유하여 이르는 말. ¶짝사랑의 ~을 앓다.

열부(烈婦) 명 =열녀(烈女).

열-불 명 '속에서 뜨겁게 치미는 울화'를 속되게 이르는 말. ¶~이 나다.

열사(烈士)[-싸] 명 나라를 위하여 맨몸으로 저항하다가 죽음으로써 높은 지조를 나타낸 사람. ¶이준 ~. ▷의사(義士).

열사²(熱沙·熱砂)[-싸] 명 햇볕으로 뜨거워진 모래. ¶~의 사막.

열사-병(熱射病)[-싸뼝] 명 (의) 고온 다습한 곳에 있을 때 몸의 열을 밖으로 내보내지 못하여 생기는 병. 체온이 높아져 갑자기 의식을 잃고 쓰러짐.

열선(熱線)[-썬] 명 =적외선.

열-섬(熱-)[-썸] 명 (기상) 주변보다 기온이 높은 지역. 지상을 덮고 있는 대기의 오염층, 도심의 건물 등에서 나오는 인공 열 등이 주요 원인임.

열성(劣性)[-씽] 명 (생) 대립 형질이 다른 두 품종을 교배할 때 잠종 제1대에는 나타나지 않는 형질. ¶~ 유전. ↔우성.

열성²(熱性)[-씽] 명 열(熱)과 관련된 성질이나 성질. ¶~ 소아마비.

열성³(熱誠)[-씽] 명 열렬한 정성. 또는, 열의와 정성. 뒤의 뜻으로 쓸 때는 '열과 성'으로 표현하기도 함. ¶~을 다하다.

열성-껏(熱誠-)[-씽껃] (부) 열성을 다하여. ¶~ 봉사하다.

열성-적(熱誠的)[-씽-] (관)(명) 열성을 다하는 (것). ¶~ 당원.

열성-파(熱誠派)[-씽-] 명 열렬한 정성으로 일을 하는 무리.

열세(劣勢)[-쎄] 명 상대편보다 세력이 약한 상태. ¶~에 몰리다. ↔우세. 열세-하다 (형)(여)

열!-쇠[-쐬/-쒜] 명 1 자물쇠의 구멍에 넣어 잠그거나 열게 되어 있는, 일정한 모양의 쇠붙이. (비)키 (key). (준)쇠. 2 일을 해결하는 데 필요한 방법의 비유. ¶합격 [성공]의 ~.

열!쇠-고리[-쐬-/-쒜-] 명 열쇠를 끼워 보관하는 데 쓰는 고리.

열심(熱心)[-씸] 명 어떤 일에 깊이 마음을 기울이는 것. ¶공부에 ~이다. 열심-히 (부) ¶~ 일하다. ×열심으로.

열심-으로(熱心-) (부) '열심히'의 잘못.

열십-자(十字)[-씹짜] [한자 획의 글자] 가로와 수직으로 자르듯이 '十'자 모양을 이르는 말.

열씨-온도(列氏溫度) 명 (물) 열씨온도계의 눈금의 명칭. 기호는 °R. ▷섭씨온도.

열악-하다(劣惡-)[-아카-] (형)(여) (품질·능력·시설 등이) 몹시 떨어지고 나쁘다. ¶열악한 근무 환경.

열애(熱愛) 명 열렬히 사랑하는 것. 또는, 그 사랑. 열애-하다 (통)(자타여) ¶두 사람은 3년간 열애한 끝에 결혼했다.

열약-하다(劣弱-)[-야카-] (형)(여) 열등하다.

열어-젖뜨리다/-트리다[-젇-] (통)(타) '열어젖히다'의 힘줌말.

열어-젖히다[-저치-] (통)(타) (문·창 등을) 활짝 열거나 열어 놓다. ¶창문을 활짝 ~. ×열어제치다.

열어-제치다 (통)(타) '열어젖히다'의 잘못.

열!-없다[-업따] (형)(여) 1 어떤 일이나 사실에 대해 마음이 겸연쩍고 부끄럽다. 또는, 공연스럽고 멋쩍다. 2 겁이 많고 담이 작다. 또는, 성질이 묽고 다부지지 못하다. ×열적다·열없다. 열!없-이 (부)

열-에너지(熱energy) 명 (물) 1 계(系)의 내부 에너지 가운데 계를 구성하는 원자·분자의 열운동 에너지. 2 열의 에너지의 이동 형태인 것을 강조하여 이르는 말.

열-역학(熱力學)[-려칵] 명 (물) 기체의 압력·체적·온도 등 거시적인 양과 이동하는 열량과의 관계를 다루는 학문.

열연(熱演) 명 열렬하게 연기하는 것. 또는, 그 연기. ¶주연 배우의 ~에 박수를 보낸다. 열연-하다 (통)(자타여)

열왕-기(列王記) 명 (성) 구약 성서 중의 한 권. 상·하 두 권으로 되어 있음.

열외(列外)[-외/-웨] 명 1 늘어선 줄의 밖. 대열의 바깥. ¶대오에서 낙오하여 ~로 처지다. 2 어떤 몫이나 축에 들지 못하는 부분. ¶그 문제는 ~로 치자.

열위(劣位) 명 남보다 못한 처지나 지위. ↔우위.

열의(熱意)[-의/-이] 명 열성을 다하는 마음. ¶~를 쏟다.

열-적다 '열없다'의 잘못.

열전¹(列傳)[-쩐] 명 많은 사람의 전기를 차례로 벌여 기록한 책. ¶사기(史記) ~.

열전²(熱戰)[-쩐] 명 (운동 경기 등의) 맹렬한 싸움. (비)백열전. ¶두 팀 사이에 숨 막히는 ~이 벌어졌다.

열-전기(熱電氣) 명 (물) 두 금속을 이어 만든 회로에서, 두 금속 접점의 온도가 각각 다를 때 이 회로 속에 생기는 전기.

열-전도(熱傳導) 명 (물) 열이 물체의 고온 부분에서 저온 부분으로 이동하는 현상.

열-전자(熱電子) 명 (물) 높은 온도의 금속 또는 반도체에서 방출되는 전자. 진공관 등에 쓰임.
열정(熱情)[-쩡] 명 열렬한 정열. ¶~을 쏟다.
열정-적(熱情的)[-쩡-] 관명 열정을 다하는 (것).
열중(熱中)[-쭝] 명 한 가지 일에 정신을 쏟는 것. **열중-하다** 자여 ¶학업에 ~.
열중-쉬어(列中-)[-쭝-어/-쭝-여] 갑 제식 훈련 시 구령의 하나. 줄지어 선 채로 약간 편한 자세를 가지라는 말. 원발을 왼쪽 옆으로 벌리고 양손을 등뒤리에서 맞겹음.
열증(熱症)[-쯩] 명의 체온이 몹시 높아 가는 증세.
열-째 주관 차례를 매길 때, 아홉째의 다음에 오는 수. ¶~ 번 / ~ 줄.
열-쩍다 형 '열없다'의 잘못.
열차(列車) 명 여러 대의 화차나 객차를 연결하여 사람을 태우거나 짐을 싣고 철로 위를 다니는 탈것. 기관차가 끄는 것은 물론, 시내를 주행하는 전철도 포함됨. 비기차. ¶특급 ~ / 상행 ~.
열차-표(列車票) 명 열차를 탈 때 그 요금을 냈음을 보이기 위해 제시하는 표.
열창(熱唱) 명 (어떤 노래를) 온 힘을 다해 열렬히 부르는 것. 또는 그 노래. **열창-하다** 타여 ¶성악가가 가곡을 ~.
열-처리(熱處理) 명 금속 등을 가열·냉각하여 굳기 등의 성질을 변화시키는 일. 주로 금속에서 담금질·뜨임·풀림 등이 그 보기임. **열처리-하다** 타여
열:-치다 타 힘차게 열다.
열탕(熱湯) 명 1 뜨겁게 끓인 물. 또는, 끓는 물. 2 -소독. 2 대중목욕탕에서, 탕에 채워 놓은 뜨거운 물. 또는, 그 탕.
열통(이) 터지다(熱-) 이루어져야 할 일이 이루어지지 않거나, 또는 이루어지지 않을 것 같아 속이 터질 것 같은 상태가 되다. ¶하는 일마다 잘못되니 **열통이 터진다**.
열패(劣敗) 명 (기량이나 능력·실력 등이) 부족하여 남에게 지는 것. ¶~를 당하다. **열패-하다** 자여
열풍[1]**(烈風) 명 1 세차게 부는 바람. 2 어떤 현상이 사회적으로 세차고 뜨겁게 일어나는 상태나 기세. 비유적인 말임. ¶투기 ~.
열풍[2]**(熱風) 명 뜨거운 바람. ¶사막의 ~.
열혈(熱血) 명 ['펄펄 끓는 피'라는 뜻] 열정으로 끓는 피. ¶~ 청년.
열화[1]**(烈火) 명 맹렬히 타는 불.
열화[2]**(熱火) 명 1 뜨거운 불길. ¶~ 같은 성원. 2 매우 급한 화증. ¶~가 치밀다.
열-효율(熱效率) 명물 열기관에 공급된 열량과 그 기관의 출력(出力)의 비율.
열흘 명 1 하루가 열 번 있는 시간의 길이. 곧, 열 날. 2 '초(初)' 의 뒤에 쓰여] 어느 달의 열째 날을 가리키는 말. ¶초~.
열흘-날[-랄] 명 ('초(初)' 가 붙거나 단독으로 쓰여] 그달의 10일임을 나타내는 말. ¶구월 초~에 혼례식을 치른다.
엷:다[열따] 형 1 두께가 적다. ¶엷은 으입. 맨얇다. 2 (빛깔이나 색깔이) 진하지 않고 연하다. 또는, (햇빛이) 강하지 않고 약하다. ¶엷은 보랏빛. 3 (농도나 밀도가) 짙지 않고 연하다. ¶엷게 낀 안개. 4 (웃음·한숨 등이) 지나치지 않고 은근하게 하다. 가볍다. ¶엷은 미소.
염(炎)[의] '염증(炎症)' 의 준말.
염[2]**(念) 명 무엇을 하려는 생각.

염도 못 내다 무엇을 하려는 생각조차 내지 못하다.
염[3]**(殮) 명 =염습(殮襲).
염[4]**(鹽) 명 1 =소금. 2 (화) 산(酸)의 수소 이온을 금속 이온이나 금속성 이온으로 치환(置換)한 화합물. 산과 염기의 중화 반응에 의해 생김.
염가(廉價)[-까] 명 =싼값. ¶~ 대매출.
염기(鹽基)[화] 물에 녹았을 때 이온화하여 수산화물 이온이 생기는 물질. 또는, 산에서 수소 이온을 받아들이는 물질. ↔산(酸).
염기-성(鹽基性)[-썽] 명화 염기가 나타내는 기본적 성질. 수용액에서는 pH가 7보다 크고, 적색 리트머스 종이를 청색으로 변화시킴. ↔산성. ▷알칼리성.
염낭(-囊) 명 =두루주머니.
염도(鹽度) 명 소금기의 정도.
염-두(念頭) 명 (주로, '염두에 두다', '염두에 없다'의 꼴로 쓰여) 어떤 생각이나 관심을 가지는 곳으로서의 머리나 마음. ¶선생님의 가르침을 늘 ~에 두고 있다.
염라-국(閻羅國)[-나-] 명불 염라대왕이 다스리는 나라. 곧, 저승.
염라-대왕(閻羅大王)[-나-] 명불 염라국의 임금. 죽어서 지옥에 떨어진 인간의 생전의 행동을 심판하고 다스림.
염:려(念慮) 명 여러 가지로 헤아려 걱정하는 것. 또는, 그 걱정. ¶제가 알아서 할 테니 ~ 마십시오. **염려-하다** 타여
염:려-되다 자 염려가 되다.
염:려-스럽다(念慮-)[-너-따] 형비 <-스러우니, -스러워> 염려가 되는 점이 있다. **염려스레** 부
염:력(念力)[-녁] 명심 초심리학에서, 마음의 힘으로 물체를 움직인다고 여겨지는 힘.
염료(染料)[-뇨] 명 섬유 등에 물들이는 색소가 되는 물질. 비물감. ¶천연 ~.
염류(鹽類)[-뉴] 명 1 염분이 들어 있는 물질의 종류. 2 (화) 산의 수소 원자를 금속으로 치환하거나, 염기의 수산기를 산기(酸基)로 치환하여 생기는 화합물.
염문(艷聞) 명 남녀간의 연애에 관한 소문. ¶~을 뿌리고 다니다.
염:병(染病) 명 ⓔ 장티푸스. **염:병-하다** 자여 염병을 앓다.
염:병-할(染病-) 감 '염병을 앓을'의 뜻으로, 욕으로 하는 말.
염분(鹽分) 명 물질 속에 들어 있는 소금 성분. 비소금기.
염:불(念佛)[불] 1 부처나 보살의 모습과 공덕을 생각하면서 그들의 이름을 반복하여 부르는 일. 2 소리를 내어 경(經)을 외우는 것. **염불-하다** 자여
[염불에는 맘이 없고 잿밥에만 맘이 있다] 맡은 일에 정성을 들이지 않고 잇속이 있는 데에만 마음을 둔다.
염산(鹽酸) 명 염화수소의 수용액. 자극적인 냄새가 나며, 순수한 것은 무색이지만 불순물이 들어 있으면 황색을 띰.
염-상섭(廉想涉)[인] 소설가(1897-1963).
염:색(染色) 명 염료를 써서 물을 들이는 것. ↔탈색. **염:색-하다** 타여 ¶머리를 ~. **염:색-되다** 자여
염:색-사(染色絲)[-싸] 명생 염색체를 이루는 가느다란 실 모양의 물질. 염기성 색소에 잘 염색됨.

염!색-약(染色藥) [-생냑] [명] 머리나 가죽·옷감 등을 염색할 수 있도록 만든 물감.
염!색-체(染色體) [명][생] 세포 분열 때 핵 속에 나타나는 끈 모양의 물질. 유전이나 성(性)의 결정에 중요한 역할을 함.
염!세(厭世) [명] 세상과 인생을 무의미하고 괴로운 것으로 생각하여 싫어하는 것. ↔낙천.
염!세-가(厭世家) [명] 인생을 염세적으로 사는 사람. ↔낙천가.
염!세-적(厭世的) [관][명] 세상과 인생을 무의미하고 괴로운 것으로 생각하여 싫어하는 경향이 있는 (것). ↔낙천적.
염!세-주의(厭世主義) [-의/-이] [명][철] 세상과 인생을 무의미하고 괴로운 것으로 생각하여 싫어하는 태도나 입장. =페시미즘. ↔낙천주의.
염!세주의-자(厭世主義者) [-의-/-이-] [명] 염세주의를 신봉하거나 염세적인 태도를 가진 사람. ↔낙천주의자.
염소[1] [명][동] 고기·젖·털·가죽을 이용하기 위해 가축으로 기르는 포유동물. 뿔은 낫 모양이며, 수컷은 턱 밑에 긴 수염이 있음. 몸빛은 흰색·검은색 등 여러 가지임.
염소[2](鹽素) [명][화] 황록색의 자극적인 냄새를 가진 기체 원소. 원소 기호 Cl, 원자 번호 17, 원자량 35.453. 표백제·소독제 외에 의약·염료의 제조에 씀.
염소-수염(-鬚髥) [명] 숱이 적고 길이가 별로 길지 않은, 염소의 수염과 비슷한 턱수염.
염소-자리 [명][천] 황도 십이궁의 열째 별자리. 남쪽물고기자리와 독수리자리 사이에 있으며, 9월 하순에 자오선을 통과함.
염수(鹽水) [명] 소금을 녹인 물.
염!습(殮襲) [명] 죽은 사람의 몸을 씻긴 뒤에 옷을 입히고 염포로 묶는 일. =염(殮). **염!습-하다** [동][타][여] =염하다.
염!원(念願) [명] (어떤 일이 이뤄지는 것을) 늘 마음속으로 생각하면서 간절히 바라는 것. ¶우리 민족의 ~은 남북통일. **염!원-하다** [동][타][여] ¶세계의 평화를 ~.
염장(鹽藏) [명] 소금에 절여 저장하는 것. **염장-하다** [동][타][여]
염!-장이(殮-) [명] 염습하는 일을 직업으로 하는 사람.
염장(을) 지르다 〈속〉 부아를 돋우다.
염전(鹽田) [명] 바닷물을 끌어 들여 햇볕에 증발시켜 소금을 얻기 위하여 논처럼 만든 곳. =소금밭.
염!좌(捻挫) [명][의] =좌섬(挫閃).
염!주(念珠) [명][불] 염불할 때에 손가락 끝으로 한 알씩 넘기면서 그 횟수를 세거나, 손목 또는 목에 거는 도구.
염!주-비둘기(念珠-) [명][동] 마을 부근 숲에서 사는, 비둘기의 한 종류. 몸빛은 회갈색이며 목 뒷면에 흑색 띠가 있고, 꽁지 끝에 백색 띠가 있음. =산비둘기.
염증[1](炎症) [-쯩] [명][의] 외상, 화상, 세균의 침입, 약물·방사선 작용 등으로 체내에서 일어나는, 충혈·부증(浮症)·발열·통증 등의 증상. [준]염(炎).
염!증[2](厭症) [-쯩] [명] 어떤 일이 지루하거나 괴로워 싫어진 상태. [비]싫증. ¶삶에 ~을 느끼다.
염천(炎天) [명] 몹시 더운 날씨.
염초(焰硝) [명] **1** [화] =질산칼륨. **2** =화약(火藥).
염!출(捻出) [명] **1** (어떤 방법 등을) 어렵게 생각해 내는 것. **2** (필요한 비용 따위를) 어렵게 짜내는 것. **염!출-하다** [동][타][여]
염치(廉恥) [명] 남에게 신세를 지거나 폐를 끼치거나 할 때 부끄럽고 미안한 마음을 가지는 상태. [작]얌치.
염치가 좋다 염치가 없음을 반어적으로 이르는 말.
염치-없다(廉恥-) [-업따] [형] 염치를 모르다. 또는, 체면도 없고 부끄러움도 없다. **염치없-이** [부]
염탐(廉探) [명] 비밀히 남의 사정을 살펴 조사하는 것. **염탐-하다** [동][타][여] ¶적의 동태를 ~.
염탐-꾼(廉探-) [명] 염탐하는 사람.
염통 [명][생] =심장(心臟)1.
염!-하다(殮-) [동][타][여] =염습하다.
염화-나트륨(鹽化[독]Natrium) [명][화] '소금'의 화학명. 짠맛이 나고 물에 녹는 백색의 결정. 조미료·식품 보존에 쓰이며, 화학 공업의 중요한 원료 물질임.
염화미소(拈華微笑) [명] 〔석가가 연꽃을 들어 대중에게 보였을 때, 카시아파만이 그 뜻을 깨달아 미소 지었다는 데에서〕 [불] 마음에서 마음으로 전함. =염화시중. [비] 이심전심.
염화^비닐(鹽化vinyl) [명][화] 아세틸렌과 염화수소의 반응 등으로 생성되는, 무색의 기체. 염화 비닐 수지의 원료임.
염화^비닐^수지(鹽化vinyl樹脂) [명][화] 염화 비닐을 중합한 합성수지의 총칭. 시트·레더·파이프·필름·도료 등에 쓰임.
염화-수소(鹽化水素) [명][화] 염소와 수소의 화합물. 상온(常溫)에서 자극적인 냄새가 나는 무색의 기체로, 수용액은 염산이라고 함.
염화시중(拈華示衆) [명][불] =염화미소.
염화-칼륨(鹽化[독]Kalium) [명][화] 암염에 딸려 천연으로 산출되는, 무색의 결정. 칼륨 비료, 칼륨염의 원료로 쓰임.
엽고-병(葉枯病) [-꼬뼝] [명][농] 벼의 병의 한 가지. 벼 잎에 황백색의 반점이 생기거나 군데군데에 여러 모양의 황백색 얼룩무늬가 줄지어 생긴 후, 그 부분이 흑갈색으로 변하며 융털처럼 됨.
엽관(獵官) [-꽌] [명] 온갖 방법으로 서로 관직을 얻으려고 야심적으로 경쟁하는 것. **엽관-하다** [동][자][여]
엽관^제!도(獵官制度) [-꽌-] [명][정] 관직의 임용을 당에 대한 충성도나 선거에서의 공헌도 등에 따라 결정하는 인사 제도. 행정의 전문성을 떨어뜨리고 부정부패의 원인이 될 수도 있음.
엽관-주의(獵官主義) [-꽌-의/-꽌-이] [명][정] 관직의 임용을 당에 대한 충성도나 선거에서의 공헌도에 따라 결정하는 태도나 입장.
엽-궐련(葉-) [-꿜-] [명] =시가(cigar)[7].
엽기(獵奇) [-끼] [명] 어떤 행동이 기괴하거나 역겹거나 끔찍하여 놀라움을 느끼게 하는 상태. ¶~ 행각.
엽기-적(獵奇的) [-끼-] [관][명] 어떤 행동이 기괴하거나 역겹거나 끔찍하여 놀라움을 느끼게 하는 (것). 또는, 그런 행동을 보이는 (것). ¶~인 연쇄 살인.
엽록-소(葉綠素) [염녹쏘] [명][식] 엽록체에 함유된 녹색 색소. 광합성으로 중요한 역할을 함. =클로로필.
엽록-체(葉綠體) [염녹-] [명][식] 식물 잎의 조직 세포 안에 함유된 색소체의 일종. 엽록소를 함유하여 녹색을 띠며, 탄소 동화 작용을 하여 녹말을 만듦.
엽병(葉柄) [-뼝] [명]식=잎자루.
엽상-식물(葉狀植物) [-쌍-] [명]식 다세포체이지만 뿌리·줄기·잎 및 관다발이 분화되지 않은 식물. 이끼류·조류(藻類)·균류가 이에 속함. ↔경엽 식물.
엽색(獵色)[-쌕] [명] (주로 남자가) 상대를 수시로 바꾸며 성(性)을 즐기는 것. ¶~ 행각. **엽색-하다** [통](자)여)
엽서(葉書) [-써] [명] 간단한 사연을 써서 봉투에 넣지 않고 그냥 우편으로 보낼 수 있도록 한다. 흔히 두껍고 네모난 종이.
엽전(葉錢) [-쩐] [명] 고려·조선 시대에 쇠·구리·주석 등으로 만든 돈의 총칭. 흔히 둥글고 납작하며, 가운데에 네모난 구멍이 있음.
엽전-의식(葉錢意識) [-쩐-] [명] 우리 민족은 열등한 민족이라고 생각하는 자의 식. ¶일제는 교활하게도 식민지 교육을 통해 우리 민족에게 ~을 주입했다.
엽조(獵鳥) [-쪼] [명] 사냥을 하여도 좋다고 관계 기관에서 허락한 새. ↔금렵조.
엽차(葉茶) [명] 1 열매나 줄기가 아닌, 잎을 따서 만든 차. 2 차나무의 떡잎을 채취하여 만든 상품. 또는, 그것을 달인 물.
엽채-류(葉菜類) [명] 잎을 주로 먹는 채소류.
엽총(獵銃) [명] =사냥총.
엽황-소(葉黃素) [여황-] [명]식=크산토필.
엿¹[엳] [명] 녹말을 함유한 곡식이나 감자 등을 엿기름 등으로 삭힌 뒤, 그것을 짜 낸 물을 달여서 만든, 액체나 고체 상태의 달고 찐득찐득한 식품.
엿 먹어라 상대방을 슬쩍 골려 주거나 속어 넘기게 될 때 이르는 말.
엿 먹이다 남을 슬쩍 골리거나 속이다.
엿²[엳] [명] '여섯이 준 말' ('냥, 돈, 되, 말, 섬, 짐, …' 등의 단위성 의존 명사 앞에 쓰여) 수량이 '여섯'임을 나타내는 말. ¶금 ~ 돈 / 보리 ~ 되.
엿-³[엳] [접투] 가만히 몰래 행함을 나타내는 말. ¶~보다 / ~듣다.
엿-가락[엳까-] [명] 가래엿의 낱개. =엿가래.
엿-가래[엳까-] [명]=엿가락.
엿-기름[엳끼-] [명] 보리에 물을 부어 싹을 낸 뒤 말린 것. 엿이나 식혜 등을 만들 때 재료로 씀. ¶~을 내다.
엿-당(糖)[엳땅] [화] 이당류의 하나. 녹말에 엿기름 중의 아밀라아제를 작용시켜 얻는, 백색의 결정. 물에 잘 녹고, 단맛은 슈크로오스보다 약함. 엿 및 엿의 주성분임. =맥아당.
엿:-듣다[엳뜯-] [통](타) (ㄷ-들으니, -어) (남의 말을) 그 사람이 모르게 가만히 듣다. ¶전화를 ~.
엿:-보다 [엳뽀-] [통](타) 1 (남의 행동이나 표정, 장소 등을) 그 사람이 알지 못하게 숨어서 남의눈에 띄지 않게 하고 가만히 보다. ¶문틈으로 집 안을 ~. 2 (기회나 때를) 노려 기다리다. ¶기회를 ~. 3 (남의 속생각 등을 겉에 드러난 행동이나 말이나 차림새나 표현 등을 통해 짐작으로 차려 알다. ¶그의 인생관을 엿볼 수 있는 작품.
엿-보이다[엳뽀-] [통](자) '엿보다'의 피동사. ¶굳은 결의가 ~.

엿-새[엳쌔] [명] 1 하루가 여섯 번 있는 시간의 길이. 곧, 여섯 날. 2 (초(初)·열·스무 다음에 쓰여) 각각 어느 달의 6일·16일·26일임을 고유어로 나타내는 말. ¶초~.
엿샛-날[엳쌘-] [명] (초(初)가 붙거나 단독으로 쓰여, 또는 열·스무 다음에 쓰여) 각각 어느 달의 6일, 16일, 26일임을 나타내는 말.
엿-장수[엳짱-] [명] 엿을 파는 사람.
엿장수 마음대로 엿장수가 엿을 늘이듯이 어떤 일을 자기 마음대로 이랬다저랬다 하는 모양.
엿-치기 [명] 엿가래를 부러뜨려 그 속의 구멍의 크고 작음으로 승부를 겨루는 내기. **엿치기-하다** [통](자)여)
엿-판(-板) [엳-] [명] 엿장수가 엿을 담아 가지고 다니면서 팔 수 있도록 나무로 짠, 속이 얕은 판.
-였-[엳] [어미](선어말) '여' 불규칙 용언의 어간에 붙어, 과거 시제를 나타내는 선어말 어미. ¶하~다.
영¹ [用] 전혀 또는 도무지. ¶공부하는 게 ~.
영²(令) [명] 1 윗사람이 아랫사람에게 하도록 시키는 일. ㉑명령. 2 '법령'의 준말.
영이 서다 명령이나 지시가 아랫사람이나 아래 기관에 제대로 받아들여질 만큼 권위가 있다. 『예전 들어 판료 사회의 기강 해이로 영이 서지 않는다.
영³(英) [명] 1 [지] '영국'을 줄여 이르는 말. 2 '영어'의 준말. ¶~한(韓) 사전.
영⁴(零) [平] 수량이 전혀 없음을 나타내는 말. '0'으로 표기함. ㉑=공(空)·제로.
영⁵(嶺) [명] =재². ¶~을 넘다.
영⁶(齡) [명] ①(어제) 누에가 뽕을 먹고 발육하는 시기. ▷ 잠. ②(의존) '령(齡)'의 잘못.
영⁷(靈) [명] 1 주로 기독교에서, 인간의 비물질적 자아. 2 [가][기] 비물질적인 하느님의 존재. 곧, 성령.
영:⁸(永) [用] '영영(永永)'의 준말. ¶고향을 떠난 뒤로 ~ 소식이 없다.
영가(靈歌) [명][음] 미국 흑인들이 부르는 일종의 종교적인 성가(聖歌). ¶흑인 ~.
영각 [명] 황소가 암소를 찾아 목소리를 길게 뽑아 우는 것. 또는, 그 소리.
영감¹(令監) [명] 1 남자 노인을 대접하여 이르는 말. ¶박(朴) ~. 2 나이가 좀 많은 남편의 호칭 또는 지칭으로 쓰이는 말. 3 군수·도지사·판검사 등을 높여 일컫는 말. ¶군수 ~. ㉑영감님. 4 [역] 정3품과 종2품의 관원을 일컫는 말. ㉑영감마님.
[영감 밥은 누워 먹고 아들 밥은 앉아 먹고 손자 밥은 서서 먹는다] 남편 덕에 먹고 사는 것이 가장 편하며, 아들 부양을 받는 것도 견딜 만하나 딸의 부양을 받는 것은 견디기 힘들다는 말.
영감²(靈感) [명] 1 신의 계시를 받은 듯한 느낌. 2 창조적인 일의 계기가 되는 착상이나 자극. =인스피레이션. ¶~이 떠오르다.
영감-님(令監-) [슏监-] [명] '영감¹·²·³'의 높임말.
영감-마님(令監-) [슏监-] [명] '영감⁴'의 높임말.
영감-쟁이(令監-) [슏监-] [명] '영감¹·²'을 낮추어 이르는 말. ¶고집불통 ~ 같으니라고.
영감-탱이(令監-) [슏监-] [명] '영감¹·²'을 얕잡아 이르는 말.
영검 [명] 사람의 기원(祈願)에 대한 신이나

부처의 영묘한 감응. 원영험(靈驗).
영:겁(永劫) 명[불] 영원한 세월.
영:결(永訣) 명 죽은 사람과 산 사람이 영원히 이별하는 것. 비영이별. 영:결-하다 동(자)(여)
영:결-식(永訣式) 명 장례 때, 친지들이 모여 죽은 사람과 영결하는 의식.
영계¹[-게/-계] 명 1병아리보다 조금 큰 닭. =약병아리. 2비교적 나이가 어린 이성(異性)과 같은 뜻으로도 이르는 말.
영계²(靈界)[-게/-계] 명 1영혼의 세계. 죽은 뒤에 영혼이 가서 머무른다는 곳. 2정신 또는 정신의 작용이 미치는 범위. ↔육계.
영계-백숙(-白熟)[-게-쑥/-계-쑥] 명 영계를 털과 내장을 없애고 통째로 삶은 음식.
영고(迎鼓) 명[역] 부여에서, 추수를 감사하여 섣달에 지내던 제천 의식. ▷무천.
영고-성쇠(榮枯盛衰)[-쇠/-쉐] 명 사물의 성함과 쇠함이 서로 뒤바뀜.
영공(領空) 명 한 나라의 영토와 영해의 상공으로, 그 나라의 주권이 미치는 공간. ¶~ 침범.
영공-권(領空權) 명[법] 영공을 지배하는 국가의 배타적인 주권. 다른 나라의 항공기는 영공에 들어올 수 없으나, 국제 민간 항공 조약 체결국의 민간 항공기에는 무해 항공권이 인정되고 있음.
영관(領官) 명[군] 소령·중령·대령의 등 급. 위관의 위, 장관의 아래임.
영광(榮光) 명 1훌륭함을 나타내거나 이루어 지는 자랑스러운 상태. ¶우승의 ~. 2훌륭한 사람을 대하게 되어 자랑스러움을 느끼게 되는 상태. 비광영. ¶뵙게 되어 ~입니다.
영광-되다(榮光-)[-되-/-뒈-] 형여 영광이 있다. ¶영광된 우리 조국.
영광-스럽다(榮光-)[-따] 형비<-스러우니, -스러워> 영광을 느낄 만하다. 영광스레 부
영:구¹(永久) 명 (일부 명사 앞에 쓰여) 끝없이 오램. ¶~ 보존. 영:구-하다 형여 ¶영구한 세월. 영:구-히 부 ¶~ 간직하다.
영구²(靈柩) 명 시체를 넣은 관.
영:구-불변(永久不變) 명 끝없이 오래도록 변하지 않음. ¶~의 진리. 영:구불변-하다 형여
영:구-성(永久性)[-썽] 명 오래도록 변하지 않는 성질.
영:구-셴:물(永久-) 명[화] 칼슘·마그네슘 등의 황산염이 섞여 있어서, 끓여도 단물로 되지 않는 센물. ↔일시 센물.
영:구-자:석(永久磁石) 명[물] 일단 자화(磁化)가 된 다음에는 자기(磁氣)를 영구히 보존하는 자석. ↔일시 자석.
영:구-적(永久的) 명 시간적으로 오래 갈 수 있는 (것). 비항구적. ¶~인 대책. ↔일시적.
영구-차(靈柩車) 명 영구를 운반하는 자동차. =장의차.
영:구-치(永久齒) 명[생] 6세부터 나기 시작하여 13세에 이르러 모두 갖추어지는, 사람이 일생 동안 사용하는 이. 모두 32개임. =간니. ↔젖니.
영:구-화(永久化) 명 영구하게 되거나 그렇게 되도록 하는 것. 영:구화-하다 동(자)(타)(여) 영:구화-되다 동(자)(여)

영문_845

영국(英國) 명[지] 유럽의 서부 대서양 상에 있는 입헌 군주국. 수도는 런던. =유케이.
영글다 자 (곡식이나 과실 등이) 알차게, 또는 맛이 들 만큼 잘 익다. 비여물다. ¶포도가 영그는 계절.
영기¹(令旗) 명[민] 줄다리기 따위에서 지휘 신호를 하거나, 농악 행진의 앞잡이를 서는 사람이 드는 기.
영기²(靈氣) 명 영묘한 기운. ¶~가 서린 명산(名山).
영남(嶺南) 명 ('조령(鳥嶺)의 남쪽'이라는 뜻) [지] 경상남북도를 이르는 말.
영내(領內) 명 영토의 안.
영내²(營內)[군] 병영(兵營)의 안. ¶~ 생활. ↔영외(營外).
영농(營農) 명 농업을 경영하는 것. ¶다각(多角) ~ / ~ 자금.
영단(英斷) 명 1뛰어난 결단. ¶지도자의 ~으로 나라를 위기에서 구하다. 2주저하지 않고 내리는 결정.
영달(榮達) 명 지위가 높고 귀하게 되는 것. ¶일신의 ~에 급급하다. 영달-하다 동자(여)
영도¹(零度) 명 도수를 계산하는 기점이 되는 자리. ¶기온이 ~ 이하로 내려가다.
영도²(領導) 명 거느려 이끄는 것. 영도-하다 동타(여)
영도-력(領導力) 명 영도하는 능력.
영도-자(領導者) 명 영도하는 사람.
영동(嶺東) 명[지] 강원도의 대관령 동쪽의 땅. ↔영서.
영락(零落) 명 세력이나 살림이 보잘것없이 찌부러지는 것. 영락-하다 동자(여)
영락-없:다(零落-)[-낙업따] 형 (어떤 대상이) 틀림없이 그 대상대로 할 수 밖에 없다. 또는, (어떤 일이) 틀림없이 그렇게 될 수밖에 없다. ¶영락없는 거지꼴. 영락없-이 부 ¶~ 졌구나.
영:력(營力)[-녁] 명[지] 지구의 표면을 변화시키는 힘. 풍화·침식·퇴적 작용 등의 외적 영력과 지진·화산 작용·지각 운동 등의 내적 영력이 있음.
영령(英靈)[-녕] 명 죽은 사람의 영혼을 높여 이르는 말. ¶호국 ~.
영롱-하다(玲瓏-)[-농-] 형여 1광채가 찬란하다. ¶영롱한 이슬. 2금속이 울리는 소리가 맑고 산뜻하다. ¶영롱한 구슬 소리. 영롱-히 부 ¶~ 빛나다.
영리(營利)[-니] 명 재산의 이익을 도모하는 것. ¶~ 단체. 영리-하다¹ 동자(여)
영리-하다(怜悧-)(怜俐-)[-니-] 형여 눈치가 빠르고 지능이 뛰어나다. ¶영리한 소년.
영립(迎立)[-닙] 명 (다른 곳에 있는 사람을) 맞아들여 임금으로 세우는 것. 영립-하다 동타(여) ¶폭군을 몰아내고 새 왕을 ~.
영매(靈媒) 명[종] 신령이나 죽은 사람의 영혼과 의사가 통하여, 혼령과 인간 사이를 매개하는 사람. 곧, 무당 따위.
영명-하다(英明-) 형여 뛰어나고 총명하다. ¶담대하고 영명한 군주.
영묘-하다(靈妙-) 형여 신령스럽고 기묘하다. 영묘-히 부 ¶새벽빛 속에 ~ 드러난 산봉우리.
영문¹ 명 까닭이나 형편. ¶어찌 된 ~인지 모르겠다.

영문²(英文) 명 1 영어로 된 글. ¶~ 편지. 2 =영문자. ¶~ 타이프라이터.

영문³(營門) 명 1 병영의 문. 2 [역] =감영(監營).

영-문법(英文法) [-뻡] 명 영어의 문법.

영-문자(英文字) [-짜] 명 영어를 표기하는 데 쓰는 문자. =영문(英文)·영자.

영-문학(英文學) 명 1 영국의 문학. 2 영어로 표현된 문학. 또는, 그것을 연구하는 학문.

영물(靈物) 명 1 신령스러운 물건이나 짐승. 2 약고 영리한 짐승을 이르는 말.

영미(英美) 명 영국과 미국. ~ 문학.

영민-하다(英敏-·穎敏-) 형여 슬기롭고 민첩하다. ¶영민한 두뇌. 영민-히 부

영!법(泳法) [-뻡] 명 수영하는 방법.

영봉(靈峯) 명 신령스런 산봉우리. 비영산. 백두산~.

영-부인(令夫人) 명 남을 높여 그의 아내를 이르는 말. 특히, '대통령 부인'을 가리키는 뜻으로 쓰이는 경향이 있음. ¶~ 육영수 여사.

영빈-관(迎賓館) 명 귀한 손님을 맞이하기 위하여 따로 잘 지은 큰 집.

영사¹(映寫) 명 영화·환등 등의 필름의 상을 영사막에 비쳐 나타내는 것. ¶~실. 영사-하다 탄여 영사-되다 동

영사²(領事) 명 외무 공무원의 대외 직명의 하나. 외국에 주재하여 재류민(在留民)을 보호·감독하고, 통상을 촉진하는 일을 담당함. 총영사 ~.

영사-관(領事館) 명 영사가 주재지에서 직무를 보는 곳.

영사-기(映寫機) 명 영화·환등 등의 필름의 상을 영사막이나 영사막에 비치는 기계.

영사-막(映寫幕) 명 영화나 환등 따위의 상을 비추는 막. 비스크린.

영산¹(永山) 명 1 신령한 산. 비영봉. 2 신불(神佛)을 모셔 제사 지내는 산.

영!산-홍(映山紅) [-씬] 식 봄에 철쭉꽃 비슷한 붉은 자주색 꽃이 피는 상록 관목. 관상용이며, 다수의 원예 품종이 있음.

영산-회상(靈山會相) [-회-/-훼-] 명 [음] 석가모니가 설법한 영산회(靈山會)의 불보살을 노래한 곡.

영상¹(映像) 명 1 [물] 광선의 굴절이나 반사에 의하여 물체의 상(像)이 비추어진 것. 2 머릿속에서 그려지는 것의 모습이나 광경. 비이미지. 3 영사막·브라운관·모니터 등에 비추어진 상. ¶~ 매체.

영상²(零上) 명 기온이 0°C 이상인 상태. ¶~의 날씨. ↔영하.

영상³(領相) 명 [역] =영의정.

영상-물(映像物) 명 영화·비디오·텔레비전 등의 영상 매체로 전달되는 작품의 총칭.

영상-미(映像美) 명 영화나 텔레비전 드라마 등에서, 영상의 아름다움.

영!상^카드(映像card) 명 [컴] 자판(字板)을 통해 컴퓨터에 입력되는 신호를 모니터에 보여 주기 위한, 중앙 처리 장치와 모니터를 연결하는 장치. =비디오 카드.

영생(永生) 명 1 영원무궁한 생명. 2 [기] 예수를 믿고 그 가르침을 행함으로써 천국에서 영원히 사는 것. 영!생-하다 통(자)여 통(자)여

영서(嶺西) 명 [지] 강원도의 대관령 서쪽의 땅. ↔영동.

영세(領洗) 명[가] 세례 성사를 받는 일.

영세-농(零細農) 명 경지(耕地)가 적어 생활이 썩 군색한 농민. 또는, 영세한 소규모의 농업.

영세-민(零細民) 명 수입이 적어 몹시 가난한 사람. ¶도시 ~.

영!세^중립국(永世中立國) [-닙꾹] 명 [정] 국제법상 다른 국가 간의 전쟁에 관여하지 않는 대신, 그 독립과 영토의 보전이 다른 국가들로부터 보장되어 있는 국가. 스위스·오스트리아 따위.

영세-하다(零細-) 형여 수입이 적고 생활이 군색하다. ¶자본이 영세한 기업.

영속(永續) 명 오래 계속하는 일. 영!속-하다 통(자)여 영!속-되다 통(자)

영!속-성(永續性) [-썽] 명 오래 계속 되는 (것). ¶~인 국가사업.

영수¹(英數) 명 영어와 수학.

영수²(領收·領受) 명 (돈이나 물품을) 받아들이는 것. 영수-하다 탄여 ¶위 금액을 정히 영수함.

영수³(領袖) 명 '옷깃과 소매'라는 뜻으로, 옷에서 가장 두드러진 곳이라는 데에서) 어떤 집단, 특히 정치적 집단의 우두머리. ¶여야 ~ 회담.

영수-증(領收證) 명 돈이나 물품을 받았다는 표시로 쓰는 증서.

영-순위(零順位) 명 어떤 일에 있어서 가장 우선적인 자격을 가지는 순위.

영시¹(英詩) 명 영어로 씌어진 시.

영시²(零時) 명 하루를 24시로 나누었을 때, 맨 첫째 시각. 곧, 자정(子正). ¶대전발 ~ 50분 열차.

영식(令息) 명 남의 아들에 대한 높임말. ↔영애(令愛).

영신(迎神) 명[민] 제사에서, 죽은 사람의 혼을 맞아들이는 일. 제상을 차리고 지방을 써 붙인 뒤 대문을 열어 놓음. 영신-하다 통(자)여

영아(嬰兒) 명 생후 2주부터 만 2세까지의 시기에 있는 아이.

영악-스럽다(-쓰-따) 형비 (~스러우니, ~스러워) 영악한 데가 있다. ¶하는 짓이 ~. 영악스레 부

영악-하다¹(-아카-) 형여 순진함이 없이 얄미울 정도로 잇속을 따지는 일에 밝다. ¶영악하고 조속한 도회지의 아이들.

영악-하다²(獰惡-) [-아카-] 형여 모질고 악하다.

영안-실(靈安室) 명 병원 안에 시신을 안치하여 조문객을 맞을 수 있게 마련한 방.

영애(令愛) 명 남의 딸에 대한 높임말. ↔영식.

영약(靈藥) 명 신기하게 효험이 있는 약. ¶불로장생의 ~.

영양¹(羚羊·𦋅羊) 명[동] 몸이 날씬하고 네 다리가 가늘고 길어 사슴과 비슷하며, 발에는 발굽이 있어 매우 빨리 달리는 포유동물. 아프리카 초원이나 사막 또는 삼림에 삶. =산양(山羊).

영양²(營養) 명[생] 생물이 몸 밖으로부터 물질을 받아들여 생명을 유지하고 몸을 성장·발육시키는 작용. 또는, 그에 필요한 성분이나 그것을 함유한 음식물.

영양-가(營養價) [-까] 명[생] 식품의 영양 가치. ¶~ 높은 음식.

영양-분(營養分) 명 영양이 되는 성분. 비양분.

영양-사(營養士) 명 면허를 가지고, 식생활의 영양에 관한 지도에 종사하는 사람.

영양-소(營養素) 명 생물체의 영양이 되는 물질. 탄수화물·지방·단백질·비타민·무기질 따위. ¶~를 골고루 섭취하다.
영양-식(營養食) 명 영양가에 치중하여 만든 음식. 또는, 그 식사.
영양-실조(營養失調) [-쪼] 명[의] 영양소의 부족으로 인하여 일어나는 신체의 이상 상태. 부종(浮腫)이나 피로, 피부가 창백해지는 등의 증상이 나타남.
영양-제(營養劑) 명 각종 영양 성분을 추출해서 배합하여 먹기 쉽고 또 체내에서 흡수 이용되기 쉬운 정제나 음료의 형태로 만든 제품.
영어¹(囹圄) 명 '감옥'을 매우 제한된 문맥에서 완곡하게 쓰는 말. ¶~의 몸.
영어²(英語) 명 영국·미국·캐나다·오스트레일리아를 비롯하여 여러 나라에서 쓰이는 언어. 인도·유럽 어족의 게르만 어파에 속함. ⊜영.
영업(營業) 명 영리를 목적으로 사업을 경영하는 것. 또는, 그런 행위. **영업-하다** 통타여
영업-소(營業所) [-쏘] 명 어떤 기업에서, 영업 활동의 근거로 삼는 사업장.
영업-용(營業用) [-엄뇽] 명 영업하는 데 쓰이는 상태. 또는, 그런 목적의 대상. ¶~ 자동차. ③자가용.
영업-장(營業場) [-짱] 명 은행이나 증권사 등의 점포에서, 그 직원들이 영업을 행하도록 마련한 일정한 공간, 또는 칸막이를 하여 객장과 구분 지음. ↔객장.
영업-집(營業-) [-찝] 명 영업을 하는 집. ⊃살림집.
영역¹(英譯) 명 영어로 번역하는 일. ¶~본. **영역-하다** 통타여 ¶춘향전을 ~.
영역²(領域) 명 1 [법] 일국의 주권이 미치는 범위. 영토·영해·영공으로 구성됨. ¶우리 ~을 침범한 적기. 2 관계되는 분야나 범위. ¶활동 ~.
영:-영(永永) 튀 영원히 언제까지나. ¶~ 소식이 없다. ⊙영(永).
영예(榮譽) 명 영광스러운 명예. ¶~의 대상을 받다.
영예-롭다(榮譽-) [-따] 형ㅂ <-로우니, -로워> 영예로 여길만하다. ¶영예로운 자리에 오르다. **영예로이** 튀
영외(營外) [-외/-웨] 명[군] 병영의 밖. ↔영내(營內).
영욕(榮辱) 명 영예와 치욕. ¶~의 세월.
영용(英勇) 명 지혜와 재능이 뛰어나고 무용(武勇)과 담력에도 빼어난 사람. 또는, 보통 사람으로는 도저히 불가능할 정도의 뛰어난 일을 이루어 대중으로부터 열광적으로 존경받는 사람.
영웅-심(英雄心) 명 용략(勇略)과 기개가 뛰어남을 나타내려는 마음.
영웅-적(英雄的) 관명 영웅다운 (것).
영웅-주의(英雄主義) [-의/-이] 명 영웅을 숭배하거나 영웅적 행동을 좋아하여 영웅인 체하는 주의.
영웅-호걸(英雄豪傑) 명 영웅과 호걸.
영:원(永遠) 명 어떤 상태가 끝없이 이어지는 것. 또는, 시간을 초월하여 있지 않는 것. ¶~의 진리. **영:원-하다** 형여 ¶영원한 사랑. **영:원-히** 튀
영:원-무궁(永遠無窮) 명 영원히 다함이 없음. **영원무궁-하다** 형여
영:원-불멸(永遠不滅) 명 영원히 없어지지 아니함. ¶~의 금자탑을 세우다. **영원**

영조물 __ 847

불멸-하다 통자여
영:원-불변(永遠不變) 명 영원히 변하지 않음. **영:원불변-하다** 통자여 ¶우리의 사랑은 ~.
영위(營爲) 명 (생활이나 활동 등을) 목표나 계획을 가지고 꾸려 나가는 것. **영위-하다** 통타여 ¶알찬 생을 ~.
영유(領有) 명 점령하여 차지하는 것. **영유-하다** 통타여
영-의정(領議政) 명[역] 의정부의 으뜸 벼슬. 내각을 총괄하는 최고의 지위임. ≒ 영상(領相).
영:-이별(永離別) [-니-] 명 다시 만나지 못하는 이별. ⊎영결(永訣). ¶피란길에서 헤어진 것이 ~이 되었다. **영:이별-하다** 통자타여
영:인-본(影印本) 명 희귀본이나 고서 등의 원본을 사진 제판 등의 방법으로 복제하여 인쇄한 책. ¶두시언해 ~.
영입(迎入) 명 환영하여 맞아들이는 것. **영입-하다** 통타여 ¶신입 회원을 ~.
영자(英字) [-짜] 명 =영문자. ¶~ 신문.
영작(英作) 명 영어로 글을 지음.
영장¹(令狀) [-짱] 명 1 명령의 뜻을 기록한 서장. 2 [법] 사람 또는 물건에 대하여, 강제 처분의 명령 또는 허가를 내용으로 하여 법원 또는 법관이 발부하는 서류. 소환장·구속 영장 따위.
영장²(靈長) 명 흔히, '사람'을 동물이나 만물에 상대하여 이르는 말. ¶사람은 만물의 ~이다.
영장-류(靈長類) [-뉴] 명[동] 포유동물 중 지능이 가장 발달한 동물의 한 무리. 사람도 여기에 포함됨. 몸의 구조가 나무 위에서 살거나 걸어 다니기에 적합함.
영재(英才) 명 뛰어난 재능이나 높은 지능을 가진 사람. 특히, 그런 아동이나 학생. ¶~ 교육.
영적(靈的) [-쩍] 관 1 영감에 속하거나 영감을 통한 (것). 2 신령스러운 (것). ¶ ~ 세계.
영전¹(榮典) 명[법] 국가에 뚜렷한 공적을 세운 사람에게, 그 공적을 치하하기 위해 인정한 특수한 법적 지위.
영전²(榮轉) 명 먼저 있던 자리보다 좋은 자리나 지위로 옮기는 것. ↔좌천. **영전-하다** 통자여 **영전-되다** 통자여
영전³(靈前) 명 신위나 죽은 사람의 영혼을 모셔 놓은 앞. ¶~에 꽃을 바치다.
영점(零點) [-쩜] 명 1 득점이 없음. ¶시험에서 ~을 받다. 2 [물] 섭씨·열씨온도계에서의 어는점. 3 어떤 일의 성과가 전혀 없는 일. ⊎제로. ¶그는 교육자로서는 ~이다.
영접(迎接) 명 (손님을) 맞아서 접대하는 것. **영접-하다** 통타여 ¶신년 하객을 ~.
영:정(影幀) 명 1 그림으로 나타낸 어떤 사람의 얼굴 모습이나 표상. 특히, 조선 시대 이전에 그려진 옛사람의 초상화가 이러림. ¶퇴계의 ~. 2 초상을 치르거나 제사를 지낼 때 놓아두는, 죽은 사람의 사진이나 초상화.
영조¹(英祖) 명[인] 조선의 제21대 왕 (1694~1776).
영조²(營造) 명 건축물을 짓는 것. **영조-하다** 통타여 ¶전략에 소실된 궁궐을 ~.
영조-물(營造物) 명[법] 국가나 공공 단체가 일반 대중이 이용하도록 제공하거나 공공 목적에 쓰기 위해 만든 시설. 도서

관·병원·학교·철도·공원 따위.
영:종-도(永宗島) 〖지〗 인천광역시 앞바다에 있는 섬.
영:주¹(永住) 〖〗 한곳에 오래 사는 것. **영:주-하다** 〖재여〗 〖한국어〗.
영주²(領主) 〖〗〖역〗 중세 유럽에서 장원의 촌락을 지배한 자.
영:주-권(永住權) [-꿘] 〖〗〖법〗 일정한 자격을 갖춘 외국인에게 주는, 그 나라에서 영주할 수 있는 권리.
영지¹(英智) 〖〗 뛰어난 지혜. 또는, 깊은 지성(知性).
영지²(領地) 〖〗 1 〖법〗 =영토. 2 =봉토2.
영지³(靈芝) 〖〗〖식〗 갓이 부채 모양 또는 반원형으로, 단단하고 광택이 나는 적갈색의 버섯. 산속 활엽수의 그루터기나 밑동에서 절로 나며, 귀한 약재로 쓰임. =영지버섯.
영지⁴(靈地) 〖〗 신령스러운 땅.
영지-버섯(靈芝-)[-섣] 〖식〗 =영지³.
영:차 〖감〗 여러 사람이 힘을 합치면서 기운을 돋우려고 함께 내는 소리. =여차.
영:창¹(詠唱·咏唱) 〖음〗 =아리아1.
영:창²(營倉) 〖군〗 법을 어긴 군인을 가두기 위해 부대 안에 설치한 시설.
영:창:대:군(永昌大君) 〖〗〖인〗 조선 선조의 아들(1606~1614).
영채(映彩) 〖〗 환하게 빛나는 고운 빛깔. ¶눈에 ~가 돌다.
영체(靈體) 〖〗 신령한 몸.
영치(領置) 〖〗〖법〗 형사 소송법상, 소유자·소지자·보관자가 임의로 제출하거나 남겨 둔 물건을 영장 없이 법원이 취득하는 행위. **영치-하다** 〖동여〗.
영치-금(領置金) 〖〗 교도소에서, 일시 맡아 두는 재감자의 돈.
영:치기-영:차 〖〗 힘든 일을 함께하거나 운동 경기를 할 때, 힘을 모으거나 호흡을 맞추기 위해 잇따라 내는 소리.
영친-왕(英親王) 〖〗〖인〗 대한 제국의 마지막 황태자(1897~1970).
영:탄(詠歎·詠嘆) 〖〗 목소리를 길게 빼어 깊숙한 정회(情懷)를 읊는 것. ¶~곡. 2 =감탄. **영:탄-하다** 〖동재여〗.
영:탄-법(詠歎法)[-뻡] 〖문〗 수사법의 하나. 감탄사나 감탄조사·강조 어미 등을 사용하여 기쁨·슬픔·놀라움 등의 감정을 강조하는 방법. "오, 밝은 태양!" 따위.
영토(領土) 〖〗〖법〗 한 나라의 통치권이 미치는 지역. 넓은 뜻으로는 영해와 영공을 포함함. =영지(領地).
영특-하다(英特-)[-트카-] 〖형여〗 영민하고 뛰어나다. ¶**영특**한 아이. **영특-히** 〖부〗
영-판 〖〗 '아주'의 잘못.
영패(零敗) 〖〗 경기에서, 한 점의 득점도 없이 패하는 것. ¶겨우 ~를 면하다. **영패-하다** 〖동여〗.
영하(零下) 〖〗 기온이 0℃ 이하인 상태. ↔영상.
영한(英韓) 〖〗 1 영국과 한국. 2 영어와 한국어. ¶~사전.
영합(迎合) 〖〗 자기의 독자적인 생각이나 신념을 버리고 남의 비위나 취향을 맞추거나 좇는 것. **영합-하다** 〖동재여〗 ¶권력층에 ~.
영해(領海) 〖〗〖법〗 영토에 인접한 해역으로서, 그 나라의 통치권이 미치는 범위. 12해리임. ↔공해(公海).

영:향(影響) 〖〗 어떤 사물이 다른 사물에 어떤 작용을 미치는 일. ¶~을 미치다.
영:향-권(影響圈) [-꿘] 〖〗 어떤 사물의 영향이나 작용이 미치는 범위. ¶태풍권에서 벗어나다.
영:향-력(影響力) [-녁] 〖〗 영향을 끼치는 힘. ¶~을 발휘(행사)하다.
영험(靈驗) 〖〗 '영검'의 원말.
영혼(靈魂) 〖〗 육체에 머물러 그것을 지배하고, 정신 현상의 근원이 되며, 육체가 없어져도 독립하여 존재할 수 있다고 믿어지는 대상. ㈜혼령. ↔육체.
영화(映畵)〖〗〖영〗 어떤 줄거리나 내용을 담아서 찍은 긴 필름을 영사막에 계속적으로 비추어 나타나게 하는, 일련의 움직이는 영상. ¶무성 ~.
영화(榮華) 〖〗 귀하게 되어서 몸이 세상에 드러나고 이름이 빛나는 것. ¶부귀 ~.
영화⁻각본(映畵脚本) [-뽄] 〖〗 =시나리오1. ㈜각본.
영화-감독(映畵監督) 〖〗 영화 제작에서, 연기(演技)·촬영·녹음·편집 등을 감독 연출하는 총책임자.
영화-계(映畵界) [-계/-게] 〖〗 영화에 관계되는 사회. ㈜은막.
영화-관(映畵館) 〖〗 관객들이 영화를 보고 즐길 수 있게 많은 객석과 스크린, 음향 시설 등을 갖춘 업소. ¶극장·상영관.
영화-롭다(榮華-) [-따] 〖형〗 〈-로우니, -로워〉 몸이 귀하게 되어 이름이 나다. ¶**영화로운** 생애. **영화로이** 〖부〗
영화-배우(映畵俳優) 〖〗 영화에 출연하는 배우. ¶신인 ~.
영화-사(映畵社) 〖〗 영화의 제작·배급 또는 수입·수출 등의 일을 하는 회사.
영화-인(映畵人) 〖〗 영화에 관계되는 일을 하는 사람의 총칭.
영화-제(映畵祭) 〖〗 많은 영화 작품을 모아서 일정 기간 내에 연속적으로 상영하는 행사. ¶국제 영화제 따위.
영화-화(映畵化) 〖〗 (전기나 소설, 또는 어떤 내용을 가진 소재를) 영화로 만드는 것. **영화화-하다** 〖동여〗 ¶김동인의 '감자'를 ~. **영화화-되다** 〖동여〗

옅다 [연따] 〖형〗 1 수면(水面)에서 밑바닥에 이르는 거리가 보통의 정도에 미치지 못하는 상태에 있다. 2 (생각하는 것이) 중요한 부분에 이르지 못하는 상태에 있다. ¶소견이 ~. 3 (잠 따위가) 외부의 자극에 쉽게 깰 수 있는 상태에 있다. ¶**옅은** 잠을 자다. ㈜얕다. 4 (대상의 색깔이) 보통의 정도보다 흐릿하게 보이는 상태에 있다. ㈜옅다. ¶**옅은** 하늘색. 5 (안개나 연기 등이) 약간 끼어 어느 정도 앞을 분간할 수 있는 상태에 있다. ¶**옅은** 안개가 끼다. 6 (냄새가) 보통의 정도보다 약한 상태에 있다. ¶화장품 냄새가 **옅게** 풍기다. 7 (액체에 녹아 있는 물질의 양이) 보통의 정도보다 적은 상태에 있다. ¶커피를 **옅게** 타다. ↔짙다.
옆 [엽] 〖〗 왼쪽이나 오른쪽의 면. 또는, 그 근방. ㈜곁. ¶~ 좌석 / ~으로 눕다.
옆-가르마 [엽까-] 〖〗 머리의 옆쪽에 탄 가르마. ▷앞가르마.
옆-걸음 [엽꺼-] 〖〗 1 옆으로 걷는 걸음. 2 주가 등이 오르거나 내리지 않고 한동안 같은 수준을 유지하는 상태. 비유적인 말임. ㈜횡보. ~ = 장세.
옆걸음-질 [엽껄-] 〖〗 옆걸음을 치는 일.

예라 849

ㅣ주가가 며칠째 ~을 계속하고 있다. **옆-걸음질-하다** 퇴재어

옆-구리[엽꾸-] 명 갈빗대가 있는, 가슴과 등 사이의 부분. ¶~가 걸리다.
  옆구리(를) 찌르다 팔꿈치나 손가락으로 옆구리를 찔러서 비밀스럽게 신호를 보내다.
옆구리^운동(-運動)[엽꾸-] 명 맨손체조의 하나. 몸의 옆구리를 좌우로 굽혔다 펴다 하는 운동.
옆-길[엽낄] 명 큰길 옆으로 따로 난 작은 길.
  옆길로 새다 (어떤 일이나 이야기가) 엉뚱한 방향으로 진행되다. ¶강의가 ~.
옆-넓이[엽널비] 명 물체의 옆면의 넓이.
옆-눈 명 '곁눈'의 잘못.
옆-눈질 명 '곁눈질'의 잘못.
옆-머리[염-] 명 1 정수리 옆쪽 부분의 머리. 2 머리 옆쪽에 난 머리털.
옆-면(-面)[염-] 명 1 앞뒤에 대하여 옆의 면. 2 모기둥·모뿔 등의 밑면 이외의 면.
옆-모습[염-] 명 옆에서 본 모습.
옆-문(-門)[염-] 명 집이나 건물의 옆에 낸 문. ⒝측문.
옆-방(-房)[엽빵] 명 방이 연이어 있을 때 이웃하는 방.
옆-얼굴[여벌-] 명 옆에서 본 얼굴.
옆옆-이[엽녀ㅍ-] 튀 이 옆 저 옆에.
옆-줄[엽쭐] 명퇴 어류·양서류의 몸 양 옆에 줄로 나란히 뻗은 선. =측선.
옆-집[엽찝] 명 옆에 있는 집.
옆-쪽[염-] 명 옆이 되는 곳.
옆-찌르다[염-] 퇴지 (~찌르니, ~찔러) 다른 사람이 눈치 채지 못하게 알려 주기 위해 손이나 팔꿈치로 상대방의 옆구리를 찌르다.
  [옆찔러 절 받기] 상대방에게 자신이 원하는 바를 은연중에 요구하거나 알려 상대방이 그것을 하도록 만든다는 말.
옆-트임[엽-] 명 옷의 옆 자락이 트인 것.
예[언] 한글 모음 '킈'의 이름.
예[2] 먼 과거를 다소 막연하게 이르는 말. ¶~로부터 전해 오는 이야기.
예[3] (대)(지시) '여기 I[1]'의 준말. ¶~서 가다 리시오.
예[4] 튀 때릴 듯한 기세로 나무랄 때 하는 소리. ¶~, 이놈.
예[5] 김 (윗사람이나 말을 높여야 할 사람에게 사용하여) 1 상대가 묻는 말에 긍정하여 대답하는 말. ¶"이거 네 물건이니?" "~, 제 것입니다." 2 상대가 청하거나 명령하는 말에 긍정하여 대답하는 말. ¶"이쪽으로 앉지." "~." 3 상대의 말을 재우쳐 묻는 소리. ¶"~, 뭐라고요?" 4 상대에게 조르거나 사정할 때 하는 말. ¶네가 제발 한 번만 봐주세요. ~ 선생님. ×야.
예[6](例) 명 1 본보기가 될 만한 사물. ¶~를 들다. 2 ('예의 꼴로 쓰여) '늘 있어 온 바로 그', 또는 '화자와 청자가 다 같이 알고 있는 그'의 뜻으로 쓰는 말. ¶그녀의 ~의 히스테리가 또 발작하였다. 3 관례 (依例).
예(禮) 명 1 사람이 마땅히 지켜야 할 도리. ¶~를 차리다. 2 예식(禮式).
예:각(銳角) 명(수) 직각보다 작은 각. ↔둔각.
예:각^삼각형(銳角三角形)[-쌈-] 명

[수] 내각(內角)이 모두 예각인 삼각형.
예'감(豫感) 명 어떤 일이 있기 전에 그 일에 대하여 암시적으로 또는 육감으로 미리 느끼는 것. ¶누가 올 것 같은 ~이 들다. **예:감-하다** 퇴재어
예:견(豫見) 명 (닥쳐올 일을) 미리 내다보는 것. **예:견-하다** 퇴재어 ¶미래를 ~.
  예:견-되다 재어
예:고(豫告) 명 (어떤 사실을) 미리 알리는 일. ¶아무 ~도 없이 찾아가다. **예:고-하다** 퇴재어 **예:고-되다** 재어
예:고-편(豫告篇) 명 영화나 텔레비전 프로를 선전하고 하여 그 내용의 일부를 뽑아 모은 것.
예:과(豫科)[-꽈] 명 본과(本科)에 들어가기 위한 예비 과정. ↔본과.
예광-탄(曳光彈)[-꽝-] 명[군] 탄도(彈道)를 알 수 있도록 빛을 내며 날아가게 한 탄환.
예:규(例規) 명 관례로 되어 있는 규칙.
예:금(預金) 명 돈을 금융 기관에 맡기는 것, 또는 그 돈. ¶정기 ~. **예:금-하다** 퇴재어 **예:금-되다** 재어
예:금-자(預金者) 명 예금한 사람. =예금주.
예:금-주(預金主) 명 =예금자.
예:기[1](銳氣) 명 날카롭고 강한 기세.
예:기[2](豫期) 명 앞으로 올 일에 대해 미리 기대하거나 예상하는 것. **예:기-하다** 퇴재어 ¶예기치 못했던 일이 생기다. **예:기-되다** 재어
예:기[3](藝妓) 명 가무(歌舞)·서화·시문 등 예능을 익혀 손님을 접대하는 기생.
예기[4](禮記) 명[책] 유교의 경전으로 오경(五經)의 하나. 예(禮)에 관한 해설·이론을 서술한 것.
예:끼 김 아랫사람이나 장년 이상의 동년배가 버릇없는 말·행동을 하거나 눈·귀에 거슬리는 짓이나 말을 했을 때, 그러거나 나무라는 뜻으로 하는 말. ¶~ 이놈.
예:납(豫納) 명 기한이 되기 전에 미리 납부하는 것. ¶~금. **예:납-하다** 퇴재어
예:년(例年) 명 1 평상시의 해. ¶~에 볼 수 없었던 큰비. 2 일기 예보에서, 지난 30년간의 기후의 평균적 상태를 이르는 말. =평년. ¶오늘 기온은 ~에 비해 4, 5도가량 높다.
예:능(藝能) 명 1 음악·미술 등의 예술적 재능. ¶판소리 ~ 보유자. 2 고등학에서, 음악·미술·무용·연극 영화 등의 학과.
예-니레 명 엿새나 이레.
예니세이 강(Enisei江) 명[지] 러시아 시베리아 중부를 흐르는 강. 길이 4,090km.
예-니곱 I (予) 여섯이나 일곱.
  II 관 '여섯이나 일곱'의 뜻. ¶~ 살.
예다 퇴재어 '가다'를 예스럽게 이르는 말. ¶기러기 울어 예는 하늘 구만리.
예다-제다 튀 여기다가 저기다가. ¶물을
예:단[1](豫斷) 명 미리 판단하는 것, 또는 그 판단. **예:단-하다** 퇴재어 ¶섣불리 예단할 일이 아니다.
예:단[2](禮緞) 명 1 예물로 주는 비단. 2 신부가 결혼을 앞두고 예의의 표시로서 시댁 어른들에게 드리는 선물.
예:대(藝大) 명[교] '예술 대학'의 준말.
예:라 김 1 아이들の 하는 짓이 못마땅할 때 하는 소리. 2 확신이 서지 않는 일을 결단할 때 내는 소리. ¶~, 모르겠다, 우선 먹고 보자.

예레미야서(←Jeremiah書) 명[성] 구약 성서 중의 한 권.
예레미야애가(←Jeremiah哀歌) 명[성] 구약 성서 중의 한 권.
예레반(Erevan) 명[지] 아르메니아의 수도.
예령(豫令) 명 어떤 시작이 되기 얼마 전에 준비하라는 뜻으로 미리 울리는 종.
예루살렘(Jerusalem) 명[지] 이스라엘의 수도.
예리-하다(銳利-) 형여 1 (연장 따위가) 날카롭다. ¶**예리한** 흉기로 찔리다. 2 (두뇌·판단력이) 날카롭고 정확하다. ¶**예리한** 필봉(筆鋒).
예:매[1](豫買) 명 (물건을) 미리 사는 것. ↔예매(豫賣). **예:매-하다**[1] 통타여 ¶입장진을 ~.
예:매[2](豫賣) 명 (물건을) 미리 파는 것. ¶~ 표구. ↔예매(豫買). **예:매-하다**[2] 통타여 **예:매-되다** 통자여
예:매-처(豫賣處) 명 물건이나 표를 예매하는 곳.
예멘(Yemen) 명[지] 아라비아 반도 남단에 있는 공화국. 수도는 사나.
명(藝名) 명 예능인(藝能人)이 본명 외에 따로 지어 부르는 이름.
예:문[1](例文) 명 예(例)로서 드는 문장. ¶~이 많은 사전.
예:문[2](例問) 명 예(例)로서 드는 문제.
예문[3](禮文) 명 1 예법의 명문(明文). 2 한 나라의 예법과 문물의 제도.
예물(禮物) 명 1 사례의 뜻이나 예의를 표하기 위하여 주는 물품. 2 신부로서 인사를 받은 시집 어른들이 답례로 주는 물품. 3 결혼식에서 신랑 신부가 주고받는 기념품. ¶~ 반지 / ~ 교환.
예:민-하다(銳敏-) 형여 (감각 등이) 예리하고 민감하다. ¶신경이 ~.
예:방[1](豫防) 명 (질병·재해 따위를) 미리 대처하여 막는 것. ¶산불 ~. **예:방-하다**[1] 통타여 ¶전염병을 ~. **예:방-되다** 통자
예방[2](禮房) 명[역] 조선 시대, 육방(六房)의 하나. 예전(禮典)에 관한 일을 맡아보던 관아.
예방[3](禮訪) 명 인사차 방문하는 것. **예방-하다**[3] 통자여 ¶국가 원수를 ~.
예:방-접종(豫防接種) [-종] 명[의] 전염병을 예방하기 위해, 백신을 접종하여 인공적으로 면역성을 생기게 하는 일.
예:방-주:사(豫防注射) 명[의] 전염병을 예방하기 위한 주사.
예:방-책(豫防策) 명 예방하기 위한 계획이나 방법. ¶범죄 ~.
예배(禮拜) 명[종] 신을 숭배하여 행하는 의식. 특히, 크리스트교에서 신자들이 모여서 기도하고 교리를 듣는 일. ¶주일 ~. ▷예불·미사. **예배-하다** 통자타여
예배-당(禮拜堂) 명 예배를 볼 수 있게 지은 건물. 비교회·교회당.
예법(禮法) [-뻡] 명 예로 지켜야 할 규범이나 법칙. ¶~에 어긋나다.
예보(豫報) 명 앞으로 다가올 일을 미리 알리는 것, 또는, 그 보도. ¶일기 ~. **예보-하다** 통자타여 ¶내일 날씨를 ~. **예보-되다** 통자
예복(禮服) 명 예식 때에 예를 갖추어 입는 옷. ¶결혼 ~.
예:봉(銳鋒) 명 1 날카로운 창·칼의 끝. 2 정예(精銳)한 선봉(先鋒). ¶적의 ~을 꺾다. 3 날카로운 논조. ¶~을 휘두르다.
예부(禮部) 명[역] 고려 시대, 육부(六部)의 하나. 예의·제향·조회(朝會)·학교·교빙(交聘)에 관한 일을 맡아봄.
예불(禮佛) 명[불] 부처에게 경배하는 의식. ¶조석(朝夕) ~ / ~을 드리다.
예:비(豫備) 명 1 미리 준비하는 것. ¶~식량. 2 더 높은 단계로 넘어가거나 정식으로 하기 전에 그 준비로 미리 초보적으로 갖추는 것, 또는, 그런 준비. ¶~ 검사. **예:비-하다** 통타여
예:비-군(豫備軍) 명[군] '향토 예비군'의 준말.
예:비-비(豫備費) 명[경] 예산 편성상, 필요한 예산의 부족을 보충하거나 예산 외에 발생하는 비용을 충당하기 위하여 예비하는 비용.
예:비-역(豫備役) 명[군] 현역 복무를 마친 사람이 일정 기간 복무하는 병역. ↔현역.
예:비-지식(豫備知識) 명 어떤 사항을 연구하거나, 어떤 문제에 부딪히기 전에 그에 대하여 미리 알아 두어야 할 지식.
예쁘다 형 (예쁘니, 예뻐) 1 (작으나 여리거나 섬세한 대상이) 눈으로 보기에 좋은 느낌을 주거나 사랑스러운 느낌을 주는 상태에 있다. 비아름답다. ¶**예쁜** 그림엽서. ↔밉다. 2 (사람, 하는 짓이나 행동이나 동작이) 보기에 사랑스럽거나 귀엽게 여길 만한 상태에 있다. ¶하는 짓이 ~. 3 (아이가) 어른의 말을 잘 듣고 행동이 발라 흐뭇함을 주는 상태에 있다. ×미쁘다.
예쁘장-하다 형여 꽤 예쁘다. ¶그 애 참 **예쁘장하게** 생겼다.
예쁜이-수:술(-手術) 명<속> 출산 등으로 인하여 확장된 질구(膣口)를 작게 하기 위해 하는, 질 봉합 수술(縫合手術).
예:사(例事) 명 1 어떤 일을 맞섬이나 별다른 생각이 없이 보통으로 흔히 하는 상태, 또는, 그 일. ¶그는 이 일을 손쉽게 검사하는 것이 ~다. 2 어떤 일이 특별하거나 특이함이 없이 보통으로 흔히 생기거나 있는 상태, 또는, 그 일.
예:사-낮춤(例事-) [-낟-] 명[언] 1 인칭 대명사에서, 예사로 낮추어 이르는 말. '나', '자네', '저이' 따위. 2 종결 어미를 쓸 때, 말 듣는 이를 예사 낮추는 것. '하게' 등을 씀.
예:사-높임(例事-) 명[언] 1 인칭 대명사에서, 예사로 높여 일컫는 말. '당신', '그대', '노형', '이분', '저분' 따위. 2 종결 어미를 쓸 때, 말 듣는 이를 예사 높이는 것. '하오' 등을 씀.
예:사-로(例事-) 부 보통으로. 아무렇지 않게. ¶거짓말을 ~ 한다. =평음.
예:사-롭다(例事-) [-따] 형비 <-로우니, -로워> (어떤 일이나 대상이) 보통으로 흔히 볼 수 있거나 대할 수 있는 특성이 있다. 비범상하다. ¶이건, **예사로운** 일이 아니군. **예:사로이** 부
예:사-말(例事-) 명 1 보통으로, 예사롭게 하는 말. 2 공대말이나 공대말이 아닌 보통 말. ↔경양어·공대말.
예:사-소리(例事-) 명[언] 본소리나 거센소리가 아닌 보통의 소리.
예:산(豫算) 명 1 미리 필요한 금액 따위를 계산하는 것, 또는, 그런 금액. ¶~을 짜다. 2 [경] 국가 또는 지방 자치 단체의 한

회계 연도에 있어서의 세입과 세출의 계획. ¶~을 삭감하다. **3** 진작부터의 작정. **예¦산-하다** [동][타][여]

예¦삿-일(例事-) [-산닐] [명] 주위에서 흔히 볼 수 있는 평범한 일. 또는, 대수롭지 않은 보통의 일. ¶~이 아니다.

예¦상(豫想) [명] 어떤 일을 당하기 전에 미리 생각하는 것. 또는, 그 생각. ¶~을 뒤엎다. **예¦상-하다** [동][자][타][여] ¶네가 올 줄 **예상했다. 예¦상-되다** [동][자]

예¦상-외(豫想外) [-외/-웨] [명] 미리 생각해 두거나 준비하지 못한 일. ¶~의 결과가 나오다.

예서[1] '여기서'가 준 말. ¶~ 멈추어라.

예¦서[2](隷書) [명] 육서(六書)의 하나. 한자 서예에서, 복잡한 획의 전서(篆書)를 보다 쉽게 생략하여 만든 글씨.

예¦선(豫選) [명] 본선(本選)에 나갈 사람이나 팀을 뽑는 것. ¶~ 탈락. ↔본선.

예¦선-전(豫選戰) [명] 본선에 나갈 선수나 팀을 가리기 위한 경기.

예¦속(隷屬) [명] 남의 지배 아래 매이는 것. [비]종속. ¶~ 상태. **예¦속-하다** [동][자][여] **예¦속-되다** [동][자]

예수(←Jesus) [명][성] 크리스트교의 창시자(4? B.C.~A.D. 30). 유대 인으로서 하느님의 사랑에 기초한 복음을 펴다가 십자가형을 받고 죽음. 그의 제자들에 의해 크리스트교가 성립됨.

예수-교(←Jesus敎) [명] **1** [종] =크리스트교. **2** [기] 개신교를 우리나라에서 이르는 말.

예수^그리스도(←Jesus Christos) [명] 예수를 그리스도, 즉 구세주로서 받아들여 일컫는 이름.

예¦수-금(豫受金) [명] 은행·증권 회사 등이 이자 지급·증권 매매 등의 조건으로 고객으로부터 받아 일시적으로 보관하거나 운용하는 돈.

예수-쟁이(←Jesus-) [명] 예수를 믿는 사람을 홀하게 이르는 말.

예수-회(←Jesus會) [-회/-훼] [명][가] 16세기 중엽 에스파냐의 로욜라가 조직한 남자 수도회. =제수이트회.

예순 Ⅰ [수] **1** 열의 여섯 곱절. ▷육십. **2** 사람이나 사물의 수량을 셀 때, 열의 여섯 곱절에 해당하는 수효.
Ⅱ [관] ¶~ 살.

예¦술(藝術) [명] 특수한 소재·수단·형식에 의하여 기교를 구사해서 미(美)를 창조·표현하려고 하는 인간 활동 및 그 작품. ¶전위 ~.

예¦술-가(藝術家) [명] 예술 작품을 창작하거나 예술을 표현하는 일을 전문적으로 하는 사람.

예¦술-계(藝術界) [-계/-게] [명] 예술가의 사회.

예¦술^대¦학(藝術大學) [명][교] 예술에 대한 전문적인 이론과 기술을 교수, 연구하는 대학. [준]예대.

예¦술-미(藝術美) [명] 예술 활동이나 예술 작품에 의하여 표현되는 미(美).

예¦술-성(藝術性) [-썽] [명] 예술품이 지닌 또는 지녀야 하는 예술적인 성질. ¶~이 높은 작품.

예¦술-인(藝術人) [명] 예술계에 속하여 예술에 종사하는 사람의 총칭.

예¦술-적(藝術的) [-쩍] [관][명] 예술의 특성을 갖추고 있는 (것). ¶~ 가치.

예¦술-제(藝術祭) [-쩨] [명] 음악·연극·무용·문학 등을 공연하거나 발표하는 예술 행사.

예¦술^지상주의(藝術至上主義) [-의/-이] [명][문] 미(美)를 예술 창조의 유일한 목적으로 하고 정치·경제·종교·과학 등에 구애됨을 배제하여 예술의 무상성(無償性)·자율성을 주장하는 입장.

예¦술-품(藝術品) [명] 예술미가 인정되는 작품.

예¦-스럽다 [-따] [형][ㅂ] <~스러우니, ~스러워> 옛것다운 맛이 있다. ¶**예스러운** 문갑(文匣). ×옛스럽다. **예¦스레** [부]

예스맨(yes-man) [명] 윗사람의 명령이나 의견에 따르기만 하고 자기 의견·주장을 펴지 못하는 비굴한 사람.

예¦습(豫習) [명] 앞으로 배울 것을 미리 익히는 것. ↔복습. **예¦습-하다** [동][타][여]

예¦시[1](例示) [명] (어떤 대상을) 예를 들어 보이는 것. **예¦시-하다**[1] [동][타][여] ¶답안 작성 요령을 ~. **예¦시-되다**[1] [동][자]

예¦시[2](豫示) [명] 미리 보이거나 알리는 것. **예¦시-하다**[2] [동][타][여] ¶환경오염은 인류의 불안한 미래를 **예시하고** 있다. **예¦시-되다**[2] [동][자]

예식(禮式) [명] 예법에 의하여 행하는 식. =예(禮). ¶~을 거행하다.

예식-장(禮式場) [-짱] [명] 결혼식을 올릴 수 있도록 시설을 갖추어 놓고 결혼하는 사람에게 빌려 주는 업소. [비]결혼식장.

예¦심(豫審) [명][법] **1** 본심사에 앞서 미리 하는 심사. ¶~을 통과한 작품. **2** [법] 구형사 소송법에서, 사건을 공판에 회부할 것인지를 결정하고, 또 공판에서 조사하기 어려운 사항을 미리 조사하던 일. ↔결심(結審).

예¦약(豫約) [명] (어떤 일이나 대상을) 미리 하거나 얻거나 가지기로 약속하는 것. 또는, 그 약속. **예¦약-하다** [동][타][여] ¶좌석을 ~. **예¦약-되다** [동][자] ¶**예약된** 방.

예¦약-금(豫約金) [-끔] [명] 무엇을 예약할 때에 거는 돈.

예¦언(豫言) [명] 앞으로 다가올 일을 미리 알거나 짐작하여 말하는 것. 또는, 그 말. **예¦언-하다** [동][타][여] **예¦언-되다** [동][자]

예¦언-서(豫言書) [명] 앞으로 다가올 일을 미리 짐작하는 말이 적혀 있는 책.

예¦언-자(豫言者) [명] **1** 미래의 일을 예언하는 사람. **2** [성] =선지자**2**.

예¦열(豫熱) [명] 미리 예비적으로 가열하거나 덥히는 일. 버너 점화나 엔진 시동 등에서, 점화나 시동을 잘되게 하기 위하여 실시함. **예¦열-하다** [동][타][여]

예¦-예 [감] '예[5]**1**·**2**'를 거듭하는 말. [비]네네. ¶~, 즉각 시행하겠습니다. **예¦예-하다** [동][자][여] **1** (상대에게) 높이는 말을 사용하다. ¶선배한테 깍듯이 ~. **2** (누구에게) 지나치게 복종하는 태도를 가지다.

예¦외(例外) [-외/-웨] [명] 일반 규칙이나 통례에서 벗어남. 또는, 그런 것. ¶~ 조항 / 어떤 일에나 ~는 있는 법이다.

예¦외-적(例外的) [-외-/-웨-] [관][명] 일반의 규칙이나 정례(定例)에 벗어난 (것). ¶그 조치는 극히 ~이다.

예우(禮遇) [명] 예의를 지켜 정중히 대우하는 것. ¶전관(前官) ~. **예우-하다** [동][자][타][여] ¶국빈(國賓)으로 ~.

예¦의[1](銳意) [-의/-이] [명] 힘 있게 하려고 단단히 차리는 마음. ¶~ 주시하다.

예:의²(禮義) [-의/-이] 명 사람이 지켜야 할 예절과 의리.

예:의³(禮儀) [-의/-이] 명 사회생활이나 사람과 사람의 관계에서 가져야 할 공손한 태도와 말씨와 몸가짐. ¶~가 바르다.

예:의-범절(禮儀凡節) [-의-/-이-] 명 일상생활의 모든 예의와 절차.

예이¹ 깜 옛날 사실을 부정하거나 무엇이 못마땅할 때 내는 소리. ¶~, 나쁜 사람 같으니라고!

예:-이²(禮) 깜 옛날에, 아랫사람이 예의를 갖추어 길게 대답하는 소리.

예이츠, 윌리엄 버틀러(Yeats, William Butler) 인 아일랜드의 극작가·시인(1865~1939).

예인(藝人) 명 예능·곡예 등의 기술을 닦아 남들 앞에서 그 재주를 보이는 일을 직업으로 하는 사람. 특히, 전통적인 예능의 달인을 예스럽게 또는 멋스럽게 이르는 말. ¶유랑 ~ 집단 남사당패.

예인-선(曳引船) 명 강력한 기관을 갖추고 다른 배를 끌고 가는 배.

예입(預入) 명 맡기는 일. 또는, 기탁(寄託)하는 일. 예입-하다 태여

예:전 명 꽤 오랜 과거를 막연히 이르는 말. ¶그 사람은 이미 ~의 그가 아니다.

예절(禮節) 명 예의와 범절.

예:정(豫定) 명 이제부터 할 일에 대하여 미리 정하여 두는 것. 또는, 미리 예상하여 두는 것. ¶도착 ~ 시각. 예정-하다 타여 예정-되다 자여

예:정(豫程) 명 미리 정한 갈 길이나 진행 과정.

예:정-일(豫定日) 명 예정한 날짜. 또는, 예정된 날짜. ¶출산 ~/~을 앞당기다.

예:제¹(例題) 명 연습을 위하여 보기로서 내는 문제.

예:제²(豫題) 명 예정한 문제. 또는, 미리 넌지시 알려 준 문제.

예조(禮曹) 명역 고려·조선 시대, 육조(六曹)의 하나. 예악·제사·학교·과거에 관한 일을 맡아보던 관아.

예:증(例證) 명 예를 들어 증명하는 일. 예증-하다 태여

예:지¹(銳智) 명 날카로운 지혜. ¶~가 남다르다.

예:지²(豫知) 명 일이 일어나기 전에 미리 아는 것. 예지-하다 태여

예:지³(叡智) 명 사물의 도리를 꿰뚫어 보는 뛰어난 지혜.

예찬(禮讚) 명 훌륭한 것, 좋은 것, 아름다운 것을 높이고 기리는 것. ¶청춘 ~. 예찬-하다 태여

예:-체능(藝體能) 명 예능과 체육. ¶~계.

예:측(豫測) 명 (어떤 일)을 미리 짐작하는 것. ¶~할 수 없는 일. 예측-되다 자 태여 ¶예측하지 못한 일. 예측-되다 자

예:치(預置) 명 맡겨 두는 일. 예치-하다 태여 ¶공탁금을 ~.

예:치-금(預置金) 명 보조 장부를 비치하여 수지 명세를 기록하든지 원장(元帳)에 한 과목을 만들어 그것만으로 정리해도 좋은 셈.

예:컨-대(例-) 부 예를 들자면. 비이를테면, 크고 사나운 새, ~ 독수리나 매 등이 바로 맹금류이다.

예:탁(預託) 명경 은행·증권 회사 등의 금융 기관에 돈이나 유가 증권 등을 맡겨 두는 것. ¶~ 증서. 예탁-하다 태여

예:탁-금(預託金) [-끔] 명경 은행·증권 회사 등의 금융 기관에 맡겨 둔 돈. ¶고객 ~.

예토(穢土) 명 ['더러운 국토'라는 뜻] [불] '이승'을 이르는 말. ↔정토(淨土).

예펜네 명 '여편네'의 잘못.

예:편(豫編) 명 현역에서 예비역으로 편입하는 것. 예편-하다 재여

예:포(禮砲) 명 대통령 취임식, 국빈 환영식 등 국가 의전 행사나 환영·존경·축하의 뜻을 나타내기 위하여 쏘는 공포탄.

예하(隸下) 명 주장(主將)의 지휘 아래. 또는, 그 아래 딸린 사람. 비휘하. ¶~ 부대.

예:-하다(禮-) 재여 경의를 표하기 위하여 말이나 인사를 하다.

예행(豫行) 명 미리 행하는 것. 또는, 예습으로서 행하는 것. 예행-하다 태여

예행-연습(豫行演習) [-년-] 명 어떤 행사를 개최하기 전에, 그 당일과 꼭 같은 순서로 해 보는 종합적인 연습.

예혈(預血) 명 혈액을 혈액은행에 맡겨 두는 것. 예혈-하다 태여

예:화(例話) 명 어떤 내용의 예가 되는 이야기.

예:-황제(-皇帝) 명 별로 하는 일이 없이 안락하게 지내는 황제. ¶~ 부럽지 않다.

예:후(豫後) 명 병에 걸렸을 때, 그 병의 앞으로의 경과. ¶~가 좋지 않다.

옌볜(延邊) 지 중국 만주 지방에 있는 조선족 자치주.

옐로-칩(yellow chip) 명경 중저가 우량주.

옐로-카드(yellow card) 명 1 [체] 운동 경기에서, 고의로 반칙한 선수에게 주심이 경고해 보이는 노란색 종이쪽지. 2 외국 여행에서, 방역상 필요한 예방 주사나 접종을 완전히 마쳤음을 증명하는 카드.

옐로-페이퍼(yellow paper) 명 야비하고 저속한 선정적인 기사를 주로 다루는 신문. = 황색 신문.

옐친, 보리스 니콜라예비치(Yel'tsin, Nikolaevich) 인 러시아의 전 대통령(1931~2007).

옛[옏] 관 지나간 때의. ¶~ 추억.

옛:-것[옏껃] 명 옛날의 것.

옛:-글[옏끌] 명 1 옛사람의 글. 2 옛말을 적은 글.

옛:-날[옌-] 명 1 아주 먼 과거의 날이나 시대를 막연히 가리키는 말. ¶~ 사람들이 입던 옷. 2 그리 먼 과거는 아니더라도 주관적으로 오래전이라고 느끼거나 현재와 단절되어 있다고 생각하는 과거를 이르는 말. ¶난 ~에 술 끊었어.

옛날 옛적 매우 오래된 옛적. ¶~ 호랑이 담배 피우던 시절.

옛:날-이야기[옌-리-] 명 예로부터 전해 내려오는 일정한 줄거리가 있는 이야기. = 옛이야기.

옛:-말[옌-] 명 1 옛날에 쓰이던 말. =고어·고언(古言). 2 옛사람의 말. ¶~에 이르기를 시작이 반이라고 하였다. 3 지나간 일을 돌이켜보는 말. ¶언젠가는 ~ 하며 살 날이 있겠지요. 4 옛날에나 하던 말. 곧, 지금은 그 의의를 잃고 고개만 말도 이젠 ~이 되어 버렸다.

[옛말 그른 데 없다] 예로부터 전해 내려오는 말은 옳지 않은 것이 없다는 말.

옛¦-사람[옏싸-] [명] 옛날에 살았던 사람.
옛¦-사랑[옏싸-] [명] 지난날 맺었던 사랑. 또는, 지난날 사랑하던 사람.
옛-스럽다 [형][ㅂ] '예스럽다'의 잘못.
옛¦-시조(-時調)[옏씨-] [명] =고시조.
옛¦-이야기[옌니-] [명] =옛날이야기.
옛¦-일[옌닐] [명] **1** 옛 시대의 일. **2** 지나간 과거의 일.
옛¦-적[옏쩍] [명] 오랜 옛 시대. ¶옛날 ~.
옛¦-정(-情)[옏쩡] [명] 지난날에 사귄 정.
옛¦-집[옏찝] [명] **1** 옛날의 집. 또는, 오래된 집. **2** 예전에 살던 집. [비]구가(舊家).
옛¦-터[옏-] [명] 옛날에 궁·성·절 따위의 건축물이 있었거나 그 자취가 남아 있는 곳. ¶황성 ~.
옜다[옏따] [감] '여기 있다'가 줄어 된 말. '해라' 할 상대에게 무엇을 줄 때 쓰임. ¶~, 받아라.
옜소[옏쏘] [감] '여기 있소'가 줄어 된 말. '하오' 할 상대에게 무엇을 줄 때 쓰임. ¶~, 이제 다시는 오지 마오.
오[1] [명][언] 한글 모음 'ㅗ'의 이름.
오¦[2] [감] **1** 상대의 행동이나 이야기에 수긍이나 가벼운 감탄을 나타내는 말. ¶~, 네가 이제 슬슬 꾀가 나는 모양이구나. **2** 감탄문 등에서 탄성(歎聲)을 나타내는 말. ¶~, 아름다운 산천이여!
오¦-[3] [접두] '올-[3]'의 준말. ¶~사리 / ~조.
-오-[4] [어미](선어말) 모음이나 'ㄹ' 받침으로 끝나는 어간, 또는 어미 '-시-' 아래에, 그리고 'ㄴ', 'ㄹ', 'ㅁ' 및 모음으로 시작되는 어미 앞에 쓰여, 듣는 사람에게 겸양의 뜻을 나타내는 선어말 어미. ¶가~니 / 하~리다. ▷-으오-·-사오-.
-오[5] [어미] 모음이나 'ㄹ' 받침으로 끝나는 어간, 또는 어미 '-시-' 아래에 붙어, '하오' 할 상대에게 의문·명령·평서의 뜻을 나타내는 종결 어미. ¶얼마나 빠르~? / 이것이 인생이~. ▷-으오·-소.
오¦[6](午) [명] 십이지(十二支)의 일곱째. 말을 상징함.
오¦[7](五) Ⅰ[수] '다섯'과 같은 뜻의 한자어 계통의 수사. 아라비아 숫자로는 '5', 로마 숫자로는 'V'로 나타냄.
Ⅱ[관] '다섯', '다섯째'의 뜻. ¶~ 등.
오[8](O) [명] 동그라미표 ○를 달리 이르는 말. ↔엑스.
오-가다 [동] [1](자) 오기도 하고 가기도 하다. ¶**오가는** 따뜻한 인정. [2](타) (어디를) 오기도 하고 가기도 하다. ¶길을 **오가는** 행인들.
오가리 [명] 식물의 잎이 병들거나 말라서 오글쪼글한 모양. [준]오갈.
오가리(가) 들다 식물의 잎 등이 병들거나 말라서 오글쪼글해지다.
오¦가-피(五加皮) [명][한] =오갈피. ¶~주(酒).
오-각(O脚) [명][의] 양쪽 무릎이 비정상적으로 떨어져 있어서 'O' 자처럼 된 다리. ↔엑스각.
오¦각-기둥(五角-)[-끼-] [명][수] 밑면이 오각형으로 된 각기둥.
오¦각-뿔(五角-) [명][수] 밑면이 오각형인 각뿔.
오¦각-형(五角形)[-가켱] [명][수] 모가 다섯인 도형.
오갈 [명] '오가리'의 준말.
오¦갈피 [명][한] 오갈피나무의 뿌리나 줄기의 껍질. 간장과 신장에 좋고 힘줄과 뼈를 강하게 하는 데 씀. =오가피.
오¦갈피-나무 [명][식] 줄기에 갈고리 모양의 가시가 있고, 여름에 자잘한 자주색 꽃이 뭉쳐 피는 낙엽 활엽 관목. 뿌리와 줄기의 껍질은 약용함.
오¦감(五感) [명][생] 시(視)·청(聽)·후(嗅)·미(味)·촉(觸)의 다섯 감각.
오¦-거리(五-) [명] 길이 다섯 군데로 갈라져 있는 곳.
오¦거-서(五車書) [명] 다섯 수레에 실을 만한 많은 책. 곧, 많은 장서(藏書).
오¦경[1](五更) [명] 하룻밤을 다섯으로 나누었을 때의 다섯째 부분. 지금의 오전 3시에서 5시까지임.
오¦경[2](五經) [명] 다섯 가지 경서. 곧, '시경', '서경', '주역', '예기', '춘추'.
오¦계(五戒)[-계/-게] [명][불] 세속에 있는 불교 신자가 지켜야 할 다섯 가지 계율. 곧, 살생하지 말 것, 훔치지 말 것, 음행하지 말 것, 거짓말하지 말 것, 술 마시지 말 것 따위.
오¦곡(五穀) [명] **1** 찹쌀·기장(또는 차조)·차수수·검은콩·붉은팥의 다섯 가지 곡식. **2** 곡식의 총칭. ¶~이 여무는 계절.
오¦곡-밥(五穀-)[-빱] [명] 오곡으로 지은 밥. 대개 음력 정월 보름에 지어 먹음.
오¦곡-백과(五穀百果)[-빽꽈] [명] 온갖 곡식과 여러 가지 과실. ¶~가 무르익다.
오골-계(烏骨鷄)[-계/-게] [명][동] 동남아시아 원산인, 닭의 한 품종. 털빛은 흰색·검정색이며, 피부·뼈·살은 모두 암자색임. 고기는 약용으로 먹음.
오¦관(五官) [명][생] 다섯 가지 감각 기관. 곧, 눈·귀·코·혀·피부.
오¦관-왕(五冠王) [명][체] 육상·수영·체조 따위 경기에서, 다섯 종목에 걸쳐 우승한 사람.
오¦광(五光) [명] 화투에서, 솔·벚꽃·공산·오동·비의 스무 끗짜리 다섯의 총칭.
오¦광대-놀이(五-) [명][민] 영남 지방에서 음력 정월 보름에 탈을 쓰고 노는 민속놀이의 한 가지.
오구-굿[-굳] [명][민] 죽은 사람의 넋을 위로하여 극락왕생을 하기를 비는 굿.
오그라-들다 [동](자) <~드니, ~드오> **1** (물체가) 안쪽으로 오그라져 들어가다. ¶오징어가 불에 닿자마자 **오그라들었다. 2** (형세나 형편이) 전보다 나쁘게 되어 가다. [큰]우그러들다.
오그라-뜨리다/-트리다 [동](타) 오그라지게 하다. ¶추워서 몸을 ~. [큰]우그러뜨리다.
오그라-지다 [동](자) **1** (물체가) 안쪽으로 오목하게 휘어져 들어가다. **2** (물체의 거죽이) 오글쪼글하게 주름이 잡히며 줄어지거나 쪼그라지다. [큰]우그러지다.
오그랑-오그랑 [부] 여러 군데가 모두 오그랑한 모양. **오그랑오그랑-하다** [형](여)
오그랑-쪼그랑 [부] 여러 군데가 모두 오그라지고 쪼그라진 모양. [큰]우그렁쭈그렁. **오그랑쪼그랑-하다** [형](여)
오그랑-쪽박[-빡] [명] **1** 시들어서 쪼그라진 작은 박. **2** 덜 여문 박으로 만들어서 말라 오그라진 쪽박.
오그랑-하다 [형](여) 안으로 조금 오그라져 있다. [큰]우그렁하다.
오그르르 [부] 적은 물이 좁은 그릇에서 야단스럽게 끓어오르는 소리. 또는, 그 모양. **오그르르-하다** [동](자)(여)

오그리다 동(타) (물체를) 안쪽으로 오그라지게 하다. ¶몸을 **오그리고** 자다. ⓒ우그리다.

오글-거리다/-대다 동(자) 벌레나 사람 따위가 한곳에 빽빽이 모여 자꾸 움직이다. ⓒ우글거리다.

오글-오글¹ 튀 오글거리는 모양. ⓒ우글우글. 오글오글-하다 동(자)여

오글-오글² 튀 여러 군데가 오그라지고 주름이 많이 잡힌 모양. 오글오글-하다 형여

오글-쪼글 튀 오그라지고 쪼그라진 모양. ⓒ우글쭈글. 오글쪼글-하다 형여 ¶오글**쪼글한** 얼굴.

오금 무릎의 구부러지는 안쪽의 오목한 부분. ¶~이 저리다.
  [오금아 날 살려라] 급히 도망칠 때에 힘을 다하여 빨리 달아남을 이르는 말.
  오금(을) 박다 함부로 말하거나 행동하지 못하도록 다짐을 두거나 묶어세우다.
  오금을 못 쓰다 몹시 마음이 끌리거나 두려워 꼼짝 못하다. ¶영화라면 ~.
  오금이 쑤시다 무엇이 하고 싶어 가만히 앉아 있지 못하다. ¶나가 놀고 싶어 ~.

오금-탱이 명 '오금팽이'의 잘못.

오금-팽이 명 1 구부러진 물건의 굽은 자리의 안쪽. 2 오금, 또는 오금처럼 오목하게 팬 곳을 낮추어 이르는 말. ×오금탱이.

오!기¹(傲氣) 명 힘이나 능력이 충분하지 못하면서도 남에게 지기 싫어하거나 자존심을 버리고 싶지 않은 마음. 또는, 그런 마음에서 취하는 고집스러운 행동이나 태도. ¶~로 버티다.

오!기²(誤記) 명 잘못 적는 것. 또는, 그 기록. **오!기-하다** 동(타)여

오나-가나 튀 어디로 가나 늘 다름없이. ¶~ 말썽을 일으키다.

오나니슴(⑨onanisme) 명 =수음(手淫).

오!남용(誤濫用) 명 '오용'과 '남용'을 아울러 이르는 말. ¶약물 ~을 줄이다.

오!냐 캠 1 아랫사람의 물음이나 요청에 긍정하여 대답하는 말. ¶~, 곧 가마. 2 혼잣말로 벼르거나 다짐하는 말. ¶~, 두고 보자.

오!나오나-하다 동(자)(타)여 어리광이나 투정 따위를 다 받아 주다.

오너(owner) 명 ['소유주'라는 뜻] 1 =자가운전자. 2 =기업주. ¶재벌 그룹의 ~.

오너-드라이버(owner driver) 명 =자가운전자.

오!년(午年) 명[민] 태세의 지지(地支)가 오(午)로 된 해. 갑오년 따위. ☞말해.

오!뇌(懊惱) 명 [-뇌/-눼] 뉘우쳐 한탄하고 번뇌하는 것. ¶~의 청춘. **오!뇌-하다** 동(자)여

오-누이 명 오빠와 누이. ⓑ남매. ⓒ오뉘.

오!뉘 명 '오누이'의 준말.

오!뉴-월(五六月) 명 ['六'의 본음은 '륙'] 오월과 유월. ¶~ 긴긴 해.
  [오뉴월 감기는 개도 아니 앓는다] 여름에 감기 앓는 사람을 조롱할 때 하는 말.

오늘 Ⅰ명 1 말하고 있는 때가 지금 맞고 있는 날. ⓑ금일. 2 현재나 현대를 비유적으로 이르는 말. ⓑ현재날. ¶~을 사는 지혜.
  Ⅱ튀 지금 맞고 있는 날에. ¶~ 가자.

오늘-날 [-랄] 명 지금 맞고 있는 일정한 시기나 때. ⓑ오늘·현대. ¶~과 같은 정보화 사회.

오늘-내일(-來日) [-래-] 튀 오늘과 내일 사이에. 곧, 빠른 시일 안에. ¶~ 끝날 일이 아니다. 오늘내일-하다 동(자)(타)여 죽을 때나 해산 때 따위가 다가오다. ¶임종이 ~.

오니(汚泥) 명 더러운 흙. 특히, 오염 물질을 포함한 진흙.

오다 동(더라)⟨오너라⟩ ⓐ자 1 (어떤 대상이 있는 곳에서 말하는 사람이 있는 쪽으로) 움직여서 위치를 옮기다. ¶이리 와. ↔가다. 2 (보낸 것이 말하는 사람이 있는 곳으로) 전해지거나 옮겨지다. ¶편지가 ~. 3 (길이나 깊이를 가진 물체가 어떤 기준이나 정도에) 이르러 닿다. ¶발목까지 오는 긴 스커트. 4 (비·눈·서리나 추위·더위 등이) 생겨서 내리거나 닥치다. ¶비가 오기 시작하다. 5 (목무하거나 종사하기 위해) 다른 곳에서 이곳으로 옮기다. ¶담임선생님이 새로 **오셨다**. 6 (차례나 기회가 말하는 사람 쪽에) 이르러 닿다. ¶절호의 기회가 ~. 7 (어떤 때나 철이) 말하는 시점을 기준으로 하여 현재나 가까운 미래에 닥치다. ¶가을이 가고 겨울이 ~. 8 (잠·졸음·몸살 등의 생리 현상이) 사람의 몸에 일어나거나 나타나다. ¶잠이 ~. 9 (어떤 현상이 어떤 원인이나 근거에서) 비롯하여 생겨나다. ¶소화 불량은 흔히 과식에서 **온다**. 10 (어떤 대상에 어떤 상태가) 이르러 생기다. ⓑ도래하다. ¶고생 끝에 낙이 ~. 11 (전기가) 흘러서 불이 켜지다. 또는, (전기가) 흘러서 몸에 통하다. ¶전구가 나갔는지 불이 안 **온다**. 12 (어떤 느낌이나 뜻이) 어떤 사람에게 전해지다. 13 (주로 '와서', '와서는', '와서야'의 꼴로 쓰여) 말하는 시점에 닥치거나 이르다. ¶이제 **와서** 딴소리하면 어떡하니. ②자 1 (사람이 어떤 일을) 실현할 목적으로 말하는 사람이 있는 쪽으로 움직여 위치를 옮기다. ¶면회를 ~. 2 (어떤 길을) 통해 말하는 사람이 있는 쪽으로 위치를 옮기다. ¶밤길을 **오느라고** 시간을 지체했다. ③(보조) (용언의 어미 '-아', '-어', '-여' 다음에 쓰여) 1 동작이나 상태가 과거로부터 현재, 또는 과거의 기준 시점까지 계속됨을 나타내는 말. ¶그는 지금까지 성실히 일해 오고 있다. 2 일정한 시일에 가까워짐을 나타내는 말. ¶학교를 졸업한 지도 어언 10년이 되어 **온다**. 3 일정한 상태나 현상이 이루어짐을 나타내는 말. ¶날이 밝아 ~.
  [오는 말이 고와야 가는 말이 곱다] 남이 나에게 말을 좋게 하면 나도 그에게 말을 좋게 한다. [오는 정이 있어야 가는 정이 있다] 남이 나에게 잘해 주면 나도 남에게 잘해 준다. [오라는 데는 없어도 갈 데는 많다] 남이 긴하게 여겨 주지 않더라도 자기로서는 갈 데가 많다.
  오도 가도 못하다 한곳에서 자리를 옮기거나 이동할 수 없는 상태가 되다.
  오라 가라 하다 (어떤 사람이 다른 사람을) 아랫사람 다루듯이 또는 성가시게 오거나 가게 하다. ¶왜 바쁜 사람을 **오라 가라 하는 거야**?

오다-가다 튀 가끔 어쩌다가. 우연하게. 지나는 길에. ¶~ 만난 사람.

오달-지다 형 올차고 야무져 실속이 있다. ⓒ오지다.

오답(誤答) 명 잘못된 대답을 하는 것. 또는, 그 대답. ↔정답. 오답-하다 통(자)여

오대(五代) 명[역] 1 중국의 당나라와 송나라와의 과도기에, 중원(中原)에 흥망한 후량(後梁)·후당(後唐)·후진(後晉)·후한(後漢)·후주(後周)의 다섯 왕조. 2 예기(禮記)에서, 상고의 당(唐)·우(虞)·하(夏)·은(殷)·주(周)을 일컫는 말.

오!대-산(五臺山) 명[지] 강원도에 있는 산. 높이 1,563m.

오!대-양(五大洋) 명[지] 지구 상에 있는 다섯 대양. 곧, 태평양·대서양·인도양·남극해·북극해.

오!대-조(五代祖) 명 고조(高祖)의 어버이.

오더(order) 명 물품을 주문하는 것.

오뎅(®おでん) 명 생선묵·유부·무·곤약 등을 꼬챙이에 꿰어 장국에 익힌, 일본식 술안주 또는 반찬. 순화어는 꼬치안주.

오!도¹(悟道) 명[불] 불도의 진리를 깨닫는 것. 오도-하다 통(자)여

오!도²(誤導) 명 (어떤 대상을) 그릇된 길로 이끄는 것. 오도-하다² 통(타)여 ¶국민을 오도하는 사이비 언론. 오도-되다 통(자)여

오도독 뭐 1 단단한 물건을 야무지게 깨무는 소리. 2 작은 물건이 부러지는 소리. 큰우두둑. 오도독-하다 형여

오도독-뼈 명 소나 돼지의 여린 뼈.

오도-방정 명 '오두방정'의 잘못.

오도카니 뭐 맥없이 멀거니 서 있거나 앉아 있는 모양. 큰우두커니.

오!독(誤讀) 명 (글을) 잘못 읽거나 그릇 이해하는 것. 오독-하다 통(타)여

오돌또기 명[음] 제주도 민요의 하나.

오돌-오돌¹ 뭐 1 작고 여린 뼈나 말린 날밤처럼 깨물기에 좀 단단한 모양. 2 오동통하고 보드라운 모양. 큰우둘우둘. 오돌-하다 형여

오돌-오돌² 뭐 '오들오들'의 잘못.

오톨-토톨 뭐 거죽이나 바닥이 고르지 않고 군데군데 도드라져 있는 모양. 큰우둘투둘. 오톨토톨-하다 형여

오동(梧桐) 명 1 [식] =오동나무. 2 오동나무가 그려져 있는 화투짝. 11월이나 열한 끗을 나타냄.

오동-나무(梧桐-) 명[식] 나무껍질이 회백색이고, 잎은 넓고 크며, 5~6월에 자주색 꽃이 피는 낙엽 교목. 목재로 가구·악기를 만듦. =오동.

오!-동작(誤動作) 명 =오작동.

오!-동지(五冬至) 명 음력 5월의 동짓달. 동짓달에 눈이 오는 양을 보고 이듬해 5월에 비가 오는 양을 헤아린다는 데서 상대적으로 이르는 말.

오동통-하다 형여 몸집이 작고 통통하다. ¶오동통한 아이.

오동-포동 뭐 오동통하고 포동포동한 모양. ¶살이 ~ 찌다. 오동포동-하다 형여

오!-되다 [-되-/-뒈-] 통(자)여 '올되다'의 준말.

오두-막(-幕) 명 사람이 겨우 거처할 수 있을 정도로 허술하게 지은, 작고 초라한 집. =오두막집. 回오막살이. ¶외딴 ~.

오두막-집(-幕-) [-찝] 명 =오두막.

오!두-방정 명 방정맞은 행동. ¶왠~이냐? ×오도방정.

오들-오들 뭐 춥거나 무서워서 몸을 작게 떠는 모양. ¶~ 떨다. ×오돌오돌.

오등(吾等) 때(인칭) '우리'를 옛 문어체로 이르는 말.

오디 명 뽕나무의 열매.

오디세우스(Odysseus) 명[신화] 그리스 신화에 나오는 영웅. 트로이 전쟁에서 목마의 배 안에 군사를 숨기는 계략을 쓰는 등 지략의 장군으로서 그리스군을 승리로 이끌었음.

오디션(audition) 명 1 연기자·가수·모델 등을 선발하기 위한 실기 테스트. 2 [방송] 라디오·텔레비전의 시험 제작 프로그램의 채택 여부나 내용 검토를 위해 관계자가 시청하거나 청취하는 것.

오디오(audio) 명 1 라디오·텔레비전·전축 등의 음(音) 부분. 수신기의 음성 부분. 2 음악 감상용 음향 기기. 특히, 레코드플레이어(또는 시디플레이어)·앰플리파이어·스피커 등을 갖춘 기기. ▷비디오.

오디오-북(audio book) 명 책의 내용을 성우나 전문 엠시 등의 음성으로 담아 만든 녹음 테이프나 시디나 디지털 파일.

오똑 뭐 '오뚝'의 잘못.

오똑-이 명 '오뚝이'의 잘못.

오뚜기 명 '오뚝이²'의 잘못.

오뚝 뭐 작은 물건이 도드라지게 높이 솟아 있는 모양. ¶연필에 ~ 올라앉은 청개구리. 큰우뚝. ×오똑. 오뚝-하다 형여 ¶콧날이 ~. 오똑-이¹ 뭐

오뚝-이² 명 아무렇게나 굴려도 오뚝 일어나는 어린아이들의 장난감. ×오똑이·오뚜기.

오!라 명[역] 도둑이나 죄인을 묶는 붉고 굵은 줄. =오랏줄. ¶~를 지우다. ▷포승.

오!라기 【1】 (자립) 헝겊·실·종이 따위의 좁고 긴 조각. ¶실 ~. 【2】 (의존) 세는 단위로 이르는 말. ¶새끼 한 ~.

오라버니 명 결혼한 정중히 호칭 또는 지칭하는 말. 예스런 말임. 본오라버님. 준오라범·오라비.

오라버니-댁(-宅) [-땍] 명 오빠의 아내를 지칭하는 말.

오라버님 명 '오라버니'의 높임말.

오라범 명 '오라버니'의 낮춤말.

오라비 명 1 '오라버니'의 낮춤말. 2 여자가 남자 형제를 두루 이르는 말. 3 여자가 남에게 대하여 자기의 남자 동생을 일컫는 말.

오!라-지다 통(자) 죄인이 손을 오라에 묶여 뒷짐을 지다.

오!라-지우다 통(타) (죄인을) 오라로 묶다. ¶도둑을 오라지워 끌고 가다.

오!라-질 감[비] 마음에 들지 않거나 못마땅한 일에 대해 비난하거나 불평하여 내뱉는 말. 비속어임. =우라질.

오라토리오(®oratorio) 명[음] 종교적인 제재(題材)를 바탕으로 한 대규모의 악곡. 독창·합창·관현악을 사용함.

오락(娛樂) 명 놀이·게임·노래·춤 등으로 즐겁게 노는 일. ¶실내 ~. 오!락-하다 통(자)여

오락-가락 [-까-] 뭐 1 연해 왔다 갔다 하는 모양. 2 비나 눈이 내리다 말다 하는 모양. 3 정신이 있다 없다 하는 모양. 오락가락-하다 통(자)(타)여

오!락-물(娛樂物) [-랑-] 명 예술성이나 교양적 특성보다는 오락성이 강한, 방송 프로그램이나 영화나 비디오. ¶액션 ~.

오!락-성(娛樂性) [-썽] 명 오락으로서 즐

길 수 있는 특성.
오ː락-실(娛樂室)[-씰] [명] 오락에 필요한 시설이 되어 있는 방. ¶전자~.
오ː랏-줄[-라쭐/-랃쭐] [명][역] =오라.
오랑우탄(orangutan) [명][동] 보르네오·수마트라 등지의 밀림 지대에 사는 원숭이의 한 종류. 팔이 매우 길고, 곧게 서서 걸음. =성성이.
오랑캐 [명] 지난 시대에, 약탈과 침략을 일삼던 변방의 이민족을 얕잡아 이르던 말. 곧, 거란·여진·선비·흉노 따위.
오랑캐-꽃[-꼳] [명][식] =제비꽃.
오래 [부] 시간상으로 길게. ¶~ 살다.
오래-가다 [동][자] 상태나 현상이 길게 계속되거나 유지되다. ¶상처가 ~.
오래간-만 [명] 오랜 시간이 지난 뒤. 또는, 오래 기다린 끝. ¶참 ~이다. [준]오랜만.
오래다 [형] 때의 지나간 동안이 길다. ¶그 일은 끝난 지 ~.
오래-달리기 [명][체] 비교적 먼 거리를 달리는 육상 경기. 800미터 달리기·1000미터 달리기·마라톤 따위.
오래-도록 [부] 오래 되도록. ¶~ 기억에 남는 일.
오래-되다[-되-/-뒈-] [형] (어떤 물건이나 물질 등이) 생기거나 만들어진 뒤로 많은 시간이 지난 상태에 있다. ¶**오래된** 우유.
오래-오래 [부] 아주 오래 지나도록. ¶할머니, ~ 사세요.
오래-전(-前) [명] 상당한 시간이 지나간 과거. ¶그의 부모님은 ~에 돌아가셨다.
오랜 [관] 아주 오래 된. ¶~ 세월.
오랜-만 [명] '오래간만'의 준말. ¶~일세.
오랫-동안[-래똥-/-랟똥-] [명] 시간적으로 썩 긴 동안. ¶~ 꿈꾸어 오던 일.
오렌지(orange) [명][식] 미국 캘리포니아와 지중해 연안 등에서 나는 감귤 종류의 하나. 열매는 감귤 비슷하지만 더 크고, 껍질이 두껍고 단단함. ¶~ 주스.
오렌지-색(orange色) [명] =등색(橙色).
오렌지-족(orange族) [명] 〈속〉 과소비를 일삼으면서 개방적인 성(性)을 즐기는 부유층의 젊은이. ▷야타족.
오ː령(五齡) [명] 누에가 네 번째 잠을 잔 뒤부터 섶에 올릴 때까지의 사이.
오로라(aurora) [명][지] 남극과 북극 지방의 초고층 대기 중에 보이는 발광 현상. 빨강·녹색·흰색 등의 아름다운 색채를 보임. =극광(極光).
오ː로지 [부] 오직 한 곬으로. ¶~ 너만 믿는다.
오롯-이[1] [부] 고요하고 쓸쓸하게.
오롯-하다[-로타-] [형][여] 모자람 없이 온전하다. **오롯-이**[2] [부]
오롱-조롱 [부] 몸피가 작은 물건 여럿이 모양과 크기가 각각 다른 모양. ¶~ 딸린 자식들.
오ː류(誤謬) [명] **1** 그릇되어 이치에 어긋남. ¶~를 범하다. **2** [컴] 컴퓨터의 연산 처리 결과가 장치의 잘못된 동작이나 소프트웨어의 잘못에 의해 기대한 것과 다른 결과가 되는 것. =에러.
오ː류^수정(誤謬修正) [명][컴] 프로그램의 오류 부분을 찾아내어 수정하는 일. =디버깅.
오ː륙(五六) [관] 오나 육. 또는, 오와 육.
오ː륜(五倫) [명] 유교(儒教)에서, 사람으로서 지켜야 할 다섯 가지의 도리. 곧, 군신유의·부자유친·부부유별·장유유서·붕우유신. ¶삼강(三綱)~.
오ː륜-기(五輪旗) [명] 올림픽을 상징하는 기. 흰 바탕에 5대륙을 상징하는 청색·황색·흑색·녹색·적색의 5개의 고리가 서로 연결되어 그려져 있음. =올림픽기.
오르가슴([프]orgasme) [명] 성교 때에 느끼는 쾌감의 절정.
오르간(organ) [명][음] 풍금·파이프 오르간·리드 오르간 등의 총칭.
오르골([네]orgel) [명] 조그만 상자 속에 고정된 음계판(音階板)을 장치하여 시계식으로 회전하는 쇠막대기에 돋친 바늘이 음계판에 닿아 자동적으로 음악이 연주되는 장난감.
오르-내리다 [동][자][타] **1** 위로 올라갔다 아래로 내려갔다 하다. ¶계단을 걸어서 ~. **2** 먹은 음식이 잘 삭지 않고 속이 거북하다. **3** 어떤 기준보다 조금 넘쳤다 모자랐다 하다. ¶신열이 40도를 ~.
오르다 [동][르] 〈오르니, 올라〉 [1][자] **1** (사람이나 동물이) 낮은 데에서 높은 데로 움직여서 가다. ¶산에 ~. **2** (물질이나 물체가) 위쪽을 향해 움직이다. ¶막(幕)이 ~. **3** (사람이 탈것에) 몸을 싣다. [비]타다. ¶차에 ~. ↔내리다. **4** (지위·정도·수량 등이) 이전보다 높아지거나 많아지다. ¶성적이 ~. **5** (어떤 수준에) 이르게 되다. [비]도달하다. ¶사업이 궤도에 ~. **6** (술·약 등의 기운이) 몸 안에 퍼지다. ¶취기가 ~. **7** (병균이나 독이) 피부에 옮아 작용을 나타내다. ¶옻이 ~. **8** (독기나 약 등의 감정이) 생겨 일어나다. ¶약이 ~. **9** (몸에 살이) 많아져 부피가 커지다. [비]찌다. ¶살이 **올라** 토실토실하다. **10** (때나 먼지가 옷이나 물건에) 묻어 더러워지다. ¶와이셔츠 깃에 때가 새까맣게 **올랐다**. **11** (어떤 일이 관심거리나 이야깃거리에) 있게 되다. ¶여성 문제가 화제에 ~. **12** (낱말·어구·이름 등이 책이나 문서에) 적히거나 실리다. ¶사전에 신조어가 ~. **13** (어떤 음식이 상에) 차려지거나 놓이게 되다. ¶밥상에 고기가 ~. **14** (사람이 비교적 먼 길에) 나서서 어떤 목적지를 향해 가는 상태가 되다. ¶귀로에 ~. **15** (사람이나 동물이 바다에서 뭍에) 몸을 옮겨서 두다. ¶조난자가 표류 끝에 육지에 ~. **16** (신이 무당의 몸에) 들려 무당이 영력(靈力)을 얻거나 신격화되다. ¶신이 ~. [2][타] (사람이나 동물이 높이가 있는 물체를) 타고 위쪽으로 움직여 가다. ¶등반대가 암벽을 ~.
[**오르지 못할 나무는 쳐다보지도 마라**] 불가능한 일은 일찌감치 단념하라는 말.
오르도비스-기(Ordovice紀) [명][지] 고생대 중에서 캄브리아기의 뒤, 실루리아기 앞의 기. 삼엽충이 번성했음.
오르되브르([프]hors-d'oeuvre) [명] 정식의 서양 요리에서 수프가 나오기 전에 식욕을 돋우기 위하여 나오는 간단한 요리. 또는, 술안주로 먹는 간단한 요리. =전채(前菜).
오르락-내리락[-랑-] [부] 계속 오르고 내리고 하는 모양. **오르락내리락-하다** [동][자][타][여] ¶열이 ~.
오르르 [부] **1** 조그만 아이나 동물이 한꺼번에 바쁘게 내닫거나 움직이는 모양. ¶아이들이 ~ 몰려다니다. **2** 작은 물건이 무너지거나 쏟아지는 모양. **3** 작은 그릇에서 물이 끓어오르는 소리. [큰]우르르. **4** 갑자기 추워서 몸을 옹그리고 떠는 모양. ¶몸을 ~ 떨다. **오르르-하다** [동][자][여]

오르-막 [명] **1** 길이나 지형이 위쪽으로 경사를 이룬 상태. 또는, 그런 길이나 지형. ¶~ 차로. **2** 형편이나 형세가 발전하거나 상승하는 상태인 것. ¶인생은 ~과 내리막의 연속이기 마련이다. ↔내리막.

오르막-길[-낄] [명] **1** 길이나 지형이 위쪽으로 경사를 이룬 길. **2** 형편이나 형세가 발전하거나 상승하는 상태. ↔내리막길.

오르페우스(Orpheus) [명][신화] 그리스 신화에 나오는 시인·음악가. 아내 에우리디케가 죽자, 저승까지 가서 하프 연주로 저승의 신을 감동시켜 아내를 구해 옴.

오른 [관] '오른쪽'의 뜻을 나타내는 말. =바른. ¶~ 뺨. ↔왼.

오른-나사(-螺絲) [명] 시곗바늘이 도는 방향과 같은 방향으로 돌리는 나사. ↔왼나사.

오른-발 [명] 오른쪽에 있는 발. ↔왼발.

오른-손 [명] 오른쪽에 있는 손. =바른손. ↔왼손.

오른손-잡이 [명] 한 손으로 물건을 쥐거나 잡고 어떤 일을 할 때, 주로 오른손을 사용하는 사람. 또는, 어떤 동작을 할 때, 왼손보다 오른손을 능숙하게 사용하는 사람. ↔왼손잡이.

오른-쪽 [명] 북쪽을 향했을 때의 동쪽과 같은 쪽. =오른편·바른쪽·바른편·우측·우편. ↔왼쪽.

오른-팔 [명] **1** 오른쪽에 달린 팔. =우완(右腕). ↔왼팔. **2** 어떤 사람을 오랫동안 충성스럽게 섬기거나 받들어, 그로부터 가장 신임을 받는 사람. 비유적인 말임.

오른-편(-便) [명] =오른쪽. ↔왼편.

오른-편짝(-便-) [명] 오른쪽의 편짝. ↔왼편짝.

오를레앙(Orléans) [명][지] 프랑스 중부의 도시.

오름 [명]〈방〉 작은 산(제주).

오름-세(-勢) [명] 시세가 오르는 형세. [비]상승세. ¶물가가 ~를 보이다. ↔내림세.

오름차-순(-次順) [명][수] 다항식에서, 각 항을 차수(次數)가 낮은 것부터 차례로 배열하는 일. ↔내림차순.

오름-폭(-幅) [명] 주가 따위의 시세가 오른 폭. ↔내림폭.

오리[1] [명] [1][자립] 실·나무·대 따위의 가늘고 길게 오린 조각. [2][의존] [1]을 세는 단위로 이르는 말.

오ː리[2] [명][동] **1** 부리는 납작하며, 다리가 짧고 발가락 사이에 물갈퀴가 있는 소형 물새의 총칭. 청둥오리·검둥오리·황오리 등 종류가 많음. 바다·호수·연못 등에서 떼를 지어 삶. **2** '집오리'의 준말.

오리건(Oregon) [명][지] 미국 북서부의 주.

오ː리-걸음 [명] **1** 쪼그려 앉은 자세에서 좌우의 발을 번갈아 내딛으며 앞으로 나아가는 일. 흔히, 두 손은 뒷짐을 짐. ¶아이들이 벌을 받느라 ~으로 운동장을 돌고 있다. **2** 엉덩이를 뒤로 내밀고 엉거주춤한 자세로 뒤뚱거리며 걷는 걸음.

-오리까 [어미] 선어말 어미 '-오-' 뒤에 물음을 나타내는 어말 어미 '-리까'가 붙어, '합쇼' 할 상대에게 동작이나 상태에 대한 의향을 묻는 종결 어미. ¶어찌 하~? ▷-으오리까.

오리-나무 [명][식] 산에서 자라며, 봄에 잎보다 먼저 어두운 자갈색 꽃이 피고, 가을에 솔방울 모양의 열매가 익는 낙엽 활엽 교목.

오리다[1] [동][타] (종이나 천 따위를) 가위 따위로 일정한 모양이 되게 베어 내다. ¶신문에 난 기사를 ~.

-오리다[2] [어미] 선어말 어미 '-오-'에 어말 어미 '-리다'가 붙어, '합쇼' 할 상대에게 '그리하겠습니다'의 뜻으로 자기 의사를 나타내는 종결 어미. ¶내일은 떠나~. ▷-으오리다.

오ː리무중(五里霧中) [명] 〔5리나 되는 짙은 안개 속에 있다는 뜻〕 짙은 안개 속에서 방향을 찾지 못하는 것처럼, 무슨 일에 대하여 갈피를 못 잡고 알 길이 없음을 일컫는 말. ¶사건이 ~에 빠지다.

오ː리-발 [명] **1** 물속에서 수영할 때 헤엄이 잘 쳐지도록 발에 신거나 끼우는, 오리 물갈퀴 모양의 물건. =물갈퀴. **2**《주로 '오리발을 내밀다'의 꼴로 쓰여》 딱 잡아떼거나 얼버무리는 태도를 보이는 것을 속되게 이르는 말. ¶철석같이 약속해 놓고는 이제 와서 ~을 내밀어?

오리엔탈리즘(orientalism) [명][문] **1** 동양의 정신문화를 고양(高揚)하는 입장. **2** 동양의 언어·문학·종교 등을 연구하는 학문. [비]동양학.

오리엔테이션(orientation) [명] 어떤 단체에 새로 들어온 사람에게, 새로운 환경에 잘 적응할 수 있도록 하기 위해 베푸는 예비 교육.

오리엔트(Orient) [명] 〔'해가 뜨는 곳'이라는 뜻〕 로마 시대부터 동방(東方), 곧 서아시아와 이집트를 포함하는 지역을 가리키던 말. 오늘날에는 유럽과 미국에서 동양(東洋), 곧 동부 아시아의 여러 나라를 가리키는 말로 쓰임.

오리온(Orion) [명][신화] 그리스 신화에 나오는 거인 사냥꾼.

오리온-자리(Orion-) [명][천] 겨울철 남쪽 하늘에 보이는 별자리. 중앙에 늘어선 3개의 별이 특히 밝고 아름답게 보여, 겨울철 밤하늘을 대표하는 별자리임.

오리지널(original) [명] 복제·각색·모조품 등에 대하여 원작·진품(眞品) 등을 이르는 말.

오ː리-털 [명] 오리의 털. 가볍고 따뜻하여 방한복이나 베갯속, 이불 등의 재료로 씀. ¶~ 파카.

오마르 하이얌(Omar Khayyām) [명][인] 페르시아의 시인·천문학자·수학자(1048?~1131).

오막-살이(-幕-) [-쌀-] [명] **1** 아주 작고 초라한 집. [비]오두막. ¶기찻길 옆 ~. **2** 아주 작고 초라한 집에서 사는 일.

오ː만[1](五萬) [관] 매우 많은 수량을 과장하여 이르는 말. ¶~ 가지 물건이 다 있다.

오만[2](Oman) [명][지] 아라비아 반도 남동부에 위치한 토후국. 수도는 무스카트.

오ː만-불손(傲慢不遜) [-쏜] [명] 태도나 행동이 거만하고 공손하지 못함. **오ː만불손-하다** [형][여] ¶**오만불손한** 언사.

오ː만-상(五萬相) [명] 얼굴을 잔뜩 찌푸린 형상. ¶~을 찌푸리다.

오ː만-소리(五萬-) [명] 수다하게 지껄이는 구구한 소리. ¶~를 다 듣겠네.

오ː만-스럽다(傲慢-) [-따] [형][ㅂ]〈~스러우니, ~스러워〉 오만한 데가 있다. **오ː만스레** [부]

오!만-하다 (傲慢-) [형여] 버릇없고 젠체하는 태도가 있다. ¶**오만한** 태도.

오!망 (迂妄) [명] 하는 짓이나 태도가 엉뚱하고 오망스러운 것. ¶~을 떨다.

오매-불망 (寤寐不忘) [명] 자나 깨나 잊지 못함. 「애타는 가족을 ~ 그리워하다.

오면-가면 [부] 오면서 가면서. ¶~ 들르는 술집.

오!면-체 (五面體) [명][수] 다섯 평면으로 둘러싸인 입체.

오!명 (汚名) [명] 더러워진 이름이나 명예. ¶매국노의 ~을 씻다.

오!목 (五目) [명] 두 사람이 바둑판에 흰 돌과 검은 돌을 번갈아 놓아, 외줄로나 모로 다섯 개를 먼저 줄지어 놓으면 이기는 놀이. ~을 두다.

오목^거울 [-꺼-] [명][물] 반사면이 오목한 구면 (球面) 거울. ↔볼록 거울.

오목눈-이 [-무-] [명] **1** [동] 몸이 길이 14cm가량으로 가늘고 꽁지가 길며, 깃털은 흰색과 검은색이 섞인 새. 산에서 흔히 볼 수 있는 텃새임. **2** 눈이 오목한 사람을 놀려 이르는 말.

오목^렌즈 (-lens) [명][물] 가운데가 얇고, 가장자리로 갈수록 두꺼워지는 렌즈. 빛을 발산하는 작용을 하므로 근시의 교정에 쓰임. ↔볼록 렌즈.

오목-오목 [부] 바닥이 군데군데 조금씩 들어간 모양. ¶눈 위에 발자국이 ~ 나다. **오목오목-하다** [형여]

오목-조목 [-쪼-] [부] **1** 생김새가 자그마하면서 짜임새 있거나 귀여운 모양. **2** 고르지 않게 군데군데 동그랗게 패거나 들어간 모양. **오목조목-하다** [형여] ¶얼굴이 **오목조목하게** 생기다.

오목-판 (-版) [명] 인쇄판 형식의 하나. 인쇄할 문자나 도형 부분이 다른 면보다 옴폭하게 들어간 판. 그라비어 판 따위. =요판 (凹版). ↔볼록판.

오목-하다 [-모카-] [형여] 가운데가 조금 둥글게 깊다. ¶보조개가 **오목하게** 지다. ¶우묵하다.

오!묘-하다 (奧妙-) [형여] (대상이) 매우 깊이가 있어 무어라 규정짓기 어렵다. ¶자연의 **오묘한** 섭리.

오물 (汚物) [명] 더럽고 지저분한 물건. ¶~ 처리장.

오물-거리다/-대다 [동][자][타] 음식을 입에 넣고 시원스럽지 않게 자꾸 씹다. ¶압축한 입을 ~. ¶우물거리다.

오물딱-쪼물딱 [부] 〈속〉 어떤 일을 제대로 하지 않고 적당히 하는 모양. ¶업무를 윗사람과 의논도 없이 ~ 해치우다.

오!물-세 (汚物稅) [-쎄-] [명] 쓰레기나 분뇨 등을 쳐 가는 데 대한 수수료.

오물-오물 [부] 오물거리는 모양. ¶우물우물. **오물오물-하다** [자][타]

오므-라들다 [동][자] 〈-드니, -드오〉 점점 오므라져 들어가다. ¶나팔꽃은 저녁이 되면 꽃잎이 **오므라든다**.

오므-라이스 (←omelet rice) [명] 채소와 고기를 잘게 썰어 넣고 케첩을 섞어 볶은 밥을 얇게 부친 달걀로 싼 서양식 요리.

오므라-지다 [동][자] 물건의 가장자리 끝이 한군데로 향하여 모이다.

오므리다 [동][타] 오므라지게 하다. ¶다리를 좀 **오므려라**.

오믈렛 (omelet) [명] 고기·양파 따위를 잘게 썰어 양념한 것을 지진 달걀로 싼 양식 요리.

오!미-자 (五味子) [명][한] 오미자나무의 열매. 기침·갈증에 쓰며, 땀과 설사를 멈추는 데도 효력이 있음.

오!미자-나무 (五味子-) [명][식] 줄기가 덩굴로 자라고, 가을에 열매가 포도송이 모양으로 달려 빨갛게 익는 낙엽 관목. 산골짜기에서 자라며, 열매는 약용품.

오밀-조밀 (奧密稠密) [부] **1** (솜씨나 재간이) 썩 세밀하고 교묘한 모양. **2** (마음씨가) 꼼꼼하고 자상한 모양. **오밀조밀-하다** [형여] ¶정원을 **오밀조밀하게** 하다.

오바댜-서 (←Obadiah書) [명][성] 구약 성서 중의 한 권.

오바이트 (←↑overeat) [명] 〈속〉 과음 (過飮) 한 뒤 먹은 것을 게우는 일. **오바이트-하다** [자여]

오!발 (誤發) [명] **1** (총포 따위를) 잘못하여 쏘는 것. **2** 실수로 말을 잘못하는 것. **오!발-하다** [동][자여] **오!발-되다** [동][자]

오!발-탄 (誤發彈) [명] 실수로 쏜 탄환.

오!-밤중 (午-中) [-쭝-] [명] =한밤중. ¶이 ~에 어디를 가자는 건가?

오방-떡 (←↑大判/おおばん?) [명] 타원형의 판에 묽은 밀가루 반죽과 팥소를 넣어 만든 풀빵.

오!배-자 (五倍子) [명][한] 붉나무의 잎줄기나 잎 일에 진딧물의 일종인 오배자면충이 기생하여 혹 모양을 이룬 것. 타닌산이 많이 들어 있어, 약재나 잉크·염료 등의 제조에 쓰임.

오버¹ (over) [명] =외투.

오버² (↑over) [명] **1** 도를 넘는 것. **2** 배우나 연기자가 과장된 연기를 하는 것. ⓥ오버액션. **3** 이목을 끌기 위해 과장되거나 과잉된 행동을 하는 것. **오버-하다** [동][자][자여] ¶너 오늘따라 **오버하는** 것 같아? **오버-되다** [동][자] **오버된** 디자인.

오버³ (over) [감] 무선 통신 따위에서, 한쪽 대화의 끝을 알릴 때 하는 말. ¶"여기는 독수리, 본부 나와라 ~".

오버^네트 (over net) [명][체] 배구·테니스·배드민턴에서, 선수의 손 또는 라켓이 네트를 넘어 상대편 코트에 있는 공에 닿는 반칙.

오버랩 (overlap) [명][영] 영화에서, 한 화면에 다른 화면을 겹쳐 먼저 화면이 서서히 사라지게 하는 촬영 방법. =오엘 (O.L.).

오버-론 (over loan) [경] 금융 기관이 예금의 한도를 넘어서 대출하는 일.

오버-센스 (↑over sense) [명] 너무 예민하거나 지나친 생각.

오버액션 (overaction) [명] 배우의 과장된 연기.

오버코트 (overcoat) [명] =외투.

오버타임 (overtime) [명][체] 운동 경기에서 규정된 횟수나 시간을 초과하는 반칙.

오버-페이스 (↑overpace) [명] 운동을 하거나 어떤 일을 할 때, 자기의 체력이나 능력의 한도를 벗어나게 하는 일. ¶자기 페이스를 지키지 못하고 ~를 범하다.

오버핸드^스로 (overhand throw) [명][체] 야구에서, 투수가 팔을 어깨 위로 올렸다가 아래로 내리면서 공을 던지는 방법.

오버히트 (overheat) [명] 엔진 등이 어느 한도 이상으로 고온이 되는 일. ⓥ과열.

오벨리스크 (obelisk) [명] 고대 이집트의 태양 숭배의 상징으로 세워진 기념비. 네모진 거대한 돌기둥으로, 위쪽으로 갈수록

오스트레일리아_859

가늘어짐. =방척탑.
오!보(誤報)[명] (어떤 소식을) 사실과 다르게 잘못 보도하는 것. 그 보도. ¶~를 정정하다. 오!보-하다[타][자] 오보-되다[자]
오보에(oboe)[명][음] 고음을 내는 목관 악기. 아름답고 부드러운 음색이 특징이며, 실내악·관현악 등에 널리 쓰이.
오!복(五福)[명] 다섯 가지 복. 곧, 수(壽)·부(富)·강녕(康寧)·유호덕(攸好德: 덕을 즐겨 행함)·고종명(考終命: 명대로 삶).
오!분도-미(五分搗米)[명] 현미 중량의 97% 정도가 되게 도정한 쌀.
오붓-하다[부타][형] 1 귀찮거나 불필요한 대상이 없어 흡족한 상태이다. ¶휴일을 단둘이서 오붓하게 지내다. 2 (살림이나 그 밖의 대상이) 알차고 넉넉하다. ¶오붓한 살림살이. 오붓-이[부]
오브제(objet)[명] '물체'라는 뜻] 1 인식의 대상이 되는 목적물. 2 [미] 자연의 물체나 기성품 또는 그 부분품으로 작품을 만든 것. '꽃을 ~로 한 시(詩).
오븐(oven)[명] 조리 재료를 넣고 밀폐한 후 상하 좌우에서 가열하여 굽는 조리 기구.
오비(OB)[명] [old boy] (주로 졸업생과 재학생이 구별하는 문맥에 쓰여) 학교의 졸업생. 또는, 졸업생으로 이루어진 팀. ¶재학생 팀과 ~ 팀과의 친선 경기.
오비-삼척(吾鼻三尺)[명] 자기 사정이 어려워 남의 사정을 돌볼 겨를이 없다는 말. '내 코가 석 자' 와 같은 말.
오비이락(烏飛梨落)[명] 아무 관계없이 한 일이 우연히 다른 일과 때가 같아, 둘 사이에 무슨 관계라도 있는 것처럼 의심을 받게 된다는 말. '까마귀 날자 배 떨어진다' 와 같은 말.
오빠 1 같은 부모한테서 태어난 사람 사이에서, 여자가 자기보다 나이가 위인 남자를 이르거나 부르는 말. 2 여자가 일가 친척 가운데 항렬이 같으면서 나이가 위인 남자를 이르거나 부르는 말. ¶사촌 ~. ↔동생. 3 나이가 약간 차이가 있는 남녀끼리의 관계에서, 나이가 적은 여자가 나이가 위인 남자를 가리켜 정다움을 나타내어 이르거나 부르는 말. ¶이웃집 ~. ↔누나.
오빠-부대(-部隊)[속] 공연장이나 경기장에 몰려다니면서 남자 대중 가수나 운동선수 등에게 열광적으로 환호하는 소녀의 무리.
오!-사리[명] 이른 철의 사리에 잡힌 새우.
오!사리-잡놈(-雜-)[-잠-][명] 1 온갖 지저분한 행동을 일삼는 남자를 욕으로 이르는 말. 2 여러 종류의 불량한 무리. ×오합잡놈.
오사바사-하다[형] 1 마음이 부드럽고 사근사근하다. 또는, 그런 태도가 지나쳐 간사스럽다. 2 정답고 살가워 잔재미가 있다.
오사카(大阪)[지] 일본의 항구 도시.
오삭-오삭[부] =오슬오슬.
오!산(誤算)[명] 1 잘못 셈하는 것. 또는, 그 셈. 2 이해관계를 잘못 계산하는 것. 또는, 그 계산. ¶그렇게 생각한다면 ~일세. 오!산-하다[타][자]
오!상(五常)[명] 1 인(仁)·의(義)·예(禮)·지(智)·신(信)의 다섯 가지 덕. 2 아버지는 의리로, 어머니는 자애로, 형은 우애로, 아우는 공경으로, 자식은 효도로 대해야 하는 마땅한 길.
오!상-고절(傲霜孤節)[명] [서릿발이 심한 속에서도 굴하지 않고 외로이 지키는 절개라는 뜻] '국화(菊花)'를 이르는 말.
오!색(五色)[명] 1 청색·황색·적색·백색·흑색의 다섯 가지 빛깔. ¶~ 깃발. 2 여러 빛깔. ¶~ 무지개.
오!색-구름(五色-)[-꾸-][명] 다섯 가지 빛깔로 빛나는 구름.
오!색-실(五色-)[-씰][명] 1 청색·황색·적색·백색·흑색의 다섯 가지 빛깔의 실. 2 여러 빛깔의 실. ¶~로 수놓은 병풍.
오!색영롱-하다(五色玲瓏-)[-생녕농-][형][여] 여러 가지 빛깔이 어울려 눈부시게 찬란하다. ¶오색영롱한 아침 이슬.
오!색찬란-하다(五色燦爛-)[-찰-][형][여] 여러 가지 빛깔이 한데 섞여 황홀하게 찬란하다. ¶오색찬란한 금은보석.
오서독스-하다(orthodox)[형][여] '정통적이다', '정통파이다'로 순화. ¶오서독스한 복싱 스타일.
오석(烏石)[명] =흑요암.
오!선(五線)[명][음] 악보에 쓰이는 다섯 줄의 평행선.
오!선-지(五線紙)[명][음] 악보를 적을 수 있도록 오선이 그어진 종이.
오!성(悟性)[명][철] 개념에 의해 사물을 인식하는 능력. ⓟ감성·이성.
오!성^장군(五星將軍)[명][군] 계급상의 별이 다섯 개인 장군. =원수(元帥).
오세아니아(Oceania)[명][지] 육대주의 하나. 오스트레일리아 대륙과 뉴질랜드·뉴기니 등 약 7,000개의 섬들로 이루어진 대륙.
오세아니아^주(Oceania洲)[명][지] '오세아니아 주(洲)로서 일컫는 말.
오소리[명][동] 땅속에 굴을 파고 사는, 너구리와 비슷한 포유동물. 털빛은 등이 회색 또는 갈색이며, 얼굴에는 검은색과 흰색의 뚜렷한 띠가 있음.
오소리-감투[명] 오소리 털가죽으로 만든 벙거지.
오손-도손[부] 정답게 이야기를 나누거나 의좋게 지내는 모양. 오순도순 보다 작은 느낌.
오솔-길[-낄][명] 산이나 숲 등에 나 있는, 한두 사람이 나란히 갈 만한 정도의 좁고 한적한 길. ¶숲 사이로 난 ~을 걸으며 사색에 잠기다.
오!수¹(午睡)[명] =낮잠.
오!수²(汚水)[명] =구정물.
오순-도순[부] 의좋게 이야기를 나누거나 행복하게 함께 살아가는 모양. ¶온 가족이 모여 ~ 이야기꽃을 피우다.
오스뮴(osmium)[명][화] 은회색의 광택이 나는 금속 원소. 원소 기호 Os, 원자 번호 76, 원자량 190.2. 전기 접점(接點) 재료, 만년필의 펜촉 등에 씀.
오스스[부] 차고 싫은 기분이 몸에 스르르 느껴지는 모양. ¶갑자기 밤바람을 쐬자 ~ 몸이 떨렸다. ⓒ으스스. 오스스-하다[형][여] ¶늦가을 바람이 옷깃에 스며 ~.
오스카-상(Oscar賞)[명][영] =아카데미상.
오스트랄로피테쿠스(Australopithecus)[명][고고] 아프리카에서 발견된 화인류. 원인(猿人)에 속하고, 300만 년 전에 살았고, 직립 보행을 하였음.
오스트레일리아(Australia)[명][지] 오스

860 _ 오스트리아

트레일리아 대륙의 대부분을 차지하는, 영국 연방 국가의 자치국. 수도는 캔버라. 음역어는 호주(濠洲).

오스트리아(Austria) [명][지] 중부 유럽에 있는 공화국. 수도는 빈. 음역어는 오지리(墺地利).

오슬로(Oslo) [명] 노르웨이의 수도.

오슬-오슬 [부] 소름이 끼칠 듯이 몸이 자꾸 움츠러지면서 추워지는 모양. =오삭오삭. ¶몸살이 나서 ～떨린다. ⓢ으슬으슬. ⓐ아슬아슬. **오슬오슬-하다** [형][여]

오시(午時) [명] 십이시의 일곱째 시. 곧, 오전 11시부터 오후 1시까지의 동안.

오식(誤植) [명][출] 활판에서 활자를 잘못 심는 것. **오식-하다** [동][타][여]

오심[1](惡心) [명][한] 가슴 속이 불쾌하면서 토할 듯한 기분이 생기는 현상.

오심[2](誤審) [명] 잘못 심판하는 것. 또는, 그릇된 심판. **오심-하다** [동][타][여]

오십(五十) [명] '쉰'을 뜻하는 한자어 계통의 수사. 아라비아 숫자로는 '50', 로마 숫자로는 'L'로 나타냄.
Ⅱ[관] '쉰', '쉰째'의 뜻. ¶～명.

오십-견(五十肩) [-견] [명][속] 견비통. 50대에 주로 발병한다는 데에서 이르는 말임.

오십보-백보(五十步百步) [-뽀-뽀] [명] [오십 보 도망친 사람이 백 보 도망친 사람을 보고 비겁하다고 비웃는다는 비유에서] 좀 낫고 못한 차이는 있으나 서로 엇비슷함. 오보 늦어나 10보 늦으나 ～다.

오싹 [부] 무섭거나 추워서 별안간 몸이 오그라드는 모양. ¶소름이 ～ 돋다. **오싹-하다** [형][여] ¶등골이 오싹하도록 무서운 괴기 영화.

오싹-오싹 [부] 매우 무섭거나 추위서 몸이 자꾸 움츠러지는 모양. **오싹오싹-하다** [형][여] ¶감기가 들었는지 몸이 ～.

오아시스(oasis) [명] 1 사막 가운데에 샘이 솟아 오르고 식물이 자라는 곳. 2 비유적으로 쓰여, 인생의 위안이 되는 것. 또는, 그런 장소. ¶사랑의 ～를 찾아 떠난다.

오악(五岳·五嶽) [명] 1 우리나라의 이름난 다섯 산. 곧, 금강산·묘향산·지리산·백두산·삼각산. 2 중국의 다섯 영산(靈山). 곧, 태산(泰山)·화산(華山)·형산(衡山)·항산(恒山)·숭산(嵩山).

오야봉(親分/おやぶん) [명] '두목', '우두머리'로 순화.

오얏 [명] '자두'의 잘못.

오얏-나무 [명] '자두나무'의 잘못.

오에스(OS) [명] [operating system] [컴] =운영 체제.

오에이(OA) [명] [office automation] =사무 자동화.

오엑스-문제(OX問題) [명] 문제를 보고 맞는 것에 '○' 표, 틀린 것에 '×' 표를 하여 답안을 작성하게 하는 시험 문제.

오엘(O.L.) [영] =오버랩.

오엠아르(OMR) [명] [optical mark reader] =광학 마크 판독기.

오역(誤譯) [명] 원문의 뜻과 다르게 잘못 번역하는 것, 또는, 그 번역. **오역-하다** [동][타][여] **오역-되다** [동][자][여]

오열(嗚咽) [명] 흐느끼거나 목메어 우는 것. **오열-하다** [동][자][여] ¶그는 복받치는 슬픔을 누르지 못하여 오열하였다.

오염(汚染) [명] 1 (어떤 물질이나 자연 환경 등이) 좋지 않은 물질에 섞이거나 영향을 받아 더러워지거나 훼손되는 것. ¶대기 ～. 2 (마음이나 생각 등이) 나쁜 영향을 받아 본래의 좋은 상태를 잃게 되는 것. 비유적인 말임. **오염-되다** [동][자][여] ¶수로 오염된 강물.

오염-도(汚染度) [명] 오염된 정도.

오염-원(汚染源) [명] 환경오염의 근원이 되는 것. 곧, 자동차의 배기가스나 공장 폐수 따위.

오욕(汚辱) [명] 명예를 더럽혀 욕되게 하는 것. ¶～으로 점철된 역사. **오욕-하다** [동][타][여]

오용(誤用) [명] 잘못 사용하는 것. **오용-하다** [동][타][여] ¶약을 ～. **오용-되다** [동][자][여]

오월(五月) [명] 한 해의 열두 달 가운데 다섯째 달.

오월-동주(吳越同舟) [명] [원수 사이인 오나라·월나라 군사가 같은 배를 타게 되었다는 고사에서] 사이가 나쁜 사람끼리 같은 장소나 처지에 놓이게 된 경우, 또는 서로 반목하면서도 공통의 이해관계에 대해서는 협력하는 경우를 이르는 말.

오웰, 조지(Orwell, George) [명][인] 영국의 작가(1903~1950).

오음(五音) [명][음] 중국 음악 또는 국악에서, 한 옥타브 안에 쓰이는 다섯 음률. 곧, 궁(宮)·상(商)·각(角)·치(徵)·우(羽).

오이 [명][식] 긴 원기둥 모양의 녹색 열매를 식용하는 한해살이풀. 또는, 그 열매. 덩굴손으로 다른 물체를 감고 벋음. 주요한 채소로 재배함. ⓢ외.

오이-김치 [명] 오이로 담근 김치.

오이-냉국(-冷-) [-꾹] [명] 오이를 잘게 썰어 간장에 절인 다음, 냉국에 넣고 파·초·고춧가루를 친 음식.

-오이다 [어미] 모음이나 'ㄹ' 받침으로 끝나는 어간, 또는 어미 '-시-' 아래에 붙어, '합쇼'할 상대에게 현재의 사실을 설명하는 종결 어미. ¶황공하～. ⓟ-외다.
▷-으오이다.

오이디푸스(Oedipus) [명][신화] 그리스 신화에 나오는 테베 왕의 아들. 부왕을 죽이고 생모와 결혼하게 되리라는 아폴론의 신탁 때문에 버려졌으나, 결국 그대로 되자 스스로 두 눈을 빼고 방랑함. 영어명은 에디퍼스.

오이디푸스^콤플렉스(Oedipus complex) [명] 정신 분석학에서, 아들이 무의식적으로 아버지를 미워하고 어머니에게 애착을 가지는 심리 경향. ▷엘렉트라 콤플렉스.

오이-소박이 [명] 토막 낸 오이를 네 갈래로 갈라, 고춧가루·양념을 한 소를 넣고 담근 김치. =오이소박이김치.

오이소박이-김치 [명] =오이소박이.

오이시디(OECD) [명] [Organization for Economic Cooperation and Development] =경제 협력 개발 기구.

오이엠(OEM) [명] [original equipment manufacturing] 계약으로 상대방의 상표를 붙인 부품이나 완제품을 제조·공급하는 생산 방식. 또는, 그 제품.

오이-지 [명] 오이를 독이나 항아리에 담고 소금물을 끓여 식힌 것을 부은 뒤에 익힌 반찬.

오인(誤認) [명] (어떤 대상을) 다른 대상으로 잘못 아는 것. **오인-하다** [동][타][여] ¶적을 아군으로 ～. **오인-되다** [동][자][여]

오일(oil) [명] 1 피부를 촉촉하고 부드럽게 하거나 마사지할 때 몸에 바르는, 기름 비슷한 물질. ¶보디 ～. 2 기계가 잘 돌아가게 하기 위해 사용하는 미끈미끈한 물질. ¶엔진 ~. **3** 드물게 '석유(石油)'를 달리 이르는 말.

오:일륙/5·16(五一六) [명][역] =오일륙 군사 정변.

오:일륙^군사^정변(五一六軍事政變) [명][역] 1961년 5월 16일, 박정희 소장을 중심으로 한 청년 장교들이, 4·19 혁명 이후의 정치적·사회적 혼란을 수습한다는 명분 아래 일으킨 군사 정변. =오일륙.

오일^쇼크(†oil shock) [명] =유류 파동.

오-일오칠/O-157(O一五七) [명] 사람이나 동물의 장관(腸管)에 서식하여 설사나 복통을 일으키는, 병원성 대장균의 일종.

오:일-장¹(五日場) [-짱] [명] 5일에 한 번씩 서는 장.

오:일-장²(五日葬) [명] 죽은 지 5일 만에 지내는 장사.

오:일팔^민주화^운:동/5·18 민주화 운동(五一八民主化運動) [명] 10·26 사태 이후, 비상계엄령이 전국적으로 확대되면서 1980년 5월 18일 전라남도 광주에서 일어난 대규모적인 민주화 운동.

오일-펜스(oil fence) [명] 바다·강·호수에 석유 등이 유출되었을 때, 오염 확산을 막기 위해 수면 위에 울타리처럼 둘러치는 물건.

오:입(誤入) [명] 제 아내 아닌 딴 여자와 성관계를 가지는 것. =외도(外道). **오:입-하다** [동][자][여]

오:입-쟁이(誤入-) [-쨍-] [명] 오입질을 하는 남자를 홀하게 이르는 말.

오:입-질(誤入-) [-찔] [명] 오입하는 짓. **오:입질-하다** [동][자][여]

오:자(誤字) [-짜] [명] 틀리게 씌어지거나 인쇄된 글자. ¶~가 많은 책. ▷오식.

오자미([일]おじゃみ) [명] 콩이나 팥, 모래나 좁쌀 따위를 천에 넣어 아이 주먹만 한 크기로 꿰맨 물건. 운동회 때 박 터뜨리기 등의 경기나 놀이에 사용함. 순화어는 '콩주머니', '놀이주머니'.

오작-교(烏鵲橋) [-꾜] [명][민] 칠석날 견우와 직녀의 두 별을 만나게 하기 위하여 까막까치가 모여 은하에 놓는다는 다리.

오:-작동(誤作動) [-똥] [명] 기계나 전자제품이 비정상적으로 작동하는 것. =오동작. ¶컴퓨터가 ~을 일으키다.

오:장(五臟) [명][한] 다섯 가지 내장. 곧, 간장·심장·폐장·신장·비장.

오장이 뒤집히다 분통이 터져 견딜 수 없다. ¶**오장이 뒤집히는** 소리를 하다.

오:장^육부(五臟六腑) [-뉵뿌] [명] '오장과 육부'를 분노 따위의 심리 상태가 일어나는 몸 안의 곳으로서 이르는 말. ¶~가 뒤틀리다.

오쟁이 [명] 곡물을 갈무리하거나 물건을 담아 두기 위해 짚으로 엮어 만든 물건. '섬'과 비슷하나 크기가 작음.

오:적(五賊) [명][역] 조선 말기의 을사조약의 체결에 참가한 다섯 매국노. 곧, 박제순·이지용·이근택·이완용·권중현.

오:전(午前) [명] **1** 밤 12시부터 낮 12시까지의 동안. =상오(上午). **2** 일상적인 시간 관념에서, 아침부터 점심 전까지의 동안. ¶내일 ~ 중으로 연락해 주세요. ↔오후.

오:점(汚點) [-쩜] [명] 〔'더러운 얼룩'이라는 뜻〕 어떤 사람의 삶이나 업적 등을 명예롭지 못하게 하는 흠. ¶뇌물 사건은 그 정치가에게 씻을 수 없는 ~을 남겼다.

오:정(午正) [명] 오시(午時)의 한가운데 시각. 곧, 낮 12시. [비]정오. ↔자정.

오존(ozone) [명][화] 3원자의 산소로 된, 특유한 냄새가 나는 연한 청색의 기체. 산화력이 강하여 표백·살균 등에 씀.

오존-층(ozone層) [명] 대기권 중의 오존 농도가 높은 층. 고도 20~25km에 분포하며, 생물에게 유해한 자외선을 흡수, 차단하는 역할을 함.

오:종^경:기(五種競技) [명][체] 한 사람이 5종의 경기에 출전하여 총득점으로 승패를 겨루는 육상 경기.

오종종-하다 [형][여] **1** 잘고 둥근 물건이 빽빽하게 놓여 있다. **2** 얼굴이 작고 옹졸스럽다.

오죽 [부] 미래 시제나 의문형 어미를 가진 술어와 함께 쓰여, '얼마나'의 뜻을 나타내는 말. ¶네가 시험에 합격만 한다면 ~ 좋겠니?

오죽-이나 [부] '오죽'의 힘줌말. ¶하루 종일 집에만 있으니 ~ 답답하랴.

오죽잖다 [-짠타] [형] 변변하지 못하거나 대수롭지 않다.

오죽-하다 [-주카-] [형][여] 《주로 '오죽하면', '오죽하여', '오죽하랴' 등의 꼴로 쓰여》 정도가 매우 심하거나 대단하다. ¶콧대 높은 그 사람이 **오죽하면** 찾아와서 그런 부탁을 했을까. **오죽-이** [부]

오줌 [명] 혈액 속의 노폐물이 신장에서 걸러져 방광에 일시적으로 모아졌다가 요도를 통해 몸 밖으로 내보내지는 액체. [비]소변. ▷똥.

오줌-똥 [명] 오줌과 똥. ¶~을 가리다.

오줌-발 [-빨] [명] 오줌을 눌 때 내뻗는 오줌 줄기.

오줌-보 [-뽀] [명] '방광(膀胱)'을 일상적으로 이르는 말.

오줌-소태 [명][의] 방광염이나 요도염으로 오줌이 자주 마려운 부인병.

오줌-싸개 [명] **1** 오줌을 가리지 못하는 아이. **2** 오줌을 가릴 줄 알면서도 실수로 오줌을 싼 아이를 조롱하는 말.

오줌-장군 [-짱-] [명] 오줌을 담아 나르는 오지나 나무로 된 용기(容器).

오:중-주(五重奏) [명][음] 실내악의 하나. 서로 다른 다섯 개의 악기에 의한 합주.

오:중-창(五重唱) [명][음] 성부(聲部)가 다른 다섯 사람의 가수에 의한 중창.

오지¹ [명] '오지그릇'의 준말.

오:지²(奧地) [명] 해안이나 도시에서 멀리 떨어진 대륙 내부의 깊숙한 땅.

오지-그릇 [-륻] [명] 붉은 진흙으로 만들어 볕에 말리거나 약간 구운 다음 잿물을 입혀 다시 구운 질그릇. =도기. [준]오지.

오지다 [형] '오달지다'의 준말. ¶야, 수박 한번 **오지게** 크구나.

오지랖 [-랍] [명] 웃옷이나 윗도리에 입는 겉옷의 앞자락.

오지랖(이) 넓다 주제넘게 아무 일에나 참견하다.

오지리(墺地利) [명][지] '오스트리아'의 음역어.

오직 [부] 다른 것은 있을 수 없고 다만. ¶목표는 ~ 하나, 승리에 있다.

오:진(誤診) [명][의] 진단을 잘못하는 것. 또는, 잘못된 진단. **오:진-하다** [동][타][여]

오징어 [명][동] 바다에 살며, 몸은 원통형으로 끝에 지느러미가 있으며, 머리 부분에 10개의 긴 다리가 있는 연체동물. 적을 만나면 먹물을 뿜고 달아남.
오징어-젓[-젇] [명] 생오징어를 잘게 썰어 고춧가루 양념으로 무친 후 삭힌 젓.
오징어-포(-脯) [명] 오징어 말린 것을 기계에 넣어 얇게 편 가공 식품.
오!차(誤差) [명] **1** [수] 측정한 수치와 실제의 정확한 수치와의 차. **2** 계획하거나 목표한 것과 실제 이루어진 것과의 차이. ¶한 치의 ~도 없이 진행되다.
오!찬(午餐) [명] 보통 때보다 잘 차려 손님을 대접하는 점심 식사. ¶~회(會).
오!첩-반상(五-飯床)[-빤-] [명] 밥·국·김치·찌개·간장·초간장을 기본 음식으로 하여, 생채·숙채·구이(또는 조림)·전·마른찬(또는 젓갈)의 5가지 반찬을 갖춘 상차림. 또는, 그 그릇 한 벌.
오!체-투지(五體投地) [명][불] 절하는 법의 한 가지. 먼저 두 무릎을 땅에 꿇고 두 팔을 땅에 대고, 다음에 머리를 땅에 닿도록 절을 함.
오!촌(五寸) [명] 아버지의 사촌이나 아들의 사촌과의 촌수.
오케스트라(orchestra) [명][음] =관현악단.
오케이(OK) I [감] '좋아', '알았어', '틀림없어' 따위의 뜻으로 하는 말.
II [명][출] =교료(校了). ¶~를 놓다.
오크(oak) [명] 떡갈나무·참나무 따위. 또는, 그 목재. 재질이 단단하므로 가구·선박 등을 만드는 데 쓰임.
오클라호마(Oklahoma) [명][지] 미국 남부의 주.
오!타(誤打) [명] 타자기나 컴퓨터 등을 칠 때 잘못 찍는 일. 또는, 그 글자. **오!타-하다** [동][타][여]
오타와(Ottawa) [명][지] 캐나다의 수도.
오토매틱(automatic) [명] '오토매틱 클러치'의 준말.
오토매틱^클러치(automatic clutch) [명] =자동 클러치. [준]오토매틱.
오토메이션(automation) [명] 기계 등을 전자 장치에 의하여 자동으로 조작하고 제어하는 일.
오토바이(†←auto bi*cycle*) [명] 원동기를 장치하여 그 동력으로 바퀴를 회전시키게 만든 자전거.
오톨-도톨 [부] 물건의 거죽이나 바닥이 고르지 못하고 잘게 부풀어 오른 모양. ¶얼굴에 뭐가 ~ 자꾸 난다. [큰]우툴두툴. **오톨도톨-하다** [형][여]
오트밀(oatmeal) [명] 귀리의 가루로 죽을 쑤어 소금·설탕·우유 등을 넣은 음식.
오티(†OT) [명] [orientation] 신입자에게 베푸는 예비 교육. 특히, 대학 신입생을 대상으로 하여 베푸는, 예비 교육을 겸한 수련회.
오!판(誤判) [명] (어떤 일을) 잘못 판단하는 것. **오!판-하다** [동][타][여]
오팔(opal) [명][광] =단백석(蛋白石).
오퍼(offer) [명][경] 수출업자가 상대국의 수입업자에게 내는 판매 신청. ¶외국 상사에 ~를 내다.
오퍼레이터(operator) [명] 기계, 특히 컴퓨터를 조작하는 사람.
오퍼-상(offer商) [명] 수출상과 수입상 사이에서 수출입 거래를 알선해 주고 그 대가로 수수료를 받는 업자. 또는, 그 영업.
오페라(opera) [명][음] 음악·연극·무용·미술 등을 종합한 음악극. 대사는 독창·중창·합창 등으로 부르며, 서곡이나 간주곡 등의 기악곡도 덧붙여짐. =가극(歌劇).
오페라-글라스(opera glass) [명] 주로 오페라 등을 관람할 때 쓰는 소형의 쌍안경.
오페라-단(opera團) [명] 오페라를 상연하기 위하여 조직한 단체.
오페라^하우스(opera house) [명] 오페라를 전문으로 상연하는 극장.
오페레타([이]operetta) [명][음] 가벼운 희극에 통속적인 노래나 춤을 곁들인 오락성이 짙은 음악극.
오펙(OPEC) [명] [Organization of Petroleum Exporting Countries] =석유 수출국 기구.
오펜스(offence) [명][체] 운동 경기에서, 공격. 또는, 공격하는 사람이나 팀. ↔디펜스.
오!포(午砲) [명] 정오를 알리는 대포.
오푸스([라]opus) [명] ['작품', '저작'의 뜻] [음] 어떤 작곡자의 작품을 구별하기 위하여 제작 연대순으로 붙이는 작품 번호. =오피(op.).
오프너(opener) [명] '병따개'로 순화.
오프닝(opening) [명] 방송 프로그램이나 공연이나 영화 등의 첫 부분. 또는, 그 첫 부분을 시작하는 일. ¶~ 멘트 / ~ 쇼.
오프^더^레코드(off-the-record) [명] 기자와의 인터뷰나 관계 기관에 정보를 제공할 때, 그 내용을 보도·공개하지 않는 것을 전제로 하는 것. ▷온 더 레코드.
오프라인(off-line) [명] **1** [컴] 컴퓨터에서, 단말기의 입출력 장치 등이 중앙 처리 장치의 직접 제어 아래 있지 않은 상태. 또는, 그와 같은 시스템. **2** 기업 활동이나 작업 등이 인터넷을 수단으로 이용하고 있지 않은 상태. ¶~ 서점. ↔온라인.
오프사이드(offside) [명][체] 축구·럭비·하키·수구 등에서의 반칙의 하나. 공격자가 공이나 최종 수비자보다 먼저 상대 지역에 들어가거나, 경기 금지 지역에서 경기하는 일.
오프셋^인쇄(offset印刷) [명][출] 평판 인쇄법의 하나. 금속제 판면(版面)에 바른 잉크를 고무 원통에 옮겨 찍은 다음에 이것을 다시 종이에 인쇄하는 방법.
오픈(open) [명] '개장(開場)', '개업', '개관[1]', '개막'으로 순화. **오픈-하다** [동][자][여] '열다[2]'로 순화.
오픈^게임(†open game) [명][체] 프로 복싱 경기 등에서, 가장 주요한 경기에 앞서서 하는 경기.
오픈-카(open car) [명] 뚜껑 없는 자동차. 또는, 포장으로 뚜껑을 한 자동차. [비]무개차.
오픈^코스(open course) [명][체] 스케이트 경기나 육상 경기 등에서, 주로(走路)에 경기자 각자의 주로를 나타내는 흰 선을 긋지 않고 자유로이 뛸 수 있게 된 코스.
오피(op.) [명][음] =오푸스(opus).
오피스텔(†officetel) [명] [office+*ho*tel] 간단한 주거 시설을 갖춘 사무실. 사무실과 아파트의 기능을 겸함.
오하이오(Ohio) [명][지] 미국 동부의 주.
오한(惡寒) [명][한] 몸에 열이 나면서 오슬오슬 추운 증세. ¶~이 나다.
오합-잡놈(烏合雜-) [명] '오사리잡놈'의 잘못.
오합지졸(烏合之卒)[-찌-] [명] **1** 갑자기

모인 훈련되지 않은 군사. **2** 규율도 통일성도 없는 군중.

오ː해(誤解) 명 뜻을 잘못 해석하는 것. 또는, 그런 해석. ¶~를 사다〔풀다〕. **오ː해-하다** 타여 **오ː해-되다** 자여

오ː행(五行) 명 동양 철학에서, 만물을 생성하고 변화시키는 다섯 가지 요소. 곧, 목(木)·화(火)·토(土)·금(金)·수(水).

오ː행-설(五行說) 명[철] =음양오행설.

오 헨리(O Henry) 명[인] 미국의 단편 소설 작가(1862~1910).

오ː형(五刑) 명 **1** 옛날 중국에서 죄인을 다스리던 다섯 가지 형벌. 곧, 태형(笞刑)·장형(杖刑)·도형(徒刑)·유형(流刑)·사형(死刑). **2** 옛날 중국의 다섯 가지 형벌. 곧, 묵형(墨刑)·의형(劓刑)·비형(剕刑)·궁형(宮刑)·대벽(大辟).

오형²(吾兄) 명 '나의 형'이라는 뜻으로, 정다운 벗 사이의 편지에서 상대를 일컫는 말.

오-형³(O型) 명[생] ABO식 혈액형의 하나. O형인 사람은 A형, B형, AB형, O형인 사람 모두에게 수혈이 가능하나, O형에게서만 수혈받을 수 있음.

오호¹ 팀 된가를 새삼스럽게 깨달았을 때 내는 소리. ¶~, 그래서 늦었구나.

오ː호²(五胡) 명[역] 중국의 한(漢)·진(晉)나라 때, 서북방에서 중국 본토에 이주한 다섯 민족. 곧, 흉노·갈·강·선비·저(氐)·강(羌).

오ː호^십육국(五胡十六國) [-심뉵꾹] 명[역] 중국, 4세기 초기인 진(晉)나라 말기부터 439년 북위(北魏)가 화북(華北)을 통일할 때까지 화북에 흥망했던 오호 및 한족(漢族)이 세운 열여섯 왕조의 총칭. 또는, 그 시대.

오호-애재(嗚呼哀哉) 팀〔한문 투의 옛글에서, 주로 '오호애재라'의 꼴로 쓰어〕 '아, 슬프도다' 라는 뜻으로, 슬플 때나 탄식할 때 하는 말.

오호츠크 해(Okhotsk海) 명[지] 시베리아·캄차카 반도·쿠릴 열도·사할린으로 둘러싸인 해역.

오호츠크 해 기단(Okhotsk海氣團) [지] 늦은 봄에서 이른 여름에 걸쳐, 베링해 방면에서 흘러 내려있는 찬 해수에 의해 오호츠크 해상에 발달하는 기단. 우리나라 장마철 기후에 큰 영향을 미침.

오호-통재(嗚呼痛哉) 팀〔한문 투의 옛글에서, 주로 '오호통재라'의 꼴로 쓰어〕 '아, 비통하다' 라는 뜻으로, 슬플 때나 탄식할 때 하는 말.

오호호 팀 간드러지게 웃는 여자의 웃음소리. 또는, 그 모양. **오호호-하다** 자여

오ː후(午後) 명 **1** 낮 12시부터 밤 12시까지의 동안. =하오. **2** 일상적인 시간관념에서, 점심 후부터 저녁 전까지의 동안. ¶그는 ~에는 늘 자리에 없다. ↔오전.

오ː-훈채(五葷菜) 명 자극성이 있는 다섯 가지의 채소류. 곧, 불가(佛家)에서는 마늘·달래·무릇·김장파·실파, 도가(道家)에서는 부추·자총이·마늘·평지·무릇을 말함.

오히려 팀 **1** 일반적인 기준이나 짐작·기대와는 전혀 반대되거나 다르게. ¶도와주기는커녕 ~ 방해한다. **2** 그럴 바에는 도리어. ¶이렇게 사느니 ~ 죽는 게 낫다. 준외려.

옥¹(玉) 명[광] **1** 연한 녹색이나 회색을 띠는, 아름답고 귀한 돌. 갈아서 보석으로 쓰. **2** 1을 갈아서 둥글게 만든 구슬.

[**옥에도 티가 있다**] 아무리 훌륭한 사람이나 물건에도 조그마한 흠은 있다.

옥²(獄) 명 죄수를 가두어 두는 곳. 비감옥. ¶~에 갇히다.

-옥³(屋) 젭미 음식점이나 상점의 상호에 붙여, '집'의 뜻을 나타내는 말. ¶강남~.

옥개-석(屋蓋石) [-깨-] 명[건] 석탑이나 석등 따위의 위에 지붕처럼 덮는 돌.

옥고¹(玉稿) [-꼬] 명 다른 사람의 원고를 높여 이르는 말.

옥고²(獄苦) [-꼬] 명 옥살이하는 고생. ¶~를 치르다.

옥골-선풍(玉骨仙風) [-꼴-] 명 살빛이 희고 고결하여 신선과 같은 풍채.

옥내(屋內) [옹-] 명 집의 안. ¶~ 배선. ↔옥외.

옥-니[옹-] 명 안으로 옥게 난 이. ↔버드니.

옥니-박이[옹-] 명 옥니가 난 사람.

옥다[-따] 형 안으로 오그라져 있다. 🅔옥다. ↔벋다.

옥답(沃畓) [-땁] 명 기름진 논. ¶문전~.

옥대(玉帶) [-때] 명[역] 벼슬아치가 공복(公服)에 두르는, 옥으로 만든 띠.

옥도-정기(沃度丁幾) [-또-] 명[의] =요오드팅크.

옥-돌(玉-) [-똘] 명 옥이 든 돌. 또는, 가공하지 않은 옥. =옥석(玉石).

옥-돔(玉-) [-똠] 명[동] 몸이 길이 30~60cm로 옆으로 편평하고, 머리와 등이 짙은 붉은색이며 몸통에 4~5줄의 황적색 가로띠가 있는 바닷물고기.

옥-동자(玉童子) [-똥-] 명 옥같이 예쁜 어린 아들. 또는, 몹시 소중한 아들.

옥루-몽(玉樓夢) [옹누-] 명[문] 조선 말기, 작자 미상의 고대 소설. 불교적 인생관에 바탕을 두고 일부다처의 애정 생활을 그린 작품임.

옥리(獄吏) [옹니] 명[역] 감옥에서 죄수를 감시하는 벼슬아치. 또는, 형벌에 관한 일을 심리(審理)하는 벼슬아치.

옥문(獄門) [옹-] 명 감옥의 문.

옥-바라지(獄-) [-빠-] 명 옥살이하는 사람에게 그의 가족이나 친지 등이 옷이나 음식 등을 대어 주며 보살피는 일. **옥바라지-하다** 타여

옥-빛(玉-) [-삧] 명 **1** 옥의 빛깔. **2** 옥색을 띤 사물의 빛깔. ↔바다.

옥사¹(獄死) [-싸] 명 감옥 안에서 죽는 것. **옥사-하다** 자여

옥사²(獄舍) [-싸] 명 감옥으로 쓰는 집.

옥사³(獄事) [-싸] 명 살인·반역의 중대한 범죄를 다스리는 일. 또는, 그런 사건.

옥사-쟁이(獄-) [-싸-] 명[역] 옥에 갇힌 사람을 맡아 지키는 사람. =옥졸.

옥살이(獄-) [-싸-] 명 '감옥살이'의 준말. **옥살이-하다** 자여

옥상(屋上) [-쌍] 명 아파트·빌딩·양옥 등에서, 사람이 올라갈 수 있도록 수평으로 판판하게 만든 건물의 맨 윗부분.

옥상-가옥(屋上架屋) [-쌍-] 명〔지붕 위에 또 지붕을 얹는다는 뜻〕 불필요하게 이중으로 함을 이르는 말. =옥상옥.

옥상-옥(屋上屋) [-쌍-] 명 =옥상가옥. ¶새 감사 기구의 설치는 기존 부서와 업무 중첩을 초래하므로 ~이 될 뿐이다.

옥새(玉璽) [-쌔] 명 '국새'의 미칭.

옥색(玉色) [-쌕] 圏 파랑과 녹색의 중간 정도의 연한 색깔. ¶세모시 ~ 치마.
옥석(玉石) [-썩] 圏 **1** 옥돌. **2** 옥과 돌. **3** 좋은 것과 나쁜 것. ¶~을 가리다.
옥석-혼효(玉石混淆) [-써콘-] 圏 (옥과 돌이 한데 섞여 있다는 뜻) 선악이 뒤섞여 있음의 비유라는 말.
옥수(玉手) [-쑤] 圏 **1** 임금의 손. **2** 아름답고 고운 손. ¶섬섬(纖纖) ~.
옥수-수 [-쑤-] 圏 **1** [식] 노란 낟알이 여러 줄로 빽빽이 박힌 원통형의 길쭉한 열매를 식용하는 한해살이풀. 줄기는 곧고 마디가 있으며, 잎은 길고 큼. **2** **1**의 열매. 녹말이 많아 식량이나 사료로 쓰임. =강냉이.
옥수수-수염(-鬚髥) [-쑤-] 圏 옥수수 열매에 수염처럼 나 있는 털. 누르스름하거나 붉은 갈색을 띰.
옥수숫-대 [-쑤쑤때/-쑤숟때] 圏 옥수수의 줄기.
옥스퍼드(Oxford) 圏[지] 영국 잉글랜드 남부의 학술 도시.
옥시돌(oxydol) 圏[약] 과산화수소의 3% 수용액에 안정제를 가한 무색투명한 액체. 살균제·소독제·표백제로 쓰임. 상표 명은 옥시풀.
옥시토신(oxytocin) 圏[생] 뇌하수체 후엽에서 분비되는 호르몬. 자궁을 수축시키고, 젖의 분비를 촉진함.
옥신(auxin) 圏[식] 식물 호르몬의 하나. 식물의 뿌리나 줄기의 신장(伸長)을 촉진하는 작용이 있으며, 옥수수기름, 보리싹 등에 있음. ↔안티옥신.
옥신-각신 [-씬-씬] 圕 옳으니 그르니 하고 서로 다투는 모양. ¶사소한 일로 ~ 언쟁을 벌이다. **옥신각신-하다** 圄{재}
옥-양목(玉洋木) 圏 생목보다 발이 고운 무명의 피륙. 빛이 썩 희고 얇음.
옥외(屋外) [-외/-웨] 圏 집의 밖. ¶~ 행사. ↔옥내.
옥외-등(屋外燈) [-외-/-웨-] 圏 집 밖에 켜는 등불. 即외등. ↔실내등.
옥잠-화(玉簪花) [-쨤-] 圏[식] 뿌리줄기 위에 타원형의 큰 잎이 나오며, 8~9월에 향기가 있는 깔때기 모양의 흰색 꽃이 피는 여러해살이풀. 관상용으로 심음.
옥저(沃沮) [-쩌] 圏[역] 함경도의 함흥 일대에 위치하고 있던 부여(夫餘) 계열의 한 부족. 또는, 이 부족이 세운 나라.
옥졸(獄卒) [-쫄] 圏 =옥사쟁이.
옥좌(玉座) [-쫘] 圏 임금이 앉는 자리.
옥-죄다 [-쬐-/-쮀-] 圕{타} 바싹 옥여 죄다. ¶허리를 ~. ⇒옥죄다.
옥죄-이다 [-쬐-/-쮀-] 圕{재} '옥죄다'의 피동사. ¶옷이 작아 **옥죄인다**.
옥중(獄中) [-쭝] 圏 감옥 안.
옥-지기(獄-) [-찌-] 圏 옥을 지키는 사람.
옥체(玉體) 圏 **1** 임금의 몸. ¶~을 보중하옵소서. **2** 남을 높여 그의 몸을 이르는 말. ¶~ 만안하신지요.
옥타브(octave) 圏[음] **1**{자} 어떤 음에서 완전 8도의 거리에 있는 음. 또는, 그 거리. **2**{여} 음정을 나타내는 단위. ¶한 ~.
옥타비아누스, 가이우스 줄리우스 카이사르(Octavianus, Gaius Julius Caesar) 圏[인] '아우구스투스'의 본명.
옥탄-값(octane-) [-깝] 圏[화] 가솔린의 내폭성(耐爆性)을 나타내는 지수(指數).
옥탑(屋塔) 圏 주택의 옥상에 설치한 주거 공간. ¶~에 세 들어 살다.
옥탑-방(屋塔房) [-빵] 圏 주택의 옥상에 만든 방.
옥토(沃土) 圏 기름진 땅. 即건답. ¶황무지를 ~로 일구다. ↔박토(薄土).
옥-토끼(玉-) 圏 달 속에 산다는 전설상의 토끼.
옥편(玉篇) 圏 =자전(字典)¹.
옥황-상제(玉皇上帝) [오쾅-] 圏 도가(道家)에서 말하는 하느님.
온¹ 冠 전부의. 모두의. ¶~ 나라. ✕원.
온-² 접두 '꽉 찬', '완전한', '전부의' 등의 뜻을 나타내는 말. ¶~달 / ~음.
온-가지 '온갖'의 잘못.
온-갖 [-간] 圕 있을 수 있는 모든 종류의. 또는, 가능한 모든 경우의. ¶~ 소리 / ~ 수단을 다 동원하다. ✕온가지.
온:건-파(穩健派) 圏 사상이나 행동 등이 온건한 사람이나 무리. ↔과격파.
온:건-하다(穩健-) 圚[여] (생각·행동·태도 등이) 지나침이나 치우침이 없이 온당하고 신중한 상태에 있다. ¶사상이 ~. ↔과격하다. **온:건-히** 圕
온고-지신(溫故知新) 圏 옛것을 익히고 그것을 미루어 새로운 것을 앎.
온기(溫氣) 圏 물체나 장소나 몸 등에서 느낄 수 있는 따뜻한 기운. ↔냉기.
온난(溫暖) 圏 {일부 명사 앞에 쓰여} 날씨가 따뜻한 것. **온난-하다** 圚[여]
온난^전선(溫暖前線) 圏[기상] 따뜻한 기단(氣團)이 차가운 기단 쪽으로 이동하면서 불연속면을 타고 그 위로 오르며 형성되는 전선. 비가 내리게 하며, 통과 후에는 기온이 오름. ↔한랭 전선.
온난-화(溫暖化) 圏 지구의 기온이 높아지는 것. 또는, 그런 현상. ¶대기 오염으로 지구의 ~ 현상이 심화되고 있다. **온난화-하다** 圕{여} **온난화-되다** 圕{재}
온:-달¹ 圏 꽉 찬 달.
온달²(溫達) 圏[인] 고구려의 장군(?~590).
온:당-하다(穩當-) 圚[여] 사리에 어그러지지 않고 알맞다. ¶~한 처사. **온:당-히** 圕
온대(溫帶) 圏[지] 한대와 열대의 중간 지대.
온대^기후(溫帶氣候) 圏[지] 온대에서 볼 수 있는 기후. 일반적으로 온화하나 사철의 변화가 있음.
온^더^레코드(on-the-record) 圏 기자와의 인터뷰나 관계 기관에 정보를 제공할 때, 그 내용을 보도하거나 공개하는 것이 허용되는 것. ▷오프 더 레코드.
온데간데-없다 [-업따] 圚[여] 감쪽같이 자취를 감추어 찾을 수가 없다. ¶경대 위의 반지가 ~. **온데간데없-이** 圕 ¶~ 사라지다.
온도(溫度) 圏 따뜻함과 차가움의 정도를 나타내는 수치. ¶실내 ~.
온도-계(溫度計) [-계/-게] 圏 온도를 재는 기구.
온도^조절기(溫度調節器) 圏[물] 바이메탈 등으로 자동적으로 일정한 온도를 유지하는 장치. 항온기·난방 기구에 쓰임.
온돌(溫突·溫堗) 圏 아궁이에 불을 때어 그 불기운으로 방바닥 밑에 깔린 넓적한 돌을 덥히고 그 열로 방을 따뜻하게 하는 장치. =방구들.
온돌-방(溫突房)[-빵] 명 구들장으로 온 돌 장치를 한 방.
온두라스(Honduras)[지] 중앙아메리카 중부에 있는 공화국. 수도는 테구시갈파.
온라인(on-line) 명 **1**[컴] 컴퓨터의 중앙 처리 장치와 원격지에 설치된 단말기가 통신 회선으로 서로 연결되어 데이터를 주고받는 방식. **2** 기업 활동이나 작업 등이 인터넷을 수단으로 이용하고 있는 상태. ¶ ~ 서점. ↔오프라인.
온!-마리 명 (식용 대상의 동물에 대해 쓰여) 자르거나 토막 내지 않은 통째.
온면(溫麵) 명 더운 장국에 만 국수. ↔냉면.
온!-몸 명 몸의 전체. =만신. ㉔전신.
온반(溫飯) 명 **1** 따뜻한 밥. **2** =장국밥.
온!-밤 명 하룻밤의 전부. ¶ ~을 새우다.
온-백색(溫白色)[-쌕] 명 조명에서, 환하고도 따뜻한 느낌을 주는 흰색.
온상(溫床) 명 **1**[농] 기온이 낮을 때, 보온 설비를 갖추고 인공적으로 열을 가해 농작물의 모종을 기르는 시설. ¶ ~ 모판. **2** 사물·사상 등을 발생시키거나 조장하기에 적합한 토데나 환경. ¶범죄의 ~.
온색(溫色) 명 **1** =난색(暖色)¹. **2** 온화한 얼굴빛.
온수(溫水) 명 =더운물. ↔냉수.
온수-기(溫水器) 명 냉수(冷水)를 덥히는 장치. ㉔온수-.
온순-하다(溫順-)[형여] 성질이나 마음씨가 온화하고 양순하다. ¶선생님 말씀을 잘 듣는 **온순한** 아이. **온순-히** 부
온!-쉼표(-標)[음] 온음표와 같은 길이의 쉼표. 기호는 '━'.
온스(ounce)[의존] 야드파운드법의 중량의 단위. 상용 온스는 1/16파운드(28.35 g), 귀금속 및 약품 계량용 온스는 1/12파운드(31.103g)임.
온실(溫室) 명 광선·온도·습도 따위를 인공적으로 조절하여 각종 식물을 자유롭게 재배할 수 있는 구조물. ¶ ~ 재배.
온실 속의 화초 세상의 물정을 모른 채 고생 모르고 자란 사람의 비유.
온실^효과(溫室效果) 명 [지] 대기 중의 수증기·이산화탄소·오존 등이 지표로부터 우주 공간으로의 적외선 복사를 대부분 흡수하여 온실처럼 지표의 온도를 비교적 높게 유지하는 작용.
온^에어(←on the air)[방송] 방송국에서 프로그램을 방송 중임을 알리는 말.
온유-하다(溫柔-)[형여] (성질이) 온화하고 부드럽다. ¶**온유한** 성품.
온!-음(-音) 명 장음계에서 미·파와 시·도 이외의 음정. ▷반음.
온!-음계(-音階)[-계/-게][음] 한 옥타브를 다섯 개의 온음과 두 개의 반음으로 꾸며 만든 7음 음계. ▷반음계.
온!-음표(-音標) 명 서양 음악의 기보법(記譜法)에서, 음의 길이의 기본 단위가 되는 음표. 4박자로 치른다.
온장-고(溫藏庫) 명 조리한 음식물을 따뜻한 상태로 보관하는, 상자 모양의 장치. ▷냉장고.
온!-전-하다(穩全-)[형여] 본바탕대로 고스란하다. ¶다친 데 없이 **온전하게** 돌아오다. **온전-히** 부
온!-점(-點) 명[언] 가로쓰기에 사용되는 마침표의 이름 '.'의 이름. **1** 서술·명령

올내년___865

·청유 등을 나타내는 문장의 끝에 씀. **2** 아라비아 숫자만으로 연월일을 표시할 때 씀. 1919. 3. 1. 따위. ▷고리점.
온정(溫情) 명 따뜻한 인정. ¶ ~을 베풀다.
온!-정신(-精神) 명 온전한 정신. 또는, 멀쩡한 정신. ¶지금 ~으로 하는 말이냐?
온조-왕(溫祚王)[인] 백제의 시조(?~28).
온!-종일(-終日) 명 아침부터 저녁때까지 하루 종일. ㉔종일·진종일.
온-찜질(溫-) 명 뜨거운 물에 적신 수건이나 뜨거운 성질의 약품 등으로 하는 찜질. ↔냉찜질. **온찜질-하다** 동(자)(여)
온!-채 명 집채의 전체.
온천(溫泉) 명 **1**[지] 지열(地熱)로 물이 덥혀져 땅 위로 솟아오르는 샘. ¶유황 ~. ↔냉천. **2** '온천장'의 준말. ¶노천 ~.
온천-물(溫泉-) 명 온천의 물. ㉔온천수.
온천-수(溫泉水) 명 온천으로서의 일정한 기준을 갖춘 물. ㉔온천물. ¶다량의 무기질과 황화수소를 함유한 ~.
온천-장(溫泉場) 명 온천에서 목욕할 수 있게 설비한 장소. 또는, 온천이 있는 곳. ㉔온천.
온!-축(蘊蓄) 명 지식이나 경험 등을 오랫동안 충실하게 쌓는 것. 또는, 그 지식이나 경험. ¶그는 수년의 저술 활동을 통해 사색의 ~을 이룩했다. **온!축-하다** 동(타)(여) ¶연구 성과를 **온축한** 결과물. **온!축-되다** 동(자)
온탕(溫湯) 명 대중목욕탕 등에서, 탕에 채워 놓은 따뜻한 물. 또는, 그 탕. ↔냉탕(冷湯).
온!-통 부 통째로 전부. 있는 대로 모두. ㉔맨-. ¶방이 ~ 책으로 가득하다.
온풍-기(溫風器) 명 따뜻한 바람을 내보내어 실내의 온도를 높이는 전기 기구.
온혈(溫血) 명(동) 외계의 온도와 관계없이 늘 더운 피. ↔냉혈.
온혈^동!물(溫血動物) 명(동) =정온 동물. ↔냉혈 동물.
온화-하다(溫和-)[형여] **1**(기후가) 따뜻하고 화창하다. ¶**온화한** 날씨. **2**(성질이나 태도가) 온순하고 인자하다. ¶**온화한** 표정.
온후-하다(溫厚-)[형여] (성질이) 부드럽고 후덕하다. ¶**온후한** 인품.
올!¹(━)[자립] 실이나 줄의 가닥. ¶ ~이 엉어지다. [의존] ①을 세는 단위로 이르는 말. ¶실 한 ~.
올² 관 올해의. ¶형은 ~ 10월에 결혼한다.
올!-³ [접두] 열매가 익는 정도가 빠름을 나타내는 말. ¶ ~벼 / ~밤. ㉓오-. ↔늦-.
올⁴(all)[제] 테니스나 탁구에서, 서로 득점이 같은 상태.
올가미 명 **1** 새끼나 노·철선 같은 것으로 고를 만들어 짐승을 잡는 장치. **2** 사람이 걸려들게 꾸민 수단이나 올책. ¶그는 꼼짝 없이 그들의 ~에 걸려들고 말았다.
올가미(를) 씌우다 계략을 써서 남을 그 꾀에 걸려들게 하다.
올-가을[━까━] 명 올해 가을.
올-겨울[━껴━] 명 올해 겨울.
올-곧다[━따] 형 **1** 마음이 바르고 곧다. **2** 줄이 반듯하다.
올끝[━따] 형 대쪽같다. ¶ ~을 믿다.
올나이트(all-night) 명 잠을 자지 않고 밤을 새우는 일.
올-내년(-來年)[-래-] 명 올해와 내년.

올-누드(all nude) 명 '전라(全裸)', '알몸'으로 순화.

올데갈데-없다[-떼-떼업따] 형 (사람이) 의지할 곳이나 머물러 살 곳이 없다.

올:-되다[-되--뒈-] 자ㅉ 1 (열매가) 제철보다 일찍 익다. ¶**올된** 감자. 2 나이에 비하여 일찍 철이 들다. ¶**올된** 아이. ⑨오되다. ↔늦되다. ▷일되다.

올드-미스(†old miss) 명 =노처녀.

올라-가다[거라] 〈-가거라〉 1자 1 낮은 데서 높은 데로 향하여 가다. ¶나무에 ~/기온이 ~. 2 흐름을 거슬러 상류로 가다. ¶강기슭을 끼고 ~. 3 지방에서 서울 등의 중앙으로 가다. ¶서울로 **올라가더니** 소식이 없다. 4 (지위가) 높아지다. ¶부장으로 ~. 5 (값이) 비싸지다. ¶물가가 하늘 높은 줄 모르고 ~. 6 (밑천이나 재산이) 모두 없어지다. 7 (물에서 물으로) 옮겨 가다. 回상륙하다. 8 '죽다'를 속되게 이르는 말. 回높은 데를 향하여 가다. ¶비탈길을 ~. ↔내려가다.

올라-붙다[-붇따] 자 (엉덩이나 가슴이) 처지지 않고 탱탱하게 밀다.

올라-서다 자ㄷ 1 낮은 데로 높은 데로 서다. ¶언덕에 ~. 2 낮은 지위에서 높은 지위로 옮아가다. ¶국장으로 ~. 3 무엇을 디디고 그 위에 서다. ¶걸상 위에 ~.

올라-앉다[-안따] 자 1 낮은 데서 높은 데로, 아래에서 위로 가서 앉다. 2 지위가 높아져서 어느 자리를 차지하다.

올라-오다 자 〈-오너라〉 1 낮은 데서 높은 데로 향하여 오다. ¶옥상으로 **올라오너라**. 2 지방에서 중앙으로 올라오다. ¶서울에 **올라온** 지 10년이 되었다. 3 (트림이나 먹은 것 따위가) 목구멍을 통하여 나오다. ¶생목이 ~. 2 타 높은 데를 향하여 오다.

올라운드 플레이어(allround player) '만능 선수'로 순화.

올라-타다 자타 탈것이나 짐승 또는 사람 등의 몸 위에 몸을 올려놓다. ¶말 위에 ~.

올려-놓다[-노타] 자타 1 어떤 물건을 무엇의 위에 옮겨 놓다. ¶무릎 위에 두 손을 ~. 2 명단 등에 이름을 적어 넣다. ¶참석자 명단에 이름을 ~. 3 등급·직급 등을 높이게 하다. ¶팀을 4강에 ~. 4 정도나 수준을 높게 하다.

올려다-보다 자타 1 아래에서 위쪽을 보다. ¶우체대를 ~. 2 높이 받들어 우러르다. ↔내려다보다.

올려-붙이다[-부치-] 자타 1 '거수경례를 하다'를 속되게 이르는 말. ¶경례를 ~. 2 뺨 따위를 갈기다. ¶귀싸대기를 ~.

올록-볼록[-롤-] 부ㅎ 물체의 면이나 거죽이 고르지 않게 높고 낮은 모양. **올록볼록-하다** 형여 ¶**올록볼록한** 돌이.

올리고-세(←Oligocene世) 명 [지] 신생대 제3기 중에서 에오세의 뒤, 마이오세 이의 세. 유공충류(有孔蟲類)가 번성하고 포유류·속씨식물이 발달했음. =점신세.

올리다 동 1 '오르다'의 사동사. 1 (사람이 물체나 물질을 위로) 끌거나 당기거나 밀거나 들어서 옮기다. ¶집을 차 위로 ~. 3 (윗사람에게 어떤 물건을) 받게 하다. 回바치다. ¶아버님께 진짓상을 ~. 4 (윗사람이나 신과 같은 존재에게 말이나 글, 또는 어떤 행동을) 받게

하거나 받아들이게 하다. 回드리다. ¶시골 부인께 편지를 ~. 5 (의식·예식 등을) 열어서 행하거나 치르다. ¶결혼식을 ~. 6 (높이를 가진 물체를) 쌓아서 만들거나, 그 위에 다른 물체를 쌓아 더 높아지게 하다. 7 (주먹이나 손을 상대의 얼굴 등에) 힘 있게 하다. ¶따귀를 한 대 ~. 8 (환성·비명 등을) 입 밖으로 나가게 하다. 回지르다. ¶환호성을 ~. 9 (어떤 표면에 도금이나 칠을) 입히거나 어떤 색으로 나타나게 하다. ¶차체에 칠을 ~. 10 인터넷이나 컴퓨터 통신을 통해 자료실·게시판 등에 데이터를 전송하여 싣다. ¶게시판에 글을 ~. ↔내리받다.

올리브(olive) 명 [식] 작은 달걀 모양의 짙은 자주색 열매로 식용·의약용의 기름을 짜는 상록 소교목. 또는, 그 열매. 지중해 연안에서 재배됨.

올리브-색(olive色) 명 올리브의 열매처럼 황색을 띤 녹색.

올리브-유(olive油) 명 올리브의 열매에서 짠, 지방질이 많은 기름. 식용·약용 및 비누·화장품 등의 원료로 쓰임.

올림[1] [수] 근삿값이나 어림수를 구할 때, 어떤 자리의 수에 1을 더하고 그 미만이 되는 자리의 수를 버리는 일. ▷버림.

올림[2] 아랫사람이 윗사람에게 편지·소포 등을 보낼 때, 그것을 올린다는 뜻으로 편지의 끝이나 겉봉투에 보내는 사람 이름 다음에 쓰는 말. 回드림.

올림-말 명 =표제어(標題語)2.

올림-표(-標) 명 [음] 음의 높이를 반음(半音) 올리라 하는 표. 기호는 #. =샤프. ↔내림표.

올림피아(Olympia) 명 [지] 그리스 남서부에 있는 고대 유적지.

올림피아드(Olympiad) 명 1 [역] 올림피아제와 다음 올림피아제 사이의 4년간. 2 [체] =국제 올림픽 경기 대회.

올림피아-제(Olympia祭) 명 [역] 고대 그리스의 올림피아에서 제우스 신에게 바치던 제전(祭典). 체육 경기가 동시에 개최되었음.

올림픽(Olympic) 명 1 [체] '국제 올림픽 경기 대회'의 준말. ¶~ 개최지. 2 [체] '올림픽 경기'의 준말. 3 운동 경기 이외에 여러 나라가 참가하는 경기에 붙이는 이름. ¶기능 ~.

올림픽^경기(Olympic競技) 명 [체] 1 고대 그리스에서 올림피아제 때에 제우스 신전의 앞에서 열린 경기 대회. 2 '국제 올림픽 경기 대회'의 준말. ⑨올림픽.

올림픽-기(Olympic旗) 명 =오륜기.

올망-졸망 부ㅎ 작고 또렷한 여러 귀여운 것이 고르지 않게 벌여 있는 모양. ¶~ 진열해 놓은 인형들. **올망졸망-하다** 형여 ¶놀이터에는 **올망졸망한** 아이들이 대여섯 명 놀고 있다.

올무 명 새나 짐승을 잡는 올가미.

올-바로 부 곧고 바르게. ¶~ 살다.

올-바르다 형 〈-바르니, -발라〉 말이나 생각, 행동이나 일 등이 이치나 규범이나 원칙에 벗어남이 없이 바르다. 回**올바른** 태도로 [대답].

올-백(†all back) 명 가르마를 타지 않고 머리를 전부 뒤로 벗어 넘김. 또는, 그 머리 모양.

올¹-벼 명 철이 이르게 익는 벼. ↔늦벼.
올-봄 [-뽐] 명 올해 봄.
올빼미 명 부엉이와 비슷하나 귀 모양의 깃털이 없고, 몸빛은 회갈색 바탕에 검은 갈색의 세로무늬가 있으며, 부리와 발톱이 날카로운 새. 낮에는 쉬고 밤에 활동하면서 쥐나 새 등을 잡아먹음.
올-스타(all-star) 명 (주로 합성어를 이루나 다른 명사와 함께 쓰여) 유명한 스타가 모두 출동하거나 출연함. 또는, 그 스타. ¶~전(戰)
올-스톱(all stop) 명 '전면 중단'으로 순화.
-올습니다 어미 '-올시다'의 잘못.
-올시다 [-씨-] 연미 '이다, '아니다'의 어간에 붙어, '합쇼' 할 상대에게 '-ㅂ니다'의 뜻으로 쓰이는 평서형 종결 어미. ¶그것은 사실이 아니~. ×-올습니다.
올-여름 [-려-] 명 올해 여름.
올ː-옷-이 부 ¶어머니의 정성이 ~ 깃들어 있는 스웨터.
올인(all-in) 명 포커 등의 도박에서, 자신의 판돈을 한꺼번에 모두 거는 일.
올인원(all-in-one) 명 브래지어·웨이스트 니퍼(허리 조이는 속옷)·거들이 함께 붙은 여성용 속옷.
올ː-차다 형 1 야무지고 기운차다. ¶갓 돌을 지난 녀석이 참 ~. 2 곡식의 알이 일찍 들다. ¶옥수수 알이 ~.
올챙이 명 알에서 갠 개구리의 새끼. 둥근 머리에 긴 꼬리가 달려 있으며 몸빛은 검음. 아가미로 호흡하고 꼬리로 헤엄쳐 다님.
올챙이-배 명 똥똥하게 내민 배를 놀림조로 이르는 말.
올컷, 루이자 메이(Alcott, Louisa May) 명 [인] 미국의 소설가(1832~1888).
올케 명 여자가 오빠나 남동생의 아내를 이르거나 부르는 말. ¶시누이.
올-해 명 지금 지나가는 중에 있는 해. 비금년. ¶~의 수출 목표.
옭다 [옥따] 타 1 (실·노끈 따위로) 친친 잡아매다. 2 올가미를 씌워서 훔치다. 3 꾀로 남을 걸려들게 하다.
옭아-매다 타 1 (사람·동물·물체를 줄이나 올가미 등으로) 꼼짝 못하게끔 잡아매다. ¶죄인을 포승줄로 ~. 2 (사람을) 자유롭지 못하게 만들다. ¶구속하나 속박하다. 3 없는 죄를 이리저리 꾸며 씌우다. ¶무고한 사람을 살인죄로 ~.
옭-히다 [옥키-] 자 '옭다'의 피동사. ¶올가미에 옭힌 짐승. 2 어떤 일에 다른 여러 일들이 섞갈려 관련되다.
옮-기다 [옴-] 타 1 (어떤 곳에 있는 꽤 무거운 물건, 또는 스스로 움직이기 어려운 사람을 다른 곳으로) 가져가거나 가져와, 또는 데려가거나 데려와 그곳에 놓이거나 있게 하다. ¶책상을 창가로 ~. 2 (사람이 있던 자리·소속·숙소 등을) 벗어나 다른 자리·소속·숙소 등에 있기 위해 그곳으로 가다. ¶직장을 ~. 3 (발이 어느 쪽으로 발을) 번갈아 움직여 디디며 가다. ¶발걸음을 ~. 4 (다른 곳에 두었던 시선을 다른 곳으로) 미치어 머물게 하다. ¶시선을 창밖으로 ~. 5 (사람이나 동물이 병을 다른 사람이나 동물에게) 퍼뜨려 생기게 하다. ¶모기가 사람에게 뇌염을 ~. 6 (남이 들은 말을 다른 곳에서) 그대로 전하여 말하다. ¶남의 말을 함부로 옮기지 마라. 7 (어떤 생각이나 사고 작용을 행동이나 글 따위로) 나타나게 하다. ¶결심을 실천에 ~. 8 (한 나라의 언어를 다른 나라의 언어로) 같은 뜻을 살려 바꾸다. ¶번역하다. 9 (어떤 글을 다른 곳에) 그대로 다시 쓰거나 인쇄하다. ¶보고서를 다른 종이에 옮겨 쓰다.
옮긴-이 [옴-] 명 =역자(譯者).
옮ː다 [옴따] (옮고 / 옮아) 자 1 (어떤 곳에 있던 것이) 다른 곳으로 움직여 자리를 바꾸다. 2 (불길이나 색깔이) 다른 물체에 붙거나 묻어나다. ¶불이 옆집으로 옮아 붙다. 3 (병·버릇·사상 등) 다른 사람이나 동물에게 가 똑같은 상태가 생기다. ¶전염되다. ¶피부병이 ~.
옮아-가다 자 1 한 곳에서 다른 곳으로 자리 잡아 가다. ¶공장들이 공단으로 ~. 2 차차 퍼져 가다. ¶불이 옆집으로 ~.
옮아-오다 자 1 다른 데서 이곳으로 자리 잡아 오다. 2 차차 퍼져 오다.
옳거니 [올커-] 감 무슨 일을 문득 깨달았거나 어떤 사실이 자기가 생각한 바와 일치했을 경우 무심결에 내는 소리.
옳다 [올타] I 감 (말이나 생각, 행동이나 일 등이) 진리·도덕·규범·이치·기준 등에 비추어 어그러짐이 없어 좋은 상태에 있다. 비바르다·맞다. ¶음, 듣고 보니 네 말도 ~.
II 감 어떤 기억이나 생각이 순간적으로 떠올랐을 때 내는 소리.
옳다-구나 [올타-] 감 '옳다II'를 강조하여 이르는 말. ¶~! 그가 범인이었구나!
옳소 [올쏘] 감 상대의 의견에 적극적인 공감을 나타내는 하오체의 말. 주로, 청중의 입장에서 하는 말.
옳아 [올-] 감 어떤 사실을 비로소 깨닫거나 납득했을 때 내는 소리. ¶~, 그래서 슬피 울고 있었구나.
옳지 [올치] 감 1 다른 사람의 말이나 행동이 마땅하게 여겨질 때 긍정의 뜻을 담아 내는 소리. 보통, 아랫사람에 대해서 쓰는 말임. ¶~, 참 잘했어. 2 좋은 생각이 퍼뜩 떠올랐을 때 내는 소리. ¶~, 그렇게 하면 되겠구나.
옴¹ [한] 옴벌레의 기생으로 생기는 전염성 피부병. 손가락 사이나 발가락 사이가 짓무르기 시작하여 차차 온몸에 퍼지며 몹시 가려움. ¶~이 오르다.
옴²(ohm) 명 [의존][물] 전기 저항의 실용 단위. 1옴은 양 끝에 1볼트의 전위차가 있는 도선(導線)에서 1암페어의 전류가 흐를 때 나타내는 저항임. 기호는 Ω.
옴³, 게오르크 시몬(Ohm, Georg Simon) 명 [인] 독일의 물리학자(1789~1854).
옴니버스(omnibus) 명 ['승합자동차'의 뜻] 영화·드라마 등에서 몇 개의 독립된 짧은 이야기를 모아 하나의 작품으로 만든 것. ¶~ 영화.
옴부즈맨=ombudsman 명 ['대리자'라는 뜻] 정부·기업·사회 단체 등의 활동을 감시하고 견제하는 일을 하는 사람.
옴싹-달싹 부 '옴짝달싹'의 잘못.
옴죽-거리다·-대다 [-꾸(때)-] 자타 몸피가 작은 것이 몸을 계속하여 조금씩 움직이다. 또는, 몸의 한 부분을 옴 츠리거나 펴거나 하다. ¶토끼가 입을 옴 죽거리며 풀을 뜯어 먹는다.
옴죽-옴죽 부 옴죽거리는 모양. **옴죽옴죽-하다** 자타

옴지락-거리다/-대다[-꺼(때)-] 톙짜 자꾸 느릿느릿 움직이다.
옴지락-옴지락 뛴 옴지락거리는 모양. 옴지락옴지락-하다 통짜재어
옴:-진드기 몜[동] 몸길이 0.3~0.4mm의 원반형 절지동물로, 사람의 피부를 뚫고 들어가 겨드랑이·음부 등에 옴을 일으키는 기생충.
옴짝-달싹[-딱-] 뛴 (주로, '못하다', '없다'와 함께 쓰여) 몸을 조금 움직이는 모양. 삐꼼짝달싹. ¶밧줄에 몸이 묶여 ~도 할 수 없다. ×옴싹달싹·옴쭉달싹. 옴짝달싹-하다 통짜재어
옴쭉 뛴 (주로 '못하다', '않다'와 같은 부정어와 함께 쓰여) 몸മെ 작은 것이 아주 작게 움직이는 모양. 옴쭉-하다 통짜재어 (주로 '없다', '못하다'와 같은 부정어와 함께 쓰여) ¶사람이 어찌나 많은지 옴쭉할 수가 없다.
옴쭉 못하다 1 조금도 움직이지 못하다. 2 기를 펴지 못하다.
옴쭉-달싹 뛴 '옴짝달싹'의 잘못.
옴츠러-들다(재) <~드니, ~드오> 1 몸이나 몸의 일부가 오그라져 들어가거나 작아지다. ¶자락의 목이 ~. 2 겁을 먹거나 위압감 때문에 기를 펴지 못하고 주눅이 들다. ¶선생님 앞에만 가면 몸이 옴츠러든다. 준옴츠러다.
옴츠리다(통)짜재어 1 몸이나 몸의 일부를 오그려 작아지게 하다. ¶자락의 목을 ~. 2 겁을 먹거나 위압감 때문에 기가 꺾이거나 풀이 죽다. 준옴치다. 쎈옴츠리다.
옴치다(통)짜재어 '옴츠리다'의 준말. 쎈옴치다.
옴치고 뛸 수도 없다 어떻게 할 도리가 없다.
옴큼 몜(의존) 한 손에 옴켜쥔 만큼의 분량을 나타내는 말. ¶한 ~만 집어라.
옴팡-지다 톙 1 보기에 가운데가 좀 오목하게 속으로 들어가 있다. ¶눈이 옴팡지게 생긴 남자. 2 아주 심하거나 지독한 데가 있다. ¶바가지를 옴팡지게 쓰다.
옴폭 뛴 속으로 폭 들어가 오목한 모양. ¶웃으면 ~ 패는 보조개. 큰움푹. 옴폭-하다 톙어
-옵- 에미(선어말) 모음이나 'ㄹ' 받침으로 끝나는 어간, 또는 어미 '-시-' 아래에서 'ㄱ', 'ㄴ', 'ㄷ', 'ㅅ', 'ㅈ'으로 시작되는 어미 앞에 쓰여, 공손함을 나타내는 선어말 어미. ¶그리하~고. ▷-사옵-.
-옵니까[옴-] 에미 선어말 어미 '-오-'와 어말 어미 '-ㅂ니까'가 결합하여, '합쇼' 할 상대에게 공손하게 묻는 뜻을 나타내는 종결 어미. ¶집에 게시~? ▷-으옵니까-·사옵니까.
-옵니다[옴-] 에미 선어말 어미 '-오-'와 어말 어미 '-ㅂ니다'가 결합하여, '합쇼' 할 상대에게 현재의 동작·상태·사실을 공손하게 나타내는 종결 어미. ¶저는 전연 모르~. ▷-으옵니다-·사옵니다.
-옵디까[-띠-] 에미 선어말 어미 '-오-'와 어말 어미 '-ㅂ디까'가 결합하여, '합쇼' 할 상대에게 지난 일을 돌이켜 공손하게 묻는 뜻을 나타내는 종결 어미. ¶누구라고 하~? ▷-으옵디까-·사옵디까.
-옵디다[-띠-] 에미 선어말 어미 '-오-'와 어말 어미 '-ㅂ디다'가 결합하여, '합쇼' 할 상대에게 지난 일을 돌이켜 공손하게 말하는 뜻을 나타내는 종결 어미. ¶든 대로 미인이~. ▷-으옵디다-·사옵디다.
옵서버(observer) 몜 ['관찰자'라는 뜻] 회의 등에서 정식 멤버로는 인정되지 않으나, 특별히 참석이 허용된 사람. 발언은 할 수 있으나 의결권이나 발의권은 없음. ×업저버.
옵션(option) 몜 ['선택'이란 뜻] 1 기본 장치나 설비 외에 구매자가 기호에 따라 추가로 또 다른 장치나 설비를 선택하는 일. 또는, 그 장치나 설비. ¶에어백은 이 자동차의 ~이다. 2 [체] 프로 스포츠에서, 선수에게 연봉 외에 어느 수준 이상의 성적을 올릴 경우에 추가로 더 지급하는 돈. 3 [경] 선물 거래 (先物去來)에서 일정 기간 내에 특정 가격으로 상품·주식·채권 등을 팔거나 살 수 있는 권리.
-옵소서- 에미 선어말 어미 '-옵-'에 어말 어미 '-소서'가 결합하여, '합쇼' 할 상대에게 정중한 부탁이나 기원을 나타내는 종결 어미. ¶어서 드시~. ▷-으옵소서.
-옵시-[-씨] 에미(선어말) 어미 '-옵-'과 '-시-'가 결합하여 존대를 나타내는 선어말 어미.
옷[옫] 몜 사람이 몸을 보호하거나 따뜻하게 하거나 몸의 어느 부분을 가리거나 겉모습을 좋게 보이도록 하기 위해, 팔이나 다리에 꿰어 몸통의 전부나 일부의 둘레에 걸치는, 천이나 가죽 등으로 만든 물건. 비의복·의상·피복. ¶겉[속] ~.
[옷은 나이로 입는다] 옷차림은 나이에 어울리게 하여야 한다. **[옷이 날개라]** 옷이 좋으면 사람이 한층 돋보인다.
옷-가슴[옫까-] 몜 가슴에 닿는 옷의 부분. 비가슴.
옷-가지[옫까-] 몜 몇 가지의 옷. ¶~를 장만하다.
옷-감[옫깜] 몜 옷을 지을 감.
옷-값[옫깝] 몜 옷의 값.
옷-거리[옫꺼-] 몜 옷을 입은 맵시. ¶~가 좋다.
옷-걸이[옫껄-] 몜 1 옷을 걸 때, 옷이 제 모양대로 유지될 수 있도록 옷의 어깨 부분에 걸치는 물건. 대체로 삼각형이며, 위에 갈고리가 달려 있음. 2 여러 벌의 옷을 걸어 둘 수 있도록 만든 물건. 수직 기둥에 나뭇가지 모양의 여러 개의 걸이가 달린 것과 철봉처럼 두 개의 수직 봉 사이에 수평 봉을 단 것 등이 있음. 비옷걸.
옷-고름[옫꼬-] 몜 저고리나 두루마기의 앞에 달아, 옷자락을 여며 매는 끈. ¶~ 준고름.
옷-깃[옫낃] 몜 1 저고리나 두루마기 등의 목을 둘러 대거나 세울 수 있도록 댄 부분. 2 특히, 서양 의복의 '칼라'라 하는 말. ¶~을 세우다. 준깃.
[옷깃만 스쳐도 인연이라] 인간의 사소한 만남조차 불가능하게 말하는 전생의 인연에서 비롯된다는 뜻으로, 다른 사람과의 만남이나 사귐을 기쁘고 소중하게 여겨 이르는 말.
옷깃을 여미다 경건한 마음으로 자세를 바로잡다.
옷-단[옫딴] 몜 옷의 끝 가장자리를 안으로 접어 붙이거나 감친 부분. 준단.
옷-매[옫-] 몜 옷의 모양새.
옷-매무새[옫-] 몜 =매무새.
옷-매무시[옫-] 몜 =매무시. 옷매무시-

하다 圄（재．여
옷-맵시[온-씨] 圀 옷을 입은 맵시.
옷-섶[온섭] 圀 두루마기나 저고리의 깃 아래쪽에 달린 긴 조각. ㉤섶.
옷-소매[온쏘-] 圀 '소매'를 옷에 달린 것이라 하여 좀 더 분명하게 이르는 말.
옷-솔[온쏠] 圀 옷을 터는 솔.
옷-자락 圀 옷의 아래로 드리운 부분. ¶~을 잡고 만류하다.
옷-장(-欌) [온짱] 圀 옷을 넣는 장.
옷-주제[온쭈-] 圀 옷을 입은 주제꼴.
옷-차림[온-] 圀 옷을 차려입은 모양새. ㉤복장·차림새. ¶편안한 ~.
옷-치레 圀 좋은 옷을 입어 몸을 꾸미는 일. **옷치레-하다** 圄（재．여
옷-핀(-pin) [온-] 圀 옷을 여밀 때 꽂는 핀. 주로, 안전핀을 가리키는 말임.
옹¹(翁) 圀 (나이가 아주 많은 남자 노인, 특히 사회적으로 존경을 받는 사람의 성(姓)이나 성명이나 호 아래에 쓰이어) 그 사람을 높여 부르거나 이르는 뜻을 나타내는 말. ¶참석하~/간디~.
-옹²(翁) 圝 일부 명사에 붙어, 그 명사의 특성을 가진 노인임을 나타내는 말. ¶백두(白頭)~/주인(主人)~.
옹:-고집(-固執) 圀 억지가 매우 심한 고집. ▷외고집.
옹골-지다 閄 실속 있으며 꽉 찬 상태에 있다. ¶옥수수가 **옹골지게** 여물었다.
옹골-차다 閄 옹골지고 기운차다. ¶뼈대가~.
옹:관(甕棺) 圀 =도관(陶棺)'.
옹글다 閄〈옹그니, 옹그오〉 1 물건이 조각 나거나 축나지 않고 본디대로 있다. 2 어떤 것이 가지고 있어야 할 내용에 조금도 모자람이 없다. ¶어린 나이지만 형 노릇을 **옹글게도** 한다.
옹:기(甕器) 圀 =옹기그릇.
옹:기-그릇(甕器-)[-른] 圀 질그릇·오지 그릇의 통칭. =옹기.
옹:기-장이(甕器-) 圀 옹기를 만드는 것을 직업으로 하는 사람. =도공(陶工).
옹:기-전(甕器廛) 圀 옹기를 파는 가게.
옹기-종기 閈 크기가 같지 않은 것들이 많이 모여 있는 모양. ¶골목에 아이들이 ~ 모여서 놀고 있다.
옹달-샘 圀 작고 오목한 샘.
옹:립(擁立)[-닙] 圀 받들어서 임금의 자리에 모시는 것. **옹립-하다** 圄（재．여 ¶이성계를 **옹립하여** 조선 왕조를 열다.
옹:벽(擁壁) 圀（건）땅을 깎거나 흙을 쌓아 생긴 비탈 면이 흙의 압력으로 무너지는 것을 막기 위해 쌓은 벽체(壁體).
옹:색-하다(壅塞-)[-새카-] 閄 1 생활이 몹시 군색하다. ¶**옹색한** 생활. 2 장소가 비좁다. ¶앉을자리가 ~. 3 활달하지 못하여 옹졸하고 답답하다. ¶속이 ~.
옹:성(甕城) 圀 큰 성문을 지키기 위해 성문 밖에 쌓은 작은 성.
옹송-그리다 圄 (몸을) 궁상스럽게 옹그리다. ㉤웅숭그리다.
옹스트롬(angstrom) 圀（의（물）길이의 단위. 1옹스트롬은 10^{-10}m임. 빛의 파장이나 원자의 배열 등을 측정하는 데에 씀. 기호는 Å.
옹알-거리다/-**대다** 圄（자）여 혼자 입속말로 똑똑하지 않게 자주 재깔이다. ㉤옹얼거리다.
옹알-옹알 閈 옹알거리는 소리. 또는, 그 모양. ¶입속말로 ~ 불평을 하다. ㉤웅얼웅얼. **옹알옹알-하다** 圄（재．여
옹알-이 圀 아직 말을 못 하는 갓난아이가 혼자 중얼거리는 것. **옹알이-하다** 圄（자）
옹:위(擁衛) 圀 부축하여 호위하는 것. **옹위-하다** 圄（타）여 **옹:위-되다** 圄（자）
옹이 圀 나무에 박힌 가지의 그루터기.
옹:졸-하다(壅拙-) 閄 너그럽지 못하고 소견이 좁다. ¶**옹졸한** 생각을 버려라.
옹주(翁主) 圀 1 임금의 후궁에게서 난 왕녀. 2 조선 중기 이전의 왕의 서녀(庶女) 및 세자빈 이외의 며느리.
옹크리다 圄 추울 때나 겁이 날 때 몸을 오그려 작게 하다. ㉤웅크리다.
옹:호(擁護) 圀 돕거나 감싸서 지키는 것. ¶인권 ~. **옹:호-하다** 圄（타）여 ¶특정인을 **옹호하는** 발언을 하다. **옹:호-되다** 圄（자）
옻 [옫] 圀 1 옻나무에서 나는 진. ㉤옻칠. 2 옻나무류 식물 속에 있는 독성에 접촉하여 생기는 피부염. 얼굴이 붓거나 물집이 생기거나 하여 매우 가려움.
옻-나무[온-] 圀（식）회백색 나무껍질에서 뽑은 즙을 옻칠의 원료로 쓰는 낙엽 활엽 교목. 산에서 자라며, 6월에 황록색 꽃이 피고 10월에 열매가 익음.
옻-닭[온딱] 圀 털을 뽑은 닭을 옻나무의 껍질과 함께 삶은 것. 여름철에 몸을 보하기 위해 먹음.
옻-오르다[온-] 圄（자）여〈~오르니, ~올라〉 살갗에 옻의 독기가 오르다.
옻-칠(-漆)[온-] 圀 1 =옻. 2 그릇·가구 따위에 옻을 바르는 일. 물건에 바르면 검붉은 빛을 띠고 윤이 남. ㉤칠. **옻 칠-하다** 圄（타）여 ¶**옻칠한** 가구.
와¹[와] 圀 한글 모음 '놔'의 이름.
와²閈 여럿이 한목에 움직이는 모양이나 떠드는 소리. ¶~ 함성을 지르다.
와³ 圝 '우와'의 준말.
와⁴ 윪 모음으로 끝나는 체언에 붙어, 1 다른 말과 비교함을 나타내는 부사격 조사. ¶너는 키가 나 ~ 같다. 2 함께 행동함을 나타내는 부사격 조사. '와' 성분이 먼저 주어 또는 목적어에 나타난다. ¶나는 아버지 ~ 같이 간다. 3 상대로 하는 대상임을 나타내는 부사격 조사. ¶친구 ~. 4 둘 이상의 단어를 같은 자격으로 이어 주는 접속 조사. ¶오리 ~ 닭을 기르다. ▷과.
와가두구(Ouagadougou) 圀（지）부르키나파소의 수도.
와그르르 閈 1 쌓였던 단단한 물건이 갑자기 한꺼번에 무너지는 소리나 모양. ¶돌담이 ~ 무너지다. 2 적은 양이 넓은 면적으로 야단스럽게 끓어 오르는 소리. ¶물이 ~ 끓는다. 3 아주 가까이에서 천둥이 야단스럽게 일어나는 소리. **와그르르-하다** 圄（자）여
와글-거리다/-**대다** 圄 (많은 사람이나 벌레 등이) 한곳에 많이 모여서 자꾸 떠들거나 움직이다.
와글-와글 閈 와글거리는 모양. 또는, 그 소리. ¶~ 떠들다. **와글와글-하다** 圄（자）여 ¶사람들이 ~.
와니스(⑨ワニス) 圀〔<varnish〕'바니시'의 잘못.
와:당(瓦當) 圀（건）1 =막새. 2 기와의 마구리. 특히, 막새의 무늬 있는 부분.
와당탕 閈 잘 울리는 바닥에 무엇이 떨어

와당탕통탕

지러 나 부딪쳐 요란하게 나는 소리. 와당탕-하다 통(자)타

와당탕-퉁탕 튀 와당탕거리며 퉁탕거리는 소리. 또는, 그 모양. **와당탕퉁탕-하다** 통(자)타

와드득 튀 단단한 물건을 깨물 때나 마구 부러뜨릴 때 나는 소리. ¶돌이 ~ 씹히다. **와드득-하다** 통(자)타

와들-와들 튀 춥거나 겁에 질려 아주 심하게 몸을 떠는 모양. ¶추워서 ~ 떨린다. **와들와들-하다** 통(자)타

와디 (wadi) 명 [지] 건조 지대에서 볼 수 있는, 물이 없는 강. 평소에는 마른 골짜기이나 큰비가 내리면 물이 흐름.

와락 튀 급히 대들거나 잡아당기는 모양. ¶깨안다. ¶ 달려든다. ¶ 왈칵.

와레즈^사이트 (warez site) 명 ['warez'는 'where it is'의 구어적 표현] [컴] 정품 소프트웨어의 암호를 푼 뒤 그 프로그램이나 파일 등을 올려놓음으로써 누구나 그것을 무료로 내려받을 수 있게 해 놓은 불법 사이트.

와르르 튀 1 쌓인 것이 야단스럽게 무너지는 소리나 모양. ¶돌담이 ~ 무너지다. 2 천둥소리가 야단스럽게 나는 소리. 3 많은 사람이 한꺼번에 몰려 움직이는 소리나 모양. ¶출입구로 사람들이 ~ 몰리다. 4 물이 야단스럽게 끓는 소리. 5 담겨 있던 작고 단단한 물건이 쏟아지는 소리나 모양. ¶물구나무서자 주머니의 돈이 ~ 쏟아졌다.

와르릉 튀 천둥소리가 다소 가볍고 작게 울리는 소리. 또는, 그 모양. ⑤우르릉.

와;병 (臥病) 명 병으로 자리에 눕는 것. ¶그는 간경화로 오랫동안 ~ 중이다. **와!병-하다** 통(자)

와사비 (←山葵/わさび) 명 [식] '고추냉이'로 순화.

와삭 튀 바짝 마른 얇고 가벼운 물건이 서로 스치거나 부서질 때 나는 소리. **와삭-하다** 통(자)타

와삭-거리다/-대다 [-꺼(때)-] 통(자)타 자꾸 와삭 소리가 나다. 또는, 그런 소리를 내다.

와삭-와삭 튀 와삭거리는 소리. **와삭와삭-하다** 통(자)타

와셀린 (←ワセリン) 명 [<vaseline] '바셀린'의 잘못.

와셔 (washer) 명 [공] 볼트와 너트로 물건을 죌 때, 너트의 밑에 끼는 둥글고 얇은 쇠붙이.

와셔-액 (washer液) 명 와이퍼로 더러워진 자동차 창유리를 닦을 때, 먼지가 잘 닦이게 하기 위해 창에 뿜어 올리는 액체.

와;신-상담 (臥薪嘗膽) 명 [중국 오나라 왕 부차 (夫差)와 월나라 왕 구천 (句踐)이 장작더미 위에서 잠을 자고 쓸개를 핥으며 복수의 일념을 불태웠다는 고사에서] 뜻한 바를 이루기 위해 괴로움을 참고 견딤을 이르는 말. **와!신상담-하다** 통(자)

와-와 튀 여럿이 한꺼번에 자꾸 떠드는 소리나 모양. ¶~ 떠들어 대다.

와음 (訛音) 명 잘못 전해진 글자의 음.

와이블유시에이 (YWCA) 명 [Young Women's Christian Association] =기독교 여자 청년회.

와이드^스크린 (wide screen) 명 [영] 보통의 것보다 좌우로 확대된 대형 스크린. 또는, 그것에 영사 (映寫)하는 시네마라마·시네마스코프·비스타 비전·70밀리 영화.

와이드^프로 (←wide program) 명 [방송] 라디오·텔레비전의 장시간 프로그램.

와이-샤쓰 (←ワイシャツ) 명 [<†white shirts] =와이셔츠.

와이-셔츠 (†←white shirts) 명 양복 바로 밑에 입는, 소매 달린 셔츠. =와이샤쓰.

와이엠시에이 (YMCA) 명 [Young Men's Christian Association] =기독교 청년회.

와이'염'색체 (Y染色體) 명 [생] 수컷의 성염색체에만 들어 있는 성염색체. 수컷의 성염색체는 엑스 염색체 1개와 와이 염색체 1개로 이루어짐. ▷엑스 염색체.

와이오밍 (Wyoming) 명 [지] 미국 북서부의 주.

와이키키 (Waikiki) 명 [지] 하와이 호놀룰루 시의 남동부에 있는 해변. 해수욕장과 휴양지로 유명함.

와이퍼 (wiper) 명 자동차의 앞 유리에 들이치는 빗방울을 따위를 자동적으로 좌우로 움직여 닦아 내는 장치.

와이프 (wife) 명 '아내', '안사람', '집사람', '처'로 순화.

와인 (wine) 명 '포도주'로 순화.

와인글라스 (wineglass) 명 1 양주용의 술잔. 2 포도주, 특히 셰리를 마실 때 쓰는 유리잔을 이르는 말.

와인드업 (windup) 명 [체] 야구나 소프트볼에서, 투구의 예비 동작.

와일드 , 오스카 (Wilde, Oscar) 명 [인] 아일랜드의 소설가·극작가 (1854~1900).

와일드-카드 (wild card) 명 1 [컴] 파일을 지정할 때, 구체적인 이름 대신에 여러 파일을 동시에 지정할 목적으로 사용하는 특수 기호. '*', '?' 따위. 2 [체] 출전 자격이 일차적 기준에서 벗어나 있는 상태에서 특별히 출전이 허용되는 선수나 팀, 또는, 그 특별한 출전 기회.

와일드-하다 (wild-) 형여 '거칠다'로 순화. ¶와일드한 경기를 펼치다.

와작-와작 튀 김치나 깍두기 따위를 마구 씹는 소리. 또는, 그 모양. ⑤우적우적.

와장창 튀 갑자기 한꺼번에 깨지거나 무너지거나 부서지는 모양. ¶유리창이 ~ 깨지다. **와장창-하다** 통(자)

와전 (訛傳) 명 (어떤 사람이 다른 사람의 말을) 그 본래의 뜻이나 내용을 잘못되게 바꾸어 전하는 것. **와전-하다** 통타 **와전-되다** 통자 ¶말이 **와전되어** 오해가 생기다.

와중 (渦中) 명 어떤 일이 복잡하고 어지럽게 얽혀 있는 가운데. ¶전쟁의 ~에 가족과 뿔뿔이 흩어지다.

와지끈 튀 단단한 물건이 갑자기 거세게 부러지거나 부서지는 소리. 또는, 그 모양. ¶~ 소리와 함께 나무가 뿌리째 뽑혔다. **와지끈-하다** 통(자)

와트¹ (watt) 명 (의준) [물] 일률·전력의 단위. 1와트는 1볼트의 전위차를 가진 두 점 사이를 1암페어의 전류가 흐를 때 소비되는 양임. 기호는 W.

와트² , 제임스 (Watt, James) 명 [인] 영국의 기계 기술자 (1736~1819).

와트-시 (watt時) 명 (의준) [물] 일의 단위. 1와트시는 1와트의 일률로 1시간 동안에 하는 일의 양을 말함. 기호는 Wh.

와하하 튀 거리낌 없이 떠들썩하게 웃는

와해(瓦解) 명 (조직·집단 등이) 더 지속하지 못하게 깨어지거나 없어지는 것. 와해-하다 통자 와해-되다 통자 ¶내각이 ~.

왁스(wax) 명 (蠟). 특히, 마룻바닥이나 가구, 자동차 등에 윤기를 내는 데 사용하는 것과, 스키의 활주면(滑走面)에 칠하는 것 등을 이름.

왁스먼, 셀먼 에이브러햄(Waksman, Selman Abraham) 명(인) 미국의 미생물학자(1888~1973).

왁자그르르[-짜-] 부 1 여럿이 한데 모여 시끄럽게 웃고 떠드는 모양. 또는, 그 소리. 2 소문이 퍼져 갑자기 떠들썩하거나 시끄러운 모양. 왁자그르르-하다 통자

왁자지껄[-짜-] 부 여러 사람이 모여 정신이 어지럽도록 떠들거나 지껄이는 소리나 모양. 왁자지껄-하다 통자형여 ¶조용하던 집 안이 손님들로 ~.

왁자-하다[-짜-] 형여 1 정신이 어지럽도록 떠들썩하다. 2 (어느 범위의 지역이) 소문 따위로 요란하다. ¶그가 죽었다는 소문으로 동네가 ~.

완간(完刊) 명 (출판사 등에서 한 질을 이루는 여러 권의 책을) 모두 간행하여 제작을 완료하는 것. 완간-하다 통타여 ¶대백과사전을 ~. 완간-되다 통자

완강-하다(頑強-) 형여 (상대의 요구·의견·위협 등을 받아들이지 않는 태도가) 고집스러울 만큼 강하다. ¶완강한 저항. 완강-히 부 ¶~ 버티다.

완결(完結) 명 완전하게 결말을 짓는 것. 완결-하다 통타여 ¶수사를 ~. 완결-되다 통자 ¶공사가 ~.

완고-하다(頑固-) 형여 융통성이 없이 곧곧고 고집이 세다. ¶완고한 노인. 완고히 부

완곡-어법(婉曲語法) [-뻡-] 명(언) 상대의 기분을 상하지 않게 하기 위해 완곡한 말을 사용하는 표현법. 겁이 많은 사람에게 "조심성이 많으시군요."라고 표현하는 따위.

완곡-하다(婉曲-) [-고카-] 형여 (말하는 투가) 듣는 사람의 감정을 상하지 않도록 모나지 않고 부드럽다. ¶완곡한 말씨(표현). 완곡-히 부 ¶~ 거절하다.

완공(完工) 명 공사를 완성하는 것. 田준공. 완공-하다 통타여 완공-되다 통자

완:구(玩具) 명 =장난감. ¶봉제~.

완:구-점(玩具店) 명 장난감을 파는 가게.

완급(緩急) 명 일의 급함과 급하지 않음.

완납(完納) 명 (나누어서 낼 수 있거나 내게 되어 있는 돈을) 한꺼번에 모두 내거나 마지막으로 모두 내는 것. 완납-하다 통타여 ¶할부금을 ~. 완납-되다 통자

완도(莞島) 명[지] 전라남도 남해쪽, 완도군에 속하는 섬.

완두(豌豆) 명[식] 녹색의 동그란 종자를 식용하는 한해살이 혹은 두해살이풀. 또는, 그 종자. 잎 끝이 덩굴손이 되어 다른 물체를 감아 오르며 자람.

완두-콩(豌豆-) 명 완두의 종자.

완등(完登) 명 산의 정상이나 암벽 등을 중도에 포기하지 않고 끝까지 오르는 것.

완:력(腕力) [왈-] 명 1 팔의 힘. 2 육체적으로 억누르는 힘. ¶~으로 굴복시키다.

완료(完了) [왈-] 명 완전히 끝마치는 것. ¶준비 ~. 완료-하다 통타여 ¶일을 ~. 완료-되다 통자 ¶공사가 ~.

완료-상(完了相) [왈-] 명[언] 동작의 완료를 나타내는, 동작상의 하나. '-아/어 있다'로 표시함. ▷진행상.

완:만-하다(緩慢-) 형여 1 (움직임이) 느릿느릿하다. ¶완만한 속도. 2 (경사나 커브가) 급하지 않다. ¶완만한 비탈길. 완:만-히 부 ¶~ 굽은 커브 길.

완벽(完璧) 명 ['흠이 없는 구슬'이라는 뜻) 결함이 없이 완전한 것. ¶~을 기하다. 완벽-하다 형여 ¶완벽한 솜씨.

완:보(緩步) 명 천천히 걷는 것. 또는, 느린 걸음. 완:보-하다 통자여

완봉(完封) 명 1 완전히 봉하거나 봉쇄하는 것. 2[체] 야구에서, 투수가 선발로 등판하여 경기를 마칠 때까지 상대 팀에게 한 점도 내주지 않으면서 투구하는 일.

완봉-승(完封勝) 명[체] 야구에서, 투수가 선발로 등판하여 경기를 마칠 때까지 투구하여 상대 팀에게 한 점도 내주지 않고 승리하는 일.

완불(完拂) 명 남김없이 완전히 지불하는 것. 완불-하다 통타여 완불-되다 통자

완비(完備) 명 빠짐없이 완전히 갖추는 것. ¶연회석 ~. 완비-하다 통타여 완비-되다 통자

완:상(玩賞) 명 (어떤 대상을) 그 아름다움을 보고 즐기는 것. 田감상. ¶~ 식물.

완:상(完成) 명 (어떤 일이나 대상물을) 완전히 다 이루는 것. 완성-하다 통타여 ¶~ 을 보다. 완성-되다 통자

완성-도(完成度) 명 예술 작품 따위가 질적으로 완성된 정도. ¶~ 높은 영화.

완성-미(完成美) 명 예술적으로 완성된 데서 오는 아름다움. ¶~가 뛰어난 작품.

완성-품(完成品) 명 완성된 물건.

완수(完遂) 명 (맡은 일을) 완전히 이루거나 해내는 것. 완수-하다¹ 통타여 ¶책임을 ~. 완수-되다 통자

완수²(頑守) 명 완강하게 지키는 것. 완수-하다² 통타여

완숙(完熟) 명 1 열매 따위가 완전히 무르익는 것. 2 (음식 따위를) 완전히 익히는 것. ▷반숙. 완숙-하다¹ 통자타여 ¶달걀을 ~. 완숙-되다 통자

완숙-하다²(完熟-) 형여 1 사람이나 동물이 완전히 성숙하다. 2 재주나 기술 따위가 아주 능숙하다.

완승(完勝) 명 완전한 승리. ¶결승전에서 ~을 거두다. ↔완패. 완승-하다 통타여

완역(完譯) 명 (비교적 긴 길이의 외국어 원문을) 발췌하거나 줄이거나 하지 않고 빠짐없이 모두 번역하는 것. 또는, 그 번역. ¶~본. ↔초역. 완역-하다 통타여 완역-되다 통자

완연-하다(宛然-) 형여 어떤 기운이 뚜렷하다. ¶산과 들에 봄빛이 ~. 완:연-히 부 ¶피로한 빛이 ~ 나타나다.

완:자¹ 명 곱게 다진 쇠고기와 두부를 섞어 양념하여 동글납작하게 빚어 밀가루와 달걀을 씌워 기름에 지진 음식.

완-자²(-字) 명 =만자(卍字).

완:장(腕章) 명 자격이나 지위 등을 나타내기 위하여 팔에 두르는 표장(標章). ¶ 검은 ~을 두른 청년.

완전(完全) 명 모두 갖추어져 부족함이나

결함이 없는 것. ↔불완전. **완전-하다** [형][여] **완전-히** [부] ¶일을 ~ 마치다.
완전^동!사(完全動詞) [명][언] **1** 보어가 없어도 뜻이 완전한 동사. **2** 활용 어미를 고루 갖추어 활용할 수 있는 동사. ↔불완전 동사.
완전무결-하다(完全無缺—) [형][여] 완전하여 결점이 없다. ¶**완전무결하게** 일을 처리하다.
완전^범!죄(完全犯罪)[—죄/—줴] [명] 범인이 범행의 증거가 될 만한 물건이나 사실을 전혀 남기지 않아 자기의 범행 사실을 완전하게 숨긴 범죄.
완전-식품(完全食品) [명] 건강상 필요로 하는 영양소를 모두 함유하는 단독 식품. 우유 따위.
완전^형용사(完全形容詞) [명][언] 보어가 없어도 뜻이 완전한 형용사. ↔불완전 형용사.
완제(完濟) [명] (채무를) 완전히 갚는 것. **완제-하다** [동][타][여] **완제-되다** [동][자]
완제-품(完製品) [명] 제작 공정을 완전히 마친 제품. ¶~을 수입하다.
완주(完走) [명] 목표한 지점까지 다 달리는 것. **완주-하다** [동][타][여] ¶마라톤 풀코스를 ~.
완!충(緩衝) [명] 대립하는 것 사이에서 불화·충돌을 완화시키는 일. ¶~ 작용. **완!충-하다** [동][타][여]
완!충-국(緩衝國) [명][정] 강국(強國)들 사이에 위치하여 그 나라들의 마찰이나 충돌을 완화시키는 역할을 하는 나라.
완!충^지대(緩衝地帶) [명][군] 대립하는 두 나라 또는 그 이상의 나라의 충돌을 완화시키기 위하여 설치한 중립 지대.
완치(完治) [명] (병을) 완전히 고치는 것. **완치-하다** [동][타][여] **완치-되다** [동][자]
완쾌(完快) [명] (병이) 완전히 낫는 것. ¶~를 빌다. **완쾌-하다** [동][자][여] **완쾌-되다** [동][자]
완투(完投) [명][체] 야구에서, 한 투수가 교대하지 않고 한 경기를 끝까지 던지는 것. **완투-하다** [동][자][여]
완투-승(完投勝) [명][체] 야구에서, 한 투수가 교대하지 않고 끝까지 던져 이룬 승리. ¶~을 거두다.
완파(完破) [명] 주로 경기 등에서, (상대 팀을) 완전히 물리치는 것. **완파-하다** [동][타][여] ¶한국은 축구 결승전에서 일본을 3 대 0으로 **완파했다**.
완패(完敗) [명] 완전히 패하는 것. ¶~를 당했다. ↔완승. **완패-하다** [동][자][여]
완!행(緩行) [명] '완행열차'의 준말. ↔급행(急行).
완!행-열차(緩行列車)[—널—] [명] 빠르지 않은 속도로 운행되며, 각 역마다 정차하는 열차. [준]완행. ↔급행열차.
완!화(緩和) [명] (어떤 일을) 긴장되거나 급박하거나 엄격한 상태에서 부드럽게 하거나 누그러뜨리는 것. **완!화-하다** [동][타][여] ¶규제를 ~. **완!화-되다** [동][자]
왈(曰) Ⅰ [부] 흔히 말하는 바.
Ⅱ《한문 투의 말에서 쓰여》'가로되', '가라사대'의 뜻. ¶공자 ~ / 맹자 ~.
왈가닥 [명] 남자처럼 덜렁거리며 수선스럽게 구는 여자.
왈가왈부(曰可曰否) [명] (어떤 일에 대하여) 옳다거니 그르다거니 하고 말함. **왈가왈부-하다** [동][타][여] ¶공연히 남의 일에 **왈가왈부하지** 마라.
왈왈 [부] 개가 짖는 소리.
왈짜 [명] =왈패.
왈츠(waltz) [명][음] 3/4박자의 경쾌한 춤곡. 또는, 그 춤. 남녀가 둥글게 원을 그리며 춤을 춤. =원무곡.
왈칵 [부] **1** 먹은 것을 갑자기 다 토해 내는 모양. **2** 별안간 통째로 뒤집히는 모양. **3** 갑자기 힘껏 밀치거나 잡아당기는 모양. ¶문을 ~ 잡아당기다. **4** 급작스레 많이 쏟아지는 모양. ¶눈물이 ~ 쏟아지다. **5** 격한 감정이 갑자기 치밀어 오르는 모양.
왈칵-왈칵 [부] 연달아 왈칵하는 모양. **왈칵왈칵-하다** [동][자][타][여]
왈칵-하다[—카카—] [형][여] 성미가 몹시 급하다. ¶**왈칵하는** 성미라서 앞뒤 가리지 않고 일을 저지른다.
왈패(—牌) [명] 말과 행동이 단정하지 못하고 수선스러운 사람의 별명. =왈짜.
왕[1](王) [명] **1** 나라를 세습적으로 다스리는 최고의 권력자. [비]임금. **2** 일정한 분야나 범위 안에서의 제일인자. ¶백수(百獸)의 ~ 사자.
왕-[2](王) [접두] **1** 동식물을 나타내는 일부 명사 앞에 붙어, '보다 큰 종류'의 뜻을 나타내는 말. ¶~개미 / ~밤. **2** 일부 명사 앞에 붙어, '매우 큰', '아주 굵은'의 뜻을 나타내는 말. ¶~방울 / ~소금. **3** 일부 명사 앞에 붙어, '매우 심한'의 뜻을 나타내는 말. ¶~고집 / ~초보. **4** 친족 관계를 나타내는 일부 명사에 붙어, '할아버지뻘 되는'의 뜻을 나타내는 말. ¶~고모 / ~부모.
-왕[3](王) [접미] 일부 명사에 붙어, 어떤 부문에 있어서 제일인자임을 이르는 말. 특히, 최우수자를 선정하여 시상하고자 할 때 붙이는 말임. ¶홈런~ / 저축~.
왕가(王家) [명] 왕의 집안. [비]왕실.
왕-개미(王—) [명][동] 몸이 보통 개미보다 크고, 몸빛은 검은색 또는 갈색에 작은 털이 빽빽하게 나 있는 개미. 땅속에 집을 짓고 큰 집단을 이루어 삶.
왕-거미(王—) [명][동] 몸은 황갈색이고 다리는 적갈색으로 굵고 길며, 처마 밑이나 나무 사이에 수레바퀴 같은 그물을 치는 거미.
왕-건(王建) [명][인] '태조[2]'의 본명.
왕-겨(王—) [명] 벗겨 놓은 벼의 겉껍질. ▷쌀겨.
왕-고모(王姑母) [명] =고모할머니.
왕-고모부(王姑母夫) [명] =고모할아버지.
왕-고집(王固執) [명] 아주 심한 고집. 또는, 그런 고집을 부리는 사람.
왕-골 [명][식] 줄기는 높이 1.5m가량으로 단면이 삼각형이고, 끝에 황갈색의 잔 꽃이 피는 한해살이풀. 줄기로 돗자리·방석 등을 만듦.
왕관(王冠) [명] 왕이 권위의 상징으로 머리에 쓰는, 금과 보석으로 둥글게 만든 관.
왕국(王國) [명] **1** 왕이 다스리는 군주제의 나라. ¶고대 ~. **2** 어떤 세력이나 현상이 지배적으로 나타나는 영역. 비유적인 말임. ¶축구의 ~ 브라질.
왕궁(王宮) [명] 임금이 거처하는 궁전.
왕권(王權)[—꿘] [명] 국왕의 권리.
왕권-신수설(王權神授說)[—꿘—] [명] 국왕의 권리는 신으로부터 받은 절대 무한한 것이므로 인민이나 의회에 의하여 제한되지 않는다는 설.

왕녀(王女) 圀 임금의 딸. ↔왕자.
왕!년(往年) 圀 지나간 해. 곧, 과거. ¶~의 권투 선수.
왕눈-이(王-) 圀 눈이 큰 사람의 별명.
왕당-파(王黨派) 圀 1 왕권의 확장·유지를 주장하는 무리로 이루어진 당. 2 집권 세력을 옹호하고 지지하는 무리를 이르는 말.
왕-대(王-) 圀[식] 줄기가 아주 굵은, 대나무의 한 종류. 죽순은 식용·약용하며, 줄기는 세공 재료로 씀.
왕-대비(王大妃) 圀 살아 있는 선왕(先王)의 비.
왕-대포(王-) 圀 '대포'를 큰 술잔으로 마신다 하여 이르는 말.
왕도¹(王都) 圀 왕궁이 있는 도시. =왕성.
왕도²(王道) 圀 1 임금이 마땅히 지켜야 할 도리. 2 유가(儒家)가 이상으로 하는, 인덕(仁德)을 근본으로 천하를 다스리는 도리. ↔패도. 3 어려운 일을 아주 쉽게 이루는 방법. ¶학문에는 ~가 없다.
왕-따(王-) 圀〈속〉어떤 사람을 집단적으로 괴롭히고 따돌리는 일. 또는 그 따돌림을 받는 사람.
왕!래(往來) [-내] 圀 1 (비교적 친한 사람이나 탈것이 어느 곳을) 꾸준히 오고 가는 것. ⓗ발길. ¶~가 빈번하다. 2 (어떤 사람이나 탈것이 어느 곳을) 볼일을 보기 위해, 또는 정해진 노선으로서 왔다가 갔다가 하거나 갔다가 왔다가 하는 것. 3 서로 직접 오가거나 편지를 주고받거나 하면서 친교 또는 연락 관계를 가지는 것. ¶서신 ~. **왕!래-하다** 图(자)(타)(여)
왕릉(王陵) [-능] 圀 왕의 무덤.
왕!림(枉臨) [-님] 圀 남이 자기 있는 곳으로 찾아오는 일을 높여 이르는 말. **왕!림-하다** 图(자)(타)(여) ¶멀리서 이렇게 **왕림하여** 주셔서 감사합니다.
왕립(王立) [-닙] 圀 국왕이나 왕족이 세우는 일. ¶~ 음악 학교.
왕-만두(王饅頭) 圀 보통 만두보다 크게 빚은 만두를 이르는 말.
왕-매미(王-) 圀[동] =말매미.
왕명(王命) 圀 임금의 명령. ⓗ어명.
왕-방울(王-) 圀 큰 방울. ¶~만 한 눈.
왕벌(王-) 圀[동] =말벌.
왕!복(往復) 圀 (어느 곳을) 갔다가 돌아오는 것. ¶~ 차표. ↔편도. **왕!복-하다** 图(타)(여)
왕!복-표(往復票) 圀 한 장으로 일정 구간을 왕복할 수 있는 표.
왕비(王妃) 圀 임금의 아내. =왕후.
왕사(王師) 圀 임금의 스승.
왕-산악(王山岳) 圀[인] 고구려의 거문고의 명인(?~?).
왕-새우(王-) 圀[동] =대하(大蝦)².
왕!생(往生) 圀[불] 이 세상을 떠나 정토(淨土)에 가 태어나는 일. ¶극락~. **왕!생-하다** 图(자)(여)
왕!생-극락(往生極樂) [-긍낙] 圀[불] = 극락왕생.
왕성(王城) 圀 =왕도(王都)¹.
왕!성-하다(旺盛-) 혱여 한창 성하다. ¶혈기가 ~. **왕!성-히** 閉
왕-세손(王世孫) 圀 왕위를 이을 왕세자의 맏아들. ⓒ세손.
왕-세자(王世子) 圀 왕위를 이을 왕자. ⓗ동궁. ⓒ세자. 왕세자궁.
왕세자-비(王世子妃) 圀 '왕세자빈'의 잘못.

왕세자-빈(王世子嬪) 圀 왕세자의 정실 부인. ×왕세자비.
왕-세제(王世弟) 圀 왕위를 물려받을 왕의 아우.
왕-소금(王-) 圀 굵은 소금.
왕손(王孫) 圀 임금의 손자 또는 후손.
왕수(王水) 圀[화] 진한 염산과 진한 질산을 3 대 1의 비율로 혼합한 액체. 산에 잘 녹지 않는 금이나 백금 등을 용해시킴.
왕실(王室) 圀 왕의 집안. ⓗ왕가.
왕-안석(王安石) 圀[인] 북송의 정치가·학자(1021~1086).
왕왕(王-) 閉 1 물체가 귀청이 울릴 정도로 몹시 요란한 소리를 내는 모양. 2 개가 사납고 요란스럽게 짖는 소리. ▷명명. **왕왕-하다** 图(자)(여)
왕!왕(往往) 閉 이따금. 때때로. ¶그런 일은 ~ 있는 일이다.
왕왕-거리다/-대다(王-) 图(자) 1 (물체가) 귀청이 울릴 정도로 요란한 소리를 내다. 2 (사람이) 큰 소리로 듣기 싫은 말을 하다. 속된 말임.
왕위¹(王位) 圀 임금의 자리. ⓗ보위. ¶~를 계승하다.
왕위²(王威) 圀 왕의 위세. ¶~를 떨치다.
왕-인(王仁) 圀[인] 백제의 학자(?~?).
왕자¹(王子) 圀 임금의 아들. ↔왕녀.
왕자²(王者) 圀 각 분야에서 특히 뛰어난 사람의 비유. ¶씨름의 ~. ▷패자(覇者).
왕자-군(王子君) 圀[역] 임금의 서자.
왕자-병(王子病) [-뼝] 圀 남자가 자신을 왕자처럼 고귀한 존재로 여겨 남들도 그렇게 대해 주기를 바라는, 병적인 심리 상태나 태도. 놀림조의 말임. ↔공주병.
왕정(王政) 圀 임금의 정치.
왕정-복고(王政復古) [-꼬] 圀 공화제나 민주제 정치가 폐지되고 다시 그전의 군주제 정치로 되돌아가는 일.
왕조(王朝) 圀 1 왕이 직접 다스리는 나라. 2 같은 왕가(王家)에 속하는 통치자의 계통. 또는, 그 왕가가 다스리는 시대. ¶조선 ~ 오백 년.
왕족(王族) 圀 임금의 일가.
왕좌(王座) 圀 1 임금이 앉는 자리. 또는, 임금의 지위. ¶~를 넘보다. 2 으뜸가는 자리. ¶바둑계의 ~를 차지하다.
왕중-왕(王中王) 圀 1 대회나 경쟁에서, 우승자끼리 겨뤄 승리한 최후의 우승자. ¶~을 가리다. 2 =만왕의 왕.
왕중왕-전(王中王戰) 圀 지역이나 시기가 다른 우승자끼리 최고의 승자를 가리기 위해 벌이는 시합이나 경쟁. ¶퀴즈 ~.
왕!진(往診) 圀[의사가] 환자 집에 가서 진찰하는 것. **왕!진-하다** 图(자)(타)(여)
왕창 閉〈속〉엄청나게 큰 규모로. ¶돈을 ~ 벌다.
왕초(王-) 圀 거지·넝마주이 등의 무리의 두목을 속되게 이르는 말.
왕-초보(王初步) 圀 초보 중에서도 초보인, 가장 낮은 수준. 또는, 그 사람. ¶~ 운전자.
왕통(王統) 圀 왕위를 잇는 혈통.
왕-파리(王-) 圀[동] =쉬파리.
왕후¹(王后) 圀 =왕비(王妃).
왕후²(王侯) 圀 제왕(帝王)과 제후(諸侯).
왕후장상(王侯將相) 圀 제왕·제후·장수·재상의 총칭. 지난날, 권력층이나 지배층을 이르던 말임. ¶~ 부럽지 않다.

왕-희지(王羲之) [-히-] 명 [인] 진(晉)나라의 서예가(307~365).

왜¹ 명[언] 한글 모음 'ㅙ'의 이름.

왜:² Ⅰ 튀 무슨 까닭으로. 어떤 행동이나 현상의 이유나 원인을 묻는 데 쓰이는 말임. ㈁어째서. ¶너는 ~ 옷니?
Ⅱ 갑 1 의문이나 이의를 제기할 때 쓰는 말. 2 주로 확인 ของ의문문 등에 쓰여, 어떤 사실에 대한 승인이나 확인을 촉구하는 말. ¶~ 그 사람 있잖아? 3 부르는 말에 응답할 때 '무엇 때문에 부르느냐'의 뜻으로 하는 말. ¶"철수야!"~!

왜³(倭) 명 1'왜국'의 준말. 2 일부 명사 앞에 붙어, '일본식', '일본에서 나는'의 뜻을 나타내는 말. ¶~간장.

왜!가리 명[동] 몸길이 90~100cm가량으로 다리와 부리가 길며, 정수리·목·가슴·배는 희고 등은 청회색인 새. 흔히 볼 수 있는 여름 철새로, 얕은 민물에서 삶.

왜-간장(倭一醬) 명 일본에서 만든 재래식 간장에 대하여, 양조장에서 만든 일본식 개량 간장을 일컫는 말.

왜경(倭警) 명 일제 강점기에 일본 경찰을 얕잡아 이르던 말. ¶~의 끄나풀.

왜곡(歪曲) 명 어떤 사실을 실제와 다르게 거짓되이 바꾸거나 고치는 것. ¶~보도. **왜곡-되다** 자 **왜곡-하다** 타여 ¶역사를 ~. **왜곡-되다** 자여 **왜곡-하다** 타여 ¶역사를 바로잡다.

왜관(倭館) 명[역] 조선 시대, 왜인과 통상하기 위해 부산에 두었던 관.

왜구(倭寇) 명 13~16세기에 중국과 우리나라 연안에서 약탈을 일삼던 일본 해적.

왜국(倭國) 명 '일본'을 얕잡아 이르는 말. = 왜(倭).

왜군(倭軍) 명 '일본군'을 얕잡아 이르는 말.

왜냐-하면 어떤 사실을 서술하는 앞의 문장에 대해, 그 이유를 논리적으로 설명하고자 할 때 쓰는 접속 부사. 보통, '때문이다'라는 서술어와 호응함. ¶사랑은 희생과 헌신을 필요로 하기 때문이다. → 진정한 사랑은 희생과 헌신을 필요로 하기 때문이다.

왜-놈(倭一) 명 일본 사람, 특히 일본 남자를 비속하게 이르는 말.

왜-된장(倭一醬) 명 [-된-/-뙌-] 명 일본식으로 만든 된장.

왜란(倭亂) 명[역] '임진왜란'의 준말.

왜병(倭兵) 명 일본 병정을 얕잡아 이르는 말.

왜색(倭色) 명 어떤 사물에서 느낄 수 있는, 일본 문화 특유의 분위기나 맛. 부정적인 어감을 가지는 말임. ¶~ 문화.

왜선(倭船) 명 일본 배를 얕잡아 이르는 말.

왜성(矮星) 명[천] 반지름이나 광도(光度)가 작은 항성. ↔거성.

왜소-하다(矮小-) 혱여 (키나 체구가) 보통의 경우보다 작다. ¶왜소한 체구가.

왜식(倭式) 명 '일본식' 또는 '일본풍'을 얕잡아 이르는 말.

왜식²(倭食) 명 '일식(日食)'을 얕잡아 이르는 말.

왜인(倭人) 명 일본 사람을 얕잡아 이르는 말.

왜장(倭將) 명 일본 장수를 얕잡아 이르는 말.

왜적(倭敵) 명 적으로서의 일본이나 일본인. ¶~을 물리치다.

왜정(倭政) 명 일본이 침략하여 다스리던 정치. =일정(日政). ¶~ 시대.

왝 튀 1 왜가리의 울음소리. 2 토해 내는 소리. 또는, 그 모양. ㈁왝.

왝-왝 튀 1 왜가리가 잇달아 우는 소리. 2 자꾸 토해 내는 소리. 또는, 그 모양. 3 연하여 기를 쓰고 고함을 치는 소리. 또는, 그 모양. ㈁왝왝. 왝왝. **왝왝-하다** 자여

왝왝-거리다/-대다 [-꺼-] 자 자꾸 왝 소리를 내다.

왠지 튀 왜 그런지 모르게. 또는, 뚜렷한 이유도 없이. ¶뒹구는 낙엽을 보니 ~ 서럽다. ×웬지.

왱 튀 1 작은 날벌레가 날아갈 때 나는 소리. ¶모기가 ~. 2 가는 철사에 바람이 세차게 불 때 나는 소리. ¶바람에 전선이 ~ 하고 운다. 3 이명 현상을 나타내는 소리. ㈁웽. 4 소방차나 구급차 같은 것이 지나가는 소리.

왱-왱 튀 1 자꾸 왱 하는 소리. 2 어린아이들이 높은 소리로 막힘 없이 글을 읽는 소리. 웽웽. **왱왱-하다** 자여

왱왱-거리다/-대다 자 자꾸 왱왱하다. ¶왱왱거리는 파리 떼.

외¹[외/웨] 명[언] 한글 모음 'ㅚ'의 이름.

외²[외/웨] 명[식] '오이'의 준말.

외-³[외/웨] 접두 명사 앞에 붙어, '하나만으로 되어 있음'을 뜻하는 말. ¶~길 / ~아들.

외⁴(外)[외/웨] 명 (의존) 1 그 대상 말고 그것을 벗어난 범위. ¶이 외. ¶김동원 씨 ~ 3명. 2 그 작용의 한계를 넘어선 상태. ㈁밖. ¶시험이 내 예상 ~로 까다롭다.

외-⁵(外)[외/웨] 접두 1 '밖', '표면'의 뜻. ¶~분비 / ~출혈. ㈁내-. 2 친족을 나타내는 말 앞에 쓰여, 어머니를 딸을 통해 맺어진 관계임을 나타내는 말. ¶~삼촌 / ~할머니. ↔친(親)-.

외!가(外家)[외-/웨-] 명 어머니의 친정.

외!각(外角)[외-/웨-] 명[수] 1 다각형에서, 한 변과 그것에 이웃한 변의 연장선이 이루는 각. 2 두 개의 직선이 한 점에서 각각 다른 점에서 만나서 생기는, 두 선의 바깥쪽의 각. ↔내각.

외!간(外間)[외-/웨-] 명 1 ('남자', '여자', '사람' 등의 앞에 쓰여) 자기 남편이나 아내가 아님을 뜻하는 말. ¶~ 남자. 2 자기 집 밖의 다른 곳. 또는, 아무 관계가 없는 사람들 사이.

외-갈래[외-/웨-] 명 오직 한 갈래. ¶~길 / 머리를 ~로 땋다.

외!갓-집(外家-)[외가찝/외갇찝/웨가찝/웨갇찝] 명 '외가'를 구어적으로 이르는 말.

외!강내유(外剛內柔)[외-/웨-] 명 겉으로는 강하게 보이나 속은 부드러움. ↔외유내강. **외!강내유-하다** 혱여

외!견-상(外見上)[외-/웨-] 명 = 외관상. ¶~으로는 아무렇지도 않다.

외-겹[외-/웨-] 명 겹으로 되지 않은 단 한 겹. ¶~ 치마.

외!경¹(外徑)[외-/웨-] 명 = 바깥지름. ↔내경.

외!경²(外經)[외-/웨-] 명[가][기] 성서 가운데 정경(正經)에 포함되지 않은 크리스트교 서적이나 문서.

외!경³(畏敬)[외-/웨-] 명 = 경외. ¶생명에 대한 ~심(心). **외!경-하다** 타여

외!계(外界)[외계/웨게] 명 1 바깥 세계.

또는, 자기 몸 밖의 범위. 2 [철] 감각·사유(思惟)의 작용에서 떠나 독립하여 존립하는 일체의 사물.
외:계-인(外界人)[외계-/웨계-] 圀 =우주인1.
외-고집(-固執)[외-/웨-] 圀 조금도 융통성이 없는 고집. 또는, 그런 고집을 부리는 사람. ×옹고집.
외-골수(-骨髓)[외-쑤/웨-쑤] 圀 **1** '한 가지에만 매달리는, 편협하고 융통성 없는 사람'을 이르는 말. **2** '외곬'의 잘못.
외-곬[외골/웨골] 圀 **1** 단 한 곳으로만 통한 길. **2** (주로 '외곬으로'의 꼴로 쓰여) 단 한 가지 방법이나 방향. ¶~으로 생각하다. ×외골수.
외:과(外科)[외꽈/웨꽈] 圀[의] 신체 외부의 피부병이나 창상(創傷) 및 내장(內臟) 여러 기관의 질병에 대하여 주로 수술을 하여 치료하는, 의학의 한 분과. ↔내과.
외:과-의(外科醫)[외꽈의/웨꽈의] 圀 외과의 치료와 수술을 전문으로 하는 의사. ↔내과의.
외:곽(外郭·外廓)[외-/웨-] 圀 **1** 성 밖으로 다시 둘러 쌓은 성. **2** 바깥 테두리. ¶도시의 ~ 지대.
외:관¹(外官)[외-/웨-] 圀[역] 지방의 관직인 관원.
외:관²(外觀)[외-/웨-] 圀 겉으로 본 모양. 혭겉보기. ¶~이 아름답다.
외:관-상(外觀上)[외-/웨-] 圀 겉으로 보기에. 또는, 겉모양에 있어서. =외견상.
외:교(外交)[외-/웨-] 圀 **1** 국가가 다른 국가와 관계를 맺고 상호 간에 교섭하고 협상하는 활동. =외치. ¶~ 정책. **2** 어떤 목적을 이루기 위해 다른 사람과 관계를 맺고 교제하는 일. ¶~에 능한 사람.
외:교-가(外交家)[외-/웨-] 圀 **1** 외교를 직업으로 하는 사람. **2** 사교나 교섭 등에 능한 사람.
외:교-관(外交官)[외-/웨-] 圀 외교 통상부 장관의 감독 아래 외국에 파견되거나 주재하며 외국과의 교섭·교제 사무에 종사하는 관직. 또는, 그 사람. 대사·공사·영사 및 그 소속하의 참사관·서기관 등의 총칭.
외:교-권(外交權)[외-꿘/웨-꿘] 圀[법] 주권 국가로서 외국과 외교를 할 수 있는 권리.
외:교 사:절(外交使節)[외-/웨-] 圀 외국에 파견되는 국가의 대외적 대표 기관. 외국에 대하여 자기 나라의 권리·이익을 꾀하고, 주재국의 자기 국민을 보호·감독하는 임무를 지님. 대사·공사·변리 공사·대리 공사의 4계급이 있음. ¶~단.
외:교-적(外交的)[외-/웨-] 圀閨 외교에 관한 (것). ¶~ 차원.
외:교통상부(外交通商部)[외-/웨-] 圀 행정 각 부의 하나. 외교, 외국과의 통상교류 및 통상 교섭에 관한 업무, 기타 국제 협력, 재외 국민의 보호·지원, 이민에 관한 사무를 맡아봄.
외:구(外寇)[외-/웨-] 圀 =외적(外敵)². ¶~의 침략.
외:국(外國)[외-/웨-] 圀 자기 나라의 영토 밖에 있는 다른 나라. 혭타국·해외. ¶~ 영화. ↔내국.
외:국-산(外國産)[외-싼/웨-싼] 圀 외국에서 산출됨. 또는, 그 물건. ↔국산.

외:국-어(外國語)[외-/웨-] 圀 다른 나라의 말. ¶~ 학습.
외:국-인(外國人)[외-/웨-] 圀 다른 나라의 국민. =타국인. 혭이방인. ¶~ 판광객. 쥰외인. ↔내국인.
외:국 자본(外國資本)[외-짜-/웨-짜-] 圀[경] 외국이나 외국인이 투자한 자본. 또는, 외국에서 들어오는 자금. 쥰외자본.
외:국-제(外國製)[외-쩨/웨-쩨] 圀 외국에서 만든 물품. 혭외국산. 쥰외제.
외:국-채(外國債)[외-/웨-] 圀[경] 자금조달을 위해 외국의 자본 시장에서 발행되는 국채·지방채·사채(社債). 외화(外貨)로 표시되며, 납입과 상환 등의 업무도 외국에서 행해짐. 쥰외채.
외:국-환(外國換)[외구콴/웨구콴] 圀[경] 현금의 수송에 따르는 위험·불편을 없애기 위해 국제간의 거래에서 생긴 채권자 양도·지급 위탁 등의 방법으로 결제하는 방식. 쥰외환. 혭내국환.
외:근(外勤)[외-/웨-] 圀 직장 밖의 장소에서 일시적으로 직장 업무와 연관되는 일을 하는 것. =외무. ¶~ 기자. ↔내근.
외:근-하다 짜
외:기(外氣)[외-/웨-] 圀 방 밖의 공기. 또는, 외부의 공기.
외-기러기[외-/웨-] 圀 짝이 없는 한 마리의 기러기. ¶~ 짝사랑.
외-길[외-/웨-] 圀 **1** 한 군데로만 난 길. **2** 한 가지 방법만을 택하는 태도. ¶~ 인생.
외-꺼풀[외-/웨-] 圀 외겹으로 된 눈꺼풀.
외나무-다리[외-/웨-] 圀 좁은 개울 등에 한 개의 통나무로 걸쳐 놓은 다리.
외-눈[외-/웨-] 圀 **1** 짝을 이루지 않은 단 하나의 눈. ¶~ 도깨비. **2** 두 눈에서 한 눈을 감고 다른 한 눈으로 볼 때 뜬 눈. **3** '애꾸눈이'의 잘못.
외눈-박이[외-/웨-] 圀 =애꾸눈이.
외:다¹[외-/웨-] 짜 '외우다'의 준말. ¶주문을 ~.
-외다²[외-/웨-] 어미 '-오이다'의 준말. ¶참 오랜만이~.
외-다리[외-/웨-] 圀 **1** 하나만 있는 다리. **2** 다리가 하나뿐인 사람이나 물건.
외:도(外道)[외-/웨-] 圀 **1** 바르지 못한 길이나 도리. **2** =오입. **3** 주된 일에서 벗어난 다른 일. ¶그림을 그리는 것은 철도 기관사인 그로서는 ~를 하는 것이었다.
외:도-하다 짜困 **1** =오입하다. **2** 주된 일에서 벗어나 다른 일에 손을 댄다.
외동-딸[외-/웨-] 圀 '외딸'의 애칭. ¶무남독녀 ~. ↔외동아들.
외동-아들[외-/웨-] 圀 '외아들'의 애칭. ¶삼대독자 ~. ↔외동딸.
외:등(外燈)[외-/웨-] 圀 주택의 대문이나 현관, 집 앞 골목 등의 실외에 다는 등. 혭옥외등.
외-따로[외-/웨-] 凰 홀로 따로. 또는, 오직 홀로. ¶산모퉁이에 ~ 있는 집.
외-따롭다[외-따/웨-따] 혱<-따로우니, ~따로워> 외따로 떨어진 느낌이 있다. **외따로이** 凰 ¶~ 살다.
외딴[외-/웨-] 괺 외따로 떨어져 있는. ¶~ 동네.
외딴-곳[외-곧/웨-곧] 圀 외따로 떨어져 있는 곳. ¶인적이 드문 ~에 살다.

외딴-길[외-/웨-] 명 외따로 나 있는 작은 길. ¶인적이 드문 ~.
외딴-섬[외-/웨-] 명 육지에서 멀리 떨어져 있는 섬. 비낙도(落島).
외딴-집[외-/웨-] 명 외따로 떨어져 있는 집.
외-딸[외-/웨-] 명 오직 하나밖에 없는 딸. ¶무남독녀 ~. ▷고명딸.
외떡잎-식물(-植物)[외떵닙씅-/웨떵닙씅-] 명[식] 속씨식물의 한 강(綱). 떡잎이 한 개인 경우가 많고, 잎은 대개 가늘고 긴 나란히맥임. 백합·난초·벼·보리 따위가 이에 속함. ↔쌍떡잎식물.
외-떨어지다[외-/웨-] 자 외롭게 따로 떨어지다. ¶외떨어진 집.
외람-되다(猥濫-)[외-/웨-되-/-뒈-] 형 보기에 외람한 듯하다. ¶외람된 생각. **외람되-이** 튀
외람-스럽다(猥濫-)[외-따/웨-따] 형ㅂ〈-스러우나, -스러워〉 외람한 데가 있다. **외람스레** 튀
외람-하다(猥濫-)[외-/웨-] 형여 (하는 생각이나 행동이) 도리나 분수에 지나친 데가 있다. **외람-히** 튀
외ː래(外來)[외-/웨-] 명 1 밖에서 옴. 2 외국에서 옴. ↔재래(在來). 3 환자가 입원하지 않고 병원에 다니면서 치료를 받는 것. 또는 그 환자.
외ː래-문화(外來文化)[외-/웨-] 명 외국에서 들어온 문화.
외ː래-어(外來語)[외-/웨-] 명[언] 외국어 가운데 국어 속에 들어와서 국어의 체계에 동화되어 쓰이는 단어. ↔고유어.
외ː래어^표기법(外來語表記法)[외-/웨-뻡/-뻡] 명 외래어를 한글로 표기하는 방법. 현행 표기법은 1986년 1월에 문교부에서 고시한 것임.
외ː래^환ː자(外來患者)[외-/웨-] 명 입원하지 않고 병원에 다니면서 치료를 받는 환자.
외ː려[외-/웨-] 튀 '오히려'의 준말. ¶잘못해 놓고 ~ 큰소리치네.
외ː력(外力)[외-/웨-] 명 외부로부터 작용하는 힘.
외ː로[외-/웨-] 튀 왼쪽으로.
외로움[외-/웨-] 명 외로운 느낌. ¶~을 타다. 비고독.
외로워-하다[외-/웨-] 자타여 외롭게 느끼다.
외롭다[외-따/웨-따] 형ㅂ〈외로우니, 외로워〉(사람이) 혼자라고 느께 주위에 의지하거나 벗이 될 만한 상대가 없어 외로이 튀 ¶늘그막에 자식도 없이 ~ 살다.
외-마디[외-/웨-] 명 말이나 소리의 단 한 마디. ¶~ 비명을 지르다.
외면¹(外面)[외-/웨-] 명 1 바깥으로 드러난 사물의 모습. 2 사람의 생김새나 말이나 행동으로 나타나는 모양. ¶~만 보고 사람됨을 판단하지 마라. ↔내면.
외ː면²(外面)[외-/웨-] 명 1 (어떤 사람이나 장면을) 바라보기가 싫거나 꺼려져 얼굴을 다른 데로 돌려 보지 않는 것. 2 (어떤 현실이나 대상을) 관심을 두지 않고 모른 체하거나 무시하는 것. **외ː면-하다** 타여 ¶이웃의 고통을 ~.
외ː면-적(外面的)[외-/웨-] 관 겉모양이나 사물의 외부에만 관계하는 (것). ↔내면적.

외ː면-치레(外面-)[외-/웨-] 명 겉모양만 번드르르하게 꾸미는 것. ¶~로 하는 인사.
외ː-명부(外命婦)[외-/웨-] 명[역] 조선 시대, 왕족·종친의 여자·친족의 처로서 남편의 벼슬에 따라 봉작을 받은 여자의 총칭. ↔내명부.
외-모(外貌)[외-/웨-] 명 겉으로 나타난 모습. ¶~가 단정하다.
외ː무(外務)[외-/웨-] 명 1 외교에 관한 업무. ↔내무. 2 =외근. ¶~ 사원.
외ː박(外泊)[외-/웨-] 명 자기가 살고 있는 집이나 일정한 바깥쪽 아닌 곳에서 밤에 잠을 자는 것. **외ː박-하다** 자여
외-발[외-/웨-] 명 두 발이 아닌, 한쪽만의 발.
외-벌이[외-/웨-] 명 부부 가운데 어느 한쪽만 직업을 가지고 돈을 버는 일. ¶~ 부부. ↔맞벌이.
외ː벽(外壁)[외-/웨-] 명 =바깥벽. ↔내벽(內壁).
외ː부(外部)[외-/웨-] 명 1 물체·몸·장치·구조물 등의 바깥쪽 부분. ¶건물 ~를 단장하다. 2 어떤 조직이나 집단의 범위 밖. ¶~ 인사(人士). ↔내부.
외ː분(外分)[외-/웨-] 명[수] 한 선분을 나누는 점이 그 선분 안에 있지 않고 그 선분의 연장상에 있는 일. ↔내분. **외ː분-하다** 타여
외ː-분비(外分泌)[외-/웨-] 명[생] 분비물이 도관을 통하여 체내(體內) 또는 소화관 내로 배출되는 현상. ↔내분비.
외ː분비-선(外分泌腺)[외-/웨-] 명[생] 외분비 작용을 하는 샘. 침샘·땀샘·젖샘 등. ↔내분비선.
외ː빈(外賓)[외-/웨-] 명 외부나 외국으로부터 오는 귀한 손님. ¶~ 접대.
외뿔소-자리[외-/웨--쏘-/-쏘-] 명[천] 별자리의 하나. 오리온자리의 동쪽 은하 중에 있음.
외ː-사촌(外四寸)[외-/웨-] 명 외삼촌의 아들이나 딸을 지칭하는 말. 비외종.
외ː-삼촌(外三寸)[외-/웨-] 명 어머니의 오빠나 남동생을 호칭 또는 지칭하는 말.
외ː삼촌-댁(外三寸宅)[외-/웨-땍/-땍] 명 어떤 사람의 '외숙모'를 지칭하는 말.
외ː상¹[외-/웨-] 명 값은 나중에 치르기로 하고 물건을 사고파는 일.
외ː상²(-床)[외-/웨-] 명 한 사람 몫으로 차린 음식상. ↔겸상.
외ː상³(外相)[외-/웨-] 명 일본에서, 외교 업무를 담당하는 행정 부서의 우두머리.
외ː상⁴(外傷)[외-/웨-] 명 폭력이나 사고 등에 의해 생긴 몸의 상처. ¶~을 입다.
외ː상-값[외-깝/웨-깝] 명 외상으로 거래한 물건에 대한 값.
외ː상-술[외-/웨--쑬] 명 값은 나중에 치르기로 하고 마시는 술.
외ː서(外書)[외-/웨-] 명 외국 글로 된 서적.
외ː선(外線)[외-/웨-] 명 1 옥외에 가설한 전선. 2 관청·회사 등에서 외부에 통하는 전화. ↔내선.
외ː설(猥褻)[외-/웨-] 명 글·그림·영화·공연 등이 사회의 풍속을 해칠 만큼 성적(性的)으로 노골적이고 자극적인 것.
외ː설-물(猥褻物)[외-/웨-] 명 사회의 풍속을 해칠 만큼 성욕을 강하게 자극하

는 글·그림·조각·영상·기구 따위의 총칭.
외:설-스럽다(猥褻-)[외-따/웨-따] 형 ㅂ<-스러우니, -스러워>(글·그림·영화 등의 표현이나 장면이) 사회의 풍속을 해칠 만큼 성적으로 노골적이고 자극적인 데가 있다. ¶**외설스러운 장면**.
외:성(外城)[외-/웨-] 명 이중으로 쌓은 성에서, 밖에 있는 성. =나성. ↔내성.
외:세(外勢)[외-/웨-] 명 외국의 세력. ¶~의 침입. 2 밖의 형세.
외손(外孫)[외-/웨-] 명 1 딸이 낳은 자식. 2 딸의 자손.
외:-손녀(外孫女)[외-/웨-] 명 딸이 낳은 딸. ↔친손녀.
외:-손자(外孫子)[외-/웨-] 명 딸이 낳은 아들. ↔친손자. ✕외손주.
외손-잡이[외-/웨-] 명 한쪽 손만으로 하여 그 손만을 주로 쓰는 사람.
외:-손주(外孫-)[외-/웨-] '외손자'의 잘못.
외:수(外需)[외-/웨-] 경 외국에서의 수요. ¶~-용(用). ↔내수.
외:숙(外叔)[외-/웨-] 명 =외삼촌.
외:-숙모(外叔母)[외숙-/웨숭-] 명 외숙부의 아내를 호칭 또는 지칭하는 말. ㅂ외삼촌댁.
외:-숙부(外叔父)[외-뿌/웨-뿌] 명 어머니의 오빠나 남동생(특히, 결혼한 경우)을 지칭하는 말. =외숙. ㅂ외삼촌.
외:식(外食)[외-/웨-] 명 집 밖의 음식점 등에서 음식을 사 먹는 것. 또는, 그 식사. **외:식-하다** 통(자여) ¶식구들과 ~.
외:신(外信)[외-/웨-] 명 외국의 신문사·방송사·통신사 등의 보도를 통해 국내에 알려지는 소식. 또는, 그 소식을 알리는 신문·방송·통신. ¶~ 기사. ↔내신.
외:심(外心)[외-/웨-] 명 〔수〕 삼각형이나 다각형의 외접원의 중심. ↔내심.
외:씨-버선[외-/웨-] 명 볼이 조붓하고 갸름한 버선. 날렵하고 맵시가 있는 버선.
외-아들[외-/웨-] 명 오직 하나밖에 없는 아들. ㅂ독자(獨子).
외알-박이[외-/웨-] 명 알이 한 개만으로 된 물건. ¶~ 땅콩.
외:압(外壓)[외-/웨-] 명 어떤 요구에 따르도록 외부에서 가하는 압력. ¶정치권력의 ~을 뿌리치지 못하다.
외:야(外野)[외-/웨-] 명 〔체〕 1 야구에서, 내야 뒤쪽의 파울 라인 안의 지역. 2 '외야수'의 준말.
외:야-수(外野手)[외-/웨-] 명 〔체〕 야구에서, 외야를 지키는 선수의 총칭. 우익수·좌익수·중견수를 말함. ㉰외야. ↔내야수.
외:양¹(外洋)[외-/웨-] 명 육지에서 멀리 떨어진 대양(大洋). =외해.
외:양²(外樣)[외-/웨-] 명 =겉모양.
외양-간(-間)[외-깐/웨-깐] 명 마소를 기르는 곳. =우사. ¶소 잃고 ~ 고친다.
외:연(外延)[외-/웨-] 명 〔논〕 주어진 개념이 적용되는 사물의 범위. ↔내포.
외:연(外緣)[외-/웨-] 명 가장자리 또는 둘레.
외:염(外焰)[외-/웨-] 명 〔화〕 =겉불꽃.
외올[외-/웨-] 명 여러 겹이 아닌 단 하나의 올. ¶~로 짠 베.
외올-실[외-/웨-] 명 한 올로 된 실. =홑실.
외:옥-질[외-/웨-] 명 속이 메스꺼워 자꾸 토하려고 하는 짓. **외옥질-하다** 통

외:용(外用)[외-/웨-] 명 (약물을) 먹거나 주사하지 않고 몸의 외부에 바르거나 뿌리거나 붙이는 것. ↔내복(內服). **외:용-하다** 통타여.
외:용-약(外用藥)[외-냐/웨-냐] 명 몸의 외부에 바르거나 뿌리거나 붙이는 약. ↔내복약.
외우다[외-/웨-] 통타 1 (사람이 어떤 말이나 글, 또는 어떤 사항을) 머릿속에 잊지 않고 담아 두어 나중에 다시 생각해 낼 수 있는 상태가 되게 하다. ㅂ암기하다·기억하다. 2 (쓰 긴 문장이나 일정한 순서로 길게 이어진 단어들을) 머릿속에 기억한 뒤 그대로 소리 내어 말하다. ¶천자문을 큰 소리로 ~. ㉰외다.
외:유(外遊)[외-/웨-] 명 외국에 여행하는 것. **외:유-하다** 통자여.
외:유-내강(外柔內剛)[외-/웨-] 명 겉으로는 부드럽고 순하나 속은 곧고 꿋꿋함. ↔외강내유.
외:-음부(外陰部)[외-/웨-] 명 〔생〕 생식 기 중 몸 밖으로 드러나 있는 부분. 남성의 경우는 음경·음낭, 여성의 경우는 음순·음핵·질전정(膣前庭) 따위. ↔내성기.
외:이(外耳)[외-/웨-] 명 〔생〕 귀의 바깥쪽 부분. 귓바퀴와 외이도(外耳道)로 이루어짐. =겉귀. ↔내이.
외:인(外人)[외-/웨-] 명 1 집안이나 단체 등의 동아리 밖에 있는 사람. ¶출입 ~. 2 어느 일에 관계없는 사람. ¶~ 출입 금지. 3 '외국인'의 준말. ¶~ 학교.
외:인²(外因)[외-/웨-] 명 외부에서 생긴 원인. ↔내인.
외:인-부대(外人部隊)[외-/웨-] 명 1 외국인으로 짜여진 부대. 주로 용병(傭兵)으로 편성됨. 2 프랑스 국적을 가지지 않은 외국인으로 편성되었던, 알제리 주둔 프랑스 보병 부대.
외-자¹(-字)[외-/웨-] 명 한 글자. ¶~로 된 이름.
외:자²(外資)[외-/웨-] 명 〔경〕 '외국 자본'의 준말. ¶~ 도입. ↔내자.
외-자녀(-子女)[외-/웨-] 명 오직 하나밖에 없는 자녀.
외:장(外裝)[외-/웨-] 명 1 거죽의 포장. ¶~ 검사. 2 집의 장식(裝備). 또는, 바깥쪽의 장식. ¶~ 공사. ↔내장.
외:장-형(外裝型)[외-/웨-] 명 어떤 장치가 물건의 외부에 따로 설치되어 있는 유형. ¶~ 모뎀/~ 하드. ↔내장형.
외:재(外在)[외-/웨-] 명 어떤 것이 외부에 존재하는 것. 또는, 그 존재. ↔내재. **외:재-하다** 통자여.
외:적¹(外的)[외적/웨쩍] 관명 1 외부적인 (것). ¶~ 조건. 2 육체적인 (것). 3 물질적인 (것). ↔내적(內的).
외:적²(外敵)[외-/웨-] 명 외부에서 쳐들어오는 적. =외구(外寇). ¶~의 침입.
외:접(外接)[외-/웨-] 명 〔수〕 어떤 도형이 다른 도형의 바깥쪽에서 접하는 일. ↔내접. **외:접-하다** 통자여.
외:접-원(外接圓)[외-/웨-] 명 〔수〕 1 한 점에 맞닿는 다른 원을 안에 가지고 있는 원. 2 다각형의 각 꼭짓점을 지나는 원. ↔내접원.
외:제(外製)[외-/웨-] 명 '외국제'의 준말. ¶~ 상품.
외:제-품(外製品)[외-/웨-] 명 외국의

제품.
외:조(外助) [외-/웨-] 명 1 외부로부터 받는 도움. 2 아내가 사회활동을 잘할 수 있도록 남편이 도와주는 것. ↔내조.
외:-조모(外祖母) [외-/웨-] 명 '외할머니'의 문어적 지칭.
외:-조부(外祖父) [외-/웨-] 명 '외할아버지'의 문어적 지칭.
외종(外從) [외-/웨-] 명 외삼촌의 아들이나 딸. 비외사촌.
외:주(外注) [외-/웨-] 명 어떤 회사가 자신의 제품을 제작함에 있어서, 작업의 일부 또는 전부를 맡기는 것. ¶-를 주다. 외주하다 통(타)여
외:주²(外周) [외-/웨-] 명 바깥쪽의 둘레.
외-줄 [외-/웨-] 명 단 한 줄. =단선.
외-줄기 [외-/웨-] 명 1 단 한 줄기. ¶-로 뻗은 산. 2 가지가 없이 벋은 줄기.
외:지¹(外地) [외-/웨-] 명 1 자기 고장 또는 고향이 아닌 땅. 비타지(他地). 2 나라 밖의 땅. 3본국과는 다른 법이 시행되는 영토. 식민지 따위. ↔내지.
외:지²(外紙) [외-/웨-] 명 외국에서 발행되는 신문. ¶-의 보도.
외:지³(外誌) [외-/웨-] 명 외국의 잡지.
외-지다 [외-/웨-] 형(타) 외따로 떨어져 있어 으슥하고 후미지다. ¶외진 길.
외:지-인(外地人) [외-/웨-] 명 그 고장 사람이 아닌 사람. ¶-의 발길이 뜸하다.
외:진(外診) [외-/웨-] 명[의] 신체의 외부에서 하는 진찰. 시진(視診)·타진(打診)·청진(聽診) 따위. ↔내진.
외-짝 [외-/웨-] 명 1 짝을 갖추지 않고 한 짝만인 것. ¶- 양말[신발]. 2 여러 개가 아닌 한 짝만인 것. ¶- 문(門).
외짝-다리 [외-/웨--따-] 명 1 어떤 것의 다리가 여러 개 중 하나만 남아 있는 것. 2 '다리 하나가 없는 사람'을 속되게 이르는 말.
외-쪽 [외-/웨-] 명 1 서로 맞서 있는 두 쪽 가운데 한쪽. 2 단 오직 하나. ¶- 마늘.
외-채² [외-/웨-] 명 =외챗집.
외:채²(外債) [외-/웨-] 명[경] '외국채'의 준말. ¶- 상환.
외챗-집 [외채찝/외챈찝/웨채찝/웬챈찝] 명 한 채만으로 된 집. 비외톨집.
외:척(外戚) [외-/웨-] 명 1 같은 본 이외의 외가 쪽의 친척. 2 외가 쪽의 친척.
외:출(外出) [외-/웨-] 명 (집이나 근무 또는 복무하는 곳에서) 볼일을 보러 잠시 밖으로 나가는 것. 비나들이·출입. ¶- 금지. 외:출-하다 통(자)여
외:출-복(外出服) [외-/웨-] 명 외출할 때 입는 옷. 비나들이옷.
외:출-증(外出證) [외-/웨-쯩/웨-쯩] 명 군인 등과 같이 집단생활을 하는 사람에게 외출을 허가하는 증명서. ¶-을 끊다.
외:출혈(外出血) [외-/웨-] 명[의] 상처가 나거나 질병으로 인해 피가 몸 밖으로 흘러나오는 일. ↔내출혈.
외:측(外側) [외-/웨-] 명 =바깥쪽. ↔내측(內側).
외:치(外治) [외-/웨-] 명 1 =외교1. 2 [의] 살갗에 난 병을 외용약이나 수술 따위로 치료하는 것. ↔내치(內治). 외:치-하다 통(자)여
외치다 [외-/웨-] 통(자)(타) 1 (사람이 어떤 말을) 남의 주의를 끌거나 남에게 어떤 행동을 하도록 하기 위해 큰 소리로 하다. 비부르짖다·소리치다. ¶"불이야!" 하고 ~. 2 (사람이 어떤 일을) 많은 사람을 상대로 하여 강하게 주장하다.
외침¹ [외-/웨-] 명 1 큰 소리를 지르는 일. 2 의견이나 요구 등을 강력하게 주장하는 일. ¶독립을 요구하는 민족의 ~.
외:침²(外侵) [외-/웨-] 명 다른 나라로부터의 침입. ¶수많은 -을 잇달아 겪다.
외:-탁 [외-/웨-] 명 생김새나 성질 따위가 외가 쪽 사람을 닮는 것. ↔친탁. 외:탁-하다 통(자)여
외-토리 명 '외톨이'의 잘못.
외-톨 [외-/웨-] 명 1 밤송이나 마늘통 따위에 한 개만 들어 있는 알. 2 =외톨이.
외톨-박이 [외-/웨-] 명 밤송이나 마늘 따위가 외톨로 된 것.
외톨-밤 [외-/웨-] 명 한 송이에 한 톨만 들어 있는 밤.
외-톨이 [외-/웨-] 명 의지할 데도 없고 매인 데도 없이 혼자인 사람. =외톨. ¶가족도 친구도 없는 ~. ×외토리.
외-통(-通) [외-/웨-] 명 장기에서, 상대편의 장군에 궁이 피할 수 없게 된 상태.
외:투(外套) [외-/웨-] 명 주로 겨울에 추위를 막기 위해 겉옷 위에 덧입는, 재킷과 비슷한 모양이면서 길이가 더 길고 두꺼운 옷. =오버·오버코트. 비코트.
외-틀다 [외-/웨-] 통(타) (<-트니, -트오) 한쪽으로 또는 왼쪽으로 틀다.
외:판(外販) [외-/웨-] 명 판매 사원이 상품 또는 그 견본이나 목록을 가지고 직접 고객을 찾아가 파는 일. ¶- 사원.
외:판-원(外販員) [외-/웨-] 명 외판에 종사하는 사람. =세일즈맨.
외팔-이 [외-/웨-] 명 한쪽 팔이 없는 사람.
외:평-채(外平債) [외-/웨-] 명[경] 외환시장이 불안정할 때를 대비하여 정부가 시장에 개입하기 위한 기금을 조성하려고 발행하는 채권.
외:풍(外風) [외-/웨-] 명 겨울에 방의 문이나 창문의 틈새로 새어 들어오는 찬 바람. ¶-이 센 방.
외:피(外皮) [외-/웨-] 명 1 =겉껍질. ↔내피. 2 [동] 동물의 몸의 거죽이나 몸 안의 여러 기관을 싸고 있는 세포층.
외:-할머니(外-) [외-/웨-] 명 어머니의 친정어머니. 호칭 및 지칭으로 쓰임. 비외조모.
외:-할아버지(外--) [외-/웨-] 명 어머니의 친정아버지. 호칭 및 지칭으로 쓰임. 비외조부.
외:항¹(外港) [외-/웨-] 명[지] 1 항구가 육지 안쪽에 깊숙이 들어가 있거나 방파제로 구분되어 있는, 그 바깥쪽의 구역을 일컫는 말. ↔내항. 2 어떤 도시의 외곽에 있어서, 그 도시의 문호 역할을 하는 항구.
외:항²(外項) [외-/웨-] 명[수] 비례식에서, 바깥쪽에 있는 두 항. 곧, $a:b=c:d$에서 a와 d 따위. ↔내항.
외:항-선(外航船) [외-/웨-] 명 국제 항로에 취항하고 있는 배.
외:해(外海) [외-/웨-] 명[지] 1 육지에 둘러싸이지 않은 바다. ↔내해. 2 =외양(外洋)¹. ↔근해.
외:-행성(外行星) [외-/웨-] 명[천] 태양

계의 행성 중, 지구 궤도의 바깥쪽에서 도는 행성. 화성·목성·토성·천왕성·해왕성 따위. ↔내행성.

외향-성(外向性)[외-/웨-씽/웨-씽] 명[심] 성격 유형의 하나. 활동적이고 감정을 겉으로 잘 나타내며, 사교적이고 외부 세계에 관심을 나타내는 성격. ↔내향성.

외향-적(外向的)[외-/웨-] 관명 활동적이고 감정을 겉으로 잘 나타내며 사교적이고 외부 세계에 관심이 많은 특성을 가진. ↔내향적.

외형(外形)[외-/웨-] 명 1 사물의 겉모양. 2 겉으로 드러난 형세. ¶~ 거래액.

외형-률(外形律)[외-/웨-뉼/눌] 명[문] 정형시에서, 일정한 외형의 음격(音格)에 의하여 생기는 음률. ↔내재율.

외화¹(外貨)[외-/웨-] 명 1 [경] 외국의 화폐. =한화(韓貨). 2 외국에서 들어오는 화물.

외화²(外畵)[외-/웨-] 명 외국에서 제작된 영화. ¶~ 수입. ↔방화.

외환¹(外患)[외-/웨-] 명 외적의 침범으로 인한 근심이나 재앙. ↔내우(內憂).

외환²(外換)[외-/웨-] 명[경] '외국환'의 준말.

외환 시장(外換市場)[외-/웨-] 명[경] 외국환의 매매가 이루어져서 환시세가 형성되는 시장.

왼¹[왼/웬] 관 '왼쪽의'의 뜻을 나타내는 말. ¶~ 무릎이 쑤시다. ↔오른.

왼² '온'의 잘못.

왼-나사(-螺絲)[왼/웬-] 명 시곗바늘과 반대 방향으로 돌리는 나사. ↔오른나사.

왼-발[왼/웬-] 명 왼쪽에 있는 발. ↔오른발.

왼-손[왼/웬-] 명 왼쪽에 있는 손. ↔오른손.

왼손-잡이[왼/웬-] 명 한 손으로 물건을 쥐거나 잡고 어떤 일을 할 때, 주로 왼손을 사용하는 사람. 또는, 어떤 동작을 할 때, 오른손보다 왼손을 능숙하게 사용하는 사람. ¶~ 투수. ↔오른손잡이.

왼-쪽[왼/웬-] 명 북쪽을 향했을 때의 서쪽과 같은 쪽. =좌측·좌편·왼편. ↔오른쪽.

왼-팔[왼/웬-] 명 왼쪽에 달린 팔. =좌완. ↔오른팔.

왼-편(-便)[왼/웬-] 명 =왼쪽. ↔오른편.

왼-편짝(-便-)[왼/웬-] 명 왼쪽의 편짝. ↔오른편짝.

윙[윙/웽] 부 1 작은 날벌레나 물건이 아주 빠르게 날아갈 때, 또는 날아올 때 나는 소리. ¶모기가 ~ 하고 날다. 2 기계의 바퀴 따위가 돌아갈 때 나는 소리. 3 거센 바람이 가느다란 철사 따위에 부딪칠 때 나는 소리. 센윙.

요¹[요] 감 한글 모음 'ㅛ'의 이름.

요²[요] 명[<욕褥] 방바닥에 까는 침구의 한 가지.

요³ 관 '이'Ⅱ와 뜻이 거의 같으나, 얕잡는 어감을 주거나 상대적으로 작고 귀여운 대상을 이를 때 쓰이는 말. ¶~ 문제쯤이야. ㉰요.

요⁴ ③ 용언의 종결 어미, 또는 단어나 구에 붙어, 화자가 청자에게 격식을 두지 않고 존대하는 뜻을 나타내는 보조사. ¶우리가 이겼어~.

-요⁵ 어미 '이다', '아니다'의 어간에 붙어, 사물이나 사실을 나열할 때 쓰이는 연결 어미. ¶이것은 감이~ 저것은 사과이다.

요⁶(要) 관 (주로 '요는'의 꼴로 쓰여) 사물의 중요한 골자. ¶~는 네가 어떻게 하느냐 하는 것이다.

요⁷(繞) 명[여] =가마.

요⁸(遼) 명 중국, 거란족의 야율아보기가 세운 나라(916~1125). 몽골·만주·화북의 일부를 지배하였으나, 금나라와 송나라의 협공을 받아 망함.

요⁻⁹(要) 접두 '요함(要)'의 뜻. ¶~주의 / ~시찰인.

요가(⑨yoga) 명 인도에서 고대로부터 널리 행해지는 종교적 실천법. 심신의 통일·훈련 등에 의하여, 물질의 속박에서 자유로워지는 것을 목표로 함.

요강¹ 명 실내에서 오줌을 누어 담아 둘 수 있도록, 사기나 놋쇠 등으로 배구공만 한 크기로 둥글넓적하게 만들어 위쪽을 터놓은 물건. ¶놋~.

요강²(要綱) 명 1 근본이 되는 중요 사항. 2 기본적인 줄거리나 골자. ¶입시 ~.

요-거[(인칭)(지시) '요것'을 구어적으로 이르는 말. ¶~쯤이야. ㉰이거.

요건(要件)[-껀] 명 1 긴요한 일. 2 필요한 조건. ¶성립 ~.

요-것[-걷] [(인칭)(지시) '이것'과 뜻은 같으나 얕잡는 어감을 주거나 상대적으로 작고 귀여운 대상을 가리킬 때 쓰이는 말. ¶난 ~으로 주세요. ㉰이것.

요것-조것[-걷쪼걷] '이것저것'의 작은말.

요격(邀擊) 명 기다리거나 잠복하고 있다가 다가오는 적을 맞받아치는 것. 또는, 그 일. ¶~기(機). **요격-하다** 타여 1 적의 미사일을 ~.

요괴(妖怪)[-괴/-궤] 명 요망스러운 마귀.

요구(要求) 명 1 (어떤 사람에게, 또는 단체에 마땅히 받아야 한다고 생각하는 사물을) 달라고 하는 것. 2 (어떤 사람에게, 또는 단체에 마땅히 해야 한다고 생각하는 일을) 해 달라고 하는 것. 비요청. ¶출두 ~. 3 (어떤 대상이 어떤 사물을) 필요로 하는 것. **요구-하다** 타여 ¶임금 인상을 ~. **요구-되다** 자여 ¶이 일은 많은 노력이 요구된다.

요구르트(yogurt) 명 우유·양젖 등을 살균하여 반쯤 농축시키고, 이에 유산균을 번식시켜 발효·응고시킨 음료.

요금(料金) 명 사용·소비·관람 또는 남의 힘을 빌릴 때, 그 대가로 치르는 돈. ¶전기 ~ / ~ 인상.

요-기[(대)(부) '여기'를 범위를 좁혀서 이르는 말. ㉰여기.

요기²(妖氣) 명 요사스러운 기운.

요기³(療飢) 명 약간의 음식을 먹음으로써 시장기를 면하는 것. **요기-하다** 타여 ¶빵 한 조각으로 ~. **요기-되다** 자여

요기-조기 '여기저기'의 작은말.

요긴-하다(要緊-) 형여 =긴요하다. **요긴-히** 부 ¶얼마 되지만 ~ 써라.

요깃-거리(療飢-)[-기꺼-/-긷꺼-] 명 먹어서 시장기를 면할 만한 음식. ¶밥이 될 동안 이 떡으로 ~를 해라.

요-까짓[-짇] 관 고작 요 정도밖에 안 되는. ¶~ 요깟. ㉰이까짓.

요-깟[-깓] 관 '요까짓'의 준말. ㉰이깟.

요나서(←Jonah書) 명[성] 구약 성서 중

의 한 권.
요녀(妖女) 圀 행실이 요사한 여자. 凹요부(妖婦).
요-년 团(인칭) '요 여자'를 얕잡거나 비하하여 이르는 말. 또는, '요 여자 아이'를 귀엽게 이르는 말. 圀이년. ↔요놈.
요-놈 团 ①(인칭) '요 남자'를 얕잡거나 비하하여 이르는 말. 또는, '요 아이'를 귀엽게 이르는 말. ¶∼이 이래 봬도 수재요. ↔요년. ②(지시) '요 동물'이나 '요 물건'을 귀엽게, 또는 예사롭게 이르는 말. ¶∼으로 주시오. 圀이놈.
요-다음 圀 바로 뒤에 이어 오는 때나 자리. ¶∼ 날. 圀요담. 圀이다음.
요단 강(←Jordan江) 圀[성] '요르단 강'을 성서에서 부르는 이름.
요-담 圀 '요다음'의 준말. 圀이담.
요도¹(尿道) 圀[생] 오줌을 방광으로부터 몸 밖으로 배출하기 위한 관.
요도²(腰刀) 圀[역] 군사(軍士)가 칼집 없이 허리에 차던, 강철로 만든 칼.
요동(搖動) 圀 1 (묶이거나 붙잡히거나 갇히거나 한 사람이나 동물이) 벗어나거나 달아나려거나 저항하려고 몸을 마구 틀거나 움직이는 것. ¶다리가 묶인 돼지가 ∼을 치다. 2 (탈것이나 기타의 물체가) 상하 또는 좌우로 흔들리는 것. ¶파도에 배가 ∼을 하다. **요동-하다** 롱困困
요동-치다(搖動—) 롱困 1 심하게 흔들리거나 움직이다. 2 바람이나 불길, 눈보라 등의 자연 현상이 몹시 세차게 일어나다.
요들(yodel) 圀[음] 스위스·오스트리아 등의 산악 지방에서 불리기 시작한 , 보통의 소리와 가성(假聲)을 재빨리 교대로 혼합하는 창법의 노래. 또는, 그 창법.
요들-송(†yodel song) 圀[음] 요들 창법으로 부르는 노래.
요-때기 圀 '요'를 홀하게 이르는 말.
요란(搖亂·擾亂) 圀 1 시끄럽고 떠들썩한 것. 2 정도가 지나쳐 야단스러운 것. **요란-하다** 쳉ぬど **요란스런** 옷차림. **요란-히** 閈 ¶개구리 울음소리가 ∼ 들려왔다.
요란-스럽다(搖亂—)[—따] 쳉固⟨—스러우니, —스러워⟩ 요란한 데가 있다. **요란스러운 사이렌 소리. 요란스레** 閈
요람(要覽) 圀 중요한 내용만을 뽑아 간추려 놓은 책. ¶학교 ∼.
요람²(搖籃) 圀 1 젖먹이 어린애를 눕히거나 앉히고 흔들어서 잠을 재우거나 즐겁게 해 주는 기구. ¶∼ 속에서 잠든 아기. 2 사물이 처음으로 발생한 곳을 비유하여 이르는 말. ¶고대 문명의 ∼.
요람에서 무덤까지 1 제2차 세계 대전 후 영국 노동당이 비버리지 보고서에서 평생을 보장하는 사회 보장 제도의 실시를 주장하면서 내세운 슬로건. 2 태어나서 죽을 때까지.
요람-기(搖籃期) 圀 1 요람에 들어 있던 어린 시절. ¶∼의 성격 형성. 2 사물의 발달의 초창기. ¶민주주의의 ∼.
요람-지(搖籃地) 圀 1 요람에서 자라던 곳. 凹고향. 2 사물이 발달하기 시작한 곳. ¶문명의 ∼.
요량(料量) 圀 일의 형편이나 사정 등을 헤아려 어떻게 하리라고 생각하는 것. 또는, 그 생각. ¶어떤 ∼으로 직장을 그만 두었니? **요량-하다** 롱围因
요러다 롱困 요렇게 하다. 곧, 요렇게 행동하거나 말하거나 생각하다. 주로 구어체

에서 쓰임. 圀이러다.
요런 囸 '이런'의 작은말.
요렇다[—러타] 쳉ど⟨요러니, 요러오, 요래⟩ (사물의 상태나 속성이) 요와 같다. ¶진상은 ∼. 圀이렇다.
요령¹(要領) 圀 1 가장 긴요하고 으뜸 되는 줄거리 또는 골자. 2 일을 하는 데 꼭 필요한 묘한 이치. ¶∼이 생기다. 3 쉽게 또는 어물거려 넘기는 잔꾀.
요령²(鐃鈴·搖鈴) 圀[불] 불가에서 법요(法要)를 행할 때 흔드는, 솔발과 비슷하나 좀 작은 기구.
요로¹(尿路) 圀 오줌을 몸 밖으로 배출하기 위한 도관(導管). 신장·수뇨관·방광·요도로 이루어짐.
요로²(要路) 圀 1 주요한 길. ¶경찰을 ∼에 배치하다. 2 사회적으로 막강한 영향력을 가진 자리나 기관. ¶∼에 위치하는 것.
요르단(Jordan) 圀[지] 아라비아 반도 북서부에 있는 이슬람교 왕국. 수도는 암만.
요르단 강(Jordan江) 圀[지] 서아시아의 요르단 서쪽을 흐르는 강. 길이 360km.
요리¹ 閈 요렇게. ¶∼ 해라. 圀이리. **요리-하다** 롱困 **요리-되다**¹ 롱困
요리² 閈 요 곳으로. 또는, 요쪽으로. ¶∼ 오너라. 圀이리.
요리³(料理) 圀 1 음식을 일정한 방법으로 맛있게 만드는 것. 또는, 그 음식. 圀조리(調理). ¶중국 ∼ / 일품 ∼. 2 (어떤 대상을) 능숙하게 다루어 처리하는 것. **요리-하다**² 롱围因 ¶1번 타자를 직구로 ∼. **요리-되다**² 롱困
요리-법(料理法) 圀[—뻡] 요리를 만드는 방법.
요리-사(料理師) 圀 요리를 전문으로 하는 사람.
요리-점(料理店) 圀 =요릿집.
요리-조리 閈 요쪽으로 조쪽으로. ¶∼ 피하다. 圀이리저리.
요릿-집(料理—)[—리쩝—릳쩝] 圀 지난날, '요정'을 달리 이르던 말. =요리점.
요-만큼 Ⅰ閈 요만한 정도로. 圀이만큼. Ⅱ圀 요만한 정도. 圀이만큼.
요만-하다 쳉ど 요것만 하다. ¶손해가 요만하기 다행이다. 圀이만하다.
요맘-때 圀 1 요 시간이나 요 시기에 이른 때. ¶해마다 ∼면 진달래가 핀다. 2 요만한 정도에 이른 때. 圀이맘때.
요망¹(妖妄) 圀 1 요사스럽고 망령된 것. 2 언행이 경솔하고 방정맞은 것. ¶∼을 떨다. **요망-하다** 쳉ど
요망²(要望) 圀 (어떤 일이나 대상을) 절실하게 여겨 원하거나 바라는 것. ¶∼ 사항. **요망-하다** 롱围因 ¶선처를 ∼.
요망-스럽다(妖妄—)[—따] 쳉固⟨—스러우니, —스러워⟩ 요망한 데가 있다. ¶요망스러운 웃음소리. **요망스레** 閈
요모-조모 圀 요런 면 조런 면. 요쪽의 여러 방면. ¶∼로 따지다 / ∼ 뜯어보다. 圀이모저모.
요목(要目) 圀 중요한 조목.
요물(妖物) 圀 사람을 호려서 정신을 못 차리게 하는 사람이나 동물이나 물건.
요물-단지(妖物—)[—딴—] 圀 요사스러운 사람을 속되게 이르는 말.
요-번(—番) 圀 이제 돌아온 바로 요 차례. ¶∼에야말로 설욕할 기회다. 圀이번.
요법(療法)[—뻡] 圀 병을 고치는 방법. ¶

물리 ~.
요부¹(婦婦) 圀 요염하면서도 사악한 여자. ㉯요녀. ¶천하의 ~장 희빈.
요부²(腰部) 圀 허리 부분.
요사(妖邪) 圀 (사람, 특히 여자가) 호려서 정신을 흐리게 하는 것. ¶~를 떨다.
요사-스럽다(妖邪-) [-따] 闃〈~스러우니, ~스러워〉 요사한 데가 있다. ¶요사스럽고 악독한 계집. **요사스레** 凰
요-사이 圀 이제까지의 가까운 얼마 동안. ㈜근간. ㈜요새.
요사-하다(妖邪-) 闃 (사람, 특히 여자가) 호려서 정신을 흐리게 하는 성질이 있다. ¶천하에 **요사한** 것 같으니.
요산(尿酸) 圀 圂 물질대사의 산물로 동물의 오줌을 통해 배출되는 물질.
요산-요수(樂山樂水) [-뇨-] 圀 산수(山水)의 자연을 즐김.
요상-하다 闃 '이상하다'의 잘못.
요-새¹ 圀凰 '요사이'의 준말. ¶~는 통장사가 안된다.
요새²(要塞) 圀 국방상 중요한 곳에 구축하여 놓은 견고한 성채나 방어 시설. ¶난공불락의 ~/~를 구축하다.
요새-지(要塞地) 圀 [군] 요새를 이루고 있는 지역. ¶변방 ~.
요샛-말 [-샌-] 圀 요사이 두루 많이 쓰는 말. ㈜요샛말.
요설(饒舌) 圀 말을 쓸데없이 많이 지껄이는 것. **요설-하다** 困困囚
요셉(←Joseph) [固] 1 구약 성서에 나오는 야곱의 아들. 형들의 미움을 사서 이집트에 노예로 팔려 갔다가 그곳에서 크게 출세함. 2 신약 성서에 나오는 예수의 아버지. 목수였다고 함.
요소¹(尿素) 圀 圂 포유류의 오줌 속에 들어 있는 질소 화합물. 무색의 기둥 모양 결정으로, 비료·요소 수지의 원료가 됨.
요소²(要所) 圀 중요한 장소나 지점.
요소³(要素) 圀 사물의 성립·효력의 발생을 이루는데 꼭 있어야 할 성분이나 조건.
요소-요소(要所要所) 圀 여러 중요한 장소나 지점. ¶~에 배치하다.
요순-시대(堯舜時代) 圀 중국 고대의 두 임금과 순임금이 다스리던 시대. 곧, 덕으로 다스리던 태평한 시대.
요술(妖術) 圀 동화나 옛날이야기 등에서, 현실 세계에서는 불가능한 신비한 현상을 일으키는 기술. ¶~을 부림. ▷마술. **요술-하다** 困囚
요술-장이(妖術-) 圀 '요술쟁이'의 잘못.
요술-쟁이(妖術-) 圀 요술하는 재주가 있는 사람. ×요술장이.
요시찰-인(要視察人) 圀 [법] 사상이나 보안 문제로 당국의 감시를 받는 사람. ¶~ 명부(名簿).
요식(要式) 圀 일정한 방식이나 규정에 따를 것을 필요로 함. ¶~ 증권.
요식-업(料食業) 圀 일정한 시설을 만들어 놓고, 찾아오는 손님에게 요리·음식을 파는 영업.
요식-행위(要式行爲) [-시캥-] 圀 [법] 서면, 기타 일정한 형식을 갖추어야 법률상 효력이 생기는 행위. 혼인 신고나 어음의 발행 따위. ▷불요식 행위.
요-실금(尿失禁) 圀 (醫) 오줌이 자기 의지대로 통제되거나 조절되지 않고 저절로 나오는 병적인 상태.
요약(要約) 圀 (말이나 글 등을) 중요한 내용만을 추려 짧게 줄이는 것. **요약-하다** 困囚 **요약-되다** 困囚
요양(療養) 圀 휴양하면서 치료하는 것. 또는, 그런 치료. **요양-하다** 困困囚
요양-소(療養所) 圀 =요양원.
요양-원(療養院) 圀 요양에 대한 시설이 구비되어 있는 곳. ≒요양소.
요양-지(療養地) 圀 온천·약수·기후 등의 자연치료 자원이 풍부하여 요양하기에 알맞은 곳.
요업(窯業) 圀 [工] 도자기·벽돌·기와 등 흙을 구워 물건을 만드는 업을 이름.
요엘-서(Joel書) [固] 구약 성서 중의 한 권.
요역(徭役) 圀 [역] 정남(丁男)에게 부과되는 역(役)의 하나. 1년 중 일정 기간 동안 각종 공사에 동원되었음.
요염-하다(妖艶-) 闃 (주로 여자가) 사람을 호릴 만큼 아리땁다. ¶뭇 남성의 시선을 끄는 **요염한** 자태.
요오드(獨Jod) 圀 圂 할로겐족 원소의 하나. 원소 기호 I, 원자 번호 53, 원자량 126.9044. 광택이 있는 암자색의 결정임. 해조(海藻)에 많이 들어 있으며, 분석 시약·의약품 등에 쓰임.
요오드-팅크(←獨Jodtinktur) 圀 [醫] 요오드·요오드화칼륨을 알코올에 녹인 용액. 주로 소독제로 쓰임. ≒옥도정기.
요요(yoyo) 圀 장난감의 하나. 둥근 빵 모양의 나뭇조각 두 개의 중심축을 연결하여 고정시키고, 그 축에 실의 한쪽 끝을 매고 다른 한쪽 끝을 손에 쥐고는 나뭇조각을 올렸다 내렸다 하면서 회전시킴.
요요-현상(yoyo現象) 圀 줄어든 체중이 얼마 뒤에 다시 본래의 체중으로 되돌아가는 현상.
요운(腰韻) 圀 [文] 비슷한 음을 시구나 시행의 중간에 반복하여 이루어 내는 운율. ▷각운·두운.
요원¹(要員) 圀 1 필요한 인원. ¶사무 ~. 2 중요한 지위에 있는 사람. ¶간부 ~.
요원²(燎原) 圀 불타고 있는 벌판.
요원의 불길 무서운 기세로 번지는 벌판의 불길. 곧, 걷잡을 수 없이 퍼지는 세력이나 기세. ¶~처럼 번지는 민주화 운동.
요원-하다(遙遠-·遼遠-) 闃 1 공간적으로 까마득히 멀다. 2 시간적으로 먼 훗날에나 가능한 상태에 있다. ¶시민 의식의 성숙 없이는 선진 입국은 ~.
요율(料率) 圀 요금의 비율이나 정도.
요의(尿意) [-의/-이] 圀 오줌을 누고 싶은 생각.
요인¹(要人) 圀 사회적으로 매우 중요한 자리에 있는 사람. ¶삼부(三府) ~.
요인²(要因) 圀 중요한 원인. ¶실패의 ~을 분석하다.
요일(曜日) 圀 월·화·수·목·금·토·일에 붙여 1주일의 각 날을 나타내는 말.
요-전(-前) 圀 요 얼마 전.
요!절(夭折) 圀 나이 젊어서 죽는 것. **요!절-하다** 困囚 ¶그는 한창 일할 나이에 아깝게도 **요절하였다**.
요절-나다(拗折-) [-라-] 困 困 1 못 쓰게 될 만큼 깨어지거나 망그러지다. ¶새로 사다 준 장난감이 며칠도 안 되어 **요절났다**. 2 일이 깨어져서 실패하다.
요절내다(拗折-) [-라-] 困囚 '요절나다'의 사동사.

요절-복통(腰折腹痛) 몹시 우스워서 허리가 끊어지고 배가 아플 지경이 되는 것. 요절복통-하다 통(자여)들으면 **요절복통할** 이야기.

요점(要點) [-쩜-] 명 가장 중요한 점. ¶~정리.

요정(妖精) 명 서양 전설이나 동화에 많이 나오는, 사람의 모습으로 불사의한 마력을 지닌 초자연적인 존재. ¶숲의 ~.

요정(料亭) 명 일정한 강점기 이후에 존속해 온, 아주 호화롭고 값비싼 유흥 음식점. 하오릿집. ¶고급 ~.

요:조-숙녀(窈窕淑女) [-숙-] 명 정숙하고 기품 있는 여자.

요-주의(要注意) [-의/-이] 명 주의를 요함. ¶~ 인물.

요주의-자(要注意者) [-의자/-이자-] 명 1 신체검사 등에서 건강상 주의할 필요가 있다고 판정이 내려진 사람. 2 감시할 필요가 있는 사람.

요-즈음 명(뭐) 이 때의 즈음. (비)작금. ¶~은 좀 바쁘다. 준요즘. 준이즈음.

요-즘 명(뭐) '요즈음'의 준말. 준이즘.

요:지(了知) 명 깨달아 아는 것. **요:지-하**다 통(타여)

요지(要地) 명 어떤 일에 있어서 핵심이 되는 중요한 지역. ¶교통의 ~.

요지(要旨) 명 글 등의 핵심이 되는 중요한 뜻. ¶~를 파악하다.

요지(楊枝/ようじ) 명 '이쑤시개'로 순화.

요지-경(瑤池鏡) 명 1 확대경이 달린 조그만 구멍을 통하여 속의 여러 가지 그림을 돌리면서 들여다보는 장난감. 2 알쏭달쏭하고 묘한 세상일을 비유하여 이르는 말. ¶세상은 ~ 속이다.

요지부동(搖之不動) 명 흔들어도 꼼짝하지 않음. ¶누가 뭐라 해도 그의 결심은 ~이다. **요지부동-하다** 통(자여)

요직(要職) 명 중요한 직위. ¶정부의 ~을 두루 거치다.

요-쯤 명(뭐) 요만한 정도이. 준이쯤.

요철(凹凸) 명 오목함과 볼록함.

요청(要請) 명 어떤 일을 필요하여 청하는 것. 또는, 그런 청. **요청-하**다 통(타여) ¶구원을 ~. **요청-되다** 통(자)

요체(要諦) 명 중요한 점. ¶학문의 ~.

요추(腰椎) 명 척추에서, 흉추와 천추 사이에 있는 추골.

요충(蟯蟲) 명 '요충²'의 준말.

요충(蟯蟲) 명(동) 사람의 대장에 기생하는, 명주실처럼 희고 가는 기생충. 어린아이에게 많으며, 특히 밤에 항문에 심한 가려움증을 일으킴.

요충-지(要衝地) 명 지세(地勢)가 군사적으로 아주 중요한 곳. 준요충.

요-컨대(要-) (뭐) 중요한 점을 말한다면. 결국은. ¶사랑이란 ~ 아낌없이 주는 것이다.

요코하마(横浜) 명(지) 일본의 항구 도시.

요크셔-종(Yorkshire種) 명(동) 영국 요크셔 원산의 돼지 품종의 하나. 털빛이 희고 육질이 좋음. 우리나라에서 많이 사육됨.

요통(腰痛) 명 허리에 느끼는 통증.

요트(yacht) 명 돛으로 움직이는 소형의 쾌속정.

요판(凹版) 명(출) = 오목판. ↔철판.

요하네스버그(Johannesburg) 명(지) 남아프리카 공화국 북동부의 도시.

요-하다(要-) 통(타여) 필요로 하다. ¶세심한 주의를 ~.

요한(←Johannes) 명(성) 1 요단 강가에서 예수에게 세례를 베푼 인물. 2 십이 사도의 한 사람. 신약 성서의 '요한복음', '요한서'를 지음.

요한 계:시록(←Johannes啓示錄) [-계-/-게-] 명(성) 신약 성서 중의 한 권.

요한 바오로 이:세(←Johannes Paulus 二世) 명(인) 로마의 교황(1920~).

요한-복음(←Johannes福音) 명(성) 신약 성서 중의 한 권.

요한-서(←Johannes書) 명(성) 신약 성서 중의 한 권.

요해-처(要害處) 명 1 전쟁에서, 자기편에는 꼭 필요하면서도 적에게는 해로운 지점. 2 생명에 영향을 끼치는, 몸의 중요 부분.

요행(僥倖/徼幸) 명 뜻밖의 행운. ¶~을 바라다.

요행-수(僥倖數) [-쑤] 명 뜻밖에 얻는 좋은 수.

요행-히(僥倖-/徼幸-) (뭐) 뜻밖에도 재수 좋게. ¶그중에 ~ 내가 뽑히게 되었다.

욕(辱) 명 1 (어떤 사람에게) 아주 미워하는 마음을 품고 상스러운 말을 하는 것. 또는, 그런 말. 2 (어떤 사람을) 나쁜 사람이라고, 또는 나쁜 것을 했다고 비난하는 것. ¶~을 먹다. 3 (주로, '당하다', '보이다' 등과 함께 쓰여) 몹시 수치스러운 일. 특히, 겁탈·강간을 이르는 말. ¶처녀가 괴한에게 ~을 당했다.

-욕²(欲·慾) 접미 일부 명사에 붙어, '욕구', '욕망' 등을 나타내는 말. ¶성취~/명예~.

욕구(欲求·慾求) [-꾸] 명 본능적·충동적으로 뭔가를 구하거나 얻고 싶어 하는 생리적·심리적 상태. ¶성(性)에 대한 ~. **욕구-하다** 통(타여)

욕구^불만(欲求不滿) [-꾸-] 명(심) 욕구하는 것이 내부 또는 외부의 원인 때문에 저지되는 상태.

욕-되다(辱-) [-뙤-/-뛔-] 형 부끄럽고 명예스럽지 못하다. ¶가문을 **욕되게** 하다.

욕망(欲望·慾望) [-용-] 명 어떤 일을 이루고 싶어 하거나 어떤 대상을 가지고 싶어 하거나 어떤 상태를 누리고 싶어 하는 마음. ¶~을 억누르다.

욕-먹다(辱-) [-용-따] 통(자) 1 욕설을 듣다. 2 악평·비난을 듣다. ¶**욕먹을** 짓을 했구나.

욕-보다(辱-) [-뽀-] 통(자) 1 (어떤 사람이) 힘들거나 어려운 일을 하면서 고생하다. 구어체의 말로, 주로 장년 이상의 사람이 아랫사람이나 동료에게 수고했다는 뜻으로 씀.

욕보-이다(辱-) [-뽀-] 통(타) (부녀자를) 겁탈하여 수치스럽게 하다. ¶처녀를 **욕보인** 불한당.

욕-사발(辱沙鉢) [-싸-] 명 한 번에 많이 하는 욕을 속되게 이르는 말.

욕설(辱說) [-썰] 명 남의 인격을 무시하는 모욕적인 말. 또는, 남을 저주하는 말. (비)욕(辱). **욕설-하다** 통(자여)

욕실(浴室) [-씰] 명 일반 가정이나 숙박업소 따위에서, 목욕할 수 있는 시설을 갖춘 방. ¶~이 딸린 방.

욕심(慾心·欲心)[-씸] 圏 재물·잇속 등을 도리나 분수에 벗어나게 탐내거나 차지하려고 하는 마음. 또는, 제 능력에서 벗어나거나 제 분수에 넘치는 일을 해내거나 이루기를 바라는 마음. ¶~을 부리다.

욕심-껏(慾心-)[-씸껃] 闬 욕심대로 최대한.

욕심-꾸러기(慾心-)[-씸-] 圏 욕심이 아주 많은 사람.

욕심-나다(慾心-)[-씸-] 됨(자) 욕심이 생기다. ¶그렇게 **욕심나면** 가져라.

욕심내다(慾心-)[-씸-] 됨(타) 욕심나다'의 사동사. ¶돈을 ~.

욕심-쟁이(慾心-)[-씸-] 圏 욕심이 아주 많은 사람을 얕잡아 이르는 말.

욕-쟁이(辱-)[-쨍-] 圏 욕을 잘하는 사람.

욕정(欲情·慾情)[-쩡] 圏 1 충동적으로 일어나는 욕심. 2 이성(異性)에 대한 육체적 욕구. 旧색욕·정욕. ¶~이 일다.

욕조(浴槽)[-쪼] 圏 욕실 등에서, 목욕물을 받아 놓을 수 있게 플라스틱이나 스테인리스 등으로 만든 물건.

욕-지거리(辱-)[-찌-] 圏 '욕설'을 속되게 이르는 말. **욕지거리-하다** 됨(자)

욕지기[-찌-] 圏 토할 듯 메슥메슥한 낌. **욕지기-하다** 됨(자)[어]

욕지기-나다[-찌-] 됨(자) 몹시 아니꼬운 느낌이 나다.

욕-질(辱-)[-찔] 圏 욕하는 짓. **욕질-하다** 됨(자)[어]

욕창(褥瘡·蓐瘡) 圏 오래 병상(病床)에 누워 지내는 환자의, 자리에 닿은 곳의 살이 짓물러서 생기는 종기.

욕탕(浴湯) 圏 '목욕탕'의 준말.

욕-하다(辱-)[요카-] 됨(자타)[어] 1 어떤 사람에게 아주 미워하는 마음을 품고 상스러운 말을 하다. 2 (어떤 사람을) 나쁜 사람이라고, 또는 나쁜 짓을 했다고 비난하다. ¶뒤에서 남을 **욕하지** 마라.

욥-기(←Job記)[-끼] 圏 구약 성서 중의 한 권.

옷-속[요쏙/욘쏙] 圏 요에 넣는 솜·털 등의 총칭.

옷-잇[온닏] 圏 요에 씌우는 홑칭.

옹¹ 圏 ((주로 '옹을 쓰다'의 꼴로 쓰여)) 껀에 모아서 내는 센 힘. ¶그가 ~을 쓰자 몸을 묶었던 밧줄이 끊어져 버렸다.

용²(茸) 圏 '녹용(鹿茸)'의 준말.

용³(龍) 圏 예부터 신령하게 여겨진 상상의 동물. 몸은 뱀과 비슷하나 네 발이 있고, 머리에 뿔이 있음. 물속에서 살다가 때로 하늘로 올라간다고 함.

-용⁴(用) 졉뮈 주로 한자어 명사에 붙어, 명사가 나타내는 일을 하는 데, 또는 명사가 나타내는 방법·방식으로 쓰이거나, 명사가 나타내는 대상에 의해 쓰이는 상태이거나 대상이 나타내는 말. ¶영업~/일회~.

용:감무쌍-하다(勇敢無雙-) 匊[어] 비할 데 없이 용감하다. ¶**용감무쌍한** 장수.

용:감-하다(勇敢-) 匊[어] (사람이) 어떤 일을 두려워하지 않고, 또는 위험을 무릅쓰고 용기 있게 하는 태도이다. 旧대담하다. **용:감-히** 튐 ¶~ 싸우다.

용건(用件)[-껀] 圏 =볼일.

용골(龍骨) 圏 1 선박 바닥의 중앙을 이물에서 고물에 걸쳐 선체(船體)를 받치는 길고 큰 재목. 2 [한] 신생대에 살았던 마스토돈의 화석. 강장제로 쓰임.

용골-자리(龍骨-) 圏 [천] 남쪽 하늘에 있는 별자리의 하나. 큰개자리의 남쪽에 있으며, 3월 하순 저녁에 남중함.

용공(容共) 圏 공산주의 또는 그 정책을 용인하는 일. ¶~ 분자. ↔반공(反共).

용광-로(鎔鑛爐)[-꽝-] 圏[공] 철·구리·납 등의 제련에 쓰이는 노(爐).

용:구(用具) 圏 무엇을 하거나 만드는 데 쓰는 기구. ¶제도 ~.

용궁(龍宮) 圏 바다 속에 있다고 하는 용왕의 궁전.

용:기¹(用器) 圏 어떤 일에 사용하는 기구. ¶주방 ~.

용기²(勇氣) 圏 씩씩하고 굳센 기운. ¶~를 잃다(얻다).

용기³(容器) 圏 어떤 물질을 담을 수 있도록 만든 물건. 그릇·병·통·상자 따위.

용기-백배(勇氣百倍)[-빼] 圏 격려·응원 등에 자극을 받아 힘이나 용기가 더 냄. **용기백배-하다** 됨(자)[어] ¶판중의 응원 소리에 **용기백배하여** 싸우다.

용-꿈(龍-) 圏 꿈속에서 용을 본 꿈. 이 꿈을 꾸면 좋은 일이 생긴다고 하여 길몽으로 침. ▷龍夢.

용납(容納) 圏 (부정적인 것을) 문제 삼지 않고 받아들이는 것. **용납-하다** 됨(타)[어] **용납-되다** 됨(자)[어] ¶너의 무례한 행동은 도저히 **용납할** 수 없다.

용단(勇斷) 圏 용감하게 결단하는 것. ¶~을 내리다. **용단-하다** 됨(타)[어]

용달(用達) 圏 (상품이나 짐 따위를) 전문적으로 배달하는 것. 또는, 그 일. ¶~업. **용달-하다** 됨(타)[어]

용달-차(用達車) 圏 상품이나 짐 등을 전문적으로 배달하는 소형의 화물 자동차.

용담(龍膽) 圏[식] 높이 20〜60cm이고, 8〜10월에 종 모양의 청자색 꽃이 피는 여러해살이풀. 뿌리는 약용함.

용:도(用途) 圏 쓰이는 길. 또는, 쓰이는 데. ¶~가 다양하다.

용:-돈(用-)[-똔] 圏 잡비로 쓰려고 몸에 지니는 돈. ¶~이 떨어지다. ×용채.

용두(龍頭) 圏 용의 머리.

용두-사미(龍頭蛇尾) 圏 [머리는 용이고 꼬리는 뱀이라는 뜻] 처음은 좋으나 끝이 좋지 않음을 비유한 말. ¶계획이 ~로 끝나다.

용두-질 圏 남성이 여성과의 육체적 결합 없이 자기의 생식기를 손이나 다른 물건으로 자극하여 쾌감을 얻는 짓. 旧수음(手淫). **용두질-하다** 됨(자)[어]

용-띠(龍-) 圏[민] 용해에 난 사람의 띠.

용:량¹(用量) 圏 주로 약제에서, 한 번 또는 하루에 사용하거나 복용할 일정한 분량.

용량²(容量)[-냥] 圏 1 용기 안에 들어갈 수 있는 분량. 2 [물] 일정한 상태에서 일정한 물질이 가질 수 있는 열량이나 전기량. 3 [집] 저장할 수 있는 정보의 양. ¶컴퓨터의 기억 ~.

용렬-하다(庸劣-)[-녈-] 匊[어] (사람이) 변변하지 못하고 졸렬하다. ¶사내 녀석이 하는 짓마다 어찌 그리 **용렬하냐**?

용:례(用例)[-녜] 圏 쓰고 있는 예. 또는, 쓰인 보기. ¶~을 들다.

용마(龍馬) 圏 1 썩 잘 달리는 훌륭한 말. 2 용같이 생겼다는 상상의 말. 중국 복희씨 때 팔괘(八卦)를 등에 싣고 나왔다는

용:마루(龍-) 圀 두 개의 경사진 지붕 면이 만나는, 지붕 꼭대기 부분.
용매(溶媒) 圀[화] 용액을 만들 때 용질(溶質)을 녹이는 액체. ↔용질.
용:맹(勇猛) 圀 날래고 사나움. ¶~을 떨치다. **용:맹-하다** 圀맹하다 圀맹한 군인.
용:맹-스럽다(勇猛-) [--따] 閑<~스러우니, ~스러워> 용맹한 데가 있다. 용:맹스레 閠
용:맹-정진(勇猛精進) 圀[불] 몸과 마음을 바쳐 용맹스럽게 수행에 힘쓰는 것. **용:맹정진-하다** 圀엔
용모(容貌) 圀 얼굴 모습. ¶~가 단정하다.
용모-파기(容貌疤記) 圀 어떤 사람을 체포하려고 그 사람의 용모와 특징을 기록함. 또는, 그 기록. **용모파기-하다** 圀(비어)
용:무(用務) 圀 =볼일. ¶~를 보다.
용:법(用法) [-뻡] 圀 사용하는 방법.
용:변(用便) 圀 똥이나 오줌을 누는 것. ¶~을 보다. **용:변-하다** 圀엔
용:병(用兵) 圀 1 (장수나 지휘관이) 전투에서 군사나 병사를 작전에 따라 부리어 쓰는 것. 2 (스포츠 팀 감독이) 시합에서 작전에 따라 선수를 부리어 쓰는 것. 비유적인 말임.
용:병(勇兵) 圀 용감한 병사. =용사.
용병³(傭兵) 圀 1 봉급을 받고 병역에 복무하는 일. 또는, 그 병사. ¶~ 제도. 2 스포츠에서, 팀의 전력을 높이기 위해 외국에서 데려온 선수.
용:병-술(用兵術) 圀 전투나 시합에서 군사나 선수 등을 부리어 쓰는 기술.
용:불용-설(用不用說) 圀[생] 자주 사용되는 기관은 발달하고, 그렇지 못한 기관은 퇴화하여 소실되어 간다는 학설. 1909년 라마르크가 제창함. =라마르크설.
용비어천가(龍飛御天歌) 圀[책] 조선 세종 27년(1445)에 정인지·안지·권제 등이 조선 창업을 찬송하며 지은 악장(樂章), 훈민정음으로 쓰여진 최초의 작품으로, 시가 및 고어 연구에 중요한 자료임.
용:-빼다 圀엔 큰 힘을 쓰거나 큰 재주를 부리다.
용빼는 재주 아주 뛰어난 재주.
용:사(勇士) 圀 1 용맹스러운 사람. ¶상이 ~. 2 =용병(勇兵)².
용상¹(龍床) 圀 '용평상(龍平牀)'의 준말.
용:상²(聳上) 圀[체] 역도 종목의 하나. 바벨을 두 손으로 잡아 한 동작으로 가슴 위에 올린 후 곧 반동을 이용하여 머리 위까지 추어올리는 것. ▷인상·추상.
용서(容恕) 圀 (죄나 잘못을) 꾸짖거나 벌하지 않는 것. ¶~를 빌다. **용서-하다** 圀(타)엔 ¶잘못을 ~. **용서-되다** 圀엔
용설-란(龍舌蘭) 圀[식] 잎이 길이 1m 이상으로 육질이고 가장자리에 예리한 가시가 있으며, 10년 이상 자라면 긴 꽃줄기가 나와 담황색 꽃이 피는 상록 여러해살이풀.
용솟음-치다(湧-) 圀엔 1 (샘물·온천수 따위가) 땅 밑에서 세차게 솟아오르다. 2 (용기·기운·힘 따위가) 마음이나 몸속에서 힘있게 솟구치다. ¶젊음의 피가 ~.
용수¹ 圀 1 술이나 장을 거르는 데에 쓰는, 싸리나 대오리 등으로 만든 원통형의 기구. 2 죄수의 얼굴을 못 보게 머리에 씌우던 기구. 1처럼 생겼음.

용:수²(用水) 圀 음료·관개·공업·발전·방화 등에 쓰기 위한 물. ¶관개~.
용:수-로(用水路) 圀 수원(水源)에서 경작지까지 관개용수를 보내기 위한 수로.
용수철(龍鬚鐵) 圀 나선형으로 된, 탄력이 강한 쇠줄.
용수철-저울(龍鬚鐵-) 圀 용수철이 늘어남을 보고 무게를 재는 저울.
용:신(龍神) 圀 =용왕(龍王).
용:-쓰다 圀(~쓰니, ~써) 기운을 몰아 쓰다.
용안(龍顏) 圀 임금의 얼굴.
용암(鎔巖) 圀[지] 마그마가 화산의 분화구로부터 분출한 것. 또는, 그것이 냉각·응고된 암석.
용암^대지(鎔巖臺地) 圀[지] 점성(粘性)이 낮은 현무암질의 용암이 분출하여 거의 수평으로 겹쳐져 만들어진 광대한 대지. 대관령 고원·개마고원 따위.
용암-류(鎔巖流) [-뉴] 圀[지] 화산이 분화할 때, 분화구에서 흘러내리는 용암. 또는, 그것이 냉각·응고한 것.
용액(溶液) 圀[물][화] 두 가지 이상의 물질이 섞여서 균질하게 되어 있는 액체.
용:약(勇躍) 閠 용감하게 뛰어 나가는 것. 또는, 그 모양. ¶마침내 그들은 ~ 에베레스트 등반의 장도에 올랐다. **용:약-하다** 圀엔
용:어(用語) 圀 사용하는 말. 특히, 전문 분야에서 사용하는 말. ¶전문 ~.
용:언(用言) 圀[언] 문장의 주체를 서술하며, 활용을 하는 단어. 곧, 동사와 형용사. 본용언과 보조 용언으로 나뉨. ↔체언.
용:역(用役) 圀[경] 재화를 생산지는 않으나 그것을 운반·배급하거나 생산과 소비에 필요한 노무를 제공하는 일. =서비스. ¶~ 회사.
용-오름 圀[기상] 육지나 바다에서 일어나는 맹렬한 바람의 소용돌이. 해면에 닿으면 물을 빨아올리고, 육상에서는 건물이나 나무 등을 쓰러뜨림. ▷토네이도.
용:왕(龍王) 圀[불] 용 가운데의 임금. 용궁을 다스리며, 구름을 일으키고 비를 내려 중생의 번뇌를 식힌다고 함. =용신.
용용 [-뇽] 閒 엄지손가락 끝을 제 볼에 대고 나머지 네 손가락을 너울거리며 남을 약 올릴 때 내는 소리.
용용 죽겠지 '약이 올라 죽겠지'의 뜻으로 남의 약을 올리는 말.
용융(鎔融·熔融) 圀[화] =용해(融解). **용융-하다** 圀엔
용:의(用意) [-의/-이] 圀 1 어떤 일을 하려고 마음을 먹는 것. 또는, 그 생각. ¶널 도와줄 ~가 있다. 2 미리 마음을 가다듬는 것.
용의-자(容疑者) [-의-/-이-] 圀[법] =피의자. ¶유력한 ~가 나타나다.
용:의주도-하다(用意周到-) [-의-/-이-] 圄 마음의 준비가 두루 미쳐 빈틈이 없다. ¶용의주도한 행사 계획.
용:이-하다(容易-) 圄 퍽 쉽다. ¶목격자의 신고로 용이하게 범인을 검거했다.
용이-하다 閠
용:인(容認) 圀 용납하여 인정하는 것. **용:인-하다** 圀(타)엔 **용:인-되다** 圀엔 ¶이미 그 일은 용인된 사실이니 재론을 말자.
용:장(勇將) 圀 용맹스러운 장수.

용:재(用材) 명 1 건축·가구 등에 쓰이는 재목. 2 재료로 쓰이는 물건. ¶건축 ~.
용적(容積) 명 1 물건을 담을 수 있는 부피. 2 [수] =들이'.
용적-률(容積率) [-뉼] 명 [건] 대지 면적에 대한 건물 연면적의 비율. ▷건폐율.
용접(鎔接) 명 [공] 금속·유리·플라스틱 등의 접합 부위를 녹여서 서로 잇는 일. ▷-공(工). 용:접-하다 타여
용접-봉(鎔接棒) [-뽕] 명 [공] 아크 용접이나 가스 용접에서, 접합부에 녹여 붙이는 녹는점이 낮은 금속 막대기.
용제(溶劑) 명 [화] 물질을 용해시키는 데 쓰는 액체. 알코올·가솔린 따위.
용:지¹(用地) 명 어떤 일에 쓰기 위한 토지. ¶주택 ~.
용:지²(用紙) 명 어떤 일에 쓰이는 종이. ¶투표 ~.
용질(溶質) 명 [화] 용액에 녹아 있는 물질. 액체에 다른 액체가 녹았을 때에는 양이 적은 쪽을 가리킴. ↔용매.
용:채(用) 명 '용돈'의 잘못.
용:처(用處) 명 돈·물건 따위의 쓸 곳.
용코-로 튀 '영락없이', '되우'를 속되게 이르는 말. ¶담임선생님한테 ~ 걸렸다.
용태(容態) 명 병의 상태나 증세. ¶~가 중해지다.
용!퇴(勇退) [-퇴/-퉤] 명 (어떤 직위에) 망설임 없이 용기 있게 물러나는 것. ¶그의 ~는 시의 적절하여 많은 칭송을 받았다. 용:퇴-하다 자여
용-트림(龍-) 명 거드름을 피우며 크게 하는 트림. 용트림-하다 자여
용-틀임(龍-) 명 1 용의 모양을 틀어 새긴 장식. 2 어떤 물체가 용이 몸을 틀면서 하늘로 오르듯 이리저리 비틀거나 꼬면서 위쪽으로 향하는 상태가 되는 것. 3 도약이나 본격적인 활동을 위해 힘차게 움직이는 것. 비유적으로 말임. 용틀임-하다 자여 1 (어떤 물체가) 이리저리 비틀거나 꼬면서 위쪽으로 향하는 상태가 되다. 2 (어떤 집단이나 존재가) 도약이나 본격적인 활동을 위해 힘차게 움직이다. ¶거대 중국이 서서히 용틀임하고 있다.
용-평상(龍平牀) 명 임금이 정무를 볼 때 앉는 평상. ⓒ용상.
용포(龍袍) 명 [역] '곤룡포'의 준말.
용:품(用品) 명 어떠한 데에 쓰이는 온갖 물품. ¶생활~ / 유아~.
용:-하다 형여 1 (사람이) 어려운 일이나 해내지 못하리라고 생각하던 일을 해내어, 칭찬할 만한 상태에 있다. ¶낯선 길을 용케 찾아왔구나. 2 (어떤 재주, 특히 의술이나 점술 등이) 신통할 만큼 뛰어나다. ¶용한 점쟁이. 용:-히 튀
용-하다²(庸-) 형여 (사람이) 어리석을 정도로 순하거나 착하다. ¶사람이 용해 빠져서 속 터지라고 하는 법이 없다.
용:해¹(龍-) 명 [민] =전년(辰年).
용해²(溶解) 명[화] 물질이 액체 속에서 균일하게 녹아 용액을 만드는 일. 용해-되다 자여 용해-하다 타여
용해³(鎔解) 명 금속이 열에 녹아서 액체 상태로 되는 일. 또는, 금속을 녹여 액체의 상태로 만드는 것. 용해-하다² 자여 타여 용해-되다² 자여
용해-도(溶解度) 명 [화] 일정한 온도에서

일정한 양의 용매 중에 녹을 수 있는 용질의 최대의 양.
용혈(溶血) 명 [생] 적혈구의 막이 파괴되는 등의 원인으로 헤모글로빈이 혈구 밖으로 흘러나오는 현상.
용호-상박(龍虎相搏) 명 [용과 호랑이가 서로 싸운다는 뜻] 두 강자끼리 서로 싸움을 이르는 말. 용호상박-하다 자여
우¹ 명 [언] 한글 모음 'ㅜ'의 이름.
우² 튀 여럿이 한꺼번에 몰려오거나 몰려가는 모양. ¶구경꾼들이 ~ 몰려들다.
우:³ 탄 야유할 때 지르는 소리.
-우-⁴ 접미 모음으로 끝나는 동사의 어간이나 모음으로 끝나는 동사의 어간에 사동 접사 '](-이)-'가 결합된 꼴에 붙어, 동사가 사동의 기능을 갖게 만드는 어간 형성 접미사. ¶새~다 / 깨~다.
-우⁵ 어미 '이다', '있다', '없다' 또는 모음이나 'ㄹ' 받침으로 끝나는 용언의 어간, 또는 어미 '-았/었-', '-겠-'의 아래에 붙어, 동작이나 상태의 서술·의문·명령의 뜻을 나타내는 종결 어미. ¶새댁, 어디 가~? ▷-으우.
우:⁶(右) 명 오른쪽의 뜻. ↔좌(左).
우:⁷(짜) 명 [음] 오음(五音) 중 다섯째 음.
우⁸(愚) 명 어리석음. ¶~를 범하다.
우⁹(優) 명 [교] 성적을 매기는 등급의 하나. '수·우·미·양·가'의 5단계 중 둘째 등급.
우간다(Uganda) 명 [지] 동아프리카의 내륙부에 있는 공화국. 수도는 캄팔라.
우:거(寓居) 명 1 남의 집이나 타향에서 임시로 머물러 사는 것. 2 자기의 주거(住居)를 낮추어 이르는 말. 우:거-하다 자여 남의 집이나 타향에서 임시로 머물러 살다.
우거지 명 무·배추 따위를 다듬을 때 떼어 낸 잎이나 줄기. 흔히, 국을 끓이는 데 쓰임. 또, 김장을 하고 나서 김치 맛이 변하지 않게 하기 위해 이것을 위에 덮기도 함. ▷시래기.
우거지다 자여 (풀·잎·숲 등이) 많이 자라 빽빽이 들어차다. ¶잎이 우거진 나무.
우거지-상(-相) 명 잔뜩 찌푸린 얼굴의 모양을 속되게 이르는 말. ¶그는 뭐가 불만인지 ~을 하고 있다.
우거짓-국 [-지꾹/-짇꾹] 명 우거지를 넣고 끓인 국.
우격-넣다 타여 '욱여넣다'의 잘못.
우격-다짐 [-따-] 명 힘이나 우격어로 남을 굴복시키는 것. 또는, 그 행위. ¶순리대로 해야지, 그렇게 ~으로 해서야 되냐. 우격다짐-하다 자여
우:경(右傾) 명 우익 사상으로 기울어지는 것. 또는, 그런 경향. ↔좌경. 우:경-하다 자여
우:계(雨季) [-계/-게] 명 =우기(雨期)². ▷-건계.
우골-탑(牛骨塔) 명 ['소의 뼈로 이루어진 탑'이라는 뜻] 가난한 농가에서 소를 팔아 마련한 학생의 등록금으로 건물이 섰다 하여 '대학'을 비유적으로 이르는 말. ▷상아탑.
우국(憂國) 명 나랏일을 근심하고 염려하는 것. 우국-하다 자여
우국지사(憂國之士) [-찌-] 명 나랏일을 근심하고 염려하는 사람.
우국-충정(憂國衷情) 명 나랏일을 근심하고 염려하는 참된 심정.

우군¹(友軍) 圐 자기와 같은 편인 군대. ¶~기(機).

우군²(右軍) 圐[군] '우익군'의 준말. ↔좌군(左軍).

우귀(于歸) 圐 전통 혼례에서, 신부가 혼례식을 마치고 신방을 치른 뒤 시집으로 오는 일. =신행. **우귀-하다** 동짜

우그러-들다 동짜〈~드니, ~드오〉 1 (물체가) 안쪽으로 우그러져 들어가다. 2 (형세나 형편이) 우그러져 전보다 나쁘게 되어 가다. 鉥오그라들다.

우그러-뜨리다/-트리다 동타 우그러지게 하다. 鉥자동차를 ~.

우그러-지다 동짜 1 (물체가) 안쪽으로 우묵하게 휘어져 들어가다. ¶우그러진 냄비. 2 (물체의 거죽이) 우글쭈글하게 주름이 잡히고 쭈그러지다. 鉥오그라지다.

우그렁-쭈그렁 閂 여러 군데가 우그러지고 쭈그러져 있는 모양. 鉥오그랑쪼그랑. **우그렁쭈그렁-하다** 혱

우그렁-하다 혱 조금 우그러져 있다. 鉥오그랑하다.

우그르르 閂 벌레 따위가 한곳에 많이 모여 있는 모양. **우그르르-하다** 혱어

우그리다 동타 우그러지게 하다. ¶펜치로 철사를 ~. 鉥오그리다.

우글-거리다/-대다 동짜 벌레나 사람 따위가 한곳에 빽빽이 모여 자꾸 움직이다. ¶곳간에 쥐들이 ~. 鉥오글거리다.

우글-우글 閂 우글거리는 모양. 鉥오글오글. **우글우글-하다** 동짜어

우글-쭈글 閂 주름이 많이 잡혀 쭈글쭈글한 모양. 鉥오글쪼글. **우글쭈글-하다** 혱여 ¶그 고운 얼굴이 이제는 ~.

우:기¹(雨氣) 圐 비가 올 듯한 기운.

우:기²(雨期) 圐 일 년 중 비가 많이 오는 시기. =우계. ¶~로 접어들다. ↔건기.

우기다 동타 (어떤 의견을) 고집스럽게 내세우다. ¶자기 말이 맞다고 계속 ~.

우:뇌(右腦) [-뇌/-눼] 圐[생] 대뇌에서, 오른쪽 반구를 이루고 있는 부분. 주로, 공간 인식과 음악 활동 등이 이뤄짐. ↔좌뇌.

우:는-살 圐 옛날, 전쟁 때에 쓰던 화살의 한 가지. 끝에 속이 빈 짐승 뿔을 붙인 것으로, 쏘면 공기에 부딪쳐 소리가 난다. =효시(嚆矢).

우:는-소리 圐 엄살을 부려 어려운 사정을 늘어놓는 말.

우:단(羽緞) 圐 =벨벳.

우담바라(優曇波羅) 圐〈< 閏udambara〉[불] 3,000년에 한 번 전륜왕이 나타날 때 꽃이 핀다고 하는 상상의 나무.

우당탕 閂 물건이 요란하게 떨어지거나 널마루에서 떨 때에 나는 소리. **우당탕-하다** 동짜

우당탕-거리다/-대다 동짜 연달아 우당탕 소리가 나다.

우당탕-우당탕 閂 잇달아 우당탕거리는 소리. **우당탕우당탕-하다** 동짜

우당탕-퉁탕 閂 우당탕거리고 퉁탕거리는 소리. 또는 그 모양. **우당탕퉁탕-하다** 동짜 ¶아이들이 마루에서 우당탕퉁탕하고 소란을 피우다.

우대¹ 圐 예전에, 서울 도성(都城) 안의 북서쪽 지역, 곧 인왕산 부근의 동네들을 이르던 말.

우대²(優待) 圐 특별히 잘 대우하는 것. 또는 그 대우. **우대-하다** 동타어 ¶자격증 소지자를 ~. **우대-되다** 동짜

우대-권(優待券) [-꿘] 圐 우대할 것을 밝힌 표. 상점·공연장 따위에 발행함.

우동(←饂飩/うどん) 圐 면발이 굵은 일본식 국수. 흔히, 맑고 담백한 국물에 말아서 먹음. 순화어는 '가락국수'.

우:두(牛痘) 圐[의] 천연두를 예방하기 위해 우두를 뽑은 면역 물질. ▷종두.

우두둑 閂 1 단단한 물건을 깨무는 소리. ¶날밤을 ~ 깨물어 먹다. 2 단단한 것이 부러지는 소리. 鉥오도독. **우두둑-하다** 동타

우두머리 圐 어떤 단체나 조직 등을 이끌거나 다스리는, 가장 높은 지위에 있는 사람. ㈜두목·보스. ¶산적의 ~. 鉥대빵.

우두커니 閂 정신없이 또는 얼빠진 듯이 멀거니 있는 모양. ¶먼 산을 ~ 바라보다. 鉥오도카니.

우둔(牛臀) 圐 소의 볼깃살.

우둔-하다(愚鈍-) 혱어 어리석고 둔하다. ¶우둔한 사람.

우둘-우둘 閂 1 크고 여린 뼈나 말린 날밤처럼 깨물기에 조금 단단한 모양. 2 무르게 삶기지 않은 모양. 鉥오둘오둘. **우둘우둘-하다** 혱어

우둘-투둘 閂 거죽이나 바닥이 고르지 않고 군데군데 두드러져 있는 모양. 鉥오돌토돌. **우둘투둘-하다** 혱어

우든^클럽(wooden club) 圐[체] 골프에서, 헤드가 목제인 클럽. ㈜아이언 클럽.

우듬지 圐 나무의 꼭대기 줄기.

우등(優等) 圐 1 빼어나게 훌륭한 등급. ¶~ 고속버스. 2 성적이 뛰어난 것. 또는, 그 성적. ↔열등. **우등-하다** 동짜어

우등-상(優等賞) 圐 우등한 사람에게 주는 상.

우등-상장(優等賞狀) [-짱] 圐 우등한 사람에게 주는 상장.

우등-생(優等生) 圐 성적이 우수하고 품행이 단정하여 다른 학생에게 모범이 되는 학생. ↔열등생.

우뚝 閂 1 높이 솟은 모양. ¶~ 솟은 산. 鉥오똑. 2 남보다 뛰어난 모양. **우뚝-하다** 혱어 **우뚝-이** 閂

우뚝-우뚝 閂 여러 군데 우뚝하게 솟은 모양. **우뚝우뚝-하다** 혱어

우라(⑨裏/うら) 圐 '안감'으로 순화.

우라늄(uranium) 圐[화] 천연 방사성 원소의 하나. 원소 기호 U, 원자 번호 92, 원자량 238.03. 은백색의 금속이며, 핵연료로 중요함.

우라-지게 閂 '매우', '심하게'의 뜻으로, 대상의 어떠한 상태에 대해 못마땅하게 여기거나 불평하는 뜻을 비속하게 나타내는 말. ¶날씨 한번 ~ 춥구먼.

우라-질 괸 =오라질. ¶~ 놈.

우락-부락 [-빡] 閂 1 몸집이 크고 험상궂게 생긴 모양. 2 언동이 난폭하고 거친 모양. **우락부락-하다** 혱어

우랄^산맥(Ural山脈) 圐[지] 러시아 서부, 유럽과 아시아의 경계를 남북으로 달리는 산맥. 길이 2,000km.

우랄^어(Ural語) 圐[언] 세계 어족의 하나. 교착성(膠着性)과 모음조화가 있는 것이 특색임. 핀란드 어·헝가리 어·사모예드 어·에스토니아 어 따위.

우람-스럽다 [-따] 혱ㅂ〈~스러우니, ~스러워〉 우람한 데가 있다. **우람스레** 閂

우람-하다 혱여 (사람이나 동물, 또는 산

·나무·건물 따위가) 체구 또는 높이와 부피에 있어서 보통의 경우보다 큰 상태에 있다. [비]거대하다. ¶**우람한** 체구.
우ː량[1](雨量) [명] '강우량'으로 순화.
우량[2](優良) [명] 뛰어나게 좋은 것. **우량-하다** [형][여]
우ː량-계(雨量計)[-계/-게] [명] 비가 내린 양을 재는 계기.
우량-도서(優良圖書) [명] 정서 순화와 교양 함양에 이바지할 수 있는 우수 도서.
우량-아(優良兒) [명] 건강·발육 상태가 매우 좋은 아기.
우량-주(優良株) [명][경] 배당이 높고 수익·경영 내용이 좋은 회사의 주식.
우러-나다 [동][자] **1** (맛·성분·빛깔 등이) 액체 속에 녹아 나오다. ¶소뼈의 진한 성분이 ~. **2** (진실한 감정이 마음에서) 저절로 생겨나다. [비]우러나오다. ¶마음에서 **우러난** 선행.
우러-나오다 [동][자] **1** (어떤 성분 등이 액체에) 녹아 나오다. 또는, (어떤 성분 등이 물질에서) 액체 속에 녹아 나오다. ¶소뼈의 진액이 국물에 ~. **2** (생각·감정·성향 등이 마음·경험·삶 등에서) 생겨 나오다. [비]우러나다. ¶생활 속에서 **우러나온** 삶의 지혜.
우러러-보다 [동][타] **1** (하늘을) 경건한 마음으로 고개를 쳐들고 바라보다. **2** (사람이나 어떤 대상을) 존경하는 마음이나 높이 받드는 마음을 가지고 보거나 대하다. ¶만인이 **우러러보는** 위인.
우러러보-이다 [동][자] '우러러보다'의 피동사.
우러르다 [동][타] 〈우러르니, 우러러〉 **1** 《'하늘'을 목적어로 취하여》 경건한 마음으로 하늘을 향해 고개를 쳐들다. **2** 사람이나 어떤 대상에 대해 존경하는 마음이나 높이 받드는 마음을 가지다. ¶스승을 **우러러** 섬기다.
우렁쉥이 [명][동] =멍게.
우렁-우렁 [부] 소리가 매우 크게 울리거나 나는 모양. **우렁우렁-하다** [형][여] ¶**우렁우렁한** 목소리.
우렁이 [명][동] 논이나 소택지에서 사는 고둥의 한 종류. 껍데기는 높이 4cm, 너비 3cm의 나선 원추형으로 빛깔은 녹갈색임. 살은 식용함.
우렁잇-속[-이쏙/-읻쏙] [명] 내용이 복잡하여 헤아리기 어려운 일 또는 의뭉하여 헤아리기 어려운 속마음을 비유하여 이르는 말. ¶그놈의 속은 ~ 같아 뭐가 뭔지 모르겠다.
우렁-차다 [형] **1** (소리가) 매우 크고 힘차다. ¶**우렁찬** 만세 소리. **2** 매우 당당하고 힘차다.
우ː레[1] [명] 꿩 사냥할 때 암꿩을 부르기 위하여 장끼의 소리를 내도록 만든 물건.
우레[2] [명] =천둥. ×우뢰.
우레(와) 같은 박수 매우 큰 박수를 비유하여 이르는 말. ¶훌륭한 연기에 관중은 ~를 보내 주었다.
우레탄^고무(urethane-) [명][화] 합성 고무의 하나. 질기고 기름이 잘 배지 않지만, 열에는 약함. 구두창·타이어·벨트 따위에 쓰임.
우렛-소리[-레쏘-/-렏쏘-] [명] 천둥 치는 소리. [비]천둥소리.
우려(憂慮) [명] (어떤 일을) 잘못되지 않을까 걱정하는 것. 또는, (문제가 되는 일을) 애태우며 걱정하는 것. 또는, 그 걱정. ¶그 영화는 청소년의 정서를 해칠 ~가 있다. **우려-하다** [동][타][여] **우려-되다** [동][자] ¶수해가 **우려되는** 지역.
우려-내다 [동][타] **1** 물체를 액체에 담가 성분·맛·빛깔 등이 배어들게 하다. ¶멸치 국물을 ~. **2** 꾀거나 위협하여 돈이나 물품을 얻어 내다. ¶친구에게서 돈을 ~.
우려-먹다[-따] [동][타] **1** (물건의 맛이나 진액을) 여러 번 우려내어 먹다. ¶쇠뼈를 너무 **우려먹어** 이젠 맹물만 나온다. **2** 달래거나 위협하거나 하여 남의 금품을 억지로 빼앗다. ¶탐관오리가 불쌍한 백성들의 재산을 ~. ×울궈먹다.
우롱(愚弄) [명] 사람을 바보로 여기고 놀리는 것. **우롱-하다** [동][타][여] ¶소비자를 **우롱하는** 얄팍한 상술.
우롱-차(←[중]烏龍茶) [명] 중국 차의 한 가지. 차의 생잎을 발효 도중에 솥에서 볶은 반발효차. 녹차의 풍미가 있음.
우뢰 [명] '우레[2]'의 잘못.
우루과이(Uruguay) [명][지] 남아메리카 동부에 있는 공화국. 수도는 몬테비데오.
우르르 [부] **1** 몸집이 큰 여러 사람이나 짐승 등이 한꺼번에 몰려다니거나 움직이는 모양. ¶사람들이 ~ 몰려들다. **2** 물 따위가 끓어오르거나 많은 양이 한꺼번에 쏟아지는 소리. ¶폭포수가 ~ 콸콸 쏟아지다. **3** 쌓여 있던 물건들이 갑자기 쏟아지거나 무너지는 소리. ¶담이 ~ 무너지다. [작]오르르. **4** 천둥 치는 소리. ¶천둥이 ~ 치다. **우르르-하다** [동][자][여]
우르릉 [부] 천둥소리가 무겁고 둔하게 울리는 소리. 또는, 그 모양. ¶~ 꽝꽝! [작]와르릉.
우르릉-거리다/-대다 [동][자] 잇달아 우르릉 소리를 내다.
우르릉-우르릉 [부] 우르릉거리는 모양.
우-륵(于勒) [명][인] 신라의 가야금의 명인 (?~?).
우리[1] [명] 짐승을 가두어 두는 곳. ¶돼지~.
우리[2] [대][인칭] **1** 말하는 사람이 자기와 주위에 있는 사람이나 자기의 동아리로 여겨지는 사람을 함께 이르는 말. ¶~는 서로 사랑합니다. **2** 자기가 속한 동아리에 의지하여 '나[3]'을 이르는 말. ¶~ 집. [준]울.
우리-글 [명] 우리나라의 글자라는 뜻으로, '한글'을 이르는 말.
우리-나라 [명] 우리 한민족이 세운 나라를 스스로 이르는 말.
우리다 [동][타] 물건을 액체에 담가 맛이나 성분 따위가 우러나게 하다. ¶도라지를 물에 ~.
우리-들 [대][인칭] 일인칭 복수 대명사. '우리'에 다시 복수 접미사 '-들'이 붙은 말.
우리-말 [명] 우리나라의 말. 곧, 한국어.
우린-감 [명] 소금물에 담가서 떫은맛을 없앤 감. =침시(沈柹).
우릿-간(-間)[-리깐/-릳깐] [명] 우리로 쓰는 칸. ¶돼지 ~.
우마(牛馬) [명] 소와 말. [비]마소.
우-마차(牛馬車) [명] 우차와 마차.
우매-하다(愚昧-) [형][여] 어리석고 사리에 어둡다.
우먼-파워(womanpower) [명] 정치·사회·경제적인 면에서의 여성의 힘. 흔히, 여성 해방 운동과 관련하여 그 힘이 운위됨. ¶~가 거세게 일다.
우무 [명] =한천(寒天).

우묵-하다[-무카-] 혱여 가운데가 조금 둥글게 깊숙하다. ¶**우묵하게** 팬 땅. 죄오목하다.

우문(愚問) 명 어리석은 질문.

우문-현답(愚問賢答) 명 어리석은 질문에 현명한 대답. ↔현문우답.

우물 명 땅을 파서 지하수가 늘 괴어 있도록 만들어 평소에 물을 퍼서 먹거나 쓸 수 있게 한 곳.
[우물 안 개구리] 바깥세상의 형편을 모르는, 견문이 좁은 사람의 비유. [우물에 가 숭늉 찾는다] 성미가 급하여 터무니없이 재촉하거나 서두르는 것을 이르는 말. [우물을 파도 한 우물을 파라] 무슨 일이든 한 가지 일을 꾸준히 해야 이룰 수 있다는 말.

우물-가[-까] 명 우물에 가까운 주변.
[우물가에 애 보낸 것 같다] 마음이 몹시 걱정된다.

우물-거리다/-대다 동자타 1 음식을 제대로 씹지 못하여 입속에서 이리저리 굴리며 입을 자꾸 놀리다. ¶사탕을 입에 넣고 ~. 2 말이나 행동을 제대로 하지 못하고 꾸물거리다. ¶뭘 우물거리고 섰느냐? 속 우물대다 말하며. ④오물거리다.

우물-물 명 우물에서 나는 물. 또는, 우물에서 길어 쓴 물.

우물-우물 튀 우물거리는 모양. ¶~ 씹다. ④오물오물. **우물우물-하다** 동자타여 ¶말을 우물우물하며 ~.

우물쩍-주물쩍[-쭈-] 튀 꾀를 부리느라고 말이나 행동을 자꾸 일부러 분명하게 하지 않는 모양. ¶~ 넘기다. **우물쩍주물쩍-하다** 동자타

우물-쭈물 튀 말이나 행동을 우물거리며 주저주저하는 모양. ¶~ 망설이다. **우물쭈물-하다** 동자타여 ¶우물쭈물하지 말고 네 뜻을 분명히 밝혀라.

우뭇-가사리[-무까-/-묻까-] 명 식 바다 속 모래나 돌에 붙어 살며, 몸이 나뭇가지 모양으로 생긴 갈색의 해조(海藻). 한천의 원료임.

우미-하다(優美-) 혱여 우아하고 아름답다. ¶섬세하고 **우미한** 여성적 취향.

우민(愚民) 명 1 어리석은 백성. 2 통치자에 대하여 백성이 자신을 낮추어 이르는 말.

우바새(優婆塞) 명 [<Upāsaka] [불] 세속에 있으면서 불교를 믿는 남자. =거사(居士)¹. ↔우바이.

우바이(優婆夷) 명 [<Upāsikā] [불] 세속에 있으면서 불교를 믿는 여자. ↔우바새.

우:박(雨雹) 명 큰 물방울이 공중에서 갑자기 찬 기운을 만나 얼어 떨어지는 백색 덩어리. ¶~이 쏟아지다.

우:발(偶發) 명 우연히 일어나는 것. 또는, 그 일. **우:발-하다** 동자여

우:발-적(偶發的)[-쩍] 관명 어떤 일이 예기치 않게 우연히 일어나는 (것). ¶~인 충돌.

우:방(友邦) 명 서로 우호적인 관계를 맺고 있는 나라.

우:-백호(右白虎)[-배코] 명 민 '백호²'를, 주산 오른쪽에 있다는 뜻으로 이르는 말. [좌청룡.

우범(虞犯) 명 성격이나 환경 등으로 인해 죄를 저지를 우려가 있는 것. ¶~ 지역.

우범-자(虞犯者) 명 죄를 저지를 가능성이 높은 사람.

우범-지대(虞犯地帶) 명 법 범죄가 자주 일어나거나 일어날 가능성이 높은 지역.

우:변(右邊) 명 수 등식 또는 부등식에서, 등호 또는 부등호의 오른쪽에 적은 수나 식. ↔좌변.

우:불규칙^용(-不規則用言-) 명 [언] '우 불규칙 활용'을 하는 용언.

우:불규칙^활용(-不規則活用-) [-치롤-] 명 [언] 어미 '어' 위에서 어간 끝의 '우'가 탈락하는 활용 형식. '푸다'의 '푸+어'가 '퍼'로 활용되는 따위.

우:비(雨備) 명 비를 가리는 물건. 우산·비옷·삿갓·도롱이 따위.

우비다 타 '후비다'의 여린말.

우사(牛舍) 명 =외양간.

우:사¹(雨師) 명 비를 다스린다는 신.

우:산(雨傘·雨繖) 명 비를 몸에 맞지 않도록 손에 들고 머리 위에 받쳐 쓰는, 스틱에 여러 개의 가는 살을 연결하여 접었다 폈다 할 수 있는 구조로 만들고 살에 천이나 종이나 비닐 등을 씌워 만든 물건. ¶~을 쓰다[받다].

우산-국(于山國) 명 역 삼국 시대에 울릉도에 있었던 나라. 512년 신라에 망함.

우:산-대(雨傘-)[-때] 명 우산을 버티는 대.

우:산-살(雨傘-)[-쌀] 명 천·종이·비닐 따위로 된 우산의 덮개 부분을 받치는, 가는 대나 쇠로 된 뼈대.

우:상¹(右相) 명 역 =우의정. ↔좌상.

우:상²(偶像) 명 1 숭배의 대상이 되는 물건이나 사람. ¶~으로 떠받들다. 2 종 인위적으로 만들어 놓은 신의 형상.

우:상^숭배(偶像崇拜) 명 신(神) 이외의 사람이나 물체를 신앙의 대상으로 숭배하는 일.

우:상-화(偶像化) 명 (어떤 대상을) 우상으로 만드는 것. **우:상화-하다** 동자타여 ¶국가 권력을 ~. **우:상화-되다** 동자

우생-학(優生學) 명 생 인류의 유전적 소질을 향상 또는 감퇴시키는 사회적 요인을 연구하여 유전적 소질의 악화를 막고 개선을 꾀하는 것을 목적으로 한 응용 유전학의 한 분야.

우선(優先) 명 어떤 일이나 대상을 특별히 다른 것에 앞서서 문제로 삼거나 다루는 것. ¶안전 운행을 ~으로 삼다. **우선-하다** 동자여

우선(于先) 튀 어떤 일에 앞서서 먼저. ¶밥 먹기 전에 ~ 손부터 씻어라.

우선-권(優先權)[-꿘] 명 1 남보다 먼저 행사할 수 있는 권리. 2[법] 금전·물건의 취득·이익 배당 등을 다른 유권자보다 먼저 받을 수 있는 권리.

우선-멈춤(優先-) 명 달리던 자동차가 횡단보도 등의 앞에서 일단정지 하는 일.

우선-순위(優先順位) 명 어떤 것을 먼저 차지하거나 사용할 수 있는 차례나 위치.

우선-적(優先的) 관명 우선으로 삼는 상태에 있는 (것). ~ 해결 과제.

우선-주(優先株) 명 경 보통주에 앞서서 이익 배당이나 잔여 재산의 분배를 받을 수 있는 주식. ↔후배주.

우성(優性) 명 생 대립 형질이 서로 다른 두 품종을 교배시킬 때 잡종 제1대에 반드시 나타나는 형질. ¶~ 유전. ↔열성.

우세(優勢) 명 세력이나 형세가 남보다 앞서거나 나은 것. 또는, 그 세력이나 형세.

¶우리 팀은 결승전에서 시종 ~를 보였다. ↔열세. **우세-하다** 형여 ¶전력이 ~.
우세-스럽다 [-따] 형비 <~스러우니, ~스러워> '남우세스럽다'의 준말. **우세스레** 부
우세-승 (優勢勝) 명[체] 유도에서의 판정승의 하나. '절반', '유효', '효과'를 얻었거나 상대에게 '경고', '주의', '지도'가 있었을 때 등의 경우에 내려짐.
우송 (郵送) 명 우편으로 보내는 것. **우송-하다** 통타여 ¶편지를. **우송-되다** 통자 ¶**우송되어** 온 등기 우편.
우:수¹ (雨水) 명 24절기의 하나. 2월 19일 경으로, 입춘과 경칩 사이에 있음. 가 경칩에는 대동강 물이 풀린다.
우:수² (偶數) 명 =짝수. ↔기수(奇數)
우수³ (憂愁) 명 사람의 마음이 시름에 싸인 상태. 또는, 그로 말미암아 얼굴 표정이 어두운 상태. ¶~에 잠기다.
우수리 명 1 물건 값을 셈하고 거슬러 받는 잔돈. 비거스름돈. 2 일정한 수나 수량에 꽉 차고 남는 수나 수량.
우수-성 (優秀性) [-썽] 명 우수함을 나타내는 성질. ¶제품의 ~.
우수수 튀 1 물건이 수북하게 쏟아지는 모양. 선물을 ~ 쏟아 놓다. 2 많은 가랑잎이 떨어지는 모양. 또는, 그 소리. ¶~ 낙엽이 지다. **우수수-하다** 형여
우수-하다 (優秀-) 형여 여럿 가운데에서 뛰어나다. ¶**우수한** 기술.
우스개 명 남을 웃기려고 하는 농이나 짓. ¶그냥 ~로 해Т 소리에 화를 내다니.
우스갯-소리 [-개쏘-/-갣쏘-] 명 우스개로 하는 말.
우스꽝-스럽다 [-따] 형비 <~스러우니, ~스러워> (모습이나 하는 짓이) 웃음을 자아내는 데가 있거나 비웃음을 살 만한 데가 있다. ¶피에로의 표정이 ~. **우스꽝스레** 부
우스터-소스 (Worcester sauce) 명 양파·마늘·사과 등에 조미료·향신료를 넣어 익힌 소스.
우:습다 [-따] 형비 <우스우니, 우스워> 1 웃고 싶은 느낌이 있다. 또는, 웃음이 나게 하는 상태에 있다. ¶아기의 재롱이 귀엽기도 하고 **우습기**도 하다. 2 싱겁거나 실없어 웃음을 살 만한 상태에 있다. ¶찰해 보려고 했었는데 결과는 **우습게** 되고 말았다. 3 대단치 않거나 하찮다. ¶적을 **우습게** 알다가 오히려 큰코다친다.
우습지도 않다 너무 어이가 없는 일이어서 기가 막히다.
우승 (優勝) 명 경기·경주 등에서 첫째로 이기는 것. **우승-하다** 자여
우승-기 (優勝旗) 명 우승한 사람이나 단체에 주는 기.
우승-배 (優勝杯) 명 =우승컵.
우승-열패 (優勝劣敗) [-녈-] 명 나은 자가 이기고 모자라는 자는 지는 일. **우승 열패-하다** 자여
우승-자 (優勝者) 명 우승한 사람. 비챔피언.
우승-컵 (優勝cup) 명 우승한 사람에게 주는, 커다란 사발 모양의 물건. =우승배.
우:-시장 (牛市場) 명 소를 사고파는 곳.
우:-심방 (右心房) 명[생] 심장 안의 오른쪽 윗부분. 대정맥에서 오는 피를 받아 우심실로 보내는 일을 함. ↔좌심방.

우울하다_889

우:-심실 (右心室) 명[생] 심장 안의 오른쪽 아랫부분. 우심방에서 오는 피를 깨끗이 하여 폐동맥으로 보내는 일을 함. ↔좌심실.
우아 갑 뜻밖의 기쁨이나 즐거움을 나타내는 소리. ¶~, 이겼다. 춘와.
우아-하다 (優雅-) 형여 고상하고 기품이 있으며 아름답다. ¶**우아한** 맵시.
우악-스럽다 (愚惡-) [-쓰-따] 형비 <~스러우니, ~스러워> 우악한 데가 있다. ¶**우악스럽게** 생기다. **우악스레** 부
우악-하다 (愚惡-) [-아카-] 형여 1 무지하고 포악하다. 2 미련하고 우락부락하다. ¶**우악한** 사내.
우:안 (右岸) 명 강의 하류를 향하고 볼 때의 오른쪽 강기슭. ↔좌안.
우:애 (友愛) 명 형제간의 사랑. ¶형과 ~ 있게 지내다. ¶**우애한** 말씨.
우어 갑 소나 말을 멈추게 할 때 내는 소리.
우어-우어 갑 거듭 '우어'를 외치는 소리. 춘워위.
우엉 명[식] 높이 50~150cm이고, 뿌리는 곧고 길며 살이 많고, 7월에 자주색 또는 흰색의 꽃이 피는 두해살이풀. 뿌리를 먹는 채소로 재배함.
우여-곡절 (迂餘曲折) [-쩔] 명 뒤얽혀 복잡해진 사정. ¶~ 끝에 결혼이 성사되다.
우역 (牛疫) 명 소의 전염병.
우연 (偶然) 명 어떤 일이 아무 인과 관계 없이, 또는 뜻하지 않게 일어난 상태. ¶~의 일치. ↔필연.
우연-사 (偶然死) 명 자기 명을 다하지 못하고 뜻밖의 일로 죽는 일. ↔자연사. **우연사-하다** 자여
우연-성 (偶然性) [-썽] 명 어떤 일이 아무 인과 관계 없이, 또는 뜻하지 않게 일어나는 성질. ↔필연성.
우연-스럽다 (偶然-) [-따] 형비 <~스러우니, ~스러워> 우연한 데가 있다. **우연스레** 부
우연찮다 (偶然-) [-찬타] 형 (어떤 일이) 우연만은 아니나 일부러 한 것도 아니다. ¶옛 친구를 길에서 **우연찮게** 만났다.
우연-하다 (偶然-) 형여 어떤 일이 예기치 않게 이루어져 묘하다. **우연-히** 부 ¶~ 그곳을 지나다가 사건을 목격하다.
우:열¹ (右列) 명 오른쪽의 대열. ↔좌열.
우열² (優劣) 명 낫고 못함. ¶~을 가리다.
우열-하다 (愚劣-) 형여 어리석고 못나다. ¶**우열한** 소치.
우:완 (右腕) 명 =오른팔1. ↔좌완.
우:왕좌왕 (右往左往) 튀 이리저리 왔다 갔다 하며 일이나 나아가는 방향을 종잡지 못함. **우:왕좌왕-하다** 자여 ¶불이 나자 **우왕좌왕하며** 어쩔 줄 모르다.
우우¹ 튀 많은 것이 한꺼번에 한곳으로 달려드는 모양. ¶사람들이 ~ 몰려든다.
우:-우² 갑 야유하는 소리.
우울 (憂鬱) 명 마음이 어둡고 가슴이 답답한 상태. ¶~에 빠지다.
우울-병 (憂鬱病) [-뼝] 명[의] '우울증'을 병으로 보아 이르는 말.
우울-증 (憂鬱症) [-쯩] 명 우울한 증세. 비울증.
우울-하다 (憂鬱-) 형여 (마음이나 기분이) 걱정·근심·좌절감 등으로 아무 의욕이 없이 축 처져 있다. 비울적하다·침울하다. **우울-히** 튀 ¶하루를 ~ 보내다.

우월-감(優越感) 圀 남보다 뛰어나다는 느낌. ↔열등감.

우월-성(優越性) [-썽] 圀 우월한 성질이나 특성.

우월-하다(優越-) 圀어 월등하게 낫다.

우위(優位) 圀 **1** 남보다 나은 점수나 성적. ¶~를 가리다. **2** 낫거나 높은 자리. ¶~를 차지하다. ≒열위.

우유(牛乳) 圀 소, 특히 젖소의 젖에서 나오는 백색의 액체. 또는, 그것을 사람이 먹을 수 있게 가열·살균하거나 가공한 물질. =밀크. ¶살균 ~.

우유-병(牛乳瓶) 圀 우유를 담는 병.

우유부단-하다(優柔不斷-) 圀어 어물어물하기만 하고 딱 잘라 결단을 내리지 못하다. ¶우유부단한 태도.

우:연-성(偶然性) [-썽] 圀[철] 사물이 일시적으로 우연히 가지게 된 성질. ↔고유성.

우유-체(優柔體) 圀[문] 문체의 한 가지. 문장이 부드럽고 우아하며 섬세한 느낌을 주는 문체. ↔강건체.

우윳-빛(牛乳-) [-유삗/-윧삗] 圀 우유의 빛처럼 흰 빛깔. ¶뽀얀 ~ 살결.

우:의(友誼) [-의/-이] 圀 친구로서 사귀는 두터운 정. ≒우정. ¶~가 깊다.

우:의(雨衣) [-의/-이] 圀 =비옷.

우:의(寓意) [-의/-이] 圀 다른 사물에 빗대어 어떤 의미를 암시하거나 풍자하는 것. 또는, 그 의미. **우:의-하다** 타예

우:의-적(寓意的) [-의-/-이-] 관圀 다른 사물에 빗대어 어떤 의미를 암시하거나 풍자하고 있는 (것). ¶작가는 실연의 감정을 ~으로 노래한 시이다.

우:-의정(右議政) 圀[역] 조선 시대, 의정부의 정1품 벼슬. =우상. ↔좌의정.

우이독경(牛耳讀經) 圀 아무리 일러 줘도 알아듣지 못함. '쇠귀에 경 읽기'와 같은 말.

우:익(右翼) 圀 **1** 자유 민주주의와 자본주의를 지지하고 신봉하는 경향. 또는, 그런 경향을 띤 단체. **2** 이념적으로 보수적·국수적이고 전통과 자유를 중시하는 경향. 또는, 그런 경향을 띤 단체. **3** 비행기의 오른쪽에 있는 날개. **4** 野球에서, 외야의 오른쪽에 있는 수비 위치. 또는, 그 수비수. **5** [군] 오른쪽에 있는 부대. 또는, 대열의 오른쪽. ↔좌익.

우:익-군(右翼軍) [-꾼] 圀[군] 예전에, 중군(中軍)의 오른쪽에 배치되던 군대. ↔좌익군.

우:익-수(右翼手) [-쑤] 圀 野球에서, 우익을 지키는 선수. ↔좌익수.

우자(愚者) 圀 어리석은 사람. ↔현자.

우:장(雨裝) 圀 우비를 차리는 것. 또는, 그 우비. **우:장-하다** 타여

우-장춘(禹長春) 圀[인] 농학자(1898~1959).

우적-우적 튀 **1** 무·오이 따위를 마구 씹는 소리. 또는, 그 모양. ¶생고구마를 ~ 씹어 먹다. **2** 단단하고 무거운 물건이 무너지거나 버그러지는 모양. 또는, 그 소리. 작와작와작. **우적우적-하다** 타자여

우:전(右前) 圀[체] 野球에서, 우익수의 앞. ↔좌전.

우점-종(優占種) [-쩜-] 圀[생] 식물 군집 내에서 가장 수가 많거나 넓은 면적을 차지하고 있는 종.

우:정¹(友情) 圀 벗 사이의 정분. ≒우의. ¶~을 나누다.

우:정²(郵政) 圀 우편에 관한 행정.

우정-국(郵政局) 圀[역] 조선 말기에 체신 사무를 맡아보던 관청.

우족(牛足) 圀 각을 뜬 소의 발. ≒쇠족.

우:주(宇宙) 圀 **1** 온 세상을 둘러싸고 있는 공간. **2** [천] 모든 천체와 물질이 존재하는 물리학적 공간. **3** [철] 질서 있는 통일체로서의 세계.

우:주-론(宇宙論) 圀 우주의 기원·구조·상태·변화 등에 대한 이론의 총칭.

우:주-복(宇宙服) 圀 우주여행 때에 입도록 특수하게 만든 옷.

우:주-비행사(宇宙飛行士) 圀 우주 비행을 하기 위해 특별히 훈련된 비행사. =우주인.

우:주-선¹(宇宙船) 圀 우주 공간을 비행할 수 있도록 만든 여러 가지 과학적인 비행 물체.

우:주-선²(宇宙線) 圀[물] 우주에서 지구로 보내지는 고에너지 방사선의 총칭.

우:주-식(宇宙食) 圀 우주 비행을 할 때 먹을 수 있도록 특별히 만든 음식물.

우:주-여행(宇宙旅行) 圀 우주선 등을 타고 지구 이외의 다른 천체로 가는 여행.

우:주-왕복선(宇宙往復船) [-썬] 圀 반복하여 사용할 수 있는 유인 우주선.

우:주-인(宇宙人) 圀 **1** 공상 과학 소설 등에서 지구 이외의 천체에 존재한다고 생각되는 인간형의 생명체. =외계인. **2** =우주비행사.

우:주-정류장(宇宙停留場) 圀 사람이 다른 천체로 비행할 때의 중계 기지로 고안된 대형의 인공위성.

우:주-캡슐(宇宙capsule) 圀 우주 비행 때 생물이나 사람이 들어가 필요한 기간 생존할 수 있도록 환경 조건을 갖추어 놓은 용기(容器).

우줄-거리다/-대다 재태 몸이 큰 물체가 가볍게 율동적으로 자꾸 움직이다. 센우쭐거리다.

우줄-우줄 튀 우줄거리는 모양. 센우쭐우쭐. **우줄우줄-하다** 재태여

우:중(雨中) 圀 비가 오는 가운데. 또는, 비가 올 때. ¶~ 경기.

우:-중간(右中間) 圀[체] 野球에서, 우익수와 중견수의 사이. ¶~을 가르는 장타. ↔좌중간.

우:중-월(右中越) 圀[체] 野球에서, 타구가 1루와 2루 사이로 날아가 중앙 오른쪽 펜스를 넘어가는 일. ¶~ 만루 홈런.

우중충-하다 혱 **1** 어둡고 침침하다. ¶우중충한 날씨. **2** 색이 바래어 선명하지 못하다. ¶우중충한 커튼.

우즈베크(Uzbek) 圀[지] =우즈베키스탄.

우즈베키스탄(Uzbekistan) 圀[지] 카자흐스탄과 투르크메니스탄 사이에 있는 공화국. 수도는 타슈켄트. =우즈베크.

우지(牛脂) 圀 =쇠기름.

우지끈 튀 단단하고 부피가 큰 물체가 부서지는 소리. **우지끈-하다** 재여

우지직 튀 **1** 장 마른 밀짚이나 보릿짚 등이 불타는 소리. **2** 장국물 따위가 끓어오르는 소리. **3** 마른 솔가지 따위를 부러뜨릴 때 나는 소리. **4** 큰 조가비 따위가 밟혀 부서지는 소리. **우지직-하다** 재여

우직-스럽다(愚直-) [-쓰-따] 혱ㅂ예 <~스러우니, ~스러워> 우직한 데가 있다.

우직스레 튀
우직-하다(愚直-)[-지카-] 형여 (사람이) 약삭빠른 데가 없이 어리석을 정도로 주어진 일을 묵묵히 해내는 태도가 있다. ¶우직한 일꾼.
우-짖다[-짇따] 동자 1 (새가) 울어 지저귀다. 2 울며 부르짖다.
우쩍 튀 1 단번에 거침없이 나아가거나, 또는 갑자기 늘거나 줄어드는 모양.
우쭐-거리다/-대다 동자타 1 '우쭐거리다'의 센말. 2 제가 잘났다고 자꾸 빼기는 상태가 되다. ¶공부를 잘한다고 ~.
우쭐-우쭐 튀 '우줄우줄'의 센말. 우쭐쭐-하다 동자타여
우쭐-하다 동자타 1 스스로를 잘난 존재로 믿고 빼기는 상태가 되다. ¶칭찬을 들으니까 우쭐해진다. 2 물체가 율동적으로 세게 한 번 솟구치다. ¶어깨를 ~.
우차(牛車) 명 소가 끄는 수레. (비)소달구지.
우:천(雨天) 명 비가 오는 날씨. ¶~으로 행사가 연기되다.
우체-국(郵遞局) 명 정보 통신부에 딸려 우편·우편환·우편 대체·체신 예금·전신 전화 수탁 업무 등을 맡아보는 기관.
우체-부(郵遞夫) 명[통] =우편집배원.
우체-통(郵遞筒) 명 우편물을 넣는 통.
우:측(右側) 명 =오른쪽. ↔좌측.
우:측-통행(右側通行) 명 길을 갈 때에 오른쪽으로 감. ↔좌측통행. 우:측통행-하다 동자여
우크라이나(Ukraina) 지 러시아의 서쪽에 있는 공화국. 수도는 키예프.
우탄트(U Thant) 인 미얀마의 정치가·유엔 사무총장(1909~1974).
우툴-두툴 튀 물체의 거죽이나 바닥이 굵고 고르지 못하여 부풀어 오른 모양. ⊙오톨도톨. 우툴두툴-하다 형여 ¶노면(路面)이 ~.
우:파(右派) 명 1 이념적으로 보수적·국수적이고 전통과 질서를 중시하는 경향을 띤 파벌. 또는, 정당 등의 내부의 보수파. ⊙중도~. 2 우익의 당파. ↔좌파.
우파니샤드(Upaniṣad) 종 고대 인도의 일군의 철학서. 우주의 본체인 브라만[범(梵)]과 자아의 본체인 아트만(아(我)]이 궁극적으로 동일하다는 '범아일여'의 사상이 그 중심을 이룸.
우:편¹(右便) 명 =오른쪽. ↔좌편.
우편(郵便) 명[통] 편지나 소포 등을 우체국을 통하여 받을 사람에게 전달하는 일. 또는, 그 시스템. ⊙속달~.
우편-물(郵便物) 명 우편으로 전해지는 서신 및 물품의 총칭.
우편-배달부(郵便配達夫) 명 '우편집배원'의 구칭.
우편-번호(郵便番號) 명[통] 우편물 분류 작업의 능률화·기계화를 위하여 정보 통신부가 전국의 우편구(郵便區)마다 매긴 지역 번호.
우편^사서함(郵便私書函) 명[통] 우편물의 집배 사무를 다루는 우체국에 국장의 승인을 받고 비치하는 가입자 전용의 우편함. ⊙사서함.
우편-엽서(郵便葉書)[-녑써-] 명[통] '엽서'를 정식으로 이르는 말.
우편-집배원(郵便集配員)[-빼-] 명[통] 우편물을 우체통으로부터 모으거나 또는 각 집에 배달하는 직원. 구칭은 우편배

부. =우체부. ⊙집배원.
우편-함(郵便函) 명 벽이나 대문 등에 달아 두고 우편물을 넣게 하는 작은 함.
우편-환(郵便換) 명[통] 우체국을 통하여 돈을 부치는 방법.
우표(郵票) 명 우편 요금을 납부한 표시로 우편물에 붙이는 증표. =우표딱지. ¶기념~.
우표-딱지(郵票-)[-찌] 명 =우표.
우표-첩(郵票帖) 명 우표를 수집하여 붙이기 위해 만든 책.
우피(牛皮) 명 =쇠가죽.
우:향-우(右向右) 명 제식 훈련 시 구령의 하나. 선 자세에서 오른쪽으로 90° 도는 동작. ↔좌향좌.
우:호(友好) 명 개인끼리나 나라끼리 서로 사이가 좋음. 또는, 그런 사귐.
우:호-적(友好的) 명 개인끼리나 나라끼리 사이가 친한 (것).
우:화¹(羽化) 명 번데기가 날개 있는 엄지벌레로 변하는 것. 우:화-하다 동자여
우:화²(寓話) 명 인격화한 동식물을 주인공으로 하여 그들의 행동 속에 풍자와 교훈의 뜻을 나타내는 이야기. ¶이솝 ~.
우:화-집(寓話集) 명 우화를 모아 엮은 작품집. ¶이솝 ~.
우환(憂患) 명 1 집안에 병자가 있거나 사고가 생기거나 하여 겪는 근심. ¶집안에는 ~이 끊이질 않는다. 2 쓸데없는 근심 걱정. ¶식자~.
우황(牛黃) 명[한] 소의 쓸개 속에 병적으로 뭉친 물건. 해열·진정·강심제로 씀.
우황-청심환(牛黃淸心丸) 명[한] 우황·인삼·산약 등을 비롯한 30여 가지의 약재로 만든 알약. 중풍으로 졸도하고 팔다리가 뻣뻣해지는 데나 간질·경풍 등에 씀.
우회(迂廻·迂回)[-회/-훼] 명 1 지름길로 가지 않고 멀리 돌아서 가는 것. 또는, (어느 곳을) 돌아서 먼 길로 가는 것. ¶~ 도로. 2 어떤 일을 직접적으로 의도를 드러내지 않고 간접적으로 이루고자 하는 것. 우회-하다 동자타여
우회-적(迂廻的)[-회/-훼] 관[명] (방법·표현·태도 등이) 직접적으로 의도를 드러내지 않고 간접적으로 이뤄지는 상태에 있는 (것). ¶~인 표현.
우:-회전(右回轉)[-회/-훼-] 명 (차 따위가) 오른쪽으로 도는 것. ↔좌회전. 우:회전-하다 동자타여
우:후죽순(雨後竹筍)[-쑨] 명 ['비가 온 뒤에 돋아나는 죽순'이라는 뜻] 어떤 대상이 일시에 많이 생겨나는 상태. 비유적인 말임. ¶유흥 업소가 ~처럼 늘어나다.
욱[-따] 튀 안으로 조금 우그러져 있다. 타옥다.
욱신-거리다/-대다[-씬-] 동자 (머리나 상처 등이) 자꾸 쑤시는 듯이 아프다. ¶수술 자리가 ~.
욱신-욱신[-씬-씬] 튀 욱신거리는 모양. ¶이가 ~ 쑤시다. 욱신욱신-하다 동자여
욱여-넣다[-너타] 타 (물건을) 구겨질 정도로, 또는 아무렇게나 마구 밀어서 넣다. ×우겨넣다.
욱-이다 타 ('욱에(서)'의 꼴로 쓰여) 우그러지게 하거나 구겨지게 하다. ¶가방 속에 옷을 욱여서 넣다.
욱일-승천(旭日昇天) 명 아침 해가 하늘로 떠오르는 것. 또는, 그런 기세. 욱일승천-하다 동자여

욱-죄다 [-쬐-/-쮀-] 國 욱여 바싹 죄다. ¶불안감이 가슴을 ~. 困옥죄다.
욱-지르다 [-쩌-] 圉(旦)〈-지르니, ~질러〉 위협하여 기를 꺾다.
욱-하다 [우카-] 困 참을 수 없을 만큼 순간적으로 화가 불끈 치밀다. 또는, 참지 못해서 불같이 화를 내다. ¶그는 욱하는 성미라 말 붙이기가 어렵다.

운¹(運) 圀 어떤 사람의 능력이나 의지 등과 상관없이 그의 일을 잘되거나 잘못되게 만들어 준다고 믿어지는, 어떤 힘의 작용. 困운수. ¶~이 좋다[나쁘다].
운²(韻) 圀 [1] 시행(詩行)의 일정한 위치에서 규칙적으로 반복되는, 같거나 비슷한 자음이나 모음이나 음절. ▷압운. [2] 한자의 음을 두 부분으로 나눌 때, 뒷부분에 해당하는 음. 곧, 초성을 제외한 나머지 부분에 해당하는 음을 가리킴.
운(을) 떼다 [1] 운자를 떼다. [2] 이야기의 첫머리를 말하기 시작하다. ¶운을 뗀 김에, 다 털어 버리겠네.
운-구(運柩) 圀 시체를 넣은 관을 운반하는 것. ¶~ 행렬. **운:구-하다** 困(타)
운:구-차(運柩車) 圀 무덤까지 관을 운반하는 차.
운-김 [-낌] 圀 [1] 여러 사람이 함께 한창 일할 때에 저절로 우러나는 힘. ¶하던 ~에 계속 우리이다. [2] 사람이 거처하는 곳의 따뜻한 기운.
운:동(運動) 圀 [1] 사람이 몸을 튼튼하게 하기 위해 몸의 일부나 전부를 얼마 동안 움직이는 것. ¶전신 ~. [2] 일정한 규칙과 방법에 따라 신체의 기술이나 기량을 겨루는 활동. 困스포츠. [3] 물체가 시간이 지남에 따라 그 위치를 바꾸는 것. ¶천체의 ~. [4] 어떤 목적을 사회 속에서 그 구성원의 호응을 얻어 실현하고자 하는 조직적 활동. ¶독립 ~. **운:동-하다** 困(재)
운:동-가(運動家) 圀 [1] 운동을 좋아하고 잘하는 사람. [2] 어떤 사업이나 사회적 운동을 하는 사람. ¶사회 ~.
운:동^경:기(運動競技) 圀(체) 일정한 규칙에 따라 속력·지구력·기능 등을 경쟁하는 운동.
운:동-권(運動圈) [-꿘] 圀 노동 운동·인권 운동·학생 운동 등과 같은 변혁을 위한 투쟁이나 활동에 참여하는 사람들의 범위나 영역. ¶~ 출신의 재야인사.
운:동-량(運動量) [-냥] 圀 [1] 물체의 질량과 속도의 곱으로 나타내는 물리량. [2] 운동하는 세기나 운동하는 데 드는 힘의 분량.
운:동-모(運動帽) 圀 '운동모자'의 준말.
운:동-모자(運動帽子) 圀 운동 경기를 할 때 쓰는 모자. 困운동모.
운:동-복(運動服) 圀 운동할 때 입는 간편한 옷. 困체육복.
운:동-선수(運動選手) 圀 운동 경기에 뛰어난 재주가 있거나 전문적으로 운동을 하는 사람. ¶스포츠맨.
운:동^신경(運動神經) 圀 [1](생) 골격근의 운동을 지배하는 말초 신경. [2] 운동을 잘 해 낼 수 있게 잘 다루는 능력. ¶~이 발달하다[둔하다].
운:동^에너지(運動 energy) 圀(물) 운동하는 물체가 갖고 있는 에너지.
운:동-원(運動員) 圀 사회 속에서 어떤 목적을 이루기 위해 조직적인 활동을 하는 사람. ¶선거 ~.

운:동-장(運動場) 圀 체육 및 오락을 위해 여러 가지 설비를 갖춘 일정한 지역. 困 그라운드.
운:동-화(運動靴) 圀 주로 운동할 때 신기에 적합하도록 만든 신.
운:동-회(運動會) [-회/-훼] 圀 여러 사람이 모여 운동 경기를 하는 모임.
운두 圀 그릇·신 같은 것의 둘레의 높이. ¶~가 높은 사발.
운:명(運命) 圀 [1] 앞으로의 존망이나 생사에 관한 처지. ¶조국의 ~을 걸머지다. [2] 인간을 포함한 우주의 일체를 지배한다고 생각되는 필연적이고도 초인간적인 힘. =명운(命運). 困숙명. ¶~의 장난.
운:명(殞命) 圀 사람의 목숨이 끊어지는 것. **운:명-하다** 困(자) ¶선생님께서는 80세를 일기로 운명하셨습니다.
운:명-론(運命論) [-논] 圀(철) 일체의 일은 미리 정해진 필연적인 법칙에 따라 일어나므로 인간의 의지로는 변경할 수 없다는 설. 困숙명론.
운:명-선(運命線) 圀 수상(手相)에서, 가운뎃손가락을 향해 세로 선 손금. 사회생활의 운을 나타낸다고 함.
운:명-적(運命的) 관(명) 운명에 따라 정해져 있는 (것). 또는, 금후의 운명이 정해지는 (것). ¶두 사람의 ~인 만남.
운모(雲母) 圀(광) 석영·장석과 함께 화강암에 들어 있는 조암 광물. 얇은 판으로 갈라지는 성질이 있으며, 백운모와 흑운모의 두 종류가 있음. =돌비늘.
운무(雲霧) 圀 구름과 안개. ¶~에 싸인 산정(山頂).
운문(韻文) 圀(문) 언어를 일정한 규율에 따라 배열하여 리듬을 가지게 한 글. 시(詩)가 그 대표적 예임. ↔산문.
운:반(運搬) 圀 [1] (물건을) 탈것 따위에 실어서 옮겨 가는 것. [2] (지) 강물이나 바람이 흙·모래·자갈 등을 옮겨 나르는 것. **운:반-하다** 困(타) **운:반-되다** 困(자)
운석(隕石) 圀(광) 우주 공간에 떠돌던 물질이 지구에 떨어질 때 대기 중에서 다 타지 않고 땅 위에 떨어진 것. ▷유성.
운:세(運勢) 圀 운명이나 운수가 닥쳐오는 기세. ¶~가 좋다.
운:송(運送) 圀 주로 화물(貨物)을 운반하여 보내는 것. **운:송-하다** 困(타) ¶양곡을 철도편으로 ~. **운:송-되다** 困(자)
운:송-선(運送船) 圀 여객·화물 따위를 운송하는 배.
운:수¹(運數) 圀 알 수도 있고 거부할 수도 없는 우주나 초자연적 힘에 의해, 좋은 일이 생기거나 나쁜 일을 당하거나 오래 살거나 빨리 죽거나 하는 것으로 결정된다고 믿어지는 사람의 운명. 困운(運). ¶~ 대통 / ~ 사납다. 困수(數).
운:수²(運輸) 圀 운송이나 운반보다는 규모가 크게, 여객이나 화물을 나르는 일.
운:수-소관(運數所關) 圀 일이 운수에 달려 있어 사람의 힘으로는 어찌할 수 없다는 말. ¶일이 잘되고 못되고는 ~이다.
운:수-업(運輸業) 圀 규모가 크게 여객이나 화물을 운반하는 영업.
운:신(運身) 圀 몸을 움직이는 것. ¶노인은 지병이 도져 ~을 할 수도 없게 되었다. [2] 사회적 처신이나 활동을 하는 것. ¶이번 정치 파동으로 김 의원은 ~의 폭이 크게 줄어들었다. **운:신-하다** 困(자)
운:영(運營) 圀 (조직이나 기구 따위를)

운용하여 경영하는 것. **운¦영-하다** [동][타][여] ¶회사를 ~. **운¦영-되다** [동][자]
운¦영-난(運營難) [명] 조직·기구 등을 운영하는 데에 겪는 어려움. ¶~에 빠지다.
운¦영-비(運營費) [명] **1** 조직이나 기구 등을 운영하는 데 드는 돈. **2** 어떤 대상을 관리하고 운용하는 데 드는 돈.
운¦영^체제(運營體制) [명][컴] 컴퓨터를 작동시키며 시스템 전체를 제어하고 조정하는 프로그램들의 집합체. =오에스(OS).
운¦용(運用) [명] 무엇을 움직이게 하거나 부리어 쓰는 것. ¶~ 자금. **운¦용-하다** [동][타][여] **운¦용-되다** [동][자]
운운(云云) [명] 이러쿵저러쿵하면서 말하는 것. 때로, 이런 말 저런 말을 벌이어 인용한 뒤, 그 뒤의 말은 생략하는 문맥에서 쓰임. **운운-하다** [동][타][여] (어떤 사실을) 이러쿵저러쿵 말하다. ¶지금 개인 사정을 **운운할** 때가 아니다.
운위(云謂) [명] (어떤 문제를) 입에 올려 말하는 것. **운위-하다** [동][타][여] ¶발등에 불이 떨어졌는데, 한가하게 철학이나 이념을 **운위하고** 있을 때가 아니다.
운¦율(韻律) [명] 운문에서, 음의 강약·장단·고저, 또는 동음(同音)이나 유음(類音)의 반복으로 만들어 내는 언어의 리듬.
운¦임(運賃) [명] 교통 기관을 이용하거나 화물 수송을 의뢰할 때 치르는 비용.
운¦자(韻字)[-짜] [명] 한시(漢詩)에서, 운(韻)을 맞춘 자.
운¦전(運轉) [명] **1** (자동차·열차 따위를) 나아가게 하거나 멈추게 하거나 방향을 바꾸게 하는 장치 등을 다루어 일정한 방향으로 움직이게 하는 것. **2** (기계, 특히 대형 기계를) 제 기능대로 움직이도록 다루는 것. **3** (기업 따위를) 경영하여 이끌어 나가는 것. **운¦전-하다** [동][타][여]
운¦전-기사(運轉技士) [명] '운전사'를 대접하여 이르는 말. =기사(技士).
운¦전-대(運轉-)[-때] [명] 자동차 등을 운전할 때 손으로 잡고 좌우로 돌려 방향을 조절하는 장치. [비]핸들. ¶~를 잡다.
운¦전-면허(運轉免許) [명] 도로에서 자동차나 오토바이 등을 운전할 수 있는 자격. ¶~를 따다.
운¦전-병(運轉兵) [명][군] 군대에서, 차량을 운전하는 일을 맡은 병사.
운¦전-사(運轉士) [명] 자동차 등을 직업적으로 운전하는 사람. 대접하여 '운전기사'라고도 함. ▷운전자.
운¦전-석(運轉席) [명] 운전자가 앉는 좌석.
운¦전-수(運轉手) [명] '운전기사', '운전사'로 순화.
운¦전-자(運轉者) [명] 자동차를 운전하는 사람.
운¦전^자금(運轉資金) [명][경] 기업의 경상적(經常的) 경영 활동에 필요한 자금. 곧, 원재료, 상품 구입, 인건비 지급 등에 투입되는 유동 자본.
운¦지-법(運指法)[-뻡] [명][음] 악기를 연주할 때 손가락을 쓰는 방법.
운집(雲集) [명] (사람들이 어느 곳에) 구름처럼 많이 모이는 것. **운집-하다** [동][자][여] ¶광장에 **운집한** 군중. **운집-되다** [동][자]
운¦치(韻致) [명] 고상하고 우아한 풍치(風致). ¶~ 있는 정원.
운¦하(運河) [명] 육지를 파서 강을 내고 배가 다니게 한 수로. ¶수에즈 ~.
운¦항(運航) [명] 배나 항공기가 항로를 운행하는 것. **운¦항-하다** [동][자][타][여] ¶부산과 제주 사이를 **운항하는** 여객기.
운해(雲海) [명] 산꼭대기나 비행기 따위와 같이 매우 높은 곳에서 내려다본, 바다처럼 널리 깔린 구름. [비]구름바다.
운¦행(運行) [명] **1** 운전하며 진행하는 것. ¶버스 ~ 노선. **2** [천] 천체가 궤도를 따라 운동하는 일. **운¦행-하다** [동][자][타][여] **운¦행-되다** [동][자]
운형-자(雲形-) [명][수] 곡선을 그리는 데 쓰는 자.
운¦휴(運休) [명] 교통 기관이 운전·운항을 중지하는 일. **운¦휴-하다** [동][자][타][여]
울[1] [명] **1** '울타리'의 준말. **2** 속이 비고 위가 트인 물건의 가를 둘러싼 부분.
울[2] [대][인칭] '우리[2]'의 준말. ¶~ 아버지.
울[3](wool) [명] 양모(羊毛). 또는, 양모로 짠 옷감. ¶~ 스웨터.
울¦고-불고 [부] 원통하고 절통하여 울기도 하고 부르짖기도 하는 모양. ¶집안에 초상이 났나, 왜 이리 ~ 야단인가? **울¦고불고-하다** [동][자][여]
울궈-먹다 [동][타] '우려먹다'의 잘못.
울근-불근 [부] 서로 으르대며 감정 사납게 맞서서 지내는 모양. **울근불근-하다** [동][자][여]
울긋-불긋[-근뿔귿] [부] 여러 가지 짙은 빛깔이 다른 빛깔들과 야단스럽게 뒤섞인 모양. ¶~ 아름답게 물든 단풍. **울긋불긋-하다** [형][여]
울¦다 (울¦고/울어) [동]〈우니, 우오〉 [1][자] **1** (사람이) 슬프거나 아프거나, 또는 너무 기쁘거나 감동이 지나쳐, 목에서 소리를 내거나 때로 소리를 내지 않으면서 눈물을 흘리다. ¶엉엉 ~. ↔웃다. **2** (짐승이나 새나 닭, 또는 벌레 등이) 목이나 몸에서 일정한 높낮이를 가진 소리를 내다. ¶꽃 피고 새 **우는** 봄. **3** (물체가) 바람의 작용을 받아 진동하면서 어떤 소리를 내다. ¶문풍지가 **우는** 겨울밤. **4** (종이나 고동, 천둥 등이) 일정한 소리를 내다. ¶뱃고동이 ~. **5** (귀가) 일정한 높이로 계속되는 소리를 실제로는 들리지 않는데도 느끼는 상태가 되다. ¶귀가 '앵' 하고 ~. **6** (도배하거나 바느질한 물건의 거죽이) 팽팽하지 못하고 우글쭈글한 상태가 되다. ¶풀칠을 고루 못 해서 장판이 **운다**. **7** (주먹이나 칼 등이) 상대를 때리거나 공격하는 데 쓸 수가 없어 분한 마음을 느끼다. 구어체의 말임. ¶어이구 주먹이 **운다**, **울어**! [2][타] (('울음'을 목적어로 하여)) (사람이) 슬퍼하여 눈물을 흘리거나 흐느끼는 소리를 내다.
[**우는 아이 젖 준다**] 무슨 일에서나 자기가 요구해야 얻을 수 있다. [**울며 겨자 먹기**] 싫으나 마지못해 함의 비유.
울뚝-불뚝[-뿔-] [부] 성질이 좀 변덕맞고 급하여, 언행을 우악스럽게 자꾸 하는 모양. **울뚝불뚝-하다** [형][여] ¶성질이 ~.
울뚝-울뚝 [부] 성미가 급하여 참지 못하고 언행을 우악스럽게 연해 하는 모양. **울뚝울뚝-하다** [동][자][여]
울란바토르(Ulan Bator) [명][지] 몽골의 수도.
울렁-거리다/-대다 [동][자] **1** 몹시 놀라거나 설레거나 두려워 가슴이 두근거리다. **2** 물결이 연해 흔들리다. **3** 배 속이 토할 것처럼 메슥거리다. ¶멀미가 나서 속이 ~.

울렁-울렁
울렁-울렁 튀 울렁거리는 모양. **울렁울렁-하다** 통자여

울렁-이다 통자 가슴이 설레며 크게 뛰놀다.

울렁-증(-症) [-쯩] 명 가슴이 울렁거리는 증세.

울려-오다 통자 (종소리 따위가) 좀 떨어진 곳으로부터 들려오다.

울:력 명 여러 사람이 힘을 합해 어떤 일을 함께하는 것. 또는, 그 힘. ¶마을 사람의 ~으로 길을 닦다. **울:력-하다** 통여

울:력-다짐 [-따-] 명 울력하여 그 기세로 일을 해치우는 행동. **울:력다짐-하다**

울릉-도(鬱陵島) [-릉-] 명[지] 경상북도 동쪽, 동해 상에 있는 화산섬.

울리다 통 ①타 1 '울다'의 사동사. ¶아이를~. 2 (물체를) 치거나 불거나 하여 비교적 큰 소리가 나게 하다. ¶풍악을~. 3 (어떤 대상이 사람의 마음을) 감동의 상태에 이르게 하다. ¶심금을 울리는 소설. ②타 1 (어떤 물체가) 일정한 소리를 내다. ¶종이~. 2 (비교적 큰 소리가) 주위의 공간에 진동을 일으키다. 또는, 그 소리가 반사되어 다시 소리를 내다. ¶총성이~. 3 (땅이나 건물 등이) 외부의 큰 힘이나 소리 등으로 떨리다. ¶요란한 폭음과 함께 땅이~.

울림 명 1 소리가 무엇에 부딪쳐 되울려 오는 현상. 또는, 그 소리. ¶산~. 2 예술 작품이 주는 정서적 공감이나 감동. ¶~이 큰 문학.

울림-소리 명[언] 성대의 진동을 일으키는 소리. 국어의 모음인 'ㄴ', 'ㄹ', 'ㅁ', 'ㅇ' 등이 여기에 속함. 홀소리·콧소리·흐름소리 따위. =유성음·탁음. ↔안울림소리.

울림-통(-筒) 명[음] 현의 진동에 공명하여 그 음을 강화시키는 현악기의 통. 바이올린이나 기타 등의 몸통을 이루는 부분으로, 흔히 구멍이 뚫어져 있다.

울먹-거리다/-대다 [-꺼(때)-] 통자 자꾸 울먹이다. ¶**울먹거리며** 말하다.

울먹-울먹 튀 울먹거리는 모양. **울먹울먹-하다** 통자여

울먹-이다 통자 복받치는 울음이 터져 나올 듯한 상태를 보이다. ¶길을 잃고 울먹이는 아이.

울:며-불며 튀 울고불고하며. ¶~ 손발이 닳도록 빌다.

울:-보 명 걸핏하면 우는 아이.

울부짖다 [-진따] 통자 울며 부르짖다. ¶집승의 **울부짖는** 소리가 들리다.

울분(鬱憤) 명 가슴에 가득히 쌓여 있는 분한 마음. ¶~을 터뜨리다.

울분-하다(鬱憤-) 형여 분한 마음이 가슴에 가득하다.

울산(蔚山) [-싼] 명[지] 경상남도 북동부 동해안에 있는 광역시.

울:-상(-相) [-쌍] 명 울 것 같은 얼굴 표정. ¶~을 짓다.

울-안 명 울타리를 둘러친 안.

울울창창-하다(鬱鬱蒼蒼-) 형여 큰 나무들이 아주 빽빽하고 푸르게 우거져 있다. 비울창하다. ¶**울울창창한** 원시림.

울울-하다(鬱鬱-) 형여 1 (마음이) 상쾌하지 않고 아주 답답하다. ¶**울울한** 심사. 2 (나무가) 무성하다.

울-음 명 1 사람이 슬프거나 아프거나 너무 기쁘거나 하여 우는 일. ¶~이 터지다. ↔웃음. 2 짐승이나 새나 벌레 따위가 일정한 높낮이의 소리를 내는 일.

울음-기 [-끼] 명 울다가 아직 가시지 않은 울음의 흔적 또는 울음의 기색. ¶~ 섞인 목소리.

울음-바다 [-빠-] 명 많은 사람이 한꺼번에 울음을 터뜨려 온통 울음소리로 뒤덮인 상태를 일컫는 말. ¶이산가족이 상봉하는 만남의 광장은 ~가 되었다.

울음-보 [-뽀] 명 참다못해 터뜨린 울음.

울음-소리 [-쏘-] 명 1 사람이 울 때 내는 소리. ¶구슬픈~. 2 동물이 목이나 기타의 발음 기관에서 내는 소리.

울음-주머니 [-쭈-] 명[생] 주머니처럼 생긴, 소리를 내는 기관. 개구리나 맹꽁이의 수컷 따위의 귀 뒤나 목 밑에 있음.

울음-울음(-鬱) 명 '울음'을 속되게 이르는 말. ¶~이 터지다.

울적-하다(鬱寂-) [-쩌카-] 형여 (마음이) 답답하고 쓸쓸하다. 비우울하다. ¶**울적한** 마음을 술로 달래다.

울증(鬱症) [-쯩] 명 가슴이 답답한 병증. 또는, 우울한 증세. 비우울증.

울짱 명 1 말뚝 따위를 죽 늘어 박은 울. 또는, 벌여 박은 긴 말뚝. =목책. 2 =울타리1.

울창-하다(鬱蒼-) 형여 1 나무가 빽빽하게 들어서고 푸르다. 비울창창하다. ¶**울창한** 숲.

울컥 튀 1 먹은 음식을 갑자기 토하려고 하는 모양. 또는, 그 소리. 2 격한 감정이 갑자기 치미는 모양. **울컥-하다** 통자여

울컥-거리다/-대다 [-꺼(때)-] 통자타 1 자꾸 울컥하다. 2 분한 생각이 자꾸 치밀다.

울컥-울컥 튀 울컥거리는 모양. 또는, 그 소리. **울컥울컥-하다** 통자타여

울타리 명 1 담 대신에 풀·나무 등을 얽어서 집 따위를 둘러막거나 경계를 가르는 물건. =울짱. ¶~를 치다. 2 비교적 좁고 제한된 생활의 범위를 비유적으로 이르는 말. ¶가정의 ~를 벗어나다. 준울.

울툭-불툭 [-뿔-] 형 물체의 거죽이나 면이 고르지 않고 여기저기 나오고 들어간 모양. ¶근육이~ 튀어나오다. **울툭불툭-하다** 형여

울통-불통 형 물체의 거죽이나 면이 고르지 않게 나오고 들어간 모양. **울퉁불퉁-하다** 형여 ¶**울퉁불퉁한** 비포장도로.

울프, 버지니아(Woolf, Virginia) 명[인] 영국의 여류 작가(1882~1941).

울혈(鬱血) 명[의] 정맥혈의 흐름이 방해를 받아 장기(臟器)나 조직에 혈액이 고여 있는 상태.

울화(鬱火) 명 억눌러 억누르거나 분하여 마음속에 화나 노여움이 일어나는 상태. ¶나는 그의 거짓말에 ~가 치밀었다.

울화-병(鬱火病) [-뼝] 명[한] 울화가 해소되지 못하고 쌓여서 생기는 병.

울화-통(鬱火-) 명 '울화가 심하게 쌓인 상태'를 속되게 이르는 말. ¶그의 파렴치한 짓을 보면 ~이 터진다.

움[1] 명 1 나무의 뿌리나 줄기에 있는, 막 자라기 시작한 상태의 눈(芽). ¶~이 트다. 2 잘라 내고 남은 식물의 밑동이나 땅에서 파내어 거의 죽은 식물의 몸에 돋은 어린싹이나 줄기.

움[2] 명 땅을 파고 위에 짚으로 만든 지붕

을 덮어 추위나 비바람을 막거나 겨울에 화초·채소 등을 넣어 두는 곳.
움라우트(독Umlaut) [명][언] 'ㅏ·ㅓ·ㅗ·ㅜ' 등의 모음이 뒤에 오는 'ㅣ' 모음의 영향으로 'ㅐ·ㅔ·ㅚ·ㅟ' 등으로 동화되는 현상. '겨시다'가 '계시다', '남비'가 '냄비'로 발음되는 것 등이 그 예임.
움!-막(-幕) [명] '움막집'의 준말.
움!막-집(-幕-)[-찝] [명] 땅을 파고 위에 거적 따위를 얹고 흙을 덮어 추위나 비바람만 가릴 정도로 임시로 지은 집. [준]움막.
움직-거리다/-대다[-꺼(때)-] [동][자][타] 자꾸 움직이다. ¶**움직거리지** 말고 가만있어라.
움직-도르래[-또-] [명][물] 축이 고정되지 않고 이동하는 도르래. ↔고정 도르래.
움직-씨 [명][언] =동사(動詞)[2].
움직-움직 [부] 움직거리는 모양. **움직움직-하다** [동][자][타][여]
움직-이다 [동] [1][자] **1** (사람·동물의 몸이나 물체가) 가만히 있지 않고 자세나 위치를 바꾸거나 옮기다. ¶눈동자가 좌우로 ~. **2** (사람이) 일정한 목적을 가지고 행동하거나 활동하다. ¶군사를 ~. **3** (조직체나 공장의 기계 등이) 제 기능과 역할을 하며 작용하다. [비]운영되다. ¶파업으로 공장의 기계가 **움직이지** 못하다. **4** (세계나 사물 현상이) 어떤 모습에서 다른 모습으로 되다. [비]바뀌다·변화하다. ¶세계는 빠르게 **움직이고** 있다. **5** (사람의 마음이) 어떤 일에 대해 긍정적이거나 받아들이려고 하는 상태가 되다. ¶스님의 설법에 마음이 ~. [2][타] **1** (사람·동물이 자기의 몸이나 어떤 물체를) 자세나 위치를 바꾸거나 옮기다. ¶토끼가 귀를 쫑긋 ~. **2** (사람이 다른 사람을) 자기 뜻에 따라 어떤 일을 하게 하다. ¶마을 유지들을 **움직여** 도로를 넓히다. **3** (조직체나 공장의 기계 등을) 제 기능과 역할을 하도록 작용시키다. [비]운영하다·가동하다. ¶공장의 기계를 ~. **4** (어떤 사실이나 대상을) 정해지거나 굳어진 상태에서 다른 상태가 되게 하다. ¶지구가 둥글다는 건 **움직일** 수 없는 진리다. **5** (사람이 상대의 마음을) 말이나 행동을 통해 자기가 바라는 쪽으로 달라지게 하거나 이끌리게 하다. ¶끈질긴 구애로 여자의 마음을 ~.
움직임 [명] 움직이는 상태나 형편. ¶증권 시장의 ~이 활발하다.
움질-거리다/-대다 [동] [1][자] **1** 몸집 큰 것이 많이 모여 천천히 자꾸 움직이다. **2** 주저주저하다. [2][타] 질긴 것을 우물거리며 씹다. ¶오징어 다리를 **움질거리며** 씹다. [센]움찔거리다.
움질-움질 [부] 움질거리는 모양. [센]움찔움찔. **움질움질-하다** [동][자][타][여]
움!-집[-찝] [명] 땅을 파고 그 위에 벽체 없이 짚·풀로 지붕만 씌운 집. =토굴집.
움찔 [부] 갑자기 놀라 몸을 움츠리는 모양. **움찔-하다** [동][자][타][여] ¶뱀을 보고 ~.
움찔-거리다/-대다 [동][자][타] '움질거리다'의 센말.
움찔-움찔 [부] '움질움질'의 센말. **움찔움찔-하다** [동][자][타][여]
움츠러-들다 [동][자] 〈~드니, ~드오〉 **1** 몸이나 몸의 일부가 몹시 오그라져 들어가거나 작아지다. ¶추위에 몸이 ~. **2** 겁을 먹거나 위압감 때문에 기를 펴지 못하고 몹시 주눅이 들다. [작]옴츠러들다.
움츠리다 [동][자][타] **1** 몸이나 몸의 일부를 몹시 오그려 작게 하다. ¶추워서 몸을 ~. **2** 겁을 먹거나 위압감 때문에 기가 꺾이거나 풀이 죽다. [준]움치다. [작]옴츠리다.
움치다 [동][자][타] '움츠리다'의 준말. [작]옴치다.
움칫[-칟] [부] 놀라서 갑자기 몸을 짧게 움직이는 모양. **움칫-하다** [동][자][타][여]
움켜-잡다[-따] [동][타] 손가락을 우그려 힘 있게 잡다. ¶여자들이 머리채를 **움켜잡고** 싸우다. [거]훔켜잡다.
움켜-쥐다 [동][타] **1** 손가락을 우그려 힘 있게 쥐다. ¶멱살을 ~. **2** (사물을) 수중에 넣고 마음대로 다루다. ¶권력을 ~.
움큼 [명][의존] 한 손에 움켜쥔 만큼의 분량을 나타내는 말. ¶콩을 한 ~ 집다. [작]옴큼.
움키다 [동][타] **1** 손가락을 우그려 힘 있게 잡다. **2** 새나 짐승 따위가 발로 무엇을 힘 있게 잡다.
움!-트다 [동][자] 〈~트니, ~터〉 **1** (싹·순 등이) 처음 나오다. [비]돋다. ¶새싹이 ~. **2** (어떤 일이나 현상, 마음의 작용이) 이제 막 생겨나다. [비]싹트다. ¶사랑이 ~.
움!-파 [명] **1** 베어 낸 줄기에서 다시 난 파. **2** 겨울에 움 속에서 자란, 빛이 누런 파.
움푹 [부] 속으로 푹 꺼져 들어가 우묵한 모양. ¶~ 팬 땅. [작]옴폭. **움푹-하다** [형][여] ¶그 여자는 웃을 때마다 보조개가 **움푹하게** 들어간다. **움푹-이** [부]
웁쌀 [명] 잡곡밥 위에 조금 얹어 안치는 쌀.
웃-[욷] [접두] 명사 위에 붙어, '위'의 뜻을 나타내는 말. ¶~돈 / ~어른.
웃-거름[욷꺼-] [명][농] 씨앗을 뿌린 뒤에나 모종을 옮겨 심은 뒤에 주는 거름. **웃거름-하다** [동][자][여] 웃거름을 주다.
웃-국[욷꾹] [명] 간장이나 술 등에서 담근 후 맨 처음으로 떠내는 진한 국.
웃기[욷끼] [명] **1** '웃기떡'의 준말. **2** 과실·포·떡 등을 괸 위에 모양을 내기 위하여 얹는 재료. ¶~를 얹은 단자.
웃-기다[욷끼-] [동] [1][타] '웃다'의 사동사. ¶사람을 ~. [2][자] 말도 안 되는 말이나 행동으로 어이없는 웃음이 나오게 만들다. 또는, 어처구니가 없어 말이 안 되다. ¶뭐, 네가 1등을 하겠다고? **웃기지** 마라.
웃기-떡[욷끼-] [명] 합이나 접시에 떡을 담고, 그 위에 모양을 내기 위하여 얹는 떡. [준]웃기.
웃-길 [명] '윗길'의 잘못.
웃-니 [명] '윗니'의 잘못.
웃!다[욷따] [동] [1][자] **1** (사람이) 어떤 일이 기쁘거나 만족스럽거나 우습거나 어처구니가 없거나 할 때 얼굴을 활짝 편 상태로 '하하', '호호'와 같은 소리를 내다. 또는, 소리는 내지 않고 얼굴만 활짝 편 상태를 보이다. ¶빙그레 ~. ↔울다. **2** (사람이) 다른 사람의 행동을 달갑지 않게 여기거나 경멸하여, 떨떠름한 표정을 짓거나 '체', '흥'과 같은 소리를 내다. [비]비웃다·조소하다. ¶씁쓸하게 ~. [2][타] (('웃음'을 목적어로 하여)) **1** (사람이) 얼굴을 활짝 편 상태로 '하하', '호호'와 같은 소리를 내다. 또는, 소리는 내지 않고 얼굴만 활짝 편 상태를 보이다. ¶그는 호탕하게 큰 웃음을 **웃었다**. **2** (사람이) 떨떠름한 표정을 짓거나 '체', '흥'과 같은 소리를 내다. ¶씁쓸한 웃음을 ~.

[웃는 낯에 침 뱉으랴] 좋은 낯으로 접근해 오는 사람에게는 모질게 굴지 못한다는 말.
웃-대(-代) 똉 '윗대'의 잘못.
웃-도리[욷―] 똉 '윗도리'의 잘못.
웃-돈[욷똔] 똉 **1** 본래의 값에 덧붙이는 돈. ¶~이 붙다. **2** 물건을 맞바꿀 때 값이 적은 쪽에서 물건 외에 더 주는 돈. ¶~을 얹어 주다. ×윗돈.
웃-돌다[욷똘―] 똉(재타) 〈~도니, ~도오〉 어떤 수량보다 많다. 비상회하다. ¶시가 5억을 **웃도는** 아파트. ↔밑돌다.
웃-마을 똉 '윗마을'의 잘못.
웃-목 똉 '윗목'의 잘못.
웃-몸 똉 '윗몸'의 잘못.
웃-물[-운-] 똉 **1** '윗물'의 잘못. **2** 고이거나 담겨 있는 물이나 액체에서, 아래쪽과 구별되지 않게 섞여 있는 물이나 액체. 비뜬물. ¶~을 걷어 내다.
웃-바람[욷빠―] 똉 =웃풍.
웃-반(-班) 똉 '윗반'의 잘못.
웃-방(-房) 똉 '윗방'의 잘못.
웃-배 똉 '윗배'의 잘못.
웃-분 똉 '윗분'의 잘못.
웃-비[욷삐] 똉 우기(雨氣)는 가시지 않았으나, 좍좍 내리다가 그친 비.
웃-사람 똉 '윗사람'의 잘못.
웃-소금 [욷쏘―] 똉 된장·김장 등을 담은 뒤, 그 위에 뿌리는 소금.
웃어-넘기다 똉(타) 없었던 일로 생각하고 지나가다. ¶이건 **웃어넘길** 일이 아니야.
웃-어른[욷―] 똉 나이나 신분·지위·항렬 등이 자기보다 높아, 직접 또는 간접으로 자기가 모셔야 할 어른. ×윗어른.
웃-옷[욷온] 똉 몸 위쪽에 입는 겉옷. ¶~을 걸치다. ☞윗옷.
웃-음 똉 사람이 기쁘거나 어처구니가 없어 웃는 일. 또는, 그 표정. ¶너털~ / ~을 띠다. ☞울음.
웃음을 사다 웃음거리가 되다. ¶그런 짓을 했다간 남의 **웃음을 사기** 쉽다.
웃음을 팔다 (여자가) 화류계 생활을 하다. 완곡한 말임. ¶거리에서 **웃음을 파는** 여자.
웃음-거리[―꺼―] 똉 비웃음이나 조롱을 받을 만한 일. ¶세상의 ~가 되다.
웃음-기(-氣)[―끼] 똉 사람의 표정이나 목소리에 얼마간 남아 있어 보거나 느낄 수 있는 웃음의 흔적. ¶얼굴에서 ~가 싹 가시다.
웃음-꽃[―꼳] 똉 즐거운 웃음이나 웃음판을 꽃에 비유하여 이르는 말. ¶~이 피다 / ~을 터뜨리다.
웃음-바다[―빠―] 똉 많은 사람이 한꺼번에 웃음을 터뜨려 온통 웃음소리로 뒤덮인 상태. ¶그의 우스갯스러운 말에 좌중은 ~가 되었다.
웃음-보[―뽀] 똉 무진장으로 터져 나오려는 웃음. ¶~를 터뜨리다.
웃음-보따리(-褓―)[―뽀―] 똉 (주로 '터지다', '풀다' 등과 함께 쓰여) 웃음이 많이 쌓여 있음을 이르는 말. ¶그의 농담에 ~가 터졌다.
웃음-소리[―쏘―] 똉 웃는 소리.
웃음엣-소리[―에쏘―/―엗쏘―] 똉 웃으라고 하는 말. ¶~로 한 말이니 마음에 두지 말게.
웃음-판 똉 여러 사람이 어우러져 웃는 자리. ¶~이 벌어지다.

웃-자라다[욷짜―] 똉(재) 농작물 등의 줄기나 잎이 쓸데없이, 또는 지나치게 많이 자라다. ¶이상 난동(暖冬)에 보리가 ~.
웃-저고리 똉 '겉저고리'의 잘못.
웃-통[욷―] 똉 **1** 몸의 허리 위의 부분. ¶~을 벗어젖히다. ▷웃통.
웃-풍(-風)[욷―] 똉 겨울에 방 안의 창틈이나 벽에서 스며 들어오는 찬 기운. =웃바람. ¶~이 심한 방. ×윗바람.
웅거(雄據) 똉 어떤 곳에 굳세게 자리 잡고 버티는 것. **웅거-하다** 똉(재)
웅녀(熊女) 똉[신화] 단군 신화에 나오는 단군의 어머니. 환웅과 혼인하여 단군을 낳았다 함.
웅담(熊膽) 똉[한] 곰의 쓸개. 안질·열병·심통·등창 따위에 약으로 씀.
웅대-하다(雄大―) 똉(여) 웅장하게 크다. ¶**웅대한** 계획.
웅덩이 똉 움푹 패어 물이 괸 곳. 늪보다 훨씬 작음.
웅덩이-지다 똉(재) 비나 큰물 따위로 땅이 패어 웅덩이가 되다.
웅변(雄辯) 똉 **1** 청중 앞에서 우렁찬 목소리로 막힘없이 말하는 것. **2** 어떤 사실을 매우 강력하게 뒷받침할 수 있도록 말하는 것. **웅변-하다** 똉(타) ¶이번 사고는 우리 사회에 만연해 있는 안전 불감증을 **웅변해** 준다.
웅변-가(雄辯家) 똉 웅변을 잘하는 사람.
웅변-조(雄辯調)[―쪼] 똉 웅변하는 것과 같은 어조나 말투.
웅보(雄步) 똉 **1** 씩씩한 걸음. **2** 큰 사업이나 일을 위하여 나아감의 비유. ¶복지 국가를 위한 ~를 내딛다.
웅비(雄飛) 똉 기운차고 크게 활동하는 것. **웅비-하다** 똉(재)
웅성(雄性) 똉[생] 정자를 생성하여 상대의 성에게 새끼나 알을 배거나 부화시킬 수 있게 하는 성질. 또는, 그 성질을 가진 성(性). ↔자성(雌性).
웅성-거리다(雄性―) 똉(타) 여러 사람이 모여 수군수군하며 소란을 피우다.
웅성-웅성 똉 웅성거리는 모양. **웅성웅성-하다** 똉(재타)
웅숭-그리다 똉(타) (추위나 두려움으로 몸을) 궁상스럽게 몹시 움츠리다. ㉻웅송그리다. ㉯웅숭크리다.
웅숭-깊다[―깁따] 똉 **1** (생각이나 뜻이나 사랑 등이) 쉽게 헤아릴 수 없게 깊다. ¶**웅숭깊은** 뜻을 담고 있는 고전. **2** (목소리가) 나직하면서도 깊은 곳에서 우러나오는 듯한 힘이 있다. ¶**웅숭깊은** 목소리. **3** (어떤 대상이나 장소가) 속이나 안이 잘 드러나 보이지 않게 깊숙하다. **4** (어떤 상이) 겉으로 뚜렷하지 않으나 은근하게 존재하는 상태에 있다.
웅숭-크리다 똉(타) '웅숭그리다'의 거센말.
웅얼-거리다/-대다 똉(재타) 입속말로 자꾸 혼자 지껄이다. **웅얼-하다** 똉(재) 웅얼이다.
웅얼-웅얼 똉 웅얼거리는 모양. ㉻옹알옹알. **웅얼웅얼-하다** 똉(재타)
웅자(雄姿) 똉 웅장한 모습. ¶안개가 걷히자 백두산이 그 ~를 드러냈다.
웅장-하다(雄壯―) 똉(여) **1** (건물이나 대자연·우주 따위가) 아주 커서 장관을 이루는 상태에 있다. ㉯웅대하다. **2** 한가운데 없이 **웅장하게** 펼쳐진 그랜드 캐니언. **2** (교향악이나 작품 구상 따위가) 굉장히 큰 규모를 가진 상태에 있다. ¶베토벤의 운명 교향곡이 **웅장하게** 울려 퍼지다.
웅지(雄志) 명 웅대한 뜻. ¶~를 펴다.
웅진^도독부(熊津都督府)[—뿌] 명[역] 백제가 망한 뒤, 그 영토를 다스리기 위하여 웅진(지금의 공주)에 두었던 당나라의 통치 기관.
웅진-성(熊津城) 명[역] 백제의 두 번째 수도. 지금의 충남 공주임.
웅크리다 印 추울 때나 겁이 날 때에 몸을 움츠리어 작게 하다. ¶춥다고 **웅크리지** 말고 어깨를 펴라. 웅숭그리다.
웅혼-하다(雄渾—) 뒝어 (글이나 글씨 따위가) 웅장하고 막힘이 없다.
워¹ 명[언] 한글 모음 'ㅟ'의 이름.
워:² 쥅 '우어'의 준말.
워낙 튀 1 본디부터. 또원래. ¶~ 재주가 없어 노력해도 안 된다. 2 두드러지게 몹시. =본래. ¶~ 바빠서 못 가다.
워드(word) 명[컴] 몇 개의 바이트(byte)가 모인 데이터의 단위.
워드^프로세서(word processor) 명[컴] 컴퓨터로 문서를 작성하고 편집하기 위해 만들어진 소프트웨어.
워밍업(warming-up) 명[체] 경기 전에 몸을 풀기 위하여 행하는 준비 운동이나 가벼운 연습.
워싱턴¹(Washington) 명[지] 1 미국의 수도. 2 미국 북서부의 주.
워싱턴²,조지(Washington, George) 명[인] 미국의 초대 대통령(1732~1799).
워:-워[튀 '우어우어'의 준말.
워즈워스, 윌리엄(Wordsworth, William) 명[인] 영국의 시인(1770~1850).
워커(walker) 명 '군화'로 순화.
워크숍(workshop) 명 ['작업장'의 뜻] 참가자가 자주적으로 운영·활동하는 방식의 연구 집회, 교직원의 연수, 관객 참가에의 연극 따위.
워크아웃(workout) 명[경] 금융 기관이 거래 기업의 재무 구조를 개선하고 채무 상환 능력을 높이는 일.
워키토키(walkie-talkie) 명 휴대용의 소형 무선 송수신기.
워킹(walking) 명[체] =트래블링.
워킹^스텝(walking step) 명 무용에서 기본 스텝의 하나. 보통 걸음으로 걷되, 발끝으로 가볍게 걷는 스텝.
워터-마크(watermark) 명 1 불법 복제를 막기 위해 지폐 등에 특수 기술로 인쇄한 숨은 그림이나 표시. 불빛에 비춰 보면 숨은 그림이나 표시가 나타나나 복사는 되지 않음. 2 [컴] 저작권 보호를 위하여, 디지털 상태의 동영상·그림·텍스트·음악 파일 등에 보이지 않게 삽입된, 저작권자의 로고나 상표 등의 디지털 마크.
워터^슈트(water chute) 명[체] 유원지 등에서, 보트를 타고 급사면의 궤도를 미끄러져 내려, 아래에 있는 물 위에 뜨게 하는 놀이 시설. 또는, 그 놀이.
워털루(Waterloo) 명[지] 벨기에 중부에 있는 전적지.
원¹ 의존 1962년의 통화 개혁 이후 오늘날까지 사용되고 있는, 우리나라 화폐의 단위. 1전의 100배. 기호는 ₩. ¶만 ~.
원² 뒝 뜻밖의 일을 당하였을 때, 또는 놀라울 때나 기분이 언짢을 때에 하는 말. ¶~, 이 무슨 꼴이람.
원³(元) 명[역] 중국의 한 왕조(1271~1368). 몽골 제국의 제5대 황제 쿠빌라이

가 건국하여 중국·중앙아시아에 걸치는 대제국을 이루었으나, 주원장에게 망함.
원¹⁴(怨) 명 1 '원망(怨望)'의 준말. 2 '원한'의 준말.
원⁵(員) 명[역] =수령(守令)①. 의 =~.
원⁶(園) 명[역] 왕세자나 세자빈 및 왕의 사친(私親) 등의 산소. ▷능(陵).
원⁷(圓) 명 [수] 평면 위의 한 점을 중심으로 하여 그로부터 같은 거리에 있는 모든 점을 이은 곡선. 2 선이나 선의 특징을 갖는 대상이 나타내는, 보름달의 형태와 겉의 같은 형상.
원:⁸(願) 명 바라는 것. 힌소원. ¶죽기 전에 너를 한 번 보았으면 ~이 없겠다.
원⁹(圓) 명의존 1910년 이후 1953년 통화 개혁 이전까지 사용되었던, 우리나라 화폐 단위의 하나. 1전(錢)의 100배.
원-¹⁰(元·原) 뒘 '본디', '시초'의 뜻을 나타내는 말. ¶~위치 / ~이름.
-원¹¹(員) 뒘 어떤 일에 종사하는 사람임을 나타내는 말. ¶사무~ / 회사~.
-원¹²(院) 뒘 일부 명사에 붙어, 학교나 병원 또는 기타 사회 공공 기관을 나타내는 말. ¶대학~ / 양로~.
-원¹³(園) 뒘 '집', '시설' 따위를 나타내는 말. ¶식물~ / 유치~.
원가(原價)[—까] 명[경] 1 소매업 등에서, 물건을 사들인 가격. 2 제조업 등에서, 제품을 생산하고 판매하는 데 쓰인 모든 비용. 재료비·인건비·경비 따위.
원:-거리(遠距離) 명 먼 거리. 힌장거리. ¶~ 사격. ↔근거리.
원:격(遠隔) 명 (일부 명사 앞에 쓰여) 시간이나 공간적으로 멀리 떨어져 있는 것. ¶~ 조종.
원:격^제:어(遠隔制御)[—쩨—] 명 떨어진 곳에 있는 기기·장치류를 신호로 보내어 자유롭게 제어하는 것.
원:격^진:료(遠隔診療)[—질—] 명[의] 인터넷 등의 통신 수단을 이용하여 멀리 떨어져 있는 환자를 진료하고 처방하는 일. =텔레메디신.
원:경(遠景) 명 1 멀리 보이는 경치. 2 그림이나 사진 등에서, 멀리 있는 것을 그리거나 찍은 대상이나 풍경. ↔근경.
원고¹(原告) 명[법] 소송을 제기하여 재판을 청구한 사람. ↔피고.
원고²(原稿) 명 1 인쇄하여 발표하기 위해 쓰거나 그린 글이나 그림이나 만화. 또는, 인쇄 대상으로서 제판의 기초가 되는 글·사진·그림·만화 따위. 힌청탁. 2 연설하거나 강연할 내용을 써 놓은 글.
원고-료(原稿料) 명 원고를 쓴 데 대한 보수. 준고료.
원고-지(原稿紙) 명 원고를 쓰거나 글짓기 등을 할 때 사용하는, 자수와 분량 계산에 편리하도록 여러 줄의 많은 네모 칸을 인쇄한 종이. ¶200자 ~ 5매.
원광¹(原鑛) 명[광] 제련하지 않은, 파낸 그대로의 광석. =원석.
원광²(圓光) 명 1 둥글게 빛나는 빛. 2 [불] =후광(後光)①.
원:교(遠郊) 명 도회에서 멀리 떨어진 들이나 마을. ↔근교.
원:교^농업(遠郊農業) 명[농] 기후 조건 등으로 근교에서 생산이 어려운 시기에 채소·과일류 등을 원교에서 생산하여 도시로 출하하는 농업. ↔근교 농업.
원:구¹(怨溝) 명 원한으로 생긴 불화.

원구²(圓球) 명 둥근 알이나 공.
원ː군(援軍) 명[군] 도와주는 군대. =원병(援兵).
원귀(寃鬼) 명 억울하게 죽은 사람의 귀신. ¶~를 달래다.
원·균(元均) 명[인] 조선 시대의 무신(?~1597).
원-그림(原-) 명 모사(模寫)·복제(複製) 따위의 바탕이 된 그림. =원도(原圖).
원ː근(遠近) 명 1 멀고 가까움. 2 먼 곳과 가까운 곳. 또는, 그곳의 사람.
원ː근-법(遠近法) [-뻡] 명[미] 자연의 물상을 실제 눈에 보이는 것과 같은 거리감이 느껴지게 묘사하는 법.
원금(元金) 명 돈의 이자를 제외한 원래의 액수. 凹본전. ↔이자.
원급(原級) 명[언] 유럽의 여러 언어에서, 형용사·부사의 정도를 나타내는 본디의 형(形). ▷비교급·최상급.
원기(元氣) 명 1 심신의 정력. ¶~가 왕성하다. 2 만물의 정기.
원-기둥(圓-) 명[수] 주어진 원의 면에 평행한 두 평면으로 자른 중간의 입체. 구용어는 원주(圓柱).
원내(院內) 명 '원(院)' 자가 붙은 각종 기관의 안. 특히, 의원(議院) 안을 가리키는 말이 많음. ¶~ 활동. ↔원외.
원년(元年) 명 1 임금이 즉위한 첫해. 일반적으로 즉위한 이듬해가 원년이 되고 즉위한 해는 즉위년이 됨. ¶세종 2 나라를 세운 해. ¶대한민국 ~. 3 연호(年號)가 바뀐 첫해. ¶정화 ~. ▷즉위년.
원-님(員-) 명[역] 고을의 원을 높여 이르는 말. ¶~ 행차.
[원님 덕에 나팔 분다] 남의 덕에 분에 넘치는 대접을 받음을 이르는 말.
원단(元旦) 명 설날 아침.
원단(原緞) 명 원료가 되는 천. ¶수입 ~으로 만든 고급 의상.
원당(-) 명 '원료당'의 준말.
원ː당(願堂) 명 옛날에 소원을 빌기 위하여 세운 집.
원대(原隊) 명[군] 본디 소속해 있던 부대. =자대(自隊). ¶~ 복귀.
원ː-대하다(遠大-) 형 (계획·꿈·이상 따위가) 먼 앞날을 내다보는 상태에 있어 크고 대단하다. ¶원대한 꿈. **원ː대-히** 부
원도(原圖) 명 =원그림.
원동-기(原動機) 명[물] 자연계에 존재하는 에너지를 동력으로 바꾸어 주는 기계 장치.
원동-력(原動力) [-녁] 명 1 사물의 활동이 있게 하는 근원적인 힘. 2 물체나 기계의 운동을 일으키는 근원적인 힘. 열·수력·풍력 따위.
원두-막(園頭幕) 명 수박·참외 등의 밭을 지키기 위해 밭머리에 지어 놓은 막.
원두-커피(原豆coffee) 명 볶은 커피 열매를 그때그때 가루로 갈아서 끓인 커피.
원-둘레(圓-) 명[수] =원주(圓周)³.
원-뜻(原-) 명 본디 가지고 있는 뜻. ¶내 ~은 널 도우려던 거야.
원래(元來·原-) [월-] 명 =본래. ¶그가 ~ 나쁜 사람은 아니었다.
원로(元老) [월-] 명 1 덕망·관위·연령이 높은 것. 2 어떤 분야에 오래 종사하여 공로가 많고 덕망이 높은 사람.
원ː로(遠路) [월-] 명 먼 길.
원로-원(元老院) [월-] 명 1 [역] 고대 로마의 입법 및 자문 기관. 2 일부 외국의 상원(上院)의 별칭.
원론(原論) [월-] 명 어떤 분야의 학문에 있어서 기초를 이루거나 근본이 되는 이론. 또는, 그 저작. ¶법학 ~.
원론-적(原論的) [월-] 명 이론이 기초 또는 근본에 해당되는 특성이 있는 (것). 또는, 말이나 글이 기초나 근본에서 벗어나지 못한 상태인 (것). ¶~ 접근 /~인 답변.
원료(原料) [월-] 명 가공하여 낸 생산물의 바탕이 되는 물질. ¶~비. ▷재료.
원료-당(原料糖) [월-] 명 설탕의 원료가 되는, 정제하지 않은 사탕. 준원당.
원룸^아파트(←one-room apartment) 명 침실·거실·주방 등이 따로 구분되지 않고 하나의 공간으로 되어 있는 아파트.
원류(源流) [월-] 명 1 내나 강의 본줄기. 2 사물이나 현상의 본래 바탕. 凹근원. 3 주가 되는 유파(流派).
원리¹(元利) [월-] 명 원금과 이자.
원리²(原理) [월-] 명 현상을 성립시키는 기본 법칙이 되어 있는 것. ▷상대성.
원리-금(元利金) [월-] 명[경] 원금과 이자를 합친 돈.
원만-하다(圓滿-) 형[여] 1 모난 데가 없이 둥글둥글하고 부드럽다. ¶원만한 성격. 2 일이 잘되어 가 순조롭다. ¶일이 원만하게 해결되다. 3 서로 사이가 좋다. ¶원만한 인간관계. **원만-히** 부
원-말(原-) 명 변하기 전의 본디의 말.
원ː망¹(怨望) 명 (남이 한 일 등에 대하여) 못마땅하게 여겨 탓하거나 불평을 가지고 미워하는 것. 凹원. **원ː망-하다** 타[여]
[다 내 잘못인데 누구를 **원망하랴**.
원ː망²(願望) 명 원하고 바라는 일. **원ː망-하다** 타[여]
원ː망-스럽다(怨望-) [-따] 형[日] <-스러우니, ~스러워> 원망하고 싶은 마음이 있다. **원ː망스레** 부
원ː매-인¹(願買人) 명 사려는 사람. =원매자(願買者). ¶~이 나서다.
원ː매-인²(願賣人) 명 팔려는 사람. =원매자(願賣者).
원ː매-자¹(願買者) 명 =원매인(願買人)¹.
원ː매-자²(願賣者) 명 =원매인(願賣人)².
원맨-쇼(one-man show) 명 1 무대 위에서 혼자서 재담과 성대모사 등을 하는 일. 2 여러 가지 일을 혼자서 다 하는 것을 농조로 이르는 말.
원면(原綿) 명 면사 방적의 원료가 되는, 가공하지 않은 솜.
원명(原名) 명 고치기 전의 이름. =원이름.
원모(原毛) 명 모직물의 원료가 되는 짐승의 털. 주로 양모(羊毛)를 이름.
원목(原木) 명 가공하지 않은 재목. ¶~ 가구/~을 수입하다.
원무(圓舞) 명 1 여럿이 둥글게 둘러서서 돌면서 추는 춤. 2 [음] '원무곡'의 준말.
원무-곡(圓舞曲) [월-] 명 =왈츠. 준원무.
원무-과(院務課) [-꽈] 명 병원·학원 등에서, 돈을 수납하고 여러 가지 행정 업무를 맡아보는 부서.
원문¹(原文) 명 1 고치거나 번역하거나 베낀 글의 바탕이 된 본디의 글. 2 =본문(本文)1.
원ː문²(願文) 명 원하는 것을 적은 글. 또는, 그 문서.

원반(圓盤) 몡 1 둥글고 넓적하게 생긴 물건. 2 [체] 원반던지기에서 쓰는 운동 기구. 나무 바탕에 놋쇠의 둥글납작한 판을 박고 금속 테를 두른 원형의 판임.

원반-던지기(圓盤-) 몡[체] 원반을 던져 멀리 가기를 겨루는 육상 경기의 한 종목. 지름 2.5m의 원 안에서 던짐. =투원반(投圓盤).

원:병(援兵) 몡[군] =원군(援軍).

원본(原本) 몡 1 표준적인 내용을 갖추고 있고 오식(誤植)이 없어 다른 이본의 근본이 되는 책. 2 각색・번안・번역・발췌・주석 등에 있어서, 그 근원이 된 책. =저본. ⓗ원서. 3 베끼거나 복사한 것에 대하여 그 근원이 된 서류나 문건. ↔사본.

원부(原簿) 몡 고쳐 만들거나 베끼기 전의 본디의 장부. ¶호적 ~.

원-불교(圓佛敎) 몡 1916년에 박중빈이 개창한 종교. 우주의 근본 원리인 일원상(一圓相)을 신앙의 대상으로 하며 동그라미를 그 상징으로 내세움.

원비(元妃) 몡 임금의 정실(正室).

원-뿌리(元-) 몡[식] 식물의 주장이 되는 뿌리. ↔곁뿌리.

원-뿔(圓-) 몡[수] 직각 삼각형의 직각을 이루는 한 변을 축으로 하여 한 바퀴 돌 때 생기는 도형. 구용어는 원추(圓錐).

원뿔-꼴(圓-) 몡[수] 원뿔 모양의 형태.

원사¹(元士) 몡[군] 국군 계급의 하나. 부사관의 맨 위 계급으로, 상사의 위, 준위의 아래임.

원:사²(冤死) 몡 원통하게 죽는 것. 또는, 원통한 죽음. **원:사-하다** 자

원사(原絲) 몡 직물의 원료가 되는 실.

원사이드^게임(←one-sided game) 몡[체] 한쪽이 시종 우세하여 긴박한 장면 없이 끝나는 일방적인 경기.

원산(原産) 몡 어떤 고장에서 본디부터 생산되는 것. 또는, 그 물건.

원산-지(原産地) 몡 1 물건의 생산지. 2 동식물의 본래의 산지.

원삼(圓衫) 몡 부녀의 예복의 하나. 흔히 비단이나 명주로 지으며, 연둣빛 길에 자주 깃과 색동 소매를 달고 옆을 튼다.

원상¹(原狀) 몡 본디의 형편이나 상태. ¶~ 복구.

원상²(原象) 몡 본디의 형상이나 모습.

원색(原色) 몡 1 모든 색의 바탕이 되는 기본적인 빛깔. 그림물감에서는 적색・황색, 빛에서는 적색・녹색・청색. ▷삼원색. 2 빛깔이 두드러지게 강한 색. 또는, 자극적인 화려한 색. 3 회화(繪畫)나 사진의 복제(複製)에서 원래의 색.

원색-동물(原索動物) 몡[-똥-] 몡[동] 동물 분류상의 한 무리. 원시적 등뼈인 척삭(脊索)이 소화기의 등 쪽에 있는 것. 모두 바다에 사는데, 멍게・창고기 등이 이에 속함.

원색-적(原色的) [-쩍-] 관명 1 원색과 같이 강렬한 (것). 2 비난이나 표현 등이 노골적인 (것). ¶~인 발언.

원생(院生) 몡 1 '원(院)' 자로 끝나는 이름의 기관에 수용되어 있는 사람. ¶소년원 ~. 2 '원(院)' 자로 끝나는 기관・학교 등에 소속되어 배우는 사람. ¶대학원 ~.

원생-대(原生代) 몡[지] 지질 시대의 선캄브리아대를 둘로 나눌 때, 그 둘째 시대. 5~26억 년 전으로 원시 조류(藻類)・세균 및 단세포 동물의 화석이 발견됨.

원생-동물(原生動物) 몡[동] 동물 분류상의 한 무리. 몸이 하나의 세포로 되어 있는 원시적인 하등 동물. 세포 분열 또는 출아에 의해 번식함. 아메바・짚신벌레・유글레나 등이 이에 속함. ↔후생동물.

원-샷(↑one shot) 몡〈속〉술을 마실 때 잔을 단번에 비우는 것.

원서¹(原書) 몡 번역하거나 복사한 책의 바탕이 되는 책. =원전. ⓗ본서. ↔역서.

원:서²(願書) 몡 지원하거나 청원하는 내용을 적은 서류. ¶입학 ~ / 입사 ~.

원석(原石) 몡 1 [광] =원광(原鑛)¹. 2 가공하지 않은 보석.

원:성(怨聲) 몡 사람들의 원망하는 소리. ¶백성들의 ~이 자자하다.

원성(原性) 몡 본디의 성질.

원소(元素) 몡 1 [화] 한 종류의 원자로만 만들어진 물질. 또는, 그 물질의 구성 요소. 현재까지는 109종이 알려져 있음. 2 [철] 만물을 구성하는 근원이 되는 요소. 3 [수] 집합을 이루는 낱낱의 요소.

원소^기호(元素記號) 몡[화] 원소・원자의 종류를 나타내는 기호.

원손(元孫) 몡 왕세자의 맏아들.

원수¹(元首) 몡 '국가 원수'의 준말.

원수²(元帥) 몡 1 [역] 대한 제국 때, 원수부의 으뜸 벼슬. 황태자가 맡았음. 2 [군] 군인 계급의 하나. 장관의 맨 위 계급으로, 대장의 위임. 미국의 맥아더나 아이젠하워 등이 유명한데, 우리나라에는 없음. =오성 장군.

원:수³(怨讐) 몡 해를 입어 원한이 맺힌 대상. ¶~를 갚다.
[원수는 외나무다리에서 만난다] 남의 한을 사면 피할 수 없는 곳에서 공교롭게 만나 화를 입게 된다.

원:수-지다(怨讐-) 몡[자] 원한이 맺힌 사이가 되다. ¶그들은 만나기만 하면 원수 진 사람들처럼 싸운다.

원숙-하다(圓熟-) [-수카-] 몡[여] (인격・지식・기량 등이) 더할 나위 없이 훌륭하다. ¶원숙한 연기.

원순^모:음(圓脣母音) 몡[언] 조음할 때, 입술을 앞으로 내밀며 입술 모양을 둥글게 오므려 내는 모음. 한글의 'ㅗ', 'ㅜ', 'ㅚ', 'ㅟ' 따위. ↔평순 모음.

원:숭이 몡 1 [동] 포유동물 영장류 중에서 사람을 제외한 동물의 총칭. 대개 삼림에서 떼 지어 삶. 고릴라・침팬지・긴팔원숭이・개코원숭이 등 종류가 많음. 2 남의 흉내를 잘 내는 사람의 비유.
[원숭이도 나무에서 떨어진다] 아무리 익숙하여 잘하는 일이라도 때로는 실수할 때가 있다.

원:숭이-띠 몡[민] 원숭이해에 난 사람의 띠.

원:숭이-해 몡[민] =신년(申年)¹.

원시¹(原始・元始) 몡 1 (주로, 일부 명사 앞에 쓰여) 사물이 발전 또는 진보의 단계에 이르지 못한 상태. ¶~ 사회. 2 사물이 시작되는 처음.

원시²(原詩) 몡 번역하거나 개작한 시의 바탕이 된 본디의 시.

원시³(遠視) 몡[생] 눈에 들어온 광선이 망막보다 뒤쪽에 초점을 맺어, 가까운 데에 있는 물체가 뚜렷이 보이지 않는 눈의 상태. 또는, 그런 눈. 볼록 렌즈로 교정함. ↔근시.

원시-림(原始林) 몡 사람의 손이 가지 않

은 자연 그대로의 삼림. =자연림·처녀림.
원시-생활(原始生活) [명] 문화가 발달되지 못한 원시 시대에, 일정한 생업이 없이 나무 열매를 따 먹고 물고기를 잡아먹던 생활.
원시^시대(原始時代) [명] 인류가 원시적인 생활을 하고 있던 유사(有史) 이전의 시대를 막연히 가리키는 말.
원ː시-안(遠視眼) [명][생] 시력이 약하여 가까운 데 있는 것을 잘 볼 수 없는 눈. ↔근시안.
원시^언어(原始言語) [명][컴] 컴퓨터에 의한 자동 프로그램 번역 과정에서, 입력(入力)으로 주어지는 프로그램 언어.
원시-인(原始人) [명] **1** 원시 시대에 살고 있던 인류. **2** 미개 사회의 야만적인 인간. [비]미개인.
원시-적(原始的) [관][명] 원시 상태이거나 그와 같이 뒤떨어져 있는 (것). ¶~인 방법.
원심¹(原審) [명][법] 그 재판의 한 단계 앞서 소송을 심리한 재판. 또는, 그 법원.
원심²(圓心) [명][수] 원의 중심.
원ː심³(遠心) [명][물] 원운동을 하는 물체가 운동의 중심으로부터 멀어지려고 하는 작용. ↔구심(求心).
원ː심-력(遠心力) [-녁] [명][물] 물체가 원운동을 할 때 구심력에 반대하여 바깥쪽으로 작용하는 힘. ↔구심력.
원ː심^분리기(遠心分離器) [-불-] [명] 원심력에 의하여 고체와 액체, 또는 비중을 달리하는 두 가지 액체를 분리하는 장치. 탈수·농축·정제 등에 쓰임.
원아¹(院兒) [명] 고아원 등에서 양육되는 아동.
원아²(園兒) [명] 유치원에 다니는 아이.
원^아웃(one out) [명][체] 야구에서, 공격 측의 선수가 한 사람 아웃되는 일. =일사(一死).
원안(原案) [명] 회의에 부친 원래의 안.
원앙(鴛鴦) [명] **1** [동] 오리 무리에 속하며, 몸길이 45cm가량이고 수컷의 털빛이 특히 아름다운 물새. 암수가 늘 같이 다님. =원앙새. **2** 화목하고 금실이 좋은 부부의 비유.
원앙-금침(鴛鴦衾枕) [명] 원앙을 수놓은 이불과 베개.
원앙-새(鴛鴦-) [명] =원앙1.
원액(原液) [명] 가공하거나 묽게 하지 않은 원래의 진한 액체.
원ː양(遠洋) [명] 육지에서 멀리 떨어진 넓은 바다.
원ː양^어업(遠洋漁業) [명] 잡은 고기를 저장·가공하는 설비를 갖추고, 먼 대양에 나가 장기간에 걸쳐 하는 고기잡이. ↔근해 어업·연안 어업.
원어(原語) [명] 번역 또는 통역의 대상이 되는 외국어. ¶~ 방송. ↔역어.
원어-민(原語民) [명] 외국어 학습에서, 어떤 외국어를 사용하고 있는 외국 사람.
원예(園藝) [명] 과일·채소·관상용 식물 등을 재배하는 것. 또는, 그 기술의 총칭.
원예-사(園藝師) [명] 원예를 직업으로 하는 사람.
원ː왕생-가(願往生歌) [명][문] 향가의 하나. 신라 문무왕 때 승려 광덕이 지었다는 10구체의 노래. 서방 정토에 귀의하고자 하는 염원을 읊은 것임.
원외¹(員外) [-외/-웨] [명] 정원(定員)의 밖. ¶~ 입학.
원외²(院外) [-외/-웨] [명] '원(院)' 자가 붙은 기관이나 국회의 외부. ¶~ 교섭 단체. ↔원내.
원ː용(援用) [명] **1** 어떤 표현이나 사실에서 암시나 도움을 얻어 그것을 자기의 주장이나 일 등에 끌어다 쓰는 것. ▷인용. **2** [법] 자기의 이익을 위하여 어떤 사실을 끌어다가 주장하는 일. ¶증거의 ~. **원ː용-하다** [동][타][여] ¶선진 기법을 **원용하여** 새로운 제품을 개발하다.
원-운동(圓運動) [명][물] 물체가 원을 그리면서 도는 운동.
원유(原油) [명] 땅속에서 산출된 그대로의, 정제하지 않은 석유.
원음¹(原音) [명] **1** 글자의 본디의 음. **2** [음] 음악상의 표준음. 피아노·오르간 등의 흰 건반에 해당하는 음임. ↔사이음.
원ː음²(遠音) [명] 먼 데서 나는 소리.
원의(原義) [-의/-이] [명] 본래의 의미.
원-이름(原-) [-니-] [명] =원명(原名).
원인¹(原人) [명] 약 40~50만 년 전의 제2 간빙기의 화석 인류. 원인(猿人) 다음의, 인류 진화의 제2단계로 구인(舊人)의 전 단계임. 자바 원인·베이징 원인 따위.
원인²(原因) [명] 어떤 일을 일어나게 한 것. [비]까닭·이유. ↔결과. **원인-하다** [동][자][여] 어떤 것에 원인을 두다.
원인³(猿人) [명] 100만~300만 년 이전에 생존했던 가장 오래 된 화석 인류. 오스트랄로피테쿠스가 그 예임.
원ː인⁴(遠因) [명] 연관성이 먼 원인. 또는, 간접적인 원인. ↔근인(近因).
원자¹(元子) [명][역] 임금의 맏아들. 보통, 세자(世子)가 됨. ¶~ 아기.
원자²(原子) [명] **1** [화] 물질을 구성하는 기본적인 입자. 한 개의 원자핵과 그것을 에워싼 몇 개의 전자로 구성됨. **2** [철] 고대 그리스의 유물론자들이 명명한, 사물 구성의 최후의 미소 존재. =아톰.
원자-가(原子價) [-까] [명][물][화] 원자의 원자량, 또는 원자단의 원자량 총량을 화학 당량으로 나눈 수.
원자-구름(原子-) [명] 핵폭발 직후에 생기는 거대한 버섯 모양의 구름. 대량의 방사성 물질을 함유함. =버섯구름.
원자-단(原子團) [명][물][화] 화합물의 분자 내에 포함된 특정한 원자의 집단.
원자-량(原子量) [명][물][화] 원자의 상대적인 질량. 탄소의 안정 동위 원소 ^{12}C의 질량을 12로 하고, 이것을 기준으로 하여 다른 원자의 질량을 나타냄.
원자-력(原子力) [명][물] 원자핵의 붕괴나 핵반응의 경우에 방출되는 에너지.
원자력^발전(原子力發電) [-빨쩐] [명][물] 핵분열에 의한 열로 발생시킨 수증기로 발전기를 회전시켜 전기를 일으키는 것.
원자-로(原子爐) [명] 원자핵 분열의 연쇄 반응을 필요한 속도로 제어하여 그 에너지를 끌어내는 장치.
원자-론(原子論) [명] 자연의 세계는 분할이 불가능한 최소 입자의 운동과 작용에 의해 이루어진다고 보는 이론. =원자설.
원-자바오(溫家寶) [명][인] 중국의 정치가·총리(1942~).
원자^번호(原子番號) [명][화] 원소·원자·원자핵의 분류 번호의 하나로, 원자핵을 구성하는 양자(陽子)의 개수.

원자-병(原子病) [-뼝] [명][의] 방사성 물질의 방사능 작용을 받음으로써 인체에 생기는 병. 백혈구가 비정상적으로 많아지는 것이 특징임.
원자-설(原子說) [명] **1** 물질은 원자로 이루어진다는 설. **2** =원자론.
원자-시계(原子時計) [-계/-게] [명] 원자나 분자의 고유 진동수가 영구히 변하지 않는다는 것을 이용하여 만든 시계. 정확도가 매우 높음.
원-자재(原資材) [명] 공업 생산의 원료가 되는 자재. 원유·석탄·철광석·원목 따위.
원자-탄(原子彈) [명] '원자 폭탄'의 준말.
원자^폭탄(原子爆彈) [명] 핵분열의 연쇄 반응으로, 순간적으로 대량의 에너지를 방출하는 폭탄. [준]원자탄·원폭(原爆).
원자-핵(原子核) [명][물] 원자의 중핵이 되는 입자. [준]핵.
원작(原作) [명] **1** 본디의 작품. **2** 각색된 각본에 대해 그 소재가 된 소설이나 희곡.
원작-자(原作者) [-짜] [명] =원저자.
원장[1](元帳) [-짱] [명][경] 거래 전부를 기록하며 계정 전부를 포함한 주요 장부.
원장[2](原狀) [-짱] [명] 처음에 내었던 소장(訴狀).
원장[3](院長) [명] '원(院)' 자가 붙은 기관이나 시설의 장(長). ¶고아원 ~/병원 ~.
원장[4](園長) [명] '원(園)' 자가 붙은 기관이나 시설의 장(長). ¶유치원 ~.
원-저자(原著者) [명] 처음에 지은 사람. =원작자.
원적(原籍) [명][법] 호적법에서, 입양·혼인 등으로 적을 옮기기 전의 본래의 호적.
원ː-적외선(遠赤外線) [-외-/-웨-] [명][물] 파장이 가장 긴 영역의 적외선. 파장은 50μm~1mm임.
원적-지(原籍地) [-찌] [명][법] 옮기기 전의 본적지.
원전(原典) [명] **1** 기준이 되는 본디의 전거(典據). **2** =원서(原書)[1].
원점[1](原點) [-쩜] [명] **1** 토지 측량 등에서 기준을 삼는 점. **2** 사물을 재고(再考)할 때 다시 생각하는 근거가 되는 점. ¶수사가 ~으로 돌아가다. **3** [수] 좌표를 정할 때 기준이 되는 점.
원점[2](圓點) [명] 둥근 점.
원ː정(遠征) [명] **1** 먼 곳으로 싸우러 가는 것. **2** 먼 곳에 가서 운동 경기 따위를 하는 것. ¶축구팀의 유럽 ~. **3** 연구·조사·탐험 등의 목적으로 원격지에 조직적인 여행 또는 등산을 하는 것. ¶히말라야 ~. **원ː정-하다** [동][자][타][여]
원ː정-군(遠征軍) [명] **1** 먼 곳으로 싸우러 가는 군대. **2** 먼 곳에 운동 경기 같은 것을 하러 가는 선수. 또는, 그 팀.
원ː정-대(遠征隊) [명] **1** 먼 곳으로 싸우러 가는 군대. **2** 먼 곳에 운동 경기나, 조사·답사·탐험 같은 것을 하러 가는 단체.
원제(原題) [명] 본디의 제목. =원제목.
원-제목(原題目) [명] =원제(原題).
원조[1](元祖) [명] **1** 인류·민족·씨족 등의 맨 처음 조상. [비]시조(始祖). ¶박씨의 ~인 박혁거세. **2** 많은 사람들이 관심을 가지거나 의미 있게 여길 만한 일을 맨 처음 시작한 존재. ¶~ 수원 갈비.
원ː조[2](援助) [명] 도와주는 것. ¶식량 ~. **원ː조-하다** [동][타][여]
원ː조-교제(援助交際) [명]〈속〉 십 대 청소년이 용돈을 받고 성인과 성 관계를 맺는 일. 또는, 성인이 용돈을 주고 십 대 청소년과 성 관계를 맺는 일. 순화어는 '청소년 성매매'. **원ː조교제-하다** [동][자][여]
원종(原種) [명] **1** [식] 씨앗을 받기 위하여 뿌리는 종자. **2** [생] 개량되거나 변화된 품종에 대해, 그 본디의 품종. ↔변종.
원죄[1](原罪) [-죄/-줴] [명][가][기] 인류의 조상인 아담과 하와가 신의 명령을 어기고 에덴동산에서 금단(禁斷)의 열매인 선악과를 따 먹었다는 인류 최초의 죄. 또는, 모든 인간이 아담의 자손으로 태어남으로써 나면서부터 타고난 죄.
원죄[2](冤罪) [-죄/-줴] [명] 억울하게 뒤집어쓴 죄.
원주[1](原主) [명] 본래의 임자.
원주[2](原註) [명] 본래의 주석이나 주해.
원주[3](圓周) [명][수] 평면 상의 곡선의 하나. 일정한 점에서 같은 거리에 있는 점의 자취. =원둘레.
원주[4](圓柱) [명] **1** [건] =두리기둥. **2** [수] '원기둥'의 구용어.
원주-민(原住民) [명] 다른 민족이 들어오기 전부터 대대로 그 지역에 살아온 사람. ↔이주민.
원주-율(圓周率) [명][수] 원둘레와 지름의 비. 약 3.14. 기호는 π.
원지(原紙) [명] 등사판 등의 원판으로 쓰이는 종이.
원진-살(元嗔煞) [-쌀] [명][민] 궁합상 결혼하면 갈등을 빚는다 하여 서로 꺼리는 살. 가령, 소띠와 말띠 사이가 그러함.
원-채(原-) [명] 한 집터의 건물 중에서 으뜸이 되는 집채.
원천(源泉) [명] **1** 물이 솟아나는 근원. **2** 사물의 근원.
원천^과세(源泉課稅) [명][법] 특정 소득·수익에 대한 소득세를 그 소득·수익이 지급되는 장소에서 납세자에게 부과하는 제도.
원천^징수(源泉徵收) [명][법] 원천 과세로 세금을 거두는 일.
원체(元體) I [명] 으뜸이 되는 몸.
II [부] =워낙. ¶~ 주변머리가 없어서 그런 일도 못해요.
원초(原初) [명] 사물 현상이 비롯되는 처음.
원초-적(原初的) [관][명] 원초가 되는 (것). 또는, 근본에 해당하는 (것). ¶~ 본능.
원촌(原寸) [명] 실물과 같은 치수.
원추(圓錐) [명][수] '원뿔'의 구용어.
원추리 [명][식] 산지에 자라며, 여름에 백합과 비슷한 모양의 주황색 꽃이 피는 여러해살이풀. 관상용으로도 재배함.
원추^세ː포(圓錐細胞) [명][생] 척추동물의 망막에 있는 시세포(視細胞)의 하나. 밝은 곳에서의 시력과 파장의 차이, 즉 색의 구별을 담당함. ▷간상세포.
원추-형(圓錐形) [명][수] '원뿔꼴'의 구용어.
원칙(原則) [명] 많은 경우에 적용되는 기본적인 규칙이나 법칙.
원칙-적(原則的) [-쩍] [관][명] 원칙에 근거를 두는 (것). ¶~인 합의를 보다.
원ː친(遠親) [명] 먼 일가. ↔근친(近親).
원ː-컨대(願-) [부] 바라건대. ¶~, 이 나라를 백척간두의 위기에서 구하옵소서.
원탁(圓卓) [명] 둥근 탁자.
원탁-회의(圓卓會議) [-타쾨의/-타퀘이] [명] 원탁에 둘러앉아 하는 회의. 위아래

자리의 구분이 없으므로 국제회의에서 이 형식을 따라 취함.
원탑(圓塔) 몡 위를 둥글게 쌓아 올린 탑.
원통(圓筒) 몡 둥근 통.
원통-형(圓筒形) 몡 둥근 통의 모양과 같은 형. ¶~ 필통.
원통-하다(寃痛-) 쥉예 분하고 억울하다. ¶원통해서 못 살겠다. **원통-히** 튀
원판(元-) 튀 본디의 판국. 비본래.
원판²(原版) 몡[사진] 사진에서, 밀착 또는 화대할 때에 쓰는 음화(陰畵).
원판³(原板) 몡 1 [출] 활자로 조판한 그대로의 판. 지형을 뜨는 바탕이 됨. 2 복제·복각(復刻) 등의 바탕이 되는 본디의 판. 3 =초판(初版)².
원판(圓板) 몡 둥근 널빤지.
원폭(原爆) 몡 '원자 폭탄'의 준말. ¶~ 피해자.
원!-풀이(願-) 몡 소원을 이루는 일. **원!-풀이-하다** 동재예 ¶손자를 보셨다니 정말로 **원풀이하셨군요**.
원피스(one-piece) 몡 상의와 하의(스커트)가 붙어서 하나로 된 여성용의 옷.
원!-하다(願-) 동타예 (무엇을) 바라거나 하고자 하다. ¶난 이런 집을 **원한다**.
원!-한(怨恨) 몡 원망스럽고 한이 되는 생각. ¶~을 사다. 본원한(怨恨).
원!해(遠海) 몡 육지에서 멀리 떨어진 바다. ↔근해.
원형¹(原形) 몡 1 본디의 모양. ¶건물을 ~대로 복원하다. 2 [언] =기본형2.
원형²(原型) 몡 1 주물(鑄物)·조각(彫刻) 등을 여러 개 만들 때, 그 본이 되는 틀. 2 의복의 본을 뜰 때, 그 기초가 되는 인체의 평면 전개도.
원형³(圓形) 몡 둥근 형상.
원형^경^기장(圓形競技場) 로마에 남아 있는, 고대 로마의 둥글고 지붕이 없는 형태의 투기장. =콜로세움.
원형-질(原形質) 몡 1 [생] 자기 증식·물질대사·운동 등, 세포 내에서 생명 활동의 기초가 되어 있는 물질계의 총칭. 2 사물의 바탕이 되는 중요한 본질. 비유적인 말임. ¶삶의 ~.
원!-호(援護) 몡 후원하여 보호하는 것. ¶~ 대상자. **원!-호-하다** 동타예
원!-혼(冤魂) 몡 원통하게 죽은 사람의 넋. ¶~을 달래다.
원!-화¹(-貨) 몡 원을 화폐 단위로 하는 돈.
원화(原畵) 몡 복사·복제(複製)의 바탕이 된 본디의 그림.
원활-하다(圓滑-) 쥉예 일이 막힘이 없이 순조롭다. ¶고속도로의 차량 소통이 ~되다. **원활-히** 튀 ¶~ 진행되다.
원효(元曉) 몡[인] 신라의 승려(617~686).
원흉(元兇) 몡 악한 무리의 우두머리. ¶전쟁의 ~.
월(月) 몡 1 [자덤] 1 한 달을 이르는 말. ¶150만 원의 소득. 2 '월요일'을 줄여 이르는 말. ②(약칭) 11년을 열둘로 나눈 하나의 기간. ¶우 4주 또는 9월 30일임. ①달. ¶징역 6~에 처함. 2 순서가 정해진 달을 세는 말. ¶꽃 피는 4~.
월 가(Wall街) 몡[지] 미국 뉴욕 시 맨해튼 섬 남쪽 끝에 있는 지역.
월간¹(月刊) 몡 잡지 등을 매월 한 번씩 발행하는 일. 또는, 그 간행물.

월간²(月間) 몡 한 달 동안. ¶~ 경제 동향 / ~ 계획.
월간-지(月刊誌) 몡 매월 한 번씩 발행하는 잡지나 전문지.
월경¹(月經) 몡[생] 사춘기 이후부터 50세 전후까지의 여성의 자궁에서 임신 중이나 수유기를 제외하고 평균 28일의 주기로 며칠 동안 출혈하는 생리 현상. =경도·달거리·멘스·생리. **월경-하다** 동재예
월경²(越境) 몡 국경이나 경계선을 넘는 것. **월경-하다** 동재예
월계-관(月桂冠) 몡 1 고대 그리스에서, 경기 우승자에게 씌워 주던, 월계수 잎으로 만든 관. 2 우승의 영예의 비유. ¶승리의 ~.
월계-수(月桂樹) [-계-/-게-] 몡[식] 이른 봄에 담황색의 작은 꽃이 피고, 가을에 앵두 모양의 열매가 암자색으로 익는 상록 활엽 교목. 잎은 향기가 좋아 향료로 쓰임.
월광(月光) 몡 =달빛.
월권(越權) 몡 권한 밖의 일을 하는 것. 또는, 그런 행위. ¶~행위. **월권-하다** 동재예
월급(月給) 몡 일한 대가로 다달이 주는, 일정한 액수의 돈. =월봉. ▷봉급.
월급-날(月給-) [-금-] 몡 월급을 주는 날.
월급-봉투(月給封套) [-뿡-] 몡 월급을 넣은 봉투.
월급-쟁이(月給-) [-껭-] 몡 월급을 받아 생활하는 사람을 홀하게 이르는 말.
월남¹(越南) [-람] 몡 삼팔선 또는 휴전선 이남으로 넘어오는 것. ¶~ 가족. ↔월북. **월남-하다** 동재예
월남²(越南) [-람] 몡[지] '베트남'의 음역.
월남-치마(越南-) [-람] 몡 허리에 고무줄이 있고 흔히 화려한 꽃무늬가 있는, 발목까지 조붓하게 내려오는 치마.
월내(月內) [-래] 몡 한 달 안. 또는, 그달 안.
월년-생(越年生) [-련-] 몡[식] =두해살이.
월년-초(越年草) [-련-] 몡[식] =두해살이풀.
월담(越-) 몡 [-땀] 담을 넘는 것. 비월장(越墻). **월담-하다** 동재예
월동(越冬) [-똥] 몡 겨울을 나는 것. =겨우살이. ¶~ 준비. **월동-하다** 동재예
월드^와이드^웹(World Wide Web) 몡[컴] 하이퍼텍스트를 이용하여 인터넷의 정보를 검색할 수 있도록 해 주는 프로그램. =웹.
월드-컵(World Cup) 몡[체] 스포츠 경기의 세계 선수권 대회. 또는, 그 우승배. 축구·배구·스키·골프 등이 있는데, 특히 축구 대회가 유명함.
월등(越等) [-똥] 튀 훨씬 뛰어나게. ¶형이 아우보다 ~ 낫다.
월등-하다(越等-) [-똥-] 쥉예 (수준이나 실력이 다른 것보다) 훨씬 뛰어나다. ¶월등한 실력 차를 보이다. **월등-히** 튀
월령(月齡) 몡 태어난 지 1년이 안 된 아이를 달수로 헤아리는 나이.
월령-가(月令歌) 몡[문] 월령체 형식의 노래. ¶농가~.
월령-체(月令體) 몡[문] =달거리2.
월례(月例) 몡 《일부 명사 앞에 쓰이어》 어

떤 일을 매달 정기적으로 함. ¶~ 행사.
월리(月利) [명] =달변¹.
월말(月末) [명] 어느 달이 끝나 가는 무렵. 곧, 말일 이전의 며칠 동안을 가리킴. ¶~ 계산. ↔월초.
월반(越班) [명][교] 학생의 성적이 뛰어나 상급 학년으로 건너뛰어 진급하는 것. **월반-하다** [동][자][여]
월별(月別) [명] 달에 따라 나눈 구별.
월병(月餠) [명] **1** =달떡. **2** 중국 사람들이 추석에 만들어 먹는 과자.
월보(月報) [명] 다달이 하는 보고나 보도. 또는, 그 인쇄물. ▷연보·일보.
월복(越伏) [명] 보통으로는 10일 간격인 중복과 말복이 20일 간격으로 드는 일.
월봉(月俸) [명] =월급.
월부(月賦) [명] 물건 값 등을 매달 일정하게 나누어 지불하는 일.
월북(越北) [명] **1** 북쪽으로 넘어가는 것. **2** 삼팔선 또는 휴전선 이북으로 넘어가는 것. ¶~ 작가. ↔월남. **월북-하다** [동][자][여]
월사-금(月謝金)[-싸-] [명] 전날, 다달이 내던 학교 수업료.
월색(月色)[-쌕] [명] =달빛.
월세(月貰)[-쎄] [명] 건물이나 방을 빌리는 대가로 내게 되어 있는 얼마의 보증금과 매월 내게 되어 있는 일정액의 돈. 또는, 보증금 얼마에 매달 일정액을 내고 건물이나 방을 빌리는 일. [비]사글세.
월세-방(月貰房)[-쎄빵] [명] 월세를 내고 빌려 쓰는 방. [비]사글셋방.
월-세계(月世界)[-쎄계/-쎄게] [명] **1** 달의 세계. [비]달나라. **2** 달빛이 비친 천지.
월수(月收)[-쑤] [명] **1** =월수입. **2** 본전에 이자를 얹어 매달 갚아 나가는 빚.
월-수입(月收入)[-쑤-] [명] 한 달 동안의 수입. =월수(月收).
월식(月蝕·月食)[-씩] [명][천] 지구가 태양과 달 사이에 들어 달의 한쪽 또는 전체가 지구 그림자에 가려 보이지 않게 되는 현상. 개기 월식과 부분 월식이 있음. ▷일식(日蝕).
월요(月曜) [명] 《주로, 일부 명사 앞에 쓰여》 '월요일'을 줄여 이르는 말.
월요-병(月曜病)[-뼝] [명] 직장인이 일요일을 쉬고 난 월요일이 되면 으레 느끼게 되는 피로 또는 신체적인 무력감.
월-요일(月曜日) [명] 한 주일의 요일의 하나. 일요일의 다음, 화요일의 전에 옴.
월인석보(月印釋譜)[-뽀] [명][책] 조선 세조 5년(1459)에 세조가 '월인천강지곡'과 '석보상절'을 합하여 간행한 책.
월인천강지곡(月印千江之曲) [명][책] 조선 세종 31년(1449)에 세종이 석가모니의 공덕을 찬양하여 지은 노래를 실은 책.
월장(越牆)[-짱] [명] 담을 넘는 것. [비]월담. **월장-하다** [동][자][여]
월정-액(月定額)[-쩡-] [명] 매달 지불하거나 지급하기로 정해 놓은 일정한 금액.
월중(月中)[-쭝] [명] 어느 달의 기간 안. ¶~ 행사.
월차(月次) [명] **1** [천] 하늘에서의 달의 위치. **2** '매달'로 순화. ¶~ 계획.
월차^휴가(月次休暇) [명][법] 달마다 하루씩 주게 되어 있는 유급 휴가. ▷연차 휴가.
월척(越尺) [명] 낚시에서, 낚은 물고기가 한 자가 넘음. 또는, 그 물고기. 주로 붕어를 가리킴. ¶~을 올리다.
월초(月初) [명] 어느 달이 시작되는 무렵. 곧, 1일 이후의 며칠 동안을 가리킴. ¶~로 예정된 회합. ↔월말.
월평(月評) [명] 신문·잡지 등에서 달마다 하는 비평. ¶~란 / 소설 ~.
월-평균(月平均) [명] 한 달을 단위로 하여 내는 평균. ¶~ 기온.
월하-노인(月下老人) [명] 〔중국 당나라의 위고(韋固)가 달밤에 장래의 아내를 예언해 준 노인을 만난 데서〕 남녀의 인연을 맺어 준다는 전설상의 노인.
웜(worm) [명][컴] =웜 바이러스.
웜^바이러스(worm virus) [명][컴] 컴퓨터 시스템을 파괴하거나 작업을 지연 또는 방해하는 악성 프로그램. 컴퓨터 바이러스와 달리 감염 대상을 가지지 않으며, 자기 복제를 함. =웜.
웨 [명][언] 한글 모음 'ㅞ'의 이름.
웨딩-드레스(wedding dress) [명] 서양식 결혼식에서 신부가 입는, 주로 흰빛의 혼례복.
웨딩^마치(wedding march) [명][음] =결혼 행진곡.
웨스트버지니아(West Virginia) [명][지] 미국 동부의 주.
웨이브(wave) [명] 머리나 옷 등에서, 물결처럼 구불구불한 상태를 이르는 말.
웨이스트(waist) [명] 허리 둘레의 길이.
웨이터(waiter) [명] 레스토랑·양주 집·나이트클럽 등에서, 주문을 받고 음식·술 등을 나르는 일을 하는 남자.
웨이트리스(waitress) [명] 레스토랑·나이트클럽 등에서, 주문을 받고 음식·술 등을 나르는 일을 하는 여자.
웨이트^트레이닝(weight training) [명][체] 역기나 아령 등의 무거운 기구를 사용하여 근육의 힘을 강화시키는 운동.
웨이퍼(wafer) [명] 밀가루·설탕·달걀 등을 섞어 묽게 반죽한 다음, 한쪽 면에 그물코 무늬가 있는 쇠틀에 넣고 살짝 구워 낸, 얇은 판 모양의 과자. ×웨하스.
웨인, 존(Wayne, John) [명][인] 미국의 영화배우(1907~1979).
웨일스(Wales) [명][지] 영국 그레이트브리튼 섬의 남서부 지방.
웨하스(←[일]ウエハース) [명] 〔<wafers〕 '웨이퍼'의 잘못.
웩 [부] **1** 토해 내는 소리. 또는, 그 모양. [작]왝. **2** 무엇을 소리쳐 쫓거나 외치는 소리.
웩-웩 [부] **1** 연하여 목청껏 고함을 지르는 소리. **2** 자꾸 토해 내는 소리. 또는, 그 모양. [작]왝왝. **웩웩-하다** [동][자][여]
웬¦ [관] **1** 어찌 된. ¶~ 걱정이 그리 많아. **2** 어떠한. ¶~ 낯선 사람이 찾아왔다.
웬 떡이냐 뜻밖의 행운이나 횡재를 만났을 때 하는 말. ¶이게 ~.
웬¦-걸 '웬 것을'이 줄어 된 말로, 어떤 사실이 전혀 기대와 달랐음을 얘기할 때 하는 소리. ¶휴일이라 푹 쉬려고 했는데, ~ 손님이 들이닥쳤어.
웬¦-만치 [부] =웬만큼.
웬¦-만큼 [부] **1** 그저 보통의 정도는 될 만큼. ¶재산도 이제는 ~ 모았다. **2** 허용되거나 용납될 수 있는 범위에서 크게 벗어나지 않을 만큼. =웬만치. [비]어지간히.
웬¦만-하다 [형][여] **1** (사물의 상태가) 그저 보통의 정도에 있다. ¶그 여자는 **웬만한** 남자는 거들떠보지도 않는다. **2** (사물의 정도나 형편이) 허용되거나 용납될 수 있

웬일

는 범위에서 크게 벗어나지 않은 상태에 있다. ⓑ(이)긍정한다. ¶그 남자는 **웬만해서**는 화를 내지 않는다.
웬:-일[-닐] 몡 어찌 된 일. ¶~로 여길 다 왔어?
웬지 閈 '왠지'의 잘못.
웰링턴(Wellington) 몡⦗지⦘ 뉴질랜드의 수도.
웰빙(well-being) 몡 몸의 건강과 여유로운 정신 생활을 위해 자연식과 요가·명상·헬스 등을 실천하는 일. 또는, 그런 것을 추구하는 중산층 이상의 라이프 스타일.
웰빙-족(well-being族) 몡 신선한 자연식과 헬스·요가 등의 운동을 중시하고 건강하고 세련된 문화를 즐기는 부류의 사람.
웰터-급(welter級) 몡⦗체⦘ 권투 체급의 하나. 프로는 63.504~66.68kg, 아마추어는 63.5~67kg임.
웹(web) 몡 =월드 와이드 웹.
웹^디자이너(web designer) 몡⦗컴⦘ 전문적인 편집 디자인 기술을 가지고 웹 사이트를 만드는 일에 종사하는 사람.
웹-마스터(webmaster) 몡⦗컴⦘ 웹 사이트에서 제공하는 정보에 관한 총괄 책임자.
웹^브라우저(web browser) 몡⦗컴⦘ =브라우저.
웹^사이트(web site) 몡⦗컴⦘ 웹 서비스를 제공하기 위해 정보를 저장해 놓은 인터넷상의 주소.
웹^서버(web server) 몡⦗컴⦘ 웹 서비스를 할 수 있는 환경을 구축하기 위해 사용하는 소프트웨어.
웹^서핑(web surfing) 몡⦗컴⦘ 인터넷상에서, 흥밋거리를 찾아 이 사이트 저 사이트를 옮겨 다니는 일. =서평.
웹스터, 노어(Webster, Noah) 몡⦗인⦘ 미국의 어학자·사전 편찬가(1758~1843).
웹진(webzine) 몡⦗컴⦘ 잡지 스타일의 내용을 실을 웹 사이트의 페이지.
웹툰(webtoon) 몡 웹 사이트에 제공되는 동영상 만화.
웹^프로듀서(web producer) 몡⦗컴⦘ 홈페이지 운영과 콘텐츠 기획 및 디자인 전반에 대해 책임을 지는 사람. =웹 피디.
웹^피디(web PD) 몡 =웹 프로듀서.
웹^하드(web hard) 몡⦗컴⦘ 데이터나 파일을 자신의 컴퓨터가 아닌, 인터넷상의 서버에 저장할 수 있는 공간.
웽 閈 1 날벌레 등이 빠르게 날 때 나는 소리. 2 물건이 빠른 속도로 공중을 날아갈 때 나는 소리. 3 세찬 바람이 굵은 철사 등의 단단한 물건에 스칠 때 나는 소리. ㉠행.
위¹ 몡 한글 모음 'ㅟ'의 이름.
위² 몡 1 어떤 기준이나 중간보다 높은 위치. 또는, 그 위치에 있는 부분. 2 어떤 물체의 겉이나 바깥. 또는, 그 면. ¶산 ~. 3 신분·지위·연령·등급·정도 등에서, 이 러한 것보다 높은 자리나 위치. ¶~에서 명령을 내리다. 4 글 따위에서, 앞에 든 내용. ¶앞으로의 계획은 ~에서 밝힌 바와 같다. 5 일정한 조건이나 가정이 앞서 되는 테두리나 범위. ¶이 소설은 로봇이 인간을 지배한다는 가정 ~에서 시작된다. 6 이미 있는 것의 이외. ¶인물 총고 마음씨 고우면 되었지 그 ~에 무엇을 바라랴. ↔아래.
위³(位) 몡 ⓛ⦗자립⦘ 지위나 자리. ¶천자

~에 오르다. ②⦗의존⦘ 1 등급이나 등수를 나타내는 말. ¶제1~. 2 신주·위패로 모신 신의 수를 세는 말. ¶영령 10~를 모신 사당.
위⁴(胃) 몡⦗생⦘ 식도(食道)에 이어지는 주머니 모양의 부분으로, 음식물을 일시 모아서 소화를 시키는 기관. =위장(胃腸).
위⁵(魏) 몡⦗역⦘ 중국 전국 시대의 칠웅(七雄)의 하나(403~225 B.C.). 진(晉)나라의 세후(世侯) 위사가 세워 부국강병에 힘썼으나 진(秦)에게 망함.
위⁶(魏) 몡⦗역⦘ 삼국(三國)의 하나(220~265). 후한 말기에 조조의 아들 조비가 세워 삼국 중에서 가장 강하여 촉(蜀)·오(吳)를 제압했으나 진(晉)에게 망함.
위경(胃鏡) 몡⦗의⦘ 위 안까지 집어넣어 그 내부를 관찰할 수 있도록 만든, 관 모양의 의료 기구.
위-경련(胃痙攣)[-년] 몡⦗의⦘ 상복부(上腹部)에서 일어나는 발작성 통증. 보통 위궤양·담석증·췌장염 등으로 일어남.
위계¹(位階)[-계/-게] 몡 1 벼슬의 품계. 2 지위의 등급.
위계²(僞計)[-게/-게] 몡 남을 속이기 위해 거짓으로 꾸민 계책. 또는, 그런 계략을 꾸미는 것. **위계-하다** 톙⦗여⦘
위계-질서(位階秩序)[-계-써/-게-써] 몡 상하 관계나 직책의 상하 관계에서 마땅히 있어야 하는 복종·예절 등의 질서. ¶~를 무너뜨리다.
위관(尉官) 몡⦗군⦘ 소위·중위·대위의 등급. 준사관의 위, 영관 아래임.
위고, 빅토르 마리(Hugo, Victor Marie) 몡⦗인⦘ 프랑스의 시인·극작가(1802~1885).
위구르(Uighur) 몡 몽골 고원과 중앙아시아에서 활약한 터키계 민족. 현재 중국의 신장웨이우얼 자치구의 주요 주민임.
위구-심(危懼心) 몡 염려하고 두려워하는 마음. ¶그는 병을 알고 나서, 자신의 건강에 대한 ~에 사로잡혔다.
위국(危局) 몡 위태스러운 시국이나 판국.
위-궤양(胃潰瘍) 몡⦗의⦘ 위 점막에 궤양이 생기는 질환.
위급-하다(危急-)[-그파-] 톙⦗여⦘ (상황이) 위태롭고 급박하다. ¶**위급한** 상황.
위기(危機) 몡 위험한 고비나 경우. ¶~를 벗어나다.
위기-감(危機感) 몡 1 위기에 처해 있거나 위기가 닥쳐오고 있다는 불안한 느낌. 2 ⦗철⦘ =위기의식.
위기-관리(危機管理)[-괄-] 몡 천재(天災)나 인위적인 비상사태, 전쟁 따위의 위기 상황을 예방하고 그에 적절하게 대처해 나가는 일.
위기-의식(危機意識) 몡⦗철⦘ 인간 본래의 가치나 질서를 잃는 데서 느끼는 불안과 절망 의식. =위기감.
위기-일발(危機一髮) 몡 위태로움이 몹시 절박한 순간. ¶~의 순간에 물에 빠진 아이를 구하다.
위난(危難) 몡 위태로운 재난.
위닝^샷(ⁱwinning Shot) 몡⦗체⦘ 1 테니스에서, 승리를 결정짓는 타구(打球). 2 야구에서, 투수가 타자를 제압 또는 아웃시키기 위하여 던지는 위력 있는 투구.
위대-하다(偉大-) 톙⦗여⦘ 뛰어나고 훌륭하다. 또는, 거룩하고 크다. ¶**위대한** 업적.
위도(緯度) 몡⦗지⦘ 지구 위의 위치를 나타

내는, 가로로 된 좌표. 적도와 평행선으로 되어 있으며, 적도를 0°로 하여 남북으로 각 90°로 나눔. ¶경도.

위독-하다(危篤-) [-도카-] 〖형〗 (병세가) 매우 중하여 생명이 위태하다. ¶생명이 ~.

위락(慰樂) 〖명〗 편안한 마음으로 쉬고 즐기는 일. ¶~ 시설.

위력(威力) 〖명〗 위풍 있는 강대한 힘. ¶핵무기의 ~.

위령(慰靈) 〖명〗 죽은 사람의 영혼을 위로하는 것. 위령-하다 〖동〗〖자여〗

위령-제(慰靈祭) 〖명〗 죽은 사람의 영혼을 위로하기 위해 지내는 제사. ¶합동 ~.

위령-탑(慰靈塔) 〖명〗 죽은 사람의 영혼을 위로하기 위해 세우는 탑.

위로(慰勞) 〖명〗 따뜻한 말이나 행동으로 괴로움을 덜어 주거나 슬픔을 달래 주는 것. 위로-하다 〖동〗〖타여〗 ¶실의에 빠진 수재민을 ~. 위로-되다 〖동〗〖자여〗

위로-금(慰勞金) 〖명〗 위로하기 위하여 주는 돈.

위리-안치(圍籬安置) 〖명〗〖역〗 죄인을 귀양지에서 달아나지 못하도록 가시로 울타리를 만들고 그 안에 가두어 둠.

위명(爲名) 〖명〗 (지위나 신분을 나타내는 일부 명사와 함께 쓰여) 그 지위나 신분으로 이름을 삼아 행세를 하는 것. ¶공직자라 ~을 하면서 사기를 일삼다. **위명-하다** 〖동〗〖자여〗

위무¹(威武) 〖명〗 1 위세와 무력. 2 위엄이 있고 씩씩함.

위무²(慰撫) 〖명〗 위로하고 어루만져 달래는 것. **위무-하다** 〖동〗〖타여〗 ¶백성을 ~.

위문(慰問) 〖명〗 위로하기 위하여 방문하거나 문안하는 것. ¶~ 공연. **위문-하다** 〖동〗〖타여〗 ¶일선 장병들을 ~.

위문-편지(慰問便紙) 〖명〗 위문의 뜻을 나타내어 보내는 편지.

위문-품(慰問品) 〖명〗 군인이나 이재민 등을 위문하기 위하여 보내는 물품.

위반(違反) 〖명〗 법령·명령·약속 등을 어기거나 지키지 않는 것. =위배. ¶주차 ~. **위반-하다** 〖동〗〖타여〗 **위반-되다** 〖동〗〖자여〗

위배(違背) 〖명〗 =위반. **위배-하다** 〖동〗〖자여〗 ¶법에 ~. **위배-되다** 〖동〗〖자여〗

위법(違法) 〖명〗 어떤 행위가 법 규범에 위배되는 상태인 것. ¶불법. ↔적법. **위법-하다** 〖형〗〖여〗 ¶위법한 방법.

위법^행위(違法行爲) [-버뱅-] 〖명〗〖법〗 법을 어기는 행위. 또는 그런 행위가 이루어진 상태.

위벽(胃壁) 〖명〗〖생〗 위의 안쪽 벽.

위병¹(胃病) 〖명〗〖의〗 위에 생기는 병의 총칭. ▷위장병.

위병²(衛兵) 〖명〗 1 〖역〗 대궐·군영·관아 등을 지키던 군사. 2 〖군〗 경비·단속을 위해 지정된 장소에 배치된 병사. ¶~ 근무.

위병-소(衛兵所) 〖명〗 위병이 그 임무를 수행하는 곳. 보통, 부대 정문에 설치함.

위빙(weaving) 〖명〗〖체〗 권투에서, 상대의 스트레이트 공격 등을 피하여 머리와 상체를 좌우로 움직이는 동작. 또는, 그렇게 하면서 상체를 급히는 것.

위사(緯絲) 〖명〗 =씨실. ↔경사(經絲).

위산(胃酸) 〖명〗〖생〗 위액 속에 들어 있는 산, 소화 효소의 작용을 함.

위산^과^다증(胃酸過多症) [-쯩] 〖명〗〖의〗 위액의 산도(酸度)가 비정상적으로 높은 상태.

위신_905

위상(位相) 〖명〗 어떤 사물이 다른 사물과의 관계 속에서 가지는 위치나 양상. ¶~을 드높이다.

위-샘(胃-) 〖명〗〖생〗 위벽 속에 있는, 위액을 분비하는 소화샘.

위생(衛生) 〖명〗 건강에 유익하도록 조건을 갖추거나 대책을 세우는 것. ¶보건 ~.

위생-병(衛生兵) 〖명〗 군인의 위생에 관한 일을 맡아보는 병사.

위생-적(衛生的) 〖관〗 1 위생에 관련된 (것). 2 위생을 지키거나 위생에 알맞은 (것).

위생-학(衛生學) 〖명〗〖생〗 의학의 한 분야. 개인 및 공중의 건강 유지나 향상, 질병 예방 등을 목적으로 하는 학문.

위서(僞書) 〖명〗 위조한 책이나 문서.

위선¹(僞善) 〖명〗 속마음을 감추고 겉으로만 도덕적·윤리적으로 선한 행동을 하는 것처럼 거짓되게 꾸미는 것. 또는, 그런 짓이나 일. ¶~에 찬 행동. **위선-하다** 〖동〗〖자여〗

위선²(緯線) 〖명〗〖지〗 적도에 평행하게 지구의 표면을 남북으로 자른 가상의 선. 곧, 위도를 나타낸 선. =씨줄. ↔경선(經線).

위선-자(僞善者) 〖명〗 위선의 행동을 하는 사람.

위선-적(僞善的) 〖관〗 행동이 위선의 성질을 띤 상태에 있는 (것). ¶~인 언행.

위성(衛星) 〖명〗 1 〖천〗 행성의 인력에 의하여 그 행성의 주위를 도는 천체. 지구에 대한 달 따위. 2 〖물〗 '인공위성'의 준말.

위성-국(衛星國) 〖명〗〖정〗 '위성 국가'의 준말.

위성^국가(衛星國家) [-까] 〖명〗〖정〗 강대국의 주변에 있어, 정치·경제·군사상 그 지배를 받는 영향을 받고 있는 나라. ㊂위성국.

위성^도시(衛星都市) 〖명〗〖지〗 대도시의 주위에 위치하면서 자립성을 가지고 대도시의 기능의 일부를 분담하고 있는 도시.

위성^방송(衛星放送) 〖명〗〖방송〗 정지 궤도상의 방송 위성이 지상국으로부터 방송 전파를 받아, 이것을 중폭하여 일반 시청자에게 직접 보내는 방식의 방송.

위성-사진(衛星寫眞) 〖명〗 인공위성에서 찍은 사진.

위세(威勢) 〖명〗 1 사람을 두렵게 하여 복종시키는 힘. 2 맹렬하거나 위엄이 있는 기세. ¶~를 떨치다.

위수(衛戍) 〖명〗〖군〗 육군 부대가 오래 한곳에 주둔하여 경비하는 일. ¶~ 부대. **위수-하다** 〖동〗〖자여〗

위수-령(衛戍令) 〖명〗〖군〗 육군 부대가 일정한 지역에 주둔하여, 경비와 질서 유지 및 군기(軍紀)의 감시와 군에 딸린 건축물·시설물을 보호할 것을 규정한 대통령령.

위스콘신(Wisconsin) 〖명〗〖지〗 미국 북부의 주.

위스키(whiskey) 〖명〗 보리·밀·옥수수 등을 효모로 발효시켜 만든, 도수 높은 양주.

위시(爲始) 〖명〗 (누구 또는 무엇을) 필두로 하거나 대표적인 존재로 포함하는 것. **위시-하다** 〖동〗〖타여〗 (주로, '위시하여', '위시한'의 꼴로 쓰여) 필두로 하거나 대표적인 존재로 포함하다. ¶국무총리를 **위시**한 전 각료.

위신(威信) 〖명〗 위엄과 신망. ¶~이 땅에 떨어지다.

위-아래 명 1 신분이나 지위·나이 등의 위와 아래. ¶너는 ~도 모르니? 2 위쪽과 아래쪽. 비아래위. ¶~를 훑어보다.
위안[慰安] 명 위로하여 마음을 안심시키는 것. ¶~을 삼다. **위안-하다** 타여
위안[元] (중) (의존) 중국의 화폐 단위. 1위안은 10자오임.
위안-부[慰安婦] 명 전시에 군인들을 위안하기 위해 성(性)의 도구로 동원되는 여자.
위안-스카이[袁世凱] 명 [인] 중국의 정치가(1859~1916).
위암[胃癌] 명 [의] 위에 발생하는 암.
위압[威壓] 명 위엄이나 위력 따위로 압박하거나 정신적으로 억누르는 것. 또는, 그 압력. ¶~을 느끼다. **위압-하다** 타여 **위압-되다** 자여
위압-감[威壓感] [-깜] 명 위압하는 느낌.
위압-적[威壓的] [-쩍] 관 명 위엄이나 세력으로 억누르는 (것). ¶~분위기.
위액[胃液] 명 [생] 위샘에서 분비되는 소화액.
위약[違約] 명 1 약속을 어기는 것. 2 [법] 계약으로 정한 의무를 이행하지 않는 것. **위약-하다** 자여
위약-금[違約金] [-끔] 명 [법] 채무 불이행의 염려가 있을 때, 그 제재로서 채무자가 채권자에게 지불하기로 약정한 돈.
위엄[威嚴] 명 위세가 있어 의젓하고 엄숙한 태도나 기세. ¶~이 있는 목소리.
위엄-스럽다[威嚴-] [-따] 형비 <~스러우니, ~스러워> 위엄을 갖춘 데가 있다. **위엄스레** 부
위업[偉業] 명 위대한 사업이나 업적. ¶통일의 ~을 달성하다.
위어 명 참써 떼를 쫓는 소리.
위염[胃炎] 명 [의] 위 점막(粘膜)에 생기는 염증성 질환의 총칭.
위용[威容] 명 위엄찬 모습이나 모양. ¶~을 자랑하는 최신예 전투기.
위원[委員] 명 선거나 임명에 의해 단체의 특정 사항의 처리를 위임받은 사람. ¶편집 ~.
위원-단[委員團] 명 어떤 임무를 띤 위원들로 구성된 단체. ¶조사 ~.
위원-장[委員長] 명 위원 가운데의 우두머리.
위원-회[委員會] [-회/-훼] 명 기관·단체 등에서, 특정한 사항을 처리하기 위하여 만든 합의제의 기관. 또는, 그 회의.
위의[威儀] [-의/-이] 명 위엄 있는 태도나 몸가짐. ¶~를 갖추다.
위인[偉人] 명 뛰어나고 훌륭한 사람. ¶~전기.
위인[爲人] 명 1 사람의 됨됨이. 2 됨됨이로 본 그 사람. ¶그는 제 손으로 벌레 한 마리 죽이지 못하는 ~이다.
위인-전[偉人傳] 명 위인의 업적 및 일화 등을 사실(史實)에 입각하여 적은 글. 또는, 그 책.
위임[委任] 명 1 어떤 일을 지워 맡기는 것. 또는, 그 맡은 책임. 2 [법] 당사자의 한쪽이 상대방에게 법률 행위나 그 밖의 사무 처리를 맡기는 것. 3 [법] 행정청이 권한 사무를 다른 행정청에 위탁하는 일. ¶~ 사무. **위임-하다** 타여 ¶전권을 ~. **위임-되다** 자여
위임-장[委任狀] [-짱] 명 [법] 1 어떤 사람에게 어떤 일을 위임한다는 뜻을 적은 문서. 2 국제법에서, 특정한 사람을 영사(領事)로 임명하는 취지의 문서.
위자-료[慰藉料] 명 [법] 정신적 고통이나 피해에 대한 배상금.
위작[僞作] 명 다른 사람의 작품을 흉내내어 비슷하게 만드는 것. 또는, 그 작품. ¶전문가의 감정 결과 ~으로 드러난 미술품. **위작-하다** 타여
위장[胃腸] 명 [생] 위(胃)와 장(腸).
위장[胃臟] 명 [생] =위⁴.
위장[僞裝] 명 1 본래의 속셈이나 모습이 드러나지 않도록 거짓으로 꾸미는 것. 또는, 그런 수단이나 방법. ¶~결혼[결혼업]. 2 [군] 병력·장비·시설 등 공격의 대상물이 적의 눈에 뜨이지 않게 가려 놓는 일. **위장-하다** 타여 ¶풀잎으로 참호를 ~. **위장-되다** 자여
위장-병[胃腸病] [-뼁] 명 [의] 위나 장에 일어나는 병의 총칭.
위장-약[胃腸藥] [-냑] 명 위장병에 먹는 약.
위정-자[爲政者] 명 정치를 하는 사람.
위정-척사[衛正斥邪] [-짝-] 명 [역] 조선 말기에, 유학자들이 개화에 반대하면서 내건 말. 정학(正學)인 주자학을 지키고 사학(邪學)인 천주교를 물리치자는 주장.
위조[僞造] 명 (어떤 물건을) 남을 속일 목적으로 진품과 똑같거나 거의 비슷하게 만드는 일. ¶수표. ▷변조. **위조-하다** 타여 ¶돈을 ~. **위조-되다** 자여
위조-문서[僞造文書] 명 가짜로 꾸민 문서.
위조-죄[僞造罪] [-쬐/-쮀] 명 [법] 통화(通貨)·도장·문서·유가 증권 등을 행사할 목적으로 위조함으로써 성립되는 죄.
위조-지폐[僞造紙幣] [-폐/-페] 명 위조한 지폐.
위족[僞足] 명 [동] 원생동물 등의 세포 표면에서 나오는 원형질 돌기. 변형하거나 신축하며, 이동하거나 먹이를 잡는 일 등을 함. =헛발.
위주[爲主] 명 주되는 것으로 삼는 것. ¶실력 ~로 사람을 뽑다.
위중-하다[危重-] 형여 병세가 무겁고 위태롭다. ¶아버님의 병환이 ~.
위증[僞證] 명 1 거짓 증명하는 것. 또는, 그 거짓 증거. 2 [법] 법률에 따라 선서를 한 증인이 허위의 증언을 하는 일. **위증-하다** 자여
위증-죄[僞證罪] [-쬐/-쮀] 명 [법] 법원이나 국회 등에서 법률에 의하여 선서를 한 증인이, 고의로 위증을 함으로써 성립되는 죄.
위지위그(WYSIWYG) 명 [what you see is what you get] [컴] 작성 중의 문서의 체재가 항상 화면에 표시되어 있어, 그 화면을 직접 조작시켜서 문서를 편집할 수 있도록 한 방식.
위-쪽 명 위가 되는 쪽. ↔아래쪽.
위촉[委囑] 명 (어떤 일) 부탁하여 맡기는 것. ¶~장(狀). **위촉-하다** 타여 **위촉-되다** 자여
위축[萎縮] 명 1 움츠러들거나 시들어서 작게 되는 것. 2 [생] 정상으로 발달한 기관·조직의 크기가 줄어드는 것. 3 어떤 힘에 눌려서 쭈그러들고 기를 펴지 못하는 것. **위축-하다** 자여 **위축-되다** 자여 ¶세계적인 불황으로 수출 경기가 ~.
위축-감[萎縮感] [-깜] 명 어떤 힘에 눌려

위-층(-層) 명 2층 또는 여러 층 가운데 위쪽의 층. =상층(上層). ↔아래층.

위치(位置) 명 **1** 사물이 일정한 곳에 차지하고 있는 자리. ¶~를 잡다. **2** 사회적으로 담당하고 있는 지위나 역할 따위의. ¶회사 내의 ~. **위치-하다** 동(자여) 위치를 차지하고 있다. (타)자리하다.

위치^에너지(位置energy) 명[물] 물체가 어떤 위치에서 잠재적으로 지니고 있는 에너지.

위치^항법^시스템(位置航法system) [-뻡-] 명[통] =지피에스(GPS).

위탁(委託) 명 **1** 남에게 사물의 책임을 맡기는 것. **2** [법] 어떤 행위나 사무의 처리를 남에게 맡겨 부탁하는 일. **위탁-하다** 동(타여) **위탁-되다** 동(자)

위탁-금(委託金) [-끔] 명 일정한 계약 아래 남에게 맡겨 둔 돈.

위태-롭다(危殆-) [-따] 형(ㅂ) <~로우니, ~로워> 보기에 위태하다. ¶환자의 병세가 ~. **위태로이** 부

위태위태-하다(危殆危殆-) 형(여) 매우 위태하다. ¶**위태위태한** 출타기 묘기.

위태-하다(危殆-) 형(여) 위험하여 마음을 놓을 수 없다. ¶다친 금이 아주 ~.

위-턱 명[생] 위쪽의 턱. ↔아래턱.

위턱-뼈 명 위턱을 이루는 좌우 한 쌍의 뼈. ↔아래턱뼈.

위통¹ 명 물건의 윗부분의 둘레나 굵기. ▷

위통²(胃痛) 명[의] 위가 몹시 아픈 증세.

위트(wit) 명 말이나 글을 즐겁고 재치 있고 능란하게 구사하는 능력. ¶~가지가. ¶~가 넘치는 문장. ▷유머.

위패(位牌) 명[역] 단(壇)·묘(廟)·원(院)·절 등에 모시는 신주의 이름을 적은 나무 패. ¶선왕(先王)의 ~를 모시다.

위폐(僞幣) [-폐/-폐] 명 위조한 주화(鑄貨)나 지폐.

위풍(威風) 명 위엄이 있는 풍채나 기세.

위풍당당-하다(威風堂堂-) 형(여) 남을 압도할 만큼 위풍이 대단하다. ¶**위풍당당한** 개선 행렬.

위-하다(爲-) 동(본여) **1** (주로 '위한', '위하여/위해'의 꼴로 쓰여) 이롭게 하거나 잘되게 하다. ¶조국을 **위하여** 몸을 바치다. **2** (주로 '위한', '위하여/위해'의 꼴로 쓰여) (일정한 목적 등을) 이루려고 하다. ¶시장 조사를 **위한** 해외 출장. **3** 소중하게 여겨 보호하거나 사랑하다. ¶자식을 **위하는** 부모 마음. **4** ('위하여'의 꼴로 쓰여) 건배할 때 쓰이는 말. ¶회사의 무궁한 발전을 **위하여**!

위해(危害) 명 위험한 재해. 특히, 사람의 생명을 위험하는 위험이나 해. ¶~ 방지.

위헌(違憲) 명[법] 법률이나 명령·규칙 등이 헌법에 위반되는 일. ↔합헌.

위험(危險) 명 안전하지 못하거나 신체나 생명에 위해(危害)·손실이 생길 우려가 있는 것. 또는, 그런 상태. ¶~ 표지 / ~을 무릅쓰다. ↔안전. **위험-하다** 형(여)

위험-물(危險物) 명 위해가 발생할 우려가 있는 물품.

위험-성(危險性) [-씽] 명 위험해질 가능성. ¶실패할 ~이 큰 사업.

위험^수위(危險水位) 명 하천이나 호수 등의 범람으로 홍수가 일어날 우려가 있을 정도의 수위.

위험-스럽다(危險-) [-따] 형(ㅂ) <~스러우니, ~스러워> 위험한 데가 있다. **위험스레** 부

위험-인물(危險人物) 명 **1** 위험한 사상을 가진 사람. **2** 무슨 일을 저지를지 모르는, 방심할 수 없는 사람.

위험천만-하다(危險千萬-) 형(여) 위험하기 짝이 없다. ¶**위험천만한** 생각.

위협(威脅) 명 위력(威力)으로 으르고 협박하는 것. ¶핵무기는 인류의 안전에 큰 ~이 되고 있다. **위협-하다** 동(타여)

위협-사격(威脅射擊) [-싸-] 명 상대를 맞히기 위해서가 아니라, 단지 위협하기 위하여 가하는 사격.

위협-적(威脅的) [-쩍] 관·명 으르고 협박하는 (것). ¶적진에는 ~이 가하다.

위화-감(違和感) 명 어떤 대상이 주위의 다른 대상에 비해 지나치게 특별하거나 하여 조화를 깨고 있는 느낌. ¶~을 조성하다.

윈강^석굴(雲崗石窟) [-꿀] 명[고고] 중국 북부, 다퉁 서쪽에 있는 석굴. 5세기에 만들어진, 중국 최대의 불교 유적임.

윈도(window) 명 **1** '창(窓)'의 뜻. **1** '쇼윈도'의 준말. **2** [컴] 문서·데이터베이스, 또는 그 밖의 응용 프로그램을 나타내 주는 직사각형의 화면 구조.

윈드서핑(windsurfing) 명[체] 수상(水上) 스포츠의 하나. 파도타기와 요트타기를 결합한 것으로, 판 위에 세운 돛에 바람을 받아 파도를 탐.

윈윈(win-win) 명 (주로 일부 명사 앞에 쓰여) 경쟁 또는 대립 관계에 있는 둘 이상의 대상이 모두 승리하거나 성공하는 것. 순화어는 '상생', '상호 이익'. ¶~ 전략. **윈윈-하다** 동(자여)

윈치(winch) 명 밧줄이나 쇠사슬을 감았다 풀었다 함으로써 무거운 물건을 위아래로 옮기는 기계의 총칭.

윌리엄스, 테네시(Williams, Tennessee) 명[인] 미국의 극작가(1911~1983).

윌리윌리(willy-willy) 명[지] 오스트레일리아에서 발생하여 남서쪽으로 진행하는 큰 열대성 저기압. ▷대풍·허리케인.

윌슨, 토머스 우드로(Wilson, Thomas Woodrow) 명[인] 미국의 제28대 대통령(1856~1924).

윔블던(Wimbledon) 명[지] 영국 런던 남서부 교외의 한 지역.

윗-길 [위낄/윈낄] 명 **1** 위쪽에 난 길. **2** 품질이 다른 것에 비해 나은 것. ↔아랫길. ×옷길.

윗-니 [-원-] 명 위쪽 잇몸에 난 이. ↔아랫니. ×옷니.

윗-대(-代) [위때/원때] 명 조상(祖上)의 대. ×옷대.

윗-도리 [위또-/원또-] 명 '윗옷'을 좀 더 구어적으로 이르는 말. ↔아랫도리. ×옷도리.

윗-돈 명 '웃돈'의 잘못.

윗-돌 [위똘/원똘] 명 위쪽에 있는 돌. ↔아랫돌.

윗-동네(-洞-) [위똥-/원똥-] 명 어떤 동네에 대하여, 위쪽에 있는 동네. ↔아랫동네.

윗-마을 [원-] 명 어떤 마을에 대하여, 위 쪽 또는 지대가 높은 쪽에 있는 마을. ↔아랫마을. ×옷마을.

윗-면(-面) [원-] 명 위쪽의 면. =상면

908_윗목

(上面). ↔아랫면.
윗-목[윈-] 명 구들 놓은 방에서, 아궁이에서 먼 쪽의 방바닥. ⇔아랫목.
윗-몸[윈-] 명 허리 위의 몸. 囲상체. ↔아랫몸. ▷웃몸.
윗-물[윈-] 명 상류의 물. ↔아랫물. ×웃물.
[윗물이 맑아야 아랫물이 맑다] 윗사람의 행실이 발라야 아랫사람의 행실이 바르게 된다.
윗-바람[위빠-/윈빠-] 명 '웃풍'의 잘못.
윗-반[-반] [위빤/윈빤] 명 1 먼저 입학한 사람으로 이룬 반. =상급반. 2 학업 수준 등이 높은 반. ↔아랫반. ×웃반.
윗-방[-房][위빵/윈빵] 명 이어져 있는 두 방 가운데 아궁이에서 먼 쪽의 방. ↔아랫방. ×웃방.
윗-배[위빼/윈빼] 명 배꼽 윗부분의 배. ↔아랫배. ×웃배.
윗-변[-邊] [위뼌/윈뼌] 명 [수] 사다리꼴에서 위의 변. ↔아랫변.
윗-부분[-部分] [위뿌-/윈뿌-] 명 전체 가운데 위에 해당하는 부분. ↔아랫부분.
윗-분[위뿐/윈뿐] 명 나이나 지위 등이 자기 또는 어떤 사람보다 많거나 높은 분. '윗사람'을 높여 이르는 말. ¶-의 뜻을 받들다. ↔아랫분. ×웃분.
윗-사람[위싸-/윈싸-] 명 나이나 지위 등이 자기 또는 어떤 사람보다 많거나 높은 사람. 囲손윗사람. ↔아랫사람. ×웃사람.
윗-수[-手] [위쑤/윈쑤] 명 =상수¹.
윗-어른 [위-] 명 '웃어른'의 잘못.
윗-옷[위돋] 명 윗몸에 입는 옷. 囲상의(上衣). ↔아래옷. ▷웃옷.
윗-입술[윈닙쑬] 명 위쪽의 입술. ↔아랫입술.
윗-자리[위짜-/윈짜-] 명 1 윗사람이 앉는 자리. 囲상좌. 2 높은 지위나 순위. =상위. 3 [수] 십진법에서 어느 자리보다 높은 자리. ↔아랫자리.
윗-집[위찝/윈찝] 명 이웃집 중 위쪽에 있는 집. ↔아랫집.
윙 1 좀 큰 벌레나 돌 따위가 매우 빨리 날아갈 때 나는 소리. 2 기계의 바퀴 따위가 돌아갈 때 나는 소리. 3 바람이 전선이나 가는 철사 따위에 매우 빠르게 부딪칠 때 나는 소리. 쥔윙.
윙-윙 [-] (튀) 윙 하고 나는 소리. 윙윙-하다 재(여)
윙윙-거리다/-대다 동(자) 계속해서 윙 소리를 내다. ¶벌 떼가 ~.
윙크(wink) 명 이성의 상대에게 자신이 그에게 관심과 호의를 가지고 있음을 나타내거나, 다른 사람에게 뭔가를 슬쩍 알려 주는 뜻으로, 한쪽 눈을 빠르게 감았다 뜨는 것. 윙크-하다 자(여)
유¹[언] 한글 모음 'ㅠ'의 이름.
유²(有) 명 있는 것. 또는, 존재하는 것. 극히 제한된 문맥에서만 쓰임. ¶무에서 ~를 창조하다. ↔무(無).
유(酉) 명 십이지(十二支)의 열째. 닭을 상징함.
유⁴(類) 명 1 질이나 속성이 비슷한 것들의 부류. ¶이 가죽은 일반 시중에서 파는 것과는 ~가 크게 다르다. 2 [생] 생물을 분류하는 단위의 하나. '강(綱)', '목(目)' 대신에 통속적으로 쓰임. 어말에 붙어 특정 종류의 생물을 나타낼 때는 '류'로 바꿈.

유:-⁵(有) 접두 '있음'의 뜻을 나타내는 말. ¶-자격자 / ~기한(期限).
유:가¹(有價) [-까] 명 금전상의 가치가 있음. ¶~ 증권.
유가²(油價) [-까] 명 석유의 가격.
유가³(儒家) 명 공자의 학설·학풍 등을 신봉하고 연구하는 학자나 학파.
유-가족(遺家族) 명 죽은 사람의 남은 가족. 囲유족.
유:가^증권(有價證券) [-꿘] 명 [경] 사법상 재산권을 표시한 증권. 권리의 발생·행사·이전이 그 증권에 의해 이루어지는 것으로, 어음·수표·주권·채권 등이 이에 속함.
유감(遺憾) 명 1 어떤 사람이 한 일이 마음에 들지 않아 언짢은 상태. ¶너 나한테 ~ 있니? 2 어떤 일이 만족스럽지 않아 섭섭하거나 아쉬운 상태. 때로, 공인(公人)이 공식적인 자리에서 자신의 잘못을 완곡하게 반성하는 뜻으로 사용하기도 한다. ¶이번 일이 성공하지 못해 ~이다.
유감-스럽다(遺憾-) [-따] 형(ㅂ)(~스러우니, ~스러워) 만족스럽지 않아 섭섭하거나 아쉬운 데가 있다. ¶선생님을 모시지 못해 유감스럽습니다. 유감스레 튀
유감-없다(遺憾-) [-업따] 형 섭섭함이나 아쉬움이 없이 흡족하다. **유감없이**-이 튀 ¶실력을 ~ 발휘하다.
유감-천만(遺憾千萬) 명 유감스럽기 짝이 없음. ¶초대에 응하지 못해 ~입니다.
유:-개념(類槪念) 명 [철] 어떤 개념의 외연(外延)이 다른 개념의 외연보다 크고 그것을 포괄할 경우, 전자를 후자에 대하여 일컫는 말. ↔종개념.
유:개-차(有蓋車) 명 비·이슬·눈·서리 등을 맞지 않도록 지붕을 해 덮은 차량. ↔무개차.
유격(裕隔) 명 1 기계 작동 장치의 헐거운 정도. ¶클러치의 ~이 길다〔크다〕.
유격(遊擊) 명 [군] 미리 공격 목표를 정하지 않고 전황(戰況) 에 맞게 움직이면서 그때그때 형편에 따라 우군(友軍)을 도와 적을 치는 일. 유격-하다 타(여)
유격-대(遊擊隊) [-때] 명 [군] 1 유격의 임무를 띠고, 주로 적의 배후나 측면에서 활동하는 특수 부대 또는 함대. 2 게릴라 전술에 의하여 적군을 교란하는 부대. 囲빨치산.
유격-수(遊擊手) [-쑤] 명 [체] 야구에서, 이루와 삼루 사이를 지키는 내야수.
유격-전(遊擊戰) [-쩐] 명 [군] 유격대가 하는 전투. =게릴라전.
유:고¹(有故) 명 특별한 사정이나 사고가 있는 것. ¶대통령 ~ 시에는 국무총리가 권한을 대행한다.
유고²(遺稿) 명 죽은 사람이 생전에 써서 남긴 원고. ¶~ 시집(詩集).
유고³(諭告) 명 나라에서 결행할 일을 백성에게 알려 주는 것. 또는, 그 알림. 유고-하다 타(여)
유고슬라비아(Yugoslavia) [지] 유럽 남동부 발칸 반도 중부에 있던 연방 공화국. 2003년 '세르비아몬테네그로'로 바꿈.
유곡(幽谷) 명 그윽하고 깊은 산골.
유골(遺骨) 명 화장하고 남은 뼈. 또는, 무덤 속에서 나온 뼈. 囲유해(遺骸).
유:공(有功) 명 (일부 명사 앞에 쓰여) 공로가 있는 것. ¶~ 훈장.
유:공-자(有功者) 명 공로가 있는 사람.

ⓑ공로자. ¶국가 ~.
유!공-충(有孔蟲)[유-][동] 원생동물에 속하는 동물의 한 무리. 대부분 바다에서 살며, 석회질 껍데기에 있는 작은 구멍에서 위족(僞足)을 내어 운동함. 육안으로도 보일 정도의 큰 단세포 동물임.
유교(油菜)[명]'유밀과'의 준말.
유곽(遊廓)[명] 많은 창녀를 두고 손님을 맞아 매음하는 집. 또는, 그런 집이 모여 있는 구역.
유:관(有關)[명] 관계나 관련이 있음. ¶~ 기관. 유:관-하다[형여]
읍관-속(維管束)[명][식] =관다발.
유-관순(柳寬順)[명][인] 독립 운동가(1902~1920).
유광(有光)[명] 어떤 물질이나 물체에 광택이 있는 상태. ¶~ 코팅. ↔무광.
유괴(誘拐)[-피/-궤][명] 사람을 속여 꾀어내는 일. ¶~ 사건. 유괴-하다[동여]
ⓔ려인내두. ↔유괴-되다[동재]
유괴-범(誘拐犯)[-피-/-궤-][명][법] 남을 유괴한 범인. 또는, 그 범죄.
유교¹(遺敎)[명] =유명(遺命)¹.
유교²(儒敎)[명] 공자의 가르침을 받드는 종교. 인간 이웃에 대한 사랑과 예(禮), 곧 사회 규범과 제도를 중시함. ▷유학(儒學).
유교-적(儒敎的)[관][명] 유교에 바탕을 두거나 유교의 특성을 가진 (것).
유:구무언(有口無言)[명]〈입은 있으나 말이 없다는 뜻〉변명이나 항변할 말이 없음. ¶모두 내 탓이니 실로 ~일세.
유구-하다(悠久-)[형여] 연대가 길고 오래다. ¶유구한 세월. 유구-히[부]
유:권(有權)[-꿘][명] 권리가 있음.
유:권-자(有權者)[-꿘-][명] 선거권을 가진 사람. ⓑ선거인.
유:권^해:석(有權解釋)[-꿘-][명][법] 국가 기관이 공식적으로 하는 법의 해석. ¶~을 내리다.
유글레나(Euglena)[명][동] 논이나 연못에 살며, 엽록체가 있어 광합성을 하고, 한 개의 긴 편모로 운동하는 원생 동물. =연두벌레.
유:급¹(有給)[명] 급료가 있음. ↔무급.
유급²(留級)[명] 진급하지 못하고 그대로 남는 것. ⓑ낙제. 유급-하다[동재여] ⓑ 꿇다. 유급-되다[동재]
유:급-직(有給職)[-쩍][명] 급료를 받는 직임(職任). ▷명예직.
유:급^휴:가(有給休暇)[-규-][명] 휴가 기간 중에도 급료가 지급되는 휴가. 출산 휴가·연차 휴가 따위.
유:기¹(有期)[명]'유기한'의 준말. ¶~ 정학. ↔무기(無期).
유:기²(有機)[명] 1 생명을 가지며, 생활 기능이나 생활력을 갖추고 있는 일. 2 생물체처럼, 전체를 구성하고 있는 각 부분이 서로 밀접한 통일성과 관련을 가지고 있는 것. ↔무기(無機).
유기³(遺棄)[명] 1 (돌보아야 할 사람을) 내버려 두어서 위험에 놓이게 하는 것. 2 (시체를) 몰래 버리는 것. 3 (직무 따위를) 이행하지 않고 내버려 두는 것. 유기-하다[동타여] ¶영아(嬰兒)를 ~. 유기-되다[동재]
유:기⁴(鍮器)[명] =놋그릇.
유:기-농(有機農)[농][명] =유기 농업.
유:기^농업(有機農業)[농][명] 농약이나 화학 비료를 사용하지 않고, 퇴비·두엄 등을 사용하여 지력(地力)을 유지·증진시키는 농업. =유기농.
유:기-물(有機物)[명][생] 생체(生體)를 이루며, 생체 안에서 생명력에 의하여 만들어지는 물질. ↔무기물.
유:기-음(有氣音)[명][언] =거센소리. ↔무기음.
유:기인-제(有機燐劑)[명][화] 인을 함유하는 유기 화합물로 된 농약·살충제. 파라티온 따위.
유:기-장이(柳器-)[명] =고리장이.
유:기-적(有機的)[관][명] 많은 조직·요소 등이 모여 하나를 이루고 서로 긴밀하게 연관되어 서로 떼어 낼 수 없는 (것). ¶~ 결합.
유:기-질(有機質)[명][화] 유기 화합물의 성질.
유:기-체(有機體)[명] 1 [생] 유기물로 이루어진, 생활 기능을 가지고 있는 조직체. =생물체. 2 각 부분이 일정한 목적으로 통일·조직되어 있으면, 부분과 전체가 필연적인 관계를 가지고 있는 조직체.
유:기-한(有期限)[명] 기한이 있는 것. 또는, 시기가 정하여 있는 것. ⓔ유기(有期). ↔무기한. 유:기한-하다[형여]
유:기-형(有期刑)[명][법] 일정 기간의 구금을 내용으로 하는 자유형. 유기 징역·유기 금고·구류 따위. ↔무기형.
유:난[명] 보통과 매우 다른 것. ¶~ 떨지 말고 얌전히 있어라. 유:난-하다[형여]
유:난-히[부] ¶얼굴이 ~ 희다.
유:난-스럽다[-따][형][~스러우니, ~스러워] 유난한 데가 있다. ¶그는 좀 유난스러운 데가 있다. 유:난스레[부]
유네스코(UNESCO)[명] [United Nations Educational, Scientific and Cultural Organization] 국제 연합 전문 기관의 하나. 교육·과학·문화의 보급과 국제 교류 증진을 통하여 국제간의 이해와 인식을 깊이 하고 그로써 세계 평화에 기여함을 목적으로 함. =국제 연합 교육 과학 문화 기구.
유년¹(幼年)[명] 어린 나이일 때. 또는, 그런 사람. ¶~ 시절.
유년²(酉年)[명] 태세(太歲)의 지지(地支)가 유(酉)로 된 해. =닭해.
유년-기(幼年期)[명] 1 [교] 어린이의 성장·발달의 한 단계. 유아기와 소년기의 중간으로 초등학교 저학년, 유치원에 해당하는 시기. 2 [법] 14세 미만의 어린 시기. 무능력자로서, 형사 처벌 대상에서 제외됨. ▷장년기·노년기.
유념(留念)[명] 기억하여 두고 생각하는 것. 유념-하다[동재여타여] ¶환절기이니 건강에 유념해라.
유노(Juno)[명][신화] 로마 신화에 나오는 여신. 그리스 신화의 헤라에 해당함. 영어명은 주노.
유:능-하다(有能-)[형여] 재능 또는 능력이 있다. ¶유능한 사람. ↔무능하다.
유니버시아드(Universiade)[명] 국제 대학 스포츠 연맹이 주최하는 대회. 17세 이상 28세까지의 학생들이 참가하며, 2년마다 개최됨.
유니세프(UNICEF)[명] [United Nations Children's Fund] 제2차 세계 대전 때 희생된 아동의 구제를 목적으로 설립된 국제 연합 기관. =국제 연합 아동 기금.

유니섹스(unisex) [명] 의상이나 헤어스타일 등 여러 면에서 남성·여성의 구별이 없어진 것을 이르는 말.
유니크-하다(unique—) [형][여] '독특하다'로 순화. ¶**유니크한** 스타일.
유니폼(uniform) [명] **1** =제복(制服)[1]. **2** 단체 경기를 하는 선수들이 똑같이 입는 운동복. ¶붉은색 ~을 입은 한국 선수들.
유다(←Judas) [명][성] 십이 사도의 한 사람. 예수를 은화 30냥에 팔아넘기고, 뒤에 이를 후회하여 자살함.
유¦-다르다(類—) [형][르] 〈~다르니, ~달라〉 여느 것과는 아주 다르다. [비]별나다. ¶그는 부모에 대한 정성이 **유달랐다**.
유다-서(←Judas書) [명][성] 신약 성서 중의 한 권.
유¦단-자(有段者) [명] 단(段)으로 능력의 정도를 나타내는 경기 종목이나 바둑 등에서, 초단 이상을 딴 사람. ¶유도 ~.
유¦-달리(類—) [부] 여느 것과는 아주 다르게. ¶이것은 ~ 빛이 난다.
유달-산(儒達山) [—싼] [명][지] 전라남도 목포에 있는 산. 높이 229m.
유당(乳糖) [명][화] =젖당.
유대[1](紐帶) [명] 〔'끈'과 '띠'라는 뜻〕 개인과 개인, 집단과 집단 사이에 서로 한 덩어리로 이어져 있다고 느끼는 관계. ¶~ 관계가 있다.
유대[2](←Judea) [명] 팔레스타인 남부, 고대 유다 왕국이 있던 지역. 음역어는 유태(猶太).
유대-감(紐帶感) [명] 개인과 개인, 집단과 집단 사이에 서로 하나로 이어져 있다고 느끼는 마음. ¶회원 간의 긴밀한 ~.
유대-교(←Judea教) [명][종] 여호와를 신봉하고 메시아의 지상 천국 건설을 믿는, 유대 인의 종교. =유태교.
유대^인(←Judea人) [명] 셈 족의 한 파로 히브리 어를 쓰고 유대교를 믿는 민족. =유태인.
유덕(遺德) [명] 죽은 이가 후세에 끼친 덕.
유¦덕-하다(有德—) [—더카—] [형][여] 덕성을 갖추고 있다. ¶**유덕한** 사람.
유도[1](柔道) [명][체] 두 사람이 맨손으로 맞잡고 상대의 힘을 이용하여 넘어뜨리거나 조르거나 눌러 승부를 겨루는 운동.
유도[2](誘導) [명] **1** 사람이나 물건을 어떤 장소나 상태로 이끄는 일. **2** [물] 전기나 자기가 전기장이나 자기장에 있는 물체에 영향을 미치는 것. 또는, 그 작용. =감응. **유도-하다** [동][자][타][여] ¶관제탑에서 비행기의 착륙을 ~. **유도-되다** [동][자]
유도^단위(誘導單位) [명][물] 기본 단위에 의하여 유도된 단위. 예를 들어, 길이의 단위를 cm, 시간의 단위를 초(s)로 했을 때, 속도의 단위인 cm/s 따위.
유도리(←[일]ゆとり) [명] '융통성', '유연성[2]', '여유'로 순화.
유도-봉(誘導棒) [명] 주행하는 차량의 차로 유도 및 진출입 차단을 목적으로 도로 중앙이나 차로 가장자리에 설치하는, 막대기 모양의 플라스틱 제품.
유도^신¦문(誘導訊問) [명][법] 신문하는 사람이 자기가 원하는 특정의 답변을 이끌어 내기 위해, 피의자나 증인 등에게 교묘한 질문으로 함정을 만들어 하는 신문. ¶~에 넘어가다.
유도-탄(誘導彈) [명][군] 제트 엔진이나 로켓을 추진력으로 하여 유도 장치에 따라 목표까지 비행하여 폭파하는 무기. =미사일.
유¦독[1](有毒) [명] 《일부 명사 앞에 쓰여》 독성이 있는 것. ¶~ 물질. **유¦독-하다** [형][여]
유독[2](唯獨·惟獨) [부] **1** 오직 홀로. ¶~ 너만 빠지겠다는 거냐? **2** 유달리 두드러지게. ¶자그마한 키에 ~ 눈이 큰 아이.
유¦독-성(有毒性) [—썽] [명] 독이 있는 성질. ¶~ 산업 폐기물.
유동(流動) [명] **1** 흘러 움직이는 것. ¶~물. **2** 이리저리 옮겨 다니는 것. ¶~ 자본. ↔고정. **유동-하다** [동][자][여]
유동-성(流動性) [—썽] [명] **1** 흘러 움직이는 성질. **2** 형편이나 경우에 따라 이리저리 변동될 수 있는 성질. ¶현재로서는 사태의 ~이 전혀 없다. **3** [경] 기업의 자산이나 채권의 손실 없이 현금화할 수 있는 난이(難易)의 정도.
유동-식(流動食) [명] 소화되기 쉽도록 묽게 만든 음식. 중환자나 위장병 환자 등이 먹음. 미음·죽·수프 따위.
유동-적(流動的) [관][명] 끊임없이 흘러 움직이는 (것). 또는, 정세(情勢) 등이 불안정하여 변화하기 쉬운 (것). ¶정국은 여전히 ~이다.
유두[1](乳頭) [명] **1** =젖꼭지1. **2** [생] 생체 중 젖꼭지 모양으로 된 돌기.
유두[2](流頭) [명][민] 우리나라 고유 명절의 하나. 맑은 개울물에서 머리를 감고, 음식을 먹으면서 하루를 즐김. 음력 유월 보름날임.
유두-분면(油頭粉面) [명] 〔'기름 바른 머리와 분 바른 얼굴'이라는 뜻〕 여자가 짙게 화장을 하는 것. 또는, 그런 꾸밈새. **유두분면-하다** [동][자][여]
유들-유들[—류—/—드류—] [부] 염치없이 뻔뻔스럽게 구는 모양. **유들유들-하다** [형][여]
유라시아(Eurasia) [명][지] 유럽과 아시아를 합쳐 일컫는 말. ¶~ 대륙.
유락(遊樂) [명] 놀며 즐기는 것. ¶~ 시설. **유락-하다** [동][자][여]
유람(遊覽) [명] (경치가 좋은 곳을) 돌아다니며 구경하는 것. **유람-하다** [동][타][여] ¶명승지를 찾아 전국을 ~.
유람-선(遊覽船) [명] 유람용의 배.
유랑(流浪) [명] 정처 없이 떠돌아다니는 것. ¶~ 극단. **유랑-하다** [동][타][여]
유랑-민(流浪民) [명] **1** 일정한 거처 없이 떠돌아다니는 백성. [비]유민(流民). **2** 집단적으로 떠돌아다니는 민족. [비]집시.
유래(由來) [명] **1** 사물의 내력. ¶~가 깊다. **2** 어떤 것에 기인하여 일어나는 것. **유래-하다** [동][자][여] **유래-되다** [동][자] ¶유도는 씨름에서 **유래된** 것이다.
유량(流量) [명] 어떤 단위 시간에 흐르는 유체의 양. ¶~계(計).
유러달러(Eurodollar) [명][경] 유럽의 은행에 예입되어 있는 달러 자금.
유럽(Europe) [명][지] 육대주의 하나. 아시아 대륙의 북서부에 돌출한 큰 반도와 여러 섬으로 이루어진 대륙. 음역어는 구라파(歐羅巴).
유럽^경제^공¦동체(Europe經濟共同體) [명][경] 프랑스·독일·이탈리아·벨기에·네덜란드·룩셈부르크 등 6개국이 결성한 지역적 경제 공동체. =이이시(EEC).
유럽^공¦동체(Europe共同體) [명] 유럽 경

유럽^공동체·유럽 원자력 공동체·유럽 석탄 철강 공동체 등의 총칭. 1993년에 '유럽 연합'으로 명칭이 바뀜. =이시(EC).

유럽^연합(Europe聯合) 명 1993년 마스트리히트 조약을 배경으로 유럽 12개국이 결성한 기구. 회원국의 정치적 통합·집단 방위를 목표로 함. =이유(EU).

유럽^자유^무'역^연합(Europe自由貿易聯合) [-영년-] 명 [경] 유럽 공동체에 대항하여 결성된 자유 무역 기구.

유럽^주(Europe洲) 명 [지] '유럽'을 주(洲)로서 부를 때의 이름.

유럽^통화^단위(Europe通貨單位) 명 [경] =에큐(ECU).

유려-하다(流麗-) 혱여 글이나 말이 유창하고 아름답다. ¶유려한 필체.

유'력-시(有力視) [-씩] 명 유력하게 보는 것. **유'력시-하다** 타여 **유'력시-되다** 자여 ¶차기 대통령 후보로 가장 ~.

유'력-자(有力者) [-짜] 명 세력이 있는 사람. ¶재계의 ~.

유'력-지(有力紙) [-찌] 명 영향력이 막강한 신문. ¶프랑스의 ~ 르 몽드.

유'력-하다(有力-) [-려카-] 혱여 1 힘이나 세력이 있다. ¶유력한 가문. 2 희망이나 전망이 있다. ¶유력한 우승 후보.

유령(幽靈) 명 1 죽은 사람의 혼령. 2 죽은 사람의 혼령이 생전의 모습으로 나타난 형상. 3 (일부 명사 앞에 쓰여) 이름이나 형식만 있을 뿐 실제의 내용이 없거나 거짓인 것. 비유적인 말임. ¶~ 회사.

유'례(類例) 명 1 같거나 비슷한 예. 2 =전례(前例)². ¶~를 찾기 힘든 사건.

유'례-없다(類例-) [-업따] 혱 1 같거나 비슷한 예가 없다. ¶유례없는 참사. 2 전례가 없다. ¶유례없는 일. **유'례없-이** 부

유로(euro) 명 ① [자회] 유럽 연합의 법정 화폐인 유럽 단일 통화의 명칭. 2002년부터 화폐로 사용됨. =유로화. ② [의주] 유럽 연합의 화폐 단위.

유로-화(euro貨) 명 =유로①.

유'록-색(柳綠色) [-쌕] 명 봄철의 버들잎과 같은, 푸른빛과 녹색의 중간색.

유'료(有料) 명 요금을 내게 되어 있는 것. 또는, 요금을 필요로 하는 것. ¶~ 주차장. ↔무료.

유'료-화(有料化) 명 (무료이던 것을) 유료가 되게 하는 것. 또는, 무료이던 것이 유료로 되는 것. **유'료화-하다** 자여 타여 ¶노상 주차장을 ~. **유'료화되다** 자여

유류(油類) 명 기름 종류.

유류^파동(油類波動) 명 1973년의 아랍 산유국의 석유 무기화 정책과 1978년 이란 혁명 이후 다시 석유 공급이 달리고 값이 폭등하여 세계 경제가 큰 혼란과 어려움을 겪은 일. =오일 쇼크.

유류-품(遺留品) 명 1 죽은 뒤에 남겨 놓은 물품. 2 잊어버리고 놓아둔 물품. ¶승객의 ~를 보관하다.

유리¹(流離) 명 정처 없이 떠도는 것. **유리-하다**¹ 자여

유리²(琉璃) 명 [화] 석영·탄산소다·석회암을 섞어 높은 온도에서 녹인 다음 급히 냉각시켜 만든 물질. 단단하고 투명하나 잘 깨짐.

유리³(遊離) 명 따로 떨어져 있는 것. 또는, 그 일. **유리-되다** 자여 ¶민중으로부터 유리된 정치.

유리⁴(瑠璃) 명 1 [광] 금빛의 작은 점이 여러 군데 있고 검푸른빛이 나는 광물. 2 검푸른빛이 나는 보석.

유리-걸식(流離乞食) [-씩] 명 정처 없이 떠돌며 빌어먹는 일. **유리걸식-하다** 자여

유리-관(琉璃管) 명 유리로 만든 관. 흔히, 화학 실험에 쓰임.

유리-구슬(琉璃-) 명 유리로 만든 구슬.

유리-그릇(琉璃-) [-른] 명 유리로 만든 각종 그릇.

유리-병(琉璃甁) 명 유리로 만든 병.

유리^섬유(琉璃纖維) 명 유리를 녹여 가늘게 만든 인조 섬유. 단열재·방음재·전기 절연재 등으로 사용함.

유리-솜(琉璃-) 명 유리 섬유를 솜 모양으로 만든 물질. 방열재·방음재·절연재로 쓰임.

유'리-수(有理數) 명 [수] 정수의 비로 나타낼 수 있는 수. 정수와 분수가 있음. ↔무리수.

유리-잔(琉璃盞) 명 유리로 만든 잔.

유리-창(琉璃窓) 명 유리를 끼운 창. 또는, 그 유리. 비창유리.

유리-컵(琉璃cup) 명 유리로 만든 컵.

유리-판(琉璃板) 명 유리로 만든 편평한 판.

유'리-하다²(有利-) 혱여 (상황이나 입장 등이) 좋아서 도움이 될 가능성이 높거나, 상대보다 일을 쉽게 해나갈 상태에 있다. ¶이롭다. ¶피고에게 유리한 증언을 하다. ↔불리하다.

유린(蹂躪·蹂躙) 명 남의 권리나 인격 따위를 침해하여 짓밟는 것. ¶인권 ~. **유린-하다** 타여 **유린-되다** 자여

유림(儒林) 명 유학을 신봉하는 무리. =사림.

유'만부동(類萬不同) 명 1 비슷한 것이 많으나 서로 같지는 않음. 2 분수에 맞지 않음. 또는, 정도에 넘침. ¶몰염치도 ~이지, 제가 감히 그것을 바라?

유'망(有望) 명 (일부 명사 앞에 쓰여) 앞으로 잘 될 듯한 희망이나 전망이 있는 것. ¶~ 업종. **유망-하다** 혱여 ¶전도가 유망한 청년.

유'망-주(有望株) 명 1 [경] 시세가 오를 가망이 있는 주식. 2 어떤 분야에서 크게 성공할 가능성이 있어 촉망을 받고 있는 사람. 비유적인 말임. ¶연극계의 ~.

유머(humor) 명 어떤 말이나 표정, 동작 등으로 남을 웃게 하는 일이나 능력. 또는, 웃음이 나게 만드는 어떤 요소. 비익살. 비해학. ¶~ 감각. ▷위트(wit).

유머러스-하다(humorous-) 혱여 해학이 있거나 익살스럽다. ¶유머러스한 말.

유머레스크(humoresque) 명 [음] 경쾌하고 유머러스한 형식의 기악곡.

유'명(有名) 명 (일부 명사 앞에 쓰여) 이름이 세상에 널리 알려져 있는 것. ¶~ 메이커. ↔무명. **유'명-하다** 혱여

유명(幽明) 명 저승과 이승.
  유명을 달리하다 '죽다'를 문어적으로 또는 완곡하게 이르는 말.

유명³(幽冥) 명 =저승.

유명⁴(遺命) 명 임금이나 부모가 죽을 때에 내린 명령. 문중에 전심하는. ¶아버님의 ~을 받들어 학문에 전심하다.

유명-론(唯名論) [-논] 명 [철] 중세 철학에서, 개체만이 실재하고 보편은 단순히

개체의 뒤에 있는 명칭에 지나지 않는다고 하는 이론.
유명무실-하다(有名無實-) [형여] 이름만 있고 실제의 내용이나 참다운 의미가 없다. ¶유명무실한 회사.
유:명-세(有名稅) [-쎄] 몡 세상에 이름이 나 있는 탓으로 당하는 곤욕이나 불편 등을 속되이 이르는 말. ¶~를 치르다.
유모(乳母) 몡 어머니 대신 젖을 먹여 주는 여자.
유모-차(乳母車) 몡 주로 집 가까운 곳에서 어린아이를 태워 밀고 다닐 수 있게, 의자 모양의 구조에 바퀴를 단 탈것.
유목(遊牧) 몡 일정한 땅에 정주하지 않고, 소나 양 등의 가축을 물과 풀밭을 찾아 옮겨 다니며 기르는 목축 형태. ¶~생활. **유목-하다** 동.
유목-민(遊牧民) [-몽-] 몡 유목하면서 생활을 영위하는 민족.
유:무(有無) 몡 있음과 없음. ¶잘못의 ~를 따지다.
유:무-상통(有無相通) 몡 서로 있는 것과 없는 것을 주고받음. **유:무상통-하다** 동. (비어) ¶유무상통하는 사랑의 공동체를 만드는 것이 그의 꿈이었다.
유묵(遺墨) 몡 생전에 남긴 필적.
유물¹(唯物) 몡[철] 물질적인 것을 실재하는 것 또는 실재적인 것이라고 생각하는 입장. ¶~ 사상. ↔유심(唯心).
유물²(遺物) 몡 1 선대의 인류가 삶의 흔적으로서 후세에 남긴 물건. ¶~이 출토되다. 2 죽은 사람이 남긴 의미 있는 물건. (비어)유품. 3 이전의 시대가 남긴 낡은 물건이나 생활 관습. ¶구시대의 ~인 권위주의는 이제 사라져야 한다.
유물-론(唯物論) 몡[철] 정신이나 마음의 실재성을 부인하고, 물질적 원리의 근원성·독자성을 주장하는 철학적 이론. =유물주의. ↔유심론·관념론.
유물^변:증법(唯物辨證法) [-뻡] 몡[철] 자연과 사회의 전체를 물질적 존재의 변증법적 발전으로 설명한 이론. 마르크스·엥겔스가 창시한.
유물^사:관(唯物史觀) [-싸-] 몡[철] 마르크스주의의 역사관. 사회의 여러 현상의 성립·연관·발전 방법을 유물 변증법의 입장에서 설명한 것임.
유물-주의(唯物主義) [-의/-이] 몡[철] =유물론.
유미-주의(唯美主義) [-의/-이] 몡[문] =탐미주의.
유민¹(流民) 몡 고향을 떠나 이곳저곳으로 떠도는 사람. ¶한국의 ~.
유민²(遊民) 몡 직업이 없이 놀며 지내는 사람.
유민³(遺民) 몡 망해 없어진 나라의 백성.
유밀-과(油蜜菓) 몡 밀가루나 쌀가루 반죽을 적당한 모양으로 빚어 바싹 말려서 기름에 튀겨 꿀이나 조청을 바르고 튀밥·깨 따위를 입힌 과자. ⇒유과.
유발(誘發) 몡 어떤 일이 다른 일을 일어나게 하는 것. ¶~ 요인. **유발-하다** 동. (비어)**유발-되다** 동.
유방¹(乳房) 몡 성숙한 여자나 포유류의 암컷의 가슴 또는 배에 달려 있어, 아기나 새끼에게 젖을 먹이는 기관. 일반적으로는, 성숙한 여성의 '젖'을 성적(性的)인 어감을 담아 이르는 말임. (비어)젖가슴.
유-방²(劉邦) [인] '고조'의 본명.

유방-암(乳房癌) 몡[의] 유방에 발생하는 암. =유암.
유배(流配) 몡[역] (죄인을) 귀양 보내는 것. **유배-되다** 동.
유배-지(流配地) 몡 유배된 곳.
유-백색(乳白色) [-쌕] 몡 젖과 같이 불투명한 흰색. (비어)젖빛.
유:별¹(有別) 몡 다름이 있는 것. ¶부부[남녀] ~. **유:별-하다**¹ [형여] **유:별-히** 부.
유:별²(類別) 몡 종류에 따라 나누어 구별하는 것. 또는, 그런 구별. (비어)종별(種別). **유:별-하다**² [형여] **유:별-되다** 동.
유:별-나다(有別-) [-라-] [형여] 여느 것과 아주 다르다. =특별나다. (비어)별나다. ¶유별난 행동.
유보(留保) 몡 1 =보류(保留). 2 [법] (권리·의무·주장 등을) 뒷날로 미루어 두는 것. **유보-하다** 동. **유보-되다** 동.
유보-율(留保率) 몡[경] 자본 잉여금과 이익 잉여금을 합한 금액을 납입 자본금으로 나눈 뒤 100을 곱한 수치. 기업이 동원할 수 있는 자금량을 측정하는 지표로, 이것이 높을수록 불황에 대한 적응력과 기업의 안전성이 높음.
유복-녀(遺腹女) [-뇽-] 몡 어머니의 배 속에 있을 때 아버지가 죽어, 태어났을 때 아버지가 없는 딸.
유복-자(遺腹子) [-짜] 몡 어머니의 배 속에 있을 때 아버지가 죽어, 태어났을 때 아버지가 없는 아들.
유:복-하다¹(有福-) [-보카-] [형여] 복이 있다. ¶유복한 사람.
유복-하다²(裕福-) [-보카-] [형여] 살림이 넉넉하다. ¶유복한 가정에서 자라다.
유부(油腐) 몡 두부를 얇게 썰어 기름에 튀긴 음식. ¶~국수/~초밥.
유:부-남(有婦男) 몡 아내가 있는 남자. (비어)핫아비. ↔유부녀.
유:부-녀(有夫女) 몡 남편이 있는 여자. (비어)핫어미. ↔유부남.
유분(油分) 몡 =기름기1·2.
유:-분수(有分數) 몡 지켜야 할 분수가 있어야 한다는 말. 무엇을 무시해도 ~지, 날 어떻게 보고 하는 수작이야?
유불선(儒佛仙) [-썬] 몡 유교와 불교와 선교. ¶~ 사상.
유:-비(劉備) [인] 촉나라의 초대 황제 (161~223).
유:비¹(類比) 몡 1 [논] =유추2. 2 [철] 사물 상호 간에 대응적으로 존재하는 동등성 또는 동일성. **유:비-하다** 동.
유:비-무환(有備無患) 몡 미리 준비해 두면 근심될 일이 없음.
유비쿼터스(ubiquitous) 몡 (일부 명사 앞에 쓰여) 컴퓨터의 활용이나 온라인 네트워크의 접속이 언제 어디서든 자유롭게 혹은 의식하지 못하는 가운데 이뤄질 수 있도록 환경이 구현된 상태. ¶~ 시대/~ 컴퓨팅.
유:사¹(有史) 몡 역사가 시작됨. ¶~ 이래의 최대 사건.
유사²(遺事) 몡 1 예로부터 전하여 오는 사적(事跡). 2 죽은 사람이 남긴 사적.
유:사³(類似) 몡 (일부 명사 앞에 쓰여) 서로 비슷한 것. ¶~ 상표/~ 종교. **유:사-하다** [형여]
유:사^분열(有絲分裂) 몡[생] 세포 분열의 과정에서 염색체가 나타나고 방추사가 생기는, 핵 세포의 분열 양식. ↔무사 분열.

유:사-성(類似性) [-썽] 명 서로 비슷한 성질. ¶두 작품은 내용의 ~이 많다.
유:사-시(有事時) 명 비상(非常)한 일이 있을 때. ¶~에 대비하다.
유:사-어(類似語) 명 =유의어.
유:사-점(類似點) [-쩜] 명 서로 비슷한 점.
유:사-품(類似品) 명 어떤 물건과 유사한 물품. ¶~이 나돌다.
유:산¹(有産) 명 재산이 많이 있음. ¶~ 계급. ↔무산.
유산²(乳酸) 명[화] =락트산.
유산³(流産) 명 1 임신 24주 이내에 태어나 태반이 자궁 밖으로 나오는 상태. ¶자연 ~. ▷조산. 2 계획 또는 추진하던 일이 중도에 그만두게 되는 것. 유산-하다 동[자][타][여] 유산-되다 동[자] ¶건물 신축 계획이 ~.
유산⁴(硫酸) 명[화] =황산(黃酸).
유산⁵(遺産) 명 1 죽은 사람이 남겨 놓은 재산. ¶~을 상속하다. 2 후대에 남긴 가치 있는 사물. ¶문화~.
유:산-계급(有産階級) [-계/-게-] 명 지주·자본가 등 재산이 많은 계층의 사람들. ↔무산 계급.
유산-균(乳酸菌) 명[화] =젖산균. ¶~ 음료.
유산소^운동(有酸素運動) 명[체] 체내에 산소를 최대한 공급하여 심장과 폐의 활동을 촉진하는 전신 운동. 수영·조깅·에어로빅댄스·등산·사이클링 따위. =에어로빅스.
유:상(有償) 명 값을 치르거나 보상을 함. ↔무상(無償).
유:색(有色) 명 어떤 빛깔이나 색깔을 띠고 있는 상태. 특히, 피부색이 희지 않고 검거나 누렇거나 붉거나 한 상태.
유:색-인(有色人) 명 유색 인종에 속하는 사람. ¶~을 차별하다.
유:색^인종(有色人種) 명 피부색이 희지 않고 검거나 누렇거나 붉거나 한 인종. ↔백인종.
유생¹(幼生) 명 배(胚)와 성체의 중간 시기로, 독립된 생활을 영위하며 성체와는 현저하게 다른 형태를 나타내는 것. 올챙이 따위. ▷유체.
유생²(儒生) 명 유학(儒學)을 공부하는 선비.
유서¹(由緖) 명 어떤 대상이 긴 세월을 거쳐 오면서 가지게 된, 특별한 역사나 유래. ¶~ 깊은 고장.
유서²(遺書) 명 유언을 적은 글.
유서³(類書) 명 같은 종류의 책.
유:선¹(有線) 명 통신·방송 등이 전선을 설치하여 이용하는 방식인 것. ¶~ 인터넷. ↔무선.
유선²(乳腺) 명[생] =젖샘.
유선³(流線) 명[물] 유체(流體)가 운동하는 장(場) 안에 각 점의 접선이 그 점에서 흐르는 속도의 방향과 일치하도록 그 가상적인 곡선.
유:선-망(有線網) 명 유선에 의한 통신망.
유:선^전:신(有線電信) 명[물] 전선을 통하여 전신 부호를 받아 전기적으로 전달하는 방식. ↔무선 전신.
유:선^전:화(有線電話) 명 가입자와 교환국 사이를 유선 선로로 연결한 전화. ↔무선 전화.
유:선^텔레비전(有線television) 명 텔레

유스티니아누스 일세_913

비전 카메라와 수상기를 전선에 연결하여 방영하는 텔레비전. 폐회로 텔레비전(CCTV), 공업용 텔레비전(ITV) 따위.
유선-형(流線型) 명 유체(流體)의 저항을 최소한으로 하기 위해 앞부분을 곡선으로 하고, 뒤쪽으로 갈수록 뾰족하게 한 형태. 비행기·기차·자동차·배 등에 이용됨.
유:성¹(有性) 명[생] 동일종의 개체에 암컷과 수컷의 구별이 있음. ↔무성(無性).
유:성²(油性) 명 기름의 성질. ¶~ 페인트. ↔수성(水性).
유성³(流星) 명[천] 우주 공간에 떠돌다가 자기 궤도에서 벗어나 지구의 대기권 안으로 들어와 타면서 빛을 내는 천체의 파편. 미별똥별. ▷운석.
유:성⁴(遊星) 명[천] =행성(行星).
유성-기(留聲機) 명 =축음기.
유성룡(柳成龍) [-뇽] 명[인] 조선 시대의 재상(1542~1607).
유:성^영화(有聲映畫) 명[영] 영사(映寫)할 때 영상(映像)과 동시에 음성·음악 등이 나오는 영화. =토키. ↔무성 영화.
유성-우(流星雨) 명[천] 유성군 속을 지구가 통과할 때, 많은 유성이 비처럼 떨어지는 일.
유:성-음(有聲音) 명[언] =울림소리. ↔무성음.
유:세¹(有勢) 명 어떤 일이나 행동을 함에 있어서 자기가 남보다 권세가 있거나 우월한 존재임을 짐짓 드러내면서 뻐기는 것. ¶~를 부리다. 유:세-하다 동[자][여] ¶돈깨나 있다고 유세하는 꼴이란….
유:세²(遊說) 명 자기 의견 또는 자기 소속 정당의 주장을 설파하며 돌아다니는 것. ¶선거 ~. 유:세-하다 동[자][여]
유세-객(遊說客) 명 자기 의견 또는 자기 소속 정당의 주장을 선전하며 돌아다니는 사람.
유세-장(遊說場) 명 유세하는 장소.
유세차(維歲次) 명 '이에 간지(干支)를 따라서 정한 해로 말하면'의 뜻으로, 제문(祭文)의 첫머리에 쓰는 관용어.
유:세-통(有勢-) 명 유세 떠는 서슬. ¶그놈의 ~에 사람 견디겠나.
유-소년(幼少年) 명 '유년'과 '소년'을 아울러 이르는 말.
유속(流俗) 명 옛날부터 전해 오는 풍속.
유속(流速) 명 흐르는 물의 속도.
유속(遺俗) 명 지금까지 남아 있는 옛날의 풍속. =유습.
유:수¹(有數) 명 (주로 '유수의'의 꼴로 쓰여) (어떤 대상이) 많은 대상 가운데 손가락 안에 들 만큼 뛰어나 보이는 것. ¶국내 ~의 건설 회사. 유:수-하다¹ [형][여]
유수²(幽囚) 명 사람을 잡아 가두는 것. ¶바빌론 ~. 유수-하다² [타][여]
유수³(流水) 명 흐르는 냇물이나 강물. ¶낙화(落花) ~.
유수⁴(留守) 명[역] 조선 시대에 수도(首都) 이외의 요긴한 곳을 맡아 다스리던 정품 외관직.
유숙(留宿) 명 남의 집에서 묵는 것. 유숙-하다 동[자][여] ¶친척 집에서 ~.
유순-하다(柔順-) [형][여] (사람이) 성질이 부드럽고 온순하다. ¶유순한 아이. 유순-히 [부]
유스티니아누스 일세(Justinianus-世) [-쎄] 명[인] 동로마 제국의 황제(483

~565).

유스^호스텔(youth hostel) 명 청소년의 건전한 여행 활동을 장려하기 위하여 실비로 제공되는 숙박 시설. =호스텔.

유습(遺習) 명 =유속(遺俗)¹.

유시¹(酉時) 명 십이시의 열째 시. 곧, 오후 5시부터 7시까지의 동안.

유시²(流矢) 명 1 목표에 빗나간 화살. 2 누가 쏘았는지 모르는 화살.

유시³(諭示) 명 관청 같은 데서 국민을 타일러 가르치는 것. 또는, 그 문서. **유시-하다** 동태여

유!시무종(有始無終) 명 시작은 있되 끝이 없음. 곧, 시작은 하되 결과를 맺지 못함. **유!시무종-하다** 동재

유!식¹(有識) 명 학문이 있어 견식이 높은 것. ↔무식(無識). **유!식-하다** 형여 ¶유식한 사람.

유식²(侑食) 명 제사에서, 종헌(終獻:마지막 술잔을 올리는 것) 뒤에 첨작하고 숟가락을 메에 꽂고 젓가락을 음식 접시 위에 놓아 조상에게 진지를 권하는 일.

유식³(唯識) 명[불] 우주의 궁극적 실재는 오직 마음뿐으로, 외계의 대상은 단지 마음에 나타난 결과라는 사상.

유신¹(維新) 명 낡은 제도를 고쳐 새롭게 하는 것. ¶~ 정책. **유신-하다** 동태여

유신²(遺臣) 명 왕조가 망한 뒤에 남아 있는 신하.

유!신-론(有神論) [-논] 명 [철] 신의 존재를 믿는 종교·철학상의 입장. ↔무신론.

유실¹(流失) 명 홍수 따위로 떠내려가 잃어버리는 것. **유실-되다** 동재 ¶홍수로 논밭이 ~.

유실²(遺失) 명 물건이나 돈을 흘리거나 잊고 두고 와서 잃어버리는 것. **유실-하다** 동태여 **유실-되다**² 동재

유!실-수(有實樹) [-쑤] 명 과실이 열리는 나무. 감나무·밤나무 따위.

유심(唯心) 명 1 [불] 이 세상의 모든 사물·현상은 마음이 변화하여 생긴 것이며, 마음 이외의 존재는 있을 수 없다고 하는 화엄경의 사상. 또는, 부처나 진리가 자기 마음의 내부에 있다고 하는 사상. 2 [철] 마음이나 정신적인 것을, 실재하는 것 또는 중심적인 것이라고 생각하는 입장. ↔유물(唯物).

유심-론(唯心論) [-논] 명 [철] 정신이 궁극적인 참 실재라고 하는 존재론·세계관의 입장. ↔유물론.

유!심-하다(有心-) 형여 1 속뜻이 있다. 2 주의(注意)가 깊다. **유!심-히** 튀 ¶~ 바라보다.

유아¹(幼兒) 명 초등학교에 다니기 전의 시기에 있는, 어린 사람. 일반적으로 만 6세 이하의 사람을 가리킴. ¶~ 교육.

유아²(乳兒) 명 =젖먹이.

유아³(遺兒) 명 1 부모가 죽고 남아 있는 아이. 2 내버린 아이. 비기아(棄兒).

유아-기¹(幼兒期) 명 사람이 태어난 지 만 1세가 된 때로부터 만 6세까지의 시기.

유아-기²(乳兒期) 명 생후 약 1년간으로, 젖으로 양육되는 시기.

유아-독존(唯我獨尊) [-쫀] 명 1 세상에서 자기 혼자 잘났다고 뽐내는 태도. 2 [불] '천상천하유아독존'의 준말.

유아르엘(URL) 명 [Uniform Resource Locator] [컴] 인터넷상에 존재하는 정보의 위치를 나타내는 주소. 프로토콜, 도메인 이름, 디렉터리, 파일명 등의 순서로 나타냄.

유아-어(幼兒語) 명[언] 유아가 말을 배우기 시작하였을 때 사용하는 언어. 또는, 어른이 유아를 대할 때 사용하는 말. 맘마·응가 따위.

유아-원(幼兒園) 명 유치원에 준하는, 유아의 보육 시설.

유암(乳癌) 명[의] =유방암.

유압(油壓) 명 1 기름에 가해지는 압력. 2 압력을 가한 기름에 의하여 피스톤 따위의 동력 기계를 작동시키는 일.

유액(乳液) 명 1 [식] 식물의 세포 속에 들어 있는 백색 또는 황갈색의 액체. 2 밀랍·라놀린 등의 유분(油分)을 함유하는 묽은 액체. 기초화장품에 사용함.

유!야무야(有耶無耶) Ⅰ튀 있는 듯 없는 듯 호지부지함. 있는듯 없는듯 호지부지 함. Ⅱ명 있는 듯 없는 듯 호지부지하게 처리함. ¶~로 끝난 선거 공약. **유!야무야-되다** 동재

유약(釉藥·泑藥) 명 1 도자기를 구울 때, 그 표면에 덧씌우는 약. 2 =잿물1.

유약-하다¹(幼弱-) [-야카-] 형여 어리고 약하다. ¶유약한 몸.

유약-하다²(柔弱-) [-야카-] 형여 부드럽고 약하다. ¶성품이 ~.

유언¹(流言) 명 근거 없는 소문.

유언²(遺言) 명 사람이 죽음에 이르러 유족 등에게 남기는 말. **유언-하다** 동태여

유언-비어(流言蜚語) 명 아무 근거 없이 널리 퍼진 소문. 비뜬소문. ¶~를 퍼뜨리다.

유언-장(遺言狀) [-짱] 명 유언 내용을 적은 글발.

유업(遺業) 명 고인이 남긴 사업. ¶부친의 ~을 계승하다.

유에스(U.S.) 명 [United States] [지] =미국.

유에스에스아르(USSR) 명 [Union of Soviet Socialist Republics] [역] =소련.

유에스에이(U.S.A.) 명 [United States of America] [지] =미국.

유에프오(UFO) 명 [unidentified flying object] =미확인 비행 물체.

유엔(UN) 명 [United Nations] [정] =국제 연합.

유엔-군(UN軍) 명[군] =국제 연합군.

유엔^총!회(UN總會) [-회-훼] 명 =국제 연합 총회.

유엔^평!화^유지군(UN平和維持軍) 명 국제 연합이 평화 유지 활동을 위해 분쟁 지역에 파견하는 군대. =평화 유지군.

유역(流域) 명[지] 하천이 흐르는 언저리의 지역. ¶한강 ~ 종합 개발.

유연¹(油煙) 명 기름이나 관솔 등이 불완전 연소하여 생기는 매연. 검은색의 미세한 탄소 가루로, 먹을 만드는 재료가 됨.

유!연²(類緣) 명[생] 생물체 상호 간에 형상·성질 등에 유사한 관계가 있어 그 사이에 연고(緣故)가 있는 것.

유!연-성¹(有緣性) [-썽] 명 1 인연이나 관계가 있는 성질. 2[언] 의성어·의태어의 경우, 소리와 의미의 관계가 자의적이지 않고 필연적인 성질. ▷유의성.

유연-성²(柔軟性) [-썽] 명 1 유연한 성질. 또는, 그 정도. 2 원리 원칙에 얽매이지 않고 형편과 상황에 알맞게 대응하는 성질.

유!연-탄(有煙炭) 명[광] 탈 때 연기가 나는 석탄. 갈탄·역청탄 따위. ↔무연탄.

유연-하다¹(柔軟-) 형여 부드럽고 연하다. ¶유연한 동작. 유연-히¹ 부

유연-하다²(悠然-) 형여 침착하고 여유가 있다. ¶유연한 자세. 유연-히² 부

유열(愉悅) 명 유쾌하고 기쁜 것. 유열-하다 형여

유영¹(游泳) 명 물속에서 헤엄치며 노는 것. 유영-하다 자

유영²(遺影) 명 고인의 초상이나 사진.

유예(猶豫) 명 1 망설여 일을 결행하지 않는 것. ¶~ 미결. 2 일을 결행하는 데 날짜나 시간을 미루고 끄는 것. 유예-하다 타여 유예-되다 자여

유!용¹(有用) 명 (일부 명사 앞에 쓰여) 소용이 되는 것. ¶~ 광물. 유!용-하다¹ 형여 ¶생활에 유용한 것.

유용²(流用) 명 1 (남의 것이나 어떤 정해진 곳에 쓰기로 되어 있는 것을) 딴 데로 돌려쓰는 것. ¶공금(公金) ~. 2 [법] 예산은 본래 사용해야 할 항목으로부터 다른 세항(細項)으로 변경하여 사용하는 것. 유용-하다² 타여 유용-되다 자여

유원-지(遊園地) 명 공원이나 오락을 위하여 여러 가지 설비를 한 곳.

유월(六*月) 명 ['六'의 본음은 '륙'] 한 해의 열두 달 가운데 여섯째 달. ×육월.

유월-절(逾越節) -쩔 명[종] 유대교 3대 축일의 하나. 이스라엘 민족이 이집트에서 탈출한 것을 기념하는 명절임.

유!위(有爲) 명[불] 인연으로 인해 생기는 생멸 무상(生滅無常)의 현상. ↔무위.

유!유-상종(類類相從) 명 같은 무리끼리 서로 내왕하며 사귐. ¶~이라더니, 바로 너희들을 두고 하는 말이로구나. 유!유상종-하다 자타여

유유(悠悠)-하다 형여 속세를 떠나 아무 속박 없이 조용하고 편안하게 삶. 유유자적-하다 형여 ¶모든 명리를 다 버리고 초야에 묻혀 ~.

유유-하다(悠悠-) 형여 1 움직임이 한가하고 느리다. 2 여유가 있고 태연하다. 3 멀고 아득하다. 유유-히 부 ¶그들은 백주에 범행을 저지르고 ~ 사라졌다.

유음(流音) 명[언] 혀끝을 윗잇몸에 대거나, 가볍게 댔다가 떼면서 내는 소리. 자음 'ㄹ'이 해당됨. ▷설전음.

유의(留意) 명 -의/-이 명 마음에 두고 조심하거나 관심을 가지는 것. ¶~ 사항. 유의-하다 자여 ¶건강에 ~.

유의-어(類義語) -의/-이 명 뜻이 유사한 단어. =유사어.

유!익-하다(有益-) -이카- 형여 이롭거나 이익이 있다. ¶휴가를 유익하게 보내다. ↔무익하다.

유!인¹(有人) 명 차나 배·비행기 또는 우주선·인공위성 등에 그것을 작동·운전하는 사람이 타고 있는 일. ¶~ 우주선.

유인²(誘引) 명 주의나 흥미를 유발시켜 꾀어내는 것. 유인-하다 타여 ¶적군을 계곡으로 ~. 유인-되다 자여

유인³(誘因) 명 어떤 일을 현상을 일으키는 원인. ¶병의 ~을 찾아내다.

유인-구(誘引球) 명[체] 야구에서, 투수가 타자의 타격을 유인하기 위해 스트라이크 존 가까이 던지는 공. ¶타자가 ~에 헛방망이질을 하다.

유인-물(油印物) 명 등사기·인쇄기·프린터 등을 이용하여 만든 인쇄물. ¶불온 ~을 살포하다.

유!인-원(類人猿) 명[동] 원숭이 종류 중에서 사람과 가장 가까운 고릴라·침팬지·오랑우탄·긴팔원숭이 등의 총칭. 꼬리가 없고 뒷다리로만 걸음.

유일(唯一) 명 오직 하나밖에 없는 것. 유일-하다 형여 ¶유일한 친구.

유일-무이(唯一無二) 명 오직 하나뿐이며 둘도 없는 것. 곧, '유일'을 강조하여 이르는 말. 유일무이-하다 형여 ¶유일무이한 희망이 무너지다.

유일-신(唯一神) -씬 명 단 하나밖에 없는 신.

유일신-교(唯一神敎) -씬- 명[종] =일신교.

유-일한(柳一韓) 명[인] 실업가(1895~1971).

유임(留任) 명 개편이나 임기 만료 때, 그 자리나 직위에 그대로 머물러 있는 것. 또는, 그 일. 유임-하다 자타여 유임-되다 자여

유입¹(流入) 명 1 (물이나 공기 등이 어느 곳에) 흘러드는 것. 2 (문자·사물·사상 등이 어느 곳에) 외부로부터 밀려드는 것. 유입-하다 자여 유입-되다 자여

유입²(誘入) 명 꾀어 들이는 것.

유!자(柚子) 명 유자나무의 열매.

유자-곡(U字谷) 명[지] 횡단면이 'U' 자형인 골짜기. 빙하가 골짜기 벽을 침식하여 생김.

유!자-나무(柚子-) 명[식] 여름에 희고 작은 꽃이 피며, 겨울에 편평한 공 모양의 열매가 노랗게 익는 상록 관목. 열매는 시고 향기가 있음.

유-자녀(遺子女) 명 나라를 위하여 싸우다 죽은 사람의 자녀. ¶군경 ~.

유작(遺作) 명 죽은 사람이 남긴 작품. ¶~전 / ~집.

유장-하다(悠長-) 형여 1 길고 오래다. 2 침착하여 성미가 느릿하다. 유장-히 부

유저(遺著) 명 죽은 사람이 생전에 남긴 저서.

유적·유적(遺跡·遺蹟) 명 어떤 곳에 남아 있는 옛사람의 삶의 흔적. 집터·조개더미·성터·궁궐터·절터 따위. ¶고대 문명의 ~.

유적-지(遺跡地) -찌 명 유적이 있는 곳.

유전¹(油田) 명 석유가 나는 곳. ¶~ 지대.

유전²(流傳) 명 세상에 퍼져 전하는 것. 유전-하다² 자여 유전-되다² 자여

유전³(流轉) 명 1 이리저리 떠도는 것. 2 쉼 없는 변천. ¶역사의 ~. 유전-하다³ 자여

유전⁴(遺傳) 명[생] 어버이의 성질, 몸의 모양 등이 자손에게 전해지는 일. 유전-하다³ 자여 유전-되다² 자여

유전-공학(遺傳工學) 명[생] 생물의 유전자를 인공적으로 합성·변형시켜 인류에게 유용한 산물을 대량으로 얻게 하고 유전병의 치료 등에 기여하도록 하는 응용 유전학.

유전-병(遺傳病) -뼝 명[의] 유전에 의하여 자손에게 전해지는 질병. 색맹·혈우병 따위.

유전스(usance) 명[경] 환어음의 기한. 특히, 수입 어음의 지급 유예 기간.

유전-자(遺傳子) 명[생] 유전 형질을 나타내는 원인이 되는 인자.

유전-체(誘電體) 圀[물] 전기장 안에 놓았을 때, 양쪽 표면에 전하(電荷)가 나타나는 물질.
유전-학(遺傳學) 圀[생] 유전 현상의 해명을 목적으로 하는 생물학의 한 분야.
유:정¹(有情) 圀[불] 마음의 작용이 있는, 살아 있는 존재. 곧, 사람·동물 따위. 回중생(衆生).
유정²(油井) 圀 천연 석유를 퍼 올리려고 땅 밑으로 판 우물.
유정³(遺旌) 圀[인] '사명당'의 법명.
유정(遺精) 圀[의] 성행위 없이 무의식중에 정액이 몸 밖으로 나오는 일.
유:정-란(有精卵) [-난] 圀 교미한 뒤에 낳은, 부화가 가능한 달걀. ↔무정란.
유:정³-명사(有情名詞) 圀[언] 사람이나 동물을 가리키는 명사. ↔무정 명사.
유제(油劑) 圀 유상(油狀)이거나 기름기가 들어 있는 약제.
유제²(遺制) 圀 예로부터 전해 오는 제도.
유:제³(類題) 圀 비슷하거나 같은 종류의 문제.
유:제-류(有蹄類) 圀[동] 척추동물의 포유류 중에서 발끝에 각질의 발굽이 있는 동물. 소·말·코끼리 등이 이에 속함.
유-제품(乳製品) 圀 우유를 가공하여 만든 식품. 곧, 버터·치즈·분유 따위.
유조-선(油槽船) 圀 석유·가솔린 등을 담아 나르는 시설을 갖춘 배. =탱커.
유족(遺族) 圀 죽은 사람의, 살아 남아 있는 가족. 回유가족.
유족-하다(裕足-) [-조카-] 圐여 여유 있게 풍족하다. ¶유족한 살림. 유족-히 閈
유종(乳腫) 圀[의] 젖이 곪는 종기. =젖멍울.
유:종의 미(有終-美) [-의/-에-] 한번 시작한 일을 끝까지 잘하여 맺은 좋은 결과. ¶~를 거두다.
유:죄(有罪) [-쬐/-줴] 圀 1 죄가 있는 것. 2 [법] 재판에 의하여 범죄 사실이 인정되는 것. ¶~ 판결. ↔무죄.
유즈넷(Usenet) 圀 전 세계에 산재해 있는 서버를 통해 자유롭게 뉴스·정보·의견 등이 게시되고, 그것은 다시 인접한 서버를 통해 순식간에 전 세계의 인터넷 사용자에게 전달되는 방식의 통신망.
유:지¹(有志) 圀 마을이나 지역에서 명망 있고 영향력을 가진 사람. ¶지방 ~.
유지²(乳脂) 圀 1 = 크림. 2 = 유지방.
유지³(油脂) 圀 생물체를 구성하는 주요 성분으로, 상온에서 고체 상태인 지방과 액체 상태인 기름의 총칭.
유지⁴(油紙) 圀 = 기름종이.
유:지⁵(維持) 圀 (어떤 상태나 상황을) 일정하게 또는 변함없이 계속하여 이어가는 것. ¶현상 ~. 유지-하다 閈匼囮 ¶선두를 ~. 유지-되다 閈匼
유지⁶(遺志) 圀 죽은 사람의 생전의 뜻. ¶고인의 ~를 받들어 장학회를 설립하다.
유-지방(乳脂肪) 圀 젖, 특히 우유에 들어 있는 지방. =유지(乳脂).
유지-비(維持費) 圀 유지를 지니거나 지탱하는 데 드는 비용. ¶차량 ~.
유질(流質) 圀[법] 채무자가 기한 안에 채무를 이행하지 않을 때, 채권자가 담보 물건의 소유권을 취득하거나 담보 물건을 매각하여 우선적으로 변제에 충당하는 일. 유질-하다 閈匼囮

유징(油徵) 圀[지] 지하에 석유가 매장되어 있음을 나타내는 징후.
유착(癒着) 圀 1 [의] 서로 떨어져 있어야 할 피부나 몸속의 막 등이 염증 때문에 들러붙는 일. ¶복강 내 장기 ~. 2 어떤 사물이 서로 깊은 관계를 가지고 결합되어 있는 일. ¶정경(政經) ~. 유착-하다 閈匜 유착-되다 閈匼
유찰(流札) 圀 입찰 결과 낙찰(落札)이 결정되지 않고 무효로 돌아가는 일. 유찰-하다 閈匜 유찰-되다 閈匼
유창-하다(流暢-) 휑여 (말을 하거나 글을 읽는 것이) 막힘이 거침이 없다. ¶영어 회화가 ~. 유창-히 閈
유채¹(油彩) 圀[미] 물감·기름·붓 등의 유화구(油畵具)로 그림을 그리는 법. 또는, 그 그림.
유채²(油菜) 圀[식] 종자에서 식용유를 얻기 위해 재배하는 두해살이풀. 4월에 노란색 꽃이 피고, 열매 꼬투리 안에 둥글고 검은 종자가 들어 있음. = 평지.
유:채-색(有彩色) 圀[미] 빨강·노랑·주황 등, 색상을 가진 빛깔. ↔무채색.
유체(流體) 圀[물] 기체와 액체를 아울러 이르는 말.
유체(遺體) 圀 1 부모가 남겨 준 몸. 곧, 자기 몸. 2 '시체'를 달리 이르는 말.
유체^역학(流體力學) [-여각] 圀[물] 유체의 정지 상태나 운동 상태, 또는 유체가 그 속에 놓인 물체에 미치는 힘 등에 관하여 연구하는 과학.
유:추(類推) 圀 1 같은 종류의 것 또는 유사한 점에 의해 다른 사물까지 미루어 추측하는 일. ¶~ 작용. 2 [논] 간접 추리의 하나. 특수 사실에서 그와 비슷한 다른 사실에 이르는 추리. ≒유비(類比). 3 [언] 어떤 단어나 어법이, 의미적·형태적으로 비슷한 다른 단어나 문법 형식을 모델로 하여 형성되는 과정. 유:추-하다 閈匜 유:추-되다 閈匼
유출(流出) 圀 1 (액체를) 밖으로 흘려보내는 것. 2 (중요한 것을) 나라나 조직의 밖으로 나가게 하는 것. 유출-하다¹ 閈匜 ¶공장에서 폐수를 몰래 ~. 유출-되다 閈匼 ¶문화재가 해외로 ~.
유출²(溜出) 圀 증류할 때 액체가 되어 나오는 것. 유출-하다² 閈匜
유충(幼蟲) 圀 = 애벌레.
유:치¹(留置) 圀 1 맡아 두는 것. 2 [법] 사람이나 물건을 일정한 지배하에 두는 것. 유치-하다¹ 閈匜 유치-되다¹ 閈匼
유치²(誘致) 圀 행사나 사업 등을 자기 나라나 자기 고장에서 할 수 있도록 끌어 오는 것. 유치-하다² 閈匜 ¶국제 행사를 서울에 ~. 유치-되다² 閈匼
유치-원(幼稚園) 圀 만 4세부터 초등학교에 들어가기 전까지의 아동을 대상으로 한 교육 기관.
유치원-생(幼稚園生) 圀 유치원에 다니는 어린이.
유치-장(留置場) 圀 피의자나 경범죄를 지은 사람 등을 한때 가두어 두는 곳. 각 경찰서에 있음.
유치-하다³(幼稚-) 휑여 (사람의 생각이나 행위, 또는 그 결과물이) 격에 맞지 않을 만큼 수준이 낮아 얕볼 만한 상태에 있다. ¶나이에 비해 생각이 ~.
유-치환(柳致環) 圀[인] 시인(1908~1967).

유카와 히데키(湯川秀樹) 명[인] 일본의 이론 물리학자(1907~1981).

유케이(UK) 명 [United Kingdom of Great Britain and Northern Ireland] [지] =영국.

유쾌-하다(愉快-) 형여 (마음이나 기분이) 흐뭇하고 좋은 상태에 있다. 비즐겁다. 유쾌한 나들이. ↔불쾌하다. 유쾌-히 부 ¶~ 놀다.

유클리드(Euclid) 명[인] 고대 그리스의 수학자(330~275 B.C.).

유타(Utah) 명[지] 미국 서부의 주.

유:타(柳炭) 명[미] 버드나무를 태운 숯. 그림의 윤곽을 그리는 데 씀.

유탄²(流彈) 명 1 빗나간 탄환. 2 ('주로, '유탄을 맞다'의 꼴로 쓰여) 다른 사람 때문에 엉뚱하게 당하는 피해. 비유적인 말.

유탄³(榴彈) 명[군] 탄환 속에 다져 넣은 작약(炸藥)의 폭발력을 이용하는 포탄.

유태(猶太) 명 '유대'의 음역어.

유태-교(猶太敎) 명[종] =유대교.

유태-인(猶太人) 명 =유대 인.

유-턴(U-turn) 명 1 자동차가 교차로 등에서 백팔십도로 돌아 반대편 차로로 진행 방향을 바꾸는 일. 2 태도나 입장을 전혀 상반되게 바꾸는 것. 유턴-하다 동(타)여 ¶교차로에서 차를 ~.

유토피아(Utopia) 명 =이상향.

유통(流通) 명 1 (공기 따위가) 막힘이 없이 흘러 통하는 것. 2 (화폐 따위가) 세상에 널리 쓰이는 것. 3 (상품 따위가) 생산자·소비자·수요자에 도달하기까지 여러 단계에서 교환·분배되는 활동. ¶~량. 유통-하다 동(자)(타)여 유통-되다 동여

유통^기한(流通期限) 명 주로 식품 따위의 상품이 시중에 유통될 수 있는 기한. ¶~이 지난 우유.

유통-망(流通網) 명 상품이 생산자에게서 소비자에게 도달하기까지의 경로의 체계. ¶전국적인 ~을 구축하다.

유파(流派) 명 1 줄기가 되는 계통에서 갈려 나온 파. 2 독특한 주장이나 태도를 지닌 예술가의 한 파.

유폐¹(幽閉) [-폐/-폐] 명 아주 깊숙이 가두는 것. 유폐-하다 동(타)여 유폐-되다 동(자) ¶혁명으로 왕이 ~.

유폐²(遺弊) [-폐/-폐] 명 예전부터 일반에 유행하는 나쁜 풍속.

유포(流布) 명 (어떤 말이나 책, 사상 등을) 세상에 널리 퍼뜨리는 것. 유포-하다 동(타)여 ¶헛소문을 ~. 유포-되다 동여

유품(遺品) 명 죽은 사람이 생전에 사용했거나 몸에 지녔다가 남긴 물품. 비유물.

유풍(遺風) 명 1 옛날부터 전해 내려오는 풍속. 2 후세에 끼친 교화(敎化).

유프라테스 강(Euphrates江) [지] 아시아 서부, 메소포타미아 지방을 흐르는 강. 길이 2,760km.

유피테르(Jupiter) 명[신화] 로마 신화에 나오는 최고의 신. 그리스 신화의 제우스에 해당함. 영어명은 주피터.

유-하다¹(留-) 동(자)여 (어느 곳에) 머물러 묵다. 문어체의 말임. ¶친척 집에서 며칠 ~.

유:-하다²(有-) 형여 한문 문체에 쓰여, '있다'의 뜻을 나타내는 말.

유-하다³(柔-) 형여 부드럽고 순하다. ¶성격이 ~. ↔강(剛)하다.

유현하다_917

유학¹(留學) 명 외국에서 공부하는 것. 유학-하다¹ 동(자)여

유학²(遊學) 명 타향에서 공부하는 것. 유학-하다² 동(자)여

유학³(儒學) 명 공자의 사상을 바탕으로 하여 맹자·순자 등이 계승·발전시킨 학문. 인(仁)과 예(禮)를 근본 개념으로 하여, 수신에서 치국평천하에 이르는 실천을 그 중심 과제로 함.

유학-생(留學生) 명 유학하는 학생. ¶국비 ~.

유학-원(留學院) 명 유학을 하려는 사람에게 유학에 필요한 정보를 제공하고 필요한 수속을 대행해 주는 영리 기관.

유학-자(儒學者) [-짜] 명 유학(儒學)을 깊이 연구하는 사람.

유한¹(有限) 명 수·양·시간·공간 등에 일정한 한도나 한계가 있는 것. ↔무한. 유한-하다¹ 형여 유한-히 부

유한²(有閑) 명 (일부 명사 앞에 쓰여) 1 시간에 여유가 있어 한가한 것. 2 재물이 많아 생활에 여유가 있고, 여가가 많은 것. ¶~계급 / ~마담. 유한-하다² 형여

유한-계급(有閑階級) [-계-/-게-] 명 생산적 활동은 하지 않고, 소유한 자산으로 소비 활동만 하는 계층.

유한-마담(有閑@madame) 명 유한계급의 부인.

유한^책임(有限責任) 명[법] 채무자의 일정한 재산 또는 일정액을 한도로 채무의 담보가 되는 책임. ↔무한 책임.

유한^회:사(有限會社) [-회-/-훼-] 명 [법] 50인 이하의 유한 책임 사원으로 구성되는, 폐쇄적·비공개적인 사단 법인. ▷주식회사·합명 회사.

유해¹(有害) 명 (일부 명사 앞에 쓰여) 해가 있는 것. ¶~ 식품 / ~ 가스. ↔무해. 유해-하다¹ 형여 ¶담배는 건강에 ~.

유해²(遺骸) 명 1 죽은 사람의 몸을 격을 높여 문어적으로 이르는 말. 2 =유골.

유행(流行) 명 1 [사] 사회 구성원 사이에 어떤 복장이나 언어, 생활양식 등이 일시적으로 널리 퍼지는 현상이나 경향. ¶최신 ~. 2 (전염병이) 널리 퍼져 많은 사람들이 앓게 되는 것. 유행-하다 동(자)여 ¶전국에 독감이 ~. 유행-되다 동여

유행-가(流行歌) 명 어떤 시기에 대중에게 널리 불리는 노래.

유행-병(流行病) [-뼝] 명 어떤 지역에서 전염성 또는 공통 원인으로 보통 병보다 많이 발생하는 질환. =돌림병.

유행-성(流行性) [-썽] 명 유행하는 성질.

유행성^감:기(流行性感氣) [-썽-] 명 바이러스의 감염에 의한 전염성이 있는 감기. 고열이 나며 폐렴·중이염·뇌염 등의 합병증을 낳는다. =독감·인플루엔자.

유행성^이:하선염(流行性耳下腺炎) [-썽-념] 명[의] 멈프스 바이러스의 감염에 의한 이하선염. 2~3주일의 잠복기를 거쳐 발열하여 귀밑샘이 부어 아픔. 제2종 법정 전염병임. 한의학 용어는 볼거리. 비항아리손님.

유행-어(流行語) 명 비교적 짧은 시기에 걸쳐 언어 사회에 널리 유행하는 단어나 구절.

유현(儒賢) 명 유학(儒學)에 정통하고 언행이 바른 선비.

유현-하다(幽玄-) 형여 이치나 아취가 헤아리기 어려울 만큼 깊고 미묘하다.

유혈(流血) 명 다쳐서 흘리는 피. ¶사태/~이 낭자하다.

유혈-극(流血劇) 명 피를 흘리며 싸움을 하는 소동. ¶폭력배들이 ~을 벌이다.

유형¹(有形) 명 형태나 형체가 있는 것. 또는, 물리적 공간에 존재하여 눈으로 볼 수 있는 상태. ↔무형.

유형²(流刑) 명[역] 오형(五刑)의 하나. 죄인을 멀리 변경이나 외딴섬에 보내어 그곳에 살게 하는 형벌.

유형³(類型) 명 공통의 성질·특징이 있는 것끼리 묶은 하나의 틀. 또는, 그 틀에 속하는 것. ¶사람의 체질을 4개의 ~으로 분류한 사상 의학.

유형-무형(有形無形) 명 (주로 '유형무형의'나 '유형무형으로'의 꼴로 쓰여) 형태가 있기도 하고 없기도 함. 또는, 눈으로 볼 수 있기도 하고 없기도 함. ¶통일은 엄청난 ~의 가치를 낳는다.

유형^문화재(有形文化財) 명 역사상·예술상의 가치가 큰 문화적 유산으로서, 형체가 있는 물건. 건조물·회화·조각·공예품·책·문서 등. ↔무형 문화재.

유형원(柳馨遠) 명[인] 조선 시대의 실학자(1622~1673).

유형-지(流刑地) 명 유형살이를 하는 곳.

유혹(誘惑) 명 1 (사람이 다른 사람을) 부정적인 길을 하도록 꾀거나 부추기는 것. ¶~의 손길을 뻗다. 2 어떤 사물이 사람의 마음을 강하게 끌어 그것에 빠지게 하는 상태가 되는 것. ¶돈의 ~. **유혹-하다** 톙(타)여 **유혹-되다** 톙(자)

유혹-적(誘惑的) [-쩍] 관명 유혹을 하는 것과 같은 (것). ¶~인 눈빛.

유화¹(油畫) 명[미] 서양화의 하나. 기름에 갠 물감을 사용하여 그린 그림.

유화²(宥和) 명 상대자의 태도를 너그럽게 보아주어 사이좋게 하는 것. **유화-하다** 톙(자)여

유화³(類化) 명 같은 종류의 물질이 서로 동화 작용을 하는 것. **유:화-하다**² 톙(자)여

유화-적(宥化的) 관명 유화하는 듯한 (것). ¶~인 태도.

유화^정책(宥和政策) 명 국제 정치에서, 타국의 적극 정책에 대하여 의도적으로 타협적·소극적 수단을 강구하면서 국면을 자국에게 유리하게 이끌어 가려는 외교 정책.

유황(硫黃) 명[화] =황(黃)².

유황-불(硫黃-) [-뿔] 명 황이 탈 때 생기는 파란 불.

유황-천(硫黃泉) 명[지] 1kg의 물 중에 2mg 이상의 황이 들어 있는 광천. 피부병·신경통·당뇨병 등의 치료에 이용됨.

유회(流會) 명[-회/-훼] 명 성원 미달이나 그 밖의 이유로 회의가 성립되지 않는 것. **유회-하다** 톙(자)여 **유회-되다** 톙(자)

유:효(有效) 명 1 효력이나 효과가 있음. ↔무효. 2 [체] 유도에서, 판정의 하나. 경기자가 건 기술이 부분적으로 성공하였을 때 또는 누르기 선언 후 20초 이상 25초 미만이었을 때 선언됨. **유:효-하다** 톙여 효력이나 효과가 있다. ¶그 약속은 아직도 ~. **유:효-히** 튄

유:효^기간(有效期間) 명 주로 상품 따위에서, 그 상품의 효력이나 효과를 정상적으로 사용할 수 있는 기간. ¶~이 지난 통조림.

유:효^사거리(有效射距離) 명[군] 쏜 탄알이 기대하였던 살상 및 파괴 효과를 나타낼 수 있는 거리.

유:효적절-하다(有效適切-) [-쩔-] 톙여 아주 효과적이고 알맞다. ¶자원을 유효적절하게 이용하다.

유훈(遺訓) 명 죽은 사람이 생전에 남긴 교훈이나 훈계. ¶부친의 ~을 받들다.

유휴(遊休) 명 어떤 대상이 생산 활동에 사용되지 않고 놀려지거나 묵혀지는 상태. ¶~지(地) ~ 노동력.

유흥(遊興) 명 흥겹게 노는 것. ¶~비(費) ~ 시설. **유흥-하다** 톙(자)여

유흥-가(遊興街) 명 술집 따위의 놀 수 있는 장소가 모여 있는 거리.

유흥-업(遊興業) 명 유흥 시설을 갖추고 하는 영업.

유흥업-소(遊興業所) [-쏘] 명 유흥 시설을 갖추고 영업을 하는 곳.

유희(遊戱) 명 1 즐겁게 놀며 장난하는 것. 2 유치원·초등학교 따위에서 정서 교육과 신체 단련 따위를 위하여 일정한 방법에 따라 재미있게 하는 율동. **유희-하다** 톙(자)여

육(六) 주 ['여섯' 과 같은 뜻의 한자어 계통의 수사. 아라비아 숫자로는 '6', 로마 숫자로는 'VI'로 나타냄. II 관 '여섯', '여섯째'의 뜻. ¶~ 호선.

육^가야(六伽倻) [-까-] 명[역] 삼한 시대에 낙동강 하류 유역에 있던 여섯 가야. 곧, 금관가야·대가야·아라가야·고령가야·소가야·성산가야.

육각(六角) [-깍] 명[음] 북·장구·해금·피리 및 한 쌍의 태평소의 총칭. ¶삼현 ~.

육각-형(六角形) [-까꼉] 명 여섯 개의 직선으로 둘러싸인 평면형.

육간-대청(六間大廳) [-깐-] 명 넓이가 여섯 칸인 넓은 대청. ~ 기와집.

육감¹(六感) [-깜] 명 ['여섯 번째의 감각'이라는 뜻의] 오감으로는 느끼거나 알아챌 수 없는 일을. 직감이나 사물에 대하여 어떤 묘한 느낌으로 느끼거나 알아내는 경우의 그 감각 느낌. ¶~이 발달하다.

육감²(肉感) [-깜] 명 육체가 풍기는 느낌. 특히, 성적인 느낌.

육감-적(肉感的) [-깜-] 관명 성적(性的)인 느낌을 주는 (것). ¶~인 여자.

육갑(六甲) [-깝] 명 1 '육십갑자'의 준말. ¶~을 짚다. 2 남의 언동을 얕잡아 이르는 말. ¶~을 떨다. **육갑-하다** 톙(자)여

육-개장(肉-) [-깨-] 명 얄맞게 튼 삶은 쇠고기에 파·고춧가루 등의 갖은 양념을 하여 얼큰하게 끓인 국.

육계(肉界) [-꼐/-께] 명 육신의 세계. 곧, 육체 및 그 작용이 미치는 범위. ↔영계(靈界).

육교(陸橋) [-꼬] 명 사람이 도로를 안전하게 횡단할 수 있도록 도로 양쪽에 오르내리는 계단을 만들고 도로 위에 일정한 높이의 통로를 만든 구조물.

육군(陸軍) [-꾼] 명[군] 육상에서의 전투를 주 임무로 하는 군대. ▷공군·해군.

육군^사관학교(陸軍士官學校) [-꾼-꾜] 명[군] 육군의 정규 장교를 양성하는 학교. 수업 연한은 4년이며, 졸업과 동시에 학사 학위를 수여받고 육군 소위로 임관됨. ⓟ육사.

육기(肉氣) [-끼] 명 몸의 살진 모양. 비 살기.

육담(肉談) [-땀] [명] 성(性)을 소재로 한, 낯 뜨겁고 노골적인 이야기. [비]음담패설. ¶걸쭉한 ~.

육-대주(六大洲) [-때-] [명][지] 아시아 주·아프리카 주·유럽 주·오세아니아 주·남아메리카 주·북아메리카 주의 총칭.

육덕(肉德) [-떡] [명] 몸에 살이 많아 덕스러운 상태. ¶살결이 희고 ~이 좋다.

육두-문자(肉頭文字) [-뚜-짜] [명] '상스럽거나 음탕한 말'을 점잖게 이르는 말. ¶걸쩍지근한 ~를 마구 늘어놓다.

육려(六呂) [융녀] [명][음] 십이율 중 음성(陰聲)에 속하는 여섯 가지 소리. 곧, 대려(大呂)·협종(夾鐘)·중려(仲呂)·임종(林鐘)·남려(南呂)·응종(應鐘). ▷육률.

육로(陸路) [융노] [명] 육상으로 난 길. ↔수로.

육류(肉類) [융뉴] [명] 네발짐승이나 날짐승 고기의 총칭.

육률(六律) [융뉼] [명][음] 십이율 중 양성(陽聲)에 속하는 여섯 가지 소리. 곧, 황종(黃鐘)·태주(太簇)·고선(姑洗)·유빈(蕤賓)·이칙(夷則)·무역(無射). ▷육려.

육림(育林) [융님] [명] 나무를 심거나 씨를 뿌리는 등 인공적인 방법으로 삼림을 가꾸는 일. ¶~ 사업.

육면-체(六面體) [융-] [명][수] 여섯 개의 면을 가진 입체.

육-모(六-) [융-] [명] 여섯 개의 직선에 싸인 평면.

육미¹(六味) [융-] [명] 쓰고, 달고, 짜고, 싱겁고, 시고, 매운 여섯 가지의 맛. 곧, 온갖 맛.

육미²(肉味) [융-] [명] 고기로 만든 음식.

육박(肉薄) [-빡] [명] **1** (대단하거나 기록적인 수치에, 또는 어떤 기준에) 거의 가깝게 다다르는 것. **2** 공격하기 위해 몸으로 돌진하는 것. **육박-하다** [동][자][타][여] ¶음반 판매량이 백만 장을 **육박하고** 있다.

육박-전(肉薄戰) [-빡쩐] [명][군] 몸으로 직접 맞붙어서 싸우는 전투. ¶아군과 적군이 뒤섞여 치열한 ~을 벌이다.

육-반구(陸半球) [-빤-] [명][지] 수륙 분포에 의해 지구를 둘로 나눌 경우, 육지가 차지하는 면적이 최대가 되도록 구분된 반구. ↔수반구.

육방(六房) [-빵] [명][역] 조선 시대에 승정원 및 각 지방 관아에 두었던, 이방·호방·예방·병방·형방·공방의 총칭.

육방^정계(六方晶系) [-빵-게/-빵-게] [명][광] 서로 60°로 교차하는, 길이가 같은 세 결정축이 한 평면 위에 있고, 이들이 교차하는 점에서 수직인 하나의 결정축을 가진 결정계. 흑연·녹주석 따위.

육백(六百) [-빽] [명] 화투 놀이의 하나. 얻은 점수가 육백 점이 될 때까지 겨룸.

육법(六法) [-뻡] [명][법] 여섯 가지의 기본이 되는 법률. 곧, 헌법·형법·민법·상법·형사 소송법·민사 소송법. ¶~ 전서.

육봉(肉峯) [-뽕] [명][동] 낙타의 등에 있는, 지방이 모여서 이룬 큰 혹.

육부¹(六部) [-뿌] [명][역] 고려 시대, 나라의 정무를 맡아보던 여섯 부. 곧, 이부·호부·병부·예부·형부·공부.

육부²(六腑) [-뿌] [명][한] 배 속의 여섯 가지 기관(器官). 곧, 대장·소장·위·쓸개·방광·삼초(三焦). ¶오장(五臟) ~.

육사(陸士) [-싸] [명][군] '육군 사관학교'의 준말. ¶~ 16기 / ~ 생도.

육상(陸上) [-쌍] [명] **1** 물이나 공중이 아닌, 땅의 위. ¶~ 운송. **2** [체] '육상 경기'의 준말. ¶~ 선수.

육상^경¦기(陸上競技) [-쌍-] [명][체] 육상에서 하는 운동 경기 중, 주로 달리기·뛰어오르기·던지기의 기본 동작으로 이루어진 경기의 총칭. 트랙 경기·필드 경기·경보(競步)·마라톤 따위. [준]육상.

육생^동¦물(陸生動物) [-쌩-] [명][동] 육지에서 생활하는 동물. ↔수생 동물.

육서(六書) [-써] [명] **1** 한자의 구조 및 사용에 관한 여섯 가지의 명칭. 곧, 상형(象形)·지사(指事)·회의(會意)·형성(形聲)·전주(轉注)·가차(假借). **2** 한자의 여섯 가지 서체. 곧, 대전(大篆)·소전(小篆)·예서(隸書)·팔분(八分)·초서(草書)·행서(行書). 또는, 고문(古文)·기자(奇字)·전서(篆書)·예서(隸書)·무전(繆篆)·충서(蟲書).

육성¹(肉聲) [-썽] [명] **1** 확성기 따위의 기계 장치를 통하지 않은, 사람의 목청에서 나는 그대로의 소리. **2** 《어떤 사람이 어떤 내용의 말을 녹음 따위로 남겼을 때, 그것이 그 자신의 목소리를 통해서인가 하는 것이 큰 의미를 가지는 문맥에 쓰여》 사람이 자기의 입으로 직접 낸 목소리. ¶그는 ~으로 유언을 남겼다.

육성²(育成) [-썽] [명] **1** (어떤 종류나 무리의 사람을) 가르쳐서 기르는 것. ¶기술자 ~. [비]양성. **2** (어떤 품종의 동물이나 식물을) 길러 자라게 하는 것. ¶~ 재배. **육성-하다** [동][타][여] **육성-되다** [동][자]

육성-회(育成會) [-썽회/-썽훼] [명][교] 학교를 중심으로 하여 학부모 및 유지들로 조직된 모임. 현재는 이 말 대신에 '학부모회' 또는 '학교 운영 위원회'라는 말을 주로 씀.

육손-이(六-) [-쏜-] [명] 기형으로 손가락이 여섯 개인 사람.

육수¹(肉水) [-쑤] [명] 고기를 삶아 낸 물.

육수²(陸水) [-쑤] [명][지] 지구 상에 있는 물 가운데 바닷물을 제외한 물. 호소수(湖沼水)·하천수·지하수·빙하 따위.

육순(六旬) [-쑨] [명] 예순 살. ¶~ 잔치.

육시(戮屍) [-씨] [명] 죽은 사람에게 다시 참형(斬刑)을 가하는 것. **육시-하다** [동][타][여]

육시-랄(戮屍-) [-씨-] [감][관] '육시를 할'이 줄어서 된 말로, 상대를 저주하여 욕하는 말. ¶~ 놈.

육식(肉食) [-씩] [명] **1** 고기붙이를 먹는 것. ¶~을 금하다. ↔채식. **2** 동물이 다른 동물의 고기를 먹이로 하는 일. ↔초식. **육식-하다** [동][자][여]

육식-가(肉食家) [-씩까] [명] 육식을 즐기는 사람.

육식^동¦물(肉食動物) [-씩똥-] [명][동] 동물질을 먹는 동물의 총칭. 먹이를 잡기 위하여 큰 입, 날카로운 이와 발톱, 예민한 후각을 가지고 있는 것이 많음. ▷잡식 동물·초식 동물.

육신(肉身) [-씬] [명] 욕망과 활동의 원동력으로서의 사람의 몸. ¶~이 병들다.

육십(六十) [-씹] Ⅰ [수] '예순'과 같은 뜻의 한자어 계통의 수사. 아라비아 숫자로는 '60', 로마 숫자로는 'LX'로 나타냄. Ⅱ [관] '예순', '예순째'의 뜻. ¶~ 년.

육십-갑자(六十甲子) [-씹깝짜] [명] 천간(天干)의 갑(甲)·을(乙)·병(丙)·정

(丁)·무(戊)·기(己)·경(庚)·신(辛)·임(壬)·계(癸) 와, 지지(地支)의 자(子)·축(丑)·인(寅)·묘(卯)·진(辰)·사(巳)·오(午)·미(未)·신(申)·유(酉)·술(戌)·해(亥)들을 차례로 배합하여 예순 가지로 늘어놓을 것. ⓒ육갑.

육십^만세^운동/6·10 만세 운동(六十萬歲運動) [-씸--] [명][역] 1926년 6월 10일, 순종의 인산일(因山日)을 기하여 일어난 항일 만세 운동.

육십사-괘(六十四卦) [-씹싸-] [명] 주역(周易)의 팔괘를 여덟 번 겹쳐 얻은 64가지의 패.

육십진-법(六十進法) [-씹찐뻡] [수] 60을 한 단위로 자릿수를 셈하는 기수법(記數法). 시간의 시·분·초, 각도의 도·분·초 등은 이 법에 따른 것임.

육아(育兒) [며] 어린아이를 기르는 것. ¶-일기. **육아-하다** [자][여]

육아-낭(育兒囊) [명][동] 캥거루·코알라 따위 암컷의 아랫배에 있는, 새끼를 넣어 기르도록 몸의 일부에서 생긴 주머니.

육아-원(育兒院) [명] 보호자가 없는 아이들을 모아 기르기 위하여 따로 설비한 집. ▷고아원.

육안(肉眼) [명] 1 망원경이나 현미경 등을 통하지 않고 직접 보는 눈. 맨눈. ¶-으로는 볼 수 없는 미생물. 2 눈으로 보는 표면적인 안식(眼識).

육영(育英) [명] 영재(英才)를 가르쳐 기르는 것. 곧, 교육을 이르는 말. ¶- 재단. **육영-하다** [자][여]

육영^사업(育英事業) [명] 육영 단체·교육 기관을 만들어 육영에 힘쓰는 사업.

육욕(肉慾) [명] 육체에 관하여 느끼는 욕정. =사욕(邪欲). ¶-을 채우다.

육용-종(肉用種) [명] 소·양·닭 등에서, 식용의 살을 얻을 목적으로 기르는 품종.

육우(肉牛) [명] 고기를 얻으려고 기르는 소. =고기소.

육월 '유월(六月)'의 잘못.

육의-전(六矣廛) [-의-/-이-] [명][역] 조선 시대, 서울의 종로에 있던 여섯 시전(市廛). 곧, 선전·면포전·면주전·지전·저포전·내외 어물전.

육-이오/6·25(六二五) [명][역] =육이오전쟁.

육이오^사변(六二五事變) [명][역] =육이오 전쟁.

육이오^전ː쟁(六二五戰爭) [명][역] 1950년 6월 25일 새벽에, 북위 38°선 전역에 걸쳐 북한 공산군이 불법 남침함으로써 일어난 한반도에서의 전쟁. =육이오·육이오 사변.

육자-배기(六字-) [-짜-] [명][음] 남도 지방에서 널리 불리는, 곡조가 활발한 잡가(雜歌)의 하나.

육전(陸戰) [-쩐] [명] 육지에서의 전투. ▷해전·공중전.

육-젓(六-) [-쩟] [명] 유월에 잡은 새우로 담근 젓갈.

육정(六情) [-쩡] [명] 사람의 여섯 가지 성정(性情). 곧, 희(喜)·노(怒)·애(哀)·낙(樂)·애(愛)·오(惡).

육조(六曹) [-쪼] [명][역] 고려 말기와 조선 시대에 주요한 국무를 맡아 보던 여섯 관부. 곧, 이조·호조·예조·병조·형조·공조.

육종[1](肉腫) [-쫑] [명][의] =종양.
육종[2](育種) [-쫑] [명][생] =품종 개량. **육종-하다** [자][타][여]

육중-주(六重奏) [-쭝-] [명][음] 실내악의 하나. 서로 다른 여섯 개의 악기에 의한 합주.

육중-하다(肉重-) [-쭝-] [형] (몸집·몸체 등이) 크고 무겁다. ¶육중한 체구.

육즙(肉汁) [-쯥] [명] 쇠고기를 다져 삶아 짠 국물.

육지(陸地) [-찌] [명] 지구의 표면에서, 바다에 덮이지 않은 만른땅. 주로, 바다에 상대되는 지역으로 이르는 말임. 뭍.

육진(六鎭) [-찐] [명][역] 조선 세종 때 지금의 함경도 북변(北邊)에 설치한 여섯 진(鎭).

육질(肉質) [-찔] [명] 1 연하거나 졸깃졸깃하거나 한 정도로서의 고기의 질. ¶-이 연한 쇠고기. 2 연하거나 사각사각하거나 단단하거나 한 정도로서의 과육(果肉)의 질. 3 살이 많거나 살과 같은 성질.

육체(肉體) [명] 1 정신에 대립하는 것으로서, 사물을 감각할 수 있고 움직여 활동할 수 있는, 물질로서의 사람의 몸. 신체·육신. ¶-의 고통. ↔정신·영혼. 2 특히, 성적(性的) 대상으로서의 사람의 몸. ¶여자의 -을 탐하다.

육체-관계(肉體關係) [-계/-게] [명] 남녀 사이의 성적인 교접. ¶-를 맺다.

육체-노동(肉體勞動) [명] 사람의 몸을 움직여 그 힘으로써 하는 노동. ↔정신노동.

육체-미(肉體美) [명] 사람의 몸매의 아름다움. ¶-를 과시하다.

육체-적(肉體的) [관용] 육체에 관련되는 (것). ¶- 쾌락[고통]. ↔정신적·영혼적.

육체-파(肉體派) [명] 체격이나 육체미가 뛰어난 사람. 흔히, 여성의 몸매를 표현할 때 씀. ¶- 여배우.

육촌(六寸) [명] 할아버지의 친형제의 손자·손녀. 같은 항렬이며, 종조부가 같음. =재종(再從).

육추(育雛) [명] 알에서 깐 새끼를 키우는 것. 또는, 그 새끼.

육친[1](六親) [명] 부(父)·모(母)·형(兄)·제(弟)·처(妻)·자(子)의 총칭.

육친[2](肉親) [명] 조부모·부모·형제 따위와 같이 혈족 관계가 있는 사람.

육칠(六七) [명] 육이나 칠. 또는, 육과 칠. ¶- 년 /~ 명.

육탄(肉彈) [명] 1 폭탄을 지닌 채 적의 진지나 직진으로 뛰어드는 상태. 또는, 그 몸. ¶- 부대. 2 몸을 내던지다시피 하여 공격하거나 방어하는 상태. 또는, 그 몸. ¶시위대는 -로 돌격을 감행하였다.

육포(肉脯) [명] 쇠고기를 얇게 저미어 말린 포.

육풍(陸風) [명][지] 육지에서 바다로 향하여 부는 바람. ↔해풍.

육필(肉筆) [명] (어떤 사람이 어떤 내용의 글을 원고나 서류 등으로 남겼을 때, 그것이 그 자신이 직접 제손으로 쓴 글씨로 이뤄진 것인가 하는 것이 큰 의미를 가지는 문맥에 쓰여) 직접 자기 손으로 쓴 글씨. 친필. ¶- 편지.

육하-원칙(六何原則) [유카-] [명] 보도 기사 등의 문장을 쓸 때에 지켜야 하는 기본적인 원칙. 곧, '누가', '언제', '어디서', '무엇을', '어떻게', '왜'의 여섯 가지. ¶-에 의하여 기사를 작성하다.

육해공-군(陸海空軍) [유캐-] [명][군] 육군과 해군과 공군. 곧, 삼군(三軍). ¶-

의 합동 작전.
육회(肉膾)[유쾨/유퀘] 圏 소의 살코기나 간·처녑·양 따위를 잘게 썰어서, 익히지 않고 양념한 음식.
윤(潤) 圏 물체의 표면이 반질반질한 상태. 비윤기. ¶얼굴에 ~이 흐르다.
윤간(輪姦) 圏 〈한 여자를 여러 남자가〉 돌려 가며 강간하는 것. **윤간-하다** 图(타여)
윤곽(輪廓) 圏 **1** 물체의 외각의 형태. 또는, 자세하지 않은 대강의 형태. 2 얼굴에서, 코의 높이, 눈·입의 크기, 눈썹의 짙기 등에서 오는 인상. ¶~이 뚜렷한 얼굴. 3 어떤 일의 대체적인 내용. ¶사건의 ~이 드러나다.
윤-관(尹瓘) 圏[인] 고려 시대의 학자·장군(?~1111).
윤극영(尹克榮) 圏[인] 동요 작가(1903~1988).
윤'기(潤氣)[-끼] 圏 물체의 표면에 나타나는 반질반질한 기운. 비윤. ¶~가 자르르 흐르는 장판.
윤:-**나다**(潤--) 图에 윤택한 기운이 나타나다. ¶마루를 윤나게 닦다.
윤:**년**(閏年) 圏[천] 윤달이나 윤일이 드는해. 양력에서는 4년마다 한 번씩 2월을 29일로 하고, 음력에서는 5년에 두 번의 비율로 1년을 13개월로 함. 윤세.
윤:-**달**(閏-) 圏[천] 윤년에 드는 달. 양력에서는 2월이 평년보다 하루 많고, 음력에서는 평년보다 한 달을 더하여 윤달을 만듦.
윤-동주(尹東柱) 圏[인] 시인(1917~1945).
윤락(淪落)[율-] 圏 돈을 받고 상대방과 성행위를 하는 일. ¶~ 행위 / ~ 여성.
윤락-가(淪落街)[-까] 圏[-까] 윤락업소들이 모여 있는 거리. 비텍사스.
윤리(倫理)[율-] 圏 사람으로서 마땅히 행하거나 지켜야 할 도리. 비인륜(人倫). ¶~에 어긋나는 행위. 2 '윤리학'의 준말.
윤리-관(倫理觀) 圏 윤리에 대하여 가지는 생각이나 태도.
윤리-적(倫理的)[-쩍] 관명 1 윤리에 관한 (것). 2 윤리의 법칙에 따르는 (것).
윤리-학(倫理學)[-칵] 圏 인간 행위의 규범에 관해 연구하는 학문. 준윤리.
윤무(輪舞) 圏 여러 사람이 원을 그리며 추는 춤.
윤번-제(輪番制) 圏 어떤 일을 차례로 번갈아 하는 방식이나 제도.
윤-봉길(尹奉吉) 圏[인] 독립 운동가(1908~1932).
윤상(倫常) 圏 인륜의 떳떳한 도리. ▷오륜(五倫)·오상(五常).
윤:**색**(潤色) 圏 1 색채나 광택을 가하여 번들거리게 하는 것. 2〈어떤 사실을〉과장하거나 미화하는 것. **윤**:**색-하다** 图(타여)
윤:**색-되다** 图(자여)
윤-석중(尹石重)[-쭝] 圏[인] 아동 문학가(1911~2003).
윤-선도(尹善道) 圏[인] 조선 시대의 문신·시조 작가(1587~1671).
윤-이상(尹伊桑) 圏[인] 한국 태생의 독일의 작곡가(1917~1995).
윤:**일**(閏日) 圏 양력에서, 윤년에 더 드는 특별한 날. 곧, 2월 29일.
윤작(輪作) 圏[농] =돌려짓기. **윤작-하다** 图(타여)
윤전-기(輪轉機) 圏[출] 빙빙 돌아가는 원통 모양의 인쇄판 사이로 두루마리 인쇄용지를 통과시켜 고속으로 인쇄하는 기계. 신문·잡지 등 대량 인쇄에 사용함.
윤-치호(尹致昊) 圏[인] 조선 시대의 정치가(1865~1945).
윤택(潤澤) 圏 윤기 있는 광택.
윤택-하다(潤澤--)[-태카-] 혱여 1 윤기가 돌아 번지르르하다. 2〈생활이〉경제적으로 넉넉하고 여유가 있다. 비부유하다. ¶윤택한 가정.
윤:**허**(允許) 圏〈임금이 어떤 일을〉받아들여 허락하는 것. **윤**:**허-하다** 图(타여)
윤형-동물(輪形動物) 圏[동] 동물 분류상의 한 무리. 몸은 크기 1mm미만의 타원형으로 좌우 대칭임. 민물에 떠서 살며, 섬모로 이동하거나 먹이를 잡아먹음.
윤화(輪禍) 圏 자동차·오토바이·열차 등에 치여 다치거나 죽는 재앙.
윤:**활-유**(潤滑油)[-류] 圏 1 기계의 마찰 부분의 마찰이나 마모를 방지하기 위한 기름. 2 어떤 일을 좋은 방향으로 매끄럽게 이뤄지도록 해 주는 요소. 비유적인 말임. ¶유머는 우리 삶의 ~이다.
윤회(輪廻)[-회/-훼] 圏 1 상태의 변화가 단계를 따라 반복하는 일. 지형 윤회 따위. 2 [불] 사람과 짐승이 수레바퀴가 돌듯 세상에서 죽었다가 다시 태어나기를 되풀이하는 일. **윤회-하다** 图(자여)
율¹(律) 圏 1 [음] '음률(音律)'의 준말. 2 [법] 범죄자를 처벌하는 법. 3 [문] =율시(律詩). 4 [불] =계율.
-율(律) 졉미 모음이나 'ㄴ'으로 끝나는 명사 다음에 붙어, '법칙'의 뜻을 나타내는 말. ¶인과~ / 모순~. ▷-률(律).
-율(率) 졉미 모음이나 'ㄴ'으로 끝나는 명사 다음에 붙어, '비율'의 뜻을 나타내는 말. ¶백분~ / 사고~. ▷-률(率).
율격(律格)[-격] 圏 한시의 구성법에서, 언어와 음률을 음악적으로 이용할 격식.
율동(律動)[-똥] 圏 1 주기적이고 규칙적이면서 조화롭게 이루어지는 움직임. 2 [음] 음의 강약이나 장단 등의 규칙적인 연속.
율동-적(律動的)[-똥-] 관명 율동의 요소를 가진 상태에 있는 (것).
율령(律令) 圏 법률의 총칭.
율리시즈(Ulysses) 圏[신화] '오디세우스'의 영어명.
율리우스-력(Julius曆) 圏 기원전 46년에 율리우스 카이사르의 명으로 제정된 태양력. 그레고리력에 비해 400년에 한 번 윤일(閏日)을 빼지 않은 점이 다름. ▷그레고리력.
율모기 圏[동] 녹색 바탕에 큼직큼직한 검은 얼룩점이 있는 독뱀. 논이나 하천 부근에서 흔히 볼 수 있음.
율무 圏[식] 보리와 비슷한 작은 타원형의 종자를 식용 또는 약용으로 쓰임. 또는, 그 종자. 재배 작물로서, 종자는 밥·죽 등의 주식 외에 차와 약재로도 쓰임.
율법(律法)[-뻡] 圏[성] 종교적·도덕적·사회적 생활에 관해 신(神)의 이름으로 규정한 규범. 모세의 십계명이 대표적임.
율법-주의(律法主義)[-뻡쭈의/-뻡쭈이] 圏[성] 유대교에서, 모세의 율법을 신의 말씀으로 믿고, 율법과 생활의 일치를 지상으로 하는 태도나 입장.
율사(律師)[-싸] 圏[불] 1 십법(十法)을

갖추고 계율을 잘 지키는, 계율의 사범인 고승. 2 불교(佛敎)에 의해 승니(僧尼)의 그릇된 일을 검찰하는 승관(僧官).
율시(律詩) [-씨] 圓[문] 한시의 한 체. 여덟 구로 되어 있으며, 오언 율시와 칠언 율시가 있음. =율(律).
율신(律晨) [-쩐] 圓[조] '선율'의 속칭.
융¹(絨) 圓 표면에 솜털이 돋게 짠, 보드랍고 가벼우며 따뜻한 면직물. 신생아용의 복이나 침구 등으로 많이 쓰임.
융², 카를 구스타프 (Jung, Carl Gustav) 圓[인] 스위스의 정신 의학자·심리학자 (1875~1961).
융기(隆起) 圓 (땅이) 주위의 평평한 부분과 차이가 나게 솟거나 높아지는 것. ↔침강. **융기-하다** 匨[자]
융단(絨緞) 圓 양털 따위를 표면에 보풀이 일게끔 두껍게 짠 두꺼운 직물. 마루에 깔거나 벽에 걺. =양탄자. ¶~이 깔린 거실.
융단^폭격(絨緞爆擊) [-격] 圓[군] 일정한 지역을, 마치 융단을 펴듯이 빈틈없이 폭격하는 일.
융모(絨毛) 圓 1 [생] =융털2. 2 [식] =융털3.
융비-술(隆鼻術) 圓[의] 코를 인공적으로 높이거나 모양을 다듬는 성형외과 수술.
융성(隆盛) 圓 (발전의 기운이) 기운차게 높이 일어나는 것. ⓑ흥성. ¶~기(期). **융성-하다** 匨[자]
융숭(隆崇) 圓 대우하는 태도가 정중하고 극진하다. ¶융숭한 대접. **융숭-히** 匣
융자(融資) 圓 자금을 융통하는 것. 또는, 그 자금. ¶학자금 ~. **융자-하다** 匨[타자] **융자-되다** 匨[자]
융자-금(融資金) 圓 금융 기관으로부터 융통하는 돈.
융제(融劑) 圓 화학 분석이나 야금·요업 등에서, 융해를 촉진하기 위하여 섞는 물질. 형석(螢石)·빙정석(氷晶石) 따위.
융-털(絨-) 圓 1 융단의 거죽에 난 보드라운 털. 2 [생] 척추동물의 작은창자 내벽에 있는 손가락 모양 또는 나뭇가지 모양으로 밀생한 돌기. 3 [식] 꽃잎·잎 등에 있는 잔털. =융모.
융통(融通) 圓 금전·물품 등을 돌려쓰는 것. **융통-하다** 匨[타자] ¶사업 자금을 ~.
융통-성(融通性) [-씽] 圓 1 금전·물품 등을 돌려쓸 수 있는 가망성. 2 형세에 따라 변통하는 재주. ¶~을 발휘하다.
융프라우 산(Jungfrau山) 圓[지] 스위스 남부, 알프스 산맥에 있는 높은 산. 높이 4,158m.
융합(融合) 圓 (어느 것이 다른 것과, 또는 둘 이상의 것이) 서로 섞이거나 어우러져 하나로 합쳐지는 것. 또는, (어느 것과 다른 것을) 서로 섞거나 한데 아울러 하나로 합쳐지게 하는 것. ¶[책] ~. **융합-하다** 匨[타자] ¶고유 신앙과 외래 종교를 ~. **융합-되다** 匨[자]
융해(融解) 圓[물] [화] 고체에 열을 가하여 액체로 되는 현상. =용융. ↔응고.
융해-하다 匨[타자] **융해-되다** 匨[자]
융화¹(融化) 圓 녹아서 다른 물질로 변화하는 것. **융화-하다**¹ 匨[타자] **융화-되다**¹ 匨[자]
융화²(融和) 圓 서로 어울려 화목하게 되는 것. ¶노사(勞使)간의 ~를 도모하다. **융화-하다**² 匨[타자] **융화-되다**² 匨[자]
융희(隆熙) [-히] 圓[역] 조선의 마지막 임금인 순종(純宗) 때의 연호.
윷 圓 1 끝고 둥근 나무 막대기 두 개를 반으로 쪼개어 네 쪽으로 만든 놀잇감. 윷놀이에 사용하는 도구. ¶~을 놀다. 2 윷놀이에서, 윷 네 개가 모두 잦혀진 상태. 네 발을 가게 됨.
윷:-가락 [윤-] 圓 =윷짝.
윷:-돌이[윤-] 圓[민] 편을 갈라 윷을 던져 그 잦혀진 모양에 따라 말을 움직여 놓아 빨리 돌아 나오는 것으로 승부를 겨루는 놀이. 윷이 잦혀지는 모양에 따라 도·개·걸·윷·모의 다섯 등급을 둠. **윷:놀이-하다** 匨[자]
윷:-짝[윤-] 圓 윷의 낱개. =윷가락.
윷:-판[윤-] 圓 1 윷놀이에서, 말을 쓰는 판. 2 윷을 놀고 있는 자리.
으 圙[언] 1 한글 모음 'ㅡ'의 이름. 2 어간과 어미 사이에 소리를 고르는 음절.
으깨다 圍 굳은 물건이나 덩이로 된 물건을 눌러 부스러뜨리다. ¶삶은 감자를 ~.
-으나 匣미 1 'ㄹ' 이외의 자음으로 끝나는 용언의 어간이나 어미 '-았/었-', '-겠-' 아래에 붙어, 뒷말의 내용이 앞말의 내용에 따르지 않음을 나타내는 연결 어미. ¶밤이 깊었~ 거리엔 아직도 사람이 붐빈다. 2 'ㄹ' 이외의 자음으로 끝나는 용언의 어간이나 어미 '-았/었-', '-겠-' 아래에 붙어, 어떤 동작이나 상태를 특별히 구애받지 않음을 나타낼 때 쓰는 연결 어미. ¶악을 먹~ 마나 마찬가지야. 3 'ㄹ' 이외의 자음으로 끝나는 일부 형용사의 어간에 붙어, '-으나 -은'의 꼴로 쓰여 그 형용사의 뜻을 강조할 때 쓰이는 연결 어미. ¶높~ 높은 나무. ▷-나.
-으나마 匣미 'ㄹ' 이외의 자음으로 끝나는 용언의 어간이나 어미 '-았/었-' 아래에 붙어, 앞에 오는 사실이 불만스럽거나 못마땅하나 그것을 용납하거나 긍정하는 뜻을 나타내는 연결 어미. ¶늦었~ 인사드립니다. ▷-나마.
-으냐 匣미 'ㄹ' 이외의 자음으로 끝나는 형용사의 어간에 붙어, '해라' 할 상대에게 묻는 뜻을 나타내는 종결 어미. ¶이 산은 얼마나 높~? ▷-냐·-느냐.
-으냐고 匣미 'ㄹ' 이외의 자음으로 끝나는 형용사의 어간에 붙어, '해' 할 상대에게 묻는 뜻을 나타내는 종결 어미. 1 말을 올리는 억양으로 쓰여, 상대가 앞서 질문한 내용에 대해 되묻는 뜻을 나타냄. ¶물이 깊~? 네가 직접 확인해봐. 2 끝을 내리는 억양으로 쓰여, 상대에게 거듭해서 묻는 뜻을 나타냄. ¶그렇게 공부가 싫어~? ▷-냐고·-느냐고.
-으뇨 匣미 'ㄹ' 이외의 자음으로 끝나는 형용사의 어간에 붙어, '해라' 할 상대에게 묻는 뜻을 나타내는 종결 어미. ¶달이 이리도 밝~. ▷-뇨·-느뇨.
-으니¹ 匣미 'ㄹ' 이외의 자음으로 끝나는 용언의 어간이나 어미 '-았/었-', '-겠-' 의 아래에 붙는 연결 어미. 1 뒤에 오는 말의 원인이나 근거를 나타냄. ¶주말인 데다 날씨도 좋~ 등산객이 많겠다. 2 앞에서 진술한 내용과 관련하여 다음 사실로 이어 줌. ¶마침내 전국 방방곡곡에서 만세 소리가 터져 나왔~, 바로 기미년 3월 1일 정오였다. ▷-니.
-으니² 匣미 'ㄹ' 이외의 자음으로 끝나는 형용사의 어간에 붙어, '해라' 할 상대

게 묻는 뜻을 나타내는 종결 어미. ¶넌 책이 많~, 적~? ▷-니.

-으니³ [어미] 'ㄹ' 이외의 자음으로 끝나는 형용사의 어간에 붙어, '하게' 할 상대에게 명백한 사실이나 이치가 그러함을 나타내어 말할 때 쓰이는 종결 어미. ¶단풍은 내장산이 좋~. ▷-니.-느니.

-으니⁴ [어미] 'ㄹ' 이외의 자음으로 끝나는 형용사의 어간에 붙어, 이렇기도 하고 저렇기도 함을 나타내는 연결 어미. ¶적~ 많~ 말도 많다. ▷-니.-느니.

-으니⁵ [어미] 형용사 '같다'의 어간에만 붙어, 상대를 비난하거나 나무랄 때, '같다' 앞에 오는 대상과 다름없음을 나타내는 종결 어미. =-으니라고. ¶이 천하에 몹쓸 놈 같~.

-으니까 [어미] 1 'ㄹ' 이외의 자음으로 끝나는 용언의 어간이나 어미 '-았/었-', '-겠-' 아래에 붙는 연결 어미. 뒤에 오는 말의 원인이나 근거를 나타냄. ¶널 믿~ 이 돈을 맡긴다. 2 'ㄹ' 이외의 자음으로 끝나는 동사나 '있다'의 어간에 붙어, 앞에 오는 행위의 결과로 뒤에 오는 일을 경험하거나 발견함을 나타내는 연결 어미. ¶막상 입~ 작지 않다. ▷-니까.

-으니라 [어미] 'ㄹ' 이외의 자음으로 끝나는 형용사의 어간에 붙어 '해라' 할 상대에게 명백한 사실이나 이치가 으레 그러함을 나타내어 말할 때 쓰이는 종결 어미. ¶보기 좋은 떡이 먹기도 좋~. ▷-니라.-느니라.

-으니라고 [어미] =-으니⁵.
-으니만치 [어미] =-으니만큼.
-으니만큼 [어미] 'ㄹ' 이외의 자음으로 끝나는 형용사의 어간이나 어미 '-았/었-' 아래에 붙어, 원인이나 근거가 됨을 나타내는 연결 어미. =-으니만치. ¶올해는 날씨가 좋~ 농사가 잘될 것이다. ▷-니만큼.-니만큼.

-으되[-되/-뒈] [어미] '있다', '없다'의 어간이나 어미 '-았/었-', '-겠-'의 아래에 붙는 연결 어미. 1 대립되는 접속을 함. ¶불품은 없~ 튼튼해쳐 쓴다. 2 앞말의 내용을 부연할 때 쓰임. ¶병이 났~, 아주 단단히 났어. 3 어떤 담화를 인용할 때, 그에 앞서서 쓰임. ¶그가 나에게 이를~, "빨리 피하라." 하였다. ▷-되.

으드득 [부] 1 매우 단단한 물건을 힘껏 깨물어 깨뜨리는 소리. 2 이를 세게 가는 소리. (작)아드득. **으드득-하다** [동](자)(타)(여)

으뜸 [명] 1 사물의 차례에서 맨 첫째. 또는, 가장 중요하거나 근본이 되는 일. ¶효(孝)는 인륜의 ~이 되는 덕이다.

으뜸-가다 [동](자) 많은 가운데서 첫째가 되다. ¶밤골에서 **으뜸가는** 미인.

으뜸-음(一音) [명][음] 음계의 첫째 음으로서 기초가 되는 음. 장조에서는 도, 단조에서는 라. ▷딸림음·버금딸림음.

으뜸-화음(一和音) [명][음] 으뜸음 위에 구성된 삼화음. 장조에서는 '도', '미', '솔', 단조에서는 '라', '도', '미'의 화음을 이름.

-으라 [어미] 1 'ㄹ' 이외의 자음으로 끝나는 동사의 어간에 붙어, 절대적인 권위를 가지고 아랫사람에게 명령하는 뜻을 나타내는 예스러운 어미. 2 'ㄹ' 이외의 자음으로 끝나는 동사의 어간에 붙어, 권위나 위엄을 가지고 불특정의 사람에게 명령하거나 권유하는 뜻을 나타내는 문어체

의 종결 어미. ¶소년들이여, 큰 뜻을 품~. 3 'ㄹ' 이외의 자음으로 끝나는 용언의 어간에 붙어, 어떤 일을 위엄 있게 축원하는 뜻을 나타내는 문어체의 종결 어미. ¶그대들의 앞날에 영광 있~. 4 'ㄹ' 이외의 자음으로 끝나는 동사의 어간에 붙어, 간접 인용절에 쓰여, 명령의 뜻을 나타내는 종결 어미. ¶할머니는 영주에게 옷을 두툼하게 입~ 하셨다. ▷-라.

-으라고¹ [어미] 'ㄹ' 이외의 자음으로 끝나는 동사나 '있다'의 어간에 붙어, '해' 할 상대에게 반문하는 뜻을 나타내는 종결 어미. ¶나더러 네 말을 믿~? ▷-라고.

-으라고² [어미] 'ㄹ' 이외의 자음으로 끝나는 용언의 어간에 붙어, 앞의 말이 뒤에 오는 말의 목적이 됨을 나타내는 연결 어미. ¶빌린 돈을 어서 갚~ 빚 독촉이 성화같다. ▷-라고.

-으라고³ 명령을 나타내는 종결 어미 '-으라'와 인용을 나타내는 부사격 조사 '고'가 결합한 말. ¶산에 오를 땐 반드시 등산화를 신~ 해라. ▷-라고.

-으라나 [어미] 'ㄹ' 이외의 자음으로 끝나는 동사나 '있다'의 어간에 붙어, 시키는 사실에 대해 못마땅하거나 귀찮거나 함을 나타내는 반말 투의 서술형 종결 어미. ¶이런 옷을 나보고 입~. ▷-라나.

-으라느니 [어미] 'ㄹ' 이외의 자음으로 끝나는 동사나 '있다'의 어간에 붙어, 이리하라 하기도 하고, 저리하라 하기도 함을 나타내는 연결 어미. ¶똑바로 앉~ 옷~ 사진사가 주문도 많다. ▷-라느니.

-으라니 [어미] 'ㄹ' 이외의 자음으로 끝나는 동사나 '있다'의 어간에 붙어, 되짚어 묻거나 반박할 때, 또는 미심쩍거나 해괴함을 나타낼 때에 쓰이는 종결 어미. ¶멀쩡한 사람을 보고 어서 죽~. ▷-라니.

-으라니까 [어미] 'ㄹ' 이외의 자음으로 끝나는 동사나 '있다'의 어간에 붙어, '해' 할 상대에게 어떤 사실을 가볍게 꾸짖으면서 다시 알려 주는 뜻을 나타내는 종결 어미. ¶의자에 똑바로 앉~. ▷-라니까.

-으라며 [어미] '-으라면서'의 준말. ¶나보고 다 먹~? ▷-라며.

-으라면서 [어미] 'ㄹ' 이외의 자음으로 끝나는 동사나 '있다'의 어간에 붙어, '해' 할 상대에게 명령받은 사실을 다짐하거나 빈정거리는 투로 물을 때에 쓰이는 종결 어미. ¶여기에 가만히 있~? ▷-으라면. ▷-라면서.

-으라지 [어미] 'ㄹ' 이외의 자음으로 끝나는 동사나 '있다'의 어간에 붙어, '해' 할 상대에게 자음으로 끝나는 용언에 쓰여 어떤 행동을 행위자의 의지에 맡기되 말하는 사람은 개의치 않거나 방임하겠다는 뜻을 나타내는 종결 어미. ¶그 옷이 좋으면 입~ 뭐. ▷-라지.

-으락 [어미] 'ㄹ' 이외의 자음으로 끝나는 용언의 어간에 붙어, 뜻이 상대되는 두 동작이나 상태가 번갈아 되풀이됨을 나타내는 연결 어미. ¶성이 나서 얼굴이 붉~ 푸르락한다. ▷-락.

-으람 [어미] 'ㄹ' 이외의 자음으로 끝나는 동사의 어간에 붙어, '해' 할 상대에게 쓰이거나 혼잣말에 쓰여 '-으라고 했냐'의 뜻으로 어떤 상황이나 사실에 대해 가볍게 반박하거나 마땅치 않게 여김을 나타내는 의문형 종결 어미. ¶누가 자꾸 굴~? ▷-람.

-으래 '-으라고 해'가 준 말. ¶훌륭한 사람이 되려면 위인전기를 많이 읽으~. ▷-래.

-으랴 어미 'ㄹ' 이외의 자음으로 끝나는 용언의 어간이나 어미 '-았/었-' 아래에 붙어, 이치로 보아 '어찌 그러할 것이냐' 하는 뜻에서 어떤 사실을 반어적으로 자문하는 뜻을 나타내는 문어체의 종결 어미. ¶부모의 은혜를 어찌 잊~. 2'ㄹ' 이외의 자음으로 끝나는 동사나 '있다'의 어간에 붙어, '해라' 할 상대에게 장차 자기가 할 일에 대하여 의향을 묻는 종결 어미. ¶내가 물건을 맡으~? 3'ㄹ' 이외의 자음으로 끝나는 동사의 어간에 붙어 '이렇게도 하고 저렇게도 하여'의 뜻으로 이런 여러 행동이 뒤의 사실의 원인임을 나타내는 연결 어미. '-으랴 ~(으)랴'의 꼴로 쓰임. ¶고기 볶으~ 국수 삶으~ 눈코 뜰 새 없이 바빴다. ▷-랴.

-으러 어미 'ㄹ' 이외의 자음으로 끝나는 동사의 어간에 붙어, 가거나 오는 동작의 목적을 나타내는 연결 어미. ¶맡긴 걸 찾으~ 왔다. ▷-러.

으레 튀 1두말할 것 없이 마땅히. ¶명절 때면 ~ 웃어른을 찾아뵈어야 한다. 2틀림없이 언제나. ¶나갔다 오면 ~ 엄마를 찾는다. ×으례.

-으려 어미 'ㄹ' 이외의 자음으로 끝나는 동사나 '있다'의 어간에 붙는 연결 어미. 1주로 '하다', '들다'와 함께 쓰여, 주어가 어떤 행동을 할 의도나 의지를 가지고 있음을 나타냄. ¶그는 내 말을 믿지 않으~ 했다. 2주로 '하다'와 함께 쓰여, 어떤 일이 장차 일어날 듯 같음을 나타냄. ⓗ-으려고. ¶벼가 익으~ 한다. ▷-려.

-으려고 어미 1'ㄹ' 이외의 자음으로 끝나는 동사나 '있다'의 어간에 붙어, 주어가 어떤 행동을 할 의도나 의지를 가지고 있음을 나타내는 연결 어미. ¶새를 잡으~ 돌을 던졌다. 2'ㄹ' 이외의 자음으로 끝나는 용언의 어간에 붙어, 어떤 일의 실현이 예상됨을 나타내는 연결 어미. ¶장작이 가끔~ 하는지 부어올랐다. 3'ㄹ' 이외의 자음으로 끝나는 용언의 어간이나 어미 '-았/었-' 아래에 붙어, '해' 할 상대에게 의심과 반문을 나타내는 종결 어미. ⓗ-으려.-으랴고. ¶설마 정원이 그만큼 이야 넓으~. ▷-려고. ×-을려고.

-으려나 어미 'ㄹ' 이외의 자음으로 끝나는 용언의 어간이나 어미 '-았/었-' 아래에 붙는 종결 어미. 1혼잣말로 쓰여, 물음의 형식으로 추측하는 뜻을 나타냄. ¶내일은 날씨가 맑으~? 2'하게' 할 상대에게 물음의 형식으로 권유하는 뜻을 나타냄. ¶자네도 이것 좀 먹으~? ▷-려나.

-으려니 어미 'ㄹ' 이외의 자음으로 끝나는 용언의 어간이나 어미 '-았/었-' 아래에 붙어, 혼자 속으로만 추측하는 뜻을 나타내는 연결 어미. ¶저 여자도 한때는 예뻤으~ 하고 생각했다. ▷-려니.

-으려니와 어미 'ㄹ' 이외의 자음으로 끝나는 용언의 어간이나 어미 '-았/었-', '-겠-'의 아래에 붙어, 어떤 사실을 추측하여 인정하면서 뒤의 사실에 병력적으로 이어 주는 연결 어미. ¶이 마을은 경치도 좋으~ 인심도 좋다. ▷-려니와.

-으려마 어미 'ㄹ' 이외의 자음으로 끝나는 동사나 '있다'의 어간에 붙어, '해라' 할 상대에게 부드럽게 권하거나 명령하는 뜻을 나타내는 종결 어미. ¶어서 먹으~. ▷-려마.

-으려면 어미 'ㄹ' 이외의 자음으로 끝나는 용언의 어간이나 어미 '-았/었-' 아래에 붙어, '어떤 일이 실현되기 위해서는' 하는 뜻을 나타내는 연결 어미. ¶물이 끓으~ 좀 더 기다려야 해. ▷-려면.

-으려무나 어미 'ㄹ' 이외의 자음으로 끝나는 동사나 '있다'의 어간에 붙어, '해라' 할 상대에게 부드럽게 권하거나 명령하는 뜻을 나타내는 종결 어미. ¶앉으~. ▷-려무나.

-으려야 '-으려고 하여야'가 준 말. ¶약을 사 먹으~ 돈이 없다. ▷-려야. ×-을래야.·-을려야.

-으려오 어미 'ㄹ' 이외의 자음으로 끝나는 동사나 '있다'의 어간에 붙어, '해라' 할 상대에게 어떤 행동에 대한 의향을 묻는 종결 어미. ¶내가 마루를 닦으~? ▷-련.

-으련마는 어미 'ㄹ' 이외의 자음으로 끝나는 용언의 어간이나 어미 '-았/었-' 아래에 붙어, 앞의 사실을 추측하면서 이와 대립되는 내용을 말할 때 쓰이는 연결 어미. ¶제 잘못을 알았으~ 사과 한마디 없다. ⑥-으련만. ▷-련마는.

-으련만 어미 '-으련마는'의 준말. ¶그만큼 얘기했으면 알아들으~ 고집을 부린다. ▷-련만.

-으렴 어미 'ㄹ' 이외의 자음으로 끝나는 동사나 '있다'의 어간에 붙어, '해라' 할 상대에게 부드럽게 권하거나 명령하는 뜻을 나타내는 종결 어미. ¶바쁘지 않으면 좀 앉으~. ▷-렴.

-으렵니까[-렵-] 어미 'ㄹ' 이외의 자음으로 끝나는 동사나 '있다'의 어간에 붙어, '합쇼' 할 상대에게 요청하거나 권유하는 뜻을 나타내는 종결 어미. ¶이제 그만 집으로 돌아가지 않으~? ▷-렵니까.

-으렷다[-런따] 어미 1'ㄹ' 이외의 자음으로 끝나는 용언의 어간이나 어미 '-았/었-' 아래에 붙어, 경험이나 이치로 미루어 사실이 틀림없이 그러하리라고 추정하거나 다짐하는 뜻을 나타낼 때 쓰이는 종결 어미. ¶네 말에 거짓이 없으~. 2'ㄹ' 이외의 자음으로 끝나는 동사의 어간에 붙어, '해라' 할 상대에 대한 명령을 나타내는 종결 어미. ¶냉큼 무릎을 꿇으~. ▷-렷다.

으레 '으래'의 잘못.

으로¹ 图 'ㄹ' 이외의 자음으로 끝나는 체언에 붙는 부사격 조사. 1어떤 일을 하는 도구가 됨을 나타냄. ¶톱~ 나무를 베다. 2물건을 만드는 재료가 됨을 나타냄. ¶콩~ 메주를 쑤다. 3어떤 일을 하는 방법·방식·수단이 됨을 나타냄. ¶권위보다는 사랑~ 대하다. 4어떤 일의 원인이나 이유가 됨을 나타냄. ¶심장병~ 쓰러지다. 5움직이는 방향이나 목적지임을 나타냄. ¶이쪽~ 오너라. 6어떤 일에 있어서 신분·지위·자격·구실을 가짐을 나타냄. ¶동창회장~ 뽑히다. 7사물이 변화되거나 달라지거나 구분됨을 나타냄. ¶사과를 셋~ 나누었다. 8일정한 때나 시간을 선택함을 나타냄. ¶다음 주 중~ 한번 들르마. 9('…으로'의 꼴로 쓰여) 무엇을 하게 하는 대상임을 나타냄. ¶적~ 하여금 오판하도록 유도하다. ▷로.

으로² 졉미 'ㄹ' 이외의 자음으로 끝나는 일부 명사에 붙어, 그것을 부사로 만드는 말. ¶공(空)~ / 참~. ▷-로.

으로-부터 조 'ㄹ' 이외의 자음으로 끝나는 체언에 붙어, '에서부터'의 뜻을 나타내는 부사격 조사. ¶남~ 봄이 찾아오다. ▷로부터.

으로서 조 'ㄹ' 이외의 자음으로 끝나는 체언에 붙는 부사격 조사. 1 문장의 주어가 동사와 관련하여 앞에 오는 체언과 같은 자격이나 구실이 있음을 나타내는 말. ¶의장~ 한마디 하겠소. 2 어떤 동작이 일어나거나 시작되는 곳임을 나타냄. '으로부터'의 뜻임. ¶분쟁은 저 편~ 시작되었으니, 저들에게 책임을 묻자.

으로써 조 'ㄹ' 이외의 자음으로 끝나는 체언에 붙는 부사격 조사. 1 '…를 가지고'의 뜻으로, 앞에 오는 체언(또는, 용언의 명사형)이 동사와 관련하여 도구나 재료나 수단 등의 의미를 가지고 있음을 나타냄. ¶사랑~ 아이들을 돌보다. 2 시간을 셈할 때 셈에 넣는 한계나 기준을 나타냄. ¶금년~ 나운규 탄생 100주년을 맞는다. ▷로써·로서.

으르다 동(ㅌㄹ) 〈으르니, 을러〉 (상대방을) 자기의 뜻에 따르게 하기 위해, 혼을 내겠다느니 때리겠다느니 하고 말하거나, 그렇게 말하면서 때리거나 해칠 듯한 동작을 함으로써 두려움을 느끼게 하다. 団 위협하다. ¶을러 봐도 소용없었다.

으르-대다 동(타) 계속하여 으르며 딱까기리다. ¶눈을 부릅뜨고 ~.

으르렁 튀 1 개나 사나운 짐승이 적을 경계하거나 적에게 겁을 주려고 할 때 비교적 낮게 내는 소리. 2 사자나 호랑이 등의 맹수가 큰 소리로 내는 울음소리. **으르렁-하다** 동(자타)

으르렁-거리다/-대다 [어미] 1 (개나 사나운 짐승이) 적을 경계하거나 적에게 겁을 주려고 할 때 비교적 낮은 소리로 자꾸 으르다. 2 (사자나 호랑이 등의 맹수가) 자꾸 큰 소리로 울음소리를 내다. 3 불화로 서로 자꾸 다투다. ¶그들은 만나기만 하면 **으르렁거린다**.

으르렁-으르렁 튀 으르렁거리는 소리. 또는 모양. **으르렁으르렁-하다** 동(자타)

으름장-[짱] 명 (주로 '으름장을 놓다'의 꼴로 쓰여) 자기 뜻에 따르지 않으면 혼을 내거나 때리거나 해치거나 하겠다고 말하는 일. ¶말 안 듣는 녀석들은 혼을 내 주겠다고 ~을 놓았다.

-으리¹ [어미] 'ㄹ' 이외의 자음으로 끝나는 용언의 어간이나 어미 '-았/었' 아래에 붙어, 시어나 문학어에 쓰이는 문어체의 종결 어미. 1 추측·의지 등의 뜻을 나타냄. 団-으리라. ¶희망찬 삶을 여~. 2 스스로 묻거나 탄식하는 뜻을 나타냄. -으리오. ¶그날을 어찌 잊~. ▷-리.

-으리² [어미](선어말) 'ㄹ' 이외의 자음으로 끝나는 용언의 어간이나 어미 '-았/었-', '-겠-'의 아래에 붙어, 미래 시제나 추측·의지를 나타내는 선어말 어미. ¶다시는 만나지 않~라. ▷-리-.

-으리까 [어미] 'ㄹ' 이외의 자음으로 끝나는 용언의 어간이나 어미 '-았/었' 아래에 붙어, '합쇼' 할 상대에게 어떤 행동에 대한 그의 의향을 묻는 종결 어미. ¶이불을 덮~? ▷-리까.

-으리니 [어미] 'ㄹ' 이외의 자음으로 끝나는 용언의 어간이나 어미 '-았/었' 아래에 붙어, '-을 것이니'의 뜻으로, 추측이나 의지를 나타냄과 동시에 뒤에 오는 말의 원인이나 근거가 되는 뜻을 나타내는 연결 어미. ¶그때에 불이 세상을 덮~, 이는 하늘의 심판이라. ▷-리니.

-으리다 [어미] 1 'ㄹ' 이외의 자음으로 끝나는 동사나 '있다'의 어간에 붙어, '그리하겠소'의 뜻으로 '하오'할 상대에게 자기의 의지나 결의를 나타내는 종결 어미. ¶내 당신 말을 믿~. 2 'ㄹ' 이외의 자음으로 끝나는 용언의 어간이나 어미 '-았/었' 아래에 붙어, '하오' 할 상대에게 어떤 사실에 대한 예상이나 경고를 나타내는 종결 어미. ▷-리다.

-으리라 [어미] 1 'ㄹ' 이외의 자음으로 끝나는 용언의 어간이나 어미 '-았/었' 아래에 붙어, 추측의 뜻을 나타내는 문어체의 종결 어미. ¶젊었을 때는 예뻤~. 2 'ㄹ' 이외의 자음으로 끝나는 동사나 '있다'의 어간에 붙어, 말하는 이가 자신의 의지를 영탄조로 나타내는 문어체의 종결 어미. 団-으리. ¶별을 달게 받~. ▷-리라.

-으리로다 [어미] 'ㄹ' 이외의 자음으로 끝나는 용언의 어간이나 어미 '-았/었-' 아래에 붙어, '-으리라'의 뜻을 감탄조로 나타내는 종결 어미. ¶봄이 오면 눈이 녹~. ▷-리로다.

-으리마치 [어미] =-으리만큼.

-으리만큼 [어미] 'ㄹ' 이외의 자음으로 끝나는 용언의 어간이나 어미 '-았/었-' 아래에 붙어, '-을 정도로'의 뜻으로, 뒤의 사실이 그 정도에 있어 최상 또는 극단의 경우인 앞의 사실에 이르거나 미침을 나타내는 연결 어미. =-으리만치. ¶생각하기조차 싫~ 끔찍하다. ▷-리만큼. ×-을이만큼.

-으리오 [어미] 'ㄹ' 이외의 자음으로 끝나는 용언의 어간이나 어미 '-았/었-' 아래에 붙어, '-을까'의 뜻으로 스스로 묻거나 탄식하는 뜻을 나타내는 문어체의 종결 어미. 団-으리. ¶어찌 그를 잊었~. ▷-리오.

으리으리-하다 형(여) 압도될 만큼 규모나 모양이 굉장하다. ¶으리으리한 궁전.

-으마 [어미] 'ㄹ' 이외의 자음으로 끝나는 동사나 '있다'의 어간에 붙어, '해라' 할 상대에게 약속하는 뜻을 나타내는 종결 어미. ¶이 은혜를 꼭 갚~. ▷-마.

-으매 [어미] 'ㄹ' 이외의 자음으로 끝나는 용언의 어간이나 어미 '-았/었-' 아래에 붙어, 원인·근거를 나타내는 연결 어미. ¶가는 게 있~ 오는 게 있다. ▷-매.

-으며 [어미] 'ㄹ' 이외의 자음으로 끝나는 용언의 어간이나 어미 '-았/었-' 아래에 붙는 연결 어미. 1 동작·사실·상태 등을 나열하는 뜻을 나타냄. ¶물이 얼마나 깊~ 고기는 얼마나 많은지 알아보아라. 2 대립의 뜻을 나타냄. ¶파리는 쉬웠~ 건설은 어려웠다. 3 두 가지 사실·상태 등이 겸하여 있거나 동작이 연이어 일어남을 나타냄. 団-으면서. ¶밥을 먹~ 신문을 보다. ▷-며.

-으면 [어미] 'ㄹ' 이외의 자음으로 끝나는 용언의 어간이나 어미 '-았/었-', '-겠-'의 아래에 붙어, 가정적이거나 어떤 사실을 나타내는 연결 어미. ¶책을 찢~ 안 돼. ▷-면.

-으면서 [어미] 1 'ㄹ' 이외의 자음으로 끝나는 용언의 어간이나 어미 '-았/었-' 아래에 붙어, 두 가지 이상의 동작이나 상태를 겸하여 나타낼 때 쓰이는 연결 어미. 団-으며. ¶음악을 듣~ 공부하다. 2 'ㄹ' 이외의 자음으로 끝나는

용언의 어간이나 어미 '-았/었-' 아래에 붙어, 대립적 관계를 나타내는 연결 어미. ¶돈이 없~ 있는 체한다. ▷-면서.
-으므로 [어미] 'ㄹ' 이외의 자음으로 끝나는 용언의 어간이나 어미 '-았/었-' 아래에 붙어, 까닭을 나타내는 연결 어미. ¶사랑했~ 행복하였느니라. ▷-므로.
으^불규칙^용!언(-不規則用言) [-칭농-] [명] [언] 으 불규칙 활용을 하는 용언. '크다', '쓰다', '모으다' 따위.
으^불규칙^활용(-不規則活用) [-치콸-] [명] [언] 용언의 어간 또는 'ㅇ'가 '아/어'의 앞에서 줄어 없어지는 활용. '크다'가 '커'가 되는 따위.
-으사 [어미] 'ㄹ' 이외의 자음으로 끝나는 용언의 어간에 붙어, '-으시어'의 뜻을 나타내는 어미. ¶그분이 죽~ 우리의 죄를 대속하였습니다. ▷-사.
-으사이다 [어미] 'ㄹ' 이외의 자음으로 끝나는 동사의 어간에 붙어, '합쇼' 할 상대에게 공손히 청하는 뜻을 나타내는 종결 어미. ¶제 말을 듣~. ▷-사이다.
-으세요 [어미] 1 'ㄹ' 이외의 자음으로 끝나는 동사의 어간에 붙어, '해요' 할 상대에게 명령·청유·의문의 뜻을 나타내는 종결 어미. ¶그 짐을 이리 놓~. 2 'ㄹ' 이외의 자음으로 끝나는 형용사의 어간에 붙어, '해요' 할 상대에게 평서·의문의 뜻을 나타내는 종결 어미. 비-으셔요. ¶그분은 키가 작~? ▷-세요.
-으셔요 [어미] 'ㄹ' 이외의 자음으로 끝나는 용언의 어간에 붙어, '해요' 할 상대에게 명령·청유·의문·평서의 뜻을 나타내는 종결 어미. 비-으세요. ¶제발 참~. 동-으서요. ▷-셔요.
-으소서 [어미] 'ㄹ' 이외의 자음으로 끝나는 동사의 어간에 붙어, '합쇼' 할 상대에게 말하는 이의 간절한 소원을 나타내는 종결 어미. ¶새해 복 많이 받~. ▷-소서.
으스-대다 [동] (자) 어울리지 않게 으쓱거리며 뽐내다. ¶돈푼이나 있다고 ~. ×으시대다.
으스러-뜨리다/-트리다 [동] (타) 으스러지게 하다. ¶손을 으스러뜨릴 듯 움켜잡다.
으스러-지다 [동] (자) 1 (단단한 물체가) 깨어져 부서지다. ¶교통사고로 뼈가 ~. 2 아스러지다.
으스름 [명] 빛이 침침하고 흐릿한 상태. ▷어스름. **으스름-하다** [형] [여] ¶구름 사이로 으스름한 달이 모습을 드러내다.
으스름-달 [-딸] [명] 으슴푸레한 빛을 내는 달.
으스름-달밤 [-빰] [명] 달빛이 으슴푸레하게 비치는 밤.
으스스 [부] 차갑거나 섬뜩한 것이 몸에 닿았을 때 소름이 끼치는 듯한 모양. 잭오스스. ×으시시. **으스스-하다** [형] [여] ¶밤에 공동묘지를 지나려니 으스스해진다.
으슥-하다 [-스카-] [형] [여] 1 무서움을 느낄 만큼 후미지다. ¶으슥한 골목. 2 아주 조용하다. ¶으슥한 밤거리.
으슬-으슬 [부] 소름이 끼칠 듯이 차가운 느낌이 연하여 드는 모양. ¶감기에 걸려 몸이 ~ 춥다. 잭아슬아슬·오슬오슬. **으슬으슬-하다** [형] [여]
으슴푸레-하다 [형] [여] (빛이) 침침하고 흐릿하다. ¶으슴푸레한 가로등 불빛.
-으시 [어미] (선어말) 'ㄹ' 이외의 자음으로 끝나는 용언의 어간에 붙는 선어말 어미. 1 행동

이나 상태를 나타내는 서술어의 주체를 존대하는 뜻을 나타내는 어미. ¶체 말을 믿~?. 2 이중 주어 문장에서, 상위 주어가 인물이고 그 인물의 신체나 그 일부, 또는 소유물 등이 하위 주어일 때, 그 인물을 존대하는 뜻으로 서술어의 어간에 붙이는 말. ¶어머니는 키가 작~다. ▷-시-.
으시-대다 [동] (자) '으스대다'의 잘못.
으시시 [부] '으쓰스'의 잘못.
-으시어요 [어미] '-으셔요'의 본딧말. 선어말 어미 '-으시-'와 어미 '-어요/아요'가 결합한 말임. ¶이 꽃을 받~. ▷-시어요.
-으십사 [-씨] [어미] 'ㄹ' 이외의 자음으로 끝나는 동사의 어간에 붙어, '바람[所望]'을 나타내는 합쇼체의 종결 어미. ▷-십사.
-으십시다 [-씹-] [어미] 'ㄹ' 이외의 자음으로 끝나는 동사의 어간에 붙어, '합쇼' 할 상대에게 청유의 뜻을 나타내는 종결 어미. ¶그의 말을 한번 믿~. ▷-십시다.
-으십시오 [-씨-] [어미] 'ㄹ' 이외의 자음으로 끝나는 동사의 어간에 붙어, '합쇼' 할 상대에게 명령·부탁의 뜻을 나타내는 종결 어미. ¶자리에 앉~. ▷-십시오.
으썩 [부] 단단하고 싱싱한 과실·채소 따위를 단번에 힘껏 깨무는 소리. 또는, 그 모양. **으썩-하다** [자] (타) [여]
으쓱[1] [부] 1 어깨를 한번 위로 올렸다가 내리는 모양. 2 자랑스러움이나 자부심을 느끼는 모양. **으쓱-하다** [자] (타) [여] ¶격하여 어깨가 으쓱해지다.
으쓱[2] [부] 추위·무서움 등으로 몸이 별안간 움츠리는 듯한 모양. **으쓱-하다** [형] [여]
으쓱-거리다/-대다 [-꺼 (때)-] [자] (타) 1 (어깨를) 자꾸 위로 올렸다 내렸다 하다. ¶농악에 맞춰 어깨를 으쓱거리며 춤을 추다. 2 (어깨가) 자꾸 들먹거릴 만큼 자랑스러움을 느끼다. 또는, (어깨를) 자꾸 들먹거릴 만큼 자랑스러움을 느끼다. ¶그는 잘난 체하며 어깨를 으쓱거린다.
으쓱-으쓱[1] [부] 으쓱거리는 모양. **으쓱으쓱-하다**[1] [자] (타) [여]
으쓱-으쓱[2] [부] 추위나 무서움 등으로 몸이 자꾸 으쓱한 모양. ¶몸이 ~ 춥다. **으쓱으쓱-하다**[2] [형] [여]
으쓱-이다 [자] (타) 우쭐하거나 자랑스러워 어깨를 들먹이다. 또는, 우쭐하거나 자랑스러워 어깨가 들먹이다.
으악 I [부] 갑자기 토하는 소리. II [감] 1 자기가 놀라거나, 남을 놀라게 하려고 크게 지르는 소리. ¶~, 귀신이다!
으앙 [부] 젖먹이가 우는 소리.
-으오[1] [어미] 'ㄹ' 이외의 자음으로 끝나는 용언의 어간에 붙어, '하오' 할 상대에게 의문·명령·평서의 뜻을 나타내는 종결 어미. ¶내 말을 믿~. ▷-오·-소.
-으오-[2] [어미] (선어말) 'ㄹ' 이외의 자음으로 끝나는 용언의 어간에 붙어, 공손함을 나타내는 선어말 어미. 'ㄴ(-ㄴ, -나, -니 따위)', 'ㄹ', 'ㅁ' 및 모음으로 시작되는 어미 앞에서만 쓰임. ¶읽~니/읽~리다/읽~면/읽으와. ▷-오-·-사오-.
-으오리까 [어미] 선어말 어미 '-으오-' 뒤에 물음을 나타내는 어미 '-리까'가 붙어, '합쇼' 할 상대에게 동작이나 상태에 대한 의향을 묻는 종결 어미. ¶사뿐히 밟~? ▷-오리까.
-으오리다 [어미] 선어말 어미 '-으오-'에 어말 어미 '-리다'가 붙어, '합쇼' 할 상

대에게 '그리하겠습니다'의 뜻으로 자기 의사를 나타내는 종결 어미. ¶당신의 말을 믿~. ▷-오리다.

-**으이다** 어미 'ㄹ' 이외의 자음으로 끝나는 용언의 어간에 붙어, '합쇼' 할 상대에게 현재의 사실을 설명하는 종결 어미. ¶이 꽃은 한층 붉~. ▷-오이다.

-**으읍** 어미(선어말) 'ㄹ' 이외의 자음으로 끝나는 용언의 어간에 붙어, 공손함을 나타내는 선어말 어미. 'ㄱ', 'ㄴ(-는, -는 따위)', 'ㄷ', 'ㅅ', 'ㅈ'으로 시작되는 어미 앞에서만 쓰임. ¶읽~고 / 읽~나이다. ▷-옵-··사옵-.

-**으읍니까** [-옴-] 어미 선어말 어미 '-으오-'와 어말 어미 '-ㅂ니까'가 결합하여, '합쇼' 할 상대에게 공손하게 묻는 뜻을 나타내는 종결 어미. ¶병세가 그토록 깊~? ▷-옵니까··사옵니까.

-**으읍니다** [-옴-] 어미 선어말 어미 '-으오-'와 어말 어미 '-ㅂ니다'가 결합하여, '합쇼' 할 상대에게 현재의 동작·상태·사실을 공손하게 나타내는 종결 어미. ¶감이 익~. ▷-옵니다··사옵니다.

-**으읍디까** [-띠-] 어미 선어말 어미 '-으오-'와 어말 어미 '-ㅂ디까'가 결합하여, '합쇼' 할 상대에게 지난 일을 돌이켜 공손하게 묻는 뜻을 나타내는 종결 어미. ¶무슨 당부의 말씀이 있~? -옵디까··-사옵디까.

-**으읍디다** [-띠-] 어미 선어말 어미 '-으오-'와 어말 어미 '-ㅂ디다'가 결합하여, '합쇼' 할 상대에게 지난 일을 돌이켜 공손하게 말하는 뜻을 나타내는 종결 어미. ¶책을 읽고 있~. ▷-옵디다··사옵디다.

-**으옵소서** [-쏘-] 어미 어말 어미 '-소서'가 결합하여, '합쇼' 할 상대에게 정중한 부탁이나 기원을 나타내는 종결 어미. ¶소인의 말을 믿~. ▷-옵소서.

-**으우** 어미 'ㄹ' 이외의 자음으로 끝나는 용언의 어간에 붙어, 동작이나 상태에 서술·의문·명령의 뜻을 나타내는 종결 어미. 주로 중년 이상의 여성에게나 그를 웬만큼 대접할 때 쓰는 말임. ¶여보, 제발 수염 좀 깎~. ▷-우.

으응 김 1 '해라', '하게' 할 자리에 반문하거나 긍정하는 뜻으로 쓰이는 말. ¶~, 그래. 2 마음에 찻지 않거나 짜증이 날 때 쓰이는 말. ¶~, 싫어.

-**으이** 어미 'ㄹ' 이외의 자음으로 끝나는 형용사의 어간에 붙어, '하게' 할 상대에게 제 생각을 나타내 보이는 종결 어미. ¶나는 그런 짓이 싫~.

으적-거리다/-**대다** [-꺼(때)-] 전자타 꽤 단단한 물건을 씹거나 부서지는 소리가 자꾸 나다. 또는, 그런 소리를 자꾸 내다. ㈜아작거리다.

으적-**으적** 빈 으적거리는 소리. ㈜아작아작. **으적으적**-**하다** 전자타

-**으키-** 접미 동사 '일다'의 어간에 붙어, 그 행동이 일어나게 함을 나타냄. ¶일~다.

으하하 빈 남자가 입을 크게 벌리고 큰 소리로 호탕하게 웃는 소리. ¶장수는 주먹으로 상을 내리치며 ~ 웃음을 터뜨렸다.

으흐흐 빈 남자가 입을 가로로 약간 벌리고 음흉하게 웃는 소리. ¶사내는 ~ 음흉한 웃음을 웃었다.

으흐흐 빈 호느껴 울 때 입을 약간만 벌리고 내는 소리. ¶~ 울음을 터뜨리다.

으흠 김 =어험.

옥-박다 [-빡따] 目타 억지로 짓누르다.

옥박-**지르다** [-빡찌-] 目타르 〈-지르니, -질러〉 심하게 옥박아 기를 꺾다. ¶아이를 옥박질러 꼼짝 못하게 만들다.

은¹ 조 자음으로 끝나는 체언이나 부사 또는 부사적 성분에 붙는 보조사. 1 앞에 오는 성분이 주제가 됨을 나타냄. ¶운동은 몸뿐 아니라 정신 건강에도 좋다. 2 앞에 오는 성분이 다른 사실과 대조가 됨을 나타냄. ¶사과가 크~ 값어치 맛이 없다. 3 앞에 오는 성분을 더욱 강조하는 뜻을 나타냄. ¶가끔~ 외롭다. ▷는.

-**은²** 어미 1 'ㄹ' 이외의 자음으로 끝나는 동사의 어간에 붙어, 과거의 시제를 나타내는 관형사형 전성 어미. ¶삶~ 달걀. 2 'ㄹ' 이외의 자음으로 끝나는 형용사의 어간에 붙어, 현재의 시제를 나타내는 관형사형 전성 어미. ¶짧~ 치마. ▷-ㄴ··-는.

은³ (殷) 몡 역 중국의 고대 왕조(?~1100? B.C.). 탕왕이 세웠으며, 갑골 문자·청동기 문화가 발달하였음. 주(周) 나라의 무왕에게 망함.

은⁴ (銀) 몡 화 광 흰빛의 광택이 나는, 금속의 하나. 전기와 열의 전도율이 금속 중 가장 높으며, 장식품·화폐 등으로 쓰임. 원소 기호 Ag, 원자 번호 47, 원자량 107.868.

-**은가** 어미 'ㄹ' 이외의 자음으로 끝나는 형용사의 어간에 붙어, 스스로 묻거나 '하게' 할 상대에게 현재 사실에 대한 물음을 나타내는 종결 어미. ¶물이 깊~? ▷-ㄴ가··-는가.

은-**가루** (銀-) [-까-] 몡 1 은이 부서진 가루. 2 은빛을 띤 재료의 가루.

-**은감** 어미 'ㄹ' 이외의 자음으로 끝나는 형용사의 어간에 붙어, 상대의 말이나 의견을 가볍게 반박하면서 혼잣말이나 가깝게 반문하는 뜻을 나타내는 반말 투의 종결 어미. ¶얼굴이 예쁘다고 뭐 마음씨까지 예쁜감? ▷-ㄴ감··-는감.

은거 (隱居) 몡 사회적 활동을 기피하여 숨어 사는 것. ¶~ 생활. **은거**-**하다** 짜여

-**은걸** 어미 'ㄹ' 이외의 자음으로 끝나는 용언의 어간에 붙어, '해' 할 상대에게 쓰이거나 혼잣말에 쓰여 어떤 사실을 스스로 감탄하거나 상대방에게 알아 달라는 뜻으로 쓰이는 종결 어미. ¶집이 너무 많~. ▷-ㄴ걸··-는걸.

-**은고** 어미 '-은가'의 예스러운 말. ¶물이 얼마나 깊~? ▷-ㄴ고··-는고.

은공 (恩功) 몡 은혜와 공로. ¶부모의 ~을 한시도 잊을 수가 없다.

은-**그릇** (銀-) [-를] 몡 은으로 만든 그릇. =은기(銀器).

은근-**슬쩍** (慇懃-) 빈 은근하게 슬쩍.

은근-**하다** (慇懃-) 톈여 1 (사람의 태도가) 겉으로 드러나지 않지만 속으로 생각하는 정도가 깊고 다정하다. ¶은근하게 감싸 주다. 2 (사람의 행동이) 함부로 드러내지 않고 슬그머니 하는 상태에 있다. ¶은근한 말씨. 3 (사물·현상이) 자극적이지 않고 그윽하다. ¶은근한 맛을 풍기는 한복. **은근**-**히** 빈

은기 (銀器) 몡 =은그릇.

은닉 (隱匿) 몡 남의 물건이나 범죄인을 감추는 것. ×은익. **은닉**-**하다** 目타여 ¶장

물을 ~. 은닉-되다 [통](재)
은닉-죄(隱匿罪)[-쬐/-쮀][법] 벌금 이상의 형에 해당하는 죄를 범한 사람 또는 장물을 숨겨 줌으로써 성립하는 죄.
은닉-처(隱匿處)[명] 불법으로 얻은 물건을 감춰 두는 장소.
은덕(恩德)[명] 은혜와 덕. 또는, 은혜로운 덕. ¶선생님의 ~을 입다.
-은데 [어미] 'ㄹ' 이외의 자음으로 끝나는 형용사의 어간에 붙는 어미. 1 다음 말을 끌어내기 위하여 관련될 만한 사실을 먼저 베풀 쓰이는 연결 어미. ¶마음씨는 좋~ 너무 게으르다. 2 '해' 할 상대에게 쓰여, 어떤 사실이 의외이거나 새삼스럽게 느껴진 감탄하는 뜻을 나타내는 종결 어미. ¶칭찬을 들으니 기분 좋~, 3 '해' 할 상대에게 쓰여, 설명을 요구하는 물음을 나타내는 종결 어미. ¶도대체 그 건물이 얼마나 높~? ▷-ㄴ데·-는데.
은-돈(銀-)[명] 은화(銀貨).
은둔(隱遁)[명] 세상을 피하여 숨어 사는 것. ¶~ 생활. 은둔-하다 [통](자여)
-은들 [어미] 'ㄹ' 이외의 자음으로 끝나는 용언의 어간에 붙어, 양보와 반문을 나타내는 연결 어미. ¶겁이 검~ 속조차 겁을 쏘랴. ▷-ㄴ들.
은막(銀幕)[명] ①['흰빛의 영사막'의 미칭] 영화배우의 활동 무대로서의 영화계, 또는 영화배우의 연기를 보여 주는 영상으로서의 영화를 비유하여 이르는 말. ¶~의 여왕.
은-메달(銀medal)[명] 은으로 만들거나 은도금한 메달. 흔히, 올림픽·체전·기능올림픽 등에서 준우승자에게 그 증표로 수여함.
은-모래(銀-)[명] 은빛을 띤 흰모래.
은-몰(銀⊕mogol)[명] 1 은으로 도금한 장식용의 가느다란 줄. 또는, 은실을 꼬아서 만든 끈. 2 은실을 가로로, 견사를 세로로 하여 짠 직물.
은-물결(銀-)[-껼][명] =은파(銀波).
은밀-하다(隱密-)[형여] (어떤 일이나 행동이) 겉으로 드러나지 않게 하고 남이 모르게 이뤄지는 상태에 있다. ¶은밀한 부탁. 은밀-히 [부] ¶~ 이야기를 나누다.
-은바 [어미] 1 'ㄹ' 이외의 자음으로 끝나는 형용사의 어간에 붙어, 할 말을 하기 전에 또는 어떤 사실을 말하면서 그에 관계되는 현재의 사실을 베풀 때 쓰이는 연결 어미. ¶은혜가 하해 같~ 갚을 길이 없다. 2 'ㄹ' 이외의 자음으로 끝나는 동사의 어간에 붙어, 할 말을 하기 전에 또는 어떤 사실을 말하면서, 그에 관계된 과거의 사실을 베풀 때 쓰이는 연결 어미. ¶수백 번을 읽~ 문리가 통하였다. ▷-ㄴ바.
은박(銀箔)[명] 은을 두드리거나 눌러서 종이처럼 얇게 만든 물질. 또는, 은 대신 빛깔이 비슷한 알루미늄을 얇게 만든 물질.
은박-지(銀箔紙)[-찌][명] 한 면에 은박(특히, 알루미늄박)을 붙인 종이. ¶~로 포장하다.
은반(銀盤)[명] 1 은으로 만든 쟁반. 2 스케이팅을 하는 공간으로서의 얼음판을 아름답게 일컫는 말. ¶~ 위의 묘기. 3 '달', 특히 '보름달'의 미칭.
은발(銀髮)[명] 1 은백색의 머리털. 2 백발(白髮)을 아름답게 일컫는 말. ¶~의 노신사.

은-방울-꽃(銀-)[-꼳][명][식] 6월경에 잎 사이에서 꽃대가 나와 방울 모양의 희고 작은 꽃이 피는 여러해살이풀.
은백-색(銀白色)[-쌕][명] 은과 같은 흰빛.
은병(銀瓶)[역] 고려 숙종 6년(1101)에 은으로 만든 화폐.
은^본위^제도(銀本位制度)[명][경] 화폐의 가치를 은의 가치와 관련시키는 제도.
은-비녀(銀-)[명] 은으로 만든 비녀.
은-빛(銀-)[-삗][명] 1 은에서 나는 빛. 2 은의 빛과 같은 사물의 빛깔을 비유하여 이르는 말. ¶머리카락.
은사¹(恩師)[명] 1 가르침의 은혜를 베풀어 준 스승. 2 [불] 자기를 출가시켜 길러 준 스님.
은사²(銀絲)[명] =은실.
은사³(隱士)[명] 벼슬하지 않고 숨어 사는 선비.
은-사시나무(銀-)[명][식] 줄기 껍질이 회색이며, 잎은 사시나무와 비슷하나 뒷면이 흰 털로 덮여 있어 바람에 흔들릴 때 흰빛으로 반짝이는 낙엽 활엽 교목.
은상(銀賞)[명] 금상에 이은 2등 상. 보통 은메달이나 은패(銀杯) 따위를 줌.
은색(銀色)[명] 은의 빛깔처럼 밝고 윤기 있어 보이는 회색.
은-세계(銀世界)[-계/-게][명] 사방에 눈이 희게 쌓인 곳이나 상태를 아름답게 일컫는 말.
은-수저(銀-)[명] 은으로 만든 수저.
은신(隱身)[명] (어느 곳에) 몸을 숨기는 것. 또는, 그 몸. 은신-하다 [통](자여)
은신-처(隱身處)[명] 몸을 숨기는 곳.
은-실(銀-)[명] 은을 가늘게 뽑아 만든 실. 2 은빛이 나는 실. =은사(銀絲).
은애(恩愛)[명][불] 부모와 자식, 부부 등의 사이에 서로 집착하여 끊기 어려운 사랑. ¶~의 끈에 묶이다.
은어¹(銀魚)[명] 몸길이 20~30cm로 가늘고 길며, 몸빛은 어두운 녹황색인 민물고기. 어릴 때 바다에 나갔다가 자라면 강으로 돌아옴. 2=도루묵.
은어²(隱語)[명] 어떤 동아리의 사람들이 본뜻을 숨기고 자기들끼리만 알도록 만들어 쓰는 말. 교도소 등에서 죄수들이 '담배'를 '강아지'라고 하는 따위. =변말.
은연(隱然히)[부] =은연중에.
은연중-에(隱然中에)[부] 남이 모르는 가운데, =은연중. ¶~ 속마음을 내비치다.
은유(隱喩)[명][문] 사물의 상태나 움직임을 암시적으로 나타내는 일.
은유-법(隱喩法)[-뻡][명][문] 수사법의 하나. 원뜻은 숨기고 유추나 공통성의 암시에 따라 다른 사물이나 관념으로 대치하여 나타내는 방법. '죽음은 영원한 잠이다' 따위. ↔직유법.
은은-하다(隱隱-)[형여] 1 겉으로 뚜렷하게 드러나지 않고 아슴푸레하게 내비쳐 있다. ¶달빛이 창에 은은하게 비치다. 2 멀리서 들려오는 소리가 들릴 듯 말 듯 가늘다. 은은-히 [부] ¶~ 들려오는 저녁 종소리.
은의 [명] '은닉(隱匿)'의 잘못.
은인¹(恩人)[명] 은혜를 베풀어 준 사람. ¶생명의 ~.
은인²(隱人)[명] 어지러운 세상을 버리고 숨어 사는 사람. =은자(隱者).
은인-자중(隱忍自重)[명] 마음속으로 참으

머 몸가짐을 신중히 함. **은인자중-하다** 〖동〗〈여〉 ¶은인자중하며 다음 기회를 기다리다.

은자¹(銀字) 〖명〗 은니(銀泥;은가루를 아교에 갠 것)로 쓴 글자. ¶~로 쓴 불경.

은자²(隱者) 〖명〗 =은인(隱人)².

은자메나(N' Djamena) 〖명〗〖지〗 차드의 수도.

은-장도(銀粧刀) 은으로 만든 장도. 노리개로 참.

은전(恩典) 〖명〗 나라에서 주는 특전. ¶특사(特赦)의 ~을 베풀다.

은제(銀製) 〖명〗 은으로 만드는 일. 또는, 그 물건. ¶~ 컵.

은-종이(銀-) 〖명〗 **1** 은박 또는 은빛 나는 재료를 올려 만든 종이. **2** 납과 주석의 합금을 얇게 펴서 종이처럼 만든 것.

-은즉 〖어미〗 'ㄹ' 이외의 자음으로 끝나는 용언의 어간이나 어미 '-았/었-' 아래에 붙어, 원인·근거·가정·조건 등을 나타내는 연결 어미. ¶일이 끝났~ 쉬어도 되겠지. ▷-ㄴ즉.

-은즉슨 [-쓴] 〖어미〗 '-은즉'의 힘줌말. ¶머리를 감~ 한결 개운하다. ▷-ㄴ즉슨.

-은지 〖어미〗 'ㄹ' 이외의 자음으로 끝나는 형용사의 어간에 붙어, 막연한 의문이나 감탄을 나타내는 연결 어미 또는 종결 어미. ¶몇 쩍~ 얼굴을 붉힌다. ▷-ㄴ지.--는지.

-은지고 〖어미〗 'ㄹ' 이외의 자음으로 끝나는 형용사의 어간에 붙어, '해라' 할 상대에게 느낌을 강조하는 종결 어미. ¶오, 가엾~. ▷-ㄴ지고.-는지고.

-은지라 〖어미〗 **1** 'ㄹ' 이외의 자음으로 끝나는 형용사의 어간에 붙어, 이유·근거가 되는 현재 사실을 나타내는 연결 어미. ¶밤이 깊~ 사위가 고요하다. **2** 'ㄹ' 이외의 자음으로 끝나는 동사의 어간에 붙어, 이유·근거가 되는 과거 사실을 나타내는 연결 어미. ¶밥을 굶~ 배가 몹시 고팠다. ▷-ㄴ지라.-는지라.

은총(恩寵) 〖명〗 아주 높은 존재, 특히 신(神)이나 임금 등이 인간이나 백성 등에게 베푸는 고마운 일과 사랑.

은-커녕 〖조〗 앞말을 받아 말에 붙어, '커녕'을 강조하는 뜻을 나타내는 보조사. ¶천 원~ 백 원도 없다. ▷커녕·는커녕.

은퇴(隱退) [-퇴/-퉤] 〖명〗 직임(職任)에서 물러나거나 사회 활동에서 손을 떼고 한가히 지내는 것. **은퇴-하다** 〖동〗〈여〉 ¶정계(政界)에서 ~.

은파(銀波) 〖명〗 달빛에 비친 물결을 아름답게 일컫는 말. =은물결.

은-팔찌(銀-) 〖명〗 은으로 만든 팔찌.

은폐(隱蔽) [-폐/-페] 〖명〗 (어떤 사실이나 물체, 몸 등을) 가려 숨기는 것. ¶사건 ~. **은폐-하다** 〖동〗〈여〉 ¶잘못을 ~. **은폐-되다** 〖동〗〈여〉

은하(銀河) 〖명〗〖천〗 천구 상에 남북으로 길게 분포되어 있는 수억의 항성의 무리. 맑은 날 밤에 흰 구름처럼 보임.

은하-계(銀河系) [-계/-게] 〖명〗〖천〗 태양계가 속해 있는 거대한 천체의 집단.

은하-수(銀河水) 〖명〗 '은하'가 강처럼 보여 일컫는 말.

은행(銀行) 〖명〗 **1**〖경〗 예금을 받아들이고 자금을 대출하며, 송금·환금 어음 할인, 증권의 인수 등을 업무로 하는 금융 기관. ¶시중 ~. **2** 어떤 때에 갑자기 필요해지는 것, 일반적으로 늘 부족한 것 등을 모아서 보관·등록하여 두었다가 필요한 사람의 이용 편의를 도모하는 조직. 비유적인 말임. ¶혈액~.

은행²(銀杏) 〖명〗 은행나무의 열매. 식용·약용함.

은행-가(銀行家) 〖명〗 은행을 경영하는 사람.

은행-권(銀行券) [-꿘] 〖명〗〖경〗 중앙은행이 발행하는 지폐. ¶한국 ~.

은행-나무(銀杏-) 〖명〗〖식〗 잎이 부채 모양으로 가을에 노랗게 단풍이 들며, 10월에 '은행'이라는 둥근 열매가 노랗게 익는 낙엽 활엽 교목. 관상용 또는 가로수로 많이 심으며, 잎과 열매를 약용함.

은행-원(銀行員) 〖명〗 은행의 직원. ㉠행원.

은행-잎(銀杏-) [-닙] 〖명〗 은행나무의 잎.

은행-장(銀行長) 〖명〗 보통 은행의 직무상의 최고 책임자. ㉠행장.

은허(殷墟) 〖명〗〖역〗 중국 허난 성(河南省)의 안양 현(安陽縣)에 있는, 은(殷)나라 때의 도읍의 유적.

은혜(恩惠) [-혜/-헤] 〖명〗 사람이나 신(神)이 어떤 사람에게 베푸는 도움이나 고마운 일. ㉠은공·은덕. ¶~를 입다. [은혜를 원수로 갚는다] 감사로서 은혜에 보답해야 할 자리에 도리어 해를 끼친다.

은혜-롭다[-혜-/-헤-] [-롭따] 〖형〗〈ㅂ-로우니, ~로워〉 은혜가 매우 크다. ¶스승의 사랑이 ~.

은혼-식(銀婚式) 〖명〗 서양 풍속에서, 결혼 25주년을 축하하는 의식.

은화(銀貨) 〖명〗 은으로 만든 돈. =은돈.

은화-식물(隱花植物) [-싱-] 〖명〗〖식〗 꽃이 피지 않으며 포자로 번식하는 식물. 세균류·균류·조류(藻類)·선태식물·양치식물 따위.

을¹ 〖조〗 자음으로 끝나는 체언에 붙어 그 말을 목적어로 만드는 격 조사. **1** 행동이 미치는 대상이거나 행동의 목적됨을 나타냄. ¶책~ 읽다. **2** 행동의 결과 생기는 대상이거나 변화의 결과 이뤄지는 대상임을 나타냄. ¶집~ 짓다. **3** 이동을 나타내는 동사와 함께 쓰여, 행동의 목적이 되는 일임을 나타냄. ¶등산~ 가다. **4** 이동을 나타내는 동사와 함께 쓰여, 동작이 이뤄지는 장소가 됨을 나타냄. ¶길~ 걷다. **5** 이동을 나타내는 동사와 함께 쓰여, 일정한 목적을 가지고 이동하고자 하는 곳임을 나타냄. ¶직장~ 다니다. **6** 행동의 출발점임을 나타냄. ¶5시에 서울~ 출발했다. **7** 경로나 과정이 되는 대상임을 나타냄. ¶그는 차장~ 거쳐 부장으로 승진했다. **8** 일이 비롯되는 대상임을 나타냄. ¶강원도 선수단~ 선두로 각 시도 선수단이 입장했다. **9** 주거나 받는 뜻의 동사와 함께 쓰여, 행동을 받는 대상임을 나타냄. ¶그 돈은 나의 학생~ 주는 것임. **10** 어떤 행동이 직접 미치는 대상 이외에 대상을 포함하거나 소유하는 대상에도 그 행동이 미칠 때 그 대상을 강조하여 나타냄. ¶껌~ 단물만 빨아 먹고는 뱉었다. **11** 피동사와 함께 쓰여, 그 동작이나 행위를 입은 대상임을 강조하여 나타냄. ¶버스에서 발~ 밟혔다. **12** 시간·거리·빈도 및 그 밖의 수량을 나타내는 말 뒤에 쓰여, 그것이 강조나 관심의 대상이 됨을 나타냄. ¶아이가 사흘~ 내리 앓았다. **13** 부사의 뒤에 쓰여, 그 앞에 오는 내용을 강조하는 말. ¶종일 기껏~ 벌어 봐야 겨우 입에 풀칠이나 할 정도다. ▷를.
-을² [어미] 1 'ㄹ' 이외의 자음으로 끝나는 용언의 어간에 붙어, 특정한 시제의 의미가 없이 앞말이 관형사 구실을 하게 하는 관형사형 어미. ¶세상에는 믿~ 게 없다. 2 'ㄹ' 이외의 자음으로 끝나는 용언의 어간에 붙어, 앞말이 관형사 구실을 하게 하고 추측·의지·예정·가능성 등 미래의 일을 나타내는 관형사형 어미. ¶죽~병 / 읽~ 책. 3 선어말 어미 '-았/었-' 등에 붙어, 어떤 일이 과거의 어느 시점부터 실현되었으리라고 추측함을 나타내는 관형사형 어미. ¶나도 갔~ 텐데. ▷-ㄹ.
을³(乙) [명] 1 천간(天干)의 둘째. 2 순서나 등급을 매길 때의 둘째. 3 둘 이상의 사물이 있을 때, 그 하나의 이름 대신 쓰는 말.
-을거나 [-꺼-] [어미] 'ㄹ' 이외의 자음으로 끝나는 동사나 '있다'의 어간, 또는 어미 '-았/었-', '-겠-'의 아래에 붙어, 영탄조로 혼자 반문하거나 '해'할 상대에게 의견을 물어볼 때 쓰이는 종결 어미. ¶봄이 왔으니 나무라도 심~. ▷-ㄹ거나.
-을걸 [-껄] [어미] 'ㄹ' 이외의 자음으로 끝나는 동사나 '있다'의 어간에 붙어, 지나간 일을 후회하는 뜻으로 혼자 말할 때 쓰이는 종결 어미. ¶내가 참~. 2 'ㄹ' 이외의 자음으로 끝나는 용언의 어간이나 어미 '-았/었-' 아래에 붙어, '해'할 상대에게 어떤 일을 추측함을 나타내는 종결 어미. ¶벌써 도착했~. ▷-ㄹ걸.
-을게 [-께] [어미] 'ㄹ' 이외의 자음으로 끝나는 동사나 '있다'의 어간에 붙어, '해'할 상대에게 어떠한 행동을 약속하거나 어떤 일에 대한 자기의 의지를 나타낼 때 쓰이는 종결 어미. ¶이따가 먹~. ▷-ㄹ게. ×-을께.
-을까 [어미] 1 'ㄹ' 이외의 자음으로 끝나는 용언의 어간이나 어미 '-았/었-' 아래에 붙어, 혼자서 어떤 일을 짐작하면서 자문하거나 '해'할 상대에게 어떤 일의 가능성을 묻는 종결 어미. ¶기분이 얼마나 좋~? 2 'ㄹ'이외의 자음으로 끝나는 용언의 어간에 붙어, '해'할 상대에게 자기가 하려는 행동에 대해 상대의 생각을 묻는 뜻을 나타내는 종결 어미. ¶나무를 여기에 심~? ▷-ㄹ까.
-을께 '-을게'의 잘못.
-을꼬 [어미] 'ㄹ' 이외의 자음으로 끝나는 용언의 어간이나 어미 '-았/었-' 아래에 붙어, 혼자서 어떤 일을 짐작하면서 자문하는 뜻을 나타내는 종결 어미. ¶그 사람은 어디로 갔~. ▷-ㄹ꼬.
-을는지 [-른-] [어미] 'ㄹ' 이외의 자음으로 끝나는 용언의 어간이나 어미 '-았/었-' 아래에 붙는 어미. 1 뒤 절이 나타내는 일과 상관이 되는 어떤 일의 실현 가능성에 대한 의문을 나타내는 연결 어미. ¶그가 늦지나 않~ 마음이 불안하다. 2 어떠한 일의 가능성을 혼자 막연하거나 부정적인 결과를 예상하여 탄식하는 뜻을 나타내는 종결 어미. ¶음식이 구미에 맞~ 모르겠네요. ▷-ㄹ는지.
-을라 [어미] 'ㄹ' 이외의 자음으로 끝나는 용언의 어간이나 어미 '-았/었-' 아래에 붙어, 어떤 대상이 위험에 놓이거나 일이 잘못되려고 할 때 놀라서 혼잣말처럼 내뱉거나, '해라'할 상대에게 주의를 환기하는 뜻을 나타내는 종결 어미. ¶그러다 학교에 늦~. ▷-ㄹ라.
-을라고 [어미] 'ㄹ' 이외의 자음으로 끝나는 용언의 어간이나 어미 '-았/었-' 아래에 붙어, '그럴 가능성은 별로 없다'는 부정적인 의심의 뜻을 나타내는 종결 어미. 가벼운 물음의 뜻이 있음. [비]-으려고. ¶설마 저 밥을 혼자 다 먹~? ▷-ㄹ라고.
-을라치면 [어미] 'ㄹ' 이외의 자음으로 끝나는 동사나 '있다', '없다'의 어간에 붙어, 몇 번 경험한 일을 추상적으로 가정하는 뜻을 나타내는 연결 어미. ¶책이라도 좀 읽~ 옆에 와서 성가시게 군다. ▷-ㄹ라치면.
-을락 [어미] 'ㄹ' 이외의 자음으로 끝나는 동사의 어간이나 어미 '-았/었-' 아래에 붙어, 거의 할 듯한 모양을 나타내는 연결 어미. 주로 '-을락 말락'의 꼴로 쓰임. ¶물고기가 죽~ 말락 하다. ▷-ㄹ락.
을랑 [조] '일랑'을 다소 예스럽게 이르는 말. ¶뒷일~ 걱정하지 마라.
-을래 [어미] 'ㄹ' 이외의 자음으로 끝나는 동사나 '있다'의 어간에 붙어, '해'할 상대에게 장차 할 행동에 대한 자신의 의사를 나타내거나 상대방의 의향을 묻는 종결 어미. ¶나 발 씻~. ▷-ㄹ래.
-을래야 '-으려야'의 잘못.
-을러니 [어미] 'ㄹ' 이외의 자음으로 끝나는 용언의 어간이나 어미 '-았/었-' 아래에 붙어, '-겠더니'의 뜻을 나타내는, 예스러운 연결 어미. ¶보기에는 손이 닿~, 뻗어 본즉 영 미치지 않는다. ▷-ㄹ러니.
을러-대다 [동](타) (상대방을) 우격다짐으로 위협하다. [비]을러메다. ¶그는 가만두지 않겠다면서 나를 을러댔다.
-을러라 [어미] 'ㄹ' 이외의 자음으로 끝나는 용언의 어간이나 어미 '-았/었-' 아래에 붙어, 1 겪은 사실을 바탕으로 한, 가능성이나 추측을 나타내는, 독백체의 예스러운 평서형 종결 어미. ¶언뜻이 제법 깊~. 2 겪은 사실을 돌이켜 생각하여 나타내는, 독백체의 예스러운 감탄형 종결 어미. ¶고해의 인생, 아픔과 고뇌도 많고 많~. ▷-ㄹ러라.
을러-메다 [동](타) 우격으로 으르다. [비]을러대다.
-을런가 [어미] 'ㄹ' 이외의 자음으로 끝나는 용언의 어간이나 어미 '-았/었-' 아래에 붙어, 혼잣말이나 '해'할 상대에게 청자가 경험을 통해 추측하고 있는 동작이나 상태의 가능성을 묻는 종결 어미. ¶물이 너무 깊~? ▷-ㄹ런가.
-을런고 [어미] '-을런가'보다 더 예스럽고 점잖은 말. ▷-ㄹ런고.
-을레 [어미] 'ㄹ' 이외의 자음으로 끝나는 용언의 어간이나 어미 '-았/었-' 아래에 붙어, '-겠데'의 뜻을 나타내는 예스러운 종결 어미. ¶이보다는 좋~. ▷-ㄹ레.
-을레라 [어미] 'ㄹ' 이외의 자음으로 끝나는 용언의 어간이나 어미 '-았/었-' 아래에 붙어, '-겠더라'의 뜻으로 감탄을 나타내는, 독백체의 예스러운 종결 어미. ¶슬픔이 참 깊~. ▷-ㄹ레라.
-을려야 '-으려야'의 잘못.
-을려고 '-으려고'의 잘못.
-을망정 [어미] 'ㄹ' 이외의 자음으로 끝나는 용언의 어간이나 어미 '-았/었-' 아래에 붙어, '-다 하더라도', '-는다 하더라도'의 뜻을 나타내는 연결 어미. ¶아무리

을묘(乙卯) 명 60갑자의 쉰두째.
을미(乙未) 명 60갑자의 서른두째.
을미-사변(乙未事變) 명 [역] 고종 32년(1895)에 일본의 자객들이 경복궁을 침입하여 명성 황후를 죽인 사건.
-을밖에 [-빼-] 어미 'ㄹ' 이외의 자음으로 끝나는 용언의 어간이나 어미 '-았/었-' 아래에 붙어, '해' 할 상대에게 쓰이거나 혼잣말에 쓰여 '-을 수밖에 없다'의 뜻을 나타내는 종결 어미. ¶불을 켜 놓을밖에. ▷-ㄹ밖에.
-을뿐더러 어미 'ㄹ' 이외의 자음으로 끝나는 용언의 어간이나 어미 '-았/었-' 아래에 붙어, 그뿐만 아니라 다른 일이 더 있음을 나타내는 연결 어미. ¶학식이 깊을뿐더러 인품도 훌륭하다. ▷-ㄹ뿐더러.
-을사¹ [-싸] 어미 'ㄹ' 이외의 자음으로 끝나는 동사의 어간에 붙어, 의지를 나타내는 예스러운 종결 어미. ¶그 문제는 내가 맡을사. **2** 'ㄹ' 이외의 자음으로 끝나는 동사의 어간이나 어미 '-았/었-' 아래에 붙어, 주로 일정한 청자를 직접 대면하지 않는 신문·잡지 등에서 독자 대중을 향한 명령이나 권유를 나타내는 종결 어미. ¶이제 여러분은 필자가 서두에서 말한 바와 같이 책을 많이 읽을사. **3** 'ㄹ' 이외의 자음으로 끝나는 형용사의 어간에 붙어, 감탄을 나타내는 예스러운 종결 어미. ¶달도 밝을사. ▷-ㄹ사.
을사(乙巳) [-싸] 60갑자의 마흔두째.
을사-사화(乙巳士禍) [-싸-] 명 [역] 조선 명종 1년(1545)에, 인종이 승하하자 새로 등극한 명종의 외숙인 윤원형이 인종의 외숙인 윤임을 몰아내는 과정에서 사림(士林)이 크게 화를 입은 사건.
을사-조약(乙巳條約) [-싸-] 명 [역] 조선 광무 9년(1905)에 일본이 한국의 외교권을 빼앗기 위하여 강제적으로 맺은, 다섯 조문으로 된 조약.
-을새 [-쌔] 어미 'ㄹ' 이외의 자음으로 끝나는 용언의 어간이나 어미 '-았/었-' 아래에 붙어, 어떤 사실을 제기하면서 뒤에 그에 대한 설명을 덧붙이는 뜻을 나타내는, 옛말 투의 연결 어미. ¶물이 맑을새 온갖 고기가 노닐더라. ▷-ㄹ새.
-을세라 [-쎄-] 어미 'ㄹ' 이외의 자음으로 끝나는 용언의 어간이나 어미 '-았/었-' 아래에 붙어, 어떤 일이 일어날까 걱정함을 나타내는 종결 또는 연결 어미. ¶약속 시간에 늦을세라 택시를 잡아탔다. ▷-ㄹ세라.
-을소냐 어미 '-을쏘냐'의 잘못.
-을수록 [-쑤-] 어미 'ㄹ' 이외의 자음으로 끝나는 용언의 어간에 붙어, 어떤 일이 더하여 감을 나타내는 연결 어미. ¶늙을수록 젊은 시절이 그리워진다. ▷-ㄹ수록.
-을시고 [-씨-] 어미 'ㄹ' 이외의 자음으로 끝나는 일부 형용사의 어간에 붙어, 혼자서 감탄하는 뜻을 나타내는 예스러운 종결 어미. ¶내 고장 좋을시고. ▷-ㄹ시고.
-을쏘냐 어미 'ㄹ' 이외의 자음으로 끝나는 용언의 어간이나 어미 '-았/었-' 아래에 붙어, '어찌 그럴 리가 있겠느냐'의 뜻으로 어떤 사실의 강한 부정을 자문(自問)형의 반어 의문문으로 나타내는, 문어체의 종결 어미. ¶강물이 바다보다 깊을쏘냐. ▷-ㄹ쏘냐. ✕-을소냐.
-을쏜가 어미 'ㄹ' 이외의 자음으로 끝나는 용언의 어간이나 어미 '-았/었-' 아래에 붙어, '-을 것인가'의 뜻으로, 강한 부정의 형식을 빌려 앞의 내용을 강하게 부인할 때 쓰는 종결 어미. 예스러운 표현으로, 감탄·탄식의 뜻이 있으며 주로 글에서 쓰임. ¶이보다 큰 사랑이 있을쏜가. ▷-ㄹ쏜가.
을씨년-스럽다 [-따] 형 ⓑ<-스러우니, -스러워> **1** (날씨 따위가) 스산하고 쓸쓸하다. ¶날씨가 **을씨년스러운** 게 곧 눈이라도 쏟아질 것 같다. **2** 살림이 매우 군색하다. **을씨년스레** 부.
을유(乙酉) 명 60갑자의 스물두째. ¶-년.
-을이만큼 어미 '-으리만큼'의 잘못.
-을작시면 [-짝씨-] 어미 'ㄹ' 이외의 자음으로 끝나는 일부 동사의 어간에 붙어, '어떠어떠한 경우에 이르게 되면'의 뜻을 나타내는, 예스러운 연결 어미. 보통 우습거나 언짢은 경우에 쓰임. ¶그의 글을 읽을작시면 문맥이 도대체 통하지 않는다. ▷-ㄹ작시면.
을종(乙種) [-쫑] 명 갑을·병 등으로 차례를 매길 때, 그 둘째 종류. ¶- 합격.
-을지 [-찌] 어미 'ㄹ' 이외의 자음으로 끝나는 용언의 어간이나 어미 '-았/었-' 아래에 붙어, '해' 할 상대에게 쓰이거나 명사절로 안긴문장으로 쓰여 추측에 대한 막연한 의문을 나타내는 종결 어미. ¶내일 날씨가 좋을지 모르겠다. ▷-ㄹ지.
-을지나 [-찌-] 어미 'ㄹ' 이외의 자음으로 끝나는 용언의 어간이나 어미 '-았/었-' 아래에 붙어, '마땅히 그럴 것이나'의 뜻으로 쓰이는, 예스러운 연결 어미. ¶가진 것은 없을지나 사람이 비굴하지는 말아야지. ▷-ㄹ지나.
-을지니 [-찌-] 어미 'ㄹ' 이외의 자음으로 끝나는 용언의 어간이나 어미 '-았/었-' 아래에 붙어, '마땅히 그럴 것이니' 의 뜻으로, 어떤 근거를 제시하면서 뒤의 말을 이어 주는, 문어체의 연결 어미. ¶곧 날이 밝을지니 맘껏 축배를 들지어다. ▷-ㄹ지니.
-을지니라 [-찌-] 어미 'ㄹ' 이외의 자음으로 끝나는 용언의 어간이나 어미 '-았/었-' 아래에 붙어, 상대보다 우월한 위치에서 '마땅히 그럴 것이니라'의 뜻을 나타내어 장중하게 말하는, 예스러운 종결 어미. ¶스승의 말을 믿을지니라. ▷-ㄹ지니라.
-을지라 [-찌-] 어미 'ㄹ' 이외의 자음으로 끝나는 용언의 어간이나 어미 '-았/었-' 아래에 붙어, 상대보다 우월한 위치에서 '마땅히 그럴 것이라'의 뜻을 나타내어 말하는, 예스러운 문어체의 종결 어미. ¶참으로 인생 행로에는 고난이 많을지라. ▷-ㄹ지라.
-을지라도 [-찌-] 어미 'ㄹ' 이외의 자음으로 끝나는 용언의 어간이나 어미 '-았/었-' 아래에 붙어, 뒤의 사실이 앞의 사실에 매이지 않음을 나타내는 연결 어미. ¶아는 것이 많을지라도 행하지 않으면 소용이 없다. ▷-ㄹ지라도.
을지-문덕(乙支文德) [-찌-] 명 [인] 고구려의 장군(?~?).
-을지어다 [-찌-] 어미 'ㄹ' 이외의 자음으로 끝나는 동사나 '있다'의 어간에 붙어, '해라' 할 상대에게 '마땅히 그렇게 하여라'의 뜻을 나타내는 명령형 종결 어미. ¶그대의 가정에 복이 있을지어다. ▷-ㄹ지어다.
-을지언정 [-찌-] 어미 'ㄹ' 이외의 자음

으로 끝나는 용언의 어간이나 어미 '-았/었-' 아래에 붙어, 한 가지들 꼭 부인하기 위하여는 차라리 맏것을 시인할 용의가 있음을 나타내는 연결 어미. ¶굶~ 구걸은 못 하겠다. ▷-ㄹ지언정.

을지-훈련(乙支訓鍊) [-찌훌-] 몡[군] 군인·관청·민간이 더불어 적의 침략에 대비하여 전국 주요 도시에서 해마다 실시하는 훈련. 민방공 훈련·등화관제 따위.

-을진대 [-찐-] 어미 'ㄹ' 이외의 자음으로 끝나는 용언의 어간이나 어미 '-았/었-' 아래에 붙어, 어떤 사실이 응당 그러리라는 것을 인정하면서 그것을 다시 다른 사실의 조건이나 근거로 삼는 연결 어미. ¶그 여자가 좋~ 왜 결혼을 망설이는가? ▷-ㄹ진대.

-을진저 [-찐-] 어미 'ㄹ' 이외의 자음으로 끝나는 용언의 어간에 붙어, 마땅히 그러해야 함을 위엄을 갖추어 감탄조로 말하는 연결 종결 어미. ¶그대에게 축복이 있~. ▷-ㄹ진저.

을축(乙丑) 60갑자의 둘째.
을해(乙亥) 60갑자의 열두째.

읊다 [읖따] 탄 1 (시를) 리듬에 맞추어 나 음의 고저 장단을 살려서 외거나 읽다. ¶시를 ~. 2 (어떤 내용을) 운율적인 어로 표현하다. ¶망국의 한을 읊은 시.

읊-조리다 [읖쪼-] 탄 (시나 운문을) 뜻을 음미하듯이 낮은 목소리로 읊다. ¶눈을 감은 채 '적벽부'를 ~.

음¹ 몡 무엇을 수긍하는 뜻에서, 입을 다물고 입속으로 내는 소리. ¶~, 그도 그럴 싸하구나.

-음² 접미 용언의 어근에 붙어, 그것을 명사로 만드는 말. ¶물~/얾~. ▷-ㅁ.

음³ 어미 'ㄹ' 이외의 자음으로 끝나는 용언의 어간이나 어미 '-았/었-', '-겠-'의 아래에 붙어, 명사형을 만드는 어미. ¶산의 높~과 바다의 깊~. ▷-ㅁ.

음⁴(音) 몡 1 귀로 느낄 수 있는 소리. 히, 음악을 구성하는 소재로서의 소리. 높은[낮은] ~. 2 낱자나 글자, 또는 음절의 소리. 3 한자(漢字)가 나타내는 소리. ¶한자에 ~과 훈(訓).

음⁵(陰) 몡 태극(太極)이 나뉘인 두 가지 성질·기운의 하나. '어둠', '땅', '달', '없음' 등의 소극적·수동적인 방면을 상징함. ↔양(陽).

음으로 양(陽)으로 드러나지 않게도 하고 드러나게도 되어. ¶그분은 아버지가 안 계신 우리 가정을 ~ 보살펴 주셨다.

음가(音價) [-까] 몡[언] 낱자가 지니고 있는 소리.

음각(陰刻) 몡[미] 그림이나 문자 따위를 오목오목 들어가게 새기는 것. ↔양각.
음각-하다 탄여 ¶비문을 ~.

음감(音感) 몡 음이 지니는 여러 요소에 대한 감수성. 곧, 음의 높낮이·강약·장단, 음색을 듣고 분별하는 능력.

음경(陰莖) 몡[생] 남자의 외부 생식기. 귀두·요도구·고환 등으로 이루어짐. =남근(男根)·페니스. ❶물건이·자지. ↔음문.

음계(音階) [-게/-계] 몡[음] 음을 일정한 음정의 순서로 음을 차례로 늘어놓은 것. 동양 음악은 5음 음계, 서양 음악은 7음 음계를 기초로 함. ¶장(長)~ / 단(短)~.

음계²(陰界) [-게/-계] 몡 귀신의 세계.

음공(陰功) 몡 1 뒤에서 돕는 숨은 공. 2 숨은 공덕. ¶~을 쌓다.

음극(陰極) 몡[물] 두 전극 사이에 전류가 흐를 때, 전위가 낮은 쪽의 극. ↔양극.

음기(陰氣) 몡 1 음침한 기운. 2 [한] 몸 안의 음(陰)과 관계된 기운. ↔양기.

음낭(陰囊) 몡[생] 포유류의 수컷의 음경 기부에 있어 아래로 처져 정소·부고환 등을 싸고 있는 주머니처럼 생긴 것.

음-넓이(音-) 몡 =음역(音域)¹.
음녀(淫女) 몡 음란한 여자. ❶탕녀.
음-높이(音-) 몡 음의 높음과 낮음.
음담(淫談) 몡 음탕한 이야기.

음담-패설(淫談悖說) 몡 음탕하고 상스러운 이야기.

음대(音大) 몡[교] '음악 대학'의 준말.
음덕¹(陰德) 몡 숨은 덕행. ¶~을 쌓다.
음덕²(蔭德) 몡 조상의 덕. ¶~을 입다.

음독¹(音讀) 몡 1 소리를 내어 읽는 것. 2 한자를 음으로 읽는 것. ↔훈독. 음독-하다 탄여

음독²(飮毒) 몡 독약을 먹는 것. 음독-하다 탄여

음독-자살(飮毒自殺) [-짜-] 몡 독약을 먹고 자신의 목숨을 스스로 끊는 일. 음독자살-하다 자여 ¶사업 실패를 비관해 ~.

음란(淫亂) [-난] 몡 1 (사람이, 또는 행동이) 성(性)에 대해 삼가지 않고 난잡한 것. 2 (책·그림·사진·영화 등이) 내용에 있어서 성(性)을 노골적으로 다루고 있어 난잡한 것. ¶~ 비디오. 음란-하다 혱여 ¶음란한 여자.

음란-물(淫亂物) [-난-] 몡 음란한 내용의 책이나 그림이나 영화나 따위.

음량(音量) [-냥] 몡[음] 악기·스피커 등의 소리 크기. 또는, 목소리의 크기. ¶~이 풍부하다.

음력(陰曆) [-녁] 몡[천] '태음력'의 준말. ↔양력.

음력-설(陰曆-) [-녁썰] 몡 음력으로 쇠는 설. 음력 정월 초하루를 새해 명절로 이르는 말임.

음료(飮料) [-뇨] 몡 사람이 마실 수 있도록 주로 상업적인 목적으로 제조한, 술 이외의 액체. ¶청량~ / 과즙~.

음료-수(飮料水) [-뇨-] 몡 사람이 갈증을 해소하거나 맛을 즐기거나 하기 위해 마시는, 사이다·콜라·주스 따위의 액체. 때로, 차나 상품으로서의 광천수 등을 포함하기도 함.

음률(音律) [-뉼] 몡 1 소리와 음악의 가락. 2 음악에서 사용되는 음높이의 상대적인 관계를 진동수의 비로써 규정한 것. =음율(音律).

음매 몡 소의 울음소리.

음모¹(陰毛) 몡 10대 후반 이후부터 사람의 생식기 주위(특히, 불두덩)에 나기 시작하는 곱슬곱슬한 털. ❶거옷.

음모²(陰謀) 몡 남이 모르게 나쁜 일을 꾸미는 것. 또는, 그 꾀. ¶요인 암살 ~. 음모-하다 탄여

음문(陰門) 몡[생] 여자의 외부 생식기. 대음순·소음순·음핵·질구(膣口)·요도구 등으로 이루어짐. ↔음경.

음미(吟味) 몡 1 시가(詩歌)를 읊조리며 그 맛을 감상하는 것. 2 사물의 속 내용을 새겨서 맛보는 것. 음미-하다 탄여 ¶술 맛을 ~.

음바바네(Mbabane) 몡[지] 스와질란드의 수도.

음반(音盤)[명] 전축에 걸어 소리를 들을 수 있게 만든 동그란 판. =레코드·레코드판·디스크.

음보(音步)[명][문] 시가의 운율을 이루는 기본 단위. 대개 어절로 표상되는 시간적 단위로, 3음절 내지 4음절 등이 보통 한 음보를 이룸.

음복(飮福)[명] 제사를 지내고 난 뒤에 제사에 쓴 음식을 나누어 먹는 것. **음복-하다**[통][타여]

음부¹(陰府)[명] =저승.

음부²(陰部)[명][생] 남녀의 생식기가 있는 곳. 비치부(恥部).

음산-하다(陰散-)[혱여] 1 (날씨가) 흐리고 으스스하다. ¶음산한 초겨울 날씨. 2 을씨년스럽고 썰렁하다. ¶음산한 분위기.
음산-히[부]

음상(音相)[명] 같은 어원에서 자음의 교체로 단어의 기본적 의미는 달라지지 않으면서 어감만 달라지는 현상. 또는, 모음이나 자음이 교체된 단어끼리의 음의 양상. '또박또박'과 '뚜벅뚜벅', '단단하다'와 '딴딴하다' 따위.

음색(音色)[명] 음의 높낮이가 같아도 사람이나 악기에 따라 달리 들리게 하는 소리의 특질. 또는, 소리의 맵시.

음성¹(音聲)[명] 1 사람의 목에서 나오는 소리. 비목소리. ¶나직한 ~. 2 [언] 사람이 발음 기관을 통해 나타내는, 실제 말에 쓰이는 소리. 발음하는 사람이나 때에 따라 다르게 남. =말소리. ▷음운(音韻).

음성²(陰性)[명] 1 음(陰)의 성질. 곧, 소극적이며 내숭스러운 성질. 2 숨겨서 밖으로 드러나지 않는 것. ¶~ 수입. 3 [의] '음성 반응'의 준말. ↔양성.

음성^기호(音聲記號)[명][언] 음성을 기술하기 위하여 편의상 쓰는 기호.

음성^다중^방:송(音聲多重放送)[명] 텔레비전 전파의 간격을 이용하여 두 종류 이상의 음성을 방송하는 것. ▷문자 다중 방송.

음성-률(音聲律)[-뉼][명][문] 시에서, 음의 장단·고저·강약 등을 일정하게 배치하여 운율을 맞춘 것. 주로, 한시(漢詩)에서 많이 쓰임.

음성^모:음(陰性母音)[명][언] 발음이 어둡고 큰 모음. 'ㅓ', 'ㅜ', 'ㅕ', 'ㅠ', 'ㅔ', 'ㅟ', 'ㅞ', 'ㅖ', 'ㅡ', 'ㅢ'가 있음. ↔양성 모음.

음성^반응(陰性反應)[명][의] 병을 진단하기 위하여 생화학적·세균학적·면역학적인 검사를 행했을 때, 특정한 반응이 나타나지 않는 일. 또는, 나타난 반응이 일정 기준 이하일 경우도 말함. =네거티브. ↔음성. ↔양성 반응.

음성^사서함(音聲私書函)[명][통] 휴대 전화·무선 호출기 등에서, 전화를 건 사람이 음성으로 메시지를 남겨 놓을 수 있게 마련해 놓은 가상의 저장 공간.

음성-적(陰性的)[-쩍][관] 밖으로 드러나지 않게 하는 (것). ¶~인 거래.

음성-학(音聲學)[명][언] 음성 언어를 대상으로 하여 연구하는 언어학의 한 분야.

음성-화(陰性化)[명] (부정적·불법적 현상이) 겉으로 드러나지 않게 은밀히 이뤄지거나 존재하는 상태가 되는 것. ↔양성화. **음성화-하다**[자타여] **음성화-되다**[통여]

-음세[어미] 'ㄹ' 이외의 자음으로 끝나는 동사나 '있다'의 어간에 붙어, '하게' 할 상대에게 자기가 기꺼이 하겠다는 뜻을 나타낼 때 쓰이는 종결 어미. ¶며칠 안에 빚을 갚~. ▷-ㅁ세.

음소(音素)[명][언] 의미가 달라지게 하는, 소리의 최소 단위. 가령, '달'과 '딸'에서 'ㄷ'과 'ㄸ'은 별개의 음소임.

음소^문자(音素文字)[-짜][명][언] 낱말의 글자가 낱말의 음을 음소의 단위까지 분석하여 표기하는 성질을 가진 문자. 한글·로마자 따위. ▷음절 문자.

음속(音速)[명][문] 음파가 매질을 통해서 전파되는 속도. 공기 중의 음속은 0℃, 1 기압일 때 331.5m/s로, 온도가 1℃ 오를 때마다 약 0.6m/s씩 증가함. ¶초(超)~.

음수(陰數)[명][수] 0보다 작은 수. 부호 '-'를 수 앞에 붙여서 나타냄. ↔양수.

음수-율(音數律)[명] 음절의 수로써 규정된 형식을 가진 시(詩)의 리듬.

음습-하다(陰濕-)[-스파-][혱여] 1 그늘지고 축축하다. ¶음습한 토굴. 2 음산하고 눅눅하다. ¶음습한 바람.

음식(飮食)[명] 1 곡식이나 채소, 고기 등을 익히거나 다듬거나 양념을 하여 사람이 먹을 수 있게 만든, 밥이나 국이나 반찬 등의 물질. 2 넓은 뜻으로, 사람이 먹거나 마시는 일. 또는, 그런 모든 물질.

음식-물(飮食物)[-씽-][명] 음식으로서 만들어진 물질. '음식'을 식용을 돋우는 먹는 대상으로서보다는, 물리적·화학적 물질로서 가리키는 말임.

음식-상(飮食床)[-쌍-][명] 음식을 차려 놓은 상.

음식-점(飮食店)[-쩜][명] 음식을 파는 집.

음악(音樂)[명][음] 음을 소재로 하여 그 높낮이·장단·강약 등의 특성을 살린 예술. ¶대중~ / ~ 감상.

음악-가(音樂家)[-까][명] 음악을 전문으로 하는 사람. 작곡가·지휘자·연주가·성악가 따위.

음악-당(音樂堂)[-땅][명] 음악회 전용의 연주회장을 주체로 한 건물. 비콘서트홀.

음악^대:학(音樂大學)[-때-][명] 음악을 전문으로 교수·연구하는 대학. 준음대.

음악-인(音樂人)[명] 음악에 종사하는 사람. 또는, 음악을 즐기는 사람.

음악-적(音樂的)[-쩍][관] 1 음악과 관련되는 (것). ¶~ 재능. 2 음악에 표현되는 것과 같은 (것). ¶~ 선율.

음악-회(音樂會)[-아홰/-아훼][명] 음악을 연주하여 청중으로 하여금 감상하게 하는 모임. ¶신춘 ~.

음양(陰陽)[명] 역학(易學)에서, 우주 만물을 만들어 내는 상반된 성질의 두 가지 기운으로서의 음과 양. 달과 해, 북과 남, 여자와 남자 등은 모두 음과 양으로 구분됨. =건곤. ¶~의 이치를 깨닫다.

음양-가(陰陽家)[명] 천문(曆數)·풍수지리 따위를 연구하여 길흉화복을 예언하는 사람.

음양-오행설(陰陽五行說)[명][철] 동양 철학에서, 자연과 인간의 여러 가지 현상과 일을 음양과 오행의 상호 관련으로 설명하려는 사상. ↔오행설.

-음에도[어미] 명사형 어미 '-음'에 조사 '에'와 '도'가 결합한 연결 어미. 주로 '불구하고'와 연결되어 쓰임. ¶밤이 늦었~ 불구하고 전화를 걸었네. ▷-ㅁ에도.

-음에랴 [어미] 'ㄹ' 이외의 자음으로 끝나는 용언의 어간이나 어미 '-았;-었-' 아래에 붙어, 반문의 뜻을 나타내는 종결 어미. ¶어찌 가지 않으리, 이리 날씨도 좋~. ▷-ㅁ에랴.

음역[1](音域) [명][음] 사람의 목소리나 악기가 낼 수 있는 최저음에서 최고음까지의 넓이. 또, 그 넓은 가수.

음역[2](音譯) [명] 한자를 가지고 외국어의 음을 나타내는 일. 곧, '아시아(Asia)'를 '亞細亞'로 나타내는 따위. **음역-하다** [타](여)

음역-어(音譯語) [명] 한자를 가지고 외국어의 음을 나타낸 말.

음영(陰影) [명] **1** 어두운 부분. (비)그림자·그늘. **2** 색조나 느낌 등에 미묘한 차이가 있어 깊이와 정취가 있는 것.

음욕(淫慾) [명] 남녀의 정욕. (비)육욕.

음;용(飮用) [명] 마시는 데 씀. 음;용-하다 [타](여)

음;용-수(飮用水) [명] 사람이 마시거나 음식을 만들 때 쓰이는 물.

음운(音韻) [명] **1** 한자의 음(音)과 운(韻). 곧, 어두 자음(語頭子音)은 음, 나머지 부분은 운임. **2** 말의 뜻을 구별해 주는 소리의 단위. ⇒음성(音聲).

음운^교체(音韻交替) [명][언] 동일한 어근에 속하는 형태소가 그 기능 및 음성적 환경의 차이에 의하여 다른 음운으로 교체되는 현상. 가령, '묻다(問)'가 '물으니', '물어' 등으로 활용할 때에 'ㄷ'이 'ㄹ'로 교체되는 현상 따위.

음운^도;치(音韻倒置) [명] 한 단어나 어군(語群)의 내부에서 두 음소 또는 그 연속이 서로 위치를 바꾸는 일. '하야로비[鷺]>해오라비'의 따위.

음운-동화(音韻同化) [명] 소리와 소리가 이어서 날 때, 한 소리가 다른 소리의 영향을 받아서 그와 가깝게, 또는 같게 소리가 나는 음운 현상. 모음조화·유음화 따위.

음운-론(音韻論) [-논] [명][언] 언어의 음운과 그 역사적 변천의 원리를 연구하는 학문. ⇒의미론.

음운^첨가(音韻添加) [명][언] 말소리를 발음할 때 그 말의 원뜻과는 관계없는 어떤 음이 첨가되어 바뀌는 현상.

음울-하다(陰鬱-) [형](여) 음침하고 우울하다. ¶기분이 낮게든지의 **음울한** 날.

음위(陰痿) [명] 음경(陰莖)이 발기하지 않아 성교가 불가능한 증상.

음위-율(音位律) [명][문] 비슷한 음을 시구나 시행(詩行)의 처음이나 중간 또는 끝에 일정하게 반복하여 운율을 이루는 것. 또는, 그 운율.

음유(吟遊) [명] 떠돌아다니며 시(詩)를 지어 읊는 것. **음유-하다** [자](여)

음유^시인(吟遊詩人) [명] 중세기 유럽에서 연애시를 읊거나 노래를 부르면서 각국을 편력하던 시인 음악가.

음-이름(音-) [-니-] [명][음] 음악의 소재인 음의 높이를 구별하기 위해 각 음에 붙인 이름. 서양 음악에서는 C, D, E, F, G, A, B의 7개가 있으며, 우리나라에서는 이를 '다·라·마·바·사·가·나'로 부름. ⇒계이름.

음-이온(陰ion) [명][화] 음전기를 띠고 있는 이온. ↔양이온.

음자리-표(音-標) [명][음] 악보의 왼쪽 첫 머리에 적는, 음의 높이를 정하는 기호. 높은음자리표·낮은음자리표·가온음자리표 등이 있음.

음-전기(陰電氣) [명][물] 수지(樹脂)를 모피에 문지를 때 발생하는 전기. 또는, 그와 같은 성질의 전기. '-' 부호로 표함. ↔양전기.

음-전자(陰電子) [명][물] 음전기를 띤 전자. 보통, 전자라고 하면 이를 말함. ↔양전자.

음-전하(陰電荷) [명][물] 음전기의 전하. ↔양전하.

음전-하다 [형](여) (사람이 또는 그의 언행이) 함부로 행동함이 없이 정숙하고 단정하다. ¶규수가 어찌나 참하고 **음전한지** 말며느릿감이었나요. ▷얌전하다.

음절(音節) [명] **1** [언] 음의 한 마디. 단어 또는 단어의 일부를 이루며 하나의 종합된 음의 느낌을 주는, 음의 단위임. 몇 개의 음소로 이루어지며, 모음은 한 자가 한 음절이 되기도 함. **2** 음률의 곡조.

음절^문자(音節文字) [-짜] [명] 한글과 같은 음은 조직을 가지지 않고 한 음절이 한 글자로 되어 있어 그 이상은 나눌 수 없는 표음 문자. 일본의 가나 따위. ▷음소문자.

음정(音程) [명][음] 두 음의 높이의 간격. ¶~이 불안하다.

음조(音調) [명] 소리의 높낮이와 강약, 빠르고 느린 것 등의 정도.

음;주(飮酒) [명] 술을 마시는 것. ¶~ 운전. 음;주-하다 [자](여)

음주^측정기(飮酒測定器) [-쩡-] [명] 운전자의 음주량을 측정하는 기구.

음지(陰地) [명] 그늘진 곳. (비)응달. ↔양지.

음지-쪽(陰地-) [명] 음지 쪽.

-음직스럽다[-쓰-따] [접미] 자음으로 끝나는 동사의 어간에 붙어, 그럴 만한 특성을 가진 점이 있음을 나타내는 말. ¶사과르 먹~. ▷-ㅁ직스럽다.

-음직하다[-지카-] [접미] 자음으로 끝나는 동사의 어간에 붙어, 그럴 만한 특성이 꽤 있음을 나타내는 말. ¶먹~ / 믿~. ▷-ㅁ직하다.

음질(音質) [명] 음이나 목소리의 질. 특히, 마이크·앰프·스피커 등의 음향 기기에 의하여 전송·재생된 음의 질.

음충-맞다[-맏따] [형] (말이나 행동이) 음충하고 불량한 성질이 있다.

음치(音癡) [명] 음에 대한 감각이나 지각이 무디어 노래를 할 때 음정이나 박자를 제대로 맞추지 못하는 사람. 또는, 음에 대한 감각이 무딘 상태.

음침-하다(陰沈-) [형](여) **1** 음습하고 으뭉스럽다. ¶**음침한** 성격. **2** 흐리고 컴컴하다. ¶날씨가 ~.

음탕-하다(淫蕩-) [형](여) (사람이, 또는 그의 말이나 행동이) 성(性)에 지나치게 빠지거나 성을 노골적으로 드러내어 방탕하다. ¶**음탕한** 이야기.

음파(音波) [명][물] 발음체에 접촉하는 공기나 기타 매질이 발음체의 진동을 받아서 생기는 파동. =소릿결.

음파^탐지기(音波探知機) [명] 초음파를 발신하여 그 반사파로 수중 장애물이나 해저 상황을 탐지하는 장치. =소나.

음표(音標) [명] 악보에서, 음의 장단·고저를 나타내는 기호. ¶4분 ~.

음풍-농월(吟風弄月) [명] 시 따위로 자연

을 노래하며 놂. **음풍농월-하다** 통자여
음-하다¹(淫-) 형여 음욕이 많다.
음-하다²(陰-) 형여 1 날씨가 흐리다. 2 마음이 음글하고 검다. ¶사람이 ~.
음해(陰害) 명 상대를 어려움에 빠뜨리거나 몰아내기 위해 음흉하게 그에 관한 사실을 거짓으로 꾸며 내어 헐뜯는 것. ¶욕설과 ~가 난무하는 사이버 공간. **음해-하다** 타여
음핵(陰核) 명생 여자의 외음부에 있는 작은 돌기. 성감이 가장 예민한 부분임.
음행(淫行) 명 음란한 것.
음향(音響) 명 물체나 기계, 또는 악기 등이 내는 소리. 또는, 그 울림. ¶~ 기기.
음험-하다(陰險-) 형여 겉보기는 천연스러우나 속으로는 내숭하고 우악하다. ¶음험한 사내.
음화(陰畫) 명사진 사진의 건판에 감광시켜 현상한 상. 실제와는 좌우·흑백이 반대로 되어 있음. ↔양화.
음흉-스럽다(陰凶-) [-떠] 형여 〈-스러우니, -스러워〉 음흉한 데가 있다. **음흉스럽게 쳐다보다. 음흉스레** 튀
음흉-하다(陰凶-) 형여 마음이 내숭스럽고 음악하다. **음흉하게** 웃다.
읍¹(邑) 명 1 군(郡) 또는 시(市)의 관할 아래에 두는, 행정 구역의 하나. 도시적 형태를 갖추고 인구 2만 이상, 5만 미만인 곳임. 아래에 이(里) 또는 동(洞)을 둠. 2 '읍내'의 준말.
읍²(揖) 명 인사 예법의 하나. 마주 잡은 두 손을 얼굴 앞으로 들어 올리고 허리를 공손히 굽혔다가 폄.
읍내(邑內) [음-] 명 읍의 안. 준읍.
-으니까 어미 '-습니까'의 잘못.
-읍니다 어미 '-습니다'의 잘못.
읍례(揖禮) [음녜] 명 읍하여 예를 하는 것. 또는, 그 예. **읍례-하다** 통자여
읍민(邑民) [-] 명 읍에 사는 사람.
읍성(邑城) [-썽] 명역 지방의 도시를 둘러서 쌓은 성. ▷도성.
읍소(泣訴) 명 울며 간절히 호소하다. **읍소-하다** 통타여
-읍쇼 [-쏘] 어미 'ㄹ' 이외의 자음으로 끝나는 동사의 어간에 붙어, '합쇼' 할 상대에게 명령의 뜻을 나타내는 종결 어미. ¶앉~. ▷앉읍쇼. ▷-ㅂ쇼.
-읍시다 [-씨-] 어미 'ㄹ' 이외의 자음으로 끝나는 동사나 '있다'의 어간에 붙어, '하오' 할 상대에게 쓰이는 종결 어미. 1 함께 행동할 것을 요구하는 뜻을 나타냄. ¶자, 모두 걸~. 2 상대에게 무엇을 청하거나 허락을 구하는 뜻을 나타냄. ¶나도 좀 먹~. ▷-ㅂ시다.
-읍시오 [-씨-] 어미 '-읍쇼'의 본딧말. ¶이것을 읽~. ▷-ㅂ시오.
읍장(邑長) [-짱] 명 읍 사무소의 우두머리.
읍참-마속(泣斬馬謖) 명 [중국 촉나라의 제갈량이, 군령을 어긴 마속을, 울면서 참형에 처하였다는 고사에서] 큰 목적을 위하여 자기가 아끼는 사람을 버리는 것을 비유하여 이르는 말.
읍-하다(揖-) [으파-] 통타여 읍(揖)을 하다.
응 감 1 '해', '해라', '하게' 할 자리에 그의 물음이나 부름에 대해 반가이 또는 대답할 때 하는 말. 2 '해', '해라' 할 자리에 그의 대답을 독촉하거나 앞의 말에 다짐

응석__935

을 두려 할 때 하는 말. ¶내 말 알아들었니, ~? 3 무슨 일이 마음에 들지 않을 때 불평하여 내는 소리. ¶도대체 무슨 일을 그따위로 처리했나, ~!
응가 I 튀 〈유아〉 똥이나 똥을 누는 일. II 감 어린아이에게 똥을 누라는 뜻으로 내는 소리. ¶자, ~!
응:결(凝結) 명 1 엉겨서 맺히는 것. 2 [화] =엉김. 3 [물] =응축3. **응:결-되다** 자여 **응:결-하다** 통자여
응:고(凝固) 명 액체 따위가 엉겨서 뭉쳐 딱딱하게 굳어지는 것. ↔용해. **응:고-하다** 통자여 **응:고-되다** 자여
응:급(應急) 명 (주로 일부 명사나 어근 앞에 쓰여) 급한 것에 응하여 우선 처리하는 것. ¶~ 처치 / ~ 환자.
응:급-실(應急室) [-씰] 명 병원 등에서 환자의 응급 처치를 할 수 있는 시설을 갖춰 놓은 방.
응:급-조치(應急措處) [-쪼-] 명 긴급한 일에 대하여 우선 급한 대로 처리하는 일. =응급조치. **응:급조치-하다** 통타여
응:급-조치(應急措置) [-쪼-] 명 =응급조처. **응:급조치-하다** 통타여
응:급^치료(應急治療) 명[의] 위급한 중세의 환자에 대하여 우선 위급한 고비를 넘기기 위하여 하는 간단한 치료.
응:급^치료법(應急治療法) [-뻡] 명[의] 응급 치료를 하는 방법.
응:낙(應諾) 명 응하여 승낙하는 것. 또는, 승낙. **응:낙-하다** 통타여
응달 명 볕이 안 드는, 그늘진 곳. 비음지. ↔양달.
응달-지다 형 그늘이 져 있다. ¶응달진 골짜기.
응달-쪽 명 응달이 진 쪽. =음지쪽.
응:답(應答) 명 어떤 것에 의하여 답하는 것. ¶질의~. ↔질의. **응:답-하다** 통자여 ¶물음에 ~.
응:당 튀 당연히 그러하듯. 또는, 도리상 마땅히. ¶~ 해야 할 일을 했을 뿐입니다.
응:당-하다(應當-) 형여 1 (어떤 사실이나 행동의 결과로서 나타난 현상이) 지극히 마땅하다. 2 (어떤 일이) 일정한 조건이나 경우에 맞다. ¶능력에 응당한 대우. **응:당-히** 튀 ~ 그래야 한다.
응:대(應待) 명 =응접. **응:대-하다** 통타여 ¶손님을 **응대하느라** 바쁘다.
응:대(應對) 명 부름이나 물음 또는 요구 등에 응하여 상대하는 것. **응:대-하다**² 통타여 ¶모든 사람의 물음에 일일이 ~.
응등-그리다 통타 추위나 두려움 등으로 몸을 움츠리다.
응:모(應募) 명 1 모집에 응하여 작품 등을 내는 것. 2 공채·사채·주식 등의 공모에 응하는 것. **응:모-하다** 통자여 **응:모-되다** 자
응:모-작(應募作) 명 모집에 응한 작품.
응:보(應報) 명[불] 선악의 인연에 따라 받는 길흉화복의 과보. ¶인과(因果)~.
응:분(應分) 명 신분에 맞음. ¶~의 대우. 2 정도에 맞음. ¶지은 죄에 대한 ~의 대가를 치르다.
응:석 명 아이가 어른한테, 또는 아이 아닌 사람이 상대에게 아이를 흉내 내어, 뭐든지 받아 쓰거나 받아주리라 믿고 지나치게 조르거나 보채거나 귀여워해 주기를 바라는 일. ¶~을 받아 주다. ▷어리광.

응석-꾸러기 명 응석이 심한 아이.
응!석-받이[-빠지] 명 ¶응석을 받아 주는 일. 2 응석을 많이 부리're자란 아이.
응!수¹(應手) 명 바둑이나 장기에서, 상대편의 수에 대응하는 것. 또는, 그 수. 응!수-하다¹ 자
응!수²(應酬) 명 (상대방의 말이나 행동에) 어떤 말이나 행동으로 응하거나 답하는 것. 응!수-하다² 자 ¶사람들의 비난에 가볍게 웃음으로 ~.
응시(凝視) 명 (대상을) 눈길을 주어 한 동안 바라보는 것. ▷주시(注視). 응!시-하다 타
응!시²(應試) 명 시험에 응하는 것. 응!시-하다² 자 ¶입학시험에 ~.
응!시-자(應試者) 명 시험에 응하는 사람.
응애-응애 명 갓난아이의 울음소리.
응어리 명 ¶근육이 뭉쳐서 된 덩어리. 2 원한 따위로 맺힌 감정. ¶서로 ~를 풀고 화해하다.
응어리-지다 자 울분이나 원한 같은 것이 쌓여 가슴에 맺히다.
응얼-거리다/-대다 자 남이 알아듣지 못할 말을 입속으로 자꾸 지껄이다. ¶혼자 응얼거리지 말고 분명히 대답해라.
응얼-응얼 부 응얼거리는 소리. 또는, 그 모양. 응얼응얼-하다 자
응용(應用) 명 이론이나 이미 얻은 지식을 구체적인 개개의 사례나 다른 분야의 일에 적용시켜 이용하는 것. 응!용-하다 타 응!용-되다 자
응!용-과학(應用科學) 명 기초 과학에 대하여 의학·농학·공학 등과 같이 인류 생활에 직접 쓰이는 것을 목적으로 하는 학문 및 그 학문 체계.
응!용-문제(應用問題) 명 이미 배운 지식이나 법칙을 활용하여 푸는 문제.
응!용^미술(應用美術) 명 감상(鑑賞)이 주된 목적이 아닌 실용품에 응용하는 미술, 도안·장치·공예 따위.
응!용-프로그램(應用program) 명 [컴] 어떤 문제를 해결하기 위하여 사용자 또는 특정 업무에 대한 전문가들에 의해 작성된 프로그램.
응!원(應援) 명 ¶어떤 일을 잘하도록 돕거나 격려하는 것. 2 운동 경기에서 선수들이 이기도록 힘을 북돋우는 일. ¶~ 연습. 응!원-하다 타
응!원-가(應援歌) 명 운동 경기 등에서, 선수들을 응원하기 위해 부르는 노래.
응!원-단(應援團) 명 운동 경기 등에서, 응원을 하기 위하여 만든 집단.
응-응 부 잇달아 응 하는 소리. ¶~, 글쎄 알았다니까 자꾸 그러네.
응!전(應戰) 명 상대의 공격에 응하여 싸우는 일. 응!전-하다 자
응!접(應接) 명 맞아들여 접대하는 것. =응대. ¶~을 받다. 응!접-하다 타여
응!접-세트(應接set) 명 손님을 맞아들여 접대하는 데에 쓰이는 탁자와 의자. 또는, 소파의 한 벌.
응!접-실(應接室) [-씰] 명 손님을 접대하는 방.
응!집(凝集) 명 ¶(흩어져 있는 물질이) 한데 엉기어 뭉치는 것. 2 (많은 사람이나 단체가) 한데 모여 힘을 합치는 것. 3 [화] 콜로이드 등의 입자가 모여서 덩어리가 되는 현상. 또는, 분자·원자 등이 집합하는 현상. 응!집-하다 자타여 응!집-되다 자 ¶국민의 응집된 힘.
응!집-력(凝集力) [-집녁] 명 1 어떤 단체나 조직의 구성원들을 단결시키는 힘. 2 [물] 원자·이온 또는 분자 사이에서 작용하여 고체나 액체 등의 물체를 형성하고 있는 인력(引力)의 총칭.
응!징(膺懲) 명 잘못을 뉘우치도록 징계하는 것. 응!징-하다 타여 ¶탐화오리를 ~. 응!징-되다 자
응!찰(應札) 명 입찰에 응하는 것. 응!찰-하다 자
응!축(凝縮) 명 ¶한데 엉겨 굳어지는 것. 2 내용을 어느 한 점에 집중시키는 일. ¶현대 과학의 정수를 ~시킨 장치. 3 [물] 기체가 액체로 변화하는 현상. =응결. 응!축-하다 자타여 응!축-되다 자
응큼-하다 형여 '엉큼하다'의 잘못.
응!-하다(應-) 자여 1 (상대의 어떤 말이나 질문 등에) 자기의 어떤 생각, 입장 등을 나타내다. ¶야당 총재는 기자들의 어떤 질문에도 응하지 않았다. 2 (상대의 요구나 명령이나 제의 등에) 그 뜻을 받아들여 그대로 하다. ¶그 여자는 호영의 데이트 신청에 선뜻 응했다.
응!혈(凝血) 명 피가 엉겨 뭉치는 것. 또는, 그 피. 응!혈-하다 자
의¹ [언] 한글 모음 'ㅢ'의 이름.
의²[의/에] 조 체언과 체언 사이에 나타나 앞의 체언으로 하여금 뒤의 체언을 꾸미게 하는 구실을 갖는 관형격 조사. 1 뒤의 체언이 나타내는 대상이 앞의 체언에 속되거나 소유됨을 나타냄. ¶한국~ 자연. 2 앞의 체언이 뒤의 체언이 나타내는 행동이나 작용의 주체가 됨을 나타냄. ¶우리~ 각오. 3 앞의 체언이 뒤의 체언이 나타내는 대상을 만들거나 이룬 주체임을 나타냄. ¶다윈~ 진화론. 4 뒤의 체언이 나타내는 속성이나 상태가 앞의 체언에서 비롯됨을 나타냄. ¶인간~ 존엄성. 5 앞의 체언이 뒤의 체언이 나타내는 행동의 목표 대상임을 나타냄. ¶질서~ 확립. 6 뒤의 체언이 나타내는 사실이나 상태가 앞의 체언에 관한 것이거나 그에 대한 것임을 나타냄. ¶자동차~ 가격. 7 뒤의 체언이 앞의 체언이 나타내는 어떤 동작을 주된 목적이나 기능으로 하는 것임을 나타내는 말. ¶독서~ 계절. 8 뒤의 체언이 앞의 체언과 의미적으로 동격(同格)이거나 동일한 대상의 다른 면임을 나타냄. ¶통일~ 위업을 달성하다. 9 관계를 나타내는 뒤의 체언이 앞의 체언과 사회적·친족적 관계에 있음을 나타냄. ¶친구~ 동생. 10 앞의 체언이 뒤의 체언이 나타내는 사물이 있는 곳임을 나타냄. ¶여의도~ 국회 의사당. 11 앞의 체언이 나타내는 장소가 뒤의 체언이 나타내는 사물의 산지(産地)임을 나타냄. ¶제주~ 귤. 12 뒤의 체언이 앞의 체언이 나타내는 시간에 제약된 상태임을 나타내거나 그 시간 특유의 것임을 나타냄. ¶정오~ 뉴스. 13 뒤의 체언이 앞의 체언이 나타내는 수량에 제한됨을 나타냄. ¶한 잔~ 술. 14 정도나 상태 특성을 나타냄은 앞의 체언이 뒤의 체언을 한정적으로 꾸미는 뜻으로 쓰임을 나타냄. ¶불후~ 명작. 15 앞의 체언이 뒤의 체언에 대해 비유의 대상임을 나타냄. 16 앞의 체언이 뒤의 체언의 재료임을 나타냄. ¶순금~ 반지. 17 몇몇 격 조사나 보조사 뒤에

쓰여, 앞의 체언이 뒤에 연결되는 조사의 의미 특성을 가지고 뒤의 체언을 꾸미는 기능을 가짐을 나타냄. ¶학생으로서 ― 본분을 다하다. 18 명사구 안에서, 용언 또는 서술어의 의미상 주어 구실을 함. ¶나 ~ 살던 고향.

의³(義) 명 1 사람이 마땅히 지켜야 바른 도리. 2 오륜의 하나로, 군신(君臣) 사이의 바른 도리. 3 '도의(道義)'의 준말. 4 혈연이 아닌 사람과 맺는, 혈연과 같은 관계. ¶형제의 ~를 맺다. 5 글이나 글자의 뜻.

의⁴(誼) 명 '정의(情誼)'의 준말. ¶~가 상하다 / ~가 좋다.

의가사^제대(依家事除隊) 명[군] 가정 사정의 의한 제대.

의거¹(依據) 명 1 어떤 사실에 근거하는 것. 2 의지하여 웅거하는 것. **의거-하다** 동(자여) ¶법령에 **의거하여** 처벌하다.

의거²(義擧) 명 의로운 일을 위하여 일어서는 것. 또는, 그런 거사. ¶4·19 ~. **의거-하다²** 동(자여)

의-걸이(衣-) 명 '의걸이장'의 준말.

의걸이-장(衣-欌) 명 위층에는 옷을 걸고 아래층에는 반닫이나 여닫이 모양으로 되어 옷을 개어 넣게 된 장. ⓒ의걸이.

의견(意見) 명 어떤 사물에 대하여 마음에 일어난 생각. ¶~ 충돌 / ~의 교환.

의견-서(意見書) 명 어떤 의견을 기록한 글이나 문서.

의결(議決) 명 합의로서 결정하는 것. 또는, 그 결정. **의결-하다** 동(타여) ¶법률안을 ~. **의결**^기관

의결-권(議決權) [-꿘] 명[법] 1 합의체(合議體)에 출석하여 표결에 참가할 수 있는 권리. 2 의결 기관이 회의를 열어 어떤 사항을 의결할 수 있는 권리.

의결^기관(議決機關) 명[법] 국가·공공단체·주식회사 등의 단체에 있어서 의사 결정하는 합의제 기관. 국회·지방 의회·주주 총회 따위. ↔집행 기관.

의:경(義警) 명 '의무 경찰'의 준말.

의고-주의(擬古主義) [-의/-이] 명 예술 작품의 표현에서 고전(古典)을 숭배하여 모방하려는 주의.

의과(醫科) [-꽈] 명[역] 조선 시대, 잡과(雜科)의 하나. 의술에 밝은 인재를 뽑던 과거.

의과^대:학(醫科大學) [-꽈-] 명[교] 의학을 배우고 연구하는 대학. ⓒ의대.

의관¹(衣冠) 명 (남자가) 격식을 갖추어 두루마기(또는 도포)를 입고 갓을 쓰거나 사모관대를 하는 일. 또는, 그 옷 및 갓(또는 모자). 지난날에 쓰던 말임. ¶~을 갖추다.

의관²(醫官) 명[역] 조선 시대에, 의술을 담당하던 관원.

의구(疑懼) 명 의심하여 두려워하는 것. ¶~를 품다. **의구-하다¹** 동(타여)

의구-심(疑懼心) 명 의심하고 두려워하는 마음. ¶~이 들다.

의구-하다²(依舊-) 옛날과 같아 변함이 없다. ¶세월은 흘러도 산천은 ~. **의구-히** 부

의:군(義軍) 명 =의병(義兵).

의금-부(義禁府) 명[역] 조선 시대에 왕명을 받들어 중죄인의 신문을 맡아보던 관청. 뒤에 의금사(義禁司)로 개정함.

의기¹(意氣) 명 1 뜻을 이루어 자랑스러운 마음. 2 장한 마음.

의기²(義妓) 명 의로운 일을 한 기생. ¶~ 논개.

의기³(義氣) 명 정의감에서 우러나오는 기개(氣槪).

의기소침-하다(意氣銷沈-) 형여 풀이 죽어 기운이 없고 우울하다. ¶사내자식이 한 번 실패했다고 그렇게 **의기소침해서야** 되겠느냐.

의기양양-하다(意氣揚揚-) [-냥냥-] 형여 뜻을 이루어 자랑스러워하는 태도가 있다. ¶선우는 백 점 맞은 시험지를 들고 **의기양양하게** 집에 들어왔다.

의기충천-하다(意氣衝天-) 형여 뜻한 바를 이루어 기세가 하늘을 찌를 듯이 높다. ¶적을 무찌를 군사들이 ~.

의기-투합(意氣投合) 명 마음이 서로 맞음. **의기투합-하다** 동(자여)

의:-남매(義男妹) 명 의로 맺은 남매.

의녀(醫女) 명[역] 조선 시대에, 의술을 익혀 내의원·혜민서에서 심부름을 하던 여자.

의논(議論*) 명 ['論'의 본음은 '론'] (어떤 일에 대하여) 서로 의견을 주고받는 것. ⓒ의론. **의논-하다** 동(타여)

의당(宜當) 부 사리에 따라 마땅히. ¶자식은 ~ 부모에게 효도해야 한다.

의당-하다(宜當-) 형여 사리에 옳고 마땅하다. **의당-히** 부 ¶~ 그래야지.

의대¹(衣帶) 명 옷과 띠. ¶~를 갖추다.

의대²(醫大) 명 '의과 대학'의 준말.

의:도(意圖) 명 하고자 하는 생각이나 계획. 또는, 무엇을 하려고 꾀하는 것. ¶~는 그게 아니다. **의:도-하다** 동(타여)

의:도-적(意圖的) 관 목적이나 의도가 명확한 (것). ¶그는 사업상의 이권을 위해 김 회장에게 ~으로 접근했다.

의례¹(儀禮) 명 =의식(儀式)². ¶~ 준칙.

의례²(依例) 명 =으레.

의례-적(儀禮的) 관 1 의례에 맞는 (것). 2 격식이나 형식만을 갖추는 (것).

의론(議論) 명 각자 의견을 주장하거나 논의하는 것. 또는, 그 의견이나 논의. ¶~이 분분하다. **의론-하다** 동(타여)

의:-롭다(義-) [-따] 형비 <-로우니, -로워> 정의를 위한 기개가 높다. ¶**의로운** 죽음. **의:로이** 부 ¶~ 살다.

의뢰(依賴) [-뢰/-뤠-] 명 1 남에게 의지하는 것. ¶~심(心). 2 (어떤 일을) 남에게 부탁하는 것. **의뢰-하다** 동(자타여) ¶사건을 변호사에게 ~. **의뢰-되다** 동(자여)

의뢰-인(依賴人) [-뢰/-뤠-] 명 남에게 어떤 일을 의뢰한 사람.

의료(醫療) 명 의술로 병을 고치는 일. ¶~ 시설.

의료^보:험(醫療保險) 명 '국민 건강 보험'의 구용어.

의료-비(醫療費) 명 병을 치료하는 데에 드는 비용.

의료^사:고(醫療事故) 명 주사·수혈·투약의 잘못이나 오진 따위로써 의료인의 과실로 환자에게 상해나 사망 등의 사고를 일으키는 일.

의료-진(醫療陣) 명 의료 부문에 종사하는 전문 인력들의 진영 또는 능력. ¶최고의 ~으로 구성된 수술 팀.

의류(衣類) 명 생산·유통·판매 분야에서 '옷'을 포괄적으로 이르는 말.

의:리(義理) 명 1 사람으로서 지켜야 할 바른 도리. 2 사람과의 관계에 있어서 지켜야 바른 도리. ¶~가 없다.

의:리-부동(義理不同) 명 의리에 어그러

짐. 의:리부동-하다 형어
의명(依命) 명 명령에 따름. ¶~ 조치.
의:무(義務) 명 1 사람이 사람으로서 당연히 해야 할 일. 2 [법] 법률이 사람에게 과하는 구속. ¶국민의 4대 ~. ↔권리.
의:무-감(義務感) 명 의무를 느끼는 마음.
의:무^경(警)(義務警察) 명 병역 의무 기간 동안 군 복무 대신 업무 보조를 하는 경찰. 준의경.
의:무^교:육(義務敎育) 명[교] 국가가 정한 법률에 따라 일정한 연령에 이른 아동이 의무적으로 받아야 하는 보통 교육.
의:무-적(義務的) 관형 마음은 내키지 않으나 하는 수 없이 하는 (것). ¶회비를 ~으로 내다.
의:무-화(義務化) 명 당연히 해야 하는 것으로 만드는 것. 의:무화-하다 동(타여)
의:무화-되다 동(자) 안전벨트 착용이 ~.
의문(疑問) 명 어떤 사실이 이상하거나 알 수 없어, 또는 어떤 사실을 확실하게 알지 못하여 가지게 되는 물음. ¶~을 제기하다 / ~ 나는 점이 있으면 물어라.
의문^대:명사(疑問代名詞) 명[언] 의문의 뜻을 나타내는 대명사. '누구', '무엇', '어디' 따위.
의문-문(疑問文) 명[언] 화자가 청자에게 질문을 던짐으로써 대답을 요구하는 문장. 의문형 종결 어미로 문장을 끝맺음. "너는 오늘 학교에 갔느냐?" 따위.
의문-사(疑問詞) 명 의문의 초점이 되는 일이나 사태를 지시하는 말. '누구·어디·언제·어떻게·왜' 등을 가리킴.
의문-스럽다(疑問-)[-따] 형비(~스러우니, ~스러워) 의문이 나는 데가 있다. ¶그의 말이 사실인지 ~. 의문스레 부
의문-시(疑問視) 명 의문스럽게 여기는 것. 의문시-하다 동(타여) 의문시-되다 동(자) ¶그 상황에서 꼭 수술을 해야 하는지 의문시된다.
의문-점(疑問點)[-쩜] 명 의문이 나는 점.
의문-형(疑問形) 명[언] 용언 서술격 조사 '이다'의 활용형의 하나. 의문을 나타내는 종결 어미 '-느냐', '-ㄴ가' 등이 붙은 꼴임.
의뭉 명 겉으로는 어리석은 것처럼 보이면서 속으로는 엉큼한 것. 의뭉-하다 형어 ¶의뭉한 속셈.
의뭉-스럽다[-따] 형비(~스러우니, ~스러워) 의뭉한 데가 있다. ¶의뭉스러운 늙은이. 의뭉스레 부
의:미(意味) 명 1 말이나 글의 뜻. 2 행위나 현상에 담겨 있는 뜻. ¶정치적 ~가 있는 집회. 3 사물의 가치나 보람. ¶여름 휴가를 ~ 없이 보낸다. 의:미-하다 타여 어떤 뜻을 가지다. ¶그녀와 헤어지는 것은 내겐 죽음을 의미한다.
의:미-론(意味論) 명[언] 언어가 가지는 의미에 관하여 그 본질·기원·발전·변천 등을 연구하는 학문. ↔음운론.
의:미심장-하다(意味深長-) 형어 뜻이 매우 깊다. ¶의미심장한 말.
의법(依法) 명 법에 따르는 것. ¶~ 조치.
의:병(義兵) 명 나라가 외적의 침입을 받아 위급할 때 그 방어를 위해 백성들이 자발적으로 조직한 군대. 또는, 그 병사. =의군.
의:병-장(義兵將) 명 의병을 거느리는 장수.
의병^제대(依病除隊) 명[군] 병으로 말미암아 제대하는 일.
의복(衣服) 명 '옷'을 문어적으로 이르는 말. ¶~의 손질과 보관.
의:부(義父) 명 =의붓아버지.
의부-증(疑夫症)[-쯩] 명 객관적 근거 없이 남편이 바람을 피우고 있다고 굳게 믿고 남편을 끊임없이 의심하는 정신적인 질환. ↔의처증.
의:분(義憤) 명 불의(不義)를 보고 일으키는 분노.
의:붓-딸[-붇-] 명 개가하여 온 아내가 데리고 들어온 딸.
의:붓-아들[-붇-] 명 개가하여 온 아내가 데리고 들어온 아들.
의:붓-아버지[-붇-] 명 어머니가 개가하여 얻은 남편. =의부. ㉡계부(繼父).
의:붓-어머니[-붇-] 명 아버지가 재혼하여 얻은 아내. ㉡계모(繼母).
의:붓-자식(-子息)[-붇짜-] 명 의붓어미 데리고 나온 딸.
의:사¹(義士) 명 나라를 위하여 무력(武力)으로써 항거하다가 의롭게 죽은 사람. ¶안중근 ~. ▷열사(烈士).
의:사²(意思) 명 무엇을 하고자 하는 생각. ¶네 ~를 분명히 밝혀라.
의사³(擬似) 명 1 (주로 병명 앞에 관형어적으로 쓰여) 증세가 그 병과 아주 비슷하나, 그 병이라고 단정할 수 없거나 그 병이 아닌 상태에 있는 것. ¶~ 콜레라. 2 실제와 비슷하나 실제의 것이 아닌 상태에 있는 것. ¶~ 환경.
의사⁴(醫師) 명 면허를 얻어 의술과 약으로 병을 진찰·치료하는 사람. =닥터. ¶담당 ~.
의사⁵(議事) 명 회합(會合)에서의 심의(審議) 또는 심의할 사항. ¶~ 진행.
의사-당(議事堂) 명 의원(議員)들이 모여 회의를 하기 위한 건물. 주로 국회 의사당을 말함.
의사-록(議事錄) 명 회의의 경과 및 결과를 적은 기록. ㉡회의록.
의:사-소통(意思疏通) 명 말·글·제스처 등을 통해 상대에게 자기 뜻을 전달하거나 상대의 뜻을 알아듣는 일. 의:사소통-하다 동(자여)
의:사^표시(意思表示) 명[법] 법률 효과를 발생시키기 위해 자신의 의사를 외부에 나타내는 행위.
의상¹(衣裳) 명 1 겉에 입는 옷. 특히, 예술적으로 표현된 옷을 이르는 말. ¶민속 ~. 2 배우들이나 연예인이 무대에서 입는 옷. ¶무대 ~.
의:상²(義湘) 명[인] 통일 신라 시대의 승려(625~702).
의상-실(衣裳室) 명 1 '양장점'을 다소 격을 높여 달리 이르는 말. 2 공연장 등에서 무대 의상을 보관하거나 갈아입는 방.
의생(醫生) 명 지난날, 한방(韓方)으로 병을 고치던 사람.
의-생활(衣生活) 명 입는 일이나 입는 옷에 관한 생활. ▷식생활·주생활.
의서(醫書) 명 의학에 관한 책.
의석(議席) 명 1 회의하는 자리. 또는, 회의 참석자가 앉는 자리. 2 의회 등의 의원의 자리. ¶다수 ~을 차지하다.
의석-수(議席數)[-쑤] 명 국회나 지방 의회의 의원이 앉는 자리의 수. 또는, 의원의 수.
의성-법(擬聲法)[-쩝] 명[문] 수사법의

하나. 사물의 소리를 말로 비슷하게 흉내 내어 나타내려는 표현법. '참새가 짹짹 운다' 따위.
의성^부¦사(擬聲副詞) [명][언] 의성어로 된 부사. '땡땡', '멍멍' 따위. ↔의태 부사.
의성-어(擬聲語) [명][언] 사물의 소리를 흉내 내어 만든 말. '졸졸', '꼬꼬댁' 따위. ↔의태어.
의¦수(義手) [명] 잘린 손을 대신하여 고무 따위로 만들어 붙인 손. ▷의족.
의술(醫術) [명] 병을 고치는 기술.
의¦식[1](意識) [명] **1** (어떤 일·현상·대상 등을) 생각이 미치어 대상으로서 알거나 깨닫거나 느끼는 것. **2** (어떤 대상을) 특별히 두드러지게 느끼거나 마음에 두는 것. **3** 사람이 깨어 있을 때 자기 자신이나 사물에 대해 알거나 깨닫거나 느끼게 되는 정신의 상태나 작용. ¶~을 잃다/~이 몽롱하다. **4** 개인·집단·민족 등이 사회·역사 속에서 생활하거나 생존하는 동안에 형성되는, 사물에 대한 견해나 사상이나 감정. ¶직업~. **의¦식-하다** [동][타][여] **1** (어떤 일·현상·대상 등을) 생각이 미치어 대상으로서 알거나 깨닫거나 느끼다. **2** (어떤 대상을) 특별히 두드러지게 느끼거나 마음에 두다. ¶남의눈을 ~. **의¦식-되다** [동][자]
의식[2](儀式) [명] 어떤 행사를 치르는 법식. 또는, 정해진 방식에 따라 치르는 행사. =식전·의례·의전. ¶~을 거행하다.
의¦식^구조(意識構造) [-꾸-] [명] 어느 개인이나 사회, 국민이 가진 의식의 됨됨이. 또는, 그 짜임새. ¶관료 사회의 권위주의적 ~.
의¦식^불명(意識不明) [-뿔-] [명] 의식을 잃은 상태.
의¦식-적(意識的) [-쩍] [관][명] 의식하면서 일부러 하는 (것). ¶~으로 방해하다. ↔무의식적.
의식주(衣食住) [-쭈] [명] 인간 생활의 세 가지 요소인 옷과 음식과 주택. ¶~ 문제를 해결하다.
의¦식-화(意識化) [-시콰] [명] (어떤 사람을) 사회 현상이나 어떤 대상에 대하여 비판적이고 각성된 의식을 갖도록 이끄는 것. 특히, 마르크스주의적 계급의식을 갖게 하거나 갖게 되는 것을 이름. **의¦식화-하다** [동][타][여] **의¦식화-되다** [동][자]
의심(疑心) [명] (어떤 사실을) 주어진 그대로 받아들이지 않고 그렇지 않을지도 모른다고 생각하는 것. 또는, (어떤 사람을) 좋지 않거나 옳지 않은 일을 한 사람이 아닐까 하고 생각하는 것. ¶~을 사다. **의심-하다** [동][타][여] ¶남을 ~. **의심-되다** [동][자]
의심-나다(疑心-) [동][자] 의심이 생기다. ¶**의심나는** 게 한두 가지가 아니다.
의심-스럽다(疑心-) [-따] [형][ㅂ] <~스러우니, ~스러워> 의심이 가는 점이 있다. =의심쩍다. **의심스레** [부]
의심-쩍다(疑心-) [-따] [형] =의심스럽다. ¶**의심쩍은** 행동.
의아-스럽다(疑訝-) [-따] [형][ㅂ] <~스러우니, ~스러워> 의아한 데가 있다. **의아스레** [부]
의아-심(疑訝心) [명] 의아하게 여기는 마음. ¶~이 들다.
의아-하다(疑訝-) [형][여] 어떤 일이 뜻밖이어서 이상하게 여기거나 의심을 가지는 상태에 있다. ¶**의아한** 눈으로 쳐다보다. **의아-히** [부]
의¦안[1](義眼) [명] 유리알 등으로 만들어 끼운 인공적인 눈알.
의안[2](議案) [명] 회의에서 토의할 안건.
의약(醫藥) [명] **1** 병을 고치는 데 쓰는 약. **2** 의술과 약.
의약^분업(醫藥分業) [-뿐-] [명] 의사와 약사의 업무를 분담하게 하는 제도.
의-약품(醫藥品) [명] 병을 치료하는 데에 쓰이는 약품.
의¦역(意譯) [명] 원문의 단어나 구절에 너무 얽매이지 않고 문장 전체의 뜻을 살리는 데 주안점을 둔 번역. ↔직역. **의¦역-하다** [동][타][여] **의¦역-되다** [동][자]
의¦연-금(義捐金) [명] 사회적 공익이나 자선을 위해 기부하는 돈. ¶수재 ~.
의연-하다(毅然-) [형][여] 의지가 굳세어서 끄떡없다. ¶**의연한** 태도. **의연-히** [부]
의¦열-단(義烈團) [-딴] [명][역] 1919년에 만주에서 조직된 항일 무장 단체.
의¦외(意外) [-외/-웨] [명] 예상이나 기대나 생각을 벗어난 상태. [비]뜻밖. ¶~의 결과.
의¦외-로(意外-) [-외-/-웨-] [부] 사람들의 일반적 생각과 달리. [비]뜻밖에. ¶~ 문제가 쉽다.
의¦외-롭다(意外-) [-외-따/-웨-따] [형][ㅂ] <~로우니, ~로워> 뜻밖이라고 생각되는 느낌이 있다. **의¦외로이** [부]
의¦욕(意欲) [명] 무엇을 하고자 하는 적극적인 의지(意志). ¶일할 ~을 잃다.
의¦욕-적(意欲的) [-쩍] [관][명] 무엇을 하고자 하는 욕망이 넘쳐 있는 (것). ¶그는 모든 일에 ~이다.
의¦용(義勇) [명] 의를 위해 일어나는 용기.
의¦용-군(義勇軍) [명] 전쟁이나 사변을 당하여 뜻있는 민간인으로 조직된 군대.
의원[1](醫員) [명] 의사와 의생의 총칭.
의원[2](醫院) [명] 진료 시설을 갖추고 의사가 의료 행위를 하는 곳. 병원보다는 규모가 작음. ▷병원.
의원[3](議員) [명] 국회나 지방 의회 같은 합의체의 구성원으로 의결권을 가진 사람. ¶국회~.
의원[4](議院) [명] 국정을 심의하는 곳.
의원^내¦각제(議院內閣制) [-쩨] [명][정] 행정권을 담당하는 내각이 의회, 특히 하원의 신임 여하에 따라 조직되고 존속되는 제도. =내각 책임제. ↔대통령제.
의¦유당-일기(意幽堂日記) [명][문] 조선 순조 때 함흥 판관의 부인 의유당 김씨가 지은 수필집.
의¦의(意義) [-의/-이] [명] **1** 언어로써 표현되는 의미·내용. **2** 언어·사물·행위 등이 갖는 가치. ¶3·1 운동의 역사적 ~.
의¦인(義人) [명] 의로운 사람.
의인-법(擬人法) [-뻡] [명][문] 수사법의 하나. 사람이 아닌 무생물이나 동식물에 인격적 요소를 부여하여 사람의 의지·감정·생각 등을 지니도록 하는 방법. '꽃이 웃는다' 따위. ▷활유법.
의인-화(擬人化) [명] 사물을 사람에 비겨 표현하는 것. [비]인격화. **의인화-하다** [동][타][여] **의인화-되다** [동][자]
의자(椅子) [명] 사람이 엉덩이에 몸무게를 실어 앉을 수 있게 만든, 엉덩이를 대는 부분과 그것을 지탱하는 다리 등으로 된 기구. ¶회전~.

의:-자매(義姉妹) 圏 의(義)로 맺은 여자 형제. ▷의형제.
의:자-왕(義慈王) [인] 백제의 마지막 왕(?~660).
의:장(意匠) 圏 미술 공예품·공업 제품 등의 형상·색채·모양 등을 여러 가지로 궁리하는 일. 또는, 그 결과로 생긴 장식.
의장(議長) 圏 회의 주재하는 이. 회의 집행부를 대표하는 사람. ¶국회 ~.
의:장-권(意匠權) [꿘] 圏[법] 산업 재산권의 의장(意匠)을 배타적·독점적으로 이용할 수 있는 권리.
의장-단(議長團) 圏 의장·부의장을 집합적으로 일컫는 말.
의장-대(儀仗隊) 圏[군] 국가적 의식(儀式)을 거행하거나 외국 사절을 맞을 때, 일정한 격식에 따라 그곳에 배치하는 군대. ¶~를 사열하다.
의:적(義賊) 圏 부정한 방법으로 모은 재물을 훔쳐다가 가난한 사람에게 나누어 주는 의로운 도적. ¶~ 일지매.
의전(儀典) 圏 =의식(儀式)².
의:절(義絶) 圏 1 맺었던 의를 끊는 것. 2 친구나 골육·친척 간의 정을 끊는 것. **의:절-하다** 자여 ¶친구와 ~.
의젓잖다[-전짠타] 톙 의젓하지 않다.
의젓-하다[-저타-] 톙여 (성년이 아닌 사람이나 손아랫사람이, 또는 그의 행동이나 태도가) 경망스럽지 않고 자신감이나 당당함이 있다. ¶말하는 태도가 나이에 맞지 않게 ~. **의젓-이** 閉
의정(議政) 圏 1 [역] 조선 시대, 의정부의 영의정·좌의정·우의정의 총칭. 2 [정] '의회정치'의 준말.
의정-부(議政府) 圏[역] 조선 정종 2년 (1400)에 베푼 행정부의 최고 기관. 영의정·좌의정·우의정이 있었으며 이들의 합의에 따라 국가 정책을 결정했음.
의정-서(議定書) 圏[법] 1 외교적인 회의에서 의논하여 결정한 사항을 기록한 국제 공문서. 2 나라를 대표하는 전권 위원 사이에 결정된 국제간의 공문서.
의제(議題) 圏 토의나 회의에서 논의할 문제. ¶~로 오르다.
의족(義足) 圏 다리가 없는 사람에게 쓰이는 인공의 다리. 나무·고무·금속 등으로 지음. ▷고무다리.
의존(依存) 圏 (어떤 일을 어떤 대상에) 기대어 이루는 것. 또는, (어떤 일이 어떤 대상에) 기대어 이루어지는 것. **의존-하다** 톤에 ¶사냥과 채취에 **의존했던** 원시인의 생활. **의존-되다** 톤
의존-도(依存度) 圏 다른 것에 의지하여 생활하거나 존재하는 정도. ¶수입 ~가 높다.
의존^명사(依存名詞) 圏[언] 독립성이 없어 다른 말 아래에 기대어 쓰이는 명사. 흔히, 앞에 관형어가 있는. 것·뿐·데·마리 따위. =불완전 명사. ↔자립 명사.
의존-심(依存心) 圏 의존하려는 마음. ↔자립심.
의:-좋다(誼-)[-조타] 톙 정이 있어 사이가 좋다. ¶**의좋은** 형제.
의:중(意中) 圏 마음에 품은 생각. 閉마음속. ¶~을 떠보다.
의지¹(依支) 圏 1 (다른 것에 몸을) 기대는 것. 2 (남에게 마음을) 기대어 도움을 받는 것. **의지-하다** 조에 ¶**의지할** 곳이 없다.

의:지²(意志) 圏 어떤 일을 해내거나 이루어 내려고 하는 마음의 상태나 작용. ¶~가 강한 사람.
의지가지-없다(依支-)[-업따] 톙 조금도 의탁할 곳이 없다. ¶**의지가지없는** 노인. **의지가지없-이** 閉
의:지-력(意志力) 圏 세운 뜻을 끝까지 지켜 나가는 힘.
의:창(義倉) 圏[역] 고려 시대에, 곡식을 저장하여 두었다가 흉년이나 비상시에 가난한 백성들에게 대여하던 기관.
의처-증(疑妻症)[-쯩] 圏 객관적 근거 없이 아내가 바람을 피우고 있다고 굳게 믿고 아내를 끊임없이 의심하는 정신적인 질환. ↔의부증.
의:천(義天) [인] '대각 국사'의 자(字).
의:치(義齒) 圏 이가 빠진 자리에 박거나 끼워 넣는 인공적인 이.
의타-심(依他心) 圏 남에게 의지하는 마음. ¶~을 버려라.
의탁(依託) 圏 남에게 의뢰하고 부탁하는 것. **의탁-하다** 톤에 ¶**의탁할** 곳 없는 사람들을 위한 사회 시설.
의태-법(擬態法) [-뻡] 圏[문] 수사법의 하나. 사물의 움직임이나 모양을 흉내 내어 나타내려는 표현법. '보들보들한 살결' 따위.
의태^부:사(擬態副詞) 圏[언] 사물의 움직임이나 모양을 흉내 내는 부사. '뒤뚱뒤뚱', '까불까불' 따위. ↔의성 부사.
의태-어(擬態語) 圏[언] 사물의 움직임이나 모양을 흉내 내어 만든 말. ↔의성어.
의:표(意表) 圏 (주로 '찌르다', '찔리다' 등과 함께 쓰여) 어떤 사람이 생각이 부족하여 미처 헤아리거나 깨닫지 못했던 부분. 또는, 다른 사람이 문제 삼거나 지적하리라고는 전혀 생각지 못한, 부끄럽게 여기거나 약점으로 느낄 만한 부분. ¶~를 찌른 날카로운 비평.
의-하다(依-) 톤에 (···에 의해(서)', '···에 의하다', '···에 의한'의 꼴로 쓰여) 의거하거나 말미암다. ¶부주의에 **의한** 사고.
의학(醫學) 圏 병을 진단·치료·예방하고, 건강을 유지하는 기술과 방법을 연구하는 학문.
의:향(意向) 圏 무엇을 하려는 생각. ¶~을 떠보다.
의:협-심(義俠心) [-씸] 圏 남의 어려운 사정을 돕거나 억울함을 풀어 주기 위하여 자기를 희생하는 마음. ¶~이 강하다.
의형(劓刑) 圏 옛날 중국의 오형(五刑) 하나. 코를 베는 형벌.
의:-형제(義兄弟) 圏 의(義)로 맺은 형제. ▷의자매.
의혹(疑惑) 圏 어떤 일에 대해 뭔가 이상하다거나 문제가 있다고 생각하게 되는 것. 또는, 그 생각. ¶남의 ~을 사다.
의회(議會) [-회/-훼] 圏[법] 1 국민의 의사를 대표하는 자로서 선거에 의해 선출된 의원으로 구성되고, 주로 입법에 참여하는 합의제의 기관. 국회·시의회·도의회 따위. 2 특히, '지방 의회'를 이르는 말. 閉국회.
의회^정치(議會政治) [-회-/-훼-] 圏[정] 국민의 의사를 대표하는 기관인 의회가 국정을 행하는 것을 기본으로 하는 정치. 閉의정.

의회-주의(議會主義)[-회의/-훼-이] 圏[정] 국정의 최고 정책을 의회에서 결정하고자 하는 정치 방식.

이¹ 圏[언] 한글 모음 'ㅣ'의 이름.

이² 圏 **1** 사람이나 동물의 입 안의 위턱과 아래턱에 나 있어, 음식물이나 먹이 등을 물거나 자르거나 씹는 구실을 하는 단단한 조직. **2** 톱·톱니바퀴 등에 뾰족뾰족 내민 부분. ¶~가 무디다. **3** 기계·기구에서, 맞물려 이어지는 부분. ¶~가 맞다.
[이 없으면 잇몸으로 살지] 있으면 없는 대로 그럭저럭 참고 산다는 말.
이(를) 갈다 분에 못 이겨 상대방에게 독한 마음을 먹고 벼르다.
이(가) 갈리다 분에 못 이겨 독한 마음이 생기다. ¶그 녀석 얘기는 하지도 말게. 이름만 들어도 **이가 갈리니까**.
이를 악물다 힘에 겨운 곤란이나 난관을 뚫고 나가려고 비상한 결심을 하거나 꾹 참다. ¶**이를 악물고** 시련을 극복하다.
이(가) 빠지다 그릇의 가장자리나 칼날 등이 약간 상하여 이지러지거나 잘게 떨어져 나가다. ¶**이 빠진** 접시.

이³ 圏[동] 사람이나 가축의 피부에 기생하여 피를 빨아 먹으며, 발진 티푸스·재귀열 등을 옮기는 곤충. 몸길이 0.5~6mm로 납작하며, 몸빛은 담황색임.
이 잡듯이 구석구석 샅샅이. 비유적인 말임. ¶범인 색출을 위해 마을을 ~ 뒤지다.

이⁴ 圏(의존) 그 말 아래에 쓰여, 사람을 뜻하는 말. ¶저기 있는 ~가 누구지?

이⁵ Ⅰ 國(지시) 말하는 사람 쪽 입장에서, 앞에 언급했거나 뒤에 언급하려고 하는 사물이나 사실을 나타내는 말. ▷그.
Ⅱ 國 **1** 말하는 사람이 듣는 사람보다 자기 쪽에 가까이 있는 대상을 가리킬 때 쓰는 말. ¶그 수박보다 ~ 수박이 더 크다. **2** 말하는 사람이 이전에 언급된 일이 없거나 또는 이미 언급했거나 나중에 언급하려고 하는 대상을 가리킬 때 쓰는 말. ¶~ 시대를 사는 사람. 쪵요. ▷그.저.

이⁶ 圏 남이 위태한 지경에 있을 때, 그의 주의를 환기시키기 위해 지르는 소리. ¶~, 떨어질라. 조심하여라.

이⁷ 조 **1**(자음으로 끝나는 체언에 붙어) 그 말이 주격이 되게 하는 격 조사. ¶산~ 높다. **2** 어떤 것이 변하여 그것이 됨을 나타내는 격 조사. ¶물이 얼음~ 되다. **3** 그것이 아님을 나타내는 격 조사. ¶그것은 쉬운 일~ 아니다. ▷가.

-이-⁸ 쪵[로] **1** 동사의 어간에 붙어, 그 동사가 사동의 기능을 갖게 만드는 어간 형성 접미사. ¶끓~다 / 붙~다. **2** 동사의 어간에 붙어, 그 동사가 피동의 기능을 갖게 만드는 어간 형성 접미사. ¶깎~다 / 쌓~다. **3** 형용사의 어간에 붙어, 그 형용사를 사동의 기능을 갖는 동사로 만드는 어간 형성 접미사. ¶높~다 / 길~다.

-이⁹ 쪵[로] **1** 용언의 어간에 붙어 그것을 명사로 만드는 말. ¶높~ / 먹~. **2** 형용사의 어간에 붙어 그 말을 부사로 만드는 말. ¶나직~ / 깨끗~. **3** 명사를 거듭 합친 말에 붙여 부사를 만드는 말. ¶겹겹~ / 일일~. **4** 사람·동물·사물을 나타내는 명사로 만드는 말. ¶식출~ / 재떨~. **5** 자음으로 끝나는 사람의 이름 밑에 붙여 어조를 고르는 말. ¶영식~. **6** 자음으로 끝나는 사람 이름 뒤에 붙여, 그 아

랫사람이나 친구)을 좀 대접하거나 격식 있게 이르는 말. ¶여보게, 영섭~! 이것 좀 보게. **7** 둘, 셋, 넷 등의 수사에 붙어, 그 숫자의 수를 나타내는 말.

-이¹⁰ 쪵 모음으로 끝나는 형용사의 어간에 붙어, '하게' 할 상태에서 자기가 생각한 바를 말할 때 쓰이는 종결 어미. ¶자네 솜씨가 정말 대단한~. ▷-으이.

이¹¹(利) 圏 이익이 되거나 이득을 가지는 상태. ¶~가 남는 장사.

이¹²(里) 圏 읍이나 면 아래에 두는 말단 행정 구역. 어말에 붙어 특정 동리 이름을 나타낼 때에는 '리'로 바꿈.

이¹³(理) 圏[철] 중국 철학 특히 정주학(程朱學)에서, 우주의 본체. ▷기(氣).

이¹⁴(二) Ⅰ 줜 '둘'과 같은 뜻의 한자어 계통의 수사. 아라비아 숫자로는 '2', 로마 숫자로는 'Ⅱ'로 나타냄.
Ⅱ 圏 '두', '둘째'의 뜻. ¶~ 명.

이¹⁵(E) 圏 **1** 학점의 단계를 나타내는 기호의 하나. 조건부 급제를 뜻하는 것으로 흔히 재시험을 함. **2**[음] 음이름의 하나. '마' 음.

이:간(離間) 圏 (둘 이상의 사람의 사이를) 중간에 끼어들어 서로 나빠지거나 벌어지게 만드는 것. **이:간-하다** 圏 (☞)

이:간-질(離間-) 圏 (둘 이상의 사람의 사이를) 중간에 끼어들어 서로 나빠지거나 벌어지게 만드는 것. **이:간질-하다** 圏 (☞) ¶시어머니와 며느리 사이를 **이간질하는** 시누이.

이감(移監) 圏[법] 다른 교도소나 감방으로 수감자를 옮기는 것. **이감-하다** 圏(☞)
이감-되다 圏(☞) 딴방으로 ~.

이-같이[-가치] 튄 이와 같이. ¶~ 많은 돈을 어디에 쓰려는가?

이-거 떼(인칭)(지시) '이것'을 구어적으로 이르는 말. ¶~로 주십시오. 젰요거.

걸로 '이것으로' 가 준 말.

이-것[-걷] 떼 Ⅰ(지시) **1** 말하는 이가 듣는 사람보다 자기 쪽에 가까이 있는 사물을 가리키는 말. ¶~은 저기 가져가거라. **2** 이미 언급된 대상을 가리키면서도, 아직 상대의 문제라기보다는 말하는 사람 쪽의 영역에 속함을 나타내는 말. ¶죽느냐 사느냐, ~이 문제로다. **3** 말하는 사람이 듣는 사람에게 아직 말하지 않은, 그러나 뒤에 그 내용을 언급하게 될 대상을 가리키는 말. Ⅱ(인칭) 말하는 사람이 자기에게 가까이 있는, 못마땅하게 여기는 사람을 낮추어 이르는 말. ¶~이 어디서 까불어. 젰요것. ▷그것·저것.

이것-저것[-걷쩌걷] 圏 불특정의 여러 사물. 젰요것조것.

이:견(異見) 圏 서로 다른 의견. 또는, 남과 다른 의견.

이:경(二更) 圏 하룻밤을 다섯으로 나눈 둘째 부분. 밤 9시에서 11시 사이.

이고 조 자음으로 끝나는 명사에 붙어, 두 가지 이상의 사물을 아울러 말할 때에 쓰여, 앞서 든 것을 다 포함시킴을 나타내는 접속 조사. ¶산~ 강~ 다 오염되어 가고 있다. ▷고.

이:골 圏 아주 길이 들어서 몸에 밴 짓이나 버릇.
이골(이) 나다 어떤 방면에 길이 들어서 아주 익숙해지다. ¶나는 청소라면 **이골이 나**.

이-곳[-곧] 떼(지시) '여기 Ⅰ**1**'을 문어적

이곳-저곳[-곧쩌곧] ⃞ Ⅰ 图 불특정의 여러 곳. 圓여기저기.
Ⅱ 图 불특정의 여러 곳에. 圓여기저기.
¶ ~ 기웃거리다.

이:과(理科) 图 **1** 물리학·생물학·화학·수학·의학·공학 등의 자연 과학을 다루는 학문 분야. ↔문과. **2** [교] 자연 과학, 특히 물리학·생물학·화학·수학 등을 연구하는 대학의 한 분과.

이관(移管) 图 업무를 옮기는 것. **이관하다** 圄唲 ¶업무를 타 부서로 ~. **이관되다** 图

이:괄(李适) 图 [인] 조선 시대의 무신·반란자(1587~1624).

이:괄의 난(李适-亂) [-과-/-에-] 图 조선 인조 2년(1624)에 이괄이 인조반정의 논공행상에 불만을 품고 일으킨 반란.

이:-광수(李光洙) 图 [인] 소설가(1892~1950).

이괘(离卦·離卦) 图 8괘의 하나. 불을 상징하며 '☲'로 나타냄.

이:교(異敎) 图 자기가 믿는 이외의 종교.

이:-교대(二交代) 图 필요한 시간을 둘로 나누어 일하며 임무를 맡는 일.

이:교-도(異敎徒) 图 이교를 믿는 사람.

이:구-동성(異口同聲) 图 여러 사람의 말이 한결같음. 또는, 여러 사람이 똑같이 말함. ¶ ~으로 대답하다.

이구아수^폭포(Iguaçu瀑布) 图 [지] 브라질과 아르헨티나의 국경에 있는, 세계 최대 규모의 다단계 폭포.

이:국(異國) 图 다른 나라. 圓이방·타국.

이:국-적(異國的) [-쩍] 图 자기 나라가 아닌 다른 나라에 특징적인 (것). ¶ ~ 풍경.

이:국-정취(異國情趣) [-쩡-] 图 어떤 풍물이나 사물에 느낄 수 있는, 자기 나라의 것과는 다른 정취나 정서. ¶ ~가 물씬 풍기는 몽마르트르 거리.

이:국-취미(異國趣味) 图 **1** 자기 나라와는 다른 풍물을 즐기는 취미. **2** 자기 나라와는 다른 정경이나 풍속 따위를 그려 색다른 분위기를 이루거나 예술적 효과를 높이는 일.

이:군(二軍) 图[체] 주로 프로 팀에서, 1군에 비해 실력이 뒤진 선수들로 이뤄진 진용. ▷일군.

이:궁(離宮) 图[역] **1** 태자궁·세자궁의 별칭. **2** 궁성 밖에 마련된 임금의 거처. 圓행궁.

이:권(利權) [-꿘] 图 이익을 얻을 수 있는 어떤 권리. 또는, 이익이 생기게 하는 어떤 권리. ¶ ~ 다툼/~ 개입.

이:-규보(李奎報) [-] 图[인] 고려 시대의 문신·문인(1168~1241).

이:극^진공관(二極^眞空管) [-찐-] 图[물] 음극에 해당하는 필라멘트와 양극에 해당하는 플레이트를 하나의 진공 용기 속에 봉입한 전자관. = 다이오드.

이글(eagle) 图[체] 골프에서, 한 홀의 기준 타수보다 2타수 적은 기록으로 공을 홀에 넣는 일. ▷버디·앨버트로스.

이글-거리다/-대다 图唲 **1** (불꽃이) 발갛게 피어나며 피어오르다. ¶**이글거리는** 태양. **2** 정기나 정열이 성하게 일다. **이글거리이다** 图 **이글거림** 图 눈빛.

이글루(igloo) 图 얼음과 눈덩이로 둥글게 만든, 에스키모의 집. =얼음집.

이글-이글[-리-/-그리-] 图 이글거리는 모양. ¶ ~ 타오르는 불길. **이글이글-하다** 閵唲 ¶눈빛이 ~.

이:급(二級) 图 등급의 하나. ¶ ~ 호텔.

이:급-수(二級水) [-쑤] 图 하천의 수질 등급의 하나. 비교적 맑고 냄새가 나지 않는 물. 그냥 마시지는 못하고 수영이나 목욕을 할 수 있으며, 피라미·쏘가리·은어 등이 살 수 있음.

이:기¹(利己) 图 자기의 이익만을 꾀하는 일. ↔이타(利他).

이:기²(利器) 图 **1** 썩 잘 드는 연모. 또는, 날카로운 병기(兵器). **2** 실용에 편리한 기구나 기계. ¶작동차는 문명의 ~이다.

이:기³(理氣) 图[철] 성리학에서 말하는, 우주의 본체인 이(理)와 그 현상인 기(氣). 곧, 태극과 음양. ¶ ~ 이원론.

이기다¹ 图唲 **1** (사람이나 동물이 다른 사람이나 동물과) 싸움·경기·경쟁·내기 등에서 앞선 상태가 되다. 圓승리하다. 재판에서 ~. ↔지다. **2** (사람이 마음속에서 일어나는 감정이나 욕망 등을) 억눌러 가라앉게 하다. ¶돈의 유혹을 ~. **3** (사람이 병이나 어려운 일을) 건강하거나 평안한 상태에 이르도록 견디다. ¶그는 초인적인 의지로 암을 **이겨** 냈다. **4** (몸을) 중심을 잡고 바로 가지다. ¶그가 나다. ¶아직 고개를 **이기지** 못하는 아기.

이기다² 图唲 **1** (밀이나 가루 등을) 물과 뒤섞어 차지게 하다. 圓반죽하다. ¶흙을 **이겨** 벽에 바르다. **2** (질긴 물건을) 칼 따위로 잘게 짓찧다. ¶쇠고기를 잘게 ~.

이:기-심(利己心) 图 자기의 이익만을 꾀하거나 생각하는 마음. ¶ ~의 발동.

이:기-작(二期作) 图[농] 한 해에 두 번 같은 작물을 같은 경작지에 심는 일.

이:기-적(利己的) 图 자기의 이익만을 꾀하는 (것). ¶ ~ 행동.

이:기-주의(利己主義) [-의/-이] 图 남이나 사회 일반을 돌아보지 않고 자기의 이익이나 행복만을 추구하는 사고방식이나 태도. ↔에고이즘. ¶ ~이타주의.

이:기주의-자(利己主義者) [-의/-이-] 图 자기의 이익만을 꾀하려고 하는 사람. =에고이스트.

이기죽-거리다/-대다[-꺼(때)-] 图唲 빈정거리는 말을 자꾸 하며 밉살스럽게 굴다. ¶**이기죽거리며** 약을 올리다. 图이죽거리다.

이기죽-이기죽 图 이기죽거리는 모양. 图이죽이죽. **이기죽이기죽-하다** 图唲.

이-까짓[-짇] 윤 고작 이만한 정도의. ¶ ~ 것은은 거뜬히 들 수 있다. 图이깟. 囨요까짓.

이-깟[-깓] 윤 '이까짓'의 준말. ¶ ~ 일이 뭐가 힘드니? 囨요깟.

이끌다 图唲 (이끄니, 이끄오) **1** (어떤 사람이 다른 사람을) 목적하는 곳으로 가게 하기 위해 손을 잡아 끌거나 하여 따르게 하다. ¶아이가 막내동생을 **이끌며** 엄마의 손을 ~. **2** (어떤 사람이 아랫사람이나 단체들을) 자기의 책임 아래 일정한 목적이나 의지대로 움직이거나 따르게 하다. ¶한 나라를 **이끄는** 지도자. **3** (경기·전쟁·이야기·사람·일 등을 어떤 방향이나 결과나 상태로) 이루어지게 만들다. ¶우리 팀은 이끌었다 승리로 ~.

이끌-리다 图唲 '이끌다'의 피동사.

이:-끗(利-) [-끋] 图 이익이 되는 실마

리. ¶~을 따지다.

이끼¹ 圀 [식] 그늘지고 습기 찬 바위 표면이나 나무껍질 등에 붙어 사는, 선태식물과 지의식물의 총칭.

이끼² 囘 놀라 급히 뒤로 물러설 듯이 지르는 소리. ㉔이키.

이나 困 자음으로 끝나는 체언이나 부사의 아래에 붙는 보조사. 1 둘 이상의 사물 가운데 어느 것을 선택함을 나타냄. ¶오는 휴일에는 산~ 바다로 놀러 가자. 2 앞에 오는 대상이나 일 이외에 다른 것을 선택할 여지가 없음을 나타냄. 또는, 다른 대상을 배제하면서 앞의 대상을 선택하되, 그 선택이 최소한의 일이거나 덜 바람직한 일임을 나타냄. ¶굿~ 보고 떡~ 먹을까. 3 최소한의 조건이나 사실과 다른 경우를 가정하는 뜻을 나타냄. ¶돈~ 많으면서 사랑마저 넘칠 말을 않지. 4 ('…이나 …이나'의 꼴로 쓰이거나, 대상을 특별히 지정하지 않는 뜻을 나타내는 말 아래에 쓰여) 대상이 개별적인 차이가 없이 모두 공통성을 가짐을 나타냄. ¶산~ 들~ 모두 푸르빛을 띠고 있다. 5 수량이 예상되는 정도를 넘어서거나 한도에 이름을 나타냄. 또는, 예상하거나 짐작하건대 어느 정도에 이름을 나타냄. ¶그는 혼자서 소주를 다섯 병~ 마셨다. 6 (일부 사물 이름 뒤에 그것을 세는 단위성 의존 명사가 오고 그 뒤에 '이나'가 쓰여) 그 사물이 많지는 않으나 얼마간 있음을 나타냄. ¶돈푼~ 있다고 거들먹거린다. 7 일부 부사에 붙어, 그 부사의 뜻을 강조함. ¶퍽~/가뜩~. ▷나.

이-나마 用 이것이나마. 또는, 이것이라도. ¶~ 없었더라면 어쩔 뻔했는가?

이나마² 困 자음으로 끝난 체언에 붙어, '부족하지만 아쉬운 대로'의 뜻을 나타내는 보조사. ¶몸~ 건강해야지. ▷나마.

이-날 囘 바로 앞에서 이야기한 날.
  이날 이때까지 '오늘에 이르기까지'의 뜻을 강조하여 이르는 말. ¶나는 ~ 온갖 설움을 다 겪고 살아왔다.

이:남¹(二男) 圀 1 둘째 아들. ㉤차남. 2 슬하에 둔 두 명의 아들.

이:남²(以南) 圀 1 어떤 기준이 되는 지점으로부터 그 남쪽. ¶한강 ~. 2 한반도의 북위 38°선 또는 휴전선 남쪽. ↔이북.

이남-박 圀 쌀을 씻는 데 쓰는, 안쪽에 여러 줄의 골을 판 나무 바가지.

이내¹ 圀 해 질 무렵 멀리 연기처럼 보이는 푸르스름하고 흐릿한 기운.

이내² ᄀ '나의'의 힘줌말. ¶고달픈 ~ 신세.

이내³ 用 1 그때에 바로. ¶~ 끝내다. 2 어느 때부터 내쳐. ¶헤어지고 ~ 감감소식이다.

이:내⁴(以內) 圀 어떤 기준을 포함해서 그보다 수량이 적은 범위. ¶한 시간 ~에 도착될 것이다. ▷이외.

이-냥 用 이대로. 또는, 이대로 내처.

이냥-저냥 用 되어 가는 대로 적당히. ¶~ 지내고 있더네.

이너서클(inner circle) 圀 권력의 핵심 집단. 또는, 영향력 있는 사람들로 이뤄진, 조직 내의 소수 집단.

이-네 圀 이 사람의 무리. 3인칭 복수 대명사임.

이:녀(二女) 圀 1 둘째 딸. ㉤차녀. 2 슬하에 둔 두 명의 딸.

이당류 _ 943

이:-녁 ㉮(인칭) '하오' 할 상대를 마주 대하고 얘기할 때 그를 조금 낮추어 이르는 말. ¶~을 대할 낯이 없다.

이:년 ㉮(인칭) '이 여자'를 얕잡거나 비하하여 이르는 말. ㉤요년. ↔이놈.

이:년-생(二年生) 圀 1 난 지 2년째 되는 생물. 2 [식] =두해살이. 3 학교 등에서, 2학년이 된 학생. ㉤2학년생.

이:념(理念) 圀 1 어떤 것을 이상적으로 여기는 생각이나 견해. ¶~을 달리하다. 2 [철] 독일 관념론에서, 이성의 작용으로 얻어지는 최고 개념. =이데아.

이:-놈 ① ㉮ '이 남자'를 얕잡거나 비하하여 이르는 말. ↔이년. ② ㉯(지시) '이 동물'이나 '이 물건'을 귀엽게. 또는 예사롭게 이르는 말. ↔요놈.

이:농(離農) 圀 농사일을 그만두고 농촌을 떠나는 것. ↔귀농. **이:농-하다** 胚

이:뇨-제(利尿劑) 圀 [약] 오줌을 잘 나오게 하는 약제.

이니 困 자음으로 끝나는 체언에 붙어, 사물을 열거할 때에 쓰이는 접속 조사. ¶떡~ 과일~ 잔뜩 먹었다. ▷니.

이니셔티브(initiative) 圀 '주도권(主導權)'으로 순화.

이니셜(initial) 圀 로마자로 나타낸 사람의 성명에서, 각 단위의 첫 글자들의 조합. 또는, 여러 단어로 이루어진 고유 명사나 구에서, 로마자로 나타낸 각 단어의 첫 글자. 대문자로 나타냄. =머리글자. ¶존 피츠제럴드 케네디의 ~은 JFK이다.

이:닝(inning) 圀 [체] 야구에서, 양 팀이 각각 공격과 수비를 한 번씩 끝내는 시간. 곧, 한 회(回). ¶9~을 모두 끝내다.

이다¹ 囮 (짐이 될 만한 정도의 무게와 부피를 가진 물건을) 올릴 목적으로 자기 머리 위에 얹다. ¶물동이를 인 아낙네들.

이다² 囮 (기와·이엉 등으로 지붕을 덮다. ¶볏짚으로 지붕을 인 집.

이다³ 困 체언에 붙어, 그 체언으로 하여금 주어의 내용을 지정·서술하는 기능을 가지게 해 주는 서술격 조사. 동사·형용사와 함께 활용이 가능함. ¶이것은 책~.

이다⁴ 困 자음으로 끝나는 체언에 붙어, 사물을 열거할 때 쓰이는 접속 조사. ¶떡~ 과일~ 잔뜩 먹었다.

-이다⁵ 圁尾 '-거리다'가 붙을 수 있는 의태어 어근 중 일부의 어간에 붙어, 그것을 동사로 만드는 말. ¶반짝~/글썽~.

이-다음 圀 뒤에 연이어지는 때나 자리. ¶~ 후. ㉤차례. ㉫담. ㉧요다음.

이-다지 用 이러한 정도로. 또는, 이렇게까지. ¶기차가 왜 ~ 늦는담.

이:단(異端) 圀 [종] 정통 교의에서 벗어나는 교의나 그 교파.

이:단-시(異端視) 圀 어떤 사상이나 학설, 신앙 따위를 이단으로 보는 것. **이:단시-하다** 囮囮 **이:단시-되다** 胚

이:단-자(異端者) 圀 1 이단의 종교·사상·학설 따위를 주장하거나 믿는 사람. 2 전통·권위·세속적인 상식에 반발하여 자기 개성을 강하게 내세움으로써 고립되어 있는 사람.

이-달 圀 1 이번 달. 2 바로 앞에서 이야기한 달.

이-담 圀 '이다음'의 준말. ㉧요담.

이:당-류(二糖類) [-뉴] 圀 [화] 두 분자의 단당류로 이루어진 당류. 락토오스·수크로오스 따위.

이-대로 [부] 이 모양으로. 또는, 이와 같이. ¶날 ~ 내버려 둬 다오.

이¦-덕형(李德馨)[-더켱] [명][인] 조선 시대의 문신(1561~1613).

이데아([독]Idea) [명][철] =이념2.

이데올로기([독]Ideologie) [명] 1 어떤 집단이나 그 집단에 속하는 개인이 역사 또는 사회의 제약이나 영향을 받아 가지게 되는 일정한 의식이나 사고방식. 2 지배층이 피지배층을 이끌어 가기 위해 정치적·사회적으로 내세우는 이념이나 사상.

이¦동[1](以東) [명] 어느 지점을 기준으로 하여 그 동쪽. ↔이서(以西).

이¦동[2](異動) [명] 전임·퇴직 등의 지위·직책의 변동. ¶인사(人事)~.

이동[3](移動) [명] (자리나 위치를) 다른 곳으로 옮기는 것. ¶인구 ~. **이동-하다** [동][자][타][여] **이동-되다** [동][자]

이동-도서관(移動圖書館) [명] =순회도서관.

이동성^고기압(移動性高氣壓)[-썽-] [명][기상] 중심권이 일정한 위치에 있지 않고 이동하는 고기압. 봄·가을에 많으며, 이 고기압권에서는 맑은 날이 많음.

이동-식(移動式) [명] 이동할 수 있게 된 방식. 또는, 그런 장치.

이동^전¦화(移動電話) [명] 이동하면서 통화할 수 있는 무선 전화. 카폰·휴대 전화 등이 있음.

이동-차(移動車) [명][영] 카메라를 싣고 수평으로 이동하면서 촬영할 수 있게 작은 바퀴를 달아 만든 대(臺). 흔히, 바닥에 레일을 깔고 그 위를 움직임. =돌리(dolly). ▷크레인.

이동^통신(移動通信) [명][통] 이동체와 고정된 지점 사이, 또는 이동체 상호 간을 연결하는 통신. 일반적으로 LF, MF, HF, VHF 또는 UHF대(帶)의 전파를 사용하는 무선 통신임.

이¦두(吏讀·吏頭) [명][언] 우리말을 한자의 뜻과 음을 빌려 표기하던 방법의 하나. ▷향찰.

이¦두-박근(二頭膊筋)[-끈] [명][생] 위팔의 앞쪽에 있는 큰 근육. 팔을 굽히는 작용을 함.

이드([라]id) [명][심] 개인의 무의식중에 잠재하는 본능적 에너지의 원천.

이¦득(利得) [명] 이익을 얻음. 또는, 그 이익. ↔손실.

이든 [조] '이든지'의 준말. ¶사람~ 짐승~ 다 귀한 목숨이다.

이든지 [조] 자음으로 끝나는 체언에 붙어, 무엇이나 가리지 않음을 나타내는 보조사. ¶어떤 일~ 맡겨만 주세요. [준]이든.

이듬-해 [명][부] 어떤 일이 있은 그다음 해. [비]익년.

이¦등(二等) [명] 《주로 일부 명사나 한자어근 앞에 쓰여》 수준이나 등급이 둘째가거나 중간쯤 되는 부류임을 나타내는 말. ¶~성(星) / ~칸. ▷일등·삼등.

이¦등변^삼각형(二等邊三角形)[-가켱] [명][수] 두 변의 길이가 같은 삼각형.

이¦등-병(二等兵) [명][군] =이병(二兵).

이¦-등분(二等分) [명] 둘로 똑같게 나누는 것. **이¦등분-하다** [동][타][여] ¶사과를 ~. **이¦등분-되다** [동][자]

이¦등-실(二等室) [명] 선박이나 열차 등에서, 둘째가는 등급의 시설을 갖춘 방.

이디엄(idiom) [명][언] 영어에서 둘 이상의 단어들이 연결되어 그 단어들이 가지는 본뜻 이외의 특별한 의미를 나타내는 관용어. [비]숙어.

이따 [부] '이따가'의 준말. ¶~ 만나자.

이따가 [부] 조금 뒤에. ¶~ 갈게. [준]이따.

이따금 [부] 얼마쯤씩 있다가. [비]가끔·때때로. ¶~ 길에서 만난다.

이-따위 [대][관] '이런 것들', '이런 부류'의 뜻으로, 얕잡아 이르는 말. ¶무슨 ~ 녀석이 다 있어?

이-딴 [관] '이따위'를 입말 투로 이르는 말. ¶겨우 ~ 일로 고민했던 게야?

이-때 [명] 바로 지금의 때. 또는, 바로 앞에서 이야기한 시간상의 어떤 점이나 부분. ¶기회는 ~뿐이다.

이때-껏[-껃] [부] 지금에 이르기까지. ¶~ 해 놓은 것이 아무것도 없다.

이라 [조] 1 '이라고1'의 준말. ¶문에는 '개조심' ~ 쓰여 있었다. 2 '이라서'의 준말.

이라고 [조] 자음으로 끝나는 체언에 붙는 조사. 1 직접 인용됨을 나타내는 부사격 조사. ¶그는 하늘을 보면서 "눈이 내리겠군."~ 말했다. [준]이라. 2 얕잡아 말하는 뜻을 나타내는 보조사. ¶그때야 집~ 어디 변변한 것이 있었나. 3 다른 경우와 별다를 바 없음을 나타내는 보조사. ¶부잣집~ 별수 있으랴. ▷라고.

이라도 [조] 자음으로 끝나는 체언에 붙어, 양보의 뜻을 나타내는 보조사. ¶이것만~ 끝내자. ▷라도.

이라든지 [조] 자음으로 끝나는 체언에 붙어, 사물을 열거할 때에 쓰이는 조사. ¶연필~ 붓~ 하는 것은 다 필기구이다. ▷라든지.

이라서 [조] 자음으로 끝나는 체언에 붙어, '감히', '능히'의 뜻을 나타내는 주격 조사. ¶어떤 사람~ 이것을 해내겠는가. [준]이라. ▷라서.

이라야 [조] 자음으로 끝나는 체언에 붙어, 꼭 필요한 사물임을 나타내는 조사. ¶그 사람~ 그 일을 해낼 수 있다. ▷라야.

이라크(Iraq) [명][지] 서아시아 남서부에 있는 공화국. 수도는 바그다드.

이란[1] [조] ['이라는 것은'이 준 말] 자음으로 끝나는 체언에 붙어, 어떤 대상을 지적하거나 드러내어 말할 때 쓰이는 보조사. ¶책~ 우리의 마음을 살찌우는 영혼의 양식이다. ▷란.

이란[2](Iran) [명][지] 서아시아에 있는 공화국. 수도는 테헤란.

이¦란격석(以卵擊石)[-썩] [명] 아주 약한 것으로 강한 것에 대항하려는 어리석음을 비유하여 이르는 말. '달걀로 바위 치기'와 같은 말.

이¦란성^쌍생아(二卵性雙生兒)[-썽-] [명][생] 동일한 배란에서 나온 두 개의 난자가 각각 수정하여 생긴 쌍생아. ▷일란성 쌍생아.

이랑[1] [명][농] [1][자립] 갈아 놓은 밭의 한 두둑과 한 고랑을 합하여 이르는 말. [2][의존] [1]을 세는 단위로 이르는 말. ¶한 ~. ▷고랑.

이랑[2] [조] 자음으로 끝나는 체언에 붙는 조사. 1 다른 말과 비교함을 나타내는 부사격 조사. ¶철수는 영숙~ 동갑이다. 2 함께 행동함을 나타내는 부사격 조사. ¶동생~ 함께 오너라. 3 여럿을 대등한 자격으로 이어 주는 접속 조사. ¶연필~ 붓~ 많다. ▷랑.

이래¹ '이리하여'가 준 말. ¶~ 봐도 안 되고 저래 봐도 안 된다. ▷그래·저래.
이래²(以來) 图〈의존〉(어미 '-ㄴ'이나 일부 명사 다음에 쓰이어) 어느 일정한 때로부터 지금까지의 기간을 나타내는 말. ¶유사 ~ / 건국 ~.
이래도 '이리하여도'가 준 말. ¶네가 나한테 ~ 되는 거야? ▷그래도·저래도.
이래라-저래라 '이렇게 하여라 저렇게 하여라'가 준 말. ¶누구한테 ~ 하는 거냐?
이래서 '이리하여서'가 준 말. ~ 둘은 원수가 되었다.
이래야 '이리하여야'가 준 말. ¶꼭 ~ 돈을 버냐?
이래-저래 閉 이런저런 이유로, ¶~ 손해가 많다.
이랬다-저랬다[-랜따-랟따] '이리하였다 저리하였다'가 준 말. ¶주견이 없이 ~ 한다.
이랴 집 소나 말을 몰 때에 내는 소리. 旬이러.
이러 집 소나 말을 몰거나 끌어 당길 때 내는 소리. 旬이랴.
이러고-저러고 '이러하고 저러하고'가 준 말. ¶~ 말이 많다.
이러-구러 閉 세월이 이럭저럭 지나가는 모양.
이러나-저러나 1 '이러하나 저러하나'가 준 말. ¶~ 이 일을 어쩐다? 2 '이리하나 저리하나'가 준 말. ¶~ 안 된다.
이러다 圄〈자〉 이렇게 하다. 곧, 이렇게 행동하거나 말하거나 생각하다. 구어체에서 쓰임. 旬요러다 병 나겠구.
이러이러-하다 혭 이러하고 이러하다. =여차여차하다. ¶일이 이러이러하게 진행되고 있으니 안심하십시오.
이러저러-하다 혭 이러저러하다. ¶이러저러한 이유로 오지 못했습니다.
이러쿵-저러쿵 閉 이러하다는 둥 저러하다는 둥. ~ 말이 많다. 이러쿵저러쿵-하다〈자〉.
이러-하다 혭〈여〉 '이렇다'의 본딧말.
이럭-저럭[-쩌-] 閉 1 되어 가는 대로. 또는, 어찌 되어 가는지 분명하지 않은 대로. ¶~ 밥은 먹고 삽니다. 2 알지 못하는 동안에 어느덧. ¶고향 떠난 지 ~ 십 년이 되었다. ▷그럭저럭. 이럭저럭-하다〈자〉.
이런 집 말하는 사람이 뜻밖의 바람직하지 않은 일을 저지르거나 겪었을 때 놀라서 내는 소리. ¶아이고 ~! 내가 큰 실수를 했네. 图요런. ▷저런.
이런-고로(-故-) 閉 이런 까닭으로.
이런-저런 옙 이러하고 저러한. ¶~ 생각에 잠을 이루지 못하다.
이렇다[-러타] 혭〈ㅎ〉〈이러니, 이러오, 이래〉〈사물의 상태나 속성이〉 이와 같다. =여차(如此)하다. ¶진상은 ~. 튄이러하다. 旬요렇다.
이렇-듯[-러튼] 閉 '이렇듯이'의 준말.
이렇-듯이[-러튿-] 閉 이런 정도로까지. ¶산을 많이 다녀 봤지만 ~ 험한 산은 처음 봤다. 旬요렇듯이.
이레 옙 1 하루가 일곱 번 있는 시간의 길이. 곧, 일곱 날. 2 (초(初)·열·스무 다음에 쓰이어) 각각 어느 달의 7일·17일·27일을 고유어로 나타내는 말. ¶초 ~.
이렛-날[-렌-] 옙 (초(初)가 붙거나 단독으로 쓰이어, 또는 열·스무 다음에 쓰이어) 각각 어느 달의 7일, 17일, 27일을 나타내는 말. ¶열~의 달도 꽤 둥근 편이다.
이:력(履歷) 옙 지금까지 거쳐 온 학업·직업 등의 내력. 旬경력(經歷).
이력(이) 나다 오래 겪어 익숙해지다. ¶그는 자취 생활을 오래 해서 밥하고 빨래하는 일에 이럭간히 이력이 났다.
이:력-서(履歷書)[-써] 옙 이력을 적은 문서.
이:례(異例) 옙 상례를 벗어난 특이한 예.
이:례-적(異例的) 관옙 상례를 벗어난 특이한 (것). ~ 처사.
이:론¹(異論) 옙 다른 이론(理論). 旬이의(異議). ¶~을 제기하다.
이:론²(理論) 옙 1 낱낱의 여러 현상을 하나로 꿰어 설명할 수 있도록 논리적으로 체계화한 지식. ¶실제. ~, 2 생생한 현실과 동떨어진, 관념적이고 순수한 논리적 지식. ¶~과 실제는 다르다.
이:론-가(理論家) 옙 1 이론에 밝고 능한 사람. 또는, 이론을 좋아하는 사람. 2 이론뿐이고, 실제 문제에는 어두운 사람.
이:론-적(理論的) 관옙 이론에 관한 (것). 또는, 이론에 근거하는 (것). ~ 근거.
이:론-화(理論化) 옙 법칙을 찾고 체계를 세워 이론으로 되게 하는 것. 또는, 이론이 되는 것. 이:론화-하다〈자〉〈타〉 이:론화-되다〈자〉.
이:-롭다(利-)[-따] 혭〈ㅂ〉〈-로우니, -로워〉 어떤 일이나 대상이 누구에게, 또는 무엇에 좋은 영향을 주거나 도움을 주는 작용을 하는 상태에 있다. 旬유리하다. ¶생활에 이로운 물건. ↔해롭다.
이루¹ 閉 (주로, '없다', '어렵다'와 같이 쓰이어) '구체적으로 하나하나', '여간해서는 도저히'의 뜻. ~ 말할 수 없는 고통.
이:루²(二壘) 옙[체] 1 야구에서, 주자가 밟는 둘째 베이스. ¶'이루수'의 준말.
이루다 图〈타〉 1 (어떤 물체나 물질, 또는 개체들이) 모이거나 합쳐지거나 어우러져 일정한 성질이나 모양을 가진 존재로 되다. ¶나무가 자라 숲을 ~. 2 (어떤 대상이 일정한 상태나 결과를) 생기게 하거나 일으키거나 만들다. ¶세종 대왕은 위대한 업적을 이루었다. 3 (사람이 뜻하는 바를) 실제의 사실로 되게 하거나 얻다. ¶뜻을 ~. ▷이룩하다.
이:루-수(二壘手) 옙[체] 야구에서, 이루(二壘)를 지키는 선수. 준이루.
이루어-지다 图〈자〉 (일정한 성질이나 모양을 가진 존재가) 어떤 물체나 물질, 또는 개체들이 모이거나 합쳐지거나 어우러짐으로써 만들어지다. ¶공기 중의 작은 물방울이 모여 구름이 ~. 2 (일정한 상태나 결과가) 어떤 대상의 속에 생기거나 만들어지다. ¶매파에 의해 혼담이 ~. 3 (사람이 뜻하는 바가) 실제의 사실로이 되다. ¶소원이 ~.
이:루-타(二壘打) 옙[체] 야구에서, 타자 자신이 이루까지 갈 수 있게 친 안타.
이룩-되다[-뙤-/-뛔-] 图〈자〉 (훌륭하거나 주목할 만한 일이나 대상, 또는 성과가) 사람의 많은 노력의 결과이거나 얻어지다. ¶피와 땀으로 이룩된 사업.
이룩-하다[-루카-] 图〈타〉〈자〉 (사람이 훌륭하거나 주목할 만한 일이나 대상, 또는 성과를) 많은 노력을 기울여 있게 만들거나 얻다. ¶복지 사회를 ~. ▷이루다.
이:류(二流) 옙 질(質)이나 정도·지위 따

위가 일류보다 약간 못한 것. ¶~ 대학.
이:륙(離陸) 똉 (비행기 따위가) 땅에서 떠오르는 것. ¶~ 지점. ↔착륙. **이:륙-하다** 图囚타면
이:륜-자동차(二輪自動車) 똉 바퀴가 둘 달린 자동차. 곧, 오토바이를 이르는 말.
이:륜-차(二輪車) 똉 바퀴가 둘 달린 차의 총칭. 자전거·오토바이 따위.
이르다¹ 图재려 〈이르니, 이르러〉 1 (사람이나 탈것이 어떤 에게) 움직여 가 닿다. 囹다다르다. ¶일행은 밤이 되어서야 마을에 **이르렀**다. 2 (시간이 기대한 것보다 덜 된 시점이나 한계가 되는 시점에) 흘러서 가 닿다. ¶그는 새벽에 **이르러서야** 잠이 들었다. 3 (어떤 일이나 대상이 어떤 상태나 정도에) 일정한 과정을 거쳐 가 닿다. ¶이야기가 결말에 ~. 4 (어떤 대상이 일정한 범위에) 걸치거나 미친 상태가 되다. ¶20대에서 40대에 **이르는** 청장년층.
이르다² 图国 〈이르니, 일러〉 ①티 1 (나이가 많거나 지위가 높은 윗사람이 아랫사람에게) 알아듣거나 깨닫게 말하다. ¶그렇게 **일렀는데** 이제 와 딴소리를 한다. 2 (위대한 사람이) 교훈이나 가르침이 되는 말을 하다. 또는, (옛말이나 문헌 등에) 교훈이나 가르침이 되는 말이 나타나다. ¶옛말에 **이르기**를 아는 길도 물어 가랬다. ②티 1 (어떤 사실이나 내용을 다른 사람에게) 알도록 말하다. ¶약속 시간과 장소를 친구에게 단단히 **일러** 주다. 2 (어떤 대상을 무엇이라고, 또는 어떤 대상이 무엇임을) 이름 붙이거나 가리켜 말하다. 囹부르다. ¶사람들은 김병연을 **일러** 김 삿갓이라 한다. 3 (어떤 사람이 다른 사람의 잘못을 그 사람의 윗사람에게) 말하여 알게 하다. 囹고자질하다. ¶남의 잘못을 **이르는** 것은 좋지 않다.
이를 데 없다 이루 다 말할 수 없다. ¶슬 프기 ~.
이르다³ 閤囚 〈이르니, 일러〉 1 (어떤 때가) 보통의 경우, 또는 기준이 되는 때보다 시간적으로 앞선 상태에 있다. ¶아직는 꽃 소식이 예년보다 며칠 ~. 2 (때나 시간이) 어떤 일을 하기에, 또는 어떤 일이 이루어지기까지 그 더 기다려야 하는 상태에 있다. 囹빠르다. ¶저녁을 먹기에는 아직 ~. 3 (주로 '이른'의 꼴로 쓰여) (시간적 길이가 있는 어떤 때가) 처음이 시작되는 상태에 있다. ¶**이른** 봄. ↔늦다.
이른-바 똉 세상에서 말하는 바. ¶소위. ¶모든 생물은 ~ 적자생존의 법칙에 의해 살아간다.
이를-테면 閤 '가령 말하자면'의 뜻. ¶그 사람은 ~ 살아 있는 백과사전이다.
이름 똉 1 어떤 사람이 태어날 때 그에 대해서 평생 부르거나 가리키기 위해 부모나 손위, 또는 기타의 사람이 고유하게 지은 말. 2 어떤 사람을 부르거나 가리키기 위해서 고유하게 이은 말을 성(姓)과 합쳐서 이르는 말. 囹성명. ¶직함·존함·함자. 3 개나 고양이와 같은 애완동물이나, 사람이 기르는 일부 동물을 부르거나 가리키기 위해 그 주인이 지어 이르는 말. 4 동물·식물·물건·물체·물질의 종류나 어떤 지역이나 나라나 단체, 어떤 작품이나 책, 어떤 일이나 사건 등을 다른 것과 구별하기 위해 그것에 붙여 이르는 말. 囹명칭. ¶꽃 ~. 5 어떤 사람이 세상에 널리 알려진 상태나 정도. 囹명성. ¶~도 없는 삼류 작가. 6 사람이나 단체가 가지는 품위나 명예. ¶~을 더럽히다. 7 어떤 일을 하면서 그럴듯하게 보이기 위해 붙인 구실이나 명분. ¶자선이라는 ~ 아래 선심 공세를 펴다. 8 표면으로 내세우는 직위나 자격. 囹명목. ¶그는 ~만 사장일 뿐 하는 일은 없다. 9 (주로, '~의 이름으로'의 꼴로 쓰여) 어떤 일을 하는 데 바탕이 되는 뜻이나 능력이나 자격. ¶정의의 ~으로 심판하다. **이름-하다** 图囚타 이름을 붙여 부르다. ¶늦게 얻은 아들이라 하여 '만득(晩得)'이라 ~.
[**이름도 성도 모른다**] 전혀 모르는 사람이라는 말.
이름(을) 날리다 명성을 얻다.
이름(이) 없다 세상에 그 이름이 널리 알려져 있지 않다. ¶**이름 없는** 가수.
이름(이) 있다 세상에 그 이름이 널리 알려져 있다. ¶**이름 있는** 집안.
이름(을) 팔다 이름이나 명성 등을 이용하다. ¶모 기관의 선배 **이름을 팔아** 사기 행각을 벌이다.
이름-값 [-깝] 똉 (주로 '하다', '못하다'와 함께 쓰여) 널리 알려진 제 이름에 걸맞은 바른 행동. ¶~을 톡톡히 하다.
이름-나다 图囚 이름이 세상에 널리 알려지다. 또는, 유명해지다. ¶명가로 ~.
이름-씨 똉[언] =명사(名詞)².
이름-자(-字) [-짜] 똉 이름을 나타내는 글자. ¶제 ~도 못 쓴다.
이름-패(-牌) 똉 이름이나 직위를 써 놓은 길고 네모난 패.
이름-표(-標) 똉 성명을 적어 가슴에 다는 표. ≒명찰.
이리¹ 물고기 수컷의 배 속에 있는 흰 정액의 덩어리.
이리² 똉[동] 개와 비슷하나 몸이 좀 가늘고 크며, 삼림에서 떼를 지어 사는 야생 동물. 성질이 사나워 사람을 해치기도 한다.
이리³ 閤 1 이렇게. ¶왜 ~ 늦지? 囹요리. ▷그리·저리. **이리-하다** 图囚타 ¶이리할까 저리할까 망설이다. **이리-되다** 图囚.
이리⁴ 閤 이쪽으로, 또는, 이쪽으로. ¶~ 가져오시오. 囹요리. ▷그리·저리.
이리 뒤척 저리 뒤척 몸을 이쪽저쪽으로 뒤척거리는 모양. ¶~ 하며 잠을 이루지 못한다.
이리 오너라 예전에, 남의 집을 찾아가 대문 밖에서 부르던 소리. ¶~, 게 아무도 없느냐?
이리-도 閤 1 이렇게도. ¶~ 못 하고 저리도 못 하겠는가 2 이다지도. ¶왜 ~ 마음이 아플까? ▷그리도·저리도.
이리듐(iridium) 똉[화] 은백색의 금속 원소. 기호 Ir, 원자 번호 77, 원자량 192.2. 백금과의 합금으로 화학 기구를 만드는 데 쓰임.
이리-로 閤 '이리'를 강조하여 이르는 말. 囹일로.
이리-저리 閤 1 이러하고 저러하게. ¶~ 핑계만 댄다. 2 이쪽으로 저쪽으로. ¶~ 알아보다. 囹요리조리.
이리-하여 閤 앞의 사실이 뒤의 사실의 원인임을 나타내거나 앞의 사실이 발전하여 뒤의 사실이 되었음을 나타내는 접속 부사. ¶…~ 둘은 행복하게 살았습니다.
이립(而立) 똉 [공자가 30세에 인생관을 확고하게 세웠다는 데서] '30세'를 이르는

말.
이마 [명] 사람의 얼굴에서 두 눈썹 위로부터 앞머리가 난 부분까지의, 둥그스름하고 반반한 부분. =이맛전. ¶~가 훤하다. ▷앞이마.
이마에 내 천(川) **자를 쓰다** 마음이 언짢거나 수심에 싸여 얼굴을 찌푸리다.
이마에 피도 안 마르다 아직 어리다.
이마-빡 [명] '이마'를 비속하게 이르는 말.
이마-빼기 [명] '이마'를 비속하게 이르는 말.
이-만 Ⅰ [관] 이만한. 또는, 이 정도의.
Ⅱ [부] 이것만으로써. 또는, 이만하고서. ¶날도 저무니 오늘은 ~ 돌아가자.
이만-저만 (주로, '아니다'와 함께 쓰여) Ⅰ [부] 이만하고 저만한 정도로. 곧, 웬만한 정도로.
Ⅱ [명] 이만하고 저만한 정도. 곧, 웬만한 정도. ¶고생이 ~이 아니다. **이만저만-하다** [형][여]
이-만큼 Ⅰ [부] 이만한 정도로. ¶~ 성장한 것이 대견하다. [작]요만큼.
Ⅱ [명] 이만한 정도. [작]요만큼.
이만-하다 [형][여] 이것만 하다. ¶크기가 ~. [작]요만하다.
이맘(㋐imām) [명][종] 이슬람의 종교 지도자. 또는, 예배를 인도하는 지도자.
이맘-때 [명] **1** 이 시간이나 이 시기에 이른 때. 날〔日〕이나 해〔年〕를 주기로 하여 이 시간이나 이 시기에 이른 때를 가리킴. ¶그 사람은 매일 ~면 이곳에 나타난다. **2** 이만한 정도에 이른 때. [작]요맘때.
이맛-살[-마쌀/-맏쌀] [명] 이마에 잡힌 주름살. ¶~을 찌푸리다.
이맛-전[-마쩐/-맏쩐] [명] =이마.
이매-망량(魑魅魍魎)[-냥] [명] 산천·목석의 정령에서 생겨난다는 온갖 도깨비.
이메일(e-mail) [명] 〔electronic mail〕 [통] 인터넷·컴퓨터 통신망을 이용하여 주고받는 편지나 메시지. =메일·전자 우편.
이며 [조] 자음으로 끝나는 체언에 붙어, 두 가지 이상의 사물을 늘어놓을 때 쓰이는 접속 조사. ¶홍수로 논~ 밭~ 모두 잠겼다. ▷며.
이ː면(裏面) [명] **1** 물체의 뒤쪽 면. [비]뒷면. ¶수표 ~에 전화번호와 이름을 적으세요. **2** 겉으로 드러나지 않는 내부의 사정. [비]속내평. ¶권력의 ~을 파헤치다.
이ː면-도로(裏面道路) [명] 도시에서, 간선 도로의 뒤쪽에 있는 비교적 좁은 폭의 도로.
이ː면-사(裏面史) [명] 외부에 알려지지 않은 뒷이야기를 서술한 역사. ¶권력 투쟁의 ~를 파헤치다.
이면수 [명][동] '임연수어'의 잘못.
이ː면-지(裏面紙) [명] 한쪽 면은 사용되었으나 다른 한쪽은 사용되지 않은 종이. ¶근검절약을 위해 ~ 사용을 생활화하다.
이ː명[1](耳鳴) [명][의] 귀의 질환이나 신체의 질병 등으로 인해 귀에서 잉 하는 소리 같은 것이 들리는 일. 또는, 그 소리. =귀울음.
이ː명[2](異名) [명] **1** 본이름 외에 달리 부르는 이름. **2** 서로 다른 이름.
이ː명-법(二名法)[-뻡] [명][생] 생물의 명명법(命名法)의 하나. 종(種)의 학명(學名)을 붙일 때, 라틴 어로 속명(屬名)과 종명(種名)을 나란히 적는 방법. ▷학명.
이모(姨母) [명] 어머니의 자매. 호칭 및 지칭으로 쓰임.
이모-부(姨母夫) [명] 이모의 남편. 호칭 및 지칭으로 쓰임.
이ː모-작(二毛作) [명][농] =그루갈이.
이모-저모 [명][부] 사물의 이런 면 저런 면. ¶학창 생활의 ~. [작]요모조모.
이모티콘(emoticon) [명] 〔emot*ion*+icon〕 채팅·이메일 등에서, 문자·기호·숫자 등을 조합해서 얼굴 표정·감정 상태 또는 어떤 사물 등을 나타낸 것. ^-^(웃는 모습), ^ㅡ^(화난 모습) 따위.
이ː목(耳目) [명] **1** 귀와 눈. **2** 보거나 듣거나 하는 남들의 주의나 관심. ¶~이 두렵다 / ~을 집중시키다.
이목을 끌다 남의 주의를 끌다. 특별히 남의눈에 띄다. ¶**이목을 끄는** 선수.
이ː목구비(耳目口鼻)[-꾸-] [명] 〔'귀·눈·입·코'의 뜻〕 눈·코·입 등을 중심으로 한 얼굴의 생김새. ¶~가 수려한 청년.
이ː무기 [명] 전설상의 동물의 하나. 용이 되려다 못 되고 물속에 산다는 큰 구렁이.
이ː문(利文) [명] 이익이 남는 돈. ¶~이 박한 장사.
이물[1] [명] 배의 머리. =선두(船頭)·선수(船首). ↔고물.
이ː물[2](異物) [명] 정상적이 아닌 딴 물질.
이물-간(-間)[-깐] [명] 배의 이물 쪽의 칸. ↔고물간.
이ː물-감(異物感) [명] 몸 안에 이물질이 들어간 느낌. ¶목 안에 뭐가 걸린 듯 ~이 느껴지다.
이ː물-스럽다(異物-)[-따] [형][ㅂ] 〈~스러우니, ~스러워〉 성질이 음험하여 속을 헤아리기 어렵다. **이ː물스레** [부]
이ː-물질(異物質)[-찔] [명] 섞이거나 들어가서는 안 될 딴 물질. ¶눈에 ~이 들어가다.
이ː미 [부] 어떤 시각이나 시점보다 앞서. 다 끝나거나 지난 일을 이를 때 쓰는 말임. ¶~ 때가 늦었다.
이미지(image) [명] **1** =심상(心象)[2]. **2** 어떤 사물이나 사람에게서 받는 인상. ¶외국인에게 한국에 대한 좋은 ~를 심다.
이미지^광ː고(image廣告) [명] 상품의 특성보다는 긍정적이고 바람직한 인상을 상품에 부여하여 소비자에게 호소하는 광고.
이미지 메이킹(image making) '이미지 만들기'로 순화. ¶대권 도전을 위한 ~ 전략.
이미테이션(imitation) [명] 보석 따위의 모조품.
이민(移民) [명] 자기 나라를 떠나 다른 나라의 영토에 이주하는 일. 또는, 그런 사람. **이민-하다** [동][자][여]
이ː-민족(異民族) [명] 언어나 풍속 따위가 다른 민족.
이바지 [명] **1** (국가·인류·사회 등에, 또는 그것을 위한 보람 있는 일에) 도움이 되게 하거나 공헌하는 것. **2** 힘들여 음식 같은 것을 보내 주는 것. 또는, 그 음식. **이바지-하다** [동][자][타][여] ¶나라 발전에 **이바지한** 사람들. **이바지-되다** [동][자]
이ː반[1](異般) [명] 동성애자가 이성애자와 구별된 자신의 존재를 이르는 말. 이성애자인 일반인과 성적 취향이 다른 존재임을 나타내는 조어임.
이ː반[2](離反·離叛) [명] 인심이 떠나서 배반하는 것. **이ː반-하다** [동][자][여]
이ː발(理髮) [명] **1** (사람이) 주로 남자의 머

이발-하다 통(자여)
이:발-사(理髮師) [-싸] 명 이발을 직업으로 하는 사람.
이:발-소(理髮所) [-쏘] 명 이발을 하는 집.
이:밥 명 입쌀로 지은 밥. 비흰밥·쌀밥.
이:방¹ (豫防) 명 질병·재액 등을 미리 막기 위하여 행하는 미신적 행위.
이:방² (吏房) 명 조선 시대, 육방(六房)의 하나. 인사(人事)·비서(祕書)의 사무를 맡아보던 관아.
이:방³ (異邦) 명 다른 나라. 비이국.
이:-방원(李芳遠) 명(인) '태종'의 본명.
이:방-인(異邦人) 명 다른 나라 사람. 비외국인.
이:-백(李白) 명(인) 당나라의 시인(701~762).
이:번(-番) 명 이제 돌아온 바로 이 차례. = 금번·이참. 금회. ¶~만은 용서해 주겠다. 요번.
이벌-찬(伊伐飡) 명(역) = 각간.
이:법(理法) 명 1 원리와 법칙. ¶대자연의 ~. 2 도리와 예법.
이베리아^반도(Iberia半島) 명(지) 유럽 대륙 남서쪽 끝에 있는, 지중해와 대서양을 가르는 반도.
이벤트(event) 명 1 ['사건'이라는 뜻] 여러 경기로 짜여진 스포츠 대회에서, 일부인 단일 시합을 이르는 말. ¶빅 ~. 2 사람들의 흥미와 관심을 불러일으키는 특별 행사. 규모가 클 경우에는 조명·음향·영상, 기타 특수 효과 등이 동원되어 볼거리로 꾸며지기도 한다. ¶개장 축하 ~.
이:변(異變) 명 1 괴이한 변고. 2 예상하지 못한 사태. ¶~이 속출하다.
이:별(離別) 명 폐 오랫동안 만나지 못할 것을 전제로 하거나 남녀 관계 따위를 끊기 위해 서로 갈려 떨어지는 것. = 별리.
이:별-하다 통(자여)
이:별-가(離別歌) 명 이별의 슬픔·고통 따위를 담은 노래.
이:별-주(離別酒) [-쭈] 명 이별할 때 아쉬움이나 슬픔을 서로 나누며 마시는 술.
이:병(二兵) 명(군) 국군 계급의 하나, 사병의 맨 아래 계급으로, 일병의 아래임. = 이등병.
이:-병기(李秉岐) 명(인) 국문학자·시조 시인(1891~1968).
이:-병도(李丙燾) 명(인) 사학자(1896~1989).
이:-병철(李秉喆) 명(인) 실업가(1910~1987).
이-보게 갑 '이것 보게'가 준 말로, '하게' 할 사람을 부르는 말.
이-보시오 갑 '이것 보시오'가 준 말로, '하오' 할 사람을 부르는 말.
이:복(異腹) 명 아버지는 같고 어머니가 다른 형제 관계. →형. ↔동복(同腹).
이:본(異本) 명(문) 주로 고전 문학 작품 등에서, 원본 또는 정본에 대하여 내용이 기본적으로는 같으나 부분적으로 차이가 나는 책.
이-봐 갑 '이것 봐'가 준 말로, '해라' 할 사람을 부르는 말.
이:부¹ (二部) 명(교) 이부제 실시 학교에서의 일부 다음의 부.
이:부² (吏部) 명(역) 고려 시대, 육부(六部)의 하나. 문선(文選)·훈봉(勳封)에 관한 일을 맡아봄.
이:부^교:수(二部敎授) 명(교) 학교의 수업을 오전·오후, 또는 주간·야간의 두 부(部)로 나누어 하는 일.
이부-자리 명 이불과 요의 총칭. 비침구. ¶~를 개키다.
이:부-제(二部制) 명 1(교) 이부 교수를 하는 제도. ¶~ 수업. 2 공장이나 사무소 등에서, 주간·야간 등의 이부로 나누어 근무하는 제도. ¶~ 근무.
이:부^합창(二部合唱) 명(음) 각각 복수의 가수로 이루어진 두 성부에 의해 불리는 합창. 여성 2부·남성 2부·혼성 2부 등이 있음.
이:북(以北) 명 1 어느 지점을 기준으로 하여 그 북쪽. ¶충청 ~ 지방. 2 한반도의 북위 38°선 또는 휴전선 북쪽. ↔이남.
이:북²(e-book) 명 [electronic book] [컴] = 전자책.
이:-분¹ (인칭) '이 사람'을 높여 이르는 3인칭 대명사.
이:분² (二分) 명 둘로 나누는 것. 비양분.
이:분-하다 통(자여) 이:분-되다 통(자여)
이:분-법(二分法) [-뻡] 명(논) 사물을 서로 상대되는 두 부류로 나누어 구별하는 방법. 생물과 무생물, 흑과 백 따위. ¶~적인 사고(思考).
이:분-쉼표(二分-標) 명(음) 온쉼표의 1/2의 길이를 가지는 쉼표. 기호는 '—'.
이:분-음표(二分音標) 명(음) 온음표의 1/2의 길이를 가지는 음표. 기호는 '♩'.
이불 명 사람이 잘 때 덮는 침구의 한 가지. ¶솜~.
이불-깃 [-낏] 명 1 =깃². 2 덮을 때 사람의 얼굴 쪽에 오는 이불의 윗부분.
이불-보(-褓) [-뽀] 명 이불을 싸는 큰 보자기.
이불-속 [-쏙] 명 소장으로 쓰는 솜.
이불-솜 [-쏨] 명 이불속으로 쓰이는 솜.
이불-잇 [-릿] 명 이불에 시치는 천.
이불-장(-欌) [-짱] 명 이불을 넣어 두는 장.
이브(Eve) 명(성) '하와'의 영어명.
이브닝-드레스(evening dress) 명 여자의 야회복.
이브 생로랑(Yves Saint-Laurent) 명(인) →생로랑(Saint-Laurent).
이분(even) 명(체) 골프의 스트로크 플레이에서 한 홀 또는 통산 홀의 합계 타수가 기준 타수와 같은 것.
이:비인후-과(耳鼻咽喉科) [-꽈] 명(의) 귀·코·목구멍·기관(氣管)·식도의 질환에 대한 치료를 전문으로 하는, 의학의 한 분과.
이-비즈니스(e-business) 명 [electronic business] 인터넷상에서 전자 상거래를 주로 하는 사업.
이빨 명 '이¹'을 낮추거나 예사롭게 이르는 말.
이-뿌리 명 '이촉'을 일상적으로 이르는 말.
이쁘다 형 '예쁘다'의 잘못.
이:사¹ (二死) 명(체) =투 아웃.
이:사² (理事) 명(법) 1 법인(法人)의 사무를 처리하고 이를 대표하여 권리를 행사하는 필요 기관. 2 법인의 담당 사무를 집행하는 직위. 또는, 그 직위에 있는 사람.

대표 이사·전무이사·상무이사 따위.
이:사³(移徙) 圖 (사람이) 살던 곳을 떠나 다른 곳으로 옮기는 것. ¶~철. **이사-하다** 图자여
이:사-관(理事官) 圖 국가 공무원의 직급의 하나. 관리관의 아래, 부이사관의 위로 2급임.
이:사-국(理事國) 圖 국제기관의 이사회를 구성하는 일원인 나라.
이사금(尼斯今) 圖 신라 때 왕의 칭호의 하나. 제3대 유리왕 때부터 제18대 실성왕 때까지 썼음. ▷겨서간·마립간.
이:-사분기/2/4분기(二四分期) 圖 일년을 넷으로 나눈 둘째 기간. 곧, 4·5·6월의 석 달 동안을 말함.
이사야-서(Isaiah書) 圖[성] 구약 성서 중의 한 권.
이:사-장(理事長) 圖 이사를 지휘·감독하는 우두머리가 되는 사람. ¶재단 ~.
이:사-회(理事會) [-회] 圖 [법] 법인의 업무 집행에 관한 의사 결정 기관. 이사 전원으로 구성됨. 2 국제기구에서, 이사국으로 구성되는 기관. 안전 보장 이사국 따위.
이삭¹ 圖 1 벼·보리 따위 곡식의 꽃이 피고 열매가 달리는 부분. ¶~이 고개를 숙이다. 2 곡식·채소 따위의 농작물을 거두고 난 뒤에 땅에 떨어져 흩어진 지스러기. ¶~을 줍다.
이삭(利殖) 圖 이삭이 나오다.
이삭² (Isaac) 圖[성] 구약 성서에 나오는 아브라함의 아들이며, 야곱의 아버지.
이:산(離散) 圖 헤어져 흩어지는 것. **이:산-하다** 图자여 **이:산-되다** 图자
이:산-가족(離散家族) 圖 남북 분단 등으로 헤어져서 서로 소식을 모르는 가족.
이:산화-망간(二酸化®Mangan) 圖[화] 물에 녹지 않고 열을 가하면 분해하여 산소를 내는 흑갈색의 가루. 건전지·유약·성냥 등의 제조 원료가 됨.
이:산화-탄소(二酸化炭素) 圖[화] 탄소의 완전 연소 때 생기는, 무색무취의 공기보다 무거운 기체. 동물에 의해 생물의 몸밖으로 방출되며, 식물의 동화 작용에 중요한 물질임. 소다·청량음료·드라이아이스 등의 제조에 쓰임. =탄산가스.
이:산화-황(二酸化黃) 圖[화] 황이 공기 중에서 탈 때 생기는, 무색의 유독성 기체. 자극적인 냄새가 나며, 산성비의 원인이 되는 공해 물질임. 황의 제조 원료, 표백제 등으로 쓰임. =아황산가스.
이:삼(二三) 圖 2이나 삼. 또는, 이와 삼. ¶~ 명.
이삿-짐(移徙-) [-사찜/-산찜] 圖 이사할 때 이사 갈 집으로 옮기는 가재도구.
이삿짐-센터(移徙-center) [-사찜-/-산찜-] 圖 돈을 받고 이삿짐을 운반해 주는 일을 하는 업소.
이:상¹(以上) 圖 ① 어떤 1 위치나 차례로 보아 어느 기준보다 위. ¶이 지점 ~은 접근을 금함. 2 수량이나 정도가 어떤 표시된 기준보다 많거나 높거나 큰 범위. 기준이 수량으로 제시될 경우에는, 그 수량이 범위에 포함되면서 그 위인 것을 가리킴. ¶170cm ~의 키. ↔이하. 3 (지시·훈화·보고 등의 맨 마지막에 '이상', '이상입니다' 등의 꼴로 쓰여) 말을 모두 다해 주길 바란다. ~. ② 어미 '-ㄴ',

'-는'의 아래에 쓰여) '이미 그렇게 된 바에는'의 뜻을 나타내는 말. ¶시작을 한 ~ 끝을 내야지.
이:상²(李箱) 圖[인] 시인·소설가(1910~1937).
이:상³(異狀) 圖 평소와는 다른 상태. ¶몸에 ~이 생기다.
이:상⁴(異常) 圖 정상적인 것과는 다른 일. ¶정신 ~.
이:상⁵(理想) 圖 사람이 추구하거나 실현하고자 하는, 최고의 완전함을 가진 사물의 모습이나 상태. ¶~에 맞는 배우자.
이:상-곡(履霜曲) 圖[문] 작자·연대 미상의 고려 가요의 하나. 남녀의 애정을 주제로 한 내용임.
이:상^기체(理想氣體) 圖[물] 분자 간의 상호 작용이 전혀 없고, 그 상태를 나타내는 양인 온도·압력·부피 사이에 보일-샤를의 법칙이 적용된다고 생각되는 가상의 기체.
이:상-론(理想論) [-논] 圖 현실을 고려하지 않고 추상적인 이상만을 주장하는 말이나 논설.
이:상-스럽다(異常-) [-따] 쪻니<~스러우니, ~스러워> 이상한 데가 있다. **이:상스레** 閉
이:상야릇-하다(異常-) [-냐르타-] 쪻여 어떤 일이나 대상이 이상하다 할 만큼 야릇하다. =괴이하다. ¶기분이 ~.
이:-상재(李商在) 圖[인] 정치가·사회 운동가(1850~1927).
이:상-적(理想的) 관圖 이상에 맞는 (것). ¶~인 어머니 상(像).
이:상-주의(理想主義) [-의/-이] 圖 1 [철] 인생의 의의를 오로지 이상, 특히 도덕적·사회적 이상 실현에 두는 입장. 2 [철] =관념론. 3 현실을 무시하거나 돌아보지 않고 이상만을 추구하는 입장. ↔현실주의.
이:상-하다(異常-) 쪻여 1 정상적인 것과는 다르다. ¶목소리가 ~. 2 어떤 현상이 지금까지의 경험과는 달리 매우 색다른 데에 있다. ¶이상한 말이 돌다. 3 의심이 드는 상태에 있다. ¶이상한 생각. ⊗요상하다.
이:상-히 閉
이:상-향(理想鄕) 圖 인간이 생각할 수 있는 최선의 상태를 갖춘 완벽한 사회. =도원경·유토피아. ¶~을 꿈꾸다.
이:상-형(理想型) 圖 이상적이라고 생각하는, 대상의 어떤 타입이나 모습. ¶그 여자는 나의 ~이 아니다.
이:상-화(理想化) 圖 (대상을) 이상적으로 여기거나 삼는 것. 주로 부정적인 문맥에 쓰임. **이:상화-하다** 图 ¶우린 순종하고 인내하는 여인을 현모양처라는 이름으로 **이상화해** 왔다. **이:상화-되다** 图
이:-색(李穡) 圖[인] 고려 시대의 문신·학자(1328~1396).
이:색(異色) 圖 1 다른 빛깔. ¶~ 인종. 2 색다름. 또는, 그런 것이나 것. ¶~ 지대.
이:색-적(異色的) [-쩍] 관圖 색다른 성질을 지닌 (것). ¶그 작가의 작품 세계는 퍽 ~이다.
이-생(-生) 圖 이 세상에 살아 있는 동안. ¶~에서 이루지 못한 사랑.
이:서¹(以西) 圖 어떤 지점을 기준으로 하여 그 서쪽. ¶대관령 ~ 지방. ↔이동.
이:서²(異書) 圖 진기한 책.
이:서³(裏書) 圖[법] =배서(背書)2. **이:**

서-하다 통(자여)
이:석(離席) 명 직무상 지키고 있어야 할 자리를 잠시 벗어나는 것. ¶무단 ~. 이:석-하다 통(자여)

이설¹(移設) 명 다른 곳으로 옮겨 설치하는 것. 이설-하다 통(타여) 이설-되다 통(자여)

이:설²(異說) 명 1 통용되는 설과는 다른 주장이나 의견. ¶~이 분분하다. 2 내용이 기괴하고 허랑한 저술. ¶~ 순향전.

이:성¹(異姓) 명 ①다른 성. 특히, 남자 쪽에서 보아서 여자, 여자 쪽에서 보아서 남자를 가리키는 말. ¶~ 교제. ↔동성(同姓).
  이성에 눈을 뜨다 정신적·육체적으로 성숙하여 이성에 대한 감정을 느끼기 시작하다.

이:성²(異姓) 명 ①다른 성. 또는, 그 성. (비)타성(他姓). ↔동성(同姓).

이:성³(理性) 명 1 충동적인 감정에 좌우되지 않고 사리를 올바로 분별하여 그에 따라 행동할 수 있는 마음의 능력. ¶~을 잃은 행동. 2 [철] 사물을 논리적으로 판단하고, 진실과 거짓 그리고 선과 악을 식별하는 사고 능력. ▷감성·오성.

이:-성계(李成桂)[-계/-게] 명[인] '태조(太祖)'의 본명.

이:성-애(異性愛) 명 남자가 여자에게, 또는 여자가 남자에게 성적으로 이끌리는 사랑. ↔동성애.

이:성-적(理性的) 명 이성에 따르거나 이성에 근거한 (것). ¶~인 행동. ↔감정적.

이:세(二世) 명 1 다음의 세대. 특히, 현재의 기성세대에 대해 자라나고 있는 어린 세대나 어떤 사람의 아들이나 딸을 이르는 말. ¶~ 교육. 2 (교포의 세대를 구별하는 문맥에 쓰여) 이민을 처음 간 세대의 아들이나 딸을 이르는 말. ¶교포 ~. 3 주로 서양에서, 같은 이름으로 같은 자리에 두 번째로 오른 임금이나 황제의 이름 뒤에 붙이는 말. ¶헨리 ~. 4 주로 서양에서, 아버지와 같은 성명을 가진 아들의 성 뒤에 붙이는 말. ¶록펠러 ~.

이:속(吏屬) 명[역] 모든 관아의 구실아치.

이솝(Aesop) 명[인] 그리스의 우화 작가 (620?~560? B.C.).

이송(移送) 명 1 옮겨 다른 곳으로 보내는 것. 2 [법] 소송 또는 행정 절차에 따라 사무 처리를 한 관청이나 기관에서 다른 관청이나 기관으로 옮기는 일. 이송-하다 통(타여) ¶환자를 병원으로 ~. 이송-되다 통(자여)

이:수¹(履修) 명 해당 학과를 순서대로 밟아서 마치는 것. ¶~자. 이:수-하다 통(타여) ¶석사 과정을 ~.

이수²(螭首) 명 건축물·공예품 등에 뿔 없는 용의 모양을 새긴 형상. 비(碑)의 머리, 궁전의 섬돌, 돌기둥 등에 쓰임.

이:순(耳順) 명 [공자가 60세에 이르러 생각이 원숙해져서 무슨 말을 들으면 곧 이해가 되었다는 데서] '60세'를 일컫는 말.

이:-순신(李舜臣) 명[인] 조선 시대의 장군(1545~1598).

이:-숭녕(李崇寧) 명[인] 국어학자(1908~1994).

이슈(issue) 명 사람들이 중요하게 여겨 논의나 논쟁의 대상으로 삼는 문제. ¶청년 실업 문제가 사회적 ~로 떠오르다.

이스라엘(Israel) 명[지] 서아시아의 지중해 연안에 있는 공화국. 수도는 예루살렘.

이스탄불(Istanbul) 명[지] 터키 서부의 도시.

이스트(yeast) 명 1 [식] =효모균. 2 효모균을 넣어 가공한 제품. 흔히 빵을 부풀리기 위하여 사용함.

이슥-하다[-스카-] 형(여) 밤이 매우 깊다. ¶이미 밤이 이슥했다.

이슬 명 1 [기상] 공기 중의 수증기가 기온이 내려가거나 찬 물체에 부딪힐 때 엉겨 생긴 물방울. ¶풀잎에 맺힌 아침 ~. 2 '눈물'의 비유. ¶눈에 ~이 맺히다. 3 여자의 월경 전이나 해산 전에 국소에서 조금 나오는 누르스름한 물.
  이슬로 사라지다 사형장에서 덧없이 목숨을 잃다. ¶형장의 ~.

이슬라마바드(Islamabad) 명[지] 파키스탄의 수도.

이슬람(Islam) 명 1 이슬람교를 국교로 삼은 나라들. 또는, 이슬람 문화권을 이르는 말. ¶~ 세계. 2 이슬람교도 전체.

이슬람-교(Islam敎) 명[종] 610년에 아라비아에서 마호메트가 창시한 종교. 유일신 알라를 신앙하며 우상 숭배를 금함. 경전은 코란. =회교·마호메트교.

이슬람교-국(Islam敎國) 명 이슬람교를 국교로 하거나 이슬람교도가 절대다수인 국가. =회교국.

이슬람교-도(Islam敎徒) 명 이슬람교의 신도. =모슬렘·회교도.

이슬-방울[-빵-] 명 이슬이 맺혀 생긴 방울. ¶~이 풀잎에 맺히다.

이슬-비 명 가늘게 내리는 비.

이승 명[불] 살아 있는 이 세상. =금생·금세. ↔저승·타생.

이:승²(二乘) 명[수] '제곱'의 구용어. 이:승(二乘) 명[수] 제곱하다.

이:-승만(李承晩) 명[인] 우리나라의 초대 대통령(1875~1965).

이시(EC) 명 [European Community]. =유럽공동체.

이시여 조 '이여'를 더 높이는 말. ¶신~! 저희를 굽어살피소서. ▷시여.

이:식¹(利息) 명 =이자(利子)².

이:식²(移植) 명 1 (농작물이나 나무 등을) 옮겨 심는 것. ¶묘목 ~. 2 [의] 살아 있는 조직이나 장기를 생체에서 떼어 내어, 그 몸의 다른 부분 또는 다른 몸으로 옮겨 붙이는 일. ¶심장 ~/각막 ~. 3 (어느 나라의 문화를) 다른 나라의 문화 속에 옮겨 자리 잡게 하는 것. 이식-하다 통(타여) 이식-되다 통(자여)

이:신-론(理神論)[-논] 명[철] 18세기 유럽 계몽주의 시대의 대표적인 그리스도교 사상. 신의 계시를 부정하고 그리스도교 신앙을 과학적 합리성으로 설명하였음.

이:실직고(以實直告)[-꼬] 명 사실 그대로 고함. 이:실직고-하다 통(타여)

이:심¹(二審) 명[법] '제이심'의 준말.

이:심²(異心) 명 딴 마음.

이:심전심(以心傳心) 명 [마음에서 마음으로 전하게 되면 모든 것을 이해하고 깨닫게 된다고 한데서] 마음과 마음으로 서로 뜻이 통함. ¶~으로 통하다.

이:십(二十) I 명 ①'스물'과 같은 뜻의 한자어 계통의 수사. 아라비아 숫자로는 '20', 로마 숫자로는 'XX'로 나타냄.
II 관 '스무', '스무째'의 뜻. ¶~ 세기.

이:십사-금(二十四金)[-싸-] 圀 금의 성분이 24/24가 들어 있는 것. 순금.

이:십사-방위(二十四方位)[-싸-] 圀 스물넷으로 나눈 방위. 곧, 자(子)·계(癸)·축(丑)·간(艮)·인(寅)·갑(甲)·묘(卯)·을(乙)·진(辰)·손(巽)·사(巳)·병(丙)·오(午)·정(丁)·미(未)·곤(坤)·신(申)·경(庚)·유(酉)·신(辛)·술(戌)·건(乾)·해(亥)·임(壬)방의 총칭.

이:십사-시(二十四時)[-싸-] 圀 하루를 스물넷으로 나누어 각각 24방위의 이름을 붙여 부르는 시간.

이:십사-절기(二十四節氣)[-싸-] 圀 태양의 황도(黃道) 상의 위치에 따라 정한 스물네 절기. 곧, 입춘·우수·경칩·춘분·청명·곡우·입하·소만·망종·하지·소서·대서·입추·처서·백로·추분·한로·상강·입동·소설·대설·동지·소한·대한.

이:십오-시(二十五時) 圀 하루의 마지막 시간인 24시 다음의 시간이라는 뜻으로, 부조리한 시대의 '불안과 절망의 시간'을 상징적으로 이르는 말. 루마니아의 작가 게오르규의 소설 제목에서 유래함.

이:십팔-수(二十八宿)[-쑤] 圀[천] 적도대(赤道帶)를 28구역으로 나누어 놓은 별자리. 동쪽에 각(角)·항(亢)·저(氐)·방(房)·심(心)·미(尾)·기(箕), 서쪽에 규(奎)·누(婁)·위(胃)·묘(昴)·필(畢)·자(觜)·삼(參), 남쪽에 정(井)·귀(鬼)·유(柳)·성(星)·장(張)·익(翼)·진(軫), 북쪽에 두(斗)·우(牛)·여(女)·허(虛)·위(危)·실(室)·벽(壁).

이-쑤시개 圀 잇새에 낀 것을 쑤셔 파내는 데 쓰는 물건.

이악-스럽다[-쓰-따] 휑ㅂ <-스러우니, ~스러워> 이악한 데가 있다. ¶이악스럽게 돈을 모으다. **이악스레** 튀

이악-하다[-아카-] 휑여 1 기를 쓰고 달라붙는 기세가 끈덕지다. ¶이악하게 일에 매달리다. 2 이익을 위하여 지나치게 아득바득하는 태도가 있다.

이앙-기(移秧機) 圀 모를 내는 데에 쓰는 기계.

이야 조 자음으로 끝나는 말에 붙어, '물론', '당연히'의 뜻을 더해 주는 보조사. ¶이런 일~ 문제냐.

이야기 圀 1 어떤 사물이나 현상에 관하여 일정한 줄거리를 가지는 말이나 글. 2 서로 주고받는 말. ¶~를 나누다. 3 어떤 사실이나 또는 있지 않은 일을 사실처럼 재미있게 꾸며 하는 말. ¶옛날~. 4 소문이나 평판. ¶네 ~는 많이 들었다. 준애기. **이야기-하다** 통재여 **이야기-되다** 통재 ¶네 결혼 문제가 **이야기**되고 있다.

이야기-꽃[-꼳] 圀 한창 벌어지는 이야기. ¶친구들끼리 ~을 피웠다. 준애기꽃.

이야기-꾼 圀 이야기를 재미있게 잘하는 사람. ¶이야기꾼.

이야기-책(-冊) 圀 1 옛날이야기를 적은 책. 2 '소설책'을 달리 이르는 말.

이야기-판 圀 여러 사람이 모여 이야기를 재미있게 하는 판.

이야기-거리[-기꺼-/-긴꺼-] 圀 1 이야기할 만한 재료. 回화제. ¶~가 떨어지다. 2 남의 입에 오르내릴 흉이나 사람들이 재미있게 여길 만한 일. ¶그의 무용담은 두고두고 ~가 되었다. 준애깃거리.

이야말로 조 자음으로 끝나는 체언에 붙어, '이것이야 참말로'의 뜻을 나타내는

보조사. ¶영원한 삶~ 우리가 늘 희구하는 것이다. ▷야말로.

이양(移讓) 圀 남에게 넘겨주는 일. ¶정권 ~. **이양-하다** 통여

이어 튀 앞의 말이나 행동 등에 잇대어. 또는, 계속하여. ¶객석에 불이 꺼지고, ~ 연극이 시작되었다.

이어-달리기 圀[체] 일정한 구간을 나누어 4명이 한 조가 되어 차례로 배턴을 주고받으면서 달리는 육상 경기. 400m·800m·1600m 및 메들리 릴레이가 있다. =계(繼走). **이어달리기-하다** 통재여

이어마크(earmark) 圀 =귀표.

이어-받다[-따] 통타 (이미 이루어졌거나, 해 오던 일 따위를) 전하여 받다. ¶가업(家業)을 ~.

이어-서 튀 (주로 문두(文頭)에 쓰어) 뒤의 문장이 나타내는 일이 앞의 문장이 나타내는 일의 다음에 잇대어 일어남을 가리키는 말. ¶~ 축하 공연이 있겠습니다.

이어-지다 통재 1 (사물과 사물이) 공간적으로 서로 연결되다. 2 (어떤 일이나 현상이) 끝나지 않고 계속되다.

이어진-문장(-文章) 圀[언] 둘 이상의 절(節)이 연결 어미에 의하여 결합된 문장. "가을이 가고 겨울이 오다." 따위.

이어-짓기[-짇끼] 圀[농] 한 땅에 같은 작물을 해마다 심는 것. ↔돌려짓기. **이어짓기-하다** 통타여

이어폰(earphone) 圀 라디오나 녹음기 등을 혼자 듣고자 할 때 귀에 꽂고 사용할 수 있게 되어 있는, 전기 신호를 음향 신호로 변환하는 소형의 장치. ▷헤드폰.

이엉 圀 지난날 우리나라 서민들의 집에서, 지붕이나 담 위에 얹기 위하여 볏짚·보릿짚·억새·갈대 따위로 엮어 만든 물건. ¶~을 이다.

이-에 튀 이러하여서 곧. ¶성적이 우수하였으므로 ~ 상장을 수여함.

이여 조 자음으로 끝나는 체언에 붙어, 감탄이나 호소의 뜻을 담아 정중하게 부르는 조사. ¶하늘~, 조국을 보살피소서. ▷여.

이:역(二役) 圀 두 가지 역할. ¶일인~.

이:역(異域) 圀 1 다른 나라의 땅. 2 고향에서 멀리 떨어진 곳.

이:역-만리(異域萬里)[-영말-] 圀 다른 나라의 아주 먼 곳. ¶~ 먼 곳으로 이민을 가다.

이:열치열(以熱治熱) 圀 열(熱)로써 열을 다스림. 한방에서, 감기 등으로 신열이 있을 때 취한제(取汗劑)를 쓴다거나, 한여름 더위에 뜨거운 차를 마셔서 더위를 물리친다는 따위에 흔히 쓰이는 말임.

이오니아-식(Ionia式) 圀[건] 고대 그리스의 건축 양식의 하나. 우아하고 경쾌하며, 기둥에 주춧돌이 있고, 기둥머리에 소용돌이무늬의 장식이 있음. ▷도리스식·코린트식.

이온(ion) 圀[물][화] 전기를 띤 원자 또는 원자단. 양이온과 음이온이 있음.

이온-화(ion化) 圀[물][화] 전해질이 용액 속에서 양이온 또는 음이온으로 해리(解離)되는 일. =전리(電離). **이온화-하다** 통재타여 **이온화-되다** 통재

이온화-도(ion化度) 圀[물][화] 전해질을 용매에 녹였을 때의 이온화의 정도. 곧, 이온화하기 전의 물질의 전량(全量)에 대한, 이온화한 물질의 양의 비. =전리도.

이완(弛緩) 圐 1 (근육·힘줄·신경 등이) 켕기지 않고 느즈러지는 것. ↔수축. 2 (마음이나 정신이) 긴장되지 않고 풀려어 느슨해지는 것. 이완-하다 통재여 이완-되다 통재 ¶근육이 ~.

이:-완용(李完用) 圐[인] 친일 정치가 (1858~1926).

이왕(已往) I 圐 지금보다 이전.
Ⅱ 圓 '이왕에'의 준말. ¶~ 청소할 바에야 깨끗이 하자.

이:왕-에(已往-) 圐 이미 정해진 사실로서. 〓이왕. ⓑ기왕에. ¶~ 그렇게 된 일을 어쩌겠습니다. 䫾이왕.

이:왕-이면(已往-) 圐 어차피 할 바에는. ⓑ기왕이면. ¶ 기차로 가자.

이:왕지사(已往之事) I 圐 이미 지나간 일.
Ⅱ 圓 =이왕에. ¶~ 왔으니 보고 가자.

이:외(以外) [-외/-웨] 圐 어떤 한도나 범위의 밖. ¶본교 학생 ~는 출입을 금한 다. ▷이내(以內).

이:용¹(利用) 圐 1 (물건을) 필요에 따라 이롭게 쓰는 것. ¶폐품 ~. 2 (사람·대상을) 제 이익을 꾀하기 위해 어떤 구실을 하게 하는 것. 이용-하다 통타여 ¶권력을 축재의 방편으로 ~. 이용-되다 통재

이:용²(理容) 圐 남자의 머리를 깎고 용모를 다듬는 일. ¶~사(師) / ~원(院).

이:용-객(利用客) 圐 어떤 시설이나 탈것 등을 이용하는 사람. ¶지하철 ~.

이:용-후생(利用厚生) 圐 기술과 상공업을 발달시켜 백성들의 생활을 넉넉하게 함. 조선 후기 실학자들이 주장함.

이울다 통재 〈이우니, 이우오〉 1 (꽃이나 잎이) 시들다. 2 (해가) 기울어 빛이 약해 지다. ¶뉘엿뉘엿 해가 ~. 3 (달이) 둥그런 모양에서 이지러진 상태이다. ¶보름이 지나 달이 **이울기** 시작하다. 4 (세력이) 점차 약해지다. ¶국운이 ~.

이웃[-욷] 圐 1 어느 집에 대해, 한마을이나 한동네에 속하면서 바로 옆에 붙어 있거나 근처에 있는 집. 또는, 그 집에 사는 사람. 2 집·마을·동네·나라 등이 옆에 접하여 있는 상태. ¶~ 마을. **이웃-하다** 통재 (어떤 사물이나 지역이) 다른 사물이나 지역이) 바로 옆에 이어지거나 접하다. ¶중국은 우리와 **이웃한** 나라이다.

이웃-사촌(-四寸) [-욷싸-] 圐 이웃에 사는 사람과는 자연히 가까이 지내게 되므로, 를 친척에 비유하여 일컫는 말.

이웃-집[-욷찝] 圐 이웃하여 사는 집.

이:원(二元) 圐 1 두 개의 요소. ¶서울과 도쿄에서 ~ 생방송을 하다. 2[철] 사물이 두 가지 서로 다른 요소로 되어 있는 일. 3[수] 방정식에서 미지수가 둘 있는 일. ¶~ 일차 방정식.

이:원-론(二元論) [-논] 圐 1 완전히 성질이 다른 두 가지 원리로써 사물을 설명하려는 사고방식. 2[철] 정신과 물질, 오성과 감성, 본체와 현상 등과 같이 서로 대립하는 두 개의 원리로써 실재(實在)를 설명하는 이론. ▷일원론.

이:-원수(李元壽) 圐[인] 아동 문학가 (1911~1981).

이:원-화(二元化) 圐 기구·조직·문제 따위를 둘이 되게 하는 것. **이:원화-하다** 통타여 **이:원화-되다** 통재

이월¹(二月) 圐 한 해의 열두 달 가운데 둘째 달.

이월²(移越) 圐 1 옮기어 넘기는 것. 2[경] 회계에서, 어느 회계 연도의 후계 계정을 다음 회계 연도의 계정으로 넘기는 일. **이월-하다** 통타여 ¶잔액을 ~. **이월-되다** 통재

이:유¹(理由) 圐 1 어떤 일이 이뤄지거나 일어날 수밖에 없는 사정이나 내용. ¶사유. 2 [논] 추리에 있어서 전제로 되는 것. →귀결.

이:유²(離乳) 圐 젖먹이에게 젖 이외의 음식물을 주어 점차로 젖을 떼는 것.

이유³(EU) 圐 [European Union] =유럽 연합.

이:유-기(離乳期) 圐[의] 유아기(幼兒期)와 유아기(幼兒期) 사이로, 젖을 떼는 시기. 보통 생후 6~7개월에 시작됨.

이:유-식(離乳食) 圐 유아기의 아기에게 먹이는, 젖 이외의 묽고 부드러운 음식.

이:유-표(理由標) [-수] 圐 어떤 문제나 사실을 베풀어 보인 뒤, 그 까닭이 무엇인가 함을 보이려 할 때 그 까닭이 되는 식의 앞에 쓰는 부호 '∵'의 이름.

이:-육사(李陸史) [-싸] 圐[인] 시인 (1904~1944).

이윤(利潤) 圐 1 장사하여 남은 돈. ⓑ이익. ¶~이 박하다. 2 [경] 기업의 총수익에서 모든 비용 (임금·지대·이자·감가상각비 따위)을 제한 나머지의 소득액.

이율(利率) 圐 원금에 대한 이자의 비율. ⓒ이자율.

이:율-배반(二律背反) 圐[논] 두 가지의 서로 모순되는 명제인 정립과 그 반정립이 같은 합리적 근거를 갖고 맞서는 일.

이윽고 [-꼬] 圐 얼마 동안의 시간이 지난 뒤에 마침내. ¶그는 중대한 결심이라도 한 듯 ~ 입을 열었다.

이:-은상(李殷相) 圐[인] 시조 시인 (1903~1982).

이음-매 圐 물체를 이은 자리나 부분. × 이음새.

이음-새 圐 1 물체를 이은 모양새. 2 '이음매'의 잘못.

이음-줄[-쭐] 圐[음] 악보에서, 둘 이상의 음을 끊지 않고 연주할 것을 지시하는 기호.

이음-표(-標) 圐[언] 줄표(-)·붙임표(-)·물결표(~)의 총칭.

이응 圐[언] 한글 자모의 여덟째 글자. 'ㅇ'의 이름. 음절의 첫소리에서는 소릿값이 없음. 받침에서는 혀뿌리를 연구개에 붙여 입길을 막고 콧구멍 길을 튼 뒤에 목청을 떨고 코 안을 울려 내는 유성음.

이:의¹(異意) [-의/-이] 圐 의견을 달리 함. 또는, 그 의견. ¶~가 없다.

이:의²(異意) [-의/-이] 圐 다른 뜻. 또는, 다른 의미. ↔동의(同義).

이:의³(異議) [-의/-이] 圐 1 남과 의견이나 주장을 달리하는 것. 또는, 그 의견이나 주장. ⓑ이론(異論). ¶~를 제기하다. ↔동의(同意). 2 [법] 법률상의 효과를 가져오지 않도록 하기 위해 남의 행위에 대하여 반대나 불복이의 나타내는 일.

이-이¹ 圐(인) '이 사람'을 약간 높여 이르는 3인칭 대명사.

이:-이²(李珥) 圐[인] 조선 시대의 문신·학자 (1536~1584).

이이시(EEC) 圐 [European Economic Community] =유럽 경제 공동체.

이:이제이(以夷制夷) [명] 〔오랑캐로 오랑캐를 제어한다는 뜻〕 다른 나라의 힘을 이용하여 또 다른 적국을 제어함. **이:이제이-하다** [동][자][여]

이:익[1](利益) [명] **1** 어떤 활동의 결과로 들인 노력이나 비용 이상의 금전이나 물질 등을 얻게 되어 좋은 상태. [비]이윤. **2** 이롭고 도움이 되는 일. ↔손해.

이:-익[2](李瀷) [명][인] 조선 시대의 문신(1681~1763).

이:익-금(利益金) [-끔] [명] 이익을 보거나 이익으로 남은 돈.

이:익^사회(利益社會) [-싸회/-싸훼] [명] [사] 사회 유형의 하나. 인간이 어떤 목적을 달성하기 위해 작위적으로 형성한 집단. 근대의 주식회사를 그 전형으로 침. =게젤샤프트. ↔공동 사회.

이:인-자(二人者) [명] =제이인자.

이:-인직(李人稙) [명][인] 신소설 작가(1862~1916).

이:-인칭(二人稱) [명][언] =제이 인칭.

이임[1](移任) [명] =전임(轉任)[3]. **이임-하다**[1] [동][자][여] **이임-되다** [동][자]

이:임[2](離任) [명] 임기가 정해져 있거나 계급이 비교적 높은 직위나 직책을 그만두고 떠나게 되는 것. ¶~식(式). ↔취임. **이:임-하다**[2] [동][자][여]

이입(移入) [명] **1** (어떤 대상에 다른 요소를) 옮겨지게 하는 것. ¶감정 ~. **2** (다른 지역에서 인구·물자·문화 등을) 옮겨 오거나 받아들이는 것. ↔이출. **이입-하다** [동][타][여] ¶사슴에 시인의 감정을 **이입하여** 표현한 시. **이입-되다** [동][자]

이-자[1](-者) [대][인칭] '이 사람'을 낮추어 이르는 말. ¶~가 눈에 뵈는 게 없나.

이:자[2](利子) [명] 남에게 돈을 빌려 쓰거나 빌려 준 대가로 치르거나 받는 일정한 비율의 돈. =이식(利息). [비]변리. ↔원금.

이자[3](胰子) [명][생] 위(胃)의 뒤쪽에 있는, 가늘고 긴 삼각기둥 모양의 소화샘. 이자액을 분비함. =췌장.

이:-자겸(李資謙) [명][인] 고려 시대의 문신(?~1126).

이자-액(胰子液) [명][생] 이자에서 분비되는, 알칼리성의 소화액.

이:자-율(利子率) [명] =이율.

이:장[1](里長) [명] 행정 구역인 이(里)의 사무를 맡아보는 사람.

이장[2](移葬) [명] 무덤을 옮기는 일. **이장-하다** [동][타][여]

이:재(理財) [명] 재물을 유리하게 다루어 운용하는 것. ¶~에 밝은 사람.

이재-민(罹災民) [명] 재해를 입은 사람. ¶수해 ~.

이:적[1](利敵) [명] 적을 이롭게 하는 것. ¶~단체 / ~ 행위. **이:적-하다**[1] [동][자][여]

이적[2](移籍) [명] **1** 혼인·양자 등에서, 호적을 다른 곳으로 옮기는 것. **2** 운동선수가 소속 팀으로부터 다른 팀으로 옮기는 것. **이적-하다**[2] [동][자][여] **이적-되다**[1] [동][자]

이:적[3](異蹟·異跡) [명] **1** 기이한 행적. **2** 신의 힘으로 되는 불가사의한 일.

이:적[4](離籍) [명][법] 호적에서 떼어 내는 일. **이:적-하다**[3] [동][타][여] **이:적-되다**[2] [동][자]

이적-료(移籍料) [-정뇨] [명][체] 프로 선수가 이적할 때, 선수의 이전 소속 구단이 새 구단으로부터 대가로 지급받는 돈.

이:전[1](以前) [명] **1** 일정한 시점을 기준으로 하여 그보다 먼저 오는 시간적 위치. 기준이 되는 시점이 특정의 날짜 등으로 제시될 경우, 그 기준 시점이 범위에 포함되는 뜻을 가짐. **2** 현재가 아닌, 그 전의 시점. ¶사고를 겪고 나서 그의 모습이 ~과 달라졌다. ↔이후.

이전[2](移轉) [명] **1** (장소나 주소 등을) 다른 데로 옮기는 것. ¶사옥(社屋) ~. ▷이사(移徙). **2** (권리 따위를) 넘겨주거나 넘겨받는 것. ¶명의 ~. **이전-하다** [동][타][여] ¶소유권을 ~. **이전-되다** [동][자]

이전-투구(泥田鬪狗) [명] 〔'진흙탕에서 싸우는 개'라는 뜻〕 **1** 강인한 성격의 함경도 사람을 평하여 이르는 말. **2** 수단·방법을 가리지 않고 모함하고 중상하며 싸우는 상태. ¶여야의 대립이 ~의 양상으로 치닫고 있다.

이:점(利點) [-쩜] [명] 이로운 점. ¶아파트는 살기에 편리하다는 ~이 있다.

이:정(里程) [명] 어떤 곳으로부터 다른 곳까지 이르는 거리의 이수(里數).

이:정-표(里程標) [명] **1** 도로나 선로 등의 가장자리에 그곳에서 다른 곳에 이르는 거리를 적어 세운 푯말이나 표지. **2** 앞으로의 일에 대해 안내해 주거나 방향을 제시해 주는 지침이나 기준. 비유적인 말임. ¶그 영화는 한국 영화사에 새로운 ~를 세웠다.

이제 [명][부] 바로 이때. [비]지금. ¶~ 가면 언제 다시 만날 수 있을까.

이제-껏[-껃] [부] =여태껏.

이제나-저제나 [부] 언제인지 알 수 없을 때나 어떤 일을 몹시 안타깝게 기다릴 때 쓰는 말. ¶~ 너 오기만 기다렸단다.

이:-제마(李濟馬) [명][인] 조선 시대의 한의학자(1838~1900).

이제-야 [부] 이때에 이르러서야 비로소. ¶~ 정신이 드는 모양이구나.

이젤(easel) [명] 그림을 그릴 때 그림판을 놓는 틀.

이:조[1](吏曹) [명][역] 고려·조선 시대, 육조(六曹)의 하나. 관리의 채용과 상벌 등의 인사 문제를 맡아보던 관아.

이:조[2](李朝) [명][역] 일제 강점기에 일본이 '조선 왕조'를 비하하여 이르던 말.

이:족(異族) [명] **1** 다른 민족. ↔동족. **2** 성이 다른 족속.

이종[1](姨從) [명] 이모의 아들이나 딸.

이:종[2](異種) [명] 다른 종류. ¶~ 교배.

이:종^교:과서(二種敎科書) [명][교] 교육인적 자원부 장관의 검정을 받아 제작된 교과서.

이주(移住) [명] **1** 개척·정복 등의 목적으로 종족이나 민족 등의 집단이 한 곳에서 다른 지역으로 이동하여 정주하는 것. **2** 다른 나라로 옮겨서 사는 것. ¶해외 ~. **이주-하다** [동][자][여]

이주-민(移住民) [명] 다른 나라에 옮겨 가 사는 사람. ↔원주민.

이죽-거리다/-대다[-꺼(때)-] [동][자] '이기죽거리다'의 준말.

이죽-이죽[-중니-/-주기-] [부] '이기죽이기죽'의 준말. **이죽이죽-하다** [동][자][여]

이:-준(李儁) [명][인] 조선 시대의 열사(1859~1907).

이:중(二重) [명] **1** 두 겹. ¶~으로 된 방탄벽. **2** 두 번 거듭되거나 겹침. ¶요금을 ~으로 내다.

이:중-고(二重苦) [명] 이중의 고통이나 고

생. ¶파산과 병마의 ~에 시달리다.
이:중-과세(二重過歲) 명 양력과 음력의 두 번의 설을 쇠는 일.
이:중-국적(二重國籍) [-쩍] 명 [법] 한 사람이 두 나라의 국적을 가지는 일.
이:중-모음(二重母音) 명[언] 소리를 내는 도중에 입술 모양이나 혀의 위치가 처음과 나중이 달라지는 모음. ㅑ·ㅕ·ㅛ·ㅠ·ㅒ·ㅖ·ㅘ·ㅙ·ㅝ·ㅞ·ㅟ 따위. ≒복모음. ↔단모음.
이:중-생활(二重生活) 명 어떤 사람이 동시에 하기 어렵거나 동시에 해서는 안 되는 두 가지 일을 하는 생활. 특히, 배우자 이외의 사람과 불륜의 관계를 맺는 생활이라든지, 두 가지 직업을 동시에 가지고 하는 생활 따위.
이:중섭(李仲燮) 명[인] 서양화가(1916~1956).
이:중-성(二重性) [-썽] 명 하나의 사물이 동시에 가지고 있는 서로 다른 두 가지의 성질.
이:중-성격(二重性格) [-껵] 명 서로 다른 양면성을 지닌 성격.
이:중-인격(二重人格) [-껵] 명 사람이 겉으로 나타내는 태도나 행동이 마음속과 다른 경우를 이르는 말.
이:중인격-자(二重人格者) [-껵짜] 명 이중인격을 가진 사람.
이:중-장부(二重帳簿) 명 금전의 출납·거래 등의 실상을 감추기 위하여 실태를 기입하는 장부 이외에 겉으로 기입하는 장부를 만드는 일. 또는, 그 장부.
이:중-주(二重奏) 명 실내악의 하나. 서로 다른 두 개의 악기에 의한 합주. ㉠듀엣.
이:중-주어(二重主語) 명[언] 하나의 문장 속에 이중으로 들어 있는 주어. 예를 들어, "철호가 돈이 많다."에서 '철호가', '돈이' 따위.
이:중-창(二重唱) 명[음] 성부가 다른 두 사람의 가수에 의한 중창. ㉠듀엣.
이:중-창(二重窓) [-짱] 명[건] 방한·방열·방음의 목적으로 이중으로 만든 창. ≒겹창.
이-즈음 명[부] 이때의 즈음. 또[준] 요즈음.
이-즘[1] 명[부] '이즈음'의 준말. 또[준]요즘.
이즘[2] (ism) 명 학설이나 사조(思潮)나 신념으로서의 주의(主義). ㉠주의(主義).
이:지(理智) 명 이성(理性)과 지성(智性). 또는, 본능이나 감정에 지배되지 않고 지식과 윤리에 따라 사물을 생각하여 판단하는 능력.
이지러-지다 툉 ㊀ 1 한 귀퉁이가 떨어져 나가 찌그러지다. 2 (달 같은이) 한쪽이 차지 않아 둥그런 모양을 유지하지 못하게 되다. ¶보름이 지나 이지러진 달.
이지메 (ⓘいじめ) 명 '집단 괴롭힘'으로 순화.
이:지-적(理智的) 관[명] 1 이성과 지성으로써 행동하거나 판단하는 (것). ¶~인 판단. 2 용모나 언동에서 지성적인 분위기가 풍기는 (것). ¶~인 용모.
이직[1](移職) 명 직장·직업을 옮기는 것. ㉡[전직(轉職). **이직-하다** 툉ⓘ
이:직[2](離職) 명 직장이나 직업을 그만두는 일. 이:**직-하다** 툉ⓘ自㊀ ¶구조 조정으로 이직하는 사람들이 늘고 있다.
이:진(二陣) 명 1 둘 이상의 무리가 순서에 따라 이동할 때, 그 두 번째 무리. ¶등반대 ~이 베이스캠프에 도착하다. 2 스포츠 팀에서, 베스트 멤버에 들지 못한 선수들의 무리. ¶후반전에 ~을 기용하다. ▷일진.
이:진-법(二進法) [-뻡] 명[수] 숫자 1과 0을 사용하여 둘씩 묶어서 윗자리로 올리는 수의 표시법. 컴퓨터 등에서 이용됨.
이질[1](姪) 명 1 아내의 자매의 자녀. 2 자매간인 언니나 여동생의 자녀.
이:질[2](異質) 명 성질이 다름. 또는, 그 성질. ↔동질.
이:질[3](痢疾) 명[의] 법정 전염병의 한 가지. 똥에 곱이 섞여 나오면서 뒤가 잦고 당기는 병.
이:질-감(異質感) 명 서로 성질이 달라서 동화하거나 어울리기 어렵다고 여기는 느낌. ¶문화적 ~. ↔동질감.
이:질-성(異質性) [-썽] 명 서로 바탕이 다른 성질이나 특성. ↔동질성.
이:질-적(異質的) [-쩍] 관[명] 성질이 다른 (것). ¶동·서양의 문화에는 ~인 면이 많다. ↔동질적.
이:질-화(異質化) 명 이질적으로 되거나 되게 하는 것. ¶남북간 문화의 ~. **이:질화-하다** 툉(자)㉠(타) **이:질화-되다** 툉ⓘ
이집트(Egypt) 명[지] 아프리카 북동단, 나일 강 유역의 공화국. 수도는 카이로. 음역어는 애급(埃及).
이-쪽 ㈜ [1](지시) 말하는 사람에게 가까운 쪽을 가리켜 이르는 말. [2](인칭) 말하는 사람이 자기 또는 자기편을 가리켜 이르는 말. =이편. ¶그에게 ~의 입장을 잘 설명하세요. ¶그쪽·저쪽.
이쪽-저쪽 [-쩌-] ㈜ 이쪽과 저쪽.
이-쯤 명[부] 이만한 정도. ¶~ 말했으니 그도 알아듣겠지. 또[준]쯤.
이:차(二次) 명 1 어떤 사물이나 현상이 본 디것에 대해 부수적인 관계에 있는 것. =부차. 2 [수] 정식·대수 방정식·대수 곡선 등의 차수가 2인 것. ¶ ~ 방정식.
이:차돈(異次頓) 명[인] 신라 최초의 불교 순교자(506~527).
이:차-원(二次元) 명[수] 평면과 같이 길이와 폭이라는 두 가지 독립된 방향의 넓이를 가진 것.
이:차-적(二次的) 관[명] 두 번째의 (것). 또는, 두 번째로 문제 삼거나 다루어야 하는 (것). ¶~인 문제.
이:-착륙(離着陸) [-창뉵] 명 이륙과 착륙. **이:착륙-하다** 툉(자)㉠
이-참 명 =이번. ¶~에 다 말해 버리자.
이:채(異彩) 명 분위기나 느낌이 다른 것에 비해 눈에 띄게 다른 상태. ¶~를 띠다.
이:채-롭다(異彩-) [-다] 형ⓑ(-로우니, -로워) 이채를 띤 데가 있다. ¶외국인이 가야금을 연주하는 모습이 ~. **이:채로이** 튀
이:-천(李蕆) 명[인] 조선 시대의 무신·과학자(1376~1451).
이:첨-판(二尖瓣) 명[생] 심장의 좌심방과 좌심실 사이에 있는 판막. 피가 거꾸로 흐르는 것을 막음.
이첩(移牒) 명 (받은 공문이나 통첩을) 다른 곳으로 다시 알리는 것. 또는, 그 공문이나 통첩. **이첩-하다** 툉㉠
이체(移替) 명 1 (예금을) 어떤 계좌에서 다른 계좌로 옮기는 것. ¶자동 ~. 2 (예

산을) 다른 장(章)이나 관(款)이나 항(項)으로 옮기는 것. **이체-하다** 통타여

이-족(-族) 명 이의 이틀 속에 들어가 있는 이의 뿌리 부분. =치근(齒根).

이출(移出) 명 [다른 지역으로 인구·물자·문화 등을] 옮겨 나가 내보내는 것. ¶~ 인구. ↔이입. **이출-하다** 통타여

이:층-집(二層-) [-찝] 명 이 층으로 지은 집.

이-치[1](-親) 명 '이 사람'을 낮추어 이르는 3인칭 대명사. ¶~가 어디서 행패야?

이:치[2](理致) 명 사물의 정당한 조리. 또는, 도리에 맞는 취지. ¶자연의 ~.

이:칭(異稱) 명 다르게 부르는 칭호.

이퀼(equal) 명 등호(等號)로 쓰는 부호 '='의 이름.

이큐(EQ) 명 [emotional quotient] [심] =감성 지수.

이크 '이키'의 잘못.

이크나톤(Ikhenaton) 명 [인] '아멘호테프 4세'의 다른 이름.

이키[1] 갑 '이끼'의 거센말. ×이크.

-이키[2] 접미 동사 '돌다'의 어간에 붙어, 그 행동이 일어나게 함을 나타내는 말. ¶~다.

이:타(利他) 명 자기를 희생하여 남을 이롭게 하는 일. ¶~심. ↔이기.

이타이이타이-병(ㆍいたいいたい病) 명[의] 일본에서 발생한 공해병. 등뼈·손발·관절이 아프며, 뼈가 약해져서 잘 부러지는 증상을 보임.

이:타-주의(利他主義) [-의/-이] 명 남의 행복과 복리의 증가를 행위의 목적으로 하는 생각이나 행위. ↔이기주의.

이:탈(離脫) 명 [본디 속해 있는 무리나 집단, 또는 궤도 등을(에서)] 벗어나 있어서는 안 될 다른 곳에 있게 되는 것. ¶~자. **이:탈-하다** 통자 ¶인공위성이 궤도에서~. **이:탈-되다** 통자

이탈리아(Italia) 명[지] 유럽 남부의 지중해에 돌출한 반도와 그 부근의 섬으로 이루어진 공화국. 수도는 로마. 음역어는 이태리(伊太利).

이탈리아-어(Italia語) 명[언] 이탈리아와 스위스 및 코르시카섬 등에서 쓰이는 언어. 인도·유럽 어족의 이탤릭 어파에 속함.

이태 명 두 해.

이태리(伊太利) 명[지] '이탈리아(Italia)'의 음역어.

이탤릭(italic) 명[출] =이탤릭체.

이탤릭-체(italic體) 명[출] 서양 활자체의 하나. 약간 오른쪽으로 기울어진 모양이며, 주의해야 할 어구, 외국어, 학명 등을 나타낼 때 씀. =사체(斜體)·이택릭.

이-토록 뛰 이런 정도로까지. ¶이별의 아픔이 ~ 클 줄을 몰랐다.

이토 히로부미(伊藤博文) 명[인] 일본의 정치가(1841~1909).

이틀-날 [-튼-] [-랄] 명 1(초(初)·열·스무 다음에 쓰여) 각각 어느 달의 2일·12일·22일임을 나타내는 말. 2 어떤 일이 있은 그다음 날. =익일. ¶하룻밤을 자고 ~ 새벽에 떠났다.

이틀[1] 명 1 하루가 두 번 있는 시간의 길이. 곧, 두 날. 2(초(初)·열·스무 다음에 쓰여) 각각 어느 달의 2일·12일·22일임을 고유어로 나타내는 말. ¶유월 초~.

이틀[2] [생] 이가 박혀 있는 아래턱·위턱의 뼈.

이-틈 명 이와 이의 틈. 비잇새.

이파리 명 나무나 풀에 살아 있는 낱 잎. 비잎사귀. ¶~가 싱싱한 채소.

이판-사판 명 막다른 데 이르러, 어찌할 수 없게 된 판. ¶그래, 이젠 나도 ~이야.

이판-암(泥板巖·泥板岩) 명[광] =셰일.

이팔-청춘(二八靑春) 명 열여섯 살의 꽃다운 청춘. 또는, 혈기 왕성한 젊은 시절. ¶몸은 늙었지만 마음은 아직도 ~이다.

이-편 때 1 =이쪽. 2저ː편·저편.

이피-반(EP盤) 명 [EP:extended play] 1 분간에 45회전하는 음반. 엘피반(LP盤)보다 연주 시간이 짧아 소품의 녹음에 쓰임. ▷엘피반·에스피반.

이:하(以下) 명 1 수량이나 정도가 앞에 제시된 기준보다 적거나 낮거나 작은 범위. 기준이 수량으로 제시될 경우에는, 그 수량이 범위에 포함되므로 그 아래의 것을 가리킴. ¶수준 ~의 작품. 2차례에 있어서 아래나 뒤에 오는 것을 이르는 말. ¶~ 생략. ↔이상.

이:하-선(耳下腺) 명[생] =귀밑샘.

이:학(理學) 명 자연 과학의 총칭.

이:합(離合) 명 헤어짐과 모임. **이:합-하다** 통자

이:합-집산(離合集散) [-찹싼] 명 흩어졌다 모였다 함. 또는 그리하는 정당들.

이항(移項) 명[수] 등식·부등식의 한 변에 있는 항을 그 부호를 바꾸어 다른 변으로 옮기는 일. **이항-하다** 통타여

이:-항복(李恒福) 명[인] 조선 시대의 문신(1556~1618).

이-해[1] 명 바로 앞에서 이야기한 해.

이:해[2](利害) 명 이익과 손해. 비득실. ¶노사간의 ~가 서로 첨예히 대립된다.

이:해[3](理解) 명 1 (말·글·그림·음악·학문 등을) 그 의미나 내용을 지적으로 헤아려 아는 것. 2 (어떤 사람을, 또는 그의 말·기분·입장 등을) 마음으로 헤아리어 받아들이거나, 충분히 그럴 수 있으리라고 생각하는 것. 비납득·양해. ¶왜 그가 그런 짓을 했는지, ~가 안 간다. **이:해-하다** 통타여 **이:해-되다** 통자

이:해-관계(利害關係) [-계/-게] 명 서로 이해가 맞물려 있는 관계. ¶~가 없다.

이:해-도(理解度) 명 어떤 일이나 현상 등을 조리 있게 알아듣는 정도. ¶책의 내용에 대한 ~를 높이기 위해 삽화를 넣다.

이:해-득실(利害得失) [-씰] 명 어떤 일이 이로운지 해로운지, 이득이 되는지 손실이 되는지의 여부.

이:해-력(理解力) 명 사리를 분별하여 이해하는 능력. ¶~이 부족한 사람.

이:해-심(理解心) 명 남을 이해해 주는 마음. ¶이 많은 사람.

이:해-타산(利害打算) 명 이로운가 해로운가를 따져 셈함. ¶~이 빠른 사람.

이행[1](移行) 명 어떤 대상이 어떤 상태나 단계에서 다른 상태나 단계로 옮아가거나 변해 가는 것. **이행-하다** 통자타여 **이행-되다**[1] 통자 ¶왕정에서 공화정으로 ~.

이행[2](履行) 명 약속이나 계약 등을 실제로 행하는 것. **이:행-하다**[2] 통타여 ¶약속을 ~. **이:행-되다**[2] 통자 ¶약속이 ~.

이:현령비현령(耳懸鈴鼻懸鈴) [-렁-렁] 명 어떤 사실이 이렇게도 저렇게도 해석됨을 이르는 말. '귀에 걸면 귀걸이, 코에 걸면 코걸이'와 같은 말.

이:형(異形)〔명〕보통과 다른 모양.
이:혼(離婚)〔명〕(부부가, 또는 어떤 사람이 배우자와) 법률적으로 혼인 관계를 끊고 헤어지는 것. ¶합의 ~. ↔결혼. 이:혼-하다〔동〕재연
이:혼-남(離婚男)〔명〕이혼한 상태에 있는 남자.
이:혼-녀(離婚女)〔명〕이혼한 상태에 있는 여자.
이:홍장(李鴻章)〔명〕〔인〕청나라의 정치가(1823〜1901).
이:화(異化)〔명〕 1 〔심〕두 개의 감각을 공간적 또는 시간적으로 접근시켜 배치할 때, 양자(兩者)의 질적·양적 차이가 한층 더 커지는 일. 2 〔언〕동일하거나 성격이 비슷한 두 음이 이웃하여 나타날 때, 그 중 한 음이 다른 음으로 변하거나 탈락하는 현상. '종용'이 '조용'으로 되는 따위. ↔동화(同化). 이:화-하다〔동〕재타
이화²(梨花)〔명〕=배꽃.
이:화-명나방(二化螟─)〔명〕〔동〕앞날개는 황회색, 뒷날개는 흰색인 큰 나방. 애벌레는 벼의 해충임.
이:화-명충(二化螟蟲)〔명〕〔동〕이화명나방의 애벌레.
이:화 작용(異化作用)〔명〕〔생〕생물이 외계로부터 섭취한 물질을 체내에서 화학적으로 분해하여 간단한 물질로 변환시키는 반응. ↔동화 작용.
이:화학(理化學)〔명〕물리학과 화학.
이환(罹患)〔명〕병에 걸리는 것. ¶〜율.
이:황(李滉)〔명〕〔인〕조선 시대의 문신·학자(1501〜1570).
이:황화-탄소(二黃化炭素)〔명〕〔화〕특이한 악취가 나는 무색의 액체. 인화성이 강하고 유독함. 용매·용제 등으로 쓰임.
이:효석(李孝石)〔명〕〔인〕소설가(1907〜1942).
이후(以後)〔명〕 1 일정한 시점을 기준으로 하여 그보다 나중에 오는 시간적 위치. 기준이 되는 시점이 특정의 날짜 등으로 제시될 경우, 그 기준 시점이 범위에 포함되는 뜻을 가짐. ¶2006년 1월 1일 ~. 2 지금이 아닌, 그 뒤의 시점. 장차. ¶〜에는 그런 일이 없도록 해라. ↔이전.
이:ᅳ희승(李熙昇)〔ᅳ히ᅳ〕〔명〕〔인〕국어학자(1896〜1989).
익년(翌年)〔잉ᅳ〕〔명〕어떤 해의 바로 다음 해. 비이듬해·후년.
익다¹〔ᅳ따〕〔동〕재 1 (식물의 열매나 낟알이) 다 자라 맛이 들거나 단단해지다. ¶잘 익은 복숭아. 2 (고기나 곡식이나 채소 등의 날것이) 뜨거운 열을 받아 먹기에 알맞을 만큼 구워지거나 삶아지다. ¶고기가 알맞게 〜. 3 (술·김치·장 따위가) 담근 지 얼마간의 시일이 흐르면서 먹기에 알맞은 맛을 띠게 되다. ¶김치가 〜. 4 (사람의 피부가) 뜨거운 열을 받아 붉은빛을 띠게 되다. ¶뱃볕에 얼굴이 발갛게 〜.
[익은 밥 먹고 선소리한다] 사리에도 맞지 않는 쓸데없는 말을 실없게 하다.
익다²〔ᅳ따〕〔형〕 1 (어떤 일이) 여러 번 해 보아 서투르지 않은 상태에 있다. ¶손에 익은 기술. 2 (어떤 대상이) 여러 번이나 들거나 하여 처음 대하지 않는 느낌이 드는 상태에 있다. ¶낯이 익은 얼굴.
익룡(翼龍)〔잉뇽〕〔명〕중생대의 쥐라기와 백악기에 걸쳐 살았던, 하늘을 나는 파충류.

익명(匿名)〔잉ᅳ〕〔명〕어떤 일을 하면서 자기 신분을 드러내지 않기 위해 이름을 밝히지 않는 상태. ¶〜의 투서[편지].
익모-초(益母草)〔잉ᅳ〕〔명〕〔식〕포기 전체를 여성 질환에 약으로 쓰는 두해살이풀. 줄기는 높이 약 1m로 네모지고 흰 털이 있으며, 7〜8월에 엷은 홍자색 꽃이 핌.
익-반죽〔ᅳ빤ᅳ〕〔명〕가루에 끓는 물을 넣 가며 하는 반죽. 익반죽-하다〔동〕타
익사(溺死)〔ᅳ싸〕〔명〕물에 빠져 죽는 일. ¶〜자〔ᅳ짜〕. 익사-하다〔동〕재
익사-체(溺死體)〔ᅳ싸ᅳ〕〔명〕익사한 사람의 시체.
익살〔ᅳ쌀〕〔명〕남을 웃기려고 일부러 하는 우스운 말이나 짓. 비골계. ¶〜을 떨다.
익살-꾼〔ᅳ쌀ᅳ〕〔명〕익살을 잘 부리는 사람.
익살-맞다〔ᅳ쌀맏따〕〔형〕익살을 잘 떠는 성질이 있다. ¶익살맞은 얼굴[표정].
익살-스럽다〔ᅳ쌀ᅳ따〕〔형〕〈〜스러우니, 〜스러워〉익살을 떠는 데가 있다. 익살스레〔부〕
익선-관(翼善冠)〔ᅳ썬ᅳ〕〔명〕〔역〕임금이 평상복으로 집무할 때에 쓰는 관.
익숙-하다〔ᅳ쑤카ᅳ〕〔형〕여 1 (어떤 일이) 많이 해 보아 몸에 배어 있다. 또는, (어떤 일에) 몸에 밴 솜씨나 기술을 가진 상태에 있다. ¶익숙한 솜씨. 2 (어떤 일에) 자주 대하거나나 겪어 잘 아는 상태에 있다. ¶이 길은 초행이라 익숙지 않다. 익숙-히〔부〕
익스팬더(⟨expander)〔명〕〔체〕운동 기구의 하나. 손잡이에 몇 줄의 용수철을 매어 놓은 것으로 두 손으로 잡아당겨 가슴 근육을 발달시키는 운동에 씀.
익월(翌月)〔명〕어떤 달의 바로 다음 달. 비훗달.
익일(翌日)〔명〕=이튿날2.
익자-삼우(益者三友)〔ᅳ짜ᅳ〕〔명〕사귀어 자기에게 유익함이 있는 세 가지 부류의 벗. 곧, 정직한 벗, 신의(信義)가 있는 벗, 지식이 있는 벗. ↔손자삼우.
익조(益鳥)〔ᅳ쪼〕〔명〕〔동〕해충을 잡아먹거나 고기와 알을 사람에게 주는 등, 사람에게 도움을 주는 새. ↔해조.
익충(益蟲)〔명〕사람의 생활에 직접·간접으로 이익을 주는 곤충. 누에·꿀벌 따위. ↔해충.
익-히¹〔이키〕〔부〕익숙하게. ¶자네 이름은 〜 들어 알고 있네.
익-히다¹〔이키ᅳ〕〔동〕타 '익다¹'의 사동사. ¶고기를 〜.
익-히다²〔이키ᅳ〕〔동〕타 '익다²'의 사동사. ¶운전을 〜.
인¹〔명〕여러 번 거듭되어 몸에 밴 습관.
인(이) 박이다 되풀이하여 버릇처럼 몸에 아주 배다. ¶담배에 〜.
인²(人)〔명〕 ①〔자접〕(극히 제한적 문맥에 쓰여) '사람'을 이르는 말. ¶〜의 바다. ② 〔의존〕사람의 수를 헤아리는 단위. ¶105〜.
인의 장막(帳幕) 권력자나 높은 지위에 있는 사람의 주위에 모여들어 그가 올바른 판단력을 갖지 못하게 부정적 영향을 미치는 사람들의 무리. ¶〜에 둘러싸인 독재자.
인³(仁)〔명〕〔윤〕유교의 가장 중심 개념이 되는 덕(德). 인간이 본래 가지고 있는 어진 마음씨를 뜻하며, 이것을 확산시켜

널리 실천하면 이상적인 사회를 이룩할 수 있다고 함.
인⁴(印) 몡 나무·상아·뿔·수정·돌·쇠 따위에 글자나 그림 또는 부호를 새겨 개인·단체·관청의 표지(標識)로 문서나 물건에 찍어서 증거를 삼는 것.
인⁵(寅) 몡 십이지(十二支)의 셋째. 범을 상징함.
인⁶(燐) 몡[화] 질소족 원소의 하나. 원소 기호 P, 원자 번호 15, 원자량 30.9738. 독성이 있고, 공기 중에서 인광(燐光)을 발함. 동물의 뼈의 구성 성분이며, 쉬약·성냥의 제조에 쓰임.
-인(人) 졥미 일부 명사 뒤에 붙어, 그런 특성을 가진 사람임을 나타내는 말. ¶원시~/한국~/정치~.
인⁸(in) 몡[체] 테니스·배드민턴·탁구의 타구가 코트 안에 들어가는 일. ↔아웃.
인가¹(人家) 몡 사람이 사는 집. ¶~가 드문 산골.
인가²(認可) 몡[법] 어떤 사람이 법률 행위를 했을 때 국가 기관이 인정함으로써 그 법률 행위가 유효하게 성립할 수 있게 하는 일. ▷허가. **인가-하다** 卧타옘¶법인 설립을 ~. **인가-되다** 卧쨈.
인간(人間) 몡 **1** 언어를 가지고 사고할 줄 알고 사회를 이루며 사는 지구 상의 고등 동물. 비사람. ¶~은 만물의 영장이다. **2** 사람이 사는 곳. 비세상. ¶~에 내려온 선녀. **3** 사람의 됨됨이. ¶저 어찌그 모양인가. **4** (주로, '이, 그, 저, 이런, 그런, 저런' 등의 관형어 뒤에 쓰여) 마땅치 않은 행동을 하는 사람을 얕잡아 이르는 말. ¶그 ~하고는 말도 하고 싶지 않다.
인간-계(人間界) [-계/-게] 몡 **1** 사람이 사는 세상. **2** [불] =사바¹.
인간ˆ**공학**(人間工學) 몡 기계나 도구, 또는 환경 등을 인간의 해부학·생리학·심리학적 특성에 적합하게 하기 위한 연구를 하는 학문.
인간-관계(人間關係) [-계/-게] 몡 어떤 사람이 사회생활에서 사람들과 맺는 일.
인간ˆ**만사**(人間萬事) 몡 원만한 사람.
인간-말짜(人間末-) 몡 아주 못된 사람이나 쓸모없는 인간.
인간-문화재(人間文化財) 몡 '중요 무형 문화재 보유자'를 일상적으로 이르는 말.
인간-미(人間味) 몡 사람으로서 친밀감을 주는 따뜻한 맛. ¶~가 넘치다.
인간-사(人間事) 몡 인간 생활에서 일어나는 온갖 일. ¶알 수 없는 것이 ~다.
인간-상(人間像) 몡 어떤 종류나 유형의 인간이 가지는, 또는 가져야 하는 정신적·행동적 모습. ¶21세기 새로운 ~.
인간-성(人間性) [-썽] 몡 **1** 인간이 가지는 품성이나 본성. 비회복. **2** 어떤 사람이 가지는 성품이나 됨됨이. ¶~이 좋은 사람.
인간ˆ**세계**(人間世界) [-계/-게] 몡[불] =중생계.
인간-쓰레기(人間-) 몡 사회에 해악만 끼치는 쓸모없는 인간. 경멸조의 말임.
인간-애(人間愛) 몡 인간에 대한 사랑.
인간-적(人間的) 관몡 **1** 인간의 성격·감정에 관한 (것). **2** 인간다운 성질이 있는 (것). ¶~인 따뜻한 마음씨.
인간-학(人間學) 몡[철] 인식하며 행동하는 인간의 본질과 우주에 있어서의 인간의 지위를 해명하고자 하는 학문.

인감(印鑑) 몡[법] 본인의 도장임을 증명할 수 있도록 관공서의 대장에 등록해 둔 특정한 도장.
인감-도장(印鑑圖章) [-또-] 몡 인감 신고를 필한 도장.
인감ˆ**증명**(印鑑證明) 몡[법] **1** 인발이 증명 관청에 신고된 인감과 같다는 것을 증명하는 행위. **2** '인감 증명서'의 준말.
인감ˆ**증명서**(印鑑證明書) 몡[법] 신고된 인발과 같은 인감임을 증명하는 서면. ㉰인감 증명.
인건-비(人件費) [-껀-] 몡[경] 공공 기관·단체·회사 등에서, 고용하는 노동력에 대하여 지출되는 비용.
인격(人格) [-껵] 몡 **1** 사람이 사람으로서 가지는 자격이나 품격. ¶훌륭한 ~의 소유자. ▷신격. **2** [윤] 도덕적 행위의 주체로서, 진위·선악을 판단할 수 있는 능력과 자율적 의지를 가진 독립된 개인.
인격-신(人格神) [-껵씬] 몡 인격적인 형상·의지·감정을 가지며 인간과 교제를 맺는다고 믿어지는 신. 크리스트교·이슬람교의 신 따위.
인격-자(人格者) [-껵짜] 몡 인격을 갖춘 사람.
인격-적(人格的) [-껵쩍] 관몡 인격에 관한 (것). ¶~인 결함.
인격-체(人格體) [-껵-] 몡 인격을 가진 존재.
인격-화(人格化) [-껵콰] 몡 사람이 아닌 사물을 사람처럼 생각과 감정이 있는 존재로 여기는 것. 비의인화. **인격화-하다** 卧타옘.
인견(人絹) 몡 **1** '인조견'의 준말. **2** '인조 견사'의 준말.
인견-사(人絹絲) 몡 '인조 견사'의 준말.
인경(人定) 몡 ['定'의 본음은 '정'] [역] 조선 시대에 통행금지를 알리기 위해 치던 종. 서울의 보신각종 따위. ▷인정.
인계(引繼) [-계/-게] 몡 (어떤 일이나 물건을 어떤 사람에게) 넘겨주는 것. 또는, 이어받는 것. ¶업무 ~. **인계-하다** 卧타옘 **인계-되다** 卧쨈.
인고(忍苦) 몡 괴로움을 참고 견디는 것. ¶~의 나날. **인고-하다** 卧쨈.
인공(人工) 몡 **1** 사람이 하는 일. **2** 사람의 힘으로 만들어 내는 일. 곧, 사람이 자연물에 대하여 가공하거나 작용을 하는 일. 비인위. ↔호수.
인공ˆ**강우**(人工降雨) 몡 인공적으로 비가 내리게 하는 일.
인공-두뇌(人工頭腦) [-뇌/-눼] 몡 대뇌의 활동을 모방한 기계. 컴퓨터 등을 가리킴.
인공-림(人工林) [-님] 몡 씨를 뿌리거나 나무를 심는 등의, 인공을 가하여 이루어진 삼림. ↔천연림·자연림.
인공-미(人工美) 몡 인공의 힘으로 이루어 낸 아름다움. ↔자연미.
인공ˆ**방사성**ˆ**원소**(人工放射性元素) [-썽-] 몡[물] 원자 안정된 원자핵을 양성자·중성자·α입자·γ선 따위로 인공적으로 충돌시켜 핵반응을 일으킨 결과, 방사능을 가지게 된 원소.
인공ˆ**수분**(人工受粉) 몡[식] 인공적으로 수분을 시키는 일. 붓 따위로 꽃가루를 묻혀 다른 꽃의 암술머리에 뿌림.
인공ˆ**수정**(人工受精) 몡[생] 인위적으로 수컷의 정액을 채취하여 암컷의 생식기

안에다 기계적인 방법으로 주입시켜 수정시키는 일.

인공^언어(人工言語) 圕 **1** 〖컴〗 =기계어. **2** 〖언〗 =세계어.

인공-위성(人工衛星) 〖물〗 로켓에 의해 쏘아 올려져 지구의 주위를 공전하는 인공물체. 준위성.

인공-적(人工的) 관圕 인공에 의한 (것). ¶~으로 조성된 숲. ↔자연적.

인공^지능(人工知能) 〖컴〗 학습·추론·판단 등 인간의 지능이 가지는 기능을 갖춘 컴퓨터 시스템.

인공-호(人工湖) 圕 인공적으로 만든 호수.

인공-호흡(人工呼吸) 圕 어떤 원인으로 심장은 뛰고 있으나 숨이 끊어져 있는 사람에 대해, 입에 공기를 불어 넣거나 하여 정상 호흡을 할 수 있게 하는 일.

인과(因果) 圕 **1** 원인과 결과. **2** 〖불〗 선악의 업에 의하여 그에 해당하는 과보(果報)를 받는 일.

인과^관계(因果關係) [-계/-게] 〖철〗 한 사물 현상은 다른 사물 현상의 원인이 되고, 그 다른 사물 현상은 먼저 사물 현상의 결과가 되는 관계.

인과-율(因果律) 〖철〗 모든 일은 원인에서 발생한 결과이고, 원인이 없이는 아무 것도 일어나지 않는다는 법칙.

인과-응보(因果應報) 〖불〗 전생에서의 행위의 결과로서 현재의 행과 불행이 있고, 현세에서의 행위의 결과로서 내세에서의 행과 불행이 생기는 일. 준과보.

인광¹(燐光) 圕 **1** 〖화〗 흰인이 공기 중에서 자연 변화에 의해 발하는 빛. **2** 〖물〗 황화칼슘·보석 등의 물체에 빛을 비추다가 그쳤을 때, 계속 빛을 내는 현상.

인광²(燐鑛) 圕 〖광〗 인회석을 많이 포함하고 있는 광물의 총칭. 인산 비료의 원료가 됨. ¶~석(石).

인구(人口) 圕 **1** 한 나라 또는 일정 지역에 사는 사람의 총수. **2** 어떤 일에 종사하는 사람의 총수. ¶축구~. **3** 뭇사람들의 입. ¶~에 회자(膾炙)되다.

인구^밀도(人口密度) [-또] 圕 인구가 밀집되어 있는 정도. 보통 1km² 안의 인구 수로 나타냄.

인구-센서스(人口census) 圕 =인구 조사.

인구-수(人口數) 圕 일정 지역 안에 사는 사람의 수.

인구^조사(人口調査) 圕 한 나라의 인구 상황을 파악하기 위해 일정 시점을 기준으로 행하는 전국적인 인구수의 조사. =인구센서스.

인권(人權) [-꿘] 圕 〖법〗 사람으로서 마땅히 누려야 할 자유·평등 등의 기본적 권리. ¶~ 옹호/~을 침해하다.

인권^선언(人權宣言) [-꿘-] 圕 〖역〗 1789년 프랑스의 국민 의회가 인권에 관하여 채택·발표한 선언.

인근(隣近) 圕 이웃 또는 근처. ¶~ 마을.

인기(人氣) [-끼] 圕 어떤 사람을 많은 사람들이 좋아하여 열렬히 따르거나 성원하는 상태. 또는, 어떤 일이나 물건을 많은 사람들이 좋아하여 자주 즐기거나 이용하는 상태. ¶~ 스타.

인기-도(人氣度) [-끼-] 圕 인기의 정도나 수준. ¶연예인의 ~를 조사하다.

인기리-에(人氣裏-) [-끼-] 圕 인기를 누리는 가운데. ¶영화가 ~ 상영되다.

인기-인(人氣人) [-끼-] 圕 인기 직업에 종사하는, 인기 있는 사람.

인기-주의(人氣主義) [-끼의/-끼이] 圕 인기에 영합하는 주의. =센세이셔널리즘.

인-기척(人-) [-끼-] 圕 주위의 어딘가에 사람이 있는 줄을 알 만하게 나는, 어떤 소리나 느낌. ¶~에 놀라다. **인기척-하다** 짜예 인기척을 내다.

인기-투표(人氣投票) [-끼-] 圕 투표를 통하여 인기의 순위를 정하는 일. **인기투표-하다** 동예

인-내¹(人-) 圕 **1** 사람의 몸에서 나는 냄새. **2** 짐승·벌레·마귀 등이 맡는, 사람의 냄새. ¶모기가 ~를 맡고 달려든다.

인내²(忍耐) 圕 (괴로움이나 어려움을) 참고 견디는 것. **인내-하다** 동예 ¶고통을 ~.

인내-력(忍耐力) 圕 참고 견디는 힘.

인내-심(忍耐心) 圕 참고 견디는 마음.

인내천(人乃天) 圕〖종〗 천도교의 기본 사상으로, 사람이 곧 하늘이라는 말.

인년(寅年) 圕〖민〗 태세의 지지(地支)가 인(寅)으로 된 해. =범해.

인니(印尼) 圕〖지〗 '인도네시아'의 음역어.

인대(靭帶) 圕〖생〗 관절의 뼈 사이 및 관절 주위에 있는, 노끈 또는 띠 모양의 결합 조직. 관절의 보강이나 운동을 제한하는 작용을 함. ¶~가 늘어나다.

인더스 강(Indus江) 圕〖지〗 남부 아시아를 흐르는 강. 길이 2,900km.

인덕¹(人德) [-떡] 圕 =인복(人福).

인덕²(仁德) 圕 어진 덕.

인덱스(index) 圕 =색인(索引).

인도¹(人道) 圕 사람으로서 마땅히 지켜야 할 도리.

인도²(人道) 圕 =보도(步道). ↔차도.

인도³(引渡) 圕 **1** 사물이나 권리 등을 넘겨주는 것. ↔인수(引受). **2** 〖법〗 점유물이나 범인 등을 넘겨주는 것. **인도-하다**¹ 동예 ¶포로를 ~. **인도-되다**¹ 동예

인도⁴(引導) 圕 **1** 이끌어 지도하는 것. **2** (길이나 장소를) 또는 (사람을 어느 곳으로) 안내하는 것. **인도-하다**² 동예 ¶비행 청소년을 바른길로 ~. **인도-되다**²

인도⁵(印度) 圕〖지〗 인도 반도의 대부분을 차지하는 공화국. 수도는 뉴델리. =인디아.

인도-고무나무(印度-) 圕〖식〗 나무껍질에서 나오는 즙을 고무 원료로 쓰는, 인도 원산의 상록 교목. 줄기 30m까지 자라며, 잎은 두껍고 윤이 남.

인도-교(人道橋) 圕 사람이 다니도록 놓은 다리. ¶한강 ~. ▷ 철교.

인도-금(引渡金) 圕 물품을 넘겨줄 때 받는 돈. ¶차량 ~.

인-도깨비(人-) 圕 **1** 사람 형상을 한 도깨비. **2** 도깨비 같은 못된 짓을 하는 사람을 이르는 말.

인도네시아(Indonesia) 圕〖지〗 서남태평양의 말레이 제도의 대부분을 차지하는 이슬람교 공화국. 수도는 자카르타. 음역어는 인니(印尼).

인도-양(印度洋) 圕〖지〗 오대양의 하나. 인도·오스트레일리아·아프리카·남극해에 접함.

인도·유럽^어¹족(Indo-Europe語族) 圕

인도-적(人道的) 관형 사람으로서 지켜야 할 도리에 합당한 (것). ¶~ 처사.
인도-주의(人道主義) [-의/-이] 명 인간의 존엄성을 최고의 가치로 여기는 입장에서, 인간애를 바탕으로 인종·민족·국적의 차별 없이 인류의 복지를 증진시키자는 주의. =휴머니즘. ¶~ 정신.
인도차이나^반'도(Indo-China半島) 명 [지] 아시아 남동부에 있는 반도.
인도-코끼리(印度-) 명 코끼리의 한 종류로, 아프리카코끼리보다 약간 작은 포유동물. 성질이 온순하여 운반이나 경작에 이용됨. ▷아프리카코끼리.
인동(忍冬) 명 [식] 줄기가 다른 물체를 감고 자라는 관목. 여름에 흰 꽃이 피다, 가을에 둥근 열매가 검게 익음.
인두¹ 명 1 바느질할 때 불에 달구어 천의 구김살을 눌러 없애는 데 쓰는, 무쇠로 만든 도구. 2 '납땜인두'의 준말.
인두²(人頭) 명 1 사람의 머리. 2 사람의 머릿수.
인두³(咽頭) 명[생] 식도 및 후두(喉頭)에 붙어있는, 깔때기 모양의 근육성 기관.
인두겁(人-) 명 사람의 형상이나 탈.
인두겁(을) 쓰다 겉으로만 사람의 형상을 하다. 바탕이나 언행이 사람답지 못한 사람을 욕할 때 쓰는 말. ¶인두겁을 쓰고 어찌 그런 잔인한 짓을 할 수 있나.
인두-세(人頭稅) [-쎄] 명[법] 각 개인의 납세 능력과 상관 없이 일률적으로 매기는 세금.
인듐(indium) 명[화] 은백색의 무른 금속 원소. 원소 기호 In, 원자 번호 49, 원자량 114.82. 가열하면 파란 불꽃을 내며 탐. 반도체 재료·합금 등에 쓰임.
인들 조 자음으로 끝나는 체언에 붙어, 양보와 반문을 겸하여 '-라 할지라도 어찌'의 뜻을 나타내는 보조사. ¶짐승~ 이보다 더 잔혹하랴.
인디(indie) 명 1 영화·방송·음반 등을 소규모의 예산으로 독립 제작하는 일. 또는, 그런 일을 하는 회사. 2 밴드에 의해 연주되는 대중음악이 유행을 따르지 않아 아주 새롭고 개성적이며 실험성이 강한 것. ¶~ 음악.
인디아(India) 명[지] =인도⁵.
인디애나(Indiana) 명[지] 미국 중부에 있는 주.
인디언(Indian) 명 아메리카 대륙에 살고 있는 원주민.
인디오(에Indio) 명 에스파냐 사람이 인디언을 가리키는 말. 주로 라틴아메리카에 사는 인디언을 말함.
인라인-스케이트(inline skate) 명 아스팔트 길과 같은 평지 위를 타고 달릴 수 있도록, 4~5개의 바퀴를 신발 바닥에 한 줄로 달아 만든 운동 기구. =롤러블레이드. ▷롤러스케이트.
인력¹(人力) [일-] 명 1 사람의 힘이나 능력. ¶~으론 안 되는 일. 2 자원으로서의 인간의 노동력. ¶~ 수출 / 고급 ~.
인력²(引力) [일-] 명[물] 공간적으로 떨어져 있는 물체가 서로를 끌어당기는 힘.
인력-거(人力車) [일-꺼] 명 한 사람 또는 두 사람을 태우고 앞에서 한 사람이 달리면서 끄는, 큰 바퀴가 둘 달린 수레.

인민 공화국__959

인력-난(人力難) [일령-] 명 노동력이 부족하여 겪는 어려움. ¶~을 겪다.
인류(人類) [일-] 명 1 사람을 다른 동물과 구별하여 이르는 말. ¶~의 발자취. 2 세계의 모든 사람. ¶전 ~의 관심사.
인류-애(人類愛) [일-] 명 인종·국가 등의 차별을 초월하여 인류 전체를 널리 사랑하는 마음.
인류-학(人類學) [일-] 명 인류와 그 문화의 기원·특질 등을 연구하는 학문.
인륜(人倫) [일-] 명[유] 군신(君臣)·부자(父子)·형제·부부 등 상하 존비(尊卑)의 인간관계나 질서. ¶~에 벗어난 행동.
인륜-대사(人倫大事) [일-] 명 인간 생활에 있어서의 큰 행사. 혼인·장례 따위.
인마 '이놈아'가 준 말. ×임마.
인망(人望) 명 세상 사람이 우러르고 따르는 덕망. ¶~이 높다.
인맥(人脈) 명 사회생활이나 어느 사회 집단에서, 출신 학교나 지역, 혈연관계, 친소 관계에 따라 이뤄지는 유대 관계.
인면-수심(人面獸心) 〔사람 얼굴을 하고 있으나 마음은 짐승과 같다는 뜻〕 마음이나 행동이 몹시 음악한. 또는, 그런 사람.
인멸(湮滅·堙滅) 명 흔적을 모두 없애는 것. 또는, 흔적이 없어지는 것. **인멸-하다** 재타여 ¶증거를 ~. **인멸-되다** 재

인명¹(人名) 명 사람의 이름. ¶~ 사전.
인명²(人命) 명 사람의 목숨. ¶~ 피해.
인명-재천(人命在天) 명 사람 목숨의 길고 짧음은 하늘의 뜻에 달려 있다는 말. '인명은 재천이라'의 꼴로도 쓰임.
인목^대'비(仁穆大妃) [-때-] 명[인] 조선 선조의 계비(繼妃) (1584~1632).
인문(人文) 명 인간의 삶과 문화에 관계되는 것.
인문-계(人文系) [-계/-게] 명 언어·문화·역사·철학 등의 학문 계통. ▷자연계.
인문^과학(人文科學) 명 인간의 역사와 문화에 관한 학문의 총칭. 어문학·철학·역사학·종교학·심리학·문화 인류학·고고학 따위. ▷자연 과학·사회 과학.
인문-주의(人文主義) [-의/-이] 명 르네상스기에 이탈리아에서 발생하여 널리 유럽에 퍼진 정신 운동. 인간성의 존중과 문화적 교양의 발전을 목표로 했음. =인본주의·휴머니즘.
인물(人物) 명 1 어떤 역할을 하는 사람. ¶등장 ~. 2 생김새나 됨됨이의 측면에서 본 사람. ¶~이 똑똑하다. 3 뛰어난 사람. 예 인재(人材). ¶위대한 ~.
인물-가난(人物-) 명 뛰어난 인재가 드문 일.
인물-값(人物-) [-깝] 명 〔주로 '하다', '못하다' 와 함께 쓰여〕 잘생긴 용모나 체격이나 몸매에 걸맞은 바람직한 행동. ¶ 추우내는 멀쩡해 가지고. ~도 못한다.
인물-평(人物評) 명 개인의 인품이나 능력 및 행적상(行跡上)의 잘잘못을 비판하고 평가하는 일. 또는, 그 글.
인물-화(人物畫) 명[미] 사람을 주제로 하여 그린 그림.
인민(人民) 명 1 국가를 구성하고 사회를 조직하고 있는 사람. 2[법] 국가를 구성하고 있는 자연인. ¶~의, ~에 의한, ~을 위한 정치.
인민^공'화국(人民共和國) 명[정] 인민이 주권을 가지고 있는 공화국. 공산주의 체

제의 국가에서 쓰는 말임. ¶중화 ~.
인민-군(人民軍) [명] 북한의 군대.
인민-재판(人民裁判) [명] 일정한 자격을 갖춘 법관 대신 인민 대중을 배심(陪審)으로 하여 재판·처결하는 방식의 재판. 공산주의 체제 국가에서 행함.
인민-폐(人民幣)[-폐/-페] [명] 중국의 법정 통화. 단위는 위안.
인바(invar) [명] 철 64%, 니켈 36%의 합금. 정밀 기계·측량기 따위에 쓰임.
인-발(印-)[-빨] [명] 찍어 놓은 도장의 형적.
인방(引枋) [명][건] 기둥과 기둥 사이를 가로지른, 벽의 뼈대가 되는 나무.
인베르타아제([독]Invertase) [명][화] 수크로오스가 포도당과 과당으로 가수 분해하는 반응을 촉매하는 효소.
인벤션(invention) [명][음] 하나의 착상을 계속적으로 가공해 나가는 다성 기법의 음악. 특히, 바흐의 클라비어곡을 이름.
인보(隣保) [명] **1** 가까운 이웃집이나 이웃 사람. **2** 가까운 이웃끼리 서로 도움. 또는, 그런 목적으로 세운 단체. ¶~ 사업.
인보이스(invoice) [명][경] =송장(送狀)[2]**2**.
인복(人福)[-뽁] [명] 살아가면서 자기에게 도움을 주는 좋은 사람을 만나거나 사귀게 되는 복. =인덕(人德). ¶~이 많다.
인본-주의(人本主義)[-의/-이] [명][철] =인문주의.
인부(人夫) [명] 품삯을 받고 일하는 사람.
인분(人糞) [명] 사람의 똥. ¶~ 수거.
인비[1](人祕) [명] '인사비밀'의 준말.
인비[2](燐肥) [명][화] '인산 비료'의 준말.
인-비늘(人-) [명] 피부 표면의 각질 세포가 병적으로 하얗게 떨어지는 부스러기. =살비듬.
인사[1](人士) [명] 《주로 명사나 관형어 뒤에 쓰여》 사회적으로 지위가 높거나 널리 알려져 있거나 존경이나 신뢰를 받거나 하는 사람을 가리키는 말. ¶저명~.
인사[2](人事) [명] **1** 사람이 서로 만나거나 헤어질 때, 예의로서 허리를 굽혀 절하거나, 안부를 묻거나 안녕을 비는 말을 하는 것. [비]경례. **2** 처음 만나는 사람끼리 성명을 통하여 자기를 소개하는 일. ¶초면인 것 같은데 ~ 나누시지요. **3** 감사하거나 축하하거나, 기타 격식을 차려야 할 일 등에 예의로서 어떤 말을 하거나 어떤 표시를 하는 것. ¶축하의 ~. **인사-하다** [동][자][여]
인사[3](人事) [명] 회사나 조직 내에서의 개인의 지위·직무·능력 등에 관한 일. ¶~ 개편.
인사^고!과(人事考課) [명] 종업원 또는 직원의 근무 상태, 성적 또는 업적 등을 종합적으로 평가하는 일.
인사^관리(人事管理)[-괄-] [명][경] 경영에 있어서, 일하는 사람들의 능력을 최대한 발휘시켜 좋은 성과를 거둘 수 있도록 관리하는 일.
인사-권(人事權)[-꿘] [명] 인사 문제를 다룰 수 있는 권한. ¶~을 쥐다.
인사-드리다(人事-) [동][자] '인사하다'의 객체 높임말. ¶시댁 어른들께 ~.
인사-말(人事-) [명] 인사로 하는 말.
인사불성(人事不省)[-썽] [명] 제 몸에 벌어지는 일을 모를 정도로 정신이 혼미함. ¶술을 ~이 되도록 마시다.
인사-비밀(人事祕密) [명] 개인의 인적 사항에 관한 비밀. [준]인비.
인사-성(人事性)[-썽] [명] 예의 바르게 인사를 차리는 습성이나 품성. ¶~이 밝다.
인사-이동(人事異動) [명] 기업 내에서 노동력의 효율적인 운용을 꾀하기 위하여 종업원의 직무를 바꾸는 일.
인사이드(inside) [명][체] 테니스·배구 등에서, 공이 일정한 경계선 안으로 떨어지는 일. ↔아웃사이드.
인사-치레(人事-) [명] 성의 없이 겉으로만 차리는 인사. ¶~로 고개만 끄떡한다. **인사치레-하다** [동][자][여]
인산[1](因山) [명][역] 태상왕·임금·황태자·황태손과 그 비(妃)들의 장례. =국장(國葬).
인산[2](燐酸) [명][화] 오산화인에 물을 작용시켜서 얻는 산의 총칭.
인산^비!료(燐酸肥料) [명][화] 인산이 많이 들어 있는 비료. [준]인비.
인산-인해(人山人海) [명] 사람이 헤아릴 수 없이 많이 모인 상태를 이르는 말. [비]인해. ¶청중들이 광장에 ~를 이루었다.
인삼(人蔘) [명][식] 마치 사람 몸처럼 생긴 희고 굵은 뿌리를 귀한 약재로 쓰는 여러해살이풀. 또는, 그 뿌리. 깊은 산에서 자라며, 재배하기도 함. [준]삼(蔘).
인삼-주(人蔘酒) [명] 인삼을 소주 등에 넣고 우린 술. 또는, 물에 인삼 가루·누룩·찹쌀을 넣어 빚은 술.
인삼-차(人蔘茶) [명] 인삼, 특히 미삼(尾蔘)을 넣어 끓인 차.
인상[1](人相) [명] 사람의 얼굴의 생김새.
인상(을) 쓰다 화가 나거나 못마땅하여 좋지 않은 표정을 짓다. 속된 말임.
인상[2](引上) [명] (물건 값·봉급·요금 등을) 올리는 일. ¶~액 / 임금 ~. ↔인하. **인상-하다** [동][타][여] **인상-되다** [동][자]
인상[3](引上) [명][체] 역도 종목의 하나. 바벨을 두 손으로 잡아 한 동작으로 머리 위까지 들어 올려 일어서는 일. ▷용상·추상.
인상[4](印象) [명] 어떤 대상을 보거나 듣거나 하였을 때, 그 대상이 사람의 마음에 주는 느낌. ¶첫~.
인상(이) 깊다 마음속에 강렬하게 감동이 남다. ¶영화의 마지막 장면이 ~.
인상-적(印象的) [관][명] 뚜렷이 인상이 남는 (것). ¶그의 눈매가 퍽 ~이다.
인상-주의(印象主義)[-의/-이] [명] 19세기 후반에서 20세기 초에 프랑스를 중심으로 일어난 예술 운동. 회화에서는 색채를 중시하여 시시각각 변화하는 빛의 효과를 나타내었으며, 음악에서는 풍부한 화성, 섬세한 리듬 등을 특징으로 했음.
인상-착의(人相着衣)[-의/-이] [명] 사람의 생김새와 옷차림. ¶범인의 ~.
인상-파(印象派) [명] 인상주의 경향을 띠는 미술이나 음악의 한 파.
인색-하다(吝嗇-)[-새카-] [형][여] **1** 재물을 아끼는 태도가 몹시 다랍다. [비]짜다. ¶**인색한** 사람. **2** 사람을 칭찬함에 있어서 박하다. **인색-히** [부]
인생(人生) [명] **1** 사람이 태어나 세상을 살아가는 일. 또는, 그동안. [비]생(生)·삶. ¶~이 고달프다. **2** 《주로, '불쌍하다', '가엾다', '가련하다' 등과 함께 쓰여》 어떤 사람의 존재를 우위에 선 입장에서 이르는 말. 구어체의 말임. ¶~이 불쌍해서 살려 준다.

인생-관(人生觀)[명] 어떤 사람이 인생의 의의나 목적, 가치 등에 대해 가지고 있는 견해. ¶낙천적인 ~.

인생-극장(人生劇場)[-짱][명] 이 세상을 극장에 비유하여 이르는 말.

인생-무상(人生無常)[명] 인생이 덧없음.

인생-살이(人生-)[명] 사람이 세상을 살아 나가는 일. ¶고달픈 ~.

인생칠십고래희(人生七十古來稀)[-씹-히] 예로부터 70살까지 살기가 드문 일이라는 뜻.

인서트(insert)[영] 장면과 장면 사이에 편지나 신문의 글자 따위나 풍경이나 정물 따위를 하나의 독립된 장면으로 짧게 끼워 넣는 일. 또는, 그 화면.

인선(人選)[명] 여럿 중에서 적당한 사람을 가려 뽑는 것. ¶새로운 내각의 ~에 착수하다. **인선-하다**[동][타][여]

인성(人性)[명] 각 개인이 가지는 사고와 태도 및 행동 특성.

인성(靭性)[명] 물체 재료가 외부의 힘을 받았을 때 파괴되거나 균열을 일으키지 않는 질긴 성질.

인세(印稅)[-쎄][명] 저자가 출판사와의 계약에 의하여, 정가에 대한 일정한 비율로 검인의 수만큼 출판사로부터 받는 돈. 또는, 작곡가·가수 등이 취입 음반의 판매 수에 따라 받는 돈. ¶~ 수입.

인센티브(incentive)[명] 어떤 행동을 하도록 격려하거나 고무하는 수단이나 방법. 또는, 성과나 기여나 협조 등에 대한 대가나 보상. ¶우수 인력을 스카우트하면서 스톡옵션을 ~로 제공하다.

인솔(引率)[명] (다수의 사람들을) 거느리거나 데리고 어느 곳으로 가는 것. ¶~자(者). **인솔-하다**[동][타][여] ¶학생들을 인솔하여 수학여행을 가다. **인솔-되다**[동][자]

인쇄(印刷)[명] 잉크를 사용하여 판면(版面)에 그려져 있는 글이나 그림 등을 이·천 따위에 박아 내는 일. =프린트. **인쇄-하다**[동][타][여] **인쇄-되다**[동][자]

인쇄-물(印刷物)[명] 신문·도서 등 인쇄된 물건의 총칭.

인쇄-소(印刷所)[명] 인쇄 설비를 갖추고 인쇄를 맡아 하는 곳.

인쇄-술(印刷術)[명] 인쇄하는 기술.

인쇄-체(印刷體)[명] =활자체.

인수(引受)[명] 물건이나 권리를 넘겨받는 것. ↔인도(引渡). **인수-하다**[동][타][여] ¶부도가 난 회사를 ~. **인수-되다**[동][자]

인수²(因數)[수] 정수 또는 정식(整式)을 몇 개의 곱의 형태로 하였을 때, 그것의 각 구성 요소.

인수-금(引受金)[명] 타인으로부터 물품이나 권리를 넘겨받는 대가로 지불하는 돈.

인수~분해(因數分解)[수] 정수 또는 정식(整式)을 몇 개의 가장 간단한 인수의 곱의 꼴로 바꾸어 나타내는 일.

인수-인계(引受引繼)[-계/-게] 이어받고 넘겨줌. **인수인계-하다**[동][자]

인술(仁術)[명] 사람을 살리는 어진 기술이라는 뜻으로, '의술'을 이르는 말.

인슐린(insulin)[생] 척추동물의 이자에 있는 랑게르한스섬에서 분비되는 호르몬의 하나. 당뇨병 치료에 쓰임.

인스턴트(instant)[명] 식품이 즉석에서 손쉽게 조리하거나 물만 붓거나 하면 먹을 수 있게 되어 있는 상태. 또는, 그 식품.

인스턴트-식품(instant食品)[명] 간단히 조리할 수 있고, 저장이나 휴대에 편리한 가공 식품. =즉석식품.

인스턴트-커피(instant coffee)[명] 물을 타면 곧바로 먹을 수 있게 가공한 커피.

인스피레이션(inspiration)[명] =영감²².

인습(因襲)[명] 이전부터 전해 내려오는 낡은 사회 풍습. ㈜관습. ¶과거의 ~을 타파하다.

인시(寅時)[명] 십이시의 셋째 시. 곧, 오전 3시부터 5시까지의 동안.

인식(認識)[명] 사물을 분별하고 판단하여 아는 일. ¶~의 차이. **인식-하다**[동][타][여] ¶상황을 올바르게 ~. **인식-되다**[동][자]

인식-표(認識票)[군] 군인의 군번·성명·혈액형을 새겨 놓은 얇은 금속제 원판. 군번줄에 매어서 목에 걺.

인신(人身)[명] 1 사람의 몸. 2 개인의 신상이나 신분. ¶~ 구속.

인신-공격(人身攻擊)[명] (어떤 사람을) 그의 외모나 사사로운 생활, 약점 등을 들먹이면서 비난하는 것. **인신공격-하다**[동][자][타][여]

인신-매매(人身賣買)[명] 인격을 인정하지 않고 물건처럼 사람을 팔고 삼. **인신매매-하다**[동][자][여]

인심(人心)[명] 1 사람의 마음. ¶~을 사다. 2 남의 딱한 처지를 헤아려 주고 도와주는 늠. ¶~이 후하다[박하다]. 3 백성의 마음. ¶~이 흉흉하다.

인심(을) 쓰다 필요한 것 이상으로 후하게 남을 대하다.

인애(仁愛)[명] 어진 마음으로 사랑하는 일. 또는, 그 사랑. **인애-하다**[동][여]

인양(引揚)[명] (물체나 시체 따위를) 물속이나 절벽 아래나 구덩이 속 등에서 끌어올려 옮기는 것. **인양-하다**[동][타][여] ¶침몰선을 ~. **인양-되다**[동][자]

인어(人魚)[명] 상반신은 사람, 하반신은 물고기처럼 생겼다는 상상의 동물.

인연(因緣)[명] 1 서로의 연분. ¶부부의 ~을 맺다 / 부자(父子)의 ~. 2 어느 사물에 관계되는 연줄. ¶정계와는 ~이 없다. 3 [불] 인(因)과 연(緣). 곧, 결과를 만드는 직접적인 원인과, 그 인(因)으로 말미암아 얻은 직접적인 힘. **인연-하다**[동][자][타][여] 서로 관련을 맺어 어떤 일이 이루어지거나 생기다.

인연이 멀다 관련이 적거나, 관계가 전혀 없다시피 하다. ¶그 분야는 나와 ~.

인욕¹(人慾)[명] 사람의 욕심.

인욕²(忍辱)[명] 욕되는 일을 참음. ¶~의 세월을 보내다.

인용(引用)[명] 자기의 말이나 글 속에 남의 말이나 글을 그대로 따오는 것. ▷원용. **인용-하다**[동][타][여] ¶~따오다. ¶작품 가운데서 한 구절을 ~. **인용-되다**[동][자]

인용-문(引用文)[명][언] 남의 글이나 말을 직접 또는 간접으로 인용한 문장.

인용-법(引用法)[-뻡][문] 수사법의 하나. 자기의 이론을 증명하거나 주장을 강조하기 위해, 남의 말이나 글을 인용하는 방법. "파스칼의 말처럼 인간은 생각하는 갈대다." 따위.

인용-부(引用符)[명][언] =따옴표.

인용-절(引用節)[명][언] 남의 말이 직접 또는 간접으로 인용된 절.

인원(人員)[명] 단체를 이루고 있는 사람들. 또는, 그 사람의 수효.

인원-수(人員數)[-쑤][명] 사람의 수효.

ⓑ명수(名數).
인위(人爲) 몡 자연의 힘이 아닌 사람의 힘으로 이루어지는 일. ⓑ인공. ↔자연.
인위-적(人爲的) 괸몡 사람이 일부러 하는 (것). ↔자연적·천연적.
인육(人肉) 몡 **1** 사람의 고기. 또는, 사람의 육체. **2** 몸을 파는 여자의 몸뚱이를 이르는 말.
인육-시장(人肉市場) [-써-] 몡 육체를 파는 시장. 곧, 매음부들이 몸을 파는 곳.
인의¹(人義) 몡 [-의/-이] 사람으로서 행해야 할 도리.
인의²(仁義) 몡 [-의/-이] 어짊과 의로움.
인의예지(仁義禮智) 몡 [-의/-/-이-] 사단(四端)을 이루는 네 가지 요소. 곧, 어질고[仁], 의롭고[義], 예의 바르고[禮], 지혜로운[智] 것.
인의예지신(仁義禮智信) 몡 [-의/-/-이-] 오상(五常)을 이루는 다섯 가지 요소. 곧, 어질고[仁], 의롭고[義], 예의 바르고[禮], 지혜롭고[智], 믿음직한[信] 것.
인자¹(仁者) 몡 마음이 어진 사람.
인자²(因子) 몡 **1** 사물을 성립시키는 요소. **2** [생] 생명 현상에 있어서 어떤 작용의 원인으로 볼 수 있는 요소. 환경 인자·유전 인자 따위.
인자³(印字) 몡 글자를 찍는 일. 특히, 타이프라이터나 프린터 등에서 글자를 찍는 일. 또는, 그 글자. **인자-하다**¹ 圄재여.
인자-기(印字機) 몡 글자나 부호를 쳐서 찍어 내는 기계의 총칭. 타자기·전신기·컴퓨터의 출력 장치 따위.
인자-스럽다(仁慈-) [-따] 혱ⓑ 〈-스러우니, -스러워〉 인자한 태도가 있다. **인자스레** 뮈
인자-하다²(仁慈-) 혱여 마음이 어질고 자애롭다.
인장(印章) 몡 =도장(圖章)³.
인재¹(人材·人才) 몡 사회의 각 분야에서 필요로 하는, 능력을 갖춘 사람. ⓑ인물. ¶-를 발굴하다 / -를 널리 등용하다.
인재²(人災) 몡 사람의 잘못으로 인해 일어나는 재앙. 특히, 사람들이 제대로 대처하지 못해 피해가 커진 자연재해에 대해, 그것이 '천재'만이 아니라는 뜻으로 이르는 말임. 신조어임.
인재-난(人材難) 몡 인재가 부족하여 겪는 어려움.
인-적¹(人的) [-쩍] 괸몡 사람에 관한 (것). ¶- 사항. ↔물적(物的).
인적²(人跡·人迹) 몡 사람의 발자취. 또는, 사람의 왕래. ¶-이 끊기다.
인적-미답(人跡未踏) [-쩡-] 몡 아직 사람이 가보지 않은 곳. ⓑ전인미답.
인적 자원(人的資源) [-쩍-] 우수한 연구원과 숙련된 사원 등, 인간이 가지고 있는 경제적 가치나 원활히 운영되고 있는 조직 등을, 다른 물자와 마찬가지로 생산 자원의 하나로 보고 이르는 말.
인적 증거(人的證據) [-쩍-] [법] 사람의 진술 또는 신체를 증거로 하는 것. ⓐ인증. ↔물적 증거.
인절미 몡 찹쌀을 쪄서 친 뒤에 적당한 크기로 모나게 썰어 고물을 묻힌 떡.
인접(隣接) 몡 〈사물과 사물이〉, 또는 〈어떤 사물이 다른 사물과[에]〉 이웃하여 있거나 옆에 닿아 있는 일. ¶- 지역. **인접-하다** 圄재여 ¶산과 **인접한** 마을. **인접-되다** 圄재

인정¹(人定) 몡[역] 조선 시대, 밤에 통행을 금하기 위하여 종을 치던 일. 매일 밤 10시경에 28번을 쳤음. ▷인경·파루.
인정²(人情) 몡 **1** 남을 동정하는 따뜻한 마음. 인정². **2** 사람이 본디 가지고 있는 감정이나 심정. ¶약한 자를 편드는 것이 -이다. **3** 세상 사람의 마음.
인정³(認定) 몡 확실히 그렇다고 여기는 것. **인정-하다** 圄ⓑ여 ¶자신의 패배를 ~. **인정-되다** 圄여.
인정-가화(人情佳話) 몡 따뜻한 인정을 베푼 아름다운 이야기. ¶각박한 세태 속에서도 곳곳에서 ~가 전해 온다.
인정^도서(認定圖書) [교] 시·도 교육감의 인정을 받아 제작된 교과서.
인정-머리(人情-) 몡 '인정²'를 속되게 이르는 말. ¶- 없는 놈.
인정-미(人情味) 몡 사람에게서 인정이 있는 맛. ¶-가 넘치다.
인정-사정(人情事情) 몡 인정과 사정. ¶- 볼 것 없이 다 끌어내라.
인정사정-없다(人情事情-) [-업따] 혱 인정을 베푸는 것도 없고 사정을 봐주는 것도 없다는 뜻으로, 무자비할 만큼 매우 엄격하다. **인정사정없-이** 뮈 ¶집에 구걸하러 온 거지를 ~ 내쫓다.
인정-스럽다(人情-) [-따] 혱ⓑ 〈-스러우니, -스러워〉 인정을 베푸는 태도가 있다. **인정스레** 뮈
인제 Ⅰ 뮈 **1** 이제에 이르러. ¶- 와서 못하겠다면 어떻게 해? **2** 이제로부터 곧. ¶- 막 떠나려는 참이야.
Ⅱ 몡 '지금·이제부터'의 뜻. ¶추위도 ~부터가 한고비다.
인조¹(人造) 몡 어떤 물건이 자연이나 동식물에서 얻어지지 않고 화학적·공업적인 방법으로 만들어 낸 상태인 것. 또는, 그런 물건. ¶- 잔디.
인조²(仁祖) [인] 조선의 제16대 왕 (1595~1649).
인조^가죽(人造-) 몡 삼베·인조견 등에 고무나 유성 페인트 등을 발라서 말린, 가죽의 대용품.
인조-견(人造絹) 몡 인조 견사로 짠 비단. ⓐ인견. ↔본견.
인조^견사(人造絹絲) 몡[화] 천연견사와 비슷하게 만든 화학 섬유. 특히, 레이온의 긴 섬유로 만든 실. 줄인말 인견사·인견.
인조-반정(仁祖反正) 몡[역] 조선 광해군 15년(1623)에 김류·이서 등 서인 일파가, 광해군 및 집권파인 대북파를 몰아내고 능양군, 곧 인조를 즉위시킨 사건.
인조-버터(人造butter) 몡 =마가린.
인조^섬유(人造纖維) 몡[화] 인공적으로 만들어 낸 섬유의 총칭. 재생 섬유·반합성 섬유·합성 섬유 따위가 있음.
인조-인간(人造人間) 몡 =로봇1.
인종¹(人種) 몡 지구 상의 인류를 골격·피부색·모발·혈액형 등 형질적(形質的) 특징에 의해 구별한 종류. 백인종·황인종·흑인종 등의 셋으로 크게 나눔.
인종²(忍從) 몡 묵묵히 참고 좇는 것. ¶-과 굴욕의 한 많은 삶.
인종-주의(人種主義) [-의/-이] 몡 인종 사이에 생물학적인 우열이 존재한다고 믿고, 열등한 인종을 차별하고 박해하는 것을 정당화하는 주의. 히틀러의 유대인 박해 등이 대표적인 예임.
인주(印朱) 몡 도장을 찍는 데 쓰는 붉은

빛의 재료.
인준(認准) 〖명〗〖법〗 법률에 지정된 공무원의 임명에 대한 입법부의 승인. 또는, 행정부에서 행한 행위에 대하여 국회가 이를 승인하는 일. ¶국무총리 ~. **인준-하다**〖타〗〖여〗
인-줄(人-) [-쭐] 〖명〗 =금줄.
인중(人中) 〖명〗 코의 밑과 윗입술 사이에 수직으로 길고 우묵하게 팬 곳.
인-쥐(人-) 〖명〗 숨어서 부정을 하거나, 무엇을 야금야금 축내는 사람을 쥐에 비유한 말.
인즉 〖조〗 자음으로 끝나는 체언에 붙어, '…으로 말하면'의 뜻으로 쓰이는 보조사. ¶물건~ 최상품이니 값도 비싸다. ▷느즉.
인즉-슨 〖조〗 '인즉'의 뜻을 강조하는 말. ¶사람~ 성실하다. ▷느즉슨.
인증[1](人證) 〖명〗〖법〗 '인적 증거'의 준말. 2 물증.
인증[2](引證) 〖명〗 인용하여 증거로 삼는 것. **인증-하다**〖타〗〖여〗
인증[3](認證) 〖명〗〖법〗 문서나 행위가 정당한 절차로 이루어졌다는 것을 인정하여 증명하는 것. **인증-하다**[2]〖타〗〖여〗
인지[1](人指) 〖명〗 =집게손가락.
인지[2](人智) 〖명〗 사람의 슬기나 지식.
인지[3](印紙) 〖명〗 국가가 세금이나 수수료 등을 징수하는 한 방법으로 관련 서류에 붙이게 하는, 일정 금액이 표시된 증표.
인지[4](認知) 〖명〗 그렇다고 확실히 인정하는 것. **인지-하다**〖타〗〖여〗 **인지-되다**〖자〗
인지-도(認知度) 〖명〗 어떤 대상이 누구인지, 또는 무엇인지 알아보는 정도. ¶~가 높은 인기 제품.
인지상정(人之常情) 〖명〗 사람이면 보통 가질 수 있는 인정. ¶불쌍한 사람을 돕고 싶어하는 것은 ~이다.
인지-세(印紙稅) 〖-쎄〗 〖명〗〖법〗 재산상의 권리의 변동을 증명하는 증서나 장부, 재산상의 권리를 승인하는 증서 등을 대상으로 하여, 그 작성자에게 부과하는 세.
인질(人質) 〖명〗 =볼모.
인질-극(人質劇) 〖명〗 무고한 사람을 흉기나 무기로 위협하여 인질로 붙들어 놓고 어떤 일을 요구하면서 벌이는 난동.
인책(引責) 〖명〗 잘못된 일에 대하여 스스로 책임을 지거나 책임지게 하는 것. ¶~ 사퇴[사임]. **인책-하다**〖타〗〖여〗
인척(姻戚) 〖명〗 혼인에 의해 맺어진 친척. 곧, 배우자의 혈족, 배우자의 혈족의 배우자의 혈족의 배우자를 말함. ¶~ 관계.
인천(仁川) 〖명〗〖지〗 우리나라 중서부의 광역시.
인체(人體) 〖명〗 사람의 몸. ¶~ 모형.
인출[1](引出) 〖명〗 (예금 따위) 찾는 것. ¶현금 ~. **인출-하다**〖타〗〖여〗 **인출-되다**〖자〗〖여〗
인출[2](印出) 〖명〗 인쇄하여 내는 것. **인출-하다**[2]〖타〗〖여〗
인치[1](人治) 〖명〗 나라를 법과 제도에 의해 다스리기보다는 권력자의 판단에 더 의존하여 다스리는 일. ¶민주주의 국가는 ~가 아닌 법치의 국가이다. ▷법치.
인치[2](引致) 〖명〗 (사람을) 강제로 끌어내거나 끌어 들이는 것. **인치-하다**〖타〗〖여〗 **인치-되다**〖자〗 ¶경찰에 **인치되어** 조사를 받다.
인치[3](inch) 〖의존〗 야드파운드법의 길이의 단위의 하나. 1피트의 1/12. 약 2.54cm임. ¶25~ 텔레비전.
인칭(人稱) 〖명〗〖언〗 행동이나 상태의 주체가 화자(話者)에 대하여 가지는 관계를 나타내는 대명사의 문법적 형태. 1인칭·2인칭·3인칭이 있음.
인칭^대!명사(人稱代名詞) 〖명〗〖언〗 사람을 가리키는 대명사. 제1인칭에 나·우리, 제2인칭에 너·너희, 제3인칭에 이·그·저·그들, 미지칭에 누구·누구들, 부정칭에 아무·아무들 등이 있음.
인코스(↑in course) 〖명〗〖체〗 1 야구에서, 타자 가까이로 지나가는 공의 길. 2 육상 경기·스피드 스케이팅 등에서, 트랙의 안쪽 코스. ↔아웃코스.
인류베이터(incubator) 〖명〗 =보육기. ¶조산아를 ~에 넣어 기르다.
인터넷(Internet) 〖명〗〖통〗 전 세계에 있는 수많은 컴퓨터들을 서로 연결하여 표준 통신 규약으로 온갖 정보를 공유할 수 있게 한 네트워크.
인터넷^방!송(Internet放送) 〖명〗〖방송〗 인터넷 회선을 통해 프로그램을 내보내는, 새로운 형태의 방송.
인터넷-자키(internet jockey) 〖명〗 인터넷 방송을 진행하는 사람. =아이제이(IJ).
인터럽트(interrupt) 〖명〗〖컴〗 운영 체제에서 컴퓨터에 예기치 않은 일이 발생하더라도 작동이 중단되지 않고 계속적으로 업무 처리를 할 수 있도록 해 주는 기능.
인터벌(interval) 〖명〗 1 시간적인 간격. 2 〖체〗 야구에서, 투수의 타자에 대한 투구 간격. ¶~이 길다.
인터뷰(interview) 〖명〗 ['면접', '면담'의 뜻] 신문·방송·잡지의 기자가 취재를 하기 위해 특정인과 만나 여러 가지 질문을 통해 답변을 이끌어 내는 것. **인터뷰-하다**〖자〗〖여〗 ¶기자가 장관과 ~.
인터셉트(intercept) 〖명〗〖체〗 축구·농구·럭비 등에서, 상대편의 패스를 중간에서 가로채는 것. **인터셉트-하다**〖타〗〖여〗
인터체인지(interchange) 〖명〗 주로 고속도로에서, 사고를 방지하고 교통의 흐름이 지체되지 않도록 도로가 교차되는 부분을 입체적으로 만든 곳. 순화어는 "입체 교차로", '나들목'. =아이시(IC).
인터컷(intercut) 〖명〗 스포츠 실황 방송 등에서, 관객의 표정이나 감상 등을 짧게 삽입하는 일.
인터페론(interferon) 〖명〗〖의〗 바이러스의 감염과 증식을 저지하는 특수한 단백질. 암 치료 등에 이용됨.
인터페이스(interface) 〖명〗〖컴〗 어떤 하드웨어나 소프트웨어가 다른 하드웨어나 소프트웨어와 접속하거나 결합할 수 있게 해 주는 장치나 방식. 또는, 사용자와 프로그램이 상호 작용 하는 방식. ¶편의성과 ~를 향상시킨 사용자 ~.
인터폰(interphone) 〖명〗 동일 건물이나 선박 등에서, 방과 방 사이 등의 통화를 하기 위한 유선 통화 장치.
인터프리터(interpreter) 〖명〗〖컴〗 고급 언어로 작성된 원시 프로그램을 한 번에 한 문장씩 번역하여 즉시 실행시키는 프로그램. ▷어셈블러·컴파일러.
인턴(intern) 〖명〗 의과 대학을 졸업하고 의사 면허를 받은 뒤, 수련 병원에서 임상 실습을 받는, 레지던트 전 단계의 전공의. 수련 기간은 1년임. ▷레지던트.

인턴-사원(intern社員) 圀 회사에 정식으로 채용되지 않은 채 실습 과정에 있는 사원.

인테리어(interior) 圀 실내 장식. 또는, 실내 장식 용품.

인텔리(←intelligentsia) 圀 풍부한 지식과 교양을 갖춘 사람. ¶미모와 교양을 겸비한 ~ 여성.

인텔리겐치아(@intelligentsia) 圀[사] 지적 노동에 종사하는 사회 계층. 학자·예술가·과학자·변호사·의사 따위.

인텔샛(INTELSAT) 圀 [International Telecommunication Satellite Organization] =국제 상업 통신 위성 기구.

인토네이션(intonation) 圀[언] =억양.

인트라넷(Intranet) 圀[컴] 기업의 내부나 계열사 간, 해외 지사와 본사 간의 내부적 정보 교환과 정보 보관을 위해, 인터넷을 이용하여 구축한 컴퓨터 통신망.

인파(人波) 圀 ['사람의 물결'이라는 뜻] 야외의 장소에 아주 많은 사람들이 빽빽이 모여들어 있는 상태. ¶피서 ~.

인파이팅(infighting) 圀[체] 권투에서, 상대방에게 파고들며 공격하는 전법. ↔아웃복싱.

인편(人便) 圀 오거나 가는 사람 편. ¶~에 소식을 보내다.

인품(人品) 圀 사람의 품격이나 품위. 또는, 사람의 됨됨이. 비인격. ¶뛰어난 ~.

인프라(←infrastructure) 圀 사회적 생산 기반. 또는, 경제 활동의 기반을 형성하는 기초적인 시설. ¶지식 산업의 핵심 ~로서의 출판 산업.

인플레(←inflation) 圀[경] '인플레이션'의 준말. ¶~를 초래하다. =디플레.

인플레이션(inflation) 圀[경] 통화량이 팽창하여 화폐 가치가 떨어지고 물가가 계속적으로 올라 일반 대중의 실질적 소득이 감소되는 현상. =통화 팽창. 준인플레. ↔디플레이션.

인플루엔자(influenza) 圀[의] =유행성 감기.

인피(靭皮) 圀[식] 식물체 내의 줄기의 형성층 바깥쪽에 생긴 체내부. 섬유로서 중요하게 쓰임.

인하(引下) 圀 (값이나 임금 등을) 떨어뜨리는 것. ¶금리 ~. ↔인상. **인하-하다** 圀(他)여 ¶가격을 ~. **인하-되다**² 圀(자)여

인-하다(因-) 圀(자)여 1 ('...로 인하여', '...로 인한'의 꼴로 쓰여) ~로 말미암다. ¶태풍으로 **인한** 농작물의 피해. 2 (주로, '-고[며] 인하여[인해]'의 꼴로 쓰여) (어떤 행동에) 이어지거나 뒤따르다.

인항(引航) 圀 글라이더를 자동차·비행기 등으로 끌어서 이륙시키는 것. **인항-하다** 圀(他)여

인해(人海) 圀 '사람의 바다'라는 뜻. 사람이 아주 많이 모인 상태. 비인산인해. ¶~를 이루다.

인해^전:술(人海戰術) 圀 1 많은 병력으로 밀어붙이는 공격법. 6·25 전쟁 당시의 중공군 전법을 이르던 말임. 2 어떤 일을 함에 있어서 많은 사람을 연이어 투입하는 수법을 비유하여 이르는 말.

인허(認許) 圀 인정하여 허락하는 것. **인허-하다** 圀(他)여 **인허-되다** 圀(자)여

인현^왕후(仁顯王后) 圀[인] 조선 숙종의 계비(繼妃)(1667~1701).

인형(人形) 圀 1 헝겊·플라스틱·나무·흙 종이 등으로 사람의 모습을 본떠 조그맣게 만든 물건. 2 아주 예쁘고 귀여운 아이 (특히, 여자 아이)를 비유적으로 이르는 말. ¶아이, 귀여워. 꼭 ~ 같아.

인형-극(人形劇) 圀[연] 사람 대신 인형을 배우로 하는 연극. 무대 뒤에서 인형을 손가락 또는 실로 조종함.

인화¹(人和) 圀 여러 사람이 서로 화합하는 것. ¶~ 단결. 의결단합.

인화²(引火) 圀 (어떤 물질에) 불이 옮겨 붙는 것. ¶~ 물질. **인화-하다**² 圀(자)여 **인화-되다**² 圀(자)여

인화³(印畵) 圀 음화(陰畵)의 원판을 감광지 위에 올려놓고 양화를 만드는 일. 또는, 그 양화. **인화-하다**³ 圀(他)여 **인화-되다**² 圀(자)여

인화-물(引火物) 圀 불이 잘 붙는 성질을 가진 물질.

인화-지(印畵紙) 圀 음화(陰畵)를 양화로 만들기 위해 감광 유제를 바른 종이.

인환(引換) 圀 1 =상환(相換)¹. ¶~중 (證). 2 [경] =교환(交換) 5. ¶~권.

인후(咽喉) 圀[생] =목구멍.

일¹ 圀 1 사람이 가치나 의의가 있는 것을 이루기 위해 어떤 장소에서 일정한 시간 동안 힘들여 몸을 움직이거나 머리를 쓰거나 하는 활동. 圀노동·작업. 2 어떤 계획과 의도에 따라 이루려고 하는 대상. ¶~을 꾸미다. 3 어떤 내용을 가진 상황이나 장면. ¶지난 ~을 돌이켜 보다. 4 사람이 행한 어떤 행동. 5 해결하거나 처리해야 할 문제나 치러야 할 행사. ¶무슨 ~으로 오셨습니까? 6 문젯거리가 되는 현상. 圀사고·말썽. 7 처한 형편이나 사정. ¶~이 딱하게 되었다. 8 과거의 경험이나 기억. 圀적. 9 어떤 상황이나 사실이나 현상임을 나타내는 말. ¶자연환경이 파괴되고 있는 것은 안타까운 ~이다. 10 [동사의 관형사형 뒤에 쓰이어] 그 동사의 행위를 이루는 동작이나 상태임을 나타내는 말. ¶선생님께 혼날 ~을 생각하니 겁이 난다. 11 '용변'이나 '성교(性交)' 등을 완곡하게 이르는 말. ¶화장실에서 ~을 보다. 12 [동사의 어미 '-ㄹ/을' 다음에 '일이다' 등의 꼴로 쓰여] 말하는 이(話者)가 앞에 서술한 행동이 슬기로운 것이라고 판단함을 나타내는 말. ¶배가 고프니 체면이고 뭐고 우선 먹고 볼 ~이다.

일²(日) 圀[자립] ¶'일요일'을 줄여 이르는 말. 2 하루를 이르는 말. ¶이 약은 1~3회 식후에 복용할 것. 3 '일본'을 줄여 이르는 말. 圀의존 1 24시간의 동안을 이르는 말. ¶이 작업은 4, 5~ 걸립니다. 2 차례가 정해진 날짜를 세는 말. ¶내 생일은 3월 20~이다.

일³(一·壹) Ⅰ 관 '하나'와 같은 뜻의 한자어 계통의 수사. 아라비아 숫자로는 '1', 로마 숫자로는 'I'로 나타냄.
Ⅱ '한', '첫째'의 뜻. ¶제~ 권.

일 년 열두 달 일 년 내내를 강조하여 이르는 말.

-일⁴(日) 圀[접미] 일부 명사에 붙어, 그 명사가 뜻하는 날을 나타내는 말. ¶기념~ / 공휴~.

일가(一家) 圀 1 성(姓)과 본(本)이 같은 겨레붙이. 2 학문이나 기예 등에 뛰어나 독자적인 경지나 체계를 이루는 상태. ¶서예에서 ~를 이루다.

일가-견(一家見) 명 어떤 일에 관하여 가지는 일정한 체계의 전문적인 견해. ¶통일 문제에 대한 ~을 피력하다.

일가-붙이(一家-) [-부치] 명 일가가 되는 겨레붙이. ¶~ 하나 없는 외로운 처지.

일-가족(一家族) 명 한집안의 가족. ¶~이 함께 여행을 하다.

일가-친척(一家親戚) 명 동성동본의 일가와 외척·인척의 모든 겨레붙이.

일각¹(一角) 명 한 귀퉁이. ¶이번에 드러난 비리 사건은 빙산의 ~에 불과하다.

일각²(一刻) 명 아주 짧은 동안을 이르는 말. ¶~을 다투다.
[일각이 여삼추(如三秋)] 기다리는 마음이 간절하여 아주 짧은 시간도 삼 년같이 길게 느껴진다는 말.

일각-일각(一刻一刻) 명 =시시각각.

일간¹(日刊) 명 (신문 등을) 날마다 발행하는 것. 또는, 그 신문.

일간²(日間) Ⅰ명 하루 동안.
Ⅱ부 가까운 며칠 사이. ¶~ 다시 보세.

일간-신문(日刊新聞) 명 날마다 내는 신문. =일간지·일보(日報).

일간-지(日刊紙) 명 =일간 신문.

일갈(一喝) 명 한바탕 큰 소리로 꾸짖는 것. ¶대성(大聲)~. **일갈-하다** 동자연

일-감[-깜] 명 어떤 사람에게 직업적·업무적으로 맡겨지거나 주어진 일. 비일거리. ¶~이 떨어지다.

일개(一介) 명 [자격을 나타내는 일부 명사 앞에 쓰여] 보잘것없는 존재. ¶너는 ~ 고용인에 불과하다.

일-개미 명[동] 집을 짓거나 먹이를 모아 들여 저장하는 개미. 날개가 없고 생식 기능이 없다.

일-개인(一個人) 명 한 개인의 사사. ¶이 박물관은 ~이 사재를 털어 세운 것이다.

일거(一擧) 명 한 번의 움직임. 또는, 한 번 벌인 일. ¶~에 감부가 되다.

일'**-거리**[-꺼-] 명 일할 거리. 비일감.

일거수-일투족(一擧手一投足) [손을 한 번 들고 발을 한 번 움직이는 뜻] 일에 이르기까지의 하나하나의 동작을 이르는 말. ¶상대방의 ~을 주시하다.

일거-양득(一擧兩得) 명 한 가지 일로 두 가지 이익을 얻음. 비일석이조. ¶꿩 먹고 알 먹기 ~이다.

일거-일동(一擧一動) [-똥] 명 하나하나의 동작이나 움직임. ¶~을 주시하다.

일건(一件) [-껀] 명 한 벌. 또는, 한 가지. ¶~을 완결 짓다.

일격(一擊) 명 단 한 번 치거나 공격하는 일. ¶~을 가하다.

일견(一見) Ⅰ명 한 번 보는 것. 또는, 언뜻 보는 것. **일견-하다** 통타연
Ⅱ부 한 번 언뜻 보아. ¶그의 주장은 ~ 그럴듯해 보이지만 실은 모순투성이다.

일경¹(一更) 명 =초경(初更)¹.

일경²(日警) 명 '일본 경찰'을 줄여 일컫는 말. 특히, 일제 강점기의 경찰을 이름.

일고(一考·一顧) 명 (어떤 일을) 가능 여부나 문제 유무 등에 대해 한 번 생각하거나 고려하는 것. ¶~의 가치도 없다.

일고-여덟[-덜] Ⅰ주 일곱이나 여덟.
Ⅱ관 ~ 살은 된다.

일곱 Ⅰ주 **1** 여섯에 하나를 더한 수. ▷칠(七). **2** 사람이나 사물의 수량을 셀 때, 여섯 다음에 해당하는 수효.

Ⅱ관 ¶사과 ~ 개.

일곱-째 주 차례를 매길 때, 여섯째의 다음에 오는 수. ¶~ 시간.

일과(日課) 명 날마다 하는 일정한 일. ¶아침 산책을 ~로 삼다.

일과-성(一過性) [-씽] 명 **1** [의] 병의 중상이 잠시 나타났다가 곧 없어지는 것. **2** 어떤 현상이 일시적인 것을 이름.

일과-표(日課表) 명 그날그날 할 일을 적은 표.

일관(一貫) 명 하나의 방법이나 태도로서 처음부터 끝까지 한결같이 하는 것. ¶시종~. **일관-하다** 통타연 ¶그는 끝난 말에 침묵으로 **일관했다**. **일관-되다** 동자

일관-성(一貫性) [-씽] 명 일관하는 성질.

일괄(一括) 명 개별적인 것을 한데 뭉뚱그리는 것. ¶~ 사표. **일괄-하다** 통타연

일광(日光) 명 태양의 광선.

일광-욕(日光浴) [-뇩] 명 건강을 목적으로, 또는 피부를 검게 태우기 위해, 온몸을 거의 드러내 놓고 눕거나 앉아서 햇빛을 쬐는 일. **일광욕-하다** 통자연

일광^절약^시간(日光節約時間) [-씨-] [시] =서머 타임.

일교-차(日較差) [-씨] 명[기상] 기온·습도·기압 따위의 하루 동안의 최저값과 최고값의 차이. ▷연교차.

일구다 타 **1** 논밭을 만들기 위하여 땅을 파서 일으키다. ¶밭을 ~.

일구월심(日久月深) [-씸] 명부 [날이 오래고 달이 깊어 간다는 뜻] 세월이 갈수록 더함을 이르는 말. ¶~으로 소식을 기다리다.

일구-이언(一口二言) 명 [한 입으로 두 말을 한다는 뜻] 말을 이랬다저랬다 함. **일구이언-하다** 통자연 ¶사내대장부가 **일구이언하겠나**.

일국(一國) 명 **1** 한 나라. ¶~의 재상. **2** 온 나라. ¶~을 뒤흔든 사건.

일군¹(一軍) 명[체] 주로 프로 팀에서, 2군에 비해 실력이 뛰어난 선수들이 이뤄진 진용. ▷이군.

일군²(一群) 명 한 무리. ¶~의 피난민.

일그러-뜨리다/-트리다 타 (사물을) 한쪽이 좀 들어져 비뚤어지거나 우글쭈글해지게 하다.

일그러-지다 재 비뚤어지거나 우글쭈글해지다. ¶고통으로 얼굴이 ~.

일금(一金) 명 '전부의 돈'의 뜻으로, 돈의 액수를 쓸 때에 그 액수 앞에 쓰는 말. 비일금(壹金). ¶~ 오십만 원정(整).

일급¹(一級) 명 **1** 첫째 등급. ¶~ 호텔. **2** 바둑·유도·태권도 등에서, 초단 바로 밑의 급수.

일급²(日給) 명 하루를 단위로 하여 지급하는 급료. 또는, 그런 방식.

일급-수(一級水) [-쑤] 명 하천의 수질 등급의 하나. 맑고 깨끗한 물, 냄새가 나지 않고 그냥 마실 수 있으며, 버들치·열목어·가재 등이 살 수 있음.

일기¹(一期) 명 **1** 어떤 시기를 몇으로 나눈 경우의 그 하나. 또는, 그 첫째 부분. ¶금년도 ~분 공납금. **2** 한평생 사는 동안. ¶향년 70세를 ~로 서거하다.

일기²(日記) 명 **1** 날마다 규칙적으로 하루의 일을 되돌아보면서, 그날 있었던 일이나 그에 대한 자기의 생각이나 느낌 따위를 솔직하게 적는 것. **2** '일기장'의 준말.

일기³(日氣) 명 그날그날의 기상 상태. =

천기. (비)날씨·기후. ¶~가 불순하다.
일기-당천(一騎當千) [한 사람의 기병이 천 명을 당하다는 뜻] 무예나 능력이 아주 뛰어남을 이르는 말. ¶~의 기백.
일기-도(日氣圖) [기상] 일정한 시각의 어떤 지방의 기온·기압·풍향·풍속 등을 측정하여 일기의 상태를 나타낸 그림.
일기불순(日氣不順) [-쑨] 기후가 고르지 못함.
일기예보(日氣豫報) 일기의 변화를 예측하여 알리는 것.
일기-장(日記帳) [-짱] 하루 중에 있었던 일이나 감상을 적는 공책. 回일기.
일-깨우다 타 일러 주어 깨닫게 하다. ¶그의 잘못을 일깨워 주다.
일-껏 [-껃] 부 모처럼 애서서. ¶~ 해 놓은 것이 모두 허사로 돌아갔다. ×내냐.
일-꾼 명 1 삯을 받고 일을 하는 사람. 2 큰 계획이나 처리에 능한 사람. 3 어떤 일을 맡아 하거나 맡아 할 사람. ¶장차 나라의 ~이 될 어린이들.
일남(一男) 명 슬하에 둔 한 명의 아들.
일:-내다 [-래-] 동 일을 저지르다. ¶이 사람 일낼 사람일세.
일녀(一女) 명 슬하에 둔 한 명의 딸.
일년-근(一年根) [-련-] [식] 일년생의 뿌리.
일년-생(一年生) [-련-] 명 1 일 학년이 된 학생. 2 [식] =한해살이. ↔다년생.
일년-초(一年草) [-련-] 명 [식] =한해살이풀.
일념(一念) [-렴] 명 한결같은 마음. 또는, 오직 한 가지 생각. ¶그는 잘살아 보자는 ~으로 일했다.
일:다¹ (일고 / 일어) 자 (이니, 이오) 1 (바람이나 먼지, 또는 물결 따위가) 공간이나 수면에 생겨 움직임을 나타내다. ¶바다에 거친 파도가 ~. 2 (보푸라기나 거품 따위가 표면에) 생겨서 위로 도드라지거나 부풀다. ¶옷에 보풀이 ~. 3 (물체에 불이) 갑자기 세차게 타는 현상을 보이다. ¶쌓여 있던 짚단에서 불길이 **일었다**. 4 (사람의 마음에 어떤 심리 작용이) 치밀어 생기다. ¶조바심이 ~.
일:다² (일고 / 일어) 동 타 (이니, 이오) 1 (곡식이나 사금 따위를) 그릇에 담아 물을 붓고 쓸 것과 못 쓸 것을 가려내다. ¶조리로 쌀을 ~. 2 (곡식 따위를) 키나 체에 넣고 까부르거나 흔들어서 쓸 것과 못 쓸 것을 가려내다.
일단¹(一團) [-딴] 명 한 집단이나 무리. ¶~의 청년들이 몰려오다.
일단²(一端) [-딴] 명 사물의 한 부분. ¶사건의 ~만 드러나다.
일단³(一旦) [-딴] 부 나중은 어떻든지 우선. 또는, 다른 것은 어떻든지 간에. ¶에라 모르겠다. ~ 먹고 보자.
일-단락(一段落) [-딴-] 명 일이 어떤 단계에 이르러 일을 끝내는 일. ¶사건을 ~ 짓다. **일단락-되다** 자
일단-정지(一旦停止) [-딴-] 명 차량이 횡단보도 등을 통과하기 직전에 우선멈춤으로써 보행자의 통행을 방해하지 않는 일. 回우선멈춤.
일당¹(一黨) [-땅] 명 목적·행동 등을 같이하는 무리. ¶소매치기 ~을 검거하다.
일당²(日當) [-땅] 명 하루에 얼마씩으로 정하여 받는 수당이나 보수.
일당^독재(一黨獨裁) [-땅-째] [정] 국가 권력을 장악한 하나의 정당이 그 권력을 독단적으로 행사하는 일.
일당백(一當百) [-땅-] 명 [혼자서 백 사람을 당한다는 뜻] 매우 용감하거나 능력이 많음을 이르는 말. ¶~의 기개.
일대¹(一代) [-때] 명 한 시대나 한 세대 전체. ¶~의 영걸.
일대²(一帶) [-때] 명 어떤 지역의 전부. (비)일원. ¶제주도 ~를 관광지화하다.
일대³(一大) [-때] 관 큰 또는 굉장한. ¶~ 장관을 이루다.
일대-기(一代記) [-때-] 명 일생의 일을 적은 기록. ¶그의 ~이 출판되다.
일대-사(一大事) [-때-] 명 중대한 일이 나큰 일. ¶국가의 ~.
일대일(一對一) [-때-] 명 한 사람이 한 사람을 상대함. 또는, 양쪽이 다 같은 비율, 같은 권리로 상대함.
일도-양단(一刀兩斷) [-또-] [한 칼에 두 동강을 낸다는 뜻] 일이나 행동을 머뭇거리지 않고 선뜻 결정함.
일독(一讀) [-똑] 명 한 번 읽는 것. **일독-하다** 타 ¶이 책은 일독할 만하다.
일동(一同) [-똥] 명 단체나 모임 따위에 참석한 모든 사람. ¶사원 ~.
일-되다 [-뒈/-뛔-] 자 1 (열매·곡식 따위가) 일찍 익다. 2 (아이가) 나이에 비해 발육이 빠른 상태이다. ↔늦되다. ▷올되다.
일등(一等) [-뚱] 명 (주로 일부 명사나 한자 어근 앞에 쓰여) 수준이나 등급이 으뜸가는 부류임을 나타내는 말. ¶~칸 / ~국가. ▷이등·삼등.
일등-병(一等兵) [-뚱-] 명 [군] =일병.
일등-성(一等星) [-뚱-] 명 [천] 별의 광기의 6등급 중 가장 밝은 1등급의 별.
일등-실(一等室) [-뚱-] 명 선박·열차 등에서, 으뜸가는 등급의 시설을 말함.
일등-품(一等品) [-뚱-] 명 품질이 가장 좋은 물품이나 상품.
일란성^쌍생아(一卵性雙生兒) [-썽-] 명 [생] 한 개의 난자와 한 개의 정자가 수정된 뒤, 그 수정란이 두 개의 개체로 나뉘어 독립적으로 발육한 쌍생아. 반드시 동성(同性)이고 생김새나 성격이 매우 비슷함. ▷이란성 쌍생아.
일람(一覽) 명 1 한 번 보는 일. 2 죽 훑어볼 수 있도록 여러 가지 내용을 간단명료하게 수록해 놓은 책. **일람-하다** 타 한 번 보다. ¶서류를 ~.
일람-표(一覽表) 명 여러 사항을 한눈에 알아 볼 수 있게 간단명료하게 꾸며 놓은 표. ¶성적~.
일랑 조 자음으로 끝나는 체언에 붙어, 어떤 대상을 특별히 지적하는 뜻을 나타내는 말. (비)은. ¶술~ 제발 그만 마시세요. ▷ㄹ랑.
일랑-은 조 보조사 '일랑'에 보조사 '은'이 결합한 말. ¶폐품~ 다 창고에 넣어라. ▷ㄹ랑은.
일러-두기 명 책의 첫머리에 그 책의 사용법·편수 방침·부호·약호 등에 대하여 설명한 글. 回범례.
일러-두다 자타 특별히 부탁하거나 지시하여 두다. ¶문단속을 잘 하라고 ~.
일러-바치다 타 (어떤 일을) 윗사람에게 고자질하다. 回고해바치다.
일러스트 (←illustration) 명 =일러스트레이션.

일반 은행_967

일러스트레이션(illustration) 圀 책·잡지·신문·광고 등에서, 내용의 이해를 돕거나 주의를 끌기 위해서 사용하는, 그림·삽화·도안·도해 등의 총칭. =일러스트.

일러스트레이터(illustrator) 圀 삽화·캐릭터·도안 그림 등을 직업적으로 그리는 사람.

일렁-거리다/-대다 통函 물에 떠서 물결에 따라 이리저리 자꾸 흔들리거나 움직이다. ¶돛단배가~.

일렁-이다 통函 물에 떠서 물결에 따라 이리저리 흔들리거나 움직이다.

일렁-일렁 [-닐-/-일-] 円 일렁거리는 모양. **일렁일렁-하다** 통函.

일력(日曆) 圀 하루 한 장씩 떼거나 젖혀 가며 그날의 날짜·요일·일진 등 알게 만든 책력.

일련(一連) 圀 (주로 '일련의'의 꼴로 쓰여) (어떤 일이) 하나의 관계나 연관 속에 있거나, 그런 관계·연관 속에서 이어져 있는 상태. ¶~의 사태.

일련-번호(一連番號) 圀 일률적으로 이어붙인 번호. ¶서류에 ~를 매기다.

일렬(一列) 圀 한 줄. ¶~횡대.

일례(一例) 圀 하나의 보기. ¶이것은 ~에 지나지 않는다.

일-로¹ '이리로'의 준말.

일로² (一路) 圀 (변화 과정을 나타내는 일부 명사 다음에 쓰이어) 그런 과정이나 추세에 있음을 뜻하는 말. ¶성장 ~ / 굴뚝 산업이 쇠퇴 ~를 걷다.

일로-매진(一路邁進) 圀 어떤 목적을 이루기 위해 한길로 줄기차게 나아가는 것. **일로매진-하다** 통函 ¶조국 재건을 위하여 ~.

일루¹(一縷) 圀 ['한 오리의 실'이라는 뜻] (주로 '일루의'의 꼴로 쓰여) 가능성이 극히 적으나 그나마 간신히 있음을 나타내는 말. ¶절망 속에서도 ~의 희망을 걷다.

일루²(一壘) 圀 [체] 1 야구에서, 주자가 맨 처음 밟는 누(壘). 2 '일루수'의 준말.

일루-수(一壘手) 圀 [체] 야구에서, 일루를 지키는 선수. ⓓ일루.

일루-타(一壘打) 圀 [체] 야구에서, 타자가 1루까지는 무사히 가는 안타.

일류(一流) 圀 첫째가는 지위. ¶~ 대학.

일률(一率) 圀 1 단위 시간에 이루어지는 일의 양. 단위로는 와트(W)나 마력(馬力)을 씀.

일률²(一律) 圀 (일부 명사 앞에 관형어로 쓰여) 다루는 방식이 개별적으로 다르지 않고 모두 똑같음. ¶~ 규제 / ~ å속리. ▷천편일률.

일률-적(一律的) [-쩍] 괄円 다루는 방식이 하나하나 개별적으로 다르지 않고 모두 똑같은 (것). ¶~으로 적용되다.

일리(一理) 圀 (주로 '있다'나 '없다'와 함께 쓰이어) (어떤 말이) 논리나 이치에 비추어 전적으로는 아니지만 어떤 면에서는 수긍하거나 인정할 만하다고 여겨지는 상태. ¶네 말도 ~가 있다.

일리노이(Illinois) 圀[지] 미국 중북부의 주.

일말(一抹) 圀 (주로 '일말의'의 꼴로 쓰여) (어떤 감정 작용이) 없지 않을 정도로 약간 있음을 나타내는 말. ¶~의 아쉬움이 남다.

일망-무제(一望無際) 圀 아득하게 멀고 넓어서 끝이 없음. ¶~의 대해(大海)가 펼쳐지다. **일망무제-하다** 圀函.

일망타진(一網打盡) 圀 [한 번 그물을 쳐서 고기를 다 잡는다는 뜻] 어떤 무리를 한꺼번에 모조리 잡음. **일망타진-하다** 통函타. … **일망타진-되다** 통함.

일맥-상통(一脈相通) [-쌍-] 圀 (사고방식이나 성질 등이) 어떤 점에서 서로 통함. **일맥상통-하다** 통함.

일면(一面) I 圀 1물체의 한 면. 또는, 일의 어떤 측면. ¶성격의 ~을 엿볼 수 있는 에피소드.
II 円 다른 쪽에서 보면. ¶형은 평상시에는 다정하면서, ~ 엄격한 데도 있다.

일-면식(一面識) 圀 한 번 만나 본 정도의 조금 알고 있는 일. ¶~도 없는 사람.

일명(一名) 圀 본이름 외에 따로 부르는 이름. ¶홍인지문(興仁之門)을 ~ 동대문이라고도 한다.

일모(一毛) 圀 한 가닥의 털. 또는, 그처럼 아주 적은 양. ¶구우(九牛)~.

일모-작(一毛作) 圀[농] 한 땅에서 한 해에 한 번 농작물을 심어 거두는 일. ▷그루갈이·다모작.

일목요연-하다(一目瞭然-) 圀函 한 번 보아 환히 알 수 있을 만큼 분명하다. ¶**일목요연하게** 표로 나타내다.

일몰(日沒) 圀 산이나 지평선·수평선 너머로 해가 지는 것. ⓓ해넘이. ↔일출. **일몰-하다** 통함.

일무(佾舞) 圀 문묘나 종묘 제향 때 사람을 가로세로 같게 여러 줄로 벌여 세워 추게 하는 춤.

일문¹(一門) 圀 한 가문이나 문중. ¶우리 ~에서 대학자가 여럿 나왔다.

일문²(日文) 圀 일본 글.

일문-일답(一問一答) [-땁] 圀 한 번의 물음에 대하여 한 번씩 대답함. **일문일답-하다** 통함.

일미(一味) 圀 '제일가는 맛'이라는 뜻으로, 비할 바 없이 뛰어난 맛. ¶이통~.

일박(一泊) 圀 객지에서 하룻밤을 묵는 것. ¶~ 이 일(二日)로 여행을 떠나다. **일박-하다** 통함.

일반(一般) 圀 1 다른 것이 없는 마찬가지의 상태. ¶이러나저러나 안 되기는 ~이다. 2 특정인이 아닌 보통의 사람들. ¶~에게 공개하다. 3 특별히 정한 어떤 일부가 아니라 전체에 두루 해당되는 것. ¶~상식. ↔특수.

일반^교서(一般敎書) 圀[정] 미국 대통령이 연두(年頭)의 상·하원 합동 회의에서 발표하는 시정 방침. ⓑ연두 교서.

일반-론(一般論) [-논] 圀 어느 특정한 사물을 대상으로 하는 것이 아니라, 전체에 통용되는 것으로서의 논리.

일반^명사(一般名詞) 圀[언] =보통 명사.

일반-법(一般法) [-뻡] 圀[법] 사람·장소·사항 등에 대한 특별한 제한이 없이 적용되는 법률. 헌법·민법·형법 따위. ↔특별법.

일반^사면(一般赦免) 圀[법] 죄의 종류를 정하여 그 법인 모두에 대하여 하는 사면. 국회의 동의를 얻어 대통령이 할 수 있음. ▷특별 사면.

일반-석(一般席) 圀 일반인이 앉도록 된 자리. ↔특별석.

일반^은행(一般銀行) 圀 은행법에 의해 설립된 은행. 예금·대출·환 업무를 주 업무로 함. 시중 은행·지방 은행이 이에 속

일반-의(一般醫) 圀 전공의 수련을 거치지 않아 특정한 전문 진료 과목이 없는 의사. ▷전문의.

일반-인(一般人) 圀 1 특별한 신분이나 지위에 있지 않은 보통의 사람. 2 어떤 일에 관계가 없는 사람. ¶~의 출입을 금함. ↔특정인.

일반-적(一般的) 圀 1 일부에 한정되지 않고 전반에 걸친 (것). ¶~성적이 ~으로 저조하다. ↔국부적. 2 전문(專門)에 속하지 않는 (것). ¶~인 견해. ↔전문적.

일반직^공무원(一般職公務員) [―꽁―] 圀 [법] 기술·연구 또는 행정 일반에 대한 업무를 담당하며, 직군(職群)·직렬(職列)별로 분류되는 공무원.

일반-화(一般化) 圀 1 (개별적이거나 특수한 것이) 일반적으로 되거나 되게 하는 것. 2 [심] 어느 특정한 자극에 대한 반응이 형성된 뒤, 그 자극과 다소 다른 자극을 주어도 동일한 반응이 일어나는 현상. **일반화-하다** 医(A)(B)(E) **일반화-되다** 医(A)

일-발(一發) 圀 활·총포 등을 한 번 쏘는 일. ¶~의 총성이 들리다.

일방(一方) I 圀 '한쪽', '한편'의 뜻. II 胃 1 다른 방향과 상관없는 한 방향으로. 2 한편으로는. ¶교사로 일하는 ~ 소설 창작에도 힘썼다.

일방-적(一方的) 圀 어느 한쪽으로만 치우치는 (것). ¶~인 요구.

일방-통행(一方通行) 圀 1 한 방향으로만 가도록 하는 일. 또는, 가는 일. ¶~도로. 2 한쪽 의사(意思)만이 행세하거나 하는 일.

일-벌 圀[동] 벌의 집단생활에서, 집을 짓고 애벌레를 기르며 꿀을 모으는 일을 하는 벌.

일-벌레[―뻘―] 圀 '지나치게 일에 몰두하는 사람'을 놀림조로 이르는 말.

일벌-백계(一罰百戒) [―뼐―/―께] 圀 다른 사람들에게 경각심을 불러일으키기 위하여 본보기로 한 사람에게 중한 처벌을 하는 일. **일벌백계-하다** 医(A)(E)

일변[1](一邊) I 圀 한편. 또는, 한쪽 부분. II 胃 한편으로는.

일변[2](一變) 圀 아주 달라지는 것. **일변-하다** 医(A) ¶태도가 ~. **일변-되다** 医(A)

일변[3](日邊) 圀 하루하루 계산하는 변리. (B)날변.

일변-도(一邊倒) 圀 (어떤 명사 다음에 쓰여) 생각이나 태도가 그 명사가 나타내는 쪽으로만 치우친 상태. ¶강경 ~로 나가다.

일별(一瞥) 圀 (대상을) 한 번 흘낏 보는 일. **일별-하다** 医(E)

일병(一兵) 圀[군] 국군 계급의 하나. 사병에 속하는 계급으로 이병의 위, 상병의 아래임. =일등병.

일보[1](一步) 圀 1 어떤 일을 시작하기 위한 첫걸음. ¶우주 탐사의 ~를 내딛다. 2 어떤 일이 아주 가까이에 있음의 비유. ¶패배 ~ 직전에 역전승을 거두다.

일보[2](日報) 圀 1 나날의 보도나 보고. 2 =일간 신문. ▷연보·월보.

일-복[1](―服) 圀 일할 때 입는 옷.

일-복[2](―福) [―뽁] 圀 늘 일거리가 많은 것을 이르는 말. ¶~이 터지다.

일본(日本) 圀[지] 아시아 동쪽 끝에 있는 입헌 군주국. 수도는 도쿄.

일본식 성^명 강요(日本式姓名強要) [역] 일제 강점기에, 우리나라 사람들이 성과 이름을 일본식으로 바꾸던 일. 구용어는 창씨개명.

일본-어(日本語) 圀[언] 일본 민족이 사용하는 언어. 가나(假名)와 한자로 표기함. 準일어.

일본-잎갈나무(日本―) [―닙깔라―] 圀 [식] 높이 30m이며, 가을에 노랗게 단풍이 드는 낙엽 교목. 가을에 솔방울 모양의 열매가 갈색으로 익음. =낙엽송.

일부[1](一部) 圀 한 부분. (B)일부분.

일부[2](日附) 圀 서류 따위에 적는 그날그날의 날짜.

일부[3](日賦) 圀 전체의 금액을 나누어 매일 내는 일. ▷월부.

일부-다처(一夫多妻) 圀 한 남편에게 동시에 여러 아내가 있는 일.

일!부러 胃 1 일삼아 굳이. ¶~ 여기까지 오셨어요? 2 어떤 의도나 사정을 가지고 고의적으로. ¶~ 딴전을 부리다.

일부-분(一部分) 圀 1 한 부분. (B)일부. 2 전체를 몇으로 나눈 얼마. ↔대부분.

일부-양처(一夫兩妻) 圀 한 남편에게 아내가 동시에 둘이 있는 일.

일부-일처(一夫一妻) 圀 한 남편에게 한 아내가 있는 일.

일부-종사(一夫從事) 圀 한 남편만을 섬김. 또는, 그 도리. **일부종사-하다** 医(A)

일분-일초(一分一秒) 圀 아주 짧은 시간. ¶~를 아껴 공부하다.

일사(一死) 圀[야] 1 한 번 죽는 것. 곧, 한 목숨을 버리는 것. ¶~보국(報國). 2 [체] =원 아웃. ¶~ 만루의 기회.

일사-병(日射病) [―싸뼝] 圀[의] 한여름에 뙤약볕 아래에서 오래 서 있거나 노동을 하거나 할 때에 일어나는 병. 심한 두통·현기증이 나고 졸도함.

일사부재리(一事不再理) [―싸―] 圀[법] 한번 판결된 사건은 다시 심리하지 않는다는 형사 소송법상의 원칙. ¶~ 원칙.

일사부재의(一事不再議) [―싸―의/―싸―이] 圀[법] 의회에서 한 번 부결된 안건은 같은 회기 중에는 다시 제출할 수 없다는 원칙.

일-사분기/1/4分期) [―(四分期)] 圀 일 년을 넷으로 나눈 첫째 기간. 곧, 1·2·3월의 석 달 동안을 말함. ¶~ 수출 실적.

일사불란-하다(一絲不亂―) [―싸―] 圎 질서 정연하여 조금도 어지러운 데가 없다. ❶일사불란한 팀워크.

일사-천리(一瀉千里) [―싸철―] 圀 [강물이 거침없이 흘러 천 리를 간다는 뜻] 1 어떤 일이 거침없이 또는 기세 좋게 빨리 진행됨을 이르는 말. ¶그 안건은 ~로 통과되었다. 2 글이나 말이 거침이 없음을 이르는 말. ¶~로 써 내려가다.

일산[1](日産) [―싼] 圀 일본에서 만들거나, 난 물건. ¶~ 자동차.

일산[2](日傘) [―싼] 圀 왕이나 왕족 등 귀인(貴人)이 행차할 때 쓰는, 자루가 길고 큰 양산.

일산화-탄소(一酸化炭素) [―싼―] 圀[화] 탄소 한 원자에 산소 한 원자의 비율로 된, 무색무취의 유독한 기체.

일!-삼다[―따] 医(E) 1 일로 생각하고 하다. 2 (부정적인 일을) 계속하여 늘 하다. ¶허구한 날 거짓말을 ~.
일상(日常)[-쌍] Ⅰ명 매일 반복되는 생활. ¶바쁜 ~.
Ⅱ부 날마다. ¶~ 하는 일.
일상-사(日常事)[-쌍-] 명 일상으로 있는 일.
일상-생활(日常生活)[-쌍-] 명 평소의 생활.
일상-용어(日常用語)[-쌍농-] 명 보통으로 늘 쓰는 말.
일상-적(日常的)[-쌍-] 관·명 날마다 늘 있는 (것). ¶~인 일.
일색(一色)[-쌕] 명 1 한 가지의 빛. ¶산이 초록 ~으로 변한다. 2 뛰어난 미인. ¶천하~, 3 어떤 한 가지로만 된 모양. ¶올봄옷은 핑크빛 ~이다.
일생(一生)[-쌩] 명 사람이나 동물이 태어나 죽을 때까지의 동안. 비평생·한평생. ¶여자의 ~.
일생-일대(一生一大)[-쌩-때] 명 (주로 '일생일대의'의 꼴로 쓰여) 일생을 통하여 가장 중요함. ¶~의 작품.
일석(一夕)[-썩] 명 하루 저녁. ¶일조~.
일석이조(一石二鳥)[-썩-] 명 한 번의 돌팔매로 두 마리 새를 잡는다는 뜻] 한 가지 일을 하여 동시에 두 가지 이득을 얻는다는 말. 비일거양득. ¶~의 효과.
일선(一線)[-썬] 명 어떤 일을 직접 실행하거나 실천하는 맨 앞의 자리나 지위. 비제일선. ¶~ 장병 / ~ 기자.
일설(一說)[-썰] 명 정설이나 통설이라고는 하기 어려운 어떤 주장이나 학설. 또는, 확실치 않은 어떤 설.
일성(一聲)[-썽] 명 1 하나의 소리. ¶대갈~, 2 한 마디의 말. ¶제2의 창업을 하겠다는 것이 신임 회장의 첫 ~이었다.
일세(一世)[-쎄] 명 1 사람의 일생. ¶~을 마치다. 2 온 세상. ¶배금주의가 ~를 풍미하다. 3 한 세대. 30년 동안을 기준으로 함. 4 (교포의 세대를 구별하는 문맥에 쓰여) 이민을 처음 간 세대에 속하는 사람을 이르는 말. ¶교포 ~. 5 주로 서양에서, 같은 이름으로 같은 자리에 첫 번째로 오른 교황이나 황제의 이름 뒤에 붙이는 말. 비제일세. 요한 바오로 ~. 6 주로 서양에서, 어떤 사람의 성명이 아들이나 손자 등과 같을 때, 그의 이름 뒤에 붙이는 말. ¶록펠러 ~.
일-소¹[-쏘] 명 농사일이나 물건의 운반 등에 부리기 위하여 기르는 소.
일소²(一笑)[-쏘] 명 1 한 번 웃는 것. 2 어떤 일을 무시하거나 대수롭지 않게 여겨 웃어넘기는 것. **일소-하다** 타여
일소에 부치다 어떤 일을 대수롭지 않게 생각하여 무시해 버리다.
일소³(一掃)[-쏘] 명 죄다 쓸어버리는 것. **일소-하다** 타여 ¶구악(舊惡)을 ~. **일소-되다** 자여
일-손[-쏜] 명 1 일하는 손. ¶~을 잠시 멈추다. 2 일하는 솜씨. 3 일하는 사람. ¶~이 모자라다.
일손(을) 놓다 하던 일을 그만두다.
일손이 잡히다 일할 마음이 나다.
일-솜씨 명 일하는 솜씨. 또는, 일한 솜씨. ¶~가 좋다.
일수¹(日收)[-쑤] 명 1 본전과 이자를 합한 금액을 며칠에 나누어 일정한 액수를 날마다 거두어들이는 일. 또는, 그 빛. '일수입'의 준말. ▷월수

일수²(日數)[-쑤] 명 1 날의 수. 비날수. ¶수업 ~, 2 (민) 그날의 운수. ¶~가 사납다.
일수-놀이(日收-)[-쑤-] 명 일수로 돈을 주고받는 행위.
일수불퇴(一手不退)[-쑤-퇴/-쑤-퉤] 명 바둑·장기에서, 한번 둔 수는 물릴 수 없음을 이르는 말. **일수불퇴-하다** 자여
일수입(日收入)[-쑤-] 명 하루의 수입. **일수입**. ▷월수입
일수-쟁이(日收-)[-쑤-] 명 일수놀이를 하는 사람.
일순¹(一巡)[-쑨] 명 한 바퀴 도는 것. **일순-하다** 자여 ¶타자가 ~.
일순²(一瞬)[-쑨] 명 '일순간'을 좀 더 문어적·문학적으로 이르는 말. ¶의표를 찌르자 ~ 그의 얼굴에 당혹의 빛이 흘렀다.
일-순간(一瞬間)[-쑨-] Ⅰ 명 아주 짧은 순간. 비삽시간·한순간.
Ⅱ 부 아주 짧은 순간에. ¶기대와 희망이 ~ 무너져 버렸다.
일숫-돈(日收-)[-쑨똔/-쑫똔] 명 본전과 변리를 일정한 날짜에 나누어 날마다 갚기로 하고 대차(貸借)하는 빚돈.
일습(一襲)[-씁] 명 옷·그릇·기구 따위의 한 벌. ¶제기(祭器) ~을 마련하다.
일시¹(一時)[-씨] 부 어느 한 시기의 짧은 동안에. ¶~ 귀국.
일시²(日時)[-씨] 명 날과 때. 또는, 날짜와 시간. ¶연월~.
일시-불(一時拂)[-씨-] 명 금액을 한꺼번에 내거나 상환하는 일.
일시^센!물(一時-)[-씨-] 명 [화] 일정한 time을 하여 끓이면 단물로 되는 센물. ↔영구 센물.
일시-에(一時-)[-씨-] 부 1 모두 같은 때에. ¶수많은 마라토너들이 ~ 출발하다. 2 갑자기 한순간에. ¶공든 탑이 ~ 무너지다.
일시^자!석(一時磁石)[-씨-] 명 [물] 자기장 안에 두면 자기(磁氣)를 띠고, 자기장을 벗어나면 자기를 잃는 자석. ↔영구 자석.
일시-적(一時的)[-씨-] 관·명 한때·한동안만 관계있는 (것). ¶~인 감정. ↔영구적.
일식¹(日食)[-씩] 명 일본식의 음식.
일식²(日蝕·日食)[-씩] 명 [천] 달이 태양을 가려 지구의 일부 지역에서 태양의 전부 또는 일부를 볼 수 없게 되는 현상. ▷월식.
일식-집(日食-)[-씩찝] 명 일본식 음식을 파는 식당.
일신¹(一身)[-씬] 명 자기 한 몸. ¶~의 영달만을 꾀하다.
일신²(一新)[-씬] 명 아주 새롭게 하는 것. 또는, 아주 새로워지는 것. **일신-하다** 자여·타여 ¶면모를 ~.
일신-교(一神敎)[-씬-] 명 [종] 오직 하나의 신을 신앙하는 종교. 크리스트교·이슬람교 따위. =유일신교. ↔다신교.
일신-상(一身上)[-씬-] 명 개인의 한 몸에만 관계된 형편. ¶~의 문제.
일심¹(一心)[-씸] 명 1 여러 사람의 마음이 하나로 합쳐진 것. ¶~ 단결. 2 한 가지에만 마음을 쓰는 것.
일심²(一審)[-씸] 명 [법] '제일심'의 준

말.

일심-동체(一心同體) [-씸-] [명] 여러 사람이 한마음으로 굳게 결합하는 일. ¶~가 되어 일하다.

일심-전력(一心專力) [-씸절-] [명] 오직 한군데에 마음을 두어 온 힘을 기울임. **일심전력-하다** [동][자][여]

일쑤 Ⅰ[명] (('-기(가) 일쑤이다'의 꼴로 쓰여)) 흔히 또는 으레 그렇게 함을 이르는 말. ¶그는 툭하면 결근하기가 ~이다. Ⅱ[부] 흔히 또는 곧잘.

일약(一躍) [부] 지위·등급 등이 별안간 높이 뛰어오르는 모양. ¶~ 스타가 되다.

일어(日語) [명][언] '일본어'의 준말.

일어-나다 [동][자] **1** (사람이나 동물이) 누운 상태에서 앉거나 서거나, 앉은 상태에서 서는 상태가 되다. ¶의자에서 ~. **2** (사람이) 잠이 깨어, 몸을 일으키거나 잠자리에서 벗어나다. ¶새벽 4시에 ~. **3** (사건·사고·싸움·사회 운동 등이) 어느 곳에 생겨나다. [비]발생하다. ¶대형 사고가 ~. **4** (새롭거나 놀랍게 달라지는 현상이) 어느 대상에 생겨 나타나다. ¶기적이 ~. **5** (어떤 심리 작용이) 마음속에서 생겨나다. ¶의심이 ~. **6** (먼지나 거품이나 보푸라기 등이) 물체의 표면에 생겨 날리거나 도드라지다. ¶흙먼지가 ~. **7** (약한 상태의 불이) 어떤 작용을 받아 더 잘 타는 상태가 되다. ¶화톳불이 서서히 ~. **8** (약한 상태의 세력·기세 등이) 왕성한 상태가 되다. ¶집안이 ~. **9** (병을 앓던 사람이) 병이 나아 건강한 상태가 되다. ¶병석에서 ~. **10** (사람들이) 어떤 일을 이루기 위해 용기를 가지고 적극적으로 나서다. ¶온 민족이 일제에 항거하여 ~.

일어-서다 [동][자] **1** (사람이나 네발짐승이) 앉거나 엎드리거나 누운 자세에서 몸을 일으켜 서다. ¶자리에서 ~. **2** (사람이나 대상이) 비관적인 상태에서 희망적이거나 잘되는 상태가 되다. ¶절망을 딛고 ~. **3** (사람들이) 어떤 결의를 가지고 힘차게 행동하는 상태가 되다. [비]궐기하다. ¶잃었던 자유를 되찾기 위해 ~.

일언(一言) [명] 한 마디의 말.

일언-반구(一言半句) [명] ['한 마디의 말과 반 구절'이라는 뜻] 극히 짧은 말의 비유. ¶~의 대꾸도 없다.

일언이폐지-하다(一言以蔽之-) [-폐-/-페-] [동][자][여] ((주로, '일언이폐지하고', '일언이폐지하면'의 꼴로 쓰여)) 이런저런 말이 필요 없이 한 마디로 핵심을 들거나 결론 삼아 말하다. [비]폐일언하다. ¶**일언이폐지하고** 이 문제는 웃어른의 처분에 맡기자.

일언지하-에(一言之下-) [부] 한 마디 말로. ¶~ 거절하다.

일!-없다 [-업따] [형] ((주로 대화 장면에서, 상대에 대한 반발이나 거부감 등의 감정을 나타내는 뜻으로 쓰여)) 상관하거나 개의할 필요가 없다. ¶"내가 좀 도와줄까?" "**일없어**, 넌 네 일이나 잘해!"

일연(一然) [명][인] 고려 시대의 승려(1206~1289).

일엽-편주(一葉片舟) [명] 한 척의 작은 배.

일-왕(日王) [명] 일본의 국왕. 우리나라에서 근래에 만들어진 '천황'의 대체어로, 황제가 아닌 왕이라는 뜻을 가짐.

일요(日曜) [명] ((주로, 일부 명사 앞에 쓰여)) '일요일'을 줄여 이르는 말. ¶~ 특집극.

일요-병(日曜病) [-뼝] [명] 평일의 긴장과 휴일의 권태에서 일어나는, 현대인의 정신적·육체적 피로감과 허탈증. ▷월요병.

일-요일(日曜日) [명] 한 주일의 요일의 하나. 토요일의 다음, 월요일의 전에 옴.

일용[1](日用) [명] 날마다 쓰는 일. ¶~ 잡화. **일용-하다** [동][타][여] ¶**일용할** 양식.

일용[2](日傭) [명] =날품. ¶~ 근로자.

일용-품(日用品) [명] 날마다 쓰는 물건.

일원[1](一元) [명] 하나의 근본. 또는, 사물의 근원이 오직 하나인 것. ↔다원(多元).

일원[2](一員) [명] 어떤 단체를 이루고 있는 사람 중의 하나. ¶사회의 ~.

일원[3](一圓) [명] 일정한 범위의 지역. [비]일대. ¶경기도 ~에 수사망을 펴다.

일원-론(一元論) [-논] [명][철] **1** 하나의 원리로써 전체를 설명하려는 입장. 또는, 그런 사고방식. **2** 우주의 근본 원리는 오직 하나라는 설. ▷이원론·다원론.

일원-적(一元的) [관][명] **1** 근원이 하나인 (것). **2** 특정한 문제나 사항을 오직 하나의 원리로 설명하는 (것).

일원-화(一元化) [명] 많은 문제·기구·조직 등을 하나로 통합하는 일. **일원화-하다** [동][자][타][여] ¶접수창구를 ~. **일원화-되다** [동][자]

일월[1](一月) [명] 한 해의 열두 달 가운데 첫째 달. 음력 일월은 '정월'이라고 함.

일월[2](日月) [명] **1** 해와 달. **2** 날과 달이라는 뜻으로, '세월'을 이르는 말.

일월성신(日月星辰) [명] 해와 달과 별.

일으키다 [동][타] **1** (사람이 다른 사람이나 물건을) 눕거나 앉거나 쓰러진 상태에서 서는 상태가 되게 하다. ¶넘어진 아이를 ~. **2** (사람이 제 몸을) 누운 상태에서 상체를 바로 세우다. ¶윗몸을 **일으키는** 운동. **3** (사물이나 자연이 바람·파도·먼지·전기 따위를) 어떤 힘의 작용으로 생기게 하다. ¶전기를 ~. **4** (어떤 말이나 행동이 좋지 않은 일이나 현상을) 생기게 하다. ¶그의 발언은 큰 물의를 **일으켰다**. **5** (사람이 전쟁·사고·말썽·난리 등을) 생기게 하다. ¶말썽을 ~. **6** (어떤 대상이 새롭거나 달라지는 현상을) 생겨 나타나게 하다. ¶마음에 변화를 ~. **7** (사람이 어떤 일이나 집안·기업·나라 등을) 크게 흥하거나 발전하게 하다. ¶몰락한 집안을 다시 ~. **8** (사람이나 기계 등이 고장이나 병적인 상태를) 나타내다. ¶엔진이 고장을 ~.

일의-적(一義的) [-의-/-이-] [관][명] **1** 가장 중요하고 근본적인 뜻인 (것). ¶철학의 ~인 문제. **2** 의미나 결과가 한 종류인 (것).

일이(一二) [-리] [관] =한두. ¶~ 개월.

일익(一翼) [명] **1** 한쪽 부분. **2** 한 구실. ¶~을 담당하다.

일인(日人) [명] 일본 사람.

일인-극(一人劇) [명][연] =모노드라마.

일인-이역(一人二役) [명] 혼자서 두 사람의 구실을 하는 일.

일인-일기(一人一技) [명] 한 사람이 하나의 기술을 가지는 일. ¶~ 교육.

일인일당-주의(一人一黨主義) [-땅-의/-땅-이] [명] 단체의 구성원이 그 단체의 주의에 맹종하지 않고 각자의 의견을 주장하여 찬부를 결정하려는 주의. 또는, 그 구성원의 의사를 존중하는 주의.

일인-자(一人者)[명] =제일인자. ¶사계(斯界)의 ~가 되다.
일-인칭(一人稱)[명][언] =제일 인칭.
일인칭^소:설(一人稱小說)[명][문] 주인공이 일인칭 대명사로 된 소설. 주인공인 '나'의 눈에 비친 세계를 이야기 형식으로 나타냄. 사소설 따위. ▷삼인칭 소설.
일인칭^시:점(一人稱視點)[-쩜][명][문] 소설에서, 화자가 보고 듣고 겪은 바를 이야기하는 시점. ▷삼인칭 시점.
일일¹(一日)[명] =하루.
일일²(日日)[명] 반복되는 매일. ¶~ 연속극.
일일-생활권(一日生活圈)[-꿘][명] 하루 동안 볼일을 보고 돌아올 수 있는 거리 안의 범위. ¶전국이 ~ 안에 들다.
일일-이(----)[-릴-][부] 관심이 미치거나 다루는 범위의 안에서, 여럿 가운데 어느 대상 하나 빠뜨리지 않고 모두. ¶~ 하나하나. ¶~ 간섭하다.
일임(一任)[명] 어떤 일을 어떤 사람에게 전적으로 맡기는 것. **일임-하다**[동][타][여] ¶결정을 의장에게 ~. **일임-되다**[동][자]
일자¹(一字)[-짜][명] 1 한 글자라는 뜻으로, 아주 적은 지식을 이르는 말. 2 한 마디의 글. ¶~ 상서하나이다.
일자²(一字)[-짜][명] =한일자. ¶~로 굳게 다문 입.
일자³(日字)[-짜][명] =날짜¹. ¶결혼 ~.
일:-자리[-짜-][명] 직업으로서 일할 수 있는 자리. 일터다·직장.
일자-못(一字-)[-짜몯][명] 대가리에 '一(일)'자 모양의 홈이 있는 나사못. ▷십자못.
일자-무식(一字無識)[-짜-][명] 글자 한 자도 모를 정도로 무식함. 또는, 어떤 분야에 대해 전혀 아는 바가 없음. ¶~인 시골 노인. **일자무식-하다**[형][여]
일자-바지(一字-)[-짜-][명] 바짓가랑이가 일직선으로 된 바지.
일자-집(一字-)[-짜-][명][건] 지붕 용마루가 '一(일)'자 모양으로 된 집.
일장(一場)[-짱][명] 〔주로 일부 명사 앞에 쓰여〕한바탕 벌이거나 벌어지는 일을 나타내는 말. ¶~ 훈시를 늘어놓다.
일장-기(日章旗)[-짱-][명] 일본의 국기.
일장-일단(長-短)[-짱-딴][명] 〔'하나의 장점과 하나의 단점'이라는 뜻〕장점과 단점. ¶두 가지 방법 모두 ~이 있다.
일장-춘몽(一場春夢)[-짱-][명] 〔'한바탕의 봄꿈'이라는 뜻〕헛된 영화(榮華)나 덧없는 일의 비유. ¶인생은 ~이다.
일전¹(一戰)[-쩐][명] 한바탕의 싸움. ¶~을 불사하다. **일전-하다**[동][자][여]
일전²(一轉)[-쩐][명] 아주 변하는 것. ¶심기 ~. **일전-하다**²[동][자][여]
일전³(日前)[-쩐][명] 며칠 전. ¶~에 부탁한 일이 다 됐습니까?
일절(一切)[-쩔][부] 금지나 규제, 또는 부인이나 부정의 뜻을 가진 동사를 꾸며, 그 동사의 의미나 작용을 일체로 강조하는 뜻을 나타내는 말. ¶외상은 ~ 사절합니다. ▷일체(一切).
일점-혈육(一點血肉)[-쩜-][명] 자기가 낳은 단 하나의 자녀. ¶슬하에 ~이 없다.
일정¹(一定)[-쩡][명] 〔일부 명사 앞에 쓰여〕어떤 것의 크기·모양·범위·시간 등이 하나로 정해져 있는 상태. ¶~ 금액. 일정하다[형][여] 1 어떤 모양이나 범위가 하나로 정해져 있다. ¶일정한 기준. 2 모양이나 크기가 한결같다. ¶길이를 **일정하게** 자르다. **일정-히**[부]
일정²(日政)[-쩡][명] =왜정(倭政).
일정³(日程)[-쩡][명] 1 하루 또는 일정 기간 동안 해야 할 일을 날짜와 시간에 맞추어 계획해 놓은 것. 2 그 계획. ㉻스케줄. ¶행사 ~. 2 의회(議會)에서, 그날 심의할 의사(議事)나 그 순서. ¶의사-에 여야가 합의하다.
일정-량(一定量)[-쩡냥][명] 일정한 분량.
일정-액(一定額)[-쩡-][명] 어떤 기준이나 규정에 따라 일정하게 정한 금액. ¶매달 ~의 후원금을 내다.
일정-표(日程表)[-쩡-][명] 일정(日程)을 적어 놓은 표.
일제¹(一齊)[-쩨][명] 〔일부 명사 앞에 쓰여〕여럿이 한꺼번에 한다는 뜻을 나타내는 말. ¶~ 사격. **일제-히**[부] ¶~ 박수를 치다.
일제²(日帝)[-쩨][명] 1 '일본 제국'을 줄여 이르는 말. ¶~의 침략. 2 '일본 제국주의'를 줄여 이르는 말. ¶~의 발호.
일제³(日製)[-쩨][명] 어떤 상품이 일본에서 만든 것임. 또는, 그 상품.
일제^강:점기(日帝强占期)[-쩨-][명][역] 1910년 국권이 침탈된 1910년부터 1945년 해방되기까지의 35년간의 시대. 구용어는 일제 시대.
일제^시대(日帝時代)[-쩨-][명] '일제 강점기'의 구용어.
일조¹(一助)[-쪼][명] 얼마간의 도움. 자기의 도움에 대한 것일 때에는 겸손의 뜻을 가짐. **일조-하다**[동][자][여] ¶저도 미약하나마 그 일에 **일조했습니다**.
일조²(一朝)[-쪼][명] '하루 아침'이라는 뜻으로, 갑자스럽고 짧은 시간을 이르는 말. ¶~에 사업이 망하다.
일조³(日照)[-쪼][명] 햇볕이 내리쬠.
일조-권(日照權)[-쪼꿘][명][법] 인접한 건물이 자기 집에 드는 볕을 가리는 것을 저지할 수 있는 권리. ¶~을 침해하다.
일조-량(日照量)[-쪼-][명] 일정한 물체의 표면이나 지표면에 비치는 햇볕의 양. ¶~이 풍부하다.
일조^시간(日照時間)[-쪼-][명][물] 구름이나 안개 또는 건물 등에 가려지지 않고 실제로 태양이 비추는 시간.
일조-일석(一朝一夕)[-쪼-썩][명] 하루 아침이나 하루 저녁이라는 뜻으로, 짧은 시일을 이르는 말. ¶~에 외국어를 정복할 수는 없다.
일족(一族)[-쪽][명] 조상이 같은 한 족속. 또는, '한가족'을 예스럽게 이르는 말. ¶~을 멸하다.
일종(一種)[-쫑][명] 1 한 종류. 2 어떤 종류. ¶~의 희열을 느끼다.
일종^교:과서(一種敎科書)[-쫑-][명][교] 교육 인적 자원부가 저작권을 가지고 제작하는 교과서. ㉻국정 교과서.
일주¹(一周)[-쭈][명] 한 바퀴 도는 것. ¶세계 ~. **일주-하다**¹[동][여]
일주²(逸走)[-쭈][명] 본디의 방향에서 벗어나 엉뚱한 데로 나아가는 것. **일주-하다**²[동][자][여]
일주-문(一柱門)[-쭈-][명][불] 기둥을 가로로 나란하게 일렬로 세운 뒤 지붕을 올린, 절의 첫 번째 문.

일지(日誌) [-찌] 명 그날그날의 일을 적은 기록. 또는, 그 책. ¶항해 ~.

일직(日直) [-찍] 명 1 그날그날의 당직. 2 낮이나 일요일의 당직. 또는, 그 사람. ¶ ~ 당번. ↔숙직.

일-직선(一直線) [-찍썬] 명 한 방향으로 쪽 곧은 줄. ¶~으로 늘어선 가로수.

일진¹(一陣) [-찐] 명 1 둘 이상의 무리가 순서에 따라 이동할 때, 그 첫 번째 무리. ¶등반대 ~이 정상에 도착하였다. 2 스포츠 팀에서, 베스트 멤버에 든 선수들의 무리. ▷이진. 3 {주로 '일진의' 꼴로 쓰여} 군사 장비나 회사의 한 무리임을 이르는 말. ¶~의 군사를 이끌고 적진에 뛰어들다. 4 {명사 앞에 쓰이거나 '일진의' 꼴로 쓰여} 바람이나 구름 등이 '한바탕 몰아치는'의 뜻을 나타내는 말. ¶~의 광풍.

일진²(日辰) [-찐] 명 그날의 운세. ¶~이 사납다.

일진-광풍(一陣狂風) [-찐-] 명 한바탕 부는 사나운 바람. ¶~이 몰아치다.

일진-월보(日進月步) [-찐-] 명 날로 달로 끊임없이 진보 발전함. 일진월보-하다 통(재)여 ¶일진월보하는 과학 기술.

일진일퇴(一進一退) [-찐-퇴/-찐-퉤] 명 한 번 나아갔다 한 번 물러났다 함. ¶~의 공방전. 일진일퇴-하다 통(재)여 ¶일진일퇴하는 전세(戰勢).

일진-회(一進會) [-찐회/-찐훼] 명[역] 조선 말기 광무 8년(1904)에 일제에 대한 제국 강점을 도와준 친일적 정치 단체.

일찌감치 뿐 좀 더 일찍이. 또는, 꽤 일찍이. ¶일찍거니, ~ 아침을 먹고 떠나다. ↔느지감치.

일찌거니 뿐 =일찌감치.

일찌기 뿐 '일찍이'의 잘못.

일찍 뿐 =일찍이. ¶아침 ~ 일어나다.

일찍-이 뿐 1 일정한 시간보다 이르게. =일찍. ¶~ 출근하다. 2 이전에. 또는, 이 전까지. ¶나는 ~ 그곳에 다녀온 적이 있다. ×일찌기.

일차(一次) 명 1 어떤 사물이나 현상이 근본적·원초적인 것. ¶~ 원인. 2 [수] 정식에서, 어떤 변수에 관하여 제곱 또는 그 이상의 항을 포함하지 않는 것.

일차 방정식(一次方程式) 명 [수] 미지수의 최고 차수가 1차인 방정식.

일-차원(一次元) 명 [수] 점의 위치를 하나의 상수(常數)로 나타낼 수 있는 공간.

일차-적(一次的) 명 첫 번째의 (것). 또는, 가장 우선시되는 (것). ¶~ 책임.

일착(一着) 명 1 첫째로 도착하는 것. ¶마라톤에서 ~으로 들어오다. 2 바둑이나 장기에서, 돌이나 말을 한 번 놓는 것. 일착-하다 통(재)여

일천-하다(日淺-) 형여 어떤 일을 시작한 지 불과 얼마 안 되어 경험이 쌓이지 않거나 성숙하지 않은 상태에 있다. ¶회사 설립의 역사가 ~.

일체¹(一切) Ⅰ명 {주로 명사 다음에 놓이거나, 명사 앞에 '일체의'의 꼴로 쓰여} 사물의 범위나 명사가 나타내는 대상의 전부에 미침을 나타내는 말. 비모두·전부. ¶~의 경비를 회사에서 부담하다. Ⅱ부 어떤 행동이나 작용이 예외 없이 철저함을 나타내는 말. 비모두, '죄다' 등과 비슷한 쓰임을 가짐. ¶사건의 진상이 ~ 비밀에 가려져 있다. ▷일절(一切).

일체²(一體) 명 둘 이상의 사람이 한마음 한뜻을 이루는 상태. 또는, 떨어지거나 나누어지지 않은 한 덩어리. ¶혼연 ~.

일체-감(一體感) 명 남과 하나가 되는 느낌.

일촉즉발(一觸卽發) [-쪽빨] 명 조금 건드리기만 하여도 곧 폭발할 것 같은 몹시 위험한 상태. ¶~의 위기.

일촌-간장(一寸肝腸) 명 ('한 도막의 간과 창자'라는 뜻) 주로 애달프거나 애가 탈 때의 마음을 형용하여 이르는 말. ¶구슬픈 단소 가락에 ~이 다 녹는다.

일축(一蹴) 명 (주장·요구·제안 등을) 단번에 거절하거나 물리치는 것. ¶일축-하다 통여 ¶제안을 ~. 일축-되다 통여

일출(日出) 명 산이나 지평선·수평선 위로 해가 돋는 것. 또는, 특히 바다 위로 해가 떠오르는 광경. 凹해돋이. ↔일몰.

일취-월장(日就月將) [-짱] 명 날로 달로 자라거나 발전함. 일취월장-하다 통(재)여 ¶수영 실력이 ~.

일층(一層) 뿐 한결 더. 凹한층.

일치(一致) 명 (대상과[이] 대상이[과]) 내용이나 뜻 등에 있어서 서로 어긋나지 않고 꼭 맞는 것. ¶만장 ~. 일치-하다 통(재)여 ¶의견이 ~. 일치-되다 통여

일치-단결(一致團結) 명 여럿이 한 덩어리로 굳게 뭉침. 일치단결-하다 통(재)여

일침(一鍼) 명 (주로 '일침을 놓다 [가하다]'의 꼴로 쓰여) 한 대의 침이라는 뜻으로, 따끔한 충고나 매서운 지적을 이르는 말. ¶그는 신문 칼럼에서 정부의 안이한 태도에 ~을 가했다.

일컫다 [-따] 통(재)여 {일컬으니, 일컬어} 1 이름을 지어 부르다. 町칭하다. ¶남대문은 본시 숭례문(崇禮門)이라고 일컬었다. 2 우러러 청찬하거나 기리어 말하다. ¶이 순신 장군을 성웅이라 일컫는다.

일탈(逸脫) 명 1 정해진 범위나 본래의 목적에서 벗어나는 것. 2 [사] 사회적인 규범으로부터 벗어나는 일. 청소년 비행·성적(性的)인 탈선·약물 남용 등이 있다. ¶논의가 본래의 주제에서 ~. 일탈-하다 통(재)여 일탈-되다 통여 ¶논의가 본래의 주제에서 ~.

일¹-터 명 생계를 위해 일하는 터전. 凹일자리·직장.

일파(一派) 명 1 본디 계통에서 갈라져 나온 분파. 2 주의나 주장 또는 목적을 같이하는 한 동아리.

일파-만파(一波萬波) 명 [하나의 물결이 연쇄적으로 많은 물결을 만든다는 뜻] 조그마한 일이나 사건이 점점 좋지 않은 쪽으로 확대되어 나가는 상태. ¶사건이 ~로 확대되고 있다.

일편(一便) 명 =한편.

일편-단심(一片丹心) 명 ('한 조각의 붉은 마음'이라는 뜻) 참되고 정성 어린 마음.

일-평생(一平生) 명 =한평생.

일품¹(一品) 명 제일가는 품질. 또는, 그런 물품. ¶천하(天下) ~.

일품²(逸品) 명 아주 뛰어난 물건. ¶이 꽃병은 고려청자 중에서도 ~으로 꼽힌다.

일품-요리(一品料理) [-뇨-] 명 1 호텔·고급 음식점 등에서, 한 가지마다 값을 정해 놓고 손님의 주문에 응하는 요리. 2 맛이 좋기로 첫째가는 요리.

일필-휘지(一筆揮之) 명 글씨를 단숨에 줄기차게 써 내림. ¶붓을 들어 ~로 써 내려가다. 일필휘지-하다 통(재)여

일¹-하다 통(재)여 일을 하다. ¶열심히 ~.

일한(日韓) 명 1 일본과 한국. 2 일본어와 한국어. ¶~사전.

일행(一行) 명 1 함께 가는 전체 성원. 2 함께 가는 사람. ¶저 사람도 우리 ~이다.

일호(一毫) 명 몹시 가늘고 작은 털. 곧, 극히 작은 정도를 비유하여 이르는 말. ¶내 말엔 ~의 거짓도 없다. ▷추호.

일호-반점(一毫半點) 명 '일호(一毫)'를 강조하여 이르는 말. ¶내 양심에 비추어서 ~의 부끄러움도 없다.

일화(逸話) 명 어떤 사람이나 일에 관계된, 세상에 알려지지 않은 흥미 있는 이야기. 에피소드.

일확-천금(一攫千金) 명 힘들이지 않고 단번에 많은 재물을 얻음. ¶~의 꿈.

일환(一環) 명 밀접한 관계로 연결되어 있는 여러 사물 가운데의 일부. ¶국토 개발의 ~으로 고속도로를 건설하다.

일환-책(一環策) 명 전체와 관련되는 한 부분으로서의 방책. ¶사회 복지 사업의 ~으로 국민 건강 보험을 확대 실시하다.

일회-성(一回性) [-회썽/-휃썽] 명 단 한 번으로 그치고 마는 성질. ¶~ 소모품.

일회-용(一回用) [-회-/-훼-] 명 한 번 쓰고 버리게 되어 있는 상태. 또는, 그런 용도의 물건. ¶~ 반창고./~ 기저귀.

일회용-품(一回用品) [-회-/-훼-] 명 한 번만 쓰고 버리도록 되어 있는 물건.

일흔 I 명 1 열의 일곱 곱절. ▷칠십. 2 사람의 나이나 사물의 수량을 셀 때, 열의 일곱 곱절에 해당하는 수효.
II 관 ¶~ 살.

일희일비(一喜一悲) [-히-] 명 1 기쁜 일과 슬픈 일이 번갈아 일어남. 2 한편으로는 기쁘고 한편으로는 슬픔.

읽기[일끼] 명[교] 언어 학습에서, 쓰여진 글을 바르게 읽고 이해하는 일. ▷쓰기.

읽다[익따] 동타 1 (사람이 글이나 악보 따위를) 눈으로 보면서 그 내용이나 뜻을 알게 되다. 또는, (점자 따위를) 손으로 만져서 그 내용이나 뜻을 알게 되다. ¶잡지를 ~. 2 (사람이 글을) 눈으로 보면서 그 뜻을 어떤 억양이나 리듬과 속도를 가지고 목소리로 나타내다. 비낭독하다. ¶책을 큰 소리로 ~. 3 (사람이 어떤 글자들) 그 글자의 음대로 말하다. 또는, 그렇게 할 수 있는 능력을 가지다. ¶한글도 **읽지** 못하는 까막눈이. 4 (사람의 표정을) 보고 그의 속마음을 미루어 알다. 또는, (사람의 마음을) 그의 표정이나 행위 등으로 미루어 짐작하다. ¶그는 내 마음을 훤히 **읽고** 있었다. 5 바둑·장기에서, 수를 생각하거나 상대방의 수를 헤아려 알게 되다. ¶수를 ~.

읽을-거리 [-끄-] 명 읽을 만한 글이나 책.

읽-히다[일키-] 동 1타 '읽다1·2'의 사동사. ¶학생에게 위인전을 **읽혀라**. 2재 '읽다1·2'의 피동사. ¶널리 **읽히는** 책.

잃다[일타] 동자 1 (갖고 있던 물건을) 잘 간수하지 못하여 자기도 모르는 사이에 가지지 않게 되다. 비분실하다. ¶우산을 ~. 2 (차지하거나 누리던 재물이나 사물, 권리, 자격, 직장 등을) 자기의 뜻에 반하여 더 이상 차지하거나 누리지 못하는 상태가 되다. ¶노름에서 돈을 ~. 3 (데리고 있던 사람을) 잘 보호하지 못하는 사이에 자기도 모르는 사이에 데리고 있지 못한 상태가 되다. ¶유원지에서 아이를 ~. 4 (가족이나 가까운 관계의 사람을) 그의 죽음으로 인해 함께 살아가는 존재로서 가지지 못하게 되다. ¶어려서 부모를 ~. 5 (친구·동료·애인 등을) 가까운 관계를 계속 가지지 못하고 헤어지거나 어울리지 않게 되다. ¶돈 때문에 친구를 ~. 6 (사람이 몸이나 마음에 가진 것을) 자기의 의지로 어찌지 못하고 가지지 못하게 되다. 비상실하다. ¶사고로 목숨을 ~. 7 (어떤 대상이 본래 지녔던 모습이나 상태를) 외부의 작용에 의해 지니지 못하게 되다. ¶배가 중심을 **잃고** 기울어지다. 8 (사람이나 동물이 가야 할 길이나 방향을) 찾지 못하게 되다. ¶길을 **잃고** 헤매다. 9 (점수를) 얻지 못하거나 빼앗긴 상태가 되다. 10 (사람이 어떤 기회를) 잡지 못하게 되다. ¶절호의 기회를 ~.

잃어-버리다[일-] 동타 아주 잃다. ¶손수건을 ~.

임¹ 명 이성으로서 사모하는 사람. 주로 글에서 쓰이는 말임. ¶~을 그리다. ×님.
[임도 보고 뽕도 딴다] 한꺼번에 여러 가지 좋은 결과를 얻다.

임²(壬) 명 천간(天干)의 아홉째.

임간(林間) 명 수풀 사이. ¶~ 재배.

임간=학교(林間學校) [-꾜] 명[교] 주로 여름철에 아이들의 건강 증진이나 자연 학습을 위하여 숲 속에 설치하는 학교.

임검(臨檢) 명 일이 일어난 현장에 가서 검사하는 것. **임검-하다** 동타여

임검-석(臨檢席) 명 공연장이나 집회장 등에, 경찰용을 위해 따로 마련한 자리.

임경업(林慶業) 명[인] 조선 시대의 장군 (1594~1646).

임계(臨界) [-게/-계] 명 1 =경계(境界)¹. 2 [물] 핵분열에서 발생하는 중성자와 흡수·누설로 없어지는 중성자가 평형을 이루어 연쇄 반응이 지속되는 상태.

임:관(任官) 명 1 관직에 임명되는 것. 2 사관후보생 또는 사관생도가 장교로 임명되는 것. **임관-하다** 동자여 ¶사관학교를 졸업하고 소위로 ~. **임:관-되다** 동자

임:균(淋菌·痳菌) 명[의] 임질의 병원균. 주로 성교에 의하여 감염됨.

임:금¹ 명 군주 국가의 원수. =군왕·주상. 비왕(王). ☆임금님.

임:금²(賃金) 명 근로자가 노동하여 받는 보수. ¶~노임(勞賃).

임:금-님 명 '임금¹'을 높이어 이르는 말.

임:기(任期) 명 임무를 맡아보는 일정한 기간. ¶~를 마치다.

임기-응변(臨機應變) 명 뜻밖에 닥친 일이나 어려움을 당했을 때 재빨리 그 상황에 알맞게 대처하는 일. 또는, 그 방책.

임꺽정(林-) [-쩡] 명[인] 조선 시대의 의적(?~1562).

임:대(賃貸) 명 요금을 받고 물건을 빌려 주는 것. ¶~ 아파트. ↔임차. **임:대-하다** 동타여 ¶사무실을 ~. **임:대-되다** 동자

임:대-료(賃貸料) 명 물건이나 부동산 등을 빌려 주고 그 대가로 받는 돈.

임:-대차(賃貸借) 명[법] 당사자의 한쪽이 상대방에게 물건을 사용하게 할 것을 약속하고, 이에 대하여 상대방은 일정한 금액을 지급할 것을 내용으로 하는 계약.

임:란(壬亂) [-난] 명[역] '임진왜란'의 준말.

임립(林立) [-닙] 명 숲의 나무들처럼 죽 늘어서는 것. **임립-하다** 동자여 ¶빌딩이

임립한 변화가.
임마 '인마'의 잘못.
임:면(任免) 圀 임명과 해임. ¶~권. 임!면-하다 囨타

임:명(任命) 圀 일정한 직무를 맡기는 것. **임:명-하다** 囨타 ¶장관을 ~. **임:명-되다** 囨자

임:명-장(任命狀) [-짱] 圀 어떤 사람을 무엇으로 임명한다는 내용을 적은 문서.

임:무(任務) 圀 어떤 사람이 책임을 지고 맡은 일. ¶중대한 ~.

임박-하다(臨迫-) [-바카-] 囨자 (어떤 때가) 가까이 닥치다. ¶시험 날짜가 **임박했다**.

임:부(妊婦·姙婦) 圀 임신한 여자. 间임산부.

임사(臨死) 圀 죽을 고비에 이르는 것. **임사-하다** 囨자

임산-물(林産物) 圀 산림에서 산출되는 물품.

임산-부(妊産婦) 圀 임신부와 해산부.
임산^자원(林産資源) 圀 산림에서 생산되는 자원. 목재·연료 따위.

임상(臨床) 圀 병을 치료하거나 병의 예방 등을 연구하기 위해 실제로 환자를 접하는 것. ¶~ 실험.

임석(臨席) 圀 자리에 임하는 것. **임석-하다** 囨자 ¶대통령이 식장에 ~.

임:술(壬戌) 圀 60갑자의 쉰아홉째.
임시(臨時) 圀 **1** 원래 정해져 있는 것이 아니고 필요에 따라 그때그때 정한 것. ¶~ 열차. **2** 항구적이 아닌 일시적인 동안. ¶~ 거처. **3** 어떤 시기에 이르는 것. 또는, 그 시기. ¶내가 그곳에 도착할 ~에 너는 출발하도록 해라. ↔경상.

임시^국회(臨時國會) [-구괴/-구꿰] 圀 [정] 필요에 따라 임시로 소집하는 국회. ↔정기 국회.

임시-방편(臨時方便) 圀 =임시변통.
임시-변통(臨時變通) 圀 갑자기 생긴 일을 우선 임시로 둘러맞추어서 처리함. ¶~ 시방편. **임시변통-하다** 囨타 ¶급한 돈이니 **임시변통하여** 우선 막고 볼 일이다.

임시-비(臨時費) 圀 [경] 회계에서, 예정없던 뜻밖의 일이 생겨 지출하는 비용. ↔경상비.

임시-적(臨時的) 판圀 정상적이거나 항구적이 아닌 일시적인 (것). ¶~ 조치.

임시^정부(臨時政府) 圀 **1** [정] 전쟁·혁명 등의 상황에서, 정식의 정부가 수립되기 전까지 임시로 세워진 정부. **2** [역] =대한민국 임시 정부. ⓒ임정.

임시-직(臨時職) 圀 임시로 채용되는 직위 또는 직책.

임시-표(臨時標) [음] 악곡의 도중에 본래의 음을 임시로 변화시키기 위해 쓰는 기호. 올림표(#)·내림표(♭)·제자리표(♮) 따위.

임:신¹(壬申) 圀 60갑자의 아홉째.
임:신²(妊娠·姙娠) 圀 아이를 배는 것. =회임·잉태. 间잉태. **임:신-하다** 囨자타 ¶아이를 ~.

임:신-복(妊娠服) 圀 임신한 여자가 입기 편하도록 허리 부분을 큼직하게 만든 옷.

임:신-부(妊娠婦) 圀 임신 중인 여자. 间임부.

임:신^중절(妊娠中絶) 圀 임신 중에 인위적으로 유산시키는 일.

임야(林野) 圀 산림이나 벌판을 이루고 있는 땅.

임업(林業) 圀 임산물에서 얻는 경제적 이득을 목적으로 삼림을 경영하는 사업.

임연수어(林延壽魚) 圀 [임연수(林延壽)라는 사람이 잘 낚았던 물고기였다 하여 붙인 이름] [동] 몸은 길이 약 45cm로 방추형에 가깝고, 노란 바탕에 다섯 개의 검은 줄무늬가 있으며, 꼬리자루가 가는 바닷물고기. 식용함. ×이면수.

임:오(壬午) 圀 60갑자의 열아홉째.
임:오-군란(壬午軍亂) [-굴-] 圀 [역] 조선 고종 19년(1882) 구식 군대의 군인들이 신식 군대인 별기군과의 차별 대우와 밀린 급료에 불만을 품고 일으킨 병란.

임:용(任用) 圀 어떤 사람을 관리·공무원 등으로 임명하여 부리어 쓰는 것. ¶공무원 ~ 시험. **임:용-하다** 囨타 **임:용-되다** 囨자

임:원(任員) 圀 회사나 단체를 맡아 이끌어 가는 직위가 높은 사람. 间중역. ¶대기업 ~.

임:의(任意) [-의/-이] 圀 마음먹은 대로 하는 일. ¶사표를 ~로 제출하다.

임:의-롭다(任意-) [-의-따/-이-따] 혭ㅂ <~로우니, ~로워> 구애되거나 체면을 차릴 필요가 없이 자유롭다. **임:의로이** 閉

임:인(壬寅) 圀 60갑자의 서른아홉째.
임:자¹ 圀 어떤 물건에 대해, 그것을 소유하거나 차지한 사람. ¶~ 없는 땅.

임자 만나다 (어떤 사람이나 사물이) 적임자를 만나 기능이나 능력을 제대로 발휘할 수 있게 되다. 또는, (겁을 이 설치던 사람이) 기를 못 펼 만큼 무서운 상대를 만나다. ¶너 **임자 만났다**. 오늘 나한테 혼 좀 나 봐라.

임:자² 때(인칭) **1** 친한 사람끼리 '자네'라고 부르기가 조금 거북할 때 쓰는 2인칭 대명사. ¶~ 가 꼭 좀 도와줘야겠네. **2** 나이가 좀 많은 부부 사이에 서로에 대한 호칭 또는 지칭으로 쓰이는 말. ¶내가 너무 ~를 고생시켰소.

임:자³(壬子) 圀 60갑자의 마흔아홉째.
임전(臨戰) 圀 전쟁에 임하는 것. 또는, 전장(戰場)에 나가는 것. ¶~ 태세. **임전-하다** 囨자

임전-무퇴(臨戰無退) [-퇴/-퉤] 圀 세속오계의 하나. 전장에 나가서는 물러서지 않는다는 말. ¶~의 정신. **임전무퇴-하다** 囨자

임:정(臨政) 圀 [정] '임시 정부'의 준말.
임종(臨終) 圀 **1** 목숨이 끊어지는 것. 또는, 그때. **2** 부모가 돌아갈 때 그 자리에 같이 있는 것. ¶외국에 있었기 때문에 아버님 ~을 못 했다. **임종-하다** 囨자

임:지(任地) 圀 임무를 받아 근무하는 곳.
임:직원(任職員) 圀 임원과 직원. ¶~ 일동.

임:진(壬辰) 圀 60갑자의 스물아홉째.
임:진-강(臨津江) 圀 [지] 함경남도 덕원에서 시작하여 남서쪽으로 흘러 황해로 흘러드는 강. 길이 254km.

임:진-란(壬辰亂) [-난] 圀 [역] =임진왜란.

임:진-왜란(壬辰倭亂) 圀 [역] 조선 선조 25년(1592)에 일본이 조선에 침범하여 일으킨 전쟁. =임진란. 间임란·왜란.

임질(淋疾·痳疾) 圀 [의] 임균의 감염으로 생기는 성병. 주로 성교에 의해 전염됨.

임:차(賃借) 몡 요금을 주고 물건을 빌려 쓰는 것. ¶~ 부동산. ↔임대. **임:차-하다** 툉⸺

임:차-인(賃借人) 몡 [법] 임대차 계약에서, 요금을 주고 물건을 빌려 쓰는 사람.

임:치(任置) 몡 1 남에게 돈이나 물건을 맡겨 두는 것. 2 [법] 금전·유가 증권 등의 보관을 위탁받은 사람이 상대방에 대하여 보관하기로 계약을 하는 것. ≒기탁. **임:치-하다** 툉⸺ **임:치-되다** 툉⸺

임파-선(淋巴腺) 몡 [생] = 림프샘.

임플란트(implant) 몡 [의] 턱뼈에 인공 치아를 심는 일. 또는, 그 인공 치아.

임-하다(臨－) 툉⸺ 1 윗사람이 아랫사람을 대하다. 2 어떤 아랫사람이 있는 곳에 이르다. 3 어떤 장소에 도달하다. 4 (어떤 시기나 일에) 당하다. ¶전시에 임하는 국민의 자세. 5 (어느 곳에) 자리적으로 가까이 접하다. (비)면(面)하다. ¶명주산은 동해에 임하여서 있다. 6 주로 크리스트교에서, (신이, 또는 신의 뜻이나 사랑 등이 인간에게) 오거나 다다르다.

임:-하다²(任－) 툉⸺ 1 사람에게 자기 직무로 삼다. 2 관직의 자리를 주다.

임해(臨海) 몡 바다에 가까이 있는 것. ¶~ 공업 지대.

입 몡 1 사람의 얼굴 아래쪽에 가로로 열려 있어 벌렸다 닫았다 하면서 음식을 넣어 물거나 씹을 수 있는 기관. 또는, 동물의 머리 아래쪽에 있어 먹이를 먹을 수 있는 기관. 2 사람의 얼굴 아래쪽 음식이 들어가는 곳의 다소 도톰하게 내민 바깥 부분. (비)술(脣). ¶손등에 ~을 맞추다. 3 식량이나 음식의 양이 문제가 되는 상황에서, 음식을 먹는 사람의 수효를 이르는 말. ≒식구(食口). ¶~이 많아 생활비가 많이 든다. 4 사람의 얼굴 아래쪽에 있는, 말을 하는 곳으로서의 기관. 또는, 사람이 그 부분을 통해 하는 어떤 내용의 말. ¶~이 크다.

[입에 맞는 떡] 자기 마음에 꼭 드는 사물을 이르는 말. **[입은 비뚤어져도 말은 바로 하라]** 아무리 상황이 좋지 못해도 말은 언제나 바르게 하라는 말.

입(이) 가볍다 말수가 많거나 아는 일을 함부로 옮기는 버릇이 있다.
입(을) 떼다 말을 꺼내다.
입(을) 막다 말을 하지 못하게 하다. ¶**입을 막기** 위하여 돈을 주다.
입만 살다 실천은 따르지 않고 말만 그럴듯하게 잘하다. ¶**입만 살아서** 큰소리 친다.
입(을) 맞추다 둘 이상의 사람이 다른 사람에게 어떤 사실에 대해 같은 말을 하기로 미리 짜다. ¶두 사람은 검찰의 소환에 대비해 미리 입을 맞추었다.
입(을) 모으다 여러 사람이 같은 의견으로 말하다. ¶다들 입을 모아 칭찬하다.
입(을) 씻다 이익 따위를 혼자 차지하고서 시치미를 떼다.
입 안의 혀 상대의 기분과 비위를 아주 잘 맞추는 사람. 비유적인 말임.
입에 거미줄 치다 가난하여 먹지 못하다. ¶설마 산 입에 거미줄 치겠어?
입에 담다 (주로 좋지 않은 말을) 입으로 말하다.
입에 발린 소리 마음에도 없는 것을 겉치레로 하는 말. ¶~를 늘어놓다.
입에서 신물이 나다 매우 지긋지긋하다.

입에 오르내리다 자주 남의 이야깃거리가 되다. ¶남의 **입에 오르내리지** 않도록 행동거지를 조심해라.
입에 침이 마르게 남을 아주 좋게 말하는 모양. ¶**입에 침이 마르게** 칭찬하다.
입에 풀칠 하다 입에 밥풀을 바른다는 뜻으로, 살림이 넉넉지 못하여 겨우 목숨이나 이어 갈 정도로 먹고 살다.
입을 딱 벌리다 너무 기가 막히거나 어이가 없어 몹시 놀라워하다. ¶보물의 액수가 의외로 엄청나 ~.
입이 짧다 식성이 까다롭다.
입이 떨어지다 (주로, 부정(否定)의 뜻을 나타내는 부사나 동사와 함께 쓰여) 입을 벌려 어떤 말을 하게 되다. ¶돈 얘기를 꺼내자니 **입이 떨어지지** 않는다.
입이 무겁다 말수가 적거나, 말을 하는 데에 있어 몹시 신중하다.
입이 (딱) 벌어지다 1 생각 밖으로 대단하거나 엄청나다고 여겨 놀라다. 또는, 그런 심리 상태에서 잠시 입을 벌리고 놀란 표정을 짓다. ¶부정 축재의 규모에 ~. 2 아주 흡족하거나 좋아하거나 기뻐하다. 또는, 그런 심리 상태에서 잠시 입을 벌리고 기쁜 표정을 짓다.

입-가[－까] 몡 입의 가장자리. ¶~에 미소를 띠다.
입-가심[－까－] 몡 무엇을 조금 먹거나 마셔서 입 안을 개운하게 하는 일. ¶식사 후에 ~으로 과일을 먹는다.
입각¹(入閣)[－각] 몡 내각(內閣)의 한 사람이 되는 것. **입각-하다**¹ 툉⸺
입각²(立脚)[－각] 몡 근거를 두어 그 입장에 서는 것. **입각-하다**² 툉⸺ ¶민주 이념에 **입각한** 정치 체제.
입-간판(立看板)[－간－] 몡 길 위에 세워 두는 간판.
입건(立件)[－껀] 몡 [법] 피의자의 혐의 사실을 인정하고 사건을 성립시키는 것. ¶불구속 ~. **입건-하다** 툉⸺ ¶피의자를 ~. **입건-되다** 툉⸺
입경(入京)[－경] 몡 서울로 들어가거나 들어오는 것. **입경-하다** 툉⸺ ¶지방 선수단이 속속 ~.
입고(入庫)[－꼬] 몡 물건을 창고에 넣는 것. ↔출고. **입고-하다** 툉⸺ **입고-되다** 툉⸺
입관(入棺)[－꽌] 몡 시체를 관 속에 넣는 것. **입관-하다** 툉⸺
입교¹(入校)[－꾜] 몡 =입학. ¶~식(式). **입교-하다**¹ 툉⸺
입교²(入敎)[－꾜] 몡 1 [종] 종교를 믿기 시작하는 것. 2 [기] 세례를 받아 신자가 되는 것. **입교-하다**² 툉⸺
입구(入口)[－꾸] 몡 공간이 있는 구조물에서, 사람들이 드나들 수 있도록 뚫거나 문을 낸 부분. ↔출구.
입국¹(入國)[－꾹] 몡 절차를 거쳐 어떤 나라의 안으로 들어가는 것. ¶~ 사증. ↔출국. **입국-하다** 툉⸺
입국²(立國)[－꾹] 몡 (주로 일부 명사 다음에 쓰여) 그 명사가 나타내는 바를 방침이나 목표로 하여 나라의 기틀을 세우는 것. ¶공업 ~ / 선진 ~.
입궐(入闕)[－꿜] 몡 대궐로 들어가는 것. ↔퇴궐. **입궐-하다** 툉⸺
입-귀 〈방〉 입아귀 (강원).
입금(入金)[－끔] 몡 개인·가게·기업 등의 금고나 통장에 돈을 넣는 일. ↔출금. 입

금-하다 통태여 **입금-되다** 통자
입-길[-낄] 명 (주로 '입길에 오르내리다'의 꼴로 쓰여) 남의 흉을 보는 입의 놀림.
입-김[-낌] 명 1 입에서 나오는 더운 김. 2 타인에게 행사하는 영향력의 비유. ¶고 위층의 ~이 작용하다.
  입김이 어리다 소중히 다루던 정이 담겨져 있다. ¶할머니의 **입김이 어린** 장롱.
입-꼬리 명 입술의 양쪽 끝 부분. ¶웃으면 위로 살짝 올라가는 ~가 매력적이다.
입-내[임-] 명 =구취
입-내[임-] 명 =구취(口臭).
입-놀림[임-] 명 1 입을 놀리는 움직임. ¶~이 빠르다. 2 '말하는 행위'를 낮추어 이르는 말. ¶~이 가볍다.
입다[-따] 타 1 (옷을) 팔이나 다리에 끼워 몸통의 일부나 전부를 덮게 하다. 回걸치다. ¶반복을 ~. ↔벗다. 2 (남이 베푸는 고마운 일을) 받아 누리다. ¶선생 님께 은혜를 ~. 3 (사람이나 어떤 대상이 해나 상처 따위를) 외부의 작용이나 영향으로 받게 되다. ¶부상을 ~.
입단(入團)[-딴] 명 어떤 단체에 가입하는 것. ¶~식(式). ↔퇴단. **입단-하다** 통자여
입-단속(-團束)[-딴-] 명 어떤 사실이나 정보가 밖으로 새나가지 못하도록 규제하는 것. ¶~을 철저히 하다.
입-담[-땀] 명 말하는 솜씨나 힘.
입당(入黨)[-땅] 명 어떤 당에 들어가는 것. ↔탈당. **입당-하다** 통자여
입대(入隊)[-때] 명군 군대에 들어가 군인이 되는 것. =입영. ↔장병. ↔제대. **입대-하다** 통자여
입-덧[-떧] 명 임신 2~3개월이 되어 구역질이 나고 입맛이 변하며 식욕 부진을 나타내는 일. **입덧-하다** 통자여
입동(立冬)[-똥] 명 24절기의 하나. 11월 7일경으로, 상강과 소설의 사이에 있음.
입때 명 =여태.
입때-껏[-껃] 명 =여태껏.
입력(入力)[임녁] 명 1 물 전기적·기계적 에너지를 발생 또는 변환시키는 장치가 단위 시간 동안 받은 에너지의 양. 2 컴 정보나 데이터를 주기억 장치 속에 기억시키는 것. **입력-하다** 통타여 ¶데이터를 ~. **입력-되다** 통자 ¶입력 된 정보.
입력^장치(入力裝置)[임녁짱-] 명 컴 프로그램이나 데이터를 컴퓨터가 인식할 수 있는 부호로 변환시켜 주기억 장치로 보내 주는 장치. ↔출력 장치.
입론(立論)[임논] 명 이론의 체계를 세우는 것. 또는, 그 이론. **입론-하다** 통자여
입-마개[임-] 명 추위를 막기 위하여 입을 가리는 물건.
입-막음[임-] 명 어떤 사람이 다른 사람에게 부탁하거나 뇌물을 주거나 어떤 조건을 제시하거나 하면서 그가 자기에게 불리한 사실을 말하지 못하게 하는 것. **입막음-하다** 통타여
입-말[임-] 명언 =구어(口語). ↔글말
입말-체(-體)[임-] 명언 =구어체.
입-맛[임-] 명 1 음식을 먹어서 입에서 받는 맛. 回구미(口味). ¶~을 돋우는 산나물. 2 어떤 일이나 물건에 흥미를 느껴하거나 가지고 싶어 하는 마음의 비유. ¶~대로 책을 고르다.
  입맛(을) 다시다 1 뜻대로 되지 않는 일을 당하여 귀찮아하거나 난처해 하다. 2 무엇을 가지고 싶거나 하고 싶은 욕심을 내다.
  입맛(이) 쓰다 일이 뜻대로 되지 않아 좋지 않다. ¶친구의 거절을 듣고 하니 ~.
입-맞춤[임맏-] 명 입술을 다른 사람의 입술이나 뺨·이마·손등 등에 맞추거나 물건에 대어, 애정·우정·경의 등을 나타내는 일. **입맞춤-하다** 통자여
입-매[임-] 명 어떤 형태를 가진 입의 생김새. 回입모습. ¶~가 곱다.
입면-도(立面圖)[임-] 명 수 투영법에 의하여 물체를 정면이나 측면에서 수평으로 본 대로 그린 그림. =정면도.
입-모습[임-] 명 입의 생긴 모양. 回입매.
입묵(入墨)[임-] 명 먹물로 살 속에 글씨나 그림을 새겨 넣는 것. **입묵-하다** 통타여 ¶팔뚝에 문신을 ~.
입문(入門)[임-] 명 1 (학문이나 문예·기예·무예 등의 분야에) 처음 접하여 배우기 시작하는 것. 또는, (스승의 문하에) 들어가 배우기 시작하는 것. 2 (주로, '-계(界)'로 끝나는 말과 함께 쓰이어) 그 세계에 처음 들어가 그 생활을 시작하는 것. 3 (학문을 뜻하는 명사 뒤에 쓰이어) 학문의 길에 처음 들어서는 단계나 과정임을 나타내는 말. ¶철학 ~. **입문-하다**[1] 통자여 ¶정계에 ~.
입문(入聞)[임-] 명 (소문·소식 따위가) 윗사람의 귀에 들어가는 것. **입문-하다**[2] 통타여 **입문-되다** 통자
입문-서(入門書)[임-] 명 처음 배우는 사람을 위하여 알기 쉽게 쓴 책.
입-바르다[-빠-] 형 듣는 사람이 꺼려할 만큼 옳은 말을 곧이곧대로 하다. ¶입바른 소리. ▷입빠르다.
입-발림[-빨-] 명 입에 마음 없이 겉치레로 또는 허울 좋게 말하는 일. 또는, 그 말. 回사탕발림. **입발림-하다** 통타여
입방(立方)[-빵] 명 수 '세제곱'의 구용어. ▷평방.
입-방아[-빵-] 명 어떤 사실을 화제로 삼아 이러쿵저러쿵 자꾸 놀리는 입을 이르는 말.
  입방아(를) 찧다 쓸데없는 말을 방정맞게 자꾸 하다.
입-방정[-빵-] 명 버릇없이 수다스럽게 지절이면서 방정을 떠는 일. ¶~을 떨다.
입방-체(立方體)[-빵-] 명 수 =정육면체.
입-버릇[-뻐륻] 명 입에 밴 말버릇. ¶~처럼 말하다.
입법(立法)[-뻡] 명 1 법을 제정하는 것. 2 삼권(三權)의 하나. 법률을 제정하는 의회의 행위. ▷사법·행정. **입법-하다** 통자여
입법-권(立法權)[-뻡꿘] 명법 1 법을 제정하는 국가의 작용. 2 의회가 법률을 제정하는 권한. ▷사법권·행정권.
입법-부(立法府)[-뻡-] 명법 삼권 분립에 의한 국가 통치 기구의 하나. 법률을 제정하는 '국회'를 가리킴. ▷사법부·행정부.
입법^예고(立法豫告)[-뻡녜-] 명법 행정 부처나 국회의원이 법을 제정 또는 개정하고자 할 때, 국민들의 의견을 수렴하기 위해 그 내용을 관보나 언론 매체 등을 통해 미리 알리는 일.

입법-화(立法化)[-뻐콰] 명 법률이 되게 하는 것. **입법화-하다** 동(타) **입법화-되다** 자

입-병(-病)[-뼝] 명 입에 생기는 모든 병.

입북(入北)[-뿍] 명 (어떤 사람이) 북한의 지역에 들어가는 것. **입북-하다** 자

입-빠르다[형[르]⟨~빠르니, ~빨라⟩ 남에게서 들은 말을 참지 못하고 즉시 다른 사람에게 말하는 습성이 있다. ¶입빠른 사람. ▷입빠르다.

입사¹(入社)[-싸] 명 회사 등에 취직하여 들어가는 것. ¶~ 시험. ↔퇴사. **입사-하다** 자

입사²(入射)[-싸] 명[물] 하나의 매질(媒質) 속을 지나가는 빛의 파동이 다른 매질의 경계면에 도달하는 일. =투사. **입사-하다**² 자

입사-각(入射角)[-싸-] 명[물] 입사 광선이 제2매질의 경계면과 만나는 점에서 경계면의 법선(法線)과 이루는 각.

입사^광선(入射光線)[-싸-] 명[물] 제1매질(媒質)을 통과하여 제2매질과의 경계면에 들어가는 광선. ↔반사 광선.

입산(入山)[-싼] 명 1 산에 들어가는 것. ¶~ 금지 구역. 2 [불] 출가하여 승려가 되는 것. **입산-하다** 동(자)(여)

입상¹(入賞)[-쌍] 명 상을 타게 되는 등수에 드는 것. ¶~ 소감. **입상-하다** 동(자)(여)

입상²(立像)[-쌍] 명 서 있는 모습으로 만든 상. ↔좌상(坐像).

입상-자(入賞者)[-쌍-] 명 상을 받을 사람. ¶~ 명단.

입석¹(立石)[-석] 명[고고] =선돌.

입석²(立席)[-석] 명 1 버스·열차·배 따위를 탈 때, 좌석을 지정받지 못하고 서서 가야 하는 상태. ¶~표. 2 영화관·극장 등에서, 지정된 좌석이 없이 서서 보아야 하는 상태.

입선(入選)[-썬] 명 (응모한 작품이) 어떤 뽑히는 범위 안에 드는 것. ¶ 당선. ¶~작 / ~자. ↔낙선. **입선-하다** 동(자)(여) **입선-되다** 동(자)

입성¹[-썽] 명 '옷'을 속되게 이르는 말.

입성²(入城)[-썽] 명 1 성안으로 들어가는 것. 2 성의 성을 함락시키고 들어가 점령하는 것. **입성-하다** 동(여)

입성³(入聲)[-썽] 명[언] 1 중세 국어의 사성(四聲)의 하나. 끝을 빨리 닫는 소리. 음절의 받침이 'ㄱ', 'ㄷ', 'ㅂ' 등인 소리들 가리킨다. 2 한자음의 사성의 하나. 짧고 빨리 거둬들이는 소리.

입센, 헨리크(Ibsen, Henrik) 명[인] 노르웨이의 극작가(1828~1906).

입소(入所)[-쏘] 명 훈련소·연구소 등에 훈련·교육·연구 등을 받기 위하여 들어가는 것. ¶~자(者) / 신병(新兵) ~. **입소-하다** 자(여)

입-소문(-所聞)[-쏘-] 명 어떤 사실이나 말이 입으로 전해지는 일. 또는, 그 사실이나 말. ¶~으로 유명해진 음식점.

입-속[-쏙] 명 '구강(口腔)'을 일상적으로 이르는 말.

입속-말[-쏭-] 명 입속으로 중얼거리는 말. ¶혼자 ~로 중얼거리다.

입수¹(入水)[-쑤] 명 물속에 뛰어들거나 몸을 담그는 것. ¶다이빙 선수의 ~ 동작. **입수-하다** 자(여)

입수²(入手)[-쑤] 명 (자료나 정보 등을) 손에 넣는 것. **입수-하다**²(타)(여) ¶자료 [정보]를 ~. **입수-되다** 자

입술[-쑬] 명 사람의 입 앞쪽에 위아래 두 부분으로 나뉘어 도톰하게 내민 붉은빛의 부드러운 살. ¶앵두 같은 ~.
[입술에 침이나 바르지] 거짓말을 천연스럽게 잘하는 것을 놀리어 이르는 말. [입술이 없으면 이가 시리다] 서로 밀접한 관계에 있어서 하나가 망하면 다른 하나도 그 영향을 받는다. '순망치한(脣亡齒寒)'과 같은 말.

입술을 깨물다 분하거나 한스럽거나 고통스럽거나 또는 결의를 다질 때 입술을 이로 물다. ¶입술을 깨물면서 ~.

입술을 훔치다 상대가 알아채지 못하는 사이에 입을 맞추다. ¶남자가 느닷없이 달려들어 여자의 ~.

입술-소리[-쑬-] 명[언] 두 입술 사이에서 나는 소리. 한글의 ㅂ·ㅃ·ㅍ·ㅁ 따위. =순음(脣音).

입술-연지(-臙脂)[-쑬련-] 명 여자들이 화장을 할 때 입술에 바르는 붉은빛 염료. (비)루주.

입시(入試)[-씨] 명 '입학시험'의 준말. ¶대학 ~.

입시-생(入試生)[-씨-] 명 그해에 입학시험을 치르기 위해 공부하고 있는 사람.

입식(立式)[-씩] 명 주거 생활에서, 서서 일하게 된 방식. 또는, 그런 구조. ¶~ 부엌.

입신¹(入神)[-씬] 명 기술이나 기예 등이 극히 뛰어나 신묘한 경지에 이르는 것. **입신-하다**¹

입신²(立身)[-씬] 명 세상에서 자신의 기반을 확고하게 세우서 출세하는 것. **입신-하다**² 자(여)

입신-양명(立身揚名)[-씬냥-] 명 출세하여 세상에 이름을 떨침. **입신양명-하다** 자(여)

입신-출세(立身出世)[-씬-쎄] 명 세상에 나아가 자신의 이름을 떨침. **입신출세-하다** 자(여)

입실(入室)[-씰] 명 1 방, 특히 교실·강의실·객실 등에 들어가는 것. 문어적인 말임. ¶고사장 ~ 완료. 2 일정 기간 치료를 받기 위해 군부대의 의무실에 들어가는 것. ¶~ 환자. **입실-하다** 자(여)

입-심[-씸] 명 기운차게 쉼 없이 말하는 힘. ¶~이 좋아 하루 종일 떠든다.

입-쌀 명 멥쌀을 잡곡에 대하여 이르는 말. ⓒ쌀.

입-씨름 명 (두 사람이, 또는 사람과 [이] 사람이) 어떤 요구 사항에 대해 된다느니 안 된다느니 하면서 제 뜻을 이루려고 하거나, 어떤 주장에 대해 맞다느니 그르다느니 하면서 상대를 누르려고 하는 것. ¶~을 벌이다. **입씨름-하다** 자(여)

입-아귀 명 입의 양쪽 귀퉁이. ¶~가 터지게 밥을 밀어 넣는다.

입안(立案) 명 안건을 정하는 것. 또는, 그 안건. **입안-하다** 자(여)

입양(入養) 명 1 (어떤 사람을) 양자로 맞아들이는 것. 2 (어떤 사람이) 양자가 되게 하는 것. **입양-하다** 동(타)(여) ¶고아를 ~. **입양-되다** 자(여)

입양-아(入養兒) 명 입양하여 기른 아이.

입언(立言) 圏 의견을 세상에 발표하는 것. 입언-하다 통(자여)
입영(入營) 圏(군) =입대. 입영-하다 통(자여)
입욕(入浴) 圏 목욕탕에 들어가는 것. 또는, 목욕을 하는 것. 입욕-하다 통(자여)
입욕-제(入浴劑) [-쩨] 圏 피부 미용이나 건강 증진을 목적으로 욕탕에 넣는 약제나 물질.
입원(入院) 圏 환자가 치료를 받기 위하여 일정 기간 병원에 들어가는 것. ¶~속. ↔퇴원. 입원-하다 통(자여)
입원-비(入院費) 圏 병원에 입원하여 치료를 받을 때나는 돈.
입원-실(入院室) 圏 환자가 입원하여 치료를 받는 방.
입자(粒子) [-짜] 圏 1 물질을 구성하는 미세한 알갱이, 소립자·원자·분자 따위. 2 같은 종류의 물질의 일부로서 작은 알갱이.
입장¹(入場) [-짱] 圏 1 (선수나 중심이 되는 사람이) 경기장·식장·회의장 등에서 주어진 일을 하기 위해 들어가거나 들어오는 것. ¶신부 ~. ↔퇴장. 2 (관람객이나 방청객 등이) 영화관·극장·공연장·회의장·경기장 등에 들어가거나 들어오는 것. ¶미성년자 ~ 불가. 입장-하다 통(자여)
입장²(立場) [-짱] 圏 당면하고 있는 처지. 비-場에. ¶난처한 ~에 놓이다.
입장-객(入場客) [-짱-] 圏 경기장·관람장 등에 입장한 손님.
입장-권(入場券) [-짱꿘] 圏 입장을 허락하는 표. ¶~ 예매.
입장-료(入場料) [-짱뇨] 圏 입장하기 위하여 내는 요금.
입장-식(入場式) [-짱-] 圏 운동 경기 등의 때에, 선수들이 경기장에 입장할 때에 행하는 의식.
입적¹(入寂) [-쩍] 圏(불) 승려가 죽는 것. =열반. 입적-하다¹ 통(자여)
입적²(入籍) [-쩍] 圏 호적에 올리는 것. 입적-하다² 통(자여) 입적-되다 통(자여)
입정 [-쩡] 圏 1 음식을 먹거나 말을 하기 위하여 놀리는 입. 2 '입버릇'을 속되게 이르는 말.
입주(入住) [-쭈] 圏 개간하거나 수복(收復)한 땅 또는 새로 지은 집 등에 들어가 사는 것. 입주-하다 통(자여) ¶아파트에 ~.
입주-자(入住者) [-쭈-] 圏 새로 지은 집 등에 들어가 사는 사람. ¶아파트 ~.
입증(立證) [-쯩] 圏 증거를 내세워 증명하는 것. 입증-하다 통(자여) ¶자신의 결백을 ~. 입증-되다 통(자여)
입지¹(立地) [-찌] 圏 1 산업 활동을 하거나 건물을 짓거나 하기에 적합한 조건을 갖추고 있는 지역, 또는, 건물·단지·마을·도시 등이 어느 곳에 자리 잡는 일. ¶공업 ~. 2 어떤 사람·집단·사물 등이 가지는 세력이나 영향력, 또는, 그 범위. 비유적인 말임. ¶국제적 ~가 강화되다.
입지²(立志) [-찌] 圏 뜻을 세우는 것. 입지-하다 통(자여)
입지-적(立地的) [-찌-] 판(명) 장소의 위치나 환경에 관계되는 (것). ¶아파트의 ~ 조건.
입지-전(立志傳) [-찌-] 圏 어려운 환경을 이기고 뜻을 세워 이룬 사람의 전기. ¶~적인 인물.

입-질 [-찔] 圏 낚시질할 때 물고기가 낚싯밥을 건드리는 일. ¶고기가 ~만 하고 물지는 않는다. 입질-하다 통(자여)
입찬-말 圏 자기의 배경이나 힘만 믿고 지나치게 장담하는 것, 또는, 그런 말. =입찬소리.
입찬-소리 圏 =입찬말.
입찰(入札) 圏(경) 상품의 매매나 공사의 도급 계약을 체결할 때, 다수의 희망자들로부터 각자의 낙찰 희망 가격을 서면으로 제출하게 하는 일. ¶지명 경쟁 ~. ▷ 입찰-하다 통(자여)
입창(立唱) 圏 =선소리. ↔좌창.
입-천장(-天障) 圏 입 안의 공간에서, 천장처럼 막혀 있는 윗부분. ¶~을 대다.
입천장-소리(-天障-) [-] 圏(언) =구개음.
입체(立體) 圏(수) 여러 개의 평면이나 곡면으로 둘러싸여 3차원의 공간에 놓인 물체, 또는, 그 물체가 차지하는 공간을 추상화한, 기하학상의 대상으로서의 도형.
입체-감(立體感) 圏 위치·넓이·길이·두께를 가진 물건에서 받는 느낌. 또는, 입체를 보는 것과 같은 느낌.
입체^교차(立體交叉) 圏 도로나 선로 등이, 동일 평면 상에서 교차되지 않도록 고가 다리나 지하도를 구축하고 입체화하여서 교차하는 것.
입체^도형(立體圖形) 圏(수) 한 평면 위에 있지 않고 공간적인 넓이를 가지는 도형.
입체^방:송(立體放送) 圏 적당히 떨어진 2개 이상의 마이크로 받아들인 음들을 폭 넓은 1개의 전파로 전송하고, 이것을 다시 2개 이상의 스피커로 재생하여 입체감이 나게 수신·재생하는 방송. =스테레오 방송.
입체^영화(立體映畵) 圏 화면이 입체적으로 보이는 영화. 편광 안경을 끼고 봄.
입체-적(立體的) 圏 1 입체감을 주는 (것). 2 하나의 사물을 여러 관점에서 포착하는 (것). ¶농업 경제를 ~으로 고찰하다. ↔평면적.
입체-파(立體派) 圏(미) 20세기 초 프랑스를 중심으로 일어난 미술 운동. 대상의 형태를 기하학적 요소로 분해하고 재구성함으로써 이지적 공간 형성을 목표로 했음. =큐비즘.
입초(立哨) 圏(군) 초계(哨戒) 임무를 위하여 보초를 서는 것, 또는, 그 사람. ¶야간 ~를 서다. 입초-하다 통(자여)
입추(立秋) 圏 24절기의 하나. 8월 8일경으로, 대서와 처서 사이에 있음.
입추의 여지가 없다(立錐-餘地-) [--]─업따/-에-업따] 송곳을 세울 만한 자리도 없을 만큼 빈틈이 없고 비좁다. ¶강당에 청중이 많아 ~.
입춘(立春) 圏 24절기의 하나. 2월 4일경으로, 대한과 우수 사이에 있음.
입춘-대길(立春大吉) 圏 입춘을 맞이하여 길운을 바라는 뜻으로 대문이나 기둥 등에 써 붙이는 글귀.
입춘-서(立春書) 圏(민) 입춘에 벽이나 문짝·문지방 등에 써 붙이는 글.
입-출금(入出金) 圏 들어오는 돈과 나가는 돈. ¶~이 자유로운 통장.
입하¹(入荷) [이파] 圏 짐이나 상품 등이 들어오는 것, 또는, (그것을) 들어오는 것. ¶해외 신간 도서 ~. ↔출하. 입하-하

다 톰태 어 입하-되다 톰재
입하²(立夏)[이파] 명 24절기의 하나. 5월
  6일경으로, 곡우와 소만 사이에 있음.
입학(入學)[이팍] 명 학교에 들어가서 학생
  이 되는 것. =입교(入校). 입학-하다 톰
  재어 ¶대학에 ~.
입학-금(入學金)[이곽끔] 명 입학하기 위
  하여 내는 시험. ⓒ입시.
입학-생(入學生)[이곽쌩] 명 입학하는 학생.
입학-시험(入學試驗)[이곽씨-] 명 입학
  생을 선발하기 위하여 입학 지원자에게
  보이는 시험. ⓒ입시.
입학-식(入學式)[이곽씩] 명 입학 때에
  입학생을 모아 놓고 하는 의식.
입항(入港)[이팡] 명 (배가) 항구에 들어
  오는 것. ↔출항. 입항-하다 톰재어
입헌(立憲)[이펀] 명 헌법을 제정하는 것.
  ⓗ제헌. 입헌-하다 톰재어
입헌^군주국(立憲君主國)[이펀-] 명
  입헌 군주제의 나라. 영국·일본·벨기에
  따위.
입헌^군주제(立憲君主制)[이펀-] 명정
  군주의 권력이 헌법에 의하여 제한되어
  있는 군주제.
입헌^정치(立憲政治)[이펀-] 명정 국
  민이 제정한 헌법에 의하여 행하는 정치.
  =헌정(憲政).
입헌-주의(立憲主義)[이펀-의/이펀-이]
  명정 입헌 정치 체제의 가치를 긍정하
  고 이것의 실현·발전을 추구하는 주의.
입-화면(立畫面)[이파-] 명수 투영도에
  서, 물체의 전면과 뒷면에 평행을 이루는
  화면. ⓒ평화면.측화면.
입회¹(入會)[이푀/이풰] 명 어떤 회에 들
  어가 회원이 되는 것. ↔탈회. 입회-하다
  톰재어
입회²(立會)[이푀/이풰] 명 어떤 사실의
  발생 현장에 함께 참석하여 지켜보는 것.
  2 거래하는 사람 또는 그 대리인이 일정
  시간에 일정한 장소 안에 모여 매매 거래를 행
  하는 일. 입회-하다²
  톰재어
입회-비(入會費)[이푀-/이풰-] 명 회원
  으로 가입할 때에 내는, 일정한 액수의 돈.
입회-인(立會人)[이푀-/이풰-] 명 후일
  증인으로 삼기 위하여 어떤 사실이 발생·
  존재하는 곳에 입회하는 사람.
입-후보(立候補)[이푸-] 명 선거에 후보
  자로 나서는 것. 입후보-하다 톰재어 ¶
  국회의원 선거에 ~.
입후보-자(立候補者)[이푸-] 명 선거에
  후보자로 나선 사람.
입-히다[이피-] 톰 1 '입다'의 사동사.
  ¶새옷을 입혀 내보내다. 2 물건의 거죽에
  무엇을 한 꺼풀 바르거나 덮어 씌우다. ¶
  공원에 잔디를 ~.
잇[읻] 명 이부자리나 베개 따위의 거죽을
  싸는 피륙. ¶베갯~.
잇-꽃[읻꼳] 명식 여름에 적황색 꽃이
  피며, 이 꽃으로 붉은색 물감을 만드는
  두해살이풀. 꽃을 써를 약용함.
잇:다[읻따] 톰 (잇:고 / 이어) 명ㅅ〈으니,
  이어〉 1 1 (길이를 가진 물체와 물체
  를) 맞추거나 맞추거나 붙이거나 닿
  게 하여 서로 떨어지지 않게 하다. ⓗ연
  결하다. ¶끊어진 줄을 ~. ⓒ끊다. 2 (많
  은 사람이나 물체가 줄과 같은 상태로)
  어떤 장소에 이루어서 서다. ¶표를 사려는
  사람들이 길게 줄을 ~. 3 (어떤 일이나

상태를) 계속되거나 끊어지지 않게 하다.
  ¶대(代)를 ~. 4 (공간적으로 떨어져 있
  는 대상과 대상을) 서로 통하는 상태가
  되게 하다. ¶섬과 육지를 잇는 다리. 5
  (사람과 사람을 관계가) 연속되는 상태가
  되게 하다. ¶중매쟁이가 두 남녀를 이어 주다. 2재
  (어떤 일에) 그다음의 일이 계속되다. ¶
  기념사에 이어 합창이 있겠습니다.
잇:-달다[읻딸-] 톰〈~다니, ~다오〉 1
  톰. ¶열차에 화물칸을 ~. 2재 (어떤 사
  건이나 행동이) 다른 사건이나 행동이 중
  간에 이어짐이 없이 연속되는 상태가
  되다. =연달다. ¶승용차 석 대가 잇달아
  부딪치다. ▷잇따르다.
잇:-닿다[읻딴타] 톰재 뒤를 이어 닿다.
  또는, 서로 이어져서 맞닿다. ⓗ연(連)하
  다. ¶하늘과 바다가 잇닿은 수평선.
잇:-대다[읻때-] 톰어 서로 잇닿게 하다.
  ¶책상을 잇대어 놓다.
잇:-따르다[읻-] 재〈~따르니, ~따라〉
  1 (어떤 대상이) 다른 대상의 뒤를 이어서
  따르다. ¶수백 대의 차량이 잇따라 가고
  있다. 2 (어떤 사건이나 행동이) 같거나
  비슷한 성격의 사건이나 행동에 이어서
  따르다. ¶빈난이 ~. ▷잇달다.
잇-몸[인-] 명 이뿌리를 둘러싸고 있는
  연한 근육.
잇-바디[이빠-/읻빠-] 명 =치열.
잇-새[이쌔/읻쌔] 명 이와 이의 사이. ⓗ
  이틈. ¶~에 고춧가루가 끼었다.
잇-소리[이쏘-/읻쏘-] 명언 혀끝과 윗
  니 또는 잇몸 사이에서 나는 소리. 한글
  의 ㅅ·ㅆ·ㅈ·ㅉ·ㅊ 따위. =치음(齒音).
잇-속¹[이쏙/읻쏙] 명 이의 생긴 모양. ¶
  고른 ~.
잇:-속²(利-)[이쏙/읻쏙] 명 이익이 있는
  실속. ¶~에 밝다.
있다[읻따] I 재 1 1 (사람이나 동물, 물
  체 등이 어느 곳에) 자리나 공간을 차지
  한 상태이다. ¶책상 위에 책이 ~. 2 (신
  ·사람·동물·물체 등이) 실재(實在)로서
  존재하는 상태이다. ¶평생 외길을 걷는
  사람도 ~. 3 (어떤 사실이나 현상, 또는
  시기·방법·경우 등이) 현실로 존재하는
  상태이다. ¶증거가 ~. 4 (사람이나 동물
  이) 어떤 대상이나 현상·성질·능력 등을
  가진 상태이다. 또는, (사람이나 동물에
  게 어떤 대상이나 현상·성질·능력 등이)
  갖추어진 상태이다. ¶모든 동물에게는 본
  능이 ~. 5 (어떤 대상에 다른 대상이) 그
  일부로서 달리거나 붙거나 속한 상태이
  다. ¶손잡이가 있는 가방. 6 (어떤 일이)
  이루어지거나 벌어지는 상태이다. ¶모임
  이 ~. 7 (사람이나 동물이 어느 곳에) 머
  무르거나 사는 상태이다. ¶북극에 있는
  흰곰. 8 (사람이 어떤 직장에) 다니는 상
  태이다. 또는, (사람이 어떤 직위에) 일
  하는 상태이다. ¶김 박사는 연구소에 ~.
  9 얼마의 시간을 보내거나 끄는 상태이
  다. ¶한 달만 있으면 졸업이다. 10 (어떤
  입장이나 상황이나 단계에) 놓이거나 처
  한 상태이다. ¶공사는 마무리 단계에 ~.
  11 (주로 '있는'의 꼴로 쓰여) 재물이 넉
  넉하거나 많은 상태이다. ¶있는 집 자식.
  12 ('…에' 있어서' 의 꼴로 쓰여) 앞
  에 오는 명사를 화제나 논의의 대상으로
  삼음을 나타내는 말로, '에', '에서', '에
  게'를 문어적으로 이르는 말. ¶인간에게

있어서 자유란 소중한 것이다. 13 ('-ㄹ 수 있다'의 꼴로 쓰여) 어떤 일을 이루는 것이 가능함을 나타내거나, 어떤 일이 발생하는 것이 가능함을 나타내는 말. ¶나는 무슨 일이든 할 수 ~. ↔없다. ②(보조)(자동사의 어미 '-아/어' 다음에 쓰여) 행동이나 작용이 끝난 상태가 계속 이어짐을 나타낸다. ¶앉아 / 피어 ~.
Ⅱ통 ①困 1 (사람이 어느 곳에) 떠나거나 벗어나지 않는 상태를 계속하다. 또는, (사람이) 움직이지 않는 상태를 계속하다. ¶장난치지 말고 가만히 있어. 2 (사람이 어떤 직장에) 다니거나 일하는 상태를 계속하다. ¶그만둘 생각 말고 직장에 그냥 있어라. ②(보조)(동사의 어미 '-고' 다음에 쓰여) 어떤 행동을 계속함을 나타내거나, 행동의 결과를 계속 지속함을 나타내는 말. ¶아이들이 놀고 ~ / 그는 종일 모자를 쓰고 ~.

잉 閠 1 날벌레 따위가 날 때에 나는 소리. 2 거센 바람이 쇠붙이나 가늘고 팽팽한 줄에 부딪칠 때에 나는 소리.
잉곳(ingot) 閠 제련 후, 거푸집에 부어 넣어 굳힌 금속 덩이.
잉글랜드(England) 閠[지] 영국 그레이트브리튼 섬의 중남부 지방.
잉글리시^호른(English horn) 閠[음] 오보에 계통의 목관 악기. 오보에보다 5도 낮은 부드러운 음을 내며, 대편성(大編成)의 관현악에 사용함.
잉꼬(←いんこ) 閠[동] 앵무새와 비슷하나 몸이 좀 작고 깃털이 더 화려하며, 머리에 우관(羽冠)이 있고 꼬리가 긴 새. 목소리를 잘 흉내 내며, 애완용으로 많이 기름.
잉꼬-부부(←いんこ夫婦) 閠 잉꼬처럼 금실이 좋은 부부를 빗대어 이르는 말.
잉어 閠 몸은 방추형으로 약간 납작하고, 등이 검푸른 빛이며, 주둥이는 둔하고 입가에 2쌍의 수염이 있는 민물고기. 큰 것은 몸길이 1m에 이르는 것도 있음.
잉여(剩餘) 閠 쓰고 난 나머지. ¶~ 농산물.
잉여^가치(剩餘價値) 閠[경] 노동자가 생산한 생산물의 가치와 그 노동자에게 지급한 임금과의 차액.
잉여-금(剩餘金) 閠[경] 기업의 자산 가운데에서 법률에 의해 정해진 자본금을 넘는 금액.
잉잉[1] 閠 어린아이가 우는 소리. **잉잉-하다**[1]
잉잉[2] 閠 1 세찬 바람이 가늘고 팽팽한 전선이나 철사 따위에 계속 부딪칠 때 나는 소리. 2 날벌레가 계속 날면서 내는 소리.
잉잉-하다[2]
잉잉-거리다/-대다 困재 자꾸 잉잉 소리를 내다. ¶벌 떼가 ~.
잉카^문명(Inca文明) 閠[역] 남아메리카의 안데스를 중심으로 16세기 초까지 잉카 족이 이루었던 청동기 문화.
잉크(ink) 閠 글을 쓰거나 인쇄하는 데 쓰이는, 빛깔이 있는 액체.
잉크젯^프린터(inkjet printer) 閠[컴] 잉크를 가늘게 분사하여 인쇄하는 비충격식 프린터. ▷레이저 프린터.

잉태(孕胎) 閠 1 아이를 배는 것. ⓗ임신. 2 어떤 사실이나 현상이 내부에서 생겨 자라나는 것. **잉태-하다** 閠재围 ¶아이를 ~. **잉태-되다** 閠재 ¶비극이 ~.
잊다[읻따] 閠됨 1 (어떤 일이나 대상을) 이전에 알고 있었으나 생각해 낼 수 없거나 알지 못하는 상태가 되다. ⓗ망각하다. ¶과거를 ~. 2 (어느 시점에 생각해 내야 할 어떤 것을) 미처 생각해 내지 못하고 지나쳐 버린 상태가 되다. ¶약속을 ~. 3 (고통이나 어려움이나 불리한 조건 등을) 살아가거나 어떤 일을 함에 있어서 장애나 근심으로 느끼지 않게 되다. 또는, (이미 있었던 좋지 않은 일을) 더 이상 마음에 두거나 생각하지 않게 되다. ¶더위도 잊은 채 일에 열중하다. 4 (잠이나 끼니 등을) 어떤 일에 너무 열중한 나머지 제대로 챙기지 못하게 되다. ¶침식을 잊고 연구에 몰두하다. 5 (마땅히 해야 할 일이나 은혜 등을) 마음에 새기지 않고 저버리다. ¶본분을 ~.
잊어-버리다 閠됨 모두 잊다. 또는, 아주 잊다. ¶전화번호를 잊어버려서 연락 못 했다.
잊-히다[이치-] 閠재 '잊다'의 피동사. ¶세월이 지나도 잊혀지지 않는 사람.
잎[입] 閠 ①[식식] 식물의 줄기 끝이나 둘레에 붙어 호흡 작용과 탄소 동화 작용을 하는, 대개 녹색의 영양 기관. ¶떡~/풀~. ②[의존] 입을 세는 단위로 이르는 말. ¶한 ~.
잎갈-나무[입깔라-] 閠[식] 일본잎갈나무와 비슷하나, 열매 조각의 수가 적고 끝이 뒤로 젖혀지는 낙엽 교목. 우리나라 금강산 이북에서 자람.
잎-겨드랑이[입껴-] 閠[식] 식물의 가지나 줄기에 잎이 붙은 부분.
잎-나무[임-] 閠 잎이 붙은 땔나무.
잎-눈[임-] 閠[식] 자라서 줄기나 잎이 될, 식물의 눈. ▷꽃눈.
잎-담배[입땀-] 閠 썰지 않고 잎사귀 그대로 말린 담배.
잎-맥(-脈)[임-] 閠[식] 잎살 안에 분포되어 있는, 관다발과 그것을 둘러싼 부분. 수분과 양분의 통로가 됨.
잎-몸[임-] 閠[식] 잎의 넓은 부분.
잎-바늘[입빠-] 閠[식] 잎이 변하여 바늘처럼 된 것. 선인장의 가시 따위.
잎-벌레[입뻘-] 閠[동] 딱정벌레의 한 무리로, 몸은 타원형이고 등이 볼록하며, 농작물의 잎을 갉아 먹는 해충의 총칭.
잎-사귀[입싸-] 閠 낱낱의 잎. ¶이파리. ×잎새.
잎-살[입쌀] 閠[식] 잎의 겉가죽 안쪽에 있는 녹색의 두꺼운 부분.
잎-새[입-] 閠[식] '잎사귀'의 잘못.
잎-자루[입짜-] 閠[식] 잎몸을 줄기나 가지에 붙게 하는 잣은 부분. =엽병.
잎줄기-채소(-菜蔬)[입쭐-] 閠 잎과 줄기를 먹는 채소. 배추·파·마늘 따위.
잎-차례(-次例) 閠[식] 잎이 줄기에 붙어 있는 모양. 어긋나기·마주나기·돌려나기·뭉쳐나기 등이 있음.
잎-채소(-菜蔬)[입-] 閠 잎을 먹는 채소.

ㅈ

ㅈ →지읒.

자[1] [명] [<[중]尺] [1](자립) 길이를 재는 도구. ¶삼각~. [2](의존) 길이의 단위. '치'의 열 배. 곧, 30.303cm. =척(尺). ¶한 ~.

자[2] [감] **1** 어떤 말에 앞서 듣는 사람에게 주의를 환기할 때 하는 말. ¶~, 모두들 조용히 하십시오. **2** 어떤 행동을 촉구할 때 쓰는 말. ¶~, 어서 떠납시다. **3** 동년배나 아랫사람에게 무엇을 주거나 제시할 때 하는 말. ¶"~, 여기 있어."

-자[3] [어미] **1** 동사의 어간에 붙어, 한 동작이 막 끝남과 동시에 다른 동작이나 일이 잇달아 일어남을 나타내는 연결 어미. ¶문을 열~ 이상한 냄새가 확 풍겼다. **2** 동사의 어간에 붙어, 하고자 하는 뜻을 나타내는 연결 어미. ¶몸을 씻~ 하니 물이 안 나온다. **3** '이다'의 어간에 붙어, 어떤 자격과 함께 다른 자격이 있음을 나타내는 연결 어미. ¶그는 나의 학교 선배이~ 스승이다. **4** 동사의 어간에 붙어, '해라' 할 상대에게 서로 같이 하기를 권하는 뜻을 나타내는 종결 어미. ¶여기를 빨리 떠나~.

자[4](子) [명] **1** '아들'의 기록에서의 문어적 칭호. ↔여(女). **2** 십이지(十二支)의 첫째. 쥐를 상징함.

자[5](字) [명] 본명을 함부로 부르지 않던 시대에, 관례(冠禮)를 한 뒤에 본명 이외에 따로 짓던 이름. ▷호(號).

자[6](字) [명] [1](자립) =글자. [2](의존) **1** 글자의 수효를 세는 말. ¶200~ 원고지. **2** (주로 '소식 한[몇] 자'의 꼴로 쓰여) '짧은 글'을 이르는 말. ¶소식 한 ~ 없다. **3** (날을 나타내는 말 다음에 쓰여) 그 날짜임을 꼬집어서 나타내는 말. ¶1월 1일 ~ 신문.

자[7](者) [명](의존) 어떤 사람을 조금 얕잡거나 예사롭게 지칭하는 말. ¶저~를 당장 하옥시켜라.

-자[8](子) [접미] **1** 아주 작은 알갱이와 같은 물질임을 나타내는 말. ¶미립~ / 중성~. **2** 일부 명사 아래에 붙어, '기계 장치', '도구'의 뜻을 나타내는 말. ¶연산~ / 유도~. **3** 고대 중국의 위대한 사상가나 성현의 성(姓)에 붙여, 그를 높이는 뜻을 나타내는 말. ¶공(孔)~ / 맹(孟)~.

-자[9](者) [접미] '어떤 일을 한 사람', '어떤 일에 종사하는 사람'의 뜻. ¶정복~ / 과학~.

자가(自家) [명] **1** 자기 집. [비]자택. **2** 자기 자체. ¶~ 진단.

자가-당착(自家撞着) [명] 같은 사람의 말이나 행동이 앞뒤가 맞지 않는 일.

자가-발전(自家發電) [-쩐] [명] 개인이 자기 소유의 소규모 발전 시설로 전기를 일으키는 일.

자가사리 [명][동] 몸이 길이 13cm가량으로 길쭉하고 몸빛은 적갈색이며, 주둥이는 위아래로 납작하고 4쌍의 수염이 있는 민물고기. 우리나라 특산종임.
[**자가사리 끓듯 한다**] 사람들이 질서 없이 많이 모여 복작거린다.

자가^수정(自家受精) [명] **1** [생] 자웅 동체인 동물의 난자가 같은 몸 안의 정자를 받는 일. **2** [식] 암술이 같은 그루 안의 꽃으로부터 화분(花粉)을 받는 일. ↔타가 수정.

자가-용(自家用) [명] **1** 자기 집에서 소유하여 이용하는 자동차. 특히, 승용차. **2** 자기 집에서 소유하거나 개인이 소유하여 이용하는 상태. 또는, 그런 목적의 대상. ¶~ 비행기. ▷영업용.

자가-운전(自家運轉) [명] 차 주인이 자기 자동차를 손수 운전하는 일.

자가운전-자(自家運轉者) [명] 자기 차를 손수 운전하고 다니는 사람. =오너·오너 드라이버.

자각(自覺) [명] (어떤 사실이나 현상을) 스스로 깨닫는 것. 특히, (자기의 처지나 본분, 도리 등을) 스스로 올바르게 깨달아 아는 것. ¶민주 시민으로서의 ~을 촉구하다. **자각-하다** [동](타)(여) **자각-되다** [동](자)

자각^증상(自覺症狀) [-쯩-] [명][의] 환자 스스로 느끼는 병의 증상. 발열·동통(疼痛)·구토·설사·출혈·현기증 따위.

자간[1](子癎) [명][의] 임신 중독증 중에서 가장 중증인 형태. 전신의 경련 발작과 의식 불명이 주된 증상이며, 대개는 분만 시에 일어남.

자간[2](字間) [명] 쓰거나 인쇄한 글자와 글자 사이. ¶~을 넓히다. ▷행간.

자갈 [명] 돌덩이가 깨어진 뒤 오랫동안 깎이고 닳아져서 된 작은 돌. 대체로, 손으로 쥘 수 있을 정도의 크기를 가짐. =사력(沙礫). [비]조약돌.

자갈-돌 [-똘] [명] 자갈이 지표나 물 바닥에 쌓여서 진흙·모래 따위에 달라붙어 이루어진 바윗돌. [비]역암.

자갈-밭 [-받] [명] 자갈이 많이 있는 땅. 또는, 그런 땅의 밭.

자갈치 [명][동] 몸이 길이 9cm가량으로 길고 납작하며, 꼬리 쪽이 가늘고 긴 바닷물고기. 몸빛은 연한 갈색임.

자개 [명] 금조개 껍데기를 썰어 낸 조각. 빛깔이 아름다워 장식용으로 씀. ¶~ 세공.

자개-농(-籠) [명] =자개장롱.

자개-장(-欌) [명] =자개장롱.

자개-장롱(-欌籠) [-농] [명] 자개를 박아 꾸민 장롱. =자개농·자개장.

자!객(刺客) [명] 칼을 잘 쓰는 사람으로서, 어떤 일을 위해서 또는 어떤 사람의 지시를 받아 칼로 사람을 암살하는 사람.

자격(資格) [명] **1** 어떤 신분이나 지위를 가지는 데에 필요한 조건 또는 능력. ¶교원 ~. **2** 어떤 성원으로서의 지위나 권리. ¶옵서버 ~으로 회의에 참가하다.

자격-루(自擊漏) [-경누] [명] 조선 세종 때, 물이 흐르는 것을 이용하여 스스로 소리를 나게 하여 시간을 알리도록 만든 시계.

자격-정지(資格停止) [-쩡-] [명][법] 일정 기간 동안 일정한 자격의 전부 또는 일부

자격-증(資格證)[-쯩] 圀 일정한 자격을 인정하여 주는 증서. ¶교사 ~.

자격지심(自激之心)[-찌-] 圀 어떤 일에 대해 스스로 미흡하여 여기는 마음.

자결¹(自決) 圀 자기의 일을 스스로 해결하는 것. ¶민족 ~ 운동. **자결-하다**¹ 图(目)

자결²(自決) 圀 의분을 참지 못하거나 지조를 지키기 위해 스스로 목숨을 끊는 것. 旧자살. **자결-하다**² 图(재) ¶민영환은 망국의 울분을 참지 못해 자결하였다.

자결-주의(自決主義)[-의/-이] 圀 어떤 문제나 일을 남의 힘을 빌리지 않고 자기 스스로 해결하려는 주의. ¶민족 ~.

-자고 에미 동사 어간에 붙는 어미. 1 '해라' 할 상대에게 앞서 같이 하기를 권한 내용에 대해 다시 확인하여 재촉하는 뜻을 나타내는 종결 어미. ¶빨리 가자, 빨리 가~. 2 '해' 할 상대에게 어떤 일을 같이 하기를 권유하는 뜻을 나타내는 종결 어미. ¶자, 우리 한바탕 놀아 보~. 3 '해' 할 상대에게 앞서 같이 하기를 권한 내용에 대해 놀라움이나 믿어지지 않음, 부정적인 견해 등을 나타내는 의문형 종결 어미. ¶그곳에 나와 같이 가~?

자고-로(自古-) 囝 '자고이래로'의 준말. ¶~ 난세에 영웅이 난다고 했다.

자고이래-로(自古以來-) 囝 예로부터 내려오면서. ¶~ 우리나라 사람들은 흰옷을 즐겨 입었다. 囵고래로·자고로.

자괴-감(自愧感)[-괴-/-궤-] 圀 자신의 무능함이나 한심함 때문에 생기는 부끄러운 감정. ¶~에 빠지다.

자구¹(字句)[-꾸] 圀 글 속의 어떤 문자와 어구(語句). ¶~ 수정.

자구²(自救) 圀 어떤 문제나 위기를 남의 도움을 빌지 않고 스스로 해결하여 벗어나는 것. ¶~ 노력을 기울이다. **자구-하다** 图(재)

자구-안(自救案) 圀 어떤 문제나 위기를 스스로의 힘으로 해결하거나 벗어나기 위한 방안. ¶~를 마련하다.

자구-책(自救策) 圀 어떤 문제나 위기를 스스로의 힘으로 해결하기 위한 방법.

자국¹ 圀 1 일정한 물체에 다른 물건이 닿거나 지나간 자리. 旧흔적. ¶발 ~. 2 부스럼이나 상처가 아문 자리. ¶여드름 ~.

자국²(自國) 圀 자기 나라.

자국-민(自國民)[-궁-] 圀 자기 나라의 백성.

자국-인(自國人) 圀 자기 나라의 사람.

자궁¹(子宮) 圀[생] 여성의 내부 생식기의 한 부분. 수정란 또는 태아가 발육하는 곳에 골반 속에 자리 잡고 있으며 질(膣)에 이어짐. 旧아기집.

자궁²(梓宮) 圀[-꿍] 圀 '梓'의 본음은 '재' ¶역] 왕·왕비·왕대비·왕비·왕세자 등의 시체를 넣던 관.

자궁-암(子宮癌) 圀[의] 자궁에 생기는 악성 종양.

자귀¹ 圀 나무를 깎아 다듬는 연장의 하나.

자규(子規) 圀[동] =두견이.

자그레브(Zagreb) 圀[지] 크로아티아의 수도.

자그마치 囝 1 자그마하게. ¶밥 좀 ~ 먹어라. 2 예상보다 훨씬 많을 때 '적지 않게'의 뜻으로 쓰이는 말. ¶이 좁은 방에 ~ 열 명이 갔다.

자그마-하다 阌(어) 조금 작은 듯하다. ¶키가 ~. 囵자그맣다.

자그맣다 [-마타] 阌(ㅎ) <자그마니, 자그마오, 자그매> '자그마하다'의 준말.

자극(刺戟) 圀 1 (어떤 감각 기관을) 작용을 주어 반응을 일으키게 하는 것. 2 (어떤 대상을) 작용을 주어 심리나 태도 등에 어떤 변화를 일어나게 하는 것. ¶반응. **자극-하다** 图(타여) ¶신경을 ~. **자극-되다** 图(재여)

자극-성(刺戟性)[-썽] 圀 신경이나 감각을 자극하는 성질. ¶~이 강한 음식.

자극-적(刺戟的)[-쩍] 圀[관] 자극하는 성질이 있는 (것). ¶~인 옷차림.

자극-제(刺戟劑) 圀 1[약] 생체의 일부에 자극을 주어 생리적 활동·생리 작용 등을 촉진시키는 약제. 2 사람의 기분이나 마음을 자극하여 분발하게 하는 원인이 되는 사물의 비유. ¶선생님의 충고가 나에게 좋은 ~가 되었다.

자근-거리다/-대다 图(재) 1 은근히 귀찮게 굴다. 2 (어떤 물건을) 가볍게 자꾸 깨트리다. 3 가볍게 자꾸 씹다. 4 (머리가) 가볍게 아프다. 囵지근거리다.

자근-자근 囝 자근거리는 모양. ¶입술을 ~ 깨물다. 囵지근지근. **자근자근-하다** 图(재)

자글-거리다/-대다 图(재) 1 (적은 물이나 기름기가) 소리를 내며 끓다. 2 걱정스럽거나 조바심이 나서 마음을 졸이다. 囵지글거리다.

자글-자글¹ 囝 자글거리는 소리나 모양. ¶물이 ~ 끓다 / 속을 ~ 씹이다. 囵지글자글. **자글자글-하다**¹ 图(재)

자글-자글² 圀 물체가 쪼그라들어 잔주름이 많은 모양. **자글자글-하다**² 圀(어) ¶잔주름이 자글자글한 어머니의 얼굴.

자금(資金) 圀 1 자본이 되는 돈. 2 특정한 목적에 쓰이는 돈. ¶영농 ~.

자금-거리다/-대다 图(재) 음식을 먹을 때 잔모래 따위가 자꾸 씹히다.

자금-난(資金難) 圀 자금이 모자라는 데서 생기는 곤란.

자금-원(資金源) 圀 돈을 대어 주는 사람이나 기관. ¶~을 추적하다.

자금-자금 囝 자금거리는 모양. ¶밥에 모래가 ~ 씹힌다. **자금자금-하다** 图(재어)

자금-출(資金-)[-쭐] 圀 =돈줄.

자급(自給) 圀 자기에게 필요한 것을 스스로 마련하는 것. **자급-하다** 图(타여) **자급-되다** 图(재)

자급-자족(自給自足)[-짜-] 圀 자기의 수요를 스스로 생산하여 충당함. **자급자족-하다** 图(타여) ¶식량을 ~.

자긍(自矜) 圀 스스로 긍지를 가지는 것. 또는, 그 긍지. **자긍-하다** 图(재여)

자긍-심(自矜心) 圀 스스로에게 긍지를 가지는 마음.

자기¹(自己) I 圀 어떤 행위나 작용의 목적 대상이 바로 주체 자신일 때, 그 주체 자신. ¶~ 위주.
II 떼(인칭) 1 앞에 언급된 사람을 도로 가리킬 때 높이거나 낮추지 않고 자연스럽게 쓰는 재귀 대명사. 2 주로, 젊은 연인이나 부부 사이에서 상대를 지칭하는 2인칭 대명사. ¶나는 ~가 싫으니까 ~나 가.
자기도 모르게 무의식중에 절로. ¶그는 ~ '야' 하고 소리를 질렀다.

자기²(瓷器·磁器) 圀 =사기그릇.

자기³(磁氣)[명][물] 쇳조각을 끌어당기거나 남북을 가리키는 등 자석이 갖는 작용이나 성질.

자기-감정(自己感情)[명][심] 자기가 자기에 대해 스스로 느끼는 감정.

자기^공'명^영상^장치(磁氣共鳴映像裝置) [명][의] ⇒엠아르아이(MRI).

자기-극(磁氣極)[명][물] 1자석이 쇠붙이를 끌어당기는 힘이 가장 센 곳. 양쪽 끝에 있으며, 북으로 끌리는 쪽을 N극, 남으로 끌리는 쪽을 S극이라고 함. 2지구 자기장의 극이 되는 지점.

자기-기만(自己欺瞞)[명] 자기의 신조나 양심에 벗어나는 일을 무의식중에 행하거나 의식하면서 강행하여, 자기가 자기의 마음을 속이는 일.

자기-동일성(自己同一性)[-썽][명][심] 현재의 자기를 과거 및 미래의 자기와 동일한 것으로 경험하는 일. =아이덴티티.

자기^디스크(磁氣disk)[명][컴] 원반이나 원통 모양의 매끈한 둥근 원판의 양면에 자성 물질을 입힌 보조 기억 장치.

자기-력(磁氣力)[명][물] 자석끼리, 전류끼리, 또는 자석과 전류가 서로 당기거나 밀어내거나 하여, 서로 미치는 힘. =자력(磁力).

자기-류(自己流)[명] 1자기의 주관대로 하는 방식. 2자기의 독창적인 방식. ¶~의 문체.

자기-만족(自己滿足)[명] 자기 자신이나 자기 행동에 대하여 스스로 흡족하게 여기는 일.

자기-모순(自己矛盾)[명][논] 자신의 논리나 생각이 그 내부에서 몇몇 사항이 서로 모순되는 일. ¶~에 빠지다.

자기-반성(自己反省)[명] 자기 자신의 행위나 내면에 대한 성찰이나 반성.

자기^부상^열차(磁氣浮上列車)[-녈-][명] 자기력으로 선로에 떠서 소음과 진동과의 없이 매우 빠른 속도로 달리는 열차.

자기-비판(自己批判)[명] 자기 자신을 스스로 비판하는 일. =자아비판.

자기-선전(自己宣傳)[명] 스스로 자기 장점을 자랑하는 일.

자기-소개(自己紹介)[명] 처음 만난 사람에게 자기의 이름·나이·경력·직업 등을 말하여 알리는 일. ¶~서(書).

자기-실현(自己實現)[명][윤] ⇒자아실현.

자기앞^수표(自己-手票)[-압쑤-][명][경] 발행인이 자기를 지급인으로 하여 발행하는 수표.

자기-애(自己愛)[명] 자기의 가치를 높이고 싶은 욕망에서 생기는, 자기에 대한 사랑.

자기^유도(磁氣誘導)[명][물] 자석 가까이에 쇠 등의 자성체를 둘 때, 그 자성체가 자성(磁性)을 띠는 현상.

자기-장(磁氣場)[명][물] 자석의 주위나 전류가 통하고 있는 쇠줄의 주위에 생기는, 자기력이 작용하는 공간.

자기-주장(自己主張)[명] 자기의 의견이나 생각을 당당하게 자신 있게 주장하는 일. ¶~이 강한 아이.

자기-중심(自己中心)[명] 남의 처지는 생각하지 않고 자기만 생각하려는 태도.

자기중심-주의(自己中心主義)[-의/-이][명] 남의 처지나 생각을 고려하지 않고, 자기의 처지나 생각만으로 일을 처리하거나 파악하려는 태도나 경향.

자기^테이프(磁氣tape)[명][컴] 표면에 산화철 등의 자성 물질을 바른 플라스틱 테이프. 녹음·녹화 테이프나 신용 카드의 정보 판독용 띠, 컴퓨터의 외부 기억 장치 등으로 이용됨. =마그네틱테이프.

자기-편(自己便)[명] 자기와 같은 입장에 선 쪽. 또는, 그 사람.

자기-표현(自己表現)[명] 자기의 생각이나 의견을 겉으로 드러내 보이는 일. ¶그는 성격이 내성적이라 ~에 미숙하다.

자기-희생(自己犧牲)[-히-][명] 남을 위하여 자기의 수고나 목숨을 아끼지 않는 것. ¶~의 봉사로 소외된 이웃을 돕다.

자구¹[명] '지퍼(zipper)'의 잘못.

자꾸²[부] 1정도가 지나친 데가 있게 되풀이하여. 행동이나 작용의 반복성이 보통의 경우보다 심하거나 통제하기 어려운 상태에 있거나 바람직하지 못하다고 여길 때 쓰는 말. ¶~ 실수를 하다. 2일의 진행이 지나친 데가 되거나, 또는 예상 밖의 상태로. ¶체중이 ~ 늘어 걱정이다.

-자꾸나[어미] 동사의 어간에 붙어, '해라' 할 상대에게 '함께 하자'는 권유의 뜻을 나타내는 종결 어미. ¶이제 그만 가세.

자꾸-만[부] '자꾸'를 조금 강조하는 말. ¶잘라도 잘라도 ~ 돋아나는 죽순.

자꾸-자꾸[부] 잇달아서 자꾸. ¶두고 온 고향을 생각하면 ~ 눈물이 난다.

자낭(子囊)[명] 포자를 만들어 그것을 싸고 있는, 주머니 모양의 생식 기관.

자낭균-류(子囊菌類)[-뉴-][명][식] 균류 중 자낭 속에서 포자를 만들어 자실체를 형성하지 않는 무리. 효모·누룩곰팡이·푸른곰팡이 따위.

자네[대][인칭] 말하는 사람이 듣는 상대가 '하게' 할 대상일 때, 그를 가리켜 이르는 말. ¶간김에 ~도 함께 가세.

자녀(子女)[명] '자식'을 격식을 갖추거나 문어적으로 이르는 말. ¶~ 교육.

자년(子年)[명][민] 태세(太歲)의 지지(地支)가 자(子)로 된 해. =쥐해.

-자느니[어미] 동사의 어간에 붙어, 이러하자 하기도 하고 저러하자 하기도 함을 나타내는 연결 어미. ¶할까 ~ 그냥 두~ 의견이 분분하다. ▷-라느니.

-자니까[어미] 동사의 어간에 붙어, '해' 할 상대에게 재차 강력히 청유하는 뜻을 나타내는 종결 어미. ¶빨리 하고 있어, 어서 먹~. ▷-라니까.

자다[자][1][재] 1(사람이나 동물이) 일정한 시간 동안 의식의 일부 또는 전부가 정지된 상태로 쉬는 상태를 이루다. ¶아기가 새근새근 **자고** 있다. (높)주무시다. 2(바람·파도 등이) 잠잠하거나 잔잔한 상태가 되다. ¶거칠게 불던 바람이 ~. 3(시계나 움직여야 할 기계가) 움직임을 중단한 상태에 있다. ¶파업으로 공장 기계가 **자고** 있다. 4(남자와 여자가, 또는 어떤 사람이 이성과) 잠자리를 같이하다. 주로, 성 관계를 가지는 것을 암시적으로 이르는 말임. ¶어젯밤 여자와 **잤다**. 5(솜·머리털 등이) 어떤 물건에 눌려 납작한 상태가 되다. ¶솜이 **자도록** 누르다. 6화투 따위의 놀이를 할 때, 어떤 한 장이 패에 짜는 몫의 제일 밑에 깔리다. ¶오동 광(光)이 ~. 7(누에가) 허물을 벗기 전에 몇 번에 걸쳐 뽕을 먹지 않고 쉬는 상태에 들다. [2][타] ('잠' 또는 잠

자당

을 어말에 가지는 말을 목적어로 하여) (사람이나 동물, 물건이) 어떤 잠을 이루다. ¶집에서 낮잠을 ~. ㉰주무시다.
[자다가 봉창 두드린다] 얼토당토않은 말을 할 때 이르는 말.
자나 깨나 잠들었거나 깨었거나 늘. ¶~ 불조심.

자당(慈堂) 몡 남의 어머니의 존칭. ¶자네~께서는 무고하신가?

자당(蔗糖) 몡 =수크로오스.

자대(自隊) [군] =원대. ¶~ 배치.

자:도(紫桃) 몡 '자두'의 잘못.

자동(自動) 몡 기계나 장치 따위가, 사람이 만져서 다루지 않아도 어떤 조건에서 저절로 일정한 방식으로 움직이거나 작동하는 상태. ¶~으로 열리는 문. ⇨수동.

자동-문(自動門) 몡 건물이나 방의 출입구에 있으며, 사람의 출입에 따라 자동으로 열리고 닫히는 문.

자-동사(自動詞) 몡[언] 동작이나 작용이 주어 자신에게만 그치고, 다른 사물에는 미치지 않는 동사. "바람이 불다."에서 '불다' 따위. ↔타동사.

자동-식(自動式) 몡 기계 장치가 자동으로 작동하는 방식. ⇨수동식.

자동-적(自動的) 관몡 다른 힘을 빌리지 않고 저절로 움직이거나 작용하는 (것). ¶컴퓨터가 ~으로 꺼져 버렸다.

자동-차(自動車) 몡 엔진의 힘으로 바퀴를 굴려 땅 위의 도로나 공간을 움직이도록 만든 탈것. 일반적으로 바퀴가 4개인 것을 가리킨. ¶~ 경주.

자동차-세(自動車稅) [-쎄] 몡 자동차 소유자에게 부과되는 지방세.

자동-카메라(自動camera) 몡 거리의 조절, 빛의 노출 등이 자동적으로 조절되는 카메라.

자동^클러치(自動clutch) 몡 자동차의 클러치가 자동적으로 조작되는 장치, 클러치 페달이 없고, 변속 레버만으로 기어를 바꿔 넣을 수 있음. ⇨오토매틱 클러치.

자동-판매기(自動販賣機) 몡 판매원이 따로 없이, 손님이 카드를 넣고 물건을 살 수 있는 기계. ¶커피 ~. ㉰자판기.

자동-화(自動化) 몡 자동적으로 되거나 자동적이 되게 하는 것. ¶사무 ~ / 생산의 ~. **자동화-하다** 동(자)(타) 자동화-되다 동(자) ¶자동화 설비가 ~.

자두 [<자도(紫桃)] 자두나무의 열매, 복숭아와 비슷하나 좀 작고 신맛이 있음. ×오얏·자도.

자두-나무 몡[식] 봄에 잎이 나기 전에 흰 꽃이 피며, 7월에 과일인 '자두'가 황색 또는 적자색으로 익는 낙엽 활엽 교목. ×오얏나무.

자드락 몡 낮은 산기슭의 비탈진 땅.

자드락-길[-낄] 몡 낮은 산기슭의 비탈진 땅에 난 좁은 길.

자라 몡[동] 강이나 못에서 사는, 거북과 비슷한 동물. 등딱지가 딱딱한 판이 아니고 부드러운 피부로 덮여 있는 점이 거북과 다름. 약으로 쓰임.
[자라 보고 놀란 가슴 솥뚜껑 보고 놀란다] 어떤 일에 몹시 놀란 사람은 그와 비슷한 것만 보아도 놀란다.

자라-나다 통(자) 자라서 크게 되다. ¶봄이 되어 새순이 ~.

자라다[1] 통(자) 1 (생물의 몸이나 몸의 어떤 부분이) 세포의 수나 크기의 증가로 키나 길이가 커지거나 길어지다. ¶키가 ~. 2 (사람이 어느 곳에서) 성장의 시절을 보내며 크다. ㉰성장하다. ¶나는 농촌에서 **자랐다.** 3 (식물이 어느 곳에서) 나서 사는 상태가 되다. ㉰생육하다. ¶산속에 **자라는** 나무. 4 (수준이나 능력 따위가) 높아지거나 향상되는 상태가 되다. ㉰발전하다. ¶우리 조국이 선진국으로 ~.

자라다[2] I 형 (어떤 물건의 양이) 필요한 만큼 넉넉한 상태에 있다. ㉰충분하다.
II 통(자) 1 (길이가 있는 물체가) 어느 지점에 향하거나 뻗치는 때 그에 미치거나 닿다. 2 (사람의 능력이) 어떤 일을 할 수 있는 상태에 이르다. ¶내 힘이 **자라는** 데까지 널 돕겠다.

자라-목 몡 보통 사람보다 짧고 밭은 목.

자라투스트라(Zarathustra) 몡[인] 고대 페르시아의 종교가·조로아스터교의 창시자(628?~551? B.C.).

자락 몡 1 옷이나 이불 등의 아래로 드리운 넓은 조각. ¶도포 ~. 2 논밭이나 산 등의 넓은 부분. ¶산 ~.

자락-자락[-짜-] 뮈 갈수록 더 심하게. ¶보고만 있으니 성미가 ~ 더 나빠진다.

자랑 몡 (어떤 사람이 남에게) 자기 자신, 또는 자기와 관계 깊은 사람이나 사물에 관한 일에 대해 훌륭하거나 대단하거나 좋은 것임을 드러내어 말하는 일. 또는, 그렇게 말할 수 있는 거리. ¶자식 ~을 늘어놓다. **자랑-하다** 통(자)(타).

자랑-거리[-꺼-] 몡 자랑할 만한 거리.

자랑-삼다[-따] 통(타) 자랑거리로 하다. ¶우승한 경위를 **자랑삼아** 이야기하다.

자랑-스럽다[-따] 형[ㅂ] <-스러우니, -스러워> 자랑으로 여길 만하다. ¶자랑스러운 일. **자랑스레** 뮈 ~여기다.

자력[1](自力) 몡 제 스스로의 힘. ¶~으로 대학을 졸업하다. ↔타력.

자력[2](資力) 몡 물자·자산 등을 낼 수 있는 경제적인 능력.

자:력[3](磁力) 몡[물] =자기력(磁氣力).

자력-갱생(自力更生) [-깽-] 몡 제 스스로의 힘만으로 어려운 처지를 고쳐 감. **자력갱생-하다** 통(자).

자료(資料) 몡 1 학습·연구·판단 등의 기초가 되는 재료. ¶학습 ~. 2 관찰이나 측정을 통해 수집한 사실. 또는, 그것을 수량화한 것. ¶통계 ~.

자루[1] 몡 [1](자람) 알곡이나 과실 등을 담아서 보관하거나 운반할 수 있도록 천 따위로 기다랗게 다소 크게 주머니처럼 만든 물건. ¶쌀 ~. [2](의존) 물건을 담은 자루의 수를 세는 단위. ¶쌀 한 ~.

자루[2] 몡 [1](자람) 날이 있는 연장의 한쪽 끝에, 손으로 잡을 수 있게 나무 따위로 만들어 이은 부분. 또는, 다른 연장에서 그와 형태상·기능상 유사한 손잡이 부분. ¶~ 갈. [2](의존) 손잡이가 달린 연장을 세는 단위. ¶비 두 ~. 2 가늘고 긴 형태의 필기도구를 세는 단위. ¶연필 한 ~. 3 총을 세는 단위. ¶소총 한 ~.

자르(Saar) 몡[지] 독일 서부에 있는 지방.

자르다 통(타)[르] <자라, 잘라> 1 (길이·넓이·부피를 가진 물체를 칼·톱·가위 등으로) 동강이 나게 하거나 둘로 나누게 만들다. ㉰가르다. ¶칼로 수박을 ~. 2 같은 뜻으로 '켜다'에 상대하여, (톱을 사용하여 나무를) 가로 방향, 또는 나뭇결에 수직이 되는 방향으로 나누어지게 만들다. ▷커다. **3** (어떤 사람을) 그가 있던 자리나 지위에서 물러나거나 그만두게 하다. 속된 말임. 비해고하다. ¶회사에서 사원들을 많이 **잘랐다**. **4** (남의 부탁이나 요구 등을) 받아들이지 않고 물리치다. ¶그는 내 간청을 딱 **잘라** 버렸다. **5** (남의 말을) 도중에 못 하도록 제 말을 끼어들게 하다. ¶말을 중간에. **잘라 말하다** 주저하지 않고 단호하게 말하다. ¶한마디로 **잘라 말해서** 난 네가 싫다.

자르르 뷔 물기·기름기·윤기 따위가 반드럽게 흐르는 모양. ¶얼굴에 기름기가 ~돈다. 큰지르르. 센짜르르. **자르르-하다** [형]어 ¶윤기가 **자르르한** 쌀밥.

자리¹ 圈[자뢰] **1** 사람이나 물체가 차지하거나 어떤 일을 할 만한, 일정한 넓이의 공간이나 장소. ¶~가 좁다[넓다]. **2** 특히, 일정한 공간에서 사람이 앉을 수 있도록 만들어 놓은 의자 모양의 물건. 비좌석. ¶빈~/~를 잡다. 3 일정한 조직체에서 사람이 차지하는 직위나 직책. ¶높은 ~에 있는 사람. **4** 일정한 조건의 사람을 필요로 하는 직무나 맞이하려고 하는 데. ¶그 회사에 ~ 하나 없을까요? **5** 여러 사람이 모인 가운데 어떤 일이 벌어진 곳. 또는, 그런 기회. ¶뜻 깊은 ~를 마련하다. **6** 사람의 몸이나 물건 등에 어떤 일·현상이 있어었던 자국이나 흔적. ¶매 맞은 ~가 시퍼렇게 멍 들었다. **7** [수] 십진법 숫자에서, 소수점을 기준으로 하여 왼쪽이나 오른쪽에 놓이는 숫자의 위치. 또는, 그 위치의 숫자. ¶소수점 이하 셋째 ~ / 네 ~의 숫자. **8** [천] 별의 무리를 나타내는 이름 뒤에 놓여, '별자리'임을 나타내는 말. ¶큰곰~. **2**(의존) ('한/두/세…' 등의 다음에 쓰여) 어떤 수가 '한/두/세…' 개의 숫자로 이뤄진 자연수임을 나타내는 말. ¶한 ~ 경제 성장. **자리-하다** 통제어 **1** (어떤 건물이나 장소가) 어느 곳에 자리를 차지하다. 비위치하다. ¶도심 한복판에 **자리하고** 있는 학교. **2** (어떤 심리가) 마음속에 자리 잡다. ¶그리움이 마음속 깊은 곳에 ~. **3** (주로 공식적인 자리에서 쓰여) 정해진 자리에 앉다. 또는, 어느 곳에 참석하다. ¶이곳에 **자리하고** 계시는 내빈 여러분께 감사드립니다.

자리(가) 나다 1 자취나 흔적이 남다. **2** 일한 뒤에 성과가 나타나다.

자리를 같이하다 1 옆에 같이 앉다. **2** 어떤 모임 따위에 함께 참석하다. ¶모처럼 동창생끼리 **자리를 같이하였다**.

자리를 뜨다 있던 곳을 떠나다. ¶무슨 일인지 그는 회의 중에 **자리를 떴다**.

자리(를) 잡다 1 일자리나 의지할 곳을 얻어 머무르게 되다. ¶서울 가서 **자리 잡거든** 연락해라. **2** 마음속에 뿌리를 박다. ¶마음이 마음속 깊이 ~.

자리(가) 잡히다 1 서투르던 것이 익숙해지다. **2** 어수선하던 것이 가라앉다.

자리² 圈 **1** 바닥에 깔고 앉거나 눕도록 한 직사각형의 물건. 왕골·부들·갈대 따위로 짬. ¶돗~. **2** 깔고 덮을 요와 이불. ¶이부자리. ¶~를 펴다. **3** '잠자리'의 준말. ¶~에 눕다.

자리(를) 보다 잠을 자려고 이부자리를 깔다. ¶방에 **자리를 보아** 놓았습니다.

자리에 눕다 누워서 앓다. ¶과로로 ~.

자리-끼 圈 자다가 목이 마르면 마시려고, 잠자리의 머리맡에 두는 물.

자리-다툼 圈 좋은 지위나 자리를 차지하려고 다투는 일. =자리싸움. ¶~을 벌이다. **자리다툼-하다** 통제어.

자리-매김 圈 (어떤 대상을) 그것이 가지는 중요성이나 가치에 따라 그에 합당한 위치에 있게 하거나, 자격이나 구실 등을 평하여 정하는 것. **자리매김-하다** 통태어 ¶소월 문학을 문학사 속에 새롭게 ~. **자리매김-되다** 통제어.

자리-바꿈 圈 **1** 자리를 서로 바꾸는 일. **2** [음] 화음에서 아래 음이 옥타브 위로 또는 위 음이 옥타브 아래로 바뀌는 일.

자리-보전(-保全) 圈 병이 들어 자리에 누워 지내는 것. 곧, 몸져눕는 것. **자리보전-하다** 통재어 ¶할아버지가 노환으로 **자리보전한** 지도 И되었다.

자리-싸움 圈 =자리다툼. **자리싸움-하다** 통제어.

자리-옷 [-온] 圈 =잠옷.

자리자리-하다 형어 자꾸 저린 느낌이다.

자린-고비 圈 다라울 정도로 인색한 사람을 얕잡아 이르는 말.

자립(自立) 圈 남의 힘을 입거나 남에게 종속되지 않고 스스로 서는 것. 비독립. ¶경제적으로 ~. **자립-하다** 통재어.

자립^명사(自立名詞) [-립-] 圈[언] 문장에서 다른 말, 특히 관형어의 도움을 받지 않고 쓰이는 명사. ↔의존 명사.

자립-성(自立性) [-씽] 圈 남에게 의지하지 않고 자기 스스로 서려고 하는 성질.

자립-심(自立心) [-씸] 圈 남에게 의지하지 않고 독립하여 자기 힘으로 해 나가려고 하는 마음가짐. ↔의존심.

자립-어(自立語) 圈[언] 단독으로 문장이나 절을 이룰 수 있는 단어.

자립-적(自立的) [-쩍] 관명 남에게 의지하지 않는 (것).

자립-정신(自立精神) [-쩡-] 圈 남에게 예속되거나 의지하지 않고 스스로 서려는 정신. ¶아이들에게 ~을 심어 주다.

자릿-세(-貰) [-리쎄/-릳쎄] 圈 자리를 빌려 쓰는 대가로 주는 돈이나 물품.

자릿-수(-數) [-리쑤/-릳쑤] 圈[수] **1** 어떤 자연수가 몇 개의 자리를 가지고 있는가를 나타낸 수. 또는, 어떤 소수가 소수점 아래 몇 개의 자리를 가지고 있는가를 나타낸 수. ¶두 ~ / 소수점 아래 세 ~. **2** 십진법에서 어떤 자리에 놓이는 숫자. ¶백의 ~.

자릿-자릿 [-릳짜릳] 圈 몹시 자리자리한 느낌. 센저릿저릿. **자릿자릿-하다** 형어.

자릿-점(-點) [-리쩜/-릳쩜] 圈 수판에서 수의 자리를 나타내려고 표시한 점.

자릿-하다 [-리타-] 형어 약간 저린 듯하다. 큰저릿하다.

-자마자 어미 동사의 어간이나 어미 '-시-' 아래에 붙어, '그 동작을 하자 곧'의 뜻을 나타내는 연결 어미. ¶눕~ 잠들다.

자막(字幕) 圈 영화나 텔레비전에서 제목·제작진·출연자·대사·설명 등을 화면에 글자로 나타낸 것. ¶한글 ~.

자-막대기 [-때-] 圈 자로 쓰는 대막대기나 널 막대기. 준잣대.

자만(自慢) 圈 스스로 자랑하여 뽐내는 것. **자만-하다** 통재태어 ¶한 번 우승하였다고 **자만해서는** 안 된다.

자만-심(自慢心) [명] 스스로 자랑하는 거만한 마음. ¶~에 빠지다.
자ː망(刺網) [명][수산] =걸그물.
자매(姉妹) [명] [1](자립) **1** 어떤 부모 밑에 자식인 여자가 둘 이상 있을 때, 손위 여자인 '언니'와 손아래 여자인 '동생'을 아울러 이르는 말. ¶다정한 ~. **2**《주로 복합어의 꼴로 쓰여》 같은 계통에 속하고 서로 유사점이나 공통점을 가진 사물. ¶~품 / ~ 회사. **3** 두 지역이나 단체가 친선을 위해 서로 유대를 가지는 일. 또는, 그렇게 하는 관계. ¶~ 도시. [2](의존) 《주로 고유어 수사 다음에 쓰여》 여자 동기(同氣)의 수효를 세는 말. ¶두 ~.
자매-간(姉妹間) [명] 언니와 아우 사이.
자매-결연(姉妹結緣) [명] **1** 자매의 관계를 맺는 일. **2** 어떤 지역이나 단체가 다른 지역이나 단체와 서로 돕기 위하여 밀접한 관계를 맺는 일. ¶~ 학교.
자매-지(姉妹紙) [명] 한 기관에서 같은 정신과 목적으로 발행되어 서로 밀접한 관련성을 가지고 있는 두 신문.
자매-편(姉妹篇) [명] 어떤 책·소설·영화 등에 대해, 그와 내용적으로 밀접한 관계를 가지고 만들어진 책·소설·영화 등을 이르는 말.
자매^학교(姉妹學校)[-꾜] [명] **1** 설립 목적과 교육 이념을 같이하는 같은 계통에 속하는 학교. **2** 친선이나 연구 교류 등을 목적으로 친밀한 관계를 맺은 학교.
자맥-질[-찔] [명] 팔다리를 놀려 헤엄을 치면서 수면의 위아래로 떴다 잠겼다 하는 일. 또는, 수면의 위아래로 떴다 잠겼다 하면서 헤엄을 치는 일. **자맥질-하다** [동](자)(여)
자메이카(Jamaica) [명][지] 카리브 해 북부의, 영국 연방의 독립국. 수도는 킹스턴.
-자며 [어미] '-자면서'의 준말.
-자면 [어미] 동사나 일부 형용사의 어간에 붙어, 의도하거나 헤아리는 바를 가정하여, 조건으로 베풀 때 쓰이는 연결 어미. ¶감이 익~ 한참 더 있어야 한다.
-자면서 [어미] 동사의 어간에 붙어, '해라' 할 상대에게 직접 간접으로 받은 청유(請誘)를 다짐하거나 빈정거려 묻는 데 쓰이는 종결 어미. ¶"왜 그렇게 서둘고 그러니?" "빨리 가~?" [준]-자며.
자멸(自滅) [명] 스스로 자신을 멸망시키는 것. ¶~을 초래하다. **자멸-하다** [동](자)(여) **자멸-되다** [동](자)
자명-고(自鳴鼓) [명][역] 낙랑에서, 적이 침입하면 저절로 울렸다고 하는 북.
자명-종(自鳴鐘) [명] 정해진 시간에 저절로 소리를 내어 시간을 알려 주는 시계.
자명-하다(自明-) [형](여) (어떤 사실이) 설명이나 증명을 하지 않아도 저절로 알 만큼 명백하다. ¶**자명한** 이치.
자모[1](字母) [명][언] 한 개의 음절을 자음과 모음으로 갈라서 적을 수 있는 낱낱의 글자. =낱자. ¶한글 ~.
자모[2](慈母) [명] '어머니'를 사랑이 깊다는 뜻으로 일컫는 말. ▷엄부.
자모-회(姉母會)[-회/-훼] [명] 유치원·초등학교 등에서 어린이의 어머니들로 구성된 모임. 순화어는 '어머니회'.
자ː-목련(紫木蓮)[-몽년] [명][식] 목련의 한 종류로, 3~4월에 진한 자줏빛의 꽃이 잎보다 먼저 피는 낙엽 활엽 교목. 관상용으로 심음. ▷목련.

자못[-몯] [부] 생각보다 퍽. 또는, 어지간히 꽤. ¶너에 대한 기대가 ~ 크다.
자몽(←[일]ザボン) [명] [<[포]zamboa] [식] 귤과 비슷하나 껍질 표면이 매끄러운 열매가 포도송이 모양으로 열리는 상록 교목. 또는, 그 열매. 열매는 단맛이 강하고 포도 비슷한 향이 있음.
자문[1](自問) [명] 자신에게 스스로 묻는 것. **자문-하다**[1] [동](타)(여)
자ː문[2](諮問) [명] (어떤 사람이나 기업체나 정부 등이) 어려운 일이나 문제를 잘 처리하거나 해결하고자 할 때, 그 방면의 전문가에게, 또는 전문가들로 이루어진 기관이나 기구에 의견을 묻는 것. ¶~ 위원. **자ː문-하다**[2] [동](타)(여)
자문-자답(自問自答) [명] 스스로 묻고 스스로 대답함. **자문자답-하다** [동](자)(여)
자물-쇠[-쐬/-쒜] [명] 여닫게 된 물건을 잠그는 쇠. =자물통. [준]쇠.
자물쇠-통(-筒)[-쐬-/-쒜-] [명] 자물쇠의 몸체를 이루는 통.
자물-통(-筒) [명] =자물쇠.
자바라(啫哱*囉) [명] ['哱'의 본음은 '발'] [음] 타악기의 하나. 놋쇠로 만든, 둥글넓적하고 배가 불룩한 것으로 두 짝을 마주 쳐서 소리 냄.
자바 섬(Java-) [명][지] 인도네시아를 이루는 큰 섬.
자바^원인(Java猿人) [명][고고] 자바 섬에서 화석으로 발견된 직립 원인.
자ː반 [명] **1** 소금에 절인 생선을 굽거나 찌거나 하여 만든 반찬. ¶고등어~. **2** 좀 짭짤하게 조리거나 무친 반찬. ¶콩~. ['佐飯'은 취음]
자ː반-고등어 [명] 소금에 절인 고등어.
자발(自發) [명] 어떤 일을 남이 시켜서가 아니라 스스로 원하여 행하는 것. 또는, 어떤 일이 다른 것의 영향에 의해서가 아니라 자기 내부의 원인에 따라 이뤄지는 것. **자발-하다** [동](자)(여)
자발-성(自發性)[-썽] [명] 어떤 일을 남이 시켜서가 아니라 스스로 원하여 행하는 성질.
자발-적(自發的)[-쩍] [관][명] 어떤 일을 남이 시켜서가 아니라 스스로 원하여 하는 상태에 있는 (것). ¶~인 참여.
자발적 실업(自發的失業)[-쩍-] [경] 일할 뜻과 능력은 있으나 임금이 너무 낮거나 기타 조건이 맞지 않아 발생하는 실업. ↔비자발적 실업.
자밤 [명](의존) 나물·양념 따위를 손가락 끝으로 집을 만한 분량. ¶깨소금 한 ~.
자배기 [명] 둥글넓적하고 아가리가 넓게 벌어진 질그릇.
자백(自白) [명] (자기의 허물이나 죄를) 스스로 고백하는 것. ¶~서(書). **자백-하다** [동](타)(여) ¶범죄 사실을 ~.
자-벌레 [명][동] 자나방의 애벌레. 나무나 풀의 잎을 갉아 먹는 해충임.
자별-하다(自別-) [형](여) 친분이 남보다 특별하다. ¶**자별한** 사이. **자별-히** [부]
자본(資本) [명][경] **1** 장사나 사업을 하는 데 드는 돈. [비]밑천. **2** 생산 요소의 하나. 원료·동력 등의 노동 대상, 도구·기계 등의 노동 수단, 공장 건물 등의 노동 설비를 가리킴. ▷토지·노동.
자본-가(資本家) [명] 자본금을 소유하고, 그것으로 노동자를 고용·사역(使役)하여 기업을 경영하거나, 자본을 빌려 주고 이자를 받아 이윤을 내는 사람.
자본가^계급(資本家階級) [-계-/-게-] [사] 생산 수단을 소유하고 노동자를 고용하여 사업을 해서 이윤을 얻는 계급. =부르주아지.
자본-금(資本金) [명][경] 영리 사업에 투자된 돈.
자본-재(資本財) [명][경] 부(富)를 생산하기 위해 사용되는 토지 이외의 재화.
자본-주의(資本主義) [-의/-이] [명][경] 생산 수단을 자본으로서 소유하는 자본가가 이윤 획득을 목적으로 하여, 노동자로부터 노동력을 상품으로 사들여 상품 생산을 하는 경제 체제.
자부(子婦) [명] 남의 '며느리'의 지칭. 격을 갖추어 이르는 말임.
자부(自負) [명] (자기의 일이나 가치 능력에 대하여) 자신을 가지고 스스로 자랑스럽게 여기는 것. **자부-하다** [동][타여] ¶학계에 일인자라임을 ~.
자-부담(自負擔) [명] 자신이 스스로 부담하는 것. ¶~으로 답사 여행을 다녀오다. **자부담-하다** [동][자여]
자부-심(自負心) [명] 자부하는 마음. ¶~을 느끼다 / ~이 강하다.
자분-자분 [명] (성질이) 부드럽고 찬찬한 모양. ¶그는 아이들과 ~ 이야기를 잘한다. **자분자분-하다** [형여]
자비¹(自費) [명] 자신이 부담하는 비용. ¶~ 유학.
자비²(慈悲) [명] 1 사랑하고 불쌍히 여기는 것. ¶~를 베풀다. 2 [불] 중생들에게 복을 주고, 괴로움을 없애는 일. 자비하다 (부처나 신이) 중생이나 인간을 불쌍히 여겨 사랑을 베푸는 마음이 있다. ¶자비하신 부처님.
자비-롭다(慈悲-) [-따] [형ㅂ]<-로우니, -로워> 자비스러운 데가 있다. ¶자비로운 미소. **자비로이** [부]
자비-스럽다(慈悲-) [-따] [형ㅂ]<-스러우니, -스러워> 사랑하고 가엾게 여기는 마음이 깊다. **자비스레** [부]
자비-심(慈悲心) [명] 중생을 사랑하고 가엾이 여기는 마음.
자빠-뜨리다/-트리다 [동][타] 자빠지게 하다. ¶서 있는 사람을 발을 걸어 ~.
자빠-지다 [동][자] 1 (사람이) 서 있는 상태에서 중심을 잃고 뒤로 또는 옆으로 넘어지다. ¶눈길에서 미끄러져 ~. 2 (물건이) 서 있는 상태에서 모로 넘어지다. ¶책장의 책이 ~. 3 '눕다'를 비속하게 이르는 말. ¶할 일 없으면 **자빠져** 자라. 4 (사람이) 책임을 저버리고 하던 일에서 손을 떼고 물러나다. 속된 말임. 5 (사람이 어느 곳에) 틀어박힌 상태로 있다. 얕잡거나 공격적으로 하는 말임. ¶어디 간다 했더니 여기 **자빠져** 있구먼! 6 [동사의 어미 '-고'의 다음에 쓰여] 그 동사가 나타내는 동작이나 행동을 얕잡거나 공격적으로 말하는 말. ¶놀고 **자빠졌네**.
[**자빠져도 코가 깨진다**] 일이 순조롭지 않을 때는 뜻밖의 탈도 생긴다.
자사(自社) [명] 자기가 소속되어 있는 회사. ¶~ 제품.
자산(資産) [명] 1 개인·법인이 있는 경제적 가치가 있는 유형·무형의 재산. 2 유형의 유가물(有價物)로서 부채의 담보가 될 수 있는 것.
자산-가(資産家) [명] 재산이 많은 사람.

자세하다 _ 987

자살(自殺) [명] 스스로 자기 목숨을 끊는 것. =자해(自害)자결. ¶분신~. ↔타살. **자살-하다** [동][자여]
자살-골(自殺goal) [명][체] 축구·농구·하키 등에서, 실수로 자기 팀의 골에 공을 넣었을 경우에 상대에게 주는 득점.
자살-극(自殺劇) [명] 여러 사람 앞에서 자살하겠다면서 벌이는 소동. 또는, 자살을 하여 물의를 일으키는 소동. ¶30대 남자가 한강 다리 위에서 ~을 벌이다.
자:상(刺傷) [명] 칼 같은 날카로운 기물에 찔린 상처.
자상-스럽다(仔詳-) [-따] [형ㅂ]<-스러우니, -스러워> 자상한 데가 있다. **자상스레** [부]
자상-하다(仔詳-) [형여] (성질이) 세심하고 찬찬하다. ¶자상하신 아버지. **자상-히** [부] ¶~ 일러주다.
자색¹(姿色) [명] 여자의 고운 얼굴이나 모습. ¶빼어난 ~.
자:색²(紫色) [명] =자주색.
자생(自生) [명] 1 (주로 식물이) 기르지 않아도 저절로 나서 자라는 것. ¶난(蘭)~지. 2 (어떤 대상이) 스스로의 힘으로 존속하는 것. **자생-하다** [동][자여] ¶우리나라에는 10여 종의 나리가 **자생하고** 있다.
자생-력(自生力) [-녁] [명] 1 식물이 사람의 손길 없이도 저절로 나서 자랄 수 있는 힘. 2 어떤 대상이 외부의 도움 없이도 스스로 존속할 수 있는 힘. ¶~이 없는 기업을 퇴출시키다.
자생-적(自生的) [관][명] 저절로 나거나 생기는 (것). ¶~ 도시.
자서(自序) [명] 저자가 직접 쓴 서문.
자서-전(自敍傳) [명] 자신의 성장 과정과 일생 동안 겪거나 한 일, 내면의 모습 등을 기록한 책. =자전(自傳). ▷회고록.
자서전-적(自敍傳的) [관][명] 자서전과 같은 형식의 (것). ¶~ 소설.
자:석(磁石) [명] 철을 끌어당기는 성질이 있는 물체. =지남철.
자선(慈善) [명] 남에게 은혜를 베풀어 도와주는 것. ¶~ 음악회.
자선-가(慈善家) [명] 자선 사업을 하는 사람.
자선-냄비(慈善-) [명] 연말에 구세군 등에서 불쌍한 사람을 돕기 위하여, 가두(街頭)에 걸어 놓고 성금을 걷는 그릇.
자선^단체(慈善團體) [명] 자선 사업을 하는 단체.
자선^사업(慈善事業) [명] 종교적·도덕적 동기에 의해 고아·병자·노약자·빈민 등의 구제를 위해 행하는 사회사업.
자성¹(自省) [명] 스스로 반성하는 것. **자성-하다** [동][타여]
자성²(雌性) [명][생] 난자를 생성하여 몸속에 새끼나 알을 밸 수 있는 성질. 또는, 그 성질을 가진 성(性). ↔웅성(雄性).
자:성³(磁性) [명][물] 물질이 자기장 안에서 자기(磁氣)를 띠는 성질. 또는, 자기를 띤 물질이 쇠붙이 따위를 끌어당기려 하는 성질. ¶~이 강하다.
자:세¹(姿勢) [명] 1 어떤 동작을 취할 때 몸이 이루는 어떤 형태. ¶앉은 ~. 2 사물을 대하는 마음가짐이나 태도. ¶정신 ~.
자:세²(藉勢) [명] 어떤 세력이나 권력에 기대어 위세나 세도를 부리는 것. **자:세-하다**¹ [동][자여]
자세-하다²(仔細--·子細--) [형여] 1 (설명

표현 등이) 아주 작고 사소한 부분에까지 나타낸 상태에 있다. [비]상세하다. ¶이 사전은 풀이가 매우 ~. **2** (태도가) 하나하나 꼼꼼히 따지거나 살피는 상태에 있다. ¶물건에 흠이 있는지 **자세하게** 살피다. **자세-히** [부] ¶차근차근 ~ 설명하다.

자손(子孫) [명] **1** 자식과 손자. **2** =후손(後孫). ¶단군의 ~.

자손-만대(子孫萬代) [명] =대대손손. ¶~가 살아갈 지구를 아끼고 사랑하자.

자수[1](自首) [명] (죄 지은 자가) 스스로 수사 기관에 자기의 범죄 사실을 신고하고, 그 처분을 구하는 일. **자수-하다**[1] [동][자][여]

자수[2](字數) [-쑤] [명] 글자의 수효.

자¦수[3](刺繡) [명] 옷감·헝겊 등에 여러 가지의 색실로 그림·글자·무늬 등을 수놓아 나타내는 일. ¶동양 ~. **자¦수-하다**[2] [동][자][여]

자수-성가(自手成家) [명] 물려받은 재산이 없이 스스로의 힘으로 한 살림을 이룩함. **자수성가-하다** [동][자][여] ¶**자수성가한** 사람.

자¦-수정(紫水晶) [명][광] 자줏빛의 수정.

자숙(自肅) [명] 스스로 행동을 조심하는 것. **자숙-하다** [동][자][여] ¶잘못을 뉘우치고 ~.

자술-서(自述書) [-써] [명] 어떤 사건에 관하여 피의자나 참고인이 자신이 행하거나 겪은 것을 진술한 글.

자스닥(JASDAQ) [명] 〔Japanese Association of Securities Dealers Automated Quotations〕 [경] 첨단 벤처 기업들이 상장되어 있는, 일본의 주식 장외 시장.

자습(自習) [명] 혼자의 힘으로 공부하여 익히는 것. 또는, 그런 학습. ¶~ 시간. **자습-하다** [동][자][타][여]

자습-서(自習書) [-써] [명] 혼자의 힘으로 배워 익힐 수 있게 만든 책. ¶국어 ~.

자승(自乘) [명][수] '제곱'의 구용어. **자승-하다** [동][타][여]

자승-자박(自繩自縛) [명] 〔제가 만든 줄로 제 몸을 옭아 묶는다는 뜻〕 자신이 한 말과 행동에 자신이 옭혀 들어감.

자시(子時) [명] 십이시의 첫째 시. 곧, 오후 11시부터 오전 1시까지의 동안.

자¦시다 [동] [1][타] '먹다[2][1]**1**'의 조금 높임말. ¶김 주사, 점심 **자셨소**? ▷잡수다. [2][자] (('-고 자시고'의 꼴로 쓰여)) '-고 말고'의 뜻으로 이르는 말. ¶벌써 다 알고 있을 텐데 기별하고 **자시고** 할 게 뭐 있어?

자식(子息) [명] **1** 부부 또는 성 관계를 가진 남녀가 낳은 사람. **2** 미움의 대상이 되는 남자를 욕하여 이르는 말. ¶망할 ~ 같으니. **3** 어린아이를 귀엽게 이르는 말. ¶그 ~ 참 예쁘기도 하다.

[**자식 겉 낳지 속은 못 낳는다**] ㉠아무리 자기가 낳은 자식일지라도 그 마음속까지 알아볼 수는 없다. ㉡자식이 좋지 못한 생각을 품어도 그것은 부모의 책임이 아니라는 말. [**자식도 품 안에 들 때 내 자식이지**] 자식이 어릴 때나 부모를 흡족하게 해 주지 조금 자라면 부모의 뜻도 잘 받들지 않고 심지어는 부모를 배반하기조차 한다는 뜻. [**자식 둔 골은 호랑이도 돌아본다**] 새끼를 사랑하는 정은 짐승도 다 같으니 사람이야 더 말할 나위도 없다.

자식-새끼(子息-) [-쌔-] [명] '자식**1**'을 낮추어 이르는 말.

자신[1](自身) [명] 사람을 나타내는 주어나 바로 앞에 나오는 인칭 대명사를 도로 가리키는 말. ¶너 ~을 알라.

자신[2](自信) [명] (어떤 일에 대하여) 자신의 능력이나 가치를 확신하는 것. ¶~ 있는 태도. **자신-하다** [동][타][여] ¶선수들은 우승을 **자신했다**.

자신-감(自信感) [명] 어떤 일에 자신이 있다고 여기는 느낌. ¶~이 넘치다.

자신만만-하다(自信滿滿-) [형][여] 아주 자신이 있다. ¶그는 매사에 **자신만만했다**. **자신만만-히** [부]

자실-체(子實體) [명][식] 균류(菌類)의 균사가 빽빽하게 모여서 된 영양체. 포자를 만들며, 대형인 것은 버섯이라고 함.

자아(自我) [명] **1** [철] 대상의 세계와 구별된 인식·행위의 주체이며, 체험 내용이 변화해도 동일성을 지속하여, 작용·반응·체험·사고·의욕의 작용을 하는 의식의 통일체. [비]나. ↔타아(他我). **2** [심] 자신에 대한 의식. 심리적·정신적인 의미로 쓰이며, 정신 분석에서는 인간의 행동을 현실에 적응시키는 것이라 가정하고 있음. =에고(ego).

자아-내다 [동][타] **1** (물레 따위로 실을) 뽑아내다. ¶명주실을 ~. **2** (기계로 물 따위를) 흘러나오게 하다. ¶양수기로 물을 ~. **3** (느낌이나 사물을) 끄집어서 일으켜 내다. ¶동정심을 ~.

자아-비판(自我批判) [명] =자기비판.

자아-실현(自我實現) [명][윤] 자기가 본래 가지고 있던 참의 절대적인 자아를 완전히 실현하는 일. =자기실현.

자아-올리다 [동][타] (기계의 힘으로 물 따위를) 밑에서 위로 끌어 올리다. [비]빨아올리다. ¶양수기로 지하수를 ~.

자아-의식(自我意識) [명][심] =자의식.

자애[1](自愛) [명] 제 몸을 스스로 아끼는 것. ¶자중(自重) ~. **자애-하다** [동][자][여]

자애[2](慈愛) [명] 아랫사람에게 베푸는 도타운 사랑. ¶~심(心).

자애-롭다(慈愛-) [-따] [형][ㅂ] 〈~로우니, ~로워〉 자애를 베푸는 마음씨가 있다. ¶**자애로운** 어머니. **자애로이** [부]

자양(滋養) [명] 몸에 영양이 되게 하는 것. 또는, 그런 물질.

자양-분(滋養分) [명] 몸에 영양이 되는 성분. ¶~을 섭취하다.

자업-자득(自業自得) [-짜-] [명] 자기가 저지른 일의 과보를 자기 자신이 받음.

자연(自然) Ⅰ[명] **1** 우주 또는 세상에 스스로 존재하거나 저절로 이루어지는 모든 사물이나 현상. 또는, 인간의 세계와 독립하여 존재하는, 우주의 질서와 현상. ¶~의 법칙. **2** 천연으로 이루어지거나 생겨난, 산·강·바다·초목·동물 등의 존재. 또는, 그것들이 이루는 환경. ¶~을 벗 삼아 하루를 즐기다. **3** 어떤 대상에 아무런 인위(人爲)도 가하지 않은 상태. [비]천연. ¶~식품. **4** ((주로, 일부 명사 앞에 관형어적으로 쓰여)) 사람의 힘에 의해서가 아니라 저절로 이루어지는 상태임을 나타내는 말. ¶~ 발생. ↔인위.

Ⅱ[부] 사람의 의도적인 노력이나 활동 없이 저절로. 또는, 사물이나 현상이 스스로 가지는 질서나 법칙에 의해 저절로. =자연히. ¶상처가 ~ 아물었다.

자연-경관(自然景觀) [명] 사람의 손을 더하지 않은 자연 그대로의 경관. 원시림이나 빙하 따위. ¶~을 해치는 행위.

자연^경제(自然經濟) [명][경] **1** 가족 단체

내에서 모든 생산·소비가 이루어지는 자족 경제. 2 교환 수단으로서 화폐를 쓰지 않는 물물 교환의 경제. =실물 경제.
자연-계¹(自然系) [-계/-게] 명 수학·물리학·화학·생물학·지구 과학 따위의 학문 계통. ▷인문계.
자연-계²(自然界) [-계/-게] 명 1 인간도 포함한 천지 만물이 존재하는 범위. 2 천체·산천초목·동물 등 인간 사회를 둘러싸고 있는 자연의 세계.
자연^과학(自然科學) 자연현상을 연구 대상으로 하는 과학. 물리학·생물학·화학·수학·의학·공학·지리학 따위. ▷인문 과학·사회 과학.
자연-관(自然觀) 명 자연에 대한 관념이나 견해. ¶범신론적 ~.
자연-광(自然光) 명[물] 태양 등의 천연의 빛.
자연-도태(自然淘汰) 명[생] =자연선택.
자연-력(自然力) [-녁] 명 자연계에 작용하는 힘.
자연-림(自然林) [-님] 명 1 =원시림. 2 자연적으로 이루어진 수풀. ↔인공림.
자연-물(自然物) 명 1 자연계에 있는, 저절로 생긴 물체. 2 인공이나 인공적 가공의 재료로 쓰이는 물질.
자연-미(自然美) 명 인공을 가하지 않고 자연스럽게 이루어진 미(美). ¶원목의 ~를 잘 살린 가구. ↔인공미.
자연-법(自然法) [-뻡] 명 1 법] 시대와 공간을 초월한, 보편타당한 법률. ↔실정법. 2 [심] =자연법칙.
자연-법칙(自然法則) 명[철] 자연의 모든 사물을 지배하는 원인과 결과의 필연적 법칙. =자연법.
자연-보호(自然保護) 명 인류의 생활 환경으로서의 자연을 훼손하지 않고 좋은 상태로 유지하는 일.
자연^분만(自然分娩) 명[의] 제왕 절개 수술 등의 인공적인 도움 없이 임부의 자연적인 분만력에 의해 아이를 낳는 일.
자연-사(自然死) 명 다치거나 병 때문이 아니라 노쇠하여 자연히 죽는 일. ↔우연사. **자연사-하다** 자타
자연-산(自然産) 명 양식한 것이 아니라 자연에서 저절로 생산되는 것. ¶~ 버섯.
자연-석(自然石) 명 인공을 가하지 않은 천연 그대로의 돌.
자연-선택(自然選擇) 명[생] 유전적 변이 개체 중 생존에 유리한 것이 살아남는 일. =자연도태.
자연-수(自然數) 명[수] 양(陽)의 정수(整數)의 총칭. 곧, 1부터 시작하여 하나씩 더하여 얻는 수. 1, 2, 3 따위.
자연-스럽다(自然-) [-따] 형[ㅂ]〈-스러우니, -스러워〉 꾸밈이나 억지가 없이 저절로 이루어진 듯한 데가 있거나, 본래 그대로의 특성이 있다. ¶자연스러운 포즈. **자연스레** 부
자연-식(自然食) 명 인공 색소·방부제 등을 첨가하여 본래의 성분을 소실 또는 변질하거나 하는 가공을 하지 않은 자연 그대로의 식품. =자연식품.
자연-식품(自然食品) 명 =자연식.
자연^언어^처리(自然言語處理) 명[컴] 인간이 사용하는 언어를 공학적 측면에서 컴퓨터로 분석, 처리하는 일.
자연-인(自然人) 명 1 사회나 문화에 속박되지 않은, 자연 그대로의 사람. 2 [법] 출

자웅 동체_989

생에서 사망까지, 한결같이 완전한 권리·능력을 인정받는 개인. 또는, 법인(法人)에 대한 개인. ↔법인.
자연-재해(自然災害) 명 태풍·가뭄·홍수·지진·화산 폭발·해일 등의 피할 수 없는 자연현상으로 인하여 일어나는 재해.
자연-적(自然的) 관명 인위를 가하지 않은 자연 그대로의 것임. ¶~인 방법. ↔인공적·인위적.
자연-주의(自然主義) 명[-의/-이] 명 1 [철] 모든 현상을 자연 과학의 방법으로 설명하려는 입장. 2 [문] 19세기 말 프랑스를 중심으로 생겨난 문학 사조. 인간의 생태를 자연 과학자의 눈으로 분석·관찰하여 그려 내려고 하였음. 3 [교] 어린이를 자연 그대로의 천성에 따라 교육시켜야 한다는 주장.
자연-하다(自然-) 형여 저절로 되어 억지나 거짓이 없다. **자연-히** 부 =자연Ⅱ. ¶자주 만나다 보니 ~ 정이 들었다.
자연-현상(自然現象) 명 인간의 의지·행위가 미치지 않는 자연계의 법칙에 의하여 일어나다고 생각되는 현상.
자연-환경(自然環境) 명 인간 생활을 둘러싸고 있는 자연계의 모든 요소가 이루는 환경.
자연^휴양림(自然休養林) [-님] 명 산림청에서 전국 여러 곳에 휴식 공간으로 조성한 산림. 야영장·산막·삼림욕장·체력단련 시설 등을 갖추고 있음. 준휴양림.
자영(自營) (사업을) 자신이 경영하는 것. ¶~ 기업체. **자영-하다** 동[타여]
자영-업(自營業) 명 자신이 직접 경영하는 사업.
-자오- 어미(선어말) 주로 아래, 'ㅊ'으로 끝나는 동사의 어간 아래에, 그리고 'ㄹ', 'ㅁ' 및 모음으로 시작되는 어미 또는 '-나', '-니' 앞에 쓰여, 공손함을 나타내는 선어말 어미. ¶듣~니. ▷-사오-.
자오-선(子午線) 명 1 [천] 천구(天球)의 두 극과 어떤 지점의 천정(天頂)을 연결한 천구 상의 큰 원. 2 [지] =경선¹.
자옥-하다[-오카-] 형여 (연기나 안개 등이) 잔뜩 끼어 흐릿하다. ¶방 안에 담배 연기가 ~. 큰자욱하다. **자옥-이** 부
-자옵- 어미(선어말) 주로 아래, 'ㅊ' 등의 자음으로 끝나는 동사의 어간 아래에, 그리고 'ㄱ', 'ㄷ', 'ㅈ'으로 시작되는 어미 또는 '-는', '-나이다', '-시-' 등의 앞에 놓여, 공손함을 나타내는 선어말 어미. ¶분부 ~나이다. ▷-사옵-.
자외-선(紫外線) [-외-/-웨-] 명[물] 파장이 가시광선보다 짧고 X선보다 긴 전자파의 총칭. 눈으로 볼 수는 없으나 태양 광선·수은등 등에 들어 있으며, 살균 작용을 함.
자욱-하다[-우카-] 형여 (연기나 안개 따위가) 잔뜩 끼어 매우 흐릿하다. ¶거리에 안개가 ~. 잔자옥하다. **자욱-이** 부
자:운영(紫雲英) 명[식] 봄에 자주색 꽃이 움단을 짓듯 붙어 피는 두해살이풀. 녹비나 사료 작물로 재배함.
자웅(雌雄) 명 1 =암수¹. 2 승부·우열·강약 등의 뜻으로 쓰는 말. ¶~을 겨루다.
자웅^동주(雌雄同株) 명[식] 암꽃과 수꽃이 한 그루에 피는 것. 소나무·밤나무 등이 이에 속함. =암수한그루. ↔자웅 이주.
자웅^동체(雌雄同體) 명[동] 한 개체에 암수의 두 생식기를 갖춘 것. 지렁이·달팽

이 등이 이에 속함. =암수한몸. ↔자웅이체.

자웅^이:주(雌雄異株) 명[식] 암꽃과 수꽃이 각각 다른 그루에 있어서 식물체의 암수가 구별되는 것. 은행나무·소철 등이 이에 속함. =암수딴그루. ↔자웅 동주.

자웅^이:체(雌雄異體) 명[동] 암컷과 수컷이 각각 다른 독립된 개체로 구분되는 것. 척추동물과 절지동물등이 이에 속함. =암수딴몸. ↔자웅 동체.

자원¹(字源) 명 문자, 특히 한자의 구성 원리. '好' 자가 '女'와 '子'로 구성되었다고 하는 따위.

자원²(自願) 명 어떤 일을 자기 스스로 하고자 하여 나서는 것. ¶~ 봉사. **자원-하다**(氏)(타)(여)

자원³(資源) 명[경] 인간의 생활 및 경제 생산에 이용되는 물적 자료 및 노동력·기술의 총칭. ¶지하~ / ~이 고갈되다.

자위¹(眼알) 눈알이나 새 따위의 알에서, 빛깔에 따라 구분된 부분. ¶검은~ / 노른~.

자위²(自慰) 명 1 괴로운 마음을 스스로 위로하는 것. 2 =수음(手淫). ¶~ 행위. **자위-하다** (氏)(자)(여)

자위³(自衛) 명 (몸이나 나라 따위를) 스스로 막아 지키는 것. ¶~ 태세. **자위-하다** (氏)(타)(여)

자위-권(自衛權) [-꿘] 명[법] 1 개인으로서 남에게 위해(危害)를 받을 때 자기 실력으로 막아 내는 권리. 2 국가 또는 국민에 대한 급박한 침해에 대하여 실력으로써 방위할 수 있는 국가의 기본적 권리.

자위-대(自衛隊) 명 1 자기 나라의 평화와 독립을 지키고, 나라의 안전을 유지하기 위하여 조직한 단체. 2 일본이 치안 유지를 위해 1954년에 창설한 군대.

자유(自由) 명 1 남에게 구속을 받거나 무엇에 얽매이지 않고 자기 의지대로 행동하는 것. 2 [법] 법률의 범위 안에서 자기 마음대로 할 수 있는 행위. ¶출판의 ~.

자유^경!쟁(自由競爭) 명[경] 국가의 간섭이나 사적인 제약이 없이, 수요와 공급이 자유로운 상태에서 행해지는 시장 경쟁.

자유-곡(自由曲) 명 노래자랑이나 음악 경연 등에서, 참가자가 자유롭게 선택하여 부르거나 연주하는 곡. ↔지정곡.

자유-권(自由權) [-꿘] 명[법] 개인의 자유가 국가 권력의 간섭·개입을 받지 않는 권리. 신앙·학문·언론·집회·결사·직업 선택·거주 이전의 자유 따위.

자유-기고가(自由寄稿家) 명 자유 계약으로 신문·잡지 등에 글을 기고하는 것을 직업으로 하는 사람.

자유-롭다(自由-) [-따] 형(日) <-로우니, -로워> 아무런 구속·속박·지배 등이 없어 마음대로 할 수 있는 상태에 있다. ¶**자유로운** 몸이 되다. **자유로이** (부)

자유^무!역(自由貿易) 명 국가가 아무런 규제나 보호를 하지 않고 자유가 방임하는 무역. ↔보호 무역.

자유-민(自由民) 명[법] 정당한 행위에 대하여 자유권을 행사할 수 있는 국민. =자유민. ↔노예.

자유^민주주의(自由民主主義) [-의/-이] 명 자유주의에 입각한 민주주의.

자유분방-하다(自由奔放-) 형여 격식이나 관습에 얽매이지 않고 행동이 자유롭다. ¶발랄하고 **자유분방한** 10대 소녀.

자유-사상(自由思想) 명 자유를 존중하는 사상.

자유-세계(自由世界) [-계/-개] 명 1 자유로운 세계. 또는, 자유로운 사회. 2 제2차 세계 대전 후 자본주의 국가가 공산 진영에 대하여 자기 진영에 속하는 여러 나라를 이르던 말.

자유-스럽다(自由-) [-따] 형(日) <-스러우니, -스러워> 자유를 느낄 만하거나 누릴 만한 데가 있다. ¶**자유스러운** 분위기. **자유스레** (부)

자유-시(自由詩) 명[문] 전통적인 운율이나 시형(詩形)에 구애됨이 없이 자유로운 형식으로 지은 시. ↔정형시.

자유-업(自由業) 명 =자유직업.

자유-연기(自由演技) 명[체] 체조·피겨 스케이팅 경기 등에서, 선수가 연기의 내용을 고안하고 자기의 장기(長技)를 연출하는 것. ▷규정연기.

자유-연애(自由戀愛) 명 전통이나 관례의 속박에서 벗어나 자유로이 하는 연애.

자유-의사(自由意思) 명 남에게 속박이나 간섭을 받지 않고 자유로이 가지는 생각. ¶~에 맡기다.

자유-의!지(自由意志) 명 1 [윤] 외부의 제약이나 구속에 얽매이지 않고 어떤 목적을 스스로 세우고 실행할 수 있는 의지. 2 [심] 어떤 선택과 결정을 자신이 자유로이 할 수 있다는 의지.

자유-인(自由人) 명[법] =자유민.

자유-자재(自由自在) 명 자기의 뜻대로 모든 것이 자유롭고 거침이 없음. ¶外국수는 공을 ~로 다룬다.

자유-재량(自由裁量) 명 1 자기가 옳다고 믿는 바에 따라 일을 결정함. 2 [법] 국가 기관이 법이 허용하는 범위 안에서 자유롭게 판단할 수 있는 일. 또는, 그 행위. (준)재량.

자유^종목(自由種目) 명[체] 체조·수영·스케이트 경기에서, 경기자가 규정 종목에서 선택한 특별한 기술 종목. ▷규정 종목.

자유-주의(自由主義) [-의/-이] 명 개인의 인격적 존엄을 인정하고, 개성을 자발적으로 발전시키고자 하는 주의.

자유주의-자(自由主義者) [-의-/-이-] 명 자유주의를 존중하는 사람.

자유^중국(自由中國) 명[지] =대만.

자유-직업(自由職業) 명 고용 관계를 맺지 않고, 자기 재능이나 기술에 따라 독자적으로 활동하고 보수를 받아 생활하는 직업. 예술가·저술가·종교가·개업의·변호사 따위. =자유업.

자유-투(自由投) 명 1 농구에서, 상대편이 반칙했을 때 프리 스로 서클 안에서 누구의 방해도 받지 않고 자유롭게 슛하는 일. 2 핸드볼에서, 상대편이 반칙했을 때 지정된 지점에서 자유롭게 공을 던지는 일. =프리 스로.

자유-항(自由港) 명 관세 제도상, 항구의 일부 또는 전부를 외국으로 간주하여 관세법을 적용하지 않는 구 역 내에서 외국 화물의 자유로운 출입을 인정하는 항구.

자유-행동(自由行動) 명 단체에 소속되어 있는 개인이 규율에서 벗어나 마음대로 하는 행동. ¶훈련 중에는 ~을 금한다.

자유-형¹(自由刑) 명[법] 범죄자를 일정한 곳에 가두어 활동의 자유를 빼앗는 형벌. 징역·금고·구류의 3종이 있다.

자유-형²(自由型) [명][체] **1** 수영 경기의 한 종목. 수영법의 형(型)에 제약이 없는 자유로운 경영법(競泳法). **2** 레슬링에서, 상대편 허리 아래를 공격하여도 무방한 경기 방법. ▷그레코로만형.
자유-화(自由化) [명] 제약이나 제한을 없애는 일. 특히, 국가에 의한 통제 작용을 없애는 일을 말함. ¶무역의 ~. **자유화-하다** [동][자][타][여] **자유화-되다** [동][자]
자율(自律) [명] 남으로부터 지배나 구속을 받지 않고, 자기의 행동을 자기가 세운 규율에 따라서 바르게 절제하는 일. ¶~ 학습. ↔타율.
자율-권(自律權) [-꿘] [명][법] 국가 기관의 독자성을 존중하여 일정한 범위 안에서 그 기관이 스스로 규칙을 제정할 수 있는 권한.
자율-성(自律性) [-썽] [명] 자기 스스로의 원칙에 따라 어떤 일을 하거나 자기 스스로 자신을 통제하여 절제하는 성질이나 특성.
자율-적(自律的) [-쩍] [관][명] 자신의 원칙에 따라 어떤 일을 하거나 자기 스스로를 제어하는 (것). ¶~ 분위기. ↔타율적.
자음¹(子音) [명][언] 발음할 때, 혀·이·입·입술 등의 발음 기관에 의하여 날숨이 일정한 장애를 만나서 나는 소리. =닿소리. ↔모음.
자음²(字音) [명] 글자의 음. 흔히, 한자(漢字)의 음을 이름.
자음^동화(子音同化) [명][언] 음절의 끝 자음이 뒤에 오는 자음과 만날 때, 어느 한쪽이 다른 쪽을 닮아서 그와 비슷하거나 같은 소리로 바뀌기도 하고 양쪽이 서로 닮아서 두 소리가 다 바뀌기도 하는 현상. 밥물→[밤물], 역량→[영냥], 칼날→[칼랄]로 되는 따위.
자의¹(字義) [-의/-이] [명] 글자의 뜻.
자의²(自意) [-의/-이] [명] 자기의 생각이나 뜻. ¶~로 사표를 내다. ↔타의.
자의³(恣意) [-의/-이] [명] 어떤 일을 할 때 원칙이나 절제 없이 제멋대로인 상태. ¶공금을 ~로 유용하다.
자의-성(恣意性) [-의썽/-이썽] [명] **1** 어떤 일을 원칙·규범·규칙 등을 따르지 않고 제멋대로 하는 성질. **2** [언] 언어에 있어서 소리와 의미의 관계가 필연적이지 않고 사회적 약속에 의해 임의적으로 이뤄지는 특성. ▷유연성(有緣性).
자-의식(自意識) [명][심][철] 외계나 타인과 구별되는 자아(自我)로서의 자기에 대한 의식. =자아의식. ¶~이 강한 사람.
자의-적(恣意的) [-의-/-이-] [관][명] 일정한 질서를 무시하고 제멋대로 하는 (것). ¶~ 판단.
자이로스코프(gyroscope) [명][물] 회전체의 역학적인 운동을 관찰하는 실험 기구. 회전하는 팽이를 세 개의 회전축으로 받쳐 자유로이 방향을 바꿀 수 있게 한 장치임.
자이로컴퍼스(gyrocompass) [명][물] 나침반의 하나. 자이로스코프의 원리를 이용하여 회전축이 항상 지구의 북쪽을 가리키도록 한 것. 선박·항공기에 쓰임.
자이르(Zaïre) [명][지] '콩고 민주 공화국'의 구칭.
자이브(jive) [명] 재즈 음악에 맞추어 추는 빠르고 격렬한 춤.
자인(自認) [명] 스스로 인정하는 것. **자인-하다** [동][타][여] ¶실수를 ~.
자일([독]Seil) [명] 등산용 밧줄. [비]로프. ¶~을 타고 암벽을 오르다.
자임(自任) [명] 어떤 일을 자기가 스스로 맡는 것. **자임-하다** [동][타][여] ¶그는 소년 가장의 후원자 역할을 **자임하고** 나섰다.
자자손손(子子孫孫) [명] 여러 대(代)의 자손. ¶~ 살아갈 우리 땅.
자자-하다(藉藉-) [형][여] (좋은 소문이나 칭찬 등이) 널리 알려지거나 퍼져 있다. [비]무성하다·파다하다. ¶칭찬이 ~. **자자-히** [부]
자작¹(子爵) [명] 유럽에서, 중세 이후의 귀족 계급 중 넷째 작위. 백작의 아래, 남작의 위임.
자작²(自作) [명] **1** 자기 스스로 만들거나 짓는 것. 또는, 그 물건. **2** 자기 땅에 직접 농사를 짓는 것. ¶~농. ↔소작. **자작-하다**¹ [동][타][여]
자작³(自酌) [명] 술을 손수 따라 마시는 것. **자작-하다**² [동][자][여]
자작-곡(自作曲) [-꼭] [명] 자기 스스로 지은 곡.
자작-극(自作劇) [-끅] [명] 남을 속이거나 모략하기 위해 자신이 직접 나서서 거짓으로 꾸민 사건. ¶~을 벌이다.
자작-나무 [-장-] [명][식] 높이 20m에 이르고, 나무껍질이 희며 옆으로 얇게 벗겨지는 낙엽 활엽 교목. 깊은 산에서 자라며, 나무껍질은 약재로 쓰임.
자작-농(自作農) [-장-] [명] 자기 땅에 자기가 직접 짓는 농사. 또는, 그 농가. ↔소작농.
자작-시(自作詩) [-씨] [명] 자기가 지은 시. ¶~ 낭독.
자작-자작 [-짜-] [부] 물이 점점 바닥에 잦아드는 모양. **자작자작-하다** [형][여] ¶국물이 **자작자작할** 때까지 졸이다.
자잘-하다 [형][여] **1** 여럿이 다 잘다. ¶밤톨이 ~. **2** (어떤 일이나 대상들이) 하찮고 시시하다. ¶**자잘한** 가정사.
자장(慈藏) [명][인] 신라의 승려(590?~658?).
자장-가(-歌) [명] 아기를 재우거나 달래거나 할 때 부르는 노래.
자장면(←[중]炸醬麵) [명] 고기와 채소를 넣어 볶은 중국 된장에 비빈 국수. ¶~ 곱빼기. =짜장면.
자장-자장 [감] 어린아이를 재울 때에 조용히 노래처럼 하는 소리.
자재(資材) [명] 무엇을 만드는 근본이 되는 재료. ¶원(原)~ / 건축 ~.
자재-난(資材難) [명] 자재가 모자라서 당하는 어려운 사정.
자전¹(字典) [명] 한자(漢字)를 모아서 일정한 순서로 늘어놓고 글자 하나하나의 뜻과 음을 풀이한 책. =옥편.
자전²(自傳) [명] =자서전.
자전³(自轉) [명][천] 천체가 지름의 하나를 축으로 하여 스스로 회전하는 운동. ↔공전. **자전-하다** [동][자][여]
자전-거(自轉車) [명] 사람이 안장에 앉아, 두 손으로 핸들을 잡고, 두 발로 좌우의 페달을 교대로 밟아 체인으로 바퀴를 돌려 나아가게 만든, 바퀴가 두 개 또는 세 개인 탈것. [비]사이클. ¶세발~ / ~ 도로.
자전거-포(自轉車鋪) [명] 자전거를 팔거나 고치는 가게.
자전-적(自傳的) [관][명] 자서전의 성질을

띠고 있는 (것). ¶~ 소설.
자정[1](子正) [명] 자시(子時)의 한가운데 시각. 곧, 0시. ↔오정.
자정[2](自淨) [명] 오염된 공기나 물 따위가 물리학적·화학적·생물학적 작용으로 자연히 깨끗해지는 일. **자정-하다** [동][자][여]
자제[1](子弟) [명] **1** 남을 높여 그의 '아들'을 이르는 말. ¶훌륭한 ~를 두셨군요. **2** 남을 높여 그 집안의 '젊은이'를 이르는 말.
자제[2](自制) [명] 자기감정이나 욕망을 스스로 억제하는 것. **자제-하다** [동][타][여] ¶욕구를 ~.
자제-력(自制力) [명] 스스로 감정이나 욕망을 억제하는 힘. ¶~을 잃다.
자조[1](自助) [명] 자기의 향상·발전을 위하여 스스로 애쓰는 것. **자조-하다**[1] [동][자][여]
자조[2](自嘲) [명] 스스로 자기를 비웃는 것. ¶~에 찬 씁쓸한 미소. **자조-하다**[2] [동][자][타][여] ¶자신의 삶을 ~.
자조-적(自嘲的) [관][명] 스스로를 비웃는 (것). ¶~인 웃음.
자족(自足) [명] 스스로 넉넉함이나 만족을 느끼는 것. ¶~감(感). **자족-하다** [동][자][여] ¶**자족하는** 생활.
자존[1](自存) [명] **1** 자기의 존재. **2** 제 힘으로 생존하는 것. **자존-하다**[1] [동][자][여] 제 힘으로 생존하다.
자존[2](自尊) [명] **1** 스스로 자기를 높이는 것. **2** 자기의 품위를 높게 지키는 것. **자존-하다**[2] [동][자][여]
자존-심(自尊心) [명] 남에게 굽히거나 아쉬운 소리를 하지 않고 자기의 위신이나 위엄이나 체면을 세우려는 마음. ¶~이 강하다.
자주[1] [부] 같은 일을 잇달아 잦게. ¶이런 일은 전에도 ~ 있었다.
자주[2](自主) [명] 남의 보호나 간섭을 받지 않고 스스로 자기 일을 처리하는 것. ¶~ 국방.
자ː주[3](紫朱) [명] =자주색.
자주-권(自主權) [-꿘] [명] **1** 자기 뜻대로 일을 자유롭게 결정하고 처리할 수 있는 권리. **2** 국가가 외국의 간섭이나 속박을 받지 않고 자유롭게 의사 결정을 할 수 있는 권리.
자주-독립(自主獨立) [-동닙] [명] 자주권을 행사할 수 있는 기초 위에서의 완전한 독립. ¶~국(國).
자ː주-색(紫朱色) [명] 빨강과 파랑이 섞인 중간 색깔. 보라보다 붉은색을 더 많이 띰. =자주·자색(紫色).
자주-성(自主性) [-썽] [명] 자주적인 능력이나 성질.
자주-자주 [부] 매우 자주. ¶~ 들러라.
자주-적(自主的) [관][명] 남에게 의지하거나 남의 간섭을 받지 않고 자기 일을 자기가 결정하고 처리하는 (것). ¶~ 외교.
자주-정신(自主精神) [명] 독립적으로 일을 처리하려는 정신.
자ː줏-빛(紫朱-) [-주삗/-줃삗] [명] 자주색을 띤 사물의 빛깔.
자중[1](自重) [명] 차체·기계 따위의 그 자체의 무게.
자중[2](自重) [명] **1** 자기의 언행을 신중하게 하는 것. ¶은인(隱忍)~. **2** 스스로 자기 자신을 중히 여기는 것. ¶~ 자애(自愛). **자중-하다** [동][자][여]
자ː지 [명] 남자의 외성기. 곧, 배 아래쪽 두 다리 사이에 길게 내민 것으로, 오줌이나 정액을 내보내는 부분. 함부로 쓰지 않는 금기어임. [비]음경. ↔보지.
자지러-지다 [동][자] **1** 몹시 놀라 몸이 주춤하며 움츠러지다. ¶**자지러지게** 비명을 지르다. **2** 생물이 잘 자라지 못하고 오그라지다. **3** (웃음소리·울음소리나 장단 등이) 듣기에 자릿하도록 빠르고 잦아지다. ¶**자지러지게** 웃다.
자진[1](自進) [명] 남이 시키는 것을 기다리지 않고 스스로 하는 것. ¶~ 신고. **자진-하다**[1] [동][자][여] ¶궂은일을 **자진해서** 하다.
자진[2](自盡) [명] 스스로 자신의 목숨을 끊는 것. [비]자살. **자진-하다**[2] [동][자][여] ¶혀를 깨물어 ~.
자진모리-장단 [명][음] 판소리 및 산조 장단의 하나. 휘모리장단보다 좀 느리고 중중모리장단보다 좀 빠른 속도로서, 섬세하면서 명랑하고, 차분하면서 상쾌함.
자질(資質) [명] **1** 타고난 성품과 소질. ¶지도자로서의 ~이 엿보이다. **2** 맡아 하는 일에 관한 실력의 정도. ¶~ 향상.
자질구레-하다 [형][여] 잘고 시시하여 대수롭지 않다. ¶**자질구레한** 물건.
자찬(自讚) [명] 자기 자신이나 또는 자기가 한 일을 스스로 칭찬하는 것. ¶자화(自畫)~. **자찬-하다** [동][타][여]
자책(自責) [명] 스스로 자기를 책망하는 것. **자책-하다** [동][자][타][여] ¶일이 실패로 끝나자, 그는 심하게 **자책하였다.**
자책-감(自責感) [-깜] [명] 자책하는 마음. ¶~에 사로잡히다.
자책-점(自責點) [-쩜] [명][체] 야구에서, 투수가 데드 볼·안타 등으로 상대 팀에 준 점수.
자처(自處) [명] 자기 자신을 어떤 사람으로 여겨 그렇게 처신하는 것. **자처-하다** [동][자][타][여] ¶애국자로 ~.
자ː철-석(磁鐵石) [-썩] [명][광] 철의 산화물로 된 광물. 검은색으로 금속광택이 나며, 자성(磁性)이 매우 강함. 주요 철광석임. 구용어는 자철광.
자청(自請) [명] (어떤 일을) 하겠다고 스스로 청하는 것. **자청-하다** [동][자][타][여] ¶남들이 기피하는 벽지 근무를 ~.
자체[1](自體) [명] 바로 그 자신. 또는, 바로 그것. ¶~ 감사(監査).
자체[2](字體) [명] **1** 글자의 체. **2** =글자꼴.
자초(自招) [명] (어떤 결과를) 제 스스로 끌어들이는 것. **자초-하다** [동][타][여] ¶파멸을 ~.
자초지종(自初至終) [명] 처음부터 끝까지의 과정. ¶어찌 된 일인지 ~을 말하다.
자축(自祝) [명] 제 일을 스스로 축하하는 것. **자축-하다** [동][타][여] ¶생일을 ~.
자축-연(自祝宴) [명] 제 일을 스스로 축하하기 위해 여는 잔치.
자충-수(自充手) [명] **1** 바둑에서, 잘못 두어 자신의 집을 잃게 하거나 자멸에 이르게 한 수. **2** 스스로 선택했으나 자신에게 불리한 결과를 가져오게 한 행동. 비유적인 말임. ¶~를 두다.
자취[1] [명] **1** 무엇이 남기고 간 흔적. ¶고대 문화의 ~. **2** [수] 어떤 일정한 성질을 가진 점들의 집합으로 이루어진 도형.
자취를 감추다 **1** 자기의 행방을 남이 모르게 하거나 숨다. ¶은행원이 공금을 횡령하여 ~. **2** 어떤 사물 현상이 없어지다. ¶수요가 많아지자 매물이 ~.
자취[2](自炊) [명] 손수 밥을 지어 먹으며 생

활하는 것. ¶~ 생활. **자취-하다** 자
자취-방(自炊房) [—빵] 몡 자취하는 방.
자치(自治) 몡 1 자기 일을 자기 스스로 처리하는 것. 2 지방 자치 단체 등이 해당 지역의 행정·사무를 공선(公選)된 사람들에 의해 자주적으로 처리하는 것. ¶지방 ~ 제도. ↔관치. **자치-하다** 자
자치-구(自治區) 몡 1 특별시와 광역시의 관할 구역 안에 두는, 지방 자치 단체로서의 구(區). 2 [정] 국가가 지역 주민에게 일정한 자치권을 부여한 지구.
자치-권(自治權) [—꿘] 몡 지방 자치 단체가 그 지역 내에서 법률에 의하여 정해진 자치 행정을 할 수 있는 권능.
자-치기(自—) 몡 짤막한 나무토막을 긴 막대기로 쳐서 그 날아간 거리를 재어 이기고 짐을 겨루는 아이들의 놀이.
자치-단체(自治團體) [—체] 몡 국가로부터 자치권이 부여된 공법상의 법인.
자치-적(自治的) 관 스스로 자기 일을 다스리는 (것).
자치-제(自治制) 몡 [정] =지방 자치 제도.
자치^행정(自治行政) 몡 [법] 1 국민이 그들의 이해관계가 있는 공공 사무를 직접 처리하거나, 그들이 선출한 기관에 의해 처리하는 행정. ↔관치행정. 2 공공 단체가 스스로 그 사무를 행하는 일.
자치-회(自治會) [—회/—훼] 몡 1 [교] 학교 안에서의 생활을 스스로 다스리기 위하여 학생들이 만든 학교 안의 조직. 또는, 그 모임. 2 민간단체 또는 같은 지역의 거주민 등이 자신들의 사회생활을 자주적으로 운영해 나가기 위하여 만든 자치 조직. ¶아파트 ~.
자^침(磁針) 몡 [물] 자유로이 수평 방향으로 회전할 수 있도록 괴어 놓은 침 모양의 자석. =지남철.
자첫[—친] 뎡 어쩌다가 조금이라도 실수하여. 또는, 일이 조금이라도 잘못될 경우에. ¶~ 잘못 디디면 낭떠러지로 떨어진다. **자칫-하다** 동재여) ¶**자칫하면** 사고가 나기 쉽다.
자칭(自稱) 몡 실제로는 그렇지도 않은데, 또는 세상에서는 그렇다고 인정하지 않는데, 어떤 신분·직함·이름을 가지고 있다고 자기가 칭하는 것. ¶~ 일류 기술자. **자칭-하다** 자여)¶국어학를 ~.
자카르타(Jakarta) 몡 [지] 인도네시아의 수도.
자칼(jackal) 몡 [동] 여우와 비슷하고, 몸빛은 황갈색이며 꼬리 끝이 검은 포유동물. 평원에서 사는데, 해 질 무렵부터 활동하며 죽은 고기를 찾아 먹음.
자켓(罾) '재킷(jacket)'의 잘못.
자타(自他) 몡 자기와 남. ¶~가 인정하는 실력 / ~가 공인하는 사실.
자탄(自歎·自嘆) 몡 스스로 탄식하는 것. **자탄-하다** 자여)
자태(姿態) 몡 1 사람, 특히 여자의 몸가짐과 맵시. ¶요염한 ~. 2 사물의 모습이나 모양. ¶설악산의 장엄한 ~.
자택(自宅) 몡 자기가 살고 있는 집. 또는, 자기가 소유하고 있는 집. ¶~ 전화번호.
자퇴(自退) [—퇴/—퉤] 몡 스스로 물러나는 것. ¶~서. **자퇴-하다** 자여) ¶학교를 ~.
자투리 1 몡 자로 끊어서 팔고 남은 조각. 또는, 천을 재단하고 남은 조각. 2

어떤 목적으로 사용하고 남은, 얼마 안 되는 부분을 일컫기는 아까운 것. ¶~ 공간.
자투리-땅 몡 도시 계획이나 도로 확장 등으로 택지로 구획한 뒤에 남은, 건축법에서 기준 평수 미만의 부정형(不整形)의 작은 땅 조각.
자판(自判) 몡 자기 쪽의 과나 갈래.
자판(字板) 몡 타이프라이터·컴퓨터 등에서, 손가락으로 두드려 문자를 찍어 내거나 입력시키는 장치. =키보드·글자판·문자판.
자판(自販) 몡 '자동판매기'의 준말.
자폐-아(自閉兒) [—페—/—폐—] 몡 자폐증이 있는 아이.
자폐-증(自閉症) [—페쯩/—폐쯩] 몡 [의] 심리적으로 자기 세계 안에 박혀 대인 관계가 전혀 이루어지지 못하는 정신 증세 및 질환.
자^포-동물(刺胞動物) 몡[동] 동물 분류상의 한 무리. 물에 사는 다세포 동물로서, 몸의 내부가 하나로 터져 비어 있으며, 입 주위에 많은 촉수가 있음. 해파리·말미잘 등이 이에 속함.
자포-자기(自暴自棄) 몡 절망 상태에 빠져서, 스스로 자신을 포기하여 돌아보지 않음. ¶~에 빠지다. **자포자기-하다** 자
자폭(自爆) 몡 자기가 지닌 폭발물을 폭발시켜 스스로 죽는 것. **자폭-하다** 자여)
자필(自筆) 몡 (어떤 글·글씨를) 남이 적지 않고 직접 자기가 적는 것. 또는, 그 글씨. ¶~ 이력서. ↔대필. **자필-하다** 동타여) ¶진술서를 ~.
자학(自虐) 몡 스스로 자기를 학대하는 것. ¶~ 행위. **자학-하다** 자
자해¹(自害) 몡 1 스스로 자기 몸을 다치게 하거나 자기 몸에 상처를 내는 것. ¶~ 행위. 2 =자살. **자해-하다** 자
자해²(字解) 몡 글자(특히, 한자)를 해석하는 것. 또는, 그 해석. **자해-하다**² 타여)
자행(恣行) 몡 방자하게 행동하는 것. 또는, 그 행동. **자행-하다** 동타여) ¶대량 학살을 ~. **자행-되다** 동자)
자형¹(字形) 몡 =글자꼴.
자형²(姉兄) 몡 =매형(妹兄).
자혜-롭다(慈惠—) [—헤—따/—헤—따] 휑ㅂ〈—로우니, —로워〉 인자하고 은혜롭다. **자혜로이** 튄
자^화(磁化) 몡 물체가 자기장 안의 물체가 자기(磁氣)를 띠는 일. 또는, 그 결과로 생긴 단위 체적당의 자기 모멘트. **자화-하다** 동타여) **자화-되다** 자
자화-상(自畵像) 몡 [미] 자기가 그린 자기의 초상화.
자화^수분(自花受粉) 몡 [식] 암술이 자기 꽃의 꽃가루를 받는 일. ↔타화 수분.
자화-자찬(自畵自讚) 몡 [자기가 그린 그림을 스스로 칭찬한다는 뜻] 자기가 한 일을 스스로 자랑함. **자화자찬-하다** 동타여)
자활(自活) 몡 남에게 의지하지 않고 제힘으로 살아가는 것. ¶신체장애를 극복하고 ~의 길을 찾다. **자활-하다** 자
자-회사(子會社) [—회—/—훼—] 몡 [경] 다른 회사와 자본적 관계를 맺어 그 회사의 지배하에 있는 회사. ↔모회사.
자획(字畫) [—획/—훽] 몡 글자의 획.
자훈(字訓) 몡 1 한자(漢字)의 우리말 새

김. 2 글자와 새김.
작¹ [부] 작고 획 같은 것을 한 번 긋거나 싶이 같은 것을 한 번 찢을 소리. (큰)(쩍).
작² (作) [의존] (작자의 이름 다음에 쓰여) 작품·제작·저작(著作)의 뜻을 나타내는 말. ¶김동인 ~ 감자. ¶저(著).
작³ (昨) [부] '어제'의 뜻. 날짜 앞에 쓰임. ¶ ~ 3일.
-작(作) [접미] 1 '작품', '제작'의 뜻을 나타내는 말. ¶야심~ / 대표~. 2 '작황', '농사'의 뜻을 나타내는 말. ¶평년~ / 이모~.
작가(作家) [-까] [명] 1 소설·회화·시나리오 등을 전문적으로 짓는 사람. 앞에 수식하는 말이 없이 단독으로 쓰일 때에는 주로 소설가를 가리킨다. ¶시나리오 ~. ▷작자. 2 미술 작품을 창작하거나 예술 사진을 촬영하는 일을 전문적으로 하는 사람. ¶사진~.
작고(作故) [-꼬] [명] '사망'의 높임말. 작고-하다 [동](자)(여)
작곡(作曲) [-꼭] [명] 음악상의 작품을 창작하는 일. 또는, 시나 가사 등에 가락을 붙이는 일. 작곡-하다 [동](타)(여) 작곡-되다 [동](자)
작곡-가(作曲家) [-꼭까] [명] 작곡하는 일을 전문으로 하는 사람.
작곡-자(作曲者) [-꼭짜] [명] 작곡한 사람.
작금(昨今) [-끔] [명] 어제와 오늘. 곧, 요즈음. ¶~의 세태 풍조.
작년(昨年) [장-] [명] 지난해.
작년-도(昨年度) [장-] [명] 작년의 연도. ▷전년도. [비]
작:다 [-따] [형] 1 (물체가 부피·길이·넓이·높이 등이나 규모가 보통의 경우나 기준 대상의 것보다 그러하다가 되는 상태에 있다. ¶작은 가방. 2 (일의 규모·범위·정도·중요성 등이) 보통의 경우에 미치지 못한 상태에 있다. ¶작은 회사. 3 (어떤 물건이 맞추어야 할 몸이나 물체에) 치수가 모자라 맞지 않는 상태에 있다. ¶옷이 ~. 4 (사람됨이) 통이 크지 못하고 좀스럽다. ¶지도자가 되기에는 사람이 너무 ~. 5 (소리가) 낮거나 여려 귀에 들리는 정도가 약하다. ¶작은 목소리. 6 (돈이) 액수나 단위가 보통 정도나 비교 기준보다 아래이다. 또는, (수가) 크기가 보통 정도나 비교 기준보다 아래이다. ¶액수가 너무 ~. ↔크다.
[작은 고추가 더 맵다] 겉모양으로는 작고 대수롭지 않아 보이지만 하는 일은 야무지고 올찬 사람을 이르는 말.
작-다리 [-따-] [명] 키가 작달막한 사람을 놓으로 이르는 말. ↔키다리.
작달막-하다 [-딸마카-] [형](여) 키가 몸의 크기에 비하여 다소 작다. ¶작달막한 키.
작당(作黨) [-땅] [명] (둘 이상의 사람이) 부정적인 일을 목적으로 한 무리를 이루는 것. ¶네 놈들이 나를 골탕먹이려고 ~을 했구나. 작당-하다 [동](자)(여)
작대기 [-때-] [명] 1 가늘고 긴 나무 막대기. (비) 막대기. 2 답안지 따위의 잘못된 곳에 내리긋는 줄. ¶~를 치다. 3 사병 또는 부사관 계급장에서, 한일자 모양의 표지를 속되게 이르는 말.
작도(作圖) [-또] [명] 1 지도·설계도 따위를 그리는 것. 2 [수] 주어진 조건에 알맞은 도형을 그리는 것. 작도-하다 [동](타)(여)
작동(作動) [-똥] [명] (기계가) 그 기능대로 움직이는 것. 또는, (기계를) 움직이게 하는 것. 작동-하다 [동](자)(여) ¶기계를 ~. 작동-되다 [동](자)
작두 [-뚜] [명] 말이나 소에게 먹일 짚이나 풀 따위를 써는 연장.
작량-감:경(酌量減輕) [장냥-] [명] [법] 범죄의 정상에 참작할 만한 이유가 있을 때, 법관이 그 형을 줄이거나 가볍게 하는 일. =정상 참작.
작렬(炸裂) [장녈] [명] (폭발물이) 터져서 파편으로 튀어 흩어지는 것. 작렬-하다 [동](자)(여) ¶폭죽이 밤하늘을 수놓으며 ~.
작명(作名) [장-] [명] 이름을 짓는 것. 작명-하다 [동](자)(타)(여) ¶항렬자를 넣어 ~.
작명-가(作名家) [장-] [명] 사람·상점·회사 등의 이름을 지어 주는 일을 직업으로 하는 사람.
작물(作物) [장-] [명] 농작물의 종류. ¶고소득 ~.
작문(作文) [장-] [명] 시·산문 등의 글을 짓는 것. 또는, 그 글. (비)글짓기. 작문-하다 [동](자)(여)
작물(作物) [장-] [명] '농작물'의 준말. ¶원예 ~ / 특용 ~.
작법(作法) [-뻡] [명] 글 따위를 짓는 법.
작별(作別) [-뼐] [명] 서로 인사를 나누고 헤어지는 것. 또는, 그런 인사. ¶~ 인사 / ~을 고하다. 작별-하다 [동](자)(여)
작부(酌婦) [-뿌] [명] 주로 막걸리·소주 등을 파는 술집에서 술을 따라 주거나 하면서 손님을 접대하는 여자.
작사(作詞) [-싸] [명] 가사(歌詞)를 짓는 것. 작사-하다 [동](타)(여)
작사-자(作詞者) [-싸-] [명] 작사한 사람.
작살 [-쌀] [명] 물속의 물고기 등을 찔러서 잡는 데 사용하는, 장대 끝에 미늘이 있는 포크 모양의 쇠 날을 끼워 만든 물건.
작살-나다 [-쌀라-] [동](자) 1 (물건이) 다시 쓸 수 없을 만큼 형편없이 깨어지거나 부서지다. 속된 말임. ¶녹음기가 높은 곳에서 떨어져 ~. 2 (사람이나 집안·단체 등이) 심하게 당하거나 결딴이 나다. 속된 말임. ¶빚에 몰려 집안이 ~.
작살내다 [-쌀래-] [동](타) '작살나다'의 사동사. 속된 말임.
작설-차(雀舌茶) [-썰-] [명] 갓 눈이 튼 차나무의 새싹을 따서 만든 차.
작성(作成) [-썽] [명] (문서나 원고 등을) 일정한 형식이나 틀에 맞추어 써서 만드는 것. ¶원고 ~. 작성-하다 [동](타)(여) ¶보고서를 ~. 작성-되다 [동](자)
작성-자(作成者) [-썽-] [명] 작성한 사람.
작수-성:례(酌水成禮) [-쑤-녜] [명] [물만 떠 놓고 혼례를 지낸다는 뜻] 가난한 집의 혼례. 작수성례-하다 [동](자)(여)
작시(作詩) [-씨] [명] 시를 짓는 것. (비)시작(詩作). 작시-하다 [동](타)(여)
작신-거리다(-대다) [-씬-] [동](자)(타) 자꾸 자꾸 힘을 주어 자꾸 누르다.
작신-작신 [-씬-씬] [부] 작신거리는 모양. ¶결리는 허리를 ~ 누르다. 작신작신-하다 [동](자)(타)(여)
작심(作心) [-씸] [명] (어떤 일을 하기로, 또는 어떤 일을 할 것을) 마음을 먹는 것. (비)결심. 작심-하다 [동](타)(여) ¶그는 모든 것을 버리고 떠날 것을 작심했다.
작심-삼일(作心三日) [-씸-] [명] [품은

마음이 사흘을 가지 못한다는 뜻) 결심이 굳지 못함. ¶백날 담배를 끊으면 될 해? ~인데..

작아-지다 〔자〕 작게 되다. ↔커지다.

작약[1](芍藥) [식] 줄기가 60cm가량 곧게 자라고, 5~6월에 크고 탐스러운 흰색 또는 붉은색의 꽃이 피는 여러해살이풀.

작약[2](炸藥) [명] 폭발물의 내부에 장치하여 폭발물을 폭발시키는 작용을 하는 화약.

작업(作業) [명] 1 일정한 목적과 계획 아래 육체적 또는 정신적인 일을 하는 것. ¶~환경. 2(※)(주로 '작업 들어가다[들어오다]'의 꼴로 쓰여) 이성과 사귀기 위해 환심을 사는 행동을 하는 것. 작업-하다 〔자〕〔여〕

작업-대(作業臺) [-때] [명] 작업하기에 편리하도록 만들어 놓은 대.

작업-량(作業量) [-냥] [명] 일정한 시간에 하는 작업의 양.

작업-모(作業帽) [-엄-] [명] 작업할 때 쓰는 모자.

작업-반(作業班) [-빤] [명] 일정한 작업을 하기 위한 목적으로 조직한 반.

작업-복(作業服) [-뽁] [명] 작업할 때에 입는 옷.

작업-실(作業室) [-씰] [명] 작업하는 방.

작업-장(作業場) [-짱] [명] 작업을 하는 곳.

작열(灼熱) [장녈] [명] (불 따위가) 새빨갛게 달구어 뜨겁게 타오르는 것. 작열-하다 〔자〕〔여〕 ¶태양이 작열하는 열사의 땅.

작용(作用) [명] 1 사물에 변화를 가져다주거나 영향을 미치는 것. 또는, 어떤 현상이나 운동을 일으키는 것. ¶풍화 ~. 2 (물) 한 물체의 힘이 다른 물체에 미쳐 영향을 주는 일. 작용-하다 〔자〕〔여〕 작용-되다 〔자〕〔여〕

작용-점(作用點) [-쩜] [명] (물) 물체 내의 한 점에서 힘이 작용할 때에 그 힘이 미치는 점.

작위[1](作爲) [명] 1 의식적으로 행동하는 것. ↔무작위. 2 [법] 의식적으로 행하는 적극적 행위. 살인·절도 따위.

작위[2](爵位) [명] 1 벼슬과 지위. 2 작(爵)의 계급.

작위-적(作爲的) 〔관〕 [명] 무엇을 할 때, 꾸며서 하는 것이 두드러지게 눈에 띄는 (것). ¶~인 문장.

작은- [접두] 가족 관계를 나타내는 말 앞에 붙어, 맏이가 아니거나 서열이 위가 아님을 나타내는 말. ¶~누나 / ~아버지. ↔큰-.

작은개-자리 [명][천] 북쪽 하늘의 작은 별자리. 3월 중순 저녁에 남중함.

작은-골 [생] =소뇌(小腦).

작은곰-자리 [명][천] 하늘의 북극 가까이에 있는 별자리. 북극성을 알파별(α星)로 하며, 7월 중순 저녁에 남중함.

작은-놈 [명] '작은아들'을 낮추어 이르는 말. ↔큰놈.

작은-누나 [명] 둘 이상의 누나 가운데 맏이가 아닌 누나. ↔큰누나.

작은-누이 [명] 둘 이상의 누이 가운데 맏이가 아닌 누이. ↔큰누이.

작은-달 [명] 날수가 양력으로는 31일이 못되고, 음력으로는 30일이 못 되는 달. ↔큰달.

작은-되 [-되/-뒈] [명] 오 홉들이 되를 열 되들이 되에 상대하여 일컫는 말. ↔큰되.

작은-따옴표(-標) [언] 가로쓰기에 사용되는 따옴표의 하나. ' ' 의 이름. 1 따온 말 가운데 다시 따온 말이 들어 있을 때 씀. 2 마음속으로 한 말을 적을 때에 씀. ▷낫표.

작은-딸 [명] 맏딸이 아닌 딸.

작은-마누라 [명] '첩'를 듣기 좋게 부르는 말. ↔큰마누라.

작은-말 [명][언] 단어의 실질적인 뜻은 큰말과 같으나 표현상의 느낌이 작고, 밝고, 가볍고, 강하게 들리는 말. 주된 음절의 모음이 ㅏ·ㅐ·ㅑ·ㅒ·ㅚ 등으로 됨. 가령, '노랗다'는 '누렇다'의 작은말임. ↔큰말.

작은말-표(-標) [언] 문장 부호의 하나. '<'의 이름. 뒷말에 대하여 앞말이 작은말임을 나타낼 때 씀. ↔큰말표.

작은-머리 [명] 작은아들의 아내. ↔큰머느리.

작은-물떼새 [명][동] 물떼새의 한 종류로, 등 쪽은 연한 갈색이고 꽁지는 황갈색에 검은 띠가 있는 새. 여름 철새임.

작은-바늘 [명] '시침'을 달리 이르는 말.

작은-방(-房) [명][건] 집 안의 큰방과 나란히 딸려 있는 방. ▷큰방.

작은-북 [음] 1 소형의 북. =소고(小鼓). 2 서양의 타악기의 하나. 앞에 걸어 메거나 대(臺) 위에 올려놓고 두 개의 가는 나무 막대기로 두드려 소리를 냄. =사이드 드럼.

작은-설 [명] 설에 대하여, '섣달 그믐날'을 이르는 말.

작은-아들 [명] 맏아들이 아닌 아들. ↔큰아들.

작은-아버지 [명] 아버지의 결혼한 남자 동생. 호칭 및 지칭으로 쓰임. 비숙부(叔父). ↔큰아버지.

작은-아이 [명] 작은아들이나 작은딸을 다정하게 일컫는 말. ⓒ작은애. ↔큰아이.

작은-악절(-樂節) [-쩔] [명] 두 개의 동기(動機)가 모여 보통 넷 또는 여섯의 소절로 이루어진 악절. ↔큰악절.

작은-애 [명] '작은아이'의 준말. ↔큰애.

작은-어머니 [명] 1 작은아버지의 아내. 호칭 및 지칭으로 쓰임. 비숙모(叔母). 2 서모(庶母)를 자기 어머니와 구별하여 이르는 말. ↔큰어머니.

작은-언니 [명] 맏언니가 아닌 언니. ↔큰언니.

작은-오빠 [명] 가장 손위 되는 오빠가 아닌 오빠. ↔큰오빠.

작은-집 [명] 1 따로 사는 아들 또는 아우의 집. 2 첩 또는 첩의 집. ↔큰집. 3(속) 변소(便所).

작은-창자 [명][생] =소장(小腸)[1].

작은-형(-兄) [명] =맏형이 아닌 형. ↔큰형.

작인(作人) [명] '소작인(小作人)'의 준말.

작자(作者) [-짜] [명] 1 어떤 문학 작품을 창작한 사람. 비글쓴이·지은이. ¶~ 미상. 2 남을 업신여겨 홀대해서 이르는 말. ¶어느 ~가 이 짓을 했지? 3 물건을 살 사람. ¶~가 나서지 않는다.

작작[-짝] [부] 어지간하게 적당히. ¶거짓말 좀 ~ 해라.

작전(作戰) [-쩐] [명] 1 [군] 전투를 승리로 이끌거나 기타의 군사적 목적을 이루기 위해 전술을 마련하거나 구체적인 계획을 세우는 일. ¶인천 상륙 ~. 2 경기를 승리로 이끌기 위해 또는 어떤 일을 잘 해내기 위해 계획을 세우거나 방법을 마련하는 일. ¶감독의 ~이 성공하다. **3** 증권 시장에서 일부 세력이 공모해 주식을 대량으로 매입한 뒤 헛소문을 퍼뜨려 주가를 끌어올린 다음 되팔아 이익을 챙기는 불법 행위. ¶~ 세력. **작전-하다** [동][자][여]

작전-주(作戰株) [-쩐-] [명] 작전을 통하여 주가 조작을 함으로써 부당한 이익을 챙긴 주식.

작전^타임(作戰time) [-쩐-] [명][체] 배구·농구 등의 구기에서, 경기 도중에 감독이나 주장이 작전을 다시 세우기 위해 심판에게 요구하는 경기 중단의 시간.

작정(作定) [-쩡] [명] 일을 결정하는 것. 또는, 그 결정. ¶내일 떠날 ~이다. **작정-하다** [동][자][타][여] **작정-되다** [동][자]

작중^인물(作中人物) [-쭝-] [명] 문학 작품 속에 나오는 인물. ▷등장인물.

작태(作態) [명] 하는 짓거리. ¶선량(選良)들의 한심스러운 ~.

작파(作破) [명] (하던 일이나 계획을) 그만두어 버리는 것. **작파-하다** [동][타][여]

작폐(作弊) [-폐/-페] [명] 폐단을 일으키는 것. 또는, 폐를 끼치는 것. **작폐-하다** [동][자][여]

작품(作品) [명] **1** 예술 활동의 결과로 이루어진 문학·미술·음악·영화 등의 창작. 때로, 예술의 영역에 들지는 않으나 창의적인 아이디어나 상상력을 가지고 만들어 낸 물건을 가리키기도 함. ¶소설 ~. **2** 어떤 의도를 가지고 꾸며 내거나 이뤄 낸 일을 비유적으로 이르는 말. ¶두 사람의 결혼을 성사시킨 건 나의 ~이었다.

작품-성(作品性) [-썽] [명] 작품이 가지는 예술적 가치. ¶~이 높은 영화.

작품-집(作品集) [명] 작품을 모아 엮은 책.

작풍(作風) [명] 작품에 나타난, 작가의 특수한 예술적 수법이나 특징. ¶독특한 ~.

작황(作況) [자쾅] [명][농] 농작의 잘되고 못된 상황. ¶올해는 벼농사의 ~이 좋다.

ㅈ

작히 [자키] [부] '얼마나', '오죽'의 뜻으로 반어 의문문에 쓰이는 말.

작히-나 [자키-] [부] '작히'를 더 강조하여 이르는 말. ¶병이 나을 수만 있다면 ~ 좋을까!

잔-[1] [접두] **1** 사물의 굵기나 크기나 규모 등이 잘거나 가늘거나 작은 상태임을 나타내는 말. ¶~가시 / ~돈. **2** 사물이 사소하거나 자질구레하거나 대수롭지 않은 상태임을 나타내는 말. ¶~심부름 / ~소리.

-잔[2] 종결 어미 '-자'와 조사 '는'이 합쳐서 준 말. ¶그 먼 길을 같이 가~ 말이니?

잔[3](盞) [명] [1][자립] **1** 술을 따라 마시는 그릇. [비]술잔. ¶~을 돌리다. **2** 차나 커피 등을 마시는 데 쓰는, 손잡이가 있고 받침이 있는 그릇. ¶찻~. [2][의존] 술이나 음료의 분량을 그것이 담긴 잔의 수로 헤아리는 말. ¶술 한 ~.

잔을 기울이다 술잔에 부어 놓은 술을 마시다.

잔-가시 [명] 생선 몸에 있는 자디잔 가시.

잔-가지 [명] 풀과 나무의 작은 가지.

잔-걸음 [명] 발걸음을 작게 떼면서 재게 걷는 걸음. ¶~을 치다.

잔고(殘高) [명] =잔액.

잔광(殘光) [명] 해가 질 무렵의 약한 햇빛. ¶낙조의 마지막 ~이 스러지자 저녁 어스름이 찾아들었다.

잔-글씨 [명] 잘고 가늘게 쓴 글씨.

잔-금[1] [명] 잘게 접히거나 그은 금. ¶손바닥에 ~이 많다.

잔금[2](殘金) [명] 부동산의 매매나 전·월세 등의 계약에서, 맨 마지막에 치러야 할 나머지 돈. ¶~을 치르다.

잔-기침 [명] 그리 심하지 않게 작은 소리로 잦게 하는 기침. ▷큰기침·헛기침.

잔-꾀 [-꾀/-꿰] [명] 약고도 얕은 꾀. ¶~에 넘어가다.

잔나비 [명] 〈방〉 원숭이(강원·충북).

잔뇨(殘尿) [명] 오줌을 눈 뒤에도 여전히 방광 속에 남아 있는 오줌.

잔뇨-감(殘尿感) [명] 오줌을 눈 뒤에도 덜 눈 것처럼 여전히 방광 속에 오줌이 남아 있는 느낌.

잔-누비 [명] 잘게 누빈 누비.

잔 다르크(Jeanne d'Arc) [명][인] 프랑스의 애국 소녀(1412~1431).

잔당(殘黨) [명] 쳐 없애고 남은 무리.

잔-돈[1] [명] **1** 단위가 작은 돈. **2** '잔돈푼'의 준말.

잔-돈[2](殘-) [명] =거스름돈.

잔돈-푼 [명] **1** 얼마 되지 않는 돈. **2** 자질구레하게 쓰이는 돈. ¶~이 꽤 들어간다. [준]잔돈.

잔-돌 [명] 조그마한 돌. ¶~밭.

잔등 [명] '등[1]'의 잘못.

잔등-이 [명] '등[1] 1'을 속되게 이르는 말.

잔디 [명][식] 뿌리줄기가 옆으로 뻗으면서 5~10cm 길이의 갸름하고 뾰족한 잎이 나와 땅을 덮는 여러해살이풀. 무덤·정원·운동장 등에 심음.

잔디-밭 [-받] [명] 잔디가 많이 난 곳.

[**잔디밭에서 바늘 찾기**] 무엇을 찾거나 고르기가 매우 어려움을 비유하는 말.

잔뜩 [부] 어떤 한도에 꽉 차도록. ¶일이 ~ 밀렸다.

잔량(殘量) [잘-] [명] 남은 분량.

잔류(殘留) [잘-] [명] 남아서 처져 있는 것. ¶~ 부대. **잔류-하다** [동][자][여]

잔-말 [명] 쓸데없이 자질구레하게 늘어놓는 말. ¶~이 많다. ▷잔소리.

잔망-스럽다(孱妄-) [-따] [형][ㅂ] 〈~스러우니, ~스러워〉 **1** (하는 짓이) 맹랑하고 깜찍한 데가 있다. ¶어린애가 여간 **잔망스럽지** 않다. **2** (몸이) 작고 약한 데가 있다. **잔망스레** [부]

잔-머리 [명] '잔꾀'를 속되게 이르는 말. ¶~를 굴리다.

잔-모래 [명] 잘고 고운 모래. [비]세사.

잔-못 [-몯] [명] 작은 못. ↔큰못.

잔무(殘務) [명] 퇴근 시간까지 다 처리하지 못하고 남은 업무.

잔-무늬 [-니] [명] 자잘한 무늬.

잔-물결 [-껼] [명] 수면 위에 주름살같이 생기는 작은 물결.

잔반(殘飯) [명] 먹고 남은 음식 찌꺼기.

잔변(殘便) [명] 똥을 눈 뒤에도 여전히 배 속에 남아 있는 똥.

잔변-감(殘便感) [명] 똥을 눈 뒤에도 덜 눈 것처럼 여전히 배 속에 똥이 남아 있는 느낌.

잔-별 [명] 작은 별. ¶~이 총총히 뜬 하늘.

잔-병(-病) [명] 자주 앓는 자질구레한 병.

[**잔병에 효자 없다**] 늘 잔병을 앓으면 자식이 변함없이 효도하기가 쉽지 않다.

잔병-치레(-病-) [명] 잔병을 자주 치르는 일. ¶~가 잦다. **잔병치레-하다** [동][자][여]

잔-뼈 명 나이가 어려서 아직 다 자라지 않은 작고 약한 뼈.
잔뼈가 굵어지다 어렵거나 혹독한 환경이나 조건 속에서 오랜 세월 일하거나 생활하거나 단련을 받거나 하여 성숙하게 지거나 경험을 쌓게 되다. ¶그는 비정한 승부의 세계에서 **잔뼈가 굵어진다**.

잔-뿌리 명[식] 식물의 곁뿌리에서 분화된 작은 뿌리.

잔상(殘像) 명[의] 눈에 보이던 사물이 없어진 뒤에도 잠시 계속하여 눈에 보이는 듯한 희미한 영상.

잔설(殘雪) 명 이른 봄의 다 녹지 않고 남은 눈.

잔-소리 명 필요 이상으로 듣기 싫게 늘어놓는 훈계조의 말. **잔소리-하다** 동자여

잔소리-꾼 명 잔소리를 많이 하는 사람.

잔-손 명 자질구레하게 여러 번 가는 손질. ¶농사일은 ~이 많이 간다.

잔-손질 명 자질구레하게 여러 번 손질을 하는 것. 또는, 그 손질. **잔손질-하다** 동타여

잔-솔 명 어린 소나무.

잔솔-가지 명 어린 소나무의 가지.

잔솔-밭 [-받] 명 잔솔이 많이 난 곳.

잔-술(盞-) [-쑬] 명 1 한 잔의 술. 2 낱잔으로 파는 술.

잔-심부름 명 자질구레한 심부름. **잔심부름-하다** 동자여

잔악-무도(殘惡無道) [-앙-] 명 말할 수 없이 잔인하고 악독함. **잔악무도-하다** 형여 ¶**잔악무도한** 도적놈들.

잔악-하다(殘惡-) [-아카-] 형여 잔인하고 악독하다. ¶인신매매와 같은 **잔악한** 범죄는 중벌을 받아 마땅하다.

잔액(殘額) 명 1 통장에 남아 있는 돈의 액수. 2 회계에서, 어떤 돈을 빼고 난 나머지 돈의 액수. ¶잔고.

잔업(殘業) 명 정해진 근무 시간이 끝난 뒤에 더 계속하는 근로 작업. ¶~ 수당.

잔여(殘餘) 명 (주로, 복합어의 꼴로 쓰이거나 일부 명사 앞에 관형어적으로 쓰여) 전체 가운데 일부가 남아 있는 상태. ¶~ 물. ~ 기간.

잔영(殘影) 명 1 뒤에 남은 흔적. 2 희미하게 남은 지난날의 모습.

잔인-하다(殘忍-) 형여 인정이 없고 몹시 모질다. ¶**잔인한** 범행 수법.

잔-일 [-닐] 명 잔손이 많이 가는 자질구레한 일.

잔잔-하다 형여 1 (바람이나 물결 따위가) 가라앉아 조용하다. ¶**잔잔한** 호수. 2 (소리가) 잦아들거나 나지막하다. ¶부드럽고 **잔잔한** 목소리. 3 (병이나 형세가) 더하지 않고 웬만하다. 4 큰 변화나 다양함이 없이 평이하다. ¶소시민의 애환을 **잔잔하게** 풀어 나간 단편 소설. 5 안정되어 평온하다. ¶**잔잔한** 가슴에 파문을 일으키다. 6 (웃음이) 소리가 없이 은근하다. ¶**잔잔한** 미소를 띠다. **잔잔-히** 부

잔재(殘滓) 명 [남은 찌꺼기'라는 뜻] 생활이나 사고방식 속에 남아 있는, 낡거나 쓸모없게 된 과거의 자취. ¶일제 식민 시대의 ~.

잔-재미 명 아기자기한 재미. ¶그는 무뚝뚝하여 ~가 있는 사람이다.

잔-재주 명 자질구레한 재주. ¶~를 부리지 마라.

잔-정(-情) 명 다른 사람에 대하여 작은 일에도 세심하게 마음을 써 주는 따뜻한 정. ¶~이 많은 사람.

잔존(殘存) 명 (어떤 대상이) 없어지지 않고 남아 있는 것. ¶~ 세력. **잔존-하다** 동자여

잔-주름 명 잘게 잡힌 주름. ¶눈가에 ~이 잡히다.

잔챙이 명 여럿 가운데에서 가장 작고 품이 낮은 것. ¶과일이 ~만 남았다.

잔치 명 경사가 있을 때, 음식을 많이 차려 놓고 사람들과 먹고 마시며 즐기는 일. ¶돌-/생일-. **잔치-하다** 동자여

잔치-판 명 잔치를 벌여 놓은 판.

잔칫-날 [-친-] 명 잔치를 하는 날.

잔칫-상(-床) [-치쌍/-친쌍] 명 잔치를 하기 위해 음식을 벌여 놓은 상.

잔칫-집 [-치찝/-친찝] 명 잔치를 베푸는 집. ¶돌~.

잔-칼질 명 아주 잘게 칼질하는 일. **잔칼질-하다** 동타여

잔-털 명 매우 가늘고 짧은 털.

잔학-무도(殘虐無道) [-항-] 명 더할 수 없이 잔인하고 포악함. **잔학무도-하다** 형여 ¶**잔학무도한** 공포 정치.

잔학-하다(殘虐-) 형여 잔인하고 포악하다. ¶**잔학한** 고문.

잔해(殘骸) 명 1 썩거나 타다가 남은 뼈. 2 부서지고 남아 있는 물체. ¶추락한 비행기의 ~를 발견하다.

잔향(殘響) 명[물] 발음체가 진동을 그친 뒤에도 소리가 계속 남아 들리는 현상.

잔-허리 명 =가는허리.

잔혹-하다(殘酷-) [-호카-] 형여 잔인하고 혹독하다. ¶**잔혹한** 장면.

잘-다랗다 [-따라타] 형여 (~다라니, ~다라오, ~대) 꽤 또는 퍽 잘다. ¶**잘다란** 글씨.

잘[1] 부 1 익숙하고 능란하게. ¶그림을 ~ 그린다. 2 조심하여 바르게. ¶글씨를 또박또박 ~ 써라. 3 편하고 탈 없이. ¶염려 덕분에 ~ 지내고 있습니다. 4 좋고 훌륭하게. ¶아드님을 아주 ~ 두셨습니다. 5 만족스러울 만큼 충분히. ¶~ 먹었습니다. 6 아주 적절하게. ¶너 마침 ~ 왔다. 7 버릇으로 늘. ¶**[관]걸핏하면, 툭하면.** ¶그 여자는 극장엘 ~ 간다. 8 쉽게 마음대로. ¶허리가 아파서 ~ 구부릴 수가 없다. 9 분명하고 확실하게. ¶안경을 쓰니 글씨가 ~ 보인다. 10 옳고 착하게. ¶마음을 ~ 써야 복을 받지. 11 모자람이 없이 넉넉하게. ¶일이 끝나려면 열흘은 ~ 걸릴 것이다.

[잘 나가다 삼천포로 빠지다] 진주로 가야 하는데 길을 잘못 들어 삼천포로 가게 되었다는 데에서, 어떤 일이나 이야기 따위가 도중에 엉뚱한 방향으로 진행되다.

[잘 자랄 나무는 떡잎부터 안다] 잘될 사람은 어려서부터 남다르게 그 장래성이 엿보인다.

-잘[2] '-자고 할'이 줄어서 된 말. ¶너를 보~지도 모른다.

잘근-거리다/-대다 타 좀 질깃한 물건을 자꾸 가볍게 씹다. ¶질근거리다.

잘근-잘근 부 잘근거리는 모양. ¶껌을 ~ 씹다. ¶질근질근. **잘근잘근-하다** 동

잘-나가다 [-라-] 동자 성공을 이루거나 뛰어난 능력을 나타내거나 하면서 하는 일이 순조롭게 되어 가다. 구어체의 말임. ¶그는 **잘나가는** 회사에 다니고 있다.

잘-나다 [-라-] 형 1 (사람이) 능력이 있고 똑똑하다. 때로, 대방의 사람됨이나 능력이나 물건을 얕잡아 비아냥거릴 때 반어적으로 쓰기도 함. ¶네가 그렇게 **잘**났니? 2 (사람의 얼굴이) 균형을 잘 갖춘 상태에 있다. ¶잘생기다. ¶**잘난** 얼굴. ↔못나다.

잘다 형〈자니, 자오〉 1 (알곡이나 과일, 또는 모래나 돌 및 기타의 둥근 물체나 물질이) 그 낱낱의 크기에 있어서 보통의 정도에 미치지 못한 상태에 있다. ¶사과가 ~. 2 (길이가 짧은 물체가) 그 굵기나 크기에 있어서 보통의 정도에 미치지 못한 상태에 있다. ¶무를 **잘게** 썰다. 3 (글씨가) 보통의 크기에 미치지 못한 상태에 있다. ¶**잔** 글씨. 4 (사람이) 지나치게 작은 일에 얽매이거나 마음을 쓰는 성질이 있다. ¶좀스럽다·쩨쩨하다. ¶사람이 **잘아서** 큰일을 하기는 글렀다.

잘-되다 [-되/-뒈-] 동재 (어떤 일이나 현상이) 성공적인 상태가 되다. ¶계획했던 대로 일이 ~.
[**잘되면 제 탓, 못되면 조상 탓**] 잘되는 일은 자기 공으로 돌리고, 못되는 일은 남의 잘못으로 돌림을 이르는 말.

잘라-먹다 [-따] 동타 (남의 돈이나 공금 등을) 가로채거나 제 것으로 가지다. ¶회사 돈을 ~.

잘록-하다 [-로카-] 형여 길이가 있는 물체나 신체 중의 중간 부분이 패 굴곡이 있게 너비가 좁아진 상태에 있다. ¶여자의 **잘록한** 허리. **잘록-이** 부

잘리다 동재 '자르다'의 피동사. ¶머리털이 ~ / 직장에서 목이 ~.

잘못 [-몯] 부 틀리거나 그릇되게. 또는, 적절하지 않게. ¶사람을 ~ 본 모양이야. Ⅱ명 잘하지 못한 일. 또는, 옳지 못하게 한 짓. ¶~을 뉘우치다. **잘못-하다** 형여 (ㄷ)ㄹ여 (어떤 일을) 그릇되게 하다. 또는, 옳지 못한 일을 하다. ¶계산을 ~. **잘못-되다** 동재 (어떤 일이) 그릇되거나 실패로 돌아가다. ¶**잘못된** 정책.

잘못-짚다 [-몯찝따] 동타 짐작이나 예상을 잘못하다. ¶쳐녀라고? **잘못짚었어**. 그 여자는 애가 둘이야.

잘-빠지다 형 미끈하게 잘생겨 빼어나다. ¶몸매가 늘씬하게 **잘빠졌다**.

잘-살다 동재〈-사니, -사오〉 1 부유하게 살다. ¶**잘사는** 집. 2 탈 없이 지내다. ¶결혼해서 아들 딸 낳고 ~.

잘-생기다 동재 (주로 남자의 얼굴이나 사람의 얼굴 부위가) 균형을 갖추어 보기 좋은 상태에 있다. ¶잘나다·멋있다. ¶얼굴이 **잘생긴** 남자. ↔못생기다.

잘잘 부 온도가 매우 높아 더운 모양. ¶방바닥이 ~ 끓는다. ¶절절. **잘잘**.

잘잘² 부 1 바닥에 늘어지거나 닿아서 끌리는 소리, 또는, 그 모양. ¶치맛자락이 마룻바닥에 ~ 끌리다. 2 기름이나 유기가 반드르르 흐르는 모양. ¶얼굴에 기름이 ~ 흐르다. ¶절질.

잘-잘못 [-몯] 명 잘함과 잘못함. 또는, 옳음과 옳지 아니함. ¶시비를 ~. ¶~을 따지다.

잘츠부르크(Salzburg) 명[지] 오스트리아 북서부의 관광·휴양 도시.

잘-하다 동여 1 익숙하게, 또는 좋고 훌륭하게 하다. ¶가정교육을 ~. 2 익숙하고 능란하게 하다. ¶일을 ~. 3 평탄하고 만족하게 하다. ¶여행은 **잘하고** 오셨습니까? 4 버릇으로 자주 하다. ¶웃기를 ~.

잘-해야 부 크게 잡거나, 좋게 잡아야 고작. ¶기껏해야. ¶~ 서른 명이나 올까?

잠 명 1 사람이나 동물이 생리적 욕구에 의해 일정한 시간 동안 의식의 일부 또는 전부, 그리고 신체 기능의 일부가 정지된 채로 쉬는 상태. 2 누에가 허물을 벗기 전에 몇 번 뽕을 먹지 않고 쉬는 상태. 3 문화적으로 각성에 이르지 못한 민중이나 무기력한 ~에서 깨어나다. 4 여러 겹으로 된 물건이 푸푸슬슬 부풀지 않고 눌러서 착 가라앉은 상태. ¶이불솜이 ~을 자서 삭아졌다.

[**잠을 자야 꿈을 꾸지**] 원인 없이 결과를 바랄 수 없다는 말.

잠-결 [-껼] 명 (주로 '잠결에'의 꼴로 쓰여) 자면서 의식이 흐릿한 겨를. ¶~에 어렴풋한 소리를 듣다.

잠-귀 [-뀌] 명 잠결에 소리를 듣는 감각. ¶~가 밝다 (어둡다).

잠그다¹ 동타 〈잠그니, 잠가〉 1 (문이나 자물쇠나 관의 밸브 따위를) 열거나 통하지 못하도록 빗장을 지르거나 자물쇠의 고리가 걸리게 하거나 관이 막히는 방향으로 틀거나 하다. ¶자물쇠를 ~. 2 (옷을 단추나 지퍼를) 옷의 터진 부분이 닫히도록 구멍에 꿰거나 이가 물리게 하다. ¶양복 상의의 단추를 ~.

잠그다² 동타 〈잠그니, 잠가〉 (사람이 자기의 몸이나 어떤 물체를 물속에) 넣어 있게 하다. ¶담그다·넣다. ¶더운물에 몸을 ~.

잠-장치 (-裝置) 명 문 따위를 잠그는 장치.

잠-기 (-氣) [-끼] 명 잠이 오거나, 잠에서 깨어나지 못한 기색. =잠기운. ¶그는 아직 ~가 가시지 않은 목소리로 말했다.

잠기다¹ 동재 1 '잠그다'의 피동사. ¶**잠긴** 문을 열쇠로 열다. 2 (목이) 붓거나 쉬거나 하여 목소리가 제대로 나오지 않게 되다. ¶감기로 목이 푹 **잠겼다**.

잠기다² 동재 1 (물건이나 물체가 물속에) 둣밖에 드러난 상태가 되다. 또는, (물이 어느 곳에) 어떤 높이에 이르도록 차 있는 상태가 되다. ¶홍수로 논에 **잠긴** 마을. 2 (물체가 안개·구름·어둠 등의 속에) 들어가 그 형체가 잘 보이지 않는 상태가 되다. ¶온 세상이 칠흑 같은 어둠 속에 ~. 3 (돈이나 물자가) 쓰여야 할 때에 쓰이지 못하고 그대로 놓여 있는 상태가 되다. ¶사장 (死藏)되다. ¶창고에 물건이 그냥 **잠겨** 있다. 4 (어떤 생각이나 외로움·슬픔 등의 감정에) 오로지 마음이나 의식이 미치는 상태가 되다. ¶빠지다. ¶상념에 ~.

잠-기운 [-끼-] 명 =잠기.

잠깐 Ⅰ 명 [<잠간(暫間)] 매우 짧은 동안. ¶~만 참고 그렇게 안달이나. Ⅱ 부 매우 짧은 동안에. ¶~ 기다려라.

잠-꼬대 명 1 잠을 자면서 자기도 모르게 하는 헛소리. 2 사리에 닿지 않는 엉뚱한 말의 비유. **잠꼬대-하다** 동재

잠-꾸러기 명 잠이 썩 많은 사람. ¶잠보.

잠-들다 동재〈-드니, -드오〉 1 잠을 자는 상태가 되다. ¶일찍 ~. 2 '죽다'를 완곡하게 이르는 말. ¶고이 **잠드소서**.

잠망-경 (潛望鏡) 명 잠수함에서 쓰는 반사식 망원경. 물속에서 수평선 위나 상공을 내다보게 된 장치임.

잠바(←[일]ジャンパー) [명] 〔<jumper〕 =점퍼.
잠방이 [명] 가랑이가 무릎까지 오는 짧은 남자용 홑바지. ¶베~.
잠-버릇[-뻐릇] [명] 잘 때에 하는 버릇이나 짓. ¶~이 사납다.
잠-보[-뽀] [명] =잠꾸러기.
잠복(潛伏) [명] **1** 드러나지 않게 숨어 있는 것. **2** [의] 감염되어 있으나 병의 증세가 겉으로 나타나지 않는 것. **잠복-하다** [동][자][여] **잠복-되다** [동][자]
잠복-근무(潛伏勤務) [-끈-] [명] 범인을 색출하거나 적군을 막기 위하여 예상 출현지에 몰래 숨어서 하는 근무.
잠복-기(潛伏期) [-끼] [명][의] 병원체가 몸 안에 들어가서 증세를 나타내기까지의 기간.
잠비아(Zambia) [명][지] 아프리카 중남부에 있는 공화국. 수도는 루사카.
잠상[1](潛商) [명] 법으로 금하는 물건을 몰래 파는 장사. 또는, 그런 장수.
잠상[2](潛像) [명][사진] 빛이 카메라 렌즈를 통해 필름에 닿아 맺힌, 아직 눈에 보이지 않는 상.
잠수(潛水) [명] **1** 몸 전체가 잠기도록 물속에 들어가는 것. **2** 〈속〉 채팅을 하다가 한동안 대화에 참여하지 않고 가만히 있는 것. **잠수-하다** [동][자][여]
잠수-교(潛水橋) [명] 보통 때에는 물 위에 드러나 있으나, 큰물이 나면 물에 잠기는 다리.
잠수-병(潛水病) [-뼝] [명][의] 바다 속에서 일하는 사람들에게 물 밑과 물 위의 심한 기압 차이로 발생하는 여러 가지 증상의 병.
잠수-복(潛水服) [명] 잠수부가 물속에 들어갈 때 입는 특수한 옷.
잠수-부(潛水夫) [명] 잠수 기구를 갖추고 물속에 들어가 작업을 하는 남자.
잠수-사(潛水士) [명] 잠수복과 특수 장비를 갖추고 직업적인 목적으로 잠수를 행하는 사람. =다이버.
잠수-정(潛水艇) [명][군] 소형의 잠수함.
잠수-함(潛水艦) [명][군] 주로 물속으로 잠복하면서 적을 요격하는 전투 함정.
잠:시(暫時) Ⅰ[명] 짧은 시간.
Ⅱ[부] 짧은 시간에. ¶~ 기다리세요.
잠식(蠶食) [명] (남의 세력 범위나 영역을) 조금씩 자기의 것이 되게 하는 것. **잠식-하다** [동][타][여] ¶수입 개방으로 해외 상품이 국내 시장을 **잠식해** 들어오고 있다. **잠식-되다** [동][자]
잠실(蠶室) [명] 누에를 치는 방.
잠언(箴言) [명] **1** 가르쳐서 훈계가 되는 말. **2** [성] 구약 성서 중의 한 권.
잠-옷[-옫] [명] 잠잘 때에 입는 옷. =자리옷.
잠입(潛入) [명] (어느 곳에) 남몰래 숨어드는 것. ¶~ 르포. **잠입-하다** [동][자][여] ¶적진에 **잠입하여** 정찰 임무를 수행하다.
잠-자다 [동][자] **1** 자는 상태에 있다. ¶평화롭게 **잠자는** 아기. **2** (사물이) 기능을 잃고 침체 상태에 빠져 있다. ¶책들이 서가에서 ~. **3** (어떤 현상이) 의식되지 않고 숨겨지거나 감추어지다. ¶내면에서 **잠자던** 본능이 되살아나다. **4** (솜 등이) 눌려 자리가 잡히다.
잠-자리[1][-짜-] [명] 누워서 잠을 잘 수 있게 마련한 자리. ¶~에 들다. [준]자리.
잠자리를 같이하다 남녀가 성(性) 관계를 맺거나 성생활을 하다. 에둘러 이르는 말임. ¶그 부부는 **잠자리를 같이하지** 않은 지 오래다.
잠자리(를) 보다 요를 깔고 이불을 펴 잘 준비를 하다.
잠자리[2] [명][동] 몸이 가늘고 길며, 앞머리에 1쌍의 큰 겹눈이 있고, 얇고 투명한 2쌍의 날개가 있는 곤충의 총칭.
잠자리 날개 같다 옷, 특히 여자의 옷이 속살이 비칠 만큼 매우 얇고 고움을 비유하여 이르는 말.
잠자리-비행기(-飛行機) [명] 〈속〉 헬리콥터.
잠자리-채 [명] 잠자리를 잡기 위해 긴 막대에 그물주머니를 매단 기구.
잠자-코 [부] 참견하거나 반문하거나 대답하거나 하지 않고 아무 말 없이 가만히. ¶~ 하라는 대로 해.
잠잠-하다(潛潛-) [형][여] **1** 요란하거나 시끄럽지 않고 조용하다. ¶간밤에 거세게 불던 바람도 날이 밝으면서 **잠잠해졌다**. **2** 아무 소리나 말이 없다. ¶문을 두드려도 **잠잠했다**. **잠잠-히** [부]
잠재(潛在) [명] 속에 숨어 겉으로 드러나지 않는 것. ¶~ 구매력. **잠재-하다** [동][자][여] ¶마음속에 **잠재해** 있는 욕망.
잠재-력(潛在力) [명] 겉으로 드러나지 않고 속에 숨어 있는 힘.
잠재우다 [동][타] '잠자다'의 사동사.
잠재-의식(潛在意識) [명][심] 의식이 미치지 않거나, 또는 어렴풋하여 부분적으로 밖에 의식되지 않는 정신의 영역.
잠재-적(潛在的) [관][명] 겉으로 나타나지 않고 숨은 상태로 존재하는 (것). ¶~ 능력.
잠재적 실업(潛在的失業)[사] 표면적으로는 취업하고 있으나, 저소득 또는 임시적이어서 실질적으로는 실업 상태에 있는 일.
잠저(潛邸) [명][역] 나라를 처음 세운 왕이나 종실(宗室)에서 들어온 왕이, 왕위에 오르기 전 또는 그동안에 살던 집.
잠적(潛跡) [명] (어떤 사람이) 어디론가 사라져 자취를 감추는 것. **잠적-하다** [동][자][여] ¶그는 아무 말 없이 **잠적해** 버렸다.
잠정(暫定) [명] 임시로 우선 정함. ¶~ 협정.
잠정-적(暫定的) [관][명] 우선 임시로 정하는 (것). ¶~ 조치.
잠지 [명] 어린아이의 음경(陰莖)을 귀엽게 이르는 말.
잠-충이 [명] 〈방〉 잠꾸러기(경상·전남·충남).
잠-투세 [명] '잠투정'의 잘못.
잠-투정 [명] 어린아이가 잠을 자려고 할 때나 잠이 깨었을 때에 떼를 쓰고 우는 짓. ×잠투세. **잠투정-하다** [동][자][여] ¶선잠을 깬 아이가 ~.
잠항(潛航) [명] **1** 물속으로 숨어 항행하는 것. **2** 몰래 배에 숨어서 바다를 건너가는 것. **잠항-하다** [동][자][여] ¶잠수함이 ~.
잠행(潛行) [명] **1** 숨어서 남몰래 이동하는 것. **2** 외부에 모습을 드러내지 않고 비밀리에 활동하는 것. ¶~ 수사. **3** (사람이) 물속을 헤엄쳐 나아가는 것. **잠행-하다** [동][자][여] ¶단원들이 거사를 위해 ~.
-잡-[1] [어미](선어말) '-자옵-'의 준말. ¶서신 받~고.

잡-²(雜)[접투] 뒤섞여 순수하지 않거나 자질구레하거나 막됨을 이르는 말. ¶~상인/~놈.

잡가(雜歌)[-까][명][음] 조선 말기에 서민층에서 부르던, 시조·가사 등의 정악(正樂)과 구별되는 시가(詩歌) 또는 노래.

잡거(雜居)[-꺼][명] 온갖 사람이 섞여 사는 것. 잡거-하다 [동](자여)

잡-것(雜-)[-껃][명] 점잖지 못하고 잡스러운 사람을 얕잡아 이르는 말.

잡곡(雜穀)[-꼭][명] 쌀 이외의 모든 곡식. 보리·밀·콩 따위.

잡곡-밥(雜穀-)[-꼭빱][명] 잡곡을 섞어 지은 밥.

잡과(雜科)[-꽈][역] 고려·조선 시대에 기술관을 뽑기 위해 실시하였던 과거. 역과(譯科)·율과(律科)·음양과(陰陽科)·의과(醫科) 따위.

잡귀(雜鬼)[-뀌][명] 잡스러운 모든 귀신. ⓑ잡신. ¶~을 쫓다.

잡균(雜菌)[-뀬][명] 미생물 등을 배양할 때, 외부로부터 섞여 들어와 발육하는 이종(異種)의 세균.

잡기¹(雜技)[-끼][명] 바둑·장기·화투·당구 따위의 여러 가지 놀이. ¶~에 능하다.

잡기²(雜記)[-끼][명] 여러 가지 자질구레한 일을 기록하는 것. 또는, 그 기록. ¶신변-.

잡-년(雜-)[잠-][명] 행실이 부정(不貞)한 여자를 욕하여 이르는 말.

잡념(雜念)[잠-][명] 여러 가지 쓸데없는 생각. ¶~을 버리고 학업에 전념하다.

잡-놈(雜-)[잠-][명] 잡스러운 남자를 욕하여 이르는 말. ↔잡년.

잡다(雜多)[-따][형][여] 여러 가지가 뒤섞여 많다. ¶잡다한 생각들로 머리가 복잡하다. 잡다-히 [부]

잡다[잡따][동](여) 1 (사람이 물건이나 물체를) 손가락을 힘있게 구부러서 손아귀 안에 있게 하다. ⓑ쥐다·붙잡다. ¶멱살을 잡고 서다. 2 (다른 곳으로 가려고 하거나 달아나려고 하는 사람을 붙들거나 막아 가지 못하게 하다. ¶범인을 ~. 3 (움직이는 물체를) 손이나 발이나 도구, 기타의 수단을 이용하여 멈추게 함으로써 제 뜻대로 다룰 수 있는 범위에 두다. ¶지나가는 택시를 ~. 4 (사람이나 동물이나 어떤 대상을) 자기 몸이나 도구를 이용하여 죽이거나 산 상태로 붙들어 자기한테서 도망가지 못하게 하다. ⓑ포획하다. ¶고양이가 쥐를 ~. 5 (사람이 짐승, 특히 가축을) 그 고기를 먹기 위해 죽이다. ¶소를 ~. 6 (권력이나 세력을) 자기의 것으로 차지하다. ¶정권을 ~. 7 (돈이나 재물 등을) 얻거나 벌거나 하여 자기 것으로 가지다. ¶밑천을 두둑이 ~. 8 노름 등에서, (어떤 끗수나 패를) 자기의 것으로 가지다. ¶땡땡을 ~. 9 (어떤 물건이나 사람을) 어떤 조건 아래 맡거나 붙들다. ¶저당을 ~. 10 (어떤 대상을) 여럿 중에서 골라 정하거나 차지하다. ¶자리를 잡고 앉다. 11 (도구의 이름을 나타내는 일부 명사와 함께 쓰여) 그 도구를 가지고 그것의 쓸모와 기능에 합당한 일을 하다. ¶핸들을 ~. 12 (약점이나 흠 따위를) 찾아내어 문제로 삼다. ¶트집을 ~. 13 어떤 일에 대해 그 내용이나 뜻을 알 수 있게 되다. ¶갈피를 잡지 못하다. 14 (시간적으로 변화가 있는 상황을) 어떤 장치로 붙잡아 확인하는 상태가 되다. ⓑ포착하다. ¶경찰이 범행 현장을 ~. 15 (기회 따위를) 붙잡아 이용하다. ¶모처럼의 좋은 기회를 ~. 16 (노래 같은 것을) 제 가락을 찾아 부르다. ¶음을 ~. 17 (흐르는 액체를 일정한 곳에) 괴거나 머물게 하다. ¶논에 물을 ~. 18 (물을 그릇에) 음식을 하기 위한 일정한 분량이 되게 담다. ¶솥에 물을 많이 ~. 19 (사물의 균형 따위를) 바른 상태가 되게 하다. ¶몸의 균형을 ~. 20 (마음을 들뜨거나 방탕하거나 하지 않게 다스리다. ¶기강을 ~. 21 (거센 불길을) 더 이상 번지지 않게 끄다. ¶산불을 ~. 22 (물가나 투기 따위를) 다스려 안정되게 하다. ¶부동산 투기를 ~. 23 (계획이나 초안을) 구체적으로 세우거나 만들다. ¶문서의 초안을 ~. 24 (어떤 수치를) 어림하여 셈하다. ¶권당 만 원만 잡아도 100 권이면 100만 원이다. 25 (옷에 주름을) 이루어지게 하다. ¶바지에 주름을 ~. 26 (사람이 어떤 자세를) 다른 사람 앞에서 취하여 드러내다. ¶포즈를 ~. 27 (어떤 사람이 다른 사람을) 헐뜯어 곤란한 지경에 빠지게 하다. ¶생사람 ~.

잡다-하다(雜多-)[-따-][형][여] 여러 가지가 뒤섞여 많다. ¶잡다한 생각들로 머리가 복잡하다. 잡다-히 [부]

잡담(雜談)[-땀][명] 쓸데없는 이야기를 이것저것 늘어놓거나 나누는 것. 또는, 그 이야기. 잡담-하다 [동](자여)

잡도리[-또-][명] 1 (어떤 잘못에 대해 사람을) 엄하게 꾸짖거나 단속하는 것. ¶다시는 그런 일이 없도록 단단히 ~를 했다. 2 (사람을) 죄를 물어 심하게 때리거나 매질하는 것. 3 잘못되지 않도록 단단히 대책을 세우는 것. ¶실수가 없도록 ~를 잘 하다. 잡도리-하다 [동](자여)

잡동사니[-똥-][명] 여러 가지가 한데 뒤섞인 것. ¶창고에 ~가 잔뜩 쌓여 있다.

잡-되다(雜-)[-뙤-/-뛔-][형] 1 (생각 따위가) 여러 가지 쓸데없는 것으로 어지러운 상태에 있다. ¶잡된 생각을 물리치다. 2 (행동이) 점잖지 못하고 색(色)을 밝히는 상태에 있다.

잡-말(雜-)[잠-][명] 잡스러운 말. 잡말-하다 [동](자여)

잡목(雜木)[잠-][명] 긴하게 쓰이지 못한 여러 가지 나무. ¶~림(林).

잡무(雜務)[잠-][명] 여러 가지 자질구레한 일.

잡문(雜文)[잠-][명] 수필류의 산문을 시·소설·희곡·논문 등과 구별하여 이르는 말. 시인·작가·학자 등이 특히 신문·잡지 등에 싣는 가벼운 글을 얕잡는 뜻으로 이르는 말임.

잡배(雜輩)[-빼][명] 잡된 무리. ¶시정~.

잡범(雜犯)[-뺌][명] 정치범 이외의 여러 가지 범죄. 또는, 그 죄를 범한 사람.

잡부(雜夫)[-뿌][명] =잡역부.

잡부-금(雜賦金)[-뿌-][명] 기본 부과금 이외에 물리는 잡다한 돈.

잡비(雜費)[-삐][명] 자질구레하게 쓰이는 돈. ¶살림을 하다 보면 ~가 많이 든다.

잡사(雜事)[-싸][명] =잡일.

잡-상인(雜商人)[-쌍-][명] 일정한 가게가 없이 옮겨 다니면서 허름한 물건을 파는 장사꾼. ¶~ 출입 금지.

잡-생각(雜-)[-쌩-][명] 잡되고 쓸모없는 이런저런 생각.

잡석(雜石)[-썩][명] 토목이나 건축에 쓰이는 허드레 돌.

잣나무 _ 1001

잡-소리(雜-)[-쏘-] 圏 1'잡말'을 낮추어 이르는 말. 2=잡음2.
잡수다[-쑤-] 동〈타〉 '먹다①'의 높임말. '잡수시다' 보다는 격을 덜 높인 말임. ¶이것 좀 **잡숴** 봐요. ㉤잡숫다.
잡수-시다[-쑤-] 동〈타〉 '먹다①'의 높임말. ㉤잡숫다.
잡-수입(雜收入)[-쑤-] 圏 정상적 수입 외에 생기는 다른 수입. ㉧부수입.
잡숫다[-쑫-] 동〈타〉 '잡수시다'의 준말.
잡-스럽다(雜-)[-쓰-따] 휑〈ㅂ〉〈~스러우니, ~스러워〉 (말이나 행동, 생각 따위가) 잡된 점이 좀 있다. ¶**잡스러운** 말.
잡스레 閂
잡식(雜食)[-씩] 圏 동식물을 섞어서 먹는 것. **잡식-하다** 동〈타〉
잡식^동^물(雜食動物)[-씩똥-] 圏〈동〉 동물성 먹이나 식물성 먹이를 가리지 않고 먹는 동물. 원숭이·멧돼지 등과, 가축 등에서 잡식하는 경향이 강함. ▷육식 동물·초식 동물.
잡식-성(雜食性)[-씩썽] 圏 동물성 먹이와 식물성 먹이를 가리지 않고 먹는, 동물의 습성.
잡신(雜神)[-씬] 圏 잡다한 신. ㉧잡귀.
잡아-가다[거러]〈~가거라〉 (경찰이나 무서운 존재가 사람을) 붙잡아 데려가거나 끌고 가다. ¶호랑이가 사람을 ~.
잡아-끌다〈~끄니, ~끄오〉 손으로 잡고 끌다. ¶아이가 엄마 손을 ~.
잡아-내다 동〈타〉 1 속에 있는 것을 잡아 밖으로 나오게 하다. ¶용의자들 중에서 범인을 ~. 2 결점이나 틀린 곳을 지적하다. ¶틀린 글자를 ~.
잡아-넣다[-너타] 동〈타〉 잡아다 가두다. ㉧잡아넣다. ¶범죄자를 감옥에 ~.
잡아-당기다 동〈타〉 (물건 따위를) 잡아서 힘을 주어 자기 쪽으로 오게 하다. ¶옷소매를 ~.
잡아-들이다 동〈타〉 1 밖에 있던 것을 잡아서 안으로 들어오게 하다. 2 잡아서 가두다. ㉧잡아넣다. ¶폭력배를 일제히 ~.
잡아-떼다 동〈타〉 1 붙어 있는 것을 잡아당겨서 떨어지게 하다. 2 아는 것을 모른다거나 한 일을 안 하였다고 부인하다. ¶그런 말 한 적이 없다라고 딱 **잡아뗐다**.
잡아-매다 동〈타〉 1 흩어지지 못하게 한데 매다. ¶머리를 한 갈래로 ~. 2 다른 데로 가지 못하도록 묶다. ¶염소를 말뚝에 ~.
잡아-먹다[-따] 동〈타〉 1 (동물을) 죽여서 고기를 먹다. ¶고양이가 쥐를 ~. 2 (경비·시간·자재 따위를) 낭비하다. ¶많은 시간을 ~. 3 (자리를) 많이 차지하게 하다. ¶가구가 자리를 많이 **잡아먹는다**. 4 남을 몹시 괴롭혀 못살게 굴다.
잡아-먹히다[-머키-] 동〈타〉 '잡아먹다'의 피동사. ¶토끼가 호랑이한테 ~.
잡아-채다 동〈타〉 잡고서 힘껏 당기거나 쳐 켜올리다. ¶머리끄덩이를 ~.
잡아-타다 동〈타〉 자동차 등을 세워서 타다. ¶택시를 ~.
잡어(雜魚) 圏 여러 가지 자질구레한 물고기.
잡역(雜役) 圏 1 특별한 기술 없이 몸으로 하는 단순 노동. 물건을 나르거나 치우거나 하는 일 따위. ㉧막일·잡일. 2 공역(公役) 이외의 여러 가지 부역.
잡역-부(雜役夫)[-뿌] 圏 잡역에 종사하는 남자. =잡부. ¶공사장 ~.

잡음(雜音) 圏 1 시끄러운 소리. 또는, 불쾌한 음. 2 전신·라디오 등의 청취를 방해하는 소리. =잡파. ¶전화기가 ~이 많이 난다. 3 주위에서의 이러쿵저러쿵하는 말. 당사자에게는 귀찮은 의견이나 비판 또는 소문. ¶남의 일에 ~ 넣지 마라.
잡이 '재비'의 잘못.
-잡이[2] [접미] 1 바닷물고기나 새 따위에 붙어, 그것을 잡는 일을 나타내는 말. ¶고래~ / 꿩~. 2 총이나 칼 따위에 붙어, 그을 다루는 솜씨가 뛰어난 사람을 나타내는 말. ¶총~ / 칼~.
잡인(雜人) 圏 일정한 장소나 일에 아무 관계도 없는 사람. ¶~ 출입 엄금.
잡-일(雜-)[잡닐] 圏 여러 가지 자질구레한 일. =잡사. ¶잡역.
잡종(雜種)[-쫑] 圏〈생〉 품종이 서로 다른 암수 사이에서 난, 순수하지 못한 생물. ¶튀기. ¶~ 교배. ↔순종.
잡지(雜誌)[-찌] 圏 시사성·오락성을 띤 기사와 다양한 정보의 글을 모아서 책의 형태로 만든 정기 간행물. ¶여성 ~.
잡지-사(雜誌社)[-찌-] 圏 잡지를 목적으로, 잡지를 편집·간행하는 회사.
잡지-책(雜誌冊)[-찌-] 圏 잡지로 된 책.
잡채(雜菜) 圏 채소·버섯·고기 등을 볶아서 삶은 당면과 한데 무친 음식.
잡초(雜草) 圏 가꾸지 않아도 저절로 나서 자라는 여러 가지 흔한 풀. =잡풀.
잡치다 동〈타〉 1 잘못하여 그르치다. ¶시험을 ~. 2 (기분 따위를) 상하다. ¶그 일 때문에 기분을 **잡쳤다**.
잡탕(雜湯) 圏 1 쇠고기·해삼·전복·무 등을 썰어 넣고 온갖 양념과 고명을 하여 끓인 국. 2 난잡한 모양이나 사물, 또는 사람을 이르는 말.
잡-티(雜-) 圏 여러 가지 자잘한 티 또는 흠.
잡-풀 圏 =잡초(雜草).
잡학(雜學)[자팍] 圏 계통이 없이 다방면에 걸친 잡다한 지식이나 학문.
잡혀-가다[자펴-] 圏 (수사 기관이나 두려운 대상에게) 붙잡혀 끌려가다.
잡화(雜貨)[자퐈] 圏 여러 가지 자질구레한 일용 상품.
잡화-상(雜貨商)[자퐈-] 圏 여러 가지 일용품을 파는 장사. 또는, 그 장수.
잡화-점(雜貨店)[자퐈-] 圏 여러 가지 일상 필수품을 파는 상점.
잡-히다[자피-] 동〈자〉 1 '잡다'의 피동사. ¶자리가 ~ / 범인이 ~. 2 (살갗에 고름이나 물집 따위가) 생겨서 커지다. ¶손바닥에 물집이 ~. 3 (물이 흐르거나 고인 곳에 얼음이) 자리 잡아 생기다. ¶연못에 살얼음이 ~. 4 (나무에 꽃망울이) 생기어 맺히다. 5 (이성의 상대에게) 얽매여 마음대로 행동하지 못하는 상태가 되다. ¶마누라한테 **잡혀** 살다. 6 (일이) 의욕이나 뜻에 따라 다루어지다. ¶일이 손에 **잡히지** 않는다. ②[1] 〈타〉 1 '잡다'의 사동사. ¶저당을 ~. 2 '잡다'의 피동사. ¶남자한테 손목을 ~. 3 (풍악이나 노래를) 연주로서 이루어지게 하다. ¶풍류를 ~.
잣![잗] 圏 잣나무의 열매. 껍질은 단단하며, 알맹이는 기름기가 많고 고소함.
잣:-나무[잔-] 圏〈식〉 소나무와 비슷하나 잎이 더 굵고 5개씩 뭉쳐나는 상록 침엽 교목. 솔방울보다 큰 열매가 맺히는데,

속에 든 씨를 '잣'이라 하여 식용함.

잣:다[잔따/잗따] 图[ㅅ불] 〈자으니, 자아〉 **1** (기계나 물레 따위를 돌려 실을) 뽑다. ¶실을 ~. **2** (양수기 따위로 낮은 곳에 있는 물을 높은 곳으로 빨아올리다. ¶양수기로 지하수를 ~.

잣-대[자때/잗때] 명 **1** '잣막대기'의 준말. **2** 어떤 것을 판정하거나 평가하는 기준이 되는 사물. 비유적인 말임. 비척도.

잣:-죽(-粥)[잗쭉] 명 잣과 쌀을 함께 갈아서 쑨 죽.

장:[1] 명 게의 딱지 속에 있는 누르스름한 물질.

장:[2](長) 명 어떤 조직체나 부서의 책임자.

장[3](章) 명[의존] **1** 글 내용을 크게 나누는 구분의 하나. 비가름. **2** 예산·결산상의 구분의 하나. [2]장 글 내용을 나누는 단위. ¶3~으로 된 책.

장[4](將) 명 **1**=장수³. **2** 장기짝의 하나. 한편은 '楚(초)', 다른 편은 '漢(한)' 자를 새긴 것으로, 궁 안에서만 한 칸씩 움직일 수 있으며, 이것이 먹히면 지게 됨. 한편에 하나씩 있음. =궁(宮). **3** '장군(將軍)³1'의 준말. ¶~ 받아라.

장이야 멍이야 [장기에서, 장을 부르면 멍을 불러 막는다는 데에서] 두 편이, 어느 한쪽이 낫고 못함이 없이 서로 팽팽하게 맞서 있는 상태에 있음을 이르는 말.

장[5](場) 명 정기적 또는 부정기적으로 많은 사람이 모여 여러 가지 물건을 사고파는 곳. 비시장. ¶~이 서다.
장(**을**) **보다** 시장에 가서 물건을 사거나 팔다.

장[6](場) 명 어떤 일이 행해지는 곳. ¶대화의 ~.

장[7](場) 명[의존][연] 막(幕)의 하위 단위. 조명이 들어왔다 꺼지게 되기까지의 동일한 배경 아래 이루어지는 사건의 단위. ¶5막 5~. ▷막(幕).

장[8](腸) 명[생] 소화 기관의 하나. 위의 유문(幽門)에서 시작하여 항문에 이르는, 가늘고 긴 관. 소장과 대장으로 이루어져 음식물의 소화·흡수를 행함.

장[9](醬) 명 간장·된장·고추장의 총칭. ¶~을 담그다. **2** '간장'의 준말. ¶~을 달이다.

장[10](欌) 명 **1** 나무로 직육면체의 꼴로 짜서 만들되, 여러 층으로 되어 있거나 몸체는 하나로 이어져 있는 전통 수납 가구. ▷농(籠). **2**=장롱톤.

장[11](丈) 명[의존] **1** 길이의 단위. 한 장은 10척(尺). **2** (한자로 된 숫자 아래에 붙여) 사람의 키를 나타내는 '길'의 뜻으로 쓰이는 말. ¶백발 3천(千) ~.

장:[12](杖) 명[의존] 곤장·태장·형장 따위로 때리는 수효를 세는 말.

장[13](張) 명 **1** 종이·유리·수건·음반 등과 같이 얇고 납작한 물건을 세는 단위. 비매(枚). ¶시험지 열 ~. **2** 기와·벽돌·연탄 등을 세는 단위. ¶벽돌 열 ~. **3** 활·쇠뇌·금(琴)·슬(瑟) 등을 세는 단위.

장[14](長) [접미] **1** '긴', '기다란'의 뜻을 나타내는 말. ¶~거리, **2** '오랜'의 뜻을 나타내는 말. ¶~기간 / ~시일.

-장[15](丈) [접미] 직함·별호·칭호 등을 나타내는 말. '어른'의 뜻을 나타내는 말. ¶춘부~ / 주인~.

-장[16](狀)[짱] [접미] 어떤 명사에 붙어, '증서', '문서', '편지'의 뜻을 나타내는 말.

¶감사~ / 추천~.

-장[17](長) [접미] 어떤 명사에 붙어, '우두머리', '책임자'의 뜻을 나타내는 말. ¶위원~ / 학교~.

-장[18](場) [접미] 어떤 명사에 붙어, '장소'라는 뜻을 나타내는 말. ¶경기~ / 운동~ / 경마~.

-장[19](帳) [접미] 어떤 명사에 붙어, '기록의 장부', '공책'의 뜻을 나타내는 말. ¶일기~ / 일기~.

-장[20](莊) [접미] 호텔보다는 격이 떨어지는 고급 여관의 옥호(屋號)에 붙이는 말.

-장[21](葬) [접미] 어떤 명사에 붙어, '장례식'의 뜻을 나타내는 말. ¶국민~ / 사회~.

장:가[1] 명 (주로 '가다', '들다', '보내다' 등의 동사와 함께 쓰여) 남자가 혼인을 하는 일. ['丈家'는 취음] ↔시집.

장가[2](長歌) 명 **1** 장편으로 된 노래. **2**[문] 시조에 대하여 긴 노래라는 뜻으로, 고려 가요·가사(歌辭)·향가·잡가 등의 총칭. ↔단가.

장:가-가다 图(자) (남자가) 결혼하다. =장가들다.

장:가-들다 图(자) 〈~드니, ~드오〉 =장가가다.

[**장가들러 가는 놈이 불알 떼어 놓고 간다**] 가장 중요한 것을 잊어버린다는 뜻.

장:가들-이다 图(타) '장가들다'의 사동사.
장:가-보내다 图(타) 혼인을 시켜 아내를 맞게 하다. ¶맏아들을 ~.

장갑[1](掌匣·掌甲) 명 손을 보호하거나 추위를 막거나 장식으로 손에 낄 수 있도록 천이나 털실이나 가죽 따위로 손의 모양과 비슷하게 만든 물건.

장갑[2](裝甲) 명 **1** 갑옷을 입는 일. **2** 적탄을 막기 위하여 배나 차에 둘러싸는 특수한 강철판. 또는, 그렇게 싸는 일.

장갑-차(裝甲車) 명[군] =장갑 차량.
장갑 차량(裝甲車輛) 명[군] 내탄성(耐彈性)이 있는 강철판으로 싸고, 총포로 무장한 차량. =장갑차.

장:거(壯擧) 명 장한 일.
장-거리(長距離) 명 먼 거리. ¶~ 전화. ↔단거리.

장거리-달리기(長距離-) 명[체] 육상·스케이트 등에서, 먼 거리를 달리는 경기. 육상 경기에서는 주로 5,000m와 1만m를 말함. ↔단거리 달리기.

장거리-포(長距離砲) 명[군] 먼 거리를 포격할 수 있는, 사정거리가 긴 화포.
장검(長劍) 명 예전에, 허리에 차던 긴 칼. **장도**(長刀). ↔단검.

장:계(狀啓)[-계/-게] 명[역] 감사 또는 지방에 파견된 관원이 임금에게 글로 보고하던 것. 또는, 그 보고. ¶~을 올리다.

장:고(長考) 명 오래 생각하는 것. **장고-하다** 图(타)

장:고(杖鼓·長鼓) 명[음] '장구'의 잘못.
장:골(壯骨) 명 기운이 세고 큼직하게 생긴 골격. 또는, 그런 사람.

장과(漿果) 명[식] 살과 물이 많고 속에 씨가 들어 있는 과실. 귤·감·포도 따위.

장:관[1](壯觀) 명 **1** 훌륭한 광경. 또는, 훌륭하고 장대(壯大)한 경관. ¶내장산 단풍이 ~을 이루고 있다. **2** 보기에 훌륭하거나 우스꽝스러운 모습이나 광경을 비웃어 반어적으로 이르는 말.

장:관[2](長官) 명 국무를 나누어 맡아 처리

하는 행정 각 부의 우두머리. 또는, 그 직위. ¶국방부 ~.
장!관³(將官) 圀 1 =장수(將帥)¹. 2 [군] 준장·소장·중장·대장 등의 등급. 영관(領官)의 위임.
장광-설(長廣舌) 圀 1 길고도 세차게 잘하는 말솜씨. 2 쓸데없이 장황하게 늘어놓는 말.
장!교(將校) 圀[군] 계급이 소위 이상인 사람. =군관(軍官).
장구¹ 圀 [<장고(杖鼓)] [음] 가운데가 잘록한 나무통의 양쪽에 가죽을 메워 만든, 국악에 쓰이는 타악기. 왼쪽의 북편은 손이나 궁굴채로, 오른쪽의 채편은 열채로 쳐서 소리를 냄. ×장고.
장구²(裝具) 圀 1 무엇을 꾸미는 데 쓰는 기구. 2 어떤 일을 하기 위하여 몸에 지니는 기구. ¶등산 ~. ▷장신구.
장구-벌레 圀[동] 모기의 애벌레. 몸길이 4~7mm, 몸빛은 회색임. 여름에 물속에서 부화하여, 번데기를 거쳐 모기가 됨.
장구-애비 圀[동] 논이나 저수지에 살며, 낫 모양의 앞다리로 장구를 치듯 헤엄치면서 덤벙거리는 검은 갈색의 곤충. 몸이 길쭉하며, 날개로 잘 도흐릅기가 있음.
장구-하다(長久-) 톙예 매우 길고 오래다. ¶장구한 역사. 장구-히 톢
장!-국(醬-)[-국] [아주] 圀 1 '맑은장국'의 준말. 2 토장국이 아닌 국물의 총칭. 3 간장을 타서 끓인 국. 전골 등의 국물임.
장!국-밥(醬-)[-국빱] 圀 1 더운 장국에 만 국밥. 2 더운 장국을 붓고 산적이나 소의 불거름살을 넣은 다음 고명을 얹은 밥. =온반·탕반.
장군¹ 圀 물·술·간장 등 액체를 담는 데 쓰는, 나무나 오지로 만든 그릇. 위쪽에 좁은 아가리가 있음.
장군²(將軍) 圀 1 장관(將官) 자리에 있는 사람을 높여 일컫는 말. 2 [군] 준장·소장·중장·대장의 총칭. =장성(將星). 3 힘이 아주 센 사람을 비유하여 이르는 말.
장군³(將軍) I 圀 장기를 둘 때 자기 편의 말로 직접 상대편의 궁을 잡으려고 놓는 수. ▷장. II 캅 장기에서, 상대편의 궁을 잡으려고 말을 놓을 때 부르는 소리.
장군 멍군 [장기에서, 장군에 대하여 멍군으로 대응한다는 데에서] 대립된 두 편의 승패나 옳고 그름이 쉽게 판가름나지 않는 상태에 있거나, 어떤 일이 서로 피장파장인 상태를 이르는 말.
장군-감(將軍-)[-깜] 圀 장군이 될 만한 인재. ¶녀석, 커서 ~이로군.
장급(莊級)[-끕] 圀 [상호의 끝에 '장(莊)'을 붙이는 데에서] 여관 가운데 시설이 좋은 편의 것. ¶~ 여관.
장기¹(長技)[-끼] 圀 가장 잘하는 재주. ¶~ 자랑.
장기²(長期) 圀 (주로 일부 명사 앞에 관형어적으로 쓰여) 기간이 긴 상태. ¶~ 근속. ~적.
장!기³(將棋·將碁·將棊) 圀 두 편이 각각 16개씩 모두 32개의 말을, 가로 10줄, 세로 9줄의 직선이 수직으로 만나서 그려진 판 위에 벌여 놓고, 말을 번갈아 가며 한 번씩 두어서 승부를 가리는 민속놀이.
장기(臟器) 圀[생] 내장(內臟)의 여러 기관. ¶~ 이식(移植).
장-기간(長期間) 圀 긴 기간. ¶외국에서 ~ 체류하다. ↔단기간.
장기-수(長期囚) 圀 오랜 기간 동안 징역살이를 하는 사람.
장기-은행(臟器銀行) 圀 신체의 일부를 맡겨 보관했다가 자신이나 다른 사람이 필요할 때 쓸 수 있게 하는 기관. 안구은행·신장 은행 등이 있음.
장기-적(長期的) 圀 장기간에 걸치는 (것). ¶~인 계획. ↔단기적.
장기-전(長期戰) 圀 장기간에 걸쳐 치러지는 전쟁이나 경쟁이나 대결. ¶노사 갈등이 ~의 조짐을 보이다. ↔단기전.
장!기-짝(將棋-) 圀 장기를 두는 데 말로 쓰는 나뭇조각. 푸른 글자·붉은 글자로 16개씩 32개가 한 벌임.
장!기-판(將棋板) 圀 장기를 두는 데 쓰이는 판. 가로 10줄, 세로 9줄의 직선이 그려져 있음.
장기-화(長期化) 圀 일이 빨리 끝나지 않고 오래 끌게 되는 것. ¶전쟁이 ~. 장기화-되다 톤
장-꾼(場-) 圀 장에서 물건을 사고파는 사람들.
장!끼 圀 =수꿩. ↔까투리.
장난 圀 1 아이들이 어떤 물건이나 물질을 가지고 특별히 정해진 규칙 없이 즐겁게 노는 일. ¶소꿉 ~. 2 특별한 악의 없이 다소 짓궂게 남을 놀리거나 골리는 짓. ¶~ 전화 / 운명의 ~. 3 주의를 기울여야 할 일을 놀두고 실없이 하는 것. ¶수업 시간에 웬 ~이냐? 4 심심풀이로 가볍게 한 일. ¶그 시(詩)는 ~으로 써 본 거예요. 장난-하다 톤예
장난-감[-깜] 圀 아이들이 가지고 놀 수 있도록 만든, 모형으로 된 자동차·비행기·기차·총·칼 따위나 인형·소꿉놀이 도구나 연·팽이·제기 따위의 물건. =완구. ▷놀잇감.
장난-기(-氣)[-끼] 圀 장난을 치고 싶은 마음. 또는, 표정에서 느낄 수 있는 장난스러운 기운. ¶~가 어린 웃음.
장난-꾸러기 圀 장난이 심한 사람을 얕잡아 귀엽게 이르는 말. 특히, 아이들을 가리킴. =악동(惡童).
장난-삼다[-따] 톤예 (주로 '장남삼아(서)'의 꼴로 쓰여) 목적이나 의도 등을 가지지 않고 심심풀이로 실없이 행동하다. ¶장남삼아 한 얘기니 화내지 마.
장난-스럽다[-따] 톙예 (~스러우니, ~스러워) 장난하는 듯한 태도가 있다.
장난(이) 아니다 속 (상태나 정도가) 심하거나 굉장하거나 대단하다. ¶냄새가 ~ / 솜씨가 ~.
장난-질 圀 장난하는 짓.
장난-치다 톤예 몹시 장난하다.
장-날(場-) 圀 장이 서는 날.
장-남(長男) 圀 =맏아들.
장내(場內) 圀 회의가 열리는 곳이나 밖의 어떤 장소의 안. ¶~의 스피커에서 안내 방송이 나오다. ↔장외.
장!-녀(長女) 圀 =맏딸.
장!년(壯年) 圀 육체적·정신적으로 성숙하여 활발하게 일할 30~40대의 나이. 또는, 그런 나이의 사람. ¶~에 접어들다.
장!년-기(壯年期) 圀 육체적·정신적으로 성숙하여 활발하게 일할 30~40대의 시기. ▷유년기·노년기.
장농 圀 '장롱(欌籠)'의 잘못.
장뇌(樟腦)[-뇌/-눼] 圀[화] 녹나무를 증

류하여 얻는 무색투명한 결정체. 특유의 향기와 휘발성이 있으므로, 방충제·강심제 및 필름의 원료로 쓰임. ☞캠퍼.

장뇌-삼(長腦蔘)[—뇌—/—눼—] 명 산삼의 씨를 깊은 산속에 뿌려 재배한 삼.

장님 명 눈이 멀어 앞을 볼 수 없는 사람. 완곡한 또는 공식어는 '시각 장애인'. 비맹인·봉사·소경.

[장님 잠자나 마나] 일의 성취나 실행 여부가 겉으로 나타남이 없음을 이르는 말.

장다리 명 무·배추 따위의 꽃줄기.
장다리-꽃[—꼳] 명 장다리에 피는 꽃.
장단 명 곡조의 빠르고 느림. 또는, 그 빠르고 느림을 나타내는 박자. 〔長短은 취음〕¶굿거리—.
  장단(을) 맞추다 1 박자를 맞추다. 2 남의 기분을 돋우어 주다.
장-단점(長短點)[—쩜] 명 장점과 단점.
장-닭[—딱] 명〈방〉수탉(강원·경상·충남).
장담(壯談) 명 어떤 일을 그러하거나 그렇게 되리라고 확신하여 자신 있게 말하는 것. ¶호언—. **장담-하다** 타여 ¶승리를 —.
장-대(長—)[—때] 명 대나 나무 따위로 다듬은, 길고 큰 통대 또는 긴 막대기. ¶— 같은 비.
장대-높이뛰기(長—)[—때—] 명[체] 육상 경기의 하나. 적당한 거리를 도움닫기 하고 손에 쥔 장대를 짚고 도약하여 2개의 기둥에 걸쳐 놓은 바(bar)를 뛰어넘어 그 높이를 겨루는 종목.
장대-비(長—)[—때—] 명 장대처럼 굵고 거세게 내리는 비.
장대-하다(壯大—) 형여 허우대가 크고 튼튼하다. ¶기골이 —. **장대-히** 부
장:도(壯途) 명 중대한 사명이나 장한 뜻을 품고 떠나는 길. ¶남극 탐험의 —에 오르다.
장도[2](粧刀) 명 긴 칼. 비장검. ☞단도.
장:도[3](粧刀) 명 주머니 속에 넣거나 옷고름에 늘 차고 다니는, 칼집이 있는 작은 칼. ¶은—.
장:도리 명 못을 박거나 뽑는 데에 쓰이는 연장.
장ː독[1](醬—)[—똑] 명 간장·된장 따위를 담아 두거나 담그는 독.
장독[2](杖毒) 명 장형(杖刑)으로 매를 심하게 맞아 생긴 상처의 독.
장ː독-간(醬—間)[—똑깐] 명 장독 따위를 놓아두는 곳.
장ː독-대(醬—臺)[—똑때] 명 장독 따위를 놓아두는 약간 높직한 대.
장-돌림(場—)[—] 명 여러 장으로 돌아다니면서 물건을 파는 장수.
장돌-뱅이(場—)[—돌—] 명 '장돌림'을 낮추어 이르는 말.
장ː-돈(狀頭) 명 여러 사람이 서명한 소장(訴狀)의 첫머리에 이름을 적는 사람.
장:딴지 명 종아리에서, 살이 많아 굵고 도도록하게 된 부분. ¶—에 쥐가 내다.
장땡 명 1 '섰다'나 '짓고땡'에서, 열 끗짜리 2장을 잡은 패. 2〈속〉최고나 최상이 되는 일. ¶큰소리만 치면 —이냐?
장래(將來)[—내] 명 다가올 앞날. 특히, 예측이 어느 정도 가능한 앞날. =전도(前途). 비미래. ¶—가 촉망되는 젊은이.
장래-성(將來性)[—내썽] 명 앞으로 성공하거나 크게 잘될 수 있는 가능성. ¶—이

있는 사업.
장ː려(奬勵)[—녀] 명 어떤 일을 권하여 힘쓰도록 북돋우어 주는 것. **장:려-하다**[1] 타여 ¶저축을 —.
장:려-금(奬勵金)[—녀—] 명 특정한 일을 장려하는 뜻으로 주는 돈. ¶축산 —.
장:려-상(奬勵賞)[—녀—] 명 어떤 특정한 일을 장려하는 뜻으로 주는 상.
장:려-하다[2](壯麗—)[—녀—] 형여 웅장하고 화려하다.
장력(張力)[—녁] 명[물] 물체 내의 임의의 면을 경계로 하여 한쪽 부분이 다른 쪽 부분을 면에 수직이 되게 끌어당기는 힘. ¶표면 —.
장:렬-하다(壯烈—)[—녈—] 형여 (전투에 임하는 태도가) 씩씩하고 맹렬하다. 또는, (전투에서 맞은 죽음이) 씩씩하고 맹렬한 기개를 보여 준 상태에 있다. ¶적과 싸우다가 **장렬**한 최후를 맞다. **장렬-히** 부 ¶—전사(戰死)하다.
장ː례(葬禮)[—네] 명 장사를 지내는 일. =장의. ¶—를 치르다.
장:례-식(葬禮式)[—네—] 명 장사를 지내는 의식(儀式).
장:로(長老)[—노] 명 1 나이가 많고 학문과 덕이 높은 사람. 2 [기] 선교 및 교회의 운영에 참여하는 성직(聖職)의 한 계급.
장:로-교(長老敎)[—노—] 명[기] 신교(新敎)의 한 파. 스위스의 종교 개혁 운동에서 발생한 크리스트교 개혁파.
장롱(欌籠)[—농] 명 1 옷이나 이불 등을 넣어 둘 수 있도록 나무로 짠 직육면체 꼴의 가구. =장(欌). 2 '장(欌)'과 '농(籠)'을 아울러 이르는 말. ×장농.
장르(장genre) 명 '종류'라는 뜻] 문학·예술에서의 부문·종류·양식·형(型). 특히, 문학에서 작품의 형태상 분류.
장:리(長利)[—니] 명 곡식을 꾸어주고 받을 때, 본디 곡식의 절반을 이자로 받는 변리. 흔히, 봄에 꾸고 가을에 갚음.
장:리-쌀(長利—)[—니—] 명 장리로 꾸어주거나 꾸는 쌀.
장마 명 여름철에 일정 기간 계속해서 많이 내리는 비.
  장마(가) 들다 장마가 시작되다.
  장마(가) 지다 장마 현상이 나타나다. ¶**장마** 지기 전에 공사를 끝내야 한다.
장마-전선(—前線) 명[기상] 6, 7월경에 우리나라를 동서로 가로질러 머물면서 장마를 가져오는 전선. ¶—이 북상하다.
장마-철 명 장마가 지는 계절.
장막(帳幕) 명 1 야외에서 볕이나 비바람 따위를 막기 위하여 둘러치는 막. 2 어떤 사실이나 현상을 보이지 않게 가리는 사물의 비유. ¶철의 —/어둠의 —.
장만 명 (어떤 물건을) 필요에 따라 사거나 만들거나 하여 갖추어 준비하는 것. 비마련. **장만-하다** 타여 ¶살림을 —.
장ː-맛(醬—)[—맏] 명 간장이나 된장 등의 맛.
장마-비[—마뻐/—맏뼈] 명 장마 때에 오는 비.
장면(場面) 명 1 어떤 장소에서, 겉으로 드러나 면이나 벌어진 광경. ¶이산가족이 상봉하는 감격적인 —. 2[영] 영화나 텔레비전 드라마에서, 같은 장소의 동일한 공간 안에서 이루어지는 사건의 광경. =신(scene). ¶— 전환이 빠르다. ▷화면.
장명(長命) 명 명이 긺. 또는, 긴 수명. 장

명-하다 형여
장명-등(長明燈) 명 1 대문 밖이나 처마 끝에 달아 두고 밤에 불을 켜는 등. 2 묘 앞이나 절 안에 세우는, 돌로 네모지게 만든 등. ▷석등.
장:모(丈母) 명 아내의 친어머니. =빙모. ▷장인.
장문(長文) 명 긴 글. ¶~의 편지.
장물(贓物) 명 [법] 강도·절도 등의 범죄 행위로 부당하게 얻은 타인 소유의 물건.
장물-아비(贓物-) 명 장물을 전문적으로 매매·운반하거나 이러한 행위를 알선하는 사람을 속되게 이르는 말.
장미(薔薇) 명 [식] 줄기에 가시가 많으며, 화려하고 향기로운 꽃이 피는, 높이 2~3m의 나무. 5~6월에 꽃이 피는데, 빛깔은 붉은·노랑·분홍 등 여러 가지임.
장미-꽃(薔薇-)[-꼳] 명 장미의 꽃. =장미화.
장미-빛(薔薇-) 명 =장밋빛1.
장미-화(薔薇花) 명 =장미꽃.
장밋-빛(薔薇-)[-미빋/-믿뼏] 명 1 장미의 빛깔. 보통 짙은 홍색이나 담홍색을 말함. =장미색. 2 낙관적·희망적 상태를 비유하여 이르는 말. ¶~ 미래.
장-바구니(場-)[-빠-] 명 시장에 갈 때 산 물건을 넣기 위해 들고 다니는, 비닐·플라스틱 따위로 바구니처럼 만들어 끈이나 손잡이를 단 물건. =시장바구니.
장-바닥(場-)[-빠-/-빧-] 명 장(場)이 선 곳이나, 벌이의 터전으로서의 '장(場)'을 속되게 이르는 말. ¶반평생을 ~에서 굴렀다.
장발(長髮) 명 남자의 길게 기른 머리털. 또는, 그런 머리털을 가진 사람.
장발-족(長髮族) 명 머리털을 길게 기른 남자를 얕잡아 이르는 말.
장방-형(長方形) 명 =직사각형.
장백-산맥(長白山脈)[-짠-] 명 [지] '창바이 산맥'을 우리 한자음으로 읽은 이름.
장벽(障壁) 명 1 가리어 막은 벽. ¶허물어진 베를린 ~. 2 둘 사이의 관계를 순조롭지 못하게 하는 장애물. ¶마음의 ~을 쌓다. 3 무엇을 하는 데 방해가 되는 것. ¶언어 ~에 부딪치다.
장:병¹(將兵) 명 군사를 거느려 통솔하는 것. 장!병-하다 동자여
장:병²(將兵) 명 '장교'와 '사병'의 통칭. ¶국군 ~.
장-보고(張保皐) 명 [인] 통일 신라 시대의 장군(?~846).
장-보기(場-) 명 시장에 가서 물건을 팔거나 사 오는 일.
장복(長服) 명 (같은 약이나 음식을) 오랫동안 계속하여 먹는 것. 장복-하다 동타여 ¶보약을 ~.
장본-인(張本人) 명 1 나쁜 일을 빚어낸 바로 그 사람. 2 일을 일으킨 ~.
장부¹ 명 [건] 한쪽 끝을 다른 한쪽 구멍에 맞추기 위하여 얼마쯤 가늘게 만든 부분.
장:부²(丈夫) 명 1 장성한 남자. 2 '대장부'의 준말. ¶헌헌(軒軒) ~.
장부³(帳簿·賬簿) 명 돈이나 물건의 출납·수지 계산 등을 기록하는 책. ¶이중 ~.
장:부일언중천금(丈夫一言重千金) 장부의 말 한 마디는 천금같이 무겁다는 뜻으로, 한번 한 말은 꼭 실천해야 한다는 말.
장비(裝備) 명 일정한 장치와 설비를 갖추

어 차리는 것. 또는, 그 장치와 설비. ¶등산 ~. 장비-하다 타여 ¶이 군함은 20인치 포 10문을 장비하고 있다.
장-뼘(長-) 명 엄지손가락과 가운뎃손가락을 힘껏 벌린 길이.
장사¹ 명 (상인이) 물건을 직접 만들거나 다른 데서 떼어다가 이익을 남기고 파는 일. ¶밑지는 ~. 장사-하다 자여
장:사²(壯士) 명 몸이 우람하고 힘이 아주 센 사람. ¶천하~/씨름 ~.
장:사³(葬事) 명 시체를 묻거나 화장하는 일. ¶~를 치르다.
장사-꾼 명 장사를 직업으로 하는 사람을 흔하게 이르는 말. 비장사치.
장사-아치 명 '장사치'의 잘못.
장사-진(長蛇陣) 명 많은 사람이 줄을 지어 길게 늘어선 모양을 이르는 말. ¶~을 이루다.
장사-치 명 장사하는 사람을 낮잡아 이르는 말. 비장사꾼. ×장사아치.
장삼(長衫) 명 [불] 검은 베로 길이가 길고 소매를 넓게 만든 승려의 옷.
장삼-이사(張三李四) 명 ['장씨의 셋째 아들과 이씨의 넷째 아들' 이란 뜻] 이름이나 신분이 특별하지 않은 평범한 사람들.
장삿-길[-사낄/-삳낄] 명 장사하려고 나선 길.
장삿-속[-사쏙/-삳쏙] 명 이익을 꾀하는 장사치의 속마음. ¶~이 들여다보이다.
장상(長上) 명 '장승'의 잘못.
장:-샘(腸-) 명 [생] 고등 척추동물의 소장 및 대장에 있는, 장액을 분비하는 샘.
장승(長栍) 명 =장승.
장서(藏書) 명 책을 간직해 두는 것. 또는, 그 책.
장서-가(藏書家) 명 책을 많이 간직하고 있는 사람.
장서-판(藏書版) 명 오랫동안 간직할 수 있도록 질 좋은 종이와 견고한 장정 등으로 한정 찍어낸 책의 서적. ▷보급판.
장석(長石) 명 [광] 화성암의 주성분. 유리와 같은 광택이 있음. 도자기의 원료나 비료·화약·유리·성냥 등을 만드는 데 쓰임.
장:성(長成) 명 자라서 어른이 되는 것. 장:성-하다 동자여
장성²(長城) 명 길게 둘러쌓은 성. 만리 ~.
장성³(將星) 명 [군] =장군(將軍)². ¶~급(級).
장세¹(場稅)[-쎄] 명 시장에서 상인들로부터 장소 사용료로 받는 세금.
장세²(場勢) 명 주식 시장의 형세. 곧, 오름세나 내림세 따위. ¶약세~.
장소(場所) 명 사람이 어떤 일을 하거나 할 수 있는, 일정한 넓이를 가진 공간. ¶연주 ~/약속 ~.
장:손(長孫) 명 =맏손자.
장:송(長松) 명 훤칠하게 자란 큰 소나무. ¶낙락 ~.
장!송(葬送) 명 (죽은 사람을) 장사 지내어 장지로 보내는 것. 장!송-하다 타여
장!송-곡(葬送曲) 명 [음] 1 장례 때 연주하는 곡의 총칭. 2 =장송행진곡.
장!송^행진곡(葬送行進曲) 명 [음] 장례 때 연주되는 느릿느릿한 행진곡. 슬프고 장중한 분위기를 특징으로 함. =장송곡.
장수¹ 명 장사하는 사람. 비상인(商人).
장수²(長壽) 명 (사람이) 보통의 경우보다 훨씬 오래 사는 것. 또는, 그 수명. 비

만수(萬壽). ¶무병~/~의 비결. **장수-하다** 통(자)에 대대로 장수하는 집안.

장수³(張數) 명 군사를 거느리는 우두머리. =장(將)·장관.

장수⁴(張數) 명 종이나 유리 따위와 같이 장으로 세는 물건의 수. 비매수.

장수-왕(長壽王) 명(인) 고구려의 왕(394~491).

장수-촌(長壽村) 명 기후·풍토 등의 원인으로, 다른 지역에 비해 건강하게 오래 사는 사람이 매우 많은 마을.

장!수-풍뎅이(將帥-) 명(동) 몸이 길이 3.5~5.5cm의 타원형으로, 몸빛은 광택이 있는 흑갈색이며, 수컷의 머리에 끝이 둘로 갈라진 뿔 모양의 돌기가 있는 곤충.

장!수-하늘소(將帥-) 명(동) 하늘소의 한 종류로, 보통의 하늘소보다 배이상 큰 곤충. 천연기념물임.

장승 명 마을이나 절의 입구, 또는 길가에 수호신이나 이정표로서 세우는, 기둥과 같은 나무나 돌 윗부분에 사람 얼굴 모양을 새긴 상. 비벅수. 환장생(長栍).
**장승처럼 서 다 우두커니 서 있다.

장승-같다[-갇따] 형 (키가) 멋없이 껑충하다. ¶키가~. ▷장승-같이 튀

장-승업(張承業) 명(인) 조선 시대의 화가 (1843~1897).

장시(長詩) 명(문) 많은 시구(詩句)로 이루어진 긴 형식의 시.

장-시간(長時間) 명 오랜 시간. ¶~에 걸쳐 토의하다. ↔단시간.

장-시일(長時日) 명 긴 시일. ↔단시일.

장식(裝飾) 명 1 어떤 대상을 어떤 사물로, 또는 어떤 대상에 어떤 사물을 치장하여 꾸미는 것. 또는 그 꾸밈새. ¶실내~. 2 (어떤 사실이 어느 부분을) 두드러지거나 표 나게 하는 상태가 되게 하는 것. 3 그릇·가구 등에 꾸밈새로 박는 쇠붙이. **장식-하다** 통(타)에 ¶역사의 한 페이지를~. **장식-되다** 통(자)

장식-장(裝飾欌) 명 장식품을 올려놓거나 넣어 두는 장.

장식-품(裝飾品) 명 장식을 위한 물품. ¶읽히지 않는 책은 ~에 지나지 않는다.

장신(長身) 명 키가 큰 몸. ¶~을 이용한 포스트 플레이. ↔단신.

장신-구(裝身具) 명 아름답게 치장하기 위해 몸이나 옷 등에 걸거나 달거나 끼거나 하는 물건. 노리개·비녀·댕기·목걸이·반지·귀고리 따위. 비액세서리.

장아찌 명 말리거나 절이거나 한 야채를 간장·된장·고추장에 담가 오래 두고 먹는 반찬. 활'of '마늘'~.

장!악(掌握) 명 [손 안에 잡아 쥔다는 뜻] (권력이나 판세, 또는 빼앗아야 할 대상이 되는 곳 등을) 마음대로 할 수 있게 되거나 지배 아래 두는 것. **장!악-하다** 통(타)에 ¶정권을~. **장!악-되다** 통(자)

장!악-력(掌握力) 명(일) 아랫사람이나 집단을 장악하여 다스릴 수 있는 힘.

장안(長安) 명 (중국의 옛 수도 이름에서 유래한 말) '서울'을 일컫는 말. ¶온~에 화제를 뿌리다.

장암(腸癌) 명(의) 장에 생기는 악성 종양. 직장·결장에서 많이 발생함.

장애(障碍) 명 1 어떤 문제가 가로막아 이 제대로 이루어지지 않게 하는 것, 또는 그 문제. ¶~에 부딪다. 2 신체 기능이나 정신 능력에 결함이 있어 정상적이지 못한 상태. ¶시각~. ▷장해.

장애-물(障碍物) 명 장애가 되는 물건이나 대상. ¶~을 넘어서다.

장애물-달리기(障碍物-) 명(체) 장애물을 뛰어넘어 달리는 육상 경기. 특히, 남자 3,000m 종목을 가리킨다.

장애-인(障碍人) 명 보거나 듣거나 말하거나 팔다리를 움직이는 데 있어서 장애가 있거나, 또는 정신적인 능력에 결함이 있어서 일상생활이나 사회생활을 하는 데 상당한 제약을 받는 사람. =장애자.

장애-자(障碍者) 명 =장애인.

장:액(腸液) 명(생) 창자의 점막에 분포되어 있는 선(腺)에서 분비하는 소화액.

장어(長魚) 명 '뱀장어'의 준말.

장엄-하다(莊嚴-) 형(여) 경건하고 엄숙하다. ¶장엄한 의식. **장엄-히** 튀

장염(腸炎) 명(의) 창자의 점막이나 근질(筋質)에 생기는 염증. 복통·설사·구토·발열 등이 나타남.

장-영실(蔣英實) 명(인) 조선 시대의 과학자(?~?).

장옷[-온] 명 지난날, 여자가 나들이할 때, 얼굴을 가리기 위하여 머리에서부터 길게 내려쓰던 옷. =장의(長衣).

장외(場外) [-외/-웨] 명 어떤 곳 또는 일정한 구역의 바깥. ¶~ 홈런. ↔장내.

장!원(壯元) [-눤] 명(역) 1 과거에서, 갑과(甲科)에 첫째로 급제하는 것. 또는, 그 사람. 2 =급제. 3 글짓기 대회 등에서, 잘 을 제일 잘 지어 성적이 첫째가 되는 것. 또는, 그 사람. **장!원-하다** 통(자)에

장원²(莊園) 명 중세에 귀족이나 사원이 사유(私有)하던 광대한 토지.

장-유유서(長幼有序) 명 오륜(五倫)의 하나. 어른과 어린이 사이에는 차례가 있음.

장음(長音) 명 =긴소리1. ↔단음.

장-음계(長音階) [-게/-게] 명(음) 전음계 가운데에서 기음(基音)과 제3음 사이가 장3도이고, 제3음과 제4음, 제7음과 제8음 사이는 반음, 그 밖에는 온음으로 된 음계. ↔단음계.

장음-부호(長音符號) 명(언) 긴 소리를 표시하는 부호.

장의¹(長衣) [-의/-이] 명 =장옷.

장의²(葬儀) [-의/-이] 명 =장례(葬禮).

장의-사(葬儀社) [-의/-이-] 명 장례에 필요한 여러 가지 일을 맡아 하는 영업소.

장-의자(長椅子) 명 여러 사람이 앉을 수 있도록 가로로 길게 만든 의자. 비벤치.

장의-차(葬儀車) [-의/-이] 명 =영구차.

-장이 접미 어떤 기술, 특히 장인(匠人)으로서의 수공업적인 기술을 가진 사람을 낮추어 이르는 말. ¶옹기~/대장~. ▷-쟁이.

장인¹(丈人) 명 아내의 친아버지. =빙장. 활장인어른. ▷장모.

장인²(匠人) 명 1 전근대 사회에서, 수공업에 종사하던 사람. 농기구·놋그릇·가구·도자기·옷·신 등을 만듦. =장색(匠色). 2 [장인이 공들여 물건을 만들듯, 예술가가 심혈을 기울여 창작한다는 뜻에서] 예술가를 두루 이르는 말. 3 =인.

장인-어른(丈人-) 명 '장인¹'의 높임말.

장!자¹(長子) 명 =맏아들.

장!자²(長者) 명 1 덕이 뛰어나고 경험이

많아 세상일에 익숙한 사람. 2 큰 부자를 점잖게 이르는 말. ¶백만~.
장자³(莊子) 圐 [인] 전국 시대의 사상가 (365?~270? B.C.).
장작(長斫) 圐 통나무를 도끼 따위로 길쭉길쭉하게 쪼갠 땔나무. ¶~을 패다.
장작-개비(長斫一) [一개-] 圐 장작 장작의 낱개. ¶뻣뻣하기가 ~ 같구나.
장작-불(長斫一) [一뿔] 圐 장작으로 때는 불.
장장(長長) 囝 아주 긴. 주로, 시간적 길이나 동안이 매우 길거나 오래임을 나타낼 때 쓰임. ¶~ 열 시간이 걸린 대수술.
장전¹(章典) 圐 한 나라의 제도와 문물. ¶권리 ~.
장전²(裝塡) 圐[군] 총포에 탄약을 재는 것. 장전-하다 튱타옌 ¶소총에 탄알을 ~. 장전-되다 튱재.
장점(長點) [一쩜] 圐 어떤 사람이나 사물에 있어서, 긍정적 요소가 되거나 칭찬할 만한 점. ¶~을 살리다. ↔단점.
장!정¹(壯丁) 圐 1 나이가 젊고 기운이 좋은 남자. 2 징병 적령자인 남자.
장정²(長征) 圐 멀리 정벌을 떠나는 것.
장정³(長程) 圐 1 길고 먼 여행길. ¶세계 일주의 ~에 오르다. 2 목표를 이루기까지의 길고 힘든 과정. 비유적인 말임. ¶통일을 향한 ~이 시작되다.
장정⁴(章程) 圐 여러 조목으로 나누어 정한 규정.
장정⁵(裝幀·裝訂) 圐 표지·케이스·면지·속표지 및 제본 양식 등 책의 외형을 아름답게 꾸미는 기술. 또는, 그 꾸밈새. ¶호화 ~ / 가죽 ~. 장정-하다 튱타옌.
장:제(葬祭) 圐 장례와 제사. ¶~비(費).
장-제스(蔣介石) 圐 [인] 중국의 정치가·중화민국의 총통(1887~1975).
장조(長調) [一쪼] 圐[음] 장음계를 바탕으로 한 곡조. =메이저. ↔단조.
장:-조림(醬一) 圐 쇠고기를 간장에 넣고 조린 반찬.
장:-조카(長一) 圐 맏형의 맏아들.
장족(長足) 圐 (주로 '장족의'의 꼴로 쓰여) (발전·진보 따위가) 몹시 빠른 상태를 비유적으로 이르는 말. ¶경제가 ~의 발전을 보이다.
장:졸(將卒) 圐 장수와 병졸.
장좌불와(長坐不臥) [圐] [불] 눕지 않고 잠 안 않아서 자면서 참선하는 생활을 하는 것. 또는, 일정 기간 자지 않고 밤을 새워 가면서 좌선하는 것. 장좌불와-하다 재옌.
장:죽¹(杖竹) 圐 지팡이로 쓰는 대나무.
장죽²(長竹) 圐 긴 담뱃대. ⇒곰방대.
장-준하(張俊河) 圐 [인] 언론인·정치가 (1915~1975).
장:중¹(帳中) 圐 방장(房帳)으로 둘러친 그 안.
장중²(場中) 圐[경] 주식·외환·채권 시장 등에서, 그날 거래가 이뤄지는 동안. ¶주가가 ~ 한때 급락세를 보이다.
장:중³(掌中) 圐 ['손바닥 안'이라는 뜻) 어떤 사람의 세력이나 지배의 범위 안. ¶네가 아무리 뛰어 본들 내 ~에 있다.
장중-하다(莊重一) 혱옌 장엄하고 무게가 있다. ¶대관식의 장중하고 성대하게 베풀어지다. 장중-히 囝.
장지¹(障一) 圐[건] 방과 방, 또는 마루 사이에 칸을 막아서 설치한 문. 보통, 미닫

장판 _1007

이로 되어 있음.
장!지²(壯志) 圐 마음속에 품은 장하고 큰 뜻. ¶~를 품다.
장지³(長指·將指) 圐 =가운뎃손가락.
장!지⁴(葬地) 圐 장사하여 시체를 묻는 땅.
장지-문(障一門) 圐[건] 지게문에 장지 짝을 덧들인 문.
장진주-사(將進酒辭) 圐[문] 조선 선조 때 정철이 지은 사설시조 형식의 권주가.
장:질부사(腸窒扶斯) 圐[의] =장티푸스.
장-쩌민(江澤民) 圐 [인] 중국의 정치가 (1926~).
장차(將次) 囝 다가올 미래의 어느 때에. ¶~ 무엇을 할 것인가.
장착(裝着) 圐 의복·기구·장비 등에 일정한 장치를 부착하는 것. 장착-하다 튱타옌 ¶자동차 바퀴에 체인을 ~. 장착-되다 튱재 ¶에어백이 장착된 자동차.
장책(帳冊·賬冊) 圐 거래처에 따라 분류 기입하는 상인의 장부.
장천(長天) 圐 멀고도 넓은 하늘. ¶구만 리 ~.
장체(長體) 圐 사진 식자의 변형 문자의 하나. 변형 보조 렌즈를 사용하여 폭을 약 10~30% 축소시킨 식자. ↔평체.
장총(長銃) 圐[군] 길이가 긴 총. 특히 단총에 대해, 소총을 이르는 말임. ↔단총.
장!-출혈(腸出血) 圐[의] 궤양·악성 종양 등으로 인하여 장관(腸管)에서 일어나는 출혈. 장티푸스, 이질, 장암·장궤양 등에서 나타나며, 혈변이나 하혈을 보임.
장치(裝置) 圐 어떤 목적에 따라 기능을 발휘할 수 있도록 기계나 도구 등을 장소에 정착시키는 것. 또는, 그 기계·도구·설비. ¶무대 ~. 2 어떤 일을 원만하게 수행하기 위해 설정된 조직 구조나 규칙 등을 비유적으로 이르는 말. ¶부정·부패를 막을 수 있는 제도적 ~가 요망된다. **장치-하다**¹ 튱타옌 **장치-되다** 튱재.
장:치(藏置) 圐 1 간직하여 두는 것. 2 통관(通關)하고자 하는 수출입 물품을 보세 구역 안에 임시로 보관하는 일. **장치-하**다² 튱타옌.
장침(長針) 圐 1 긴 바늘. 2 =분침(分針). ↔단침.
장-칭(江靑) 圐 [인] 중국의 정치가(1913~ 1991). 마오쩌둥의 부인임.
장:쾌-하다(壯快一) 혱옌 장하고 통쾌하다. ¶장쾌한 홈런. 장:쾌-히 囝.
장타(長打) 圐[체] 야구에서, 2루타 이상의 안타. ↔단타.
장-타!력(長打力) 圐[체] 야구에서, 장타를 치는 능력.
장타령(場一) 圐 동냥하는 사람이 시장이나 거리로 다니며 구걸할 때 부르는 노래. =각설이 타령.
장타령-꾼(場一) 圐 장타령을 부르며 다니는 거지.
장-터(場一) 圐 장이 서는 넓은 터.
장-티푸스(腸typhus) 圐[의] 티푸스균이 입에 침범하여 1~2주일의 잠복기를 거친 뒤 고열과 설사, 심하면 장출혈 등을 일으키는 법정 전염병. =장질부사. ㉤염병 (染病).
장파(長波) 圐[물] 관용적인 전파 구분에서, 파장 3,000m 이상의 전파. 항공 통신 따위에 쓰임.
장-판¹(場一) 圐 장이 선 곳.
장판²(壯版) 圐 1 기름 먹인 종이로 바른

방바닥. 2 '장판지'의 준말.
장판-지(壯版紙) 圏 방바닥을 바르는 데 쓰는 기름 먹인 두꺼운 종이. 㽞장판.
장편(長篇) 圏[문] 소설·만화·영화 등이 길이가 긴 상태. 또는, 그 소설이나 만화나 영화. ↔단편.
장편^소ː설(長篇小說) 圏[문] 복잡한 구성으로 사회와 인간을 총체적으로 그리며 인물의 성격이 유동적인 특성을 띠는, 길이가 긴 소설. ↔단편소설.
장ː풍(掌風) 圏 무술에서, 손바닥으로 일으키는 바람.
장ː-하다(壯-) 혱여 (사람이나 한 일이) 훌륭하여 높이 평가할 만하다. ¶장한 어머니. **장ː-히** 튀
장ː학(奬學) 圏 학문을 장려하는 것. **장ː학-하다** 통여
장ː학-관(奬學官) [-꽌] 圏[교] 교육의 기획·조사·지도·감독에 관한 사무를 맡은 교육 공무원.
장ː학-금(奬學金) [-끔] 圏 1 학술 연구 장려 제도로서, 우수한 연구자에게 주는 장려금. 2 성적이 우수하나 경제적으로 어려움을 겪는 학생에게 학업을 계속할 수 있도록 해서 돈을 급여되는 학자금.
장ː학-사(奬學士) [-싸] 圏[교] 교육의 기획·지도·조사·감독에 관한 사무를 맡은 교육 공무원. 장학관의 아래임.
장ː학-생(奬學生) [-쌩] 圏 장학금을 받는 학생. ¶국비 (國費) ~.
장해(障害) 圏 어떤 일이나 사고의 결과로 일어나는 지장이나 피해. ¶티브이에 전자파 ~가 일어나다. ▷장애.
장해-물(障害物) 圏 장해가 되는 사물.
장ː형(杖刑) 圏[역] 오형(五刑)의 하나. 곤장으로 볼기를 치는 형벌.
장화(長靴) 圏 목이 무릎 언저리까지 올라오는 신. 보통 가죽이나 고무로 만듦.
장화홍련-전(薔花紅蓮傳) [-년-] 圏[문] 조선 후기의 작자·연대 미상의 고대 소설. 배 좌수(裵座守)의 딸 장화와 홍련이 계모의 허씨(許氏)의 학대로 죽어 원혼이 되어 원수를 갚는다는 이야기임.
장황-하다(張皇-) 혱여 (말이나 글이) 핵심을 알아차릴 수 없게 쓸데없이 길고 복잡하다. ¶장황한 설명. **장황-히** 튀
장ː-히[2](壯-) 튀 매우 또는 몹시.
잦ː다[1][잗따] 통짜 액체가 졸아들어 밑바닥에 깔리다.
잦ː다[2][잗따] 통짜 뒤로 기울다. ≒젖다.
잦ː다[3][잗따] 혱 1 여러 차례로 거듭되는 간격이 매우 짧다. ¶잦은 기침 소리. 2 (어떤 일이) 자주 생기거나 일어나는 상태에 있다. ¶잦은 결석. ↔드물다.
잦ː아-들다 통짜 (~드니, ~드오) 1 괴었던 물이 점점 말라 없어져 가다. ¶논의 물이 ~. 2 (성하던 기운이나 감정) 수그러져가다 잠잠해지다. ¶바람이 ~.
잦ː아-지다[1] 통짜 점점 잦아들어 없어지게 되다. ¶가뭄으로 못의 물이 ~.
잦ː아-지다[2] 통짜 잦게 되다. ¶출장이 ~.
잦혀-지다[자쳐-] 통짜 1 뒤로 기울어지다. ¶고개가 뒤로 ~. 2 물건의 안쪽이 겉으로 나와 드러나다. ¶화투짝이 ~. ¶젖혀지다.
잦ː-히다[1][잗치-] 통타 1 '잦다[1]'의 사동사. 2 밥을 지을 때, 밥물이 첫 번 끓은 뒤에 잠깐 불을 뺐다가 다시 약한 불을 때어 물기가 잦아지게 하다. ¶밥을 ~.

잦ː-히다[2][잗치-] 통타 1 '잦다[2]'의 사동사. ¶고개를 ~. 2 물건의 안쪽이 겉으로 드러나게 하다. ¶옷섶을 ~. ≒젖히다.
재[1] 圏 물체가 불에 탄 뒤에 남는, 가루 상태가 되었거나 남게 부스러져 가루로 되는 회색의 물질. ¶담뱃~ / ¶잿더미.
재[2] 圏 산을 넘어 다닐 수 있도록 비교적 길이 넓게 나 있는 곳. 대개 봉우리와 봉우리 사이의 가장 낮은 등성이에 형성됨. ≒영(嶺). 비고개. ¶박달~ / ~ 너머에 살다.
-재[3] '-자고 해' 가 준 말로, 남의 청하는 말을 인용하는 말. ¶영호가 같이 놀~.
재[4](災) 圏 '재액(災厄)'의 준말.
재[5](齋) 圏[불] 명복을 빌기 위하여 드리는 불공. ¶~를 올리다.
재-[6](再) 졉두 '두 번째', '다시'의 뜻을 나타내는. ¶~시험 / ~수술.
-재[7](材) 졉미 일부 명사 뒤에 붙어, '재료'의 뜻을 나타내는 말. ¶가구~ / 건축 ~.
재가[1](在家) 圏[불] 출가하지 않고 집에서 불도를 닦는 일. 또는, 그 사람. **재ː가-하다** 통여
재가[2](再嫁) 圏 =개가(改嫁). **재ː가-하다** 통짜
재가(裁可) 圏 (결재권을 가진 사람이나 단체가) 안건을 허락하는 것. ¶~를 얻다. **재가-하다**[3] 통타
재-가동(再稼動) 圏 일하기 위하여 기계나 인원이 다시 움직이는 것. 또는, 그렇게 하는 것. **재-가동-하다** 통짜타여 ¶기계를 ~.
재-가승(在家僧) 圏[불] 속가에서 불법을 닦는 사람.
재-가입(再加入) 圏 (조직이나 단체 등에) 다시 가입하는 것. 또는, (보험에) 다시 드는 것. **재-가입-하다** 통타여
재간(才幹) 圏 1 어떤 일을 할 수 있는 재능이나 솜씨. ¶손~. 2 어떤 방도나 도리. ¶그를 당할 ~이 없다.
재ː간(再刊) 圏 두 번째의 간행. **재ː간-하다** 통타여 **재ː간-되다** 통짜여
재간-꾼(才幹-) 圏 여러 가지 재간을 지닌 사람.
재갈 圏 1 사람이 말을 부리기 위해 말의 입에 가로물리는 쇠로 된 물건. ¶말에 ~을 물리다. 2 소리를 지르거나 혀를 깨물지 못하도록 사람의 입에 물리는 물건.
재갈(을) 물리다 으르거나 위협하거나 하여 자유롭게 말하지 못하게 하다. ¶독재 권력은 비판 언론에 **재갈을** 물렸다.
재강 圏 술을 거르고 남은 찌꺼기.
재ː개[1](改改) 圏 고친 것을 다시 고치는 것. **재ː개-하다**[1] 통타여
재ː개[2](再開) 圏 (회의나 활동 등을 한동안 쉬었다가) 다시 여는 것. **재ː개-하다**[2] 통타여 **재ː개-되다** 통짜여 ¶회의를 ~.
재-개발(再開發) 圏 이미 있는 것에 새로운 계획을 더하여 좀 더 낫게 고치는 것. ¶~ 지구. **재ː개발-하다** 통타여 **재ː개발-되다** 통짜여
재-개봉(再開封) 圏 개봉관에서 이미 상영됐던 영화를 낮은 등급의 영화관에서 다시 상영하는 것. 또는, 오래전에 상영했던 영화를 다시 상영하는 것. **재ː개봉-하다** 통타여 **재ː개봉-되다** 통짜여
재ː건(再建) 圏 (이미 없어졌거나 허물어진 것을) 다시 일으켜 세우는 것. **재ː건-**

하다 [동][타][여] ¶회사를 ~. 재ː건-되다 [동][자]
재ː-건축(再建築) [명] 무너질 위험이 있거나 일정한 연한을 넘긴 건축물을 허물고 다시 짓는 것. 재ː건축-하다 [동][타][여] ¶노후한 아파트를 ~. 재ː건축-되다 [동][자]
재ː-검사(再檢査) [명] 한 번 검사가 끝난 것을 다시 검사하는 것. 재ː검사-하다 [동][타][여]
재ː-검토(再檢討) [명] 한 번 검토한 것을 다시 검토하는 것. 재ː검토-하다 [동][타][여] ¶시험지를 ~. 재ː검토-되다 [동][자]
재결(裁決) [명][법] 행정 기관이 소원(訴願)의 제기·행정 소송에 대하여 내리는 판정. 재결-하다 [동][타][여] 재결-되다 [동][자]
재ː-결합(再結合) [명] 다시 합하여 하나가 되는 것. 재ː결합-하다 [동][자][여] ¶이혼했던 부부가 ~. 재ː결합-되다 [동][자]
재ː경[1](在京) [명] 《주로 관형어적으로 쓰여》 서울에 있는 것. ¶~ 동문회.
재경[2](財經) [명] 재정과 경제. ¶~ 위원회.
재계[1](財界) [-계/-게] [명] 실업가와 금융업자의 사회. ¶~의 실력자.
재계[2](齋戒) [-계/-게] [명] (신령·부처 등에 제사를 지낼 사람이) 마음과 몸을 깨끗이 하고 부정(不淨)한 일을 멀리하는 것. ¶목욕~. 재계-하다 [동][자][여]
재ː-계약(再契約) [-계-/-게-] [명] 다시 계약을 맺는 것. 또는, 그 계약. 재ː계약-하다 [동][타][여] 재ː계약-되다 [동][자]
재ː고[1](再考) [명] 다시 생각하는 것. ¶~의 여지가 없다. 재ː고-하다 [동][타][여]
재ː고[2](在庫) [명] 팔기 위해, 또는 팔고 남아 창고에 보관하고 있는 물품. ¶~ 정리.
재ː고-량(在庫量) [명] 창고에 남아 있는 물건의 수량.
재ː교(再校) [명][출] 두 번째의 교정(校正).
재ː-교육(再教育) [명] 학교 교육을 마치고 사회에 나와서 일정한 직업에 종사하는 사람을 대상으로 하여 더욱 새롭고 깊이 있는 교육을 베푸는 것. ¶사원 ~. 재ː교육-하다 [동][타][여]
재ː-구성(再構成) [명] 내용을 가진 어떤 것을 다른 것으로 다시 구성하는 것. 재ː구성-하다 [동][타][여] 재ː구성-되다 [동][자]
재ː귀^대ː명사(再歸代名詞) [명][언] 유럽어 등에서, 동작주(動作主) 자신을 나타내는 대명사. 우리 문법에서는, 한 문장 안에서 앞에 나온 주어를 도로 가리키는 대명사의 뜻으로 통용되기도 하는데, '자기', '당신', '저' 등이 이에 해당함.
재ː귀-열(再歸熱) [명][의] 스피로헤타를 병원체로 하는 전염병. 이·진드기가 매개함. 오한·고열·두통 등의 증상을 나타냄.
재규어(jaguar) [명][동] 몸길이 약 1.4m로, 표범과 비슷하나 얼룩무늬 중앙에 검은 점이 있으며 몸이 훨씬 큰 포유동물. 산림에 살며, 주로 밤에 활동함.
재기[1](才氣) [명] 재주가 있는 기질. ¶~ 발랄한 작가.
재ː기[2](再起) [명] (능력이나 힘 따위를 모아서) 다시 일어나는 것. ¶~ 불능의 상태에 빠지다. 재ː기-하다 [동][자][여] ¶오랜 슬럼프에서 벗어나 ~.
재깍[1] [부] 시계 같은 것의 톱니바퀴가 돌아갈 때에 나는 소리. 또는, 그 모양. 재깍-하다 [동][자][여]
재깍[2] [부] 어떤 일을 빠르게 해치우는 모양. ¶시간이 없으니 ~ 다녀오너라. [큰]제꺽.
재깍-거리다/-대다 [-꺼(때)-] [동][자][타] 재깍 소리가 잇달아 나다. 또는, 잇달아 나게 하다. [센]째깍거리다.
재깍-재깍[1] [-째-] [부] 재깍거리는 소리나 모양. 재깍재깍-하다 [동][자][타][여]
재깍-재깍[2] [-째-] [부] 어떤 일이든 재빨리 해내는 모양. ¶일을 ~ 해치우다.
재난(災難) [명] 뜻밖의 불행한 일. ¶화재로 뜻하지 않은 ~을 당하다.
재능(才能) [명] 어떤 일을 잘할 수 있는 재주와 능력. ¶~을 발휘하다.
재ː다[1] (재ː고 / 재어) [동][자] (사람이) 남보다 뛰어나게 해낸 일이나 남다르다고 여기는 일을 드러내어 자랑하다. [비]으스대다·뽐내다. ¶돈 좀 있다고 **재지** 마라.
재ː다[2] (재ː고 / 재어) [동][타] **1** (어떤 물체나 물질의 길이·넓이·부피·무게·속도·온도·압력 등을 자·저울·속도계·온도계·압력계 등으로) 수치가 얼마인가 알아보다. [비]측정하다. ¶몸무게를 ~. **2** 어떤 일을 하기 전에 그 일이 가져올 결과나 이해득실을 이모저모 따지다. [비]계산하다. ¶이것저것 **재다** 보면 일을 시작하기 어렵다.
재ː다[3] (재ː고 / 재어) [동][타] **1** =쟁이다1. ¶연탄을 광에 ~. **2** (김이나 저민 고기 따위를) 기름을 바르고 소금을 뿌리거나 양념을 하여 차곡차곡 쌓아 맛이 들거나 연해지게 하다. =쟁이다. ¶쇠고기를 양념하여 **재어** 놓다. [본]재우다. **3** (총포의 약실에 탄알이나 화약을) 끼우거나 다져 넣다. ¶총에 실탄을 ~.
재ː다[4] (재ː고 / 재어) [형] **1** (발이나 손 등의 움직임이) 서두르는 데가 있거나 급한 데가 있게 빠르다. ¶**잰** 걸음. **2** (입이) 참을성 없이 놀릴 만큼 가볍다. ¶입이 ~. **3** (어떤 물체가) 열을 받아 빨리 뜨거워지는 성질을 가진 상태에 있다.
재단[1](財團) [명][법] **1** 일정한 목적을 위하여 바쳐진 재산의 집단. ¶장학 ~. **2** '재단 법인'의 준말. ↔사단(社團).
재단[2](裁斷) [명] **1** (옷감·종이·가죽 따위를) 치수에 맞추어 일정한 형태로 자르는 것. [비]마름질. **2** 사물의 옳고 그름이나 적당·부적당함을 판단하여 결정하는 것. 재단-하다 [동][타][여] ¶옷감을 ~.
재단^법인(財團法人) [명][법] 일정한 목적을 위하여 제공된 재산을 운영하기 위하여 설립된 공익 법인. [준]재단.
재단-사(裁斷師) [명] 옷을 마름질하는 것을 직업으로 하는 사람.
재담(才談) [명] 익살을 부리며 재치 있게 하는 재미있는 말.
재담-꾼(才談-) [명] 재담을 잘하는 사람.
재동(才童) [명] 재주가 있는 아이.
재-두루미 [명][동] 몸길이 약 127cm의 대형 두루미. 목과 날개는 희고 그 밖의 부분은 검은 회색이며, 얼굴과 이마는 털이 없이 붉게 드러나 있고 다리도 붉음.
재떨-이 [명] 담뱃재를 떨어 놓거나 담배를 비벼 끄거나 꽁초를 일시적으로 버릴 수 있게 만든, 자그마한 용기. ×재털이.
재ː래(在來) [명] 전부터 있어 내려옴. ¶~ 방법. ↔외래(外來).
재ː래-시장(在來市場) [명] 찬거리를 비롯한 일상 잡화를 파는 동네 근처의 시장을 백화점·쇼핑센터 등에 상대하여 이르는 말.
재ː래-식(在來式) [명] 전부터 행하여 온 방

식이나 법식. ¶~ 부엌.
재래-종(在來種) 圓 다른 지방의 품종과 교배함 없이 어떤 지방에서 오랫동안 길러가며 재배되어, 그 지방의 풍토에 알맞게 적응된 종자. ¶~개량종.
재량(裁量) 圓 1 자기의 생각대로 헤아려서 처리하는 것. ¶세부적인 업무 처리는 실무자의 ~에 맡긴다. 2 [법] '자유재량'의 준말. **재량-하다** 图(타여) 자기의 생각대로 헤아려서 처리하다.
재량-권(裁量權) [-꿘] 圓 자기의 생각대로 헤아려서 처리할 수 있는 권한. ¶~을 행사하다.
재력(財力) 圓 재물의 힘이나 재산의 능력. ¶~ 있는 집안.
재:론(再論) 圓 (이미 말한 것을) 다시 의논하는 것. ¶~의 여지가 없다. **재:론-하다** 图(타여) **재:론-되다** 图(자)
재롱(才弄) 圓 어린아이의 슬기로운 말과 귀여운 짓. ¶~을 떨다(부리다).
재료(材料) 圓 1 물건을 만들 때, 그 바탕으로 사용하는 것. ¶원작. ▷원료. 2 어떤 일을 하기 위한 거리. ¶나팔꽃을 연구 ~로 삼다. 3 증권 거래에서, 장세를 움직이게 하는 요인.
재료-비(材料費) 圓 물건을 만드는 데에 드는 재료의 비용.
재:림(再臨) 圓[가][기] 세상이 끝나는 날 최후의 심판을 하기 위하여 그리스도가 이 세상에 다시 나타난다고 하는 일. ¶예수의 ~. **재:림-하다** 图(자여)
재목(材木) 圓 1 건축·기구 등을 만드는 데 재료가 되는 나무. ¶~감. 2 어떤 일을 할 만한 능력이 있거나 또는 어떤 직위에 합당한 사람. ¶그는 대통령 ~이 아니다.
재무(財務) 圓 경제에 관한 모든 사무.
재:-무장(再武裝) 圓 (무장이 해제되었던 군대가) 다시 무장하는 것. **재:무장-하다** 图(자여) **재:무장-되다** 图(자)
재무테크놀로지(財務technology) 圓[경] 기업이 자금의 조달이나 운용에 있어서 고도의 테크닉을 사용하여 금융 거래에 의한 이득을 꾀하는 일. =재테크.
재물(財物) 圓 1 돈이나 그 밖의 값나가는 모든 물건. ¶물질. 圓 ~에 눈이 어둡다. 2 [법] 주로 형법에서, 절도·강도·사기·횡령 따위의 재산 범죄의 대상이 되는 물건. =재화(財貨).
재물-대(載物臺) [-때-] 圓[물] 현미경에서 관찰 재료를 얹어 놓는 평평한 대(臺).
재미¹ [<자미(滋味)] 圓 1 어떤 일에 흥미를 느끼고 그 일을 함으로써 즐거움을 맛보는 마음의 상태. 2 아기자기한 안부를 말할 때, 그가 처한 '형편'을 구어적으로 이르는 말. ¶요사이 ~가 어떠오?
재미(를) 보다 1 즐거움을 경험하다. ¶재미 보십시오. 2 일에서 성과를 올리다. ¶장사해서 재미 좀 봤나?
재미(를) 붙이다 어떤 일에 흥미를 느끼고 즐거워하게 되다. ¶등산에 ~.
재:미²(在美) 圓 (주로 관형어적으로 쓰여) 미국에 가서 살고 있는 것. ¶~ 동포.
재미-나다 조 어떤 일이나 현상이 재미로워 즐거운 맛이 나다. ¶**재미나다**의 야기?
재미-없다 [-업따] 圓 1 (어떤 대상이) 흥미와 즐거움을 주는 느낌이 없다. ¶생활이 따분하고 ~. ↔재미있다. 2 (남을 은근히 억누르거나 위협할 때 쓰이어) 신상에

좋지 않거나 해롭다. 반협박조의 말임. ¶내 말 안 들으면 **재미없을** 줄 알아.
재미-있다[-읻따] 圓 1 (어떤 대상이) 흥미와 즐거움을 주는 느낌이 있다. ¶**재미있는** 영화. ↔재미없다. 2 (어떤 사실이나 현상이) 특이해서 주목을 끄는 데가 있다. ¶재밌다.
재미-적다 [-따] 圓 1 일의 성과가 못마땅하다. ¶새로 시작한 일이 ~. 2 좋지 않은 일이 있게 되다. 구어적인 말임. ¶너 가만 있지 않으면 **재미적어**.
재밌다[-읻-] 圓 '재미있다'의 준말.
재:-발(再發) 圓 1 (한 번 일었던 병·일 따위가) 다시 생기는 것. 또는, 다시 일어나는 것. 2 두 번째 발송하는 것. **재:발-하다** 图(자여) ¶병이 ~. **재:발-되다** 图(자)
재:-발견(再發見) 圓 (잊혀지거나 잘 알려지지 않은 것의 가치를) 다시 발견하는 것. **재:발견-하다** 图(타여) ¶전통문화의 가치를 ~. **재:발견-되다** 图(자)
재:-발급(再發給) 圓 이미 한 번 발급했던 증명서나 카드 등을 다시 발급하는 것. **재:발급-하다** 图(타여) ¶여권을 ~. **재:발급-되다** 图(자)
재:-방송(再放送) 圓 라디오·텔레비전 등에서, 전에 방송했던 프로그램을 다시 방송하는 것. **재:방송-하다** 图(타여) **재:방송-되다** 图(자)
재:배¹(再拜) 圓 1 두 번 절하는 것. 또는, 그 절. ¶분향~. 2 웃어른에게 편지할 때, 글 맨 끝에 삼가 올린다는 뜻으로 제 이름 다음에 쓰는 말. ¶불효자 창수 ~. **재:배-하다**¹ 图(자여)
재:배²(栽培) 圓 (식물을) 심어 가꾸거나 기르는 것. ¶적지(適地). ~. **재:배-하다**² 图(타여) ¶꽃을 ~. **재:배-되다** 图(자)
재:-배치(再配置) 圓 다시 배치하는 것. **재:배치-하다** 图(타여) **재:배치-되다** 图(자)
재벌(財閥) 圓 재계(財界)에서 세력 있는 자본가·기업가의 무리. 또는, 정부의 지원 아래 성장한 가족·혈족 지배의 대규모 기업 집단. ¶~ 기업.
재:벌-구이(再-) 圓 도자기를 만들 때, 초벌구이한 것을 유약을 발라서 아주 구워 내는 일. 1,200~1,300℃의 고온으로 구움. ▷초벌구이.
재:범(再犯) 圓 두 번째 죄를 범하는 것. 또는, 그 사람. ¶~자(者) / ~ 방지.
재봉(裁縫) 圓 옷감 따위를 말라서 옷을 만드는 일. ¶~실. **재봉-하다** 图(타여)
재봉-틀(裁縫-) 圓 바느질을 하는 기계. =미싱.
재:-부팅(再booting) 圓[컴] 시스템의 동작을 중지시키고 설정된 환경으로 재시동하는 작업. =리부팅.
재:-분배(再分配) 圓 다시 나누는 것. ¶소득 ~. **재:분배-하다** 图(타여) ¶기업 이윤을 ~. **재:분배-되다** 图(자)
재비 圓 국악에서, 악기를 연주하거나 노래를 부르거나 춤을 추거나 하는 기능자를 이르는 말. ¶노래~ / 춤~. ×잡이.
재-빠르다 圓 〈-빠르니, -빨라〉 (사람이나 동물의 동작이나 일의 처리가) 짧은 시간에 이루어져 빠르다. 图동작이 ~.
재빨리 🞩 재빠르다. ¶일을 ~ 해치우다.
재사(才士) 圓 재주가 있는 남자.
재산(財産) 圓 1 개인이나 단체가 가지고 있는, 경제적 가치를 지닌 물건의 총체. ¶국유 ~ / ~을 탕진하다. 2 소중히 여길

만한 가치가 있는 것을 비유하여 이르는 말. ¶지식은 마음의 ~이다.
재산-가(財産家) 圏 재산이 많은 사람.
재산^관리인(財産管理人) [-놔-] 圏 [법] 타인의 재산을 관리하는 사람.
재산-권(財産權) [-꿘] 圏 [법] 경제적 이익을 목적으로 하는 법적인 권리. 물권·채권·무체 재산권 따위.
재산-세(財産稅) [-쎄] 圏 소유하고 있는 일정한 재산에 대해 부과되는 조세.
재산-형(財産刑) 圏 [법] 범죄자의 재산 박탈을 내용으로 하는 형벌. 벌금·과료(科料)·몰수 따위.
재삼(再三) 囝 두세 번. 곧, 여러 번. ¶사실을 ~ 확인하다.
재삼-재사(再三再四) 囝 두세 번 그리고 다시 네 번 거듭한다는 뜻으로, 거듭됨을 매우 강조한 말. ¶~ 부탁드립니다.
재상(宰相) 圏 [역] 임금을 돕고 모든 관원을 지휘·감독하는 2품 이상 벼슬자리의 총칭. 또는, 그 자리에 있는 사람.
재색¹(-色) 圏 재의 빛깔과 같이 흰빛을 띤 검은색.
재색²(才色) 圏 여자로서의 뛰어난 재주와 용모. ¶~을 겸비한 규수.
재생(再生) 圏 1 죽게 되었다가 다시 살아남. 甿소생. 2 (타락하거나 희망이 없어졌던 사람이) 다시 올바른 길로 살아남. ¶~의 길을 걷다. 3 낡거나 못 쓰게 된 물건을 다시 쓰게 함. ¶~ 타이어. 4 본디의 음·말소리·영상 등을 다시 들려주거나 보여 줌. ¶~ 녹화 방송. 5 [생] 생물이 몸의 일부를 잃었을 때, 그 부분의 조직·기관이 다시 자라나는 일. 6 [심] 한 번 경험한 내용을 어떤 기회에 다시 생각해 내는 일. **재:생-하다** 国图 ¶못 쓰는 종이를 **재생하여** 사용하다. **재:생-되다** 国
재:-생산(再生産) 圏 [경] 생산 과정이 끊임없이 되풀이되는 현상. **재:생산-하다** 国围 **재:생산-되다** 国
재:생-지(再生紙) 圏 한 번 사용한 종이를 녹여서 재생 펄프로 만들어서 다시 떠낸 종이.
재:석(在席) 圏 회의에서 표결할 때 자리에 있는 일.
재:선(再選) 圏 1 [법] '재선거'의 준말. 2 (한 번 당선되었던 사람이) 거듭 당선되는 것. ¶~ 의원. **재:선-하다** 国困图 **재:선-되다** 国 ¶국회의원으로 ~.
재:-선거(再選擧) 圏 [법] 선거의 전부나 일부가 무효 판결을 받았을 때, 또는 당선인이 임기 개시 전에 죽거나 당선을 사퇴할 때에 다시 하는 선거. ㉤재선. **재:선거-하다** 国图
재:세(在世) 圏 세상에 살아 있는 것. 또는, 살아 있는 동안. **재:세-하다** 国困图
재:-소자(在所者) 圏 교도소에 갇혀 있는 사람.
재:수¹(再修) 圏 한 번 배웠던 과정을 다시 배우는 것. 특히, 입학시험에 실패한 뒤 다음 해에 대비하여 공부하는 것을 가리킴. **재:수-하다** 国图
재수²(財數) 圏 재물이나 좋은 일이 생길 수 있는 운수. ¶~가 좋다.
[**재수가 옴 붙었다**] 재수가 도무지 없다.
[**재수 없는 놈은**(뒤로) **자빠져도 코가 깨진다**] 하는 일마다 운수가 사납다.
재:-수강(再受講) 圏 주로 대학에서, 수강한 학과목의 학점을 따지 못했거나 학점이 좋지 않았을 경우에 다시 그 강의를 받는 것. **재:수강-하다** 国困

재:-수사(再搜査) 圏 수사 기관에서 범인의 행방을 찾거나 공소의 제기와 유지를 위해 다시 수사하는 것. **재:수사-하다** 国
재:수-생(再修生) 圏 입학시험에 실패하고 재수하는 학생.
재스민(jasmine) 圏 1 [식] 열대와 아열대 지방에서 자라며, 특유한 향기가 있는 흰색 꽃이 피는 상록 관목. 2 1의 꽃에서 얻은 향유(香油). 향료로 쓰임.
재:-시험(再試驗) 圏 1 두 번 시험을 치는 것. 2 일정한 수준에 이르지 못한 사람에게 다시 보이는 시험. **재:시험-하다** 国
재:-신임(再信任) 圏 믿고 일을 맡겼던 사람에게 그의 임무를 마칠 때가 되었을 때 다시 그 일을 맡게 하는 것. **재:신임-하다** 国围团 ¶구단은 감독을 **재신임하였다**. **재:신임-되다** 国
재:실(齋室) 圏 1 무덤이나 사당 옆에, 제사를 지내려고 지은 집. 2 [역] 능이나 종묘의 제사 지내는 집.
재:심(再審) 圏 1 =재심사. 2 [법] 확정 판결의 취소와, 사건의 재심리를 요구하는 신청·수속 및 그 심판. ¶~을 청구하다. **재:심-하다** 国困图 **재:심-되다** 国困
재:-심사(再審査) 圏 다시 심사하는 것. =재심. **재:심사-하다** 国困团 **재:심사-되다** 国困
재앙(災殃) 圏 천재지변으로 말미암아 생긴 불행한 사고. ¶하늘에서 ~을 내리다.
재액(災厄) 圏 재앙으로 입은 불운. ㉤재.
재:야(在野) 圏 1 벼슬하지 않고 민간에 있는 것. 2 정당이나 의회에 속하지 않은 상태로 간접적으로 정치적인 활동을 하는 사람들의 영역. ¶~인사(人士).
재:언(再言) 圏 다시 말하는 것. **재:언-하다** 国围
재:연(再演) 圏 (한 번 행하였던 일을) 다시 되풀이하는 것. **재:연-하다**¹ 国围 ¶현장 검증에서 범행을 ~. **재:연-되다**¹ 国
재:연(再燃) 圏 (잠잠하던 일이) 다시 문제되어 일어나는 것. ¶노사 분규의 ~. **재:연-하다**² 国围 **재:연-되다**² 国
재:염(再鹽) 圏 천일염을 물에 풀어 다시 곤 소금. 빛깔이 희고 맛이 약간 쏨. =곤소금.
재:외(在外) [-외/-웨] 圏 (주로 관형어적으로 쓰여) 외국에 있는 것. ㉥동포.
재:외^공관(在外公館) [-외-/-웨-] 圏 외국에 설치하는 외교 통상부의 파견 기관. 대사관·공사관·총영사관·영사관·국제 연합 대표부 따위. ㉤공관.
재:우¹ 囝 매우 재게. ¶손발을 ~ 놀리다.
재:우²(再虞) 圏 장사 지낸 뒤 두 번째로 지내는 제사. ▷삼虞(三虞)·초우(初虞).
재우다 国围 1 '자다'의 사동사. ¶아기를 업어서 ~. 2 (더부룩하거나 푸슬푸슬한 것을) 착 붙어 자리가 잡히게 하다. ¶이불솜을 ~. 3 '재다²'의 본딧말. ¶쇠고기를 양념에 ~.
재운(財運) 圏 재물을 모을 운수.
재원¹(才媛) 圏 뛰어난 능력이나 재주가 있는 젊은 여자. ¶김영희 씨는 학식과 미모를 겸비한 ~이다.

재원²(財源) 명 자금이 나올 원천. 또는, 재화나 재정의 원천.

재:위(在位) 명 임금의 자리에 있는 것. 또는, 그 동안. ¶~ 기간. **재:위-하다** 동(자)

재:의(再議) [-의/-이] 명 이미 의결된 사항을 같은 기관에 다시 심의하거나 의결하는 것. **재:의-하다** 동(타)

재인(才人) 명 1 재주가 있는 사람. 2 [옛] 조선 시대, 재주를 넘거나 짓궂은 동작으로 사람을 웃기며 악기로 풍악을 울리던 광대.

재:-인식(再認識) 명 본래의 인식을 고쳐 새롭게 하는 일. **재:인식-하다** 동(타)(여) **재:인식-되다** 동(자)(여)

재:일(在日) 명 (주로 관형어적으로 쓰이어) 일본에 가서 살고 있는 것. ¶~ 교포.

재:임¹(再任) 명 같은 관직에 다시 임명되는 것. ¶~ 장관. **재:임-하다**¹ 동(자)(여) **재:임-되다** 동(자)(여)

재:임²(在任) 명 임무를 수행하고 있거나 임지에 있는 것. 또는, 그동안. ¶~ 기간. **재:임-하다**² 동(자)(여)

재자-가인(才子佳人) 명 재주 있는 남자와 아름다운 여자.

재:-작년(再昨年) [-냔-] 명 지난해의 전 해. =그러께·전전년.

재잘-거리다/-대다 자 1 (주로 어린아이나 젊은 여자가) 높은 목소리로 다소 시끄럽게 자꾸 말하다. 2 (새들이) 서로 어울려 자꾸 지저귀다. 비조잘거리다.

재잘-재잘 부 재잘거리는 소리. 또는, 그 모양. ¶동생이 학교에서 있었던 일을 ~ 이야기했다. **재잘재잘-하다** 동(자)(여)

재재-거리다/-대다 자 1 (작은 새가) 다소 소란스럽게 자꾸 지저귀다. 2 (아이나 여자들이) 수다스럽게 자꾸 말하다.

재:적(在籍) 명 호적·학적·병적 등에 올라 있는 것. ¶~ 의원(議員). **재:적-하다** 동(자)

재:-점검(再點檢) 명 다시 점검하는 것. **재:점검-하다** 동(타)(여) ¶장비를 ~.

재정(財政) 명 1 국가 또는 지방 자치 단체가 행정 활동이나 공공 정책을 시행하기 위해 돈을 조달하고 관리하는 활동. ¶국가 ~. 2 개인·가계·기업 등의 경제 상태. ¶~이 부실한 기업.

재정^경제부(財政經濟部) 명 행정 각 부의 하나. 경제 정책의 수립, 화폐·금융·국고·정부 회계·내국 세세·관세·외환·경제 협력 및 국유 재산에 관한 사무를 맡아봄.

재정-난(財政難) 명 재정이 부족함으로써 생기는 곤란.

재:-정립(再正立) [-닙] 명 다시 바로 세우는 것. **재:정립-하다** 동(타)(여) ¶역사를 ~. **재:정립-되다** 동(자)(여)

재정^보증(財政保證) 명 재산을 다루는 공무원이나 직원이 업무 수행상 고의 또는 과실로 일정한 손해를 끼쳤을 때, 그에 대한 신속한 보상을 하기 위한 조처로서의 보증.

재:-정비(再整備) 명 다시 정돈하여 갖추는 것. **재:정비-하다** 동(타)(여) ¶전열(戰列)을 ~. **재:정비-되다** 동(자)(여)

재:-조명(再照明) 명 (어떤 사물의 의의나 가치를) 다시 들추어 살피는 것. **재:조명-하다** 동(타)(여) ¶육관(陸觀) 시의 문학사적 의의를 ~.

재:-조사(再調査) 명 다시 조사하는 것. **재:조사-하다** 동(타)(여) **재:조사-되다** 동(자)(여)

재:-조정(再調整) 명 다시 조정하는 것. **재:조정-하다** 동(타)(여) ¶금리를 ~. **재:조정-되다** 동(자)(여)

재:-조직(再組織) 명 다시 조직하는 것. **재:조직-하다** 동(타)(여) **재:조직-되다** 동(자)(여)

재:종(再從) 명 =육촌(六寸).

재주 명 1 어떤 일을 남달리 잘하는 타고난 소질. 또는, 어떤 일을 남달리 솜씨 있게 하는 기술. ¶글~/손~. 2 어떤 일을 하는 방도나 슬기. ¶~을 부리다.
[재주는 곰이 넘고 돈은 되놈이 받는다] 수고하는 사람은 따로 있고, 수고한 대가는 다른 사람이 받는다.

재주-껏 [-껃] 부 있는 재주를 다하여. ¶못 그려도 좋으니 네 ~ 그려 보아라.

재주-꾼 명 재주가 많은 사람.

재주-넘다 [-따] 동(자) 몸을 전후좌우로 날려서 뛰어넘는 재주를 부리다.

재:중(在中) 명 (물건을 나타내는 명사 뒤에 쓰이어) 그 물건이 봉투 속에 들어 있음을 나타내는 말. 봉함한 봉투 곁에 쓰는 말임. ¶사진 ~.

재즈(jazz) 명 미국의 흑인 음악을 바탕으로 발달한 경쾌하고 활기찬 리듬의 대중음악. 즉흥적 연주를 중시함.

재즈-곡(jazz曲) [-] 명 재즈로 된 악곡. 또는, 재즈풍의 악곡.

재:직(在職) 명 어느 직장에 근무하거나 어떤 직무를 맡아 일하는 것. ¶~ 증명서. **재:직-하다** 동(자)(여)

재:진(再診) 명 두 번째 이후의 진찰. **재:진-하다** 동(타)(여)

재질(才質) 명 재주와 기질. ¶그는 성악가로서의 ~을 충분히 갖추고 있다.

재질(材質) 명 1 목재(木材)의 성질. 2 재료가 가지는 성질.

재:차(再次) 부 두 번 거듭하여. 비또다시. ¶탐험을 ~ 시도하다.

재:창(再唱) 명 다시 노래 부르는 것. 특히, 어떤 노래를 부른 뒤, 더 듣고 싶어 하는 사람들의 요청에 의하여 다른 노래를 부르는 것. 비앙코르. ¶~을 청하다.

재:-창조(再創造) 명 이미 있는 것을 고치거나 새로운 방식을 써서 다시 만들어 내는 것. **재:창조-하다** 동(타)(여)

재채기 명 코의 점막이 자극을 받아 콧속이 간질간질하다가 갑자기 강하게 숨을 내뿜으면서 큰 소리를 내는 일. **재채기-하다** 동

재:-처리(再處理) 명(물) 다 쓰고 난 핵연료를 다시 이용하기 위해 그 연료에서 플루토늄·우라늄 등의 유용한 물질을 추출해 내는 일. ¶핵 ~ 시설. **재:처리-하다** 동(타)(여)

재:천(在天) 명 어떤 일이 하늘의 뜻에 달려 있음. ¶인명은 ~이다.

재:-천명(再闡明) 명 다시 드러내어 밝히는 것. **재:천명-하다** 동(타)(여) ¶독도가 우리 영토임을 ~.

재첩 명(동) =가무락조개.

재:청(再請) 명 1 (한 번 한 것을) 다시 청하는 것. 2 회의할 때 다른 사람의 동의에 대하여 찬성하는 뜻으로 거듭 청하는 것. **재:청-하다** 동(타)(여)

재촉 명 <최촉(催促) 1 (어떤 일을) 빨리 하도록 자꾸 말하거나 압력을 주는 것. ¶~이 심하다. 2 (비 따위가 계절을

빨리 오도록 앞당기는, 힘을 나타내는 것. 비유적인 말임. **재촉-하다** 통(타)여 ¶대답을 ~. 재:촉을 재촉하는 비.
재:-출발(再出發) 명 (어떤 일을) 다시 시작하는 것. **재:출발-하다** 통(자)여
재:-충전(再充電) 명 1〔물〕 방전된 것을 다시 충전하는 것. 2 (사람이 잃었던 활력을) 다시 찾거나 고갈된 능력을 다시 기르는 일. 비유적인 말임. ¶~을 위한 장기 휴가제. **재:충전-하다** 통(자)(타) **재:충전-되다** 통(자)
재:취(再娶) 명 (이미 장가들었던 사람이) 두 번째 장가드는 것. 또는, 그때 맞은 아내. =후취. ¶~ 장가.
재치(才致) 명 어떤 일에 처하여 눈치 빠르게 또는 재빠르게 대응하는 슬기.
재킷(jacket) 명 1 앞이 터지고 소매가 달린 짧은 상의. 2 레코드의 커버. ×자켓.
재:-탕(再湯) 명 1 한 번 달여 먹은 한약재를 두 번째 달이는 것. 2 이미 써먹은 것을 다시 이용하는 일을 야유조로 이르는 말. **재:탕-하다** 통(타)여 ¶한약을 ~.
재:택-근무(在宅勤務) [-끈-] 명 자기 집에 회사와 통신 회선으로 연결된 정보 통신 기기를 설치해 놓고 집에서 회사의 업무를 보는 것. 정보 통신의 발달로 인한 새로운 형태의 근무 방식임.
재털-이 명 '재떨이'의 잘못.
재-테크(←財technology) 명(경) =재무 테크놀로지.
재:-투자(再投資) 명(경) 단순 재생산을 하기 위하여 자본을 들이는 것. **재:투자-하다** 통(타)여
재:판(再版)[-판] 명 1 같은 출판물을 두 번째 간행하는 것. 또는, 그 출판물. ¶~ 발행. 2 지나간 일이 다시 되풀이되는 것. ¶제2차 세계 대전은 열강끼리의 전쟁이라는 점에서 제1차 세계 대전의 ~이다.
재판[2](裁判) 명 1 옳고 그름을 가리어 판단하는 것. 2〔법〕 법원 또는 법관이 어떤 소송 사건에 대하여 법률에 따라 판단하는 일. ¶공개 ~ / ~에 부치다[회부하다]. **재판-하다** 통(타)여
재판-관(裁判官) 명 법원에 소속하여 재판 사무를 담당하며 재판권을 실행하는 국가 공무원.
재판-권(裁判權)[-꿘] 명〔법〕 법원이 소송 사건을 처리하기 위하여 행사할 수 있는 권한.
재판-소(裁判所) 명〔법〕1 여러 가지 분쟁에 대하여 재판하는 권한을 가진 기관. ¶헌법 ~. 2 =법원.
재판-장(裁判長) 명〔법〕 합의제 법원에서 합의체를 대표하는 법관.
재판-정(裁判廷) 명〔법〕 =법정(法廷)[1].
재:편(再編) 명 '재편성'의 준말. **재:편-하다** 통(타)여 ¶조직을 ~. **재:편-되다** 통(자)
재:-편성(再編成) 명 고쳐서 다시 편성하는 것. 준재편. **재:편성-하다** 통(타)여 **재:편성-되다** 통(자)
재:-평가(再評價)[-까] 명 일단 평가한 것을 고쳐 다시 평가하는 것. **재:평가-하다** 통(타)여 **재:평가-되다** 통(자)
재핑(zapping) 명 방송에서, 광고가 나오면 채널을 다른 데로 돌려 버리는 일.
재학[1](才學) 명 재주와 학식.
재:학[2](在學) 명 학교에 적(籍)을 두고 공부하는 것. ¶~ 중명서. **재:학-하다** 통(자)여

재:학-생(在學生)[-쌩] 명 현재 학교에 적을 두고 공부하고 있는 학생.
재해(災害) 명 지진·태풍·홍수·해일·가뭄·대화재·전염병 등에 의해 발생하는 불시의 재난. 또는, 그로 인한 피해. ¶~ 대책.
재:-해석(再解釋) 명 옛것을 새로운 관점에서 다시 해석하는 것. **재:해석-하다** 통(타)여 ¶고전을 ~.
재:향(在鄕) 명 〖주로 관형어적으로 쓰여〗 고향에 있는 것. ▷~ 동민회.
재:향-군인(在鄕軍人) 명〔군〕 현역 복무를 마치고 일반 사회로 복귀한 사람. 준향군.
재:현(再現) 명 (어떤 사실이나 현상이) 다시 나타나는 것. 또는, (어떤 사실이나 현상을) 다시 나타나게 하는 것. ¶고유한 전통문화의 ~. **재:현-하다** 통(자)(타)여 ¶태평성대를 ~. **재:현-되다** 통(자)여
재형-저:축(財形貯蓄) 명〔경〕 '근로자 재산 형성 저축'의 준말로, 근로자가 목돈이나 주택·주식 등의 재산을 마련할 수 있도록 정부·사업주·금융 기관 등이 지원하여 주는 저축 제도.
재:혼(再婚) 명 두 번째의 혼인. ▷초혼. **재:혼-하다** 통(자)여
재화[1](才華) 명 뛰어난 재주.
재화[2](災禍) 명 재앙과 화난(禍難).
재화[3](財貨) 명 1 사람이 경제 활동을 통해 욕망을 만족시키기 위해 얻고자 하는 물질. ▷용역. 2 [법] =재물(財物)2.
재:-확인(再確認) 명 다시 확인하는 것. **재:확인-하다** 통(타)여 ¶사실을 ~.
재:활(再活) 명 다시 활동하는 것. 특히, 신체장애인이 장애를 극복하고 생활하는 것을 이름. ¶~의 의지를 다지다. **재:활-하다** 통(자)여 ¶역경을 딛고 ~.
재:-활용(再活用) 명 (못 쓰게 된 물건을) 용도를 바꾸거나 가공하여 다시 이용하는 것. **재:활용-하다** 통(타)여 **재:활용-되다** 통(자)
재:활-원(再活院) 명 신체장애인이 장애를 극복하고 생활할 수 있도록 직업 훈련을 실시하고 의료 혜택을 주기 위한 기관.
재:활의학(再活醫學) 명〔의〕 장애인을 신체적·정신적·사회적, 기타 모든 면에서 가능한 한 최대한도까지 회복시키고자 하는 의학의 한 부문.
재:회(再會)[-회/-훼] 명 헤어졌다가 다시 만나는 것. ¶~를 기약하다. **재:회-하다** 통(자)여 ¶옛 친구와 10년 만에 ~.
잭(jack) 명 플러그를 꽂아 전기를 접속시키는 장치.
잭나이프(jackknife) 명 칼날을 손잡이 속에 접어서 넣을 수 있게 만든 작은 칼.
잰-걸음 명 보폭이 짧고 빠른 걸음.
잼(jam) 명 과일에 다량의 설탕을 넣고 조려 만드는, 점성(粘性)이 강한 저장 식품. ¶딸기 ~.
잼버리(jamboree) 명 보이 스카우트의 야영 대회.
잽(jab) 명〔체〕 권투에서, 상대의 공격을 방어하거나 공격을 노리기 위해, 민첩하게 팔을 뻗으면서 상대의 안면이나 몸통을 연타하는 동작. ¶~을 넣다.
잽-싸다 형 동작이 매우 빠르고 날래다. ¶잽싸게 뛰다.
잿-더미[재떠-/잳떠-] 명 1 재를 모아 쌓아 둔 무더기. 2 불에 타서 재만 남은 자리. ¶마을이 전란에 ~로 변하다.

잿-물[잰-] [명] **1** 볏짚이나 나무의 재를 우려낸 누르스름한 물. 빨래의 기름기와 때를 빼는 데에 쓰임. =유약(釉藥). **2** '양잿물'의 준말.
잿-밥(齋-)[재빱/잳빱] [명][불] 불공을 드릴 때, 부처 앞에 올리는 밥.
잿-빛[재삗/잳삗] [명] 재와 같은 사물의 빛깔. [비]회색. ¶구름 낀 ~ 하늘.
쟁[1](箏) [명][음] 국악에 사용되는 현악기의 하나. 폭이 좁고 긴 오동나무 공명판 위에 명주실로 13줄의 현을 걸었음.
쟁[2](錚) [명][음] =꽹과리.
쟁기 [명] 소나 말에 끌려 논밭을 가는 농기구. 호리와 겨리의 두 가지가 있음.
쟁론(爭論)[-논] [명] 서로 다투어 논란하는 것. 또는, 그 이론.
쟁반(錚盤) [명] 음식·다과·음료 등을 담아 나르는 데 사용하는, 운두가 낮고 넓적한 그릇.
쟁의(爭議)[-의/-이] [명] 근로자와 사용자 사이에 일어나는 분쟁. ¶노동 ~.
쟁의-권(爭議權)[-의꿘/-이꿘] [명][법] 근로자가 사용자에 대하여, 노동 조건 개선 등의 요구를 관철하기 위해 단체적으로 쟁의 행위를 할 수 있는 권리.
-쟁이 [접미] 어떤 명사에 붙어, 그 명사의 속성을 많이 가지거나, 그 명사가 나타내는 사물을 착용하고 있거나, 또는 그 명사의 일을 행동으로 곧잘 하거나 나타내는 사람을 얕잡거나 홀하게 이르는 말. ¶겁~ / 거짓말~. ▷-장이.
쟁이다 [동][타] **1** (물건을 어느 장소에) 차곡차곡 포개어 쌓다. =재다. ¶쌀 가마니를 창고에 ~. **2** =재다[3]**2**. ¶쇠고기를 양념에 ~.
쟁쟁-하다[1](琤琤-) [형][여] **1** 옥이나 좋은 금속의 울리는 소리가 매우 맑다. **2** 목소리가 매우 또렷하고 맑다. **3** 전에 들은 소리가 잊히지 않고 귀에 울리는 듯한 상태에 있다. ¶돌아가신 아버지의 말씀이 아직도 귀에 ~. **쟁쟁-히** [부]
쟁쟁-하다[2](錚錚-) [형][여] 여럿 가운데에서 매우 뛰어나다. ¶강 교수는 **쟁쟁한** 국어학자이다.
쟁점(爭點)[-쩜] [명] 논쟁의 중심이 되는 문제나 사항. ¶주5일 근무제가 협상의 ~으로 대두되다.
쟁점-화(爭點化)[-쩜-] [명] (어떤 일을) 논쟁의 문제로 만드는 것. **쟁점화-하다** [동][타][여] ¶야당이 통일 문제를 ~. **쟁점화-되다** [동][자]
쟁ː첩 [명] 반찬을 담는 작은 접시. 반드시 뚜껑이 딸려 있음.
쟁취(爭取) [명] 싸워서 얻는 것. **쟁취-하다** [동][타][여] ¶자유를 ~.
쟁탈(爭奪) [명] (어떤 대상을) 다투어 빼앗는 것. **쟁탈-하다** [동][타][여] ¶우승컵을 ~.
쟁탈-전(爭奪戰) [명] 패권을 서로 다투는 싸움.
쟁패(爭霸) [명] 패권을 다투는 것. **쟁패-하다** [동][타][여]
쟤 '저 애'가 준 말. ▷개·얘.
저[1] [명] '젓가락'의 준말. ['箸'는 취음]
저[2] [명] [<[중]笛] [음] =적(笛)[4].
저[3] [대][인칭] **1** '나'의 겸양어. 듣는 사람에게 자기를 낮추어 이르는 말임. 주격 조사 '가' 앞에서는 '제'가 되며, 관형격 조사 '의'와 어울리면 축약되어 '제'가 되기도 함. ¶~는 가지 않겠습니다. **2** 앞에 언급된 사람을 낮추거나 예사롭게 되가리켜 이르는 재귀 대명사. 주격 조사 '가' 앞에서는 '제'가 되며, 관형격 조사 '의'와 어울리면 축약되어 '제'가 되기도 함. ¶~ 혼자 하도록 내버려 두세요. ▷자기.
[**저 먹자니 싫고 남 주자니 아깝다**] 자기가 싫어하면서 남에게 주는 것도 아까워하는 비뚤어진 마음씨를 이르는 말. [**저 잘난 맛에 산다**] 사람은 누구나 자기에 대한 애착심을 갖고 살아간다.
저[4] Ⅰ[대] [1][지시] 말하는 사람이나 듣는 사람 모두에게 멀리 떨어져 있는 대상, 특히 일이나 상황을 가리키는 말. ¶아니, ~를 어째! [2][인칭] 말하는 사람이 듣는 사람 이외의 사람을 가리켜 이르는 말.
Ⅱ[관] 말하는 사람이나 듣는 사람 모두에게 멀리 떨어져 있는 대상을 가리킬 때 쓰는 말. ¶~ 사람은 누굽니까? [작]조.
저ː[5] [감] **1** 얼른 생각이 나지 않을 때에 내는 소리. ¶~, 그 사람 이름이 무엇이었지? **2** 어떤 말을 바로 꺼내기가 거북할 때에 망설이면서 하는 소리. ¶~, 말씀 중에 죄송합니다만 한 가지 여쭤 보겠습니다.
저ː[6](著) [명][의존] 《주로, 사람의 성명 다음에 쓰여》 어떤 책(특히, 학술적인 책)이 그 사람이 저술한 것임을 나타내는 말. ¶고영근 ~ 표준 국어 문법론. ▷작(作).
저ː-[7](低) [접두] '낮음'의 뜻을 나타내는 말. ¶~기압 / ~혈압. ↔고(高)-.
저ː가(低價)[-까] [명] =싼값. ↔고가.
저ː가-주(低價株)[-까-] [명][경] 평균 주가보다 주가 수준이 낮은 주. ▷고가주.
저ː간(這間) [명] 《주로 '저간의', '저간에'의 꼴로 쓰여》 그리 멀지 않은 과거로부터 현재까지의 동안. [비]그간·요즈음. ¶~에 겪은 말 못 할 고통.
저-거 [대][지시] '저것'을 구어적으로 이르는 말. ¶~로 주세요. [작]조거.
저-거시기 [감] 말을 하다가 생각이 잘 나지 않을 때 내는 군말. ¶~, 그 사람 이름이 뭐더라?
저걸로 '저것으로'가 준 말.
저-것[-걷] [대] [1][지시] 말하는 사람이나 듣는 사람 모두에게 멀리 떨어져 있는 사물을 가리키는 말. ¶~이 새로 나온 차다. [2][인칭] 말하는 사람과 듣는 사람 모두에게 떨어져 있는, 못마땅하게 생각되는 사람이나 자기 혈육에 속하는 아랫사람을 낮추어 이르는 말. ¶~이 무얼 안다고 그러지? [작]조것. ▷그것·이것.
저ː격(狙擊) [명] (어떤 대상을) 노리고 겨냥하여 치거나 총을 쏘는 것. ¶~대(隊). **저ː격-하다** [동][타][여] ¶정적(政敵)을 ~.
저ː격-범(狙擊犯)[-뻠] [명] 저격한 범인.
저ː격-병(狙擊兵)[-뼝] [명][군] 은폐 진지(隱蔽陣地)에서 적을 발견하여 저격하거나 적의 심리를 교란시키는 사격 임무를 맡은 소총병. =저격수.
저ː격-수(狙擊手)[-쑤] [명][군] =저격병.
저고리 [명] **1** 남녀의 한복에서, 양팔과 몸통을 감싸며 고름을 매어 앞을 여며 입는 상의. **2** 서양식 옷인 '재킷'을 달리 이르는 말.
저-곳[-곧] [대][지시] '저기Ⅰ'을 문어적으로 이르는 말.
저ː공(低空) [명] 지면(地面)에 가까운 공중. ¶~ 비행. ↔고공.
저ː금(貯金) [명] 돈을 쓰지 않고 은행 등에 맡겨 두거나 저금통 속에 넣어 모아 두는

것. 또는, 그 돈. ¶~을 인출하다. **저:금-하다** 통()

저:금리(低金利) [-니] 명 낮은 금리. ↔고금리.

저:금-통(貯金筒) 명 돈을 넣어 모아 둘 수 있게 만든 통. ¶돼지 ~.

저:금-통장(貯金通帳) 명 '예금 통장'을 통속적으로 이르는 말.

저:급(低級) 명 낮은 등급. ↔고급.

저:급-하다(低級-) [-그과-] 형여 등급·내용·성질·품질 따위의 정도가 낮다. ¶내용이 저급한 책.

저기 Ⅰ (지시) 말하는 사람과 듣는 사람 모두에게 떨어져 있는 장소를 가리키는 말. ¶~가 우리 집이다. 짝조기. Ⅱ「부 저곳에. 말하는 사람과 듣는 사람 모두에게 떨어져 있는 곳을 가리킴. ¶그 사람이 ~ 가고 있다. 짝조기. Ⅲ값 얼른 생각이 나지 않거나 거북한 말을 하려 할 때 주저하여 하는 말. ¶~, 부탁이 하나 있는데.

저:-기압(低氣壓) 명 **1** [기상] 기압이 주위보다 낮은 현상. 이때에는 보통 날이 흐리거나 눈·비가 옴. =저압. ↔고기압. **2** 형세가 평온하지 않고 변동이 생기려는 상태, 또는 사람의 기분이 좋지 못한 상태의 비유. ¶회의장 내에 ~이 감돌다.

저-나마 부 저것이라도. ▷그나마·이나마.

저:냐 명 생선이나 고기를 얇게 저며 둥글 납작하게 만들고, 밀가루와 달걀을 씌워 기름에 지진 음식.

저널리스트(journalist) 명 저널리즘에 종사하는 사람. **2** 신문·잡지의 기자 또는 기고가.

저널리즘(journalism) 명 신문과 잡지를 통하여 대중에게 시사적인 정보와 의견을 제공하는 활동. 넓게는 영화·라디오·텔레비전을 통하여 오락 및 정보를 제공하는 활동을 포함함.

저녁 명 **1** 해가 져서 어두어둑할 때부터 사방이 완전히 깜깜해지기까지의 동안. 곧, 낮과 밤의 경계를 이루는 때를 가리키나, 일반적으로는 밤의 전반을 저녁에 포함시키는 경우가 많음. ¶초~. **2** 사람이 해가 진 뒤에 먹는 끼니. ¶~을 먹다. ↔아침.

저녁-거리 [-꺼-] 명 저녁밥을 지을 양식. ↔아침거리.

저녁-나절 [-녁-] 명 저녁 무렵의 한동안. 베석양. ↔아침나절.

저녁-녘 [-녁녁] 명 저녁 무렵.

저녁-노을 [-녁-] 명 해가 질 때의 노을. 베풋광·땅거미, 예~이 붉게 물든 하늘. 준저녁놀. ↔아침노을.

저녁-놀 [-녁-] 명 '저녁노을'의 준말. ↔아침놀.

저녁-때 명 시간이 저녁인 때. 또는, 저녁을 먹을 무렵인 때. ↔아침때.

저녁-매미 [-녁-] 명 [동] 매미의 한 종류로, 몸빛은 적갈색에 녹색의 반문이 있고, 날개는 투명한 편으로. 새벽이나 저녁에 '쓰르람쓰르람' 하고 욺. =쓰르라미.

저녁-밥 [-빱] 명 사람이 저녁에 끼니로 먹는 밥. =석식. ↔아침밥.

저녁-상(-床) [-쌍] 명 저녁밥을 차려 놓은 밥상. ↔아침상.

저-놈 [1](인칭) '저 남자'를 얕잡거나 비하하여 이르는 말. [2](지시) '저 동물'이나 '저 물건'을 귀엽게, 또는 예사롭게 이르는 말.

저:능(低能) 명 정상보다 낮은 지적(知的)인 능력. 선천적 또는 후천적인 병으로 생기는 현상임.

저:능-아(低能兒) 명 =정신 지체아.

저:능-하다(低能-) 형여 두뇌가 정상적으로 발육되지 못하여 지능이 보통 수준보다 퍽 떨어지다.

저-다지 부 저러하도록. ¶허허 웃어넘기면 될 것을 ~ 속이 좁을까?

저:-단백(低蛋白) 명 어떤 식품에 단백질이 매우 적게 들어 있는 상태. =저단백질. ¶~ 식품. ↔고단백.

저:-단백질(低蛋白質) [-질] 명 =저단백.

저:당(抵當) 명 부동산이나 동산을 채무의 담보로 잡거나 잡히는 것. ¶토지를 ~ 잡히다.

저:당-권(抵當權) [-핀] 명 [법] 채무가 이행되지 않은 경우에, 저당을 잡은 채권자가 그 저당물에 대하여 일반 채권자에 우선하여 변제를 받을 수 있는 권리.

저-대로 부 저것과 같이. 또는, 저 모양으로. ¶애를 ~ 두었다간 버릇이 나빠져요.

저-돌-성(猪突性) [-썽] 명 앞뒤 생각하지 않고 마구 밀어붙이려고 하는 성질.

저-돌-적(猪突的) [-쩍] 관명 앞뒤 생각하지 않고 마구 밀어붙이려고 하는 태도가 있는 것. ¶일을 ~으로 밀어붙이다.

저-들(인칭) '저이들'의 준말.

저-따위 대(인칭) '저러한 종류'라는 뜻으로 얕잡아 이르는 말. ¶저~ 인간이 어디 있어?

저-딴 관 '저따위'를 구어적으로 이르는 말. ¶~ 말에 전혀 신경 쓸 것 없다.

저래 '저리하여'가 준 말. ¶~ 본들 무슨 소용이 있겠어. ▷그래·이래.

저래도 '저리하여도'가 준 말. ¶아무리 ~ 소용없다. ▷그래도·이래도.

저러다 통(자) 저렇게 하다. 곧, 저렇게 행동하거나 말하거나 생각하다. ¶저러다 금세 괜찮아질 겁니다.

저러-하다 형여 '저렇다'의 본딧말.

저런 갑 말하는 사람이 뜻밖의 바람직하지 않은 일을 보거나 듣고 놀라서 내는 소리. ¶~, 얼마나 아팠을까. ▷이런.

저렇다 [-러타-] 형여 <저러니, 저러오, 저래> (사물의 상태나 속성이) 저와 같다. ¶저렇게 부지런한 사람은 보기 힘들다. 본저러하다. 짝조렇다.

저:력(底力) 명 사람이 속으로 간직하고 있는 강한 힘. ¶~을 과시하다.

저:렴-하다(低廉-) 형여 물건 따위의 값이 싸다. ¶저렴한 가격.

저:류(底流) 명 **1** 강이나 바다의 바닥을 흐르는 물결. **2** 사물의 표면에는 드러나지 않고 깊은 곳에서 느낄 수 있는 움직임.

저리¹ 부 저렇게. ¶왜 ~ 화를 내지? 짝조리. ▷그리·이리. **저리-하다** 통(자여) **저리-되다** 자

저리² 부 저곳으로. 또는, 저쪽으로. ¶~ 비켜라. 짝조리. ▷그리·이리.

저:리³(低利) 명 법정 이자보다 낮은 비율의 이자. 베저식. ↔고리(高利).

저리다 형 근육이나 뼈마디가 오래 눌리거나 병적인 원인에 의해 피가 잘 통하지 못하여, 감각이 둔하고 움직이기가 거북하다. ¶오래 꿇어앉아 있었더니 다리가 ~.

저리-도 부 **1** 저렇게도. **2** 저다지도. ¶저

사람은 왜 ~ 못살까? ▷그리도·이리도.
저리-로 [부] '저리²'를 강조하여 이르는 말.
저릿-저릿 [-릳쩌릳] [부] 몹시 저릿한 모양. [작]자릿자릿. **저릿저릿-하다** [형][여]
저릿-하다 [-리타-] [형][여] 약간 저린 듯하다. ¶손목이 ~. [작]자릿하다. [센]쩌릿하다.
저:마(苧麻) [명][식] =모시풀.
저-마다 Ⅰ[부] 각각의 사람이나 사물마다. ¶~ 제가 옳다고 우기다.
Ⅱ[명] 각각의 사람이나 사물.
저만-하다 [형][여] **1** (수준이나 정도 등이) 저 대상과 비슷한 상태에 있다. ¶**저만하면** 괜찮겠다. **2** (어떤 일이나 대상이) 저 수준이나 정도에 있어 웬만하다. ¶요즘 **저만한** 사람도 드물다.
저맘-때 [명] 저만한 정도에 이른 때. ¶아이들이 ~면 장난이 심한 법이다.
저:명(著名) [명] 《일부 명사 앞에 쓰여》 이름이 세상에 널리 알려져 있는 것. ¶~인사. **저:명-하다** [형][여] ¶**저명한** 작가.
저:-모음(低母音) [명][언] 혀의 위치를 가장 낮추어서 발음하는 모음. 한국어의 'ㅐ', 'ㅏ' 따위. =개모음(開母音). ▷고모음·중모음.
저물-녘 [-력] [명] 해가 저무는 저녁 무렵.
저물다 [동][자] 〈저무니, 저무오〉 **1** (해가) 산이나 지평선 또는 수평선 너머로 넘어가다. 또는, (날이) 해가 져서 어두워지다. ¶날이 **저물어** 어둡다. **2** (한 해나 계절이) 다 지나서 끝나는 상태가 되다. ¶한 해가 **저물어** 간다. **3** (인생이) 한창의 때를 지나 늙은 때에 이르다. 비유적인 말임. ¶나이 60이면 **저물어** 가는 황혼이 아니런가?
저미다 [동][타] (생선·고기·과실·채소 등을 칼로) 얇게 베다. 때로, 가슴이 몹시 아프거나, 추위 따위로 살갗이 몹시 시리거나 하는 상태를 비유적으로 나타낼 때 쓰임. ¶고기를 ~ / 가슴을 **저미는** 듯한 아픔.
저-버리다 [동][타] **1** 마음에 새겨 두어야 할 것을 잊거나 어기다. ¶부모의 은혜를 ~. **2** (무엇이나 누구를) 등지거나 배반하다. ¶가족을 ~.
저벅-거리다/-대다 [-꺼(때)-] [동][자] 묵직하고 크게 발소리를 내며 걷다. ¶**저벅거리는** 군화 소리가 들려왔다.
저벅-저벅 [-쩌-] [부] 저벅거리는 소리. **저벅저벅-하다** [동][자][여]
저:번(這番) [명] 요전의 그때. [비]지난번.
저:변(底邊) [명] 비유적으로 쓰여, 어떤 분야에서 정점(頂點)에 선 사람을 떠받드는 많은 사람들. ¶스포츠 인구의 ~ 확대.
저:본(底本) [명] **1** 문서의 초고. **2** =원본**2**.
저-분 [대](인칭) '저 사람'을 높여 이르는 3인칭 대명사.
저:서(著書) [명] **1** 지은 책. 특히, 이론적·학술적인 책을 가리킴. **2** 책을 짓는 것.
저-세상(-世上) [명] 죽은 다음에 간다는 저쪽의 세상이라는 뜻으로, '저승'을 달리 이르는 말. ¶~으로 떠나다.
저:-소득(低所得) [명] 낮은 소득. ¶~ 계층. ↔고소득.
저:속(低速) [명] '저속도'의 준말. ↔고속.
저:-속도(低速度) [-또] [명] 느린 속도. [준]저속. ↔고속도.
저:속-하다(低俗-) [-소카-] [형][여] 품위가 낮고 속되다. ¶**저속한** 말〔행동〕. ↔고상하다.
저:수(貯水) [명] 물을 인공적으로 모아 두는 것. 또는, 그 물. **저:수-하다** [동][자][타][여] **저:수-되다** [동][자]
저:-수로(低水路) [명] 가뭄 때에도 물이 흐르는 하천 부지의 얕은 부분.
저:-수위(低水位) [명] 하천의 물이 가장 낮아질 때의 수위.
저:수-지(貯水池) [명] 강의 흐름을 막거나 또는 수로 등으로 끌어 들인 물을 모아 두는 인공 못.
저:술(著述) [명] 문학·학술 등의 글을 써서 책을 내는 것. 또는, 그 책. [비]저작. **저:술-하다** [동][타][여] **저:술-되다** [동][자]
저:술-가(著述家) [명] 저술을 직업으로 하는 사람.
저승 [명] 사람이 죽은 뒤에 그 혼이 가서 산다고 하는 세상. =유명(幽冥)·음부(陰府). [비]황천. ¶~으로 가다. ↔이승.
저승-길 [-낄] [명] 저승으로 가는 길.
저승-꽃 [-꼳] [명]〈속〉 검버섯.
저승-사자(-使者) [명] 저승에서 염라대왕의 명을 받고 죽은 사람의 넋을 데리러 온다는 심부름꾼.
저:압(低壓) [명] **1** 낮은 압력. **2** 교류 600V 이하의 낮은 전압. 우리나라에는 110V, 220V, 380V가 있음. ▷고압. **3** [기상] =저기압**1**. ¶~대(帶).
저:액(低額) [명] 적은 금액. ↔고액.
저어-새 [명][동] 온몸이 흰색이고 이마와 얼굴·목은 검으며, 부리와 다리가 긴 새. 부리는 밥주걱 모양임. 강의 해안·무논 따위에서 떼 지어 삶. 천연기념물임.
저어-하다 [동][타][여] (어떤 일이 어찌 될까, 또는 어찌 될 것을) 마음속으로 염려하거나 두려워하다. ¶사랑이 식을까 ~.
저:열(低熱) [명] 온도가 낮은 열. ↔고열.
저:열-하다(低劣-) [형][여] **1** 질이 낮다. **2** (사람이) 수준이 낮고 열등하다. ¶제 잇속만 차리는 **저열한** 인간. **저:열-히** [부]
저:온(低溫) [명] 낮은 기온이나 온도. ↔고온(高溫).
저우-언라이(周恩來) [명][인] 중국의 정치가(1898~1976).
저울 [명] 무게를 측정하는 데 쓰이는 기구의 총칭. ¶용수철~.
저울-눈 [-룬] [명] 저울대에 새긴 눈금.
저울-대 [-때] [명] 대저울의 눈금이 새겨져 있는 몸 부분. 또는, 저울추를 거는 막대기.
저울-질 [명] **1** 저울로 물건의 무게를 다는 일. **2** (둘 이상의 대상을) 서로 비교하여 낫고 못함을 헤아려 보는 것. 또는, (어떤 대상을) 그 가치·의의·가능성 등을 헤아리거나 따지는 것. **저울질-하다** [동][타][여] ¶둘 중 어느 쪽이 더 좋을지 ~.
저울-추(-錘) [명] 저울대 한쪽에 걸거나 저울판에 올려놓는 일정한 무게의 쇠. =추(錘).
저:위(低位) [명] **1** 낮은 위치. **2** 낮은 지위. ↔고위.
저:-위도(低緯度) [명][지] 적도로부터 남위·북위 20°가량에 이르는 지역. 또는, 그 위도. ▷고위도.
저:율(低率) [명] **1** 어떤 표준보다 낮은 비율. **2** 싼 이율. ¶~의 이자. ↔고율.
저으기 [부] '적이'의 잘못.
저:음(低音) [명] 낮은 소리. ↔고음.
저:의(底意) [-의/-이] [명] 마음속에 감추고 있는 생각이나 의지. ¶그가 왜 갑자기

호의를 베푸는지 그 ~를 알 수 없다.
저-이 떼(인칭) '저 사람'을 약간 높여 이르는 3인칭 대명사.
저이-들 떼(인칭) 저 사람들. ㈜저들.
저:인-망(底引網) 똉[수산] 바다의 밑바닥으로 끌고 다니면서 해저(海底)에서 사는 물고기를 잡는 그물. ¶~ 어선.
저:-임금(低賃金) 똉 낮은 임금. ¶~과 열악한 작업 환경에서 일하는 근로자.
저자¹ 똉 1 '시장(市場)'을 예스럽게 이르는 말. ¶~가 서다. 2 시장에서 물건을 파는 가게.
저-자²(-者) 떼(인칭) '저 사람'을 낮추어 이르는 말.
저:자³(著者) 똉 문학·학술 등에 관한 책을 지은 사람. ⋓지은이. ▷저작자.
저:-자세(低姿勢) 똉 상대방에게 눌려 굽실거리는 비굴한 자세. ¶윗사람 앞에서 ~를 보이다. ↔고자세.
저작¹(咀嚼) 똉 (음식물을) 입에 넣고 씹는 것. **저작-하다** 통)(타여)
저:작²(著作) 똉 문학·학술·예술 등의 책이나 작품 등을 창작하는 것. 또는, 그 책이나 작품. **저:작-하다** 통)(타여)
저:작-권(著作權) [-꿘] 똉 저작자나 그 권리 승계인이 자신이 저작하거나 승계한 저작물의 복제·번역·상연·상영·전시·방송·대여 등을 독점적으로 이용하여 이익을 얻을 수 있는 권리. ¶~ 침해.
저:작권-법(著作權法) [-꿘뻡] [똉][법] 저작자의 권리와 이에 인접하는 권리를 보호하고 저작물의 공정한 이익을 도모함으로써 문화의 향상 발전에 이바지함을 목적으로 하는 법률.
저:작권-자(著作權者) [-꿘-] 똉 저작권법에 의하여 저작권을 인정받아 그 권리를 행사할 수 있는 사람.
저:작-물(著作物) [-장-] 똉 문학·학술·예술 등의 범위에 속하는 창작물.
저:작-자(著作者) [-짜] 똉 저작물을 창작한 사람. ⋓지은이. ≒저자.
저잣-거리[-자꺼/-잗꺼-] 똉 저자가 서는 거리.
저:장(貯藏) 똉 1 (물건·재화 따위를 어느 곳에) 간수하여 두는 것. ¶~실(室). 2 [컴] 컴퓨터의 주기억 장치에 있는 데이터나 프로그램을 보조 기억 장치에 옮겨 보존하는 것. ≒세이브. **저:장-하다** 통)(타여) **저:장-되다** 통(자)
저:장-식(貯藏食) 똉 오래 보관해도 상하지 않도록 말리거나 절이거나 조린 식품.
저-절로 ㈜ 1 적극적인 활동이나 노력 없이 자연적으로. 또는, 내버려 두어도 으레 그렇게 되는 작용에 따라. ¶~ 전깃불이 나갔다. 2 의도하지 않은 상태에서 자기도 모르게. ¶저 애는 얼굴만 봐도 ~ 웃음이 나온다. ㈜절로.
저:조(低調) 똉 낮은 가락. ↔고조.
저:조-하다(低調-) 톙여 1 (어떤 활동이나 실적 따위가) 낮은 수준이나 좋지 않은 상태의 모습을 보이는 상태에 있다. ¶기록이 ~. 2 (기분 등이) 활기나 의욕을 잃은 상태에 있다. ¶상사에게 꾸중을 듣고 나서 기분이 ~.
저주(詛呪·咀呪) 똉 1 (남을) 미워하여 그에게 재앙이 일어나도록 비는 것. 또는, (어떤 존재나 삶·운명 등을) 몹시 미워하고 원망하거나 한탄하는 것. 2 신이나 초월자, 마법의 힘이 있는 자가 인간

에게 재앙을 내리는 것. 또는, 그 재앙. ¶신의 ~을 받다.
저:주-스럽다(詛呪-) [-따] 혱ㅂ ⟨-스러우니, -스러워⟩ 저주하는 데가 있다. 또는, 저주하고 싶은 데가 있다. ¶저주스러운 운명. **저:주스레** ㈜
저:-주파(低周波) 똉[물] 주파수가 낮은 파동이나 전파. ↔고주파.
저:지¹(低地) 똉 지대가 낮은 땅. ↔고지.
저:지²(沮止) 똉 (어떤 일을) 막아서 못 하게 하는 것. **저지-하다** 톤(타여) ¶경찰이 시위를 ~.
저지³(judge) [-쩨] 똉 운동 경기의 심판원.
저:-지대(低地帶) 똉 낮은 지대. ↔고지대.
저지르다 통)르 ⟨저지르니, 저질러⟩ (사람이 잘못하거나 좋지 않은 일, 또는 뒤에 문제가 될 일을) 만들어 일으키다. ¶채가 저러다 무슨 일 저지르겠다.
저:-지방(低脂肪) 똉 어떤 식품에 지방질이 매우 적게 들어 있는 상태. ≒저지방질. ¶~ 식품. ↔고지방.
저:-지방질(低脂肪質) 똉 =저지방.
저지-선(沮止線) 똉 더 이상 다가오거나 넘어오지 못하도록 막는 경계선. ¶적의 ~을 뚫다.
저:질(低質) 똉 1 물건의 품질이 나쁜 상태에 있는 것. 또는, 그 질. ¶~ 탄. 2 대상이 질이 낮고 좋지 않은 내용을 담은 상태에 있는 것. 또는, 그 대상. ¶~ 비디오테이프. 3 수준이 낮고 품위가 없이 속된 사람을 경멸조로 이르는 말.
저-쪽 떼 1(지시) 말하는 사람과 듣는 사람 모두에게 멀리 떨어져 있는 쪽을 가리켜 이르는 말. 2(인칭) 말하는 사람이 제삼자를 가리켜 이르는 말. =저편. ¶우리 요구를 ~에서 거절했다. ▷그쪽·이쪽.
저:-차원(低次元) 똉 사고방식·행위 등의 낮은 수준. ¶~의 문제. ↔고차원.
저:촉(抵觸) 똉 (법률·규칙 등에) 위반되거나 거슬리는 것. **저:촉-하다** 톤(타여) **저:촉-되다** 톤(자) ¶법에 저촉되는 행위.
저:축(貯蓄) 똉 1 (돈을) 불리기 위해 따로 모으는 것. ¶~을 장려하다. 2 (물자나 식량 등을) 다 쓰지 않고 따로 모으는 것. 3 (힘이나 기운 등을) 몸속에 쌓이게 하는 것. **저:축-하다** 통)(타여) ¶식량을 ~. **저:축-되다** 통(자)
저:층(低層) 똉 건물의 낮은 층. 또는, 그 건물. ¶~ 아파트.
저:택(邸宅) 똉 규모가 아주 큰 주택. ¶호화 ~.
저-토록 ㈜ 저런 정도로까지. ¶~ 그리워하는데 한번 만나게 해 줍시다.
저-편(-便) 똉 1~에서는 아직 연락이 없나? ▷그편·이편.
저:-평가(低評價) [-까] 똉 사물의 값어치가 제 수준보다 낮게 평가되는 것. ¶~ 우량주. ↔고평가. **저:평가-되다** 통(자) ¶저평가된 주식 종목.
저:하(低下) 똉 (기운·수준·능률 등이) 이전보다 떨어지거나 낮아지는 것. **저:하-하다** 통(타여) **저:하-되다** 통(자) ¶기운이 ~ / 사기가 ~.
저:-하(邸下) 똉[역] 조선 시대, 왕세자에 대한 존칭.
저:-학년(低學年) [-항-] 똉 낮은 학년. ↔고학년.
저:항(抵抗) 똉 1 (억압이나 공격 등에 대

해) 순순히 따르거나 굽히지 않고 맞서서 겨루거나 버티는 것. ⨯대항. 2 [물] 물체의 운동 방향과 반대 방향으로 작용하는 힘. ⨯항력. ¶공기 ~. 3 [물] =전기 저항. **저:항-하다** (자)여 ¶독재 정권에 ~.
저:항-감 (抵抗感) 명 어떤 사물이나 대상을 대했을 때, 그에 대해 맞서거나 반발하고 싶어 지는 마음의 상태. ¶명령조의 말투가 ~을 준다.
저:항-권 (抵抗權) [-꿘] 명 [법] 기본적인 권을 침해하는 국가 권력에 대하여 저항할 수 있는 국민의 권리.
저:항-력 (抵抗力) [-녁] 명 1 질병이나 병원균을 견뎌 내는 힘. ¶~을 기르다. 2 [물] 외부로부터의 힘을 밀어내는 힘. 또는, 외력에 견디 내는 힘을 방해하는 힘.
저:항-선 (抵抗線) 명 1 적이 더 이상 공격해 들어오지 못하게 막는 전선(戰線). ¶우리는 적의 마지막 ~을 뚫고 전진하였다. 2 [경] 주가나 환시세 등의 상승이 그 이상은 계속되지 않으리라고 여겨지는 가격대. ¶종합 주가 지수가 800선에 바싹 다가서서 심리적인 ~에 부딪치고 있다. →지지선. 3 [물] 니크롬선이나 텅스텐선 등의 전기 저항이 큰 도선(導線).
저:항-운 (抵抗運) **동** (抵抗運動) 명 압제나 외국의 지배에 저항하여 싸우는 민중의 운동. ▷ 레지스탕스.
저해 (沮害) 명 (긍정적인 일을) 이뤄지지 못하게 하여 해하는 것. **저해-하다** (타)여 ¶발전을 ~. **저해-되다** (자)여
저:-혈압 (低血壓) 명 혈압이 정상보다 낮은 상태. 일반적으로 100/60mmHg 이하를 가리킴. ↔고혈압.
저:-효율 (低效率) 명 낮은 효율. ¶고비용, ~의 풍토를 혁신하는 방안을 모색하다.
저희 [-히] (대)인칭 1 '우리'를 겸양하여 이르는 말. ¶~에게 맡겨 주십시오. 2 재귀 대명사 '저'의 복수형. ¶아이들은 ~끼리 잘 논다.
저희-들 [-히-] (대)인칭 복수 대명사 '저희'에 복수 접미사 '-들'이 붙은 말.
적[1](依) (어미 '-ㄴ, -ㄹ' 아래에 쓰이어) 어떤 상태에 있거나 어떤 일을 하거나 겪거나 한 때임을 나타내는 말. ¶나는 그런 말을 한 ~이 없다.
적[2](炙) 명 양념한 어육을 대꼬챙이에 꿰어, 불에 굽거나 번철에 지진 음식.
적[3](的) 명 어떤 행위의 목표가 되는 대상. ⨯표적. ¶선망(羨望)의 ~이 되다.
적[4](笛) 명 가로 또는 세로로 대고 부는 우리나라 전통 관악기 중 서를 갖추지 않은 것을 통칭하는 말.
적[5](敵) 명 1 싸워서 무찔러야 할 상대. 주로, 전쟁의 상대자를 가리키나, 때로 운동 경기의 상대자를 가리킬 때도 있음. 2 어떤 것에 해를 끼치는 요소를 비유하여 이르는 말. ¶과식은 건강의 ~이다.
적[6](籍) 명 호적ㆍ병적ㆍ학적 따위의 공식 문서에 소속 관계를 나타낸 기록. 또는, 그 등록된 소속 관계. ¶~을 두다.
-적[7](的) 접미 1 주로 한자어 명사 뒤에 붙이, '그런 상태로 된 (것)', '그런 성질을 띤 (것)', '그것에 관계된 (것)' 등의 뜻의 명사나 관형사를 만듦. ¶과학~/계획~. 2 일부 한자어에 붙어, 그 말을 부사로 만드는 말. ¶가급~/비교~.
적-갈색 (赤褐色) [-깔쌕] 명 붉은빛을 띤 갈색. ⨯구릿빛.

적개-심 (敵愾心) [-깨-] 명 적과 싸우고자 하여 이는 마음. 또는, 적에 대해 느끼는 것과 같은 증오심. ¶~을 품다.
적격 (適格) [-격] 명 어떤 일에 자격이 알맞음. ¶이 일에는 내가 ~이다. **적격-하다** (형)여
적격-자 (適格者) [-격짜] 명 어떤 일에 알맞은 자격을 가진 사람.
적경 (赤經) [-꼉] 명 [천] 천구 상의 천체의 위치를 나타내는 좌표의 하나. 천체를 통하는 경선과 춘분점을 통하는 경선이 만드는 각. ↔적위.
적공 (積功) [-꽁] 명 1 공을 쌓는 것. 2 많은 힘을 들여 애를 쓰는 것.
적국 (敵國) [-꾹] 명 자기 나라와 맞서서 전쟁을 벌이고 있는 나라.
적국^재산 (敵國財産) [-꾹째-] 명 자기 나라의 영토나 점령지 안에 있는 적국 또는 적국인의 재산. =적산.
적군[1](赤軍) [-꾼] 명 1 [역] 1918년부터 1946년까지의 소련 정규군의 명칭. 2 '공산군'을 이르는 말.
적군[2](敵軍) [-꾼] 명 적의 군대나 군사. ¶~을 섬멸하다. ↔아군.
적군-파 (赤軍派) [-꾼-] 명 공산주의를 신봉하는 일본의 과격 테러 단체.
적극 (積極) [-끅] 명 1 태도가 능동적이고 활동적인 상태. ¶~ 방어. 2 내용이 긍정적이고 실질적인 상태. ↔소극. Ⅱ명 능동적이고 의욕적인. ¶나는 그를 ~ 지지한다.
적극-성 (積極性) [-끅썽] 명 적극적인 성질. ¶~을 보이다. ↔소극성.
적극-적 (積極的) [-끅쩍] 관명 적극성이 있는 (것). ¶~인 태도. ↔소극적.
적금 (積金) [-끔] 명 [경] 일정한 기간 동안 일정한 금액을 정기적으로 낸 다음에 만기가 되면 원금과 이자를 합하여 목돈으로 받는 저축. ¶정기 ~.
적기[1](赤旗) [-끼] 명 1 위험을 알리는 기. 2 공산주의를 상징하는 기.
적기[2](適期) [-끼] 명 알맞은 시기. ¶~에 씨를 뿌리다.
적기 (敵機) [-끼] 명 적의 비행기. ¶~ 출현.
적나라-하다 (赤裸裸-) [정-] (형)여 (어떤 모습이나 그것의 표현 등이) 부끄럽거나 욕되거나 하는 바가 있는 그대로 드러내어 숨김이 없다. ¶인간의 본성을 **적나라하게** 표현하 소설.
적다[1][-따] (타)여 (어느 곳에 글자나 부호 등을) 나중에 참고로 하거나 다른 사람에게 보이거나 하기 위하여 쓰다. ⨯쓰다. ¶부를 테니 받아 **적어라**.
적:다[2][-따] (형)여 1 (사람이나 물건ㆍ물질의 수나 양이) 보통의 경우, 또는 기준 대상의 것에 미치지 못한 상태에 있다. ¶밥이 둘이 먹기에는 ~. 2 (빈도나 수량으로 따질 수 있는 일이나 현상이) 보통의 경우, 또는 기준 대상의 것에 비하여 미치지 못한 상태에 있다. ¶말수가 **적은** 사람. 3 (일의 정도가) 부족하거나 얼마 안 되는 상태에 있다. ¶경험이 ~. ↔작다.
적당-주의 (適當主義) [-땅-의/-땅-이] 명 일을 어물어물 요령만 피워 적당히 해치우려는 태도.
적당-하다 (適當-) [-땅-] 형여 1 (사물의 정도ㆍ수준ㆍ상태 등이) 지나치거나 모자람이 없이, 또는 잘 어울려 마땅하다.

ⓑ알맞다. ¶건강을 유지하려면 **적당한** 운동이 필요하다. **2** 요령껏 엇비슷하게 하거나 말썽만 없을 정도로 대강대강 하는 상태에 있다. ¶**적당한** 선에서 타협하다. **적당-히** 튀 ¶~ 핑계를 대다.
적-대(敵對)[−때−] 圈 적으로 대하는 것. 또는, 적과 같이 대하는 것. ¶~ 세력. **적대-되다**
적대-감(敵對感)[−때−] 圈 적대하는 감정. ¶~을 드러내다.
적대-국(敵對國)[−때−] 圈 서로 적대하는 나라.
적대-시(敵對視)[−때−] 圈 적으로 여기는 것. 또는, 적과 같이 여기는 것. 춘적시. **적대시-하다** 튀탸여 ¶동료를 ~.
적대-심(敵對心)[−때−] 圈 적대하는 마음. ¶~을 갖다.
적대-적(敵對的)[−때−] 팬명 적대하거나 적대하는(것). ¶~ 관계.
적도[1](赤道)[−또] 圈[지] 지축의 중심을 지나고, 지축에 대하여 직각으로 자른 평면이 지표와 교차되는 선. 위도의 기준선이다.
적도[2](賊徒)[−또] 圈 도둑의 무리.
적도^기니(赤道Guinea)[−또−] 圈[지] 아프리카 중서부에 있는 공화국. 수도는 말라보.
적도^반`지름(赤道半−)[−또−] 圈[지] 지구의 중심에서 적도까지의 거리. 약 6,378km로, 극반지름보다 약 21km가 긺.
적도^수렴-대(赤道收斂帶)[−또−] 圈[기상] =열대 수렴대.
적동(赤銅)[−똥] 圈 **1**[광] 소량의 금을 함유하는 구리 합금. **2** '적동색'의 준말.
적동-색(赤銅色)[−똥−] 圈 적동과 같은 자색을 띤 광택이 있는 흑색. 준적동.
적란-운(積亂雲)[정난−] 圈[기상] 수직으로 발달하여 적운(積雲)보다 낮게 뜨는 구름. 우박·소나기·천둥 등을 동반하는 수가 많음. =소나기구름.
적량(適量)[−냥] 圈 알맞은 분량.
적령(適齡)[정녕] 圈 어떤 표준이나 규정에 알맞은 나이. ¶취학 ~.
적령-기(適齡期)[정녕−] 圈 나이가 어떤 표준에 이른 때. ¶결혼 ~.
적록(赤綠)[정녹] 圈 =적록색.
적록-색(赤綠色)[정녹색] 圈 붉은빛을 띤 녹색. 준적록.
적록^색맹(赤綠色盲)[정녹쌩−] 圈[의] 붉은색과 녹색을 구별하지 못하는 색맹.
적리(赤痢)[정니] 圈[의] 급성 전염병인 이질의 하나. 발열과 복통이 따르고 피와 곱이 섞인 대변을 누게 됨.
적립(積立)[정닙] 圈 모아서 쌓아 두는 것. **적립-하다** 튀탸여 ¶매달 봉급의 일부를 ~. **적립-되다**
적립-금(積立金)[정닙끔] 圈[경] **1** 적립해 둔 돈. **2** 은행·회사 등에서, 이익금의 일부를 장래에 대비하여 유보하는 돈. 준비금.
적막(寂寞)[정−] 圈 고요하고 쓸쓸한 것. ¶~을 깨트리다. **적막-하다** 튀탓여 ¶**적막** 한 밤.
적막-감(寂寞感)[정−깜] 圈 고요하고 쓸쓸한 느낌이나 마음. ¶~이 감돌다.
적막-강산(寂寞江山)[정−깡−] 圈 '고요 속에 잠긴 쓸쓸한 강산'이라는 뜻] 매우 쓸쓸한 풍경을 비유하여 이르는 말.
적멸(寂滅)[정−] 圈[불] **1** 번뇌의 세계를

완전히 벗어난 경지. **2** 사라져 없어지는 것. 곧, 죽음을 이름. **적멸-하다** 튀탸여
적반하장(賊反荷杖)[−빤−] 圈 [도둑이 도리어 매를 든다는 뜻] 잘못한 사람이 도리어 아무 잘못도 없는 사람을 나무람. 도는 유분수지.
적발(摘發)[−빨] 圈 숨어 드러나지 않은 것을 들추어내는 것. 또는, 드러난 것. ¶비위 사실을 ~. **적발-되다** 튜댜 ¶과속 운전으로 교통경찰한테 ~.
적법(適法)[−뻡] 圈 어떤 행위가 법 규범에 합치되는 상태인 것. ¶~ 행위. ↔위법. **적법-하다** 튀탸여 ¶**적법한** 시위.
적벽-부(赤壁賦)[−뼉뿌] 圈[문] 중국 송나라의 시인 소식이 지은 글. 삼국 시대의 옛 싸움터인 적벽의 아름다운 경치를 유려한 문체로 묘사했음.
적병(敵兵)[−뼝] 圈 적국의 병사.
적부(適否)[−뿌] 圈 알맞음과 알맞지 않음. ¶~를 따지다.
적분(積分)[−뿐] 圈[수] 주어진 함수를 미분(微分)의 역함수로 고치는 연산법(演算法). **적분-하다** 튀탸여
적산[1](敵産)[−싼] 圈 **1** =적국 재산. ¶~ 가옥. **2**[역] 1945년 8월 9일 이전에 일본인이 공유 또는 사유하였던 일체의 재산으로서, 대한민국 정부에 이양된 재산.
적산[2](積算)[−싼] 圈 수치를 차례차례로 더하여 계산하는 것. 또는, 그 수치.
적삼[−쌈] 圈 윗도리에 입는 홑옷. 모양은 저고리와 같음. ¶모시 ~.
적색(赤色)[−쌕] 圈 **1** 무지개 중 맨 위에 있는 색깔. 익은 고추의 색깔. ⓑ빨간색·빨강. **2** ⇒ 신호. **3**[적기] 공산주의 표지는 데서] 공산주의를 상징하는 빛깔. ¶~ 사상에 물들다. ↔백색.
적색-토(赤色土)[−쌕−] 圈[지] 주로 아열대 다우 지역의 활엽수림 아래에 발달하는, 산성이 강하여 붉은빛을 띤 흙.
적석-총(積石塚)[−썩−] 圈[고고] =돌무지무덤.
적선[1](敵船)[−썬] 圈 적국의 배.
적선[2](積善)[−썬] 圈 **1** 착한 일을 많이 하는 것. **2**를 베풀다. **2** 동냥질하는 행위를 좋게 표현하는 말. ¶~ 좀 하십시오. **적선-하다** 튀탸여
적설[1](赤雪)[−썰] 圈[지] 한대 지방이나 높은 산에 항상 쌓여 있는 눈 위에 붉은 조류(藻類)가 번식하여 붉게 보이는 것.
적설[2](積雪)[−썰] 圈 쌓인 눈.
적설-량(積雪量)[−썰−] 圈 땅 위에 쌓여 있는 눈의 양.
적성[1](適性)[−썽] 圈 어떤 일에 알맞은 성질이나 능력. 또는, 그와 같은 소질·성격. ¶~에 맞는 직업.
적성[2](敵性)[−썽] 圈 어떤 대상이 적으로 간주될 수 있거나, 전쟁 법규상 공격·파괴·포획 등의 가해 행위를 할 수 있는 범위에 드는 성질. ¶~ 국가.
적성^검사(適性檢査)[−썽−] 圈[심] 성질이나 성격, 신체적·지적 능력 등이 일정한 작업 또는 직업에 알맞은지의 여부를 측정하기 위한 검사.
적소(適所)[−쏘] 圈 알맞은 자리. ¶적재 (適材) ~.
적손(嫡孫)[−쏜] 圈 적자(嫡子)의 정실(正室)이 낳은 아들.
적송(赤松)[−송] 圈[식] '소나무'를 나무의 줄기가 붉은빛이라 하여 백송이나 곰

솔에 상대하여 이르는 말.
적수(敵手)[-쑤] 명 재주나 실력이 서로 비슷한 수준에 있는 적이나 경쟁자. ¶호(好)~/~가 될 만하다.
적수-공권(赤手空拳)[-쑤-] 명 ['맨손과 맨주먹'이란 뜻] 아무것도 가진 것이 없음. ¶~으로 오늘의 부(富)를 이루다.
적시(摘示)[-씨] 명 지적하여 보이는 것. 적시-하다 (타여) 적시-되다 (자)
적시²(適時)[-씨] 명 알맞은 때. ¶~안타(安打)
적시³(敵視)[-씨] 명 '적대시'의 준말.
적시다[-씨-] 타 1(천이나 솜 등의 물체가) 물속에 담갔다 꺼내거나 물을 머금게 하거나 하여 물기를 빨아들인 상태가 되게 하다. ¶수건을 물에 ~. 2(물체를) 그 표면에 물이 묻거나 물기가 있는 상태가 되게 하다. ¶담뱃가 메마른 대지를 ~.
적시-적기(適時適期)[-씨-끼] 명 꼭 알맞은 시기.
적시-타(適時打)[-씨-] 명 (체) 야구에서, 누상(壘上)에 주자가 있을 때 타점을 올리는 안타.
적-신호(赤信號)[-씬-] 명 1 교통 기관의 정지 신호. 2 위험한 건강 상태나 사회 상황을 암시하는 조짐을 비유하여 이르는 말. ¶고혈압은 건강에 대한 ~이다. ↔청신호.
적실(嫡室)[-씰] 명 =본처.
적-십자(赤十字)[-씹짜] 명 1 적십자사의 표징으로, 흰 바탕에 붉게 십자형을 그린 휘장. 2 '적십자사'의 준말.
적십자-사(赤十字社)[-씹짜-] 명 국제적으로 적군·아군의 구별 없이 부상자·질병자를 구호할 목적으로 설립된 국제적 협력 조직. 준적십자.
적:이도(튀)1 줄잡아 어림하여도. ¶거기까지 가려면 ~ 세 시간은 걸린다. 2 다른 것은 제쳐 놓고라도. 또는, 아무리 적게 문제 삼더라도. ¶그 일에 대해서 ~ 도의적인 생각만은 해야 한다. 3 아무리 그 가치나 중요성을 적게 평가하더라도. 비최소한. ¶그는 ~ 비겁한 사람은 아니다.
적:어-지다 (자여) 적게 되다.
적역(適役) 명 1 알맞은 배역. 2 =적임자.
적외-선(赤外線) 명 가시광선보다 길고, 마이크로파보다 짧은 전자파의 총칭. 의료·적외선 사진 등에 이용함. ≒열선(熱線).
적외선^사진(赤外線寫眞)[-외-/-웨-] 명 적외선을 이용한 특수한 필터 건판으로 촬영하는 사진. 연기·안개·수증기가 많을 때, 또는 밤에 조명 없이 찍을 때 이용함.
적요(摘要) 명 요점을 뽑아 적은 것. 또는, 그 요지. ¶~란(欄). 적요-하다 (타여)
적용(適用) 명 (무엇을 어디에다 맞추어 쓰는 것. 적용-하다 (타여) ¶이론을 실제에 ~. 적용-되다 (자)
적운(積雲) 명 (기상) 수직 방향으로 뭉게뭉게 피어오르는 구름. 태양의 빛을 받으면 하얗게 빛나며, 보통 비는 내리지 않음. ≒뭉게구름.
적위(赤緯) 명 (천) 천구 상의 임의의 점에서 천구의 적도에 이르는 각거리(角距離). 적도에서 북쪽으로 +, 남쪽으로 -.
적유령-산맥(狄踰嶺山脈) 명 (지) 낭림산맥에서 갈라져 나와, 평안북도의 중부에 동서로 뻗은 산맥.

적응(適應) 명 1 (일정한 조건이나 환경에) 맞추어 잘 어울리는 것. 2 (생) 생물이 그 생활환경이나 환경이 쉽게 형태적·생리학적으로 변화하여 가는 과정. 또는, 변화하는 일. 적응-하다 (자여) ¶새로운 환경에 ~. 적응-되다 (자)
적응-력(適應力)[-녁] 명 적응하는 능력.
적응-성(適應性)[-씽] 명 (생) 생물의 형태나 습성이 환경과 그 변화에 적합하게 변화하는 능력이나 성질.
적의(敵意)[-의/-이] 명 적대하는 마음.
적:이(튀) 패 어지간히. 비 얼마간·다소. ¶뜻밖의 질문에 ~ 당황하다. ×저으기.
적이-나 (튀) '적이'의 힘줌말.
적임(適任) 명 1 어떤 임무에 알맞음. 또는, 알맞은 임무. 2 =적임자.
적임-자(適任者) 명 어떤 임무에 알맞은 사람. ≒적역·적임. ¶홍보 업무에는 네가 ~이다.
적자¹(赤字)[-짜] 명 1 (부기) 장부에 부족액을 붉은 글자로 기입한 데서) 수입보다 지출이 많아 수지가 맞지 않는 것. ¶~운영. ↔흑자. 2 교정에서 붉은 잉크 등을 사용하여 기입하거나 고친 문자·기호. ¶~ 대조.
적자²(嫡子)[-짜] 명 정실이 낳은 아들. ¶~ 상속. ↔서자(庶子).
적-자색(赤紫色)[-짜-] 명 붉은 빛깔이 나는 자줏빛.
적자-생존(適者生存)[-짜-] 명 (생) 생존 경쟁에서, 환경에 적응하는 생물만이 살아남고, 그렇지 못한 것은 도태되는 현상.
적:잖다[-잔타] 형 1 적은 수나 양이 아니다. ¶적잖은 액수. 2 소홀히 하거나 대수롭게 여길 수 없다. ¶적잖은 도움을 받다. 적:잖-이 (튀)
적장(敵將)[-짱] 명 적군의 장수.
적-장자(嫡長子)[-짱-] 명 정실의 몸에서 난 맏아들.
적재¹(適材)[-째] 명 어떤 일이나 자리에 알맞은 재능이나 사람.
적재²(積載)[-째] 명 (물건을) 싣는 것. 특히, 선박·차·수레 등에 짐을 싣는 것. 적재-하다 (타여) ¶배에 화물을 ~. 적재-되다 (자)
적재-량(積載量)[-째-] 명 물건을 쌓아 실은 분량 또는 중량.
적재-적소(適材適所)[-째-쏘] 명 1 알맞은 인재를 알맞은 자리에 씀. ¶인재를 ~에 배치하다. 2 딱 그 알맞은 상황이나 자리나 맥락. ¶좋은 자료를 ~에 이용하다.
적재-함(積載函)[-째-] 명 화물 자동차 등에 짐을 실을 수 있게 만들어 놓은 칸.
적적-하다(寂寂-)[-쩌카-] 형여 (주위가) 조용하고 쓸쓸하다. 또는, 가까운 사람이 없어 외롭고 심심하다. ¶적적한 생활. 적적-히 (튀)
적절-하다(適切-)[-쩔-] 형여 어떤 기준이나 정도에 맞아 어울리는 상태에 있다. ¶시기가 ~. 적절-히 (튀) ¶~ 섞다.
적정¹(適正)[-쩡] 명 (일부 명사 앞에 쓰여) 알맞고 올바른 것. ¶~ 온도/~ 인구. 적정-하다 (형여)
적정²(敵情)[-쩡] 명 적군이나 적국의 정세. ¶~을 살피다.
적조¹(赤潮)[-쪼] 명 (생) 플랑크톤의 이상 번식에 의하여 바닷물이 붉게 물들어 보이는 현상.

적조²(積阻)[-쪼] [명] (서로 간에) 오래 소식이 막히는 것. [비]격조. **적조-하다** [동][자][여] ¶그간 **적조했습니다**.

적중(的中)[-쭝] [명] **1** (쏘거나 던지거나 한 물체가 목표물에) 정확하게 맞는 것. [비]명중. **2** (예상이나 추측 등이) 그대로 현실로 나타나거나 이루어져 딱 들어맞는 것. **적중-하다** [동][자][여] ¶화살이 과녁에 ~ / 예상이 ~. **적중-되다** [동][자]

적지¹(適地)[-찌] [명] 무엇을 하기에 알맞은 곳. ¶공장 부지로는 이곳이 ~이다.

적지²(敵地)[-찌] [명] 적의 세력 아래 있는 땅. ¶~에 침투한 특공대.

적진(敵陣)[-찐] [명] 적의 진영.

적찰(赤札) [명] 팔기로 약속된 상품 또는 팔다가 남아서 싼값으로 팔아 치우려는 상품 등에 붙이는 붉은 쪽지. 또는, 그 쪽지가 붙은 물건. =빨간딱지.

적체(積滯) [명] 쌓여서 막히는 것. ¶~ 현상. **적체-하다** [동][자][여] **적체-되다** [동][자]

적출¹(摘出) [명] **1** 끄집어내는 것. **2** 들추어내는 것. **적출-하다**¹ [동][타][여] **적출-되다** [동][자]

적출²(嫡出) [명] 정실의 소생. ↔서출.

적출³(積出) [명] 짐이나 상품 등을 실어 내는 것. [비]출하. **적출-하다**² [동][타][여]

적탄(敵彈) [명] 적이 쏘는 총알이나 포탄.

적토-마(赤兎馬) [명] **1** 중국 삼국 시대에 관우(關羽)가 탔다는 말의 이름. **2** 매우 빨리 달리는 말의 비유.

적통(嫡統) [명] 적자 자손의 계통.

적폐(積弊)[-폐/-페] [명] 오래 쌓인 폐단. ¶~를 일소하다.

적-포도주(赤葡萄酒) [명] 붉은 포도주. 타닌산이 포함되어 있으며, 흥분제·강장제로 이용됨.

적함(敵艦)[저캄] [명] 적의 군함.

적합-하다(適合-)[저카파-] [형][여] 어떤 조건이나 정도 등에 꼭 들어맞는 상태에 있다. ¶**적합한** 말.

적-혈구(赤血球)[저결-] [명][생] 혈액 속에 있는 원반 모양의 세포. 헤모글로빈이라는 색소가 들어 있어 피가 붉게 보임. 골수에서 만들어지며, 산소를 운반하는 작용을 함. =붉은피톨. ▷백혈구.

적화(赤化)[저콰] [명][사] 공산주의화하는 것. ¶~ 통일. **적화-하다** [동][자][타][여] **적화-되다** [동][자]

적확-하다(的確-)[저콱카-] [형][여] 어떤 사물에 틀림없이 들어맞다. ¶**적확한** 표현. **적확-히** [부]

적환-장(積換場)[저콴-] [명] 매립장에 가기 전에 임시로 쓰레기를 모아 두는 곳.

적-히다[저키-] [동][자] '적다¹'의 피동사. ¶명부에 이름이 ~.

전¦¹ [명] 물건의 위쪽 가장자리가 약간 넓적하게 된 부분. ¶화로의 ~.

전² '저는'이 준 말. ¶~ 이만 가겠습니다.

전³(前) Ⅰ[명] **1** 어떤 시간에 이뤄지는 행동이나 일을 나타내는 명사나, 시간적 수치를 나타내는 말이나, 동사의 어미 '-기' 다음에 놓여, 그 말이 나타내는 것을 기준으로 하여 그보다 앞서 있는 시간적 위치임을 나타내는 말. 한편, 기준이 되는 시점이 날짜로 제시될 때에는 그 날짜를 범위에 포함하지 않는 뜻을 가짐. ¶식사 ~ / 1시간 ~. ▷이전(以前). **2** 기준이 되는 때를 제시하지 않은 상태에서, 아주 가깝지도, 아주 멀지도 않은 과거를 다소 막연하게 이르는 말. ¶~에 살던 동네. ↔후(後). **3** 웃어른이나 고귀한 존재를 대하는 앞. 한문 투 또는 격식체의 말임. ¶부모님 ~ 상서(上書).

Ⅱ[관] **1** 어떤 직함이나 자격 등을 뜻하는 명사 앞에 놓여, 그것이 과거의 경력임을 나타내는 말. ¶~ 교장. **2** 때를 나타내는 일부 명사 앞에 놓여, 현재 또는 기준이 되는 때의 바로 앞의 시간적 위치임을 나타내는 말. ¶~ 시대 / ~ 학기.

전에 없이 전에는 그런 일이 한 번도 없었을 정도로 유난스럽게. ¶~ 친절히 대해 주었다.

전¦⁴(煎) [명] 재료를 얇게 만들어 기름에 지진 음식의 총칭. ¶파~ / ~을 부치다.

전⁵(甎·塼·磚) [명] 흙을 구워 방형 또는 직사각형으로 벽돌 모양과 비슷하게 만든, 동양 건축 용재의 하나.

전¦⁶(廛) [명] 지난날, 주로 도시 지역에 상설한 가게. ¶포목~.

전⁷(錢) [명][의존] **1** [역] 조선 시대, 화폐 단위의 하나. 냥의 10분의 1, 문(文) 또는 푼의 10배, 환(圜)의 100분의 1임. **2** 1953년부터 1962년까지의 우리나라 화폐 단위의 하나. 환(圜)의 100분의 1임. **3** 1910년부터 1953년까지의 화폐 단위의 하나. 원(圓)의 100분의 1임. **4** 우리나라의 현 화폐 단위의 하나. 원의 100분의 1임. 실제로는 쓰이지 않고 계산상의 개념으로만 존재함.

전⁸(戰) [명][의존] 스포츠의 투기 종목이나 구기 종목에서, 경기를 치른 횟수를 세는 단위. ¶그 권투 선수는 10~ 전승을 기록하고 있다.

전⁹(全) [관] 한자어 명사 앞에 놓여, 그 명사가 나타내는 대상의 범위를 모두 포괄하는 뜻을 나타내는 말. [비]온·모든. ¶~ 세계 / ~ 기간.

-전¹⁰(展) [접미] 일부 명사 다음에 붙어, '전람회'의 뜻을 나타내는 말. ¶개인~ / 사진~.

-전¹¹(傳) [접미] 일부 명사 다음에 붙어, '전기(傳記)'의 뜻을 나타내는 말. ¶자서~ / 위인~.

-전¹²(殿) [접미] 일부 명사 다음에 붙어, '큰 집'의 뜻을 나타내는 말. ¶대웅~ / 석조~.

-전¹³(戰) [접미] 일부 명사 다음에 붙어, '전투', '경기'의 뜻을 나타내는 말. ¶결승~ / 공중~.

전가¹(傳家) [명] 대대로 그 집안에 전해 내려오는 것.

전가의 보도(寶刀) 상대를 억누르거나 굴복시키기 위해 으레 손쉽게 사용하는 공격적인 수단. 비난조의 어감을 가진 비유적인 말임. ¶미국은 통상 문제만 나오면 슈퍼 301조를 ~로 뽑아 든다.

전¦**가**²(轉嫁) [명] (죄과·책임 등을 남에게) 떠넘기거나 덮어씌우는 것. **전**¦**가-하다** [동][타][여] ¶남에게 책임을 ~. **전**¦**가-되다** [동][자]

전각¹(全角) [명][출] 활자의 나비와 똑같은 크기의 공간이나 간격.

전¦**각**²(殿閣) [명] **1** 임금이 사는 집. **2** '전(殿)'이나 '각(閣)' 자가 붙은 큰 집.

전¦**각**³(篆刻) [명] 돌·나무·금이나 옥 따위에 인장을 새김. 또는, 그 글자.

전갈¹(全蠍) [명][동] 몸길이 3.5~20cm로, 가재와 비슷하고, 꼬리 끝에 독침이 있는 절지동물. 한방에서는 약으로 씀.

전갈[2](傳喝) [명] 사람을 시켜서 안부를 묻거나 말을 전하는 것. 또는, 전하는 안부나 말. ¶김 과장한테서 사장님이 부르신다는 ~을 받았다.

전갈-자리(全蠍―) [명][천] 황도 십이궁의 여덟째 별자리. 궁수자리의 서쪽에 있으며, 7월 하순에 자오선을 통과함.

전ː개(展開) [명] **1** (어떤 모습이나 광경이) 넓게 펼쳐지는 것. **2** (어떤 일을) 시작하여 벌이는 것. 또는, (논리나 내용을) 일정한 방향으로 이끌어 가는 것. ¶논리의 ~. **3** [문] 극이나 소설 등에서, 사건이 점차 복잡해지면서 인물 사이의 갈등이 나타나는 단계. **4** [음] 작곡에서, 주제를 분석·변화·연관·발전시켜 여러 각도에서 자유로이 변화시키는 일. **전ː개-하다** [동][자][타][여] ¶환경 운동을 ~. **전ː개-되다** [동][자] ¶소설의 줄거리가 흥미 있게 ~.

전ː개-도(展開圖) [명][수] 입체의 표면을 한 평면 위에 펴 놓은 모양을 나타낸 그림. =펼친그림.

전갱이 [명][동] 몸이 길이 40cm가량의 방추형으로, 등은 어두운 녹색이고 배는 흰색인 바닷물고기.

전ː거[1](典據) [명] 말이나 문장 따위의 근거가 된 문헌상의 출처. ¶~를 밝히다.

전ː거[2](轉居) [명] 다른 곳으로 옮겨 사는 것. **전ː거-하다** [동][자][여]

전게-서(前揭書) [명] 논문·학술 서적 등의 각주에서, 인용한 출처가 바로 앞은 아니지만 앞쪽에서 밝힌 책과 같은 책임을 나타내는 말. '앞의 책'이라고도 함. ▷상게서.

전ː격(電擊) [명] **1** 번개처럼 갑작스럽게 들이치는 것. ¶~ 작전. **2** 강한 전류에 의하여 급격히 주어지는 자극.

전ː격-적(電擊的) [-쩍] [관][명] 어떤 일을 번개처럼 갑작스럽고도 빠르게 행하는 (것). ¶~인 공격〔후퇴〕.

전결(專決) [명] 결정권자가 단독 책임으로 결정하는 것. ¶과장의 ~ 사항. **전결-하다** [동][타][여]

전경[1](全景) [명] 전체의 경치. ¶언덕에 오르면 마을의 ~이 한눈에 들어온다.

전경[2](前景) [명] **1** 앞쪽으로 보이는 경치. **2** 그림·사진 등에서, 화면의 앞부분. 또는, 객석에서 가까운 쪽의 무대 장치. ↔후경(後景).

전ː경[3](戰警) [명] '전투 경찰'의 준말.

전ː고(典故) [명] 전거(典據)가 될 만한 옛일.

전곡[1](全曲) [명] 한 곡의 전체.

전ː곡[2](錢穀) [명] 돈과 곡식. =전량(錢糧). ¶~을 풀어 기민(飢民)을 구휼하다.

전ː골 [명] 쇠고기·돼지고기·해물 등을 잘게 썰어 양념과 채소·버섯 등을 곁들여 전골 냄비에 담고, 국물을 조금 부어 끓인 음식. ¶곱창~.

전공[1](專攻) [명] (한 가지 부문을) 전문적으로 공부하고 연구하는 것. ¶~ 분야. **전공-하다** [동][타][여] ¶사회학을 ~.

전ː공[2](電工) [명] '전기공'의 준말.

전ː공[3](戰功) [명] 전투에서 세운 공로. ¶혁혁한 ~을 세우다.

전공-과목(專攻科目) [명] 전문적으로 연구하는 과목.

전공-의(專攻醫) [-의/-이] [명][의] 전문의의 자격을 얻기 위해 수련 병원 등에서 일정 기간 수련을 받는 의사. 곧, '인턴'과 '레지던트'를 가리킴. =수련의.

전과[1](全科) [-꽈] [명][교] **1** 학교에서 규정한 모든 교과 또는 학과. **2** 초등학교의 전 과목에 걸친 학습 참고서의 이름.

전과[2](前科) [-꽈] [명][법] 이전에 죄를 범하여 재판에 의하여 확정된 형벌의 전력. ¶~ 5범.

전ː과[3](戰果) [-꽈] [명] 전투·경기 등에서 거둔 성과. ¶혁혁한 ~를 올리다.

전ː과[4](轉科) [-꽈] [명] 학과나 병과(兵科) 따위를 옮기는 것. **전ː과-하다** [동][자][여]

전과-자(前科者) [-꽈-] [명] 전과가 있는 사람. ¶~의 낙인이 찍히다.

전관[1](全館) [명] **1** 공공건물이나 큰 빌딩 등의 한 건물 전체. ¶미술관 ~에 작품이 전시된다. **2** 하나의 기관 안에 있는 모든 건물. ¶국제 문화 교류회가 방학 동안 우리 학교 ~에서 행해집니다.

전관[2](前官) [명] 전에 그 벼슬자리에 있던 관원.

전관[3](專管) [명] **1** 그 일만을 전적으로 책임지고 맡아서 관리하는 것. ¶~ 사무. **2** [법] 전체가 그 관할에 속하는 것. **전관-하다** [동][타][여]

전관^수역(專管水域) [명][지] 연안국이 자기 나라 연안에서 하는 어업이나 그 밖의 자원 발굴 등에 대하여 배타적인 특권을 가지는 수역.

전ː광(電光) [명] **1** =번갯불. **2** 전등의 불빛.

전ː광-석화(電光石火) [-서콰] [명] ('번개가 치거나 부싯돌이 부딪칠 때의 번쩍이는 빛'이라는 뜻) '매우 짧은 시간'이나 '썩 재빠른 동작'을 비유하는 말. ¶~처럼 빠른 주먹.

전ː광-판(電光板) [명] 네모진 액자형의 틀 안에 배열된 수많은 전구를 점멸시킴으로써 문자나 그림 등을 나타나게 하여 정보를 알리는, 주로 실외에 설치하는 장치.

전교[1](全校) [명] 한 학교의 전체. ¶~ 회장.

전교[2](傳教) [명][역] 임금이 내린 명령. [비]하교(下敎). **전교-하다**[1] [동][자][여]

전교[3](傳教) [명][종] 종교를 널리 전도하는 것. **전교-하다**[2] [동][자][여]

전ː교[4](轉交) [명] **1** 다른 사람을 거쳐서 받게 함의 뜻으로 편지 겉봉에 쓰는 말. **2** 서류 등을 다른 사람을 거쳐서 교부하는 것. **전ː교-하다**[3] [동][타][여]

전교-생(全校生) [명] 한 학교 학생의 전체.

전ː구(電球) [명] 내부의 필라멘트에 전류를 흐르게 하여 가열함으로써 빛을 내게 하는, 공 모양의 유리로 된 조명 기구. =전등알. ¶꼬마~ / 백열~.

전국(全國) [명] 범위에 있어서, 한 나라의 전체. ¶~ 체육 대회.

전국-구(全國區) [-꾸] [명][법] 전국을 한 단위로 하는 선거구. ¶~ 의원(議員). ↔지역구.

전ː국^시대(戰國時代) [-씨-] [명][역] 중국의 진(晉)나라가 한(韓)·위(魏)·조(趙)의 셋으로 갈라진 기원전 403년부터 진(秦)나라가 중국을 통일한 기원전 221년까지의 동란기.

전국-적(全國的) [-쩍] [관][명] 전국에 걸치거나 관계되는 (것). ¶오후부터 흐려져 밤에는 ~으로 비가 오겠습니다.

전군(全軍) [명][군] 전체의 군대. [비]삼군.

전권[1](全權) [-꿘] [명] 맡겨진 일을 처리할 수 있는 일체의 권한. ¶~ 공사(公使).
전권[2](專權) [-꿘] [명] 권력을 마음대로 휘두르는 것. 또는, 그런 권력. ¶~을 휘두르다.
전권^위원(全權委員) [-꿘-] [명][법] 국제 조약의 체결이나 외교 교섭 등에 국가를 대표하는 권한을 위임받아 파견되는 외교 사절.
전¦극(電極) [명][물] 전기장을 만들기 위해 또는 전류를 흐르게 하기 위해 두 쌍으로 설치한 도체(導體). 양극과 음극이 있음.
전¦근(轉勤) [명] 근무하는 곳을 옮기는 것. ▷전직(轉職). **전¦근-하다** [동][자][여] ¶새로 **전근해** 오신 선생님. **전¦근-되다** [동][자]
전-근대(前近代) [명] 근대의 바로 앞 시대.
전근대-적(前近代的) [관][명] 현대적이 못되고 지난 시대의 옛 모습을 벗어나지 못한 (것). ¶~ 사고방식.
전기[1](前記) [명] 앞에 적는 것. 또는, 그 기록. **전기-하다** [동][타][여]
전기[2](前期) [명] **1** 한 기간을 둘 또는 셋으로 나누었을 때, 그 첫 시기. ¶프로 야구 ~ 리그. ↔후기. **2** 앞의 시기. 특히, 앞의 결산기. ¶~ 이월금.
전기[3](傳奇) [명][문] 괴기하고 환상적인 일을 내용으로 하는 고대 소설.
전기[4](傳記) [명] 어떤 인물의 생애와 활동을 적은 기록. ¶위인~.
전¦기[5](電氣) [명] **1** 물질 안에 있는 전자의 이동으로 생기는, 에너지의 한 형태. ¶~가 통하다 / ~가 나가다. **2** 저리거나 무엇에 부딪혔을 때 몸에 짜릿하게 오는 느낌을 속되게 이르는 말.
전¦기[6](戰記) [명] 전쟁이나 전투에 관한 이야기를 쓴 기록. ¶갈리아 ~.
전¦기[7](轉機) [명] 전환점을 이루는 기회나 고비. ¶일생에 하나의 ~가 된 사건.
전¦기-가오리(電氣-) [명][동] =시끈가오리.
전¦기-공(電氣工) [명] 발전·변전·전기 장치의 가설 및 수리 등의 작업에 종사하는 직공. [준]전공.
전¦기^기구(電氣器具) [명] 전기를 열원(熱源)·동력원으로 이용하는 기구. 전등·전기다리미·텔레비전 따위.
전¦기-난로(電氣暖爐) [-날-] [명] 전기 저항에 의하여 발생하는 열을 이용한 난로.
전¦기-다리미(電氣-) [명] 전기의 열을 이용한 다리미.
전¦기-담요(電氣毯-) [-뇨] [명] 전기의 열을 이용하여 따뜻하게 하는 담요.
전¦기^도¦금(電氣鍍金) [명][화] 전기 분해를 이용하여 금속의 표면에 다른 금속의 얇은 막을 입히는 방법.
전¦기-량(電氣量) [명][물] 전하(電荷)의 양. 단위는 쿨롬(C).
전¦기-력(電氣力) [명][물] 전기장이 전하에 작용하여 생기는 힘. [준]전력.
전¦기-료(電氣料) [명] 전기를 사용한 요금.
전¦기-메기(電氣-) [명][동] 몸길이 20cm 가량으로 메기와 비슷하게 생겼으며, 피부와 근육 사이에 발전 기관(發電器官)이 있어 고압의 전류를 일으키는 민물고기.
전¦기-밥솥(電氣-) [-쏟] [명] 전기에서 열을 얻어 자동적으로 밥을 짓게 만든 솥.
전¦기-봉(電氣棒) [명] 상대를 제압하고자 할 때, 상대의 몸에 댐으로써 일시적으로 전기 충격을 주는 막대 모양의 물건.
전¦기^분해(電氣分解) [명][물][화] 전해질 용액 또는 용융 상태의 화합물에 전류를 통하여 음극과 양극에 그 성분을 석출시키는 일. [준]전해.
전¦기-세(電氣稅) [-쎄] [명] '전기료'를 통속적으로 이르는 말.
전¦기-스탠드(電氣stand) [명] 책상 위나 방의 한쪽 구석에 놓아 그 부분을 밝게 하는 데 쓰는 이동식 전등. =스탠드.
전¦기^에너지(電氣energy) [명][물] **1** 전하(電荷)가 전기장 안의 위치에 의하여 가지는 에너지. **2** 전류가 자기장 안의 위치에 의하여 가지는 에너지.
전¦기-의자(電氣椅子) [명] 사형 집행 또는 고문을 하기 위하여 고압 전류를 통하게 만든 특수한 의자.
전¦기-자(電氣子) [명][물] 발전기나 전동기에서, 전력을 일으키는 코일과 그 철심.
전¦기-장(電氣場) [명][물] 전기를 띤 물체 주위의 전기 작용이 존재하는 공간. =전장(電場).
전¦기-장판(電氣壯版) [명] 완전 절연시킨 발열체를 비닐 따위로 싸서 만든 장판.
전¦기^저¦항(電氣抵抗) [명][물] 도체에 전류가 흐르는 것을 방해하는 작용. 전압을 전류로 나눈 값으로 나타냄. 단위는 옴(Ω). =저항.
전¦기^전도(電氣傳導) [명][물] 두 물체를 도체로 연결하였을 때, 도체 속의 전하의 이동으로 물체 사이에 전류가 흐르는 현상.
전¦기^전도율(電氣傳導率) [명][물] 도체에 흐르는 전류의 크기를 나타내는 상수. [준]전도율.
전¦기-톱(電氣-) [명] 전기를 동력으로 사용하는 톱.
전¦기^회로(電氣回路) [-회-/-훼-] [명][물] 전기가 도체를 도는 통로. =서킷. [준]회로.
전¦깃-불(電氣-) [-기뿔/-긷뿔] [명] 전기가 전등 안에서 빛으로 변하여 내는 빛. =전등불. ¶~이 들어오다[나가다].
전¦깃-줄(電氣-) [-기쭐/-긷쭐] [명] =전선(電線)[2].
전¦-나무 [명][식] =젓나무.
전-날(前-) [명] **1** 어느 날의 바로 앞의 날. ¶합격자 발표 ~. **2** 아주 가깝지도, 아주 멀지도 않은 과거의 날. =전일(前日).
전-남편(前男便) [명] 먼젓번의 남편.
전년(前年) [명] **1** =지난해. **2** 지나간 해.
전년-도(前年度) [명] 지난해의 연도. [비]작년도. ¶~ 수출액.
전념(專念) [명] (한 가지 일에) 오로지 마음을 쓰는 것. **전념-하다** [동][자][여] ¶공부에 ~.
전능-하다(全能-) [형][여] (신이) 하지 못하는 일이 없다. ¶전지(全知)~.
전단[1](全段) [명] **1** 책이나 신문 등에서 단의 전체. ¶~ 광고. **2** 모든 단락.
전단[2](專斷) [명] 혼자 마음대로 결정하고 단행하는 것.
전¦단[3](剪斷) [명] 잘라서 끊는 것. **전¦단-하다** [동][타][여]
전단[4](傳單) [명] 선전·광고 등을 목적으로 제작되는 한 장짜리 인쇄물. 길에서 뿌리거나 신문에 삽입해서 전달하거나 함. × 삐라.
전-달[1](前-) [-딸] [명] **1** 어느 달의 바로 앞의 달. **2** =지난달.
전달[2](傳達) [명] **1** (말·소식·물건 등을 어

먼 사람에게) 제삼자의 부탁·의뢰·지시 등으로 전하여 이르게 하는 것. ¶사항. 2 (어떤 수단이나 매개체를 통해 어떤 대상을) 전해지게 하는 것. 전달-하다 동(타여) ¶말을 통해 사상·감정을 ~. 전달-되다 동(자)
전담¹(全擔)[절-] 명 어떤 일의 전부를 맡는 것. 전담-하다 동(타여) ¶회사의 운영을 그가 전담하고 있다.
전담²(專擔)[절-] 명 전문적으로 담당하는 것. ¶미술 ~ 교사. 전담-하다 동(타여)
전답(田畓)[절-] 명 논밭.
전당(全黨)[절-] 명 한 정당의 전체. ¶~ 대회.
전당²(典當)[절-] 명 물건을 담보로 돈을 꾸어 주거나 꾸어 쓰는 것. ¶~을 잡다[잡히다]. 전:당-하다 동(타여)
전:당³(殿堂)[절-] 명 1 (주로 '…의 전당'의 꼴로 쓰여) 어떤 분야에서 가장 중심이 되는 곳. 미화법에 의한 표현임. ¶학문의 ~. 2 [불] 사찰 내에 있는, 불상을 모신 건물.
전당^대:회(全黨大會)[-회/-훼] 명[정] 정당의 전국적인 대의원(代議員) 대회.
전:당-포(典當鋪)[절-] 명 전당을 잡고 돈을 꾸어주는 곳. ¶시계를 ~에 잡히다.
전대¹(前代)[절-] 명 지나간 시대. ↔후대.
전:대²(戰隊)[절-] 명 1 공군에서, 단(團)보다는 작고 대대(大隊)보다는 큰 단위 부대. 2 해군에서, 둘 이상의 함정과 항공기로 이루어지는 전단(戰團)의 예속 부대.
전:대³(轉貸)[절-] 명 1 (꾼 것을) 다시 다른 사람에게 꾸어주는 것. 2 남을 거쳐서 꾸어 주는 것. 전:대-하다 동(타여)
전:대⁴(纏帶)[절-] 명 돈이나 물건을 넣고 허리에 차거나 어깨에 메게 만든, 폭이 좁고 긴 자루. 중간을 막고 양쪽은 터놓았음.
전대-미문(前代未聞)[절-] 명 이제까지 들어본 적이 없음. ¶~의 대참사.
전도¹(全圖)[절-] 명 어떤 것의 전체를 그린 그림이나 지도. ¶대한민국 ~.
전도²(前途)[절-] 명 1 앞으로 나아갈 길. 2 = 장래. ¶~가 유망한 청년.
전도³(傳道)[절-] 명[기] (믿지 않는 사람에게) 복음을 알림으로써 신앙을 가지게 이끄는 것. ¶복음 ~. 전도-하다¹ 동(자)(타여)
전도⁴(傳導)[절-] 명 (열·전기·자극 등을) 한 곳에서 다른 곳으로 전달하는 것. ¶열의 ~. 전도-하다² 동(타여) 전도-되다¹ 동(자)
전:도⁵(顚倒)[절-] 명 1 앞어져서 넘어지는 것. 또는, 엎어 넘어뜨리는 것. 2 순서나 위치를 바꾸어 거꾸로 하는 것. ¶주객(主客) ~. 전:도-하다³ 동(자)(타여) 전:도-되다² 동(자) ¶본말(本末)이 ~.
전도-사(傳道師) 명[기] 교직의 하나. 신학을 전공하거나, 교회에서 목사를 도와 전도의 임무를 맡음.
전도-서(傳道書) 명[성] 구약 성서 중의 한 권.
전도-요원(前途遙遠) 명 1 앞으로 갈 길이 아득히 멂, 2 목표에 이르기에는 아직도 멂. 전도요원-하다 (형여)
전도유망(前途有望) 명 앞으로 잘될 희망이 있다. 또는, 장래가 유망하다. ¶전도유망한 젊은이.
전도-율(傳導率)[-뉼] 명[물] '전기 전도율'의 준말.
전:동(電動)[절-] 명 전기로 움직이는 것. 또는, 전력을 동력으로 하는 일. ¶~ 기관차.

전:동-기(電動機) 명 전기 에너지로부터 기계적인 동력을 얻는 회전기. =모터.
전:동-차(電動車) 명 전동기의 힘으로 레일 위를 달리는 차.
전두-엽(前頭葉) 명[생] 대뇌 반구의 앞부분. 사고·판단과 같은 고도의 정신 작용이 이루어지는 곳임. ▷후두엽
전:등(電燈)[절-] 명 전기로 빛을 내는 등.
전:등-갓(電燈-)[-갇] 명 전등 위에 씌우는 갓.
전:등-불(電燈-)[-뿔] 명 =전깃불.
전:등-알(電燈-) 명 =전구(電球).
전라(全裸)[절-] 명 사람이 몸에 전혀 옷을 걸치지 않고 벌거벗은 상태. 비알몸. ¶~의 여인.
전:-락(轉落)[절-] 명 (굴러 떨어진다는 뜻) (사람이나 대상이 낮은 신분·지위·등급으로, 또는 타락한 상태로) 바뀌게 되는 것. 전:락-하다 동(자여) ¶거리의 여자로 ~. 전:락-되다 동(자)
전:란(戰亂)[절-] 명 전쟁으로 인한 혼란이나 소란. ¶~을 겪다.
전:람-회(展覽會)[절-회/절-훼] 명 물건이나 예술 작품 따위를 벌여 놓고 여러 사람에게 보이는 모임. 비미술 ~.
전:람회-장(展覽會場)[절-회-/절-훼-] 명 전람회를 여는 장소.
전래(傳來)[절-] 명 1 전해 내려오는 것. ¶~ 동화. 2 (문물 따위가 다른 나라로부터) 전해져 오는 것. ¶목화의 ~. 전래-하다 동(자여) 전래-되다 동(자) ¶불교는 삼국 시대 때 우리나라에 전래되었다.
전략¹(前略)[절-] 명 1 말이나 글 등에서 앞부분을 줄이는 것. 2 편지에서, 서두를 줄였다는 뜻으로 쓰는 말. ▷후략·중략. 전략-하다 동(타여)
전:략²(戰略)[절-] 명 1 전쟁 수행의 방법이나 책략. ¶~ 무기. 2 정치·사회 등에 있어서의 책략. ¶선거 ~. 3 어떤 일을 이루기 위한 효과적이고 적합하고 효율적인 방법.
전:략-가(戰略家)[절-까] 명 전략을 세우는 데 능한 사람.
전:략^무:기^제:한^협정(戰略武器制限協定)[절량-쩡] 명 =솔트(SALT).
전:략^방위^구상(戰略防衛構想)[절-빵-] 명[군] 날아오는 소련의 미사일을 대기권 밖에서 레이저·양성자 빔 등의 지향성 에너지 무기로 파괴하려고 하는 구상. 레이건 미국 대통령이 1983년에 발표하였음. =에스디아이(SDI).
전:략-적(戰略的)[절-쩍] 관[명] 군사상의 대책 또는 행동 전반에 관한 (것). ¶~인 대책.
전량¹(全量)[절-] 명 전체의 분량. ¶우리 회사는 생산품의 ~을 해외에 수출한다.
전:량²(錢糧)[절-] 명 =전곡(錢糧)².
전력¹(全力)[절-] 명 모든 힘. ¶~ 질주(疾走) /~을 기울이다.
전력²(前歷)[절-] 명 과거의 경력. ¶화려한 ~.
전:력³(專力)[절-] 명 오직 한 가지 일에만 힘을 쓰는 것. 전:력-하다 동(자여)
전:력⁴(電力)[절-] 명[물] 1 '전기력'의 준말. ¶~ 공급. 2 전류가 단위 시간에 하는 일. 두 지점 사이에 전류가 흐를 때의 에너지의 양. 단위는 와트(W)·킬로와트(kW).
전:력⁵(戰力)[절-] 명 전투·경기 등을 할 수 있는 능력. ¶~을 강화[보강]하다.

전:력-량(電力量)[절력냥] 몡 전력을 시간으로 적산한 양. 단위는 와트시(Wh).

전력-투구(全力投球) 몡 1 (어떤 일에) 모든 힘을 다 기울임. 2 [세] 야구에서, 투수가 타자를 상대로 모든 힘을 기울여 공을 던지는 것. **전력투구-하다** 돔(㈀)에 ¶사업에 ~.

전령(傳令)[절-] 몡 1 [군] 부대 간에 명령을 전달하는 일. 또는, 그 병사. 2 전하여 보내는 훈령 또는 고시.

전령-병(傳令兵)[절-] 몡 [군] 부대 간의 명령 전달을 맡은 병사.

전:례[1](典例)[절-] 몡 전거(典據)가 되는 선례. ¶~로 삼다.

전:례[2](典禮)[절-] 몡 일정한 의식. ¶~ 음악.

전례[3](前例)[절-] 몡 이전부터 있었던 사례. =선례·유례. ¶~를 따르다[남기다].

전:류(電流)[절-] 몡 [물] 전기가 도선(導線)을 따라 흐르는 현상. 단위는 암페어(A). ¶고압 ~.

전:류-계(電流計)[절-계/절-게] 몡 전류의 세기를 재는 계기.

전륜(前輪)[절-] 몡 자동차·자전거 등의 앞바퀴. ↔후륜.

전율(戰慄) '전율(戰慄)'의 잘못.

전:리(電離)[절-] 몡(하) 1 전해질의 일부가 용액 속에서 이온으로 해리(解離)하는 일. 2 =이온화. **전:리-하다** 돔(㈀)에(하)

전:리-도(電離度)[절-] 몡(하) =이온화도.

전:리-층(電離層)[절-] 몡[지] 지구 상공에서, 대기가 이온화하여 전자나 산소·헬륨·질소 등의 이온이 많이 존재하는 층.

전:리-품(戰利品)[절-] 몡 전쟁 때 적군으로부터 빼앗은 물품.

전:립(戰笠)[절-] 몡[역] 조선 시대에 무관이 쓰던 벙거지. 붉은 털로 끈을 꼬아 둘레에 두르고 상모 등을 닮.

전립-선(前立腺)[절-썬] 몡[생] 수정관과 요도가 합쳐지는 부분을 둘러싸고 있는, 밤톨만 한 크기로 방광 밑에 위치한 남자의 부비선.

전립선^비ː대증(前立腺肥大症)[절-썬-쯩] 몡[의] 전립선이 커져 요도가 좁아지는 질환. 오줌을 눌 때 힘들거나 소변 줄기가 가늘어지고, 소변을 본 뒤에도 잔뇨감(殘尿感)을 느낌.

전말(顚末) 몡 일의 처음부터 끝까지의 경과. (비)본말. ¶사건의 ~을 밝히다.

전:망(展望) 몡 1 멀리 바라보는 것. 또는, 멀리 내다보이는 풍경. ¶~이 좋다. 2 다가올 앞날을 내다보는 것. 또는, 내다보이는 앞날. ¶~이 밝다. **전:망-하다** 돔(㈀)에(하) ¶한국의 미래를 낙관적으로 ~. **전:망-되다** 돔(㈀)

전:망-대(展望臺) 몡 멀리 바라볼 수 있도록 높이 만든 대.

전매[1](專賣) 몡 1 (어떤 물건을) 독점 판매하는 것. 2 [법] 국고 수입을 위하여 어떤 재화를 정부가 독점으로 생산 판매하는 것. **전매-하다** 돔(㈀)에(하) ¶홍삼을 ~.

전:매[2](轉賣) 몡 (샀던 물건을) 도로 파는 것. ¶아파트 미등기 ~. **전:매-하다**[2] 돔(㈀)에(하) ¶분양 아파트를 ~.

전면(全面) 몡 1 모든 방면. ¶~ 개정. 2 하나의 면 전체. ¶광고 ~.

전면(前面) 몡 1 앞쪽 면. 특히, 부피가 있는 물체의 경우에 쓰임. (비)앞면. ↔후면. 2 앞쪽에 바라보이는 공간. ¶건물 ~에 펼쳐진 강변 모습.

전면-적(全面的) 몡 전면에 걸친 (것). ¶통행을 ~으로 통제하다.

전면-전(全面戰) 몡 광범위하게 벌어진 전쟁. ↔국지전.

전멸(全滅) 몡 지거나 망하거나 죽거나 하여 모두 없어지는 것. ¶적을 ~시키다. **전멸-하다** 돔(㈀)에(하) **전멸-되다** 돔(㈀)

전모(全貌) 몡 전체의 모양. ¶사건의 ~가 드러나다.

전:몰(戰歿) 몡 =전사(戰死)[3]. ¶~ 위령탑. **전:몰-하다** 돔(㈀)

전:몰-장병(戰歿將兵) 몡 싸움터에서 싸우다 죽은 장병.

전무(專務) 몡 '전무이사'의 준말.

전무-이사(專務理事) 몡 회사의 이사의 하나. 사장을 보좌하여 회사의 업무를 모두 관장함. ㈜전무.

전무-하다(全無-) 혱(에) (어떤 사실이나 대상이) 아주 없다. ¶나는 그 분야의 지식이 ~.

전무-후무(前無後無) 몡 전에도 없었고 앞으로도 없음. **전무후무-하다** 혱(에) ¶올해는 **전무후무한** 대졸작이 들었다.

전문[1](全文) 몡 글의 전체 문장.

전문[2](前文) 몡 앞에 쓴 글.

전문[3](專門) 몡 오로지 한 가지 일을 그에 대한 지식이나 기술을 가지고 하는 것. 또는, 그 분야. ¶~ 지식.

전문[4](電文) 몡 =전보문.

전문[5](傳聞) 몡 전하여 듣는 것. **전문-하다** 돔(㈀)에(하)

전문-가(專門家) 몡 어떤 특정한 부문을 오로지 연구하여 그에 관한 지식이나 경험이 풍부한 사람. 또는, 그 일을 담당하고 있는 사람.

전문-대학(專門大學) 몡[교] 고등 교육 기관의 하나. 중견 직업인을 양성하기 위해 전문적인 이론과 기술을 교수·연구하는 교육 기관. 수업 연한은 2~3년임.

전문-어(專門語) 몡 기예·학술 따위의 각 전문의 영역에서만 쓰이는 말.

전문-의(專門醫)[-의/-이] 몡 전공의 수련 과정을 마치고 특정한 전문 과목을 진료할 자격을 갖춘 의사. ▷ै일반의.

전문-적(專門的) 몡 전문으로 하거나 전문에 딸리는 (것). ¶~ 분야. ↔일반적.

전문-점(專門店) 몡 세분화된 특정한 상품만을 파는 소매점. ¶의류 ~.

전문-지(專門誌) 몡 특정 전문 분야를 다루는 잡지 스타일의 정기 간행물.

전문-직(專門職) 몡 전문적인 지식이나 기술이 필요한 직업.

전문-학교(專門學校)[-꾜] 몡[교] 1 '전문대학'의 구칭. 2 일제 강점기에 중등 교육을 마친 사람에게 전문 교육을 실시하던 학교.

전문-화(專門化) 몡 전문적으로 되는 것. 또는, 전문적이 되게 하는 것. **전문화-하다** 돔(㈀)에(하) ¶업무를 ~. **전문화-되다** 돔(㈀) ¶**전문화된** 생산 시스템.

전반[1](全般) 몡 여러 가지 일의 전부. 또는, 통틀어서 모두. ¶사회 ~의 문제.

전반[2](前半) 몡 시간적 길이나 차례가 있는 대상에서, 처음부터 중간까지의 동안이나 부분. ¶19세기 ~. ↔후반.

전반-기(前半期) 몡 어떤 기간을 둘로 나

누었을 때, 앞의 기간. ↔후반기.
전반-부(前半部) 圀 전반이 되는 부분. ¶ 소설의 ~. ↔후반부.
전반-적(全般的) 괸 어떤 사물의 전반에 걸친 (것). ¶수준이 예년에 비해 ~으로 향상되다.
전반-전(前半戰) 圀[체] 축구·농구·핸드볼 등과 같이 중간에 쉬는 시간을 두어 전후를 구별하는 경기에서, 앞에 하는 경기. ↔후반전.
전방(前方) 圀 1 = 앞쪽. ¶~을 주시하다. 2 적을 바로 마주하고 있는 지역, 또는 그 쪽. ¶~ 부대. ↔후방.
전:방(廛房) [-빵] 圀 물건을 벌여 놓고 파는 소규모의 가게. 요즘에는 잘 쓰이지 않는 말임.
전번(前番) [-뻔] 圀 =지난번.
전!범(典範) 圀 본보기가 될 만한 모범.
전!범(戰犯) 圀 전쟁을 앞장서서 일으키거나, 전쟁 일으키는 일에 적극적으로 참여한 사람. ¶~ 재판.
전법(戰法) [-뻡] 圀 싸우는 방법.
전!별(餞別) 圀 떠나는 이에게 잔치를 베풀고 작별하는 것. **전!별-하다** 图[타]
전!별-금(餞別金) 圀 잔치를 베풀고 작별할 때 서운함을 달래는 뜻으로 떠나는 사람에게 주는 돈.
전!병(煎餠) 圀 1 =부꾸미. 2 쌀가루나 밀가루에 설탕 등을 가미하여 반죽한 뒤, 철제의 틀에 넣어 구운 과자.
전보¹(電報) 圀 전신으로 글을 보내는 통보. ¶~를 치다.
전보²(塡補) 圀 부족을 메워 채우는 것. **전!보-하다** 图[타] **전!보-되다** 图[자]
전!보³(轉補) 圀[법] 재직 공무원에 대해 동일한 직급과 직렬 내에서 보직을 변경하는 일. ¶~ 발령. **전!보-하다** 图[타]
전!보-문(電報文) 圀 전보의 내용이 되는 글. =전문(電文).
전복¹(全鰒) 圀[동] 껍데기가 하나의 타원형으로 되어 있고, 표면은 갈색으로 울퉁불퉁하며 안쪽은 매끄럽고 광택이 나는 바닷조개. 살은 맛이 좋아 고급 요리에 쓰이고, 껍데기는 세공 재료로 쓰임.
전!복²(戰服) 圀 옛 군복의 한 가지. 뒷자락이 트여 있고 소매가 없으며, 다른 옷 위에 걸쳐 입었음. ▷쾌자.
전!복³(顚覆) 圀 1 (자동차·열차·배 따위가) 사고 등으로 인하여 뒤집어지거나 엎으로 쓰러지는 것. ¶열차 ~ 사고. 2 (정권·국가 등을) 쿠데타나 혁명 등으로 뒤집어엎는 것. ¶정권을 ~. **전!복-하다** 图[자][타][여] ¶정권을 ~. **전!복-되다** 图[자] ¶버스가 ~.
전복-죽(全鰒粥) [-쭉] 圀 전복을 넣어 쑨 죽.
전!봇-대(電報-) [-보때/-본때] 圀 1 전선이나 통신선을 늘여 매기 위하여 세운 기둥. =전신주·전주(電柱). 2 키큰 사람을 비유하여 놀림조로 이르는 말.
전-봉준(全琫準) 圀[인] 조선 시대의 동학 농민 운동의 지도자(1854~1895).
전부¹(全部) I 圀 대상을 나누거나 빼거나 하지 않은 모두. 凹다. ¶그녀는 나의 희망이고 내 삶의 ~이다. ▷일부. II 튀 대상의 범위가 빠짐없이 다 미치거나 포함되게. 凹다. ¶그의 말은 ~ 거짓이다.
전부²(前部) 圀 앞쪽 부분. ↔후부.
전!분(澱粉) 圀[화] =녹말2.

전!비(戰費) 圀 전쟁하는 데 드는 비용.
전!사¹(戰士) 圀 1 전투하는 군사. ¶무명의 ~. 2 제일선에 있는 힘을 다하여 일하거나 노력하는 사람. 비유적인 말임. ¶산업 ~.
전!사²(戰史) 圀 전쟁의 역사.
전!사³(戰死) 圀 전장(戰場)에서 싸우다가 죽는 것. ≒전몰(戰歿). ¶~ 통지서. **전!사-하다** 图[자]
전!사⁴(轉寫) 圀 1 (글이나 그림 등을) 옮겨 베끼는 것. 2 [출] 전사지에 그린 잉크 화상을 평판 판재면(板材面)에 옮기는 일. ¶~을 뜨다. **전!사-하다** 图[타][여]
전!산(電算) 圀 '전자 계산' 또는 '전자계산기'를 줄여 이르는 말.
전!산-기(電算機) 圀 '전자계산기'의 준말.
전!산-망(電算網) 圀 컴퓨터로 연결되는 통신 조직망. ¶행정 ~.
전!산-화(電算化) 圀 어떤 작업을 컴퓨터에 의해 자동적으로 처리할 수 있게 만드는 일. ¶업무 ~. **전!산화-하다** 图[자][타][여] **전!산화-되다** 图[자]
전!상(戰傷) 圀 전투에서 상처를 입는 것. 또는, 그 상처.
전!상-자(戰傷者) 圀 전투에서 상처를 입은 사람.
전생(全生) 圀 온 생애. ¶~을 오직 교육 사업에 헌신하다.
전생(前生) 圀[불] 삼생(三生)의 하나. 이 세상에 태어나기 전의 세상. ¶~의 인연.
전서(全書) 圀 1 어떤 사람의 저작을 모두 모아 한 질로 만든 책. 2 어떤 종류·부문의 것을 망라하여 체계화한 책. ¶의학 ~.
전!서(篆書) 圀 육서(六書)의 하나. 한자 서예에서, 획이 가장 복잡하고 곡선이 많은 서체.
전선(前線) 圀 1 전장에서, 적과 접촉하는 맨 앞 지역. ¶~ 시찰. 2 직접 뛰어든 일정한 활동 분야. ¶생활 ~. 3 [기상] 성질이 다른 두 개의 기단(氣團)의 경계면이 지표와 만나는 선. ¶장마 ~.
전!선²(電線) 圀 전류가 흐르도록 하는 도체로서 쓰는 선. ≒전깃줄. ¶고압 ~.
전!선³(戰船) 圀 전투에 사용되는 배.
전!선⁴(戰線) 圀 1 전시에 적전(敵前)에 배치한 전투 부대의 배치선. ¶서부 ~. 2 정치 운동·사회 운동 등에서, 직접 투쟁하는 일. 또는, 그 투쟁 형태. ¶민주 ~.
전선-주(電線柱) 圀 =전봇대1.
전설(傳說) 圀 인간과 그 행위를 주제로 하고, 구체적 자연물·인공적 사물, 역사적 인물이나 어떤 동물 등과 관련하여, 예로부터 민간에서 입으로 전해 내려오는 신비로운 이야기. ▷신화.
전설-모!음(前舌母音) 圀[언] 혀의 앞쪽에서 발음되는 모음. 'ㅣ', 'ㅔ', 'ㅚ', 'ㅐ' 따위.
전설-적(傳說的) [-쩍] 괸 전설이 되다시피 하거나 전설과 같이 신비로운 상태에 있는 (것). ¶~인 인물.
전!성¹(展性) 圀[물] 두드리거나 압착하면 얇게 펴지는 금속의 성질. 금·은·구리에 뚜렷함.
전!성²(轉成) 圀 (어떤 대상의 성질·기능 등이) 다른 상태로 바뀌는 것. **전!성-하다** 图[자] **전!성-되다** 图[자]
전성-기(全盛期) 圀 한창 왕성한 시기. 凹

황금기. ¶~를 맞이하다.
전:성^명사(轉成名詞)[명][언] 명사가 아닌 어떤 품사가 명사로 된 것. '웃음', '열매' 따위.
전성-시대(全盛時代)[명] 한창 왕성한 시대.
전:성^어:미(轉成語尾)[명][언] 활용어의 어간에 붙어 다른 품사의 자격으로 바꾸는 어미. '-기', '-ㅁ', '-ㄴ', '-ㄹ' 따위.
전세(前世)[명][불] 삼세(三世)의 하나. 이 세상에 태어나기 이전의 세상.
전세²(傳貰)[명] 자동차나 시설 등을 돈을 내고 일정 기간 동안 통째로 빌려 쓰는 일. ¶~ 버스.
전세³(傳貰)[명] 보증금을 내고 남의 집이나 방을 약속한 기간 동안 빌려 쓰는 일. ¶독채 ~.
전:세⁴(戰勢)[명] 전쟁이나 경기 등의 진행되는 형세. ¶~가 유리하다[불리하다].
전세-권(傳貰權)[-꿘][명][법] 전셋돈을 지급한 사람이 남의 부동산을 점유하여 사용·수익할 수 있는 권리.
전세-금(傳貰金)[명] =전셋돈.
전-세기(前世紀)[명] 지나간 세기.
전세-기(專貰機)[명] 세를 내고 빌려 쓰는 비행기.
전세-방(傳貰房)[-빵][명] 전셋돈(전세 보증금)을 내고 빌려 쓰는 방.
전세-살이(傳貰-)[명] 전세를 들어 사는 일. ¶신혼 생활을 ~로.
전셋-돈(傳貰-)[-세돈/-센돈][명] 전세를 얻었을 때, 그 부동산의 소유자에게 맡기는 돈. =전세금.
전셋-집(傳貰-)[-세찝/-센찝][명] 전세로 빌려 쓰는 집.
전소(全燒)[명] (어떤 물체가) 남김없이 다 타는 것. **전소-하다**[동](자)(여) **전소-되다**[동](자)¶건물이 ~.
전속¹(專屬)[명] 어느 한 기구나 조직에 적적으로 속하거나 관계를 맺는 것. ¶~ 가수. **전속-하다**[동](자)(여) **전속-되다**[동](자)
전:속²(轉屬)[명] 소속을 바꾸는 것. ¶~ 명령을 받다. **전:속-하다²**[동](자) **전:속-되다²**[동](자)
전-속력(全速力)[-송녁][명] 최대한의 속력. ¶~을 내다.
전:송¹(電送)[명] (사진·문자 등을) 전류나 전파를 이용하여 먼 곳에 보내는 것. ¶~ 사진. **전:송-하다¹**[동](타)(여) ¶보고서를 메일로 ~. **전:송-되다¹**[동](자)
전송²(傳送)[명] 전하여 보내는 것. **전송-하다²**[동](타)(여) **전송-되다²**[동](자)
전송³(餞送)[명] 떠나는 사람이 먼 곳으로 떠날 때 역·터미널·공항 등에 가서 인사를 나누고 보내는 것. [비]배웅. ~객(客). **전:송-하다³**[동](타)(여) ¶외국에 가는 친구를 공항에 나가 **전송**했다.
전수¹(全數)[명] 전체의 수효나 분량.
전수²(專修)[명] 오로지 한 가지 일만을 닦는 것. ¶공업~ 학교.
전수³(傳受)[명] (기술이나 지식 따위를) 전하여 받는 것. **전수-하다¹**[동](타)(여) ¶스승으로부터 비법을 ~.
전수⁴(傳授)[명] (기술이나 지식 등을) 전하여 주는 것. **전수-하다²**[동](타)(여) ¶기술을 후학에게 ~. **전수-되다²**[동](자)
전술¹(前述)[명] (말이나 글에서) 앞에서 이미 논술 또는 기술한 것. ↔후술. **전술-하다**[동](자)(타)(여) ¶자세한 내용은 **전술**한 바와 같다. **전술-되다**[동](자)
전:술²(戰術)[명] 1 전투에서 부대나 병사를 가장 효율적인 방법으로 운영하는 기술. 2 일정한 목적을 달성하기 위한 수단·방법. ¶구애의 ~에 말려들었다.
전:술-적(戰術的)[-쩍] [관][명] 전술에 관한 (것). ¶~ 문제.
전승¹(全勝)[명] 경기·전쟁 등에서, 한 번도 지지 않고 모두 이기는 것. ¶~ 가도를 달리다. ↔전패. **전승-하다¹**[동](자)
전승²(傳承)[명] 문화 따위를 전하여 받아 계승하는 것. **전승-하다²**[동](타)(여) ¶훌륭한 문화 유산을 ~. **전승-되다²**[동](자)
전:승³(戰勝)[명] 전쟁에 이기는 것. ¶~을 빌다. **전:승-하다³**[동](자)
전:시¹(展示)[명] (미술품·도서·상품 등을) 일정한 곳에 벌여 놓아 일반 사람에게 보이는 것. ¶상설 ~. **전:시-하다¹**[동](타)(여) ¶도서를 ~. **전:시-되다¹**[동](자)
전:시²(戰時)[명] 전쟁이 벌어지고 있는 때.
전:시-과(田柴科)[-꽈][명][역] 고려 시대, 문무 관료에게 등급에 따라 토지와 땔나무를 벨 임야를 나누어 주던 제도.
전:시-장(展示場)[명] 전시하는 곳. ¶상설 ~.
전:시-품(展示品)[명] 전시하는 물품.
전:시-행정(展示行政)[명] 실질적인 내용이 없이 전시 효과만을 노리고 펼치는 행정. ¶지방 선거가 다가오면서 ~이 고개를 들고 있다.
전:시-회(展示會)[-회/-훼][명] 다수의 미술품·도서·상품 등을 일정 기간 전시하여 일반에게 공개하는 행사. **전:시회를 열다**.
전:시^효:과(展示效果)[명] 1 [경] 저소득자가 고소득자의 소비 양식을 모방함에 따라 생기는 소비 증대 현상. 2 [정] 정치가가 업적 과시를 위해 실질 내용이 없는 사업을 벌임으로써 얻는 상징적 효과.
전:신¹(全身)[명] 몸 전체. [비]온몸. ¶~ 사진. ¶~이 떨리다.
전:신²(前身)[명] 1 [불] 전생의 몸. 2 단체 기관 등의 바뀌기 전의 본체. ¶서울 대학교의 ~은 경성 제국 대학이다. ↔후신.
전:신³(電信)[명] 문자나 숫자를 전기 신호로 바꾸어 전파나 전류로 보내는 통신. ¶무선 ~.
전:신-기(電信機)[명] 전류나 전파에 의하여 통신하는 기계.
전신^마취(全身痲醉)[명][의] 큰 외과 수술을 하기 위해 마취제를 써서 일시적으로 온몸을 마취시키는 일. ↔국부 마취.
전:신-만신(全身滿身)[명] '전신'을 강조하여 이르는 말. ¶~에 흐르는 땀.
전:신-망(電信網)[명] 전신 통신 설비의 분포 체계.
전:신^불수(全身不隨)[-쑤][명] 뇌를 다치거나 중풍 등으로 말미암아 온몸을 마음대로 쓰지 못하는 상태.
전:신-욕(全身浴)[-뇩][명] 머리만 내놓고 온몸을 뜨거운 물에 담그는 방식의 목욕.
전:신-주(電信柱)[명] =전봇대1.
전:신-환(電信換)[명][통] 전신에 의한 우편환. 발송인의 지급 청구의 신청에 발행국이 전신으로 지불국에 통지하면, 지불국은 전신환 증서를 수취인에게 보내 주며, 수취인은 이 환증서를 지불국에 제시하여 현금과 상환함.
전실(前室)[명] 남의 전처(前妻)를 높이어 이르는 말.

전심¹(全心) 명 온 마음.
전심²(專心) 명 마음을 오로지 한군데에만 쓰는 것. **전심-하다** 형여 ¶공부에 ~.
전심-전력¹(全心全力) [-력] 명 온 마음과 온 힘을 기울이다.
전심-전력²(專心專力) [-력] 명 온 마음과 온 힘을 한곳에 모아 씀. ¶목표를 이루기 위해 ~으로 노력하다. **전심전력-하다** 동여

전:안(奠雁) 명 전통 혼례식에서, 신랑이 신부 집에 기러기를 가지고 가서 상위에 놓고 절하는 예. 흔히, 산 기러기 대신 목기러기를 씀. **전:안-하다** 동여 ¶풍.
전:압(電壓) 명 [물] 전기장(電氣場)이나 도체 내에 있는 두 점 사이의 전위차. 단위는 볼트(V).
전:압-계(電壓計) [-께/-께] 명 [물] 전압을 재는 계기.
전액(全額) 명 액수의 전부.
전야(前夜) 명 1 어젯밤. 2 특정한 날을 기준하여 그 전날 밤. ¶크리스마스 ~. 3 특정한 시기나 단계를 기준하여 그 전 시기나 단계. ¶폭풍 ~.
전야-제(前夜祭) 명 축제일이나 큰 행사등의 전날 밤에 행하는 축제 행사.
전어(錢魚) 명 [동] 몸은 길이 15~30cm의 긴 달걀 모양이며 둥근 비늘로 덮여 있고, 등의 빛깔이 암청색인 바닷물고기.
전언(傳言) 명 전하는 말.
전업(專業) 명 전문으로 하는 직업이나 사업. ¶~ 농가.
전:업(轉業) 명 직업을 바꾸는 것. **전:업-하다** 동여
전업-주부(專業主婦) [-쭈-] 명 직업이나 부업을 갖지 않고 오로지 집안일만을 돌보는 가정주부.
전역¹(全域) 명 어느 지역이나 구역의 전부. ¶서울 ~.
전:역²(戰域) 명 전투를 하는 구역. 곧, 교전지역.
전:역³(轉役) 명 군(軍)에서, 다른 역종(役種)으로 편입되는 것. **전:역-하다** 동여 ¶예비역으로 ~.
전:연(展延) 명 얇게 퍼지고 늘어나는 것. ¶~.
전연(全然) 명 일의 부정적인 상태나 작용이 부분적이 아니라 전적임을 나타내는 말. 용전혀. ¶연락이 ~ 안 된다.
전:열(電熱) 명 [물] 전류가 흐를 때 발생하는 열. ¶~ 기구.
전:열(戰列) 명 전쟁에 참가하는 부대의 대열. ¶~을 가다듬다.
전:열-기(電熱器) 명 니크롬선 등 전기 저항이 높은 금속에 전류를 통하여 발생되는 열을 이용하는 기구. 전기난로·전기다리미 따위.
전염(傳染) 명 1 (병이) 남에게 옮는 것. ¶공기 ~. 2 (좋지 않은 버릇이나 태도 등이) 옮아서 물이 드는 것. **전염-하다** 동여 **전염-되다** 동여 ¶나쁜 친구와 사귀더니 전염되었다.
전염-병(傳染病) [-뼝] 명 [의] 세균·바이러스·리케차·스피로헤타·진균·원충 등 미생물의 감염에 의하여 발생하며, 사람에서 사람으로 전염되어 집단적으로 유행하는 질환 따위. ¶급성 ~.
전염-성(傳染性) [-썽] 명 전염하는 성질.
전:와(轉訛) 명 어떤 말이 본래의 뜻과는 달리 그릇 전해져서 굳어지는 것. **전:와-하다** 동여 **전:와-되다** 동여

전용¹(專用) 명 1 특정인이나 특정 대상만이 어떤 것을 오로지 사용하는 것. ¶버스 ~ 차로. ↔공용. 2 (특정 대상만을) 오로지 사용하는 것. ¶한글 ~. 3 특정의 목적에만 사용하는 것. ¶~선(船).
전:용²(轉用) 명 예정되어 있는 곳에 쓰지 않고 다른 데로 돌려서 쓰는 것. **전:용-하다** 동여 **전:용-되다** 동여
전용-기(專用機) 명 특정한 사람만이 이용하는 비행기. ¶대통령 ~.
전용-면적(專用面積) 명 아파트 따위의 공동 주택에서 출입구·엘리베이터·계단 등의 공용 면적을 빼고 개별 주택이 차지하는 바닥 면적.
전용^차로제(專用車路制) 명 복잡한 도시 교통난을 해소하기 위해 버스 따위의 특정한 차만 다닐 수 있도록 차로를 만든 제도.
전:우(戰友) 명 전장(戰場)에서 함께 전투에 참가하는 동료.
전:우-애(戰友愛) 명 전우로서 서로 돕고 사랑하는 마음.
전:운(戰雲) 명 전쟁이 벌어지려는 살기 띤 형세. ¶~이 감돌다.
전원¹(田園) 명 논밭이 있고 주위의 자연 환경이 아름다운 곳. 곧, 시골을 문어(文語)에서 운치 있게 이르는 말임. ¶목가적인 ~ 풍경.
전원²(全員) 명 어떤 집단·단체의 전체 구성원. ¶~ 집합.
전:원³(電源) 명 1 [물] 전류가 오는 원천. 전기 코드의 콘센트 따위. 2 발전 시설 등 전기 에너지를 얻는 원천.
전원-도시(田園都市) 명 전원의 정취와 쾌적함을 갖추고 있는 도시. 흔히, 공원과 녹지(綠地)가 정비되고 외곽은 농경지로 둘러싸여 있음.
전원-생활(田園生活) 명 도시를 떠나 전원에서 전원적으로 지내는 생활.
전원-주택(田園住宅) 명 대도시 근교에 자연과 접하면서 전원생활을 맛볼 수 있도록 지은 단독 주택.
전위¹(前衛) 명 1 [군] '전위대'의 준말. 2 [체] 테니스·배구 등에서, 자기 진영 전방에서 공격·수비를 담당하는 사람. ↔후위. 3 [예] 선구적이고 실험적인 창작을 시도하는 일. 또는, 그런 사람이나 집단. ¶~ 영화.
전:위²(電位) 명 [물] 전기장 안의 한 점에 어떤 표준점으로부터 단위 전기량을 옮기는 데 필요한 두 점 사이의 전압의 차.
전위-대(前衛隊) 명 [군] 작전 행군할 때 본대의 전방에서 행군 진로를 방해하는 장애물을 제거하고 경계·수색하며 아군의 전투를 유리하게 하는 임무를 맡은 부대. 용전위. ↔후위대.
전위^미술(前衛美術) 명 [미] 20세기 초두 유럽에서 전통적인 미술 양식에 도전하여 일어난 혁신적이며 급진적인 미술 운동. 곧, 추상 미술과 초현실주의를 이름. 2 인습적인 전통과 권위에 대항하는 급진적 미술의 총칭. ▷아방가르드.
전위^예술(前衛藝術) 명 시대의 첨단에 선, 매우 혁신적이고 실험적인 예술. 다다이즘·쉬르레알리슴·앙티로망 따위.
전위-파(前衛派) 명 [예] =아방가르드.
전유(專有) 명 오로지 혼자만 소유하는 것. ↔공유. **전유-하다** 타여

전유-물(專有物) 圏 혼자 독차지하는 물건. ¶특정인의 ~.
전ː율(戰慄) 圏 몹시 두렵거나 큰 감동을 느끼거나 하여 몸이 벌벌 떨리는 것. ¶~을 느끼다. ×전율. **전ː율-하다** 图陨
전ː의¹(戰意) [-의/-이] 圏 싸움을 하고자 하는 의욕. ¶~를 상실하다.
전ː의²(轉義) [-의/-이] 圏 본래의 뜻에서 다른 뜻으로 바뀌는 것. 또는, 그렇게 바뀐 뜻. **전ː의-하다** 图囤
전ː이(轉移) 圏 **1** 위치 등을 다른 곳으로 옮기는 것. 间이동. **2** [의] 종양 세포나 병원체가 혈관나 림프를 통해 다른 장소로 이행·정착하여 증식하는 일. **3** [화] 물질이 한 상태에서 로 변화하는 현상. **4** [물] 양자 역학에서, 입자가 어떤 에너지의 정상 상태에서 에너지가 다른 정상 상태로 옮겨 가는 일. **전ː이-하다** 图佌 **전ː이-되다** 图囤 圏암세포가 다른 장기(臟器)에까지 ~.
전ː이^원소(轉移元素) 圏 [화] 금속 원소의 한 집단. 원자 번호 21~29번, 39~47번, 57~79번, 그리고 89번 이상이 포함됨.
전인¹(全人) 圏 지식·감정·의지가 조화와 균형을 이룬 사람.
전인²(前人) 圏 이전 사람. 圊앞사람.
전인^교ː육(全人教育) 圏 지식이나 기술 등에 치우치지 않고 인간으로서의 품성과 자질을 전면적으로 조화롭게 육성하려는 교육.
전인-미답(前人未踏) 圏 **1** 이제까지 아무도 발을 들여놓거나 도달한 사람이 없음. ¶~의 처녀봉. **2** 이제까지 아무도 손을 대어 다루어 본 일이 없음. 间인적미답. ¶~의 분야.
전일¹(全一) 圏 완전한 모양. 또는, 통일성이 있는 모양.
전일²(前日) 圏 =전날.
전임¹(前任) 圏 전에 그 임무를 맡은 사람. 또는, 그 임무. ¶~ 장관. ↔후임.
전임²(專任) 圏 (어떤 일을) 오로지 맡거나 맡기는 것. 또는, 그 사람. ↔겸임.
전ː임³(轉任) 圏 다른 관직이나 다른 임무로 옮기는 것. =이임(移任). ¶~ 발령. **전ː임-하다** 图囤 **전ː임-되다** 图囤
전임 강ː사(專任講師) 圏 대학에서 학생을 지도하고 연구에 종사하는, 조교수 아래의 등급에 있는 교원.
전임-자(前任者) 圏 전임이었던 사람. ↔후임자.
전ː입(轉入) 圏 (다른 학교나 거주지로) 옮겨 들어오는 것. ¶~생. ↔전출. **전ː입-하다** 图囤
전ː입-신고(轉入申告) [-씬-] 圏 거주지를 옮길 때 새로 살게 된 곳의 관할 관청에 성명·주소·전입 연월일 등을 신고하는 일. 또는, 그 문서.
전자(前者) 圏 두 가지 사물을 들어 말할 때, 앞의 것. ¶사랑과 돈, 그중의 하나를 택하라면 ~를 택하겠소. ↔후자.
전ː자¹(電子) 圏[물] 소립자의 하나. 원자를 구성하는 입자의 하나로, 원자핵 주위를 회전하고 있음.
전ː자²(電磁) 圏[물] =전자기(電磁氣).
전ː자³(篆字) 圏 전서로 쓰여진 글자.
전ː자^게시판(電子揭示板) 圏 [컴] 컴퓨터 통신에서, 네트워크에 가입하고 있는 사람이 정보나 메시지를 찾아보거나 기입할 수 있도록 한 컴퓨터 시스템상의 게시판. =비비에스(BBS).
전ː자-계산기(電子計算機) [-게-/-게-] 圏 **1** =컴퓨터 **1**. **2** 전자 회로를 사용한 소형 디지털 계산기. 준전산기.
전ː자^공학(電子工學) 圏 전자의 운동 현상 그 응용 기술을 연구하는 공학의 한 분야.
전ː-자기(電磁氣) 圏[물] 전기적 및 자기적 현상. 맥스웰의 전자기 이론에 의해서 양자(兩者)가 통일적으로 기술됨. =전자(電磁).
전ː자기-력(電磁氣力) 圏[물] 자기장(磁氣場) 내에 있는 도체에 전류가 흐를 때, 그 도체가 자기장으로부터 받는 힘.
전ː자-기파(電磁氣波) 圏[물] 전기장과 자기장의 주기적 변화가 서로 영향을 미쳐 공간을 전파해 가는 파동. 전파·적외선·가시광선·자외선·X선·γ선 등이 있음. =전자파.
전-자동(全自動) 圏 기계의 작동에서, 전체 과정이 자동적으로 작동하는 것. ¶~세탁기. ↔반자동.
전ː자-두뇌(電子頭腦) [-뇌/-눼] 圏[물] 전자를 이용한 고정밀도의 기계류에서 그것을 조작하는 전자회로 등의 중추. 계산이나 논리적 판단이 생기는 전자계산기를 뇌에 비유하여 이와 같이 일컬음.
전ː자-레인지(電子range) 圏 마이크로파를 이용하여 식품을 가열하는 조리 기구.
전ː자-봉(電子棒) 圏 상대의 몸에 대어 전기 충격을 가하는, 막대 모양의 도구. 방호 신호를 목적으로 사용됨.
전ː자^빔(電子beam) 圏[물] 전자의 흐름을 가늘게 좁혀 직선 모양으로 한 것. X선관·전자 현미경 등에 이용됨.
전ː자^사서함(電子私書函) 圏[통] 이용자가 자기에게 배정된 컴퓨터 기억 장치에 각종 메시지를 담아 놓고, 상대편이 언제든지 이를 찾아볼 수 있게 해 주는 통신 서비스.
전ː자^사전(電子辭典) 圏[컴] **1** 시디롬이나 수첩 크기의 전자 기기 등에 디지털 형태로 저장되어 있는 추상적 사전. 또는, 그 시디롬이나 전자 기기. **2** 자연 언어 처리에서 컴퓨터 내부의 작업에 이용되는 추상적 사전.
전ː자^상거래(電子商去來) 圏 인터넷이나 피시 통신을 통해 상품을 사고파는 거래.
전ː자-석(電磁石) 圏[물] 전류가 흐르면 자기화(磁氣化)되고, 전류를 끊으면 원래의 상태로 돌아가는 일시적 자석. 연철심(軟鐵心)에 코일을 감아 만듦.
전ː자-수첩(電子手帖) 圏 수치 연산 외에도 전화번호·주소·스케줄·메모 등의 문자 정보를 입력할 수 있는, 수첩 크기의 휴대용 컴퓨터. 최근에는 사전 기능을 첨가한 것도 나오고 있음.
전ː자-시계(電子時計) [-게/-계] 圏 전자 장치와 수정 발진기 및 액정에 의한 숫자 표시 장치로 시간을 알리는 시계.
전ː자-오락(電子娛樂) 圏 소형 컴퓨터의 모니터나 텔레비전 브라운관 등을 이용하여, 이들 본체에 입력된 프로그램에 따라 정해진 규칙에 의해 하는 놀이의 총칭.
전ː자오락-실(電子娛樂室) [-씰] 圏 전자오락 시설을 갖춘 영업소.
전ː자^오르간(電子organ) 圏[음] 파이프 오르간의 음을 전자적으로 합성하여 스피

전ː자^우편(電子郵便) 명 [통] 1 발신인으로부터 받은 통신문을 팩시밀리를 통해 수신인 거주지의 우체국에 송신하여 속달로 배달하는 우편 방식. 2 =이메일.
옮겨 다니는 것. **전ː전-하다** 자타여 ¶말단 직으로 이 직장 저 직장을 ~.

전ː자-책(電子冊) 명 [컴] 인터넷을 통해 피시나 휴대 단말기로 내려받아 책처럼 읽을 수 있는 가상공간의 디지털 정보. 또는, 전자 매체에 수록되어 있는 디지털 정보. 종래의 종이 책에 상대하여 만든 말임. =이북(e-book).

전ː자-총(電子銃) 명 [물] 전자 빔을 만드는 장치. 전자를 방출하는 음극, 전자를 가속시키는 양극이나 제어 격자·전자 렌즈 등으로 구성됨. 브라운관 등에 쓰임.

전ː자^출판(電子出版) 명 종이에 인쇄된 책이나 사전 대신 시디를 이용한 시디롬(CD-ROM)에 문자와 도형 정보를 기억시켜 독자에게 제공하는 일.

전ː자-파[電子波] 명 전자에 대응하는 물질파. 전자 현미경에 이용됨.

전ː자-파[2](電磁波) 명 [물] =전자기파.

전ː자^화폐(電子貨幣) 명 [-폐/-폐] [컴] 1 일정한 금액을 디지털 형태로 저장했다가 사용할 수 있도록 집적 회로 칩이 내장되어 있는 플라스틱 카드. 2 =사이버 머니.

전작[1](全作) 명 모든 작품.
전작[2](前作) 명 전에 만든 작품.
전작[3](前酌) 명 술 자리에서 이미 마신 술. ¶얼굴이 벌건 걸 보니 ~이 있었군.
전장[1](田庄) 명 자기가 소유하는 논밭.
전장[2](全長) 명 전체의 길이. 비연장.
전장[3](章章) 명 문장을 몇 개의 장으로 나눌 때, 어떤 장의 앞에 있는 장. ↔후장.
전장[4](前場) 명 [경] 증권 거래소에서, 오전에 열리는 거래. ↔후장.
전ː장[5](電場) 명 [물] =전기장(電氣場).
전ː장[6](戰場) 명 =전쟁터.

전재[1](全載) 명 (문학 작품이나 논문 등을 신문·잡지 등에) 전량을 다 싣는 것. **전재-되다** 자 **전재-하다** 타여
전ː재[2](戰災) 명 전쟁으로 인해 입은 재해.
전ː재[3](轉載) 명 (발표되었던 글을 다른 지면에 옮겨 싣는 것. ¶무단 ~. **전ː재-하다** 타여 **전ː재-되다**[2] 자

전ː쟁(戰爭) 명 1 나라와 나라 또는 교전 단체가 서로 무기를 사용하여 싸우는 일. ¶핵~ / 전면 ~. 2 극심한 경쟁이나 혼란을 비유적으로 이르는 말. ¶교통 ~ / 입시 ~. **전ː쟁-하다** 자여

전ː쟁-고아(戰爭孤兒) 명 전쟁으로 인하여 부모를 잃은 아이.
전ː쟁-놀이(戰爭-) 명 아이들이 전쟁 흉내를 내며 노는 일. **전ː쟁놀이-하다** 자여
전ː쟁-터(戰爭-) 명 전투를 하고 있는 장소. =전장. ¶총알이 빗발치는 ~.

전적[1](全的) [-쩍] 관 하나도 남김없이 모두 다인 (것). ¶~으로 찬성하다.
전적[2](前籍) 명 이전에 이루어 놓은 업적. ¶~이 화려하다.
전ː적[3](戰績) 명 싸워서 올린 실적. ¶10연승의 ~으로 우승을 차지하다.
전ː적[4](轉籍) 명 (본적 따위를) 다른 곳으로 옮기는 것. **전ː적-하다** 자여

전ː전[1](戰前) 명 전쟁이 일어나기 전. ↔후전(戰後).
전ː전[2](轉轉) 명 이리저리 굴러다니거나

전전[3](前前) ㅣ 관 전번의 그 전번. ㅣㅣ명 매우 오래전.
전ː전긍긍(戰戰兢兢) 명 매우 두려워하여 벌벌 떨며 조심하거나, 아주 난처하여 어쩔 줄 몰라 쩔쩔맴. **전ː전긍긍-하다** 자여 ¶비밀이 탄로 날까 ~.
전전-날(前前-) 명 어떤 날의 이틀 전.
전전-년(前前年) 명 =재작년.
전전-달(前前-) [-딸] 명 =지지난달.
전ː전-파(戰前派) 명 1 제1차 세계 대전 이전의 예술 사조의 총칭. 자연주의·사실주의·인상주의 따위. 2 제2차 세계 대전 이후 전후파에 비하여 고풍적이고 비민주적이며, 시대에 뒤진 사상이나 생활 태도 등을 이르던 말. ↔전후파.

전정[1](田政) 명 [역] 삼정(三政)의 하나. 토지에 부과된 모든 조세를 일괄하여 거두어 수취(收取) 하는 일.
전ː정[2](剪定) 명 [농] 과실의 발육과 결실을 좋게 하고 나무 모양을 바로잡아 보기 좋게 하기 위하여 가지를 잘라 다듬는 일. **전ː정-하다** 타여
전ː정-가위(剪定-) 명 전정할 때 사용하는 가위.

전제[1](前提) 명 1 어떤 사물이나 현상이 이루기 위하여 먼저 내세우는 것. ¶~ 조건. 2 [논] 추리를 할 경우, 결론의 기초가 되는 판단. **전제-하다** 타여 **전제-되다** 자여
전ː제[2](專制) 명 국가의 권력을 개인이 장악하고 개인의 의사에 의하여 모든 일을 처리하는 것. ↔공화.
전ː제-국(專制國) 명 [정] 전제 정치를 하는 나라. ▷공화국.
전ː제^군주(專制君主) 명 전제 정치를 하는 군주.
전제-적(前提的) 어떠한 상태나 판단의 전제가 되는 (것).
전ː제-적[2](專制的) 명 혼자의 의사대로 모든 일을 처리하는 (것). ¶~ 정신.
전ː제^정치(專制政治) 명 [정] 국가의 권력이 특정한 지배자에게 집중되어 자의적으로 실시되는 정치.
전ː제-주의(專制主義) [-의/-이] 명 [정] 국가 권력을 한 개인이 장악하고 마음대로 그 권력을 행사하는 주의. ↔민주주의.

전조(前兆) 명 어떤 일이 일어나기 전에 그것을 미리 암시해 주거나 짐작하게 해 주는 일이나 상황. 비조짐·징조. ¶사태가 악화될 ~가 보이다.
전조-등(前照燈) 명 자동차를 비롯한 탈 것의 전면에 앞을 비추기 위해 단 등. =헤드라이트·라이트. ↔미등.
전ː족(纏足) 명 지난날 중국에서, 여자의 엄지발가락 이외의 발가락을 어릴 때부터 발바닥 방향으로 접어 넣듯 힘껏 묶어 헝겊으로 동여매고 자라지 못하게 하던 풍습. 또는, 그렇게 한 발.

전주[1](田主) 명 논밭의 임자.
전주[2](前奏) 명 [음] 성악이나 기악 독주의 반주 첫머리. 2 오페라 따위에서, 막을 열기 전에 하는 연주. ▷서주(序奏).
전주[3](前週) [-쭈] 명 =지난주.
전ː주[4](電柱) 명 =전봇대1.
전ː주[5](錢主) 명 1 밑천을 대 주는 사람. 2 빚을 준 사람.

전:주[6] (轉注) 명 육서(六書)의 하나. 이미 있는 한자의 뜻을 확대·발전시켜 다른 뜻으로 쓰는 것으로, 경우에 따라서는 음이 바뀌기도 함. 가령, 풍류 '악(樂)'이 즐거울 '락', 좋아할 '요' 자로도 쓰이는 따위.

전주-곡 (前奏曲) 명 1 [음] 종교 의식이나 극에 앞서 연주되는 짧은 소곡. 2 [음] 악곡의 첫머리에 놓여 도입적인 역할을 하는 곡. =프렐류드. 3 곧 자유로운 형식의 독립된 피아노 소곡. 4 어떤 일이 본격화되기 전의 조짐이나 단서가 되는 일. 비유적인 말임. ¶불행의 ~.

전:지[1] (田地) 명 =논밭.
전지[2] (全紙) 명 자르지 않은 온 장의 종이. 편 신문지의 배의 크기임.
전:지[3] (剪枝·翦枝) 명 =가지치기. 전:지-하다 (타여)
전:지[4] (電池) 명 화학 반응·방사선·온도차·빛 등으로 전극 간에 전위차가 생기게 하여 전기 에너지를 발생시키는 장치.
전:지[5] (轉地) 명 요양이나 훈련 등을 목적으로 그에 알맞은 환경이 있는 곳으로 거처를 옮기는 것. ¶ 요양.
전지전능-하다 (全知全能-) 형여 (어떤 존재, 특히 신이) 모든 것을 다 알고 행하지 못하는 일이 없다. ¶전지전능하신 하느님 아버지시여!
전:지-훈련 (轉地訓練) [-혼-] 명 신체의 적응력을 개발·향상시키기 위해 환경 조건이 다른 곳으로 옮겨 가서 하는 훈련.
전직[1] (前職) 명 전에 가졌던 직업 또는 직책. ¶~ 교사[경찰].
전:직[2] (轉職) 명 직무나 직업을 바꾸어 옮기는 것. 비이직(移職). 전:직-하다 (자여) ¶교사에서 은행원으로 ~.

전진[1] (前陣) 명 여러 진 가운데 앞에 친 진. ↔후진.
전진[2] (前秦) 명[역] 중국의 오호 십육국의 하나 (351~394). 저족(氐族)의 부건(苻健)이 세워, 한때 화북을 통일하여 위세를 떨쳤으나, 후진의 요흥에게 망함.
전진[3] (前進) 명 앞으로 나아가는 것. ¶일보 ~. ↔후퇴. 전진-하다 (자여)
전집 (全集) 명 한 사람 또는 같은 시대나 같은 종류의 다수의 저작(著作)을 한데 모아 여러 권 또는 수십 권으로 출판한 책. ¶세계 문학 ~. ▷ 단행본.
전:차[1] (電車) 명 공중에 설치한 전선으로부터 전력을 공급받아 지상에 설치된 궤도 위를 다니는 차.
전:차[2] (戰車) 명 포·기관총 등 강력한 화력(火力)을 갖춘 무한궤도의 장갑차. =탱크. ¶~ 부대.
전:찻-길 (電車-) [-차낄·-찯낄] 명 전차가 다니는 길.
전채 (前菜) 명 =오르되브르.
전처 (前妻) 명 재혼하기 전의 아내. ↔후처(後妻).
전-천후 (全天候) 명 (주로, 관형어적으로 쓰여) 어떤 일을 행하거나 어떤 대상을 이용하는 데 어떤 기상 조건에서도 가능한 상태. ¶~ 농업 / ~ 폭격기.
전천후-기 (全天候機) 명 밤이나 일기불순으로 시계(視界)가 나쁠 때에도 활동할 수 있는, 레이더를 갖춘 비행기.
전철[1] (前轍) 명 '앞서 지나간 수레바퀴의 자국'이라는 뜻) 이전 사람의 그릇된 일이나 행동의 자취를 이르는 말.
전철을 밟다 이전 사람의 잘못을 되풀이하다. ¶너는 실패를 거듭했던 네 형의 전철을 밟아서는 안 된다.
전:철[2] (電鐵) 명 전기를 동력으로 하여 궤도 위의 차량을 운전하는 철도.
전:철-기 (轉轍機) 명 철도에서 차량을 다른 선로로 옮기기 위하여 선로가 갈리는 곳에 설치한 장치.
전:철-역 (電鐵驛) [-력] 명 전철 노선의 역.
전체 (全體) 명 사물의 형태나 범위를 이루는 것의 모두. 비전부. ↔부분.
전체-성 (全體性) [-썽] 명 여러 사물들의 전체가 하나의 특별한 체계를 이루고 있는 성질.
전체-적 (全體的) 관 명 전체에 관계되는. ¶~ 분위기. ↔부분적.
전체-주의 (全體主義) [-의/-이] 명 개인의 행복과 자유보다 국가와 같은 집단의 이익과 목적을 우선적으로 실현해야 한다고 주장하는 사상. 나치즘·파시즘이 대표적인 예임. ¶~ 국가. ↔개인주의.
전체ˇ집합 (全體集合) [-지팝] 명 [수] 부분 집합에 대하여, 한 집합의 원소 전체로 이루어지는 집합. ↔부분 집합.
전초[1] (全草) 명 꽃·잎·줄기·뿌리 등을 모두 갖춘 풀의 전체.
전초[2] (前哨) 명[군] 군대가 주둔할 때, 적을 경계하기 위하여 가장 앞쪽에 배치하는 부대. 또는, 그 임무. ¶~ 부대.
전초-전 (前哨戰) 명 1 [군] 전초가 하는 작은 규모의 전투. 2 본격적인 싸움·경기 등이 시작되기 전의 작은 전투나 경기. ¶타이틀 매치를 앞두고 ~을 벌이다.
전:축 (電蓄) 명 레코드에서 받는 바늘의 기계적 진동을 진동 전류로 바꾸어, 이것을 증폭하여 확성기를 통해 원음(原音)을 재생시키는 장치.
전:출 (轉出) 명 1 다른 근무지로 옮겨 가는 것. 2 다른 곳으로 이주하여 가는 것. ¶~ 신고. ↔전입. 전:출-하다 (자여) 전:출-되다 (자여) ¶지사(支社)로 ~.
전:치 (全治) 명 (상처나 부상 따위를) 치료하여 완전히 고치는 것. 비완치. ¶~ 4주의 부상.
전치-사 (前置詞) 명[언] 인도·유럽 어 문법의 품사의 하나. 영어의 'in', 'on'처럼 명사·대명사 앞에 놓여 다른 품사와의 관계를 나타냄.
전칭 (全稱) 명[논] 명제 중에서 주사(主辭)가 가리키는 외연 전체의 범주에 걸치는 말. '모든 사람은 죽는다'에서 '모든' 따위. ↔특칭.
전토 (全土) 명 국토 전체.
전통 (傳統) 명 어떤 집단이나 공동체에 예로부터 이어져 내려오는, 관습·풍습·의식(意識)·태도 등의 일정한 계통이나 흐름. ¶역사와 ~을 자랑하는 명문교.
전통-문화 (傳統文化) 명 그 나라에서 발생하여 전통적으로 전해 내려오는 그 나라 고유의 문화.
전통-미 (傳統美) 명 전통적으로 전해 내려오는 미. 또는, 전통적인 대상물에서 느낄 수 있는 미.
전통-적 (傳統的) 관 명 전통으로 되는 (것). ¶~ 가옥 구조.
전통-주의 (傳統主義) [-의/-이] 명 전통을 존중하고 지키려는 보수적인 경향.
전:투 (戰鬪) 명 적과 맞서서 무기로 싸우는 것. ¶치열한 ~. 전:투-하다 (자여)

전:투^경:찰(戰鬪警察) 圀 서울특별시장·광역시장·도지사·해양 경찰대장 들에 딸린 대간첩 작전 및 경비 임무 따위를 수행하는 경찰. 준전경.

전:투-기(戰鬪機) 圀[군] 적의 비행기를 공격하거나 자기편의 대형기를 호위하는 등 주로 임무를 맡은 무장한 군용기.

전:투-력(戰鬪力) 圀 전투를 할 수 있는 힘. ¶~을 증강시키다.

전:투-복(戰鬪服) 圀[군] 전투를 할 때 입는 옷.

전:투-원(戰鬪員) 圀[군] 정규군에 속하여 무기를 들고 전투에 직접 참가하는 사람.

전:투^폭격기(戰鬪爆擊機)[-격끼] 圀 [군] 폭격과 공중전을 함께 할 수 있는 군용기. 준전폭기.

전파¹(全破) 圀 전부 파괴하거나 파괴되는 것. **전파-하다** 图(자)(타)어 **전파-되다** 图(자)어

전:파²(電波) 圀[물] 적외선 이상의 파장을 가지는 전자기파. 특히, 전기 통신에 쓰이는 것을 가리킴.

전파³(傳播) 圀 1 널리 전하여 퍼뜨리는 것. 2 [물] 파동(波動)이 매질 속을 퍼져 가는 것. **전파-하다** 图(타)어 ¶복음을 ~. **전파-되다**² 图(자)어

전:파^방해(電波妨害)[물] 무선 전신에서, 수신 측이 전파를 바로 받지 못하거나 여러 가지 전기적 영향으로 방해하는 일.

전:파-사(電波社) 圀 라디오·텔레비전 따위 전자기파(電磁氣波)를 이용한 전자기기를 주로 취급하는 가게.

전패(全敗) 圀 전투·경기 등에서, 싸울 때마다 모두 지는 것. ¶5전 ~. →전승. **전패-하다** 图(자)어

전편(全篇) 圀 글이나 영화 등의 한 편의 전체. ¶~에 스릴이 넘치는 영화.

전편(前篇) 圀 1책 특히, 소설책)이 두 권 또는 세 권으로 나뉘거나 내용적으로 둘 내지 셋으로 나뉘었을 때, 맨 처음에 해당하는 책이나 부분. 비상편. ▷후편. 2 줄거리나 등장인물이나 기법 등을 비슷하게 하여 연속물로 된 다른 소설이나 영화나 드라마에 대해, 그 바탕이 된 먼젓번의 소설이나 영화나 드라마. ↔속편.

전폐(全廢)[-페/-폐] 圀 아주 그만두거나 없애는 것. **전폐-하다** 图(타)어 ¶식음을 ~.

전폭(全幅) 圀 일정한 범위의 전부. ¶~ 수용.

전:폭-기(戰爆機)[-끼] 圀[군] '전투 폭격기'의 준말.

전폭-적(全幅的)[-쩍] 囲 전체에 걸쳐 남김없이 완전한 (것). ¶국민의 ~인 지지를 얻다.

전표¹(傳票) 圀 은행·회사·상점 등에서 금전의 출납이나 거래 내용 따위를 간단히 적은 쪽지. ¶입금 ~ / ~를 끊다.

전:표²(錢票) 圀 가지고 오는 사람에게 적힌 액수만큼의 돈을 주도록 되어 있는 쪽지. 흔히, 공사장에서 근로자에게 현금 대신 줌.

전:하(殿下) 圀 왕·왕비·상왕·대비 등에 대한 존칭.

전:하(電荷) 圀[물] 물체가 띠고 있는 정전기(靜電氣)의 양. ≒하전(荷電).

전-하다(傳-) 图(타)어 **1** 1 (소식이나 물건을) 옮겨 주다. ¶소식을 ~. 2 (다음 세상이나 뒷사람에게) 남기어 물려주다. ¶문화유산을 후대에 ~. 2 (자) 후대에 또는 당대에 이어지거나 남겨지다. ¶전해 내려 오는 풍습.

전:학(轉學) 圀 다른 학교로 학적을 옮기는 것. ¶~생(生). **전:학-하다** 图(자)어

전한(前漢) 圀[역] 중국 왕조의 하나(202 B.C.~A.D. 8). 진(秦)나라의 붕괴 후 유방(劉邦)이 세운 나라. 왕망(王莽)에게 찬탈당하여 망함.

전:함(戰艦) 圀[군] 강대한 화력과 견고한 방어력으로 함대의 주력(主力)이 되는 군함. 2 전쟁에 쓰이는 배.

전항(前項) 圀 앞에 적혀 있는 사항.

전:해(前-) 圀 1 지난해. 2 어떤 해의 바로 그 앞의 해.

전:해²(電解) 圀[화] '전기 분해'의 준말. **전:해-하다** 图(자)(타)어 **전:해-되다** 图(자)어

전:해-질(電解質) 圀[화] 물 등의 용매에 녹아, 이온화하여 음양의 이온이 생기는 물질. 전도성을 띠며, 전기 분해가 가능함. ↔비전해질.

전:향(轉向) 圀 정신적 신념이나 경향·처지 따위를 다른 방향으로 바꾸는 것. 특히, 사회주의자·공산주의자가 본래의 입장을 포기하고 다른 입장으로 전환하는 것. ¶~ 작가. **전:향-하다** 图(자)어 ¶좌익에서 우익으로 ~.

전향-적(前向的) 囲 어떤 대상에 대한 태도가 긍정적인 (것). 순화어는 '적극적', '진취적'.

전혀(全-) 囘 주로, 부정적인 뜻을 가진 말을 꾸며, '아무리 해야 도무지', '절대로'의 뜻을 나타내는 말. 비전연. ¶~ 모르겠다.

전:혀(專-) 囘 다른 게 아니고 오로지. ¶그의 성공은 ~ 아내의 덕이었다.

전:형¹(典型) 圀 같은 부류의 특징을 가장 잘 나타내고 있는 본보기. ¶돈 후안은 호색한의 ~이다.

전:형²(銓衡) 圀 인물의 됨됨이·재능 따위를 가리어 뽑는 것. ¶서류 ~.

전:형-적(典型的) 囲 전형에 해당하는 (것). ¶~인 가을 날씨.

전호(佃戶) 圀[역] 지주의 땅을 빌려 농사를 짓고 소작료를 치르던 농민.

전:화¹(電話) 圀 1 음성이나 소리를 전기 신호로 바꾸어 먼 곳까지 보내는 통신 장치. ¶무선 ~. 2 전화기를 이용하여 말을 주고받는 일. ¶장거리 ~. **전:화-하다** 图(자)(어) (사람이 다른 사람과, 또는 다른 사람에게) 전화기를 이용하여 말을 주고 받다.

전:화²(戰禍) 圀 전쟁으로 인한 재난.

전:화³(轉化) 圀 질적으로 바뀌어서 달리 되는 것. 또는, 달리 되게 하는 것. **전:화-하다** 图(자)(타)어 **전:화-되다** 图(자)어

전:화^교환원(電話交換員) 圀 전화 교환의 일을 맡아보는 사람. =교환원.

전:화-국(電話局) 圀 신규 가입자들의 전화 가입 신청을 접수하거나 전화를 가설·교환하여 주는 일을 맡아보는 기관.

전:화-기(電話機) 圀 말소리를 전파나 전류로 바꾸었다가 다시 말소리로 환원시켜 공간적으로 떨어져 있는 사람이 서로 이야기할 수 있게 만든 기계.

전:화-료(電話料) 圀 전화 사용의 대가로 내는 요금.

전:화-박스(電話box) 圀 공중전화를 설치하여 놓은, 상자 모양의 구조물.

전:화-방(電話房) 명 전화가 비치되어 있는 밀실에서 이성의 상대와 전화 대화를 나눌 수 있게 주선해 주고 수수료를 받는 업소. =휴게방.
전:화-번호(電話番號) 명 가입된 전화에다 매겨져 있는 고유 번호.
전:화번호-부(電話番號簿) 명 전화 가입자의 전화번호를 성명·상호·주소 등과 함께 적어 놓은 책.
전:화-벨(電話bell) 명 전화가 걸려 올 때 소리가 나도록 전화기에 설치한 장치.
전:화-선(電話線) 명 유선 전화기에 전류가 흐르게 하기 위하여 이어 놓는 전선.
전:화위복(轉禍爲福) 명 재앙이 바뀌어 오히려 좋은 일이 생김.
전:화-질(電話-) 명 전화하는 짓. 그 행동을 얕잡거나 못마땅하게 보아 이르는 말임. 전:화질-하다 재
전:화-통(電話筒) 명 '전화기'를 속되게 이르는 말.
전:환(轉換) 명 (방식·정책·자세·기분·생각·내용·성질 등을) 다른 것으로 바꾸는 것. ¶성(性) ~ / 발상의 ~. 전:환-하다 타 ¶기분을 전환하러 교외로 나간다. 전:환-되다 재
전:환-기(轉換期) 명 전환하는 시기. ¶컴퓨터의 발달로 산업의 일대 ~를 맞다.
전:환사:채(轉換社債) 명 [경] 일정한 조건 아래 발행 회사의 보통주로 전환할 수 있는 선택권이 부여된 사채.
전:환-점(轉換點) 명 어떤 시기나 상태로부터 다른 시기나 상태로 바뀌는 계기나 시점. ¶내 인생의 ~이 된 사건.
전:황(戰況) 명 전투가 진행되는 상황. ¶~이 날로 불리해지다.
전회(前回) [-회/-훼] 명 =지난번.
전:회(轉回) [-회/-훼] 명 발상이나 방법을 전혀 다른 것으로 바꾸는 일. ⓗ전환. ¶과학적인 코페르니쿠스적 ~.
전횡(專橫) [-횡/-휑] 명 권력을 혼자 쥐고 제 마음대로 하는 것. 전횡-하다 재타
전후(前後) 명 1 앞뒤. 2 일의 먼저와 나중. 곧, 일의 경위. ¶~ 선후를 말하다. 3 어떤 수치에서 약간 모자라거나 벗어나는 것. 곧, 그 수치에 거의 가까움을 이르는 말. ¶30세 ~의 여자.
전:후(戰後) 명 전쟁이 끝난 뒤. ¶~ 세대. ↔전전(戰前).
전후좌우(前後左右) 명 앞쪽·뒤쪽과 왼쪽·오른쪽 곧, 사방(四方). ¶~를 살피다.
전:후-파(戰後派) 명 1 제1차 세계 대전 뒤, 프랑스를 중심으로 하여 일어난 새로운 예술 사조로서, 그 이후를 따르는 사람들. 2 제2차 세계 대전 뒤의 허무적·퇴폐적인 경향. 또는, 그런 경향의 사람들. ↔전전파.
전후-하다(前後-) 재타 1 (두 가지 이상의 행동이나 일이) 시간적으로 앞뒤를 헤아리기 어려울 만큼 거의 잇달아 일어나다. ¶전보와 소포가 전후하여 도착하였다. 2 타 (일정한 때나 수치를) 경계로 하여 그 안팎을 이루다. ¶개교기념일을 전후하여 여러 가지 행사가 벌어졌다.
전희(前戱) [-히] 명 성행위에서, 삽입에 이르기 전에 준비 단계로서 상대의 몸을 만지거나 성감대를 애무하는 일. ▷후희.
절¹ 명 승려가 거처하면서 불도를 닦는, 불상을 모셔 둔 곳. 또는, 그 건물. =불사(佛寺). ⓗ사원(寺院)·사찰.
[절에 가면 중노릇 하고 싶다] 남이 하는 일이 좋아 보인다고 무조건 따르려고 한다. [절에 가서 젓국 달라 한다] ㉠있을 수 없는 데 가서 엉뚱하게 찾는다. ㉡엉뚱한 짓을 한다.
절² 명 사람이 다른 사람에게 공경의 뜻을 나타내기 위해, 선 자세에서 머리를 숙이고 허리를 구부리거나, 무릎을 꿇거나 앉은 자세에서 등을 굽혀 머리를 조아리는 일.
절³(節) 명 1 [자립] 1 [언] 주어와 술어를 갖추었으나 독립하여 쓰이지 못하고 그냥 문장의 한 성분으로 쓰이는 단위. 명사절·서술절·관형절·부사절 등이 있다. =마디. 2 시가·문장·음곡(音曲)의 작은 단락. 3 [경] 예산 편성에서, 가장 아래 구분의 명목(名目). 2 [의] 글의 작은 도막을 세는 말. ¶창세기 1장 1~. 2 같은 곡조의 노래에 둘 이상의 가사를 붙일 때, 그 가사를 세는 단위. ¶애국가 제1~.
-절(節) 접미 1 '명절'의 뜻. ¶광복~ / 삼일~. 2 '절기'의 뜻. ¶하지~.
절-간(-間) [-깐] 명 '절'을 속되게 이르는 말. ¶집이 조용하여 마치 ~ 같다.
절감¹(切感) 명 (어떤 일이나 사실을) 아주 깊이 느끼는 것. ⓗ통감. 절감-하다¹ 타 ¶병을 앓고 나서야 건강의 소중함을 절감하였다.
절감²(節減) 명 (어떤 일에 쓰는 물건이나 돈을) 아껴 줄이는 것. ⓗ경비 ~. 절감-하다² 타재 ¶연료를 ~. 절감-되다 재
절개¹(切開) 명 (몸의 일부를) 수술하거나 치료하기 위해 날카로운 도구로 째어서 가르는 것. ⓗ제왕 ~. 절개-하다 타
절개²(節槪/節介) 명 1 신념·신의 따위를 굽히지 아니하고 꿋꿋하게 지키는 성실한 태도. ¶~를 지키다. 2 특히, 지조와 정조를 깨끗하게 지키는 여자의 품성. ¶~가 굳다.
절개-지(切開地) 명 산의 일부를 잘라 내어 절단면이 가파르게 되어 있는 땅.
절경(絕景) 명 뛰어나게 아름다운 경치.
절교(絕交) 명 (어떤 사람이 누구와) 교제를 끊는 것. ⓗ단교. ↔교제. 절교-하다 재타
절구¹ 명 곡식을 빻거나 찧으며 떡을 치기도 하는, 속이 우묵한 통. 통나무나 돌의 속을 파내거나 쇠를 부어 만듦. ¶돌~.
절구²(絕句) 명 [문] 한시(漢詩)의 근체시 형식의 하나. 기(起)·승(承)·전(轉)·결(結)의 네 구로 이루어진 정형시. 5언 절구와 7언 절구가 있음. ×절귀.
절구-질 명 곡식을 절구에 넣고 찧거나 빻는 일. 절구질-하다 재타
절구-통(-桶) 명 1 절구를 절굿공이에 상대하여 일컫는 말. 2 뚱뚱한 사람의 비유. ¶허리가 ~ 같다.
절귀(絕句) 명 '절구(絕句)²'의 잘못.
절규(絕叫) 명 고통스럽거나 슬프거나 억울하거나 하여 애타게 부르짖는 것. 절규-하다 재타 ¶살려 달라고 ~.
절기(節氣) 명 1 한 해를 스물넷으로 나눈, 기후의 표준점. 15일 156일에 한 번씩 돌아옴. =절후. 2 24절기 가운데 양력 매월 상순에 드는 것. ↔중기·경칩 따위.
절:다¹ 재 〈저니, 저오〉 1 (채소나 생선 등이) 소금기가 스며들어 간이 배다. ¶소금에 전 생선. 2 (옷이나 천·종이 등이 땀

·때·기름·냄새 등에) 오래 젖거나 영향을 받아 몹시 더러워지다. ¶작업복이 땀에 ~. 3 (술이나 좋지 않은 기운 등에) 늘 몸이 가누기 어렵게 되다. ¶그 남자는 술에 절어 산다. 4 (기름이) 오래 묵어 좋지 않은 냄새가 나게 되다. 또는, (튀긴 음식이) 여러 번 되튀기거나 하여 좋지 않은 냄새가 나게 되다. ¶튀김이 ~.

절:다² 툉(타) 〈저나, 저오〉 (사람이나 네발짐승이) 한쪽 다리에 이상이 있어 걸을 때에 이상이 있는 다리 쪽으로 몸이 기우뚱거리다. ¶그는 어려서 소아마비를 앓아 다리를 전다.

절단(切斷·截斷) [-딴] 몡 자르거나 베어 끊는 것. 절단-하다 툉(타) ¶철사를 펜치로 ~. 절단-되다 툉(자)

절단-기(切斷機) [-딴-] 몡 물체를 절단하는 기계.

절단-면(切斷面) [-딴-] 몡 1 물체를 절단한 자리의 면. 2 [수] 입체 도면을 어느 평면에서 절단했을 때 생기는 면.

절대(絶對) [-때] 1몡 1 다른 무엇과도 비교되지 않고 동등한 존재도 없는 것. ↔상대. 2 아무 제약이나 구속을 받지 않고 어떤 조건도 붙지 않는 것. ¶~ 권력. II 튀 '절대로'의 준말.

절대-권(絶對權) [-때꿘] 몡 절대적인 권리.

절대-다수(絶對多數) [-때-] 몡 전체 거의 모두를 차지하는 수. ¶~의 의견.

절대^등급(絶對等級) [-때-] 몡 [천] 별의 밝기를 나타내는 기준이 되는 등급. 모든 별이 일정한 거리에 있다고 가정하고, 그때의 밝기를 등급으로 나타낸 것. 실시 등급.

절대-량(絶對量) [-때-] 몡 1 어떤 일이 있더라도 꼭 필요한 양. 2 더하거나 덜지 않은 본디의 수량이나 분량. 또는, 전체의 양. 3 일정한 양의 거의 대부분의 양.

절대-로(絶對-) [-때-] 튀 어떠한 경우에도. ¶이것만은 ~ 안 돼. 图절대.

절대-복종(絶對服從) [-때-쫑] 몡 어떤 경우에도 무조건 복종하는 것. 절대복종-하다 툉(자) ¶상관의 명령에 ~.

절대-성(絶對性) [-때썽] 몡 절대적인 성질.

절대^안정(絶對安靜) [-때-] 몡(의) 중환자를 누운 자세로 오랫동안 휴식시키고, 외부와의 접촉을 끊는 일. ¶~을 요하는 환자.

절대^온도(絶對溫度) [-때-] 몡(물) 물질의 특이성에 의존하지 않고 눈금을 정의한 온도. -273.15℃를 0°로 하여, 보통의 섭씨 눈금을 붙임. 단위는 켈빈(K).

절대^왕정(絶對王政) [-때-] 몡 군주가 어떤 법률이나 기관에도 구속받지 않고, 절대의 권한을 가지는 정치 체제.

절대-자(絶對者) [-때-] 몡(철) 우주의 근본 실재로서 무조건적이고 순수·완전하며 감성적 현상의 세계를 초월하여 스스로 존재하는 유일한 것.

절대-적(絶對的) [-때-] 뿬몡 1 아무런 조건이나 제약이 붙지 않는 것. ¶~ 존재. 2 비교하거나 상대될 만한 것이 없는 (것). ¶~ 승리. ↔상대적.

절대적 빈곤(絶對的貧困) 몡 인간의 생존에 최소한의 필요한 물자도 부족한 극도의 빈곤.

절대-절명(絶對絶命) 몡 '절체절명(絶體絶命)'의 잘못.

절대-주의(絶對主義) [-때-의/-때-이] 몡 1 [철] 진리·가치의 절대성을 주장하는 이론. ↔상대주의. 2 [정] 임금이 무제한의 권력을 가지는 정치 체제.

절대-치(絶對値) [-때-] 몡(수) '절댓값'의 구용어.

절대^평가(絶對評價) [-때-까] 몡(교) 교육 목표의 달성도를 절대적인 기준으로 하여 학습자의 성적을 평가하는 일. ↔상대 평가.

절댓-값(絶對-) [-때-/-땓깝] 몡(수) 실수(實數)에서, 양부호 및 음부호를 떼어 버린 수. 부호는 '||'. 구용어는 절대치.

절도¹(節度) [-또] 몡 일이나 행동·생활 등에서, 정도에 알맞게 하는 규칙적인 한도. ¶~ 있는 생활.

절도²(竊盜) [-또] 몡 (남의 물건을) 몰래 훔치는 것. 또는, 그 사람. 주로, 법률상의 용어로 쓰이는 말임. ¶상습 ~.

절도-범(竊盜犯) [-또-] 몡(법) 남의 재물을 훔침으로써 성립하는 죄. 또는, 그런 죄를 지은 사람.

절도-죄(竊盜罪) [-또쬐/-또쮀] 몡(법) 남의 재물을 훔침으로써 성립하는 죄.

절뚝-거리다/-대다 [-꺼(때)-] 툉(자)(타) 한쪽 다리가 짧거나 닿지 아니하여서 걸을 때마다 절다. ¶다리를 ~. 圈절뚝거리다.

절뚝발-이 [-빨-] 몡 절뚝거리는 사람.

절뚝-절뚝 [-절-] 튀 절뚝거리는 모양. 절뚝절뚝-하다 툉(자)(타)

절량(絶糧) 몡 양식이 다 떨어지는 것.

절레-절레 튀 머리를 자꾸 좌우로 가볍게 흔드는 모양. ¶고개를 ~ 흔들다. 圈쩔레쩔레. 절레절레-하다 툉(타)

절로 튀 '저절로'의 준말. ¶그분을 뵐 때마다 고마운 인품에 ~ 머리가 숙여진다.

절룩-거리다/-대다 [-꺼(때)-] 툉(자)(타) 걸을 때 다리를 계속 절다.

절룩-절룩 [-절-] 튀 절룩거리는 모양. 절룩절룩-하다 툉(자)(타)

절름-거리다/-대다 [-꺼(때)-] 툉(자)(타) 걸을 때 다리를 가볍게 절다.

절름발-이 몡 1 다리를 저는 사람. 2 여러 개의 다리로 지탱하게 되어 있는 물체에서, 그 다리 중에 어느 것이 짧거나 부러져 기우뚱거리는 상태. 비유적으로 쓰임. ¶이 의자는 ~다. 3 어떤 일이나 대상이 여러 가지를 균형 있게 고루 갖추지 못하고 있거나, 온전한 상태로 진행되지 못하고 있는 것. 비유적인 말임. ¶~ 경제.

절름-절름 튀 절름거리는 모양. 절름절름-하다 툉(자)(타)

절리(節理) [-] 몡(지) 암석이 지각 변동에 의해 압력이나 장력을 받을 때, 또는 화성암이 냉각 수축할 때 생긴, 결 모양의 틈.

절망(絶望) 몡 모든 희망이 끊어져 버리는 것. ¶~을 딛고 일어서다. 절망-하다 툉(자)(타)

절망-감(絶望感) 몡 모든 희망이 끊어진 느낌. ¶~에 사로잡히다.

절망-적(絶望的) 뿬몡 희망이 끊어지다시피 된 (것). ¶검사 결과 환자의 상태는 거의 ~이었다. ↔희망적.

절멸(絶滅) 몡 아주 없어지거나 없애는 것. ¶~ 위기에 놓인 희귀조. 절멸-하다 툉(자)(타)

절명(絶命) 몡 목숨이 끊어지는 것. 절명-

하다 통(자)어 ¶교통사고로 ~.
절묘-하다(絕妙-) 형(여) (솜씨나 아름다움이나 조화 등이) 감탄스러울 만큼 빼어나거나 훌륭하다. ¶절묘한 헤딩슛.
절박-감(切迫感) [-깜] 명 절박한 느낌.
절박-하다(切迫-) [-바카-] 형(여) (어떤 일이나 때가) 가까이 닥쳐 급하다. ¶사정이 몹시 ~.
절반(折半) 명 1 하나의 물체를 둘로 같게 자르거나 나누었을 때 그중의 하나. 또는, 전체의 수효·분량·길이·넓이·부피 등에 대해 반의 크기. =반절. ¶수확이 ~으로 줄다. 2 [체] 유도에서, 판정의 하나. 메치기에서 완전한 '한판'으로 인정하기는 어렵지만 좀 더 밀고 나가면 가능했을 경우와, 누르기에서 25초 이상 경과했을 경우에 선언됨. ▷한판.
절벽(絕壁) 명 1 산이나 바위 등에서, 벽처럼 수직에 가깝게 급경사를 이루고 있는 면. 또는, 그런 지형. ¶낭떠러지·벼랑. 2 어떤 사람이 제 고집대로만 하여 도무지 얘기가 통하거나 먹히지 않는 상태를 비유적으로 이르는 말. 3 (속) 여자의 가슴이 납작한 상태. ¶가슴이 ~이다.
절삭(切削) [-싹] 명 (쇠붙이를) 자르거나 깎는 것. ¶-공구. **절삭-하다** 통(타)어
절상(切上) [-쌍] [경] 화폐의 가치를 높이는 것. ¶평가 ~. ↔절하. **절상-하다** 통(타)어 ¶원화를 ~. **절상-되다** 통(자)
절색(絕色) [-쌕] 명 다시없을 만큼 뛰어나게 아름다운 미인. ¶일색(一色). ¶천하의 ~.
절세¹(絕世) [-쎄] 명 (주로 일부 명사 앞에서 '절세', '절세의'의 꼴로 쓰여) 그 명사가 나타내는 대상이 세상에 다시없을 만큼 빼어남을 이르는 말. ¶~의 영웅.
절세²(節稅) [-쎄] 명 세법(稅法)을 잘 앎으로써 되도록 세금을 덜 내는 것. **절세-하다** 통(자)어
절세-가인(絕世佳人) [-쎄-] 명 =절세미인.
절세-미인(絕世美人) [-쎄-] 명 세상에 다시없을 만큼 빼어난 미인. =절세가인.
절식¹(絕食) [-씩] 명 음식을 끊고 먹지 않는 것. ¶단식. **절식-하다** 통(자)어
절식²(節食) [-씩] 명 1 건강이나 미용 등을 위하여 식사의 분량을 적당히 줄이는 것. 2 식사를 간소하게 하는 것. **절식-하다** 통(자)어
절식³(節食) [-씩] 명 명절에 맞추어 특별히 먹는 음식. 가령, 설날에 먹는 떡국, 정월 대보름에 먹는 오곡밥·부럼 따위.
절실-하다(切實-) [-썰-] 형(여) 1 (어떤 일에 대한 느낌이나 생각이) 빼저리게 가절한 상태이다. 또는, (어떤 일에 대한 해결이나 요구 등이) 아주 시급하고 중요한 상태에 있다. ¶선생님의 충고가 **절실하게** 와 닿았다. 2 (어떤 일이) 실제에 꼭 들어맞아 알맞다. ¶**절실한** 표현. **절실-히** 부 ¶어머니의 사랑을 ~ 느끼다.
절약(節約) 명 (돈·물자·시간 등을) 꼭 필요한 데에만 쓰거나 헛되지 않게 이용하여, 적게 들게 하는 것. ¶검약. ¶근검 ~. **절약-하다** 통(타)어 **절약-되다** 통(자)
절연(絕緣) 명 1 인연이나 관계를 끊는 것. 2 [물] 도체 사이에 부도체를 넣어서 전류 또는 열의 전도(傳導)를 끊는 것. **절연-하다** 통(자)(타)어 **절연-되다** 통(자)
절연-체(絕緣體) 명[물] =부도체.

절충__1035

절음(節飮) 명 건강을 위하여 술 마시는 양을 알맞게 줄이는 것. =절주(節酒). **절음-하다** 통(자)어
절음^법칙(絕音法則) 명[언] 받침 아래에 대립적 실사(實辭)가 모음으로 이어질 때, 받침이 그 모음 위에 연음되지 않고, 뚝 끊어져서 대표음으로 발음되는 현상. '옷어른'이 '온어른[우더른]'으로 바뀌는 따위. ↔연음 법칙.
절의(節義) [-의/-이] 명 절개와 의리.
절-이다 통 '절다'의 사동사. ¶배추를 소금에 ~. 2 (과일 따위를) 설탕에 재어 당분이 배게 하다. ¶토마토를 설탕에 ~. 3 (야채나 양념류를) 식초에 넣어 숨을 죽이다. ¶마늘을 식초에 ~.
절임 명 야채·생선 등의 식품을 소금·장·설탕 등으로 절이는 일. 또는, 그런 식품. ¶고추 ~.
절전(節電) [-쩐] 명 전기를 아끼는 것. **절전-하다** 통(자)어
절절 부 온도가 매우 높아 더운 모양. ¶~ 끓는 아랫목. (작)잘잘. (센)찔찔.
절절-하다(切切-) 형(여) 매우 간절하다. **절절-히** 부 ¶돌아가신 뒤에야 부모의 은혜를 ~ 느끼다.
절정(絕頂) [-쩡] 명 1 산의 꼭대기. 2 사물의 발전 과정이 최고에 달한 상태. ¶정점(頂點). ¶인기 ~의 가수. 3 극(劇)이나 소설 등에서, 사건의 발전이나 갈등이 최고조에 이른 부분. =클라이맥스.
절정-기(絕頂期) [-쩡-] 명 사물의 발전 과정이 최고에 달한 시기. ¶황금기.
절제¹(切除) [-쩨] 명 잘라 내는 것. **절제-하다**¹ 통(타)어 ¶페를 ~. **절제-되다**¹ 통(자)
절제²(節制) [-쩨] 명 정도에 넘지 않도록 알맞게 삼가는 것. **절제-하다**² 통(타)어 ¶소비 욕구를 ~. **절제-되다**² 통(자)
절주(節酒) [-쭈] 명 =절음(節飮). **절주-하다** 통(자)어
-절지(截紙) [-찌] 전지(全紙)를 여러 번 접은 치수로 자른 그 조각. ¶4-/16-.
절지-동물(節肢動物) [-찌-] 명[동] 여러 개의 마디로 된 몸이 단단한 외골격에 싸여 있고, 다리가 많이 달린 동물의 한 무리. 거미류·갑각류·곤충류 등이 있음.
절차(節次) 명 어떤 일을 처리하거나 진행하기 위해 거쳐야 하는 과정이나 단계. ¶수속. ¶입사 ~ / ~를 밟다.
절차-법(節次法) [-뻡] 명[법] 권리 실현의 형식이나 당사자를 정한 법. 형사 소송법·민사 소송법·호적법 따위. ↔실체법.
절차-탁마(切磋琢磨) [-탕-] 명 (옥이나 돌 등을 갈고닦아서 빛을 낸다는 뜻) 학문·도덕·기예 등을 열심히 닦음.
절찬(絕讚) 명 지극히 칭찬하는 것. 또는, 그 칭찬. ¶~을 아끼지 않다. **절찬-하다** 통(타)어
절찬-리(絕讚裏) [-니] 명 =절찬리에.
절찬리-에(絕讚裏-) [-니-] 부 절찬을 받는 가운데. =절찬리. ¶뮤지컬 '아가씨와 건달들'이 ~ 공연되다.
절체-절명(絕體絕命) [몸도 목숨도 다 된 것이라는 뜻] 몹시 위태롭거나 급박한 지경. 또는, 피하려야 피할 수 없는 절박한 경우. ¶~의 위기. ¶절대절명.
절충(折衷) 명 양쪽의 좋은 점을 취하여 알맞게 조화시키는 것. **절충-하다**¹ 통(타)어 ¶양측의 의견을 적정선에서 ~.

절충²(折衝) 명 [적의 창끝을 꺾는다는 뜻] 이해 관계가 서로 다른 상대와 교섭하거나 담판하는 것. **절충-하다** 타여

절충-못자리(折衷-) [-모짜-/-몯짜-] 명 [농] 발못자리와 물못자리의 좋은 점을 절충하여, 처음에는 물을 대다가 뒤에는 고랑에만 물을 대어 모를 키우는 못자리.

절충-안(折衷案) 명 두 가지 이상의 안을 서로 보충하여 알맞게 조절한 안.

절충-주의(折衷主義) [-의/-이] 명 [철] 서로 다른 몇 가지 사상 체계에서 진리라고 생각되는 것을 취하여 이들을 절충·조화함으로써 진리를 발견하려는 생각.

절취(竊取) 명 훔쳐서 제 것으로 하는 것. **절취-하다** 타여 ¶금품을 ~.

절취-선(切取線) 명 문서나 고지서 따위에 자를 수 있게 나타낸 선.

절치-부심(切齒腐心) 명 몹시 분해 이를 갈고 속을 썩임. **절치부심-하다** 자여

절친-하다(切親-) 형여 (사람이 어떤 사람과) 아주 친하다. ¶절친한 친구. **절친-히** 부

절-터 명 절이 있는 터. 또는, 절이 있던 터. =사지(寺址).

절통-하다(切痛-) 형여 몹시 원통하다. **절통-히** 부

절판(絕版) 명 1 출판된 책이 떨어져서 없는 것. 2 출판하던 책의 간행을 그만두는 것. ¶~본. **절판-하다** 타여 **절판-되다** 자여

절편 명 둥글거나 모나게 떡살로 눌러 만든 흰떡.

절필(絕筆) 명 붓을 놓고 다시는 글을 쓰지 않는 것. **절필-하다** 자여

절하(切下) 명 [경] 화폐의 가치를 낮추는 것. ¶평가 ~. ↔절상. **절하-하다** 타여 **절하-되다** 자여

절-하다 자여 절을 하다.

절해(絕海) 명 육지에서 아주 멀리 떨어진 바다. 비난바다.

절해-고도(絕海孤島) 명 육지에서 멀리 떨어진 외딴섬.

절호(絕好) 명 무엇을 하기에 다시없이 좋은 것. ¶~의 기회를 얻다.

절후(節候) 명 =절기(節氣)1.

젊:다[점따] (젊고/젊어) 형 1 (사람이) 인생의 단계에서 혈기 왕성한 시기에 있다. 곧, 나이에 있어서 10대 후반에서 30대 사이에 있다. ¶젊은 사람. 2 (음이) 생리적으로 혈기 왕성하거나, 싱싱하고 탄력 있는 상태에 있다. 또는, (마음이) 의욕이 넘치고 적극적인 자세를 가진 상태에 있다. ¶나이보다 **젊게** 보이다.

젊은-것[-건] 명 '젊은이'의 낮춤말.

젊은-이 명 나이가 젊은 사람. 보통 18세 정도에서 30대 사이에 있는 사람이며, 좁게는 남자를 가리킴. ↔늙은이.

젊-음 명 젊은 상태. ¶~을 구가하다.

점¹(占) 명 (앞날의 운수나 길흉을) 주술의 힘이나 신비로운 수단에 의해 미리 판단하는 일.

점²(點) 명 [1]자예 1 작고 둥근 표. 2 글자를 쓸 때 붓으로 한 번 찍는 획. 3 문장부호로 쓰이는 표. 온점·반점·가운뎃점 따위. 4 여러 속성 가운데 어느 부분이나 경우. ¶나이는 어리지만 그에게서는 배울 ~이 많다. 5 사람의 살갗이나 짐승의 털에 있는 얼룩. 6 [수] 위치만 있고 넓이도 길이도 없는 것. 7 소수점을 읽는 말. 곧, 0.1을 '영점일'로 읽는 따위. ×콤마. [2]의존 1 성적을 표시하는 끗수. ¶100~. 2 물품의 수효를 세는 말. ¶그림 6~. 3 바둑에서 바둑판의 돌의 수를 세는 말. ¶석 ~ 놓고 두다. 4 살코기의 작은 조각. ¶고기 한 ~ 먹지 않았다. 5 전날֊에, 시각을 나타내던 말. 패종시계의 종 치는 횟수를 세는 말임. ¶패종시계가 여덟 ~을 치다. 6 [음] 장구의 북편이나 채편 따위에 치는 수를 세는 말. ¶3~ 5박(拍).

-점(店) 접미 '가게'의 뜻을 나타내는 말. ¶백화~/식품~.

점강-법(漸降法) [-뻡] 명 [문] 수사법의 하나. 크고 높고 강한 것으로부터 차차 작고 낮고 약한 것으로 끌어 내려 표현함으로써 강조의 효과를 얻으려는 표현 방법. ↔점층법.

점거(占據) 명 (어느 곳을) 강제로 차지하여 자리를 잡는 것. ¶~ 농성. **점거-하다** 타여 ¶시위대가 도로를 ~. **점거-되다** 자여

점검(點檢) 명 (어떤 대상을) 이상이나 문제 등이 없는지 일일이 검사하는 것. 또는, 그 검사. ¶안전 ~. **점검-하다** 타여 ¶위생 시설을 ~. **점검-되다** 자여

점:고(漸高) 명 (어떤 일의 상태나 정도가) 차차 높아지는 것. **점:고-하다¹** 자여 ¶중동 지역에 긴장이~.

점고²(點考) 명부 명부에 하나하나 점을 찍어 가며 사람의 수효를 조사하는 것. **점고-하다²** 타여

점-광원(點光源) 명 [물] 하나의 점으로 본 광체(光體).

점괘(占卦) 명 [-꽤] 명 점을 쳐서 나오는 괘. ¶~가 나쁘다. 준괘(卦).

점균-류(粘菌類) [-뉴] 명 [식] 균류의 한 무리. 세포벽이 없는 단일 세포 생물로서, 핵분열을 하여 무수한 핵을 가진 원형질 덩어리로 됨.

점-그래프(點graph) 명 [수] 통계 도표의 하나. 점의 수효로 양(量)의 대소를 나타내는 도표.

점-대칭(點對稱) 명 [수] 두 도형 사이의 한 점을 중심으로 한 도형을 180° 회전하였을 때, 다른 도형과 완전히 겹치는 대칭. ▷선대칭·면대칭.

점등(點燈) 명 등에 불을 켜는 것. ¶가로등의 ~ 시간. ↔소등. **점등-하다** 자여

점등-관(點燈管) 명 형광등에 달려 있는 점등용 방전관. =스타터.

점령(占領) [-녕] 명 1 일정한 장소를 차지하여 제 것으로 하는 것. 비점거. 2 교전국의 군대가 적국의 영토에 들어가 그 지역을 군사적 지배하에 두는 것. ¶~지(地). **점령-하다** 타여 **점령-되다** 자여

점령-군(占領軍) [-녕-] 명 점령국의 군대.

점막(粘膜) 명 [생] 소화관·기도(氣道)·생식 기관 등의 내벽(內壁)을 덮는 끈적하고 부드러운 조직.

점멸(點滅) 명 등불이 켜졌다 꺼졌다 하는 것. ¶~ 신호. **점멸-하다** 자타여

점멸-등(點滅燈) 명 자동차 따위의, 불이 켜졌다 꺼졌다 하는 전등.

점묘(點描) 명 [미] 1 선을 쓰지 않고 점으로 그림을 그리는 것. 또는, 그 기법. 2 [문] 인물이나 사물의 특징적인 점을 부분적으로 묘사하는 일. **점묘-하다** 타여

점묘-주의(點描主義)[-의/-이] 圀[미]
=신인상주의.
점-무늬(點-)[-니] 圀 점 모양의 무늬.
점-박이(點-) 圀 얼굴이나 몸에 큰 점이 있는 사람이나 짐승을 일컫는 말.
점!방(店房)[-빵] 圀 가게로 쓰는 방.
점보(jumbo) 圀 《주로, 일부 명사 앞에서 관형어로 쓰여》 물체의 크기가 보통 것보다 훨씬 큰 상태인 것. ¶~ 여객기.
점보-제트기(jumbo jet機) 圀 승객 400명 이상이 탈 수 있는 초대형 제트 여객기.
점복(占卜) 圀 사람의 운세나 미래에 일어날 일이나 기타 인간의 능력으로 알 수 없는 어떤 일을 주술의 힘이나 자연현상의 관찰이나 괘(卦)나 사주나 관상 등의 수단에 의해 알아내는 일.
점-뿌리기(點-) 圀 [농] 씨앗을 한 곳에 한 개 또는 몇 개씩 일정한 간격을 두고 뿌려 나가는 파종법. **점뿌림-하다** 曰[타연]
점선(點線) 圀 점을 잇달아 찍어서 나타낸 선. ▷실선.
점성(粘性) 圀 차지고 끈끈한 성질.
점성-가(占星家) 圀 점성술로 점치는 일을 직업으로 하는 사람.
점성-술(占星術) 圀 별의 밝기나 위치나 움직임 등으로 인간의 운세, 사회의 동향을 점치는 기술.
점수(點數)[-쑤] 圀 성적을 나타내는 숫자. ¶~를 따다.
점술(占術) 圀 점치는 법.
점-쉼표(點-標)[-음] 圀 오른쪽에 작은 점이 덧붙어 찍혀 있는 쉼표.
점!신-세(漸新世)[-째] 圀 =올리고세.
점!심(點心) 圀 사람이 낮에 먹는 끼니. =중식. ¶~ 식사.
점!심-때(點心-) 圀 점심을 먹을 무렵.
점!심-밥(點心-)[-빱] 圀 사람이 낮에 끼니로 먹는 밥. =중식.
점!심-시간(點心時間)[-씨-] 圀 점심을 먹기로 정해 둔 시간. 보통 낮 12시부터 1시 사이임.
점안(點眼) 圀 1 안약을 눈에 떨어뜨려 넣는 것. 2 [불] 불상을 조각하거나 그린 뒤, 의식을 갖추어 불상의 눈에 눈동자를 그려 넣는 일. **점안-하다** 曰[타연]
점안-제(點眼劑) 圀 눈에 한 방울씩 떨어뜨리게 되어 있는 안약.
점액(粘液) 圀 [생] 생물체 내의 점액선(粘液腺) 등에서 분비되는 끈끈한 액체.
점!오(頓悟) 圀 [불] 불법의 진리를 깨닫는 것. ↔돈오(頓悟). **점오-하다** 曰[타연]
점원(店員) 圀 상점의 종업원.
점유(占有) 圀 1 어떤 대상이 어느 공간을 차지하는 것. 또는, (어떤 대상이 전체 중의 얼마의 부분을) 차지하는 것. **점유-하다** 曰[타연] ¶불법으로 땅을 ~.
점유-율(占有率) 圀 어떤 대상이 어떤 영역에서 차지하고 있는 비율. ¶시장 ~.
점-음표(點音標)[-음] 圀 점이 덧붙어 있는 음표. 점 온음표 · 점 2분음표 따위.
점!이(漸移) 圀 차차 옮아가는 것. **점!이-하다** 曰[재연]
점!입-가경(漸入佳境)[-까-] 圀 일이 점점 더 재미있게 되어 가거나 꼴볼견이 되어 감. 또는, 경치가 점점 더 아름답게 전개됨. ¶여야의 공방이 갈수록 ~이다.
점자(點字)[-짜] 圀 손가락으로 더듬어 읽도록 한 맹인용 기호 문자. ¶~ 책.

점!잔 圀 《주로, '빼다', '피우다', '부리다', '떨다' 와 함께 쓰여》 짐짓 점잖게 행동하거나 말하는 태도. ¶~을 빼다가 먹고 싶은 것도 참다.
점!잖다[-잔타] 혱 1 (사람이, 또는 사람의 태도나 행동이) 가볍거나 막되지 않고 의젓하고 예의를 갖춘 상태에 있다. ¶**점잖은** 신사. 2 (사람의 행동이나 말이) 느릿하고 침착하며 무게가 있다. ¶그는 아랫사람을 **점잖게** 타일렀다. 3 (사물의 내용이) 품격이 있고 고상하다. ¶양복의 색깔이 ~. **점잖-이** 曱 ¶좀 ~ 굴어라.
[점잖은 개가 부뚜막에 오른다] 점잖은 체하는 사람이 엉뚱한 짓을 한다.
점-쟁이(占-) 圀 점치는 일을 직업으로 하는 사람을 예사롭게, 또는 얕잡아 이르는 말.
점!점(漸漸) 曱 조금씩 조금씩 더욱. 사물의 진행이 중단됨이 없이 서서히 가속화되거나 심화되는 상태를 이르는 말임. 비 점차 · 차차 · 차츰. ¶날씨가 ~ 더워지다.
점점-이(點點-) 曱 1 점을 찍은 것과 같이 여기저기. 2 떨어지는 것이 하나하나 또는 방울방울. ¶꽃잎이 허공에 ~ 흩어지다.
점조-직(點組織) 圀 첩보 조직 · 범죄 조직 등에서, 철저한 비밀 유지를 위해 지령이나 명령을 수행하고 전달하는 각 단계의 사람들이 서로에 대해 전혀 알지 못하게 되어 있는 상태. ¶마약이 ~을 통해 밀매되다.
점!주(店主) 圀 가게의 주인.
점!증(漸增) 圀 (사물의 수나 양이) 점점 증가하는 것. **점!증-하다** 曰[재연] ¶수요가 ~.
점!지 圀 (신불이 사람에게 자식을) 잉태하게 해 주는 것. **점!지-하다** 曰[타연] ¶신령님이 아들을 **점지해** 주셨다.
점!진(漸進) 圀 어떤 이념이나 정책, 사회적 운동 등을 단계적으로 서서히 실현하려고 하는 상태. ↔급진. **점!진-하다** 曰[재연]
점!진-적(漸進的) 관[명] 점차로 조금씩 나아가는 (것). ¶~인 발전.
점!진-주의(漸進主義)[-의/-이] 圀 급격한 방법을 피하고 단계에 따라 서서히 목적을 달성하려는 주의. ↔급진주의.
점-집(占-)[-찝] 圀 복채를 받고 점을 쳐 주는 집.
점-찍다(點-)[-따] 曰[타] 〔조선 시대에 임금이 여러 후보 중 마음에 드는 사람의 이름 위에 점을 찍어 관원을 선임한 낙점(落點)에서 유래〕 (어떤 대상을) 특별한 의미나 의도를 띤 대상으로 마음속에 정하다. ¶동네 처녀를 며느릿감으로 ~.
점차[1](點差) 圀 점수의 차이.
점!차[2](漸次) 曱 차례를 따라 조금씩. 비 점점 · 차차. ¶생활수준이 ~ 나아지다.
점!차-로(漸次-) 曱 '점차'의 힘줌말.
점!차-적(漸次的) 관[명] 점차로 진행되는 (것). ¶실업률이 ~으로 증가하다.
점철(點綴) 圀 여러 현상들을 시간의 흐름 속에 이어져 나타나게 하는 것. **점철-하다** 曰[타] **점철-되다** 曰[재] ¶고독과 회한으로 **점철된** 일생.
점!층-법(漸層法) 圀 [문] 수사법의 하나. 계단을 오르듯 내용의 전개를 점차적으로 강하게 이끌어 올림으로써 읽는 이나 듣는 이의 감정을 고조시키는 방법.

↔점강법.
점-치다(占-)〖동〗〖타〗(앞날의 운수나 길흉을) 주술의 힘이나 신비로운 수단에 의하여 미리 판단함. ¶길흉화복을 ~.
점토(粘土)〖명〗지름 0.039mm 미만의 미세한 알갱이로 이루어진 흙. 도자기·내화물 등의 원료가 됨. 비찰흙.
점판-암(粘板巖)〖명〗점토가 굳어서 된 검은빛의 퇴적암. 얇게 잘 갈라지며, 슬레이트·석판·석반(石盤)·벼룻돌 등에 이용됨.
점퍼(jumper)〖명〗〖광〗몸통과 팔을 덮고, 소매 끝은 조이며, 앞부분은 주로 지퍼를 달아 여미는 서양식 겉옷. ~잠바.
점퍼-스커트(†jumper skirt)〖명〗블라우스·스웨터 등의 위에 입는, 상의와 스커트가 한데 붙은 옷. 소매가 달리지 않음.
점!포(店鋪)〖명〗=가겟집.
점프(jump)〖명〗**1** 뛰어오르는 것. **2**〖체〗육상 경기나 스키의 도약 종목. **점프-하다**〖동〗〖자〗
점프-력(jump力)〖명〗점프할 수 있는 능력. ¶~이 좋은 농구 선수.
점프^볼(jump ball)〖명〗〖체〗농구에서, 경기를 시작할 때나 헬드 볼이 되었을 때, 양팀의 두 선수가 심판이 던진 공을 점프하여 서로 빼앗으려고 하는 것.
점-하다(占-)〖동〗〖타〗〖여〗(어떤 대상이 전체에 대한 얼마의 범위나 비율을 이루거나 차지하는. ¶찬성표가 절대다수를 ~.
점호(點呼)〖명〗한 사람 한 사람 이름을 불러서 인원의 이상 유무를 확인하는 것. **점호-하다**〖동〗〖자〗
점화(點火)〖명〗**1** 불을 켜거나 붙이는 것. (비)발화·착화. ↔소화. **2** 내연 기관에서 실린더 안의 연료를 폭발시키기 위한 조작. **점화-하다**〖동〗〖자〗〖여〗¶성화를 ~. **점화-되다**〖동〗〖자〗
접¹〖명〗①〖자림〗채소·과일 따위의 백 개를 이르는 말. ②〖의존〗채소·과일 따위의 백 개를 세는 단위. ¶마늘 한 ~.
접²(接)〖명〗〖역〗**1** 보부상의 동아리. **2** 글방 아이들이나 유생(儒生)들의 동아리. **3** 동학(東學)에서, 기본을 이루는 하위 조직.
접³(接·接)〖명〗〖식〗품종을 개량하거나 번식시키기 위해 한 나무에 다른 나무의 가지나 눈을 따다 붙이는 일. ¶~을 붙이다.
접객(接客)[-깩]〖명〗손님을 접대하는 것.
접객-업(接客業)[-깨-]〖명〗주로 손님을 접대하거나 서비스하는 영업. 음식점·다방·이발소·여관 등의 영업 따위. ~소(所).
접견(接見)[-견]〖명〗**1** (신분이 높은 이가 찾아온 사람을) 공식적으로 맞이하여 만나는 것. **2**〖법〗(변호사나 외부 인사가 수형자나 구속된 피의자를) 정해진 장소에서 만나는 것. **접견-하다**〖동〗〖타〗〖여〗¶대통령이 해외 인사를 ~.
접견-실(接見室)[-견-]〖명〗**1** 공식적으로 손님을 접견하여 만나 보는 방. ¶대통령~. **2** 수감 중인 피고인이나 수형자가 변호사 등의 외부인과 만나는 방.
접경(接境)[-경]〖명〗경계가 맞닿는 것. 또는, 서로 맞닿은 두 지역의 경계. ¶~지대.
접골(接骨)[-꼴]〖명〗〖의〗어긋나거나 부러진 뼈를 이어 맞추는 것.
접골-사(接骨士)[-꼴싸]〖명〗수술에 의하지 않고 주로 부목(副木)·깁스 등의 방법으로 골절이나 탈구 등을 치료하는 사람.

접골-원(接骨院)[-꼴-]〖명〗접골을 전문으로 하는 병원.
접근(接近)[-끈]〖명〗**1** (어떤 대상에 가까이 다가가는 것. ¶민간인 ~ 금지. **2** (어떤 사람에게) 친밀한 관계를 꾀하는 것. **3** (어떤 의견이나 결론 등에, 또는 둘 이상의 사람의 의견이) 서로 일치되는 상태에 가까워지는 것. **4** (어떤 대상이나 문제에 대해) 일정한 방법이나 관점으로 다루는 것. **5**〖컴〗주변 장치로부터 데이터를 얻기도 하고, 기억 장치로부터 데이터를 검색하기도 하는 과정. =액세스. **접근-하다**〖동〗〖여〗¶논의 끝에 합의점에 ~. **접근-되다**〖동〗〖자〗
접근-법(接近法)[-끈뻡]〖명〗어떤 대상이나 문제를 다루거나 처리하는 방법. ¶남북문제에 대한 새로운 ~.
접다[-따]〖동〗〖타〗**1** (종이나 천 따위의 넓이가 있는 얇은 물체를) 반듯한 금이 생기도록 구부려 그 금을 경계로 하여 한 면과 다른 면이 닿게 만들다. ¶편지를 접어서 봉투에 넣다. **2** (어떤 물체를) 종이 위로 일정하게 구부려서 겹치게 하여 만들다. ¶색종이로 학을 ~. **3** (사용하려고 활동하기 위해 폈던 물건을) 보관하기 좋거나 더 활동하지 않기 위해 그 크기가 작아지게 만들다. ¶우산을 ~. **4** (문제로 삼았던 일을) 논의하거나 시비를 가리거나 하기를 그치고 그냥 두다. ¶이 문제는 일단 접어 두자. **5** 자기보다 못한 사람을 상대할 때, 얼마간 너그럽게 대하거나 그에게 유리한 조건을 가지게 하다. ¶장기를 한 수 접고 두다.
접대¹(接待)[-때]〖명〗손님을 맞아 대접하는 것. 비대접. **접대-하다**¹〖동〗〖타〗〖여〗¶손님을 ~.
접대²(接對)[-때]〖명〗응접(應接)하여 대면하는 것. **접대-하다**²〖동〗〖타〗〖여〗
접대-부(接待婦)[-때-]〖명〗술집에서 손님을 접대하는 여자.
접대-비(接待費)[-때-]〖명〗손님을 접대하는 데 쓰이는 비용.
접두-사(接頭辭)[-뚜-]〖명〗〖언〗파생어를 만드는 형태소의 하나. 어떤 단어의 앞에 붙어 새로운 단어가 되게 하는 말. '짓누르다'의 '짓-' 따위. =접두어. ↔접미사.
접두-어(接頭語)[-뚜-]〖명〗=접두사.
접!때〖명〗〖부〗며칠 되지 않은 과거의 그때를 막연하게 이르는 말. ¶~ 만났던 사람.
접목(接木·接木)[접-]〖명〗**1**〖농〗두 나무의 가지나 눈을 잘라 낸 후, 다른 나무에 접합·유착시켜 번식시키는 일. 또는, 그 나무. **2** 둘 이상의 다른 요소를 알맞게 조화시킴을 비유하여 이르는 말. **접목-하다**〖동〗〖자〗
접미-사(接尾辭)[접-]〖명〗〖언〗파생어를 만드는 형태소의 하나. 어떤 단어의 끝에 붙어 새로운 단어가 되게 하는 말. '가위질'의 '-질' 따위. =접미어. ↔접두사.
접미-어(接尾語)[접-]〖명〗=접미사.
접-바둑(接-)[접-]〖명〗하수(下手)가 미리 화점(花點)에 두 점 이상을 놓고 두는 바둑. ¶맞바둑.
접변(接變)[-뼌]〖명〗〖언〗어떤 음이 이웃해 있는 다른 음의 영향으로 다르게 발음되는 현상. ¶자음 ~. **접변-하다**〖동〗〖자〗
접본(接本)[-뽄]〖명〗〖농〗접을 붙일 때 바탕이 되는 나무.

접붙이-기(椄-)[-뿌치-][명][농] 접을 붙이는 일. **접붙이기-하다**[타]

접-붙이다(椄-)[-뿌치-][타] 나무에 접을 붙이다.

접사¹(接寫)[-싸][명][사진] 대상물을 극도로 가까운 거리에서 촬영하는 일. 흔히 화초나 곤충 등을 피사체로 할 때 사용하는 기법임. **접사-하다**[자타]

접사²(接辭)[-싸][언] 어근의 앞이나 끝에 붙어서 파생어를 만드는 형식 형태소. 접두사와 접미사가 있음.

접선(接線)[-썬][명] 1[수] 곡선과 한 점에서 만나는 직선. 2 어떤 목적을 위해 비밀리에 만나는 것. 또는, 그런 관계를 맺는 것. **접선-하다**[자\타]

접선(接扇)[-썬][명] 접는 부채. ↔메류선.

접속(接續)[-쏙][명]《둘 이상의 사물을》떨어지지 않게 붙이거나, 공간적·시간적으로 이어지게 하는 것. **접속-하다**[타][어] ¶두 곡을 접속하여 들려주다. **접속-되다**[자]

접속-곡(接續曲)[-쏙꼭][명][음] 잘 알려진 오페라곡이나 가곡·기악곡 등을 이어서 편곡한 악곡. =메들리.

접속-부¹**사**(接續副詞)[-쏙뿌-][명][언] 앞 문장의 뜻을 뒤 문장에 이어 주는 구실을 하는 부사. '그러나', '또는' 따위.

접속-사(接續詞)[-쏙싸][명][언] 1 체언이나 문장을 이어 주는 단어. '그리고', '및', '또는' 따위. 학교 문법에서는 접속 부사로 다룸. 2 서구어(西歐語)에서 단어와 단어, 구절과 구절을 이어 주는 구실을 하는 품사.

접속-어(接續語)[-쏙-][명][언] 단어와 단어, 구절과 구절, 문장과 문장을 이어 주는 구실을 하는 문장 성분.

접속-조¹**사**(接續助詞)[-쏙쪼-][명][언] 체언과 체언을 같은 자격으로 이어 주는 구실을 하는 조사. '닭과 오리'에서 '과' 따위.

접수¹(接收)[-쑤][명] 1 권력으로써 강제적으로 인수하는 것. 2 받아서 거두는 것. **접수-하다**[타][어] **접수-되다**[자]

접수²(接受)[-쑤][명] 1 어떤 신청 등이나 신고를 구두(口頭)·문서로 받는 것. ¶창구. 2 돈이나 물건 따위를 받는 것. ¶~ 번호. **접수-하다**²[타][어] ¶원서를 ~. **접수-되다**²[자]

접수-처(接受處)[-쑤-][명] 접수하는 사무를 맡아보는 곳.

접시[-씨][명]《<뎝시<楪子》1[자립] 형태가 둥글고 납작하면서 자리가 약간 높거나 비스듬히 올라간 식기(食器). 주로, 사기나 유리 또는 플라스틱 따위로 만듦. 2[의존] 음식의 분량을 그것이 담긴 접시의 수로 헤아리는 말. ¶나물 한 ~.
[접시 물에 빠져 죽지] 처지가 매우 궁박하여 어쩔 줄도 모르고 답답하게 함을 이르는 말.

접시-꽃[-씨꼳][식] 줄기는 높이 2.5m 가량으로 곧게 서며, 여름에 커다란 접시 모양의 흰색·빨간색·자주색 꽃이 피는 여러해살이풀. 관상용으로 심음.

접시-저울[-씨-][명] 접시 모양의 판에 물건을 올려놓고 무게를 다는 저울.

접신(接神)[-씬][명] 사람에게 신이 내려 서로 영(靈)이 통하는 것. **접신-하다**[자\어]

접안(接岸)[명] 배를 안벽이나 육지에 대는 것. **접안-하다**[자타]

접안-렌즈(接眼lens)[명][물] 현미경·망원경 등에서, 눈을 대고 보는 쪽에 있는 렌즈. ↔대물렌즈.

접어-놓다[-노타][타] 제쳐 놓고 관심 밖으로 하다.

접어-들다[타][자]《~드니, ~드오》1 (한 시기에서 다른 시기로) 바뀌어 이르거나 처하다. ¶겨울로 ~. 2 어느 지점이나 길로 들어서다. ¶고속도로로 ~.

접어-주다[타] 1 자기보다 못한 사람에게 너그러이 대해 주다. 2 장기·바둑 등에서, 수가 낮은 사람에게 유리한 조건을 주기 위해 말을 몇 개 떼거나 돌을 몇 점 먼저 놓게 하다. ¶내가 두 점 **접어주지**.

접영(蝶泳)[명][체] 두 손을 동시에 앞으로 뻗쳐 물을 끌어당기고, 양 다리는 모아서 상하로 움직이며 나아가는 헤엄.

접요-사(接腰辭)[명][언] 독립하여 쓰이지 못하고 다른 말 중간에 끼어 함께 한 낱말을 이루는 접사. '좁쌀'의 '-ㅂ-'이나 '잇몸'의 사잇소리 '-ㅅ-' 따위.

접-의자(-椅子)[명] 접을 수 있게 만든 의자.

접-자[-짜][명] 휴대하기에 편리하도록 접었다 폈다 할 수 있게 만든 자.

접장(接長)[-짱][명] 1 보부상의 동아리인 접(接)의 우두머리. =접수. 2(俗) 글방에서 나이가 많고 학력이 있는 사람을 이르는 말. 3 훈장을 놀림조로 이르는 말.

접적(接敵)[-쩍][명] 1 적진에 근접하는 것. 2 적과 맞부딪치는 것. **접적-하다**[자\어]

접전(接戰)[-쩐][명] 1 적과 가까운 거리에서 싸우는 것. ¶~을 벌이다. 2 전력(戰力)이 비슷하여 좀처럼 승부가 나지 않게 싸우는 것. ¶결승전에서 치열한 ~이 예상되다. **접전-하다**[자\어]

접점(接點)[-쩜][명] 1 직선이 곡선에 접하는 점. 또는, 어떤 접평면이 곡면에 접하는 점.

접종(接種)[-쫑][명][의] 병의 예방·치료·진단·실험 등을 위하여 병원균을 사람이나 동물의 몸에 주입하는 일. ¶예방 ~. **접종-하다**[타]

접주(接主)[-쭈][명] 1 과거를 보는 유생들의 단체를 조직하는 사람. 2 동학에서, 접의 우두머리. 3 =접장(接長).

접지¹(接地)[-찌][명] 1 어떤 물체가 땅에 닿는 것. 2[물] 전기 기기와 지면을 동선 등의 도선으로 연결하는 것. 또는, 그 도체. =어스. **접지-하다**[자타]

접지²(摺紙)[-찌][명] 제본을 하려고 인쇄된 종이를 차례대로 접는 것. 또는, 그 종이. **접지-하다**²[타]

접지-선(接地線)[-찌-][명][전] 전기 회로의 일부를 땅과 연결시키는 선. =어스.

접-질리다[-찔-][자] (발목·팔목 등의 관절이) 강한 힘으로 잘못 딛거나 짚거나 하여 뼈끗하면서 삐는 상태가 되다. ¶계단을 내려오다가 발목을 **접질렸다**.

접착(接着)[명]《물체와 물체가》달라붙는 것. 또는, 《물체를》달라붙게 하는 것. **접착-하다**[자타][어] **접착-되다**[자]

접착-력(接着力)[-창녁][명] 풀이나 본드 따위의 달라붙는 힘. ¶~이 강한 본드.

접착-제(接着劑)[-쩨][명] 두 물체를 서로 접착하는 데에 쓰이는 물질. 풀·아교 따위.

접착-테이프(接着tape)[명] 한쪽 면에 접착제가 발라져 있는 테이프.

접촉(接觸)[명] 1《두 물체가》서로 닿게 되

1040_접칼

는 것. 또는, (두 물체를) 서로 닿게 하는 것. ¶~ 사고. / ~ 불량. ❶부터 목적하에 다른 사람과 만나거나 연락하거나 하는 일. ❶교섭. ¶외부와 ~을 끊다. **접촉-하다** 통타예 그는 사업상 많은 사람과 접촉한다. **접촉-되다** 통자

접-칼[-칼] 몡 접을 수 있도록 만든 칼.
접-하다(接-) 困자타예 **1** (사물이 다른 사물과[에]) 이어지게 닿다. ❶이웃하다. 잇닿다. ¶바다와 **접해** 있는 나을. **2** (사람을[과]) 만나는 경험을 가지다. ¶많은 사람을 ~. **3** (사물을[과]) 듣거나 보거나 대하는 경험을 가지다. ¶기쁜 소식을 ~.
접합(接合)[저팝] 몡 **1** 한데 대어 붙이는 것. **2** [생] 원생동물의 섭모층에서 볼 수 있는 유성 생식의 방법. ↔접이. **접합-하다** 통재타예 **접합-되다** 통재
接-하다[저피-] 困자예 '접다'의 피동사.
젓[젇] 몡 생선이나 조개류의 살·알·내장 따위를 소금에 절여 삭힌 것. ¶새우~.
젓-가락[저까-/젇까-] 몡 음식을 집는 한 쌍의 가느다고 긴 막대기. 쇠붙이나 나무, 또는 플라스틱 따위로 만들. ¶쇠~. ¶은~. ¶숟가락. ⓒ숟가락.
젓가락-질[저까-찔/젇까-찔] 몡 젓가락으로 먹을 것을 집는 일. **젓가락질-하다** 통타예
젓-갈[젇깔] 몡 젓으로 담은 저장 식품. 반찬 또는 조미용의 쓰임임.
젓-갈[저깔/젇깔] 몡 '젓가락'의 준말.
젓-국[전꾹] 몡 젓갈이 삭아 우러나온 국물.
전국-지(전꾹찌) 몡 조기 전국을 냉수에 타서 국물을 부어 담근 김치.
젓-나무[전-] 몡[식] 높은 산에 풍치로 흔히 심는, 높이 40m가량의 상록 교목. 잎은 길이 4cm의 선형(線形)으로 끝이 뾰족하면, 꽃은 4월경에 핌. =전나무.
젓:다[전따] (엇다 / 저어) 통타예 〈ᄉ 어, 저어〉 **1** (액체나 가루잇을 잘 섞이거나 풀리거나, 열에 눈지 않게 하기 위해, 숟가락이나 막대기 따위를 둘레를 이리저리 움직이다. ¶커피에 설탕을 넣고 스푼으로 ~. **2** (노를) 배가 가도록 물속에 넣고 일정한 방식대로 움직이다. ¶노 **젓는** 뱃사공. **3** (팔이나 꼬리를) 이리저리 반복하으로 흔들다. ¶팔을 **저으며** 걷다. **4** (손이나 머리를) 거절하거나 싫다는 뜻을 나타내기 위하여 좌우로 몇 번 흔들다. ¶손을 **저으며** 사양하다.
정:¹ 몡 돌을 쪼아 다듬거나 구멍을 뚫는 데에 쓰는 쇠로 된 연장.
정¹² 튀 '정말로', '참으로'의 뜻을 나타내는 말. ¶~ 가고 싶으면 다녀오너라.
정³(丁) 몡 천간(天干)의 넷째.
정¹⁴(正) 몡 **1** 바른 일. 또는, 바른 길. ↔ 사(邪). **2** [철] =정립(定立)². ↔반(反).
정⁵(情) 몡 **1** 사람이 다른 사람이나 동물이나 함께 오랫동안 지내 오면서 생기는 좋아하는 마음. 또는, 사람이 오래 살거나 생활해 온 곳에 대하여 가깝게 느끼는 마음. ¶~이 들다. **2** 특히, 남녀간의 애정. ¶~ 주고 떠난 임. **3** 남을 도와주거나 배려하는 따뜻한 마음. ❶인정. ¶~이 많은 사람. **4** (주로 '신뢰 / 연민 / 개전 / 추모…의 정'의 꼴로 쓰여) '감정', '마음'을 가리키는 말. ¶흠모의 ~을 품다.
정을 통하다 부부 사이가 아닌 남녀가 부도덕한 애정 관계를 맺다. ¶외간 남자와 ~.

정⁶(町) 몡[어산] **1** 거리 단위의 하나. 곧, 60 칸. 미터법으로는 약 109m. **2** 토지 면적의 단위의 하나. 곧, 3,000평으로 10단(段)임. 미터법으로는 9,917.4m²임. ▷정보(町步).
정⁷(挺·梃) 몡[어산] 총·괭이·삽 따위를 셀 때의 단위.
정⁸(錠) 몡[어산] 알약을 세는 단위. ¶이 약을 식후 한 ~씩 복용하시오.
정:-⁹(正) 접튀 **1** '부(副)', '임시' 등에 대해 '주된 것'임을 뜻하는 말. ¶~대사 / ~회원. ↔부(副)-. **2** [역] 종(從)에 대하여, 한 자리 높은 품계를 나타내는 말. ¶~1품. ↔종(從)-. **3** '똑바른'의 뜻을 나타내는 말. ¶~남향(南向).
-정¹⁰(亭) 접미 '정자(亭子)'의 뜻을 나타내는 말. 또는, 어떤 정자의 이름을 이루는 말. ¶팔각~ / 일~.
-정¹¹(艇) 접미 일부 명사 뒤에 붙어, 함정(艦艇)의 종류 이름을 이루는 말. ¶경비~ / 어뢰~.
-정¹²(整) 접미 돈의 액수 끝에 붙이는 말. ¶일금(一金) 5만 원~.
-정¹³(錠) 접미 동글납작하게 만든 알약을 나타내는 말. ¶당의(糖衣)~ / 비타민~ / 환(丸)~.
정:가(定價)[-까] 몡 값을 정하는 것. 또는, 그 가격. ¶~ 판매.
정가(政街) 몡 정치인들의 사회. ¶~ 소식.
정:가-표(定價票)[-까-] 몡 정가를 써 붙인 표.
정:각(正刻) 몡 주로 시(時) 단위의 시각과 함께 쓰여, 정확하게 그 시각임을 나타내는 말. ¶12시 ~에 출발한다.
정간(停刊) 몡 신문·잡지 등 정기 간행물의 간행을 감독관청의 명령으로 한때 중지하는 것. ¶~ 처분. **정간-하다** 통타예 **정간-되다** 통자예
정갈-스럽다[-따] 형비예 〈-스러우니, -스러워〉 정갈한 데가 있다. ¶정갈스런 음식. **정갈스레** 튀
정갈-하다 형예 (모양이나 옷 등이) 깨끗하고 말쑥하다. ¶정갈한 밥. **정갈-히** 튀
정감(情感) 몡 사람의 마음에 따뜻한 정을 불러일으키는 느낌. ¶~ 어린 목소리.
정강(政綱) 몡 정부 또는 정당이 국민에게 실현을 공약한 정책의 대강.
정강이 몡[생] 아랫다리에서 앞의 뼈가 있는 부분. ¶구둣발로 ~를 걸어차다.
정강이-뼈 몡 하퇴골 중에서 정강이 안쪽에 있는 긴 뼈.
정객(政客) 몡 정치계에서 활동하는 사람.
정거(停車) 몡 (차를) 브레이크를 걸어 세우는 것. 또는, (차가) 브레이크에 의해 멈추어 서는 것. ❶정차. **정거-하다** 통자타예
정거-장(停車場) 몡 여객의 승강이나 화물의 착송(着送) 등을 위하여 열차를 정거하게 되어 있는 곳. ❶역. ¶우주 ~.
정:격(定格)[-껵] 몡 발전기·전동기·변압기·진공관 등 전기 기기에 대하여 제조 회사가 규정한 사용 조건 및 그 성능의 범위. ¶~ 전압.
정:견¹(正見) 몡[불] 팔정도(八正道)의 하나. 바른 도리를 깨닫는 것.
정:견²(定見) 몡 일정하게 자기의 주장이

있는 의견. ¶무(無)~.
정견³(政見) 圀 정치에 관한 의견이나 견해. ¶~를 발표하다.
정결-하다¹(貞潔-) 휑예 정조가 굳고 행실이 깨끗하다. **정결-히** 児
정결-하다²(淨潔-) 휑예 맑고 깨끗하다. **정결-히** 児 ~몸을 ~ 하다.
정-겹다(情-)[-따] 휑ㅂ <-겨우니, -겨워> 정이 넘칠 만큼 화목하다. 또는, 넘칠 정도로 정이 담뿍 들어 있다. ¶정겹게 이야기를 나누다.
정경(政經) 圀 정치와 경제. ¶~ 유착.
정경²(情景) 圀 어떤 감정을 불러일으키는 광경. ¶눈물겨운 ~.
정경-부인(貞敬夫人) 圀[역] 조선 시대에, 정1품·종1품 문무관의 아내에게 주던 봉작.
정계(政界)[-계/-게] 圀 정치에 관계하는 사람들의 사회적인 분야. 비정치계. ¶~ 개편.
정계-비(定界碑)[-계-/-게-] 圀[역] 조선 숙종 때 청나라와의 국경을 정하기 위하여 백두산에 세운 비.
정:곡(正鵠) 圀 **1** 과녁의 한복판이 되는 점. **2** 사물의 가장 중요한 요점 또는 핵심. ¶~을 찌르는 논리.
정공(精工) 圀 정밀하고 교묘하게 공작하는 것. 또는, 그 공작물. **정공-하다** 휑예
정:공-법(正攻法)[-뻡] 圀 **1** 정면으로 공격하여 놀이는 법. **2** 계략을 쓰지 않고 정정당당히 공격하는 법.
정과(正果) 圀 과일이나 생강·연근·인삼·당근 등을 꿀이나 설탕에 조리거나 잰 음식.
정:과정(鄭瓜亭) 圀[문] 고려 의종 때 정서(鄭敍)가 지은 고려 가요. 유배지에서 임금을 그리워하는 마음을 읊은 노래임.
정:관¹(定款) 圀[법] 공익 법인·회사, 각종의 협동조합 등, 사단 법인의 목적·조직·업무 집행 등에 관한 근본 규칙. 또는, 그것을 적은 문서.
정관²(精巧) [영]=수정관(輸精管).
정관³(靜觀) 圀 **1** 환경의 변화에 흔들리지 않고 조용히 사물을 관찰하는 것. **2** [철] 무상한 현상계 속에 있는 불변의 본체적·이념적인 것을 심안(心眼)에 비추어서 바라보는 것. 비관조·명상. **정관-하다** 동예 ⑥사태를.
정:관계(政官界)[-계/-게] 圀 정계와 관계를 아울러 이르는 말. ¶~ 인사.
정:-관사(定冠詞) 圀[언] 관사의 하나. 명사 앞에서 뜻하거나 한정의 뜻을 나타내는 말. 영어의 the, 프랑스 어의 le·la·les, 독일어의 der·die·das 따위. ↔부정 관사.
정:교¹(正敎) 圀 사교(邪敎)가 아닌 바른 종교. ~사교.
정교²(政敎) 圀 정치와 종교. ¶~ 일치.
정:-교사(正敎師) 圀[교] 정교사 자격증을 가지고 정식 교사로 근무하는 교사. ▷준교사.
정:교수(正敎授) 圀 대학의 가장 높은 급의 교원인 '교수'를 부교수 이하의 교원과 구별하여 이르는 말.
정교-하다(精巧-) 휑예 정밀하고 교묘하다. ¶**정교한** 공예품. **정교-히** 児
정:교-회(正敎會)[-회/-훼] 圀[종] =그리스 정교회.

정구(庭球) 圀[체] **1** =연식 정구. **2** '경식 정구'와 '연식 정구'를 아울러 이르는 말. ~테니스.
정구-공(庭球-) 圀 정구 경기에 쓰이는 공. 백색 또는 황색임.
정구-채(庭球-) 圀 정구를 할 때 쓰는 라켓.
정국(政局) 圀 정치의 국면이나 정계(政界)의 정세. ¶~이 불안하다.
정권(政權)[-꿘] 圀 정부를 구성하여 정치의 운용을 담당하는 권력. ¶~을 장악하다.
정규(正規) 圀 정식으로 된 규정. ¶~ 교육 / ~ 과정.
정규-군(正規軍) 圀 나라에서 제도화하여 정식으로 훈련시킨 군대. ↔비정규군.
정규-직(正規職) 圀 정식 규정에 따라 채용한 직원. 또는, 그 직원의 직책이나 지위. ¶~ 신입 사원.
정근(精勤) 圀 《일부 명사 앞에 쓰여》 쉬거나 게으름을 피우거나 하지 않고 맡은 공부에 아주 부지런한 것. ¶~상(賞).
정글(jungle) 圀 =밀림(密林).
정글-짐(jungle gym) 圀 쇠 파이프를 가로세로 입체로 조립한 어린이용 놀이 기구. 사이사이로 빠져나가기도 하고 오르내리기도 하면서 놂.
정:기¹(定期) 圀 일정하게 정해진 시기나 기한. ¶~ 적금 / ~ 겁진. ↔부정기.
정기²(精氣) 圀 **1** 천지 만물을 생성하는 근원이 되는 기운. ¶백두산의 ~를 받고 태어났다. **2** 심신을 활동시키는 근원이 되는 힘. ¶두 눈에 ~가 넘친다.
정:기^간행물(定期刊行物) 圀 일정한 간격을 두고 연속적으로 간행하는 신문·잡지 등의 출판물.
정:기^국회(定期國會)[-꾸켜/-꾸훼] 圀[법] 정기적으로 소집되는 국회. 국회법에 의하여 매년 한 번씩 소집됨. ↔임시 국회.
정:기-권(定期券)[-꿘] 圀 '정기 승차권'의 준말.
정:기^승차권(定期乘車券)[-꿘] 圀 통학이나 통근을 위하여, 기차·전철·지하철 등의 일정 구간을 일정 기간 왕복할 수 있는 할인 승차권. ⓒ정기권.
정:기^예:금(定期預金)[-꼼] 圀[경] 은행이나 우체국 등에 약정한 기한 안에는 찾지 않겠다는 계약으로 맡기는 예금.
정:기-적(定期的) 퐌 일정한 시기나 기간을 정하여 그때에 일이 행해지는 (것). ¶한 달에 한 번씩 ~으로 모임을 갖다.
정:기^총:회(定期總會)[-회/-훼] 圀 일정한 시기에 개최하는 총회. ⓒ정총회.
정-나미(情-) 圀 어떤 사람이나 사물에 대하여 애착을 느끼는 마음. ¶~가 떨어지다.
정:남¹(正南) 圀 '정남방'의 준말.
정남²(貞男) 圀 동정(童貞)을 지닌 남자. ↔정녀.
정:-남방(正南方) 圀 똑바른 남쪽. ⓒ정남.
정:-남향(正南向) 圀 정남방을 향하는 것. 또는, 그 방향. **정:남향-하다** 동예
정낭(精囊) 圀[생] 남자 생식기의 일부. 길쭉한 막질의 주머니로 수정관의 끝에 위치하며, 정자를 일시적으로 저장함.
정녀(貞女) 圀 남자와 한 번도 정을 통하지 않은 여자. ↔정남.

정년(停年) 명 관청이나 학교, 회사 등에서, 직원이 퇴직하도록 정해진 나이.
정년-퇴직(停年退職) [-퇴-/-퉤-] 명 정해진 나이가 되어 직장에서 물러나는 일. **정년퇴직-하다** 동자
정념¹(正念) 명 [불] 팔정도(八正道)의 하나. 잡념을 떠나 진리를 구하는 것을 언제나 잊지 않는 것.
정념²(情念) 명 강하게 집착하여 떨어지지 않는 사랑과 미움의 감정. ¶~에 사로잡히다.
정녕(丁寧) 부 정말로 틀림없이. ¶네 말이 ~ 사실이냐.
정녕-코(丁寧-) 부 '정녕'의 힘줌말. ¶~ 네가 한 짓이냐.
정:-단층(正斷層) 명 [지] 기울어진 단층면을 따라 상반(上盤)이 하반(下盤)에 대하여 상대적으로 미끄러져 내려간 것 같은 모양을 이루는 단층. ↔역단층.
정담(情談) 명 정답게 주고받는 이야기. ¶~을 나누다.
정답(正答) 명 바른 답. ↔오답.
정-답다(情-) [-따] 형ㅂ <-다우니, -다워> (어떤 대상이) 따뜻한 정을 느끼게 하는 상태에 있다. ¶다정하다. ¶**정다운** 친구. **정다이** 부
정당(政黨) 명 [정] 정치에 대한 주의·주장이나 정책이 일치하는 사람들이 그 정치 이상을 실현하기 위하여 조직하는 단체. =당(黨).
정:당-방위(正當防衛) 명 [법] 자기 또는 남에게 가해지는 급박한 부정(不正)의 침해에 대하여, 이를 막기 위한 부득이한 가해 행위. 형법상 범죄가 되지 않음.
정:당-성(正當性) 명 정당한 성질.
정:당-하다(正當-) 형여 (어떤 일이나 행위나 방법 등이) 사리나 도리에 벗어남이 없이 바르고 마땅하다. ¶**정당한** 법적 절차를 밟다. **정!당-히** 부
정:당-화(正當化) 명 (정당성이 없거나 정당성에 의문이 있는 것을) 무엇으로 꾸며 대어 정당한 것으로 만드는 것. **정!당화-하다** 자타여 ¶**정당화될** 수 없다. ¶폭력은 어떤 명분으로도 **정당화될** 수 없다.
정:대(正大) 명하여 의지나 언동 등이 바르고 당당함.
정!도¹(正道) 명 올바른 길 또는 도리. =정로. ¶~에서 벗어나다. ↔사도(邪道).
정도²(征途) 명 1 싸움터로 향하는 길. 2 여행하는 길.
정도³(程度) 명 1 사물의 질적 또는 양적 수준이나 단계. ¶교육의 ~. 2 (기준이 되는 수량이나 명사 뒤에 쓰여) 수준이나 단계가 대략 그에 비슷한 상태임을 나타내는 말. ¶고등학생 ~의 영어 실력. 3 허용되거나 용납되는 보통의 한계나 한도. ¶참는 것도 ~가 있다.
정도-전(鄭道傳) 명 [인] 고려 말, 조선 초의 문인·학자(1342~1398).
정독(精讀) 명 자세한 곳까지 주의 깊게 살펴 읽는 것. **정독-하다** 타여
정돈(停頓) 명 일이 순조롭게 진행되지 않고 한때 멈추는 것. ¶여야(與野) 협상이 ~ 상태에 빠지다. **정돈-하다** 자여
정:돈²(整頓) 명 (일정한 공간을) 그 안에 있는 물건을 제자리에 가지런하고 질서 있게 바로 놓아 보기 좋은 상태가 되게 하는 것. ¶정리 ~. **정!돈-하다**² 동타여
정!돈-되다 동자

정동(正東) 명 '정동방'의 준말.
정:-동방(正東方) 명 똑바른 동쪽. 준정동.
정-들다(情-) 동 <-드니, ~드오> 1 (어떤 사람과(에게)) 함께 생활하거나 지내어 정을 느끼게 되다. ¶**정든** 친구. 2 (어떤 곳에(도)) 머물거나 살거나 생활하거나 하여 정을 느끼게 되다. ¶이제 **정든** 교정과도 이별이다.
[정들자 이별] 만난 지 얼마 되지 않아 곧 헤어지는 경우를 이르는 말.
정-떨어지다(情-) 동자 (어떤 사람에게, 또는 어떤 대상에) 정을 더 느끼고 싫어하거나 미워하는 마음이 생기다. ¶**정떨어지는** 행동.
정랑(正郞) [-낭] 명 [역] 1 고려 시대, 육조(六曹)와 고공사(考功司) 등의 정5품 벼슬. 2 조선 시대, 육조의 정5품 벼슬.
정략(政略) [-냑] 명 정치상의 책략.
정략-가(政略家) [-냑까] 명 정치상의 책략에 능한 사람.
정략-결혼(政略結婚) [-냑껼-] 명 =정략혼.
정략-적(政略的) [-냑쩍] 관명 정치상의 책략을 수단으로 삼는 (것).
정략-혼(政略婚) [-냐콘] 명 가장(家長)이나 친권자가 자기의 경제적·정치적 이익을 위하여 당사자의 의사를 무시하고 억지로 성립시킨 결혼. =정략결혼.
정:량(定量) [-냥] 명 정해진 분량.
정력(精力) [-녁] 명 1 사람이 어떤 일을 할 수 있는 정신적·육체적인 힘. ¶~을 쏟다. 2 사람, 특히 남자의 건강 상태를 나타내는 육체의 힘. ¶~이 넘치다. 3 남자가 성적인 일을 할 수 있는 육체적인 힘. ¶~이 좋다.
정력-가(精力家) [-녁까] 명 정력이 왕성한 사람.
정력-적(精力的) [-녁쩍] 관명 기력·체력 등이 넘치는 (것). ¶~인 사람.
정력-제(精力劑) [-녁쩨] 명 정력을 돋우어 주는 약.
정련(精鍊) [-년] 명 [공] 원료·광석으로부터 함유 금속을 뽑아내어 정제하는 일. **정련-하다** 타여 ¶**철광석을** ~.
정:렬(整列) [-녈] 명 가지런히 줄지어 서는 것. 또는, 그렇게 늘어서게 하는 것. **정!렬-하다** 동자타여 ¶4열로 ~. **정!렬-되다** 동자
정령(精靈) [-녕] 명 1 만물의 근원을 이룬다는 신령스러운 기운. 2 [민] 산천초목이나 무생물 등 갖가지 물건에 깃들어 있다는 혼령. 원시 종교의 숭배 대상이 됨. 3 죽은 사람의 영혼.
정:례(定例) [-녜] 명 1 정해진 관례(慣例). 2 임시에 대하여, 정기적·계속적으로 행해지는 사례. ¶~ 국무 회의.
정:례-적(定例的) [-녜-] 관명 1 일정하게 정해진 관례에 따르는 (것). ¶~ 회담. 2 정기적으로 계속해서 행해지는 (것). ¶모임을 ~으로 갖다.
정:로(正路) [-노] 명 =정도(正道)¹.
정:론(正論) [-논] 명 사리나 도리에 합당한 주장.
정류(精溜) [-뉴] 명 [화] 액체 혼합물을 증류에 의해 각 성분의 증발과 응축의 되풀이하면서 분리의 정밀도를 높이는 일.
정류-하다¹ 동타여 ¶**석유를** ~. **정류-하다**¹ 동자

정류²(整流)[-뉴][명][물] **1** 물·공기와 같은 유체의 흐름을 고르게 하는 것. **2** 교류 전류를 직류 전류로 바꾸는 것. **정류-하다**[타여] **정류-되다**[자여]

정류-소(停留所)[-뉴-][명] =정류장.

정류-장(停留場)[-뉴-][명] 버스나 택시 등이 사람을 태우고 내리기 위해 머무르는 일정한 장소. =정류소. ¶버스 ~.

정리¹(定理)[-니][명][수] 정의(定義)나 공리에 의하여 증명된 명제.

정리²(情理)[-니][명] 인정과 도리. ¶그간의 ~를 봐서라도 며칠만 참아 주십시오.

정리³(整理)[-니][명] **1**(어수선하거나 흩어져 있는 물건을) 한군데에 모으거나 둘 자리에 두거나 불필요한 것을 없애거나 하여 질서 있는 상태가 되게 하는 것. ¶서랍 ~. **2**(사물을) 일정한 순서나 체계에 나 조리를 가진 상태가 되게 하는 것. ¶교통~. **3**(문제가 되는 사물을) 바로잡기 위해 줄이거나 없애거나 폐하는 것. ¶채무 ~. **4**(다른 사람과의 관계, 특히 애정 관계를) 지속하지 않고 끝내는 것. **5** 무통장 거래를 확인하기 위해 통장에 그 거래 내용을 기록으로 나타내는 것. ¶통장 ~. **정리-하다**[타여] ¶빚을 깨끗이 ~. **정리-되다**[자여]

정립¹(正立)[-닙][명] 바로 서는 것. 또는, 바로 세우는 것. ¶가치판의 ~. **정립-하다**[자타여] ¶학문의 기초를 ~.

정립²(定立)[-닙][철] 어떤 판단을 이끌어 내기 위한 논리를 전개함에 있어서, 그 전제로서 어떤 명제를 정하는 일. =정(正)·테제. ↔반정립. **정립-하다²**[타여] **정립-되다**[자여]

정립³(鼎立)[-닙][명] 세 사람 또는 세 개의 세력이 서로 대립하는 것. **정립-하다³**[자여] ¶삼국이 ~.

정립-상(正立像)[-닙쌍][명][물] 렌즈 등의 광학계(光學系)에 의해 물체의 상이 생겼을 때, 물체의 아래위와 상(像)의 아래위가 같은 것. ↔도립상.

정:-말(正-) **I**[명] **1** 어떤 사실에 관한 말이 실제와 같은 상태이다. 또는, 그 실제와 같은 말. ¶그가 죽었다는 게 ~이냐? **II**[부] **1** 말한, 또는 얘기된 그대로 어김없이. ¶아니, 이 밤중에 ~ 떠나겠다는 거냐? **2** 사실 그대로 아주 또는 몹시. 또는, 거짓이 아니라 실제로. 말하는 사람이 자기의 말이 진실이라는 뜻을 담아, 다음에 오는 서술어의 상태나 정도, 작용을 강조하는 말임. ¶신부가 ~ 아름답다.

정:말-로(正-)[부] '정말 II'의 힘줌말. ¶이 길 ~ 내게 주는 거야?

정맥¹(精麥)[명] 보리를 쓿어서 대끼는 것. 또는, 깨끗하게 쓿은 보리쌀. **정맥-하다**

정맥²(靜脈)[명][생] 모세 혈관을 통하여 심장으로 되돌아가는 혈액이 흐르는 혈관. ↔동맥(動脈).

정맥³(整脈)[명][의] 정상적·규칙적인 맥박. ↔부정맥.

정맥-류(靜脈瘤)[-맹뉴][명][생] 정맥이 압박이나 폐쇄에 의한 혈행 장애 때문에 부분적으로 혹처럼 팽창하는 병.

정:면(正面)[명] **1** 마주 보이는 물건의 앞쪽 면. ¶길 건너 ~으로 보이는 건물. **2** 에두르지 않고 직접 보이는 것. ¶문제를 ~로 다루다.

정:면-도(正面圖)[명] **1** 물체를 정면으로 보고 그린 그림. **2**[수] =입면도.

정:면-충돌(正面衝突)[명] **1** 정면으로 서로 부딪치는 것. **2** 의견이나 감정 등을 노골적으로 드러내며 싸우는 것. **정:면충돌-하다**[자여] ¶두 사람의 의견이 ~.

정:명(正命)[명][불] 팔정도(八正道)의 하나. 정법(正法)에 따른 바른 생활을 하는 것.

정:모(正帽)[명] 어떤 집단에 속하는 사람이 쓰게 되어 있는 일정한 모양의 모자.

정:-몽주(鄭夢周)[명][인] 고려 시대의 문신·학자(1337~1392).

정묘(丁卯)[명] 60갑자의 넷째.

정묘-호란(丁卯胡亂)[명][역] 조선 인조 5년(1627)에 후금의 아민(阿敏)이 인조반정의 부당성을 내세우고 침입하여 일어난 전쟁.

정무(政務)[명] 정치상의 사무. 또는, 행정상의 사무.

정무-장관(政務長官)[명] 예전에, 정부 기관의 행정 책임을 맡지 않고 대통령이나 국무총리가 지정하는 사무를 맡아보던 국무 위원.

정무직-공무원(政務職公務員)[-공-][명][법] 선거에 의해 취임하거나 임명에 국회의 동의를 얻어야 하는 공무원. 감사원장·국회 사무총장·국무 위원 따위.

정:문¹(正門)[명] 건물의 정면에 있는, 주가 되는 출입문. ¶학교 ~. ↔측문.

정문²(旌門)[명][역] 충신·효자·열녀 등을 표창하여 그 집 앞에 세우는 붉은 문.

정물(靜物)[명] **1** 정지(靜止)하여 움직이지 않는 물체. **2**[미] =정물화의 준말.

정물-화(靜物畫)[명][미] 꽃·과일·문방구·기물 등 그 자체로는 움직이지 않는 물체를 소재로 하여 그린 그림. 정물도.

정미¹(丁未)[명] 60갑자의 마흔넷째.

정미²(精米)[명] =정백미의 준말.

정미-소(精米所)[명] 쌀 찧는 일을 전문적으로 하는 곳. ⓑ방앗간.

정미-하다(精微-)[형여] 정밀하고 자세하다.

정밀(精密)[명] 세밀한 데에까지 빈틈이 없거나 정확한 것. ¶~ 검사. **정밀-하다**[형여] ¶정밀한 분석. **정밀-히**[부]

정밀²(靜謐)[명] (세상이나 어떤 분위기가) 고요하고 편안한 것. **정밀-하다²**[형여] **정밀-히**[부]

정밀-도(精密度)[-또][명] 측정의 정밀함을 나타내는 정도. ¶~가 높다.

정밀-성(精密性)[명] 세밀한 데에까지 빈틈이 없거나 정확한 특성. ¶고도의 ~이 요구되는 작업.

정박(碇泊·渟泊)[명] (배가) 닻을 내리고 머무르는 것. 또는, (배를) 머무르게 하는 것. **정박-하다**[자여] ¶배가 [를] 항구에 ~.

정박-아(精薄兒)[명][심] '정신박약아'의 준말.

정:-반대(正反對)[명] 완전히 반대되는 일. ¶둘은 성격이 ~다. **정:반대-되다**[자여]

정:-반사(正反射)[명][물] 투사된 광선이 반사 법칙에 따라 일정한 방향으로 반사되는 현상. ↔난반사.

정:-반응(正反應)[명][화] 가역 반응에서, 화학 변화가 원래의 물질로부터 생성 물질의 방향으로 진행하는 반응. ↔역반응.

정-받이(精-)[-바지][명][생] =수정(受精)². **정받이-하다**[자여]

정방¹(政房) 명 [역] 고려 최씨 집권 시대에 최우(崔瑀)가 자기 집에 설치한 사설 정치 기관.

정방²(精紡) 명 방적의 마지막 공정으로, 실을 질기고 탄력 있게 하기 위하여 잡아당기면서 비트는 공정.

정ː방^정계(正方晶系) [-계/-계] 명 [광] 서로 직각으로 만나는 세 결정축 중에서 두 축은 길이가 같고, 상하로 뻗은 한 축은 길이가 다른 결정체.

정ː방형(正方形) 명 [수] =정사각형.

정ː배(定配) 명 [역] 죄인에게 내리는 형별의 하나. 지방이나 섬으로 보내 일정한 기간 동안 정해진 지역 내에서만 감시를 받으며 살게 하는 것. 정배-하다 통 (타여) 정ː배-되다 통

정백-미(精白米) [-뺑-] 명 뉘가 없게 깨끗하게 쓿은 흰쌀. 정미.

정벌(征伐) 명 적군이나 죄 있는 무리를 무력으로써 치는 것. 정벌-하다 통(타여) ¶여진족을 ~. 정벌-되다 통(자)

정ː범(正犯) 명 [법] 형법상, 범죄 행위를 실행한 사람. ☞주범.

정ː법(正法) [-뺍] 명 1 바른 법도. 2 [불] 바른 교법.

정변(政變) 명 혁명·쿠데타·음모·암살 등 비합법적인 수단으로 인한 정권의 변동. ¶갑신~.

정ː병(正兵) 명 1 [군] 어떤 술수나 술법을 쓰지 않고 정정당당하게 싸우는 군대. 2 [역] 조선 시대, 장정(壯丁)으로 군역(軍役)에 복무하던 사람.

정병(精兵) 명 우수하고 강한 군사.

정보¹(情報) 명 1 관찰이나 측정을 통해 수집된 자료를 실제 문제에 도움이 될 수 있도록 해석하고 정리한 지식. ¶~ 시대/~를 교환하다. 2 적의 상황에 대한 학심적인 극비 자료. 또는, 어떤 기업의 핵심적 극비 기술. 특히, 첩보 활동에 의해 수집·정리된 보고 자료. ¶기업~가 유출되다. 3 [생] 생체계가 일정하게 반응하거나 움직이게 하는 지령이나 신호. 유전자의 유전 정보 따위.

정보²(町步) 의존 '정(町)'을 달리 이르는 말. 1정보는 3,000평임. ▷町(정)

정보-기관(情報機關) 명 정보의 수집·처리·선전·통제 등에 관한 일을 전문적으로 맡아 하는 기관.

정보^기술(情報技術) 명 [컴] =아이티¹.

정보-력(情報力) 명 정보를 빠르게 입수하는 능력. ¶막강한 ~을 갖춘 기업.

정보-망(情報網) 명 정보를 수집하기 위하여 널리 편 조직.

정보^산업(情報産業) 명 정보의 수집·가공·제공 및 정보 시스템 개발 등을 하는 산업의 총칭. 일반적으로 컴퓨터 관련 산업을 말함.

정보-원¹(情報員) 명 정보에 관한 일을 맡아 처리하는 사람.

정보-원²(情報源) 명 정보의 출처.

정보-은행(情報銀行) 명 [컴] =데이터 뱅크.

정보-지(情報誌) 명 특정의 독자를 대상으로, 세분화된 정보를 제공하는 잡지.

정보-통(情報通) 명 그 방면의 정보에 정통한 사람.

정보^통신부(情報通信部) 명 행정 각 부의 하나. 정보 통신·전파 관리·우편·우편환 및 우편 대체(對替) 등에 관한 사무를 맡아봄.

정보화 사회(情報化社會) [-회/-훼] 명 정보가 유력한 자원이 되고 정보의 처리·가공에 의한 가치의 생산을 중심으로 사회나 경제가 발전하여 가는 사회.

정ː복(正服) 명 1 의식 때에 입는 정식의 옷. 2 =제복(制服).

정복(征服) 명 1 (다른 나라를) 정벌하여 복종시키는 것. 2 (보통 사람이 가기 힘든 곳을) 어려움을 이겨 내고 가게 되는 것. ¶정상(頂上) ~. 3 (다루기 어려운 대상을) 자기의 뜻대로 다룰 수 있게 되는 것. 정복-하다 통(타여) ¶외국어를 ~. 정복-되다 통(자)

정ː본(定本) 명 1 고전의 여러 이본 가운데, 검토하고 교정하여 원본과 가장 가깝다고 판단한, 표준이 될 만한 책. 2 저자가 손질하여 결정한 결정판.

정ː부¹(正否) 명 바름과 그름.

정ː부²(正副) 명 으뜸과 버금. ¶~ 책임자.

정부(政府) 명 1 국가를 다스리는 기관. 곧, 입법부·사법부·행정부의 총칭. 2 특히, '행정부'를 가리키는 말.

정부(情夫) 명 남편이 아니면서 부도덕하게 정을 통하는 남자.

정부(情婦) 명 아내가 아니면서 부도덕하게 정을 통하는 여자.

정부-군(政府軍) 명 정부에 딸린 군대.

정부-미(政府米) 명 쌀값 조절을 목적으로 정부가 사들여 보유하고 있는 쌀.

정부-안(政府案) 명 정부가 작성하여 국회에 제출하는 의안.

정ː-부인(貞夫人) 명 [역] 1 고려 시대, 2품·종2품의 종친 및 문무관의 아내의 봉작.

정ː-부통령(正副統領) [-녕] 명 대통령과 부통령.

정ː북(正北) 명 '정북방'의 준말.

정ː-북방(正北方) [-빵] 명 똑바른 북쪽. 정북.

정분(情分) 명 사귀어서 정이 든 정도. ¶~이 두터운 사이.

정분-나다(情分-) 통(자) 서로 사랑하게 되다.

정-불이다(情-)[-부치-] 통(자) 정을 두다. ¶어디 정붙일 데가 있어야 말이지.

정ː비¹(正妃) 명 왕의 정실인 왕비를 후궁에 상대하여 일컫는 말.

정ː비²(整備) 명 1 흩어지거나 헝클어진 것을 가다듬어 바로 갖추는 것. 2 (기계 따위를) 제대로 작용하도록 손질하는 일. ¶~ 공장. 정비-하다 통(타여) ¶전열(戰列)을 ~. 정비-되다 통(자)

정ː비-공(整備工) 명 차량이나 비행기 따위의 수리 및 이상(異常) 유무를 보살피는 기술자. ¶작동차 ~.

정ː-비례¹(正比例) [-녜] 명 [수] 두 양이 서로 같은 비율을 늘거나 주는 일. ↔반비례. 정ː비례-하다 통(자여)

정ː비례²(正比例) 명 일정한 비율.

정ː비-사(整備士) 명 비행기·자동차 등의 엔진이나 부속 기계를 정비하는 기술자.

정사¹(丁巳) 명 60갑자의 쉰넷째.

정ː사²(正史) 명 지난 왕조 시대에, 나라에서 공식적으로 편찬한 역사 기록. 원칙적으로는 이전의 왕조의 역사를 사관이 기록한 것을 가리킴. ↔야사.

정ː사³(正邪) 명 바른 일과 사악한 일.

정사⁴(政事) 명 정치에 관계되는 일. ¶~를 돌보다.

정사[5](情死) 圓 사랑하는 남녀가 그 사랑을 이루지 못하여 함께 자살하는 일. **정사-하다** 图재

정사[6](情事) 圓 정부(情夫)와 정부(情婦) 사이의 육체적인 관계. ¶혼외(婚外)~.

정:-사각형(正四角形) [-가켱] 圓[수] 네 변의 길이와 각의 크기가 모두 같은 사각형. ≒정방형.

정:-사면체(正四面體) 圓[수] 각 면이 정삼각형인 사면체.

정:-사원(正社員) 圓 일정한 자격을 지닌 정식의 사원.

정산(精算) 圓 정밀하게 계산하는 것. 또는, 그 계산. ¶연말 ~. **정산-하다** 图타

정:-삼각형(正三角形) [-가켱] 圓[수] 세 변의 길이와 세 각의 크기가 모두 같은 삼각형.

정상[1](正常) 圓 ❶일반적 기준에 비추어 별 문제 없이 바른 상태. ¶혈압이 ~이다. ↔비정상. ❷특별한 변동 없이 정해진 대로인 것. ¶~ 근무.

정상[2](頂上) 圓 ❶산의 맨 꼭대기. ¶~ 정복. ❷사물의 최고의 상태. ¶인기 ~의 가수. ❸국가의 최고 수뇌. ¶한미 ~ 회담.

정상[3](情狀) 圓 ❶있는 그대로의 사정과 형편. ❷[법] 구체적 범죄의 구체적 책임의 경중에 영향을 미치는 일체의 사정.

정상-급(頂上級) [-끕] 圓 지위나 등급의 맨 위의 급. ¶세계 ~ 지휘자.

정상-배(政商輩) 圓 정치가와 결탁하여 사사로운 이익을 꾀하는 무리. 또는, 그 무리에 속하는 사람.

정:상-아(正常兒) 圓 심신 상태에 아무런 이상이 없는 아이.

정:상-인(正常人) 圓 '비장애인'으로 순화.

정:상-적(正常的) 冠 상태가 정상적인 (것). ¶열차는 곧 ~으로 운행되었다.

정상 참작(情狀參酌) 圓[법] =작량 감경.

정상-치(正常値) 圓 정상임을 나타내는 수치. ¶혈압이 ~ 아래로 떨어지다.

정:상-화(正常化) 圓 비정상적인 것이 정상적인 상태로 되는 것. 또는, 그리되게 하는 것. **정:상화-하다** 图재타여 ¶한·일 국교를 ~.

정상 회:담(頂上會談) [-회/-훼-] 圓[정] 두 나라 이상의 원수가 모여 하는 회담. ¶한미(韓美)~.

정색(正色) 圓 터무니없거나 부당한 말을 들거나 했을 때, 또는 어떤 말을 진지하게 꺼내려고 할 때, 얼굴빛을 바꾸어 엄하거나 굳은 표정을 짓는 것. ¶결혼 이야기가 나오자 그는 갑자기 ~을 했다. **정: 색-하다** 图재여

정:서[1](正書) 圓 '정서법'의 준말.

정:서[2](正書) 圓 ❶글씨를 흘리지 않고 또박또박 쓰는 것. ❷초(草) 잡았던 글을 정식으로 베껴 쓰는 것. **정:서-하다** 图타여 **정:서-되다** 图재

정서[3](正草) 圓 ❶글씨를 깨끗이 쓰는 것. ❷초(草) 잡았던 글을 깨끗이 옮겨 쓰는 것. **정서-하다** 图타

정서[4](情緒) 圓 주위의 사물을 접할 때 기쁨·슬픔·노여움·괴로움·사랑·미움 따위를 느끼게 하는 마음의 작용이나 기능. ¶~가 불안하다. ▷감정(感情).

정:-서방(正西方) 圓 똑바른 서쪽. ㉰정서.

정시_1045

정:서-법(正書法) [-뻡] 圓[언] =맞춤법.

정서-적(情緒的) 冠 정서를 불러일으키는 (것). ¶~으로 불안한 아이.

정:석(定石) 圓 ❶바둑에서, 공수(攻守)의 최선이라고 인정된 방식으로 돌을 놓는 법. ¶~을 두다. ❷사물의 처리에 정해져 있는 일정한 방식. ¶~을 따르다.

정:선(定先) 圓 바둑에서, 상대방과의 수에 차가 있어 한쪽이 늘 흑(黑)을 가지고 먼저 두는 일.

정선[2](停船) 圓 ❶배를 멈추는 것. ❷선박의 진항(進航)을 정지시켜, 선박 업무를 금지하는 것. **정선-하다** 图재타

정선[3](精選) 圓 (어떤 대상을) 엄격한 기준에 따라 잘 가려서 뽑는 것. **정선-하다**[2] 图타여 ¶명시(名詩)만을 **정선한** 앤솔러지. **정선-되다** 图재

정:-선[4](鄭敾) 圓[인] 조선 시대의 화가 (1676~1759).

정:설(定說) 圓 옳다고 널리 인정되고 있는 설.

정성(精誠) 圓 어떤 일을 성실히 하거나 훌륭히 이루기 위해, 있는 힘을 다하려는 마음이나 태도. ¶~ 어린 선물.

정성-껏(精誠-) [-껃] 冃 정성을 다하여. ¶~ 간호하다.

정성-스럽다(精誠-) [-따] 冠田 〈-스러우니, -스러워〉 정성 어린 태도가 있다. ¶정성스럽게 포장한 선물. **정성스레** 冃

정세(情勢) 圓 주로 국가나 세계에 있어서, 사회적·정치적으로 변화해 가는 형편. ≒형세(形勢). ¶세계 ~.

정:-세포(精細胞) 圓[생] 동물의 정소에서 한 개의 정모 세포가 감수 분열하여 생긴 4개의 세포. 각각 정자가 된다. ㉰난세포.

정소(精巢) 圓[생] 동물의 수컷의 생식기. 정자를 형성하여 웅성 호르몬을 분비함. ㉰난소(卵巢).

정:수(正手) 圓 바둑·장기 따위에서, 속임수가 아닌 정당한 수.

정:수(定數) 圓 ❶일정하게 정해진 수효. ❷정해진 운수.

정수[3](淨水) 圓 물을 깨끗하고 맑게 하는 것. 또는, 그 물. **정수-하다** 图재타여

정수[4](精髓) 圓 사물의 가장 중심이 되는 알짜.

정:수[5](整數) 圓[수] 하나 또는 그에 하나씩 차례로 보태어서 이루어지는 자연수, 이에 대응하는 음수 및 0의 통칭.

정수-기(淨水器) 圓 물을 정화(淨化)하는 기구.

정수리(頂-) 圓 머리 위의 숫구멍이 있는 자리.

정수배기(頂-) 圓 〈방〉 정수리 (강원·전남).

정숙-하다(貞淑-) [-수카-] 冠囫 여자로서 행실이 곧고 마음씨가 곱다. ¶정숙한 부인. **정숙-히** 冃

정숙-하다[2](靜肅-) [-수카-] 冠囫 고요하고 엄숙하다. ¶정숙한 분위기. **정숙-히** 冃

정승(政丞) 圓[역] =대신(大臣)[1]. [정승도 저 싫으면 안 한다] 아무리 좋은 것이라도 제 마음에 내키지 않으면 좋을 게 없다.

정:시[1](正視) 圓 똑바로 보는 것. **정:시-하다** 图타여

정:시[2](定時) 圓 일정한 시간 또는 시기. ¶~ 출발.

정식¹(正式) 명 일정한 격식이나 의식. ¶유엔에 ~으로 가입하다.

정식²(定食) 명 음식점에서 몇 가지 요리 종류를 한 세트로 묶어 놓고 한 끼의 식사로 제공하는 방식의 음식. ¶한(韓)~.

정식³(整式) 명 [수] 분모나 근호(根號) 속에 문자가 포함되어 있지 않은 식. ▷부수식.

정신(精神) 명 1 사람의 뇌의 활동에 의해 일어나는 고차원적 관념이나 사고의 작용 또는 영역. ↔육체. 2 사물을 느끼고 생각하는 능력. 또는 그런 작용. ¶~을 집중하다. 3 사물의 근본적인 의의나 사상. ¶민주주의의 ~. 4 마음의 자세나 태도. ¶희생~.

정신(이) 나가다 마음이 정상적인 상태에서 벗어나다.

정신(이) 나다 사리를 분별할 수 있는 정신이 생기다. ¶찬 바람을 쐬고 왔더니 **정신**이 **난다**.

정신(이) 들다 1 잃었던 의식이 돌아오다. 2 사리를 분별할 수 있는 이성적 능력이 돌아오다. ¶선생님의 따끔한 충고에 번쩍 **정신**이 **들었다**.

정신(을) 차리다 1 잃었던 의식을 되찾다. ¶환자가 이제야 **정신**을 **차렸다**. 2 사리를 분별할 정신을 가지다.

정신(이) 팔리다 자기가 해야 할 일을 잊고 다른 데에 정신이 쏠리다. ¶노는 데 **정신**이 **팔려** 공부를 하지 않는다.

정신-계(精神界) [-계/-게] 명 정신의 세계. ↔물질계.

정신-과(精神科) [-꽈] 명 =신경 정신과.

정신-과학(精神科學) 명 인간의 정신적 작용, 또는 그로부터 발생하는 문화 현상을 이론적으로 연구하는 학문. 철학·심리학·신학·역사학·사회학 등의 총칭.

정신-노동(精神勞動) 명 주로 두뇌를 써서 하는 노동. ↔육체노동.

정신-대(挺身隊) 명 [일제 태평양 전쟁 때 일본 군의 위안부(慰安婦)로 강제 종군한 여성들을 이르는 말. ▷종군 위안부.

정신-력(精神力) [-녁] 명 정신을 지탱하는 힘. ¶강한 ~.

정신-머리(精神-) 명 '정신(精神)²'를 낮 되게 이르는 말.

정신-문명(精神文明) 명 정신적인 활동을 기초로 하여 이루어진 문명. ↔물질문명.

정신-문화(精神文化) 명 인간의 정신 활동의 소산으로 이루어진 문화의 총칭. 학술·사상·종교·예술 따위. ↔물질문화.

정신-박약(精神薄弱) 명 =정신 지체.

정신-박약아(精神薄弱兒) 명 [심] 선천적 또는 후천적 원인으로 지능 발달이 되지 않아 정상적인 사회생활을 할 수 없는 아동. 준정박아.

정신-병(精神病) [-뼝] 명 정신의 장애로 말미암아 행동이 정상적이지 않은 병적 상태.

정신^병원(精神病院) [-뼝-] 명 [의] 정신병자를 수용·치료하는 병원. =뇌병원.

정신병-자(精神病者) [-뼝-] 명 정신병에 걸린 환자.

정신-분석(精神分析) 명 [심] 프로이트가 신경증의 진단에 사용한 방법. 자유 연상이나 착오 행위, 꿈의 현상 등을 분석함으로써 무의식에 억압되어 있는 마음의 갈등을 발견하는법.

정신^분열증(精神分裂症) [-쯩] 명 [심] 생각이나 감정의 일관성이 없어지고 착각·망상 등에 시달리게 되는 정신 질환.

정신-사(精神史) 명 [역] 역사를 형성하는 근본적인 힘으로서 시대의 배후에 흐르고 있는 정신을 고찰하는 역사학의 한 분야.

정신-생활(精神生活) 명 1 정신적인 측면의 생활. 2 정신에 의의를 두고 영위하는 생활.

정신-세계(精神世界) [-계/-게] 명 =정신계.

정신^안정제(精神安靜劑) [-쩨] 명 [약] 정신 신경의 흥분을 가라앉히고 정신적 착란을 억제시키는 약. 준안정제.

정신-없다(精神-) [-업따] 형 1 몹시 바쁘다. ¶손님 접대하느라 ~. 2 사리를 분별하지 못하다. **정신-없이** 부

정신^연령(精神年齡) [-녈-] 명 [심] 지능의 발달 정도를 연령 단계로 표시한 것. ¶~이 낮다.

정신^이상(精神異常) [-의] 명 신경 계통의 장애로 비정상적인 행동을 하는 증세.

정신^장애인(精神障碍人) 명 정신 상태가 온전하지 못하여 정상적인 생활을 할 수 없는 사람. 정신병자·정신박약아 따위.

정신-적(精神的) 관명 정신의 영역에 관계되는 (것). ¶~ 사랑 / ~인 고통. ↔물질적·육체적.

정신^지체(精神遲滯) 명 [심] 유전적 원인, 또는 후천적 질병이나 뇌의 장애로 인하여 청년기 전에 지능 발달이 저지된 상태. =정신박약.

정신^지체아(精神遲滯兒) 명 정신 능력의 발달이 늦어진 아이. 보통, 정신박약아보다 가벼운 정도를 가리킴. =저능아.

정실¹(正室) 명 첩에 대하여 본 아내를 이르는 말. ↔부실(副室).

정실²(情實) 명 사사로운 정이나 관계에 이끌리는 일.

정악(正樂) 명 고상하고 우아하여 속되지 않은 정통의 국악. ↔속악(俗樂).

정액¹(定額) 명 일정한 액수. ¶~ 소득.

정액²(精液) 명 1 [생] 사람이나 동물의 남성 또는 수컷의 생식기에서 만들어지는, 정자를 포함하는 있는 액체. 2 순수한 진액으로 된 액체. ¶인삼 ~.

정액-권(定額券) [-꿘] 명 미리 지불한 일정 금액의 요금만큼 반복적으로 사용할 수 있는 승차권이나 통행권. 주로, 전철·기차 등을 타거나 운전자가 유료 도로를 이용할 때 사용함.

정액-은행(精液銀行) 명 체질이나 지능이 우수한 사람들의 정액을 저장해 두었다가 희망하는 여성에게 공급하여 인공 수정하게 하는 기관.

정-약용(丁若鏞) 명 [인] 조선 시대의 학자 (1762~1836).

정양(靜養) 명 몸과 마음을 안정하여 휴양하는 것. **정양-하다** 동자여 ¶공기가 맑은 시골에서 ~.

정양-원(靜養院) 명 몸과 마음의 안정과 휴양을 필요로 하는 사람들을 위하여 세운 시설.

정-어(正語) 명 [불] 팔정도(八正道)의 하나, 도리에 어긋나는 일체의 말을 하지 않는 것.

정어리 명 [동] 몸이 길이 20~25cm의 긴 원통형이고, 몸빛은 등이 암청색, 배는 은백색이며, 옆구리에 6~9개의 검은 점

이 나란히 있는 바닷물고기.
정:언-적(定言的) 【관】【명】 어떤 명제나 판단을 무조건 단정하는 (것). ↔가언적.
정:업(正業) 【명】【불】 팔정도(八正道)의 하나. 바른 행위나 수행을 하는 것.
정연-하다(井然−) 【형】【여】 짜임새가 있고 조리가 있다. ¶논리가 ∼. **정연-히**¹
정:연-하다²(整然−) 【형】【여】 가지런하게 정돈되어 있다. ¶실서가 ∼. **정:연-히**²
정열(情熱) 【ㅡ녈】 【명】 어떤 일에 대하여 가슴속에서 세차게 일어나는 적극적인 감정. 旧열정. 〜을 불태우다.
정열-적(情熱的) 【ㅡ녈쩍】 【관】【명】 정열에 불타는 (것). ¶〜으로 춤을 추다.
정염(情炎) 【명】 불같이 타오르는 욕정.
정예(精銳) 【명】 1 썩 날래고 용맹스러운 군사. ¶〜 부대. 2 능력이 우수하고 냅뜰 힘이 있는 인재. ¶소수 〜.
정예-화(精銳化) 【명】 (어떤 대상의 사람을) 정예의 군사나 인재가 되게 하는 것. 또는, (어떤 대상의 사람이) 정예의 군사나 인재로 되는 것. ¶소수 〜. **정예화-하다**【자】【여】 **정예화-되다**【자】【여】
정:오(正午) 【명】 낮 12시. 〜한낮. 旧오정.
정:오-표(正誤表) 【명】 출판물 등에서, 잘못된 글자나 부분을 바로잡아 만든 일람표.
정ː온-동물(定溫動物) 【명】 조류(鳥類)나 포유류처럼 바깥 온도에 관계없이 체온을 항상 일정하게 유지하는 동물. ＝온혈 동물. ↔변온 동물.
정욕(情慾) 【명】 이성(異性)의 육체에 대한 욕망. ¶〜의 노예가 되다.
정:원¹(定員) 【명】 일정한 규칙 등에 의하여 정해진, 조직·단체 등의 구성원의 수. 또는, 탈것 등의, 안전하게 수용할 수 있는 인원수. ¶〜 미달 / 〜 초과.
정원²(庭園) 【명】 집 안의 빈 땅에 나무나 꽃, 잔디 등을 심어 가꾸어 놓은 공간.
정원-사(庭園師) 【명】 정원의 화단이나 수목을 가꾸는 사람.
정원-수(庭園樹) 【명】 정원에 심어 가꾸는 나무.
정:원-제(定員制) 【명】 규정으로 정해진 인원으로 운영하는 제도. ¶출입 〜.
정:월(正月) 【명】 음력 일월. ¶〜 초하루.
정유(丁酉) 【명】 60갑자의 서른넷째.
정유(精油) 【명】 석유나 동물 지방 등을 정제하는 일. 또는, 정제한 석유나 동물 지방. ¶〜 공장. **정유-하다**【타】【여】 〜.
정유-재란(丁酉再亂) 【명】【역】 조선 선조 30년(1597)에, 임진왜란을 일으킨 일본이 다시 조선에 쳐들어와 일으킨 전쟁.
정육(精肉) 【명】 지방이나 뼈 따위를 발라낸 살코기.
정:-육면체(正六面體) 【ㅡ늉ㅡ】 【명】【수】 여섯 개의 면이 정사각형인 평행 육면체. ＝입방체.
정육-점(精肉店) 【ㅡ쩜】 【명】 쇠고기·돼지고기 등을 파는 가게. 旧푸줏간.
정:음(正音) 【명】 1 한자의 본래의 바른 음. 2 '훈민정음'의 준말.
정음-사(井邑詞) 【명】【문】 유일하게 현존하는 백제 가요. 행상(行商)을 나간 남편의 밤길을 염려하는 내용으로, 한글로 기록되어 전하는 가장 오래된 가요.
정:의¹(正義) 【ㅡ의/ㅡ이】 【명】 사회나 공동체를 위한 옳고 바른 도리. 곧, 사회 전체의 평화와 행복을 위해 법을 바로 세우고, 구성원의 기회나 권리를 공평하게 보장하는 일. ¶〜의 사도 (使徒).
정:의²(定義) 【ㅡ의/ㅡ이】 【명】 어떤 말이나 사물의 뜻을 명백히 밝혀 규정하는 일. ¶〜를 내리다. **정:의-하다**【타】【여】 **정:의-되다**【자】【여】
정의³(情誼) 【ㅡ의/ㅡ이】 【명】 따뜻한 마음과 참된 뜻. ¶〜-투합(投合).
정의⁴(情誼) 【ㅡ의/ㅡ이】 【명】 서로 사귀어 친해진 정. ¶그동안의 〜를 보아서라도 내 청을 거절하지 말게. 윤의(誼).
정:의-감(正義感) 【ㅡ의/ㅡ이】 【명】 정의를 지향하는 마음. ¶〜에 불타는 청년.
정:의-롭다(正義−) 【ㅡ의/ㅡ이ㅡ따/ㅡ이ㅡ따】 【형】【ㅂ변】 〜로워/〜로워 정의에 벗어남이 없이 올바르다. ¶정의로운 사회. **정:의로이**【부】 〜 살다.
정:의-역(定義域) 【ㅡ의/ㅡ이】 【명】【수】 1두 변수 x, y 사이에 y가 x의 함수로 나타내어질 때, x가 취할 수 있는 값의 범위. 2 f가 집합 X에서 Y로의 사상(寫像)일 때, X를 함수 f에 대하여 일컫는 말.
정인(情人) 【명】 남몰래 정을 통하는 남녀 사이에서 서로를 일컫는 말.
정:-인지(鄭麟趾) 【인】 조선 시대의 문신·학자(1396∼1478).
정:자¹(正字) 【명】 1 자체(字體)를 바르게 또 박또박 쓴 글자. ¶흘려 쓰지 말고 〜로 써라. 2 한자의 약자(略字)나 속자(俗字)가 아닌, 본래의 글자. ↔속자.
정자²(亭子) 【명】 계곡이나 강가나 못가, 산마루나 언덕 위 등 경치 좋은 곳에 풍류를 즐기거나 휴식을 취하기 위해, 벽이 없이 기둥과 지붕만 갖추어 마룻바닥을 지면보다 높게 지은 집.
정자³(精子) 【명】【생】 사람·생물의 남성 또는 웅성(雄性)의 생식 세포. 난자와 결합하여 새로운 개체를 형성함. ↔난자.
정자-나무(亭子−) 【명】 마을 어귀나 안의 길 옆에 있어, 그 그늘 밑에 마을 사람들이 쉬거나 놀거나 이야기를 나누는 장소가 되는, 아주 큰 나무.
정자-은행(精子銀行) 【명】 사람 또는 동물의 정액을 인공 수정이나 연구에 사용하기 위하여 일정 기간 체외에서 보관하였다가 선택한 대상자에게 공급하기 위한 시설이나 기관.
정작 I 【명】 요긴하거나 진짜인 것. ¶지금까지는 시험적인 것이고 〜은 이제부터다. II 【부】 정말 실지로. ¶〜 할 말은 하지도 못한 채 헤어졌다.
정:장¹(正章) 【명】 정식의 훈장·휘장 따위의 총칭.
정:장²(正裝) 【명】 1 양복이나 양장으로 차려입는 것. 또는, 그런 차림새. 2 격식을 갖춘 제복을 차려입는 것. 또는, 그런 차림새. ¶군인 장교 〜. **정:장-하다**【자】【여】
정재(呈才) 【명】 대궐 안의 잔치 때 하는 춤과 노래. ¶〜-무(舞).
정-재계(政財界) 【ㅡ게/ㅡ게】 【명】 정계와 재계를 아울러 이르는 말. ¶〜 간담회.
정쟁(政爭) 【명】 정치상의 싸움. ¶〜에 휘말려 화를 당하다.
정저-와(井底蛙) 【명】 바깥세상의 형편을 모르는, 견문이 좁은 사람을 비유하여 이르는 말. '우물 안 개구리'와 같은 말.
정적¹(政敵) 【명】 정치상으로 서로 대립되는 처지에 있는 사람. ¶〜을 제거하다.
정-적²(靜的) 【ㅡ쩍】 【관】【명】 움직임이 없는

(것). 또는, 조용한 (것). ¶성격이 ~이다, ~동적(動的).

정적³(靜寂) 명 사방이 아무 움직임이나 소리가 없이 조용한 상태. ¶무거운 ~이 흐르다/~을 깨뜨리다.

정적 램(靜的RAM)[-쩍-][컴] =에스램.

정전¹(丁田) 명[역] 신라 때, 15세 이상의 남자에게 나라에서 나누어 주던 토지.

정:전²(正殿) 명[역] 궁궐 안에서 조회(朝會)를 행하던 전각.

정전³(停電) 명 전기가 한때 끊어져 들어오지 않는 것. ¶~ 안내/~ 사고. **정전-되다**

정전⁴(停戰) 명[군] 전쟁을 하던 중 쌍방의 합의에 의하여 한때 전투를 중단하는 것. **정전-하다** 짜 **정전-되다²** 짜

정-전기(靜電氣) 명[물] 분포가 시간적으로 변화하지 않는 전하(電荷) 및 그 전하에 의한 전기 현상. 마찰 전기 따위. ¶옷에서 ~이 일어나다.

정절(貞節) 명 정조를 지키는 여자의 곧은 절개. ▷정조(貞操).

정점(頂點)[-쩜] 명 1 산이나 탑 등의 맨 꼭대기. 2 사물 현상에 있어서 수준이나 정도의 최고점. 田絶頂. ¶~에 이르다.

정:정¹(正定) 명[불] 팔정도(八正道)의 하나. 번뇌로 인한 어지러운 생각을 털어 버리고 마음을 안정시키는 것.

정정²(訂正) 명 잘못을 고쳐 바로잡는 것. 특히, 글이나 글자의 틀린 곳을 바로잡는 것. ¶~안(案). **정정-하다²** 태여 **정정-되다** 짜

정정³(訂定) 명 잘잘못을 의논하여 정하는 것. **정정-하다²** 타여

정정⁴(政情) 명 정계(政界)의 상황. ¶~이 불안하다.

정정당당-하다(正正堂堂-) 혱여 태도나 수단이) 공정하고 떳떳하다. **정정당당-히** 튀 ¶시합에서 ~ 싸우라.

정:-정진(正精進) 명[불] 팔정도(八正道)의 하나. 온 마음을 기울여 악이 발생하지 못하게 하고 선이 발생하게 하는 것.

정정-하다¹(亭亭-) 혱여 노인의 몸이 튼튼하고 건강하다. ¶그는 팔십 고령인데도 정정해 보인다. **정정-히** 튀

정제¹(精製) 명 1 물건을 정성을 들여 정밀하게 만드는 것. ¶~품(品). 2 물질에 섞인 불순물을 없애어 물질을 더 순수하게 하는 것. ¶~당(糖). **정제-하다¹** 태여 ¶원유를 ~. **정제-되다¹** 짜

정²제(整齊) 명 격식에 맞게 차려입고 매무시를 바르게 하는 것. **정제-하다²** 태여 ¶의관을 ~. **정제-되다²** 짜

정제³(錠劑) 명[약] 분말 또는 결정성의 의약품에 젖당이나 백당(白糖), 아라비아고무·녹말 등을 섞어서 일정한 모양으로 압축하여 만든 고형(固形)의 약제. 田丸藥.

정:조¹(正祖) 명[인] 조선의 제22대 왕 (1752~1800).

정조²(貞操) 명 여자의 성적(性的) 순결. ¶~ 관념이 희박하다. ▷정절(貞節).

정조³(情調) 명[심] 단순한 감각에 따라 일어나는 느낌. 색채나 냄새 등에 대한 쾌(快)·불쾌의 느낌 따위.

정조⁴(情操) 명[심] 사람의 정신 활동에 따라 일어나는 고차원적인 복잡한 감정.

정조-대(貞操帶) 명 지난날, 서양에서 아내가 외간 남자와 성교하지 못하도록 살에 착용케 하던, 금속으로 만들어 자물쇠를 채우게 되어 있는 물건.

정:조-사(正朝使) 명[역] 조선 시대에 해마다 정월 초하루의 하례(賀禮)를 위하여 중국에 보내던 사신. ▷동지사.

정:족-수(定足數)[-쑥] 명[법] 합의체가 의사(議事)를 진행하고 의결하는 데 필요한 최소의 구성원의 출석수. ¶~ 미달.

정:종(正宗) 명 일본식으로 빚어 만든 맑은 술. 상표명임. =청주(淸酒).

정:좌¹(正坐) 명 몸을 바르게 하고 앉는 것. **정:좌-하다** 짜여

정좌²(靜坐) 명 마음을 가라앉히고 조용히 앉는 것. **정좌-하다** 짜여

정:죄(定罪)[-죄/-줴] 명 죄가 있다고 단정하는 것. **정:죄-하다** 타여

정:주(定住) 명 일정한 곳에 머물러 사는 것. ¶~자(者). **정:주-하다** 짜여

정:-주영(鄭周永) 명[인] 실업가(1915~2001).

정주-학(程朱學) 명 중국 송나라 때의 정호(程顥)·정이(程頤)와 주희(朱熹) 계통의 성리학을 이르는 말.

정:중(正中) 명 =한가운데. ¶~선(線).

정중동(靜中動) 명 겉으로는 움직임이 없는 듯하나 실제로는 움직임이 있음. 또는, 조용한 가운데 어떤 움직임이 있음. ¶승무는 ~의 멋이 극치를 이룬 춤이다.

정:-중부(鄭仲夫) 명[인] 고려 시대의 무신(1106~1179).

정:중-선(正中線) 명 신체의 앞뒷면의 중앙을 수직으로 지나는 선.

정중-하다(鄭重-) 혱여 (말이나 행동이) 공손하거나 예의바르고 삼가는 상태에 있다. ¶정중한 태도. **정중-히** 튀 ¶손님을 ~ 모시다.

정지¹(停止) 명 1 (움직이고 있는 물체가) 움직임을 멈추는 것. ¶붉은색 등은 ~ 신호이다. 2 (하던 일이나 작용을) 중도에 그만두거나, 더 이상 이뤄지지 않게 하는 것. ¶영업 ~. **정지-하다¹** 짜태여 ¶자동차가 건널목에서 ~. **정지-되다¹** 짜여

정지²(靜止) 명 움직임이 없이 멈춘 상태를 유지하는 것. ¶~ 화면. **정지-하다²** 짜여

정:지³(整地) 명 1 땅을 반반하게 고르는 것. ¶기초 ~ 공사. 2 [농] =땅고르기. ¶~ 작업. **정:지-하다³** 타여

정:지⁴(整枝) 명 =가지고르기. **정:지-하다⁴** 타여

정지-등(停止燈) 명 차량의 브레이크를 걸었을 때 자동적으로 켜져 뒤에서 오는 차에 알리는 정지 신호등.

정지-선(停止線) 명 교통안전 표지의 하나. 횡단보도 앞 도로 위 정지 신호에 따라 차량이 정지하는 위치를 나타내는 선.

정지^위성(靜止衛星) 명 움직이는 속도가 지구의 자전 속도와 같아 마치 정지하고 있는 것처럼 보이는 인공위성. 통신·기상 관측에 이용함.

정:직¹(正直) 명 (사람이, 또는 사람의 태도가) 속이거나 숨김이 없이 참되고 바른 상태. **정:직-하다** 혱여솔직하다. ¶잘 모르는 것은 ~ 정직하게 고하라. **정:직-히** 튀

정:직²(停職) 명[법] 공무원의 징계 처분의 하나. 신분은 그대로 지닌 채 일정 기간 (1개월 이상 3개월 이하) 직무에 종사하지 못하게 하고 보수의 2/3를 감소하는 일. ¶~ 처분. ▷징계.

정진(精進) 명 1 정력을 다하여 나아가는

정차(停車)[명] (차가) 운행 중에 어느 곳에서 한동안 멈추어 서는 것. 또는, (차를) 운행 중에 어느 곳에 한동안 세우는 것. 도로 교통법에서는, 차가 5분을 초과하지 않고 정지하는 것으로서 주차 외의 정지 상태를 가리킴. ¶정차. ¶~ 신호. ▷주차. 정차-하다[자타여] ¶이 기차는 다음 정거장에서 5분간 정차한다.

정:착(定着)[명] 1 (어느 곳에) 자리 잡아 오래도록 사는 것. ¶~지. 2 (새로운 문화 현상·학설 등이) 당연한 것으로 사회에 받아들여지는 것. 정:착-하다[자여]

정:착-되다[자여] 민주주의가 ~.

정찰¹(正札)[명] 물건의 에누리 없는 정당한 값을 적은 종이쪽. ¶~ 판매.

정찰²(偵察)[명] 1 살펴서 알아내는 것. 2[군] 작전상 필요한 자료를 얻기 위하여 적후를 보내어 적의 정세나 지형을 살펴 알아내는 것. 또는, 그 사람. ¶~대(隊).

정찰-기(偵察機)[명][군] 정찰을 임무로 하는 군용기.

정:찰-제(定札制)[-쩨][명] 물건을 정가에 따라 판매하는 제도나 체제.

정채(精彩)[명] 1 아름답고 빛나는 색채. 2 활발하고 생기가 넘치는 기상.

정책(政策)[명] 정치적 목적을 실현하기 위하여 취하는 방법. ¶외교 ~.

정책-적(政策的)[-쩍][명] 정책에 관계 되는 (것). ¶국가의 ~인 지원을 받다.

정:처(定處)[명] 어디로 가고자 하여 정해 둔 목적지. ¶~ 없는 나그넷길.

정:-철(鄭澈)[인] 조선 시대의 문신·시인(1536~1593).

정체¹(正體)[명] 1 감추어졌거나 드러나지 않은, 사람의 본래의 신분이나 직업이나 출신. 또는, 무엇인지 모르는 사물의 그 속하는 있는 부류. ¶~를 알 수 없는 비행 물체. 2 바르게 또박또박 쓴 글씨의 체. ¶~로 쓰다. 3[출] 사진 식자의 장평·평체·사체에 대하여, 특히 정방형이 되는 원형이 되는 자체.

정체²(政體)[명] 1 국가의 통치 형태. 군주제·귀족제·민주제·공화제 따위. 2 통치권의 행사 방법에 따라 구별되는 정치형태.

정체³(停滯)[명] 1 (일정한 방향으로 움직이던 것이) 더 나아가지 못하고 한 자리에 머물러 막히는 것. ¶차량 ~ 구간. 2 (어떤 일이나 상황이) 발전적으로 나아가지 못하고 그 상태에 머무는 것. ¶경제 발전이 ~ 상태에 머물러 있다. 정체-하다[자여] 정체-되다[자여]

정체-불명(正體不明)[명] 정체가 분명하지 않음. ¶~의 괴한.

정:체-성(正體性)[-썽][명] 변하지 않는 존재의 본질을 깨닫는 성질. 또는, 그 성질을 가진 독립적 존재. ¶~을 확립하다.

정체^전선(停滯前線)[명][기상] 찬 기단(氣團)과 따뜻한 기단의 경계면이 한군데 머물러 있는 전선. 장마 전선 따위.

정초(正初)[명] 정월 초승. 그해의 처음. ¶새해 ~부터 좋은 일이 많이 생기다.

정:초²(定礎)[명] 주춧돌을 놓는 것. 공사를 개시하는 것을 말함. 정:초-하다[자타여]

정:총(定總)[명] '정기 총회'의 준말.

정축(丁丑)[명] 60갑자의 열넷째.

정취(情趣)[명] 어떤 풍경이나 사물 등에서 느껴지는 멋스럽고 그윽한 기분이나 분위기. ¶단아한 ~를 자아내는 정원.

정치(政治)[명] 1통치자가 국민들의 이해 관계의 대립을 조정하고, 국가의 정책과 목적을 실현시키는 일. 또는, 정당을 기반으로 하여 국가의 권력을 획득하고 유지하며 행사하기 위해 벌이는 여러 가지 활동. ¶민주 ~. 2(속) 사회생활을 하면서 윗사람에게 잘 보이거나 비위를 잘 맞추거나 함으로써 어떤 이익을 도모하려고 하는 행동. ¶저 친구는 워낙 ~를 잘해서 출세가 아주 빠르다. 정치-하다¹[자여]

정치-가(政治家)[명] 정치를 행하는 사람. 우리나라에서는, 주로 대통령이나 국회의원 등을 가리킴.

정치-계(政治界)[-게/-계][명] 정치상의 의론과 활동이 행해지는 사회. 비정계.

정치-권(政治圈)[-꿘][명] 정치하는 사람들의 영역. ¶~에 뛰어들다.

정치-권력(政治權力)[-궐-][명] 사회의 여러 기능 가운데, 특히 정치적 기능을 행하기 위한 권력. 비정권.

정치-력(政治力)[명] 정치적인 역량이나 수완.

정:치-망(定置網)[명][수산] 일정한 장소에 그물을 쳐 놓고 고기 떼가 지나가다 걸리게 한 그물.

정치-면(政治面)[명] 신문에서 국내외의 정치에 관한 기사를 싣는 지면.

정치-범(政治犯)[명] =국사범(國事犯).

정치-부(政治部)[명] 신문사·방송국 등에서 정치에 관한 기사를 전적으로 다루는 부서.

정치-사(政治史)[명] 정치적 사실 및 정치 권력의 발전 과정을 연구 대상으로 하는 학문.

정치-색(政治色)[명] 정치적인 성향. ¶보수적인 ~이 짙은 정치인.

정치-열(政治熱)[명] 정치에 대한 열성.

정치^의식(政治意識)[명] 정치 일반 또는 특정한 정치 문제에 대하여 가지고 있는 견해나 사고방식.

정치-인(政治人)[명] 정치에 관여했거나 관여하는 사람. 비정치가.

정치-적(政治的)[관] 1 정치에 관계되는 (것). ¶~ 사건. 2 정치의 수법으로 하는 (것). ¶~ 수단.

정치-판(政治-)[명] 정치가 벌어지는 마당. 또는, 그 형국. ¶~에 뛰어들다.

정치-하다²(精緻-)[형여] 정교하고 치밀하다. ¶이 탑은 조각 수법이 ~.

정치-학(政治學)[명][정] 정치 현상을 연구 대상으로 삼는 학문.

정:칙(正則)[명] 바른 규칙이나 법칙. ↔변칙(變則).

정크(junk)[명] 중국 사람이 연해(沿海)나 하천에서 승객·화물을 나르는 데 사용하는 특수하게 생긴 배.

정크^메일(junk mail)[명][컴] =스팸 메일.

정크-푸드(junk food)[명] 칼로리는 높으나 영양가는 낮은 식품. 라면·소시지·햄버거·프라이드치킨 따위.

정탐(偵探)[명] (다른 나라나 적의 상황·동태 등을) 몰래 살펴서 알아내는 것. 비탐정. 정탐-하다[자타여]

정태¹(情態)[명] 어떤 일의 사정과 상태.

정태²(靜態)[명] 움직임을 그치고 가만히

있는 상태.

정토(淨土) [명][불] 번뇌의 속박을 벗어난 아주 깨끗한 세상. ¶서방 ~. ↔예토.

정¦통[1](正統) [명] **1** 대를 잇는 바른 혈통. 또는, 사물의 순수성이나 고유성을 예부터 바르게 이어 오는 것. ¶한국의 ~ 궁중 요리. **2** (('정통으로'의 꼴로 쓰여)) 빗나가지 않고 정확한 상태. [비]직통. ¶가슴에 화살을 ~으로 맞다.

정통[2](精通) [명] 어떤 사물에 대하여 깊고 자세히 아는 것. **정통-하다** [동][자][여] ¶**정통한** 소식통에 따르면….

정¦통-성(正統性)[-썽] [명] 한 사회의 통치 권력이나 정치 체제 등이 정당한 것임을 인정할 수 있는 근거. ¶~이 결여된 군부 정권.

정¦통-적(正統的) [관][명] 정통에 속하는 (것).

정¦통-파(正統派) [명] 종교·학문의 이론이나 예술·기술 등의 기법을 가장 바르게 이어받은 파. 또는, 그 파에 속한 사람.

정파(政派) [명] 정치상의 파벌.

정¦평(定評) [명] (어떻기로, 또는 어떻다고, 또는 어떤 것으로) 사람들이 다 같이 인정하는 평가나 평판. ¶이상(李箱)의 시는 난해하기로 ~이 나 있다.

정표(情表) [명] 간곡한 정을 나타내기 위해 물품을 주는 것. 또는, 그 물품. ¶결혼반지를 사랑의 ~로서 고이 간직하다.

정¦품(正品) [명] 진짜이거나 온전한 물품.

정¦풍(整風) [명] 문란해진 사회 기풍이나 작풍 따위를 바로잡는 것.

정¦-하다[1](定-) [동][타][여] **1** (사물이나 그 내용을 어느 것으로, 또는 어떤 상태로) 되게 만들거나, 못 박아 움직일 수 없는 사실이 되게 하다. ¶벌칙을 ~. **2** (어떻게 하기로 마음이나 뜻을) 세워 굳히다. ¶내일 떠나기로 마음을 **정했다**.

정-하다[2](淨-) [형][여] **1** 맑고 깨끗하다. ¶몸과 마음을 **정하게** 하다. **2** (('정하게'의 꼴로 쓰여)) 조심스럽게 다루어 깨끗하고 단정하다. ¶옷을 **정하게** 입다. **정-히**[1] [부]

정학(停學) [명][교] 학생이 학교의 규율을 어겼을 때, 일정 기간 등교를 정지시키는 일. 유기 정학과 무기정학이 있음.

정한(情恨) [명] 정과 한. 또는, 정에 얽힌 한. ¶궁중 여인의 ~을 그린 사극.

정해(丁亥) [명] 60갑자의 스물넷째.

정¦형[1](定形) [명] 일정한 형태.

정¦형[2](定型) [명] 일정한 형식. 또는, 정해진 틀.

정¦형[3](整形) [명] 모양을 가지런히 하는 것. 대개 인체에 관하여 형(形)을 가다듬는 것을 말함. ¶~ 수술. **정¦형-하다** [동][타][여]

정¦형-시(定型詩) [명][문] 전통적으로 시구나 글자의 수와 배열의 순서, 운율 등이 일정하게 정해져 있는 시. ↔자유시.

정¦형-외과(整形外科)[-외꽈/-웨꽈] [명][의] 근육이나 골격 등 운동 기관의 기능 장애나 형태 이상의 예방·치료·교정을 전문으로 하는 외과.

정¦혼(定婚) [명] 혼인하기로 약속하여 정하는 것. **정¦혼-하다** [동][자][여] ¶**정혼한** 사이.

정¦화[1](正貨) [명][경] 금 본위국에서의 금화, 또는 은 본위국에서의 은화처럼 그 표시하는 가격과 같은 가치가 있는 화폐.

정화[2](淨化) [명] **1** 더러움을 털어 버리고 깨끗하게 하는 것. ¶~ 장치. **2** [문][심] =카타르시스. **정화-하다** [동][타][여] ¶사회를 ~. **정화-되다** [동][자]

정화[3](精華·菁華) [명] **1** 정수가 될 만한 뛰어난 부분. **2** 사물의 가장 뛰어나고 순수한 부분.

정화-수(井華水) [명] 민간 신앙적 관념에서, 신에게 바치거나 약을 달이는 물로 쓰는, 이른 새벽에 길어 부정을 타지 않은 우물물. ¶~를 떠 놓고 빌다.

정화-조(淨化槽) [명] **1** 불순물을 제거하기 위해 액체를 일시적으로 저장해 두는 수조. **2** 분뇨를 하수도로 내보내기 전에 모아서 정화 처리하는 탱크.

정¦확(正確) [명] 어떤 기준이나 사실에 잘못됨이나 어긋남이 없이 바르게 맞는 상태에 있는 것. ¶~을 기하다. **정¦확-하다** [형][여] ¶**정확한** 발음. **정¦확-히** [부] ¶약속 시간을 ~ 지켜라.

정¦확-성(正確性)[-썽] [명] 정확한 성질이나 정도.

정황(情況) [명] 일의 사정과 상황. ¶여러 가지 ~으로 미루어 보아….

정회[1](停會)[-회/-훼] [명] **1** 회의를 일시 중지하는 것. **2** 국회의 개회 중, 한때 그 활동을 멈추는 것. **정회-하다** [동][자][여]

정회[2](情懷)[-회/-훼] [명] 생각하는 마음. 또는, 정과 회포.

정¦-회원(正會員)[-회-/-훼-] [명] 정식 자격을 가진 회원.

정훈(政訓) [명][군] 군대에서 군인의 교양 및 보도·선전 등을 맡아보는 일. ¶~ 장교.

정¦-히[2](正-) [부] **1** 틀림없이 바르게. ¶일금 백만 원을 ~ 영수함. **2** 정말로 굳이. 또는, 진정으로 기어이. ¶당신의 뜻이 ~ 그러하시다면 어쩔 수 없지요.

젖[젇] [명] **1** 성숙한 여자의 가슴 양쪽에 반구형에 가깝게 불룩 솟아 있는 한 쌍의 부분. [비]젖가슴·유방. ¶아기에게 ~을 물리다. **2** 포유류 암컷의 가슴이나 배에 달려 있어, 새끼의 먹이가 되는 액체가 나오는 기관. **3** 아기를 낳은 여자나 포유류 암컷의 젖꼭지에서 나오는, 아기나 새끼가 먹으면서 자라는 흰빛의 액체. ¶~이 잘 나오다. **4** 식물의 줄기나 잎에서 나오는 희고 끈끈한 액체.

[**젖 먹던 힘이 다 든다**] 무슨 일을 함에 있어 몹시 힘듦을 이르는 말.

젖(을) 떼다 아기나 짐승의 새끼가 젖 이외의 다른 음식을 먹고 자라게 하기 위해, 더 이상 젖을 먹이지 않다.

젖-가슴[젇까-] [명] 젖이 있는 가슴의 부위. ¶~에 얼굴을 파묻다.

젖-꼭지[젇-찌] [명] **1** 젖의 한가운데에 도드라져 내민 부분. =유두(乳頭). **2** 아기가 우유를 빨아 먹을 수 있도록 고무로 만든 물건.

젖-내[젇-] [명] 젖의 냄새.

젖내(가) 나다 하는 짓이나 말이 유치하다. ¶**젖내 나는** 행동.

젖-니[젇-] [명] 출생 후 6개월에서부터 나기 시작하여 3세 전에 모두 갖추어지는, 유아기에 사용한 뒤 갈게 되어 있는 이. 일반적으로 20개임. ▷영구치.

젖다[1][젇따] [동][자] **1** (물체가) 그 표면이나 내부에 물기를 가지게 되다. ¶땀에 **젖은** 속옷. **2** (사람이 어떤 감정의 상태에) 깊이 들어가 있는 상태가 되다. [비]잠기다. ¶향수에 ~. **3** (사람이 어떤 타성이나 버릇, 사고방식 등에) 벗어나기 어려울 만름 깊이 빠지다. ¶관속에 ~. **4** (노을빛에 하늘이) 물기가 번지듯이 어떤 빛깔을 띤 상태가 되다. 시적인 표현으로 비유적인 말임. ¶노을빛에 **젖은** 하늘. **5** (사람의 말하는 목소리가) 울음기가 섞이다. 비유적인 말임. ¶**젖은** 목소리로 말하다.

젖다²[젇따] 통(자) 뒤쪽으로 기울다. 잔**잦−**.

젖-당(−糖)[젇땅] 명(화) 포유류의 젖 속에 함유되어 있는 이당류. =유당(乳糖).

젖-동냥[젇똥−] 명 젖먹이를 기르기 위하여 남의 집으로 젖을 얻으러 다니는 일. **젖동냥−하다** 통(자)

젖-뜨리다/−트리다[젇−] 통(타) 힘을 써서 뒤로 젖게 하다.

젖먹−이[전−] 명 젖을 먹는 어린아이. =유아(乳兒). 예영아(嬰兒).

젖-멍울[전−] 명 **1** =젖샘. **2** =유종.

젖-몸살[전−] 명 젖의 분비가 잘되지 않아 젖에 통증을 느끼는 일. **젖몸살−하다** 통(자)(여)

젖-무덤[전−] 명 성숙한 여자의 봉긋한 두 젖 부분의 살의 두두룩한 부분.

젖배 굻다[젇빼−골타] 어머니의 젖이 모자라거나 하여 아기가 배를 곯다.

젖−병(−瓶)[젇뼝] 명 아기에게 먹일 우유를 담는, 젖꼭지가 달린 병.

젖-비린내[젇삐−] 명 **1** 젖에서 풍기는 비린내. **2** 유치한 느낌.

젖비린내(가) 나다 정신적으로나 육체적으로 성숙하지 못한 태도나 기색을 나타내다. =비린내(가) 나다.

젖-빛[젇삗] 명 젖과 같이 부연 빛깔. 예유백색. ¶~ 안개.

젖−산(−酸)[젇싼] 명(화) =락트산.

젖산−균(−酸菌)[젇싼−] 명(화) 당류(糖類)를 분해하여 젖산을 만드는 작용을 하는 세균의 총칭. =유산균.

젖−살[젇쌀] 명 젖을 먹고 오른 살. ¶~이 빠지다.

젖−샘[젇쌤] 명(생) 포유류의 유방 속에 있는, 젖을 분비하는 선(腺). 특히, 암컷에 발달되어 있음. =유선·젖꼭들·젖줄.

젖−소[젇쏘] 명 사람들이 젖을 얻기 위하여 기르는 소. 홀스타인종·저지종 따위.

젖−줄[젇쭐] 명 **1** =젖샘. **2** 어떤 대상에 아주 중요한 것을 가져다주는 원천. 비유적인 말임. ¶한강은 서울 시민의 ~이다.

젖−통[전−] 명 불룩한 젖을 속되게 이르는 말. =젖퉁이.

젖−퉁이[전−] 명 =젖통.

젖혀−지다[저쳐−] 통(자) **1** 뒤로 기울어지다. **2** (물건의 안쪽이) 겉으로 나와 드러나다. 잔**잦혀지다**.

젖−히다[저치−] 통(타) **1** '젖다'의 사동사. ¶고개를 뒤로 ~. **2** 안쪽이 겉면으로 오게 하다. ¶손바닥을 ~. 잔**잦히다**. **3** 제치다.

제¹ **Ⅰ** 대(인칭) **1** (조사 '가'의 앞에서만 쓰여) '나'의 겸양어인 '저'가 특별히 변한 말. ¶~가 잘못했습니다. **2** (조사 '가'의 앞에서만 쓰여) 앞에 언급된 사람을 낮추어 되가리키는 '저'가 특별히 변한 말. ¶~가 뭘 잘했다고 큰소리야.
Ⅱ 1 '나'의 겸양어인 '저'가 준 말. ¶모든 게 ~ 잘못입니다. **2** 앞에 언급된 사람을 낮추어 되가리키는 '저'에 관형격 조사 '의'가 붙은 '저의'가 준 말. ¶저 사람은 항상 ~ 욕심만 차린다. ×지.

[**제 꾀에 넘어간다**] 남을 속이려다 도리어 자기가 속는다. [**제 논에 물 대기**] 자기에게만 유리하도록 함을 이르는 말. '아전인수(我田引水)'와 같은 말. [**제 똥 구린 줄 모른다**] 자기의 허물을 깨닫지 못한다. [**제 발등을 제가 찍는다**] 자신의 일을 스스로 그르친다. [**제 버릇 개 못 준다**] 나쁜 버릇은 쉽게 고쳐지지 않는다. [**제 흉 열 가지 가진 놈이 남의 흉 한 가지를 본다**] 제 결점은 모르면서 남의 결점만 들추어낸다.

제 눈에 안경이다 남이 보아서 우스운 것도 마음에 들면 좋아 보인다는 말.

제 발(이) 저리다 지은 죄가 있어 제 스스로 겁이 나 조마조마하다.

제² '자기에게 준 말. ¶~ 가서 놀아라.

제³ '적에'가 준 말. ¶어릴 ~ 같이 놀던 친구.

제⁴(祭) 명 신(神)에게 음식을 바쳐 정성을 표하는 예절. 예제사. ¶~를 지내다.

제⁵(齊) 명(역) 중국 춘추 시대에 산둥 성(山東省) 일대에 있던 나라(1123∼386 B.C.).

제⁶(劑) 명(한) 탕약 스무 첩. 또는, 그만한 분량으로 지은 환약(丸藥)을 일컫는 단위. ¶보약 한 ~를 먹다.

제⁷(諸) 관 한자로 된 명사 앞에 붙어, '모두'의 뜻을 나타내는 말. ¶~ 판게자 / ~ 문제.

제:−⁸(第) 접두 한자의 수 앞에 놓여, '차례'의 뜻을 나타내는 말. ¶~2차 세계 대전 / ~3과.

−제⁹(制) 접미 일부 명사 뒤에 붙어, '방법', '형태', '제도' 따위를 뜻하는 말. ¶대통령~ / 4년~ 대학.

−제¹⁰(祭) 접미 일부 명사에 붙어, 의식·제전을 뜻하는 말. ¶기념~ / 예술~.

−제¹¹(製) 접미 일부 명사에 붙어, 물건을 제조한 곳이나 그 재료를 나타내는 말. ¶강철~ / 독일~.

−제¹²(劑) 접미 일부 명사에 붙어, 그런 데에 쓰는 약품임을 나타내는 말. ¶소화~ / 진통~.

제가(齊家) 명 집안을 바르게 다스리는 것. ¶수신(修身)~.

제가²(諸家) 명 **1** 여러 대가(大家). **2** '제자백가'의 준말.

제-가끔 부 =제각기.

제-각각(−各各)[−각] 명부 저마다 각각. ¶~ 생각이 다르다.

제-각기(−各其)[−끼] 명부 저마다 따로따로. =제가끔. ¶저들은 ~ 요구 사항이 다르다.

제갈−량(諸葛亮) 명(인) 삼국 시대 촉나라의 정치가·전략가(181∼234).

제−값[−갑] 명 물건의 가치에 맞는 가격. ¶~을 받다.

제:강(製鋼) 명 시우쇠를 불려 강철을 만드는 것. ¶~소(所).

제거(除去) 명 (사물이나 현상을) 없애거나 사라지게 하는 것. **2** (정적이나 훼방꾼, 경쟁자 등을) 아주 없애어 축출하는 일을 좀 완곡하게 이르는 말. **제거−하다** 통(타)(여) ¶장애물을 ~. **제거−되다** 통(자)

제−격(−格) 명 그 당시 바의 정도나 신분에 알맞은 격식. ¶~에 어울린다[맞다].

제고(提高) 명 쳐들어 높이는 것. **제고−하다** 통(타)(여) ¶생산성을 ~. **제고−되다**

제곱 [통](자) [수] 같은 수를 그 수만큼 곱하는 것. 또는, 그렇게 해서 얻은 수. 구용어는 이승·자승·평방. **제곱-하다** [타여]

제곱-근(-根) [-끈] [명] [수] a를 제곱한 것이 b일 때, b에 대한 a를 이르는 말. 곧, 5는 25의 제곱근임.

제곱-미터(-meter) [명](의존) 미터법에 의한 넓이의 단위. 1제곱미터는 한 변의 길이가 1미터인 정사각형의 넓이임. 기호는 m^2.

제공(提供) [명] (어떤 사람에게 어떤 단체에 어떤 사물을) 가지거나 누리도록 주는 것. ¶숙식 ~. **제공-하다** [통](타여) ¶회원들에게 정보를 ~. **제공-되다** [자]

제공-권(制空權) [-꿘] [명] **1** 공군력으로 어느 지역의 상공(上空)을 지배하는 능력. **2**[체] 축구·농구 등에서 높이 뛰어서 날아오는 공을 놓치지 않고 장악할 수 있는 능력이나 기술. 비유적인 말임.

제과(製菓) [명] 과자와 빵을 만드는 것.
제과-점(製菓店) [명] 빵·생과자 등을 만들어 파는 가게.
제관(祭官) [명] **1** 제사를 맡은 관원. **2** 제사에 참여하는 사람.
제구¹(祭具) [명] 제사에 쓰는 여러 가지 기구.
제구²(諸具) [명] 여러 가지의 도구.
제구-력(制球力) [명] [체] 야구에서, 투수가 자기 뜻대로 공을 던질 수 있는 능력. ¶~이 난조를 보이다.
제구실 [명] 제가 마땅히 해야 할 일이나 책임. ¶~을 못하다. **제구실-하다** [자]
제국¹(帝國) [명] 황제가 다스리는 나라.
제국²(諸國) [명] 여러 나라.
제국-주의(帝國主義) [-쭈이/-쭈이] [명] 한 나라가 군사적·경제적으로 다른 나라를 제압하여 자기 나라의 영토와 세력을 넓히려는 야망이나 정책.
제군(諸君) [명](인칭) 통솔자나 지도자가 여러 명의 아랫사람을 부르거나 가리키는 말. ¶학생 ~.
제기(提擧) [명] 중국 명(明)·청(淸) 때의 현악기의 하나. 울림통은 야자나무 열매의 속을 파서 만들고, 줄은 두 개임.
제기¹ [명] 땅에 떨어뜨리지 않고 발로 계속 차올리는 것을 겨루기 위해, 엽전을 종이로 싸서 만든 장난감의 도구. ¶~를 차다.
제기² [감] '제기랄'의 준말.
제기³(祭器) [명] 제사 때에 쓰는 그릇.
제기(提起) [명] **1** (어떤 의견이나 문제를) 내어 놓는 것. **2** (소송 따위를) 일으키는 것. 제기가 ~. **제기-하다** [타여] ¶소송을 ~. **제기-되다** [자]
제기다 [타] (팔꿈치나 발꿈치로) 지르다.
제기랄 [감] 언짢을 때 불평스럽게 내뱉는 소리. ¶~, 헛걸음만 했잖아. ⊛제기.
제기-차기(-차기) [명] 제기를 차면서 노는 놀이.
제-까짓 [-진] [관] 겨우 저따위 정도의. ¶~ 게 뭘 안다고 참견하느냐? ⊛제깟.
제-깟 [-깓] [관] '제까짓'의 준말.
제꺽 [부] 무슨 일을 빠르고 시원스럽게 해내는 모양. ¶일을 ~ 해치우다. ⊛재깍.
제끼다 [타] '제치다·2'의 잘못.
제-날 [명] '제날짜'의 준말.
제-날 [명] 정하였거나 기한이 찬 날. ¶~를 넘기다. ⊛제날.
제너, 에드워드(Jenner, Edward) [인] 영국의 의사·종두법의 발명자(1749~1823).
제네바(Geneva) [명] [지] 스위스 남서부의 국제·관광 도시. 프랑스 어명은 주네브.
제네바-조약(Geneva條約) [명] [역] 전쟁 희생자와 포로를 보호하기 위해 1864~1929년에 제네바에서 맺은 일련의 국제 조약. 오늘날에는 1949년의 '제네바 협약'도 여기에 포함시킴.
제노바(Genova) [명] [지] 이탈리아 북서부의 항구 도시.
제-단(祭壇) [명] 제사를 지내는 단.
제-달 [명] 미리 정하여 놓은 그달.
제-당¹(祭堂) [명] 신령에게 제사를 지내는 집.
제-당²(製糖) [명] 설탕을 만드는 것. ¶~업.
제대(除隊) [명] [군] 현역 군인이 만기(滿期) 또는 그 밖의 사유로 복무가 해제되어 예비역에 편입되는 일. ¶만기[의가사] ~. ↔입대. **제대-하다** [자]
제대²(臍帶) [명] =탯줄.
제-대로 [부] **1** 제 격식대로. 또는, 있는 대로. ¶일을 좀 ~ 해라. **2** 마음먹은 대로. ¶이번의 예상은 ~ 들어맞았다. **3** 알맞은 정도로. ¶말도 ~ 못하다.
제대로-근(-筋) [명] [생] =불수의근. ↔맘대로근.
제대-혈(臍帶血) [명] [의] 아기가 태어날 때 탯줄에서 뽑은 혈액. 백혈병과 각종 암을 치료할 수 있는 조혈 모세포와 줄기 세포 등이 들어 있어 냉동 보관하기도 함.
제도¹(制度) [명] **1** 사회생활에 필요한 일정한 방식·기준 등을 정하여 놓은 체계. ¶입시 ~. **2** [법] 국가·사회 구조의 체계나 국가의 형태. ¶의회 ~.
제도²(製圖) [명] 기계·건축물·공작물 등의 도면이나 도안을 그려 만드는 것. **제도-하다**¹ [자][타여]
제도³(諸島) [명] 여러 섬.
제도⁴(濟度) [명] [불] 중생을 고해(苦海)에서 건져 극락으로 인도해 주는 것. **제도-하다**²
제도-권(制度圈) [-꿘] [명] 기존의 사회 제도를 벗어나지 않는 영역이나 범위.
제도-기(製圖器) [명] 도면이나 도안을 그리는 데에 쓰는 기구. 컴퍼스·디바이더 따위.
제도-화(制度化) [명] 제도로 되거나 되게 하는 것. **제도-화-하다** [자][타여] ¶금융의 민영화를 ~. **제도화-되다** [자]
제독(除毒) [명] 독을 없애 버리는 것. **제독-하다** [타여]
제독²(提督) [명] 함대의 총사령관.
제동(制動) [명] 기계 따위의 운동을 제지하는 것. ¶~ 장치./~을 걸다.
제동-기(制動機) [명] [공] 기관·기계 등의 운동을 정지시키거나 속력을 떨어뜨리는 장치. 비브레이크.
제등(提燈) [명] **1** 자루가 있어 들고 다닐 수 있게 된 등. **2** [불] 등불을 들고 부처에게 축원하는 일. ¶~ 행렬.
제-때 [명] **1** 무슨 일이 있을 그때. ¶일은 미루지 말고 ~에 하도록 해라. **2** 정해 놓은 그 시각. **제-때-는** ~에 먹어라.
제라늄(geranium) [명] [식] 잎은 둥근 심장 모양으로 두껍고 털이 있으며, 잎과 줄기에 독한 냄새가 있고, 여름에 붉은색·분홍색·흰색의 꽃이 피는 여러해살이풀. 관상용으로 키움. =양아욱.
제련(製鍊) [명] [공] 광석을 용광로에 녹여서 함유 금속을 뽑아내어 정제하는 것. 제:련-하다 통(타여).
제:련-소(製鍊所) 명 제련을 하는 곳.
제:례(祭禮) 명 제사를 지내는 예법이나 예절.
제:례-악(祭禮樂) [음] 종묘·문묘의 제사 및 나라의 제향에 쓰이던 아악의 향부악(鄕部樂)의 하나.
제로(zero) 명 1 =영(零)⁴. 2 전혀 없음. ¶상식이나 교양이 ~이다.
제로^게임(zero game) 명 한 점도 얻지 못하고 진 시합.
제로-베이스(zero-base) 명 '원점(原點)'로 순화.
제로-섬(zero-sum) 명 어떤 시스템이나 사회 전체의 이익이 일정하여 한쪽이 을 보면 반드시 다른 한쪽이 손해를 보는 상태, 이른바 '합제 영'.
제로섬^게임(zero-sum game) 명 게임 이론에서, 참가자가 제각기 선택하는 행동이 무엇이든지 각 참가자의 이득과 손실의 총합이 제로가 되는 게임.
제록스(Xerox) 명 문서 따위를 자동으로 복사하는 것. 또는, 그 복사하는 기계, 상표명으로 쓰임. 제록스-하다 통(타여).
제막-식(除幕式) [-씩] 명 동상·기념비 따위를 다 만든 후, 가렸던 막을 걷어서 벗기며 완공을 축하하는 의식.
제:망매-가(祭亡妹歌) [명] [문] 신라 경덕왕 때 월명사가 지은 10구체 향가. 그의 죽은 누이를 위하여 재(齋)를 올릴 때 지은 노래임.
제-멋 [-먿] 명 자기 스스로 느끼고 생각했던 멋. ¶~에 살다.
제멋-대로 [-먿때-] [부] 제 마음대로. ¶~행동하다.
제:명¹(-命) [명] 타고난 자기의 목숨. ¶이렇게 애를 태우도다가는 ~에 못 죽겠지.
제:명²(除名) [명] 구성원 명단에서 이름을 빼어 구성원 자격을 박탈하는 것. ¶~처분. 제명-하다 통(타여) 제명-되다 통(자) 제명된 학생.
제:명³(題名) 명 표제나 제목의 이름.
제:모¹(制帽) 명 학교·관청 등에서, 정해진 규정에 따라 쓰게 된 모자.
제모²(除毛) 명 미용 등을 위해 겨드랑이·팔·다리의 털을 제거하는 것. ¶영구~. 제모-하다 통(자)(타여) ¶겨드랑이 털을 레이저로 ~.
제모-제(除毛劑) 명 겨드랑이·다리 등의 털을 없애는, 바르는 약제. =탈모제. ¶크림 타입의 ~.
제목(題目) 명 작품이나 저작·강연 등에서 그 내용을 압축하여 보이거나 대표하기 위해 붙이는 이름. ¶영화 ~.
제:문(祭文) 명 죽은 이에 대하여 슬픈 뜻을 나타낸 글.
제:물¹(祭物) 명 제 몸에서 우러난 국물.
제:물²(祭物) 명 1 제사에 쓰는 음식. =제수(祭需). 2 '희생물'의 비유. ¶많은 양민이 전쟁의 ~이 되다.
제물-로 [부] 그 자체가 스스로. 비제절로.
제물-에 [부] 어떤 영향을 미치거나 작용을 가하지 않아도 저절로. 비제풀에.
제:물포^조약(濟物浦條約) [명][역] 고종 19년(1882)에 임오군란으로 인한 일본 측 피해에 대한 배상 문제를 다룬, 우리나라와 일본 사이의 조약.
제미 ['제 어미'가 준 말] 몹시 못마땅

할 때 욕으로 하는 말.
제미붙-을 (감판) 제 어미와 붙을 것이라는 뜻으로, 남을 경멸하거나 저주할 때 쓰는 아주 심한 욕.
제-바닥 명 1 물건 자체의 본바닥. ¶~인삼. 2 본디 살고 있는 고장. ¶평생 동안~를 떠난 적이 없었다.
제바람-에 명 제 행동에 제가 영향을 받아. 비제풀에. ¶핑-이 ~ 놀라 달아나다.
제반(諸般) 관 여러 가지. ¶~ 문제 / ~의 준비를 갖추다.
제반-사(諸般事) 명 여러 일.
제:발 [부] 간절히 바라건대. ¶~ 도와줘.
제발 덕분에 간절히 은혜나 도움을 바라건대. ¶~ 그렇게만 해 주십시오.
제방(堤防) 명 하천·호수의 범람, 바닷물의 침입을 막기 위해 하안·호안·해안을 따라 축조하는 토석·콘크리트 등의 구축물. =둑.
제법¹ [명] 패 무던한 정도. ¶노래 솜씨가 ~이다.
[부] 보통 수준은 되는 정도로. 또는, 생각했던 것보다 더. 비패·어지간히. ¶날이 ~ 춥다.
제:법²(製法) [-뻡] 명 '제조법'의 준말.
제보(提報) 명 정보를 제공하는 것. ¶목격자의 ~로 수사가 활기를 띠다. 제보-하다 통(타여).
제보-자(提報者) 명 정보를 제공하는 사람.
제:복(制服) 명 단체나 기관 등에서, 그 구성원들이 입게 되어 있는, 일정한 색깔과 모양의 옷. =유니폼·정복(正服).
제:복²(祭服) 명 제사 때에 입는 예복.
제:본(製本) 명 =제책(製冊). ¶~소. 제:본-하다 통(타여) 제:본-되다 통(자)
제:부(弟夫) 명 여자가 자기 여동생의 남편을 이르는 말. ¶형부.
제:분(製粉) 명 (곡식·약재 등을) 빻아서 가루를 만드는 것. 특히, 밀을 밀가루로 만드는 일을 가리킨. ¶~소(所). 제:분-하다 통(타여).
제비¹ [명] 겉에서 보이지 않게 어떤 표시를 한 여러 개의 물건 중 하나를 고르게 함으로써 차례·승패·당락·우열 등을 결정하는 일. 또는, 그런 일을 하기 위한 물건. ¶~를 뽑아 상을 타다. ×심지.
제:비² [명] 1 [동] 등은 검은색, 배는 흰색이며, 꽁지가 가위 모양으로 갈라지고, 날개가 발달하여 매우 빠르게 나는 새. 여름 철새로, 인가에 집을 짓고 삶.<속> =제비족.
제비-꽃 [-꼳] [명][식] 봄에 길가나 들에서 흔히 볼 수 있는, 보랏빛의 작은 꽃이 피는 여러해살이풀. =오랑캐꽃.
제비-뽑기 [-끼] [명] 겉에서 보이지 않게 어떤 표시를 한 여러 개의 물건을 벌이거나 통·속에 담거나 한 뒤, 그중의 하나를 고르게 함으로써 그 표시 내용에 따라 어떤 일의 차례·승패·당락·우열 등을 결정하는 일. ¶~추첨. 제비뽑기-하다 통(타여).
제:비-족(-族) [명] [속] 카바레·나이트클럽 등에서 여자(주로, 유부녀)에게 접근하여 성적 향락을 제공하고 금품을 갈취하는 젊은 남자. 또는, 그 무리. =제비.
제:비-초리 [명] 뒤통수나 앞이마에 뾰족하게 내민 머리털.
제:비-추리 [명] 소의 안심에 붙은 고기.
제:빙(製氷) [명] 얼음을 만드는 것.

제-빛[-빋] [명] 물체가 지니고 있는 본래의 빛깔. ¶창백해진 얼굴이 ~으로 돌아오다.
제¦빵(製-) [명] 전문적 기술을 가지고 빵을 만드는 일. ¶~ 학원.
제¦빵-사(製-師) [명] 빵을 만드는 전문적 기술과 자격을 가지고 있는 사람.
제¦사[1](祭祀) [명] 신령 또는 죽은 사람의 혼에게 음식을 바치면서 기원을 하거나 죽은 이를 추모하는 일. [비]제(祭). ¶기(忌) ~. **제¦사-하다**[1] [동][자][타][여]
제¦사[2](製絲) [명] 솜·고치 등으로 실을 만드는 것. **제¦사-하다**[2] [동][자][여]
제¦사^계급(第四階級) [-계-/-게-] [명] 언론계. 특히, 신문 기자를 가리키는 말.
제¦사-기(第四紀) [명][지] 신생대 후반의 기. 홍적 대지·충적 평야가 형성되었음. 빙하의 발달과 인류의 출현이 특징임.
제¦사-부(第四府) [명] 행정부·입법부·사법부에 이은 제4의 권부(權府)라는 뜻으로, '언론 기관'을 이르는 말. ▷무관의 제왕.
제¦사-상(祭祀床) [-쌍] [명] 제사를 지낼 때 제물을 벌여 놓는 상. =제상(祭床).
제¦사^세¦계(第四世界) [-계/-게] [명] 개발도상국 가운데, 자원도 갖지 못하고 식량의 자급조차 어려운 후발(後發) 도상국들을 이르는 말. ▷제삼 세계.
제¦사의 불(第四-) [-의-/-에-] 핵융합 반응에 의한, 원자력보다 더 강한 에너지를 이르는 말. ▷제삼의 불.
제¦사-장(祭司長) [명] **1** [성] 유대교에서, 성전(聖殿)에서 종교상의 의식·전례(典禮)를 맡아보는 공직자. **2** 제례(祭禮)·주문에 밝아, 영검을 얻게 하는 사람.
제¦사차^산¦업(第四次産業) [명][경] 넓은 뜻의 제3차 산업을 세분한 것의 하나. 정보·의료·교육 및 서비스 산업 등 지식 집약형의 산업. ▷제삼차 산업.
제살-붙이[-부치] [명] 혈통이 같은 가까운 겨레붙이. ¶~가 하나도 없다.
제¦-삼(第三) [명] 어떤 인물이나 대상이 당사자가 아님을 나타내거나 논의나 예상의 영역 밖에 있음을 나타내는 말. ¶~ 세력 / ~의 인물.
제¦삼^계급(第三階級) [-계-/-게-] [명] [사] 유럽의 봉건 사회에서, 제일 계급인 국왕·제후, 제이 계급인 귀족·성직자에 대하여, 평민 계급을 가리키는 말.
제¦삼-국(第三國) [명] 당사국 이외의 나라.
제¦삼-기(第三紀) [명][지] 신생대 전반의 기. 포유류와 쌍떡잎식물이 번성하였고, 세계적으로 조산 운동이 활발하였음.
제¦삼^당(第三黨) [명][정] 의회의 의석수가 세 번째인 정당. 2대 정당 사이에서 캐스팅 보트를 쥐고 있는 정당임.
제¦삼^세¦계(第三世界) [-계/-게] [명][정] 제2차 세계 대전 후, 아시아·아프리카·라틴 아메리카의 개발도상국을 일컫는 말. 자본주의가 발전한 서방 세계를 제일 세계, 공산주의 국가를 제이 세계라 하는 것에 대하여, 그 외의 국가들을 가리킴.
제¦삼의 불(第三-) [-의-/-에-] 핵분열 반응에 의한 원자력 에너지를 이르는 말. 석탄·석유를 제1의 불, 전기를 제2의 불이라 하는 데 대한 호칭임. ▷제사의 불.
제¦삼^인칭(第三人稱) [명][언] 인칭 대명사에서, 말하는 사람과 그 상대자 이외의 사람·동물·사물 등을 가리키는 말. '그이', '그것' 따위. =삼인칭.
제¦삼^인터내셔널(第三International) [명] [사] 1919년에 레닌의 지도 아래, 소련 공산당을 중심으로 모스크바에서 창립된 세계 각국의 공산당 조직. =코민테른.
제¦삼-자(第三者) [명] 당사자가 아닌 사람. ¶~는 나서지 마시오. [준]삼자.
제¦삼^제¦국(第三帝國) [명] **1** [정] 나치스 통치하의 독일을 이르는 말. **2** [철] 육(肉)의 세계를 제일 제국, 영(靈)의 세계를 제이 제국이라 하는 데 대해, 영육이 합쳐 이상과 현실이 일체가 되는 세계.
제¦삼^종^전염병(第三種傳染病) [-뼝] [명] [법] 법정 전염병 가운데, 결핵·성병·나병 등의 병. ▷법정 전염병.
제¦삼차^산¦업(第三次産業) [명][경] 상업·운수업·통신업·금융업 등의 서비스업을 이르는 말.
제¦삿-날(祭祀-) [-산-] [명] 제사를 지내는 날. =제일(祭日).
제¦삿-밥(祭祀-) [-사빱/-삳빱] [명] **1** 제사를 지내기 위하여 차려 놓은 밥. **2** 제사에 쓰고 물린 밥. =젯밥.
제¦상(祭床) [-쌍] [명] =제사상.
제석(除夕) [명] 섣달 그믐날 밤. =제야.
제설(除雪) [명] 쌓인 눈을 치우는 것. ¶~ 작업. **제설-하다** [동][자][여]
제설-차(除雪車) [명] 선로나 도로 위에 쌓인 눈을 치워 없애는 차.
제¦세(濟世) [명] 세상을 구제하는 것. **제¦세-하다** [동][자][여]
제소(提訴) [명] 소송을 제기하는 것. **제소-하다** [동][자][타][여]
제-소리 [명] 본심에서 나오는 말.
제¦수[1](弟嫂) [명] 남자가 자기 남동생의 아내를 부르거나 이르는 말. =계수(季嫂). ↔형수.
제수[2](除授) [명][역] 천거에 의하지 않고 임금이 직접 관리를 임명하는 일. **제수-하다** [동][타][여] **제수-되다** [동][자]
제수[3](除數) [-쑤] [명][수] 나눗셈에서 어떤 수를 나누는 수. 10÷5=2에서의 '5' 따위. ↔피제수.
제¦수[4](祭需) [명] **1** 제사에 드는 여러 가지 재료. **2** =제물(祭物)[2]1.
제¦수-씨(弟嫂氏) [명] '제수[1]'을 높이거나 대접하여 부르거나 이르는 말.
제¦수용-품(祭需用品) [명] 제사에 쓰이는 물품이나 식품.
제수이트-회(Jesuit會) [-회/-훼] [명][가] =예수회.
제스처(gesture) [명] **1** 말의 효과를 더하기 위해서 하는 몸짓이나 손짓. **2** 마음에도 없이 가식적으로 내보이는 행동. ¶그가 보인 친절은 ~에 불과하다.
제습(除濕) [명] 습기를 없애는 것. ¶~제(劑).
제시(提示) [명] **1** (어떤 내용·문제·의사 따위를) 말이나 글로 나타내어 보이는 것. **2** (증명하는 문서나 물건 등을) 내어 보이는 것. **제시-하다** [동][타][여] ¶증거물을 법원에 ~. **제시-되다** [동][자]
제-시간(-時間) [명] 정한 시간. ¶~에 목적지에 도착하다.
제¦식(制式) [명] **1** 정해진 양식. **2** [군] 군대의 대열 훈련에서 규정된 격식과 방식.
제¦식^훈¦련(制式訓練) [-시쿨-] [명][군] 구령에 따라 일정한 격식으로 열을 짓거나 열을 지은 상태로 이동하거나 여러 가지 동작을 취하는 것을 익히는 훈련.

제씨(諸氏) 몡 여러 사람의 이름을 든 다음에 붙여, '여러분'의 뜻으로 쓰는 말. ¶김갑식·박성호·정민구 ~가 성금을 보내오셨습니다.

제-아무리 뮈 ('-라도/아도', '-야'와 어울려 쓰여) 자기가 아무리. ¶~ 영어 도사라도 원어민을 능가할 수는 없다.

제안(提案) 몡 (어떤 일을) 안(案)으로 내놓는 것. 또는, 그 안. **제안-하다** 통⦗타⦘

제압(制壓) 몡 위력이나 위엄으로 남을 누르는 것. **제압-하다** 통⦗타⦘ ¶상대편을 재압하고 우승을 차지하.

제야(除夜) 몡 **1** =제석(除夕). **2** 양력 12월 31일 밤. ¶~의 종소리.

제약(制約) 몡 법·규칙·규례, 또는 조건·상황 이 행동·활동·작용을 자유롭지 못하게 제한하는 것. ¶시간과 공간의 ~을 받다. **제약-하다** 통⦗타⦘ ¶공인이라는 신분이 사생활을 ~. **제약-되다** 통⦗자⦘

제약(製藥) 몡 약을 제조하는 것. 또는, 제조한 약. ¶~ 회사.

제어(制御) 몡 **1** 억눌러 자기의 생각이나 행동을 마음대로 하는 것. **2** 기계나 설비가 목적에 알맞은 동작을 하도록 조절하는 것. ¶자동 ~ 장치. **제어-하다** 통⦗타⦘ ¶행동을 ~. **제어-되다** 통⦗자⦘

제어-봉(制御棒) 몡 [물] 원자로 내에서 연쇄 반응을 제어하기 위하여 노(爐) 속에 넣었다 꺼냈다 하는 막대.

제언(提言) 몡 (물음) 생각이나 의견을 제출하는 것. 또는, 그 생각이나 의견. **제언-하다** 통⦗타⦘

제염(製鹽) 몡 소금을 만드는 것. ¶천일~. **제염-하다** 통⦗자⦘⦗타⦘

제오-열(第五列) 몡 내부에 있으면서 외적 세력에게 호응하여 그 방침하에 행동하고 있는 사람.

제오차^산업(第五次産業) 몡⦗경⦘ 넓은 뜻의 제3차 산업을 세분한 것의 하나. 취미·오락·패션 등의 산업. ▷제삼차 산업.

제왕(帝王) 몡 황제와 국왕.

제왕(諸王) 몡 여러 임금.

제왕^절개^수술(帝王切開手術) 몡⦗의⦘ 모체의 배를 가르고 태아를 꺼내는 수술.

제외(除外) [-웨] 몡 어떤 범위의 밖에 두는 것. **제외-하다** 통⦗타⦘ ¶한 사람을 **제외하고는** 모두 회의에 참석하였다. **제외-되다** 통⦗자⦘

제우스(Zeus) 몡⦗신화⦘ 그리스 신화에 나오는 최고의 신. 하늘을 다스림. 로마 신화의 유피테르(Jupiter)에 해당함.

제웅 몡⦗민⦘ 음력 정월 14일 저녁에 액막이로 쓰는, 짚으로 만든 사람의 형상. 또는 저주할 때 쓰기도 함.

제원(諸元) 몡 기계의 치수·무게 등 성능·특징을 나타낸 수치적 지표.

제위(帝位) 몡 제왕의 자리. ¶~에 오르다.

제위²(諸位) 대⦗인칭⦘ '여러분'을 문어적으로 이르는 말.

제위-보(濟危寶) 몡⦗역⦘ 고려 시대의 빈민 구제 기관.

제유-법(提喩法) [-뻡] 몡⦗문⦘ 수사법의 하나. 사물의 한 부분으로써 그 사물 전체를 의미하는 방법. '사람이 빵만으로는 살 수 없다'라는 문장에서, '빵'이 '식량'을 의미하는 따위. ▷환유법·대유법.

제육 몡 돼지고기. 주로, 돼지고기로 만든 음식물 속에서 쓰이는 말임. ¶~볶음.

제의¹(祭衣) [-의/-이] 몡⦗가⦘ 미사 때에 신부가 입는 옷.

제의²(祭儀) [-의/-이] 몡 제사나 굿 등의 의식.

제의³(提議) [-의/-이] 몡 (어떤 일을) 의 견이나 의안으로 제출하는 것. ¶협상 ~. **제의-하다** 통⦗타⦘ **제의-되다** 통⦗자⦘

제:이^계급(第二階級) [-게-/-계-] 몡⦗사⦘ 유럽 봉건 사회에서의 둘째 계급. 곧, 귀족·성직자의 계급.

제:이^금융권(第二金融圈) [-늉꿘/-그-] 몡⦗경⦘ 은행 이외에 금융 업무를 행하는 기관들. 곧, 보험 회사·증권 회사·투자 신탁 회사·신용 협동조합 따위.

제:이-심(第二審) 몡⦗법⦘ 제1심의 재판에 대한 불복 신청이 있을 때에 하는 제2차의 심리. 또는, 그 법원. ⓒ이심.

제:이인-자(第二人者) 몡 권력이나 세력에 있어서 두 번째가. =이인자.

제:이^인칭(第二人稱) 몡⦗언⦘ 인칭 대명사에서, 말하는 사람의 상대자가 되는 사람을 가리키는 말. 또는, 그 대명사. '너', '자네', '당신', '그대' 따위. =이인칭.

제:이^종^전염병(第二種傳染病) [-뼝] 몡⦗의⦘ 법정 전염병의 한 가지. 백일해·홍역·광견병·말라리아·파상풍 따위.

제:이차^산업(第二次産業) 몡⦗경⦘ 원재료의 정제·가공을 담당하는 산업 부문. 광업·건설업·제조업 따위.

제:이차^성:징(第二次性徵) 몡⦗동⦘ 생식기 이외에 나타나는, 암수를 구별할 수 있는 특징.

제:이^차^세:계^대:전(第二次世界大戰) [-게-/-계-] 몡 세계 경제 공황 후, 파시즘 체제를 확립한 독일·이탈리아·일본 등의 추축국과 미국·영국·프랑스 등의 연합국 사이에 일어난 세계적 규모의 전쟁(1939~1945).

제:일¹(祭日) 몡 =제삿날.

제:일²(第一) Ⅰ 몡 첫째가는 것. ¶~의 목표. ⓒ젤.

Ⅱ 뮈 =가장. ⓒ젤.

제:일-가다(第一--) 통⦗자⦘ 가장 두드러지거나 뛰어난 정도에 이르다. ¶설악산은 우리나라에서 **제일가는** 명승지.

제:일^계급(第一階級) [-게-/-계-] 몡⦗사⦘ 유럽 봉건 사회에서의 첫째 계급. 곧, 국왕·제후(諸侯)의 계급.

제:일-보(第一步) 몡 =첫걸음. ¶통일을 향한 ~을 내딛다.

제:일-선(第一線) [-썬] 몡 **1**⦗군⦘ =최전선. **2** 일을 실행하는 데 있어서의 맨 앞장. 엔일선(一線). ¶~에서 일하다.

제:일-성(第一聲) [-썽] 몡 여러 사람에게 대하여 맨 처음 꺼내는 말. ¶김 장관은 취임하면서 물가 안정의 실현을 ~으로 부르짖었다.

제:일-심(第一審) [-씸] 몡⦗법⦘ 소송에서 제1차로 받는 심리. ⓒ일심.

제:일-의(第一義) [-의/-이] 몡 근본이 되는 첫째 의의. ¶반공을 국시의 ~로 하다.

제:일인-자(第一人者) 몡 어느 방면에서 가장 뛰어나, 그와 겨룰 자가 없는 사람. =일인자.

제:일^인칭(第一人稱) 몡⦗언⦘ 인칭 대명사에서, 말하는 사람을 가리키는 범주에 해당함을 나타내는 말. 또는, 그 대명사.

1056_제일 종 전염병

'나', '저', '우리', '저희' 따위. =일인칭.
제:일^종^전염병(第一種傳染病)[-종-뼝] 圈 법정 전염병의 한 가지. 콜레라·장티푸스·성홍열·천연두 따위.
제:일-주의(第一主義)[-의/-이] 圈 무슨 일에서나 으뜸이 되고자 하는 주의. ¶안전 ~.
제:일차^산^업(第一次産業) 圈[경] 원자재·식량 등 가장 기초적인 생산물의 생산에 관련되는 산업. 농업·임업·수산업 따위.
제:일차^성^징(第一次性徵) 圈[동] 동물의 생식기의 차이에 의한 성징.
제:일^차^세^계^대^전(第一次世界大戰)[-계/-게/-] 圈 독일·오스트리아·이탈리아의 삼국 동맹과, 영국·프랑스·러시아의 삼국 협상이 대립하여 일어난 세계적 규모의 전쟁(1914~1918).
제:일-착(第一着) 圈 ❶도달하는 곳에 가장 먼저 이르거나 어떤 일에 가장 먼저 착수하는 것. ¶결승점에 ~으로 골인하다.
제:자(弟子) 圈 스승에 대하여, 그에게서 지식이나 기술을 배우는 사람.
제자²(題字) 圈 서적의 머리나 족자·비석 따위에 쓴다.
제-자리 圈 본디 있던 자리. 또는, 거기에 마땅히 있어야 할 자리. ¶물건을 쓰고 나면 반드시 ~에 갖다 두다.
제자리-걸음 圈 ❶제자리에 서 채 걷는 것처럼 다리를 움직이는 동작. ❷사물이 정체하여 진보하지 못하는 것. =답보. ¶꾸준히 성장해 오던 수출 실적이 최근에 ~을 하고 있다. ❸[경] =보합(保合). 제자리걸음-하다 자여
제자리-멀리뛰기 圈[체] 육상에서, 도움닫기 없이 구름판 위에 두 발을 놓고 되도록 멀리 뛰는 필드 경기.
제자리-표(-標) 圈[음] 임시표로 높였거나 낮춘 음을 본래의 음으로 돌아가게 하는 표. 기호는 ♮.
제자-백가(諸子百家)[-까] 圈 중국 춘추 전국 시대의 여러 학자와 학파의 총칭. 유가·묵가·법가·도가 따위.
제:작(製作) 圈 (사람이 어떤 물건이나 창작물을) 두뇌를 써서 어떤 기능과 내용을 가진 대상으로 만드는 것. 제:작-하다 타여 ¶영화를 ~. 제:작-되다 자여
제:작-비(製作費) 圈 물건이나 예술 작품을 만드는 데 드는 비용.
제:작-자(製作者)[-짜] 圈 물건이나 예술 작품을 만드는 사람.
제:작-진(製作陣)[-찐] 圈 연극·영화·방송 프로그램을 만드는 일에 관여하는, 연기자를 제외한 모든 사람. 圈 스태프.
제:재(制裁) 圈 법이나 규정에 어그러짐이 있을 때, 그에 대하여 어떤 처벌이나 금지, 책망 등을 행하는 일. ¶법규 위반자에게 ~를 가하다. 제:재-하다 타여
제:재(製材) 圈 (나무들을) 베어 각목·널빤지 등의 재목으로 만드는 것. 제:재-하다² 타여
제재³(題材) 圈 예술 작품이나 학술 연구의 주제가 되는 재료.
제:재-소(製材所) 圈 베어 낸 나무로 각목·널빤지 등의 재목을 만드는 곳.
제적(除籍) 圈 등록되어 있는 명부에서 이름을 지워 버리는 것. 제적-하다 타여 제적-되다 자여
제:전(祭典) 圈 ❶제사 지내는 의식. ❷성

대히 열리는 예술·문화·체육 등의 행사. ¶올림픽 ~.
제절(諸節) 圈 ❶상대방을 높여, 그 집안 식구들의 기거동작을 이르는 말. ¶댁내 ~이 만강하오신지요? ❷윗사람의 기거동작을 이르는 말.
제:정¹(制定) 圈 (제도·법률 등을) 만들어 정하는 것. ¶헌법 ~. 제:정-되다 자여 ¶법률을 ~. 제:정-되다 자여
제:정²(帝政) 圈[정] 황제가 다스리는 정치. ¶~ 러시아.
제:정³(祭政) 圈 제사(祭事)와 정치.
제-정신(-精神) 圈 자기 본래의 바른 정신. ¶그걸 지금 ~으로 하는 말이냐?
제:정-일치(祭政一致) 圈 제사와 정치가 일원화되어 있거나 종교적 행사의 주재자와 정치의 주권자가 일치하는 것. 또는, 그런 사상과 정치 형태.
제:제(製劑) 圈 의약을 치료 목적에 알맞게 조합(調合) 가공하여 일정한 형태로 만드는 것. 또는, 그 제품.
제:조(製造) 圈 ❶공장 등에서 큰 규모로 물건을 만드는 것. ❷원료에 인공을 가하여 정교품을 만드는 것. 제:조-하다 타여 ¶자동차를 ~. 제:조-되다 자여
제:조-법(製造法)[-뻡] 圈 제법.
제:조-업(製造業) 圈 물품을 제조하는 사업.
제:주¹(祭主) 圈 제사의 주가 되는 상제.
제:주²(祭酒) 圈 제사에 쓰는 술.
제:주-도(濟州島) 圈[지] 우리나라 남서쪽 해상에 있는 최대의 화산섬.
제:지¹(制止) 圈 말려서 못 하게 하는 것. 제:지-하다 타여 ¶그가 가려는 것을 한사코 제지하였다.
제:지²(製紙) 圈 종이를 만드는 것.
제-집 圈 자기의 집.
제-짝 圈 한 벌을 이루는 그 짝. ¶짚신도 ~이 있다.
제차(諸車) 圈 모든 차. ¶~ 서행.
제:창¹(提唱) 圈 (어떤 일을) 맨 처음 내놓아 주장하는 일. 제:창-하다¹ 타여 ¶민족 자결주의를 ~.
제:창²(齊唱) 圈 ❶여러 사람이 다 같이 소리를 내어 부르는 것. ❷[음] 동일한 가락을 두 사람 이상이 동시에 노래하는 것. 제:창-하다² 타여 ¶애국가를 ~.
제:책(製冊) 圈[출] 인쇄물을 실이나 철사로 매고 표지를 붙여 책으로 만드는 것. =제본(製本). 제:책-하다 타여
제:천(祭天) 圈 하늘에 제사를 지내는 일. ¶~ 행사. 제:천-하다 자여
제-철 圈 알맞은 때. =철. ¶~에 나는 과일이라야 제 맛이 난다.
제:철(製鐵) 圈 철광석을 제련하여 철을 뽑아내는 것. 제:철-하다 자여
제:철-소(製鐵所)[-쏘] 圈 제철을 하는 곳.
제:청¹(祭廳) 圈 ❶장례식 때 제사 지내기 위하여 무덤 옆에 마련한 곳. ❷제사 지내는 대청.
제:청²(提請) 圈 제안하여 청하는 것. ¶행정 각 부의 장은 국무총리의 ~으로 대통령이 임명한다. 제:청-하다 타여
제초(除草) 圈 잡초를 뽑아 없애는 것. 비김매기. 제초-하다 타여
제초-제(除草劑) 圈 잡초를 없애는 약제.
제:출(提出) 圈 (서류나 의견 등을) 내어

놓는 것. **제출-하다** 통(타여) ¶법률 개정안을 국회에 ~. **제출-되다** 통(자여)
제충-국(除蟲菊) 명(식) 꽃의 분말로 살충제나 모기향을 만드는 여러해살이풀. 줄기는 높이 60cm가량으로 곧게 서며, 늦봄에 흰색·붉은색 꽃이 핌.
제치다 통(타) 1 (물건을) 거치적거리지 않게 한쪽으로 두다. ¶바느질감을 윗목으로 **제치고** 이불을 깔다. 2 (경쟁 또는 방해가 되는 대상을) 압도하여 우위에 선 상태가 되다. ¶선두 주자를 **제치고** 맨 앞으로 나서다. ×제끼다. 3 (어떤 일을) 뒤에 하려고 미루어 놓다. ¶하던 일을 **제쳐** 놓고 친구를 만나러 갔다. 4 '젖히다'의 잘못.
제트-기(jet機) 명 제트 엔진을 추진 장치로 하는 비행기. 속쌕쌕이.
제트¹기관(jet機關) 명 빨아들인 공기에 연료를 섞어 연소시킨 다음, 거기서 발생한 가스를 고속으로 분출할 때의 반동으로 추진력을 얻는 장치.
제¹판(製版) 명(출) 1 인쇄판을 제작하는 일. 2 =조판(組版)¹. **제¹판-하다** 통(자여)
제²판-되다 통(자)
제¹패(制霸) 명 1 패권을 잡는 것. 2 경기 따위에서, 우승하는 것. **제¹패-하다** 통(타여) ¶천하를 ~.
제퍼슨(Jefferson, Thomas) 명(인) 미국의 제3대 대통령 (1743~1826).
제풀-에 명 1 기운이 다하여 저절로. ¶울다가 ~ 지쳐 잠이 들다. 2 누가 어떻게 한 것도 아닌데 저 혼자서. 또는, 내버려두어도 저절로. ¶제몸에·제바람에. ¶~ 놀라 잠을 깨다.
제¹품(製品) 명 원료를 써서 물건을 만드는 일. 또는, 그 물품. ¶신(新)~.
제하(題下) 명 (주로 '…이라는 제하의 [에]'의 꼴로 쓰여) 앞에 오는 말을 제목으로 하고 있음을 나타내는 말. ¶학생들은 '가을'이라는 ~에 글짓기를 했다.
제¹-하다 통(타여) 상대를 억눌러서 자신의 마음대로 하다. ¶기선을 ~.
제-하다²(除-) 통(타여) 1 덜어 내거나 빼다. ¶봉급에서 세금을 ~. 2 어떤 수 또는 식을, 어떤 수 또는 식으로 나누다.
제¹-하다³(際-) 통(자여) (주로 '제하여'의 꼴로 쓰여) 어떤 때나 날을 당하거나 맞다. 비즈음하다. ¶광복절에[을] **제하여** 선열의 넋을 기리다.
제¹한(制限) 명 일정한 한도를 정하거나 그것을 넘지 못하게 막는 것. 또는, 그 한도. ¶~ 구역 / 산아 ~. **제¹한-하다** 통(타여) ¶응모 연령을 30세 이하으로 ~. **제¹한-되다** 통(자)
제¹한¹선¹거(制限選舉) 명(법) 일정한 액수의 재산이나 납세 또는 교육 정도·성별 등을 선거권의 조건으로 하는 제도. ↔보통 선거.
제¹해-권(制海權) [-꿘] 명(법) 바다를 지배하는 권력. 곧, 군사·통상·항해 등에 관하여 해상에서 가지는 실력.
제행-무상(諸行無常) 명(불) 우주 만물은 항상 유전(流轉)하여 한 모양으로 머물러 있지 않음.
제¹헌(制憲) 명 헌법을 제정하는 것. 비제헌. **제¹헌-하다** 통(자여)
제¹헌-절(制憲節) 명 대한민국 헌법의 공포를 기념하는 국경일. 7월 17일.
제¹혁(製革) 명 짐승의 생가죽을 다루어 물건을 만들 수 있는 가죽으로 만드는 것. ¶~ 공장. **제¹혁-하다** 통(자여)
제현(諸賢) 명 여러 어질고 슬기로운 이들. ¶독자 ~의 질정을 바랍니다.
제호(題號) 명 책이나 신문 등의 제목.
제¹화(製靴) 명 구두를 만드는 것. ¶~점.
제후(諸侯) 명 봉건 시대에 일정한 영토를 가지고 그 영내의 백성을 다스리던 사람.
제후-국(諸侯國) 명 제후가 다스리는 나라.
제휴(提携) 명 정치·경제 활동에서, 공동의 목적을 위해 서로 돕는 관계를 맺는 것. ¶기술 ~. **제휴-하다** 통(자여)
제-힘 명 자기의 힘. 비자력(自力). ¶~으로 학비를 마련하다.
젠¹장 같 뜻에 맞지 않고 불만스러울 때 혼자 쓰는 말. ¶~, 이게 뭐야!
젠¹장-맞을 같 뜻에 맞지 않을 때 혼자서 쓰는 말.
젠체-하다 통(자여) 잘난 체하다. ¶젠체하는 꼴이 눈꼴사납다.
젤¹ 명 '제일'의 준말. ¶네가 ~ 낫다.
젤라틴(gelatin) 명(화) 동물의 가죽·힘줄·연골 등을 뜨거운 물에 장시간 끓여서 얻는 반고체 상태의 물질. 지혈제·가공 식품·접착제·사진 유제 등으로 쓰임.
젤리(jelly) 명 젤라틴·한천 등을 응고시켜 만든 음식. 또는, 과실즙에 설탕을 넣고 끓여서 굳힌 과자.
젬병 명 어떤 일을 하는 솜씨나 해 놓은 일이 형편없는 상태. 속된 어감의 구어임. ¶재주가 ~이다.
젯¹-밥(祭-) [제빱/젣빱] 명 =제삿밥.
조¹ 명(식) 잘고 둥근 누런색의 종자를 곡식으로 먹는 한해살이풀. 또는, 그 종자. 높이 1~1.5m이고, 열매는 이삭으로 가을에 익음.
조² 관 '저¹Ⅱ'와 뜻이 거의 같으나, 얕잡는 어감을 갖거나 상대적으로 작고 귀여운 대상을 이룰 때 쓰이는 말. ¶~저.
조³(組) 명 1 어떤 일을 위하여 조직한 소규모의 집단. 9 편성. 2 (의존) 2개 이상의 물건이 한 벌을 이룰 때, 그 한 벌의 물건을 세는 단위. ¶응접구 한 ~.
조¹⁴(趙) 명(역) 중국의 전국 칠웅의 하나 (403~228 B.C.). 진(晉)의 영지를 삼분하여 성립되었으며, 무령왕 때 최성기를 맞이했으나 진(秦)에게 멸망당함.
조⁵(條) 명(의존) 1 '조목'의 뜻을 나타내는 말. ¶형사 소송법 제10~. 2 '어떤 조건으로'라는 뜻을 나타내는 말. ¶계약금 ~로 백만 원을 걸다.
조⁶(調) 명(의존) 1 시가(詩歌)나 노래의 자수에 의한 리듬을 나타내는 말. ¶삼사 ~. 2 (주로 '-는 조로'의 꼴로 쓰여) '말투', '태도'의 뜻을 나타내는 말. ¶깔보는 ~로 말하다.
조⁷(兆) Ⅰ 명 억(億)의 만 배.
Ⅱ 명(의존) ¶일 ~ 원.
조-⁸(助) 접미 직위나 지위를 나타내는 일부 명사 앞에 붙어, '보조적인', '버금가는'의 뜻을 나타내는 말. ¶~감독 / ~교수 / ~연출.
-조⁹(祖) 접미 '대(代)' 뒤에 붙어, '조상'의 뜻을 나타내는 말. ¶0 대 ~ 할아버지.
-조¹⁰(朝) 접미 한 계통의 왕이나 한 사람의 왕이 그 나라를 다스리는 동안. ¶성종 ~ / 조선 ~.
조¹가(弔歌) 명 죽음을 애도하는 노래.

조가비 조개의 껍데기. =패각.
조각¹ 圀 1 넓적하게나 얇은 물건에서 떼어 낸 작은 부분. ¶빵 ~ / 종잇 ~. 2 갈라져서 따로 떨어진 물건. ¶포탄 ~.
조각²(組閣) 圀 내각(內閣)을 조직하는 것. ¶~에 착수하다. 조각-하다 国(자)여
조각³(彫刻·雕刻) 圀 [미] 1 (어떤 형상을) 입체적으로 새기는 일. 2 =조소(彫塑)¹. 조각-하다 国(타)여 조각-되다 (자)
조각-가(彫刻家)[-까] 圀 조각을 전문으로 하는 사람.
조각-구름[-꾸-] 圀 여러 개의 조각으로 흩어져 있는 구름.
조각-나다[-강-] 国(자) 1 깨지거나 갈라져 조각이 생기다. 2 접시가 떨어져 ~. 2 뜻이 맞지 않아 서로 갈라지다.
조각-내다[-강-] 国(타)여 (물건을) 깨거나 갈라서 여러 조각이 되게 하다.
조각-달[-딸] 圀 음력 초닷새 무렵과 스무닷새 무렵에 뜨는 달. ¶이지러진 ~.
조각-도(彫刻刀)[-또] 圀 조각하는 데에 쓰는 칼. =조각칼.
조각-배[-빼] 圀 작은 배. ⓑ편주(片舟).
조각-보(-褓)[-뽀] 圀 여러 조각의 헝겊으로 만든 보자기.
조각-조각[-쪼-] I 圀 여러 조각. 또는, 각각의 조각. II 閅 여러 조각으로 갈라지거나 깨진 모양. ¶편지를 ~ 찢어 버렸다.
조각-칼(彫刻-) 圀 =조각도.
조각-품(彫刻品) 圀 조각한 물품. =석각.
조간(朝刊) 圀 '조간신문'의 준말. =석간.
조간-신문(朝刊新聞) 圀 아침에 발행하는 일간 신문. ⓑ조간. ↔석간신문.
조갈(燥渴) 圀 입이나 목이 몹시 말라 물을 마시고 싶은 상태. ⓑ갈증. ¶~이 들다 / ~이 나다.
조감(鳥瞰) 圀 [새가 하늘에서 지상을 내려다보듯이] 높은 곳에서 넓은 범위를 내려다보는 것. 조감-하다 国(타)여 ¶한국 현대 문학사를 ~.
조감-도(鳥瞰圖) 圀 높은 곳에서 아래를 내려다본 상태의 그림이나 거림.
조:-감독(助監督)[영] 영화감독을 보조하는 일을 하는 사람.
조강지처(糟糠之妻) 圀 ['지게미와 쌀겨로 끼니를 이을 때의 아내'라는 뜻] 몹시 가난하고 어려울 때부터 고생을 함께 해온 아내.
조개 圀 민물이나 바닷물에 살며, 부드러운 몸이 두 개의 단단한 껍데기에 싸여 있는 연체동물의 총칭. 속살은 대부분 식용임.
조개-구름[기상] 圀 =권적운.
조개-껍데기[-떼-] 圀 조갯살을 걷에서 싸고 있는 단단한 물질. =조개껍질.
조개-껍질[-찔] 圀 =조개껍데기.
조개-더미[고고] 圀 원시인이 먹고 버린 조개껍데기가 쌓여 층을 이룬 유적. 주로 석기 시대의 것으로 바닷가 호반 근처에 널리 분포함. =조개무지·패총.
조개-무지[고고] 圀 =조개더미.
조개-젓[-쩟] 圀 잔 조갯살로 담근 젓.
조개-탄(-炭) 圀 조개 모양으로 만든 석탄.
조개-탕(-湯) 圀 모시조개를 맹물에 삶아서 국물째 먹는 국.
조:객(弔客) 圀 조상(弔喪)하는 사람.
조갯-살[-개쌀/-갣쌀] 圀 조개의 살. 또는, 그것을 말린 것.
조-거 ⓓ(지시)(인칭) '저것'을 구어적으로 이르는 말. ¶~ 참 예쁘게 생겼네. ⓔ저거.
조건(條件)[-껀] 圀 어떤 일을 진행되게 하거나 성립되기 위하여 갖추어야만 할 요소. ¶노동 ~ / 필수 ~.
조건^반:사(條件反射)[-껀-] 圀[생] 동물이 환경에 적응하기 위하여 후천적으로 획득하는 반사. 개에게 밥을 줄 때마다 방울을 울리면, 나중에는 방울만 울려도 개가 침을 흘리게 되는 것과 같은 현상. ↔무조건 반사.
조건-부(條件附)[-껀-] 圀 무슨 일에 일정한 조건이 붙음. ¶~ 매매.
조-것[-껃] ⓓ(지시)(인칭) '저것'과 뜻은 같으나 얕잡는 어감을 갖거나 상대적으로 작고 귀여운 대상을 가리킬 때 쓰이는 말. ¶~이 이제 아장아장 걷네! ⓔ저것.
조:경(造景) 圀 [정원·공원 또는 도시나 자연 공간 등을] 경치나 경관이 아름답도록 인공적으로 꾸미는 일. ¶~ 공사.
조계-종(曹溪宗)[一게/一계-] 圀[불] 1 고려 시대, 신라의 구산선문을 합친 종파로, 천태종에 대하여 이르는 말. 2 도의(道義) 국사를 종조로 하는, 우리나라 불교의 한 종파.
조:곡(弔哭) 圀 조상(弔喪)하는 뜻으로 곡하는 것. 또는, 그 곡. 조:곡-하다 国(자)여
조곡²(組曲) 圀[음] =모음곡.
조공(朝貢) 圀 속국(屬國)이 종주국에게 때맞추어 예물을 바치는 일. 조공-하다 国(타)여 ¶산물을 ~.
조광(粗鑛) 圀 파낸 그대로의 광석.
조:-광조(趙光祖) 圀[인] 조선 시대의 문신·성리학자(1482〜1519).
조:-교(助敎) 圀 1 [교] 대학의 교수 밑에서 연구와 사무를 돕는 직위. 또는, 그 사람. 2 [군] 교관을 도와 교재 관리, 시범 훈련, 피교육자의 인솔 따위를 맡은 사병.
조:-교수(助敎授) 圀[교] 대학에서 학생을 지도하고 연구에 종사하는, 부교수의 아래 등급에 있는 교원.
조국(祖國) 圀 조상 때부터 살아온 자기 나라. ⓑ고국·모국.
조국-애(祖國愛) 圀 조국에 대한 사랑.
조그마-하다 휑여 조금 작거나 적다. ¶그그마한 아이. ⓒ그맣다. ⓔ쪼그마하다.
조그맣다[-마타] 휑여〈조그마ㅎ〉 ⓒ그맣오, 조그매〉 '조그마하다'의 준말. ¶조그만 손.
조금¹ I 閅 1 정도나 분량이 적게. ¶~ 아프다. 2 시간적으로 짧게. ¶~ 더 기다려라. ⓒ좀. ⓔ쪼금·조끔.
II 圀 1 적은 정도나 분량. ¶~만 주십시오. 2 짧은 동안. ¶조금 후.
조금²(潮─) 圀 매달 무수(음력 9일과 24일)를 전후하여 며칠 동안 조수의 간만의 차가 아주 작아지는 현상. 또는, 그때. ↔한사리.
조금-씩 閅 1 여러 대상에 정도나 분량 조금. ¶밥그릇에 밥을 ~ 담다. 2 매번 되풀이하여 각각 조금. ¶밥참은 ~ 먹는 것이 좋다. 3 서서히 조금. 동작이나 작용이 지속적으로 느리게 이루어져 감을 나타내는 말임. ¶성적이 ~ 나아지고 있다.
조급-증(躁急症)[-쯩] 圀 몹시 조급해하는 성질.
조급-하다(躁急−)[-그파-] 휑여 (성질이) 참을성 없이 매우 급하다. ¶성질이

~. 조급-히 튀 ¶너무 ~ 굴지 마라.
조기¹ (-期) 명 참조기·수조기·보구치 등의 총칭.
조-기² 대명 '저기'를 범위를 좁혀서 이르는 말. 图저기.
조:기³ (弔旗) 명 1 =반기(半旗)². 2 조의를 표하는 뜻으로 검은 형겊을 달거나 검은 선을 두른 기.
조기⁴ (早起) 명 아침에 일찍 일어나는 것. ¶~ 축구.
조기⁵ (早期) 명 이른 시기. ¶~ 발견.
조:기^교:육 (早期敎育) 명[교] 배울 나이에 이르지 않은, 지능 발달이 빠른 어린이에게 일정한 교육 과정에 따라 베푸는 교육.
조깅 (jogging) 명 건강을 유지하기 위해 자기의 몸에 알맞은 속도로 천천히 달리는 운동.
조끔 튀 명 '조금'의 센말.
조끼¹ (←チョッキ<jack>) 명 1 한복 저고리 위에 덧입는, 소매가 없고 앞쪽에 단추가 달린 남자용 웃옷. ▷배자. 2 양복 또는 양장 차림에서, 와이셔츠나 블라우스 위에 입는 소매 없는 웃옷.
조끼² (←ジョッキ<jug>) 명 맥주를 담아 마시는, 손잡이가 달린 대형의 유리 컵. 순화어는 '잔'.
조난 (遭難) 명 항해나 등산 도중에 재난을 만나는 것. ¶눈사태로 ~을 당하다. **조난-하다** 통재
조난-자 (遭難者) 명 조난을 당한 사람.
조달 (調達) 명 자금·물자 등을 대 주는 것. ¶현지 ~. **조달-하다** 통자타여 ¶자금을 ~. **조달-되다** 통자
조달-청 (調達廳) 명 재정경제부 장관 소속하에 설치된 기관의 하나. 정부가 행하는 내자 및 외자의 구매·공급 및 관리에 관한 사무와 정부의 주요 시설 공사 계약에 관한 사무를 관장함.
조당 (粗糖) 명 정제하지 않은 설탕.
조:도 (照度) 명 =조명도.
조:-동사 (助動詞) 명[언] =보조 동사.
조동율서 (朝東栗西) [−뉼써] 명 제사(祭床)에 제물을 차릴 때, 대추는 동쪽에, 밤은 서쪽에 놓는다는 말.
조락 (凋落) 명 1 초목의 잎이 시들어 떨어지는 것. ¶~의 계절. 2 차차 쇠하여 보잘 것없이 되는 것. **조락-하다** 통자
조랑-말 명 몸집이 작은 종자의 말.
조랑말-자리 명[천] 북쪽 하늘에 있는 작은 별자리. 10월 상순 저녁에 볼 수 있음.
조렇듯 [-러튿] 튀 <조러니, 조러오, 조래> (사물의 상태나 속성이) 조와 같다. 조렇더다.
조:력¹ (助力) 명 힘을 써 도와주는 것. 또는, 그 힘. **조:력-하다** 통자
조:력² (釣歷) 명 낚시를 한 경력.
조력 (潮力) 명 조수의 간만의 차로 일어나는 에너지.
조련 (調鍊·調練) 명 1 =연병. 2 훈련을 거듭하여 왔다. **조련-하다** 통타
조련-사 (調鍊師) 명 동물을 길들여 여러 가지 재주를 부리도록 훈련시키는 사람.
조령 (鳥嶺) 명[지] 경상북도 문경시와 충청북도 괴산군 사이에 있는 고개. 높이 642m.
조령모개 (朝令暮改) 명 [아침에 명령을 내렸다가 저녁에 다시 고친다는 뜻] 법령을 자주 고쳐 갈피를 잡기가 어려움을 이르는 말. **조령모개-하다** 통자여
조례¹ (條例) 명 1 조목조목 적어 놓은 규칙이나 법령. 2 [법] 지방 자치 단체가 법령의 범위 내에서 그 지방의 사무에 관해 제정하는 규정.
조례² (朝禮) 명 학교에서 선생과 학생이 수업 시작 전에 모여서 아침 인사를 하는 일. 图조회. ¶~ 시간. ↔종례.
조:로 (早老) 명 나이에 비하여 빨리 늙는 것. ¶~ 현상. **조:로-하다** 통자여
조로아스터-교 (Zoroaster敎) 명[종] 기원전 6세기경에 페르시아의 예언자 조로아스터가 창시한 종교. 경전은 '아베스타'임. 图배화교.
조롱¹ 명 어린아이가 주머니 끈이나 옷 끈에 액막이로 차는 물건. 나무를 조롱박 모양으로 깎아 그 끝에 엽전을 단 것임.
조롱² (鳥籠) 명 =새장.
조롱³ (嘲弄) 명 (어떤 사람을) 우습거나 형편없는 존재로 여겨 비웃고 놀리는 것. **조롱-하다** 통타여
조롱-박 명 1[식] =호리병박. 2 호리병박으로 만든 바가지.
조:루 (早漏) 명 성교할 때, 남자가 성기를 삽입하고 나서 너무 빨리 사정(射精)에 이르게 되는 상태. ↔지루.
조류¹ (鳥類) 명[동] 척추동물의 한 무리. 몸은 깃털로 덮이고 날개가 있으며, 다리가 둘이고 입이 부리로 되어 있음. 난생 (卵生)임. 图새.
조류² (潮流) 명 1 밀물과 썰물 때문에 일어나는 바닷물의 흐름. 2 시세의 동향. ¶시대(시행)의 ~에 따르다.
조류³ (藻類) 명[식] 물속에 살면서 동화 색소를 가지고 독립 영양 생활을 하는 하등 식물의 총칭. 뿌리·줄기·잎이 구별되지 않고 포자에 의해 번식하며, 꽃이 피지 않음. 남조류·녹조류·갈조류·홍조류 등이 있음.
조류^독감 (鳥類毒感) [-깜] 명[의] 닭·오리 등의 조류에게 전염되는 독감. 때로 사람에게 전염되기도 하는데 치명적임.
조르다¹ 통타 <조르니, 졸라> (목·허리 등의 신체 부위를, 또는 두르거나 매는 줄·끈 따위를) 둘레가 줄도록 누르거나 죄다. ¶손으로 목을 ~.
조르다² 통타 <조르니, 졸라> (윗사람이나 책임 입장에 있는 사람에게 어떤 일을 해 달라고) 끈덕지게 자꾸 요구하다. 또는, (윗사람을) 자꾸 어떤 일을 해 달라고 하여 못 견디게 하다. ¶새 옷을 사 달라고 어머니에게 ~.
조르르 튀 1 작은 발걸음을 자꾸 떼어 걷거나 따르는 모양. ¶아이들이 ~ 달려가다. 2 액체가 흘러내리는 소리. 또는, 그 모양. ¶간장을 ~ 붓다. 3 경사진 곳에서 작은 물건이 미끄러져 내리는 모양. ¶~ 미끄럼을 타는 아이들. 4 작은 것들이 한 줄로 고르게 잇달아 있는 모양. ¶아이들이 ~ 앉아 있다. 图주르르. 侧쪼르르.
조리¹ (條理) 명 ¶~ 있게 말 봐. 图저리. 조리-하다¹ 통자타여 **조리-되다**¹ 통자
조리² 튀 조 곳으로. 또는, 조쪽으로. 图저리.
조:리³ (笊籬) 명 쌀·보리쌀 같은 곡식을 이는 데 쓰는 기구. 가는 대오리나 싸리로 결어 조그만 삼태기 모양으로 만듦.
조리 (條理) 명 일의 앞뒤가 들어맞고 체계가 서는 갈피. 图두서. ¶자신의 견해를

조리5(調理) 명 1 음식·거처·동작을 적당히 하여 쇠약해진 몸을 낫게 하는 것. ¶몸~ / 산후 ~. 2 식품의 맛과 질을 좋게 하고 영양을 높게 하며 소화하기 쉽게 만드는 일. ⓗ요리. **조리-하다**2 쫑ⓔ ¶환자many 를 ~. **조리-되다**2 쫑ⓔ
조리-개 명 [사진] 사진기의 렌즈를 통과하는 광선의 양을 조절하는 기계 장치.
조리다 쫑ⓐ (생선이나 유류나 채소 따위를) 양념을 한 뒤 간이 충분히 스며들도록 국물이 바특하게 끓여서 익히다. 또는, (과일·연근·도라지·생강 등을) 설탕·꿀 등을 넣고 당분이 스며들도록 끓이다. ¶고등어를 ~ / 감자를 ~.
조리-대(調理臺) 명 음식을 조리하는 대.
조리-돌리다 쫑ⓐ 죄지은 사람을 벌하기 위하여 끌고 돌아다니며 망신을 시키다.
조리-사(調理士) 명 1 식품 위생법의 규정에 의한 소정의 면허를 소지하고 집단 급식 등에서 식품의 조리를 직업으로 하는 사람. 2 음식점 등에서 음식을 조리하는 사람. ⓗ숙수·요리사.
조!리-질(笊籬−) 명 1 조리로 쌀·보리쌀 같은 곡식을 이는 것. 2 (물체가) 몹시 일렁거리는 것. 또는, (물체를) 몹시 일렁거리게 하는 것. 비유적인 말임. **조!리질-하다** 쫑ⓔ
조림1 명 고기·생선·채소 따위를 조려 만든 음식. ¶장~ / 감자~.
조!림2(造林) 명 나무를 심어 숲을 이루는 일. **조!림-하다** 쫑ⓔⓐ **조!림-되다** 쫑ⓐ
조립(組立) 명 여러 부품들을 하나의 구조물로 맞추어 짜는 것. ¶자동차 ~ 공장. **조립-하다** 쫑ⓔⓐ **조립-되다** 쫑ⓐ
조립-식(組立式) [-씩] 명 조립하는 방법으로 만드는 방식. ¶~ 주택.
조립-품(組立品) 명 1 여러 부품을 하나의 구조물로 짜 맞추어 만든 물품. 2 조립하는 데에 사용하는 부품.
조마조마-하다 ⓗ 위태로워 마음이 긴장되고 불안하다. ¶사람들 앞에서 비밀이 탄로 날까 봐 **조마조마했다**.
조막 명 작은 주먹을 귀엽게 또는 얕잡아 이르는 말. ¶~만 한 아이.
조!만-간(早晩間) 어떤 일이 다소 이를 수도 있고 늦을 수도 있으나 어쨌든 머잖은 때에 일어날 것임을 알려 주는 말.
조-만식(曺晩植) [-인] 독립 운동가·정치가(1882~1950).
조망(眺望) 명 먼 곳을 바라보는 것. 또는, 그 경치. ¶~대(臺). **조망-하다** 쫑ⓔⓐ
조망-권(眺望權) 명 [법] 고층 건물 등에 시야를 가리지 않고 자기 집 창문을 통해 먼 곳을 바라볼 수 있는 권리. ¶~이 침해를 받다.
조매-화(鳥媒花) 명 [식] 새에 의하여 꽃가루가 매개되어 가루받이가 이루어지는 꽃. 동백꽃 따위.
조!-맹부(趙孟頫) [-인] 원나라의 화가·서예가(1254~1322).
조!명(照明) 명 1 빛으로 밝게 비추는 것. 또는, 그 빛. ¶간접 ~ / 실내 ~. 2 [연] 무대 효과와 촬영 효과를 높이기 위하여 광선을 비추는 일. 또는, 그 빛. ¶~ 효과. 3 (어떤 대상을) 일정한 관점에서 비추어 살펴보는 것. **조!명-하다** 쫑ⓔⓐ ¶윤동주의 시를 새로운 각도에서 **조명해** 보다. **조!명-되다** 쫑ⓐ

조!명-도(照明度) 명 [물] 단위 면적이 단위 시간에 받는 빛의 양. 단위는 럭스(lx). =조도(照度).
조!명-등(照明燈) 명 조명하는 데에 쓰이는 등.
조!명-탄(照明彈) 명 [군] 공중에서 터지면서 강한 빛을 내는 탄환. 야간 정찰이나 항공기의 이착륙 등에 이용함.
조모(祖母) 명 '할머니'의 문어적 지칭.
조목(條目) 명 법률이나 규정 등의 하나하나의 조(條) 나 항(項). =항목. ⓗ조항.
조목-조목(條目條目) [-조-] I 명 각각의 조목. ¶~을 다 외다.
II 분 =조목조목이.
조목조목-이(條目條目-) [-조-] 분 조목마다. =조목조목. ¶잘못을 ~ 따지다.
조몰락-거리다/-대다 [-거(때) -] 쫑ⓐ (물건을) 작은 동작으로 자꾸 주무르다. ¶아기가 엄마 젖을 ~. ⓔ조물럭거리다.
조몰락-조몰락 [-조-] 분 조몰락거리는 모양. ⓔ조물럭주물럭. **조몰락조몰락-하다** 쫑ⓐⓔ
조무래기 명 1 자질구레한 물건. ¶감자가 다 팔리고 ~밖에 안 남았다. 2 '어린아이를 훔하는 또는 얕잡아 이르는 말. 주로, 복수(複數)의 대상을 이름. ¶~들이 미끄럼을 타고 논다. 3 우두머리가 아닌, 말단의 아랫사람을 낮잡아 이르는 말. ¶졸개·피라미. ¶경찰은 조직 폭력배를 일제히 검거했으나 ~들만 잡혔다.
조!문(弔文) 명 죽은 사람의 명복을 비는 글.
조!문2(弔問) 명 상을 당한 사람을 위문하는 것. ⓗ문상. **조!문-하다** 쫑ⓔⓐ
조문3(條文) 명 조목별로 벌여 적은 글.
조!문-객(弔問客) 명 문상(問喪) 하러 온 사람. =문상객.
조물-조물 명 작은 손놀림으로 자꾸 주물러 만지작거리는 모양. ¶~ 나물을 무치다. **조물조물-하다** 쫑ⓔⓐ
조!물-주(造物主) [-쭈] 명 우주의 만물을 만든 신. ▷조화옹.
조!미1(助味) 명 음식 맛을 좋아지게 하는 것. **조!미-하다**1 쫑ⓔⓐ
조!미2(調味) 명 음식의 맛을 알맞게 맞추는 것. **조!미-하다**2 쫑ⓔⓐ
조!미-료(調味料) 명 음식의 맛을 맞추는 데에 쓰는 재료. ¶화학~.
조밀-하다(稠密−) ⓗ 촘촘하고 빽빽하다. ¶건물이 **조밀하게** 들어서 있는 도심지. **조밀-히** 분
조-바꿈(調−) 명 [음] 악곡의 진행 중 계속되는 곡조를 다른 곡조로 바꾸는 일. ⓗ변조(變調).
조바심 명 바라지 않는 일이 일어날까 봐, 또는 일이 바라는 대로 되지 않을까 하여 안달이 나거나 두려워하는 마음으로 불안해하는 것. ¶~을 치다. **조바심-하다** 쫑ⓔⓐ ¶약속 시간에 늦지 않을까 ~.
조바심-치다 쫑ⓐ 조바심을 몹시 나타내다.
조바위 명 여자 방한모의 하나. 위는 터져 있으며, 아얌과 비슷하지만 귀와 뺨을 가리게 되어 있음.
조반(朝飯) 명 =아침밥.
조-밥 명 맨 좁쌀로 짓거나, 입쌀에 좁쌀을 섞어서 지은 밥.
조변석개(朝變夕改) [-깨-] [아침저녁으로 뜯어고친다는 뜻] (계획·결정 따위

를) 변덕스럽게 자꾸 고침. **조변석개-하다** [동][자][여]

조별(組別) [명] 조를 단위로 하여 구별을 지음. ¶~ 예선.

조ː-병화(趙炳華) [명][인] 시인(1921~2003).

조복(朝服) [명][역] 관원이 조정(朝廷)에 나아가 하례(賀禮)할 때 입는 예복.

조부(祖父) [명] '할아버지1'의 문어적 지칭.

조-부모(祖父母) [명] 할아버지와 할머니를 아울러 이르는 말.

조붓-하다[-부타-] [형][여] 조금 좁은 듯하다. **조붓-이** [부]

조ː사[1](弔詞·弔辭) [명] 죽은 사람을 슬퍼하여 조의(弔意)를 표하는 글.

조ː사[2](助詞) [명][언] 품사의 하나. 체언이나 부사·어미 등의 아래에 붙어, 그 말과 다른 말과의 문법적 관계를 나타내거나 그 말의 뜻을 도와주는 단어. 격 조사·접속 조사·보조사로 크게 나뉨. '가', '를', '와', '까지' 따위. =토씨.

조사[3](祖師) [명] **1** 어떤 학파를 세운 사람. **2** 한 종파를 세워서, 그 종지(宗旨)를 열어 주장한 승려.

조ː사[4](照射) [명] **1** 햇빛 등이 내리쬐는 것. **2** 광선·방사선 등을 쬐는 것. **조ː사-하다**[1] [동][자][타][여] ¶방사선을 암 부위에 ~.

조사[5](調査) [명] **1** (사물을) 그 내용을 명확히 알기 위하여 살펴보는 것. ¶인구 ~. **2** (사람을) 의심이 가는 점이나 잘못 등이 없는지 알아보는 것. **조사-하다**[2] [동][타][여] ¶피의자를 ~. **조사-되다** [동][자]

조사-단(調査團) [명] 어떤 사건이나 사항을 조사하기 위하여 여러 사람으로 조직된 단체.

조-사망률(粗死亡率)[-늉] [명] 1년 동안 인구 1,000명당 사망자 수.

조ː산(早産) [명] 임신한 사람이 10개월을 채우지 못하고, 특히 임신 24주부터 36주 사이에 태아를 출산하는 일. ↔만산. **조ː산-하다** [동][타][여]

조ː산-대(造山帶) [명][지] 조산 운동이 일어나고 있는 지대.

조ː산-사(助産師) [명] 분만을 돕거나 임산부 및 신생아에 대한 보건과 양호 지도에 종사하는 사람. [비]산파.

조ː산-아(早産兒) [명] 달을 다 채우지 못하고 태어난 아이. 특히, 24주에서 36주 사이에 태어난 아이.

조ː산^운ː동(造山運動) [명][지] 지구 상의 어떤 지역에 대규모의 습곡이나 단층이 생겨 큰 산맥을 이루는 지각 운동.

조ː산-원[1](助産員) [명] '조산사'의 구칭.

조ː산-원[2](助産院) [명] 조산사가 분만을 돕고 임산부와 신생아를 돌보는 일을 하는 곳.

조삼모사(朝三暮四) [명] [원숭이에게 먹이를 아침에 3개, 저녁에 4개 주겠다고 하자 원숭이가 화를 내므로, 그러면 아침에 4개, 저녁에 3개 주겠다고 하니 원숭이가 기뻐했다는 고사에서] 간사한 꾀로 남을 속여 농락함을 이르는 말.

조ː상[1](弔喪) [명] =문상(問喪). **조ː상-하다** [동][타][여]

조상[2](祖上) [명] **1** 돌아간 어버이 위로 대대의 어른. ¶~ 대대로 물려받은 가보. **2** 자기 세대 이전의 모든 세대. [비]윗대.

조상[3](彫像) [명][미] 조각한 상(像).

조상-신(祖上神) [명][민] 사대조(四代祖) 이상의 조상의 신.

조ː생-종(早生種) [명][농] 같은 농작물 가운데 비교적 일찍 성숙하는 종류.

조ː서[1](詔書) [명] 임금의 명령을 적은 문서. =조칙·금문.

조서[2](調書) [명] 조사한 사실을 적은 문서.

조석[1](朝夕) [명] **1** 아침과 저녁. ¶~으로 문안을 드리다. **2** 아침밥과 저녁밥.

조석[2](潮汐) [명] 밀물과 썰물.

조석-거리(朝夕-)[-꺼-] [명] =끼닛거리. ¶~를 걱정할 정도로 가난한 살림.

조ː선[1](造船) [명] 배를 건조(建造)하는 것. **조ː선-하다** [동][타][여]

조선[2](朝鮮) [명][역] **1** =고조선. **2** 이성계가 고려를 멸망시키고 세운 나라(1392~1910). 한양에 도읍함. 불교를 억압하고 유교를 국교화함. 15세기에 전성기를 맞이했으나, 1910년 일본에 합병됨.

조선-간장(朝鮮-醬) [명] 우리나라에서 전통적 방법으로 만든 간장. ▷왜간장.

조ː선-소(造船所) [명] 배를 건조하거나 개조 또는 수선하는 곳.

조선-어(朝鮮語) [명] 우리의 말과 글을 일제 강점기에 이르던 말.

조선-족(朝鮮族) [명] 중국의 둥베이(東北) 지방이나 그 밖의 지역에 사는, 중국 국적의 한국인. ▷고려인.

조선^총ː독부(朝鮮總督府)[-뿌] [명][역] 일본이 1910년부터 1945년까지 우리나라의 식민 통치와 수탈을 위하여 설치하였던 최고 행정 관청.

조ː성[1](造成) [명] **1** (단지·삼림·택지·녹지 따위를) 인공적·인위적으로 이루어 만드는 것. ¶아파트 단지 ~. **2** (분위기·상황 따위를) 생겨나게 만드는 것. **조ː성-하다**[1] [동][타][여] ¶면학 분위기를 ~. **조ː성-되다**[1] [동][자] ¶녹지가 ~.

조성[2](組成) [명] **1** 여러 개의 요소·성분으로 짜 맞추거나 만드는 것. **2** [화] 화합물을 구성하는 원소의 질량 혹은 원자 수의 비. ¶~식(式). **조성-하다**[2] [동][타][여] **조성-되다**[2] [동][자]

조세(租稅) [명][법] 국가 또는 지방 자치 단체가 경비를 충당하기 위하여 국민이나 주민으로부터 강제로 징수하는 금전. [비]세금. [준]세.

조소[1](彫塑) [명][미] 조형 미술의 한 부문. 흙·나무·돌·금속 등으로 어떤 형상을 빚거나 새기는 일. =조각(彫刻).

조소[2](嘲笑) [명] (남을) 비웃는 것. 또는, 그 웃음. [비]비웃음. ¶~의 눈길을 보내다. **조소-하다** [동][타][여] ¶남을 깔보고 ~.

조ː속-하다(早速-)[-소카-] [형][여] 어떤 일을 이루거나 행하는 것이 매우 빠르거나 급한 상태에 있다. [비]이르다·빠르다·신속하다. ¶**조속한** 시일 내에 완공하시오. **조ː속-히** [부] ¶~ 해결해야 할 문제.

조ː수[1](助手) [명] 기능이나 숙련 등을 요하는 일에 있어서 주된 사람에 딸려 그를 보조하는 사람.

조수[2](潮水) [명][지] 해와 달, 특히 달의 인력(引力)에 의하여 주기적으로 해면의 높이가 높아졌다 낮아졌다 하는 현상. 또는, 그 바닷물.

조ː수-석(助手席) [명] 자동차 운전석의 옆 자리.

조ː숙(早熟) [명] (곡식·과일 따위가) 일찍 익는 것. ↔만숙(晩熟). **조ː숙-하다**[1] [동][자][여] ▷조숙하다[2].

조:숙-하다²(早熟-)[-수카-] [형여] (사람이) 나이에 비해 정신적·육체적으로 발달이 빠르다. 또는, 성(性)으로 눈뜨는 것이 남보다 이르다. ¶조숙한 아이.

조식¹(粗食) [명] 검소한 음식을 먹는 것. 또는, 그런 음식. **조식-하다** [동자여]

조식²(朝食) [명] =아침밥.

조신¹(朝臣) [명] 조정에서 일하는 신하.

조신²(操身) [명] 몸가짐을 조심하는 것. **조신-하다** [동여] →조신하다.

조신-하다²(操身-) [형여] (몸가짐이) 조심스럽고 얌전하다. ¶조신하게 처신하다.

조:실부모(早失父母) [명] 어려서 부모를 잃음. **조:실부모-하다** [동자여] ¶조실부모하고 고아로 자라다.

조심(操心) [명] 잘못이나 실수가 없도록 말이나 행동에 마음을 쓰는 것. ¶불~.
조:심-하다 [동자여] **조:심-히** [부]

조:심-성(操心性) [-썽] [명] 무슨 일을 할 때 조심하려는 태도. ¶~이 많다.

조:심-스럽다(操心-)[-따] [형여] <~스러우니, ~스러워> 조심하는 데가 있다.
¶조심스러운 태도. **조:심스레** [부]

조:심-조심(操心操心) [부] 매우 조심스럽게 행동하는 모양. ¶잠자리가 날아갈세라 ~ 다가가다. **조:심조심-하다** [동자여]

조아리다 [동타] (머리를 상대에게 용서를 빌거나 복종심을 나타내거나 고마움을 표하거나 하기 위하여 크게 숙이다. ¶머리를 조아리고 용서를 빌다.

조악(粗惡)[-아카-] [형여] (물건이) 거칠고 나쁘다. ¶조악한 장난감.

조:암^광:물(造巖鑛物) [명] [광] 암석을 이루는 광물. 주요한 것으로 석영·장석·운모·각섬석·휘석 따위가 있음.

조야(朝野) [명] 조정(朝廷)과 민간.

조야(粗野-) [형여] 1 천하고 상스럽다. ¶조야한 말씨. 2 (물건이) 거칠고 막되다. ¶조야한 물건.

조약(條約) [명] [법] 문서에 의한 국가 간의 합의. 약정. ¶~/~을 체결하다.

조약-돌[-똘] [명] 주로 냇가·강가·바닷가에 있는, 작고 동글동글한 돌. 団자갈.

조:어(造語) [명] 새로 말을 만드는 것. 또는, 그 만든 말. **조:어-하다** [동타여]

조언(助言) [명] (어떤 사람에게) 어떤 문제에 대해 어떻게 하라고 도움이 되는 말을 하는 것. 또는, 그 말. 団도움말. ¶~자. **조언-하다** [동자여]

조업(操業) [명] (공장 등에서) 일을 하는 것. ¶~ 개시. **조업-하다** [동자여]

조업^단:축(操業短縮)[--딴-] [명] [경] 과잉 생산으로 인한 상품의 하락을 막기 위해 생산 기계의 운전 정지, 작업 시간 단축 등으로 생산을 제한하는 일.

조여-들다 [동자여] <~드니, ~드오> =죄어들다.

조:역(助役) [명] 1 도와주는 일. 2 철도청에서 역장을 보좌하는 일. 또는, 그 사람. **조:역-하다** [동타여]

조연(助演) [명] [연] 주역(主役)의 연기를 보조하는 것. 또는, 그 역을 맡은 사람. ~ 배우. **조연-하다** [동자여]

조:-연출(助演出) [명] [방송] 연출자를 보조하는 일을 맡아 하는 사람. =에이디.

조영(造營) [명] 집 등을 짓는 것. **조영-하다** [동타여]

조예(造詣) [명] 어떤 분야에 대한 지식이나 이해가 다다른 수준의 정도. ¶음악에~가 깊다.

조왕(竈王) [명] [불] 부엌의 길흉화복을 맡아보는 신.

조용조(租庸調) [명] [역] 중국 수·당나라 때 정비된 조세 제도. 조(租)는 토지에 과하는 세, 용(庸)은 장정에게 과하는 노역(勞役)의 의무, 조(調)는 각 호별로 토산물을 부과하는 것임. 우리나라에서는 고려·조선 시대에 시행됨.

조용-조용 [부] 썩 조용하게. ¶발소리가 나지 않게 ~ 걸어라. **조용조용-하다** [형여] **조용조용-히** [부] ¶~ 놀아라.

조용-하다 [형여] 1 아무런 소리도 들리지 않고 잠잠하다. ¶고요하다. ¶인적이 드문 조용한 거리. 2 (말이나 소리, 행동 등이) 나지막하거나 은근하다. ¶음악이 조용하게 흐르다. 3 (성격이) 말이 없고 얌전하다. 4 말썽이 없이 평온하다. ¶부부 사이의 불화로 집안이 조용할 날이 없다. 5 공공연하지 않고 은밀하다. ¶우리 언제 한번 조용하게 만납시다. **조용-히** [부]

조우(遭遇) [명] (어떤 인물이나 사물 또는 어떤 경우를) 우연히 만나는 것. **조우-하다** [동타여]

조운(漕運) [명] 배로 물건을 실어 나르는 것. **조운-하다** [동타여]

조울-병(躁鬱病)[-뼝] [명] [의] 상쾌하고 흥분된 상태와, 우울하고 억제된 상태가 교대로, 또는 한쪽이 주기적으로 나타나는 증상.

조원(組員) [명] 같은 조를 이루는 사람.

조:원²(造園) [명] 정원·공원 등을 만드는 일. 현재는 널리 도시의 도로·광장 등을 포함하여, 자연과의 조화를 꾀하면서 쾌적한 생활환경과 경관을 창조하기 위한 계획을 말함. **조:원-하다** [동자여]

조:위(弔慰) [명] 죽은 사람에게 조의(弔意)를 표하고 유가족을 위로하는 일. **조:위-하다** [동타여]

조:위-금(弔慰金) [명] 조위의 뜻으로 내는 돈.

조율(調律) [명] 1 악기, 특히 건반 악기나 현악기의 음을 표준음에 맞추어 고르는 것. =튜닝. ¶피아노 ~. 2 (문제가 되어 있는 어떤 대상을) 알맞거나 마땅한 상태가 되도록 조절하는 것. 비유적인 표현. **조율-하다** [동타여] · **조율-되다** [동자여] ¶양측 입장을 중간에서 ~.

조율-사(調律師)[-싸] [명] 악기의 조율을 직업으로 하는 사람.

조음(調音) [명] [언] 성대에서 입술에 이르는 음성 기관의 형상을 바꾸어 개개의 언어음을 만들어 내는 일. **조음-하다** [동타여] **조음-되다** [동자여]

조:응(照應) [명] 서로 일치하거나 대응하는 것. **조:응-하다** [동자여] **조:응-되다** [동자여]

조:의(弔意)[-의/-이] [명] 어떤 사람의 죽음에 대해 그의 유족에게 나타내는, 슬퍼하는 마음이나 위로의 뜻. ¶유가족에게 삼가 ~를 표합니다.

조:의-금(弔意金)[-의-/-이-] [명] 조의를 표시하기 위한 돈.

조이다 [동타] =죄이다.

조이스 제임스(Joyce, James) [명인] 아일랜드의 소설가(1882~1941).

조이^스틱(joy stick) [명] 입력 장치의 하나. 전자오락기와 유사한 버튼과 스틱으로 구성되어 있음. 주로 컴퓨터 오락에 쓰이며, 그래픽 입력으로도 활용됨.

조-이혼율(粗離婚率) [-늘] [명] 1년 동안 인구 1,000명당 이혼한 건수.
조인[1](鳥人) [명] ['새 인간' 이라는 뜻] '비행사' 를 비유하여 이르는 말. ¶한국 최초의 ~ 안창남.
조인[2](調印) [명][법] 조약 당사국의 대표자가 조약문에 동의하여 서명 날인하는 일. **조인-하다** [동][자][여] **조인-되다** [동][자]
조인트(joint) [명] **1** 기계·목공 기계 따위의 이음매. **2** '합동', '연합' 으로 순화. ¶~ 콘서트.
조인트(를) 까다 〈속〉 구둣발로 정강이 뼈를 걷어차다.
조ː작[1](造作) [명] (어떤 일이나 대상을) 부정적인 목적으로 꾸며 내거나 지어내는 것. **조ː작-하다**[1] [동][타][여] ¶서류를 ~. **조ː작-되다**[1] [동][자] ¶**조작된** 사건.
조작[2](操作) [명] **1** (기계·기구 등을) 일정한 방식에 따라 다루어 그 기능대로 움직이게 하는 일. ¶원격 ~. **2** (사물을) 다른 사람이 눈치 채지 못할 교묘한 방법으로 자기에게 유리한 쪽으로 이끄는 것. ¶주가 ~. **조작-하다**[2] [동][타][여] **조작-되다**[2] [동][자]
조ː작-극(造作劇) [-끅] [명] 어떤 일이나 사건을 실제로 일어난 것처럼 거짓으로 꾸며 내는 것. 또는, 그렇게 꾸며 낸 것. [비]날조극. ¶~임이 드러난 사건.
조잘-거리다/-대다 [동][자][타] **1** (주로 어린 아이나 젊은 여자가) 다소 시끄럽지만 귀엽게 자꾸 말하다. [큰]주절거리다. **2** (참새 따위가) 여럿이 자꾸 지저귀다. [비]재잘거리다.
조잘-조잘 [부] 조잘거리는 모양. ¶~ 쉴 새 없이 떠든다. [큰]주절주절. **조잘조잘-하다** [동][자][타][여]
조잡-스럽다 [-쓰-따] [형][ㅂ] 〈~스러우니, ~스러워〉 음식에 대하여 추잡하게 욕심을 부리는 태도가 있다. [큰]주접스럽다. **조잡스레** [부]
조잡-하다(粗雜-) [-자파-] [형][여] (언행이나 솜씨가) 거칠고 잡스러워 품위가 없다. ¶**조잡하게** 만들어진 아이들 장난감.
조ː장[1](助長) [명] [성질 급한 농부가 벼의 싹을 빨리 자라게 하려고 잡아 늘이려다가 뿌리를 뽑아 버렸다고 하는 고사에서] 힘을 도와서 더 자라게 하는 것. 주로 부정적인 의미로 쓰임. **조ː장-하다** [동][타][여] ¶복권 열풍이 사행심을 **조장하고** 있다. **조ː장-되다** [동][자]
조장[2](組長) [명] 조직체 내에서의 조의 책임자.
조절(調節) [명] (어떤 대상을) 상태가 알맞도록 맞추거나 바로잡는 것. **조절-하다** [동][타][여] ¶체중을 ~. **조절-되다** [동][자]
조정[1](朝廷) [명] 임금이 나라의 정치를 의논·집행하는 곳.
조정[2](漕艇) [명][체] 정해진 거리에서 보트를 저어 스피드를 겨루는 경기.
조정[3](調停) [명] 분쟁을 화해시켜 그치게 하는 것. **조정-하다**[1] [동][타][여] ¶노사간의 분쟁을 ~. **조정-되다**[1] [동][자]
조정[4](調整) [명] 어떤 기준이나 실정에 맞도록 조절하거나 고르게 하는 것. **조정-하다**[2] [동][타][여] ¶버스의 노선을 ~. **조정-되다**[2] [동][자]
조정-안(調停案) [명] 제삼자가 분쟁 당사자 사이에 개입하여 분쟁을 그치게 하기 위하여 제시하는 안.
조제(調劑) [명] 여러 가지 약을 적절히 조합하여 약제를 만드는 것. **조제-하다** [동][타][여] ¶약을 ~.
조제-실(調劑室) [명] 약을 조제하는 방.
조젯(Georgette) [명] 여름철 여자 옷에 많이 쓰는, 아주 얇은 본견(本絹). 상표명에서 온 말임.
조ː조[1](早朝) [명] 이른 아침.
조-조[2](曹操) [명][인] 삼국 시대 위나라의 시조(155~220).
조ː조-할인(早朝割引) [명] 극장 등에서, 보통 오전에 입장 요금을 할인하는 일.
조족지혈(鳥足之血) [-찌-] [명] 하찮은 일이나 분량이 아주 적음을 뜻하는 말. '새 발의 피' 와 같은 말.
조종(操縱) [명] **1** (비행기나 헬리콥터 따위를) 일정한 방향과 속도로 움직이도록 다루는 것. **2** (로봇이나 모형의 자동차·비행기·배 등을) 원격 제어 장치로 움직이도록 다루는 것. **3** (어떤 사람이 다른 사람을) 자기의 뜻이나 계획에 따라 행동하도록 시키는 것. ¶배후 ~. **조종-하다** [동][타][여] ¶모형 자동차를 리모컨으로 ~. **조종-되다** [동][자]
조종-간(操縱杆) [명] 비행기의 승강키 및 보조 날개를 조작하는 조종 장치. 또는, 그런 손잡이.
조종-사(操縱士) [명] 항공기를 조종하는 기능과 자격을 갖춘 사람. [비]파일럿.
조종-석(操縱席) [명] 조종사가 조종하기 위해 앉는 자리.
조ː주-사(造酒士) [명] =바텐더.
조ː준(照準) [명] (총이나 포를) 탄알이나 포탄이 목표물에 바로 맞도록 겨냥하는 것. 또는, (목표물을) 향해 총이나 포를 겨냥하는 것. ¶~ 사격. **조ː준-하다** [동][타][여] ¶소총을 ~. **조ː준-되다** [동][자]
조지다 [동][타] **1** 짜임새가 느슨하지 않도록 단단히 맞추다. **2** (어떤 일을) 빈틈이 없도록 단단히 단속하다. **3** (사람을) 때리거나 위협해서 혼을 내다. 속된 말임. ¶놈을 구둣발로 ~. **4** (일이나 신세 등을) 망치다. 속된 말임. ¶신세를 ~.
조지아(Georgia) [명][지] 미국 남동부의 주.
조지타운(Georgetown) [명][지] 가이아나의 수도.
조ː-지훈(趙芝薰) [명][인] 시인(1920~1968).
조직(組織) [명] **1** 특정한 목적을 달성하기 위하여 많은 개인 및 여러 집단에 전문·분화된 역할을 부여하고, 그 활동을 통합·조정하도록 구성한 집단. 또는, 그런 집단을 구성하는 일. ¶~을 개편하다. **2** [생] 생물체를 구성하고 있는 단위의 하나로, 동일한 기능과 구조를 가진 세포의 집단. **3** 직물에서, 날실과 씨실을 조합시키는 일. 또는, 그 짜임새. **조직-하다** [동][타][여] ¶정당을 ~. **조직-되다** [동][자]
조직-력(組織力) [-징녁] [명] 조직하는 힘. 또는, 조직으로 뭉쳐진 힘.
조직-망(組織網) [-징-] [명] 그물처럼 널리 퍼져 있는 조직체의 갈래. ¶간첩 ~.
조직-원(組織員) [명] 조직을 이루고 있는 사람.
조직-적(組織的) [-쩍] [관][명] 일이나 행동 등에 체계가 짜여 있는 (것). ¶~ 활동.
조직-책(組織責) [명] 조직체를 구성하는 업무 분야의 책임자.

조직-체(組織體) 圐 조직적으로 이루어진 체제 또는 단체.
조직-화(組織化) [-지콰] 圐 (어떤 대상이) 조직의 상태가 되게 하는 것. 또는 (어떤 대상이) 조직의 상태가 되는 것. **조직화-하다** 톙재타여 **조직화-되다** 톙재

조짐(兆朕) 圐 어떤 일이 생길 기미가 보이는 현상. 비전조. ¶경기가 회복될 ~이 보이다.

조차¹ 图 '도', '역시' 의 뜻으로 극단의 경우까지 양보하여 포함시킴을 나타내는 보조사. 비까지·마저. ¶그는 편지는커녕 제 이름~ 못 쓴다.

조차²(租借) 圐[법] 특별한 합의에 의해 한 나라가 다른 나라의 영토의 일부를 빌려 일정 기간 통치하는 것. ¶~권. **조차-하다** 톙타여

조차³(潮差) 圐 만조·간조 때의 수위의 차.

조차-지(租借地) 圐 한 나라가 다른 나라로부터 빌려 일정 기간 통치하는 지역.

조찬(朝餐) 圐 손님을 초대하여 함께 먹는 아침 식사. ¶~ 간담회.

조창(漕倉) 圐 고려·조선 시대에 조운(漕運)할 곡식을 쌓아 두는 곳집.

조처(措處) 圐 (어떤 일을, 또는 어떤 일에 대해서) 일정한 방식으로 대응하여 처리하는 것. 비조치. **조처-하다** 톙타여
¶그 일을 신속히 **조처해** 주세요.

조청(造淸) 圐 묽게 곤 엿.

조출-하다 휑여 1 아담하고 깨끗하다. ¶**조출한** 음식. 2 (외모가) 맑고 맵시있다. 3 수수하고 단출하다. ¶**조출한** 생일잔치.
조출-히 튀

조총(鳥銃) 圐 =화승총.

조-출생률(粗出生率) [-쌩뉼] 圐 1년 동안 인구 1,000명당 출생자 수.

조충(條蟲·絛蟲) 圐[동] 척추동물의 장에 기생하는, 편형동물의 한 무리. 많은 체절이 이어져 띠 모양을 이룸. 유구조충과 무구조충으로 나뉨. 구용어는 촌충.

조치¹ 圐 1 바특하게 끓인 찌깨나 점. 2 조칫보에 담겨진 반찬. 3 '조칫보'의 준말.

조치²(措置) 圐 상황이나 여건을 감안하여 어떻게 다룰 것인지를 정하는 것. 비조처. ¶긴급 ~. **조치-하다** 톙재타여

조칙(詔勅) 圐 =조서(詔書).

조침-문(弔針文) [문] 조선 순조 때, 유씨(兪氏) 부인이 끼는 수필. 바늘을 의인화한 것으로, 제문(祭文) 형식임.

조칫-보 [-치뽀/-칟뽈] 圐 조치를 담는 그릇. 조칫기.

조카 圐 1 형제자매의 아들과 딸. 또는, 형제자매의 아들이나 딸. 2 '조카뻘' 과 상대되는 뜻으로, 형제자매의 아들딴이나 딸을 말.

조카-딸 圐 형제자매의 딸. =질녀(姪女).

조카-머느리 圐 조카의 아내. =질부.

조카-사위 圐 조카딸의 남편. =질서.

조커(joker) 圐 트럼프 게임에서, 가장 센 패가 되기도 하고 다른 패 대신으로도 쓸 수 있는 패.

조크(joke) 圐 남을 웃게 하려고 하는 말이나 이야기. ▷유머·위트.

조!타(操舵) 圐 배의 키를 조종하는 것. **조!타-하다** 톙재타여

조!타-수(操舵手) 圐 =키잡이.

조!퇴(早退) [-퇴/-퉤] 圐 학교나 직장에서 정한 시간보다 일찍 귀가하거나 퇴근하는 것. **조!퇴-하다** 톙재여

조판¹(組版) 圐[출] 원고에 따라 뽑은 활자를 원고의 지시대로 맞추어 판을 짜는 일. 또는, 그 판. =제판. **조판-하다** 톙재타여

조판²(彫版·雕版) 圐 나무 판자에 그림이나 글씨를 새기는 일. 또는, 그 판자. **조판-하다**² 톙재타여 ¶팔만대장경을 ~.

조!폐(造幣) 圐[-페/-폐] 圐 화폐를 만드는 것. **조!폐-하다** 톙재

조!포(弔砲) 圐 군대에서 조의를 나타내는 뜻으로 쏘는 예포(禮砲).

조폭(組暴) 圐 '조직 폭력배'를 줄여 이르는 말.

조표(調標) 圐[음] 악곡의 조를 나타내는 표. 음자리표의 오른쪽에 붙이는 샤프(#)나 플랫(♭) 따위.

조핏-가루 [-피까-/-핃까-] 圐 산초(山椒)의 가루. 조미료로 씀.

조합¹(組合) 圐 1 여럿을 모아 한 덩어리가 되게 하는 것. 2 [법] 민법상 2인 이상이 출자하여 공동 사업을 경영하기로 약정하는 계약에 의해 만들어진 단체. 소비조합 따위. 3 [법] 특별법상 각종 공동 목적을 수행하기 위하여 일정한 자격이 있는 사람으로 조직되는 단체. 협동조합·공제조합 따위. 4 [수] 많은 것 중에서 정한 몇 개의 것을 한 쌍으로 하여 뽑아 모은 짝. =콤비네이션. **조합-하다** 톙재타여

조합²(調合) 圐 약재나 물감 등을 분량에 따라 서로 섞는 것. **조합-하다**² 톙타여

조합-원(組合員) 圐 조합을 조직한 각 당사자.

조합-장(組合長) [-짱] 圐 조합의 우두머리.

조항(條項) 圐 조목이나 항목. ¶단서 ~.

조!혈(造血) 圐 체내에서 피를 만들어 내는 것. **조!혈-하다** 톙재여

조!혈-모!세포(造血母細胞) 圐[생] 적혈구·백혈구·혈소판 등의 혈액 세포를 만드는 모세포. 골수·말초 혈액·제대혈 등에서 얻을 수 있음.

조!형(造形) 圐 예술적으로 어떤 형상을 이루도록 만드는 것. ¶~ 예술. **조!형-하다** 톙재타여 **조!형-되다** 톙재

조!형-물(造形物) 圐 예술적으로 어떤 형상을 이루도록 만들어 세운 인꽁물. 조각물·기념탐·건축물 따위. ¶석재 ~.

조!형-미(造形美) 圐 어떤 모습을 입체감 있게 예술적으로 형상화하여 표현하는 아름다움.

조!형-성(造形性) [-썽] 圐 조형 예술의 작품이 지니고 있는 특성.

조!혼(早婚) 圐 결혼 적령기 전에 혼인하는 것. 또는, 그 혼인. **조!혼-하다** 톙재여

조-혼인율(粗婚姻率) [-뉼] 圐 1년 동안 인구 1,000명당 혼인한 건수.

조!화¹(弔花) 圐 조상(弔喪)하는 뜻으로 바치는 꽃.

조!화²(造化) 圐 1 만물을 창조하고 기르는 대자연의 이치. 또는, 천지·우주를 가리키는 말. ¶자연의 ~. 2 어떻게 이루어진 것인지 알 수 없을 정도로 신통하게 된 사물. 또는, 그것을 나타나게 하는 재간. ¶귀신이 ~를 부리다.

조!화³(造花) 圐 종이나 헝겊 따위로 꽃과 같은 형태로 만든 물건. ↔생화.

조화⁴(調和) 圐 (이것과 저것이) 서로 고르게 잘 어울리는 것. 또는, (이것과 저것을) 서로 잘 어울리게 하는 것. ¶~를 이

루다. **조화-하다** [동][자][타][여] **조화-되다** [동][자] ¶옷과 액세서리가 잘 ~.

조화-롭다(調和-)[-따] [형][ㅂ] <~로우니, ~로워> 잘 어울려 모순되거나 어긋남이 없다. **조화로이** [부]

조ː화-옹(造化翁) [명] 만물을 창조하는 노인이라는 뜻으로, '조물주'를 이르는 말.

조ː홧-속(造化-)[-화쏙/-홛쏙] [명] 일이 이뤄진 속내. 주로, 알 수 없다는 뜻의 문맥에서 쓰임. ¶일이 어떻게 돌아가는 ~인지 모르겠다.

조ː황(釣況) [명] 낚시질하는 곳에서 물고기가 낚이는 형편. ¶~이 좋다[나쁘다].

조회[1](朝會)[-회/-훼] [명] 학교나 관청 등에서 아침에 모든 구성원이 한자리에 모이는 일. 또는, 그 모임. [비]조례.

조ː회[2](照會)[-회/-훼] [명] 단체·기관 따위에서, 어떤 사람의 인적 사항 따위를 관계 기관에 알아보는 것. ¶신원 ~. **조ː회-하다** [동][타][여] ¶성적을 ~.

조흔-색(條痕色) [명][광] 광물을 애벌구이한 자기에 문질렀을 때 나타나는 광물 가루의 빛깔. 광물을 구별하는 데 이용됨.

족[1] [부] **1** 한 줄로 잇달아 늘어선 모양. **2** 동작이 거침없이 단번에 진행되는 모양. **3** 종이·피륙 등을 단번에 찢거나 훑는 모양. **4** 여럿을 한눈에 훑어 보는 모양. **5** 거침없이 내리읽거나 외거나 말하거나 하는 모양. [큰]죽. [센]쪽.

족[2](足) [명] [1][자립] 소·돼지 따위와 같이, 식용하는 짐승의 무릎 아랫부분을 일컫는 말. [2][의존] =켤레[2]. ¶버선 두 ~.

-족[3](族) [접미] **1** 같은 혈통이나 겨레의 뜻. ¶여진~ / 만주~. **2** 일정한 범위를 형성하는 같은 부류의 사람을 뜻하는 말. ¶장발~ / 히피~.

족구(足球)[-꾸] [명][체] **1** 배구와 비슷한 규칙 아래, 발로 공을 차서 두 팀이 승부를 겨루는 구기. **2** =발야구.

족내-혼(族內婚)[종-] [명][사] 가족·씨족 등 일정한 혈연 집단 내에서 배우자를 선택하여 이루어지는 혼인. ↔족외혼.

족두리[-뚜-] [명] 예복을 입을 때 부인들이 쓰는 관(冠). 검은 비단으로 만들며, 위는 대략 여섯 모가 지고, 아래는 둥긂. 비녀를 질러 고정시킴. ¶~를 쓰다.

족-발(足-)[-빨] [명] 각을 뜬 돼지의 발.

족벌(族閥)[-뻘] [명] 큰 세력을 가진 가문(家門)의 일족. ¶~ 정치.

족보(族譜)[-뽀] [명] 한 족속의 계통과 혈통에 관하여 기록한 책. ¶~에 오르다.

족속(族屬)[-쏙] [명] **1** 같은 종족의 겨레붙이. **2** 어떤 부류의 사람을 얕잡아 이르는 말. ¶장발을 하고 다니는 ~.

족쇄(足鎖)[-쐐] [명] **1** 옛날에, 죄인이 도망치지 못하도록 발목에 채우던 쇠사슬. **2** 자유롭지 못하게 얽매는 존재.

족-외혼(族外婚)[-외-/-웨-] [명][사] 가족·씨족 등 일정한 혈연 집단 밖에서 배우자를 선택하여 이루어지는 혼인. ↔족내혼.

족자(簇子)[-짜] [명] 그림·글씨 따위를 표구하여, 벽·기둥에 걸거나 두루마리처럼 말아 두게 만든 물건.

족장(族長)[-짱] [명] 종족이나 부족의 우두머리.

족적(足跡·足迹)[-쩍] [명] **1** =발자국. **2** 겪거나 지내 온 일의 자취. [비]발자취.

족제비[-쩨-] [명][동] 몸이 가늘고 길며, 네 다리는 짧고 꼬리는 굵고 긴 포유동물. 털은 황갈색이며, 머리가 납작하고 주둥이는 뾰족함. 털가죽으로 옷이나 목도리를 만듦.

[**족제비도 낯짝이 있다**] 염치없는 사람을 나무라는 말.

족족[-쪽] [명][의존] ((동사의 어간에 붙은 어미 '-는' 또는 의존 명사 '데' 다음에 쓰여)) '하나하나마다'의 뜻을 나타내는 말. ¶돈을 버는 ~ 써 버리다.

족집게[-찝께] [명] **1** 피부의 잔털이나 살에 박힌 가시 등을 뽑는 데 쓰는, 쇠로 만든 작은 기구. ¶눈썹을 ~로 뽑다. **2** 어떤 사실을 정확하게 지적해 내거나 잘 알아맞히는 상태. 또는, 그런 능력을 가진 사람. 비유적인 말임. ¶~ 과외 / ~ 도사.

족출(簇出) [명] 떼를 지어 연달아 생겨나는 것. **족출-하다** [동][자][여] **족출-되다** [동][자]

족치다 [동][타] 못 견디게 몹시 볶아치다. ¶자백을 하도록 죄인을 ~.

족탕(足湯) [명] 뜨거운 물에 발을 담금으로써 발을 포함한 전신의 피로를 푸는 일. 때로, 뜨거운 물과 찬물에 발을 번갈아 담그기도 함.

족-하다(足-)[조카-] [형][여] (수량이나 정도가) 넉넉하다. ¶그만하면 신랑감으로 ~. **족-히** [부]

존경(尊敬) [명] 받들어 공경하는 것. **존경-하다** [동][타][여] ¶스승을 ~.

존경-심(尊敬心) [명] 존경하는 마음.

존귀-하다(尊貴-) [형][여] 지위가 높고 귀하다. ¶**존귀한** 신분. ↔비천하다.

존대(尊待) [명] **1** 높이 받들어 대접하는 것. **2** 상대에게 높이는 말씨로 대하는 것. **존대-하다** [동][타][여] ¶어른을 ~.

존대-어(尊待語) [명] =존댓말.

존댓-말(尊待-)[-댄-] [명] 웃어른이나 상대를 존대하는 뜻으로 쓰는 말. 특히, 해요체나 합쇼체의 말. =높임말·존대어. [비]경어.

존^디펜스(zone defence) [명][체] =지역 방어. ↔맨투맨 디펜스.

존립(存立)[졸-] [명] (국가·제도·학설·단체 등이) 그 위치를 지키며 존재하는 것. **존립-하다** [동][자][여] ¶독립 정부로서 ~.

존망(存亡) [명] 존속과 멸망. ¶국가의 ~이 걸린 전투.

존망지추(存亡之秋) [명] 존속과 멸망 또는 삶과 죽음이 결정되는 절박한 때. ¶나라가 ~에 놓여 있다.

존비(尊卑) [명] 신분이나 지위 따위의 높음과 낮음.

존속[1](存續) [명] (어떤 대상이나 현상이) 그대로 존재하는 상태를 유지하거나 계속하는 것. **존속-하다** [동][자][여] **존속-되다** [동][자] ¶현행 제도는 **존속되어야** 한다.

존속[2](尊屬) [명][법] 부모 및 그와 같은 항렬 이상의 혈족. ¶직계 ~. ↔비속.

존엄(尊嚴) [명] 범할 수 없게 높고 엄숙한 것. **존엄-하다** [형][여] ¶생명은 ~.

존엄-성(尊嚴性)[-썽] [명] 존엄한 성질. ¶인간의 ~.

존영[1](尊榮) [명] 존귀함과 영화로움. **존영-하다** [형][여]

존영[2](尊影) [명] 남의 화상(畫像)이나 사진을 높여 이르는 말.

존재(存在) [명] **1** (어떤 것이 어느 곳에) 실제로 있는 것. ¶신(神)의 ~를 부정하다. **2** 세상에 실재하는 사람이나 사물. 특히,

존존하다

어떤 의미를 띠거나 의식의 대상이 되는 사람이나 사물. ¶그는 늘 김복수라는 ~를 눈엣가시로 여긴다. 3 [철] 객관적·의식적·초자연적으로 실재하는 일체의 것. ▷당위. **존재-하다** 동(자여) (어떤 것이 어느 곳에) 실제로 있는 상태가 되다. ¶공기는 지구 상의 어디에나 존재한다.

존존-하다 혱 1 '쫀쫀하다'의 어린말. 2 내용이 실하거나 넉넉하다. **존존-히** 튀

존중(尊重) 명 높이고 중하게 여기는 것. **존중-하다** 동(타여) ¶인격을 ~. **존중-되다** 동(자) **존중-히** 튀

존치(存置) 명 (제도·시설 등을) 없애지 않고 현재대로 두는 것. **존치-하다** 동(타여) **존치-되다** 동(자)

존칭(尊稱) 명 공경하는 뜻으로 높여 부르는 칭호. ~비칭. **존칭-하다** 동(타여) 공경하는 뜻으로 높여 부르다.

존칭-어(尊稱語) 명 [언] =높임말1.

존폐(存廢) 명 [-폐] 보존과 폐지. ¶호주 제도의 ~를 논하다.

존함(尊銜) 명 남의 이름을 높여서 이르는 말. '성함' 보다 더 높이는 어감을 가짐. ¶선생님의 ~이 어떻게 되십니까?

존호(尊號) 명[역] 임금이나 왕비의 덕을 기리는 뜻으로 올리는 칭호.

졸[1](卒) 명 1 장기짝의 하나. 한쪽은 '卒(졸)', 다른쪽은 '兵(병)' 자를 새긴 것으로, 한 편에 다섯 개씩 있음. 앞이나 옆으로 한 칸씩만 갈 수 있으며, 뒤로 물러날 수는 없음. 2 〈속〉 '졸때기'로만 만든 존재. ¶네가 나를 ~로 봤다 이거지?

졸[2](卒) 명 주로 사람의 약력을 나타내는 글에서, 그의 죽음을 이르는 말. 卽몰(歿). ¶1900년 ~.

졸[3](⊕Sol) 명 [화] 콜로이드 입자가 액체 속에 분산되어 있고, 전체가 유동성을 나타내는 것. ▷겔(Gel).

졸개(卒-) 명 남의 부하로 따르면서 심부름을 하는 사람을 얕잡아 이르는 말.

졸고(拙稿) 명 자기의 원고(原稿)를 겸하게 이르는 말.

졸년(卒年) 명[-련] 명 어떤 사람이 죽은 해. ↔생년(生年).

졸-년월일(卒年月日) [-련-] 명 어떤 사람이 죽은 해와 달과 날. ↔생년월일.

졸:다[1] [졸:고/졸아] 동(자) 〈조니, 조으〉 (사람이나 동물이) 잠을 잘 상황이 아닌 상태에서, 또는 눕거나 엎드리지 않은 자세로, 잠이 와 저절로 눈이 감기면서 고개를 끄덕이다. ¶꾸벅꾸벅 ~.

졸:다[2] [졸:고/졸아] 동(자) 〈조니, 조으〉 1 (찌개나 국, 또는 한약 따위가) 그것이 담긴 그릇에 뜨거운 열을 받아 물의 분량이 적어지다. ¶찌개가 바짝 졸았다. 2 〈속〉 (사람이) 큰 사람 앞에서 겁을 먹거나 기를 펴지 못하게 되다. ¶선생님 앞에서 ~. ×쫄다.

졸도(卒倒) [-또] 명 충격·과로·일사병·빈혈 등으로 갑자기 정신을 잃고 쓰러지는 일. **졸도-하다** 동(자여) ¶더위로 ~.

졸-때기(卒-) 명 1 지위가 변변하지 못한 사람. 2 '졸'[1]을 낮게 이르는 말.

졸라, 에밀 (Zola, Émile) 명[인] 프랑스의 소설가·비평가(1840~1902).

졸라-매다 동(타) 느슨하지 않도록 단단히 동여매다. ¶허리띠를 ~.

졸랑-거리다/-대다 동(자타) 경망스럽게 까 불다. 젯쫄랑거리다. 준출랑출랑.

졸랑-졸랑 튀 졸랑거리는 모양. 젯쫄랑쫄랑. 준출랑출랑.

졸래-졸래 튀 경망스럽게 까불며 행동하는 모양. ¶강아지처럼 ~ 따라다닌다. 큰줄래줄래.

졸렬-하다(拙劣-) 혱여 옹졸하고 비열하다. ¶졸렬한 방법. **졸렬-히** 튀

졸리다[1] 동(자) 자고 싶은 느낌이 생기다. ¶잠을 설쳤더니 졸린다. ×졸립다.

졸리다[2] 동(자여) '조르다'의 피동사. ¶목이 졸려 숨지다.

졸리다[3] 동(자여) '조르다'의 피동사. ¶빚쟁이에게 ~.

졸립다 혱 '졸리다'의 잘못.

졸망-졸망 튀 크기가 비슷한 자잘한 것들이 모여 있어 사랑스러운 모양. ¶아이들이 양쪽에 ~ 모여 있다.

졸병(卒兵) 명 직위가 낮은 병.

졸본-성(卒本城) 명[역] 고구려의 첫 수도. 지금의 중국 랴오닝 성(遼寧省) 환런(桓仁)으로 추정됨.

졸부(猝富) 명 뜻밖에 큰돈을 벌어 부자가 된 사람을 낮잡아 이르는 말. 卽벼락부자. ¶땅 투기를 해 떼돈을 번 ~.

졸속(拙速) 명 일을 지나치게 서둘러 어설프고 서투른 것. ¶~ 행정.

졸아-들다 동(자) 〈-드니, -드오〉 1 수분이 증발하여 액체의 분량이 적어지다. ¶국물이 바짝 ~. 2 부피가 작아지다. 준줄어들다.

졸아-붙다[-붇-] 동(자) 액체가 증발하여 수분이 거의 없어지게 되다. ¶찌개가 너무 졸아붙어서 ~.

졸업(卒業) 명 1 (학생이 어느 단계의 학교를) 소정의 학업을 마치고 나오는 것. 2 (어떤 일을) 단계상 이미 끝낸 상태가 되는 것. 구어체의 말임. **졸업-하다** 동(타여) ¶대학교를 수석으로 ~.

졸업-반(卒業班) [-빤] 명 그해에 졸업을 하게 되는 학년. ¶~ 고 ~.

졸업-생(卒業生) [-쌩] 명 졸업한 사람.

졸업-식(卒業式) [-씩] 명 졸업 때 치르는 의식.

졸업-장(卒業狀) [-짱] 명 졸업식을 할 때 학교에서 졸업생에게 수여하는, 졸업을 인정하는 증서.

졸:음 명 잠이 와 자고 싶은 욕구를 느끼는 상태. 하품을 자꾸 하든다든지 저절로 눈이 감긴다든지 하는 현상을 보임. ¶~이 달아나다/~이 쏟아지다/~을 쫓다.

졸:음-기(-氣) [-끼] 명 졸음이 나타나는 기색. ¶두 눈에 ~가 가득하다.

졸:음-운전(-運轉) 명 졸면서 하는 운전. ¶~을 하다가 교통사고를 내다.

졸-이다 동(타) 1 '졸다'[2]의 사동사. 卽조리다. ¶찌개의 국물을 바특하게 ~. 2 (사람이 자기의 마음을) 조바심이나 초조함을 느끼는 상태에 있게 하다. ¶혹대다. ¶합격자 발표를 마음을 졸이며 기다리다.

졸작(拙作) [-짝] 명 1 솜씨가 서투르고 보잘것없는 작품. 2 자기의 작품을 겸손히 이르는 말.

졸-장부(拙丈夫) [-짱-] 명 도량이 좁고 졸렬한 남자. ↔대장부.

졸저(拙著) [-쩌] 명 1 내용이 서투르고 보잘것없는 저서. 2 자기의 저서를 겸손히 이르는 말.

졸전(拙戰) [-쩐] 명 형편없는 실력이나 수준을 보인 시합이나 전투.

졸졸 튀 1 가는 물줄기가 끊이지 않고 부드럽게 흐르는 소리. ¶시냇물이 ~ 흐르다. 2 뒤를 동물이나 사람이 남의 뒤를 줄곧 따라다니는 모양. ¶아이들이 선생님 뒤를 ~ 따라다닌다. ㉰줄줄, 쫄쫄.

졸지(猝地)[−찌] 圈 갑작스러운 판국.

졸지-에(猝地−)[−찌−] 튀 예측하거나 대처할 여지도 없이 급작스럽게. ㉰갑자기. ¶교통사고로 ~ 목숨을 잃다.

졸-참나무 [−씩] 圈 '굴밤'이라고 하는 둥글둥글한 도토리가 열리는, 높이 20m가량의 낙엽 활엽 교목. 참나무 종류 중 잎이 가장 작음.

졸필(拙筆) 圈 1 잘 쓰지 못한 글이나 글씨. 2 글이나 글씨를 잘 쓰지 못하는 사람. 3 자기가 쓴 글이나 글씨를 겸손히 이르는 말. ¶~이라 부끄럽습니다.

좀¹ 圈 1 [동] 의류나 종이를 갉아 먹는 해충. 몸길이 11∼13mm이고, 몸빛은 흑갈색이며 날개는 퇴화하여 없음. ¶~이 슬다. 2 사물을 눈에 띄지 않게 조금씩 해치는 사람이나 물건의 비유.

좀이 쑤시다 마음이 들뜨거나 초조하여 가만히 있지 못하다. ¶아이들은 좀이 쑤셔서 잠시를 앉아 있지 못한다.

좀² 튀 1 '조금'의 준말. ¶음식을 ~ 상했다. 2 (부탁하거나 동의를 구하는 뜻의 동사 앞에 쓰여) 말하는 이의 태도를 부드럽고 겸손하게 하는 뜻을 나타내는 말. ¶창문을 ~ 열어 주시겠습니까? 3 (의문문에 쓰여) ¶오죽. ¶객지 생활이 ~ 힘들겠습니까?

좀-³ (接頭) ¶'좀스러운'의 뜻. ¶~도둑 / ~생원. 2 '소형(小型)'의 뜻. ¶~매미 / ~복숭아.

좀-도둑 [−또−] 圈 자질구레한 물건을 훔치는 도둑.

좀들이-쌀 圈 예전에, 절약하기 위하여 밥을 지을 때 한 줌 정도 따로 덜어 내어 모아 두던 쌀. 큰일을 치르거나 부울한 옷을 돕는 데 썼음.

좀-먹다[−따] 国(자)(타) 1 좀이 물건을 쏠다. ¶장롱에 넣어 둔 옷이 ~. 2 어떤 사물에 드러나지 않게 피해를 입히다. ¶국가 경제를 좀먹는 행위.

좀-생원(生員) 圈 도량이 좁고 성격이 좀스러운 남자.

좀-생이 圈 좀스러운 사람이나 자질구레한 물건을 이르는 말.

좀-스럽다[−쓰−따] 刨(ㅂ)<−스러우니, −스러워> 1 사물의 규모가 보잘것없이 작다. 2 성질이 옹졸하고 잘다. ¶좀스러운 짓을 하다. ㉰좀스레.

좀-약(−藥)[−냑] 圈 좀이 생기는 것을 막는 약.

좀!-처럼 튀 여간하여서는. =좀체. ¶비가 ~ 멎을 것 같지 않다. ×좀체로.

좀!-체 튀 =좀처럼.

좀-체-로 튀 '좀처럼'의 잘못.

좀-팽이 圈 좀스러운 사람을 얕잡아 이르는 말.

좁다[−따] 刨 1 (어떤 사물이) 평면의 넓이에 있어서 보통의 정도나 비교 대상보다 작은 상태에 있다. ¶침대를 들여놓기에는 방이 너무 ~. 2 (길이를 가진 물체가) 폭에 있어서 보통의 정도나 비교 대상보다 작은 상태에 있다. ¶통이 좁은 바지. 3 (마음 쓰는 것이) 지나치게 작은 정도에 얽매이는 상태에 있다. ㉰옹졸하다. ¶사내자식이 왜 그리 속이 좁으냐? 4 (대상의 범위나 내용이) 작고 제한된 상태에 있다. ¶시험의 출제 범위가 ~. ↔넓다.

좁-다랗다[−따라타] 刨(ㅎ)<−다라니, −다라오, −다랄 때 또는 퍽 좁다. ¶좁다란 골목길. ↔널따랗다.

좁-쌀 圈 1 조의 열매를 찧은 쌀. 2 작고 좀스러운 사람이나 물건의 비유.

좁쌀-영감(−令監)[−령−] 圈 1 좀스러운 늙은이. 2 좀스러운 사람을 얕잡아 이르는 말.

좁-히다[조피−] 国(타) '좁다'의 사동사. ¶~ / 사이를 좁혀 앉으시오.

종¹ 圈 파나 마늘의 꽃줄기. ¶마늘~.

종²(¹) 圈 1 '노비(奴婢)'를 고유어로 이르는 말. ㉰노예. 2 남에게 얽매이어 그 명령에 따라 움직이는 사람의 비유.

종³(種) 圈 1 식물의 씨. ㉰종자. 2 같은 부류. ㉰종류. 3 [생] 생물 분류학상의 기본 단위. 속(屬)의 하위임. 2 (의존) 종류의 수를 세는 단위. ¶세 ~의 서적.

종⁴(縱) 圈 =세로Ⅰ. ↔횡(橫).

종⁵(鐘) 圈 쳐서 소리를 내어 시간이나 신호를 알리는 금속 기구. ¶~이 울리다.

종을 치다 〈관〉 상황이 끝나 어떻게 수 없게 되다. ¶이미 종 친 일이니 더 이상 왈가왈부하지 말자.

종-⁶(從−) (接頭) 1 사촌이나 오촌의 겨레 관계를 나타낸다. 말. ¶~자매 / ~조부. 2 [역] 직품(職品)을 구별하는 단계의 하나. 정(正)보다 한 품계 낮음. ¶~일품(−一品). ↔정(正)−.

-종(種) (接尾) 종류나 갈래를 나타내는 말. ¶개량~ / 재래~.

종가(宗家) 圈 한 문중에서 맏이로만 이어 온 큰집. =종갓집.

종가²(終價)[−까] 圈[경] 주식 시장에서, 당일 마지막으로 형성된 가격. ≒시가.

종가-세(從價稅)[−까쎄] 圈[법] 물품의 가격에 따라 세율을 정하는 조세. ▷종량세.

종각(鐘閣) 圈 큰 종을 달아 두는 누각.

종간(終刊) 圈 마지막으로 간행하는 것. ↔창간. 종간-하다 国(자)(타)

종갓-집(宗家−)[−가찝/−간찝] 圈 =종가(宗家)¹.

종강(終講) 圈 한 학기의 강의가 끝나거나 강의를 끝마치는 것. 또는, 그 강의. ↔개강. 종강-하다 国(자)(타)

종-개념(種概念) 圈[논] 하나의 개념 속에 포괄되어 있는 여러 개의 개념 중, 동물에 대한 포유동물 따위. ↔유개념.

종견(種犬) 圈 씨를 받기 위해 기르는 개.

종결(終結) 圈 일을 끝내는 것. 종결-하다 国(타)(여) ¶회의를 ~. 종결-되다 国(자)

종결^어'미(終結語尾) 圈[언] 용언을 서술어로 만들어 문장을 끝맺게 하는 어미. 동사에는 평서형·감탄형·의문형·명령형·청유형이 있고, 형용사에는 평서형·감탄형·의문형이 있음.

종계(種鷄)[−계/−게] 圈 씨를 받기 위해 기르는 닭. =씨닭.

종!-고모(從姑母) 圈 아버지의 사촌 자매. =당고모.

종곡(種穀) 圈 씨앗으로 쓸 곡식.

종관(縱貫) 圈 세로로 꿰뚫는 것. ¶~ 철도. ↔횡관. 종관-하다 国(타)(여)

종교(宗敎) 圈 신이나 초자연적 존재, 부처 등을 인도자로 섬기고 일정한 의식에 따라 예배하며, 그 믿음을 통해 마음의 안식을 얻고 삶의 궁극적 의미를 깨닫고자 하는 것. 또는, 그런 믿음의 체계나 가르침.

종교의 자유 어떤 종교이건 제한이나 간섭을 받지 않고 믿을 수 있는 자유. =신앙의 자유.

종교-가(宗敎家) 명 어떤 종교에 통달한 사람. 또는, 그 종교를 전도·포교하는 사람.

종교^개^혁(宗敎改革) 명[역] 16세기 유럽에서 일어난, 로마 가톨릭교회에 대한 개혁 운동.

종교-계(宗敎界) [-계/-게] 명 종교인들이 이루고 있는 사회.

종교-인(宗敎人) 명 종교를 가진 사람.

종교-적(宗敎的) 관명 종교에 딸리거나 종교와 관계가 있는 (것).

종교-학(宗敎學) 명 신학적·철학적 입장 등을 떠나, 경험 과학의 입장에서 종교 현상을 객관적으로 연구하는 학문.

종국(終局) 명 마지막에 다다른 판국. (비) 끝판. ¶~에는 사건의 흑막이 드러났다.

종국-적(終局的) [-쩍] 관명 마지막인 (것). 또는, 끝판인 (것).

종군(從軍) 명 군대를 따라 싸움터로 나가는 일. **종군-하다** 통⒁

종군^기자(從軍記者) 명 군대를 따라 싸움터에 나가 전투의 상황을 보도하는 신문·통신사의 기자.

종군^위안부(從軍慰安婦) 명 전시에 군인들의 성적(性的) 위안을 위해 종군하는 여자. ▷정신대.

종금-사(綜金社) 명[경] '종합 금융 회사'의 준말.

종기¹(終期) 명 어떤 일이 끝나는 시기. (비)말기. ↔시기(始期).

종기²(腫氣) 명 피부에 생기는 큰 부스럼.

종내(終乃) 甲 1끝까지. ¶그는 ~ 오지 않았다. 2마지막에 드디어. (비)필경.

종:-년 명 '계집종'을 비속하게 이르는 말. ↔종놈.

종:-노릇[-른] 명 1종의 구실. 또는, 종으로서 하는 일. 2어쩔 수 없이 희생하면서 남을 섬기는, 종과 같은 구실. **종:노릇-하다** 통⒁

종:-놈 명 '사내종'을 비속하게 이르는 말. ↔종년.

종다리 명[동] 참새보다 조금 크며, 등은 연한 갈색에 짙은 무늬가 있고 머리에 깃털이 있는 새. 봄에 하늘로 높이 날아오르면서 고운 소리로 욺. =종달새.

종단¹(宗團) 명 불교나 종파의 단체.

종단²(縱斷) 명 1세로로 끊거나 길이로 자르는 것. 2남북의 방향으로 지나가는 것. ↔횡단. **종단-하다** 통⒁ ¶국토를 **종단**하는 경부 고속도로.

종달-새[-쌔] 명[동] =종다리.

종당-에(從當-) 甲 뒤에 가서 마침내. ¶~는 그렇게 되고 말 것이다.

종대(縱隊) 명 세로로 줄지어 늘어선 대형(隊形). ¶4열 ~로 서다. ↔횡대.

종돈(種豚) 명 =씨돼지.

종두(種痘) 명[의] 천연두를 예방하기 위해 백신을 인체의 피부에 접종하는 것. ▷우두.

종란(種卵) 명 새끼를 까기 위하여 쓰는 알. =씨알.

종래(從來) [-내] Ⅰ명 지금까지 내려온 그대로의 것. ¶~의 절차를 따르다. Ⅱ甲 이전부터 여태까지. ¶~ 보기 드문 사건.

종량-세(從量稅) [-냥쎄] 명[법] 과세 대상이 되는 물품에 물량 단위로 과세 기준을 정하고, 거기에 따라 매기는 조세. ▷종가세.

종려-나무(棕櫚-) [-너-] 명[식] 줄기는 가지가 없고 높이 3~7m까지 자라며, 잎은 크고 둥글며 부챗살 모양으로 갈라지는 상록 교목. 정원수로 가꿈.

종례(終禮) [-네] 명 학교에서, 일과가 끝난 뒤에 담임선생과 학생이 모여서 인사를 하는 일. ↔조례. **종례-하다** 통⒁

종료(終了) [-뇨] 명 (일을) 끝낸 것. 또는, (일이) 끝나는 것. ¶시합 ~를 알리다. ↔개시. **종료-하다** 통⒁⒯ **종료-되다** 통⒁

종루(鐘樓) [-누] 명 종을 달아 맨 누각.

종:류(種類) [-뉴] 명 1⒤⒜ 사물의 부문을 나누는 갈래. (비)종(種). ¶~가 다양하다. 2⒰ 세는 단위로 쓰이는 말. ¶두 ~.

종:류-별(種類別) [-뉴-] 명 종류에 따라 각각 다른 구별.

종마(種馬) 명 씨를 받기 위해 기르는 말. =씨말. ¶~소(所).

종막(終幕) 명 1[연] 연극·오페라 등의 마지막 막. 2일의 끝판. ¶~을 알리다.

종말(終末) 명 계속되어 온 일의 맨 끝. ¶인류의 ~.

종말-론(終末論) 명[종] 세계와 인류가 최후에는 파멸을 맞이하는 운명에 있다고 하는, 종교상의 사상.

종말^처:리장(終末處理場) 명 하수(下水)를 하천이나 바다로 흘려보내기 위하여 최종적으로 처리하는 시설 및 그것을 보완하는 시설.

종:목(種目) 명 종류에 따라 나눈 항목. ¶경기 ~.

종묘¹(宗廟) 명 역대 왕과 왕비의 위패를 모셔 두는 왕실의 사당.

종묘²(種苗) 명 씨나 싹을 심어서 묘목을 가꾸는 것. 또는, 그렇게 가꾼 묘목.

종묘-사직(宗廟社稷) 명 왕실과 나라를 함께 이르는 말.

종묘-상(種苗商) 명 농작물의 씨앗이나 묘목을 판매하는 상인 또는 상점.

종묘^제:례악(宗廟祭禮樂) 명[음] 종묘의 제향(祭享) 때에 연주되는 음악.

종무(終務) 명 1맡아보던 일을 끝내는 것. 2관공서나 회사 등에서 연말에 근무를 끝내는 일. ↔시무. **종무-하다** 통⒁

종무소식(終無消息) 명 끝내 아무 소식이 없음. ¶고향을 떠난 뒤로 ~이다.

종무-식(終務式) 명 관공서나 회사 등에서 연말에 근무를 끝낼 때 행하는 의식. ↔시무식.

종문(宗門) 명 종가의 문중(門中).

종반(終盤) 명 기간·경기·게임 등의 끝나 가는 시점. ¶1960년대 ~ / 경기 ~. ▷초반·중반.

종반-전(終盤戰) 명 경기나 게임 등의 끝나 가는 때. 또는, 그때의 경기나 게임. ▷초반전·중반전.

종발(鍾鉢) 명 중발보다 작고 종지보다 조금 넓적한 그릇. ¶반찬 ~.

종방(終放) 명 (어떤 방송 프로를) 더 이상 계속하지 않고 끝내는 것. 또는, 그날

하루의 방송을 모두 마치는 것. ¶~ 시각은 새벽 1시다. 종방-하다 통타여 종방-되다 통자여 ¶인기 드라마가 ~.

종-벌레(鍾-) 명[동] 몸통은 종을 거꾸로 한 모양이며, 아랫부분에 신축성이 강한 긴 자루가 있어 이것으로 다른 물체에 붙는 원생동물. 웅덩이나 연못에서 삶.

종범(從犯) 명=방조범.

종'별(種別) 명 종류에 따라 구별하는 것. 또는, 그런 구별. 비유별.

종복(僕) 명 1=사내종. 2 줏대 없이 남이 시키는 대로 하는 사람.

종부(宗婦) 명 종가(宗家)의 맏며느리.

종사¹(宗社) 명 ['종묘와 사직'이라는 뜻] 나라를 이르는 말.

종사²(宗師) 명[불] 법맥을 받고 건당(建幢)한 고승.

종사³(從事) 명 1 (어떤 일에) 마음과 힘을 다하는 것. 2 (어떤 일을) 일삼아서 하는 것. 3 (어떤 사람을) 따라 섬기는 것. ¶일부(一夫)~. 종사-하다 통자여 ¶이 지역 주민들은 대부분 상업에 종사하고 있다.

종-살이 명 지난날, 남의 종노릇을 하던 일. 종'살이-하다 통자여

종상'화산(鐘狀火山) 명[지] 용암이 화구 위로 솟아올라서 산의 꼭대기가 종 모양으로 된 화산.

종서(縱書) 명=세로쓰기. ↔횡서. 종서-하다 통타여

종선¹(從船) 명 큰 배에 딸린 작은 배.

종선²(縱線) 명=세로줄. =횡선.

종성(終聲) 명=끝소리1.

종-소리(鐘-) 명[-쏘-] 종을 칠 때 울리는 소리. ¶제야의 ~가 울려 퍼지다.

종속(從屬) 명 1 (강력한 것, 주가 되는 것에) 딸려 마는 것. 또는, 어떤 내용에 대하여 그것에 지배·좌우되는 관계에 있는 것. ¶~ 국가. 2[언] 문장의 구성 성분으로서 다른 부분에 대하여 주술·수식·조건적 접속 등의 관계를 가지는 것. 종속-하다 통자여 종속-되다 통자여

종속-국(從屬國) 명 [-꾹] 1 법적으로는 독립국이지만, 정치·경제·군사 면에서 실제로는 다른 나라에 의하여 지배되고 있는 나라. 2 종주국의 국내법에 근거하여 외교 관계의 일부만을 스스로 처리하고, 다른 부분은 종주국에 의하여 처리되는 나라. =속국. ↔종주국.

종속-적(從屬的) 명 종속 관계에 있는 (것). ¶~ 지위.

종속적 연결^어'미(從屬的連結語尾) [-쩍-] [언] 앞의 문장을 뒤의 문장에 종속적으로 이어 주는 어말 어미. '-면', '-니', '-는데' 따위.

종손¹(宗孫) 명 종가(宗家)의 대를 이을 만아들이나 맏손자.

종'손²(從孫) 명 형이나 아우의 손자.

종!숙(從叔) 명 오촌 아저씨. =당숙.

종!-숙모(從叔母) 명 [-쑹-] 당숙의 아내. =당숙모.

종식(終熄) 명 (한때 매우 성하던 것이) 끝나 멎는 것. 종식-하다 통자여 종식-되다 통자여 ¶분쟁이 ~.

종신(終身) 명 1 목숨을 다하기까지의 동안. =연금. 2 일생을 마치는 것. ¶와석(臥席)~.

종신-형(終身刑) 명 [법] 무기 징역의 형벌.

종씨(宗氏) 명 같은 성으로서 촌수를 따질 정도가 못 되는 사람들 사이에서 서로 부르는 말.

종!아리 명[생] 다리 뒤쪽의, 오금에서 발목까지의 부분. ¶회초리로 ~를 맞다.

종!아리-채 명 종아리를 때리는 회초리.

종알-거리다/-대다 자 알아듣지 못할 정도로 혼잣말을 자주 하다. ¶아이가 흠칫났는 하면서 뭐라고 혼자 종알거린다. 비중얼거리다. 셔쫑알거리다.

종알-종알 用 종알거리는 모양. 비중얼중얼. 쫑알쫑알. 종알종알-하다 자여

종!양(腫瘍) 명[의] 몸의 세포가 주위 조직과는 관계없이 증식하는 병적 조직. =유종. ▷ 癌.

종어(種魚) 명 씨를 받을 물고기.

종언(終焉) 명 어떤 일이나 상황이 끝나 더 이상 세상에 존재하지 않게 되는 것. 비마지막. ¶공산주의 ~을 고하다.

종업-식(終業式) 명 [-씩] 학교에서 한 기 또는 한 학년 동안의 학업을 마칠 때에 행하는 식.

종업(從業員) 명 1 주로 가게에 고용되어 비교적 단순한 일을 하는 사람. 2[법] 사업체에 고용되어 일하는 사람.

종영(終映) 명 1 어떤 영화나 텔레비전 프로그램을 일정 기간 동안 상영하거나 방영하고 끝내는 것. ¶관객의 외면으로 ~이 앞당겨지다. 2 그 영화의 상영을 마치는 것. 또는, 그날 하루의 텔레비전 방송을 모두 마치는 것. ¶시각. 종영-하다 통자여 종영-되다 통자여

종요-롭다 [-따] 형비 <-로우니, -로워> 없어서는 안 될 만큼 몹시 긴요하다. 종요로이 用

종용(慫慂) 명 잘 설명하고 달래어 권하는 것. ¶아버지의 ~으로 법대에 진학하다. 종용-하다 통타여

종우(種牛) 명 씨를 받기 위한 소. =씨소.

종유-굴(鍾乳窟) 명[지]=석회 동굴.

종유-석(鍾乳石) 명[광] 종유굴의 천장에 고드름같이 달려 있는 석회석.

종이 명 주로 식물성 섬유를 원료로 하여 글을 쓰거나 서화를 인쇄할 수 있게 만든 얇은 물건.

종이 한 장 차이 1 사물의 간격·틈이 아주 작은 모양. 2 수량·정도의 차가 지극히 적은 모양. ¶두 사람의 실력은 ~다.

종이-꽃 [-꼳] 명=지화(紙花).

종이-돈 명=지폐.

종이-배 명 종이를 접어 만든 장난감 배.

종이-비행기(-飛行機) 명 종이를 접어 만든 장난감 비행기.

종이-우산(-雨傘) 명=지우산.

종이-접기 [-끼] 명 종이를 일정한 방법과 순서로 접어 동물·식물·사물 등의 형상을 만드는 일.

종이-쪽 명 종이의 작은 조각. =종잇조각.

종이-쪽지 [-찌] 명 종이에 몇 자 써넣은 글쪽지.

종이-찰흙 [-흑] 명=지점토.

종이-컵(-cup) 명 음료를 따라서 마시는 데 쓰는, 종이로 만든 일회용 컵.

종이-학(-鶴) 명 종이를 접어서 만든 학.

종이-호랑이(-虎狼-) 명 겉보기에는 힘이 센 것 같으나, 실속은 약한 것을 비유하여 이르는 말.

종일(終日) 명用 아침부터 저녁까지의 사

이. ㉲온종일. ¶하루 ~ 비가 내리다.
종일-토록(終日-)	 아침부터 저녁까지 내내. ¶지난 일요일은 ~ 일만 하였다.
종잇-장(-張)[-이짱/-읻짱]	 종이의 낱장.
종잇-조각[-이쪼-/-읻쪼-]	 =종이쪽.
종자¹(從者)	 남에게 딸리어 따라다니는 사람. ¶돈키호테의 충실한 ~ 산초.
종자²(種子)	 1 [식] 종자식물의 밑씨가 수정(受精) 후에 성숙한 것. ㉲ 2 동물의 혈통이나 품종. 또는, 그로부터 번식된 새끼. 3 사람의 혈통을 비하하여 이르는 말. ¶망할 놈의 ~ 같으니!
종자-식물(種子植物)[-싱-]	 [식] 생식기관인 꽃이 있고 열매를 맺으며, 씨로 번식하는 고등 식물. 겉씨식물과 속씨식물로 나뉨. ↔포자식물.
종-잡다[-따]	 대중으로 헤아려 잡다. ¶어떻게 된 일인지 **종잡을** 수 없다.
종장(終章)	 1 3장으로 나뉜 악곡이나 시조에서, 셋째가 되는 마지막 장. 2 [문] 초종중(初中終)을 할 때 어떤 정한 글자가 맨 끝에 있는 시구(詩句).
종적¹(蹤跡·蹤迹)	 사라지거나 떠난 뒤에 남아 있는 자취. ¶~을 감추다.
종-적²(縱的)[-쩍] [관형]	 어떤 일에 있어서 아래로, 곧 세로로 관계되는 (것). ¶~ 인 지배 관계. ↔횡적.
종전¹(從前)	 지금보다 이전.
종전²(終戰)	 전쟁이 끝나거나 전쟁을 끝내는 것. ¶~ 협정. ↔개전(開戰). **종전-하다** 동자여.
종점(終點)[-쩜]	 1 (기차·버스 등의 구간의) 맨 끝이 되는 도착지. ¶버스 ~. ↔기점. 2 (일정한 동안의) 맨 끝이 되는 때. 비유적인 말임. ¶인생의 ~.
종정(宗正)	 1 종파의 가장 높은 우두머리. 2 [불] 조계종의 최고 통할자.
종조(宗祖)	 한 종파의 개조(開祖). ㉲교조(敎祖).
종조²(縱組)[출]	 =세로짜기.
종!-조모(從祖母)	 종조부의 아내.
종!-조부(從祖父)	 할아버지의 형이나 아우.
종족(種族)	 1 같은 종류에 딸리는 생물 전체를 일컫는 말. ¶~을 보존하다. 2 조상이 같고, 같은 계통의 언어·문화 등을 가지는 사회 집단.
종!종(種種) [부]	 =가끔. ¶~ 놀러 오너라.
종종-거리다/-대다	 발을 자주 가까이 떼며 바쁘게 걷다. ㉤총총거리다.
종종-걸음	 발을 자주 가까이 떼며 바쁘게 걷는 걸음. ㉤총총걸음. ¶~으로 걷다. ㉤총총걸음.
종종걸음을 치다	 종종걸음으로 걷다.
종주-국(宗主國)	 종속국에 대하여 종주권을 가지고 있는 나라. ↔종속국.
종!-주먹	 (주로, '(들이) 대다', '지르다', '쥐다' 등과 함께 쓰여) 울러대기 위해 쥔 주먹을 이르는 말. ¶~을 불끈 쥐다 / ~을 들이대다.
종지¹	 ①자랑 간장·고추장 따위를 담아 상에 놓는 작은 그릇. ¶간장 ~. ②이준 간장·고추장 등의 분량을 그것이 담긴 종지의 수로 헤아리는 말. ¶간장 ~.
종지²(宗旨)	 1 종문(宗門)의 취지. 2 근본이 되는 중요한 뜻.
종-지기(鐘-)	 일정한 시각에 종탑의 종을 치는 일을 하는 사람.
종지-부(終止符) [언]	 =마침표1.
종지부(를) 찍다	 어떤 일이 끝장이 나거나 끝장을 내다. ¶연예인 생활에 ~.
종지-뼈(終-)	 무릎 앞 한가운데에 있는 종지 모양의 오목한 뼈.
종질(從姪)	 오촌 조카. =당질(堂姪).
종착-역(終着驛)[-창녁]	 기차·전차 따위가 마지막으로 닿는 역. ↔시발역.
종착-점(終着點)[-쩜]	 마지막으로 닿는 지점. ↔시발점.
종착-지(終着地)[-찌]	 마지막으로 닿는 곳.
종;창(腫脹) [의]	 곪거나 부스럼 따위가 나서 부어오르는 것. 또는, 그 상처.
종축(種畜)	 씨를 받을 목적으로 기르는 가축.
종친(宗親)	 1 동성동본으로 유복친(有服親) 안에는 들지 않는, 비교적 촌수가 먼 일가. 2 임금의 친족.
종친-회(宗親會)[-회/-훼]	 종친끼리 모여서 하는 모임회.
종탑(鐘塔)	 주로 교회 건물에서, 꼭대기에 종을 매달아서 치도록 만든, 높고 뾰족한 구조물.
종토(種兔)	 씨를 받을 토끼. =씨토끼.
종파¹(宗派)	 1 지파(支派)에 대한 한 겨레의 계통. 2 [불] 각기 주장하는 교리를 따라 세운 갈래. 3 =교파(敎派).
종파²(縱波)	 1 배가 가는 방향으로 나란히 나아가는 파도. 2 [물] 매질의 진동 방향이 파동의 방향에 일치하는 파동. 음파 따위. ↔횡파.
종합(綜合)	 1 낱낱의 것을 한데 모아 하나로 뭉치는 것. ¶~ 검진. 2 [철] 서로 모순되는 정립과 반정립을 지양한, 변증법적 발전의 새 단계. 3 [논] 개개의 관념·개념·판단 등을 결합시켜 새로운 관념이나 개념을 구성하는 일. ↔분석. **종합-하다** 동타여.
종합^금융^회:사(綜合金融會社)[-금늉회-/-끄뷰훼-] [경] 보험과 일반 예금 업무만을 제외하고, 외자 도입·해외 투자·리스·신종 기업 어음·유가 증권·중권 투자 신탁 등 종합적인 금융 업무를 취급하는 회사. ㉺종금사.
종합^대:학(綜合大學)[-때-] [교] 셋 이상의 단과 대학과 대학원으로 이루어진 대학. ↔단과 대학.
종합^병:원(綜合病院)[-뼁-] [의] 모든 진료 과목이 종합적으로 설치된 대형 병원.
종합^상사(綜合商社)[-쌍-] [경] 다루는 상품의 수효가 많고, 수출입·국내 매매 등의 유통과 함께 금융·투자·자원 개발 등에도 손을 대는 규모가 큰 상사.
종합^소:득세(綜合所得稅)[-쏘-쎄] [법] 납세자의 각종 소득을 합계한 총소득에 대하여 부과하는 소득세.
종합^예:술(綜合藝術)[-단녜-] [예] 영화·오페라 따위와 같이, 분야를 달리하는 모든 예술적 요소를 종합하여 이루어지는 예술.
종합-적(綜合的)[-쩍] [관형명]	 종합하는, 또는 종합하는 것과 같은 (것). ¶~ 판단 / ~으로 검토하다.
종합^정:보^통신망(綜合情報通信網)[-쩡-] 전화·텔렉스·데이터 통신·팩시밀리·비디오텍스 따위를 종합적으로 다루는, 통합 서비스 디지털 통신망. =아이에스디엔(ISDN).
종합ː주가지수(綜合株價指數)[-쭈가-] 명 증권 시장에 상장된 전 종목의 주가 변동을 날마다 종합한 지표.
종:형(從兄) 명 사촌 형.
종:-형제(從兄弟) 명 사촌인 형과 아우.
종회(宗會)[-회/-훼] 명 종중(宗中)의 일을 의논하기 위하여 모이는 모임.
종횡(縱橫)[-횡/-휑] 명 **1** 세로와 가로. **2** 거침없이 마구 오가거나 이리저리 다니는 것. 종횡-하다 자타여
종횡-가(縱橫家)[-횡/-휑-] 명[역] 중국 전국 시대의 제자백가의 하나. 합종·연횡 등의 정치적 책략으로 외교적 활약을 한 사람들.
종횡-무진(縱橫無盡)[-횡/-휑-] 명 자유자재하여 거침없이 마음대로 하는 상태. ¶칭기즈 칸은 유라시아 대륙을 ~으로 누비며 정복의 칼날을 휘둘렀다.
좆[존] 명 남자의 '자지'를 비속하게 이르는 말. 일반적 상황에서 절대로 쓸 수 없는 금기어임. ↔씹.
좆-같다[존깓따] 형 (어떤 대상이) 몹시 마음에 안 들어 싫거나 거슬리는 상태에 있다. 상스러운 욕설임.
좇다[졷따] 타여 **1** (사람이 남의 뜻이나 관습 따위를) 받아들여 그대로 하다. ¶부모님의 뜻을 ~. **2** (어떤 대상을) 목적으로 삼아 이루려고 애쓰다. (비)추구하다. ¶행복을 ~. **3** (시선이 움직이는 대상을) 따르다. 곧, 눈길을 보내다. ¶그의 시선은 하늘을 나는 기러기 떼를 좇고 있었다. **4** (어떤 생각을) 더듬어 가다. ¶그는 가물가물한 기억을 좇고 있었다. ▷쫓다.
좇아-가다[조차-] 타여 **1** 남이 하는 대로 따르다. ¶유행을 ~. **2** (어떤 대상을) 눈길로 따라가다.
좇아-오다[조차-] 타여 **1** 남이 하는 대로 따라오다. **2** (어떤 대상을) 눈길로 따라오다.
좋:다[조타] Ⅰ 형 **1** (대상의 질이나 내용이) 훌륭하여 만족할 만한 상태에 있다. (비)양호하다. ¶머리가 ~. **2** (감정 따위가) 기쁘고 만족스럽다. (비)유쾌하다. ¶기분이 ~. **3** (사람의 성품이나 인격이) 원만하거나 선(善)하다. ¶성격이 ~. **4** (사이나 관계가) 서로 친하여 잘 어울리는 상태에 있다. ¶부부간의 금실이 ~. **5** (어떤 물질이 몸이나 건강에) 긍정적 작용이나 효과를 미치는 상태에 있다. (비)이롭다. ¶담배는 건강에 좋지 않다. **6** (어떤 행동이나 일이) 문제나 말썽거리가 될 것이 없다. (비)괜찮다. ¶집에 가도 ~. **7** (사람이 말하는 태도가) 상대의 기분을 언짢게 하지 않을 만큼 부드럽다. ¶좋은 말로 타이르다. **8** (어떤 일이나 대상이) 마음에 드는 상태에 있다. ¶나는 네가 ~. ↔싫다. **9** ('영지'나 '바위'나 '넉살' 따위를 주어로 하는 문장의 서술어로 쓰여) (사람이) 염치가 없거나 체면을 가리지 않거나 유들유들한 성질을 가진 상태에 있다. ¶넉비가 참 좋은 사람이야. **10** (어떤 일을 하기가) 쉽거나 편한 상태에 있다. ¶이 책은 글자가 커서 읽기 ~.
Ⅱ 갑 **1** ('좋다', '좋아' 등의 꼴로 쓰여) 어떤 결심이 단단히 섰을 때 결연히 내는 소리. ¶좋아! 누가 이기나 어디 한번 해 보자. **2** ('좋다', '좋구나'의 꼴로 쓰여) 가락에 맞추어 흥을 돋울 때 내는 소리. ¶얼씨구 ~! **3** 제안·요구, 또는 허락을 구하는 물음에 대한 대답으로 쓰여, 긍정이나 동의의 뜻을 나타내는 말. ¶"바람이나 쐬러 갈까?" "좋아!"

⊛ **좋은 약은 입에 쓰다** [서양 격언에서] 입에 써서 먹기 싫은 약이 병을 고치는 데는 좋은 효과가 있듯이, 귀에 거슬리는 충고가 오히려 이롭거나 도움이 된다는 말.
좋:아-지내다[조-] 자여 이성의 상대를 좋아하여 어울리거나 사귀면서 지내다.
좋:아-지다[조-] 자여 좋아하여 되거나 좋게 되다. ¶형편이 ~. ↔나빠지다.
좋:아-하다[조-] 타여 **1** 좋은 느낌을 가지다. 또는, 즐겨서 하고 싶어하다. ¶술을 ~. **2** (누구를) 친밀하게 여기다.
좋:-이[조-] 부 **1** 마음에 들게. **2** 여기다. **2** 어떤 정도에 어지간히 미칠 만하게. ¶쌀이 두 가마는 ~ 된다.
좌:¹(左) 명 '왼쪽', '원전'의 뜻. ¶~로 돌다. ↔우(右).
좌:²(坐) 명[민] 풍수지리에서, 묏자리·집터 따위의 등진 방위. ↔향(向).
좌:³(坐) 명 **1** 앉을 자리. (비)자리. ¶임금의 ~에 오르다. **2**[의존][불] 불상을 세는 단위. ¶불체 3~.
-좌:(座) 명[접미] 일정한 명사에 붙어, '별자리'나 '부처·보살을 안치하는 대좌(臺座)'의 뜻을 나타내는 말. ¶오리온~/연~.
좌:경(左傾) 명 (어떤 사람이나 그의 사상 등이) 사회주의·공산주의의 성향을 그 쪽으로 기우는 것. ¶~ 사상. ↔우경.
좌:경-하다(左傾-) 자여
좌:고-우면(左顧右眄) 명 **1** 두리번두리번 주위를 살펴보는 것. **2** 결단을 내리지 못하고 이것저것 생각하며 망설이는 것.
좌:고우면-하다 자여
좌:군(左軍) 명[군] '좌익군'의 준말. ↔우군(右軍).
좌:뇌(左腦)[-뇌/-눼] 명[생] 대뇌에서, 왼쪽 반구를 이루고 있는 부분. 논리적 사고와 언어 활동 등이 이뤄짐. ↔우뇌.
좌:담(左談) 명 몇 사람이 모여 앉아서 어떤 문제에 대하여 의견이나 전문을 주고 받는 일. 좌담-하다 자여
좌:담회(座談會)[-회/-훼] 명 좌담을 하는 모임.
좌:대¹(坐臺) 명 낚시를 할 수 있도록 강·호수·저수지 등의 수면 위에 붙박이로 설치해 놓은 구조물. =덕.
좌:대²(座臺) 명 동상이나 불상, 수석 등의 받침대.
좌르르 부 **1** 큰 물줄기가 잇달아 세차게 쏟아지는 소리, 또는, 그 모양. **2** 작은 물체 여러 개가 한꺼번에 쏟아지는 소리, 또는, 그 모양. ¶상자에서 과일이 ~ 쏟아져 나오다. **좌르르-하다** 자여
좌:변(左邊) 명[수] 등식 또는 부등식에서, 등호 또는 부등호의 왼쪽에 적은 수나 식. ↔우변.
좌:-변기(坐便器) 명 =양변기.
좌:불안석(坐不安席) 명 불안하거나 초조하거나 걱정이 되거나 하여 자리에 가만히 앉아 있지 못하고 앉다 일어났다 앉았다 하는 상태. ¶누가 잡으러 오나, 왜 이리 ~이냐?
좌:상¹(左相) 명[역] =좌의정. ↔우상.
좌:상²(坐像) 명 앉아 있는 모양의 그림이나 조각. ↔입상(立像).
좌:상³(座上) 명 여러 사람이 모인 자리에

서 제일 어른 되는 사람.
좌:상(挫傷)圓 피부 표면에는 손상을 받지 않고 피하 조직이나 내장(內臟)이 손상되는 일.
좌:석(座席·坐席)圓 **1** 어떤 장소나 탈것 등의 안에 사람이 앉을 수 있게 의자를 두거나 그와 비슷한 형태로 만들어 마련한 자리. ¶~ 번호. **2** 여러 사람이 모인 자리. ¶술 ~.
좌:선(坐禪)[불] 가부좌를 하고 정신을 집중하여 무념무상의 상태에 들어가는 것. 또는, 그렇게 하는 수행. 준선(禪).
좌:선-하다 困困
좌:섬(挫閃)[한] 외부의 타격으로 뼈마디가 물러앉아, 그 둘레의 막이 상하여 붓고 아픈 병. =염좌.
좌:수(座首)圓[역] 조선 시대, 향소(鄕所)의 우두머리.
좌:시(坐視)圓 참견하지 않고 앉아서 보기만 하는 것. ¶너의 잘못을 더 이상 **좌시하지** 않겠다. **좌:시-하다** 目
좌:식(坐式)圓 앉아서 하는 방식. ¶한옥은 ~ 생활에 알맞은 가옥이다. ▷입식.
좌:-심방(左心房)圓[생] 심장 안의 왼쪽 윗부분. 폐정맥에서 오는 피를 받아 좌심실로 보내는 일을 함. ↔우심방.
좌:-심실(左心室)圓[생] 심장 안의 왼쪽 아랫부분. 좌심방에서 오는 피를 깨끗이 하여 대동맥으로 보내는 일을 함. ↔우심실.
좌:안(左岸)圓 강의 하류를 향하고 볼 때 왼쪽의 기슭.
좌:약(坐藥)圓[약] 항문·질·요도 등에 삽입하는 고형(固形)의 외용약. 체온이나 분비액의 작용으로 녹음.
좌:열(左列)圓 왼쪽의 대열. ↔우열.
좌:완(左腕)圓 =왼팔. ¶~ 투수. ↔우완.
좌:욕(坐浴)圓 하반신만을 목욕하는 일. **좌:욕-하다** 困困
좌:우(左右)圓 **1** 왼쪽과 오른쪽. ¶글 ~에 늘어선 가로수. **2** 옆 또는 곁. ¶~를 살피다. **3** 곁에 있는 사람. ¶~를 물리다. **4** 좌익과 우익. =협작. **5** 어떤 것이 일이 되고 안 되고, 또는 좋게 되거나 나쁘게 되는 것을 결정짓는 요소로 작용하는 것. **좌:우-하다** 目 (어떤 것이 일이 되고 안 되고, 또는 좋게 되거나 나쁘게 되는 것을) 결정짓는 요소로 작용하다. ¶승패를 **좌우하는** 페널티 킥. ▷좌지우지 하다. **좌:우-되다** 困
좌:우-간(左右間)閉 이렇든 저렇든 간에. =좌우지간. ¶~ 한번 만납시다.
좌:우-대:칭(左右對稱)圓[생] 생물체를 중앙을 중심으로 하여 세로로 나누었을 때, 그 좌우 반이 서로 똑같은 모양.
좌:우-명(座右銘)圓 늘 옆에 갖추어 두고 가르침으로 삼는 말이나 문구. ¶'성실'을 ~으로 삼다.
좌:-우익(左右翼)圓 **1** 군진(軍陣)의 좌우로 벌여 있는 군대. **2** 좌익과 우익.
좌:우-지간(左右之間)閉 =좌우간. ¶쫓겨 날 때 쫓겨나더라도 ~ 들어가 보자.
좌:월(左越)[체] 야구에서, 타구가 3루쪽 가까이로 날아가 왼쪽 펜스를 넘어가는 일. ¶~ 솔로 홈런.
좌:-의정(左議政)圓[역] 조선 시대, 의정부의 정품 벼슬. 우의정의 위, 영의정의 아래임. =좌상(左相). ↔우의정.
좌:익(左翼)圓 **1** 사회주의나 공산주의를 지지하고 신봉하는 경향. 또는, 그런 경향을 띤 단체. **2** 이념적으로 급진적·개방적이고 혁신과 평등을 중시하는 경향. 또는, 그런 경향을 띤 단체. ¶~으로 몰다. **3** 비행기의 왼쪽 날개. **4**[체] 야구에서, 외야의 왼쪽에 있는 수비 위치. 또는, 그 위치의 수비수. **5**[군] 부대의 왼쪽에 있는 부대. 또는, 대열의 왼쪽. ↔우익.
좌:익-군(左翼軍)[-꾼]圓[군] 예전에, 중군(中軍)의 왼쪽에 배치되던 군대. 준좌군.
좌:익-수(左翼手)[-쑤][체] 야구에서, 좌익을 지키는 선수. ↔우익수.
좌:전(左前)圓[체] 야구에서, 좌익수의 앞. ¶~ 안타를 치다.
좌:절(挫折)圓 **1** 마음이나 기운이 꺾이는 것. **2** (계획이나 하는 일이) 실패로 돌아가는 것. **좌:절-하다** 困困 **좌:절-되다** 困
좌:절-감(挫折感)圓 마음이 좌절됨으로써 가지게 되는 절망감. ¶~에 빠지다.
좌:정(坐定)圓 (남을 높일 때 쓰이어) 자리 잡아 앉는 것. **좌:정-하다** 困困 ¶**좌정하시고** 절 받으시지요.
좌:중(座中)圓 여러 사람이 모여 앉은 자리. ¶~을 둘러보다.
좌:-중간(左中間)圓[체] 야구에서, 좌익수와 중견수의 사이. ¶~을 꿰뚫는 안타. ↔우중간.
좌:중월(左中越)[체] 야구에서, 타구가 2루와 3루 사이로 날아가 중앙 왼쪽 펜스를 넘어가는 일. ¶~ 홈런.
좌:지우지(左之右之)圓 (사람이 어떤 일이나 대상을) 제 마음대로 처리하거나 다루는 것. **좌:지우지-하다** 目 ¶한 나라를 제 손아귀에 넣고 **좌지우지하는** 권력자. ▷좌우하다. **좌:지우지-되다** 困
좌:창(坐唱)圓[음] =앉은소리. ¶입창.
좌:천(左遷)圓 낮은 관직이나 지위로 떨어지거나 외직으로 전근되는 일. ↔영전. **좌:천-하다** 困困 **좌:천-되다** 困
좌:-청룡(左靑龍)[-농]圓[민] 풍수지리설에서, 청룡이 주산(主山)의 왼쪽에 있다는 뜻으로 일컫는 말. ↔우백호.
좌:초(坐礁)圓 **1** (배가 암초에) 부딪혀 파손되는 것. **2** (일이) 어려움에 부딪혀 더 이상 진행되지 못하게 되는 것. **좌:초-하다** 困困 **좌:초-되다** 困
좌:충우돌(左衝右突)圓 **1** 이리저리 마구 찌르고 부딪침. **2** 아무에게나 함부로 맞닥뜨림. **좌:충우돌-하다** 困
좌:측(左側)圓 =왼쪽. ↔우측.
좌:측-통행(左側通行)圓 교통질서를 유지하기 위하여 길의 왼쪽으로 사람이 통행하는 일. ↔우측통행. **좌:측통행-하다** 困
좌:파(左派)圓 **1** 이념적으로 급진적·개방적이고 혁신과 평등을 중시하는 경향을 띤 파벌. **2** 좌익의 당파. ↔우파.
좌:판(坐板)圓 팔기 위하여 물건을 늘어놓을 널조각. ¶~대.
좌:편(左便)圓 =왼쪽. ↔우편.
좌:평(佐平)圓[역] 백제의 16품 관등의 첫째 등급.
좌:표(座標)圓 **1** 점의 위치를 나타내는 수나 수의 짝. **2** 사물이 처하여 있는 위치나 형편을 비유적으로 이르는 말. ¶2000년대 한국 문학의 ~.
좌:하(座下)圓 주로 편지에서, 윗사람을

높여 그의 호칭이나 이름 아래 쓰는 말. ¶김첨수 ~.

좌:향(坐向)[―] 〖민〗 풍수지리에서, 묏자리와 집터 따위의 등진 방위와 향한 방위를 아울러 이르는 말.

좌:향-좌(左向左) 〖감〗 제식 훈련 시 구령의 하나. 선 자세에서 왼쪽으로 90° 돌라는 말. ↔우향우.

좌:회전(左回轉)[―회―/―훼―] 〖명〗 왼쪽으로 도는 것. ↔우회전. **좌:회전-하다** 〖자,타〗

좌:훈(坐薰) 〖명〗 한약재를 끓여서 그 김을 직접 생식기와 항문 주위에 쐼으로써 질병을 치료하는 일. ¶~ 요법.

좌:흥(座興) 〖명〗 여럿이 모여 앉아 놀거나 즐기는 자리의 흥취. ¶~이 깨지다.

좍 〖부〗 널리 흩어져 퍼지는 모양. ¶소문이 ~ 돌다. 〖센〗쫙.

좍-좍[―] 〖부〗 굵은 빗방울이나 물줄기가 세차게 쏟아지는 모양. ¶소나기가 ~ 쏟아지다. 〖센〗쫙쫙.

챙:이 〖명〗 꼭대기에 긴 벼리가 있고 아랫부분에는 남비와 쇠로 된 추가 달린 원추형의 그물. =투망(投網).

죄¹ 〖명〗 '죄다'의 준말. ¶불량배를 ~ 잡아들이다.

죄²(罪)[죄/줴] 〖명〗 1 양심이나 도의에 벗어난 행위. 2 법에 어긋나는 행위. ¶경범 ~/절도 ~. 3 잘못이나 허물로 인한 벌.

죄:과(罪科) [―] 〖명〗 1 죄와 허물. 2 법률에 의거하여 처벌하는 것. ¶도둑질에 대한 ~로 징역살이를 하다.

죄:다¹(罪―)[죄/줴―] 〖동〗〖타〗 1 (헐거운 것이나 느즈러진 것을) 팽팽하거나 꼭 끼게 하는 것을, 그렇게 되다. ¶나사를 ~. 2 (벌어진 사이를) 좁히다. ¶장소가 좁으니 조금씩 죄어 앉아라. 3 (마음을) 긴장되게 하다. 4 (마음을) 불안하거나 초조한 상태로 가지다. =조이다. 〖타〗 졸이다. ¶가슴을 죄며 결과를 기다린다.

죄:-다²(罪―)[죄/줴―] 〖부〗 모조리 다. ¶~ 자백하다. 〖준〗죄.

죄:명(罪名)[죄/줴―] 〖명〗 범죄의 명칭.

죄:목(罪目)[죄/줴―] 〖명〗 범죄 사실의 명목.

죄:-받다(罪―)[죄/줴―따] 〖자〗 악한 일을 하여 벌을 당하다. ¶무고한 사람을 그렇게 모략하면 **죄받아요**.

죄:상(罪狀)[죄/줴―] 〖명〗 어떤 범죄의 실상. ¶~이 드러나다.

죄:송-스럽다(罪悚―)[죄/줴―따] 〖형ㅂ〗〈~스러우니, ~스러워〉 죄송한 데가 있다. **죄:송스레** 〖부〗

죄:송-하다(罪悚―)[죄/줴―] 〖형여〗 죄스럽도록 미안하다. 또는, 폐를 끼쳐 미안하다. ¶**죄송하지만** 말씀 좀 묻겠습니다. **죄:송-히** 〖부〗

죄:수(罪囚)[죄/줴―] 〖명〗 죄를 지어 교도소에 갇힌 사람. 〖비〗수인(囚人).

죄:수-복(罪囚服)[죄/줴―] 〖명〗 =수의(囚衣).

죄:-스럽다(罪―)[죄/줴―따] 〖형ㅂ〗〈~스러우니, ~스러워〉 죄지은 것같이 마음이 편하지 않다. ¶부모님을 자주 찾아뵙지 못하는 것이 ~. **죄:스레** 〖부〗

죄:악(罪惡)[죄/줴―] 〖명〗 죄가 될 만한 나쁜 짓.

죄:악-감(罪惡感)[죄―깜/줴―깜] 〖명〗 어떤 행위를 죄악이라고 느끼는 감정.

죄:악-상(罪惡相) [죄―쌍/줴―쌍] 〖명〗 저질러진 죄악의 실상. ¶독재 권력의 ~이 폭로되다.

죄:악-시(罪惡視)[죄―씨/줴―씨] 〖명〗 (어떤 것을) 죄악으로 여기는 것. **죄:악시-하다** 〖동타〗 〖성(性)을 ~. **죄:악시-되다** 〖자〗

죄암-죄암[죄―죄―/줴―줴―] I 〖감〗 젖먹이에게 죄암질을 하라는 뜻으로 내는 소리. 〖준〗죔죔.
II 젖먹이가 두 손을 쥐었다 폈다 하는 모양. 〖준〗죔죔.

죄어-들다[죄어―/줴어―] 〖동〗 1〖자〗〈~니, ~드오〉 1 안으로 바짝 죄어서 오그라들다. ¶움직일수록 손목에 찬 수갑이 더 **죄어들었다**. 2 (불안·초조·긴장 등이) 압박해 오다. ¶시시각각 **죄어드는** 불안감. 2〖타〗 1 (어느 것을) 안으로 바짝 죄어서 오그라들게 하다. ¶머리를 **죄어드는** 듯한 통증. 2 (어느 것을) 에워싸고 범위를 좁혀 가다. =조여들다. ¶10만 대군이 성을 포위하고 **죄어들어** 왔다.

죄:업(罪業)[죄/줴―] 〖명〗〖불〗 훗날 피로움의 과보(果報)를 부르는 원인이 되는 죄악의 행위.

죄:-의식(罪意識) 〖명〗 저지른 죄나 잘못에 대하여 스스로 느끼고 깨닫는 마음. ¶~에 사로잡히다.

죄:-이다(罪―)[죄/줴―] 〖동〗 '죄다'의 피동. ¶나사가 너무 **죄었는지** 안 풀린다.

죄:인(罪人)[죄/줴―] 〖명〗 1 죄를 지은 사람. 2 부모상(父母喪)을 당한 사람이 자기 스스로를 이르는 말.

죄:-주다(罪―)[죄/줴―] 〖동〗〖타〗 죄에 대하여 벌을 주다.

죄:질(罪質)[죄/줴―] 〖명〗 범죄의 본바탕이나 근본적 성질. ¶~이 나쁘다.

죄:-짓다(罪―)[죄진따/줴진따] 〖동〗〖자〗〈~지으니, ~지어〉 죄를 저지르다. ¶**죄짓고는** 못 사는 법이니.

죄:책(罪責)[죄/줴―] 〖명〗 잘못을 저지른 책임.

죄:책-감(罪責感)[죄―깜/줴―깜] 〖명〗 잘못에 대한 책임을 느끼는 감정. ¶~에 시달리다.

죄:형(罪刑)[죄/줴―] 〖명〗 범죄와 형벌.

죔:죔[죔쥠/쉠쉠] 〖감〗 '죄암죄암'의 준말.

죗:-값(罪―) [죄깝/죗깝/줴깝/줻깝] 〖명〗 지은 죄에 대해 받는 벌.

-죠 〖어미〗 '-지요'의 준말. ¶이리 오시~.

주(主) I 〖명〗 1 주요하거나 기본이 되는 것을 이르는 말. 2〖기〗하느님 또는 예수 그리스도를 부르는 말.
II 주요한 또는 일차적인. ~ 대상.

주²(州) 〖명〗 1〖역〗 신라 때, 지방 행정 구역의 하나. ¶9~ 5소경. 2 연방 국가의 행정 구역의 하나.

주³(周) 〖명〗 1〖자함〗〖수〗 둘레의 길이. 2〖의존〗 어떤 것의 둘레를 돈 수를 세는 말. ¶2~.

주⁴(周) 〖역〗 중국의 고대 왕조(1050~256 B.C.). 무왕(武王)이 은나라를 멸망시키고 건국했으나 진(秦)나라에 망함.

주⁵(洲) 〖지〗 지구 상의 대륙을 나눈 명칭. ¶아시아 ~/아메리카 ~.

주⁶(株) 〖명〗 1〖자함〗 '주식'의 준말. ¶~를 모집하다. 2 '주권(株券)³'의 준말. 2〖의존〗 1 주권(株券)을 세는 단위. ¶국민주 500~. 2 그루. ¶잣나무 100~.

주[註·注] 圈 1 논문이나 학술적인 글이나 어려운 글 등에서, 본문의 어떤 낱말이나 문구나 부분에 대해, 따로 더 자세히 설명하거나, 인용한 출처를 밝히거나 한. 2 어떤 사람의 말에 대해, 알기 쉽게 풀어서 설명해 주거나 이해를 돕기 위해 덧붙이는 말.
  주를 달다 본문의 뜻을 보충하거나 자세히 풀이한 글을 적어 넣다.
주[週] 圈 [1][의] 일요일부터 그 7일 동안. ¶~ 2회 출석. [2][의존] ①을 세는 단위로 이르는 말. ¶그는 3~ 후에 돌아올 것이다.
주[駐][접미] 주로 외자로 준 한자(漢字) 국명과 결합하여, …에 파견되어 머무름'을 뜻하는 말. ¶~영(英) 대사 / ~불(佛) 특파원.
주[主][접미] 주인임을 나타내는 말. ¶소유~ / 세대~.
-주[酒][접미] '술'의 뜻을 나타내는 말. ¶포도~ / 화학~.
주가(株價)[-까] 圈[경] 주식의 거래 가격. ~가 폭락하다.
  주가가 오르다 어떤 사람의 명성이나 값어치 등이 높아지다. ¶그 가수는 신곡이 히트하면서 **주가가** 크게 올랐다.
주간[主幹] 圈 신문사에서 논설 업무를 총괄적으로 책임지는 사람. 또는, 출판사에서 편집 업무를 총괄적으로 책임지는 사람.
주간[晝間] 圈 1 어떤 일을 하는 시간으로서의, 낮 동안. ¶~ 근무. 2 때로 '주간 학교'를 줄여 이르는 말. ↔야간.
주간[週刊] 圈 신문·잡지 등을 매주 한 번씩 발행하는 일. 또는, 그 간행물.
주간[週間] 圈 [1][의] 한 주일 동안. ¶불조심 강조 ~. [2][의존] ①을 세는 단위로 이르는 말. ¶5주 ~.
주간-지[週刊紙] 圈 매주 한 번씩 발행하는 신문.
주간-지[週刊誌] 圈 매주 한 번씩 발행하는 잡지.
주객[主客] 圈 1 주인과 손. 2 주되는 사물과 거기 딸린 사물.
주객[酒客] 圈 술을 좋아하는 사람.
주객-일체[主客一體] 圈 주체와 객체가 하나가 되다.
주객-전도[主客顚倒][-전-] 圈 사물의 경중·선후·완급이 서로 바뀜. **주객전도-하다** 圈예
주거[住居] 圈 일정한 곳에 자리를 잡고 머물러 사는 것. 또는, 그 집. 옌거주. **주거-하다** 圈예
  주거의 자유 법률에 의하지 않고는 주거에 대한 침입·수색 및 압수를 당하지 않는 권리.
주거-비[住居費] 圈 가계 지출 가운데 주거에 드는 경비. 집세·수도 요금 따위.
주거-지[住居地] 圈 살고 있는 토지.
주격圈 '밥주걱'의 준말.
주격-턱 圈 주걱 모양으로 끝이 길고 밖으로 내민 턱.
주검 圈 죽은 자의 몸. 옌시체.
주격[主格][-껵][언] 어떤 체언이 문장 속에서 주어의 성분임을 나타내는 격.
주격^조사[主格助詞][-격쪼-][언] 체언 밑에서 그 체언을 문장의 주어가 되게 하는 조사. '이', '가' 따위.
주견(主見) 圈 자기의 주장이 있는 의견. ¶~이 서다.
주경-야독[晝耕夜讀][-나-] 圈 [낮에는 농사일을 하고 밤에는 글을 읽는다는 뜻] 어려운 여건 속에서도 꿋꿋이 공부함을 비유하는 말. **주경야독-하다** 圈예
주고-받다[-따] 圈[바] 서로 주기도 하고 받기도 하다. ¶말을 ~ / 인사를 ~.
주곡(主穀) 圈 주식(主食)의 재료가 되는 곡물. 쌀·보리 따위. ¶~ 농업.
주공[周公][인] 주나라의 정치가 (?-?).
주관[主管] 圈 (어떤 일을) 책임지고 맡아 관리하는 것. 또는, (어떤 행사를) 무적으로 담당하여 집행하는 것. ▷주최. **주관-하다** 圈태예 ¶일보사가 **주관하**는 고전 읽기 대회. **주관-되다** 圈예
주관[主觀] 圈 1 [철] 외부 세계나 현실 등을 인식하고 체험하면서, 그것에 작용을 가하는 의지적 존재. 2 자기만의 견해나 관점. ¶~이 뚜렷한 사람. ↔객관.
주관-성[主觀性][-썽] 圈 주관적인 성질. ↔객관성.
주관-식[主觀式] 圈[교] 시험 문항이 문장으로 서술하여 답하게 되어 있는 방식. ¶~ 문제. ↔객관식.
주관-적[主觀的] 圈 주관을 기초로 한 (것). ¶~ 가치. ↔객관적.
주관-화[主觀化] 圈 객관적인 사항을 자기의 견해나 관점과 직접 관련된 입장에서 보고 다루는 것. ↔객관화. **주관화-하다** 圈타예
주교[主教] 圈[가] 교구를 관할하는 교직. 또는, 그 교직에 있는 사람.
주구[走狗] 圈 =앞잡이2. ¶일제의 ~ 노릇을 한 친일 언론.
주구[誅求] 圈 관청에서 백성의 재물을 강제로 빼앗는 것. **주구-하다** 圈타예
주군[主君] 圈 '임금'을 높여 부르는 말.
주권[主權][-꿘] 圈[법] 국가의 의사를 최종적으로 결정하는 권력.
주권[株券][-꿘] 圈[경] 주주의 출자에 대하여 교부하는 유가 증권. 준주(株).
주권-자[主權者] 圈[법] 국가의 최고 절대권을 가진 자. 군주국에서는 군주, 공화국에서는 국민 또는 의회임.
주근-깨 圈 얼굴의 군데군데에 생기는 자고 검은 점.
주근-주근 圈 성질이나 태도가 은근하고 끈질긴 모양. **주근주근-하다** 圈예
주급[週給] 圈 한 주일마다 지급되는 급료.
주기[酒氣] 圈 술을 먹은 후에 몸에 나타나는 술의 기운. ¶~가 오르다.
주기[週期] 圈 1 같은 현상이나 특징이 한번 나타나고부터 다음번 되풀이되기까지의 기간. ¶~적 변동의 ~. 2 회전하는 물체가 한 번 돌아와 본래의 위치로 오기까지의 기간. ¶공전 ~.
주기[周忌·週忌][의존] 사람이 죽은 뒤, 그 죽은 날짜가 해마다 돌아오는 횟수를 나타내는 말. ¶백범 선생의 52~ 추모식이 열렸다.
주-기도문[主祈禱文] 圈 예수가 제자들에게 가르친 모범이 되는 기도문.
주기-성[週期性][-썽] 圈 주기적으로 진행되거나 나타나는 성질.
주기율-표[週期律表] 圈[화] 원소를 원자 번호의 차례로 배열한 표. 가로를 주기(週期), 세로를 족(族)이라 함.

주기-적(週期的) [관][명] 일정한 간격을 두고 되풀이하여 나타나는 것.

주꾸미 [명][동] 낙지와 비슷하나 몸이 더 짧고 둥글며, 8개의 다리 길이가 거의 같은 연체동물. 바닷가 개펄에 삶.

주낙 [명] 물고기를 잡는 어구(漁具)의 하나. 모릿줄이라고 하는, 수평으로 매우 긴 줄에 일정한 간격마다 낚시가 1개씩 달린 아릿줄을 여러 가닥 연결한 것이다.

주네브(Genève) [지] '제네바'의 프랑스 어명.

주년(週年·周年) [명][의존] 1년을 단위로 돌아오는 돌을 세는 단위. ¶결혼 20~.

주노(Juno) [명][신화] '유노'의 영어명.

주:눅 기를 펴지 못하고 움츠러드는 일.
주눅(이) 들다 부끄럽거나 무서워서 기가 줄어들다. ¶사람들 앞에 나서자 그는 **주눅이 들어** 아무 말도 하지 못했다.

주니어(junior) [명][체] 프로 복싱에서, 같은 체급을 다시 둘로 나누었을 때 가벼운 쪽을 이르는 말. ¶~ 라이트급.

주니어-급(junior級) [명][체] 체급 경기에서, 국제 시합의 체중 등급으로 나눌 수 없는 연소자들에 대하여 따로 나눈 등급.

주다 [동] [1][타] **1** (사람이 자기의 것이나 자기에게 있던 대상을 다른 사람에게) 건네어 그의 것이 되게 하거나 그의 책임이 아래 가지고 있게 하다. ¶아이에게 용돈을 ~. ↔받다. **2** (사람이 다른 사람이 동물에게 먹을 것을) 먹을 수 있는 범위에 내놓다. 또는, (사람이 식물에 물이나 비료 등을) 일이나 뿌리 등이 있는 곳에 뿌리다. ¶돼지에게 먹이를 ~. **3** (다른 사람에게 어떤 자격이나 권리, 점수 따위를) 가지게 하다. ¶대학원에서 졸업생에게 학위를 ~. **4** (어떤 대상에 힘이나 압력을) 미치게 하다. ¶힘가하다. ¶발에 힘을 ~. **5** (사람이 다른 사람에게 할 일을) 가지게 하다. ¶맡기다. ¶상급자가 부하에게 임무를 ~. **6** (사람이 다른 사람에게 어떤 시간을) 가지게 하다. ¶생각할 시간을 주십시오. **7** (사람이 다른 사람에게 어떤 내용의 말을) 듣게 하다. ¶심판이 선수에게 경고를 ~. **8** (사람이나 대상이 다른 사람에게 정신적·감정적 영향이나 피해 따위를) 미치거나 일으키게 하다. ¶용기를 ~. **9** (사람이 다른 사람에게 정이나 마음을) 베풀거나 터놓다. ¶그 여자는 남자에게 마음을 **주었다. 10** (여자가 남자에게 몸을) 허락하여 성적(性的) 관계를 맺게 하다. **11** (사람이 눈길을 어떤 대상에) 미치게 하다. ¶찰박로 시선을 ~. **12** (사람이 다른 사람이나 어느 곳에 주사나 침이나 못 따위를) 찌르거나 박거나 하다. ¶환자에게 주사를 ~. [2][보조] (동사의 어미 '-아/어' 아래 쓰여) 어떤 행동이 남을 위하여 베푸는 것임을 나타냄. ¶만나 ~ / 읽어 ~.

[줄수록 양양] 주면 줄수록 부족하게 여기고 더 요구하게 된다는 말.

주거니 받거니 말이나 물건 따위를 서로 계속하여 주고받거나 건네는 모양. ¶술잔을 ~ 하면서 술을 마시다.

주단(紬緞) [명] 명주와 비단의 총칭.

주당(酒黨) [명] 술을 즐기고 잘 마시는 무리.

주도¹(主都) [명] **1** 주요한 도시. **2** 위성 도시들 가운데 중심이 되는 도시.

주도²(主導) [명] 주장이 되어 이끄는 것. 도-하다 [타][여] ¶정부가 **주도하는** 사업.

주도³(主都) [명] 주(州)를 행정 단위로 하는 국가에서, 주의 정치·문화 등의 중심이 되는 도시.

주도⁴(酒道) [명] 술자리에서의 도리.

주도-권(主導權) [-꿘] [명] 주동적인 처지에서 이끌거나 지도할 수 있는 권리.

주도면밀-하다(周到綿密-) [형][여] 주의가 두루 미쳐 자세하고 빈틈이 없다. ¶계획을 **주도면밀하게** 세우다.

주도-적(主導的) [관][명] 주장이 되어 이끄는 (것). ¶~ 역할.

주독(酒毒) [명] =숙독¹. ¶~이 오르다.

주동(主動) [명] 어떤 일에 주장이 되어 행동하는 것. 또는, 그 사람. ¶~ 인물. **동-하다** [동][타][여] ¶시위를 ~.

주동-사(主動詞) [명][언] 행동의 주체가 스스로 행하는 동작을 나타내는 동사. ↔사동사.

주동-자(主動者) [명] 어떤 일에 주동이 되는 사람. ¶데모 ~.

주-되다[-되-/-뒈-] [동][여] (주로 '주된'의 꼴로 쓰여) 다른 것에 비해 두드러지거나 중심을 이루다. ¶**주된** 인물.

주:둔(駐屯) [명] 군대가 한 지역에 머무르는 것. ¶병력. **주:둔-하다** [동][자][여] ¶한국에 **주둔해** 있는 미군.

주:둔-군(駐屯軍) [명][군] 한 지역에 일시적으로 머물러 있는 군대.

주둥아리 사람이나 동물의 '입'을 비속하게 이르는 말. ¶주둥이.

주둥이 1 사람의 '입'을 비속하게 이르는 말. ¶~를 함부로 놀리다. **2** 일부 짐승이나 물고기 등의 머리에서, 뾰족하게 내민 코나 앞 부분의 부분. ¶주둥아리. **3** 병이나 일부 그릇 등에서, 좁고 길쭉하게 내민, 담긴 물질을 밖으로 나오게 하는 부분. ¶주전자의 ~.

주량(酒量) [명] 마시고 견디어 낼 만한 정도의 술의 분량. ¶~이 세다.

주렁-주렁 [부] **1** 열매 따위가 많이 매달려 있는 모양. ¶감나무에 감이 ~ 열리다. **2** 여러 사람이 딸려 있는 모양. **주렁주렁-하다** [형][여] ¶부양해야 할 식구들이 ~.

주력¹(主力) [명] 중심이 되는 힘. ¶~ 함대.

주력²(走力) [명] 달리는 힘.

주:력³(注力) [명] (어떤 일에) 온 힘을 기울이는 것. **주:력-하다** [동][자][여] ¶신제품 개발에 ~.

주력⁴(呪力) [명] 미개인들의 주술(呪術) 및 종교의 기초를 이루는 초자연적인 힘.

주렴(珠簾) [명][수] 구슬을 실에 꿰어 만든 발.

주례(主禮) [명] 예식을 주장하여 진행하는 것. 또는, 그 사람. **주례-하다** [동][타][여].

주례(를) 서다 주례를 맡아서 하다.

주례-사(主禮辭) [명] 주례가 예식에서 행하는 의례적인 축사.

주-로¹(主-) [부] 주되거나 중심을 이루거나 중점을 두는 상태로. ¶대개·대체로.

주로²(走路) [명][체] 경주에서, 주자가 어느 일정한 코스. ¶~선(線).

주루(走壘) [명][체] 야구에서, 주자가 어느 누(壘)에서 다음 누로 달리는 것. =베이스러닝. **주루-하다** [동][자][여]

주룩-주룩[-주-] [부] 물줄기 따위가 계속 죽죽 내리거나 떨어지는 소리. 또는, 그 모양. ¶비가 ~ 내리다.

주-룽지(朱鎔基) [명][인] 중국의 정치가·총리(1928~).

주류¹(主流) 圏 1강의 원줄기가 되는 큰 흐름. 2활동이나 현상에서 중심이 되는 흐름이나 경향. 3조직이나 단체에서, '다수파'를 이르는 말. ↔비주류.
주류²(酒類) 圏 술의 종류.
주르르 튀 1발걸음을 재게 떼어 걷거나 따르는 모양. 2액체가 가볍게 흘러내리는 소리. 또는, 그 모양. ¶감기가 들어 콧물이 ~ 흐른다. 3경사진 곳에서 물건이 미끄러져 내리는 모양. ¶빙판이 진 언덕배기에서 ~ 미끄러졌다. 4어린이 한 줄로 고르게 잇달아 서는 모양. 잘조르르. 셴쭈르르. **주르르-하다** 톙 재헝
주르륵 튀 굵은 물줄기 따위가 빠르게 잠깐 흐르다가 멎는 소리. 또는, 그 모양. **주르륵-하다** 톙재
주르륵-거리다/-대다 [-끼때-] 재타 잇달아 주르륵하다. 또는, 그리하게 하다.
주르륵-주르륵 [-쭈-] 튀 주르륵거리는 소리. 또는, 그 모양.
주름 圏 1피부가 쭈글쭈글해져 생긴 잔줄. ¶~ 잡힌 이마. 2옷의 폭 따위를 접어서 잡은 금. ¶바지에 ~을 세우다. 3겹이나 중간 따위의 구김살. ¶~을 펴다.
주름-살 [-쌀] 圏 주름이 잡힌 금. ¶눈가에 ~이 지다.
주름-상자 (-箱子) 圏 1[사진] 사진기의 어두상자를 둘러싼 측벽. 2아코디언의 몸통을 이루는 벽.
주름-잡다 [-따] 재타 (어떤 세계나 집단 등을) 중심적 역할을 하면서 자기 뜻대로 움직이다. ¶천하를 주름잡는 영웅호걸.
주름-치마 圏 세로로 주름을 많이 잡은 치마.
주리 圏 [역] 죄인의 두 다리를 한데 묶고 다리 사이에 두 개의 주릿대를 끼워 비트는 형벌.
주리(를) 틀다 주리의 형벌을 주다.
주리다 재탕 1먹을 만큼 먹지 못하여 배를 곯다. ¶주린 배를 물에 채우다. 2원하는 것을 얻지 못하여 마음에 불만을 느끼다. ¶정에 ~.
주립 (州立) 圏 주의 경비로 세워 관리·유지하는 것. ¶~ 대학.
주마가편 (走馬加鞭) 圏 열심히 하는 사람을 더욱 잘하도록 권장함. '달리는 말에 채찍질'과 같은 뜻.
주마간산 (走馬看山) 圏 말을 타고 달리며 산천을 구경한다는 뜻) 사물의 겉만을 대강 보고 지남.
주마-등 (走馬燈) 圏 1장식용 등의 한 가지. 등 안에 장치된 빙빙 돌아가는 틀에 달리는 말의 그림을 붙여, 등불이 켜지면 달리는 말의 모습이 연속적으로 비침. 2무엇이 언뜻언뜻 빨리 지나감의 비유. ¶옛 추억이 ~처럼 스치고 지나간다.
주막 (酒幕) 圏 옛날에, 시골 길가에서 술과 음식을 팔고 나그네에게 잠자리도 제공하던 집. =주막집.
주막-거리 (酒幕-) [-꺼-] 圏 주막이 있는 길거리.
주막-집 (酒幕-) [-찝] 圏 =주막.
주말 (週末) 圏 한 주일의 끝. 곧, 토요일 또는 토요일과 일요일. ↔주초.
주말-부부 (週末夫婦) 圏 어떤 이유로 서로 멀리 떨어진 곳에서 살 수밖에 없어 주말에만 함께, 나머지는 따로 지내는 부부.
주말-여행 (週末旅行) [-려-] 圏 주말을 이용하여 떠나는 여행.

주머니 圏 1돈이나 작은 소지품을 넣을 수 있도록 헝겊이나 가죽 따위로 밑과 옆을 막고 윗부분은 졸라맬 수 있게 만들어 허리에 차거나 들고 다니는 물건. ¶신발~. 옷의 일정한 부분에 틈이 생기게 하여 그 안쪽에 밑과 옆을 막은 헝겊을 달거나, 옷의 거죽에 천을 대어 위가 터진 상태로 아래와 옆을 꿰매어 단, 돈이나 작은 소지품을 넣는 부분. ¶호주머니. 속~. 3(일부 명사와 합성어로 쓰여) 그 명사가 나타내는 대상이 많거나 잦은 사람임을 흘하게 이르는 말. ¶병~ / 이야깃~.
주머니가 든든하다 몸에 지닌 돈이 많아 든든하다.
주머니(를) 털다 1가지고 있는 돈을 모두 다 내놓다. 2강도질을 하다. ¶불량배가 행인의 ~.
주머니-칼 圏 접어서 주머니에 넣고 다니며 쓰는 작은 칼.
주머닛-돈 [-니똔-닏똔] 圏 주머니 안에 있는 돈.
[주머닛돈이 쌈짓돈] 네게 것 내 것 가릴 것 없는 돈. 특히, 남편 돈과 아내의 돈은 구별이 없다는 뜻으로 쓰는 말임. '쌈짓돈이 주머닛돈'과 같은 말.
주먹 圏 1다섯 손가락을 모두 안쪽으로 오므려 둥글게 된 상태의 손. ¶을 쥐다. ¶줌. 2다섯 손가락을 꽉 쥔 손으로 사람을 때리는 일. ⓗ완력·폭력. ¶~세다. 3손이나 발을 가지고 싸움을 아주 잘하는 사람. ⓗ천하의 ~. 4'주먹구구'의 준말.
[주먹은 가깝고 법은 멀다] 나중에야 어찌 되든 우선 완력으로 해 댄다.
주먹이 운다 치거나 때리고 싶은 울화를 참으며 하는 소리. ¶어휴! ~.
주먹-구구 (-九九) [-꾸-] 圏 1손가락을 일일이 꼽아서 하는 셈. 2정밀하지 못하고 대강 하는 계산.
주먹구구-식 (-九九式) [-꾸꾸-] 圏 짐작으로 어림잡아 하는 방식. ¶~ 행정.
주먹-다짐 [-따-] 圏 1주먹으로 때리는 짓. ¶서로 ~까지 하다. 2함부로 욱대기는 짓. **주먹다짐-하다** 재헝
주먹-밥 [-빱] 圏 주먹처럼 둥글게 뭉친 밥 덩이.
주먹-세례 (-洗禮) [-쎄-] 圏 주먹으로 여러 차례 때리는 짓. ¶~를 퍼붓다.
주먹-손 [-쏜] 圏 주먹을 쥔 손.
주먹-심 [-씸] 圏 1주먹으로 때리거나 하는 힘. ¶~이 세다. 2남을 억누르는 힘.
주먹-질 [-찔] 圏 주먹을 휘두르며 위압하거나 주먹으로 때리는 짓. **주먹질-하다** 재타ⓗ ¶친구와 주먹질하며 싸우다.
주먹-코 圏 뭉뚝하고 크게 생긴 코. 또는, 그런 코를 가진 사람. 놀림조의 말임.
주모¹ (主謀) 圏 주장하여 일을 꾸미는 것. 또는, 그 사람. **주모-하다** 타ⓗ ¶반란을 ~.
주모² (酒母) 圏 술청에서 술을 파는 여자.
주모-자 (主謀者) 圏 우두머리가 되어 나쁜 일이나 음모 등을 꾸미는 사람.
주목¹ (朱木) 圏 나무높이 20m이고, 나무껍질이 적갈색인 상록 침엽 교목. 4월에 꽃이 피며, 열매는 9월에 붉게 익음. 고산지대에서 자람.
주목² (注目) Ⅰ圏 1관심을 가지고 한곳을 주의 깊게 보는 것. ¶~을 끌다. 2조심하고 경계하는 눈으로 살피는 것. ¶살인 사

건의 협의자로 경찰의 ~을 받다. **주:목-하다** 톼(자)(타)예 ¶이곳을 주목해 주십시오. **주:목-되다** 톼.
Ⅱ圈 제식 훈련 시 구령의 하나. 잠담을 그치고 몸과 마음을 바르게 가진 자세로 지휘자를 향해 시선을 모으라는 말.
주:목-거리(注目-)[-꺼-] 圈 관심을 가지고 주의 깊게 볼 만한 가치가 있는 일.
주-목적(主目的)[-쩍] 圈 주되는 목적.
주-목표(主目標) 圈 주되는 목표.
주몽(朱蒙) 인 '동명 성왕'의 휘(諱).
주무(主務) 圈 사무를 주장하여 맡는 것. 또는, 그 사람. ¶~ 부처. **주무-하다** 톼예.

주무르다 톼 <주무르니, 주물러> 1 (사람이 물렁하게 탄력성 있는 물질이나 물체를) 손으로 여러 번 힘 있게 쥐었다 놓았다 하다. ¶빨래를 ~. 2 (사람이 다른 사람이나 어떤 대상을) 제 마음대로 다루다. ¶정치계를 ~. 3 (못마땅하거나 비위에 거슬리는 사람을) 꼼짝 못하게 손찌검을 하다. 완곡한 표현의 속된 말임. ¶저 녀석이 아직도 정신을 못 차린 모양인데 잘못되지 않을 만큼 주물러 줘라.

주무시다 톼(자)(타) '자다'의 높임말. ¶안녕히 주무셨습니까?
주:문1(注文) 圈 어떤 상품의 생산·수송 내지는 서비스의 제공을 수요자와 공급자에게 신청하는 일. ¶~ 판매/~이 쇄도하다. **주:문-하다** 톼예.
주:문2(呪文) 圈 1[민] 주술가가 술법을 행할 때 외는 글귀. 2[종] 천도교에서, 심령을 담고 한울님에게 빌 때 외는 글.
주-문모(周文謨) 인 청나라의 신부(1752~1801).
주:문^생산(注文生産) 圈[경] 소비자의 일정한 주문에 응하여 행하는 생산.
주:물1(呪物) 圈 미개인 사이에서, 주력(呪力)이 있어 가지고 다니면 비호(庇護)를 받는다고 믿어 신성시하는 물건.
주:물2(鑄物) 圈 쇳물을 녹인 쇳물을 일정한 틀 속에 부어 굳혀 만든 물건.
주물럭-거리다/-대다[-꺼-][-때-] 톼 물건을 손으로 자꾸 주무르다. ¶밀가루 반죽을 ~. 잭조물락거리다.
주물럭-주물럭[-주-] 톼 주물럭거리는 모양. 잭조물락조물락. **주물럭주물럭-하다** 톼예.
주:미(駐美) 圈 (주로 관형어적으로 쓰여) 미국에 주재하고 있는 것. ¶~ 대사.
주:민(住民) 圈[법] 30일 이상 거주할 목적으로 일정한 주소 또는 거소(居所)를 가진 사람.
주:민^등록(住民登錄)[-녹] 圈[법] 주민의 거주 관계 파악 및 행정 사무의 적정·간이한 처리를 위하여 모든 주민을 주소지의 시·군 등에 등록하게 하는 것.
주:민^등록^번호(住民登錄番號)[-녹뻔-] 圈[법] 주민 등록을 할 때, 국가에서 국민에게 부여하는 고유 번호.
주:민^등록증(住民登錄證)[-녹쯩] 圈[법] 대한민국 국민으로서 일정한 지역에 살고 있음을 증명하는, 명함 크기의 카드 내에 주어지는.
주:민-세(住民稅)[-쎄] 圈[법] 지방세의 하나. 그 고장에 일정한 독립된 생계를 영위하는 사람과 그 고장에 사무소·사업소 등을 둔 법인(法人)에 대하여 부과함.
주발(周鉢) 圈 놋쇠로 만든 밥그릇. 위가

약간 벌어지고 뚜껑이 있음.
주방(廚房) 圈 음식점·다방 등에서, 음식을 만드는 방. 비부엌.취사장.
주방-장(廚房長) 圈 음식점·다방 등에서, 조리를 맡은 사람의 우두머리.
주번(週番) 圈 한 주일마다 번갈아 하는 근무나 역할. 또는, 그 사람.
주범(主犯) 圈[법] =정범(正犯).
주:법(奏法)[-뻡][음] '연주법'의 준말.
주벽(酒癖) 圈 술이 취하면 으레 보이는 버릇. 비술버릇. ¶그는 ~이 심하다.
주:변1 圈 어떤 일에 부닥쳤을 때 이런저런 방법을 써서 적절히 처리하는 슬기나 재주. ¶밥/~이 없다.
주변2(周邊) 圈 주위의 가장자리. ¶책상 ~을 잘 정돈하다.
주:변-머리(周邊-) 圈 '주변'을 속되게 이르는 말. ¶~가 없다.
주:변-성(-性)[-썽] 圈 어떤 일에 부닥쳤을 때 이런저런 방법을 써서 적절히 처리하는 기질. ¶~이 있다.
주변-인(周邊人) 圈[사] 소속 집단을 옮겼을 때 원래의 집단의 습관·가치를 버리지도 못하고 또한 새로운 집단에도 충분히 적응하지 못하는 사람.
주보(週報) 圈 한 주일마다 발행하는 신문이나 잡지 따위의 총칭.
주봉(主峯) 圈 =최고봉1.
주부1(主部) 圈 1 주요한 부분. 2[언] =주어부. ¶술부(述部).
주부2(主婦) 圈 한 집안의 살림살이를 주관하는 안주인. =가정주부. ¶~의 손길.
주부3(主簿) 圈[역] 지난날, 한의사(韓醫師)를 이르던 말.
주:불(駐佛) 圈 (주로 관형어적으로 쓰여) 프랑스에 주재하고 있는 것. ¶~ 대사.
주:빈(主賓) 圈 손님 중, 주가 되는 손님.
주사1(主事) 圈 1 예전에 남자의 성 아래에 붙여 그를 높여 부르던 말. ¶김 ~. 2 국가 공무원의 직급의 하나. 사무관의 아래, 주사보의 위로 6급임.
주:사2(主辭) 圈[논] 명제(命題)가 되는 문장에서 주어에 대응하는 명사. 또는, 그 개념. ↔빈사.
주:사3(朱砂) 圈[광] =진사(辰砂).
주사4(走査) 圈[물] 1 텔레비전·팩시밀리 등에서, 나선원의 화면을 바둑판과 같이 여러 개의 미세한 화소(畫素)로 분해하거나, 화소를 조립하여 화면을 구성하는 일. 2 텔레비전이나 사진 전송 등에서, 화면을 몇 개의 점으로 세분하는 그 점을 전기 신호로 바꾸어 시간적 순서에 따라 보내는 조작. 또는, 그 반대의 조작. =스캔. **주사-하다**1 톼예.
주:사5(注射) 圈[의] 약액을 주사기에 넣어 생물체의 조직이나 혈관 속에 직접 주입하는 일. ¶혈관 ~/예방 ~. **주:사-하다**2 톼예.
ㄴ(비] 피내(皮內)에 백신을 ~.
주:사6(酒邪) 圈 술 마신 뒤의 나쁜 버릇. ¶~가 심하다.
주:사-기(注射器) 圈[의] 약액을 생물체의 조직 내에 주사하는 기구.
주:사-보(主事補) 圈 국가 공무원 직급의 하나. 주사의 아래, 서기의 위로 7급임.
주:사-액(注射液) 圈[약] 주사기에 넣어 주사하는 데 쓰는 약액. =주사약.
주:사-약(注射藥) 圈[약] =주사액.
주사위 圈 옥돌·나무·플라스틱 등으로 만

든 조그만 정육면체의 각 면에 하나에서 여섯까지의 점을 새긴 놀이 기구.
주사위는 던져졌다 〔카이사르가 권력을 장악하기 위해 루비콘 강을 건너 로마를 향하여 진격을 개시하면서 했다는 말〕 일은 이미 시작되었으므로 결행될 수밖에 없음을 비장한 뜻을 담아 이르는 말.
주산[1](主山) [명] 풍수지리설에서, 묏자리나 집터, 마을 등의 뒤에 있는, 명당을 감싸 보호한다는 산.
주산[2](珠算·籌算) [명] =수판셈. **주산-하다** [동][자][여]
주-산물(主産物) [명] 어느 고장 등에서 가장 많이 나오는 산물. ↔부산물.
주-산지(主産地) [명] 어떤 물품이 주로 생산되는 지역.
주!살(誅殺) [명] 죄를 물어 죽이는 것. **주!살-하다** [동][타][여]
주!삿-바늘(注射-) [-사빠-/-삳빠-] [명] 주사기 끝에 꽂는 바늘.
주상[1](主上) [명] =임금[1].
주상[2](柱狀) [명] 기둥 모양.
주!상^복합^건!물(住商複合建物) [-보캅껀-] [명][건] 주택(특히, 아파트)과 상점이 내부에 함께 들어 있는 건물.
주색(酒色) [명] 남자가 탐하게 되기 쉬운 대상으로서의 술과 여자. ¶~에 빠지다.
주색-잡기(酒色雜技) [-짭끼] [명] 술과 여색과 노름. ¶~로 재산을 탕진하다.
주!-생활(住生活) [명] 사는 집이나 사는 곳에 관한 생활. ▷식생활·의생활.
주서(juicer) [명] 과일 또는 야채의 액즙을 짜내는 기구.
주석[1](主席) [명] **1** 주되는 자리. **2** 중국 등에서, 국가나 정당 등의 최고 직위. 또는, 그 직위에 있는 사람.
주석[2](朱錫) [명][화] 은백색의 광택이 있는 금속 원소. 원소 기호 Sn, 원자 번호 50, 원자량 118.7. 연성·전성이 크며, 도금 및 식료품 공업 장치에 쓰임.
주!석[3](註釋·注釋) [명] 낱말이나 문장의 뜻을 쉽게 풀이하는 것. 또는, 그 글. ¶~을 달다. **주!석-하다** [동][타][여] **주!석-되다** [동][자]
주선(周旋) [명] 일이 잘되도록 여러 가지 방법으로 두루 힘을 써 주는 것. **주선-하다** [동][타][여] ¶혼사를 ~. **주선-되다** [동][자]
주섬-주섬 [부] 여기저기 흩어진 물건을 하나하나 주워 거두는 모양. ¶옷을 ~ 입다.
주성(走性) [명][생] 자유로이 움직일 수 있는 생물이 외계의 자극에 대하여 행하는, 방향성이 있는 운동.
주-성분(主成分) [명] **1** [언] 문장의 골격을 이루는 필수적인 성분. 주어·서술어·목적어·보어가 있음. **2** 어떤 물질을 이루는 주된 성분. ¶콩의 ~은 단백질이다.
주!소(住所) [명] **1** 사람이 살고 있는 곳이나 기관, 회사 등이 자리 잡고 있는 곳을 행정 구역으로 나타낸 것. **2** =번지2.
주!소-록(住所錄) [명] 여러 사람의 주소를 적어 모아 둔 장부.
주!소-지(住所地) [명] 주소를 둔 지역. 특히, 주민 등록상의 거주지.
주!술(呪術) [명] 무당 등이 신의 힘이나 신비력으로 길흉을 점치고 재액을 물리치거나 힘을 내려 달라고 비는 일. 또는, 그 술법.
주!술-사(呪術師) [-싸] [명] 주술로써 재앙을 면하게 하거나 내리게 하는 신묘한 힘을 지니고 있다는 사람.
주스(juice) [명] 과일이나 채소의 수분을 짜내어 만든 액체. ¶오렌지 ~. ×쥬스.
주승(主僧) [명] =주지(住持)[2].
주!시(注視) [명] **1** (대상을) 주의를 집중하여 바라보는 것. **2** (어떤 일을) 깊은 관심을 가지고 살피는 것. **주!시-하다** [동][타][여] ¶사태의 추이를 ~.
주-시경(周時經) [명][인] 국어학자(1876~1914).
주식[1](主食) [명] 사람이 끼니때 먹는, 가장 중심이 되는 음식. ↔부식.
주식[2](株式) [명][경] **1** 주주(株主)가 주주로서 회사에 대하여 가지는 법률상의 지위. 곧, 주주권. **2** 주주의 권리를 나타내는 유가 증권. 곧, 주권. [준]주(株).
주식-회사(株式會社) [-시쾨-/-시퀘-] [명][경] 주식의 발행을 통해 자본을 조달하는 회사. 7인 이상의 주주로 구성됨.
주신[1](主神) [명] 제단에 여러 신을 모셨을 때 그 주체가 되는 신.
주신[2](酒神) [명] 술의 신. 로마 신화의 바쿠스 따위.
주심(主審) [명] **1** 심사원의 우두머리. **2** [체] 운동 경기에서 여러 명의 심판 중 주장이 되는 사람. 또는, 그 일. ▷부심.
주!악(奏樂) [명] 음악을 연주하는 것. 또는, 그 음악. **주!악-하다** [동][자][여]
주안(主眼) [명] 주되는 목표.
주안-상(酒案床) [-쌍] [명] =술상.
주안-점(主眼點) [-쩜] [명] 특히 중점을 두어 보는 점. ¶국민 복지에 ~을 두다.
주야(晝夜) [명] =밤낮Ⅰ. ¶~로 일하다.
주야-장천(晝夜長川) [부] 밤낮으로 쉬지 않고 연달아. [비]언제나·늘.
주어(主語) [명][언] 문장의 주성분의 하나. 서술어가 나타내는 동작이나 상태의 주체가 되는 말. ↔서술어.
주어-부(主語部) [명][언] 문장에서, 주어와 그에 딸린 부속 성분으로 이루어진 부분. =주부(主部). ↔서술부.
주어-지다 [동][자] (어떤 조건이나 현상이) 제시되거나 갖추어지다. ¶**주어진** 여건.
주억-거리다/-대다 [-꺼(때)-] [동][타] (고개를) 천천히 크게 끄덕거리다.
주억-주억 [-쭈-] [부] 주억거리는 모양. **주억주억-하다** [동][타][여]
주업(主業) [명] =본업(本業).
주역[1](主役) [명] **1** 어떤 일의 중심이 되는 역할. 또는, 그 역할을 하는 사람. ¶혁명의 ~. **2** 연극이나 영화에서, 주인공의 역할. 또는, 그 역할을 맡은 배우. ↔단역.
주역[2](周易) [명][책] 유교의 경전인 오경(五經)의 하나. 음양의 원리로 천지 만물의 변화하는 현상을 설명하고 해석한 것임. =역(易).
주역-선생(周易先生) [-썬-] [명] 주역의 원리에 따라 길흉을 점치는 사람.
주연[1](主演) [명][연][영] 주인공으로 출연하는 것. 또는, 그 사람. ¶남우[여우] ~. **주연-하다** [동][자][여]
주연[2](酒宴) [명] =술잔치. ¶~을 베풀다.
주!영(駐英) [명] 《주로 관형어적으로 쓰여》 영국에 주재하고 있는 것. ¶~ 대사.
주옥(珠玉) [명] 구슬과 옥.
주옥-같다(珠玉-) [-깓따] [형] 주옥처럼 값지고도 귀하다. ¶**주옥같은** 글귀. **주옥같-이** [부]

주요(主要) 팬 (일부 명사 앞에 쓰여) 어떤 일이나 대상이 주가 되거나 중심이 되는 상태. ¶~ 인물. **주요-하다** 휑예 중요하다. ¶**주요한** 내용.

주요^삼화음(主要三和音) 팬[음] 특히 중요한, 으뜸음·딸림음·버금딸림음을 밑음으로 하는 세 개의 삼화음.

주-요한(朱耀翰) 팬[인] 시인(1900~1979).

주워-대다 통태 생각이나 논리가 없이 제멋대로 이 말 저 말을 하다. ¶그는 당황하여 거짓말을 **주워댔다**.

주워-듣다 [-따] 통태<-들으니, ~들어> 귓결에 한 마디씩 얻어듣다. ¶**주워들**은 이야기를 늘어놓다.

주워-섬기다 통태 들은 대로 본 대로 이 사실들을 죽 들어서 이야기하다. ¶생각나는 대로 아무 말이나 ~.

주-원인(主原因) 팬 근본이 되는 원인.

주-원장(朱元璋) 팬[인] 명나라의 초대 황제(1328~1398).

주위(周圍) 팬 **1** 어떤 곳의 바깥 둘레. ¶집~를 돌아보다. **2** 사물이나 인물 등을 둘러싼 환경. ¶~ 환경이 나쁘다. **3** 어떤 사람을 에워싸고 있는 사람들. ¶~의 권고로 출마를 하다.

주유¹(注油) 팬 **1** (자동차 등에) 휘발유를 넣는 것. **2** 기계나 기구의 마찰 부분에 기름을 치는 것. **주유-하다** 통자예

주유²(周遊) 팬 두루 돌아다니면서 유람하는 것. **주유-하다** 통자

주유-소(注油所) 팬 휘발유·경유 등을 자동차에 넣어 주는 곳.

주음-부호(注音符號) 팬[언] 중국어 문자의 표음 기호. 자음 21개, 모음 16개로 구성됨.

주의¹(主義) [-의/-이] 팬 **1** 어떤 사물에 대한 일정한 견해나 입장. ¶겁소하게 살자는 게 내 ~이다. **2** (주로 한자어 명사 뒤에 붙어) 그 명사가 나타내는 내용을 중시하거나, 또는 그런 내용을 주된 특성으로 가진, 학설이나 사조(思潮)나 운동이나 신념이나 태도나 행동을 나타내는 말. 闾이름. ¶민주~ / 자본~.

주의²(注意) [-의/-이] 팬 **1** 마음에 새겨두고 조심하는 것. **2** 특별한 사항에 대한 경계나 주목. ¶~ 사항. **3** 경고·충고의 뜻으로 일깨우거나 훈계하는 일. ¶선생님께 ~를 듣다. **4** [체] 유도에서, 경기자의 과도한 반칙에 대하여 주심이 내리는 처벌. **주의-하다** 통자예 ¶건강에 ~.

주의 기도(主-祈禱) [-의/-에-] 팬[가] 주요 기도문의 하나. 예수가 친히 가르친 것으로; '하늘에 계신…'으로 시작됨.

주!의-력(注意力) [-의/-이-] 팬 한 가지 일에 마음을 집중시키는 힘.

주!의-보(注意報) [-의/-이-] 팬[기상] 폭풍·해일·홍수 등 자연에 일어나는 현상에 의해 피해를 입을 염려가 있을 때 주의를 주는 예보. ▷경보.

주인(主人) 팬 **1** 가정의 임자. ¶책 ~ / ~ 없는 우산. **2** 한 집안의 주장이 되는 사람. **3** '남편'의 지칭. **4** 손님을 맞아 상대하는 사람. **5** 고용하는 사람. ㉘권.

주인-공(主人公) 팬 **1** 소설·연극·영화 등에서 이야기의 중심인물. **2** 어떤 곳에서 중심이 되거나 주도적인 역할을 하는 사람. ¶화제의 ~.

주인-댁(主人宅) [-땍] 팬 **1** 주인집에 대한 경칭. **2** =안주인.

주인-장(主人丈) 팬 주인을 높여 일컫는 말. ¶~ 계십니까?

주인-집(主人-) [-찝] 팬 주인이 살고 있는 집. ㉘안집.

주일¹(主日) 팬[가][기] 주의 날. 곧, 일요일.

주일²(週日) 팬 **1** [어위] 월요일부터 일요일까지의 이레 동안. **2** [의존] **1** 을 세는 단위로 이르는 말. ¶한 ~.

주!일(駐日) 팬 (주로 관형어적으로 쓰여) 일본에 주재하고 있는 것. ¶~ 대사.

주일^학교(主日學校) [-꾜] 팬[가][기] 주일마다 학생들에게 종교 교육을 베푸는 모임.

주임(主任) 팬 **1** (직위를 나타내는 일부 명사 앞에 붙어) 직임을 맡음. ¶~ 교사. **2** 단체·조직에서, 하위의 간부직. 또는, 그 직책을 가진 사람. ¶지서 ~.

주임^교수(主任敎授) 팬 대학에서, 어떤 학과나 학부의 일을 통괄하는 교수.

주!입(注入) 팬 **1** 흘러 들어가도록 쏟아서 넣는 것. **2** [교] 교육에서, 기억과 암송을 주로 하여 지식을 넣어 주는 것. **주!입-하다** 통타예

주!입-구(注入口) [-꾸] 팬 기름 따위의 액체를 쏟아 붓는 구멍.

주!입-식(注入式) [-씩] 팬 **1** 무엇을 주입하는 방식. **2** [교] 교육에서, 기억과 암기를 주로 하여 가르치는 방식. ¶~ 교육.

주자¹(朱子) 팬[인] '주희'를 높여 이르는 말.

주자²(走者) 팬 **1** 경주하는 사람. ¶릴레이의 제1~. **2** [체] 야구에서, 누(壘)에 나가 있는 사람. ¶2루 ~.

주!자³(奏者) 팬 '연주자'의 준말.

주!자⁴(鑄字) 팬 쇠붙이를 녹여 부어, 활자를 만드는 일. 또는, 그렇게 하여 만든 활자. **주!자-하다** 통자예

주자-학(朱子學) 팬[철] '성리학'을 주자가 집대성했다 하여 달리 이르는 말.

주작(朱雀) 팬[민] 남쪽 방위를 맡은 신으로 여겨지는 동물. 붉은색 봉황의 모습임.

주장¹(主張) 팬 자기의 주의나 의견을 굳이 내세우는 것. 또는, 그 지설(持說). **주장-하다¹** 통타예 ¶자기 말이 옳다고 ~. **주장-되다¹** 통자예

주장²(主將) 팬[체] 운동 경기의 팀을 통솔하는 선수.

주장³(主掌) 팬 어떤 일을 책임지고 맡아보는 것. 또는, 그런 사람. **주장-하다²** 통타예

주!재¹(主宰) 팬 중심이 되어 맡아 처리하는 것. 또는, 그 사람. **주!재-하다** 통타예

주!재²(駐在) 팬 직무상으로 파견되어 그곳에 머물러 있는 것. ¶뉴욕 ~ 특파원. **주!재-하다** 통자예

주!재-국(駐在國) 팬 외교관 등이 국가의 명령을 받아 머물러 있는 나라.

주-재료(主材料) 팬 무엇을 만드는 데 주로 쓰이는 재료.

주!재-소(駐在所) 팬 **1** 파견되어 머물러 있는 곳. **2** [일제] 순사(巡査) 등이 맡은 구역에서 주재하여 사무를 취급하는 곳.

주!재-원(駐在員) 팬 임무를 띠고 어떤 곳에 파견되어 머물러 있는 사람.

주저¹(主著) 팬 여러 저서 가운데 주가 되는 저서.

주저²(躊躇) 圏 (어떤 일이나 행동을) 과감하여 또는 적극적으로 하지 못하고 머뭇거리며 망설이는 것. **주저-하다** 曰曰 ¶하고 싶은 말이 있으면 **주저하지** 말고 해 보아라. **주저-되다** 曰

주저리-주저리 閉 1 물건이 어지럽게 많이 매달려 있는 모양. ¶~ 매달린 땅콩. 2 이것저것 너저분한 이야기를 끊임없이 늘어놓는 모양. ¶불평을 ~ 늘어놓다.

주저-앉다[-안따] 冋 1 섰던 자리에 힘없이 그대로 앉다. ¶털퍽덕 ~. 2 일정한 곳에 그냥 자리 잡다. ¶여행 나섰다가 보니 이 마을에 **주저앉게** 되었다. 3 물건의 밑이 뭉그러져 들거나 무너져 내려앉다. ¶구들장이 ~. 4 하던 일을 포기하고 물러나다. ¶그대로 **주저앉지** 말고 용기를 내라.

주저-앉히다[-안치-] 冋 '주저앉다'의 사동사.

주저주저-하다(躊躇躊躇-) 曰(자)(타) 매우 주저하다. ¶말을 할까 말까 ~.

주적(主敵) 圏 주가 되는 적.

주전(主戰) 圏 1 전쟁하기를 주장하는 것. ↔주화(主和). 2 주력이 되어 싸우는 것. ¶~ 멤버.

주전-론(主戰論)[-논] 圏 싸우기를 주장하는 의견이나 이론. ¶~자. ↔주화론.

주전-부리 圏 때를 가리지 않고 군음식을 자꾸 먹는 입버릇. ¶이 심하다. **주전부리-하다** 曰(자)(타)

주전자(酒煎子) 圏 술이나 물 등을 데우거나 그것을 담아서 따를 수 있게 주둥이와 손잡이가 달려 있는 그릇.

주절-거리다/-대다 曰(자)(타) (주로 남자가) 쓸데없이 자꾸 말하다. 작조잘거리다.

주절-주절¹ 閉 주절거리는 모양. 작조잘조잘. **주절주절-하다** 曰(자)

주절-주절² 閉 끄나풀 따위가 너절너절 달린 모양. ¶옷에 뭘 ~ 달고 다니느냐?

주점(酒店) 圏 =술집. ¶목로~.

주접 圏 생물체가 잘 자라지 못하고 생기를 잃은 상태.

주접(이) 들다 1 생물체가 잘 자라지 못하고 생기를 잃다. 2 옷이나 몸치레가 추해지거나 궁색한 기운이 돌다.

주접-떨다 曰 ⟨~떠니, ~떠오⟩ 주접스러운 행동을 하다.

주접-스럽다[-쓰-따] 曰曰 ⟨~스러우니, ~스러워⟩ 음식에 대하여 추잡하게 욕심을 부리는 태도가 있다. 작조잡스레. **주접스레** 閉

주정¹(主情) 圏 이지(理知)보다 감정이나 정서를 중히 여기는 것.

주정²(酒酊) 圏 술에 취하여 말이나 행동을 함부로 하거나 막되게 하는 것. 또는, 그 말이나 행동. ¶술주정. ¶술만 마셨다 하면 ~을 부린다. **주정-하다** 曰(자)(타)

주정-꾼(酒酊-) 圏 술을 마시고 주정하는 사람을 얕잡아 이르는 말.

주정-뱅이(酒酊-) 圏 주정하는 버릇이 있는 사람을 얕잡아 이르는 말.

주제¹ 圏 1 '주제꼴'의 준말. ¶그 사람, ~가 아니더라. 2 변변치 않은 처지. ¶ 네 ~에 뭘 안다고 나서니?

주제²(主題) 圏 1 주가 되는 제목. ↔부제 (副題). 2 담화·문장·연구 등의 중심이 되는 문제. ¶토론의 ~. 3 예술 작품에, 작자가 나타내고자 하는 기본적인 사상. 비테마. 4 [음] 작품의 중심이 되는 악상을 단적으로 표현하고 작품 전체의 기초를 이루는, 악곡의 형식이나 구성 원리.

주제-가(主題歌) 圏 영화·드라마 중에서 불리는, 주제와 관계가 깊은 노래. 또는, 주제를 표현하는 노래.

주제-곡(主題曲) 圏 영화·드라마 중에서 주제를 상징적으로 표현하는 곡.

주제-꼴 圏 변변하지 못한 몰골이나 몸치장. 준주제.

주제-넘다[-따] 囟 제 분수에 지나쳐 건방진 데가 있다. ¶주제넘은 행동.

주제^음악(主題音樂)[으막] 圏 어떤 주제를 표현하거나 내용을 상징하는 음악.

주조(主潮) 圏 주된 조류나 경향. ¶19세기 말 프랑스 문학사는 자연주의~를 이루었다.

주조(酒造) 圏 술을 빚어 만드는 것. 비양조. **주조-하다** 曰(타) ¶밀주를 ~.

주조(鑄造) 圏 쇠붙이를 녹여 거푸집에 부어 물건을 만드는 일. ¶~기(機). **주조-하다²** 曰(타) ¶활자를 ~. **주조-되다** 曰 ¶기념 메달이나 ~.

주조-장(酒造場) 圏 =술도가.

주종(主宗) 圏 여러 가지 중에서 주류(主流)를 이루는 것. ¶~을 이루는 상품.

주종²(主從) 圏 1 주인과 종자. ¶~ 관계. 2 주장이 되는 사물과 그에 딸린 사물.

주:종(鑄鐘) 圏 종(鐘)을 주조하여 만드는 것.

주주(株主)[경] 圏 주식을 가지고, 직접 또는 간접으로 회사 경영에 참여하고 있는 개인이나 법인.

주주^총회(株主總會)[-회/-훼] 圏 [경] 주주에 의해 구성되는 주식회사 내부의 최고 의사 결정 기관. 준주총.

주지¹(主旨) 圏 중심이 되는 생각.

주지(住持) 圏 [불] 한 절을 책임지고 관리하는 승려. =주승(主僧). ¶~ 스님.

주지³(周知) 圏 (여러 사람이 어떤 사실을) 널리 아는 것. ¶~의 사실. **주지-하다** 曰(타) ¶결과는 주지하는 바와 같다.

주지-되다 曰(자)

주-지사(州知事) 圏 미국 등에서의, 주의 행정을 맡아보는 최고 책임자.

주지-육림(酒池肉林)[-유김] 圏 [연못을 술로 채워 놓고 나무에 고기를 걸어 놓아 숲자리를 마련했다는 중국 은나라 주왕(紂王)의 고사에서] 호사스러운 술잔치를 빗대어 이르는 말.

주지-주의(主知主義)[-의/-이] 圏 1 [철] 지성이 의지나 감정보다 우위에 있다고 생각하는 철학상의 입장. 2 [문] 감정이나 정서보다 지성적 표현에 중점을 두는 문학상의 경향.

주:차(駐車) 圏 차를 일정한 곳에 세워 두는 것. ¶~ 금지. ▷정차(停車). ×파킹. **주:차-하다** 曰(자)

주:차-료(駐車料) 圏 자동차를 어느 곳에 세워 두는 데 대한 요금.

주:차-장(駐車場) 圏 차를 세워 두도록 마련한 일정한 곳. ¶유료~.

주착(主着) 圏 '주책'의 잘못.

주창(主唱) 圏 주의나 사상을 앞장서서 주장하는 것. **주창-하다** 曰(타) ¶민족 자결주의를 ~. **주창-되다** 曰(자)

주책 圏 1 ('없다'와 함께 쓰여) 나이에 걸맞은 분별력. ¶애들 앞에서 ~이 없이 무슨 짓이야? 2 (주로 '떨다', '부리다'와 함께 쓰여) 분별력 없이 엉뚱하거나 별난

행동을 하는 것. ¶술 먹고 ~을 떨다. ×
주책-바가지 [-빠-] 명 주책없는 사람을 비웃어 이르는 말.
주책-없다 [-업따] 형 일정한 주견이나 줏대 없이 이랬다저랬다 하여 몹시 실없다. ×주책이다. **주책없-이** 부 ¶말을 ~ 하다.
주책-이다 형 '주책없다'의 잘못.
주:**철**(鑄鐵) 명 탄소 1.7% 이상의 탄소를 포함한 철합금. 주조(鑄造)가 용이하여 공업 재료로 널리 쓰임. =무쇠·선철.
주:**청**(奏請) 명 임금에게 아뢰어 청함. **주**:**청-하다** 동타여
주체[1] 명 (주로, '하지 못하다', '할 수 없다' 등과 함께 쓰여) 어떤 일이나 대상을) 능히 다루어 처리하는 것. 비감당. **주체-하다** 동타여 ¶분노를 주체하지 못 하다.
주체[2] (主體) 명 1 어떤 단체나 물체의 주가 되는 부분. 2 사물의 성질·상태·작용의 주가 되는 것. ¶혁명의 ~ 세력. 3 [철] 객관에 대립하는 주관. 또는, 의식하는 존재로서의 자아. 4 [언] 문장에서 동사의 행위를 일으키는 대상. ↔객체.
주체-높임법(主體-法) [-뻡] 명 [언] 높임법의 하나. 용언의 어간에 높임의 선어말 어미 '-시-'를 붙여 문장의 주체를 높이는 것을 말함. 이를테면, '작은아버지께서 오십니다' 따위.
주체-성(主體性) [-썽] 명 인간이 어떤 일을 실천할 때에 나타내는 자유롭고 자주적인 성질. ¶~을 살리다.
주체-스럽다 [-따] 형ㅂ <-스러우니, -스러워> 처리하기 어려울 만큼 짐스럽거나 귀찮다. **주체스레** 부
주체-적(主體的) 관명 주체성이 있는 (것). ¶~ 판단.
주초(週初) 명 한 주일의 첫머리. 곧, 월요일이나 화요일. ↔주말.
주총(株總) 명 '주주 총회'의 준말.
주최(主催) [-최/-췌] 명 행사나 회합을) 주장하여 여는 것. 또는, (어떤 행사를) 기획하고 결정하며 최종 책임을 지는 것. ▷주관(主管) **주최-하다** 동타여 ¶체육 대회를 ~. **주최-되다** 동자
주최-자(主催者) [-최/-췌-] 명 행사나 회합을 주최하는 개인이나 단체.
주추 명 [<주초(柱礎)] 기둥 밑에 괴는 돌 따위의 물건.
주축(主軸) 명 몇 개의 축 가운데서 주요한 축. 또는, 단체 가운데서 중요한 사람, 전체 중에서 중요한 위치를 차지하는 내용. ¶~ 멤버.
주춤 부 망설이거나 놀라서 하던 동작을 갑자기 멈추거나 움츠리는 모양. ¶비명 소리에 놀라 ~ 멈추어 서다. **주춤-하다** 동자여
주춤-거리다/-대다 동자 망설이며 머뭇거리다.
주춤-세(-勢) 명 거의 변동 없이 그대로 유지되는 시세.
주춤-주춤 부 주춤거리는 모양. ¶~ 앞으로 나아가다. **주춤주춤-하다** 동자여
주춧-돌 [-추똘/-춛똘] 명 주추로 쓰인 돌. =초석(礎石).
주치-의(主治醫) [-의/-이] 명 특정한 사람을 특별히 맡아서 그의 병을 치료하는 의사. ¶대통령 ~. ▷가정의.

주황 __ 1081

주:**택**(住宅) 명 1 사람이 살 수 있도록 지은 집. ¶~ 부금. 2 특히, 단독 주택을 이르는 말.
주:**택-가**(住宅街) [-까] 명 도회지의 번잡한 상가(商街)나 공업 지대와 격리되어 주택들로만 이루어진 조용한 거리.
주:**택-난**(住宅難) [-땡-] 명 주택이 모자라서 구하기 어려움.
주:**택-지**(住宅地) [-찌] 명 1 주택을 짓기에 알맞은 땅. 2 주택이 많이 들어선 곳.
주트(jute) 명 황마(黃麻) 또는 황마에서 얻어지는 섬유. 곡물 자루·포장 천 등의 원료로 쓰임.
주-특기(主特技) [-끼] 명 1 주요한 특기. 2 [군] 군인이 전문적인 교육을 통하여 얻는 군사상의 특기. ¶~ 번호.
주파[1] (走破) 명 중도에서 그치지 않고 끝까지 달리는 것. **주파-하다** 동타여 ¶100m를 11초에 ~.
주파[2] (周波) 명 물체의 진동이나 파동이 한 번 되풀이되는 과정.
주파-수(周波數) [-쑤] 명 [물] 1 전파나 음파가 1초 동안에 진동하는 횟수. 2 교류 전기에서 1초 동안에 전류의 방향이 바뀌는 횟수. 비진동수.
주파수^변조(周波數變調) 명 [물] 일정 진폭의 반송파의 주파수를 전기 신호에 의하여 변화시켜 통신하는 방식. 진폭 변조에 비해 잡음이 적음. =에프엠(FM).
주:**판**(籌板·珠板) 명 =수판.
주:**판-알**(籌板-) 명 =수판알.
주평(週評) 명 한 주간의 일에 대한 평론.
주포(主砲) 명 1 [군] 함함에 장치된 함포 중 가장 위력이 큰 화포. 2 [체] 야구·배구·축구 등에서, 팀의 중심이 되는 타자나 공격수. ¶삼성 화재의 ~ 신진식 선수.
주피터(Jupiter) 명 [신화] '유피테르'의 영명.
주필(主筆) 명 신문사·잡지사 등에서, 행정이나 편집을 책임지는 직위. 또는, 그 직위에 있는 사람.
주:**한**(駐韓) 명 (주로 관형어적으로 쓰여) 한국에 주재하고 있는 것. ¶~ 미군.
주:**해**(註解) 명 어려운 글의 어느 부분에 대해 알기 쉽게 풀이하는 것. 또는, 그 글. **주**:**해-하다** 동타여
주행[1] (走行) 명 (동력으로 움직이는 교통 기관이) 달리는 것. ¶~ 거리. **주행-하다** 동자타여
주행[2] (晝行) 명 낮에 활동하는 것. ↔야행. **주행-하다**[2]
주행^차로(走行車路) 명 다른 차를 앞지르지 않고 계속 달리는 길을 나타내는 차로.
주:**형**(鑄型) 명 =거푸집1.
주홍(朱紅) 명 =주홍색.
주홍-빛(朱紅-) [-삗] 명 주홍색을 띤 사물의 빛깔.
주홍-색(朱紅色) 명 주황과 빨강의 중간색깔. 빨강에 가까운 색임. =주홍.
주화[1] (主和) 명 화의를 주장하는 것. ↔주전(主戰).
주:**화**[2] (鑄貨) 명 쇠붙이를 녹여 화폐를 만드는 것. 또는, 그 화폐.
주화-론(主和論) 명 화의를 주장하는 의견이나 이론. ↔주전론.
주황(朱黃) 명 =주황색.

주황-빛(朱黃-) [-삗] 명 주황색을 띤 사물의 빛깔.
주황-색(朱黃色) 명 빨강과 노랑의 중간 색깔. =주황.
주:효(奏效) 명 (어떤 일이) 기대된 효과나 효력을 나타내는 것. 주:효하다 (자예) ¶김 감독의 치밀한 작전이 **주효하여** 낙승을 거두었다.
주훈(週訓) 명 학교나 공공 단체에서 한 주일을 단위로 하여 그 주일에 특히 강조하는 행동 지침.
주흥(酒興) 명 술에 취하여 일어나는 흥취. ¶가무가 ~을 돋우다.
주-희(朱熹) [-히] 명인 송나라의 유학자(1130~1200).

죽¹ (의존) 옷·그릇 따위의 열 벌을 한 위로 세는 말. ¶접시 한 ~.
죽이 맞다 어떤 장면에서, 두 사람이 서로의 뜻을 잘 알아 썩 어울리는 말이나 행동을 하다. ¶흥, 두 연놈이 **죽이 척척 맞는군**.

죽² 甲 1 차례로 잇대어 늘어선 모양. ¶길에 ~ 늘어선 자동차. 2 한 동작이 단숨에 진행되는 모양. ¶물을 ~ 들이마시다. 3 물건을 단번에 찢거나 할 모양. 또는, 그 소리. ¶종이를 ~ 찢다. 4 여럿을 한눈에 훑어보는 모양. ¶청중을 ~ 훑어보다. 5 거침없이 내리읽거나 외거나 말하거나 하는 모양. ¶자초지종을 ~ 이야기하다.

죽³ (粥) 명 쌀·보리·조 등의 곡물을 주재료로 하여 물을 많이 붓고 오래 끓여 다소 걸쭉하게 만든 음식. ¶흰~.
[죽 쑤어 개 좋은 일 하였다] 애써 한 일이 남에게만 좋은 일한 결과가 되었을 때 이르는 말.
죽 끓듯 하다 1 변덕이 몹시 심하다. 2 화나 불평을 참지 못하여 마음속이 부글부글 끓어오르다.
죽도 밥도 안 되다 어중간하여 이것도 저것도 안 되다.
죽(을) 쑤다 어떤 일을 망치거나 실패하다. ¶오늘 시험은 **죽 쑤었다**.

죽계-별곡(竹溪別曲) [-꼐-/-꼐-] 명문 고려 충숙왕 때 안축(安軸)이 지은 5장의 경기체가. 작자의 고향인 풍기(豐基) 죽계의 경치를 읊은 것임.
죽기(竹器) [-끼] 명 대나무로 만든 그릇.
죽기-로 [-끼-] 뮈 죽음을 무릅쓰고 있는 힘을 다하여. ¶~ 싸우다.
죽는-소리 [중-] 명 몹시 힘들다거나 어렵다거나 아프다거나 하면서 엄살을 부리는 소리. ¶고생이 심하다고 ~를 한다. 죽는소리-하다 (자예)
죽는-시늉 [중-] 명 몹시 힘들다거나 어렵다거나 아프다거나 하면서 엄살을 부리는 짓. ¶~ 좀 그만 해라. 죽는시늉-하다 (자예)
죽다 [-따] 동 ①(자) 1 (사람·동물·식물이) 생명이 없어지게 되다. (비)사망하다·운명하다. ¶사람이 병으로 ~. (존)별세하다·서거하다. ↔살다. 2 (일정한 동안 지속하는 물체의 움직임이나 불 따위의 타는 현상이) 더 계속되거나 이루어지지 않는 상태가 되다. ¶어? 시계가 **죽었네**. 3 (어떤 물체가) 본래의 제 색깔을 잃게 되다. ¶추워서 입술이 파랗게 ~. 4 (사람의 기나 성질이) 팔팔한 상태를 잃게 되다. ¶기가 ~/풀이 ~. 5 (물체가) 어느 부분이 내밀지 못하고 들어가거나 날카롭지 못하고 무딘 상태가 되다. ¶콧날이 ~. 6 장기·바둑·윷놀이 등에서, (말이) 상대방에게 잡히다. ¶차(車)가 ~. 7 야구에서, (주자가) 타석이나 누상에 있을 자격을 잃게 되다. 또는, 피구에서, (공을 피하지 못한 사람이) 선 안에 있을 자격을 잃게 되다. ¶일루 주자가 도루에 실패하여 **죽고** 말았다. 8 일정 수 이상의 사람이 하는 화투나 포커 등의 놀이에서, 들어온 패가 좋지 않거나 차례가 오지 않아 그 판을 포기하거나 하지 않다. ¶인쇄 판에는 준 올래. 9 (사물·현상이) 제 기능이나 구실을 하지 못하거나 효력을 가지지 못하는 상태가 되다. 비유적인 말임. ¶축은 지식. 10 (상대에게 으름장을 놓는 문장에 쓰여) 아주 심하게 얻어맞거나 혼이 나게 되다. 공격적인 말임. ¶너 내 말 안 들으면 **죽어**! 11 (서술어 앞에 '죽도록', '죽어라 (하고)', '죽자고' 등의 꼴로 쓰여) 어떤 행동을 있는 힘을 다하는 상태가 되다. ¶**죽도록** 일만 하다. ②(보조) (형용사의 어미 '-아/어/여'의 아래에 놓여) 어떤 느낌이나 상태가 극도에 이름을 나타내는 말. ¶그 애가 미워 **죽겠다**.
[죽은 나무에 꽃이 핀다] 보잘것없던 집안에 영화로운 일이 생기게 된 것을 보고 이르는 말. 죽은 정승이 산 개만 못하다(이)
죽으면 생전의 부귀영화가 소용이 없다.
죽고 못 살다 더할 수 없이 좋아하다.
죽은 목숨 살길이 막혀 죽은 거나 다름없게 된 목숨. ¶~ 살려 주시는 셈치고 한 번만 봐주십시오.
죽을 똥을 싸다 어떤 일에 몹시 힘을 들이다. ¶그 많은 빨래를 혼자 하느라고 **죽을 똥을 쌌다**.
죽자 사자 있는 힘을 다하여. 또는, 기를 쓰고. ¶~ 공부만 하다.
죽지 못해 살다 살 의욕을 잃고 마지못해 살다. ¶축지 못해 사니 오죽하겠소.

죽도(竹刀) [-또] 명 검도에서, 몇 가닥의 댓개비를 묶어 칼 대신 쓰는 제구.
죽림(竹林) [중님] 명 =대숲.
죽림-칠현(竹林七賢) [중님-] 명 중국 진(晉)나라 초기에 노장(老莊)의 무위 사상을 숭상하며 죽림에 모여 청담(淸談)으로 세월을 보낸 일곱 명의 선비.
죽마고우(竹馬故友) [중-] 명 ('죽마를 타고 놀던 옛 친구'라는 뜻) 어릴 때부터 친한 벗.
죽물(竹物) [중-] 명 대나무로 만든 여러 가지 물건의 총칭.
죽-부인(竹夫人) [-뿌-] 명 대오리로 사람의 키만 하게 긴 원통형으로 엮어 만든 옛 기구. 여름밤에 서늘한 기운이 돌도록 끼고 잠.
죽부인-전(竹夫人傳) [-뿌-] 명문 고려 말기의 이곡(李穀)이 지은 가전체의 설화. 대나무를 의인화하여 굳은 절개를 그린 이야기로, 남녀 관계가 문란했던 당시의 사회상을 풍자한 것임.
죽비(竹篦) [-삐] 명불 선원(禪院)에서 수행자를 지도할 때 쓰는, 막대 모양의 도구. 길이는 40~50cm 정도이며, 대나무의 가운데를 타서 두 쪽으로 갈라지게 하되 자르지 않은 부분을 자루로 함.
죽-사발(粥沙鉢) [-싸-] 명 1 죽을 담은 사발. 2 매우 얻어맞거나 심하게 욕을 은 상태를 속되게 이르는 말. ¶~이 되도록 얻어맞다.

죽살-이[-쌀-] [명] **1** 죽음과 삶. **2** 죽고 삶을 다투는 고생.

죽상(-相)[-쌍] [명] '죽을상'의 준말.

죽-세공(竹細工)[-쎄-] [명] 대를 재료로 하는 공예.

죽순(竹筍)[-쑨] [명] 대의 땅속줄기에서 돋아나는 어린싹. 식용함.

죽순-대(竹筍-)[-쑨-] [명][식] 대나무의 한 종류. 높이 10~20m, 둘레 20cm에 이르며, 5월에 죽순이 나옴. 죽순은 식용함.

죽어-나다 [동][자] 일 따위가 매우 힘들고 고달프다. ¶작업 반장의 등쌀에 ~.

죽어-지내다 [동][자] 남에게 눌려 기를 펴지 못하고 지내다.

죽여-주다 [동][자][타] 〈속〉 **1** 몹시 고통을 당하여 못 견디게 하다. **2** 몹시 만족스럽거나 흡족하다. ¶찌개 맛이 **죽여준다**.

죽염(竹鹽) [명][약] 한쪽이 막힌 대나무 통 속에 천일염을 다져 넣고 황토로 봉하여, 높은 열에 아홉 번을 거듭 구워 내어 얻는 가루. 피를 맑게 하고, 간염 등에 효험이 있다고 함.

죽은-피 [명] 〈속〉 사혈.

죽을-병(-病)[-뼝] [명] 살아날 길이 없는 병. ¶~에 걸리다.

죽을-상(-相)[-쌍] [명] 죽을 것처럼 괴로워하는 표정. [준]죽상.

죽을-죄(-罪)[-쬐/-쮀] [명] 죽어 마땅한 죄. ¶~를 지었으니 용서하십시오.

죽을-힘 [명] 《주로 '죽을힘을 다하다'의 꼴로 쓰여》 죽을 각오로 내는 힘. 또는, 낼 수 있는 온 힘. [비]사력(死力). ¶목표를 향해 ~을 다해 내닫다.

죽음 [명] 사람이 목숨을 잃는 일이나 현상. [비]사(死)·사망. ¶~을 각오하다. ↔삶.

죽음의 재[-의-/-에-] =낙진.

죽의 장막(竹-帳幕)[-의-/-에-] 자유 진영 국가에 대한, 중국의 배타적 장벽을 일컫던 말. 주로 1950~60년대에 쓰이던 말임.

죽-이다 [동][타] **1** '죽다'의 사동사. ¶벌레를 ~. **2** 소리를 낮추거나 멈추다. ¶발소리를 **죽이고** 전진하다. **3** 두드러진 자리를 파서 고르거나, 불거진 모서리를 깎아 내다. ¶모서리를 ~. **4** 속력 등을 낮추다. ¶차의 속력을 ~. **5** 황홀할 만큼 매혹하다. ¶음, 이 맛, 정말 (사람) **죽인다, 죽여**.

죽-죽[-쭉] [부] **1** 줄이나 금을 곧게 자꾸 긋는 모양. ¶밑줄을 ~ 긋다. **2** 여럿이 곧게 늘어선 모양. ¶벽에 금이 ~ 가다. **3** 여러 가닥으로 단번에 찢는 모양. 또는, 그 소리. ¶헝겊을 ~ 찢다. **4** 거침없이 내리읽거나 말하는 모양. ¶책을 ~ 읽다. **5** 술·물 등을 한꺼번에 많이 마시는 모양. ¶~ 마시다. **6** 입으로 잇달아 빠는 모양. 또는, 그 소리. [센]쭉쭉.

죽지[-찌] [명] **1** 팔과 어깨가 이어진 관절의 부분. ¶어깻~. **2** 새의 날개가 몸에 붙은 부분. ¶날갯~.

죽창(竹槍) [명] 대로 만든 창(槍).

죽-치다 [동][자] (사람이 한곳에서) 하는 일이 없거나 아무 보람 없이 오랫동안 붙박이다. ¶하루 종일 방에서 ~.

준¦-(準) [접두] 일부 명사 앞에 붙어, 그 명사에 비길 만한 구실·자격을 가짐을 나타내는 말. ¶~우승 / ~교사.

준¦-가구(準家口) [명] 가계(家計)를 함께 하지 않는 사람들이 모여서 이루는 가구(家口) 비슷한 조직. 기숙사·병원 따위.

준¦거(準據) [명] (표준·기준이 될 만한 것에) 준하여 의거하는 것. **준¦거-하다** [동][자][타][여] ¶판례에 **준거하여** 판결하다.

준¦-결승(準決勝)[-쑹] [명] '준결승전'의 준말.

준¦결승-전(準決勝戰)[-쑹-] [명] 운동 경기 등에서, 결승전에 나아갈 자격을 겨루는 시합. [준]준결승.

준¦공(竣工) [명] 공사를 다 마치는 것. ¶~ 검사. ↔기공·착공. **준¦공-하다** [동][타][여] **준¦공-되다** [동][자]

준¦공-식(竣工式) [명] 공사를 다 마친 것을 축하하는 의식.

준¦-교사(準教師) [명][교] 정교사에 준하는 자격을 국가로부터 인정받은 교사.

준¦-금속(準金屬) [명][화] 금속과 비금속의 중간 성질을 나타내는 원소의 총칭. 비소·붕소·안티몬 따위.

준¦동(蠢動) [명] 〔벌레 따위가 꿈지럭거린다는 뜻〕 불순한 세력이나 보잘것없는 무리가 법석을 부리는 것. **준¦동-하다** [동][자][여] ¶산간 마을에 공비들이 ~.

준¦령(峻嶺)[줄-] [명] 높고 가파른 고개. ¶태산(泰山) ~.

준¦마(駿馬) [명] 썩 잘 달리는 말. [비]준족.

준¦-말 [명][언] **1** 둘 이상의 음절로 된 말을 줄여서 간단하게 한 말. '사이'가 '새'로 된 것 따위. **2** 어떤 말의 머리글자만 따서 부호처럼 간략히 쓰는 말. '한은(韓銀)', '유엔(UN)' 따위. =약어. ▷본딧말.

준¦법(遵法)[-뻡] [명] 법을 지키는 것.

준¦법-정신(遵法精神)[-뻡쩡-] [명] 법을 바르게 잘 지키는 정신. ¶~이 투철하다.

준¦봉(峻峯) [명] 높고 험한 산봉우리.

준¦비(準備) [명] **1** (앞으로 있을 어떤 일을) 제대로 이룰 수 있도록 그에 관계되는 일을 하거나 각오·결심 등을 하는 것. **2** (어떤 물건을) 앞으로 있을 일을 위해 마련하거나 갖추는 것. **준¦비-하다** [동][타][여] ¶시험을 ~. **준¦비-되다** [동][자] ¶식사가 ~.

준¦비-금(準備金) [명][경] **1** =지급 준비금. **2** =적립금2.

준¦비-물(準備物) [명] 어떤 일을 하기 위해 준비해야 하는 물건. ¶미술 ~.

준¦비-성(準備性)[-썽] [명] 어떤 일에 대하여 미리 준비하는 습성이나 태도.

준¦비^운¦동(準備運動) [명] 본격적인 운동이나 경기를 하기 전에, 신체 조건이 적응할 수 있도록 온몸을 움직여서 하는 가벼운 운동.

준¦-사관(准士官) [명][군] 부사관의 위, 위관 아래의 등급. 곧, 준위.

준¦설(浚渫) [명] 물의 깊이를 증가시켜 배가 잘 드나들게 하기 위하여 하천·항만 등의 바닥에 쌓인 모래나 암석을 파내는 일. **준¦설-하다** [동][타][여] ¶수로를 ~.

준¦수(遵守) [명] (법·규칙 등을) 그대로 좇아서 지키는 것. **준¦수-하다**[1] [동][타][여] ¶법을 ~. **준¦수-되다** [동][자]

준¦수-하다[2](俊秀-) [형][여] 재지(才智)나 풍채가 빼어나다. ¶**준수한** 용모.

준¦엄-하다(峻嚴-) [형][여] 매우 엄격하다. ¶역사의 **준엄한** 심판을 받다. **준¦엄-히** [부]

준¦열-하다(峻烈-) [형][여] 매우 엄하고 격렬하다. ¶**준열한** 비판. **준¦열-히** [부]

준¦-예산(準豫算)[-녜-] [명][경] 국가의 예산이 법정 기간 내에 수립되지 못할 경우, 정부가 전년도의 예산에 준하여 집행하는 잠정 예산.
준:용(準用) 圓 준거하여 사용하거나 적용하는 것. 준:용-하다 통태
준:우승(準優勝) 圓 운동 경기 등에서, 우승 다음가는 성적. 준:우승-하다 자
준:위(准尉) 圓[군] 국군 계급의 하나. 준사관에 속하는 계급으로, 원사의 위, 소위의 아래임.
준:장(准將) 圓[군] 국군 계급의 하나. 장관의 맨 아래의 계급으로, 대령의 위, 소장의 아래임.
준:재(俊才) 圓 아주 뛰어난 재주. 또는, 그런 사람.
준:족(駿足) 圓 **1** 발이 빠른 훌륭한 말. 団 준마. **2** 빠르고 잘 달리는 사람. 특히, 야구·축구·마라톤 등에서 사용되는 말임. ¶아시아 제일의 ~.
준:-준결승(準準決勝) [-씅] 圓 '준준결승전'의 준말.
준:준결승-전(準準決勝戰) [-씅-] 圓 운동 경기 등에서, 준결승전에 나아갈 자격을 겨루는 시합. 悥준준결승.
준:치 圓[동] 몸길이 50cm가량으로 옆으로 납작하고 입이 크고 위로 향해 있으며, 등은 암청색이고 옆줄이 없는 바닷물고기, 살에 가시가 많음.
준:칙(準則) 圓 준거할 기준이 되는 법칙. ¶가정의례 ~.
준:-평원(準平原) 圓[지] 오랫동안 계속된 침식으로 산이 깎여, 지역 전체가 낮고 평평하게 된 지형.
준:-하다(準-) 困어 (어떤 본보기에) 비추거나 근거로 하여 그와 같거나 버금가게 맞추거나 따르다. ¶이사에 **준하는** 대우.
준:행(遵行) 圓 준거하여 그대로 행하는 것. 준:행-하다 통태 준:행-되다 통자
줄 圓 **1**[약] **1** 물체와 물체 사이를 잇거나 물체를 어느 것에 매달려서 고정하거나 물체를 묶거나 하는 데에 주로 사용하는, 가늘고 긴 물건. ¶새끼~/빨랫~. **2** 여러 사람이나 동물이나 물체가 늘어서거나 이어져 길이를 이룬 모양이나 상태. 비열(列). ¶~을 서다. **3** 면(面)에 길게 이어지게 쳐진 선이나 무늬. ¶중요한 대목에 ~을 긋다. **4** 글자를 가로 또는 세로로 계속하여 벌여 쓰거나 인쇄했을 때, 그 글자의 무리가 이루는 긴 모양이나 상태. =행(行). **5** 옷의 일부를 접히게 한 상태로 다림질하여 생기게 하는 가늘고 긴 자국. 비주름. ¶바지에 ~을 세우다. **6** 사회생활에 도움을 주는, 영향력 있는 사람과의 친분 관계. 비연줄. ¶높은 사람과 ~이 닿다. **2**[의] **1** 여럿의 사람이나 물건이 길게 서 있거나 이어져 있는 것을 세는 단위. ¶달걀 한 ~. **2** 글에서, 가로 또는 세로로 벌어뜨린 글자의 무리를 세는 단위. 비행(行). ¶문장을 한 ~ 한 ~ 꼼꼼히 읽다. **3**(주로, 40, 50, …, 90, 등 10 단위 숫자나, 아흔 몇 살, 일의 자리가 0이 아닌 일부 두 자리 수 다음에 쓰여) 사람의 나이가 40에서 49세, 50에서 59세, …, 90에서 99세의 사이에 접어든 상태에 있음을 나타내는 말. 특히, 40, 50, …, 90세에 막 접어든 시점에 쓰이는 말임. ¶그는 이제 막 50~에 들어섰다. ▷代(代).
줄 圓 쇠붙이를 쓸거나 깎는 데 쓰는, 강철로 만든 연장. ¶~로 쇠를 쓸다.
줄[3] 圓[식] 연못이나 냇가에 자라는, 높이 1~2m의 여러해살이풀. 잎은 가늘고 길며 8~9월에 꽃이 핌. 열매는 어린싹과 함께 식용함.
줄[4] 圓[의존] (어미 '-ㄴ', '-는', '-ㄹ' 아래에 쓰여) 어떤 방법·셈속·사태 등을 나타내는 말. 주로 '알다', '모르다'의 동사와 결합함. ¶난 차를 운전할 ~ 모른다.
줄[5] 頭[접두] 주로 일부 명사 앞에 붙어, 그 명사에 관계된 일이 계속 이어짐을 나타내는 말. ¶~달음/~초상.
줄[6] (joule) 圓[물] 에너지의 절대 단위. 1줄은 약 1,000만 에르그(erg)임. 기호는 J.
줄거리 圓 **1** 땅바닥에 길게 뻗거나 다른 것에 감아 오르는, 초본 식물의 줄기에서 잎을 떼어 낸 부분. ¶고구마 ~. **2** 배추·상추·미역 등에서, 잎자루·잎줄기가 있는 약간 딱딱한 부분. ¶미역 ~. **3** 소설이나 드라마, 이야기 등에서, 가장 핵심이 되는, 개략적인 내용. 비영화 ~.
줄곧 團[의존] 끊임없이 잇달아. 비내처. ¶휴가 동안 ~ 집에만 있었다. ×줄창.
줄기 圓 **1**[식] 나무의 뿌리와 가지를 잇는, 가장 굵고 중심을 이루는 부분. **2** 초본 식물에서, 뿌리 위로 곧고 길게 자라 부분. **3**양대어 뻗어 나가는 것이나 산 따위의 갈래. ¶물~/산~. **4** 불·물 따위의 길게 뻗어 나가는 모습. ¶불~/물~. **2**[의존] 나무나 물처럼의 줄기 또는 잇달아 뻗어 나가는 것의 갈래를 세는 단위. ¶강물이 두 ~로 갈리다.
줄기-세:포(-細胞) 圓[생] 세포 분화가 아직 일어나지 않았으나 장차 일어나게 될 세포, 특히 태아의 배아에서 장기로 분화·발달하게 될 핵심 세포.
줄기-줄기 團 여러 줄기로. 또는, 줄기마다. ¶~ 갈라지다.
줄기-차다 톙 (어떤 현상이나 작용이) 억세고 힘차게 계속되는 상태에 있다. ¶줄기찬 노력.
줄기-채소(-菜蔬) 圓 줄기를 먹는 채소.
줄-낚시[-락씨] 圓 낚싯줄에 많은 낚싯줄로 낚싯바늘을 달아서 하는 방식의 낚시.
줄-넘기[-럼끼] 圓 두 손으로 줄의 양 끝을 잡고 발 아래에서 머리 위로 넘기며 뛰어넘거나, 또는 두 사람이 잡고 돌리는 줄 속을 다른 사람이 뛰어넘는 놀이. 줄넘기-하다 자
줄:다(줄고, 줄어) 困 〈주니, 주오〉 **1**(물체의 길이·넓이·부피 등의 크기가) 이전보다 작은 상태가 되다. ¶옷을 빨았더니 줄어서 못 입겠다. **2**(사물의 수효나 분량이) 본디의 것보다 적은 상태가 되다. ¶수입이 ~. **3**(힘이나 세력 등이) 이전보다 작은 상태가 되다. ¶기운이 ~. **4**(재주·능력 따위가) 이전보다 못한 상태가 되다. ¶실력이 ~. ↔늘다.
줄-다리기 圓[민] 여러 사람이 편을 갈라, 굵은 줄을 마주 잡아당겨 승부를 겨루는 놀이. 줄다리기-하다 자
줄-달다 통〈-다니, ~다오〉 **1** 困 끊임없이 줄을 지어 계속하다. ¶손님이 ~. **2** 태 끊이지 않게 줄을 지어 잇대다. ¶담배를 **줄달아** 피우다.
줄-달음 圓 =줄달음질. ¶~을 놓다.
줄달음-질 圓 단숨에 내쳐 달리는 달음박질. =줄달음.

줄달음-치다 통재 줄달음질로 급히 닫다.
줄-담배 명 잇달아 계속 피우는 담배.
줄-때 명 줄줄이 긴 때.
줄레-줄레 뛰 경망스럽게 꺼불며 주책없이 행동하는 모양. ⇒졸래졸래.
줄-무늬 [-니] 명 줄로 이루어진 무늬.
줄-반장(-班長) 명 초등학교에서, 그 줄의 책상에 앉은 학생들의 우두머리.
줄-뿌림 명[농] 밭에 일정한 거리를 두고 평행하게 고랑을 내어 한 줄로 죽 씨를 뿌려 놓는 파종법의 하나.
줄-사다리 명 두 가닥의 밧줄 사이에 가로장을 질러 만든 사다리.
줄어-들다 통재 〈-드니, -드오〉 크거나 많던 것이 작거나 적게 되다. ¶강물이 ~. ㉠줄다. ↔늘어나다.
줄-이다 통타 '줄다'의 사동사. ¶몸무게를 ~.
줄임-표(-標) 명 1 [언] 안드러냄표의 하나. 할 말을 줄였을 때나 말이 없음을 나타낼 때에 사용하는 '……'의 이름. ⇒생략표·말없음표·말줄임표. 2 [음] 악보에서 나타냄말이나 연주법 등을 간단히 줄여 나타내는 준말이나 기호.
줄-자 명 헝겊이나 쇠 따위로 길게 만들어 평소에는 말아 두었다가 잴 때에 풀어 쓰는 자.
줄¹-잡다 [-따] 통타 1 실제로 대중을 잡은 것보다 줄여서 헤아려 보다. 2 ('줄잡아'의 꼴로 쓰여) 대충 어림잡아 헤아려 보다. ¶청중이 줄잡아 천 명은 될 것이다.
줄줄 뛰 1 굵은 물줄기가 계속해서 흐르는 소리. 또는, 그 모양. ¶땀이 ~ 흐르다. 2 굵은 줄 따위가 계속해서 끌리는 모양. ¶밧줄을 ~ 끌고 가다. 3 떨어지지 않고 줄곧 따라다니는 모양. ¶개가 ~ 따라다니다. ㉠졸졸. 4 막힘이 없이 무엇을 읽거나 외는 모양. ¶시를 ~ 외다. ⇒달달.
줄줄-이 뛰 1 줄마다 모두. ¶ ~ 사랑가 스며 있는 어머니의 편지. 2 여러 줄로. ¶콩밭이 ~ 펼쳐 있다.
줄-짓다 [-짇따] 통재〈-지으니, ~지어〉줄을 이루다. ¶물을 받으려고 약수터에 줄지은 사람들.
줄창 뛰 '줄곧'의 잘못.
줄-초상(-初喪) 명 잇달아 초상이 나는 일. 또는, 그 초상.
줄-타기 명 공중에 친 줄 위를 건너다니며 재주를 부리는 곡예. ¶아슬아슬한 ~ 묘기. **줄타기-하다** 재영
줄-표(-標) 명[언] 문장부호의 하나. 이미 말한 내용을 다른 말로 부연하거나 보충함을 나타낼 때 사용하는 '—'의 이름. ⇒대시.
줄-행랑(-行廊) [-낭] 명 '도망'을 속되게 이르는 말. ¶ ~을 놓다.
줄행랑-치다(-行廊-) [-낭-] 통재 낌새를 채고 피하여 달아나다. ¶범인은 비상벨이 울리자 ~ 줄행랑쳤다.
줌 명 [1]《자립》'주먹¹'의 준말. [2]《의존》주먹으로 쥘 만한 분량. ¶한 ~의 쌀.
줌^렌즈(zoom lens) 명 초점 거리와 화상의 크기를 연속적으로 변화시킬 수 있는 렌즈. 영화·TV 등의 카메라에 쓰임.
줍:다 [-따] [줍고 / 주워] 통타〈~주우니, 주워〉1 (사람이 땅이나 바닥에 떨어지거나 흩어져 있는, 손으로 쥘 만한 크기의 물건을) 다른 곳으로 치우거나 옮기거나 가지기 위해 손으로 잡아 치우거나 옮기거나 가지다. ㉤집다. ¶바닷가에서 조개를 ~. ×줏다. 2 (사람이 버려진 아이를) 자기의 아이로 만들려고 데려오다. ¶다리 밑에서 **주워** 온 아이. 3 (일부 동사 앞에 '주워'의 꼴로 쓰이어) 이것저것 되는대로 취하거나 가져오다. ¶**주워**들은 알량한 지식.
줏다 통 '줍다¹'의 잘못.
줏-대(主-) [주때/준때] 명 마음의 중심이 되는 생각이나 태도. ¶ ~ 없이 굴다.
중:¹ 명[불] '출가하여 머리를 깎고 불법을 닦는 사람'을 낮추어 이르는 말. 높이는 말로는 '스님', 문어체의 예사말로는 '승려'라고 함. ¶머리를 깎고 ~이 되다.
[중이 제 머리를 못 깎는다] 아무리 긴한 일이라도 남의 손을 빌려야만 이루어지는 일을 가리킴.
중²(中) 명 [1](수) 1 차례나 등급을 셋으로 나누었을 때, 두 번째에 해당하는 차례나 등급. ▷상·하. 2 '중등(中等)'의 준말. 3 장기판의 끝에서 둘째 줄. 2 '중국'을 줄여 이르는 말. ¶한(韓)~ 친선. 2《의존》1 여럿의 가운데. ¶꽃 ~의 꽃. 2 무엇을 하는 동안. ¶회의 ~. 3 (주로 '중으로'의 꼴로 쓰여) 어떤 시점을 넘기지 않는 범위. ¶오늘 ~으로 일을 마쳐라.
중:-³(重) [접두] 1 '겹치거나 합쳐짐'의 뜻. ¶ ~수소 / ~자음. 2 '크고 중대함'의 뜻. ¶ ~과실(過失). 3 '무거움'의 뜻. ¶ ~금속 / ~무기.
중-가(中價) [-까] 명 =중값. ¶ ~품(品).
중간¹(中間) 명 1 양 끝이 아닌 가운데. 또는, 두 곳의 사이. ¶ ~ 지점에서 만나다. 2 시작도 끝도 아닌, 그 사이. ㉤도중. ¶회의 ~에 자리를 뜨다. 3 등급·서열·정도 등에서, 가운데. ¶간부. 4 두 사람 사이에서 양쪽 의견을 전달하거나 조정하는 위치. ¶ ~에서 입장이 난처하다.
중:간²(重刊) 명[어] 이미 펴낸 책을 거듭 펴내는 것. ▷초간. **중:간-하다** 통타영
중간-계급(中間階級) [-계-/-게-] 명[사] 지배 계급과 피지배 계급의 중간, 또는 사회적·경제적으로 중간에 위치하는 계층. 관리·봉급생활자 따위. =중간층.
중간-고사(中間考査) 명 학기의 중간에 실시하는 학력고사.
중간-권(中間圈) [-꿘] 명[기상] 고도 약 50~90km의 대기층. 아래에 성층권, 위에는 열권(熱圈)이 있음.
중간-노선(中間路線) 명 극단이 아닌 중간의 입장을 취하는 행동이나 견해. ¶ ~을 표방하다.
중간-발표(中間發表) 명 최종 결과가 나오기 전에 그때그때의 상황을 발표하는 것.
중간-보고(中間報告) 명 최종 결과가 나오기 전에 중도에 하는 보고. **중간보고-하다** 통타영
중간^상인(中間商人) 명[경] 생산자와 소비자의 사이에서 상품의 공급과 매매를 맡아 이익을 얻는 상인. ¶ ~의 농간.
중간-색(中間色) 명[미] 1 순색에 회색을 혼합한 색. 또는, 회색 계열의 색. 2 황색·적색·녹색·청색 등 주요 색상의 중간에 위치하는 색. 곧, 황적색·황록색 따위.
중간^숙주(中間宿主) [-쭈] 명[동] 기생충이 성숙하기까지 몇 단계의 숙주를 거칠 때, 마지막 숙주 외의 모든 숙주.

중간이득

중간-이득(中間利得)[-니-] 명 두 사람 사이에 관여하거나 관련이 있는 사람이 취하는 이득. ¶생산자와 소비자 사이에서 ~을 취하는 중간 상인.

중간-자(中間子) 명 [물] 전자보다 무겁고 양성자보다 가벼운 질량을 가진 소립자.

중간-적(中間的) 관형 중간에 해당하는 (것). ¶~ 형태.

중간-층(中間層) 명 1 [지] 지구의 시마층 (sima층)과 중심층 사이에 있는 층. 깊이는 1,200~2,900km. 2 [사] =중간 계급.

중간-치(中間-) 명 크기·품질 따위로 보아 여럿 중에서 중간이 되는 물건. =중치. ¶옷을 ~로 사다.

중간-파(中間派) 명 정치적·사회적 면에서 중간노선을 취하는 파.

중:-가(重價)[-깝] 명 비싼 값. =중가.

중개(仲介) 명 제삼자로서 당사자 사이에서 일을 주선하는 것. ¶~국(國). 중개-하다 동타에 ¶부동산 매매를 ~.

중개-무'역(仲介貿易) 명 수출국과 수입국 사이에 제삼국의 상인이 개입하여 이루어지는 무역.

중개^상인(仲介商人) 명 [경] 남의 의뢰를 받아 상행위를 대리 또는 매개하여 이에 대한 수수료를 받는 상인. 중매인·판매 대리인 등이 대표적임. ≒브로커·중개인.

중개-업(仲介業) 명 [경] 중개를 대리 또는 매개하여 생기는 수수료를 목적으로 하는 영업. ¶부동산 ~.

중개-인(仲介人) 명 [경] =중개 상인.

중-거리(中距離) 명 1 짧지도 길지도 않은 중간 정도의 거리. ¶~ 슛. 2 [체] '중거리달리기'의 준말. ¶~ 선수.

중거리^달리기(中距離-) 명 [체] 육상 경기에서, 남자 800m·1,500m 달리기 및 여자 400m·800m 달리기. ⓒ중거리.

중거리탄'도^유도탄(中距離彈道誘導彈) 명 [군] 1,000~3,000km의 사정거리가 진 탄도탄. =아이아르비엠(IRBM).

중:건(重建) 명 (절이나 왕궁 등을) 보수하거나 고쳐 짓는 것. 중:건-하다 타여 중:건-되다 자여

중견(中堅) 명 어떤 단체나 사회에서 중심이 되는 사람. ¶~층 / ~ 화가.

중견-수(中堅手) 명 [체] 야구에서, 외야의 중앙부를 맡아 지키는 선수.

중:-경상(重輕傷) 명 중상과 경상.

중계(中繼)[-계/-게] 명 1 중간에서 받아 이어 주는 것. 2 '중계방송'의 준말. ¶ 위성 ~. 중계-하다 타여 ¶무역을 ~. 중계-되다 자여

중계-권(中繼權)[-꿘/-꿘] 명 경기나 공연 등의 실황을 방송으로 중계할 수 있는 권한.

중계무'역(中繼貿易)[-계-/-게-] 명 [경] 외국에서 수입한 물자를 일정 기간 내에 그대로 혹은 보세 공장에서 가공하여 다시 다른 나라에 수출하는 형식의 무역.

중계-방송(中繼放送)[-계-/-게-] 명 1 어느 방송국의 방송을 다른 방송국에서 중계하여 방송하는 일. 2 극장·경기장·국회·사건 현장 등 방송국 밖에서의 실황을 방송국이 중계하여 방송하는 일. ⓒ중계.

중계-차(中繼車)[-계-/-게-] 명 방송국의 현장이나 무대 등으로부터 방송국에 전파를 중계하는 장치를 설치한 차.

중고(中古) 명 1 [역] 역사의 시대 구분의 하나. 상고와 근고의 사이. 2 '중고품'의 준말. ¶~를 사다.

중-고등학교(中高等學校)[-꾜] 명 중학교와 고등학교를 아울러 이르는 말.

중-고등학생(中高等學生)[-쌩] 명 중학생과 고등학생을 아울러 이르는 말.

중고-생(中高生) 명 중학생과 고등학생의 총칭.

중고-제(中高制) 명 [음] 판소리에서, 조선 현종 때의 명창 염계달·전성옥·모흥갑의 법제(法制)를 이어받은 유파. 동편제와 서편제의 중간적 성격을 띠며, 경기도·충청도 일대에서 성함. ▷동편제·서편제.

중고-차(中古車) 명 이미 사용하여 새것이 아닌 자동차.

중고-품(中古品) 명 이미 사용하여 새것이 아닌 물품. ⓒ중고.

중공(中共) 명 1 [정] '중국 공산당'의 준말. 2 [지] '중화 인민 공화국'의 준말.

중:-공업(重工業) 명 [공] 부피에 비해 무게가 무거운 물건을 생산하는 공업. 주로 생산재를 만드는 공업으로, 제철·기계·조선·차량 제조업 등을 가리킴. ↔경공업.

중:-과(重課) 명 부담이 많이 가게 과하는 것. 중:과-하다 타여 중:과-되다 자여 ¶세금이 ~.

중과부적(衆寡不敵) 명 적은 수효로는 많은 수효에 맞서지 못함.

중:-과세(重課稅) 명 무겁게 세금을 매기는 것, 또는 그 세금. 중:과세-하다 동

중:-과실(重過失) 명 [법] 1 민법상, 선량한 관리자로서의 주의를 크게 게을리한 행위. 2 형법상, 주의를 태만히 한 정도가 매우 심한 과실. 실화죄(失火罪) 등에 적용되며, 형이 가중됨.

중-괄호(中括弧) 명 묶음표의 하나. { }의 이름. 1 여러 [단위]를 동등하게 묶어서 일 때에 씀. 2 [수] 소괄호를 포함한 식의 앞뒤를 묶어서 한 단위를 나타낼 때에 씀. ▷대괄호·소괄호.

중:구-난방(衆口難防) [못사람들의 말을 막기가 어렵다는 뜻] 여럿이 마구 지껄임. ¶~으로 떠들며 말고, 한 사람이 대표로 나서서 말해라.

중국(中國) 명 [지] 아시아 동부에 있는 나라. 수도는 베이징(北京). 정식 국호는 중화 인민 공화국.

중국^공'산당(中國共産黨)[-꽁-] 명 [정] 공산주의를 신봉하는 중국의 혁명 정당. ⓒ중공.

중국-어(中國語) 명 중국의 한족(漢族)이 사용하는 말.

중국-인(中國人) 명 중국의 주민으로서 한족(漢族)·몽골 족·터키 족·티베트 족·만주족 등의 총칭. 좁은 뜻으로는 한인(漢人)을 가리킴.

중국-집(中國-)[-찝] 명 중화요리를 파는 식당.

중국·티베트^어'족(中國Tibet語族) 명 [언] 중국·티베트·미얀마·타이 등지에서 쓰이고 있는 여러 언어의 무리.

중군(中軍) 명 [군] 예전에, 전군(全軍)의 한가운데에 자리 잡고 있던 중심 부대.

중궁(中宮) 명 [역] '중궁전'의 준말.

중궁-전(中宮殿) 명 1 왕비가 거처하는 궁전. =중전. 2 '왕비'를 완곡하게 지칭하는 말. =곤전·내전. ⓒ중궁.

중권(中卷) 명 세 권으로 가른 책의 둘째

권. ▷상권·하권.
중-근동(中近東) 명 중동과 근동.
중금(中今) 명[음] 국악에서 쓰는 목관 악기의 하나. 삼금(三今)의 하나로, 대금보다 작음.
중:-금속(重金屬) 명[화] 비중이 4~5 이상인 금속의 총칭. 금·은·구리·수은·납·철·니켈 따위. ↔경금속.
중급(中級) 명 1 중간의 등급. 2 특히, 학습을 받을 수 있는 수준을 크게 세 단계로 나눌 때 두 번째 등급. ¶~ 영어 회화. ▷고급·초급.
중기[1](中期) 명 1 처음도 끝도 아닌 중간의 시기. ¶고려 ~. 2 길지도 짧지도 않은 중간쯤 되는 기간. ¶~ 정책과 장기 정책.
중기[2](重機) 명 1 중공업용 기계. 2 건설 공사에 쓰이는 일정한 무게 이상의 기계.
중:기관총(重機關銃) 명[군] 무게가 비교적 무겁고 구경이 큰 기관총의 총칭.
중-길[-낄](-길) 명 같은 종류 가운데 중이 중(中)에 속하는 상태. 또는, 그 물건이나 존재. ▷상길·핫길.
중-남미(中南美) 명[지] =라틴 아메리카.
중년(中年) 명 40대 정도의 나이. 때로, 50대를 포함하는 경우도 있음. ¶~ 신사.
중년-기(中年期) 명 중년의 시기.
중:-노동(重勞動) 명 육체적으로 힘이 많이 드는 노동. ¶~에 시달리다.
중:-노릇[-른] 명 중의 행세(行世). **중:노릇-하다** 자여 ¶머리를 깎고 ~.
중-노인(中老人) 명 초로(初老)는 넘었으나 아주 늙지는 않은 사람.
중-놈 명 남자 승려를 심하게 비하하여 이르는 말.
중농(中農) 명 보통 규모로 짓는 농사. 또는, 그런 농가나 농민. ▷대농·소농.
중:농-주의(重農主義) [-의/-이] 명[경] 한 나라의 부의 원천을 농업 생산에서 찾는 경제 사상. 18세기 후반, 프랑스 절대 왕정의 위기를 농업의 재건으로 구하기 위해 유통 면을 중시한 중상주의에 반대하여 일어난 사상임. ▷중상주의.
중뇌(中腦) [-뇌/-눼] 명[생] 간뇌와 소뇌 사이에 있는 뇌의 한 부분. 시각·청각에 관계하며, 척수로 운동 신경을 전달하는 길이 됨.
중-늙은이(中-) 명 '중노인'을 좀 얕잡아 이르는 말.
중단(中斷) 명 1 중도에서 끊어지거나 끊는 것. (비중절(中絶). 2 [법] 중도에서 끊어져 이제까지의 효력을 잃게 하는 일. ¶시효(時效) ~. **중단-하다** 동타여 ¶공사를 일시 ~. **중단-되다** 동자.
중-닭(中-) [-딹] 명 중간 크기의 닭.
중대[1](中隊) 명[군] 군대를 편성하는 단위의 하나. 보통 4개 소대로 편성됨. ¶본부 ~.
중:대[2](重大) 어기 명사 앞에 쓰이어 '범게 여길 수 없을 만큼 중요하거나 심각함. ¶~ 발표. **중:대-하다** 형여 ¶**중대한** 문제. **중:대-히** 부
중:-대가리(中-) 명 1 '까까머리'를 낮추어 이르는 말. 2 까까머리를 한 사람을 얕잡아 이르는 말.
중:대-사(重大事) 명 아주 큰 사건. ¶나라의 ~.
중:대-성(重大性) [-씽] 명 어떤 일의 중요한 성질이나 특성. ¶사태의 ~.
중:대-시(重大視) 명 중대하게 여기는 것.

중력장__1087

중:대시-하다 동타여.
중대-장(中隊長) 명[군] 중대의 최고 지휘관. 보통 대위가 맡음.
중도[1](中途) 명 일이 되어 가는 동안. (비도중(途中). ¶~에서 포기하다.
중도[2](中道) 명 어느 쪽으로도 치우치지 않은 바른길.
중도-금(中途金) 명 계약금과 잔금 사이에 주는 돈.
중독(中毒) 명 1 독성이 있는 물질을 먹거나 들이마시거나 접촉하여 목숨이 위험하게 되거나 병적 증상을 나타내는 것. ¶식/가스 ~. 2. 술·담배·아편 등을 자주 즐겨, 그것을 마시거나 피우거나 맞추거나 하지 않으면 정신적·신체적으로 정상적 상태를 갖지 못하게 되는 것. ¶알코올 ~. 3 어떤 사상이나 사물에 젖어 버려 정상적으로 사물을 판단할 수 없는 상태.
중독-되다 동자 ¶연탄가스에 ~.
중독-성(中毒性) [-썽] 명 1 먹거나 마시거나 접촉하여 목숨이 위험하게 되거나 병적 증상을 일으키는 성질. ¶~이 있는 약물. 2 중독으로 인해 나타나는 특성.
중독-자(中毒者) [-짜] 명 중독된 사람. ¶알코올 ~.
중-동[1](中-) 명 사물의 중간 부분. ¶말을 ~에서 끊다.
중동[2](中東) 명[지] 유럽에서 보아 동쪽 땅 중에서 극동과 근동의 중간 지역. 일반적으로 서아시아 일대를 이름.
중동-무이(中-) 명 하던 일이나 말을 끝맺지 않고 중간에서 흐지부지하는 것. **중동무이-하다** 동타여.
중두리(中-) 명 독보다 좀 작고 배가 부른 오지그릇.
중등(中等) 명 가운데 등급. 또는, 중간이 되는 정도. 준중.
중등^교:육(中等教育) 명[교] 초등 교육을 마친 사람에게 그다음 단계로 실시하는 교육. 중학교 및 고등학교에서 실시함.
중등-학교(中等學校) [-꾜] 명[교] 초등 교육을 마친 사람에게 중등 교육을 실시하는 학교. 곧, 중학교와 고등학교임.
중딩(中-) 명 (속) 중학생. 인터넷상에서 쓰이는 통신 언어임.
중략(中略) [-냑] 명 어떤 글을 인용하거나 할 때, 길이 관계로 중간 부분을 생략하는 것. 흔히 줄인 부분에 '중략'이라고 씀. ▷상략·하략·전략·후략. **중략-하다** 동타여 **중략-되다** 동자.
중:량(重量) [-냥] 명 =무게1. ¶~ 초과. 2 보통의 경우보다 무거운 무게. ↔경량.
중:량-감(重量感) [-냥-] 명[체] 물체의 무게에서 오는 묵직한 느낌.
중:량-급[1](重量級) [-냥끕] 명[체] =미들급.
중:량-급[2](重量級) [-냥끕] 명[체] 체급에 따라 하는 경기에서 무거운 체급. 일반적으로는 미들급 이상을 이름.
중:력(重力) [-녁] 명[물] 지구 상의 물체가 지구로부터 받는 힘. 만유인력과 지구의 자전에 의한 원심력의 합력(合力)임.
중:력^가속도(重力加速度) [-녁까-도] 명[물] 물체를 자유 낙하시켰을 때, 중력에 의해 생기는 가속도. 약 9.8m/s^2.
중력분(中力粉) [-녁뿐] 명 강력분과 박력분의 중간급의 밀가루.
중:력-장(重力場) [-녁짱] 명[물] 중력이 작용하고 있는 지구 주위의 공간.

중령(中領) 〔명〕〔군〕 국군 계급의 하나. 영관에 속하는 계급으로, 소령의 위, 대령의 아래임.

중:론(衆論) 〔명〕 대다수 사람의 의견.

중류(中流) 〔명〕 1 강의 흐름에서, 중간 지역. 2 어떤 사람이 사회적 지위와 생활 수준이 중간 부류에 속해 있는 상태. 또는, 그 부류. ▷상류·하류.

중립(中立) 〔명〕 1 어느 쪽에도 치우치지 않고 중간의 입장에 서는 것. ¶~을 지키다. 2 국가 사이의 분쟁이나 전쟁에 관여하지 않고 중간 입장을 지키는 것.

중립-국(中立國) [-닙꾹] 〔명〕 중립주의를 외교 방침으로 하는 나라. ¶영세 ~.

중립-적(中立的) [-닙쩍] 〔관〕 태도나 입장 등이 중립을 지키는 상태에 있는 (것). ¶~ 태도.

중매(中媒) 〔명〕 중간에서 혼인이 이루어지도록 하는 것. =중신. ¶~를 서다. **중매-하다** 〔동〕〔여〕

[중매는 잘하면 술이 석 잔이고 못하면 뺨이 세 대라] 중매는 함부로 할 일이 아니며 신중히 잘해야 한다는 말.

중매-결혼(仲媒結婚) 〔명〕 중매를 통하여 이루어진 결혼. ▷연애결혼.

중매-인¹(仲媒人) 〔명〕 중매를 하는 사람.

중매-인²(仲買人) 〔명〕 물건을 사서 되넘겨 팔기도 하고 거간도 하는 상인. '거간', '거간꾼'으로 순화.

중매-쟁이(仲媒-) 〔명〕 중매인(仲媒人)을 홀하게 이르는 말.

중:-머리 〔명〕 승려의 머리처럼 빡빡 깎은 머리. 또는, 그렇게 머리를 깎은 사람. 〔비〕까까머리.

중모리-장단 〔명〕〔음〕 판소리 및 산조 장단의 한 가지. 진양조장단보다 조금 빠르고 중중모리장단보다 조금 느린 속도로, 12/8박자임. 강강술래·진도 아리랑·농부가 등이 이에 속함.

중-모음(中母音) 〔언〕 입을 보통으로 열고 혀의 위치를 중간으로 하여 발음하는 모음. 'ㅔ', 'ㅚ', 'ㅓ', 'ㅗ' 따위. ▷고모음·저모음.

중:-무장(重武裝) 〔명〕 1 중기관총·박격포 등 화력이 강한 무기로 무장하는 것. 또는, 그런 무장. 2 추위에 대비하여 옷을 두껍게 껴입는 것. 익살스러운 말임. **중: 무장-하다** 〔동〕〔여〕

중문¹(中門) 〔명〕 한옥에서, 안채·사랑채·행랑채 등과 같은 집채와 집채 사이를 드나들 수 있게 만든 문.

중:문²(重文) 〔명〕〔언〕 두 개 이상의 홑문장이 대등하게 이어진 문장. "인생은 짧고, 예술은 길다." 따위.

중미(中美) 〔명〕 =중앙아메리카.

중반(中盤) 〔명〕 =점심반.

중반²(中盤) 〔명〕 기간·경기·게임 등의 중간 시점. ¶40대 ~ / 20세기 ~. ▷초반·종반.

중반-전(中盤戰) 〔명〕 경기나 게임 등이 중간쯤 접어든 때. 또는, 그때의 경기나 게임. ▷초반전·종반전.

중:방(中房) 〔명〕〔역〕 고려 시대, 이군 육위(二軍六衛)의 상장군·대장군 등이 모여 군사(軍事)를 의논하던 곳.

중-배(中-) [-빼] 〔명〕 길쭉한 물건의 가운데에 불룩하게 나온 부분.

중:벌(重罰) 〔명〕 무거운 징벌.

중:-범죄(重犯罪) [-죄/-줴] 〔명〕 중대한 범죄.

중:병(重病) 〔명〕 목숨이 위태로울 정도로 심하게 앓는 병. =중환(重患).

중:병-인(重病人) 〔명〕 중병을 앓고 있는 사람.

중복¹(中伏) 〔명〕 삼복(三伏)의 하나. 초복 다음으로, 하지 후의 넷째 경일(庚日).

중:복²(重複) 〔명〕 (어떤 일을) 불필요하게 두 번 이상 거듭하거나 반복하는 것. ¶발의 ~을 피하다. **중:복-하다** 〔동〕〔여〕 **중: 복-되다** 〔동〕〔자〕 ¶글이 앞의 내용과 ~.

중부(中部) 〔명〕 어떤 지역의 가운데 부분. ¶~ 지방.

중뿔-나다(中-) [-라-] 〔동〕 주로 '중뿔나게'의 꼴로 쓰여] (나서거나 참견하거나 자기를 드러내는 태도가) 주제넘거나 유별난 상태에 있다. 비난조의 말임. ¶네가 뭔데 남의 일에 **중뿔나게** 나서느냐?

중-삐리(中-) 〔속〕 '중학생'을 얕잡아 이르는 말.

중사(中士) 〔명〕〔군〕 국군 계급의 하나. 부사관에 속하는 계급으로, 하사의 위, 상사의 아래임.

중-사전(中辭典) 〔명〕 대사전과 소사전의 중간쯤 되는 내용과 부피를 가진 사전.

중산^계급(中産階級) [-계---/-게---] 〔사〕 재산의 소유 정도가 유산 계급과 무산 계급의 중간인 계급. =중산층.

중산-모(中山帽) 〔명〕 꼭대기가 둥글고 운두가 예장용의 서양 모자.

중산-층(中産層) 〔명〕 =중산 계급.

중상¹(中上) 〔명〕 등급이나 단계를 비교할 때, 중간 정도의 것 가운데 좋은 쪽이나 위쪽의 것. ¶~ 정도의 성적.

중상²(中傷) 〔명〕 (어떤 사람을) 근거가 없는 말로 헐뜯어 명예에 손상을 입히는 것. **중상-하다** 〔동〕〔여〕 ¶동료 직원을 ~.

중:상³(重傷) 〔명〕 몹시 다치는 것. 또는, 심한 부상. ¶~자(者). ↔경상(輕傷). **중: 상-하다²** 〔동〕〔여〕

중상-모략(中傷謀略) 〔명〕 중상과 모략을 아울러 이르는 말. ¶~을 일삼다.

중:상-주의(重商主義) [-의/-이] 〔명〕〔경〕 16~18세기 유럽에서 국가(國家)의 증대를 위해 채택한 경제 정책과 경제 이론. 상공업을 중시하고 보호 무역 정책을 폄.

중:생(重生) 〔명〕〔기〕 영적(靈的)으로 새사람이 되는 것. **중:생-하다** 〔동〕〔여〕

중:생(衆生) 〔명〕 1 많은 사람. 2 〔불〕 부처의 구제 대상이 되는, 생명이 있는 모든 존재. 또는, 깨달음을 얻지 못한 사람. ¶~ 을 제도하다.

중:생-계(衆生界) [-계/-게] 〔명〕〔불〕 중생이 사는 세계. ↔인간 세계.

중생-대(中生代) 〔명〕〔지〕 지질 시대에서, 고생대의 뒤, 신생대 앞의 시대. 암모나이트류와 거대한 파충류(공룡 따위) 등이 출현하였음.

중서-문하성(中書門下省) 〔명〕〔역〕 고려 시대에 서무를 총괄하고 간쟁(諫爭)을 맡아 보던 관청.

중:석(重石) 〔명〕〔광〕 =텅스텐.

중-선거구(中選擧區) 〔명〕 대선거구와 소선거구의 중간에 해당하는 선거구. 보통 2~5명 정도의 의원을 선출함.

중성¹(中性) 〔명〕 1 중간적 성질. 2 성적(性的)인 특징이 웅성(雄性)도 자성(雌性)

중앙아시아_1089

도 아닌 성질. 3【화】 산성도 알칼리성도 나타나지 않는 것. 4【물】 원자·소립자 등이 양(陽)의 전하(電荷)도 음(陰)의 전하도 띠고 있지 않는 것. 5【언】 인도·유럽어 등에서, 명사·대명사 등의 성(性) 구별의 하나. 남성·여성에 대립함.
중성²(中聲)【명】【언】 =속소리.
중!성³(重星)【명】【천】 매우 근접해 보이는 둘 또는 그 이상의 항성.
중성^모'음(中性母音)【명】【언】 중세 국어에서, 양성 모음과 음성 모음 어느 쪽май자도 잘 어울리는 음으로서의 'ㅣ' 모음.
중성-미자(中性微子)【명】【물】 중성자가 양성자와 전자로 붕괴할 때 생기는, 전하를 가지지 않고 질량이 극히 작은 소립자.
중성^세'제(中性洗劑)【명】【화】 물에 녹아 중성을 띠는 세제. 보통은 합성 세제라고 일컬음.
중성-자(中性子)【명】【물】 소립자의 하나. 전기적으로 중성이며, 질량은 양성자보다 0.1% 정도 큼.
중성자-탄(中性子彈)【명】【군】 핵분열이나 핵융합 때 원자의 핵에서 나오는 중성자와 감마선을 이용한 폭탄. 시설물에는 피해를 주지 않고 인명을 대량 살상함.
중성-화(中性化)【명】 중성으로 되거나 되게 하는 것. 중성화-하다【동】【자타여】【여】 산성을 ~. 중성화-되다【동】【자】
중세(中世)【명】【역】 역사의 시대 구분의 하나. 고대와 근세의 중간 시대로, 서양에서는 5~16세기, 우리나라에서는 고려 시대를 가리킴. ↔중세대.
중세^국어(中世國語)【명】【언】 국어의 역사에서 10세기 초 고려 개국에서 16세기 말 조선 초기까지의 국어.
중세-기(中世紀)【명】【역】 =중세(中世).
중소(中小)【명】 규모·수준 등이 중간인 것과 그 이하인 것. §~ 도시.
중소-기업(中小企業)【명】【경】 자본금이나 시설, 종업원 수 등이 중소 규모인 기업.
중소기업^은행(中小企業銀行)【명】 =기업 은행.
중소기업-청(中小企業廳)【명】 중소기업의 육성과 지원 업무를 맡아보는, 산업 자원부에 속한 행정 기관.
중-소형(中小型)【명】 중형과 소형. §~ 자 동차.
중!수¹(重水)【명】【화】 보통의 물보다 분자량이 큰 물. 원자로의 감속재 등으로 이용됨. ▷중수소.
중!수²(重修)【명】 (낡고 헌 것을) 다시 손대어 고치는 것. 중!수-하다【동】【타여】 §불국사를 ~. 중!수-되다【동】【자】 §창경궁이 ~.
중!-수소(重水素)【명】 수소의 동위 원소로서 질량수가 2 및 3인 것. 일반적으로 질량수가 2인 ³H를 가리킴. ▷경수소.
중!-수필(重隨筆)【명】【문】 주로 공적(公的)인 문제를 논리적·객관적으로 서술하는, 비개성적인 수필. ↔경수필.
중순(中旬)【명】 그달의 11일에서 20일까지의 10일 동안. ▷상순·하순.
중!시(重視)【명】 (어떤 대상을) 중요하거나 막중하게 여기는 것. 回중대시·중시. ↔경시(輕視). 중!시-하다【동】【타여】 §학 별을 중시하는 세태. 중!시-되다【동】【자】
중식(中食)【명】 =점심.
중!신¹(中-)【명】 =중매(仲媒). 중신-하다【동】【타여】
중!신²(重臣)【명】 중요한 관직에 있는 신하.

중신-아비(中-)【명】 '남자 중매인'을 낮추어 이르는 말.
중신-어미(中-)【명】 '여자 중매인'을 낮추어 이르는 말.
중심¹(中心)【명】 1 사물의 한가운데. §과녁의 ~을 맞히다. 2 중요하고 기본이 되는 부분. §팀장을 ~으로 일하다. 3 확고한 주견이나 줏대. §~이 없는 사람. 4【수】 원주나 구(球) 등의 각 점으로서 같은 거리에 있는 점. 중심-하다【동】【타여】 어떤 대상을 중심으로 삼다. 중심-되다【동】【자】 가장 중요하고 기본이 되다.
중!심²(重心)【명】 =무게 중심. §몸의 ~을 잃고 쓰러지다.
중심-가(中心街)【명】 도시의 중심에 형성되어 있는 거리. §시내 ~에 자리 잡고 있는 백화점.
중심-부(中心部)【명】 중심이 되는 부분.
중심-선(中心線)【명】 물체의 한가운데를 지나는 직선.
중심-인물(中心人物)【명】 어떤 사건의 중심이 되는 인물. 또는, 어떤 단체나 사회의 핵심이 되는 인물. 回혁명의 ~.
중심-점(中心點)【명】【-점】 1 어떤 물체의 공간적 중심이 되는 점. §과녁의 ~에 명중시키다. 2 어떤 일이나 현상의 중심이 되는 점. §문제의 ~을 파악하다.
중심-지(中心地)【명】 어떤 일이나 활동의 중심이 되는 중요한 곳. §문화의 ~.
중심-체(中心體)【명】 어떤 활동이나 행동의 중심이 되는 것. 또는, 그 단체.
중심-축(中心軸)【명】 1 사물의 한가운데나 복판을 지나가는 축. 2 매우 중요하고 기본이 되는 것. §~을 이루다.
중!압(重壓)【명】 1 (어떤 물체나 물질이 다른 것을) 무겁게 누르는 것. 또는, 그 압력. §갑자기 불어난 강물의 ~을 견디지 못하고 둑이 터졌다. 2 어떤 일이나 상황 때문에 자유롭지 못하여 구속되어 마음을 무겁게 하는 상태. §생활의 ~으로부터 벗어나다. 중!압-하다【동】【타여】
중!압-감(重壓感)【명】【-깜】 강제되거나 강요된 것에 대한 부담감. §일에 대한 ~에 시달리다.
중앙(中央)【명】 1 사방의 한가운데. §운동장 ~에 모이다. 2 중심이 되는 중요한 곳. §~ 기관. 3 지방에 대하여 '수도'를 이르는 말. §~에 진출하다.
중앙-난방(中央暖房)【명】 건물 내의 한곳에 보일러·가열기 등을 설치하여 관을 통해서 증기·온수·온풍 등을 각실에 공급하는 난방 방식. §~ 식.
중앙-당(中央黨)【명】 당의 중앙 기관. ↔지 방당.
중앙^분리대(中央分離帶)[-불-]【명】 고속도로나 고속이 가능한 도로에서, 차량이 반대 방향의 차로를 침범하지 못하도록 양 방향의 경계 부분에 나무를 심거나 벽을 만든 시설물.
중앙-선(中央線)【명】 자동차 도로에서, 통행의 진행 방향과 반대 방향을 구분 짓기 위해 중앙에 길을 따라 그은 황색 선.
중앙-아메리카(中央America)【명】【지】 남아메리카와 북아메리카를 잇는 좁은 지역의 총칭. 일반적으로 멕시코와 서인도 제도를 포함하여 말함. ↔중미.
중앙-아시아(中央Asia)【명】【지】 아시아 대륙 중앙부에 있는 광대한 건조 지역. 파미르 고원을 중심으로 동쪽은 알타이 산

1090_중앙아프리카 공화국

맥, 서쪽은 카스피 해까지 이름.
중앙아프리카^공!화국(中央Africa共和國)[명][지] 아프리카 중앙에 위치한 공화국. 수도는 방기.
중앙-은행(中央銀行)[명] 한 나라의 화폐 금융의 중심이 되는 은행. 은행권의 발행, 국고의 출납, 금융 정책의 시행을 맡아봄. 우리나라의 중앙 은행은 한국은행임.
중앙-정보부(中央情報部)[명] 제삼·제사 공화국 때, 국가 안전 보장에 관련되는 정보와 보안, 범죄 수사에 관한 사무를 수행하던 기관. ▷국가 정보원.
중앙-정부(中央政府)[명] 지방 자치제가 확립된 행정 제도로 전국의 행정을 통할하는 최고 기관.
중앙-지(中央紙)[명] 수도에 본사가 있는 신문사로서 인쇄·발행하여 전국에 보내지는 신문.
중앙^집권(中央集權)[-꿘][명][정] 국가의 통치 권능이 지방에 분산되어 있지 않고 중앙 정부에 집중되어 있는 현상. ↔체제. ↔지방 분권.
중앙^처!리^장치(中央處理裝置)[명][컴] 컴퓨터 시스템 전체의 작동을 통제하고 프로그램의 모든 연산을 수행하는 가장 핵심적인 기억 장치. =시피유(CPU).
중!-양성자(重陽性子)[명][물] 중수소의 원자핵, 한 개의 양성자와 한 개의 중성자로 이루어짐. =중양자.
중!-양자(重陽子)[명][물] =중양성자.
중!양-절(重陽節)[명][민] 옛 명절의 하나. 음력 9월 9일임.
중!-부언(重言復言)[명] 이미 한 말을 자꾸 되풀이함. **중!언부언-하다**[자타][여]
중얼-거리다/-대다[자타] 남이 알아듣기 어려울 정도의 낮은 목소리로 자꾸 혼잣말을 하다. ¶혼자 ~. ㉠종알거리다. ㉮쭝얼거리다.
중얼-중얼 중얼거리는 모양. ㉠종알종알. ㉮쭝얼쭝얼. **중얼중얼-하다**[자타][여] ¶혼자서 ~.
중!역(重役)[명] 1 회사의 경영에 책임이 있는 높은 직위의 관리자. 사장·이사·감사 따위. ㉤임원. ¶~ 회의. 2 책임이 무거운 역할.
중!역(重譯)[명] 한 번 번역한 말을 다시 다른 나라의 언어로 거듭 번역함. **중!역-하다**[동][타여] **중!역-되다**[동][자]
중엽(中葉)[명] 한 시대나 세기 등을 세시기로 구분할 때, 그 중간 무렵. ¶20세기 ~. ▷초엽·말엽.
중외(中外)[명] 1 안과 밖. 2 조정(朝廷)과 민간. 3 서울과 시골. ㉤경향.
중!요(重要)[명] (대부분 명사 앞에 쓰이어) 다른 일이나 대상에 큰 의미나 의의나 가치를 가진 상태에 있는 것. ¶~ 사항. **중!요-하다**[형여] ¶중요한 약속. **중!요-히**[부] 주요하다.
중!요-성(重要性)[-씽][명] 사물의 중요한 성질.
중!요-시(重要視)[명] (어떤 대상을) 중요한 것으로 여기는 것. ㉤중시. **중!요시-하다**[동][타여] ¶형식보다 내용을 ~. **중!요시-되다**[동][자]
중용¹(中庸)[명] 치우침이나 과부족이 없이 떳떳하며 알맞은 상태나 정도. ¶~의 도(道)
중용²(中庸)[명][책] 사서(四書)의 하나. 중용의 덕과 우주 만물의 운행 원리인 성(誠)에 대해 설명함.

중!용³(重用)[명] 중요한 자리에 임용하는 것. **중!용-하다**[동][타여] ¶개국 공신을 ~. **중!용-되다**[동][자]
중원(中原)[명] 중국·인도와 같은 드넓은 땅의 중앙이나 중심을 이루는 지역. ¶당나라는 광활한 ~ 대륙을 지배했으나 활소의 난으로 힘없이 무너졌다.
중월(中越)[명][체] 야구에서, 타구가 2루 쪽으로 날아가 중앙의 펜스를 넘어가는 일. ¶3회에 ~ 1점 홈런을 날리다.
중위¹(中位)[명] 중간 정도의 위치나 지위. ¶~권. ▷상위·하위.
중위²(中尉)[명][군] 국군 계급의 하나. 위관에 속하는 계급으로, 소위의 위, 대위의 아래임.
중-위도(中緯度)[명][지] 저위도와 고위도의 중간 지대. 약 $20～50°$를 이름.
중유¹(中油)[명] 콜타르에서 분리해 내는 기름. 크레졸·나프탈렌의 제조 원료임.
중!유²(重油)[명] 원유에서 휘발분이 많은 가솔린·석유·경유 등의 유분(溜分)을 빼고 남은 기름. 디젤 기관이나 보일러 등의 연료에 쓰임.
중!의(衆意)[-의/-이][명] 여러 사람의 의견. ¶~를 따르다.
중-의학(中醫學)[명] 중국에서 발달한 전통의 의학. ▷한의학.
중이(中耳)[명][생] 척추동물의 귀의 일부. 외이와 내이 사이에 낀 부분으로 고막·고실·청소골·유스타키오관으로 이루어짐.
중이-염(中耳炎)[명][의] 중이에 생기는 염증. 고열·이명(耳鳴)을 일으킴.
중인(中人)[명] 조선 시대에 양반과 평민의 중간에 있던 신분 계급.
중일(中日)[명] 중국과 일본.
중!임¹(重任)[명] (어떤 사람이 이미 맡은 적이 있는 직위나 직책을) 다시 맡는 것. ▷연임. **중!임-하다**[동][타여] **중!임-되다**[동][자]
중!임²(重任)[명] 중대한 임무.
중장¹(中章)[명] 시조 따위에서, 세 개의 장으로 나뉜 것 중 가운데의 장.
중장²(中將)[명][군] 국군 계급의 하나. 장관에 속하는 계급으로, 소장의 위, 대장의 아래임.
중-장기(中長期)[명] (주로 일부 명사 앞에 관형어적으로 쓰이어) 길지도 짧지도 않은 기간이거나 메우는 것. ¶~ 계획.
중!-장비(重裝備)[명] 토목건축에 쓰이는, 중량(重量)이 큰 기계의 총칭.
중재(仲裁)[명] 제삼자가 당사자 사이에 들어 분쟁을 조정·해결하는 일. ¶~에 나서다. **중재-하다**[동][타여] ¶노동 쟁의를 ~.
중-저가(中低價)[-까][명] 보통의 경우보다 값싼 상품의 가격. ¶~ 상품.
중!-저음(重低音)[명] 무겁고 낮은 음. ¶~의 사운드.
중전¹(中前)[명][체] 야구에서, 중견수의 앞. ¶~ 안타.
중전²(中殿)[명][역] 1 '왕비'를 임금이나 대비 등이 호칭 또는 지칭하는 말. 2 =중궁전1.
중-전기(重電機)[명] 무게가 무거운 전기기구의 총칭. 발전기·전동기·터빈 따위.
중전-마마(中殿媽媽)[명] '왕비'를 높여서 호칭 또는 지칭하는 말.
중절(中絶)[명] (어떤 일, 특히 임신을) 공적으로 더 이상 지속되지 않게 하는

것. ¶임신 ~. 중절-하다 통(타)여
중절-모(中折帽) 명 '중절모자'의 준말.
중절-모자(中折帽子) 명 꼭대기의 가운데를 눌러서 쓰는, 챙이 둥글게 달린 신사용의 모자. ⓒ중절모.
중점¹(中點) [-쩜] 명 1 [언] =가운뎃점. 2 [수] 선분 위에 있으면서 선분의 양쪽 끝으로부터 같은 거리에 있는 점.
중점(重點) [-쩜] 명 중시해야 할 점. ¶이론보다 실기에 ~을 두다.
중점-적(重點的) [-쩜-] 관명 여럿 중에서 어떤 것에 특히 중점을 두는 (것). ¶읽기와 쓰기를 ~으로 가르치다.
중정(中庭) 명 1 마당의 한가운데. 2 집 안의 안채와 바깥채 사이의 뜰.
중졸(中卒) 명 '중학교 졸업'을 줄여 이르는 말. ¶~자(者).
중종-반정(中宗反正) 명[역] 조선 연산군 12년(1506)에 성희안·박원종 등이 연산군을 폐하고 진성 대군, 곧 중종을 왕으로 추대한 사건.
중죄(重罪) [-쬐-쮀] 명 무거운 죄.
중죄-인(重罪人) [-쬐-쮀-] 명 무거운 죄를 지은 사람.
중주(重奏) 명 둘 이상의 악기로 각각 다른 성부를 동시에 연주하는 일. ¶사~. ↔독주. 중주-하다 통(타)여
중중모리-장단 명[음] 민속 음악에서, 판소리 및 산조 장단의 하나. 중모리장단보다 빠르고 자진모리장단보다 느림.
중증(重症) 명 매우 위중한 병세. ¶~ 환자. ↔경증.
중지¹(中止) 명 (일을) 중도에서 그만두는 것. 중지-하다 통(타)여 ¶연설을 ~. 중지-되다 통(자) ¶비 때문에 경기가 ~.
중지²(中指) 명 =가운뎃손가락.
중지³(衆智) 명 여러 사람의 지혜. ¶~를 모으다.
중진(重鎭) 명 어떤 분야에서 지도적인 영향력을 가진 중요한 인물.
중진-국(中進國) 명 경제 발전에 있어서, 후진국을 벗어나 선진국의 대열에 접근하고 있는 나라.
중질(中質) 명 중(中)에 속하는 품질. ¶~유(油). ▷상질·하질.
중: -징계(重懲戒) [-계/-게] 명 조직이나 단체에서 규율을 어기거나 과실을 범한 사람에게 부과하는 무거운 처벌, 파면·강등 따위. 중: 징계-하다 타여
중-짜(中-) 명 크기의 구별이 있는 옷·먹을거리 등에서, 중간 크기의 것.
중: 차대-하다(重且大-) 혱여 매우 중대하다. ¶국가의 존망이 걸린 중차대한 문제.
중: 창¹(重唱) 명[음] 몇 사람이 각각 자기의 성부(聲部)를 맡아 노래하는 것. 또는, 그 노래. 중: 창-하다¹ 타여
중: 창²(重創·重刱) 명 (낡은 건물을) 헐거나 고쳐서 다시 짓는 것. 중: 창-하다² 타여 중: 창-되다 자
중: 책(重責) 명 무거운 책임. ¶~을 맡다.
중천(中天) 명 하늘의 한가운데. ¶해가 ~에 떠서 여태 자고 있나?
중: 첩(重疊) 명 거듭 겹치거나 겹쳐지는 것. ¶파란(波瀾)~. 중: 첩-하다 통(자)(타)여 중: 첩-되다 자
중추(中樞) 명 1 사물의 중심이 되는 중요한 부분이나 자리. ¶~ 기관. 2 '신경 중추'의 준말. ¶언어 ~.

중추²(仲秋·中秋) 명 가을의 가운데 달인 음력 팔월을 이르는 말.
중추-가절(仲秋佳節) 명 1 =중추절. 2 음력 팔월의 좋은 가을철.
중추-신경계(中樞神經系) [-계/-게] 명[생] 신경계의 형태상·기능상의 중심부. 신체 각부의 기능을 통솔하고, 자극의 전달로를 이룸.
중추-원(中樞院) 명 1 고려 시대에 왕명의 출납·숙위(宿衛)·군기(軍機) 등을 맡아보던 관청. 2 조선 초기, 숙위·군기 등을 맡아보던 관청. 3 일제 강점기, 조선 총독부의 자문 기관.
중추-적(中樞的) 관명 가장 중요한 부분이나 자리가 되는 (것). ¶~ 역할.
중추-절(仲秋節) 명 '추석(秋夕)'을 문어적으로 이르는 말. =중추가절.
중층(中層) 명 1 위층과 아래층의 중간에 있는 층. 2 중간쯤 되는 정도나 계층.
중: 층²(重層) 명 여러 층.
중층-운(中層雲) 명[기상] 상층운과 하층운의 중간, 곧 2~7km 높이에 떠 있는 구름. 고적운·고층운·난층운이 이에 속함.
중-치(中-) 명 =중간치.
중치막 (中-) 명 지난날, 벼슬하지 않은 선비가 입던 웃옷의 한 가지.
중-키(中-) 명 크지도 작지도 않은 보통 정도의 키. ¶~의 남자.
중: 탕(重湯) 명 식품이나 음식을 그릇에 담은 채 끓는 물에 넣어 익히거나 데우는 일. 중: 탕-하다 타여
중: 태(重態) 명 병이 위급한 상태. ¶~에 빠지다.
중-턱(中-) 명 산·고개 등의 중간쯤 되는 곳. ¶산~.
중퇴(中退) [-퇴/-퉤] 명 (학교를) 졸업하지 못하고 중도에서 그만두는 것. ¶대학 ~. 중퇴-하다 타여 ¶학교를 ~.
중파(中波) 명[물] 파장 200~3000m 범위에 있는 전파. 라디오 방송에 쓰임.
중: 판(重版) 명 출판물의 판수(版數)를 거듭하여 간행하는 것. 중: 판-하다 타여 중: 판-되다 자
중편(中篇) 명 1 책(특히, 소설책)이 세 개로 나누거나 내용적으로 셋으로 나누었을 때 두 번째에 해당하는 책이나 분야. ⓒ중권. ▷상편·하편. 2 [문] 소설·만화 등이 길이가 장편과 단편의 중간인 상태. 또는, 그 소설이나 만화.
중풍(中風) 명[한] 뇌 혈관이 막히거나 터져 반신불수나 언어 장애 등의 후유증을 남기기도 하는 병. 양의학에서는 '뇌졸중'이라 함. ⓒ바람.
중하(中下) 명 등급이나 단계를 비교할 때, 중간 정도의 것 가운데 좋지 않은 쪽이나 아래쪽의 것.
중하²(中蝦) 명 1 크지도 작지도 않은 중간쯤 되는 새우. 2[동] 보리새우과 12cm가량인, 보리새우의 한 종류. 몸빛은 황록색이고 온몸에 작은 점무늬가 흩어져 있음.
중: -하다(重-) 혱여 1 매우 소중하다. ¶부모에게는 자식은 열이면 열 모두 중한 법이다. 2 (책임·임무 따위가) 무겁다. ¶중한 책임을 지다. 3 (병세나 죄 따위가) 대단하거나 크다. ¶중한 병. -히 부
중학(中學) 명 '중학교'의 준말.
중-학교(中學校) [-꾜] 명 초등학교에서 받은 교육의 기초 위에 중등 보통 교육을 실시하기 위한 학교. 수업 연한은 3년.

ⓒ중학.
중학-생(中學生)[-쌩] 圐 중학교에 다니는 학생.
중한(中韓) 圐 1 중국과 한국. 2 중국어와 한국어. ¶~사전.
중!합(重合) 圐ⓗ 구성 단위가 되는 분자(단위체)가 2개 이상 결합하여 분자량이 큰 다른 분자가 되는 것. 또는, 그 반응. **중!합-하다** ⓗ(자)(타) **중!합-되다** ⓗ(자)
중핵(中核) 圐 사물의 중심. 凹핵심. ¶가정은 사회의 ~을 이루는 단위이다.
중형[1](中形) 圐 크지도 작지도 않은 중간 쯤되는 형체.
중형[2](中型) 圐 중간쯤의 형(型).
중형[3](中刑) 圐 아주 무거운 형벌.
중형-차(中型車) 圐 크기나 배기량이 중간 정도인 자동차.
중화[1](中火) 圐 길을 가다가 먹는 점심. **중화-하다**[1] ⓗ(자)(타) 길을 가다가 점심을 먹다.
중화[2](中和) 圐 1 다른 성질의 것이 섞여 각각의 특성을 상실하여 되는 것. 2 [화] 산과 염기가 반응하여 서로의 성질을 잃는 것. 또는, 그 반응. 3 [물] 같은 양의 양전하와 음전하가 만나서 전체로 전하를 가지지 않게 되는 것. **중화-하다** 圐ⓗ(자)(타) **중화-되다** 圐ⓗ(자)
중!-화기(重火器) 圐[군] 보병이 지니는 화기 중 비교적 화력이 강한 화기. 중기관총·박격포 따위.
중화-민국(中華民國) 圐[지] =대만.
중화-사상(中華思想) 圐 중국 사람이 자기 민족을 세계 문명의 중심이라고 생각하여 자기 민족의 우월성을 자랑하여 온 사상.
중!-화상(重火傷) 圐 심하게 입은 화상.
중화-요리(中華料理) 圐 중국의 전통적인 요리. 돼지고기와 기름을 많이 쓰는 것이 특징임. 凹중요리.
중화!인민!공!화국(中華人民共和國) 圐[지] 중국의 정식 국호. 凹중공.
중!화학-공업(重化學工業)[-꽁-] 圐 중공업과 화학 공업을 아울러 이르는 말.
중환(重患) 圐 =중병(重病).
중!환자(重患者) 圐 중병에 걸린 사람.
중!환자-실(重患者室) 圐 병원 등에서, 중환자들이 있는 방.
중!후-하다(重厚-) 휑 1 태도가 정중하고 무게가 있다. ¶**중후한** 50대 신사. 2 작품이나 분위기 등이 엄숙하고 깊이가 있다. ¶**중후한** 실내 분위기.
중흥(中興) 圐 쇠하던 것이 중간에 다시 일어나는 것. 또는, 다시 일어나게 하는 것. ¶민족 ~의 해. **중흥-하다** ⓗ(자)(타) ⓗ(어)
제-뜯다[-따] ⓗ(타) '쥐어뜯다'의 준말. ¶가슴을 ~.
제-지르다 ⓗ(타) '쥐어지르다'의 준말. ¶옆구리를 ~.
쥐[1] [한] 몸의 한 부분에 경련이 일어나서 그 기능을 일시 상실하는 현상. 피의 순환이 나빠졌을 때 일어나기 쉬움. ¶다리에 ~가 나다.
쥐[2] 圐[동] 털빛은 대개 잿빛이고 꼬리가 길며, 앞니가 날카롭고 옥사여 물건을 잘 갉아 먹는 포유동물의 총칭. 음식물을 훔쳐 먹거나 농작물에 피해를 주며, 전염병을 퍼뜨림.
[**쥐가 고양이를 만난 격**] 꼼짝없이 잡혀 당하게 된 형편의 비유.
[**쥐도 새도 모르게**] 아무도 모르게 한다는 뜻. ¶~없애다.
[**쥐 죽은 듯이**] 매우 조용한 상태를 이르는 말. ¶사방은 ~ 고요하다.
쥐-구멍 圐 1 쥐가 드나드는 구멍. 2 숨을 만한 곳의 속칭. ¶~이라도 있으면 숨어 버리고 싶은 심정이다.
[**쥐구멍에도 볕 들 날 있다**] 몹시 고생만 하는 사람도 좋은 때를 만날 날이 있다.
쥐꼬리 하다 (월급 따위가) 보잘것없을 정도로 적다. ¶**쥐꼬리만** 한 월급.
쥐!다 (쥐고 / 쥐어) 圐 1 집게손가락·가운뎃손가락·약손가락·새끼손가락의 네 손가락을 구부려 손바닥 안으로 오므리고 엄지손가락을 구부려 그 위에 둠으로써 주먹의 모양을 만들다. ¶주먹을 꽉 ~. 2 (어떤 물건을) 손바닥에 닿게 한 상태로, 또는 손가락의 사이에 둔 상태로 손가락을 힘 있게 구부려, 손에서 벗어나지 않게 하다. ⓗ잡다·움켜잡다·움켜쥐다. ¶몽둥이를 ~. 3 (어떤 사람이나 권력이나 천하 따위를) 제 뜻대로 다루거나 움직일 수 있는 상태에 두다. ¶실권을 ~. 4 (어떤 대상과 관계된 중요한 사실을) 영향을 미칠 수 있는 힘으로써 가지거나 알다. ¶사건의 결정적 단서를 ~. 5 (재물 따위를) 벌거나 마련하여 가지다. ¶한밑천 ~.
[**쥐면 꺼질까 불면 날까**] 매우 소중히 여김을 이르는 말.
쥐고 흔들다 어떤 일이나 사람을 자기 마음대로 조종하다.
쥐-덫[-덛] 圐 쥐를 잡는 덫.
쥐똥-나무 圐[식] 산기슭이나 계곡에서 자라며, 높이 2~4m의 낙엽 활엽 관목. 가을에 쥐똥처럼 생긴 열매가 까맣게 익는데, 한방에서 약용함.
쥐-띠 圐[민] 쥐해에 난 사람의 띠.
쥐라-기(Jura紀) 圐[지] 중생대 중에서 트라이아스기의 뒤, 백악기 앞의 기. 양치식물·은행나무·파충류·암모나이트·공룡류 등이 번식하였으며, 시조새도 출현하였음. ×쥬라기.
쥐!락-펴락 甲 권세가 당당하여 남을 마음대로 부리는 모양. **쥐!락펴락-하다** ⓗ(자)ⓗ(어)
쥐-머느리 圐[동] 몸이 길이 1cm가량의 납작한 타원형이며, 몸빛은 회갈색 또는 암갈색인 곤충. 썩은 나무나 마루 밑 등의 습한 곳에서 무리 지어 삶.
쥐방울만-하다 (사람이) 몸이 작고 앙증스럽다. 속된 표현임. ¶**쥐방울만** 한 자식.
쥐-벼룩 圐[동] 주로 쥐에 기생하여 페스트 등의 질병을 옮기는, 몸길이 2mm가량의 곤충.
쥐-불 圐[민] 음력 정월의 첫 쥐날에 쥐를 쫓는다는 뜻으로 논둑이나 밭둑의 마른 풀에 놓는 불.
쥐불-놀이[-룰-] 圐[민] 쥐불을 놓는 일. **쥐불놀이-하다** ⓗ(자)
쥐-뿔 圐 아무 보잘것없는 것을 이르는 말. ⓗ개뿔.
[**쥐뿔도 모르다**] 전혀 아무것도 모르다. ¶**쥐뿔도 모르면서** 아는 척한다.
[**쥐뿔도 없다**] 전혀 아무것도 없다. ¶**쥐뿔도 없는** 주제에 허세를 부린다.
쥐-새끼 圐 아주 교활하고 잔일에 약삭

른 사람을 욕하는 말.
쥐-색(-色)[-쌕] 명 짙은 잿빛. =쥣빛.
쥐-약(-藥)[-냑] 명 쥐를 잡는 약.
쥐어뜯-기다[-어-끼-/-여-끼-] 동(자타) '쥐어뜯다¹'의 피동사. ¶머리를 ~.
쥐어-뜯다[-어-따/-여-따] 통(타) 1 단단히 잡고 뜯어내다. 2 답답하여 가슴이나 옷 따위를 뜯다시피 같거나 꼬집다. ¶너무나 비통하여 가슴을 **쥐어뜯으며** 울었다. 준 췌뜯다.
쥐어-박다[-어-따/-여-따] 통(타) (어떤 사람이 주먹의 손가락 부분으로 다른 사람의 신체의 일부, 특히 머리 부분을 아프를 느끼도록 치다. ¶머리를 ~.
쥐어-지르다[-어-/-여-] 통(타)르 〈~지르니, ~질러〉(신체의 일부를) 주먹으로 힘껏 지르다. ¶주먹으로 옆구리를 ~. 준 줴지르다.
쥐어-짜다[-어-/-여-] 통(타) 1 쥐고서 비틀거나 눌러 액체 따위를 꼭 짜내다. ¶비에 젖은 옷을 ~. 2 눈물을 질끔질끔 흘리며 울다. ¶아무 말도 없이 눈물만 **쥐어짜고** 있다. 3 오기 있게 떼를 쓰며 조르다. ¶없는 돈이 **쥐어짠다고** 나오겠니? 4 이리저리 따져 골똘히 생각하다. ¶아무리 머리를 **쥐어짜도** 뾰족한 수가 없다.
쥐어-흔들다[-어-/-여-] 통(타) 〈-흔드니, -흔드오〉 1 손으로 잡고 흔들다. 2 손에 넣어 마음대로 휘두르다. ¶남편을 ~.
쥐여-살다 통(자)〈~사니, ~사오〉(남에게) 얽매어 기를 펴지 못하고 살다. ¶시어머니에게 ~.
쥐여-지내다 통(자) (남에게) 눌려 기를 펴지 못하고 지내다. ¶아내에게 **쥐여지내는** 공처가.
쥐-이다 통 [1].식 '쥐다'의 피동사. ¶손에 꼭 **쥐이는** 핸드폰. [2].식 '쥐다'의 사동사. ¶아이에게 연필을 ~.
쥐치 명(동) 몸이 길이 20cm가량의 마름모꼴로 옆으로 매우 납작한 바닷물고기. 몸빛은 노란색 또는 회갈색 바탕에 암갈색 무늬가 흩어져 있음. 식용함.
쥐-포(-脯) 명 말린 쥐치를 기계로 눌러 납작하게 만든 어포.
쥐-해(-) 명(민) =자년(子年).
줜 명 '주인(主人)'의 준말.
줼-부채[-뿌-] 명 접었다 폈다 할 수 있는 부채.
줫-빛[쥐삗/줟삗] 명 =쥐색.
쥬라기(-紀) 명 '쥐라기(Jura紀)'의 잘못.
쥬스 명 '주스(juice)'의 잘못.
즈러-밟다 통(타) '지르밟다'의 잘못.
즈봉 명 (←ズボン)/(<jupon) '양복바지'의 잘못.
즈음(의존) 〈어미 '-ㄹ'이나 일부 관형사 뒤에 쓰여〉 일이 어찌 될 어름. '무렵'보다 쓰임이 제약되어 있으며 추정의 뜻이 강함. ¶퇴근할 ~ 전화가 오다. 준 즘.
즈음-하다 통(자)(타) ('…에 [을] 즈음한', '…에 [을] 즈음하여'의 꼴로 쓰여) 어떤 때나 날을 당하거나 맞다. ¶제헌절에 **즈음하여** 성명을 발표하다.
즈크 명(<doek) 명 삼베나 무명실로 두껍게 짠 직물. 천막·신·캔버스 등에 쓰임.
즉(卽) 부 1 다름이 아니라 곧. 또는, 다시 말하여. ¶우리는 자칫 흑백 논리가, 모든 것이 검은 것이 아니면 흰 것이라는 사고방식에 빠지기 쉽다.
즉각(卽刻) 부 당장에 곧. ¶내 말을

즙__1093

~ 시행해라.
즉결(卽決)[-껼] 명 그 자리에서 곧 처리하여 결정하는 것. **즉결-하다** 통(타)자 즉결-되다 통자.
즉결^심:판(卽決審判)[-껼-] 명(법) 경범죄 처벌법, 기타 단속 법규에 위반되는 사건을 지방 법원 판사가 간단한 절차로 행하는 재판. 준 즉심.
즉답(卽答)[-땁] 명 즉석에서 대답하는 것. ¶~을 피하다. **즉답-하다** 통자.
즉매(卽賣)[중-] 명 상품을 놓인 그 자리에서 곧 팔아 버리는 것. ¶~품. **즉매-하다** 통타.
즉물-적(卽物的)[중-] 명 관관 관념이나 추상적 사고를 선행시키지 않고 실제의 사물에 관하여 생각하거나 행하는 (것). ¶~ 이미지.
즉사(卽死)[-싸] 명 그 자리에서 곧 죽는 것. =직사(直死). **즉사-하다** 통(자)여 =직사하다. ¶총에 맞아 ~.
즉석(卽席)[-썩] 명 어떤 일이 이뤄지거나 진행되는 바로 그 자리. ¶~에서 결정하다.
즉석-식품(卽席食品)[-썩씩-] 명 =인스턴트식품.
즉석-요리(卽席料理)[-썽뇨-] 명 음식을 그 자리에서 바로 만드는 일. 또는, 그 음식. **즉석요리-하다** 통타.
즉시(卽時)[-씨] 명부 시간적으로 곧. 또는, 바로 그때. ¶~ 떠나거라.
즉시-즉시(卽時卽時)[-씨-씨] 부 미루지 않고 곧바로. 그때그때를 좀더 강조하는 말임. 비그때그때. ¶~ 보고하라.
즉심(卽審)[-씸] 명(법) '즉결 심판'의 준말.
즉위(卽位) 명 왕위에 오르는 것. 비등극. ¶~식. **즉위-하다** 통자.
즉위-년(卽位年) 명 왕위에 오른 해. ¶세종 ~. ▷원년.
즉일(卽日) 명 바로 그날.
즉효(卽效)[즈쿄] 명 즉시에 나타나는 효력. ¶그 약으로 ~를 보았다.
즉흥(卽興)[즈킁] 명 바로 그 자리에서 일어나는 흥취. 비좌흥(座興).
즉흥-곡(卽興曲)[즈킁-] 명[음] 즉흥적으로 일어나는 생각이나 느낌에 따라 자유로운 형식으로 표현하여 만든 악곡.
즉흥-시(卽興詩)[즈킁-] 명[문] 그 자리의 흥취에 따라 감상을 읊은 시.
즉흥-적(卽興的)[즈킁-] 명관 그때그때의 기분이나 느낌에 따라 하는 (것). ¶~인 연주 / ~ 발상.
즐거움 명 즐거운 느낌이나 마음.
즐거워-하다 통(타)여 즐겁게 여기다.
즐겁다[-따] 혭ㅂ 〈즐거우니, 즐거워〉(어떤 일이나 상황, 활동 등이) 쾌감이나 만족을 주어 기분이 좋다. 비기쁘다. ¶즐거운 생활. 즐거이 부 ¶그런 일이라면 ~ 하겠소.
즐기다 통 (어떤 일을) 즐거움을 느끼며 행하다. 또는, (무엇을) 즐겁게 누리다. ¶낚시를 ~ / 인생을 ~.
즐문-토기(櫛文土器) 명[고고] =빗살무늬 토기.
즐비-하다(櫛比-) 혭여 (벌여 있는 것이) 빗살처럼 빽빽하다. ¶도심에 고층 빌딩이 ~.
즘 명(의존) '즈음'의 준말.
즙(汁) 명 수분이 들어 있는 물체에서 짜

낸 액체. ¶레몬 ~.
증¹(贈) 기증의 뜻으로 선물 포장 따위에 쓰는 말.
-증²(症) [접미] 어떤 증세나 기질 또는 정신 상태를 나타내는 말. ¶현기~ / 궁금~.
-증³(證) [접미] 한자어로 된 일부 명사 밑에 붙어, '증명서' 또는 '증명 카드'의 뜻을 나타내는 말. ¶신분~ / 자격~.
증가(增加) 명 더 늘어서 많아지는 것. ¶~량. ↔감소. **증가-하다** 동 자 타 여 ¶인구가 ~. **증가-되다** 동 자
증가-세(增加勢) 명 점점 늘어나는 흐름이나 경향. ¶소형차의 매출이 뚜렷한 ~를 보이다. ↔감소세.
증간(增刊) 명 늘려서 간행하는 것. 또는, 그 간행물. ¶~호. **증간-하다** 동 타 여
증감(增減) 명 늘림과 줄임. 또는, 많아짐과 적어짐. 비손익. ¶세액(稅額)의 ~. **증감-하다** 동 자 타 여
증강(增强) 명 더 늘려 굳세게 하는 것. 증강-하다 동 타 여 ¶병력을 ~. **증강-되다** 동 자
증-개축(增改築) 명 증축과 개축을 아울러 이르는 말.
증거(證據) 명 1 어떤 사실을 증명할 수 있는 근거. 2 [법] 법원이 법률을 적용함에 사실의 유무를 확정하는 재료. ¶~불충분.
증거-금(證據金) 명 [법] 계약의 이행을 확실히 하기 위하여 당사자의 일방이 상대방에게 제공하는 담보금.
증거-물(證據物) 명 증거가 되는 물건. = 증거품. ¶~을 확보하다.
증거-품(證據品) 명 = 증거물.
증-국번(曾國藩) [–뻔] 인 청나라의 정치가·학자(1811~1872).
증군(增軍) 명 군사력을 늘리는 것. ↔감군. **증군-하다** 동 타 여
증권(證券) [–꿘] 명 1 증거가 되는 문건(文券). 2 [법] 재산상의 권리·의무에 관한 사항을 기재한 문권. 비증서.
증권-가(證券街) [–꿘–] 명 주식 따위의 증권을 거래하는 장소가 많이 모여 있는 곳.
증권^거¦래소(證券去來所) [–꿘–] 명 증권의 매매 거래를 위해 필요한 시장을 개설함을 목적으로 하여 설립된 법인.
증권^시¦장(證券市場) [–꿘–] 명 [경] 증권의 발행·매매·유통 등이 이루어지는 시장. 비증시.
증권^회¦사(證券會社) [–꿘회–/–꿘훼–] 명 유가 증권의 매매·위탁 매매·인수·주선 등의 업무를 행하는 회사.
증기(蒸氣) 명 1 '수증기'의 준말. 2 [물] 액체나 고체가 증발 또는 승화하여 생긴 기체.
증기-관(蒸氣罐) 명 = 기관(汽罐)¹.
증기-기관(蒸氣機關) 명 [공] 증기의 팽창 및 응축을 이용하여 왕복 운동을 일으켜 동력(動力)을 얻는 기관.
증기-기관차(蒸氣機關車) 명 증기의 힘으로 차량을 끄는 기관차.
증기-선(蒸氣船) 명 = 기선(汽船)¹.
증기-압(蒸氣壓) 명 [물][화] = 증기 압력.
증기^압력(蒸氣壓力) [–암녁] 명 [물][화] 수증기가 일정한 온도에서 가지는 압력. mm 또는 hPa로 나타냄. = 증기압.
증기-욕(蒸氣浴) 명 수증기를 몸에 쐬어서 땀을 흘리는 일.

증기-탕(蒸氣湯) 명 여자가 성적(性的) 서비스를 제공하는, 밀실로 된 목욕탕. 1997년 '터키탕'을 고친 이름임.
증대(增大) 명 더하여 많아지는 것. 또는, 많게 하는 것. ¶소득 ~. **증대-하다** 동 자 타 여 ¶생산량을 ~. **증대-되다** 동 자 소비자 ~.
증량(增量) [–냥] 명 수량이 느는 것. 또는, 수량을 늘리는 것. ↔감량. **증량-하다** 동 자 타 여
증뢰(贈賂) [–뇌/–뤠] 명 뇌물을 주는 것. 또는, 그 뇌물. 비증회. ¶~죄. ↔수뢰. **증뢰-하다** 동 자
증류(蒸溜) [–뉴] 명 [물] 액체를 가열하여 생긴 기체를 냉각시켜 다시 액체로 하는 것. 불순물이 제거되어 순수한 액체가 얻어짐. **증류-하다** 동 타 여 **증류-되다** 동 자
증류-수(蒸溜水) [–뉴–] 명 [물] 천연수를 증류하여 불순물을 제거한 물.
증류-주(蒸溜酒) [–뉴–] 명 일단 만든 술을 다시 증류하여 알코올의 도수를 높인 술. 소주·위스키·브랜디 따위.
증명(證明) 명 1 어떤 사항·판단·이유 등에 대해 그것이 진실인지 아닌지 증거를 들어 밝히는 것. 2 [논][수] 어떤 정당한 사실, 곧 정리나 공리에서 출발하여 다른 사실의 정부(正否)를 밝히는 일. 비논증. **증명-하다** 동 타 여 ¶인삼의 약효를 ~. **증명-되다** 동 자 ¶무죄가 ~.
증명-사진(證明寫眞) 명 증명서 따위에 붙이는 작은 규격의 얼굴 사진. 길이 3cm, 너비 2.5cm쯤 됨.
증명-서(證明書) 명 어떤 사실을 증명하는 서류. ¶신분~.
증발(蒸發) 명 1 [물] 액체 상태에 있는 어떤 물질이 그 표면에서 기체 상태로 변하는 현상. 2 사람이나 물건이 갑자기 사라져 행방을 알지 못하게 되는 것을 속되게 이르는 말. **증발-하다** 동 자 타 여 ¶바닷물이 ~. **증발-되다** 동 자
증발(增發) 명 정한 수보다 더 내보내는 것. **증발-하다²** 동 타 여 **증발-되다²** 동 자
증발-량(蒸發量) [–냥] 명 [기상] 수면(水面)에서 단위 시간에 수증기가 증발하는 양.
증보(增補) 명 이미 출판한 책의 내용을 더 보태고, 완전하지 못한 부분을 보충하는 것. ¶개정 ~. **증보-하다** 동 타 여 **증보-되다** 동 자
증보-판(增補版) 명 증보하여 출판하는 책.
증빙(證憑) 명 증거가 될 만한 것. ¶~서류. **증빙-하다** 동 타 여
증산(蒸散) 명 [식] 식물체 안의 수분이 수증기가 되어 몸 밖으로 배출되는 현상. **증산-하다¹** 동 자
증산²(增産) 명 생산이 늘거나 생산을 늘리는 것. ↔감산. **증산-하다²** 동 자 타 여 ¶식량을 ~. **증산-되다²** 동 자
증산-교(甑山教) 명 [종] 증산 강일순(姜一淳)을 교조로 하는 종교.
증상(症狀) 명 = 증세(症勢)¹. ¶자각 ~.
증서(證書) 명 [법] 어떤 사실을 증명하는 문서. 또는, 권리·의무 관계를 증명하는 문서. 비증권. ¶졸업 ~.
증설(增設) 명 더 차리거나 시설하는 것. **증설-하다** 동 타 여 ¶학교를 ~. **증설-되다** 동 자 ¶학과가 ~.
증세(症勢) 명 병을 앓을 때의 형세나 겉으로 나타나는 여러 가지 모양. = 증상·

증후. ¶독감~.
증세(增稅)〖명〗조세액을 늘리거나 세율을 높이는 것. ↔감세. 증세-하다〖동〗
증손(曾孫)〖명〗손자의 아들. =증손자.
-손녀(曾孫女)〖명〗손자의 딸.
-손자(曾孫子)〖명〗=증손.
증수(增收)〖명〗수입이나 수확이 느는 것. 또는, 수입이나 수확을 늘리는 것. ↔감수. 증수-하다¹〖자〗〖타〗 증수-되다¹〖동〗
증수(增修)〖명〗1 (책을) 늘려 보충하여 고치는 것. 2 (건축물을) 더 늘려 짓고 고치는 것. 증수-하다²〖타〗 증수-되다²〖동〗
증시(證市)〖명〗〖경〗'증권 시장'의 준말.
증식(增殖)〖명〗1 늘어나서 많아지는 것. 2〖생〗생물의 개체·세포 등이 수를 늘리는 현상. 증식-하다〖자〗〖타〗 증식-되다〖동〗
증액(增額)〖명〗액수를 늘리는 것. ↔감액. 증액-하다〖타〗 증액-되다〖자〗
증언(證言)〖명〗1 사실을 증명하는 것. 또는, 그 말. 2〖법〗증인의 진술. 증언-하다〖동〗¶목격한 것을 ~.
증언-대(證言臺)〖명〗법정에서 증인이 증언하는 자리. ¶~에 서다.
증여(贈與)〖명〗〖법〗재산을 무상(無償)으로 타인에게 양도(讓渡)해 주는 행위. ¶기증. 증여-하다〖동〗증여-되다〖동〗
증여-세(贈與稅)〖명〗〖법〗증여 받은 사람에게 물리는 세금.
증오(憎惡)〖명〗몹시 미워하는 것. 증오-하다〖동〗¶배신자를 ~.
증오-심(憎惡心)〖명〗몹시 미워하는 마음.
증원(增員)〖명〗인원을 늘리는 것. ↔감원. 증원-하다〖동〗증원-되다〖동〗
증원(增援)〖명〗1 사람의 수를 늘려서 돕는 것. ¶~ 부대. 2 원조하는 금액을 늘리는 것. 증원-하다²〖동〗 증원-되다²〖동〗
증인(證人)〖명〗1 어떤 사실을 증명하는 사람. ¶역사의 산 ~. 2〖법〗법원이나 그 밖의 기관의 신문(訊問)에 대하여 증언하는 사람. ¶~ 출두.
증자(增資)〖명〗〖경〗주식회사나 유한 회사가 사업 확장이나 운전 자금의 보충을 위하여 자본금을 늘리는 것. ↔감자(減資). 증자-하다〖동〗 증자-되다〖동〗
증정(贈呈)〖명〗(남에게 선물·기념품 등을) 성의의 표시로 주는 것. ¶~품. 증정-하다〖동〗¶화환을 ~. 증정-되다〖동〗
증정-본(贈呈本)〖명〗지은이나 펴낸이가 아는 이에게 인사나 성의의 표시로 주는 책.
증조(曾祖)〖명〗1 삼대(三代) 위의 조상. 2 '증조부'의 준말.
증-조모(曾祖母)〖명〗'증조할머니'의 문어적 지칭.
증-조부(曾祖父)〖명〗'증조할아버지'의 문어적 지칭. 증조.
증조-할머니〖명〗아버지의 할머니. 호칭으로도 쓰임. 비증조모.
증조-할아버지〖명〗아버지의 할아버지. 호칭 및 지칭으로 쓰임. 비증조부.
증좌(證左)〖명〗참고될 만한 증거.
증지(證紙)〖명〗일정한 절차를 마쳤음을 증명하거나, 물품의 값을 표시하기 위하여 붙이는 표. ¶수입~.
증진(增進)〖명〗(기운·역량·관계 등을) 더 나아지게 하는 것. ¶식욕 ~. ↔감퇴. 증

진-하다〖동〗〖타〗〖여〗증진-되다〖동〗〖자〗
증차(增車)〖명〗차량의 수량을 늘리는 것. 증차-하다〖동〗 증차-되다〖동〗
증축(增築)〖명〗이미 지어져 있는 건축물에 덧붙여 늘려 짓는 것. 증축-하다〖동〗¶사옥을 ~. 증축-되다〖동〗
증편¹(蒸−)〖명〗멥쌀가루를 소량의 막걸리를 섞은 뜨거운 물로 반죽하여 부풀어 일게 하여 틀에 넣어 찐 떡.
증편²(增便)〖명〗배·항공기·자동차 등 정기 편의 횟수를 늘리는 것. ↔감편. 증편-하다〖동〗증편-되다〖동〗
증폭(增幅)〖명〗1 사물의 범위를 넓혀 크게 하는 것. 2 라디오 등에서 전압·전류의 진폭을 늘려 감도(感度)를 높게 하는 일. 증폭-하다〖동〗증폭-되다〖동〗
증폭-기(增幅器)[-끼]〖명〗〖물〗진공관·트랜지스터 등을 이용하여 증폭 작용을 하게 하는 장치.
증표(證票)〖명〗어떤 일이나 사실을 증명할 만한 표시. ¶사랑의 ~.
증험(證驗)〖명〗실지로 사실을 경험하는 것. 증험-하다〖동〗
증회(贈賄)[−회/−훼]〖명〗뇌물을 주는 것. 비증뢰. ¶~죄. ↔수회(收賄). 증회-하다〖동〗
증후(症候)〖명〗=증세(症勢).
증후-군(症候群)〖명〗몇 가지 증후가 늘 함께 나타나지만 그 원인이 불명이거나, 단일하지 않은 것에 대한 병명(病名)에 준하여 붙이는 명칭. 비신드롬.
지¹〖명〗〖의존〗('ㄴ'으로 끝나는 동사 어미 아래에 쓰여) 어떤 동작이 있었던 때로부터 지금까지의 동안을 뜻하는 말. ¶고향을 떠난 ~도 꽤 오래 됐다.
지²〖대〗〖인칭〗'제'의 잘못.
-지³〖어미〗1 상반되는 사실을 서로 대조적으로 나타내는 연결 어미. ¶그는 학생이지 ~ 선생이 아니다. 2 용언의 어간이나 어미 '-시-' 아래에 붙어, 그 뜻을 부정하거나 금지해야 할 때 쓰이는 보조적 연결 어미. 다음에 '않다', '못하다', '말다' 등이 옴. ¶쉽~ 않다. ¶가~ 말아라.
-지⁴〖어미〗부드러운 반말 투의 종결 어미. 1 서술형으로 쓰여, 상대에게 사실을 확인하거나 다짐하는 뜻을 나타냄. ¶그곳에는 내가 갔다 오~. 2 의문형으로 쓰여, 상대의 동의를 구하거나 어느 정도 확신하고 있는 사실을 확인하려는 뜻을 나타냄. ¶이 꽃 참 예쁘~? 3 동사의 어간에 붙어 명령형이나 청유형으로 쓰여, 상대에게 은근하게 제의하거나 권유하는 뜻을 나타냄. ¶식기 전에 어서 들~.
지⁵(知)〖명〗사물을 인식하고 시비·선악을 가리는 능력. ↔행(行).
지(識)〖명〗글을 쓰고 나서, 아무개가 '적음'의 뜻을 나타내는 한자 말. ¶저자(著者) ~.
-지⁷(地)〖접미〗1 '땅' 또는 어느 '곳'을 나타내는 말. ¶주소(住所) ~ / 목적 ~. 2 옷의 '감'을 나타내는 말. ¶양장 ~.
지⁸(紙)〖접미〗1 어떤 명사 밑에 붙어, '종이'의 뜻을 나타내는 말. ¶포장 ~ / 시험 ~. 2 '신문'의 뜻을 나타내는 말. ¶조간 ~ / 주간 ~.
-지⁹(誌)〖접미〗'잡지'임을 나타내는 말. ¶여성 ~ / 계간 ~.
지¹⁰(G)〖명〗〖음〗음이름의 하나. '사' 음.
지가(地價)[-까]〖명〗토지의 가격.

지각[1](地殼) [명][지] 지구의 가장 바깥쪽을 둘러싼 부분.
지각[2](知覺) [명] **1** [심] 감각 기관을 통하여 외부의 사물을 인식하는 작용 및 그 작용에 의하여 얻어지는 표상(表象). **2** 사물의 이치나 도리를 분별하는 능력. **지각-하다**[1] [동][타][여] **지각-되다** [동][자]
지각[3](遲刻) [명] 정해진 시각보다 늦게 출근하거나 등교하는 것. **지각-하다**[2] [동][자][여] ¶학교에 ~.
지각-없다(知覺—) [—업따] [형] 사물에 대한 분별력이 없다. ¶**지각없는** 행위. **지각없-이** [부]
지갑(紙匣) [명] 가죽이나 헝겊 따위로 쌈지처럼 조그맣게 만든 물건. 돈·증명서 같은 것을 넣어 가지고 다니는 데 씀. =돈지갑. ¶동전 ~.
-지거리 [접미] 어떤 명사 뒤에 붙어, 점잖지 않거나 시답잖게 여기는 뜻을 나타내는 말. ¶농~ / 반말~.
지검(地檢) [명][법] '지방 검찰청' 의 준말.
지게 [명] 짐을 얹어 사람이 등에 지는 우리나라 고유의 운반 기구. ¶~를 지다.
지게-꾼 [명] 지게로 다른 사람의 짐을 운반하는 일을 업으로 하는 사람.
지게미 [명] 재강에서 모주를 짜낸 술 찌꺼기. =술지게미.
지게-질 [명] 지게로 짐을 나르는 일. **지게질-하다** [동][자][여]
지게-차(—車) [명] 차의 앞부분에 두 개의 길쭉한 철판이 나와 있어, 이것을 상하로 움직여 짐을 운반하거나 하역하는 차.
지겟-다리 [—게따—/—겓따—] [명] 지게의 다리.
지겹다 [—따] [형][ㅂ] 〈지겨우니, 지겨워〉 진저리가 날 정도로 몹시 지루하고 싫다. ¶**지겨운** 장마.
지경(地境) [명][의존] ((관형사 또는 어미 '-ㄹ' 아래에 쓰여)) 어떠한 처지나 형편. ¶일이 안 풀려 미칠 ~이다.
지고(至高) [명] 더할 수 없이 높은 것. **지고-하다** [형][여] ¶**지고한** 사랑.
지고-지순(至高至純) [명] 더할 수 없이 높고 순수함. **지고지순-하다** [형][여]
지공(遲攻) [명][체] 축구·농구 따위의 운동 경기에서, 시간을 끌면서 느릿느릿 공격하는 것. ↔속공. **지공-하다** [동][타][여]
지관(地官) [명][민] 풍수지리설에 따라 집터나 묏자리 따위를 가려 잡는 사람.
지괴(地塊) [—괴/—궤] [명] **1** =땅덩이. **2** [지] 사방이 단층면으로 구획 지어진 지각의 한 덩이.
지구[1](地球) [명][지] 인류가 사는 천체. 태양계의 세 번째 행성으로, 한 개의 위성(衛星)을 가짐.
지구[2](地區) [명] 어떤 기준이나 목적에 따라 나누거나 구별한 지역. ¶상업 ~.
지구[3](地溝) [명][지] 단층이 꺼져서 생긴, 거의 평행하는 두 단층 사이의 낮고 기름한 골짜기.
지구^과학(地球科學) [명][지] 지구를 형성하는 물질 및 그 주위의 천체에 관하여 연구하는 과학. 지질학·지구 물리학·천문학·기상학·해양학 등을 포함함. [준]지학.
지구-국(地球局) [명] 통신 위성 등의 무선국과 통신하는 지상의 무선국.
지구-당(地區黨) [명] 중앙당에 대하여, 각 지구에 설치한 조직. ↔중앙당.
지구-대(地溝帶) [명][지] 지구(地溝)로 된, 띠 모양의 낮은 땅.
지구-력(持久力) [명] 어떤 일을 오래 참고 해내거나 어려운 일을 버텨 낼 수 있는 힘. ¶~을 기르다.
지구-본(地球本) [명] =지구의.
지구-의(地球儀) [—의/—이] [명] 지구를 본떠 만든 모형. =지구본.
지구^자기(地球磁氣) [명][물] 지구가 커다란 자석의 성질을 가지는 것. 또는, 그로 말미암아 생기는 자기장.
지구-전(持久戰) [명] **1** 오랫동안 끌어 가며 싸우는 전쟁이나 시합. **2** [군] 적을 견제하고 지치게 하거나 적의 군비를 소모시킬 목적으로 전투를 오래 지속하는 작전. [비]장기전.
지구-촌(地球村) [명] 교통과 통신의 눈부신 발달로 모든 나라가 하나의 마을처럼 깊은 관계를 맺고 살아가게 된 지구를 이르는 말. ¶~의 이모저모.
지국(支局) [명] 본사나 본국(本局)에서 갈라져 나와 그 사무를 보는 곳. ↔본국.
지국-장(支局長) [—짱] [명] 지국의 우두머리.
지국총-지국총 [부] 배의 노를 잇달아 저을 때 나는 소리. 주로, 옛시조에서 후렴으로 쓰이던 말임.
지-궐련(紙—) [명] 썬 담배를 얇은 종이로 만 담배. ▷엽궐련.
지그시 [부] **1** 어떤 대상에 드러나지 않게 은근히 힘을 주는 모양. ¶발로 바닥을 ~ 밟다. **2** 참을성 있게 견디는 모양. ¶솟구쳐 오르는 슬픔을 ~ 참다. **3** 생각에 잠기거나 감정을 억누르느라 눈을 가볍게 감는 모양. ¶눈을 ~ 감고 음악을 듣다.
지그재그(zigzag) [명] =갈지자형. ¶~로 걷다.
지극-하다(至極—) [—그카—] [형][여] 더없이 극진하다. ¶효성이 ~. **지극-히** [부] **1** 더없이 극진하게. ¶~ 사랑하다. **2** 더할 나위 없이 아주. ¶~ 중요한 일.
지근-거리다/-대다 [동][자][타] **1** 은근히 귀찮게 굴다. ¶지나가는 여자에게 ~. [거]치근거리다. **2** (어떤 물건을) 가볍게 자꾸 눌러 깨뜨리다. **3** 가볍게 자꾸 씹다. ¶칡뿌리를 ~. **4** (머리가) 쑤시고 아프다. ¶열이 오르고 머리가 ~. [작]자근거리다.
지근-지근 [부] 지근거리는 모양. ¶머리가 ~ 아프다. [작]자근자근. [거]치근치근. **지근지근-하다** [동][자][타][여]
지글-거리다/-대다 [동][자] **1** 적은 물이나 기름이 계속하여 소리를 내며 끓다. ¶된장찌개가 ~. **2** 걱정스럽거나 조바심이 나서 마음을 몹시 졸이다. [작]자글거리다.
지글-지글 [부] 지글거리는 소리. 또는, 그 모양. ¶돼지고기를 ~ 볶다. [작]자글자글. **지글지글-하다** [동][자][여]
지금[1](只今) Ⅰ [명] 바로 현재. =시방.
Ⅱ [부] **1** 바로 현재에. 또는, 현재와 연속된 바로 전에. [비]방금. ¶나는 ~ 몹시 피곤하다. **2** 현재에 바로 이어진 미래에. =시방. [비]금방. ¶~ 갈 테니 거기 있어.
지금[2](地金) [명] 제품으로 만들거나 세공하지 않은 황금.
지금-거리다/-대다 [동][자] 음식을 먹을 때 잔모래 따위가 자꾸 씹히다.
지금-껏(只今—) [—껃] [부] 여태까지. ¶~ 그런 일은 없었다.
지금-지금 [부] 지금거리는 소리. 또는, 그 모양. **지금지금-하다** [동][자][여]

지급¹(支給) 똉 1 (주게 되어 있는 돈이나 물품을 사람에게 또는 단체에) 내주는 것. 2 [법] 채무의 변제로 금전·어음 등을 채권자에게 주는 것. **지급-하다** 홍에 **¶**보험금을 ~. **지급-되다** 홍재
지급²(至急) 똉 '지급 전보'의 준말.
지급-인(支給人) 똉 1 금전을 지급하는 사람. 2 어음이나 수표 금액을 치를 사람으로 환어음이나 수표에 기재된 사람.
지급^전:보(至急電報) [-쩐-] 똉 특별 전보의 하나. 통상 전보보다 우선적으로 송신이 됨. 倻**지급**.
지급^준:비금(支給準備金) [-쭌-] 똉[경] 예금 지급의 준비에 충당하기 위해 시중 은행이 한국은행에 예탁하는 일정 비율의 자금. 倻준비금.
지긋-지긋 [-귿찓-] 튀 진저리가 날 만큼 싫고 괴로운 모양. **지긋지긋-하다** 혱에 **¶**수제비라면 이제 보기만 해도 ~.
지긋-하다 [-그타-] 혱에 나이가 비교적 많아 듬직하다. **¶**나이가 **지긋한** 노인. **지긋-이** 튀 **¶**나이가 ~ 들어 보이다.
-지기¹ 접미 '되', '말', '섬' 등에 붙어, 그만한 분량의 곡식을 심을 수 있는 논밭의 넓이를 나타내는 말. **¶**한 섬~.
-지기² 접미 어떤 명사 다음에 붙어, 사물을 '지키는 사람'이라는 뜻을 나타내는 말. **¶**문~ / 산~.
지기¹(地氣) 똉 1 대지의 정기(精氣). 2 땅의 녹녹한 기운.
지기²(志氣) 똉 어떤 일을 이루려는 의지와 기개. **¶**~를 펴다.
지기³(知己) 똉 '지기지우'의 준말. **¶**그는 나와 십년~이다.
지기⁴(紙器) 똉 종이로 만든 그릇의 총칭. 종이컵·종이 상자 따위.
지기지우(知己之友) 똉 자기의 속마음과 가치를 잘 알아주는 참된 친구. 倻**지기**.
지껄-이다 홍재 약간 큰 목소리로 말을 떠들썩하게 이야기하다. **¶**아이들이 재잘재잘 **지껄이고** 있다. 2 '말하다'를 낮잡아 이르는 말. **¶**터무니없는 말을 ~.
지끈 튀 단단한 물건이 갑자기 깨지거나 부러지는 소리. 또는, 그 모양.
지끈-거리다/-대다 홍재 1 여러 개가 모두 지끈 소리를 내며 잇달아 부러지거나 깨지다. 2 머리·몸 등이 몹시 쑤시며 아프다. **¶**더위 때문인지 머리가 **지끈거린다**.
지끈-지끈 튀 지끈거리는 소리. 또는, 그 모양. **¶**몸살이 나서 온몸이 ~ 쑤신다. **지끈지끈-하다** 홍재
지나-가다 홍[Ⅰ]재 1 (어떤 때나 일정한 기간이) 시간적으로 흘러간 상태가 되다. **¶**마감 날짜가 ~. 2 (사람이나 탈것 등이) 어느 곳에서 들르거나 머무르지 않고 바로 가다. **¶**여기까지 왔는데 그냥 **지나갈** 수야 없다. 3 (어떤 현상이) 일시적으로 나타났다가 사라지다. **¶**폭풍이 **지나가고** 날이 활짝 개었다. [Ⅱ]타 (사람이나 탈것 등이 어느 곳을) 다른 곳으로 이동하기 위해 거쳐서 가다. **¶**가게 앞을 ~.
지나가는 말로 꼭 말을 해야겠다는 의식이나 상대방이 들어야 한다는 전제 없이 다른 말을 하는 결에. **¶**~ 결혼 이야기를 슬쩍 비치다.
지나다 홍 1 (어떤 때나 일정한 기간이) 시간적으로 이미 흐른 상태가 되다. 倻넘다·경과하다. **¶**약속 시간이 훨씬 **지나서야** 그가 나타났다. 2 ('…에 지나지 않다'의 꼴로 쓰여) 어떤 대상이 조사 '에' 앞에 오는 대상의 특성이나 범위에서 벗어나지 않음을 강조할 때 쓰이는 말. **¶**너의 말은 변명에 **지나지** 않는다. [2]재 (사람이나 탈것 등이 어느 곳을) 다른 곳으로 이동하기 위해 거치다. 倻통과하다. **¶**지나는 길에 잠시 들렀습니다.
지나-다니다 홍재 지나서 오고 가고 하다. **¶**나는 늘 그 집 앞을 **지나다닌다**.
지나-오다 홍재 1 (사람이나 탈것 등이 어느 곳을) 거쳐서 오다. **¶**숲을 ~. 2 (사람이나 탈것 등이 어느 곳을) 들르거나 머무르지 않고 바로 오다. **¶**눈 딱 감고 술집을 ~. 3 세월의 흐름 속에서 겪어 오다. **¶지나온** 이야기를 하자면 길다.
지나치다 Ⅰ 홍 1 (어떤 곳을) 머무르지 나 들르지 않고 지나다. **¶**버스 안에서 졸다가 내려야 할 정류장을 지나쳐 버렸다. 2 문제 삼거나 관심을 가지지 않고 그냥 넘기다. **¶**이 일은 그냥 **지나칠** 수 없다. Ⅱ 혱 일정한 한도나 기준을 넘어서 있다. **¶지나친** 농담.
지난-달 똉 이번 달의 바로 앞의. **¶**~ 시간.
지난-가을 똉 지난해의 가을.
지난-겨울 똉 지난해의 겨울.
지난-날 똉 살아오거나 겪어 오거나 지나온 과거의 날. **¶**~의 추억.
지난-달 똉 이달의 바로 앞의 달. ≒전달.
지난-밤 똉 어젯밤을 바로 가깝게 이르는 말. ≒간밤.
지난-번(-番) 똉 지나간 차례나 때. ≒전번·전회. 倻먼젓번·저번·접때.
지난-봄 똉 지난해의 봄.
지난-여름 [-녀-] 똉 지난해의 여름.
지난-주(-週) 똉 이 주의 바로 앞의 주(週). ≒전주.
지난-하다(至難-) 혱에 지극히 어렵다. **¶지난한** 과제.
지난-해 똉 이해의 바로 앞의 해. ≒전년·작년·전해.
지남-철(指南鐵) 똉[물] 1 =자석. 2 =자침(磁針).
지남-침(指南針) 똉 자침으로 늘 남북을 가리키도록 만든 기구.
지:내다 홍[Ⅰ]재 1 (사람이 일정한 곳에서) 어떤 상황 속에서, 또는 어떤 상태로 나날을 보내며 살아가다. 倻생활하다. **¶**그간 어떻게 **지내셨습니까?** 2 (사람이 다른 사람과) 어떤 관계를 가지면서 살아가다. **¶**상호는 영수와 친하게 **지낸다**. [2]타 1 (사람이 일정한 기간이나 동안을) 어떤 상황 속에서 또는 어떤 상태로 살거나 지나게 하다. 倻보내다. **¶**그는 아내와 사별한 뒤로 10년을 혼자 **지냈다**. 2 (주로 과거형으로 쓰여) (사람이 사회적으로 상당히 높은 지위나 직책 등을) 인생의 한 시기에 맡아서 누리거나 겪다. 倻역임하다. **¶**그분은 수년 전에 장관을 **지냈다**. 3 (장례나 제사나 혼례와 같은 의식을) 일정한 절차에 따라 하다. **¶**장사(葬事)를 ~. 4 (명절이나 특별한 생일 등을) 뜻있는 날로서 행사나 잔치를 마련하여 보내다. **¶**고향에서 설을 ~.
지:내-보다 홍타 서로 사귀어 겪어 보다. 또는, 어떤 일을 겪어 보다.
지네 똉[동] 몸이 가늘고 길며 여러 마디로 이루어지되, 각 마디마다 1쌍의 다리가 있는 절지동물. 축축한 땅에서 살며, 독즙을 내어 작은 벌레를 잡아먹음. 한약재

지노귀(-鬼) 명 '지노귀새남'의 준말.
지노귀-새남(-鬼-) 명[민] 죽은 사람의 넋을 극락으로 인도하는 굿. ⓒ지노귀.
지놈(genome) 명[생] '게놈'의 잘못.
지눌(知訥) 명[인] 보조 국사의 법명.
지느러미 명[동] 어류나 물에 사는 포유류가 몸의 균형을 유지하고 헤엄을 치는 데에 쓰는 기관.
지능 명 새로운 사물 현상에 부딪쳐 그 의미를 이해하고 처리 방법을 알아내는 지적 활동의 능력. ¶~이 발달하다.
지능^검사(知能檢査) 명[심] 지능의 수준을 재는 검사. 지능 지수로 나타냄.
지능-범(知能犯) 명[법] 사기·위조·횡령 등 머리를 써서 교묘한 수법으로 범하는 죄. 또는, 그 범인. ¶~의 수법.
지능-적(知能的) 관형 1 지능의 작용에 의한 (것). 2 좋지 않은 일을 이루기 위해 생각을 빈틈없이 치밀하게 한 상태에 있는 (것). ¶~으로 범행을 저지르다.
지능^지수(知能指數) 명[교] 지능의 척도의 하나. 지능 검사의 결과로 얻은 정신 연령을 생활 연령으로 나눈 다음 100을 곱한 수치. ⇒아이큐(IQ).
지능-화(知能化) 명 (좋지 않은 일이)으로 뙤해지는 상태로 되는 것. **지능화-하다** 재 지능이 고도로 **지능화하고** 포악해지다. **지능화-되다** 재
지니다 타 (사람이 어떤 물건을 옷 속과 같이 몸 가까운 데에) 일정한 동안 죽 가지다. ⓑ간직하다. ¶그는 어머니의 사진을 몸에 **지니고** 다닌다. 2 (어떤 생각이나 마음의 작용을) 마음속에 일정한 동안 죽 가지다. ¶가슴속에 아름다운 추억을 ~. 3 (사람이나 대상이 어떤 성품·특성·버릇 등을) 뗘돌이나 현상이나 사실로서 죽 가지다. ¶착한 심성을 **지닌** 여자. 4 (사람이 책임이나 사명 등을) 자기의 직책이나 역할로서 죽 가지다. ¶교사는 학생을 올바로 가르칠 책임을 **지니고** 있다.
지다¹ 재 1 (식물의 꽃이나 잎이) 시들거나 떨어져 가지에서 떨어지는 상태가 되다. ¶낙엽이 ~. 2 (해나 달이나 별이) 서쪽 수평선이나 지평선 부근에 가까이 간 상태가 되거나 그곳을 넘어가 보이지 않게 되다. ¶해가 서산에 **지고** 있다. ↔뜨다. 3 (천에 묻거나 물든 때나 얼룩이) 물에 씻기거나 약품으로 빠져 없어지다. ¶찌든 때라서 빨아도 잘 **지지** 않는다. 4 태아가 배 속에서 죽다.
지다² 재 **1**(재) (어떤 현상이나 상태가) 생기거나 이루어지거나 되다. ¶노을이 **진** 숲 속. **2**(보조) 1 (동사의 어미 '-아/어' 아래에 쓰여) 그 동사를 피동의 뜻을 가지게 만들거나 그 동사의 동작이 저절로 이루어지는 뜻을 가지는 말. ¶접시가 깨어~. 2 (형용사의 어미 '-아/어' 아래에 쓰여) 형용사를 변화 과정을 나타내는 자동사로 만드는 말. ¶사이가 좋아~.
지다³ 타 1 (사람이나 동물이 다른 사람이나 동물에게) 싸움·경기·경쟁·내기 등에서 불리거나 뒤떨어진 상태가 되다. 패하다·패배하다. ¶재판에 ~. ↔이기다. 2 (상대의 강한 고집이나 주장이나 입심 등에) 더 버티지 못하고 상대의 뜻에 따르거나 상대가 옳다고 인정하게 되다. ¶부모가 자식의 고집에 ~.
지다⁴ 타 1 (사람이나 동물이 물건을) 옮기기 위해 등에 얹다. ¶짐을 등에 ~. 2 (사람이 어떤 사람 바람 등을) 뒤에 둔 자세가 되다. ⓑ등지다. ¶해를 **지고** 걷다. ↔안다. 3 (남에게 빚을) 갚아야 할 상태로 가지다. ¶은행에 빚을 ~. 4 (책임 등을) 자기의 몫으로 가지다. ¶아이의 잘못에 대해서 부모가 책임을 ~. 5 (남에게 신세를) 부담이 되게 끼치다. ¶친구에게 신세를 많이 ~.
지다⁵ 보조 (용언의 어미 '-고' 밑에 '지고'의 꼴로 쓰여) 하고자 하는 욕망의 뜻을 표시하는 말. 예스러운 문어체에 쓰임. ¶얌전 부모 모셔다가 천 년 만년 살고 지고.
-지다⁶ 접미 일부 명사나 자립성이 약한 명사성 또는 동사성 어근의 밑에 붙어, 앞에 오는 말의 속성을 가진 상태임을 나타내는 형용사를 만드는 말. ¶기름~ / 그늘~ / 값~.
지단(鷄蛋) 명 ['달걀'의 뜻] 고명으로 쓰기 위하여 달걀을 풀어서 번철에 얇게 부친 음식. 또는, 그것을 잘게 썬 고명. ⓑ알고명.
지당-하다(至當-) 형여 이치에 맞고 지극히 당연하다. ¶**지당하신** 말씀.
지대¹(支隊) 명[군] 본대에서 갈라져 나가 있는 작은 부대. ↔본대.
지대²(地代) 명[법] 남의 토지를 이용하는 사람이, 대가로 토지 소유자에게 치르는 금전이나 그 밖의 물건.
지대³(地帶) 명 어떤 특징에 따라 주위와 구별되는, 일정한 범위의 땅. ¶공장 ~.
지대⁴(地臺) 명[건] 건물의 밑바닥과 그 둘레를 마당보다 높아지게 돌을 에워싸고 그 안쪽에 흙을 메운 부분.
지-대공(地對空) 명 지상에서 공중으로 향함. ¶~ 유도탄. ⓒ공대지.
지-대지(地對地) 명 지상에서 지상으로 향함. ¶~ 미사일.
지대-하다(至大-) 형여 더없이 크다. ¶**지대한** 영향.
지덕(地德) 명 집터의 운이 띄고 복이 들어오는 기운.
지덕(知德) 명 지식과 덕성. ¶~을 겸비하다.
지덕체(智德體) 명[교] 지육과 덕육과 체육을 아울러 이르는 말.
지도¹(地圖) 명[지] 지구 표면의 일부 또는 전체의 상태를 일정한 비로 줄여서 평면 위에 나타낸 그림. ¶세계 ~.
  지도를 그리다 잠자리에서 오줌을 싸 이부자리를 적시다.
지도²(指導) 명 (사람을, 또는 사람에게) 어떤 대상을) 어떤 목적이나 방향으로 가르쳐 이끌어 가는 것. ¶학습 ~ / 생활 ~. **지도-하다** 타여 **지도-되다** 재
지도-급(指導級) [-끕] 명 지도를 할 만한 수준이나 계급. ¶사회 ~ 인사.
지도-력(指導力) 명 지도하는 능력.
지도-부(指導部) 명 어떤 단체를 이끌어 나가는 고위 간부의 총칭. ¶당 ~.
지도-서(指導書) 명 학교에서 교육을 위하여 사용되는 교사용의 주된 교재.
지도-자(指導者) 명 지도하는 사람.
지도-적(指導的) 관형 남을 지도할 만한 (것). ¶~ 입장.
지도-층(指導層) 명 지도적인 위치에 있는 계층.

지독-스럽다(至毒-) [-쓰-따] 형ㅂ〈-스러우니, ~스러워〉지독한 데가 있다. **지독스레** 부

지독-하다(至毒-) [-도카-] 형여 더할 나위 없이 독하거나 심하다. ¶**지독한** 냄새. **지독-히** 부 ¶날씨가 ~ 덥다.

지동-설(地動說) 명 지구는 자전하면서 다른 행성과 마찬가지로 태양의 주위를 공전한다는 설. ↔천동설.

지동지서(之東之西) 〈'갈데 없이 이리저리 갈팡질팡함. **지동지서-하다** 자여

지드, 앙드레 (Gide, André) 명[인] 프랑스의 소설가·비평가(1869~1951).

지디아이(GDI) 명 [gross domestic income] [경] =국내 총소득.

지디피(GDP) 명 [gross domestic product] [경] =국내 총생산.

지라 명[생] 위(胃)의 왼쪽에 있는 내장의 하나. 림프구를 만들고, 노폐한 적혈구를 파괴하는 일을 함. =비장.

지락(至樂) 명 지극한 즐거움.

지란지교(芝蘭之交) 명 〈'지초와 난초의 사귐'이라는 뜻〉 벗 사이의 맑고 고귀한 사귐.

지랄 명 1 마구 법석을 떨거나 분별없이 하는 행동을 욕으로 이르는 말. 2 '지랄병'의 준말. **지랄-하다** 자여

지랄-병(-病) [-뼝] 명 '간질(癎疾)'을 속되이 이르는 말. 준지랄.

지략(智略) 명 슬기로운 계략. 비지모(智謀). ¶~가 / ~이 뛰어난 장수.

지렁이 명[동] 몸이 가늘고 긴 원통형이며 많은 마디로 이루어진 환형동물의 총칭. 흙 속이나 부식토에서 사는데, 한약재로 낚싯밥으로 쓰임.

[지렁이도 밟으면 꿈틀한다] 아무리 약하고 보잘것없는 사람도 지나치게 업신여기면 반항한다.

지레[1] 명 =지렛대.

지레[2] 부 어떤 시기가 되기 전에 미리. ¶~놀라 도망을 가다.

지레-짐작(-斟酌) 명 미리 넘겨짚는 짐작. ¶~으로 알아맞히다. **지레짐작-하다** 타여

지렛-대 [-레때/-렌때] 명 한쪽 끝을 무거운 물건 밑에 넣고 받침을 댄 다음, 반대쪽을 눌러서 그 물건을 움직이는 긴 막대기. =지레.

지렛-목 [-렌-] 명 =받침점1.

지력¹(地力) 명 농작물을 길러 낼 수 있는 땅의 힘. ¶~을 높이다.

지력²(知力) 명 지식의 힘.

지력³(智力) 명 사물을 헤아리는 능력.

지령(指令) 명 1 =지휘명령. 2 단체 등에서, 상부로부터 하부 또는 소속원에 대하여 은밀히 내려지는 활동 방침에 대한 명령. ¶암살 ~. **지령-하다** 타여

지령(紙齡) 명 〈'신문의 나이'라는 뜻〉 신문이 어느 시점까지 발행된 호수(號數)를 이르는 말. ¶~ 1만 호 기념 특집.

지령(誌齡) 명 〈'잡지의 나이'라는 뜻〉 잡지가 어느 시점까지 발행된 호수(號數)를 이르는 말. 비통권(通卷).

지로(giro) [경] 공간적으로 떨어져 있는 개인이나 단체 간에 돈을 주고받을 일이 있을 때, 지급인이 수취인의 은행 예금 계좌에 돈을 넣음으로써 신속하게 송금이 이루어지게 하는 방법.

지록위마(指鹿爲馬) 명 〈진(秦)나라의 조고(趙高)가 자신의 권세를 시험해 보고자 황제에게 사슴을 가리키며 말이라고 한 고사에서〉 윗사람을 농락하여 권세를 마음대로 휘두르는 짓. 2 모순된 것을 끝까지 우겨 남을 속이려는 짓.

지론(持論) 명 어떤 사람이 신념이나 소신으로 늘 가지고 있는 생각이나 이론. ¶에의 ~을 펴다.

지뢰(地雷) [-뢰/-뤠] 명[군] 적을 살상하거나 차량·건물 따위를 파괴할 목적으로 땅속에 묻는 폭약. ¶~를 밟다.

지뢰-밭(地雷-) [-뢰받/-뤠받] 명 지뢰가 여기저기 묻혀 있는 밭.

지루(遲漏) 명 성교할 때 남자가 성기를 삽입한 뒤 사정(射精)에 이르기까지 지나치게 시간이 오래 걸리는 상태. ↔조루.

지루-하다 형여 (어떤 일이나 대상이) 변화 없이 같은 상태로 오래 계속되어 싫증이 나는 상태에 있다. 비따분하다. ¶**지루한** 나날. ×지리하다. **지루-히** 부

지류(支流) 명 강의 원줄기로 흘러 들어가거나 갈려 나온 물줄기. ↔본류.

지르다¹ 타르 〈지르니, 질러〉 1 (길이를 가진 물체를) 다른 물체의 가운데를 지나 걸치도록 꽂거나, 공간의 한쪽과 다른 쪽에 서로 막거나 넣거나 이어지게 하다. ¶대문에 빗장을 ~. 2 (몸이나 물건을) 주먹이나 발을 세게 내뻗어 놓게 하다. ¶주먹으로 가슴을 ~. 3 (어떤 길이나 장소를) 돌거나 하지 않고 목적한 곳에 곧바로 이를 수 있게 움직이다. ¶운동장을 한가운데로 **질러서** 가다. 4 (불을) 붙여 쉽게 끄기 어려울 만큼 상당히 크게 일으키다. ¶집에 불을 ~. 5 (식물의 곁순 따위를) 자라지 못하도록 미리 자르다. ¶순을 ~. 6 (힘찬 기세를) 눌러서 꺾다. ¶예기(銳氣)를 ~. ▷옥박지르다. 7 (말이나 행동을) 미리 잘라서 막다. ¶눈치를 채고 말을 ~. 8 도박이나 내기에서, (돈을) 내놓아 걸다. ¶판돈을 ~.

지르다² 타르 〈지르니, 질러〉 (사람이 소리를) 목구멍을 통해 크고 세게 내다. ¶고함을 ~.

지르르 부 물기·윤기·기름기 따위가 번드럽게 흐르는 모양. ¶쌀밥에 기름기가 ~. 작자르르. **지르르-하다** 형여

지르박(←ⓔジルバ) 명 [<jitterbug] 1930년대 후반부터 미국에서 유행된, 4/4박자의 속도가 빠른 사교춤의 한 가지.

지르-밟다 [-밥따] 타 내리눌러 밟다. ×즈려밟다.

지르-잡다 [-따] 타 옷 따위에 더러운 것이 묻었을 때, 그 부분만을 걷어쥐고 빨다.

지르코늄(zirconium) 명[화] 은백색의 단단한 금속 원소. 원소 기호 Zr, 원자 번호 40, 원자량 91.22. 원자로 재료·합금 재료 등에 쓰임.

지르콘(zircon) 명[광] 지르코늄의 규산염 광물. 무색·황색·갈색·담홍색 등을 나타내며, 다이아몬드 광택이 있음. 아름다운 것은 보석으로 쓴다.

지름 명[수] 원이나 구의 중심을 지나서 그 둘레 위의 두 점을 직선으로 이은 선분. 구용어는 직경(直徑).

지름-길 [-낄] 명 1 멀리 돌지 않고 가깝게 질러 통하는 길. ¶~로 이르는 말. 2 가장 쉽고 빠른 방법을 비유으로 이르는 말. =첩경. ¶성공의 ~.

지리¹(地利) 명 1 땅의 산물로부터 얻는 이

익. **2** 토지로부터 얻는 이익.

지리[2](地理) [명] **1** 어떤 곳의 지형이나 길 따위의 형편. ¶~에 밝다. **2** 지구 상의 기후·생물·산·강·도시·교통·주민·산업 등의 상태. **3** '지리학'의 준말.

지리[3]([일]ちり) [명] 복어나 대구 등의 생선을 야채를 넣고 말갛게 끓인 국. 순화어는 '맑은 탕'. ¶복 ~.

지리다[1] [동][타] (똥이나 오줌을) 참지 못하고 조금 싸다. ¶오줌을 ~.

지리다[2] [형] 오줌 냄새와 같거나 그런 맛이 있다.

지리-멸렬(支離滅裂) [명] 갈가리 찢기고 마구 흩어져 갈피를 잡을 수 없음. **지리멸렬-하다** [동][자][여] ¶문장이 ~.

지리-부도(地理附圖) [명] 지리 교과의 부교재가 되는 지도 책.

지리-산(智異山) [명][지] 경상남도와 전라남도·전라북도에 걸쳐 있는 산. 높이 1,915m.

지리-적(地理的) [관][명] 지리에 관한 (것). 또는, 지리상의 문제에 관계되는 (것). ¶~ 여건.

지리-하다(支離-) [형][여] '지루하다'의 잘못.

지리-학(地理學) [명] 지구 표면에서의 모든 현상을 인간과 자연의 상호 작용을 통하여 지역적으로 연구하는 학문. [준]지리.

지린-내 [명] 오줌에서 나는 것과 같은 냄새.

-지마는 [어미] 앞의 말을 시인하면서 그에 반대되는 내용을 말하거나 조건을 붙여 말할 때에 쓰이는 연결 어미. ¶몸은 늙었~ 마음은 젊다. [준]-지만.

-지만 [어미] '-지마는'의 준말. ¶어렵게 살~ 그늘이 없다.

지망(志望) [명] 뜻하여 바라는 것. 또는, 그 뜻. ¶~생 / ~자. **지망-하다** [동][자][타][여] ¶교사를 ~.

지맥[1](支脈) [명] 원줄기에서 갈라져 나간 줄기.

지맥[2](地脈) [명] 풍수지리설에서, 땅속의 정기가 순환한다는 줄. ¶~이 끊기다.

지면[1](地面) [명] 땅의 표면. [비]땅바닥.

지면[2](知面) [명] 보아서 알 만한 안면. 또는, 만나서 알 만한 사이. ¶~이 있다. **지면-하다** [동][자][여]

지면[3](紙面) [명] **1** 종이의 표면. **2** 기사나 글이 인쇄되어 있는 종이의 면. 또는, 그 기사. ¶제한된 ~ / ~을 통해 알게 되다.

지면[4](誌面) [명] 잡지에서 글이 실리는 종이의 면. ¶~을 늘리다.

지명[1](地名) [명] 마을이나 산천, 지역 등의 이름.

지명[2](知名) [명] 이름이 널리 알려져 있는 것. ¶~인사.

지명[3](指名) [명] **1** (어떤 대상의 사람을) 이름을 누구라고 말하여 지적하거나 가리키는 것. **2** (어떤 사람을 중요한 자격의 사람으로, 또는 중요한 자격의 사람을 어떤 사람으로) 공식적으로 추천하거나 제의하는 것. **지명-하다** [동][타][여] ¶그를 노벨상 후보자로 ~. **지명-되다** [동][자]

지명-권(指名權)[-꿘] [명] 자기가 생각하는 사람을 지명할 수 있는 권한.

지명-도(知名度) [명] 세상에 그 이름이 알려진 정도. ¶~가 높은 상품.

지명^수배(指名手配) [명][법] 범인이나 피의자의 이름을 밝혀 수배함. ¶~자(者) / 전국에 ~가 된 인물.

지명^타¦자(指名打者) [명][체] 프로 야구에서, 투수의 대타로서 타순에 넣은 타격 전문의 선수. 공격 때만 시합에 참가함.

지모(智謀) [명] 슬기로운 꾀. [비]지략.

지목[1](地目) [명] 토지의 주된 용도에 의한 구분. 논·밭·택지·산림·목장·묘지 따위.

지목[2](指目) [명] (사람·사물 등을 어떤 존재로서, 또는 어떤 존재라고, 또는 어떻다고) 꼭 짚어서 가리키는 것. **지목-하다** [동][타][여] ¶그녀를 부녀회장 후보로 ~. **지목-되다** [동][자] ¶용의자로 ~.

지문[1](地文) [명] **1** [문] 희곡에서, 무대 설명이나 인물의 동작·표정, 음향 효과나 조명 등을 지시한, 대사 이외의 글. 소설에서, 묘사·설명 등의 서술로 이뤄지는, 등장인물의 대화 부분을 제외한 글. **2** 국어·영어, 또는 언어 영역 등의 시험 문제에서, 어떤 문제를 내기 위하여 앞서 제시하는 다소 긴 글.

지문[2](指紋) [명] 사람이나 원숭이의 손가락 끝 안쪽에 이루어진 살갗의 무늬. 또는, 그것을 찍은 흔적.

지물-포(紙物鋪) [명] 벽지·장판지 따위를 파는 가게.

지반(地盤) [명] **1** 땅의 표면. [비]지각(地殼). **2** [건] 공작물 따위를 설치하는 기초가 되는 땅. **3** 기초나 근거가 될 만한 바탕. ¶정치적 ~.

지방[1](地方) [명] **1** 어느 방면의 땅. ¶남부 ~. **2** 서울 이외의 지역.

지방[2](脂肪) [명] 지방산과 글리세린의 에스테르 중 상온에서 고체인 것. 생물체에 함유되며, 동물에서는 피하·근육·간 등에 저장되며 에너지원이 됨. =굳기름.

지방[3](紙榜) [명] 종이로 만든 신주(神主).

지방-간(脂肪肝) [명][의] 간에 중성 지방이 비정상적으로 축적된 상태.

지방^검¦찰청(地方檢察廳) [명][법] 각 지방의 지방 법원에 대응하여 설치된 검찰청. [준]지검.

지방^경¦찰청(地方警察廳) [명] 경찰청의 사무를 지역적으로 분담·수행하게 하기 위해 서울특별시장·광역시장 및 도지사 소속하에 둔 기관.

지방^공무원(地方公務員) [명][법] 지방 자치 단체의 공무에 종사하는 사람. ▷국가 공무원.

지방-관(地方官) [명][역] 주(州)·부(府)·군(郡)·현(縣)의 행정 책임을 맡는 으뜸 벼슬. =태수.

지방-도(地方道) [명] 도지사가 관리하는 도로. 지방 간선 도로망을 이룸. ↔국도.

지방^법원(地方法院) [명][법] 민사 및 형사 소송을 처리하는 제1심의 법원. 광역시와 도청 소재지에 하나씩 있음. [준]지법.

지방^분권(地方分權)[-꿘] [명][정] 통치 권력을 어느 정도 지방 자치 단체에 나누어 주거나 독립시키는 일. ↔중앙 집권.

지방-산(脂肪酸) [명][화] 지방을 가수 분해할 때 생기는 카르복시산의 총칭. 포름산·아세트산 따위.

지방-색(地方色) [명] **1** 그 지방의 특색. [비]향토색. **2** 타지방 사람들을 배척·비난하는 파벌적인 색채.

지방^선¦거(地方選擧) [명][법] 지방 자치법에 따라 지방 의회 의원 및 지방 자치 단체장을 선출하는 선거.

지방-세(地方稅)[-쎄] [명][법] 지방 자치 단체가 그 주민에게 물리는 세금. ↔국세(國稅).

지방^은행(地方銀行) [명] [경] 지방에 본점을 두고 그 지방을 주요한 영업 기반으로 하는 일반 은행. ▷시중 은행.

지방^의회(地方議會) [-회/-훼] [명] [정] 지방 자치 단체의 의결 기관.

지방^자치(地方自治) [명] 일정한 지역의 주민이 스스로 선출한 기관을 통해서 그 지방의 고유한 행정과 사무를 자율적으로 처리하는 일.

지방^자치^단체(地方自治團體) [명] [정] 국가의 통치권 밑에서 그 나라의 영토의 일부를 구역으로 하여, 그 구역 내에서는 법이 인정하는 범위 내에서 지배권을 소유하는 단체. ⓒ지자체.

지방^자치^제:도(地方自治制度) [명] 지방 자치를 행정의 방법으로 하는 제도. =자치제.

지방^장:관(地方長官) [명] 지방 관청의 장(長). 우리나라에서는 특별시장·광역시장·도지사 등을 이름.

지방-지(地方紙) [명] 특정 지방에 본사를 두고 그 지방 주민을 대상으로 하여 발행하는 신문. ↔중앙지.

지방-질(脂肪質) [명] 1 성분이 지방으로 된 물질. 2 지방분이 많은 체질.

지방-채(地方債) [명] [법] 지방 자치 단체가 세입의 부족을 보충하기 위해 발행하는 채권. ▷국채.

지방-판(地方版) [명] 중앙의 신문사가 지방 독자를 위하여 그 지방에 관한 기사를 싣는 지면.

지방^흡입술(脂肪吸入術) [-쑬] [명] [의] 배·허벅지·종아리와 같은 특정 부위의 지방을 기계로 흡입하여 제거하는 의술.

지배(支配) [명] 1 (다른 사람이나 집단, 사물 등을) 자기의 의사대로 복종시켜 다스리는 것. 2 외부의 요인이 사람의 생각이나 행동을 규정하거나 속박하는 것. **지배-하다** [동][타] ¶세계를 무력으로 ~. **지배-되다** [동][자] ¶감정에 ~.

지배^계:급(支配階級) [-계/-게이] [명] 정치·경제·사회적으로 실권을 쥐고 다른 계급을 지배하는 계급.

지배-권(支配權) [-꿘] [명] [법] 목적물을 직접 지배할 수 있는 권리. 물권·무체 재산권 따위.

지배-인(支配人) [명] 호텔·백화점·레스토랑 등에서, 영업주를 대신하여 영업에 관한 모든 업무를 지시하고 관리하는 사람.

지배-자(支配者) [명] 지배하는 사람.

지배-적(支配的) [관] [명] 지배하는 상태에 있는 (것). ¶~ 위치에 있는 사람.

지배-층(支配層) [명] 어떤 사회의 지배 계급에 속하는 계층.

지번(地番) [명] 토지의 일정한 구획을 표시한 번호.

지법(地法) [명] '지방 법원'의 준말.

지변(地變) [명] [지] 땅의 변동. 지각의 운동, 대륙의 분화, 지진, 해일 따위.

지병(持病) [명] 오랫동안 낫지 않아 몸에 지녀 온 병. ⓑ고질. ¶~이 도지다.

지부(支部) [명] 본부(本部)의 관리 아래 본부와 분리되어 그 지역의 사무를 취급하는 곳. ↔본부.

지부티(Djibouti) [명] [지] 1 아프리카 북부의 아덴 만 기슭에 있는 공화국. 2 1의 수도.

지새우다 1101

지분¹(持分) [명] 1 비용·주(株) 등에 관해, 전체 가운데 각자가 맡는 몫. 2 공유 재산이나 권리 등에 관해 자신이 소유 또는 행사하는 비율.

지분²(脂粉) [명] 연지와 분(粉).

지분-거리다/-대다 [자][타] 짓궂은 말이나 행동으로 자꾸 남을 건드려 귀찮게 하다. ¶사내들이 부녀자를 ~.

지분-지분 [부] 지분거리는 모양. **지분지분-하다** [자][타] [여]

지불(支拂) [명] (물건 값이나 셈해야 할 돈을) 치르는 것. **지불-하다** [타][여] ¶월부책값을 ~. **지불-되다** [자]

지붕 [명] 눈·비 등을 막기 위하여 집의 맨 꼭대기 부분에 씌우는, 경사진 구조의 덮개. ¶기와[초가] ~.

지브란, 칼릴(Gibran, Khalil) [명] [인] 레바논 태생의 미국의 소설가·시인(1883~1931).

지브롤터^해:협(Gibraltar海峽) [명] 이베리아 반도와 아프리카 대륙 사이에 있는, 지중해와 대서양을 연결하는 해협.

지-뼘 [명] 엄지손가락과 집게손가락을 한껏 펴서 벌렸을 때의 거리. ▷뼘·장뼘.

지사¹(支社) [명] 본사에서 갈려 나와, 본사의 감독 아래 지역 업무를 처리하는 곳.

지사²(志士) [명] 국가·사회를 위하여 제 몸을 바쳐 일하려는 굳은 뜻을 가진 사람. ¶애국~.

지사³(知事) [명] '도지사'의 준말.

지사⁴(指事) [명] 육서(六書)의 하나. 사물의 추상적인 개념을 본떠 만든 글자. 上·下·一·二·三·凹·凸 따위.

지사-장(支社長) [명] 지사의 사무를 주관하는 사람.

지사-제(止瀉劑) [명] [약] =설사약1.

지상¹(地上) [명] 1 지면이나 지표를 기준으로 한 위의 곳. ↔지하. 2 공중이나 수중 등에 상대하여, 땅 위. ¶~ 관제 센터. 3 신의 세계나 우주 등에 상대하여, 인간이 살고 있는 세계. ¶~ 낙원.

지상²(至上) [명] ('지상', '지상의'의 꼴로 일부 명사 앞에 쓰여) 더할 수 없이 중요하거나 절실하거나 두드러진 상태. ⓑ최상. ¶~ 과제.

지상³(紙上) [명] 신문의 지면 위. ¶합격자가 신문 ~에 발표되다.

지상-군(地上軍) [명] [군] 지상에서 전투하는 군대. 주로 육군을 가리키나, 해병대를 포함할 때도 있음.

지상-권(地上權) [-꿘] [명] [법] 남의 토지에서 공작물 또는 수목(樹木)을 소유하기 위해 그 토지를 사용할 수 있는 물권.

지상-신(至上神) [명] 영원하고 무한한 신령. 곧, 여러 신들 중에서 최고의 존재. 그리스의 제우스, 인도의 범(梵), 크리스트교의 여호와 따위. =최고신.

지상^천국(地上天國) [명] [종] 천도교 등에서, 극락세계를 하늘 위에다 구하지 않고 사람이 사는 이 땅 위에다 세워야 한다는 이상적 세계.

지상파^방:송(地上波放送) [명] [방송] 전파 기지국에서 대기 중에 쏘아 그 가정이나 지역에서 텔레비전이나 라디오로 수신할 수 있는 방송. '공중파 방송'이라고도 함.

지-새다 [자] 1 달이 지면서 날이 새다. ¶밤이 **지새도록** 책을 읽다. 2 [타] '지새우다'의 잘못.

지-새우다 [동][타] (밤을) 고스란히 새우다.

¶밤을 뜬눈으로 ~. ×지새다.
지서(支署) 명 본서에서 갈려 나와 본서의 감독 아래 그 지역의 일을 맡아보는 관서(官署). 흔히, '경찰 지서'를 이름.
지석(誌石) 명 죽은 사람의 이름·생물 연월일·행적 및 무덤의 좌향(坐向) 등을 연어 무덤 앞에 묻는 돌.
지석-묘(支石墓) [-석-] 명 [고고] = 고인돌.
지-석영(池錫永) 명 [인] 의학자·국어학자 (1855~1935).
지선¹(支線) 명 1 철도·수로 따위의 본선(本線)에서 갈려 나간 선. ↔간선·본선. 2 전선의 장력·바람 따위에 전봇대가 넘어가는 것을 막기 위하여, 전봇대에 매어 땅 위로 비스듬히 기울게 잡아맨 줄.
지선²(至善) 명 더할 수 없이 착한 것. **지선-하다** 형여
지성(至誠) 명 지극한 정성. ¶부모을 ~으로 공양하다.
[지성이면 감천(感天)] 어떤 일을 정성껏 하면 좋은 결과를 맺는다는 말.
지성(知性) 명 1 교양과 지식을 풍부하게 갖추고 있는 상태. 또는, 지적인 특성. 2 지각 대상인 것을 정리·통일하여 새로운 인식을 낳게 하는 정신의 기능.
지성-껏(至誠-) [-껃] 부 온갖 정성을 다하여. ¶부모를 ~ 모시다.
지성-인(知性人) 명 풍부한 교양과 건전한 양식(良識)을 갖춘 사람. ▷지인인.
지성-적(知性的) [-쩍] 명 지성에 관한 (것). 또는, 지성을 갖춘 (것). ¶~인 여자.
지세(地貰) 명 땅을 빌려 쓰는 값으로 내는 세.
지세²(地稅) 명 [법] 토지에 대한 조세.
지세³(地勢) 명 = 지형(地形)'.
지-세븐/G7 명 [Group of Seven] 서방 선진 7개국(미국·프랑스·영국·일본·독일·이탈리아·캐나다)의 협력체. 경제 문제를 비롯한 여러 문제를 협의함.
지소(支所) 명 본소에서 갈려 나와, 본소의 감독 아래 지역 업무를 처리하는 곳.
지속(持續) 명 1 어떤 상태가 변하지 않고 계속되는 것. 2 끊임없이 계속하는 것. ¶~성(性). **지속-하다** 동타여 ¶관계를 ~. ¶약효가 24시간 ~.
지속-적(持續的) [-쩍] 명 오래 계속되는 (것). ¶~ 대책을 세우다.
지수(指數) 명 1 [수] 어떤 수나 문자의 오른쪽 위에 써서 그 거듭제곱을 나타내는 문자나 숫자. 2 [경] 가격·수량·등의 변동을 알기 위해, 기준 시점의 값을 100으로 하여 나타낸 비교 시점의 값. ¶물가 ~.
지순-하다(至純-) 형여 지극히 순결하다. ¶지순한 사랑.
지시(指示) 명 1 (어떤 대상을) 가리켜 보이는 것. 2 (어떤 일을 누구에게) 일러서 시키는 것. ¶~ 사항. **지시-하다** 동타여 **지시-되다** 동자여
지시ˆ관형사(指示冠形詞) 명 [언] 특정한 대상을 한정하여 가리키는 관형사. '이', '저', '그' 따위. ▷성상 관형사.
지시ˆ대ː명사(指示代名詞) 명 [언] 사물이나 장소 등을 가리키는 대명사. '그', '이것', '어디', '무엇' 따위.
지시ˆ부사(指示副詞) 명 [언] 시간 또는 장소를 한정하거나, 앞 이야기에 나온 사실을 가리키는 부사. '이리', '여기', '아까' 따위. ▷성상 부사.

지시-약(指示藥) 명 [화] 용량 분석에서, 수소 이온 농도의 판정 등에 쓰이는 시약의 총칭.
지시엠(G.C.M.) 명 [greatest common measure] [수] = 최대 공약수1.
지시ˆ형용사(指示形容詞) 명 [언] 사물의 성질·수량·상태 등이 어떻다는 것을 형식적으로 가리켜 나타내는 형용사. '그렇다', '어떻다', '아무렇다' 따위. ▷성상 형용사.
지식(知識) 명 1 어떤 대상을 연구하거나 배우거나 또는 실천을 통해 얻은 명확한 인식이나 이해. ¶~산-. 2 알고 있는 내용이나 사물. ¶기초 ~.
지식ˆ산ː업(知識産業) [-싼-] 명 지식을 생산하여 유통시키는 것에 관계하는 산업의 총칭. 교육·연구 개발·커뮤니케이션 매체·정보 기기·정보 서비스 따위.
지식-욕(知識慾) [-쏙] 명 지식을 추구하는 욕망.
지식-인(知識人) 명 고도의 지식을 바탕으로 학문을 탐구하거나 사회 현상을 분석·비판하는 사람. ▷지성인.
지식-층(知識層) 명 지식인의 계층. 또는, 지적 노동을 직업으로 하는 계층.
지신(地神) 명 땅을 다스리는 신령. ↔천신(天神).
지신-밟기(地神-) [-밥끼] 명 [민] 음력 정월 대보름날에 농악대가 집집을 돌며 지신을 달래고 복을 비는 민속 행사.
지싯-거리다/-대다 [-싣(때)-] 동자 남의 기분은 아랑곳하지 않고 자기가 좋아하는 것만 짖궂게 자꾸 요구하다.
지싯-지싯 [-싣싣] 부 지싯거리는 모양. **지싯지싯-하다** 동자여
지아비 명 '남편'을 예스럽게 이르는 말. ↔지어미.
지아이(GI) 명 [Government Issue] 미국 육군 병사. ¶~ 유격대.
지압¹(地壓) 명 땅속의 물체가 그 상호 간 또는 그것과 접촉하는 다른 물체에 미치는 압력.
지압²(指壓) 명 질병의 치료나 건강의 유지·증진 등을 위해 손가락 끝이나 손바닥 등으로 몸 표면의 일정 부위를 누르는 일. **지압-하다** 동타여
지양(止揚) 명 1 (문제가 있는 방식이나 일을) 개선을 위해 버리거나 피하는 것. 2 [철] 모순되는 두 요소를 보다 높은 단계에서 발전적으로 통일하는 것. **지양-하다** 동타여 ¶소모적 정쟁을 ~. **지양-되다** 동자여
지어-내다 [-어-/-여-] 동타여 없는 사실을 있는 것같이 만들거나 꾸며 내다. ¶~ 어낸 이야기.
지어-먹다 [-어-따/-여-따] 동타 마음을 다잡아 가지다.
지어미 명 '아내'를 예스럽게 이르는 말. ↔지아비.
지엄-하다(至嚴-) 형여 매우 엄하다. ¶지엄한 분부. **지엄-히** 부
지에-밥 명 약밥·인절미를 만들거나 술밑으로 쓰려고 찹쌀·멥쌀 등을 물에 불려 시루에 찐 밥. ×고두밥.
지-에이트/G8 명 [Group of Eight] 지세븐(미국·프랑스·영국·일본·독일·이탈리아·캐나다)에 러시아가 합류한 협력체.
지엔아이(GNI) 명 [gross national income] [경] = 국민 총소득.

지엔피(GNP) [젠-] 图 [gross national product] [경] =국민 총생산.

지역(地域) 图 1 구획된 어느 범위의 토지. 2 정치·경제·문화상에서, 일정한 특징을 가진 공간의 영역.

지역-감정(地域感情) [-깜-] 图 어느 지역민이 다른 지역민에 대해 편견을 가지고 미워하거나 멀리하는 심리 경향.

지역-구(地域區) [-꾸] 图[법] 구·시·군 따위 일정한 지역을 한 단위로 하여 설정된 선거구. ↔전국구.

지역-권(地域權) [-꿘] 图[법] 다른 사람의 토지를 자기 토지의 수익을 위해 이용하는 권리.

지역=대표제(地域代表制) [-때-] 图[정] 지역구에서 선출된 대표자를 의원으로 하여 의회에 보내는 제도. ↔직능 대표제.

지역=방어(地域防禦) [-빵-] 图[체] 구기 종목에서, 수비수가 자기가 맡은 지역을 중점적으로 수비하는 전술. =존 디펜스. ↔대인 방어.

지역^사회(地域社會) [-싸회/-싸훼] 图[사] 일정한 지역 안에 성립되어 있는 생활 공동체.

지역^이기주의(地域利己主義) [-의/-이] 图[사] 다른 지역의 사정은 돌아보지 않고 자기 지역의 이익만 추구하려는 태도나 입장.

지역-적(地域的) [-쩍] 편명 지역에 속하거나 지역과 관계있는 (것). ¶~ 특성.

지연(地緣) 图 같은 지역 출신자끼리 서로 끌어 주고 밀어주는 끈끈한 관계나 인연. ▷학연.

지연(遲延) 图 시간을 늦추거나 또는 시간이 늦추어지는 것. **지연-하다** 图타 ¶출발 시간을 ~. **지연-되다** 图자 ¶협상이 ~.

지열(地熱) 图[지] 1 지구 내부에서 있는 고유한 열. 2 햇볕을 받아 땅 표면에서 나는 열.

지엽(枝葉) 图 1 식물의 가지와 잎. 2 본질적이지 않고 부차적인 부분.

지엽-적(枝葉的) [-쩍] 편명 본질적인 것이 아니고 부차적인 (것). ¶~인 문제.

지오이드(geoid) 图[지] 지구의 중력 방향에 수직이고, 평균 해수면과 일치하는 곡면.

지옥(地獄) 图 1 [불] 이 세상에서 악한 일을 한 사람이 죽어서 간다고 하는 세계. =나락. ↔극락. 2 [가][기] 큰 죄를 짓고 세상에서 용서받지 못하고 죽은 사람의 영혼이 영원히 벌을 받는다고 하는 곳. ↔천국. 3 아주 괴롭거나 더없이 참담한 환경 또는 형편을 비유하여 일컫는 말. ¶입시 ~.

지옥-철(地獄鐵) 图 출퇴근 시간대에 만원을 이루어 발 디딜 틈도 없게 된 지하철을 지옥에 빗대어 이르는 말.

지온(地溫) 图 땅거죽이나 땅속의 온도.

-지요 어미 종결 어미 '-지'에 높임을 나타내는 보조사 '요'가 결합한 말. ¶함께 가시~. 图-죠.

지용-성(脂溶性) [-썽] 图[화] 어떤 물질이 기름에 용해되는 성질. ↔수용성.

지용성^비타민(脂溶性vitamin) [-썽-] 图 유지(油脂)에 녹는 성질을 가진 비타민. 비타민 A·D·E·F·K·U 따위. ▷수용성 비타민.

지우(知友) 图 서로 마음이 통하는 친한 벗. 비지음(知音).

지의식물__1103

지우-개 图 1 연필로 쓴 글씨나 그림 등을 문질러서 지우는, 고무로 된 물건. =고무·고무지우개. 2 칠판이나 화이트보드 등에 쓴 글씨를 문질러 지우는 물건.

지우-다¹ 图타 1 종이나 칠판이나 기타의 곳에 쓰거나 그리거나 묻은 글씨·그림·흔적 따위를) 지우개나 천 따위로 문지르거나 닦아 보이지 않게 하다. 또는, (종이로 쓴 글씨 따위를) 흰 물감으로 칠하여 보이지 않게 하거나, 필기도구로 꺼적거리거나 줄을 그어 알아볼 수 없게 만들거나 없는 것이 되게 하다. ¶잘못 쓴 글씨를 고무지우개로 ~. 2 (생각이나 기억 등을) 의식적으로 없애거나 잊다. ¶나는 그와의 추억을 머릿속에서 **지워** 버렸다.

지-우다² 图타 '지다⁴'의 사동사. ¶배의 아이를 ~.

지-우다³ 图타 '지다[I]'의 사동사. ¶나무가 참게 그늘을 ~.

지-우다⁴ 图타 '지다¹·³·⁴'의 사동사. 1 책임을 ~. 2 (오라나 포승 따위를) 몸에 감아서 묶다. ¶죄인에게 오라를 ~.

지-우산(紙雨傘) 图 대오리로 만든 살에 기름 먹인 종이를 발라 만든 우산. =종이우산.

지원¹(支院) 图 지방 법원·가정 법원 등의 관할에 있으면서 일정한 지역에 따로 떨어져 그곳의 법원 사무를 맡아 처리하는 곳. ▷분원.

지원²(支援) 图 (어떤 사람이나 단체, 또는 일을) 심적·물질적으로, 또는 행동으로 도와주는 것. 또는, (돈이나 물자 등을) 도움이 될 수 있도록 보태어 주는 것.

지원-하다¹ 图타 ¶작금을 ~.

지원³(志願) 图 바라서 원하는 것. ¶~ 입대. **지원-하다**² 图타타

지원-군(支援軍) 图 지지하여 돕기 위해 출동한 군대.

지원-금(支援金) 图 어떤 사람이나 단체가 어떤 일을 하는 데 도움을 주기 위해 주는 돈.

지원-병(志願兵) 图[군] 의무나 고용에 의하지 않고 자발적으로 현역(現役)을 지원하여 복무하는 병사.

지원-서(志願書) 图 어떤 일이나 조직에 지원하여 내는 서류. ¶입사 ~.

지원-자(志願者) 图 어떤 일을 하기를 지원하는 사람.

지위(地位) 图 어떤 사람이 가지는 사회적 신분이나 계급이나 위치. ¶~ 향상.

지육(智育) 图 지능의 개발과 지식의 함양을 목적으로 하는 교육. ▷체육·덕육.

지은-이 图 글을 지은 사람. 비작자·저작자.

지음(知音) 图 [거문고의 명인 백아가, 자기의 거문고 소리를 잘 알아들어 준 친구 종자기가 죽은 후, 그 소리를 아는 자가 없다 하여 거문고의 줄을 끊어 버렸다는 고사에서] 마음이 서로 통하는 친한 벗.

지읒 [-읃] 图[언] 한글 자모의 아홉째 글자. 'ㅈ'의 이름. 목젖으로 콧길을 막고 앞혓바닥을 경구개에 넓게 대었다가 날숨으로 터뜨리면서 마찰도 함께 일으키며 내는 무성 파찰음. 받침으로 그칠 때는 'ㄷ'과 같은 소리가 됨.

지의-류(地衣類) [-의-/-이-] 图[식] =지의식물.

지의-식물(地衣植物) [-의싱-/-이싱-] 图[식] 균류(菌類)가 조류(藻類)를 둘러

쌘 채 공동생활을 하는 식물의 무리. 바위나 나무껍질에 붙어 삶. =지의류.
지인(知人) 명 서로 알고 지내는 사람.
지입(持入) 명 자기 차를 가지고 운수 회사에 들어가서 일을 하는 것. ¶~ 차량.
지입-하다 동타여

지자체(地自體) 명 '지방 자치 단체'의 준말.
지장¹(支障) 명 일을 하는 데에 거치적거려 방해가 되는 상태. (비)장애. ¶사고 차량이 교통에 ~을 주고 있다.
지장²(地漿) 명[한] =지장수.
지장³(指章) 명 도장 대신 손가락의 지문을 찍는 인(印). =무인(拇印)·손도장.
지장-보살(地藏菩薩) 명 1 석가불의 부탁을 받고, 석가불이 입멸한 후부터 미륵불이 출세할 때까지, 부처 없는 세계에 머물러 있으면서 육도(六道)의 중생을 교화한다는 보살.
지장-수(地漿水) 명[한] 황토로 된 땅을 석 자쯤 팠을 때 그 속에 고이는 맑은 물. 해독제로 쓰임. =지장.
지저귀다 재 1 새 따위가 계속하여 소리를 내어 우짖다. ¶종달새 **지저귀는** 봄날. 2 스리없는 말을 지절거리다.
지저분-하다 형여 1 거칠고 어수선하여 깨끗하지 못하다. ¶방이 ~. 2 말이나 행실이 추잡하고 더럽다. ¶지저분한 행실.
지저분-히 부

지적¹(地籍) 명 토지의 위치·형질·소유 관계·지목(地目)·지번(地番) 등을 등록하여 놓은 기록.
지-적²(知的) [-쩍] 관·명 지식이 있는 (것). 또는, 지식에 관한 (것). ¶~ 수준.
지적³(指摘) 명 1 여럿 대상을 집어서 가리키는 것. 2 (잘못되거나 문제가 되는 점 등을) 꼬집어 드러내는 것. **지적-하다** 동타여 ¶잘못을 ~. **지적-되다** 동재
지적-도(地籍圖) [-또] 명 토지의 소재·지번·지목·면적 등을 나타내기 위하여 만든 평면 지도.
지적 소유권(知的所有權) [-쩍-꿘] [법] =지적 재산권.
지적 재산권(知的財產權) [-쩍-꿘] [법] 문학·예술·과학·저작·기술 등과 같이, 인간의 지적 활동의 결과 생산되는 무형의 산물에 대한 재산권. =지적 소유권.
지점¹(支店) 명 1 본점(本店)에서 갈려나온 가게. 2 본점의 지휘·명령을 받으면서 도 일정한 지역에서 부분적으로는 독립된 기능으로 업무를 보는 영업소. ↔본점.
지점²(地點) 명 땅 위의 어느 한 점.
지점-장(支店長) 명 지점의 업무를 총괄하는 우두머리.
지-점토(紙粘土) 명 신문지 따위의 종이를 잘게 찢어서 물에 적신 후 풀을 섞어 점토와 같이 만든 물질. =종이찰흙.
지정(指定) 명 관공서·학교·개인 등이 어떤 것에 특정한 자격을 주는 것. ¶학교 ~ 병원. **지정-하다** 동타여 ¶장소를 ~. **지정-되다** 동재 ¶문화재로 ~.
지정-곡(指定曲) 명 노래자랑이나 음악 경연 등에서, 참가자가 으레 부르도록 주최 측으로부터 지정받은 곡목. ↔자유곡.
지정-사(指定詞) 명[언] '이다'·'아니다'를 하나의 품사로 볼 때의 이름. 학교 문법에서는 '이다'는 조사, '아니다'는 형용사로 분류함.

지정-석(指定席) 명 주로 극장·열차·항공기·선박 등에서, 관객이나 승객에게 개별적으로 정해진 자리.
지정-학(地政學) 명 국가를 유기체(有機體)로 보고, 그 정치적 발전을 지리적 조건에서 합리화하려는 이론.
지조(志操) 명 옳은 원칙과 신념을 지켜 끝까지 굽히지 않는 꿋꿋한 의지. 또는, 그런 기개. ¶~를 지키다.
지존(至尊) 명 1 '임금'을 더없이 존귀한 존재라는 뜻에서 일컫는 말. 2 경쟁이 치열한 분야나 영역에서, 최고의 위치에 있는 사람. ¶모래판의 ~.
지주¹(支柱) 명 1 버티어 물건이 쓰러지지 않도록 하는 기둥. 2 정신적·사상적으로 든든히 받쳐 주는 사람의 비유. ¶소크라테스는 서양 철학의 정신적 ~이다.
지주²(地主) 명 1 토지의 소유자. =땅임자. ¶대~. 2 소유 토지를 남에게 빌려 주고 지대(地代)를 받는 사람.
지주^회사(持株會社) [-회/-훼-] [경] 다른 회사의 주식을 보유함으로써 그 회사를 독점적으로 지배하는 회사.
지중-하다(至重-) 형여 지극히 귀중하다. **지중-히** 부
지중-해(地中海) 명[지] 1 대륙과 대륙 사이에 끼인 바다. 북극해·홍해 따위. 2 유럽, 아시아, 아프리카 세 대륙에 둘러싸인 바다.
지중해성^기후(地中海性氣候) [-성-] [지] 지중해로 대표되는 온대 기후의 하나, 여름에는 비가 적고 고온·건조하며, 겨울에는 비가 많고 온난·다습하여 지내기가 좋음.
지지¹(至遲) 〈유아〉 더러운 것.
지지²(支持) 명 1 붙들어서 버티게 하는 것. 2 개인이나 단체 등의 주의·정책 등에 찬동하여 원조하는 것. 또는, 그 원조. ¶유권자의 ~를 받다. **지지-하다** 동타여
지지³(地支) 명 육십갑자의 아래 단위를 이루는 요소. 곧, 자(子)·축(丑)·인(寅)·묘(卯)·진(辰)·사(巳)·오(午)·미(未)·신(申)·유(酉)·술(戌)·해(亥).
지지⁴(地誌) 명 어떤 지역의 자연·사회·문화 등의 지리적 현상을 분류·연구·기록한 것.
지-지난 관 지난번의 바로 그 전. ¶~ 여름에 일어났던 일.
지지난-달 명 지난달의 바로 전달. =전전달.
지지난-밤 명 그저께의 밤.
지지난-번(-番) 명 지난번의 바로 전번.
지지난-해 명 지난해의 전해. 비재작년. 그러께.
지지다 동타 1 (생선·육류·채소·된장 등을) 국물을 조금 붓고 끓여서 익히다. ¶생선을 ~. 2 (부침개나 전 따위를 만드는 재료를) 기름을 받은 프라이팬 등에 일정한 시간 동안 열을 받게 하여 익히다. ¶빈대떡을 ~. 3 불에 달군 물건을 다른 물체에 대어 태우거나 뜨겁게 하다. ¶온돌방에 몸을 ~.
지지고 볶다 1 지지기도 하고 볶기도 하여 요리를 많이 장만하다. 2 사람을 들볶아서 몹시 부대끼게 하다. 속된 말임. 3 머리털을 파마하다. 속된 말임.
지지-대(支持臺) 명 1 무거운 물건을 받쳐 주는 밑대. 2 나무나 물건 등이 휘거나 넘어지지 않도록 하기 위해 받쳐

주는 대. ¶갓 심은 나무에 ~를 대다.
지지르다 통(타)〈지지르니, 지질러〉 1 (기운이나 의견 따위를) 꺾어 누르다. 2 무거운 물건으로 내리누르다.
지지리 튀 매우 심하게. 부정적인 상태나 작용이 아주 심한 상태임을 나타냄. (비)품 시. ¶~도 재수 없는 친구야.
지지미(ちぢみ) 명 신축성이 좋은, 가스사로 짠 면직물의 한 가지. 흔히 여름철 속옷 감으로 쓰임.
지지-배배 튀 제비나 종다리가 우는 소리.
지지부진(遲遲不進) 명 매우 더디어 일이 잘 진척되지 않음. **지지부진-하다** 형여 ¶작업이 인력 부족으로 ~.
지지-선(支持線) 명[경] 주가나 환시세 등의 하락이 그 이상은 계속되지 않으리라고 여겨지는, 지수나 환율의 한계선. ¶기판 투자자들이 매물을 내놓으면서 심리적 ~마저 무너지다. ↔저항선.
지지-율(支持率) 명 선거 등에서, 유권자들이 특정 후보를 지지하는 비율.
지지-자(支持者) 명 지지하는 사람.
지지-하다(遲遲─) 형여 몹시 더디다.
지진(地震) 명[지] 화산의 활동이나 단층·함몰 등 지구 내부의 급격한 변동으로 인하여 땅이 일시적으로 흔들리는 일.
지진-아(遲進兒) 명[교] 학습이나 지능의 발달이 더딘 아동.
지질(地質) 명[지] 지각을 이루고 있는 여러 가지 암석이나 지층의 성질 또는 상태. ¶~탐사.
지질(脂質) 명 생물체 안에 존재하며, 물에 녹지 않고 유기 용매에 녹는 유기 화합물의 총칭.
지질(紙質) 명 종이의 품질.
지질-시대(地質時代) 명[지] 지구의 표면에 지각이 생긴 이래 오늘날까지의 시대. 선캄브리아대·고생대·중생대·신생대로 크게 나뉨.
지질-하다 형여 싫증이 날 만큼 지루하다. ¶이야기를 **지절하게** 하다.
지질-학(地質學) 명[지] 지각의 구조·성질·성인(成因)·역사를 연구하는 지구 과학의 한 분야.
지짐-이 명 1 국물을 찌개보다 적게 붓고 짭짤하게 끓인 음식물. 2 기름에 지진 음식의 총칭. (비)부침개.
지참(持參) 명 (무엇을) 가지고 참석하는 것. **지참-하다** 타여 ¶필기도구를 ~.
지참-금(持參金) 명 신부가 시집갈 때 친정에서 가지고 가는 돈. ¶결혼 ~.
지척(咫尺) 명 아주 가까운 거리. ¶짙은 안개 때문에 ~을 분간할 수 없다.
지천[1](至賤) 명 (주로 '지천으로'의 꼴로 쓰여) (사물이) 여기저기 아주 흔하게 있는 상태. ¶들판에 이름 모를 꽃이 ~으로 피어 있었다. **지천-하다** 형여 1 (사물이) 여기저기 널이어 아주 흔한 상태에 있다. 2 (신분이) 매우 천하다.
지천[2] 명 '지구정'의 잘못.
지천명(知天命) 명 [하늘의 뜻을 안다는 뜻] 쉰 살을 이르는 말.
지청(支廳) 명 본청의 관할 아래, 그 소재지의 사무를 취급하는 관청.
지청구 명 (어떤 사람을) 못마땅하게 여겨 탓하고 원망하는 짓. ¶~를 듣다. ×지천. **지청구-하다** 타여
지체[1] 명 집안이나 개인의 사회적 지위나 등급. ¶~가 높다.

지체[2](肢體) 명 팔다리와 몸.
지체[3](遲滯) 명 때를 늦추거나 질질 끄는 것. ¶시간이 급하니 ~ 없이 떠나라. **지체-하다** 자타여 ¶일을 **지체하지** 말고 빨리 처리해라. **지체-되다** 자여
지체-부자유아(肢體不自由兒) 명 팔·다리와 몸의 활동이 자유롭지 못한 어린이.
지축(地軸) 명 1 지구의 자전축. 2 대지(大地)의 중심. ¶~을 뒤흔드는 폭음.
지출(支出) 명 1 어떤 목적을 위하여 금전을 지불하는 일. 2 국가·지방 자치 단체가 직무 수행상 지불하는 경비. ↔수입. **지출-하다** 타여 **지출-되다** 자여
지층(地層) 명[지] 자갈·모래·진흙·화산재 등이 강이나 바다의 바닥 또는 지표면에 퇴적하여 이루어진 층.
지!치다[1] 자 1 (사람이나 동물이) 힘든 일을 하거나 몸을 많이 움직이는 일을 하여 기운이 빠진 상태가 되다. ¶과로에 **지쳐** 쓰러지다. 2 (사람이) 어떤 일에 대해 의의나 보람이나 만족을 얻지 못해 더 이상 되풀이하거나 지속하고 싶지 않은 상태가 되다. ¶일상(日常)에 **지친** 현대인.
지!치다[2] 타여 얼음 위를 미끄러져 달리다. ¶얼음을 ~.
지친(至親) 명 부자간·형제간을 이르는 말.
지침(指針) 명 1 지시 장치에 붙어 있는 바늘. 시곗바늘·계량기 바늘 따위. 2 생활이나 행동을 하는 데 방향과 방법 같은 것을 인도하여 주는 길잡이. ¶행동 ~.
지침-서(指針書) 명 지침이 될 만한 책. ¶학습 ~.
지칭(指稱) 명 어떤 대상을 가리켜 이르는 것. 또는, 그 이름. ¶'영부인'은 지체 높은 사람의 아내를 **지칭하는** 말이다. **지칭-되다** 자여
지칭-어(指稱語) 명[언] 어떤 대상을 가리켜 이르는 말.
지켜-보다 통(타) (사람이 어떤 사람을) 감시하고자, 또는 관심을 갖고 주의를 기울여 보다. ¶앞으로 네 행동을 **지켜보겠다**.
지키다 통(타) 1 다른 사람이나 동물이 함부로 들어오지 못하게 하면서 그 안에 있는 물건이나 대상을 안전하거나 보호하거나 보살피다. ¶집을 **지키는** 개. 2 (사람이 길목이나 통로 따위를) 특정한 대상이 그냥 지나가지 못하도록 살피거나 감시하다. ¶골키퍼가 골문을 ~. 3 (어떤 태도나 대상을) 잃지 않거나, 다른 사람에게 내주거나 빼앗기지 않고, 그대로 계속 가지다. ¶비밀을 ~. 4 (약속이나 법·규칙, 예절·질서 등을) 어긋나지 않게 행동에 옮기거나 따르다. ¶준수하다. ¶질서를 ~. ↔어기다.
[**지키는 사람 열이 도둑 하나를 못 당한다**] 아무리 조심해서 감시해도 은연중에 생기는 사고는 막기 어렵다는 말.
지킴 명[민] 한 집이나 어떤 장소 등을 지키고 있다는 신령한 동물이나 물건.
지킴-이 명 1 한 집이나 마을, 공동 구역을 지켜 주는 신. 2 어떤 대상을 보존하고 보호하여 지키는 사람이나 단체. ¶환경 ~ / 우리말 ~.
지탄(指彈) 명 잘못을 지목하여 비난하는 것. ¶국민의 ~을 받다. **지탄-하다** 타여
지탱(支撐) 명 1 (어떤 물체를) 쓰러지지 않도록 받치거나 버티는 것. 2 (어떤 상태

지파(支派) 명 종파(宗派)에서 갈라져 나간 파.
지판(地板) 명 1 관(棺)의 밑바닥의 널. ↔천판(天板). 2 접지(接地)할 때 땅속에 묻는 금속판.
지팡이 명 다리나 허리가 성한 사람이 걸을 때 손으로 잡고 땅에 짚어 몸을 의지할 수 있게 만든, 가늘고 긴 물건. 비단장(單杖).
지퍼(zipper) 명 서로 이가 맞는 금속·플라스틱 등의 조각을 헝겊 테이프에 나란히 두 줄로 박아서 그 두 줄을 고리로 밀고 당겨 여닫을 수 있도록 만든 물건. ×자꾸.
지평(地平) 명 1 대지의 평면. 2 '지평선'의 준말. 3 사물에 대한 전도(前途)·전망·가능성 또는, 사물이 가지는 일정한 영역이나 한계. 비유적인 말임. ¶민주주의 ~의 새로운 ~을 열다.
지평-선(地平線) 명 평평한 대지의 끝과 하늘이 맞닿아 보이는 경계선. 비스카이라인.㈜지평.
지폐(紙幣) 명 [-폐/-페] 종이에 인쇄를 해서 만든 화폐. ㈜종이돈.
지표¹(地表) 명 [지] 지구의 표면. 또는, 땅의 겉면. =지표면. ¶~에 드러난 팥맥.
지표²(指標) 명 어떤 사물의 목적의 기준이 되는 표적. ¶~로 삼다.
지표-면(地表面) 명 =지표¹.
지푸라기 명 짚의 낱개. 또는, 부서진 짚의 부스러기.
지프(jeep) 명 험한 길을 주행하기에 알맞게 제작된, 사륜 구동의 소형 자동차. 상표명임. ㈜지프차. ×찜차.
지프-차(jeep車) 명 =지프.
지피다¹ 통 재 사람에게 신(神)이 내려서 모든 것을 알아맞히는 신묘한 힘이 생기다. ¶신이 ~.
지피다² 통 아궁이·화덕 등에 땔나무를 넣어 불타도록 하다. ¶군불을 ~.
지피에스(GPS) 명 [Global Positioning System] [통] 인공위성을 이용하여 세계 어느 곳에서든지 자신의 위치를 정확하게 파악할 수 있는 시스템. =위치 항법 시스템.
지피지기(知彼知己) 명 적과 나의 능력과 형편을 모두 아는 것. ¶~면 백전백승.
지필묵(紙筆墨) 명 종이와 붓과 먹.
지하(地下) 명 1 지면이나 지표를 기준으로 하여 그 아래. 또는, 땅속. ¶~에 매장된 광물. ↔지상. 2 '무덤 속'을 완곡하게 이르는 말. ¶~에 묻혀 영원히 잠들다. 3 사회 운동·정치 운동에서의 비합법적인 영역. ¶~에서 활동하다.
지하^경제(地下經濟) 명 [경] 사채놀이·마약 거래·도박·매춘 등 불법적인 경제 활동 및 합법적이지만 정부의 공식 통계에는 나타나지 않는 각종 경제 활동.
지하-공작(地下工作) 명 1 어떤 목적을 위하여 비합법적으로 몰래 하는 비밀공작. 2 이면에서 행하는 작용이나 활동.
지하-도(地下道) 명 =지하보도.
지하드(jihad) 명 ['성전(聖戰)'이라는 뜻] [종] 이슬람교를 전파하거나 위기로부터 방어하기 위해, 신도들이 의무적으로 벌여야 하는 투쟁.

지하-보도(地下步道) 명 걸어서 길을 건널 수 있게 지하로 낸 길.
지하-상가(地下商街) 명 지하도에 상점이 늘어선 곳.
지하-수(地下水) 명 땅속의 토사·암석 등의 빈틈을 채우고 있는 물. 빗물이 땅속에 스며들어 고인 것임.
지하-실(地下室) 명 [건] 집이나 건물의 지하층에 만든 방.
지하-자원(地下資源) 명 땅속에 매장되어 있는 광물 등으로, 채굴되어 인간 생활에 도움을 주는 것. 광물·석탄·석유 따위.
지하-철(地下鐵) 명 대도시에서 교통 혼잡을 완화하고, 빠른 속도로 열차를 운행하고자 땅속에 굴을 파서 부설한 철도.
지하철-역(地下鐵驛) 명 [-력] 지하철이 정차하거나 떠나는 역.
지학¹(地學) 명 [지] '지구 과학'의 준말.
지학²(志學) 명 [공자가 15세 때 학문에 뜻을 두었다는 데에서] '열다섯 살'을 일컫는 말.
지행(知行) 명 지식과 행위. ¶~일치.
지행합일-설(知行合一說) 명 [-썰] [철] 앎은 마음속에 내재해 있고 행위는 앎의 표현에 불과한 것이므로, 앎과 행위는 하나라는 학설. 명나라의 왕양명이 주장함.
지향¹(志向) 명 어떤 목표에 뜻이 쏠려 향하는 것. 또는, 그 쏠리는 의지. 지향-하다 통 태어 ¶복지 국가를 ~.
지향²(指向) 명 지정하거나 작정한 방향으로 나가는 것. 또는, 그 방향. ¶~ 없이 가다. 지향-하다 통 타어
지혈(止血) 명 상처에서 나오던 피가 멎는 것. 또는, 나오는 피를 멈추게 하는 것. ㈜출혈. 지혈-하다 통재태어 지혈-되다 통재
지혈-제(止血劑) 명 [-쩨] [약] 출혈을 멈추게 하는 데에 쓰이는 약.
지협(地峽) 명 [지] 두 대륙을 연결하는, 잘록하고 좁다란 땅. 파나마 지협 따위.
지형¹(地形) 명 땅의 생긴 모양이나 형세. =지세.
지형²(紙型) 명 [출] 연판을 뜨기 위하여, 식자한 활판 위에 축축한 종이를 올려놓고 무거운 물건으로 눌러 그 종이에 활자 자국이 나타나게 한 것. ㈜을 뜨다.
지형-도(地形圖) 명 [지] 지표의 형태, 수계·교통로·취락·지명 등을 표시한 지도.
지혜(智慧·知慧) 명 [-혜/-헤] 삶의 경험이 풍부하거나 사물의 이치나 도리를 잘 알아 일을 바르고 옳게 처리하는, 마음이나 두뇌의 능력. 비슬기. ¶생활의 ~.
지혜-롭다(智慧-) [-혜-따/-헤-따] 〔-로우니, -로워〕지혜를 가진 상태에 있다. 형ㅂ변 ¶급변하는 국제 정세에 지혜롭게 대처하다. **지혜로이** 부
지호지간(指呼之間) 명 손짓하여 부를 만한 가까운 거리.
지화(紙花) 명 종이로 만든 조화(造花). =종이꽃.
지화자 감 가무의 곡조에 맞춰 흥을 돋우느라고 부르는 소리. ¶~, 좋구나 좋다.
지황(地黃) 명 [식] 굵은 육질의 적갈색 뿌리를 약용하기 위해 재배하는 여러해살이풀. 또는, 그 뿌리. 여름에 엷은 홍자색 꽃이 핌. 뿌리는 날것을 '생지황', 말린 것을 '건지황', 찐 것을 '숙지황'이라 한다.
지회(支會) [-회/-훼] 명 본회(本會)에

관리 아래에 있으면서, 어떤 지역 안의 일을 맡아보는 조직.
지효-성(遲效性) [-썽] [명] 효력이나 효능이 늦게 나타나는 성질. ↔속효성.
지휘(指揮·指麾) [명] **1** 어떤 목적을 효과적으로 이루기 위하여 단체의 행동을 통솔하는 것. **2** [음] 2인 이상이 연주하는 음악을 일정한 해석 아래 예술적으로 연주하도록 지도하는 일. 또는, 연주자들 앞에 마주 서서 손짓이나 몸짓 따위로 연주를 이끄는 일. **지휘-하다** [동][타][여]
지휘-관(指揮官) [명][군] 군대를 지휘·통솔하는 직책. 또는, 그 사람.
지휘-권(指揮權) [-꿘] [명] 지휘할 수 있는 권리.
지휘-대(指揮臺) [명][음] 지휘자가 올라서서 지휘하도록 마련한 대.
지휘-명령(指揮命令) [-녕] [명] 상급 관청이 하급 관청에 그 소관 사무에 관해 내리는 명령. =지령.
지휘-봉(指揮棒) [명] 지휘관·지휘자가 손에 가지는 막대기.
지휘-소(指揮所) [명][군] 부대를 지휘하기 위하여 마련된 곳.
지휘-자(指揮者) [명] **1** 지휘하는 사람. **2** [음] 합창이나 합주의 지휘를 하는 사람.
직[1] [부] 글씨 등의 획을 한 번 긋거나, 종이 등을 한 번 찢는 모양. 또는, 그 소리. [작] 작. [센] 찍.
직[2] [부] 사람·새 등이 물똥·오줌 등을 한 차례 내갈기는 모양. [센] 찍.
직[3](職) [명] **1** '관직'의 준말. **2** '직업'의 준말. **3** '직책'의 준말. ¶여러 ~을 거치다.
직각[1](直角) [-깍] [명][수] 두 직선이 만나서 이루는 90°의 각.
직각[2](直覺) [-깍] [명] 보거나 듣는 즉시로 바로 깨닫는 것. **직각-하다** [동][타][여]
직각^삼각형(直角三角形) [-깍쌈가켱] [명] [수] 한 내각이 직각인 삼각형. =직삼각형.
직각-적(直覺的) [-깍쩍] [관][명] 사물에 대하여 직접으로 깨닫는 (것).
직간(直諫) [-깐] [명] 맞대어 바른말로 간하는 것. **직간-하다** [동][타][여]
직감(直感) [-깜] [명] 설명·증명을 거치지 않고 사물을 접촉함으로써 즉각 느껴지는 감각. ¶뭔가 숨기고 있다는 걸 ~으로 알다. **직감-하다** [동][타][여] **직감-되다** [동][자]
직감-적(直感的) [-깜-] [관][명] 즉시 사물의 진상을 느껴 알아차리는 (것). ¶~으로 위기를 느끼다.
직-거래(直去來) [-꺼-] [명] 중개인을 거치지 않고 살 사람과 팔 사람이 직접 거래하는 것. **직거래-하다** [동][타][여]
직격(直擊) [-껵] [명] **1** 공격·사격 등이 목표물을 직접 맞대 놓고 이뤄지는 상태. ¶~ 최루탄. **2** 상대에 대한 비판이나 접근이 직접적이고도 거리낌 없이 이뤄지는 상태. ¶화제 인물과의 ~ 인터뷰.
직격-탄(直擊彈) [-껵-] [명] **1** 목표물에 정확히 맞거나 목표물을 정확히 맞추어 큰 타격을 입힌 포탄이나 탄환. ¶적의 요새는 아군의 ~을 맞고 화염에 휩싸였다. **2** 직접적으로 받거나 가하는, 매우 강한 충격이나 공격. 비유적인 말임. ¶그 기업은 외환 위기의 ~을 맞고 도산했다.
직결(直結) [-껼] [명] 직접적으로 연결되는 것. **직결-하다** [동][자][여] **직결-되다** [동][자] ¶생계와 **직결되는** 문제.
직경(直徑) [-꼉] [명][수] '지름'의 구용어.
직계(直系) [-꼐/-께] [명] **1** 혈연이 친자 관계에 의하여 직접 이어져 있는 계통. **2** 사제·단체 등의 관계에서, 직접 잇는 계통. ↔방계(傍系).
직계^비¦속(直系卑屬) [-꼐-/-께-] [명] [법] 자기로부터 직계로 내려간 혈족. 곧, 아들·손자·증손 따위. ↔직계 존속.
직계^존속(直系尊屬) [-꼐-/-께-] [명] [법] 조상으로부터 직계로 자기에게 이르는 사이의 혈족. ↔직계 비속.
직계^혈족(直系血族) [-꼐-쪽/-께-쪽] [명][법] 직계의 관계가 있는 존속·비속 등의 혈족. ↔방계 혈족.
직공(職工) [-꽁] [명] **1** 자기의 손 기술로 물건을 만드는 일을 직업으로 하는 사람. =직인. **2** 공장 노동에 종사하는 사람.
직관(直觀) [-꽌] [명][철] 판단·추리 등의 사유 작용을 거치지 않고, 대상을 직접적으로 파악하는 작용. **직관-하다** [동][타][여]
직관-력(直觀力) [-꽌녁] [명] 판단·추리 등의 사유 작용을 거치지 않고 대상을 직접적으로 파악할 수 있는 능력. ¶날카로운 ~.
직관-적(直觀的) [-꽌-] [관][명] 판단·추리 등의 사유 작용을 가하지 않고 대상을 감각적으로 포착하고 있는 (것). ¶~ 판단.
직교(直交) [-꾜] [명][수] 두 직선 또는 두 평면이 직각을 이루며 만나는 일. **직교-하다** [동][자][여] **직교-되다** [동][자]
직구(直球) [-꾸] [명][체] 야구에서, 투수가 변화를 주지 않고 곧게 던지는 공. =스트레이트. ▷변화구.
직군(職群) [-꾼] [명] 유사한 직무를 한데 뭉뚱그린 것. 경찰직·소방직·보도직을 묶어 공안직(公安職)이라 하는 따위.
직권(職權) [-꿘] [명] 어떤 직무나 직위에 따른 권한. ¶~을 남용하다.
직권^면¦직(職權免職) [-꿘-] [명][법] 국가의 일방적 의사에 따라 공무원을 그 직위에서 물러나게 하는 일.
직급[1](職級) [-끕] [명] 직무의 종류와 책임의 정도에 따라 구분한 공무원의 계급.
직급[2](職給) [-끕] [명] 직무에 대한 급료.
직기(織機) [-끼] [명] 피륙을 짜는 기계.
직녀(織女) [징-] [명][천] '직녀성'의 준말.
직녀-성(織女星) [징-] [명][천] 거문고자리의 알파성. 북쪽 하늘에서 빛나며, 칠석날 은하수 건너 견우성과 만난다는 전설의 별임. [준]직녀.
직능(職能) [징-] [명] **1** 직무를 수행하는 능력. **2** 직업·직무에 따른 기능이나 역할.
직능^대¦표제(職能代表制) [징-] [명][정] 직업별 단체로부터 대표를 선출하여 의회에 보내는 대의 제도. ↔지역 대표제.
직딩(職-) [-띵] [명] <속> 직장인. 인터넷상에서 쓰이는 통신 언어임.
직렬[1](直列) [징녈] [명][물] =직렬연결. ↔병렬.
직렬[2](職列) [징녈] [명] 유사한 직무의 종류를, 책임과 어려움의 정도에 따라 분류한 구분. 경찰직·소방직·법제직·외무직 등에서 볼 수 있음.
직렬-연결(直列連結) [징녈련-] [명][물] 전기 회로에서, 전지·저항기·축전기 등을 한 줄로 연결하는 일. =직렬. ↔병렬연결.
직령(直領) [징녕] [명][역] 조선 시대, 무관이 입던 웃옷의 하나. 소매가 넓고 뻿뻿

하며 깃이 곱음.
직류(直流)[징뉴] 몡 **1** 곧은 흐름. **2** 전류의 크기와 방향이 시간적으로 변화하지 않는 일정한 전류. ↔교류.
직립(直立)[징닙] 몡 꼿꼿이 바로 서는 것. ¶~ 자세. **직립-하다** 됭(여)
직립^보^행(直立步行)[징닙뽀-] 몡 사지(四肢)를 가진 동물이 뒷다리만을 사용하여 등을 곧바로 세우고 걷는 일. 주로 인간에게 해당되는 말.
직립^원인(直立猿人)[징닙-] 몡 (고고) 유인원과 현생 인류(호모 사피엔스)의 중간 단계의 화석 인류. 제4기에 살았으며, 직립 보행을 함. 베이징 원인·자바 원인 따위. ⇒호모 에렉투스.
직매(直賣)[징-] 몡 생산자가 중간 상인을 거치지 않고 소비자에게 직접 상품을 파는 일. ®직판. ¶~점. **직매-하다** 됭(여) ¶농산물을 산지에서 ~. **직매-되다** 됭(자)
직매-장(直賣場)[징-] 몡 생산자가 중간 상인을 거치지 않고 소비자에게 직접 상품을 파는 장소. ¶청과-출.
직면(直面)[징-] 몡 (어떤 상황에) 맞닥뜨려 처하는 것. **직면-하다** 됭(자)(여) ¶비상사태에 ~.
직명(職名)[징-] 몡 직업이나 직무·직위, 또는 벼슬 따위의 이름.
직모(直毛)[징-] 몡 곱슬곱슬하지 않고 곧게 뻗은 머리털.
직무(職務)[징-] 몡 직업상의 임무. ¶~ 태만/~에 충실하다.
직물(織物)[징-] 몡 섬유를 직기(織機)에 걸어 짠 물건의 총칭. 면직물·모직물·견직물 따위.
직박구리[-빡꾸-] 몡 몡 몸길이 약 27.5cm로 몸 전체가 잿빛을 띤 어두운 갈색이며, 무리를 지어 살면서 시끄럽게 지저귀는 새. 울음소리가 매우 음악적임.
직방(直放)[-빵] 몡 효과나 결과가 지체 없이 나타나는 일. ®직효. ¶이 약은 설사에 ~으로 듣는다.
직배(直配)[-빼] 몡 생산자가 소비자나 수요자에게 중간 단계 없이 직접 배급하는 것. ¶~ 영화. **직배-하다** 됭(타)(여) **직배-되다** 됭(자)
직분(職分)[-뿐] 몡 **1** 직무상의 본분. **2** 마땅히 해야 할 본분. ¶~을 다하다.
직불-카드(直拂card) 몡 대금을 카드로 결제하는 그 즉시 예금 계좌에서 돈이 자동으로 인출되게 되어 있는 카드.
직사¹(直死)[-싸] 몡 =즉사(卽死). **직사-하다**¹ 됭(자)(여) ¶=즉사-하다. **2** (부정적인 뜻의 동사 앞에서 '직사하게'의 꼴로 쓰여)'심하게', '몹시'의 뜻을 나타내는 말. ¶**직사하게** 고생하다[맞다].
직사²(直射)[-싸] 몡 **1** (광선이) 곧게 바로 비치는 것. **2** 탄도(彈道)가 직선으로 이루어지게 발사하는 것. ¶~곡사·평사(平射). **직사-하다**² 됭(자)(타)(여) **직사-되다** 됭(자)
직-사각형(直四角形)[-싸가켱] 몡 내각(內角)이 모두 직각인 사각형. =장방형.
직사-광선(直射光線)[-싸-] 몡 다른 물체에 반사되거나 가려지지 않은 상태로 직접 비치는 광선. 특히, 그런 햇빛.
직-삼각형(直三角形)[-쌈가켱] 몡 (수) =직각 삼각형.
직선¹(直線)[-썬] 몡 **1** 곧은 줄. **2** (수) 두 점 사이를 가장 짧은 거리로 연결한 선. ↔곡선.
직선²(直選)[-썬] 몡 (법) '직접 선거'의 준말. ↔간선(間選). **직선-하다** 됭(타)(여)
직선-거리(直線距離)[-썬-] 몡 두 점을 직선으로 연결한 거리.
직선-미(直線美)[-썬-] 몡 (미) 회화·건축·조각 따위에서, 직선적인 구성에 의하여 이루어지는 미. ↔곡선미.
직선-적(直線的)[-썬-] 몡 **1** 태도나 성격 등이 빙빙 돌리거나 눈치를 보거나 함이 없이 솔직하게 곧이곧대로 말하거나 행동하는 상태에 있는 (것). ¶~ 성격.
직선-제(直選制)[-썬-] 몡 직접 선거에 의하는 제도. ¶대통령 ~.
직선^코스(直線course)[-썬-] 몡 (체) 육상 경기·경마 등에서, 직선의 주로.
직설-법(直說法)[-썰뻡] 몡 (언) 이야기하는 사람이 그 이야기의 내용을 현실 세계의 사실로 인정하는 문법상의 표현법.
직설-적(直說的)[-썰쩍] 몡 부드럽게 돌려서 말하지 않고 곧이곧대로 또는 있는 그대로 말하는 (것). ¶~ 표현.
직성(直星)[-썽] 몡 (민) 사람의 나이에 따라 그 운수를 달리본다는 아홉 개의 별. 곧, 제웅직성·토직성(土直星)·수직성(水直星)·금직성(金直星)·일직성(日直星)·화직성(火直星)·계도직성(計都直星)·월직성(月直星)·목직성(木直星).
직성(이) 풀리다 [직성의 변화 여부에 따라 자신의 운명도 결정된다는 사고방식으로부터 생긴 말] 제 성미대로 되어 마음이 흡족하다. ¶일이 시작할 때 끝을 보아야 **직성이 풀린다**.
직속(直屬)[-쏙] 몡 어떤 조직에, 또는 어떤 직위의 사람에게 직접 속하여 통솔을 받고 있는 것. ¶~ 상관. **직속-하다** 됭(자)(여) **직속-되다** 됭(자)
직송(直送)[-쏭] 몡 **1** 곧 보내는 것. **2** 직접 부치는 것. **직송-하다** 됭(타)(여) ¶농산물을 산지에서 ~. **직송-되다** 됭(자)
직-수입(直輸入)[-쑤-] 몡 다른 나라의 상품을 중간에서 중계하는 나라나 상인의 손을 거치지 않고 직접 수입하는 일. **직수입-하다** 됭(타)(여) **직수입-되다** 됭(자)
직시(直視)[-씨] 몡 **1** (대상을) 눈에 힘을 모아 똑바로 보는 것. **2** (사물·현상을) 사실 그대로 바로 보는 것. **직시-하다** 됭(타)(여) ¶현실을 ~.
직언(直言) 몡 (어떤 사람에게) 옳고 그름에 대하여 기탄 없이 바로 말하는 것. **직언-하다** 됭(타)(여)
직업(職業)[-업] 몡 생계를 유지하기 위하여 자기의 적성과 능력에 따라 지속적으로 한 가지 일에 종사하는 사회 활동. ®업(業). ⇒직업.
직업^군인(職業軍人)[-꾼-] 몡 군 관계의 학교를 졸업하였거나 또는 현역 지원을 해서, 직업으로서 군무에 복무하고 있는 군인.
직업-병(職業病)[-뼝] 몡 특정한 직업을 가진 사람이 그 작업 환경이나 근무 조건 때문에 잘 걸리는 병. 광부의 규폐병 따위.
직업-소개소(職業紹介所)[-쏘-] 몡 직업을 소개하는 일을 업으로 하는 업소. ⇒소개소.
직업-여성(職業女性)[-엄녀-] 몡 직업에 종사하고 있는 여성.

직업-의식(職業意識) [명] 특정의 직업에 종사하는 사람이 가지게 되는 특유한 의식이나 태도.
직업-인(職業人) [명] 어떤 직업에 종사하는 사람.
직업-적(職業的) [-쩍] [관][명] 직업으로서 행하는 (것). 또는, 직업에 관련되는 (것).
직역(直譯) [명] (외국어로 된 글이나 말을) 그 자구대로만 충실하게 번역하는 것. ↔의역. **직역-하다** [동][타][여] **직역-되다** [동][자]
직영(直營) [명] 직접 관리하고 경영하는 것. ¶회사 ~ 식당. **직영-하다** [동][타][여]
직영-점(直營店) [명] 어떤 기업이 직접 관리하고 운영하는 점포. ▷대리점.
직원(職員) [명] 어떤 직장에 그 구성원으로서 근무하는 사람.
직위(職位) [명] 직무상의 위치.
직유-법(直喩法) [-뻡] [명][문] 수사법의 하나. 어떤 사물을 다른 사물에 직접적으로 빗대어 나타내는 표현 방법. '같다', '처럼', '듯' 등이 연결어로 쓰임. '장대 같은 비' 따위. ↔은유법.
직-육면체(直六面體) [징늉-] [명][수] 각 면이 모두 직사각형이고 마주 보는 세 쌍의 면이 각각 평행한 육면체.
직인[1](職人) [명] =직공(職工)1.
직인[2](職印) [명] 공무원이나 직원이 직무상 쓰는 도장. ¶~이 없는 서류는 무효임.
직임(職任) [명] 직무상 맡은 책임.
직장[1](直腸) [-짱] [명][생] 대장(大腸)의 말단부로서 결장(結腸)에 이어서 항문에 이르는 곧은 부분. =곧은창자.
직장[2](職場) [-짱] [명] 생계를 꾸려 나가기 위해 보수를 받으며 일하는 곳. [비]일자리. ¶~ 여성.
직장-인(職場人) [-짱-] [명] 직장에 다니면서 급료를 받아 생활하는 사람.
직전(直前) [-쩐] [명] 어떤 일이 있기 바로 전. ¶지금 출발 ~이다. ↔직후.
직접(直接) [-쩝] Ⅰ[명] 어떤 일이 중간에 다른 사람이나 사물이 끼지 않고 바로 이루어지는 상태. ¶~ 매매. ↔간접.
Ⅱ[부] 다른 사람을 시키거나 다른 것을 중간에 통하지 않고 바로. ¶네가 ~ 해라.
직접^높임말(直接-) [-쩜-] [명][언] 높임을 받는 대상을 높이는 말. '아버님', '주무시다' 등을 말함. ▷간접 높임말.
직접^선¦거(直接選擧) [-쩝썬-] [명][법] 선거인이 직접 피선거인을 뽑는 일. [준]직선. ↔간접 선거.
직접-세(直接稅) [-쩝쎄] [명][법] 세금을 내는 사람과 실제로 부담하는 사람이 일치하는 조세. 소득세·법인세·상속세 따위. ↔간접세.
직접-적(直接的) [-쩝쩍] [관][명] 직접으로 하거나 되는 (것). ¶그 사람과 ~인 관계는 없다. ↔간접적.
직접^화법(直接話法) [-쩌퐈뻡] [명][언] 남의 말을 옮길 경우에 그 사람의 말을 그대로 되풀이하는 화법. ↔간접 화법.
직제(職制) [-쩨] [명] 행정 기관이나 그 밖의 단체·조직 등의 직무 또는 직위에 관한 제도. ¶공무원의 ~를 개편하다.
직조(織造) [-쪼] [명] (피륙 등을) 기계로 짜는 일. **직조-하다** [동][타][여]
직종(職種) [-쫑] [명] 직업·직무의 종류. ¶~이 다르다.
직-직[1] [-찍] [부] **1** 신 따위를 끌며 걷는 소리. 또는, 그 모양. ¶슬리퍼를 ~ 끌고 다니다. **2** 글씨의 획을 마구 긋거나 종이 따위를 함부로 찢는 소리. 또는, 그 모양. ¶글씨를 ~ 갈겨쓰다. [센]찍찍.
직-직[2] [-찍] [부] 새 따위가 묽은 똥을 자꾸 내깔기는 모양. [센]찍찍.
직진(直進) [-찐] [명] (빛·자동차 등이) 방향을 바꾸지 않고 곧게 나아가는 것. ¶~ 신호. **직진-하다** [동][자][여]
직책(職責) [명] 직무상의 책임. ¶~ 수당. [준]직(職).
직통(直通) [명] **1** 두 지점 사이에 다른 것을 거치거나 들르거나 하지 않고 바로 통하는 것. ¶~ 전화. **2** 약·주사 또는 행동의 효과가 대번에 나타나는 것. [비]직방. ¶이 약은 두통에 ~이다. **3** (주로 '직통으로'의 꼴로 '(얻어)맞다'와 함께 쓰여) 꼼짝없이 곧바로. [비]정통. ¶날아온 공이 얼굴에 ~으로 맞았다. **직통-하다** [동][자][여]
직판(直販) [명] 유통 기구를 거치지 않고 생산자가 소비자에게 직접 판매하는 것. [비]직매. **직판-하다** [동][타][여] **직판-되다** [동][자]
직판-장(直販場) [명] 유통 기구를 거치지 않고 생산자가 소비자에게 직접 판매하는 장소. ¶농수산물 ~.
직하(直下) [지카] [명] **1** 바로 아래. ¶적도 ~. **2** 곧바로 내려가는 것. ¶급전~. **직하-하다** [동][자][여]
직-하다[1] [지카-] [형][보조][여] (용언이나 '이다'의 뒤에서 '-ㅁ/음 직하다' 꼴로 쓰여) '-ㄹ 것 같다'의 뜻으로, 앞말이 뜻하는 내용이 발생할 가능성이 많음을 나타내는 말. ¶인원이 30명은 됨 ~.
-직하다[2] [지카-] [접미] 형용사의 어간에 붙어, 표준에 가까움을 뜻하는 말. ¶굵~/높~. ▷-ㅁ직하다·-음직하다.
직할(直轄) [지칼] [명] 직접 관할하는 것. ¶~ 파출소. **직할-하다** [동][타][여]
직할-시(直轄市) [지칼-] [명] 예전에, 정부가 직접 관할하던 상급 지방 자치 단체의 하나. 1995년 '광역시'로 개칭됨.
직함(職銜) [지캄] [명] 직책이나 직무의 이름.
직항(直航) [지캉] [명] (배나 비행기가) 도중에 다른 곳을 들르지 않고 목적지까지 직행하는 것. **직항-하다** [동][자][여]
직항-로(直航路) [지캉노] [명] 배나 비행기가 도중에 다른 곳을 들르지 않고 목적지까지 곧바로 갈 수 있는 길. ¶서울·도쿄 간에 ~가 개설되다.
직행(直行) [지캥] [명] **1** 다른 곳을 들르지 않고 곧바로 가는 것. **2** '직행버스'의 준말. **직행-하다** [동][자][여] 다른 곳을 들르지 않고 곧바로 가다.
직행-버스(直行bus) [지캥-] [명] 목적지까지 다른 정류장을 경유하지 않고 곧바로 가는 버스. [준]직행.
직후(直後) [지쿠] [명] 어떤 일이 있고 난 바로 뒤. ¶전쟁 ~. ↔직전.
진[1](辰) [명] 십이지(十二支)의 다섯째. 용(龍)을 상징함.
진¦[2](津) [명] **1** 풀이나 나무의 껍질 따위에서 분비되는 끈끈한 물질. ¶고무나무의 ~. **2** 김이나 연기나 눅눅한 기운이 서려 생기는 끈끈한 물질. ¶담뱃~.
진(이) 빠지다 지쳐서 기운이 빠지다.
진(을) 빼다 지치게 하여 기운을 빼다.
진[3](秦) [명][역] 중국 최초의 통일 왕조(221

~207 B.C.). 시황제 때 6국을 멸하여 천하를 통일했으나, 한(漢)나라 고조(高祖)에게 망함.

진⁴(陣)[군] **1** 군사들의 대오(隊伍)를 배치함. 또는, 그 대오. ¶배수~. **2** =진영(陣營)¹.

진을 치다 자리를 차지하다.

진⁵(眞)[논] '참1² '의 구용어.

진⁶(晉)[명][역] 중국 주(周)나라 때 제후국의 하나(1106~376 B.C.). 기원전 7세기경부터 강성해졌으나, 춘추 시대 말에 한(韓)·위(魏)·조(趙)로 삼분되어 망함.

진⁷(晉)[명][역] 삼국자의 위(魏)나라 권신 사마염이 뤄양(洛陽)에 세운 왕조(265~419). 송나라에게 망함.

진⁸(鎭)[명] **1** 한 지역을 지키던 군대. 또는, 그 군대의 우두머리. **2** [역] '진영(鎭營)²'의 준말.

진-⁹(津)[접두] 색깔이나 농도가 엷거나 묽지 않고 진함을 나타내는 말. ¶~간장 / ~분홍.

진-¹⁰(津)[접두] '참된', '거짓이 아닌'의 뜻을 나타내는 말. ¶~문장 / ~면목. ↔가(假).

-진¹¹(陣)[접미] '무리', '집단'의 뜻을 나타내는 말. ¶교수~ / 보도~.

진¹²(gin)[명] 발효하여 얻은 알코올에 노간주나무 열매로 향기를 낸, 무색투명한 술. 칵테일의 주재료로 쓰임. ¶드라이~.

진¹³(jean)[명] **1** 올이 가는 능직의 하나. **2** 능직으로 짠 작업복이나 평상복.

진가(眞假)[-까][명] 참된 값어치. ¶~를 발휘하다.

진-간장(津-醬)[명] 오래 묵어서 색깔과 간이 아주 진하게 된 간장.

진갑(進甲)[명] 환갑 다음 해의 생일.

진검(眞劍)[명] 연습용이 아닌, 진짜 검. 가검이나 목검에 대하여, 날이 쇠인 검을 이르는 말임. ¶~ 승부.

진격(進擊)[명] 앞으로 나아가 적을 치는 것. =진공(進攻). ¶~ 명령. **진'격-하다**[자][여] ¶적진을 향하여 ~.

진경¹(珍景)[명] 진귀한 경치.

진경²(眞景)[명] 실제의 경치. ¶나이아가라 폭포의 ~을 직접 보다.

진경³(眞境)[명] 본바탕을 가장 잘 나타내 참다운 지경.

진골(眞骨)[명] 신라 때 골품(骨品)의 하나. 부모 중 어느 한쪽만이 왕족인 사람. ▷성골.

진공¹(眞空)[명][물] 공기 따위의 물질이 전혀 존재하지 않는 공간.

진공²(進攻)[명] =진격(進擊). **진'공-하다**[자][여]

진공-관(眞空管)[명][물] 유리나 금속 등의 용기에 몇 개의 전극을 봉입하고 내부를 진공으로 한 전자관의 총칭.

진공-청소기(眞空淸掃器)[명] 모터를 이용한 흡입력으로 먼지나 티끌을 빨아들이는 청소 기구.

진공^포장(眞空包裝)[명] 식품 등의 부패를 막기 위해, 폴리에틸렌 등 플라스틱 필름의 부대에 넣고 진공 펌프로 공기를 뽑아 밀봉한 포장.

진괘(震卦)[명] 8괘(卦)의 하나. 우레를 상징함. 모양은 '☳' 임.

진-구렁[명] **1** 질척거리는 진흙 구렁. ¶자동차 바퀴가 ~에 빠지다. **2** 한 번 빠지면 벗어나기 어려운, 나쁜 상황이나 환경. 비유적인 말임. ¶악의 ~에서 구해 내다.

진-국¹(津-)[명] 오랫동안 푹 고아서 진하게 된 국물.

진국²(眞-)[명] 뒤틈바기가 나무랄 데 없이 훌륭한 사람. ¶그 사람 참 ~일세.

진군(進軍)[명] 군대가 적을 치러 나아가는 것. ¶~ 명령. ↔퇴군. **진'군-하다**[자][여] ¶보무당당히 ~.

진귀-하다(珍貴-)[형][여] 보배롭고 귀중하다. ¶진귀한 보물.

진균-류(眞菌類)[-뉴][명][생] 점균류를 제외한 균류의 총칭. 몸이 균사로 되어 있고, 기생 또는 부생(腐生) 생활을 함. 곰팡이·버섯 따위.

진급(進級)[명] (등급·계급·학년 따위가) 오르는 것. ¶~ 시험. **진'급-하다**[자][여] ¶대위에서 소령으로 ~. **진'급-되다**[자][여]

진:기(津氣)[-끼][명] 진액의 끈적끈적한 기운. ¶~가 없어서 풀이 잘 붙지 않는다. **2** 먹은 것이 잘 삭지 않아 오래도록 든든한 기운. ¶~가 빠지다.

진-기록(珍記錄)[명] 진귀한 기록. ¶~을 세워 기네스북에 오르다.

진기-하다(珍奇-)[형][여] 진귀하고 기이하다. ¶진기한 풍속.

진-날[명] 땅이 질척거리게 비나 눈이 오는 날. ↔마른날.

진년(辰年)[명][민] 태세(太歲)의 지지(地支)가 진(辰)으로 된 해. =용해.

진'노¹(震怒)[명] (신)이나 존엄한 존재, 또는 어렵게 느껴지는 윗사람 등이) 몹시 노하는 것. ¶신의 ~를 사다. **진'노-하다¹**[자][여] ¶할아버지께서 진'노하셨다.

진노²(瞋怒·嗔怒)[명] 성내어 노여워하는 것. **진'노-하다²**[자][여]

진-노랑(津-)[명] 짙은 노랑.

진눈깨비[명] 비가 섞여 내리는 눈.

진'단(診斷)[명] **1** 의사가 환자를 진찰하여 병의 상태를 판단하는 것. **2** 어떤 대상에 대하여, 문제의 내용을 살펴서 그 원인이 무엇이라고 판단하는 것. 또는, 문제의 상태나 결과 등이 어떠하다고 판단하는 것. ¶경영 ~. **진'단-하다**[타][여] ¶그는 투자 수요가 당분간 위축될 것이라고 **진'단했다. 진'단-되다**[자][여]

진'단-서(診斷書)[명][의] 의사가 병을 진단한 결과를 적은 증명서. ¶건강 ~.

진달래[명][식] 이른 봄에 분홍색 꽃이 잎보다 먼저 피는 낙엽 활엽 관목. 꽃잎으로 전을 부쳐 먹기도 함.

진달래-꽃[-꼳][명] 진달래의 꽃.

진담(眞談)[명] 진심에서 우러나온 참된 말. ↔농담.

진대[명] 남에게 기대어 떼를 쓰다시피 하여 괴롭히는 짓. ¶일 년 동안이나 남의 집에 ~를 붙이며 살다.

진도(珍島)[명][지] 전라남도 남서쪽, 진도군에 속하는 섬.

진:도²(進度)[명] 일의 진행 속도나 진행된 정도. ¶~표.

진:도³(震度)[지] 어떤 장소에서 나타나는, 지진에 의한 지면의 진동의 세기.

진돗-개(珍島-)[-도깨/-돋깨][명][동] 전라남도 진도가 원산지인, 우리나라 특산종의 개. 몸빛은 황갈색·흰색이고, 귀가 뾰족하여섬. 영리하고 용맹스러움.

진동¹[명] 소매의 겨드랑이 밑의 넓이.

진:동²(振動)[명] **1** 흔들려 움직이는 것. ¶~이 심한 차. **2** 냄새가 아주 심하게 나는

상태. **3** [물] 입자나 물체의 위치 혹은 장(場)이나 전류의 방향·세기 등의 물리량이 정해진 범위에서 주기적으로 변화하는 현상. **진ː동-하다**[1] [동][자][여] ¶악취가 ~.

진ː동[3](震動) [명] (물체가) 몹시 울려 움직이는 것. **진ː동-하다**[2] [동][자][타][여] ¶천지를 **진동하는** 대포 소리. **진ː동-되다** [동][자]

진ː동-수(振動數) [-쑤] [명][물] 연속적인 주기 현상에서, 단위 시간에 같은 상태가 몇 번이나 반복되는가를 나타내는 양. 단위는 헤르츠(Hz).

진두(陣頭) [명] 군진(軍陣)의 맨 앞. 또는, 일의 선두.

진두-지휘(陣頭指揮) [명] 전투나 사업 등을 직접 앞장서서 지휘함. ¶사령관의 ~ 아래 전투를 시작하다.

진드기 [명][동] 농작물이나 가축에 기생하여 해를 끼치는 절지동물의 총칭. 몸이 길이 0.2~10mm의 타원형으로 머리·가슴·배의 구별이 없고, 8개의 다리가 있음.

진득-거리다/-대다 [-꺼(때)-] [동][자] 진득하게 자꾸 달라붙다. ¶손에 풀이 묻어 ~. [센]찐득거리다.

진득-진득 [-찐-] [부] 진득거리는 모양. [센]찐득찐득. **진득진득-하다** [형][여]

진득-하다 [-드카-] [형][여] **1** (성질이) 끈기와 참을성이 있다. ¶**진득하게** 앉아 있다. **2** 잘 들러붙을 수 있게 눅진하고 차지다. **진득-이** [부] ¶~ 기다리다.

진디 [명][동] =진딧물.

진딧-물 [-딘-] [명][동] 초목의 잎이나 가지에 빽빽이 모여 살며 식물의 즙액을 빨아 먹는 작은 곤충의 총칭. 몸은 길이 2~4mm의 연약한 알 모양임. =진디.

진-땀(津-) [명] 몹시 난처하거나 곤혹스럽거나 힘이 들거나 할 때 흐르는 땀.

진땀(을) 빼다 곤경을 당하여 진땀이 나도록 몹시 애를 쓰다. ¶우는 애를 달래느라 ~.

진ː력(盡力) [질-] [명] (어떤 일에) 있는 힘을 다하는 것. **진ː력-하다** [동][자][여] ¶학생은 공부에 **진력해야** 한다.

진ː력-나다(盡力-) [질령-] [동][자] (어떤 일이, 또는 어떤 일에) 힘이 다 빠져 의욕을 잃다. ¶한 달이나 같은 일을 반복했더니 **진력나서** 더 이상 못 하겠다.

진ː력-내다(盡力-) [질령-] [동][자] (어떤 일에) 싫증을 내다.

진ː로(進路) [질-] [명] **1** 움직이는 물체나 사람이 앞으로 나아가는 길. ¶~ 방해. ↔퇴로. **2** 미래에 이루고자 하는 삶의 목적이나 방향. ¶~ 선택.

진ː료(診療) [질-] [명] 의사가 환자를 진찰하고 치료하는 것. **진ː료-하다** [동][타][여]

진ː료-비(診療費) [질-] [명] 환자가 의사의 진찰이나 치료를 받는 대가로 치르는 돈.

진ː료-소(診療所) [질-] [명] 의사가 공중(公衆), 또는 특정 다수인을 위하여 개설한, 진찰하고 치료하는 설비를 갖춘 곳.

진ː루(進壘) [질-] [명][체] 야구에서, (주자가) 일루나 이루에서 이루나 삼루까지 나아가는 것. 때로, '출루'를 가리키기도 함. **진ː루-하다** [동][자][여] ¶일루로 ~.

진리(眞理) [질-] [명] **1** [철] 언제 어디서나 누구든지 승인할 수 있는 보편타당한 법칙이나 사실. ¶~를 탐구하다. **2** [논] 논리의 법칙에 일치한 지식.

진ː맥(診脈) [명][한] 손목의 맥박을 짚어 보아 병을 진찰하는 일. =맥진. **진ː맥-하다** [동][타][여]

진-면모(眞面貌) [명] 본래 그대로의 생김새. ¶~를 드러내다.

진-면목(眞面目) [명] 사물이나 사람이 본래 가지고 있는 훌륭하거나 좋은 점으로서의 진짜 모습. [비]참모습. ¶한국 축구의 ~을 유감없이 발휘하다.

진-무르다 [동][자][르] '짓무르다'의 잘못.

진ː-물(津-) [명] 부스럼이 터지거나 기타의 이유로 살갗이 헐어서 물처럼 말갛게 흐르는 액체.

진물-진물 [부] 눈가나 살가죽이 짓물러 진물이 괴어 있는 모양. **진물진물-하다** [형][여] ¶눈가가 ~.

진미[1](珍味) [명] 음식의 썩 좋은 맛. 또는, 그런 음식물. ¶산해~.

진미[2](眞味) [명] **1** 참된 맛. ¶소설의 ~. **2** 진정한 취미.

진-밥 [명] 질게 지은 밥. ↔된밥.

진배-없다 [-업따] [형] 그만 못할 것이 없다. ¶이 차는 중고라지만 새 차나 ~. **진배없-이** [부]

진범(眞犯) [명] 범죄 혐의를 받고 있는 사람 가운데 진짜 범인.

진법(陣法) [-뻡] [명] **1** [군] 진을 치는 법. **2** 농악놀이에서, 대형을 이루어 노는 법.

진ː보(進步) [명] 시간의 경과와 함께 사물의 내용이나 정도가 차차 향상하여 가는 것. ¶과학의 ~. ↔퇴보. **진ː보-하다** [동][자][여] **진ː보-되다** [동][자]

진-보라(津-) [명] 짙은 보라색이나 보랏빛.

진보라-색(津-色) [명] 짙은 보라색. [비]진보라.

진보랏-빛(津-) [-라삗/-랃삗] [명] 짙은 보랏빛.

진ː보-적(進步的) [관][명] 진보한 사상을 가졌거나 진보의 성격을 띤 (것). ¶~ 사상. ↔보수적.

진ː보-주의(進步主義) [-의/-이] [명] **1** 사회 현상을 그대로 유지하기보다는 개선하고 변혁해 나가고자 하는 입장이나 태도. ↔보수주의. **2** 인간의 정신·문명·역사 등이 시간을 따라서 더욱 완전한 상태로 진보한다고 하는 합리주의적 신념.

진본[1](珍本) [명] =진서(珍書)[1].

진본[2](眞本) [명] 저자 또는 화가가 직접 썼거나 그렸거나 또는 처음 박아 낸, 옛날의 책·글씨·그림 따위의 총칭.

진부(眞否) [명] 참됨과 그러하지 못함. [비]진위.

진부-령(陳富嶺) [명][지] 강원도 인제군과 고성군 사이에 있는 고개. 높이 529m.

진부-하다(陳腐-) [형][여] (생각·이론·표현·내용 등이) 낡아서 새롭지 못하다. ¶**진부한** 표현.

진-분수(眞分數) [-쑤] [명][수] 분자가 분모보다 작은 분수. ↔가분수.

진-분홍(津粉紅) [명] 짙은 분홍색이나 분홍빛.

진-분홍빛(津粉紅-) [-삗] [명] 짙은 분홍빛.

진-분홍색(津粉紅色) [명] 짙은 분홍색. [비]진분홍.

진사[1](辰砂) [명][광] 수은의 원료로 쓰이는 붉은색의 광물. 다이아몬드 광택이 있음. 붉은색 안료나 물감의 원료로도 쓰임. =주사(朱砂).

진ː사[2](進士) [명][역] 조선 시대, 소과(小

科)의 초장(初場)에 급제한 사람.
진ː산(鎭山) 뎽 지난날, 도읍이나 성시(城市) 등의 뒤쪽에 있는 큰 산을 이르던 말.
진상(眞相) 뎽 잘 알려지지 않거나 잘못 알려지거나 감추어진, 사물의 참된 내용이나 사실. ¶~을 규명하다.
진ː상²(進上) 뎽 (지방의 토산물을) 임금이나 고관에게 바치는 것. ¶~품. ▷공물(貢物). **진ː상-하다** 동(타여)
진서¹(珍書) 뎽 진귀한 책. =진본.
진서²(眞書) 뎽 1 '한자(漢字)'를 한글에 상대하여 높이는 뜻으로 이르는 말. ▷언문. 2 '해서(楷書)'의 속칭.
진선미(眞善美) 뎽 참됨과 착함과 아름다움을 아울러 이르는 말. 곧, 이상(理想)에 합치된 상태.
진성(眞性) 뎽 1 인위적이 아닌, 있는 그대로의 성질. 2 [의] (주로, 병이나 병적 증세를 나타내는 일부 명사 앞에 관형어적으로 쓰여) 증세만이 유사한 것이 아니라, 의심할 나위 없이 진짜 그 병이나 상태임을 나타내는 말. ¶~ 콜레라. ↔가성.
진세¹(陣勢) 뎽 1 군진(軍陣)의 세력. 2 진영(陣營)의 형세.
진세²(塵世) 뎽 =티끌세상.
진속(眞俗) 뎽 [불] 1 불법(佛法)과 세법(世法). 2 진제(眞諦)와 속제(俗諦). 손.
진-손(眞-) 뎽 매우 적신 손. 또는, 젖은 손.
진솔(眞-) 뎽 1 옷이나 버선 따위의 한 번도 빨지 않은 새것 그대로인 것. 2 =진솔옷.
진솔-옷[-온] 뎽 한 번도 빨지 않은 새 옷.
진솔-하다(眞率-) 휑여 가식이 없이 진실하고 솔직하다. ¶진솔한 대화를 나누다.
진수¹(眞髓) 뎽 사물의 가장 중요한 본질적인 골자. ¶판소리의 ~를 맛보다.
진ː수²(進水) 뎽 배를 만들어서 처음으로 물에 띄우는 것. ¶~식(式). **진ː수-하다** 동(타여) **진ː수-되다** 동(자)
진수성찬(珍羞盛饌) 뎽 푸짐하고 잘 차린, 맛이 좋은 음식.
진ː술(陳述) 뎽 1 자세하게 말하는 것. 또는, 그 말. 2 [법] 법원에서 소송 당사자나 관계인이 사건에 관한 사실이나 법률상의 사항을 말하는 것. 또는, 그 내용. ¶~서. **진ː술-하다** 동(타여) **진ː술-되다** 동(자)
진ː술-서(陳述書)[-써] 뎽 [법] 피의자가 경찰이나 검찰 등에서 진술한 내용을 적은 문서.
진시(辰時) 뎽 십이시의 다섯째 시. 오전 7시부터 9시까지의 동안.
진실(眞實) 뎽 1 양심에 비추어 거짓이 없는 사실. 2 감추어지거나 왜곡되지 않은, 또는 그렇게 되어서는 안 될, 실제 그대로의 사실이나 내용. ¶~을 밝히다.
진실-감(眞實感) 뎽 참된 맛을 주는 느낌. ¶~이 없는 글.
진실-로(眞實-) 뮈 참으로. ¶그녀를 ~ 사랑하였다.
진실-성(眞實性)[-썽] 뎽 참된 성질. 또는, 그런 품성. ¶~이 없는 청년.
진실-하다(眞實-) 휑여 (어떤 사람이나 사물이) 거짓이 없이 바르고 참되다. ¶진실한 사람. **진실-히** 뮈
진심¹(眞心) 뎽 거짓으로 꾸미지 않은, 본래의 속마음. ⸯ참마음. ¶~에서 우러나온 말.
진ː심(盡心) 뎽 마음을 다하는 것. **진ː심-하다** 동(자여)
진ː압(鎭壓) 뎽 (폭동·시위·난 등을) 경찰이나 군대의 힘으로 눌러서 진정시키는 것. **진ː압-하다** 동(타여) ¶폭동을 ~. **진ː압-되다** 동(자) ¶시위가 ~.
진ː앙(震央) 뎽 [지] 지진의 진원(震源) 바로 위에 해당하는 지점. =진원지.
진애(塵埃) 뎽 1 티끌과 먼지. 2 세상의 속된 것을 비유하여 이르는 말.
진액(津液) 뎽 1 생물의 몸 안이나 줄기·뿌리·열매 등의 안에 생명 현상으로서 생기거나 흐르는 액체. 수액·체액 따위. 2 약물이나 식품의 유효 성분을 추출하여 농축한 물질.
진양조-장단(-調-)[-쪼-] 뎽 [음] 판소리 및 산조 장단의 하나. 24박 1장단의 가장 느린 속도의 장단임.
진언(眞言) 뎽 [불] 1 부처의 말. 2 =다라니.
진ː언²(進言) 뎽 (윗사람에게) 자기 의견을 말하는 것. **진ː언-하다** 동(타여)
진여(眞如) 뎽 [불] 우주 만유의 본체인 평등하고 차별이 없는 절대의 진리.
진ː연(進宴) 뎽 [역] 나라에 경사가 있을 때 궁중에서 베푸는 잔치.
진ː열(陳列) 뎽 (물건을) 여러 사람에게 보이기 위해 죽 벌여 놓는 것. **진ː열-하다** 동(타여)
진ː열-대(陳列臺)[-때] 뎽 물품을 진열하여 놓을 수 있게 만든 대.
진ː열-장(陳列欌)[-짱] 뎽 가게에서, 물품을 진열하는 데 쓰는 장.
진ː열-창(陳列窓) 뎽 행인의 눈에 잘 뜨이도록 가게 앞에 설치하여 놓고 물품을 본보기로 진열해 두는 유리창. ⸯ쇼윈도.
진영(陣營) 뎽 1 [군] 군대가 진을 치고 있는 곳. =진(陣). ¶아군 ~. 2 서로 대립하는 세력의 어느 한쪽. ¶자유 ~.
진영²(鎭營) 뎽 [역] 조선 시대에 각 수영·병영 아래 두었던 군영. ⸯ준진(鎭).
진-외가(陳外家)[-외-/-웨-] 뎽 아버지의 외가.
진용(陣容) 뎽 1 [군] 진영(陣營)의 형세. 2 한 단체나 집단의 구성원의 짜임새. ⸯ라인업. ¶편집 ~.
진원(震源) 뎽 [지] 지구 내부에서 최초로 지진파가 발생한 장소. 2 사건이나 소동을 일으킨 근원의 비유.
진원-지(震源地) 뎽 1 [지] =진앙(震央). 2 사건이나 현상이 일어난 근원이 되는 곳. ¶제2차 세계 대전의 ~.
진위(眞僞) 뎽 참과 거짓. ⸯ진부(眞否). ¶~를 가리다.
진의(眞意)[-의/-이] 뎽 어떤 사람이 마음속에 품고 있는 진짜 의도. ⸯ참뜻. ¶당신의 ~가 도대체 무엇이오?
진인¹(眞人) 뎽 도교(道敎)의 깊은 뜻을 깨달은 사람.
진인²(眞因) 뎽 사건의 진실한 원인.
진-일[-닐] 뎽 1 물을 써서 하는 일. 취사나 빨래 따위. 2 =궂은일. **진일-하다** 동(자여)
진-일보(進一步) 뎽 한 걸음 더 나아가는 것. **진일보-하다** 동(자여) ¶작품 수준이 예년보다 진일보하였다.
진ː입(進入) 뎽 1 (어느 곳에) 나아가 그 안에 들게 되는 것. 2 (어느 단계나 수준에) 이르러 그 범위 안에 들게 되는 것. **진ː입-하다** 동(자여) ¶궤도에 ~.

진:입-로(進入路)[-임노] 圏 어느 곳에 진입할 수 있도록 낸 길. ¶고속도로 ~. ▷진출로.

진:자(振子) 圏[물] 한 정점(定點)을 중심으로 하여 일정한 주기로 진동하는 물체. =흔들이.

진-자리 圏 아이들이 오줌·똥을 싸서 축축하게 된 자리. ↔마른자리.

진:작¹ 튀 과거의 어느 때에 이미. 기대나 생각대로 잘되지 않은 지나간 사실에 대하여 뉘우침이나 원망의 뜻을 나타내는 문장에 쓰임. =진즉. ¶~ 찾아뵈었어야 했는데 인사가 늦었습니다.

진:작-하다(振作-) 태 (정신·기세 등을) 자극을 주어 활기 있게 하거나 굳세어지게 하는 것. ¶사기를 ~.

진저리 圏 1 추운 날 오줌을 누거나 기타의 이유로 갑자기 추위를 느낄 때, 또는 갑자기 공포를 느끼거나 할 때, 순간적으로 몸을 부르르 떠는 일. ¶~를 치다. 2 어떤 일에 대해 지긋지긋함을 느끼게 되는 상태. 또는, 그런 느낌을 받아 몸을 부르르 떠는 일. ¶그 일이라면 ~가 난다.

진저-에일(ginger ale) 圏 사이다와 비슷하며 알코올 성분이 없는 청량음료.

진:전(進展) 圏 (사물의 상태가) 이전의 단계에서 다음의 단계로 나아가거나, 더 높은 수준이나 더 나은 상태로 진행되는 것. ¶공사가 ~이 없다. **진:전-하다** 困困 **진:전-되다** 困困 ¶일이 잘 ~.

진절-머리 圏 '진저리'를 속되게 이르는 말. ¶~ 나다 / ~를 치다.

진정(眞情) 圏 참되고 진실한 정이나 마음. ¶나의 ~을 알아 다오.

진:정(陳情) 圏 사정을 진술하는 것. **진:정-하다**¹ 困困 ¶억울한 사정을 ~.

진:정(鎭靜) 圏 1 (시끄럽고 요란한 일이나 상태를) 조용하게 가라앉히는 것. 2 (홍분되거나 격앙된 마음을 차분하게) 가라앉히는 것. **진:정-하다**² 困困 ¶제발 진정하고 내 말 좀 들으시오. **진:정-되다** 困困 ¶들떴던 마음이 겨우 ~.

진정⁴(眞正) 튀 거짓이 없이 참으로. ¶나는 ~ 너를 사랑한다.

진:정-서(陳情書) 圏 어떤 문제의 해결을 위하여 실정이나 사정을 적어 관청이나 웃어른에게 내는 서면.

진정-성(眞正性)[-썽] 圏 어떤 사물을 그 사물이라 하는, 참되고 진실한 어떤 것. ¶예술의 ~을 추구하다.

진:정-제(鎭靜劑) 圏[약] 대뇌 피질 중추의 이상 흥분을 억제하는 약. 불안·불면·동통 등을 가라앉힘.

진정-하다³(眞正-) 囹囵 (주로 '진정한'의 꼴로 쓰여) 참되고 올바르다. ¶진정한 사랑.

진:-종일(盡終日) 圏튀 하루가 다 가도록 계속. 비온종일. ¶~ 비가 내리다.

진주(眞珠·珍珠) 圏 진주조개·대합·전복 따위의 조가비나 살 속에 간혹 생기는 구슬. 빛깔 있는 아름다운 광택이 나며, 아름다운 은색으로 목걸이·반지 등으로 애호됨.

진:주²(進駐) 圏[군] 진군하여 주둔하는 것.

진주-만(眞珠灣) 圏[지] 미국 하와이 주의 오아후 섬 남해안에 있는 만.

진주-조개(眞珠-) 圏[동] 껍데기가 높이 7~10cm의 부채꼴 모양이며, 표면은 흑갈색에 비늘 모양의 돌기로 덮여 있고,

안쪽 면은 아름다운 광택이 나는 바닷조개. 진주 양식의 모패(母貝)로 쓰임.

진중(陣中) 圏[군] 진의 가운데.

진:중-하다(鎭重-) 囹囵 점잖고 무게가 있다. **진:중-히** 튀 ¶행동을 ~ 하여라.

진:즉(趁卽) 튀 =진작¹.

진:지¹ 圏 남을 높여, 그가 먹는(또는 먹을) '밥'²를 이르는 말.

진지²(陣地) 圏[군] 적과 교전할 목적으로 전투 부대가 공격·방어의 준비·배치를 하여 둔 곳. ¶~를 구축하다.

진지-하다(眞摯-) 囹囵 (어떤 일을 하는 태도가) 장난스럽거나 허투루 하는 데가 없이 성실하고 열심히 하는 상태에 있다. **진지하게** 튀 ¶진지한 표정.

진진-하다(津津-) 囹囵 1 풍성하게 많다. 2 흥미가 매우 깊다. ¶흥미~.

진:짓-상(-床)[-지쌍/-짇쌍] 圏 웃어른의 밥상.

진짜(眞-) I 圏 어떤 대상이 실제의 대상과 전혀 어긋남이 없이 그 내용과 질이 일치하는 것. 또는, 그런 대상. ↔가짜. II 튀 거짓이 없이. 또는, 정말이지 참으로. ¶너 ~ 울고 있구나.

진짜-로(眞-) 튀 '진짜II'의 힘줌말.

진짜-배기(眞-) 圏 '진짜I'을 속되게 이르는 말. ¶그 사람 아주 ~요.

진:찰(診察) 圏[의] 의사가 여러 가지 방법으로 환자의 병 증세를 살피는 일. **진:찰-하다** 困困 ¶환자를 ~.

진:찰-권(診察券)[-권] 圏[의] 환자가 그 병원에서 진찰을 받을 수 있음을 표시하는 표.

진:찰-실(診察室) 圏 의사가 환자를 진찰하는 방.

진-창 圏 땅이 질어서 곤죽같이 된 곳. ¶자동차 바퀴가 ~에 빠지다.

진:척(進陟) 圏 일이 목적한 방향으로 진행되어 나가는 것. ¶작업이 빠른 ~을 보이다. **진:척-하다** 困困 **진:척-되다** 困困 ¶지하철 공사가 예정대로 ~.

진:천-뢰(震天雷)[-철뢰/-철뤠] 圏 옛날 대포의 하나.

진-초록(津草綠) 圏 짙은 초록색이나 초록빛.

진:출(進出) 圏 (보다 높거나 넓은 단계나 세계에[로]) 나아가서 활동하거나 구실을 하게 되는 것. ¶여성의 사회 ~이 날로 늘어나고 있다. **진:출-하다** 困困 ¶정계에 ~.

진:출-로(進出路) 圏 고속도로나 자동차 전용 도로 등에서, 그 도로에서 빠져나갈 수 있게 낸 도로. ▷진입로.

진:-출입(進出入) 圏 주로 도로 교통에서, 어느 곳으로 들어가고 나가는 일.

진:충-보국(盡忠報國) 圏 충성을 다하여 나라의 은혜에 보답함. **진:충보국-하다** 困困.

진:취¹(進取) 圏 적극적으로 나아가서 일을 이룩하는 것. ¶~의 기상. ↔퇴영(退嬰). **진:취-하다** 困困.

진:취²(進就) 圏 일을 차차 이루어 가는 것.

진:취-성(進取性)[-썽] 圏 적극적으로 나아가 일을 이룩하는 성질.

진:취-적(進取的) 圏 진취성이 있는 (것). ¶~인 기상. ↔퇴영적.

진탕(-宕) 튀 싫증이 날 만큼 많이. ¶술을 ~ 마시다.

진탕-만탕(-宕-宕) 〖부〗 양에 차고 남도록 매우 많이. ¶~ 먹고 마시다.
진통¹(陣痛) 〖의〗 1 해산할 때 짧은 간격을 두고 주기적으로 생기는 복부의 통증. =산통(産痛). 2 사물을 완성하기 직전에 겪는 어려움의 비유. ¶~ 끝에 법안이 통과되었다. **진통-하다** 〖동〗〖자〗〖여〗
진통²(鎭痛) 〖명〗 아픔을 진정시키는 것.
진통-제(鎭痛劑) 〖의〗 중추 신경에 작용하여 환부(患部)의 아픔을 마취·진정시키는 약제. 모르핀 따위.
진!퇴(進退) [-퇴/-퉤] 〖명〗 1 앞으로 나아감과 뒤로 물러남. 2 직위나 자리에서 머물러 있음과 물러남.
진!퇴-양난(進退兩難) [-퇴-/-퉤-] 〖명〗 이러기도 저러기도 어려워 입장이 곤란함. ¶~에 빠지다.
진!퇴-유곡(進退維谷) [-퇴-/-퉤-] 〖명〗 나아갈 길도 물러설 길도 없어 궁지에 몰려 있음.
진폐(塵肺) [-폐/-폐] 〖명〗〖의〗 직업병의 한 가지. 장기간에 걸쳐 폐에 규산·석면 등 먼지나 여러 가루가 쌓여 심폐 기능이 저하되는 질환.
진!폭(振幅) 〖물〗 진동하고 있는 물체가 정지 또는 평형 위치에서 최대 변위까지 이동하는 거리.
진!폭=변!조(振幅變調) [-뼌-] 〖명〗〖통〗 신호에 따라서 반송파(搬送波)의 진폭을 변화시키는 변조 방식. ⇒에이엠(AM). ↔주파수 변조.
진품¹(珍品) 〖명〗 진귀한 물품.
진품²(眞品) 〖명〗 진짜 물건.
진-풍경(珍風景) 〖명〗 구경거리라 할 만한 희한한 광경. ¶~이 벌어지다.
진피(眞皮) 〖명〗 척추동물의 표피 아래에 있는 섬유성 결합 조직.
진-하다(津-) 〖형〗〖여〗 1 (어떤 액체가) 속에 녹아 있거나 포함된 물질을 많이 가진 상태에 있다. ¶진한 커피. 2 (색깔이) 그 색깔을 나타내는 물질이 많아 뚜렷하다. ¶진한 갈색. ↔연하다. 3 느낌이 강렬하다. ¶진한 감동.
진!학(進學) 〖명〗 한 학교를 마친 다음, 상급 학교에 가는 것. **진!학-하다** 〖동〗〖자〗〖여〗 ¶대학에 ~.
진한(辰韓) 〖역〗 삼한(三韓)의 하나. 기원 전후부터 4세기경에 지금의 대구·경주 지역에 분포한 12개 소국의 총칭.
진!해(鎭咳) 〖명〗〖의〗 기침을 그치게 하는 것. ¶~제. **진!해-하다** 〖동〗〖자〗〖여〗
진!행(進行) 〖명〗 1 앞을 향하여 나아가는 것. 2 어떤 일을 처러 나가는 것. **진!행-하다** 〖동〗〖자〗〖여〗 ¶프로그램을 ~. **진!행-되다** 〖동〗〖자〗 ¶공사가 착착 ~.
진!행-상(進行相) 〖명〗〖언〗 동작상(動作相)의 하나. 움직임이 진행 중임을 나타냄.
진!행-성(進行性) [-썽] 〖명〗〖의〗 병이 정지 상태에 있지 않고 계속 악화되어 가는 성질. ¶~ 근시.
진!행-자(進行者) 〖명〗 회의·의식·행사·방송 프로그램 등을 진행하는 사람. ¶사회자. ¶~ 토크 쇼 ~.
진-행주=물행주.
진!행-형(進行形) 〖언〗 움직임이 계속됨을 나타내는 동사 시제의 형태.
진형(陣形) 〖명〗 진지(陣地)의 형태. ¶공격 ~ / 전투 ~.

진!혼(鎭魂) 〖명〗 죽은 사람의 넋을 달래어 안식을 얻게 하는 것. ¶~탑.
진!혼-곡(鎭魂曲) 〖음〗 =레퀴엠.
진홍(眞紅) 〖명〗 =진홍색.
진홍-빛(眞紅-) [-삗] 〖명〗 진홍색을 띤 물의 빛깔.
진홍-색(眞紅色) 〖명〗 짙게 붉은 색깔. =진홍. ¶다홍색.
진!화¹(進化) 〖명〗〖생〗 1 지구의 오랜 역사를 통해 생물의 형태나 종(種)이 단순한 상태에서 복잡한 상태로 서서히 변화하거나 분화되어 가는 일. 2 사물이 진보되거나 발전된 상태가 되는 것. ↔퇴화. **진!화-하다** 〖동〗〖자〗〖여〗 **진!화-되다** 〖동〗〖자〗
진!화²(鎭火) 〖명〗 1 불이 난 것을 끄는 것. 2 말썽·소동·소문 등의 문제를 해결하는 것. **진!화-하다** 〖동〗〖타〗〖여〗 ¶산불을 ~. **진!화-되다** 〖동〗〖자〗 ¶화재는 곧 진화되었다.
진!화-론(進化論) 〖명〗〖생〗 =진화설.
진!화-설(進化說) 〖명〗〖생〗 생물은 단순한 원시 형태에서 차차 변화·발달하여 현재의 모양으로 되었다는 자연관(自然觀). 다윈에 의해 제창되었음. =진화론.
진!휼(賑恤) 〖명〗 흉년에 곤궁한 사람을 도와주는 것. **진!휼-하다** 〖동〗〖타〗〖여〗
진-흙[-흑] 〖명〗 1 빛깔이 붉고 차진 흙. 2 물기가 많은 흙. =질흙.
진흙-탕[-흑-] 〖명〗 흙에 물이 괴거나 물기가 있어 질퍽질퍽한 땅.
진흙탕-싸움[-흑-] 〖명〗 서로 온갖 중상 모략을 서슴지 않는 다툼. ¶다수인 이전투구. ¶업자들끼리 이권을 놓고 ~을 벌이다.
진!흥(振興) 〖명〗 (어떤 대상을) 활발하거나 힘찬 상태가 되도록 일으키는 것. ¶농촌 ~ 운동. **진!흥-하다** 〖동〗〖자〗〖타〗〖여〗 ¶무역을 ~. **진!흥-되다** 〖동〗〖자〗
진흥-왕(眞興王) 〖인〗 신라의 왕(534~576).
진!흥-책(振興策) 〖명〗 진흥시키는 방책.
-질¹ 〖접미〗 1 도구를 나타내는 명사에 붙어, 그 도구를 가지고 용도에 맞는 일을 함을 나타내는 말. ¶빗~ / 걸레~. 2 신체 부위를 나타내는 명사에 붙어, 그 부위로 일정한 행동을 함을 나타내는 말. ¶손가락~ / 발길~. 3 행위를 나타내는 명사나 불구적 어근, 또는 의성어·의태어를 이루는 어근에 붙어, 그런 행동을 함을 나타내는 말. ¶양치~ / 싸움~. 4 어떤 직업을 가진 사람이나 어떤 일을 하는 사람을 나타내는 명사에 붙어, 그 사람이 하는 일임을 얕잡아 이르는 말. ¶선생~ / 도둑~. 5 어떤 재료를 나타내는 명사에 붙어, 그 물질을 가지고, 또는 대상으로 하여 어떤 일을 함을 나타내는 말. ¶흙~ / 풀~. 6 '계집', '서방' 등의 명사에 붙어, 그를 대상으로 하여 부정한 관계를 맺음을 얕잡아 이르는 말. ¶계집~ / 서방~.
질³(帙) ①〖자법〗 책의 권수의 차례. ②〖의존〗 여러 권으로 된 책의 한 벌. ¶한국 문학 선집 한 ~.
질⁴(質) 〖명〗 1 사물이 바탕에 있어서 훌륭하거나 우수하거나 만족스럽거나 한 정도. ¶양보다는 ~을 중시하다. ↔양(量). 2 (주로 부정적인 문맥에 쓰여) 사람의 인격이나 행동 등이 도덕적·윤리적으로 어떠한가를 나타내는 상태. ¶~이 나쁜 범죄.
질⁵(膣) 〖생〗 여성의 내성기의 하나. 자

질감(質感)〖명〗1 재질(材質)의 차이에서 받는 느낌. 2 [미] 물감·화포·필末·화구 등이 만들어 내는 화면 대상의 느낌. ▷양감.

질겁-하다[-거파-]〖동〗〖자〗여 뜻밖에 무섭거나 불쾌하거나 하는 일을 맞닥뜨려 크게 놀라다. ¶뱀을 보고 ~.

질겅-거리다/-대다〖동〗타 질긴 물건을 계속 잘게 씹다.

질겅-질겅〖부〗질겅거리는 모양. ㉑질근질근. ¶오징어를 ~ 씹어 먹다. **질겅질겅-하다**〖동〗타

질경이〖명〗〖식〗원줄기가 없고 타원형의 잎이 뿌리에서 뭉쳐나 비스듬히 자라며, 때에 어린잎을 나물로 먹는 여러해살이풀. 들에나 길가에 흔히 자람.

질곡(桎梏)〖명〗속박으로 인한 고통의 상태를 비유하여 이르는 말. ¶인습의 ~.

질권(質權)[-꿘]〖명〗[법] 담보 물권의 하나. 채무자가 돈을 갚을 때까지 채권자가 담보물을 간직할 수 있고, 채무자가 돈을 갚지 않을 때는 그것으로 우선 변제를 받을 수 있는 권리. ¶~ 설정.

질-그릇[-른]〖명〗잿물을 덮지 않은, 질흙만으로 구워 만든 그릇. ≒옹기그릇.

질근-거리다/-대다〖동〗타 질긴한 물건을 자꾸 가볍게 씹다. ㉒잘근거리다.

질근-질근〖부〗질근거리는 모양. ㉑질겅질겅. ¶껌을 ~ 씹는다. ㉒잘근잘근.

질금〖부〗1 액체가 조금 나오다 그치는 모양. 2 물건을 조금씩 자꾸 흘리는 모양. ㉒찔끔. **질금-하다**〖동〗자〗타

질금-거리다/-대다〖동〗자〗타 잇달아 질금하다. ㉒찔끔거리다.

질금-질금〖부〗질금거리는 모양. ¶오줌을 ~ 싸다. ㉒찔끔찔끔. **질금질금-하다**〖동〗타

질기다〖형〗1 물건이 쉬이 해지거나 끊어지지 않고 견디는 힘이 있다. ¶면발이 질긴 냉면. ↔무르다. 2 목숨이 끊어지지 않고 끈덕지게 붙어 있다. ¶질긴 목숨. 3 길게 오래 끌거나 끈질긴 성질이 있다. ¶울음 끝이 ~.

질깃-질깃[-긴낃낃-]〖부〗1 매우 질긴 모양. 2 성질이 끈질긴 모양. ㉒찔깃찔깃. **질깃질깃-하다**〖형〗여

질끈〖부〗동이거나 졸라매거나 바싹 동이는 모양. ¶허리띠를 ~ 매다.

질녀(姪女)[-려]〖명〗=조카딸.

질다〖형〗〈지니, 지오〉1 (밥이나 반죽 따위가) 보통의 정도보다 물기가 많다. ¶밥이 ~. ↔되다. 2 (흙으로 된 땅이) 물기가 많아 그 위를 걸을 때 발이 흙 속으로 들어가거나 흙덩이가 발에 달라붙는 상태에 있다. ㉑질척질척하다. ¶진 땅.

질량(質量)〖명〗[물] 물체의 고유한 역학적 기본량. 관성 질량과 중력 질량이 있음.

질량^보존의 법칙(質量保存-法則)[-의/-에-][화] 화학 반응의 전후에 있어서 반응 물질과 생성 물질의 모든 질량은 항상 변하지 않고 일정하다는 법칙.

질러-가다〖동〗자〗타〖거리〗〈~가거나〉지름길로 가다. ¶산을 ~. ↔질러오다.

질러-오다〖동〗자〗타〖너리〗〈~오너라〉지름길로 오다. ↔질러가다.

질료(質料)〖명〗〖철〗어떤 실체(實體)의 바탕을 이루는 재료. ▷형상.

질리다〖동〗자〗1 '지르다'[1·2]의 피동사. ¶쇠창살에 질린 대검. 2 놀라서 기를 못 쓰다. ¶기가 ~. 3 싫증이 나다. ¶콩나물국에 ~. 4 몹시 놀라거나 무서워 얼굴빛이 변하다. ¶새파랗게 ~.

질문(質問)〖명〗(어떤 사람에게 어떤 문제나 알고자 하는 사실을) 대답해 주기를 바라고 묻는 것. **질문-하다**〖동〗타〖여

질문-지(質問紙)〖명〗어떤 문제들에 관한 일련의 질문을 열거한 지면.

질박-하다(質樸-·質朴-)[-바카-]〖형〗여 꾸민 테가 없이 수수하다. **질박-히**〖부〗

질병(疾病)〖명〗몸의 온갖 병. =질환.

질부(姪婦)〖명〗=조카며느리.

질산(窒酸)[-싼]〖명〗〖화〗자극적인 냄새가 나는 액체. 산화 작용이 강하고 비료·화약·염료 및 질산염 등의 제조 원료로 쓰임.

질산-암모늄(窒酸ammonium)[-싼-]〖명〗〖화〗질산을 암모니아로 중화하여 만드는 흰빛의 바늘 모양의 결정. 비료·폭약·한제(寒劑) 등의 원료로 쓰임.

질산-염(窒酸鹽)[-싼념]〖명〗〖화〗금속 또는 그 산화물이나 탄산염을 질산에 녹여 만든 화합물의 총칭. 산화제·화약·비료로 쓰임.

질산-칼륨(窒酸ⓈKalium)[-싼-]〖명〗〖화〗칼륨의 질산염. 무색의 결정으로, 화약·성냥·유약(釉藥)·의약품 등에 쓰임. ≒염초·초석.

질색(窒塞)[-쌕]〖명〗몹시 싫어하거나 놀라거나 꺼리는 것. ¶잔소리는 ~이야. **질색-하다**〖동〗자〗여 ¶벌레만 보면 **질색하고** 운다.

질서¹(姪壻)[-써]〖명〗=조카사위.

질서²(秩序)[-써]〖명〗1 사회나 집단에 속한 사람들이 생활 속에서 저마다 정해진 차례나 규칙 등을 잘 지키는 상태. 또는, 사회나 집단이 조화롭고 평온한 상태를 유지하기 위해 정해 놓은 차례나 규칙이나 규범. ¶교통-/공중-. 2 사물의 배열이 조화롭게 또는 순서에 맞추어 이뤄져 있는 상태. ¶거리에- 없이 나붙어 있는 포스터. 3 자연계나 우주 안에 존재하는 일정한 규칙이나 법칙.

질소(窒素)[-쏘]〖명〗〖화〗무색·무미·무취의 기체 원소. 원소 기호 N, 원자 번호 7, 원자량 14.01. 공기의 5분의 4를 차지하며, 단백질의 중요한 성분임.

질소^동화(窒素同化)[-쏘-]〖명〗〖식〗식물이 외계로부터 받아들인 질소 성분을 단백질·핵산 따위 생체를 구성하는 질소 화합물로 바꾸는 작용.

질시¹(疾視)[-씨]〖명〗밉게 보는 것. **질시-하다**¹〖동〗여

질시²(嫉視)[-씨]〖명〗(어떤 사람을) 시기하는 마음으로 보는 것. ¶주위 사람들로부터 ~을 받다. **질시-하다**²〖동〗여

질식(窒息)[-씩]〖명〗(사람이나 동물이) 기도(氣道)가 막혀 호흡을 할 수 없게 되는 것. 또는, 혈액 중의 산소가 감소하여 이산화탄소가 과잉이 되는 상태. **질식-하다**〖동〗여 ¶연기에 ~. →**질식-되다**¹〖동〗여

질식-사(窒息死)[-씩싸]〖명〗숨이 막히거나 산소가 없어지거나 하여 죽는 것. **질식사-하다**〖동〗여

질의¹(質疑)[-의/-이]〖명〗의심나는 점을 물어서 밝히는 것. ¶국회의 대정부 ~ 응답. **질의-하다**¹〖동〗타〖여

질의

질의²(質議) [-의/-이] 몡 사리의 옳고 그름을 물어서 의논하는 것. **질의-하다²** 탄여

질의-응답(質疑應答) [-의-/-이-] 몡 의심나는 점을 묻고 물음에 대답하는 것.

질-적(質的) [-쩍] 관 1 질에 관계되는 (것). ¶~ 문제. 2 일정한 질의 표준에 도달한 (것). ¶~으로 보장하는 물건이다. ↔양적.

질정(叱正) [-쩡] 몡 꾸짖어 바로잡는 것. ¶독자 여러분의 많은 ~을 바랍니다.

질주(疾走) [-쭈] 몡 빨리 달리는 것. **질주-하다** 재여 ¶자동차가 **질주하는** 고속도로.

질질 뷔 1 바닥에 느리게 끌리는 모양. ¶치맛자락을 ~ 끌다. 2 윤기·기름기 또는 물·침·땀·눈물 등이 자꾸 흐르는 모양. ¶침을 ~ 흘리다. 3잘잘. 질질. 칠칠하지 못하며 물건을 잘 빠트리거나 흘리는 모양. ¶물건을 ~ 흘리고 다닌다. 4청한 날짜나 기한을 자꾸 미루거나 이야기를 끄는 모양. ¶약속 날짜를 ~ 끌다. 5 주책없이 이리저리 바쁘게 다니는 모양. 쎈절절. **질질-하다** 재여자여

질책(叱責) 몡 (어떤 사람을, 또는 그의 잘못을) 꾸짖어 나무라는 것. **질책-하다** 타여 ¶아랫사람의 잘못을 ~.

질척-거리다/-대다 [-처커-] 재 (진흙·반죽 등이) 물기가 많아 진 촉감을 주다.

질척-질척 [-척-] 뷔 질척거리는 모양. **질척질척-하다** 형여

질척-하다 [-처카-] 형여 물기가 많고 몹시 질다.

질퍽-하다 [-퍼카-] 형여 (진흙 등이) 물기가 매우 많아 질다. ⑥질컥하다.

질컥-하다 [-커카-] 형여 '질커덕하다'의 준말.

질타(叱咤) 몡 성내어 크게 꾸짖는 것. **질타-하다** 타여

질탕-하다(跌宕-·佚蕩-) 형여 놀음놀이 따위가 지나쳐서 방탕하다. **질탕-히** 뷔

질투(嫉妬·嫉妒) 몡 1 자기가 사랑하는 이성(異性)이 다른 이성을 좋아하거나 호의적인 태도로 대하거나 하여 미움을 느끼고 분하게 여기는 것. ㈜강샘. 2 (잘나거나 앞선 사람을) 시기하고 미워하는 것. **질투-하다** 타여

질투-심(嫉妬心) 몡 질투하는 마음.

질펀-거리다/-대다 [-꺼(때)-] 재 (진흙·반죽 등이) 물기가 많아 부드럽게 진 느낌이 자꾸 들다. ¶눈이 녹아서 땅이 ~.

질펀-질펀 [-펀-] 뷔 질펀거리는 모양. **질펀질펀-하다** 재여자여

질펀-하다 [-퍼카-] 형여 (진흙·반죽 등이) 물기가 많아 매우 부드럽게 질다.

질편-하다 형여 1 (땅이) 넓게 열려 평평하다. 2 주저앉아 마냥 늘어져 있다. **질편-히** 뷔 ¶땅바닥에 ~ 앉다.

질풍(疾風) 몡 몹시 빠르고 세차게 부는 바람.

질풍-노도(疾風怒濤) 몡 몹시 빠르게 부는 바람과 무섭게 소용돌이치는 큰 물결.

질-화로(-火爐) 몡 질흙으로 구워 만든 화로.

질환(疾患) 몡 =질병. ¶신경성 ~.

질-흙 [-흑] 몡 1 =진흙. 2 질그릇을 만드는 차진 흙.

짊다 [짐따] 탄바 (지게·수레·길마 따위에) 짐을 얹다. ¶지게에 ~.

짊어-지다 탄바 1 짐을 등에 메다. ¶쌀가마니를 ~. 2 빚을 지다. ¶부채(負債)를 잔뜩 ~. 3 책임을 맡다. ¶책임을 ~.

짐¹ 몡 ① (사람) 1 다른 곳으로 옮기기 위하여 챙기거나 꾸려 놓은 것. ¶~을 챙기다. 2 맡겨진 임무나 책임. ¶보호자로서의 무거운 ~을 지다. 3 수고가 되는 일. 또는, 귀찮은 물건. ¶너한테 ~이 되고 싶지는 않다. ② 한 번에 져 나를 만한 분량을 세는 단위. ¶나무 한 ~.

짐² 몡 ①[역] 조세를 계산하기 위한 토지 면적의 단위.

짐³(朕) 때 ①청 임금이 자기를 일컫는 말.

짐-꾼 몡 짐을 져 나르는 사람.

짐-바리 [-빠-] 몡 말이나 소의 등에 실어 나르는 짐.

짐바브웨(Zimbabwe) [지] 아프리카 중남부에 있는 공화국. 수도는 하라레. 구칭은 로디지아.

짐-수레 몡 짐을 싣는 수레.

짐-스럽다 [-따] 형ㅂ ⟨-스러우니, -스러워⟩ (어떤 대상이) 짐으로 여겨져 거추장스럽거나 귀찮은 데가 있다. ¶친정 동생들을 데리러 오느라니 ~. **짐스레** 뷔

짐승 몡 1 사람을 제외한 척추동물로서, 젖을 먹이거나 하늘을 날아다니거나 땅위를 기어 다니는 동물. 2 사람으로서 차마 할 수 없는 짓을 하는 사람의 비유.

짐작(斟酌) 몡 어림쳐서 헤아리는 것. ¶눈~. **짐작-하다** 재여타여 ¶네가 이 일을 했으리라고는 **짐작하지** 못했다. **짐작-되다** 재

짐짓 [-짇] 뷔 마음에는 그렇지 않으나 일부러 그렇게. ¶~ 모른 체하다.

짐-짝 몡 묶어 놓은 짐의 덩이.

짐-차(-車) 몡 짐을 싣는 자동차.

짐-칸 몡 짐을 싣는 칸. =화물칸.

집¹ 몡 ① (사람) 1 사람이 그 안에서 먹고 자고 생활하기 위해, 일정한 공간과 구조를 갖추어 지은 것. ㈜가옥·주택. ¶기와~. 2 일정한 곳에서 한데 모여 사는 가족의 동아리. 또는, 그 생활 공간. ㈜집안·가정. ¶~이 가난하다. 3일부의 새나 곤충이나 가축 등이 잠을 자거나 먹이를 두거나 새끼를 기르거나 하기 위해 스스로 짓거나 사람이 지어 준, 일정한 구조의 것. ¶새~. 4 (주로, '집에서'의 꼴로 쓰여) 남편에 대하여 '아내'를 에두르거나 간접적으로 이르는 말. ¶남편의 건강은 ~에서 어떻게 하느냐에 달려 있다. 5 (주로, 파는 물건이나 관계되는 사물을 나타내는 명사 다음에 쓰여) 그 명사와 관계되는 장사를 하는 곳임을 나타내는 말. ¶술~/꽃~. 6 (주로, 물건의 이름을 나타내는 명사 다음에 쓰여) 그런 물건을 넣거나 끼우거나 담아 두는, 일정한 구조의 물건. ¶안경~. 7 바둑에서, 상대가 들어올 수 없도록 돌로 둘러싸 놓은 빈칸. ② (으전) 1 가구(家口)의 수를 세는 단위. ¶수도 요금을 세 ~이 분담하다. 2 세 차지가 된 바둑판의 빈 자리를 세는 단위. ¶두 ~ 차이로 이기다.

[집도 절도 없다] 가진 집이나 재산도 없이 여기저기 떠돌아다닌다. [집에서 새는 바가지는 들에 가도 샌다] 본성이 좋지 않은 사람은 어디를 가나 그 본색을 감출 수 없다.

-집[2] [접미] **1** 자기 집안에서 출가한 손아래 여자를 시집의 성(姓) 밑에 붙여, 그 사람임을 나타내어 부르는 말. ¶박~ / 김~. **2** 남의 첩·기생첩에 대하여서 출신 지명에 붙여 쓰는 말. ¶부산~ / 진주~.

-집[3] [접미] **1** 몸이나 살의 '크기'나 '부피'임을 나타내는 말. **2** 몸이나 살에 좋지 않은 현상이 일어나거나 나타난 자리임을 나타내는 말. ¶물~ / 흠~.

집[4](輯) [명] 동인지·교지·논문집·학회지·기관지와 같은 책의 발행된 차례를 나타내는 단위. 또는, 음악 앨범의 발행된 차례를 나타내는 단위. ¶사회 과학 논총 제2~ / 조성모의 제3~ 앨범.

-집[5](集) [접미] 시가·문장·그림·논문 등을 모은 책. ¶수필~ / 단편~.

집-값[-깝] [명] **1** 집을 짓는 데에 들어간 원가를 계산하여 매긴 집의 값. **2** 집을 판 값.

집객(集客) [-깩] [명] 행사장이나 매장 등에 사람들을 끌어 모으는 일. ¶각종 행사에 연예인을 초대하여 ~ 효과를 높이다.

집-게[1][-께] [명] 물건을 집는 데에 쓰는, 끝이 두 가닥으로 갈라진 연장. ¶빨래~.

집-게[2][-께] [명] 바다에 살며, 몸이 새우와 게의 중간형인 갑각류의 총칭. 머리 가슴은 한댠 껍데기에 싸여 있으나 배는 말랑말랑하여 소라와 같은 고등 종류의 껍데기 속에 배 부분을 넣고 삶.

집게-발[-께-] [명] 게나 가재의 집게처럼 생긴 큰발.

집게-벌레[-께-] [명] [동] 몸이 길이 20mm가량으로 길쭉하고, 몸빛은 흑갈색으로 광택이 나며, 배 끝에 가위 모양의 집게가 있는 곤충. 부엌 바닥이나 돌·낙엽 밑에 삶.

집게-뼘[-께-] [명] 엄지손가락과 집게손가락을 벌린 길이.

집게-손가락[-께-까-] [명] 엄지손가락과 가운뎃손가락 사이에 있는 둘째 손가락. =검지·인지.

집결(集結) [-껼] [명] 《사람의 무리나 조직체 따위가》 특별한 일을 행할 목적으로 한곳에 모이는 것. ¶~ 장소. **집결-하다** [동][자] ¶광장에 **집결한** 군중. **집결-되다** [동][자]

집결-지(集結地) [-껼-] [명] 집결하는 곳.

집계(集計) [-꼐-] [명] 이미 된 여러 계산들을 한데 모아서 계산하는 것. 또는, 그 계산. ¶중간 ~. **집계-하다** [동][타] ¶개표 결과를 ~. **집계-되다** [동][자]

집광(集光) [-꽝] [명] 렌즈나 거울을 사용하여 빛을 한곳에 모으는 것. **집광-하다** [동][자][타]

집-구석[-꾸-] [명] **1** '집 안'을 낮추어 이르는 말. ¶~에만 틀어박히다. **2** '집'[1]을 낮추어 이르는 말.

집권(執權) [-꿘] [명] 《정당이나 정치 지도자가》 정권을 잡는 것. ¶~ 여당 / 장기 ~. **집권-하다** [동][자]

집권(集權) [-꿘] [명] 권력을 한곳으로 집중시키는 것. ¶중앙 ~. ↔분권. **집권-하다** [동][자]

집권-당(執權黨) [-꿘-] [명] 정권을 잡고 있는 정당이나 무리.

집권-자(執權者) [-꿘-] [명] 권세나 정권을 잡고 있는 사람.

집기(什器) [-끼] [명] =집물. ¶사무용 ~.

집기-병(集氣瓶) [-끼-] [명] 화학 실험 기구의 하나. 기체를 모으는, 유리로 된 병.

집념(執念) [짐-] [명] 한 가지 사물에만 끈덕지게 들러붙어 마음을 쏟는 것. 또는, 그 마음이나 생각. ¶~의 사나이. **집념-하다** [동][자]

집다[-따] [동][타] **1** 《물건을》 엄지손가락과 집게손가락 또는 엄지손가락과 다른 손가락의 끝이 모아지게 하여 잡다. ¶손가락으로 떡을 ~. **2** 《젓가락이나 핀셋이나 집게 따위의 도구로 물건을》 가운데에 넣고 도구의 양쪽에 힘이 가해지게 하여 끼이게 하다. [비교] **집다**. ¶젓가락으로 음식을 ~. **3** 《어떤 대상을》 택하거나 가리켜 드러내다. [비교]지적하다. ¶이 자리에서 누구라고 꼭 **집어** 말하기는 곤란하다.

집단(集團) [-딴] [명] 여러 사람이 모여 일정한 조직 관계를 이룬 모임. ¶폭력 ~.

집단^농장(集團農場) [-딴-] [명] 여러 사람이 협동하여 조직적으로 경영하는 농장. ▷콜호즈.

집단-생활(集團生活) [-딴-] [명] **1** 공통되는 의식이나 목표를 가지고 여럿이 집단을 이루어 일정 기간 함께 지내는 생활. **2** 무리를 이루어 함께 생활하는 일.

집단-단속(一團束) [-딴-] [명] 집 안의 여러 집물 등을 옳게 간수하기 위해 하는 단속. ¶~을 철저히 하다.

집단-의식(集團意識) [-딴-] [명] 집단의 각 구성원이 하나의 것에 딸려 있다고 공통적으로 느끼는 의식. ¶사회의식.

집단^이기주의(集團利己主義) [-딴-의/-데-] [명] 자기 집단의 이익만을 배타적으로 추구하려는 태도나 입장.

집단-적(集團的) [-딴-] [관][명] 집단을 이룬 (것). 또는, 집단에 관계된 (것).

집단-행동(集團行動) [-딴-] [명] 한 집단이 같은 목표와 의식을 가지고 행하는 행동.

집달-관(執達官) [-딸-] [명] [법] 재판 결과의 집행 및 법원이 발하는 서류의 송달 사무를 행하는 직원. 구칭은 집달리.

집달-리(執達吏) [-딸-] [명] [법] '집달관'의 구칭.

집-대성(集大成) [-때-] [명] 여럿을 모아 하나로 크게 완성하는 것. 또는, 그 완성한 것. **집대성-하다** [동][타] ¶고전 문학을 ~. **집대성-되다** [동][자]

집도(執刀) [-또] [명] 수술이나 해부를 하기 위해 메스를 잡는 것. ¶김 박사의 ~로 수술이 이루어지다. **집도-하다** [동][자]

집-들이[-뜨-] [명] 결혼하거나 이사한 뒤, 자축하는 뜻으로 친지를 집으로 초대하여 음식을 대접하는 일. **집들이-하다** [동][자][타]

집무(執務) [짐-] [명] 사무를 보는 것. ¶그는 지금 ~ 중이다. **집무-하다** [동][자][타]

집무-실(執務室) [짐-] [명] 주로 높은 지위에 있는 사람들이 사무를 보는 방.

집-문서(一文書) [짐-] [명] 집의 소유권을 증명하는 서류.

집물(什物) [짐-] [명] 집안 살림에 쓰이는 온갖 기구. =집기. ¶가장(家藏) ~.

집배-원(集配員) [-빼-] [명] [통] '우편집배원'의 준말.

집백(執白) [-빽] [명] 바둑에서, 백(白)을 잡고 두다. ↔집흑.

집사(執事) [-싸] [명] **1** 주인 옆에 있으면서 그 집 일을 맡아보는 사람. **2** [기] 교회 직분의 하나. 또는, 그 직분을 맡은 사람.

교회의 각 기관의 일을 맡아 봉사함. ¶안수~.
집-사람[-싸-] 똉 남 앞에서 자기 아내를 겸손하게 일컫는 말.
집사-부(執事部)[-싸-] 똉[역] 신라 때 국가 기밀과 서정(庶政)을 맡아보던 최고 행정 기관.
집산(集散)[-싼] 똉 여러 곳의 생산물이 모여들었다가 다시 다른 지방으로 흩어져 나가는 것. 집산-하다 통(자)
집산-지(集散地)[-싼-] 똉 여러 곳의 생산물이 집산하는 곳. ¶농산물의 ~.
집성(集成)[-썽] 똉 여럿을 모아 하나로 체계를 세워 이루는 것. 집성-하다 통(타)
⊕집성-되다 통(자)
집-세(貰)[-쎄] 똉 남의 집을 빌려 사는 대가로 내는 돈.
집시(Gypsy) 똉 1 코카서스 인종에 속하는 유랑 민족. 주로 유럽에서 방랑 생활을 하면서 빈곤하게 사는데, 성격이 쾌활하고 음악에 뛰어난 재능이 있음. 2 방랑 생활을 하는 사람의 비유.
집-식구(食口)[-씩꾸] 똉 남에게 자기 아내를 겸손하게 이르는 말.
집-안 똉 가족을 구성하면서 하는 공동체. 또는, 가까운 일가. ¶~ 식구.
집안-끼리[-싸-] 똉 가까운 살붙이를 남에 대하여 이르는 말.
집안-싸움 똉 1 가족이나 집안 간의 싸움. ¶유산 문제로 ~이 일어나다. 2 한 조직이나 단체의 구성원끼리 하는 싸움.
집안-일[-닐] 똉 1 살림을 꾸려 나가기 위해 집 안에서 하는 일. 곧, 밥 짓기·빨래·청소 따위의 일. ⊕가사(家事)·집일. ¶~을 돌보다. 2 자기 가정이나 친척 집 안에 생기는 일이나 행사.
집약(集約) 똉 한데 모아서 요약하는 것. 집약-하다 통(타) ¶여러 사람의 의견을 하나로 ~. 집약-되다 통(자) ¶공자의 사상을 '논어(論語)'에 집약되어 있다.
집약-적(的)[-쩍] 관(명) 집중적으로 한곳에 모아서 뭉뚱그리는 (것). ¶~ 농업.
집어-내다 통(타) 1 집어서 밖으로 내놓다. ¶쌀에서 돌을 ~. 2 지적하여 밝히다.
집어-넣다[-너타] 통(타) (어떤 대상을) 억지로 또는 어렵사리 공간이나 단체나 범위 등의 안에 넣다. ¶범죄자를 감옥에 ~.
집어-던지다 통(타) 1 (물건을 어디에 또는 누구에게) 손으로 집어서 함부로 또는 세게 내던지다. ¶화가 나서 들고 있던 책을 ~. 2 (돈·명예·체면 등을) 미련 없이 내던지다.
집어-등(魚燈) 똉 밤에 바다 등 고기잡이할 때, 물고기가 모여들도록 하기 위해 켜는 등불.
집어-먹다[-따] 통(타) 1 (남의 것을) 가로채어 제 것으로 만들다. ¶공금을 ~. 2 (겁·두려움 등을) 가지게 되다. ¶겁을 ~.
집어-삼키다 통(타) 1 거침없이 입에 넣어 삼키다. ¶밥을 한입에 ~. 2 (남의 것을) 슬쩍 후무려서 제 것으로 만들다. ¶남의 재산을 ~.
집어-치우다 통(타) (하던 일이나 말을) 도중에 그만두다. 속된 말임. ⊕걷어치우다. ¶그런 식으로 하려면 집어치워라.
집어-타다 통(타) '잡아타다'를 속되게 이르는 말. ¶급해서 택시를 집어탔다.
집-오리 똉[동] 야생의 청둥오리를 개량한 집오리. 집에서 기르는 오리. 청둥오리보다 좀 크고, 날개는 약함. 고기나 알을 이용해 기름. ⊕오리. ↔청둥오리.
집요-하다(執拗-) 웹 고집스럽게 끈질기다. ¶사건을 집요하게 추적하다.
집-일[짐닐] 똉 집 안에서 하는 일이나 집 안에 생기는 일. ⊕집안일.
집-임자(任者)[-님-] 똉 =집주인.
집장-사령(執杖使令)[-짱-] 똉[역] 장형(杖刑)을 집행하는 사령.
집적(集積)[-쩍] 똉 모여 쌓이는 것. 또는, 모아 쌓는 것. 집적-하다 통(타)(자) 집적-되다 통(자) ¶자본과 기술이 ~.
집적-거리다/-대다[-쩍꺼(-때)-] 통(자)(타) 1 아무 일에나 자꾸 함부로 손을 대다. ¶이 일 저 일 ~. 2 말이나 행동으로 자꾸 남을 건드려 성가시게 굴다. ¶아이를 집적거려서 울리다. ⊕찝적거리다.
집적-집적[-쩍쩍] 閉 집적거리는 모양. ⊕찝적찝적. 집적집적-하다 통(자)(타)
집적[쩍] 회로(集積回路)[-쩌쾨-/-쐐-] 똉[물] 트랜지스터·다이오드·저항·콘덴서 등을 반도체 결정 위에서 서로 분리할 수 없도록 결합한 전자 회로. =아이시(IC).
집전(執典)[-쩐] 똉 전례(典禮)를 다담아 집행하는 것. 집전-하다 통(타)(자)
집정(執政)[-쩡] 똉 나라의 정권을 잡는 것. 또는, 그 사람. 집정-하다 통(자)(자)
집정-관(執政官)[-쩡-] 똉 1 국정을 행하는 관원. ⊕정승. 2 [역] 로마 공화정의 최고 정무관.
집-주인(主人)[-쭈-] 똉 1 그 집안의 주인이 되는 사람. 2 그 집의 소유자. =집임자. ¶~이 바뀌다.
집중(集中)[-쭝] 똉 1 (어떤 일·현상·대상 등이) 한곳이나 한 대상에, 또는 한정된 짧은 시간에 몰리거나 쏠리는 것. ¶~ 단속. 2 (어떤 일에 정신을) 바짝 차리어 쏠리게 하는 것. ¶시끄러워 ~이 잘 안된다. 3 (어떤 대상에 시선·이목 등을) 향하여 미치게 하는 것. ¶시선 ~. 집중-하다 통(자)(타)(타) ¶대도시에 인구가 ~. 집중-되다 통(자) ¶뭇시선이 내게로 ~.
집중-력(集中力)[-쭝녁] 똉 마음이나 주의를 어느 사물에 집중하는 수 있는 힘.
집중-적(集中的)[-쭝-] 관(명) 한곳을 중심으로 모이거나 모으는 (것). ¶~ 공격.
집중=호우(集中豪雨)[-쭝-] 똉[기상] 짧은 시간에 집중적으로 쏟아지는 비.
집-쥐[-쮜] 똉[동] 인가나 창고·하수구 등에 사는 쥐. 몸의 윗면은 갈색이고 아랫면과 발은 회백색이며, 꼬리는 몸길이보다 짧음. 밤에 활동함.
집진-기(集塵機)[-찐-] 똉 공기 속에 떠돌아다니는 미립자를 모아서 제거하는 장치.
집-짐승[-찜-] 똉 =가축(家畜).
집-집[-찝] 똉 각 집. 또는, 모든 집. ¶~마다 신문을 돌리다.
집집-이[-찌비] 閉 집집마다.
집-짓기[-찌끼] 똉 1 여러 모양의 나무나 플라스틱으로 된 조각으로 집 짓는 시늉을 하면서 노는 어린이 놀이. 2 바둑을 끝낸 후에 각기 상대방의 집을, 계산하기 쉽게 정리해서 배열하는 일. 집짓기-하다 통(자)(타)

집착(執着) 圕 어떤 것에 마음이 늘 쏠려 떨치지 못하고 매달리는 일. 집착-하다 통(자)여 ¶돈에 ~. 집착-되다 통(자)

집-채 圕 집의 덩치나 크기. ¶~만 한 고래.
집채 같다 부피가 매우 큰 모양을 형용하는 말. ¶집채 같은 파도.

집총(執銃) 圕 총을 쥐거나 몸에 지니는 것. ¶~ 훈련.

집-칸(間) 圕 1 집을 이루고 있는 칸살. 또는, 하나하나의 칸. 2 칸수가 얼마 안 되거나 한두 칸의 칸살로 된 변변하지 못한 집. ¶~이라도 장만하려면 부지런히 일해야 한다.

집-터 圕 1 집이 있거나 있었거나, 또는 집을 지을 자리. 囲택지. 2 고고학에서, 고대 인류가 살던 동굴·움집 따위의 살림 유적.

집-토끼 圕(동) 고기나 모피를 얻기 위하여 집에서 기르는 토끼. 앞다리가 산토끼보다 짧음. 모피용의 앙고라종, 고기용의 벨기언종 등이 있음. ▷산토끼.

집-파리 圕(동) 인가나 축사에 드나들며 전염병을 옮기는 파리. 몸길이 6~8mm, 몸빛은 흑갈색이며, 날개는 투명함.

집표(集票) 圕 역 출구에서 승객의 차표를 기계 또는 사람이 거두어들이는 것. ↔개표. 집표-하다 통(자)

집필(執筆) 圕 (붓을 손에 쥔다는 뜻) (문학 작품, 논문, 책의 원고 따위를 비교적 오랜 시일에 걸쳐 쓰는 것. 집필-하다 통(타)

집필-자(執筆者)[-짜] 圕 어떤 글을 집필한 사람.

집하(集荷)[지파] 圕 각지로부터 여러 가지 산물이 시장 등 한곳으로 모이는 것. 또는, 그 모인 산물. 집하-하다 통(자)여 ¶ 농산물이 ~.

집합(集合)[지팝] 圕 1 (사람의 무리나 많은 사물이) 한곳에 모이는 것. ¶~ 장소. ↔해산. 2 [수] 특정한 조건에 맞는 사물들의 모임. 집합-하다 통(자)여 ¶역전에 10시까지 집합할 것. 집합-되다 통(자)

집합^명사(集合名詞)[지팝-] 圕(언) 같은 종류가 여럿 모인 전체를 나타내는 명사.

집합-체(集合體)[지팝-] 圕 많은 것들이 모여 이루어진 덩어리.

집행(執行)[지팽] 圕 법률·명령·재판·처분 등의 내용을 현실로 구체화하는 일. ¶~판. 집행-하다 통(타)여 ¶사형을 ~. 집행-되다 통(자) ¶형이 ~.

집행^기관(執行機關)[지팽-] 圕[법] 1 법인(法人)의 의사를 집행하는 기관. ↔의결 기관. 2 강제 집행을 실시할 직무를 가지는 국가 기관.

집행-부(執行部)[지팽-] 圕 정당 등의 단체에서, 의결 기관의 결정 사항을 집행하는 부서.

집행^유예(執行猶豫)[지팽뉴-] 圕[법] 범죄자에게 단기(短期)의 징역 또는 금고형을 선고할 때, 정상(情狀)에 따라 일정 기간 형의 집행을 미루는 일. ¶~로 풀려 나오다.

집현-전(集賢殿)[지편] 圕[역] 조선 초기에 궁중에 두어, 경적(經籍)·전고(典故)·진강(進講) 등을 맡아보던 관아.

집회(集會)[지푀/지풰] 圕 여러 사람이 특정한 공동 목적을 위하여 일시적으로 모이는 일. ¶추모 ~. 집회-하다 통(자)여

집회의 자유 다수인의 특정한 공동 목적을 위하여 일시적으로 일정한 곳에 모임을 여는 자유.

집흑(執黑)[지픅] 圕 바둑에서, 흑(黑)을 잡고 둠. ↔집백.

집-히다[지피-] 통(자)여 '집다'의 피동사. ¶물건을 손에 집히는 대로 내팽개치다.

짓¹[짇] 圕 [1](의뢰) 버릇처럼 하는 행동이나 몸의 일부를 놀려 움직이는 일. ¶손~ / 눈~. [2](의존) 상대의 '동작'이나 '행동'을 낮추어 이르는 말. 윗사람에게는 쓸 수 없음. ¶나쁜 ~.

짓-²[짇] 접두 동사 위에 붙어서, '마구', '함부로'의 뜻을 나타내는 말. ¶~밟다 / ~이기다.

짓:-거리[짇거-] 圕 '짓'을 속되게 이르는 말. ¶저 사람 하는 ~ 좀 보게.

짓고-땡[짇꼬-] 圕 1 화투 노름의 한 가지. 다섯 장씩 나누어 가지고 석 장으로 열 끗 또는 스무 끗을 만들고 남은 두 장으로 끗수를 겨룸. 2 일이 제 뜻에 맞게 잘 되어 감.

짓:-궂다[짇꾿따] 圈 장난스럽게 남을 괴롭고 귀찮게 하여 곰살갑지 않다. ¶짓궂은 질문.

짓-누르다[진-] 통(타)㉿<~누르니, ~눌러> 1 함부로 또는 세게 누르다. ¶담배를 짓눌러 끄다. 2 심리적·정신적으로 심하게 억압하다. ¶걱정이 마음을 무겁게 ~.

짓눌리다[진-] 통(자) '짓누르다'의 피동사. ¶생활고에 짓눌린 서민들.

짓:다[짇따] [짇:고, 지어] 통(타)ᄉ <지으니, 지어> 1 (밥을) 솥이나 냄비 등에 쌀이나 보리 등을 넣고 물을 부은 뒤 열을 가하여, 익게 하다. ¶삼층밥을 ~. 2 (옷을) 천을 마르고 바느질하여 일정한 모양으로 만들다. ¶한복을 ~. 3 (집을) 흙과 나무나 암석 따위로 일정한 구조와 크기로 만들다. ¶기와집을 ~. 4 (글이나 노래나 이름 따위를) 머릿속으로 생각해 내어 만들다. 囲창작하다. ¶시를 ~. 5 (말을 글을) 거짓으로 꾸며내다. ¶그건 그 애가 지어 낸 말이야. 6 (사람이 어떤 표정이나 태도 등을) 얼굴이나 몸에 나타내거나 드러내다. ¶미소를 ~. 7 (여러 사람이나 동물이나 물건 등이) 한데 있어 어떤 모습을 이루다. ¶코끼리 떼가 무리를 지어 이동한다. 8 논밭을 일구거나 갈아 농작물이 나게 하다. ¶농사를 ~. 9 (약을) 여러 가지 재료를 합하여 만들다. 囲조제하다. ¶보약을 ~. 10 (죄를) 말이나 행동으로 저지르다. 囲범하다. ¶죄를 지은 사람. 11 (어떤 대상에 대해 어떤 의미적인 상태를) 이루어지게 하다. ¶결론을 ~.

짓-무르다[진-] 통(자)㉿<~무르니, ~물러> 살갗이 헐어서 문드러지다. ¶습진으로 살갗이 ~. ×진무르다·짓물다.

짓-물다[진-] '짓무르다'의 잘못.

짓-뭉개다[진-] 통(타) 마구 뭉개다. ¶이불을 발로 ~.

짓-밟다[짇빱따] 통(타) 1 짓이기다시피 마구 밟다. ¶담뱃불을 구둣발로 짓밟아 끄다. 2 함부로 유린하다. ¶인권을 ~.

짓밟-히다[짇빨피-] 통(자) '짓밟다'의 피동사. ¶잔디가 짓밟혀서 자라지 못하다.

짓-씹다[짇-따] 통(타) 짓이기다시피 잘게 씹다.

1120 _ 짓이기다

짓-이기다 [진니-] 톙(타) 함부로 몹시 잘게 이기다.
짓-찧다 [짇쩌타] 톙(타) 아주 세게 찧다.
징¹ 뗑 신의 가죽 창 아래에 박은 쇠못.
징² 뗑(음) 국악기의 하나. 놋쇠로 전이 없는 대야 모양으로 만든 타악기. 음색이 부드럽고 웅장함.
징건-하다 졩엉 먹은 것이 잘 소화되지 않아 더부룩한 느낌이 있다. 비그득하다.
징검-다리 뗑 얕은 내나 진 곳 따위에 돌이나 흙더미를 드문드문 놓아 그 위로 건널 수 있도록 한 다리. 사람의 걸음나비 정도의 간격으로 개울을 건널 수 있게 여러 개를 놓은 것.
징검-돌 [-똘] 뗑 징검다리로 놓은 돌.
징계(懲戒) [-계/-게] 뗑 **1** 부정이나 부당한 행위에 대하여 제재(制裁)를 가하는 것. **2** [법] 공직(公職)에 있는 사람의 의무 위반에 대하여, 국가와 공공 단체가 과하는 제재. **징계-하다** 톙(타)
징계^처:분(懲戒處分) [-계-/-게-] 뗑 [법] 일반 공무원에 대한 징계로서 과하는 처분. 면직·감봉 따위.
징그럽다 [-따] 쥉(ㅂ) 〈징그러우니, 징그러워〉 **1** 보거나 만지기에 불쾌할 만큼 흉하다. ¶징그러운 뱀. **2** 하는 행동이 유들유들하여 역겹다.
징글-맞다 [-맏따] 졩 몹시 불쾌할 만큼 흉하거나 역겹다. ¶징글맞게 생기다.
징글징글-하다 졩엉 생각만 하여도 징그러울 만큼 흉하다.
징발(徵發) 뗑 **1** 정부에서 긴급을 요하는 일에 노력을 동원하기 위하여 사람을 불러다 쓰는 것. **2** 전시(戰時)에 정부가 인마(人馬)나 군용품을 모아 거두는 것. **징발-하다** 톙(타) **징발-되다** 톙(자)
징벌(懲罰) 뗑 옳지 않은 일을 하거나 죄를 지은 데 대해 벌을 주는 것. 또는, 그 벌. **징벌-하다** 톙(타)
징병(徵兵) 뗑[법] 국가가 법령으로써 병역 의무자를 강제적으로 모아 군무에 복무시키는 일. ¶~ 기피. **징병-하다** 톙(자)(타)
징병-제(徵兵制) [법] =징병 제도.
징병^제:도(徵兵制度) [법] 국민에게 강제적으로 병역의 의무를 지우는 국민 개병 제도. =징병제.
징빙(懲憑) 뗑=간접 사실.
징세(徵稅) 뗑 세금을 거두어들이는 것. **징세-하다** 톙(타)
징수(徵收) 뗑 행정 기관이 법에 따라 조세·수수료 등을 사람에게서 거두어들이는 일. ¶-금(金). **징수-하다** 톙(타)(어) **징수-되다** 톙(자)
징수-액(徵收額) 뗑 거두어들인 돈의 액수. ¶징방세 ~.
징역(懲役) 뗑[법] 죄인을 교도소에 가두어 노역에 복무시키는 자유형. ¶무기 ~.
징역-살이(懲役-) [-쌀-] 뗑 징역형을 받고 교도소에서 복역하는 일. **징역살이-하다** 톙(자)
징역-형(懲役刑) [-여켱] 뗑 징역의 형벌. 자유형 가운데 가장 무거운 형벌임.
징용(徵用) 뗑[법] 전시·사변 또는 이에 준하는 비상사태에, 국가의 권력으로 국민을 강제로 일정한 노역에 종사시키는 것. **징용-하다** 톙(타) **징용-되다** 톙(자)
징조(徵兆) 뗑 앞으로 어떤 일이 일어날 것인지를 미루어 알게 하는 일이나 현상. 비조짐·전조. ¶불길한 ~가 보인다.
징집(徵集) 뗑[법] 국가가 병역 의무에

대하여 현역에 복무할 의무를 부과하는 것. **징집-하다** 톙(타) **징집-되다** 톙(자)
징징 튀 징징거리는 모양. ¶~ 울다. **징징-하다** 톙(자)
징징-거리다/-대다 톙(자) 불만스럽거나 못마땅하거나 하여 자꾸 울음소리를 내거나 우는소리를 늘어놓다. ¶징징거리지 말고 말을 해라.
징크스(jinx) 뗑 어떤 사람에게 조건 아래에서 으레 나쁜 일을 겪거나 좋지 않은 결과를 가지게 되는 상태. 또는, 그런 불운이나 악운. ¶~ 가 있다 / ~ 에 걸리다.
징표(徵表) 뗑[논] 어떤 사물을 다른 사물과 구별하는 특징이 되는 성질. 속성·양식·성격·빈사(賓辭)·기호 등의 뜻으로도 쓰임.
징후(徵候) 뗑 겉으로 나타나는 낌새. ¶병의 ~.
짖다 [짇따] 톙(자) (개가) 크게 소리를 내질러 짖다. ¶한밤중에 개 짖는 소리가 들리다.
짙다 [짇따] 졩 **1** (대상의 색깔이) 보통의 정도보다 뚜렷하거나 강하게 나타나거나 보이는 상태에 있다. 비진하다. ¶짙은 밤색. **2** (안개나 연기 등이) 잔뜩 끼어 앞을 분간할 수 없는 상태에 있다. 비자욱하다. ¶도시에는 짙은 안개가 끼다. **3** (냄새가) 보통의 정도보다 강한 상태에 있다. ¶장미의 짙은 향기. **4** (액체에 녹아 있는 물질의 양이) 보통의 정도보다 많은 상태에 있다. ¶커피를 짙게 타다. ≒열다. **5** (어떤 일에 대한 가능성 따위가) 보통의 정도보다 많은 상태에 있다. ¶일이 실패할 가능성이 ~. 비농후하다.
짙-푸르다 [짇-] 졩(러)〈~푸르니, ~푸르러〉빛깔이 짙게 푸르다. ¶짙푸른 숲.
짚 [집] 뗑 **1** 벼·밀·보리·조 등의 이삭을 떨어낸 줄기. ¶밀 ~. **2** '볏짚'의 준말.
짚다 [집따] 톙(타) **1** (지팡이나 손을) 바닥에 대고 버티어 몸을 의지하다. ¶지팡이를 짚고서 다니다. **2** 손을 대어 살며시 누르다. ¶맥을 ~. **3** 지적하거나 지목하다. ¶한 사람씩 짚어 가며 설명하다. **4** 요량하여 짐작하다. ¶문제의 원인을 짚어 보다.
짚고 넘어가다 어떤 일의 시비(是非)를 가리고 지나가다. ¶이번 일만은 **짚고 넘어가야겠다**.
짚-단 [집딴] 뗑 볏짚의 묶음.
짚-세기 [집쎄-] 뗑 '짚신'의 잘못.
짚-신 [집씬] 뗑 볏짚으로 삼은 신. ¶~을 삼다. ×짚세기.
[짚신도 제짝이 있다] 보잘것없는 사람도 배필은 있다.
짚신-벌레 [집씬-] 뗑(동) 연못이나 논에 살며, 몸의 길이 0.2〜0.3mm인 짚신 모양의 단세포 원생동물. 표면에 섬모가 빽빽이 나 있어, 이것으로 헤엄을 침.
짚신-짝 [집씬-] 뗑 **1** 짚신의 짝. **2** '짚신'을 낮추어 이르는 말.
짚이다 톙(자) 마음에 요량이 되어 짐작이 가다. ¶마음에 **짚이는** 바가 있다.

-짜 접미 일부 명사의 어근에 붙어서, 어떤 특징을 지닌 사물이나 사람임을 이르는 말. ¶가~ / 괴~.

짜개다 〔타〕 (단단한 물건을) 연장으로 베거나 찍어서 갈라지게 하다. ¶수박을 ~.
짜개-지다 〔자〕 둘로 벌어져 짝 갈라지다.
짜깁-기[-끼] 〔명〕 **1** 짜깁는 일. **2** (남의 글을) 여기저기서 마구 끌어다가 조합하는 일. **짜깁기-하다** 〔동〕 ¶양복을 ~ / 인터넷에 있는 글을 적당히 **짜깁기해서** 리포트를 작성한다.
짜-깁다[-따] 〔동〕〔ㅂ〕팀〈~기우나, ~기워〉 모직물의 찢어진 데를 그 감의 올로 짜서 본디대로 깁다.
짜-내다 〔타〕 **1** (어떤 액체나 물질을) 그것을 담고 있거나 포함하고 있는 물건을 누르거나 비틀어서 밖으로 나오게 하다. ¶치약을 ~. **2** (남의 재물이나 세금 따위를) 억지로 내게 하다. ¶국민들의 세금을 ~. **3** (머리를) 굴리어서 어떤 생각이 나오게 하다. 또는, (어떤 생각을) 떠올려 나타나게 하다. ¶여러 사람이 머리를 ~. **4** (어떤 상품을) 억지로 만들어 내다. ¶목소리를 **짜내듯** 힘들게 말하다.
짜다¹ 〔동〕 ① 〔타〕 **1** (일정한 틀이나 구조물을) 나무 따위의 재료를 가지고 사개를 맞추어 만들다. ¶문짝을 ~. **2** (피륙・가마니 등을) 실이나 짚 따위를 가로세로 걸어서 만들다. ¶베를 ~. **3** (상투를) 머리털을 틀어서 만들다. ¶상투를 ~. **4** 둘 이상의 사람의 무리가 되게 만들다. ¶편을 짜서 공놀이를 하다. **5** (일정한 내용이나 틀을 갖춘 계획이나 프로그램을) 이루어지게 하다. ¶일정을 ~. ② 〔자〕 (여러 사람이, 또는 어떤 사람이 다른 사람과 함께) 부정적인 일을 하기 위해 몰래 어떤 약속을 하다. ¶서로 **짜고** 한 짓이다.
짜다² 〔동〕〔타〕 **1** (어떤 물건을) 누르거나 비틀어서 그 속에 있는 액체나 무른 상태의 물질을 밖으로 나오게 하다. ¶빨래를 ~. **2** (남의 재물이나 세금 등을) 억지로 내게 하다. **3** (어떤 생각이나 안을) 머리를 써서 나오게 하다. ¶묘안을 ~. **4** (눈물을) 억지로 나오게 하다. ¶눈물을 ~.
짜다³ 〔형〕 **1** (어떤 물질이나 물체가) 소금 맛을 가진 상태에 있다. ¶바닷물이 ~. **2** (간을 맞추어 맛을 내는 음식이) 소금 맛을 보통의 정도보다 강하거나 띤 상태에 있다. ¶찌개가 ~. ↔싱겁다. **3** (사람이) 다른 사람을 위해 돈을 쓰거나 재물을 내놓거나 하는 일을 잘 하지 않으려고 하는 태도가 있다. 구어체의 말임. 비인색하다. ¶잘사는 사람치고 ~.
짜르르 〔부〕 **1** '자르르'의 센말. **2** '찌르르'의 작은말. **짜르르-하다** 〔형〕〔여〕
-짜리 〔접미〕 **1** 어떤 옷이나 쓰개 따위로 차린 사람임을 낮추어 이르는 말. ¶양옷~ / 도포~. **2** 얼마의 값이나 수량을 가진 물건임을 이르는 말. ¶백 원~ / 석 되~. **3** 나이 아래에 붙어, 그 나이의 사람임을 낮추어 이르는 말. 주로, 어린 나이에 사용됨. ¶세 살~ 꼬마.
짜릿-짜릿[-릳-릳] 〔부〕 몹시 짜릿한 모양. **짜릿짜릿-하다** 〔형〕 ¶무릎을 꿇고 오래 앉아 있다가 일어나니까 다리가 ~.
짜릿-하다[-리타-] 〔형〕 **1** 살이나 뼈마디에 갑자기 세게 저린 느낌이 있다. **2** 강한 자극으로 흥분시키거나 떨리게 하는 느낌이 있다. ¶짜릿한 쾌감.
짜부라-지다 〔동〕〔자〕 물체가 눌리거나 부딪혀 부분적 또는 전체적으로 납작해지다. 图찌부러지다.

짜-이다 〔동〕〔자〕 **1** '짜다'의 피동사. ¶예산이 ~. **2** 규모가 어울리다. ¶잘 **짜인** 구조.
짜임 〔명〕 조직이나 구성. ¶글의 ~이 치밀하다.
짜임-새 〔명〕 **1** 짜인 모양새. **2** 문장・이론 등의 내용에서, 앞뒤의 연관 관계가 제대로 되어 있는 상태. ¶~ 있는 글.
짜장 〔부〕 틀림없이 정말. 또는, 정말이지.
짜장-면 〔명〕 =자장면.
짜증(-症) 〔명〕 북받치는 역정이나 싫증. ¶~ 섞인 목소리 / ~이 나다.
짜증-스럽다(-症-)[-따] 〔형〕〔ㅂ〕팀〈~스러우니, ~스러워〉 짜증이 나는 데가 있다.
짜증스레 〔부〕
짜:-하다 〔형〕〔여〕 소문이 매우 자자하다. ¶마을에 소문이 **짜하게** 퍼지다.
짝¹ 〔명〕〔의존〕 **1** 두 개가 어울려 한 쌍을 이루는 물건 중 하나. ¶~이 안 맞는 양말. **2** 사람・동물의 배필이나 배우자. 사람의 경우에는 속된 어감이 있음. **3** 한 쌍을 이루는 자리 배치(특히, 교실의 경우)에서, 바로 옆 자리에 앉는 사람. ② 〔의존〕 두 개가 어울려 한 쌍을 이루는 물건의 각각을 세는 단위. ¶장갑 한 ~.
짝(이) 없다 (어미 '-기' 다음에 쓰여) 어떤 상태가 비교할 대상이 없을 만큼 대단하거나 심하다. ¶반갑기 ~.
짝 잃은 기러기 몹시 외로운 신세가 된 사람, 또는 홀아비나 홀어미의 신세가 된 사람을 비유하여 이르는 말.
짝² 〔명〕〔의존〕 **1** 관형사 '아무'의 밑에서, '곳'의 뜻으로 쓰이는 말. ¶아무 ~에도 쓸데가 없다. **2** 관형사 '무슨'의 밑에서 '꼴'의 뜻으로 쓰이는 말. ¶이게 무슨 ~이람. **3** '쪽¹'의 잘못.
짝³ 〔명〕〔의존〕 **1** 소・돼지 갈비의 한쪽 갈빗대 전체를 하나로 묶어 세는 단위. ¶갈비 한 ~. **2** 상자・짐짝 따위를 세는 단위. ¶사과 한 ~. **3** 소나 말에 지운 온 바리의 짐 가운데 한쪽 편을 세는 단위. ¶소바리 두 ~. **4** 북어나 명태를 묶어 세는 단위. 한 짝은 북어나 명태 600마리를 이름.
짝⁴ 〔부〕 **1** '작'의 센말. ¶종이를 ~ 찢다. 囘쩍. **2** 단번에 야무지게 짜개지거나 벌어지는 모양. ¶사과를 두 쪽으로 ~ 가르다. 囘쩍. **3** 혀를 차며 입맛을 다시는 모양. ¶입맛을 ~ 다시다.
짝⁵ 〔부〕 **1** 물체가 바싹 다가붙거나 끈기 있게 달라붙는 모양. ¶몸에 ~ 달라붙는 옷. **2** 입맛에 딱 맞는 모양. ¶음식이 입에 ~ 붙는다.
짝⁶ 〔부〕 말이 갑자기 널리 퍼지는 모양. ¶소문이 ~ 퍼지다.
짝-⁷ 〔접두〕 '짝짝이'의 뜻. ¶~눈 / ~신.
-짝 〔접미〕 일부 명사 뒤에 쓰여, 얕잡는 뜻을 나타내는 말. ¶낯~ / 볼기~ / 양말~.
짝-귀[-뀌] 〔명〕 한쪽이 작거나 커서 층이 지는 귀. 또는, 그런 귀를 가진 사람.
짝-꿍 〔명〕 '짝³'을 친근감 있게, 또는 어린이 말다운 느낌이 있게 이르는 말.
짝-눈[짱-] 〔명〕 **1** 양쪽의 크기나 모양이 서로 다른 눈. 또는, 그런 눈을 가진 사람. **2** 양쪽의 시력이 크게 차이가 나는 눈.
짝눈-이[짱-] 〔명〕 짝눈을 가진 사람.
짝-발[-빨] 〔명〕 양쪽의 크기가 서로 다른 발. 또는, 그런 발을 가진 사람.
짝-사랑[-싸-] 〔명〕 이성(異性) 관계에서, 어떤 사람이 상대가 자기를 사랑하지 않

는데도 그 사람을 일방적으로 사랑하는 일. **짝사랑-하다** 툉재

짝-수(-數) [-쑤] 몡(수) 2로 나누어 나머지가 없이 떨어지는 수. =우수(偶數). ↔홀수.

짝-신 [-씬] 몡 제짝이 아닌 신.

짝-짓기 [-찓끼] 〈전끼〉 몡 '교미(交尾)'를 완곡하게 이르는 말. **짝짓기-하다** 툉재

짝짜꿍 몡 젖먹이가 손뼉을 치는 재롱. **짝짜꿍-하다** 툉재

짝짜꿍-이 몡 서로 뜻이 맞아 놀아나거나 어울리는 일.

짝-짝[1] 면 입맛을 몹시 다시는 소리. ¶고기 굽는 냄새에 입을 ~ 다시다. 큰쩍쩍.

짝-짝[2] 면 1 끈끈하게 여기저기 달라붙는 모양. ¶엿이 입천장에 ~ 달라붙다. 의착착. 2 장작 같은 것이 잘 쪼개지는 소리. 또는, 그 모양. ¶장작을 ~ 쪼개다. 큰쩍쩍.

짝-짝[3] 면 자꾸 손뼉을 치는 소리.

짝짝-이 몡 자기 짝이 아닌 다른 짝끼리 합하여 이루어진 벌. ¶~ 양말.

짝퉁 몡 〈속〉 진짜와 거의 똑같게 만든 가짜 상품.

짝-하다 [짜카-] 툉재태 누구와 함께 짝을 이루다.

짠-돌이 몡 〈속〉 돈에 아주 인색한 남자.

짠-맛 [-맏] 몡 소금이나 간장 등을 먹을 때 느끼는 간이 같은 맛.

짠-물 몡 1 짠맛이 나는 물. 2 =바닷물. 단물.

짠물-고기 [-꼬-] 몡 =바닷물고기.

짠-순이 몡 〈속〉 돈에 아주 인색한 여자.

짠-지 몡 무를 통째로 소금에 짜게 절이어 묵혀 두고 먹는 반찬.

짠!-하다 혱여 안쓰럽거나 아쉬워 마음이 아프고 언짢다. ¶매를 맞고 울다 잠이 든 아이를 보니 마음이 몹시 ~.

짤끔 면 액체가 조금 나오다 그치는 모양. 큰쩔끔. **짤끔-하다** 툉재태여

짤-따랗다 [-다랃-] 혱여 〈~따라니, ~따라오, ~따래〉 꽤 또는 퍽 짧다. ¶짤따란 막대기. ↔기다랗다. ×짧다랗다.

짤랑 면 작은 방울이나 얇은 쇠붙이 따위가 함께 흔들려 나는 소리. **짤랑-하다** 툉재

짤막-짤막 면 여러 개가 다 짤막한 모양. **짤막짤막-하다** 혱여 ¶연필들이 ~.

짤막-하다 [-마카-] 혱여 조금 짧은 듯하다. ¶짤막하게 요점만 말해라.

짤짤[1] 면 '잘잘'의 센말. ¶아랫목이 ~ 끓는다. 큰쩔쩔.

짤짤-거리다/-대다 툉재 이리저리 경솔하게 바쁘게 쏘다니다. ¶어딜 그리 **짤짤거리고** 다니느냐.

짤짤-이[1] 몡 발끝만 꿰어 신게 된 실내용의 간단한 신.

짤짤-이[2] 몡 〈속〉 한 사람이 여러 개의 동전을 두 손에 넣고 흔들다가 한 손에 그 중의 일부를 쥔 뒤, 상대에게 그것이 홀 수인지 짝수인지, 또는 1, 2, 3 중 어느 수인지를 알아 맞히는 노름.

짧다 [짤따] 혱 1 (선분·도형이나 물체가) 한 끝에서 다른 한 끝까지의 거리가 보통의 정도 또는 비교 대상보다 가깝다. ¶짧은 치마. 2 (공간 상의 한 지점에서 다른 지점까지의 거리가) 보통 정도 또는 비교 대상보다 가깝다. 툉동사는 ~. 3 (시간 또는 시간적 길이를 가지는 일이) 한 시점에서 다른 시점까지의 보통이 되는 정도 또는 비교 대상보다 작다. ¶공사를 **짧은** 기간에 마치다. ↔길다. 4 (생각·능력·자금 등이) 일정한 정도에 미치지 못한 상태에 있다. ¶짧은 지식.

짧다랗다 혱여 '짤따랗다'의 잘못.

짧아-지다 툉재 짧게 되다. ↔길어지다.

짧은-바늘 몡 '시침(時針)'을 입말로 이르는 말. ↔긴바늘.

짧은-소리 몡언 짧게 나는 소리. =단음(短音). ↔긴소리.

짧은-지름 몡(수) 타원 안의 가장 짧은 지름. 구용어는 단경(短徑). ↔긴지름.

짬 몡 주되는 일을 하는 중에 한 일을 하기 위해 잠깐 내거나, 딴 일을 할 수 있을 만하게 잠깐 나는, 시간적인 여유. ¶~을 내서 한번 놀러 가마.

짬-밥 [-빱] 몡 〈←殘飯/ざんぱん〉〈속〉 1 군대에서 먹는 밥. 실제의 밥을 가리키기보다는 어렵고 힘든 군대 생활의 비유로서 쓰임. ¶나도 앞으로 군대 ~ 삼 년 먹는 사람이야. 2 군대 복무 기간이 오래된 정도. 또는, 그에 따른 관록이나 권위. ¶김 병장은 내무반에서 ~ 서열 2위.

짬뽕(←몡ちゃんぽん)〈속〉 1 한 술자리에서 종류가 다른 술을 가리지 않고 마시는 일. 2 서로 다른 것을 뒤섞는 일. 3 중국 국수의 하나. 국수에 여러 가지 해물과 야채를 섞어서 볶은 다음, 돼지 뼈나 쇠 뼈 또는 닭 뼈를 우린 국물을 부어 만듦. **짬뽕-하다** 툉재태

짬짜미 몡 남모르게 자기들끼리만 짜고 약속하는 것. 또는, 그 약속. 비밀약. **짬짜미-하다** 툉재태

짬짬-이 면 짬이 나는 대로 그때그때. 비 틈틈이. ¶~ 책을 읽다.

짭새 [-쌔] 몡 〈은〉 경찰(범죄 집단의 말).

짭조름-하다 [-쪼-] 혱여 좀 짠맛이 있다. **짭조름-히** 면

짭짤-하다 혱여 1 (음식이) 먹을 만하게 짜다. ¶맛이 ~. 2 (어떤 일이) 실속이 있어 만족스럽다. ¶수입이 ~. 3 (물건이) 실속 있고 값지다. ¶살림이 ~. **짭짤-히** 면

짭짭 면 못마땅하거나 감칠맛이 있어서 입맛을 다시는 모양. 또는, 그 소리. 큰쩝쩝. **짭짭-하다** 툉재태

짭짭-하다[2] [-짜파-] 혱여 입맛이 당기며 무엇이 먹고 싶다.

짱[1] 〔<장(長)>〕〈속〉 1 (주로 '짱이다'의 꼴로 쓰여) '최고'의 뜻. 주로 청소년들이 쓰는 말임. ¶인기가 ~/기분이 ~이다. 2 학교(중고등학교)에서, 주먹이 제일 센 학생. ¶얘가 우리 학교 ~이다.

짱[2] 면 얼음장이나 굳은 물건 등이 갑자기 갈라질 때 나는 소리. 큰쩡.

짱구 몡 이마나 뒤통수가 남달리 크게 튀어나온 머리통. 또는, 그런 머리통을 가진 사람.

짱깨 '자장면'을 속되게 이르는 말.

짱꼴라(←チャンコロ) 몡 일제 강점기에, 중국 사람을 얕잡아 이르던 말.

짱돌 몡 =돌. 작은 자갈돌.

짱아 몡 〈유아〉 잠자리[2].

짱짱-하다 혱여 생김새가 옹골차고 동작이 굳세다. ¶김 노인은 팔십 노령인데도 농사일을 해낼 만큼 하다.

-째 의 1 '그대로', '전부'의 뜻. ¶통~/껍질~. ×-채. 2 '계속되는 동안'의 뜻. ¶사흘~/며칠~. 3 일부 관형사나 수사

쪼다 _ 1123

말. ¶첫 ~ 둘~.
아래에 붙어, '차례', '등급'을 나타내는
째깍-거리다/-대다[-꺼(때)-] 图
'재깍거리다'의 센말. ¶시계가 ~.
째:다¹ (째:고 / 째어) 圈 (옷이나 신 등
이) 몸이나 발에 너무 작다. ¶작년에 입
었던 옷이 ~.
째:다² (째:고 / 째어) 囲 (물건을) 찢거
나 베어 가르다. ¶생선의 배를 ~.
째려-보다 眠 눈동자를 한쪽 가로 돌려
눈을 날카롭게 하여 보다.
째:리다 眠 눈동자를 가로 돌려서 눈
을 날카롭게 하다. ¶왜 날 째려? 나한테
불만 있어?
째:-보 명 언청이를 농으로 이르는 말.
째어-지다 짜 터져서 갈라지다. ¶바짓
가랑이가 ~. 圍째지다.
째:-지다 짜 1 '째어지다'의 준말. ¶옷
이 ~. 2 (눈 같이) 가늘고 길게 위로 올
라가다. ¶눈이 쪽 째져서 날카로워 보인
다. 3 (입이) 기분이 좋아 헤벌어지다. 속
된 말임. ¶올라서 입이 째진다. 4〈속〉
(기분이) 너무 좋다. 주로, 젊은이들이
쓰는 말임. ¶야, 기분 째지는데!
째째-하다 囧 '쩨쩨하다'의 잘못.
쨕 튀 참새 따위가 우는 소리.
쨕-소리[-쏘-] 몡 ('없다', '못하다', '말
다' 따위와 함께 쓰여) 조금이라도 남에
게 들리게 떠드는 소리나 반항하려는 태
도. ¶형에게 ~도 못한다. 圓쩍소리.
쨕-쨕 튀 참새 따위가 자꾸 우는 소리. ¶
전깃줄에서 참새가 ~ 지저귄다. 圍쩍쩍.
쨕쨕-하다 囧
쨕쨕-거리다/-대다[-꺼(때)-] 图재 참
새 따위가 자꾸 우는 소리를 내다. 圍쩍
쩍거리다.
쨍¹ 튀 쇠붙이가 맞부딪쳐서 새되게 울리
는 소리.
쨍² 튀 햇볕이 강하게 내리쬐는 모양. ¶
햇볕이 ~ 난다.
쨍그랑 튀 얇은 쇠붙이가 땅에 떨어지거나
유리 따위가 깨어지면서 나는 소리. 쨍그
랑-하다
쨍-쨍¹ 튀 굳은 물건이 갑자기 터져 울리
는 소리. 쨍쨍-하다¹
쨍-쨍² 튀 햇볕이 몹시 내리쬐는 모양. ¶
햇볕이 ~ 내리쬐는 해변이다. 쨍쨍-하다²
쨍쨍-히
쩌렁-쩌렁 튀 목소리가 크고 높게 울리는
모양. 쩌렁쩌렁-하다² [튀여] 목소리가 세고
무척 울림이 아주 크다.
쩌릿-하다[-리타-] 囧 '저릿하다'의
센말. 圍짜릿하다.
쩍 튀 1 물건이 벌어지거나 둘로 갈라지는
모양. 또는, 그 소리. ¶입을 ~ 벌리다.
圍짝. 2 입맛을 크게 한 번 다시는 소리. ¶
언짢아 입맛을 ~ 다시다. 3 단단한 물
건이 바닥에 끈기 있게 들러붙는 모양.
또는, 그 소리. ¶껌이 옷에 ~ 달라붙다.
-쩍다[-따] 젭끼 일부 명사나 형용사의
어근에 붙어, 그렇게 느끼는 데가 있음
을 나타내는 말. ¶수상~ / 미안~.
쩍-쩍¹ 튀 입맛을 자꾸 다시는 소리. 고기를
보더니 입맛을 ~ 다신다. 圍짝짝.
쩍-쩍² 튀 무엇이 자꾸 들러붙는 모양이나
소리. ¶엿이 잇몸에 ~ 달라붙다. 圍척
척. 2 장작·논바닥 등이 쪼개지거나 벌어
지는 소리나 모양. ¶저수지 바닥이 ~ 갈

라지도록 날씨가 가물다. 圍짝짝.
쩍쩍-거리다/-대다[-꺼(때)-] 图 입
맛을 다시며 자꾸 쩍쩍 소리를 내다.
쩔뚝-거리다/-대다[-꺼(때)-] 图재
'절뚝거리다'의 센말. ¶다리를 ~.
쩔레-쩔레 튀 '절레절레'의 센말. 쩔레쩔
레-하다
쩔쩔 튀 '절절'의 센말. ¶방바닥이 ~ 끓
다. 圍짤짤.
쩔쩔-매다 재 1 어찌할 바를 모르고 갈
팡질팡하다. ¶바빠서 ~. 2 남에게 기가
눌리거나 기를 펴지 못하다. ¶상사 앞에
선 ~.
쩝쩝 튀 입맛을 다시는 모양. 또는, 그 소
리. ¶빈 입맛만 ~ 다시다. 圍짭짭. 쩝쩝-
하다
쩝쩝-거리다/-대다[-꺼(때)-] 图 자
꾸 쩝쩝 입맛을 다시다. ¶거 좀 쩝쩝거리
지 말고 먹어라.
쩍-쩟[쩓쩓] 튀 몹시 못마땅하여 거듭 혀
를 차는 소리.
쩡-쩡 튀 1 세차고 옹골차게 울리는 소리.
또는, 그 모양. 2 권세가 대단한 모양. ¶
그 마을에서는 ~ 울리는 집안이다. 쩡
쩡-하다
쩡쩡-거리다/-대다 재 굉장한 권세를
부리며 살다. ¶그 집도 한때는 쩡쩡거리
며 살았다.
쩨쩨-하다 囧 1 시시하고 신통치 않다.
2 사람이 잘고 인색하다. ¶돈 천 원 가지
고 되게 쩨쩨하게 구네. ×쩨째하다.
쪼가리 몡 헝겊·종이 등의 작은 조각. ¶헝
겊 ~.
쪼개다 图 1 圈 (비교적 단단하면서 부피
가 있는 물건을) 손이나 날이 있는 도구
로 세로 또는 결이 있는 방향으로 비교적
짧은 순간에 힘을 주어 둘 또는 그 이상
으로 나누어지게 하다. ¶수박을 ~. 2 재
〈속〉소리 없이 입을 벌리고 웃다.
쪼그라-들다 재〈~드니, ~드오〉쪼그
라져 작게 되다. ¶점점 살림이 ~.
쪼그라-지다 재 1 눌리거나 옆으로부터
욱이거나 하여 부피가 몹시 줄어지다. 2
살이 빠져서 살갗이 쪼글쪼글해지다. 圓
쭈그러지다.
쪼그랑-할멈 몡 얼굴이 쪼글쪼글한 늙은
여자를 낮추어 이르는 말.
쪼그려-뛰기 몡 쭈그리고 앉은 자세로 제
자리에서 뜀을 뛰는 일.
쪼그리다 眠 1 누르거나 옥여서 부피를
작게 만들다. 2 팔다리를 오그려 움츠리
다. ¶다리를 쪼그리고 누워 자다. 3 (주
로 '앉다'와 함께 쓰임) 허벅지와 종아리
가 닿도록 다리를 굽히되, 발바닥은 바닥
에 대고 엉덩이는 바닥에 닿지 않게 하
다. 圓쭈그리다. 圍쪼그리다.
쪼글-쪼글 튀 쪼그라져서 불규칙하게 많
은 줄이나 주름이 간 모양. 圓쭈글쭈글.
쪼글쪼글-하다
쪼끄마-하다 囧 '조그마하다'의 센말.
圍조끄마하다.
쪼끄맣다[-마타] 囧〈쪼끄마니, 쪼끄마
오, 쪼끄매〉'조끄맣다'의 센말.
쪼끔 튀 '조금'의 센말. ¶~ 기다려.
쪼다¹ 몡 제구실을 못 하는 좀 어리석고 모
자라는 사람을 속되게 이르는 말.
쪼다² (쪼고 / 쪼아) 囲 1 (새·닭 등이
모이나 먹이나 적이나 나무 따위를) 먹거
나 공격하거나 구멍을 내거나 하기 위해

1124 쪼들리다

찍다. ¶닭이 모이를 ~. **2** (사람이 정 따위로 돌을) 깨기 위해 두들기다. ¶석수가 정으로 돌을 ~.

쪼들리다 동(자) **1** (가난이나 돈 등에) 부대끼거나 어려움을 겪는 상태에 놓이다. ¶빚에 ~. **2** (남에게) 시달려 고생을 겪다. ¶빚쟁이에게 ~.

쪼르르 부 '조르르'의 센말. ¶병아리가 어미 닭을 ~ 따라다닌다. 큰쭈르르.

쪼르륵 부 허기진 배 속에서 나는 소리. ¶배 속에서 ~ 소리가 나다. **쪼르륵-하다** 동(자)

쪼이다¹ 동(자)(타) = 쬐다.

쪼-이다² 동(자)(타) '쪼다'의 피동사. ¶닭에게 손을 ~.

쪼잔-하다 형(여)〈속〉작은 일에 너무 얽매이거나 인색하여 구는 성질이 있다. 예쩬쫀하다. ¶사람 참 **쪼잔하기는**. 돈 몇 푼 가지고 뭘 그리 벌벌 떨어!

쪽¹ 명 ('찌다'와 함께 쓰이거나 '머리'와 합성어를 이루어) 머리 중앙에 가르마를 타고 양쪽으로 빗어 길게 한 줄로 땋은 뒤, 뒷덜미 쪽에 둥글게 틀어 올려 비녀를 꽂은 머리의 모양이나 상태. = 낭자. ¶~을 찐 아낙네.

쪽² 명 [1] (사람) 물건의 쪼개진 한 부분. ¶나무 ~. [2] 물건의 쪼개진 부분을 세는 단위. ¶사과 한 ~.

쪽³ 명 (식) 잎에서 남빛 염료를 얻기 위해 재배하는 한해살이풀. 높이 50~60cm로 줄기는 붉은 자주색이고, 여름에 붉은색의 꽃이 핌.

쪽⁴ 명 (의존) 책의 면수(面數)를 세는 단위. 또는, 책의 각 면마다 매겨진 일련번호를 세는 단위. ¶매일 국어책 두 ~씩 쓰기.

쪽⁵ 명 (의존) (관형어 뒤에 쓰여) **1** 앞말이 나타내는 방향이나, 방향이 있는 지역을 뜻하는 말. ¶원(오른) ~, ×꽃 ~. **2** 사물을 둘 이상으로 구분했을 때 앞말이 나타내는 영역이나 진영을 뜻하는 말. 비 편. ¶상태 ~의 승리.

쪽⁶ 부 **1** '족'의 센말. **2** 입으로 힘차게 빠는 소리. ¶대롱으로 주스를 ~ 빨아 먹다. 큰 쭉.

쪽⁷ 접 '작은'의 뜻. ¶~문 / ~배. **2** '조각조각 맞은'의 뜻. ¶~걸상 / ~마루. **3** '조각조각으로 된'의 뜻. ¶~김치.

쪽-가위 명 (~) 실 따위를 자르는 데 쓰는, 족집게 모양의 작은 가위.

쪽-마늘 명 마늘을 통마늘에 상대하여 이르는 말.

쪽-마루 명 마당에서 방으로 출입할 때 편리하도록 방 앞에 좁게 단 마루. ▷ 툇마루.

쪽-모이 명 여러 조각을 모아 큰 조각을 만드는 일. 또는, 그 물건. **쪽모이-하다** 동(타)(여)

쪽-문(-門) 명 (~) 대문짝의 가운데나 한편에 한 사람 정도 드나들 수 있도록 만든 작은 문.

쪽-물 [쫑-] 명 쪽의 잎으로 들인 남색의 물. 또는, 쪽의 잎에서 뽑아낸 남색의 염료. ¶진한 ~을 들인 모시.

쪽-박 [-빡] 명 작은 바가지.
  쪽박(을) 차다 동냥질을 하고 다니다. 또는, 거지가 되다. ¶그렇게 게을러서는 이다음에 **쪽박 차기** 십상이다.

쪽박-귀 [-빡뀌] 명 손을 오므리듯 오밀조밀하게 오므려 모은 것처럼 생긴 귀.

쪽박-신세(-身世) [-빡쎈-] 명 바가지를 들고 구걸을 할 정도로 생활이 아주 어렵게 된 처지.

쪽-발이 [-빨-] 명 일본 사람을 욕으로 이르는 말.

쪽-밤 명 '쌍동밤'의 잘못.

쪽-방(-房) [-빵] 명 극빈자들이 하루는 월 단위로 세를 내고 거주하는 비좁은 방. 대도시의 일부 지역에 자리 잡고 있으며, 실직자나 가출한 청소년, 외국인 근로자 등이 주로 이용함.

쪽-배 [-빼] 명 통나무를 쪼개어 속을 파서 만든 배.

쪽-빛 [-삣] 명 = 남빛. ¶~ 하늘.

쪽-수(-數) [-쑤] 명 = 면수(面數).

쪽을 못 쓰다 [-몯-] 관 **1** 남에게 기가 눌려 꼼짝 못하다. ¶그는 늘 마누라에게 **쪽을 못 썼다**. **2** 무엇에 흑하거나 반하여 꼼짝 못하다. ¶명품이라면 **쪽을 못 쓴다**.

쪽-자(-字) [-짜] 명 (출) 둘 이상의 다른 활자에서 필요한 부분만 따서 한 글자로 만들어서 쓰는 활자.

쪽-지(-紙) [-찌] 명 **1** 작은 종잇조각. **2** 남에게 전하기 위해 쓴, 간단한 내용의 작은 종이. ¶~를 남기다.

쪽-쪽 부 입으로 잇달아 빠는 모양. 또는, 그 소리. ¶아기가 젖을 ~ 빨다. 큰 쭉쭉.

쪽-파(-) 명 (식) 줄기와 잎이 가늘고 비늘줄기는 좁은 달걀형인 파의 한 종류. 냄새가 향긋하여 양념으로 많이 쓰임.

쪽-팔리다 동(자)〈속〉낯이 깎여 창피하다. 주로 청소년들에게서 사용하는 말임.

쫀득-거리다/-대다 [-끄(때)-] 동(자) 음식물이 검질겨 탄력성 있게 씹히는 느낌이 계속 되다.

쫀득-쫀득 부 쫀득거리는 모양. **쫀득쫀득-하다** 동(자)(여)

쫀쫀-하다 형(여) **1** 피륙의 발이 고르고 곱다. 예존존하다. **2** 〈속〉마음이 좁아 너그럽지 못하고 잔속이 옹색하다. 비 쪼잔하다. ¶**쫀쫀한** 사람. **쫀쫀-히** 부

쫄깃-쫄깃 [-긷-긷] 부 씹을 때 차지고 질긴 기운이 있는 모양. 예절깃절깃. **쫄깃쫄깃-하다** 형(여) ¶**쫄깃쫄깃한** 인절미.

쫄깃-하다 [-기타-] 형(여) 차지고도 질겨 씹히는 맛이 있다.

쫄다 동(자) '졸다'의 잘못.

쫄딱 부 더할 나위 없이 죄다. ¶~ 망하다.

쫄랑-거리다/-대다 동(자) '졸랑거리다'의 센말. 잔 쫄랑거리다.

쫄랑-쫄랑 부 '졸랑졸랑'의 센말. **2** 출랑출랑. **쫄랑쫄랑-하다** 동(자)(여)

쫄-면(-麵) 명 밀가루와 감자 녹말을 섞어서 만든 쫄깃한 국수. 또는, 그 국수를 삶아서 야채와 고추장 양념을 넣어 비벼 먹는 음식.

쫄-바지 명 〈속〉레깅스.

쫄쫄¹ 부 끼니를 굶어 아무것도 먹지 못한 모양. ¶하루 종일 ~ 굶다.

쫄쫄² 부 '졸졸'의 센말.

쫄쫄-이 명 입으면 몸에 꼭 끼고 벗으면 오그라드는, 나일론제의 가벼운 내의.

쫑그리다 동(타) (귀·주둥이 등을) 꼿꼿이 세우거나 뾰족이 내밀다.

쫑긋 [-귿] 부 (입술이나 귀 따위를) 쫑그리는 모양. ¶개가 귀를 ~ 세우다. **쫑긋-하다**¹ 동(타)(여)

쫑긋-거리다/-대다 [-귿께(때)-] 동(타) (입술이나 귀 따위를) 자꾸 쫑그리다.

쫑긋-하다²[-그타-] 혱예 (입술이나 귀 따위가) 쫑긋 내밀어 있다. 쫑긋-이 튀
쫑알-거리다/-대다 동(자)타 '종알거리다'의 센말. ¶입속으로 ~. 国쭝얼거리다.
쫑알-쫑알 '종알종알'의 센말. ¶~ 불평을 늘어놓다. 国쭝얼쭝얼. 쫑알쫑알-하다 동(자)타
쫑코 명 핀잔. ¶~를 주다[먹이다].
쫑-파티(-party) 명 (속) 대학에서 종강한 뒤 그것을 축하하여 베푸는 술자리. 또는, 일반 사회에서 여러 사람이 일정 기간 동안 어려움을 겪으면서 해온 일을 마치고 나서 벌이는 회식.
쫓겨-나다[쫃껴-] 동(자) (어떤 장소나 직위에서) 내쫓김을 당하다. ¶집에서 ~.
쫓-기다[쫃끼-] 동(자) 1 '쫓다'의 피동사. ¶고양이에게 쫓기는 쥐. 2 (사람이) 시간적으로 여유가 없어 다급하게 굴 수밖에 없는 상태가 되다. ¶일에 쫓기는 샐러리맨. 3 (사람이 어떤 두려운 생각에) 마음이 불안을 느끼는 상태가 되다. ¶죄의식에 ~.
쫓다[쫃따] 동(타) 1 (사람·동물 등을) 으르거나 강제적인 행동으로 다른 곳으로 가도록 만들다. ¶파리를 ~. 2 (졸음·잠념 등을) 더 생기지 않게 물리치다. ¶찬물로 세수를 하여 졸음을 ~. 3 앞서 나가려고 하는 사람이나 동물이나 탈것을 잡기 위해 빠른 걸음이나 속도로 따르다. ¶형사가 도둑을 ~. ▷좇다.
쫓아-가다 동(타)[거라] 〈~가거라〉 1 뒤에서 급히 따라가다. ¶도둑을 ~. 2 뒤에 바싹 붙어 따라가다. ¶누나를 ~.
쫓아-내다 동(타) 쫓아서 밖으로 몰아내다. ¶거지를 ~.
쫓아-다니다 동(타) 1 뒤에서 바싹 붙어 따라다니다. ¶아이가 엄마를 ~. 2 사귀거나 가까이하려고 접근하다. ¶여자를 ~. 3 여기저기를 바쁘게 뛰어다니다. ¶취재를 위해 유세장을 ~.
쫓아-오다 동(타)[너라] 〈~오너라〉 1 뒤에서 바싹 따라오다. ¶순찰차가 우리를 쫓아온다. 2 급히 달음박질하여 오다. ¶어미 닭을 보고 병아리들이 쪼르르 ~.
쫙 튀 '좍'의 센말. ¶~ 갈라지다/~ 퍼지다/~ 깔리다.
쫙-쫙 튀 '좍좍'의 센말. ¶소나기가 ~ 쏟아지다. 쫙쫙-하다 혱예
쬐:다[쬐-/쮀-] 동 [Ⅰ]자 (햇볕이 어느 곳에) 비치어 뜨겁거나 따뜻한 열을 가하는 상태가 되다. ¶햇빛이 잘 쬐는 남향집. [Ⅱ]타 1 (햇볕·불·난로 등을) 따뜻하거나 뜨거운 열을 느끼도록 몸에 받는 상태가 되다. ¶햇볕을 ~. 2 (불·난로 등에 신체 부위를) 가깝게 하여 따뜻한 열을 받게 하다. ¶언 손을 난로에 ~.
쭈그러-지다 동(자) 1 눌리거나 옆으로부터 욱이거나 하여 부피가 작게 되면서 모양이 고르지 못하다. 2 살이 빠져서 살갗이 쭈글쭈글해지다. 참 쪼그라지다.
쭈그리다 동(타) 1 누르거나 욱이어서 부피를 작게 하다. ¶함석판을 ~. 2 팔다리를 그려 몸을 작게 앉다. ¶방 한쪽 구석에서 쭈그리고 자다. 3 (주로 '앉다'와 함께 쓰여) 허벅지와 종아리가 서로 닿도록 다리를 급히고, 발바닥은 바닥에 대고 엉덩이는 바닥에 닿지 않게 하다. ¶시골 노인이 길가에 쭈그리고 앉아 담배를 피우고 있다. 참 쪼그리다.
쭈글-쭈글 튀 쭈그러지어 고르지 않게 많은 주름이 잡힌 모양. 참 쪼글쪼글. 쭈글쭈글-하다 혱예 ¶쭈글쭈글하게 구겨진 옷.
쭈르르 튀 '주르르'의 센말. 참 쪼르르. 쭈르르-하다 혱예
쭈뼛-거리다/-대다 [-뺃꺼(때)-] 동(자)타 1 무섭거나 두려워 머리카락이 꼿꼿하게 일어서는 느낌이 자꾸 들다. 2 어줍거나 부끄러워서 머뭇거리다.
쭈뼛-쭈뼛 [-뺃뺃-] 튀 ¶쭈뼛거리는 모양. ¶~ 눈치를 살피다. 쭈뼛쭈뼛-하다 동(자)타 혱예
쭈뼛-하다[-뼈타-] 혱예 놀라거나 무서워 머리끝이 서는 듯하다. 쭈뼛-이 튀 머리카락이 ~서다.
쭈쭈 감 갓난아이의 사타구니를 손으로 쓸어 주면서 하는 소리. 또는, 그렇게 하여 아이가 기지개를 켜듯 다리를 곧추 뻗으며 좋아하는 일.
쭈크리다 튀 '쭈그리다'의 거센말.
쭉 튀 1 '죽'의 센말. ¶줄을 ~ 긋다. 2 입으로 힘차게 빠는 모양. 또는, 그 소리. ¶막걸리를 ~ 들이켜다. 참 쪽.
쭉정-이[-쩡-] 명 1 껍질만 있고 알맹이가 들지 않은 곡식·과실 등의 열매.
쭉-쭉 튀 '죽죽'의 센말. 참 쪽쪽.
쭉쭉빵빵-하다 혱예 (속) 몸매가 늘씬하면서도 볼륨이 있다. ¶쭉쭉빵빵한 미녀.
-쭝 접미 의존 명사 냥·돈·푼 등의 아래에 붙어, 무게를 일컫는 말. ¶금 한 돈~.
쭝얼-거리다 동(자)타 '중얼거리다'의 센말. 참 쫑알거리다.
쭝얼-쭝얼 튀 '중얼중얼'의 센말. ¶~ 불평을 늘어놓다. 참 쫑알쫑알. 쭝얼쭝얼-하다 동(자)타
-쯤 접미 체언의 뒤에 붙어, '정도'를 뜻하는 말. ¶어디~ 가고 있을까?
쯧 [쯛] 튀 마음에 언짢거나 못마땅하여 가볍게 혀를 차는 소리.
쯧-쯧[쯛쯛] 튀 연민을 느끼거나 한심하게 여길 때 혀를 거듭 차는 소리. ¶~, 이것도 글씨라고 썼니?
찌 명 '낚시찌'의 준말.
찌개 명 국물을 바특하게 잡아 고기·채소·두부 등을 넣고 양념과 간을 맞추어 끓인 반찬. ¶된장~/김치~.
찌개-백반(-白飯) [-빤-] 명 식당에서, 흰밥에 찌개와 몇 가지 반찬을 곁들여서 내놓는 한 상의 음식.
찌그러-뜨리다/-트리다 동(타) 힘을 주어 몹시 찌그러지게 하다. ¶종이 상자를 ~.
찌그러-지다 동(자) 1 눌려서 모양이 고르지 않게 우그러지다. ¶찌그러진 냄비. 2 몹시 말라서 쭈글쭈글 주름이 잡히고 작아지다.
찌그리다 동(타) 1 눌러서 찌그러지게 하다. 2 눈살이나 얼굴의 근육에 힘을 주어 주름이 잡히게 하다. ¶눈살을 ~.
찌꺼기 명 1 액체가 다 빠진 뒤에 바닥에 처져 남은 물건. 2 쓸 만하거나 값어치가 있는 것을 골라낸 나머지. ¶먹다 남은 ~. 준 찌끼.
찌끼 명 '찌꺼기'의 준말.
찌다¹ 동(자) 몸이 살이 붙어 무게가 늘다. 또는, 그 결과로 뚱뚱해지다. ¶나는 아무리 먹어도 살이 안 찐다.
찌:다² [Ⅰ]자 (날씨가) 습기가 많은 상태의 더위를 느끼게 하다. ¶푹푹 찌는 날씨. [Ⅱ]타 (음식을) 뜨거운 김으로 익히거나 데우다. ¶고구마를 ~.
찌다³ 동(타) 쪽을 틀어 올리고 비녀를 꽂다.

¶쪽을 찐 머리.
찌들다 困(찌드니, 찌드오) **1** 물건이 오래되어 더러워지거나 질이 변하다. ¶땀에 **찌든** 속옷. **2** 세상의 온갖 고초를 겪고 부대껴 여위다. ¶고생에 **찌든** 얼굴.
찌르다 囮(찌르니, 찔러) 〈몸이나 물체를 끝이 뾰족하거나 날카로운 것으로, 또는 끝이 뾰족하거나 날카로운 물체를 몸이나 물체에〉 손으로 잡거나 들고 힘을 가하여 얼마큼의 깊이로 박아지게 하다. ¶칼로 가슴을 ~. **2**〈같이 뾰족한 긴 물체가 사람의 몸을〉 파고들어 자극하는 상태가 되다. ¶바늘에 손을 ~. **3**〈길이가 벌어진 좁은 틈에 다소 넓적하고 길이가 있는 물체를〉 일부 또는 전부가 들어가게 하다. ¶손을 바지의 주머니에 ~. **4**〈손가락이나 길이가 있는 물체의 끝으로 다른 사람의 몸을〉 자극하기 위해 다소 힘 있게 누르다. ¶손가락으로 옆구리를 쿡쿡 ~. **5**〈냄새 따위가 코를〉 강하게 자극하다. ¶땀 냄새가 코를 ~. **6**〈어떤 말이나 일이 마음을〉 날카롭게 충격을 주다. ¶폐부를 **찌르는** 시구(詩句). **7**〈어떤 것에 관한 말이나 글이 중요하거나 초점이 되는 부분을〉 날카롭게 건드리다. **8**〈남의 잘못이나 비밀을 어떤 사람이나 법을 집행하는 기관에〉 처벌을 받도록 알리다. 속된 말임. ⓔ고자질하다·밀고하다. ¶그놈이 우리의 범행 사실을 경찰에 **찔렀다**.
[**찔러도 피 한 방울 안 나겠다**] ㉠야무지고 빈틈이 없다. ㉡인정이라고는 조금도 찾아볼 수가 없다.
찌르레기 囮 몸길이 약 21cm로 몸빛은 회갈색이며, '찌르륵찌르륵' 하고 우는 새. 인가 근처나 산기슭에 살며 벌레를 잡아먹는데, 특히 흰불나방의 천적임.
찌르르 閉 몸에 약한 전류가 흐를 때와 느낌이 드는 모양. 또는, 그런 것과 비슷하게 저리거나 자극을 느끼는 모양. ¶손끝에 ~ 전기가 오다. ⓔ짜르르. **찌르르-하다** 囮
[**찌르릉**] ㉡빈속에 술이 들어가니까 ~.
찌르릉 閉 벨이 울리는 소리.
찌릿-찌릿[-린-린] 閉 자꾸 찌릿한 모양. **¶**~ 전기가 통하다. **찌릿찌릿-하다** 囮
찌릿-하다[-리타-] 囮 **1** 살이나 뼈마디에 저린 느낌이 갑자기 세게 일어나다. ¶전류가 통한 듯이 무릎이 ~. **2** 강한 자극이로 흥분을 일으키거나 떨리게 하는 느낌이 있다.
찌부러-지다 囮 물체가 눌리거나 부딪혀 부분적 또는 전체적으로 넓적해지다. ⓔ짜부라지다.
찌뿌드드-하다 囮 **1** 몸살이나 감기로 몸이 무겁고 거북하다. ¶너무 과로한 탓인지 몸이 ~. **2** 눈이나 비가 내릴 것처럼 하늘이 몹시 흐리다. ¶하늘이 **찌뿌드드한** 걸 보니 곧 눈이 오겠다.
찌-우다 囮 '찌다'의 사동사. ¶돼지의 살을 ~.
찌-지(-紙) 囮 무엇을 표하거나 적어서 붙이는 종이쪽지.
찌푸리다 囮 ①囮〈얼굴이나 이맛살·눈살 등을〉 주름이 생기도록 일그러뜨리다. ⓔ찡그리다. ¶이맛살을 ~. ②囮〈날씨나 하늘이〉 구름이 많이 끼다. ¶잔뜩 **찌푸린** 하늘.
찍[1] '직'의 센말. ⓔ쩍.

찍[2] 閉 '직'의 센말. ¶새가 똥을 ~ 깔기다.
찍다[1][-따] 囮 **1**〈끝이 뾰족하거나 날이 있는 도구로 어떤 물체를〉 그 도구가 박힐 만큼 힘 있게 내리치거나 세게 맞추거나 힘을 주어 누르다. ¶과일을 포크로 **찍어서** 먹다. **2**〈넓이를 가진 물건을 어떤 도구로〉 구멍이 나거나 어떤 것이 박히도록 순간적으로 힘을 주어 누르다. ¶호치키스로 서류를 ~.
찍다[2][-따] 囮 **1**〈물체의 한쪽 끝으로 액체나 가루 등을〉 묻은 상태가 되도록 닿게 하다. ¶삶은 달걀에 소금을 **찍어** 먹다. **2**〈글자나 도형 등이 새겨지거나 팬 물체를 종이나 천 등에〉 잉크나 인주 따위를 묻힌 상태에서 그 모양이 그대로 나타나도록 누르다. ¶서류에 도장을 ~. **3**〈인쇄물을〉 인쇄기에 걸어 글자나 그림 따위가 나타나게 하다. ¶신문을 ~. **4**〈어떤 물건을〉 일정한 틀 속에 넣고 눌러서 일정한 규격과 모양으로 만들어지게 하다. ¶벽돌을 ~. **5**〈사람이 어떤 대상이나 장면을〉 일정한 방향과 각도에서 사진기나 촬영기의 셔터를 누름으로써 필름에 담기게 하다. 또는, 〈사람이 사진이나 영화를〉 사진기나 촬영기를 다루어 필름의 상태로 이뤄지게 하다. ⓑ촬영하다. ¶사진기로 설경을 ~. **6**〈사람이〉 사진기 앞에서 어떤 자세를 취한 상태로 〈사진을〉 이뤄지게 하다. ⓑ박다. ¶기념사진을 ~. **7**〈점과 같이 동그란 형상을〉 필기 도구나 어떤 물질을 물체의 표면에 씀으로써 그 자리에 나타나게 하다. ¶문장의 끝에 마침표를 ~. **8**〈어떤 대상을〉 분명하게 밝혀서 가리키다. ¶누구라고 이름을 **찍어서** 말하다. **9**〈어떤 대상을〉 어떤 목적을 가지고 주목하여 마음속으로 택하다. 구어체의 말임. ⓑ점찍다. ¶나는 미스 김을 내 여자로 **찍었다**.
찍-새[—쎄] 囮〈俗〉 닦을 구두를 모아서 구두닦이에게 가져다 주는 일만 하는 사람.
찍-소리[-쏘-] 囮(부정·금지의 뜻을 지닌 말이 뒤에 붙어서) 남에게 조금이라도 들리게 지어서 반항하는 소리. ¶형 앞에서는 ~도 못한다. ⓔ쩍소리.
찍-찍[1] 閉 '직직'의 센말. ¶슬리퍼를 ~ 끌다. **찍찍-하다**[1] 囮
찍-찍[2] 閉 '직직'의 센말. ¶물통을 ~ 깔기다.
찍-찍[3] 閉 쥐·새 등이 우는 소리. ¶천장에서 쥐가 ~ 울다. ⓔ쩍쩍. **찍찍-하다**[2] 囮
찍찍-거리다/-대다[-끼(때)-] 囮 쥐·새 등이 자꾸 찍찍 울다.
찍-찍-이 囮 단추·지퍼·끈 대신에 간단히 붙였다 뗐다 할 수 있게 만든 물건. 갖다 대면 쉽게 붙고 당기면 금방 떨어질 수 있도록 특수한 재질로 만든 것임. 흔히, 옷·신발·가방·모자·장갑 등에 이용함.
-찍하다[찌카-] 囧〈어간 끝소리가 'ㄹ, 래'인 몇몇 형용사 어간 뒤에 붙어, '조금 또는 꽤 그러함'의 뜻을 나타내는 말.〉 널~ / 멀~.
찍-히다[1][찌키-] 囮(찜) **1** '찍다[1]'의 피동사. ¶낫에 ~. **2**〈俗〉〈윗사람에게〉 눈 밖에 나 미움을 받거나 문제가 있는 사람으로 취급받게 되다. ¶사장님한테 ~.
찍-히다[2][찌키-] 囮(찜) '찍다[2]'의 피동사. ¶모르는 사이에 사진이 **찍혔다**.

찐득-거리다/-대다[-끄(때)-] 囤(자 '진득거리다'의 센말. ¶송진이 ~.
찐득-찐득 튀 '진득진득'의 센말. 찐득찐득-하다 혤 ¶옷에 껍이 들러붙어 ~.
찐-만두(-饅頭) 圀 솥에 넣어 쪄서 익힌 만두. ▷군만두.
찐-빵 圀 솥에 넣어 쪄서 익힌, 팥이 든 빵. 위쪽은 도톰하게 둥글며, 밑바닥은 판판함.
찔깃-찔깃[-긷-긷] 튀 '질깃질깃'의 센말. 찔깃찔깃-하다 혤여 ¶찔깃찔깃한 오징어 다리.
찔끔 圀 '질금'의 센말. ¶눈물을 ~ 흘리다. ㉠짤끔. 찔끔-하다¹ 圄자타여
찔끔-거리다/-대다 囤자타여 1 '질금거리다'의 센말. 2 (갚아야 할 돈을) 한꺼번에 갚지 않고 조금씩 조금씩 주다.
찔끔-찔끔 튀 '질금질금'의 센말. 1 울다. 2 찔끔거리는 모양. ¶빚을 ~ 갚다. 찔끔찔끔-하다 圄자타여
찔끔-하다² 圄혤여 갑자기 겁이 나거나 놀라서 몸을 뒤로 물리듯 움츠리다. ¶그 말을 듣는 순간 나는 속으로 찔끔했다.
찔러-보다 囤 어떤 자극을 주어 속마음을 알아보다. ¶그의 속마음을 찔러봤지만 끝내 알 수 없었다.
찔러-주다 囤 1 남에게 암시하거나 귀띔하다. ¶예상 문제를 살짝 ~. 2 남의 결함을 따끔하게 지적하다. ¶그에게 말실수했다는 것을 ~. 3 남의 환심을 사려고 무엇을 남몰래 가져다주다. ¶잘 부탁한다며 돈을 ~.
찔레 圀식 '찔레나무'의 준말.
찔레-꽃[-꼳] 圀 찔레나무의 꽃.
찔레-나무 圀식 가지에 가시가 있고, 5월에 향기가 있는 흰색의 작은 꽃이 피는 낙엽 활엽 관목. 가을에 작고 둥근 열매가 붉게 익음. 속칭은 들장미. ㉠질레.
찔리다 圄 '찌르다'의 피동사. ¶발에 ~ / 양심에 찔리는 데가 있다.
찔찔 튀 '질질'의 센말. ¶눈물을 ~ 짜다. 찔찔-하다 혤여

찜¹ 圀 고기나 채소에 양념을 하여 흠씬 삶거나 쪄서 만든 음식. ¶갈비 ~.
  찜 쪄 먹다 피·재주·수단 따위가 비교가 되지 않을 만큼 월등하다. ¶그는 귀신 찜 쪄 먹게 재주가 좋다.
찜² 圀속 어떤 이성의 상대를 사귀고 싶은 사람으로 점찍는 일. 찜-하다 囤여
찜-질 圀 1 약물이나 더운물 또는 얼음 따위를 헝겊에 적시거나 수건에 싸서 아픈 자리에 대어 병을 고치는 일. ¶얼음 ~. 2 뜨거운 모래밭, 또는 온천이나 뜨거운 물, 온돌 시설 등을 이용하여 몸에 땀을 냄으로써 건강을 증진시키거나 병을 고치는 법. ¶모래 ~. ㉠뜸질. 3 몹시 때리는 매를 속되게 이르는 말. ¶몽둥이 ~. 찜질-하다 圄타여
찜질-방(-房) 圀 찜질하여 땀을 낼 수 있도록 온돌 시설을 갖추어 일반 대중을 상대로 영업하는 곳.
찜찜-하다 혤여 마음에 꺼림칙한 느낌이 있다. ¶계약 내용이 ~.
찜-통(-桶) 圀 음식을 찌는, 조리 용구의 하나. 원통형의 꽤 큰 그릇으로, 중간쯤에 구멍이 숭숭 뚫린 판을 걸쳐 놓게 되어 있음. 밑에 적당량의 물을 붓고 판 위에 음식을 얹고서 가열하면 뜨거워진 수증기가 음식을 익히게 되어 됨.
찜통-더위(-桶) 圀 찜통 속처럼, 찌는 듯한 더위. ¶섭씨 30도를 웃도는 ~.
찝쩍-거리다/-대다[-끄(때)-] 囤자타 '집적거리다'의 센말.
찝쩍-찝쩍 튀 '집적집적'의 센말. 찝쩍찝쩍-하다 圄자타여
찝찔-하다 혤여 (맛이) 좋지 않은 느낌이 있게 약간 짜다. ¶잇몸에서 피가 나는지 입속이 ~. ㉠짭짤하다. ¶일이 되어 가는 꼴이 못마땅하다. ¶뒷맛이 ~.
찝찝-하다[-찌파-] 圄혤여 속 (행한 일이) 개운치 않고 마음에 걸리는 상태에 있다.
찝-차(←jeep車) 圀 '지프(jeep)'의 잘못.
찡 튀 1 얼음장이나 굳은 물질이 갑자기 터질 때 울리는 소리. ¶쨍. 2 감동을 받아 속이 빼근하도록 울리는 모양. 찡-하다 圄자혤여 ¶코끝이 ~.
찡그리다 囤 얼굴이나 눈살을 몹시 찌그리다. ¶얼굴을 ~.
찡긋[-귿] 튀 눈이나 코를 약간 찡그리는 모양. ¶눈을 ~ 감았다 뜨다. 찡긋-하다 囤타여
찡긋-거리다/-대다[-귿끄(때)-] 囤타여 자꾸 찡긋하다.
찡긋-찡긋[-귿-귿] 튀 찡긋거리는 모양. 찡긋찡긋-하다 囤자타여
찡등-그리다 囤타여 마음에 못마땅하여 얼굴을 찡그리다.
찡얼-거리다/-대다 囤자여 (젖먹이가) 몸이 아프거나 배가 고프거나 하여 자꾸 우는 소리를 내다. ㉠칭얼거리다.
찡얼-찡얼 튀 찡얼거리는 모양. ㉠칭얼칭얼. 찡얼찡얼-하다 囤자여
찢-기다[찓낀-] 囤 1 '찢다'의 피동사. ¶갈기갈기 찢긴 옷. 2 '찢다'의 사동사.
찢다[찓따] 囤타 1 (종이나 천, 또는 비교적 연한 물질을) 어느 한쪽을 고정시키고 다른 쪽을 당기거나 하여 동시에 반대 방향으로 잡아당겨서 따로 떨어져 나가게 하다. ¶편지를 ~. 2 (날카롭고 큰 소리가 귀를) 몹시 심하게 자극하다. 비유적인 말임. ¶귀를 찢는 듯한 날카로운 소리. 3 (한 덩어리의 일이나 재산 따위를) 여럿으로 나누다. 구어체의 말임. ¶유산을 형제들이 찢어서 가지다.
찢어-발기다 囤타 갈가리 찢어 헤뜨리다.
찢어-지다 囤자 찢겨서 갈라지다.
찧다[찌타] 囤타 1 (곡물이나 식물의 열매 등을) 절굿공이나 확에 넣고 부서지거나 으깨어지거나 가루가 되도록 공이로 여러 번 내리치다. ¶방아를 ~. 2 (땅을) 무거운 물건으로 내려쳐서 단단하게 하다. ㉠다지다. ¶쇳덩어리로 땅을 ~. 3 (몸의 일부를) 어떤 물체에 아픔을 느낄 만큼 부딪힘을 당하다. ¶엉덩방아를 ~.
찧고 까불다 [곡식을 절구로 찧고 키로 까부는 행위에서 비롯된 말] 되지도 않는 소리로 이랬다저랬다 하며 몹시 경망스럽게 굴다.

촛 →치옷.
차-¹ [접두] 찰기가 있음을 나타내는 말. ¶~조/~수수.

차²(車) [명] ① [자] **1** 바퀴를 굴려서 나아가게 만든 교통 기관의 총칭. 자동차·자전거·열차·우차·마차 따위. **2** 장기짝의 하나. '車(차)' 자를 새긴 것으로, 일직선으로 가로 또는 세로로 거리에 제한 없이 다닐 수 있으며, 그 선상에 적수의 말이 있으면 무엇이든 잡아먹을 수 있음. 한편에 둘씩 있음. ② [의존] 차에 실거나 태운 화물이나 사람의 수량을 자동차의 수로 이르는 말. ¶흙을 한 ~ 실어 왔다.

차³(茶) [명] **1** 차나무의 어린잎을 따서 만든 음료의 재료. 또는, 그것을 달인 물. ¶~를 달이다. **2** 여러 식물의 잎·뿌리·껍질·꽃이나 과실류 등을 뜨거운 물에 달이거나 우려낸 음료의 총칭. ¶인삼~.

차⁴(差) [명] **1** 둘 이상의 사물을 견주었을 때, 서로 구별되거나 다르게 나타나는 수준이나 정도. ¶빈부의 ~/밤낮의 기온 ~. **2** [수] 어떤 수량에서 다른 수량을 뺀 나머지의 수량.

차⁵(次) [명] ① [의존] **1** 한자의 숫자 아래에 쓰여, '번', '차례'의 뜻을 나타내는 말. ¶제일 ~ 세계 대전. **2** ('-는 / -던' 아래에 '차에', '차이다'의 꼴로 쓰이어) 어떤 일을 하기회나 상황을 뜻하는 말. ¶시내 나가던 ~에 서점에 들렀다. **3** [수] 방정식 따위의 차수(次數)를 가리키는 말.

-차³ [접미] '어떤 일을 할 목적으로'의 뜻을 나타내는 말. ¶인사~/사업~.

차간-거리(車間距離) [명] 도로 교통에서, 주행 중에 있는 앞 자동차와 뒤 자동차 사이의 거리.

차감(差減) [명] 비교하여 덜어 내는 것. 차감-하다 [형] [타] ¶손익을 ~. 차감-되다

차갑다[-따] [형] 〈차가우니, 차가워〉 **1** (물질이나 물체의 온도가) 몸에 찬 느낌을 주는 데가 있다. ¶날씨가 ~/물이 ~. **2** (사람의 성격이나 태도가) 매정하거나 쌀쌀하다. ¶차가운 성격.

차계-부(車計簿) [-계-/-게-] [명] 자동차에 드는 경비를 적어 두는 장부.

차고(車庫) [명] 자동차·기차·전차 따위의 차량을 넣어 두는 곳.

차-고앉다[-안따] [동] [타] 무슨 일을 맡아서 자리를 잡다. ¶그 여자는 곳간 열쇠를 차고앉아 집안의 쌀 한 톨도 허투루 쓰지 못하게 했다.

차곡-차곡 [부] 물건을 가지런히 쌓거나 포개는 모양. ¶벽돌을 ~ 쌓다.

차관¹(次官) [명] [법] 장관을 보좌하고 그를 대리할 수 있는 보조 기관. 또는, 그 직위에 있는 정무적 공무원.

차:**관**²(借款) [명] 한 나라의 정부나 기업·은행이 외국 정부나 공적 기관으로부터 자금을 빌려 오는 일.

차관-보(次官補) [명] 장관과 차관을 보좌하는 공무원.

차:**광**(遮光) [명] 가리개로 햇빛이나 불빛이 밖으로 새거나 바깥의 빛이 들어오지 않도록 막는 것. 차:광-하다 [자]

차:**광-막**(遮光幕) [명] 햇빛이나 불빛을 막아 가리려고 치는 막. ¶슬라이드 상영을 위해 ~을 치다.

차근-차근 [부] 차근하게 순서를 따라 일하거나 말하는 모양. ¶일을 ~ 처리해 나가다. 차근차근-하다 [형] [여] ¶성질이 ~. 차근차근-히 [부] ¶~ 설명해 주라.

차근-하다 [형] [여] (말이나 성격 또는 행동이) 조리 있고 찬찬하다. ¶성격이 차근하여 실수가 없다. 차근-히 [부] ¶~ 말해라.

차기(次期) [명] 다음의 시기. ¶~ 대통령.

차꼬 [명] 옛 형구(刑具)의 한 가지. 기다란 두 개의 나무토막 틈에 가로 구멍을 파서 죄인의 두 발목을 그 구멍에 넣고 자물쇠로 채우게 하였음. ▷칼.

차-나무(茶-) [명] [식] 어린잎을 녹차와 홍차의 원료로 하는 상록 활엽 관목. 잎은 긴 타원형으로 약간 두껍고 윤이 나며, 10~11월에 흰색 또는 담홍색의 꽃이 핌.

차남(次男) [명] 둘째 아들. ⇔차녀. ↔차녀.

차내(車內) [명] 자동차나 열차나 전동차 등의 안. ⇔차중. ¶~ 방송.

차녀(次女) [명] 둘째 딸. ↔차남.

차다¹ [자] **1** (일정한 공간에 사람이나 물체 또는 물질이) 어느 정도 많이 들어 있게 되다. ¶버스에 사람이 꽉 **차** 있다. **2** (대상에 어떤 감정이나 기운 등이) 많이 들어 있게 되다. 또는, (대상이 어떤 감정이나 기운 등에) 넘쳐 있게 되다. ¶행복에 찬 나날. **3** (물이나 쌓인 눈 따위가 어떤 높이에까지) 이르는 상태가 되다. ¶이 냇물은 깊은 곳은 어른의 목까지 **찬**다. **4** (정한 수량이나 기한, 나이 등이) 다 되거나 미치다. ¶인원이 ~. **5** (달이) 이지러진 테가 없이 아주 온전해지다. ¶달도 차면 기운다. **6** (어떤 대상이 마음에) 흡족한 상태가 되다. ¶성에 **차**지 않다.

차다² [동] [타] **1** (물체를 발로) 힘있게 부딪다. ¶공을 발로 ~. **2** (제기를 발로) 반복적으로 쳐서 공중으로 올리다. **3** (주로 부부나 애인 관계에 있는 사람을) 일방적으로 더 이상 관계를 맺지 않는 상태가 되게 하다. 주로, 구어에서 쓰는 말임. ⓑ버리다. ¶출세를 하더니 애인을 발로 **찼**다. **4** (자기에게 베풀어지거나 차례가 오는 것을) 내동댕이치듯 받아지지 않다. ¶들어오는 복을 **차** 버리다. **5** (혀를) 그 끝 부분을 입천장의 윗잇몸 부분에 댔다가 떼면서 소리를 내다. ¶가엾은 소녀를 보고 사람들은 쯧쯧 혀를 **찼**다.

차다³ [동] [타] **1** (물건을 자기 옷의 어느 부분에) 달거나 매거나 꿰어 떨어지지 않게 하다. ¶시계를 ~. **2** (수갑이나 차꼬를 손목이나 발목에) 끼워 자유롭지 못한 상태가 되다. ¶수갑을 **찬** 죄수. **3** (사람이 이성의 상대를) 애인으로 삼아 데리다. 얄잡거나 비웃는 투의 말로, 주로 남자가 여자를 상대로 하는 경우를 가

리킴. ¶그는 몇 달간 종적이 묘연하더니 어느 날 계집을 하나 **차고** 나타났다.

차다[4] [형] **1** (물질이나 물체의 온도가) 몸에 느껴지는 정도에 있어서 얼음이나 그와 비슷하게 낮은 온도의 물질이 닿을 때와 같은 상태에 있다. ¶날씨가 ~. ↔덥다. **2** (사람의 성격이) 인정이 없고 쌀쌀하다. [비]냉정하다. ¶얼음장같이 **찬** 사람.

차¦단(遮斷) [명] 가로막거나 끊어서 통하지 못하게 하는 것. **차¦단-하다** [동][타][여] ¶통행로를 ~. **차¦단-되다** [동][자] ¶교통이 ~.

차¦단-기[1](遮斷器) [명] 전기 회로를 개폐하는 장치.

차¦단-기[2](遮斷機) [명] 철도 건널목을 봉쇄하여 사람과 차량의 통행을 막는 장치.

차대-번호(車臺番號) [명] 자동차가 공장에서 생산될 때, 자동차에 찍혀 나오는 고유 번호.

차도[1](車道) [명] 자동차가 다닐 수 있도록 만든 도로. [비]찻길. ↔인도.

차도[2](差度·瘥度) [명] 병이 차이를 느낄 수 있을 만큼 나아진 상태. ¶병이 ~가 없다.

차도르([힌]chador) [명] 북부 인도·이란 등지의 이슬람교도 여성이 외출할 때 얼굴을 가리기 위하여 머리에서 어깨로 뒤집어쓰는, 네모진 천.

차-돌 [명] **1** [광] =석영(石英). **2** 야무진 사람의 비유.

차돌-박이 [명] 양지머리뼈의 복판에 붙은, 희고 단단하며 기름진 고기.

차드(Chad) [명][지] 아프리카 대륙의 중심부에 있는 공화국. 수도는 은자메나.

차등(差等) [명] 차이가 나는 등급. ¶능력에 따라 임금에 ~을 두다. ↔균등.

차등^선¦거(差等選擧) [명][정] 신분·재산·교육·납세 등에 따라 선거권에 차등을 두는 선거. ↔평등 선거.

차등-화(差等化) [명] 각 등급이 차이가 나게 하는 것. **차등화-하다** [동][자][타][여] ¶품질에 따라 가격을 ~. **차등화-되다** [동][자]

차-떼기(車—) [명] 화물차 한 대분의 상품을 모개로 사들이는 일. 또는, 그렇게 하기 위한 흥정. ¶~로 배추를 사들이다.

차라리 [부] **1** 그보다는 오히려. ¶그걸 먹을 바에야 ~ 굶겠다. **2** 그렇다면 오히려. ¶늦을 테면 ~ 오지 마라.

차량(車輛) [명] **1** 도로나 선로 위를 달리는 모든 차의 총칭. ¶~ 통행금지. **2** 열차를 구성하는, 화차나 객차의 각각의 칸.

차려 [감][명] 제식 훈련 시 구령의 하나. 몸과 정신을 바로 차려 부동자세를 가지라는 말. 양 다리는 곧게 펴고 무릎은 붙임. ¶일동 ~! ×차렷.

차려-입다[—따] [동][타] 잘 갖추어 입다. ¶정장으로 **차려입은** 남자.

차¦력(借力) [명] 외부에 존재하는 기(氣)나 약이나 신령한 힘을 빌려 와 보통 사람으로서는 낼 수 없는 엄청난 힘을 발휘하는 일. ¶~ 시범.

차¦력-사(借力士)[—싸] [명] 차력술을 부릴 수 있는 능력을 가진 사람. 또는, 차력술을 부리는 일을 하는 사람. =차력술사.

차¦력-술(借力術)[—쑬] [명] 외부에 존재하는 기(氣)나 약이나 신령한 힘을 빌려 와 보통 사람으로서는 낼 수 없는 엄청난 힘을 발휘하는 기술.

차¦력술-사(借力術士)[—쑬—] [명] =차력사.

차렵-이불[—렴니—] [명] 솜을 얇게 두어 만든 이불.

차령(車齡) [명] 차를 처음 출고하여 현재까지 사용한 햇수. ¶~이 10년을 넘긴 차.

차령-산맥(車嶺山脈) [명][지] 태백산맥의 오대산에서 갈라져 나와, 남서쪽으로 뻗은 산맥.

차례[1] [명] [1][자립] **1** 여럿을 각각 선후(先後)로 구분하여 벌인 것. 또는, 그 구분에 따라 각각에게 돌아오는 기회. [비]순서. **2** 물건이나 재물 따위를 여럿으로 노늘 때, 어떤 사람에게 해당하는 몫. **3** =목차. [2][의존] 다소 특별한 일이나 요란한 일이 일어난 횟수를 세는 단위. ¶소나기가 몇 ~ 쏟아졌다.

차례[2](茶禮) [명] 명절날이나 조상의 생일 또는 음력으로 매달 초하루와 보름날 등에 간단히 지내는 제사. ¶~를 지내다.

차례-차례 [부] 차례를 따라 순서 있게. ¶한 사람씩 ~ 건너가자.

차례-탑(茶禮塔) [명] 차례 때, 탑처럼 높이 괴어 올리는 제물.

차로(車路) [명] [1][자립] **1** 자동차가 다닐 수 있게 닦아 놓은 길. [비]찻길. **2** 차선과 차선 사이의 일정한 너비로 구분된 길. ¶전용 ~. [2][의존] 차선이 그어진 수효에 따라 도로 폭을 나타내는 단위. 또는, 차선과 차선 사이의 길에 순서를 매기는 말. ¶왕복 4~. ×차선.

차륜(車輪) [명] 자동차·자전거·열차 등의 바퀴. [비]차바퀴.

차리다 [동][타] **1** (상을) 음식을 먹을 수 있게 놓아 벌이다. ¶밥상을 ~. **2** (살림이나 가게 따위를) 벌이어 생활을 꾸려 나가거나 영업을 해 나갈 태세를 갖추다. ¶살림을 ~. **3** (옷이나 필요한 것 등을) 격식 있게, 또는 목적에 맞게 몸에 갖추다. ¶채비를 ~. **4** (예의나 격식, 체면 등을) 말이나 행동, 옷의 모양새 등으로 나타내다. ¶체면 **차리지** 말고 많이 먹어라. **5** (욕심이나 이익 따위를) 남보다 많이 채우거나 가지다. ¶실속을 ~. **6** (정신이나 기운을) 가다듬어 되찾다. ¶정신을 ~. **7** (일의 낌새나 눈치 등을) 어떤 조짐을 보고 짐작하여 알다. ¶눈치를 ~.

차림 [명] 옷이나 몸치장으로 꾸며서 차린 상태. ¶옷~ / 등산 ~.

차림-새 [명] 옷이나 몸치장으로 꾸며서 차린 모양새. ¶검소한 ~.

차림-표(—表) [명] 식당이나 음식점 등에서 파는 음식의 종류와 가격을 적은 표.

차마 [부] 《동사의 내용을 부정하는 서술어와 호응하는 구조에 쓰여》 '마음을 억누르거나 참고서 도저히'의 뜻을 나타내는 말. ¶~ 눈뜨고는 볼 수 없는 광경.

차-멀미(車—) [명] 차를 탔을 때 일어나는, 어지럽고 메스꺼움을 느끼는 증상. **차멀미-하다** [동][자][여]

차¦명(借名) [명] 남의 이름을 빌려 쓰는 것. ¶~ 계좌. **차¦명-하다** [동][자][여]

차-바퀴(車—) [명] 차의 바퀴. [비]차륜.

차¦변(借邊) [명][경] 복식 부기에서, 장부의 계정계좌의 왼쪽 부분. 자산의 증가, 부채 또는 자본의 감소·손실 등을 기입함. ↔대변.

차별(差別) [명] (둘 이상의 대상을) 각각 등급이나 수준 등에 차이를 두어서 구별하는 것. ¶~ 대우 / 인종 ~. ↔평등. **차별-하다** [동][타][여] **차별-되다** [동][자]

차별-화(差別化) [명] 차등을 두어 구별된

상태가 되게 하는 것. **차별화-하다** 통타
여 ¶은행이 고객에 따라 금리를 ~. **차별
화-되다** 통자
차부(車部) 명 자동차의 시발점이나 종착
점에 마련한 차의 집합소.
차분-하다 형여 **1** (마음이나 태도 등이)
들뜨거나 흥분되지 않고 가라앉은 상태에
있다. ¶집념을 몰아내고 **차분한** 마음으로
공부하다. **2** (성격이) 쉽게 들뜨거나 흥
분하지 않고 침착하다. ¶**차분한** 성격.
차분-히 뛰 ¶장래 문제를 ~ 생각해 보다.
차비[1](車費) 명 차를 타는 데에 드는 비용.
= 찻삯.
차비[2](差備) 명 '채비'의 원말.
차사(差使) 명 **1** 중요한 업무를 위하여
파견하는 임시직. **2** 고을 원이 죄인을 잡
으려고 보내는 관원.
차석(次席) 명 수석의 다음 자리. 또는, 그
사람.
차선[1](次善) 명 최선의 다음 정도.
차선[2](車線) 명 **1** 자동차 도로를 주행 방향
을 따라 일정한 간격으로 그어 놓은 선.
¶~을 침범하다. **2** '차로(車路)'의 잘못.
차선-책(次善策) 명 차선의 방책.
차-세대(次世代) 명 다음 세대.
차손(差損) 명 매매의 결과나 가격·환시세
의 변동·개정에 의해서 생긴, 수지의 차
액으로서 생긴 손실. ¶~금. ↔차익.
차수(次數) 명[수] **1** 단항식에서, 문자 인
수의 개수. 곧, x^2y^3의 차수는 x에 대해서는
2, y에 대해서는 3, $x·y$에 대해서는 5
임. **2** 다항식에서, 가장 큰 거듭제곱을 가
지는 항에서의 그 문자 인수의 개수.
차안(此岸) 명[불] 생사(生死)의 세계. 또
는 이 세상. ↔피안.
차압(差押) 명[법] '압류'로 순화. **차압-하
다** 통타여 **차압-되다** 통자
차액(差額) 명 차이가 나는 액수.
차양(遮陽) 명 **1**[건] 볕을 가리거나 비를
막기 위하여 처마 끝에 덧대는 물건. =
챙. **2** = 챙.
차-오르다 통자르 <~오르니, ~올라> 어
떤 한도나 높이에 다다라 오르다. ¶폭우
로 냇물이 허리까지 **차올랐다**.
차-올리다 통타 발로 차서 위로 올리다. ¶
축구 공을 높이 ~.
차!용(借用) 명 (돈이나 물건을) 빌려서
쓰는 것. **차!용-하다** 통타여 ¶친구에게
서 돈을 ~. **차!용-되다** 통자
차!용-어(借用語) 명[언] 자국어의 체계
속에 동화시켜 사용하는 타국어. 외국어의 단어.
차!용-증(借用證) 명[중] '차용 증서'의
준말. ¶~을 쓰고 돈을 빌려 가다.
차!용-증서(借用證書) 명 돈이나 물건의
차용을 증명하는 문서. 준차용증.
차우셰스쿠 니콜라에(Ceaușescu, Nico-
lae) 명[인] 루마니아의 전 대통령(1918
~1989).
차운(次韻) 명 남이 지은 시(詩)의 운자
(韻字)를 따서 시를 짓는 것.
차원(次元) 명 **1**[수] 기하학적 도형이나
물체 공간이 펼쳐져 있는 자유도를 나
타내는 수. 직선은 1차원, 평면은 2차원,
보통의 공간은 3차원임. **2** 사물을 보거나
생각하는 입장. 또는, 생각이나 의견 등
을 떠받치고 있는 사상이나 학식 등의 수
준. ¶~이 낮은 이야기.
차이(差異) 명 대상이 서로 구별이 되게 되
다른 상태. ¶성격 ~.
차이나타운(Chinatown) 명 화교(華僑)들
이 외국 도시의 한 부분에 집단으로 거주
하여 이룩한 거리.
차이니스-칼라(Chinese collar) 명 상의의
목 부분을 곧게 세우는 중국식 옷깃.
차-이다 통자 '차다[1]·[3]'의 피동사. ¶발로
~. 준채다.
차이-점(差異點) [-쩜] 명 차이가 나는
점. ↔공통점.
차이콥스키 표트르 일리치(Chaikovskii,
Pyotr Il'ich) 명[인] 제정 러시아의 작곡
가(1840~1893).
차익(差益) 명 매매의 결과나 가격·환시세
의 변동에 의해서 생긴, 수지의 차액으로
서 생긴 이익. ¶~금. ↔차손.
차일(遮日) 명 햇볕을 가리기 위하여 치는
포장.
차일-피일(此日彼日) 뛰 이날 저날로 기
한을 미루는 모양. ¶빚을 갚지 않고
미루기만 한다. **차일피일-하다** 통자여
차임(chime) 명 **1**[음] 반음계로 조율되어
연주할 수 있도록 된, 타악기의 하나. 18
개의 금속관을 U자 모양으로 쳐서 소리
냄. **2** 시각을 알리거나 호출용으로 쓰는
종의 일종. = 차임벨.
차임-벨(chime bell) 명 = 차임**2**.
차입[1](借入) 명 (돈이나 물건을) 꾸어 들
이는 것. ¶~금; ~금. **차입-하다** 통타여
차입(差入) 명 유치·구류된 사람에게 음
식·의복·돈 등을 들여보내는 것. ¶~을
하다. **차입-하다** 통타여 **차입-되다** 통자
차자(次子) 명 둘째 아들. 준차남.
차장[1](次長) 명 장(長)의 다음 자리나 직
위. 또는, 그 지위에 있는 사람.
차장[2](車掌) 명 기차·버스 등에서, 차의
운행을 관리하고 승객의 편의를 도모하는
사람.
차적(車籍) 명 관할 관청에 등록되어 있
는, 자동차에 대한 문서. ¶~ 조회.
차전-놀이(車戰-) 명[민] 음력 정월 대보
름에 행하는 민속놀이. 수백 명의 장정들
이 두 편으로 나뉘어, 굵은 나무로 만든
동채라는 탈것에 장수를 태워 어깨에 메
고 서로 공격하여 상대방 동채를 먼저 땅
에 닿게 하는 편이 이김.
차점(次點) [-쩜] 명 최고점 다음가는 점
수. 또는, 당선자의 득표 수 다음가는 표
수나 당선 득점 다음가는 점수. ¶~
으로 낙선의 고배를 마시다.
차점-자(次點者) [-쩜-] 명 차점을 얻은
사람.
차제(此際) 명 때마침 주어진 이 기회. ¶
~에 심심한 감사의 말씀을 드립니다.
차-제구(茶諸具) 명 차에 관한 여러 가지
기물. 차관(茶罐)·찻종·찻숟가락 따위.
= 다구(茶具).
차-조 명 메조보다 열매가 작고 찰기가 있
으며 빛깔이 훨씬 누르고 약간 파르스름
한, 조의 한 가지. ↔메조.
차-좁쌀 명 차조의 열매를 찧은 쌀. ▷메
좁쌀.
차종(車種) 명 자동차의 종류.
차주[1](車主) 명 차의 주인.
차!주[2](借主) 명 돈이나 물건을 빌려 쓴 사
람. ↔대주(貸主).
차!주[3](借株) 명[경] 주식의 신용 거래에
서, 증권 회사로부터 빌린 주식. ▷대주.
차중(車中) 명 차의 안. 특히, 승객을 태우
고 운행하고 있는 차의 안. 비차내.

차지¹ 〖(사람을 가리키는 명사나 대명사 아래에 쓰여) 그 사람의 차례가 되어 가지게 되는 몫임을 나타내는 말. ¶남는 것은 내 ~이다. **차지-하다** 〖통〗〖타〗 1 (사람이 어떤 대상을) 자기의 몫으로 가지거나 누리거나 만들다. ¶수석을 ~. 2 (어떤 대상이 전체 가운데 일정한 비율이나 수량을) 가지거나 이루는 상태가 되다. ㉫점(占)하다. ¶우리 반은 안경 쓴 사람이 과반수를 차지하고 있다.

차지²(charge) 〖명〗 1〖체〗=차징. 2호텔·카바레·음식점 등에서의 서비스 요금. ㉫테이블 ~.

차-지다 〖형〗 1 (밥이나 떡, 반죽 따위가) 쩍쩍 달라붙을 만큼 끈기가 많다. ¶밥이 ~. ↔메지다. 2 (사람의 성질이) 야무지고 깐깐하다. ×찰지다.

차질(蹉跌·蹉躓) 〖명〗 (발을 헛디디어 넘어진다는 뜻) (일이) 계획이나 의도에서 벗어나 어긋지거나는 상태. ¶~이 생기다 / ~을 빚다. **차질-하다** 〖통〗〖자〗

차징(charging) 〖명〗〖체〗 축구·농구에서, 공을 몰거나 가지고 있는 상대방을 몸으로 부딪치는 일. =차지.

차차(次次) 〖부〗 (어떤 상태가) 조금씩 일정한 방향으로 진행되는 모양. ㉫점점·점차·차츰. ¶날씨가 ~ 추워지다. 2서두르지 않고 차분 천천히. =차차로. ¶그 문제는 ~ 말씀드리지요.

차차-로(次次-) 〖부〗=차차.

차차차(cha-cha-cha) 〖명〗〖음〗 멕시코 민요의 리듬을 도입한 재즈 음악. 두 소절마다 '차차차'라는 후렴이 삽입됨. 또는, 그 곡에 맞춰 추는 춤.

차창(車窓) 〖명〗 차의 창문.

차체(車體) 〖명〗 차의 몸체. ¶충돌 사고로 ~가 크게 부서지다.

차출(差出) 〖명〗 어떤 일을 시키기 위해 사람을 뽑아내는 것. **차출-하다** 〖통〗〖타〗〖여〗 ¶인원을 ~. **차출-되다** 〖통〗〖여〗 ¶부역에 ~.

차츰 〖부〗 사물의 상태나 정도가 시간이 흐름에 따라 일정한 방향으로 조금씩 달라지는 모양. ㉫차차. ¶날이 ~ 밝아 오다.

차츰-차츰 〖부〗 '차츰'의 힘줌말. ¶건강이 ~ 좋아지다.

차-치(且置) 〖명〗 (어떤 일이나 대상을) 제쳐 놓은 상태로 다루지 않거나 문제 삼지 않는 것. **차치-하다** 〖통〗〖타〗〖여〗 ¶휴가는 차치하고 일요일에도 못 쉰다.

차-치기(車-) 〖명〗 자동차를 행인(行人) 옆으로 바싹 가까이 몰아, 차 안에 탄 채 핸드백 따위를 채 가는 치기배.

차트(chart) 〖명〗 1각종 자료표를 알기 쉽게 정리한 일람표. 2병원에서의 자료 기록 문서.

차티스트(Chartist) 〖명〗〖역〗 1830~40년대의 영국에서 노동자의 정치적 권리, 특히 보통 선거권의 획득을 목표로 싸운 사람들. ¶~ 운동.

차편(車便) 〖명〗 차가 오고 가는 편.

차폐(遮蔽) 〖명〗 1가려 막고 덮는 것. 2〖물〗 전기·자기·방사선 등을 차단하여 외부에 영향을 주지 않게 하는 일. **차폐-하다** 〖통〗〖타〗〖여〗

차폭(車幅) 〖명〗 차량의 너비. ¶~이 큰 대형차.

차폭-등(車幅燈) 〖-뜽〗 〖명〗 야간 통행 시, 차폭을 알리기 위하여 자동차의 전면과 후면의 좌우에 각각 다는 램프.

차표(車票) 〖명〗 차, 특히 열차나 전차를 탈 수 있음을 증명하는 표. ㉫승차권. ¶~을 끊다.

차후(此後) 〖명〗 이 시간 이후. ㉫이다음··이후. ¶계획을 ~으로 미루다.

착¹ 〖부〗 1물건이 끈지게 달라붙는 모양. ¶비에 젖은 옷이 몸에 ~ 달라붙다. 2재빠르고 결단성 있게, 또는 선뜻 행동하는 모양. ¶바닥에 ~ 엎드리다. ㉮척.

착² 〖부〗 1분위기나 감정 등이 안정되는 모양. ¶들떴던 마음이 ~ 가라앉다. 2짐짓 눈을 내리깔거나 목소리를 나직하게 하는 모양. ¶눈을 ~ 내리깔다. 3몸이 기진맥진한 모양. ¶몸이 ~ 까부라지다.

착각(錯覺) 〖명〗〖심〗 (어떤 대상·형상을 실제와 다른 대상·형상으로) 잘못 보거나 듣거나 느끼는 것. 또는, (어떤 사실을 실제와 다른 상태로) 잘못 생각하거나 이해하는 것. **착각-하다** 〖통〗〖타〗〖여〗 ¶그림자를 사람으로 ~. **착각-되다** 〖통〗〖여〗

착공(着工) 〖명〗 공사를 시작하는 것. ㉫기공(起工). ↔준공. **착공-하다** 〖통〗〖타〗〖여〗 ¶착공한 지 3년 만에 완공되다. **착공-되다** 〖통〗〖여〗

착공-식(着工式) 〖-꽁-〗 〖명〗 =기공식.

착근(着根) 〖명〗 1옮겨 심은 식물이 뿌리를 내리는 것. ¶가뭄으로 모의 ~이 늦어지다. 2다른 곳으로 옮겨 가서 자리를 잡는 것. **착근-하다** 〖통〗〖자〗〖여〗

착란(錯亂) 〖명〗 정신이 어지럽고 혼란한 것. ¶정신 ~을 일으키다. **착란-하다** 〖통〗〖자〗〖여〗

착륙(着陸) 〖명〗〖항〗 (비행기 등이) 공중에서 활주하거나 판판한 곳에 내리는 것. ↔이륙. **착륙-하다** 〖통〗〖자〗〖여〗 ¶비행기가 활주로에 안전하게 ~. **착륙-되다** 〖통〗〖여〗

착목(着目) 〖명〗 중요한 점에 눈을 돌리는 것. 또는, 주의하여 보는 것. ㉫착안. **착목-하다** 〖통〗〖자〗〖여〗

착복(着服) 〖명〗 1옷을 입는 것. ㉫착의. 2남의 재물을 부당하게 자기 것으로 하는 것. **착복-하다** 〖통〗〖타〗〖여〗 ¶공금(公金)을 ~.

착복-식(着服式) 〖-뽁씩〗 〖명〗 새옷을 입은 사람이 주위 사람에게 한턱내는 일.

착상¹(着床) 〖명〗〖생〗 수정란이 자궁벽에 접착하여 모체의 영양을 흡수할 수 있는 상태가 되는 것. **착상-하다**¹ 〖통〗〖자〗〖여〗

착상²(着想) 〖명〗 고안이나 창작의 실마리가 될 만한 생각. ¶~이 기발하다. **착상-하다**² 〖통〗〖타〗〖여〗 고안이나 창작의 실마리를 얻어 구상하다. **착상-되다** 〖통〗〖여〗

착색(着色) 〖명〗 물을 들이거나 색을 칠하여 빛깔이 나게 하는 것. **착색-하다** 〖통〗〖타〗〖여〗 **착색-되다** 〖통〗〖여〗

착색-제(着色劑) 〖-쌕쩨〗 〖명〗 1식용을 목적으로 식품에 첨가하는 식용 색소. 2생물체의 조직·세포 등을 현미경으로 조사하기 위해 염색용으로 쓰이는 유기 화합물의 총칭.

착생(着生) 〖명〗〖생〗 1생물이 다른 생물체나 물체의 표면에 붙어서 사는 것. 2식물체에서 눈·꽃·잎·가지 등이 제자리에 나서 자라는 것. **착생-하다** 〖통〗〖자〗〖여〗

착석(着席) 〖-썩〗 〖명〗 자리에 앉는 것. ¶일동 ~! **착석-하다** 〖통〗〖자〗〖여〗

착수(着手) 〖-쑤〗 〖명〗 (어떤 일에, 또는 어떤 일을) 손을 대어 시작하는 것. **착수-하다** 〖통〗〖자〗〖타〗〖여〗 ¶경찰이 수사에 ~ / 공

사를 ~. 착수-되다 통(자)
착수-금(着手金)[-쑤-] 명 일을 시작할 때 먼저 주는 돈. ¶공사~.
착시(錯視)[-씨] 명[심] 어떤 사물의 모양·크기·색채 등을 시각상의 착오로 실제와 다르게 지각하는 일.
착실-하다(着實-)[-씰-] 형(여) 1 (사람이) 행동이 허튼 데가 없이 바르다. 윗사람에 대해 쓰기는 어려운 말임. 비성실하다. 『조용하고 박실한 모범생. 2 어떤 정도나 기준에 모자람 없이 충분하다. ¶그들이 종일 걸어온 길이 백 리는 **착실하게** 되었다. **착실-히** 튀 ¶기반을 ~ 쌓다.
착안(着眼) 명 (어떤 점에) 눈을 돌려 좋은 생각이나 방법의 실마리를 얻는 것. 비착목. ¶-점. **착안-하다** 통(자)(여) ¶학계에 나온 새로운 이론에 **착안하여** 새로운 기계를 발명하는 데 성공했다. **착안-점** 명
착암-기(鑿巖機) 명 광산이나 토목 공사에서 바위에 구멍을 뚫는 기계.
착오(錯誤) 명 착각으로 인하여 잘못하는 것. 또는, 그런 잘못. ¶-를 일으키다. 착오-하다 통(타)(여)
착용(着用) 명 (옷·모자·신·장갑 등을) 어떤 목적을 위해, 또는 정해진 규칙에 따라 입거나 쓰거나 신거나 끼거나 하는 것. **착용-하다** 통(타)(여) ¶안전벨트를 ~.
착용-감(着用感) 명 옷·모자·신·장갑 등을 입거나 쓰거나 신거나 끼거나 하였을 때 느끼는 느낌. ¶-이 편안한 신발.
착유¹(搾油) 명 기름을 짜는 것. ¶-기(機). **착유-하다**¹ 통(자)(여)
착유²(搾乳) 명 젖소·염소 등의 젖을 짜는 것. ¶-기(機). **착유-하다**² 통(자)(여)
착의(着衣)[-의/-이] 명 옷을 입는 것. 비착복. **착의-하다** 통(자)(타)(여)
착잡-하다(錯雜-)[-짜파-] 형(여) 갈피를 잡을 수 없이 뒤섞어 어수선하다. ¶이 생각 저 생각으로 마음이 ~. **착잡-히** 튀
착점(着點)[-쩜-] 명 바둑을 두는 행위로서, 바둑돌을 바둑판의 어느 위치에 놓는 것. **착점-하다** 통(자)(여) ¶한 수 한 수 신중하게 ~.
착지(着地)[-찌] 명 (특히, 그 자세에 주목하는 문맥에 쓰여) 스포츠나 체조 등에서, 공중에서 뛰어내려 땅이나 마루에 발을 디디는 것. ¶-동작 /-가 불안하다. **착지-하다** 통(자)
착¹ 물체가 끈끈하게 자꾸 달라붙는 모양. ¶젖은 옷이 몸에 ~ 감긴다. (큰)척. (센)짝짝.
착착²(着着) 튀 1 일을 차례차례 또는 조리 있게 잘 처리하는 모양. ¶공사를 계획대로 ~ 진행하다. 2 질서 정연하게 행하는 모양. ¶발을 ~ 맞추다. (큰)척척.
착취(搾取) 명 계급 사회에서, 생산 수단의 소유자가 생산 수단을 갖지 않은 직접 생산자로부터 그 노동의 성과를 무상(無償)으로 취득하는 것. **착취-하다** 통(타)(여)
착취-되다 통(자)
착탈(着脫) 명 어떤 부분을 중심으로 물체에 붙었다 떼다 하거나 끼웠다 뺐다 하는 일. ¶안감의 ~이 가능한 점퍼.
착탈-식(着脫式) 명 어떤 물건을 본체나 몸체에 필요에 따라 붙였다 뗐다 할 수 있게 되어 있는 방식. ¶- 하드 디스크.
착-하다[차카-] 형(여) (사람의 마음씨나 행동이) 어른의 말이나 사회 규범·도덕에 어긋남이 없이 옳고 바르다. 비선하다. ¶

착한 일 / 마음씨가 ~. **착-히** 튀
착화(着火) 명 물건에 불이 붙거나 타기 시작하는 것. 비점화. **착화-하다** 통(자)(여)
찬(饌) 명 '반찬'의 준말. ¶-은 없지만 드십시오.
찬:가(讚歌) 명 찬미의 뜻을 나타내는 노래. ¶조국.
찬:-거리(饌-)[-꺼-] 명 =반찬거리.
찬:국 명 찬물에 간장과 초를 쳐서 만들거나 또는 맑은장국을 끓여 차게 식힌 국물. 특히, 여름에 먹음. =냉국.
찬:-기(-氣) 명 찬 기운. 비냉기.
찬:기파랑-가(讚耆婆郎歌)[-까] 명[문] 신라 경덕왕 때 충담사가 지은 10구체의 향가. 기파랑이라는 화랑의 고결한 인품을 냇물에 비친 달의 모습, 서리에 굽히지 않는 잣나무에 빗대어 나타냄.
찬:동(贊同) 명 (남의 의견이나 제안에) 자기의 의견을 같이하는 것. ¶-을 얻다. **찬:동-하다** 통(자)(여) ¶제안에 ~.
찬:란-하다(燦爛-)[찰-] 형(여) 1 (물체가) 빛이 번쩍여서 눈부시게 아름답다. ¶**찬란한** 태양. 2 (사물이) 두드러지게 훌륭하다. ¶**찬란한** 문화유산. **찬:란-히** 튀 ¶-빛나는 보석.
찬:모(饌母) 명 남의 집에서 반찬 만드는 일을 맡아 하는 여자.
찬:-물 명 온도가 낮은 차가운 물. ↔더운물. ▷냉수.
[찬물도 위아래가 있다] 무엇이든 순서가 있으니 그 순서를 따라 해야 한다.
찬물을 끼얹다 모처럼 잘되어 가는 일에 공연히 트집을 잡아서 해살을 놓다.
찬:미(讚美) 명 아름다운 것을 기리어 칭송하는 것. 비찬송. **찬:미-하다** 통(타)(여) ¶자유롭고 평화로운 조국을 ~.
찬:-바람 명 태도나 인상에서 풍기는 쌀쌀하고 냉랭한 기운.
찬바람이 일다 살벌한 분위기가 되다.
찬:반(贊反) 명 찬성과 반대. ¶국민 투표에 부쳐 개헌에 대한 ~을 묻다.
찬:반-양론(贊反兩論)[-냥논] 명 찬성과 반대로 서로 대립되는 두 가지 주장. ¶의견이 ~으로 갈리다.
찬:-밥 명 1 지은 지 오래되어 식은 밥. ↔더운밥. 2 환영받지 못하여 따돌림이나 업신여김을 받는 사람이나 사물. 비유적인 말임. ¶~ 신세.
찬밥 더운밥 가리다 어려운 형편에 있으면서 배부른 체하다.
찬:부(贊否) 명 찬성과 반대. ¶~ 양론으로 갈라지다.
찬-비 명 차갑게 맞을 때 찬 느낌을 주는 비.
찬:사(讚辭) 명 칭찬하는 말이나 글. ¶관객들은 연주자에게 아낌없는 ~를 보냈다.
찬:성(贊成) 명 (남의 의견이나 안에〔을〕) 좋다고 받아들이거나 지지하는 것. ↔반대. **찬:성-하다** 통(자)(타)(여) ¶나는 네 의견에 전적으로 **찬성한다**.
찬:송(讚頌) 명 (어떤 대상을) 그의 은혜나 덕을 기리는 것. 비찬미(讚美). **찬:송-하다** 통(타)(여) ¶주를 ~.
찬:송-가(讚頌歌) 명[기] 하나님의 사랑과 은총을 기리는 노래. ▷복음 성가.
찬:술(撰述) 명 학문이나 문예 등에 관한 글을 짓는 것. 비저술·저작. **찬:술-하다** 통(타)(여) ¶역사책을 ~.
찬스(chance) 명 어떤 일을 하는 데에 좋

찬스^메이커(†chance maker) 〖명〗〖체〗 축구·농구 등의 단체 구기 경기에서, 득점의 계기를 만드는 선수.

찬!양(讚揚) 〖명〗 (어떤 일이나 대상을) 훌륭함을 기리어 드러내는 것. ¶비판보다 ~이 더 많다. ¶효용을 ~. **찬!양-되다** 〖자〗

찬!연-하다(燦然-) 〖형〗〖여〗 **1** (해나 물체가) 눈부시게 빛나는 상태이다. ¶찬연하게 빛나는 아침 햇살. **2** (업적 따위가) 훌륭하여 영광을 누리는 상태에 있다. ¶찬연한 업적. **찬!연-히** 〖부〗

찬!의(贊意) 〖명〗[-의/-이] 찬성하는 뜻.

찬!장(饌欌) 〖-짱〗 그릇이나 음식 등을 넣어 두는 장.

찬!조(贊助) 〖명〗 (어떤 사람이 행하는 일 등에) 같이 참여한다든지 돈을 기부하는 것 등 힘으로써 뒷받침하여 돕는 것. ¶~ 출연. **찬!조-하다** 〖타여〗

찬!조-금(贊助金) 〖명〗 찬조하는 뜻으로 내는 돈.

찬찬-하다[1] 〖형〗〖여〗 (사람의 성질이나 태도가) 일을 서두르지 않고 차근차근 해 나가는 상태에 있다. ¶꼼꼼하다·침착하다. ¶찬찬한 성격. **찬찬-히** 〖부〗 ¶그림을 ~ 살펴보아라.

찬!-하다[2] 〖동작이〗 침착하며 느리다. 〖큰〗천천하다. **찬!찬-히** 〖부〗

찬!탁(贊託) 〖명〗 신탁 통치를 찬성하는 것. ↔반탁. **찬!탁-하다** 〖타여〗

찬!탄(讚歎·讚嘆) 〖명〗 (대상의 훌륭한 상태에 대하여) 대단하다고 여겨 감탄하는 것. ¶고려청자의 아름다움에 ~을 금치 못하다. **찬!탄-하다** 〖자타여〗 ¶그녀의 빼어난 미모를 보고 뉘라서 찬탄하지 않을손가?

찬!탈(簒奪) 〖명〗 (임금 자리를) 빼앗는 것. ¶왕위를 ~.

찬!합(饌盒) 〖명〗 밥·반찬이나 술안주 등 음식을 담는, 여러 층으로 된 그릇. 또는, 그 음식.

찰- 〖접두〗 **1** '끈기가 있고 차진' 의 뜻을 나타내는 말. ¶~벼 / ~떡. ↔메-. **2** '퍽 심한', '이루 말할 수 없는' 의 뜻을 나타내는 말. ¶~가난 / ~깍쟁이.

찰-감 씨가 없고, 홍시가 되었을 때 보통 꼭지가 까만 감.

찰-거머리 〖명〗 **1** 〖동〗 몸이 작으며 빨판이 발달하여 한 번 들러붙으면 잘 떨어지지 않는 거머리. **2** 남에게 끈덕지게 달라붙어 괴롭히는 사람을 이르는 말. ¶~같이 달라붙어서 떨어질 줄을 모른다.

찰과-상(擦過傷) 〖명〗 스치거나 문질러서 살갗이 벗어진 상처.

찰-기(-氣) 〖명〗 차진 기운. ¶~가 있는 햅쌀밥.

찰-깍쟁이 〖-쨍-〗 〖명〗 아주 지독한 깍쟁이.

찰나(刹那) [-라] 〖명〗 〖<kṣaṇa〗 **1** 〖불〗 극히 짧은 시간. ▷겁(劫). **2** 어떤 사물 현상이 이루어지는 바로 그때. ⓑ순간. ¶버스는 급커브 길을 돌려던 ~ 벼랑 아래로 굴렀다. ×찰라.

찰딱 〖부〗 차지거나 젖은 물건이 세게 달라붙는 모양. 또는, ¶땀에 젖은 속옷이 몸에 ~ 달라붙다. **찰딱-하다** 〖자〗

찰-떡 〖명〗 찹쌀과 같이 차진 곡식으로 만든 떡. ↔메떡.

찰떡-같다〖-깓따〗〖형〗 정(情)이나 믿음, 관계 등이 매우 긴밀하고 확실하다. ¶금실이 ~. **찰떡같-이** 〖부〗 ¶~ 믿다.

찰떡-궁합(-宮合) 〖-꿍-〗 〖명〗 아주 잘 맞는 궁합을 익살스럽게 이르는 말.

찰라 〖'찰나(刹那)' 의 잘못.

찰랑-거리다/-대다 〖자〗 작은 그릇 위에 가득 찬 물이 자꾸 넘칠 듯이 흔들리다.

찰랑-찰랑 찰랑거리는 모양. **찰랑찰랑-하다** 〖형〗〖여〗 ¶잔마다 찰랑찰랑하게 술을 따르다.

찰-밥 〖명〗 찹쌀로 지은 밥. ↔메밥.

찰-벼 〖명〗 〖식〗 녹말을 얻는, 벼의 한 종류. 열매 껍질은 검은 보라색이고, 종자인 찹쌀은 찰기가 많음. ↔메벼.

찰-수수 〖명〗 찰기가 있는 수수.

찰스 일세(Charles-世) 〖-세〗 〖명〗〖인〗 영국 스튜어트 왕조의 왕(1600~1649).

찰-시루떡 〖명〗 찹쌀가루로 찐 시루떡.

찰싹 〖부〗 **1** 액체의 면이 납작한 물체와 부딪칠 때 나는 소리. 그것은 물결이 물체와 세게 부딪칠 때 작게 나는 소리. **3** 손바닥으로 뺨이나 엉덩이 등의 몸을 때릴 때 작게 나는 소리. ¶볼기를 ~ 때리다. **4** 차진 물건이 어떤 물체에 세게 달라붙는 모양. 또는, 어떤 사람이 다른 사람을 붙좇으면서 바싹 붙어 있는 모양. 〖큰〗철썩. **찰싹-하다** 〖자타여〗

찰싹-찰싹 자꾸 찰싹하는 소리. 〖큰〗썩철썩. **찰싹찰싹-하다** 〖자타여〗

찰-옥수수 〖-쑤-〗 〖명〗 찰기가 있는 옥수수.

찰-지다 〖'차지다' 의 잘못.

찰찰 〖부〗 **1** 액체가 조금씩 넘쳐흐르는 모양. ¶욕조의 물이 ~ 넘치다. **2** 어떤 사람에게서 어떤 기운이 넘치는 모양. 〖큰〗철철.

찰랑-이 〖명〗 〖속〗 달빛이리.

찰카닥 〖부〗 **1** 작은 쇠붙이로 된 장치가 작동할 때 쇠붙이가 맞물리거나 맞물렸다가 떨어지는 소리. ¶자물쇠가 ~ 잠기다. 〖큰〗 철커덕. **2** 카메라 셔터를 한 번 누르는 소리. 〖큰〗 철커덕. **찰카닥-하다** 〖자타여〗 ¶찰카닥하고 수갑을 채우다.

찰칵 〖'찰카닥' 의 준말. 〖큰〗 철컥. **찰칵-하다** 〖자타여〗 ¶찰칵하고 사진을 찍다.

찰현-악기(擦絃樂器) 〖-끼〗 〖명〗 활로 현을 마찰시켜 소리를 내는 악기. 아쟁·바이올린·첼로 따위.

찰-흙 [-흑] 〖명〗 찰기가 있는 흙. ⓑ점토.

참[1] Ⅰ〖명〗 **1** 사실이나 진리에 어긋남이 없는 것. 또는, 옳고 바른 상태. ¶그의 말이 ~인지 거짓인지 모르겠다. **2** 〖논〗 이치 논리(二値論理)에서, 진릿값의 하나. 명제가 진리인 것. 구용어는 진(眞). ↔거짓. Ⅱ〖부〗 뒤에 오는 형용사를 꾸며, 어떤 상태의 정도가 매우 큼을 나타내는 말. ⓑ참으로. ¶소설이 ~ 재미있다. Ⅲ〖감〗 **1** 잊어서는 안 되는 일을 까맣게 잊고 있다가 문득 생각났을 때, 그 내용을 나타내는 문장 앞에 쓰는 말. ¶~, 접심 약속이 있군. **2** 기가 막히거나 어이없는 일을 당했을 때 쓰는 말. ¶~, 기막혀.

참[2] 〖명〗 〖자립〗 일을 하다가 쉬기로 정하여진 시간에 먹는 식사. 〖2〗〖의존〗 (주로 동사의 어미 '-는', '-ㄹ', '-던' 등의 아래에 쓰여 '참에', '참이다' 의 꼴로 쓰여) 어떤 '기회' 나 '계제' 또는 '예정' 이나 '작정' 임을 나타내는 말. ¶그러잖아도 지금 막 가려던 ~이었다. [站' 은 취음]

참-[3] 〖접두〗 **1** 품위나 품질이 썩 좋음을 나타내는 말. ¶-먹/-숯. 2 주로 동식물명에 붙어, '돌-', '개-', '들-'의 경우보다 상대적으로 우수한 품종임을 나타내는 말. ¶-깨/-꽃. 3 '진짜' 또는 '진실하고 올바른'의 뜻을 나타내는 말. ¶-사랑/-모습.
참[14] (站) 몡[역] 공무로 여행하는 사람이 먼 길을 가다가 쉬는 곳. ▷역참.
참가(參加) 몡 1 (회의·집회·경기·행사·전쟁 등에) 일정한 자격이나 임무를 가지고 나아가 주어진 일을 하는 것. 町참석하여. ¶~ 인원. 2 어떤 법률 관계에 당사자 이외의 제삼자가 가입하는 것. **참가-하다** 图(자)(여) 町회의에~.
참가-인(參加人) 몡 1 참가하는 사람. 2 [법] 민사 소송법상, 원고와 피고 사이의 소송에 참가하는 제삼자.
참-가자미 몡[동] 등딱지가 길이 6.3cm, 너비 7cm 가량의 둥근 사각형이며, 몸빛은 검고 윤이 나며 털이 없는 게. 바다에 가까운 강 유역에 삶.
참견(參見) 몡 (남의 일에) 끼어들거나 나서서 이러쿵저러쿵하거나 이래라저래라 하는 것. 町간섭. ¶내가 무슨 일을 하든 네가 웬 ~이냐? **참견-하다** 图(자)(여) ¶이것은 내 일이니까 참견하지 마라.
참고(參考) 몡 (의견·진술·책이나 물품 등의 자료를 어떤 일에, 또는 어떤 일을 하는 데에) 도움이 될 만한 요소로 삼아 살피는 것. 또는, 살펴서 도움이 될 만한 요소. ¶~ 사항/~ 문헌. **참고-하다** 图(자)(여) 町자세한 내용은 별첨의 자료를 참고하십시오. **참고-되다** 图(자)
참고-서(參考書) 몡 1 참고가 되거나 참고로 삼는 책. 2 =학습 참고서.
참고-인(參考人) 몡 1 의회의 위원회 등에서 참고가 될 만한 의견 진술을 요구받은 사람. 2 [법] 범죄 수사를 위하여 수사 기관에서 조사를 받는 사람 중 피의자 이외의 사람.
참관(參觀) 몡 어떤 곳에 참석하여 보는 것. **참관-하다** 图(자)(여) ¶수업을 ~.
참관-인(參觀人) 몡 1 참관하는 사람. 2 [법] 선거 때 투표·개표 상황을 참관하는 사람.
참극(慘劇) 몡 처참한 사건. ¶사소한 운전 부주의가 ~을 빚었다.
참-기름 몡 참깨로 짠 기름. ▷들기름.
참-깨 몡[식] 고소한 맛이 있는 종자를 볶거나 기름을 짜서 양념으로 쓰는 한해살이풀. 또는, 그 종자. 여름에 작은 종 모양의 연분홍색 꽃이 피고, 가을에 원기둥 모양의 열매가 익음.
참-꽃 몡 먹는 꽃이라는 뜻으로, '진달래'를 일컫는 말.
참-나리 몡 산과 들에 자라머, 7~8월에 황적색 바탕에 암자색 점이 많고 꽃잎이 뒤로 젖혀진 꽃이 피는 여러해살이풀. 참나리.
참-나무[식] 상수리나무와 같은 종류로서, 도토리가 열리는 갈참나무·굴참나무·떡갈나무·신갈나무·졸참나무 등의 총칭.
참!다[-따] (참고, 참아) 图(타) 1 (사람이 생리적·심리적으로 하고 싶은 충동을) 풀거나 나타내지 않고 억누르다. ¶소변을 ~. 2 (남이 고통이나 모욕 등을) 굳은 마음으로 반응을 드러내지 않다. 町견디다. ¶고통을 ~.
[참을 인(忍)자 셋이면 살인도 피한다]
어떤 경우에도 끝까지 참아 나가면 무슨 일이든 이루지 못할 것이 없다.
참-다랑어 몡[동] 몸길이 최대 3m인 방추형으로, 몸이 뚱뚱하고 꼬리자루가 가는 바닷물고기. 몸빛은 등이 짙은 푸른색이며, 옆구리에 황색 가로띠가 있음. 회로 먹거나 통조림을 만듦. =다랑어·참치.
참다-못하다[-따목하-] 图 참을 수 있는 데까지 참다가 더 참을 수가 없어지다. ¶~ 소리를 버럭 질렀다.
참담-하다(慘澹-·慘憺-) 혱(여) (일이나 상태가) 비참하고 막막하다. ¶참담한 생활. 참담-히 (튀)
참-답다[-따] 혱(ㅂ) (~다우니, ~다워) 거짓이 없이 참되다. ¶참다운 친구.
참-돔 몡[동] 도미과의 한 종류로, 몸길이 최대 1m가량이고 몸빛이 붉은색인 바닷물고기.
참-되다[-뙤-/-뛔-] 혱 거짓이 없고 진실되다. ¶어버이의 **참된** 사랑. ↔거짓되다.
참-뜻[-뜯] 몡 1 참된 뜻. ¶인생의 ~을 배우다. 2 본디의 속뜻. 町진의. ¶나의 ~은 그게 아니었으니 오해하지 마라.
참례(參禮) 몡[녜] 예식이나 제사에 참여하는 것. **참례-하다** 图(자)(여) ¶결혼식에~.
참-마음 몡 거짓이 없는 진실한 마음. 町진심.
참말 Ⅰ 몡 사실에 조금도 틀림이 없고 참 것이 없는 말. 町정말. ¶그게 ~이냐? ↔거짓말. ▷진담.
Ⅱ (튀) =참말로. ¶네가 ~ 1등을 했니?
참말-로 (튀) 사실과 조금도 다름이 없이 과연. =참말. ¶그를 거기서 만나다니 ~ 뜻밖이다.
참모(參謀) 몡 1 모의(謀議)에 참여하는 것. 또는, 그 사람. 2 [군] 고급 지휘관의 막료로서 작전·정보·군수(軍需) 등의 계획과 지도를 맡은 장교. 3 주도자의 측근에서 활동하는, 지모가 뛰어난 사람. **참모-하다** 图(자)(여) 모의에 참여하다.
참-모습 몡 어떤 대상이 본디 가지는, 또는 가져야 할 진짜 모습. ¶삶의 ~을 발견하다.
참모'총!장(參謀總長) 몡[군] 국방부 장관의 명을 받아 소속 군(軍)을 지휘·감독하는 육해공군의 각 우두머리.
참-배[1] 몡 먹을 수 있는 보통의 배를, '돌배'·'문배'에 대하여 일컫는 말.
참배[2] (參拜) 몡 1 신이나 부처에게 배례하는 것. 2 영구(靈柩)·무덤·기념비 등 앞에서 추모의 뜻을 나타내는 일. **참배-하다** 图(자)(여) ¶고인의 묘소에(를) ~.
참배-객(參拜客) 몡 참배하는 사람.
참변(慘變) 몡 참혹한 변고. ¶교통사고로 일가족이 ~을 당하였다.
참봉(參奉) 몡[역] 조선 시대에 능(陵)이나 원(園), 종친부·돈녕부 등에 속했던 종9품 벼슬.
참-빗[-빋] 몡 대나무로 만든, 빗살이 아주 가늘고 촘촘한 빗. ↔얼레빗.
참사[1] (參事) 몡 기업체·단체 등에서의 직위의 하나.
참사[2] (慘事) 몡 참혹한 일.
참사-관(參事官) 몡 외무 공무원의 대외 직명의 하나. 외교직은 2급·3급·4급, 외무 행정직은 1급 내지 3급임.
참-사랑 몡 참되고 진실한 사랑. ¶부모님

의 ~을 깨닫다.
참상(慘狀) [명] 참혹한 상태나 양상. ¶추위와 기아에 시달리는 난민들의 ~.
참-새 [명][동] 몸빛은 갈색으로 등에 검은 세로줄 무늬가 있고, 인가 근처에 떼 지어 살며 '짹짹' 하고 우는 작은 새. 우리나라의 대표적인 텃새임.
[**참새가 방앗간을 그저 지나랴**] ㉠자기가 좋아하는 곳은 그대로 지나치지 못한다. ㉡욕심 많은 사람이 이끗을 보고 가만있지 못한다. [**참새가 죽어도 짹 한다**] 아무리 약한 사람이라도 너무 괴롭히면 힘껏 대항한다.
참새-구이 [명] 참새의 털을 뽑고, 대가리·발목·내장을 버리고 간하여 구운 음식.
참석(參席) [명] (어떤 모임에) 가서 마련된 자리에 있는 상태가 되는 것. [비]참가·참여. **참석-하다** [동][자][여] ¶나는 몸이 아파서 동창회에 **참석하지** 못하였다.
참선(參禪) [명][불] 좌선 수행을 하는 것. **참선-하다** [동][자][여]
참소(讒訴·譖訴) [명] 남을 헐뜯어, 없는 죄를 있는 것처럼 꾸며서 고해바치는 것. **참소-하다** [동][타][여]
참ː수(斬首) [명] (사람을) 목을 베어 죽이는 것. **참ː수-하다** [동][타][여] ¶죄인을 ~. **참ː수-되다** [동][자]
참ː신-하다(斬新―) [형][여] 취향이 매우 새롭다. ¶**참신한** 아이디어.
참여(參與) [명] (공적이거나 사회적인 일에) 관계하여 도움이 되는 일을 하는 것. =참예. [비]참가·참석. ¶사회 ~ / 현실 ~. **참여-하다** [동][자][여] ¶경영에 ~.
참여-시(參與詩) [명][문] 정치·사회 등 현실 문제에 대하여 비판적인 의식을 가지고 그 변혁을 촉구하는 내용을 담은 시. ↔순수시.
참예[1](參預) [명] =참여. **참예-하다**[1] [동][자][여]
참예[2](參詣) [명] 신(神)이나 부처에게 나아가 뵈는 것. **참예-하다**[2] [동][자][여]
참-외[―외/―웨] [명][식] 여름에 과일로 먹는 타원형의 노란 열매가 열리는 한해살이풀. 또는, 그 열매. 줄기는 덩굴손을 내어 땅 위로 뻗고, 여름에 노란 꽃이 핌.
참외-밭[―외받/―웨받] [명] 참외를 심어 가꾸는 밭.
참요(讖謠) [명][문] 시대적 대변동이나 어떤 정치적 징후를 암시하는 민요. 고려의 건국을 예언했다는 '계림요' 따위.
참-으로 [부] 정말로 아주. =실로. [비]참. ¶너는 ~ 갸륵하구나.
참을-성(―性)[―썽] [명] 참고 견디는 성질. ¶~ 있게 기다리다.
참의(參議)[―의/―이] [명][역] **1** 조선 시대, 육조(六曹)의 정3품 벼슬. **2** 대한 제국 때 의정부 각 아문에 둔 벼슬. 갑오개혁 이후에 두었음. **3** 일제 강점기에 중추원에 속한 벼슬.
참-의원(參議院) [명][법] 양원제 국회에서, 양원 중의 하나. 상원에 해당함. ↔민의원.
참작(參酌) [명] 참고하여 알맞게 헤아리는 것. **참작-하다** [동][타][여] ¶정상(情狀)을 ~. **참작-되다** [동][자]
참전(參戰) [명] 전쟁에 참가하는 것. ¶~ 용사. **참전-하다** [동][자][여] ¶6·25 전쟁에 미국을 비롯한 16개 우방국이 **참전했다**.
참전-국(參戰國) [명] 전쟁에 참가한 나라.
참정(參政) [명] 정치에 참여하는 것. **참정-하다** [동][자][여]
참정-권(參政權)[―꿘] [명][법] 국민이 정치 활동에 직접·간접으로 참여할 수 있는 권리. 선거권·피선거권 따위.
참-젖[―젇] [명] 영양분이 많고 어린아이의 발육에 좋은, 사람의 젖.
참조(參照) [명] (어떤 책이나 자료 등을) 참고로 대조하는 것. ¶~ 사항. **참조-하다** [동][타][여] ¶이 서류를 **참조하여라**.
참-조기 [명][동] 몸길이 약 30cm이며, 몸빛은 회색을 띤 황금색이고 입술은 불그스름한 바닷물고기. 살은 맛이 좋으며, 말린 것은 '굴비'라 함.
참ː주(僭主) [명] =참칭왕.
참치 [명][동] =참다랑어.
참ː칭-왕(僭稱王) [명] 분수에 넘치게 스스로를 왕이라 이르는 사람. =참주.
참판(參判) [명][역] 조선 시대, 육조(六曹)의 종2품 벼슬. 판서(判書)의 다음임.
참패(慘敗) [명] 참혹하게 패배하거나 실패하는 것. **참패-하다** [동][자][여] ¶총선에서 여당이 ~.
참ː-하다 [형][여] **1** (생김새가) 말쑥하고 곱다. ¶얼굴이 **참한** 처녀. **2** (성질이) 찬찬하고 얌전하다. ¶바느질을 **참하게** 한다.
참ː형[1](斬刑) [명] 목을 베어 죽이는 것. 또는, 그런 형벌. ¶~에 처하다. **참ː형-하다** [동][타][여]
참형[2](慘刑) [명] 참혹한 형벌.
참호(塹壕·塹濠) [명][군] **1** 성(城) 둘레에 성을 따라 길게 파 놓은 구덩이. **2** 야전(野戰)에서 적의 공격에 대비하여 방어선에 따라 구축한 방어 시설. 구덩이를 파서 그 흙으로 앞을 가림. [준]호.
참혹-하다(慘酷―)[―호카―] [형][여] **1** 비참하고 끔찍하다. ¶**참혹하게** 살해당하다. **2** 비참할 정도로 딱하고 한심하다. ¶**참혹한** 실패를 겪다. **참혹-히** [부]
참화(慘禍) [명] 참혹한 재화(災禍). ¶전쟁의 ~를 입다.
참회[1](慙悔)[―회/―훼] [명] 부끄러워하며 뉘우치는 것. **참회-하다**[1] [동][타][여]
참회[2](懺悔)[―회/―훼] [명] 자기의 잘못에 대하여 깊이 뉘우치는 것. ¶~의 눈물을 흘리다. **참회-하다**[2] [동][타][여] ¶지난날의 잘못을 ~.
참회-록(懺悔錄)[―회―/―훼―] [명] 지나간 잘못을 참회하여 적은 기록.
찹쌀 [명] 찰벼에서 나는 쌀. ↔멥쌀.
찹쌀-가루[―까―] [명] 찹쌀을 빻아 만든 가루.
찹쌀-떡 [명] 찹쌀로 만든 떡.
찹찹-하다[―차파―] [형][여] **1** 포개어 쌓은 물건이 엉성하게 들뜨지 않고 빈틈없이 가지런하다. ¶김을 **찹찹하게** 재어 놓다. **2** 마음이나 성격이 차분하고 조용하다. ¶그 여자는 오사바사하지 않고 성격이 ~.
찻-간(車間)[차깐/찯깐] [명] 차에 사람을 태우거나 짐을 싣기 위하여 만든 칸.
찻-값(茶―)[차깝/찯깝] [명] 다방에서 마신 음료의 대금으로 내는 돈.
찻-길(車―)[차낄/찯낄] [명] **1** 기차·전차 등의 궤도. **2** 자동차가 다니는 길. [비]차로·차도.
찻-물(茶―)[찬―] [명] 차를 끓인 물.
찻-삯(車―)[차싹/찯싹] [명] =차비[1].
찻-상(茶床)[차쌍/찯쌍] [명] 차를 마실 때 찻잔을 올려놓는 상.

찻-숟가락(茶-)[차쑫까-/찯쑫까-] [명] 차를 마실 때에 쓰는 작은 숟가락. =티스푼. [준]찻숟갈.
찻-숟갈(茶-)[차쑫깔/찯쑫깔] [명] '찻숟가락'의 준말.
찻-잎(茶-)[찬닙] [명] 차나무의 잎.
찻-잔(茶盞)[차짠/찯짠] [명] 차를 담아 마시는 잔.
찻-주전자(茶酒煎子)[차쭈-/찯쭈-] [명] 차를 끓이는 데에 쓰는 주전자.
찻-집(茶-)[차찝/찯찝] [명] 차를 파는 집. [비]다방.
창¹ [명] **1** 신이나 구두의 바닥. 또는, 거기에 덧대는 물건. ¶구두~ / ~을 갈다. **2** 신이나 구두의 바닥에 까는 물건. ¶~을 깔다.
창²(窓) [명] **1** 햇빛이 들게 하거나 밖을 내다볼 수 있게 하기 위해, 구조물이나 탈것 등의 벽이나 천장이나 앞뒤 또는 옆에 공간적으로 터져 있게 한 부분. 흔히, 유리를 끼움. ¶천장에 ~을 내다. **2** '창문'의 준말. **3** [컴] 모니터 화면에서 독립적인 환경을 나타내는, 사각형 모양의 영역. 흔히, '윈도'라고 함.
창¦³(唱) [명][음] 판소리나 잡가 등을 가락에 맞추어 부르는 일.
창⁴(槍) [명] **1** 긴 나무 자루 끝에 날이 선 뾰족한 쇠붙이가 달린 옛날 무기의 하나. **2** [체] 창던지기에서 쓰는 기구.
-창⁵(廠) [접미] 군수품 등을 생산·수리하는 공장을 뜻하는 말. ¶기지~ / 병기~.
창-가¹(窓-)[-까] [명] 창의 가장자리나 그 옆. =창문가.
창¦가²(唱歌) [명][음] 우리나라 개화기에 잠시 유행했던 음악 형식. 개화·애국 등을 내용으로 한 4·4조나 7·5조의 가사에 서양식 곡을 붙여 부르던 노래임.
창¦간(創刊) [명] 신문·잡지 등 정기 간행물이 처음 간행되는 것. ↔종간. **창¦간-하다** [동][타][여] ¶잡지를 ~. **창¦간-되다** [동][자]
창¦간-호(創刊號) [명] 정기 간행물에서, 맨 첫 번째로 낸 호.
창-갈이 [명] 신창을 다른 것으로 갈아대는 일. **창갈이-하다** [동][타][여]

창¦건(創建·刱建) [명] 사업 등의 조직체나 건물을 처음으로 세우는 것. **창¦건-하다** [동][타][여] ¶새 왕조를 ~. **창¦건-되다** [동][자] ¶불국사는 신라 경덕왕 때 **창건되었다**.
창검(槍劍) [명] 창과 검.
창고(倉庫) [명] 물건을 저장하거나 보관하는 건물. ¶곡물 ~.
창-고기(槍-) [명][동] 몸이 길이 4.5cm가량의 버들잎 모양으로 가늘고 길어, 어린 물고기와 비슷한 원색동물. 몸빛은 엷은 복숭앗빛이며 반투명함.
창고-업(倉庫業) [명][경] 보관료를 받고, 타인이 맡긴 물품을 보관하며 창고 증권의 발행, 창고의 임대, 보관물의 전송, 대금 징수, 할인 알선 등을 행하는 영업.
창¦곡(唱曲) [명][음] 조선 초기에 유행했던 음악 형식. 시조에 곡조를 붙여 부른 노래임.
창공(蒼空) [명] 푸른 하늘이나 높은 공중. [비]창천(蒼天). ¶~에 빛나는 별.
창구(窓口) [명] **1** 역이나 영화관, 기타 관람 시설 등의 매표소에서, 돈을 받고 표를 내주기 위해 창의 아래쪽에 주로 반원형으로 뚫어 놓은 구멍. **2** 은행·우체국·관공서 등에서, 외래객을 직접 상대하여 사무를 보는, 칸이 질러져 있는 곳. ¶출납~. **3** 외부와 어떤 일을 교섭하고 절충하는 곳. 비유적인 말임. ¶남북 교류의 ~를 일원화하다.
창-구멍¹[-꾸-] [명] 이불·솜옷·대님·버선 따위를 꿰매어 만들 때에 뒤집는 구멍.
창-구멍²(窓-)[-꾸-] [명] 창에 난 구멍.
창¦군(創軍) [명] 군대를 창설하는 것. **창¦군-하다** [동][자][여]
창궐(猖獗) [명] (전염병이나 부정적인 세력이) 세상을 휩쓸어 퍼지거나 날뛰는 것. **창궐-하다** [동][자][여] ¶전염병이 ~.
창¦극(唱劇) [명][연] 창(唱)을 중심으로 극적인 대화가 구성되어 연출되는 민속극의 하나.
창기(娼妓) [명] 몸을 파는 천한 기생.
창-끝(槍-)[-끋] [명] 창의 뾰족하고 날카로운 끝 부분.
창난-젓[-젇] [명] 명태의 창자에 소금과 고춧가루를 쳐서 담근 젓. ×창란젓.
창녀(娼女) [명] 몸을 파는 여자. =창부.
창¦단(創團) [명] (어떤 단체를) 처음으로 만드는 것. **창¦단-하다** [동][타][여] ¶농구팀을 ~. **창¦단-되다** [동][자]
창¦달(暢達) [명] **1** 의견·견해·주장 따위가 거리낌 없이 자유로이 표현되고 전달되는 것. ¶언론의 ~. **2** 거침없이 쑥쑥 벋어 나가는 것. 또는, 그리되게 하는 것. **창¦달-하다** [동][자][타][여] **창¦달-되다** [동][자] ¶민족 문화가 ~.
창¦당(創黨) [명] 정당을 창립하는 것. ¶~ 대회. **창¦당-하다** [동][자][타][여]
창-대(槍-)[-때] [명] 창의 자루.
창-던지기(槍-) [명][체] 육상 경기의 하나. 창을 여섯 번 던져서 그중 가장 멀리 던진 거리로 승부를 겨룸. =투창(投槍). **창던지기-하다** [동][자][여]
창¦도¹(唱道·倡道) [명] 어떤 주장을 앞장서서 부르짖는 것. **창¦도-하다**¹ [동][타][여] ¶민주주의를 ~.
창¦도²(唱導) [명] 앞장서서 부르짖어 사람을 인도하는 것. **창¦도-하다**² [동][타][여] **창¦도-되다** [동][자]
창란-젓 [명] '창난젓'의 잘못.
창¦립(創立)[-닙] [명] (회사나 학교, 기타의 단체 등을) 처음으로 설립하는 것. ¶~자(者). **창¦립-하다** [동][타][여] ¶학교를 ~. **창¦립-되다** [동][자]
창맹(蒼氓) [명] =창생(蒼生).
창문(窓門) [명] 햇빛과 공기가 통하게 하고 밖을 내다볼 수 있게 하기 위해, 방이나 복도 등의 벽에 낸 문. [준]창.
창문-가(窓門-)[-까] [명] =창가¹.
창바이^산맥(長白山脈) [명][지] 한반도 북부와 중국 동북 지방의 경계를 이루며 동서로 뻗은 산맥.
창-밖(窓-)[-박] [명] 창문의 밖.
창백-하다(蒼白-)[-배카-] [형][여] (얼굴이나 살결이) 핏기가 없이 하얗다. [비]해쓱하다. ¶**창백한** 얼굴. **창백-히** [부]
창¦법(唱法)[-뻡] [명] 노래하는 방법. ¶독특한 ~을 구사하는 가수.
창부(娼婦) [명] =창녀.
창¦부^타¦령(倡夫-) [명][음] 경기 민요의 하나. 본디는 무당이 부르는 소리였음.
창¦사(創社) [명] (회사를) 처음 조직을 갖추어 이루는 것. ¶~ 기념일. **창¦사-하다** [동][자][여]
창-살(窓-)[-쌀] [명] **1** 창짝이나 미닫이

등에 가로세로로 지른 나무오리. **2** 문이나 기둥 사이 등에 세로로 죽죽 내리지른 쇠막대기나 나무 막대기. ¶쇠~.

창살 없는 감옥 감옥은 아니지만 감옥과 다름없이 행동의 제약과 속박을 받는 곳을 비유적으로 이르는 말.

창상(創傷) [명] 창·총검·칼날 따위에 다친 상처.

창생(蒼生) [명] 세상의 모든 사람. =창맹. [비]백성. ¶억조(億兆)~.

창ː설(創設) [명] (조직체·기관 등을) 처음으로 베풀어 세우는 것. ¶~자(者). **창ː설-하다** [동][타][여] ¶학교를 ~. **창ː설-되다** [동][자] ¶유엔은 1945년에 **창설되었다.**

창성(昌盛) [명] 번성하여 잘되어 가는 것. **창성-하다** [동][자][여]

창ː세(創世) [명] 처음으로 세계를 만드는 것. 또는, 세계의 시초. **창ː세-하다** [동][자][여]

창ː세-기(創世記) [명][성] 구약 성서 중의 한 권.

창ː시(創始) [명] (종교·교파·사상·학설 등을) 처음 만들어 세상에 있게 하는 것. **창ː시-하다** [동][타][여] **창ː시-되다** [동][자]

창ː시-자(創始者) [명] 어떤 사상이나 학설 등을 처음으로 시작하거나 내세운 사람.

창ː씨-개명(創氏改名) [명][역] '일본식 성명 강요'의 구용어.

창ː안(創案) [명] 처음으로 고안하는 것. 또는, 그 고안. ¶~자. **창ː안-하다** [동][타][여] **창ː안-되다** [동][자]

창ː업(創業) [명] **1** 나라를 처음으로 세우는 것. **2** 사업을 처음으로 시작하는 것. 곧, 사업의 기초를 세우는 것. **창ː업-하다** [동][타][여] ¶회사를 ~.

창ː업-주(創業主) [-쭈] [명] **1** 한 나라를 처음으로 세우는 데에 주체가 되는 사람. **2** 회사를 처음으로 세워 사업을 시작하는 데에 주체가 되는 사람.

창연-하다(蒼然-) [형][여] 물건이 오래되어 예스러운 빛이 그윽하다. ¶고색(古色)이 ~. **창연-히** [부]

창-유리(窓琉璃) [-뉴-] [명] 창의 유리. [비]유리창.

창ː의[1](倡義) [-의/-이] [명] 국난을 당하여 의병을 일으키는 것. **창ː의-하다**[1] [동][자][여]

창ː의[2](創意) [-의/-이] [명] 지금까지 없었던 일을 처음으로 생각해 내는 것. 또는, 그 의견. ¶이번 사업은 그의 ~에 의한 것이다. **창ː의-하다**[2] [동][자][여]

창ː의[3](氅衣) [-의/-이] [명] 조선 시대에 선비들이 입던, 길이가 길고 소매가 넓으며 옆구리가 터진 웃옷.

창ː의-력(創意力) [-의-/-이-] [명] 새로운 생각을 해내는 힘. ¶~을 발휘하다.

창ː의-성(創意性) [-의썽/-이썽] [명] 새로운 생각을 해내는 특성. ¶~이 풍부하다.

창ː의-적(創意的) [-의-/-이-] [관][명] 창의성을 띠거나 가진 (것). ¶~인 디자인.

창자 [명][생] 먹은 음식을 소화·흡수하는, 튜브처럼 가늘고 긴 기관. 사람의 경우에는 소장과 대장으로 이루어짐.

창ː작(創作) [명] **1** 새로운 것을 처음으로 만드는 것. 또는, 그 물건. **2** 예술 작품, 특히 문예 작품을 독창적으로 짓는 것. 또는, 그 작품. ¶~ 동요. **창ː작-하다** [동][타][여] ¶시를 ~. **창ː작-되다** [동][자]

창ː작-물(創作物) [-장-] [명] **1** 창작한 문예 작품. **2** [법] 사람의 정신적 노력에 의한 산물의 총칭. 저작물·발명품·실용신안 및 의장에 관한 물건·상표 따위.

창ː작-집(創作集) [-찝] [명][문] 창작한 문예 작품을 모은 문집.

창ː제(創製) [명] (문물 등을) 처음으로 만드는 것. **창ː제-하다** [동][타][여] ¶세종 대왕이 훈민정음을 ~. **창ː제-되다** [동][자]

창ː조(創造) [명] **1** 새로운 것을 고안하여 만드는 것. **2** 조물주가 우주를 처음 만드는 것. ¶천지 ~. **창ː조-하다** [동][타][여] **창ː조-되다** [동][자]

창ː조-력(創造力) [명] 새로운 것을 창조하는 힘이나 능력.

창ː조-주(創造主) [명][가] 세상 만물을 창조한 이란 뜻으로, '하느님'을 이르는 말.

창창-하다(蒼蒼-) [형][여] **1** (바다·하늘·연못 등이) 매우 푸르다. ¶**창창한** 가을 하늘. **2** 앞길이 멀어서 아득하다. ¶앞날이 **창창한** 젊은이. **창창-히** [부]

창천(蒼天) [명] 푸른 하늘. [비]창공.

창ː출(創出) [명] (그전에 없던 것을) 처음으로 생각하여 만들어 내거나 지어 내는 것. **창ː출-하다** [동][타][여] ¶새로운 아이디어를 ~. **창ː출-되다** [동][자]

창-칼(槍-) [명] 창과 칼을 아울러 이르는 말. ¶~을 휘두르다.

창-턱(窓-) [명][건] 창문의 바닥이 닿는, 창틀의 턱이 진 부분.

창-틀(窓-) [명][건] 창문을 달기 위한 틀.

창-틈(窓-) [명] 창문과 벽 사이에 나 있는 매우 좁은 공간. 또는, 창문을 조금 열었을 때 생기는 틈. ¶~으로 불빛이 새어 나오다.

창포(菖蒲) [명][식] 잎은 뾰족하고 길며, 초여름에 이삭 모양의 황록색 꽃이 피는 여러해살이풀. 물가에 자라며, 단오에 뿌리 줄기를 끓인 물로 머리를 감음.

창피(猖披) [명] 떳떳하지 못하거나 체면을 잃거나 숫기가 없어서 부끄러운 상태. ¶~를 주다. **창피-하다** [형][여]

창피-스럽다(猖披-) [-따] [형][ㅂ] <~스러우니, ~스러워> 창피한 데가 있다. ¶이런 **창피스러운** 일이 있나? **창피스레** [부]

창해(滄海) [명] 넓고 큰 바다.

창호(窓戶) [명] 창과 문의 총칭.

창호-지(窓戶紙) [명] 재래식 종이의 한 가지. 빛이 좀 누르스름하고 줄진 결이 뚜렷함.

창황-하다(蒼黃-·倉皇-) [형][여] 어떻게 할 겨를도 없이 다급하다. **창황-히** [부] ¶아버지가 위독하시다는 전화를 받고 ~ 기차를 탔다.

찾다[찯따] [동][타] **1** (사람이나 동물이 어디에 있는지 모르는 것이나 사람을) 발견하기 위해 여기저기 뒤지거나 살피다. 또는, 그것을 발견하다. ¶잃은 물건을 ~. **2** (어떤 문제의 이유나 원인 또는 해결할 방법 등을) 살펴 알아내거나 밝혀내다. ¶단서를 ~. **3** (맡겼거나 빌려 주었거나 빼앗긴 것을) 다시 자기 손에 넣거나 도로 자기의 것으로 가지다. ¶은행에서 돈을 ~. **4** (어느 곳이나 사람 등을) 보거나 만나기 위해 부르거나 가거나 오다. ¶봄이 되면서 고궁을 **찾는** 발길이 늘고 있다. **5** (필요한 대상을) 얻으려고 여기저기 알아보다. [비]구하다. ¶일자리를 ~. **6** (어떤 음식이나 상품 등을) 다른 사람이나 파는 사람에게 먹으려고 달라고 하거나, 사려고 있느냐고 묻거나 하다. [비]청하다. ¶광

ㅊ

고가 나간 뒤로 그 제품을 **찾는** 사람들이 부쩍 많아졌다. **7** (책을) 어떤 내용을 알아보려고 페이지를 이리저리 넘기면서 뒤지다. ¶사전 **찾는** 법.

찾아-가다 [동][자][타][거라] 〈~가거라〉 **1** (맡기거나 빌려 주거나 따로 두거나 한 것을) 찾아서 가져가다. ¶맡긴 물건을 ~. **2** (누구를, 또는 누구에게) 만나러 가다. 또는, (어느 곳에) 볼일을 보러 가다. ¶학교에 ~.

찾아-내다 [동][타] 찾아서 드러내다. ¶보물을 ~.

찾아-다니다 [동][타] **1** 어떤 곳을 보거나 어떤 사람을 만나려고 여기저기 옮겨 움직이다. ¶그는 일일이 주민들을 **찾아다니며** 인사를 했다. **2** 무엇을 얻기 위하여 여기저기 옮겨 움직이다. ¶그는 전국을 돌며 수석(壽石)을 **찾아다녔다**.

찾아-들다 [동][자][타] 〈~드니, ~드오〉 **1** 쉬거나 볼일을 보러 어떤 곳으로 가다. ¶친구의 하숙집에 ~. **2** 어떤 상태나 현상 따위가 생겨나다. ¶산골에 해가 지자 어둠이 **찾아들었다**.

찾아보-기 [명] ＝색인(索引).

찾아-보다 [동][타] **1** (남을) 찾아서 만나 보다. **2** 찾는 일을 해 보다. ¶사전을 ~.

찾아-뵈다 [-뵈-/-붸-] [동][타] 웃어른을 만나러 가서 보다. ¶선생님을 ~.

찾아-뵙다 [-뵙따/-뷉따] [동][타] 《자음 어미와 결합하여》 웃어른을 만나러 가서 보다. '찾아뵈다' 보다 더 겸양의 뜻을 나타냄. ¶시어른을 **찾아뵙고** 인사를 올리다.

찾아-오다 [동][자][타][너라] 〈~오너라〉 **1** (맡기거나 빌려 주거나 따로 두거나 한 것을) 찾아서 가져오다. ¶예금을 모두 **찾아오너라**. **2** (누구를, 또는 누구에게) 만나러 오다. 또는, (어느 곳에) 볼일을 보러 오다. ¶친구가 나를 ~. **3** (계절 따위가) 다시 돌아오다. ¶추운 겨울이 ~.

채[1] [명] **1** 수레의 앞쪽에서 양옆으로 길게 댄 나무. **2** 가마의 앞뒤에 양옆으로 댄 나무.

채[2] [명] **1** '채찍'의 준말. **2** 벌로 사람을 때리는 나뭇가지. **3** 북·장구·징 따위의 타악기를 치거나 현악기를 타서 소리 나게 하는 도구. ¶장구~. ▷활. **4** 테니스·골프·배드민턴·탁구 등에서, 공을 치는 데 사용되는 물건. ¶골프~.

채[3] [명] 물체가 가늘고 긴 상태. 또는, 그런 물체. ¶머리~.

채¦[4] [명] 야채를 가늘고 잘게 써는 일. 또는, 그 썬 것. ¶무~.

채(를) 치다 채를 만들려고 가늘게 썰다.

채[5] [명][의존] **1** 집의 덩이를 세는 단위. ¶기와집 한 ~. **2** 이불을 세는 단위. ¶이불 한 ~. **3** 가마를 세는 단위. **4** 가공하지 않은 인삼 100근을 한 단위로 이르는 말.

채[6] [명][의존] 《주로, '-ㄴ 채(로)'의 꼴로 쓰여》 어떤 동작·작용·상태가 이미 이뤄진 그대로 지속됨을 나타내는 말. ¶옷을 입은 ~ 물속에 뛰어들다.

채[7] [부] 어떤 정도에 아직 이르지 못한 상태를 이르는 말. ¶날이 ~ 밝기도 전에 출발했다.

-채[8] [접미] 공간적으로 구분되거나 독립된 집임을 나타내는 말. ¶안[바깥]~/사랑~/문간~.

-채[9] [접미] '-째1'의 잘못.

채¦광[1](採光) [명] 건축물에 창 따위를 내서 광선을 받아들이는 것. ¶~이 좋은 방. **채¦광-하다**[1] [동][자][여]

채¦광[2](採鑛) [명][광] 광석을 캐내는 것. **채¦광-하다**[2] [동][자][여]

채¦광-창(採光窓) [명] 햇빛을 받기 위하여 내는 창문. ¶천장에 ~을 내다.

채¦굴(採掘) [명] (광물 따위를) 땅을 파서 캐내는 것. **채¦굴-하다** [동][타][여] ¶석탄을 ~. **채¦굴-되다** [동][자]

채¦권[1](債券) [-꿘] [명][경] 국가·지방 자치 단체·은행·회사 등이 필요한 자금을 차입할 때에 발행하는 공채·사채(社債) 등의 유가 증권.

채¦권[2](債權) [-꿘] [명][법] 특정인에 대하여 일정한 급부를 청구할 수 있는 권리. 재산권의 하나임. ↔채무.

채¦권-자(債權者) [-꿘-] [명][법] 채무자에 대하여 일정한 급부를 청구할 권리를 가진 사람. ↔채무자.

채¦근(採根) [명] (어떤 일의 내용을) 캐어 밝히거나 따져 독촉하는 것. **채¦근-하다** [동][자][타][여] ¶기한이 아직 멀었는데 어째서 자꾸 **채근하는** 거요?

채끝 [-끋] [명] 소의 볼기쪽 등심살.

채¦납(採納) [명] **1** (의견을) 받아들이는 것. **2** (사람을) 골라서 들이는 것. **채¦납-하다** [동][타][여]

채널(channel) [명] **1** 텔레비전·라디오 및 기타 무선 통신 등에서, 전송을 위한 주파수대. 또는, 주파수대를 선택하기 위한 장치. ¶~을 돌리다. **2** [컴] 컴퓨터의 입출력 동작을 전문적으로 관리하는 장치. **3** 의사소통이 이뤄지거나 물건이 전달되는 통로. ¶대화 ~/유통 ~.

채다[1] [동][타] 갑자기 힘을 주어 잡아당기다. 또는, 그런 동작으로 빼앗거나 훔치다. ¶솔개가 병아리를 **채** 가다.

채다[2] [동][타] 재빨리 짐작하다. ¶눈치를 ~.

채¦다[3] [동] [1][자] '차이다'의 준말. ¶여자한테 ~. [2][타] '차다[2]1'의 피동사. ¶취객에게 다리를 **챘다**.

채¦단(采緞) [명] 혼인 때 신랑 집에서 신부 집으로 미리 보내는 청색·홍색의 옷감.

채¦도(彩度) [명][미] 색의 3요소의 하나. 색의 맑고 탁한 정도. ▷명도·색상.

채¦독(菜毒) [명] **1** 채소 따위에 섞인 독기. **2** [의] 채소를 날것으로 먹는 데서 오는 각종 병증.

채-뜨리다/-트리다 [동][타] '채다1'의 힘줌말.

채¦록(採錄) [명] 채집하여 기록·수록·녹음 등을 하는 것. **채¦록-하다** [동][타][여] ¶방언을 ~.

채¦료(彩料) [명] 그림을 그리는 데 쓰는 물감. [비]그림물감.

채¦-륜(蔡倫) [명][인] ＝채윤.

채¦마(菜麻) [명] 먹을거리나 입을 거리로 심어서 가꾸는 식물. [비]채소.

채¦마-밭(菜麻-) [-받] [명] 채마를 심어 가꾸는 밭. [비]채소밭.

채¦-만식(蔡萬植) [명][인] 소설가(1902~1950).

채¦무(債務) [명][법] 채무자가 채권자에게 어떤 급부를 해야 할 의무. ↔채권.

채¦무-자(債務者) [명][법] 채권자에게 급부의 의무가 있는 사람. ↔채권자.

채¦문^토기(彩紋土器) [명][고고] **1** ＝가지무늬 토기. **2** ＝칠무늬 토기.

채-반(-盤) [명] 껍질을 벗긴 싸릿개비로

채-발 圀 폭이 좁고 갸름한 발. ↔마당발.
채:변(採便) 圀 기생충의 감염 또는 병리 (病理) 등을 검사하기 위하여 변을 채집 하는 것. 채:변-하다 툉(자)(여)
채:보(採譜) 圀 곡조를 듣고 그것을 악보로 만드는 것. 채:보-하다 툉(타)(여) 채:보-되다 툉(자)(여)
채비 圀 어떤 일을 하기 위해, 특히 어디를 가거나 사람을 맞이하기 위하여, 필요한 물건을 챙기거나 기타의 조건을 갖추는 것. ¶준비. ¶떠날 ~를 하다. ¶차비(差備). 채비-하다 툉(자)(여)
채:산(採算) 圀 1 수입과 지출을 맞추어 보는 일. 또는, 그 계산. 2 수지(收支)가 맞는 일. 또는, 이익이 있는 일. ¶~이 맞다. 채:산-하다 툉(자)(여) ¶적정 이익을
채:산-성(採算性) [-썽] 圀 수입과 지출이 맞추어서 이익이 있을 성질. ¶~이 높다.
채:색(彩色) 圀 1 여러 가지의 고운 빛깔. 또는, 그 빛깔을 내는 물질. 2 그림이나 물체에 색을 칠하는 것. 채:색-하다 툉(타)(여) 색을 칠하다. ¶파란색 페인트로 지붕을 ~. 채:색-화(彩色畫) [-새콰] 圀 =채화 (彩畫)2.
채:석(採石) 圀 바위에서 석재(石材)를 떠내는 것. 채:석-하다 툉(자)(여)
채:석-장(採石場) [-짱] 圀 석재(石材)를 떠내는 곳.
채소(菜蔬) 圀 뿌리나 잎·줄기, 또는 열매를 먹기 위하여 밭에서 기르는 초본 식물. 곧, 무·배추·상추·시금치·오이·호박·토마토 따위. 圂남새·야채·채마.
채소-밭(菜蔬-) [-받] 圀 채소를 심은 밭. 圂채마밭.
채:송-화(菜松花) 圀(식) 줄기는 높이 20cm가량으로 빛깔이 붉고, 잎은 살이 많은 솔잎 모양이며, 7~10월에 빨강·노랑·분홍·흰색의 꽃이 피는 한해살이풀. 관상용으로 화단에 심음.
채식(菜食) 圀 채소·과일 등 식물성 식품을 주로 먹고 육류·어류를 피하는 것. ↔육식. 채식-하다 툉(자)(여)
채식-가(菜食家) [-까] 圀 육류·어류를 피하고 채소·과일 등의 식물성 식품을 주로 먹는 사람.
채식-주의(菜食主義) [-쭈의/-쭈이] 圀 채식을 기본으로 하는 식생활이 좋다고 생각하는 주의.
채:신 圀 '처신'을 얕잡아 이르는 말. (圍)대신.
채:신-머리 圀 '채신'을 속되게 이르는 말.
채:신머리-없다 [-업따] 톙 '채신없다'를 속되게 이르는 말. 채:신머리-없이 閉 ¶ ~ 왜 파자주 바람으로 돌아다니니?
채:신-없다 [-업따] 톙 언행이 경솔하여 남을 대하는 위신이 없다. 채:신없-이 閉 ¶ ~ 굴지 마라.
채:용(採用) 圀 1 사람을 뽑아서 쓰는 것. ¶신규 ~. 2 (의견·방법 등을) 채택하여 쓰는 것. 채:용-하다 툉(타)(여) ¶우수한 인재를 신입 사원으로 ~.
채우다1 圀 (자물쇠나 단추나 지퍼 따위를) 옷이나 물건이 벌어지거나 열리지 않도록 잠그거나 채우거나 올리다. ¶문에

자물쇠를 ~.
채우다2 圀 (물건을 얼음이나 찬물 속에) 식히거나 상하지 않도록 하기 위해 담그다. ¶생선을 얼음에 ~.
채우다3 圀 '차다1·4'의 사동사. ¶독에 물을 ~.
채우다4 圀 '차다1·2'의 사동사. ¶수갑을 ~.
채:윤(蔡倫) 圀[인] 후한(後漢)의 종이 발명자(?~121). =채륜.
채:자(採字) 圀[출] =문선2. 채:자-하다 채:전(菜田) 圀 =채소밭.
채:점(採點) [-쩜] 圀 1 시험 답안에 점수를 매기는 것. 2 얻은 점수에 따라 성적의 좋고 나쁨을 결정하는 것. 채:점-되다 툉 (자)(여) ¶답안지를 ~. 채:점-하다
채:집(採集) 圀 (어떤 대상을) 널리 찾아서 모으는 것. ¶곤충 ~. 채:집-하다 툉(타)(여) ¶민요를 ~.
채찍 圀 마소를 몰거나 할 때 손으로 잡고 때릴 수 있도록 만든, 가늘고 긴 물건. ¶ ~을 휘두르다.
채찍-질 [-찔] 圀 1 채찍으로 때리는 것. 2 몹시 재촉하는 일. 3 일깨우고 격려하는 일. 채찍질-하다
채:취(採取) 圀 1 필요한 것을 거두어서 취하는 것. ¶혈액 ~. 2 풀·나무 따위를 캐거나 베어 내는 것. ¶약초 ~. 채:취-하다 툉(타)(여) ¶지문 ~. 채:취-되다 툉(자)(여)
채-치다 圀 1 채찍 따위로 갈기다. 2 일을 몹시 재촉하다.
채:-칼 圀 채소·과일 등을 가늘고 길쭉하게 써는 데 쓰는 칼.
채:탄(採炭) 圀 석탄을 캐내는 일. ¶~장(場). 채:탄-하다 툉(자)(여)
채:택(採擇) 圀 몇 가지 가운데서 골라 쓰는 것. 채:택-하다 툉(타)(여) ¶결의안을 ~. 채:택-되다 툉(자)(여) ¶채택된 원고에 대해서는 소정의 고료를 드리겠습니다.
채팅(chatting) 圀 통신 회선으로 연결된 둘 이상의 컴퓨터 사용자가 자판을 통해 어떤 내용의 짧은 문장을 타자하면서 대화를 나누는 일.
채-편(-便) 圀[음] 장구에서, 채로 치는 쪽의 편. ↔북편.
채플(chapel) 圀 기독교계 학교 따위에서의 예배.

채플린, 찰스 스펜서(Chaplin, Charles Spencer) 圀[인] 영국 태생의 미국의 희극 배우·감독(1889~1977).
채:혈(採血) 圀 병의 진단이나 수혈 등을 위하여서 피를 뽑는 것. 채:혈-하다 툉(자)(여)
채:화1(採火) 圀 오목 거울이나 볼록 렌즈를 이용하여 태양 광선으로부터 불을 얻는 것. 채:화-하다 툉(자)(여) ¶올림픽 성화를 ~.
채:화2(彩畫) 圀[미] 채색을 써서 그린 그림. =채색화.
책1(冊) 圀 ① (자립) 1 어떤 내용의 글·그림·사진 등이 인쇄된 여러 페이지의 종이를 일정한 순서에 따라 매어 표지를 붙인 물건. =서전(書典)·서책. 圂도서·서책·책자. ¶동화~ / 헌~. 2 종이를 여러 장 접쳐 페맨 물건. ¶시험지로 ~을 매어 연습장을 만들다. ②(의존) 옛 서적을 세는 단위. 제본이 된 하나를 1책이라고 함. ¶6집 5~으로 된 소학언해.
-책2(責) 졉미 '책임자'의 뜻. ¶자금~ / 조

직~.

-책³(策) [접미] '대책', '방책' 등의 뜻. ¶보호~ / 해결~.

책-가방(冊-) [-까-] 명 학생들이 교과서·공책·필통 따위를 넣어 메거나 들고 학교에 다니는 가방.

책-갈피(冊-) [-깔-] 명 1 책의 책장과 책장의 사이. ¶~에 은행 잎을 끼워 두다. 2 책 읽던 곳을 표시해 두기 위하여 책장과 책장 사이에 끼워 두는, 빳빳한 종이나 얇은 쇠붙이. (비)서표.

책갑(冊匣) 명 책의 위아래를 싸기도 하고 전후좌우를 감쌀 수 있는 종이 따위로 만든 갑. 또는, 책을 넣어 두는 작은 상자.

책-값(冊-) [-깝] 명 책의 값. =도서대.

책-거리(冊-) [-꺼-] 명 =책씻이.

책-걸상(冊床) [-껄쌍] 명 1 책상과 걸상을 아울러 이르는 말. 2 책상과 걸상을 아울러 이르는 것. 학교 교실에서 주로 쓰임.

책권(冊卷) [-꿘] 명 (주로 '책권이나'의 꼴로 쓰여) 얼마간의 책. 또는, 제법 많은 책. ¶~이나 읽은 샴류 지식인.

책궤(冊櫃) [-꿰] 명 책을 넣어 두는 궤작.

책-꽂이(冊-) 명 책을 세워서 꽂아 두는 기구.

책-날개(冊-) [-깨] 명 책의 겉표지 일부를 안으로 접은 부분.

책동(策動) [-똥] 명 (좋지 않은 일을) 몰래 꾸며 행동하는 것. 또는, 책략으로 행동하는 것. **책동-하다** 통(타)여 ¶반란을 **책동한** 배후 세력.

책-등(冊-) [-뜽] 명 책을 맨 쪽의 겉으로 드러난 면. =등.

책-뚜껑(冊-) 명 =표지(表紙).

책략(策略) [쟁냑] 명 어떤 일을 처리하는 꾀와 방법. ¶~에 말려들다.

책력(冊曆) [쟁녁] 명 천체를 관측하여, 해와 달의 운행과 절기 따위를 적어 놓은 책. =역서(曆書).

책망(責望) [-망] 명 (사람이나 그의 행동을) 잘못을 꾸짖고 나무라는 것. **책망-하다** 통(타)여 ¶지각한 것을 ~.

책맹(冊盲) [-맹] 명 글을 읽고 쓸 수는 있으나, 책을 거의 읽지 않는 상태. 또는, 그런 사람.

책명(冊名) [쟁-] 명 책의 이름.

책무(責務) [쟁-] 명 책임을 맡은 임무. ¶~를 소홀히 하다.

책-받침(冊-) [-빧-] 명 글씨를 쓸 때, 자국이 나지 않도록 종이 밑에 받치는 물건.

책방(冊房) [-빵] 명 =서점.

책-벌레(冊-) [-뻘-] 명 책 읽기를 좋아하여 늘 책을 읽는 사람을 놀림조로 이르는 말.

책보(冊褓) [-뽀] 명 책을 싸는 보자기. 또는, 그것으로 책을 싼 보통이. 지난날 초등학생의 책가방 대용물을 가리킴.

책봉(冊封) [-뽕] 명(역) 왕세자·왕세손·후(后)·비(妃)·빈(嬪) 등을 봉하여 세우는 것. ¶세자 ~. **책봉-하다** 통(타)여 책봉-되다 통(자)

책사(策士) [-싸] 명 =모사(謀士)³.

책상(冊床) [-쌍] 명 글을 읽고 쓰거나 사무를 볼 때 그 앞에 앉아서 사용할 수 있게 만든 상.

책상-다리(冊床-) [-쌍-] 명 한쪽 다리를 오그리고 다른 쪽 다리를 그 위에 포개어 얹고 앉는 일. 또는, 그 자세. **책상다리-하다** 통(자)여.

책상-머리(冊床-) [-쌍-] 명 책상을 향해 앉은 사람에게, 책상을 마주한 그 위치. ¶수동이는 ~에 앉기만 하면 존다.

책상-물림(冊床-) [-쌍-] 명 글만 읽고 세상 물정에는 어두운 사람을 얕잡아 이르는 말.

책-씻이(冊-) 명 글방에서 학생이 책 한 권을 다 읽거나 베껴 쓰는 일이 끝날 때에 선생과 동료에게 한턱내는 일. =책거리. **책씻이-하다** 통(자)여.

책임(責任) 명 1 맡아서 행하지 않으면 안 되는 임무. ¶~을 완수하다. 2 [법] 률률상의 불이익 또는 제재(制裁)가 가해지는 일. 좁은 뜻으로는 위법한 행동을 한 사람에 대한 법적인 제재를 이름.

책임-감(責任感) 명 책임을 중히 여기는 마음. ¶~이 강하다.

책임-자(責任者) 명 어떤 일에 대하여 책임을 지는 사람. ¶판리 ~.

책임-지다(責任-) 통(타) 어떤 책임을 맡아야 한다. ¶이번 일은 제가 **책임지고** 해결하겠습니다.

책자(冊子) [-짜] 명 '책(1)'을 외형을 가진 물건으로 이르는 말. 특히, 얇거나 작은 것을 가리킴. ¶소(小) ~.

책-잡다(責-) [-짭따] 통(타) 남의 잘못된 일을 지적하여 나무라다.

책-잡히다(責-) [-짜피다] 통(자) '책잡다'의 피동사. ¶왜 공연히 사람들에게 **책잡힐** 짓을 하고 다니느냐?

책장¹(冊張) [-짱] 명 책을 이루고 있는 낱낱의 장. ¶~을 넘기다.

책장²(冊欌) [-짱] 명 책을 넣어 두는 장.

책정(策定) [-쩡] 명 계획을 세워 정하는 것. **책정-하다** 통(타)여 **책정-되다** 통(자) ¶내년도 예산이 ~.

책-하다(責-) [채카-] 통(타)여 '책망하다'의 준말.

챌린저^해^연(Challenger海淵) 명(지) 마리아나 해구 남부에 있는 해연. 깊이 1만 893m.

챔피언(champion) 명 권투·레슬링 등의 스포츠에서, 실력이 가장 뛰어난 선수. (비)우승자. ¶헤비급 세계 ~.

챔피언^벨트(champion belt) 명 프로 복싱이나 레슬링에서, 우승자나 선수권 취득자에게 주어지는, 장식이 붙은 벨트.

챙¹ 명 1 모자에서, 머리에 씌워지는 부분의 앞이나 둘레에, 햇빛을 가리기 위해 내밀게 한 부분. =차양. ¶~이 없는 베레모. 2 [건] =차양.

챙기다 통(타) 1 필요한 물건을 한데 모으거나 갖추다. ¶등산 도구를 배낭에 **챙겨** 넣다. 2 물건을 빠짐이 없도록 간수하여 두다. ¶장롱 속의 옷을 ~. 3 거르거나 빠뜨리지 않고 갖추다. ¶끼니를 꼭 **챙겨** 먹어라. 4 (사람을) 소홀히 여기지 않고 보살피다. ¶후배를 ~. 5 (어떤 것을) 자기 것으로 차지하다. ¶사업권에서 한몫 ~.

처-¹ [접두] 일부 동사 앞에 붙어, '마구', '아무렇게나'의 뜻을 나타내는 말. ¶~먹다 / ~넣다.

처²(妻) 명 =아내. ¶내연의 ~.

처³(處) 명 중앙 행정 기관의 하나. 우두머리는 처장임. ¶법제~.

-처⁴(處) [접미] 일부 명사에 붙어, 그 명사와 관계되는 일을 맡아보거나 행하는 부

서나 장소임을 나타내는 말. ¶근무~ / 거래~.
처가(妻家) 圀 아내의 친부모가 사는 집. 또는, 그 집안. ≒처갓집.
처가-살이(妻家-) 圀 처가에 붙어서 사는 것. 처가살이-하다 困재
처갓-집(妻家-) [-가찝/-갇찝] 圀 =처가.
[처갓집 말뚝에도 절하겠네] 처갓집 말뚝에도 절할 만큼 아내를 몹시 사랑하는 사람을 놀리는 말.
처ː결(處決) 圀 결정하여 조치하는 것. ¶행정 판청의 ~을 기다리다. 처ː결-하다 困타
처남(妻男) 圀 아내의 남자 형제.
처남-댁(妻男宅) [-땍] 圀 처남의 아내에 대한 호칭 또는 지칭. 호칭어로서는, 아내 남동생의 부인에 대해서만 씀.
처-넣다[-너타] 困타 마구 또는 아무렇게나 넣다. ¶저런 놈은 당장 감옥에 **처넣어야 해**!
처ː네 圀 1 덧덮는 얇고 작은 이불. 2 어린 아이를 업을 때 아이 위에 덮어 두르는, 끈이 달린 포대기.
처녀(處女) 圀 1 아직 시집가지 않은 성숙한 여자. 일반적으로는 젊은 미혼 여성을 가리킴. ≒처자. 卿유수·낭자. ↔총각. 2 남자와 성 관계를 가져 본 적이 없는 여자. 또는, 그런 여자의 성적인 순결성. 卿숫처녀. ¶그 여자는 남자에게 ~를 빼앗겼다. 3 (주로 다른 말과 합성어 또는 파생어를 이루어) 어떤 일을 처음으로 하는 상태임을 나타내거나, 사람의 손이나 발길이 미친 적이 없는 상태임을 나타내는 말. ¶~림(林) / ~비행.
[처녀가 아이를 낳아도 할 말이 있다] 아무리 큰 잘못을 저지른 사람도 그 나름대로 변명하고 이유를 붙일 수 있다.
처녀-림(處女林) 圀 =원시림.
처녀-막(處女膜) 圀[생] 처녀의 음문(陰門)의 질 입구에 있는 얇은 막. 성교나 심한 운동 등에 의해 파열됨.
처녀-성(處女性) [-썽] 圀 처녀로서 지니고 있는 성질. 특히, 성적(性的)인 순결을 가리킴. ¶~을 상실하다.
처녀-애(處女-) 圀 나이가 많은 사람에 처녀인 사람을 예사롭게 또는 좀 얕잡아 이르는 말. ¶다 큰 ~가 밤늦게 어딜 나다니느냐?
처녀-자리(處女-) 圀[천] 황도 십이궁의 여섯째 별자리. 사자자리와 천칭자리 사이에 있으며, 6월 초순 저녁에 자오선을 통과함.
처녀-작(處女作) 圀 처음으로 지었거나 발표한 문학·예술 등의 작품.
처녀-지(處女地) 圀 1 사람이 살거나 개간한 일이 없는 땅. 2 기술·문화 등에서 연구되거나 밝혀지지 않은 분야.
처녀-티(處女-) 圀 겉으로 드러나 보이는 처녀다운 티. ¶고등학교를 졸업하더니 이젠 ~가 물씬 나는구나.
처녑 圀[생] 소·양 등의 반추위의 제3위. 많은 잎 모양의 같은 것이 있음.
처ː단(處斷) 圀 결단을 내려 처치하거나 처분하는 것. 또는, 그렇게 처치나 처분. **처ː단-하다** 困타 ¶상습적인 범법자를 엄하게 ~. **처ː단-되다** 困재
처-들이다 困타 (돈·시간·물자 등을) 마구 또는 쓸데없이 쓰다. ¶그렇게 돈을 **처**들여 가며 가르쳐 보았자 다 소용없어요.
처량(凄涼) 圀 1 쓸쓸하고 구슬프다. ¶깊어 가는 가을밤 귀뚜라미가 **처량하게** 울어 댄다. 2 (신세가) 초라하고 딱하다. ¶의지가지없는 **처량한** 신세. **처량-히** 图
처럼 图 어떤 대상이 앞의 체언이 나타내는 대상과 견주어 그 성질이나 특징이 비슷함을 나타내는 부사격 조사. ¶나는 하늘을 새~ 날고 싶다.
처ː리(處理) 圀 1 (사무·사건 등을) 다스려 치르거나 마무르는 것. ¶사무 ~. 2 일정한 결과를 얻기 위하여 물리적·화학적 작용을 일으키게 하는 것. ¶열 ~. **처ː리-하다** 困타 ¶업무를 신속하게 ~. **처ː리-되다** 困재
처ː리-장(處理場) 圀 (일부 명사 뒤에 쓰여) 깨끗하게 정리하여 치우는 장소. ¶쓰레기 ~ / 책배기물 ~.
처마 圀[건] 지붕이 도리 밖으로 내민 부분. ¶~ 끝에 달린 고드름.
처-마시다 困타 '마시다'을 비속하게 이르는 말. ¶어디서 술을 **처마시고** 와서 행패야?
처-매다 困타 (다친 자리 따위를) 친친 감아 매다. ¶상처 난 다리를 붕대로 ~.
처-먹다¹[-따] 困타 '먹다'을 비속하게 이르는 말. ¶귀가 **처먹었니**?
처-먹다²[-따] 困타 '먹다¹1·4·7'을 비속하게 이르는 말. ¶잔소리 말고 밥이나 **처먹어**!
처-바르다 困타 ∽바르니, ∽발라~ 마구 또는 아무렇게나 바르다. ¶분을 **처바른** 얼굴.
처박다[-따] 困타 1 (물건을) 아무렇게나 쑤셔 박다. 또는, (얼굴·머리 등을 어느 곳에) 푹 파묻힐 정도로 기울이다. ¶양말짝을 책상 밑에 **처박아** 놓다. 2 (얼굴·머리 등을 어느 곳에) 세게 들이받다. 속된 말임. ¶미끄러져서 기둥에 머리를 ~. 3 (사람을 물속이나 질퍽한 곳에) 머리 쪽이 먼저 들어가도록 마구 던지거나 밀어 넣다. ¶그는 나를 진흙탕에 **처박았다**.
처박-히다[-바키-] 困재 1 '처박다¹'의 피동사. ¶구석에 **처박혀** 있는 낡은 책. 2 (사람이나 탈것 따위가) 물속이나 땅에 거꾸로 떨어지다. ¶차가 논두렁에~. 3 (사람이) 다른 곳에 가지 못하고 집 안이나 방 안 등에 머무르다. 얄잡는 어감을 가진 말임. ¶온종일 집에 **처박혀** 있다.
처ː방(處方) 圀 1 병의 증상에 따라 약을 조제하는 방법. ¶~을 내리다. 2 일을 처리하는 방법.
처ː방-전(處方箋) 圀[의] 처방의 내용을 적은 종이.
처ː벌(處罰) 圀 (죄를 짓거나 잘못을 저지른 사람에게) 어떤 벌을 주는 것. 또는, 그런 벌. **처ː벌-하다** 困타 ¶범법자를 ~. **처ː벌-되다** 困재
처복(妻福) 圀 훌륭한 아내를 얻는 복. 또는, 그로 말미암아 생기는 복.
처ː분(處分) 圀 1 일정하게 처리하도록 하는 지시나 결정. ¶~에 따르다. 2 [법] 행정·사법 관청이 특정한 사건에 대하여 해당 법규를 적용하는 것. 3 [법] 이미 있는 권리나 권리의 객체에 변동을 일으키는 일. ¶주식의 매각 ~. **처ː분-하다** 困타재 ¶재고품을 헐값에 ~. **처ː분-되다** 困재

처ː**사**¹(處士) 명 벼슬을 하지 않고 초야에 묻혀 사는 선비. ㈂거사(居士).
처ː**사**²(處事) 명 일을 처리하는 것. ¶공정 [부당]한 ~.
처ː**서**(處暑) 명 24절기의 하나. 8월 23일경으로, 입추와 백로의 사이에 있음.
처ː**세**(處世) 명 세상 사람들과 교제하며 살아가는 것. ¶~에 능하다. 처ː세-하다 困재
처ː**세-술**(處世術) 명 처세하는 수단과 방법.
처ː**소**(處所) 명 거처하는 곳. ¶~를 옮기다 / ~를 정하다.
처ː**소격^조사**(處所格助詞) [-껵쪼-] 명[언] 처소를 나타내는, 부사격 조사의 하나. '물에 빠지다'에서 '에' 따위.
처ː**신**(處身) 명 세상과의 인간 관계에 있어서, 가져야 할 몸가짐이나 행동. ¶남의 원망을 듣지 않도록 ~을 잘하여라. 처ː신-하다 困재
처**연-하다**¹(凄然-) 혭여 외롭고 쓸쓸하고 구슬프다. ¶나뭇가지만 앙상한 늦가을의 **처연한** 정취. **처연-히** 閂
처**연-하다**²(悽然-) 혭여 애달프고 구슬프다. **처연한** 신세.
처ː**용-가**(處容歌) 명[문] 신라 헌강왕 때 처용이 지은 향가. 이 노래를 불러 아내를 범하려던 역신(疫神)을 물리쳤다 함.
처ː**용-무**(處容舞) 명 궁중에서 구나(驅儺) 의식 뒤에 추던 춤. 처용의 탈을 쓴 무동(舞童)이 오방(五方)으로 벌여 서서 주악에 맞추어 춤.
처ː**우**(處遇) 명 근로자에게 어떤 수준의 지위나 봉급 등을 주어 대접하는 일. ㈂대우. ¶~를 개선하다. 처ː**우-하다** 困㉓여
처음 Ⅰ 1 일의 과정에서 시간적으로 앞에 놓이는 부분. ㈂시작. 2 어떤 일이나 행동을 이전에는 한 번도 경험하거나 해 보거나 이루지 못한 상태임을 나타내는 말. ㈂최초. ¶~ 먹어 본 음식. ㈊첫.
Ⅱ부 어떤 일이나 행동이 이전에 경험하거나 해 보거나 이루지 못한 것임을 나타내는 말. ¶생전 ~ 겪는 일. ㈊첨.
처**자**¹(妻子) 명 아내와 자식. ≒처자식. ¶~를 거느리다.
처**자**²(處女) 명 처녀1.
처-**자식**(妻子息) 명 =처자(妻子)¹.
처ː**장**(處長) 명 처(處)의 우두머리.
처-**쟁이다** 国 잔뜩 모아서 마구 쌓다. ¶나뭇간에 멸감을 **처쟁여** 놓다.
처**절-하다**¹(凄切-) 혭여 몹시 처량하다.
처**절-하다**²(悽絶-) 혭여 (전투·죽음·울부짖음 등이) 비참하고 절망적이어서 안타깝거나 가슴 아프다. ¶**처절한** 광경. **처절-히** 閂
처**제**(妻弟) 명 아내의 여동생.
처ː**지**(處地) 명 1 처하여 있는 사정이나 형편. ¶우리는 한가로이 휴가나 즐길 ~가 못 된다. 2 서로 사귀어 지내는 관계. ¶그와는 말을 트고 지내는 ~다.
처ː-**지다** 困재 1 위에서 아래로 늘어지다. 2 바닥으로 잠겨 가라앉다. 3 한동아리에서 뒤떨어져 남다. ㈊뒤에 ~. 4 다른 것보다 못한 상태에 놓이게 되다. ¶학과목 중 수학이 좀 **처진다**.
처-**지르다** 国㉑ <~지르니, ~질러> (불을) 마구 또는 함부로 지르다. ¶오랑캐들은 마을에 불을 **처지르고** 약탈을 자행했다.
처ː**참-하다**(悽慘-) 혭여 (모습·광경·상황 따위가) 차마 볼 수 없을 만큼 끔찍하다. ¶비참하다. ¶평민들이 **처참하게** 살육을 당하다. 처ː**참-히** 閂
처ː**처**(處處) 명 '곳곳'을 문어적으로 이르는 말. ¶나라 안 ~에 가뭄과 기근이 들다.
처**첩**(妻妾) 명 아내와 첩.
처ː**치**(處置) 명 1 (주로, 환자나 부상자 등을) 목숨을 구하거나 고통을 덜어 주거나 다친 것이 악화되지 않도록 일정한 방식으로 다루는 것. ¶응급 ~. 2 (물건 등이) 쓸 데 없어지는 것. ¶~ 곤란한 물건. 3 (적이나 방해가 되는 사람을) 죽여서 없애는 것. 처ː**치-하다** 困㉑여 ¶부상자를 긴급히 ~. 처ː**치-되다** 困재
처칠(Churchill, Winston Leonard Spencer) 명[인] 영국의 정치가·총리 (1874~1965).
처ː-**하다**(處-) 困여 1 (어떤 처지나 형편에) 뜻하지 않게 놓이게 되다. ¶역경에 ~. 2 (어떤 사람을 어떤 벌에) 처분되게 하다. ¶살인범을 교수형에 ~.
처**형**¹(妻兄) 명 아내의 언니.
처ː**형**²(處刑) 명 1 형벌을 주는 것. 2 사형에 처하는 것. 처ː**형-하다** 困㉑여 ¶최수를 ~. 처ː**형-되다** 困재
처ː**형-대**(處刑臺) 명 죄인을 처형하는 대.
척¹ 명(의존) =척². ¶알고도 모르는 ~ 시치미를 떼다.
척² 閂 1 무엇이 잘 들러붙는 모양. ¶젖은 옷이 몸에 ~ 달라붙다. 2 (시험 따위에) 어김없이 붙는 모양. ¶고시에 ~ 붙다. 3 행동을 서슴지 않고 빨리 하는 모양. ¶거수경례를 ~ 붙이다. 4 한눈에 얼른 보는 모양. ¶한눈에 ~ 알아보다. ㉭착.
척³ 閂 1 물체가 휘우뚱하게 늘어진 모양. 2 몸가짐이나 태도가 침착하고 천연덕스러운 모양. ¶담배를 ~ 꺼내 물다.
척⁴(尺) 명(의존) =자². ¶6~ 장신(長身).
척⁵(隻) 명(의존) 배의 수효를 세는 말. ¶배한~.
척⁶(chuck) 명[공] 핸드 드릴·전기 드릴 등에서, 드릴을 고정시키는 부분.
척결(剔抉) 명-[결] (살을 긁어내고 뼈를 발라 낸다는 뜻)(결함·모순 등을) 찾아 내어 없애는 것. **척결-하다** 国㉑여 ¶부정부패를 ~.
척관-법(尺貫法) [-꽌뻡] 명 길이의 단위를 척(尺), 양의 단위를 승(升), 무게의 단위를 관(貫)으로 하는 도량형법.
척도(尺度) 명 1 또2 측정하거나 평가하는 기준. ㈂잣대. ¶가치의 ~.
척박-하다(瘠薄-) 혭여 ~빠르다. ¶땅이 몹시 메마르고 기름지지 못하다. ¶**척박한** 땅.
척분(戚分) 명-[뿐] 성이 다르면서 일가가 되는 관계.
척색(脊索) 명[생] 척추동물에서는 발생의 일정 시기에, 원색동물에서는 일생 동안 몸의 등 쪽에 존재하는 연골 모양의 지지 조직.
척색-동물(脊索動物) [-쌕똥-] 명[동] 발생의 일정 시기에, 또는 일생 동안 몸에 척색을 가지는 척추동물과 원색동물의 총칭.
척수(脊髓) [-쑤] 명[생] 척추의 관 속에 있는 중추 신경. 뇌와 말초 신경 사이의

자극 전달과 반사 기능을 맡음. =등골.
척신(戚臣) [-씬] 圈 임금과 척분이 있는 신하.
척주(脊柱) [-쭈] 圈생 척추동물에서, 목에서 등을 거쳐 꼬리 또는 엉덩이에 이어져 있는 골격. =척추.
척-지다(隻-) [-찌-] 困 서로 원한을 품어 반목하게 되다. ¶이웃과 **척지고** 살아서야 되겠느냐?
척척¹ 閉 '쩍척-'의 거센말. ¶땀에 젖은 옷이 몸에 ~ 달라붙는다. 困작착.
척척² 閉 1일을 능숙하게 하는 모양. ¶일을 ~ 알아서 처리하다. 2절서있게 조화를 이루는 모양. ¶손발이 ~ 맞는다. 困착착.
척척-박사(-博士) [-빡싸] 圈 지식이 많아 무엇이든지 묻는 대로 척척 대답해 내는 사람.
척척-하다 [-처카-] 圈困 젖은 것이 살에 닿아서 차갑고 불유쾌한 느낌이 있다. ¶땀이 배어 옷이 ~. **척척-히** 閉
척추(脊椎) [-쭈] 圈생 척주(脊柱)를 이루는 낱낱의 뼈. →추골 2.
척추-동물(脊椎動物) [-쭈-] 圈동 동물 분류상의 한 무리. 척추가 발달한 동물로서, 어류·양서류·파충류·조류·포유류가 이에 속함. =등뼈동물. ↔무척추동물.
척토(瘠土) 圈 몹시 메마른 땅. 圓박토(薄土).
척-하다 [처카-] 困 보조동사 '체하다'. ¶처녀 손은 혼자서 되게 잘난 **척한다**.
척-하면 [처카-] 閉 한 마디만 하면. 또는, 약간의 암시만 주면, ~ 알아듣어야지 꼭 구구한 설명을 해야 되겠어?
척하면 삼천리 <속> 상대의 의도나 돌아가는 상황을 재빨리 알아차리는 것을 이르는 말.
척화(斥和) [처카-] 圈 화의(和議)하는 것을 물리치는 것. **척화-하다** 困他
척화-비(斥和碑) [처카-] 圈 조선 말기에 홍선 대원군이 양인(洋人)을 배척하기 위해, 그 뜻을 담은 글자를 새겨 서울 및 지방 각지에 세운 비석.
척후(斥候) [처쿠-] 圈군 1적의 형편·지형 등을 정찰하고 탐색하는 것. 2'척후병'의 준말. **척후-하다** 困他
척후-병(斥候兵) [처쿠-] 圈군 척후의 임무를 맡은 병사. 圓척후.
천¹ 圈 옷·이불 따위의 감이 되는 피륙. ¶~을 짜다.
천²(千) Ⅰ㉛ 백의 열 곱절.
Ⅱ㊟ ¶~ 날 로.
[천 길 물속은 알아도 한 길 사람의 속은 모른다] 사람의 속마음을 알기란 매우 어렵다. [천 냥 빚도 말로 갚는다] 처세하는 데에 언변이 중요하다. [천 리 길도 한 걸음부터] 무슨 일이나 그 일의 시작이 중요하다는 말.
천 갈래 만 갈래 아주 많은 여러 갈래. ¶가슴이 ~ 찢어지는 듯하다.
천³(薦) 圈 사람을 어떤 자리에 추천하는 것. ¶선생님의 ~으로 문단에 데뷔하다.
-천⁴(川) 圖尾 어떤 말 다음에 붙어, '내'의 뜻을 나타내는 말. ¶청계~ / 안양~.
천간(天干) 圈 60갑자의 위 단위를 이루는 것. 곧, 갑(甲)·을(乙)·병(丙)·정(丁)·무(戊)·기(己)·경(庚)·신(辛)·임(壬)·계(癸). =십간(十干).

천년 1143

천:거(薦擧) 圈 (인재를) 어떤 자리에 쓰도록 추천하는 것. ¶~를 받다. **천:거-하다** 困他困 **천:거-되다** 困
천계(天界) [-계/-게] 圈불 '천상계'의 준말.
천고(千古) 圈 1아득히 먼 옛날. ¶~의 전설. 2영구한 훗날. 또는, 오랜 세월 동안. ¶~에 길이 빛날 업적. 3('천고의'의 꼴로 쓰여) 오랜 세월을 통해 드물 만큼 빼어남. 圓만고. ¶~의 영웅.
천고마비(天高馬肥) 圈 '하늘이 높고 말이 살찐다는 뜻' 가을의 특성을 형용하는 말. ¶~의 계절.
천공¹(天空) 圈 끝없이 넓은 하늘.
천:공²(穿孔) 圈 구멍을 뚫거나 구멍이 뚫리는 것. **천:공-하다** 困他困 **천:공-되다** 困
천:공-기(穿孔機) 圈 1공작물에 구멍을 뚫는 기계. 2컴 컴퓨터의 카드·테이프 등에 부호화된 정보대로 구멍을 뚫는 기계.
천:공-원(穿孔員) 圈 정보를 입력하기 위해서 컴퓨터용 카드·종이 테이프에 천공기로 구멍을 뚫는 일을 하는 사람.
천:공^카드(穿孔card) 圈 천공기로 구멍을 뚫어 데이터를 기록하는 데 사용하는 카드.
천구(天球) 圈천 지구 위의 관측점을 중심으로, 모든 천체가 거기에 투영된다고 상정(想定)한, 반지름이 무한대인 가상의 구면(球面).
천국(天國) 圈 1하늘에 있다고 믿어지는 세계. 2[가][기] 하느님이 영적으로 지배하는, 은총과 축복의 나라. =천당. 困하늘나라. →지옥.
천군-만마(千軍萬馬) 圈 많은 군사와 말.
천군만마를 얻은 것과 같다 훌륭한 인재를 얻어 많은 군사를 거느린 것같이 든든하고 흡족하다.
천근(千斤) 圈 백 근의 열 곱절이라는 뜻으로, 썩 무거움을 이르는 말.
천근 같다 (몸이나 마음이) 몹시 지치거나 아프거나 무겁거나 하여 아주 무거운 것을 들거나 매달고 있는 것과 같다. ¶빈손으로 돌아가는 발걸음이 ~.
천근-만근(千斤萬斤) 圈 아주 무거움을 이르는 말.
천금(千金) 圈 엽전 천 냥이라는 뜻으로, 많은 돈이나 비싼 값을 이르는 말. ¶~을 준다 해도 그런 짓은 할 수 없다.
천금 같다 매우 소중하다. ¶**천금 같은** 아들.
천기¹(天氣) 圈 1하늘에 나타나는 조짐. 2=일기(日氣)³. ¶~도(圖).
천기²(天機) 圈 1하늘의 기밀. 또는, 조화(造化)의 신비. 2중대한 기밀. 3임금의 밀지(密旨) 또는 나라의 기밀. ¶~를 누설하다.
천기-누설(天機漏洩) 圈 중대한 기밀이 누설됨을 이르는 말.
천길-만길(千-萬-) 圈 매우 깊거나 높은 모양을 비유하여 이르는 말. ¶~의 까마득한 절벽.
천남성(天南星) 圈식 5~7월에 녹색의 꽃이 피고, 9~10월에 붉은 열매가 옥수수 모양으로 달리는 여러해살이풀. 알줄기는 약재로 씀.
천년(千年) 圈 ('어느 천년에'의 꼴로 쓰여) '어느 세월에'라는 뜻을 나타내는 말.

¶어느 ~에 그 많은 일을 다 하겠어.
천년-만년(千年萬年) 명 천년만년.
천당(天堂) 명 [가][기] =천국2.
  천당(에) 가다 '죽다'를 속되게 이르는 말.
천대(賤待) 명 1 업신여겨 푸대접하는 것. 2 함부로 다루는 것. **천대-하다** 툐예 ¶사람들은 그를 가난뱅이라고 멸시하고 **천대했다. 천!대-되다** 툐예
천!덕-꾸러기(賤一) 명 천대를 받는 사람이나 물건.
천!덕-스럽다(賤一) [-쓰-따] 혱ㅂ 〈-스러워, -스러워〉 품격이 낮고 천한 느낌이 있다. ¶이렇게 **천덕스럽게** 사느니 차라리 죽는 편이 낫다. **천!덕스레** 투
천도1(天道) 명 1 천지자연의 도리. 2 [불] 중생이 유회하는 길의 하나인 천상의 세계. =천상계.
천도2(遷都) 명 도읍을 옮기는 것. **천!도-하다** 툐예
천도3(薦度) 명 [불] 죽은 이의 명복을 빌기 위하여, 불·보살에게 재를 올려 영혼으로 하여금 정토나 천계(天界)에 이르도록 기원하는 법식. **천!도-하다** 툐예
천도-교(天道敎) 명 최제우가 창건한 동학(東學)을 제3대 교주인 손병희가 개칭한 종교. 인내천(人乃天) 사상을 바탕으로 한 현세주의적 종교임. ▷동학.
천도-복숭아(天桃一) [-쑹-] 명 [식] 복숭아나무의 한 종류. 열매는 복숭아와 모양이 같으나 거죽에 털이 없고 윤이 남.
천!도-제(薦度祭) 명 [불] 죽은 이의 넋이 정토나 천상에 태어나도록 기원하는 제사.
천동-설(天動說) 명 [천] 지구가 우주의 중심에 있고, 모든 천체가 그 주위를 공전한다는 고대의 우주 구조설. ↔지동설
천둥 명 뇌성과 번개를 동반하는 대기 중의 방전 현상. =우레. ¶~이 울다 / ~이 치다. ▷번개.
천둥-소리 명 천둥이 칠 때 나는 소리. =뇌성(雷聲). ㈑우렛소리.
천!량 명 [<錢糧] 재물과 양식.

천려-일득(千慮一得) [철-뜩] 명 어리석은 사람도 많은 생각 중 하나쯤은 쓸만한 것이 있는 법이라는 말. ↔천려일실.
천려-일실(千慮一失) [철-씰] 명 지혜로운 사람도 많은 생각 중 하나쯤은 잘못된 것이 있는 법이라는 말. ↔천려일득.
천렵(川獵) [철-] 명 주로 여름에 피서나 놀이를 겸해서 냇가나 강가에서 물고기를 잡는 것. **천렵-하다** 툐예
천륜(天倫) [철-] 명 부자(父子)·형제 사이에서 마땅히 지켜야 할 떳떳한 도리. ¶~을 어기다.
천리(天理) [철-] 명 천지자연의 이치.
천리-마(千里馬) [철-] 명 하루에 천 리를 달릴 만한 썩 빠른 말.
천리-만리(千里萬里) [철-말-] 명 썩 먼 거리. ㈑천만리.
천리-안(千里眼) [철-] 명 '천 리 밖을 내다볼 수 있는 눈'이라는 뜻] 먼 곳의 일을 꿰뚫어 볼 수 있는 능력.
천마(天馬) 명 옥황상제가 타고 하늘을 달린다는 말.
천막(天幕) 명 비바람이나 볕 등을 막기 위하여 한데에 치게 된 장막.
천막-촌(天幕村) 명 ㈒천막생활을 하는 사람들이 모여 사는 지역이나 마을.

천만(千萬) I ㈜ 만의 천 곱절.
  II 명 만의 천 배가 되는. ¶~ 원.
  III 명 1 천이나 만이라는 뜻으로, 아주 많은 수효를 이르는 말. 2 (일부 명사 다음에 쓰여) 이를 데 없음, 그는 짝이 없음을 뜻하는 말. ¶유감~ / 위험~.
천만의 말씀 '공연한 말' 또는 '당찮은 말'이라는 뜻으로, 남의 칭찬에 대한 겸양이나 남의 주장에 대한 부정을 나타낼 때 쓰이는 말. ¶수고라니요, 원 ~을….
천만-금(千萬金) 명 썩 많은 돈이나 값어치.
천만-년(千萬年) 명 매우 멀고 오랜 세월. =천년만년.
천만-다행(千萬多幸) 명 매우 다행함. **천만다행-하다** 혱예 ¶건강을 되찾으셨다니 **천만다행한** 일입니다.
천만-뜻밖(千萬一) [-뜯빡] 명 전혀 생각하지 않은 상태. '뜻밖'을 더욱 강조하여 이르는 말. ¶~의 소식.
천만-리(千萬里) [-말-] 명 '천리만리'의 준말.
천만-번(千萬番) 명 매우 많은 번수.
천만-세(千萬世) 명 아주 오랜 세대.
천만-에(千萬一) 圯 남의 말에 대하여 '도저히 그럴 수 없다', '절대 그렇지 않다'는 뜻으로 쓰는 말. ¶감사합니다. "~, 오히려 제가 감사합니다."
천명1(天命) 명 1 타고난 수명이나 운명. =천수(天壽). ¶~을 다하다. 2 하늘의 명령. ¶~을 거역하다.
천!명2(闡明) 명 [진리·사실 등을] 드러내서 밝히는 것. **천!명-하다** 툐예 **천!명-되다** 툐예
천문1(天文) 명 [천] 1 천체에 일어나는 모든 현상. 2 '천문학'의 준말.
천문2(泉門) 명 [생] 신생아기부터 유아기(乳兒期)에 걸쳐 두골의 각 봉합 부위에 골질(骨質)이 결여되어 결합 조직만으로 되어 있는 부분.
천문-대(天文臺) 명 [천] 대망원경을 비롯한 여러 기기를 설치하여 항시 천문학상의 관측을 하고 연구하는 시설.
천문-동(天門冬) 명 [식] 바닷가에 자라며, 줄기가 길이 1~2m의 긴 덩굴로 벋고, 5~6월에 노란색 꽃이 피는 여러해살이풀. 또는, 그 뿌리. 뿌리는 약재로 쓰임.
천문-학(天文學) 명 [천] 우주의 구조나 천체의 운동·화학 조성 등을 연구하는 학문. ㈑천문.
천문학-적(天文學的) [-쩍] 관 1 천문학에 기초를 둔 (것). 2 수(數)가 엄청나게 큰 (것). ¶우주 개발에 드는 비용은 ~인 숫자에 이르고 있다.
천!민(賤民) 명 지체가 낮고 천한 백성.
천!박-스럽다(淺薄一) [-쓰-따] 혱ㅂ 〈-스러우니, -스러워〉 천박한 데가 있다.
천!박-스레 투
천!박-하다(淺薄一) [-바카-] 혱예 (인품·학문·취미 등이) 수준이 낮고 천하다. ¶교양이 없고 ~.
천방-지축(天方地軸) I 명 ('이다', '으로'와 함께 쓰여) 분별없이 덤벙대 움직이는 상태. ¶찬찬치 못하고 왜 그리 ~이냐?
  II 투 1 분별없이 되는대로. 2 급하게 허둥지둥. ¶~ 도망을 가다.
천벌(天罰) 명 하늘이 내리는 벌. =천형. ¶~을 받다.

천변(川邊) 뗑 냇물의 주변.
천변-만화(千變萬化) 뗑 [천 번 변하고 만 번 바뀐다는 뜻] 사물이 온갖 형태로 끝없이 변화하는 것. **천변만화-하다** (재)¶금강산은 계절에 따라 천변만화하는 절경을 연출해 낸다.
천부(天賦) 뗑 선천적으로 타고나는 일. ¶~의 소질. **천부-하다** 톙여)
천부당만부당-하다(千不當萬不當-) 톙여 조금도 이치에 맞지 않다. ¶**천부당만부당한** 생각.
천부-인(天符印) 뗑 제왕(帝王)의 표지로서 천제(天帝) 환인이 아들 환웅에게 내린 3개의 보인(寶印). 우리나라 건국 신화에 보임.
천부^인권설(天賦人權說) [-꿘-] 뗑 모든 인간은 나면서부터 자유롭고 평등하며 행복을 추구할 권리를 갖는다는 사상.
천부-적(天賦的) 뗑 선천적으로 타고난 (것). ¶~인 재질.
천분(天分) 뗑 타고난 재능.
천분-율(千分率) [-뉼-] 뗑 전체 양을 1000으로 치고, 그 1/1000을 단위로 나타내는 비율. 기호는 ‰. ▷퍼밀.
천-불(天-) 뗑 저절로 일어나는 불.
천불이 나다 몹시 거슬리거나 속이 상하다.
천사(天使) 뗑 1 크리스트교·유대교 등에서, 하느님의 뜻에 따라 메시지를 전하는, 선한 영적 존재. 흔히, 그림에서는 날개를 달고 있는 인간의 모습으로 묘사됨. ¶수호~. 2 마음씨가 아주 선량하여 늘 남을 위해 돕고 희생하는 사람을 칭찬하는 뜻으로 이르는 말. 비유적인 말임. ¶그 사람은 하늘에서 내려온 ~라니까.
천사-표(天使標) 뗑〈속〉마음이 곱고 착한 사람을 비유적으로 이르는 말. 근래에 생긴 말로, 주로 젊은이들 사이에 쓰이는 말임. ¶참하고 얌전한 ~ 여자.
천^산갑(穿山甲) 뗑 몸길이 65cm가량으로 네 다리가 짧고 꼬리가 길며, 몸의 윗면이 회갈색의 단단한 비늘로 덮여 있는 포유동물. 주둥이는 가늘며, 긴 혀로 개미를 잡아먹음. 비늘은 약재로 씀.
천상(天上) 뗑 하늘 위. ¶~에서 내려온 선녀.
천상-계(天上界) [-계/-게] 뗑[불] =천도(天道)². 㰶하계.
천상천하^유아독존(天上天下唯我獨尊) [-쫀-] [불] 우주 가운데 나보다 더 존귀한 것은 없다는 말. 석가모니가 태어나자마자 7보를 걷더니, 한 손을 하늘로 쳐들고 다른 한 손으로는 땅을 가리키며 외친 말이었다고 한다. 㰶유아독존.
천생(天生) Ⅰ뗑 타고난 본바탕. 또는, 하늘로부터 타고남.
Ⅱ튀 1 어쩔 수 없이. ㈗부득불. ¶차가 끊겼으니 ~ 하룻밤 자고 갈밖에. 2 아주 흡사히. ¶그 아버지의 그 아들이다.
천생-배필(天生配匹) 뗑 하늘에서 정해 준 배필.
천생-연분(天生緣分) [-년-] 뗑 하늘에서 정하여 준 연분.
천석-고황(泉石膏肓) [-꽁-] 뗑 산수(山水)를 즐기는 것이 정도에 지나쳐 마치 불치의 고질(痼疾)과 같다는 말.
천석-꾼(千石-) 뗑 곡식 천 석을 거두어들이는 부자.
천성(天性) 뗑 타고난 성품. ¶~이 착하

다.
천세(千歲) 뗑 1 천 년이나 되는 세월. 2 '천추만세'의 준말.
천세-력(千歲曆) 뗑 백중력·만세력 등의 이름.
천수(天壽) 뗑 =천명(天命)¹. ¶~를 누리다/~를 다하다.
천수-경(千手經) 뗑[불] 천수관음의 유래·발원·공덕 등을 말한 불경.
천수-관음(千手觀音) 뗑[불] 과거세에서 모든 중생을 구제하기 위해 천 개의 손과 눈을 얻으려고 빌어서 이루어진 관음보살의 몸.
천수-답(天水畓) 뗑 오직 빗물에 의해서만 경작할 수 있는 논.
천시¹(天時) 뗑 1 하늘의 도움이 있는 시기. 2 낮과 밤. 더위와 추위 등과 같이 때를 따라서 돌아가는 자연현상.
천:시²(賤視) 뗑 업신여겨 낮게 보거나 천하게 여기는 것. **천:시-하다** 톙여 ¶어떤 직업이라도 **천시해서는** 안 된다. **천:시-되다** 톙(재)
천:식(喘息) 뗑[의] 기관지에 경련이 일어나는 병. 숨이 가쁘고 기침이 나며 가래가 심함.
천신¹(天神) 뗑 하늘에 있는 신령. ↔지신.
천:신²(薦新) 뗑 1 [민] 그해에 새로 난 과실이나 농산물로 신에게 차례를 지내는 것. 2 어쩌다가 또는 오랜만에 차례가 돌아와서 얻게 되는 것. **천:신-하다** 톙(재)여
천신-만고(千辛萬苦) 뗑 갖은 애를 쓰며 고생을 한 것. ¶그들은 산에서 길을 잃고 헤매다가 ~ 끝에 구조되었다.
천심(天心) 뗑 하늘의 뜻. ¶민심(民心)은 곧 ~이다.
천안(天眼) 뗑 1 임금의 눈. 2 [불] 미세한 사물까지도 볼 수 있으며 미래의 생사가 지날 수 있다는 눈.
천애(天涯) 뗑 1 하늘의 끝. 2 까마득하게 멀리 떨어져 있는 곳을 비유하여 이르는 말. 3 이 세상에 살아 있는 부모나 일가친척이 없음을 이르는 말. ¶~의 고아.
천야만야-하다(千耶萬耶-) 톙여 천길만 길이 되는 듯 까마득하게 높거나 깊다. ¶**천야만야한** 낭떠러지.
천양지차(天壤之差) 뗑 하늘과 땅같이 엄청난 차이. =천양지판. ¶두 사람의 실력은 ~가 있다.
천양지판(天壤之判) 뗑 =천양지차. ¶두 사람의 성격이 ~으로 다르다.
천연(天然) 뗑 1 사람의 힘을 가하지 않은, 저절로 이루어진 상태. ¶~의 요새. 2 인공적으로 달리 바꾸어지거나 만들어지지 않은 상태. ¶~의 향.
천연-가스(天然gas) 뗑 천연으로 지하에서 산출하는 가스의 총칭.
천연-기념물(天然記念物) 뗑 드물고 귀하거나 학술상 가치가 높아 그 보호와 보존을 법률로 정한 동식물·광물·지질 따위의 이름.
천연덕-스럽다(天然-) [-쓰-따] 톙(ㅂ) 〈~스러우니, ~스러워〉=천연스럽다. ¶**천연덕스럽게** 거짓말을 한다. **천연덕스레** 튀

천연-두(天然痘) 뗑[의] 법정 전염병의 하나. 천연두 바이러스의 감염에 의하여 일어나는 악성의 전염병. 고열과 온몸에 발진이 생겨 잘못하면 얼굴이 얽게 됨. 한

의학 용어는 두창(痘瘡)·역질.

천연-림(天然林) [-님] 圀 저절로 자라서 이루어진 삼림. ↔인공림.

천연-백색(天然白色) [-쌕] 圀 흰색에 붉은 기운을 보충한 빛. 조명 용어임.

천연-색(天然色) 圀 1 자연 그대로의 색. 2 영화나 사진에서, 자연 그대로의 색.

천연색^사진(天然色寫眞) [-싸-] [ ] 천연색을 그대로 나타내는 사진. =컬러 사진.

천연색^영화(天然色映畵) [-생녕-] [ ] 천연색을 그대로 나타내는 영화. ↔흑백 영화.

천연-스럽다(天然-) [-따] 圀 빕 〈-스러우니, -스러워〉 자연스러운 데가 있다. ¶천연덥스럽다. ¶거짓말을 하고도 천연스럽게 행동하다. **천연스레** 튄

천연^우라늄(天然uranium) 圀 우라늄의 동위 원소 구성비가 천연으로 산출된 그대로의 우라늄 연료. 핵연료로서 가스 냉각형 원자로 및 중수로에 사용됨. ▷농축 우라늄.

천연-자원(天然資源) 圀 천연적으로 존재하여 인간의 생활이나 생산 활동에 이용할 수 있는 물건이나 에너지의 총칭. 토지·물·매장 광물·삼림·수산물 따위.

천연-적(天然的) 핀 사람의 손이 미치지 않고 그대로 있는 (것). ¶자연적. ↔인위적.

천연-하다(天然-) 웹에 1 꾸밈이나 거짓이 없이 생긴 그대로 자연스럽다. ¶천연한 모습. 2 시치미를 뚝 떼어 아무렇지도 않은 듯하다. ¶그는 내심 놀랐지만 애써 **천연한** 표정을 지었다. **천연-히** 튄

천왕(天王) 圀 불 욕계(欲界)·색계(色界) 등 온갖 하늘의 임금.

천왕-문(天王門) 圀 불 절의 입구에 있는 사천왕(四天王)을 모신 문.

천왕-성(天王星) [-썽] 圀 천 태양계의 일곱 번째 행성. 공전 주기는 84.02년임.

천우-신조(天佑神助) 圀 하늘과 신의 도움. ¶~로 살아나다.

천운(天運) 圀 1 하늘이 정한 운명. 2 몹시 다행한 운수. ¶~으로 목숨을 구하다.

천위(天位) 圀 1 천자의 자리. 2 모든 구벼슬. 곧, 그 사람에게 가장 알맞은 벼슬.

천은(天恩) 圀 1 하늘의 은혜. 2 임금의 은혜.

천의-무봉(天衣無縫) [-의-/-이-] 圀 [하늘나라 사람들의 옷은 꿰맨 흔적이 없다는 뜻] 시문(詩文)이나 예술 세계 등이 일부러 꾸민 데 없이 자연스럽고 아름다우면서 완전함을 이르는 말. ¶그의 플루트 연주는 ~의 경지를 보여 주었다.

천이(遷移) 圀 1 옮기어 바뀌는 것. 2 [식] 식물 군락이 그 군락을 이루어서 낸 환경에 의하여, 더욱 적합한 다른 군락으로 변하여 가는 현상. 튕 **이-하다** 재

천인¹(千仞) 圀 ['천 길'이라는 뜻] 산이나 바다가 몹시 높거나 깊음을 이르는 말.

천인²(賤人) 圀 신분이 낮고 천한 사람. ↔귀인.

천인-공노(天人共怒) 圀 [하늘과 사람이 함께 노한다는 뜻] 누구나 분노할 만큼 중오스러워서 도저히 용납될 수 없음의 비유. **천인공노-하다** 튕재에 ¶**천인공노**할 만행을 저지르다.

천일-기도(千日祈禱) 圀 [어떤 목적을 가지고] 천 일 동안 드리는 기도. **천일기도-하다** 튕재에

천일-염(天日鹽) [-렴] 圀 바닷물을 끌어 들여 햇볕과 바람으로 수분을 증발시켜 만든 소금.

천일-제염(天日製鹽) 圀 제염법의 하나. 염전에 바닷물을 끌어 들여 태양열로 수분을 증발시켜 식염을 결정시키는 방법.

천자(天子) 圀 ['천제(天帝)의 아들'이라는 뜻] 중국에서 '황제(皇帝)'를 달리 이르는 말.

천자-뒤풀이(千字-) [-음] 천자문의 글자를 풀어 노래로 꾸민 타령.

천자만홍(千紫萬紅) 울긋불긋한 여러 가지 꽃의 빛깔. 또는, 그 꽃.

천자-문(千字文) 圀 [책] 중국 양(梁)의 주흥사가 지은 책. 한문 학습의 입문서로 널리 쓰였음. 사언 고시 250구로 모두 1,000 자임.

천자-총통(天字銃筒) [-짜-] 圀 임진왜란 때 조선의 수군(水軍)이 사용한 대포의 이름.

천장(天障) 圀 1 [건] 지붕 내부 공간의 위쪽 면. ✕천정. 2 [건] =보옥. 3 [경] 거래에서, 일정 기간 중에 가장 높은 시세. ¶바닥.

천재¹(天才) 圀 학술·예술·스포츠 등에 있어서, 타고난 뛰어난 재주. 또는, 그런 재주를 가진 사람. ¶~ 화가.

천재²(天災) 圀 자연현상으로 일어나는 재난. 지진·홍수 따위.

천재-일우(千載一遇) 圀 ['천 년만에 한 번 만날 수 있는 기회'라는 뜻] 좀처럼 만나기 어려운 좋은 기회. ¶~의 호기.

천재-적(天才的) 핀 천재와 같은 재주를 가지고 있는 (것). ¶~인 두뇌.

천재-지변(天災地變) 圀 지진·홍수·태풍 따위와 같이, 자연현상에 의해 빚어지는 재앙. ¶~이 일어나다.

천적(天敵) 圀 생 어떤 생물이 다른 생물에게 잡아먹힐 경우, 잡아먹는 생물에 대하여 잡아먹히는 생물을 이르는 말. ¶고양이는 쥐의 ~이다.

천정(天頂) 圀 천 지구 위의 관측점에서 연직선을 위쪽으로 연장했을 때 천구(天球)와 만나는 점.

천정(天井) 圀 [건] '천장(天障)¹'의 잘못.

천정부지(天井不知) 圀 물건 값 따위가 자꾸 오르기만 함을 이르는 말. ¶~로 오르는 물가.

천제¹(天帝) 圀 하느님.

천제²(天祭) 圀 하느님에게 지내는 제사.

천주(天主) 圀 [가] =하느님2.

천주-교(天主敎) 圀 [가] =가톨릭.

천주교-도(天主敎徒) 圀 [가] =가톨릭교도.

천주교-회(天主敎會) [-회/-훼] 圀 [가] =가톨릭교회.

천주-학(天主學) 圀 우리나라에 가톨릭이 처음 들어오던 무렵에 '가톨릭'을 이르던 말.

천지¹(天地) 圀 1 하늘과 땅. ¶우렛소리가 ~를 진동시킨다. 2 세상·세계의 뜻으로 쓰이는 말. ¶세상은 넓으니 그가 아무 바보는 아닐 것이다. 3 (일정한 명사 뒤에서 조사 '이다' 또는 그 활용형과 결합하여) 그 명사 또는 그 명사가 나타내는 대상이 굉장히 많음을 이르는 말. ¶집 안에 먹을 것이 ~인데 릴 또 사 달라는 거야.

천지가 진동(震動)**하다** 하늘과 땅이 울

천하태평__1147

천지(天池) 圀[지] 백두산 꼭대기에 있는 호수.
천지-간(天地間) 圀 하늘과 땅 사이. 곧, 이 세상을 이름.
천지-개벽(天地開闢) 圀 1 하늘과 땅이 처음으로 열리는 것. 2 '큰 변혁'의 비유. ¶~이 일어나다.
천지-신명(天地神明) 圀 우주의 조화를 맡은 여러 신령. ¶비나이다, 비나이다, ~께 비나이다.
천지-에(天地-) 갑 뜻밖의 일을 당할 때 한탄의 뜻으로 쓰는 말. ¶원 ~, 그런 일이 있나.
천지인(天地人) 圀 '하늘', '땅', '사람'을 아울러 일컫는 말.
천직(天職) 圀 타고난 직업이나 직분. ¶교사를 ~으로 알고 열심히 헌신하다.
천진난만-하다(天眞爛漫-) 톕에 말이나 행동에 천진함이 넘쳐흐르는 상태에 있다. ¶아이들의 **천진난만**한 웃음.
천진무구-하다(天眞無垢-) 톕에 아무런 티가 없이 천진하다. ¶**천진무구하던** 어린 시절.
천진-스럽다(天眞-) [-따] 톕<-스러우니, -스러워> 천진한 테가 있다. ¶**천진스러운** 아기의 웃음. **천진스레** 톛
천진-하다(天眞-) 톕에 자연 그대로 조금도 꾸밈이 없다. ¶**천진한** 아이.
천차만별(千差萬別) 圀 여러 가지로 차이와 구별이 많은 것. 圓천태만상. **천차만별-하다** 톕에 ¶**천차만별한** 직업.
천;착(穿鑿) 圀 (어떤 대상을) 깊이 연구하여 그 내용이나 의미를 밝히거나 알아내고자 하는 것. **천;착-하다** 톕에 ¶삶의 의미를 깊이 ~.
천;천-하다 톕에 (동작이) 급하지 않고 느리다. 엔찬찬하다. **천;천-히** 튀체할 겠다. ~ 먹어라.
천첩(賤妾) 圀 종이나 기생으로서 남의 첩이 된 여자.
천체(天體) 圀[천] 우주 공간에 있어, 천문학의 연구 대상이 되는 물체의 총칭. 태양·항성·행성·혜성·성단·성운 따위.
천체˚망˚원경(天體望遠鏡) 圀[물] 천체를 관측할 때 쓰는 망원경. 굴절 망원경·반사 망원경·전파 망원경 따위.
천추(千秋) 圀 긴 세월. 또는, 먼 미래. ¶~의 한을 남기다.
천추-만대(千秋萬代) 圀 후손 만대에 이르기까지의 오랜 기간.
천추-만세(千秋萬歲) 圀 1 천만년의 긴 세월. 2 오래 살기를 비는 말. 춘만세. **천추만세-하다** 톕에 오래오래 살다.
천;출(賤出) 圀 천첩에게서 낳은 자손.
천층만층(千層萬層) 圀 사물의 매우 많은 계층. 또는, 그 모양.
천치(天癡·天痴) 圀 1 태어날 때부터 지능이 매우 낮은 사람. 얕잡는 말임. 圓백치. 2 어리석은 행동을 하는 사람을 경멸적으로 이르는 말.
천칭(天秤·天枰) 圀 저울의 한 가지. 저울대의 중앙을 받침대로 받치고 양쪽 끝에 저울판을 달아, 한쪽에는 물건, 다른 쪽에는 분동을 놓고 평형을 이루게 하여 물건의 무게를 잼. =천평칭. ×천평.
천칭-자리(天秤-) 圀[천] 황도 십이궁의 일곱째 별자리. 처녀자리와 전갈자리 사이에 있으며, 7월 초순 저녁 8시 무렵에

자오선을 통과함.
천태만상(千態萬象) 圀['천 가지 모습과 만 가지 현상'이라는 뜻] 세상 사물이 한결같지 않음을 강조하는 말. 圓천차만별.
천태-종(天台宗) 圀[불] 중국에서 '법화경'을 바탕으로 확립된 불교 종파. 우리 나라에는 고려 시대에 대각 국사 의천에 의해 전래되었으나, 조선 시대에 쇠퇴함.
천파만파(千波萬波) 圀 갈피를 잡을 수 없이 어지러운 현상의 비유. ¶그의 말 한 마디가 ~의 논란을 불러 왔다.
천판(天板) 圀 1 관(棺)의 뚜껑이 되는 널. ↔지판(地板). 2 장(欌)이나 농(籠) 따위의 위 표면에 대는 널.
천편-일률(千篇一律) 圀 여럿이 모두 엇비슷하여 개별적 특성이 없음을 비유하는 말. ¶요즘 텔레비전 드라마는 그 소재가 ~에서 벗어나지 못하고 있다.
천편일률-적(千篇一律的)[-쩍] 관圀 여럿이 모두 엇비슷하여 개별적인 특성이 없는 (것). ¶~인 대답.
천평(天平) 圀 '천칭(天秤)'의 잘못.
천평-칭(天平秤·天平稱) 圀 =천칭.
천품(天禀) 圀 타고난 기품.
천하(天下) 圀 1 하늘 아래 온 세상. ¶태평 ~. 을 제패하다. 2 (일부 명사 앞에 쓰이거나 '천하의'의 꼴로 쓰여) 세상에서 드물거나 뛰어난 것을 이르는 말. ¶~의 홍길동이 그깟 일을 겁낼쏘냐? 3 권력을 휘어잡거나 기승을 부리는 형세. ¶3일 ~ / 여인 ~.
천하-하다(賤-) 톕에 1 하는 짓이나 생긴 꼴이 고상한 맛이 없이 상되다. ¶여자의 화장이 너무 요란하면 **천하**보인다. 2 너무 흔하여 귀하지 않다. ¶**천한** 물건. 3 지체·지위가 낮다. ¶**천한** 직업. ↔귀하다. **천;-히** 튀

천하-대세(天下大勢) 圀 세상이 돌아가는 추세. ¶~를 관망(觀望)하다.
천하-만사(天下萬事) 圀 이 세상의 모든 일. ¶~가 다 때가 있는 법이다.
천하-무적(天下無敵) 圀 세상에 겨룰 사람이 없음. ¶귀신 잡는 ~의 해병대.
천하-없-어도(天下-)[-엄-][-어도-] 튀 이 세상에서 보기 힘들 만큼 대단히. ¶~ 사람이 와도 그 일만은 못 한다니까.
천하-없-어도(天下-)[-엄써-] 튀 무슨 일이 있다 해도 꼭. 圓세상없어도. ¶~ 10시까지는 집에 가야 한다.
천하-없-이(天下-)[-엄씨] 튀 이 세상에 그 유례가 없이, 이 세상에서 보기 힘들 만큼 대단히. 圓세상없이. ¶~ 힘센 사람이라도 그를 당하지는 못할걸.
천하-에(天下-) 갑 세상에 다시는 없을 만큼 심한 형편이라는 뜻으로, 너무 놀라거나 한탄할 때 쓰는 말. ¶~ 불효막심한 놈 같으니.
천하-일색(天下一色)[-쌕] 圀 '아주 뛰어난 미인'을 강조하는 말. ¶~ 양 귀비.
천하-일품(天下一品) 圀 비교할 수 없을 만큼 뛰어남. 또는, 그런 물건.
천하-장사(天下壯士) 圀 천하에 제일가는 장사.
천하-제일(天下第一) 圀 세상에서 견줄 만한 것이 없음.
천하-태평(天下泰平) 圀 1 온 세상이 태평함. 2 아무 일에 무관심한 상태로 걱정 없이 편안하게 있는 태도를 가볍게 힐난하여 이르는 말. ¶시험이 낼 모렌데 잠만

자고 있으니 ~이로구먼.
천:해(淺海) 圏 1 얕은 바다. ↔심해. 2 해안에서 대륙붕의 외연(外緣)까지의, 수심 약 200m까지의 해역.
천행(天幸) 圏 하늘이 내린 큰 행운. ¶~으로 살아났다.
천형(天刑) 圏 =천벌(天罰).
천혜(天惠) [−혜/−혜] 圏 하늘이 베푼 은혜나 혜택. ¶~의 보고(寶庫).
천황(天皇) 圏 〔일본어 '덴노(天皇/てんのう)'를 우리 한자음으로 읽은 것〕 일본의 국왕. 최근 우리나라에서는 격을 낮추어 '일왕(日王)'이라 부르기도 함.
철¹ 圏 1 일정한 특징의 기후를 나타내는, 봄이나 여름이나 가을이나 겨울과 같은 때. 逬계절. 2 일 년 중 어떤 일을 하기에 알맞거나 어떤 일이나 현상이 으레 이루어지는 일정한 때. ¶김장~ / 장마~. 3 =제철. ¶~이 지난 옷.
철² 圏 사람이 나이가 들면서 세상 사는 이치나 사람으로서의 도리를 깨닫게 되는 상태. 또는, 세상 이치나 사람의 도리를 깨달을 수 있는 정신적 능력. 逬지각(知覺)·분별.
철³(鐵) 圏 1〔화〕은백색의 광택이 있는 금속 원소. 기호 Fe, 원자 번호 26, 원자량 55.85. 강자성을 나타내고, 연성과 전성이 좋음. 2 '철사'의 준말.
-철⁴(綴) 졉미 일부 명사 뒤에 붙어, 그것을 한데 꿰매어 놓은 물건이라는 뜻을 나타내는 말. ¶신문~ / 서류~.
철-가방(鐵−) 圏 1 중국집 배달원이 음식을 나를 때 가방처럼 들고 다닐 수 있도록 철로 네모나게 만든 물건. 2 중국집 배달원을 얕잡아 이르는 말.
철갑(鐵甲) 圏 1 쇠로 만든 갑옷. 2 =철갑. ¶비~/흙~.
철갑-상어(鐵甲−) [−쌍−] 圏〔동〕몸길이 1.5m가량으로 주둥이가 길고 뾰족하며, 몸이 판 모양의 단단한 비늘로 싸여 있는 바닷물고기. 알을 소금에 절인 것을 '캐비아'라고 하는데, 진미로 알려져 있음.
철갑-선(鐵甲船) [−썬] 圏 쇠로 겉을 싼 병선(兵船). ▷거북선.
철강(鐵鋼) 圏 =강철¹.
철거(撤去) 圏 (건물·시설 등을) 무너뜨려 없애거나 걷어치우는 것. ¶~ 대상 주택.
철거-하다(撤去−) 卧타여 ¶무허가 건물을 ~.
철거-되다(撤去−)
철거-민(撤去民) 圏 행정상·군사상의 필요나 재개발로 인하여 거처를 철거당한 사람.
철골¹(徹骨) 圏 몸이 바싹 야위어 뼈만 앙상한 모양이나 상태.
철골²(鐵骨) 圏 1 굳세게 생긴 골격. 2〔건〕형강·강관·평판 등을 접합하여 세운 건조물의 뼈대.
철공-소(鐵工所) 圏 쇠로 된 재료로 여러 가지 기구를 만드는 소규모 공장. 逬철공장.
철-공장(鐵工場) 圏 쇠로 여러 가지 기구를 만드는 공장. 逬철공소.
철광(鐵鑛) 圏〔광〕1 '철광석'의 준말. 2 철이 나는 광산.
철-광석(鐵鑛石) 圏〔광〕철을 함유한, 제철의 원료가 되는 광석.
철교(鐵橋) 圏 1 철을 주재료로 하여 놓은 다리. 2 '철도교'의 준말. ▷인도교.
철군(撤軍) 圏 주둔하였던 군대를 철수하는 것. **철군-하다** 卧자여 ¶미국은 한반도에서 단계적으로 **철군**할 계획이다.
철권(鐵拳) 圏 펀치가 아주 센 사람(특히, 권투 선수)의 주먹. ¶~을 자랑하는 헤비급 챔피언.
철권-통치(鐵拳統治) 圏 무력이나 기타 강압적인 수단에 의한 통치. 비유적인 말임. ¶독재자의 ~에 국민이 저항하다.
철궤(鐵櫃) 圏 철판으로 만든 궤. =금궤.
철근(鐵筋) 圏 콘크리트 속에 박아 그 장력(張力)에 대한 약함을 보강하기 위하여 사용하는 철봉(鐵棒).
철근^콘크리트(鐵筋concrete) 圏〔건〕철근을 뼈대로 넣는 콘크리트. 내구성·내화성·내진성이 좋은 건축물을 만듦.
철금(鐵琴) 圏〔음〕관현악에 쓰이는 악기의 하나. 쇳조각을 음계순으로 늘어놓고 채로 쳐서 소리를 냄. =글로켄슈필.
철기^시대(鐵器時代) 圏〔역〕인류 문명의 발전 단계에서 석기 시대·청동기 시대에 이어 철기를 사용하게 된 시대.
철-길(鐵−) [−낄] 圏 =철로(鐵路).
철-끈(綴−) 圏 문서 따위를 철하는 데에 쓰는 끈.
철-나다 [−라−] 卧재 사리를 분별할 줄 아는 힘이 생기다.
철도(鐵道) [−또] 圏 철제의 궤도 위로 기관차와 차량을 운행하여, 여객·화물을 수송하는 시설. ¶고속~. ▷철로.
철도-교(鐵道橋) [−또−] 圏 철도 선로가 하천·도로 또는 다른 철도 선로를 횡단하는 경우에 가설하는 다리. 준철교.
철도-망(鐵道網) [−또−] 圏 철도가 분포되어 있는 체계.
철도-역(鐵道驛) [−또−] 圏 =역(驛)⁵.
철도-청(鐵道廳) [−또−] 圏 건설 교통부 장관 소속하에 설치된 기관의 하나. 철도에 관한 사무를 관장함.
철두-철미(徹頭徹尾) [−두−] 부 처음부터 끝까지 철저하게. ¶그는 ~ 군인 정신에 투철했다. **철두철미-하다** 톙
철-둑(鐵−) [−뚝] 圏 '철롯둑'의 준말.
철둑-길(鐵−) [−뚝낄] 圏 철롯둑 위의 가로 놓여 난 길.
철-들다 卧자 〈−드니, −드오〉 사리를 분별할 만하게 되다. ¶이제 **철들** 나이가 되지 않았니?
철-딱서니 [−써−] 圏 '철'을 속되게 이르는 말.
철렁 부 1 넓고 깊은 곳에 괸 물이 한번 움직이는 모양. 또는, 그 소리. 2 갑자기 놀라는 모양. ¶가슴이 ~ 내려앉다. **철렁-하다** 卧재타여
철로(鐵路) 圏 열차가 다닐 수 있도록 평행한 두 줄의 궤도를 놓은 길. =철길. ¶호우로 ~가 침수되다.
철롯-둑(鐵路−) [−로뚝/−롣뚝] 圏 철도가 놓여 있는 둑. 준철둑.
철리(哲理) 圏 1 철학의 이치. 2 아주 깊고 오묘한 이치. ¶우주의 ~.
철릭 圏〔역〕옛 무관(武官)의 공복(公服)의 하나. 직령(直領)으로서, 허리에 주름이 잡히고 큰소매가 달렸음.
철마(鐵馬) 圏 '기차(汽車)'를 말에 비유하여 이르는 말.
철망(鐵網) 圏 1 철사를 그물처럼 엮어 만든 물건. 2 '철조망'의 준말.
철-면피(鐵面皮) 圏〔'철로 만든 얼굴 가죽'이라는 뜻〕뻔뻔스럽고 염치를 모르는

사람을 조롱하여 이르는 말.
철모(鐵帽) 몡〖군〗 전투할 때 쓰는, 쇠로 만든 모자.
철-모르다 困(르)〈~모르니, ~몰라〉 사리를 분간하지 못하다. ¶철모르는 행동.
철문(鐵門) 몡 쇠로 만든 문.
철물(鐵物) 몡 쇠로 만든 여러 가지 물건.
철물-점(鐵物店) 몡 철물을 파는 가게.
철-밥통(鐵─桶) 몡〖속〗큰 과오가 없는 한 쫓겨날 위험이 없는 평생직장. 비판조의 말임. ¶이제는 종신 고용과 연공서열의 ~에 안주하던 시대는 지났다.
철벅 뛰 얕은 물 위나 진창을 거칠게 밟을 때 나는 소리. **철벅-하다** 困(타)
철벅-거리다/-대다 [─꺼/─때] 困 잇달아 철벅 소리가 나다. 또는, 그런 소리를 내다.
철벅-철벅 뛰 철벅거리는 소리. **철벅철벅-하다** 困(타)
철벽(鐵壁) 몡 1 무쇠처럼 견고한 벽. 2 매우 튼튼한 방비. ¶~ 수비.
철벽-같다(鐵壁─)[─깓따] 옝 방비가 매우 튼튼하다. ¶철벽같은 방어선. **철벽같이** 뛰
철봉(鐵棒) 몡〖체〗 1 기계 체조 용구의 하나. 2개의 기둥 사이에 쇠막대를 수평으로 가로지른 것. 2 =철봉 운동.
철봉^운동(鐵棒運動)〖체〗남자 체조 경기 종목의 하나. 높이 2.55m, 폭 2.4m의 철봉에서 돌기, 휘돌기, 흔들기, 일정한 자세 유지하기 등의 연기를 함. =철봉.
철-부지(─不知) 몡 철없는 어린아이. ¶~ 어린앤 줄 알았더니 이제 다 컸구나.
철분(鐵分) 몡 어떤 물질 속에 들어 있는 철의 성분.
철사(鐵絲)[─싸] 몡 가늘고 긴 금속의 줄. 세는 단위는 통구리. =철선. 㭎철(鐵).
철-새 [─쎄] 몡(동) 철을 따라 살 곳을 바꾸는 새. =후조. ↔텃새.
철석(鐵石)[─썩] 몡 1 쇠와 돌. 2 굳고 단단함의 비유.
철석-같다(鐵石─)[─썩깓따] 옝 (믿음·의지·약속 등이) 굳고 단단하여 흔들림이 없다. ¶철석같은 신념[맹세]. **철석같이** 뛰 ¶나는 그의 약속을 ~ 믿었다.
철선(鐵船) [─썬] 몡 쇠로 만든 배.
철선(鐵線) [─썬] 몡 =철사(鐵絲).
철수(撤收)[─쑤] 몡 1 거두어 가지거나 걷어치우는 것. 2〖군〗진지 따위를 걷어치우고 군대가 물러나는 것. **철수-하다** 困(타) **철수-되다** 困

철시(撤市)[─씨] 몡 시장·점포 등이 문을 닫고, 장사를 하지 않는 것. **철시-하다** 困(타) ¶명절을 맞아 대부분의 상가가 ~. **철시-되다** 困

철심(鐵心)[─씸] 몡 1 회전 전기 기기·변압기·전자석 등에서, 코일 속에 들어 있어 자기 회로로 쓰는 강재(鋼材). 2 굳은 마음.
철썩 뛰 1 액체의 면이 넓적한 물체와 부딪칠 때 나는 소리. 2 큰 물결이 물체와 세게 부딪칠 때 크게 나는 소리. 3 손바닥으로 사람의 엉덩이 등의 살을 때릴 때 크게 나는 소리. 4 차진 물건이 어떤 물체에 세게 들러붙는 모양. 㭎찰싹. **철썩-하다** 困(타)
철썩-거리다/-대다 [─꺼(때)─] 困(자)(타) 잇달아 철썩 소리가 나다. 또는, 그런 소

리를 내다. ¶철썩거리며 바위에 부딪치는 파도.
철썩-철썩 뛰 철썩거리는 소리. ¶바위에 부딪치는 ~ 소리를 내는 파도. 㭎찰싹찰싹.
철야(徹夜) 몡 어떤 일을 하느라고 잠을 자지 않고 밤을 새우는 것. 비밤샘. ¶~ 작업. **철야-하다** 困
철-없다[─업따] 옝 (사람이) 나이가 어려 세상 사는 이치나 사람으로서의 도리를 깨닫지 못한 상태에 있다. **철없는** 관 [짓]. **철없-이** 뛰 ¶~ 뛰노는 아이들.
철옹-성(鐵甕城·鐵瓮城) 몡 ['쇠로 만든 항아리와 같은 성'이라는 뜻] 1 방비가 아주 튼튼한 성. 2 방비나 수비가 완벽한 상태. 또는, 정복하거나 이기기 어려운 대상. 비유적인 말임. ¶프랑스 팀의 수비는 가히 ~이다.
철완(鐵腕) 몡 무쇠처럼 단단하고 힘센 팔. ¶~의 투수.
철의 장막(鐵─帳幕)[─의─/─에─] 서방 국가에 대한, 소련의 폐쇄적이고 비밀주의적인 장벽을 이르던 말. 영국 처칠이 사용해 널리 퍼진 말임.
철인[哲人] 몡 1 인생이나 우주의 진리를 깊이 탐구하는 사람. 특히, 대사상가. 비철학자. ¶고대 그리스의 ~ 소크라테스.
철인[鐵人] 몡 몸이나 힘이 무쇠처럼 강한 사람.
철인^레이스(鐵人race) 몡〖체〗 =트라이애슬론.
철-자[鐵─] 몡 쇠로 만든 자.
철자[綴字][─짜] 몡〖언〗자음과 모음을 맞추어 음절 단위의 말을 만드는 것. 'ㄱ'과 'ㅏ'를 맞추어 '가'를 만드는 따위.
철자-법[綴字法][─짜뻡] 몡〖언〗=맞춤법1.
철재(鐵材) 몡〖철〗철의 재료.
철저-하다(徹底─) 옝 (태도나 상태가) 속속들이 꿰뚫거나 미치어 부족함이나 빈틈이 없다. **철저-히** 뛰 ¶진상을 ~ 조사하다. **철저주의자. 철저-히** 뛰 ¶진상을 ~ 조사하다.
철제(鐵製) 몡 쇠로 만듦. 또는, 그 제품. ¶~ 가구.
철조-망(鐵條網)[─쪼─] 몡 가시철사를 그물처럼 얽기설기 엮어 놓은 물건. 또는, 그것을 친 울타리. =철조망.
철쭉 [─쭉] 몡〖식〗높이 2~5m가량으로, 5월에 진달래꽃과 비슷한 분홍색 꽃이 피는 낙엽 활엽 관목. 산에 흔히 자람.
철쭉-꽃 [─꼳] 몡 철쭉의 꽃.
철창(鐵窓) 몡 1 쇠로 창살을 만든 창문. 2 '감옥'을 비유하여 이르는 말. ¶~에 갇히다.
철창-생활(鐵窓生活) 몡 =감옥살이.
철창-신세(鐵窓身勢) 몡 감옥에 갇히는 신세. ¶~를 지다.
철-찾다 [─찯따] 困(자) 제철에 맞추다. ¶철 찾아 만물이 소생하다.
철책(鐵柵) 몡 쇠로 만든 울짱.
철천지원수(徹天之怨讐) 몡 하늘에 사무치도록 한이 맺히게 하는 원수. ¶부모를 죽인 ~.
철천지한(徹天之恨) 몡 하늘에 사무치는 크나큰 한. ¶배우지 못한 게 ~이다.
철철 뛰 1 물 따위가 많이 넘쳐흐르는 모양. ¶욕조에 물이 ~ 넘치다. 2 어떤 사람에게서 어떤 기운이 넘치는 모양. ¶매력이 ~ 넘치는 남자. 㭎찰찰.

철철이

철철-이 튀 철마다. 또는, 절기를 따라서.
철칙(鐵則) 명 변경하거나 어길 수 없는 법칙. ¶눈길에서의 감속 운행은 운전의 ~이다.
철침(鐵針) 명 쇠로 만든 봉재용(縫裁用) 또는 침구용(鍼灸用) 바늘.
철커덕 튀 큰 쇠붙이로 된 장치를 조작할 때 쇠붙이가 맞물리거나 맞물렸다가 떨어지는 소리. ¶쇠문이 ~ 잠기다. 준철컥. 센철카닥. **철커덕-하다** 困
철컥 튀 '철커덕'의 준말. ¶수갑을 ~ 채우다. 센철칵. **철컥-하다** 困
철탑(鐵塔) 명 고압 송전선 등을 받치기 위해 철재를 탑 모양으로 조립하여 만든 구조물.
철통-같다(鐵桶-) [-갇따] 혱 (방어나 수비의 상태가) 조금도 빈틈이 없이 튼튼하다. ¶철통같은 수비. **철통같-이** 튀
철퇴(撤退) 명 -되- 거두어 가지고 물러나는 것. **철퇴-하다** 困
철퇴²(鐵槌) [-퇴/-퉤] 명 1 =쇠몽둥이. 2 [체] =해머2.
철퇴를 가하다 엄한 벌을 내리거나 크나큰 타격을 주다. ¶유흥업소 주변의 폭력배들에게 ~.
철판¹(凸版) [-] 출 =볼록판. ↔요판.
철판²(鐵板) 명 쇠로 만든 넓은 판.
철판-구이(鐵板-) 명 철판 위에 고기·생선 등을 구워 먹는 일. 또는, 그 음식.
철퍽 튀 힘없이 넘어지거나 주저앉는 소리. 또는, 그 모양. ¶땅바닥에 ~ 주저앉다. **철퍽-하다** 困
철폐(撤廢) [-페/-폐] 명 -되- (제도·법률·규정 등을) 더 이상 실시하거나 시행하지 않고 없애는 것. **철폐-하다** 目 ¶사형 제도를 ~. **철폐-되다** 困
철필(鐵筆) 명 끝이 뾰족한 쇠로 된 등사용 필기도구.
철-하다(綴-) 目 (문서·신문 등을) 한데 모아 매다. ¶신문철을 **철해** 두다.
철학(哲學) 명 1 인간이나 세계에 대한 지혜·원리를 탐구하는 학문. 2 자기 자신의 경험 등에서 얻어진 기본적인 생각.
철학-가(哲學家) [-까] 명 철학을 깊이 연구하여 일가를 이룬 사람. 비사상가·철인(哲人).
철학-사(哲學史) [-싸] 명 철학 사상의 변천과 이론을 체계적으로 다룬 역사.
철학-자(哲學者) [-짜] 명 철학을 전문으로 연구하는 사람.
철학-적(哲學的) [-쩍] 괸 철학에 기초하거나 철학과 관계있는 (것). ¶~ 사고.
철혈^재상(鐵血宰相) 명 강력한 정책을 강행한 재상. 흔히 '비스마르크'를 이름.
철혈^정책(鐵血政策) 명 [역] 1862년에 비스마르크가 제창한, 군비 증강에 의한 독일의 통일 정책.
철회(撤回) 명 -하- (일단 제출하였던 것이나 주장하였던 것을) 되돌리거나 취소하는 것. **철회-하다** 目 ¶사표를 ~. **철회-되다** 困
첨¹ 명 튀 '처음'의 준말. ¶세상에 그런 노릇이는 ~ 본다.
첨가(添加) 명 (어떤 물질에 다른 물질을, 또는 어떤 말에 다른 말을) 더하여 넣거나 보태는 것. ¶음료수에 색소를 ~. **첨가-되다** 困
첨가-물(添加物) 명 식품 등을 만들 때 보태어 넣는 것.

첨단(尖端) 명 1 유행이나 시대사조 등의 맨 앞장. ¶~ 산업/유행의 ~을 걷다.
첨벙 튀 비교적 큰 물체가 다소 깊은 물속에 떨어져 잠길 때 나는 소리. 또는, 그 모양. **첨벙-하다** 困
첨벙-거리다/-대다 困目 자꾸 첨벙 소리가 나다. 또는, 그런 소리를 내다.
첨벙-첨벙 튀 첨벙거리는 소리. 또는, 그 모양. ¶물속으로 ~ 들어가다. **첨벙첨벙-하다** 困
첨병(尖兵) 명 [군] 전투 지역의 행군에서, 부대의 전방을 경계·수색하는 병사. 또는, 그 부대.
첨부(添附) 명 (어떤 대상에 다른 대상을) 더하여 붙이는 것. ¶~ 서류. **첨부-하다** 目 ¶입사 원서에 졸업 증명서를 ~. **첨부-되다** 困
첨삭(添削) 명 (시문·답안 등에) 말을 보태거나 삭제하거나 하여 고치는 일. ¶~ 지도. **첨삭-하다** 目 **첨삭-되다** 困
첨언(添言) 명 덧붙여 말하는 것. **첨언-하다** 目
첨예-하다(尖銳-) 혱 1 날카롭고 뾰족하다. ¶첨예한 말끝. 2 (사상이나 태도가) 앞서 있거나 극단적인 데가 있다. ¶첨예한 이론. 3 (대립이나 갈등 따위가) 격하고 치열하다. ¶중동 사태가 첨예해지다.
첨예-화(尖銳化) 명 1 (사상·태도 등이) 급진적인 상태가 되는 것. 2 (대립·갈등 따위가) 격하고 치열하게 되는 것. **첨예화-하다** 困目 ¶양측의 대립이 ~. **첨예화-되다** 困 ¶노사 분규가 점차 ~.
첨자(添字) [-짜] 명 [수] 몇 개의 변수를 같은 문자로 써서 나타내는 경우, 그들을 구별하기 위한 소문자. 문자 좌우의 상하에 붙임. X_i, X^n의 i, k 따위.
첨작(添酌) 명 제사에서, 종헌(終獻:마지막 술잔을 올리는 일)으로 드린 잔에 술을 더 따라 가득 채우는 일. **첨작-하다** 困目
첨지(僉知) 명 (성(姓) 아래에 붙여서) 지난날, 특별한 사회적 지위가 없는 나이 많은 남자를 동료나 윗사람이 예사롭게 이르던 말. ¶김 ~.
첨탑(尖塔) 명 꼭대기가 뾰족한 탑. ¶교회의 ~.
첩¹ 명 (의 반상기 한 벌에 갖추어진 쟁첩의 수효를 헤아리는 단위. ¶○~반상.
첩²(妾) I 명 본처 외에 더불어 처로서 데리고 사는 여자. =소실.
II 대[인칭] 예전에, 결혼한 여자가 윗사람에 대하여 자기를 낮추어 일컫던 말.
첩³(貼) 명[의존] 약봉지에 싼 약을 세는 말. ¶한약 두 ~을 달여 먹다.
-첩(帖) 《접미》 사진·그림 따위를 붙이기 위하여 맨 책의 뜻. ¶사진~ / 서화~.
첩경(捷徑) [-꼉] I 명 =지름길. ¶문제 해결의 ~.
II 튀 흔히. 또는, 아마도 틀림없이.
첩보(諜報) [-뽀] 명 적정의 형편을 정탐하여 보고하는 것. 또는, 그 보고. ¶~원.
첩보-전(諜報戰) [-뽀-] 명 첩보원을 통해 적의 정보나 상황을 알아내고자 적을 제압하거나 굴복시키고자 하는 일.
첩실(妾室) [-씰] 명 '첩(妾)'을 점잖게 이르는 말.
첩약(貼藥) [첨냑] 명 약방문에 따라 여러 가지 약재를 배합하여 약봉지에 싼 약.

첩어(疊語) [명] 같은 음이나 비슷한 음을 가진 단어를 반복적으로 결합한 말. '방실방실', '이리저리' 따위.
첩자(諜者)[-짜] [명] 적의 진영에서 몰래 정보를 수집하여 제공하는 사람. [비]간첩.
첩지[1][-찌] [명] 조선 시대에 왕비나 내명부·외명부가 쪽머리의 가르마에 얹어 치장하던 장신구.
첩지[2](牒紙)[-찌] [명][역] 조선 말기의 판임관의 임명서.
첩첩-산중(疊疊山中)[-싼-] [명] **1** 여러 산으로 첩첩이 둘러싸인, 깊은 산속. ¶~에 자리 잡은 오지 마을. **2** 많은 어려움이 겹겹이 놓여 있는 상태. 비유적인 말임. ¶그 문제를 해결하려면 가야 할 길이 그야말로 ~이다.
첩첩-하다(疊疊-)[-처파-] [형][여] (사물이나 현상이) 여러 겹으로 겹치거나 쌓인 상태에 있다. **첩첩-이** [부]
첫[천] [관] 맨 처음의. ¶~ 월급.
첫 단추를 잘못 끼우다 어떤 일을 시작 단계에서 잘못하다.
첫 삽을 뜨다 어떤 일을 처음으로 시작하다. 또는, 시간과 노력이 많이 드는 일을 시작하다. ¶댐 공사의 ~.
첫-걸음[첟껄-] [명] **1** 목적지를 향해 처음 내디디는 걸음. **2** 어떤 일에서, 첫출발. =제일보.
첫-날[천-] [명] 무슨 일에 있어서, 처음이 되는 날. ¶개회 ~.
첫날-밤[천-빰] [명] 결혼한 신랑과 신부가 처음으로 함께 자는 밤. =초야.
첫-눈[1][천-] [명] 처음 보아 눈에 뜨이는 느낌이나 인상. ¶~에 반하다.
첫-눈[2][천-] [명] 그해 겨울에 처음으로 내리는 눈.
첫-닭[첟딱] [명] 새벽이 되어 맨 처음 홰를 치며 우는 닭. ¶~이 울면 곧 떠나자.
첫-돌[첟똘] [명] 아기가 태어나서 처음 맞는 생일. 또는, 어떤 일(특히, 창립·창업)이 있은 지 첫 1년이 되는 기념일.
첫-딸[첟-] [명] 초산으로 낳은 딸.
[**첫딸은 세간 밑천이다**] 첫딸이 집안 살림에 도움이 된다 하여 이르는 말.
첫-마디[천-] [명] 맨 처음으로 내는 말의 한 마디.
첫-머리[천-] [명] 어떤 것의 시작되는 부분. ¶새해 ~ / 소설 ~. ↔끝머리.
첫-물[천-] [명] **1** 옷을 새로 지어 입고 빨 때까지의 동안. **2** '맏물'의 잘못.
첫-발[첟빨] [명] 첫걸음을 내디디는 발. ¶~을 떼다.
첫발을 내디디다 무엇을 새로이 시작하다. 또는, 어떤 범위 안으로 처음 들어서다. ¶졸업 후 사회에 ~.
첫-사랑[첟싸-] [명] 맨 처음 느끼거나 맺은 사랑.
첫-새벽[첟쌔-] [명] 밤이 막 새는 새벽의 첫머리.
첫-서리[첟써-] [명] 그해 가을에 맨 처음 내린 서리.
첫-선[첟썬] [명] 처음 세상에 내놓는 일. ¶~을 보이다.
첫-소리[첟쏘-] [명][언] 한 음절에서, 처음으로 나는 소리. '강'에서 'ㄱ' 같은 소리. =초성.
첫-손가락[첟쏜까-] [명] '엄지손가락'을 첫째 손가락이라는 뜻으로 이르는 말.
첫손가락(을) 꼽다 =첫손(을) 꼽다.
첫손(을) 꼽다[첟쏜-] 여럿 가운데 가장 뛰어나다. =첫손가락(을) 꼽다. ¶반에서 **첫손 꼽히는** 수재.
첫-솜씨[첟쏨-] [명] 경험이 없던 사람이 첫 번으로 손을 대서 하는 솜씨.
첫-술[첟쑬] [명] 첫 번으로 떠 먹는 밥술.
[**첫술에 배부르랴**] 무슨 일이든지 처음부터 단번에 만족할 수는 없다는 말.
첫-아이[첟-] [명] 초산으로 낳은 아이. [준]첫애.
첫-애[첟-] [명] '첫아이'의 준말.
첫-얼음[첟-] [명] 그해 겨울에 처음으로 언 얼음.
첫-울음[첟-] [명] 갓난아이가 태어나서 처음으로 우는 울음.
첫-이레[천니-] [명] 아이가 태어나서 처음 이레가 되는 날.
첫-인사(-人事)[첟-] [명] 처음으로 하는 인사. ¶양가 부모가 ~를 나누다.
첫-인상(-印象)[첟-] [명] 첫눈에 느껴지는 인상. ¶~이 좋다.
첫-정(-情)[첟쩡] [명] 맨 처음으로 든 정.
첫-째[첟-] [수][관] 차례를 매길 때, 맨 처음에 오는 수. ¶~ 시간.
첫째-가다[첟-] [동][자] 무엇보다 우선적으로 꼽히거나 으뜸이 되다. ¶마을에서 **첫째가는** 부자.
첫-차(-車)[첟-] [명] 하루 중 맨 처음 운행하는 차. ¶~로 상경하다. ↔막차.
첫-출발(-出發)[첟-] [명] 어떤 일에 첫걸음을 내디딤. **첫출발-하다** [동][자][여]
첫-판[첟-] [명] 무슨 일의 첫 번째가 되는 판. ¶씨름에서 ~을 이기다.
첫-해[처태] [명] 무슨 일을 시작한 맨 처음의 해.
첫-행보(-行步)[처탱-] [명] **1** 첫 번으로 길을 다녀오는 일. **2** 어떤 일을 해 나가기 위한 첫 단계 작업. ¶새로운 사업을 위한 ~를 시작하다.
청[1] [명] **1** 어떤 물건의 얇은 막으로 된 부분. ¶귀~. **2** =목청2. ¶~이 좋다.
청[2](淸) [명][역] 중국의 마지막 왕조(1616~1912). 여진족의 누르하치가 건국하였으며, 신해혁명에 의하여 멸망함.
청[3](請) [명] 어떤 일을 이루기 위하여 남에게 하는 부탁. ¶~을 들어주다.
청(을) 넣다 직접으로 또는 중간에 사람을 넣어 특별히 청을 하다. ¶높은 양반한테 **청을 넣었으니** 좀 기다려 보게.
청[4](廳) [명] 중앙 행정 기관의 분류 단위의 하나. 장관 소속하에 둠. 우두머리는 청장(廳長).
-청[5](廳) [접미] 일부 명사에 붙어, '행정 기관'의 뜻을 나타내는 말. ¶병무~ / 검찰~ / 산림~.
청각[1](靑角) [명][식] 녹조류의 해조(海藻). 몸은 짙은 녹색으로 사슴의 뿔과 비슷한 모양이며, 김치를 담글 때 고명으로 쓰고, 무쳐 먹기도 함.
청각[2](聽覺) [명][생] 소리의 크기나 높이나 음색 등을 인식하는 귀의 감각.
청각-기(聽覺器)[-끼] [명][생] 소리의 자극을 받는 감각 기관.
청강(聽講) [명] 강의를 듣는 것. **청강-하다** [동][타][여]
청강-생(聽講生) [명][교] 전에 대학에서, 그 학교의 정규 학생이 아니면서 청강만을 허락받은 학생.
청-개구리(靑-) [명] **1** [동] 개구리의 한 종

ㅊ

류. 몸길이 2.5~4cm로, 몸빛은 회색 또는 녹색 바탕에 검은 무늬가 흩어져 있는데, 주위 환경에 따라 몸빛이 변함. 비가 오려고 할 때 시끄럽게 욺. 2 [전래 동화에서] 모든 일에 엇나가고 엇먹는 짓을 하는 사람의 비유. ¶하는 짓이 꼭 ~야.

청결-하다(淸潔—)[형여] (몸·물체·장소 등이) 지저분하지 않거나 더러움이 없이 좋은 느낌을 주는 상태에 있다. ¶깨끗하다. ¶불결하다. ¶방 안을 ~. ↔불결하다. **청결-히** [부]

청과(靑果)[명] =청과물. ¶~ 시장.

청과-물(靑果物)[명] 신선한 과일과 채소. =청과. ¶~ 시장.

청-교도(淸敎徒)[명][기] 16세기 후반 영국에서 일어난 칼뱅파의 신교도. 엄격한 도덕성과 순결성을 중히 여김.

청구(請求)[명] 1 남에게 받아야 할 돈이나 물건 등을 달라고 요구하는 것. ¶요금 ~ 내역. 2 [법] 상대방에 대하여 일정한 행위를 요구하는 일. ¶손해 배상 ~ 소송. **청구-하다** [타여] ¶공사 대금을 ~.

청구-권(請求權)[-꿘][명][법] 특정인에 대하여 일정한 행위를 요구할 수 있는 권리. 채권·손해 배상권 따위.

청구-서(請求書)[명] 어떤 일을 공식적으로 청구하는 문서. ¶전화 요금 ~.

청국-장(淸麴醬)[-짱][명] 푹 삶은 콩을 더운 방에서 띄워서 만든 된장의 한 가지. 찌개를 끓어 먹음. =담북장.

청군(靑軍)[명] 경기 따위에서, 청(靑)과 백(白)으로 편을 갈랐을 때, 청 쪽의 편. ↔ 백군.

청-기와(靑-)[명] 푸른 빛깔의 단단한 기와. ¶~ 집.

청년(靑年)[명] 신체적으로 거의 다 성숙했거나 성장이 한창 젊은 남자. 일반적으로 17, 18세에서부터 20대의 시기에 있는 남자를 가리킴. ¶~ 시절.

청년-기(靑年期)[명] 사람이 신체적·정신적으로 한창 성장하거나 무르익은 시기. 일반적으로 고등학교 대널 무렵부터 20대의 시기를 가리키나 넓게는 30대 초반을 포함하기도 함.

청년-단(靑年團)[명] 어떤 목적을 가지고 조직된 청년의 단체.

청년-회(靑年會)[-회/-훼][명] 수양·친목·사회봉사 등을 위하여 청년들이 조직한 모임.

청단(靑短)[명] 화투에서, 푸른 띠가 있는 목단·국진·풍의 다섯 끗짜리 석 장을 맞추어 이루는 단. ¶홍단·초단.

청담(淸談)[명] 명리(名利)를 떠난, 맑고 고상한 이야기.

청대(請對)[명][역] 신하가 급한 일이 있을 때, 임금에게 뵙기를 청하는 것. **청대-하다** [자여]

청동(靑銅)[명][화] 구리와 주석의 합금.

청동기^시대(靑銅器時代)[명][고고] 청동기를 주요 기구로서 사용한 시대. 석기 시대와 철기 시대의 중간 시대임.

청동-색(靑銅色)[명] 청동과 같은 빛깔. 또는, 거무스름한 구릿빛.

청동-오리[명][동] 수컷은 머리와 목이 광택 있는 녹색이고, 부리는 갈색, 꽁지는 흰색이며, 암컷은 전체적으로 갈색을 띠는 물새. 겨울 철새임. =물오리.

청동-호박[명] 늦게까지 껍질이 굳고 씨가 잘 여문 호박.

청량-음료(淸凉飮料)[-냥-뇨][명] 이산화탄소가 들어 있어 맛이 산뜻하고 시원한 음료. 사이다·콜라 따위.

청량-제(淸凉劑)[-냥-][명] 1 먹으면 기분이 상쾌해지는 약. 드링크제 따위. 2 바르거나 머금거나 해 몸에 상쾌한 느낌을 주는 약품. ¶구강 ~. 3 답답하거나 억눌린 마음을 시원하게 풀어 주는 구실을 하는 것. 비유적인 말임. ¶여행은 삶에 ~가 되어 준다.

청량-하다(淸凉—)[-냥-][형여] 날씨가 맑고 서늘하다. **청량-히** [부]

청력(聽力)[-녁][명] 귀로 소리를 듣는 힘.

청력-계(聽力計)[-녁께/-녁께][명] 사람의 청력을 측정하는 계기.

청렴-결백(淸廉潔白)[-념-][명] 마음이 맑고 깨끗하여 탐욕이 없음. **청렴결백-하다** [형여] ¶청렴결백한 성품.

청렴-하다(淸廉—)[-념-][형여] 마음이 청백하고 탐욕이 없다. ¶청렴한 인품.

청록(靑綠)[-녹][명] =청록색.

청록-색(靑綠色)[-녹쌕][명] 푸른빛이 도는 녹색. =청록.

청룡(靑龍)[-뇽][명][민] 1 동쪽 방위를 맡은 신으로 여겨지는 동물. 푸른색 용의 모습임. 2 풍수설에서, 주산(主山)에서 왼쪽으로 갈라져 나간 산줄기. ↔백호.

청매(靑梅)[명] 매화나무의 푸른 열매. ↔황매(黃梅).

청맹-과니(靑盲—)[명] 겉으로 보기에는 멀쩡하나, 실상은 보지 못하는 눈. 또는, 그런 사람.

청명(淸明)[명] 24절기의 하나. 4월 5일경으로, 춘분과 곡우 사이에 있음.

청명-하다(淸明—)[형여] 날씨가 맑고 밝다. ¶구름 한 점 없는 **청명한** 가을 날씨.

청문-회(聽聞會)[-회/-훼][명] 국회에서 중요한 안건을 심사하거나 고위 공직 후보자의 자질을 검증하거나 위하여 필요한 경우, 증인·참고인·공직 후보자 등을 국회에 출석시켜 신문하는 모임.

청-바지(靑—)[명] 청색 데님(denim)으로 만든 바지. =블루진.

청백-리(淸白吏)[-뱅니][명] 1 청렴결백한 관리. 2 [역] 의정부·육조(六曹)·경조(京兆)의 정2품 또는 종2품 이상의 당상관과 사헌부·사간원의 우두머리가 천거한 청렴한 벼슬아치.

청백-색(靑白色)[-쌕][명] 푸른빛이 도는 흰색.

청백-전(靑白戰)[-쩐][명] 운동 경기 따위에서, 청군과 백군으로 편을 갈라 겨루는 시합.

청병(請兵)[명] 구원병을 청하는 것. 또는, 출병하기를 요청하는 것. **청병-하다** [자여]

청부(請負)[명][법] =도급(都給). **청부-하다** [타여] ¶교량 건설 공사를 ~.

청빈-하다(淸貧—)[형여] (사람이) 마음이 깨끗하고 재물에 욕심이 없이 가난하게 사는 상태에 있다. ¶**청빈한** 생활.

청사[1](靑史)[명] [종이가 발명되기 이전에는 대의 청피(靑皮)에 사실(史實)을 기록했기 때문에 이르는 말] 역사상의 기록. ¶~에 길이 남을 위업.

청사[2](廳舍)[명] 관청의 건물. ¶정부 종합 ~.

청사-등롱(靑紗燈籠)[-농][명][역] 1 푸른 운문사(雲紋紗)를 몸체로 삼고 위아래에 붉은 천으로 동을 달아 옷을 한 등롱. 2

청유문 _1153

푸른 사(紗)로 웃을 한 등롱. 정3품에서 정2품까지의 관원이 밤에 다닐 때에 썼음. =청사초롱.
청-사진(靑寫眞) 명 1 도면(圖面) 따위의 복사에 쓰이는 사진의 한 가지. 푸른 바탕에 흰 줄로 나타남. 2 미래에 대한 희망적인 계획·구상 등의 비유. ¶회사 발전의 ~을 제시하다.
청사-초롱(靑紗-) 명[역] =청사등롱.
청산¹(靑山) 명 풀·나무가 무성한 푸른 산.
청산²(淸算) 명 1 (채무·채권 관계를) 셈하여 깨끗이 정리하는 것. 2 [경] 법인·조합 등이 해산에 의하여 활동을 정지하고 재산 관계를 정리하는 일. 3 (어떤 일이나 부정적인 요소 등을) 결말을 지어 없애는 것. **청산-하다** 동[자] ¶어두운 과거를 ~. **청산-되다** 동[자]
청산-가리(靑酸加裏) 명 '시안화칼륨'을 일상적으로 이르는 말.
청산리^**대**!**첩**(靑山里大捷) [-니-] 명[역] 1920년에 김좌진이 이끄는 독립군이 만주 청산리에서 일본 군과 싸워 큰 승리를 거둔 싸움.
청산-별곡(靑山別曲) 명[문] 작자·연대 미상의 고려 가요. 모두 8연으로, 현실 도피 및 현실 부정의 사상이 담겨 있음.
청산-유수(靑山流水) [-뉴-] 명 [청산에 흐르는 물과 같다는 뜻] 막힘이 없이 말을 잘하는 상태. 비유적인 말임. ¶그는 입을 한번 열었다 하면 ~다.
청상(靑孀) 명 '청상과부'의 준말.
청상-과부(靑孀寡婦) 명 젊어서 과부가 된 여자. ⑤청상.
청-새치(靑-) 명[동] 몸길이가 3m가량이고, 주둥이가 좁은 창 모양으로 길쭉하며 위턱이 아래턱보다 2배가량 긴 바닷물고기. 몸빛은 검푸르고 배는 흰색임.
청색(靑色) 명 무지개 색 위에서 다섯 번째에 있는 색깔. 맑은 날의 하늘과 같은 색깔임. ⓗ파란색·파랑.
청서(靑書) 명 영국 의회의 보고서. 표지가 청색임. ▷백서(白書).
청석(靑石) 명[광] 푸른 빛깔을 띤 응회암. 실내 장식이나 건물의 외부 장식에 쓰임.
청설-모 명 날다람쥐의 털. 붓을 만듦.
청소(淸掃) 명 (어느 곳을) 쓸거나 닦거나 털거나 함으로써 더러운 것을 없애어 깨끗이 하는 것. 소제. ¶~ 당번. **청소-하다** 동[타] ¶집 안을 ~. **청소-되다** 동[자]
청-소골(聽小骨) 명[생] 중이(中耳)의 안에 있는 세 개의 작은 뼈, 망치뼈, 모루뼈·등자뼈로 고막의 진동을 내이(內耳)에 전달함.
청-소년(靑少年) 명 아직 성인이 되지 않은 젊은이. 주로, 중고등학생 정도의 연령층을 가리키나 넓게는 초등학생의 연령층도 포함함. ¶~ 시절 / 비행 ~.
청소-부¹(淸掃夫) 명 청소를 직업으로 하는 남자. 순화어는 '환경미화원'.
청소-부²(淸掃婦) 명 청소를 직업으로 하는 여자. 순화어는 '환경미화원'.
청소-차(淸掃車) 명 쓰레기나 분뇨를 쳐 가는 자동차.
청-솔(靑-) 명 푸른 소나무. =청송.
청-솔가지(靑-) [-까-] 명 베거나 꺾은 지 얼마 되지 않아 아직 마르지 않은, 잎이 푸른 솔가지.
청송(靑松) 명 =청솔.
청수(淸水) 명 맑고 깨끗한 물.

청수-하다(淸秀-) 형[여] 얼굴이 깨끗하고 빼어나다.
청순-가련(淸純可憐) 명 깨끗하고 순수하며 동정이 가도록 애틋함. **청순가련-하다** 형[여] ¶**청순가련**해 보이는 소녀.
청순-하다(淸純-) 형[여] (사람이나 마음의 작용이) 때 묻지 않고 순수하다. ¶소년, 소녀의 **청순**한 사랑.
청승 명 사람이 격에 맞지 않게 슬퍼하거나 처량하게 구는 상태. 또는, 어떤 대상이 격에 맞지 않은 슬픔이나 처량함을 나타내고 있는 상태. ¶~을 떨다.
청승-맞다[-맏-] 형 청승을 떠는 성질이 있다. ¶**청승맞**게 울다.
청승-스럽다[-따-] 형[ㅂ] <~스러우니, ~스러워> 청승을 떠는 데가 있다. **청승스레** 부
청신-하다(淸新-) 형[여] 새롭고 산뜻하다. ¶진보적 소장 학자들이 학계에 **청신**한 바람을 일으키다.
청-신호(靑信號) 명 1 진행을 나타내는, 교통 신호의 하나. 2 앞일에 대한 순조로운 징조의 비유. ↔적신호.
청-실(靑-) 명 푸른 빛깔의 실.
청실-홍실(靑-紅-) 명 납채(納采)할 때, 청홍(靑紅)의 두 같을 따로 접고 그 허리에 빛깔이 엇바뀌게 긴 명주실 끈.
청심-환(淸心丸) 명 [한] 심장의 열을 풀고 마음을 안정시키는 데 쓰는 환약.
청아-하다(淸雅-) 형[여] (모습·소리·상태 등이) 속된 데가 없이 맑고 아름답다. ¶**청아**한 자태.
청안(靑眼) 명 좋은 마음으로 남을 보는 눈. ↔백안(白眼).
청안-시(靑眼視) 명 달갑게 여기거나 환대하여 보는 것. ↔백안시. **청안시-하다** 동[타여]
청약(請約) 명[법] 일정한 내용의 계약을 체결시킬 것을 목적으로 하는 일방적의 사 표시. ¶~ 예금. **청약-하다** 동[타여]
청약-립(靑篛笠) [-양닙] 명 푸른 갈대로 만든 갓.
청어(靑魚) 명 몸길이가 35cm가량이고, 등은 짙은 청색, 옆구리와 는 은백색인 바닷물고기. 정어리와 비슷하나 옆구리에 검은 점이 없는 것으로 구별됨.
청옥(靑玉) 명[광] 강옥(鋼玉)의 한 가지. 푸르고 투명하며, 다이아몬드 다음으로 단단함. 양질의 것은 보석으로 쓰임. =사파이어.
청-요리(淸料理) [-뇨-] 명 청나라의 요리라는 뜻으로, '중화요리'를 이르는 말.
청운(靑雲) 명 1 푸른 빛깔의 구름. 2 높은 지위나 벼슬을 가리키는 말.
청운의 꿈 입신출세하려는 꿈. ¶~을 안고 상경하다.
청운의 뜻 입신출세하려는 큰 희망.
청원(請願) 명 일이 이루어지도록 청하고 원하는 것. **청원-하다** 동[타여] ¶학교 신설을 정부에 ~.
청원^경!**찰**(請願警察) 명[법] 중요 산업 시설이나 공공 기관, 국내 주재 외국 기관 등의 요청에 의하여, 수익자가 비용을 부담하는 것을 조건으로 경비 업무를 담당하는 경찰.
청원-서(請願書) 명 청원하는 내용을 적은 문서. 반드시 문서로써 해야 함.
청유-문(請誘文) 명[언] 말하는 이가 듣는 이에게 같이 행동할 것을 권하는 내용을

담은 문장. "같이 노래 부르자." 따위.
청유-형(請誘形)[명][언] 동사의 활용형의 하나, 무엇을 하자고 이끄는 뜻을 나타내는 종결 어미. '-자', '-(으)ㅂ시다', '-세' 따위가 붙은 꼴임.
청음(聽音)[명][음] 음악 교육에서, 귀의 훈련을 위하여 가락이나 화음을 듣고 리듬·박자·조음이를 분간하거나 알아내어 악보에 옮겨 쓰는 기초적 연습.
청일^전(淸日戰)[명][역] 청나라와 일본 사이에 벌어진 전쟁(1894~1895). 조선의 동학 혁명을 계기로 전쟁이 일어나 일본이 승리하고, 시모노세키 조약이 체결됨.
청-일점(靑一點)[-찜][명] 많은 여자 틈에 하나뿐인 남자를 이르는 말. ↔홍일점.
청자(靑瓷·靑磁)[명][공] 푸른 빛깔의 자기. 자기의 몸을 이루는 흙과 잿물 가운데에 있는 철명의 성분이 속불꽃으로 인하여 푸른빛을 띰. ¶고려~.
청자(聽者)[명] 말을 듣는 사람. ↔화자.
청자^상감(靑瓷象嵌)[명][공] 고려 시대에 발달한 도자기 기법의 한 가지. 자기에 여러 가지 무늬를 새겨 다른 빛깔을 냄.
청자-색(靑瓷色)[명] 청자의 빛깔과 같이 푸른 색.
청장(廳長)[명] 청(廳)의 우두머리.
청-장년(靑壯年)[명] 청년과 장년.
청정^수역(淸淨水域)[명] 해양 자원을 보호하고 연안 양식 지역에서 발생하는 해수 오염을 방지하기 위해 설정한 지역.
청정-하다(淸淨-)[형여] 깨끗하여 더러움이 없다. ¶**청정**한 공기. **청정-히**[부]
청조-체(淸朝體)[명][출] 활자체의 하나. 붓으로 쓴 것과 비슷한 한문 글자체.
청주(淸酒)[명] **1** 맑은술. **2** 정종.
청중(聽衆)[명] 어떤 장소에 모여 강연·연설·연주·노래 등을 듣는 많은 사람. ¶~의 우렁찬 박수.
청-지기[명][역] 양반집에서 잡일을 맡아보고 시중을 드는 사람.
청진(聽診)[명][의] 환자의 몸 안에서 나는 소리를 들어서 진단하는 일. **청진-하다**[자여]
청진-기(聽診器)[명][의] 병을 진찰하기 위해 배나 가슴, 등에 대고 몸 안에서 나는 소리를 듣는 의료 기구.
청천(靑天)[명] 푸른 하늘.
청천 하늘에 날벼락 뜻밖에 일어나는 돌발적인 변.
청천[2](晴天)[명] 맑게 갠 하늘.
청천-강(淸川江)[명][지] 평안북도의 남서부를 흐르는 강. 길이 199km.
청천-벽력(靑天霹靂)[-병녁][명] '맑게 갠 하늘에서 치는 벼락'이라는 뜻] 뜻밖에 일어난 큰 변고. ¶이게 무슨 ~ 같은 소리냐!
청첩(請牒)[명] '청첩장'의 준말.
청첩-장(請牒狀)[-짱][명] 경사스러운 일이 있을 때 남을 초청하는 글발. ¶결혼식 **청첩**.
청청-하다(靑靑-)[형여] 싱싱하게 푸르다. ¶**청청**한 대숲. **청청-히**[부]
청청-하다[2](淸淸-)[형여] (소리가) 맑고 깨끗하다. **청청-히**[부][2]
청초-하다(淸楚-)[형여] (풀·꽃·여자 등의 모습이) 깨끗하고 산뜻하며 곱다. ¶**청초**하게 핀 들국화. **청초-히**[부]
청춘(靑春)[명] ['만물이 푸른 봄철'이라는 뜻] 십 대 후반에서 이십 대에 걸치는, 인생의 젊은 나이. 또는, 그 시절. ¶~남녀/꽃다운 이팔~.
청춘-사업(靑春事業)[명] '연애'를 속되게 말함.
청출어람(靑出於藍)[명] [쪽에서 뽑아낸 푸른 물감이 쪽보다 더 푸르다는 뜻] 제자가 스승보다 나음을 이르는 말.
청취(聽取)[명] (방송·진술·보고 등을) 귀를 통하여 듣는 것. **청취-하다**[타여] ¶라디오를 ~.
청취-율(聽取率)[명] 라디오의 특정한 프로그램을 청취하고 있는 비율.
청취-자(聽取者)[명] 라디오를 듣는 사람.
청탁(淸濁)[명] **1** 맑음과 흐림. **2** 옳음과 그름. **3** 청음과 탁음.
청탁(請託)[명] 청하여 부탁하는 것. 또는, 그 부탁. **청탁-하다**[타여]
청탑-파(靑鞜派)[명] ['푸른 양말을 신은 사람들'의 뜻] [문] 18세기에 런던의 사교계에서 여류 문인이나 여류 학자를 얕잡아 일컫던 말.
청태(靑苔)[명][식] 갈파래.
청포(淸泡)[명] 녹말묵.
청-포도(靑葡萄)[명][식] 포도의 한 종류. 열매는 다 익어도 연두색이며, 껍질이 얇고 맛이 닮.
청포-묵(淸泡-)[명] 녹두묵.
청풍(淸風)[명] 부드럽고 상쾌한 바람.
청풍-명월(淸風明月)[명] 맑은 바람과 밝은 달. ~풍월.
청-하다(請-)[타여] **1** (사람을 잔치나 행사나 모임 등에) 와 달라고 부탁하다. 비초대하다. ¶결혼식에 손님을 ~. **2** (어떤 일을 다른 사람에게) 해 달라거나 베풀어 달라고 부탁하거나 제의하다. 비도움을 ~. **3** ('잠'을 목적어로 하여) 눈을 감거나 자리에 눕거나 하여 잠을 자고자 하는 상태이다. ¶일찍 잠을 ~.
청혼(請婚)[명] (어떤 사람이 이성의 상대에게) 자기와 결혼하기를 청하는 것. 비구혼. ¶~자(者). **청혼-하다**[자여]
청홍(靑紅)[명] '청홍색'의 준말.
청-홍색(靑紅色)[명] 청색과 홍색. ⑤청홍.
체[1][명] 가루를 곱게 치거나 액체를 거르는 데 쓰는 기구. ¶~로 가루를 치다 / 술을 ~에 밭치다.
체[2](體)[의존] (어미 '-ㄴ', '-는' 아래에 쓰여) 앞의 행동이나 상태가 그럴듯하게 거짓으로 꾸민 것임을 나타내는 말. =척. ¶그는 날 못 본 ~ 외면하고 지나갔다.
체[3][감] 못마땅하여 아니꼬울 때나, 원통하여 탄식할 때 내는 소리. =치·쳇. ¶~, 잘될 다 보겠네.
체[4](滯)[명][한] '체증(滯症)'[1]의 준말.
체[5](體)[명] '서체'나 '필체'를 이르는 말. ¶명조~/추사(秋史)~.
-체[6](體)[접미] **1** 몸을 뜻하는 말. ¶건강~/허약~. **2** 어떤 형체나 물체를 뜻하는 말. ¶결정~/육면~. **3** 어떤 조직이나 기관임을 나타내는 말. ¶사업~/조직~. **4** 서술·표현의 방식이나 체재를 뜻하는 말. ¶구어~/간결~.
체감(遞減)[명] 등수를 따라 차례로 덜어 가는 것. ↔체증. **체감-하다**[자여]
체감(體感)[명] (어떤 것을) 몸으로 느껴 아는 것. 또는, 그 느낌. **체감-하다**[2][타여] 비물이 얻음을 ~. **체감-되다**[자]
체감-온도(體感溫度)[명][기상] 바람이나

습도 등의 영향으로 인해 인체가 실제의 기온보다 더 춥거나 덥게 느끼는 온도.
체격(體格) 명 1 몸의 골격. 2 근육·골격·영양 상태로 나타나는 몸의 외관적 모습. ¶~이 좋다[건장하다].
체결(締結) 명 (계약·조약 등을) 맺는 것. 체결-하다 동타여 ¶불가침 조약을 ~. 체결-되다 동자
체경(體鏡) 명 몸 전체를 비추어 볼 수 있는 큰 거울.
체계(體系) [-계/-게] 명 일정한 원리에 의하여 각기 다른 것을 계통적으로 통일한 조직. ¶~를 잡다.
체계-적(體系的) [-계-/-게-] 관명 체계를 이룬 것. ¶~인 지식.
체계-화(體系化) [-계-/-게-] 명 체계적인 것으로 만드는 것. 체계화-하다 동 ¶고대사를 ~. 체계화-되다 동자
체고(體高) 명 동물의 몸의 높이, 네발짐승의 경우, 네발을 땅에 딛고 똑바로 섰을 때 발바닥에서 어깨에 이르는 높이. 비키.
체공(滯空) 명 (항공기·기구 따위가) 공중에 머물러 있는 것. ¶~ 시간.
체-관(-管) 명[식] 식물의 관다발 안에 있는 관삼(管狀)의 조직. 동화(同化) 물질의 통로임.
체관-부(-管部) 명[식] 체관·반세포(伴細胞)·인피 섬유 등으로 이루어지는 식물의 복합 조직. 유기 물질의 이동, 양분의 저장 등의 기능을 가짐.
체구(體軀) 명 사람이나 동물의 몸의 크기. 비몸집. ¶~가 왜소하다.
체급(體級) 명[체] 권투·태권도·역도 등에서, 경기자의 체중에 따라 매겨진 등급. ¶~ 경기.
체기(滯氣) 명[한] 먹은 것이 잘 소화되지 않아 생기는 가벼운 체증. ¶~를 내리다.
체납(滯納) 명 세금·요금 등을 기한까지 내지 못하고 밀리는 것. ¶~액/~자. 체납-하다 동타여 체납-되다 동자
체내(體內) 명 몸의 내부. ↔체외.
체내^수정(體內受精) 명[동] 주로 교미에 의하여, 정자가 암컷의 체내에 들어가 이루어지는 수정. ↔체외 수정.
체념(諦念) 명 (어떤 일을) 바라던 대로 이뤄지기 어려우리라 생각하고 더 이상 기대하지 않게 되는 것. 체념-하다 동타여 ¶단념 체념하다 ¶체념하기에는 아직 이르다.
체능(體能) 명 어떤 일을 감당할 만한 신체적인 능력. ¶~ 시험.
체대(體大) 명[교] '체육 대학'의 준말.
체득(體得) 명 (어떤 일을) 몸소 경험하여 알게 되는 것. 체득-하다 동타여 ¶생명의 고귀함을 ~. 체득-되다 동자
체력(體力) 명 몸의 활동을 할 수 있는 힘. 또는, 질병·추위·기아 등에 대한 몸의 저항력. ¶~이 달리다.
체력-장(體力場) 명[쳉] 중고등학생들에게 실시하는 종합적인 체력 측정 및 그 검사 제도.
체류(滯留) 명 객지에 가서 머물러 있는 것. =체재(滯在). 체류-하다 동자여 ¶일본에서 4일간 체류할 예정이다.
체르노빌(Chernobyl) 명[지] 우크라이나 북부의 도시.
체르노젬(chernozem) 명[지] 반건조 기후하의 초원에 발달하는 흑색의 토양. 석회분이 풍부하고 비옥함.

체육 대학_1155

체리(cherry) 명 =버찌.
체-머리 명 머리가 저절로 좌우로 흔들리는 병적인 상태.
체머리(를) 흔들다 어떤 일에 물려서 머리가 흔들리도록 싫증이 나다.
체면(體面) 명 남을 대하는 관계에서, 자기의 입장이나 지위로 보아 지켜야 한다고 생각되는 위신. =체모. ¶면목·모양새. ¶~을 차리다.
체면-치레(體面-) 명 체면이 서도록 꾸미는 일.
체모1(體毛) 명 사람의 얼굴과 머리 이외의 몸의 각 부위에 난 털. 때로, 음부(陰部)에 난 털만을 가리키기도 함.
체모2(體貌) 명 =체면.
체벌(體罰) 명 몸에 직접 고통을 주는 벌. ¶~을 가하다. 체벌-하다 동타여
체불(滯拂) 명 고용주가 근로자에게 임금을 정해진 때에 지급하지 않는 것. 체불-하다 동타여 체불-되다 동자
체비-지(替費地) 명 정부 또는 지방 자치 단체가 토지 구획 정리 사업에 필요한 경비에 충당하려고 환지(換地) 계획에서 제외하여 유보한 땅.
체색(體色) 명 몸의 표면에 나타나는 빛깔. =몸빛.
체수(體-) 명 어떤 사람의 몸의 크기. 비덩치.
체-순환(體循環) 명[생] 양서류 이상의 척추동물에서, 좌심실에서 나와 동맥계를 거쳐 전신에 혈액을 운반하고, 정맥계를 거쳐 우심방으로 돌아오는 혈액 순환. =대순환.
체스(chess) 명 두 사람이 흑·백 각 16개씩의 말을 체크무늬의 판 위에 늘어놓고, 번갈아 말을 한 수씩 움직여 상대편의 왕을 포위하는 게임. =서양장기.
체신(遞信) 명 우편이나 전신 등의 통신 수단.
체액(體液) 명[생] 동물의 체내의 혈관 또는 조직의 사이를 이동하는 혈액·림프·조직액의 총칭.
체언(體言) 명[언] 어미 활용을 하지 않고 조사를 취하여 문법적 관계를 나타내는, 명사·대명사·수사의 총칭. ▷용언.
체열(體熱) 명 몸에서 나는 열. 주로 의학의 전문 영역에서 쓰이는 말임. ¶적외선으로 ~을 촬영하다.
체온(體溫) 명 사람이나 동물이 가지는 몸의 온도. 사람은 보통 36~37℃임.
체온-계(體溫計) [-계/-게] 명 체온을 재는 데 사용하는, 일종의 최고 온도계.
체외(體外) [-외/-웨] 명 몸의 밖. ↔체내(體內).
체외^수정(體外受精) [-외/-웨-] 명[동] 암컷의 체외에서 이루어지는 수정. 수생 동물에 많음. ↔체내 수정.
체위(體位) 명 1 어떤 일을 할 때의 몸의 자세. 2 특히, 성교(性交)를 할 때 남자와 여자가 취하는 몸의 자세나 위치. 3 체격·건강·운동 능력 따위의 정도. ¶~ 향상.
체육(體育) 명 스포츠·체조 등의 신체 활동에 의하여 건강의 유지·증진과 체력 향상을 꾀하는 일. 또는, 그것을 위한 교육이나 교과. ▷덕육·지육.
체육-관(體育館) [-관] 명 실내에서 운동 경기 및 운동 학습을 하기 위하여 설비된 건물.
체육^대학(體育大學) [-때-] 명[교] 체

육의 전문 학술에 관한 이론과 실제 방법을 교수·연구하는 대학. [준]체대.
체육^대회(體育大會) [—때회/—때훼] [명] 여러 가지 운동 경기를 벌이는 대회. ¶전국 ~.
체육-복(體育服) [—뽁] [명][체] 체육을 할 때 입는 간편한 옷. [비]운동복.
체육-회(體育會) [—유쾨/—유퀘] [명] **1** 체육의 발전·향상 등을 위해 조직된 단체. **2** 체육 경기를 하는 모임.
체인(chain) [명] **1** =쇠사슬. **2** 눈 위에서 미끄러지는 것을 방지할 목적으로 자동차의 타이어에 감는 금속 사슬. **3** 자전거나 오토바이 등에서 동력을 구동륜(驅動輪)에 전하기 위한 쇠줄. **4** 동일 자본하에 있는 호텔·점포·영화관 등의 계열.
체인-점(chain店) [명] =연쇄점.
체인지업(change-up) [명][체] 야구에서, 투수가 타자의 타이밍을 교란하기 위해 빠른 공을 던질 때와 같은 투구 동작으로 느린 변화구를 던지는 일. 또는, 그 공.
체인지 오브 페이스(change of pace) [체] 야구에서, 타자가 공을 잘 치지 못하도록 투수가 투구 속도나 방법이나 코스 등을 여러 가지로 변화시키는 일.
체인지^코트(change court) [명][체] 배구·테니스·탁구 등에서, 각 세트가 끝난 후 또는 일정한 득점 후에 서로 코트를 바꾸는 일.
체임(滯賃) [명] 마땅히 지급하여야 할 노임(勞賃) 따위를 지급하지 않고 뒤로 미룸. 또는, 그 체불 임금.
체장(體長) [명] 동물 등의 몸의 길이. 특히, 네발짐승의 경우, 머리에서 엉덩이에 이르는 몸의 길이. =몸길이.
체재[1](滯在) [명] =체류(滯留). **체재-하다** [동][자][여] ¶외국에 ~.
체재[2](體裁) [명] 생기거나 이루어진 형식. 또는, 됨됨이. =체제. [비]스타일.
체적(體積) [명][수] =부피.
체전(體典) [명] '체육 대회' 특히 규모가 큰 대회를 멋스럽게 이르는 말. ¶전국 ~.
체절(體節) [명][동] 환형동물·절지동물 등의 몸을 이루고 있는 낱낱의 마디.
체제(體制) [명] **1** =체재(體裁)[2]. **2** 사회를 하나의 유기체로 볼 때, 그 조직의 양식. ¶자본주의 ~. **3** 어느 주권자·단체·세력 등이 지배하는 상태. ¶독재 ~.
체조(體操) [명][체] **1** 건전한 신체를 만들어 건강의 증진·정신 수양을 꾀하기 위하여 하는 운동. ¶맨손 ~. **2** '체조 경기'의 준말. **체조-하다** [동][자][여]
체조^경기(體操競技) [명][체] 맨손 또는 용구를 이용하여 회전·지지·도약 따위의 기량을 다투는 경기. [준]체조.
체중(體重) [명] 몸의 무게. [비]몸무게.
체중-계(體重計) [—계/—게] [명] 몸무게를 재는 저울.
체증[1](滯症) [명] **1** [한] 체하여 소화가 잘 안 되는 증세. ¶~을 내리다. [준]체(滯). **2** 교통의 흐름이 순조롭지 않아 길이 막히는 상태. ¶교통 ~ / ~을 빚다.
체증[2](遞增) [명] 수량이 차례로 점차 느는 것. ↔체감. **체증-하다** [동][자][여]
체-지방(體脂肪) [명] 몸을 이루고 있는 일정 비율의 지방.
체지방-률(體脂肪率) [—뉼] [명] 전체의 체중에서 지방의 무게가 차지하는 비율. 비만 여부를 판단하는 기준이 됨. ¶30%가 넘는 높은 ~.
체-질[1] [명] 체로 가루 따위를 치는 짓. **체질-하다** [동][자][여]
체질[2](體質) [명] **1** 어떤 사람의 몸이 태어날 때부터 가지고 있는 건강상의 특질. ¶허약[건강] ~. **2** 어떤 사람이 선천적으로 어떤 일을 즐기거나 싫어하거나 잘하거나 못하는 등의 성격이나 기질. [비]적성. ¶나는 이 일이 ~에 안 맞아. **3** 어떤 집단이나 조직 등에 형성되어 있는 어떤 성향이나 기질. ¶보수적인 당의 ~.
체질-적(體質的) [관][명] 체질에 관계된 (것). ¶~으로 술이 잘 받지 않는다.
체체-파리(tsetse—) [명][동] 사람이나 가축의 피를 빨아 먹는 파리. 몸은 검고 집파리보다 조금 큼. 아프리카에 서식하며, 수면병의 병원체를 매개함.
체취(體臭) [명] **1** 몸에서 나는 냄새. **2** 어떤 개인이나 작품 등이 풍기는 특유의 느낌. ¶권위주의적 ~가 강한 인물.
체코(←Czech) [명][지] 유럽의 중앙 내륙, 오스트리아·독일·폴란드·슬로바키아에 둘러싸인 국가. 수도는 프라하.
체크(check) [명] **1** 사물의 상태를 검사하거나 대조하는 일. 또는, 그 표적으로 찍는 표. 부호는 '∨'. ¶건강 ~. **2** 바둑판 모양의 무늬. 또는, 그런 무늬가 있는 직물. **체크-하다** [동][타][여] 사물의 상태를 검사하거나 대조하다. 또는, 그 표적을 나타내다. **체크-되다** [동][자]
체크-리스트(checklist) [명] '점검 목록'으로 순화.
체크-무늬(check—) [—니] [명] 바둑판 모양의 무늬.
체크아웃(check-out) [명] 호텔 등에서, 숙박료 등을 계산하고 떠나는 것. ↔체크인. **체크아웃-하다** [동][자][여]
체크인(check-in) [명] **1** 호텔 등에서, 성명 등을 장부에 적고 투숙하는 일. ↔체크아웃. **2** 공항의 카운터에서, 여객이 탑승 절차를 밟는 일. **체크인-하다** [동][자][여]
체크^카드(check card) [명][경] 예금 잔액 범위 안에서만 사용이 가능하고, 사용 즉시 통장에서 대금이 지불되는 카드. 직불 카드와 기능이 같으나 신용 카드 가맹점에서 사용이 가능하다는 점이 다름.
체크-포인트(checkpoint) [명] '점검 사항'으로 순화.
체통(體統) [명] 지체나 신분이나 구실에 알맞은 체면. ¶~을 지키다[잃다].
체포(逮捕) [명] **1** 범인을 붙잡아 신체적 자유를 빼앗는 일. **2** [법] 수사관이나 경찰관이 법관으로부터 영장을 발부받아 피의자를 연행하는 강제 수단. **체포-하다** [동][타][여] ¶범인을 ~. **체포-되다** [동][자]
체포-령(逮捕令) [명] 체포하라는 명령.
체표(體表) [명] 몸의 표면.
체-하다[1] [동][보조][여] 《어미 '-ㄴ', '-는' 아래에 쓰여》 거짓으로 그럴듯하게 꾸미는 태도를 나타내는 말. =척하다. ¶그는 날 보고도 못 본 **체했다**.
체-하다[2](滯—) [동][자][여] (먹은 음식물이) 위에서 내려가지 않아 속이 답답함을 주는 상태가 되다. [비]얹히다. ¶점심 먹은 것이 **체한** 것 같다.
체험(體驗) [명] (특별한 어떤 일을) 실지로 몸으로 겪는 것. [비]경험. ¶~ 수기. **체험-하다** [동][타][여] ¶노동 현장을 ~.
체험-담(體驗談) [명] 자기가 몸소 겪은 특

ㅊ

별한 일에 대한 이야기. [비]경험담.
체현(體現) [명] (정신적인 것을) 구체적인 행동이나 활동으로 표현하거나 실현하는 것. ¶인도주의 정신의 ~. **체현-하다** [동][타][여]
체형[1](體刑) [명] **1** 사람의 신체에 직접 가하는 형벌. **2** '자유형(自由刑)[1]'을 통속적으로 이르는 말.
체형[2](體型) [명] 어떤 유형의 체격이나 체구. ¶~ 교정.
체호프, 안톤 파블로비치(Chekhov, Anton Pavlovich) [명][인] 제정 러시아의 소설가·극작가(1860~1904).
체화(體化) [명] 어떤 능력을 자동적·무의식적으로 발휘할 수 있도록 몸에 익히는 것. ¶영어 ~ 학습. **체화-하다** [동][타][여] **체화-되다** [동][자]
첼레스타([이]celesta) [명][음] 소형 피아노와 비슷하게 생긴 건반 악기. 강철로 만든 음판을 해머로 쳐서 소리를 냄.
첼로(cello) [명][음] 바이올린 계통의 대형 저음 현악기. 독주 또는 합주에 쓰임.
첼리스트(cellist) [명] 첼로 연주가.
쳄발로([이]cembalo) [명][음] '하프시코드'의 이탈리아 명칭.
쳇[첻] [감] =체[3]. ¶~, 그것 좀 안다고 잘난 척하는 꼴이라니.
쳇-바퀴[체빠-/첻빠-] [명] 얇은 널빤지를 둥글게 휘어, 쳇불을 메우는 테. 곧, 체의 몸이 되는 부분. ¶다람쥐 ~ 돌듯 늘 같은 생활이다.
쳐-내다[처-] [동][타] 쓰레기 따위를 모아서 일정한 곳으로 가져가다. ¶오물을 ~.
쳐¦다-보다[처-] [동][타] **1** (사람이 눈의 위치보다 높은 곳에 있는 대상을) 고개를 들어서 보다. ¶앉아서 우두커니 천장만 ~. **2** (사람이 다른 사람을) 비난하거나 반항하거나 좋지 않은 감정을 가지고 보다. ¶남의 얼굴을 빤히 ~.
쳐¦다보-이다[처-] [동][자] '쳐다보다**1**'의 피동사. ¶앞집이 빤히 ~.
쳐¦-들다[처-] [동][타] 〈~드니, ~드오〉 **1** 들어서 올리다. ¶고개를 **쳐들고** 먼 산을 보다. **2** =초들다.
쳐¦들-리다[처-] [동][자] '쳐들다**1**'의 피동사.
쳐-들어가다[처-] [동][자][타] 무찔러 들어가다. ¶적진 깊숙이 ~.
쳐-들어오다[처-] [동][자][타] 무찔러 들어오다. ¶**쳐들어온** 적군을 물리치다.
쳐-부수다[처-] [동][타] 무찔러 부수다. 또는, 세차게 부수다. ¶적을 ~.
쳐-주다[처-] [동][타] **1** 셈을 맞추어 주다. ¶이거 만 원 **쳐주면** 되겠지? **2** 인정하여 주다. ¶내가 너를 형이라고 **쳐주겠다**.
초[1] [명] 밀랍이나 파라핀 등을 주재료로 하여 심지를 꽂아 만든, 불을 밝히는 데 쓰는 물건.
초[2](草) [명] '기초(起草)[1]'의 준말. ¶논문의 ~를 잡다.
초[3](草) [명] =난초(蘭草)**2**.
초[4](楚) [명][역] 중국 춘추 전국 시대 양쯔강 유역을 차지하고 있던 나라(?~223 B.C.). 전국 7웅의 하나였으며, 진(秦)에게 망함.
초[5](綃) [명] 생사로 짠 얇은 비단의 총칭.
초[6](醋) [명] =식초.
초(를) 치다 엉뚱하거나 공연한 말이나 행동을 하여 분위기를 망치다. ¶제발 **초 치는** 소리 그만 해!
초[7](初) [명][의존] '초기', '처음'의 뜻. ¶20세기 ~ / 내년 ~에 보자. ↔말(末).
초[8](秒) [명][의존] **1** 1분의 1/60을 세는 단위. **2** 각도나 경위도에서, 1분의 1/60을 세는 단위. 기호는 '″'.
초를 다투다 매우 급하게 서둘러야 하다. 또는, 매우 급박하다. ¶소방 업무는 항상 **초를 다투는** 일이다.
초-[9](初) [접두] '첫', '처음', '초기'의 뜻. ¶~하루 / ~여름.
초-[10](超) [접두] 일부 명사 앞에 붙어, '어떤 범위나 수준을 훨씬 넘어선' 또는 '정도가 극도로 심한'의 뜻으로 쓰이는 말. ¶~강대국 / ~자연.
초가(草家) [명] 볏짚·밀짚·갈대 따위로 지붕을 인 집.
초가-삼간(草家三間) [명] 세 칸으로 된 초가. 곧, 규모가 작은 초가.
초-가을(初—) [명] 가을이 시작되는 시기. 9월경으로 더위가 물러가고 날이 선선해짐. ↔늦가을.
초가-지붕(草家—) [명] 짚·억새·갈대 등을 엮어서 이은 지붕.
초가-집(草家—) [명] '초가'를 구어적으로 이르는 말.
초간(初刊) [명] 맨 처음의 간행. ▷중간.
초간-본(初刊本) [명] 맨 처음 간행한 책.
초-간장(醋—醬) [명] 초를 친 간장.
초개(草芥) [명] 지푸라기라는 뜻으로, 하찮은 것을 비유하여 이르는 말. ¶나라를 위해 목숨을 ~처럼 버리다.
초-겨울(初—) [명] 겨울이 시작되는 시기. 12월경으로, 추위가 시작됨. ↔늦겨울.
초경[1](初更) [명] 하룻밤을 다섯으로 나눈 맨 첫째 부분. 저녁 7시부터 9시 사이를 일컬음. =일경.
초경[2](初經) [명] 여자가 대략 12~15세의 나이가 되어 처음으로 하게 되는 월경.
초계(哨戒)[—계/—게] [명][군] 적의 습격에 대비하여 망을 보아 경계하는 것. ¶~기(機). **초계-하다** [동][타][여] ¶해상을 ~.
초고(草稿) [명] 시(詩)나 문장의 초벌 원고. ¶~를 퇴고하다.
초고밀도^집적^회로(超高密度集積回路) [—또—찌쾨—/—또—찌퀘—] [명][물] 고밀도 집적 회로를 더욱 소형화한 것. 불과 수 mm 사방의 실리콘 기판(基板) 위에 10만~100만 개의 트랜지스터 등이 집적되어 있음.
초-고속(超高速) [명] '초고속도'의 준말. ¶~ 승진.
초-고속도(超高速度)[—또] [명] 극도로 빠른 속도. ¶~ 윤전기. [준]초고속.
초-고압(超高壓) [명] 아주 큰 압력. 또는, 매우 높은 전압.
초-고주파(超高周波) [명][물] 주파수 3~30기가헤르츠, 파장 1~10cm의 전파. 전화 중계·레이더·위성 통신 등에 이용됨. =에스에이치에프(SHF).
초-고추장(醋—醬) [명] 식초를 쳐서 갠 고추장.
초-고층(超高層) [명] 매우 높은 층수의 건물을 이르는 말. ¶~ 아파트.
초과(超過) [명] 일정한 수나 양을 넘는 것. 수량 다음에 올 때에는 그 수량을 포함하지 않는 상태로 넘는 것을 뜻함. ¶정원 ~ / 목표를 ~ 달성하다. **초과-하다** [동][자][타][여] ¶예산을 ~. **초과-되다** [동][자]

초교(初校) 명[출] 맨 처음으로 보는 교정. ¶~지(紙).

초구(初球) 명[체] 야구에서, 투수가 등판(登板)하여 맨 처음 던지는 공. 또는, 타자에 대하여 던지는 최초의 공.

초극(超克) 명 어려움을 넘어, 그것을 이겨 내는 것. **초극-하다** 동(타)(여)

초근-목피(草根木皮) 명 **1** 풀의 뿌리와 나무껍질. **2** 양식이 부족할 때의 험한 음식의 비유. ¶~로 연명하다. **3** 한약의 원료를 일컫는 말.

초급(初級) 명 **1** 맨 첫 번째의 등급. ¶~ 장교. **2** 특히, 학습을 받을 수 있는 수준을 크게 세 단계로 나눌 때 가장 낮은 등급. ¶~ 영어 회화. ▷고급·중급.

초급^대ǀ학(初級大學) [-때-] 명[교] 주로 직업인을 기르려고 대학보다 낮은 수준의 고등 교육을 실시하는 학교. ▷전문대학.

초기(初期) 명 어떤 기간의 처음이 되는 시기나 때. ¶조선 ~ / 병은 ~에 다스려야 한다. ↔말기.

초-긴장(超緊張) 명 보통의 정도를 훨씬 넘어 극도로 긴장하는 것. ¶모두들 ~ 상태로 명령을 기다렸다. **초긴장-하다** 동(자)(여) **초긴장-되다** 동(자)

초-나흗날(初-) [-흔-] 명 그달의 넷째 날. (준)초나흘.

초-나흘(初-) 명 '초나흗날'의 준말.

초년(初年) 명 **1** 일생의 초기. ¶~ 운수. **2** 여러 해 걸리는 어떤 과정의 첫해 또는 처음의 시기. ↔만년(晩年).

초년-고생(初年苦生) 명 젊어서 하는 고생.
[**초년고생은 은 주고 산다**] 젊은 시절의 고생은 인생에서 중요한 경험이 되므로 그 고생을 달갑게 참아야 한다.

초년-병(初年兵) 명 입대한 지 얼마 안 되는 사병. (비)신병(新兵).

초년-생(初年生) 명 어떤 일에 종사한 지 얼마 되지 않은 사람. ¶정치 ~.

초-능력(超能力) [-녁] 명[심] 오늘날의 과학으로는 합리적으로 설명할 수 없는 초자연적인 능력. 텔레파시·투시·예지(豫知)·염력(念力) 등의 총칭.

초단[1](初段) 명 유도·태권도·바둑 따위의 첫 번째 단(段).

초단[2](草短) 명 화투에서, 홍싸리·흑싸리·난초의 다섯 끗짜리 석 장을 맞추어 이루는 단. ▷청단·홍단.

초-단파(超短波) 명[물] 파장 1~10m의 전파. FM 방송·텔레비전 방송·근거리 통신·레이더 따위에 쓰임. =브이에이치에프(VHF).

초-닷새(初-) [-단쌔] 명 '초닷샛날'의 준말.

초-닷샛날(初-) [-단쌘-] 명 그달의 다섯째 날. (준)초닷새.

초당[1](草堂) 명 집의 원채에서 따로 떨어진 정원에 억새·짚 등으로 지붕을 인 조그마한 집채.

초당[2](超黨) 명 '초당파'의 준말. ¶~ 외교.

초-당파(超黨派) 명 어느 한 당파의 이익을 초월하고 모든 당파가 일치하여 어떤 일에 임함. ¶~ 내각. (준)초당.

초대[1](初代) 명 어떤 계통의 첫 대(代). 또는, 그 사람. ¶~ 대통령.

초대[2](招待) 명 (사람을 어떤 모임에) 참석하거나 참가할 것을 청하는 것. 또는, 그렇게 하여 대접하는 것. **초대-하다** 동(타)(여) **초대-되다** 동(자)

초대-권(招待券) [-꿘] 명 어떤 모임에 오기를 청하는 표. ¶연극 ~.

초대-석(招待席) 명 초대받은 사람이 앉도록 마련된 자리. ¶~에 앉은 귀빈들.

초대-장(招待狀) [-짱] 명 어떤 모임의 자리에 오기를 청하는 편지.

초-대형(超大型) 명 아주 큰 것. ¶~ 냉장고.

초도-순시(初度巡視) 명 한 기관의 책임자나 감독관 등이 부임하여 처음으로 그의 관할 지역을 순회하며 시찰하는 일. **초도순시-하다** 동(타)(여) ¶장관이 각 산하 기관을 ~.

초동(樵童) 명 땔나무를 하는 아이.

초동^수사(初動搜査) 명 사건 발생 직후에, 범인을 검거하고 증거를 확보하기 위한 긴급 수사 활동.

초두(初頭) 명 일이나 기간의 첫머리. ¶20세기 ~ / 신년 ~.

초-들다 동(타) <~드니, ~드오> 무슨 일을 입에 올려서 말하다. =쳐들다. ¶이제 와서 그 일을 **초들어** 말할 게 무언가.

초등(初等) 명 맨 처음의 등급. ↔고등.

초등^교ǀ육(初等教育) 명[교] 가장 초보적이며 기본적인 교육. 초등학교 교육이 이에 속함.

초등-학교(初等學校) [-꾜] 명 학령 아동에게 국민 생활에 필요한 기초적인 교육을 실시하는 교육 기관. 수업 연한은 6년. 구칭은 '국민학교', '소학교', '보통학교'.

초등-학생(初等學生) [-쌩] 명 초등학교에 다니는 학생. 구칭은 '국민학생'.

초딩(初-) 명 <속> 초등학생. 인터넷상에서 쓰이는 통신 언어임.

초라니 명[민] 하회 별신굿 탈놀이에 등장하는 인물의 하나. 양반의 하인으로 가볍고 방정맞은 성격을 지님.

초라-하다 형(여) **1** (겉모양이나 옷차림이) 호졸근하고 궁상스럽다. ¶**초라한** 옷차림. **2** 보잘것없고 변변하지 못하다. ¶살아온 삶이 **초라하게** 느껴진다.

초래(招來) 명 (어떤 결과를) 가져오게 하는 것. **초래-하다** 동(타)(여) ¶파멸을 ~. **초래-되다** 동(자)

초례(醮禮) 명 혼례식, 특히 전통 혼례식을 이르는 말. 예스런 말임. ¶~를 치르다.

초례-청(醮禮廳) 명 초례를 치르는 장소.

초로[1](初老) 명 사람이 노년에 접어들기 시작하는 시기. 일반적으로 50세 전후의 시기를 가리킴. ¶~의 신사.

초로[2](草露) 명 풀에 맺힌 이슬.
초로(와) 같다 (주로 인생이) 덧없다. ¶**초로와 같은** 인생인데, 그렇게 아등바등할 필요가 있소?

초로-인생(草露人生) 명 풀잎의 이슬처럼 덧없는 인생.

초록[1](抄錄) 명 어떤 문장에서, 필요한 것만 뽑아내어 기록하는 일. 또는, 그렇게 기록한 것. **초록-하다** 동(타)(여) ¶연설문을 ~.

초록[2](草綠) 명 =초록색.
[**초록은 동색**(同色)] 풀과 녹색은 같은 빛깔이란 뜻으로, 같은 처지나 같은 부류의 사람들끼리 서로 어울림을 이르는 말.

초록-빛(草綠-) [-삗] 명 초록색을 띤 사

물의 빛깔. ¶~ 바닷물.
초록-색(草綠色)[-쌕] [명] 녹색보다 조금 더 푸른색을 띤 색깔. =초록.
초롱[1] [명] [1](자립) 석유나 물 따위의 액체를 담는, 양철로 만든 통. ¶석유 ~. [2](의존) 석유나 물 등의 분량을 그것이 담긴 초롱의 수로 헤아리는 말. ¶석유 두 ~.
초롱[2] [명] 〔<촉롱(燭籠)〕 쇠나 나무로 뼈대를 만들고 겉에 종이나 깁을 발라 그 안에 초를 넣은, 우리나라 고유의 등(燈). 손잡이를 길게 달아 들고 다니거나 매달아 두었음. ¶청사~.
초롱-꽃[-꼳] [명][식] 산과 들에 자라며, 여름에 종 모양의 흰색 또는 연보라색 작은 꽃이 아래를 향해 피는 여러해살이풀.
초롱-불[-뿔] [명] 초롱에 켠 불.
초롱-초롱 [부] **1** (눈이) 정기가 있고 맑은 모양. ¶~ 빛나는 눈동자. **2** (정신이) 또렷한 모양. **3** (목소리가) 탁하지 않고 맑은 모양. **초롱초롱-하다** [형][여] ¶눈이 **초롱초롱한** 소년.
초립(草笠) [명] 옛날에, 주로 어린 나이에 관례(冠禮)를 한 남자가 쓰던, 가늘고 누런 풀로 결어 만든 갓.
초막(草幕) [명] 짚이나 풀 따위로 지붕을 인, 조그마한 집.
초-만원(超滿員) [명] 정원을 훨씬 넘어 사람들이 가득 찬 상태. ¶~을 이루다.
초면(初面) [명] 어떤 사람과 처음 만나 서로 알지 못하거나 가깝지 않은 처지나 관계. ¶~에 실례가 많았습니다. ↔구면.
초목(草木) [명] 풀과 나무. [비]목초(木草). ¶산천~.
초-무침(醋-) [명] 초를 넣고 무치는 일. 또는, 그렇게 무친 요리.
초문(初聞) [명] 처음으로 들음. ¶금시~. ↔구문(舊聞).
초미(焦眉) [명] 〔'불이 붙은 눈썹' 이라는 뜻〕 《주로 '초미의' 의 꼴로 쓰여》 어떤 일이 매우 긴급하거나 다급한 상태. ¶교통난 해결은 우리 사회의 ~의 과제이다.
초-미니(超mini) [명] **1** 규모나 크기가 극도로 작은 상태. ¶~ 점포. **2** 옷자락이 무릎 위로 많이 올라가는 아주 짧은 스커트의 길이. 또는, 그런 길이의 스커트.
초-바늘(秒-) [명] =초침(秒針).
초반(初盤) [명] 기간·경기·게임 등의 시작 시점. ¶20대 ~ / 1990년대 ~. ▷중반·종반.
초반-전(初盤戰) [명] 경기나 게임 등이 시작되어 얼마 안 되는 때. 또는, 그때의 경기나 게임. ▷중반전·종반전.
초-밥(醋-) [명] 식초·설탕·소금 등을 친 흰밥을 김이나 생선 또는 유부 등에 싸서 만든 일본 요리. ¶생선[유부]~.
초배(初褙) [명] 정식으로 도배하기 전에 허름한 종이로 먼저 하는 도배. ¶~지. **초배-하다** [동][타][여] ¶신문지로 벽을 ~.
초-벌(初-) [명] =애벌.
초벌-구이(初-) [명][공] 도자기를 만들 때, 흙으로 빚은 것을 건조시킨 뒤 유약을 바르지 않고 낮은 온도로 굽는 일. 약 800~900℃로 구움. =설구이·애벌구이. ▷재벌구이. **초벌구이-하다** [동][타][여]
초범(初犯) [명] 처음으로 저지른 범죄. 또는, 그 사람.
초벽(初壁) [명][건] 종이나 흙으로 애벌 바른 벽. 또는, 그 일.
초병(哨兵) [명] 파수 보는 병사.
초보(初步) [명] 기술이나 학문 등을 처음 익히는 단계나 수준. ¶~ 운전.
초보-자(初步者) [명] 초보의 단계에 있는 사람.
초보-적(初步的) [관][명] 초보인 (것). ¶~인 수준.
초복(初伏) [명] 삼복(三伏) 중에서 첫 번째 복. 곧, 하지 후의 셋째 경일(庚日).
초본[1](抄本) [명] 원본에서 필요한 부분을 뽑아서 베낀 문서. ¶호적 ~.
초본[2](草本) [명] 시문(詩文)의 초를 잡은 원고.
초본[3](草本) [명][식] 지상부가 연하고 물기가 많아, 목질(木質)을 이루지 않는 식물의 총칭. 풀 따위. ¶~ 식물. ▷목본.
초-봄(初-) [명] 봄이 시작되는 시기. 3월경으로 꽃샘추위가 닥치곤 함. ↔늦봄.
초봉(初俸) [명] 첫 봉급. ¶대졸자의 ~.
초-비상(超非常) [명] 더할 나위 없이 긴급한 상황. 또는, 그 상황에 대처하는 일. '비상(非常)[1]**2**' 를 더욱 강조하는 말임. ¶~ 사태.
초빙(招聘) [명] (어떤 사람을) 예를 갖추어 불러 맞아들이는 것. [비]초청. **초빙-하다** [동][타][여] ¶강사를 **초빙하여** 강연을 듣다. **초빙-되다** [동][자]
초빙^교!수(招聘教授) [명] 외부에서 초청된, 정원 외의 교수. =객원 교수.
초-사흗날(初-)[-흔-] [명] 그달의 셋째 날. [준]초사흘.
초-사흘(初-) [명] '초사흗날' 의 준말.
초산[1](初產) [명] 처음으로 아이를 낳는 것.
초산[2](醋酸) [명][화] =아세트산.
초산-부(初產婦) [명] 아이를 처음 낳는 여자. ▷경산부.
초상[1](初喪) [명] 어느 집안에 사람이 죽어서 장사 지내기까지 일정한 의례에 따라 일을 치르는 것. 때로, 집안에 사람이 죽는 일이 생기는 것을 가리키기도 함. ¶~을 치르다.
초상[2](肖像) [명] 그림이나 사진 따위에 나타난, 어떤 사람의 얼굴이나 모습.
초상-권(肖像權)[-꿘] [명][법] 자기의 초상의 사용에 대한 독점권. 자기의 초상이 사전 승낙 없이 전시되거나 게재되었을 경우에는 손해 배상을 청구할 수 있음.
초상-나다(初喪-) [동][자] 집안에 죽는 사람이 생기다.
초상-집(初喪-)[-찝] [명] 초상이 난 집. [비]상가(喪家).
초상-화(肖像畫) [명][미] 사람의 얼굴 모습을 주대상으로 삼아 그린 그림.
초생-달(初生-) [명] '초승달' 의 잘못.
초서[1](草書) [명] 육서(六書)의 하나. 한자 서예에서, 획이 가장 많이 생략되고 흘림이 많은 글씨. [비]흘림.
초서[2], 제프리(Chaucer, Geoffrey) [명][인] 영국의 시인(1342?~1400).
초석[1](硝石) [명][화] =질산칼륨.
초석[2](礎石) [명] **1** =주춧돌. **2** 어떤 사물의 기초. ¶나라의 ~이 되다.
초선(初選) [명] 처음으로 선출됨. ¶~ 의원.
초성[1](-聲) [명] 글을 읽거나 경을 외우거나 시를 읊는 소리.
초성[2](初聲) [명][언] =첫소리.
초소(哨所) [명] 보초를 서는 장소. ¶방범~.
초-소형(超小型) [명] 소형보다 훨씬 더 작

은 것. ¶~ 카메라.
초속(秒速) 圐 1초 동안의 속도. ¶~ 25m의 강풍이 분다.
초-속도(初速度) [-또] 圐[물] 어떤 물체가 운동하기 시작할 때의 최초의 속도.
초순(初旬) 圐 =상순(上旬).
초-스피드(超speed) 圐 매우 빠른 속력. ¶~를 자랑하는 콩코드 여객기.
초승 圐 [<초생(初生)] 음력으로 그달 첫머리의 며칠 동안을 이르는 말.
초승-달[-딸] 圐 초승에 뜨는 달. ↔그믐달. ×초생달.
초시(初試) 圐[역] 과거의 맨 처음 시험. 지방과 서울에서 식년(式年)의 전해 가을에 보임. 또는, 이 시험에 급제한 사람.
초-시계(秒時計) [-게/-계] 圐 시간을 초 단위까지 정확히 재기 위한 시계. 운동 경기나 과학 실험 등에 쓰임. =스톱워치.
초식(草食) 圐 1 푸성귀로만 만든 음식. 2 푸성귀만 먹는 일. ↔육식.
초식^동^물(草食動物) [-똥-] 圐[동] 풀을 주로 먹고 사는 포유동물. 소·말·양 따위. ▷육식 동물·잡식 동물.
초-신성(超新星) 圐[천] 폭발에 의해서 급격히 밝게 빛나는 별.
초심(初心) 圐 처음에 가진 마음.
초-심리학(超心理學) [-니-] 圐[심] 과학으로 설명하지 않는 초능력의 현상을 다루는, 심리학의 한 분야.
초심-자(初心者) 圐 어떤 기술이나 지식 등을 처음 배우는 사람. 圑신출내기.
초-아흐레(初-) 圐 '초아흐렛날'의 준말.
초-아흐렛날(初-) [-렌-] 圐 그달의 아홉째 날. ☞초아흐레.
초안(草案) 圐 초를 잡은 안. ¶헌법 ~. 초안-하다 图타여 안을 초 잡다.
초야(初夜) 圐 =첫날밤. ¶결혼 ~.
초야(草野) 圐 궁벽한 시골 땅. ¶벼슬을 버리고 ~에 묻혀 살다.
초약(草約) 圐 화투 놀이에서, 난초 넉 장을 갖추어 이루는 약.
초-여드레(初-) 圐 '초여드렛날'의 준말.
초-여드렛날(初-) [-렌-] 圐 그달의 여덟째 날. ☞초여드레.
초-여름(初-) 圐 여름이 시작되는 시기. 6월경으로 더위가 시작됨. ↔늦여름.
초역(抄譯) 圐 원문을 간추려서 번역하는 것. 또는, 그 번역. ↔완역. 초역-하다 图타여
초연(初演) 圐 연극이나 연주회 등의 첫 번째 상연.
초연(硝煙) 圐 화약의 연기. ¶~이 자욱한 전장터.
초연-하다(悄然-) 胴여 의기를 잃어 기운이 없다. 초연-히 튀
초연-하다(超然-) 胴여 1 (어떤 일이나 현실에) 얽매이거나 집착함이 없이 마음의 여유를 가진 상태에 있다. 圑느긋하다. ¶돈에 ~. 2 보통 수준보다 높고 뛰어나다. 초연-히 튀
초-열흘(初-) 圐 '초열흘날'의 준말.
초-열흘날(初-) [-랄] 圐 그달의 열째 날. ☞초열흘.
초엽(初葉) 圐 한 시대나 세기 등을 세 시기로 구분할 때, 그 첫 무렵. ¶고려 시대 ~/20세기 ~. ▷중엽·말엽.
초-영새(初-) [-옏쌔] 圐 '초엿샛날'의 준말.

초-엿샛날(初-) [-옏쌘-] 圐 그달의 여섯째 날. ☞초엿새.
초우(初虞) 圐 장사를 지낸 뒤 처음 지내는 제사. 장사 당일을 넘기지 않음.
초우라늄^원소(超uranium元素) 圐[화] 원자 번호 92번의 우라늄보다 원자 번호가 큰 인공 원소.
초원(草原) 圐 풀이 나 있는 넓은 들.
초월(超越) 圐 (어떤 일이나 대상의 한계나 장애를) 뛰어넘어 있지 않게 되는 것. 또는, 속된 일에 구애받지 않고 자유로워지는 것. 초월-하다 图타여 ¶시간을 ~.
초월^명상(超越冥想) 圐 명상을 통해 정신적·육체적으로 자신을 해방시키고 지각 능력을 증진시키는 일.
초유(初有) 圐 (주로 '초유의'의 꼴로 쓰여) 어떤 일이나 현상이 세상에 처음으로 있음. ¶세계 ~의 대지진.
초유(初乳) 圐[생] 분만 후 수일간 분비되는 누런 빛깔의 끈끈한 젖.
초-음속(超音速) 圐[물] 소리의 속도보다 빠른 속도. ¶~ 폭격기.
초음속-기(超音速機) [-끼] 圐 음속(音速)보다도 빠른 속도로 비행하는 비행기. 보통 마하로 속도를 나타냄.
초-음파(超音波) 圐[물] 진동수가 1초 동안에 약 20,000Hz 이상이어서, 사람의 귀로는 느끼지 못하는 음파.
초음파^검^사(超音波檢査) 圐[의] 초음파를 몸의 어떤 부위에 방사하여 그 반사상(反射像)을 브라운관에 비추어 이상의 유무를 조사하는 검사.
초-이레(初-) 圐 '초이렛날'의 준말.
초-이렛날(初-) [-렌-] 圐 그달의 일곱째 날. ☞초이레.
초-이틀(初-) [-튼-] 圐 그달의 둘째 날. ☞초이틀.
초-이튿날(初-) 圐 '초이튿날'의 준말.
초인(超人) 圐 보통 사람보다 훨씬 뛰어난 능력을 가진 사람. ¶그는 ~이 아니고서야 어떻게 그 일을 해낼 수 있겠나.
초인-적(超人的) 圐 초인(超人)의 특성을 가진 (것). ¶~인 능력.
초인-종(招人鐘) 圐 사람을 부르는 신호로 울리는 종. ¶~을 누르다.
초-일류(超一流) 圐 일류 가운데서도 가장 으뜸인 것. ¶세계 ~ 기업.
초-읽기(秒-) [-일끼] 圐 1 바둑에서, 기사(棋士)에게 제한 시간의 경과를 초 단위로 알려 주는 일. ¶~에 몰리다. 2 일이 시간적으로 급박한 상황을 비유적으로 이르는 말.
초임(初任) 圐 처음으로 어떤 직에 임명되거나 취임하는 것. ¶~ 발령. 초임-하다 图재여
초입(初入) 圐 1 골목이나 문 같은 데에 들어가는 어귀. ¶시장 ~부터 노점상이 줄지어 있다. 2 처음으로 들어가는 것.
초-자아(超自我) 圐[심] 정신 분석학에서, 이드·자아와 더불어 인격을 구성하는 영역. 본능이나 이기적 자아를 도덕이나 양심으로 억제하는 기능을 함.
초-자연(超自然) 圐 자연의 이치로는 설명할 수 없는 신비한 것. 또는, 그 세계.
초자연-적(超自然的) 冠 자연을 초월한 어떤 존재나 힘에 의한 (것). ¶~ 존재.
초장(初章) 圐 1 음악·가곡의 첫째 장. 2 삼장(三章)으로 되어 있는 시조의 첫째

장.

초장[2](初場) [명] **1** 장사를 시작한 처음의 동안. ¶~이라 손님이 뜸하다. **2** 일의 첫머리 판. ¶~부터 일이 꼬인다. ↔파장.

초장[3](醋醬) [명] 양념장의 하나. 간장에 초를 치고 깨소금·잣가루 등을 뿌려 만듦.

초-저녁(初—) [명] **1** 이른 저녁. 곧, 날이 어두워진 지 얼마 되지 않은 때. **2** 일의 시초를 속되게 이르는 말. [비]애초. ¶~에 글러 버린 일.

초저녁-잠(初—)[—짬] [명] 습관적으로 초저녁부터 일찍 자게 되는 잠.

초전(初戰) [명] 전쟁의 첫머리. ¶~ 박살.

초-전도(超傳導) [명][물] 어떤 금속을 극저온으로 냉각하면 전기 저항이 제로로 되어 전류가 장애 없이 흐르는 현상.

초전도-체(超傳導體) [명][물] 초전도를 나타낼 수 있는 물질. 이리듐·니오브·티탄·납·수은·주석·바나듐과 그 밖의 합금 등이 있음.

초점(焦點)[—쩜] [명] **1** 사람들의 관심·흥미가 집중되는 사물의 가장 긴요한 부분. ¶문제의 ~을 흐리다. **2**[물] 렌즈나 구면거울 등에서 입사 평행 광선이 한곳으로 모이는 점. 또는, 어떤 점을 통과하여 모두 평행 광선으로 될 때의 그 점. ¶~을 맞추다. ×촛점.

초-정밀(超精密) [명]《주로 일부 명사 앞에 쓰여》극도로 정교하고 세밀한 상태. ¶~ 기계 / ~ 기술.

초조-감(焦燥感) [명] 초조한 느낌. ¶~을 감추지 못하다.

초조-하다(焦燥—) [형][여] 애를 태워서 몹시 마음을 졸이는 상태에 있다. ¶합격자 발표를 **초조하게** 기다리다. **초조-히** [부]

초-주검(初—) [명] 두들겨 맞거나 다치거나 지쳐 거의 다 죽게 된 상태. ¶~이 되도록 매를 맞다.

초중고(初中高) [명] 초등학교·중학교·고등학교를 줄여 이르는 말. ¶~ 교과 학습.

초중고-생(初中高生) [명] 초등학생·중학생·고등학생을 줄여서 이르는 말.

초지[1](初志) [명] 처음에 품은 의지. ¶~를 관철하다.

초지[2](草地) [명] 풀이 나 있는 땅.

초지-일관(初志一貫) [명] 처음에 세운 뜻을 끝까지 밀고 나감. **초지일관-하다** [동][자][여]

초진(初診) [명] 처음으로 진찰을 하는 것. 또는, 그 진찰. **초진-하다** [동][타][여]

초짜(初—) [명] 처음 배우는 단계에 있어 일이 서툰 사람. 얕잡는 어감이 있는 말로, '초보자'에 비해 좀 더 구어적인 말임. ¶~ 연예인.

초창-기(草創期) [명] 어떤 사업을 일으켜 처음으로 시작하는 시기.

초청(招請) [명] (사람을 어느 곳에) 청하여 부르는 것. ¶~ 경기. **초청-하다** [동][타][여] **초청-되다** [동][자]

초청-장(招請狀)[—짱] [명] 일정한 격식을 갖추어 초청하는 뜻을 담은 편지.

초충-도(草蟲圖) [명][미] 풀과 벌레를 그린 그림.

초췌-하다(憔悴—·顦顇—) [형][여] (얼굴이나 몸이) 몹시 지치거나 병을 앓거나 하여 안색이 좋지 않거나 수척한 상태에 있다. ¶**초췌한** 모습[얼굴].

초침(秒針) [명] 시계의 초를 가리키는 바늘. =초바늘.

초콜릿(chocolate) [명] 코코아 열매를 볶아 만든 가루에 우유·설탕·향료 따위를 섞어 만든 과자.

초콜릿-색(chocolate色) [명] =밤색.

초크(chalk) [명] **1** 양재(洋裁)에서, 복지 재단의 표를 하는 데에 쓰는 일종의 분필. **2** 당구에서, 미끄럼을 막기 위해 큐의 끝에 바르는 분말. ¶큐에 ~를 문지르다.

초탈(超脫) [명] 세속을 벗어나는 일. **초탈-하다** [동][자][타][여] ¶세속을 **초탈한** 선사.

초토(焦土) [명] 건축물 등이 불타 없어진 자리. 또는, 흔적 없이 사라짐의 비유. ¶~ 작전.

초토-화(焦土化) [명] 초토가 되거나 초토로 만드는 것. **초토화-하다** [동][자][타][여] **초토화-되다** [동][자] ¶공습으로 도시가 ~.

초-특급[1](超特急)[—끕] [명] 특급보다도 더 빠름. ¶~ 열차.

초-특급[2](超特級)[—끕] [명] 특급보다 더 높은 등급. ¶~ 호텔.

초-파리(醋—) [명][동] 파리와 비슷하게 생겼으나 몸길이 2~3mm로 파리보다 작으며, 몸빛은 흑갈색 또는 담황색인 곤충. 유전(遺傳) 실험에 많이 이용됨.

초-파일(初八*日) [명] [‘八’의 본음은 ‘팔’] 석가가 탄생한 기념일인 음력 4월 8일.

초판[1](初—) [명] 처음의 시기나 국면(局面).

초판[2](初版) [명] 서적의 첫 출판. =원판.

초판-본(初版本) [명] 초판으로 나온 책.

초-하다(草—) [동][타][여] '기초(起草)하다'의 준말.

초-하루(初—) [명] '초하룻날'의 준말.

초-하룻날(初—)[—룬—] [명] 그달의 첫날. [준]초하루.

초행(初行) [명] 처음으로 가는 일. 또는, 그 길. **초행-하다** [동][자][여]

초행-길(初行—)[—낄] [명] 처음으로 가는 길. ¶~이라 어디가 어디인지 모르겠다.

초-현대식(超現代式) [명] 현대를 넘어서 앞으로 올 시대에 알맞을 형식이나 방식. ¶~ 건물.

초-현대적(超現代的) [관][명] 현대보다 한 걸음 더 진보적인 (것). ¶~ 시설.

초-현실적(超現實的)[—쩍] [관][명] 현실을 넘어선 (것). 또는, 초현실주의의 속성을 띤 (것). ¶~ 수법으로 그린 그림.

초-현실주의(超現實主義)[—의/—이] [명][예] 무의식이나 비현실 세계의 표현을 지향한 20세기의 문학·예술 사조. =쉬르레알리슴.

초-현실파(超現實派) [명][미] 서양 미술의 한 파. 꿈과 같은 몽환의 세계를 상상으로 나타내는 화파.

초-호화(超豪華) [명]《주로 일부 명사 앞에 쓰여》극도로 사치스럽고 화려한 상태. ¶~ 저택 / ~ 유람선.

초-호화판(超豪華—) [명] 극도로 호화로운 형편. ¶~으로 장식한 실내.

초혼(初婚) [명] **1** 처음으로 하는 혼인. ▷재혼. **2** =개혼(開婚).

촉[1] [명][의존] 난초의 포기를 세는 단위.

촉[2](蜀) [명][역] 중국 삼국 시대의 왕조(221~263). 유비가 건국하여 한때 성했으나 위(魏)나라에게 멸망함. =촉한.

촉[3](鏃) [명] 긴 물건의 끝에 박힌 뾰족한 물건의 총칭. ¶펜~ / 화살~.

촉[4](燭) [명][의존][물] '촉광'의 준말.

촉각[1](觸角)[—깍] [명][동] 절지동물의 머리 부분에 있는 감각 기관. =더듬이.

촉각을 곤두세우다 정신을 집중하고 신경을 곤두세워 즉각 대응할 태세를 취하다. ¶**촉각을 곤두세우고** 적정(敵情)을 살피다.

촉각²(觸覺) [-깍] [명][생] 물체에 닿았을 때 촉감이나 온도나 압력 등을 느끼는 피부의 감각. ▷압각.

촉감(觸感) [-깜] [명] 물체가 피부에 닿았을 때의 느낌. [비]감촉. ¶이 옷감은 ~이 좋다.

촉광(燭光) [-꽝] [명][의존][물] 빛의 세기를 나타내는 단위. [준]촉.

촉구(促求) [-꾸] [명] (어떤 사람에게 어떤 일을 할 것을) 재촉하여 요구하는 것. **촉구-하다** [동][타][여] ¶교육 개혁 입법을 정부에 ~.

촉급-하다(促急-) [-끄파-] [형][여] 촉박하여 매우 급하다. **촉급-히** [부]

촉망(屬望·囑望) [총-] [명] 잘되기를 바라고 기대하는 것. **촉망-하다** [동][자][타][여] **촉망-되다** [동][자] ¶앞날이 **촉망되는** 인재.

촉매(觸媒) [총-] [명][화] 그 자신은 변화를 하지 않지만, 다른 물질의 화학 반응을 매개하여 반응 속도를 빠르게 하거나 늦추는 물질.

촉박-하다(促迫-) [-빠카-] [형][여] (기한이나 시간이) 바싹 가깝게 닥쳐 여유가 없는 상태에 있다. ¶시일이 ~.

촉발(觸發) [-빨] [명] 어떤 일을 당하여 충동·감정 따위가 일어나는 것. 또는, 그렇게 되게 하는 것. **촉발-하다** [동][자][타][여] **촉발-되다** [동][자]

촉-새 [-쌔] [명] **1** [동] 몸길이 약 14cm로, 등은 갈색을 띤 황록색이며, 배는 노란색인 작은 새. 봄가을에 우리나라를 통과하는 나그네새로, 야산의 숲에서 삶. **2** 〈속〉 언행이 가벼운 사람이나 까불대는 사람. ¶~같이 나서기를 좋아한다.

촉성(促成) [-썽] [명] 재촉하여 빨리 되게 하는 것. **촉성-하다** [동][타][여] **촉성-되다** [동][자]

촉성^재¦배(促成栽培) [-썽-] [명][농] 보통 재배에 의한 것보다 빨리 자라게 하여 거둬들이는 재배 방법. 온실 재배 따위.

촉수¹(燭數) [-쑤] [명] 촉광의 정도를 나타내는 수. ¶~ 높은 전등.

촉수²(觸手) [-쑤] [명] **1** [동] 무척추동물의 입 주위에 있는 돌기 모양의 기관. 촉각(觸覺)이나 먹이를 잡는 역할을 함. **2** 사물에 손을 대는 것.

촉수를 뻗치다 야심을 가지고 대상물에 서서히 작용을 미치다. ¶침략의 ~.

촉음(促音) [명][언] 음과 음 사이에서 폐쇄되는 음. 잇소리의 'ㅅ' 따위.

촉진¹(促進) [-찐] [명] (어떤 일을) 재촉하거나 박차를 가하여 빨리 이뤄지게 하는 것. **촉진-하다** [동][타][여] ¶성장을 **촉진하는** 호르몬. **촉진-되다** [동][자]

촉진²(觸診) [-찐] [명][의] 의사가 환자의 신체 표면을 손으로 누르거나 만져서, 체온·종창·부종·맥박 등을 진단하는 일.

촉진-제(促進劑) [-찐-] [명] 화학 반응을 촉진시키는 물질.

촉촉-하다 [-초카-] [형][여] 물기가 있어서 조금 젖은 상태에 있다. '축축하다'에 비하여 물기가 적고 불쾌함이 없는 상태를 가리킴. ¶눈시울이 **촉촉하게** 젖어 있다. [큰]축축하다. **촉촉-이** [부] ¶봄비가 ~ 대지를 적시다. ×촉촉히.

촉촉-히 [부] '촉촉이'의 잘못.

촉탁(囑託) [명] **1** 일을 부탁하여 맡기는 것. **2** 기관이나 단체에서 임시로 어떤 일을 맡아보는 사람. ¶~ 사원. **촉탁-하다** [동][타][여] 일을 부탁하여 맡기다. **촉탁-되다** [동][자]

촉한(蜀漢) [초칸] [명][역] =촉(蜀)².

촌¦¹(村) [명] 도시에서 떨어진, 큰 건물이나 번화한 거리가 없는 마을. [비]부락·시골.

촌¦²(寸) [명][의존] **1** 친족 관계의 멀고 가까움을 나타내는 말. ¶사~ 형제. ▷촌수. **2** =치².

-촌³(村) [접미] 특정한 부문에 관련된 시설이 집중적으로 꾸려져 있는 곳을 이르는 말. 또는, 특정한 성격을 띤 마을이나 동네를 이르는 말. ¶선수~ / 빈민~.

촌¦가(村家) [명] 시골 마을에 있는 집.

촌¦각(寸刻) [명] =촌음. ¶~을 다투는 일.

촌¦-구석(村-) [-꾸-] [명] 도시에서 멀리 떨어진 시골의 구석진 곳. '촌¹'을 얕잡아 이르는 말임.

촌¦극(寸劇) [명] **1** [연] 아주 짧은 단편적인 연극. **2** 사람들의 이목을 끄는 우발적이고도 우스꽝스러운 일을 이르는 말. ¶길거리에서 멱살을 쥐고 싸우는 ~이 벌어지다.

촌¦-년(村-) [명] 시골 여자를 낮추어 이르는 말.

촌¦-놈(村-) [명] 시골 남자를 낮추어 이르는 말.

촌¦-닭(村-) [-딱] [명] 촌스럽고 어릿어릿하는 사람을 속되게 이르는 말.

촌¦-뜨기(村-) [명] '촌사람'을 얕잡아 이르는 말. [비]시골뜨기.

촌¦락(村落) [촐-] [명] 시골의 마을.

촌¦락^공¦동체(村落共同體) [촐-꽁-] [명][사] 전근대 사회에서 토지의 공유나 공동 이용, 농업 생산 및 일상생활을 구성원의 지연적 상호 부조에 의해 자급적으로 하는 공동체.

촌¦로(村老) [촐-] [명] 마을 노인. 또는, 시골 노인.

촌¦민(村民) [명] =촌백성.

촌¦-백성(村百姓) [-빽썽] [명] 시골에서 사는 백성. =촌민.

촌¦보(寸步) [명] 몇 발짝 안 되는 걸음. ¶~도 물러설 수 없다.

촌¦부(村婦) [명] 시골에 사는 부녀.

촌¦-사람(村-) [-싸-] [명] **1** 시골에 사는 사람. **2** 견문이 좁고 어수룩한 사람.

촌¦-색시(村-) [-쌕씨] [명] **1** 시골에 사는 색시. **2** 촌스러운 색시.

촌¦수(寸數) [-쑤] [명] 친족 간의 멀고 가까운 정도를 나타내는 수. 부모와 자식 사이는 1촌, 형제는 2촌, 아버지 형제는 3촌, 아버지 형제의 자녀는 4촌 관계가 됨.

촌¦-스럽다(村-) [-쓰-따] [형][ㅂ] 〈~스러우니, ~스러워〉 (사람이나 말·행동·옷차림 등이) 촌사람 티가 나는 데가 있다. ¶옷 입은 모양이 ~.

촌¦음(寸陰) [명] 썩 짧은 시간. 또는, 얼마 안 되는 시간. =촌각. ¶~을 아끼다.

촌¦장(村長) [명] 한 마을의 일을 맡아보는 촌의 우두머리.

촌¦지(寸志) [명] 〔'작은 뜻'이라는 뜻〕 잘 봐 달라는 뜻으로, 또는 잘 봐주어서 고맙다는 뜻으로 은밀히 건네는 돈. 뇌물의 성격을 띤다는 점에서 부정적 어감을 주는 말임.

촌!철-살인(寸鐵殺人) 명 〔한 치의 쇠로 사람을 죽인다는 뜻〕 절박한 경구(警句)로 사람의 마음을 크게 뒤흔듦.
촌:충(寸蟲) 명[동] '조충'의 구용어.
촌!티(寸-) 명 촌스러운 모양이나 태도. ¶~가 흐르다.
촌!평(寸評) 명 짧게 비평하는 것. 또는, 그 비평. 촌!평-하다 동[타]
촐랑-거리다/-대다 동[자] '촐랑거리다'. '쫄랑거리다'의 거센말. ¶촐랑거리며 돌아다니지 말고 여기에 가만히 있어라. 촐랑-촐랑 튀
촐랑-이 명 촐랑거리는 사람.
촐랑-촐랑 튀 '촐랑촐랑', '쫄랑쫄랑'의 거센말. 촐랑촐랑-하다 형[여]
촐싹-거리다/-대다[-꺼때)-] 1자 주책없이 까불거리며 돌아다니다. 2타 남을 부추겨 마음이 달뜨게 하다.
촘스키, 에이브럼 놈 (Chomsky, Avram Noam) 〔인〕 미국의 언어학자 (1928~).
촘촘-하다 형[여] (간격이나 그물코 따위가) 매우 좁거나 작다. ¶스웨터를 촘촘하게 뜨다. 촘촘-히 튀
촛-국(醋-)[초꾹/촏꾹] 명 음식의 맛이 지나치게 신 것을 가리키는 말.
촛-농(-膿)[촌-] 명 초가 탈 때 녹아 흐르는 기름. ¶~이 흐르다.
촛-대(-臺)[초때/촏때] 명 초를 꽂아 놓는 기구.
촛-불[초뿔/촏뿔] 명 초에 컨 불.
촛점(焦點) 명 '초점(焦點)'의 잘못.
총¹(銃) 명 사람이 손으로 들거나 잡은 상태로 방아쇠를 손가락으로 당김으로써 화약이 폭발하거나 공기가 팽창하는 힘으로 탄환이 튀어 나가게 하는 무기. 권총 · 소총 · 기관총 · 엽총 따위. =총포.
총²(總) 관 '모두 합하여'의 뜻을 나타내는 말. ¶ ~ 작업 시간.
총!-³(總) [접두] 일부 한자어 명사에 붙어, '온통', '통틀어'의 뜻을 나타내는 말. ¶~인구/~파업.
총!각(總角) 명 결혼하지 않은 성년 남자. ¶노~. ↔처녀.
총각 딱지를 떼다 1 총각이 처음으로 동정을 깨뜨리다. 2 총각이 결혼하다.
총!각-김치(總角-)[-낌-] 명 총각무로 담근 김치.
총!각-무(總角-) 명 뿌리가 엄지손가락 모양으로 생기고 무청이 연한 무. 무청이 달린 채로 김치를 담금. ×알타리무
총!-감독(總監督) 명 총괄적으로 하는 감독. 또는, 그 사람.
총검(銃劍) 명 1 소총에 꽂는 짧은 칼. ¶~으로 찌르다. 2 =총칼.
총격(銃擊) 명 총으로 사격하는 것. 총격-하다 동[여]
총격-전(銃擊戰) [-쩐] 명 기관총 · 소총 따위로 서로하는 전투.
총!-결산(總決算)[-싼] 명 총괄하여 하는 결산. 총!결산-하다 동[타]여 ¶지난 일 년을 ~.
총!경(總警) 명 경찰관의 계급의 하나. 경정의 위, 경감의 아래임.
총!계(總計)[-계/-게] 명 전체를 한데 통틀어서 계산하는 것. 또는, 그 계산. ↔소계. 총!계-하다 동[타]여
총!-공격(總攻擊) 명 전군(全軍) 또는 전원이 일제히 하는 공격. 총!공격-하다

(자)(타)여 ¶적의 요새를 ~.
총!-공세(總攻勢) 명 역량(力量)을 총동원하여 하는 공세. ¶~를 취하다.
총괄(總括) 명 개별적인 여러 가지를 한데 묶는 것. 총!괄-하다 동[타]여 총!괄-되다(자)
총!괄-적(總括的)[-쩍] 관[명] 개별적인 여러 가지를 한데 묶는 (것). ¶~인 관리 업무를 맡다.
총구(銃口) 명 =총구멍1.
총-구멍(銃-) [-끔-] 명 1 총알이 나가는 총신의 앞쪽 끝 부분. =총구. 2 총알에 맞아 생긴 자리. ¶창문에 ~이 있어 보인다.
총!국(總局) 명 어떠한 구역 내의 지국(支局)을 통할하여 본사와 사무적 연락을 하는 곳.
총!-궐기(總蹶起) 명 모두 함께 궐기하는 것. 총!궐기-하다 동[자]여 ¶정부의 인권 탄압에 항의하여 온 국민이 ~.
총기¹(銃器) 명 소총 · 권총 따위의 무기. ¶~를 불법적으로 소지하다.
총기²(聰氣) 명 총명한 기운. ¶그 아이는 눈이 반짝반짝하는 게 ~이 있어 보인다.
총-대(銃-)[-때] 명 소총의 총열을 장치한 전체의 나무.
총대(를) 메다 〈속〉(어떤 사람이) 아무도 나서서 맡기는 꺼리는 공동의 일을 혼자 맡아 하다. ▷ 십자가를 지다.
총!독(總督) 명 식민지 등의 정치 · 경제 · 군사의 모든 통치권을 가진 최고 관리.
총!독-부(總督府)[-뿌] 명 총독이 정무를 보는 관청. ¶조선 ~.
총!-동원(總動員) 명 전체 성원이나 전체 역량을 동원하는 것. 총!동원-하다 동[타]여 총!동원-되다 동[자] ¶수해 복구에 민방위대원이 총동원되었다.
총!람(總攬) 명 (모든 사무를) 한데 묶어 관할하는 것. 또는, 한 손에 장악하는 것. 총!람-하다 동[타]여
총!량(總量)[-냥] 명 전체의 분량 또는 중량.
총!력(總力)[-녁] 명 전체의 힘. ¶수출 증진에 ~을 기울이다.
총!력-전(總力戰)[-녁쩐] 명 국가의 총체적인 힘을 기울여서 하는 전쟁. ¶~을 펼치다.
총!론(總論)[-논] 명 전체를 총괄한 이론. ↔각론.
총!리(總理)[-니] 명 '국무총리'의 준말.
총림(叢林)[-님] 명[불] 강원(講院) · 선원(禪院) · 율원(律院: 계율을 학습하는 곳)의 3개의 교육 기관을 모두 갖춘 절.
총!-망라(總網羅)[-나] 명 (어떤 대상을) 전체에서 하나도 빠뜨리지 않고 모두 드는 것. 총!망라-하다 동[타]여 총!망라-되다 동[자] ¶판계 자료가 총망라된 보고서.
총!-면적(總面積) 명 전체의 넓이.
총명(聰明) 명 영리하고 기억력이 좋은 것. 총명-하다 형[여] ¶총명한 아이.
총!무(總務) 명 어떤 기관이나 단체에서, 전체적이며 일반적인 사무. 또는, 그것을 맡아보는 사람.
총!무-과(總務課)[-꽈] 명 어떤 기관이나 단체에서, 그 조직의 전체적인 행정 사무를 담당하는 과.
총!-반격(總反擊) 명 전면적으로 일제히 하는 반격. ¶국군과 유엔군은 인천 상륙 작전을 고비로 하여 ~에 나섰다. 총!반격-하다 동[자][타]여

총ː-본부(總本部) [명] 전체를 통할하는 본부.
총ː-본산(總本山) [명] **1** 어떤 일을 총괄하는, 근원이 되는 곳. ¶상해 임시 정부는 일제하 독립 운동의 ~이었다. **2** [불] 일제 강점기에, 전국 31개 본사와 말사를 총괄하던 최고 종정 기관.
총-부리(銃-) [-뿌-] [명] 총구멍이 있는 총의 부분. ¶동족의 가슴에 ~를 겨누다.
총ː-사령관(總司令官) [명][군] 전군(全軍)을 통할 지휘하는 사령관.
총ː-사령부(總司令部) [명][군] 총사령관의 막료 기관.
총ː-사퇴(總辭退) [-퇴/-퉤] [명] 구성원 전원이 한꺼번에 사퇴하는 것. **총ː사퇴-하다** [동][자][여]
총살(銃殺) [명] (사람을) 총으로 쏘아 죽이는 것. **총살-하다** [동][타][여] ¶반역자를 ~. **총살-되다** [동][자]
총살-형(銃殺刑) [명] 총살하는 형(刑).
총상(銃傷) [명] 총에 맞은 상처.
총생(叢生) [명][식] =뭉쳐나기. **총생-하다** [동][자][여]
총서(叢書) [명] 일정한 주제나 분야에 관하여, 각 권의 내용은 각기 독립적이나, 형식이나 체재는 똑같이 통일하여, 동시에 또는 계속적으로 간행하는 여러 권의 책. ¶학술 ~.
총ː선(總選) [명] '총선거'의 준말.
총ː-선거(總選擧) [명] 국회의원 전체를 한꺼번에 선출하는 선거. [준]총선.
총ː설(總說) [명] 전체를 통틀어 하는 설명.
총성(銃聲) [명] 총알이 발사되는 순간 '탕' 하고 나는 소리. [비]총소리. ¶~이 울리다.
총ː-소득(總所得) [명] 경비를 공제하지 않은 소득의 총액. =총수입.
총-소리(銃-) [-쏘-] [명] 총을 쏠 때 화약이 터지면서 나는 소리. [비]총성.
총ː수[1](總帥) [명] **1** 전군(全軍)을 지휘하는 사람. ¶삼군의 ~. **2** 어떤 집단의 우두머리. ¶재벌 ~.
총ː수[2](總數) [명] 전체의 수효.
총ː-수입(總收入) [명] **1** =총소득. **2** [경] 재화의 공급에서 생산자가 얻은 화폐 수입의 총액.
총신[1](銃身) [명] =총열.
총ː신[2](寵臣) [명] 임금의 총애를 받는 신하.
총ː아(寵兒) [명] 많은 사람들로부터 특별히 사랑을 받는 사람. ¶시대의 ~.
총-알(銃-) [명] **1** 총으로 쏘아서 목표물을 맞히는 물건. =총탄. **2** 〈속〉 사물의 움직임이나 진행이 매우 빠른 상태. 비유적인 말임. ¶김 대리는 일 처리가 ~이다.
총알-받이(銃-) [-바지] [명] 전쟁을 할 때, 군대의 맨 앞줄 또는 제일선에 서는 사람을 속되게 이르는 말.
총알-택시(銃-taxi) [명] 주로 밤늦게 인근의 다른 도시로 가는 손님을 태우고 과속으로 달리는 택시.
총ː애(寵愛) [명] (어떤 사람을) 남달리 귀엽게 여겨 사랑하는 것. ¶윗사람의 ~를 받다. **총ː애-하다** [동][타][여]
총ː액(總額) [명] 전체의 액수.
총ː-역량(總力量) [-녕냥] [명] 모든 역량. ¶국가적 ~을 발휘하다.
총-열(銃-) [-녈] [명] 긴 원통 모양으로 되어 총알이 나가는 방향을 정하여 주는 총의 한 부분. =총신(銃身).
총ː-영사(總領事) [-녕-] [명] 국교가 있는 나라에 파견되어 머물면서 자국민의 보호·감독, 통상·항해에 관한 업무를 맡아보는 최고위급 영사.
총ː원(總員) [명] 전체의 인원. ¶~ 50명에 출석 인원은 40명이다.
총ː의(總意) [-의/-이] [명] 어떤 집단의 전체의 의사. ¶~를 모으다.
총ː-인구(總人口) [명] 어떤 나라나 지역에 사는 사람들의 전체 수효.
총-잡이(銃-) [명] 총, 특히 권총을 잘 쏘는 사람.
총ː장(總長) [명] 어떤 조직체에서, 사무 전체를 관리하는 최고 행정 책임 직위. 또는, 그 직위에 있는 사람. ¶대학 ~.
총ː재(總裁) [명] 정당·은행·적십자사·스카우트 등의 일부 기관이나 단체의 최고 직위. 또는, 그 직위에 있는 사람. ¶한국은행 ~.
총ː점(總點) [-쩜] [명] 전체 점수의 합계.
총ː-지휘(總指揮) [명] 전체를 총괄하여 하는 지휘. ¶~자(者). **총ː지휘-하다** [동][타][여] ¶작전을 ~.
총-질(銃-) [명] 총을 쏘는 것. **총질-하다** [동][자][여]
총ː-집결(總集結) [-껼] [명] 사람이나 물건들이 모두 한군데로 모이는 것. **총ː집결-하다** [동][자][타][여] ¶노조원들은 본사 건물 앞으로 **총집결했다**.
총ː-집합(總集合) [-지팝] [명] 한곳에 모두 모이는 것. **총ː집합-하다** [동][자][여]
총-채 [명] 말총을 묶어서 만든 먼지떨이. 헝겊으로 만든 것을 포함하기도 함.
총ː책(總責) [명] '총책임자'의 준말. ¶자금 ~ / 행동 ~.
총ː-책임(總責任) [명] 총괄적인 책임.
총ː책임-자(總責任者) [명] 총책임을 진 사람. [준]총책.
총ː-천연색(總天然色) [명] 천연색을 강조하여 이르는 말.
총ː체(總體) [명] 어떤 사물의 모든 것. 또는, 관련된 모든 것. [비]전부·전체.
총ː체-적(總體的) [관][명] 사물의 범위가 모든 것에 다 걸쳐 있는 (것). ¶~ 난관에 부딪히다.
총총[1] [부] 맑게 갠 밤하늘에 많은 별이 또렷또렷한 모양. ¶별이 ~ 빛나는 밤. **총총-하다**[1] [형][여] **총총-히**[1] [부]
총총[2](悤悤) [부] **1** 급하고 바쁘게. ¶쫓기는 사람처럼 ~ 사라지다. **2** 편지 맺음말에 쓰여, '서둘러', '바쁘게'의 뜻으로 이르는 말. ¶드릴 말씀은 많으나 이만 ~ 줄입니다. **총총-하다**[2] [형][여] 급하고 바쁘다. **총총-히**[2] [부]
총총-거리다/-대다 [동][자] '종종거리다'의 거센말.
총총-걸음 [명] '종종걸음'의 거센말.
총총-하다[3](葱葱-) [형][여] 나무가 배게 들어서서 무성하다. **총총-히**[3] [부]
총총-하다[4](叢叢-) [형][여] 물건이 들어선 모양이 빽빽하다. **총총-히**[4] [부]
총ː-출동(總出動) [-똥] [명] 전원이 다 하는 출동. **총ː출동-하다** [동][자][여] ¶부대원이 ~.
총ː-출연(總出演) [명] 전원이 다 하는 출연. **총ː출연-하다** [동][자][여] ¶연예인들이 **총출연하는** 호화 쇼.
총ː칙(總則) [명] 총괄적인 규칙. ↔각칙.
총ː칭(總稱) [명] 전부를 총괄하여 일컫는

일. 또는, 그 명칭. **총'칭-하다** 태여
총-칼(銃-) 명 총과 칼. 곧, 무력(武力).
=총검. ¶~로 위협하다.
총탄(銃彈) 명 =총알1. ¶~을 맞다.
총통'(銃筒) 명 ①화기의 총칭. 화전(火箭)·화등·화포 따위.
총통²(總統) 명 ①대만 정부의 최고 관직. ¶장제스 ~. ②[역] 나치스 독일의 최고 지도자. 히틀러가 이 칭호를 씀.
총:퇴각(總退却) [-퇴/-퉤-] 명 전군(全軍)이 한꺼번에 하는 퇴각. ¶~ 명령.
총:퇴각-하다 통 자연 ¶적이 ~.
총-파업(總罷業) 명 전국적으로 또는 어떤 산업 전체에 걸쳐 행해지는 대규모의 파업. =총파업. **총파업-하다** 통 자연
총판(總販) 명 생산업체로부터 제품을 사들여 관할 지역의 소매점에 얼마간의 이윤을 붙여 공급하는 일. =총판점.
총판-장(總販場) 명 총판이 영업 활동을 하는 곳. ¶동대문 운동구 ~.
총판-점(總販店) 명 =총판.
총평(總評) 명 총체적인 평가나 평정(評定). ¶심사 위원장의 ~.
총포(銃砲) 명 ①=총(銃)¹. ②소총과 대포.
총-학생회(總學生會) [-생회/-생훼] 명 한 학교 안의 학생 단체들을 통틀어서 지휘하는 학생회.
총합(總合) 명 전부를 합하는 것. **총합-하다** 통 타여
총:화(總和) 명 ①전체를 합하여 모은 수. 태여. ②전체의 화합. ¶~ 단결.
총:회(總會) [-회/-훼] 명 ①그 단체 전원의 모임. ¶정기 ~. ②[법] 사단 법인의 전체 구성원으로 조직되고 종합적 의사를 결정하는 최고 의결 기관. ¶주주 ~.
총획(總畫) [-획/-훽] 명 한자(漢字)의 한 글자의 모든 획수.
총:회(寵姬) [-히] 명 총애를 받는 여자. ¶양 귀비는 당나라 현종(玄宗)의 ~이었다.
촬영(撮影) 명 (어떤 모습이나 장면을) 사진기나 촬영기의 셔터를 눌러 필름의 그대로 감광되는 것. ¶영화 ~/야외 ~. **촬영-하다** 태여 **촬영-되다** 자여
촬영-기(撮影機) 명 =카메라2. ¶영화 ~.
촬영^대본(撮影臺本) 명영 =콘티뉴이티.
촬영-소(撮影所) 명 영화의 촬영·제작에 필요한 설비를 갖춘 곳. ¶~스튜디오.
최:-(最) [최/췌] 접두 '가장', '제일'의 뜻을 나타내는 말. ¶~고급/~첨단.
최:강(最強) [최-/췌-] 명 실력·세력 등이 가장 강한 상태. ¶세계 ~을 자랑하는 군대.
최:고'(最古) [최-/췌-] 명 어떤 대상이 가장 오래된 상태. ¶옥스퍼드 대학은 영국 ~의 대학이다. ↔최신.
최:고²(最高) [최-/췌-] 명 ①대상의 높이가 가장 높은 상태. ¶세계 ~의 에베레스트 산. ②대상의 수치가 가장 높은 상태. ¶~ 온도. ↔최저. ③대상이 가장 뛰어나거나 훌륭한 상태. ¶~의 품질. ↔최하.
최:고³(催告) [최-/췌-] 명 [법] 상대방에게 일정한 행위를 하도록 독촉하는 통지를 내는 일. **최고-하다** 태여
최:고-가(最高價) [최-까/췌-까] 명 가장 비싼 값. ¶경매에서 ~에 매매가 낙착되다. ↔최저가.
최:-고급(最高級) [최-/췌-] 명 가장 높거나 뛰어난 등급. ¶~품 / ~시계.

최:-고도(最高度) [최-/췌-] 명 가장 높은 도수나 단계. ¶~의 기술.
최:고-봉(最高峰) [최-/췌-] 명 ①어느 지방이나 산맥 중에서 가장 높은 봉우리. =주봉. ¶에베레스트 산은 세계의 ~이다. ②어떤 분야에서 가장 뛰어난 사람이나 수준. 비유적인 말임. ¶학계의 ~.
최:고-선(最高善) [최-/췌-] 명 [유] 인간 생활의 최고의 목적·이상이며 행위의 근본 기준이 되는 선.
최:고-신(最高神) [최-/췌-] 명 =지상신(至上神).
최:고위-층(最高位層) [최-/췌-] 명 가장 높은 지위에 있는 계층. 또는, 그 사람. ¶권력의 ~.
최:고-점(最高點) [최-쩜/췌-쩜] 명 가장 높은 점수.
최:고-조(最高潮) [최-/췌-] 명 어떤 분위기나 감정 따위가 가장 높은 정도에 이른 상태. 태클라이맥스. ¶장내의 열기가 ~에 달하다.
최:고참(最古參) [최-/췌-] 명 가장 오래된 고참.
최:고^학부(最高學府) [최-뿌/췌-뿌] 명 [교] 가장 정도가 높은 학교. 곧, 대학이나 대학원을 가리킴. ¶그는 ~를 우수하게 졸업한 엘리트다.
최:고-형(最高刑) [최-/췌-] 명 가장 중한 형벌. ¶법정 ~.
최:근(最近) [최-/췌-] I 명 얼마 안 되는 지나간 날. 태요즈음. ¶~의 국제 정세. II 뷰 요즈음 들어. ¶~ 우리 사회에는 범죄가 부쩍 늘고 있다.
최:-근세(最近世) [최-/췌-] 명 가장 가까운 지나간 시대. ¶~사(史).
최:-남단(最南端) [최-/췌-] 명 가장 남쪽 끝. ¶마라도는 우리나라의 ~에 위치하고 있는 섬이다. ↔최북단.
최:-남선(崔南善) [최-/췌-] 명 [인] 문화 운동가·작가(1890~1957).
최:다(最多) [최-/췌-] 명 가장 많은 것. ¶~ 득점. ↔최소.
최:단(最短) [최-/췌-] 명 가장 짧은 것. ¶~ 거리 / ~ 시일. ↔최장.
최:대(最大) [최-/췌-] 명 수(數)·양(量)·정도 따위가 가장 큰 것. ¶조국 통일이 우리의 ~의 관심사다. ↔최소.
최:대^공약수(最大公約數) [최-쑤/췌-쑤] 명 [수] 둘 이상의 정수(整數)의 공약수 중에서 가장 큰 것. 정식(整式)에는, 공약수 중 차수가 가장 큰 것을 말함. =지시법(G.C.M.). ▷최소 공배수. ②여러 가지 일 가운데 대체적으로 보아서 공통적으로 합치되는 부분.
최:대-치(最大値) [최-/췌-] 명 수 '최댓값'의 구용어.
최:대-한(最大限) [최-/췌-] 명 뷰 =최대한도. ¶주어진 여건을 ~ 활용하다. ↔최소한.
최:대-한도(最大限度) [최-/췌-] 명 뷰 더 이상 커지거나 넘을 수 없는 가장 큰 한도. =최대한. ¶속력을 ~로 내다. ↔최소한도.
최:대-화(最大化) [최-/췌-] 명 가장 크게 하는 것. ↔최소화. **최:대화-하다** 통 자연
최:댓-값(最大-) [최댓갑/최댇갑/췌댓갑/췌댇갑] 명 수 실수(實數) 값을 취하는 함수가 그 정의역 안에서 취하는 가장 큰

값. 구용어는 최대치. ↔최솟값.

최루(催淚)[최—/췌—] [명] 눈물샘을 자극하여 눈물이 나오게 하는 것.

최루^가스(催淚gas)[최—/췌—] [명][화] 독가스의 하나. 특히, 눈물샘을 자극하여 눈물이 나오게 함.

최루-성(催淚性)[최—썽/췌—썽] [명] 눈물샘을 자극하여 눈물이 나오게 하는 성질. ¶~ 가스 / ~ 멜로 드라마.

최루-탄(催淚彈)[최—/췌—] [명] 최루 가스를 넣은 탄환. ¶데모를 저지하기 위해 ~을 발사하다.

최면(催眠)[최—/췌—] [명] **1** 잠이 오게 하는 것. ¶~제. **2** [심] 사람이나 동물이 어떤 사람의 암시에 의해 빠져 들게 되는 수면과 같은 상태. ¶~을 걸다.

최면-술(催眠術)[최—/췌—] [명] 암시를 주어 최면 상태를 일으키는 기술.

최-무선(崔茂宣)[최—/췌—] [명][인] 고려 시대의 무신·무기 발명가(?~1395).

최¦-북단(最北端)[최—딴/췌—딴] [명] 가장 북쪽 끝. ↔최남단.

최¦상(最上)[최—/췌—] [명] 《주로 '최상의'의 꼴로 쓰여》 수준이나 등급이 맨 위인 상태. ¶~의 조건. ↔최하.

최¦-상급(最上級)[최—/췌—] [명] **1** 정도나 등급이 가장 높은 것. ↔최하급. **2** [언] 영어·독일어 등에서, 형용사·부사가 취하는 어형 변화의 한 가지. 비교의 대상이 되는 것 중에서 성질·상태 등의 정도가 가장 큰 것을 나타내는 것. 영어에서 good에 대한 best 따위. ▷원급·비교급.

최¦-상위(最上位)[최—/췌—] [명] 가장 높은 순위. ¶~ 입상. ↔최하위.

최¦-상품(最上品)[최—/췌—] [명] 가장 좋은 물품.

최¦선(最善)[최—/췌—] [명] 가장 좋거나 훌륭한 것. ¶~의 방법.

최¦-선봉(最先鋒)[최—/췌—] [명] 맨 앞장. ¶~에 서서 군사를 지휘하다.

최¦선-책(最善策)[최—/췌—] [명] 가장 좋고 훌륭한 대책. ¶성공의 ~은 열심히 노력하는 것이다.

최¦성-기(最盛期)[최—/췌—] [명] 가장 성한 시기. [비]황금기.

최¦소[1](最小)[최—/췌—] [명] 《일부 명사 앞에 쓰여》 가장 작은 것. ↔최대.

최¦소[2](最少)[최—/췌—] [명] 가장 적은 것. ¶~의 노력으로 최대의 효과를 거두다. ↔최다.

최¦소^공배수(最小公倍數)[최—/췌—] [명] [수] 둘 이상의 정수(整數)의 공배수 중에서 가장 작은 것. 정식(整式)에서는 공배수 중 차수가 가장 낮은 것을 말함. =엘시엠(L.C.M.). ▷최대 공약수.

최¦소-치(最小値)[최—/췌—] [명][수] '최솟값'의 구용어.

최¦소-한(最小限)[최—/췌—] [명][부] =최소한도. ¶도와주지는 못할망정 ~ 방해는 말아야지. ↔최대한.

최¦소-한도(最小限度)[최—/췌—] [명][부] 더 이상 작아지거나 줄어들 수 없는 가장 작은 한도. =최소한. ¶이 공사는 ~ 1년은 걸릴 것이다. ↔최대한도.

최¦소-화[1](最小化)[최—/췌—] [명] 가장 작게 하는 것. ↔최대화. **최¦소화-하다**[1] [동][타][여] **최¦소화-되다**[1] [동][자]

최¦소-화[2](最少化)[최—/췌—] [명] 가장 적게 하는 것. **최¦소화-하다**[2] [동][타][여] ¶태풍의 피해를 ~. **최¦소화-되다**[2] [동][자]

최¦솟-값(最小—)[최소깝/최솓깝/췌소깝/췌솓깝] [명][수] 실수(實數) 값을 취하는 함수가 그 정의역 안에서 취하는 가장 작은 값. 구용어는 최소치. ↔최댓값.

최¦신(最新)[최—/췌—] [명] 어떤 대상이 가장 새로운 상태. ¶~ 유행. ↔최고.

최¦신-식(最新式)[최—/췌—] [명] 가장 새로운 방식이나 격식. ¶~ 무기.

최¦-신예(最新銳)[최—/췌—] [명] 가장 새롭고 기세나 힘이 빼어난 것. ¶~ 전투기.

최¦신-작(最新作)[최—/췌—] [명] 가장 최근에 발표한 작품.

최¦신-형(最新型)[최—/췌—] [명] 가장 새로운 모양. ¶~ 자동차.

최¦악(最惡)[최—/췌—] [명] 일의 상황·상태 등이 가장 나쁜 것. ¶~의 상태.

최-영(崔瑩)[최—/췌—] [명][인] 고려 시대의 장군·재상(1316~1388).

최¦-우선(最優先)[최—/췌—] [명] (어떤 일을) 가장 먼저 다루거나 문제 삼는 것. ¶~ 과제. **최¦우선-하다** [동][타][여] ¶소비자 보호를 **최우선하는** 정책.

최¦-우수(最優秀)[최—/췌—] [명] 《일부 명사 앞에 쓰여》 가장 우수한 것. ¶~ 작품.

최¦우수^선¦수(最優秀選手)[최—/췌—] [명][체] =엠브이피(MVP).

최¦장(最長)[최—/췌—] [명] 가장 긴 것. ¶~ 시간. ↔최단.

최¦저(最低)[최—/췌—] [명] 어떤 대상의 수치나 수준 등이 가장 낮은 상태. ¶~ 온도. ↔최고.

최¦저-가(最低價)[최—까/췌—까] [명] 가장 싼 값. ↔최고가.

최¦저^생활비(最低生活費)[최—/췌—] [명][경] 인간이 인간답게 생존하는 데에 필요한 생활비. ¶~에도 못 미치는 월급.

최¦저-선(最低線)[최—/췌—] [명] 가장 낮은 한계선.

최¦저-치(最低値)[최—/췌—] [명] 가장 낮은 수치. ¶주가가 올 들어 ~를 기록하였다.

최¦저-한(最低限)[최—/췌—] [명] =최저한도.

최¦저-한도(最低限度)[최—/췌—] [명] 가장 낮은 한도. =최저한. ¶~의 생계비.

최¦적(最適)[최—/췌—] [명] 가장 적당하거나 적합한 것. ¶~ 온도.

최¦-적기(最適期)[최—끼/췌—끼] [명] 가장 알맞은 시기. ¶모내기의 ~.

최¦-전방(最前方)[최—/췌—] [명][군] =최전선**2**.

최¦-전선(最前線)[최—/췌—] [명] **1** 맨 앞의 선. **2** [군] 적과 맞서는 맨 앞의 전선(戰線). =제일선·최전방.

최-제우(崔濟愚)[최—/췌—] [명][인] 동학의 교조(1824~1864).

최¦종(最終)[최—/췌—] [명] 단계나 차례에 있어서 맨 나중. ¶~ 심사.

최¦종-심(最終審)[최—/췌—] [명][법] 대법원에서 하는 마지막 심리(審理).

최¦종-일(最終日)[최—/췌—] [명] 어떤 기간의 마지막 날. ¶대회 ~에 마라톤 경기가 열린다.

최¦종-적(最終的)[최—/췌—] [관][명] 맨 나중의 (것). ¶~으로 결론을 내리다.

최¦종-회(最終回)[최—회/췌—훼] [명] 반복되는 어떤 일의 마지막 회. ¶연속극 ~.

최:-첨단(最尖端)[최-/췌-] 명 유행이나 시대 흐름의 가장 앞. ¶~ 기술 / 유행의 ~을 걷다.

최:초(最初)[최-/췌-] 명 어떤 일이나 대상이 그 이전에 있지 않은, 맨 처음. ¶우리나라 ~의 비행사. ↔최후.

최:충(崔冲)[최-/췌-] 명[인] 고려 시대의 문신·학자(984~1068).

최:충헌(崔忠獻)[최-/췌-] 명[인] 고려 시대의 무신(1149~1219).

최:치원(崔致遠)[최-/췌-] 명[인] 통일 신라 시대의 학자·문장가(857~?).

최:하(最下)[최-/췌-] 명 어떤 일이나 등급이 맨 아래인 상태. ¶~의 가격. ↔최상.

최:-하급(最下級)[최-/췌-] 명 가장 낮은 계급이나 등급. ¶~ 물품. ↔최상급.

최:-하위(最下位)[최-/췌-] 명 가장 낮은 순위. ¶성적이 ~다. ↔최상위.

최:-하층(最下層)[최-/췌-] 명 맨 아래 층.

최:-현배(崔鉉培)[최-/췌-] 명[인] 국어학자(1894~1970).

최:혜-국(最惠國)[최헤-/췌헤-] 명[법] 어떤 나라와 통상 조약을 맺는 여러 나라 중에서, 세율(稅率) 등에서 가장 유리한 취급을 받는 나라.

최:혜국^대:우(最惠國待遇)[최헤-때-/췌헤-때-] 명[경] 통상·항해 조약을 체결한 나라가 상대국에서 가장 유리한 혜택을 받는 나라와 동등한 대우를 받는 일.

최:후(最後)[최-/췌-] 명 1 어떤 일이나 대상이 그 이후는 없음, 맨 마지막. ¶~의 수단. ↔최초. 2 사람의 목숨이 마지막에 이른 상태. 또는, 죽음의 순간. ¶장렬한 ~를 마치다.

최:후의 만:찬(最後-晩餐)[최-의-/췌-에-][가][기] 예수가 십자가에 매달리기 전날 밤에 십이 사도와 마지막으로 나눈 저녁 식사.

최:후-일각(最後一刻)[최-/췌-] 명 마지막 순간. ¶~까지 최선을 다하다.

최:후^진:술(最後陳述)[최-/췌-] 명[법] 형사 공판 절차에서, 피고인 또는 변호인이 마지막으로 하는 진술.

최:후-통첩(最後通牒)[최-/췌-] 명 1 [법] 외교 교섭에서, 자국의 최종적 요구를 제시하여 그 요구가 받아들여지지 않으면 자유행동을 취하겠다는 뜻을 알리는 외교 문서. 2 교섭 중인 상대편에게 자기 쪽의 요구를 마지막으로 밝히는 것.

-추- [접미] 형용사의 어간에 붙어, 그 형용사를 사동의 기능을 갖는 동사로 만드는 어간 형성 접미사. ¶낮~다 / 맞~다.

추²(錘) [-] = 저울추. 2 끈에 달려 아래로 늘어진 물건의 총칭. ¶낚시~.

추³(醜) 명 보기 흉하거나 아름답지 않은 것. ¶미(美) 와 ~의 세계. ↔미(美).

추가(追加) 명 (이미 있는 것에 다른 것을) 더하여 보태는 것. ¶~ 비용. **추가-하다** [동][타][여] **추가-되다** [동][자]

추가^경정^예:산(追加更正豫算)[-네-] 명[법] 예산이 성립된 뒤에 생긴 사유로 말미암아 이미 성립된 예산에 변경을 가하여 이루어진 예산. ↔본예산.

추가-령(楸哥嶺)[-] 명[지] 강원도 평강군과 함경남도 안변군 사이에 있는 고개. 높이 752m.

추다 1167

추가^시험(追加試驗) 명[교] 정기 시험을 치르지 못한 사람에게 추후 특별히 치르게 하는 시험. 준추시.

추간-판(椎間板) 명[생] 척추의 마디마디 사이에 들어 있어 충격을 흡수하는 역할을 하는 연질(軟質)의 조직.

추간판^헤르니아(椎間板⑩hernia) 명[의] 추간판의 일부가 뒤로 튕겨져 척수 신경을 압박하는 상태. 좌골 신경통·요통 등을 일으킴. 흔히 '디스크'라 함.

추격(追擊) 명 1 (도망하는 적을) 뒤쫓아 가며 공격하는 것. ¶~대. 2 (점수가 앞선 경기 상대 등을) 따라잡기 위해 뒤쫓는 것. **추격-하다** [동][타][여] ¶달아나는 적을 ~. **추격-되다** [동][자]

추격-전(追擊戰)[-전] 명 도망가는 적을 뒤쫓으며 하는 싸움.

추계¹(秋季)[-계/-게] 명 =추기(秋期)¹. ¶~ 운동회.

추계²(推計)[-계/-게] 명 전체 중의 일부에 관한 수치나 정보를 근거로 전체의 수나 양상을 추정·계산하는 일. **추계-하다** [동][타][여] ¶이재민을 약 10만 명으로 ~.

추고(推考) 명 '퇴고(推敲)'의 잘못.

추곡(秋穀) 명 가을에 거두는 곡식. ¶~ 수매(收買). ↔하곡(夏穀).

추골(椎骨) 명[생] =척추1.

추구¹(追求) 명 (어떤 일이나 대상이) 이루거나 얻기 위해 노력하여 구하는 것. **추구-하다¹** [동][타][여] ¶이상을 ~ / 기업의 이윤을 ~.

추구²(追究) 명 (진리나 학문 등을) 파고 들거나 캐어 들어 연구하는 것. **추구-하다²** [동][타][여] ¶진리를 ~.

추국(推鞫·推鞠) 명 의금부에서 임금의 특명에 따라 중죄인을 신문하는 것. **추국-하다** [동][타][여]

추궁(追窮) 명 (어떤 잘못이나 책임 등을 밝히기 위해 상대에게) 이것저것 끈질기게 묻는 것. **추궁-하다** [동][타][여] ¶아랫사람에게 책임을 ~. **추궁-되다** [동][자]

추근-추근 [부] 성질이 검질기고 끈덕진 모양. ¶여자를 ~ 따라다니다. **추근추근-하다** [형][여] **추근추근-히** [부]

추기¹(秋期) 가을의 시기. ↔춘기. =추계.

추기²(追記) 명 본문에 추가하여 기입하는 것. 또는, 그 문장. **추기-하다** [동][타][여]

추기-경(樞機卿) 명[가] 로마 가톨릭교회에서, 교황 다음가는 성직자.

추나^요법(推拿療法)[-뺍-] 명[한] 인체의 비틀어진 뼈를 밀거나 당겨서 바로잡아 주는 치료법.

추남(醜男) 명 얼굴이 못생긴 남자. ↔미남(美男).

추녀¹ [건] 지붕의 네 모서리에 걸리는 나무.

추녀²(醜女) 명 얼굴이 못생긴 여자. ↔미녀(美女).

추념(追念) 명 죽은 사람을 생각하는 것. ¶~사(辭). **추념-하다** [동][타][여]

추다¹ [동][타] ('춤'이나 춤을 나타내는 단어, 또는 '춤'이나 '무(舞)'를 어말에 가지는 단어를 목적어로 하여) 장단에 맞추어 손이나 발, 몸을 멋스럽게 움직이다. ¶춤을 ~ / 승무를 ~.

추다² [동][타] 1 (늘거나 지거나 차거나 한 것이) 아래로 처지거나 흘러내리거나 한 상태에서 알맞은 위치가 되도록 위로 올리다. ¶허리춤을 ~. 2 (어깨를) 움츠리듯

위로 올리다. 3 (몸을) 똑바로 가누다. ¶맥을 놓~. 4 (사람이 다른 사람을) 기분을 맞추느라 흐뭇하거나 뛰어나다고 말하다. 주로 '추어올리다', '추어주다'의 꼴로 쓰임. '추리다'의 잘못.

추달(推撻) 명 (어떤 사람을) 고문하거나 매질하여 죄를 묻는 것. **추달-하다** 통(타여)

추대(推戴) 명 (어떤 사람을 높은 직위로) 오르게 하여 받드는 것. **추대-하다** 통(타여) ¶그를 회장으로 ~. **추대-되다** 통(자)

추도(追悼) 명 (죽은 사람을) 그리워하거나 생각하거나 슬퍼하는 것. ¶~식(式). **추도-하다** 통(타여) ¶고인을 ~.

추도-사(追悼辭) 명 추도의 뜻을 나타내는 말이나 글.

추돌(追突) 명 (열차·자동차 따위가 다른 열차·자동차 따위를) 뒤에서 들이받는 것. ¶~ 사고. **추돌-하다** 통(자여) ¶앞차를 ~.

추동(推動) 명 (어떤 일이나 대상을) 힘있게 이끌거나 움직일 수 있도록 북돋우는 것. **추동-하다** 통(타여) ¶사회 혁신을 추동하는 개혁 세력. **추동-되다** 통(자)

추동-복(秋冬服) 명 가을과 겨울에 걸쳐 입는 옷. 특히, 그중에서도 양복을 가리킴.

추락(墜落) 명 1 (비행기나 그 밖의 탈것, 또는 사람이) 사고나 실수로 높은 곳에서 떨어지는 것. ¶~ 사고. 2 (위신·신망·가세 따위가) 좋지 않은 상태로 떨어지거나 기울어지는 것. **추락-하다** 통(자여)

추락-사(墜落死) [-싸] 명 높은 곳에서 떨어져 죽는 것. **추락사-하다** 통(자여) ¶암벽 등반 중 실족하여 ~.

추레-하다 형여 (옷차림이나 겉모습이) 단정하거나 말끔하지 못하고 궁한 티가 나 보이거나 당당함이 없어 보이는 상태에 있다. ¶추레한 옷차림.

추렴 명 모임·놀이·잔치 등의 비용이나 물자를 마련하기 위해 사람들이 얼마씩 돈이나 곡식·물건 등을 나누어 내는 것. ¶~을 내다. **추렴-하다** 통(타여) ¶마을 잔치를 위해 집집마다 곡식을 ~.

추론[1](追論) 명 추구하여 논의하는 것. **추론-하다** 통(타여)

추론[2](推論) 명 1 미루어 생각하여 논하는 것. 2 [논] 미리 알려진 어떤 판단(전제)에서 새로운 판단(결론)을 이끌어 내는 사고의 작용. **추론-하다** 통(타여)[2] ¶작품 분석을 통해 작가의 세계관을 ~.

추리(推理) 명 1 알고 있는 사실을 바탕으로 알지 못하는 것을 미루어 생각하는 것. 2 [논] =추론[2]. **추리-하다** 통(타여) ¶시체를 부검하여 사인(死因)을 ~.

추리닝(←training) 명 '연습복', '운동복'으로 순화.

추리다 타 1 (어떤 조건에 맞는, 좋거나 훌륭한 대상을) 복잡하게 섞여 있는 것 속에서 가려내다. ¶응모된 작품 중에서 잘된 것만 ~. 2 (요점이나 핵심 따위를) 긴 내용 속에서 이끌어 내다. ㈜간추리다. ¶요점만 ~. ×추다.

추리-력(推理力) 명 추리하는 힘.

추리-물(推理物) 명 사소한 단서를 통해 복잡하면서 얽힌 사건을 추리하여 해결해 나가는 소설이나 영화.

추리^소설(推理小說) [문] 범죄의 수사를 주된 내용으로 하고, 사건을 추리하여 해결하는 과정에 흥미의 중점을 두는 소설. =탐정 소설.

추모(追慕) 명 (죽은 사람을) 애틋하게 그리워하는 것. ¶~식. **추모-하다** 통(타여) ¶순국선열을 ~.

추모-비(追慕碑) 명 죽은 사람을 그리며 생각하기 위하여 세운 비.

추모-제(追慕祭) 명 죽은 사람을 그리며 생각하는 뜻에서 지내는 제.

추문(醜聞) 명 남녀 관계에 관한, 좋지 못한 소문. ㈜스캔들. ¶~을 일으키다.

추밀-원(樞密院) [명] 고려 시대에 왕명의 출납 및 군기(軍機) 등에 관한 일을 맡아보던 관아.

추방(追放) 명 1 (사람이나 어떤 대상을) 일정한 지역이나 조직 밖으로 쫓아내는 것. 2 [법] 국가로 보아 그 나라에 머무르는 것이 위험하다고 생각되는 사람에게 외국으로 나갈 것을 명령하는 일. **추방-하다** 통(타여) ¶사치 풍조를 **추방합시다**! **추방-되다** 통(자)

추분(秋分) 명 24절기의 하나. 9월 23일경으로, 백로와 한로 사이에 있음. 낮과 밤의 길이가 같음. ↔춘분.

추사-체(秋史體) 명 조선 후기의 명필인 추사 김정희의 글씨체.

추산(推算) 명 (대상의 수량·액수 따위를) 어느 정도의 것으로) 미루어서 셈하는 것. **추산-하다** 통(자타여) ¶대회 측에서는 입장객을 10만 명으로 **추산했다**. **추산-되다** 통(자)

추상[1](抽象) 명 1 [철] 개별적인 사물이나 대상으로부터 어떤 성질이나 공통성이나 본질을 추출하여 파악하는 사고 작용. ▷사상(捨象). 2 [미] 자연 대상의 형태를 재현하지 않고 내면 세계를 점·선·면·색채 등으로 자유롭게 표현하는 일. 또는, 그 조형 예술. ㈜비구상. **추상-하다**[1] 통(타여)

추상[2](秋霜) 명 가을의 찬 서리.

추상[3](追想) 명 =추억. ¶~록(錄). **추상-하다**[2] 통(타여) **추상-되다** 통(자)

추상[4](推上) 명(체) 역도 종목의 한 가지. 바벨을 어깨까지 올린 다음 머리 위로 천천히 들어 올리는 일. ▷용상·인상.

추상-같다(秋霜-) [-갇따] 형 (호령 등이) 위엄이 있고 서슬이 푸르다. ¶추상같은 호령. **추상같-이** 부.

추상^명사(抽象名詞) 명[언] 사랑·희망·삶 등의 추상적 개념을 나타내는 명사. ↔물질 명사·구체 명사.

추상-성(抽象性) [-썽] 명 실제로나 구체적으로 경험할 수 없는 성질. 또는, 그 경향. ↔구체성.

추상-적(抽象的) 명 1 낱낱의 사물에서 떠나서, 일반적인 사항을 그것 자체로서 문제 삼는 (것). 2 구체성이 없어서 그 뜻이 분명하지 못한 (것). ¶설명이 너무 ~이어서 무슨 말인지 모르겠다. ↔구체적.

추상-주의(抽象主義) [-의/-이] 명[미] 제1차 세계 대전을 전후하여 일어나 현재까지 계속되고 있는 추상 예술의 경향에 대한 총칭.

추상-화(抽象畵) 명[미] 눈에 보이는 사물을 재현하지 않고, 눈에 보이지 않는 현실을 추상적인 점·선·면·색채 등에 의해 표현한 그림. ↔구상화.

추색(秋色) 명 가을의 자연 풍경에서 우러나는 빛. ㈜가을빛. ¶~이 완연한 들판.

추서(追敍) 명 죽은 뒤에 벼슬의 등급을 올리거나 훈장을 주는 것. **추서-하다** 타여

추석(秋夕) 명 우리나라 명절의 음력 8월 15일. 이날은 차례를 지냄으로써 조상의 음덕을 기리며 흔히 송편을 빚어 먹음. 비추석날·한가위·중추절.

추석-날(秋夕-)[-성-] 명 '추석'을 좀 더 구어적으로 이르는 말.

추세(趨勢) 명 어떤 현상이 일정한 방향으로 움직여 나가는 힘. 또는, 그 형편. ¶해외 수출이 증가 ~에 있다.

추수(秋收) 명 가을에 익은 곡식을 거두어들이는 일. =가을걷이. **추수-하다** 동여

추수(追隨) 명 논의에서 곡식을 뜸.

추수^감사절(秋收感謝節) 명[기] 기독교 신도들이 한 해에 한 번씩 가을 곡식을 거둔 뒤에 하나님에게 감사 예배를 올리는 날. 우리나라에서는 각 교회에서 11월 중의 어느 한 주일(主日)을 택하여 정함.

추수-주의(追隨主義)[-의/-이] 명 아무 비판 없이 맹목적으로 남의 뒤만 따르는 태도나 경향.

추스르다 동(타)〈추스르니, 추슬러〉 1 (바지나 치마, 또는 이불이나 매거나 진 것 등을) 내려가거나 처진 상태에서 위가 되도록 추켜올리다. ¶바지춤을 ~. 2 (어떤 일이나 조직 등을) 살펴서 제대로 되도록 관리하거나 처리하다. 또는, (해이되거나 어지러운 마음을) 조절하여 바로잡다. ¶느슨해진 마음을 ~. 3 (몸을) 제대로 가누어 움직이다. 또는, 잃어버린 건강을 웬만큼 회복되게 하다. ¶제 몸 하나 추스르지 못할 정도로 쇠약해지다.

추시(追試) 명[교] '추가 시험'의 준말.

추시(追諡) 명 죽은 뒤에 시호(諡號)를 추증하는 것. **추시-하다** 타여

추-시계(錘時計)[-계/-게] 명 추가 달린 시계.

추신(追伸·追申) 명 [뒤에 덧붙여 말한다는 뜻] 편지의 글을 마친 후, 미처 쓰지 못한 내용의 글을 덧붙이는 것. 또는, 그 글의 머리에 쓰는 말.

추심(推尋) 명 1 찾아내어 가지거나 받아내는 것. 2 은행이 수표나 어음을 소지한 사람의 의뢰를 받아, 지급인에게 제시하고 돈을 지급하게 하는 일. **추심-하다** 타여

추악-상(醜惡相)[-쌍] 명 어떤 사회나 사람의 더럽고 악한 모습.

추악-하다(醜惡-)[-아카-] 형여 (어떤 행위나 일 등이) 더럽고 흉하고 악하다. ¶**추악한** 짓.

추앙(推仰) 명 (어떤 사람을 어떤 존재로) 높이 받들어 우러르는 것. ¶만인의 ~을 받다. **추앙-하다** 타여

추어-올리다 타 1 위로 끌어 올리다. ¶바지를 ~. 2 실제보다 높여 칭찬하다. =추어주다. ¶잘난다고 자꾸 추어올리니까 우쭐해서 나부댄다. ×추켜올리다.

추어-주다(동) =추어올리다2.

추어-탕(鰍魚湯) 명 미꾸라지를 넣고 얼근하게 끓인 음식.

추억(追憶) 명 오래전의 지난 일을 돌이켜 생각하는 것. 또는, 그 생각. =추상. **추억-하다** 타여

추워-하다 자여 춥게 여기다. ↔더워하다.

추월(追越) 명 =앞지르기. ¶~ 금지 구역. **추월-하다** 타여 ¶앞차를 ~.

추월^차로(追越車路) 명 고속도로 등에서, 앞차를 추월할 수 있는 차로.

추위 명 추운 날씨의 기운. 비한기(寒氣). ¶~를 타는 체질. ↔더위.

추이(推移) 명 시간의 경과에 따라 일이나 정세가 변하여 가는 것. 또는, 그런 경향. ¶사태의 ~를 지켜보다.

추인(追認) 명 1 지나간 사실을 추후에 인정하는 것. 2[법] 일단 행하여진 법률 행위를 뒤에 보충하여 완전하게 하는 것. **추인-하다** 타여

추임-새 명[음] 판소리에서, 창(唱)의 사이사이에 고수(鼓手)가 흥을 돋우기 위해 삽입하는 소리. '좋다', '얼씨구', '흥', '그렇지' 따위.

추잡-스럽다(醜雜-)[-쓰-따] 형ㅂ〈~스러워, ~스러워〉 추잡한 데가 있다. **추잡스레** 부

추잡-하다(醜雜-)[-자파-] 형여 (말이나 행동이) 추하고 막되거나 난잡하다. 비더럽다. ¶**추잡한** 짓.

추장(酋長) 명 원시 사회 부족이나 부락의 우두머리.

추적-분-하다(醜-) 동여 =추점하다.

추적(追跡) 명 1 도망하는 자의 뒤를 쫓는 일. 2 사물의 자취를 더듬어 가는 일. **추적-하다** 타여 ¶레이더로 적기를 ~.

추적-추적 부 비가 을씨년스럽고 질척하게 내리는 모양. ¶비가 ~ 내리다.

추절(秋節) 명 =가을철.

추접-스럽다(醜-)[-쓰-따] 형ㅂ〈~스러워, ~스러워〉 추접한 데가 있다. ¶음식을 **추접스럽게** 먹다. **추접스레** 부

추접-하다(醜-)[-저파-] 형여 (외모나 외양이) 더럽고 지저분하다. =추접하다. ¶**추접한** 얼굴.

추정(推定) 명 어떤 사실을 실제로 정확하게 확인하지 못한 상태에서 짐작으로 미루어 판단하는 것. **추정-하다** 타여

추정-되다 자여 ¶피살자의 사망 시각은 새벽 3시경으로 **추정된다**.

추존(追尊) 명 왕위에 오르지 못하고 죽은 사람에게 왕의 칭호를 주는 일. **추존-하다** 타여 **추존-되다** 자여 ¶사도세자는 죽은 뒤 장조로 **추존되었다**.

추종(追從) 명 1 뒤를 따라서 좇는 것. ¶그의 솜씨는 타의 ~을 불허한다. 2 권력·세력을 가진 사람이나 또는 자기가 권위를 인정하고 공감하는 주장·학설 등을 좇아서 따르는 것. **추종-하다** 타여 ¶권력자를 ~.

추증(追贈) 명 1 종2품 이상의 벼슬아치의 죽은 부(父)·조부·증조부에게 관위(官位)를 내리는 것. 2 나라에 공로가 있는 벼슬아치가 죽은 뒤에 벼슬을 높여 주는 것. **추증-하다** 타여

추지다 형 (물건이나 물질이) 물기가 배어 눅눅하다. ¶옷이 덜 말라 ~.

추진(推進) 명 1 물건을 앞으로 내보내는 것. ¶제트 ~. 2 (어떤 일을) 목적한 대로 계획에 따라 해 나가는 것. **추진-하다** 타여 ¶일을 계획대로 ~. **추진-되다** 자여

추진-력(推進力)[-녁] 명 1 물건을 앞으로 밀고 나가는 힘. 2 중심이 되어 밀고 나가 실행하게 하는 힘.

추징(追徵) 명 1 (부족한 것을) 뒷날에 추가하여 징수하는 것. 2[법] 형법상 몰수해야 할 물건을 몰수할 수 없을 때, 몰수

할 수 없는 부분의 값을 징수하는 일. **추징-하다** [동][타][여] **추징-되다** [동][자]

추징-금(追徵金) [명][법] 추징하는 돈.

추천(推薦) [명] (어떤 조건에 적당한 대상을) 책임지고 뽑아서 소개하는 것. ¶교육 인적 자원부 ~ 도서. **추천-하다** [동][타][여] **추천-되다** [동][자] ¶장학생으로 ~.

추천-서(推薦書) [명] 추천하는 글.

추첨(抽籤) [명] 어떤 표시나 내용이 적힌 종이쪽이나 기타의 여러 물건 중에 어느 것을 무작위로 뽑아 어떤 일의 당락·차례·분배 등을 결정하는 것. ¶아파트를 ~에 의해 분양하다. **추첨-하다** [동][자][타][여]

추체(椎體) [명][생] 등골뼈의 몸체가 되는 동글납작한 부분.

추-체험(追體驗) [명] 자신이 경험하지 못한 사실이나 상황을 상상이나 감정 이입을 통해 자신의 경험으로 느끼는 일. **추체험-하다** [동][타][여] ¶책을 통해 지난 시대를 ~.

추축(樞軸) [명] 사물의 가장 긴요한 부분이나 활동의 중심. 특히, 정치나 권력의 중심을 이름. ¶그는 여당의 ~ 세력이다.

추축-국(樞軸國)[-꾹] [명][역] 제2차 세계 대전 때, 일본·독일·이탈리아를 중심으로 미국·영국·프랑스·중국 등 연합국과 대립하였던 여러 나라.

추출(抽出) [명] **1** 전체 속에서 어떤 물건·요소를 뽑아내는 일. **2** [화] 액체 또는 고체의 혼합물에 용매를 가하여 혼합물 속의 특정 성분을 용매 속으로 분리하는 조작. **추출-하다** [동][타][여] ¶사탕수수에서 설탕을 ~. **추출-되다** [동][자]

추출-액(抽出液) [명] 식물체·동물체 등에서 어떤 물질을 추출해 낸 액체. ¶인삼 ~.

추측(推測) [명] (어떤 대상이 무엇이라거나 어떠하리라고, 또는 어떤 일이 어찌 될 것으로) 미루어 생각하는 것. [비]짐작. **추측-하다** [동][타][여] **추측-되다** [동][자]

추켜-들다 [동][타] 〈~드니, ~드오〉 치올려 들다. ¶등불을 높이 ~.

추켜-세우다 [동][타] **1** 치올려 세우다. **2** '치켜세우다'의 잘못.

추켜-올리다 [동][타] **1** 위로 솟구어 올리다. ¶흘러내리는 치맛자락을 ~. **2** '추어올리다2'의 잘못.

추키다 [동][타] **1** 위로 치올리다. ¶옷을 ~. **2** 힘 있게 위로 끌어 올리거나 채어 올리다.

추태(醜態) [명] 도덕적·윤리적으로 추한 행동이나 태도. ¶술에 취하여 ~를 부리다.

추파(秋波) [명] **1** 사모의 정을 나타내거나 남자의 관심을 끌기 위해 은근히 보내는 여자의 눈짓. ¶~를 던지다. **2** 상대의 환심을 사거나 동조를 얻기 위한 은근한 수작이나 접근. 주로 국가 간이나 집단 간의 관계에서 쓰임. ¶경제난에 빠진 러시아가 유럽 국가들에 ~를 던지고 있다.

추풍-낙엽(秋風落葉) [명] 〔'가을바람에 흩어져 떨어지는 나뭇잎'이라는 뜻〕 어떤 형세나 세력이 갑자기 기울어지거나 단번에 헤어져 흩어짐의 비유.

추풍-령(秋風嶺)[-녕] [명][지] 경상북도 김천과 충청북도 황간 사이에 있는 고개. 높이 235m.

추-하다(醜—) [형][여] **1** (외모가) 못생기거나 흉하다. ¶**추한** 옷차림. **2** (언행이) 치사하고 흉하다. ¶형제가 재산을 놓고 **추한** 싸움을 벌이다.

추행(醜行) [명] 강간이나 그에 준하는 짓을 완곡하게 이르는 말. ¶불량배에게 ~을 당하다. **추행-하다** [동][타][여] ¶여자를 ~.

추호(秋毫) [명] 〔가을에 짐승의 털이 매우 가늘다는 뜻〕 《주로, '추호도', '추호의'의 꼴로 부정적인 말과 함께 쓰여》 털끝만큼 아주 조금임을 비유적으로 이르는 말. ¶네 말에 ~의 거짓도 없으렷다!

추후(追後) [명][부] 일이 지나간 그 얼마 뒤. [비]나중·후. ¶결과는 ~ 연락해 드리겠습니다. **추후-하다** [동][자][여] 《주로 '추후하여'의 꼴로 쓰여》 앞으로 얼마간의 시간을 두다.

축[1] [명][의존] 《어미 '-ㄴ', '-는'이나 일부 관형사·명사 뒤에 쓰여》 일정한 특성이나 수준에 따라 나누어지는 사람이나 사물의 부류. ¶나는 건강한 ~에 든다.

축[2] [명][의존] 말린 오징어 20마리를 세는 단위로 이르는 말.

축[3] [부] 아래로 늘어지거나 처진 모양. ¶~ 처진 어깨.

축[4](丑) [명] 십이지(十二支)의 둘째. 소를 상징함.

축[5](柷) [명][음] 국악기의 하나. 위가 아래보다 넓은 상자 모양으로 가운데에 구멍 하나를 뚫어 방망이를 꽂게 되어 있음. 풍류를 시작할 때 침.

축[6](祝) Ⅰ [명] '축문(祝文)'의 준말. Ⅱ《일부 명사 앞에 쓰여》 그 명사가 나타내는 일을 축하하거나 기원한다는 뜻으로 쓰는 말. ¶~ 결혼 / ~ 발전.

축[7](逐) [명] 바둑에서, 끝까지 단수(單手)로 몰리는 수. ¶~에 걸리다.

축[8](軸) [명] [1][자립] **1** =굴대. **2** 활동이나 회전의 중심. **3** [물] 물체가 회전 운동을 할 때 그 물체에 고정된 것으로 가상하는 직선. 지축·회전축 따위. **4** [수] 평면 도형을 어떤 직선의 둘레에 회전시켜 입체 도형을 만들 때의 그 직선. **5** [공] 회전 운동 또는 직선 왕복 운동에 의해 동력을 전달하는 막대 모양의 기계 부품. [2][의존] **1** 책력 20권을 단위로 세는 말. **2** 종이를 세는 단위의 하나. 한지(韓紙)는 10권, 두루마리는 하나를 이름.

축[9](縮) [명] **1** 양이 줄게 되는 것. ¶재산을 ~을 내다. **2** 몸이 여위어 상하는 것. ¶병을 앓고 나서 몸이 ~이 졌다.

축가(祝歌)[-까] [명] 축하의 뜻으로 부르는 노래.

축객(逐客)[-깩] [명] 손님을 푸대접하여 쫓는 것. **축객-하다** [동][자][여]

축관(祝官)[-꽌] [명] 제사 때 축문을 읽는 사람.

축구(蹴球)[-꾸] [명][체] 운동 경기의 하나. 11명으로 팀을 구성하며, 골키퍼 이외에는 손을 쓰면 안 되고, 공을 발과 머리를 사용하여 상대방의 골에 넣어 득점을 겨루는 경기.

축구-공(蹴球—)[-꾸—] [명] 축구에 쓰이는 공.

축구-장(蹴球場)[-꾸—] [명] 축구 경기를 하는 운동장.

축구-화(蹴球靴)[-꾸—] [명] 축구할 때 신는 운동화.

축-나다(縮—)[충—] [동][자] **1** 일정한 수효에서 모자람이 생기다. ¶쌀이 조금 **축난** 듯하다. **2** (몸이) 약해져서 살이 빠지다. ¶며칠 앓고 나더니 몸이 많이 **축났구나**.

축-내다(縮-)[충-] 圄(타) 일정한 수효에서 부족이 생기다 하다. ¶밥을 ~.

축년(丑年)[충-] 圄[민] 태세(太歲)의 지지(地支)가 축(丑)으로 된 해. =소해.

축농-증(蓄膿症)[충-쯩] 圄[의] 코에 이어져 있는 부비강에 고름이 괴는 병. 코가 막히고 악취가 나며, 두통이 있음.

축대(築臺)[--때] 圄 높이 쌓아 올린 대나 터. ¶~가 무너지다.

축도(縮圖)[--또] 圄 1 어떤 형태를 일정 한 비율로 축소하여 원래의 크기보다 작게 그리는 것. 또는, 그 그림. 2 어떤 대상의 속성을 규모는 작지만 유사하게 갖추고 있는 것을 비유적으로 이르는 말. ¶연극은 인생의 ~라 할 수 있다.

축력(畜力)[충녁] 圄 가축의 노동력.

축문(祝文)[충-] 圄 제사 때 읽어 신명에게 고하는 글. ⓒ축축(祝).

축배(祝杯)[--빼] 圄 모임에서, 어떤 일을 축하하는 뜻으로 마시는 술이나 그 술잔. 또는, 그런 술잔을 들고 여럿이 함께 외치는 말. ¶~를 들다.

축복(祝福)[--복] 圄 1 (남을, 또는 남의 일이나 미래를) 복되기를 비는 것. ¶사람들의 ~ 속에 결혼식을 올리다. 2 [종] 신이 인간에게 내리는 복되는 것. ¶하느님의 -을 받으십시오. **축복-하다** 圄(타)(어)

축사¹(畜舍)[--씨] 圄 가축을 기르는 건물.

축사²(祝辭)[--씨] 圄 축하하는 뜻의 글이나 말. ¶내빈 ~. **축사-하다** 圄(자)(어)

축산(畜産)[--싼] 圄 가축을 길러 생활에 유용한 물질을 생산하는 일.

축산-물(畜産物)[--싼-] 圄 축산업의 생산물. 가축의 가공품 및 공업의 원료까지도 포함함.

축산-업(畜産業)[--싼-] 圄 가축을 기르고 그 생산물을 가공하는 산업.

축산업^협동조합(畜産業協同組合)[-쌘어쩝똥-] 圄 축산업자들이 축산업의 공동 구입·판매 및 보관, 사료의 수급 등을 위해 조직하는 협동조합. ⓒ축협.

축생(畜生)[--쌩] 圄 사람이 기르는 모든 짐승.

축성(築城)[--쎙] 圄 성을 쌓는 것. **축성-하다** 圄(자)(어)

축소(縮小)[--쏘] 圄 (어떤 일이나 대상의 범위나 크기를) 본래보다 더 작은 상태가 되게 하는 것. ¶군비 ~. ↔확대·확장. **축소-하다** 圄(타)(어) ¶5만분의 1로 축소한 지도. **축소-되다** 圄(자)(어) ¶사업 규모가 ~.

축소-판(縮小版)[--쏘-] 圄 1 [출] =축쇄판. 2 어떤 것을 축소한 것과 같은 사물의 비유. ¶야구는 인생의 ~에 비유된다.

축쇄-판(縮刷版)[--쇄--] 圄[인] 크기를 작게 하여 인쇄한 출판물. =축소판.

축수(祝手)[--쑤] 圄 두 손바닥을 마주 대고 비는 것. **축수-하다** 圄(타)(어) ¶천지신명께 아들의 합격을 ~.

축시(丑時)[--씨] 圄 십이시의 둘째 시. 곧, 오전 1시부터 3시까지의 동안.

축시²(祝詩)[--씨] 圄 경축의 뜻을 담은 시.

축약(縮約)[--약] 圄 1 규모를 줄여 간략하게 하는 것. 2 [언] 두 소리가 한 소리로, 또는 두 음절이 한 음절로 줄어드는 현상. **축약-하다** 圄(타)(어), **축약-되다** 圄(자)

축연¹(祝宴) '축하연'의 준말.

축연²(祝筵) 圄 축하연을 하는 자리.

축원(祝願) 圄 1 희망하는 대로 이루어지기를 마음속으로 원하는 것. 2 [종] 부처나 신에게 자기 뜻을 아뢰고 그것이 이루어지기를 비는 일. **축원-하다** 圄(타)(어) ¶앞날에 영광이 있기를 ~.

축음-기(蓄音機) 圄 레코드에 녹음한 음을 재생하는 장치. =유성기.

축의-금(祝儀金)[--의-/--이-] 圄 결혼·생일 등을 축하하는 뜻으로 내는 돈.

축이다 圄(타) (물건·물체 등을) 물을 뿌리거나 묻혀 축축하게 하다. ¶샘물로 마른 목을 ~/빨래에 물을 ~.

축일(祝日) 圄[가] 하느님과 신앙에 관계되는 일을 특별히 받들고 기념하기 위하여 가톨릭교회에서 제정한 날.

축재(蓄財)[--쩨] 圄 재물을 모아 쌓는 것. **축재-하다** 圄(자)(어) ¶부정(不正) ~.

축적(蓄積)[--쩍] 圄 (지식·자금·경험 등을) 모아서 쌓는 것. 또는, 그리한 것. **축적-하다** 圄(타)(어) ¶부(富)를 ~. **축적-되다** 圄(자)(어) ¶축적된 기술.

축전¹(祝典)[--쩐] 圄 축하하는 의식이나 행사. ¶개막 ~.

축전²(祝電)[--쩐] 圄 축하의 전보.

축전-기(蓄電器)[--쩐-] 圄[물] 전기의 도체(導體)에 많은 양의 전기를 모으는 장치. =콘덴서.

축전-지(蓄電池)[--쩐-] 圄[물] 전기 에너지를 화학 에너지로 바꾸어 모아 두었다가 필요한 때에 전기로 재생하는 장치.

축제(祝祭)[--쩨] 圄 단체 등이 어떤 일을 축하하여 벌이는 큰 규모의 즐거운 행사. =페스티벌. ¶개교 기념 ~.

축제-일(祝祭日)[--쩨-] 圄 축제를 하는 날.

축조(築造)[--쪼] 圄 쌓아서 만드는 것. **축조-하다** 圄(타)(어) ¶진지를 ~. **축조-되다** 圄(자)

축지-법(縮地法)[--찌뻡] 圄[민] 도술(道術)로 땅을 주름잡듯이 줄여 먼 거리를 아주 빠르게 간다고 하는 술법.

축척(縮尺)[--척] 圄 지도 상의 거리와 지표 상의 실제 거리와의 비. ↔현척.

축첩(蓄妾)[--첩] 圄 첩을 두는 것. **축첩-하다**

축-축 閂 자꾸 아래로 처지거나 늘어지는 모양. ¶가지가 ~ 늘어진 수양버들.

축축-하다[--추카--] 阻(여) 물기가 있어서 어긴가 젖은 상태에 있다. ¶땀을 흘려 등이 ~. **작**축측하다. **축축-이** 閂

축출(逐出) 圄(어떤 사람을 직위나 조직에서) 강제로 쫓아내는 것. **축출-하다** 圄(타)(어) ¶해당(害黨) 분자를 당에서 ~. **축출-되다** 圄(자)

축포(祝砲) 圄 축하의 뜻으로 쏘는 공포. ¶~를 울리다 (쏘다).

축하(祝賀)[추카--] 圄 (남의 좋은 일을) 기뻐하고 즐거워한다는 뜻으로 인사하는 것. 또는, 그런 인사. ¶~ 인사. **축하-하다** 圄(타)(어) ¶결혼을 ~.

축하-객(祝賀客)[추카--] 圄 축하하기 위해 온 손님.

축하-연(祝賀宴)[추카--] 圄 축하의 잔치. ⓒ축연(祝宴).

축하-주(祝賀酒)[추카--] 圄 축하하는 뜻에서 내거나 마시는 술.

축협(畜協)[추켭] 圄 '축산업 협동조합'의 준말.

춘경(春耕) 圄[농] 봄철에 논밭을 가는 일.

춘계(春季)[-계/-게] 圄 =봄철.

춘곤-증(春困症)[-쯩] 명 따뜻한 봄철이 되어 몸이 나른해지는 증상.
춘궁(春窮) 명 전날의 생산 기반이 약하던 농업 경제 시대에서, 봄철이 되어 묵은 곡식은 다 떨어지고 햇곡식은 아직 익지 않아 식량이 궁핍한 상태.
춘궁-기(春窮期) 명 춘궁의 시기. 町보릿고개.
춘기(春期) 명 =봄철.
춘란(春蘭)[출-] 명 [식] =보춘화.
춘부-장(春府丈·椿府丈) 명 남의 아버지를 높여 이르는 말.
춘분(春分) 명 24절기의 하나. 3월 21일경으로, 경칩과 청명 사이에 있음. 밤과 낮의 길이는 거의 같지만 빛의 굴절 현상 때문에 낮의 길이가 약간 긺. ↔추분.
춘-삼월(春三月) 명 봄 경치가 가장 좋은 철인 음력 3월. ¶~ 호시절(好時節).
춘색(春色) 명 봄의 아름다운 빛. 町봄빛. ¶~이 완연하다.
춘설(春雪) 명 봄에 내리는 눈. 町봄눈. ¶~이 분분하다.
춘신(春信) 명 봄의 소식. 곧, 꽃이 피고 새가 우는 것을 가리키는 말.
춘심(春心) 명 =춘정.
춘절(春節) 명 1 =봄철. 2 중국의 설.
춘정(春情) 명 남녀간의 정욕. =춘심.
춘추¹(春秋) 명 1 봄과 가을. 2 어른의 나이를 높여 이르는 말. ¶올해 ~가 얼마나 되십니까?
춘추²(春秋) 명[책] 중국의 사서로 오경(五經)의 하나. 춘추 시대의 노나라의 연대기로, 공자가 편집한 것이라 전해짐.
춘추-복(春秋服) 명 봄가을에 입는 옷. 특히, 그 무렵의 양복을 가리킴.
춘추^시대(春秋時代) 명[역] 주(周)나라의 동천(東遷)에서부터 진(晉)나라가 삼분하여 한(韓)·위(魏)·조(趙)가 독립할 때까지의 약 360년간(770~403 B.C.).
춘추^전;국^시대(春秋戰國時代) 명[역] 춘추 시대와 전국 시대를 아울러 일컫는 말. 주(周)나라의 동천(東遷)에서 진(秦)나라의 천하 통일 때까지를 말함.
춘투(春鬪) 명 노동 운동에서, 봄에 대대적으로 벌이는 임금 투쟁을 이르는 말. 일본에서 들어온 말.
춘풍(春風) 명 =봄바람.
춘하추동(春夏秋冬) 명 봄·여름·가을·겨울의 네 철. 1년 내내.
춘향(春香) 명 '춘향전'의 여주인공 이름. 성(姓)은 '성(成)'임.
춘향-가(春香歌) 명[음] 고대 소설 '춘향전'을 판소리로 짠 것.
춘향-전(春香傳) 명[문] 기생의 딸 성춘향과 남원 부사의 아들 이몽룡의 사랑 이야기를 중심으로 춘향의 정절을 그린 고대 소설. 제작 연대와 작자는 미상임.
춘화(春畫) 명 '춘화도'의 준말.
춘화-도(春畫圖) 명 남녀가 성교하거나 성희(性戲)를 즐기는 모습을 그린 그림. ⓒ춘화.
춘화^처;리(春化處理) 명[농] 작물의 싹이 나 씨앗을 일정한 기간 동안 낮은 또는 저온으로 처리함으로써 발육에 변화를 주어 꽃이 피고 열매 맺는 것을 빠르게 하는 방법.
출¹(出家) 명 [집을 떠난다는 뜻] [불] 속세의 가정을 떠나 승려가 되기 위해 불문(佛門)에 드는 일. **출가-하다** 통<자><여>

출가²(出嫁) 명 처녀가 시집가는 것. **출가-하다** 통<자><여> ¶출가한 딸.
출가-외인(出嫁外人) [-외-/-웨-] 명 시집간 딸은 친정과는 남이라는 뜻.
출간(出刊) 명 (어떤 책을) 만들어서 세상에 내놓는 것. 町발간·발행·출판. ¶백과 사전 ~ 기념회. **출간-하다** 통<타><여> **출간-되다** 통<자>
출감(出監) 명 구치소나 교도소 등에서 석방되어 나오는 것. 町출옥. **출감-하다** 통<자><여> **출감-되다** 통<자>
출강(出講) 명 강의하러 나가는 것. **출강-하다** 통<자><여>
출격(出擊) 명 자신의 진지(陣地)에서 나가 적을 치는 것. **출격-하다** 통<자><여>
출결(出缺) 명 출석과 결석. 또는, 출근과 결근. ¶~ 상황을 점검하다.
출고(出庫) 명 물품을 창고에서 꺼내는 것. ¶~중(證) / ~ 가격. ↔입고. **출고-하다** 통<타><여> **출고-되다** 통<자>
출구(出口) 명 공간이 있는 구조물에서, 나갈 수 있도록 뚫거나 문을 낸 부분. ¶비상 ~. ↔입구.
출국(出國) 명 절차를 거쳐 어떤 나라의 밖으로 나가는 것. ¶~ 금지. ↔입국. **출국-하다** 통<자><여>
출근(出勤) 명 (일터로) 근무하러 나가는 것. ¶첫 ~. ↔결근·퇴근. **출근-하다** 통<자><여>
출근-길(出勤-) [-낄] 명 직장으로 출근하는 길. 또는, 직장으로 출근하는 도중. ¶~을 서두르다. ↔퇴근길.
출근-부(出勤簿) 명 출근 상황을 기록하는 장부.
출금(出金) 명 개인·가게·기업 등의 금고나 통장에서 돈을 쓰기 위해 꺼내는 일. ¶~ 전표. ↔입금. **출금-하다** 통<타><여>
출납(出納) [-랍] 명 1 (돈이나 물품 등을) 내주거나 받아들이는 것. 2 (물건을) 내었다 들여보냈다 하는 것. **출납-하다** 통<타><여>
출납-부(出納簿) [-랍뿌] 명 출납을 기록하는 장부. 町금전 ~.
출당(黜黨) [-땅] 명 당원 명부에서 제명하고 당원의 자격을 빼앗는 것. ¶~ 처분. **출당-하다** 통<타><여>
출동(出動) [-똥] 명 (경찰·군대·소방대 등이) 주어진 임무를 수행하기 위해 목적지로 가는 것. ¶~ 명령. **출동-하다** 통<자><여> ¶소방차가 ~.
출두(出頭) [-뚜] 명 (경찰서·법원 따위에) 강제적 의무를 띠고 나가는 것. **출두-하다** 통<자><여> ¶법정에~.
출렁-거리다/-대다 통<자><여> 깊은 곳에 담긴 물이 소리가 나도록 계속하여 물결이 일다. ¶출렁거리는 바다의 물결. 町출렁이다.
출렁-이다 통<자> (물 따위가) 물결이 일면서 흔들리다. 町파도가 ~.
출렁-출렁 튀 출렁거리는 소리. 또는, 그 모양. **출렁출렁-하다** 통<자><여>
출력(出力) 명 1 원동기·발전기 등이 일정 시간에 내는 유효 에너지. 2 [컴] 처리된 정보를 화면에 나타내거나 인쇄하거나 하는 일. ↔입력. **출력-하다** 통<타><여> **출력-되다** 통<자>
출력^장치(出力裝置) [-짱-] 명[컴] 주기억 장치에서 처리된 결과를 사람이 알아볼 수 있는 형태로 표시해 주는 장치. ↔입력 장치.

출로(出路) 명 어느 곳이나 처한 상태로부터 벗어나거나 빠져나갈 길. ¶암담한 현실로부터의 ~를 모색하다.

출루(出壘) 명〔체〕야구에서, 타자가 안타, 포볼, 야수 선택, 상대편의 실책 등에 의하여 누에 나가는 것. **출루-하다** 자여 ¶포볼로 ~.

출마(出馬) 명 1 말을 타고 나가는 것. 2 선거(選擧) 등에 입후보하는 것. **출마-하다** 자여 ¶국회의원 선거에 ~.

출몰(出沒) 명 나타났다가 없어졌다가 하는 것. **출몰-하다** 자여 ¶마을에 산짐승이 출몰하고 있다.

출반(出盤) 명 새 음반을 세상에 내놓는 것. **출반-하다** 타여 ¶제2집 앨범을 ~. **출반-되다** 자여

출반-주(出班奏) 명 1 여러 신하 가운데 특별히 홀로 임금에게 나아가 아뢰는 것. 2 여러 사람이 모인 자리에서 어떤 일에 대하여 맨 먼저 말을 꺼내는 것. **출반주-하다** 자여

출발(出發) 명 1 (사람이나 사람이 탄 탈것이) 목적지를 향하여 나아가기 시작하는 것. ¶열차의 ~ 시각. 2 일을 시작하는 것. 또는, 그 시작. ¶졸업은 끝이 아니라 새로운 ~이다. **출발-하다** 자여 타여 ¶지난날을 반성하고 인생을 새롭게 ~.

출발-선(出發線) [-썬] 명 경주할 때 출발점으로 그어 놓은 선. ¶~에 정렬한 선수

출발-점(出發點) [-쩜] 명 1 처음 떠나는 지점. 2 일이 시작되는 기점. ¶그의 논리는 ~부터 잘못되어.

출범(出帆) 명 1 배가 항구를 떠나는 것. 2 단체가 새로 조직되어 일을 시작하는 것을 비유하여 이르는 말. ¶새 내각의 ~. **출범-하다** 자여 **출범-되다** 자여

출병(出兵) 명〔군〕군대를 동원하여 전선에 내보낼는 것. =출사(出師). **출병-하다** 자여

출사¹(出仕) [-싸] 명 벼슬아치가 관청에 출근하는 것. **출사-하다¹** 자여

출사²(出師) [-싸] 명〔군〕=출병. **출사-하다²** 자여

출사-표(出師表) [-싸-] 명 출병할 때 그 뜻을 적어서 임금에게 올리는 글.
  출사표를 던지다 치열하게 싸워서 승패를 결정지어야 할 일에 비장한 각오를 가지고 도전하다. 또는, 그런 일을 할 것을 세상에 알리다. ¶한국의 태극 전사들, 월드컵 8강을 목표로 ~.

출산(出産) [-싼] 명 (여자나 어미 짐승이) 배 속의 아이나 새끼를 일정한 때가 되어 몸 밖으로 나가게 하는 것. 비생산. **출산-하다** 자여 **출산-되다** 타여

출산^휴가(出産休暇) [-싼-] 명 근로 여성이 출산을 위해 얻는 휴가. 준산휴.

출상(出喪) [-쌍] 명 상가(喪家)에서 상여가 나가는 것. **출상-하다** 자여

출생(出生) [-쌩] 명 세상에 태어나는 것. ↔사망. **출생-하다** 자여

출생-률(出生率) [-쌩뉼] 명 일정한 기간에 출생한 사람의 수가 인구에 대해 차지하는 비율.

출생-지(出生地) [-쌩-] 명 출생한 곳.

출생지-주의(出生地主義) [-쌩-의/-쌩-이] 명〔법〕출생으로 인한 국적의 취득에 관한 것으로, 출생아의 부모의 국적 여하에 관계없이 출생지에 따라 국적을 결정하는 주의. =속지주의. ↔혈통주의.

출석(出席) [-썩] 명 (수업·회합·집회 등의 자리에) 공부하거나 참여하기 위해 나가는 것. 비참석. ¶~률. - 인원. ↔결석. **출석-하다** 자여 ¶전원이 ~.

출석-부(出席簿) [-썩뿌] 명 출석 상황을 적는 장부.

출세(出世) [-쎄] 명 1 사회적으로 높은 지위에 오르거나 이름을 널리 떨치게 되는 것. ¶입신~/~의 길이 열리다. 2 숨어 살던 사람이 세상에 나오는 것. **출세-하다** 자여 ¶사업가로서 크게 ~.

출세-욕(出世慾) [-쎄-] 명 출세하려는 욕망. ¶~이 강하다.

출세-작(出世作) [-쎄-] 명 사회적으로 널리 인정받아 작가의 명성을 얻게 한 작품.

출셋-길(出世-) [-쎄낄/-쎌낄] 명 사회적으로 높은 지위에 오르거나 훌륭하게 되는 수단이나 방도. ¶~이 열리다.

출소(出所) [-쏘] 명 형(刑)을 마치고 교도소에서 나오는 것. **출소-하다** 자여

출시(出市) [-씨] 명 (상품을) 시장에 내보내는 것. **출시-하다** 자여 **출시-되다** 자여 ¶월초에 신제품이 ~.

출신(出身) [-씬] 명 1 출생 당시 가정이 속하여 있던 사회적 신분. ¶양반 ~. 2 출생 당시의 지역적 소속 관계. ¶서울 ~. 3 직업·학업·학교 등으로 규정되는 사회적 이력 관계. ¶교사 ~.

출아(出芽) 명 1〔식〕식물의 싹이 터 나오는 것. 2〔생〕무성 생식의 한 형태로, 모체에 생긴 작은 돌기에서 새로운 개체가 생기는 것. 효모균·해면동물·자포동물 등에서 볼 수 있음. **출아-하다** 자여

출아-법(出芽法) [-뻡] 명〔생〕출아에 의한 생식법.

출애굽-기(出-記) [-끼] 명〔성〕구약 성서 중의 한 권.

출어(出漁) 명 (어부가) 바다로 고기를 잡으러 나가는 것. ¶~기(期). **출어-하다** 자여

출연¹(出捐) 명 금품을 내어 원조하는 것. **출연-하다¹** 타여

출연²(出演) 명 (영화·연극·방송이나 음악·무용 등의 무대에) 나가 연기를 하거나 일정한 역할을 맡아 행하는 것. ¶찬조 ~. **출연-하다²** 자여 ¶드라마에 ~.

출연-료(出演料) [-뇨] 명 출연에 대하여 지급되는 보수. 비개런티.

출옥(出獄) 명 형(刑)을 마치고 감옥에서 나오는 것. 비출감. **출옥-하다** 자여

출원(出願) 명 원서나 신청서 등을 제출하는 것. ¶특허 ~. **출원-하다** 타여

출입(出入) 명 1 (사람이 어느 곳을) 드나드는 일. ¶~ 금지. 2 잠깐 다녀오려고 자기 집 밖으로 나가는 것. 비나들이·외출. **출입-하다** 자여 타여 ¶청와대를 출입하는 기자.

출입-구(出入口) [-꾸] 명 출입하는 어귀. ¶비상 ~.

출입-문(出入門) [-임-] 명 사람이 드나드는 문.

출입-증(出入證) [-쯩] 명 출입할 수 있도록 허가한 증표.

출자(出資) [-짜] 명 자금을 내는 일. 특히, 회사나 조합 등 공공사업을 수행하기 위하여 그 구성원이 자본을 내는 일. 출

자-하다 통(자)(타)(여) 출자-되다 통(자)

출장¹(出張) [-짱] 명 회사나 직장의 업무를 위하여 근무하는 곳을 벗어나 외부의 장소에 나가는 것. ¶해외 ~. 출장-하다¹

출장²(出場) [-짱] 명 1 어떤 장소에 나가는 것. 2 [체] 경기(競技)를 하러 나가는 것. ¶~ 정지 처분을 당하다. 출장-하다² 통(자)(여)

출장-비(出張費) [-짱-] 명 출장에 소요되는 경비.

출장-소(出張所) [-짱-] 명 관공서나 기업체에서 본사나 본점 이외의 필요한 지역에 설치하는 사무소.

출전¹(出典) [-쩐] 명 인용한 글이나 고사성어의 출처가 되는 책. ¶인용문의 ~을 밝히다.

출전²(出戰) [-쩐] 명 1 싸우러 나가는 것. ¶경험이 많은 병사. 2 시합·경기 등에 나가는 것. ¶~ 금지. 출전-하다 통(자)(여) ¶경기에 ~.

출정¹(出廷) [-쩡] 명[법] 법정에 나가는 것. 출정-하다 통(자)(여) ¶목격자가 법정으로 ~.

출정²(出征) [-쩡] 명 적을 정벌하기 위해 전쟁터에 나가는 것. 출정-하다² 통(자)(여)

출정-식(出征式) [-쩡-] 명 1 군에 입대하여 싸움터에 나가기 전에 갖는 의식. 2 일정한 사회적·정치적 목적을 가지고 집단행동을 시작하기 전에 하는 공식적인 모임.

출제(出題) [-쩨] 명 1 시험 문제를 내는 것. ¶~ 위원. 2 백일장 등에서, 지어야 할 글의 제목을 제시하는 것. 출제-하다 통(자)(타)(여) 출제-되다 통(자)

출중-하다(出衆-) [-쯍-] 형(여) (어떤 대상이) 여럿 가운데에서 두드러지게 뛰어나다. ¶출중한 재능 / 무예가 ~.

출처(出處) [-쳐] 명 사물이 생겨 나온 근거. ¶소문의 ~ / ~를 밝히다.

출출-하다 형(여) (배가) 다소 고픈 느낌이 있다. ¶속이 출출한데 먹을 것 좀 없어요? 출출-히 (부)

출타(出他) 명 집에 있지 않고 다른 곳에 나가는 것. ¶아버지께서는 지금 ~ 중이 십다. 출타-하다 통(자)(여)

출토(出土) 명 (땅에 파묻혀 있던 물건이) 땅에서 밖으로 나오는 것. 또는, (땅속의 물건을) 발견하여 파내는 것. 출토-하다 통(자)(타)(여) 출토-되다 통(자) ¶땅속에서 금관이 ~.

출토-품(出土品) 명 땅속에서 출토되어 나온 고대의 유품(遺品).

출-퇴근(出退勤) [-퇴-/-퉤-] 명 출근과 퇴근. ¶~ 시간. 출퇴근-하다 통(자)(여)

출판(出版) 명 글·사진·그림 등의 내용을 편집을 거쳐 인쇄하여 책으로 만들어 세상에 퍼내는 것. (비)출간. ¶도서 ~. 출판-하다 통(타)(여) ¶책을 자비(自費)로 ~. 출판-되다 통(자)

출판의 자유 출판이라는 수단을 이용하여 표현 활동을 하는 자유.

출판-물(出版物) 명 반포(頒布)·판매를 목적으로 인쇄된 서적이나 그림의 총칭.

출판-사(出版社) 명 책을 출판하는 일을 하는 회사.

출품(出品) 명 전람회·전시회 등에 작품이나 물품을 내놓는 것. 출품-하다 통(자)(여) ¶미술 전람회에 출품할 작품을 제작 중이다. 출품-되다 통(자)

출하(出荷) 명 상품을 시장으로 내보내는 것. (비)적출. ¶~ 가격. ↔입하. 출하-하다 통(자)(타)(여) 출하-되다 통(자)

출항¹(出航) 명 선박이나 항공기가 출발하는 것. 출항-하다¹ 통(자)(여)

출항²(出港) 명 배가 항구를 떠나는 것. ↔입항. 출항-하다² 통(자)(여)

출행(出行) 명 먼 길을 떠나는 것. 출행-하다 통(자)(여)

출현(出現) 명 (어떤 물체나 대상이 어느 곳에) 주목을 끄는 상태로 모습을 나타내는 것. 출현-하다 통(자)(여) ¶서쪽 상에 적기(敵機)가 ~.

출혈(出血) 명 1 피가 혈관이나 몸 밖으로 나오는 것. ¶부상으로 ~이 심하다. ↔지혈. 2 '희생'이나 '손실'을 비유적으로 이르는 말. ¶~ 경쟁. 출혈-하다 통(자)(여) 출혈-되다 통(자)

춤¹ 명 장단에 맞추어 손이나 발, 몸을 멋스럽게 움직이는 일. (비)무용. ¶사교~.

춤² 명 그릇·신·모자 등의 운두 높이. ¶~이 높은 항아리.

춤³ 명 [1] (처음) 가늘고 기름한 물건을 한 손으로 쥘 만한 분량. [2] (의존) ①을 세는 단위로 이르는 말. ¶벗모 두 ~.

춤-곡(-曲) 명 춤을 출 때에 맞추어 추도록 연주하는 악곡의 총칭. =무곡.

춤-꾼 명 1 춤을 즐겨 추는 사람. ¶현란한 조명 아래 몸을 흔들어 대는 ~들. 2 춤을 전문적으로 또는 직업으로 추는 사람.

춤-바람(-빠-) 명 주로 유부녀가 가정을 돌보지 않을 만큼 사교춤에 빠진 상태. ¶~ 난 탈선 주부.

춤-사위 명 민속춤에서, 춤 동작의 최소 단위로서의 기본이 되는 낱낱의 일정한 움직임.

춤-추다 통(자)(여) 1 장단에 맞추어 손이나 발, 몸을 멋스럽게 하다. 2 사물의 현상이나 모습이 안정감 없이 움직이거나 변동을 보이다. 비유적인 말임. ¶춤추는 물가 (주가).

춤-판 명 춤이 벌어진 자리.

춥-다 [-따] 형(¬우니, 추위) (낮은 기온이나 그 밖의 이유로) 몸에 느끼는 기운이 차다. ¶추운 날씨. ↔덥다.

충(蟲) 명 '회충'의 준말.

충격(衝擊) 명 1 물체에 급격히 가해지는 힘. ¶~ 완화 장치. 2 마음에 받는 심한 자극. ¶환자에게 ~을 주어서는 안 된다. 3 사회적으로 미치는 큰 영향. ¶9·11 테러 사건은 전세계에 큰 ~을 주었다.

충격-력(衝擊力) [-껵력] 명[물] 타격을 받거나 충돌을 하였을 때 물체와 물체 사이에 생기는 큰 접촉력.

충격-적(衝擊的) [-쩍] 관(명) 마음에 충격을 주거나 사회적으로 충격을 주는 (것). ¶10대들의 탈선에 관한 ~인 보고서.

충격-파(衝擊波) 명[물] 보통의 음속보다도 빠르게 전파되는, 공기 중에 생긴 급속한 압축파.

충견(忠犬) 명 주인에게 충직한 개.

충고(忠告) 명 (남의 허물을) 충심으로 타이르는 것. 충고-하다 통(자)(여) ¶의사는 나에게 술을 끊으라고 충고했다.

충군(忠君) 명 임금에게 충성하는 것. 충군-하다 통(자)(여)

충당(充當) 명 (모자라는 것을 다른 것으

로) 메우는 것. **충당-하다** 툉㈁㉠ **충당-되다** 툉㈁

충당-금(充當金) 똉[경] 특정의 손비(損費)에 대한 준비를 위해 설정하는 계정.

충돌(衝突) 똉 1 (둘 이상의 물체가, 또는 어떤 물체가 다른 물체와) 센 힘으로 부딪치는 것. ¶~ 사고. 2 (둘 이상의 의견이나 입장 따위가) 상대의 것을 받아들일 수 없는 상태로 맞서는 것. ¶의견 ~. **충돌-하다** 툉㈁ ¶버스와 화물차가 정면으로 ~. **충돌-되다** 툉㈁

충동(衝動) 똉 1 심하게 마음을 흔들어 놓는 것. 또는, 그런 자극. ¶~질. 2 갑작스럽게 어떤 일에 대해 느끼는 강렬한 욕망이나 의욕. ¶성적(性的) ~. **충동-하다** 툉㈁㉠ 어떤 일을 하도록 자극을 주어 마음을 흔들다.

충동-구매(衝動購買) 똉 물건을 살 필요성이나 계획이 없이, 광고를 보거나 상품을 구경하면서 우발적으로 사는 것.

충동-이다(衝動-) 툉㈀ (사람을) 어떤 일을 하도록 부추기거나 꼬드기다.

충동-적(衝動的) 똉 충동을 느끼고 그것을 그대로 행동으로 옮기는 (것). ¶~인 행동.

충동-질(衝動-) 똉 충동하는 짓. **충동질-하다** 툉㈁ ¶가만히 있는 아이를 **충동질**에서 싸우게 하다.

충만-하다(充滿-) 톙㈁ (어느 곳이나 마음에 어떤 감정·현상·물질 등이) 가득한 상태이다. ¶사랑과 기쁨이 **충만한** 삶. **충만-히** 閉

충매-화(蟲媒花) 똉[식] 곤충의 매개로 수분(受粉)이 행해지는 꽃.

충복(忠僕) 똉 1 충성스러운 남자 종. 2 종처럼 어떤 사람을 충직하게 받드는 사람.

충분-조건(充分條件) [-껀] 똉[논] 그 자체만으로 어떤 결과를 빚을 수 있는 조건. ▷필요조건·필요충분조건.

충분-하다(充分-) 톙㈁ 분량이 모자람이 없이 넉넉하다. ¶**충분한** 휴식을 취하다. **충분-히** 閉 ¶알아듣도록 ~ 설명하다.

충성(忠誠) 똉 ['참마음에서 우러나는 정성'이라는 뜻] 1 (나라에, 또는 임금에게) 몸과 마음을 다 바치는 것. 2 (직장에, 또는 상관 등에게) 몸과 마음을 바쳐 봉사하는 것. 주로, 비웃거나 비판하는 문맥에서 쓰임. ¶회사에 왜 그리 ~이냐? **충성-하다** 툉㈁ ¶나라에 ~.

충성-스럽다(忠誠-) [-따] 톙㉠ <-스러우니, -스러워> 충성을 보이는 데가 있다. **충성스레** 閉

충성-심(忠誠心) 똉 충성스런 마음.

충수(蟲垂) 똉[생] 맹장의 아래 끝에 붙어 있는 가느다란 관 모양의 돌기. ×맹장.

충수-염(蟲垂炎) 똉[의] 충수에 생기는 염증. 오른쪽 하복부의 통증, 발열·메스꺼움·구토 등의 증상이 일어남. ⇒맹장염.

충신(忠臣) 똉 임금에게 충성을 다하는 신하. ↔역신(逆臣).

충실(充實) 똉 1 (내용 따위가) 제대로 갖추어져 알찬 것. ¶~을 기하다. 2 아이들의 몸이 건강하여 실한 것. ¶신체 ~ 지수. **충실-하다** 톙㈁ ¶내용이 **충실한** 책. **충실-히** 閉

충실-하다²(忠實-) 톙㈁ 충직하고 성실하다. ¶가정에 **충실한** 남편. **충실-히** 閉

충심¹(忠心) 똉 충성스러운 마음.

충심²(衷心) 똉 속에서 우러나는 참된 마음. ¶여러분의 열렬한 성원에 ~으로 감사드립니다.

충언(忠言) 똉 1 충고하는 말. 2 충직하고 바른 말. **충언-하다** 툉㈁

충용(充用) 똉 채워서 쓰는 것. **충용-하다** 툉㈁㉠ **충용-되다** 툉㈁

충원(充員) 똉 모자라는 인원을 채우는 것. **충원-하다** 툉㈁

충의(忠義) [-의/-이] 똉 임금이나 나라에 대한 충성과 신의.

충일(充溢) 똉 (어떤 기운이나 분위기가) 가득 차서 넘치는 것. **충일-하다** 툉㈁㉠ **충일-되다** 툉㈁

충적-세(沖積世) [-쎄] 똉[지] 지질 시대 제4기 후반의 세. 홍적세의 대빙하가 녹은 다음의 후빙하 시대를 말하며, 현대도 이에 속함. =현세(現世).

충전¹(充電) 똉 1 [물] 축전지나 축전기에 전기 에너지를 축적하는 것. ↔방전. 2 비유적으로 쓰여, 휴식하면서 활력을 찾거나 실력을 기르는 일. ¶방학을 ~의 기회로 삼다. **충전-하다¹** 툉㈁㉠ ¶전기면도기에 ~. **충전-되다¹** 툉㈁

충전²(充塡) 똉 물건을 집어넣어서 빠진 곳, 빈 곳을 채우는 일. **충전-하다²** 툉㈁㉠ **충전-되다²** 툉㈁

충전기(充電器) 똉[물] 축전지의 충전에 쓰는 장치.

충절(忠節) 똉 충성스러운 절개.

충정¹(忠情) 똉 충성스러운 정의(情誼).

충정²(衷情) 똉 마음에서 우러나오는 참된 정. ¶부디 나의 ~을 헤아려 주십시오.

충족-하다¹(充足-) 툉㈀㉠ ¶조건을 ~. ▷충족하다².

충족-하다²(充足-) [-조카-] 톙㉠ 양에 차서 모자람이 없다. ¶**충족한** 생활을 영위하다. **충족-히** 閉

충직-하다(忠直-) [-지카-] 톙㉠ 충성스럽고 올곧다. ¶**충직한** 신하. **충직-히** 閉

충천(衝天) 똉 1 하늘을 찌를 듯이 솟는 것. 2 (기개나 기세 등이) 북받쳐 오르는 것. **충천-하다** 툉㈁㉠ ¶사기가 ~.

충충-하다 톙㉠ (빛깔이) 맑거나 산뜻하지 못하고 흐리다. ¶빛깔이 **충충한** 옷. **충충-히** 閉

충치(蟲齒) 똉 세균의 작용에 의하여 이가 차츰 썩어 들어가는 질환. 또는, 그런 질환이 있는 이.

충칭(重慶) 똉[지] 중국 남동부의 하항(河港) 도시.

충해(蟲害) 똉 해충으로 인한 농작물의 피해. ¶~를 방지하다.

충혈(充血) 똉[의] 몸의 어느 부분에 피가 지나치게 몰려 붉은빛을 띠는 상태가 되는 것. **충혈-되다** 툉㈁ ¶눈이 벌겋게 ~.

충혼(忠魂) 똉 충의를 위하여 죽은 사람의 넋. ¶~을 기리다.

충혼-탑(忠魂塔) 똉 충의를 위하여 죽은 사람의 넋을 기리기 위하여 세운 탑.

충효(忠孝) 똉 충성과 효도. ¶~ 사상.

췌:언(贅言) 똉 하지 않아도 될 군더더기 말. **췌:언-하다** 툉㈁

췌:장(膵臟) 똉 [의] =이자(胰子).

췌:장-암(膵臟癌) 똉[의] 이자에 생기는 암.

취 똉[식] 산나물인 곰취·단풍취·참취·수리취 등의 총칭.

취:객(醉客) 명 술에 취한 사람.
취:급(取扱) 명 1 (물건이나 일 등을) 직업적·업무적으로 다루거나 처리하는 것. ¶~ 주의. 2 (사람을 좋지 않은 자격의 존재로) 생각하여 대하는 것. ㈁간주. **취:급-하다** 타여 ¶석우는 나를 어린애로 취급했다. **취:급-되다** 자

취:기(醉氣) 명 술에 취하여 얼큰한 기운. ¶~ 돌다〔오르다〕.
취-나물 명 삶은 참취를 양념하여 볶은 나물.
취:득(取得) 명 (어떤 물건이나 자격 등을) 자기 것으로 가지는 것. **취:득-하다** 타여 ¶운전면허를 ~.
취:득-세(取得稅) 명 부동산·자동차·중기(重機)·입목(立木)·선박·광업권·어업권 등의 취득에 대하여 부과하는 지방세.
취:락(聚落) 명지 인간이 공동생활을 하는 주거(住居)의 집단.
취:로(就勞) 명 일에 착수하는 것. 또는, 일에 종사하는 것. **취:로-하다** 자여
취:로^사:업(就勞事業) 명 영세 근로자를 돕기 위하여 국가에서 실시하는 사업. 도로·하천·제방 등 새마을 사업장에서 일을 하게 함.
취리히(Zürich) 명지 스위스 북부의 상업 도시.
취:미(趣味) 명 어떤 사람이 여가 시간에 즐거움을 맛보기 위해 자주 하는 흥미로운 일. 또는, 그런 일에 대한 흥미. ¶~ 생활 / ~가 고상하다.
취:바리 명민 산대놀음에 쓰이는 괴상한 모양의 남자의 탈. 또는, 그 탈을 쓰고 춤추는 사람.
취:사¹(取捨) 명 쓸 것은 쓰고 버릴 것은 버리는 것. **취:사-하다¹** 타여
취:사²(炊事) 명 불을 사용하여 끼니로 먹을 밥이나 음식을 만드는 일. 주로 군대나 어떤 단체 등에서 단체 급식을 위해 쓰는 말임. ¶~ 당번. **취:사-하다²** 자여
취:사-도구(炊事道具) 명 음식을 만드는 데에 쓰는 기구의 총칭.
취:사-선택(取捨選擇) 명 여럿 가운데서 쓸 것은 골라 쓰고 버릴 것은 버림. **취:사선택-하다** 타여
취:사-장(炊事場) 명 군대나 기숙사 등과 같이 공동생활을 하는 곳에서, 음식을 만들기 위해 비교적 큰 규모로 만든 공간. ㈂부엌·주방.
취:생-몽사(醉生夢死) [-씽-] (술에 취하여 살고 꿈을 꾸다가 죽는다는 뜻) 아무 뜻 없이 한평생을 흐리멍덩하게 살아감. **취:생몽사-하다** 자여
취:소(取消) 명 (기록하였거나 말한 것을) 말살하여 없애 버리는 것. **취:소-하다** 타여 ¶약속을 ~. **취:소-되다** 자
취:약(脆弱) 에기 (무르고 약하다는 뜻) 어떤 점에 있어서 약점과 문제가 지고 있는 것. ¶~점. **취:약-하다** 형여 ¶경제적으로 취약한 국가.
취:업(就業) 명 어떤 직업을 택하여 생계를 잇는 것. ㈂취직. ¶~난(難). **취:업-하다** 자여
취:음(取音) 명 본래 한자어가 아닌 단어를 말의 뜻에는 관계없이 음만 비슷하게 나는 한자로 적는 일. '각시'를 '閣氏'로 쓰는 따위.
취:임(就任) 명 임기가 정해져 있거나 계급이 비교적 높은 직위나 직책을 새로 맡아 일하게 되는 것. ¶~ 인사. ↔이임. **취:임-하다** 자타여 ¶대통령에 ~.
취:임-사(就任辭) 명 취임할 때에 하는 인사말.
취:임-식(就任式) 명 취임할 때에 행하는 식.
취:입(吹入) 명 음반을 만들기 위해 녹음하는 일. **취:입-하다** 타여 ¶신곡을 ~.
취:재(取材) 명 기사나 작품의 재료 또는 제재를 구하여 얻는 것. ¶~ 기자. **취:재-하다** 타여 ¶근로 현장에서 취재하여 쓴 소설. **취:재-되다** 자
취:재-원(取材源) 명 기사나 작품 재료의 출처.
취:재-진(取材陣) 명 신문사나 잡지사 등의 취재부에 속하여 기사의 재료를 얻기 위해 일하는 기자의 무리.
취:조(取調) 명 (죄인이나 혐의자를) 범죄 사실을 밝히기 위하여 조사하는 것. ¶~판 / ~실. **취:조-하다** 타여 ¶피의자를 ~. **취:조-되다** 자
취:주-악(吹奏樂) 명 관악기에 타악기를 곁들인 대규모의 합주 음악.
취:주^악기(吹奏樂器) [-끼] 명음 =관악기.
취:중(醉中) 명 술에 취해 있는 동안. ¶~에 내가 무슨 소리 했는지 모르겠다. [취중에 진담이 나온다] 취하여 함부로 하는 말에 자기의 속마음을 털어놓는다는 말.
취:지(趣旨) 명 어떤 일에 담겨 있는 목적이나 의도나 의의. ¶회사의 설립 ~.
취:직(就職) 명 (어떤 직장에서) 일할 자리를 얻게 되는 것. ㈂취업. ¶~ 시험. **취:직-하다** 자타여 ¶회사에 ~. **취:직-되다** 자
취:직-난(就職難) [-징-] 명 직업을 구하는 사람은 많고 일자리는 적어서 취직하기가 매우 어려운 일. ¶경제 불황으로 ~이 극심하다.
취:침(就寢) 명 잠자리에 드는 것. ¶~ 시간. ↔기상. **취:침-하다** 자여
취:침-나팔(就寢喇叭) 명 병영·기숙사 등에서 밤에 잠자리에 들라는 신호로 부는 나팔.
취:하(取下) 명 (신청하였던 일이나 서류 등을) 도로 거두어들이는 것. **취:하-하다** 타여 ¶소송을 ~.
취:-하다¹(醉-) 자여 1 술·약 기타의 기운이 몸에 퍼져 정신이 정상적 활동을 잃게 되다. ¶술에 ~ / 약향기에 ~. 2 (어떤 일에) 열중하여 넋을 빼앗기다. ¶이야기에 취해 시간 가는 줄도 몰랐다.
취:-하다²(取-) 타여 1 (대상을) 버리지 않고 가지다. ¶장점을 취하고 단점을 버리다. 2 (자세나 태도를) 어떠한 상태가 되게 가지다. ¶강경한 태도를 ~. 3 (방법 등을) 쓰거나 강구하다. ¶조치를 ~. 4 (물건이나 금품을) 꾸거나 빌리다. ¶친구한테서 돈을 ~.
취:학(就學) 명 교육을 받기 위하여 학교에 들어가는 것. ¶~ 통지. **취:학-하다** 자여 ¶초등학교에 ~.
취:학-률(就學率) [-향뉼] 명 학교에 다닐 나이가 된 어린이 수에 대한 실제 다니는 어린이 수의 비율.
취:한(醉漢) 명 술이 잔뜩 취한 사람을 낮추어 이르는 말.
취:합(聚合) 명 여러 가지를 모아서 하나

-치- 1177

취ː합(取合) 명 (배나 비행기가) 일정한 항로에 오르는 것. **취ː합-하다** 통(자여)
로 합치는 것. **취ː합-하다** 통(타여) ¶의견 을 ~.
취향(就航) 명 (배나 비행기가) 일정한 항로에 오르는 것. **취항-하다** 통(자여) ¶동남아 항로에 ~.
취향(趣向) 명 어떤 사물에 대해 사람의 흥미나 관심이 쏠리는 방향이나 경향. ¶소녀들의 ~에나 어울리는 감상적 소설.
취흥(醉興) 명 술에 취하여 일어나는 흥겨움. ¶~에 겨워 노래를 흥얼거리다.
측(側) 의존 어떤 무리의 한쪽을 상대적으로 이르는 말. ¶학교 ~ / 야당 ~.
측간(廁間) [-깐] 명 =변소.
측근(側近) [-끈] 명 1 곁의 가까운 곳. ¶대통령을 ~에서 모시다. 2 곁에서 가까이 모시는 사람.
측량(測量) [층냥] 명 1 기계를 써서 물건의 길이·넓이·거리·높이·깊이 등을 재어 헤아리는 것. 2 지표 상의 한 부분의 위치·모양·면적·방향 등을 재는 일. 3 생각하여 헤아리는 것. **측량-하다** 통(타여)
측면(側面) [층-] 명 1 물체나 대상의 앞·뒤·좋앙이 아닌, 옆이 되는 쪽이나 면. (H)옆면. ¶~에서 찍은 사진. 2 어떤 일에 있어서 간접적·우회적인 상태. ¶~ 지원. 3 사물을 어떤 각도나 입장이나 견지에서 보는 면. ¶문학 작품을 사회학적 ~에서 접근하다.
측면-도(側面圖) [층-] 명 기계나 구조물을 옆면에서 바라본 상태를 평면적으로 나타낸 것.
측문(側門) [층-] 명 측면으로 낸 문. 옆문. ⇔정문.
측백-나무(側柏-) [-빽-] 명(식) 높이 20m가량이지만 가지가 많이 갈라져 관목처럼 보이며, 잎이 작은 비늘 모양으로 다닥다닥 붙는 상록 교목. 가을에 둥근 열매가 익음. 정원수로 심음.
측벽(側壁) [-뼉] 명 구조물의 측면에 있는 벽.
측선(側線) [-썬] 명 1 철도 선로에서, 열차 운행에 항시 사용하는 본선(本線) 이외의 선로. 2 [동] = 옆출.
측성(仄聲) [-썽] 명 한자의 사성(四聲) 가운데 상성·거성·입성의 총칭. ↔평성.
측실(側室) [-씰] 명 =곁방.
측우-기(測雨器) [-짜] 명 조선 세종 23년(1441)에 만든, 비가 온 양을 재는 기구.
측운(仄韻) [-쭌] 명 한자의 사성(四聲) 가운데 상성·거성·입성의 운(韻). ↔평운.
측은지심(惻隱之心) 명 사단(四端)의 하나. 불쌍히 여기는 마음.
측은-하다(惻隱-) 형여 불쌍하고 가엾다. ¶부모를 잃은 아이들을 보니 **측은한** 마음이 든다. **측은-히** 부 ¶~ 여기다.
측자(仄字) [-짜] 명 사성(四聲) 가운데 상성·거성·입성에 딸린 한자. 곧, 측운(仄韻)의 한자. ↔평자(平字).
측정(測定) [-쩡] 명 일정한 양을 기준으로 하여, 같은 종류의 다른 양들의 크기를 재는 것. **측정-하다** 통(타여) ¶길이를 ~. **측정-되다** 통자
측정-기(測定器) [-쩡-] 명 측정하는 데 쓰이는 기구나 기계.
측천-무후(則天武后) [인] 당나라 고종의 황후(624?~705).
측-화면(側畫面) [층콰-] 명(수) 투영도에서, 물체의 우측면과 좌측면에 평행하여 이루는 화면. ▷입면본·평화면.

측후-소(測候所) [츠쿠-] 명 '기상대'의 구칭.
층(層) 명 1 자립 1 방과 천장이 위로 둘 이상 포개어지는 건물에서, 같은 높이를 이루는 부분. ¶아래~. 2 옆으로 길게 펼쳐진 여러 개의 서로 다른 물질들이 위아래로 여러 겹 포개어져 있는 상태. 또는, 그 중의 하나. ¶오존~ / 석탄~. 3 (주로 명사나 관형어 다음에 쓰여) 어떤 계층이나 부류의 사람들. 또는, 어떤 사람의 범위나 규모. ¶상류~ / 서민~ / 젊은 ~. 2 의존 위로 포개어 지은 건물에서, 수평으로 같은 높이의 부분을 아래에서부터 세어 올라가는 말. 지하의 경우에는 지면에서 가까운 쪽에서부터 세어 감. ¶지하 2~, 지상 8~ 건물.
층계(層階) [-계/-게] 명 걸어서 층 사이를 오르내릴 수 있도록 연속적으로 턱이 지게 만들어 놓은 설비. (H)계단.
층계-참(層階站) [-계-/-게-] 명(건) 층계의 중간에 있는 좀 넓은 곳.
층-나다(層-) 통(자) 층 등이 생기다.
층류(層流) [-뉴] 명(물) 속도가 시간적으로 변동하지 않는 유체의 층을 이루어 흐르는 관 내 또는 경계층 내의 흐름. ↔난류(亂流).
층상(層狀) 명 겹치거나 층을 이룬 모양.
층수(層數) [-쑤] 명 층의 수효.
층운(層雲) 명(기상) 하층운의 하나. 지평선과 나란히 층상(層狀)을 이루며 지면 가까이 끼는 구름. =안개구름.
층적-운(層積雲) 명(기상) 하층운의 하나. 온 하늘을 덮던 회색 구름. 비 오기 전이나 비 온 후에 자주 나타남.
층-지다(層-) 통재 1 사물의 배열에 층이 생기거나 높낮이의 차이가 생기다. ¶**층지게** 자른 커트 머리. 2 신분·수준·등급 등의 차이가 있다. ¶두 사람은 집안 간에 너무 **층져서** 결혼하지 못하고 헤어졌다.
층층(層層) 명 1 겹겹으로 거듭 쌓인 층. ¶책을 ~으로 쌓다. 2 거듭된 낱낱의 층.
층층-다리(層層-) 명 =층계.
층층-대(層層臺) 명 돌·나무 등으로 여러 층이 지게 단을 만들어서 높은 곳을 오르내릴 수 있게 만든 설비. =층층다리.
층층-시하(層層侍下) 명 부모·조부모 등의 어른들을 모시고 있는 처지. ¶~의 완고한 집안에서 시집살이를 하다.
층층-이(層層-) 부 여러 층으로 거듭된 모양. ¶벽돌을 ~ 쌓다.
층하(層下) 명 다른 것보다 낮게 보아 소홀히 대하는 것. 또는, 그런 차별. ¶~를 두다. **층하-하다** 통(타여) ¶돈이 없다고 사람을 ~.
치¹ 명(의존) 1 물건을 얕잡아 이르는 말. ¶저~는 구두쇠로 유명하다. 2 물건 또는 대상을 가리키는 말. ¶생선이 어제 ~보다 못하다. 3 몫이나 분량을 가리키는 말. ¶보름 ~ 양식.
치²(痴) 의존 길이의 단위. 한 자의 1/10. =촌(寸). ¶한 자 닷 ~.
치³ 감 1 절구질·도끼질 등에서, 힘을 쓰면서 내는 소리. 2 =體¹.
치-⁴ 접투 동사의 어간 앞에 붙어, '위로 올라가', '위로 향하여'의 뜻을 나타내는 말. ¶~닫다 / ~솟다.
-치-⁵ 접미 동사의 어간에 붙어, 그것에 강세의 뜻을 더해 주는 어간 형성 접미사.

¶밀~다 / 솟구~다.
-치⁵ 〖접미〗 일부 명사나 용언의 어간에 붙어, '어떤 물건' 의 뜻을 나타내는 말. ¶날림~ / 막~.
치⁷(値) 〖명〗〖수〗 측정하거나 계산하여 얻은 값.
치⁷(徵) 〖명〗〖음〗 오음(五音) 중 넷째 음.
치⁸ 〖명〗 '떨다', '떨리다' 와 함께 쓰여) '이' 를 나타내는 말.
치(를) 떨다 몹시 분하거나 지긋지긋하여 이를 떨다. ¶울분을 참지 못해 ~.
치(가) 떨리다 몹시 분하거나 지긋지긋하여 이가 떨리다.
치¹⁰(齒) 〖의존〗 사진 식자에서, 거리나 간격을 나타내는 단위. 1치는 0.25mm임.
-치¹¹(値) 〖접미〗 일부 명사 뒤에 붙어, '수' 나 '값' 을 나타내는 말. ¶기대~ / 평균~
치경-음(齒莖音) 〖명〗〖언〗 혀끝과 잇몸 사이에서 나는 소리. 'ㄴ', 'ㄷ', 'ㄹ', 'ㄸ', 'ㅌ' 등이 이에 속함.
치고 〖조〗 1 '그 전체가 예외 없이' 의 뜻을 나타내는 보조사. 아래에 흔히 부정을 뜻하는 말이 딸림. ¶자식~ 사랑스럽지 않은 자식 없다. 2 '그중에서는 예외적으로' 의 뜻을 나타내는 보조사. ¶값헐한 물건~을 만하다.
치고-는 〖조〗 '치고' 의 힘줌말. ¶새끼~ 에쁘지 않은 것이 없다.
치고-받다 [-따] 〖동〗〖재〗 상대와 주먹이나 발 등으로 때리고 맞다. ¶두 아이가 길거리에서 **치고받고** 싸운다.
치고-서 〖조〗 '치고' 의 힘줌말. ¶학생~ 그것을 모르는 사람은 없다.
치골(恥骨) 〖명〗 골반을 형성하는 엉덩이뼈의 앞쪽 아래 부위를 차지하는 뼈.
치과(齒科) [-꽈] 〖명〗 1〖의〗 이와 그 지지 조직 및 구강의 생리·병리·치료 등을 연구하는, 의학의 한 분과. 2 이를 치료하거나 교정하는 의원이나 병원.
치과˄대학(齒科大學) [-꽈-] 〖명〗〖교〗 치과를 전공하는 단과 대학의 하나. ⓧ치대.
치국(治國) 〖명〗 나라를 다스리는 것. **치국-하다** 〖동〗〖자〗〖타〗
치국-안민(治國安民) 〖명〗 나라를 잘 다스리고 백성을 평안하게 함.
치국-평천하(治國平天下) 〖명〗 나라를 잘 다스리고 온 세상을 평안하게 함.
치근(齒根) 〖명〗 =이촉.
치근-거리다/-대다 〖동〗〖자〗 '지근거리다' 의 거센말.
치근덕-거리다/-대다 [-꺼(때)-] 〖동〗〖자〗〖타〗 몹시 끈덕지게 치근거리다.
치근덕-치근덕 [-꺼때-] 치근덕거리는 모양. **치근덕치근덕-하다** 〖동〗〖자〗〖타〗
치근-치근 〖부〗 '지근지근' 의 거센말. **치근치근-하다** 〖동〗〖자〗〖타〗
치기(稚氣) 〖명〗 어리고 유치한 기분이나 감정. ¶~를 부리다.
치기-배(-輩) 〖명〗 날치기·소매치기 등의 날뺄 좀도둑의 패거리. ¶~를 소탕하다.
치다¹ 〖자〗 1 (눈·비 등이) 바람과 함께 세차게 내리다. ¶눈보라가 치는 밤. 2 (천둥·번개·벼락 등이) 큰 소리나 환한 빛을 내면서 일어나다. ¶벼락이 **치는** 소리. 3 (물결·파도 등이) 일어 움직임을 이루다. ¶철썩철썩 파도가 ~. 4 (서리가) 추위와 함께 내리다. ¶된서리가 ~.

치다² 〖타〗 1 (사람이 몸의 일부나 물체 따위를) 손이나 몸의 어느 부분, 또는 이에 든 물건이 세차게 닿거나 부딪게 하~. ¶따귀를 ~. ⓑ때리다. ¶회초리로 종아리를 ~. 2 (소리를 내는 도구를) 손이나 어떤 물건으로 부딪쳐 소리 나게 하다. ¶피아노를 ~. 3 (타자나 무전 따위를) 일정한 장치를 손으로 눌러 글자가 찍히거나 신호가 가게 하다. ¶무전을 ~. 4 (괘종시계가 일정한 시각을) 종소리를 냄으로써 알리다. ¶시계가 두 시를 **쳤다**. 5 (손이나 손에 든 물건으로 물체를 힘있게 부딪게 하는 동작으로 어떤 놀이나 운동을 하다. ¶탁구를 ~. 6 (트럼프나 화투 따위를) 패를 한데 모아 양손으로 고루 섞다. 또는, (트럼프나 화투 따위를) 놀이로서 일정한 규칙과 방법에 따라 즐기다. ¶트럼프를 ~. 7 떡이 차진 상태가 되도록 떡 반죽을 떡메로 두들기다. ¶떡메로 떡을 ~. 8 (못 따위를 어느 곳에) 박히도록 망치 따위의 도구로 두들기다. ¶망치로 못을 ~. 9 (날이 있는 도구로 길이가 있는 물체를) 순간적으로 힘있게 닿게 하여 잘라지게 하다. ¶머리를 짧게 ~. 10 채를 만들기 위해 가늘게 썰거나 저미다. ¶회를 ~. 11 (밤 따위를) 칼날을 바깥쪽으로 힘주어 여러 번 닿게 하여 속껍질이 벗겨지게 하다. ¶제사상에 올리기 위해 낱밤을 ~. 12 (상대를) 굴복시키고자 피해를 주기 위해 공격하다. ¶적의 주력 부대를 ~. 13 (가루 상태의 물질을 체로) 흔들었어 가늘고 고운 물질만 남게 하다. ¶밀가루를 체로 ~. 14 (꼬리나 날개나 활개를) 좌우 또는 상하로 힘 있게 흔들다. ¶깨가 꼬리를 ~. 15 (물장구나 헤엄 따위를) 팔이나 다리로 힘 있게 젓거나 움직여서 뭐지게 하다. ¶개울에서 물장구를 **치며** 노는 아이들. 16 (몸이나 몸체를) 심하게 움직이는 상태를 이루어 나타내다. ¶몸부림을 ~. 17 (사람이 큰 소리를) 입이나 목에서 나오게 하다. ¶고함을 ~. 18 (달아나거나 빨리 움직여 가는 짓을) 행동으로 이루다. ¶도망을 ~. 19 (속이는 짓이나 짓궂은 짓, 또는 좋지 못한 일을) 행동으로 이루다. ¶장난을 ~. 20 (어떤 웃음을) 얼굴에 나타내다. ¶웃짓다. ¶눈웃음을 ~. 21 쇠붙이를 달구어 두들겨서 연장을 만들다. ¶낫을 ~.
치다³ 〖타〗 1 (점이나 선이나 그림 따위를) 붓이나 연필 따위로 종이나 천 등의 면에 나타내다. ¶글에 밑줄을 ~. 2 (시험을) 어떤 성적이 나오도록 답하거나, 응하여 제 능력이 나타나게 하다. ⓑ치르다·보다. ¶필기시험을 ~. 3 ('점(占)' 을 목적어로 하는 서술어로 쓰여) (어떤 사람, 특히 점술가나 무당이나 역술가 등이) 자연현상의 관찰이나 신령이나 패(卦)나 사주나 관상 등에 의해 미래의 일이나 인간의 힘으로 알기 어려운 일을 알 수 있는 상태가 되게 하다. 4 ('-(는)다고', '-다손', '-ㄴ다손/는다손' 등의 꼴이나 조사 '(으)로' 의 뒤에 놓여) (무엇을 어떠하다고) 인정하거나 간주하거나 가상하다. ¶아무리 믿는손 **치더라도** 그렇게 구박해서야 되겠니?
치다⁴ 〖타〗 1 (음식에 비교적 적은 양의 액체나 가루 상태의 물질을) 맛을 더 좋게 하거나 약간 다른 맛이 나게 하기 위해 붓거나 뿌려서 넣다. ¶국에 간장을 ~. **2** (어떤 대상에 약이나 기름 따위를) 더 좋은 상태나 기능을 가지도록 뿌리거나 바르다. ¶자전거 바퀴에 기름을 ~. **3** (잔에 술을) 부어 얼마의 양으로 차게 하다. ¶술을 ~.
치다⁵ 国 **1** (어떤 물체를) 공간과 공간 사이에 막히거나 가려지도록 놓거나 세우거나 만들거나 늘어뜨리거나 하다. ¶창문에 커튼을 ~. **2** (붕대·댐임 따위를) 감아 매거나 두르다. ¶각반을 ~.
치다⁶ 国 **1** 손으로 엮거나 틀어서 만들다. ¶멱서리를 ~. **2** (돗자리·가마니 등을) 틀로 짜다. ¶가마니를 ~.
치다⁷ 国 **1** (가축이나 누에·벌 따위를) 주로 고기를 얻거나 또는 벌기 위해서 보살펴 기르다. ⊕사육하다. ¶집에서 돼지를 ~. **2** (가정에서 다른 사람을) 돈을 받고 머물러 묵게 하다. ¶하숙을 ~.
치다⁸ 国 **1** (쌓이거나 막힌 불필요한 물건을) 그러내거나 파내어 깨끗이 하다. ¶변소를 ~. **2** (논이나 물길 등을 만들기 위하여) 땅을 파내거나 고르다. ¶도랑을 ~. **3** (걸레나 행주 따위를) 바닥에 대고 닦거나 문지르다. ¶행주를 ~.
치다⁹ 国 (달리는 차나 자전거 등이 사람이나 동물을) 강한 힘으로 부딪다. ¶택시가 아이를 **치고** 달아나다.
치다꺼리 圀 **1** 일을 처리 내는 일. ¶손님 ~. **2** 남을 도와서 거드는 일. ¶자식 ~. ⇨뒤치다꺼리. **치다꺼리-하다** 国.
치-닫다[—따] 国和 〈~달으니, ~달아〉 **1** 위쪽으로 달리거나 또는 달려 올라가다. **2** 힘차고 빠르게 나아가다. ¶정국(政局)이 대치 국면으로 ~.
치대(齒大) 圀[교] '치과 대학'의 준말.
치대다 国 (빨래·반죽 따위를) 무엇에 대고 자꾸 문지르다. ¶빨기를 반죽을 ~.
치도-곤(治盜棍) 圀 **1** [역] 조선 시대에 죄인의 볼기를 치던 곤장의 한 가지. 길이 다섯 자 일곱 치, 너비 다섯 치서 푼, 두께 한 치임. **2** 몹시 혼남. 또는, 그 곤욕.
치-뜨다 国 〈~뜨니, ~떠〉 눈을 위로 뜨다. ↔내리뜨다.
치렁-거리다/-대다 国邳 (길게 드리운 물건이) 부드럽게 움직이다.
치렁-치렁 囝 치렁거리는 모양. **치렁치렁-하다** 国邳여 ¶머리가 **치렁치렁한** 처녀.
치레¹ 圀 **1** 잘 손질해서 모양을 내는 일. **2** 무슨 일에 실속 이상으로 꾸며 드러냄. ¶—로 하는 인사. **치레-하다** 国邳.
-치레² 宮미 일부 명사 아래에 붙어, '치러 내는 일' 또는 '겉으로만 꾸미는 일'의 뜻을 나타낸다. ¶병~ / 인사~.
치료(治療) 圀 (병이나 상처에) 약을 먹거나 바르거나 수술하거나 침을 맞거나 기타의 의학적인 수단으로 낫게 하는 것. ¶응급 ~. **치료-하다** 国邳여 ¶부상자를 ~. **치료-되다** 国邳.
치료-비(治療費) 圀 병이나 상처를 치료하는 데 드는 비용.
치료-제(治療劑) 圀 병이나 상처를 치료하기 위하여 쓰는 약.
치루(痔漏·痔瘻) 圀[의] 항문 주위에 작은 구멍이 생기고 고름 따위가 나오는, 치질의 한 가지.
치르다 国 〈치르니, 치러〉 **1** (값이나 돈을) 거래의 대가로 내다. ¶계약금을 ~.

2 (부담이 되거나 고통스러운 일을) 살거나 생활해 나가는 가운데 겪다. ¶시험을 ~. **3** (손님을) 맞아 대접하는 일을 하다. ¶잔치로 손님을 **치렀다**.
치마 圀 여자가 흔히 아랫도리에 둘러 입는, 가랑이가 없이 밑이 하나로 터진 옷.
치마-끈 圀 치마허리에 달린, 가슴에 둘러 매는 끈.
치마-바지 圀 치마 모양으로 된, 통이 넓은 바지.
치마-저고리 圀 **1** 치마와 저고리를 아울러 이르는 말. **2** 여자들이 입는 한복을 이르는 말.
치마-폭(—幅) 圀 피륙을 여러 개 이어서 만든 치마의 폭.
치마-허리 圀 여자 한복에서, 치마 위쪽에 다른 천으로 빙 둘러 따로 댄 부분. ≒치맛그. ⊃끈허리·치마허리.
치맛-단[—마땅/—만땅] 圀 치마의 아래 끝을 접어서 감친 부분.
치맛-말기[—만—] 圀 =치마허리.
치맛-바람[—마빠—/—만빠—] 圀 여자의 극성스런 사회 활동을 야유조로 이르는 말. ¶~이 세다.
치맛-자락[—마짜—/—만짜—] 圀 입은 치마폭의 늘어진 부분.
치매(癡呆) 圀[의] 지능·기억력·판단력 등이 대뇌 신경 세포의 손상 등으로 심하게 상실된 병적 상태. 주로 노년에 발생함.
치명(致命) 圀 목숨이 끊어질 지경에 이르는 것.
치명-상(致命傷) 圀 **1** 목숨이 위험할 정도의 큰 상처. ¶교통 사고로 —을 입다. **2** 다시 회복하기 어려울 정도의 큰 타격.
치명-적(致命的) 亚 **1** 생명을 잃을 정도의 것이다. ¶~인 상처. **2** 일의 성패·흥망 따위에 돌이킬 수 없을 만큼 영향을 주는 것이다. ¶~인 실수.
치명-타(致命打) 圀 치명적인 타격. ¶—를 가하다[입다].
치목(治木) 圀 목재를 다듬고 손질하는 것. **치목-하다** 国邳여.
치-밀다 国 ①邳 〈~미니, ~미오〉 **1** 아래에서 위로 힘 있게 솟아오르다. **2** (욕심·연기·분노·슬픔 따위가) 세차게 복받쳐 오르다. ¶분노가 ~. **3** 오래된 체증으로 생긴 덩어리 따위가 솟아오르다. ②国 아래에서 위로 힘 있게 밀어 올리다.
치밀-하다(緻密—) 혱여 **1** (사람이나 성격이) 자상하고 꼼꼼하다. ¶성격이 **치밀하여** 실수가 적다. **2** (하는 일이) 자상하여 빈틈이 없다. ¶**치밀한** 계획. **3** (피륙 따위가) 곱고 촘촘하다. **치밀-히** 囝.
치-받다[—따] 国 **1** 욕심·분노 등의 감정이 세차게 북받쳐 오르다. ¶그는 내 빈정거림에 화가 **치받는** 모양이었다.
치-받다²[—따] 国 **1** (머리나 뿔로 물체를) 위를 향해 받다. **2** 세차게 들이받다.
치받-치다 国 ①邳 감정 따위가 세차게 북받쳐 오르다. ¶울화가 ~. ②国 밑을 버티어 위로 올려 치밀다. ¶짐을 **치받쳐** 들다.
치부(致富) 圀 재물을 모아 부자가 되는 것. **치부-하다** 国邳여.
치부²(恥部) 圀 **1** 사람의 몸에서, 부끄러워 남을 대하기 어려운 부분. ⊖음부. **2** 남에게 숨기고 싶은 부끄러운 일. ¶회사의 ~를 폭로하다.
치부³(置簿) 圀 마음속으로 그렇다고 보

거나 여기는 것. **치ː부-하다²** 동(자)(타)여
치ː부-되다 동(자)
치ː부-책(置簿冊) 명 금품의 출납을 기록하는 장부.
치ː사(致死) 명 죽게 하는 것. 또는, 죽음에 이르는 것. ¶업무상 과실 ~. **치ː사-하다** 동(자)(타)여
치사²(致詞·致辭) 명 주로 공적인 자리에서, 어떤 사람을 칭찬하고 격려하는 것. **치사-하다²** 동(타)여 ¶노고를 ~.
치사³(致謝) 명 고맙고 감사하다는 뜻을 나타내는 것. **치사-하다³** 동(자)여
치-사랑 명 손윗사람에 대한 사랑. ¶옛말에 내리사랑은 있어도 ~은 없다고 했다. ↔내리사랑.
치ː사-량(致死量) 명 생체를 죽음에 이르게 할 정도의 약물의 양. ¶~의 수면제를 복용하다.
치사-스럽다(恥事─) [─따] 형(ㅂ) <~스러우니, ~스러워> 치사한 데가 있다. **치사스레** 부
치ː사-율(致死率) 명(의) 어떤 병에 걸린 환자에 대한 그 병으로 죽는 환자의 비율.
치사-하다⁴(恥事─) 형여 쩨쩨하게 굴어 아니꼽다. ¶치사하며 돈 몇 푼 갖고 인색하게 군다.
치산(治山) 명 1 산소를 손질하여 다듬는 것. 2 산을 잘 다스리는 것. 곧, 나무를 심어 산사태·수해를 방지함. ▷치수(治水). **치산-하다** 동(자)여
치산-치수(治山治水) 명 산과 내를 잘 관리하고 잘 보살펴 가뭄이나 홍수 등의 재해를 입지 않도록 하는 것.
치석(齒石) 명(의) 치아의 표면에 음식 찌꺼기나 미생물이 쌓이고 여기에 석회분이 엉겨 붙어 굳어진 물질. ¶~을 제거하다.
치ː성(致誠) 명 1 있는 정성을 다하는 것. 2 신이나 부처에게 정성을 드리는 것. ¶산신령께 아들을 점지해 달라고 ~을 드리다. **치ː성-하다** 동(자)여
치세(治世) 명 1 잘 다스려진 태평한 세상. ↔난세. 2 세상을 잘 다스리는 것. **치세-하다** 동(자)여
치-솟다 [─솓따] 자 1 위쪽으로 힘차게 솟다. ¶불길이 하늘로 ~. 2 (느낌·생각·힘 따위가) 세차게 북받쳐 오르다. ¶복수의 감정이 ~.
치수(─數) 명 물건의 길이를 어떤 단위로 나타낸 수치. ×칫수.
치수²(治水) 명 물을 잘 다스려 그 피해를 막고 이용에 편리를 꾀하는 것. ▷치산(治山). **치수-하다** 동(자)여
치ː신(置身) 명 '처신(處身)'을 얕잡아 이르는 말. ⇒채신.
치-실(齒─) 명 이 사이에 낀 음식물의 찌꺼기를 빼내거나 닦아 내는 데 쓰이는, 왁스를 먹여 만든 의료용 실.
치아(齒牙) 명 '이'를 점잖게 이르는 말. 또는, 남을 높여, 그의 '이¹'을 이르는 말. ¶~가 튼튼하다.
치악-산(雉岳山) [─싼] 명(지) 강원도 원주시와 횡성군 경계에 있는 산. 높이 1,288m.
치안(治安) 명 국가 사회의 안녕과 질서를 유지·보전하는 것. ¶~ 유지. **치안-하다** 동(타)여
치앙마이(Chiang Mai) 명(지) 타이 북서부의 도시.

치약(齒藥) 명 이를 닦을 때 칫솔에 묻혀서 쓰는 물질.
치어(稚魚) 명 알에서 깬 지 얼마 안 되는 물고기. ↔성어(成魚).
치어-걸(†cheer girl) 명 운동 경기장에서 경쾌한 율동을 하면서의 환호와 갈채를 이끌어 내는 여자 응원 단원.
치어-리더(cheer leader) 명 경기장에서 관중들의 흥을 돋우며 응원을 조직적으로 이끄는 사람.
치열(齒列) 명 이가 줄을 지어 나 있는 생김새. =잇바디. ¶~ 교정.
치열-하다(熾烈─) 형여 (세력이) 불길같이 매우 맹렬하다. ¶**치열한** 전투[경쟁]. **치열-히** 부
치-오르다 자르 <~오르니, ~올라> 아래에서 위로 향하여 오르다. ¶불길이 ~.
치올리다 타 '치오르다'의 사동사.
치와와(chihuahua) 명 개의 한 품종. 멕시코 원산으로, 키 약 13cm의 작은 애완용 개임. 짧은 털에 귀가 쫑긋하며, 눈은 크고 볼록 튀어나옴.
치외^법권(治外法權) [─외─권/─웨─권] 명(법) 국제법상, 외국 원수·외교관·외교사절 등 특정의 외국인이 체재국의 관할권에 복종하지 않을 면제받는 권리. 특히, 재판권으로부터 면제되는 특권.
치욕(恥辱) 명 부끄러움과 욕됨. 또는, 수치와 모욕.
치욕-스럽다(恥辱─) [─쓰─따] 형(ㅂ) <~스러우니, ~스러워> 욕되고 수치스럽다. ¶**치욕스러운** 과거. **치욕스레** 부
치욕-적(恥辱的) [─쩍] 관(명) 부끄럽고 욕된 것. ¶~인 사건.
치우다 ① 타 1 (어떤 물체나 물질을) 어수선하지 않도록 없애거나 옮기거나 없애다. ¶쓰레기를 말끔히 ~. 2 (어느 곳을) 불필요한 물건을 없애어 깨끗하게 하거나, 어지럽게 놓인 물건을 한데 두거나 가지런하게 하여 말끔해지게 하다. ¶정돈하다·정리하다. ¶아이가 어지럽힌 방을 어머니가 깨끗이 ~. 3 (딸을) 시집보내어 집안의 걱정거리를 없애다. 속된 어감의 구어임. ¶막내를 빨리 **치워야** 할 텐데, 어디 좋은 자리가 없을까? ② 보조 (동사의 어미 '-아/어'의 아래에 쓰여) 행동을 결단성 있게 함을 나타냄과 동시에 동사의 목적어가 되는 대상을 없어지게 하는 뜻을 나타내는 말. ¶사과를 한입에 먹어 ~.
치우치다 자 균형을 잃고 한쪽으로 쏠리다. ¶인정에 너무 ~.
치유(治癒) 명 (병을) 치료하여 낫게 하는 것. **치유-하다** 동(타)여 **치유-되다** 동(자)여 ¶병이 완전히 ~.
치음(齒音) 명(언) =잇소리.
치읓 [─읃] 명(언) 한글 자모의 열째 글자. 'ㅊ'의 이름. 목젖으로 콧길을 막고 앞 혓바닥을 경구개에 넓게 대었다가 터트리되 날숨을 거세게 내뿜으면서 내는 무성 파찰음. 받침으로 그칠 때는 'ㄷ'과 같은 소리가 됨.
치이다¹ 동(자) (피륙의 올이나 이불의 솜 따위가) 한쪽으로 쏠리거나 뭉치다. ¶이불의 솜이 가장자리로 ~.
치-이다² 동(자) 1 '치다²'의 피동사. ¶차에 ~. 2 덫 따위에 걸리다. ¶덫에 치인 쥐. 3 어떤 힘에 구속을 받거나 방해를 당하다. ¶일에 **치여** 꼼짝할 수 없다.

치-이다[3] [동][자] (값이) 얼마씩 먹히다. ¶100개에 50만 원이면 개당 얼마씩 **치이는** 셈이지?
치자[1](治者) [명] **1** 한 나라를 다스리는 사람. **2** 권력을 가진 사람. [비]권력자.
치ː자[2](梔子) [명][한] 치자나무의 열매. 눈병·황달 등의 해열에 쓰이며, 지혈이나 이뇨에 효과가 있음.
치ː자-나무(梔子-) [명][식] 6~7월에 흰색 꽃이 피며, 가을에 달걀 모양의 주황색 열매가 익는 상록 활엽 관목. 열매인 '치자'는 주황색 염료와 약재로 쓰임.
치ː자-색(梔子色) [명] 치자나무 열매로 물들인 빛깔. 약간 붉은빛을 띤 짙은 누른 빛임.
치장(治粧) [명] 매만져 곱게 꾸미는 것. **치장-하다** [동][타][여] ¶집을 아름답게 ~. **치장-되다** [동][자]
치적(治績) [명] 잘 다스린 공적. 또는, 정치상의 업적.
치정(癡情) [명] 옳지 못한 관계로 맺어진 남녀간의 애정. ¶~이 얽힌 살인 사건.
치정-극(癡情劇) [명] **1** 남녀간의 옳지 못한 애정 관계로 벌어진 좋지 못한 사건. **2** 옳지 못한 관계로 맺어진 남녀간의 애정을 다룬 영화나 드라마.
치졸-하다(稚拙-·穉拙-) [형][여] 유치하고 졸렬하다. ¶**치졸한** 발상.
치주-염(齒周炎) [명][의] 이를 둘러싼 연조직에 나타나는 염증. 잇몸이 붓고 딱딱해지며 나중에는 이가 빠짐.
치ː중(置重) [명] (어떤 것에) 특히 중점을 두는 일. **치ː중-하다** [동][자][여] ¶영어·수학에 ~. **치ː중-되다** [동][자]
치즈(cheese) [명] 우유 속의 카세인을 응고 발효시킨 식품.
치질(痔疾) [명][한] 항문의 안팎에 생기는 병의 총칭. 치루(痔瘻)·치핵(痔核) 따위.
치커리(chicory) [명][식] 길고 곱슬곱슬한 잎을 샐러드나 쌈으로 먹는, 지중해 원산의 채소. 높이 60~100cm의 여러해살이 풀로, 여름에 청자색·분홍색 등의 꽃이 핌.
치켜-들다 [동][타] 〈~드니, ~드오〉 위로 올려 들다. ¶깃발을 높이 ~.
치켜-뜨다 [동][타] 〈~뜨니, ~떠〉 눈을 아래에서 위로 올려 뜨다. ¶눈을 **치켜뜨고** 노려보다.
치켜-세우다 [동][타] **1** 옷깃이나 눈썹 등을 위쪽으로 올리다. **2** 정도 이상으로 크게 추어주다. ×추켜세우다.
치클(chicle) [명] 중남미 원산의 고무 식물 사포딜라에서 채취하는, 껌의 원료.
치키다 [동][타] 위로 향하여 끌어 올리다. ¶바지를 ~.
치킨(chicken) [명] 닭고기. 특히, 기름에 튀기거나 오븐 따위에 구운 닭고기.
치타(cheetah) [명][동] 몸의 길이 1.5m가량으로 가늘고 길며 다리도 길어 매우 빨리 달리는 포유동물. 몸빛은 회색 또는 갈색 바탕에 얼룩무늬가 많음. 아프리카 초원에서 삶.
치태(齒苔) [명][의] 이 따위에 끼는 세균·침·점액물 등의, 젤라틴 모양의 퇴적(堆積). =플라크.
치통(齒痛) [명] 이가 아픈 증세.
치하[1](治下) [명] 통치의 아래. ¶일제 ~.
치ː하[2](致賀) [명] (남이 한 일을) 애쓰거나 잘했다고 칭찬하는 것. **치ː하-하다** [동][타][여] ¶공로를 ~.
치한(癡漢) [명] 주로 사람이 많은 곳에서 몰래 여자의 몸을 더듬거나 성적인 행동으로 여자를 괴롭히는 남자.
치ː환(置換) [명] **1** 바꾸어 놓는 것. **2** [화] 어떤 화합물 속의 원자·원자단을 다른 원자·원자단으로 바꾸어 놓는 일. **치ː환-하다** [동][타][여] **치ː환-되다** [동][자]
칙령(勅令)[칭녕] [명] =칙명.
칙명(勅命)[칭-] [명] 임금의 명령. =칙령.
칙사(勅使)[-싸] [명] 칙명을 전달하는 사신.
칙서(勅書)[-써] [명] 임금이 특정인에게 훈계하거나 알릴 일을 적은 글이나 문서.
칙칙-폭폭 [부] 증기 기관차가 연기를 뿜으며 달리는 소리.
칙칙-하다[-치카-] [형][여] **1** (빛깔이) 산뜻하거나 맑지 않고 어둡고 짙기만 하다. ¶색깔이 충충하고 **칙칙한** 옷. **2** (숲이나 머리털 따위가) 배어서 짙다.
친-(親) [접두] **1** 어떤 말 앞에 쓰여, '그것에 찬성하는', '그것을 돕는'의 뜻을 나타내는 말. ¶~정부 인사. **2** 친족을 나타내는 말 앞에 쓰여, '직계의', '같은 부모에게서 난'의 뜻을 나타내는 말. ¶~아버지 / ~형. ▷외(外)-.
친가(親家) [명][법] 결혼을 하거나 양자로 딴 집에 들어갔을 때 본집을 이르는 말.
친고-죄(親告罪)[-쬐/-쮀] [명][법] 범죄의 피해자나 그 밖의 법률에 정한 사람의 고소가 있어야 공소를 제기할 수 있는 범죄. 강간죄·명예 훼손죄·모욕죄 따위.
친교(親交) [명] 친밀하게 사귀는 교분.
친구(親舊) [명] **1** 오랫동안 가깝게 사귀어 온 사람. 주로, 서로 비슷한 나이의 경우에 쓰는 말임. [비]동무·벗·친우. ¶소꿉~. **2** 나이가 비슷하거나 아래인 사람을 낮추거나 무간하게 이르는 말. ¶참 웃기는 ~로군.
친국(親鞫) [명][역] 임금이 중죄인을 친히 신문하는 것. **친국-하다** [동][자][타][여]
친권(親權)[-꿘] [명][법] 부모가 미성년인 자식에 대하여 가지는 신분상·재산상의 권리와 의무의 총칭. ¶~을 행사하다.
친권-자(親權者)[-꿘-] [명][법] 친권을 행사하는 사람.
친근-감(親近感) [명] 친근한 느낌.
친근-하다(親近-) [형][여] 사귀어 지내는 사이가 아주 가깝다. ¶**친근한** 사이. **친근-히** [부]
친-동생(親同生) [명] 같은 부모에게서 난 동생.
친-딸(親-) [명] 자기가 낳은 딸.
친모(親母) [명] =친어머니.
친목(親睦) [명] 서로 친하여 뜻이 맞고 정다운 것. ¶~을 도모하다. **친목-하다** [형][여]
친목-계(親睦契)[-꼐/-께] [명] 친목을 도모하기 위하여 하는 계.
친목-회(親睦會)[-모쾨/-모퀘] [명] 친목을 꾀하기 위한 모임.
친미(親美) [명] 미국을 좋아하거나 지지하는 일. ¶~ 감정 / ~ 군사 정권. ↔반미.
친밀-감(親密感) [명] 친밀한 느낌.
친밀-하다(親密-) [형][여] 지내는 사이가 아주 가깝고 친하다. ¶**친밀한** 사이. **친밀-히** [부] ¶~ 지내다.
친부(親父) [명] =친아버지.
친-부모(親父母) [명] 친아버지와 친어머

니.
친북(親北) 명 북한에 동조적이거나 호의적임. ¶~ 세력.
친분(親分) 명 아주 가깝고 두터운 정분. ¶~이 두텁다.
친서(親書) 명 1 친히 글씨를 쓰는 것. 또는, 그 글씨. 2 몸소 쓴 편지. 3 한 나라의 국가 원수가 다른 나라의 국가 원수에게 보내는 공식적인 서한. **친서-하다** 통(타예) 친히 글씨나 편지를 쓰다.
친선(親善) 명 서로 친하여 사이가 좋은 것. ¶~ 경기 / 국가 간의 ~을 도모하다.
친-손녀(親孫女) 명 자기 아들의 친딸. ↔외손녀.
친-손자(親孫子) 명 자기 아들의 친아들. ↔외손자.
친숙-하다(親熟-)[-수카-] 형여 친하여 서로 허물이 없다. **친숙-히** 부
친-아들(親-) 명 자기가 낳은 아들.
친-아버지(親-) 명 자기를 낳은 아버지. = 친부. 비생부.
친애(親愛) 명 (사람, 특히 불특정의 많은 사람을) 친밀감을 가지고 소중히 여기는 것. **친애-하다** 통(타예) ¶친애하는 국민 여러분!
친-어머니(親-) 명 자기를 낳은 어머니. =친모. 비생모.
친-언니(親-) 명 같은 부모에게서 난 언니.
친-오빠(親-) 명 같은 부모에게서 난 오빠.
친우(親友) 명 친한 벗. 비친구.
친위(親衛) 명 임금·국가 원수 등의 신변을 안전하게 호위하는 것.
친위-대(親衛隊) 명 임금·국가 원수 등의 신변을 안전하게 지키는 부대.
친일(親日) 명 일제 강점기에, 일제와 야합하여 그들의 침략·약탈 정책을 지지·옹호하여 추종하는 것. ↔반일(反日). **친일-하다** 통(자예)
친일-파(親日派) 명 1 일본과 친하게 지내는 무리. 2 일제 강점기에, 일제와 야합하여 그들의 침략·약탈 정책을 지지·옹호하여 추종하는 무리.
친자(親子) 명 =친자식.
친-자식(親子息) 명 자기가 낳은 자식. =친자.
친절(親切) 명 사람을 대하거나 보살피거나 가르치어 주거나 하는 태도가 정답거나 따뜻하거나 자세하거나 하여 고마움을 느끼게 하는 상태에 있는 것. 또는, 그런 태도. ¶~을 베풀다. **친절-하다** 형여 ¶그 가게는 손님들에게 매우 ~. **친절-히** 부 ¶~ 길을 안내하다.
친정¹(親征) 명 임금이 몸소 나아가 정벌하는 것. **친정-하다**¹ 통(자예)
친정²(親政) 명 1 임금이 직접 정사를 맡아 다스리는 것. 2 권력자가 실질적으로 권력을 장악하여 다스리는 일. ¶당 기구 개편을 통해 총재의 ~ 체제를 강화하다. **친정-하다**² 통(자예)
친정³(親庭) 명 시집간 여자의 친부모가 사는 집. 또는, 그 집안. =친정집. 비친가. ↔시가.
친정-살이(親庭-) 명 시집간 여자가 친정에서 사는 일. =시집살이.
친정-아버지(親庭-) 명 결혼한 여자의 아버지.
친정-어머니(親庭-) 명 결혼한 여자의 어머니.
친정-집(親庭-)[-집] 명 =친정(親庭)³.
친족(親族) 명 1 촌수가 가까운 일가. 2 [법] 배우자·혈족·인척에 대한 총칭. 8촌 이내의 혈족, 4촌 이내의 인척, 배우자가 이에 해당함. ▷친족.
친지(親知) 명 서로 잘 알고 가깝게 지내는 사람.
친척(親戚) 명 1 친족과 외척. ¶가까운 ~. 2 성이 다른 일가붙이. 고종·내종·외종·이종 따위. ▷친족.
친친 부 꼭꼭 감거나 동여매는 모양. =칭칭. 비붕대를 ~ 감다.
친-탁(親-) 명 생김새·성질이 아버지나 할아버지를 닮는 것. ↔외탁. **친탁-하다** 통(자예)
친필(親筆) 명 손수 쓴 글씨. ¶~ 편지.
친-하다(親-) 형여 가까이 사귀어 정이 두텁다. ¶친한 친구.
친-할머니(親-) 명 아버지의 친어머니.
친-할아버지(親-) 명 아버지의 친아버지.
친형(親兄) 명 같은 부모에게서 난 형.
친-형제(親兄弟) 명 같은 부모에게서 난 형제.
친화(親和) 명 1 서로 사이좋게 지내는 것. 2 [화] 서로 종류가 다른 물질이 화합하는 것. ¶~성(性). **친화-하다** 통(자예) **친화-되다** 통(자)
친화-력(親和力) 명 사람들과 잘 어울리고 쉽게 친해질 수 있는 능력.
친-히(親-) 부 (주로 윗사람이나 존귀한 대상에 대해 사용하여) 남을 시키거나 남이 대신 하지 않고 자신이 직접. 비몸소. ¶바쁘신데도 불구하고 ~ 왕림해 주신 하객님들께 감사드립니다.
칠¹(漆) 명 1 '옻칠'의 준말. 2 겉에 발라 빛깔이나 광택을 내는 물질. 비페인트. ¶~이 벗겨지다. 3 칠감을 바르는 것. ¶~이 잘되었다. 4 물체의 거죽에 칠감이 아닌 물질을 묻히거나 바르는 것. 비비누.
칠²(七) I 명 '일곱'과 같은 뜻의 한자어 계통의 수사. 아라비아 숫자로는 '7', 로마 숫자로는 'Ⅶ'로 나타냄.
Ⅱ관 '일곱', '일곱째'의 뜻. ¶~ 권.
칠갑(漆甲) 명 어떤 물건 위에 다른 물질을 온통 칠하여 바르는 것. 또는, 그렇게 하여 이루어진 겉더께. =칠갑. [갑(甲)은 처음] **칠갑-하다** 통(타예) ¶글 몇 자 쓰느라 온 옷에 먹을 **칠갑하다니**.
칠거지악(七去之惡) 명 지난날 봉건적 사회에서, 아내를 내쫓을 수 있는 이유가 되었던 일곱 가지 허물. 곧, 시부모에게 순종하지 않는 것, 아들을 못 낳는 것, 행실이 음탕한 것, 질투하는 것, 나쁜 병이 있는 것, 말이 많은 것, 도둑질하는 것.
칠기(漆器) 명 '칠목기'의 준말. ¶나전 ~.
칠-뜨기(七-) 명 '칠삭둥이'를 속되게 이르는 말.
칠레(Chile) 명[지] 남아메리카 대륙 남서쪽의, 남북으로 길쭉한 공화국. 수도는 산티아고.
칠레-초석(Chile硝石) 명[광] 나트륨의 질산염 광물. 질소 비료·질산·화약·유리 등의 원료로 쓰임.
칠면-조(七面鳥) 명[동] 몸길이 1.2m이고, 깃털은 광택이 있는 청동색이며, 머리에서 목까지 드러나 있는 피부가 붉은색·파란색 등으로 변하는 새. 가축으로 기르

며, 고기를 식용함.
칠-목기(漆木器)[-끼] [명] 옻칠을 한 나무 그릇. [준]칠기.
칠무늬^토기(漆-土器)[-니-] [명][고고] 겉면에 적색·청색·황색 안료를 써서 기하학적인 무늬를 그려 넣은 토기. =채문토기.
칠보(七寶) [명] 금·은·구리 따위의 바탕에 갖가지 유리질의 유약을 녹여 붙여서 꽃·새·인물 따위의 무늬를 나타내는 공예. 또는, 그 공예품. ¶~ 공예.
칠부-바지(七[일]分/ぶ-) [명] 길이가 정강이 밑까지 내려오는 바지. '칠푼 바지'로 순화.
칠분-도(七分搗) [명] 현미에서 씨눈을 70% 정도 남기되, 현미 중량의 95% 정도가 되게 도정하는 일.
칠분도-미(七分搗米) [명] 현미 중량의 95% 정도가 되게 도정한 쌀.
칠삭-동이(七朔童-) [명] '칠삭둥이'의 잘못.
칠삭-둥이(七朔-)[-싹뚱-] [명] **1** 임신한 지 일곱 달 만에 낳은 아이. **2** 조금 모자라는 사람을 조롱하여 이르는 말. [비]칠푼이. ×칠삭동이.
칠석(七夕)[-썩] [명] **1** 음력 칠월 초이렛날의 밤. 이날 밤에 견우성과 직녀성이 오작교에서 만난다는 설화가 있음. **2** 음력 칠월 초이렛날. [비]칠석날.
칠석-날(七夕-)[-썽-] [명] '칠석**2**'를 좀 더 구어적으로 이르는 말.
칠성-판(七星板)[-썽-] [명] 관(棺) 속 바닥에 까는 얇은 널조각. 북두칠성을 본떠서 일곱 구멍을 뚫음.
칠순(七旬)[-쑨] [명] 일흔 살. ¶~ 노인.
칠십(七十)[-씹] I [수] '일흔'과 같은 뜻의 한자어 계통의 수사. 아라비아 숫자로는 '70', 로마 숫자로는 'LXX'로 나타냄. II [관] '일흔', '일흔째'의 뜻. ¶~ 일.
칠월(七月) [명] 한 해의 열두 달 가운데 일곱째 달.
칠음(七音) [명] **1** [음] 음계를 이루는 일곱 가지 소리. 동양 음악에서는 궁(宮)·상(商)·반상(半商)·각(角)·치(徵)·반치(半徵)·우(羽), 서양 음악에서는 도·레·미·파·솔·라·시. **2** [언] 음운상의 일곱 가지 소리. 곧, 아음(牙音)·설음(舌音)·순음(脣音)·치음(齒音)·후음(喉音)·반설음(半舌音)·반치음(半齒音).
칠일-장(七日葬) [명] 죽은 지 이레 만에 지내는 장사. ▷삼일장·오일장.
칠-장이(漆-) [명] 칠하는 일을 직업으로 하는 사람.
칠전팔기(七顚八起)[-쩐-] [명] 〔일곱 번 넘어지고 여덟 번 일어난다는 뜻〕 여러 번 실패하여도 굽히지 않고 꾸준히 노력함. ¶~의 정신. **칠전팔기-하다** [동][자][여]
칠정(七情)[-쩡] [명] 사람의 일곱 가지 감정. 곧, 희(喜)·노(怒)·애(哀)·낙(樂)·애(愛)·오(惡)·욕(慾). 또는, 희(喜)·노(怒)·우(憂)·사(思)·비(悲)·경(驚)·공(恐).
칠족(七族)[-쪽] [명] **1** 증조·조부·부(父)·자기·자(子)·손자·증손의 직계친을 중심으로 하고, 방계친으로 증조의 삼대 손이 되는 형제·종형제·재종형제를 포함하는 동종(同宗) 친족. **2** 고모의 자녀, 자매의 자녀, 딸의 자녀, 외족(外族), 이종, 생질, 장인·장모 및 자기 동족.
칠종^경ˇ기(七種競技)[-쫑-] [명][체] 여자 육상 종목의 하나. 경기 종목은 100m 장애물 달리기·포환던지기·높이뛰기·200m 달리기·멀리뛰기·창던지기·800m 달리기임.
칠종칠금(七縱七擒)[-쫑-] [명] 〔제갈량이 맹획을 일곱 번 사로잡았다가 일곱 번 놓아 주었다는 데서〕 상대방을 마음대로 다룸.
칠-중주(七重奏)[-쭝-] [명][음] 실내악의 하나. 서로 다른 일곱 개의 악기에 의한 합주.
칠첩-반상(七-飯床)[-빤-] [명] 밥·국·김치·찌개·찜·간장·초간장·초고추장을 기본 음식으로 하여, 생채·숙채·구이·조림·전·마른찬(또는 젓갈)·회의 7가지 반찬을 갖춘 상차림. 또는, 그 그릇 한 벌.
칠촌(七寸) [명] **1** 아버지의 육촌 형제. 한 항렬 위임. **2** 자기와 칠촌 아저씨·아주머니 또는 자기와 칠촌 조카와의 촌수.
칠칠-맞다[-맏따] [형] 《'못하다', '않다'와 함께 쓰여》 '칠칠하다**2·3**'을 속되게 이르는 말. ¶생전 빗질도 안 하고 다니는 **칠칠맞지** 못한 여편네.
칠칠-일(七七日) [명][불] =사십구일.
칠칠찮다[-찬타] [형] 칠칠하지 않다. ¶옷 매무새가 ~.
칠칠-하다 [형][여] **1** (나무나 푸성귀, 머리털 따위가) 잘 자라서 보기 좋게 길다. ¶**칠칠하게** 자란 대나무. **2** (외모가) 주접이 들지 않고 깨끗하고 단정하다. ¶**칠칠치** 못하게 옷에 지저분한 것을 묻히고 다닌다. **3** (일하는 것이) 올바르고 야무진 상태에 있다. ¶너는 왜 그리 매사에 **칠칠하지** 못하니? **칠칠-히** [부]
칠판(漆板) [명] 검은 칠 등을 하여 분필로 글씨를 쓰게 만든 나무로 된 판. =흑판.
칠판-지우개(漆板-) [명] 칠판에 분필로 쓴 글씨나 그림을 문질러 지우는 도구.
칠팔(七八) [관] 칠이나 팔. 또는, 칠과 팔. ¶~ 명 / ~ 개월.
칠푼-이(七-) [명] 모자라거나 어리석은 사람을 조롱하여 이르는 말. [비]칠삭둥이.
칠피(漆皮) [명] 에나멜을 칠한 가죽. ¶~ 구두.
칠-하다(漆-) [동][타][여] **1** (물감 따위를 물체에, 또는 물체를 물감 따위로) 색깔이 입혀지게 하다. ¶크레파스를 ~. **2** (어떤 물질을 물체에) 광택을 내기 위해, 또는 녹슬거나 썩는 것을 막기 위해 입혀지게 하다. [비]바르다. ¶장판에 니스를 ~.
칠현-금(七絃琴) [명][음] 일곱 줄을 매어 만든 거문고.
칠-화음(七和音) [명][음] 삼화음의 제5음 위의 3도 되는 곳에 또 하나의 음을 쌓아서 네 소리로 된 화음. ▷삼화음.
칠흑(漆黑) [명] 옻칠처럼 검고 광택이 있음. 또는, 그런 빛깔. ¶~같이 어두운 밤.
칡[칙] [명][식] 산기슭에 자라며, 굵은 뿌리를 약으로 쓰거나 식용하는 여러해살이풀. 줄기는 덩굴로 길이 10m까지 번으며, 8월에 자주색 꽃이 핌.
칡-넝쿨[칭-] [명] =칡덩굴.
칡-덩굴[칙떵-] [명] 칡의 벋은 덩굴. =칡넝쿨.
칡-뿌리[칙-] [명] 칡의 뿌리.
침[1] [명][생] 입속의 침샘에서 분비되는, 무색의 끈기 있는 소화액. =타액. ¶군~ / ~을 뱉다.

침 발린 말 겉으로만 꾸며 듣기 좋게 하는 말.
침(을) 삼키다 (음식 따위를) 먹고 싶어 하거나, (재물·이익 등을) 얻으려고 탐내다. **침(을) 흘리다.** ¶누구나 침을 삼킬 만한 경품을 내걸다.
침(을) 흘리다 (어떤 대상을) 제 것으로 하고 싶어 게걸스레 탐내다. **침(을) 삼키다.**
침(針)〔명〕 **1** 드물게 '바늘³'을 달리 이르는 말. **2** 벌의 꽁무니에 있는, 독이 나오는 가늘고 뾰족한 기관.
침³(鍼)〔명〕〔한〕 사람이나 마소 등의 혈(穴)을 찔러 병을 다스리는 데에 쓰는 바늘. ¶발목을 삐어 ~을 맞았다.
침강(沈降)〔명〕〔지〕 지각의 일부가 상대적으로 아래쪽으로 움직이는 것. 또는, 꺼지는 것. ↔융기. **침강-하다**〔동〕〔자〕
침공(侵攻)〔명〕 (다른 나라를) 군사력을 이용하여 공격하는 것. **침ː공-하다**〔동〕〔타〕 ¶다른 나라에[를] ~.
침구¹(寢具)〔명〕 잠을 자는 데에 쓰는 물건. 곧, 이부자리·베개 따위.
침구²(鍼灸)〔명〕〔한〕 침질과 뜸질.
침구-류(寢具類)〔명〕 잠을 자는 데에 쓰는 이부자리·베개 따위의 종류.
침구-사(鍼灸士)〔명〕〔한〕 침질과 뜸질을 할 수 있는 자격을 가진 사람.
침낭(寢囊)〔명〕 =슬리핑백. ¶닭털 ~.
침노(侵擄)〔명〕 (남의 나라를) 불법적으로 쳐들어가는 것. **침ː노-하다**〔동〕〔여〕 ¶오랑캐가 변방을 ~.
침-놓다(~노타)〔동〕〔자〕 병을 다스리기 위해 몸의 혈을 침으로 찌르다. =침주다.
침니(chimney)〔명〕 '굴뚝'이라는 뜻〕 등산에서, 몸이 들어갈 수 있는 정도의 세로로 갈라진 암벽(巖壁)의 틈.
침-담그다(沈~)〔타〕 ~담그니, ~담가〕 (감을) 떫은맛을 빼기 위하여 소금물에 담그다.
침대(寢臺)〔명〕 사람이 누워 잘 수 있게 만든 가구. 길쭉한 평상에 네 개의 다리가 달려 있음. 回침상. ¶간이 ~.
침대-보(寢臺褓)[-뽀]〔명〕 침대의 매트리스에 덮는 넓은 천.
침대-차(寢臺車)〔명〕 침대를 설치하여 놓은 열차.
침략¹(侵掠)[-냑]〔명〕 침노하여 약탈하는 것. **침ː략-하다**¹〔동〕〔여〕 ¶왜구가 삼남(三南) 지방을 ~.
침략²(侵略)[-냑]〔명〕 (다른 나라를) 쳐들어가 영토를 빼앗는 것. ¶무력 ~. **침ː략-하다**²〔동〕〔여〕
침략-자(侵略者)[-냑짜]〔명〕 남의 나라를 침략하는 사람.
침략-주의(侵略主義)[-냑쭈의/-냑쭈이]〔명〕 침략을 주요 정책으로 하는 주의.
침례(浸禮)[-녜]〔명〕 기독교에서, 신앙 고백을 통하여 신도가 된 사람에게 행하는 세례의 한 형식. 온몸을 물에 적심. ▷세례.
침례-교(浸禮教)[-녜-]〔명〕〔기〕 기독교의 한 교파. 세례로서의 침례를 중요시하며, 외적인 형식과 제도보다 영적인 신앙의 자유를 주장한다.
침모(針母)〔명〕 남의 집에 매여 바느질을 하여 주고 품삯을 받는 여자.
침목(枕木)〔명〕 **1** 길고 큰 물건 밑을 괴어 놓는 나무토막. **2** 기차 선로 아래에 까는 독재나 콘크리트재.
침몰(沈沒)〔명〕 (배 따위가 강이나 바다 속으로) 빠져 가라앉는 것. **침몰-하다**〔동〕〔재〕 ¶배가 폭격을 당해 바다 속으로 ~. **침몰-되다**〔동〕〔재〕
침몰-선(沈沒船)[-썬]〔명〕 물속에 가라앉은 배.
침묵(沈默)〔명〕 **1** (사람이) 입을 다물고 아무 말을 하지 않는 것. ¶~을 지키다. **2** 작가가 작품을 발표하지 않고 있는 상태를 비유적으로 이르는 말. ¶오랜 ~을 깨고 신작을 발표하다. **침묵-하다**〔동〕〔여〕
침묵-시위(沈默示威)[-씨-]〔명〕 침묵으로 자신의 의사를 강하게 표시하는 방법. 아무런 구호도 외치지 않고 한곳에 가만히 있거나 행진을 함.
침ː방(寢房)〔명〕 =침실.
침-방울[-빵~]〔명〕 침의 작은 덩이. ¶~을 튀기면서 열변을 토하다.
침범(侵犯)〔명〕 **1** (남의 영토·영해나 어떤 영역을) 불법으로 들어가는 것. ¶중앙선 ~. **2** (남의 권리 등을) 함부로 범하는 것. 回침해. ¶일조권 ~. **3** (질병이 어느 부위에) 생겨서 자리 잡는 것. **침ː범-하다**〔동〕〔여〕 ¶남의 사생활을 ~/뇌와 척수에 침범하는 질환.
침봉(針棒)〔명〕 꽃꽂이에서, 굵은 침이 꽂혀 있어 나뭇가지나 꽃의 줄기를 꽂아서 정치키는 도구.
침ː상(寢牀)〔명〕 누워 잘 수 있게 만든 평상. ¶~에 눕다.
침ː상-도시(寢牀都市)〔명〕 =베드타운.
침-샘〔생〕 침을 내보내는 내분비선. 구강 점막에 열려 있음. =타액선.
침ː선(針線)〔명〕 =바느질. ¶~에 능하다. **침ː선-하다**〔동〕〔여〕 바느질하다.
침ː소(寢所)〔명〕 사람이 잠을 자는 곳. ¶~에 들다.
침ː소봉대(針小棒大)〔명〕 〔바늘만 한 것을 몽둥이만 하다고 말한다는 뜻〕 작은 일을 크게 불리어 말함. **침ː소봉대-하다**〔동〕〔여〕 ¶그는 자기의 무용담을 침소봉대하여 늘어놓았다.
침수(沈水)〔명〕 **1** 물에 잠기는 일. **2**〔지〕 해수면이 상승하여, 육지가 바닷물 속으로 가라앉는 현상. **침수-하다**〔동〕〔재〕 **침수-되다**¹〔동〕〔재〕
침ː수²(浸水)〔명〕 (집·논밭·도로 등이) 홍수 등으로 물에 잠기는 일. ¶~ 가옥. **침ː수-되다**²〔동〕〔재〕 ¶폭우로 밭이 논밭이 ~.
침ː수³(寢睡)〔명〕 '잠'의 높임말. **침ː수-하다**〔동〕〔재〕
침ː수-지(浸水地)〔명〕 홍수·폭우 등으로 한때 물에 잠긴 땅.
침술(鍼術)〔명〕 동양 의학의 치료술의 한 가지. 경혈(經穴)에 침을 찔러 신경을 흥분시키거나 억제하여 자연 치유 작용을 왕성하게 하여 치료하는 방법.
침시(沈柿)〔명〕 =우림감.
침ː식¹(侵蝕)〔명〕 외부의 어떤 것이 침범해 내부의 영역이나 세력을 줄어들게 하는 것. ¶외래문화에 ~을 당한 전통문화. **침ː식-하다**¹〔동〕〔여〕 **침ː식-되다**¹〔동〕〔재〕
침ː식²(浸蝕)〔명〕〔지〕 바위나 땅이 비·바람·하천·빙하 등의 자연현상에 의해 깎이는 일. 또는, 비·바람·하천·빙하 등이 바위나 땅을 깎는 일. **침ː식-하다**²〔동〕〔여〕 **침ː식-되다**²〔동〕〔재〕

침¦식[3](寢食) [명] 잠자는 일과 먹는 일. ¶~을 잊고 병구완하다. **침¦식-하다**[3] [동][자][여]
침¦실(寢室) [명] 주로 주택에서, 잠을 자는 용도의 방. =침방.
침¦염(浸染) [명] 물감을 푼 물에 섬유를 담가 무늬 없이 물들이는 염색법. **침¦염-하다** [동][자][여]
침엽-수(針葉樹) [-쑤] [명][식] 잎이 바늘처럼 생긴 나무의 총칭. 소나무·잣나무·향나무 따위. ↔활엽수.
침엽수-림(針葉樹林) [-쑤-] [명][식] 침엽수로 이루어진 수림. 열대의 산지에서 교목(喬木) 한계까지 널리 분포함.
침울-하다(沈鬱-) [형][여] **1** (마음·표정·분위기 등이) 근심·좌절·절망 등으로 어둡다. [비]우울하다. ¶**침울한** 표정. **2** (날씨가) 을씨년스럽고 음산하다. **침울-히** [부]
침¦윤(浸潤) [명] **1** 물기가 차츰 스며들어 젖는 것. **2** 불건전한 사상이나 현상에 물들어 가는 것. **3** [의] 염증이나 악성 종양이 번져서 인접한 조직으로 침입하는 일. ¶폐(肺) ~. **침¦윤-하다** [동][자][여] ¶악습에 ~. **침¦윤-되다** [동][자] ¶공산주의에 ~.
침¦입(侵入) [명] 침범하여 들어가는 것. **침¦입-하다** [동][자][타][여] ¶남의 나라를 ~.
침¦입-자(侵入者) [-짜] [명] 침입한 사람. ¶불법 ~.
침잠(沈潛) [명] **1** 물속에 깊숙이 가라앉아서 겉으로 드러나지 않는 것. **2** 마음을 가라앉혀서 깊이 사색하거나 자신의 세계에 깊이 몰입하는 것. **침잠-하다** [동][자][여] ¶세상의 번다한 일상사로부터 벗어나 너 자신에게 **침잠하라**.
침전[1](沈澱) [명] **1** 액체 속에 섞여 있는 물질이 밑바닥에 가라앉는 일. **2** [화] 용액 속에서 화학 변화가 일어날 때 불용성(不溶性)의 반응 생성물이 생기는 일. 또는, 농축·냉각 등에 의하여 용질의 일부가 고체로서 용액 속에 나타나는 일. **침전-하다** [동][자][여] **침전-되다** [동][자]
침¦전[2](寢殿) [명] 임금이나 왕비의 침방이 있는 건물.
침전-물(沈澱物) [명] 침전된 물질. [비]앙금.
침-점(-占) [명] 방향 따위를 정할 때 치는 점. 손바닥에 침을 뱉어 놓고 손가락으로 쳐서 많이 튀는 쪽으로 방향을 잡음.
침-주다(鍼-) [동][자] =침놓다.
침착(沈着) [명] 어렵거나 위급한 일을 당했을 때 서두르거나 당황하는 데가 없이 차분한 상태. **침착-하다** [형][여] ¶**침착한** 태도. **침착-히** [부] ¶~ 행동하다.
침체(沈滯) [명] (사물이나 현상이) 진전되지 못하고 한자리에 머무는 것. ¶경기(景氣)가 ~ 상태에 빠지다. **침체-하다** [동][자][여] **침체-되다** [동][자] ¶문화 사업이 ~.
침-칠(-漆) [명] 침을 바르는 일. ¶입술에 ~을 하다. **침칠-하다** [동][자][여]
침침-하다(沈沈-) [형][여] **1** 광선이 약하여 어두컴컴하다. ¶**침침한** 불빛. **2** 눈이 어두워 보이는 것이 흐릿하다. ¶눈이 **침침해서** 잔 글씨가 안 보인다. **침침-히** [부]
침¦탈(侵奪) [명] 침범하여 빼앗는 일. **침¦탈-하다** [동][타][여]
침통(鍼筒) [명] 침을 넣어 두는 통.
침통-하다(沈痛-) [형][여] (표정·모습·목소리 등이) 슬픔이나 걱정이나 마음의 고통으로 인해 어둡고 무거운 상태에 있다. ¶**침통한** 목소리로 말하다. **침통-히** [부]
침¦투(浸透) [명] **1** (액체가) 스며드는 일. **2** (어떤 현상·사상·정책 등이) 깊이 스며들어 퍼지는 것. **침¦투-하다** [동][자][여] ¶불교가 현실에 깊이 ~. **침¦투-되다** [동][자]
침팬지(chimpanzee) [명][동] 원숭이의 한 종류로, 온몸이 검은색이고, 지능이 매우 높은 포유동물. 삼림에서 떼 지어 살며, 두 다리로 서서 걷기도 하고, 사람의 흉내를 잘 냄.
침하(沈下) [명] (지반·건물 따위가) 꺼져서 내려앉는 것. **침하-하다** [동][자][여] ¶지반이 ~.
침¦해(侵害) [명] 침범하여 해를 끼치는 것. ¶저작권 ~ / 사생활의 ~. **침¦해-하다** [동][타][여] ¶인권을 ~.
칩(chip) [명] **1** 노름판에서 판돈 대신 쓰이는, 상아·뼈·플라스틱 따위로 만든 패. **2** [물] 집적 회로의 전기 회로 부분을 넣어 두는 케이스. 또는, 케이스에 넣은 집적 회로.
칩거(蟄居) [-꺼] [명] 나가서 활동하지 않고 집 안에만 틀어박혀 있는 것. ¶~ 생활. **칩거-하다** [동][자][여]
칫-솔(齒-) [치쏠/칟쏠] [명] 이를 닦는 데 쓰이는 솔.
칫솔-대(齒-) [치쏠때/칟쏠때] [명] 칫솔의 손잡이인 막대 모양의 부분. ▷칫솔모.
칫솔-모(齒-毛) [치쏠-/칟쏠-] [명] 칫솔에서, 이에 직접 대고 문질러 닦는, 솔 모양의 부분. ▷칫솔대.
칫솔-질(齒-) [치쏠-/칟쏠-] [명] 칫솔로 이를 닦는 일이나 방법. **칫솔질-하다** [동][자][여]
칫수(-數) [명] '치수¹'의 잘못.
칭기즈^칸(Chingiz Khan) [명][인] 몽고 제국의 건국 시조(1167?~1227).
칭병(稱病) [명] 어떤 일에 대해 자신의 어떤 병으로 말미암은 것이라고 핑계를 대는 것. **칭병-하다** [동][자][타][여] ¶독감을 **칭병하고** 결근하다.
칭송(稱頌) [명] (어떤 대상을) 칭찬하여 기리는 일. 또는, 그 말. ¶~이 자자하다. **칭송-하다** [동][타][여] ¶사람들은 그의 효행을 **칭송하였다**. **칭송-되다** [동][자]
칭얼-거리다/-대다 [동][자] '찡얼거리다'의 거센말. ¶아이가 종일 ~.
칭얼-칭얼 [부] '찡얼찡얼'의 거센말. **칭얼칭얼-하다** [동][자][여]
칭찬(稱讚) [명] (사람이 다른 사람을) 좋은 일을 한다거나 했다고, 또는 어떤 일을 잘한다거나 했다고 말하거나 높이 평가하는 것. 또는, (사람이 다른 사람의 행동이나 특성, 또는 한 일을) 좋거나 훌륭하다고 말하거나 높이 평가하는 것. [비]칭송. ¶~을 아끼지 않다. **칭찬-하다** [동][타][여]
칭칭 [부] =친친. ¶머리에 붕대를 ~ 감다.
칭칭-이 [명][음] =트라이앵글.
칭-하다(稱-) [동][타][여] (어떤 대상을 무엇이라고) 이름 붙여 일컫다. ¶사람들은 그를 가리켜 김 삿갓이라 **칭하였다**.
칭호(稱號) [명] 어떠한 뜻으로 일컫는 이름. ¶계관 시인이라는 ~를 얻다.

ㅋ →키읔.
카 맛·냄새가 몹시 맵거나 독할 때 내는 소리. ◉커.
카나리아(canaria) 명[동] 카나리아 제도 원산으로, 깃털의 빛깔과 울음소리가 아름다워 집에서 많이 기르는 새.
카나리아^제도(Canaria諸島) 명[지] 아프리카 대륙 북서안에 있는 한 무리의 섬.
카네기, 앤드루(Carnegie, Andrew) 명[인] 영국 스코틀랜드 태생의 미국의 실업가(1835~1919).
카네이션(carnation) 명[식] 끝이 톱니처럼 뾰족뾰족한 꽃잎이 여러 겹으로 모여서 피는 여러해살이풀. 꽃의 빛깔은 붉은색·흰색·노란색 따위.
카논(canon) 명[음] 둘 이상의 성부(聲部)로 이루어져, 뒤의 성부가 앞의 성부를 모방하면서 뒤따라가는 대위법적인 작곡 기법. 또는, 그 악곡. 돌림노래는 가장 단순한 형태의 카논임.
카농-포(⊕canon砲) 명[군] 길고 큰 포신과 비교적 느리게 타는 화약을 사용하여, 주로 45° 이내의 사각(射角)으로 원거리 사격에 쓰는 대포. =캐넌.
카누(canoe) 명 통나무·가죽·갈대 등으로 좁고 길게 만든 원시적인 작은 배. 또는, 이 배에서 발달한 경기용 보트.
카누^경!기(canoe競技) 명[체] 카누를 타고 노를 저어 속력을 겨루는 경기. 카약·캐나디언 카누 따위가 있음.
카니발(carnival) 명[가] =사육제.
카다피, 무아마르(Qaddafi, Muammar) 명[인] 리비아의 군인·정치가(1942~).
카드(card) 명 1 생일이나 크리스마스 등을 축하하기 위해 보내는, 그림이나 장식이 인쇄된 종이. 2 빳빳하고 탄력성 있는 종이에 숫자나 알파벳, 도형 등이 표시되거나 그려진, 서양식 놀이 도구. 3 어떤 사항을 기록하여 자료로 보관하는 종이. ¶신상 기록~. 4 어떤 사람의 신분이나 자격을 증명하는, 종이나 플라스틱 따위로 만든 명함 크기의 물건. ¶아이디(ID)~. 5 일정한 기계 장치에 넣거나 대거나 함으로써 돈을 꺼내거나 요금을 지불하거나 할 수 있게 특수 종이나 플라스틱으로 만든 물건. ¶크레디트~. 6 문제를 해결할 수 있는 방법이나 방안. ¶협상~/비장의~. 7 [컴] 문자·숫자 또는 기호를 천공 기록하여 컴퓨터에 대한 정보 매개체로 사용하는 일정한 규격의 종이. 8 [컴] 컴퓨터의 하드웨어 안에 내장하게 되어 있는, 여러 가지 칩이 붙어 있는 납작한 물건. ¶비디오~.
카드-깡(card←⊕割勘/わりかん) 명〈속〉 1 은행에서 대출받을 수 없는 사람을 상대로 하여 카드로 물품을 구입한 것처럼 허위 전표를 끊게 한 뒤 선이자를 떼고 그 차액을 빌려 주는 식의 사업 행위. 2 세금을 포탈하고자 하는 업소를 상대로 하여 다른 업소나 유령 업소의 명의로 허위 매출 전표를 끊을 수 있게 해 주고 그 전표를 할인된 값으로 사들이는 불법 행위.
카드-놀이(card-) 명 카드를 이용한 서양식 게임의 하나. 보통 53매의 카드를 이용.
카드뮴(cadmium) 명[화] 푸른빛을 띤 은백색의 고체 원소. 원소 기호 Cd, 원자 번호 48, 원자량 112.40. 합금·도금 등에 쓰임.
카드^섹션(card section) 명 늘어앉은 많은 사람이 어떤 목적을 위하여 여러 가지 빛깔의 카드를 나열하여 어떤 글자나 장면을 나타내어 보이는 방법.
카디건(cardigan) 명 칼라가 없고 앞자락을 단추로 채우게 된, 털로 짠 스웨터.
카라반(⊕caravane) 명 =대상(隊商).
카라얀, 헤르베르트 폰(Karajan, Herbert von) 명[인] 오스트리아의 지휘자(1908~1989).
카라카스(Caracas) 명[지] 베네수엘라의 수도.
카랑카랑-하다 형[여] 1 하늘이 높고 맑으며 날씨가 맑고 차다. 2 목소리가 쇳소리같이 맑고 똑똑하다. ¶목소리가 ~.
카레(←curry) 명 1 후추·생강·겨자·계피 등 여러 가지 원료를 섞어 만든 노란 빛깔의 향신료. 걸쭉한 소스를 만들어 요리에 사용함. 2 '카레라이스'의 준말.
카레-라이스(←curried rice) 명 인도 요리의 하나. 고기와 채소를 볶다가 물에 알맞게 푼 카레 가루를 섞어 걸쭉하게 끓인 것을 쌀밥에 얹어 먹는 요리. ◎카레.
카^레이싱(car racing) 명[체] '자동차 경주'로 순화.
카로티노이드(carotinoid) 명[화] 동식물계에 널리 분포하는 노란색·붉은색·오렌지색 등의 색소의 총칭.
카로틴(carotin) 명[화] 당근의 뿌리나 고추의 열매 등, 황색 또는 적색의 결정. 동물의 체내에서 비타민 A로 변화하여 시각·광합성 등에서 중요한 기능을 함.
카롤루스^대!제(Carolus大帝) 명[인] 프랑크 왕국의 카롤링거 왕조의 국왕(742?~814). 프랑스 어로는 샤를마뉴 대제.
카루소, 엔리코(Caruso, Enrico) 명[인] 이탈리아의 테너 가수(1873~1921).
카르(Kar) 명[지] =권곡(圈谷).
카르노^순환(Carnot循環) 명[물] 프랑스의 물리학자 카르노가 생각한, 단열 변화와 등온 변화의 과정으로 이루어지는 이상적인 열기관의 사이클.
카르마(⊕karma) 명[불] =업(業)². ³. 음역어는 갈마(羯磨).
카르스트^지형(⊕Karst地形) 명[지] 석회암 대지에 발달된 침식 지형. 탄산칼슘이 물에 녹아들어서 종유굴 등을 만듦.
카르텔(⊕Kartell) 명[경] 동일 업종의 기업이 경쟁을 피하여 이익을 확보하기 위해 가격·생산량·판로 등에 대하여 협정을 맺는 것으로 형성되는 독점 형태. 또는, 그 협정. =기업 연합.
카리브^해(Carib海) 명[지] 서인도 제도와 중앙아메리카 및 남아메리카에 둘러싸인 바다.
카리스마(charisma) [명] 많은 사람들을 강력한 매력으로 사로잡거나 절대적인 권위로 휘어잡는 힘. ¶~가 있는 배우.
카리에스([라]caries) [명][의] 척추·늑골 등의 뼈가 만성 염증으로 썩어서 파괴되는 질환. 대부분 결핵균에 의해 발생함.
카메라(camera) [명] **1** 사진을 찍는 기계. =사진기. **2** 움직이는 영상을 재현할 목적으로 어떤 장면을 연속적으로 촬영하는 기계. 무비 카메라·비디오카메라 따위. =촬영기.
카메라-맨(cameraman) [명] **1** 영화·텔레비전·비디오 등의 촬영 기사. **2** =사진 기자.
카메라^앵글(camera angle) [명] 영화·텔레비전·사진 등에서, 피사체에 대한 카메라의 위치나 렌즈의 각도. =앵글.
카메라-폰(camera phone) [명] 카메라가 장착된 휴대 전화. [속]폰카.
카메룬(Cameroon) [명][지] 아프리카 대륙, 기니 만에 면한 연방제 공화국. 수도는 야운데.
카메오([라]cameo) [명] **1** 마노·조가비·대리석 등에 정교한 돋을새김을 한 세공품. **2** 유명 배우나 인사가 영화의 한 장면에 짤막하게 등장하는 일. 또는, 그런 역할.
카멜레온(chameleon) [명][동] 도마뱀과 비슷하나 네 다리와 꼬리가 길고, 겉면에 좁쌀 모양의 돌기가 많은 파충류. 긴 혀를 재빨리 움직여 곤충을 잡아먹으며, 주위 환경에 따라 몸빛이 변함.
카무플라주([프]camouflage) [명] (불리하거나 부끄러운 것 등을) 숨기거나 그렇지 않은 것처럼 보이도록 꾸미는 것. ×캄플라지. **카무플라주-하다** [동][타][여] ¶그는 코밑의 상처를 **카무플라주하기** 위해 콧수염을 기른다.
카뮈, 알베르(Camus, Albert) [명][인] 프랑스의 소설가·극작가(1913~1960).
카바레([프]cabaret) [명] 무대·댄스홀 등의 설비를 갖춘 서양식의 고급 술집.
카바이드(carbide) [명][화] 탄소와 금속 원소의 화합물. 특히, 칼슘 카바이드를 가리킴. 물을 부으면 아세틸렌 가스가 발생함. 탄화칼슘의 상표명임. ¶~등(燈).
카바티나([이]cavatina) [명][음] **1** 오페라에서 아리아보다 선율적이며 단순한 형식의 서정적인 독창곡. **2** 속도가 느린 짧은 기악곡.
카보베르데(Cabo Verde) [명][지] 아프리카 서부, 대서양 상에 있는 공화국. 수도는 프라이아.
카본(carbon) [명][물] 아크등(arc燈)·전극 등에 쓰이는 탄소봉 또는 탄소선.
카불(Kabul) [명][지] 아프가니스탄의 수도.
카뷰레터(carburetor) [명] =기화기.
카빈-총(carbine銃) [명][군] 미국 육군이 개발한 경소총(輕小銃). 화력이 세고 사정거리가 짧음.
카살스, 파블로(Casals, Pablo) [명][인] 에스파냐의 첼리스트(1876~1973).
카세인(casein) [명][화] 포유동물의 젖의 주성분이 되는 단백질. 모든 필수 아미노산이 들어 있어 영양가가 높음.
카세트(cassette) [명] 카세트테이프를 간편하게 장착하여 녹음·재생할 수 있도록 만든 녹음기. =카세트테이프리코더.
카세트-테이프(cassette tape) [명] 전용 플라스틱 케이스에 들어 있는 자기 테이프. 스테레오 녹음·재생이 가능함.
카세트테이프-리코더(cassette tape recorder) [명] =카세트.
카-섹스(†car sex) [명] 자동차 안에서 하는 성교(性交).
카-센터(†car center) [명] 자동차를 수리하거나 정비하는 업소.
카슈미르(Kashmir) [명][지] 인도 북서부에서 파키스탄 북동부에 이르는 넓은 지역.
카-스테레오(†car stereo) [명] 자동차에 부착된 입체 음향 재생 장치.
카스텔라([포]castella) [명] 밀가루에 달걀·설탕 등을 넣고 반죽하여 오븐에 구운 빵.
카스트(caste) [명] 인도 특유의 세습적 신분 제도. 브라만·크샤트리아·바이샤·수드라의 네 계급으로 나뉘며, 결혼·직업·식사 등 일상생활에 엄중한 규제가 있음. =사성(四姓).
카스트로, 피델(Castro, Fidel) [명][인] 쿠바의 정치가·혁명가(1926~).
카스피 해(Caspie海) [명][지] 러시아 남부에서 이란 북부에 걸쳐 있는, 세계 최대의 호수.
카시아파(Kāsyapa) [명][불] =마하카시아파. 한자식 이름은 가섭.
카시오페이아(Cassiopeia) [명][신화] 그리스 신화에 나오는 에티오피아의 왕비. 미모를 뽐내다가 바다의 신 포세이돈의 노염을 사서, 하늘에 옮겨져 별자리가 됨.
카시오페이아-자리(Cassiopeia-) [명][천] 가을철 북쪽 하늘에 보이는 별자리. 5개의 밝은 별이 'W' 자 모양을 이루며, 북극성을 사이에 두고 북두칠성과 마주봄.
카약(kayak) [명] **1** 에스키모가 사용하는 가죽 배. **2** [체] 카누 경기의 하나. 1인조·2인조·4인조의 세 종목이 있으며, 여자 종목도 있음.
카오스([그]chaos) [명] 천지 창조 이전의 혼돈 상태. ↔코스모스.
카올린(kaolin) [명] =고령토.
카우보이(cowboy) [명] 지난날, 미국 서부 지방이나 캐나다·멕시코 등 목장에서, 말을 타고 다니면서 가축을 돌보는 일을 하던 남자.
카운슬러(counselor) [명] =상담원.
카운슬링(counseling) [명] 심리적인 문제나 고민이 있는 사람에게 실시하는 상담 활동.
카운터(counter) [명] **1** 음식점·다방·술집 등의 가게에서 돈을 내는 곳. ¶~를 보다. **2** 은행·스탠드바 등에서, 고객과 직접 대면할 수 있도록 설비한 긴 테이블.
카운터블로(counterblow) [명][체] 권투에서, 상대 선수가 공격해 오는 순간에 되받아 치는 강한 주먹. ¶~를 날리다.
카운터-테너(countertenor) [명][음] 여성의 음역에 해당하는 높은 음으로 노래하는 남자 가수.
카운터파트(counterpart) [명] 대등한 지위의 상대. 순화어는 '상대방'.
카운트(count) [명][체] **1** 운동 경기에서 행하는 득점 계산. **2** 권투에서, 녹다운의 경우에 초를 재는 일. **카운트-하다** [동][자][타][여]
카운트다운(countdown) [명] **1** 로켓이나 유도탄 등을 발사할 때, 발사 순간을 0으로 하고 계획 개시의 순간부터 일(日)·시

ㅋ

(時)·분(分)·초(秒)를 거꾸로 세어 가는 일. ¶~이 시작되다. 2어떤 중요한 일이 임박하여 남은 시간을 헤아리면서 대비하고 있는 상태. '초읽기'로 순화.

카운트-아웃(count-out) 명[체] 권투에서, 녹다운이 된 선수가 10초를 경과하는 동안 일어서지 못하는 일.

카이로(Cairo) 명[지] 이집트의 수도.

카이사르, 줄리우스(Caesar, Julius) 명[인] 고대 로마의 군인·정치가(100~44 B.C.). 영어명은 시저.

카이저-수염(Kaiser髯髯) [독일 황제 빌헬름 2세의 수염에서 온 말] 양쪽 끝이 위로 굽어 올라간 코밑수염.

카인(Cain) 명[성] 아담과 하와의 큰아들. 야훼가 동생 아벨의 제물은 받고 자기의 제물은 거절하자, 동생을 질투하여 돌로 쳐 죽임.

카인의 후예(後裔) 저주받은 무리 또는 죄인을 일컫는 말.

카자흐(Kazakh) 명[지] =카자흐스탄.

카자흐스탄(Kazakhstan) 명[지] 러시아의 남서쪽에 있는 공화국. 수도는 아스타나. =카자흐.

카지노(©casino) 명 룰렛·카드놀이 등으로 도박을 하는 공인 오락장.

카추샤(카)[군] '카투사(KATUSA)' 의 잘못.

카카오(©cacao) 명 카카오나무의 열매. 모양이 오이와 비슷하며, 속에 든 씨는 가루를 내어 코코아를 만듦.

카카오-나무(©cacao-) 명[식] 코코아나 초콜릿의 원료로 쓰이는 '카카오' 열매가 열리는 상록 교목. 열매는 긴 타원형으로, 속에 40~50개의 씨가 들어 있음. 아메리카의 열대 지방에서 재배함.

카키-색(khaki色) 명 누른빛에 엷은 다색 (茶色)이 섞인 빛깔. 주로 군복에 쓰임.

카타르(catarrh) 명[의] 점막 세포에 염증이 생겨 다량의 점액을 분비하는 상태. 감기가 걸렸을 때 콧물이 멈추지 않는 다 따위를 말함.

카타르(Qatar) 명[지] 아라비아 반도 동부, 페르시아 만에 돌출한 수장국(首長國). 수도는 도하.

카타르시스(©catharsis) 명 1[문] 비극속의 연민과 공포를 통해서 마음이 정화되고 쾌감을 느끼는 일. 2[심] 자기가 직면한 고뇌 따위를 밖으로 표출함으로써 강박 관념을 해소시키는 일. =정화.

카타콤(←catacomb) 명[종] 로마 시대, 초기 크리스트교도의 비밀 지하 묘지.

카탈로그(catalog) 명 선전을 목적으로, 상품의 목록과 가격 등을 사진·그림 등과 함께 인쇄하여 만든 책자나 종이.

카턴(carton) 명 두꺼운 종이로 만든 상자. 흔히, 병의 대용품으로 씀.

카테고리(©Kategorie) 명 '범주(範疇)', '부류'로 순화. ¶~에 들다.

카토, 마르쿠스 포르키우스(Cato, Marcus Porcius) 명[인] 고대 로마의 정치가·문인(234~149 B.C.).

카톨릭 명 '가톨릭(Catholic)' 의 잘못.

카투사(KATUSA) 명 [Korean Augmentation Troops to United States Army] 주한 미 육군에 파견되어 근무하는 한국군. ×카추샤.

카툰(cartoon) 명 주로 정치적인 문제를 풍자하는 한 컷짜리 시사만화.

카트(cart) 명 1짐을 싣고 손으로 끌고 다닐 수 있도록, 옆모습이 'ㄴ' 자 모양이 되게 쇠로 틀을 만들고 2개의 바퀴를 밑에 단 운반 기구. 2=쇼핑카트.

카트리지(cartridge) 명 1프린터나 복사기 등의 잉크가 담겨 있는 용기. ¶잉크 ~. 2카메라에 장착하여 사용하는, 필름이 담긴 통. 3녹음기나 비디오카세트 리코더에 넣어서 사용하는, 테이프가 감겨 있는 용기.

카트만두(Kathmandu) 명[지] 네팔의 수도.

카-퍼레이드(†car parade) 명 특별 공로를 세운 사람이나 외국 원수 등을 환영하기 위하여 자동차에 태우고 시가를 행진하는 일.

카페(©café) 명 커피 등 음료와 양주(洋酒) 및 간단한 서양식을 파는 집.

카페리(car ferry) 명 승객과 함께 화물이나 자동차를 실어서 운반하는 배.

카페오레(©café au lait) 명 진한 커피와 따뜻한 우유를 비슷한 양으로 섞어서 만든 차.

카페인(caffeine) 명[화] 커피의 열매나 잎, 카카오·차 등의 잎에 들어 있는 알칼로이드. 쓴맛이 있음. 흥분제·이뇨제·강심제 등에 쓰이나, 많이 사용하면 중독을 일으킴.

카펫(carpet) 명 '양탄자'로 순화.

카-폰(car phone) 명 차량에 무선 송수신기·안테나를 설치하여 이동 중에도 통화할 수 있는 전화.

카-풀(car pool) 명 통근이나 여행을 할 때 승용차에 같은 방향의 사람이 함께 타는 일.

카프(KAPF) 명 [Korea Artista Proleta Federatio] [문] 1925년, 김기진·박영희 등에 의해 결성된 프롤레타리아 문학인의 전위적(前衛的) 단체. 1935년에 해산됨. 조선 프롤레타리아 예술가 동맹.

카프리치오(©capriccio) 명[음] 일정한 형식에 구속되지 않는, 자유로운 요소가 강한 기악곡.

카프카, 프란츠(Kafka, Franz) 명[인] 체코슬로바키아 태생의 독일의 소설가(1883~1924).

카프카스^산맥 명[지] '캅카스(Kavkaz) 산맥'의 잘못.

카피(copy) 명 1=복사(複寫)¹. 2광고의 문안. **카피-하다** 동타여 ¶서류를 ~.

카피-라이터(copywriter) 명 광고의 문안을 작성하는 사람.

칵 명 목구멍에 걸린 것을 힘껏 내뱉는 소리. ¶가래침을 ~ 뱉다.

칵테일(cocktail) 명 몇 가지 양주(洋酒)를 적당히 섞고, 향료·설탕 등과 함께 얼음을 넣고 혼합한 술.

칵테일-글라스(cocktail glass) 명 거꾸로 된 원뿔 모양으로 다리와 받침대가 달린, 칵테일용의 소형 유리잔.

칵테일-파티(cocktail party) 명 칵테일을 주로 두고, 서서 여러 사람과 자유로이 환담하며 즐기는 서양식의 간단한 연회.

칸¹ 명 ①[←間] 1건물에서, 일정한 크기로 나누어 벽으로 둘러막은 공간. 2공간에 무엇을 두는 용도의 구조물에서, 안의 공간을 가로지르거나 둘러막아 더 작게 만든 공간. 3어떤 문자를 써넣을 수 있도록 평면 위에 긋거나 그려 놓은 직선이나 직사각형이나 팔각 등의 공간. **4** 열차를 구성하는 각각의 차량. ¶식당 ~ / 침대 ~.
칸[2](㉠)[명] **1** 집의 칸살의 수효를 세는 단위. ¶방 한 ~. **2** 책장 따위의 구획된 빈 공간의 수를 세는 단위. **3** 문자를 써넣는 빈 공간의 수를 세는 단위. **4** 열차를 구성하는 차량의 수를 세는 단위. ×간(間).
칸[2] (Cannes) [명][지] 프랑스 남동부의 관광·휴양 도시.
칸[3] (khan) [명] 중세기의 몽골·터키·타타르 종족의 군주의 칭호. ¶징기즈 ~.
칸나 (canna) [명][식] 줄기는 높이 1~2m로 곧게 서고, 잎은 커다란 타원형이며, 여름부터 가을까지 빨강·노랑·보라 등의 꽃이 핀다. 관상용 화초임.
칸델라[1] (←㉠kandelaar) [명] =칸델라르.
칸델라[2] (candela) [명][의학][물] 광도(光度)의 단위. 1촉(燭)의 0.98배임. 기호는 cd.
칸델라르 (㉠kandelaar) [명] 함석 따위로 만든 용기에 석유를 넣어 불을 켜고 다니는 등(燈). =칸델라.
칸딘스키, 바실리 (Kandinskii, Vasilii) [인] 러시아의 화가(1866~1944).
칸-막이 [명] 둘러싸인 공간의 사이를 가로질러 막음. 또는, 그렇게 막은 물건. ×간막이. **칸막이-하다** [타][여].
칸-살 [명] **1** 일정한 규격으로 둘러놓은 칸. **2** 사이를 띄운 거리.
칸-수 (-數) [-쑤] [명] 칸살의 수효.
칸첸중가 산 (Kanchenjunga山) [명][지] 네팔 북동쪽, 히말라야 산맥에 있는 산. 높이 8,586m.
칸초네 (㉠canzone) [명][음] 이탈리아의 대중적인 가곡.
칸칸-이 [부] 각 칸마다.
칸타빌레 (㉠cantabile) [명][음] 악곡의 표현 방법을 나타내는 말로, '노래하듯이'의 뜻. ¶안단테 ~.
칸타타 (cantata) [명][음] 17~18세기의 바로크 시대에 발전한 성악곡의 한 형식. 독창·중창·합창과 기악 반주로 이루어짐.
칸통 (㉠) [명] 집의 몇 칸 되는 넓이. ¶세 ~.
칸트, 이마누엘 (Kant, Immanuel) [인] 독일의 철학자(1724~1804).
칼[1] [명] 물건을 베거나 썰거나 깎는 데 사용하는, 길고 납작한 금속의 한쪽 또는 양쪽 모서리에 날카로운 날이 있고, 한쪽 끝에 자루가 달린 연장. ¶부엌 ~.
[**칼로 물 베기**] 부부는 다투었다가도 시간이 조금 지나면 금 사이가 다시 좋아짐을 이르는 말.
칼(을) 갈다 칼에 원수를, ¶갚도록에게 ~.
칼[2] [역] 중죄인 목에 씌우는 형구의 하나. 두껍고 긴 널빤지의 한쪽 끝에 구멍을 파고 죄인의 목을 끼워, 죄인이 눕지 못하게 한 것임.
칼(을) 쓰다 죄인이 칼의 구멍에 목을 넣다.
칼-갈이 [명] **1** 칼을 갈아 날을 세우는 일. **2** 칼가는 일을 직업으로 하는 사람.
칼-국수 [-쑤] [명] 밀가루를 반죽하여 방망이로 얇게 민 뒤, 칼로 가늘게 썰어 끓는 국물에 익힌 국수.
칼-귀 [명] 귓불이 둥글고 도톰하게 늘어지지 않고 역삼각형으로 얼굴에 붙은 귀.
칼-금 [-끔] [명] 칼날에 스쳐 생긴 가는 금.
칼-깃 [-낃] [명] 새의 죽지를 이루고 있는 빳빳하고 긴 부분.

칼침_1189

칼-끝 [-끋] [명] 칼날의 맨 끝.
칼-날 [-랄] [명] 물건을 베는 칼의 얇고 날카로운 쪽. 날이 서다.
칼데라 (㉠caldera) [명][지] 화구 주변의 붕괴·함몰에 의해 생긴, 원형으로 매우 크게 우묵한 곳.
칼-등 [-뜽] [명] 칼날의 반대쪽인 두꺼운 부분.
칼라 (collar) [명] 서양 의복에서, 목 둘레에 길게 덧대어 다는 부분. 또는, 그 부분에 떼었다 붙였다 할 수 있도록 만든 긴 천.
칼라스, 마리아 (Callas, Maria) [명][인] 미국의 소프라노 가수(1923~1977).
칼라일, 토머스 (Carlyle, Thomas) [명][인] 영국의 사상가·역사가(1795~1881).
칼라하리^사막 (Kalahari沙漠) [명][지] 아프리카 남부에 있는 사막.
칼럼 (column) [명] 신문·잡지 등에서, 시사 문제나 사회 현상 등을 촌평하는 기사. 또는, 그 난(欄).
칼럼니스트 (columnist) [명] 칼럼 집필자.
칼레 (Calais) [명][지] 프랑스 북부의 항구 도시.
칼로리 (calorie) [명] [1] [의학] **1** [물] 열량의 단위. 1칼로리는 순수한 물 1g을 1기압하에서 14.5℃에서 15.5℃로 올리는 데 필요한 열량을 가리킴. 기호는 cal. **2** 영양학에서, 식품의 영양가를 열량으로 환산하여 나타낸 단위. 1kcal을 말함. 기호는 Cal. [2] (자역) 식품의 열량이나 영양가를 이르는 말. ¶~가 높은 식품.
칼륨 (㉠Kalium) [명][화] 알칼리 금속 원소의 하나. 원소 기호 K, 원자 번호 19, 원자량 39.102. 은백색의 연한 금속으로 동식물의 생리에 중요한 역할을 하며, 원자로의 냉각재로 쓰임. =칼리.
칼리 (㉠kali) [명] =칼륨.
칼리프 (caliph) [명] '후계자'의 뜻. 정치와 종교의 권력을 아울러 갖는, 이슬람 국가의 최고 지도자.
칼-바람 [명] 몹시 차고 매운 바람.
칼뱅, 장 (Calvin, Jean) [명][인] 프랑스의 종교 개혁자(1509~1564).
칼-부림 [명] 남을 해치려고 칼을 마구 휘두르거나 내젓는 짓. 또는, 그렇게 해서 남을 해치는 짓. ¶백주에 대로에서 ~이 나다. **칼부림-하다** [자][여].
칼슘 (calcium) [명][화] 알칼리 토금속 원소의 하나. 원소 기호 Ca, 원자 번호 20, 원자량 40.08. 은백색의 부드러운 금속으로 동물의 뼈·이의 주요 성분임.
칼-자국 [-짜-] [명] 칼로 찌르거나 베거나 하여 생긴 자국.
칼-자루 [-짜-] [명] 칼을 손에 안전하게 쥐거나 잡을 수 있게 만든 부분.
칼자루(를) 잡다 서로 겨루고 있는 어떤 일에서 상대방보다 유리한 입장에 있다.
칼-잠 [명] 좁은 방에서 여럿이 잘 때 바로 눕지 못하고 몸의 옆 부분을 바닥에 댄 채로 불편하게 자는 잠.
칼-잡이 [명] '검객'을 홀하는 말.
칼-질 [명] 칼로 물건을 베거나 깎거나 써는 일. **칼질-하다** [자][타][여].
칼-집[1] [-찝] [명] 칼의 몸체 부분을 꽂아서 넣어 두도록 만든 물건.
칼-집[2] [-찝] [명] 고기·생선 등의 요리 재료에 칼로 조금씩 베어서 낸 자국. ¶~을 내다.
칼-춤 [명] =검무(劍舞).
칼-침 (-鍼) [명] 칼에 찔리거나 칼로 남을 찌르는 일. ¶정적(政敵)에게 ~을 맞다.
칼칼-하다 [형여] **1** 목이 말라 무엇을 마시고 싶은 생각이 있다. ¶목도 **칼칼한데** 막걸리 한잔하지. **2** 맵고 자극하는 맛이 있다. ¶맛이 **칼칼한** 매운탕. ⓒ컬컬하다.
캄보(combo) [명][음] 3~8명으로 편성된 소규모의 재즈 악단.
캄보디아(Cambodia) [명][지] 동남아시아의 인도차이나 반도에 있는 공화국. 수도는 프놈펜. ⇒캄푸치아.
캄브리아-기(Cambria紀) [명][지] 고생대의 첫 번째 기. 선캄브리아대에 비해 조류(藻類)·무척추동물의 화석이 많이 나타났음.
캄차카^반도(Kamchatka半島) [명][지] 러시아의 시베리아 동부에서 돌출한 반도.
캄캄-절벽(-絶壁) [명] 아무것도 모르고 있다는 말. ¶난 그 일에 대해 ~이야.
캄캄-하다 [형여] '깜깜하다'의 거센말. ¶**캄캄한** 밤. ⓒ컴컴하다.
캄파(←kampaniya) [명] '캄파니야'의 준말.
캄파니야(ⓔkampaniya) [명] **1** 대중에게 호소하여 어떤 목적을 이루고자 하는 정치적 운동. **2** 대중으로부터 정치 운동의 자금을 모으는 일. ⓒ캄파. ▷캠페인.
캄팔라(Kampala) [명][지] 우간다의 수도.
캄푸치아(Kampuchea) [명][지] =캄보디아.
캄플라지 '카무플라주(camouflage)'의 잘못.
캅셀(ⓖKapsel) '캡슐(capsule)'의 잘못.
캅카스^산맥(Kavkaz山脈) [명][지] 흑해와 카스피해 사이에 동서로 뻗은 산맥. 길이 1,200km.
캉캉[1] [부] 작은 개가 짖는 소리. ⓒ컹컹.
캉캉[2](ⓕcancan) [명] 2박자·4박자의 빠른 템포의 프랑스 춤. 주름이 많은 긴 치마를 들어 올리고 다리를 번쩍번쩍 들어 보이면서 차 올리는 스텝이 특징임.
캐나다(Canada) [명][지] 북아메리카 대륙의 북부에 위치하는 영연방에 속하는 연방 국가. 수도는 오타와.
캐:-내다 [타] **1** (땅속에 묻힌 식물이나 광물을) 호미나 괭이 따위의 도구로 땅을 파서 밖으로 들어내다. ⓑ파내다. ¶고구마를 ~. **2** (모르거나 감추어지거나 드러나지 않은 사실을) 묻거나 따지거나 추적하여 알아내다. ¶비밀을 ~.
캐넌(cannon) [명] **1** [군] =카농포. **2** 당구에서, 치는 사람의 공이 목적하는 공 둘에 다 맞히는 일.
캐:다 (캐[고]/캐어) [타] **1** (땅속에 묻힌 식물이나 광물 등을) 호미나 괭이 따위의 도구로 땅을 파서 밖으로 드러나게 하거나 나오게 하다. ¶나물을 ~. **2** (모르거나 감추어지거나 드러나지 않은 사실을) 알거나 밝히기 위해 묻거나 따지거나 추적하거나 하여 알아내다. 또는, 묻거나 따지거나 추적하거나 하여 알아내고 밝히다. ¶뒤를 ~.
캐드(CAD) [명] [computer-aided design] [컴] =컴퓨터 보조 설계.
캐디(caddie) [명] 클럽을 메고 골프 치는 사람을 따라다니며 조언하거나 시중드는 사람.
캐러멜(caramel) [명] 우유·버터·물엿·초콜릿 등에 바닐라 따위의 향료를 넣어 고아서 굳힌 과자. ×카라멜.
캐럴(carol) [명] 성탄절을 축하하는 곡이나 노래. =크리스마스 캐럴.
캐럿(carat) [명][의존] **1** 보석의 무게의 단위. 1캐럿은 0.2g. 기호는 ct. **2** 금의 순도(純度)를 나타내는 단위. 순금을 24캐럿으로 침. 기호는 K 또는 Kt.
캐리커처(caricature) [명] 주로 신문·잡지 등에서, 유명인의 얼굴을 과장되거나 우스꽝스러운 형편하여 그린 그림.
캐릭터(character) [명] **1** ['성격', '인물'이라는 뜻] **1** 소설·극·만화 등에 등장하는 인물이나 동물. 또는, 그 외모나 이야기 내용에 의해 독특한 개성과 이미지가 부여된 존재. **2** 기업·단체·행사 등을 상징하거나 제품에 이용하기 위해, 동물·사람 등의 모습으로 나타낸 인물이나 형상물.
캐:-묻다[-따] [타디] <~물으니, ~물어> 깊이 파고들어 묻다. ¶남의 사생활을 ~. ⓒ캐어묻다.
캐미솔(camisole) [명] 가슴에서 허리까지 오는, 어깨끈이 달린 여자용 속옷.
캐비닛(cabinet) [명] 사무용 자료나 물품 등을 넣어 보관하는 장.
캐비지(cabbage) [명][의] '양배추'로 순화.
캐스터(caster) [명][방송] **1** 뉴스나 일기 예보 등을 방송을 통해 전달하는 사람. ¶뉴스~. **2** =스포츠캐스터.
캐스터네츠(castanets) [명][음] 타악기의 하나. 안쪽을 얇게 도려낸 두 짝의 나무나 상아 등을 끈으로 잡아매 조가비 모양의 악기.
캐스트(cast) [명] '배역(配役)'으로 순화.
캐스트리스(Castries) [명][지] 세인트루시아의 수도.
캐스팅(casting) [명] 연극이나 영화 등에서, (어떤 사람을 어떤 역으로) 출연하도록 뽑는 것. ¶**캐스팅-하다** [타여] ¶A 씨를 주연으로 ~. **캐스팅-되다** [자여]
캐스팅^보트(casting vote) [명] **1** 가부(可否)가 동수(同數)일 때, 의장의 가부를 결정하는 투표. **2** 의회 같은 데서 두 정당의 세력이 비슷할 때, 그 승패를 결정하는 제3당의 투표.
캐시미어(cashmere) [명] 인도의 카슈미르 지방에서 산출되는 양모로 짠 최고급 모직물. 유연하고 보온성이 풍부함.
캐시밀론(Cashmilon) [명] 합성 섬유의 하나. 천연가스로부터 만든 합성수지를 원료로 한 실. 또는, 그 직물. 일본 상표명에서 온 말임.
캐시-백(cash back) [명][경] 신용 카드 사용 실적에 따라 보너스 점수를 적립하여 이후에 현금으로 돌려주는 일. ¶~ 카드.
캐시^카드(cash card) [명] =현금 카드.
캐어-묻다[-따] [타디] <~물으니, ~물어> '캐묻다'의 본딧말.
캐주얼-웨어(casual wear) [명] 격식에 매이지 않고 가볍게 입는 평복.
캐주얼-하다(casual-) [형여] 차림새가 격식에 구애되지 않고 간편하다. ¶**캐주얼한** 옷을 즐겨 입다.
캐처(catcher) [명][체] =포수[2]. ↔피처.
캐치프레이즈(catchphrase) [명] 캠페인 등에서, 남의 주의를 끌기 위하여 내거는 기발한 문구. ⓑ구호. ¶'하나뿐인 지구'라는 ~를 내걸고 환경 운동을 벌이다.
캐치-하다(catch-) [타여] '포착하다', '알아차리다', '(볼을) 잡다'로 순화. ¶상대방의 의도를 재빨리 ~.
캐터펄트(catapult) [명][군] 항공모함의 갑판에서 증기·압축 공기 등을 동력으로 하여 항공기를 쏘아 날아가게 하는 장치.
캐터필러(caterpillar) [명] =무한궤도.
캑 [부] 목구멍에 걸린 것을 뱉어 내려고 기침을 힘껏 하는 소리. ¶가래를 ~ 뱉다.
캑-캑 [부] 자꾸 캑 하는 소리. **캑캑-하다** [동][자][여]
캑캑-거리다/-대다[-꺼(때)-] [동][자] 자꾸 캑캑 소리를 내다. ¶사레가 들려 ~.
캔(can) [명] 양철로 만든 통 모양의 용기. ¶~ 맥주.
캔디(candy) [명] 설탕을 주로 하여 굳혀 만든 과자. 캐러멜·드롭스·봉봉·누가 따위.
캔버라(Canberra) [명][지] 오스트레일리아의 수도.
캔버스(canvas) [명] **1** [미] 유화를 그릴 때 쓰는 천. **2** [체] 복싱·레슬링 등을 하는 링의 바닥. ¶상대 선수를 ~에 누이다.
캔슬(cancel) [명] '취소', '삭제'로 순화. **캔슬-하다** [동][타][여] ¶수출 계약을 ~. **캔슬-되다** [동][자]
캔자스(Kansas) [명][지] 미국 중부의 주.
캘리퍼스(calipers) [명] 직접 자를 대서 재기 어려운 물체의 두께·지름 등을 재는, 컴퍼스 모양의 측정용 기구.
캘리포니아(California) [명][지] 미국 서부의 주.
캘린더(calendar) [명] =달력.
캘커타(Calcutta) [명][지] '콜카타'의 구칭.
캠¹(CAM) [명] 〔computer-aided manufacturing〕 [컴] =컴퓨터 보조 생산.
캠²(cam) [명] 회전 운동을 왕복 운동·요동 운동 등으로 변환시키는 기계 장치.
캠코더(camcorder) [명] 〔camera+recorder〕 녹화 재생 기능을 갖춘 비디오카메라.
캠퍼(camphor) [명][약] =장뇌(樟腦).
캠퍼스(campus) [명] 대학 등의 교정(校庭).
캠페인(campaign) [명] 사회적·정치적 목적을 위하여 조직적·계속적으로 어떤 주의·주장을 알리고 따르게 하는 운동. ¶불조심에 대한 ~을 벌이다.
캠프(camp) [명] **1** 야영을 하기 위해 텐트를 치고 일시적으로 머무르는 곳. ¶~를 설치하다. **2** 교육이나 훈련을 목적으로 일정한 프로그램을 가지고 일정 기간 동안 진행되는 단체 활동. 또는, 그 장소. ¶전지 훈련 ~. **3** 임시 활동 본부. ¶선거 ~.
캠프-파이어(campfire) [명] 야영지에서 밤에 피우는 모닥불. 또는, 그것을 둘러싸고 모여 노는 것.
캠핑(camping) [명] 산이나 강가나 바닷가 등에 텐트를 치고 일시적으로 거기서 머물거나 잠을 자거나 하는 일. [비]야영. ¶~을 가다. **캠핑-하다** [동][자][여]
캡(cap) [명] **1** 테와 운두가 없는 납작한 모자. **2** 필기도구의 뚜껑.
캡션(caption) [명] 인쇄물에 실린 삽화·사진의 설명문.
캡슐(capsule) [명] **1** 아교로 얇게 만든 작은 갑. 맛이나 냄새가 좋지 않은 가루약이나 기름 따위를 넣어 먹기 쉽도록 하는 데 쓰임. ¶~제(劑). **2** 우주 비행체의 기밀 용기(氣密容器). ×캅셀.
캥 [부] 강아지·여우가 사납게 우는 소리.
캥거루(kangaroo) [명][동] 앞다리는 짧으나 뒷다리는 길고 튼튼하여 잘 뛰며, 암컷의 배에 육아낭이 있어 새끼를 넣어 기르는 포유동물. 오스트레일리아에서 삶.
캥-캥 [부] 강아지·여우가 자꾸 사납게 우는 소리.
캬라멜 [명] '캐러멜(caramel)'의 잘못.
캭 [부] 목구멍에 걸린 것을 떼려고 힘 있게 뱉는 소리. ¶가래침을 ~ 뱉다.
캉-캉 [부] 여우가 자꾸 요사스럽게 우는 소리.
커 [감] 음식 맛이나 술 맛이 몹시 맵거나 독할 때에 내는 소리. [작]카.
커넥션(connection) [명] '결탁'으로 순화. ¶경찰과 검은 조직 간의 ~.
커녕 [조] 체언이나 용언의 명사형 '-기', 또는 일부의 부사나 연결 어미 다음에 쓰이는 보조사. **1** 어떤 부정적인 사실을 서술함에 있어, 앞의 조건이나 상황보다 더 못한 조건이나 상황을 뒤에 제시할 때 쓰임. '말할 것도 없고'의 뜻을 나타내며, 뒤의 대비를 이루는 말 다음에 '도', '조차' 등의 조사가 붙기도 함. ¶밥~ 죽도 못 먹는다. **2** 바람직하지 않거나 원치 않은 사실을 서술함에 있어서, 앞의 조건이나 상황에 대한 예상이나 기대와 달리 뒤에 정반대되는 조건이나 상황이 이루어졌음을 나타낼 때 쓰임. '고사하고 도리어'의 뜻을 나타내며, '까지', '만' 등의 조사가 붙기도 함. ¶휴일이라고 쉬기~ 죽도록 일만 했다. ▷는커녕·은커녕.
커닝(†cunning) [명] 〔'교활한'의 뜻〕 시험을 볼 때 남의 답안지를 훔쳐보거나 숨겨 놓은 책이나 쪽지 따위를 몰래 보는 일. **커닝-하다** [동][자][타][여]
커:-다랗다[-라타] [형][ㅎ] 〈~다라니, ~다라오, ~다래〉 꽤 또는 퍽 크다. ¶눈을 **커다랗게** 뜨다. ×크다랗다.
커리어(career) [명] '경력'으로 순화.
커리어-우먼(career woman) [명] '전문직 여성'으로 순화.
커리큘럼(curriculum) [명][교] =교육 과정.
커뮤니케이션(communication) [명] 인간이 서로 의사·감정·사고를 전달하는 일. 언어·문자, 그 밖의 몸짓·표정·소리 등의 수단으로 행함. ¶~이 잘되는 친구.
커미셔너(commissioner) [명] 프로 야구·프로 권투 등에서, 개별 경기나 대회 등 모든 사업을 운영하고 그 단체나 집단의 품위·질서 유지를 위해 전권(全權)이 위임된 최고 책임자. 또는, 최고의 결정 기관.
커미션(commission) [명] **1** 수수료. 또는, 구전(口錢). **2** 일을 봐 주고 규정 외에 받는 사례금.
커미션^닥터(commission doctor) [명][체] 각 경기 연맹의 위촉을 받고, 시합 전의 선수의 건강 진단, 시합 중인 선수의 상처 진단 등을 맡은 지정(指定) 의사.
커밍-아웃(coming out) [명] 자신이 동성애자라는 사실을 세상에 밝히는 일.
커버(cover) [명] **1** 물건을 가리거나 보호하기 위하여 그것을 덮거나 싸는, 천·종이·비닐 등의 물건. ¶방석 ~. **2** [체] 권투에서, 상대의 공격을 팔과 손으로 막는 일. **3** (비용이나 손실 등을) 감당하거나 메우는 일. **4** (어떤 범위를) 이르러 미치는 것. **커버-하다** [동][타][여] ¶옷을 잘 선택하여 체형의 결점을 ~.
커버-걸(cover girl) [명] 잡지 따위의 표지에 사진이 실린 여성. ¶패션 잡지 ~.
커버^글라스(cover glass) [명] 현미경으로

ㅋ

관찰할 때 슬라이드 유리 위에 놓은 재료를 덮는, 얇은 소형 유리판. ↔슬라이드글라스.
커버링(covering) 〖명〗〖체〗 권투 경기 따위에서, 팔과 손으로 얼굴을 가려 상대방의 공격을 막는 방법.
커버-스토리(cover story) 〖명〗 잡지나 주간지 따위의 표지에 나오는 그림이나 사진에 대한 설명 기사.
커브(curve) 〖명〗 **1** 사물의 형태, 또는 움직이거나 나아가는 방향 등이 원(圓)의 일부처럼 완만한 곡선을 이룬 상태. 또는, 그 곡선. ¶~ 길/~ 을 돌다. **2** 〖체〗 야구에서, 투수의 공이 곧게 가다가 타자 근처에서 좌측이나 우측으로 휘면서 밑으로 떨어지는 상태. 또는, 그런 상태의 공.
커브^볼(curve ball) 〖명〗〖체〗 야구에서, 곧게 가다가 타자 근처에서 좌측이나 우측으로 휘면서 밑으로 떨어지는 투수의 공. =곡구(曲球).
커서(cursor) 〖명〗〖컴〗 컴퓨터의 표시 화면에서, 입력 위치를 나타내는 표시. 순화어는 '깜빡이'.
커스터드(custard) 〖명〗 우유와 달걀노른자에 설탕·향미료 따위를 넣어서 찌거나 구워 크림과 같이 만든 ѕіт.
커-지다 〖자〗 크게 되다. ¶일이 ~. ↔작아지다.
커터(cutter) 〖명〗 자르거나 깎거나 하기 위한 도구. 재단기, 밀링 머신용 절삭 공구 따위.
커트(cut) 〖명〗 **1** 전체 중에서 일부를 잘라 내는 일. **2** 미용을 목적으로 머리를 자르는 일. 또는, 그 머리의 모양. **3** 〖체〗 야구에서, 타자가 투수가 던진 공을 파울 볼로 쳐 내는 일. **4** 〖체〗 야구에서, 외야수가 던진 공이 목적한 야수에게 도달하기 전에 다른 야수가 그 공을 중간에서 잡는 일. **5** 〖체〗 탁구나 테니스에서, 라켓을 비스듬히 하여 옆으로 깎듯이 공을 치는 일. **6** 〖명〗 영화의 편집·검열을 할 때 필름의 일부분을 잘라 내는 일. 커트-하다 〖동〗〖타〗 커트-되다 〖자〗
커트-라인(†cut line) 〖명〗 시험에서, 합격할 수 있는 점수의 최저선. 순화어는 '합격선'. ¶~이 높다.
커튼(curtain) 〖명〗 햇빛을 가리거나 바깥에서 들여다보지 못하도록 하기 위해 창문의 안쪽에 다는 커다란 천. ¶~을 치다.
커튼-콜(curtain call) 〖명〗 연극·음악회 등에서, 막이 내린 뒤 관객이 찬사의 표현으로 환성과 박수를 보내어 일단 퇴장한 출연자를 무대나 막의 앞으로 다시 불러 내는 일.
커틀릿(cutlet) 〖명〗 소·돼지·닭 등의 고기를 납작하게 썰어서 빵가루를 묻혀 기름에 튀긴 요리.
커프스(cuffs) 〖명〗 와이셔츠나 블라우스 등의 소맷부리의 총칭. 또는, 그 접은 부분.
커프스-버튼(cuffs button) 〖명〗 커프스에 채우는 장식적인 단추.
커플(couple) 〖명〗 한 쌍. 특히, 남녀의 한 쌍. ¶저 두 사람은 잘 어울리는 ~이다.
커플링(coupling) 〖공〗 한 축(軸)에서부터 다른 축으로 동력을 전달하는 장치.
커플-매니저(†couple manager) 〖명〗 조건과 취향이 맞는 남녀를 소개하여 결혼에 이를 수 있도록 도와주는 일을 직업으로 하는 사람.

커피(coffee) 〖명〗 **1** 끓여서 마실 수 있도록 볶아 놓은 커피나무 열매의 씨. 또는, 그것을 빻은 가루. **2** 그 씨를 끓이거나 볶은 가루를 뜨거운 물에 타서 만든, 짙은 갈색 음료. ¶블랙~/진한 ~의 향기.
커피-나무(coffee-) 〖명〗〖식〗 씨를 커피의 원료로 하는 열대 상록 교목. 향기가 있는 흰색 꽃이 피고, 열매는 홍자색의 긴 타원형으로 속에 2개의 씨가 들어 있음.
커피-색(coffee色) 〖명〗 아주 짙은 갈색.
커피-세트(coffee set) 〖명〗 커피 마시는 데 필요한 도구의 한 벌.
커피-숍(coffee shop) 〖명〗 주로 커피를 파는 가게, 특히, 호텔에 딸린 것을 가리킴.
커피-포트(coffeepot) 〖명〗 커피를 넣고 끓이는 가느다란 주전자.
컥 〖부〗 숨이 답답하게 막히는 모양. ¶매캐한 연기에 숨이 ~ 막히다.
컥컥 〖부〗 자꾸 컥 하는 모양. ¶더위서 숨이 ~ 막힌다. 컥컥-하다 〖자〗
컨디션(condition) 〖명〗 ('형편', '상황'의 뜻) 몸의 건강 상태. ¶~이 좋다.
컨버터블(convertible) 〖명〗 지붕을 떼어 내거나 접을 수 있게 되어 모양을 바꿀 수 있는 승용차. 보통 2도어임.
컨베이어(conveyor) 〖명〗〖공〗 물건을 연속적으로 이동·운반하는, 띠 모양의 운반 장치.
컨설턴트(consultant) 〖명〗 기업의 경영·관리에 대한 진단과 지도를 하는 전문가.
컨설팅(consulting) 〖명〗 어떤 분야에 전문적인 지식을 갖춘 사람이 고객을 상대로 상담하고 조언하는 일. ¶창업 ~/경영 ~. 컨설팅-하다 〖자〗〖타〗
컨센서스(consensus) 〖명〗 '합의', '동의'로 순화. ¶여론을 수렴하여 국민의 ~를 이끌어 낸다.
컨셉 '콘셉트(concept)'의 잘못.
컨소시엄(consortium) 〖명〗 어떤 사업에 여러 업체가 하나로 연합하여 공동으로 참여하는 방식. 또는, 그 연합체. ¶인터넷 업체 ~이 구성되다.
컨테이너(container) 〖명〗 수송용의 금속제 용기. 수송의 신속화·생력화(省力化)를 꾀하고, 철도·자동차의 연계로 출입구까지 일관(一貫) 수송을 할 수 있음. ¶~ 화물선.
컨테이너^하우스(container house) 〖명〗 일정한 규격으로 만든 소규모의 이동식 건물. 주로, 매점·방갈로·창고·공사 현장 사무실 등으로 이용함.
컨텍스트(context) 〖명〗 '문맥', '맥락'으로 순화.
컨텐츠 '콘텐츠(contents)'의 잘못.
컨트롤(control) 〖명〗 **1** 통제하고 조절하는 일. **2** 〖체〗 야구에서, 투수가 투구를 조절하는 일. 컨트롤-하다 〖동〗〖타〗
컨트리^음악(country音樂) 〖명〗〖음〗 미국의 서부와 남부 지역의 백인을 중심으로 발달한 대중음악.
컨트리-클럽(country club) 〖명〗 전원생활을 즐기려는 도시 사람을 위해 교외에 골프장·테니스장·수영장 등의 시설을 갖춘 클럽.
컬(curl) 〖명〗 머리털을 곱슬곱슬하게 지지는 일. 또는, 그 머리털. 컬-하다 〖동〗〖타〗
컬러(color) 〖명〗 ('빛깔'의 뜻) **1** 흑백만이 아닌 빛깔이 있는 상태. 또는, 천연색의 상태. ¶~가 선명한 화면. **2** 어느 집단이나 지역 등에 특유한 기풍·경향.

컬러리스트(colorist) [명] 색채에 대한 전문적 지식과 기술을 가지고 다양한 분야에서 색채와 관련된 업무를 수행하는 사람. 순화어는 '색채 전문가'.

컬러-복사기(color複寫機) [-싸-] [명] 그림·글·도면·사진 등을 원래의 색대로 복사하는 기계.

컬러^사진(color寫眞) [명] =천연색 사진.

컬러-텔레비전(color television) [명] 화면이 천연색으로 나타나는 텔레비전 수상기. 또는, 그 방식. ↔흑백텔레비전.

컬러풀-하다(colorful-) [형][여] '화려하다', '다채롭다'로 순화.

컬러^필름(color film) [명] 자연 그대로의 빛깔을 나타내는 사진 필름. ↔흑백 필름.

컬렉션(collection) [명] 미술품이나 우표·화폐·책·골동품 등을 수집하는 일. 또는, 그 수집품.

컬컬-하다 [형][여] **1** 목이 말라 술이나 물을 마시고 싶은 생각이 간절하다. ¶목이 ~. **2** 맵고 얼근한 맛이 있다. ¶대구탕이 제법 **컬컬하군**. [작]칼칼하다.

컴-도사(←computer道士) [명]〈속〉컴퓨터를 능숙하게 잘 다루는 사람.

컴-맹(←computer盲) [명] 어떤 사람이 컴퓨터를 전혀 다루지 못하는 상태. 또는, 그 사람.

컴백(comeback) [명] 예전의 활동 무대에 복귀하는 것. 순화어는 '복귀'. **컴백-하다** [동][자][여] ¶은막(銀幕)에 ~.

컴섹(†←computer sex) [명]〈속〉채팅으로 음란한 대화를 나누며 가상섹스를 하는 일. 인터넷상에서 쓰이는 통신 언어임.

컴컴-하다 [형][여] '껌껌하다'의 거센말. ¶별빛도 없는 **컴컴한** 밤길. [작]캄캄하다.

컴파일러(compiler) [명][컴] 고급 언어로 작성된 원시 프로그램 전체를 한꺼번에 번역하여 실행 프로그램으로 바꾸어 주는 프로그램. ▷어셈블러·인터프리터.

컴퍼스(compass) [명] **1** 자유롭게 폈다 오므렸다 할 수 있는 두 개의 다리가 있는 제도 기구. 원(圓)·호(弧)를 그리는 데 쓰임. **2** =보폭(步幅).

컴퓨터(computer) [명] **1** 전자 회로를 이용하여 자동적으로 정보 처리를 하는 장치. 수치 계산·자동 제어·데이터 처리·사무 관리 등 광범위하게 이용됨. =전자계산기. **2** 일처리가 아주 정확하고 치밀한 사람. 비유적인 말임.

컴퓨터^게임(computer game) [명] 마이크로컴퓨터가 든 게임 소프트웨어와 디스플레이를 사용하여, 화면에 나타난 그림을 조작하며 노는 게임.

컴퓨터^그래픽스(computer graphics) [명][컴] 컴퓨터에 의한 도형·화상(畫像) 처리. 컴퓨터 보조 설계·애니메이션 작성 등에 이용됨.

컴퓨터^바이러스(computer virus) [명][컴] =바이러스2.

컴퓨터^보!조^생산(computer補助生產) [명][컴] 컴퓨터를 이용해서 제품 제조의 자동화를 도모하는 것. =캠(CAM).

컴퓨터^보!조^설계(computer補助設計) [-계/-게] [명][컴] 컴퓨터에 입력된 자료를 이용하여 설계하고, 그 설계에 의해 만들어진 제품을 그래픽 화면이나 컴퓨터 인쇄물로 볼 수 있도록 해 주는 시스템. =캐드(CAD).

컴퓨터^통신(computer通信) [명][통] 정보 센터의 컴퓨터와 다수의 개인용 컴퓨터를 통신 회선으로 연결하여, 개인용 컴퓨터 간에 정보를 송수신하는 일. =피시 통신.

컴퓨토피아(computopia) [명] [compu*ter*+*u*topia] 컴퓨터의 개발이 급속하게 이루어짐에 따라 모든 것을 기계로 해결할 수 있다는 이상 사회론(理想社會論).

컴퓨팅(computing) [명] 컴퓨터를 사용하는 일. 또는, 컴퓨터로 작업하는 일. ¶무선 ~의 장점 / 64비트 ~ 시대가 도래하다.

컵(cup) [명] [1][자립] **1** 물이나 술, 차 등의 음료를 담아 들고 마실 수 있도록, 손으로 잡기에 알맞은 크기로 원통형이나 사발 모양에 가깝게 만든 물건. ¶유리~. **2** 운동 경기 등에서 상으로 주는 큰 잔. **3** 브래지어에서, 양 젖가슴이 닿는 부분에 대는 반구형의 물건. ¶~이 작은 브래지어. **4** [체] 골프에서, 그린 위의 홀 안쪽에 끼워 넣는, 금속제의 원통형의 통. ▷홀(hole). [2][의존] 음료의 분량을 그것이 담긴 컵의 수로 헤아리는 말. ¶물 한 ~.

컵-라면(cup←[일]ラメン) [명] 컵 모양의 일회용 용기 속에 든 라면. 또는, 그 용기에 뜨거운 물을 부어 즉석에서 익힌 라면. ▷사발면.

컵-자리(cup-) [명][천] 5월 초저녁에 남중하는 별자리. 처녀자리의 남서쪽에 있음.

컵 홀더(cup holder) '컵걸이'로 순화.

컷(cut) Ⅰ[명] [1][자립] **1** [영] 영화·텔레비전 등의 촬영에서, 한 대의 카메라가 찍기 시작하여 마칠 때까지의, 단절이 없는 일련의 영상. =숏. **2** [출] 인쇄물에 넣는 작은 삽화. [2][의존] 필름에서, 사진이 찍히는 화면의 하나하나를 세는 단위. ¶사진 한 ~.

Ⅱ[감][영] 어떤 장면에 대한 촬영을 중지시킬 때 감독이 외치는 말.

컷오프(cutoff) [명][체] 3~4라운드의 골프 경기에서, 2라운드까지의 성적으로 3~4라운드의 진출 여부를 가리는 일. 또는, 2라운드에서 탈락되는 일. **컷오프-되다** [동][자]

컷-인(cut-in) [명][영] 영화·텔레비전에서, 긴 한 장면 사이에 문자·사진의 짧은 장면을 삽입하는 일.

컹컹 [부] 개가 크게 짖는 소리. [작]캉캉.

케냐(Kenya) [명][지] 아프리카 동부에 있는 공화국. 수도는 나이로비.

케네디, 존 피츠제럴드(Kennedy, John Fitzgerald) [명][인] 미국의 제35대 대통령(1917~1963).

케도(KEDO) [명] [Korean Peninsula Energy Development Organization] 북한에 대한 경수로 사업 지원 및 대체 에너지 제공 등을 추진하기 위해 1995년에 한국·미국·일본이 설립한 기구. 한반도 에너지 개발 기구.

케라틴(keratin) [명][화] 동물체의 표피·모발·손톱·발톱·뿔·발굽·깃털 등의 주성분인 경단백질의 총칭.

케말 파샤(Kemal Pasha) [명][인] 터키의 전 대통령(1881~1938).

케이(K) [명][의존] 합금 속에 들어 있는 금의 비율을 나타내는 단위. 순금은 24K임.

케이블(cable) [명] **1** 섬유·철사 따위를 꼬아 만든 굵은 줄. **2** 전기가 통하지 않는 물질로 겉을 감싼 전화선이나 전력선.

케이블^릴리스(cable release) [명][사진]

ㅋ

흔들림이 없이 셔터를 작동시키기 위한, 사진기의 보조 기구.

케이블-방송(cable放送) [명][방송] 동축 케이블이나 광케이블 등을 통해 프로그램을 각 가정이나 지역으로 내보내는 방송.

케이블-카(cable car) [명] 경사가 급한 곳에 레일을 놓아 강철로 꼬아 만든 강삭으로 차량을 끌어서 사람이나 화물을 운반하는 철도. 또는, 그 차량.

케이블티브이(cable TV) [명][방송] 방송국과 가입자인 각 가정이나 업소 등을 광케이블로 연결하고 그 케이블을 통해 방송 프로그램을 보내는 방식의 텔레비전. =시에이 티브이(CATV).

케이스(case) [명] 1 물건을 넣는 상자나 갑. 2 '경우'·'사례'로 순화. ¶모델~.

케이스바이케이스(case-by-case) [명] '사례별', '개개의 경우[상황]'로 순화.

케이에스(KS) [명] [Korean Industrial Standards] 한국 산업 규격에 합격된 제품에 붙는 표시. ¶~ 제품.

케이에스-마크(KS mark) [명] 산업 표준화법에 따라 산업 표준으로 인정된 제품에 표시하는 'ⓚ'의 표.

케이오(KO) [명] [knockout] [체] =녹아웃1. ¶~ 펀치. 케이오-되다 [동][여]

케이오-승(KO勝) [명][체] 권투 경기에서, 상대를 녹아웃시킴으로써 이기는 것. ↔ 케이오 패.

케이오-패(KO敗) [명][체] 권투 경기에서, 녹아웃으로 지는 것. ↔케이오 승.

케이크(cake) [명] 밀가루·달걀·버터·우유·설탕 등을 주재료로 하여 구워 만든 빵. ×케잌.

케이투 봉(K two峰) [명][지] 인도 북부 카라코람 산맥 중앙부에 있는 산. 높이 8,611m.

케이프타운(Cape Town) [명][지] 남아프리카 공화국 남서부의 항구 도시.

케익 [명] '케이크(cake)'의 잘못.

케인스, 존 메이너드(Keynes, John Maynard) [명][인] 영국의 경제학자(1883~1946).

케일(kale) [명][식] 잎이 오글쪼글하고 결구(結球)가 되지 않는 서양 배추. 비타민과 무기 염류가 많음.

케임브리지(Cambridge) [명][지] 영국 잉글랜드 남동부의 도시.

케첩(ketchup) [명] 토마토를 으깨어 즙을 낸 것에 향료·식초 등을 넣어 만든 소스. ≒토마토케첩.

케케-묵다 [-따] [형] (일이나 물건이) 아주 오래되어 낡다. ¶케케묵은 이야기. × 켸켸묵다.

케페우스(Cepheus) [명][신화] 그리스 신화에 나오는 에티오피아의 왕. 카시오페이아의 남편이며 안드로메다의 아버지로, 죽은 뒤 별자리가 됨.

케페우스-자리(Cepheus-) [명][천] 가을에 천구의 북극 가까이에 보이는 자리. 북극성 가까이에 있는 오각형의 별로, 카시오페이아자리 오른쪽에 있음.

케플러, 요하네스(Kepler, Johannes) [명][인] 독일의 천문학자(1571~1630).

케플러의 법칙(Kepler-法則) [-의/-에-] [천] 독일의 천문학자 케플러가 발견한, 행성의 운동에 관한 세 가지 법칙.

켄타우로스(Centauros) [명][신화] 그리스 신화에 나오는 반인반마(半人半馬)의 괴물.

켄타우루스-자리(Centaurus-) [명][천] 늦봄에서 초여름에 걸쳐 남쪽 하늘에 보이는 별자리. 알파성은 태양에서 가장 가까운 별임.

켄터키(Kentucky) [명][지] 미국 동부의 주.

켄트-지(Kent紙) [명] 그림·제도에 쓰는 흰색의 종이.

켈러, 헬렌 애덤스(Keller, Helen Adams) [명][인] 미국의 여류 저술가·사회사업가(1880~1968).

켈로이드(keloid) [명][의] 피부의 결합 조직이 이상 증식하여 단단하게 융기한 것.

켕기다 [동][자] 1 (물체가) 팽팽해져 손이나 몸에 당기거나 조이는 힘이 느껴지다. 2 (몸의 일부나 근육·힘줄 등이) 빽빽하게 당겨져 아프거나 불편함을 느끼다. ¶수술한 자리가~. 3 마음에 찔리거나 떳떳하지 못한 데가 있어서 거리끼거나 겁이 나다. ¶뒤가~.

켜 [명] 포개진 물건의 낱낱의 층. ¶시루떡의 ~를 두껍게 안치다.

켜다[타] 1 어떤 물체에 다른 물체의 끝이나 일부를 부딪치거나 마찰하여 불이 생기게 하다. ¶성냥을 ~. 2 (타는 불로 주위를 환하게 비추는 물건을) 불을 붙이다. ¶촛불을 ~. 3 (전기를 이용하는 물건을) 제 기능을 하도록 전기나 동력의 흐름이 시작되는 스위치를 움직이다. ¶텔레비전을 ~. ↔끄다.

켜다[2] [타] 1 (톱으로 나무를) 세로 방향, 또는 나뭇결의 방향으로 밀었다 당겼다 하여 나누어지게 만들다. ¶통나무를 ~. ▷자르다. 2 (현악기를) 줄을 활 따위로 문질러서 소리를 내게 하다. ¶바이올린을 ~.

켜다[3] [타] (물·술 등을) 한꺼번에 많이 마시다. ¶짜게 먹어서 물을 많이 ~.

켜다[4] [타] ('기지개'를 목적어로 하여) (사람이나 동물이) 팔다리나 네리미를 쭉 뻗으면 몸을 펴다.

켜-이다 [동][자] '켜다'의 피동사. ¶물이 ~. 켜-키다.

켜켜-로[부] 여러 켜를 이루어. ¶먼지가 ~ 앉은 낡은 책상.

켜켜-이[부] 여러 켜마다. ¶시루떡에 ~ 팥고물을 얹다.

켠 [명](의존) '편(便)[2]'의 잘못.

켤레[1] [수] 두 개의 점·선·수가 서로 특수한 관계를 가지고 있어, 서로 바꾸어 놓아도 그 성질에 변화가 없을 경우의 그들의 관계. ¶~각.

켤레[2] [명](의존) 신·양말·장갑·방망이 따위의 두 짝을 한 벌로 세는 단위. =족(足). ¶고무신 한 ~ / 양말 두 ~.

켸켸-묵다 [동] '케케묵다'의 잘못.

코[1] [명] 1 사람의 얼굴이나 포유동물의 머리 한가운데에 있는, 호흡하거나 냄새 맡는 기능을 하는 기관. ¶들창~ / ~를 골다. 2 사람 얼굴의 숨 쉬는 기능을 하는 부분에 뚫린 구멍 속에 들어 있거나, 거기서 흘러나오는 진한 점도의 액체. ¶~를 흘리다. ▷콧물. 3 버선·신 등에서, 앞 끝이 오똑하게 내민 부분.

코가 꿰이다 무엇에 꼼짝 못하고 속박되다. ¶여자한테 ~.

코가 납작해지다 몹시 무안을 당하거나 기가 죽다.

코가 높다 잘난 체하거나 뽐내는 기세가 있다.

코가 비뚤어지게 몹시 취하도록. ¶오늘은 ~ 마셔 보자.
코 먹은 소리 코가 막히거나 하여, 부자연스럽게 콧속을 울리면서 나는 소리.
코 묻은 돈 어린아이가 가지고 있는 적은 돈을 하찮다는 뜻으로 이르는 말.
코(가) 빠지다 근심에 싸여 기가 죽고 황기가 없어지다.
코² [1](옛) 그물이나 뜨개질한 물건의 눈마다의 매듭. 스웨터의 ~가 풀리다. [2](의존) l을 세는 단위로 이르는 말. ¶한 ~ 한 ~ 정성스레 뜬 장갑.
코¹³ 〈유아〉 **코울**. 자다, ~ 자자.
-코⁴ (접미) 일부 한자어 어근에 붙어, 부사를 만드는 말. ¶기어~ / 맹세~.
코-감기 (-感氣) 圀 코가 메고 콧물이 나오는 감기. =콧물감기.
코-걸이 장식이나 그 밖의 목적으로 사람의 코에 꿰는, 고리 모양의 물건.
코-골이 圀 사람이 잠을 자면서 코를 고는 일.
코-끝 [-끝] 圀 콧등의 끝.
코끝도 볼 수 없다 도무지 나타나지 않아 전혀 볼 수 없다. ¶그 사람은 요새 **코끝도 볼 수 없으니** 어찌 된 일이니?
코끼리 图 몸집이 매우 크고, 원통 모양의 긴 코와 2개의 긴 엄니를 가진 포유 동물. 살가죽은 털이 없고 두껍다. 인도와 아프리카 초원에서 풀을 먹고 삶.
코나크리 (Conakry) 圀 [지] 기니의 수도.
코냐크 (Cognac) 圀 [지] 프랑스 서부의 도시.
코냑 (←cognac) 圀 프랑스 코냐크 지방의 명산(名産)인 고급 브랜디.
코너 (corner) 圀 1 일정한 공간의 구석. 또는, 길모퉁이. ¶~을 돌다. 2 쉽게 벗어날 수 없는 난처한 처지. ¶차츰군으로 ~에 몰리다. 3 ＊ 백화점 등의 매장. ¶숙녀복 ~.
코너^아웃 (corner out) 圀 [체] 축구에서, 자기편이 찬 공 또는 자기편 몸에 닿은 공이 자기편 골라인 뒤로 나간 경우.
코너-킥 (corner kick) 圀 [체] 축구에서, 수비 측에 의해 코너 아웃이 된 공을 공격 측이 코너에 놓고 필드 안으로 차는 일.
코네티컷 (Connecticut) 圀 [지] 미국 북동부의 주.
코넷 (cornet) 圀 [음] 트럼펫과 비슷한 금관 악기. 트럼펫보다 원형에 가깝고 음색이 좀 부드러움.
코-대답 (-對答) 圀 탐탁하지 않게 여기는 일에 건성으로 콧소리를 내어 하는 대답. ¶그는 건성으로 ~만 한다.
코덱 (codec) 圀 [컴] 아날로그 신호를 디지털 신호로 변환하거나 디지털 신호를 아날로그 신호로 변환하는 데이터 전송 장치.
코드¹ (chord) 圀 1 =화음(和音). 2 기타 연주에서 손가락으로 짚는 화음.
코드² (code) 圀 1 상사(商社)가 국제 전보에서 정하여 두고 쓰는 약호·전신 암호. 2 [컴] 정보를 나타내기 위한 기호의 체계. 3 [문] 기호학에서, 상호 간에 메시지의 전달을 가능하게 하는 공통적인 기호 체계. 또는, 어떤 문화의 성원에게 공통적으로 적용되는, 규칙·관습·규정 따위의 미 체계. ¶디지털 세대의 문화적 ~.
코드³ (cord) 圀 가느다란 여러 개의 구리줄을 절연물로 싸고 그 위를 무명실 따위

로 씌운 전깃줄. ¶전화 ~.
코디 (←coordination) 圀 1 '코디네이션'의 준말. 2 '코디네이터'의 준말. **코디-하다** 国(여) 의상·화장·액세서리·구두 등을 전체적으로 조화롭게 갖추어 꾸미다.
코디네이션 (coordination) 圀 [동등], [조정(調整)의 뜻] 의상·화장·액세서리·구두 등을 전체적으로 조화롭게 갖추어 꾸미는 일. 준코디.
코디네이터 (coordinator) 圀 코디네이션을 전문적으로 하는 사람. 준코디.
코딩 (coding) 圀 1 어떤 사항을 기호화하는 것. 또는, 기호를 부여하는 것. 2 [컴] 일정한 프로그램 언어를 써서 프로그램을 작성하는 것. **코딩-하다** 国(여)
코-딱지 [-찌] 圀 콧구멍에 코의 진액과 먼지 따위가 섞여 말라붙은 딱지.
꼬딱지만 하다 공간의 크기나 규모가 아주 작다. 얕잡는 어감이 있는 말임. ¶꼬딱지만 한 방.
코-뚜레 圀 소의 코를 꿰뚫어 끼는 고리 모양의 나무.
코란 (Koran) 圀 이슬람교의 경전. 마호메트가 유일신 알라로부터 받은 계시와 그의 설교를 집대성한 것임. =쿠란.
코랄 (chorale) 圀[음] 독일 프로테스탄트 교회, 특히 루터파의 찬송가.
코러스 (chorus) 圀 1 =합창. 2 포크 송이나 대중가요에서 반복되는 부분.
코로나 (corona) 圀 [천] 태양 대기의 가장 바깥층에 있는 엷은 가스층. 개기 일식 때 육안으로 보임. =백광(白光).
코로르 (Koror) 圀 [지] 팔라우의 수도.
코르덴 (←corded velveteen) 圀 골이 지게 짠 벨벳 비슷한 직물. ×골덴.
코르사주 (⊕corsage) 圀 1 가슴에서 허리 근처까지 내려오는, 몸에 꼭 맞는 의복의 허리 부분. 2 여성이 가슴이나 앞 어깨에 다는 꽃 장식.
코르셋 (corset) 圀 1 여자용 속옷의 하나. 배와 허리의 모양을 다듬어 주는 것. 2 [의] 의료 기구의 하나. 정형외과에서 환부(患部)의 고정·안정·변형 교정(變形矯正) 및 척추나 골반을 고정하는 데에 씀.
코르크 (cork) 圀 코르크나무·굴참나무 등의 겉껍질 안쪽에 생기는 여러 겹으로 이루어진 조직. 탄력이 있고, 액체·기체가 스며들지 않아 보온재·방음재 등으로 쓰임.
코르크-나무 (cork-) 圀 [식] 지중해 지방에서 자라며, 줄기의 껍질에 있는 코르크의 층에서 코르크를 얻는 상록 교목.
코리다 國 '고리다'의 거센말.
코린-내 圀 '고린내'의 거센말.
코린트-식 (Corinth式) 圀 [건] 기원전 5〜6세기에 발달하였던, 그리스 고전 건축 양식의 하나. 화려하고 섬세하며, 기둥머리에 아칸서스 잎을 조각한 것이 특색임. ▷도리스식·이오니아식.
코-맹맹이 圀 말소리가 코가 막힌 상태에서 불완전하게 나는 상태. 또는, 그런 소리를 내는 사람. 놀림조의 말임.
코-머거리 圀 코가 막혀 말소리를 불완전하게 내거나 냄새를 잘 못 맡거나 하는 상태에 있는 사람. 얕잡는 말임.
코메디 圀 '코미디 (comedy)'의 잘못.
코메리칸 (†Komerican) 圀 [Korean+American] 미국에 사는 한국인.
코멘-소리 圀 코가 막힌 사람이 하는 말소리.

코멘트(comment) 圐 '논평', '해설', '한 말씀'으로 순화. ¶오늘의 중시 ~.

코모로(Comoros) 圐 마다가스카르 섬 북쪽의 코모로 제도로 이루어진 공화국. 수도는 모로니.

코뮈니케(communiqué) 圐 외교 회의 때에 공식 회의의 경과나 관계국의 의사를 나타낸 성명서.

코뮤니즘(communism) 圐[사] =공산주의.

코미디(comedy) 圐 즐겁고 우스운 내용을 담은 연극이나 영화나 방송극. 圐희극. ×코믹.

코미디언(comedian) 圐 코미디에 주로 출연하는 연기자. 희극 배우.

코믹^오페라(comic opera) 圐[음] =희가극(喜歌劇).

코믹 터치(comic touch) 圐 영화·드라마·소설 등의 내용이 코믹한 요소를 띠고 있는 상태. ¶가족애를 ~로 그린 영화.

코믹-하다(comic-) 圐閱 (영화·극·글 등의 내용이나 그 연기·모습 등이) 웃음이 나게 하는 상태에 있다. ¶코믹한 연기.

코민테른(Comintern) 圐 [Communist International] =제삼 인터내셔널.

코민포름(Cominform) 圐 [Communist Information Bureau] 1947년 미국의 봉쇄 정책에 대항하여 유럽 9개국의 공산당이 정보 교환과 활동 조정을 도모하기 위해 조직한 기구. 1956년에 해체됨.

코-밑[-믿] 圐 (코의 아랫부분이라는 뜻) 아주 가까운 곳을 이르는 말. ¶물건을 ~에 두고도 못 찾는다.

코-밑수염(-髥) 圐 =콧수염.

코-바늘 圐 한쪽 또는 양쪽 끝에 미늘 모양의 갈고리가 달린 짧은 뜨개바늘.

코발트(cobalt) 圐[화] 철족(鐵族)에 속하는 전이 원소의 하나. 원소 기호 Co, 원자 번호 27, 원자량 58.9332. 회백색의 금속 원소로 고속도강 등의 합금 제조 외에 유리·도자기의 청색 안료로 씀.

코발트-색(cobalt色) 圐 코발트의 빛깔처럼 푸르스름한 색깔.

코방아를 찧다 앞으로 넘어져서 코를 바닥에 몹시 부딪치다. ¶돌부리에 걸려 넘어져 코방아를 찧었다.

코볼(COBOL) 圐 [common business oriented language] [컴] 사무 자료 처리용 고급 프로그래밍 언어.

코브라(cobra) 圐阁 성이 나면 몸의 앞부분을 땅에서 곧게 일으켜 세워 공격적인 자세를 취하는 독사. 몸길이는 0.5~5.5m이며, 인도코브라가 대표종임.

코-빼기 圐 '코'를 홀하게 이르는 말. ×콧배기.

코빼기도 볼 수 없다 도무지 나타나지 않아 전혀 볼 수 없다. 속된 말임.

코빼기도 안 내민다 어떤 자리에 모습을 나타내지 않다. 속된 말임.

코-뼈 圐[생] 코를 이루고 있는 뼈. 좌우 한 쌍으로 된 연골뼈.

코뿔-소[-쏘] 圐阁 코 위에 하나 또는 두 개의 뿔이 있으며, 다리가 짧고 살갗이 두껍고 단단한 포유동물. 열대의 숲이나 초원에서 삶. =무소.

코사인(cosine) 圐 삼각 함수의 하나. 직각 삼각형의 한 예각을 낀 밑변과 빗변과의 비를 그 각에 대하여 이르는 말. 기호는 cos. ↔시컨트.

코스(course) 圐 **1** 어떤 목적에 따라 다니기에 알맞게나, 가기 위해 정해 놓은 일정한 길. ¶드라이브 ~. **2** [체] =레인1. ¶제1~의 선수. **3** 거쳐야 할 과정이나 절차. ¶졸~. ¶박사 ~.

코스닥(KOSDAQ) 圐 [Korea Securities Dealers Automated Quotations] [경] 벤처 기업·중소기업에 안정적인 자금을 공급하기 위해 설립된 우리나라의 주식 장외 시장. ▷나스닥.

코스모스¹(cosmos) 圐[식] 줄기가 가늘고 가지가 많이 갈라져 바람에 잘 흔들리고, 가을에 흰색·분홍색·자주색 등의 꽃이 피는 한해살이풀. 길가나 들에 흔히 자람.

코스모스²(◎cosmos) 圐 질서와 조화를 지니고 있는 우주 또는 세계. ↔카오스.

코스타리카(Costa Rica) 圐[지] 중앙아메리카의 남쪽에 위치한 공화국. 수도는 산호세.

코스트(cost) 圐[경] '생산비'로 순화. ¶~다운.

코시컨트(cosecant) 圐[수] 삼각 함수의 하나. 직각 삼각형의 밑변과 어떤 예각의 대변과의 비를 그 각에 대하여 이르는 말. 기호는 cosec.

코-싸배기 圐 '코종배기'의 잘못.

코-안경(-眼鏡) 圐 안경다리가 없이 콧대에 걸쳐 쓰는 안경.

코알라(koala) 圐阁 몸길이 약 60cm로 머리는 곰과 비슷하고, 나무 위에서 살며 배에 있는 육아낭에 새끼를 넣어 기르는 포유동물. 오스트레일리아에서만 삶.

코-앞[-압] 圐 **1** [코의 바로 앞이라는 뜻] 매우 가까운 곳을 이르는 말. ¶~에 두고도 못 찾니? **2** 어떤 기회·시간이 가까이 다가왔음을 나타내는 말. ¶결혼 날짜가 ~에 다가오다.

코-약(-藥) 圐 코 아픈 데에 쓰는 약.

코어(core) 圐[컴] 이진법으로 표현된 정보의 저장을 위한 자성 물질.

코-언저리 圐 코의 가장자리.

코-웃음 圐 코끝으로 가볍게 비웃는 웃음. **코웃음(을) 치다** ¶코웃음을 치다. **2** 남을 깔보고 비웃다. ¶그는 내 말이 가당치 않다는 듯이 코웃음 쳤다.

코일(coil) 圐 나사 모양으로 여러 번 감은 도선.

코-쟁이 圐 '서양 사람'을 코가 크다는 뜻에서 놀림조로 이르는 말.

코-주부(-主簿) 圐 코가 큰 사람을 놀림조로 이르는 말.

코-쭝배기 圐 '코'를 속되게 이르는 말. ×코싸배기.

코치(coach) 圐 **1** 지도하여 가르치는 일. **2** [체] 운동 경기의 기술·정신 등을 가르치는 일. 또는, 그 사람. ¶농구 ~. **코치-하다** 閱囘

코-침(-鍼) 圐 잠 자는 사람의 콧구멍에 심지를 넣어 간질이는 짓. ¶~을 놓다.

코칭-스태프(coaching staff) 圐[체] 운동팀에서, 감독을 비롯한 코치들의 진용.

코카-나무(coca-) 圐[식] 남아메리카 원산으로, 잎에서 코카인을 얻는 상록 관목.

코카인(cocaine) 圐[화] 코카나무의 잎에서 추출한 알칼로이드, 마취제로 쓰임.

코코넛(coconut) 圐 야자나무의 열매. 배젖에서 야자유를 짜며, 이것을 말려 코프라를 만듦.

코코아(cocoa) 圀 1 카카오나무의 열매를 말려 얻은 가루. 음료·과자·약재로 쓰임. 2 1을 뜨거운 물이나 우유에 타서 만든 음료.

코크스(cokes) 圀[광] 석탄을 고온에서 건류하여 휘발 성분을 제거한, 다공질의 고체 물질. 연료 및 야금(冶金)이나 가스 제조용에 쓰임. =골탄.

코탄젠트(cotangent) 圀[수] 삼각 함수의 하나. 직각 삼각형의 한 예각을 낀 밑변과 그 각의 대변과의 비를 그 각에 대하여 이르는 말. 기호는 cot.

코-털 콧구멍 속에 난 털.

코트¹(coat) 圀 춥거나 서늘한 날씨에 겉옷 위에 덧입는, 재킷 모양이면서 길이가 더 긴 옷. 剛외투.' / 바바리~.

코트²(court) 圀[체] 테니스·농구·배구 등의 경기장. ¶테니스 ~.

코트디부아르(Côte d'Ivoire) 圀[지] 서아프리카 기니 만에 위치한 공화국. 수도는 야무수크로.

코트-지(coat紙) 圀 안료와 풀을 아트지보다 적게 사용하여 표면이 다소 거칠지만 색 인쇄가 잘되어 컬러 인쇄에 많이 쓰이는 인쇄용 종이.

코튼(cotton) 圀 목면실이나 그 직물.

코팅(coating) 圀 1 물체를 보호하거나 광택·색깔을 내기 위해 표면에 어떤 물질을 바르는 것. ¶~ 렌즈. 2 †=래미네이팅.
코팅-하다 통㉯여 ¶카드를 비닐로 ~.

코페르니쿠스, 니콜라우스(Copernicus, Nicolaus) 圀[인] 폴란드의 천문학자 (1473~1543).

코펜하겐(Copenhagen) 圀[지] 덴마크의 수도.

코펠(←Kocher) 圀 등산이나 여행 등을 할 때 휴대할 수 있는 취사용 냄비·공기 따위의 그릇.

코-피 콧구멍에서 흘러나오는 피. ¶~를 쏟다.

코:-하다 통㉠ ⟨유아⟩ 자다.

코-허리 콧등의 잘록한 부분. ¶돋보기를 ~에 걸치고 신문을 들여다보다.

코허리가 시큰하다 슬픔을 느끼거나 감격하여 코허리가 싸하거나 매운 듯한 상태에 있다.

코-홀쩍이 圀 코를 훌쩍거리는 사람을 놀림조로 이르는 말.

코-흘리개 圀 1 늘 콧물을 흘리는 아이를 놀리는 말. 2 '철없는 아이'를 이르는 말.

콕¹ 튀 작고 날카로운 것을 얕게, 찌르거나 찍거나 쪼는 모양. ¶바늘로 ~ 찌르다. 큰쿡.

콕²(cock) 圀[물] 관 속을 흐르는 물체의 양을 조절하기 위한 기구로, 구멍이 있는 쐐기 모양의 마개.

콕-콕 튀 자꾸 콕 하는 모양. ¶팔이 ~ 쑤신다. 큰쿡쿡. **콕콕-하다** 통㉯여

콕토, 장(Cocteau, Jean) 圀[인] 프랑스의 시인·작가(1889~1963).

콘(cone) 圀 1 확성기에 쓰이는 원뿔형의 두꺼운 종이. 2 아이스크림을 담는, 원뿔형의 과자로 된 물건.

콘덴서(condenser) 圀 축전기.

콘도(condo) 圀 '콘도미니엄'의 준말.

콘도르(㉳condor) 圀[동] 깃털은 검고 날개의 일부만 흰색이며, 머리와 목은 털이 없어 피부가 드러나 있는 대형 새. 주로 죽은 동물의 고기를 먹는 맹금류.

콘도미니엄(condominium) 圀 객실 단위로 분양하는 레저용 숙박 시설 또는 공동주택. 소유자가 이용하지 않는 동안은 관리 회사에 임대 운영을 위탁함. 㑀콘도.

콘돔(condom) 圀 성교할 때 피임·성병 예방 등의 목적으로 남자의 음경에 씌울 수 있도록 얇은 고무 따위로 만든 물건.

콘^브리오(㉫con brio) 圀[음] 악곡의 표현 방법을 나타내는 말로, '생생하게', '쾌활하게', '명랑하게'의 뜻.

콘사이스(†concise) 圀〔'간결·간명'의 뜻〕 휴대용 사전. ¶영어 ~.

콘서트(concert) 圀[음] 음악회 또는 연주회.

콘서트-홀(concert hall) 圀 음악회를 열 수 있도록 지은 건물. 㑀음악당.

콘센트(†←concentric plug) 圀 옥내 배선에서, 전류를 얻기 위해 플러그를 꽂는 기구.

콘셉트(concept) 圀 광고·디자인 등에서, 그 속에 담고자 하는 기본적인 생각. ¶생활의 안락함을 ~로 한 침대 광고. ×컨셉.

콘셉트-카(concept car) 圀 첨단적 기능과 디자인을 가미하여 실험적으로 제작되는 미래형 자동차. 흔히, 모터쇼에 출품됨.

콘솔(console) 圀 1 게임기의 본체. 2 [컴] 컴퓨터 시스템의 관리자가 시스템의 상태를 알아보거나 각종 동작을 처리하기 위해 사용하는 단말 장치. 3 레이더 기지·공항 관제탑 등의 전기·통신 장비를 한군데에서 제어하기 위한 장치.

콘스탄티노플(Constantinople) 圀[지] '이스탄불'의 구칭.

콘스탄티누스^대:제(Constantinus大帝) 圀[인] 고대 로마의 황제(280?~337).

콘체른(㉫Konzern) 圀[경] 독점적 금융 자본이나 지주 회사를 중핵으로 하여 그 지배하에 두고, 법률상으로는 독립된 다수의 각종 기업이 종속하여 형성되는 독점 형태.

콘크리트(concrete) 圀[건] 시멘트에 모래와 자갈 등을 적당한 비율로 섞고 물을 가하여 반죽한 것. 또는, 그것을 굳힌 것.

콘크리트^못(concrete-) 圀 [못] =강못.

콘택트(contact) 圀 '콘택트렌즈'의 준말.

콘택트-렌즈(contact lens) 圀 눈물의 표면 장력을 이용하여 각막에 밀착시켜 근시·원시·난시 등 눈의 굴절 이상을 교정하는 얇은 소형 렌즈. 㑀콘택트.

콘테스트(contest) 圀 용모·작품·기능 등의 우열을 가리는 대회. ¶사진 ~.

콘텐츠(contents) 圀[컴] 인터넷 등의 통신망을 통해 제공되는 각종의 디지털 정보. 곧, 디지털로 가공된 각종 정보 내용물이나 프로그램, 영화·음악·게임 소프트웨어 등을 가리킴. ×컨텐츠.

콘트라베이스(contrabass) 圀 바이올린류의 현악기 가운데 가장 낮은 음역의 악기. 음색이 중후하고 웅대함.

콘트라스트(contrast) 圀[미] 대비. =대비³.

콘티(←continuity) 圀[영] '콘티뉴이티'의 준말.

콘티뉴이티(continuity) 圀 1 [영] 영화·텔레비전 프로그램 등에서, 촬영할 때에 각본을 기초로 하여 각각의 필착서의 구분·내용·대사·음악·효과 등을 상세히 기술한 대본. =촬영 대본. ¶~를 짜다. 2 만화 제

작에서, 칸을 나누어 스토리를 대사로 나타내고, 칸의 화면을 어떻게 구성할 것인지를 지시한 것. [준]콘티.
콘-플레이크(←cornflakes) [명] 옥수수 가루로 얇게 만든 가공 식품. 단백질의 질이 좋고 소화가 잘되므로 간단한 아침 식사나 간식 또는 유아식 등으로 이용됨.
콜-걸(call girl) [명] 전화 연락을 받고 남자를 만나 매춘하는 여자.
콜^금리(call金利) [-니] [명][경] 콜 자금의 대차(貸借)에 쓰이는 이율.
콜드^게임(called game) [명][체] 야구에서, 5회 이상의 경기를 마치고 일몰, 강우(降雨), 많은 점수 차이 등의 사정으로 심판에 의하여 경기 중지가 선언된 시합. 승패는 그때까지의 득점에 따라 결정됨.
콜드-크림(cold cream) [명] 얼굴을 마사지하거나 화장을 지우거나 할 때 사용하는 유성 크림.
콜라(cola) [명] 콜라나무 열매의 씨를 원료로 하여 만든, 갈색의 탄산음료.
콜라-나무(cola-) [명][식] 열대 지방에서 재배하며, 씨를 콜라의 원료로 쓰는 상록 교목. 노란색 꽃이 피며, 긴 타원형의 열매 속에 4~10개의 씨가 들어 있음.
콜라주([프]collage) [명][미] 다다이즘·팝 아트 등의 현대 회화에서, 화면에 인쇄물·천·쇠붙이·나뭇조각 등을 붙이는 기법.
콜라-텍(†colatheque) [명] [cola+*discotheque*] 콜라를 마시며 춤을 출 수 있는 청소년 전용 유흥업소. 술·담배는 팔지 않음.
콜럼버스[1](Columbus) [명][지] 미국 오하이오 주에 있는 도시.
콜럼버스[2], 크리스토퍼(Columbus, Christopher) [명][인] 이탈리아의 탐험가(1451~1506).
콜레라(cholera) [명][의] 법정 전염병의 하나. 입을 통해 몸 안에 들어온 콜레라균이 소장에 침범해서 일어나며, 설사와 구토에 의한 탈수 증상 등을 일으킴.
콜레스테롤(cholesterol) [명][화] 고등 척추동물의 뇌·신경 조직·부신(副腎)·혈액 등에 많이 들어 있는 대표적인 스테로이드. 혈액 중에 이 양이 많아지면 동맥 경화증을 일으킴.
콜로니(colony) [명] **1** 심신 장애인이 일정 지역에서 사회생활을 하면서 치료·훈련 등을 받는 종합적인 사회 복지 시설. **2** [생] 한 지역을 어느 정도의 기간 동안 점유하는 생물의 집단.
콜로라도(Colorado) [명][지] 미국 중부의 주.
콜로세움([라]Colosseum) [명] =원형 경기장.
콜로이드(colloid) [명][화] 지름이 1~100 nm 정도의 미립자가 기체·액체·고체의 매체 속에 분산되어 있는 상태. 또는, 그 물질.
콜록 [부] 입을 오므리고 가슴이 울리게 내는 기침 소리. [큰]쿨룩. **콜록-하다** [동][자][여]
콜록-거리다/-대다[-꺼(때)-] [동][자] 자꾸 콜록 소리를 내다. ¶그는 해수병으로 노상 **콜록거린다**. [큰]쿨룩거리다.
콜록-콜록 [부] 콜록거리는 소리. [큰]쿨룩쿨룩. **콜록콜록-하다** [동][자][여]
콜-론[1](call loan) [명][경] '단자(短資)'를 빌려 주는 쪽에서 이르는 말. ▷콜머니.
콜론[2](colon) [명][언] =쌍점(雙點).
콜롬비아(Colombia) [명][지] 남아메리카 대륙의 북서부에 있는 공화국. 수도는 보고타.
콜리(collie) [명][동] 개의 한 품종. 영국 원산으로, 얼굴이 길고 귀는 작으며, 길고 아름다운 털과 북슬북슬한 꼬리를 가짐. 목양견(牧羊犬) 또는 애완용으로 기름.
콜-머니(call money) [명][경] '단자(短資)'를 빌리는 쪽에서 이르는 말. ▷콜론.
콜^사인(call sign) [명] 방송국이나 무선국의 전파 호출 부호. KBS 제1라디오 방송의 HLKA 따위.
콜카타(Kolkata) [명][지] 인도 북동부의 항구 도시.
콜콜[1] [부] 시척지근하거나 고리타분한 냄새가 나는 모양. ¶어디서 이상한 냄새가 ~ 나는데, 이게 무슨 냄새지?
콜콜[2] [부] 곤하게 잠들었을 때에 숨 쉬는 소리. 또는, 그 모양. [큰]쿨쿨. **콜콜-하다** [동][자][여]
콜타르(coal tar) [명] 석탄을 고온으로 건류할 때 생기는 기름 상태의 끈끈한 흑색 액체. 염료·의약·폭약 등의 원료이며, 목재의 방부제로 쓰임. =타르.
콜-택시(call taxi) [명] 전화로 호출하여 이용하는 택시.
콜호스([러]kolkhoz) [명] 소련의 집단 농장. 협동조합 형식에 의하여 농민이 집단 경영을 행함. ▷솝호스.
콜히친(colchicine) [명][화] 콜키쿰이라는 식물의 씨와 비늘줄기에서 채취하는 알칼로이드. 통풍(痛風)에 특효약이며, 씨 없는 수박 등 식물의 품종 개량에 이용됨.
콤마(comma) [명] **1** [언] =반점(半點)[1]. **2** '점(點)[2] [1] 7'의 잘못.
콤바인(combine) [명] 익은 곡식을 베는 일과 탈곡하는 일을 동시에 하는 농기계.
콤비(†←combi*nation*) [명] **1** 무엇을 행하기 위하여 두 사람이 짝을 이루는 일. 또는, 그 두 사람. ¶명(名)~ / ~를 이루다. **2** 위아래가 다른 천으로 된 양복 한 벌. 또는, 그 상의.
콤비나트([러]kombinat) [명][경] 생산 과정에 연관이 있는 몇 개의 공장이나 기업을 결합하여 지역적으로도 근접시킨 기업 집단. ¶석유 화학 ~.
콤비네이션(combination) [명][수] =조합(組合)[1]**4**.
콤팩트(compact) [명] 분·분첩 등을 넣는, 거울이 달린 휴대용 화장 도구.
콤팩트-디스크(compact disk) [명] =시디(CD)[1].
콤플렉스(complex) [명] **1** [심] 무의식 속에 억압되어 있는 이상 심리나 관념. **2** 자기 자신의 어떤 점에 대해 열등감이나 두려움 따위를 무의식 속에 가지고 있는 상태. ¶그 여자는 얼굴의 흉터에 심한 ~를 가지고 있다.
콧-구멍[코꾸-/콛꾸-] [명] 코에 뚫린 구멍.
  콧구멍만 하다 넓이나 구멍이 매우 작다. ¶**콧구멍만 한** 방에서 여섯 식구가 살고 있다.
콧-기름[코끼-/콛끼-] [명] 콧등에서 나오는 기름기.
콧-김[코낌/콛낌] [명] 콧구멍에서 나오는 더운 김.
  콧김이 세다 영향력이 크다.

ㅋ

콧-날[콘-] 圏 콧마루의 날을 이룬 부분. ¶~이 오뚝하다.
콧-노래[콘-] 圏 입을 다물고 코로 소리를 내어 부르는 노래.
콧-대[-때] 圏 콧등의 우뚝한 줄기.
콧대(가) 높다 '코가 높다'를 강조하여 이르는 말.
콧대를 꺾다 상대방의 자만심이나 자존심을 꺾어서 기가 죽게 하다.
콧대(가) 세다 남의 말을 잘 듣지 않고 고집이 세다.
콧-등[코뜽/콛뜽] 圏 코의, 등성이 모양을 이룬 부분. ¶~이 시큰하다〔찡하다〕.
콧-마루[콘-] 圏 콧등의 마루가 진 부분. ¶~이 시큰하다.
콧-물[콘-] 圏 감기 따위에 걸리거나 울거나 할 때, 코에서 흘러나오는 묽은 액체. 今코.
콧물-감기(-感氣)[콘-] 圏 =코감기.
콧-바람[코빠-/콛빠-] 圏 코로 내보내는 바람 기운. 또는, 그 소리. ¶내 제안에 못마땅한 듯 ~을 냈다.
콧-방귀[코빵-/콛빵-] 圏 남의 말이나 의견이나 태도 등을 무시하거나 가소롭게 여길 때, '흥' 하고 코로 소리를 내는 일.
콧방귀를 뀌다 남의 말을 들은 체 만 체하면서 무시하거나 가소롭게 여기다.
콧-방울[코빵-/콛빵-] 圏 코끝의 좌우 양쪽으로 불룩하게 내민 부분.
콧-배기 圏 '코빼기'의 잘못.
콧-병(-病)[코뼝/콛뼝] 圏 코에 생기는 병. ¶~이 나다.
콧-소리[코쏘-/콛쏘-] 圏 1 콧구멍으로 나오는 소리. =비음(鼻音). 2 [언] =비음(鼻音) 2.
콧-속[코쏙/콛쏙] 圏 콧구멍의 속. 凰비강(鼻腔).
콧-수염(-鬚髥)[코쑤-/콛쑤-] 圏 코 아래에 난 수염. =코밑수염.
콧-잔등[코짠-/콛짠-] 圏 '콧잔등이'의 준말.
콧-잔등이[코짠-/콛짠-] 圏 '코허리'의 낮은말. 今콧잔등.
콩¹ 圏[식] 된장・두부・콩나물 등의 원료가 되는 둥근 종자를 얻기 위해 재배하는 한해살이풀. 또는, 그 종자. 여름에 나비 모양의 흰색 또는 보라색의 작은 꽃이 피고, 털이 있는 꼬투리를 맺는데, 그 속에 종자가 들어 있음.
[콩 심은 데 콩 나고 팥 심은 데 팥 난다] 원인에 따라서 그 결과가 생긴다. [콩으로 메주를 쑨다고 곧이듣지 않는다] 아무리 사실대로 말해도 믿지 않음을 이르는 말.
콩 볶듯 1 마구 쏘는 총소리가 몹시 요란한 모양. ¶~ 나는 총소리에 귀가 먹먹하다. 2 남을 못 견디게 몹시 다그쳐 괴롭히는 모양. ¶빛 독촉을 ~ 하다.
콩² 圏 단단한 바닥 위에 작고 무거운 물건이 떨어질 때에 울리는 소리. 凰쿵.
콩-가루[-까-] 圏 1 콩을 볶아 빻아 낸 가루. 2 어떤 집단의 구성원이 서로 좋은 관계를 이루지 못해 결속의 힘을 잃어버린 상태. 비유적인 말임. ¶회사가 내분으로 ~가 되다.
콩가루(가) 되다 (어떤 물건이 부서져서) 가루가 다 되었음을 비유하여 이르는 말.
콩가루 집안 분란이 일어나서 엉망진창이 된 집안.

콩고(Congo) 圏[지] 중부 아프리카의 대서양 연안에 있는 인민 공화국. 수도는 브라자빌.
콩고 강(Congo江) 圏[지] 아프리카 중부의 적도 부근을 흐르는 강. 길이 4,700 km.
콩-고물[-꼬-] 圏 1 콩가루로 만든 고물. 2 어떤 일에 개입함으로써 얻는 얼마간의 이익. 속된 말임. ¶~이 떨어지다.
콩고^민주^공^화국(Congo民主共和國) 圏[지] 아프리카 대륙 중앙부, 콩고 분지의 대부분을 차지하는 공화국. 수도는 킨샤사. 구칭은 '자이르'.
콩-국[-꾹] 圏 흰콩을 약간 삶아서 맷돌에 갈아 짜낸 물.
콩-국수[-쑤] 圏 콩국에 국수를 만 음식. ¶냉~.
콩글리시(†Konglish) 圏 [Korean+English] 〈수〉 한국식으로 왜곡된 비문법적인 영어.
콩-기름 圏 콩에서 짜낸 기름.
콩-깍지[-찌] 圏 콩을 털어 낸 껍데기.
콩-깻묵[-깬-] 圏 콩기름을 짜고 남은 찌끼. 사료・비료로 씀.
콩-나물 圏 콩을 시루 같은 것에 담아 그늘진 곳에 두고 물을 주어 뿌리를 내려 자라게 한 식품.
콩나물 교실 정원보다 훨씬 많은 학생들로 비좁은 교실.
콩나물-국[-꾹] 圏 콩나물을 넣고 끓인 국.
콩나물-밥 圏 콩나물을 넣고 지은 밥.
콩나물-시루 圏 1 콩나물을 기르는 둥근 질그릇. 2 좁은 장소에 사람이 몹시 많아서 빽빽함을 비유하여 이르는 말. ¶~ 같은 만원 버스.
콩-밥 圏 1 쌀에 콩을 섞어서 지은 밥. 2 〈속〉〔전날 교도소에서 재소자에게 지급하는 식사에는 콩이 많이 들어 있었기 때문에 이르는 말〕 재소자의 밥.
콩밥(을) 먹다 감옥살이하다. 속된 말임.
콩-밭[-받] 圏 콩을 심어 가꾸는 밭.
콩-알 圏 콩의 낱알.
콩알만 하다 (사람이) 아주 쪼그맣다. 자기보다 어리거나 몸집이 작은 상대를 말로 제압하려고 할 때 얕잡는 뜻으로 쓰임. ¶콩알만 한 게 까불고 있어.
콩-자반 圏 콩을 간장에 조린 반찬.
콩-장(-醬) 圏 볶은 콩을 장에 넣고 기름・깨소금・고춧가루 및 다진 파 등을 넣고 버무린 반찬.
콩-콩 閉 자꾸 콩 하는 소리. 凰쿵쿵. **콩**.
콩쿠르(⑫concours) 圏 음악・미술・영화 등을 장려하기 위하여 여는 경연회. ¶피아노 ~.
콩테(⑫conté) 圏 크레용의 하나. 단단하기가 연필과 숯의 중간 정도이며 잘 묻음.
콩트¹(⑫conte) 圏 인생의 일상적 이야기를 고도로 압축하여 유머・풍자・위트 등의 기법으로 그린, 단편 소설보다 더 짧은 소설.
콩트², 오귀스트(Comte, Auguste) 圏[인] 프랑스의 철학자(1798~1857).
콩-팥[-판] 圏[생] =신장(腎臟)¹.
콰르릉 閉 '와르릉'의 거센말. **콰르릉-하다** 圏짜

ㅋ

1200 콰르릉거리다

콰르릉-거리다/-대다 통(자) '콰르릉거리다'의 거센말.

콰르릉-콰르릉 뷔 '꽈르릉꽈르릉'의 거센말. **콰르릉콰르릉-하다** 통(자)

콱 뷔 1 힘껏 박거나 찌르거나 부딪치는 모양. ¶~ 부딪치다. 2 매우 단단히 막거나 막히는 모양. ¶숨이 ~ 막히다. 3 마구 쏟거나 엎지르는 모양.

콱-콱 뷔 자꾸 콱 하는 모양. ¶너무 더위 숨이 ~ 막힌다.

콸콸 뷔 '괄괄'의 거센말. ¶물이 ~ 쏟아지다. 튀튀튀.

쾅 뷔 '꽝'의 거센말.

쾅-쾅 뷔 '꽝꽝'의 거센말.

쾅쾅-거리다/-대다 통(자)튀 '쾅쾅거리다'의 거센말.

쾌¹ 몡(의존) 1 북어 스무 마리를 한 단위로 세는 말. 2 [역] 엽전 열 꾸러미. 곧, 열 냥을 한 단위로 세는 말. =관(貫).

쾌² [快] 몡 [심] 결정의 근본 방향을 지속하여 나아가려는 상태. 2 '쾌감'의 준말.

쾌감(快感) 몡 즐겁고 상쾌한 느낌. 특히, 관능적인 즐거움. 쾌감성(性)이. ⊕쾌락.

쾌거(快擧) 몡 통쾌할 만큼 장한 행위. ¶에베레스트 산 등정의 ~를 이루다.

쾌-남아(快男兒) 몡 기상이 쾌활한 남자.

쾌도-난마(快刀亂麻) 몡 어지럽게 뒤얽힌 사물을 큰 힘으로 명쾌하게 처리함.

쾌락(快樂) 몡 삶이 유쾌하고 기쁘고 즐거운 상태. **쾌락-히** 뷔 ¶~ 승낙하다.

쾌락-주의(快樂主義) [-쭈이/-쭈이] 몡 [윤] 쾌락을 행위의 궁극 목적 내지 도덕의 원리로 생각하는 주의. ⊃공리주의.

쾌변(快便) 몡 변을 시원스럽게 배설하는 것. 또는, 그 변. **쾌변-하다** 통(자)튀

쾌보(快報) 몡 기쁘고 시원한 소식.

쾌속(快速) 몡 속도가 매우 빠른 것. ¶~으로 달리다.

쾌속-정(快速艇) [-쩡] 몡 속도가 매우 빠른 작은 배.

쾌유(快癒) 몡 병이 말끔히 낫는 것. ⊎쾌차. ¶~를 빕니다. **쾌유-하다** 통(자)튀 **쾌유-되다** 통(자)

쾌자(快子) 몡 [<❶掛子] [역] 전투복의 하나. 양옆 솔기의 끝과 등솔의 허리 아래가 터지고 소매는 없음. 근래에는 명절이나 돌날에 어린아이에게 입힘.

쾌재(快哉) 몡 (주로 '쾌재를 부르다(외치다)'의 꼴로 쓰여) 마음먹은 대로 잘되어 만족스럽게 여김. ¶~를 부르며 좋아하다.

쾌적-하다(快適-) [-저카-] 혱(여) (어떤 대상이) 몸으로 느끼기에 알맞고 상쾌하고 즐겁다. ¶쾌적한 주거 환경.

쾌조(快調) 몡 상태가 아주 좋음. ⊎호조.

쾌차(快差) 몡 병이 거뜬히 낫는 것. ⊎쾌유. **쾌차-하다** 통(자)튀 ¶하루속히 **쾌차하**시기를 빕니다. **쾌차-되다** 통(자)

쾌척(快擲) 몡 (금품을 마땅히 쓸 자리에) 시원스럽게 내놓는 것. **쾌척-하다** 통(타) ¶장학금으로 써 달라고 학교에 거금을 ~.

쾌청-하다(快晴-) 혱(여) 하늘이 구름 한 점 없이 상쾌하리만큼 맑다. ¶**쾌청한** 날씨.

쾌투(快投) 몡(자) 야구에서, 투수가 멋지게 공을 던짐. **쾌투-하다** 통(자)

쾌-하다(快-) 혱(여) 1 마음이 유쾌하다. 2 병이 완쾌하여 거뜬하다. 3 하는 짓이 시원스럽다. **쾌-히** 뷔 ¶~ 승낙하다.

쾌활-하다(快活-) 혱(여) (사람의 성격이나 태도가) 밝고 명랑하고 활발하다. ¶**쾌활한** 성격. **쾌활-히** 뷔 ¶~ 웃다.

쾨쾨-하다 [쾨쾨-/퀘퀘-] 혱(여) '퀴퀴하다'의 작은말. ¶습기 찬 방에서 **쾨쾨한** 냄새가 나다.

쾨헬^번호(Köchel番號) [-음] 몡 오스트리아의 음악 연구가 쾨헬이 모차르트의 전 작품에 연대순으로 붙인 정리 번호. 약호는 K.

쿠데타(⊕coup d'État) 몡(자) 지배 계급 내의 일부 세력이 무력에 의해 정권을 비합법적으로 빼앗는 일. ¶군사 ~.

쿠란(⊕qurān) 몡 =코란.

쿠린-내 몡 '구린내'의 거센말.

쿠릴^열도(Kuril列島) [-또] 몡(지) 태평양 북서부 캄차카 반도와 일본의 홋카이도 사이에 있는 열도.

쿠마라지바(Kumārajīva) 몡(인) 인도의 승려(344~413). 한자식 이름은 구마라습(鳩摩羅什).

쿠미스(⊕kumys) 몡 주로 말젖을 원료로 하여 만든 술. 아시아의 유목민이 음료수로 사용함.

쿠바(Cuba) 몡(지) 중앙아메리카 서인도 제도의 최대의 섬인 쿠바와 그 주변의 섬으로 이루어진 공화국. 수도는 아바나.

쿠베르탱, 피에르 (Coubertin, Pierre) 몡(인) 프랑스의 교육가·근대 올림픽 창시자(1863~1937).

쿠빌라이(Khubilai) 몡(인) 몽고 제국의 황제·원나라의 시조(1215~1294).

쿠션(cushion) 몡 1 의자·소파·탈것의 좌석 등에 편히 앉도록 솜·스펀지·용수철 등을 넣어 탄력이 생기게 한 것. 2 솜·스펀지 등을 넣어 푹신푹신하게 만든 등받침. 3 당구대 안쪽의 공이 부딪치는 가장자리의 면. ¶스리 ~.

쿠시나가라(Kuśinagara) 몡(불) 불교 4대 성지의 하나로, 석가모니가 입멸한 곳. 현재의 카시아 시 근교에 있음.

쿠알라룸푸르(Kuala Lumpur) 몡(지) 말레이시아의 수도.

쿠웨이트(Kuwait) 몡(지) 1 아라비아 반도의 동북부, 페르시아 만에 있는 입헌 군주국. 2 1의 수도.

쿠키¹(cookie) 몡 밀가루를 주원료로 하여 구운 비스킷의 하나.

쿠키²(cookie) 몡(컴) 인터넷 사용자가 웹사이트에 접속했을 때, 그 사이트에서 사용자의 컴퓨터로 보내는 작은 파일.

쿠페(⊕coupé) 몡(자) 자동차의 한 형(型)이. 보통 세단보다 좀 작고 두 짝의 문이 있으며, 뒤쪽이 경사진 모양을 이룬 승용차. 뒤에 짐을 넣는 트렁크가 있음.

쿠폰(coupon) 몡 1 어떤 물건을 싸게 살 수 있거나 어떤 물건과 교환할 수 있거나 어떤 서비스를 이용할 수 있는 권리를 나타내 주는 작은 종이. ¶할인 ~. 2 [경] 국채·공채증서 등의 이자권(利子券).

쿡¹ 뷔 크고 둔하게 또는 깊게 찌르는 모양. ¶옆구리를 팔꿈치로 ~ 찌르다. 좌콕.

쿡², 제임스 (Cook, James) 몡(인) 영국의 탐험가(1728~1779).

쿡-쿡 뷔 자꾸 쿡 하는 모양. 좌콕콕. **쿡쿡-하다** 통(타)

쿡쿡-거리다/-대다 [-꺼(때)-] 통(타) 계

속 쿡쿡하다.
쿤룬^산맥(崑崙山脈) [명][지] 중국 티베트 고원과 타림 분지 사이를 동서로 뻗은 산맥. 길이 2,400km.
쿨롬(coulomb) [명][의존][물] 전기량의 실용 단위. 1쿨롬은 1초 동안 1암페어의 전류에 의하여 운반되는 전기량임. 기호는 C.
쿨룩 [부] 병으로 인하여 목 속에서 깊이 울려 나오는 기침 소리. [작]콜록. **쿨룩-하다** [동][자][여]
쿨룩-거리다/-대다[-꺼(때)-] [동][자] 계속하여 쿨룩하다. [작]콜록거리다.
쿨룩-쿨룩 [부] 쿨룩거리는 소리. ¶~ 기침을 하다. [작]콜록콜록. **쿨룩쿨룩-하다** [동][자][여]
쿨리(coolie) [명] 〔<[중]苦力〕 육체노동에 종사하는 하층의 중국인·인도인 노동자.
쿨^사이트(cool site) [명][컴] 인터넷에서, 볼 만한 가치가 있는 사이트.
쿨쿨 [부] 곤하게 잠들었을 때 크게 숨 쉬는 소리. 또는, 그 모양. ¶아무것도 모르고 ~ 자고 있다. [작]콜콜. **쿨쿨-하다** [동][자][여]
쿨-하다(cool-) [형][여] **1** '멋지다', '대단하다', '훌륭하다'로 순화. **2** '냉정하다²', '냉혹하다'로 순화.
쿵 [부] '꿍'의 거센말. ¶마룻바닥에 ~ 넘어지다. [작]콩.
쿵덕-쿵덕 [부] 절구나 방아를 잇달아 찧을 때 나는 소리. ¶~ 방아를 찧다.
쿵작-쿵작 [명] 흥겨운 곡을 합주하는 소리. 또는, 그 모양. **쿵작쿵작-하다** [동][자][여]
쿵쾅 [부] '꿍꽝'의 거센말. **쿵쾅-하다** [동][자][타][여]
쿵쾅-거리다/-대다 [동][자][타] '꿍꽝거리다'의 거센말. ¶아이들이 마루에서 ~.
쿵쾅-쿵쾅 [부] '꿍꽝꿍꽝'의 거센말. ¶대포 소리가 ~ 울리다. **쿵쾅쿵쾅-하다** [동][자][타][여]
쿵-쿵 [부] '꿍꿍¹'의 거센말. ¶마루가 ~ 울리다. [작]콩콩. **쿵쿵-하다** [동][자][타][여]
쿵쿵-거리다/-대다 [동][자][타] 대포나 북의 쿵쿵하는 소리가 자꾸 나다.
쿵푸 [명] '쿵후'의 잘못.
쿵후(←[중]功夫) [명] 무기 없이 유연한 동작으로 손과 발을 이용하여 공격하는, 중국의 호신술. ×쿵푸.
쿼크(quark) [명][물] 물질을 구성하는 가장 기본적인 소립자.
쿼터¹(quarter) [명][의존][체] 농구 등의 운동 경기에서, 한 경기의 시간을 네 등분했을 때 그 한 부분을 세는 단위.
쿼터²(quota) [명] 수입하는 물품을 국가에서 제한하여 할당하는 양. ¶~제.
퀀셋(Quonset) [명] 길쭉한 반원형의 간이 건물. 상표명에서 온 말임.
퀄퀄 [부] '꿜꿜'의 거센말. ¶물이 ~ 쏟아져 나오다. [작]콸콸.
퀘벡(Quebec) [명][지] 캐나다 남동부의 도시.
퀭-하다 [형][여] (눈이) 몸이 피곤하거나 병을 앓거나 얼이 빠지거나 하여 정기가 없이 흐릿하다. ¶앓고 난 뒤라 눈이 ~.
퀴륨(curium) [명][화] 악티늄족 원소의 하나. 원소 기호 Cm, 원자 번호 96, 원자량 247. 은색의 고체 금속으로, 헬륨 원자핵을 플루토늄에 조사(照射)하여 만듦.
퀴리¹([프]curie) [명][의존][물] 방사성 물질의 양을 나타내는 단위. 1퀴리는 1초에 3.7 $\times 10^{10}$개의 원자 붕괴를 하는 물질의 양임. 기호는 Ci.
퀴리², 마리(Curie, Marie) [명][인] 폴란드 태생의 프랑스의 여류 물리학자(1867~1934).
퀴즈(quiz) [명] 어떤 질문에 대한 답을 알아맞히는 놀이 및 그 질문의 총칭.
퀴퀴-하다 [형][여] (어떤 공간이) 습기가 차고 공기가 잘 통하지 않아 곰팡내가 나는 상태에 있다. 또는, (어떤 냄새가) 곰팡내와 같아 불유쾌하다. ¶어둡고 **퀴퀴한** 지하실. [작]쾨쾨하다.
퀵-서비스(†quick service) [명] 일정한 요금을 받고 오토바이 등을 이용하여 서류나 물품을 신속하게 배달해 주는 서비스.
퀸카(†←queen card) [명]〈속〉 어떤 무리 가운데 얼굴·몸매 등 외모가 가장 뛰어난 여성. ¶우리 대학 ~. ↔킹카.
퀼로트([프]culotte) [명] 짧은 바지처럼 두 갈래로 갈라져 있지만, 자락이 넓어서 스커트처럼 보이는 옷.
큐¹(cue) [명] **1** 당구에서, 공을 치는 막대기. =당구봉. **2** [방송] 대사·동작·음악 등의 시작을 지시하는 신호.
큐²(Q) [명] 전산 조판이나 사진 식자에서, 급수의 단위를 나타내는 기호.
큐레이터(curator) [명] 박물관이나 미술관에서, 전시회를 기획·홍보하고, 작품을 선정·관리하는 일을 하는 사람. 순화어는 '전시 기획자'.
큐비즘(cubism) [명][미] =입체파.
큐빅(←cubic *zirconia*) [명] 인조 다이아몬드.
큐시(QC) [명] [quality control] [경] =품질 관리.
큐^시트(cue sheet) [명][방송] 어떤 방송 프로의 상세한 내용을 기입해 놓은 진행표.
큐티쿨라-층(cuticula層) [명][생] 생물의 체표 세포로부터 분비하여 생긴 딱딱한 층의 총칭. 몸을 보호하고 수분의 증발을 방지하는 구실을 함. =각피(角皮).
큐피드(Cupid) [명][신화] 로마 신화에 나오는 사랑의 신. 보통 나체에 날개가 달리고 활과 화살을 가진 아이로 그려짐. 그리스 신화의 에로스(Eros)에 해당함.
크-기 [명] 사물의 넓이나 부피 등의 큰 정도. ¶주먹만 한 ~의 사과.
크나-큰 [관] 아주 큰. ¶~ 사랑.
크낙-새[-쌔] [명][동] 몸빛이 검고 수컷의 머리 꼭대기와 뺨은 진홍색이며, 딱딱하고 뾰족한 부리로 나무를 찍어 그 속의 벌레를 잡아먹는 새. 우리나라 특산종이며, 천연기념물로 지정되어 있음.
크노소스(Cnossos) [명][지] 그리스 크레타 섬에 있는 유적지.
크다 I [형]〈크니, 커〉 **1** (물체가 부피·길이·넓이·높이 등이나 규모가) 보통의 경우, 또는 기준 대상의 것보다 그 이상이 되는 상태에 있다. ¶철호는 명수보다 키가 ~. **2** (일의 규모·범위·정도·중요성 등이) 대단하거나 강한 상태에 있다. ¶책임이 ~. **3** (어떤 물건이 맞추어야 할 몸이나 물체에) 치수가 남아서 맞지 않는 상태에 있다. ¶옷이 나한테 너무 ~. **4** (사람됨이) 뛰어나고 두드러진 상태에 있다. ¶**큰** 인물을 배출하다. **5** (소리가 높거나 거세어) 귀에 들리는 정도가 강하다. ¶**큰** 소리로 말하다. **6** (돈이) 액수나 단위가 보통 정도나 비교 기준보다 위이다. 또는,

ㅋ

(수가) 크기가 보통 정도나 비교 기준보다 위이다. ¶100보다 **큰** 자연수. ↔작다. Ⅱ[동][자] **1** (사람이나 동식물이) 몸의 길이가 자라다. ¶아이가 많이 **컸군요**. **2** (사람이) 성장하여 어른이 되다. ¶나는 **커서** 과학자가 될 테야. **3** (수준이나 지위 따위가) 더 높거나 나은 상태가 되다. ¶K 기업은 요즘 한창 **크는** 회사다.

크-다랗다 [형][ㅎ] '커다랗다'의 잘못.

크라우칭^스타트 (crouching start) [명][체] 단거리 달리기에서, 몸을 웅크린 자세로 출발하는 방법. ▷스탠딩 스타트.

크라운 (crown) [명] ['왕관'이라는 뜻] **1** [의] 치과에서, 금속관(金屬冠)을 이르는 말. **2** 모자에서, 머리를 덮는 부분. ¶~이 높고 챙이 넓은 모자.

크라운-판 (crown判) [명][출] 책 판형의 하나. 가로 167mm, 세로 236mm의 크기.

크래커 (cracker) [명] **1** 밀가루를 주재료로 하여 이스트로 발효시킨, 딱딱하게 구운 비스킷. 단맛은 없음. **2** 결혼식·축제 등에서 사용하는 장난감. 종이로 만든 가늘고 긴 통의 끈을 잡아당기면 폭음을 내면서 테이프 등이 튀어나옴. **3** =해커2.

크래킹 (cracking) [명] **1** [화] 중유·경유를 가압·가열 증류하여 휘발유를 제조하는 열분해법. **2** [컴] =해킹.

크랭크 (crank) [명] **1** 왕복 운동을 회전 운동으로 바꾸거나 그 반대의 일을 하는 장치. **2** [영] 영화 촬영기의 핸들. 또는, 그것을 회전하여 영화를 촬영하는 일.

크랭크-축 (crank軸) [명] 크랭크에 의하여 회전되는 회전축.

크레디트^카드 (credit card) [명][경] =신용 카드.

크레바스 (crevasse) [명] 빙하의 표면에 생긴 깊은 균열.

크레셴도 ([이]crescendo) [명][음] 악곡의 표현 방법을 나타내는 말로, '점점 세게'의 뜻. 기호는 <. ↔데크레셴도.

크레용 ([프]crayon) [명][미] 그림을 그리는, 막대 모양의 채색 재료. 안료를 파라핀으로 이겨 만듦.

크레이터 (crater) [명] **1** [천] 행성·위성 등의 표면에 보이는 분화구 모양의 지형. **2** [지] =화구(火口)[1]**3**.

크레인 (crane) [명] **1** =기중기. **2** [영] 카메라를 싣고 상하 또는 좌우로 이동시키면서 촬영할 수 있도록 만든 기계 장치. ▷이동차.

크레졸 (cresol) [명][화] 콜타르에서 얻는 엷은 갈색의 약산성 액체. 소독제·방부제로 쓰임.

크레타^문명 (Creta文明) [명][역] 기원전 20세기에서 15세기에 걸쳐서 크레타 섬에서 번영한 고대 문명. 크노소스 궁전이나 다채로운 도자기류로 유명함.

크레타 섬 (Creta—) [명][지] 지중해 동부, 에게 해 남쪽 끝에 있는 섬.

크레틴-병 (cretin病) [명][의] 선천적인 갑상선의 기능 저하로 지능이나 신체의 발육 저하를 보이는 병. 성인이 되어도 어린아이의 체격 정도밖에 되지 않음.

크레파스 (←[일]クレパス) [명] [<[프]crayon+pastel] [미] 크레용과 파스텔의 특색을 살려 만든, 막대기 모양의 화구(畫具). 일본에서 개발한 상표명임.

크로노스 (Cronos) [명][신화] 그리스 신화에 나오는 농경과 계절의 신. 제우스의 아버지임. 로마 신화의 사투르누스(Saturnus)에 해당함.

크로마뇽-인 (Cro-Magnon人) [명][고고] 1868년 프랑스 남서부 크로마뇽의 바위 유적에서 발견된 화석 인류. 신인(新人)에 속하며, 후기 구석기 문화를 가짐.

크로마토그래피 (chromatography) [명][화] 흡착제를 사용하여 혼합물의 분리·검출·정량(定量) 등을 하는 방법.

크로스바 (crossbar) [명][체] **1** 축구·럭비 등에서, 두 개의 골포스트 윗부분을 수평으로 연결한 대. **2** 높이뛰기에서 쓰이는 가로대.

크로스-스티치 (cross-stitch) [명] 실을 십자형으로 교차시켜 놓는 수. =십자수.

크로스워드-퍼즐 (crossword puzzle) [명] 바둑판무늬처럼 선을 그은 칸 안에 주어진 힌트에 따라 빈칸을 메워서 가로세로 말이 되게 하는 놀이.

크로스-컨트리 (cross-country) [명][체] 근대 5종 경기의 한 종목. 육상·사이클·경마·스키 등에서, 숲이나 들판·언덕 등 자연 그대로의 지형을 따라 달리는 경기.

크로아티아 (Croatia) [명][지] 유럽 남동부, 발칸 반도 북서부에 있는 공화국. 1991년, 유고슬라비아 사회주의 연방 공화국에서 분리·독립했음. 수도는 자그레브.

크로케 ([프]croquet) [명][체] 구기(球技)의 하나. 8~10명이 두 편으로 나뉘어, 저마다 한 개의 나무 공을 나무망치로 쳐서 땅 위에 배치해 놓은 철문을 통과시켜 승부를 겨룸.

크로켓 ([프]croquette) [명] 서양 요리의 하나. 쪄서 으깬 감자와 다져서 기름에 볶은 고기를 섞어 둥글게 모양을 낸 뒤 빵가루를 묻혀서 기름에 튀겨 만듦.

크로키 ([프]croquis) [명][미] 움직이는 동물이나 사람의 형태를 짧은 시간에 그린 그림. 보통, 연필이나 콩테 등을 사용함.

크롤 (crawl) [명][체] '크롤 스트로크'의 준말.

크롤^스트로크 (crawl stroke) [명][체] 몸 전체를 물속에 잠그고 두 손으로 번갈아 물을 끌어당기며 물장구질을 하면서 나아가는 수영법. [준]크롤.

크롬 (chrome) [명][화] 은백색의 단단한 금속 원소. 원소 기호 Cr, 원자 번호 24, 원자량 51.996. 내식성이 강하여 도금용·합금 재료로 쓰임.

크롬웰, 올리버 (Cromwell, Oliver) [명][인] 영국의 정치가·군인(1599~1658).

크루저-급 (cruiser級) [명][체] 프로 권투 체급의 하나. 79.38~86.18kg임.

크루즈^미사일 (cruise missile) [명][군] =순항 미사일.

크리슈나 (Kṛṣṇa) [명][신화] 힌두교 신화에 나오는 영웅신. 비슈누의 화신이라고 함.

크리스마스 (Christmas) [명][가][기] 예수의 탄생을 기념하는 날. 12월 25일. =성탄절.

크리스마스-실 (Christmas seal) [명] 결핵 퇴치 기금을 모으기 위하여 크리스마스를 전후하여 발행하는, 우표 모양의 증표. 크리스마스 카드 겉봉 등에 붙임.

크리스마스-이브 (Christmas Eve) [명] 크리스마스의 전야(前夜). 12월 24일 밤.

크리스마스-카드 (Christmas card) [명] 크리스마스를 맞아 간단한 축하의 글을 써서 보내는 그림 카드.

크리스마스^캐럴(Christmas carol) 圀 = 캐럴.
크리스마스-트리(Christmas tree) 圀 크리스마스 때 장식으로 세우는 나무.
크리스천(Christian) 圀 =기독교인.
크리스털(crystal) 圀 **1** 【광】 =수정(水晶). **2** '크리스털 글라스'의 준말.
크리스털^글라스(crystal glass) 圀 굴절률・투명도가 높고 광휘(光輝)가 풍부한 유리, 공예품이나 고급 식기 등으로 쓰임. 준크리스털.
크리스트-교(Christ敎) 圀 【종】 예수 그리스도를 구세주로 믿는 종교. 가톨릭교회와 프로테스탄트 교파들 및 정교회의 3대 교파로 나누어져 있음. =그리스도교(敎)・기독교・예수교.
크리스티, 데임 애거사(Christie, Dame Agatha) 영국의 추리 작가(1891~1976).
크리켓(cricket) 圀【체】 11명씩으로 된 두 팀이 벌이는, 야구 비슷한 구기. 투수가 던지는 공을 타자가 배트로 친 뒤 주자와 타자가 2개의 위킷(wicket: 타자와 주자 뒤에 있는 Ⅲ 모양의 물건) 사이를 달려서 접수를 얻음. 영국의 국기(國技)임.
크림(cream) 圀 **1** 우유에서 얻는 지방질. 노란색의 유액상(乳液狀)으로 버터・아이스크림 등의 원료나 조리에 쓰임. =유지(乳脂). **2** 달걀・우유・설탕 등으로 만든, 담황색의 걸쭉끈적한 식품. ¶~ 빵. **3** 피부나 머리 손질에 쓰이는 기초화장품. 콜드크림 따위.
크림^반도(Krym半島) 圀【지】 우크라이나 남부에 있는 반도.
크림-빵(cream-) 圀 크림을 속에 넣은 빵.
크림-수프(cream soup) 圀 크림을 써서 걸쭉하게 만든 수프.
크산토필(∗Xanthophyll) 圀【식】 달걀노른자나 식물의 잎・꽃 등에 존재하는 노란색을 비롯한 한 무리의 색소. 가을에 나뭇잎이 노랗게 되는 것은 이 색소 때문임. =엽황소.
크샤트리아(ksatriya) 圀 고대 인도 사회의 신분 계급의 하나. 네 계급 가운데 둘째로, 왕과 왕족이 이에 속함.
큰- 졀뎌 가족 관계를 나타내는 말 앞에 붙어, 같은 항렬에 속하는 여러 사람 중 맏이거나 서열이 위임을 나타내는 말. ¶~아들 ~아버지. ↔작은-.
큰개-자리 圀【천】 봄 하늘 은하수 옆에 있는 별자리의 하나. 오리온자리의 동쪽에 있어 늦겨울 해질녘에 남쪽 하늘에 보임. 주성(主星)은 시리우스임.
큰-골 圀【생】 =대뇌(大腦).
큰곰-자리 圀【천】 북두칠성을 중심으로 한 별자리의 하나. 이 중 가장 뚜렷한 것이 북두칠성임.
큰-기침 圀 인기척을 내거나 위엄을 보이거나 하기 위해 일부러 소리를 크게 내어하는 기침. ▷헛기침・잔기침. **큰기침-하다** 圀㈄.
큰-길 圀 넓은 길. 대도(大道)・대로(大路).
큰길-가[-까] 圀 큰길의 양쪽 옆.
큰-놈 圀 '큰아들'을 낮추어 이르는 말. ↔작은놈.
큰-누나 圀 맏누이를 작은누이에 상대하여 이르는 말. ↔작은누나.
큰-누이 圀 =맏누이. ↔작은누이.

큰소리치다 _1203

큰-달 圀 한 달의 날수가 양력으로는 31일, 음력으로는 30일까지 있는 달. ↔작은달.
큰-댁(-宅) 圀 '큰집'의 높임말.
큰-돈 圀 액수가 많은 돈.
큰-되[-되/-뒈] 圀 열 홉들이 되를 오 홉들이 되에 상대하여 일컫는 말. ↔작은되.
큰따옴-표(-標) 圀【언】 가로쓰기에 사용되는 따옴표의 하나. " "의 이름. **1** 문장 가운데서 직접 대화를 나타낼 때에 씀. **2** 남의 말을 인용할 경우에 씀.
큰-딸 圀 맏딸을 작은딸에 상대하여 이르는 말. ↔작은딸.
큰-마누라 圀 본마누라를 작은마누라에 상대하여 이르는 말. ↔작은마누라.
큰-마음 圀 (주로, '큰마음(을) 먹다'의 꼴로 쓰여) 크고 넓게 생각하는 마음. ¶~ 먹고 거금을 희사하다. 준큰맘.
큰-말 圀【언】 단어의 실질적인 뜻은 작은말과 같으면서 표현상의 어감이 크고, 어둡고, 무겁고, 약하게 느껴지는 말. 주된 음절의 모음이 ㅓ・ㅜ・ㅣ 등으로 됨. 가령, '누렇다'는 '노랗다'의 큰말임. ↔작은말.
큰말-표(-標) 圀【언】 문장 부호의 하나 '>'의 이름. 뒷말에 대하여 앞말이 큰말임을 나타낼 때에 씀. ↔작은말표.
큰-맘 圀 '큰마음'의 준말.
큰-머리 圀【역】 조선 시대에, 궁중이나 양반 집안에서 예식 때 여자의 어여머리 위에 얹던 가발. 다리로 땋아 크게 틀어 올렸음.
큰-며느리 圀 맏며느리를 작은며느리에 상대하여 이르는 말. ↔작은며느리.
큰-못[-몯] 圀【건】 서까래・부연(附椽)을 거는 데에나 대문짝 등에 쓰이는 굵고 긴 못. =대못. ↔잔못.
큰-물 圀 **1** 비가 많이 와서 강이나 내에 물이 갑자기 크게 붇거나 넘치게 된 것임. 또는, 그로 인한 재해. 준홍수. **2** 사람의 활동 무대가 크고 넓은 곳. 비유적인 말임. ¶사람이란 ~에서 놀아야 한다니까.
큰-바늘 圀 '분침'을 달리 이르는 말.
큰-방(-房) 圀 집안의 맏 되는 부인이 거처하는 방. ¶~ 마님.
큰-북 圀【음】 크고 무겁게 만든 북. 땅에 놓거나 받쳐 놓고 침.
큰-불 圀 큰 화재.
큰-비 圀 오래도록 많이 쏟아지는 비.
큰-사람 圀 위대한 사람.
큰-사랑(-舍廊) 圀 집안의 웃어른이 거처하는 사랑.
큰-사위 圀 맏사위를 작은사위에 상대하여 이르는 말.
큰-살림 圀 식구가 아주 많아 규모가 큰 살림살이. **큰살림-하다** 圀㈄.
큰-상(-床) 圀 잔치 때 주인공을 대접하기 위하여 특별히 많은 음식으로 크게 차리는 상. ¶~을 받다.
큰-소리 圀 **1** 목청을 돋우어 가며 싸우거나 야단치는 소리. ¶옆집 부부는 금실이 좋아 생전 ~ 한 번 나는 법이 없다. **2** 뱃심 좋게 장담하는 말. 또는, 사실 이상으로 허풍을 떠는 말. ¶~를 뻥뻥 치다. **3** 남앞에서 기를 펴고 당당하게 하는 말. ¶그는 마누라 앞에서 ~ 한 번 못 치고 산다.
큰소리-하다 圀㈄㈇.
큰소리-치다 圀㈄ **1** 큰소리로 싸우거나

야단을 치다. 2 호언장담을 하다. 또는, 사실 이상으로 허풍을 떨다. ¶쥐뿔도 모르면서 아는 체 **큰소리친다**. 3 남 앞에서 기를 펴고 당당하게 말하다. ¶크게 성공하여 **큰소리치고** 살다.

큰-손 명 1 증권 시장에서, 시황(市況)에 영향을 미칠 정도로 대규모의 거래를 하는 개인 또는 기관 투자가. 2 뒷거래 경제 사회에서의 규모가 큰 사채꾼.

큰-손님 명 1 특별히 잘 모셔야 할 귀한 손님. 2 많은 손님. ¶~을 치르다.

큰-손자(-孫子) 명 =맏손자.

큰-스님 명 [불] '덕이 높은 승려'를 높여 이르는 말.

큰-아기 명 1 다 큰 계집아이. 또는, 다 큰 처녀. 2 맏딸이나 맏며느리를 다정하게 이르는 말.

큰-아들 명 =맏아들. ↔작은아들.

큰-아버지 명 아버지의 형. 호칭 및 지칭으로 쓰임. 아버지의 형이 여럿일 때에는 '첫째·둘째·셋째…'의 말을 '큰아버지' 앞에 붙여서 구별함. 첫째 큰아버지는 '백부(伯父)'라고 함.

큰-아이 명 큰아들이나 큰딸을 다정하게 이르는 말. ㈜ ~작은아이.

큰-악절(-樂節) [-쩔] 명 [음] 두 개의 작은악절이 합친 것. 보통 8마디·12마디로 이루어짐. ↔작은악절.

큰-애 명 '큰아이'의 준말. ↔작은애.

큰-어머니 명 1 큰아버지의 아내. 호칭 및 지칭으로 쓰임. ㉔백모. 2 서자가 아버지의 본처를 이르는 말. ↔작은어머니.

큰-언니 명 가장 손위 되는 언니. ↔작은언니.

큰-오빠 명 가장 손위 되는 오빠. ↔작은오빠.

큰-일¹ 명 1 어떤 일이나 대상이 문제가 있거나 말썽·사고가 생겨 쉽게 해결할 수 없게 된 상태. 그 일. ¶아이가 몸이 약해서 ~이다. 2 여건해서 하기 어려운 중요하고도 중대한 일. ¶~을 할 사람.

큰일(이) 나다 쉽게 해결할 수 없는 문제나 말썽이나 사고가 일어나다. ¶등록 마감일이 오늘인데 돈을 잃어버렸으니 **큰일 났다**.

큰-일² [-닐] 명 결혼식이나 환갑잔치와 같은, 노력과 비용 등이 많이 드는 일. ㈜대사(大事). ¶~을 치르다.

큰-절¹ 명 1 혼례·제례·상례 등의 의식에서, 또는 웃어른에게 가장 공손히 올리는 절. 남자는 두 손을 모아 땅에 대고 허리를 굽혀 머리를 숙이며, 여자는 두 손을 이마에 맞대고 앉아서 허리를 굽힌다. ▷ 평절. 2 넓은 뜻에서, 서서 하지 않고, 앉거나 무릎을 꿇은 자세에서 등을 굽혀 머리를 조아리는 절을 모두 이르는 말. **큰절-하다** 재

큰-절² 명 [불] 딸린 절에 대하여 주가 되는 절을 이르는 말. 곧, 본사.

큰-집 명 1 아우나 그 자손이 맏형이나 그 자손의 집을 이르는 말. 2 분가하여 나간 집에서 그 본집을 이르는 말. ㈜종가. 3 작은집이나 그 자손이 큰아누나나 그 자손의 집을 이르는 말. ↔작은집. 4 [속] 교도소. 처음에는 재소자들 사이에서 은어로 사용된 말.

큰집 드나들듯 어떤 곳에 자주 출입하여 매우 익숙한 모양.

큰-창자 명 [생] =대장(大腸)².

큰-처남(-妻男) 명 맨 맏이가 되는 처남.

큰-칼 명 [역] 중죄인의 목에 씌우는 형구(刑具)의 하나.

큰코-다치다 자(여) 크게 봉변을 당하다. ¶너, 그렇게 까불다가는 **큰코다칠** 것이다.

큰키-나무 명 [식] =교목(喬木)².

큰-할아버지 명 할아버지의 맏형.

큰-형(-兄) 명 맏형을 작은형에 상대하여 이르는 말. ↔작은형.

클라리네티스트(clarinetist) 명 클라리넷 연주가.

클라리넷(clarinet) 명 [음] 목관 악기의 하나. 마우스피스에 한 장의 서가 있으며, 음색이 아름답고 음역이 넓음.

클라이맥스(climax) 명 1 흥분·긴장 따위가 최고조에 이른 상태. ¶~에 이르다. 2 =절정3.

클라이언트(client) 명 [컴] 네트워크로 연결된 서버로부터 정보를 제공받는 컴퓨터. ↔서버.

클래스-메이트(classmate) 명 '급우(級友)', '반 친구'로 순화.

클래식(classic) 명 ['고전(古典)', '고전적인'의 뜻) 1 [음] =고전 음악. **클래식-하다** 형여 (음악에나 예술 작품 등이) 고전적인 특성을 가진 상태에 있다. ¶**클래식한** 분위기의 건축물.

클래퍼보드(clapperboard) 명 [영] 영화나 텔레비전 드라마의 촬영 시 그 시작 또는 끝에, 화면과 음향을 일치시키기 위해 카메라 앞에 놓고 딱 소리가 나게 마주치는 두 짝의 나무판.

클랙슨(klaxon) 명 자동차의 경적. 상표명에서 온 말임. ¶요란한 ~ 소리.

클램프(clamp) 명 1 (기구 등을) 다른 물건에 고정시키는 데 쓰는, 나사가 달린 'ㄷ' 자형의 쇠 장식. 2 막대기 모양으로, 물건을 죄어 고정시키는 굽은 띠 모양의 쇠 장식.

클러치(clutch) 명 일직선상에 있는 두 축의 한쪽으로부터 다른 축으로 동력을 임의로 단속(斷續)하여 전하는 장치.

클러치^페달(clutch pedal) 명 자동차의 클러치를 조작하는 페달. 기어 변속을 할 때 밟음.

클럽(club) 명 1 취미나 친목 따위의 공통된 목적으로 모인 사람들의 단체. ¶헬스 ~. 2 [체] =골프채. 3 트럼프 패의 하나. 검은빛의 클로버 잎 무늬가 있음.

클레오파트라(Cleopatra) 명 [인] 고대 이집트 프톨레마이오스 왕조의 여왕(69~30 B.C.).

클레이^사격^경기(clay射擊競技) [-경-] 명 [체] 사격 경기의 하나. 클레이가 피전이라고 하는 점토를 구운 접시를 투사기(投射器)로부터 쏘아 올려, 이것을 산탄총으로 하나씩 사격한 다음 깨뜨린 수로 승패를 가림.

클레임(claim) 명 [경] 무역 등 상품 거래에서, 수량·품질·포장 따위에 위약(違約)이 있을 때, 매주(買主)에게 손해 배상 청구와 이의를 제기하는 일. ¶~이 걸리다.

클렌징-크림(cleansing cream) 명 얼굴의 화장을 닦아 내는 데에 사용하는 크림. × 클린싱크림.

클로렐라(chlorella) 명 [식] 민물에 사는 녹조류의 하나. 지름 10㎛ 이하의 구형 또는 타원형의 단세포 생물로, 광합성 능력이 크고 번식력이 왕성함.

클로로필(chlorophyll) 圀[식] =엽록소.
클로버(clover) 圀[식] =토끼풀.
클로즈-업(close-up) 圀 1 [영][사진] 인물이나 기타의 대상물을 주요 부분이 강조되도록 아주 가까이서 촬영하는 일. ¶~ 숏. 2 (어떤 대상이나 사실을) 관심거리나 중요한 문제로 삼아 주목하거나 크게 다루는 것. **클로즈업-하다** 톰(国)(国) ¶성공의 얼굴을 ~. **클로즈업-되다** 톰(자) ¶절대 빈곤이 사라지면서 '삶의 질'의 문제가 ~.
클리닉(clinic) 圀 1 '진료실', '진료소'로 순화. 2 '강좌', '상담실'로 순화. ¶논술 ~.
클릭(click) 圀 마우스의 버튼을 손으로 한 번 딸각 눌렀다 떼는 것. **클릭하다** 톰(国)(国).
클린싱-크림 圀 '클렌징크림(cleansing cream)'의 잘못.
클린업^트리오(cleanup trio) 圀[체] 야구에서, 장타를 쳐서 주자(走者)를 모두 본루로 돌아오게 하는 비율이 높은 3·4·5번의 강타자(强打者).
클린^에너지(clean energy) 圀 공해 물질을 방출하지 않는 깨끗한 에너지.
클린치(clinch) 圀[체] 권투에서, 상대 선수의 공격을 막기 위해 상대 선수를 껴안는 일. 오래 계속하면 반칙이 됨. **클린치-하다** 톰(国).
클린턴, 윌리엄 제퍼슨(Clinton, William Jefferson) 圀[인] 미국의 제42대 대통령 (1946~).
클린^히트(clean hit) 圀[체] 야구에서, 야수가 잡을 수 없는 완벽한 안타.
클립(clip) 圀 1 탄력이나 나선(螺旋)을 이용하여 종이나 서장(書狀) 같은 것을 끼워 두는 기구. 2 여자들이 머리에 웨이브를 만들기 위해 머리를 감는 기구.
큼지막-하다[-마카-] 혭여 꽤 큼직하다.
큼직큼직-하다[-지카-] 혭여 여럿이 모두 큼직하다. ¶연일 **큼직큼직**한 사건들이 터지다.
큼직-하다[-지카-] 혭여 (길이·부피·넓이·크기 따위가) 대체로 크다고 여겨지는 상태이다. ¶**큼직**한 거실. **큼직-이** 囝.
킁킁 囝 병이나 버릇으로 숨을 콧구멍으로 띄엄띄엄 세차게 내쉬는 소리. **킁킁-하다** 톰(자).
킁킁-거리다/-대다 톰(国) 자꾸 킁킁하다.
키¹ 圀 1 사람이 다리와 몸을 펴고 똑바로 선 상태에서, 발바닥에서 머리끝에 이르는 몸의 길이. =신장(身長). 2 소, 말, 네 발짐승이나 몸집이 큰 일부 조류 등에서, 다리를 편 상태로 똑바로 섰을 때 발바닥에서 머리끝에 이르는 길이. =신장(身長). 3 식물이나 수직으로 세워진 물체의, 지면에서 머리끝에 이르는 높이.
[**키 크고 싱겁지 않은 사람 없다**] 보통 키 큰 사람은 싱겁다.
키² 圀 곡식을 담아 까불러서 죽정이·검부러기 등을 날려 없애는 용구. 고리버들이나 대로 앞은 넓고 평평하며, 뒤는 좁고 우긋하게 만든 것임.
키³ 圀 배의 진행 방향을 조종하기 위해 고물에 설치한 장치. ~를 돌리다.
키⁴(key) 圀 1 자물쇠를 열고 닫거나 하는 쇠붙이나 플라스틱이나 디지털 장치. ⽥열쇠. ¶자동차 ~/ 카드 ~. 2 어떤 문제를 해결할 수 있는 실마리. ⽥관건. 3 타자기나 컴퓨터 자판(字板)에서, 글자나 기호를 나타내기 위해 손가락으로 누르는 건반 모양의 부분. 순화어는 글쇠. 4 피아노·풍금 등의 건(鍵). 5 [음] 특정의 음을 으뜸음으로 하는, 음높이의 단계나 범위. ¶~가 너무 높아 노래를 부를 수가 없다.
키갈리(Kigali) 圀[지] 르완다의 수도.
키-꺽다리[-따-] 圀 =키다리.
키네틱^아트(kinetic art) 圀[미] 작품 자체가 움직이거나, 또는 움직이는 부분을 넣은 예술 작품.
키노드라마(kino-drama) 圀[연] 영화를 섞어 상연하는 특수한 연극.
키니네(⽥kinine) 圀 인도네시아에서 재배되는 키나나무 껍질에서 얻어지는 알칼로이드의 한 가지. 쓴맛 결정으로 맛이 매우 쓰며, 말라리아의 특효약으로 쓰임.
키다 톰(자) '켜이다'의 준말. ¶물이 자꾸 킨다.
키-다리 圀 키가 큰 사람을 놀림조로 이르는 말. =키꺽다리. ¶~ 아저씨. ↔난쟁이·작다리.
키^단어(key單語) 圀[컴] = 키 워드.
키득-거리다/-대다[-끄(때)-] 톰(자) 참으려는 웃음이 자꾸 새어 나오다.
키득-키득 囝 키득거리는 모양. **키득키득-하다** 톰(자)여.
키들-거리다/-대다 톰(자) 자꾸 키들키들 웃는 소리를 내다.
키들-키들 囝 걷잡지 못하는 웃음을 입속으로 웃는 소리. **키들키들-하다** 톰(자)여.
키르기스(Kirgiz) 圀[지] =키르기스스탄.
키르기스스탄(Kirgizstan) 圀[지] 카자흐스탄과 중국을 접하고 있는 공화국. 수도는 비슈케크. =키르기스.
키르케고르, 쇠렌 오뷔에(Kierkegaard, Søren Aabye) 圀[인] 덴마크의 철학자 (1813~1855).
키리바시(Kiribati) 圀[지] 중부 태평양, 미크로네시아의 길버트 제도 등으로 이루어져 있는 작은 공화국. 수도는 타라와.
키마이라(Chimaera) 圀[신화] 그리스 신화에 나오는 괴수(怪獸). 머리는 사자, 몸뚱은 양, 꼬리는 뱀의 모양을 하고 있으며 불을 내뿜음.
키보드(keyboard) 圀 1 =건반(鍵盤). 2 호텔 등에서, 열쇠를 걸어 놓아두는 판(板). 3 =자판(字板).
키부츠(kibbutz) 圀[지] 이스라엘의 농업 공동체. 개인 소유를 부정하고, 생산·소비 활동과 교육을 공동으로 함.
키-순(-順) 圀 키가 큰 차례. ¶~으로 서다.
키스(kiss) 圀 1 남녀간에 성적(性的)인 사랑의 표현으로 상대의 입에 자기 입을 맞추는 것. 2 주로 서양에서, 인사할 때, 또는 애·존경을 나타낼 때, 상대의 손등이나 이마, 뺨에 입을 맞추는 것. ⽥입맞춤. **키스-하다** 톰(자)여.
키시네프(Kishinev) 圀[지] 몰도바의 수도.
키신저, 헨리 앨프리드(Kissinger, Henry Alfred) 圀[인] 미국의 정치가(1923~).
키예프(Kiev) 圀[지] 우크라이나의 수도.
키우다 톰 '크다'의 사동사. ¶짐승을 ~/ 과학자가 될 꿈을 ~.
키^워드(key word) 圀 1 문장의 이해나 문제 해결의 단서가 되는 말. 2 [컴] 정보 검색에서, 데이터를 인출할 때 색인(索引)이 되는 말 또는 기호. =키 단모.

키위 (kiwi) 몡 **1** [동] 뉴질랜드 특산으로, 몸이 전체적으로 둥글며, 날개가 퇴화하여 날지 못하고 꽁지도 없는 새. 부리는 가늘고 길면서 아래쪽 약간 휘어 있음. **2** [식] 다갈색 껍질 속에 연한 녹색의 살이 들어 있는 작은 달걀 모양의 과일이 열리는 덩굴성 낙엽 관목. 또는, 그 과일.

키읔 [-윽] 몡[언] 한글 자모의 열한째 글자. 'ㅋ'의 이름. 목젖으로 콧길을 막고 혀뿌리를 높여 연구개 뒤쪽에 붙여 입길을 막았다가 뗄 때에 거세게 나는 무성 파찰음. 받침으로 그칠 때는 'ㄱ'과 같은 소리가 됨.

키-잡이 몡 배의 키를 조종하는 사람. = 조타수.

키-조개 몡[동] 껍데기가 길이 30cm, 너비 10cm가량으로, 곡식을 까부를 때 쓰는 키 모양으로 생긴 조개. 얕은 바다의 진흙 바닥에 삶. 식용함.

키-질 몡 **1** 키로 곡식 같은 것을 까부르는 일. **2** (일이나 감정을) 부추겨 더욱 커지게 하는 일. **키질-하다** 됨[자][타][여]

키츠 (Keats, John) 몡[인] 영국의 시인 (1795∼1821).

키치 (kitsch) 몡 속되고 저급하며 대중의 기호에 영합하는 예술 작품. 이발소에 걸린 농촌 풍경 그림 따위.

키친-타월 (kitchen towel) 몡 기름이나 물 등이 묻은 주방 도구를 닦거나, 튀긴 음식 밑에 깔거나 할 때 쓰는 위생 종이. 순화어는 '종이 행주'.

키커 (kicker) 몡[체] 축구에서, 프리 킥·페널티 킥·슛부차기 등을 하는 경기자.

키케로 (Cicero, Marcus Tullius) 몡[인] 고대 로마의 정치가·철학자(106∼43 B.C.).

키토 (Quito) 몡[지] 에콰도르의 수도.

키틴 (chitin) 몡[생] 아미노산의 하나. 절지동물의 단단한 표피, 연체동물의 껍질 등의 중요한 구성 물질임.

키틴-질 (chitin質) 몡[생] 곤충류나 갑각강의 외골격을 이루는 물질의 총칭.

키-포인트 († key point) 몡 사물의 요점. ㉧주안점. ¶사업 성공의 ~.

키프로스 (Kypros) 몡[지] 지중해 동부 키프로스 섬을 영토로 하는 공화국. 수도는 니코시아.

키-홀더 (key holder) 몡 여러 개의 열쇠를 가지런히 모아 두는 금속제의 작은 기구.

킥¹ 몡 웃음을 참다못해 입을 다문 상태에서 한 번 코로 터져 나오는 웃음소리.

킥² (kick) 몡[체] 축구·럭비 등에서, 공을 발로 차는 것. **킥-하다** 됨[타][여] ¶공을 길게 ∼.

킥-보드 (kickboard) 몡 두 손으로 'T' 자형의 핸들을 잡고 한쪽 발은 두 개의 작은 바퀴가 달린 발판 위에 올린 뒤 다른 쪽 발로 땅을 차면서 타는 놀이 기구.

킥-복싱 (kickboxing) 몡 주먹 이외에 발로 차기도 하고 팔꿈치·무릎을 쓰기도 하는 타이 특유의 변형 권투.

킥-킥 몡 웃음을 참다못해 입을 다문 상태에서 코로 터져 나오는 웃음을 자꾸 내는 소리. **킥킥-거리다/-대다** [-끼(때)-] 됨[자] 자꾸 킥킥하고 웃는 소리를 내다. ¶웃음을 참지 못해 ∼.

킨샤사 (Kinshasa) 몡[지] 콩고 민주 공화국의 수도.

킨제이 (Kinsey, Alfred Charles) 몡[인] 미국의 동물학자·성(性)과학자(1894∼1956).

킬러 (killer) 몡 **1** [체] '살인자'라는 뜻) **1** [체] 배구에서, 스파이크를 하는 사람. **2** [체] 야구에서, 특정한 팀에 대하여 승률이 높은 투수. **3** '살인 청부자'로 순화.

킬로 (kilo) 몡[의존] **1** '킬로그램'의 준말. ¶체중은 몇 ∼니? **2** '킬로미터'의 준말.

킬로-그램 (kilogram) 몡[의존] 미터법에서, 질량의 단위. 1그램의 1,000배. 기호는 kg. ㉧킬로.

킬로-리터 (kiloliter) 몡[의존] 미터법에서, 부피의 단위. 액체·기체·곡물 따위의 양을 헤아리는 데 쓰임. 1리터의 1,000배. 기호는 kL.

킬로-미터 (kilometer) 몡[의존] 미터법에서, 길이의 단위. 1미터의 1,000배. 기호는 km. ㉧킬로.

킬로-바이트 (kilobyte) 몡[의존][컴] 데이터의 양을 나타내는 단위의 하나. 1바이트의 약 1,000배, 곧 1,024바이트를 말함. 기호는 kB.

킬로-볼트 (kilovolt) 몡[의존][물] 전압의 단위. 1볼트의 1,000배. 기호는 kV.

킬로-와트 (kilowatt) 몡[의존][물] 전력의 단위. 1와트의 1,000배. 기호는 kW.

킬로와트-시 (kilowatt時) 몡[물] 일 또는 전력량의 단위. 1와트시의 1,000배. 기호는 kWh.

킬로-칼로리 (kilocalorie) 몡[의존] 열량의 단위. 식품이나 연료의 열량을 나타낼 때는 그냥 칼로리라고 할 때가 많음. 기호는 kcal 또는 Cal.

킬로-헤르츠 (kilohertz) 몡[의존] 진동수의 단위. 1헤르츠의 1,000배. 기호는 kHz.

킬리만자로 산 (Kilimanjaro山) 몡 아프리카 대륙 동부, 탄자니아와 케냐의 국경에 있는 산. 높이 5,895m.

킬킬 분 '껄껄'의 거센말. **킬킬-하다** 됨[자][여]

킬킬-거리다/-대다 됨[자] '낄낄거리다'의 거센말. ¶낄낄거리며 웃다.

킷-값 [키깝/킨깝] 몡 키가 큰 만큼 그에 알맞게 하는 행동을 얕잡아 일컫는 말. ¶ ∼도 못 하는 녀석.

킹, 마틴 루서 (King, Martin Luther) 몡[인] 미국의 목사·흑인 운동 지도자(1929∼1968).

킹-사이즈 (king-size) 몡 치수가 표준보다 특별히 큰 것. ㉧특대.

킹스타운 (Kingstown) 몡[지] 세인트빈센트 그레나딘의 수도.

킹스턴 (Kingston) 몡[지] 자메이카의 수도.

킹카 († ←king card) 몡 〈속〉어떤 무리 가운데 얼굴·외모가 가장 뛰어난 남성. ¶연예인을 대상으로 네티즌이 뽑은 ∼와 퀸카. ↔퀸카.

킹-킹 분 '낑낑 2·3'의 거센말. **킹킹-하다** 됨[자][여]

킹킹-거리다/-대다 됨[자] '낑낑거리다'의 거센말.

ㅌ

ㅌ →티읕.

타¹(他) **Ⅰ**명 (문어적인 말로 제한적으로 쓰여) 다른 사람. 町남·타인. ¶~의 추종을 불허하다.
　Ⅱ관 '다른'의 뜻을 나타내는 말. ¶~ 지방 / ~ 업소.

타²(打) 명의준 1 '다스'의 한자 음역어. ¶연필 세 ~. 2[체] 골프에서, 타수를 세는 단위.

타가^수분(他家受粉) 명[식] 다른 그루의 꽃으로부터 암술이 꽃가루를 받는 일. =타화 수분.

타가^수정(他家受精) 명 1[동] 같은 종류의 다른 개체 사이에 이루어지는 수정. 2[식] 다른 개체 사이, 또는 다른 그루 사이에서의 수정. ↔자가 수정.

타개(打開) 명 (얽히거나 막힌 일을) 잘 처리하여 해결의 길을 여는 것. **타개하다** 통타(여) ¶위기 정국을 ~. **타개되다** 통타(여)

타개책(打開策) 명 타개할 방책.

타겟(target) 명 '타깃(target)'의 잘못.

타격(打擊) 명 1 때려 침. 2 어떤 일 대상에 가하거나 끼치는 좋지 않은 영향이나 손해 또는 손실. 비유적인 말임. ¶홍수는 곳곳에 엄청난 ~을 주었다. 3[체] 야구에서, 투수가 던진 공을 배트로 치는 일. =배팅. **타격하다** 통타(여)

타결(妥結) 명 의견이나 입장이 대립되어 있는 둘 이상의 사람이나 단체가 서로 양보하고 절충하여 일을 마무리는 것. 또는, 그 일. **타결하다** 통타(여) **타결되다** 통타(여) ¶노사 분규가 원만히 ~.

타계(他界) [-계/-게] 명 1 다른 세계. 2 [인간계를 떠나서 다른 세계로 간다는 뜻에서] (사람이) 죽는 것. 특히, 귀인(貴人)의 죽음을 이르는 말. **타계하다** 통(자)여 '죽다'를 높여 이르는 말. ¶그 어른이 타계하신 지 10년이 되었다.

타고나다 통타(여) (사람이 어떤 성품·능력·운명 등을) 처음부터 가진 상태로 태어나다. **타고난** 재주.

타고르, 라빈드라나트 (Tagore, Rabindranāth) 명[인] 인도의 시인·사상가 (1861~1941).

타고장(他-) 명 다른 고장. ¶~ 사람.

타관(他官) 명 =타향. ¶~ 사람.

타교(他校) 명 다른 학교. ¶~생. ↔본교.

타구¹(打毬) 명[체] 옛날 운동의 한 가지. 두 편으로 갈라서 말을 타고 내달아 구장(毬場)의 한복판에 놓인 자기편의 공을 자기편 구문(毬門)에 먼저 넣는 것으로 승부를 가름. =격구.

타구²(打球) 명 야구 등에서 공을 치는 일. 또는, 그 공. **타구하다** 통타(여)

타구³(唾具·唾口) 명 가래침을 뱉는 그릇.

타국(他國) 명 다른 나라. ¶~ 영토.

타국인(他國人) 명 =외국인.

타기(唾棄) 명 [침을 뱉고 내버린다는 뜻] (어떤 대상을) 전혀 가치 없는 것으로 여기거나 돌보지 않고 내팽개치는 것. ¶전통문화는 ~의 대상이 아니라 계승해 나가야 할 소중한 자산이다. **타기하다** 통타(여)

타깃(target) 명 1 궁술이나 사격에서, 과녁이나 표적. 2 어떤 일의 목표. 또는, 공격이나 비난의 대상. ¶~으로 삼다. 3[컴] 컴퓨터의 장치들을 보조·참조·수정하기 위하여 사용되는 지표(指標) 카드나 테스트용의 인자(印字) 기록. ×타겟.

타나토스(Thanatos) 명 1[신화] 그리스 신화에 나오는 죽음의 신. 2[심] 자기를 파괴하고자 하는 죽음의 본능. 프로이트의 용어임.

타닌(tannin) 명[화] 차·오배자 등 대부분의 식물의 물관부·나무껍질·종자·잎 등에서 추출되는, 무색 또는 담황색의 물질. 매염제·수렴제로 쓰임. =타닌산.

타닌산(tannin酸) 명[화] =타닌.

타다¹ 재 1 (물체나 물질이) 불꽃이 붙어 산소와 급격하게 결합하면서 높은 열과 밝은 빛을 내다. 町연소하다. ¶장작이 활활 ~. 2 (물체나 물질이) 불꽃에 닿거나 뜨거운 열을 오래 받아 탄소와 같은 물질로 바뀌면서 검은 빛깔을 띤 상태가 되다. 町그을리다. ¶밥이 ~. 3 (사람의 피부가) 햇볕을 오래 쬐어 거무스름한 빛깔을 띤 상태가 되다. 町그을다. ¶검게 탄 얼굴. 4 (식물이나 논밭이) 가뭄으로 몹시 마른 상태가 되다. ¶오랜 가뭄에 농작물이 다 타 버렸다. 5 (목·입술 등이) 물기가 없어 매우 마른 상태가 되다. ¶갈증으로 목이 ~. 6 (마음이) 조바심이나 걱정으로 괴로운 상태가 되다. ¶속이 ~.

타다² 재 Ⅰ 1 (사람이 탈것이나 짐승 따위를) 몸을 실어서 이동 수단으로 이용하다. ¶자동차를 ~. 2 (산이나 나무나 줄 따위를) 밟고 오르거나 지나가다. ¶암벽을 ~. 3 (어떤 대상이 바람·물결·전파 등의 흐름에) 실려서 이동하다. ¶뉴스가 전파를 타고 전국에 알려지다. 4 (어떤 조건이나 시간을) 은밀한 일을 꾀하는 기회로 삼다. ¶어둠을 **타서** 기습하다. 5 그네나 시소 등의 놀이 기구에 올라앉아 앞뒤, 위아래로 또는 원을 그리며 움직이다. ¶그네를 ~. Ⅱ타 (짐승이나 짐승의 등 따위에) 몸을 싣다. ¶어서 차에 타!

타다³ 타 (액체에 그보다 적은 양의 액체나 가루를) 넣어 쉬이거나 녹는 상태가 되게 하다. ¶커피에 설탕을 ~.

타다⁴ 타 1 (받도록 미리 정해져 있거나 허락받거나 한 돈이나 상, 배급 등을) 받아서 가지다. ¶월급을 ~. 2 (사람이 어떤 성품이나 능력, 운명 등을) 선천적으로 지니다. ¶복(福)을 탄 사람.

타다⁵ 타 1 (박 따위를 톱으로 두 쪽으로 되게 하다. ¶톱으로 박을 ~. 2 (어떤 대상을) 두 쪽으로 줄이나 골을 내다. ¶가르마를 ~. 3 (콩·팥 등을) 맷돌에 갈아서 알알이 쪼개다. ¶맷돌에 녹두를 ~.

타다⁶ 타 (주로 현악기를) 손가락으로

그 줄을 퉁기거나 뜯어 일정한 곡조의 소리가 나게 하다. ¶하프를 ~.
타다[7] 图①困 (먼지나 때 따위가) 쉽게 달라붙는 성질을 가지다. ¶때가 잘 타는 흰 와이셔츠. ②困 1 (어떤 물체가 먼지나 때 따위를) 쉽게 달라붙게 하는 성질을 가지다. ¶때를 잘 타는 옷. 2 (사람이 옻나 같은 독한 기운을) 몸에 쉽게 옮는 성질을 가지다. ¶옻을 잘 타는 사람. 3 (부끄럼·노여움·무서움 등의 감정이나 간지럼과 같은 육체적 느낌을) 느끼는 상태가 되거나, 잘 느끼는 성질을 가지다. ¶부끄럼을 잘 타는 소녀. 4 (기후·계절·유행·분위기 등의 영향을) 쉽게 받는 성질을 가지다. ¶봄을 ~/유행을 안 타는 옷.
타다[8] 图困 (목화에서 씨를 뺀 솜을) 활줄로 튀기어 부드럽게 부풀리다. ¶솜을 ~. ▷打
타!당-성(妥當性) [-썽] 图 타당한 성질.
타!당-하다(妥當-) [형여] 사리에 맞아 마땅하다. ¶**타당한** 처사.
타:도(打倒) 图 (어떤 세력이나 대상을) 때리거나 쳐서 쓰러뜨리는 것. **타:도-하다** 图타여 ¶공산주의를 ~. **타:도-되다** 图자여
타도[2](他道) 图 행정 구역상의 다른 도.
타-동사(他動詞) [-똥-] 图[언] 동작이 주어(主語)에만 그치지 않고 다른 사물에 영향을 미치거나 동작의 대상이 되는 목적어가 있어야만 동작의 뜻을 나타낼 수 있는 동사. '밥을 먹다.'에서 '먹다' 따위. ↔자동사.
타라와(Tarawa) 图[지] 키리바시의 수도.
타!락(墮落) 图 올바른 길에서 벗어나 나쁜 길로 빠지는 것. **타락-하다** 图재여 ¶**타락한** 생활. **타:락-되다** 图재
타!락-상(墮落相) [-쌍] 图 타락한 모습이나 양상. ¶이 영화는 오늘날 우리 사회의 ~을 낱낱이 보여주고 있다.
타래 图 ①[자립] 실·노끈 등을 사리어 뭉친 것. ¶실 ~. ②[의존] 실·노끈 등을 사리어 뭉뚱그려 만들어 세는 단위. ¶실 세 ~.
타래-박 图 대나 나무로 된, 긴 자루 끝에 바가지를 달아 물을 푸는 기구.
타래-송곳 [-곧] 图 1 나사처럼 골이 진 송곳. 둥근 구멍을 뚫는 데에 씀. 2 용수철처럼 배배 틀린 송곳. 코르크 병마개를 빼는 데에 씀.
타래-실 图 타래로 되어 있는 실.
타력[1](他力) 图 남의 힘. ↔자력.
타!력(打力) 图 야구에서, 타자가 투수의 공을 때려 내는 힘이나 능력.
타!령 图 1 [음] 우리나라 전통 음악 곡조의 한 가지. 느린 듯하면서 흥겨운 느낌을 자아냄. 2 [음] 판소리나 백성들이 지어 부르던 잡가의 총칭 (일부 명사와 함께 쓰여) 그 대상을 자꾸 요구하거나 그에 관련된 말을 자꾸 되풀이하는 일. ¶돈~/신세~. 3 (주로 관형사 '그'의 다음에 쓰여) 변화나 발전이 없는 상태에 있음을 나타내는 말. ¶사는 게 늘 그~이다. [打令은 처음]
타르(tar) 图[화] 1 목재·석탄·석유 등의 유기물을 건류 또는 증류할 때 생기는 까맣고 진득진득한 액체의 총칭. 도로 포장, 근대 공업 원료로 쓰임. 2 =콜타르.
타르타로스(Tartaros) 图[신화] 그리스 신화에 나오는 신. 아이테르와 가이아의 아들로, 일반적으로 땅 밑에 있다는 암흑계를 말함.

타!매(唾罵) 图 [침을 뱉으며 꾸짖는다는 뜻] (어떤 대상을) 몹시 경멸하거나 더럽게 생각하여 욕하는 것. **타:매-하다** 图타여 ¶권력에 빌붙는 정상배를 ~.
타민족(他民族) 图 자기 민족 이외의 다른 민족.
타!박 图 (어떤 대상을) 그 허물이나 결함을 잡아 나무라거나 판잔하거나 탓하는 것. ¶~을 주다. **타:박-하다** 图타여
타박-거리다/-대다 [-꺼-] 图 쩨 기운 없이 다리를 짧게 떼어 놓으며 느리게 걷다. 囹터벅거리다.
타!박-상(打撲傷) [-쌍] 图 맞거나 부딪쳐서 생긴 상처. ¶~을 입다.
타박-타박 튀 타박거리는 모양. 囹터벅터벅. **타박타박-하다** 图재여
타!방면(他方面) 图 다른 방면.
타!법(打法) [-뻡] 图 1 야구·골프·테니스·탁구·배구 등에서, 공을 배트·골프채·라켓·손 등으로 치는 일정한 방법. ¶밀어치기 ~ (야구). 2 북·장구·피아노 등의 악기를 손이나 도구로 치는 일정한 방법. ¶건반 ~. 3 검도·권투·씨름에서, 죽도나 주먹 등으로 상대를 치는 일정한 방법.
타!봉(打棒) 图 야구에서, 배트로 공을 치는 일. 또는, 그 배트. ¶예리한 ~/~에 불이 붙다.
타부 图 '터부(taboo)' 의 잘못.
타블로이드-판(tabloid判) 图[출] 신문·잡지 등에서, 보통 신문지의 1/2 크기의 판.
타사(他社) 图 다른 회사. ¶~ 제품.
타!산(打算) 图 이해관계를 따져 헤아리는 것. ¶이해~. **타:산-하다** 图타여
타!산-적(打算的) 판图 사전에 그 일의 이해관계를 따져 보는 (것). ¶~인 사람.
타산지석(他山之石) 图 [다른 산에서 난 나쁜 돌이라도 자신의 옥돌을 가는 데에 소용이 된다는] 하찮은 남의 언행일지라도 자신을 수양하는 데 도움이 된다는 말. ¶남의 실수를 ~으로 삼다. ◁귀감.
타살[1](他殺) 图 남에 의해 죽임을 당하는 것. 또는, 그 죽음. ¶시체 부검 결과 ~로 확인되다. ↔자살. **타살-되다** 图재
타!살[2](打殺) 图 때려서 죽이는 것. **타:살-하다** 图타여
타생(他生) 图[불] 1 자체의 원인이 아니라 다른 원인에 의해 사물이 생겨나는 것. 2 전생이나 내생. ↔이승.
타!석(打席) 图[체] 1 야구에서, 타자가 타격을 하기 위하여 들어서는 곳. 홈 플레이스 좌우에 흰 선으로 그려진 장방형 테두리 안을 말함. ¶타자가 ~에 들어서다. 2 '타석수'의 준말. ¶5 ~ 4타수 3안타.
타!석-수(打席數) [-쑤] 图[체] 야구에서, 타자로서 타석에 선 횟수. ○타석.
타!선[1](打線) 图[체] 야구에서, 타력의 면에서 본 타자의 진용. ¶~이 약하다.
타!선[2](唾腺) 图 '타액선'의 준말.
타!설(打設) 图 건축·건설 공사에서, (콘크리트를) 쏟아 붓거나 채워 넣는 일. 일본 한자어로, 순화어는 '채우기', '붓기', '넣기' 등임. ¶콘크리트 ~ 작업. **타:설-하다** 图타여
타성(他姓) 图 다른 성. Ϭ이성(異姓).
타!성[2](惰性) 图 사람의 말이나 행동에 굳어져 있는 좋지 않은 버릇. 또는, 오랫동안 변화나 새로움을 꾀하지 않아 나태하게 굳어져 있는 습성. ¶~에 젖다.
타!성-적(惰性的) 판图 오래되어 굳어진

버릇처럼 된 (것). ¶계획도 생각도 없이 ~으로만 살아가는 사람.

타ː수(打數) [명][체] **1** 야구에서, 실제로 타석에 들어간 횟수에서 포볼·데드 볼·희생타 및 타격 방해에 의한 출루의 횟수를 뺀 수. ¶3~ 1안타. **2** 골프에서, 한 홀이나 라운드나 경기에서 공을 친 횟수.

타ː순(打順) [명][체] 야구에서, 타격하는 타자의 순서. =배팅오더.

타슈켄트(Tashkent) [명][지] 우즈베키스탄의 수도.

타아(他我) [명][철] 자신의 자아(自我)에 대해, 감정 이입이나 유추, 이해 등으로 인식할 수 있는 타인의 자아. ↔자아.

타ː-악기(打樂器) [-끼] [명][음] 두드려서 소리를 내는 악기의 총칭. 나무·가죽·쇠붙이 따위로 만듦. 북·징 따위. ▷관악기.

타ː액(唾液) [명][생] =침¹.

타ː액-선(唾液腺) [-썬] [명][생] =침샘. [준]타선.

타-오르다 [동][자][르] 〈~오르니, ~올라〉 **1** 불이 붙어 타기 시작하다. ¶**타오르는** 불길. **2** 마음이 불같이 뜨겁게 달아오르다. ¶**타오르는** 욕망.

타우린(taurine) [명][생] 동물의 담즙산을 구성하는 아미노산의 일종. 담즙 분비와 지방 흡수를 원활하게 하며, 콜레스테롤 조절, 시신경 보호, 해독 작용 등이 있음.

타워(tower) [명] 탑처럼 높게 만든 구조물.

타ː원(楕圓) [명][수] 이차 곡선의 하나. 평면 위에서 두 정점(定點)에서의 거리의 합이 언제나 일정하게 되는 점의 자취.

타ː원-체(楕圓體) [명][수] 타원이 그 긴지름이나 짧은지름을 중심으로 돌아서 생기는 입체.

타ː원-형(楕圓形) [명] 타원으로 된 도형. 또는, 그런 모양.

타월(towel) [명] 무명실로 거죽이 보풀보풀하게 짠 천. 또는, 그 천으로 만든 수건.

타월을 던지다 권투에서, 선수가 더 이상 싸울 수 없을 때, 그 선수의 매니저가 티케이오(TKO)를 신청하다.

타율¹(他律) [명] 자기의 의사에 의하지 않고, 남의 명령이나 속박에 따라 움직이는 것. ↔자율.

타ː율²(打率) [명][체] 야구에서, 안타 수를 타수로 나눈 백분율. ↔방어율.

타율-적(他律的) [-쩍] [관][명] 자기의 의사에 의하지 않고 남의 명령이나 속박에 따라 움직이는 (것). ¶~인 학습 분위기. ↔자율적.

타의(他意) [-의/-이] [명] 어떤 일에 영향을 주는 요인으로서의, 다른 사람의 뜻이나 의지. ¶자의 반 ~ 반. ↔자의.

타이¹(←Thai*land*) [명][지] 인도차이나 반도 중앙부에 있는 입헌 군주국. 수도는 방콕. 음역어는 태국(泰國).

타이²(tie) [명] **1** [체] 득점이나 기록을 겨루는 경기에서, 서로 같은 점수나 기록을 낸 상태. [비]타이스코어. ¶~를 이루다. **2** [음] =붙임줄. **3** '넥타이'의 준말.

타이가([러]taiga) [명][지] 북유럽·시베리아·북아메리카의 북위 50~70°에 위치하는 아한대 북부에 분포하는 침엽수림.

타이곤(tigon) [명] [tig*er*+*li*on] [동] 호랑이의 수컷과 사자의 암컷 사이의 교배종. 어미보다 크며 호랑이와 비슷한 무늬가 있고, 수컷은 사자와 같은 갈기가 있음. ▷라이거.

타이-기록(tie記錄) [명][체] 운동 경기에서, 둘 이상의 경기자가 낸 서로 같은 기록. 또는, 비교 대상이 되는 기록과 같은 기록. ¶세계 기록과 ~을 이루다.

타-이르다 [동][타][르] 〈~이르니, ~일러〉 (윗사람이 아랫사람을) 잘못을 깨닫거나 고치도록, 또는 어떤 일을 하는 것이 옳고 좋은 것임을 알도록 이치를 따져 좋은 말로 말하다. ¶잘못을 ~.

타이머(timer) [명] 일정한 시간이 지나면 자동적으로 전류가 흐르거나 끊어지게 하는 장치.

타이밍(timing) [명] 어떤 일을 하기에 효과적이라고 여겨지는 시간이나 기회. ¶~을 맞추다[놓치다].

타이베이(臺北) [명][지] 대만의 수도.

타이^브레이크(tie break) [명][체] 테니스에서, 듀스가 반복되어 시합이 길어지는 것을 막기 위해 게임 카운트가 6 대 6일 때 7포인트 선취한 쪽을 승자로 하는 일.

타이-스코어(tie score) [명][체] 경쟁하는 둘 이상의 경기자나 팀이 낸 같은 득점. [비]타이(tie).

타이어(tire) [명] 자동차·자전거 등의 바퀴의 바깥 둘레에 끼는, 고무로 만든 테. 보통, 그 안쪽에 공기를 가득 채운 튜브가 있음. ¶자동차 ~.

타이완(臺灣) [명][지] **1** =대만. **2** 중국 남동쪽에 있는 큰 섬.

타이츠(tights) [명] **1** 발레나 체조 등을 할 때 입는, 팬티스타킹 모양의 꽉 끼는 옷. **2** 주로 어린이들이 신는 허리까지 오는 긴 양말.

타이트-스커트(tight skirt) [명] 주름이 없이 몸에 꽉 끼게 만든 스커트.

타이트-하다(tight—) [형][여] **1** 여유가 없이 빠듯하다. ¶**타이트한** 생활. **2** (옷 따위가) 꽉 끼는 데가 있다. ¶바지가 ~.

타이틀(title) [명] **1** '제목', '표제'로 순화. ¶작품 ~ / 앨범 ~. **2** 경기나 경쟁에서 획득한 선수권이나 최고의 지위 또는 자격. ¶세계 챔피언 ~ / ~을 거머쥐다. **3** 시디롬이나 디브이디 등에 콘텐츠를 담은 소프트웨어. ¶게임 ~. **4** 영화·텔레비전에서, 문자로 표시한 자막.

타이틀^롤(title role) [명][연][영] '주연¹', '주역¹'로 순화.

타이틀^매치(title match) [명][체] 권투·레슬링 등에서, 선수권을 걸고 하는 시합. =타이틀전. ↔논타이틀 매치.

타이틀^뮤직(title music) [명] 텔레비전·영화 등에서, 작품의 처음에 자막과 함께 나오는 음악.

타이틀-백(†title back) [명] 텔레비전 드라마·영화 등의 첫머리에서, 자막의 배경이 되는 화면.

타이틀-전(title戰) [명][체] =타이틀 매치.

타이프(type) [명] '타이프라이터'의 준말.

타이프-라이터(typewriter) [명] =타자기. [준]타이프.

타이피스트(typist) [명] =타자수.

타이핑(typing) [명] 타자기로 치는 일. **타이핑-하다** [동][타][여]

타인(他人) [명] 자기 아닌 다른 사람. 특히, 자기와 아무 관계가 없거나 잘 모르는 사이인 사람. [비]남·타자.

타일(tile) [명][건] 점토를 구워서 만든 작고 얇은 물건. 벽·바닥 따위에 붙여 치장하는 데 씀. ¶내장(內裝) ~.

ㅌ

타임(time) [명] ['시간' 이라는 뜻] [체] **1** 경주나 경영 등에서, 일정한 거리를 가는 데 소요된 시간. ¶~을 재다. **2** =타임아웃. ¶~을 걸다.
타임-머신(time machine) [명] 과거와 미래의 시간 여행을 하게 한다는 공상적 기계. 영국의 소설가 웰스의 동명(同名)의 공상 과학 소설에서 온 이름임.
타임-아웃(time-out) [명][체] 농구·배구 등의 경기에서, 경기를 일시 중지시켜 선수의 교체·휴식·작전의 협의 등을 행하도록 규정된 짧은 시간. 경기 시간에 포함되지 않음. =타임.
타임-업(←time's up) [명][체] 경기 등에서, 규정된 시간이 다 됨.
타임-캡슐(time capsule) [명] 후세에 전하기 위해, 그 시대를 대표하는 기록이나 물건을 넣어서 땅속에 묻어 두는 용기.
타입(type) [명] 어떤 부류의 형(型). ¶예술가 ~.
타ː자[1](打字) [명] 컴퓨터나 타자기의 키를 두드려 글자를 치는 일. **타ː자-하다** [동][자][타][여] ¶영문 편지를 ~.
타자[2](他者) [명] 자기 외의 다른 사람. [비] 타인.
타ː자[3](打者) [명][체] 야구에서, 배트를 가지고 타석에서 공을 치는 선수.
타ː자-기(打字機) [명] 손가락으로 키를 눌러 종이에 글자를 찍는 기계. =타이프라이터.
타ː자-수(打字手) [명] 타자하는 일을 직업으로 하는 사람. =타이피스트.
타ː작(打作) [명] **1** 곡식의 이삭을 떨어내어 알곡을 거두는 일. ¶보리~. **2** (매로 사람을) 심하게 때리는 것. 속된 말임. ¶매~. **타ː작-하다** [동][타][여]
타잔(Tarzan) [명][문] 미국의 버로스의 동명(同名)의 소설의 주인공. 어릴 때 아프리카 밀림에서 동물들에 의해 길러지며, 커서 밀림을 해치는 문명인들을 응징함.
타ː전(打電) [명] 무전이나 전보를 치는 것. **타ː전-하다** [동][자][타][여] ¶긴급 사항을 본부로 ~. **타ː전-되다** [동][자]
타ː점[1](打點) [명] **1** 붓·펜 따위로 점을 찍는 것. **2** 마음속으로 정하여 두는 것. **타ː점-하다** [동][자][타][여]
타ː점[2](打點)[-쩜] [명][체] 야구에서, 타자가 안타 등으로 득점한 점수. ¶3~을 올리다.
타ː제^석기(打製石器)[-끼] [명][고고] =뗀석기.
타ː조(駝鳥) [명][동] 머리가 작고 다리와 목이 길며, 날개가 작아 날지 못하지만 다리가 튼튼하여 매우 빨리 달리는 대형의 조류(鳥類). 몸빛은 수컷은 검은색, 암컷은 갈색임. 아프리카 초원에 삶.
타종[1](他種) [명] 다른 종류.
타ː종[2](打鐘) [명] 종을 치는 일. **타ː종-하다** [동][자][여]
타지[1](他地) [명] 다른 지방이나 지역.
타지[2](他紙) [명] 다른 신문.
타지다 [동][자] 꿰맨 데가 터지다. ¶겨드랑이가 ~.
타지마할(Tāj Mahal) [명][고고] 인도의 아그라에 있는 궁전 형식의 묘(廟). 무굴 제국의 황제 샤자한이 죽은 왕비를 위해 건립한 것으로, 인도 이슬람 건축을 대표하는 걸작임.
타-지방(他地方) [명] 다른 지방. ¶~ 사람.
타지크(Tadzhik) [명][지] =타지키스탄.
타지키스탄(Tadzhikistan) [명][지] 중앙아시아의 파미르 고원 지대에 있는 공화국. 수도는 두샨베. =타지크.
타ː진(打診) [명] **1** [의] 손가락 끝이나 기구로 가슴·등·관절 등을 두드려서 그 소리 또는 반응으로 증세를 살피는 일. **2** 미리 남의 뜻을 살펴보는 것. **타ː진-하다** [동][타][여] ¶의사를 ~.
타처(他處) [명] 다른 곳.
타타르^족(Tatar族) [명][역] 만주 북방 및 중앙아시아에 살던 몽골 족의 한 부족. 명(明)나라 이후 몽골 족 전체를 가리키는 말로도 쓰임. 음역어는 달단(韃靼).
타ː파(打破) [명] (잘못되거나 낡은 관습·제도·신념 따위를) 깨뜨리거나 무너뜨려 없애는 것. **타ː파-하다** [동][타][여] ¶미신을 ~. **타ː파-되다** [동][자]
타ː합(打合) [명] (어떤 일에 대하여) 서로 좋도록 미리 합의하는 것. ¶~점. **타ː합-하다** [동][타][여]
타향(他鄕) [명] 제 고향이 아닌 고장. =타관. ↔고향.
타향-살이(他鄕—) [명] 타향에서 사는 일. **타향살이-하다** [동][자][여]
타ː협(妥協) [명] (두 편이) 맞서 있는 의견이나 주장을 서로 양보하여 맞추는 것. **타ː협-하다** [동][자][타][여] ¶그는 성미가 대쪽 같아 불의와 **타협할** 줄 모른다.
타ː협-안(妥協案) [명] 양편의 주장·의견·이해 따위가 맞서 있을 때 서로 타협하기 위하여 내놓는 안. ¶~을 내놓다.
타ː협-적(妥協的)[-쩍] [관][명] 모든 일을 서로 협의해서 하는 (것). 또는, 타협하려는 태도가 있는 (것). ¶~인 해결.
타ː협-점(妥協點)[-쩜] [명] 어떤 일의 해결에서 타협이 될 수 있는 점.
타화^수분(他花受粉) [명][식] =타가 수분. ↔자화 수분.
타히티 섬(Tahiti—) [명][지] 남태평양 중부, 폴리네시아에 속하는 섬.
탁 [부] **1** 갑자기 세게 부딪거나 터지는 소리. 또는, 그 모양. ¶무릎을 ~ 치다. **2** 죄어진 것이 갑자기 풀리거나 끊어지는 소리. 또는, 그 모양. ¶끈이 ~ 끊어지다. **3** 아무 막힘이 없이 시원스러운 모양. ¶~ 트인 전망. **4** 갑자기 아주 막히는 모양. ¶숨이 ~ 막히다. [큰]턱.
탁견(卓見)[-껸] [명] 뛰어난 의견이나 견해.
탁구(卓球)[-꾸] [명][체] 나무로 된 대(臺)의 중앙에 네트를 치고 셀룰로이드 공을 라켓으로 쳐 넘겨 승부를 겨루는 실내 경기. =핑퐁. ¶~장.
탁구-공(卓球—)[-꾸-] [명] 탁구 경기에 쓰이는, 셀룰로이드로 만든 작은 공.
탁구-대(卓球臺)[-꾸-] [명][체] 탁구 경기에 쓰이는 직사각형의 대.
탁류(濁流)[탕뉴] [명] **1** 흘러가는 흐린 물. 또는, 그 흐름. **2** =무뢰배.
탁마(琢磨)[탕-] [명] 학문이나 덕행을 닦는 것. **탁마-하다** [동][타][여]
탁발[1](托鉢)[-빨] [명][불] 승려가 염불을 하면서 이 집 저 집 다니며 음식이나 돈 등을 얻는 일. **탁발-하다**[1] [동][자][여]
탁발[2](擢拔)[-빨] [명] =발탁. **탁발-하다**[2] [동][타][여]
탁발-승(托鉢僧)[-빨-] [명][불] 탁발하러 다니는 승려.

탁발-하다³(卓拔-)[-빨-] [형여] 여럿 가운데에서 두드러지게 뛰어난 상태에 있는 것. ¶~을 뜨다.

탁본(拓本)[-뽄] [명] 돌비·기와·기물 등에 새겨진 문자나 무늬를 종이에 그대로 박아낸 것. ¶~을 뜨다. **탁본-하다**[타여]

탁상(卓上)[-쌍] [명] 책상이나 식탁 같은 탁자의 위.

탁상-공론(卓上空論)[-쌍-논] [명] 현실성이 없는 허황한 이론이나 논의(論議). ¶회의가 ~으로 끝나다.

탁상-시계(卓上時計)[-쌍-계/-쌍-게] [명] 책상 위에 놓고 볼 수 있도록 밑이 넓거나 받이 달려 있는 시계.

탁상-일기(卓上日記)[-쌍-] [명] 책상 위에 놓아두고 그날그날의 일기를 간략하게 적어 놓을 수 있도록 날짜 순서대로 종이를 끼워 놓은 수첩 크기의 물건.

탁상-출판(卓上出版)[-쌍-] [명] 전자 출판의 하나. 컴퓨터 및 레이저 프린터 등의 주변 장치를 이용하여 입력·편집·교정·출력의 전 과정을 일원화함.

탁상-행정(卓上行政)[-쌍-] [명] 실제의 상황을 정확히 확인하지 않거나 실정을 치밀하게 파악하지 못한 채 책상머리에 앉아 안이하고 어설프게 펴는 행정. ¶시 당국의 ~이 예산 낭비를 초래하다.

탁송(託送)[-쏭] [명] 남에게 부탁하여 물건을 보내는 것. **탁송-하다**[타여]

탁아-소(託兒所)[명] 보육 시설인 '어린이집'이나 '놀이방'을 전날에 이르던 말.

탁월-하다(卓越-)[형여] 남보다 월등히 뛰어나다. ¶탁월한 재능.

탁음(濁音)[언] 울림소리.

탁자(卓子)[-짜] [명] 둥글거나 네모난 판에 여러 개의 다리를 수직으로 단 가구의 총칭. ㈕테이블.

탁주(濁酒)[-쭈] [명] =막걸리.

탁지-부(度支部)[-찌-] [명] 조선 고종 32년(1895)에 탁지아문을 고친 이름.

탁지-아문(度支衙門)[-찌-] [명][역] 조선 고종 31년(1894)에 정부의 재무를 맡아보던 관아. 뒤에 탁지부로 개칭됨.

탁-탁 [부] 1일을 결단성 있게 잘 처리하는 모양. ¶일을 ~ 끝내다. 2침을 세게 자꾸 뱉는 모양. 또는, 그 소리. ¶침을 ~ 뱉다. 3 여러 물건이나 사람이 잇달아 거꾸러지는 모양. ¶일제 사격에 적군이 ~ 쓰러지다. 4 숨이 자꾸 막히는 모양. ¶숨이 ~ 막히다. 5 자꾸 두드리거나 먼지를 떠는 모양. 또는, 그 소리. ¶이부자리를 ~ 떨다. ㈔턱턱.

탁-하다(濁-)[타카-] [형여] 1(액체·공기 등이) 잡물질과 섞여 있어 순수하지 않고 흐리다. ¶공기가 ~. 2소리가 거칠고 굵다. ¶음성이 ~.

탄(炭) [명] 1'석탄'의 준말. 2'연탄'의 준말. ¶~을 갈다.

탄:광(炭鑛) [명][광] 석탄을 캐내는 광산.

탄:광-촌(炭鑛村) [명] 탄광 노동자들이 모여 사는 마을.

탄-내 [명] 어떤 것이 타서 나는 냄새. ¶밥을 태웠는지, ~가 난다.

탄:도(彈道) [명] 발사된 탄환이 목표에 이르기까지의 길.

탄:도^미사일(彈道missile)[-][군] =탄도 미사일.

탄:도^유도탄(彈道誘導彈) [명] 발사된 후 로켓의 추진력으로 가속되어 날아가다가, 추진제가 다 연소되면 탄도를 그리면서 먼 거리를 비행하는 유도탄. =탄도 미사일. ¶대륙 간 ~. ㈜탄도탄.

탄:도-탄(彈道彈)[-][군] 1'탄도 유도탄'의 준말. 2유도 장치 없이 포물선의 탄도를 날아가는 초음속의 장거리 포탄.

탄:도탄^요격^미사일(彈道彈邀擊missile) [-][군] 레이더에 포착된 적의 대륙 간 탄도 미사일을 따라가서 격추시키기 위한 미사일. =에이비엠(ABM).

탄:두(彈頭) [명] 포탄·미사일의 선단(先端) 부분. ¶핵~.

탄:-띠(彈-)[-] [명] 1탄알을 한 줄로 끼우거나 넣어 몸에 간편하게 지닐 수 있도록 한 띠. 2기관총탄을 길게 달아 끼운, 천·쇠 등으로 만든 띠.

탄:력(彈力)[탈-] [명] 1[물] 어떤 물체가 외부의 힘을 받아 변형되었다가 그 힘이 없어지면 다시 본래의 형태로 돌아가려는 힘. ¶~을 잃다. 2힘이 넘치고 생기가 있는 상태의 비유. 3상황에 따라 유연하게 대응하는 능력의 비유적으로 이르는 말. ¶~ 있게 대처하다.

탄:력-성(彈力性)[탈-썽] [명] 1[물] 물체가 외부로부터 힘을 받았을 때 튀기는 힘이 있는 성질. 2어떤 상황에 유연하게 대처하는 성질. ¶국제 정세에 ~ 있게 대처하다.

탄:력-적(彈力的)[탈-쩍] [관][명] 상황에 따라 유연하게 대응하는 (것). ¶일정을 ~으로 조정하다.

탄:로(綻露)[탈-] [명] 숨겨져 있던 일이 드러나는 것. ¶비밀이 ~가 나다. **탄:로-되다**[자여]

탄:복(歎服) [명] 참으로 훌륭하다고 여겨 감탄하는 것. **탄:복-하다**[자여] ¶주위 사람들은 그의 지극한 효성에 **탄복했다**.

탄:-불(炭-)[-뿔] [명] 연탄이 탈 때에 이는 불.

탄:산(炭酸) [명][화] 이산화탄소가 물에 녹아서 생기는 약산(弱酸).

탄:산-가스(炭酸gas) [명][화] =이산화탄소.

탄:산-수(炭酸水) [명][화] 이산화탄소를 물에 녹인 것. 청량음료나 약용·실험용으로 쓰임. ㈕소다수.

탄:산수소-나트륨(炭酸水素⊕Natrium) [명][화] 무색의 결정성 가루. 수용액을 끓이면 이산화탄소가 발생하는데, 청량음료·의약·세척제 등에 씀.

탄:산-음료(炭酸飮料)[-뇨] [명] 이산화탄소를 물에 녹여 만든, 맛이 산뜻하고 시원한 음료.

탄:산-칼슘(炭酸calcium) [명][화] 칼슘의 탄산염. 석회수에 이산화탄소를 통할 때 생기는 결정체. 대리석·석회석 등의 주성분임.

탄:생(誕生) [명] 1(사람이) 세상에 태어나는 것. 2(어떤 조직·제도·사업체 등이) 세상에 생겨나는 것. **탄:생-하다**[자여] ¶새 내각이 ~. **탄:생-되다**[자여]

탄:생-석(誕生石) [명] 1년 12달에 각각 맞추어, 그 태어난 달의 사람이 지니면 행운을 불러온다고 하는 보석.

탄:생-일(誕生日) [명] 탄생한 날.

탄:성¹(彈性) [명][물] 물체에 외부로부터 힘을 가하면 변형하고, 그 힘을 제거하면 원래의 모양으로 되돌아가려고 하는 성질. ▷소성(塑性).

탄:성²(歎聲·嘆聲) 몡 1 한탄하여 내는 소리. 2 감탄하여 지르는 소리. ¶설악산의 절경에 ~을 지르다.

탄:성-력(彈性力)[-녁] 몡[물] 고체의 변형으로 생기는 힘. 처음 상태로 되돌아가려는 성질 때문이며, 물체의 순간적인 변형에만 존재함.

탄:성-파(彈性波) 몡[물] 탄성을 지닌 물체 속에 전달되는 탄성 진동. 음파·지진파 따위.

탄:소(炭素) 몡[화] 비금속 원소의 하나. 원소 기호 C, 원자 번호 6, 원자량 12.011. 천연으로 광범위하게 존재하며, 생물의 몸이나 유기 화합물의 주요 성분임.

탄:소-동화작용(炭素同化作用) 몡[식] 식물이 공기 중에서 섭취한 이산화탄소와 뿌리에서 흡수한 물로 빛 에너지를 이용하여 탄수화물을 만드는 작용.

탄:수화-물(炭水化物) 몡[화] 생물의 몸을 구성하며 에너지원으로 쓰이는 유기 화합물. 포도당·수크로오스·녹말 등이 있음. **탄:수화-물**(炭水化物) 몡[화]

탄:식(歎息·嘆息) 몡 (사람이) 걱정이나 근심, 슬픔이나 한(恨) 등으로 말미암아 깊은 한숨을 내쉬는 것. **탄:식-하다** 동 (재어) ¶자신의 무능함을 ~.

탄:신(誕辰) 몡 임금이나 성인이 태어난 날.

탄:알(彈-) 몡[군] 총이나 포(砲)에 재어서 쏘아 내보내는 쇳덩이. 일반적으로, 발사되기 전까지의 탄을 가리킴. ↔탄환.

탄압(彈壓) 몡 (어떤 정권이나 통치 집단이) 권력이나 무력 등으로 어떤 세력이나 사람들을 강제로 억눌러 자기의 뜻대로 하지 못하게 하는 것. ¶언론을 ~. **탄:압-되다** 동(어)

탄약(彈藥) 몡 탄환과 화약. ¶~ 상자.

탄약-고(彈藥庫)[-꼬] 몡[군] 탄약을 보관하여 두는 창고.

탄연(坦然) 몡[인] 고려 시대의 승려·서예가(1070~1159).

탄:원(歎願·嘆願) 몡 사정을 하소연하여 도와주기를 간절히 바라는 것. **탄:원-하다** 동(어) ¶석방(釋放)을 ~.

탄:원-서(歎願書) 몡 탄원을 하는 글.

탄자니아(Tanzania) 몡[지] 아프리카 동부에 위치한 연합 공화국. 수도는 다르에스살람.

탄:-재(炭-)[-째] 몡 석탄이나 연탄이 다 타고 남은 재.

탄:저-병(炭疽病)[-뼝] 몡 1 [의] 탄저균에 의해 소·말·양 등 가축에 발병하는 전염병. 내장이 헐고 피하 출혈이 일어남. 2 [농] 탄저균의 기생에 의해 식물체에 황갈색의 반점이 생기는 병.

탄:전(炭田) 몡[광] 석탄이 자연으로 많이 묻혀 있는 땅.

탄젠트(tangent) 몡[수] 삼각 함수의 하나. 직각 삼각형의 예각의 대변과 그 각을 낀 밑변의 비를 그 각의 탄젠트라 함. 기호로 tan.

탄:차(炭車) 몡 석탄을 실어 운반하는 차.

탄:창(彈倉) 몡[군] 연발총의 보충용 탄알을 재어 두는 통.

탄:층(炭層) 몡[광] 땅속에 석탄이 묻혀 있는 층. =석탄층.

탄:탄-대로(坦坦大路) 몡 1 평평하고 넓은 큰 길. 2 장래가 어려움이 없이 순탄함을 이르는 말. ¶그가 성공하기까지 ~를 걸어온 것만은 아니다.

탄탄-하다¹ 몡 1 무르거나 느슨하지 않고 아주 야무지고 굳세다. ¶탄탄한 몸 / 그 집은 아주 탄탄해 보인다. 2 변동되거나 흔들릴 염려 없이 아주 미덥다. ¶탄탄한 직장. 튼튼하다. **탄탄-히** 튀

탄탄-하다² (坦坦-) 몡 평평하고 넓다. ¶탄탄한 평원. **탄탄-히** 튀²

탄탈(Tantal) 몡 회흑색의 금속 원소. 원소 기호 Ta, 원자 번호 73, 원자량 180.948. 화학 공업용 내산재(耐酸材), 전자관의 재료 등에 쓰임.

탄:피(彈皮) 몡[군] 탄환·포탄의 껍데기.

탄:-하다 몡(타어) (남의 말을) 탓하여 나무라다.

탄:핵(彈劾) 몡 1 죄상을 들어서 책망하는 것. 2 [법] 일반 법원에 의해서는 소추가 곤란한, 대통령·국무 위원·법관 등의 신분이 보장되어 있는 공무원의 비행·위법에 대해 국회의 소추에 의해서 헌법 재판소의 심판으로 이를 처벌 또는 파면하는 제도. **탄:핵-하다** 동

탄:핵-권(彈劾權)[-꿘] 몡[법] =탄핵 소추권.

탄:핵^소추권(彈劾訴追權)[-쏘-꿘] 몡[법] 특정 공무원의 비행·위법을 탄핵 소추할 수 있는 국회의 고유한 권리. =탄핵권.

탄화(炭化) 몡[화] 1 유기 물질이 탄소 성분이 풍부한 물질이 되는 일. 2 다른 물질이 탄소와 화합하는 일. **탄화-하다** 동

탄화-수소(炭化水素) 몡[화] 탄소와 수소로 이루어진 화합물의 총칭.

탄:환(彈丸) 몡[군] 총이나 포에 재어 쏘면 튀어 나가 목표 대상을 살상하거나 파괴하게 되어 있는 물건. 일반적으로, 발사된 이후의 탄을 가리킴. ↔탄알.

탄흔(彈痕) 몡 탄환을 맞은 자국.

탈¹ 몡 1 사람이나 동물의 얼굴 모양을 본떠 만들어 얼굴에 덮어쓸 수 있게 되어 있는 물건. 面(가면). 2 (주로 '…의 탈을 벗다(쓰다)'의 꼴로 쓰여) 사람이 본색을 감추거나 위선적 행동을 하기 위해 쓴다고 가상되는, 비유적인 의미의 가리개. ¶위선의 ~을 벗다.

탈² (頉) 몡 1 사람의 신상에 일어나는 사고. 2 아무 ~ 없이 목적지에 도착하다. 2 몸에 생기는 가벼운 병. 특히, 배에 생기는 것을 가리킴. ¶배~. 3 핑계 또는 트집. ¶~을 잡다. 4 결함이나 허물. ¶그는 자신의 능력을 과신하는 게 ~이다.

탈-³ (脫-) 접두 '벗어남', '헤어남'의 뜻을 나타내는 말. ¶~냉전 / ~공업화.

탈각(脫却) 몡 1 잘못된 생각이나 나쁜 상황에서 벗어나는 것. 2 벗어 버리는 것. **탈각-하다** 동(재타어)

탈-것[-껏] 몡 사람이 타고 다니는 물건의 총칭. 자동차·열차·비행기·배 따위.

탈고(脫稿) 몡 (작품이나 논문 등의) 원고를 다 써서 마무리 짓는 것. ↔기고. **탈고-하다** 동(타어) ¶집필 중인 장편 소설을 ~. **탈고-되다** 동(어)

탈곡(脫穀) 몡 벼·보리의 이삭에서 낟알을 떨어내는 일. **탈곡-하다** 동(타어)

탈곡-기(脫穀機)[-끼] 몡 탈곡하는 농구.

탈골(脫骨) 몡[의] =탈구. **탈골-되다** 동(어)

탈공업화 사회(脫工業化社會)[-어좌-화/-어좌-훼] 기술 혁신, 도시화 현상, 지식·정보 산업 등이 급속히 발전한 사회.

1950년대 이후로 중화학 공업 중심으로 전환된 선진 공업국의 상황을 말함. (비)정보화 사회.

탈구(脫臼) 뼈의 관절이 빠어 물러나는 일. = 탈골. **탈구-되다** 통(자)

탈-근대(脫近代) 명 근대 사회의 속성에서 벗어나는 일. ¶~ 사회.

탈¹-놀음[-롬] 명(민) 한 사람 또는 여러 사람이 탈을 쓰고 춤·몸짓·노래·대사 등으로 극적인 장면을 연기하는, 우리나라 고유의 연극. 꼭두각시놀음·산대놀음 따위. =탈놀이. ▷탈춤. **탈¹놀음-하다** 통(자)(여)

탈¹-놀이[-로리] 명(민) =탈놀음. **탈¹놀이-하다** 통(자)(여)

탈당(脫黨)[-땅] 당원이 자기가 소속한 당에서 떠나는 일. ¶~ 선언. ↔입당. **탈당-하다** 통(자)(여)

탈락(脫落) 명 1 (경쟁·경선·경기 등에서) 일정한 범위에 들지 못하여 떨어지거나 빠지지 못하게 되는 것. ¶예선 ~. 2 (이 둘 이상의 음절이 접속할 때, 한쪽의 모음이나 자음 또는 음절이 없어져 약음(約音)으로 되는 일. '말소'가 '마소'로 되는 따위. **탈락-하다** 통(자)(여) **탈락-되다** 통(자)(여) ¶추천에서 ~.

탈레스(Thales) 명(인) 고대 그리스의 철학자 (640?~546? B.C.).

탈렌트 명 '탤런트(talent)'의 잘못.

탈루(脫漏) 명 밖으로 빠져서 새는 것. ¶세금 ~. **탈루-하다** 통(자)(여)

탈린(Tallinn) 명(지) 에스토니아의 수도.

탈모¹(脫毛) 명 털이 빠지는 것. 또는, 그 털. **탈모-하다¹** 통(자)(여)

탈모²(脫帽) 명 모자를 벗는 것. **탈모-하다²** 통(자)(여)

탈모-제(脫毛劑) 명(약) =제모제.

탈모-증(脫毛症)[-쯩] 명(의) 머리 전체 또는 일부분의 모발이 빠져서 없어지는 상태.

탈무드(®Talmud) 명 '교훈', '교의'의 뜻》[책] 유대 인의 율법학자의, 사회 전반의 사상(事象)에 대한 구전(口傳)·해설을 집대성한 책.

탈!-바가지[-빠-] 명 1 바가지로 만든 탈. 2 '탈¹'을 속되게 이르는 말. 3 '철모'를 속되게 이르는 말.

탈!-바꿈 명 1 모양이나 형태를 바꾸는 것. 2 (이)=변태1. **탈!바꿈-하다** 통(자)(여) 모양이나 형태를 바꾸는 것. **탈!바꿈-되다** 통(자) ¶달동네가 아파트촌으로 ~.

탈법(脫法)[-뻡] 명 법의 규정을 교묘하게 피하는 것. **탈법-하다** 통(자)(여)

탈북(脫北) 명 북한에 살던 사람이 북한 체제를 거부하고 북한을 탈출하는 것. ¶~ 인사. **탈북-하다** 통(자)(여)

탈북-자(脫北者)[-짜] 명 탈북한 사람.

탈-삼진(脫三振) 명(체) 투수가 타자로부터 삼진을 이끌어 내는 것.

탈상(脫喪)[-쌍] 명 상기(喪期)가 끝나 상복을 벗는 것. **탈상-하다** 통(자)(여)

탈색(脫色)[-쎅] 명 1 피륙이나 머리털 따위의 색깔을 빼는, ↔염색. 2 빛이 바래어 엷어지는 것. **탈색-하다** 통(자)(여)
탈색-되다 통(자) ¶옷이 ~.

탈선(脫線)[-썬] 명 1 (기차·전차 따위의 바퀴가) 궤도를 벗어나는 것. ¶열차 ~ 사고. 2 (말·행동 따위가) 나쁜 방향으로 빗나가는 것. ¶청소년의 ~을 막다. 3 목적에서 벗어나 딴 길로 빠지는 것. **탈선-하다** 통(자)(여) **탈선-되다** 통(자)

탈선-행위(脫線行爲)[-썬-] 명 1 일반적인 규칙이나 상식을 벗어난 행위. 2 목적에서 벗어나 딴 길로 빠진 행위.

탈세(脫稅)[-쎄] 명(법) 납세 의무자가 세금의 일부 또는 전부를 내지 않는 일. ¶~자 / ~액. **탈세-하다** 통(자)(여)

탈속(脫俗)[-쏙] 명 1 (어떤 사람이) 승려나 수도자가 되어 속된 세상에 살아가는 것. ↔환속. 2 (어떤 사람이) 세속이나 속된 것에서 벗어나는 것. **탈속-하다** 통(자)(여)

탈수(脫水)[-쑤] 명 1 물질에 있는 수분을 제거하는 것. 2 체내의 수분이 결핍되는 것. **탈수-하다** 통(자)(여) **탈수-되다** 통(자) ¶자동으로 탈수되는 세탁기.

탈수-기(脫水機)[-쑤-] 명 빨래의 물기를 짜 주는 기계. 또는, 음식 쓰레기의 수분을 제거해 주는 기계.

탈수-증(脫水症)[-쑤쯩] 명(의) 몹시 땀을 흘리거나 설사를 하는 경우에 체내의 수분이 부족하여 일어나는 증세.

탈영(脫營) 명(군) 군인이 병영을 빠져나와 도망하는 것. **탈영-하다** 통(자)(여)

탈영-병(脫營兵) 명(군) 탈영한 병사.

탈옥(脫獄) 명 죄수가 감옥에서 빠져나와 도망하는 것. **탈옥-하다** 통(자)(여)

탈옥-수(脫獄囚)[-쑤] 명 탈옥한 죄수.

탈의-실(脫衣室)[-의/-이-] 명 목욕탕·수영장 등에서, 옷을 벗어 보관하거나 갈아입는 방.

탈의-장(脫衣場)[-의/-이-] 명 해수욕장이나 경기장 등에 설치한, 옷을 갈아입는 장소.

탈자(脫字)[-짜] 명 글로 된 인쇄물에서, 교정 미스로 빠뜨린 글자. 또는, 글을 쓸 때 실수로 빠뜨린 글자. ¶~가 많은 책.

탈장(脫腸)[-짱] 명(의) =헤르니아. **탈장-하다** 통(자)(여) **탈장-되다** 통(자)

탈주(脫走)[-쭈] 명 (갇힌 곳에서) 벗어나 도주하는 것. ¶~자(者). **탈주-하다** 통(자)(여)

탈지-면(脫脂綿)[-찌-] 명(의) 불순물이나 지방을 제거하고 소독한 솜. (비)약솜.

탈지-분유(脫脂粉乳)[-찌-] 명 탈지유를 건조시켜 만든 가루우유. 단백질·비타민 B_1 등이 풍부하며, 과자·아이스크림·요리 등에 쓰임.

탈지-유(脫脂乳)[-찌-] 명 지방분(크림)을 빼낸 우유. 유산 음료·탈지분유 등의 원료가 됨.

탈진(脫盡)[-찐] 명 기운이 다 빠져 없어지는 것. ¶~ 상태. **탈진-하다** 통(자)(여) **탈진-되다** 통(자)

탈출(脫出) 명 (자유롭지 못하거나 위험하거나 갇힌 곳을) 자유로워지기 위해, 또는 안전한 상태가 되기 위해 다른 곳으로 벗어나는 것. **탈출-하다** 통(자)(여) ¶포로 수용소를 ~.

탈출-구(脫出口) 명 1 갇히거나 포위되어 있는 곳에서 빠져나갈 수 있는 틈. 2 어떤 어려움이나 답답함이나 위기에서 벗어날 수 있는 해결책. 비유적으로 말임. ¶여행은 권태로운 일상을 벗어던지는 ~이다.

탈출-극(脫出劇) 명 어느 곳을 탈출하는 소동.

탈-춤 명(민) 탈놀음에서, 탈을 쓰고 추는 춤. =가면무. ¶봉산 ~. ▷탈놀음.

탈취[1](脫臭) [명] 냄새를 빼어 없애는 것. **탈취-하다**[1] [동][자][여]
탈취[2](奪取) [명] (남의 돈이나 물건 등을) 빼앗아 가지는 것. **탈취-하다**[2] [동][타][여] ¶금품을 ~.
탈취-제(脫臭劑) [명] 냄새를 없애는 데에 쓰는 약제.
탈탈 [부] **1** 먼지 따위를 가볍고 재게 터는 모양. 또는, 그 소리. ¶바지를 ~ 털다. **2** 남은 것이 없도록 죄다 털어 내는 모양. ¶지갑을 ~ 털어 성금을 내다. [큰]털털.
탈퇴(脫退)[-퇴/-퉤] [명] (속해 있는 단체 등에서) 관계를 끊고 물러나는 것. ↔가입. **탈퇴-하다** [동][자][타][여] ¶조직을 ~.
탈피(脫皮) [명] **1**[동] 파충류·곤충류 등이 자라면서 허물이나 표피를 벗는 일. **2** 낡은 습관·양식·사고방식에서 벗어나서 새로운 방향으로 나가는 것. **탈피-하다** [동][자][타][여] ¶구습을 ~. **탈피-되다** [동][자]
탈항(脫肛) [명][의] 항문의 점막이 밖으로 빠져나오는 일. 만성 변비·치핵 등이 원인임. **탈항-되다** [동][자]
탈환(奪還) [명] (빼앗긴 대상을) 도로 빼앗아 찾는 것. **탈환-하다** [동][타][여] ¶고지를 ~.
탈황(脫黃) [명] 석유·천연가스·금속 제련 등의 생산 공정에서, 황 성분을 제거하는 일.
탈회(脫會)[-회/-훼] [명] 어떤 모임에서 관계를 끊고 빠져나오는 것. ↔입회. **탈회-하다** [동][자][타][여]
탐(貪) [명] 남의 물건을 제 것으로 가지거나 차지하고 싶어 하는 마음. [비]욕심.
탐관(貪官) [명] 옳지 못하게 재물을 탐하는 관리.
탐관-오리(貪官汚吏) [명] 욕심이 많고 행실이 깨끗하지 못한 관리.
탐구(探究) [명] (진리·학문·원리 등을) 파고들어 깊이 연구하는 것. **탐구-하다** [동][타][여] ¶진리를 ~. **탐구-되다** [동][자]
탐구-심(探究心) [명] 사물을 탐구하려는 마음. ¶~이 강하다.
탐-나다(貪-) [동][자] (어떤 대상이) 마음에 들어 제 것으로 만들고 싶은 마음이 생기다. ¶**탐나는** 옷.
탐-내다(貪-) [동][타] (어떤 대상을) 제 것으로 만들고 싶어 하다. ¶재물을 ~.
탐닉(耽溺) [명] (어떤 일에) 강한 흥미나 즐거움을 느껴 헤어나기 어려운 상태가 되는 것. **탐닉-하다** [동][자][여] ¶주색에 ~.
탐독(耽讀) [명] (어떤 글이나 책을) 특별히 즐겨 읽는 것. **탐독-하다** [동][타][여] ¶추리 소설을 ~.
탐라(耽羅)[-나] [명] '제주도'의 옛 이름.
탐라-국(耽羅國)[-나-] [명][역] 삼국 시대에 제주도에 있었던 나라. 뒤에 고려에 복속됨.
탐문[1](探問) [명] (알려지지 않은 사실이나 소문을) 더듬어 찾아서 묻는 것. ¶~ 수사. **탐문-하다**[1] [동][타][여]
탐문[2](探聞) [명] 수소문하여 듣는 것. **탐문-하다**[2] [동][타][여] ¶옛 친구의 소식을 ~.
탐미(耽美) [명] 아름다움을 추구하여 거기에 깊이 빠지거나 즐기는 것. **탐미-하다** [동][자][타][여]
탐미-적(耽美的) [관][명] 미(美)를 최고의 가치로 삼고, 미에 도취하는 경향이 있는 (것). ¶~인 문장.
탐미-주의(耽美主義)[-의/-이] [명][문] 19세기 후반에 유럽에서 나타난, 미(美)의 창조를 예술의 궁극적 목적으로 삼는 문예 사조. =유미주의.
탐방(探訪) [명] **1** (명승고적 따위를) 구경하기 위하여 찾는 것. **2** (어떤 사실이나 소식을 알아내기 위하여) 목적하는 인물을 찾아가는 것. ¶~ 기사. **탐방-하다** [동][타][여] ¶경주 불국사를 ~.
탐사(探査) [명] (알려지지 않은 사물을) 더듬어 살펴서 조사하는 것. ¶석유 ~. **탐사-하다** [동][타][여] ¶유적지를 ~.
탐색(探索) [명] 감추어진 사실을 알아내기 위하여 살피어 찾는 것. **탐색-하다** [동][타][여] ¶적의 동향을 ~.
탐색-전(探索戰)[-쩐] [명] 운동 경기나 경쟁 등에서 상대의 전력·전술·형편 등을 탐색하면서 벌이는 싸움. ¶노사 양측이 협상 조건을 놓고 ~을 벌이고 있다.
탐-스럽다[-따] [형][ㅂ] 〈~스러우니, ~스러워〉 (열매나 꽃이나 눈송이 따위가) 마음이 끌리도록 크고 보기에 좋다. ¶함박눈이 **탐스럽게** 내린다. **탐스레** [부]
탐승(探勝) [명] 경치가 좋은 곳을 찾아다니는 것. ¶명승지 ~. **탐승-하다** [동][타][여]
탐식(貪食) [명] 음식을 탐하는 것. 또는, 탐내어 먹는 것. **탐식-하다** [동][자][타][여]
탐심(貪心) [명] **1** 탐내는 마음. **2** 탐욕스러운 마음.
탐욕(貪慾) [명] 지나치게 탐하는 욕심.
탐욕-스럽다(貪慾-)[-쓰-따] [형][ㅂ] 〈~스러우니, ~스러워〉 탐욕을 부리는 점이 있다. **탐욕스레** [부] ¶~ 먹다.
탐욕-적(貪慾的)[-쩍] [관][명] 지나치게 탐하는 욕심이 있는 (것). ¶~인 눈초리.
탐정(探偵) [명] (드러나지 않은 사실을) 몰래 살펴 알아내는 것. 또는, 그런 일을 하는 사람. [비]정탐. ¶사설(私設) ~. **탐정-하다** [동][타][여]
탐정^소!설(探偵小說) [명][문] =추리 소설.
탐조-등(探照燈) [명] 먼 곳에 있는 목적물을 비추기 위한 대형의 조명 기구. =서치라이트.
탐지(探知) [명] (어떤 사실이나 상황을) 더듬어 살펴 알아내는 것. **탐지-하다** [동][타][여] ¶첩자를 두어 적정을 ~.
탐지-기(探知機) [명] 어떤 사물의 소재나 진부(眞否)를 알아내는 데에 쓰이는 기계의 총칭. ¶거짓말 ~.
탐탁-스럽다[-쓰-따] [형][ㅂ] 〈~스러우니, ~스러워〉 탐탁한 데가 있다. **탐탁스레** [부]
탐탁-하다[-타카-] [형][여] (모양·태도 따위가) 마음에 들어 만족하다. ¶일솜씨가 그리 **탐탁하지** 않다. **탐탁-히** [부]
탐탐(tam-tam) [명][음] 동양에서 시작된 타악기로 징의 한 가지. 관현악단용으로 만들어졌음.
탐폰([독]Tampon) [명][의] 소독한 솜·거즈 따위를 작은 원통상 또는 구상(球狀)으로 만든 것. 국부(局部)에 넣어서 피를 멈추게 하거나 분비액을 흡수시키는 데에 씀.
탐-하다(貪-) [동][타][여] (어떤 대상을) 제 것으로 가지거나 차지하고 싶어 하다. ¶재물을 ~.
탐험(探險) [명] (어떤 사람이 인류가 기후·지리적인 어려운 조건 때문에 가지 못했던 미지의 곳을) 위험을 무릅쓰고 들어가 살피고 조사하는 것. **탐험-하다** [동][타][여]

ㅌ

¶북극을 ~.
탐험-가(探險家) 명 탐험에 종사하는 사람.
탐험-대(探險隊) 명 탐험을 목적으로 조직된 무리. ¶남극 ~.
탑(塔) 명 1 [불] 돌·벽돌·나무 등을 여러 층으로 높이 쌓아 부처의 사리를 모시거나 유골을 안치하여 세운 건조물. 2 높고 뾰족하게 세운 건조물의 통칭. ¶시계 ~.
탑-돌이(塔-)[-도리] 명 [민] 초파일에 절에서 밤새도록 탑을 돌며 부처의 공덕을 기리고 제각각 소원을 비는 행사.
탑승(搭乘)[-씅] 명 (비행기·차·배 따위에) 어느 곳을 가기 위해 타는 것. **탑승-하다** 동(자)여 ¶비행기에 ~.
탑승-객(搭乘客)[-씅-] 명 비행기·차·배 따위에 탄 손님.
탑승-자(搭乘者)[-씅-] 명 비행기·차·배 따위에 타고 있는 사람.
탑신(塔身)[-씬] 명 [건] 탑의 기단(基壇)과 꼭대기 가운데 사이에 있는, 탑의 몸체.
탑재(搭載)[-째] 명 1 (배·차량·비행기 등에) 물건을 옮기기 위해 싣는 것. 또는, (전투기·군함 등에) 무기를 사용할 목적으로 싣는 것. 2 (컴퓨터·자동차 등에) 어떤 부품이나 소프트웨어를) 설치하는 것. **탑재-하다** 동(타)여 ¶시디롬 드라이브를 **탑재한** 컴퓨터. **탑재-되다** 동(자) ¶책부가 **탑재되**어 있다.
탑재-량(搭載量)[-째-] 명 탑재할 수 있는 짐의 양.
탓[탇] 명 1 《명사나 관형격 조사 '의', 관형형 어미 '-ㄴ/은', '-는' 다음에 쓰여》 일이 잘못되거나 부정적 현상이 생기는 것에 대한 '때문'이나 '원인'을 가리키는 말. 주로 잘못을 남 탓으로 돌리는 말. ¶모든 잘못을 남 ~으로 돌리다. 2 《어떤 대상을》 핑계나 구실로 삼아 나무라거나 원망하는 것. ¶날씨 ~을 해 봐야 무슨 소용이 있다. 3《주로 관형형 어미 '-ㄹ/을' 다음에 쓰여》 일이 잘되고 안 됨이 앞에 오는 동사가 나타내는 행동에 달려 있음을 나타내는 말. (비)나름. ¶사람이 성공하느냐 실패하느냐 하는 것은 다 제 할 ~ 이다. **탓-하다** 동(타)여 ¶어떤 대상을) 구실이나 핑계로 삼아 나무라거나 원망하다. ¶그 사람만 **탓할** 일이 아니다.
탕¹(의존)《속》《주로 '뛰다'와 함께 쓰여》 하루 또는 기준 시간 동안에 일정한 곳을 왕복하거나 도착하여 일을 한 횟수를 세는 말. ¶아침에 두 ~ 뛰었어.
탕² 명 총을 쏠 때 나는 소리. '땅'의 거센말. ¶권총을 ~ 쏘다.
탕³ 명 '땅'의 거센말.
탕⁴(湯) 명 제사에서 쓰이는, 건더기가 많고 국물이 적은 국. =탕국.
탕⁵ 명 목욕탕에서, 사람들이 물속에 몸을 담글 수 있도록 네모지거나 둥근 공간을 막아 물을 받아 놓을 수 있게끔 만든 시설. 또는, 거기에 채워진 물. ¶~ 밖으로 나오다.
-탕⁶(湯) 접미 1 주로 소 따위의 뼈나 생선 등을 넣고 고구나 끓음식임을 나타내는 말. ¶매운~ / 설렁~. 2 달여서 만든 액체 한약임을 나타내는 말. ¶쌍화 ~ / 사물(四物) ~.
탕감(蕩減) 명 (세금이나 빚 등을) 일부 또는 전부 면제해 주는 것. **탕감-하다** 동(타)여 ¶부채를 **탕감해** 주다.
탕건(宕巾) 명 《<唐巾》 예전에 벼슬아치가 갓 아래, 망건 위에 쓰던 관(冠). 말

태극기 _ 1215

총으로 앞은 낮고 뒤는 높아 턱이 지게 되어 있음.
탕:-국(湯-)[-꾹] 명 =탕(湯)⁴.
탕:기(湯器)[-끼] 명 1 (자탁) 국이나 찌개 따위를 담는 작은 그릇. 2 (자탁) 국이나 찌개 따위의 분량을 그것이 담긴 탕기의 수로 헤아리는 말.
탕:녀(蕩女) 명 음란하고 방탕한 여자.
탕:반(湯飯) 명 =장국밥2.
탕수-육(糖水肉) 명 〔'糖'의 본음은 '당'〕 쇠고기나 돼지고기를 튀긴 것에 초·간장·설탕·야채 등을 넣고, 끓인 녹말 물을 부어 만든 중국 요리.
탕:아(蕩兒) 명 방탕한 사내. =탕자.
탕:약(湯藥)[-냑] 한 달여서 먹는 한약. ▷湯藥.
탕:자(蕩子) 명 =탕아(蕩兒).
탕:진(蕩盡) 명 (재물 따위를) 죄다 써서 없애 버리는 것. **탕:진-하다** 동(타)여 ¶노름으로 유산을 ~. **탕:진-되다** 동(자)
탕-탕¹ 명 총탄이나 포탄이 잇달아 터지며 나는 소리. '땅땅'의 거센말. ¶총을 ~ 쏘다. **탕탕-하다¹** 동(자)여
탕-탕² 명 '땅땅'의 거센말. ¶텅텅. **탕탕-하다²** 동(자)여
탕:파(湯婆) 명 더운물을 넣어서 몸을 덥게 하는, 합석·자기로 만든 그릇.
탕:평-책(蕩平策) 명 [역] 조선 영조가 당쟁(黨爭)의 폐해를 없애기 위하여 당파에 관계없이 인재를 등용하던 정책.
태¹ 명 그릇의 깨진 금. ¶~를 메우다.
태²(胎) 명 [생] 태아를 싸고 있는 조직. 곧, 태반과 탯줄을 말함. ¶삼.
태³(態) 명 1 =맵시. ¶옷차림이 ~가 난다. 2 겉에 나타나는 모양새. ¶부유한 ~를 내다.
태고(太古) 명 아주 먼 옛날. ¶~의 신비를 그대로 간직하고 있는 동굴.
태곳-적(太古-)[-고쩍/-곧쩍] 명 아득히 먼 옛날. ¶~ 이야기.
태괘(兌卦) 명 8괘의 하나. 상형(象形)은 '☱'. 못을 상징함.
태교(胎敎) 명 임신 중에 태아에게 좋은 영향을 주기 위해 임부가 정신적인 안정과 수양을 도모하고, 언행을 삼가는 일. **태교-하다** 동(자)여
태국(泰國) 명 [지] '타이'의 음역어.
태권-도(跆拳道)[-꿘-] 명 [체] 우리나라 고유의 전통 무예. 손과 발 및 몸의 각 부분을 사용하여 차기·지르기·막기 등의 기술을 구사하면서 공격과 방어를 행함.
태권도-장(跆拳道場)[-꿘-] 명 태권도를 단련하는 곳.
태그¹(tag) 명 [체] 야구에서, 야수가 손이나 글러브로 공을 잡은 다음 몸을 누(壘)에 대는 일. 또는, 공이나 글러브를 주자에게 대는 일.
태그²(tag) 명 [컴] 에이치티엠엘(HTML: 하이퍼텍스트 프로그램 언어)에서 사용되는 일종의 명령어.
태그^매치(tag match) 명 [체] 프로 레슬링에서, 레슬러가 팀을 짜서 싸우는 시합 형식. 링 안에서는 1 대 1로 싸움.
태극(太極) 명 [철] 중국 고대 철학에서, 우주 만물의 근원이 되는 실체.
태극-기(太極旗) 명 우리나라의 국기. 흰 바탕의 한가운데에 붉은빛과 푸른빛으로 태극을 상징하는 원을 그리고, 네 귀에는 대각선상으로 사괘(四卦)를 그렸

음.
태극-선(太極扇)[-썬] 명 태극 모양을 그린 둥근 부채.
태기(胎氣) 명 임신을 한 기미. ¶지난달부터 ~가 있다.
태:-깔(態-) 명 1 모양과 빛깔. ¶옷을 ~ 있게 차려입다. 2 고상한 태도.
태견 [체] 유연하게 움직이다가 순간적으로 손절·발질을 하여 상대를 제압하는 전통 무술. ☞택견.
태내(胎內) 명 어머니의 배 속.
태담(胎談) 명 태아에게 이야기를 들려줌으로써 태아와 감정을 교류하는 일.
태:도(態度) 명 1 어떤 사람이 어떤 일을 하거나 다른 사람을 대할 때 나타내는 동작이나 표정, 말씨 등의 모습. 2 어떤 대상을 대하는 입장이나 관점. ¶찬성인지 반대인지를 분명히 해라.
태동(胎動) 명 1 [생] 모태 안에서 태아가 움직이는 일. 2 어떤 사물 현상이 생기려고 싹트기 시작하는 것. 回발아. **태동-하다** 동(자여) ¶민주주의가 ~.
태두(泰斗) 명 학문이나 예술 분야의 권위자나 대가. ¶경제학의 ~.
태만(怠慢) 명 (어떤 일에) 게으름을 피우는 상태에 있는 것. ¶직무 ~. **태만-하다** 형(여) ¶학업에 ~. **태만-히** 부
태몽(胎夢) 명 임신할 것이라고 알려 주는 꿈. ¶~을 꾸다.
태반¹(太半) 명 절반을 훨씬 넘는 정도나 상태. ¶그는 일생의 ~을 외국에서 보냈다.
태반²(胎盤) 명 [생] 임신한 모체의 자궁 내벽과 태아 사이에서, 영양 공급·호흡·배설 등의 기능을 하는 원반 모양의 기관.
태백-산(太白山)[-싼] 명 [지] 강원도 태백시와 경상북도 봉화군의 경계에 있는 산. 높이 1,567m.
태백-산맥(太白山脈)[-싼-] 명 [지] 함경남도 원산에서 시작하여 동해안을 따라 경상남도 다대포까지 뻗어 있는, 우리나라 최대의 산맥. 길이 600km.
태변(胎便) 명
태봉(泰封) 명 [역] '후고구려'의 다른 국호. 905년 수도를 철원으로 옮기면서 이전의 국호인 '마진'을 개칭한 것임.
태-부족(太不足) 명 몹시 많이 모자라는 일. 또는, 그런 상태에 있는 것. ¶산업일선에 기술 인력이 ~이다. **태부족-하다** 형(여)
태산(泰山) 명 썩 높고 큰 산.
태산 같다 매우 크거나 많다. ¶해야 할
태산-준령(泰山峻嶺)[-줄-] 명 큰 산과 험한 고개.
태-상왕(太上王) 명 [역] 1 '상왕'을 높여 이르는 말. 2 상왕 바로 앞의 왕.
태생(胎生) 명 1 사람이 일정한 곳에 태어나는 일. ¶농촌 ~. 2 [생] 모체 안에서 어느 정도의 발육을 한 후에 태어나는 것. 포유동물과 물고기의 일부가 이에 속함. ↔난생(卵生). **태생-하다** 동(자여)
태생-적(胎生的) 관 일의 상태가 탄생에서부터 그러할 만큼 근원적인 (것). ¶~ 한계를 안고 출범한 정권.
태:세(態勢) 명 1 어떤 일에 대응하거나 대처하는 태도나 자세. ¶임전 ~ / 방위 ~. 2 형세나 기세. ¶몹시 화가 난 그는 주먹다짐이라도 할 ~였다.

태손(太孫) 명 [역] '황태손'의 준말.
태수(太守) 명 1 = 지방관. 2 신라 때 각 고을의 벼슬아치.
태아(胎兒) 명 [생] 모체의 자궁 속에서 자라고 있는 아기. ¶~가 건강하다.
태양(太陽) 명 1 태양계의 중심이 되는 항성. 지구를 비롯한 9개의 행성을 거느리며, 스스로 빛과 열을 냄. '해'를 전문적 또는 전문적으로 이르는 말. 비해. 2 매우 소중하거나 희망을 주는 존재로서의 사람의 비유. ¶민족의 ~.
태양-계(太陽系)[-계/-개] 명 [천] 태양과 그것을 중심으로 공전하는 여러 천체의 집합. 태양 외에 수성·금성·지구·화성·목성·토성·천왕성·해왕성의 8개의 행성과 50개 이상의 위성 및 수많은 소행성·혜성·유성(流星)을 포함함.
태양-광(太陽光) 명 태양의 빛을 에너지원으로 이르는 말. ¶~ 계산기.
태양-년(太陽年) 명 = 회귀년.
태양-력(太陽曆)[-녁] 명 태양의 황도 상 운행, 즉 계절이 바뀌는 주기를 근거로 만들어진 달력. 1년을 365일, 4년마다 윤년을 두어 366일로 함. =신력. ⊙양력. ↔태음력.
태양-신(太陽神) 명 고대 인류가 신앙의 대상으로서 신격화한 태양.
태양-열(太陽熱)[-녈] 명 태양이 내는 열에너지. 특히, 인간 생활의 이용 대상이 되는 태양의 열에너지. ¶~ 온수기.
태양열^주!택(太陽熱住宅)[-녈-] 명 태양열을 이용하여 난방이나 온수를 공급하는 구조의 주택.
태양-인(太陽人) 명 [한] 사상 의학(四象醫學)에서, 사람의 체질을 넷으로 가른 하나. 폐가 크고 간이 작은 형으로, 용모가 단정하고 천재형이나, 독선적이고 자존심이 강함. ▷사상 의학.
태양^전!지(太陽電池) 명 [물] 태양으로부터 오는 빛에너지를 직접 전기 에너지로 바꾸는 장치. 무인 등대·인공위성 등의 전원으로 쓰임.
태양-초(太陽草) 명 수확한 뒤에 햇볕에 말린 붉은 고추.
태양^흑점(太陽黑點)[-쩜] 명 [천] 태양면에 보이는 검은 반점. 강한 자기장이 있어 자기 폭풍이나 오로라 활동을 일으킴. ⊙흑점.
태어-나다 동(자) 1 (사람이나 동물이) 어머니 또는 어미의 몸속에서 일정 기간 자라다가, 처음 세상에 나와 삶을 살기 시작하다. 2 (사람이 어떤 곳에서, 또는 어떤 상태의 존재로서) 삶의 한 단계를 새로이 시작하는 상태를 이루다. ¶가난한 농가에서 ~.
태업(怠業) 명 1 표면적으로는 일을 하면서도 집단적으로 작업 능률을 저하시켜 사용자에게 손해를 주는 쟁의 행위. =사보타주. 2 일을 게을리 하는 것. **태업-하다** 동
태연(泰然) 명 (사람의 행동이나 태도가) 마땅히 두려워하거나 머뭇거리거나 거리낌이 있어야 할 상황에서, 아무렇지도 않게 예사로운 상태. **태연-하다** 형(여) **태연-히** 부 ¶거짓말을 ~ 하다.
태연-스럽다(泰然-)[-따] 형(비) ¶<-스러우니, -스러워> 태연한 데가 있다. ¶태연스러운 표정. **태연스레** 부
태연자약-하다(泰然自若-)[-야카-] 형(여) 태연하고 천연스럽다.

태열(胎熱) 명[의] 갓난아이에게 나타나는, 태중(胎中)의 열로 인한 증상. 흔히, 얼굴이 붉어지고 변비가 생기며, 젖을 먹지 않음.

태엽(胎葉) 명 시계나 장난감 등에서, 탄력을 이용하여 동력을 얻는 부속품. 얇고 긴 강철 띠를 둘둘 말 것임. ¶~을 감다.

태우다¹ 통(타) '타다'의 사동사. ¶살갗을 햇볕에 ~/애를 ~.

태우다² 통(타) '타다'의 사동사. ¶자전거를 ~/그네를 ~.

태위(胎位) 명[생] 자궁 안에서의 태아의 위치.

태음(太陰) 명[천] 태양에 대하여, '달'을 일컫는 말.

태음-력(太陰曆) [-녁] 명[천] 달이 지구를 한 바퀴 도는 시간을 기초로 하여 만든 역법. 열두 달은 29일의 작은달과 30일의 큰달로 구성함. 1년을 열두 달로 하고 19년에 일곱 번 윤달을 두었음. =구력(舊曆) ▷음력. ↔태양력.

태음-인(太陰人) 명 [한의] 사상 의학(四象醫學)에서, 사람의 체질을 네 가지 중의 하나. 간이 크고 폐가 약한 형으로, 기질이 낙천적이며 호걸스러움. ▷사상 의학.

태자(太子) 명 '황태자'의 준말.

태자-궁(太子宮) 명[역] 1 '황태자'를 높여 일컫는 말. 2 황태자가 거처하는 궁전. ㈘동궁(東宮).

태자-비(太子妃) 명[역] 황태자의 아내.

태장(笞杖) 명[역] 1 태형(笞刑)과 장형(杖刑). 2 볼기를 치는 데 쓰던 형구.

태조¹(太祖) 명[역] 우리나라나 중국에서, 한 왕조를 일으킨 첫 임금에게 올리는 묘호. =왕건.

태조²(太祖) 명[인] 고려의 제1대 왕(877~943). 본명은 왕건.

태조³(太祖) 명[인] 조선의 제1대 왕(1335~1408). 본명은 이성계.

태종¹(太宗) 명[역] 우리나라나 중국에서, 한 왕조의 선조(先祖) 가운데 그 공과 덕이 태조에 버금가는 왕에게 올리는 묘호.

태종²(太宗) 명[인] 당나라의 황제(598~649).

태종³(太宗) 명[인] 조선의 제3대 왕(1367~1422). 본명은 이방원.

태종무^열왕(太宗武烈王) 명[인] →무열왕.

태주 명[민] 마마를 앓다가 죽은 어린 계집아이의 귀신.

태중(胎中) 명 아이를 배고 있는 동안.

태-질 명 세게 메어치거나 내던지는 짓. **태질-하다** 통(자타)(여)

태초(太初) 명 천지가 개벽한 맨 처음.

태클(tackle) 명[체] 1 축구에서, 상대방이 가지고 있는 공을 기습적으로 빼앗는 일. 2 럭비·레슬링에서, 상대방의 아랫도리를 잡아 쓰러뜨리는 일. ¶~을 걸다. **태클-하다** 통(자타)(여)

태평(太平·泰平) 명 1 나라가 안정되어 아무 걱정 없이 평안한 것. ¶~을 구가하다. 2 (사람이) 앞일에 대해 아무 걱정도 없이 대비하지 않고 나태한 상태로 있는 것. ¶시험이 코앞에 닥쳤는데 ~이다. **태평-하다** 형(여) ¶나라가 ~. **태평-히** 뷔

태평-가(太平歌) 명 태평함을 주제로 한 노래.

태평-꾼(泰平-) 명 1 아무 걱정 없이 마음이 편안한 사람. 2 세상일에 관심이 없고 물정에 어두운 사람을 놀으로 이르는 말.

태평-성대(太平聖代) 명 어진 임금이 잘 다스리는 태평한 세상이나 시대. ¶~를 누리다.

태평-세월(太平歲月) 명 근심이나 걱정이 없는 평안한 시절.

태평-소(太平簫) 명[음] 우리나라 고유의 관악기. 여덟 개의 구멍이 뚫린 나무 관에 깔때기 모양의 놋쇠를 달았음. ×날라리·호적(胡笛)

태평-스럽다(太平-) [-따] 형(ㅂ) <-스러우니, ~스러워> 태평한 태도가 있다. ¶지금이 몇 신데 **태평스럽게** 앉아 있느냐? **태평스레** 뷔

태평-양(太平洋) [-냥] 명[지] 오대양의 하나. 유라시아 대륙·아메리카 대륙·오스트레일리아 대륙·남극 대륙에 둘러싸인, 세계 최대의 대양. ▷대서양·인도양.

태평양^전!쟁(太平洋戰爭) [-냥-] 명 1941~1945년에 연합국과 일본 사이에 벌어진 싸움. 1945년 8월 히로시마·나가사키에 원자 폭탄이 투하됨으로써 일본이 무조건 항복하였고, 그 결과로 우리나라는 1945년 8월 15일에 해방되었음.

태평-연월(太平烟月) [-년-] 명 태평하고 안락한 세월.

태풍(颱風) 명[기상] 북태평양 서부에서 발생하여 아시아 대륙 동부로 올라오는 열대성 저기압. 또는, 그 열대성 저기압이 동반하는 폭풍우. ¶~이 북상하다. ㈘사이클론·허리케인.

태풍의 눈(颱風-) [-의-/-에-] 1 [기상] 태풍이 불 때, 중심에 가까울수록 원심력이 세어지기 때문에 태풍 중심부의 10여 km 이내의 권내에 비교적 조용한 기상 현상이 나타나는 부분. 2 어떤 사물에 큰 영향을 주는 근본이 되는 것. ¶일조진 문제가 주택 업계의 ~이 될 것이다.

태피스트리(tapestry) 명 다채로운 색실로 그림을 짜 넣은 직물. 벽걸이나 가리개, 실내 장식품으로 쓰임.

태학(太學) 명[역] 1 고구려 소수림왕 2년 (372)에 설치된 국립 교육 기관. 2 고려 시대의 국자감의 한 기관. 3 =성균관.

태형(笞刑) 명[역] 오형(五刑)의 하나. 태장(笞杖)으로 볼기를 치는 형벌.

태환(兌換) 명[경] 지폐를 정화(正貨)와 서로 바꾸는 일. **태환-하다** 통(타)(여)

태환^지폐(兌換紙幣) [-폐/-페] 명[경] 정부 또는 발권 은행에 의하여 정화(正貨)와 자유로이 바꿀 수 있도록 약속되어 있는 지폐. ↔불환 지폐.

태후(太后) 명[역] '황태후'의 준말.

택견 명 우리나라 고유의 전통무예. =태견.

택배(宅配) [-빼] 명 일정한 요금을 받고 개인 또는 기업으로부터 소형·소량의 화물의 운송을 의뢰받아 가정이나 지정된 장소에까지 수송·배달하는 일.

택시(taxi) 명 정해진 노선이 없이 승객이 원하는 곳까지 태워다 주고, 간 거리와 걸린 시간에 따라 요금을 받게 되어 있는 소형 자동차. ¶~를 ~.

택일¹(擇一) 명 여럿 가운데서 하나를 고르는 것. ¶양자~. **택일-하다**¹ 통(타)(여)

택일²(擇日) 명 좋은 날을 가려서 고르는 것. **택일-하다**² 통(타)(여)

택지(宅地) 명 주택을 지을 땅. ㈘집터. ¶~ 조성.

택-하다(擇-) [태카-] 통(타)(여) (어떤 대

상을) 여럿 가운데서 고르다. [비]선택하다. ¶길일(吉日)을 ~.

탤런트(†talent) [명] 〔'재능'이라는 뜻〕 텔레비전 드라마에 출연하는 연기자. ¶인기 ~. ×탈렌트.

탬버린(tambourine) [명][음] 금속 또는 나무로 만든 둥근 테의 한쪽에 가죽을 입히고, 둘레에 작은 방울을 단 타악기. 손으로 가죽을 치거나, 흔들어 방울을 울림. [속]찰찰이.

탭(tap) [명][공] 암나사를 만드는 공구.

탭^댄스(tap dance) [명] 밑바닥에 쇠붙이를 댄 구두를 신고, 리드미컬하게 바닥을 치며 추는 춤.

탯-줄(胎—)[태쭐/탣쭐] [명][생] 태아와 태반을 잇는, 끈 모양의 신체 기관. 이를 통해 태아에게 산소와 영양분을 공급함. =제대(臍帶).

탱고(tango) [명][음] 2/4박자 또는 4/8박자의 경쾌하고 육감적인 춤곡. 또는, 그에 맞추어 추는 사교 댄스.

탱글-탱글 [부] 탱탱하고 둥글둥글한 모양. ▷당글당글. **탱글탱글-하다** [형][여]

탱자 [명] 탱자나무의 열매. 향기가 좋으며 약용함.

탱자-나무 [명][식] 가지에 굵은 가시가 많아 울타리용으로 흔히 심으며, 가을에 둥근 열매가 노랗게 익는 낙엽 관목. 열매는 향기가 있으나 먹지 못하고 약용함.

탱커(tanker) [명] =유조선.

탱크(tank) [명] **1** 물·가스·기름 따위를 넣어 두는 큰 통. ¶석유 저장 ~. **2**[군] =전차(戰車)².

탱크-로리(†tank lorry) [명] 가솔린·프로판 가스·화학 약품 등을 대량으로 실어 나르기 위하여 탱크를 갖춘 화물 자동차.

탱크-톱(tank top) [명] 러닝셔츠 모양의 니트 의류. 또는, 이와 비슷하게 목이나 팔이 노출되는 디자인의 옷.

탱탱-하다 [형][여] (피부가) 탄력성이 많다. ¶그 여자는 중년의 나이인데도 피부가 ~. ▷땡땡하다.

탱화(幀*畫) [명] 〔'幀'의 본음은 '정'〕[불] 부처나 보살·성현 등의 모습을 그려 족자나 액자를 만들어 걸게 되어 있는 그림.

터¹ [명] **1** 집이나 건축물을 지을 자리로서의 땅. 또는, 그것을 지었던 자리로서의 땅. ¶집~ / ~를 닦다. **2** 일의 토대. ¶경제 발전의 ~를 닦다. **3**《일부 명사의 아래에 붙어》 '자리'나 '곳'의 뜻을 나타내는 말. ¶놀이~ / 흉~.

　터(가) 세다 (집터가 좋지 않아) 집안에 좋지 않은 일이 잇달아 일어나는 경향이 있다.

ㅌ

터² [명][의존] **1**《어미 '-ㄹ/을'의 아래에 쓰여》 어떤 행동에 대한 '예정'이나 '의지'를 나타내거나, 어떤 작용이나 상태에 대한 '짐작'의 뜻을 나타내는 말. ¶집에 있을 ~이니 전화해라. **2**《어미 '-ㄴ/은', '-는', '-던'의 아래에 쓰여》 일의 '처지'나 '형편', '기회'의 뜻을 나타내는 말. ¶막 떠나려던 ~에 전화가 걸려 왔다.

터널(tunnel) [명] **1** 산·바다·강 등의 밑을 뚫어 만든, 도로나 철도 등의 통로. [비]굴(窟). **2**《주로 '암흑[어둠/절망]의 터널'의 꼴로 쓰여》 오랫동안의 암담하고 절망적인 상황. 비유적인 말임. ¶실업과 병고라는 절망의 ~을 벗어나다. **3**[체] 야구에서, 야수(野手)가 두 다리 사이로 공을 놓치는 일.

터-놓다[—노타] [동][타] **1** (마음을) 상대에게 열어서 서로 통하게 하다. 또는, 서로 예의나 격식을 차리지 않는 상태가 되다. ¶그 집안과는 **터놓고** 지내는 사이다. **2** (속마음이나 비밀을) 상대에게 감추지 않고 솔직하게 내보이다. ¶우리 **터놓고** 얘기해 보자. **3** 막힌 통로나 닫힌 문 등을 통하게 하다. ¶이웃집과 담을 ~.

터닝-슛(†turning shoot) [명][체] 농구·축구 등에서 몸을 돌리면서 슛하는 것.

터닝-포인트(turning point) [명] '전환점'으로 순화.

터-다지다 [동][자] 무게가 있는 기구로 쳐서 터를 단단하게 하다.

터덜-거리다/-대다 [동][자][타] **1** 몹시 지친 걸음으로 힘없이 걷다. **2** 빈 수레가 험한 길 위를 소리를 내며 지나가다.

터덜-터덜 [부] 터덜거리는 모양. ¶~ 걷다. **터덜터덜-하다** [동][자][타][여]

터:득(攄得) [명] 깊이 생각하여 이치를 깨달아 알아내는 것. **터:득-하다** [동][타][여] ¶요령을 ~.

터:-뜨리다/-트리다 [동][타] 터지게 하다. ¶폭소를 ~. ×터치다.

터럭 [명] 사람이나 동물의 '털1'을 구어적으로 또는 속되게 이르는 말. 특히, 낱낱의 털을 가리킬 때 쓰임.

터무니 [명] 정당한 근거나 이유.

터무니-없다[—업따] [형] 허황하고 엉뚱하여 어이가 없다. ¶**터무니없는** 중상모략. **터무니없-이** [부] ¶값이 ~ 비싸다.

터미널(terminal) [명] 〔'말단(末端)'이라는 뜻〕 **1** 철도·버스 노선 등의 종점. 또는, 많은 교통 노선이 모여 있는 역. **2**[물] =단자(端子)⁴. **3**[컴] =단말기.

터벅-거리다/-대다[—꺼(때)—] [동][자] 지친 다리로 힘없이 느릿느릿 걸어가다. [작]타박거리다.

터벅-터벅 [부] 터벅거리는 모양. ¶지친 몸을 이끌고 ~ 집으로 돌아가다. [작]타박타박. **터벅터벅-하다** [동][자][여]

터번(turban) [명] 주로 근동(近東) 여러 나라의 남자들이 격식 또는 장식으로 머리에 감아 두르는 긴 천. 또는, 감아 두른 상태의 그 물건.

터보제트^엔진(turbojet engine) [명] 항공기용 제트 기관의 하나. 공기를 흡입하여 고압화하고, 연료와 혼합하여 연소·분출시켜 그 배출된 가스의 반동을 이용하여 추진력을 얻음.

터부(taboo) [명] **1** 미개 사회에서 신성(神聖)한 것과 속된 것, 깨끗한 것과 부정(不淨)한 것을 구별하여 그것에 대한 접근이나 접촉을 금하고, 그것을 범하면 초자연적인 제재가 가해진다고 믿는 습속. **2** 특정 집단에서 어떤 행동이나 말을 금하거나 꺼리는 것. 비유적인 말임. =금기(禁忌). ×타부.

터부룩-하다[—루카—] [형][여] '더부룩하다'의 거센말. ¶머리털이 ~. **터부룩-이** [부] ¶~ 자란 수염.

터빈(turbine) [명] 회전체의 둘레에 여러 개의 깃이나 날개를 달고, 거기에 고압의 증기·물·가스를 내뿜어 고속 회전시킴으로써 동력을 얻는 장치.

터수 [명] **1** 사람이 처한 형편이나 놓여 있는 입장. [비]처지. ¶끼니도 잇기 어려운 ~에 유람이라니요? **2** 다른 사람과 이뤄져 있는 어떤 관계나 사이. ¶흉허물 없이 지내는 ~에 못 할 말이 어디 있어요?

터울 [명] 같은 부모한테서 태어난 동기간에서, 먼저 난 사람과 그다음에 난 사람의 나이 차. ¶형과 나는 세 살 ~이다.

터전 [명] **1** 집터가 되는 땅. **2** 살림의 근거지가 되는 곳. ¶바다가 그들 생활의 ~이었다. **3** 자리를 잡고 앉은 곳. =기지.

터-주 [명][민] 집터를 지키는 지신(地神). 또는, 그 집터.

터줏-대감(-大監) [-주때-/-줃때-] [명] **1** '터주'의 높임말. **2** 마을이나 단체의 구성원 중 가장 오래되어 터주 격인 사람을 놓으로 일컫는 말.

터!지다 Ⅰ [동][자] **1** (물체가) 속이나 다른 부분에서 강하게 미는 힘에 의해 막히거나 둘러싸인 부분이 순간적으로 틈이 생겨 벌어지거나, 조각이 나면서 제 형태를 잃게 되다. ¶강둑이 ~. **2** (천·가죽 등의 바느질한 부분이) 실이 끊어져 틈이 생겨 벌어지다. ¶셔츠의 겨드랑이가 ~. ×트더지다. **3** (몸이나 물체가) 그 거죽이나 표면이 기후나 내부의 원인으로 틈이 생겨 벌어지다. ¶입술이 ~. **4** (어떤 물체나 방향이) 공간적으로 막히지 않거나 벌어진 상태가 되다. [비]트이다. ¶앞이 시원하게 **터진** 집. **5** (피가) 코나 항문 등에서 갑자기 쏟아져 나오다. ¶코피가 ~. **6** (전쟁·사건 등이) 갑자기 또는 뜻밖에 생겨 충격을 주는 상태가 되다. ¶대형 사고가 ~. **7** (속으로 참았던 것이나 쌓였던 감정이) 갑자기 밖으로 나타나거나 표현되다. ¶분통이 ~. **8** (여러 사람이 함께 내는 목소리나 박수 소리 등이) 어느 곳에 갑자기 크게 들리는 상태가 되다. ¶연주가 끝나자 박수가 **터져** 나왔다. **9** (속·가슴·애 등이) 일이 뜻대로 되지 않거나 근심·걱정으로 고통을 느끼는 상태가 되다. ¶어유, 속 **터져**. **10** (복이나 좋은 운수가) 어떤 사람에게 한꺼번에 많이 생기거나 뜻밖에 열리다. ¶상복(賞福)이 ~. **11** (사람이 다른 사람에게) 얻어맞거나, 그 결과로 상처가 나다. 속된 어감의 구어임. ¶한 대 **터져야** 정신을 차리겠니? **12** 축구 경기 따위에서, 득점을 기다리는 상황에서 공이 골문 안에 들어감으로써 점수가 나게 되다. ¶첫 골이 ~.
Ⅱ [형][보조] 《형용사나 동사의 어미 '-아/어/여' 아래에 쓰여》 그 부정적인 상태나 정도가 몹시 심함을 나타내는 말. ¶게을러 ~ / 국수가 불어 ~. ▷빠지다.

터치(touch) [명] **1** 손을 대는 일. **2** 피아노·타이프라이터 등의 키를 누르거나 두드리는 일. **3** 간단한 언급이나 암시. **4** 그림에 있어서의 필치나 필촉(筆觸). ¶대담한 ~로 그린 그림. **5** 사진·그림 따위에 가하는 수정(修整). **6** [체] 배구에서, 전위(前衛)가 상대방 코트를 향하여 재빨리 공을 쳐 넣는 공격법. **7** [체] 럭비에서, 골라인에 닿거나, 골라인을 가로질러 골 안에 공을 대는 일. **8** [체] 야구에서, 공을 주자(走者)에게 갖다 대는 일. **9** 당구에서, 공과 공이 맞닿아 있는 일. **터치-하다** [동][자][타][여] ¶나는 그 문제에 대해서는 일절 **터치하지** 않겠다.

터치다 [동][타] '터뜨리다'의 잘못.

터치-라인(touchline) [명][체] 축구나 럭비 경기장의 좌우측 한계선. =사이드라인.

터치-스크린(touchscreen) [명][컴] 입력 장치의 하나. 사용자가 화면의 특정 부위에 손이나 특수 장치를 갖다 대면 명령이 실행됨.

터치-아웃(†touch out) [명][체] **1** 야구에서, 수비 측이 주자의 몸에 공을 대어 아웃시키는 일. **2** 배구에서, 공이 수비 측의 손에 맞고 코트를 벗어나 바닥에 떨어지는 일.

터치-패드(touch pad) [명][컴] 손가락이나 펜 등을 접촉하면 화면의 포인터가 따라 움직이게 되어 있는, 패드 모양의 감지 장치.

터키(Turkey) [명][지] 아시아의 서쪽 끝, 유럽의 남동쪽에 있는 공화국. 수도는 앙카라. 음역어는 토이기.

터키-탕(Turkey湯) [명] **1** 터키 인들 사이에 널리 행해지는 목욕 방법. 밀실에 열기(熱氣)를 채우고 그 열로 땀을 낸 뒤 몸을 씻음. **2** '증기탕'으로 순화.

터틀-넥(turtle neck) [명] 목이 긴 스웨터의 깃.

터프-하다(tough-) [형][여] '야성적이다', '박력 있다'로 순화. ¶**터프한** 남자.

턱[1] [명] **1** 사람의 얼굴에서, 입 아래에 뾰족하게 내민 부분. ¶주걱~. **2** [생] 사람이나 동물의 머리 부분에서, 이를 떠받치고 있으며, 음식이나 먹이를 먹을 때 열었다 닫았다 할 수 있게 된, 뼈로 이뤄진 두 개의 부분. ¶~이 빠지다.

턱[2] [명] 평평한 곳의 어느 한 부분이 튀어나와 조금 높게 된 자리. ¶문~.

턱[3] [명] 좋은 일이 생겼을 때, 주위 사람에게 음식이나 술을 대접하는 일. ¶승진 ~ / 득남 ~.

턱[4] [명][의존] **1** 《어미 '-ㄹ', '-ㄴ' 다음에 '없다'와 쓰임. 반어형·의문형일 때는 '있다'와도 결합함》 일이 그러하거나 일을 그렇게 할 근거나 이치. [비]까닭. ¶이 사실을 그가 알 ~이 없다. **2** 《주로 관형사 '그' 다음에 쓰여》 일이 변화나 발전이 없는 형세. ¶일해 놓은 게 여태 그 ~인가.

턱[5] [부] **1** 자연스럽게 동작을 취하는 모양. ¶~ 버티고 서다. **2** 긴장된 마음이 풀리는 모양. ¶마음을 ~ 놓다. **3** 반가운 마음에 남의 손이나 어깨를 갑자기 세게 짚거나 붙잡는 모양. **4** 몹시 막히는 모양. ¶숨이 ~ 막히다. **5** 갑자기 힘없이 쓰러지는 모양. [작]탁.

턱-걸이 [-껄-] [명] **1** [체] 철봉을 손으로 잡고 몸을 당겨 올려 턱이 철봉 위까지 올라가게 하는 운동. **2** 어떤 기준에 겨우 미치는 것을 얕잡아 이르는 말. ¶입학시험에 ~로 합격했다. **턱걸이-하다** [동][자][여] ¶주가가 900선에 가까스로 ~.

턱-밑 [텅민] [명] 턱의 밑이라는 뜻으로, 아주 가까운 곳을 이르는 말. ¶~에 두고도 그걸 못 찾다니.

턱밑-샘 [텅믿쌤] [명][생] 아래턱의 삼각부에 있는, 침을 분비하는 내분비선.

턱-받기 [명] '턱받이'의 잘못.

턱-받이 [-빠지] [명] 어린아이의 턱 아래에 대어 주는, 헝겊으로 된 물건. 음식물이나 침이 옷에 안 묻게 함. ×턱받기.

턱-뼈 [명][생] 사람이나 동물의 턱을 이루고 있는 뼈.

턱-살 [-쌀] [명] **1** 사람의 얼굴에서, 아래턱에 붙은 살. **2** '턱¹1'을 속되게 이르는 말.

턱-수염(-鬚髥) [-쑤-] [명] 아래턱에 난 수염.

ㅌ

턱시도(tuxedo) 명 결혼식이나 파티 등의 공식 행사 등에서 남자가 예복 또는 정장으로 입는, 칼라에 광택 있는 실크를 덧댄 재킷 및 바지.

턱-없다[-업따] 혭 (엎일 일이나 대상이) 이치에 닿지 않거나 그럴 만한 근거가 전혀 없거나 상식에 벗어난 상태에 있다. ¶**턱없는** 요구를 하다. **턱없이** 뷔 ¶이 물건은 ~ 비싸다.

턱-잎[텅닙] 명 〔식〕 잎자루 밑에 생기는 1쌍의 작은 잎.

턱-주가리[-쭈-] 명 '아래턱'을 속되게 이르는 말.

턱-지다[-찌-] 동 평평한 곳에 좀 두둑한 자리가 생기다. 또는, 언덕이 생기다.

턱-짓[-찓] 명 턱을 움직여 방향을 가리키거나 방향과 관계되는 어떤 뜻을 나타내는 짓. ¶투수가 ~으로 사인을 보내다.
턱짓-하다 통재

턱-턱 뷔 1 일을 결단성 있게 잘 처리하는 모양. ¶그는 일을 ~ 해낸다. 2 물건이나 사람이 연이어 거꾸러지는 모양. ¶젊은이들이 일사병으로 ~ 쓰러지다. 3 침을 세게 자주 뱉는 모양. 또는, 그 소리. 4 무엇이 자꾸 막히는 모양. ¶숨이 ~ 막히는 무더위. 5 물건을 자꾸 두드리거나 먼지 등을 터는 모양. 또는, 그 소리.

턴(turn) 명 1 방향을 바꾸는 일. 2 [체] 수영에서 풀(pool)의 한쪽 끝의 벽에서 오던 방향으로 방향을 바꾸어 꺾는 일. **턴-하다** 통재

턴-버클(turnbuckle) 명 줄을 당겨 죄는 기구의 하나. 양면에 서로 반대 방향의 수나사가 있어 이것을 회전시켜 양쪽에 이은 줄을 당겨 죈다.

턴-테이블(turntable) 명 1 레코드플레이어 따위의 회전반. 2 열차의 방향 전환에 쓰이는 철도의 차량 회전대.

털 명 1 사람이나 동물의 피부에 밖으로 가늘고 길게 나는 물질. 2 물건의 겉쪽에 부풀어 일어난 가는 실 모양의 것.

털-가죽 명 짐승의 털이 붙은 가죽. =모피(毛皮).

털-갈이 명 짐승·새 등이 묵은 털이나 깃을 가는 일. **털갈이-하다** 통재

털-구멍[-꾸-] 명 털이 나는 작은 구멍. =모공(毛孔).

털-끝[-끋] 명 1 ('털끝 하나'의 꼴로 부정을 나타내는 서술어와 함께 쓰여) 사람 몸의 극히 일부를 강조하여 이르는 말. ¶나는 그 여자를 ~ 하나 건드리지 않았다. 2 ('털끝만큼도'의 꼴로 부정을 나타내는 서술어와 함께 쓰여) 어떤 일이나 사실에 있어서 극히 작거나 적은 부분을 강조하여 이르는 말. ¶나는 그를 ~만큼도 사랑하지 않는다.

털:다(털고/털어) 통태 (터니, 터오) 1 (붙거나 묻거나 한 작은 것을) 흔들거나 치거나 문지르거나 하여 떨어져 나가게 하다. 또는, (어떤 물체를) 흔들거나 치거나 문지르거나 하여 그것에 붙거나 묻어 있는 것을 떨어져 나가게 하다. ¶담요를 ~. ▷떨다. 2 (사람이 가진 재물을) 남김없이 내놓다. ¶사재(私財)를 **털어** 학교를 설립하다. 3 (도둑이나 강도 등이 어떤 곳이나 사람을) 대상으로 삼아 재물을 훔치거나 빼앗다. ¶갱이 은행을 ~.
[**털어서 먼지 안 나는 사람 없다**] 누구나 결점을 찾으려고 뜯어보면 허물 없는 사람은 없다.

털레-털레 뷔 힘없이 천천히 걸어가는 모양. **털레털레-하다** 통재

털-리다 통 1 '털다'의 피동사. ¶먼지가 ~. 2[6] 1 '털다'의 사동사. ¶아이에게 옷의 먼지를 ~. 2 '털다'의 피동사. ¶강도에게 돈을 ~.

털-모자(-帽子) 명 1 짐승의 털가죽으로 만든 모자. 2 털실로 짠 모자.

털-목도리[-또-] 명 1 짐승의 털가죽으로 만든 목도리. 2 털실로 짠 목도리.

털버덕 뷔 '털퍽'의 여린말. **털버덕-하다** 통재

털-보 명 1 수염, 특히 구레나룻과 턱수염을 많이 기른 사람. 놀림조의 말임. ¶마음씨 좋은 ~ 아저씨. 2 팔·다리·가슴 등에 털이 많이 난 사람. 놀림조의 말임.

털-빛[-삗] 명 짐승의 털의 빛깔.

털-신 명 짐승의 털가죽이나 털로 만든 방한화.

털-실 명 짐승의 털로 만든 실. =모사(毛絲).

털썩 뷔 1 두툼하고 큰 물건이 갑자기 땅에 떨어지는 모양. 또는, 그 소리. 2 사람이 갑자기 주저앉는 모양. 또는, 그 소리. ¶땅바닥에 ~ 주저앉다. **털썩-하다** 통재

털어-놓다[-노타] 통태 (마음속에 있는 사실을) 숨김없이 모두 이야기하다. ⓑ태다. ¶비밀을 ~.

털어-먹다[-따] 통태 가산이나 몸에 지닌 돈을 함부로 써서 없애다. ¶장사 밑천을 ~. ×떨어먹다.

털-옷[-온] 명 털이나 털가죽으로 만든 옷.

털이-개 명 '먼지떨이'의 잘못.

털-장갑(-掌匣) 명 털실로 짠 장갑.

털털 뷔 1 먼지 따위를 자꾸 터는 모양. 또는, 그 소리. ¶담요를 ~ 털다. 2 가지고 있던 것을 남김없이 털어 내는 모양. ¶돈을 있는 대로 ~ 털어 그에게 주었다. 3 낡은 자동차나 기계 같은 것이 달리거나 돌아가면서 내는 둔탁한 소리. ¶저만치 앞쪽에서 경운기가 ~ 달려왔다.

털털-거리다/-대다 통재 낡은 자동차나 기계 같은 것이 달리거나 돌아가면서 둔탁한 소리를 내다. ¶**털털거리는** 버스.

털털-이 명 차림이나 행동이 털털한 사람.

털털-하다 혭 (성격이) 까다롭지 않고 소탈하다. ¶털털**하여** 누구와도 잘 어울린다. **털털-히** 뷔

털퍽 뷔 아무렇게나 주저앉는 소리. 또는, 그 모양. ¶길바닥에 ~ 주저앉다. 예 털버덕. **털퍽-하다** 통재

텀벙 뷔 무겁고 부피가 큰 물체가 깊은 물속에 떨어져서 잠길 때 나는 소리. 또는, 그 모양. ¶더워서 물속에 ~ 뛰어들다. **텀벙-하다** 통재

텀벙-거리다/-대다 통재 잇달아 텀벙 소리가 나게 하다. 또는, 잇달아 텀벙 소리를 내다. ¶어린아이들이 물속에서 **텀벙거리며** 논다.

텀벙-텀벙 뷔 잇달아 텀벙거리는 소리. **텀벙텀벙-하다** 통재태

텀블링(tumbling) 명 1 =공중제비. 2 [체] 여러 사람이 손을 맞잡거나 혹은 어깨에 올라타고 앉는 것과 같은 동작으로 여러 가지 모양을 만드는 체조. **텀블링-하다**

[동][자][여]
텁석[-썩] [부] '덥석'의 거센말.
텁석-부리[-썩뿌-] [명] 짧고 더부룩한 수염이 많이 난 사람을 놀림조로 이르는 말.
텁수룩-하다[-쑤루카-] [형][여] '덥수룩하다'의 거센말. **텁수룩-이** [부]
텁텁-하다[-터파-] [형][여] **1** (입맛이나 음식 맛, 또는 입 안이) 시원하거나 깨끗하지 못하다. ¶자고 일어난 뒤라 입 안이 ~. **2** (눈이) 깨끗하지 못하다. **3** (성미가) 소탈하여 까다롭지 않다. **4** (날씨 따위가) 몹시 후터분하다. ¶**텁텁한** 날씨.
텃-논[턴-] [명] 집터에 딸리거나 마을 가까이 있는 논.
텃-밭[터빧/턷빧] [명] 집터에 딸리거나 집 가까이 있는 밭. ¶~을 가꾸다.
텃-새[터쌔/턷쌔] [명][동] 철을 따라 옮기지 않고 거의 한 지방에서만 사는 새. 참새·까마귀·꿩 따위. ↔철새.
텃-세(-勢) [터쎄/턷쎄] [명] 어떤 지역이나 영역이나 집단에 먼저 자리 잡아 세력을 가진 사람들이 나중에 들어오는 사람들에 대해 괄시하거나 따돌리거나 기를 펴지 못하게 하는 일. ¶~를 부리다.
텅1 [부] 큰 공간이 비어 있는 모양. ¶~ 빈 교실.
텅2 [부] '떵'의 거센말. [작]탕.
텅스텐(tungsten) [명][화] 광택이 있는 백색 또는 회백색의 금속 원소. 원소 기호 W, 원자 번호 74, 원자량 183.85. 전구의 필라멘트나 전극, 합금 재료로 쓰임. =중석(重石).
텅-텅1 [부] 여럿이 다 속이 비어서 아무것도 없는 모양.
텅-텅2 [부] '떵떵1'의 거센말. [작]탕탕. **텅텅-하다** [동][자][타][여]
테 [명] **1** 그릇의 조각이 어그러지지 못하게 단단히 둘러맨 줄. **2** 둘레를 두른 물건. ¶~가 굵은 안경. **3** '테두리1'의 준말.
테구시갈파(Tegucigalpa) [명][지] 온두라스의 수도.
테너(tenor) [명][음] 성악에서, 남성이 낼 수 있는 가장 높은 음역(音域)의 소리. 또는, 그 음역의 가수.
테네시(Tennessee) [명][지] 미국 동부의 주.
테니스(tennis) [명][체] 중앙에 네트를 치고 양쪽에서 라켓으로 공을 주고받는 운동. =정구(庭球). ¶~ 코트.
테니스-장(tennis場) [명] 테니스를 하는 경기장.
테니슨, 앨프레드(Tennyson, Alfred) [명][인] 영국의 시인(1809~1892).
테두리 [명] **1** 물체의 둘레가 되는 가장자리. [비]윤곽. [준]테. **2** 물건의 가장자리에 두르거나 치는 줄이나 장식. **3** 사물의 일정한 범위나 한계. ¶법의 ~에서 벗어난 행동.
테라리엄(terrarium) [명] **1** 작은 육서 동물을 사육하는 용기. **2** 원예에서, 소형 식물을 밀폐된 유리그릇이나 아가리가 작은 유리병 등의 안에서 재배하는 방법.
테라마이신(Terramycin) [명][약] 항생 물질인 옥시테트라사이클린의 상표명.
테라바이트(terabyte) [명][의존][컴] 테이터의 양을 나타내는 단위의 하나. 1테라바이트는 1기가바이트의 약 1,000배를 나타내며, 2^{40}인 1조 995억 1,162만 7,776바이트를 말함. 기호는 TB.
테라스(terrace) [명][건] 서양식 건물에서, 건물의 바닥과 같은 높이로 거실이나 식당 등에 연결되어 길이나 정원 쪽으로 내민 부분.
테라^코타([이]terra cotta) [명] **1** [공] 양질의 점토를 설구이하여 만든 소상(塑像) 및 그릇. **2** [건] 점토를 구워 기와처럼 만든, 작은 구멍이 송송 뚫린 건축용 도기.
테러(terror) [명] **1** 정치적 목적을 위하여 폭력을 사용하여 상대를 위협하거나 공포에 빠뜨리는 행위. ¶~범/~를 가하다. **2** '테러리즘'의 준말.
테러-단(terror團) [명] 테러를 하기 위해 조직된 집단. ¶국제 ~을 검거하다.
테러리스트(terrorist) [명] 정치적 목적을 위해 계획적으로 폭력을 사용하는 사람.
테러리즘(terrorism) [명] 정치적 목적에서 조직적·집단적으로 행해지는 암살·고문·추방·대량 처형 등의 폭력 행위. 또는, 그것을 수단으로 강압하려는 태도. =폭력주의. [준]테러.
테레빈-유(terebene油) [명][화] 송진을 수증기로 증류하여 얻는 정유. 무색 또는 담황색이며 독특한 향기가 있음. 용제·바니시·페인트 등의 제조에 쓰임. =송유.
테레사^수녀(Theresa修女) [명][인] 마케도니아 태생의 인도의 수녀(1910~1997).
테리어(terrier) [명][동] 개의 한 품종. 사납고 영리하며 민첩하여 사냥용으로 쓰이고, 애완용으로도 많이 기름.
테릴렌(Terylene) [명] 폴리에스테르 계통의 합성 섬유의 상표명. 잘 구겨지지 않고 마찰과 물에 강해 옷감·호스·어망 등에 이용됨.
테마([독]Thema) [명] 창작이나 논의의 중심 과제나 주제. ¶평화를 ~로 한 소설.
테마-주([독]Thema株) [명][경] 어떤 사회적 이슈가 생겼을 때, 그 영향을 받아 상승세를 타면서 장을 움직이는 주식.
테마^파크([독]Thema+park) [명][건] 특정한 주제를 정해 놓고 그에 맞는 오락 시설을 조성한 대규모 위락 단지. 미국의 디즈니랜드나 우리나라의 에버랜드 따위.
테발디, 레나타(Tebaldi, Renata) [명][인] 이탈리아의 소프라노 가수(1922~).
테세우스(Theseus) [명][신화] 그리스 신화의 영웅. 아리아드네의 도움을 받아, 크레타의 괴물 미노타우로스를 죽임.
테스터(tester) [명][물] 스위치나 단자(端子)를 선택함으로써 하나의 계기로 직류의 전압·전류·저항 값, 교류의 전압 등을 간단히 측정할 수 있는 계기.
테스트(test) [명] (사람의 능력이나 사물의 상태 등을) 물음에 답하도록 하거나 여러 가지 검사를 하거나 하여 알아보는 것. [비]시험·실험. **테스트-하다** [동][타][여] ¶영어 실력을 ~.
테오티와칸(Teotihuacán) [명][고고] 멕시코의 멕시코시티 근교에 있는 마야 문명 유적지. 세계 최대의 고대 도시 유적임.
테왁 [명]〈방〉해녀가 물질을 하기 위해 바다로 헤엄쳐 가거나 물질을 하면서 잠시 쉴 때 가슴에 안을 수 있게 되어 있는 공 모양의 물건(제주).
테이블(table) [명] 서양식의 탁자나 식탁.
테이블-보(table褓) [명] 테이블의 위를 덮는 보.
테이크아웃(takeout) [명] 커피나 음료나

ㅌ

도시락 등을 사는 사람이 가지고 갈 수 있도록 해서 파는 형태. 또는, 그런 소형 점포. ¶~점 / ~ 커피숍.

테이프(tape) 圓 **1** 종이나 천 등으로 띠처럼 좁고 길게 만든 물건. ¶개박 ~을 감다. **2** 비닐이나 천 등으로 좁고 길게 만들어 한쪽 또는 양쪽 면에 접착 물질을 바른 물건. ¶양면 ~. **3** 얇은 플라스틱 따위에 자성 재료로 막을 입혀, 소리나 영상 등을 기록하는 데 쓰는 물건. ¶녹화 ~.

테이프를 끊다 어떤 일을 맨 처음 시작하다. 비유적인 말로 구어에서 쓰임. ¶형제들 중에서 내가 결혼의 첫 ~.

테이프-리코더(tape recorder) 圓 자기 테이프에 소리를 녹음·재생하는 장치.

테일러-칼라(←tailored collar) 圓 'V' 자 모양의 양복 옷깃. 주로 신사복의 윗옷에 사용한다.

테제(⑤These) 圓 **1** [철] =정립(定立)². ↔안티테제. **2** 정치적·사회적 운동의 기본 방침이 되는 강령(綱領).

테크노(techno) 圓 [음] 컴퓨터·신시사이저·샘플러 등의 첨단 전자 기기에 의해 규칙적이고 반복적인 리듬으로 연주되는 음악. 또는, 그런 음악의 스타일.

테크노-댄스(technodance) 圓 테크노 음악에 맞추어 머리를 좌우로 심하게 흔들면서 추는 춤.

테크노크라트(technocrat) 圓 과학적·전문적 지식이나 능력을 배경으로 현대의 조직이나 사회의 의사 결정과 관리·운영에서 중요한 역할을 하는 사람.

테크니컬^파울(technical foul) 圓 [체] 농구에서, 퍼스널 파울 이외의 파울. 상대 팀의 공격이나 방어를 일부러 방해하는 일, 경기 진행을 지연시키는 일, 심판의 허락 없이 선수를 교체하는 일 따위.

테크닉(technic) 圓 어떤 사람이 예술 창작이나 악기 연주나 운동 등을 해내는 능력이나 기술이나 기교. ¶고도의 ~을 필요로 하는 기술.

테트라시클린(tetracycline) 圓 [화] 항생 물질의 하나. 여러 가지 바이러스에 의한 전염병의 치료에 쓰임.

테플론(Teflon) 圓 [화] 플라스틱 계통의 합성수지 및 섬유. 전기 절연 테이프 및 텔레비전·레이더 따위의 특수 부속품으로 쓰임. 상표명에서 온 말임.

테헤란(Teheran) 圓 [지] 이란의 수도.

텍사스¹(Texas) 圓 〈속〉 '유락가', '사창가'를 이르는 말. ¶~촌.

텍사스²(Texas) 圓 [지] 미국 남부의 주.

텍사스^히트(↑Texas hit) 圓 [체] 야구에서, 타자가 친 공이 내야수와 외야수의 사이에 떨어져 안타가 되는 일.

텍스(←texture) 圓 **1** [자업] 펄프 찌꺼기, 목재 부스러기 따위를 압축하여 만든 널빤지. 보온·방음, 열을 차단하는 데 쓰고 가벼워 천장·벽에 붙이는 건축 재료로 쓰임. **2** [의류] 실의 굵기를 나타내는 단위. 실 1km의 무게가 1g일 경우 1텍스라고 함. 기호는 tex.

텍스트(text) 圓 **1** 주석·번역·서문 및 부록 등에 대한 본문 또는 원문. 田원전(原典). **2** [언] 문장보다 더 큰 문법 단위. 문장이 모여서 이루어진 한 덩어리의 글을 가리킴.

텐트(tent) 圓 산이나 들이나 물가 등에서 야영을 할 때, 한두 명 또는 몇 명이 누울 수 있을 만한 크기로 집과 같은 모양의 구조물을 칠 수 있게 만든, 천과 가는 기둥과 말뚝과 로프 등으로 이뤄진 물건. ▷천막.

텐트를 치다 〈속〉음경이 꼿꼿하게 되어 아랫도리가 불룩해지다.

텔레마케터(telemarketer) 圓 전화를 이용하여 상품을 홍보하고 판매하는 일을 직업으로 하는 사람.

텔레-마케팅(telemarketing) 圓[경] 전화를 이용하여 상품 판매 및 판매, 시장 조사 등을 행하는 마케팅 활동.

텔레메디신(telemedicine) 圓[의] =원격 진료.

텔레뱅킹(telebanking) 圓 은행까지 가지 않고 가정이나 사무실에서 전화를 이용하여 은행 거래를 하는 일. ¶~ 서비스.

텔레비圓 '텔레비전'의 잘못.

텔레비전(television) 圓 **1** 전기에 의해 방송에서 보내는 전파를 받아 영상과 소리를 재현시킬 수 있도록 만든, 상자 모양의 장치. ¶고화질 ~. **2** 사물의 영상과 소리를 전파에 실어 보내어 수신 장치에 재현시키는 전기 통신 방식. 또는, 그런 방식으로 이뤄지는, 뉴스·드라마·쇼 등의 프로그램. =티브이(TV). ¶~을 시청하다. ×텔레비.

텔레-타이프(Teletype) 圓 '텔레타이프라이터'의 상표명.

텔레-타이프라이터(teletypewriter) 圓 통신문을 전류 등의 전기 신호로 송신하며, 이것을 자동적으로 문자·숫자·기호로 바꾸어 수신기에 인쇄하거나 천공 테이프에 기록하는 장치.

텔레텍스(teletex) 圓[통] 워드 프로세서에 고도의 통신 기능을 첨가한 공중 전기 통신 서비스.

텔레텍스트(teletext) 圓[방송] 텔레비전 전파의 지극히 짧은 간격을 이용하여 문자 정보를 전달하는 다중 방송. 문자 다중 방송의 국제적 통일 호칭.

텔레파시(telepathy) 圓[심] 어떤 사람의 생각이나 의식이 감각 기관의 도움 없이 전혀 다른 장소에 있는 사람에게 전달되는 일. ¶~가 통하다.

텔렉스(telex) 圓 [teletypewriter+exchange] [통] 전화의 자동 교환과 인쇄 전신의 기술을 이용한 기록 통신 방식. 다이얼 등으로 상대 가입자를 호출하며 인쇄 전신기에 의해 통신함.

텔아비브(Tel Aviv) 圓[지] '텔아비브야파'의 구칭.

텔아비브야파(Tel Aviv Jaffa) 圓[지] 이스라엘 지중해에 면하여 있는 항구 도시.

템스 강(Thames江) 圓[지] 영국 잉글랜드 남부를 흐르는 강. 길이 338km.

템포(⑥tempo) 圓['시간'이라는 뜻] **1** [음] 악곡을 연주하는 속도. =빠르기. **2** 일이 진행되는 빠르기. 田속도. ¶줄거리 전개의 ~가 빠르다.

템포^프리모(⑥tempo primo) 圓 악곡의 속도를 지시하는 말로, '처음 빠르기로'의 뜻.

톈산^산맥(天山山脈) 圓[지] 중국 북서쪽 파미르 고원에서 동쪽으로 뻗어 있는 산맥. 길이 2,400km.

톈진(天津) 圓[지] 중국 북동부의 항만 도시.

토¹ 圓[언] 한문의 의미 파악을 쉽게 하기

위해 구절 끝에 붙이는 짤막한 우리말. 곧, '-면, 에, 하니, 하고' 따위.
토(吐)다 상대의 말에 반발하거나 반대하여 당찮은 대꾸를 하다.
토²(土) 명 '토요일'을 줄여 이르는 말.
토-³(土) 접두 일부 명사 앞에 붙어, '흙'의 뜻을 나타내는 말. ¶~-마루 / ~-반자.
토건(土建) 명 '토목건축'의 준말.
토건-업(土建業) 명 토목과 건축을 일삼는 직업.
토고(Togo) 명[지] 아프리카 중서부에 있는 공화국. 수도는 로메.
토관(土管) 명 시멘트나 흙을 구워 만든 둥근 관. 연통이나 배수로 등에 씀.
토광-묘(土壙墓) 명[고고] =널무덤.
토굴(土窟) 명 움집.
토굴-집(土窟-) [-찝] 명 =움집.
토기(土器) 명 1 진흙으로 만들어 유약을 바르지 않고 구운 그릇. 2 [역] 원시 시대에 쓰던, 흙으로 만든 그릇의 유물.
토끼 명[동] 귀가 길고 꼬리는 짧으며, 뒷다리가 앞다리보다 길어 깡충깡충 잘 뛰는 포유동물. 입에 긴 수염이 있고 윗입술은 세로로 찢어졌음.
[**토끼 둘을 잡으려다가 하나도 못 잡는다**] 욕심을 부려 한꺼번에 여러 가지를 하려다가는 하나도 이루지 못함.
토끼다 통(자) 〈속〉 도망치다.
토끼-뜀 명 양손은 각각 귀를 잡은 채 쪼그리고 앉은 자세로 토끼처럼 깡충깡충 뛰어서 가는 일. **토끼뜀-하다** 통(자)
토끼-띠 명 토끼해에 난 사람의 띠.
토끼-몰이 명 산토끼를 잡기 위해 목으로 몰아 잡는 일. 또는 그 일을 하는 사람.
토끼-자리 명[천] 2월 상순의 저녁, 오리온자리의 남쪽에 보이는 작은 별자리.
토끼-잠 명 깊이 들지 못하고 자주 깨는 잠. ¶~을 자다.
토끼-장(-欌) 명 토끼를 넣어 기르는 우리. 토끼집.
토끼-집 명 =토끼장.
토끼-풀 명[식] 줄기가 땅 위로 벋고 긴 잎자루 끝에 작은 잎이 3개씩 나며, 6~7월에 흰색의 작은 꽃이 둥근 공 모양으로 모여 피는 여러해살이풀. =클로버.
토끼-해 명[민] =묘년(卯年).
토너(toner) 명[컴] 복사기·레이저 프린터에서 잉크 대신 쓰는 검은색 탄소 가루.
토너먼트(tournament) 명 경기 때마다 진편을 메외시키면서 이긴 편끼리 겨루어 최후에 남은 두 편이 우승을 결정하는 시합. 또는, 그런 경기 방식. ↔리그전.
토네이도(tornado) 명[기상] 미국 중남부 지방에 볼 수 있는 대규모의 회오리바람.
토닉(tonic) 명 진(gin) 등의 양주에 섞어 마시는 탄산음료의 하나.
토닥-거리다/-대다 [-꺼(때)-] 통(타) 1 손이나 신체 일부나 그리 단단하지 않은 물체를 자꾸 가볍게 두드리다. ⑤투덕거리다. 2 자꾸 가볍게 싸우거나 다투다.
토닥-이다 통(타) 손이나 신체 일부나 그리 단단하지 않은 물체를 가볍게 두드리다. ⑤투덕이다.
토닥-토닥 부 토닥거리는 모양. ¶아기를 ~ 두드려 재우다. ⑤투덕투덕. **토닥-토닥-하다** 통(자)(타)
토담(土-) 명 흙으로 쌓아 만든 담. =흙담.
토담-집(土-) [-찝] 명[건] 토담만 쌓아 그 위에 지붕을 덮어 지은 집.

토대(土臺) 명 1 [건] 목조 건축에서, 기초 위에 가로 대어 기둥을 고정하는 목조 부재. 또는, 건축물의 가장 아랫부분. 2 온갖 사물이나 사업의 밑바탕이 되는 기초와 밑천. ¶그는 오랜 현장 경험을 ~로 사업에 성공할 수 있었다. **토대-하다** 통(자)(여) 기초하거나 근거하다.
토라지다 통(자) (사람이) 상대의 행동이나 태도에 서운함을 느끼거나 언짢게 생각하여 상대와 말을 하려 하지 않거나 상대를 멀리하려는 심리 상태를 가지다. 주로, 여자나 어린아이에 대해서 쓰는 말임. ¶친구가 **토라져서** 전화도 받지 않는다.
토란(土卵) 명[식] 달걀 모양의 땅속줄기와 잎자루를 식용하는 여러해살이풀. 또는, 그 땅속줄기. 긴 잎자루 끝에 심장 모양의 큰 잎이 달림. 습한 땅에서 자람.
토-로(吐露) 명 마음에 있는 것을 죄다 드러내어 말하는 것. **토로-하다** 통(타)(여)
토록 조 (일부 체언 아래에 붙어) 앞에 오는 말이 나타내는 정도나 수량에 미침을 나타내는 보조사. ¶평생~ / 그~.
토-론(討論) 명 어떤 의견이나 제안에 대해 찬성과 반대의 의견을 가진 사람들이 서로 논리적인 근거를 제시하면서 상대를 설득하거나 상대에게 자기의 주장을 펼 것을 주장하며 논하는 것. ⊕토의. ¶열띤 ~을 벌이다. **토론-하다** 통(타)(여) **토론-되다** 통(자)(여)
토론-자(討論者) 명 토론하는 사람.
토론토(Toronto) 명[지] 캐나다 남동부의 상공업 도시.
토론-회(討論會) [-회/-훼] 명 어떤 문제를 가지고 그 옳고 그름을 가리는 모임.
토륨(thorium) 명[화] 은백색의 방사성 금속 원소. 원소 기호 Th, 원자 번호 90, 원자량 232.038. 광전관·방전관 등에 쓰임.
토르(torr) 명[물] 압력의 단위. 1토르는 1mmHg 또는 1/760기압에 해당함. 기호는 torr.
토르소(⑨torso) 명[미] 머리·손·발이 없이 몸통만으로 된 소상(塑像).
토리 명 1 (자립) 실을 둥글게 감은 뭉치. 2 (의존) 실 뭉치를 세는 말. ¶실 두 ~.
토리첼리의 진공(Torricelli-眞空) [-의/-에-] 명[물] 한쪽 끝이 막힌 유리관에 수은을 채우고 터진 쪽 끝을 수은 그릇에 담가 관을 거꾸로 세울 때, 관의 760mm 쯤 높이의 윗부분에 생기는 진공 부분. 대기압의 작용을 증명하는 데에 쓰임.
토-마루(土-) 명 시골집에서 볼 수 있는, 흙으로만 쌓아 만든 마루.
토마스 아퀴나스(Thomas Aquinas) 명[인] →아퀴나스(Aquinas).
토마토(tomato) 명[식] 둥글둥글한 붉은 열매를 과일이나 채소로 식용하는 한해살이풀. 또는, 그 열매. 밭에 흔히 재배하는데, 여름에 노란 꽃이 핌. 열매는 날로 먹거나 주스·소스·케첩 따위를 만듦.
토마토-케첩(tomato ketchup) 명 =케첩.
토막(土幕) 명 1 [재래] 길이가 있는 물건을 잘라낸 한 부분. ¶나무 ~ / ~을 내다. 2 말이나 글의 일부. **2** (의존) 덩어리가 진 도막을 세는 말. ¶생선 한 ~.
토막-잠 [-짬] 명 잠깐 동안 자는 잠.
토막-토막 부 여러 토막으로 잘린 모양. ¶생선을 ~ 자르다.
토목(土木) 명 흙과 돌을 쌓고 목재와 철

토목건축

재를 세워 구성하는 일. 또는, 그것을 기초로 하는 건설 작업.
토목-건축(土木建築) [-건-] 圀 토목과 건축. ㉤토건.
토목^공사(土木工事) [-공-] 圀 목재·철재·토석(土石) 등을 이용한, 도로·철도·교량·항만·댐·상하수도·지하철·공항 등의 건설·유지에 관한 공사의 총칭.
토-박이(土-) 圀 어느 지역에서 대대로 살아온 사람. ㊂본토박이. ¶서울 ~.
토박이-말(土--) 圀 =고유어.
토방(土房) 圀 1 방과 방 사이의 대청을 놓을 자리에서 그냥 맨바닥인 채로 둔 흙바닥. 2 방으로 들어가는 문 앞에 좀 높이 판판하게 다진 흙바닥.
토번(土蕃) 圀 미개한 지방에 붙박이로 사는 토착민.
토벌(討伐) 圀 (적의 무리를) 무력으로 쳐 없애는 것. ¶-군. **토벌-하다** 톱⟨타⟩여 ¶왜구를 ~.
토벌-대(討伐隊) [-때] 圀 토벌의 임무를 맡은 부대나 대오.
토분(土粉) 圀 쌀을 쓿을 때에 섞는 희고 고운 흙.
토사¹(土沙) 圀 흙과 모래. =흙모래. ¶폭우로 제방의 ~가 유실되다.
토:사²(吐瀉) 圀 먹은 음식을 토하고 설사하는 것.
토:사-곽란(吐瀉霍亂) [-까란] 圀[한] 갑자기 체하여 토하고 설사하면서 배가 심하게 아픈 병.
토사구팽(免死狗烹) 圀 [토끼가 죽고 나면 사냥개는 주인에게서 먹히게 된다는 뜻] 적국을 정복한 뒤에 전공(戰功)이 있었던 충신이 죽임을 당하게 됨을 비유한 말. 또는, 필요할 때는 소중히 여기다가 쓸모가 없어지면 버리는 것의 비유.
토산(土産) 圀 '토산물'의 준말.
토산-물(土産物) 圀 그 지방에서 특유하게 나는 물건. ㉤토산.
토산-품(土産品) 圀 어느 한 지방에서 나는 특유의 물건.
토색(討索) 圀 금품을 억지로 달라고 조르는 것. **토색-하다** 톱⟨타⟩여
토:설(吐說) 圀 숨겼던 사실을 비로소 밝혀 말하는 것. **토:설-하다** 톱⟨타⟩여
토성¹(土性) 圀 흙의 성분이나 성질.
토성²(土星) 圀[천] 태양계의 여섯 번째 행성. 주위에 고리 같은 테가 있으며, 많은 위성을 가짐.
토성³(土城) 圀 흙으로 쌓아 올린 성.
토속(土俗) 圀 그 지방의 특유한 습관·풍속. ¶~ 신앙.
토속-어(土俗語) 圀 그 지방 특유의 정취가 담긴 말.
토속-적(土俗的) [-쩍] 팬 圀 그 지방의 특유한 습관·풍속의 (것). ¶~ 공예품.
토슈즈(toeshoes) 圀 발레에서, 여성 무용수가 신는 신.
토스(toss) 圀⟨체⟩ 1 배구에서, 자기편 선수가 공격하기 좋게 공을 가볍게 띄워 주는 일. 2 야구에서, 가까이 있는 자기편 선수에게 공을 가볍게 아래로부터 던져 보내는 일. **토스-하다** 톱⟨타⟩여
토스카니니, 아르투로(Toscanini, Arturo) 圀[인] 이탈리아의 지휘자(1867~1957).
토스터(toaster) 圀 전기를 이용하여 빵을 굽는 기구.
토스트(toast) 圀 식빵을 얇게 썰어 양쪽을 살짝 구워서 버터나 잼 같은 것을 바른 것.
토시 [<袖套袖] 圀 1 팔목에 끼워 추위나 더위를 막는 제구. 한끝은 좁고, 다른 한끝은 넓게 만들었음. 2 일할 때 팔소매를 가든하게 하고 그것이 해지거나 더러워지지 않도록 소매 위에 덧끼는 물건.
토신(土神) 圀[인] 음양가(陰陽家)에서 말하는, 흙을 맡아 다스린다는 신.
토실-토실 튀 살이 썩 보기 좋을 정도로 찐 모양. ㉤투실투실. **토실토실-하다** 톁여 ¶토실토실한 우리 아기.
토-씨(-) 圀[언] =조사(助詞)².
토!악-질(吐--) [-찔] 圀 1 먹은 것을 토해 내는 것. 또는, 그런 일. 2 남의 재물을 부당하게 빼앗거나 받았다가 도로 내놓음을 비유하여 이르는 말. **토!악질-하다** 톱
토양(土壤) 圀 1 =흙. 2 식물에 영양을 공급하여 생장하게 할 수 있는 흙.
토요(土曜) 圀 (주로, 일부 명사 앞에 쓰여) '토요일'을 줄여 이르는 말.
토-요일(土曜日) 圀 한 주일의 요일의 하나. 금요일의 다음, 일요일의 전에 옴. ▷주말.
토욕(土浴) 圀 닭이 흙을 파헤치고 들어앉아 버르적거리면서 흙을 뒤집어쓰는 것. **토욕-하다** 톱⟨타⟩여
토우(土偶) 圀 흙으로 사람이나 동물의 모양을 본떠 만든 것.
토월-회(土月會) [-회/-훼] 圀[연] 1922년, 박승희를 중심으로 한 동경 유학생들이 조직한 신극(新劇)의 극단 이름.
토:의(討議) [-의/-이] 圀 어떤 문제에 대하여 가장 합리적인 해답을 이끌어 내기 위해 여러 사람이 각자의 의견을 제시하여 서로 검토하고 의논하는 것. ㊂토론. ¶~ 학습/조별 ~. **토:의-하다** 톱⟨타⟩여 **토:의-되다** 톱⟨재⟩
토익(TOEIC) [Testing of English for International Communication] 圀 영어 커뮤니케이션을 위한 영어 능력 테스트로, 특히, 일상생활에서 영어로 의사소통을 하고자 하는 사람을 대상으로 한 시험임. ▷토플.
토인(土人) 圀 1 대대로 그 땅에서 붙박이로 사는 사람. 2 문명이 미치지 않는 곳에 토착하여 사는 사람을 얕잡아 이르는 말. ¶아프리카 ~.
토인비, 아널드 조지프(Toynbee, Arnold Joseph) 圀[인] 영국의 역사가·문명 비평가(1889~1975).
토장¹(土葬) 圀 시체를 땅속에 파묻는 장례법. ⇒수장(水葬). **토장-하다** 톱⟨타⟩여
토장²(土醬) 圀 =된장.
토장-국(土醬-) [-꾹] 圀 =된장국.
토정-비결(土亭秘訣) 圀[책] 조선 명종 때, 토정 이지함이 지은 일종의 도참서. 한 해의 신수를 풀어 보는 데에 씀.
토종(土種) 圀 일정한 고장이나 나라에서 오랫동안 길러가며 생존해 온 동식물의 종자나 품종. ¶~ 벌. ▷재래종.
토종-닭(土種-) [-딱] 圀 재래종의 닭.
토지(土地) 圀 1 경지나 주거지와 같이 사람이 생활과 활동에 이용하는 땅. 2 [경] 생산 요소의 하나. 땅을 포함하여, 하천·대기·지하자원 등의 모든 자연 자원. ▷노동·자본.
토지 개!혁(土地改革) 圀[사] 토지의 소유

형태에 관한 개혁.

토지^대장(土地臺帳) 圀[법] 토지의 소재지·지번(地番)·지목(地目)·지적(地積)·소유자의 주소와 성명 등의 사항을 적어 시·군 등에 비치하여 두는 장부.

토지-세(土地稅)[-쎄] 圀[법] 국가가 토지 소유자의 토지의 면적·부류·특성에 따라 부과하는 세.

토질(土質) 圀 흙의 물리적·화학적 성질.

토착(土着) 圀 대대로 그 땅에서 살고 있는 것. **토착-하다** 통⌀⌁

토착-민(土着民)[-짱-] 圀 대대로 그 지방에서 살고 있는 백성. =토박이.

토착-어(土着語) 圀 =고유어.

토착-화(土着化)[-차콰] 圀 (제도·풍습·사상 등이) 뿌리를 내려 그곳의 성질에 맞게 동화되는 것. 또는, 그리되게 하는 것. ¶불교의 ~. **토착화-하다** 통⌀⌁⌂

토착화-되다(土着化-) 통⌁

토치카(⒠tochka) 圀[군] 진지의 중요한 부분을 콘크리트로 견고하게 구축하고, 안에 강력한 중화기를 갖춘 방어 진지.

토코페롤(tocopherol) 圀[화] =비타민 이.

토크^쇼(talk show) 圀[방송] 텔레비전·라디오 등에서, 연예인이나 기타 유명인이 초대 손님으로 출연하여 진행자와 이야기를 나누는 프로.

토큰(token) 圀 버스 요금이나 자동판매기 등에 사용하기 위하여 상인·회사 등에서 발행한 동전 모양의 주조물. 요즘은 거의 사용하지 않음.

토키(talkie) 圀[영] =유성 영화.

토^킥(toe kick) 圀[체] 축구에서, 발끝으로 공을 차는 일.

토탄(土炭) 圀[광] 햇수가 오래 되지 않아 완전히 탄화하지 못한 석탄의 일종. 발열량이 적으며 비료·연탄의 원료로 씀.

토털(total) 圀 '총(總)', '모두'로 순화. ¶비용이 ~ 만 원이 들다.

토털-룩(total look) 圀 주체(主體)가 되는 의복에 모자·구두·양말·액세서리 등을 포함시켜 일관성을 갖게 한 차림.

토테미즘(totemism) 圀[사] 미개 사회에서, 동식물이나 자연물이 자기가 속한 부족이나 씨족과 특별한 관계가 있다고 믿고, 그 대상을 신성하게 여겨 숭배하는 태도나 믿음 체계.

토템(totem) 圀[사] 미개 사회에서, 부족 또는 씨족과 특별한 혈연관계가 있다고 믿어 신성시하는 동식물 또는 자연물. ¶~ 신앙.

토퍼(topper) 圀 짧고 조금 헐렁한 여자용 반코트.

토포-사(討捕使) 圀[역] 각 진영의 도둑을 잡는 일을 맡은 벼슬.

토플(TOEFL) [Testing of English as a Foreign Language] 미국 등 영어를 공용어로 사용하고 있는 나라에 유학하려는 사람을 위한 영어 시험. 특히, 영어로 공부하려고 하는 사람들을 대상으로 한 시험임. ⓒ토플.

토플리, **앨빈**(Toffler, Alvin) 圀[인] 미국의 미래학자·문명 비평가(1928~).

토플리스(topless) 圀 여자가 사람들 앞에서 상반신, 특히 젖가슴을 드러내는 상태가 되는 것. ¶~ 바(bar).

토픽(topic) 圀 사람들의 흥미를 끄는 새로운 화제. 또는, 그 화제를 다룬 신문이나 방송의 기사. ¶해외 ~.

톤__1225

토핑(topping) 圀 피자·케이크·과자 등의 위에 맛을 내거나 장식하기 위해 어떤 재료를 뿌리는 것. 또는, 그 재료. **토핑-하다** 통⌁⌂

토하(土蝦) 圀[동] =생이.

토:-하다(吐-) ☆⌁ 1 (먹은 음식이나 식도·기도 등에서 올라오는 피나 숨 따위를) 목구멍을 통해 입 밖으로 쏟아 내거나 나오게 하다. ㉡게우다. ¶멀미가 나 먹은 것을 ~. 2 (어떤 물건을) 관을 이룬 물체의 끝에 있는 구멍으로 세차게 쏟아 내거나 내뿜다. 비유적인 말임. ¶불을 토하는. 3 (어떤 말이나 태도를) 매우 열정적으로 또는 아주 거세게 이루어 내다. ¶사자후를 ~ /열변을 ~.

토호(土豪) 圀 1 지방에서 양반을 자처할 만큼 세력과 재산이 있는 사람. 2 지방에 웅거하여서 세력을 떨치는 사람. 호족(豪族).

토후-국(土侯國) 圀 1[역] 영국 통치하의 인도에서, 영국의 주권하에 들지 않고 보호국으로서 존속했던 나라. 2 아시아 특히 아랍 지역에서 중앙 집권적 국가 행정으로서부터 독립하여 부족의 수장(首長)이나 실력자가 지배하는 봉건적 국가.

톡 🄑 1 작은 부분이 불거져 있는 모양. ¶~ 튀어나온 개구리의 눈. 2 가볍게 치거나 건드리는 모양. 또는, 그 소리. ¶아기의 볼을 ~ 건드리다. 3 갑자기 터지는 모양. 또는, 그 소리. ¶물집이 ~ 터지다. 4 무엇에 갑자기 걸리는 모양. 또는, 그 소리. 5 갑자기 뛰는 모양. 또는, 그 소리. ¶방울이 ~ 튀다. 6 가볍게 끊어지거나 부러지는 모양. 또는, 그 소리. ¶연필이 ~ 부러지다. 7 야멸치게 쏘아붙이는 모양. ¶앙칼지게 ~ 쏘아붙이다. 8 별안간 심한 자극이 있는 모양. ¶~ 쏘는 맛.

톡소이드(toxoid) 圀[의] 병원 세균이 만든 독소를, 그 항원성을 지니게 한 채 포르말린으로 무독화(無毒化)한 것. 디프테리아·파상풍의 예방 백신에 쓰임.

톡탁 🄑 '똑딱'의 거센말. ⓒ툭탁. **톡탁-하다** 통⌀⌁⌂

톡탁-거리다/-대다 [-꺼/-때-] ⌂⌁ 1 '똑딱거리다'의 거센말. 2 서로 티격태격 싸우다. ⓒ툭탁거리다.

톡탁-톡탁 🄑 1 '똑딱똑딱'의 거센말. 2 서로 톡탁거리는 모양. ⓒ툭탁툭탁. **톡탁톡탁-하다** 통⌀⌁⌂

톡-톡 🄑 1 여기저기 쏙쏙 불거져 나온 모양. 2 살짤살짝 치는 모양. 또는, 그 소리. ¶먼지를 ~ 털다. 3 여러 번 터지거나 부러지는 모양. 또는, 그 소리. ¶석류알이 ~ 터지다. 4 무엇이 자꾸 걸리는 모양. 또는, 그 소리. 5 여러 번 뛰는 모양. 또는, 그 소리. 6 말을 야멸치게 쏘아붙이는 모양. ¶화가 나서 ~ 쏘다. ⓒ툭툭.

톡톡-하다 [-토카-] ⌁⌂ 1 국물이 바특하여 되지 않다. 2 피륙이 고르고 단단한 올로 짜서 바탕이 도톰하다. 3 (재산이나 살림살이가) 실속 있게 넉넉하다. 4 (비판·망신·꾸중 등의 정도가) 심하다. ⓒ툭툭하다. **톡톡-히** 🄑 ¶~ 재미를 보다.

톤¹(ton) 圀⌁ 1 질량의 단위. 미터법에서, 1톤은 1,000kg. 기호는 t. 2 선박의 크기를 표시하는 단위. 음역어로는 돈(噸).

톤²(tone) 圀 1 음소리의 크기나 높이. ¶그의 연설은 농촌 문제에서 한층 ~을 높였다. 2 [미] 색채의 명암이나 농담(濃淡). 또는, 그것이 주는 분위기나 느낌. ¶어두운 ~의 색깔.
톤-수(ton數) 명 화물의 중량이나 배의 용적량 등을 톤의 단위로 나타낸 것.
톨 명[의존] 밤이나 도토리 등의 낱알의 알을 세는 단위. ¶밤 두 ~.
톨게이트(tollgate) 명 고속도로나 유료 도로에서, 통행료를 받는 곳. ¶고속도로의 ~를 통과한다.
톨루엔(toluene) 명[화] 방향족 탄화수소의 하나. 무색의 휘발성 액체로서, 물감·폭약·의약품·향료 등의 원료로 쓰임.
톨스토이, 레프 니콜라예비치(Tolstoi, Lev Nikolaevich) 명[인] 제정 러시아의 작가·사상가(1828~1910).
톰톰(tom-tom) 명 아프리카의 민속 악기에서 발달하여 재즈의 드럼으로 쓰는 타악기.
톱 명 나무나 쇠붙이 등을 자르거나 켜는 데 쓰는 연장. 얇고 길쭉한 쇠 가장자리에 날카로운 이가 여럿 있음. ¶쇠~.
톱(top) 명 1 순서의 맨 처음. 또는, 정상이나 선두. ¶시험에서 ~으로 합격하다. 2 신문의 지면에서, 가장 눈에 잘 띄는 최상단에 해당하는 곳. ¶기사를 1면 ~으로 다루다.
톱-기사(top記事) 명 =머리기사. ¶장관의 독직(瀆職) 사건을 ~로 다루다.
톱-날[-랄] 명 톱니의 날이 선 부분.
톱-뉴스(top news) 명 가장 주목할 만한 중대한 뉴스.
톱-니[톰-] 명 1 톱의 날을 이룬 뾰족뾰족한 이. 2[식] 잎의 가장자리가 톱날과 같이 된 부분.
톱니-바퀴[톰-] 명 둘레에 톱니가 박혀 있는 바퀴. 이가 서로 맞물려 돌아감으로써 동력을 전달함.
톱-랭커(top ranker) 명 '수위 선수', '정상급 선수'로 순화. ¶세계 ~들이 대거 출전하는 대회.
톱 매니지먼트(top management) 명[경] 1(사장·중역 등) 기업체의 최고 경영진. 2 과학적 경영 관리 방식의 하나. 기업의 최고 경영진의 지휘·통제를 강력히 함으로써 각 담당자의 책임과 권한을 명확히 하고 능률을 높이자는 경영 관리 방식.
톱-밥[-빱] 명 톱으로 켜거나 자를 때 나무 같은 것에서 쓸려 나오는 가루.
톱-스타(↑top star) 명 인기 최고의 배우·가수 등의 예능인.
톱-질[-찔] 명 톱으로 나무나 쇠붙이 등을 자르거나 켜는 일. **톱질-하다** 자타
톱-클래스(top class) 명 '최상급', '정상급'으로 순화.
톱-타자(top打者) 명[체] 야구에서, 1번 타자.
톳[톧] 명[식] 바닷가 바윗돌에 붙어 큰 군락을 이루는 갈조류의 해조(海藻). 몸은 섬유상의 뿌리의 의해 지탱되며, 잎은 다육질인데 식용함.
톳²[톧] 명[의존] 김 100장을 한 묶음으로 하여 세는 단위. ¶김 세 ~.
통¹ 노름할 때에 석 장을 뽑아서 끗수가 열 또는 스물이 되는 수효. ≒땡끗.
통² 명 1 바짓가랑이나 소매 등의 속의 넓이. ¶~이 좁은 바지. 2 허리·다리 따위의 굵기나 둘레. ¶다리의 ~이 굵다. 3 사람의 도량이나 씀씀이. ¶~이 큰 사람.
통³ 명 1[의존] 속이 차게 자란 배추·박 같은 것의 몸피. 2[의존] 속이 차게 자란 배

추·박 들을 세는 말. ¶수박 한 ~.
통⁴ [의존] (명사 뒤에 '통에'의 꼴로 쓰여) 좋지 않거나 바람직하지 않은 일이나 현상이 거세거나 어수선하여 그로 인한 상태임을 나타내는 말. ¶북새~/애들이 떠드는 ~에 공부를 못하겠다.
통⁵ 围 ('않다', '못하다', '없다', '모르다' 등의 앞에 쓰여) 부정적인 일이나 현상이 심한 상태에 있음을 나타내는 말. ≡전혀·도무지. ¶무슨 소린지 ~ 알 수가 없다.
통⁶ 명 속이 텅 빈 나무통이나 작은북 같은 것을 칠 때 나는 소리. ≡퉁.
통-⁷ [접두] 일부 명사나 동사에 붙어서, 1 통째의 뜻. ¶~김치 / ~마늘. 2 온통 또는 평균의 뜻. ¶~거리 / ~말다.
통⁸(桶) 명 1[자립] 어떤 물질을 담을 수 있도록 나무·쇠·금속·플라스틱 등으로 깊이가 있게 만든 물건. ¶물~ / 쓰레기~. 2[의존] 액체나 가루 등의 분량을 그것이 담긴 통의 수로 헤아리는 말. ¶석유 한 ~.
통⁹(筒) 명 둥글고 긴 동강으로서 속이 빈 물건.
통¹⁰(統) 명 1[자립] 1 시(市) 행정의 말단 조직의 하나. 동(洞)의 아래, 반(班)의 위임. 2[지] 지질 시대 구분 단위의 하나인 세(世)에 형성된 지층. 2[의존] ①의 1을 세는 단위.
통¹¹(通) 명[의존] 편지·문서·증서 등을 세는 말. ¶주민 등록 등본 한 ~ / 편지 두 ~.
-통¹²(通) [접미] 어떤 명사 아래에 붙어서, 그 방면에 정통함을 나타내는 말. ¶소식~ / 미국~.
-통¹³(通) [접미] 전날에, '거리'의 뜻으로 이르던 말. ¶종로~ / 광화문~.
통가(Tonga) 명[지] 남태평양 사모아 제도 남쪽, 피지 제도 동쪽에 있는 입헌 군주국. 수도는 누쿠알로파.
통-가죽 명 조각으로 잇지 않은, 통짜로 벗겨 낸 짐승의 가죽.
통각(痛覺) 명 피부 및 신체 내부에 아픔을 느끼는 감각.
통-감¹(痛感) 명 (어떤 느낌·감정을) 고통스러울 만큼 강하게 느끼는 것. ≡절감. **통감-하다** 타 ¶약국들의 설움을 ~.
통감²(統監) 명 정치나 군사를 통할하여 감독하는 것. 또는, 그 사람.
통감-부(統監府) 명[일제] 조선 고종 광무 9년(1905) 일사조약을 체결한 후 국권 침탈 때까지 일제가 한국 침략을 목적으로 서울에 둔 관청.
통-감자 명 쪼개지 않은, 통째로의 감자.
통계(統計) [-계/-게] 명 어떤 자료나 정보를 분석·정리하여 그 내용을 특징짓는 횟수·빈도·비율 등의 수치를 산출해 내는 일. 또는, 그 산출된 수치. ¶~ 자료.
통계-적(統計的) [-계/-게-] 관 명 통계에 따른 (것).
통계-청(統計廳) [-계/-게-] 명 통계 업무의 전반적인 계획, 통계 기준의 설정 및 종합·조정과 각종 통계 자료의 이용에 관한 사무를 관장하는 중앙 행정 기관. 재정 경제부 장관 소속하에 둠.
통계-표(統計表) [-계/-게-] 명 여러 가지 사물의 종별·대소·다과(多寡)를 비교하거나, 시간적으로 일어나는 숫자적 변동을 비교해 볼 수 있도록 나타낸 표.

통!계-학(統計學)[-게-/-게-] 圀 수학의 한 부문으로, 사회 현상을 통계에 의하여 관찰·연구하는 학문.

통고(通告) 圀 (어떤 사실을) 서면이나 말로 알리는 것. ¶-문. **통고-하다** 围타여 ¶불참을 사전(事前)에 ~.

통고-장(通告狀)[-짱] 圀 소식을 전하여 알리는 문서.

통-고추(通-) 圀 썰거나 가루를 내지 않은, 통째 그대로의 고추.

통!곡(痛哭·慟哭) 圀 소리를 아주 크게 내어 슬피 우는 것. ¶대성~. **통!곡-하다** 围재여

통과(通過) 圀 1 (사람이나 탈것 등이 어느 곳을) 통과하여 지나가거나 오는 것. 2 (길이나 노선 등이 어느 지점을) 거쳐서 지나는 것. 町경유. 3 (서류나 안건·물건 등이 시험·검사·심사 등을[에]) 알뜰하거나 좋다는 판정을 받아 합격하거나 승인되는 것. 또는, (검사하거나 심사하는 기관을) 거침으로써 합격되거나 승인되는 것. **통과-하다** 围재타여 ¶세관을 ~. **통과-되다** 围재 ¶논문이 심사에 ~.

통과^의례(通過儀禮)[-]圀[사] 사람이 태어나서 죽을 때까지 반드시 거치게 되는, 탄생·성년·결혼·사망 등의 의례.

통관(通關) 圀[법] 관세법의 규정에 따라, 화물 수출입의 허가를 받고 세관을 통과하는 것. ¶- 절차. **통관-하다** 围재타여

통괄(通括) 圀 (낱낱의 일을) 한데 몰아서 잡는 것. **통괄-하다** 围타여 **통괄-되다** 围재

통교(通交) 圀 국가 또는 개인이 서로 우호적 관계를 맺는 것. **통교-하다** 围재여

통-구이(通-) 圀 돼지나 닭 등을 통째로 불에 굽는 일. 또는, 그렇게 구운 것.

통권(通卷)[-꿘] 圀 잡지나 잡지 형식의 책에서, 발행 횟수를 나타내는 뜻으로 매호에 순차적으로 매겨 나가는 일련번호. 町지령(誌齡). ¶~ 제100호.

통근(通勤) 圀 (어떤 교통수단으로, 또는 걸어서) 직장에 출퇴근하는 것. ¶~ 버스. **통근-하다** 围재여

통근-차(通勤車) 圀 통근하는 사람의 편의를 위해 운행되는 자동차나 기차.

통금(通禁) 圀 '통행금지'의 준말.

통기(通氣) 圀 =통풍¹. **통기-하다** 围재타여

통기-구(通氣口) 圀 공기가 드나들게 되게 만든 것.

통기-성(通氣性)[-썽] 圀 공기가 통할 수 있는 정도나 정도. ¶~ 있는 옷감.

통-기타(筒guitar) 圀 울림통이 있는 보통 기타의 속칭. ¶~ 가수.

통-김치(通-) 圀 통째로 담근 배추김치.

통-깨 圀 볶아서 빻지 않은 통째로의 깨.

통-꽃(通-)[-꼳] 圀[식] 진달래나 도라지의 꽃처럼 꽃잎이 서로 붙어서 한 개의 꽃잎을 이루는 꽃. ↔갈래꽃.

통-나무 圀 켜거나 쪼개지 않은, 통째의 나무. ↔각재(角材).

통나무-집(通-) 圀 통나무로 지은 집.

통념(通念) 圀 일반 사회에 널리 통하거나 받아들여지고 있는 생각이나 관념. ¶사회적 ~을 깨다.

통달(通達) 圀 (일정 부문의 일에) 막힘이 없이 환히 통하는 것. 또는, 사물의 이치에 깊이 통하는 것. **통달-하다** 围재타여 ¶농촌 경제 사정에 ~.

통-닭[-닥] 圀 털을 뽑고 내장만 뺀 채 몸뚱이를 통째로 익힌 닭고기.

통닭-구이[-닥꾸-] 圀 구운 통닭. 흔히, 전기 구이 통닭을 이름.

통독(通讀) 圀 (책이나 글을) 세부적인 것보다 전체적인 내용이나 흐름에 주목하면서 처음부터 끝까지 속도감 있게 내리읽는 것. ▷정독. **통독-하다** 围타여

통-돼지(通-) 圀 자르거나 각을 뜨지 않은 통째로의 돼지고기.

통!렬(痛烈)[-널-] 圀[하] 囮여 (비판·어조·논조 따위가) 매섭고 호되다. ¶**통!렬한** 공격. **통!렬-히** 囝 ¶~ 반박하다.

통례(通例)[-녜] 圀 일반적으로 통하여 쓰는 전례. 町상례(常例). ¶이사를 하면 집들이를 하는 것이 ~이다.

통로(通路)[-노] 圀 1 사람·동물·차 등이 다닐 때 거쳐야 하는 좁은 길이나, 길과 같은 기능을 하는 폭이 좁은 공간. ¶~가 좁다. 2 어떤 일이나 의사소통 등이 이뤄지기 위해 거쳐야 하는 중간 과정. ¶신분 상승의 ~을 찾다.

통론(通論)[-논] 圀 1 사리에 통달한 이론. 2 어떤 분야의 전반에 걸쳐 논하는 것. ¶음악 ~.

통!리기무-아문(統理機務衙門)[-니-] 圀[역] 고종 17년(1880)에 설치되었던, 군국기무(軍國機務)를 총괄하던 관아.

통-마늘(通-) 圀 쪼개지 않은, 통째로의 마늘.

통문(通文) 圀[역] 조선 시대에, 민간단체나 개인이 다른 단체나 개인 등에게 공동의 관심사를 통지하던 문서. ¶사발~.

통-바지(通-) 圀 통이 넓은 바지.

통!박(痛駁) 圀 통렬하게 공박하는 것. **통!박-하다** 围타여

통!-반장(統班長) 圀 통장과 반장.

통-발(筒-) 圀 가는 댓조각이나 싸리를 엮어서 통같이 만든 고기잡이 도구.

통방(通房) 圀 교도소·구치장에서, 이웃한 감방의 수감자끼리 암호로 통하는 일. **통방-하다** 围재여

통-배추(通-) 圀 자르거나 썰지 않은, 통째로의 배추.

통보(通報) 圀 (어떤 소식이나 사실을 사람에게, 또는 기관 등에) 통지하여 보고하는 것. 또는, 그 보고. ¶기상(氣象) ~. **통보-하다** 围타여 **통보-되다** 围재여 ¶사고 소식을 상부에 ~.

통분(通分)[-]圀[수] 분모가 다른 분수나 분수식의 분모를 같게 만드는 일. **통분-하다¹** 围타여 ¶분모를 ~.

통!분-하다²(痛憤·痛忿-) 囮여 원통하고 분하다. **통!분-히** 囝

통빡 圀〈속〉 어림짐작으로 하는 것. 또는, 머리를 굴리는 것. 주로, 청소년들 사이에 유행하는 시쳇말임. ¶~을 굴리다.

통-뼈 圀 1 두 가닥의 뼈로 이루어져 있지 않고 붙어서 한 가닥처럼 되어 있는 아래팔뼈를 이르는 말. 2 힘이 센 사람을 속되게 이르는 말.

통사¹(通史) 圀 역사 기술법의 한 양식. 전시대와 전 지역에 걸쳐 통관한 종합적인 역사. ¶한국 ~.

통!사²(統辭) 圀[언] 문장에서, 각 성분 간의 관계나 짜임새. ¶~ 구조.

통!사-론(統辭論) 圀[언] 문장을 대상으로 하여, 그 문장을 구성하고 있는 구문(構文) 요소를 분석 기술함으로써, 각 문장 성분이 어떤 규칙 아래 구성되어 있는가를 연구하는 분야.

통¦사-적(統辭的) [관][명] 통사에 관계된 (것). ¶문법 요소의 ~ 기능.

통-사정(通事情) [명] 딱하고 안타까운 형편을 털어놓으면서 애써 사정하는 것. **통사정-하다** [동][타][여] ¶도와 달라고 ~.

통산(通算) [명] (일정 기간에 걸친 수효나 수치 등을) 통틀어 계산하는 것. ¶~ 100호 홈런. **통산-하다** [동][타][여]

통상[1](通常) Ⅰ[명] 특별하지 않고 예사임. [비]보통. ¶~의 값.
Ⅱ[부] 보통으로. 보통의 경우는. ¶~ 아침 6시에 기상한다.

통상[2](通商) [명] 외국과 서로 물품을 사고팔고 하는 것. **통상-하다** [동][자][여]

통설(通說) [명] 세상에 널리 알려지고 일반적으로 인정되어 있는 학설.

통-성명(通姓名) [명] (아직 누군지 잘 모르는 사람과) 알고 지내자는 뜻에서 서로 자신의 성명을 밝히는 것. ¶우리 ~이나 하고 지냅시다. **통성명-하다** [동][자][여]

통-속[1][-쏙] [명] **1** 비밀한 동아리. **2** 비밀리에 서로 통하는 뜻. ¶무슨 ~인지 모르겠다.

통속[2](通俗) [명] **1** (주로 복합어의 꼴로 쓰여) 어떤 대상이 일반 대중의 취향을 좇거나 그들의 수준에 따름으로써 속되고 천박하거나, 고도의 전문성·예술성을 갖추지 않은 상태. ¶~ 음악. **2** 세상에 널리 통하는 일반적인 풍속.

통속-극(通俗劇)[-끅] [명] 통속적인 내용의 연극이나 드라마.

통속^문학(通俗文學)[-송-] [명][문] 문학적 교양이 비교적 낮은 독자를 상대로, 예술성보다는 흥미를 본위로 한 문학. ↔순수 문학.

통속^소¦설(通俗小說)[-쏘-] [명][문] 흥미 본위의 통속적인 소재를 다루고, 주제나 성격 묘사보다는 사건의 전개를 중요시하는 일종의 대중 소설.

통속-적(通俗的)[-쩍] [관][명] (어떤 대상이) 대중의 취향을 좇거나 그 수준에 따름으로써 속되고 천박하거나, 전문성·예술성을 갖추지 않은 상태에 있는 (것). ¶~인 잡지.

통¦솔(統率) [명] (윗사람이나 책임자가 조직체의 구성원을) 거느려 이끄는 것. **통¦솔-하다** [동][타][여] ¶군대를 ~.

통¦솔-력(統率力) [명] 어떤 무리를 통솔하는 힘. ¶~이 부족하다.

통¦수-권(統帥權)[-꿘] [명][법] 한 나라 전체의 병력을 지휘·통솔하는 권한.

통시-적(通時的) [관][명] 대상을 파악할 때 시대의 흐름과 변천을 고려하는 입장에 있는 (것). ¶~ 연구. ↔공시적.

통신(通信) [명] **1** 우편·전신·전화 따위로 정보나 의사를 전달하는 일. **2** 신문·잡지에 실을 기사의 자료를 보내는 일. **통신-하다** [동][자][여]
통신의 자유 헌법에 의하여 통신의 비밀이 보장되는 자유.

통신^교¦육(通信敎育) [명][교] 통학이 곤란한 자를 대상으로, 라디오·텔레비전 등의 통신 수단을 이용하여 실시하는 교육.

통신^기기(通信機器) [명] 전화기·무선 전화기 및 그 밖의 통신에 관한 일을 처리하는 장치 또는 기계.

통신-망(通信網) [명] 통신사·신문사 등에서, 여러 곳에 통신원을 파견하여 본사와 연락하도록 짜 놓은 연락 체계.

통신-문(通信文) [명] 통신 내용을 적은 글.

통신-병(通信兵) [명][군] 통신 임무를 맡아보는 사병(士兵).

통신-사[1](通信士) [명] 통신 기관 및 선박·항공기 등에서 통신에 관한 일을 맡아보는 기술 요원.

통신-사[2](通信社) [명] 신문사·잡지사·방송사업체 따위에 뉴스를 제공하는 기관. 영국의 로이터, 미국의 AP 및 UPI 따위.

통신-사[3](通信使) [명][역] 조선 시대에 우리나라에서 일본으로 보내던 사신. 뒤에 수신사(修信使)로 개칭됨.

통신-원(通信員) [명] 신문사·방송국 등에서 각 지방이나 외국에 파견되어, 그곳의 뉴스를 취재하여 본사에 통신하는 사람. ¶해외 특파 ~.

통신^위성(通信衛星) [명][통] 대륙 간 등 원거리 사이의 전파 통신의 중계에 쓰이는 인공위성.

통신^판매(通信販賣) [명][경] 먼 곳에 있는 소비자로부터 우편 등 통신으로 주문을 받아, 상품을 소포·택배 등으로 보내어 판매하는 소매 방법. [준]통판.

통¦어(統御) [명] (어떤 대상을) 거느려서 다스리는 것. **통¦어-하다** [동][타][여]

통역(通譯) [명] 서로 말이 달라 통하지 않는 사람 사이에서, (어느 나라 말을 다른 나라 말로, 또는 어떤 말을 체계가 다른 말로) 서로 의사가 통할 수 있게 같은 뜻이 되도록 바꾸어 말하는 것. 또는, 그 사람. [비]번역. ¶동시~. **통역-하다** [동][타][여]

통역-관(通譯官)[-꽌] [명] 통역을 맡아보는 관리.

통역-사(通譯士)[-싸] [명] 통역을 할 수 있는 자격을 갖춘 사람.

통용(通用) [명] 세상 일반에 널리 통하여 쓰이는 것. ¶~ 화폐. **통용-하다** [동][자][타][여] **통용-되다** [동][자]

통용-어(通用語) [명] 일반적으로 널리 통하여 쓰이는 말. ¶영어는 국제 ~이다.

통운(通運) [명] 물건을 실어 옮기는 것. ¶~ 회사. **통운-하다** [동][타][여]

통원(通院) [명] 병원 등에 치료를 받으러 다니는 것. ¶~ 치료. **통원-하다** [동][자][여]

통-유리(-琉璃)[-뉴-] [명] 잇거나 자르지 않은, 통째로 된 유리.

통-으로 [부] 어떤 대상을 통째로. 또는, 어떤 대상을 전부 다.

통¦음(痛飮) [명] 술을 매우 많이 마시는 것. **통¦음-하다** [동][타][여]

통¦일(統一) [명] **1** (서로 다른 사물을) 똑같아지게 하거나 한가지가 되게 하는 것. ¶의견 ~ / 행동 ~. **2** (분열되어 있는 둘 이상의 나라를) 합쳐 하나의 나라가 되게 하는 것. ¶남북~. **3** (주로 '정신'과 함께 쓰여) 잡념을 버리고 정신을 한곳으로 모으는 것. ¶정신 ~. **통¦일-하다** [동][타][여] ¶부품 규격을 ~. **통¦일-되다** [동][자]

통¦일-감(統一感) [명] **1** 여러 개의 사물이나 사건이 하나의 기준에 따라 일관되는 듯한 느낌. **2** 둘 이상으로 나뉘어 있는 사물 따위가 하나로 합해진 듯한 느낌.

통¦일-부(統一部) [명] 행정 각 부의 하나. 통일 및 남북 대화와 교류·협력에 관한 정책의 수립, 통일 교육, 기타 통일에 관한 사무를 맡아봄.

통¦일-성(統一性)[-썽] [명] 통일을 이룬 상태. 또는, 그 성질.

통¦일^신라(統一新羅)[-실-] [명][역] 삼

국을 통일한 676년 이후의 신라.
통:일-안(統一案) 圀 1 여럿을 통일하여 하나로 만든 안. 2 맞춤법 ~. 2 통일을 위한 의안(議案)이나 법안.
통:일-체(統一體) 圀 일정한 조직 계통 아래 한 덩이가 된 형체 또는 단체.
통장(通帳) 圀 1 금융 기관에서 예금한 사람에게 출납의 상태를 기록하여 주는 장부. ¶예금 ~. 2 외상으로 물건을 거래하거나 배급을 탈 때 등에 품명·금액·날짜 따위를 기록하는 장부.
통:장(統長) 圀 통(統)의 우두머리.
통:절-하다(痛切-) 혱 뼈에 사무치게 절실하다. **¶통절한** 뉘우침. **통:절-히** 튀.
통:점(痛點) [-쩜] 圀[생] 피부에 분포되어 자극을 받으면 아픔을 느끼는 감각점.
통정(通情) 圀 1 세상 일반의 사정이나 인정. 2 남녀가 정을 통하는 것. **통정-하다** 동.
통:제(統制) 圀 1 (어떤 대상을) 일정한 방침이나 목적에 따라 제한하는 것. ¶~ 구역. 2 특히, 권력으로 언론·경제 활동 따위에 제한을 가하는 일. **통:제-하다** 동(타여). **통:제-되다** 동(자).
통:제-력(統制力) 圀 통제하는 힘.
통-조림(桶-) 圀 고기·과일 따위의 식료품을 가열·살균한 뒤 양철통에 넣고 밀봉하여 오래 저장할 수 있도록 한 식품. ¶복숭아 ~.
통조림-통(桶-桶) 圀 통조림을 한 식품이 든 양철통.
통증(痛症) [-쯩] 圀 몸의 어느 부분에 신경이 날카로운 자극을 받아 괴로움을 느끼는 상태나 증세. 비고통·아픔.
통지(通知) 圀 (어떤 사실을) 기별하여 알리는 것. ¶서면(書面)으로 ~. **통지-하다** 동(타여). ¶예비 소집일을 ~.
통지-서(通知書) 圀 어떤 사실을 기별하여 알리는 문서. ¶합격 ~ 사.
통지-표(通知表) 圀 '생활 통지표'의 준말.
통짜 圀 큰 물체나 물건이 둘 이상의 것으로 결합되거나 분리되지 않고 하나의 덩어리로 된 상태. ¶~ 유리로 된 창문.
통-째 圀 어떤 물건을 나누거나 쪼개지 않고 모두 다. =통째로. ×통채.
통째-로 튀 =통째. 닭을 ~ 삶다.
통:찰(洞察) 圀 (사물이나 현상을) 살피어 본질이나 근본을 꿰뚫어 보는 것. **통:찰-하다** 동(타여). ¶세계 정세를 ~.
통:찰-력(洞察力) 圀 사물을 통찰하는 능력. ¶날카로운 ~.
통-채 튀 '통째'의 잘못.
통첩(通牒) 圀 1 관청·단체 등에서 문서로 통지하는 일. 또는, 그 문서. ¶최후~. 2 [법] 국제법상, 자기 나라의 태도·정책·사실(事實) 등을 상대국에게 문서로 알리는 의사 표시. **통첩-하다** 동(타여).
통:촉(洞燭) 圀 (윗사람의 뜻이나 형편 등을) 살펴서 아는 것. 주로, 봉건 시대에 쓰던 말임. **통:촉-하다** 동(타여). ¶전하, 소신의 충정을 부디 **통촉하여** 주시옵소서.
통:치(統治) 圀 왕이나 대통령, 또는 권력 집단이 강제력을 가지고 국가의 영토를 결정하고 국민으로 하여금 그에 따르게 하는 일. ¶~자. **통:치-하다** 동(타여). ¶나라를 ~.
통:치-권(統治權) [-꿘] 圀[법] 국민·국토를 다스리는 국가의 절대적 최고 지배권.

통:치권-자(統治權者) [-꿘-] 圀 통치권을 가진 사람.
통-치마 圀 여자 한복에서, 풀어 펼칠 수 없게 통으로 만든, 종아리가 나오는 치마. 개화기 때 신여성들이 입기 시작하였음.
통칙(通則) 圀 일반에게 공통으로 적용되는 규칙.
통칭[1](通稱) 圀 1 공통으로 쓰이는 이름. 2 일반에 널리 통하여 불리는 이름. **통칭-하다** 동(타여). ¶두루 일컫다.
통칭[2](統稱) 圀 통틀어 가리키는 것. 또는, 그런 이름. **통:칭-하다**[2] 동(타여). ¶사과·배·수박 등을 과일이라고 ~.
통쾌-감(痛快感) 圀 통쾌한 느낌.
통:쾌-하다(痛快-) 혱 일이 뜻대로 잘 이루어져 쾌감을 느낄 만큼 후련하거나 시원하다. ¶**통쾌한** 홈런을 때리다. **통:쾌-히** 튀.
통:탄(痛歎·痛嘆) 圀 (어떤 일을) 한심하게 여겨 탄식하는 것. 또는 그 탄식. **통:탄-하다** 동(타여). ¶망국 풍조를 ~.
통통[1] 튀 살이 쩌거나 붓거나 불어서 몸피가 굵은 모양. ¶매 맞은 종아리가 ~ 붓다. 통퉁. **통통-하다**[1] 혱(여). ¶살이 **통통하게** 오른 아기. **통통-히** 튀.
통-통[2] 튀 1 발로 탄탄한 곳을 자꾸 구를 때 울려 나는 소리. 2 속이 빈 통 같은 것을 잇달아 칠 때 울려 나는 소리. 圈퉁퉁. **통통-하다**[2] 동(자타여).
통통[3] 튀 작은 발동기 따위가 돌아가면서 내는 소리.
통통-배 圀 발동기가 장치되어 있어 항행할 때 통통 소리를 내는 배.
통-틀다 동(타) <-트니, ~트오> 있는 대로 모두 한데 묶다.
통틀-어 튀 있는 대로 모두 합하여. ¶우리가 가진 돈은 ~ 5만 원이다.
통판(通販) 圀 '통신 판매'의 준말.
통:-폐합(統廢合) [-폐/-뻬-] 圀 같거나 비슷한 여러 기업이나 조직을 없애거나 합쳐서 하나로 만드는 것. **통:폐합-하다** 동(타여). ¶여러 개의 금융 기관을 하나로 ~. **통:폐합-되다** 동(자여).
통풍[1](通風) 圀 바람이나 맑은 공기가 드나들 수 있게 하는 것. =통기. ¶~ 장치. **통풍-하다** 동(자타여).
통:풍[2](痛風) 圀[의] 대사 장애나 내분비 장애로 요산(尿酸)이 체내에 비정상적으로 축적되어 관절염을 일으키는 질환.
통풍-구(通風口) 圀 공기가 통하도록 낸 구멍. =공기구멍.
통-하다(通-) 동 [1]자 1 막힘이 없이 트이다. ¶사방으로 **통하는** 길. 2 (마음이나 의사가) 잘 전달되거나 소통되다. ¶그에게는 어떤 호소도 안 **통해!** 4 (어떤 곳으로) 이어지다. ¶역으로 **통하는** 지하도. 5 내적으로 관계가 있어 연계되다. ¶두 사람의 주장은 **통하는** 데가 있다. 6 어떤 자격이나 이름으로 알려지거나 불려지다. 7 어떤 방면에 능하고 잘 알다. ¶첨단 과학에 환히 **통한** 물리학자. [2]타 (어떤 길이나 공간을) 지나서 가다. ¶자갈밭을 **통하여** 가다. 2 (무엇이나 누구를) 매개로 하거나 중개하게 하다. ¶텔레비전을 **통해** 전국에 생중계하다. 7 기간이나 공간에 걸치다. ¶조선조를 **통해** 세종 대왕만큼 위대한 통치자는 없다. 4 비밀히 연락이나 관계를 맺다. ¶외간 남자와 정을 ~. 5 (어떤 과정이나 경험 등을) 거치다. ¶현장 경험을 **통해** 얻은 산 지식.

통학(通學) 圀 (어떤 교통수단으로, 또는 걸어서) 학교에 다니는 것. ¶열차 ~. **통학-하다** 통재여 ¶도보로 ~.

통학-로(通學路) [-항노] 圀 학교 다니는 길. 곧, 집에서 학교, 또는 학교에서 집에 이르는 길. ¶열차 ~.

통학-생(通學生) [-쌩] 圀 통학하는 학생.

통!한(痛恨) 圀 가슴이 아프게 몹시 한탄하는 것. **통!한-하다** 통재여

통!할(統轄) 圀 모두 거느려서 관할하는 것. **통!할-하다** 통재여

통!합(統合) 圀 (둘 이상의 조직이나 기구 등을) 하나로 모아 합치는 것. **통!합-하다** 통재여 ¶기구를 ~. **통!합-되다** 통재여

통행(通行) 圀 1 (일정한 공간을) 통하여 다니는 것. 유왕축~. 2 물건이나 화폐가 일반에 두루 쓰이는 것. **통행-하다** 통재여

통행-금지(通行禁止) 圀 특정한 지역이나 시간에 사람 및 차량의 통행을 금지하는 일. ⓒ야간 ~. ⓒ통금.

통행-료(通行料) [-뇨] 圀 유료 도로를 통행하는 차량으로부터 받는 요금. ¶고속도로 ~.

통행-인(通行人) 圀 통행하는 사람.

통행-증(通行證) [-쯩] 圀 특정 지역이나 금지된 시간에 통행하는 것을 허가하는 증명서.

통혼(通婚) 圀 1 혼인할 의사를 표시하는 것. 2 두 집안이나 가문 사이에 서로 혼인 관계를 맺는 것. **통혼-하다** 통재여 ¶매파를 보내어 ~.

통화¹(通貨) 圀[경] 현금으로서의 화폐와 요구불 예금을 합쳐 이르는 말.

통화²(通話) 圀 1 (어떤 사람과) 전화로 말을 주고받는 것. ¶시외 ~. 2 (어떤) 전화를 받은 횟수를 세는 것. 또는, 전화를 사용한 시간을 기준으로 요금을 매길 때, 그 시간의 구획 단위. ¶시내 전화는 3분이 한 ~이다. **통화-하다** 통재여 ¶친구와 ~.

통화-량(通貨量) 圀 나라 안에서 실제로 유통되고 있는 통화의 양.

통화-료(通話料) 圀 전화를 사용하여 통화한 삯으로 내는 요금.

통화^수축(通貨收縮) 圀[경] =디플레이션. ⓒ통화 팽창.

통화^팽창(通貨膨脹) 圀[경] =인플레이션. ⓒ통화 수축.

통-후추(通-) 圀 빻아서 가루로 만들지 않은, 알 그대로의 후추.

퇴!각(退却) [퇴-/퉤-] 圀 싸움이나 일에서 뒤로 물러가는 것. ¶~ 명령. **퇴!각-하다** 통재여

퇴!거(退去) [퇴-/퉤-] 圀 1 물러가는 것. 2 살고 있는 곳에서 딴 곳으로 거주를 옮기는 것. **퇴!거-하다** 통재여

퇴고(推敲) [퇴-/퉤-] 圀 시문(詩文)을 지을 때, 자구를 여러 번 생각하여 고치는 일. ⓒ추고. **퇴고-하다** 통재여

퇴!군(退軍) [퇴-/퉤-] 圀 싸움터에서 군대를 물리는 것. ↔진군. **퇴!군-하다** 통재여

퇴!궐(退闕) [퇴-/퉤-] 圀 대궐에서 물러나오는 것. ⓒ입궐. **퇴!궐-하다** 통재여

퇴!근(退勤) [퇴-/퉤-] 圀 직장에서 근무를 마치고 나오는 것. ¶~ 시간. ↔출근.

퇴!근-길(退勤-) [퇴-낄/퉤-낄] 圀 직장에서 퇴근하는 길. 또는, 직장에서 퇴근하는 도중. ↔출근길.

퇴!기(退妓) [퇴-/퉤-] 圀 기생 노릇을 하다 그만둔 여자. ¶~ 월매의 딸 춘향.

퇴!단(退團) [퇴-/퉤-] 圀 소속된 단체에서 물러나는 것. ↔입단. **퇴!단-하다** 통재여

퇴락(頹落) [퇴-/퉤-] 圀 (건물 따위가) 허물어질 만큼 낡은 상태가 되는 것. **퇴락-하다** 통재여

퇴!로(退路) [퇴-/퉤-] 圀 후퇴할 때 택하게 될 길이나 길목. ¶적의 ~를 차단하다. ↔진로.

퇴!물(退物) [퇴-/퉤-] 圀 1 윗사람이 쓰던 것을 물려준 물건. 2 퇴박맞은 물건. =퇴물림. 3 어떤 직업에서 물러나 더 이상 쓸모가 없게 된 사람을 낮추어 이르는 말. ¶기생 ~.

퇴!물림(退-) [퇴-/퉤-] 圀 =퇴물1·2.

퇴!박(退-) [퇴-/퉤-] 圀 마음에 들지 않아 물리치는 것.

퇴!박-맞다(退-) [퇴방맏따/퉤방맏따] 재 마음에 들지 않아 물리침을 받다. ¶결재 서류가 ~.

퇴!보(退步) [퇴-/퉤-] 圀 (사물이나 단계가) 이전보다 더 못한 상태가 되는 것. 뷔뒷걸음. ¶역사의 ~. ↔진보. **퇴!보-하다** 통재여 ¶기술이 ~.

퇴비(堆肥) [퇴-/퉤-] 圀 =두엄. ¶~장(場). **퇴비-하다** 통재여 퇴비로 만들다.

퇴!사(退社) [퇴-/퉤-] 圀 사원이 회사를 그만두고 물러나는 것. ↔입사. **퇴!사-하다** 통재여

퇴!색(退色·褪色) [퇴-/퉤-] 圀 (물체의 색깔이) 바래어 흐릿해지는 일. **퇴!색-하다** 통재여 ¶단청이 ~. **퇴!색-되다** 통재여

퇴!소(退所) [퇴-/퉤-] 圀 1 소원(所員)이 퇴소하는 것. 또는, 그 곳을 그만두고 물러나는 것. 2 요양소·연수소·훈련소 등에서 요양·연수·훈련 등을 마치고 나오는 것. **퇴!소-하다** 통재여

퇴!실(退室) [퇴-/퉤-] 圀 방에서 나가는 것. **퇴!실-하다** 통재여

퇴!역(退役) [퇴-/퉤-] 圀[군] 현역에서 물러나는 것. ¶~ 장교. **퇴!역-하다** 통재여

퇴!영(退嬰) [퇴-/퉤-] 圀 발전·진보하지 못하고 낮은 수준이나 단계에 머무르거나 뒤쳐지는 것. **퇴!영-하다** 통재여

퇴!영-적(退嬰的) [퇴-/퉤-] 圀 낮은 수준이나 단계에 머무르거나 뒤쳐진 상태에 있는 (것). ¶~ 자세. ⓒ진취적.

퇴!원(退院) [퇴-/퉤-] 圀 일정 기간 병원에 머물던 환자가 병원에서 나오는 것. ¶~ 수속. ⓒ입원. **퇴!원-하다** 통재여

퇴!위(退位) [퇴-/퉤-] 圀 임금의 자리에서 물러나는 것. **퇴!위-하다** 통재여

퇴!임(退任) [퇴-/퉤-] 圀 임기가 만료되거나 정년이 되거나 기타의 이유로 사임하거나 하여 비교적 높은 직위로부터 물러나는 것. ¶~ 인사. **퇴!임-하다** 통재여

퇴!자(退字) [퇴-/퉤-] 圀[역] 예전에 포목의 품질이 낮은 경우에 물리치는 뜻으로 그 귀퉁이에 「退(퇴)」 자를 찍던 일.

또는, 그 글자. ▷퇴짜.
퇴¦장(退場) [퇴-/퉤-] [명] **1** (배우나 기타의 공연자가) 주어진 연기나 공연을 마치고 무대 밖으로 나가는 것. ↔등장. **2** (선수나 중심이 되는 사람이) 경기장·식장·회의장 등에서 주어진 일을 마친 뒤 또는 중도에 밖으로 나가거나 나오는 것. ↔입장. **퇴¦장-하다** [동][자][여]
퇴적(堆積) [퇴-/퉤-] [명] **1** 많이 덮쳐 쌓이거나 덮쳐 쌓는 것. **2** [지] =퇴적 작용. **퇴적-하다** [동][자][타][여] **퇴적-되다** [동][자]
퇴적-물(堆積物) [퇴정-/퉤정-] [명] **1** 많이 쌓인 물건. **2** [지] 암석의 파편이나 생물의 유해 등이 물·빙하·바람 등의 작용으로 운반되어 지표에 쌓인 물질.
퇴적-암(堆積巖) [퇴-/퉤-] [명][광] 퇴적 작용으로 형성된 암석. 사암·역암·석회암·석탄 따위. =수성암.
퇴적^작용(堆積作用) [퇴-짝-/퉤-짝-] [명][지] 암석의 파편이나 생물의 유해 등이 물·빙하·바람 등에 의하여 운반되어 어떤 곳에 쌓이는 일. =퇴적.
퇴적-층(堆積層) [퇴-/퉤-] [명][지] 퇴적 작용에 의하여 이루어진 지층.
퇴¦정(退廷) [퇴-/퉤-] [명] 법정에서 물러나오는 것. **퇴¦정-하다** [동][자][여]
퇴¦조(退潮) [퇴-/퉤-] [명] 기운·세력 등이 줄어드는 것. **퇴¦조-하다** [동][자][여] **퇴¦조-되다** [동][자]
퇴¦직(退職) [퇴-/퉤-] [명] 직장을 그만두고 지위나 직책에서 물러나는 것. ¶정년~. **퇴¦직-하다** [동][자][타][여]
퇴¦직-금(退職金) [퇴-끔/퉤-끔] [명] 퇴직하는 사람에게 근무처에서 일시금으로 지급하는 돈.
퇴¦진(退陣) [퇴-/퉤-] [명] **1** 군대의 진지를 뒤로 물리는 것. **2** 진용을 갖춘 구성원 전체가 물러나는 것. **퇴¦진-하다** [동][자][여] ¶정치적 책임을 지고 내각이 ~.
퇴¦-짜 [퇴-/퉤-] [명] 〔<퇴자(退字)〕 바라는 수준에 이르지 못하여 물리치는 일. ▷퇴자.
퇴짜(를) 놓다 (어떤 대상이나 의견 따위를) 받아들이지 않고 물리치다. ¶선본 남자를 ~.
퇴짜(를) 맞다 (어떤 대상이나 의견 등이 상대에게) 받아들여지지 않고 물리침을 당하다. ¶데이트 신청을 했다가 ~.
퇴¦창(退窓) [퇴-/퉤-] [명][건] 바람벽 밖으로 쑥 내밀도록 물려서 낸 창.
퇴¦청(退廳) [퇴-/퉤-] [명] 근무를 마치고 관청에서 물러 나오는 것. ↔등청. **퇴¦청-하다** [동][자][여]
퇴¦출(退出) [퇴-/퉤-] [명] (부실한 기업을) 없애는 것. 또는, (어떤 사람을) 그가 속한 회사나 집단에서 내몰아 그만두게 하는 것. ¶~ 기업. **퇴¦출-하다** [동][타][여] ¶부실 은행을 ~. **퇴¦출-되다** [동][자]
퇴¦치(退治) [퇴-/퉤-] [명] (어떤 대상이나 현상을) 물리쳐서 없어지게 하는 것. ¶문맹 ~. **퇴¦치-하다** [동][타][여] ¶괴물을 ~. **퇴¦치-되다** [동][자] ¶전염병이 ~.
퇴폐(頹廢) [퇴폐/퉤페] [명] (풍속·도덕·문화 따위가) 문란하여 건전하지 못하게 되는 것. 특히, 성적으로 타락한 상태를 가리킴. ¶~ 영업. **퇴폐-하다** [동][자][여]
퇴폐-적(頹廢的) [퇴폐-/퉤페-] [관][명] 도덕·기풍 등이 문란해서 불건전한 (것). ¶~인 생활.
퇴폐-주의(頹廢主義) [퇴폐-의/퉤페-이] [명] **1** 풍속이나 도덕이 불건전하고 문란한 상태. 또는, 그러한 생활 태도. **2** [문] 19세기 말기에 프랑스 및 영국에서 유행한 문학 경향. 병적인 감수성, 탐미적 경향, 전통의 부정 및 비도덕성 등이 특징임. =데카당스.
퇴폐-파(頹廢派) [퇴폐-/퉤페-] [명][문] 퇴폐주의를 신봉하는 일군의 문인. =데카당.
퇴폐-풍조(頹廢風潮) [퇴폐-/퉤페-] [명] 정신적으로 또는 사회적·문화적으로 어지럽고 문란한 생활 기풍.
퇴¦학(退學) [퇴-/퉤-] [명] **1** 다니던 학교를 그만두는 것. **2** 학교의 규칙을 어긴 학생에 대한 징계 중에서, 재학 중인 학생을 학적에서 제적시키는 일. **퇴¦학-하다** [동][자][타][여]
퇴¦행(退行) [퇴-/퉤-] [명] **1** (사물의 진행이) 이전의 미숙한 단계로 되돌아가는 것. **2** 나이가 들면서 신체 기관이 점점 쇠퇴하여 장애를 일으키는 일. ¶~성 관절염. **3** [심] 어떤 문제에 부딪혔을 때 이전의 미숙한 단계로 되돌아감으로써 불안을 해소하고 갈등을 회피하는 일. ¶정신적 ~ 현상. **퇴¦행-하다** [동][자][여]
퇴¦화(退化) [퇴-/퉤-] [명] **1** (신체나 사물의 어떤 기능이) 점차 없어지는 것. **2** [생] (생물의 어느 기관이나 조직이) 진화의 과정에서 단순하게 축소되거나 없어지는 것. ↔진화. **퇴¦화-하다** [동][자][여] ¶박쥐는 눈이 **퇴화하였다**. **퇴¦화-되다** [동][자]
툇¦-마루(退-) [퇸-/퉨-] [명][건] 각 방과 대청에 연결하여 마당 쪽으로 낸 마루. ▷쪽마루.
투(套) [명][의존] 《일부 명사나 어미 '-는' 다음에 쓰여》 말이나 글에서 나타나는 특유의 느낌이나 굳어진 버릇이나 스타일 등을 가리키는 말. ¶편지~ / 비꼬는 ~로 말하다.
투견(鬪犬) [명] **1** 개끼리 싸움을 시키는 것. ¶~ 대회. **2** 싸움을 시키기 위하여 기르는 개. **투견-하다** [동][자][여] 개끼리 싸움을 시키다.
투계(鬪鷄) [-계/-게] [명] **1** =닭싸움1. **2** =싸움닭. **투계-하다** [동][자][여]
투고(投稿) [명] (독자가 어떤 내용의 글을) 실어 달라고 신문사·잡지사 등에 원고로 써서 보내는 것. **투고-하다** [동][타][여] ¶잡지에 글을 ~. **투고-되다** [동][자]
투고-란(投稿欄) [명] 신문·잡지 등에서, 독자가 투고한 글을 싣는 난. ¶독자 ~.
투과(透過) [명] **1** 빛·소리·액체 등이 물체를 꿰뚫고 지나가는 것. **2** [물] 광선이 물질의 내부를 통과하는 것. **투과-하다** [동][타][여] ¶빛이 유리를 ~. **투과-되다** [동][자]
투과-성(透過性) [-썽] [명] **1** 투과하는 성질. ¶~이 강한 방사선. **2** [생] 원형질막 또는 그 밖의 유기성·무기성 피막(皮膜)이 물과 용질을 통과시키는 성질.
투구[1] [명] 옛날에, 군인이 전쟁할 때 머리를 보호하기 위해 쓰던, 쇠로 만든 모자.
투구[2](投球) [명][체] 공을 던지는 것. 특히, 야구에서 투수가 타자에게 공을 던지는 일. [비]피칭. ¶전력~. **투구-하다** [동][자][여]
투기[1](投棄) [명] 내던져 버리는 것. ¶쓰레기 ~. **투기-하다**[1] [동][타][여]
투기[2](投機) [명] **1** 확신도 없이 요행만 바라고 큰 이익을 얻으려 하는 것. ¶~ 심리.

ㅌ

2[경] 시세 변동을 이용하여 요행히 큰 이익을 얻으려고 행하는 매매 거래. ¶부동산 ~. **투기-하다** 툉〈쟤〉어〉

투기³(妬忌) 圀 남자 애인이나 남편이 다른 여자에게 관심을 보이거나 싫은 감정을 가지거나 할 때, 화를 내거나 싫어하거나 속상해 하는 것. 다소 에스러운 말임. (॥)강샘•질투. **투기-하다**³ 툉〈쟤〉어〉

투기-꾼(投機-) 圀 투기를 일삼는 사람.
투기-성(投機性)[-썽] 圀 투기적인 성질.
투기-심(投機心) 圀 투기를 하려는 마음. ¶~을 조장하다.

투덕-거리다/-대다[-꺼때-] 툉(타) 1 잘 울리지 않는 물체를 자꾸 거볍게 두드리다. ☞토닥거리다. 2 땅에 발을 좀 무겁게 내딛는 소리를 잇달아 내다.

투덕-이다 툉(타) 1 잘 울리지 않는 물체를 거볍게 두드리다. 2 땅에 발을 좀 무겁게 내딛는 소리를 내다.

투덕-투덕 튀 1 투덕거리는 모양. ¶찰아버지가 손자의 엉덩이를 ~ 두드렸다. 2 토닥토닥. 2 땅에 눈더미 따위가 둔탁하게 자꾸 떨어지는 모양. **투덕투덕-하다** 툉〈쟤〉어〉

투덜-거리다/-대다 튀〈타〉 혼잣말로 불평을 중얼거리다. ¶그는 일이 너무 힘들다고 **투덜거렸다**.

투덜-투덜 튀 투덜거리는 모양. **투덜투덜-하다** 툉〈쟤〉어〉

투런^홈런(two-run home run) 圀〈체〉야구에서, 주자가 하나일 때 친 홈런. 2명이 홈인을 하는 데서 이르는 말.

투레-질 젖먹이 아이가 두 입술을 떨며 투루루 소리를 내는 짓. **투레질-하다** 툉

투루루 튀 젖먹이 아이가 투레질하는 소리.

투르게네프, 이반 세르게예비치(Turgenev, Ivan Sergeevich) 圀[인] 제정 러시아의 소설가(1818∼1883).

투르크메니스탄(Turkmenistan) 圀[지] 우즈베키스탄에 접경하고 카스피 해에 면하여 있는 공화국. 수도는 아슈하바트. =투르크멘.

투르크멘(Turkmen) 圀[지] =투르크메니스탄.

투망(投網) 圀 1 물고기를 잡으려고 그물을 강물이나 바닷물에 원뿔꼴로 퍼지도록 던지는 것. 2 =쟁이. **투망-하다** 툉〈타〉어〉 그물을 강물이나 바닷물에 원뿔꼴로 퍼지도록 던지다.

투매(投賣) 圀 손해를 무릅쓰고 상품을 싼값에 막 팔아 버리는 것. **투매-하다** 툉〈타〉 **투매-되다** 툉〈쟤〉

투명(透明) 圀 1 (물체나 물질이) 그 속에 들어 있거나 그 너머에 있는 물체를 원래의 모습대로 환하고 또렷하게 보이게 하는 상태. ¶~ 유리. ◁불투명. ▷반투명. 2 (일 처리 따위가) 다른 사람에게 그 과정이나 내용을 알게 함으로써 의문의 여지가 없는 상태. **투명-하다** 톙〈어〉 ¶공정하고 **투명한** 수사를 촉구하다.

투명-도(透明度) 圀 강이나 호수의 물의 투명함의 정도.

투명-인간(透明人間) 圀 몸이 투명해져서 사람의 눈에 보이지 않지만, 상상적인 인간. 영국 작가 웰스의 동명(同名)의 소설에서 유래함.

투명-체(透明體) 圀 유리•물•공기 따위와 같이 빛을 잘 통과시키는 물체.

투미-하다 톙〈어〉 (사람이) 행동이 어리석고 둔하여 안심한 상태에 있다.

투박-스럽다[-쓰-따] 톙(ㅂ)〈~스러우니, ~스러워〉 투박한 데가 있다. **투박스레** 튀

투박-하다[-바카-] 톙〈어〉 1 (어떤 대상이) 매끈하게 생기지 않아 볼품이 없다. 또는, 그러면서도 단단하거나 튼튼하다. ¶**투박한** 질그릇. 2 (말이나 행동, 또는 분위기 등이) 고상함이나 세련됨이나 꾸임이 없다. ¶**투박한** 사투리.

투발루(Tuvalu) 圀[지] 남태평양의 산호섬으로 이루어진 독립국. 수도는 푸나푸티.

투베르쿨린(tuberculin) 圀[약] 결핵 감염의 여부를 진단하기 위해 쓰이는 주사액.

투베르쿨린^반응(tuberculin反應) 圀[의] 투베르쿨린을 피부에 주사하여 결핵 감염의 여부를 판정하는 검사법.

투병(鬪病) 圀 (병과 싸우다는 뜻) (환자가) 쉽게 낫기 어려운 병을 고치기 위해 약을 먹거나 수술을 받거나 요양을 하거나 하면서 애쓰는 것. ¶~ 생활. **투병-하다** 툉〈쟤〉어〉

투사¹(投射) 圀 1 [물] =입사(入射)². 2 [심] 자신이 납득하기 어려운 자신의 감정이나 욕구 등을 의식하지 못하게 남에게 돌려 자신을 정당화하는 심리적 작용. **투사-하다**¹ 툉〈타〉 **투사-되다** 툉〈쟤〉

투사²(透寫) 圀 그림•글씨 따위를 얇은 종이 밑에 받쳐 놓고 그대로 베끼는 것. **투사-하다**² 툉〈타〉어〉

투사³(鬪士) 圀 1 싸움터나 경기장에서 싸우려고 나선 사람. 2 사회 운동 등에서, 앞장서서 투쟁하는 사람. ¶독립~. 3 투지에 불타는 사람.

투사-지(透寫紙) 圀 도면(圖面)•그림 등을 투사하는 데에 쓰는 반투명의 얇은 종이. =트래이싱 페이퍼.

투사-형(鬪士型) 圀 1 어깨가 넓고 근육이 발달한 강인한 체격형. ¶~의 체구. 2 투지가 강하고 사회 운동에 활발한 성격.

투서(投書) 圀 드러내지 않은 어떤 사실의 내막이나 남의 비행(非行) 따위를 적어서 몰래 관계 기관 등에 보내는 것. 또는, 그 글. **투서-하다** 툉〈쟤〉(타)어〉

투석¹(投石) 圀 돌을 던지는 것. 또는, 그 돌. **투석-하다** 툉〈쟤〉(타)어〉

투석²(透析) 圀[화] 콜로이드 용액을 반투막을 사이에 두고 물 등의 용매로 접촉시켜, 콜로이드 용액 중에 함유되어 있는 저분자 물질을 제거하는 조작. 인공 신장에서 혈액을 정화하는 데에 쓰임. **투석-하다** 툉〈타〉어〉

투석-전(投石戰)[-쩐] 圀 돌을 던지면서 하는 싸움.

-투성이 쪈미 1 일부 명사 다음에 쓰여, 그 명사가 뜻하는 덩어리가 묻어서 더럽게 된 상태를 일컫는 말. ¶흙~. 2 일부 명사 다음에 쓰여, 그 명사가 뜻하는 대상이 썩 많음을 일컫는 말. ¶주름살~/먼지~.

투수(投手) 圀[체] 야구에서, 내야의 중앙에서 타자에게 치을 공을 던지는 선수. =피처. ¶명(名)~. ▷포수.

투수-층(透水層) 圀[지] 모래나 자갈 등으로 이루어져 물이 잘 스미드는 지층.

투수-판(投手板) 圀[체] 투수가 타자에게 공을 던질 때 밟는 판.

투숙(投宿) 圀 (여관•호텔 등의 숙박 시설

투표자 __1233

에) 들어서 묵는 것. **투숙-하다** 톤자

투숙-객(投宿客) [-깩] 명 여관·호텔 등의 숙박 시설에 들어가 묵는 사람.

투시(透視) 명 1 막힌 물체를 환히 꿰뚫어 보는 것. 2 [심] 초심리학에서, 눈을 가리거나 다른 물체로 가린 상태에서 어떤 물체를 꿰뚫어 보는 초감각적 능력. 3 [의] X선을 이용하여 형광판 위에 투영된 인체의 내부를 검사·진단하는 일. **투시-하다** 톤타여 **투시-되다** 톤자

투시-도(透視圖) 명 [미] 눈으로 보는 것과 같은 원근감이 나타나도록 물건·구조물 등을 그린 그림.

투시-력(透視力) 명 투시하는 힘.

투신¹(投身) 명 1 (오랜 세월에 걸쳐 해야 하는 어려운 일이나 그런 일을 하는 세계나 직업 등에) 몸을 던져 뛰어들거나 몸을 바쳐 힘쓰거나 종사하는 것. 2 목숨을 끊기 위하여 높은 곳에서 아래로 자기 몸을 던지는 것. **투신-하다** 톤자여 ¶정계에 ~ / 다리 위에서 갈물에 ~.

투신²(投信) 명[경]'투자 신탁'의 준말.

투신-사(投信社) 명 [경] '투자 신탁 회사'의 준말.

투신-자살(投身自殺) 명 물속으로나 높은 곳에서 몸을 던져 자살함. **투신자살-하다** 톤자여

투실-투실 뮈 살이 보기 좋을 정도로 통통하게 찐 모양. ¶~ 살찐 돼지. 짝토실토실. **투실투실-하다** 형여

투^아웃(two out) 명 야구에서, 공격측의 선수가 두 사람 아웃되는 일. =이사(二死).

투약(投藥) 명 병에 알맞은 약제를 지어 주거나 쓰는 것. **투약-하다** 톤자여 ¶이 처방으로 조제한 약을 투약해 보시오.

투약-구(投藥口) [-꾸] 명 병원 같은 데에서 약을 지어 내주는 조그마한 창구.

투어(tour) 명 '순회', '관광 여행'으로 순화. ¶전국 ~ 공연 / 온천 ~.

투여(投與) 명 (특히 약을) 남에게 주는 일. **투여-하다** 톤타여 ¶환자에게 약물을 ~.

투영(投影) 명 1 물체의 그림자를 어떤 물체 위에 비추는 것. 또는, 그 비친 그림자. 2 (대상에 어떤 요소나 내용을) 들어 있게 하거나 나타나게 하는 것. 3 [수] 평면 도형 또는 입체에 평행 광선을 보내어, 그 그림자가 평면 위에 생기게 한 것. **투영-하다** 톤타여 **투영-되다** 톤자 ¶작품에 작가의 삶이 ~.

투옥(投獄) 명 (사람을) 옥에 가두는 것. **투옥-하다** 톤타여 ¶죄수를 ~. **투옥-되다** 톤자

투우(鬪牛) 명 1 소와 소를 싸움 붙이는 경기. 또는, 그 소. 투우사와 소가 싸우는 경기. 에스파냐를 비롯하여 프랑스·포르투갈·중남미에서 행해지고, 에스파냐에서는 국기(國技)로서 특히 발달하였음. ¶~ 시합. **투우-하다** 톤자

투우-사(鬪牛士) 명 투우 경기에서 소와 싸우는 사람.

투-원반(投圓盤) 명 [체] =원반던지기.

투-융자(投融資) 명 투자와 융자.

투입(投入) 명 1 사람을 더 넣거나 새로 넣는 것. 2 물자나 자금을 넣어 놓는 것. **투입-하다** 톤타여 ¶병력을 ~ / 자본을 ~. **투입-되다** 톤자

투자(投資) 명 (어떤 일에) 이익을 얻기 위해 자본이나 자금을 대는 것. ¶증권 ~. **투자-하다** 톤타여 **투자-되다** 톤자

투자-가(投資家) 명 투자하는 일을 하는 사람. 비투자자.

투자^신탁(投資信託) 명 [경] 증권 회사가 일반 투자가로부터 자금을 모아 광범위하게 증권 투자를 행하고, 이에 의하여 얻은 이자·배당금·매매 차익 등을 투자가에게 분배하는 제도. 준투신.

투자^신탁^회^사(投資信託會社) [-타쿄-/-타쿼-] 명 [경] 수익 증권을 발행하고 신탁 자금을 모아 신탁 은행에 맡기고 그것을 운용하는 회사. 준투신사.

투자-액(投資額) 명 투자하거나 투자하려는 금액.

투자-자(投資者) 명 어떤 일에 투자한 사람. 비투자가.

투쟁(鬪爭) 명 1 이기거나 극복하기 위하여 어떤 대상과 싸우는 것. 2 국가·집단·계급·개인 등의 사이에서, 어떤 목적을 관철·성취하기 위하여 힘쓰거나 싸우는 것. ¶독립 ~. **투쟁-하다** 톤자여 ¶임금 인상을 위해 ~.

투전(鬪牋) 명 두꺼운 종이로 손가락 너비만 하고 다섯 치쯤 되게 만들어, 그림으로 끗수를 나타낸 노름 도구의 하나. 또는, 그것으로 하는 노름. **투전-하다** 톤자여

투전-꾼(鬪牋-) 명 투전을 일삼아 하는 사람.

투전-판(鬪牋-) 명 투전을 벌여 놓은 판.

투정 명 (주로 어린아이가 어른에게) 음식이나 옷 등에 대해 못마땅함이나 불만을 나타내며 징징거리거나 더 좋은 것을 달라면서 떼를 쓰거나 하는 것. ¶밥 ~ / 을 부리다. **투정-하다** 톤자여

투지(鬪志) 명 싸워서 이기고자 하는 굳센 마음. ¶불굴의 ~ / ~를 불태우다.

투지-력(鬪志力) 명 싸워서 이기고자 하는 의지나 힘.

투창(投槍) 명 [체] =창던지기. **투창-하다** 톤자

투척(投擲) 명 (비교적 무거운 물체를) 힘껏 던지는 것. **투척-하다** 톤자여 ¶수류탄을 ~.

투철(透徹-) 형여 (바람직한 정신이나 자세나 사상 등이) 마음속이나 머릿속에 철저하게 자리 잡은 상태에 있다. ¶사명감이 ~. **투철-히** 뮈

투타(投打) 명 [체] 야구에서, 투구(投球)와 타격(打擊). ¶~에 모두 뛰어난 선수.

투탕카멘(Tutankhamen) 명[인] 고대 이집트의 왕 (1370∼1352 B.C.).

투-포환(投砲丸) 명 =포환던지기.

투표(投票) 명 선거 또는 가부(可否)를 결정할 때, 투표용지에 의사를 표시하여 일정한 곳에 내는 일. 또는, 그 표. ¶부정 ~. **투표-하다** 톤자여

투표-구(投票區) 명 [법] 투표 관리를 위하여 편의상 구분한, 단위가 되는 구역.

투표-권(投票權) [-꿘] 명 투표할 수 있는 권리.

투표-소(投票所) 명 투표를 할 수 있게 마련해 놓은 일정한 장소.

투표-용지(投票用紙) 명 투표에 사용하는 일정한 양식의 종이.

투표-율(投票率) 명 유권자 전체에 대한 투표한 사람의 비율.

투표-자(投票者) 명 투표하는 사람.

투표-함(投票函) 圀 투표자가 기입한 투표용지를 넣는 상자.

투피스(two-piece) 圀 여성복에서, 주로 같은 천으로 지은 윗도리와 스커트의 둘로 된 옷의 총칭.

투하(投下) 圀 1 던져 아래로 떨어뜨리는 일. 2 어떤 일에 물자·자금·노력 등을 들이는 것. **투하-하다** 動他에 ¶폭탄을 ~. **투하-되다** 動자에

투합(投合) 圀 (뜻이나 성질이) 서로 잘 맞는 것. **투합-하다** 動자에 ¶의기 ~.

투항(投降)- 圀 적에게 항복하는 것. **투항-하다** 動자에 ¶적은 무기를 버리고 아군 때에 투항하였다.

투-해머(投hammer) 圀[체] = 해머던지기.

투호(投壺) 圀 화살을 던져 병 속에 많이 넣는 수효로 승부를 가리는 놀이. **투호-하다** 動자에

투쟁(鬪爭) 圀 끝까지 투쟁하려는 기백.

툭 튄 1 어느 한 부분이 불거져 오른 모양. ¶광대뼈가 ~ 불거지다. 2 슬쩍 치거나 건드리는 모양. 또는, 그 소리. ¶어깨를 ~ 치다. 3 무엇이 갑자기 터지는 모양이나 소리. ¶모래주머니가 ~ 터지다. 4 발길이 무엇에 갑자기 걸리는 모양. 또는, 그 소리. ¶돌부리에 ~ 걸려 넘어지다. 5 갑자기 튀는 모양. 또는, 그 소리. 6 갑자기 끊어지거나 부러지는 모양. 또는, 그 소리. ¶나뭇가지가 ~ 부러지다. 7 말을 퉁명스럽게 쏘아붙이는 모양. ¶모른다는 말 한마디만 ~ 던지고 사라졌다. 图톡.

툭-탁 튄 '톡딱'의 거센말. 图톡탁. **툭탁-하다** 動자에자에

툭탁-거리다/-대다 動(때 ~) 1 '뚝딱거리다1'의 거센말. 2 서로 티격태격 싸우다. ¶저 애들은 걸핏하면 툭탁거리며 싸운다. 图톡탁거리다.

툭탁-툭탁 튄 1 '뚝딱뚝딱'의 거센말. 2 서로 툭탁거리는 모양. 图톡탁톡탁. **툭탁-하다** 動자에자에

툭-툭 튄 1 (어떤 사건이나 도둑한 것이) 여기저기 쑥쑥 불거져 나온 모양. ¶이마에 혹이 ~ 불거지다. 2 자꾸 가볍게 치거나 털거나 건드리는 모양. 또는, 그 소리. ¶옷의 먼지를 ~ 털다. 3 잇달아서 터지는 모양. 또는, 그 소리. 4 발길이 무엇에 자꾸 걸리는 모양. 또는, 그 소리. 5 자꾸 튀는 모양. 또는, 그 소리. 6 잇달아 끊어지거나 부러지는 모양. 또는, 그 소리. ¶옥수수 줄기를 ~ 꺾다. 7 말을 잇달아 쏘아붙이거나 내뱉는 모양. ~ 쏘아붙이다. 图톡톡.

툭툭-하다 [-투카-] 혱여 1 피륙이 단단한 올로 고르고 배게 짜여 두껍다. ¶툭툭한 털옷. 2 국물이 바특하여 묽지 않다. 톡톡하다.

툭-하면 [투카-] 튄 조금이라도 무슨 일이 있으면 버릇처럼 곧. ㈅걸핏하면. ¶저 애는 ~ 운다.

툰드라(tundra) 圀[지] 유라시아 대륙·북아메리카의 북극 주변에 펼쳐진 거친 벌판. 일 년 내내 얼음과 눈으로 덮여 있으며, 여름 동안만 지표가 조금 녹아 이끼류가 자람.

툴툴 튄 마음에 맞지 않아 몹시 투덜거리는 모양. **툴툴-하다** 動자에자에

툴툴-거리다/-대다 動자에 자꾸 툴툴하다. ¶그는 음식이 맛없다고 툴툴거렸다.

툼벙 튄 크고 묵직한 물건이 깊은 물에 떨어져 잠길 때나는 소리. 또는, 그 모양. ¶물에 ~ 빠지다. **툼벙-하다** 動자에

툽상-스럽다 [-쌍-따] 혱비에 <~스러우니, ~스러워> 투박하고 상스럽다.

툽툽-하다 [-투파-] 혱여 국물이 바특하여 묽지 않다.

퉁[1] 圀 [<銅] 1 품질이 낮은 놋쇠. ¶~ 사발. 2 품질이 낮은 놋쇠로 만든 엽전.

퉁[2] 圀 퉁명스러운 핀잔. ¶~을 주다.

퉁[3] 튄 1 큰 북이나 속이 빈 나무통을 칠 때에 울려 나는 소리. 图통. 2 대포를 쏠 때에 울리는 소리.

퉁겨-지다 動자에 1 숨겨졌던 일이나 물건이 뜻밖에 쑥 나타나다. 2 짜인 물건이 어긋나서 틀어지다. 3 뼈의 관절이 어긋나다. ¶팔마디가 퉁겨져 퉁퉁 부었어요.

퉁구리 튄1(여럿) 일정한 크기로 묶거나 사리어 감거나 싼 덩어리. ②①을 세는 단위로 이르는 말. ¶새끼 두 ~.

퉁구스-족(Tungus族) 圀 동부 시베리아·중국·만주 등지에 분포하는 몽골계의 한 종족. 툭 나온 광대뼈, 작고 낮은 코, 검은 눈과 머리털, 황색 피부를 가짐.

퉁기다 動태 1 박힌 물건이 어긋나게 틀어지게 하다. 2 다른 사람의 요구나 의견을 거절하다. ㈅튕기다. 3 뼈의 관절을 어긋나게 하다. 4(기타·하프 등의 현을) 당겼다 놓아 소리가 나게 하다. ~튕기다. ¶기타 줄을 ~.

퉁명-스럽다 [-따] 혱비에 <~스러우니, ~스러워> 불쑥 하는 말이나 행동에 불쾌한 빛이 있다. ¶퉁명스러운 태도. **퉁명스레** 튄

퉁-방울 圀 품질이 낮은 놋쇠로 만든 방울.

퉁방울-눈 [-룬] 圀 퉁방울처럼 불거진 눈.

퉁소 圀 [<洞簫] [음] 대로 만든 악기의 한 가지. 구멍이 앞에 다섯 개, 뒤에 하나가 있으며, 세로로 붊.

-퉁이 졉미 1 '가' 또는 '가장자리'의 뜻을 나타내는 말. ¶귀~ 잎~. 2 사람의 신체 부위를 나타내는 말이나 사람의 태도나 성질을 나타내는 일부 추상 명사에 붙어, 그 부위를 낮추어 이르거나 그런 태도나 성질을 가진 사람을 얕잡아 이르는 말. ¶눈~ / 미련~.

퉁탕-거리다/-대다 動자에태에 단단한 물건을 함부로 요란스럽게 두드리거나 발로 구르는 소리가 나다. 또는, 그러한 소리를 내다. ¶아이들이 마루에서 ~.

퉁탕-퉁탕 튄 퉁탕거리는 소리. **퉁탕-하다** 動자에

퉁퉁[1] 튄 몹시 살이 붓거나 찌거나 불어서 몸피가 굵은 모양. 图통통. ¶울어서 눈이 ~ 붓다. **퉁퉁-하다** 혱여 **퉁퉁-히** 튄

퉁퉁[2] 튄 1 발로 탄탄한 곳을 자꾸 구를 때에 울려 나는 소리. 2 속이 빈 통 같은 것을 잇달아 두들길 때 무대게 울리는 소리. 图통통. **퉁퉁-하다**[2]動자에

퉤 튄 침 등을 함부로 뱉는 소리. 또는, 그 모양. ¶침을 ~ 뱉다.

퉤-퉤 튄 침 등을 함부로 잇달아 뱉는 소리. 또는, 그 모양. **퉤퉤-하다** 動태에

튀각 圀 다시마·미역·파래 등을 기름에 튀긴 반찬. 특히, 절의 음식으로 많이 이용됨. ▷부각.

튀기[1] 圀 1 종(種)이 다른 두 동물 사이에

서 난 새끼. [비]잡종. **2** 인종이 다른 종족 간에 태어난 사람을 얕잡아 이르는 말. [비]혼혈아. ×트기.

튀-기다[1] [동][타] **1** (물이나 불꽃 따위를) 튀게 하다. ¶침을 ~. **2** (공 따위를) 쳐서 튀게 하다. ¶공을 ~. **3** =퉁기다[1]**3**. ¶수판알을 ~.

튀기다[2] [동][타] **1** (음식물을 끓는 기름에) 넣어 익히다. ¶기름에 **튀긴** 만두. **2** (곡식 등의 마른 낟알을) 밀폐된 용기에 넣고 가열하다가 뚜껑을 확 열어서 부풀게 하다. ¶쌀을 **튀긴** 튀밥.

튀김 [명] 고기·생선·야채 따위에 밀가루를 묻혀 끓는 기름에 튀긴 음식. ¶감자~.

튀김-옷[-옫] [명] 녹말가루나 밀가루 따위로 입히는 튀김의 겉 부분.

튀니스(Tunis) [명][지] 튀니지의 수도.

튀니지(Tunisie) [명][지] 북아프리카의 중앙부, 지중해에 면한 공화국. 수도는 튀니스.

튀다 [동][자] **1** (작은 물체나 방울 등이) 터지는 힘에 의해, 또는 어떤 강한 힘을 받아 공중으로 세게 날아가다. ¶불똥이 ~/침이 ~. **2** (탄성을 가진 물체가) 힘을 받거나 다른 물체와 부딪쳐 다소 센 힘으로 움직이거나 되가다. ¶용수철이 **튀어** 나가다. **3** '달아나다'를 속되게 이르는 말. **4** (차림새나 태도 등이) 남에게 거부감을 줄 만큼 눈에 잘 뜨이다. ¶옷 색깔이 너무 **튄다**.

튀-밥 [명] **1** 찹쌀을 볶아 튀긴 것. 유밀과에 붙임. **2** 주전부리로 먹기 위해 쌀을 튀긴 것.

튀어-나오다 [동][자] **1** (어떤 말이) 자기도 모르게 입 밖으로 나오다. ¶상스런 말이 ~. **2** (물체가) 주위의 면보다 내민 상태가 되다. ¶이마가 ~. **3** (어떤 물체나 사람이) 갑자기 빠르게 나타나다. ¶골목을 막 돌아서는데 차가 **튀어나왔다**.

튀-하다 [동][타][여] 새나 짐승의 털을 뽑기 위하여 끓는 물에 잠깐 넣었다가 꺼내다.

튕기다 [동] [1][타] **1** (길이를 가진 탄력성 있는 물체를) 한쪽으로 고정시킨 상태에서 다른 한쪽을 당기거나 끌었다가 놓아 힘 있게 되돌아가게 하다. ¶고무줄을 ~. **2** (가운뎃손가락이나 집게손가락을) 엄지손가락 끝으로 눌렀다가 놓음으로써 힘 있게 바깥쪽으로 펴지게 하다. 또는, 그렇게 함으로써 (엄지손가락과 다른 손가락 사이에 두었던 물체를) 힘 있게 떨어져 나가게 하다. ¶손가락을 **튕겨** 이마를 때리다. **3** (수판알을) 손가락 끝으로 빠르게 올리거나 내리다. =튀기다. ¶수판알을 ~. **4** 《주로, '배'나 '배짱'을 목적어로 하여》 거래나 협상 등에서, 상대의 요구나 제안 등을 쉽게 받아들이거나 들어주지 않는 태도를 보이다. ¶배짱을 ~. **5** =퉁기다**4**. [2][자] **1** (물체가) 힘을 받는 상태에서 버티다가 더 버틸 수 없는 상태가 되어 빠르게 힘이 미치는 방향으로 움직이다. ¶용수철이 **튕겨** 나가다. **2** (차거나 던지거나 쏘거나 치거나 한 물체가) 다른 물체에 박히거나 꽂히거나 들어가거나 붙거나 하지 않고 바깥쪽으로 반사되듯 움직이다. ¶공이 골대를 맞고 **튕겨** 나왔다. **3** (사람이) 다른 사람의 요구나 제안 등을 쉽게 받아들이거나 들어주지 않는 태도를 보이다. [비]퉁기다. ¶모처럼 부탁하는데, 거 되게 **튕기네**.

튜닉(tunic) [명] 허리 밑까지 내려오는 여성용의 낙낙한 블라우스 또는 재킷.

튜닝(tuning) [명] **1** 라디오·텔레비전 방송 등에서 수신기나 수상기의 다이얼을 돌려 주파수를 동조시켜 특정 방송국을 선택하는 일. **2** =조율(調律)**1**. **3** 자동차의 성능을 향상시키거나 겉모양을 보기 좋게 하기 위해 일부를 개조하는 일. ¶엔진 ~.

튜바(tuba) [명][음] 금관 악기의 하나. 3~5개의 밸브를 가진 큰 나팔로, 장중한 저음을 냄.

튜브(tube) [명] **1** 치약·채료(彩料) 등을 넣고 짜내어 쓰게 된 용기. **2** 자동차·자전거 등의 고무 타이어에 바람을 채우는 고무관. ¶자동차 ~. **3** 헤엄이 서투른 사람이 안전을 위하여 사용하는, 자동차 튜브 모양의 공기주머니.

튤립(tulip) [명][식] 늦봄에 커다란 종 모양의 노란색·빨간색·흰색 등의 꽃이 위를 향하여 피는 여러해살이풀. 알뿌리로 번식하며, 관상용으로 재배함.

트기 [명] '튀기'의 잘못.

트다[1] [동][자] 〈트니, 터〉 **1** (물체가) 표면에 작은 틈이나 금이 생겨 벌어지다. [비]갈라지다. ¶구두가 ~. **2** (손등·발등·입술·뺨 등의 살갗이) 추위나 기타의 이유로 작은 틈이나 금이 생기다. ¶입술이 ~. **3** (동쪽 하늘이) 밤의 어둡던 상태에서 해의 환한 빛을 나타내기 시작하다. ¶동이 ~. **4** (식물의 싹이나 움 등이) 씨나 열매나 가지 등에서 새로 돋아나거나 자라다. ¶싹이 ~. **5** (어떤 일이나 사람이) 이미 잘될 수 없는 가능성을 가지게 되다. 속된 어감의 구어임. ¶일이 잘되기는 **텄어**.

트다[2] [동][타] 〈트니, 터〉 **1** (사이를 막은 물체나 대상을) 한쪽 공간과 다른 쪽 공간이 서로 통하도록 없애거나 치우거나 하다. ¶물꼬를 ~. **2** (어떤 대상과 거래하는 관계를) 이뤄지게 하다. ¶거래를 ~. **3** (사람이 다른 사람과 마음을) 스스럼없이 열어 서로 통하게 하다. ¶마음을 **트고** 지내다. **4** (말을 어떤 사람과) 서로 해라체 또는 반말을 하는 상태가 되다. ¶나이도 같은데 서로 말을 **트자**.

트더지다 [동][자] '터지다 I **2**'의 잘못.

트라이(try) [명] '시도(試圖)[2]'로 순화. **트라이-하다** [동][자][타][여]

트라이아스-기(Trias紀) [명][지] 중생대의 첫 번째 기(紀). 파충류·암모나이트·겉씨식물이 성하고 포유동물이 출현했음. =삼첩기.

트라이아웃(tryout) [명] 스포츠에서, 입단을 위한 실력 테스트.

트라이애슬론(triathlon) [명][체] 수영·사이클·마라톤의 세 종목을 연이어 겨루는 경기. 일반적으로 수영 3.9km, 사이클 180.2km, 마라톤 42.195km가 기준임. =철인 레이스.

트라이앵글(triangle) [명][음] 타악기의 하나. 강철봉을 정삼각형으로 구부린 것으로, 같은 재료의 금속봉으로 두들김. 매우 맑은 고음을 냄. =칭칭이.

트라코마(trachoma) [명][의] 전염성이 있는 눈의 결막 질환. 눈꺼풀의 안쪽에 투명한 좁쌀만 한 것이 돋아남.

트래블링(travelling) [명][체] 농구에서, 반칙의 하나. 경기자가 공을 드리블하지 않고 손에 든 채 세 발짝 이상 가는 것. =워킹.

트래핑(trapping) 〖명〗〖체〗축구에서, 굴러오거나 날아오는 공을 발·무릎·가슴 등으로 멈추게 하는 기술.

트랙(track) 〖명〗1 〖체〗육상 경기장이나 경마장의 경주로. 2 〖컴〗자기 디스크·자기 테이프 등의 자기 기록 매체의 표면에서 자기 헤드(磁氣head)를 이동하는 일이 없이 판독하거나 기록을 할 수 있는 부분.

트랙터(tractor) 〖명〗화물 자동차에 실을 수 없을 만큼 크고 무거운 물건을 트레일러에 싣고 끄는 특수한 자동차.

트랜스미션(transmission) 〖명〗=변속기.

트랜스젠더(transgender) 〖명〗타고난 신체의 성(性)을 부정하고 반대 성으로 살고 싶어 하는 사람. 또는, 성전환을 한 사람.

트랜지스터(transistor) 〖명〗반도체를 이용하여 전류를 통제하거나 증폭시키는 장치. 또는, 그것을 이용하여 만든 작은 라디오.

트램펄린(trampoline) 〖명〗스프링이 달린 사각형 또는 육각형의 매트 위에서 뛰어오르거나 공중회전 따위를 하는 운동. 또는, 그 기구.

트랩¹(trap) 〖명〗배나 항공기 따위를 타고 내리는 데 쓰는 사다리. ¶~을 오르다.

트랩²(trap) 〖명〗배수관의 악취를 막기 위한 장치. 관의 일부를 'U'자, 'S'자 등으로 구부려 물을 고여 있게 하는 것.

트러블(trouble) 〖명〗'분쟁', '말썽'으로 순화. ¶~을 일으키다.

트러블-메이커(troublemaker) 〖명〗걸핏하면 말썽을 일으키는 사람.

트러스트(trust) 〖명〗〖경〗동일 업종의 기업이 자본적으로 결합한 독점 형태. 자유 경쟁에 의한 생산 과잉·가격 하락을 피하고, 시장 독점에 의한 초과 이윤의 획득을 목적으로 하여 형성됨. =기업 합동.

트럭(truck) 〖명〗=화물 자동차.

트럼펫(trumpet) 〖음〗금관 악기의 한 가지. 음색은 대단히 날카롭고 높음. 특히, 재즈 음악에 많이 쓰임.

트럼프(†trump) 〖명〗서양식 놀이딱지. 또는, 그 놀이. 다이아몬드·클럽·하트·스페이드가 각 13장씩, 조커가 한 장으로 모두 53장임.

트렁크(trunk) 〖명〗1 여행용의 큰 가방. 2 자동차 뒤쪽의 짐 넣는 곳.

트렁크스(trunks) 〖명〗남자용 운동 팬츠. 수영·권투 등에서 착용함.

트레드(tread) 〖명〗타이어의 노면에 접하는 면, 미끄럼을 방지하기 위해 홈을 팜.

트레이너(trainer) 〖명〗1 운동선수를 훈련·지도하는 사람. 2 말·개 따위의 조련사.

트레이닝(training) 〖명〗체력 향상을 위한 훈련.

트레이드(trade) 〖명〗〖체〗프로 구단 사이에서 소속 선수를 이적시키거나 교환하는 일. ¶트레이드-하다〖동〗타〖여〗선수를 타 구단에 ~.

트레이드-마크(trademark) 〖명〗1 =상표. 2 어떤 사람의 특징을 나타내는 외모·성향 따위. ¶입가의 흰 점은 그의 ~이다.

트레이싱^페이퍼(tracing paper) 〖명〗=투사지(透寫紙).

트레일러(trailer) 〖명〗동력을 갖지 않고 다른 견인차에 이끌려 화물이나 여객을 운반하는 차.

트레일러-트럭(trailer truck) 〖명〗트레일러를 끄는 자동차. 기관과 앞의 운전실만 있고, 뒤에 트레일러를 연결하는 장치가 있음.

트레킹(trekking) 〖명〗비교적 가벼운 배낭을 짊어지고 여유로운 마음으로 산이나 들을 걷는 여행.

트렌드(trend) 〖명〗'유행', '경향', '추세'로 순화. ¶소비자들의 새로운 ~.

트렌디^드라마(trendy drama) 〖명〗도시풍의 생활을 경쾌하고 감각적으로 그린, 신세대 취향의 텔레비전 드라마.

트렌디-하다(trendy-) 〖형〗〖여〗최신 유행을 따르는 특성이 있다. ¶트렌디한 멋.

트로이^목마(Troy木馬) [-몽-] 〖명〗1 트로이 전쟁에서, 그리스 병사들이 트로이 성 안으로 숨어 들어갈 때 사용한 목마. 2 〖컴〗인터넷을 통해 남의 컴퓨터에 숨어 들어와 그 정보를 빼내는 악성 프로그램.

트로이^전쟁(Troy戰爭) 〖신화〗고대 그리스와 트로이 사이에 벌어진 전쟁. 트로이의 왕자에게 빼앗긴 스파르타의 왕비를 탈환하기 위해, 그리스 연합군이 트로이에 원정하여 트로이를 멸망시킴.

트로이카(@troika) 〖명〗1 세 필의 말이 끄는 러시아 특유의 썰매나 마차. 2 어떤 분야나 세계에서, 대립·견제의 관계, 또는 조화·협력의 관계에 있는, 세 명의 핵심적이고 영향력 있는 인물. 또는, 세 명에 의해 이뤄지는 틀이나 구도.

트로트(†trot) 〖엔카(演歌)〗의 뿌리라고 할 수 있는 미국 폭스트롯에서 따온 말임 〖음〗우리나라 대중가요 형식의 하나. 정형화된 리듬에 일본 엔카에서 온 음계를 사용하여 구성지고 애상적인 느낌을 줌. ⑥뽕짝.

트로피(trophy) 〖명〗경기 등에서, 입상을 기념하기 위해 수여하는 컵·기(旗)·방패·상(像) 따위의 기념품. ¶우승 ~.

트롤리-버스(trolley bus) 〖명〗도로 위에 가설된 가공선(架空線)에서 전력을 공급받아 궤도 없이 달리는 버스.

트롬본(trombone) 〖명〗금관 악기의 하나. 두 개의 'U'자 모양의 관을 맞추어 만들며, 관을 뺏다 넣다 하는 슬라이드 장치로 음의 높이를 변화시킴.

트롬빈(thrombin) 〖명〗〖화〗혈액이 응고할 때에 피브리노겐을 피브린으로 변하게 하는 단백질 분해 효소.

트루먼(Truman, Harry) 〖인〗미국의 제33대 대통령(1884~1972).

트름 〖명〗'트림'의 잘못.

트리니다드^토바고(←Trinidad and Tobago) 〖명〗중앙아메리카의 카리브 해 남동쪽에 있는 트리니다드 섬과 토바고 섬으로 이루어진 공화국. 수도는 포트오브스페인.

-트리다 〖접미〗=-뜨리다.

트리밍(trimming) 〖명〗〖사진〗화면의 불필요한 부분을 잘라 내어 구도를 조정하는 일.

트리엔날레(@triennale) 〖명〗3년마다 열리는 국제적 미술 전람회. 이탈리아의 밀라노에서 열리는 국제 미술전이 유명함.

트리오(trio) 〖명〗1 세 명으로 짜인 무리. ¶클럽링 ~. 2 〖음〗삼중창 또는 삼중주.

트리케라톱스(triceratops) 〖명〗〖고고〗두 눈 위에 하나씩 길고 강한 뿔이 있고 코 위에 작은 뿔이 있는, 백악기 후기의 초식 공룡.

트리코모나스(trichomonas) 〖명〗〖동〗편모

충류에 속하는 원생동물의 한 무리. 몸길이 5~30µm이며, 대부분의 동물 및 사람의 입 안·창자·질 등의 점막에 기생함.

트리톤(Triton) 〔명〕〔신화〕 그리스 신화에 나오는 바다의 신. 상반신은 인간이고 하반신은 물고기 모양인데, 큰 소라를 불어 물결을 다스린다고 함.

트리파노소마(trypanosoma) 〔명〕〔동〕 척추동물의 혈액 속에 기생하여 수면병 등의 병을 일으키는 원생동물의 한 무리. 편모충류에 속하며, 몸길이 10~30µm임.

트리폴리(Tripoli) 〔명〕〔지〕 리비아의 수도.

트리플-더블(triple-double) 〔명〕〔체〕 농구에서, 한 경기에서 한 선수가 득점·리바운드·어시스트·가로채기·블록 슛 가운데 세 부문에서 두 자릿수를 기록하는 일.

트리플^보기(triple bogey) 〔명〕〔체〕 골프에서, 기준 타수보다 셋 많은 타수로 공을 홀에 넣는 일.

트리플^플레이(triple play) 〔명〕〔체〕 야구에서, 한꺼번에 3명이 아웃되는 일. ▷더블플레이.

트리핑(tripping) 〔명〕〔체〕 축구·농구·아이스하키 등에서, 상대편 선수를 넘어지게 하는 반칙.

트릭(trick) 〔명〕 '속임수'로 순화. ¶~을 다.

트릴(trill) 〔명〕〔음〕 어떤 음을 연장하기 위하여, 그 음과 2도 높은 음을 교대로 빨리 연주하여 물결 모양의 음을 내는 장식음. 기호는 tr.

트림 〔명〕 음식을 먹은 뒤에 소화가 잘 되지 않아 위에 찬 가스가 어떤 소리를 내면서 입 밖으로 나오는 현상. ×트름. **트림-하다** 〔동〕〔자〕.

트립신(trypsin) 〔명〕〔생〕 이자액에 함유된 소화 효소의 하나.

트릿-하다〔리타~〕 〔형〕〔여〕 **1** 먹은 음식이 잘 삭지 않아 가슴이 거북하다. **2**〈속〉(성격이) 맺고 끊는 데가 없이 흐리멍덩하다. ¶사람이 ~.

트빌리시(Tbilisi) 〔명〕〔지〕 그루지야의 수도.

트위스트(twist) 〔명〕 허리를 중심으로 상하체를 좌우로 흔들면서 추는 춤. 4/4박자의 경쾌한 음악에 맞추어서.

트-이다 〔동〕〔자〕 **1** (가리거나 막힌 것이) 없거나 없어져서 환히 열린 상태가 되다. ¶시야가 확 ~. **2** (막혔던 운(運)이) 열려 좋은 상태가 되다. ¶나이 40을 넘기면서 운이 ~. **3** (마음이나 가슴이) 답답한데서 벗어나는 상태가 되다. ¶실컷 울고 났더니 가슴속이 좀 **트이는** 것 같다. **4** (생각이나 지적 능력이) 낮은 수준이나 정도에서 상당한 수준이나 정도에 이르게 되다. ¶문리(文理)가 ~. ㈜틔다.

트임 〔명〕 서양식 옷에서, 소맷부리나 재킷·스커트의 옷자락을 튼 곳.

트집 〔명〕 공연히 조그만 흠집을 들추어 불평을 하거나 말썽을 부림. ¶생~ / ~을 잡다.

특가(特價) 〔-까〕 〔명〕 특별히 싸게 매긴 값.

특강(特講) 〔-깡〕 〔명〕 정규의 과정이 아닌, 특별히 마련한 강의. ¶토플 ~.

특공-대(特攻隊) 〔-꽁-〕 〔명〕〔군〕 적을 기습 공격하기 위하여 특별한 편성·훈련된 부대.

특과(特科) 〔-꽈〕 〔명〕 육군에서, 보병·포병·기갑·통신·공병 등의 전투 병과 이외의 다른 병과.

특권(特權) 〔-꿘〕 〔명〕 어떤 신분이나 자격이 있는 사람만이 특별히 가지는 권리. ¶불체포 ~ / ~ 의식.

특권^계급(特權階級) 〔-꿘계-/-꿘게-〕 〔사〕 사회적으로 특권을 누리는 계급. 지난날에는 귀족 신분이나 성직자 등을 가리켰으나, 오늘날에는 권력이나 부(富)를 누리는 계층을 가리킴. =특권층.

특권-층(特權層) 〔-꿘-〕 〔명〕〔사〕 =특권계급.

특근(特勤) 〔-끈〕 〔명〕 근무 시간 외에 특별히 더 하는 근무. ¶~ 수당. **특근-하다** 〔동〕〔자〕.

특급¹(特急) 〔-끕〕 〔명〕 '특급열차'의 준말.

특급²(特級) 〔-끕〕 〔명〕 특별한 계급이나 등급. ¶~ 위스키 / ~ 요리사.

특급-열차(特急列車) 〔-끕녈-〕 〔명〕 보통의 급행보다 속력이 빠른 열차. ㉥특급.

특기¹(特技) 〔-끼〕 〔명〕 특별히 뛰어난 기술이나 재능. ¶~를 살리다.

특기²(特記) 〔-끼〕 〔명〕 특별히 기록하는 것. ¶~ 사항. **특기-하다** 〔동〕〔여〕 ¶특기할 만한 일. **특기-되다** 〔동〕〔자〕.

특기-병(特技兵) 〔-끼-〕 〔명〕〔군〕 민간인으로 있을 때 습득한 특별한 기술이나 지식을 가지고 입대한 사병.

특단(特段) 〔-딴〕 〔명〕 (주로 '특단의'의 꼴로 쓰여) 어떤 행위의 강렬함이나 각별함이 보통의 정도를 훨씬 넘은 상태에 있는 것. ¶~의 조치.

특대(特大) 〔-때〕 〔명〕 특별히 큼. 또는, 그 물건. ¶킹사이즈 ~ 품(品).

특대-생(特待生) 〔-때-〕 〔명〕 학업 성적이 우수하고 품행이 방정하여 수업료 면제 등의 특전을 받는 학생.

특등(特等) 〔-뜽〕 〔명〕 특별히 뛰어난 등급. 보통 1등 위의 등급임. ¶~ 품 / ~석.

특등-실(特等室) 〔-뜽-〕 〔명〕 병원·기차·호텔 등에 마련된 가장 좋은 방. =특실(特室).

특례(特例) 〔틍녜〕 〔명〕 **1** 특별한 예. **2** 특수한 전례.

특례-법(特例法) 〔틍녜뻡〕 〔명〕〔법〕 =특별법.

특매(特賣) 〔틍-〕 〔명〕 **1** 특별히 싼값으로 파는 것. ¶~품. **2** 경쟁 입찰에 의하지 않고 수의 계약(隨意契約)에 의하여 특정인에게 파는 일. **특매-하다** 〔동〕〔타〕.

특매-장(特賣場) 〔틍-〕 〔명〕 따로 장소를 정하여 물건을 특히 싼값으로 파는 곳.

특명(特命) 〔틍-〕 〔명〕 **1** 특별한 명령. **2**〔군〕'특별 명령²'의 준말.

특명^전권^공사(特命全權公使) 〔틍-꿘-〕 〔명〕〔법〕 =공사(公使)⁴.

특명^전권^대사(特命全權大使) 〔틍-꿘-〕 〔명〕〔법〕 =대사(大使)².

특무(特務) 〔틍-〕 〔명〕 특별한 임무.

특발-성(特發性) 〔-빨썽〕 〔명〕〔의〕 명확한 원인이 없이 병이 발생하는 성질. ¶~ 고혈압.

특별(特別) 〔-뺄〕 〔명〕 (주로 일부 명사 앞에서 관형어적으로 쓰여) 기기 경우와 달리 드물거나 썩 중요하거나 아주 뜻 깊거나 주목할 만하거나 예외에 속하는 상태에 있는 것. ¶~ 대우. **특별-하다** 〔형〕〔여〕 ¶특별한 사이. **특별-히** 〔부〕 ~ 허락한다.

특별^검사제(特別檢査制) 〔-뺄-〕 〔명〕〔법〕

1238 _ 특별나다

정치적으로 중립이 요구되는 사건을 다루기 위해, 기존의 검찰에서 수사를 맡기지 않고 변호사를 특별 검사로 임명하여 독립적인 권한을 가지고 수사를 담당하게 하는 제도.

특별-나다(特別-) [-뼐라-] 휑 =유별나다. ¶특별나게 행동하다.

특별^명:령(特別命令) [-뼐-녕] 똉 **1** 특별히 내리는 명령. **2** (군) 한 부대 내의 개인 또는 소집단에 대하여 내리는 명령 형식의 지시. 준특명.

특별-법(特別法) [-뼐뻡] 똉 (법) 특정한 지역·사람·사항에 한정하여 적용하는 법. ≡특례법. ↔일반법.

특별^사:면(特別赦免) [-뼐-] 똉 (법) 형의 선고를 받은 특정 범인에 대하여 형의 집행을 면제시키거나 유죄 선고의 효력을 상실시키는 조치. 준특사(特赦). ▷일반 사면.

특별-상(特別賞) [-뼐쌍] 똉 규정된 부문이나 사항 외에 특별한 부문이나 사항에 대하여 주어지는 상. 비특상.

특별-석(特別席) [-뼐-] 똉 일반석보다 요금이 특별히 비싸거나, 귀빈을 위해 따로 마련한 좌석. =특석. ↔일반석.

특별-세(特別稅) [-뼐쎄] 똉 특별한 목적을 위하여 부과한 세금.

특별-시(特別市) [-뼐-] 똉 정부가 직접 관할하는 상급 지방 자치 단체. 특별 행정 구역으로, 국무총리 직속 소속하에 있으며 중앙 행정 각 부의 지시·감독을 받음. 현재, 서울이 유일한 특별시임. 준특시. ▷광역시.

특별^인출권(特別引出權) [-뼐-꿘] 똉 (경) 국제 통화 기금 가맹국이, 국제 수지가 악화되었을 때, 국제 통화 기금에서 무담보로 외화를 인출할 수 있는 권리. =에스디아르(SDR).

특별^활동(特別活動) [-뼐-똥] 똉 (교) 교과 활동 이외의 특별한 교육 활동. 자치회·행사·클럽 활동 따위.

특별^회:계(特別會計) [-뼐회계/-뼐훼게] 똉 특별한 사정이나 필요에 따라 일반 회계에서 분리하여 취급하는 국가 회계의 하나.

특보(特報) [-뽀] 똉 사회적 파장이 큰 긴급 뉴스를 특별히 보도하는 것. 또는, 그 보도. ¶KBS 뉴스 ~. **특보-하다** 통(타)(여)

특사¹(特使) [-씨] 똉 특별한 임무를 띤 사절. ¶~를 파견하다.

특사²(特赦) [-씨] 똉 '특별 사면(特別赦免)'의 준말. ¶광복절 ~로 석방되다. **특사-하다** 통(타)(여)

특산(特産) [-싼] 똉 지리적·환경적 요인에 따라 어느 지역에서 특별히 산출된 물건이나 동식물임을 나타내는 말.

특산-물(特産物) [-싼-] 똉 어느 지역에서 특별히 나는 농수산물이나 약초나 기타 생산물.

특산-품(特産品) [-싼-] 똉 지리적·환경적 요인에 따라 어느 지역에서 특별히 생산되는 물품. ¶담양의 ~인 죽세공품.

특상¹(特上) [-쌍] 똉 특별하게 고급임. ¶그 물건. ~품(品).

특상²(特賞) [-쌍] 똉 특별한 상. 비특별상.

특색(特色) [-쌕] 똉 보통의 다른 대상과 비교했을 때 특별히 달라 주목을 끄는 점. 비특징·특장. ¶~을 살리다.

특석(特席) [-썩] 똉 =특별석.

특선(特選) [-썬] 똉 **1** 특별히 골라 뽑는 일. ¶여름 상품 ~. **2** 특히 우수하다고 인정되는 작품.

특설(特設) [-썰] 똉 특별히 설치하는 것. ¶~ 야외무대. **특설-하다** 통(타)(여)

특성(特性) [-썽] 똉 일정한 사물에만 있는 특징적인 성질. 비특이성. ¶추위에 강한 ~을 가진 작물.

특수¹(特殊) [-쑤] 똉 **1** 보통의 것과는 특별히 다른 것. ¶~ 사절. **2** 어떤 종류의 것 전체에 걸친 것이 아니라 한정된 약간의 것만을 이르는 말. ↔보편·일반. **특수-하다** 휑(여) ¶특수한 상황.

특수²(特需) [-쑤] 똉 (경) 특별한 시기나 상황에서 늘어나는 수요. ¶설 ~를 겨냥한 홍보 전략.

특수-강(特殊鋼) [-쑤-] 똉 (화) 탄소강에 규소·망간·니켈·크롬·구리·몰리브덴·코발트 등의 원소를 가한 강.

특수-성(特殊性) [-쑤썽] 똉 사물의 특수한 성질. 비특이성. ↔보편성.

특수^은행(特殊銀行) [-쑤-] 똉 국민 경제적 입장에서 특수 목적을 위해 설립된 법인 형태의 은행. 한국 산업 은행·기업 은행·농업 협동조합 따위.

특수-학교(特殊學校) [-쑤-꾜] 똉 **1** 장애가 있는 사람들에게 특별한 교육을 하는 학교. 맹아 학교·농아 학교 따위. **2** 특수한 학과나 교과를 가르치는 학교.

특수-화(特殊化) [-쑤-] 똉 일반적·보편적인 것을 특수한 성격의 것으로 만드는 일. 또는, 그렇게 만들어지는 일. **특수화-하다** (자)(타)(여) **특수화-되다** 통(자)

특식(特食) [-씩] 똉 특별히 잘 마련된 식사.

특실(特室) [-씰] 똉 =특등실.

특약(特約) [-갹] 똉 특별한 조건을 붙여 계약하거나 약속하는 것. ~ 판매. **특약-하다** 통(타)(여)

특약-점(特約店) [-쩜] 똉 제조원이나 판매원과 특별한 계약을 맺고 물건을 거래하는 상점.

특-에이(特A) 똉 사물의 최상 등급.

특용(特用) 똉 특별하게 쓰이거나 쓰는 일. 또는, 그런 용도.

특용^작물(特用作物) [-장-] 똉 식용 이외의 특별한 용도로 쓰이는 농작물. 차·담배 따위. ¶~ 재배.

특유(特有) 똉 일정한 사물에만 특별히 갖추어져 있는 것. ¶그 사람 ~의 정치 감각. **특유-하다** 휑(여)

특융(特融) 똉 금전 등을 특별히 융통하는 것. **특융-하다** 통(타)(여)

특이(特異) 똉 **1** 여느 것과 특별히 다른 것. **2** 보통보다 특별히 뛰어난 것. **특이-하다** 휑(여) ¶특이한 체질.

특이-성(特異性) [-썽] 똉 두드러지게 다른 성질. 비특수성·특성.

특장(特長) [-짱] 똉 특별히 뛰어난 장점. 비특색.

특전(特典) [-쩐] 똉 특별히 베푸는 은전. ¶장학생에게 주는 ~.

특전-대(特戰隊) [-쩐-] 똉 특수한 임무를 수행하기 위해 특별히 조직된 전투 부대. ¶공수 ~.

특정(特定) [-쩡] 똉 특별히 누구라거나 어떤 것이라고 못 박거나 정해 놓음. ¶~ 인물. ↔불특정. **특정-하다** (자)(타)(여) ¶기사 내의 특정한 사실과 관계없음.

특정-되다

특정-인(特定人) [-쩡-] 명 특별히 지정한 사람. ↔일반인.

특제(特製) [-쩨-] 명 특별히 만드는 일. 또는, 그 제품. ¶~품. **특제-하다**

특종(特種) [-쫑] 명 1 특별한 종류. 2 '특종 기사'의 준말. ¶~감/~을 잡다.

특종=기사(特種記事) [-쫑-] 명 어느 한 신문사나 잡지사에서만 얻은 중대한 기사. ¶~를 1면 톱으로 보도하다. 준특종.

특주(特酒) [-쭈] 명 1 특수한 방법으로 빚은, 질이 좋은 술. 2 ~을 들다.

특진(特診) [-찐] 명 종합 병원에서 환자의 요청에 따라 특정한 의사(전문의 자격을 취득한 지 10년 이상 된 의사)가 진료하는 일. **특진-하다**

특진(特進) [-찐] 명 공로가 뛰어나 특별히 진급하는 것. ¶~ 대상자. **특진-하다²** ¶1계급 ~.

특질(特質) [-찔] 명 어떤 사물에만 있는 특수한 성질.

특집(特輯) [-찝] 명 신문·잡지·방송 등에서, 특정한 문제를 중심으로 하여 편집함. 또는, 그 편집물. ¶~ 방송/송년 ~.

특징(特徵) [-찡] 명 다른 것과 눈에 띄게 다른 점. 비특색.

특징-적(特徵的) [-찡-] 관·명 특징이 되는 (것).

특징-짓다(特徵-) [-찡짇따] 타ㅅ <-지으니, -지어> 어떤 사물이 가지는 특징을 규정하다.

특차(特次) 명 대학 입시에서, 정시에 앞서 시험을 특별히 시행하는 것. 또는, 그 시험. ¶~ 모집.

특채(特採) 명 공개적 시험을 거치지 않고, 추천이나 소개, 스카우트 등을 통해 특별히 하는 채용. ▷공채. **특채-하다** 타여 **특채-되다** 자

특청(特請) 명 특별히 청하는 일. 또는, 그 청. **특청-하다** 타여

특출-하다(特出-) 형여 특별히 뛰어나다. ¶특출한 인물.

특칭(特稱) 명 1 전체에서 그것만을 특히 가리켜 일컬음. 또는, 그 칭호. 2 [논] 주사(主辭)가 나타내는 사물의 일부분에 관한 것임을 나타내는 것. 또는, 그 칭호. '어떤', '이', '그', '한' 따위의 말이 쓰임. ↔전칭(全稱).

특파(特派) 명 특별히 파견하는 일. **특파-하다** 타여 ¶기자를 현장에 ~. **특파-되다** 자 ¶해외 지사로 ~.

특파-원(特派員) 명 뉴스의 취재·보도를 위하여 외국에 파견되어 있는 언론 기자. ¶해외 ~.

특판(特販) 명 상품의 홍보 또는 보급을 위해 특별히 판매하는 일.

특판-가(特販價) [-까] 명 상품의 홍보 또는 보급을 위해 특별히 판매하는 가격.

특판-장(特販場) 명 상품의 홍보 또는 보급을 위해 특별히 전시하여 판매하는 곳. ¶농산물 ~.

특품(特品) 명 특별히 좋은 물품.

특허(特許) [트커] 명 [법] 1 어떤 사람의 창안으로 이루어진 공업적 발명의 전용권(專用權)을 본인 또는 그 승계자에게만 부여하는 행정 행위. ¶신안(新案) ~. 2 '특허권'의 준말. **특허-하다** 타여

특허-권(特許權) [트커꿘] 명 [법] 산업 재산권의 하나. 공업 발명품에 대해 그 권리를 전용·독점할 수 있는 권리. ⑤특허.

특허-청(特許廳) 명 산업 자원부 장관 소속하에 설치된 기관의 하나. 특허·실용신안·의장(意匠) 및 상표에 관한 사무와 이에 대한 심사·심판 및 항고 심판 사무를 관장함.

특허-품(特許品) [트커-] 명 [법] 특허권이 있는 발명품. 또는, 특허를 얻은 상품.

특혜(特惠) [트케/트케] 명 특별한 혜택. ¶~를 받다.

특화(特化) [트콰] 명 1 (어떤 대상을) 구조·기능·역할 등을 특수하거나 특별하게 하는 것. 2 한 나라의 산업 구조나 수출 구성에 있어서 특정 산업 또는 상품이 상대적으로 큰 비중을 차지하는 상태가 되게 하는 것. ¶~ 산업. **특화-하다** 타여 **특화-되다** 자

특활(特活) [트콸] 명 [교] '특별 활동'의 준말.

특효(特效) [트쿄] 명 특별한 효험.

특효-약(特效藥) [트쿄-] 명 어떤 병에 대하여 특별히 효험을 발휘하는 약. 폐렴에 대한 페니실린 따위.

특-히(特-) [트키] 부 보통과는 다르게. ¶~ 조심할 것.

튼실-하다(-實-) 형여 튼튼하고 실하다.

튼튼-하다 형여 1 (구조물이나 물건이) 지어지거나 만들어진 상태에서의 좀처럼 부서지거나 무너지거나 결딴나거나 끊어지거나 하지 않는 상태에 있다. ¶튼튼하게 지은 건물. 2 (사람의 몸이나 뼈나 이 등이) 단단하며 굳세져서 병에 잘 걸리지 않는 상태에 있다, 비건강하다. ¶몸이 튼튼한 어린이. 3 (조직이나 기구, 또는 그것을 움직이는 바탕이) 쉽게 무너지거나 흔들리지 않는 상태에 있다. ¶국가의 재정이 ~. 4 (사상이나 정신이) 나약하거나 흔들림이 없이 굳건하고 확고하게 갖춰진 상태에 있다. ¶정신 무장을 튼튼하게 하다. **튼튼-히** 부

틀 명 1 어떤 물건을 받치거나 버티거나 두르거나 팽팽히 켕기게 하기 위해, 네모나게 테두리나 뼈대를 짜 놓은 물건. ¶창~/사진~. 2 액체 상태의 물질을 부어서 어떤 모양으로 굳힐 수 있도록, 그 모양을 음각 또는 양각으로 새긴 물건. ¶첫물을 ~에 붓다. 3 물건을 만들거나 다룰 때 주로 손으로 움직여 사용하는, 비교적 간단한 구조의 기계. ¶베~/재봉틀'을 줄여서 이르는 말. ¶손[발]~. 5 일정하게 형성된 격식이나 형식. ¶~에 박힌 말. 6 사람, 특히 남자의 몸이 외적으로 갖추고 있는 생김새나 균형. 비풍채·허우대. ¶~이 좋은 40대 남자.

틀에 맞추다 일정한 형식이나 격식에 기계적으로 맞추다. ¶틀에 맞춘 교육.

틀(이) 잡히다 격에 어울리게 틀이 이루어지다. ¶사업이 ~.

틀-니 [-리] 명 이가 모두 빠졌거나 많이 빠졌을 때 잇몸에 자유롭게 끼웠다 뺐다 하면서 사용할 수 있게 만든, 인공의 이로 된 틀. 비의치(義齒).

틀다 타 <트니, 트어> 1 (길이를 가진 물체를) 그 축을 중심으로 꼬이는 상태가 되게 돌리다. ¶몸을 비비 ~. 2 (돌려서 잠갔다 열었다 하는 나사 구조의 물건이나 라디오·텔레비전 등의 기계 스위치를) 열리거나 작용하는 쪽으로 돌리거나 누르

거나 하다. ¶수도꼭지를 ~. 3 (일정한 방향으로 나아가는 물체의 방향이나 방향을 잡는 도구를) 돌리어 다른 방향이 되게 하다. ¶핸들을 오른쪽으로 ~. 4 (일을) 되어 가는 대로 두지 않고 전혀 다른 상태가 되게 하다. ¶잘되어 가던 일을 중간에 **틀어** 버리다. 5 (일정한 머리 모양을) 머리털의 가닥을 꼬아 이뤄지게 하다. ¶상투를 ~. 6 (어떤 형태의 물건을 짚·대·싸리 따위로) 엮거나 짜서 만들다. ¶둥지를 ~. 7 (오랫동안 눌리어 탄력성이 없어진 솜을) 기계에 넣고 돌리거나 활로 부풀려 가볍고 푹신푹신한 상태가 되게 하다. ¶솜을 ~. ▷타다.

틀리다[1] Ⅰ[동] [1][자] 1 (어떤 일이나 대상이) 옳은 것이나 표준적인 것이 아닌 상태가 되다. ¶계산이 ~. 2 (어떤 일이나 대상이나 말이) 이미 주어진 것이나 이전의 말과 마땅히 같아야 함에도 달라진 상태가 되다. ¶어, 물건이 주문한 것과 **틀리네**? 3 ((주로 선어말 어미 '-었-'이나 관형사형 어미 '-ㄴ' 등과 함께 쓰여)) (어떤 일이나 사람이) 잘되거나 좋게 될 가망이 없는 상태가 되다. ¶일이 잘되기는 애초에 **틀렸어**. 4 (마음이) 어떤 일에 상하거나 언짢은 상태로 되다. [비]꼬이다·뒤틀리다. ¶심사가 ~. [2][타] (문제의 답을) 바르게 맞히지 못하다. ¶3번 답을 ~.
Ⅱ[형] '다르다'의 잘못.

틀-리다[2] [동][자] '틀다'의 피동사.

틀림-없다[-업따] [형] 어긋남이 없다. [비]확실하다. ¶그는 **틀림없는** 사람이니 믿어도 된다. **틀림없-이** [부] ¶~ 전해 주게.

틀어-넣다[-너타] [동][타] 비좁은 자리에 억지로 돌리면서 들이밀어 넣다. ¶빈 병 속에 헝겊을 **틀어넣어** 깨끗이 닦다.

틀어-막다[-따] [동][타] 1 무엇을 틀어넣어 통하지 못하게 하다. ¶쥐구멍을 시멘트로 ~. 2 말이나 행동을 제멋대로 하지 못하게 막다. ¶그는 말을 떼기가 무섭게 내 입을 **틀어막았다**. 3 (잘못된 일이) 드러나지 않도록 억지로 막다.

틀어-박다[-따] [동][타] 1 (물건을 좁은 곳에) 억지로 밀어 넣다. 2 (머리 따위를 어느 곳에) 파묻듯 깊숙이 대다. ¶침대에 얼굴을 **틀어박고** 울다. 3 무엇을 어떤 곳에 아무렇게나 오래 넣어 두다. ¶양말짝을 책상 밑에 **틀어박아** 두다.

틀어박-히다[-바키-] [동][자] 1 밖에 나가지 않고 집 안에만 있다. 또는, 죽치고 있다. ¶하릴없이 집구석에 ~. 2 '틀어박다'의 피동사.

틀어-잡다[-따] [동][타] 1 단단히 움켜잡다. 2 무엇을 자기 손안에 완전히 들게 하다.

틀어-쥐다 [동][타] 1 단단히 꽉 쥐다. ¶주먹을 ~. 2 무엇을 완전히 자기 마음대로 하다. ¶집안 살림을 ~.

틀어-지다 [동][자] 1 (물체가) 반듯하고 곧바르지 않고 굽거나 꼬이다. ¶줄이 ~. 2 사귀는 사이가 원만하지 않게 되다. ¶두 사람 사이가 ~. 3 마음이 상하여 토라지다. ¶그 친구, 연락도 없는 걸 보니 단단히 **틀어진** 모양이군. 4 꾀하는 일이 어그러지다. ¶계획이 ~.

틈 [명] 1 물체의 어느 부분, 또는 서로 거의 붙거나 이어져 있는 물체와 물체에 벌어져 있는 작은 공간. [비]간격. ¶창문 ~으로 바람이 들어오다. 2 어떤 자리에 어울려 있는 여러 사람의 사이. ¶친구들 ~에 끼여 놀다. 3 어떤 일을 할 수 있는, 비교적 짧은 시간. [비]기회·겨를. ¶잠시도 쉴 ~이 없다. 4 친하던 관계가 멀어진 상태. ¶부부 사이에 ~이 생기다.

틈-나다 [동][자] 겨를이 생기다. ¶**틈나는** 대로 한번 찾아가겠네.

틈-내다 [동][자] 어떤 일을 위해서 겨를을 얻다. ¶아무리 바빠도 **틈내어** 오너라.

틈-바구니 [명] '틈1'을 말체로 이르는 말. ¶사람들 ~에 끼여 새우잠을 잤다. [준]틈바귀.

틈-바귀 [명] '틈바구니'의 준말.

틈-새 [명] 벌어져 난 틈의 사이. ¶문 ~로 내다보다.

틈-새기 [명] 틈의 아주 좁은 부분. ¶옷자락이 ~에 끼다.

틈새-시장(-市場) [명] 기존의 영업 조직이나 영업 방식이 미치지 못하고 있어, 새로 영업이나 장사를 시작하는 사람이 파고들어 볼 만한 잠재된 시장. ¶~을 노리다.

틈-서리 [명] 틈이 난 부분의 가장자리.

틈입(闖入) [명] 기회를 타서 느닷없이 함부로 뛰어드는 것. **틈입-하다** [동][자][타][여] ¶불순 세력이 학내에 ~.

틈-타다 [동][타] 1 겨를을 얻다. 2 기회를 얻다. ¶밤을 **틈타서** 달아나다.

틈틈-이 [부] 1 틈이 난 구멍마다. ¶문풍지를 ~ 붙이다. 2 겨를이 있을 때마다. [비]짬짬이. ¶일하면서 ~ 공부하다.

틔:다[티-] (틔:고 / 틔어) [동][자] '트이다'의 준말. ¶가슴이 환히 **틔는** 듯하다.

틔-우다[티-] [동][타] '트이다'의 사동사. ¶벽을 ~.

티[1] [명] 1 고체의 극히 잘게 부스러진 조각. ¶눈에 ~가 들어가다. 2 조그마한 흠집. ¶~ 없이 맑은 얼굴.

티[2] [명] 어떤 태도나 기색. ¶촌~ / ~를 내다 / 궁한 ~가 나다.

티[3](T) [명] '티셔츠'의 준말. ¶그는 ~만 하나 걸치고 밖에 나갔다.

티[4](tea) [명] 차(茶). 특히, 홍차.

티[5](tee) [명][체] 골프에서, 제1타를 칠 때 공을 올려놓는, 고무·나무·플라스틱 등으로 만든 받침대. ¶~ 그라운드.

티각-태각 [부] '티격태격'의 잘못.

티격-태격 [부] 서로 뜻이 맞지 않아 이러니저러니 시비를 따지는 모양. ¶의견이 달라 ~ 싸우다. ×티각태각. **티격태격-하다** [동][자][여]

티^그라운드(←tee*ing* ground) [명][체] 골프에서, 각 홀의 제1타를 치는 구역.

티그리스 강(Tigris江) [명][지] 소아시아와 메소포타미아를 흐르는 강. 길이 1,900 km.

티껍다 [형] 〈방〉 더럽다(평북).

티끌 [명] 1 흙의 작은 알갱이. 또는, 말끔한 공간이나 물체에 더러움이나 흠을 가져다주는, 아주 작은 물체의 조각. [비]분진(粉塵). 2 양적으로 아주 미미한 상태를 비유적으로 이르는 말. 또는, 아주 무가치한 사물을 비유적으로 이르는 말. ¶불의와 타협할 생각은 ~만큼도 없다.
[**티끌 모아 태산**] 아무리 적은 물건이라도 조금씩 쌓이면 나중에 큰 덩어리가 된다는 말.

티끌-세상(-世上) [명] 복잡하고 어수선한 세상. =진세(塵世).

티눈 [명] 오랫동안 눌리거나 마찰됨으로써

발바닥이나 발가락이나 손바닥 등의 살갗에 생겨 건드리면 아픔을 느끼게 되는, 약간 도드라지고 딴딴해진 살. ¶~이 박히다.

티라나(Tirana) [명][지] 알바니아의 수도.

티라노사우루스(tyrannosaurus) [명][고고] 앞다리가 짧고 꼬리는 길며 굵고 큰 뒷다리로 보행하는, 백악기 후기의 육식 공룡. 몸길이 약 15m.

티록신(thyroxine) [명][생] 갑상선에서 분비되는 호르몬. 물질대사를 높이고 정신·신체의 성장·발육을 촉진함.

티-백(tea bag) [명] 1회분의 차(茶)를 넣은 종이 봉지. 끓는 물에 담그면 차가 우러나게 되어 있음.

티베트^고원(Tibet高原) [명][지] 중국 남서부에 있는 고원.

티브이(TV) [명] 〔television〕 =텔레비전.

티브이에이(TVA) [명] 〔Tennessee Valley Authority〕 미국의 뉴딜 정책의 하나로 1933년에 설립한, 테네시 강 유역 개발 공사(公社). 또는, 그 사업.

티-샤쓰(T+[일]シャツ) [명] =티셔츠.

티^샷(tee shot) [명][체] 골프에서, 티 그라운드에서 치는 제1타.

티-셔츠(←T-shirt) [명] 'T' 자 모양으로 생긴 셔츠. =티샤쓰. [준]티.

티슈(tissue) [명] 화장용의 얇고 부드러운 질 좋은 종이. [비]화장지.

티-스푼(teaspoon) [명] =찻숟가락.

티엔티(TNT) [명] 〔trinitrotoluene〕 [화] 톨루엔에 질산과 황산의 혼합물을 작용시켜 얻는 화합물. 황색의 침상(針狀) 결정으로, 폭약으로서 널리 쓰임.

티오(TO) [명] 〔table of organization〕 조직표나 편제표에 따른 정원(定員). ¶~가 꽉 차다.

티읕[-읃] [명][언] 한글 자모의 열두째 글자. 'ㅌ'의 이름. 목젖으로 콧길을 막고 혀끝을 윗잇몸에 대어 입길을 막았다가 숨을 불어 내면서 혀끝을 힘 있게 파열시켜 내는 무성 파열음. 받침으로 그칠 때는 'ㄷ'과 같은 소리가 됨.

티-자(T-) [명] 'T' 자 모양으로 생긴 제도용 큰 자.

티저^광!고(teaser廣告) [명] 소비자들의 호기심을 유발하기 위해, 한꺼번에 그 내용을 다 드러내지 않고 여러 번에 걸쳐 조금씩 드러내는 기법의 광고.

티커(ticker) [명] 증권 거래소에서, 시시각각 변동하는 시세를 통보·수신(受信)하는 유선 인자식 전신기.

티케(Tyche) [명][신화] 그리스 신화에 나오는, 행복과 운명의 여신. 로마 신화의 포르투나에 해당함.

티케이오(TKO) [명] 〔technical knockout〕 [체] 권투에서, 한쪽 선수가 경기를 계속하는 것이 위험할 정도로 부상하였을 경우에, 심판이 시합을 중단시키고 승패를 결정짓는 일.

티켓(ticket) [명] **1** 입장권·승차권·구매권 등의 표. **2** 주로 스포츠에서, 경쟁을 통해서 얻어야 하는 출전 자격. ¶월드컵 본선에 진출하는 ~을 따다.

티켓-다방(ticket茶房) [명] 손님에게 티켓을 발행하여 여종업원과 다방이 아닌 다른 곳에서 유흥을 즐길 수 있게 하고 돈을 받는 불법 다방.

티크(teak) [명][식] 동남아시아에서 자라며, 고급 목재를 얻는 낙엽 교목. 높이 25~30m이고, 나무껍질은 회백색이며, 목재는 팽창·수축이 적고 잘 썩지 않아 선박·가구 등에 중요하게 쓰임.

티-타임(teatime) [명] 차 마시는 시간.

티탄¹([독]Titan) [명][화] 은백색의 금속 원소. 원소 기호 Ti, 원자 번호 22, 원자량 47.88. 가볍고 단단하며 내식성이 커서 초음속 항공기의 기체(機體) 재료 등으로 쓰임.

티탄²(Titan) [명][신화] 그리스 신화에 나오는 거인족. 영어명은 타이탄.

티토, 요시프 브로즈(Tito, Josip Broz) [명][인] 유고슬라비아의 전 대통령(1892~1980).

티푸스(typhus) [명][의] 세균의 감염으로 일어나는 장티푸스·파라티푸스·발진 티푸스의 총칭. 모두 법정 전염병임.

틴들^현!상(Tyndall現象) [명][물] 투명 물질 중에 많은 미립자가 분산되어 있는 경우, 투사된 광선이 사방으로 산란되어 광선의 통로가 흐리게 보이는 현상.

틴-에이저(teen-ager) [명] 13세부터 19세까지의 소년 소녀. ▷하이틴.

팀(team) [명] **1** 같은 일에 종사하는 한 무리의 사람. **2** [체] 운동 경기의 단체. 곧, 두 패로 나누어 행하는 경기의 한 편짝. ¶청〔백〕 ~.

팀^스피릿(Team Spirit) [명][군] 1976년 이후, 한반도의 유사시에 대비하여 한국군·주한 미군 및 미국 본토에 있는 미군이 합동으로 실시해 온, 방어 계획의 한미 합동 군사 훈련.

팀-워크(teamwork) [명] 팀 구성원이 협동하여 해 나가는 상태. 또는, 그들 상호 간의 연대(連帶). ¶~가 좋다.

팀-장(team長) [명] 어떤 일을 함께 하는 팀의 책임자.

팀파니([이]timpani) [명][음] 타악기의 하나. 반구형의 북으로, 평면에 쇠가죽을 대고 그 둘레의 나사로써 음률을 조절함. 음역은 저음임.

팀^파울(team foul) [명][체] 농구에서, 한 팀의 선수들이 전후반에 각각 범한 파울. 파울이 전후반에 각각 8개가 넘을 경우 파울을 범할 때마다 상대 팀에게 자유투를 허용함.

팀푸(Thimphu) [명][지] 부탄의 수도.

팀-플레이(team play) [명] 스포츠나 그 밖의 공동 작업에서, 승리 또는 일의 좋은 성과를 위하여 같은 팀의 사람들끼리 협력하는 일.

팁(tip) [명] **1** 음식·술 등을 팔거나 서비스업을 하는 곳에서, 손님이 시중을 들거나 봉사하는 사람에게 감사의 뜻으로 정해진 요금 외에 주는 돈. **2** [경] 주식 시세를 움직일 만한 정보를 남보다 먼저 아는 것.

팅팅 [부] **1** '띵띵'의 거센말. ¶얻어맞아 눈두덩이 ~ 부어올랐다. **2** 면 따위가 불어서 굵어진 모양. ¶라면이 ~ 불었다. **팅팅-하다** [형][여]

파 →피울.
파¹ [식] 속이 빈 원통 모양의 푸른 잎을 식용하는 여러해살이풀. 특이한 냄새와 맛이 있어 양념으로 많이 쓰임.
파²(派) 图 ①[자립] 특정한 사상이나 주의나 입장을 가짐으로써 다른 집단과 대립되거나 구별되는 집단. 타순. 250야드(229m) 이하가 파 3으로 쇼트 홀, 470야드(431m) 이상이 파 5로 롱 홀, 그 중간이 파 4로 미들 홀.
-파³(派) 图回 '파동', '물결'의 뜻. ¶전자~ / 지진~.
파⁴(❻fa) 图[음] ① 음이름 '바'의 이탈리아어. ② 장음계에서 넷째 음.
파⁵(par) 图[체] 골프 코스에서, 홀마다 정해져 있는 기본 타수. 250야드(229m) 이하가 파 3으로 쇼트 홀, 470야드(431m) 이상이 파 5로 롱 홀, 그 중간이 파 4로 미들 홀.
파가니니 니콜로(Paganini, Niccolò) [인] 이탈리아의 바이올리니스트·작곡가 (1782~1840).
파!격(破格) 图 오랜 관례나 관행이나 틀을 깨뜨리는 일. ¶~ 인사.
파!격-적(破格的) [-쩍] 图图 어떤 일이나 새태가 오랜 관례나 관행이나 틀을 깨뜨린 상태에 있는 (것). ¶~인 대우.
파견(派遣) 图 (사람을 어느 곳에) 일정한 임무를 주어 보내는 것. 파송. 파견-하다 图他 ¶분쟁 지역에 군대를 ~. 파견-되다 图因 ¶통신원으로 해외에 ~.
파!경(破鏡) 图 ['깨어진 거울'이라는 뜻] 부부의 금실이 좋지 않아 이별하는 일을 비유하는 말. ¶결혼 1년만에 ~을 맞다.
파!계(破戒) [-계/-게] 图[종] 계율을 어기고 지키지 않는 것. 파!계-하다 图因他
파!계-승(破戒僧) [-계-/-게-] 图[불] 계율을 깨뜨린 승려.
파고(波高) 图 ① 파도의 높이. ② 비유적으로 쓰여, 어떤 관계에서의 긴장의 정도. ¶충돌 지역에 긴장의 ~가 높아지다.
파고-들다(破壞) [-드니, -드오] 图 ①속으로 헤집고 들어가다. ¶이불 속을 ~. ②(추위·바람 등이) 깊이 스며들다. ¶뼛속을 파고드는 추위. ③비집고 들어가서 발을 붙이다. ¶해외 시장을 ~. ④ 깊이 캐어 알아내다. ¶의도를 ~.
파곳(fagott) 图[음] =바순.
파!괴(破壞) [-괴/-궤] 图 ① (어떤 물체를) 강한 힘이 미치게 하여 깨뜨리거나 부서지게 하는 것. ↔건설. ② (어떤 대상이나 현상을) 온전하거나 바람직하게 하는 것. ¶가정~. 파!괴-하다 图他 ¶질서를 ~. 파!괴-되다 图因 ¶건물이 ~.
파!괴-력(破壞力) [-괴-/-궤-] 图 파괴하는 힘. ¶가공할 만한 ~을 지닌 폭탄.
파!괴-적(破壞的) [-괴-/-궤-] 图图 파괴하는 방향으로 나아가는 (것). ¶~ 행동. ↔건설적.
파!국(破局) 图 ① 어떤 일이나 사태가 잘못되어 돌이킬 수 없는 상태가 되는 것. 또는, 그 판국. ¶결혼 생활이 ~에 이르다. ② [문] 회곡에서, 비극적인 결말.
파!국-적(破局的) [-쩍] 图图 어떤 일이나 사태가 잘못되어 돌이킬 수 없는 상태로 되는 (것). ¶사태가 ~으로 치닫다.
파급(波及) 图 (어떤 일의 여파나 영향을) 차차 다른 데로 미치는 것. 파급-하다 图他 파급-되다 图因 ¶외제 물건의 불매 운동이 전국으로 ~.
파기¹(疤記) 图 어떤 인물의 용모나 신체상의 특징을 적는 일. 또는, 그 기록. ¶용모~.
파!기²(破棄) 图 ① (계약·조약·약속 따위를) 지키지 않고 깨는 것. ¶계약의 ~. ② [법] 소송법상 원심 판결을 취소하는 일. ¶원심 ~. 파!기-하다 图他 ¶문서를 ~. 파!기-되다 图因 ¶약혼이 ~.
파-김치 图 쪽파로 담근 김치.
파김치(가) 되다 [소금에 절인 파가 뺏뺏한 기운을 잃고 축 처지듯] (몸이) 지쳐서 몹시 느른하게 되다. ¶종일 잔치를 치르느라고 파김치가 되었다.
파나마(Panama) 图[지] ① 중앙아메리카의 파나마 지협에 있는 공화국. ② 1의 수도.
파나마-모자(panama帽子) 图 파나마풀의 잎을 잘게 쪼개어 짜서 만든 여름 모자.
파나마^운ː하(Panama運河) 图[지] 중앙아메리카 남동부에서 태평양과 대서양을 잇는 운하.
파나비전(panavision) 图[영] 와이드 스크린 영화의 촬영 방식의 하나. 컴퓨터로 수차(收差)를 제거한 특수 렌즈를 사용하므로 화상의 일그러짐을 막을 수 있음.
파-내다 图他 (묻히거나 박힌 물체를) 파서 꺼내다. 町캐내다. ¶호박 속을 ~.
파노라마(panorama) 图 ① 반원형의 배경화와 조목이나 인형 등을 배치하고 조명을 비추어 야외에서 실지의 경관을 보는 것과 같은 느낌을 가지도록 한 장치. ② 주로 영화·소설 등에서, 변화와 굴곡이 많고 스케일이 큰 이야기. 비유적인 말임. ¶화면에 펼쳐지는 인생의 ~.
파다 图他 ① (사람이나 동물이 날카로운 연장이나 손 또는 발로 땅이나 단단한 물체를) 우묵하게 하거나 구멍이 생기도록 헤치거나 뚫거나 깎거나 하다. ¶구멍이를 ~. ② (칼 따위로 그림·글자 등을) 드러내기 위해 나무나 다른 재료를 깎다. 町새기다. ¶칼로 도장을 ~. ③ (옷의 어떤 부분을) 갈쭉하게 도려내어 살이 많이 드러나게 하다. ¶목둘레선을 깊이 판 드레스. ④ (어떤 것을) 알아내거나 밝히기 위해 깊이 연구하거나 궁리하다. ¶사건의 진상을 ~. ⑤ 속에 묻혀 있는 것을 겉으로 드러나게 꺼내다. ¶귀지를 ~. ⑥ (호적 따위의 문서에서 어느 한 부분을) 지위서 없애다. ¶호적을 ~.
파다-하다(播多−) 图回 (소문 따위가 어느 곳에) 널리 알려진 상태에 있다. 町자자하다. ¶곧 인사이동이 있으리라는 소문

이 회사 안에 ~. **파다-히** 튀

파닥-거리다/-대다[-꺼(때)-] 재타 자꾸 파닥이다. ¶어린 새가 날개를 ~. ⓒ퍼덕거리다.

파닥-이다 재타 **1** (작은 새가) 날개를 쳐서 소리를 내다. ¶새가 날개를 **파닥이며** 날아오르다. **2** (물고기가) 꼬리를 쳐서 소리를 내다. ¶물고기가 그물에 갇혀 ~. **3** (작은 깃발이나 빨래 등이) 거칠게 바람에 날려 소리를 내다. ⓒ퍼덕이다.

파닥-파닥 튀 파닥거리는 모양. ⓒ퍼덕퍼덕. **파닥파닥-하다** 재타

파당(派黨) 명 =당파.

파도(波濤) 명 바다에 이는 물결. 특히, 옆으로 길게 가로줄을 그리며 어느 정도의 높이로 밀고 밀리는 물결. ¶집채만 한 ~/~가 밀려오다/~가 일다.

파도-치다(波濤-) 재 바다 물결이 일어나다. ¶**파도치는** 해변.

파도-타기(波濤-) 명 파도를 이용하여 타원형의 널빤지를 타고 파도 속을 교묘히 빠져나가며 즐기는 놀이. =서핑.

파동(波動) 명 **1** 물결의 움직임. **2** 사회적으로 어떤 현상이 퍼져 주위에 그 영향이 미치는 일. ¶석유 ~. **3**[물] 공간의 한 점에 생긴 물리적인 상태의 변화가 차차 어떤 속도로 둘레에 퍼져 가는 현상.

파두츠(Vaduz) 명[지] 리히텐슈타인의 수도.

파들-파들 튀 '바들바들'의 거센말. ⓒ푸들푸들. **파들파들-하다** 재

파라고무-나무(Pará-) 명[식] 나무껍질에 흐르는 생젖 같은 액체로 탄성 고무를 만드는 상록 교목. 높이 20~40m이고, 열대 아시아에서 재배함.

파라과이(Paraguay) 명[지] 남아메리카 중남부에 있는 공화국. 수도는 아순시온.

파라다이스(paradise) 명 근심 걱정이 없이 행복을 누리는 곳. (비)낙원. ¶남국의 ~, 와이키키 해변.

파라마리보(Paramaribo) 명[지] 수리남의 수도.

파라볼라^안테나(parabola antenna) 명 [물] 마이크로파 통신이나 위성 방송의 수신 등에 쓰이는 접시형 안테나.

파라솔(⊕parasol) 명 햇볕을 가릴 목적으로 사용하는, 우산과 같은 구조로 된 물건. (비)양산. ¶해변에 늘어선 원색의 ~.

파라오(Pharaoh) 명 ['큰 집'의 뜻] [역] 고대 이집트 왕의 칭호.

파라티온(⊕Parathion) 명[약] 유기인제(有機燐劑)의 살충 농약의 하나. 독성이 강하여 사용이 금지되고 있음.

파라티푸스(⊕Paratyphus) 명[의] 법정 전염병의 하나. 파라티푸스균의 경구(經口) 감염에 의하여 일어나는 소화기계의 급성 전염병.

파라핀(paraffin) 명[화] 석유에서 분리되는, 납상(蠟狀)의 회고 반투명한 고체. 양초·크레용·연고 등의 원료로 쓰임.

파락-호(破落戶)[-라코] 명 행세하는 집안의 자손으로서 방탕한 생활에 빠진 사람. 또는, 방탕하여 집안의 많은 재산을 몽땅 털어먹은 사람.

파란(波瀾) 명 순조롭지 않게 일어나는 여러 가지 곤란이나 시련. ¶~ 많은 생애.

파란-곡절(波瀾曲折)[-쩔] 명 생활 또는 일의 진행에서 일어나는 많은 곤란과 변화. ¶~ 많은 인생.

파란-만장(波瀾萬丈) 명 생활이나 일의 진행에서 여러 가지 곡절이 많고 변화가 심함. **파란만장-하다** 형여 ¶**파란만장한** 일생.

파란-빛[-삧] 명 파란 빛깔.

파란-색(-色) 명 파란 빛깔.

파랄림픽(←Paralympics) 명 국제 신체장애인 체육 대회. 1960년 로마 올림픽 대회 이래 올림픽에 이어 같은 장소에서 거행됨.

파랑[1] 명 파란 빛깔. 또는, 그런 색을 내는 물감과 같은 물질.

파랑[2](波浪) 명 [작은 물결과 큰 물결.

파랑-새 명 **1** [동] 몸길이가 28cm가량으로, 몸빛은 선명한 청록색에 머리와 꽁지가 검고, 부리와 다리는 붉은색인 새. 나무 위에서 생활하는데, 우리나라에 흔하지 않은 여름 철새임. **2** 푸른 빛깔을 띤 새. 행운이나 행복을 상징함.

파랗다[-라타] 형ㅎ 〈파라니, 파라오, 파래〉 **1** (어떤 물체나 물질이) 맑은 하늘의 빛깔을 가진 상태에 있다. 넓게는 녹색과 남색을 포함하는 상태에 있다. ¶**파란** 가을 하늘. **2** (칼날이) 매우 날카로운 상태에 있다. ¶**파랗게** 날이 선 창검. **3** (얼굴에 핏기가 없는 듯이) 몹시 놀라거나 추워서 핼쓱하거나 푸르께한 상태에 있다. ¶추워서 입술이 ~. ⓒ퍼렇다.

파래 명[식] 김 비슷하며, 광택 있는 푸른 빛을 띠는 녹조류의 해조(海藻). 민물이 흘러드는 바다에서 잘 자라며, 향기와 맛이 있어 식용함.

파래-지다 재 **1** 파랗게 되다. ¶누렇게 말랐던 잔디가 ~. **2** (분노·두려움 따위로 얼굴빛이) 창백하게 되다. ¶공포에 질려 ~. ⓒ퍼레지다.

파렴치(破廉恥) 명 염치를 모르고 뻔뻔스러운 것. **파렴치-하다** 형여 ¶**파렴치한** 행동.

파렴치-범(破廉恥犯) 명[법] 살인·강도·강간 등과 같은 파렴치한 범죄. 또는, 그 범인.

파렴치-한(破廉恥漢) 명 염치를 모르는 뻔뻔스러운 사람.

파로틴(parotin) 명[화] 귀밑샘·턱밑샘에서 분비되는 호르몬. 뼈나 이의 칼슘 침착(沈着)을 촉진시킴.

파:루(罷漏) 명[역] 오경 삼점(五更三點)에 쇠북을 33번 치는 일. 서울에서 인정(人定) 이후 야간 통행을 금하였다가, 이 시각을 치면 풀렸음. ▷인정.

파룬궁(⊕法輪功) 명 중국의 리훙즈(李洪志)가 불교와 도교에 기공(氣功)의 원리를 결합하여 만든 수련법.

파르르 튀 '바르르'의 거센말. **파르르-하다** 재

파르스레-하다 형여 =파르스름하다.

파르스름-하다 형여 (빛깔이) 다소 밝고 산뜻하게 파란 데가 있다. =파르스레하다. ¶**파르스름한** 새싹. ⓒ푸르스름하다.

파르티아(Parthia) 명 고대 서아시아의 왕국(247?B.C.~A.D.226). 최성기에는 인더스 강에서 유프라테스 강에 걸친 지역을 판도로 하였지만, 사산조 페르시아에서 멸망당함.

파르티잔(←partisan) 명 유격대.

파릇-파릇[-른-를] 튀 산뜻하게 군데군데 파르스름한 모양. ¶새싹이 ~ 돋아나다. ⓒ푸릇푸릇. **파릇파릇-하다** 형여

파릿-하다[-르타-] 형여 빛깔이 좀 파란 듯하다. **파릿-이** 甼

파리¹ 명[동] 여름에 더러운 곳에 많이 날아들며, 사람이나 가축에 병을 옮기거나 피를 빨아 먹는 곤충. 몸길이 1cm가량이며, 몸빛은 검은색이나 청록색임. 몸에는 털이 많고 잘 발달된 1쌍의 날개가 있음.
파리(를) 날리다 [한가하여 파리나 쫓는다는 뜻] 영업하는 가게나 업체에 손님이 없어 장사가 잘 안 됨.
파리 목숨 파리를 죽이듯 쉽게 죽일 수 있는 하찮은 목숨. 비유적인 말임. ¶나치의 지배하에서 유대 인의 목숨은 한날 ~이었다.

파리²(Paris) 명[지] 프랑스의 수도.

파리스(Paris) 명[인] 그리스 신화에 나오는 트로이의 왕자. 스파르타의 왕비인 미모의 헬레네를 탐내어 납치함으로써 트로이 전쟁을 일으킴.

파리지옥-풀(-地獄-) 명[식] 북아메리카에 자생하는 벌레잡이 식물의 하나. 잎에 가시 모양의 긴 털과 감각모가 있어, 개미·파리 같은 곤충이 여기에 닿으면 급히 잎을 오므려 잡아먹음.

파리-채 명 파리를 때려잡는 채.

파리-하다 형여 (얼굴빛이나 살빛이) 몸이 쇠약하거나 하여 핏기가 없고 해쓱하다. ¶오래 앓아 얼굴이 ~.

파마(←permanent-) 명 머리를 전열기와 화학 약품을 사용하여 물결 모양으로 곱슬곱슬하게 만드는 일. 또는, 그 머리. ≒퍼머. **파마-하다** 동여 ¶머리를 ~.

파마-머리(←permanent-) 명 파마를 한 머리.

파-먹다[-따] 동태 1 (흙이나 땅을) 일구어서 얻는 것으로 먹고 살다. 2 벌지 않고, 있는 재산으로 먹고 놀다. 3 겉에서부터 속으로 움푹하게 먹어 들어가다. ¶벌레가 과실을 ~.

파!면(罷免) 명 1 (어떤 직책에 있는 사람을) 자격을 박탈하고 직장에서 내보내는 것. 2 [법] 공무원의 징계 처분의 하나. 가장 무거운 징계로, 공무원의 신분을 박탈하고 연금 등 국가 기여분을 지급하지 않는 일. ¶징계 ~. **파!면-하다** 동타여 **파!면-되다** 동여 ¶교직에서 ~.

파!멸(破滅) 명 (어떤 사람이나 집안이나 집단 등이) 세상에서 누리거나 가졌던 지위나 힘 등을 잃고 절망적인 상태에 이르는 것. ¶~의 구렁텅이로 굴러 떨어지다. **파!멸-하다** 동여 **파!멸-되다** 동여

파문(波紋) 명 1 수면에 이는 잔물결. 2 물결 모양의 무늬. 3 어떤 일의 영향. ¶세상에 ~을 일으키다.

파!문²(破門) 명 1 사제의 의리를 끊고 문하에서 내쫓는 것. 2 [종] 신도로서의 자격을 빼앗고 종문(宗門)에서 내쫓는 것. **파!문-하다** 동타여 **파!문-되다** 동여

파-묻다[-따] 동태 1 파고 그 속에 묻다. ¶김장독을 땅에 ~. 2 남이 모르게 숨겨 감추다. ¶마음속에 깊이 **파묻어** 두었던 비밀. 3 (얼굴이나 몸을 어디에) 묻힐 만큼 깊숙이 기대거나 닿게 하다. ¶아이는 엄마의 가슴에 얼굴을 **파묻고** 울었다.

파-묻히다[-무치-] 동여 1 '파묻다'의 피동사. ¶흙 속에 **파묻힌** 보물. 2 어떤 사물로 온몸 둘러싸이다. 또는, 제한된 공간 속에 들어박히다. ¶일에 **파묻혀** 살다. 3 (어떤 소리나 모습이 다른 것에) 섞여

잘 드러나지 않게 되다. ¶그의 항변은 사람들의 야유 속에 **파묻혀** 버렸다.

파미르^고원(Pamir高原) 명[지] 중앙아시아의 타지키스탄을 중심으로 중국과 아프가니스탄에 걸쳐 있는 고원.

파바로티, 루치아노(Pavarotti, Luciano) 명[인] 이탈리아의 테너 가수(1935~).

파발(擺撥) 명 1 조선 시대에 공문(公文)을 급히 보내기 위하여 설치한 역참(驛站) 제도. 2 =파발꾼.

파발-꾼(擺撥-) 명[역] 각 역참에 딸려, 역참 사이의 공문을 전하는 사람. ≒파발.

파발-마(擺撥馬) 명[역] 공무로 급히 가는 사람이 타는 말.

파-밭(-밭) 명 파를 심은 밭.

파벌(派閥) 명 이해관계에 따라 따로따로 갈라진 사람들의 무리. ¶~ 싸움.

파병(派兵) 명 군대를 파견하는 것. **파병-하다** 동타여 **파병-되다** 동여 ¶6·25 때 한국에 **파병된** 유엔군.

파!본(破本) 명 제본이나 인쇄가 제대로 되지 않거나 파손된 책. ¶~은 교환해 드립니다.

파브르, 장 앙리(Fabre, Jean Henri) 명[인] 프랑스의 곤충학자(1823~1915).

파블로프, 이반 페트로비치(Pavlov, Ivan Petrovich) 명[인] 제정 러시아의 생리학자(1849~1936).

파-뿌리 명 [파의 뿌리가 희다는 데에서] '백발(白髮)'의 비유. ¶검은 머리가 ~되도록 해로하다.

파삭-파삭 甼 매우 파삭한 모양. ¶~ 바스러지는 푸석돌. **파삭파삭-하다** 형여

파삭-하다[-사카-] 형여 연한 것이 메말라 부스러지기 쉽게 보송보송하다.

파!산(破産) 명 1 재산을 모두 잃는 것. 2 [법] 채무자가 그 채무를 완제할 수 없는 상태에 있을 때, 그 채무자의 총재산을 모든 채권자에게 공평하게 변제할 것을 목적으로 하는 재판상의 제도. **파!산-하다** 동여 ¶기업이 ~. **파!산-되다** 동여

파상(波狀) 명 1 물결과 같은 형상. 2 물결이 밀려왔다가 밀려가는 것처럼, 어떤 일이 일정한 간격을 두고 반복하는 일. ¶~ 공격.

파!상-풍(破傷風) 명[의] 파상풍균에 의한 급성 전염병. 상처를 통해 감염되며 입이 굳어져서 벌리기 어렵게 되고, 이어 전신에 경직성 경련을 일으킴. 사망률이 높음.

파생(派生) 명 사물이나 현상이 본체로부터 갈려 나와 생기는 것. **파생-하다** 동타여 **파생-되다** 동여

파생-어(派生語) 명 어떤 원말에서 갈려 나와 생긴 말. 어근에 접두사 또는 접미사가 붙어 이루어짐. '덧신(덧+신)', '가위질(가위+-질)' 따위. ≒복합어·합성어.

파생-적(派生的) 관 어떤 원칙적인 것에 대하여 종속적이거나 부분적인 (것). 또는, 파생한 (것). ¶~ 집단.

파생^접사(派生接辭) 명[언] 조어적(造語的)인 기능을 띤 접사. '개-살구', '먹-이'에서의 '개-', '-이' 따위.

파선¹(波線) 명 물결 모양으로 구불구불한 선. ¶물결선.

파!선²(破船) 명 풍파 또는 암초 따위의 장애물에 부딪쳐 배가 파괴되는 것. 또는, 그 배. **파!선-하다** 동자여 ¶법선이 풍랑

을 만나 ~. 파:선-되다 통

파선³(破線) 몡 짧은 선을 간격을 두고 벌 여 놓아 이루어진 선. 제도(製圖)에서 보이지 않는 부분의 형태를 나타낼 때 씀.

파:손(破損) 몡 깨어지거나 망가지거나 하여 못 쓰게 되는 것. 또는, 깨뜨리거나 망가뜨리거나 하여 못 쓰게 만드는 것. 파:손-하다 통재타어 ¶기물을 ~. 파:손-되다 통재

파송(派送) 몡 사람을 일정한 곳으로 임무를 주어 보내는 것. 間파견. 파송-하다 통재타어 파송-되다 통재

파:쇄(破碎) 몡 깨뜨려 부수는 것. 파:쇄-하다 통재타어 ¶광석을 파쇄하여 선광(選鑛)하다. 파:쇄-되다 통재

파:-쇠(破-) [-쇠/-쉐] 몡 깨어져 못 쓰게 된 쇠붙이 그릇이나 쇳조각.

파쇼(@fascio) 몡 1 이탈리아의 파시스트당. 2 파시즘적인 운동·경향·단체·지배 체제를 가리키는 것.

파수(把守) 몡 경계하여 지키는 것. 또는, 그 사람. ¶~를 보다. 파수-하다 통재타어

파수-꾼(把守-) 몡 파수를 보는 사람.

파수-병(把守兵) 몡 파수를 보는 병정. 間보초병.

파스¹(PAS) 몡 [para-amino salicylic acid] [약] 백색의 쓴맛이 나는 가루로서 결핵의 특효약.

파스²(←@Pasta) 몡 [약] '파스타'의 준말.

파스칼¹(PASCAL) 몡 [컴] 알골(ALGOL) 계통의 고수준 만능 프로그래밍 언어.

파스칼², 블레즈(Pascal, Blaise) 몡[인] 프랑스의 사상가·수학자(1623~1662).

파스타(@Pasta) 몡 다량의 분말제를 포함한 유성(油性)의 연고제. ☞파스.

파스테르나크, 보리스 레오니도비치(Pasternak, Boris Leonidovich) 몡[인] 소련의 시인·소설가(1890~1960).

파스텔(pastel) 몡[미] 색깔이 있는 분말을 반죽하여 길쭉하게 굳힌 채색 연필.

파스텔-컬러(pastel color) 몡 밝고 엷은 색깔. 또는, 부드럽고 은은한 색깔.

파스텔-화(pastel畵) 몡[미] 파스텔로 그린 그림. 밝고 부드러운 격조를 지님.

파스퇴르, 루이(Pasteur, Louis) 몡[인] 프랑스의 화학자·미생물학자(1822~1895).

파스파^문자('Phags-pa文字) [-짜] [역] 중국 원(元)나라의 황제 쿠빌라이의 명을 받고 티베트의 승려인 파스파가 만든 몽골 문자.

파슬리(parsley) 몡[식] 줄기에 골이 있고, 잎은 여러 갈래로 갈라져 오글오글한 서양 채소의 하나. 독특한 향기가 있어 요리·수프·소스·샐러드 등에 쓰임.

파슬-파슬 '바슬바슬'의 거센말. 파슬-하다 혱여

파시(波市) 몡 고기가 한창 잡힐 때 바다 위에서 열리는 생선 시장.

파시스트(fascist) 몡 1 파시즘을 신봉·주장하는 사람. 2 이탈리아의 파시스트당.

파시스트-당(Fascist黨) 몡 무솔리니를 당수로 한, 이탈리아의 파시스트당.

파시즘(fascism) 몡 제1차 세계 대전 후에 나타난 극단적인 전체주의적·독재적 정치 이념 및 그 운동. 이탈리아의 무솔리니에 의해 처음 제창·확립됨.

파악(把握) 몡 (어떤 대상을) 그 내용이나 성질을 바로 이해하게 확실히 아는 것.

파악-하다 통태어 ¶작품의 주제를 ~.

파:안-대소(破顔大笑) 몡 활짝 웃는 표정을 지으면서 크게 웃음. 파:안대소-하다 재어

파:약(破約) 몡 ¶손자의 재롱에 파안대소하는 할아버지.

파:약(破約) 몡 약속을 깨뜨리는 것. =해약. 파:약-하다 통태어

파:업(罷業) 몡 1 하던 일을 중지하는 것. 2 '동맹 파업'의 준말. ¶근로자들이 ~에 돌입하다. 파:업-하다 통재어

파:열(破裂) 몡 깨어지거나 갈라져서 터지는 것. 파:열-하다 통재어 파:열-되다 통재 ¶추위에 수도관이 ~.

파:열-음(破裂音) 몡 자음을 발음할 때 후두 위의 발음 기관의 어느 한 부분을 막고 숨을 그친 다음, 이를 터뜨리면서 내는 소리. 한글의 ㅂ·ㅃ·ㅍ·ㄷ·ㄸ·ㅌ·ㄱ·ㄲ·ㅋ과 영어의 p·t·k 등의 소리.

파오(←⑫包) 몡 몽골 인의 천막형 이동식 가옥.

파우더(powder) 몡 미세한 가루 상태의 물질. 특히, 몸에 바르는 분.

파우스트(Faust) 몡 중세 독일 전설의 주인공. 연금술사이며 신학자로서, 악마 메피스토펠레스의 유혹에 빠져 파멸하게 됨. 이 전설을 바탕으로 괴테의 희곡 '파우스트' 가 탄생함.

파우치(pouch) 몡 화장품 따위를 넣어서 휴대할 수 있게 만든 작은 주머니.

파운데이션(foundation) 몡 1 얼굴에 입체감을 주고 피부색을 보다 아름답게 하기 위해 얼굴에 바르는 화장품. 2 몸매의 결점을 보완하거나 체형을 바로잡기 위해 입는 서양식 여성용 속옷. 브래지어·거들·코르셋 따위. ▷란제리.

파운드¹(pound) 몡 (어준) 1 야드파운드법의 질량 단위. 1파운드는 0.45359kg, 16온스. 기호는 lb. 2 영국의 화폐 단위. 1파운드는 100펜스. 기호는 £, 또는 L.

파운드², 에즈라 루미스(Pound, Ezra Loomis) 몡[인] 미국의 시인(1885~1972).

파운드-케이크(pound cake) 몡 달걀에 버터·우유·설탕·밀가루 등을 섞어서 반죽한 것에 건포도나 호두 등을 넣어 구운 케이크.

파울(foul) 몡[체] 1 규칙 위반. 間반칙. 2 =파울 볼.

파울^그라운드(foul ground) 몡[체] 야구장에서, 파울 라인 밖의 운동장.

파울^라인(foul line) 몡[체] 야구장의, 본루와 일루 및 본루와 삼루를 연결한 직선과 그 연장선.

파울^볼(foul ball) 몡[체] 야구에서, 페어 그라운드 밖으로 떨어진 타구. 또는, 수 등에 닿지 않고 내야에 떨어진 후 1·3루의 베이스보다 앞에서 파울 그라운드로 나간 타구. =파울. ☞페어 볼.

파워(power) 몡 어떤 일을 하거나 낼 수 있는 힘이나 능력. 또는, 다른 대상에 대해 어떤 작용을 미칠 수 있는 힘. ¶우먼~/~가 세다.

파워-게임(power game) 몡 '권력 싸움', '힘겨루기'로 순화.

파워^엘리트(power elite) 몡 사회의 주요 제도의 정점에서 의사 결정과 정책 수행 등을 하는 권력자 집단.

파워풀-하다(powerful-) 혱여 '힘차다',

'강력하다'로 순화. ¶**파워풀한** 동작.
파워^핸들(†power handle) 명 유압·전기·압축 공기 등을 동력원으로 하여 별로 힘들지 않고 조작할 수 있는 핸들.
파월(派越) 명 월남에 파견되는 것. ¶~장병.
파이¹(pie) 명 1 밀가루와 버터를 개어 과실·고기 등을 넣어서 구운 서양 과자. 2 나누어 가져야 할 것의 전체 규모. ¶지금 한국 경제는 먼저 ~를 키워야 한다.
파이²/π(⊖pi) [수] 원주율 기호 'π'의 이름.
파이널^세트(final set) 명[체] 배구·테니스·탁구 등에서 승패를 가름하는 최종 세트.
파-이다 쟈 '파다¹·²·³'의 피동사. ¶폭우로 땅에 웅덩이가 ~. ㈜패다.
파이드라(Phaedra) [신화] 그리스 신화에 나오는 영웅 테세우스의 아내. 의붓아들에 대한 비극적 사랑으로 유명함. 영어명은 페드라.
파이트-머니(fight money) 명 프로 복싱·프로 레슬링 등에서 선수가 경기의 대가로 받는 돈. ㈑대전료.
파이팅(†fighting) Ⅰ갑 운동선수들끼리 잘 싸우자는 뜻으로, 또는 운동선수에게 잘 싸우라는 뜻으로 외치는 구호. 또는, 중요한 일을 해내야 하거나 어려움 속에 있는 사람에게 힘내라, 잘하라는 뜻으로 외치는 말.
Ⅱ명 운동 경기에서 열심히 하고자 하는 태도. ¶~이 좋은 선수.
파이프(pipe) 명 1 증기·가스·액체 등을 수송하는 데 쓰는 관(管). ㈑도관(導管). 2 살담배를 피우는 서양식 담뱃대. 3 퀼런 등을 끼워 무는 물부리.
파이프-라인(pipeline) 명 석유·천연가스 등을 목적지까지 수송하기 위해 지상·지하에 고정·매설한 관로(管路).
파이프^오르간(pipe organ) [음] 길고 짧으나 굵고 가는 여러 가지 관을 음계적으로 배열하고, 이것에 바람을 보내어 연주하는 건반 악기. 장엄하고 신비로운 음률과 웅장한 저음을 낼 수 있음.
파인더(†finder) [사진] 촬영할 대상을 눈으로 볼 수 있도록 카메라에 낸, 작은 창 모양의 장치. =뷰파인더.
파인애플(pineapple) 명[식] 열대 지방 원산으로, 솔방울 비슷하게 생긴 커다란 열매가 열리는 상록 여러해살이풀. 또는, 그 열매. 열매는 향기가 좋으며, 날로 먹거나 통조림·주스 등을 만듦.
파인-주스(pine juice) 명 파인애플의 과즙에 감미료를 탄 음료.
파인^플레이(fine play) 명 경기에서 선수가 보여 주는 훌륭하고 멋진 기술. 또는, 정정당당하고 최선을 다하는 경기 태도.
파일¹(file) 명 1 =서류철. 2 [컴] 기억 장치에 저장되는 프로그램이나 데이터의 기본 단위. 각각 고유한 이름을 가지며 끝에 종류를 나타내는 확장자가 붙음.
파일²(pile) 명 1 직물의 표면을 덮고 있는 부드럽고 고나 보풀. 벨벳·타월·융단 따위. 2 건축·토목의 기초 공사를 하는 데에 박는 말뚝.
파일럿(pilot) 명 1 항공기를 조종하는 일을 직업으로 하는 사람. ㈑조종사. 2 항만이나 강의 물길을 안내하는 사람.
파일-명(file名) 명 [컴] 프로그램 실행 시 식별을 위해 붙이는 파일의 이름. ▷확장자.
파일-북(file book) 명 공책의 종이를 자유로이 끼우고 뺄 수 있게 만든 것.
파:임(破-) 명 한자의 획 '\'의 이름. ▷빼침.
파:자(破字) 명 한자의 자획을 쪼개어 둘 이상의 한자로 나누는 일. 또는, 그렇게 나뉜 한자로 전혀 다른 의미를 이끌어 내는 문자 유희. 예를 들어 '米(미)'를 '八十八'로 풀어 미수(米壽)를 88세로 보는 따위. **파:자-하다** 통재.
파자마(←pajamas) 명 헐렁한 저고리와 바지로 된 잠옷. 흡습성·통기성이 좋은 타월 천·융·무명 등이 주재료임.
파장²(波長) 명 1 [물] 파동의 산의 정점에서 이웃하는 다음 산의 정점까지의 거리. 또는, 이웃하는 골과 골 사이의 거리. 2 어떤 일이 사회에 미치는 영향. 비유적인 말임. ¶사회적 ~이 큰 사건.
파:장²(罷場) 명 1 과장(科場)·백일장·시장(市場) 등이 파하는 것. 또는, 그때. 2 여러 사람이 모여 하는 일이 거의 끝난 판. ↔초장. **파:장-하다** 통재 과장·시장 등이 파하다. **파:장-되다** 통재
파쟁(派爭) 명 파벌끼리의 다툼.
파-전(-煎) 명 밀가루에 길쭉길쭉하게 썬 파를 주로 하여 고기·조갯살·굴 등을 얹어 번철에 넓적하게 부쳐 낸 전.
파종(播種) 명[농] =씨뿌리기. ¶~ 시기. **파종-하다** 통재 [보리를 ~.]
파종-기(播種期) 명[농] 파종하는 시기.
파-죽음 명 심하게 맞거나 지쳐서 녹초가 된 상태를 일컫는 말. ¶~이 되다.
파:죽지세(破竹之勢) [-찌-] 명 '대를 쪼개는 형세'라는 뜻, 세력이 강하여 거침없이 물리치거나 쳐들어가는 기세. ¶기선을 잡은 아군은 ~로 적진을 돌파했다.
파:지(破紙) 명 1 종이로 쓰다가 잘못되어 버리게 된 종이. 가령, 원고를 잘못 쓰거나 인쇄·복사가 잘못되어 버리는 종이 따위. 2 제지·계책 과정에서, 종이를 어떤 규격으로 자르고 남은 종잇조각. 3 종이 관련 업체에서, 운송 따위를 하다가 더럽혀지거나 찢어지거나 하여 사용할 수 없게 된 종이.
파:직(罷職) 명 관직에서 물러나게 하는 것. ¶봉고(封庫)~. **파:직-하다** 통재
파:직-되다 통재
파:찰-음(破擦音) 명[언] 파열과 마찰이 함께 되어 나는 자음. ㅈ·ㅉ·ㅊ 따위.
파천(播遷) 명 임금이 도성을 떠나 다른 곳으로 피란하는 것. ¶아관(俄館) ~.
파:-천황(破天荒) 명 [천지개벽 이전 혼돈의 상태를 깨뜨린다는 뜻] 이전에 아무도 하지 못한 큰 일을 처음으로 한다는 말.
파초(芭蕉) 명[식] 길이 2m에 이르는 큰 잎이 줄기 끝에서 사방으로 퍼지고, 밑부분에서는 서로 붙어 굵은 줄기처럼 보이는 여러해살이풀. 여름에 황백색 꽃이 피며, 관상용으로 정원에 심음.
파출-부(派出婦) 명 남의 가정의 요청을 받고 출퇴근하면서 가사를 돌보아 주는 일을 하는 여자.
파출-소(派出所) [-쏘] 명 경찰서 소재지 안에 경찰관을 파견하여 각 관할 지역의 경찰 업무를 일차적으로 처리하게 하는 곳. 2003년 경찰법 개정안에 따라 몇 개의 파출소를 통폐합해 '지구대'로, 나머지는 '치안 센터'로 개편함.

파충-류(爬蟲類) [-뉴] 〖명〗〖동〗 거북·뱀·악어 등과 같이 피부가 각질의 비늘로 덮여 있는 척추동물의 한 무리. 보통 짧은 네 다리와 긴 꼬리가 있지만, 뱀과 같이 더 없는 것도 있음.

파!-치(破-) 〖명〗 망가져 못 쓰게 된 물건.

파카(parka) 〖명〗 ❶에스키모인 입는, 후드가 달린 모피 재킷. ❷후드가 달린 윗옷이나 코트. ↔오리털 ~.

파키스탄(Pakistan) 〖명〗〖지〗 인도 반도 북서부에 있는 공화국. 수도는 이슬라마바드.

파킨슨-병(Parkinson病) 〖명〗〖의〗 사지와 몸의 떨림·경직 등을 특징으로 하는 신경계의 난치병.

파킹(parking) 〖명〗 '주차(駐車)'로 순화.

파!탄(破綻) 〖명〗 (어떤 일이나 대상이) 잘못되어 결딴나거나 돌이킬 수 없는 상태가 되는 것. ¶가정 ~. **파!탄-되다** 〖동〗〖자〗

파!탈(擺脫) 〖명〗 형식이나 예절 등으로부터 벗어나는 것.

파토스(⊙pathos) 〖명〗〖철〗 일시적인 격정이나 열정. 또는, 예술에 있어서의 주관적·감정적 요소. ↔에토스.

파!투(破鬪) 〖명〗 화투 놀이에서, 잘못되어 그 판이 무효가 되는 일. ¶~가 나다.

파트(part) 〖명〗 ❶전체를 구성하는 일부. ❷일을 맡는 역할이나. ¶영업 ~에서 일하다. ❸〖음〗=성부(聲部)².

파트너(partner) 〖명〗 ❶댄스·게임·경기 등을 할 때 어떤 사람과 한 쌍을 이루는 사람. ¶스파링 ~. ❷사업을 같이 하는 사람이나 단체. ¶합작 ~.

파트너-십(partnership) 〖명〗 '협력', '제휴'로 순화.

파트롱(⊙patron) 〖명〗 특정 예술가에 대하여 경제적·정신적으로 지원하는 사람이나 기관.

파트-타임(part time) 〖명〗 수시 계약으로 따라, 시간을 정하여 정규 취업 시간보다 짧은 시간 동안 일하는 것. ≥풀타임.

파티(party) 〖명〗 사교·친목 등을 목적으로 한 모임. ¶생일 ~.

파파(爬爬) 〖명〗 (일부 명사 앞에 쓰여) 머리털이 세어 허연 상태. ¶~ 할머니.

파파라치(⊙paparazzi) 〖명〗 유명인을 뒤쫓아 다니면서 그들의 은밀한 사생활을 카메라로 찍어서 신문사나 잡지사 등에 파는 일을 직업으로 하는 사람.

파파야(papaya) 〖명〗〖식〗 열대 지방에서 자라며, 긴 달걀 모양의 노란 열매가 열리는 상록 교목. 또는, 그 열매. 열매는 향기와 감미가 있어 식용함.

파페라(popera) 〖명〗〖음〗 팝 요소를 가미한 오페라. ¶~ 가수.

파!편(破片) 〖명〗 유리·사기·쇠붙이 등이 힘있게 깨지면서 사방으로 튄 조각. ¶수류탄 ~.

파푸아^뉴기니(Papua New Guinea) 〖지〗 뉴기니 지구의 오스트레일리아령 파푸아 지구가 합하여 1975년에 독립한 나라. 수도는 포트모르즈비.

파피루스(papyrus) 〖명〗〖식〗 나일 강가에 많이 자라며, 고대 이집트에서 줄기로 종이를 만들어 썼던 여러해살이풀. 또는, 그 종이. 왕골 모양한데, 줄기의 높이 1~2m로 마디가 없음.

파!-하다¹(罷-) 〖동〗〖타〗 (적을) 처부수어 이기다.

판__1247

파!-하다²(罷-) 〖동〗❶〖자〗 (어떤 모임이나 함께하던 일이) 끝나서 다 헤어지다. ¶학교가 ~. ❷〖타〗 (일정한 일을) 마치거나 그만두다. ¶혼담을 ~.

파행(跛行) 〖명〗 일이 불균형한 상태로 진행되는 것을 비유적으로 이르는 말. ¶~ 국회. **파행-하다** 〖동〗〖자〗

파행-적(跛行的) 〖관〗〖명〗 일이 순조롭게 진행되지 않거나 균형이 잡히지 않은 (것). ¶국회가 ~으로 운영되다.

파-헤치다 〖타〗❶ 안에 있는 것이 드러나도록 파서 젖히다. ¶고분을 ~. ❷(비밀하게 감추어진 사실이나 실체를) 밝혀 드러내다. ¶죄상을 낱낱이 ~.

파형(波形) 〖명〗 물결의 모양.

파!혼(破婚) 〖명〗 (약혼한 한 남녀가, 또는 약혼한 사람이 그 상대가) 약속을 깨고 결혼하지 않기로 하는 것. ↔약혼. **파!혼-하다** 〖동〗〖자〗

팍 〖부〗❶힘 있게 내지르는 모양. 또는, 그 소리. ¶정강이를 ~ 걸어차다. ❷힘없이 거꾸러지는 모양. 또는, 그 소리. ¶맥없이 ~ 고꾸라지다. ❸진흙 따위를 밟을 때 빠지는 모양. 또는, 그 소리. ¶≥퍽.

팍팍¹ 〖부〗❶ 잇달아 힘 있게 내지르거나 쑤시는 모양. 또는, 그 소리. ¶어깨를 ~ 쑤시다. ❷힘없이 자꾸 쓰러지는 모양. 또는, 그 소리. ❸진흙 같은 것을 디딜 때 발이 몹시 빠지는 모양. 또는, 그 소리. ¶눈 속에 발이 ~ 빠지다. ≥퍽퍽.

팍팍² 〖부〗 냄새 따위가 몹시 심하게 나는 모양. ¶술 냄새를 ~ 풍기다.

팍팍-하다[-파카一] 〖형〗〖여〗❶ 음식이 물기나 끈기가 적어 목이 멜 정도로 메마르고 부드럽지 않다. ¶팍팍한 살코기. ❷몹시 지쳐서 걸음을 내디디기 어려울 만큼 다리가 무겁다.

판¹ 〖명〗❶〖자존〗 굿·씨름·도박·놀이·장사 등과 같은 일이 벌어진 자리. ¶~이 벌어지다. ❷〖의존〗 ❶'처지', '형편', '판국'의 뜻을 나타내는 말. ¶막노동이라도 해야 할 ~이다. ❷승부를 겨루는 일의 수효를 세는 말. ¶씨름에서 세 ~을 내리 지다.

판²(板) 〖명〗❶〖자존〗 ❶얇고 판판한, 나무·쇠 등으로 된 물체. 〖비〗널빤지. ❷반반한 표면을 사용하는 기구. 바둑판·장기판 따위. ❸유성기판·축음기판·레코드판 등의 음반. ❷〖의존〗 달걀 30개를 오목오목하게 팬 종이 또는 플라스틱에 세워 담은 것을 일컫는 말. ¶달걀 한 ~.

판³(版) 〖명〗❶〖자존〗 ❶그림이나 글씨 등을 새겨 찍는 데에 쓰는 나무나 쇠붙이의 조각. ❷'활판'의 준말. ¶~을 짜다. ❸〖출〗 인쇄한 면의 크기. ❹〖출〗 인쇄해서 책을 만드는 일. ¶~을 거듭하다. ❺〖컴〗 =버전. ❷〖의존〗 책의 내용을 개정하거나 증보하여 출간한 횟수를 세는 단위. 맨 처음 출간한 것을 '1판' 또는 '초판'이라고 함. ¶2~ 5쇄. ≥쇄(刷).

판에 박은 듯하다 사물의 모양이 같거나 같은 일이 되풀이되다.

-판⁴(判·版) 〖접미〗 책이나 종이의 길이·넓이의 규격을 나타내는 말. ¶명함~ / 사륙~.

-판⁵(版) 〖접미〗 책이나 신문 등을 인쇄하여 펴낸 것을 이르는 말. ¶개정~ / 지방~.

판⁶(Pan) 〖명〗〖신화〗 그리스 신화에 나오는 목신(牧神). 상반신은 사람 모습이고 염소의 다리와 뿔을 가지고 있으며, 음악·

무용을 좋아함.
판-가름 명 시비나 우열을 판단하여 가르는 것. ¶시비가 ~ 나다. **판가름-하다** (타여) ¶승패를 **판가름**할 수 없는 국면.
판각(板刻·版刻) 명 [출] 나뭇조각에 그림이나 글씨를 새기는 것. **판각-하다** (타) ¶불꽃 경전ه ~.
판-검사(判檢事) 명 판사와 검사.
판결(判決) 명 1 일의 시비·선악을 판단하여 결정하는 것. 2 [법] 법원이 소송 사건에 대하여 법률에 따라 판단을 내리는 일. ¶무죄 ~. **판결-하다** (타)
판결-문(判決文) 명 [법] 법원이 판결을 내린 사실·이유 및 판결 주문(主文) 등을 적은 글.
판공-비(辦公費) 명 기관·조직의 우두머리나 간부가 공적인 일을 하기 위해 쓰는 비용. 또는, 그런 명목으로 책정된 돈.
판관(判官) 명 [역] 1 고려 시대, 개성부·중문·사옹방 등에 소속된 5품에서 9품까지의 벼슬. 2 조선 시대, 돈령부·한성부·상서원 등 관아의 종5품 벼슬.
판국(-局) 명 (관형어 뒤에 쓰여) 일이 벌어져 있는 형편. ¶막다른 ~.
판-굿[-굳] 명 [민] 걸립패나 두레패들이 넓은 마당에서 갖가지 풍물을 갖추고 일정한 순서에 따라 재주를 부리며 노는 풍물놀이.
판권(版權) [-꿘] 명 1 [법] 저작권법에 의하여 인정된 무체 동산인 재산권의 하나. 도서 출판에 관한 이익을 독점하는 권리로, 저작권자가 출판을 맡은 사람에게 설정함. 2 책의 맨 앞이나 뒤에 발행일·발행자·저자·발행인·인쇄소 등을 밝혀 놓은 것.
판권-지(版權紙) [-꿘-] 명 책의 발행일·출판사·저자·발행인·인쇄소·제책소 등을 밝혀 놓은 지면이나 쪽지. 지면일 경우에는 책의 맨 앞이나 뒤에 위치하며, 쪽지일 경우는 맨 뒤에 붙임.
판금(販禁) 명 (어떤 상품을) 판매하지 못하도록 하는 것. ¶~ 서적.
판다(panda) 명 [동] 곰과 비슷하나 몸빛이 검은색과 흰색으로 되어 있고, 죽순·댓잎을 먹고 사는 포유동물. 레서판다와 자이언트판다의 2종류가 있는데, 보통 판다라고 하면 자이언트판다를 말함. × 팬더.
판단(判斷) 명 (사물을) 어떤 기준이나 근거에 따라 어떻다고 생각하거나, 어떤 것이라고 단정하는 것. ¶~을 내리다. **판단-하다** (타여) ¶사람을 겉모습만으로 **판단하지** 마라. **판단-되다** (자)
판단-력(判斷力) [-녁] 명 사물을 정당하게 평가하는 능력. ¶~을 기르다.
판도(版圖) 명 1 한 나라의 영토. ¶제국(帝國)의 ~을 넓히다. 2 어떤 세력이 미치는 영역·범위. ¶재계(財界)의 ~를 바꾼 신흥 재벌이 출현하다.
판도라(Pandora) 명 [신화] 그리스 신화에 나오는 인류 최초의 여자. 프로메테우스가 천상의 불을 훔쳐 인간에게 준 데 대하여, 제우스가 인간을 벌하기 위하여 세상으로 보내졌다고 함.
판도라의 상자 제우스가 모든 죄악과 재앙을 넣고 봉하여 판도라에게 주어 인간 세상에 내려 보냈다는 상자. 판도라가 열어 보지 말라는 명령을 어기고 상자를 열어 그 안의 불행이 쏟아져 나왔는데, 급히 닫아 '희망' 만은 남았다고 함.

판독(判讀) 명 1 (어려운 글귀나 암호·비문 따위를) 뜻을 헤아려 읽는 것. ¶암호 ~. 2 컴퓨터나 컴퓨터 시스템을 갖춘 장치가 어떤 정보나 데이터를 읽어 들이는 것. **판독-하다** (타여) ¶비문을 ~. **판독-되다** (자)
판-돈[-똔] 명 노름판에 태워 놓은 돈. 또는, 그 판에 나온 모든 돈.
판-때기(板-) 명 '판'을 격을 낮추어 이르는 말. 또는, 낡거나 헌 '판'을 속되게 이르는 말.
판례(判例) [팔-] 명 [법] 법원에서 소송 사건을 판결한 전례. ¶~집(集).
판례-법(判例法) [팔-뼙] 명 [법] 판례가 누적되어 성립된, 성문화되지 않은 법.
판로(販路) [팔-] 명 상품이 팔리는 방면이나 길. ¶~를 개척하다.
판막(瓣膜) 명 [생] 심장 내벽이나 혈관, 특히 정맥 속에 있는, 혈액·림프의 역류를 막는 막.
판매(販賣) 명 (상품을) 일정한 값을 받고 파는 것. ¶염가 ~ / 할인 ~. **판매-하다** (타여) ¶물품을 ~. **판매-되다** (자)
판매-량(販賣量) 명 일정한 기간에 판매한 양.
판매-망(販賣網) 명 판매를 위한 조직·체계. ¶전국적인 ~을 갖추다.
판매-액(販賣額) 명 판매한 돈의 액수. 또는, 그 총액.
판매-원(販賣元) 명 어떤 상품의 판매를 담당하는 회사.
판매-원(販賣員) 명 상품 판매에 종사하는 사람.
판매-점(販賣店) 명 상품을 파는 가게.
판매-책(販賣責) 명 판매를 책임지고 있는 사람. ¶마약 ~ / 중간 ~.
판매-처(販賣處) 명 어떤 상품을 판매하는 점포.
판매-품(販賣品) 명 판매하는 물품이나 상품. ↔비매품.
판면(版面) 명 인쇄판의 글씨나 그림이 드러나 있는 겉면.
판명(判明) 명 (어떤 사실을) 판단하여 뚜렷이 밝히는 것. **판명-하다** (타여) **판명-되다** (자) ¶그 보도는 허위로 **판명되**었다.
판목¹(板木) 명 [건] 두께가 6cm 이상, 너비가 두께의 3배 이상 되는 재목.
판목²(版木) 명 인쇄하기 위하여 글씨나 그림을 새긴 나무.
판-바이(版-) 명 1 판(版)으로 박는 일. 또는, 판으로 박아 낸 책. 2 판에 박은 듯이 꼭 같아 새로움이 없는 모양. 또는, 그런 사람. ¶~ 생활. 3 아주 흡사하게 닮은 사람. ¶아들의 얼굴이 아버지와 ~이다. 4 여러 형상이 인쇄된 종이에 물을 묻히거나 문질러서 종이를 벗겨 내면 인쇄된 형상만 따로 남게 되는 것. 금속·유리·도자기 등의 인쇄에도 이용되고, 아이들의 놀잇감으로도 쓰임.
판별(判別) 명 (사물을) 판단하여 구별하는 것. 또는, 그 구별. **판별-하다** (타여) ¶증언의 진위를 ~. **판별-되다** (자)
판본(板本·版本) 명 =목판본.
판사(判事) 명 [법] 대법원을 제외한 각급 법원의 법관. 대법관 회의의 동의를 얻어 대법원장이 임명함.
판상(板狀) 명 판(板)과 같이 생긴 모양.
판서¹(判書) 명 [역] 고려 말기·조선 시대,

판서²(板書)〔명〕칠판에 분필로 글을 쓰는 것. 또는, 그 글. 판서-하다〔동〕〔여〕

판-세(-勢)[-쎄]〔명〕판의 형세.

판-소리[-쏘-]〔명〕음〕한 사람의 소리꾼이 고수(鼓手)의 북장단에 맞추어 일련의 사건이 있는 긴 이야기를 소리(唱)와 곡조 및는 대사로 엮어 나가는, 우리 고유의 민속악.

판수〔명〕점치는 일을 직업으로 삼는 맹인.

판시(判示)〔명〕〔법〕판결하여 보이는 것. 판시-하다〔동〕〔재〕〔여〕¶대법원의 **판시한** 판례.

판-쓸이〔명〕〔'고스톱'에서, 한 사람이 깔린 패를 다 먹어 오는 것. **2** 화투판에서, 한 사람이 판돈을 몽땅 다 차지하는 것. =쌀쓸이. 판쓸이-하다〔동〕〔재〕〔여〕

판연-하다(判然-)〔여〕뚜렷하게 드러나 있다. 판연-히〔부〕¶고래와 상어는 각각 포유류와 어류라는 접에서 ~ 구별된다.

판-유리(板琉璃)[-뉴-]〔명〕널빤지 모양으로 평평한 유리.

판윤(判尹)〔명〕〔역〕조선 시대, 한성부의 으뜸 벼슬. 정2품관.

판이-하다(判異-)〔여〕(비교되는 대상의 성질·모양·상태 등이) 또렷이 구별될 수 있을 만큼 아주 다르다. ¶한 형제인데도 얼굴 모습이~.

판자(板子)〔명〕=널빤지.

판자-촌(板子村)〔명〕판잣집이 모여 있는 동네.

판잣-집(板子-)[-자찝/-잗찝]〔명〕판자로 지은 집.

판재(板材)〔명〕널빤지로 된 재목.

판정(判定)〔명〕판단하여 결정하는 것. ¶~을 내리다. 판정-하다〔동〕〔재〕〔여〕¶심판이 승부를~. 판정-되다〔동〕〔자〕〔여〕

판정-승(判定勝)〔명〕〔체〕권투·레슬링 시합 따위에서, 심판의 판정으로 이기는 것. 판정승-하다〔동〕〔재〕〔여〕

판정´**의문문**(判定疑問文)〔명〕〔언〕상대에게 '예' 또는 '아니오'의 대답을 요구하는 의문문.

판정-패(判定敗)〔명〕〔체〕권투·레슬링 등의 경기에서, 심판의 판정에 의하여 지는 것. 판정패-하다〔동〕〔재〕〔여〕

판지(板紙)〔명〕두껍고 단단하게 널빤지처럼 만든 종이. 책표지·포장 등에 쓰임.

판초(poncho)〔명〕**1** 한 장의 천 중앙에 구멍을 뚫고, 거기로 머리를 내어서 입는 방식의 의복. **2** 등산이나 하이킹 때 짐을 진 채 머리서부터 쓸 수 있는 우비.

판촉(販促)〔명〕상품에 대한 수요(需要)를 불러일으켜 판매가 늘어나도록 이끄는 일. ¶~활동.

판촉-물(販促物)[-촉-]〔명〕판매 촉진을 위해 무료로 주는 물품.

판촉-전(販促戰)[-전]〔명〕판매를 촉진시키기 위해 여러 가지 방법으로 벌이는 경쟁. ¶업체 간의~이 치열하다.

판-치다〔동〕〔재〕**1** 여러 사람이 어울린 판에서 그 판을 지배할 만한 무엇을 잘하다. **2** 거리낌 없이 세력을 부리다. ¶돈과 권력이 **판치는** 세상.

판타지(fantasy)〔명〕**1** 짜릿하고 비현실적인 상황에 대한 상상. ¶성적(性的)~. **2** 〔음〕=환상곡.

판타지´**소**´**설**(fantasy小說)〔명〕〔문〕신비한 마법과 온갖 모험을 그린 소설. 흔히, 요정·괴물·마왕 등이 등장함. =판타지.

판탈룽(㈜pantalon)〔명〕아랫부분이 나팔 모양으로 벌어진 여자용 바지.

판판-이〔부〕판마다 번번이. ¶~ 이기다.

판판-하다〔여〕물건의 거죽에 놓고 낮은 데가 없이 고르고 넓다. ¶**판판한** 길. 판판-히〔부〕

판형(判型·版型)〔명〕〔출〕인쇄물의 크기. 사륙 배판·국판·사륙판 등이 있음.

판화(版畫·板畫)〔명〕〔미〕나무·금속·돌 등의 판에 그림을 새기고, 거기에 잉크나 물감을 발라 종이나 천에 찍어 낸 그림.

팔¹〔명〕**1** 사람이나 원숭이류의 몸에서, 어깨로부터 손목에 이르는 부분. =상지(上肢). **2** 윗옷에서, 어깨로부터 밖으로 뻗은 부분. ¶이 옷은 ~이 짧다.

[팔이 들이굽지 내굽나] ㉠사람은 누구나 자기와 가까운 사람에게 정이 쏠리게 마련이라는 말. ㉡무슨 일이나 자기에게 이익이 되도록 처리하는 것이 인지상정이라는 말.

팔을 걷고 나서다 어떤 일에 적극적으로 나서다. ¶동네 일에~.

팔²(八)〔Ⅰ〕〔주〕'여덟'과 같은 뜻의 한자어 계통의 수사. 아라비아 숫자로는 '8', 로마 숫자로는 'Ⅷ'로 나타냄.
〔Ⅱ〕'여덟', '여덟째'의 뜻. ¶제~권.

팔-각(八角)〔명〕=팔모.

팔각-기둥(八角-)[-끼-]〔명〕〔수〕밑면이 팔각형으로 된 각기둥.

팔각-정(八角亭)[-쩡]〔명〕〔건〕여덟 모가지게 지은 정자(亭子).

팔각-형(八角形)[-가켱]〔명〕〔수〕여덟 개의 선분으로 둘러싸인 평면 도형.

팔-강(八强)〔명〕운동 경기에서, 준준결승에 진출한 8개의 팀이나 8명의 선수.

팔-걸이〔명〕팔을 걸치고 않도록 되어 있는 의자의, 양팔을 걸치는 부분.

팔관-회(八關會)[-회/-훼]〔명〕〔역〕고려 시대에 중경과 서경에서 토속신에게 제사를 지내던 의식. ▷연등회.

팔괘(八卦)〔명〕〔민〕중국 상고 시대에 복희씨가 지었다는 여덟 가지 패. 곧, ☰[건(乾)], ☱[태(兌)], ☲[이(離)], ☳[진(震)], ☴[손(巽)], ☵[감(坎)], ☶[간(艮)], ☷[곤(坤)].

팔-구(八九)〔명〕팔이나 구. 또는, 팔과 구. ¶~명/~개월.

팔´**굽혀**´**펴기**[-구펴-]〔명〕엎드려 뻗친 자세에서 팔을 굽혔다 폈다 하는 운동.

팔-꿈치〔명〕〔생〕팔의 위아래 관절이 붙은 자리의 바깥쪽.

팔-놀림[-롤-]〔명〕팔의 움직임. 또는, 그 모양. ¶~이 자유롭지 못하다.

팔다〔동〕〔타〕〔파으〕**1**(어떤 물건이나 권리 등을 다른 사람에게) 값을 받고 넘겨주다. ⓔ판매하다·매각하다·매도하다. ¶기업에 특허권을~. ↔사다. **2** (사람이 품이나 재주 등을) 남을 위해 제공하거나 부리고 돈을 받다. ¶팔을 **팔아** 입에 풀칠하다. **3** (양심이나 지조, 또는 소중한 대상을) 자신의 이익을 위해 돌보지 않고 저버리다. ¶돈에 양심을~. **4** (주로, 여자가 남자에게 몸을) 돈을 받고 성적 관계를 맺도록 내맡기거나, (술집과 같은 곳에서 웃음을) 어떤 대가를 받고 시중을 들면서 술손님의 기분을 맞추느라고 짐짓 웃다. ¶몸을 **파는** 여자. **5** (영향력 있는 어떤 사람의 이름을) 어려운 일을 쉽게 하거나 곤란한 처지를 벗어나기 위해, 대

1250 팔다리

거나 말하다. ¶고위층의 이름을 **팔아** 사기 행각을 벌이다. 6 (사람이 자기 이름이나 얼굴을) 돈이나 명예 따위를 얻기 위해 신문·잡지나 라디오·텔레비전 등에 내 놓다. ¶학자가 이름을 **팔아서야** 되겠는가? 7 (곡식 따위를) 돈을 주고 제것으로 가지다. 예스러운 말임. 비사다. ¶쌀을 **팔아** 오다.

팔-다리 명 팔과 다리. ¶~가 쑤시다.
팔다리 운동(-運動) 명 체 맨손 체조의 하나. 팔과 다리를 함께 움직였다 폈다 하는 운동.
팔도(八道) [-또] 명 1 조선 시대에 전국을 8개의 행정 구역으로 나눈 것. 곧, 경기도·충청도·경상도·전라도·강원도·황해도·평안도·함경도. 2 우리나라 전체를 이르는 말.
팔도-강산(八道江山) [-또-] 명 [조선 시대에 전국을 8개의 행정 구역, 즉 8도로 나눈 데서] 우리나라 전국의 강산. ¶~을 유람하다.
팔-등신(八等身) [-뜽-] 명 키가 얼굴 길이의 8배가 되는 몸. 또는, 그런 사람. 균형이 잡힌 아름다운 몸의 표준으로 삼음. ¶~ 미인.
팔딱 튀 1 작고 탄력 있게 뛰는 모양. ¶개구리가 ~ 뛰다. 2 심장이나 맥이 작게 뛰는 모양. 팔딱팔딱. **팔딱-거리다/-대다**[-끼(때)-] 자
1 자꾸 팔딱 뛰다. ¶막 잡은 생선이 ~. 2 심장이나 맥이 작게 자꾸 뛰다. ¶심장이 ~. 3 성이 나서 참지 못하여 팔팔 뛰다. 4 문을 여닫으며 자꾸 들랑거리다. 준펄떡거리다.
팔딱-이다 자타 작고 탄력 있게 뛰다. 준펄떡이다.
팔딱-팔딱 튀 팔딱거리는 모양. ¶맥이 ~ 뛰다. 준펄떡펄떡. **팔딱팔딱-하다** 자타여
팔뚝 명 팔꿈치로부터 손목까지의 부분.
팔뚝-시계(-時計) 명 '손목시계'의 잘못.
팔라우(Palau) 지 태평양 캐롤라인 제도 서쪽에 있는 섬의 무리로 이루어진 공화국. 수도는 코로르. = 벨라우.
팔랑-개비 명 = 바람개비.
팔랑-거리다/-대다 자타 바람에 날려 계속 가볍게 나부끼다. 또는, 그렇게 되게 하다.
팔랑-팔랑 튀 팔랑거리는 모양. **팔랑팔랑-하다** 자타여
팔레비 무하마드 리자 (Pahlevī, Muhammad Rizā) 인 이란 팔레비 왕조의 왕 (1919~1980).
팔레스타인(Palestine) 명 지 서남아시아의 지중해 남동부 해안 지역.
팔레스타인^해!방^기구(Palestine解放機構) 이스라엘에 반대하여 팔레스타인 해방을 지향하는 팔레스타인 인의 통일 지도 조직. = 피엘오 (PLO).
팔레오-세(←Paleocene世) 명 지 신생대 제3기의 첫 번째 세.
팔레트(palette) 명 미 유화나 수채화를 그릴 때 그림물감을 섞거나 물감의 농도를 맞추기 위해 사용하는 판.
팔-리다 통 자 '팔다'의 피동사. ¶물건이 많이 ~.
팔리키르(Palikir) 지 미크로네시아의 수도.
팔림-새 명 상품의 팔리는 상태. ¶~가 좋다.

팔만-대장경(八萬大藏經) 명 불 불력(佛力)으로 외적을 물리치기 위하여 고려 고종 때 간행한 대장경. 경판의 수가 8만 1,258판에 이름. 현재 합천 해인사에 보관되어 있음. ▷고려 대장경.
팔매 명 조그만 돌 따위를 멀리 내던지는 일. ¶~를 치다.
팔매-질 명 팔매 치는 짓. 팔매질-하다 자
팔면-체(八面體) 명 수 여덟 개의 평면으로 이루어진 입체.
팔-모(八-) 명 여덟 개의 모. =팔각.
팔-목 명 팔과 손을 잇는 부분. 비손목.
팔목-시계(-時計) 명 '손목시계'의 잘못.
팔방(八方) 명 1 동·서·남·북·북동·남동·북서·남서의 여덟 방위. 2 모든 방향 또는 방면. ¶사방~ / ~으로 수소문하다.
팔방-미인(八方美人) 명 1 어느 모로 보아도 흠이 없이 아름답게 보이는 미인. 2 여러 방면의 일에 능숙한 사람.
팔-베개 명 팔을 베게 삼아 베는 일. ¶~를 하고 눕다. **팔베개-하다** 자
팔보-채(八寶菜) 명 중국 요리의 한 가지. 마른 해삼·새우·목이버섯·표고버섯·닭고기·죽순·파·완두콩 등 여덟 가지 재료를 각각 기름에 볶아 육수와 양념을 넣고 끓이다가, 물에 푼 녹말을 부어 걸쭉하게 익힌 음식.
팔분(八分) 명 육서(六書)의 하나. 예서(隸書)에 전서(篆書)를 가미하여 장식적인 효과를 낸 서체.
팔분-쉼표(八分-標) 명 온쉼표의 1/8의 길이를 가지는 쉼표. 기호는 '₹'.
팔분-음표(八分音標) 음 온음표의 1/8의 길이를 가지는 음표. 기호는 '♪'.
팔-불출(八不出) 명 못나고 어리석은 사람. 특히, 자식 자랑, 아내 자랑과 같이 자랑을 늘어놓는 사람을 놀림조 또는 비난조로 이르는 말임.
팔-뼈 명 팔의 뼈.
팔삭-둥이(八朔-) [-싹뚱-] 명 1 임신한 지 여덟 달 만에 낳은 아이. 2 똑똑하지 못한 사람을 조롱하여 이르는 말.
팔-소매[-쏘-] 명 = 소매.
팔손-이(八-) [-쏜-] 명 식 잎이 손바닥 모양으로 7~9갈래로 갈라지고, 10~11월에 흰 꽃이 피는 상록 활엽 관목. 바닷가 숲에서 자라며, 관상용으로도 가꿈. =팔손이나무.
팔손이-나무(八-) [-쏜-] 명 식 = 팔손이.
팔순(八旬) [-쑨] 명 여든 살. =노모.
팔-심 [-씸] 명 팔뚝의 힘. ¶~이 세다.
팔십(八十) [-씹] I 쥐 '여든'과 같은 뜻의 한자어 계통의 수사. 아라비아 숫자로는 '80', 로마 숫자로는 'LXXX'로 나타냄. II 관 '여든', '여든째'의 뜻. ¶~ 건.
팔-씨름 명 두 사람이 마주 앉아 손을 맞잡고 팔꿈치를 바닥에 댄 상태로 상대의 손등이 바닥에 닿도록 힘을 겨루는 일. **팔씨름-하다** 자
팔아-넘기다 통 타 1 (어떤 물건의 소유권을 다른 사람에게) 값을 받고 넘겨주다. ¶유산으로 물려받은 땅을 ~. 2 (양심이나 지조 등을) 어떤 이득을 얻기 위하여 내버리다. ¶양심을 ~. 3 주로 여성을 대상으로 하여 돈을 받고 윤락가나 그 업에 종사하는 사람에게 넘기다.

팔아-먹다[-따] 图⒯ 1 팔아서 없애 버리다. ¶문전옥답 다 **팔아먹고** 알거지가 되었다. 2 곡식을 사서 먹다. ¶쌀을 ~.

팔-오금 몡 팔꿉치의 안쪽.

팔^운!동(-運動) [-똥] 몡[체] 팔을 굽혔다 폈다 하여 팔을 움직이는 운동.

팔월(八月) 몡 한 해의 열두 달 가운데 여덟째 달.

팔-일오/8·15(八一五) 몡[역] =팔일오광복.

팔일오^광복(八一五光復) 몡[역] 1945년 8월 15일에 우리나라가 일제로부터 주권을 도로 찾은 일. =팔일오.

팔자(八字) [-짜] 몡 [사람의 생년, 월, 일, 시를 각기 천간(天干)과 지지(地支) 두 글자로 나타낸 것이 모두 여덟 글자인 데서] 사람이 타고난 한평생의 운세. ¶~소관.

팔자(를) 고치다 1 여자가 재혼함을 일컫는 말. 2 갑자기 부자가 되거나 지체가 높아짐을 일컫는 말.

팔자(가) 늘어지다 근심 걱정이 없고 사는 것이 편안하다. ¶고생만 하고 살다가 자식 덕에 **팔자가 늘어진** 셈이지.

팔자에 없다 분수에 넘쳐 어울리지 않다. ¶**팔자에 없는** 호강을 하다.

팔자-걸음(八字-) [-짜-] 몡 양쪽 발끝을 바깥쪽으로 많이 벌리고 걷는 걸음. ▷안짱걸음.

팔자-땜(八字-) [-짜-] 몡 어려운 일을 겪었을 때 쓰는 말로, 사나운 팔자를 그 일로 대신하였다는 뜻. **팔자땜-하다** 图

팔자-소관(八字所關) [-짜-] 몡 타고난 운수로 어쩔 수 없이 당하는 일.

팔자-수염(八字鬚髯) [-짜-] 몡 코 밑에 '八(팔)' 자 모양으로 난 수염.

팔자-타령(八字-) [-짜-] 몡 불행한 자신의 신세를 한탄하는 일.

팔-정도(八正道) [-쩡-] 몡[불] 수행에 있어서의 여덟 가지 길. 곧, 정견(正見)·정어(正語)·정업(正業)·정명(正命)·정념(正念)·정정(正定)·정사유(正思惟)·정정진(正精進).

팔-주비전(八注比廛) [-쭈-] 몡[역] 조선 시대에 서울에 있던 백각전(百各廛) 가운데 여덟 시전(市廛).

팔중-주(八重奏) [-쭝-] 몡[음] 실내악의 하나. 서로 다른 여덟 개의 악기에 의한 합주.

팔짝 튀 1 문이나 뚜껑 따위를 갑자기 여는 모양. 2 갑자기 뛰어오르거나 나는 모양. ¶개구리가 ~ 뛰어 달아났다. 즉펄쩍. **팔짝-하다** 图 ⒯

팔짝 뛰다 억울한 일이나 뜻밖의 일을 당하였을 때 강하게 부인하다. ¶그는 자신이 한 일이 아니라면서 **팔짝 뛰었다**.

팔짝-거리다/-대다 [-꺼-] 图 1 문 따위를 갑자기 자꾸 여닫다. 2 갑자기 잇달아 뛰거나 날다. 즉펄쩍거리다.

팔짝-팔짝 튀 팔짝거리는 모양. ¶아이가 ~ 뛰놀고 있었다. 즉펄쩍펄쩍. **팔짝팔짝-하다** 图 ⒯

팔짱 똉 ⦗주로, '끼다' 와 함께 쓰여서⦘ 1 두 팔을 굽힌 상태에서 서로 엇걸어 가슴 앞에 두는 형태의 자세. ¶~을 낀 채 생각에 잠기다. 2 양팔의 옷소매를 마주 붙인 상태에서, 두 손을 각각 반대쪽 소매 안으로 넣은 상태. 3 어떤 사람과 나란히 가

거나 서 있거나 할 때, 그 사람의 한쪽 팔을 자기의 한쪽 팔로 감아서 움직이지 않게 하는 일. ¶다정하게 ~을 끼고 걷다.

팔짱(을) 끼다 앞에 벌어지고 있는 일을 나서서 해결하려 하지 않고 내버려 두다. ⓗ수수방관하다. ¶발등에 불이 떨어졌는데도 다들 **팔짱만 끼고 있다**.

팔찌 몡 여자의 팔목에 끼는, 금·은·구리 등으로 된 고리 모양의 장식품.

팔체-서(八體書) [-채-] 몡 중국 진(秦)나라 때에 쓰이던 여덟 가지 글씨체. 곧, 대전(大篆)·소전(小篆)·각부(刻符)·충서(蟲書)·모인(摹印)·서서(署書)·수서(殳書)·예서(隸書).

팔촌(八寸) 몡 증조부의 친형제의 증손자·증손녀. 같은 항렬이며, 고조부가 같음. =삼종(三從).

팔팔 튀 1 적은 물은 용솟음치며 끓는 모양. ¶물을 ~ 끓이다. 2 몸이나 온돌방이 높은 열로 매우 뜨거운 모양. ¶몸이 ~ 끓다. 3 작은 것이 힘 있게 날거나 뛰는 모양. ¶새가 ~ 날다. 즉펄펄.

팔팔 뛰다 억울하거나 뜻밖의 일을 당하여 깜짝 놀라거나 매우 세게 부인하다.

팔팔-하다 혱 1 성질이 괄괄하고 급하다. ¶성질이 **팔팔해서** 싸움을 잘한다. 2 날 듯이 활발하고 생기가 있다. ¶나이에 비하면 아직 **팔팔한** 편이시다. 즉펄펄하다.

팔푼-이(八-) 몡 조금 모자라는 사람을 업신여겨 이르는 말.

팜-유(palm油) 몡 종려나무 열매에서 짜낸 기름. 마가린·비누 등의 원료로 쓰이며, 라면 튀김용 기름으로도 이용됨.

팜톱^컴퓨터(palmtop computer) 몡[컴] 손바닥 위에 올려놓을 수 있는 크기의 초소형 퍼스널 컴퓨터.

팜파스(pampas) 몡[지] 아르헨티나의 대초원 지대. 땅이 비옥하여 소·양을 방목(放牧)하며, 밀의 산출이 많음.

팜플렛 몡 '팸플릿(pamphlet)' 의 잘못.

팝(pop) 몡[음] 전기 또는 전자 악기를 사용하여 강렬한 리듬을 나타내는 구미(歐美)의 현대 대중음악.

팝-송(pop song) 몡[음] 구미(歐美)에서 유행하는 대중가요.

팝스 오케스트라(pops orchestra) 널리 알려진 고전 음악이나 세미클래식을 편곡하여 연주하는 교향악단. ¶보스턴 ~.

팝^아트(pop art) 몡[미] 일상생활에서 범람하는 이미지인 광고·만화·보도 사진 등을 제재로 삼아 그리는, 1960년대에 미국에서 크게 대두한 회화의 경향.

팝업^광:고(pop-up廣告) 몡 어떤 사이트에 접속하였을 때 화면에 저절로 뜨는 광고.

팝업^메뉴(pop-up menu) 몡[컴] 자판의 특정한 키나 마우스 버튼을 누르면 화면에 나타나 필요한 사항을 선택할 수 있도록 해 주는 메뉴.

팝업^윈도(pop-up window) 몡[컴] 자판의 특정한 키나 마우스 버튼을 누르면 화면에 나타나는 창. 또는, 어떤 사이트에 접속할 때 화면에 저절로 뜨는 창.

팝콘(popcorn) 몡 1 옥수수의 한 품종. 알 전체가 경질이고 내부가 연질이어서 가열하면 터짐. 2 1에 간을 하여 튀긴 식품.

팡 튀 1 갑자기 무엇이 튀거나 터지는 소리. 2 작은 구멍이 환히 뚫어진 모양. ¶구멍이 ~ 뚫리다. 즉펑.

팡개-치다 图⒯ '팽개치다' 의 잘못.

팡파르(fanfare) 명 [음] 1 북과 금관 악기를 사용한 짧고 씩씩한 악곡. 2 축하 의식 등에 쓰이는 트럼펫의 신호. ¶올림픽 대회의 개막을 알리는 ~가 울려 퍼지다.

팡파짐-하다 형연 동그스름하고 판판하게 옆으로 퍼져 있다. ¶팡파짐한 얼굴. 은평퍼짐하다.

팡-팡 閉 1 눈이나 물 따위가 세차게 쏟아지거나 솟는 모양. ¶샘물이 ~ 솟다. 2 여러 번 거세게 나는 총소리. 3 (주로, '쓰다'와 함께 쓰여) 돈이나 물등을 헤프게 쓰는 모양. ¶돈을 ~ 쓰다. 4 (주로, '놀다'와 함께 쓰여) 아무 일도 하지 않고 빈둥거리는 모양. 은평평. **팡팡-하다** 동연

팥 [판] 명 [식] 적갈색·검은색·담황색 등의 종자를 곡식으로 먹기 위해 재배하는 한해살이풀. 또는, 그 종자. 여름에 노란색 꽃이 핌. 종자는 밥에 두어 먹거나 떡고물 등으로 쓰임.

팥-고물 [판꼬-] 명 팥을 삶아 으깨어 만든 고물. 떡에 묻히는 데 씀. 은콩고물.
팥-물 [판-] 명 팥을 삶아 짜서 거른 물. 팥죽 쑤는 데씀.
팥-밥 [판빱] 명 쌀에 팥을 넣어 지은 밥.
팥-빵 [판-] 명 소로 팥을 넣어 만든 빵.
팥-소 [판-] 명 팥을 삶아 으깨거나 갈아서 만든 것. 떡이나 빵 등의 속에 넣음.
팥-알 [판-] 명 팥의 낱알.
팥-죽 (-粥) [판쭉] 명 팥을 삶아 거른 물에 쌀을 넣고 쑨 죽. 동지 절식임.
팥죽-색 (-粥色) [판쭉쌕] 명 팥죽의 빛깔과 같이 검붉은 색.
팥죽-할멈 (-粥-) [판쭉칼-] 명 팥죽 같은 것을 마음껏 먹을 수 있을 만큼 이가 다 빠진 할머니를 익살스럽게 일컫는 말.

패[1] (敗) 명 어떤 일에 실패하는 일. 또는, 싸움이나 승부를 가리는 경기 등에서 지는 일. [2] 의존 운동 경기·게임·바둑 등에서, 겨루어 진 횟수를 세는 단위. ¶예선에서 4승 1~를 기록하다. ↔승(勝).

패[2] (牌) 명 [1] (원명) 1 이름·특징 등을 알리기 위해 글씨를 쓰거나 새긴 작은 종이나 나무의 조각. 2 몇 사람이 어떤 동아리나 무리. ¶~를 짓다. 3 화투나 투전의 각 장이 나타내는 끗수 따위의 내용. ¶~가 좋다. [2] 의존 [1] 2를 세는 단위로 이르는 말. ¶두 ~로 나뉘다.

패[3] (霸) 명 1 남을 교묘히 속이는 꾀. 2 바둑에서, 서로 한 수씩 걸러 가면서 잡으려고 하는 집. ¶~가 나다.

패:-가(敗家) 명 집안의 재산을 다 써 없애는 것. **패:가-하다** 동연
패:가-망신 (敗家亡身) 명 집안의 재산을 다 써 없애고 몸을 망침. **패:가망신-하다** 동연 ¶도박으로 ~.
패:각(貝殼) 명 =조가비.
패-거리(牌-) 명 '패[2]'를 낮추어 이르는 말.
패:관^문학(稗官文學) 명 [문] 민간에 떠도는 이야기에 작가의 창의성과 윤색이 가해져 이뤄진, 고려·조선 시대의 산문 문학. '수이전', '역옹패설' 등이 있음.
패:권(霸權) [-꿘] 명 1 어떤 분야에서 으뜸의 자리를 차지한 권력. ¶~을 잡다 [다투다]. 2 국제 정치에서 힘이나 경제력으로 다른 나라를 압박하고 자기의 세력을 넓히려는 권력.
패:권-주의(霸權主義) [-꿘-이/-꿘-의] 명 [정] 강대한 군사력을 배경으로 세계를 지배하려는 제국주의 정책을 이르는 말.

패:기(霸氣) 명 어떤 어려운 일이라도 해내겠다는 자신에 찬 기백. ¶~가 넘치다.
패:기만만-하다(霸氣滿滿-) 형연 패기가 넘칠 정도로 가득하다. ¶패기만만한 20대 젊은이.
패널(panel) 명 1 규격 치수대로 만든 건축용 널빤지. 2 [미] =패널화. 3 사진·포스터 등을 붙이는 전시용 판. 4 공개 토론회의 토론자. 또는, 방송의 토크 쇼 등에서 사회자를 도와 프로그램을 진행하는 사람. =패널리스트. 은고정-.
패널리스트(panelist) 명 =패널 4.
패널-화(panel畫) [-] 명 화포(畫布)를 대신하여 쓰는 화판. 또는, 그 화판에 그린 그림. =패널.
패닉(panic) 명 '공황(恐慌)'으로 순화. ¶~ 상태에 빠진 증시.

패:다[1] 동재 1 곡식의 이삭이 나오다. ¶보리 이삭이 ~. 2 사내아이가 성인으로 자라 목소리가 굵어지다.
패:다[2] 동재 (머리 따위가) 몹시 쑤시고 아픈 느낌이 나다. ¶골이 ~.
패:다[3] 동타 (사람이나 동물을) 사정없이 마구 때리다. ¶늘씬하게 두들겨 ~.
패:다[4] 동재 '파이다'의 준말. ¶옴폭 팬 보조개. ×패이다.
패:다[5] 동타 도끼로 장작 따위를 쪼개다.
패대기-치다 동타 몹시 짜증 나거나 못마땅하여 어떤 일이나 물건을 거칠게 내던지다.

패:덕(悖德) 명 도덕과 의리에 어긋나는 것. 또는, 그 행동. ¶~자(者). **패:덕-하다** 형연
패:도(霸道) 명 인의(仁義)를 무시하고 무력이나 권모술수로써 천하를 다스리는 일. 또는, 그런 방도. ¶~ 정치. ↔왕도.
패드(pad) 명 1 양복의 모양을 조정하기 위해 어깨 따위에 넣는 심. 2 주로 여성의 옷에서, 몸매의 곡선미를 강조하기 위해 신체 일부에 대는 물건. 3 흡수성이 강한, 여성의 생리 용구. 4 침대보 위에 까는, 네모난 천. ¶침대 ~.
패랭이[1] 명 신분이 낮은 사람이나 상제가 쓰는, 댓개비로 결어 만든 갓의 한 가지. 2 [식] '패랭이꽃'의 준말.
패랭이-꽃 [-꼳] 명 냇가나 모래땅에 흔히 자라며, 여름에 붉은색 꽃이 피는 여러해살이풀. 줄기·잎·열매·씨를 모두 약용함. =석죽. 은패랭이.
패러글라이더(paraglider) 명 스포츠로서 활공을 하기 위해 특수하게 만든 사각형 또는 부메랑형의 낙하산.
패러글라이딩(paragliding) 명 패러글라이더를 메고 높은 산의 절벽 등에서 뛰어내려 활공하는 스포츠.
패러다임(paradigm) 명 어떤 사람이나 집단이 세계나 대상을 바라보거나 판단할 때 가지는 일정한 사고방식이나 인식의 틀. 순화어로 '틀', '체계'. ¶정보화 사회로의 ~ 전환에 따른 교육의 변화가 불가피하다.
패러데이, 마이클(Faraday, Michael) 명[인] 영국의 물리학자·화학자(1791~1867).
패러독스(paradox) 명[문] =역설(逆說)[2].
패러디(parody) 명[문][예] 남의 작품을 우스꽝스럽게 개작하거나 변형하여 만든

는 일. 또는, 그 작품. 흔히, 풍자나 아이러니를 내포함. ¶~ 사진. **패러디-하다**

패럿(farad) 圀〖의전〗물〗전기 용량의 단위. 기호는 F.

패(貝類) 圀〖동〗단단한 껍데기 속에 들어 있는 연체동물의 총칭. 껍데기가 2개인 조개류와 1개인 고둥류로 크게 나뉨.

패:륜(悖倫) 圀 인간의 도리에 어그러지는 것. ⟨비⟩불륜. **패:륜-하다** 圀자어

패:륜-아(悖倫兒) 圀 인간의 도리에 어그러진 행위를 하는 사람.

패리티(parity) 圀 1〖경〗국내 통화(通貨)와 다른 나라 통화의 비율. 2〖컴〗자료 이전 과정에서 생기는 오류를 탐지하기 위해 하나의 비트·단어 또는 이보다 큰 단위를 기준으로 하여, 그 안에 포함된 이진법 숫자의 0이나 1의 수를 동일하게 만들어 주는 것.

패:망(敗亡) 圀 패하여 망하는 것. **패:망-하다** 圀재어 ¶패망한 나라.

패물[1](貝物) 圀 산호·호박(琥珀)·수정·대모(玳瑁) 따위로 만든 물건.

패물[2](佩物) 圀 사람의 몸에 차거나 달거나 끼는, 금·은·옥(玉) 따위로 만든 장식물. ¶결혼 예물로 받은 ~.

패물-함(佩物函) 圀 패물을 넣어 두는 자그마한 상자.

패:배(敗北) 圀 1 (전쟁·싸움·경기 등에서) 상대에게 눌리거나 지는 것. 2=패주(敗走)[2]. **패:배-하다** 圀자어

패:배-감(敗北感) 圀 싸움이나 경쟁 같은 것에서 자신이 없어 무력해지는 느낌. 또는, 싸움이나 경쟁에서 진 뒤에 느끼는 절망감이나 치욕감. ¶~을 맛보다.

패:배-자(敗北者) 圀 패배한 사람. 또는, 패배한 쪽. ↔승리자.

패:배-주의(敗北主義) [-의/-이] 圀 성공이나 승리에 대한 자신감이 없고, 해 보기도 전에 포기하는 태도나 사고방식.

패:보(敗報) 圀 싸움에 진 소식. ↔승보.

패:색(敗色) 圀 패할 기미. ¶~이 짙다.

패:세(敗勢) 圀 패할 형세. ↔승세.

패션(fashion) 圀 특정한 시기에 널리 유행하는 의복이나 차림새 등의 양식.

패션-모델(fashion model) 圀 패션쇼 등에서, 새로운 스타일의 옷을 입고 대중에게 선보이는 것을 직업으로 하는 사람. ⓒ모델.

패션-쇼(fashion show) 圀 디자이너가 새로운 스타일로 만든 옷을 모델에게 입혀 일반 대중에게 선보이는 쇼.

패:소(敗訴) 圀 소송에 지는 것. ↔승소. **패:소-하다** 圀자어

패수[1](浿水) 圀[역] '대동강'의 옛 이름.

패:수[2](敗數) [-쑤] 圀[체] 어떤 팀이나 선수가 일정 기간 동안 치른 경기에서 패한 수. ↔승수.

패스(pass) 圀 1 (시험에) 합격하는 것. ¶고시 ~. 2 특정 장소나 탈것 등에 입장 또는 승차할 때 제시함으로써 개찰구를 통과할 수 있는 증표. 3〖체〗구기 종목에서, 같은 편끼리 공을 주고받는 일. **패스-하다** 圀자에 ¶사법 시험에 ~.

패스워드(password) 圀〖컴〗사용자가 컴퓨터 시스템이나 통신망에 들어갈 때 정당한 사용자임을 알려 입력하는 비밀 문자열. 순화어는 '암호'.

패스^워크(pass work) 圀[체] 축구 따위에서, 자기편 선수에게 공을 보내고 받고 하는 일.

패스트-푸드(fast food) 圀 주문하면 즉시 완성되어 나오는 식품의 총칭. 햄버거·프라이드치킨 따위. ¶~점(店).

패스포트(passport) 圀 정부가 해외여행자에게 교부하는 허가증. ⟨비⟩여권.

패-싸움(牌-) 圀 패끼리 싸우는 일. ⓒ패쌈. **패싸움-하다** 圀자어

패-쌈(牌-) 圀 '패싸움'의 준말. **패쌈-하다** 圀자어

패:악-하다(悖惡-) [-아카-] 圏어 도리에 어긋나고 흉악하다.

패:역(悖逆) 圀 도리에 어긋나고 불순(不順)한 것. **패:역-하다** 圏어

패:용(佩用) 圀 (훈장 따위를) 몸에 다는 것. **패:용-하다** 圀자어

패:운(敗運) 圀 지고 망하여 가는 운수.

패이다 圀자 '패다'의 잘못.

패:인(敗因) 圀 싸움·경쟁·경기 등에 진 원인. ¶~을 분석하다. ↔승인.

패:자[1](悖子) 圀 인륜을 거역한 자식.

패:자[2](敗者) 圀 싸움이나 경기에 진 사람. ↔승자.

패:자[3](霸者) 圀 1 제후의 우두머리. 2 무력·권력으로 천하를 다스리는 사람. 3 어느 분야에서 가장 우수한 사람. 또는, 경기 등의 우승자. ▷왕자(王者)

패:자^부활전(敗者復活戰) [-전] 圀 토너먼트 경기에서, 패한 사람이나 팀에게 다시 한 번 참가할 기회를 주기 위하여 행해지는 시합.

패:자-전(敗者戰) 圀 경기에서 진 사람끼리 승부를 겨루는 시합.

패:잔-병(敗殘兵) 圀 싸움에 패한 뒤에 살아남은 군사.

패:장(敗將) 圀 싸움에 패한 장수.

패:전(敗戰) 圀 (경기·전쟁 등의) 싸움에 지는 것. ¶~국(國). ⓒ패전. **패:전-하다** 圀자어

패:전^투수(敗戰投手) 圀[체] 야구에서, 팀의 패배에 책임이 있는 투수. ↔승리투수.

패:주[1](貝柱) 圀〖동〗=폐각근.

패:주[2](敗走) 圀 싸움에 지고 달아나는 것. ⓒ패배(敗北). ⓒ병. **패:주-하다** 圀자어 ¶패주하는 적들을 뒤쫓다.

패:총(貝塚) 圀[고고]=조개더미.

패:-버전(patch version) 圀[컴] 프로그램 가운데 오류가 있는 부분만을 수정하여 변경한 버전.

패키지(package) 圀 1 물건을 보호하거나 수송하기 위한 포장 용기. 2 어떤 서비스나 상품이 여러 가지 것을 한데 묶은 상태인 것. ¶~ 제품.

패키지-여행(package旅行) 圀 미리 정해 놓은 관광 여정에 따라, 각종 교통편·숙박 시설 등의 예약과 비용 일체를 여행업자가 일괄하여 주관하는 단체 여행.

패킹(packing) 圀 관(管)이나 용기(容器) 등의 이음매나 맞닿는 틈새에 액체나 기체가 새지 않도록 끼우는, 고무 따위로 만든 물건. **패킹-하다** 圀자어

패턴(pattern) 圀 사물·현상의 일정한 경향이나 방식. 또는, 규칙적이고 반복적인 사물의 형태. ⟨비⟩유형·틀. ¶생활 ~.

패:퇴(敗退) [-되/-뒈] 圀 싸움에 패하고 물러나는 것. **패:퇴-하다** 圀자어

패:-하다(敗-) 圀자어 싸움에 지다. ¶전

쟁에 ~.

패!혈-증(敗血症) [-쯩] [명][의] 곪아서 고름이 생긴 상처·종기 따위에서 세균이 계속 혈관으로 들어가 순환하여 위중한 전신 증상(全身症狀)을 일으키는 병.

팩[1] [부] **1** 몸집이 작은 것이 기운이 빠져서 맥없이 가볍게 쓰러지는 모양이나 소리. ¶~ 쓰러지다. **2** (실·끈 따위가) 힘없이 끊어지는 모양이나 소리. [큰]픽.

팩[2](pack) [명] **1** 피부 미용을 위해 달걀·우유·꿀·진흙·채소·과일 등을 얼굴에 붙이거나 바르는 일. **2** 우유나 주스 따위를 밀봉하여 담는, 종이로 된 용기. ¶우유 ~. **3** 비닐 용기. ¶비닐 ~에 담아 밀봉한 탕약. **4** [컴] 하나의 기억 단위에 두 개 이상의 정보 단위를 집어넣는 것.

팩스(fax) [명] 사진·도표·문자 등의 정지 화상을 점 등의 화소(畫素)로 분해하여 마이크로파로 전송하는 방식. 또는, 그 통신 장치. =팩시밀리.

팩시밀리(facsimile) [명] =팩스.

팩터링(factoring) [명][경] 기업이 상품 등을 판매하여 얻은 외상 매출 채권이나 어음을 사들여 그것을 관리하고 회수하는 업무. ¶~ 금융.

팩-팩 [부] **1** 몸집이 작은 것이 지쳐서 힘없이 자꾸 쓰러지는 모양이나 소리. **2** (가는 실이나 새끼 따위가) 힘없이 자꾸 끊어지는 모양이나 소리. [큰]픽픽.

팩-하다 [패카-] [동][자][여] 성이 나서 마음이 상한 상태가 되다. ¶그는 아까 일로 **팩해서** 말도 안 한다.

팬[1](fan) [명] 어떤 운동 경기나 영화·연극 등을 구경하기를 열렬히 좋아하는 사람. 또는, 특정의 연예인이나 스포츠 선수나 예술가 등을 열렬히 좋아하는 사람.

팬[2](fan) [명] 날개가 빙글빙글 돌아가면서 공기를 환기하거나 내보내거나 열을 식히는 기계 장치.

팬[3](pan) [명] 자루가 달린 운두가 얕은 납작한 냄비.

팬더 [명][동] '판다(panda)'의 잘못.

팬-레터(fan letter) [명] 연예인이나 운동선수와 같은 인기인에게 팬이 보내는 편지.

팬시-상품(fancy商品) [명] 실용성보다는 오밀조밀한 장식성을 중시한, 소녀 취향의 상품.

팬시-점(fancy店) [명] 팬시상품을 전문적으로 취급하는 점포.

팬지(pansy) [명][식] 높이 15~30cm이며, 봄에서 초여름에 걸쳐 흰색·노란색·자주색 등의 꽃이 피는 한해살이풀 또는 두해살이풀. 화단이나 화분에 많이 심음.

팬츠(pants) [명] **1** 다리 부분이 아주 짧은 속바지. **2** 운동 경기용의 짧은 바지. ¶러닝 ~.

팬-케이크(pancake) [명] 밀가루에 우유와 달걀을 넣고 팬에서 구운 말랑한 빵.

팬-클럽(fan club) [명] 특정의 연예인이나 스포츠 선수나 예술가 등을 열렬히 좋아하는 사람들이 조직한 클럽.

팬터마임(pantomime) [명][연] =무언극.

팬티(←panties) [명] 성기 및 그 주위와 엉덩이 부분을 가리는, 가랑이 부분이 거의 없거나 아주 짧은 바지 모양을 한 속옷. ¶삼각~.

팬티-스타킹(†panty stocking) [명] 발끝에서 허리까지 오는 스타킹.

팸플릿(pamphlet) [명] 설명·광고·선전 등을 기재한 작은 책자. ×팜플렛.

팻-말(牌-) [팬-] [명] 무엇을 알리기 위해 글을 써서 세워 놓거나 붙여 놓은 판이나 기둥.

팽 [부] **1** (작은 것이) 매우 빠르게 한 바퀴 도는 모양. **2** 갑자기 눈에 눈물이 괴는 모양. ¶눈에 눈물이 ~ 돌다. [큰]핑.

팽개-치다 [동][타] **1** (물건을) 바닥에 힘 있게 던지다. ¶화를 버럭 내며 책을 땅바닥에 ~. **2** (어떤 일이나 대상을) 책임지지 않고 내버려 두다. ¶제 할 일을 **팽개치고** 놀러 나가다. ×팡개치다.

팽글-팽글 [부] '뱅글뱅글'의 거센말. [큰]핑글핑글.

팽-나무 [명][식] 인가 근처 평지에서 자라며, 높이 20m이고, 나무껍질이 회색인 낙엽 활엽 교목. 가을에 작고 둥근 열매가 적갈색으로 익음. 재목은 기구 또는 숯을 만드는 데 쓰임.

팽대(膨大) [명] 부풀어 커지는 것. **팽대-하다** [동][자][여]

팽만-하다(膨滿-) [형][여] **1** (배가) 부풀어 그득하다. **2** 기운·기세·감정 등이 점점 부풀어 터질 듯하다.

팽만-감(膨滿感) [명] 몸의 한 부분이 부풀어 터질 듯한 느낌. ¶복부 ~.

팽배(澎湃·彭湃) [명] (기세나 사조 따위가) 맹렬한 기세로 일어나는 것. **팽배-하다** [동][자][여] ¶황금만능주의가 **팽배한** 사회.

팽압(膨壓) [명][식] 식물 세포에서 세포벽을 안쪽에서부터 밀어 퍼지게 하는 힘.

팽이 [명] 나무를 원통형으로 깎되 아래쪽을 뾰족하게 만들어 채로 쳐서 땅 위에서 돌리거나, 원뿔꼴로 만들어 끈을 몸체에 감았다가 풀면서 돌리는, 아이들의 장난감.

팽이-버섯 [-섣] [명][식] 갓의 지름 2~3cm, 자루 길이 3~4cm이며, 활엽수의 등걸이나 고목에 다발로 나는 식용 버섯. 빛깔은 누런 갈색이나, 인공 재배한 것은 옅은 미색이며 자루가 길고 연약함.

팽창(膨脹) [명] **1** (물체가) 온도나 압력 등의 영향으로 길이나 부피가 늘어나거나 부푸는 것. **2** (사물의 규모나 수량, 세력 등이) 한계에 이를 만큼 커지거나 늘어나는 것. ¶통화 ~/인구 ~. **팽창-하다** [동][자][여] **팽창-되다** [동][자]

팽창-색(膨脹色) [명][미] 같은 거리에 놓여 있는데도 다른 색보다 가까이에 있는 것 같이 보이는 빛깔. 적색·황색 따위의 난색 계통의 색이 이에 속함. ↔수축색.

팽창-주의(膨脹主義) [-의/-이] [명][정] 영토 확장을 꾀하려 하는 경향이나 정책.

팽-팽 [부] 정신이 자꾸 아찔해지는 모양. ¶독한 술을 마셨더니 머리가 ~ 돈다.

팽팽-하다[1] [형][여] **1** 잔뜩 켕기어 튀기는 힘이 있다. ¶줄을 **팽팽하게** 매다. **2** 둘의 힘이 서로 어슷비슷하다. ¶두 팀이 **팽팽한** 접전을 벌이다. [큰]핑핑하다. **3** (성질이) 너그럽지 못하고 예민하다. **팽팽-히**[1] [부] ¶여야(與野) 주장이 ~ 맞서 있다.

팽팽-하다[2](膨膨-) [형][여] 한껏 부풀어 땡땡하다. ¶얼굴 피부가 ~. **팽팽-히**[2] [부]

퍄티고르스키, 그레고르(Piatigorsky, Gregor) [명][인] 러시아 태생의 미국의 첼리스트(1903~1976).

퍼-내다 [동][타] 깊숙한 데에 담긴 것을 길어 내거나 떠내다. ¶우물에서 물을 ~.

퍼더-버리다 [동][자] 아무렇게나 앉아 팔다리를 편히 뻗어 버리다. =퍼지르다.

ㅍ

퍼덕-거리다/-대다[-꺼(때)-] 통〈자타〉잇달아 퍼덕이다. [-]퍼덕거리다.
퍼덕-이다 통〈자타〉 1 (큰 새가) 날개를 쳐서 소리를 내다. 2 (큰 물고기 따위가) 꼬리로 물바닥을 쳐서 소리를 내다. 3 (큰 깃발이나 빨래 따위가) 거칠게 바람에 날려 소리를 내다. [-]퍼덕이다.
퍼덕-퍼덕 부 퍼덕거리는 모양. 작파닥파닥. **퍼덕퍼덕-하다** 통〈자타〉
퍼:-뜨리다/-트리다 통〈타〉(말·종교·사상·병 따위를 세상에) 널리 퍼지게 하다. ¶소문을 온 동네에 ~ / 모기가 병을 ~.
퍼뜩 부 어떤 물체나 생각이 별안간 나타나거나 떠오르는 모양. ¶좋은 생각이 ~ 떠오르다. **퍼뜩-하다** 통〈자타〉
퍼!렇다[-러타] 형〈퍼러니, 퍼러오, 퍼레〉 다소 탁하고 어두운 듯하게 파랗다. ¶멍이 **퍼렇게** 들다. 작파랗다.
퍼레이드(parade) 명 축제나 축하 행사 등에서, 축하 또는 환영받을 사람들이 장식된 탈것을 타거나 걸어서 악대 등과 함께 시가를 지나가는 일. ¶카(car) ~.
퍼!레-지다 통〈자〉 퍼렇게 되다. 작파래지다.
퍼-마시다 통〈타〉(술 따위를) 함부로 많이 마시다. ¶술을 진탕 ~.
퍼머 명 '파마'의 잘못.
퍼-먹다 통〈타〉(음식·술 따위를) 함부로 마구 먹다. ¶밥을 정신없이 ~.
퍼밀(←permillage) 명〈의준〉 천분율을 나타내는 단위. 기호는 ‰.
퍼-붓다[-분따] 통〈ㅅ〉〈~부으니, ~부어〉 ①비가 ¶비는 따위가 마구 쏟아지다. ¶비가 억수같이 ~. ②①욕설·비난 따위를 마구 해 대다. ¶욕을 ~. ②(총·포 등으로) 맹렬히 사격하다. ¶적진에 포탄을 ~.
퍼블리시티(publicity) 명 신문·방송 등의 보도 매체를 통한 제품의 홍보. 흔히, 보도 자료를 이용하여 기사화하는 것을 말함.
퍼센트(percent) 명〈의준〉 백분율을 나타내는 단위. 기호는 %. [-]프로.
퍼센티지(percentage) 명 =백분율.
퍼스널^컴퓨터(personal computer) 명〈컴〉=개인용 컴퓨터. [-]퍼스컴.
퍼스널-파울(personal foul) 명〈체〉 농구에서, 선수 사이의 신체 접촉으로 일어나는 파울.
퍼스컴(←personal computer) 명〈컴〉 '퍼스널 컴퓨터'의 준말.
퍼스트-레이디(first lady) 명 각계에서 지도적 지위에 있는 여성. 특히, 대통령이나 수상의 부인을 가리키는 말임.
퍼즐(puzzle) 명 풀면서 지적(知的) 만족을 얻도록 만든, 낱말 맞히기나 도형 맞추기 등의 문제.
피!지다 통〈자〉 1 (부피를 가진 물체가) 끝부분이나 옆쪽으로 둘레가 커지거나 넓어지다. [-]벌어지다. ¶판의 끝이 **퍼진** 나팔. 2 (어떤 물질이나 현상이) 본래 있던 곳에서 점차 공간적으로 넓은 곳에 있는 상태가 되다. ¶번지다·확산되다. ¶온몸에 ~. 3 (어떤 대상이) 근원이 되는 것으로부터 그 숫자가 많아지게 되다. ¶나무의 가지가 ~. 4 (밥알이) 푹 삶아서 알맞게 물러지다. ¶밥이 덜 ~. 5 (국수나 수제비 따위가) 불어서 쫄깃쫄깃하지 못한 상태가 되다. ¶국수가 **퍼져서** 맛이 없다. 6 (사람이) 지치거나 힘이 없어지
나 하여 바닥에 아무렇게나 눕다. 구어체의 말임. [-]쓰러지다. ¶얼마나 고되었으면 눈에 오자마자 **퍼져서** 잠이 들었을까?
퍼-지르다 통〈자타〉〈~지르니, ~질러〉 1 =퍼더버리다. ¶땅바닥에 **퍼질러** 앉아서 목을 놓아 울다. 2 말을 마구 하다. 3 함부로 먹어 대다.
퍼지!이:론(fuzzy理論) 명〈수〉 논리 값이 참(1)인지 거짓(0)인지의 양자택일이 아닌, 0에서 1까지의 값을 연속적으로 취하는 논리에 의해 구성되는 수학 이론. 시스템 제어에 컴퓨터에 응용됨.
퍼터(putter) 명 골프 클럽의 하나. 헤드가 'ㄴ'자형이고 타면이 납작한 배트용의 것을 말함.
퍼텐셜(potential) 명〈물〉 힘의 장(場)가운데서 물질 입자가 현재의 위치에서 어느 기준까지 이동할 때, 힘의 크기를 위치의 함수로 나타낸 스칼라양(scalar量).
퍼팅(putting) 명〈체〉 골프에서, 그린 위에서 컵을 향하여 공을 쳐서 굴리는 일. **퍼팅-하다** 통〈자타〉
퍼펙트-게임(perfect game) 명〈체〉 1 야구에서, 투수가 상대 팀의 주자를 한 사람도 내보내지 않고 완투하여 이긴 시합. 2 볼링에서, 전 (全) 프레임을 스트라이크로 종료시킨 게임.
퍼포먼스(performance) 명〈예〉 관객 앞에서 실험적이고 즉흥적이며 도발적인 예술 행위를 하는 일.
퍼프-소매(puff-) 명 어깨 끝이나 소매 끝에 주름을 넣어 약간 부풀게 한 소매.
퍽¹ 부 1 힘있게 자꾸 내지르는 모양. 또는, 그 소리. 2 맥없이 거꾸러지는 모양. 또는, 그 소리. 3 진흙 같은 데를 밟았을 때 깊숙이 빠지는 모양. 또는, 그 소리. 작팍.
퍽² 부 썩 많이. 아주 지나치게. ¶장난이 ~ 심하다. ×피다.
퍽³(puck) 명〈체〉 아이스하키에서 공으로 사용하는, 딱딱한 고무로 된 원반.
펀이나 부 '퍽'의 잘못.
퍽-치기 명 느닷없이 달려들어 한 대 퍽 치고 돈이나 물건 따위를 빼앗아 가는 짓. 또는, 그런 짓을 하는 사람.
퍽-퍽 부 1 자꾸 내지르거나 차는 모양. 또는, 그 소리. 2 힘없이 자꾸 거꾸러지는 모양. 또는, 그 소리. 3 진흙 따위를 디딜 때 자꾸 빠지는 모양. 또는, 그 소리. 작팍팍.
펀드(fund) 명〈경〉 투자 신탁의 신탁 재산. 또는, 기관 투자가가 관리하는 운용 재산.
펀드^매니저(fund manager) 명〈경〉 투자 고문 회사·투자 신탁 회사·신탁 은행 등에서 자산을 운영하는 전문가.
펀뜻 부 '언뜻'의 잘못.
펀자브(Punjab) 명〈지〉 인도 북서부에서 파키스탄 북부에 걸친 인더스 강 상류 지방.
펀치(punch) 명 1〈체〉 권투에서, 상대편을 주먹으로 치는 일. 또는, 그 주먹. ¶강 (强) ~. 2 차표 등을 검사하여 구멍을 뚫는, 집게 비슷한 기구. 3 과실즙에 설탕·양주 따위를 섞은 음료의 일종.
펀치-기(punch器) 명 팸플릿 따위를 철할 때, 작은 구멍을 뚫는 기구.
펀칭(punching) 명〈체〉 축구에서, 골키퍼가 공을 주먹으로 쳐 내어 막는 일. **펀칭-**

하다 통(타)(여)
펀칭^볼(punching ball) 명[체] 권투에서, 빠르게 치는 연습을 하는 데에 쓰는, 가죽으로 만든 공.
펀펀-하다 형(여) 1 물건의 거죽이 높낮이가 없이 고르고 너르다. ¶서편 언덕의 **펀펀한** 잔디밭. ㈜판판하다. 2 살이 올라 통통하다. 펀펀-히 閉
펀!-하다 혱(여) (별판·길·바다 따위) 주위가 막힌 데가 없이 너르다. 펀!-히 閉
펄 명 1 '개펄'의 준말. 2 아주 넓고 평평한 땅.
펄떡 閉 1 크고 탄력 있게 뛰는 모양. 2 심장이나 맥이 크게 뛰는 모양. ㈜팔딱. 펄떡-하다 통(자)(타)(여)
펄떡-거리다/-대다 [-꺼(때)-] 통(자)(타)(여) 1 자꾸 펄떡 뛰다. 2 심장이나 맥이 크게 자꾸 뛰다. ¶심장이 ~. 3 성이 나서 참지 못하고 펄떡 뛰다. 4 문을 여닫으며 펄떡들랑거리다. ㈜팔딱거리다.
펄떡-이다 통(자)(타) 크고 탄력 있게 뛰다. ㈜팔딱이다.
펄떡-펄떡 閉 펄떡거리는 모양. ㈜팔딱팔딱. ¶갓 잡아 올린 고기가 ~ 뛴다. 펄떡펄떡-하다 통(자)(타)(여)
펄럭 閉 바람에 한 번 빠르게 나부끼는 모양. 또는, 그 소리. 펄럭-하다 통(자)(타)(여)
펄럭-거리다/-대다 [-꺼(때)-] 통(자)(타)(여) 자꾸 펄럭이다.
펄럭-이다 통(자)(타) 바람에 날려 세차게 나부끼다. ¶펄럭이는 만국기.
펄럭-펄럭 閉 펄럭거리는 소리. 또는, 그 모양. 펄럭펄럭-하다 통(자)(타)(여)
펄 벅(Pearl Buck) 명[인] =벅(Buck).
펄서(pulsar) 명[천] 짧은 주기로 전파를 방사하는 천체. 강한 자기장을 가짐.
펄썩 閉 1 문·뚜껑 따위를 급작스럽게 여는 모양. 2 갑자기 뛰거나 나는 모양. ㈜팔싹. 펄썩-하다 통(자)(타)(여)
 펄썩 뛰다 억울한 일이 있을 때, 놀라면서 세차게 부인하다. ¶자기가 하지 않았다고 ~.
펄썩-거리다/-대다 [-꺼(때)-] 통(자)(타)(여) 1 문이나 뚜껑 따위를 급작스럽게 자꾸 여닫다. 2 갑자기 잇달아 뛰거나 날다. ㈜팔싹거리다.
펄썩-펄썩 閉 펄썩거리는 모양. ㈜팔싹팔싹. 펄썩펄썩-하다 통(자)(타)(여)
펄펄 閉 1 많은 물이 넓은 면적으로 자꾸 용솟음치며 끓는 모양. 2 온돌방이나 몸이 몹시 뜨겁게 다는 모양. ¶아랫목이 ~ 끓는다. 3 크고 기운차게 자꾸 날거나 뛰는 모양. ¶눈이 ~ 날리다.
펄펄-하다 혱(여) 1 성질이 괄괄하고 매우 급하다. ¶**펄펄하는** 불같은 성질. 2 날 듯이 활발하고 생기가 있게 이동시키는 모양.
펄프(pulp) 명 목재나 기타 식물체를 기계적·화학적으로 처리하여, 섬유소를 뽑아낸 것. 종이·인조섬 등의 원료로 쓰임.
펌 〈속〉 다른 사이트에서 글이나 자료를 그대로 가져다가 싣는 일. 인터넷 통신 언어임.
펌웨어(firmware) 명[컴] 롬(ROM)에 들어 있는 프로그램.
펌프(pump) 명 1 압력의 작용으로 액체·기체를 빨아올리거나 이동시키는 장치. 2 특히, 사람이 손잡이를 상하로 되풀이하여 움직임으로써 그 압력에 의해 수직으로 땅속에 박힌 관을 통해 지하수가 땅 위로 나오도록 하는 기구.
펑 閉 1 갑자기 크게 터지거나 뛰면서 나는 소리. 2 구멍이 훤히 뚫어진 모양. ㈜팡.
펑크(←puncture) 명 1 고무 튜브나 공 따위가 구멍이 나 바람이 새는 상태. ¶타이어에 ~가 나다. 2 옷이나 양말 따위가 해지거나 하여 구멍이 생긴 상태. 3 〈속〉 계획이나 약속이 들어져 이루어지지 못하게 된 상태. ¶어빠가 촬영 스케줄을 ~ 내다. 4 〈속〉 수강 과목에 대한 평가에서, 낙제에 해당하는 학점을 받은 상태.
펑크^록(punk rock) 명[음] 1970년대의 록계(rock界)에서, 록의 체계화에 반발하여 본래의, 과격하고 정열적인 사운드를 강조한 그룹의 연주 스타일.
펑크-스타일(punk style) 명 1970년대 후반에 런던의 하층계급의 젊은이들 사이에 유행한 복장과 헤어스타일. 너덜너덜한 티셔츠에 술을 단 재킷을 입거나 머리털을 곤두세우는 따위.
펑크-족(punk族) 명 펑크스타일을 즐겨 하는 사람들의 무리.
펑퍼짐-하다 혱(여) 둥그스름하고 편편하게 옆으로 퍼져 있다. ¶**펑퍼짐한** 엉덩이. ㈜팡파짐하다.
펑-펑 閉 1 액체가 좁은 구멍으로 세차게 솟구치는 모양. 2 함박눈이 많이 내리는 모양. 3 무엇이 잇달아 터지면서 나는 소리. 4 (주로, '쓰다'와 함께 쓰여) 돈이나 물 등을 헤프게 마구 쓰는 모양. 5 (주로, '놀다'와 함께 쓰여) 아무 일도 하지 않고 빈둥거리는 모양. ㈜팡팡. 펑펑-하다 통(여)
페가수스(Pegasus) 명[신화] 그리스 신화에 나오는 날개 달린 천마(天馬). 영웅 벨레로폰의 애마(愛馬)로, 뒤에 별자리가 됨.
페가수스-자리(Pegasus-) 명[천] 가을철 북쪽 하늘에 보이는 별자리. 중심이 되는 4개의 큰 별이 사각형을 이루고 있어, 가을철 별자리를 찾는 지표가 됨.
페그마타이트(pegmatite) 명[광] 석영·장석·운모 등의 거친 입자의 결정으로 이루어진 화성암.
페넌트(pennant) 명 학교나 단체 등의 마크가 그려진 가늘고 긴 삼각기(三角旗). ¶기념 ~를 교환하다.
페널티(penalty) 명[체] 경기자의 규칙 위반 행위에 대한 벌.
페널티^에어리어(penalty area) 명[체] 축구에서, 수비 선수가 반칙을 범하였을 때 공격 측에게 페널티 킥을 허용하는 구역.
페널티^킥(penalty kick) 명[체] 축구에서, 페널티 에어리어 안에서 수비 측이 반칙하였을 때 공격 측이 얻는 킥.
페놀(phenol) 명[화] 특유한 냄새가 나는 무색의 결정. 방부제·소독 살균제·염료 등의 합성 원료로 쓰임.
페놀프탈레인(phenolphthalein) 명[화] 산과 염기를 구별하는 지시약. 흰색의 분말로 산성에는 무색, 염기성에는 적색을 나타냄.
페니(penny) 명(의존) 영국의 화폐 단위. 파운드의 1/100에 해당함. ▷펜스.
페니스(⊕penis) 명 =음경(陰莖).
페니실린(penicillin) 명 푸른곰팡이의 일종에서 얻는 항생 물질. 폐렴·임질·단독(丹毒)·패혈증·매독 등에 유효함.

페니키아(Phoenicia) [명][역] 기원전 3000년경 셈 족의 일파인 페니키아 인이 시리아 중부 지방에 건설한 도시 국가.
페니히([독]Pfennig) [명][의존] 독일의 예전의 화폐 단위. 마르크의 1/100에 해당함.
페닐알라닌(phenylalanine) [명][화] 각종 단백질 속에 들어 있는 필수 아미노산의 하나. 싹 틀 때의 종자 속에 들어있음.
페달(pedal) [명] 재봉틀·악기 따위의 발판이나 자전거의 발걸이. ¶~을 밟다.
페더-급(feather級) [명][체] 권투 체급의 하나. 프로는 55.34~57.15kg, 아마추어는 54~57kg임.
페디큐어(pedicure) [명] 주로 여성들이 발톱을 다듬고 그 위에 어떤 색깔의 물질을 발라 아름답게 꾸미는 일. 또는, 그 일을 위해 사용되는 여러 가지 색깔의 물질. ▷매니큐어.
페레스트로이카([러]perestroika) [명] 1986년 이후 소련의 고르바초프 정권이 추진하였던 사회주의 개혁 이념.
페로몬(pheromone) [명][생] 동물의 체외로 분비되어 같은 종류의 개체 사이의 의사소통에 사용되는 물질.
페루(Peru) [명][지] 남아메리카 서북부 태평양 연안에 있는 공화국. 수도는 리마.
페르미-상(Fermi賞) [명] 이탈리아의 물리학자 페르미를 기념하여 원자 과학에 공이 큰 사람에게 주는 상.
페르소나([라]persona) [명] ['가면' 이라는 뜻] **1** [심] 개인이 사회생활 속에서 겉으로 드러내는, 자신의 본성과는 다른 태도나 성격. **2** [문] 시나 소설의 일인칭 서술자. 작가 자신과는 구별됨. **3** [영] 감독에 의해 영화 속에 창조된 등장인물의 심리적 이미지.
페르시아 만(Persia灣) [명][지] 이란과 아라비아 반도에 둘러싸인 만. 해저 유전이 많음.
페르시아^제!국(Persia帝國) [명][역] 기원전 6세기 후반부터 약 200년 동안 페르시아 인이 현재의 이란을 중심으로 지배한 고대 오리엔트의 대제국.
페름-기(←Perm*ian*紀) [명][지] 고생대 최후의 기(紀). 세계적으로 조산 운동이 일어났고, 파충류·겉씨식물 등이 나타났음.
페리-보트(ferryboat) [명] 여객·화물·차량을 운반하는 대형 연락선. ¶부관 ~.
페미니스트(feminist) [명] 여성도 남성과 동등한 권리와 기회를 누려야 한다고 믿고, 그 믿음을 생활 속에서 실천하거나 사회적으로 실현하기 위해 힘쓰는 사람.
페미니즘(feminism) [명] 여성의 사회·정치·법률상의 권리 확장을 주장하는 주의.
페서리(pessary) [명] 자궁 위치의 이상을 바로잡는 데에 쓰는 고무제의 기구. 피임에도 쓰임.
페스탈로치, 요한 하인리히(Pestalozzi, Johann Heinrich) [명][인] 스위스의 교육가·교육학자(1746~1827).
페스트(pest) [명][의] 페스트균에 의한 급성 전염병. 오한·고열·두통·권태·현기증이 나며, 피부가 흑자색으로 변함. 사망률이 높음. =흑사병.
페스티벌(festival) [명] =축제.
페시미즘(pessimism) [명] =염세주의.
페어^볼(fair ball) [명][체] 야구에서, 페어 그라운드 안에 떨어진 타구. 또는, 야수 등에 닿지 않고 내야에 떨어져 1·3루의 베이스 위, 또는 그 뒤쪽으로 해서 파울 지역으로 나간 타구. ↔파울 볼.
페어웨이(fairway) [명][체] 골프 코스에서, 티 그라운드에서 그린 사이의 구역. 잔디를 짧게 깎아 플레이하기 좋음.
페어-플레이(fair play) [명] 경기나 승부를 겨룰 때에 요구되는 바르고 훌륭한 행동. 또는, 공명정대한 행동이나 태도. ¶~의 정신. ▷파인 플레이.
페이(pay) [명] '봉급', '보수'로 순화. ¶~가 높다.
페이드아웃(fade-out) [명] 영화·연극에서 어느 장면의 끝에 화면·무대가 점차 어두워지는 일. 또는, 그 기법. =에프오(FO). ↔페이드인.
페이드인(fade-in) [명] 영화·연극에서 어두운 화면·무대가 점차 밝아지는 일. 또는, 그 기법. =에프아이(FI). ↔페이드아웃.
페이소스(pathos) [명] 연민의 정 또는 비애감. [비]애수. ¶삶의 ~를 섬세한 필치로 그려 낸 소설.
페이스(pace) [명] ['보조(步調)' 의 뜻] 어떤 일을 함에 있어서, 자기의 체력이나 능력에 따른 적절한 컨디션이나 리듬이나 속도. ¶자기 ~를 유지하다.
페이스^페인팅(face painting) [명] 얼굴에 그림이나 무늬 등을 물감으로 그리는 일.
페이지(page) [명] [1][자립] **1** 책이나 공책 등을 이루는 낱장의 어느 한 면. 또는, 그 각각의 면마다 매겨지는 일련번호. **2** [컴] 한 번에 하나의 화면에 표시되는 텍스트 또는 그래픽 정보의 양. ¶웹 ~. [2][의존] 책이나 공책 등의 낱장의 면수를 세는 단위. 또는, 각각의 면에 매겨진 일련번호를 세는 단위. [비]면(面)·쪽.
페이지^뷰(page view) [명][컴] 어떤 사이트의 어떤 페이지를 방문자가 얼마나 보았는지를 나타내는 숫자. ¶서비스 개시 3개월 만에 5,000만 ~를 돌파하다.
페이퍼백(paperback) [명] 표지를 종이 한 장으로 장정(裝幀)한, 싸고 간편한 책. 문고판 따위.
페인트(paint) [명][화] 건물이나 기계류 등에 칠하는 불투명한 유색 도료. 칠하여 굳어지면 피막이 생겨 물체를 보호함.
페인트^모션(†feint motion) [명][체] 복싱·축구·농구·배구·핸드볼 등에서, 상대가 예측하지 못한 공격을 하기 위해 상대를 순간적으로 속이는 거짓 동작.
페인트-칠(paint漆) [명] 페인트를 바르는 일. 또는, 그 칠. **페인트칠-하다** [동][자][타][여]
페인팅(feinting) [명][체] 페인트 모션을 취하는 일. ¶절묘한 ~으로 수비수를 제치다.
페치카([러]pechka) [명] 러시아를 비롯한 극한(極寒) 지방의 난방 장치. 돌·벽돌·진흙 따위로 만든 난로를 벽에 붙여서, 벽을 가열하여 방 안을 따뜻하게 함. [비]벽난로.
페타-바이트(petabyte) [명][의존][컴] 데이터의 양을 나타내는 단위의 하나. 1페타바이트는 1테라바이트의 약 1,000배를 나타내며, 2^{50}인 1,125조 8,999억 684만 2,624바이트를 말함.
페트라르카, 프란체스코(Petrarca, Francesco) [명][인] 이탈리아의 시인(1304~1374).
페트-병(PET瓶) [명] [PET:polyethylene

terephthalate) 음료를 담는 일회용 플라스틱 병.

페티시즘(fetishism) 명 1 [심] 주로 남성이 여성의 몸의 특정 부분이나 속옷·스타킹·구두 등을 보거나 만지면서 성적 쾌감을 얻는 심리. 2 [종][경] =물신 숭배1·2.

페티코트(petticoat) 명 치마를 넓게 펼쳐지게 함으로써 우아하게 보이도록 하기 위해 받쳐 입는, 주름을 많이 넣고 상하로 여러 층이 지게 만든 속치마.

페팅(petting) 명 상대 이성의 몸·성기 등을 어루만져 성적(性的)으로 자극하는 일. 비애무.

페퍼민트(peppermint) 명[식] 유럽이 원산지인 박하의 한 품종. 높이 40∼80cm이며, 여름에서 가을에 걸쳐 보라색 꽃이 핌. 줄기와 잎에서 향기가 상큼한 기름을 얻는데, 요리·리큐어·향수 등에 씀.

페퍼-포그(Pepper Fog) 명 시위나 폭동을 진압하는 데에 쓰는 최루탄. 상표명에서 온 말임.

페하(ⓓpH) 명[화] 용액의 수소 이온 농도를 나타내는 지수. ≒피에이치.

펙틴(pectin) 명[화] 채소나 과일에 들어 있는 탄수화물의 한 가지. 겔(Gel) 만드는 성질이 있어, 잼·젤리 등의 식품이나 화장품·약품 등을 만드는 데 쓰임.

펜(pen) 명 1 =펜촉. 2 펜촉을 펜대에 끼워서 글씨를 쓰는 기구.

펜-글씨(pen-) 명 펜으로 쓴 글씨.

펜-네임(pen name) 명 문예 활동을 할 때 쓰는, 본명 이외의 이름. 비필명.

펜-대(pen-) 명 펜촉을 끼워 쓰는 자루.

펜던트(pendant) 명 목걸이의 줄에 달아 장식 효과를 더하는, 금이나 은, 쇠붙이, 기타의 물질로 만들거나 보석을 박거나 한 장신구.

펜션(pension) 명 별장이나 전원주택 형태로 만든, 유럽풍의 고급 민박 시설.

펜스¹(fence) 명 야구장에서, 필드를 둘러싼 울타리.

펜스²(pence) 명[의존] 영국의 화폐 단위의 하나. 페니(penny)의 복수(複數).

펜실베이니아(Pennsylvania) 명[지] 미국 동부의 주.

펜싱(fencing) 명[체] 철망으로 된 마스크를 쓰고 검을 쥔 2명의 경기자가 서로 찌르거나 베거나 하여 승패를 겨루는 경기. 에페·사브르·플뢰레의 3종목이 있음.

펜-촉(pen鏃) 명 잉크나 먹을 찍어서 글씨를 쓰는, 끝이 뾰족한 쇠붙이. =펜.

펜치(ⓙペンチ) 명 [<pincers] 철사를 끊거나 구부리거나 하는 데에 쓰는, 집게 비슷한 도구.

펜-컴퓨터(pen computer) 명[컴] 키보드 없이 스크린에 펜으로 입력할 수 있는 노트북형 컴퓨터.

펜-클럽(P.E.N. Club) 명 [International Association of Poets, Playwrights, Editors, Essayists and Novelists] =국제 펜 클럽.

펜타곤(Pentagon) 명 ['5각형'이라는 뜻] 청사(廳舍)가 5각형으로 생긴 데에서 미국의 국방부를 이르는 말.

펜팔(pen pal) 명 서신을 교환함으로써 서로 사귀는 국내·국외의 벗.

펠레(Pelé) 명[인] 브라질의 축구 선수(1940∼).

펠로십(fellowship) 명 '연구 지원금'으로 순화.

펠로폰네소스-ⓒ반도(Peloponnesus半島) 명[지] 그리스 남쪽에 있는 반도.

펠리컨(pelican) 명[동] =사다새.

펠트(felt) 명 양털이나 그 밖의 짐승 털을 원료로 하여 습기·열·압력을 가하여 만든 물건. 모자·양탄자 등을 만드는 데 씀.

펠트-펜(felt pen) 명 휘발성 잉크를 넣은 용기에 펠트를 심으로 꽂아 쓰는 필기구.

펨프(←pimp) 명 =뚜쟁이.

펩신(pepsin) 명[화] 위액 속에 들어 있는 단백질 분해 효소.

펩톤(peptone) 명[화] 단백질이 펩신에 의하여 분해된 물질. 환자의 인공영양제로 씀.

펭귄(penguin) 명[동] 날개가 지느러미 모양으로 변하여 날지 못하고 물에서 헤엄을 잘 치며, 땅 위에서는 2개의 짧은 다리로 곧게 서서 걷는 새. 주로 남극 대륙에 떼 지어 삶.

펴-내다 통(타) 1 널리 퍼뜨리다. 비반포하다. 2 (잡지·서적 등을) 발행하다.

펴낸-이 명 =발행인.

펴다 통(타) 1 (접히거나 말리거나 덮어지거나 한 물체를) 젖히거나 벌리거나 하여 보다 넓은 하나의 평면으로 이뤄지게 하다. 또는, (그런 물체를 어느 곳에) 하나의 평면으로 이뤄지게 하다. 비펼치다. ¶우산을 ∼. 2 (구부린 물체나 팔·다리·허리 등을) 하나의 직선이나 그와 비슷한 모양으로 이뤄지게 하다. ¶허리를 **펴고** 앉다. 3 (어깨나 가슴을) 허리를 곧추 세운 상태에서 앞으로 벌어지지 않게, 어깨를 **펴고** 걷다. 4 (쭈글쭈글하거나 울퉁불퉁한 면을 가진 물체를) 판판하거나 평평하게 만들다. ¶얼굴의 주름살을 ∼. 5 (가루나 덩어리 상태의 물질을) 평면에 비교적 얇은 상태로 넓게 늘어놓다. ¶멍석에 고추를 **펴서** 말리다. 6 (마음에 품은 뜻을) 현실로 이루어지게 하다. ¶웅지(雄志)를 ∼. 7 (정책·작전·세력 등을) 베풀어 행하거나 다른 대상에 미치게 하다. ¶선정(善政)을 ∼. 8 (제도나 문물 등을) 만들어 세상에 널리 행해지게 하다. ¶세종 대왕이 한글을 ∼.

펴-이다 통(자) 1 '펴다'의 피동사. ¶주름살이 ∼. 2 (살림살이나 형편이) 순조롭게 잘이나 나아지다. ¶살림이 ∼.

펴-지다 통(자) 펴이게 되다. ¶구김살이 ∼.

편¹ 명 '떡¹'을 점잖게 이르는 말.

편²(片) 1(수) 1 (앞말) 저울에 달아 파는 인삼의 낱개. 2(의존) 1을 세는 단위로 이르는 말. ¶인삼 스무 ∼.

편³(便) 명 1 어떤 무리에 대하여 패를 가르거나 구분하였을 때, 그 각각의 데. ¶∼을 가르다. 2(의존) 1 어디를 가거나 무엇을 어디로 보내는 데 이용하는 교통수단. ¶열차 ∼. 2 어떤 물건이나 소식 등을 어디에 사람을 통해 전하고자 할 때, 그 사람이 그쪽으로 가는 기회. ¶친구 ∼에 소식을 전하다. 3 여럿 중에서 어느 것을 선택할 때 그 하나. ¶차라리 집에서 쉬는 ∼이 낫다. 4 '(-ㄴ, -는)편이다'(편에 속하다, 편으로)의 꼴로 쓰여) 대체로 어떤 부류에 속함을 나타내는 말. ¶그는 키가 큰 ∼이다. 5 (일부 한정어 뒤에 쓰여) 앞말이 나타내는 방향임을 뜻하는 말. 비쪽. ¶왼∼/이∼. ×켠.

편⁴(編) 명 인명·단체 등의 아래에 붙어,

'편찬'의 뜻을 나타냄. ¶한글 학회 ~.

편[5](篇) [의존] **1** 책이나 시문(詩文)을 세는 단위. ¶시 한 ~. **2** 형식이나 내용·성질 등이 다른 글을 구별하여 나타내는 말. ¶기초 ~. **3** 책의 내용을 일정한 단락으로 크게 나눈 한 부분. 대목의 수효를 가리키는 말임. ¶제1~.

편감(片坎) [명] 얇게 저며서 설탕에 조려 말린 것.

편견(偏見) [명] 객관적인 판단이나 합리적인 검토 없이 오래전부터 잘못 굳어져 온 생각이나 견해.

편경(編磬) [명][음] 국악에 쓰이는 타악기. 두 층으로 된 걸이에 각 8개씩의 경쇠를 매달고 침.

편곡(編曲) [명] 어떤 곡을 다른 악기를 위한 곡이나 다른 형식의 곡으로 바꾸어 만드는 일. 또는, 그 곡. **편곡-하다** [타여] **편곡-되다** [동][자]

편광(偏光) [명][물] 빛의 진동 방향의 분포가 한결같지 않고 한쪽으로 기울어져 있는 빛.

편년(編年) [명] 연대를 따라 역사를 엮음.

편년-체(編年體) [명][역] 전통적 역사 기술의 한 형식. 연대순으로 역사를 기록하는 방식으로 공자의 '춘추(春秋)'에서 비롯됨. ▷기사 본말체·기전체.

편달(鞭撻) [명] (어떤 사람을) 잘할 수 있도록 따끔하게 나무라는 것. ¶지도 ~을 바랍니다.

편당(偏黨) [명] **1** 한쪽의 당파(黨派). **2** 한 당파로 치우치는 것.

편대(編隊) [명][군] **1** 비행기 부대 구성 단위의 하나. 2~4대의 비행기로 이루어짐. **2** 비행기 등이 짝을 지어 갖춘 대형.

편도[1](片道) [명] 가고 오는 길 중 어느 한 쪽. 또는, 그 길. ¶~ 승차권. ↔왕복.

편도[2](扁桃) [명][식] 지중해 연안에서 재배되며, 복숭아와 비슷한 열매가 열리는 낙엽 교목. 열매는 과육이 얇아 먹지 않으나, 속에 있는 씨는 단맛이 있어 식용함. =아몬드.

편도-선(扁桃腺) [명][생] 사람의 입속 양쪽 구석에 하나씩 있는, 편평하고 타원형으로 생긴 림프샘. ¶~이 붓다.

편도선-염(扁桃腺炎) [-념] [명][의] 편도선에 생기는 염증. 감기나 과로 등으로 일어남.

편두(扁豆) [명][식] 열매인 꼬투리 안에 검은색과 흰색의 줄무늬가 있는 종자가 들어 있는 여러해살이풀. 7~9월에 흰색 또는 자주색 꽃이 피는데, 흰 꽃이 피는 종자를 약용함.

편두-통(偏頭痛) [명][의] 발작적·주기적으로 머리의 어느 한쪽에 욱신욱신 아픔을 느끼는 병.

편-들다(便-) [동][자] 〈-드니, -드오〉 어느 한쪽을 옹호하고 두둔하는 것. ¶그는 언제나 약자들을 편든다는 사람이다.

편람(便覽) [명-] [명] 보기에 편리하도록 간명하게 만든 책.

편력(遍歷) [명-] [명] **1** (세상을) 여기저기 돌아다니는 것. **2** (어떤 대상이나 지적·정신적 영역을) 삶에 두루 경험하는 것. ¶여성 ~ / 독서 ~. **편력-하다** [동][타]. ¶천하를 ~.

편리(便利) [명-] [명] (어떤 대상이) 그것을 이용하거나 어떤 일을 하기에 편하고 쉬우며 이로움이 있는 것. ↔불편. **편리-**

하다 [형여] ¶교통이 ~.

편리^공!생(片利共生) [편-] [명][생] 한편은 이익을 받으나 다른 편은 이익도 해도 없는 공생의 한 양식. 해삼과 숨이고기 등에서 볼 수 있다. ↔상리공생.

편린(片鱗) [명-] [명] ('한 조각의 비늘'이라는 뜻) 사물의 극히 작은 한 부분. (비)일단(一端). ¶고향에 대한 기억의 ~들을 더듬어 본다.

편-마모(偏磨耗) [명] (물체가) 한쪽으로 치우쳐서 닳아지는 것. **편마모-하다** [동][자여] **편마모-되다** [동][자] ¶공기압이 낮은 타이어가 **편마모된다**.

편-마비(偏痲痺) [명][의] 몸의 한쪽이 마비되어 움직이지 못하는 질병. ▷반신불수.

편마-암(片麻巖·片麻岩) [명][광] 장석·석영·운모·각섬석 등으로 이루어진 변성암.

편-먹다(便-) [-따] [동][자] 편을 갈라 짜서 한편이 되다. 속된 말임.

편모[1](片貌) [명] 연결되지 않고 조각조각으로 있는 모습. 또는, 일부분의 모습.

편모[2](偏母) [명] 아버지가 죽고 홀로 있는 어머니.

편모[3](鞭毛) [명][생] 원생동물이 가진 운동 및 영양 섭취의 세포 기관. 긴 채찍 모양의 잔털로 되어 있음.

편모-슬하(偏母膝下) [명] 어떤 사람이 홀어머니 밑에서 자라고 있거나, 홀어머니를 모시고 있는 처지. =편모시하.

편모-시하(偏母侍下) [명] =편모슬하.

편모충-류(鞭毛蟲類) [-뉴] [명][동] 동물과 식물의 중간에 위치하며, 편모로 운동하는 단세포 생물의 총칭. 연두벌레·야광충 등이 이에 속함.

편무(片務) [명] 어느 한쪽에서만 지는 의무. ¶~ 계약. ↔쌍무.

편물(編物) [명] 뜨개질바늘이나 기계로 뜨개질하는 방식으로 실을 짠, 옷·장갑·양말·숄 등의 물건. (비)니트.

편발(編髮) [명] 지난날, 관례하기 전에 머리를 길게 땋아 늘이던 일. 또는, 그 머리.

편백(扁柏) [명][식] 높이 40m에 이르고, 가지는 수평으로 퍼져서 나무 모양이 원뿔형을 이루는 상록 침엽 교목. 나무껍질은 적갈색이며, 비늘같이 생긴 잎이 마주남. 목재는 질이 좋아 널리 쓰임.

편법(便法) [-뻡] [명] 원칙이나 정도(正道)를 벗어나서 쉽게 목적을 이루기 위해 사용하는 방법이나 수단. ¶~ 수사.

편벽-되다(偏僻-) [-뙤-/-뛔-] [형] 공평하지 못하고 한쪽으로 치우치기 쉽다. ¶편벽된 견해.

편벽-하다(偏僻-) [-벼카-] [형여] 정상적인 상태에 있지 못하고 한쪽으로 치우쳐 있다.

편서-풍(偏西風) [명][기상] 위도 30~65°의 중위도 지역에서 일 년 내내 서쪽에서 동쪽으로 부는 바람.

편성(編成) [명] **1** 엮어 모아서 책·신문·방송·영화 따위를 만드는 것. **2** 조직이나 대오를 짜서 이루는 것. **편성-하다** [동][타여] ¶프로그램을 ~. **편성-되다** [동][자] ¶관현악은 관악기·현악기·타악기로 **편성된다**.

편수[1] 얇게 밀어 편 밀가루 반죽에 채소로 만든 소를 넣고 네 귀를 붙여, 끓는 물에 익혀 장국에 넣어 먹는 여름 음식.

편수[2] 공장(工匠)의 우두머리. ▷도편수.

편수³(編修) 명 책을 편집하고 수정하는 것. ¶~ 자료. **편수-하다** 타예

편수-관(編修官) 명 교육 인적 자원부에서 교과용 도서의 편수를 맡아보는 공무원.

편승(便乘) 명 1 남이 타고 가는 차편을 얻어 타는 것. 2 주체적인 노력 없이 이득을 얻거나 무난하게 처신하기 위하여 (어떤 상황·기회·분위기에) 따르는 것. **편승-하다** 재 ¶남의 차에 ~ / 시류에 ~.

편식(偏食) 명 어떤 음식만을 가려서 먹는 것. **편식-하다** 타예

편-싸움(便-) 명 편을 갈라서 하는 싸움. **편싸움-하다** 자예

편안-하다(便安-) 형예 (몸이) 피롭거나 아프거나 힘들거나 하지 않고 편하여 좋다. 또는, (마음이) 불안하거나 걱정거리가 없이 편하여 좋다. 불평안하다. ¶몸과 마음이 ~. **편안-히** 분 ¶~ 쉬십시오.

편암(片岩·片巖) 명 석영·운모 따위의 얇은 층을 이룬 변성암.

편애(偏愛) 명 둘 이상의 사람 가운데 어느 한 사람에게 한쪽만을 치우치게 사랑하는 것. **편애-하다** 타예 ¶막내를 ~.

편액(扁額) 명 종이·비단·널빤지 따위에 그림을 그리거나 글씨를 써서 방 안이나 문위에 걸어 놓는 액자.

편역-들다(便-) '역성들다'의 잘못.

편육(片肉) 명 쇠고기나 돼지고기를 삶아서 눌러 두었다가 얇게 썬 음식.

편의(便宜) [-의/-이] 명 1 생활하거나 일하는 데에 조건이 편하고 좋은 것. ¶~ 시설. 2 일의 조건에 있어서 편리한 것을 고려하는 상태. ¶~상 존칭은 생략함.

편의-성(便宜性) [-의성/-이성] 명 형편이나 조건 등이 편하고 좋은 특성.

편의-점(便宜店) [-의-/-이-] 명 소비자의 편의를 극대화하기 위해, 다양한 일용 잡화나 즉석식품 등을 하루 24시간 판매하는 방식의 소매 점포.

편의-주의(便宜主義) [-의-의/-이-이-] 명 어떤 일을 근본적으로 처리하지 않고 임시로 둘러맞추는 방법.

편익(便益) 명 편리하고 유익한 것. ¶소비자의 ~을 위해 helps쓰다.

편입(編入) 명 1 짜서 넣는 것. 2 한동아리나 조직 등에 끼어 들어가는 것. ¶~생(生) / ~ 시험. **편입-하다** 자예타예 **편입-되다** 자예 ¶경기도에 ~.

편자¹ 명 말굽 밑에 대어 붙이는 'U' 자 모양의 쇠붙이.

편자²(編者) 명 책을 엮은 사람. 비엮은이.

편재¹(偏在) 명 치우쳐 있는 것. ¶부(富)의 ~. **편재-하다¹** 자예

편재²(遍在) 명 (어떤 대상이) 두루 퍼져 있는 것. **편재-하다²** 자예

편저(編著) 명 편집하여 저술하는 것. **편저-하다** 타예

편-저자(編著者) 명 1 편자와 저자. 2 편집하여 저술한 사람.

편전(便殿) 명 임금이 평소에 거처하는 궁실.

편제(編制) 명 어떤 조직이나 기구를 편성하여 제정하는 것. 또는, 그 기구나 체제. **편제-하다** 타예

편종(編鐘) 명음 아악기의 하나. 12율의 순서로 조율한 종을 한 단에 8개씩, 두 단 16개나 나무틀에 달아 뿔망치로 침.

음색이 웅장함.

편주(片舟·扁舟) 명 작은 배. 비조각배. ¶일엽 ~.

편중(偏重) 명 (어떤 일에) 한쪽으로 치우치는 것. **편중-하다** 자예타예 **편중-되다** 자예 ¶입시에 편중된 교육 정책.

편지(便紙·片紙) 명 멀리 떨어져 있는 상대에게 소식이나 사연이나 용무를 알리거나 전하기 위해 일정한 격식에 따라 글로 쓴 것. 또는, 그 글. 비서신·서한·서신·서찰. ¶연애 ~. **편지-하다** 자예 편지를 써서 보내다.

편;지-지(便紙-) 명 편지를 쓰는 종이.

편;지-질(便紙-) 명 '자꾸 편지를 써서 보내는 일'을 못마땅하여 낮추어 이르는 말. **편지질-하다** 자예

편;지-투(便紙套) 명 = 편지틀.

편;지-틀(便紙-) 명 편지 글의 격식 등을 본보기로 보이는 책. = 편지투.

편직-물(編織物) [-징-] 명 실로 뜨개질한 것처럼 짠 피륙.

편집(編輯) 명 1 책·잡지·신문 등의 제작에 있어서, 일정한 방침이나 기획 아래 문자나 사진 등의 원고를 모아 선택·정리하고 지면을 구성하며 그 내용을 교정하는 일. 2 영화나 방송 드라마 등의 제작에 있어서, 촬영·현상이 끝난 필름이나 녹음이 이뤄진 테이프를 대본에 따라 적절히 자르고 연결하여 일관되고 연속성 있는 작품이 되게 하는 일. **편집-하다** 타예 **편집-되다** 자예 ¶기사(記事)를 ~. **편집-되다** 자예

편집-광(偏執狂) [-꽝] 명 어떤 사물에 집착하여 몰상식한 행동을 예사로 하는 정신병자.

편집-부(編輯部) [-뿌] 명 편집을 맡아보는 부서.

편집^위원(編輯委員) 명 잡지나 전집(全集) 또는 기타 간행물에서, 편집의 방향이나 내용 등을 논의하고 결정하는 사람.

편집-인(編輯人) 명 1 편집에 관하여 법적 책임을 지는 사람. 2 편집을 하는 사람.

편집-장(編輯長) [-짱] 명 편집하는 사람들의 우두머리로서 편집 업무 전체를 관할하는 사람.

편집-증(偏執症) [-쯩] 명 인격의 붕괴를 보이지는 않으나 피해망상·추적 망상과 같은 논리적·체계적인 망상을 나타내는 병적인 상태.

편집-진(編輯陣) [-찐] 명 어떤 책이나 잡지, 신문 등의 내용을 편집하는 일에 함께 참여하는 사람들.

편집^후;기(編輯後記) [-지푸-] 명 편집을 마친 후, 편집의 과정·감상·계획·비평 등을 단편적으로 간단히 적은 글.

편-싸다(便-) 자예 승부를 겨루기 위하여 편을 갈라 조직하다.

편-짝(便-) 명의존 상대하는 두 편에서 어느 한 편을 가리키는 말. ¶이 ~.

편차(偏差) 명수 수치·위치·방향 등이 일정한 기준에서 벗어나 있는 정도.

편찬(編纂) 명 (사전·교과서·자료집 등을) 많은 자료를 모으고 정리하고 해석하여 책으로 만드는 것. **편찬-하다** 타예 ¶사전을 ~. **편찬-되다** 자예

편찮다(便-) [-찬타] 형 1 '편하지 아니하다'가 준 말. ¶마음이 ~. 2 '아프다'의 높임말. 보통, 어간에 선어말 어미 '-으시-'를 붙임. ¶몸이 많이 **편찮으십니까**?

편충(鞭蟲) 명동 몸길이 3~5cm의 선형

동물로, 사람의 창자, 특히 맹장에 기생하는 기생충. 빈혈·설사 등을 일으킴.

편취(偏取) 명 속이어 남의 물건을 빼앗는 것. **편취-하다** 目困 ¶경찰은 수천만 원의 보험금을 **편취한** 김 씨를 구속했다.

편친(偏親) 명 홀로 된 아버지나 어머니.

편파-적(偏頗的) 관 공정하지 못하고 한쪽으로 치우치는 경향이 있는 (것). ¶~으로 보도하다.

편파-하다(偏頗-) 혱여 공평함을 잃고 한쪽으로 치우친 상태에 있다.

편편-이(片片-) 부 조각조각으로. 또는, 조각조각마다. ¶벚꽃의 꽃잎이 바람에 ~ 흩어진다.

편편-하다(便便-) 혱여 1 아무 일 없이 편안하다. 2 물건의 배가 부르지 않고 번듯하다. **편편-히** 부 ¶~ 놀다.

편평-족(扁平足) 명의 '평발'을 전문적으로 이르는 말.

편평-하다(扁平-) 혱여 넓고 평평하다. ¶**편평한** 바위. **편평-히** 부

편포(片脯) 명 다져서 반대기를 지어 말린 고기.

편-하다(便-) 혱여 1 (몸이나 마음이) 거북하거나 괴롭지 않아 좋다. ¶어려워하지 말고 편하게 앉아라. 2 쉽고 편리하다. ¶**편한** 방법으로 일을 해라. **편-히** 부 ¶집에서 ~ 쉬다.

편향(偏向) 명 한쪽으로 치우치는 것. ¶~ 교육. **편향-되다** 目困 ¶**편향된** 시각.

편협-하다(偏狹-·褊狹-) [-하−] 혱여 도량이나 생각하는 것이 좁고 치우쳐 있다. ¶고루하고 **편협한** 인물.

편형-동물(扁形動物) 명동 몸이 편평하고 세로로 길며, 기생 생활을 하거나 물에 떠서 생활하는 동물의 한 무리. 조충·디스토마·플라나리아 등이 이에 속함.

편히-쉬어(便-) 명 제식 훈련 시 구령의 하나. 말도 하고 얼마쯤 움직일 수 있을 만큼 행동을 자유로이 하라는 말.

펼쳐-지다[−쳐−] 困 1 (어떤 물체가) 저절로 또는 힘의 작용을 받아 넓게 퍼지는 상태가 되다. ¶낙하산이 확 ~. 2 (볼거리, 들을 거리, 읽을거리 따위가) 사람들 앞에 주의를 끌 만한 상태로 나타나지다. ¶매스 게임이 화려하게 ~. 3 (매우 넓은 평면을 가진 대상이) 평평하고 탁 트인 상태로 드러나다. ¶대평원이 ~.

펼치다 目 1 (접히거나 말리거나 덮어이거나 한 물체를) 최대한의 넓이가 되게 펴다. ¶책을 ~. 2 (마음에 품은 뜻이나 정책·작전·세력 등을) 최대한으로 이루어지게 펴다. ¶네 꿈을 맘껏 **펼쳐라**. 3 (어느 정도의 시간적 길이가 있는 볼거리, 들을 거리, 읽을거리 따위를) 눈이나 귀로 보거나 듣거나 감상할 수 있도록 사람들 앞에 주의를 끌 만한 상태로 나타내다. 비유적인 말임. ¶런던 필하모니가 **펼치는** 환상적인 선율의 세계.

펼친-그림 명 =전개도.

폄!하(貶下) 명 (어떤 대상을) 형편없는 것으로 깎아내리는 것. **폄!하-하다** 目여 ¶민족 운동의 의의를 ~. **폄!하-되다** 困

폄!훼(貶毁) 명 (다른 사람을) 깎아내리고 헐뜯는 것. **폄!훼-하다** 目困여 **폄!훼-되다** 困

평[1](評) 명 어떤 대상에 대해 옳고 그름, 좋고 나쁨, 잘되고 못됨 등을 말하는 것.

또는, 그 말. ¶그 영화는 ~이 좋다.

평[2](坪) 의전 토지 면적의 단위의 하나. 곧, 여섯 자 평방으로, 3.3058m²임. ¶대지 200~.

평가[1](平價) [-까] 명[경] 1 한 나라의 통화(通貨)의 대외 가치 기준으로서, 그 나라의 통화 단위와 특정 금속(보통은 금) 또는 그 중량의 외화(예를 들면 달러)와의 비율로 표시되는 것. 2 유가 증권의 시장 가격이 액면 금액과 같은 것.

평가[2](評價) [-까−] 명 (어떤 대상을) 가치나 수준 따위를 따져 평하는 것. 또는, 그 가치나 수준. ¶과대(과소) ~ / 절대(상대) ~. **평!가-되다** 目困 ¶능력을 높이 ~. **평!가-되다** 困

평!가-전(評價戰) [−까−] 명 실력의 정도를 알아보기 위해 하는 운동 경기. ¶월드컵 대표 팀이 브라질 팀과 ~을 치렀다.

평가^절상(平價切上) [−까−쌍] 명[경] 본위 화폐 중의 순금의 양을 늘리거나 하여 통화의 대외 가치를 올리는 일. ↔평가 절하.

평가^절하(平價切下) [−까−] 명[경] 본위 화폐 중의 순금의 양을 줄이거나 하여 통화의 대외 가치를 내리는 일. ↔평가 절상.

평강^공주(平岡公主) 명[인] 고구려 평원왕의 딸(?−?). 온달 장군의 아내임.

평강-하다(平康-) 혱여 =평안하다.

평!결(評決) 명 평의하여 결정하는 것. **평!결-하다** 目困여 **평!결-되다** 困

평교-간(平交間) 명 나이가 서로 비슷한 벗 사이.

평-교사(平敎師) 명 특수한 직무나 직책을 맡고 있지 않은 보통의 교사.

평균(平均) 명 1 물건의 수나 양의 많고 적음을 고르게 하는 일. 2 [수] 몇 개의 수를 더하여 그 개수로 나누는 것. 또는, 그 값.

평균-값(平均-) [−갑] 명[수] 평균하여 얻어지는 값. 구용어는 평균치.

평균-대(平均臺) 명[체] 1 기계 체조 용구의 하나. 높이 1.2m, 길이 5m, 폭 10cm의 나무로 만든 대(臺). 2 1을 이용한 여자 체조 경기 종목. 대 위에서 회전·점프·전향(轉向)·걷기 등의 연기를 함.

평균^수명(平均壽命) 명 1년 사이에 죽은 사람의 모든 나이를 합하여, 이를 죽은 사람의 수효로 나눈 수.

평균-율(平均律) [−뉼] 명[음] 음률(音律) 체계의 하나. 옥타브를 등분할(等分割)하여, 그 단위를 음정 구성의 기초로 삼는 방식임. 보통은 12평균율을 가리킴.

평균-인(平均人) 명 사회에 있어서 통상의 판단 능력과 행위 능력을 가진 사람.

평균-적(平均的) 관 평균의 상태에 있는 (것). ¶도시 근로자의 ~인 소득.

평균-점(平均點) [−쩜] 명 각 학과의 점수 총계를 과목의 수로 나눈 수. 주로 학업 성적에서 말하기도 함.

평균-치(平均值) [−−] 명[수] '평균값'의 구용어.

평균^태양(平均太陽) 명[천] 1년을 주기로 천구의 적도 위를 일정한 속도로 서쪽에서 동쪽으로 운행한다고 가정한 태양.

평균^태양시(平均太陽時) 명[천] 평균 태양의 시각(時角)으로써 계산하는 시간. 곧, 평균 태양일의 1/24.

평균^태양일(平均太陽日) 명[천] 평균 태

평균-화(平均化) 圖 평균하게 하는 것. ▷평준화. **평균화-하다** 圄(타)(여) **평균화-되다** (자)

평년(平年) 圖 1 1년이 365일인 보통의 해. ↔윤년. 2 농사가 보통으로 된 해. ¶~ 수확량. 3 =예년.

평년-값(平年-) [-깝] 圖[기상] 과거 30년간의 기온이나 강수량 등의 기상 요소를 평균한 값. ¶~을 웃도는 기온.

평년-작(平年作) 圖[농] 풍작도 흉작도 아닌 보통 정도로 된 농사. ¶금년 농사도 ~ 수준에 머물렀다. ⓒ평작.

평!**단**(評壇) 圖 평론가의 사회.

평등(平等) 圖 차별이 없이 고르고 한결같은 것. ¶남녀~. ↔차별. **평등-하다** 圄(여) ¶평등한 대우.

평등-권(平等權) [-꿘] 圖[법] 1 국제법상 모든 국가들이 평등한 권리·의무를 가지는 일. 2 헌법상 모든 국민이 법 앞에 평등한 권리.

평등^선거(平等選擧) 圖[정] 신분·재산·교육·납세 등에 상관없이 모든 선거인에게 평등한 투표권을 주는 선거. ↔차등선거.

평등-주의(平等主義) [-의/-이] 圖 모든 것에 차등을 두지 않는 태도.

평!**론**(評論) [-논] 圖 문학·예술 작품을 분석하고 평가하는 일. 또는, 그 글. ¶문학 ~. **평**!**론-하다** 圄(타)(여)

평!**론-가**(評論家) [-논-] 圖 평론을 직업으로 하는 사람. =비평가. ¶영화 ~.

평면(平面) 圖 1 평평한 표면. 2 [수] 한 표면 위의 임의의 두 점을 지나는 직선이 항상 그 표면 위에 되는 면. ↔곡면.

평면-거울(平面-) 圖 반사면이 평면을 이룬 거울.

평면-도(平面圖) 圖 1 투영 도법에서, 물체를 평화면에 투영하여 얻은 그림. 2 건물을 수평 방향으로 절단하여 바로 위에서 내려다본 그림.

평면^도형(平面圖形) 圖[수] 평면에 나타낸 도형. ▷입체 도형.

평면-적(平面的) 圈 1 평면이 평평한 (것). 2 내면(内面) 까지 들어서지 않고 표면상에서만 논의하거나 표현하거나 하는 (것). ↔입체적.

평명-체(平明體) 圖[문] 꾸미는 말이 적고 이해하기 쉬운 실용적인 문체.

평민(平民) 圖 1 벼슬이 없는 일반인. 2 특권 계급이 아닌 일반 시민. ⦗서민. ¶~ 출신. ↔귀족.

평-발(平-) 圖 발바닥에 오목 들어간 데가 없이 평평한 발. 걷는 데 불편함.

평방(平方) 圖(수) 1 '제곱' 의 구용어. 2 길이의 단위 아래에 붙어, 그 길이의 한 변으로 하는 정사각형의 넓이를 나타내는 말. ¶5센티미터 ~. ▷입방.

평방-미터(平方meter) 圖(의존)(수) '제곱미터' 의 구용어.

평범-하다(平凡-) 圄(여) 뛰어나거나 색다른 점이 없이 예사롭다. ¶**평범한** 옷차림. ↔비범하다. **평범-히** (부)

평복(平服) 圖 1 =평상복. 2 제복이나 관복이 아닌 보통의 옷. ¶~ 차림.

평사(平射) 圖 1 평면에 투영하는 일. 2 포(砲)의 앙각(仰角)을 작게 하여, 탄환이 거의 직선으로 날아가도록 발사하는 일. ▷곡사·직사. **평사-하다** 圄(타)(여)

평사-낙안(平沙落雁) 圖 ⦗'모래펄에 날아와 앉는 기러기'라는 뜻⦘ 1 글씨(특히, 붓글씨)가 매끈하게 잘 쓰인 상태. 2 여자의 자태가 아름답고 맵시 있는 상태.

평-사원(平社員) 圖 간부가 아닌, 가장 아래 계급의 사원. ¶만년 ~.

평상[1](平牀·平床) 圖 밖에다 내어 앉거나 드러누워서 쉴 수 있도록 만든, 나무로 된 침상의 한 가지.

평상[2](平常) 圖 '평상시' 의 준말.

평상-복(平常服) 圖 평상시에 입는 옷. =평복.

평상-시(平常時) 圖 특별한 일이 없는 보통 때. =평시. ⦗비상시. ⓒ평상·평시·상시.

평상-심(平常心) 圖 평상시와 같은 차분한 마음. 또는, 동요가 없이 잔잔한 마음. ¶흥분을 가라앉히고 ~을 되찾다.

평생[1](平生) Ⅰ圖 사람이 살아 있는 날까지의 동안. ⦗일생. ¶교육 사업에 ~을 바치다.
Ⅱ[부] 살아 있는 동안 내내. 또는, 태어나 지금까지. ¶~ 간직할 비밀.

평생^교육(平生敎育) 圖[교] 유년에서부터 노년에 이르기까지 평생 동안 받아야 할 대상으로서의 교육.

평생-소원(平生所願) 圖 평생을 두고 이루고자 하는 소원. 또는, 아주 간절한 소원.

평생-직장(平生職場) [-짱] 圖 평생 근무할 곳으로서의 직장.

평생토록(平生-) 圖 일생 동안 걸려서. ¶~ 교육에 헌신하다.

평서-문(平敍文) 圖 사물을 객관적으로 서술하는 것을 주로 하여, 특별한 수사적 수법을 쓰지 않은 문장.

평서-형(平敍形) 圖[언] 용언 및 서술격 조사 '이다' 의 활용형의 하나. '-다', '-오' 등의 예사로운 종결 어미가 붙은 꼴.

평성(平聲) 圖[언] 1 한자음의 사성(四聲)의 하나. 가장 낮은 소리임. 2 한자음의 사성의 하나. 낮고 평순(平順)한 소리임. ↔측성.

평소(平素) 圖 일상생활에서와 같은 보통 때. ⦗평상시. ¶그는 ~에 말이 없다.

평수(坪數) [-쑤] 圖 평으로 따진 넓이.

평순^모음(平脣母音) 圖[언] 발음할 때 입술을 둥글게 오므리지 않는 모음. 'ㅣ', 'ㅡ', 'ㅓ', 'ㅏ', 'ㅐ', 'ㅔ' 따위. ↔원순모음.

평시(平時) 圖 '평상시' 의 준말.

평-시조(平時調) 圖[문] 시조의 하나. 초장이 3·4·3(4)·4, 중장이 3·4·4(3)·4, 종장이 3·5·4·3으로 글자 총수가 45자 안팎의 가장 기본적이고 대표적인 시조 형식.

평-신도(平信徒) 圖[종] 교직(敎職)을 가지지 않은 일반 신자.

평안[1](平安) 圖 마음에 걱정이 없거나 아무 탈이 없어 평화로운 상태. ¶마음의 ~을 얻다. **평안-하다** 圄(여) ⦗편안하다. ¶아무쪼록 가정이 **평안하시**길 빕니다. **평안-히** (부)

평안[2](平安) 圖 '평안도' 를 줄여서 이르는 말.

[평안 감사(監司)도 저 싫으면 그만이다] 아무리 좋은 일이라도 제 마음에 들지 않으면 강제로 시킬 수 없다.

평야(平野) 명 아득하게 너른 들.
평양-냉면(平壤冷麵) 명 메밀국수에 찬 장국을 부어 만, 평양의 향토 음식. ▷함흥냉면.
평열(平熱) [-녈] 명 사람이 건강한 때의 체온. 36~37℃임.
평영(平泳) 명[체] 수면에 엎드려 팔다리를 물속에서 동시에 상후 대칭으로 움직여 전진하는 방식의 수영. ≫개구리헤엄.
평온-하다(平穩-) 형여 평화롭고 안온하다. ¶평온한 전원생활. **평온-히** 튀
평운(平韻) 명 한자의 사성(四聲) 중 평성(平聲)에 속하는 상하의 30운. ↔측운.
평원(平原) 명 평평하고 드넓은 벌판.
평음(平音) 명[언] =예사소리.
평:의(評議) [-의/-이] 명 서로 의견을 교환하여 의논하는 것. **평:의-하다** 동여
평:의-되다 동자
평:의-회(評議會) [-의회/-이훼] 명 어떤 일을 평의하기 위한 모임.
평이-하다(平易-) 형여 까다롭지 않고 쉽다. ¶평이한 문제.
평일(平日) 명 1 =평상시. 2 일요일이나 명절, 또는 공휴일이 아닌 보통 날.
평자¹(平字) [-짜] 명 사성(四聲) 중의 평성(平聲)에 딸린 글자. ↔측자.
평:자²(評者) 명 비평하는 사람.
평작(平作) 명[농] '평년작'의 준말.
평잔(平殘) 명 일정 기간 동안의 예금의 평균 잔액. ¶3개월 동안의 ~이 매일 300만 원인 우수 고객.
평:전(評傳) 명 평론을 겸한 전기(傳記).
평-절(平-) 명 웃어른한테 올리는 우리 고유의 절. 남자는 큰절과 거의 같으나, 읍할 때 손을 가슴까지만 올리며, 여자는 한쪽 무릎을 세우고 손을 바닥에 짚은 뒤 머리를 숙임. ▷큰절.
평:점(評點) [-쩜] 명 1 평가하여 매기는 점수. 2 물건의 가치를 따져 매기는 점수.
평정¹(平定) 명 1 (난을) 군사력으로 눌러서 진정시키는 것. 또는, (난이 일어난 지역을) 군사력으로 눌러서 지배 아래 두는 것. 2 (어떤 영역이나 세계를) 실력으로 장악하여 지배적 위치에 서는 것. **평정-하다¹** 동여 ¶반란을 ~ / 세계 시장을 ~. **평정-되다¹** 동자
평정²(平靜) 명 마음이 평안하여 괴로움이나 갈등이나 흔들림 등이 없는 상태. ¶마음의 ~을 되찾다. **평정-하다²** 형여
평:정³(評定) 명 평가하여 결정하는 것. **평:정-하다³** 동여 **평:정-되다²** 동자
평조(平調) 명[음] 우리나라 俗樂)의 음계. 서양 음악의 장조(長調)에 가까운 낮은 곡조.
평준-화(平準化) 명 수준이나 실력 등이 서로 차이 나지 않게 하는 것. 또는, 그렇게 되는 것. ¶고교(高校) ~. **평준화-하다** 동자동여 **평준화-되다** 동자
평지¹(平-) [-찌] 명 =유채(油菜)².
평지²(平地) 명 바닥이 편평한 땅. →산지.
평지-풍파(平地風波) 명 [고요한 땅에 바람과 물결을 일으킨다는 뜻] 평온한 상태에서 갑작스럽게 일어나는 분쟁이나 갈등을 이르는 말. ¶너는 왜 쓸데없는 말을 해서 ~를 일으키냐?
평직(平織) 명 직물을 짤 때, 날실과 씨실을 각각 한 올씩 교차시켜 짜는 방법. ▷능직·수자직.
평-직원(平職員) 명 간부가 아닌, 가장 아래 계급의 직원.
평-천하(平天下) 명 천하를 평정하는 것. **평천하-하다** 동여
평체(平體) 명[출] 사진 식자의 변형 문자의 하나. 변형 렌즈를 써서 세로의 폭을 10~30% 줄인 자체(字體). ↔장체.
평탄-하다(平坦-) 형여 1 지면이 평평하다. ¶평탄한 도로. 2 일의 진행이 순조롭다. ¶평탄한 삶. **평탄-히** 튀
평토-제(平土祭) 명 무덤을 쓸 때 관을 묻고 흙을 메워 평평하게 하고 나서 드리는 제사.
평판¹(平版) 명[출] 판면(版面)에 거의 요철(凹凸)이 없고, 잉크의 기름 성분과 물의 반발성에 의하여 그림이나 글자가 인쇄되는 평평한 판.
평:판²(評判) 명 세상 사람들이 어떤 대상에 대해 판단하여 내리는 평. ¶그는 마을에서 효자라는 ~이 자자하다.
평평-하다(平平-) 형여 높낮이가 없이 바닥이 고르고 판판하다. **평평-히** 튀
평:-하다(評-) 동여 시비·선악·우열 등을 논하여 말하다. ¶후세 사람들은 이 충무공을 성웅(聖雄)으로 **평하고** 있다.
평행(平行) 명 1 두 직선 또는 평면이 서로 나란히 있어 아무리 연장해도 서로 만나지 않는 일. ↔교차. **평행-하다** 동자동여
평행-봉(平行棒) 명[체] 1 기계 체조 용구의 하나. 대각(臺脚) 위에, 두 개의 횡목(橫木)을 부착시킨 것. 2 1을 이용한 남자 체조 경기 종목.
평행^사^변형(平邊四邊形) 명[수] 서로 마주 대하는 두 쌍의 변이 각기 평행인 사변형.
평행-선(平行線) 명 1 [수] 동일 평면 상에 있으며, 언제까지고 교차되지 않는 둘 또는 둘 이상의 직선. 2 대립하는 양자의 의견 등이 서로 양보하지 않고, 같은 상태인 채로 있는 일.
평형(平衡) 명 1 (물체가 역학적으로 균형이 잡힌 상태에 있다는 뜻에서) 사물이 한쪽으로 기울지 않고 안정하는 것. 2 무게를 달 때, 저울대가 수평을 이루는 상태. 3 (물] 어떤 물체에 동시에 두 힘이 작용할 때, 힘이 전혀 가해지지 않은 것처럼 정지하고 있는 상태.
평형-감각(平衡感覺) 명 1 [생] 공간에서 신체의 위치나 운동의 변화를 감지하는 감각. 2 일을 한쪽으로 치우침이 없이 판단하여 처리하는 능력. ¶~이 뛰어난 정치인.
평형-기(平衡器) 명[생] 평형감각을 맡은 기관. 무척추동물에서는 평형낭(平衡囊), 척추동물에서는 반고리관임.
평화(平和) 명 1 사람들끼리 서로 싸우거나 미워하지 않고 화목한 상태. ¶가정의 ~를 깨뜨리다. 2 나라와 나라 사이에 전쟁이 없이 평안한 상태. ¶책머리는 세계의 ~를 위협하고 있다. **평화-하다** 동여
평화^공세(平和攻勢) 명[정] 긴장·갈등 관계에 있는 국가 사이에서, 상대국 국민을 교란시키거나 국제 여론을 자기에게 유리하게 이끌어나가 하기 위하여 어느 한쪽 진영에서 갑자스레 내거는 평화 정책.
평화^공존(平和共存) 명 사회 체제가 다른 자본주의 국가와 사회주의 국가가 서로 침범함이 없이 공존이 가능하다는 주장. 또는, 그 상태.
평화-롭다(平和-) [-따] 형ㅂ 〈~로우

니, ~로워) 평온하고 화목한 느낌이 있다. ㉠평화스럽다. ¶평화로운 가정. 평화로이㉮

평화면(平畵面)[명][수] 투영법에서, 물체의 윗면과 아랫면에 평행을 이루는 화면. ▷입화면·측화면.

평화^봉사단(平和奉仕團)[명] 개발도상국에 파견되어 기술·농업·교육·위생 활동에 봉사하는, 미국 정부 지원의 민간단체.

평화-스럽다(平和-)[-따][형][어〈~스러우니, ~스러워〉] 평화를 누리는 데가 있거나, 평화의 상태에 가깝다. ㉠평화롭다. 평화스레㉮

평화^유지군(平和維持軍)[명] =유엔 평화 유지군.

평화-적(平和的)[관][명] 평화로운 (것). ¶~ 정전 교체.

평화^조약(平和條約)[명][법] =강화 조약.

평화-주의(平和主義)[-의/-이][명] 평화를 극력 주장하는 사상·운동의 총칭.

평활-근(平滑筋)[명][생] =민무늬근. ↔횡문근.

평활-하다(平滑-)[형][어] 평평하고 미끄럽다.

폐¹(肺)[폐/페][명][생] 양서류 이상의 척추동물의 공기 호흡을 하는 기관. 흉강(胸腔)에 좌우 한 쌍 있으며, 가운데에는 수많은 폐포가 있다. =폐부·폐장·허파.

폐²(弊)[폐/페][명] 1 '폐단'의 준말. 2 남에게 끼치는 신세나 피로움. ¶~를 끼치다.

폐-가(廢家)[폐-/페-][명] 1 사람이 살지 않고 버려두어 못쓰게 된 집. 2 호주가 죽고 상속인이 없어 집안의 대가 끊어지는 일. 또는, 그 집.

폐-각근(閉殼筋)[폐-끈/페-끈][명][동] 연체동물 부족아의 간행껍데기를 닫기 위한 한 쌍의 근육. =패주(貝柱).

폐-간(廢刊)[폐-/페-][명] 신문·잡지 따위의 정기 간행물의 간행을 폐지하는 것. **폐:간-하다**[동](타)(여) **폐:간-되다**[동](자)

폐-강(閉講)[폐-/페-][명] 하던 강의나 강좌를 폐지하는 것. **폐:강-하다**[동](타)(여) **폐:강-되다**[동](자) ¶그 강좌는 수강 신청을 한 학생 수가 너무 적어 **폐강되었다**.

폐-건전지(廢乾電池)[폐-/페-][명] 못쓰게 되어 버리는 건전지.

폐-결핵(肺結核)[폐-/페-][명][의] 폐에 결핵균이 침입하여 생기는 만성 전염병. ㉠폐병.

폐-경기(閉經期)[폐-/페-][명] 여성의 월경이 없어지는 시기. 일반적으로 45~55세의 연령대를 가리킴. ▷갱년기.

폐-곡선(閉曲線)[폐-썬/페-썬][명][수] 한 곡선을 따라서 한 점이 한 방향으로 움직여, 출발점으로 되돌아오는 곡선. 원(圓) 따위.

폐-공(廢孔)[폐-/페-][명] 지하수·석유 등을 탐사하거나 개발하기 위해 뚫었다가 못쓰게 되어 그대로 버려진 구멍. ¶~을 통해 지하수가 오염되다.

폐-관¹(閉館)[폐-/페-][명] (도서관·박물관·영화관 따위가) 시간이 되어 문을 닫는 것. ↔개관. **폐:관-하다¹**[동](자)(타)(여) **폐:관-되다¹**[동](자)

폐-관²(廢館)[폐-/페-][명] (도서관·박물관·영화관 따위를) 폐쇄하는 것. ↔개관. **폐:관-하다²**[동](자)(타)(여) **폐:관-되다²**[동](자)

폐-광(廢鑛)[폐-/페-][명] 광산에서 광물을 캐는 일을 중지하는 것. 또는, 그 광산. **폐:광-하다**[동](자)(타)(여) **폐:광-되다**[동](자)

폐-광촌(廢鑛村)[폐-/페-][명] 더 이상 광물 캐는 일을 하지 않아 광산의 터만 남아 있는 곳.

폐-교(廢校)[폐-/페-][명] 학교의 운영을 폐지하는 것. 또는, 그 학교. ↔개교. **폐:교-하다**[동](자)(타)(여) **폐:교-되다**[동](자)

폐:-구간(閉區間)[폐-/페-][명][수] 양끝을 포함하는 구간. 즉, 실수 a, b에 대하여 $a \le x \le b$를 만족시키는 실수 x의 집합. ↔개구간.

폐:-군(廢君)[폐-/페-][명] 폐위된 임금. ㉠폐왕.

폐:-기(廢棄)[폐-/페-][명] 1 (어떤 물건을) 더 이상 쓸 수 없다고 하여 버리는 것. ¶오래된 서류들을 ~ 처분하다. 2 (약속·조약 따위를) 당사자의 의사에 의하여 효력을 잃게 하는 것. **폐:기-하다**[동](타)(여) ¶조약을 ~. **폐:기-되다**[동](자)

폐:-기물(廢棄物)[폐-/페-][명] 더 이상 쓸 수 없게 되어 버리는 물건. ¶산업 ~.

폐:-단(弊端)[폐-/페-][명] 어떤 일이나 행동에서 나타나는 옳지 못한 경향이나 해로운 요소. ¶관료주의의 ~은 청산되어야 한다. ㉠폐(弊).

폐:-동맥(肺動脈)[폐-/페-][명][생] 심장에서 폐로 정맥혈을 보내는 혈관. ↔폐정맥.

폐:-디스토마(肺distoma)[폐-/페-][명][동] 사람과 가축의 폐에 기생하여 폐디스토마증을 일으키는 기생충. 몸은 길이 7~10mm, 너비 4~8mm의 달걀 모양으로 붉은 갈색임.

폐:-렴(肺炎)[폐-/페-][명] ['炎'의 본음은 '염'이다] 폐렴 쌍구균·바이러스 등의 감염에 의해 일어나는 폐의 염증. 오한·고열·가슴앓이·기침·호흡 곤란 등의 증상을 보임. ×폐염.

폐:-막(閉幕)[폐-/페-][명] 1 (연극 등의 공연이) 막을 내려 끝마치는 것. 2 (큰 규모의 행사나 대회 등을) 끝마치는 것. ↔개막. **폐:막-하다**[동](자)(타)(여) ¶올림픽 경기를 ~. **폐:막-되다**[동](자)

폐:-막식(閉幕式)[폐-씩/페-씩][명] 행사가 일정 기간 계속될 경우에 마지막 날 그 행사를 끝낼 때 베푸는 의식. ¶올림픽 ~. ↔개막식.

폐:-모음(閉母音)[폐-/페-][명][언] =고모음.

폐:-문(閉門)[폐-/페-][명] 문을 닫는 것. **폐:문-하다**[동](자)(타)(여) **폐:문-되다**[동](자)

폐:-물(廢物)[폐-/페-][명] 못 쓰게 된 물건.

폐:-백(幣帛)[폐-/페-][명] 1 신부가 혼례를 마치고 시댁에 와서 시부모를 비롯한 여러 시댁 어른들에게 드리는 첫인사. 신부는 미리 친정에서 준비해 온 대추·밤·술·안주·과일 등을 상 위에 올려놓고 큰 절을 올림. ¶~을 드리다. 2 혼인 전에 신랑이 신부 집에 보내는 채단(采緞).

폐:-병(肺病)[폐뼝/페뼝][명] 1 폐에 관한 질병의 총칭. 2《속》폐결핵.

폐:-부(肺腑)[폐-/페-][명] 1 [생] =폐(肺). ¶시원한 공기를 ~ 깊숙이 들이마시다. 2 마음의 깊은 속. ¶~에서 우러나오는 호소.

폐부를 찌르다 말의 뜻이 마음속 깊은 데까지 와 닿다. ¶폐부를 찌르는 시구.
폐:비(廢妃)[페-/폐-] 몡 왕비의 자리에서 물러나게 하는 것. 또는, 그 왕비. 폐:비-하다 동

폐:사¹(弊社·敝社)[페-/폐-] 몡 자기 회사를 겸손하게 이르는 말.
폐:사²(斃死)[페-/폐-] 몡 (가축 등이) 병들거나 하여 쓰러져 죽는 것. 폐:사-하다 동여 ¶전염병으로 가축이 ~. 폐:사-되다 동여
폐:색(閉塞)[페-/폐-] 몡 닫아 막는 것. 또는, 닫혀 막히는 것. 폐:색-하다 동(타)여
폐:색^전선(閉塞前線)[페-전-/폐-전-] 몡 [기상] 온대 저기압이 발달하고 있을 때, 한랭 전선이 온난 전선을 뒤따라, 난기(暖氣)를 지표로부터 밀어 올림으로써 이루어진 전선.
폐:-서인(廢庶人)[페-/폐-] 몡 벼슬이나 신분적 특권을 빼앗아 서민이 되게 하는 것. 또는, 그렇게 된 사람. 폐:서인-하다 동여
폐:선(廢船)[페-/폐-] 몡 1 낡아 못 쓰게 된 배. 2 선적(船籍)에서 없애 버린 배.
폐:쇄(閉鎖)[페-/폐-] 몡 1 (어느 곳을) 통행하지 못하게 닫거나 막아 버리는 것. 2 (기관·단체 따위를) 없애거나 기능을 정지시키는 것. 3 외부와 문화적·정신적 교류를 끊는 것. 폐:쇄-하다 동(타)여 ¶출입구를 ~. 폐:쇄-되다 동 ¶폐쇄된 전 체주의 사회.
폐:쇄-성(閉鎖性)[페-성/폐-성] 몡 폐쇄된 성질이나 상태.
폐:쇄-적(閉鎖的)[페-/폐-] 관몡 폐쇄성이 있는 (것). ¶~인 성격.
폐:수(廢水)[페-/폐-] 몡 공장이나 사육장에서 나오는, 화학 물질이나 가축의 분뇨 등으로 더러워진 물. ¶~처리장.
폐:-순환(肺循環)[페-/폐-] 몡 [생] 심장에 모인 피가 우심방에서 우심실로 가, 폐동맥에 의하여 모세 혈관으로 흘러 폐정맥을 통하여 좌심방으로 들어가는 혈액 순환. =소순환.
폐:습(弊習)[페-/폐-] 몡 폐해가 되는 나쁜 습관.
폐:시(閉市)[페-/폐-] 몡 시장의 가게를 닫는 것. ↔개시. 폐:시-하다 동(타)여
폐:암(肺癌)[페-/폐-] 몡 [의] 폐에 생기는 암. 고질적인 기침·가래·흉통(胸痛) 등의 증세가 나타남.
폐:어¹(肺魚)[페-/폐-] 몡 부레가 허파 역할을 하여 숨을 쉬는 물고기. 3억만 년 전 고생대 말기에 나타나 진화하지 않고 있는 특이종임.
폐:어²(廢語)[페-/폐-] 몡 =사어(死語).
폐:업(閉業)[페-/폐-] 몡 문을 닫고 영업을 쉬는 것. 폐:업-하다¹ 동(타)여
폐:업²(廢業)[페-/폐-] 몡 영업을 그만두는 것. ¶~신고. ↔개업. 폐:업-하다² 동(타)여
폐:열(廢熱)[페-/폐-] 몡 주되는 목적에 쓰이고 난 나머지 열.
폐염 '폐렴(肺炎)'의 잘못.
폐:왕(廢王)[페-/폐-] 몡 폐위된 왕. 비폐군(廢君).
폐:원(廢院)[페-/폐-] 몡 1 학원·병원 등의 기관이 문을 닫는 것. 2 국회에서 회기를 마치고 문을 닫는 것. ↔개원(開院).
폐:원-하다 동(자)(타)여
폐:위(廢位)[페-/폐-] 몡 (왕이나 왕비·세자 등을) 그 자리에서 물러나게 하는 것. 폐:위-하다 동(타)여 폐:위-되다 동여
폐:유(廢油)[페-/폐-] 몡 이미 사용하여 더 사용할 수 없게 된 기름.
폐:인(廢人)[페-/폐-] 몡 1 병이나 심리적 원인 등으로 몸과 마음이 정상적인 상태를 잃고 아무 쓸모없게 된 사람. 2〈속〉인터넷에 상시적으로 접속하여 열중하는 사람. ¶인터넷 ~.
폐:-일언하다(蔽一言-)[페-/폐-] (앞서의 이러런저런 말을 자르거나 막는 문맥에서 '폐일언하고'의 꼴로 쓰여) 이러니저러니 더 이상 말하지 않다. ¶폐일언하고 자네가 이번 일을 좀 맡아 주게.
폐:-자원(廢資源)[페-/폐-] 몡 쓰고 난 자원. ¶~을 다시 활용하자.
폐:자재(廢資材)[페-/폐-] 몡 더 이상 사용할 수 없게 되어 버리는 자재.
폐:장¹(肺臟)[페-/폐-] 몡[생] =폐(肺)¹.
폐:장²(閉場)[페-/폐-] 몡 1 (주로 '장(場)'으로 끝나는 명칭의 장소나 백화점·공원·고궁 등을) 닫아서 운영·영업·사용 등을 마치는 것. 2 [경] 증권 시장이 1년 중 마지막으로 열리는 것. 또는, 그 증권 시장. ↔개장. 폐:장-하다 동(타)여 폐:장-되다 동여
폐:점(閉店)[페-/폐-] 몡 1 폐업으로 가게를 그만두는 것. 2 그날의 장사를 마치는 것. ↔개점. 폐:점-하다 동(자)(타)여 폐:점-되다 동여
폐:정(閉廷)[페-/폐-] 몡[법] 재판·심리 따위를 마치는 것. ↔개정. 폐:정-하다 동(자)여 폐:정-되다 동여
폐:-정맥(肺靜脈)[페-/폐-] 몡[생] 폐에서 깨끗해진 동맥혈을 심장으로 보내는 좌우 두 개의 혈관. ↔폐동맥.
폐:지¹(廢止)[페-/폐-] 몡 (실시하던 제도·법규·일 등을) 그만두거나 없애는 것. 폐:지-하다 동(타)여 ¶노예 제도를 ~. 폐:지-되다 동여
폐:지²(廢紙)[페-/폐-] 몡 쓰고 버린 종이. ¶~수집.
폐:차(廢車)[페-/폐-] 몡 낡거나 파손된 자동차의 차체를 기계로 쭈그러뜨리거나 부숴뜨려 폐기하는 것. 또는, 그렇게 폐기한 차. 폐:차-하다 동(타)여 폐:차-되다 동(자)
폐:차-장(廢車場)[페-/폐-] 몡 일정한 설비를 갖추고 폐차하는 일을 하는 곳.
폐:-타이어(廢tire)[페-/폐-] 몡 구멍이 나거나 오래 사용하여 더 이상 쓸 수 없게 된 타이어.
폐:포(肺胞)[페-/폐-] 몡[생] 폐로 들어간 기관지의 끝에 포도송이처럼 달려 있는 자루. 호흡할 때 가스의 교환이 이루어짐. =허파 꽈리.
폐:품(廢品)[페-/폐-] 몡 못 쓰게 되어 버린 물품. ¶~활용.
폐:하(陛下)[페-/폐-] 몡 황제에 대한 경칭.
폐:-하다(廢-)[페-/폐-] 동(타)여 1 (있던 제도·법규·기관 등을) 치워 없애다. ¶서원(書院)을 ~. 2 (해 오던 일을) 중도에서 그만두다. ¶식음을 ~. 3 어떤 지위에서 내치다. ¶황제를 ~.
폐:합(廢合)[페-/폐-] 몡 (어떤 것을) 폐

지हाय 다른 것에다 합치는 것. **폐:합-하다** 통(타여) **폐:합-되다** 통(자여)
폐:해(弊害) [페-/폐-] 명 폐단으로 생기는 해.
폐:허(廢墟) [페-/폐-] 명 건물·성·시가 따위가 파괴되어 황폐하게 된 터. ¶전쟁으로 ~가 된 도시.
폐:허-화(廢墟化) [페-/폐-] 명 폐허가 되는 것. 또는, 폐허가 되게 하는 것. **폐:허화-하다** 통(자여) **폐:허화-되다** 통(자여)
폐:활량(肺活量) [페-/폐-] 명 (생) 폐가 공기를 출입시킬 수 있는 최대량.
폐:회(閉會) [페회/폐훼] 명 집회나 회의를 마치는 것. ¶~를 선언하다. ↔개회. **폐:회-하다** 통(자여) **폐:회-되다** 통(자여)
폐:회로-텔레비전(閉回路television) [페회-/페훼-] 명 동일 건물이나 특정 지역 안에서, 유선이나 특수 무선으로 영상을 전송하는 방식의 텔레비전. =시시티브이(CCTV).
폐:회-사(閉會辭) [페회-/폐훼-] 명 폐회할 때에 하는 인사말. ↔개회사.
폐:회-식(閉會式) [페회-/페훼-] 명 집회나 회의를 마칠 때 하는 의식. ↔개회식.
폐:-휴지(廢休紙) 명 못 쓰게 되어 버리는 휴지. ¶~를 재활용하다.
포[1](包) 명 1 장기짝의 하나. '包(포)' 자를 새긴 것으로, 선을 따라 움직이되, 반드시 같은 포가 아닌 말 하나를 넘어야 다 날 수 있음. 한 편에 둘씩 있음.
포[2](包) 명 [역] 동학에서, 조직의 단위의 하나. 또는, 그 조직이 있는 곳. ▷접.
포[3](包) 명 '포대(包袋)[2]'를 세는 단위로 이르는 말. ¶밀가루 한 ~.
포[4](袍) 명 '대포(大砲)'의 준말.
포[5](脯) 명 '포육(脯肉)'의 준말. ¶대구 ~.
포[6], 에드거 앨런 (Poe, Edgar Allen) 인 미국의 시인·소설가(1809~1849).
포[7](←point) 명[의존][출] '포인트[2]1'의 준말. ¶8~ 활자.
포개다 통(타) 놓인 위에다 또 놓다. ¶이불을 포개어 쌓다.
포개-지다 통(자) 포갠 상태로 되다.
포격(砲擊) 명 대포를 쏘는 것. **포격-하다** 통(타여)
포:경[1](包莖) 명(의) 음경의 귀두가 포피(包皮)에 싸여 있어 바깥으로 노출되지 못하는 상태. 또는, 그런 성기(性器). ¶~ 수술.
포경[2](捕鯨) 명 고래를 잡는 것. (비)고래잡이. **포경-하다** 통(자여)
포고(布告·佈告) 명 1 일반에게 널리 알리는 것. 2 국가의 결정적 의사를 공식적으로 일반에게 알리는 일. 3 국제법상, 한 나라가 상대국에 개전(開戰)의 통고를 하고 그 뜻을 내외에 알리는 일. ¶선전 ~. **포고-하다** 통(타여) **포고-되다** 통(자여)
포고-령(布告令) 명 어떤 내용을 포고하는 명령이나 법령.
포괄(包括) 명 사물이나 현상을 어떤 범위나 한계 안에 모두 끌어넣는 것. **포괄-하다** 통(타여) ¶과학은 물리학·화학·생물학 등을 포괄하는 개념이다. **포괄-되다** 통(자여)
포:괄-적(包括的) [-쩍] 명(관) 포괄하는 상태나 그런 성질의 (것). ¶~인 의미.
포:교[1](布敎) 명 종교를 널리 전파하는 일. 특히, 불교에서 많이 쓰는 말임. ¶~ 활동. ▷선교·전도. **포:교-하다** 통(타여)

포:교[2](捕校) 명 [역] =포도부장.
포구(浦口) 명 배가 드나드는 개의 어귀. 항구보다 규모가 작음.
포근-포근 튀 두툼한 물건이 매우 탄력성이 있고 보드라우며 따뜻한 모양. **포근포근-하다** 형(여) ¶포근포근한 솜이불.
포근-하다 형(여) 1 두툼한 물건이 보드라우며 따뜻하다. ¶포근하고 폭신한 담요. 2 감정이나 분위기가 보드라우며 따뜻하게 감싸 주는 듯한 느낌이 있다. ¶포근한 어머니의 품 안. 3 겨울의 날씨가 바람이 없고 따뜻한 느낌으로 날씨가 대체로 ~. 튀푼근하다. **포근-히** 튀
포기[1] 명 [1] (어떤) 뿌리까지 갖춘 통째로의 초록을 이르는 말. [2] (의존) [1]을 세는 단위. ¶배추 다섯 ~.
포기[2](抛棄) 명 1 (하려던 일을) 어쩔 수 없거나 마지못해 하지 않기로 하는 것. 2 (주어진 권리나 어떤 대상을) 어쩔 수 없거나 마지못해 주장하지 않거나 자기의 것으로 하지 않기로 하는 것. ¶~ 각서. **포기-하다** 통(타여) ¶진학을 ~. **포기-되다** 통(자여)
포기-김치 명 배추를 통째로 담그는 김치.
포기^나누기 명 식물에 나 있는 여러 개의 줄기나 싹 중에서 그 일부를 나누어 따로 이식하는 일.
포대[1](布袋) 명 베로 만든 자루.
포대[2](包袋) 명(자여) =부대(負袋)[2]. × 푸대.
포대[3](砲臺) 명 (군) 포(砲)를 설치하여 쏠 수 있도록 견고하게 만든 시설물.
포대기 명 어린아이를 안거나 업거나 할 때 아이의 몸에 덮는 용도의 작은 천. 또는, 어린아이를 업기 위해 아이의 몸에 둘러서 묶을 수 있게 끈을 달아 만든 천. (비)강보.
포도(葡萄) 명 포도나무의 열매. 포도당과 과당이 많이 들어 있으며, 날로 먹거나 건포도·포도주 등을 만들어 먹음.
포:도-군사(捕盜軍士) 명[역] 조선 시대, 포도청의 군졸. =포졸.
포도-나무(葡萄-) 명[식] 새콤달콤한 맛이 있는 자주색·담녹색의 둥근 열매가 송이를 이루어 열리는 낙엽 관목. 줄기는 덩굴손으로 다른 물체를 감아 올라감.
포도-당(葡萄糖) 명(화) 단당류의 하나. 과일이나 꿀벌 등 생물계에 널리 존재하며, 생물체 내에서 에너지원으로 쓰임. =글루코오스.
포:도-대장(捕盜大將) 명[역] 조선 시대, 포도청의 으뜸 벼슬. 종2품임.
포도-밭(葡萄-) [-밭] 명 포도나무를 심어 가꾸는 밭.
포:도-부장(捕盜部將) 명[역] 조선 시대, 포도청의 벼슬 이름. =포교(捕校).
포도상 구균(葡萄狀球菌) 명 (생) 포도송이 모양으로 배열하는 구균. 대표적인 화농균이며, 식중독의 원인이 되기도 함.
포도-색(葡萄色) 명 포도 껍질처럼 붉은 빛이 나는 자홍색.
포도-송이(葡萄-) 명 한 꼭지에 모여 달린 포도 열매의 덩어리.
포도-주(葡萄酒) 명 포도의 과실 또는 과즙을 발효시킨 양조주.
포:도-청(捕盜廳) 명[역] 조선 시대에 범죄자를 잡기 위해 설치한 관청. 춘포청.
포동-빛(葡萄-) [-도삗·-돋삗] 명 1 포도 껍질에서 나는 빛. 2 검보라색 포도의

포동-포동 뷔 살이 쪄 보기 좋거나 귀여우면서 탄력이 있는 모양. ¶살이 ~ 진 아기. 포동포동-하다 혱예

포드(Ford, Henry) 몡인 미국의 기술자·실업가(1863~1947).

포드졸 몡[농] '포졸(podzol)²'의 잘못.

포!란(抱卵) 몡 부화하기 위해 어미 새가 일정 기간 동안 알을 품어 따뜻하게 하는 일. 포!란-하다 통여

포럼(forum) 몡 1 [역] 고대 로마 시의 중심에 있던 집회용 광장. 2 공공의 광장에서 많은 사람이 모여 공중의 문제에 대해 사회자의 진행으로 공개 토의하는 일.

포!로(捕虜) 몡 1 전쟁 중에 적군에게 사로잡힌 군인. 2 어떤 사람이나 일에 매이거나 마음이 쏠려서 꼼짝하지 못하는 상태를 비유적으로 이르는 말. ¶사랑의 ~.

포!로-수용소(捕虜收容所) 몡 포로를 가두어 지키기 위한 시설.

포!롱-환(抱聾丸) 몡[한] 열로 인한 경풍(驚風)에 쓰는 환약.

포르노(porno) 몡 인간의 성적(性的) 행위나 내용을 노골적으로 묘사함으로써 성욕을 자극하는 소설·영화·사진·그림 따위의 총칭. =포르노그래피. ¶~ 영화.

포르노그래피(pornography) 몡 =포르노.

포르르 뷔 작은 새가 갑자기 자리를 뜨며 날아가는 소리. ¶인기척에 놀란 참새들이 풀숲에서 ~ 날아올랐다. 圓푸르르. 포르르-하다 통자여

포르말린(⑩Formalin) 몡[화] 포름알데히드의 35~38% 수용액. 사진 필름이나 건판(乾板) 제조 및 소독제·방부제 등으로 널리 이용됨.

포르테(⑩forte) 몡[음] 악곡의 표현 방법을 나타내는 말로, '세게'의 뜻. 기호는 f. ↔피아노.

포르테-피아노(⑩forte piano) 몡[음] 악곡의 표현 방법을 나타내는 말로, '세게 곧 여리게'의 뜻. 기호는 fp.

포르토노보(Porto Novo) 몡[지] 베냉의 수도.

포르토프랭스(Port-au-Prince) 몡[지] 아이티의 수도.

포르투갈(Portugal) 몡[지] 이베리아 반도의 서단에 있는 공화국. 수도는 리스본.

포르티시모(⑩fortissimo) 몡[음] 악곡의 표현 방법을 나타내는 말로, '매우 세게'의 뜻. 기호는 ff. ↔피아니시모.

포름-산(←formic酸) 몡[화] 자극적인 냄새가 나는 무색의 액체. 개미류의 독샘 중에 있으며, 이들 벌레에 쏘이면 아프고 부어오르는 원인이 됨.

포마드(pomade) 몡 머리털에 바르는 끈기 있는 향유(香油).

포마이카(Formica) 몡 가구 따위에 칠하는 합성수지 도료. 약품이나 열에 강함. 상표명에서 온 말임. ×호마이카.

포마토(pomato) 몡[←potato+tomato] 감자와 토마토의 세포를 융합시켜 얻은 야채. 꽃이나 위 양쪽의 중간 형태이며, 줄기에는 토마토, 뿌리에는 감자가 달림.

포!만-감(飽滿感) 몡 음식이 배 속에 꽉 차 매우 부르다는 느낌.

포말(泡沫) 몡 물이 부딪거나 세게와 섞이거나 하여 생기는 거품이나 잔 방울. 圓물거품. ¶파도가 ~을 일으키며 하얗게 부서지다.

포맷(format) 몡 1 일정한 모양이나 형식. 2 [컴] 새 디스크를 정보 기록이 가능한 상태로 만들어 주는 일정한 형식.

포메이션(formation) 몡[체] 축구·럭비 등에서, 공격과 방어를 효과적으로 하기 위한 팀의 편성 형태. 순화어는 '대형'. ¶4-4-2 ~.

포목(布木) 몡 베와 무명.

포목-상(布木商) [-쌍] 몡 베와 무명 따위를 파는 장사. 또는, 그 장수.

포목-점(布木店) [-쩜] 몡 베와 무명 따위를 파는 상점.

포문(砲門) 몡 대포의 탄알이 나가는 구멍.
 포문을 열다 상대를 공격하는 발언을 시작한다. ¶야당은 정부의 실책에 대하여 일제히 포문을 열었다.

포!면-경(물체面一) 몡[물] 반사면이 회전 포물면으로 되어 있는 오목 거울. 반사 망원경의 대물 거울이나 탐조등, 자동차의 전조등의 반사 거울 등에 쓰임.

포!물-선(抛物線) [-썬] 몡[수] 이차 곡선의 하나. 정점(定點)과 정직선(定直線)에서의 거리가 같은 점의 자취. 2 수직이 아니게 위로 던지거나 쏘아 올리거나 한 물체가 올라갔다가 떨어지면서 공중에 그리는 곡선.

포!박(捕縛) 몡 (사람이나 동물을 줄로) 도망치거나 움직이지 못하게 붙잡아 매는 것. 또는, 그 줄. 포!박-하다 통여 ¶죄인을 오랏줄로 ~. 포!박-되다 통자여

포병(砲兵) 몡[군] 육군 병과의 하나로, 화포로 무장한 군대. 또는, 그 군인.

포복(匍匐) 몡 적의 눈에 뜨이지 않도록 몸의 자세를 낮추어 기는 자세로 이동하는 것. ¶~ 전진. 포복-하다 통자여

포!복-절도(抱腹絶倒) [-쩔또] 몡 배를 그러안고 넘어질 정도로 몹시 웃음. 포!복절도-하다 통자여

포!볼(†four ball) 몡[체] 야구에서, 투수가 타자에게 스트라이크가 아닌 볼을 네 번 던지는 일. 정식으로는 '베이스 온 볼'이라고 함. =볼넷·사구(四球).

포!부(抱負) 몡 마음속에 간직한, 미래에 대한 훌륭한 계획이나 희망. ¶~가 크다.

포비슴(③fauvisme) 몡[미] =야수파.

포상(褒賞) 몡 칭찬하고 권장하여 상을 주는 것. 포상-하다 통여 ¶효행을 ~.

포상-금(褒賞金) 몡 칭찬하고 장려하여 상으로 주는 돈.

포!석(布石) 몡 1 바둑을 둘 때 처음 돌을 벌여 놓는 일. 2 장래를 위하여 무엇인가를 벌여 놓음의 비유. 포!석-하다 통여

포!섭(包攝) 몡 (어떤 사람을) 자기의 동아리나 이념에 동조하도록 끌어들이는 것. 특히, 근래에는 북한의 간첩이나 공작원 등이 남한의 사람을 자기편으로 끌어들이는 것을 가리킴. 포!섭-하다 통여

포!섭-되다 통자 ¶그는 고정간첩 김××에게 포섭되어 이적 활동을 하다.

포성(砲聲) 몡 대포를 쏠 때 나는 소리.

포세이돈(Poseidon) 몡[신화] 그리스 신화에 나오는 해신(海神). 황금의 갈기가 있는 말이 끄는 전차에 삼지창을 쥐고 타고 있음. 로마 신화의 넵투누스에 해당함.

포!수¹(砲手) 몡 1 산이나 들에서 총으로 새나 짐승을 잡는 사냥꾼. 2 총포를 가진 군사.

포:수[2](捕手) [명][체] 야구에서, 본루를 지키며 투수가 던진 공을 받는 선수. =캐처. ▷투수.
포스터[1](poster) [명] 어떤 일을 선전·광고하기 위해 길거리의 벽이나 기둥 등에 붙일 수 있도록 그림·사진 등을 간단한 글과 함께 인쇄한 종이. ¶영화 ~.
포스터[2], 스티븐 콜린스(Foster, Stephen Collins) [명][인] 미국의 작곡가(1826~1864).
포스터-물감(poster—) [—깜] [명] 포스터용의 그림물감. =포스터컬러.
포스터-컬러(poster color) [명] =포스터물감.
포스트(post) [명] '지위', '부서'로 순화.
포스트-모더니즘(postmodernism) [명][예] =후기 모더니즘.
포스트잇(Postit) [명] 한쪽 끝에 특수한 풀칠이 되어 있어 물체에 쉽게 붙였다 뗐다 할 수 있는 쪽지. 상표명에서 온 말임.
포:승(捕繩) [명] 죄인을 잡아 묶는 끈. =포승줄. ¶~을 지우다.
포:승-줄(捕繩—) [—쭐] [명] =포승.
포:식(飽食) [명] 배부르게 먹는 것. **포:식-하다** [동][타][여]
포신(砲身) [명] 포의 몸통.
포실-하다 [형][여] 살림이 넉넉하다.
포아-풀([그]poa—) [명][식] 줄기가 무더기로 나와서 30~60cm가량 자라고, 잎은 좁은 줄 모양이며 5~6월에 꽃 이삭이 피는 여러해살이풀. 길가나 냇가에 자람.
포:악(暴惡) [명] (사람이나 동물이) 사납고 악독하게 구는 것. ¶~을 부리다. **포:악-하다**[1] [동][자][여] ▷포악하다[2].
포:악-무도(暴惡無道) [—앙—] [명] 법도 도리도 없이 포악하다는 뜻으로, 사납고 악착하기가 이를 데 없음. **포:악무도-하다** [형][여]
포:악-하다[2](暴惡—) [—아카—] [형][여] (사람이나 동물의 성질이나 태도가) 사납고 악독하다. ¶성미가 급하고 **포악한** 사내.
포연(砲煙) [명] 총이나 포를 쏘았을 때 나는 연기. ¶~이 자욱한 전장.
포엽(苞葉) [명][식] 싹이나 봉오리를 싸서 보호하는 작은 잎.
포:옹(抱擁) [명] (어떤 사람을) 양팔로 껴안는 것. 또는, (두 사람이, 또는 어떤 사람과) 서로 양팔로 껴안는 것. ¶뜨거운 ~을 나누다. **포:옹-하다** [동][자][타][여]
포:용(包容) [명] (남을) 아량 있고 너그럽게 감싸 받아들이는 것. **포:용-하다** [동][타][여] ¶아랫사람을 ~.
포:용-력(包容力) [—녁] [명] 포용하는 힘.
포워드(forward) [명][체] 축구·럭비·농구 등에서, 자기편 전방에 위치하여 주로 공격을 맡는 선수. ¶센터 ~.
포:위(包圍) [명] (사람이나 동물을) 달아나거나 벗어나지 못하도록 둘레를 에워싸는 것. **포:위-하다** [동][타][여] **포:위-되다** [동][자]
포:위-망(包圍網) [명] 포위하기 위하여 펼친 조직 체계. ¶~을 좁히다.
포:유-동물(哺乳動物) [명][동] 포유류에 속하는 동물.
포:유-류(哺乳類) [명][동] 새끼를 낳아 젖을 먹여 기르는 척추동물의 한 무리.
포육(脯肉) [명] 얇게 저며 양념을 하여 말린 고기. [준]포(脯).
포인터[1](pointer) [명][동] 개의 한 품종. 에스파냐 원산으로, 귀가 처져 있고, 털이 짧음. 영리하고, 속력과 지구력이 있어 사냥개로 쓰임.
포인터[2](pointer) [명][컴] 마우스 등의 움직임에 따르면서 화면에서의 위치를 나타내 주는 기호. 흔히, 손가락·화살표 등의 모양으로 나타냄. ▷커서.
포인트(point) [명] [1][자립] ['점(點)'이라는 뜻] **1** 중요한 사항이나 핵심. ¶~만 얘기해라. **2** 강조하여 눈에 띄게 하는 요소나 부분. ¶액세서리로 ~를 주다. **3** [체] 농구·탁구 등에서의 득점. **4** 낚시에서, 물고기가 잘 낚이는 자리. ¶수초 지역은 붕어가 잘 낚이는 ~다. [2][의존] **1** [출] 포인트 활자의 크기의 단위. 1포인트는 1인치의 약 1/72, 즉 0.3514mm임. [준]포. **2** [체] 농구·탁구 등에서, 득점 수나 득점 차를 세는 말. ¶두 ~ 앞서다. **3** [경] 기준 주가 지수와 비교 주가 지수와의 차를 세는 단위. ¶주가가 5~ 하락하다.
포인트^가드(point guard) [명][체] 농구에서, 팀의 공격을 이끌고 동료 선수가 득점할 수 있도록 도와주는 포지션. 또는, 그 선수.
포일(foil) [명] 금·알루미늄 등의 금속 박편. [비]박(箔). ¶알루미늄 ~.
포자(胞子) [명][생] 식물이 무성 생식을 하기 위해 형성하는 생식 세포. =홀씨.
포자-낭(胞子囊) [명][생] 포자를 만들고 그것을 싸고 있는, 주머니 모양의 생식 기관.
포자-식물(胞子植物) [—싱—] [명][식] 포자에 의하여 번식하는 식물. ↔종자식물.
포장[1](布帳) [명] 베·무명 따위로 만든 휘장.
포장[2](包裝) [명] **1** (물건을) 보호하거나 고급스럽게 보이기 위해 용기(容器)에 넣어 싸는 것. 또는, (물건을 종이 따위로) 장식적인 목적으로 싸서 꾸리는 것. **2** (어떤 대상을 그럴듯한 말로) 혹하도록 거짓되이 꾸미는 것. 비유적인 말임. **포장-하다**[1] [동][타][여] ¶교묘한 말로 **포장한** 상술. **포장-되다**[1] [동][자]
포장[3](褒章) [명] (나라나 사회에) 공헌한 사람에게 주는, 훈장보다 낮은 휘장.
포장[4](鋪裝) [명] 길바닥에 돌·시멘트·아스팔트 등을 깔아 길을 단단하게 다져 꾸미는 일. **포장-하다**[2] [동][타][여] ¶도로를 ~. **포장-되다**[2] [동][자]
포장-도로(鋪裝道路) [명] 길바닥에 돌·시멘트·아스팔트 등을 깔아 길을 단단하게 다져 사람이나 자동차 등이 다닐 수 있도록 꾸민 도로. ↔비포장도로.
포장-마차(布帳馬車) [명] **1** 비바람·먼지·햇볕 등을 막기 위하여 포장을 둘러친 마차. **2** 주로 밤에 길거리에서 국수·소주 등을 파는, 리어카 따위에 포장을 씌워 만든 이동식 간이 주점.
포장-이사(包裝移徙) [명] 이삿짐센터에서 이삿짐 운반뿐만 아니라, 이삿짐을 꾸리고 정리하는 것까지 맡아서 하는 방식의 이사.
포장-지(包裝紙) [명] 물건을 싸거나 꾸리는 데 쓰이는 종이.
포:졸[1](捕卒) [명][역] =포도군사.
포졸[2]([러]podzol) [명][지] 아한대의 침엽수림 지역에 분포하는 산성 토양.
포:주(抱主) [명] **1** =기둥서방. **2** 창녀를 두고 영업을 하는 사람.
포즈(pose) [명] 그림·조각·사진 등에서, 예술적·미적 효과나 어떤 상황을 나타내기

위해 사람이 취하는 자세. ¶~를 취하다.

포지션(position) 명 1 [위치]의 뜻] 1 [음] 현악기의 지판(指板) 위의 손가락의 위치. 2 [체] 축구·배구·야구 등에서, 선수들의 각자의 위치. 3 '자리', '지위 (地位)'로 순화.

포지티브(positive) 명 1 [사진] 사진의 양화(陽畫). 2 [의] =양성 반응. 3 (일부 명사 앞에 쓰여) '긍정적'의 뜻을 나타내는 말. ¶~ 승격. ↔네거티브. **포지티브-하다** 형여 긍정적이다.

포:진²(布陣) 명 (전쟁이나 경기를 하기 위하여) 진을 치는 것. **포:진-하다** 동여 ¶최전방에 5만의 병력으로 ~.

포진²(疱疹) 명 [의] 바이러스 감염에 의해 피부나 점막에 수포가 생기는 피부 질환. =헤르페스.

포:착(捕捉) 명 1 (어떤 기회를) 놓치지 않고 잡는 것. 2 (어떤 순간적인 장면을 카메라로) 놓치지 않고 찍는 것. 3 (어떤 물체를 레이더로) 그 위치나 진로 등을 알아내는 것. 4 (어떤 사실을) 수사망 등에 의해 알아내는 것. **포:착-하다** 동타여 ¶기회를 ~ / 사건 현장을 카메라로 ~. **포:착-되다** 동자 ¶비행 물체가 레이더에 ~.

포:청(捕廳) 명[역] '포도청'의 준말.

포:충-망(捕蟲網) 명 날아다니는 곤충을 잡는 데 쓰는, 긴 막대기 끝에 한쪽이 터진 그물주머니를 단 물건.

포츠담(Potsdam) 명[지] 독일 중부의 공업 도시.

포커(poker) 명 트럼프 놀이의 한 가지. 각자 나누어 받은 5장의 패를 가지고 득점이 되는 일정한 패를 짝 맞추어 승부를 겨루는 놀이.

포커스(focus) 명 '초점'으로 순화.

포켓(pocket) 명 돈이나 작은 소지품을 넣고 다니기 위해 옷의 일부가 되게 옷안이나 겉에는, 주머니 모양의 부분. ㈜주머니·호주머니.

포켓-볼(†pocket ball) 명[체] 당구의 한 가지. 네 귀퉁이와 긴 쿠션 중앙에 6개의 구멍이 있는 직사각형 대 위에서, 1개의 흰 공을 큐블로 쳐 굴려서 하여 그 공으로 번호가 붙은 15개(또는 9개)의 여러 가지 색의 공을 쳐서 구멍 속에 넣는 것을 겨루는 게임.

포켓-북(pocket book) 명 호주머니에 들어갈 만한 소형의 책.

포크(fork) 명 양식에서 요리를 찍어 먹거나 얹어 먹는 용구. ㈜삼지창.

포크너(Faulkner, William) 명[인] 미국의 소설가(1897~1962).

포크^댄스(folk dance) 명 1 각 민족이나 각 지방에 전하는 민속춤. 2 레크리에이션으로 많은 남녀가 쌍을 이루면서 함께 어울려 추는 경쾌한 댄스. 스퀘어 댄스 따위.

포크^볼(fork ball) 명[체] 야구에서, 투수의 공이 타자 앞에서 회전 없이 큰 각도로 떨어지는 상태. 또는, 그런 상태의 공.

포크^송(folk song) 명[음] 1950년대에 미국에서 발생한 민요풍의 노래. 소박한 서정성과 사회 비판 등의 내용을 담음. 주로 기타가 통기타를 치면서 노래함.

포클레인(Poclain) 명 유압을 이용하여 삽 기능을 하는 장치로 땅을 깎거나 흙을 퍼내는 중장비 차.

포화 지방산 __1269

포탄(砲彈) 명[군] =대포알.

포!탈(逋脫) 명 (세금 등) 법칙적으로 피하여 면하는 것. **포!탈-하다** 동타여 ¶세금을 ~.

포태(胞胎) 명 1 =임신. 2 태내의 아이를 싸는 얇은 막. **포태-하다** 동타여 임신하다.

포터(porter) 명 호텔이나 역에서 손님의 짐을 날라다 주는 사람. '짐꾼'으로 순화.

포터블(portable) 명 '휴대용'으로 순화. ¶~ 라디오.

포털^사이트(portal site) 명[컴] 인터넷 사용자가 원하는 정보나 사이트를 쉽게 찾을 수 있게 도와주는 사이트.

포테이토-칩(potato chip) 명 얇게 썬 감자를 기름에 튀긴 식품.

포트(port) 명[컴] 컴퓨터와 주변 장치를 접속하기 위한 연결 부분.

포트란(FORTRAN) 명 [formula translator] [컴] 수리적인 처리나 과학 기술 계산에 쓰는 고급 프로그래밍 언어.

포트루이스(Port Louis) 명[지] 모리셔스의 수도.

포트모르즈비(Port Moresby) 명[지] 파푸아 뉴기니의 수도.

포트빌라(Port Vila) 명[지] 바누아투의 수도.

포트오브스페인(Port of Spain) 명[지] 트리니다드 토바고의 수도.

포트폴리오(portfolio) 명 1 [경] 개개의 금융 기관이나 개인이 보유하는 각종 금융 자산의 표. 또는, 분산 투자를 할 경우, 투자 금액의 배분. ¶일러스트레이터가 자신의 능력을 알리기 위해 제시하는 작품집.

포퓰리스트(populist) 명 대중의 인기나 뜻에 영합하려고 하는 정치가나 지도자. 순화어는 '대중 영합주의자'.

포퓰리즘(populism) 명 정치를 하거나 정책을 펴는 있어서 대중의 인기나 뜻에 영합하려고 하는 태도나 입장. 순화어는 '대중 영합주의'.

포플러(poplar) 명[식] =미루나무.

포플린(poplin) 명 날실은 가는 실, 씨실은 굵은 실을 써서 평직으로 짠 직물. 주로 무명실로 짜며, 와이셔츠나 여성복에 많이 쓰임.

포:학-하다(暴虐-) -하카여 형여 잔인하고 난폭하다. ¶포학한 탐관오리.

포함(包含) 명 (어떤 대상이 다른 대상을) 그 범위 안에 넣거나 들어 있게 하는 것. 또는, (어떤 대상이 다른 대상을) 속성이나 성분이나 내용으로 가지는 것. ¶세금 포함 유가. **포함-하다** 동타여 **포함-되다** 동자 ¶포함된 가격.

포핸드(forehand) 명[체] 테니스·탁구 등에서, 손바닥을 상대방 쪽으로 향하여 공을 치는 정상적인 타구법. ↔백핸드.

포:화¹(砲火) 명 1 총포를 쏠 때 일어나는 불. 2 총포를 쏘는 일. ¶집중 ~.

포:화²(飽和) 명 1 더 이상의 양을 수용할 수 없이 가득 차는 것. ¶서울의 인구는 이미 ~ 상태에 이르렀다. 2 [물] 증기·전류·자기·용질 따위가 일정한 조건에서 최대한도까지 채워져 있는 상태. **포:화-하다** 동자여.

포:화^지방산(飽和脂肪酸) 명[화] 분자 속에 이중 결합이 없는 지방산. 포름산·팔미트산 따위. ↔불포화 지방산.

포환(砲丸)[체] 포환던지기에 쓰이는, 쇠로 만든 공. 남자용은 7.25kg, 여자용은 4kg임.

포환-던지기(砲丸-)[명][체] 육상 종목의 한 가지. 지름 2.135m의 원 안에서 쇠로 만든 공을 한 손으로 던져서, 멀리 나간 거리로써 승부를 결정함. →투포환.

포:획(捕獲)[-획/-훽][명] 1 적병을 사로잡는 것. 2 짐승이나 물고기를 잡는 것. 3 [법] 전시에의 선박이나 범법(犯法)한 중립국의 선박을 잡는 것. 포:획-하다[타여] ¶고래를 ~.

포효(咆哮)[명] (호랑이·사자 등의 사나운 짐승이) 큰 소리로 으르렁거리는 것. 또는, 그 소리. 포효-하다[자여]

폭¹(幅)[의준] (어미 '-ㄴ', '-는', '-던'이나 명사 다음에 주격 조사나 서술격 조사와 함께 쓰여) 어떤 범위나 정도를 다소 막연히 추정함을 나타내는 말. 비셈. ¶크기가 큰 ~이다. 2 좋이 게 된 형편이나 처지의 뜻을 나타내는 말. 비편.

폭²(幅)[명] 1 드러나지 않도록 싸거나 덮는 모양. 2 잠이 깊고 포근하게 든 모양. 3 질고 깊게 찌르는 모양. ¶바늘에 ~ 찌르다. 4 흠뻑 익도록 끓이거나 삶은 모양. ¶곰국을 ~ 끓이다. 5 좀 심하게 썩거나 삭은 모양. 6 다소 깊고 또렷이 팬 모양. ¶보조개가 ~ 패다. 7 수렁 따위에 갑자기 빠지는 모양. ¶도랑에 ~ 빠지다. 8 힘없이 단번에 쓰러지는 모양. 9 (숟가락이나 삽 따위로) 물건을 퍼내는 모양. 10 고개를 깊이 숙이는 모양. ¶잘못을 인정하고 서 고개를 ~ 숙이다. 비푹.

폭(幅)①[자립] 1 네모지거나 길이가 있는 물체에 있어서, 긴 쪽의 길이에 대하여 짧은 쪽 길이를 이르는 말. 또는, 공간 상의 어느 두 점 사이의 벌어진 거리. ¶너비. ¶~이 좁은 도로. 2 자체 안에 포괄하는 범위. ¶~이 넓은 사람. 3 하나로 연결하려고 같은 길이로 나누어 놓은 종이·널·천 따위의 조각. ¶치마~이 좁다. [2](의준) 종이·포목 따위의 조각이나 그림·족자 등을 셀 때에 쓰는 말. ¶풍경 ~의 그림.

폭격(爆擊)[-껵][명][군] 비행기에서 폭탄을 떨어뜨려 적의 군대나 시설물 또는 국토를 파괴하는 일. ¶융단 ~. 폭격-하다[타여]

폭격-기(爆擊機)[-껵끼][명][군] 폭탄을 싣고 적의 시설이나 진지를 폭격하는 것을 임무로 하는 항공기.

폭군(暴君)[-꾼][명] 포악한 군주.

폭-넓다(幅-)[퐁널따][형] 1 자체 안에 포괄하고 있는 것이 크고 넓다. ¶폭넓은 교제. 2 문제를 고찰하거나 사람들을 대할 때 견지에서 보며 아량이 있다. ¶문제를 폭넓게 생각하다.

폭도(暴徒)[-또][명] 난폭한 행동을 일으켜 치안을 문란하게 하는 무리.

폭동(暴動)[-똥][명][법] 내란에까지는 이르지 않았으나 집단적인 폭력 행위를 일으켜 사회의 안녕질서를 어지럽게 하는 일.

폭등(暴騰)[-뜽][명] 물건의 값이나 주가 등이 갑자기 큰 폭으로 오르는 것. 비폭락. 폭등-하다[자여] ¶흉작으로 채소 값이 ~.

폭등-세(暴騰勢)[-뜽-][명] 물건의 값이나 주가 등이 갑자기 큰 폭으로 오르는 형세.

폭락(暴落)[퐁낙][명] 1 물건의 값이나 주가 등이 갑자기 큰 폭으로 떨어지는 것. 비붕락. 2 (사람의 인격이나 위신이) 별안간 여지없이 떨어지는 것. 폭락-하다[자여] ¶주가가 ~ / 인기가 ~.

폭력(暴力)[퐁녁][명] 사람이 다른 사람을 난폭하게 때릴 때 쓰는, 주먹이나 발이나 몽둥이 따위의 수단.

폭력-단(暴力團)[퐁녁딴][명] 폭력을 써서 사사로운 목적을 달성하려는 반사회적 단체.

폭력-배(暴力輩)[퐁녁빼][명] 폭력에 의해 사사로운 목적을 이루려고 하는 무리. 또는, 그 무리에 속하는 사람.

폭력-범(暴力犯)[퐁녁뻠][명] =강력범.

폭력-적(暴力的)[퐁녁쩍][관][명] 걸핏하면 폭력을 쓰려고 하거나 어떤 일을 폭력으로 해결하려는 태도를 가진 (것).

폭력-주의(暴力主義)[퐁녁쭈의/퐁녁쭈이][명] =테러리즘.

폭로(暴露)[퐁노-][명] (감추어진 일을) 사람들이 알도록 밝히거나 드러내는 것. ¶~ 기사. 폭로-하다[타여] ¶비행을 ~. 폭로-되다[자]

폭로-전(暴露戰)[퐁노-][명][사] 경쟁 상대의 잘못이나 약점을 폭로하여 상대방을 궁지에 빠뜨리고자 하는 대결의 상태. ¶선거 막판에 ~이 치열해졌다.

폭리(暴利)[퐁니][명] 물건을 팔거나 거래를 하면서 부당하게 또는 지나치게 많이 남기는 이익. ¶부당하게 ~를 취하다.

폭발¹(暴發)[-빨][명] 1 (속에 쌓여 있던 감정 등이) 일시에 세찬 기세로 겉으로 나타나는 일. 2 (어떤 사건이) 돌발적으로 벌어지는 것. 폭발-하다[자여] ¶분노가 ~. 폭발-되다¹[자]

폭발²(爆發)[-빨][명] 1 불이 일어나며 갑작스럽게 터지는 것. 2 [화] 발열을 수반하는 급격한 화학 반응, 기체나 액체의 급격한 팽창이나 상변화(相變化), 또는 핵반응의 결과로서, 급격히 증대한 압력이 순식간에 해방되는 현상. 폭발-하다[자여] ¶지뢰가 ~. 폭발-되다²[자]

폭발-력(爆發力)[-빨-][명] 폭탄이나 압축된 가스 등이 터질 때 생기는 힘이나 효과.

폭발-물(爆發物)[-빨-][명] 폭발될 성질이 있는 물질의 총칭. 화약 따위.

폭발-음(爆發音)[-빨-][명] 폭탄이나 압축된 가스 등이 터지면서 내는 요란한 소리. 비폭음.

폭발-적(爆發的)[-빨쩍][관][명] 짧은 시간에 급속하게 일이 행해지거나 퍼지는 (것). ¶최근 ~인 인기를 얻고 있는 가수.

폭삭[-싹][부] 1 쌓인 먼지 따위가 갑자기 가볍게 일어나는 모양. 2 부피가 있고 매우 엉성한 물건이 부드럽게 가라앉거나 쉽게 부스러지는 모양. ¶불에 탁서 집이 ~ 주저앉다. 3 힘없이 주저앉는 모양. 4 늙은 정도가 심한 모양. ¶얼굴이 ~ 늙었다. 폭삭-하다

폭서(暴暑)[-써][명] 매우 심한 더위. 비폭염.

폭설(暴雪)[-썰][명] 갑자기 많이 내리는 눈. ¶간밤에 내린 ~로 교통이 두절되다.

폭소(爆笑)[-쏘][명] 여러 사람이 갑자기 큰 소리로 웃는 웃음. ¶~를 자아내다.

폭스-테리어(fox terrier)[명][동] 개의 한 품종. 키 약 40cm의 작은 애완용 개로.

영국 원산임. 원래 여우 사냥에 쓰였음.
폭스트롯(foxtrot) 圀 1910년대 초기에 미국에서 시작된 사교춤. 또는, 그 춤곡. 2/2 또는 4/4박자의 비교적 빠른 템포의 곡임.
폭식(暴食) [—씩] 圀 1 음식을 한꺼번에 많이 먹는 것. 2 아무것이나 가리지 않고 마구 먹는 것. 폭식-하다 匭
폭신-폭신 [—씬—씬] 倶 1 여럿이 모두 폭신한 모양. 2 매우 폭신한 모양. 凰폭석폭석. 폭신폭신-하다 劇匭 ¶솜이불이 ~.
폭신-하다 [—씬—] 劇 매우 보드랍고 탄력성이 있다. ¶폭신한 안락의자. 凰폭석하다. 폭신-히 倶
폭압(暴壓) 圀 폭력으로 억압하는 것. 또는, 그 억압. ¶~ 정치. 폭압-하다 匭
폭약(爆藥) 圀[화] 화약류 가운데 충격파에 의해 폭발을 일으키는 것.
폭양(曝陽) 圀 뜨겁게 내리쬐는 볕. 凰되약볕. ¶~ 아래서 구슬땀을 흘리다.
폭언(暴言) 圀 어떤 사람을 공격하기 위해 하는 거칠고 상스러운 말. 凰욕. ¶~을 퍼붓다. 폭언-하다 匭
폭염(暴炎) 圀 날이 몹시 더운 상태. 凰폭서. ¶연일 ~이 계속되다.
폭우(暴雨) 圀 한꺼번에 많이 쏟아지는 비. ¶~로 도처에서 물난리를 겪다.
폭음(暴飲) 圀 술을 한꺼번에 많이 마시는 것. 凰폭주. 폭음-하다 匭
폭음(爆音) 圀 1 화약·폭탄 등이 터지면서 나는 소리. 凰폭발음. 2 폭탄이 터지듯이 아주 요란하고 시끄러운 소리. 3 엔진음. ¶~을 내며 거리를 질주하는 오토바이.
폭정(暴政) 圀 포악한 정치. ¶~에 시달리는 백성들.
폭주(暴走) [—쭈] 圀 1 (자동차나 오토바이 등이) 매우 빠른 속도로 난폭하게 달리는 것. 2 [컴] 기계어로 된 프로그램이 제어할 수 없는 실행 상태가 되는 일. 폭주-하다¹ 匭
폭주²(暴酒) [—쭈] 圀 한꺼번에 많이 마시는 술. 凰폭음. 폭주-하다² 匭
폭주³(輻輳·輻湊) [—쭈] 圀 (일이나 주문이) 짧은 시간에 한곳으로 많이 몰려드는 것. 폭주-하다³ 匭 ¶주문이 ~.
폭주-족(暴走族) [—쭈—] 圀 자동차나 오토바이를 매우 빠르고 난폭하게 몰기를 즐기는 사람들의 무리.
폭죽(爆竹) [—쭉] 圀 가는 대통에 불을 지르거나, 화약을 재어 터뜨려서 소리가 나게 하는 물건.
폭증(暴增) [—쯩] 圀 갑자기 큰 폭으로 가하는 것. ¶인구 ~. 폭증-하다 匭匭
폭탄(爆彈) 圀 1 [군] 금속 용기에 폭약을 채워 던지거나 쏘거나 투하함으로써 사람을 살상(殺傷)하거나 시설을 파괴하려고 만든 무기. ¶원자 ~ / 시한 ~. 2 (관형어적으로 쓰여) 어떤 일이 세상에 커다란 영향을 미치는 상태로 갑자스럽게 일어나는 비유. ¶~ 성명. 3 <속> 얼굴이 못생긴 사람. 특히, 여자.
폭탄-선언(爆彈宣言) 圀 많은 사람을 놀라게 하는 충격적인 선언. ¶그의 ~은 정계에 큰 파문을 일으켰다.
폭탄-주(爆彈酒) 圀 [취해서 쓰는 위력이 폭탄처럼 강력하다는 데에서] <속> 맥주가 담긴 잔에 양주를 따른 잔을 넣어 단숨에 들이키는 술.
폭투(暴投) 圀[체] 야구에서, 포수가 잡을 수 없을 정도로 투수가 공을 나쁘게 던지는 일. 폭투-하다 匭匭
폭파(爆破) 圀 폭발시켜 부수는 것. 폭파-하다 匭匭 폭파-되다 匭 ¶공습으로 폭파된 철교.
폭포(瀑布) 圀 계곡의 물이나 강물이 낭떠러지를 이룬 곳에서 큰 소리를 내며 빠르게 떨어지는 현상. 또는, 그 물줄기.
폭포-수(瀑布水) 圀 폭포를 이루는 물.
폭-푹 倶 1 홑선 익을 정도로 몹시 끓이거나 삶는 모양. 2 심하게 자꾸 썩거나 삭는 모양. ¶속을 ~ 썩이다. 3 작은 물건으로 세게 자꾸 찌르거나 쑤시는 모양. 4 작은 것이 힘없이 자꾸 쓰러지는 모양. 5 작은 것이 조금 깊이 자꾸 빠지는 모양. ¶눈구덩이에 발이 ~ 빠지다. 6 작은 숟가락 같은 따위로 물건을 많이씩 자꾸 퍼내는 모양. ¶숟가락으로 밥을 ~ 떠먹다. 7 눈 따위가 많이 내려 쌓이는 모양. 凰폭폭.
폭풍(暴風) 圀 1 몹시 세차게 부는 바람. 2 어려운 난관이나 고통의 비유. ¶전쟁의 ~ 속에 휩싸이다.
폭풍-우(暴風雨) 圀 폭풍이 불면서 세차게 쏟아지는 큰비. ¶~가 휘몰아치다.
폭행(暴行) 圀 1 (사람을) 주먹이나 발이나 몽둥이 따위로 때리는 것. 2 '강간'을 완곡하게 이르는 말. 폭행-하다 匭
폭행-죄(暴行罪) [포캥쬐/포캥쮀] 圀[법] 남에게 폭행을 가하였으나 상해까지는 입히지 않은 죄. ▷폭행하다
폰(phon) 圀[의존][물] 소리 감각의 크기를 나타내는 단위. 소음의 표시에 쓰임.
폰-뱅킹(phone banking) 圀[경] 은행이 컴퓨터 시스템을 통해 고객의 전화를 받아 각종 조회, 예금 및 대출 상담, 자금 이체 등의 업무를 처리해 주는 서비스.
폰-섹스(phone sex) 圀 전화로 상대와 성적인 음란한 대화를 나누는 것. 또는, 그 일을 주선하고 요금을 받는 서비스.
폰-카(phone camera) 圀 <속> 카메라폰.
폰트(font) 圀 컴퓨터의 화면이나 프린터 등에 출력하기 위해 특징적인 스타일과 형태로 만든 한 벌의 글자. 또는, 그 글자 모양. ≒글꼴. 凰자체·서체. ¶한글 ~.
폰팅(†←phone dating) 圀 서로 모르는 남녀가 전화로 데이트하는 일. 또는, 돈을 받고 그런 일을 주선하는 서비스. ¶음란 ~.
폴(fall) 圀[체] 레슬링에서, 상대 선수의 양어깨를 동시에 매트에 대는 일. 아마추어에서는 1초, 프로 레슬링에서는 3초 동안이면 승패가 결정됨. ¶~을 승(勝).
폴더¹(folder) 圀[컴] 서로 관련 있는 파일들을 모아서 체계적으로 관리할 수 있도록 저장 공간 안에 만든 것.
폴더²(polder) 圀[지] 네덜란드의 연안 지역에 발달한 간척지. 해면보다도 낮음.
폴딱 倶 힘을 모아 가볍게 뛰는 모양. 폴딱-하다 匭匭
폴라로이드-카메라(←Polaroid Land camera) 圀 촬영 직후에 카메라 안에서 현상, 인화되어 곧바로 사진이 나오게 되어 있는 카메라.
폴란드(Poland) 圀[지] 동유럽 북부에 있는 공화국. 수도는 바르샤바.
폴로¹(polo) 圀[체] 말을 타고 하는 경기의

하나. 스틱으로 공을 치며, 승패는 골 득점과 반칙 감점의 차에서 얻은 점수로써 결정함.
폴로², 마르코(Polo, Marco) [명][인] 이탈리아의 여행가(1254~1324).
폴로네즈([프]polonaise) [명][음] 폴란드의 춤곡. 3/4박자의 비교적 느린 곡임.
폴리네시아(Polynesia) [명][지] 오세아니아 동부, 태평양의 여러 섬의 총칭.
폴리스(polis) [명] 고대 그리스의 도시 국가.
폴리에스테르(polyester) [명][화] 다가(多價) 카르복시산과 다가 알코올의 축합 중합으로 얻는 고분자 화합물의 총칭. 매우 질기고 잘 구겨지지 않으며 전기 절연성이 높음. 합성 섬유나 수지로 이용됨.
폴리에틸렌(polyethylene) [명][화] 에틸렌의 첨가 중합으로 얻는 고분자 화합물의 총칭. 절연 재료·용기·패킹 등에 쓰임.
폴리염화^비닐(poly鹽化vinyl) [명][화] 염화 비닐의 중합으로 얻는 고분자 화합물. 경질(硬質) 파이프·성형품(成型品)·합성 섬유 등에 쓰임. =피브이시(PVC).
폴립(polyp) [명] **1** [동] 자포동물이 생활사의 한 시기에 나타내는 체형. 몸은 원통형이고 입 주위에 촉수가 있으며, 바위에 붙어 삶. **2** [의] 피부나 점막 등에 발생하는 원형·타원형의 종류(腫瘤).
폴-산(←fol*ic*酸) [명][화] 비타민 B 복합체의 하나. 시금치 등의 푸른 잎의 채소, 동물의 간(肝), 효모 등에 들어 있으며, 부족하면 빈혈 등을 일으킴.
폴짝 [부] **1** (몸피가 작은 것이) 가볍게 한 번 뛰는 모양. **2** (문 따위를) 갑작스럽게 열거나 닫는 모양. [큰]풀쩍. **폴짝-하다** [동][자][타][여]
폴짝-거리다/-대다 [-꺼(때)-] [동][타] (문 따위를) 갑작스럽게 자꾸 여닫으며 들락날락하다.
폴짝-폴짝 [부] 폴짝거리는 모양. **폴짝폴짝-하다** [동][타][여]
폴카(polka) [명][음] 특징적인 리듬을 갖는 경쾌하고 빠른 2/4박자의 춤. 또는, 그 춤곡.
폴트(fault) [명][체] 테니스·배구·배드민턴 등에서, 서브의 실패.
폴폴 [부] **1** 날쌔고 기운차게 자꾸 뛰거나 나는 모양. **2** (적은 물이) 자꾸 끓어오르는 모양. **3** (눈·재·먼지·연기 따위가) 흩날리는 모양. ¶먼지가 ~ 날리다. [큰]풀풀.
폼¹(form) [명] ['형태', '양식'의 뜻] **1** 사람이 취하는 어떤 몸의 자세. **2** 겉으로 드러내는 멋이나 모양이나 거드름. ¶까만 선글라스를 ~ 나게 쓰다.
　폼(을) 잡다 **1** (사람이) 어떤 몸의 자세를 취하다. **2** (사람이) 겉으로 멋이나 모양을 내거나 빼기는 태도를 보이다.
　폼(을) 재다 으쓱거리고 뽐내는 티를 짐짓 겉으로 나타내다. 속된 말임.
폼²(←*plat*form) [명] '플랫폼'의 준말.
폼페이(Pompeii) [명][지] 이탈리아 남부에 있던 고대 도시.
폼페이우스, 마그누스 그나이우스(Pompeius, Magnus Gnaeus) [명][인] 고대 로마의 장군·정치가(106~48 B.C.).
퐁 [부] '뽕⁴'의 거센말. ¶구멍이 ~ 뚫리다.
퐁당 [부] 작고 단단한 물건이 물에 빠질 때 나는 소리. ¶물에 ~ 뛰어들다. [큰]풍덩.
퐁당-거리다/-대다 [동][자][타] 잇달아 퐁당 소리가 나다. 또는, 그런 소리를 내다.
퐁당-퐁당 [부] 퐁당거리는 소리. ¶연못에 ~ 돌을 던지다. **퐁당퐁당-하다** [동][자][타][여]
퐁-퐁 [부] **1** 좁은 구멍으로 액체가 세차게 쏟아져 나오는 소리. **2** '뽕뽕'의 거센말. **퐁퐁-하다** [동][자][여]
푄([독]Föhn) [명][기상] 산에서 불어 내리는 건조한 열풍.
표¹(表) [명] **1** 어떤 사항을 순서에 따라 보기 쉽게 기록한 것. ¶시간~. **2** 마음에 품은 생각을 기록하여 임금에게 올리는 글. ¶출사(出師)~. **3** '표적(表迹)¹'의 준말. ¶손을 댄 ~가 나다.
표²(票) [명] [1][자립] **1** 탈것을 타거나 어떤 장소에 들어갈 때 그 요금을 냈음을 보이기 위해 제시하는, 일정한 양식의 작은 네모 종이. 입장권이나 차표·배표·비행기 표 따위. ¶기차~ / ~를 예매하다. **2** 선거를 할 때 유권자가 자기의 의사를 기록하는 쪽지. **3** =가격표(價格票). **4** =꼬리표**1**. [2][의존] [1]**2**를 세는 단위로 이르는 말. ¶찬성 7~, 반대 3~.
표³(標) [명] **1** 증거가 될 만한 필적. **2** 준거가 될 만한 형적. 곧, 안표(眼標) 따위. **3** 두드러지게 나타나 보이는 특징. **4** 특징이 되게 하는 어떤 지점.
표결¹(表決) [명] 회의에서 가부 의사를 표시하여 결정하는 일. ¶결의안을 ~에 부치다. **표결-하다¹** [동][타][여] **표결-되다** [동][자]
표결²(票決) [명] 투표로써 결정하는 것. **표결-하다²** [동][타][여]
표고¹ [명][식] 갓이 지름 6~10cm로 짙은 다갈색이며, 줄기가 굽고 짧은 식용 버섯. 밤나무·떡갈나무 등의 활엽수에 나는데, 인공 재배도 함. =표고버섯.
표고²(標高) [명] 바다의 수준면(水準面)에서 지표의 어느 지점까지의 수직 거리.
표고-버섯[-섣] [명][식] =표고¹.
표구(表具) [명] 동양화(또는, 한국화)나 서예 작품의 뒷면이나 테두리에 종이나 비단 등을 발라 꾸미고, 나무나 기타의 장식으로 족자나 액자나 병풍 등을 만드는 일. **표구-하다** [동][타][여]
표구-점(表具店) [명] 표구를 전문으로 하는 가게.
표기¹(表記) [명] **1** 겉으로 표시하여 기록하는 것. 또는, 그런 기록. **2** 글자 또는 음성 기호로 언어를 표시하는 일. ¶로마자 ~. **표기-하다** [동][타][여] **표기-되다** [동][자]
표기²(標記) [명] 표가 되게 기록하는 것. 또는, 그런 기록이나 부호.
표기-법(表記法) [-뻡] [명][언] 글자나 부호로 언어를 적어 나타내는 규칙의 총칭. ¶외래어 ~.
표독-스럽다(慓毒-) [-쓰-따] [형][ㅂ] <~스러우니, ~스러워> 표독한 데가 있다. ¶**표독스러운** 표정. **표독스레** [부]
표독-하다(慓毒-) [-도카-] [형][여] (사람이나 동물이) 사납고 독기를 가진 상태에 있다. ¶**표독한** 눈초리. **표독-히** [부]
표류(漂流) [명] **1** 배가 고장을 일으키거나 조난을 당하거나 하여 바다 위에서 방향을 잃고 떠다니는 것. **2** 어떤 일이 방향이나 가닥을 잡지 못하고 혼란에 빠지거나 진척 없이 맴도는 것. 비유적인 말임. ¶국정이 ~를 거듭하고 있다. **표류-하다** [동][자][여] ¶배가 바다 한복판에서 ~.

표리(表裏) 뎽 겉과 속. 곧, 겉으로 드러내는 언행과 속으로 가지는 생각.
표리부동-하다(表裏不同-) 혱여 마음이 음흉하여 겉과 속이 다르다. ¶표리부동한 태도.
표면(表面) 뎽 1 사물의 가장 바깥쪽 혹은 위쪽 부분. 凹겉면. 2 외부에서 눈에 띄는 부분.
표면^장력(表面張力)[-녁] 뎽[물] 액체의 표면이 스스로 수축하여 가능한 한 작은 면적을 취하려는 힘.
표면-적(表面的) 관 겉과 속이 다를 경우의 겉으로 나타난 (것). ¶~인 이유.
표-면적²(表面積)[-쩍] 뎽[수] =겉넓이.
표면-화(表面化) 뎽 (어떤 일이나 현상이) 표면에 드러나는 것. 또는, 그렇게 되게 하는 것. **표면화-하다** 동재타예 표면화-되다 동재 ¶복잡한 사건들이 ~.
표명(表明) 뎽 (어떤 의사나 태도를) 드러내어 명백히 하는 것. **표명-하다** 타예 표명-되다 동재 ¶사의(辭意)를 ~.
표방(標榜) 뎽 1 (어떤 주의·주장·구호 등을) 드러내어 앞에 내걸거나 내세우는 것. 2 남의 선행을 기록하여 널리 여러 사람에게 보이는 것. **표방-하다** 타예 ¶우리 민국은 자유 민주주의를 표방한다.
표-발(票-)[-반] 뎽 어떤 입후보자의 지지율이 높아 많은 표를 얻을 수 있는 지역. 또는, 입후보한 사람이 지지를 호소하면 더 많은 표를 얻을 수 있으리라 기대되는 지역. ¶~을 누비다.
표백(表白) 뎽 (생각·태도 등을) 드러내어 밝히거나, 나타내어 말하는 것. **표백-하다** 타예
표백²(漂白) 뎽 바래거나 약품을 써서 희게 하는 것. **표백-하다**² 타예 ¶옷을 ~. **표백-되다** 동재
표백-분(漂白粉)[-뿐] 뎽[화] 수산화칼슘에 염소를 흡수시킨 백색 분말. 무명 따위의 표백제 또는 소독제로 쓰임.
표백-제(漂白劑)[-쩨] 뎽[화] 산화 또는 환원 작용에 의해 유색물(有色物)을 표백하는 약제. 표백분·과산화수소 따위.
표-범(豹-) 뎽[동] 바위가 많은 삼림이나 초원에 살며, 몸이 길이 1.2~1.5m로 담황색 바탕에 매화꽃 모양의 검은 무늬가 있는 포유동물. 동작이 민첩하고 나무에 잘 오르며 성질이 사나움.
표변(豹變) 뎽 [표범의 무늬가 가을이 되면 아름다워진다는 데서] 1 허물을 고쳐 언행이 전과 뚜렷이 달라지는 것. 2 (생각·태도 등이) 갑자기 좋지 않은 상태로 달라지는 것. 또는, (생각·태도 등이) 갑자기 달라지는 것. **표변-하다** 재타예 표변-되다 동재 ¶~ 태도가 하루아침에 ~.
표본(標本) 뎽 1 본보기로 삼을 만한 것. ¶그의 선행은 만인의 ~이 되었다. 2[수] 여러 통계 자료를 포함하는 집단 속에서 그 일부를 임의적으로 조사한 결과로서 본래의 집단의 성질을 추측하는 통계 자료. ▷모집단. 3[생] 생물의 몸 또는 그 일부에 적당한 처리를 가하여 일정 기간 동안 보존할 수 있게 한 것.
표본-실(標本室) 뎽 표본을 보호하거나 진열하여 놓은 방.
표본^조사(標本調査) 뎽[수] 통계 조사 방법의 하나. 모집단의 일부분을 표본으로 추출해서 조사함으로써 전체의 성질을 알려고 하는 방법.
표본^추출(標本抽出) 뎽[수] 모집단에서 표본을 골라내는 일. =샘플링.
표사(漂沙) 뎽 파랑(波浪)·조류(潮流) 등에 의해 유동하는 토사(土沙). 또는, 그 이동하는 현상.
표사유피(豹死留皮) [표범은 죽어서 가죽을 남긴다는 뜻] 사람은 죽어서 명예를 남겨야 한다는 말. 비호사유피.
표상(表象) 뎽 대표로 삼을 만큼 상징적인 것. ¶국기는 나라의 ~이다.
표수(票數)[-쑤] 뎽 (투표 따위에서) 투표된 표의 수. ¶투표된 ~를 헤아리다.
표시¹(表示) 뎽 (상대에게 자기의 생각이나 감정 등을) 말이나 글, 행동으로 나타내는 것. ¶성의 ~를 하다. **표시-하다**¹ 타예 ¶불만을 ~. 표시-되다¹ 동재
표시²(標示) 뎽 (어느 곳에 어떤 사실이나 내용을) 문자·기호·도형 등으로 나타내는 것. ¶경계 ~. **표시-하다**² 타예 ¶포장지에 제조 일자를 ~. 표시-되다² 동재
표시-등(表示燈) 뎽 기계의 작동 상태·과정 등을 나타내어 보여 주는 등.
표식 '표지(標識)'의 잘못.
표심(票心) 뎽 어떤 후보를 지지하여 표를 던지고자 하는 유권자의 마음. ¶농민들의 ~을 의식한 선심 공약.
표어(標語) 뎽 주의·주장·강령 등을 간결하게 나타낸 짧은 어구. =슬로건. ¶반공 ~ / ~를 내걸다.
표음(表音) 뎽[언] 문자가 발음을 나타내는 일. ↔표의. **표음-하다** 타예
표음^문자(表音文字)[-짜] 뎽[언] 문자 중에서, 한 자 한 자 특정의 의미를 나타내지 않고 오로지 하나하나의 음성에 대응하여, 그 발음을 나타낸 것. 한글·로마자·가나(假名) 따위. =소리글자. ↔표의문자.
표의(表意)[-의/-이] 뎽[언] 문자나 부호로 뜻을 나타내는 일. ↔표음. **표의-하다** 재타예
표의^문자(表意文字)[-의-짜/-이-짜] 뎽[언] 하나하나의 글자가 일정한 뜻을 나타내는 글자. 그림 문자·상형 문자·한자(漢字) 따위. =뜻글자. ↔표음 문자.
표적¹(表迹) 뎽 겉으로 나타난 자취. ¶일을 한 ~이 없다. 酸표.
표적²(標的) 뎽 쏘거나 던져서 맞히는 목표물. 또는, 비난·공격 등의 목표가 되는 대상. ¶공격의 ~이 되다.
표절(剽竊) 뎽 남의 창작물(문학·음악·미술·논문 등)을 그 내용의 일부를 허락없이 자기 창작물에 제 것으로 삼아 이용하는 것. **표절-하다** 타예
표정(表情) 뎽 1 어떤 감정이나 마음의 상태를 나타내는, 얼굴의 모습이나 눈빛의 상태. ¶~이 없는 얼굴. 2 (어떤 장소를 나타내는 말 다음에 쓰여) 주로 특별한 날이나 특별한 일이 있을 때, 그곳에 나타난 분위기나 모습을 비유적으로 이르는 말. ¶명절날 거리의 ~.
표제(標題·表題) 뎽 1 서책(書冊)의 겉에 쓰인, 그 책의 이름. 2 연설·예술 작품의 제목. 3 신문·잡지 기사의 제목. 4 서적·장부 중의 항목을 찾기 편리하게 설정한 제목.
표제-어(標題語) 뎽 1 기사나 작품 등의 제목으로 쓰인 말. 2 언어 사전·백과사전 등에서, 그 뜻풀이나 어법상의 구실, 또는 그 정보나 지식 등에 대해 설명하기

위해, 항목으로 세워 일정한 순서로 벌여 놓은 단어나 구. =올림말.
표제^음악(標題音樂) 명[음] 문학적·회화적·극적 내용을 음으로 묘사하고, 그 내용을 설명하거나 암시하는 제목을 붙인 음악. 비발디의 '사계(四季)' 따위. ↔순음악.
표주-박(瓢−) 명 조롱박이나 둥근 박을 반으로 쪼개어 만든 작은 바가지.
표준(標準) 명 1 사물의 정도·성격을 알기 위한 근거나 기준. 2 일반적인 것. 또는, 평균적인 것. ¶한국 청소년의 ~ 키.
표준-규격(標準規格) 명 공업 통제상, 모든 물품의 모양·크기·성능·검사 방법 등을 나타내는 데 필요한 조건을 보이는 기술적인 규정을 어떤 표준에 따라 통일한 것. ¶~품(品).
표준^렌즈(標準lens) 명 [사진] 사람의 육안과 비슷한 원근감을 가지도록 상을 맺는 렌즈.
표준-말(標準−) 명[언] =표준어.
표준^상태(標準狀態) 명[물] 물질의 기준이 되는 상태. 보통, 0℃, 1기압에서의 기체의 상태를 가리킴.
표준-어(標準語) 명[언] 한 나라의 표준이 되는 말. 우리나라에서는 서울말로 정함을 원칙으로 함. ↔표준말. ↔사투리.
표준어^규정(標準語規程) 명[언] 표준어 사정의 원칙과 표준 발음법을 체계화한 규정. 1988년 1월에 문교부에서 고시함.
표준-형(標準型) 명 표준이 되는 형.
표준-화(標準化) 명 1 표준에 맞도록 하는 것. 2 관리의 능률을 올리기 위하여 자재·제품 등의 종류·품질·모양·크기 따위를 표준에 따라 통일하는 일. ¶공산품의 ~. **표준화-하다** 동(타여) **표준화-되다** 동(자)
표준^화석(標準化石) 명 지층의 지질 연대를 결정하는 데에 표준이 되는 화석. ▷시상 화석.
표지[1](表紙) 명 책의 맨 앞뒤의 겉장. =책뚜껑.
표지[2](標識) 명 어떤 사실을 알리거나 어떤 사물을 다른 것과 구별하기 위해 눈에 잘 뜨이도록 해 놓은 표시. ¶교통 ~. × ~ 표식.
표지-색(標識色) 명[동] 동물체가 지니는, 특히 눈에 잘 띄는 색채. ▷보호색.
표지-판(標識板) 명 어떤 사실이나 정보를 알리기 위해 문자·도형·기호 등으로 나타내어 공개된 장소에 세우거나 내건 판. ¶도로 ~.
표징(表徵) 명 겉으로 드러나는 특징이나 상징. ¶성인의 ~.
표찰(標札) 명 이름이나 숫자나 안내·지시 등의 짤막한 글을 써서 부착할 수 있도록 종이·나무·플라스틱 등으로 만든 표.
표창[1](表彰) 명 공로·선행 등을 널리 세상에 칭찬하여 알리는 것. **표창-하다** 동(타여) ¶~선행을 ~. **표창-되다** 동(자)
표창[2](鏢槍) 명 던져서 적을 공격하는 창의 한 가지. 끝이 호리병박 모양으로 가운데가 잘록함.
표창-장(表彰狀) [−짱] 명 표창하는 내용을 적은 종이.
표출(表出) 명 겉으로 나타내는 것. **표출-하다** 동(타여) **표출-되다** 동(자)
표층(表層) 명 여러 층으로 된 것의 겉을 이루고 있는 층.

표토(表土) 명[농] 토양의 최상층의 부분.
표트르 일세(Pyotr―世) [−세] 명[인] 제정 러시아의 황제(1672~1725).
표표-하다(飄飄−) 형여 1 나부끼거나 날아오르는 모양이 가볍다. 2 방랑하는 것이 정처 없다. **표표-히** 부
표피(表皮) 명[생] 1 고등 식물체의 표면을 덮고 있는, 한 층 또는 여러 층의 조직. 식물체를 보호함과 동시에 수분의 증발을 방지함. 2 동물체의 표면을 덮고 있는 피부의 상피 조직.
표-하다(表−) 동(타여) (어떤 사람에게 그가 하거나 겪은 일에 대해 어떤 감정이나 의사를) 말이나 행동 등으로 나타내다. ¶경의(敬意)를 ~.
표현(表現) 명 1 (자신의 생각이나 감정 등을) 말이나 행동으로 드러내어 나타내는 것. ¶감정 ~. 2 (어떤 사상이나 감흥이나 정신적인 작용을) 글이나 그림이나 음악 등의 예술로 나타내는 것. ㈜형상화. ¶시적(詩的)인 ~. **표현-하다** 동(타여) **표현-되다** 동(자)
표현-력(表現力) [−녁] 명 표현하는 능력.
표현-주의(表現主義) [−의/−이] 명[예] 20세기 초기에 독일을 중심으로 일어난 문학·미술 등의 예술 운동. 강렬한 내면적 감정을 표현하고자 하였음.
푯-대(標−) [표때/푠때] 명 목표나 표지로 서 세워놓은 대.
푯-말(標−) [푠−] 명 표로 박아 세우는 말뚝.
푸 부 입술을 모아 김을 내뿜는 소리. ¶담배 연기를 ~ 내뿜다.
푸가(ⓘfuga) 명[음] 악곡 형식의 하나. 하나의 성부(聲部)가 주제를 나타내면 다른 성부가 그것을 모방하면서 대위법에 따라 좇아감.
푸근-하다 형여 1 두툼한 물건이 부드러우며 따뜻하다. **푸근한 솜이불**. 2 감정이나 분위기가 부드러우며 따뜻하게 감싸 주는 듯한 느낌이 있다. **푸근한 인심**. 3 겨울의 날씨가 바람이 없고 따뜻하다. **¶겨울 날씨치고는 ~**. ㈜포근하다. **푸근-히** 부
푸껫 섬(Phuket−) 명[지] 타이 남부, 말레이 반도 서쪽 기슭에 있는 섬.
푸나푸티(Funafuti) 명[지] 투발루의 수도.
푸념 명 마음에 품은 불평을 말하는 것. ¶~을 늘어놓다. **푸념-하다** 동(자)(타여)
푸다 동(타)부 〈푸니, 퍼〉 1 (액체나 가루, 또는 알맹이 상태의 물질을) 그것이 차거나 쌓이거나 담겨 있는 곳에 비교적 큰 용기나 도구를 깊이 넣거나 담거나 하면서 다가 공간이 있는 부분을 위로 하여 빼내거나 들어 올림으로써, 많은 양이 담기게 하다. ¶밥을 주걱으로 ~. 2 (빨아당기는 힘을 가진 도구로 액체를) 비교적 많은 양을 본래 있던 곳에서 다른 곳으로 가게 하다. ¶양수기로 지하수를 **퍼** 올리다. 3 (사람이 술을) 많은 양을 마시다. ¶그는 매일 술을 **푼다**.
푸닥-거리 [−꺼−] 명[민] 부정이나 살을 풀기 위해 무당이 간단하게 음식을 차리고 하는 굿. **푸닥거리-하다** 동(자)(여)
푸대(−袋) '부대' 또는 '포대'의 잘못.
푸-대접(−待接) 명 아무렇게나 하는 대접. =박대. ㈜냉대. **푸대접-하다** 동(타여)
푸덕 부 큰 새나 물고기가 날개나 꼬리를

세차게 한 번 치는 소리. **푸덕-하다** 〔자〕

푸드덕 〔부〕 =푸드득1. **푸드덕-하다** 〔자〕

푸드득 〔부〕 **1** 새가 날아오를 때 날개를 치는 소리. =푸드덕. **2** 다소 무른 똥이 한꺼번에 나올 때 나는 소리. **푸드득-하다** 〔자〕

푸드득-거리다/-대다 [-(끼 때)-] 〔자〕(타) 푸드득 소리가 자꾸 나다. 또는, 그런 소리를 자꾸 내다.

푸드득-푸드득 〔부〕 푸드득거리는 소리. **푸드득푸드득-하다** 〔자〕(타)

푸들(poodle) 〔명〕〔동〕 개의 한 품종. 유럽 원산의 애완용 개로, 털이 길고 양털 모양임. 털빛은 백색·흑색·갈색 등이 있으며, 영리하고 사람을 잘 따름.

푸들-푸들 〔부〕 '부들부들'의 거센말. 〔작〕파들파들. **푸들푸들-하다** 〔자〕

푸딩(pudding) 〔명〕 서양식의 연한 생과자.

푸르다 〔형〕 '푸르니, 푸르러) 하늘빛이나 풀빛이나 쪽빛과 같다. ¶푸른 산/푸른 하늘. ×푸르르다.

푸르대-콩 〔명〕〔식〕 콩의 한 품종. 열매의 껍질과 속살이 다 푸름.

푸르뎅뎅-하다 〔형〕(여) 격에 어울리지 않게 푸르스름하다.

푸르락-붉으락 〔부〕 '붉으락푸르락'의 잘못.

푸르르 〔부〕 **1** '부르르'의 거센말. ¶그는 분을 참지 못해 몸을 ~ 떨었다. **2** 새가 별안간 자리를 뜨며 날아가는 소리. 〔작〕포르르. **푸르르-하다** 〔자〕(여)

푸르르다 〔형〕 '푸르다'의 잘못.

푸르름 〔명〕 '푸른빛', '녹음(綠陰)'의 잘못. ¶~이 짙어가는 유월.

푸르스레-하다 〔형〕(여) =푸르스름하다.

푸르스름-하다 〔형〕(여) (빛깔이) 다소 어둡고 충충하게 푸른 데가 있다. =푸르스레하다. ¶인가의 굴뚝에서 **푸르스름한** 연기가 피어올랐다. 〔작〕파르스름하다.

푸르죽죽-하다 [-주一카-] 〔형〕(여) 빛깔이 고르지 못하고 칙칙하게 푸르스름하다.

푸른-곰팡이 [명]〔식〕 빵·떡·귤 등의 표면에 기생하여 부패시키는 청록색 또는 회갈색 곰팡이의 총칭. 유해균이 많지만, 어떤 종류는 페니실린의 원료가 됨.

푸른-똥 〔명〕 =녹변(綠便).

푸른-빛 [-삔] 〔명〕 푸른 빛깔. ×푸름빛.

푸른-색 (-色) 〔명〕 푸른 색깔.

푸른-푸른 [-른-른] 〔부〕 군데군데 푸르름한 모양. ¶~ 새싹이 돋는다. 〔작〕파릇파릇. **푸릇푸릇-하다** 〔형〕(여)

푸새[1] 〔명〕 옷 등에 풀을 먹이는 일. **푸새-하다** 〔타〕

푸새[2] 〔명〕 저절로 나서 자라는 풀의 통칭.

푸석-살 [-쌀] 〔명〕 무르고 푸석푸석한 살.

푸석-푸석[1] 〔부〕 부피만 크고 바닥이 거칠어서 까칠하게 부스러지기 쉬운 모양. **푸석푸석-하다**[1] 〔형〕(여) ¶**푸석푸석한** 돌.

푸석-푸석[2] 〔부〕 '부석부석'의 거센말. **푸석푸석-하다**[2] 〔형〕(여) ¶**푸석푸석한** 얼굴.

푸석-하다[1] [-서카-] 〔형〕(여) 살이 핏기가 없이 조금 부어오른 듯하다. ¶잠을 제대로 못 잤더니 얼굴이 ~.

푸석-하다[2] [-서카-] 〔형〕(여) 부피만 크고 바닥이 거칠어서 부스러지기 쉽다.

푸성귀 〔명〕 사람이 가꾼 채소나 저절로 난 나물의 통칭.

푸수수 〔부〕 정돈이 되지 않아 어수선하고 엉성한 모양. **푸수수-하다** 〔형〕(여)

푸순(撫順) 〔명〕〔지〕 중국 북동부의 광공업 도시.

푸시시[1] 〔부〕 불기가 있는 재 등에 물을 부을 때 나는 소리.

푸시시[2] 〔부〕 =부스스. **푸시시-하다** 〔형〕(여)

푸시킨, 알렉산드르 세르게예비치(Pushkin, Aleksander Sergeevich) 〔명〕〔인〕 제정 러시아의 시인·소설가(1799~1837).

푸싱(pushing) 〔명〕〔체〕 축구·농구 등에서, 상대방을 밀어뜨리는 반칙 행위.

푸-이(溥儀) 〔명〕〔인〕 청나라의 황제(1906~1967).

푸줄리나(fusulina) 〔명〕〔고〕 석탄기와 페름기에 번영하였다가 고생대가 끝남과 함께 절멸한 유공충(有孔蟲)의 한 무리. 표준 화석으로서 중요함.

푸줏-간 (-間) 〔명〕 =주간(-準間) 〔명〕 쇠고기·돼지고기 등을 파는 가게. 〔비〕고깃간.

[푸줏간에 들어가는 소 걸음] 벌벌 떨며 무서워하는 모양을 이르는 말.

푸지다 〔형〕 매우 많아서 넉넉하다. ¶음식을 푸지게 차리다.

푸짐-하다 〔형〕(여) (물건이나 음식 등이) 많아서 넉넉하다. ¶상을 ~. **푸짐-히** 〔부〕

푸치니, 자코모(Puccini, Giacomo) 〔명〕〔인〕 이탈리아의 오페라 작곡가(1858~1924).

푸틴, 블라디미르 블라디미로비치(Putin, Vladimir Vladimirovich) 〔명〕〔인〕 러시아의 대통령(1952~).

푸-푸 〔부〕 입김을 자꾸 내부는 소리.

푸!-하다 〔형〕(여) 속이 꽉 차지 않고 불룩하게 부풀어 있다. ¶**푸한** 머리.

푹 〔부〕 **1** 드러나지 않게 잘 덮거나 싸는 모양. ¶모자를 ~ 눌러쓰다. **2** 잠이 깊고 푸근하게 들거나 곤한 몸을 흐뭇하게 쉬는 모양. ¶잠이 ~ 들다. **3** 힘 있고 깊게 찌르거나 쑤시는 모양. ¶칼로 ~ 찌르다. **4** 흠씬 익도록 삶거나 끓이는 모양. ¶닭을 ~ 고다. **5** 좀 심하게 썩거나 내는 모양. ¶수박이 ~ 썩었다. **6** 깊고 뚜렷이 팬 모양. ¶구덩이가 ~ 패다. **7** 분량이 갑자기 많이 줄어든 모양. **8** 깊이 빠지거나 들어간 모양. ¶진흙탕에 발이 ~ 빠지다. **9** 힘없이 쓰러지는 모양. **10** (숟가락·삽 따위로) 물건을 많이 퍼내는 모양. **11** 고개를 깊이 숙이는 모양. ¶고개를 ~ 숙이다. **12** 아주 심하게 젖거나 목소리가 가라앉은 모양. ¶~ 가라앉은 목소리. 〔작〕폭.

푹신-푹신 [-씬-씬] 〔부〕 **1** 여럿이 다 푹신한 모양. **2** 매우 푹신한 모양. 〔작〕폭신폭신. **푹신푹신-하다** 〔형〕(여) ¶소파가 ~.

푹신-하다 [-씬-] 〔형〕(여) (앉거나 기대거나 눕거나 밟는 맛이) 푸근하게 부드럽고 탄력성이 있다. ¶**푹신한** 쿠션. 〔작〕폭신하다. **푹신-히** 〔부〕

푹-푹 〔부〕 **1** 흠씬 익을 정도로 몹시 끓이거나 삶는 모양. ¶~ 삶는 고기. **2** 날씨가 몹시 무더운 모양. ¶~ 찌는 날씨. **3** 심하게 자꾸 썩거나 삭는 모양. **4** 분량이 자꾸 많이 줄어들거나 없어지는 모양. **5** 잇달아 세게 깊이 찌르거나 쑤시는 모양. **6** 힘있어 자꾸 쓰러지는 모양. **7** 자꾸 빠지는 모양. ¶진창길에 발목이 ~ 빠진다. **8** (숟가락·삽 따위로) 물건을 많이 떠서 퍼내거나 담는 모양. **9** 눈 따위가 많이 내려 쌓이는 모양. **10** 돈 따위를 아낌없이 쓰는 모양. ¶돈을 ~ 쓰다. 〔작〕폭폭.

푹-하다[푸카-] [형][여] (겨울 날씨가) 퍽 따뜻하다. ¶겨울답지 않게 날씨가 ~.

푼¹ I [명][의존] [<분(分)] **1** 조선 말엽, 보조적 화폐 단위의 하나. 보통 1푼은 엽전 한 닢을 가리킴. 전(錢)의 10분의 1임. **2** [1을 일반화하여] 동전을 세는 단위. **3** 무게의 단위. 한 돈의 10분의 1임. ¶넉 돈 두 ~. **4** 길이의 단위. 한 치의 10분의 1임. ¶한 치 칠 ~. **5** 전체 수량을 100등분한 것의 비율을 나타내는 단위. 1할의 10분의 1이며, 리의 10배임. ¶타율 3할 5~ 2리.

II [수] =분(分)⁸.

푼¹-돈[-똔] [명] 얼마 되지 않는 적은 돈. ¶~을 모아 목돈을 만들다. ↔모갯돈.

푼¹수 [명] [1][의존] **1** 《어미 '-ㄴ', '-는' 다음에 '푼수로는[치고는]'의 꼴로 쓰여》 '상태'나 '정황'을 뜻하는 말. **2** 얼마에 상당한 정도. [2][자립] 〈속〉 생각이 모자라고 어리석은 사람. ¶~ 짓을 하다.

푼¹수-데기[-떼-] [명] 생각이 모자라고 어리석은 사람을 얕잡아 이르는 말.

푼¹푼-이 [부] 한 푼씩 한 푼씩. ¶~ 모은 돈.

푼푼-하다 [형][여] **1** 모자람이 없이 넉넉하다. ¶살림이 ~. **2** 옹졸하지 않고 너글너글하다. **푼푼-히** [부]

풀-소[-쏘] [명] 여름에 생풀만 먹고 사는 소. 힘을 잘 쓰지 못하여 부리기에 부적당함.

풀¹ [명] **1** 곡식이나 물고기의 부레나 합성 섬유 등으로 만들어 물건을 붙이는 데 쓰는 끈끈한 물질. ¶~을 쑤다. **2** 옷이나 옷깃·이불잇·실·보(褓) 등을 빳빳한 기운이 있게 하기 위해 먹이는, 쌀이나 녹말가루 따위로 만드는 끈끈한 물질. ¶이불 홑청에 ~을 먹이다. **3** 《주로, '없다', '죽다', '꺾이다' 등과 함께 쓰여》 사람의 몸짓이나 태도에서 느낄 수 있는 활기나 기세. 비유적인 말임. ¶~이 죽다.

풀(이) 서다 풀을 먹여 피륙이 빳빳해지다. ¶**풀이** 빳빳이 **선** 와이셔츠.

풀(이) 죽다 **1** 풀기가 적어 빳빳하지 못하다. **2** 활기나 기세가 약해지다. ¶선생님의 꾸중을 듣고 ~.

풀² [명] **1** 목질(木質)이 아닌 연한 줄기에 가늘고 긴 녹색 잎이 달린, 키가 작은 식물. ¶소가 ~을 뜯다. **2** 초본 식물의 총칭. ¶여러해살이~. **3** '갈풀'의 준말.

풀³(pool) [명] **1** [경] 공동 이익을 위해 협정을 체결한 기업의 연합체. ¶~제(制). **2** 헤엄칠 수 있도록 물을 담아 놓은 시설.

풀-가동(full稼動) [명] (기계·설비·인력 등이, 또는 기계·설비·인력 등을) 있는 대로 다 가동하는 것. **풀가동-하다** [동][타][여] ¶공장의 기계를 ~. **풀가동-되다** [동][자]

풀-각시[-씨] [명] 막대기나 수수깡의 한쪽 끝에 풀로 색시 머리 땋듯이 곱게 땋아 만든 인형.

풀-기(-氣)[-끼] [명] **1** 풀을 먹여 빳빳하게 된 기운. ¶~가 없다. **2** 사람의 씩씩하고 활기찬 기세.

풀-꽃[-꼳] [명] 풀에 핀 꽃. 또는, 꽃이 피어 있는 풀.

풀다 [동][타] 〈푸니, 푸오〉 **1** (묶거나 매거나 얽거나 엮거나 감거나 한 줄·끈·실·띠 등을) 매듭 따위를 없어지게 하여 이어지지 않게 하거나 짜이지 않게 하거나 하나의 길이를 이루게 하다. ¶매듭을 ~. **2** (채우거나 차거나 찐 것 등을) 분리되게 하다. ¶단추를 ~. **3** (싸거나 꾸린 짐이나 꾸러미를) 속에 든 물건을 살펴보거나 이용하거나 따로따로 두기 위해 열거나 들추거나 헤치다. ¶여장(旅裝)을 ~. **4** (물속에서 녹거나 퍼지는 물질을 액체에) 넣어 그 물질의 성분을 띤 액체가 되게 휘젓거나 섞다. ¶밀가루를 **풀어서** 풀을 쑤다. **5** (많은 사람이나 재물 등을) 넓은 곳에 널리 퍼져 있게 하다. ¶시중에 자금을 ~. **6** (갇히거나 통제된 상태의 사람이나 동물을) 자유롭게 활동하도록 밖으로 나가게 하다. ¶모범수를 **풀어** 주다. **7** (금지하거나 제한하던 상태를) 없애거나 거두다. [비]해제하다. ¶수입 규제를 ~. **8** (어떤 문제나 다루기 어렵거나 복잡하게 얽힌 일을) 그 답을 이끌어 내거나 아무 문제가 되지 않게 하거나 해결이 나게 하다. [비]해결하다·처리하다. ¶오해를 ~. **9** (어려운 말이나 글을) 알기 쉬운 말이나 글로 바꾸다. 또는, (점괘나 꿈 등을) 그 숨은 뜻을 밝혀 설명하다. ¶암호문을 ~. **10** (마음속의 노여움이나 원한이나 긴장이나 답답함 등을) 가라앉히거나 사그라져 없어지게 하다. ¶천추의 한을 ~. **11** (굳어진 몸을) 근육이 부드러워지게 하거나, (몸의 피로 상태 등을) 몸이 가뿐한 상태가 되도록, 없어지게 하다. ¶피로를 ~. **12** (간절히 바라던 것을) 이루어 더 이상 마음에 품지 않게 되다. ¶소원을 ~. **13** (코를) '흥' 소리를 내어 몸 안의 공기가 콧구멍으로 다소 세게 나가게 하다. 또는, 그렇게 하여 콧속에 찬 액체를 흘러나오게 하다. **14** (어떤 땅에 물을 대거나 일구어 논을) 이루어 만들다.

풀-독(-毒)[-똑] [명] 풀의 독기. ¶몸에 ~이 오르다.

풀떼기 [명] 잡곡 가루와 늙은 호박 등을 재료로 하여 풀처럼 쑨 음식. ¶호박 ~.

풀려-나다 [동][자] (갇히거나 통제된 상태의 사람이나 동물이) 자유로운 상태가 되다. =풀려나오다. ¶인질이 ~.

풀려-나오다 [동][자] =풀려나다.

풀-리다 [동][자] **1** '풀다'의 피동사. ¶의문이 ~. **2** (춥던 날씨가) 그다지 춥지 않은 상태가 되다. [비]누그러지다. ¶추위가 ~. **3** (강이나 내 등에 얼었던 얼음이) 따뜻해진 날씨로 점차 녹는 상태가 되다. ¶한강의 얼음이 ~. **4** (눈동자 따위가) 또렷하지 못하고 흐려지다. ¶게슴츠레 **풀린** 눈.

풀무 [명] 지난날, 대장간이나 부엌에서 불을 피울 때 바람을 일으키려고 사용하던 기구. =풍구.

풀무-질 [명] 풀무로 바람을 일으키는 일. **풀무질-하다** [동][자][여]

풀-무치 [명][동] 메뚜기의 한 종류로, 몸빛은 황갈색이나 흑갈색이며 앞날개에 불규칙한 검은 무늬가 있는 곤충. 8~9월에 발생하여 양지바른 풀밭에 삶.

풀-물 [명] 풀에서 묻어나 옷 따위에 든 퍼런 물. ¶풀밭에서 뒹굴었더니 옷에 ~이 들었다.

풀-밭[-받] [명] 풀이 촘촘히 나 있는, 비교적 넓고 평평한 땅.

풀백(fullback) [명][체] 축구에서, 골키퍼 앞에서 수비를 맡는 선수. 또는, 그 수비 위치.

풀-벌레 [명] 풀숲에서 사는 벌레의 총칭.

풀-빛[-삗] [명] 풀의 빛깔. ¶지금쯤 교정

풀-빵 國화나 붕어 등의 모양으로 우묵하게 팬 틀에 묽은 밀가루 반죽을 부어 구운 빵.
풀-뿌리 圀 풀의 뿌리.
풀뿌리^민주주의(-民主主義) [-의/-이] [정] 민중의 의사를 직접적으로 반영하는 민중의 지지를 받는 대중적 민주주의.
풀-색(-色) [-쌕] 圀 풀의 빛깔처럼 녹색에 노란색이 연하게 섞인 색깔. 연두색과 녹색의 중간쯤임.
풀^세트(full set) 圀[체] 테니스·탁구·배구 등에서, 승부가 최종 세트까지 가는 일.
풀-숲 [-숩] 圀 풀이 마구 자라 우거져 있는 곳.
풀썩¹ 圀 연기나 먼지 따위가 별안간 한꺼번에 뭉켜서 일어나는 모양. **풀썩-하다** 圄(자)(여)
풀썩² 圀 맥없이 주저앉거나 내려앉는 모양. ¶그 말을 듣는 순간 그 자리에서 ~ 주저앉고 말았다. **풀썩-하다**² 圄(자)(여)
풀-쐐기 圀[동] 불나방의 애벌레. 작은 누에처럼 생기고 빛이 검푸르며, 거친 털이 온몸에 촘촘히 났음. 잠초의 잎을 갉아 먹음. ⍟쐐기.
풀어-내다 圄(타) 1 얽힌 것이나 얼크러진 것을 풀러 내다. 2 (복잡하거나 어려운 문제나 일을) 궁구하여 밝혀내다. ¶어려운 통계 문제를 ~.
풀어-놓다[-노타] 圄(타) (어떤 목적을 위하여) 사람을 비밀히 배치하여 놓다.
풀어-쓰기 圀 한글에서 현재 쓰이고 있는 자형(字形)을 풀어서, 초성·중성·종성의 차례대로 늘어놓아 쓰는 방식. '문법'을 'ㅁㅜㄴㅂㅓㅂ'으로 쓰는 따위.
풀어-지다 圄(자) 1 (묶거나 매거나 얽거나 엮거나 감거나 한 줄·끈·실·띠 등이) 매듭 따위가 없어지거나 하여 이어지지 않게 되거나 하나의 길이를 이루게 되다. ¶구두끈이 ~. 2 (잠그거나 채우거나 하거나 하는 기능의 물건이) 열어지거나 끌리지거나 나게 돌려지다. ¶나사가 ~. 3 (어떤 물질이 액체 속에) 녹거나 퍼지는 상태가 되다. ¶물감이 물에 ~. 4 (어떤 문제나 다투기 어렵거나 복잡하게 얽힌 일이) 그 답이 이끌어지거나 해결이 나다. ¶오해가 쉽게 ~. 5 (마음속의 노여움이나 원한이나 긴장이나 답답한 빛이) 가라앉거나 사그라져 없어지다. ¶긴장이 ~. 6 (춥던 날씨가) 춥지 않은 상태가 되다. ¶날씨가 입춘이 지나면서 ~. 7 (국수·수제비 등이) 물에 불어 졸깃졸깃함이 없어지다. ¶국수가 ~. 8 (눈동자가) 초점이 없이 흐리멍덩해지다.
풀어-헤치다 圄(타) 속마음을 거짓없이 털어놓다. ¶우리 서로 가슴을 **풀어헤치고** 얘기해 보자.
풀-이 圀 1 뜻을 쉬운 말로 밝혀 말하는 것. ¶낱말 ~. 2 [수] 어떤 문제가 요구하는 결과를 얻어 내는 것. 또는 그 결과. **풀이-하다** 圄(타)(여) **풀이-되다** 圄(자)(여)
풀-이-씨 圀[언] =용언(用言).
풀-잎 [-립] 圀 풀의 잎.
풀-장(pool場) 圀 =수영장.
풀쩍 圀 1 (약간 크고 무거운 것이) 가볍고 힘있게 한 번 뛰거나 날아오르는 모양. ¶담을 ~ 뛰어넘다. 2 (문 따위를) 갑자기 열거나 닫는 모양. ⍟폴짝. **풀쩍-하다**

풀-칠(-漆) 圀 1 (어떤 것을 붙이기 위하여) 무엇에 풀을 바르는 것. ¶봉투에는 ~을 하다. 2 겨우 끼니를 이어 가는 것. **풀칠하기**도 힘들다.
풀^카운트(full count) 圀[체] 야구에서, 타자의 볼 카운트가 투 스트라이크 스리 볼이 되었을 경우를 이르는 말.
풀-코스(full course) 圀 1 서양 요리에서, 일정한 순서로 짜여진 식단. 오르되브르·수프·생선 요리·고기 요리·샐러드·디저트·프루츠·커피의 차례가 표준임. 2 마라톤에서, 42.195km 전체의 구간. ¶마라톤 ~을 완주하다.
풀코트^프레싱(full-court pressing) 圀[체] 농구에서, 전면 압박 수비.
풀-타임(full time) 圀 정해진 하루 근무 시간 내내 일하는 일. ▷파트타임.
풀턴, 로버트(Fulton, Robert) 圀[인] 미국의 발명가(1765~1815).
풀-포기 圀 한 뿌리에서 나온 풀의 덩이.
풀풀 圄 1 날쌔고 기운차게 자꾸 뛰어나는 모양. ¶몸이 ~ 나는 새 같다. 2 냄새가 자꾸 나는 모양. ¶냄새가 ~ 나다. 3 (눈·재·먼지·연기 따위가) 흩날리는 모양. ¶눈이 ~ 날리다. ⍟폴폴.
풀-피리 圀 두 입술 사이에 대거나 물고 불어서 피리와 같은 소리를 내는 대상으로서의 풀잎.

품¹ 圀 1 사람이 다른 사람이나 동물을 안을 수 있는 부분으로서의 가슴. ¶엄마 ~에 안겨 잠이 든 아기. 2 사람이 옷을 입고 있는 상태에서, 물건을 간직하거나 숨길 수 있는, 가슴 부분의 옷 안. ¶칼을 ~에는 품은 자객. 3 윗옷의 양쪽 겨드랑이 밑의 가슴과 등을 두르는 옷의 넓이. ¶~이 크다. 4 사람이 마음의 위안이나 따뜻한 보호를 받을 수 있는 조국이나 고향이나 가정이나 종교 등을 비유적으로 이르는 말. ¶조국의 ~에 안기다.
[**품 안에 있어야 자식이라**] 자식이 어려서 부모의 품 안에 있을 때에는 부모를 따르나, 장성하면 차츰 부모로부터 멀어진다 하여 이르는 말.
품² 圀 머리를 쓰기보다는 몸을 움직여서 하는 일에 있어서, 그 일을 하는 데 드는 힘. 또는, 그 일을 하기 위해 몸을 움직이는 일. ¶~이 많이 드는 일.
품³ 圀[의존] (용언의 어미 '-ㄴ/은/는' 아래에 쓰여) 사람의 행동이나 말씨에서 드러나는 '됨됨이'나 '태도'를 이르거나 사물의 상태에서 드러나는 '모양'이나 '형세'를 이르는 말. ≒품새. ¶옷 입은 ~이 엉성하다.
품⁴(品) 圀[역] 품계의 순위를 매기는 말. ¶품3~.
-품⁵(品) 圁 '물품'의 뜻을 나타내는 말. ¶특산~ / 골동~.
품-값 [-깝] 圀 =품삯.
품격(品格) [-껵] 圀 1 사람의 품성과 인격. ¶상스런 말은 그 사람의 ~을 떨어뜨린다. 2 사물 따위에서 느껴지는 품위.
품계(品階) 圀[역] 고려·조선 시대의 벼슬의 등급. 1품에서 9품까지 9등급으로 가르되, 각 등급을 정(正)·종(從)의 구별을 두어 모두 18단계로 나뉨.
품ː관(品官) 圀[역] 품계를 가진 벼슬아치의 총칭.

품:귀(品貴) 명 물건이 귀한 상태. ¶계속되는 폭염으로 냉방 용품이 ~ 현상을 빚고 있다.

품:다[1][-따] (품!고 / 품어) 타 1 (새나 닭 등이 알이나 새끼를) 깨게 하거나 새끼를 보호하기 위해 날개나 깃털의 아래에 두어 감싸다. ¶암탉이 알을 ~. 2 (주로, 어른이 아기를) 품 안에 있게 하다. 回안다. ¶엄마가 아기를 품 안에 ~. 3 (사람이 어떤 물건을 가슴 부분의 옷 속에) 넣어 간직하거나 숨기다. ¶아이는 비에 젖을세라 책을 가슴에 품고 왔다. 4 (주로, 남자가 이성으로서의 여자를) 성적(性的)으로 소유하다. ¶그는 여자를 품어 본 적이 없는 숫총각이다. 5 (어떤 생각이나 감정을) 잘 드러나지 않게 마음에 가지거나 지니다. ¶의혹을 ~.

품:다[2][-따] 타 1 괴어 있는 물을 계속해서 푸다. ¶펌프로 물을 품어 올리다. 2 입이나 용기 속에 든 액체를 내뿜다. ¶빨래에 물을 품어 다리다.

품:명(品名) 명 1 품종의 명칭. 2 품물의 이름.

품:목(品目) 명 물품의 종류를 보이는 이름. ¶수출 ~.

품바 명 장터나 길거리를 돌아다니면서 동냥하는 사람.

품바`타!령 명 '장타령'을 달리 이르는 말. 후렴구에서 따온 말임.

품:사(品詞) 명 [언] 단어를 문법적 기능·형태·의미에 따라 나눈 갈래. 현재 우리 나라의 학교 문법에서는, 명사·대명사·수사·동사·형용사·관형사·부사·감탄사의 9가지로 분류되고 있음. ~씨.

품-삯[-싹] 명 품팔이에 대한 삯. =품값. 비노임.

품-새 명 [의존] =품[3].

품:성[1](品性) 명 품격과 성질. ¶~을 도야하다.

품:성[2](稟性) 명 타고난 성질. ¶~이 온후한 사람.

품-속[-쏙] 명 품의 속. ¶그녀의 사진을 ~에 간직하다.

품앗이 명 1 주로 농촌에서, 어느 한 집에서 힘든 일을 할 때 다른 집에서 함께 일해 주고, 다음에 다른 집에서 일할 때 도움을 받은 집이 갚는 뜻에서 함께 일해 주고 하는 것. 2 (비유적으로 쓰여) 어떤 사람에게서 은혜를 입거나 어떤 일을 당하거나 한 사람이 그 사람에게 그와 비슷한 일을 하는 것. **품앗이-하다** 통[자타]

품앗이-꾼 명 품앗이를 하는 사람.

품:위(品位) 명 1 사람이 지녀야 할 위엄이나 기품. ¶~을 잃다. 2 사물의 가치나 위엄. ¶~ 있는 고급 승용차.

품:의(稟議)[-의/-이] 명 (웃어른이나 상사에게) 말이나 글로 여쭈어 의논하는 것. **품:의-하다** 타[여] ¶회사에 자료 구입을 ~.

품:의-서(稟議書)[-의-/-이-] 명 웃어른이나 상사에게 여쭈어 의논하는 글.

품:절(品切) 명 물건이 다 팔리고 없는 것. **품:절-하다** 통[자여] **품:절-되다** 통[자]

품:종(品種) 명 1 물품의 종류. 2 [농] 같은 종류에 속하는 농작물·가축 등을 그 유전 형질의 의하여 다시 세분한 단위의 명칭. 3 [생] 생물 분류학상, 종(種)의 하위 단위. ▷種(種).

품:종`개!량(品種改良) 명 [생] 교잡·돌연변이 등에 의해 작물이나 가축을 목적에 맞는 형질로 개량하는 일. =육종.

품:질(品質) 명 물건의 질. ¶~ 개선.

품:질`관리(品質管理)[-괄-] 명 [경] 기업에서 제품의 품질을 일정하거나 향상시키기 위해 꾀하는 여러 가지 관리. =큐시(QC).

품:질`보증(品質保證) 명 제품의 품질이 일정 수준에 있음을 보증하는 일.

품-팔이 명 품삯을 받고 남의 일을 해 주는 것. ¶~로 겨우 연명하다. **품팔이-하다** 통[자]

품팔이-꾼 명 품팔이로 살아가는 사람.

품:평(品評) 명 (어떤 물건 등을) 품질의 좋고 나쁨을 평하여 정하는 것. **품:평-하다** 통[여]

품:평-회(品評會)[-회/-훼] 명 일정한 산물·가공품·제품 등을 모아 놓고 품질을 평하는 모임. ¶공산품 ~.

품:행(品行) 명 사람의 성품과 행실. ¶~이 방정하다.

풋[1][푿] 뷔 갑자기 짧은 웃음을 터뜨리는 소리.

풋-[2][푿] [접두] 명사 앞에 붙어서, '새로운 것', '처음 나온 것', '덜 익은 것', '미숙한 것'의 뜻을 나타내는 말. ¶~과일 / ~사랑.

풋-거름[푿꺼-] 명 생풀이나 생나무로 하는, 충분히 썩지 않은 거름.

풋-것[푿껃] 명 1 아직 덜 익은 곡식이나 과실이나 나물. 2 그해 들어 새로 나온 곡식이나 과실이나 나물.

풋-고추[푿꼬-] 명 1 다 자랐지만 푸른빛을 띠고 있는 고추. 2 아직 덜 익은 고추.

풋-과일[푿꽈-] 명 아직 덜 익은 과일.

풋-김치[푿낌-] 명 봄·가을에 새로 나온 열무나 어린 배추로 담근 김치.

풋-나기 명 '풋내기'의 잘못.

풋-내[푼-] 명 1 새로 나온 푸성귀·풋나물 따위에서 나는 풀 냄새. 2 익숙하지 못하거나 어린 모양을 비유한 말.

풋-내기[푼-] 명 1 경험이 없어 일에 서투른 사람. 2 차분하지 못하여 객기를 잘 부리는 사람. ×풋나기.

풋-볼(football) 명[체] '미식축구'와 '럭비 풋볼'을 두루 일컫는 말.

풋-사과(-沙果)[푿싸-] 명 아직 덜 익은 사과.

풋-사랑[푿싸-] 명 1 사춘기 소년·소녀의 설고 어설픈 사랑. 2 스치듯 가볍게 맺는 깊이 없는 사랑. ¶하룻밤 ~.

풋워크(footwork) 명 1 구기(球技)·권투·댄스 따위에서, 발의 놀림. 또는, 발을 쓰는 재간. 2 [체] 피겨 스케이팅에서, 점프나 스핀 사이에 행하는 스케이팅.

풋-정(-情)[푿쩡] 명 아직 그리 깊지 않은 정.

풋-콩[푿-] 명 아직 덜 익은 콩.

풋풋-하다[푿푸타-] 혱[여] 1 (식물의 잎이나 꽃에서 나는 향기가) 잎이 나거나 꽃이 핀 지 얼마 안 되어, 신선하고 좋은 느낌을 주는 상태에 있다. 비싱그럽다. ¶풋풋한 아카시아의 향기. 2 (어떤 일이나 대상이) 완전하거나 세련되지는 않으나 생기가 있고 새로우며 티가 없다. 비청순하다. 신선하다. ¶젊은이들의 **풋풋한** 사랑 이야기.

풍[1](風) 명 '허풍'의 준말. ¶~이 세다.

풍[2](風) 명[한] 정신 작용·근육 신축·감각 등에 이상이 생긴 병. 중풍 따위.
풍³(楓) 몜 단풍잎이 그려져 있는 화투짝. 10월이나 열 끗을 나타냄. =단풍.
-풍⁴(風) 젭미 명사 아래에 붙어서, '풍속', '풍채', '양식'의 뜻을 나타내는 말. ¶복고~/ 민요~의 시.
풍각-쟁이(風角-) [-쨍-] 몜 시장이나 남의 집 문전으로 돌아다니며 노래를 부르거나 악기를 연주하여 돈을 구걸하는 사람.
풍경¹(風景) 몜 **1** 어떤 상황이나 형편, 분위기 가운데 있는 어느 곳의 모습. ㈜경치. ¶시골~. **2** [미] '풍경화'의 준말.
풍경²(風磬) 몜 절 등의 건물에서 처마 끝에 다는 작은 종. 바람 부는 대로 흔들려 소리가 남.
풍경-화(風景畫) 몜[미] 자연의 경치를 그린 그림. ㈜풍경.
풍광(風光) 몜 산수의 경치. ¶그 절은 ~이 수려한 곳에 자리 잡고 있다.
풍구(風-) 몜 **1** 바람을 일으켜 곡물에 섞인 먼지·겨·쭉정이 등을 제거하는 농기구. **2** =풀무.
풍금(風琴) 몜[음] 건반 악기의 하나. 페달을 밟아서 바람을 넣어 소리를 냄. ㈜오르간.
풍기(風紀) 몜 풍속·풍습에 대한 기율. 특히, 남녀간의 교제에서의 절도(節度). ¶~문란.
풍기다 [1]㈜ **1** (냄새가) 어떤 대상으로부터 비교적 강하게 퍼져 오는 상태가 되다. ¶하수도에서 악취가 ~. **2** (어떤 분위기가) 자연스레 우러나와 느껴지다. ¶단아한 멋이 **풍기는** 중년 여인. [2]㈕ **1** (냄새를) 비교적 강하게 주위에 퍼지게 하다. ¶옆집에서 고기 굽는 냄새를 **풍긴다**. **2** (어떤 분위기를) 느낄 수 있도록 자아내다. ¶이국정취를 ~.
풍년(豊年) 몜 농사가 잘된 해. ↔흉년.
풍덩 昌 크고 무거운 물건이 깊은 물에 떨어져 빠지는 소리. ¶물에 ~ 빠지다. ㈜풍당.
풍뎅이(風-) 몜 딱정벌레과의 하나로, 몸이 둥글넓적하고 몸빛은 금속광택이 나는 녹색인 곤충. 여름에 각종 활엽수에 모여들어 잎을 갉아 먹음.
풍란(風蘭) [-난] 몜[식] 난초의 한 종류로, 산속의 나무줄기나 바위에 붙어 자라는 상록 여러해살이풀. 높이 3~15cm이며, 7월에 향기가 있는 흰색 꽃이 핌.
풍랑(風浪) [-낭] 몜[기상] 바람이 강하게 불어 해수면이 거칠어지고 높아져 뾰족한 삼각형 모양으로 되는 물결. ¶~이 일다.
풍력(風力) [-녁] 몜 바람의 세기.
풍로(風爐) [-노] 몜 **1** 화로의 한 가지. 흙이나 쇠붙이로 만드는데, 아래에 바람구멍을 내어 불이 잘 붙게 하였음. **2** 석유·전기 등을 이용하는 취사용 도구. ¶석유 [전기]~.
풍류(風流) [-뉴] 몜 속되지 않고 운치가 있는 일. 또는, 자연을 즐겨 시나 노래를 읊조리며 풍치 있고 멋스럽게 노는 일.
풍류-객(風流客) [-뉴-] 몜 풍류를 즐기는 사람.
풍만-하다(豊滿-) 혛㈕ **1** 물건이 넉넉하게 있다. **2** (주로 여자가) 성적인 매력이 있게 살이 많은 상태에 있다. 특히, 가슴이나 엉덩이가 큰 상태에 있다. ¶가슴이 **풍만한** 육체파 여배우.

풍매-화(風媒花) 몜[식] 바람에 의하여 수분(受粉)이 이루어지는 꽃. 벼·소나무·뽕나무 따위의 꽃.
풍모(風貌) 몜 풍채와 용모.
풍문(風聞) 몜 이 사람 저 사람을 통해 들리는 확실치 않은 소문. =풍설(風說). ¶~으로 듣다.
풍물¹(風物) 몜 **1** =경치. **2** 어떤 지방의 특별한 구경거리나 산물. ¶~ 기행.
풍물²(風物) 몜 **1** [음] 농악에 쓰이는 악기의 총칭. 꽹과리·징·북·장구·태평소·소고 따위. **2** [음] '농악'의 잘못.
풍물-놀이(風物-) [-로리] 몜[음] =농악(農樂).
풍물-패(風物牌) 몜 농악에서, 악기를 연주하거나 판의 흥을 돋우는 일을 하는 사람들로 이뤄진 동아리.
풍미¹(風味) 몜 **1** 음식의 격이 있는 맛. ¶조깃국에 쑥갓을 넣어 ~를 내다. **2** 사람의 됨됨이에서 풍기는 풍류 있는 멋.
풍미²(風靡) 몜 [바람에 초목이 쓰러진다는 뜻] 어떤 사조나 사회적 현상 등이 사회를 휩쓸거나 밀어닥쳐 널리 퍼지는 것. 또는, (어떤 사람이) 세상에 두각을 나타내며 큰 영향을 미치는 것. **풍미-하다** 瑢㈕㈜ ¶일세를 **풍미한** 영웅.
풍백(風伯) 몜 =풍신(風神)1.
풍병(風病) [-뼝] 몜[한] 중추 신경이나 말초 신경 계통에 일어나는 마비·운동 장애·감각 장애 등의 질환. 중풍·구안와사·두통 따위.
풍부-하다(豊富-) 혛㈕ **1** 양이 넉넉하게 많다. ¶자원이 ~. **2** (경험·지식·능력 등이) 많이 갖춰져 있다. ¶경험이 ~. **풍부-히** 昌
풍비-박산(風飛雹散) [-싼] 몜 [바람을 타고 사방으로 날아 흩어지고 우박처럼 깨어져 조각조각 부서진다는 뜻] 하나도 온전치 못하고 모든 게 사방으로 날아 흩어짐. ×풍지박산. **풍비박산-하다** 瑢㈜ ㈜=**풍비박산-되다** 瑢㈜ ¶가정이 ~.
풍산-개(豊山-) 몜[동] 함경남도 풍산이 원산지인 토종 개. 몸이 크고 털은 희고 길며, 꼬리가 위로 말려 있음. 성질은 온순하나, 싸울 때는 매우 사나움.
풍상(風霜) 몜 **1** 바람과 서리. **2** 세상의 고난이나 고통. ¶온갖 ~을 다 겪다.
풍선¹(風扇) 몜 **1** 바람을 일으키는 여러 가지 기구. 선풍기 따위. **2** 바람을 내어 검불과 티끌을 날리는 농기구의 한 가지.
풍선²(風船) 몜 **1** 공기를 넣어 한껏 부풀려서 장난감이나 파티 등의 실내 장식용이나 대회 등의 분위기를 돋우는 물건으로 쓰는, 얇은 고무나 기타의 재료를 써서 만든 물건. ¶~을 불다. **2** =기구(氣球)². ¶~을 띄우다.
풍선-껌(風船←gum) 몜 씹다가 위아래 앞니 사이에 두고 바람을 불어 넣으면 풍선처럼 부풀어 오르게 되어 있는 껌.
풍설¹(風雪) 몜 바람과 눈. ㈜눈바람.
풍설²(風說) 몜 =풍문(風聞).
풍성-하다(豊盛-) 혛㈕ 넉넉하고 많다. ¶오곡이 ~. **풍성-히** 昌
풍속¹(風俗) 몜 한 나라나 지역 등에 오랫동안 형성되어 온 생활 관습이나 윤리 체계. ¶결혼 ~/ ~을 어지럽히다.
풍속²(風速) 몜 바람의 속도. 곧, 단위 시간에 공기가 이동한 거리. m/s나 노트 등으로 나타냄.

풍속-계(風速計) [-께/-깨] 圏 [기상] 풍속을 측정하는 계기.

풍속-도(風俗圖) [-또] 圏 [미] 어느 시대나 사회를 배경으로 한 사람들의 생활 모습을 사실적으로 그린 그림. =풍속화.

풍속-화(風俗畫) [-소콰] 圏 [미] =풍속도.

풍수(風水) 圏 [민] 음양오행설에 기초하여 민속적으로 지켜 내려오는 지술(地術). 집터나 묏자리의 방위·지형 등의 좋고 나쁨이 사람의 화복에 영향을 미친다 함.

풍수-설(風水說) 圏 [민] 풍수에 관한 학설.

풍수-쟁이(風水-) 圏 '지관(地官)'을 속되게 이르는 말.

풍수-지리(風水地理) 圏 [민] =풍수지리설.

풍수-지리설(風水地理說) 圏 [민] 지형·방위를 인간의 길흉화복과 관련시켜 죽은 사람을 매장하거나 집을 짓는 데 적당한 장소를 구하려고 하는 이론. =풍수지리.

풍-수해(風水害) 圏 폭풍우와 홍수로 말미암은 피해.

풍습(風習) 圏 의식주·관혼상제·놀이·종교 행위 등에 있어서 사람들이 오래전부터 습관적으로 행해 오고 있는 생활 습관. ¶조조 ~ / 순장하는 ~.

풍신(風神) 圏 1 바람을 주관하는 신. =풍백. 2 =풍채.

풍신-하다(風神-) 휑여 (옷이) 약간 커서 입기에 여유가 있다. ¶옷을 풍신하게 입다.

풍악(風樂) 圏[음] 옛날부터 전해 내려오는 우리나라 고유의 음악. ¶~을 울리다.

풍약(風約) 圏 화투 놀이에서, 단풍 넉 장을 모아서 이루는 약.

풍어(豊漁) 圏 물고기가 많이 잡히는 것. ¶~기(期). ↔흉어.

풍요(豐饒) 圏 매우 많아서 넉넉하고 여유가 있는 것. 풍요를 누리다. **풍요-하다** 휑여 ¶풍요한 생활.

풍요-롭다(豐饒-) [-따] 휑ㅂ여 〈-로우니, -로워〉 풍요한 느낌이 있다. ¶풍요롭고 안락한 생활을 누리다.

풍우(風雨) 圏 바람과 비.

풍운(風雲) 圏 1 자연현상으로서의 바람과 구름. 2 [바람이 불고 구름이 일어나는 뜻] 사회적·정치적으로 매우 크고 심한 변화가 일어나는 형세. 또는, 그런 변화 속에서 큰 인물이 활약할 수 있는 기회. ¶그는 한평생 ~의 세월을 살아왔다.

풍운-아(風雲兒) 圏 사회적·정치적으로 변화가 심하거나 혼란한 때에 기회를 얻어 큰일을 이루거나 크게 활약하는 사람.

풍월(風月) 圏 1 =청풍명월. 2 자연의 경치에 대한 한시를 짓거나 읊는 것. 또는, 그 시. ¶음풍농월. 3 어깨너머로 얻어들은 짧은 지식.

풍유(諷諭) 圏[문] =알레고리.

풍자(諷刺) 圏 어떤 사람의 악행(惡行)이나 우매함, 또는 사회의 결함이나 악폐 등에 대해 날카롭게 폭로하고 조소하는 일. ¶-문학. **풍자-하다** 圄여 ¶사회의 모순을 신랄하게 ~.

풍자-극(諷刺劇) 圏[연] 사회의 죄악이나 불합리한 점을 풍자하는 내용의 연극 또는 희곡.

풍자-만화(諷刺漫畫) 圏 사회의 모순이나 불합리한 점을 풍자하는 만화. ▷카툰.

풍자-시(諷刺詩) 圏[문] 사회의 죄악상이나 미숙러운 점을 풍자한 시.

풍작(豐作) 圏 풍년이 든 농사. ↔흉작.

풍장(風葬) 圏 시체를 한데에 버려두어 비바람에 자연히 없어지게 하는 장사법.

풍전-등화(風前燈火) 圏 [바람 앞의 등불'이라는 뜻] 사물이 매우 위태로운 처지에 놓여 있음을 비유하여 이르는 말. ¶나라의 운명이 ~와 같다.

풍정(風情) 圏 풍치가 있는 정회(情懷).

풍조(風潮) 圏 세상이나 시대의 추세. ↔퇴폐.

풍족-하다(豐足-) [-조카-] 휑여 넉넉하여 부족함이 없다. ¶살림이 ~. **풍족-히** 閈

풍지-박산(風-) '풍비박산'의 잘못.

풍진¹(風疹) 圏[의] 바이러스의 감염으로 일어나는 급성 전염병. 주로 어린이들에게 발병하며, 발진이 나타남.

풍진²(風塵) 圏 1 바람에 날리는 티끌. 2 세상에 일어나는 어지러운 일.

풍차(風車) 圏 바람에서 동력을 얻는 원동기. 제분, 양수(揚水), 풍력 발전 등에 쓰임.

풍차-바지(風遮-) 圏 좌우로 길게 헝겊 조각을 대어 만든, 뒤를 튼 어린아이의 바지.

풍찬-노숙(風餐露宿) 圏 [바람을 피하지 못하고 이슬을 맞으면서 먹고 잔다는 뜻] 객지에서 겪는 많은 고생을 이르는 말. ¶선생은 평생 동안 우국 일념으로 ~을 마다하지 않았다.

풍채(風采) 圏 드러나 보이는 사람의 겉모양. =풍신. ¶~가 좋다.

풍취(風趣) 圏 1 풍경의 아취. 2 =풍치'.

풍치¹(風致) 圏 격에 맞는 멋. =풍취.

풍치²(風齒) 圏[의] 잇몸에 염증이 생기고 이가 흔들리며 심하면 이가 빠지는 질환. ▷충치.

풍치-림(風致林) 圏 산수의 정취를 더하기 위하여 가꾸는 나무숲.

풍치^지구(風致地區) 圏 도시 안팎의 풍치 유지를 목적으로 도시 계획 구역 내에서 특히 지정하여 보호하는 지구.

풍토(風土) 圏 1 그 지방의 기후와 토질. ¶~에 알맞은 품종을 선택하여 심다. 2 어떤 일의 바탕이 되는 제도나 조건을 비유하여 이르는 말. ¶정치 ~.

풍토-병(風土病) [-뼝] 圏 어떤 지방에 독특한 자연환경이나 생활 습관과 관련되어 나타나는 병. 열대 지방의 말라리아 따위.

풍파(風波) 圏 1 세찬 바람과 거센 물결. 2 험한 분쟁이나 분란. ¶집안에 ~를 일으키다. 3 세상살이의 어려움이나 고통. ¶온갖 ~를 겪다.

풍편(風便) 圏 1 (주로 '풍편에 듣다[들리다]'의 꼴로 쓰여) '바람 속'의 뜻으로 이르는 말. 2 (주로 '풍편에(으로) 듣다[들리다]'의 꼴로 쓰여) 떠도는 소문. ¶그가 죽었다는 사실을 ~에 들었다.

풍해¹(風害) 圏 바람으로 인한 재해.

풍해²(風解) 圏[화] 물을 포함한 결정체가 공기 속에서 저절로 물을 잃고 가루가 되는 일. =풍화.

풍향(風向) 圏[지] 바람이 불어오는 방향.

풍향-계(風向計) [-계/-게] 圏 바람이 불 방향을 관측하는 계기.

풍향^풍속계(風向風速計) [-께/-깨] 圏 풍향계에 바람개비를 달아, 기계 하나로 풍향과 풍속을 함께 관측할 수 있게 된 기계.

풍화(風化) [명] **1** [지] =풍화 작용. **2** [화] =풍해(風解)[2]. **풍화-하다** [동][자][여] **풍화-되다** [동][자]

풍화^작용(風化作用) [명][지] 지표를 구성하는 암석이 햇빛·공기·물·생물 등의 작용에 의하여 점차로 파괴되거나 분해되는 일. =풍화.

풍흉(豐凶) [명] 풍년과 흉년.

풍흉-술(豐胸術) [명][의] 약제의 주입으로 유방을 크고 보기 좋게 하는 성형술.

퓨마(puma) [명][동] 표범과 비슷하지만, 몸통이 좀 짧고 몸에 무늬가 없는 포유동물. 몸빛은 적갈색·회갈색 등임. 남·북아메리카의 초원이나 삼림에 사는데, 나무에 잘 오르며 사슴·토끼 등을 잡아먹음.

퓨전^뮤직(fusion music) [명][음] 재즈·록·팝 등의 요소와 스타일이 혼합·융합된 1970년대 백인 재즈 음악가들의 음악. 전기 악기나 전자 악기에 의한 새로운 음색이 특징임.

퓨전-요리(fusion料理) [명] 국적이 서로 다른 두 가지 이상의 음식을 복합하여 만든 이색 요리.

퓨즈(fuse) [명][물] 안전기 속에서 전로(電路)를 잇는 납과 주석의 합금선. 전류가 강하면 녹아서 전로를 단절시켜 위험을 방지함.

퓰리처, 조지프(Pulitzer, Joseph) [명][인] 헝가리 태생의 미국의 신문 경영자(1847~1911).

퓰리처-상(Pulitzer賞) [명] 미국의 언론인 퓰리처의 유산으로 제정된 언론·문학상. 해마다 저널리즘 및 문학계에 업적이 우수한 사람을 뽑아 시상함.

프놈펜(Pnompenh) [명][지] 캄보디아의 수도.

프라이[1](fry) [명] 어떤 음식, 특히 달걀을 노른자와 흰자를 섞지 않은 상태로 프라이팬에 지지는 일. 또는, 그 음식. ¶달걀 ~. **프라이-하다** [동][타][여]

프라이[2], 헤르만(Prey, Hermann) [명][인] 독일의 바리톤 가수(1929~1998).

프라이드(pride) [명] 자기가 한 일이나 자기 자신이나 자기와 밀접하게 관계된 사람이나 단체에 대해 자랑스럽게 생각하는 마음. [비]자부심·긍지.

프라이드-치킨(fried chicken) [명] 닭고기에 밀가루·소금·후춧가루 등을 묻혀 기름에 튀긴 것.

프라이버시(privacy) [명] 개인의 사생활이나 집안의 사사로운 일. 또는, 그것이 남에게나 사회에 알려지지 않으며 간섭받지 않는 권리. [비]사생활. ¶~를 침해하다.

프라이아(Praia) [명][지] 카보베르데의 수도.

프라이-팬(frypan) [명] 음식을 지지거나 부치거나 볶는 데 사용하는, 운두가 낮고 바닥이 판판하며 긴 손잡이가 달린 물건.

프라임(prime) [명] 수학 등에서 쓰는 *a′*, *b″* 따위의 기호 ‘′’, ‘″’의 이름. ×대시.

프라하(Praha) [명][지] 체코의 수도.

프락치(←[러]fraktsiya) [명] 어떤 조직체의 지령을 받고 다른 조직에 침투하여 공작을 수행하는 사람. ¶남로당 국회 ~ 사건.

프란체스카, 피에로 델라(Francesca, Piero della) [명][인] 이탈리아의 화가(1420?~1492).

프란체스코, 다시시(Francesco, d'Assisi) [명][인] 이탈리아의 가톨릭교회 성인(聖人)(1182~1226). 프란체스코 수도회의 창립자임.

프랑([프]franc) [명][의존] **1** 스위스의 화폐 단위. 기호는 Fr. **2** 프랑스·벨기에의 예전의 화폐 단위.

프랑스(France) [명][지] 서유럽에 있는 공화국. 수도는 파리. 음역어는 불란서(佛蘭西).

프랑스^어(France語) [명][언] 프랑스 외에, 벨기에 남부, 스위스 서부, 캐나다의 퀘벡 주 등에서 쓰이는 언어. 인도·유럽 어족의 이탤릭 어파에 속함. =불어(佛語).

프랑코, 프란시스코(Franco, Francisco) [명][인] 에스파냐의 군인·정치가(1892~1975).

프랑크^왕국(Frank王國) [명][역] 게르만족의 대이동 후 5세기 말에 프랑크 족이 세운 왕국. 9세기 후반에 동프랑크·서프랑크·이탈리아의 세 왕국으로 분열됨.

프랑크^족(Frank族) [명] 게르만의 한 부족. 민족 대이동기에 라인 강 동안에서 갈리아 지방으로 세력을 확대하여 프랑크 왕국을 건국하였음.

프랑크푸르트(Frankfurt) [명][지] ‘프랑크푸르트암마인’의 구칭.

프랑크푸르트암마인(Frankfurt am Main) [명][지] 독일 북동부의 상공업 도시.

프래그머티즘(pragmatism) [명][철] =실용주의.

프랙털(fractal) [명][수] 기하학에서, 임의의 한 부분이 전체의 형태와 닮은 도형.

프랜차이즈(franchise) [명] **1** 가맹 사업 본부가 가맹 계약을 맺은 다수의 점포에 대해 자기의 상표·상호·휘장 등을 사용하여 영업 활동을 하게 하는 일. 또는, 그런 방식의 사업. ¶~ 창업. **2** [체] 프로 야구에서, 야구단의 본거지. 또는, 본거지 구장(球場)에서 시합할 때의 독점 흥행권.

프랭클린, 벤저민(Franklin, Benjamin) [명][인] 미국의 정치가·과학자(1706~1790).

프러포즈(propose) [명] (이성의 상대에게) 자기와 결혼해 줄 것을 청하는 것. [비]구혼·청혼. ×프로포즈. **프러포즈-하다** [동][자][여]

프런트[1](←front *desk*) [명] 손님이 호텔에 투숙하거나 호텔을 떠나거나 할 때 일정한 절차를 밟게 하거나 요금을 내게 하거나 하기 위하여 현관에 설치한 곳. ¶~에 열쇠를 맡기다.

프런트[2](front) [명][체] 주로 프로 구단에서, 좋은 성적을 올릴 수 있도록 팀을 구성하고 선수들을 관리하는 역할을 하는 사람. 또는, 그런 일을 하는 사무국.

프레리(prairie) [명][지] 미국 텍사스 주에서 캐나다 중남부에 걸쳐 그레이트플레인스 동쪽, 미시시피 강 유역의 중부·북부에 펼쳐진 초원 지대. 옥수수·밀·목화의 재배지임.

프레스(press) [명][공] 외력을 가해서 판금(板金)에 구멍 또는 무늬를 내거나, 절단 및 소성 변형으로 갖가지 형상을 만들어 내는 기계. 또는, 그 가공 작업.

프레스^센터(press center) [명] **1** 신문사가 많이 모여 있는 지역. **2** 어떤 기획·사건 등의 취재·보도에 편리하도록 마련된 기자 전용의 방이나 시설.
프레스코(ⓘfresco) 몡[미] 완전히 마르지 않은 회벽을 한 벽면에 수채화 물감으로 그리는 벽화 기술이나 그 작품.
프레스토(ⓘpresto) 몡[음] 악곡의 속도를 지시하는 말로, '매우 빠르게'의 뜻.
프레슬리, 엘비스(Presley, Elvis) 몡[인] 미국의 가수·영화배우(1935~1977).
프레온(Freon) 몡[화] 듀퐁 회사가 만든 플루오르화탄화수소의 상표명. 전기냉장고의 냉매(冷媒), 에어로졸 분무제, 소화제(消火劑) 등에 이용됨. 오존층을 파괴하는 물질로 지목되고 있음.
프레-올림픽(Pre-Olympic) 몡 올림픽이 개최되기 1년 전에 그 개최 예정지에서 운영의 리허설을 겸하여 벌이는 국제적인 경기 대회의 통칭.
프레임(frame) 몡 ['틀', '뼈대'라는 뜻] [1]⦗자동⦘ 자동차나 자전거, 건조물 등의 뼈대. [2]⦗야구⦘ 회(回). ⦗체⦘ 볼링에서, 한 경기를 열로 나누었을 때의 하나를 세는 단위.
프레젠테이션(presentation) 몡 여러 사람 앞에서 어떤 내용을 시각 자료를 제시하면서 보고하거나 설명하는 일. 가령, 광고 회사가 광고주에게 광고 시안을 설명하는 일 따위. =피티(PT).
프레파라트(ⓖPräparat) 몡 현미경으로 관찰하기 위하여 준비한 생물 및 광물의 표본.
프렌치^소매(French-) 몡 소매를 따로 만들어 잇지 않고 몸통과 함께 재단하여 만든 소매.
프렌치-키스(French kiss) 몡 서로 입술을 댄 상태로 입을 벌리고 혀와 혀를 접촉하는 키스.
프렐류드(prelude) 몡[음] =전주곡2.
프로[1](pro) 몡 '전문가' 또는 '직업 선수'를 이르는 말. ¶~ 야구. →아마추어.
프로[2](←ⓖprocent) 몡 =퍼센트. ¶버스 요금이 10~ 인상되다.
프로[3](←program) 몡 '프로그램'의 준말. ¶텔레비전 ~.
프로[4](←prolétariat) 몡[사] '프롤레타리아'의 준말. ¶~ 문학.
프로게스테론(progesterone) 몡[화] 난소의 황체(黃體)에서 분비되는 여성 호르몬의 하나. 임신을 유지하는 작용을 하며, 무월경이나 습관성 유산 치료에 쓰임. =황체 호르몬.
프로그래머(programmer) 몡 1 프로그램을 작성하는 사람. 2 컴퓨터의 프로그래밍에 종사하는 사람.
프로그래밍(programming) 몡[컴] 컴퓨터의 프로그램을 작성하는 일.
프로그래밍^언어(programming 言語) 몡[컴] 컴퓨터 프로그램을 작성할 때 사용되는 언어. 베이식·포트란·코볼 따위.
프로그램(program) 몡 1 진행 계획이나 순서. 또는, 그 목록. 2 [컴] 어떤 문제를 해결하기 위해 컴퓨터에게 주어지는 처리 방법과 순서를 기술한 일련의 명령문의 집합체. ⓗ프로.
프로덕션(production) 몡 1 영화나 방송 프로그램이나 광고 등을 제작하는 회사. 2 =기획사.
프로듀서(producer) 몡[방송] 방송 프로그램을 기획하고 연출하는 책임자. =피디(PD).
프로^레슬링(←professional wrestling)

몡 흥행을 목적으로 하는 레슬링.
프로메테우스(Prometheus) 몡[신화] 그리스 신화에 나오는 영웅. 신(神)의 불을 훔쳐다가 인류에게 준 까닭으로 제우스의 노여움을 사서 바위에 묶여 독수리에게 간을 쪼이는 벌을 받았다고 함.
프로모션(promotion) 몡 1 '판매 촉진', '판촉 활동'으로 순화. 2 광고나 홍보, 또는 판매원 등에 의한 판매 촉진 활동.
프로모터(promoter) 몡 연예인·프로 선수 등의 흥행을 기획하는 사람.
프로^문학(←prolétariat 文學) 몡[문] =프롤레타리아 문학.
프로방스(Provence) 몡[지] 프랑스 남동부, 이탈리아와의 경계에 있는 지방.
프로-비타민(provitamin) 몡 체내에서 비타민으로 변하는 물질. 카로틴 따위.
프로슈머(prosumer) 몡 [producer(생산자)+consumer(소비자)] 생산자에게 구체적으로 어떤 신제품의 개발을 요구하거나 아이디어를 제공함으로써, 생산에 적극적으로 기여하는 소비자.
프로^야^구(←professional 野球) 몡 직업 선수들이 흥행을 목적으로 하는 야구.
프로이트, 지그문트(Freud, Sigmund) 몡[인] 오스트리아의 정신 의학자·정신 분석학의 창시자(1856~1939).
프로젝트(project) 몡 연구나 사업 등의 과제. 또는 그 계획.
프로코피예프, 세르게이 세르게예비치(Prokofiev, Sergei Sergeevich) 몡[인] 소련의 작곡가(1891~1953).
프로타고라스(Protagoras) 몡[인] 고대 그리스의 철학자(485?~410? B.C.).
프로테스탄트(Protestant) 몡[기] 16세기 종교 개혁의 결과로 로마 가톨릭에서 떨어져 나와 성립된 종교 단체 및 그 분파의 총칭. 또는, 그 신도. ≒개신교·신교.
프로토콜(protocol) 몡[컴] 복수의 컴퓨터 사이나 중앙 컴퓨터와 단말기 사이에서 데이터 통신을 원활하게 하는 통신 규약.
프로파간다(propaganda) 몡 널리 알리는 것. 주로 '사상(思想)'이나 '교의(敎義)' 등의 선전에 대하여 쓰는 말임. ¶공산당의 ~.
프로판(propane) 몡[화] 메탄계 탄화수소의 하나. 냄새·빛깔이 없는 가연성의 기체. 가정용이나 자동차 등의 연료가 됨.
프로판^가스(propane gas) 몡 프로판을 주성분으로 하는 메탄계의 액화 탄화수소 가스. 가정의 연료로 많이 쓰임.
프로펠러(propeller) 몡 비행기·배 등에 부착되어 아주 빠르게 돌아감으로써 추진력을 일으키는, 둘 또는 그 이상의 날개로 이루어진 장치. ¶~ 비행기.
프로포즈 '프러포즈(propose)'의 잘못.
프로필(profile) 몡 1 측면에서 본 얼굴 모습. 2 어떤 사람의 현재 직업, 과거의 업적이나 해 온 일 등에 대한 간략한 내용. ⓗ약력. ¶작가의 ~.
프로필렌(propylene) 몡[화] 에틸렌계 탄화수소의 하나. 특이한 냄새가 나는 무색의 기체. 폴리프로필렌 수지나 합성 세제의 원료로서 사용함.
프록시^서버(proxy server) 몡[컴] 실제로 정보를 제공하는 서버를 대신하여 사용자로부터의 정보 요구에 응하는 대리 서버. 네트워크 보안 기능과 인터넷 접속 속도를 빠르게 하는 기능이 있음.

프록-코트 (frock coat) 〖명〗 18~19세기에 서양에서 남자들이 입던, 무릎까지 내려오는 정장용 코트.

프롤레타리아 (⑩prolétariat) 〖명〗〖사〗 자본주의 사회에서 생산 수단을 소유하지 못하고 자신의 노동력을 자본가에게 팔아 생활하는 노동자. ⓒ프로. ↔부르주아.

프롤레타리아^문학(⑩prolétariat文學) 〖명〗〖문〗 프롤레타리아트의 계급의식을 반영하여, 그들의 경제적·정치적 이데올로기를 표방하는 문학. =프로 문학.

프롤레타리아트(⑩Proletariat) 〖명〗〖사〗 = 무산 계급. ↔부르주아지.

프롤로그(prologue) 〖명〗 **1**〖연〗 연극의 맨 처음에, 배우가 작품의 내용이나 작자의 의도 등을 해설하는 말. **2** 드라마·영화·소설 등에서, 도입부에 해당하는 부분. ↔에필로그.

프롬, 에리히(Fromm, Erich) 〖명〗〖인〗 독일의 정신 분석학자·사회학자(1900~1980).

프롬프터(prompter) 〖명〗 **1**〖연〗 객석이나 보이지 않는 곳에서 무대에 등장한 배우에게 대사나 동작을 몰래 일러 주는 사람. **2**〖방송〗 텔레비전 방송에서, 아나운서나 출연자 등이 원고를 보는데 부자연스러움을 피하면서 자연스럽게 프로그램을 진행할 수 있게, 카메라 근처나 별도의 곳에 원고의 내용을 돌리는 장치.

프롬프트(prompt) 〖명〗〖컴〗 사용자의 명령을 받아들일 준비가 되었음을 모니터에 나타내는 표시.

프뢰벨, 프리드리히 빌헬름 아우구스트 (Fröbel, Friedrich Wilhelm August) 〖인〗 독일의 교육가(1782~1852).

프루스트, 마르셀(Proust, Marcel) 〖명〗〖인〗 프랑스의 소설가(1871~1922).

프루트-펀치(fruit punch) 〖명〗 여러 가지 과일을 잘게 썰어 과즙·양주·얼음 등을 섞은 음료.

프룩토스(fructose) 〖명〗 =과당.

프리드리히 이^세(Friedrich二世) 〖인〗 프로이센의 왕(1712~1786).

프리랜서(free-lancer) 〖명〗 특정 회사나 조직에 소속되지 않은 상태에서 상대의 요청에 따라 작품이나 서비스를 제공하고 대가를 받는 사람. 자유 기고가·번역가·방송 작가 등 많은 종류가 있음.

프리-리코딩(prerecording) 〖명〗〖영〗 영화를 촬영하기 전에 음악이나 대사를 미리 녹음하는 일. ▷동시 녹음·후시 녹음.

프리마^돈나(⑩prima donna) 〖명〗 오페라에서, 주역을 맡은 여가수.

프리미엄(premium) 〖명〗〖경〗 **1** 동산·부동산 등의 매매에서, 제값에다 더 얹어서 거래되는 웃돈. ⒣할증금. **2** 주식이나 채권 등이 액면 이상의 가격으로 발행·매매되었을 때의 액면 초과액. ¶~이 붙다.

프리-섹스(†free sex) 〖명〗 결혼을 전제로 하지 않거나 결혼하지 않은 상태에서 남녀가 자유로이 성 관계를 가지는 일.

프리^스로(free throw) 〖명〗〖체〗 =자유투.

프리즘(prism) 〖명〗 빛을 분산·굴절시킬 때 쓰는, 유리 등으로 만든 삼각 기둥 모양의 광학 부품.

프리지어(freesia) 〖명〗〖식〗 봄에 향기가 짙은 노란색 깔때기 모양의 꽃이 피는 여러해살이풀. 남아프리카 원산의 재배 품종으로, 꽃꽂이에 많이 쓰임.

프리^킥(free kick) 〖명〗〖체〗 럭비나 축구에서, 특정의 반칙에 대해서 주어지는, 상대방의 방해를 받지 않고 자유로이 할 수 있는 킥.

프리타운(Freetown) 〖지〗 시에라리온의 수도.

프리터(†freeter) 〖명〗〖free+⑩Arbeiter〗 고정된 직장이 없이 돈이 필요하거나 적당한 일거리가 있을 때에만 아르바이트로 일하는 사람.

프리토리아(Pretoria) 〖지〗 남아프리카 공화국의 수도.

프리-토킹(†free talking) 〖명〗 영어 회화 학습에서, 교재에 구애받지 않는 자유로운 형식의 대화.

프린터(printer) 〖명〗 **1** 사진·영화 등에서, 원판으로부터 양화(陽畫)를 인화하는 장치. **2**〖컴〗 자료를 문자나 도형의 형태로 종이에 찍어 내는 출력 장치.

프린트(print) 〖명〗 **1** =인쇄. **2** 음화(陰畫)에서 양화(陽畫)를 만들어 박아 내는 것. 또, 그 필름. **3** 날염기나 지형(紙型)으로 천에 무늬를 찍는 것. 또는, 그 찍힌 것. **프린트-하다** 〖자〗〖타〗 **프린트-되다** 〖자〗.

프림(†←⑩prima) 〖명〗 커피의 쓴맛을 부드럽게 하기 위해 커피에 넣는 흰색 분말. '프리마'라는 상표명에서 생긴 말로 추정됨.

프시케(Psyche) 〖신화〗 그리스 신화에 나오는 에로스의 연인.

프톨레마이오스, 클라우디오스(Ptolemaeos, Claudios) 〖인〗 고대 그리스의 천문학자(?~?).

프티알린(ptyalin) 〖명〗〖생〗 동물성 아밀라아제의 하나. 고등 동물의 침 속에 들어 있음.

플라멩코(⑩flamenco) 〖명〗〖음〗 에스파냐 남부의 안달루시아 지방에 전해 오는 민요. 또는, 그 곡에 맞춰 추는 춤.

플라밍고(flamingo) 〖명〗〖동〗 물가에 떼 지어 살며, 목과 다리가 매우 길고 온몸이 분홍색인 큰 새. 부리는 검은색인데 중간 부분에서 아래로 굽었음. =홍학.

플라세보^효(placebo效果) 〖명〗 약효가 없는 약을 복용했는데도 좋아질 거라는 믿음만으로 아픈 증상이 호전되는 효과.

플라스마(plasma) 〖명〗〖물〗 전자를 가진 전자와 양전하를 가진 이온으로 분리된 상태에서 중성을 띠는 기체. 태양 코로나 등에서 볼 수 있음.

플라스크(flask) 〖명〗 목이 길고 몸은 둥글게 만든 화학 실험용 유리병.

플라스틱(plastic) 〖명〗〖화〗 열이나 압력을 가하여 임의의 형태로 성형(成型)할 수 있는 고분자 물질의 총칭. 가정용·기계부품·건축 재료 등에 널리 쓰임.

플라이-급(fly級) 〖명〗〖체〗 권투 체급의 하나. 프로는 48.98~50.8kg, 아마추어는 48~51kg임.

플라이^볼(fly ball) 〖명〗〖체〗 =뜬공.

플라이스토-세(←Pleistocene世) 〖명〗〖지〗 =홍적세.

플라이오-세(←Pliocene世) 〖지〗 신생대 제37 최후의 세. 바다 속에는 유공충이, 육상에는 말·코끼리 등이 번성했음.

플라크(⑩plaque) 〖명〗〖의〗 =치태.

플라타너스(⑩Platanus) 〖명〗〖식〗 가로수로 흔히 심으며, 나무껍질이 희게 얼룩지고 비늘처럼 벗겨지는 낙엽 교목. 잎은 넓은 손바닥 모양이고, 봄에 황록색 꽃이 핌.

플라토닉^러브 (platonic love) [명] 관능적·육체적 사랑이 아닌 순수한 정신적 사랑.
플라톤 (Platon) [명][인] 고대 그리스의 철학자(428?~347? B.C.).
플란넬 (flannel) [명] 평직으로 짠, 털이 보풀보풀 일어나는 부드러운 모직물. 셔츠나 양복감으로 많이 쓰임.
플랑드르 (Flandre) [명][지] 벨기에 서부를 중심으로, 네덜란드 서부와 프랑스 북부에 걸쳐 있는 지방.
플랑크톤 (plankton) [명][생] 물, 특히 바다에 떠 있거나 극히 제한적으로 운동을 하는, 물고기의 먹이가 되는 미생물.
플래시 (flash) [명] ['섬광'이라는 뜻] **1** =손전등. ¶~를 비추다. **2** 야간이나 어두운 실내에서의 사진 촬영 때 사용하는 섬광 전구나 마그네슘이 내는 순간적인 강한 빛. 또는, 그런 빛을 내는 장치. ¶~를 터뜨리다.
플래카드 (placard) [명] 기다란 천에 주장하는 바를 적어서 양쪽 끝을 장대에 매어 많은 사람들이 보도록 들고 다니거나 일정한 곳에 달아매거나 하는 물건. ¶~를 들고 시위를 하다.
플래티넘 (platinum) [명] '백만 장 판매'로 순화.
플랜 (plan) [명] 어떤 목적을 이루기 위하여 일정·방법 등을 구상해 놓은 것. [비]계획.
플랜테이션 (plantation) [명] 열대나 아열대 지방에서, 자본과 기술을 지닌 유럽·미국인이 원주민의 값싼 노동력으로 쌀·고무·솜·담배 따위를 대량으로 가꾸는 농업 경영 형태.
플랜트 (plant) [명] 직접 생산을 하는 일련의 기계나 공장 등의 설비 시스템.
플랫 (flat) [명][음] =내림표.
플랫폼 (platform) [명] 역에서, 승객이 열차를 타고 내리기 쉽도록 철로 옆으로 지면보다 높여서 설치해 놓은 평평한 장소. [비]승강장. [준]폼.
플러그 (plug) [명] 배선에 접속하기 위해 코드 끝에 부착시키는 접속 기구. ¶~를 꽂다[뽑다].
플러그-인 (plug-in) [명][컴] 하드 디스크에 설치하면 자동으로 웹 브라우저에도 설정되어, 웹 브라우저의 기능을 확장시켜 주는 프로그램.
플러스 (plus) [명] **1** (어떤 수를) 더하는 것. 또는, 그 기호인 '+'를 이르는 말. **2** 전극이나 전하에서, 양(陽)의 성질임을 나타내는 말. 또는, 그 기호 '+'를 이르는 말. ¶~극. **3** 반응 검사 등에서, 양성(陽性)임을 나타내는 말. **4** 이익이나 도움, 유리함 등을 뜻하는 말. ¶미국인과의 생활이 영어 학습에 ~가 되었다. ↔마이너스.
플러스-하다 [동][타][여] **플러스-되다** [동][자]
플러스-마이너스 (†plus minus) [명] **1** 가감(加減)하는 것. [비]상쇄. **2** 어떤 수치에 대한 허용 범위나 오차의 범위를 나타내는 데 쓰이는 말. 기호는 ±. ¶~ 5%의 오차. **플러스마이너스-하다** [동][타][여] ¶수입과 지출을 **플러스마이너스하면** 제로다.
플러스-알파 (†plus alpha) [명] 기본적인 것에 얼마가 더 추가되는 것. 또는, 주어진 것 외에 덤으로 덧붙는 것. ¶본봉 외에 ~가 있다.
플레밍, 알렉산더 (Fleming, Alexander) [명][인] 영국의 세균학자(1881~1955).
플레밍의 법칙 (Fleming-法則) [-의-/-에-][물] 전기와 자기의 상호 작용의 방향을 알기 쉽게 기억하기 위한 법칙. 전류가 자기장 속에서 받는 힘의 방향을 왼손으로 나타내는 방법을 '왼손 법칙', 도체(導體)가 자기장을 가로지를 때 도체에 생기는 기전력의 방향을 오른손으로 나타내는 방법을 '오른손 법칙'이라고 함.
플레어-스커트 (←flared skirt) [명] 자연적으로 주름이 잡히며 밑이 퍼진 스커트.
플레이 (play) [명][체] 경기에서 선수들이 펼치는 내용이나 기량. ¶파인 ~.
플레이-메이커 (playmaker) [명][체] 축구·농구 등에서, 공격과 수비에 능하여 경기의 흐름을 주도하는 선수.
플레이보이 (playboy) [명] 바람기가 있어 여자관계가 많은 남자. [비]바람둥이.
플레이어 (player) [명] '선수[3]', '경기자'로 순화.
플레이-오프 (play-off) [명][체] **1** 동점(同點)일 때의 결승 시합이나 연장전. **2** 야구의 메이저 리그 등에서, 지역 우승 팀끼리 싸워서 리그의 우승을 결정하기 위한 우승 결정전.
플렉스타임-제 (flextime制) [명] 주일 안에 규정된 노동 시간만 채운다면, 몇 시에 출근하여 몇 시에 퇴근하여도 괜찮은 근무 제도.
플로리다 (Florida) [명][지] 미국 남동부의 주.
플로리스트 (florist) [명] 꽃으로 어느 곳을 장식하거나 꽃다발·꽃바구니 등을 만드는 일을 전문적으로 하는 사람.
플로베르, 귀스타브 (Flaubert, Gustave) [명][인] 프랑스의 소설가(1821~1880).
플로^시트 (flow sheet) [명][경] 작업 진도나 처리 순서 등을 도식화(圖式化)한 생산 공정 일람표. =플로 차트.
플로어 (floor) [명] 클럽·무도장 등에서, 쇼를 하거나 손님이 춤을 출 수 있도록 되어 있는 마루.
플로^차트 (flow chart) [명][경] =플로 시트.
플로피^디스크 (floppy disk) [명][컴] 얇은 플라스틱 디스크의 표면에 자성 물질을 입힌 것으로, 데이터를 기록하는 데 쓰는 외부 기억 장치. =디스켓.
플롯 (plot) [명][문] =구성**2**.
플뢰레 ([프]fleuret) [명][체] **1** 펜싱 경기의 한 종목. 남녀 종목으로, 동체를 찌르는 것만 유효로 봄. **2** **1**에서 쓰는 검. 가늘고 유연함. ▷에페·사브르.
플루오르 ([독]Fluor) [명][화] 할로겐족 원소의 하나. 원소 기호 F, 원자 번호 9, 원자량 18.9984. 자극적인 냄새가 나는 황록색의 기체. 냉매(冷媒)·수지 등의 제조에 쓰임. =불소(弗素).
플루타르코스 (Ploutarchos) [명][인] 고대 그리스의 철학자·전기 작가(46?~120?). 영어명은 플루타르크.
플루타르크 (Plutarch) [명][인] '플루타르코스'의 영어명.
플루토늄 (plutonium) [명][화] 초우라늄 원소의 하나. 원소 기호 Pu, 원자 번호 94, 원자량 244. 은백색의 금속으로 인공 방사성 원소이며, 핵연료로 이용됨.
플루트 (flute) [명][음] 관악기의 하나. 옆으로 쥐고 불며, 아름답고 청신한 음색을 지님.
플루티스트 (flutist) [명] 플루트 연주가.

플리머스-록(Plymouth Rock) [명][동] 닭의 한 품종. 미국에서 개량한 난육(卵肉) 겸용종으로 고기가 연하고 맛이 좋으며 알도 많이 낳음.

피[1] [명] **1** 사람이나 동물의 몸속에 있는 혈관을 통하여 흐르면서 생명을 유지하는 작용을 하는 붉은빛의 액체. 조직에 산소·영양 호르몬을 공급하고 이산화탄소 등 노폐물을 거두어들이는 역할을 함. [비]혈액. **2** 아버지나 조상을 같이하는 사람들끼리의 관계. ¶~는 못 속인다. **3** 사람의 죽음에 의한 희생이나 죽음을 무릅쓴 투쟁이나 노력을 비유적으로 이르는 말. ¶~와 땀으로 이룬 사업. **4** 사람의 몸과 마음에서 솟구치는 기운이나 정열. [비]혈기(血氣). ¶~ 끓는 젊은이.

※ **피는 물보다 진하다** 〔서양 속담에서〕 사람의 관계에서 핏줄을 나누지 않은 사람보다는 같은 핏줄로 이어진 사람에게 더 끌리고 정이 가게 마련이라는 말.

피가 거꾸로 솟다 화가 치밀어 오르다.

피가 마르다 몹시 괴롭거나 애가 타다.

피(가) 끓다 혈기나 감정 따위가 격렬하게 북받쳐 오르다. ¶**피 끓는** 젊은이.

피도 눈물도 없다 조금도 인정이 없다.

피를 나누다 혈육의 관계가 있다. ¶**피를 나눈** 형제끼리 그 무슨 짓이냐.

피를 말리다 몹시 괴롭히거나 애가 타게 만들다. ¶**피를 말리는** 입시 지옥.

피를 보다 **1** 싸움으로 피를 흘리는 사태가 빚어지다. **2** 크게 봉변을 당하거나 곤욕을 치르다. **3** 크게 손해를 보다. ¶섣불리 사업에 손을 댔다가 **피를 보았다**.

피와 살이 되다 지식이나 영양분 따위가 완전히 소화되어 자기 것이 되다.

피[2] [명][식] 논밭이나 습한 땅에 자라는, 벼와 비슷한 한해살이풀. 또는, 그 종자. 여름에 이삭으로 된 꽃이 핌. 종자는 노란색 또는 갈색이며, 말의 사료로 씀.

피[3] [부] **1** 비웃을 때 입술을 비죽이 벌리며 입김을 내뿜는 모양. 또는, 그 소리. **2** 고무공 따위의 안에 들었던 공기가 새어 나오는 소리.

피[4](皮) [명] **1** 물건을 담거나 싸는 가마니·마대·상자 따위의 통칭. **2** =껍데기3.

피¦-[5](被) [접두] '피동'의 뜻을 나타내는 말. ¶~보험자 / ~선거권.

피[6](P) [명] **1** 〔point〕[출] 포인트 활자의 단위를 나타내는 기호. **2** 〔page〕 페이지를 나타내는 기호.

피¦가-수(被加數) [-쑤] [명][수] 덧셈에서, 더하여지는 수. 4+3=7에서 '4' 따위. ↔가수.

피¦감-수(被減數) [-쑤] [명][수] 뺄셈에서, 빼어지는 수. 9-4=5에서 '9' 따위. ↔감수(減數).

피¦검(被檢) [명] **1** 검거되는 것. **2** 검사를 받는 것. **피¦검-하다** [동][자][여] **피¦검-되다** [동][자] ¶범인이 경찰에 ~.

피-검사(-檢査) [명][의] =혈액 검사.

피겨(figure) [명][체] '피겨 스케이팅'의 준말.

피겨^스케이팅(figure skating) [명][체] 스케이트 경기의 하나. 얼음판 위를 활주하면서 여러 가지 동작을 하여, 기술의 정확성과 예술성을 겨루는 경기. [준]피겨.

피¦격(被擊) [명] 습격 또는 사격을 받는 것. ¶괴한에게 ~을 받다. **피¦격-하다** [동][자][여] **피¦격-되다** [동][자]

피¦고(被告) [명][법] 민사 소송에서, 소송을 당한 사람. ¶~석. ↔원고.

피-고름 [명] 피가 섞인 고름.

피¦-고용인(被雇傭人) [명] 고용이 된 사람.

피¦고-인(被告人) [명][법] 형사 소송에서, 공소 제기를 받은 사람. ¶~ 신문(訊問). ▷피의자.

피곤(疲困) [명] (몸이) 지쳐 기운이 빠진 상태에 있는 것. 또는, 시달리거나 볶이어 심리적으로 괴로움을 느끼는 상태에 있는 것. **피곤-하다** [형][여] ¶사장이 어찌나 들볶는지 정말 ~.

피골(皮骨) [명] 살가죽과 뼈. ¶~이 상접하다.

피골-상접(皮骨相接) [명] 살가죽과 뼈가 맞붙을 정도로 몹시 마름. **피골상접-하다** [동][자][여]

피¦-교육자(被教育者) [-짜] [명] 교육을 받는 사람.

피¦구(避球) [명][체] 일정한 구획 내에서 두 편으로 갈라져, 한 개의 공으로 상대편을 맞히는 공놀이. 많이 맞히는 편이 이김.

피그말리온(Pygmalion) [명][신화] 키프로스 섬의 조각가. 자신이 만든 여자 조각상을 사랑하게 되었는데, 아프로디테 여신이 그 조각상에 생명을 불어넣어 사람으로 만들어 주자, 그녀와 결혼함.

피그미(Pygmy) [명] 아프리카, 콩고 민주 공화국 북동부에 거주하는 채집 수렵민. 남자의 평균 신장은 150cm 정도이며, 피부는 황갈색임.

피-나다 [동][자] 몹시 고생하다. ¶**피나는** 노력.

피¦난(避難) [명] 재난을 피하여 있는 곳을 옮기는 것. ▷피란. **피¦난-하다** [동][자][여]

피¦난-길(避難-) [-낄] [명] 재난을 피하여 가는 길. 또는, 그 도중.

피¦난-민(避難民) [명] 천재지변이나 전쟁 등으로 피난한 이재민. ¶~ 수용소.

피¦난-살이(避難-) [명] 피난을 하여 사는 살림살이. **피¦난살이-하다** [동][자][여]

피¦난-처(避難處) [명] **1** 재난을 피하여 거처하는 곳. **2** 근심·고통·위험 등으로부터 피할 수 있는 장소나 대상.

피날레([이]finale) [명] **1** [음] 한 악곡의 마지막 악장. **2** [연] 최후의 막(幕). **3** 어떤 일이 극적으로 마무리되는 순간을 비유적으로 이르는 말. ¶9회 말에 4번 타자의 투런 홈런으로 역전의 ~를 장식하다.

피네([이]fine) [명][음] =마침[1].

피-눈물 [명] 몹시 억울하거나 원통하거나 가슴 아프거나 하여 흘리는 눈물. ¶~을 흘리다.

피닉스(phoenix) [명][신화] =불사조2.

피다[1] [동][자] **1** (꽃이) 봉오리의 상태에서 점점 커지면서 꽃잎이 벌어지는 상태가 되다. 또는, (잎이) 식물의 줄기에서 처음 생겨 자라다. **2** (장작·연탄·석탄·숯 등을 가지고 붙이는 불이) 웬만한 정도로 일어나다. ¶연탄이 젖어 잘 **피질** 않는다. **3** (얼굴이) 보기 좋을 만큼 살이 찌면서 혈색이 좋아지다. ¶갑순이가 시집갈 나이가 되니까 얼굴이 확 **피었다**. **4** (곰팡이가 어떤 물체에, 또는 버짐·검버섯·열꽃 등이 얼굴이나 몸에) 생겨서 나타나다. ¶떡에 곰팡이가 ~. **5** (보푸라기 따위가) 천의 거죽에 부풀부풀 일다. ¶모직 양복에 보푸라기가 ~. **6** (사는 형편이) 나아지거나 좋아지다. [비]펴이다. ¶살림이 ~.

피다

피다² 통(바) '피우다'의 잘못.
피대(皮帶) 명 =벨트2.
피:동(被動) 명 **1** 어떤 행동이나 작용이 남이 시키거나 외부의 힘에 의해 이뤄지는 상태. **2**[언] 주어가 동작을 남의 행동에 의해 행함을 나타내는, 동사의 문법기능. =수동. ↔능동.
피:-동사(被動詞) 명[언] 문장의 주어가 남의 행동에 의하여 동작을 행함을 나타내는 동사. 동사의 어근에 '-이-', '-히-', '-리-', '-기-' 등이 붙거나 '-아/어지다'가 붙어서 이뤄짐. 곧, '먹히다', '보이다' 따위. ↔능동사.
피:동-적(被動的) 관·명 어떤 행동을 남이 시켜서 하는 상태에 있는 (것). ↔능동적.
피둥-피둥 부 살이 많이 찐 모양. 사람에 대해서 쓸 때에는 경멸조의 어감이 있음. ¶놀고먹어 돼지처럼 살만 ~ 찐다. **피둥피둥-하다** 형여 어머니 됐지가 살이 ~.
피드백(feedback) 명 **1**[교] 학생들의 학습 결과를 평가하고 그것을 학습 지도 방법에 효과를 가져올 수 있도록 반영하는 일. **2** 어떤 행위의 결과가 최초의 목적에 부합되는 것인가를 확인하고 그 정보를 행위의 원천이 되는 것에 되돌려 보내어 적절한 상태가 되도록 수정을 가하는 것.
피디(PD) 명 (program director) [방송] = 프로듀서.
피디에이(PDA) 명 [Personal Digital Assistant] [컴] 정보의 수집·저장·작성·검색 및 통신 기능을 수행할 수 있는, 수첩 크기의 초소형 컴퓨터. 휴대폰과 연결하여 인터넷 접속을 할 수도 있으며, 피시(PC)와 연결해서 사용할 수도 있음.
피디에이-폰(PDA phone) 명[컴] 휴대 전화 기능을 덧붙인 피디에이.
피-땀 명 '피와 땀'이라는 뜻) 무엇을 이루기 위하여 애쓰는 노력과 정성을 비유하여 이르는 말. ¶저자의 ~이 어린 책. **피땀(을) 흘리다** 온갖 힘과 정성을 쏟아서 노력하다. ¶피땀 흘려 번 돈.
피-똥 명[의] 피가 섞여 나오는 똥. =혈변.
피라미 명 **1**[동] 몸이 좌우로 납작하고 길이 15cm가량 되는, 우리나라에서 가장 흔한 민물고기. 눈이 작고 붉으며, 몸 양 옆에 연분홍색 가로무늬가 있음. **2** 하찮은 존재의 비유.
피라미드(pyramid) 명 돌 또는 벽돌을 쌓아 만든 사각뿔의 건조물. 기원전 2700∼2500년경에 이집트·수단·에티오피아 등지에서 만들어졌고, 특히 이집트 왕의 무덤이 유명함.
피라미드-판매(pyramid販賣) 명 〈속〉 회사에서 상품을 판매할 출자자를 모집하고 그 출자자가 다시 다른 출자자를 모집하게 함으로써, 조직을 연쇄적으로 확대하여 판매를 촉진하려는 방식. 특히, 그런 방식의 불법 사기 판매를 가리킴.
피라미드-형(pyramid形) 명 피라미드처럼, 위는 뾰족하고 아래로 갈수록 넓어지는 모양.
피!란(避亂) 명 난리·전쟁 등을 피하여 다른 곳으로 가는 것. ¶~길. ▷피난(避難). **피!란-하다** 통여
피!랍(被拉) 명 납치를 당하는 것. ¶~기(機). **피!랍-되다** 통여 ¶북한에 **피랍된** 우리 어선.
피레네-산맥(Pyrénées山脈) 명[지] 프랑

스와 에스파냐의 국경에 걸쳐 있는 산맥. 길이 430km.
피렌체(Firenze) 명[지] 이탈리아 중부의 문화·관광 도시.
피력(披瀝) 명 (마음속의 생각을 다른 사람에게) 드러내어 말하는 것. **피력-하다** 통(타)여
피로(疲勞) 명 과로로 인하여 몸이나 정신이 지쳐서 고단한 것. 흔히, 일의 능률이 떨어지고 자극에 대한 반응 능력이 저하됨. ¶~ 회복 / ~가 쌓이다 / ~를 풀다. **피로-하다** 형여 (사람이 몸이나 정신이) 지쳐서 고단하다.
피로-감(疲勞感) 명 피로한 느낌.
피로-연(披露宴) 명 기쁜 일을 사람들에게 널리 알리기 위하여 베푸는 연회. ¶결혼 ~.
피!뢰-침(避雷針) [-뢰-/-뤠-] 명[물] 벼락의 피해를 막기 위하여 건물의 가장 높은 곳에 세우는, 끝이 뾰족한 금속제의 막대기.
피륙 명 필로 된 비단·무명·비단 등의 총칭.
피리 명 [<둉 觱篥] [음] **1** 관(管)에 서를 꽂아 세로로 부는 전통 관악기의 총칭. ▷적(笛). **2** 속이 빈 대에 구멍을 뚫고 불어서 소리를 내는 것의 총칭. ¶갈~. **3** '리코더'를 통속적으로 이르는 말.
피리어드(period) 명 **1**[지칭] '온점'으로 순화. **2**[의학][체] 아이스하키 따위에서, 경기 시간의 단위. 1피리어드는 20분임.
피마자(蓖麻子) 명[식] 씨로 기름을 짜서 약용하거나 윤활유·페인트의 원료 등으로 쓰는 한해살이풀. 또는, 그 씨. 높이 약 2m이고, 길고 손바닥 모양으로 갈라지며, 여름에 담홍색 꽃이 핌. =아주까리.
피마자-유(蓖麻子油) 명 피마자의 종자로 짠 기름. 완하제·관장제(灌腸劑) 또는 머릿기름 등으로 쓰임. =아주까리기름.
피막¹(皮膜) 명 **1** 피부와 점막(粘膜). **2** 껍질 같은 얇은 막.
피!막²(被膜) 명 덮어 싸고 있는 막.
피망(piment) 명[식] 서양 요리에 중요하게 쓰이는, 맛이 고추와 비슷한 열매가 열리는 한해살이풀. 또는, 그 열매. 열매는 짧은 원기둥 모양으로 꼭대기가 납작하고 세로로 골이 졌는데, 별로 맵지 않고 단맛이 남.
피-맺히다 [-매치-] 통자 가슴에 피가 맺힐 정도로 한이 사무치다. **피맺힌** 사연.
피-멍 명 '멍'을 피가 맺힌 것임을 강조하여 이르는 말. ¶~이 들다.
피-바다 명 '온통 피가 낭자한 곳'을 형용하여 일컫는 말. ¶유혈극이 벌어져 사방이 ~가 되다.
피-바람 명 수많은 사람을 죽이는 참극을 비유하여 이르는 말. ¶조정에 ~을 일으키다.
피!-배서인(被背書人) 명[법] 배서인의 배서에 의해 어음·수표 등의 지시 증권을 양도받거나 담보로 받은 사람. ↔배서인.
피-범벅 명 사방 여러 군데에 피가 묻어 범벅이 됨. ¶~이 된 얼굴.
피벗(pivot) 명 **1** 마찰을 적게 하기 위하여 회전하는 축의 지점(支點) 끝을 원뿔꼴로 한 것. **2**[체] 농구·핸드볼·배드민턴 등의 구기(球技)나 댄스에서 한 발을 중심으로 하여 회전하는 일.
피!병(避病) 명 병을 피하기 위하여 거처

를 옮기는 일. ¶~소(所). **피:병-하다** 통여

피:험-자(被險者) 명 [법] 1 손해 보험에서, 계약에 따라 손해의 보상을 받을 수 있는 사람. 2 생명 보험에서, 보험의 대상이 되는 사람. ↔보험자.

피:-보호국(被保護國) 명 [법] 보호 국가와 맺은 보호 조약에 따라, 내정(內政)이 비롯하여 특히 외교 관계에 있어 제한을 받는 국가. ↔보호국.

피:복¹(被服) 명 공문서·장부 등에서, '옷'을 문어적으로 나타내는 말. 또는, 군대 같은 특수 집단에서 그 구성원이 입는 옷을 이르는 말. ¶신병에게 ~을 지급하다.

피:복²(被覆) 명 거죽을 덮어 씌우는 것. 또는, 그 덮어 씌운 물건. **피:복-하다** 통여

피:복-비(被服費) [-삐] 명 옷·신발·장식품 등에 쓰는 비용.

피:복-선(被覆線) [-썬] 명 절연물로 거죽을 덮어 씌운 도선.

피부(皮膚) 명생 동물 몸의 맨 거죽을 싸고 있는 조직. 囤살갗.

피부-과(皮膚科) [-꽈] 명의 피부에 관한 모든 병을 연구·치료하는, 의학의 한 분과.

피부-병(皮膚病) [-뼝] 명의 피부 및 피부에 관계하는 모발·땀샘·피지선 등에 생기는 질병의 총칭.

피부-색(皮膚色) 명 사람의 피부의 색. 囤살빛.

피부-암(皮膚癌) 명의 피부에 생기는 상피성 악성 종양. 햇볕을 받는 부위 등에 생기기 쉽고 백인에게 많음.

피부-염(皮膚炎) 명 체내 또는 체외의 자극으로 일어나는 피부의 염증.

피-붙이 [-부치] 명 =혈육2.

피브로인(fibroin) 명 곤충이나 거미의 실샘에서 분비되는 섬유성의 단백질.

피브리노겐(fibrinogen) 명화 혈장(血漿) 중에 함유되어 있는 단백질의 하나. 혈액을 응고시키는 인자의 하나이며, 간세포에서 만들어짐.

피브린(fibrin) 명생화 혈액이 응고할 때 피브리노겐에 트롬빈이 작용하여 생기는 불용성 단백질. 혈구와 엉켜 피를 응고시킴.

피브이시(PVC) 명 [polyvinyl chloride] 화 =폴리염화 비닐.

피비린-내 명 1 선지피에서 풍기는 비린 냄새. 2 심한 살상(殺傷) 등으로 인한 매우 살벌한 상태. ¶~ 나는 전투.

피사(Pisa) 명지 이탈리아 중부의 항구 도시.

피:사계^심:도(被寫界深度) [-계-/-게-] 명사진 초점을 맞춘 지점을 중심으로 그 앞뒤로 초점이 맞는 범위의 정도.

피사로 프란시스코(Pizarro, Francisco) 인 에스파냐의 탐험가(1475?~1541).

피:사-체(被寫體) 명사진 사진을 찍을 때, 그 대상이 되는 사람.

피:살(被殺) 명 (어떤 사람에게) 죽임을 당하는 것. ¶~자(者). **피:살-되다** 통여¶끔찍하게 ~.

피:-상속인(被相續人) 명법 권리·재산 따위가 상속되기 전의 소유자. ↔상속인.

피상-적(皮相的) 관명 사물의 판단이나 파악 등이 본질에 이르지 못하고 겉으로 나타나 보이는 현상에만 관계하는 (것).

¶~인 판단.

피:서(避暑) 명 산·강·바다 등의 시원한 곳으로 가서 더위를 피하는 것. **피:서-하다** 통여

피:서-객(避暑客) 명 피서를 즐기는 사람.

피:서-지(避暑地) 명 피서하기에 알맞은 지역. 또는, 피서하고 있는 곳.

피:선(被選) 명 선거에서 뽑히는 것. **피:선-되다** 통여¶국회의원에 ~.

피:선거-권(被選擧權) [-꿘] 명 [법] 선거에 임후보하여 당선될 수 있는 권리.

피:선거-인(被選擧人) 명 [법] 피선거권을 가진 사람.

피스톤(piston) 명 1 공 증기 기관·내연 기관 등의 실린더 속을 왕복 운동을 하는 원판형 또는 원통형의 부품. 2 음 금관 악기에서, 반음계 연주가 가능하도록 조절하는 장치.

피:습(被襲) 명 습격을 당하는 것. **피:습-하다** 통여, **피:습-되다** 통여

피:승-수(被乘數) [-쑤] 명수 곱셈에서 곱하여지는 수. 5×2=10에서의 '5' 따위. ↔승수.

피시(PC) 명 [personal computer] [컴] = 개인용 컴퓨터.

피시-방(PC房) 명 컴퓨터 통신이나 인터넷을 할 수 있도록 여러 대의 컴퓨터를 갖추어 놓고 이용 시간에 따라 요금을 받는 점포. =게임방.

피시에스(PCS) 명 [Personal Communications Service] [통] =개인 휴대 통신 서비스.

피시^통신(PC通信) [통] =컴퓨터 통신.

피식 튀 순간적으로 웃음이 치밀어 입술을 터뜨리듯 약간 벌리며 싱겁게 한 번 웃는 소리. 또는, 그 모양. ¶그는 어처구니없다는 듯이 ~ 웃었다.

피식-거리다/-대다 [-꺼(때)-] 재여 웃음이 치밀어 입술을 터뜨리듯 약간 벌리며 싱겁게 자꾸 웃다.

피식-피식 튀 피식거리는 소리. 또는, 그 모양. ¶사람들은 우리의 이상한 몰골을 보고 ~ 웃었다. **피식피식-하다** 재여

피:신(避身) 명 위험으로부터 몸을 숨겨 피하는 것. **피:신-하다** 통재여¶안전한 곳으로 재빨리 ~.

피:신-처(避身處) 명 위험으로부터 몸을 숨겨 피하는 장소.

피:아(彼我) 명 저쪽 편과 이쪽 편. 특히, 적군과 아군. ¶어둠 속에서 ~를 식별하기 어렵다.

피:아-간(彼我間) 명 저쪽 편과 이쪽 편 사이. 특히, 적군과 아군 사이. ¶전투에서 ~에 많은 사상자가 발생했다.

피아노¹(piano) 명음 손가락으로 건반을 누르면 해머가 현을 때려 소리를 내게 되어 있는 악기. ▷풍금.

피아노²(ⓘpiano) 명음 악곡의 표현 방법을 나타내는 말로, '여리게'의 뜻. 기호는 p. ↔포르테.

피아노^사:중주(piano四重奏) 명음 실내악의 하나. 피아노·바이올린·비올라·첼로 4개의 악기에 의한 합주.

피아노^삼중주(piano三重奏) 명음 실내악의 하나. 피아노·바이올린·첼로 3개의 악기에 의한 합주.

피아노포르테(ⓘpianoforte) 명음 악곡의 표현 방법을 나타내는 말로, '처음은

여리게, 차츰 세게'의 뜻. 기호는 *pf*.
피아니스트(pianist) [명] 피아노 연주가.
피아니시모(ⓘpianissimo) [명][음] 악곡의 표현 방법을 나타내는 말로, '매우 여리게'의 뜻. 기호는 *pp*. ↔포르티시모.
피아르(PR) [명] 〔public relation〕 **1** 관청·기업체·단체 등이 일반 대중의 신용과 이해를 얻고 그들의 관심을 끌기 위하여 사업의 취지를 널리 알리는 선전. **2** 자기의 장점이나 특기를 다른 사람들에게 드러내어 알리는 것. ¶자기 ~ 시대. **피아르-하다** [동][타][여]
피아르^광¦고(PR廣告) [명] 기업이나 공공기관이 일반 대중의 이해와 신뢰를 얻으려고 행하는 광고.
피아티고르스키 [명][인] '퍄티고르스키(Piatigorsky)'의 잘못.
피¦안(彼岸) [명] 〔<[범]pāramitā〕 [불] 이승의 번뇌를 해탈하여 열반의 세계에 도달하는 일. 또는, 그 경지. ¶~의 세계. ↔차안.
피어-나다[-어-/-여-] [동][자] **1** (꺼져가던 불이) 붙어 일어나다. ¶연탄불이 ~. **2** (꽃 따위가) 피게 되다. ¶장미꽃이 ~. **3** (웃음·생기 따위가) 얼굴에 나타나다. ¶입가에 웃음이 ~.
피-어리다 [형] (주로 '피어린'의 꼴로 쓰여) 피 흘려 싸우거나 피가 맺히도록 고생한 자취가 깃들어 있다. ¶**피어린** 투쟁.
피어싱(piercing) [명] 귀·눈썹·코·입술·혀·배꼽 등에 구멍을 뚫고 액세서리로 장식하는 일.
피어-오르다[-어-/-여-] [동][자][르] 〈~오르니, ~올라〉 **1** (불이) 붙어 밑으로부터 위로 불길이 오르다. ¶모닥불이 ~. **2** (김이나 연기, 구름 등이) 줄지어 위로 올라가다. ¶아지랑이가 ~. **3** (마음속에서 희망이나 꿈, 염원 등이) 강렬해지거나 절실하게 느껴지다. ¶통일에의 열기가 더욱 거세게 ~.
피에로([프]pierrot) [명][연] 연극이나 서커스에 등장하는 어릿광대.
피에스(P.S.) [명] 〔postscript〕 〔뒤에 추가하여 말한다는 뜻〕 편지에서 글을 추가할 때, 그 글의 첫머리에 쓰는 말. [비]추신(追伸).
피에이치(pH) [명][화] =페하.
피에타(ⓘPietà) [명] 〔'경건한 애도'의 뜻〕 [미] 크리스트교 미술에서 성모 마리아가 예수의 주검을 안고 슬퍼하는 모습을 표현한 작품.
피엑스(PX) [명] 〔Post Exchange〕 군부대의 기지 내에 설치된 매점. 일상 용품이나 음식물 등을 면세 가격으로 판매함.
피엘오(PLO) [명] 〔Palestine Liberation Organization〕 [정] =팔레스타인 해방 기구.
피엘-원(PL/1) [명] 〔Program Language one〕 [컴] 포트란의 계산 개념과 코볼의 파일 처리 개념을 도입하여 과학 기술 계산과 사무 처리 계산에 적합하도록 만든 언어.
피엠(P.M., p.m.) [명] 〔[라]post meridiem〕 오후. 시각을 나타내는 숫자 앞에 덧붙여 '오후 …시'의 뜻을 나타냄. ¶~ 3:00. ↔에이엠.
피오르([노]fjord) [명][지] 빙하의 침식으로 만들어진 골짜기가 빙하의 소실 후 침수해서 생긴 좁고 깊은 만. 횡단면은 'U'자 모양을 이룸. =협만(峽灣).
피-오줌 [명] '혈뇨(血尿)'를 일상적으로 이르는 말.
피-우다 [동][타] **1** '피다'1·2'의 사동사. ¶꽃을 ~. **2** (담배나 아편 따위를) 불을 붙인 상태에서 그 연기를 입 안으로 빨아들였다가 입 밖이나 콧구멍으로 뿜어내다. ¶담배를 ~. **3** (냄새나 먼지 따위를) 생겨나 퍼지게 하다. ¶옆집에서 생선 굽는 냄새를 ~. **4** (사람이 부정적이거나 바람직하지 않은 행동이나 태도를) 다른 사람에게 나타내어 보이다. 또는, (사람이 어떤 행동이나 태도를) 부정적이거나 바람직하지 않은 상태로 나타내어 보이다. ¶게으름을 ~. ×피다.
피읖[-읍] [명][언] 한글 자모의 열셋째 글자. 'ㅍ'의 이름. 목젖으로 콧길을 막고 입을 다물었다가 날숨을 거세게 내뿜으면서 내는 무성 파열음. 받침으로 그칠 때는 'ㅂ'과 같은 소리가 됨.
피¦의(被疑)[-의/-이] [명] 범죄의 혐의를 받는 것. ¶~ 사실을 부인하다.
피¦의-자(被疑者)[-의-/-이-] [명][법] 범죄의 혐의는 받고 있으나, 아직 공소 제기가 되지 않은 사람. =용의자. ▷피고인.
피¦임(避妊) [명] 약을 먹거나 콘돔·루프 등의 기구를 사용하거나 배란일을 피하거나 불임 수술을 받거나 하여, 성교를 하여도 임신이 되지 않게 하는 일. **피¦임-하다** [동][자][여]
피¦임-법(避妊法)[-뻡] [명] 피임하는 방법.
피¦임-약(避妊藥)[-냑] [명][약] 피임하기 위하여 쓰는 약제.
피자(ⓘpizza) [명] 둥글넓적한 밀가루 반죽 위에 치즈·토마토·피망·고기·향료 등을 얹어 구운 음식.
피장-파장 [명] 서로 낫고 못함이 없음. 상대의 행동에 따라 그와 동등한 행동으로 맞서는 일을 일컫는 말. ¶잘못하기는 ~이다. ▷피차일반.
피¦접(避接) [명] '비접'의 원말.
피¦-제수(被除數)[-쑤] [명][수] 나눗셈에서, 나눔을 당하는 수. 12÷3=4에서의 '12' 따위. ↔제수.
피-조개 [명][동] 껍데기가 흑갈색으로 표면에 부챗살 같은 줄이 있으며, 살은 붉은색이고 단맛이 있는 조개. 얕은 바다 속 고운 모래펄에 사는데, 양식도 함.
피¦-조물(被造物) [명] 조물주에 의하여 만들어진 모든 물건. 곧, 삼라만상. ¶인간은 신의 ~이다.
피-죽(-粥) [명] 피로 쑨 죽. ¶~도 못 먹은 사람처럼 비실거리다.
피지[1](皮脂) [명] 피지선의 분비물. 피부 및 모발 표면에 지방막을 형성하고, 축축하게 하여 보호함.
피지[2](Fiji) [명][지] 뉴질랜드 북쪽에 위치한, 남태평양의 320여 개의 섬으로 이루어진 나라. 수도는 수바.
피¦-지배(被支配) [명] 지배를 당하는 것. ¶~ 민족.
피지-선(皮脂腺) [명][생] 진피(眞皮)에 있는 분비선. 지방을 분비하여, 표피와 모발에 광택·유연성·탄력성을 줌.
피질(皮質) [명][생] 신장·부신(副腎) 등의 기관의 표층 부분. 또는, 대뇌·소뇌의 표층을 이루는 회백질의 부분.

피:차(彼此) **I**[명] 어떤 일에 함께 관련되어 있는, 저쪽 사람과 이쪽 사람. 또는, 너와 나. **II**[부] 이쪽 저쪽 가릴 것 없이 둘 다. (비) 서로. ¶싸울 봐야 ~ 손해다.

피:차-간(彼此間) [명] 이쪽 사람과 저쪽 사람 간. 또는, 이쪽 저쪽 가릴 것 없이 모두. ¶~에 잘된 일.

피:차-일반(彼此一般) [명] 두 편이 서로 같음. ¶고생하기는 ~이다. (비) 피장파장.

피처(pitcher) [명][체] =투수. =캐처.

피층(皮層) [명][식] 식물의 조직계의 하나. 표피와 중심주 사이의 세포층의 하나, 엽록소나 저장 물질을 지니고 있음.

피치(pitch) [명] 같은 일을 되풀이하거나 일정한 간격으로 일을 했하는 경우의 속도나 횟수. 또는, 작업의 능률. ¶~를 올리다.

피치카토(ⓘpizzicato) [명][음] 바이올린·첼로와 같은 현악기의 현(絃)을 손끝으로 튕기어 연주함. 또는, 그렇게 연주하는 곡.

피:침(被侵) [명] 침범이나 저촉을 당하는 것. **피:침-하다** [동](자여) **피:침-되다** [동](자)

피칭(pitching) [명] **1**[체] 야구에서, 투수가 타자를 향해 공을 던짐. ¶투구(投球). **2** 배·비행기·자동차의 몸체가 시소처럼 앞뒤로 출렁대며 내려갔다 하면서 출렁이는 현상. ↔롤링.

피카소(Picasso, Pablo) [명][인] 에스파냐의 화가(1881~1973).

피케팅(picketing) [명][사] 노동 쟁의 때, 조합원들이나 공장·사업장의 출입문에 늘어서거나 스크럼을 짜거나 하면서 파업의 방해자를 막고, 동료 가운데 이탈자를 감시하는 일.

피켈(pickel) [명] 등산 용구의 하나. 목제 자루에 곡괭이 같은 금속제 날이 달려 있음. 빙설(氷雪)로 뒤덮인 경사진 곳을 오를 때, 발판 등을 만드는 데에 쓰임.

피켓(picket) [명] **1**[사] 노동 쟁의 중, 이탈자나 방해 행위를 막기 위하여 회사·사업소 등의 출입문에 노동자 측에서 내보내는 감시인. **2** 어떤 주장을 적은, 자루 달린 판때기. 보통, 시위할 때 들고 다님.

피코-그램(picogram) [명](의존) 질량의 단위. 1피코그램은 1그램의 1조분의 1임. 기호는 pg.

피코-미터(picometer) [명](의존) 길이의 단위. 1피코미터는 1미터의 1조분의 1임. 기호는 pm.

피콜로(piccolo) [명][음] 관악기의 하나. 플루트보다 한 옥타브 높으며, 관현악·취주악의 가장 높은 음역을 맡음.

피크(peak) [명] 어떤 일의 정도나 진행이나 활동 등이 가장 강렬해지거나 고조된 상태. (비) 절정·정점(頂點). ¶설악산 단풍이 ~를 이루다.

피크닉(picnic) [명] '소풍'·'야유회'로 순화.

피크-타임(peak time) [명] 어떤 일의 정도나 진행이나 활동 등이 가장 강렬해지거나 고조되는 시간이나 때. '절정기', '한창때'로 순화. ¶호텔과 콘도 들의 여름휴가의 ~를 맞다.

피클(pickle) [명] 오이 따위의 야채와 과일 등을 소금에 절여, 식초·설탕·향신료를 섞은 액에 다시 담아 절인 서양식 음식.

피타고라스(Pythagoras) [명][인] 고대 그리스의 철학자·수학자(580?~500? B.C.).

피타고라스의 정:리(Pythagoras-定理) [—의—니/—에—니][수] 직각 삼각형의 빗변을 한 변으로 하는 정사각형의 면적은, 다른 두 변을 각각 한 변으로 하는 두 정사각형의 면적의 합과 같다는 정리.

피:탈(被奪) [명] 빼앗기는 것. ¶국권 ~. **피:탈-하다** [동](자여) **피:탈-되다** [동](자)

피터^팬^신드롬(Peter Pan Syndrome) [명][심] 청소년들에게서 볼 수 있는, 동화에 나오는 영원한 소년 피터 팬처럼 언제까지나 어른이 되고 싶어 하지 않는 정신적 증후.

피-턴(P-turn) [명] 좌회전이 금지된 교차로에서, 좌회전하고자 하는 차가 'P' 자처럼 교차로를 지나서 오른쪽으로 도는 일.

피톤치드(ⓘfitontsid) [명] 나무로부터 내뿜어져 주위의 미생물 등을 죽이는 작용을 하는, 보이지 않으나 향기로 느낄 수 있는 물질. 삼림욕은 이 물질을 몸에 쐬기 위한 것으로, 이 물질은 사람에게 활력을 준다고 함.

피-투성이 [명] 피가 낭자하게 묻은 모양. ¶얼굴이 ~가 되다.

피투피(P2P) [명] [peer to peer] 인터넷을 통해 피시(PC)끼리 서로 파일을 공유하는 일.

피튜니아(petunia) [명][식] 꽃의 빛깔과 모양이 다양하여 화단에 많이 심는 한해살이풀. 높이 15~25cm가량으로, 잎과 줄기는 털이 빽빽하고 점성을 띠며 냄새가 고약함.

피트(feet) [명](의존) 길이의 단위. 1피트는 12인치이며, 30.48cm임.

피티(†PT) [명] =프레젠테이션.

피파(FIFA) [명] ⓕFédération Internationale de Football Association] =국제 축구 연맹.

피펫(pipette) [명][화] 분석용 화학 실험 기구의 하나. 일정한 용적의 액체를 정확히 재는 데에 쓰이는 흡액(吸液) 유리관.

피폐(疲弊) [명] [—폐/—폐] **1** 심신이 지쳐서 쇠약한 상태가 되는 것. **2** 생활이나 경제력 등이 어렵거나 궁한 상태가 되는 것. **피폐-하다** [동](자여) ¶피폐한 정신 상태 / 농촌 경제가 극도로 피폐해지다.

피:폭[1](被爆) [명] 원자탄·수소탄의 폭격을 받는 것. 또는, 그 방사능으로 피해를 입는 것. ¶~자(者). **피:폭-하다**[1] [동](자여)

피:폭[2](被曝) [명] 인체가 방사선을 받는 것. **피:폭-하다**[2] [동](자여)

피피비(ppb) [명](의존) [parts per billion] 극미량의 성분비나 농도를 나타내는 단위. 10억분의 1을 나타냄. 1ppm의 1,000분의 1에 해당함.

피피엠(ppm) [명](의존) [parts per million] 성분비나 농도를 나타내는 단위. 100만분의 1을 나타냄.

피하(皮下) [명][생] 살가죽의 밑.

피:-하다(避—) [동](자여) **1** 몸을 다른 곳으로 옮겨 드러나지 않도록 하다. ¶공격을 ~. **2** 어떤 자리나 경우에 처하지 않도록 하다. ¶시선을 ~. **3** 행사에 불길한 날을 택하지 않다. ¶손 있는 날을 ~. **4** 비·눈 따위를 맞지 않게 몸을 옮기다. ¶처마 밑에서 비를 ~.

피하^조직(皮下組織) [명][생] 척추동물의 진피와 뼈 또는 근육 사이에 있는 결합 조직.

피하^주^사(皮下注射) 〖명〗[의] 피하 조직 속으로 약액(藥液)을 넣는 주사 방법. ↔혈관 주사.

피하^지방(皮下脂肪) 〖명〗[생] 포유류의 피부 밑에 형성되어 있는 지방. 영양분을 저장하고 체온을 유지하는 작용을 함.

피^학대^성^욕^도^착증(被虐待性慾倒錯症)[-때--쫑--짱] 〖명〗=마조히즘.

피^항(避航) 〖명〗배나 비행기가 태풍·폭풍 등의 악천후로 운항을 하지 않고 안전한 곳으로 대피하는 것. **피^항-하다** 〖자〗

피^해(被害) 〖명〗어떤 사람이 재물을 잃거나 신체적·정신적으로 해를 입은 상태. 〖비〗손해. ¶~를 보상하다. ↔가해.

피^해-망상(被害妄想) 〖명〗[의] 남이 자기에게 해를 입힌다고 생각하는 일. 정신 분열병이나 조울병 환자에게서 자주 보임. ¶~에 빠지다 (사로잡히다).

피^해-액(被害額) 〖명〗피해를 입은 액수.

피^해-자(被害者) 〖명〗[법] 해를 입은 사람. ↔가해자.

피험-자(被驗者) 〖명〗 1 시험이나 실험 등의 대상이 되는 사람. 2 [심] 심리학상 연구 대상으로서 시험을 당하는 사람.

피혁(皮革) 〖명〗날가죽 및 무두질한 가죽의 총칭. ¶~-화(靴).

픽¹ 〖부〗 1 기운이 빠져서 맥없이 가볍게 쓰러지는 소리. ¶픽 발짝 넘어지고 ~ 쓰러지다. 2 (실이나 끈 등이) 힘없이 끊어지는 모양. 또는, 그 소리. 〖작〗팩.

픽² 〖부〗 1 (막혔던 가스나 기체 따위가) 힘없이 터져 나오는 모양. 또는, 그 소리. ¶바람이 ~ 새어 나오다. 2 다물었던 입술을 약간 벌리며 싱겁게 한 번 웃는 모양. 또는, 그 소리.

픽³(pick) 〖명〗셀룰로이드 따위를 삼각 모양이나 사각형으로 오려 내어, 기타·만돌린 따위를 칠 때 사용하는 것.

픽셀(pixel) 〖명〗[컴] 주소화될 수 있는 화면의 가장 작은 단위. 작은 점의 행과 열로 이루어져 있는 화면의 작은 점 각각을 이르는 말임.

픽션(fiction) 〖명〗[음] 사실이 아닌 상상에 의해 쓰여진 이야기나 소설. 〖비〗허구. ¶논픽션.

픽업¹(pick up) 〖명〗(어떤 사람을) 주로 연예인이나 운동선수로, 또는 어떤 배역으로 뽑는 것. 〖비〗발탁. **픽업-하다** 〖타여〗

픽업-되다 〖자여〗¶그는 시에프 감독의 눈에 띄어 모델로 픽업되었다.

픽업²(pickup) 〖명〗 1 레코드플레이어에서, 레코드의 홈에서 소리를 재생하는 장치. 2 바퀴가 네 개 있고 짐 싣는 부분이 짧은 트럭.

픽-픽¹ 〖부〗 1 여럿이 잇달아 힘없이 쓰러지는 모양. ¶총탄에 적군이 ~ 쓰러지다. 2 (섞은 줄·끈 등이) 잇달아 힘없이 끊어지는 모양. 또는, 그 소리. 〖작〗팩팩.

픽-픽² 〖부〗 1 (막혔던 가스나 기체 따위가) 힘없이 자꾸 터져 나오는 모양. 또는, 그 소리. 2 다물었던 입술을 약간 벌리며 싱겁게 자꾸 웃는 소리. **픽픽-하다** 〖자여〗

핀(pin) 〖명〗 1 어떤 물체가 다른 물체에 어긋나거나 붙어 있도록 꽂을 수 있게 만든, 작고 가늘며 한쪽 끝이 뾰족한 쇠붙이. 2 물체를 묶거나 고정시키거나 하기 위하여 사용하는, 가늘고 둥글거나 얇고 넓적한 한쪽 끝을 'U'자 모양으로 만들어 한쪽 끝을 붙였다 떼었다 할 수 있게 만든 물건. ¶머리~ / 안전~. 3 [체] 볼링에서, 공을 굴려 쓰러뜨리는 병 모양의 나무. 4 [체] 골프의 홀에 세우는 표지 막대.

핀란드(Finland) 〖명〗[지] 북유럽의 스칸디나비아 반도에 있는 공화국. 수도는 헬싱키.

핀셋(⑩pincette) 〖명〗작은 물건을 집는 데 쓰는, 쇠붙이를 'V'자 모양으로 만든 기구.

핀업-걸(pin-up girl) 〖명〗벽에 붙이거나 걸어 놓거나 하는 사진의 모델이 되는, 젊고 매력적인 여자.

핀잔 〖명〗(어떤 사람을) 그가 한 말이나 행동의 잘못을 꼬집어 퉁명스럽게 꾸짖는 것. ¶허튼짓을 했다고 ~을 듣다. 〖속〗퐁코. **핀잔-하다** 〖타여〗

핀잔-맞다[-맏따] 〖자〗=핀잔먹다.

핀잔-먹다[-따] 〖자〗핀잔을 당하다. =핀잔맞다.

핀잔-주다 〖타〗핀잔을 하다.

핀치(pinch) 〖명〗절박한 사태. 〖비〗궁지·위기. ¶~에 몰리다.

핀치-히터(pinch hitter) 〖명〗[체] =대타자.

핀트(←⑩ピント) 〖명〗[<⑩brandpunt] 1 사진기나 촬영기에서, 피사체의 상이 렌즈를 통해 뚜렷이 선명하게 맺는 상태. 〖비〗초점. ¶~가 맞지 않은 사진. 2 대화를 하는 데, 어떤 사람의 말이 다른 사람의 말과 동떨어지지 않고 어울리는 상태. ¶저 사람은 ~안 맞는 말을 하고 있다.

필¹(匹) 〖의〗말이나 소를 세는 단위. ¶말 두 ~.

필² 〖의〗일정한 길이로 짠 피륙을 셀 때에 쓰는 단위. 1필의 길이는 30∼40마에 해당함. ¶명주 한 ~.

필³(畢) 〖명〗[불] ¶여섯 ~의 땅.

-필⁴(畢) 〖접미〗'이미 마침'의 뜻으로 쓰는 말. ¶검사~ / 접수~.

필경¹(筆耕) 〖명〗 1 직업으로 글이나 글씨를 쓰는 일. 2 원지(原紙)에 철필로 글씨를 쓰는 일. **필경-하다** 〖자여〗

필경²(畢竟) 〖부〗끝장에 가서는. 〖비〗마침내. ¶범인은 ~ 잡히고야말 것이다.

필경-사(筆耕士) 〖명〗글씨 쓰는 일을 직업으로 하는 사람.

필기(筆記) 〖명〗 1 글씨를 쓰는 것. 2 강의나 연설을 들으면서 그 내용을 받아 적는 것. 〖비〗노트. **필기-하다** 〖타여〗

필기-구(筆記具) 〖명〗=필기도구.

필기-도구(筆記道具) 〖명〗글씨를 쓰는 데 사용하는 여러 가지 물건. 연필·볼펜·붓 따위. =필기구. ¶~를 지참하다.

필기-시험(筆記試驗) 〖명〗시험 답안을 글로 써서 치르는 시험.

필기-장(筆記帳)[-짱] 〖명〗필기하는 데 쓰는 공책.

필기-체(筆記體) 〖명〗활자가 아니고 손으로 쓸 때의 글씨체. ¶알파벳 ~ 소문자.

필담(筆談)[-땀] 〖명〗(어떤 사람이 다른 사람과) 서로 말이 통하지 않거나 입으로 말을 할 수 없을 때에, 글을 써 가며 의견이나 생각을 주고받는 것. **필담-하다** 〖자여〗

필답(筆答)[-땁] 〖명〗글로 써서 대답하는 것. ¶~ 고사.

필독(必讀)[-똑] 〖명〗반드시 읽는 것. 또는, 반드시 읽어야 하는 것. **필독-하다** 〖타여〗

필독-서(必讀書)[-똑써] 〖명〗반드시 읽어

야 하는 책. ¶교양인의 ~.
필두(筆頭) [-뚜] 명 ['붓의 끝'이라는 뜻] 어떤 집단이나 동아리에 대해 언급할 때, 어떤 사람이나 대상이 가장 중심이 되는 지위에 있거나 첫머리에 있음을 나타내는 말. ¶사장을 ~로 하여 모든 사원이 합심하여 노력하다.
필드(field) 명 1 [체] 육상 경기장의 트랙 안쪽에 만들어진 넓은 경기장. 주로 던지기·뛰기 등의 경기를 함. 2 [체] 야구에서, 내야·외야의 총칭. 3 [컴] 레코드를 구성하는 단위. 한 개 이상의 필드가 모여 한 레코드가 됨. 4 연습장이 아닌 야외 골프장.
필드-하키(field hockey) 명 [체] 11명씩으로 구성된 두 팀이 잔디 경기장에서 스틱으로 공을 쳐서 상대편 골에 넣는 것을 겨루는 경기. ⓒ아이스하키.
필라델피아(Philadelphia) 명 [지] 미국 펜실베이니아 주에 있는 도시.
필라리아(filaria) 명 [동] 몸이 실 모양으로 생긴 기생충의 한 무리. 척추동물의 순환기·체강 등에 기생하는데, 모기에 의해 매개됨. =사상충.
필라멘트(filament) 명 [물] 백열전구나 진공관의 내부에서 전류를 통하게 하여 열전자를 방출하는, 실처럼 가는 선.
필력(筆力) 명 1 글씨에 드러난 힘. 2 글을 짓는 능력. ¶~이 있다.
필로폰(Philopon) 명 각성제의 하나. 대뇌에 대한 강한 흥분 작용이 있어, 남용하면 불면·환각 등의 중독 증상이 나타남. =히로뽕. ⓒ필름.
필름(film) 명 ['얇은 막'이라는 뜻] 1 사진기나 촬영기의 셔터를 누를 때 렌즈를 통해 들어온 빛이 닿아 피사체의 상을 맺게 되어 있는, 셀룰로이드나 폴리에스테르에 감광제를 바른 물건. ¶흑백[컬러] ~. 2 영화 상영을 목적으로 음화를 변화시켜 편집한 양화.
필름이 끊기다 술이 깬 뒤 술을 마시던 때의 일이 기억나지 않는 상태가 되다. 영화 필름이 상영 도중 끊기는 것에 비유한 말. ¶어제 술자리에서 무슨 일이 있었는지 **필름이 끊겨** 도무지 모르겠다.
필리핀(Philippines) 명 [지] 서태평양 상에 있는 7,000여 개의 섬으로 이루어진 공화국. 수도는 마닐라. 음역어는 비율빈(比律賓).
필링(feeling) 명 '느낌'으로 순화. ¶~이 좋다.
필명(筆名) 명 1 글씨·글을 잘 써서 떨치는 명성. 2 글을 발표할 때 본명 대신에 쓰는 이름. ⒀필명(筆名).
필묵(筆墨) 명 1 붓과 먹. 2 써 놓은 글씨나 문장.
필방(筆房) 명 동양화 붓을 만들어 파는 가게. 요즘에는 붓 이외에 벼루·연적·먹·종이 등도 파는 경우가 많음.
필법(筆法) [-뻡] 명 글씨나 문장을 쓰는 법. ⓒ필적.
필봉(筆鋒) 명 1 = 붓끝. 2 붓의 위세. 곧, 문장 또는 서화(書畵)의 위세. ¶예리한 ~을 휘두르다.
필부(匹夫) 명 1 한 사람의 남자. 2 보잘것 없고 하찮은 남자.
필부-필부(匹夫匹婦) 명 평범한 남녀.
필사¹(必死) [-싸] 명 [주로 '필사의'의 꼴로 쓰여] 죽음을 각오하고 행하는 것. ¶

~의 탈출.
필사²(筆寫) [-싸] 명 베끼어 쓰는 것. 필사-하다 통(타여)
필사-본(筆寫本) [-싸-] 명 손으로 써서 만든 책.
필사-적(必死的) [-싸-] 관명 죽기로 결심하고 하는 (것). ¶~인 투쟁.
필산(筆算) [-싼] 명 숫자를 써서 계산하는 것. 또는, 그렇게 한 계산. ↔암산. 필산-하다 통(타여)
필생(畢生) [-쌩] 명 [주로 '필생의'의 꼴로 쓰여] 대상이 일생을 마칠 때까지 이뤄지거나 일생에 걸쳐 있는 것임을 나타내는 말. ⒀일생·평생. ¶~의 대작.
필설(筆舌) [-썰] 명 ['붓과 혀'라는 뜻] 표현 수단으로서의 글이나 말. ¶그가 겪은 고초는 ~로 다 형용할 수가 없다.
필세(筆勢) [-쎄] 명 글씨의 획에 드러난 기세. ⒀필력.
필수¹(必修) [-쑤] 명 반드시 학습하여야 하는 것.
필수²(必須) [-쑤] 명 어떤 일에 있어서, 또는 어떤 일을 위하여서 꼭 해야 하거나 있어야 하는 것. ¶~ 조건.
필수³(必需) [-쑤] 명 어떤 물건이 생활이나 어떤 일에 꼭 필요한 상태임.
필수^과목(必須科目) [-쑤-] 명 여러 학과 중 꼭 배워야 할 과목. ↔선택 과목.
필수-적(必須的) [-쑤-] 관명 꼭 하여야 하거나 있어야 하는 (것). ¶~인 요소.
필수-품(必需品) [-쑤-] 명 일상생활에서 꼭 필요한 물건. ¶생활~.
필순(筆順) [-쑨] 명 글씨를 쓸 때 붓을 대는 자획의 순서.
필승(必勝) [-씅] 명 반드시 이기는 것. ¶ ~을 다짐하다.
필시(必是) [-씨] 부 아마도 틀림없이. ¶ ~ 무슨 일이 생겼음에 틀림이 없다.
필연(必然) Ⅰ명 어떤 일이 어떤 조건 아래에서 반드시 그렇게 될 수밖에 없는 상태. ↔우연. ⓒ개연. Ⅱ부 틀림없이 꼭.
필연-성(必然性) [-썽] 명 어떤 일이 어떤 조건 아래서 반드시 그렇게 될 수밖에 없는 성질. ↔우연성. ⓒ개연성.
필연-적(必然的) 관명 사물의 그러할 수밖에 없는 (것). ⓒ개연적.
필연-코(必然-) 부 '필연Ⅱ'의 힘줌말.
필요(必要) 명 [어떤 대상이] 꼭 있어야 하거나 갖추어야 하는 상태에 있는 것. 필요-하다 형여 ¶너의 도움이 ~.
필요-량(必要量) 명 반드시 요구되는 양.
필요-성(必要性) [-썽] 명 필요로 하는 성질. ¶그 모임에 참석해야 할 ~이 없다.
필요-악(必要惡) 명 없는 쪽이 바람직하지만 조직 등의 운영상 또는 사회생활상 어쩔 수 없이 필요한 일.
필요-조건(必要條件) [-껀] [논] 어떤 결과가 발생하기 위해 꼭 있어야 할 조건. 가령, 전기는 전등이 켜지기 위한 필요조건임. ▷충분조건·필요충분조건.
필요충분-조건(必要充分條件) [-껀] 명 [논] 어떤 결과가 일어나는 데 그 조건이 있어야 하고 동시에 그 조건만이 일어나게 될 조건. 가령, 에이즈 바이러스는 후천성 면역 결핍증 발병의 필요충분조건임. ▷충분조건·필요조건.
필자(筆者) [-짜] 명 1 글을 쓴 사람이나 쓰는 사람. 또는, 글을 쓸 사람. ⒀글쓴이

·집필자. 2 글을 쓰고 있는 사람이 글 속에서 자기 자신을 이르는 말.
필재(筆才) 〖명〗 글을 쓰는 재주.
필적¹(匹敵) [-쩍] 〖명〗 힘이 어슷비슷하여 서로 맞서는 것. 필적-하다 〖동〗〖여〗 ¶그에 필적할 만한 인물이 없다.
필적²(筆跡) [-쩍] 〖명〗 어떤 사람이 쓴, 그 사람 특유의 글씨 모양. ¶~을 감정하다.
필지(筆地) [-찌] 〖명〗 하나로 구획된 논·밭·임야·대지의 전부를 셀 때에 쓰는 단위. =필. ¶3~의 땅.
필진(筆陣) [-찐] 〖명〗 1 정기 간행물의 집필 진용. 2 글로서 논전(論戰)함에 있어 상대자에 대응하는 주장이나 논리의 전개 등에 관한 계획·방법·태도.
필첩(筆帖) 〖명〗 글씨를 써 놓은 모양새 또는 격식. 비서체. ¶독특한 ~.
필치(筆致) 〖명〗 1 회화나 서예 등에서, 필세의 운치. ¶힘이 넘치는 ~. 2 글에 나타나는 맛이나 솜씨. ¶예리한 ~.
필터(filter) 〖명〗 1 =여과기. 2 〖물〗 빛을 파장에 따라 선택적으로 투과시키는 작용을 하는 유리. 사진 촬영·광학 실험 등에 쓰임. 3 담배의 진을 거르기 위하여 궐련 끝에 붙여 입에 물게 된 부분. ¶~ 담배.
필터링(filtering) 〖명〗〖컴〗 1 소프트웨어가 특정 조건에 맞는 데이터만 걸러 내는 일. 2 인터넷 접속 제공 업체가 사용자가 유해 사이트에 접속하지 못하도록 차단하는 일. 필터링-하다 〖동〗〖여〗
필통(筆筒) 〖명〗 1 연필과 같은 필기도구나 지우개 등을 담을 수 있도록 연필 길이보다 다소 길게 길쭉하게 만든 물건. 2 붓을 꽂아 둘 수 있도록 위쪽으로 아가리가 벌어지게 만든, 통 모양의 물건.
필-하다(畢-) 〖여〗 (어떤 일을) 정해진 절차에 따르거나 주어진 과정 등을 모두 거쳐 마치다. ¶병역을 ~.
필하모니(ⓓPhilharmonie) 〖명〗 '음악 애호'의 뜻으로, 교향악단의 명칭으로 쓰이는 말. ¶런던 ~.
필혼(畢婚) 〖명〗 여러 자녀 중 맨 마지막으로 시키는 혼인. ↔개혼. 필혼-하다 〖동〗〖여〗
필화(筆禍) 〖명〗 발표한 글이 법률상으로 또는 사회적으로 문제시되어 제재를 받는 일. ¶~ 사건.
필흔(筆痕) 〖명〗 글씨의 흔적.
필-히(必-) 〖부〗 꼭. 또는, 반드시. ¶~ 도 시락을 지참하시오.
핌피(PIMFY) 〖명〗 [please in my front yard] 수익성 사업이나 좋은 시설을 자기 지역에 유치하려고 하는 이기적인 태도. ▷님비.
핍박¹(逼迫) [-빡] 〖명〗 (사람을) 억누르고 괴롭히는 것. 핍박-하다 〖동〗〖여〗
핍박²(逼迫) [-빡] 〖명〗 (형편이) 쪼들리거나 어려워 절박한 상태. ¶재정적 ~. 핍박-하다 〖형〗〖여〗

핏-기(-氣) [피끼/핃끼] 〖명〗 사람의 피부에 드러난 피의 불그레한 빛깔. 비혈색. ¶~ 가 돌다 / ~ 없는 창백한 얼굴.
핏-대[피때/핃때] 〖명〗 큰 혈관.
핏대(를) **올리다** 목의 핏대에 피가 몰리도록 화를 내거나 흥분하다.
핏-덩어리[피떵-/핃떵-] 〖명〗 1 피가 엉고 된 덩어리. 2 '갓난아이'를 달리 일컫는 말. =핏덩이. ¶~를 데려다 기르다.
핏-덩이[피떵-/핃떵-] 〖명〗 =핏덩어리.
핏-물[핀-] 〖명〗 '피¹'을 액체로 강조하여 이르는 말.
핏-발[피빨/핃빨] 〖명〗 생리적 이상(異常)으로 몸의 어느 부분에 피가 몰려 붉게 된 결. ¶~이 삭다.
핏-방울[피빵-/핃빵-] 〖명〗 피가 맺혀 이루어진 작은 방울.
핏-빛[피삗/핃삗] 〖명〗 피와 같은 새빨간 빛. ¶~으로 물든 저녁놀.
핏-자국[피짜-/핃짜-] 〖명〗 피로 물든 자리.
핏-줄[피쭐/핃쭐] 〖명〗 1 〖생〗 =혈관. 2 =혈통. ¶한-을 타고나다.
핏줄이 당기다 혈연의 친밀감을 느끼다.
핏-줄기[피쭐-/핃쭐-] 〖명〗 1 솟구치는 피의 줄기. 2 =혈통.
핑¹ 〖부〗 1 갑자기 정신이 어질해지는 모양. ¶머리가 ~ 돌다. 2 갑자기 눈에 눈물이 괴는 모양. ¶눈물이 ~ 돌다.
핑² 〖부〗 총알 따위가 빠르게 공기를 가르고 지나가는 소리나 모양.
핑계[-게/-계] 〖명〗 어떤 사람이 자기가 한 일이나 할 일에 대해, 다른 사람으로부터 비난이나 추궁을 받지 않기 위해 진짜 이유나 목적을 감추고 겉으로 내세우는 이유나 근거. 비구실. ¶~를 대다. 핑계-하다 〖동〗〖여〗
[핑계 없는 무덤이 없다] 여러 가지 구실을 내세워 변명하려는 행동을 이르는 말.
핑그르르 〖부〗 1 '빙그르르'의 거센말. ¶그는 ~ 맴을 돌며 쓰러졌다. 2 갑자기 눈에 눈물이 어리는 모양. ¶눈에서 눈물이 ~ 돌았다.
핑글-핑글 〖부〗 '빙글빙글'의 거센말. 작팽글팽글.
핑크-빛(pink-) 〖명〗 =분홍빛. ¶~ 꿈.
핑크-색(pink色) 〖명〗 =분홍색.
핑킹-가위(pinking-) 〖명〗 지그재그로 자를 수 있는 날을 가진 가위. 자른 가장자리의 올이 잘 풀리지 않게 하기 위한 것임.
핑퐁(ping-pong) 〖명〗〖체〗 =탁구.
핑-핑¹ 〖부〗 정신이 자꾸 어질어질해지는 모양. ¶어지러워 머리가 ~ 돌다. 작팽팽.
핑-핑² 〖부〗 총알 따위가 자꾸 빠르게 공기를 가르고 지나가는 소리나 모양. ¶총알이 ~ 날아오다.
핑핑-하다 〖여〗 1 잔뜩 켕겨 튀기는 힘이 있다. 2 둘의 힘이 서로 어슷비슷하다. 작팽팽하다. 핑핑-히 〖부〗

ㅎ →히읗.
ㅎ^불규칙^용언(-不規則用言)[언] →히읗 불규칙 용언.
ㅎ^불규칙^활용(-不規則活用)[언] →히읗 불규칙 활용.
ㅎ^종성^체언(-終聲體言)[언] →히읗 종성 체언.
하¹ 뜀 정도가 매우 심하거나 큼을 강조하는 말. '너무', '몹시'의 뜻.
하² 뜀 입을 크게 벌리고 목구멍으로부터 더운 김을 내어 부는 소리. 또는, 그 모양. 준헛.
하³ 깜 기쁨·슬픔·노여움·걱정·한탄 따위의 감정을 나타내는 소리. ¶~, 그것참 놀라운 일이군. 준헛.
하!⁴(下) 명 차례나 등급을 둘 또는 셋으로 나누었을 때, 맨 마지막이나 맨 아래에 해당하는 차례나 등급. ▷상·중.
하!⁵(夏)[역] 전설적인 중국 최고(最古)의 왕조. 우(禹)가 세운 나라로, 폭군 걸왕(桀王) 때 은나라의 탕왕(湯王)에게 멸망되었다고 함.
하!⁶(夏) 명 오호 십육국의 하나. 흉노인 혁련발발이 건국하여 관중(關中)을 지배했으나 북위(北魏)에게 멸망됨.
하!⁷(夏)[어On][불] 승려가 된 뒤로부터의 나이를 세마 쓰는 말. ¶법랍 20~.
-하⁸(下) 젒미 한자로 된 일부 명사에 붙어, '그런 조건이나 환경 아래에서'의 뜻을 나타냄. ¶단장의 인솔~에 출발하다.
하!강(下降) 명 1 (물체나 물질이) 높은 데에서 낮은 곳으로 옮겨 가는 것. ⓗ강하. ¶~ 기류. ↔상승. 2 신선이 속계(俗界)로 내려오는 것. 하!강-하다 ⅻ여
하!객(賀客) 명 잔치나 행사 등에 축하하기 위하여 참석한 사람.
하게-체(-體) 명[언] 상대 높임법의 하나. 어느 정도 나이가 든 화자가 비슷하게 나이가 든 손아랫사람이나 같은 연배의 친숙한 사이에 보통으로 낮추면서 조금 대접해 주는 뜻을 나타내는 종결형의 말체. '하게', '하네' 등이 이에 속함.
하!계¹(下界)[-계/-게] 명 1 사람이 사는 이 세상. 2 높은 곳에서 낮은 곳을 이르는 말.
하!계²(夏季)[-계/-게] 명 (주로, 일이나 행사를 나타내는 일부 명사 앞에서 관형어적으로 쓰여) '여름철'임을 나타내는 말. ⓗ하기(夏期). ¶~ 올림픽. ↔동계.
하고 조 1 둘 이상의 사물을 열거할 때 쓰는 접속 조사. ¶배~ 사과~ 감을 가져오너라. 2 비교함을 나타내는 부사격 조사. ¶철수는 너~ 닮았다. 3 함께 함을 나타내는 부사격 조사. ¶창수야, 나~ 놀자. 준올림피.
하고-많다[-만타] 톙 (주로 '하고많은'의 꼴로 쓰여) 많고 많다. ¶하고많은 사람 중에 하필 그런 못된 사람과 어울리다니.
하!곡(夏穀) 명 여름에 익어서 거두는 곡식. 보리·밀 따위. ▷추곡.
하!관¹(下棺) 명 장례 때 관을 무덤의 구덩이 안에 내려놓는 것. 하!관-하다 ⅻ여

하!관²(下顴) 명 얼굴의 광대뼈 아래쪽.
하!교¹(下校) 명 공부를 끝내고 학교에서 집으로 돌아오는 것. ↔등교. 하!교-하다¹
하!교²(下敎) 명 1 윗사람이 아랫사람에게 가르쳐 보이는 것. 2 [역] 왕의 명령. ⓗ전교(傳敎). 하!교-하다²
하!곳-길(下校-)[-교낄/-곧낄] 명 학생이 공부를 끝내고 집으로 돌아오는 길. ↔등굣길.
하구(河口) 명 강물이 바다로 흘러드는 어귀. ¶한강 ~.
하구-둑(河口-)[-구뚝/-구뚝] 명 하구의 넓이와 수심을 일정하게 유지하기 위하여, 혹은 바닷물이 침입하는 것을 막기 위하여 하구 부근에 쌓은 댐.
하!권(下卷) 명 두 권 또는 세 권으로 가른 책의 맨 마지막 권. ▷상권·중권.
하!극상(下剋上)[-쌍] 명 조직체에서, 계급이나 신분이 낮은 사람이 예의나 규율을 무시하거나 윗사람을 누르거나, 윗자리에 있게 되는 것.
하!급(下級) 명 1 (일부 명사 앞에 관형어적으로 쓰이거나 복합어로 쓰여) 등급이나 계급을 크게 둘로 나눌 때, 낮은 쪽의 등급이나 계급. ¶~ 학교. ↔상급. 2 질이나 수준이나 지위 등이 낮은 급. ¶~ 호텔. ↔고급.
하!급^법원(下級法院)[-뻐-] 명[법] 등급이 위인 법원의 지휘 감독을 받는 법원. 고등 법원에 대해 지방 법원, 대법원에 대한 고등 법원을 말함. ↔상급 법원.
하!급-생(下級生)[-쌩] 명 학년이 낮은 학생. ↔상급생.
하!기(下記) 명 어떤 사실을 특히 알리기 위하여 본문 아래에 적는 일. 또는, 그 기록. ↔상기. 하!기-하다 퇁여
하!기²(夏期) 명 (주로, 관형어적으로 쓰여) 여름의 시기. ⓗ하계. ¶~ 방학. ↔동기.
하기-는 뜀 '아닌 게 아니라 정말'의 뜻으로, 어떤 사실에 대한 그런 면도 있음을 깨닫고 긍정할 때 쓰이는 접속 부사. 준하긴.
하기-식(下旗式) 명 게양했던 국기나 단체의 깃발을 내리는 의식.
하기-야 뜀 '사실 그대로 말하자면야'의 뜻으로, 이미 있었던 일을 긍정하며 아래에 무슨 조건을 붙이는 말.
하긴 뜀 '하기는'의 준말.
하나 I 줌 1 자연수 가운데 맨 처음에 오는 수. ▷일(一). 2 사람이나 사물을 자연수의 순서대로 셀 때, 맨 처음에 해당하는 수효. ¶너~ 만 잘되자고 이런 일을 하는 것이 아닐세.
Ⅱ 명 1 사물이 분리되지 않고 단일함을 이룬 상태. ¶천 국민이 ~을 뭉친다. 2 ('하나의'의 꼴로 쓰여) '일종(一種)의'의 뜻을 나타내는 말. ¶사랑이란 ~의 열정이다. 3 ('하나(도)'의 꼴로 부정적인

뜻의 서술어와 함께 쓰이어) 그 서술어의 의미를 매우 강조하거나, 서술어의 대상이 되지 않고 언급할 수 있는 최저의 한계임을 나타내는 말. ¶뭐가 뭔지 ~도 모르겠다. 4 둘 이상의 것으로 구분을 지은 대상 중 어떤 것임을 가리키는 말.
[하나를 보고 열을 안다] 일부를 보고 전체를 미루어 안다. [하나만 알고 둘은 모른다] 사물을 한 측면만 보고 두루 보지 못함을 이르는 말.
하나부터 열까지 어떤 것이나 다. ¶~ 제대로 된 것이 없군.
하나-같다[-갇-] 혱 (여럿이) 행동·태도·모양 등이 모두 같다. 하나같-이 튄
하나님 몡[기] '하느님'을 개신교에서 유일신의 뜻으로 살려 이르는 말.
하나-하나 I 튄 1 한꺼번에 둘 또는 여럿을 대상으로 하지 않고 하나씩. ¶문제를 ~ 풀어 나가자. 2 하나도 빠짐없이 전부. 비일일이. ¶예를 ~ 들자면 한이 없다. II 몡 집합을 이루는 낱낱의 대상.
하낭 튄 1 '늘'의 잘못. 2 <방> 같이 (충청).
하;녀[下女] 몡 지난날, 여자 하인을 이르던 말.
하노이 (Hanoi) 몡[지] 베트남의 수도.
하느-님 몡 1 [종] 우주를 창조하고 주재한다고 믿어지는 초자연적인 절대자. 종교적 신앙의 대상이 된다. ⑨천주(天主). 卽하늘. 2[가][기] 크리스트교에서 신봉하는 유일신. 천지의 창조주이며 전지전능하고 영원한 존재로서, 우주 만물을 섭리로서 다스림. =천주. 비하나님.
하느작-거리다/-대다[-꺼/때-] 재 (비) (가늘고 긴 나뭇가지나 얇고 가벼운 물건 따위가) 바람을 받아 자꾸 가볍고 느리게 흔들리다. ⑩흐느적거리다.
하느작-하느작[-자카-] 튄 하느작거리는 모양. ⑩흐느적흐느적. 하느작하느작-하다
하늘 몡 1 지평선이나 수평선 위로 높고 끝없이 펼쳐진, 해·달·별을 볼 수 있는 공간. 2 땅에 있는 사람이 고개를 들어서 보아야 할, 위가 어떤 물체로 가려지지 않은 꽤 높은 공중. 비허공. ¶새가 ~을 난다. 3 종교적 관념에서, 신(神)이나 그와 같은 존재가 살고 있고, 사람이 죽어서 영혼이 그곳으로 간다고 믿어지는 세계. ¶~에서 내려온 선녀. 4 천지 만물을 다스리거나 인간의 운명이나 길흉화복을 결정짓는 초월적인 존재. 비하느님. ¶성패를 ~에 맡기다.
[하늘로 올라갔나 땅으로 들어갔나] 갑자기 아무도 모르게 사라져 버림을 이르는 말. [하늘 보고 침 뱉기] 자신에게 해가 돌아올 짓을 함을 이르는 말. [하늘을 보아야 별을 따지] 무슨 일이 이루어질 조건이나 기회가 도무지 없음을 이르는 말. [하늘의 별 따기] 무엇을 얻거나 성취하기가 몹시 어려움을 이르는 말. [하늘이 무너져도 솟아날 구멍이 있다] 몹시 어려운 경우에도 헤쳐 나갈 길은 있다.
◈ 하늘은 스스로 돕는 자를 돕는다 [서양 격언에서] 신(神)은 스스로 열심히 노력하는 사람에게 도움이나 은총을 베푼다. 곧, 남에게 의지하지 말고 혼자 힘으로 노력하라는 말.
하늘과 땅 둘 사이에 큰 차이나 거리가 있음을 이르는 말.
하늘 높은 줄 모르다 (물가가) 매우 높게

뛰다. ¶아파트 값이 ~.
하늘을 지붕 삼다 1 한데서 기거하다. 2 정처 없이 떠돌아다니는 신세를 비유하여 이르는 말.
하늘을 찌를 듯하다 1 (산이나 건물 등이) 아주 높게 솟아 있다. 2 기세가 대단하다. ¶병사들의 사기가 ~.
하늘이 노랗다 기력이 몹시 쇠하거나 절망적 상황으로 인해 하늘이 노랗게 보일 정도가 되다. ¶하루 종일 굶었더니 ~.
하늘이 두 쪽(이) 나도 (어떤 결심을 할 때) 아무리 어려움이 있어도.
하늘 천(天) 따 지(地) 천자문의 처음 두 글자의 새김과 음으로, '천자문' 또는 '기초적인 한문 지식'을 일컫는 말.
하늘-가[-까] 몡 하늘의 끝.
하늘-거리다/-대다 재 (얇고 부드러운 것이나 길고 가느다란 것이) 가볍게 흔들리며 움직이다. 또는, (얇고 부드러운 것이나 길고 가느다란 것을) 가볍게 흔들어 움직이다. ¶커튼이 바람에 ~. ⑩흐늘거리다.
하늘-나라[-라-] 몡 종교적인 관념에서, 신(神)이나 신적인 존재가 살고 있다고 믿어지는 세계. 또는, 사람이 죽은 뒤에 그 영혼이 간다고 하는, 은총과 축복의 세계. ⑨천국.
하늘-빛[-삗] 몡 1 하늘의 빛깔. 2 하늘색을 띤 사물의 빛깔.
하늘-색(-色)[-쌕] 몡 맑은 하늘처럼 엷게 푸른 빛깔. 흰색과 푸른색이 섞인 중간 색깔임. ×소라색.
하늘-소[-쏘] 몡[동] 몸이 기름한 원통형이며, 등을 덮고 있는 날개가 단단하고 촉각이 매우 긴 딱정벌레의 총칭. 나무줄기에 붙어 살며, 입의 좌우에 날카로운 큰 턱이 있어 나뭇가지를 갉아 먹음.
하늘-하늘 튄 하늘거리는 모양. ¶코스모스가 바람에 ~ 흔들리고 있다. ⑩흐늘흐늘. 하늘하늘-하다[1] 재(혱)(미)
하늘하늘-하다[2] 혱 (길고 얇은 물체가) 이리저리 움직이는 것이 가볍고 부드럽다. ¶잠자리 날개같이 하늘하늘한 잠옷. ⑩흐늘흐늘하다.
하늬-바람[-니-] 몡 농가나 어촌에서 '서풍(西風)'을 이르는 말.
하다[1] 튀[1][1] 1 (행동이나 작용을 나타내는 명사와 함께 쓰이어) (사람이나 동물, 물체 등이 어떤 행동이나 작용을) 몸이나 몸체로 나타내거나 정신적으로 이루다. ¶운동을 ~, 먹을 것, 입을 것, 땔 것이나 농작물 등을 나타내는 말과 함께 쓰이어) (사람이) 먹을 것, 입을 것, 땔 것, 농작물 등을 만들거나 마련하거나 짓다. ¶밥을 ~. 3 (밤이나 끼니, 또는 마시거나 피우는 것을 나타내는 말과 함께 쓰이어) (사람이 음식이나 담배 등을) 먹거나 마시거나 피우다. ¶저녁 같이 하자. 4 (입거나 쓰거나 칠하거나는 물건을 나타내는 말과 함께 쓰이어) (사람이 몸의 어느 부분에 어떤 물건을) 입거나 쓰거나 칠하다. ¶복면을 한 강도. 5 (회사나 사업체를 나타내는 말과 함께 쓰이어) (사람이 회사나 사업체를) 거느려 움직이거나 꾸려 나가다. ⓔ경영하다. ¶그는 서점을 한다. 6 (직업이나 학문·전공 등을 나타내는 말과 함께 쓰이어) (사람이 어떤 직업이나 분야의 일을) 생업이나 전공으로 삼다. ¶문학을 하는 청년. 7 (어떤 지위나

역할을 나타내는 말과 함께 쓰여) (사람이 어떤 지위나 역할을) 맡거나 책임지거나 지내다. [비]역임하다. ¶나는 학생 회장을 **하고** 있다. **8** (값어치를 나타내는 말과 함께 쓰여) 어떤 값어치에 걸맞은 일을 행동으로 나타내다. ¶얼굴값을 ~. **9** (어떤 성과나 성적을 나타내는 말과 함께 쓰여) (사람이 어떤 일을) 이루어 내다. ¶1등을 ~. **10** (어떤 표정이나 모습을 나타내는 말과 함께 쓰여) (사람이 어떤 표정이나 모습을) 짓거나 나타내다. ¶웃는 얼굴을 ~. **11** (조사 '로/으로'가 붙음으로써 어떤 특성이나 자격의 의미를 띠게 되는 말 다음에 쓰여) (사람이 대상을 어떤 특성이나 자격을 띤 것으로) 만들거나 삼다. ¶우표 수집을 취미로 ~. **12** (조사 '로/으로'가 붙은, 장소를 나타내는 말 다음에 쓰여) (사람이 어떤 일을 할 곳을 어느 장소로) 택하여 정하다. ¶소풍 갈 곳을 관악산으로 ~. [2][자] **1** (물건의 값을 나타내는 말 다음에 쓰여) (물건의 값이) 어느 정도에 이르다. ¶이 옷은 만 원 **한다**. **2** (시간을 나타내는 말 다음에, 주로 '-쯤 해서[하여]'의 꼴로 쓰여) (그때나 시각에) 비슷하게 이르다. ¶6시쯤 **해서** 일어나다. **3** (종결 어미에 인용을 나타내는 조사 '고'가 붙은 '-다고', '-라고', '-자고', '-냐고' 등의 다음에 쓰여) 말하거나 명령하거나 청하거나 묻다. ¶그는 나에게 어서 가라고 **했다**. **4** (명사나 구 다음에 '하면'의 꼴로 쓰여) 앞에 오는 말을 화제로 삼아 '…을 말하기로 하면'의 뜻을 나타내는 말. ¶가을꽃 **하면** 국화지. **5** (둘 이상의 명사나 대명사 다음에 '할 것 없다'의 꼴로 쓰여) 구별하여 말하다. ¶너 나 **할** 것 없이 모두 바쁘다. **6** (의문형 종결 어미 '-나', '-ㄴ가', '-는가' 등의 다음에 쓰여) 의문이 들거나 추측하다. ¶무슨 일인가 **해서** 궁금했다. **7** ('-다고', '-라고', '-자고', '-(느)냐고' 등의 뒤에 '하는'의 꼴로 쓰여) 앞에 오는 문장의 내용을 받아 뒤에 오는 체언을 꾸미는 뜻을 나타내는 말. ¶가라고 **하는** 명령을 따를 수가 없다. **8** (어떤 문장이나 감탄사 등의 뒤에 쓰여) 그런 말을 입으로 내다. ¶창수는 다 왔구나 **하면서** 좋아했다. **9** (주로, 의성어 뒤에 쓰여) 그런 소리가 나거나 그런 소리를 내다. ¶북소리가 '둥둥' **하고** 울렸다. **10** (인용하는 문장 뒤에 주로 '하고/하며/하니' 등의 꼴로 쓰여) 인용하는 기능을 나타내는 말. ¶어머니께서 "철수야!" **하고** 부르셨다. **11** ('로/으로 하여'의 꼴로 쓰여) 앞에 오는 체언이 뒤에 오는 서술어의 원인이 되는 뜻을 나타내는 말. ¶오랜 병으로 **하여** 많이 수척해졌다. **12** (문장 앞에서 '하여', '해서', '한데', '하니', '하면' 등의 꼴로 쓰여) 접속 부사의 구실을 나타내는 말. ¶그는 내 곁을 떠났다. **하여** 나는 외로운 마음을 가눌 길이 없다. **13** (의존 명사 '체', '척', '양', '뻔' 등의 다음에 쓰여) 의존 명사가 가지는 가식(假飾)이나 과거 기회 등의 뜻을 가지는 동작을 함을 나타내는 말. ¶잘난 체~. **14** (대립되는 둘 이상의 사실이나 행동, 상태를 나열하는 '-거나 -거나', '-든가 -든가', '-든지 -든지', '-고 -고', '-락 -락' 등의 구조 다음에 쓰여) 앞의 내용을 받아 서술하는 형식을 이루는 말. ¶사람은 즐겁거나 슬플 때 웃거나 울거나 **한다**. **15** ('하고도'의 꼴로 쓰여) '…에 그치지 않고 더 나아가'의 뜻을 나타내는 말. ¶100일 **하고도** 이틀. [3][보조] **1** (동사의 어미 '-기'에 보조사 '는', '도', '나', '만', '조차', '까지', '부터' 등이 붙은 말 아래에 쓰여) 동작의 뜻을 강조하여 나타내는 말. ¶가라면 가기는 **하겠다**. **2** (동사의 어미 '-려(고)', '-으려(고)', '-고자', '-ㄹ까/을까' 등의 아래에 쓰여) 의도나 욕구의 뜻을 나타내는 말. ¶오는 일요일에 산에 가려고 **한다**. **3** (용언의 어미 '-게(끔)', '-도록' 아래에 쓰여) 사역(使役)의 뜻을 나타내는 말. ¶노래를 부르게 ~. **4** (용언의 어미 '-면/으면'의 아래에 쓰여) 생각하는 바나 소원하는 바를 나타내는 말. ¶그분이 널 보았으면 **하시더라**. **5** (용언의 어미 '-아야/어야'의 아래에 쓰여) 꼭 그렇게 해야 함을 나타내는 말. ¶먹고살려면 일을 해야 **한다**.

Ⅱ [형][여] [1] (의존 명사 '듯', '만', '법' 등의 다음에 쓰여) 앞에 오는 서술어가 그 의존 명사의 추측·가치·가능 등의 뜻을 가지는 상태임을 나타내는 말. ¶비가 올 듯~. [2][보조] (형용사나 서술격 조사의 어미 '-기'에 보조사 '는', '도', '나', '만', '조차', '까지', '부터' 등이 붙은 말 아래에 쓰여) 상태나 사실의 뜻을 강조하여 나타내는 말. ¶얼굴이 예쁘기는 ~.

Ⅲ [접미] **1** 명사 아래에 붙어, 동작을 나타내는 동사를 만드는 말. ¶공부~ / 칭찬~. **2** 의성·의태 부사에 붙어, 동사나 형용사를 만드는 말. ¶중얼중얼~ / 반질반질~. **3** 자립성이 없는 일부 한자어에 붙어, 동사를 만드는 말. ¶구(求)~ / 망(亡)~. **4** 자립성이 있거나 희박한 일부 한자어에 붙어, 형용사를 만드는 말. ¶행복~ / 가련~. **5** 의성·의태 부사 이외의 일부 성상 부사에 붙어, 동사나 형용사를 만드는 말. ¶돌연(突然)~ / 의견을 달리~. **6** 자립성이 희박한 우리말 어근에 붙어, 동사나 형용사를 만드는 말. ¶따뜻~ / 차분~. **7** 형용사의 어미 '-아/어'에 붙어, 동사를 만드는 말. ¶좋아~ / 예뻐~. **8** 접미사 '-ㅁ직/음직'에 붙어, 형용사를 만드는 말. ¶바람직~ / 믿음직~.

[**하던 지랄도 멍석 펴 놓으면 안 한다**] 일껏 하던 일도 더욱 잘하라고 떠받들어 주면 안 한다. [**할 일 없으면 낮잠이나 자라**] 쓸데없는 일에 지나치게 참견하는 것을 핀잔주는 말.

하다-못해[-모태] [부] 어떤 일을 크게 양보하거나 용납한다 하더라도 최소한. ¶~ 미안하다는 말 한마디라도 해야 할 게 아닌가.

하ː단[1](下段) [명] **1** 페이지의 아래쪽 부분. **2** 여러 단으로 된 것의 아래 단. ↔상단.

하ː단[2](下端) [명] 아래쪽의 끝. ↔상단.

하ː달(下達) [명] 상부·윗사람의 뜻이나 명령 등을 아랫사람에게 내리거나 미쳐 이르게 하는 것. ↔상달. **하ː달-하다** [동][타][여] **하ː달-되다** [동][자] ¶명령이 ~.

하ː대(下待) [명] **1** 낮게 대우하거나 대접하는 것. **2** (상대에게) 낮은말을 쓰는 것. ↔공대. **하ː대-하다** [동][자][타][여]

하데스(Hades) [명][신화] 그리스 신화에 나오는 저승의 신이자 재물의 신.

하도 [부] '하'를 강조하여 이르는 말. ¶~ 놀라서 말이 나오지 않는다.

하∶-도급(下都給) 圀 도급받은 일의 전부 나 일부를 다른 사람이나 업체에 도급 주는 일.

하드(✝hard) 圀 **1** 막대기를 꽂은 빙과를 통속적으로 이르는 말. 업계에서는 '바(bar)'로 부름. **2** '하드 디스크'를 통속적으로 이르는 말.

하드^디스크(hard disk) 圀[컴] 표면이 자성체(磁性體)로 코팅된 견고한 디스크. 플로피 디스크에 비하여 기억 용량이 크고, 읽기·쓰기 속도가 빠름.

하드^록(hard rock) 圀 전기 기타의 거친 사운드, 강한 비트의 드럼, 절규하는 듯한 보컬 등을 특징으로 하는 음악. 1960년대 후반에 일어남.

하드보일드(hard-boiled) 圀[문] 소설의 문체가 작가 또는 화자의 감정 표현을 극도로 억제하고 행동과 사건을 주로 짧은 문장의 대화와 묘사에 의해 제시하는 수법을 보이는 것.

하드웨어(hardware) 圀[컴] 컴퓨터를 구성하고 있는 기계 장치의 총칭. 크게 본체와 주변 장치로 나뉨. ▷소프트웨어.

하드^트레이닝(hard training) 圀 '강훈련'으로 순화.

하∶등¹(下等) 圀 **1** 아래 등급. **2** 품질이 낮은 등급. ↔고등.

하등²(何等) Ⅰ 冠 (주로 '하등의'의 꼴로 '있다'와 함께 쓰여) 최소의 정도. ㈜조금. ¶~의 인연도 없는 사이. Ⅱ 閈 최소의 정도조차. ¶그것은 나와 ~ 상관없는 일이다.

하∶등 동물(下等動物) 圀[동] 진화 정도가 낮고 생체의 발생이나 구조가 간단한 하급의 동물. ↔고등 동물.

하∶등-품(下等品) 圀 품질이 썩 낮은 물품. ↔상등품.

하디 토머스(Hardy, Thomas) 圀[인] 영국의 소설가·시인 (1840~1928).

하라레(Harare) 圀[지] 짐바브웨의 수도.

하라-체(-體) 圀[언] 상대 높임법의 하나. 상대방이 특정 개인이 아닐 때, 낮춤과 높임이 중화된 느낌을 주는 말씨임. '보라', '있는가' 등이 이에 속함.

하∶락(下落) 圀 (어떤 대상이) 수준·등급·가치·정도 등이 낮아지거나 떨어지는 것. ¶주가 ~. ↔등귀·상승. **하∶락-하다** 困回

하∶락-세(下落勢) [-쎄] 圀 물가·주가·운세 등이 떨어지는 기세. ㈜내림세. ↔상승세.

하∶략(下略) 圀 어떤 글을 인용하거나 할 때, 길이 관계로 뒷부분을 생략하는 것. 흔히, 줄인 부분에 '하략'이라고 씀. ▷상략·중략. **하∶략-하다** 困回

하∶례¹(下隸) 圀 =하인.

하∶례²(賀禮) 圀 축하하여 예를 차리는 것. 또는, 축하하는 예식. ¶신년 ~.

하루 圀 **1** 자정에서 다음 날 자정까지의 동안. **2** 아침부터 저녁까지 해가 떠 있는 동안. ¶월차 ~. **3** (주로 '하루는'의 꼴로) 과거의 어느 날을 막연히 이르는 말. =일일(一日). ¶~는 고향 친구가 찾아왔다. **4** (초(初)·열·열하나·스물하나 다음에 쓰여) 각각 어느 달의 1일·11일·21일임을 고유어로 나타내는 말. ¶정월 초~.

하루가 멀다고 때를 가리지 않고 거의 매일같이. ¶~ 찾아오다.

하루-거리 圀[한] 하루씩 걸러서 앓는 말라리아.

하루-걸러 閈 하루씩 떼어서.

하루-바삐 閈 하루라도 빨리. =하루빨리·하루속히. ¶~ 쾌유하시기를 빕니다.

하루-빨리 閈 =하루바삐.

하루-살이 圀 **1**[동] 여름밤에 때 지어 등불 주위를 날아다니나, 잠자리와 비슷하나 날개와 몸이 매우 작은 곤충의 총칭. 수명이 몇 시간에서 며칠 정도로 짧음. **2** 생활이나 목숨의 덧없음을 비유하는 말. ¶~처럼 살다 가는 우리네 인생.

하루-속히(-速-) [-소키] 閈 =하루바삐.

하루아침-에 閈 몇 십 년이나 몇 년이나 몇 달 동안이나 아주 짧은 시간에 갑자기. ¶그 가수는 ~ 유명해졌다.

하루-하루 Ⅰ 圀 늘 맞게 되는 그때그때의 날. ¶~를 즐겁게 살다.
Ⅱ 閈 **1** 하루가 지날 때마다. 어떤 현상이 날이 감에 따라 일정하게 변해 감을 나타낼 때 쓰는 말. ¶병세가 ~ 나아지다. **2** 늘 맞게 되는 그때그때의 날에. ¶~ 입에 풀칠하기도 힘겹다.

하루-해 圀 하루 중 해가 있는 동안. ¶~가 가도록 대체 무얼 했니?

하룻-강아지 [-루깡-/-룯깡-] 圀 **1** 난 지 얼마 되지 않는 어린 강아지. **2** 경험이 적고 얕은 지식밖에 가지지 못한 어린 사람을 얕잡아 이르는 말.
[**하룻강아지 범 무서운 줄 모른다**] 철모르고 함부로 덤비는 것의 비유.

하룻-길 [-루낄/-룯낄] 圀 하루에 걸어서 갈 수 있는 길의 거리.

하룻-날 [-룬-] 圀 (초(初)·열·스무 다음에 쓰여) 각각 어느 달의 1일·11일·21일임을 나타내는 말.

하룻-밤 [-루빰/-룯빰] 圀 하루의 밤 동안. 또는, 어느 하루의 밤.
[**하룻밤을 자도 만리성을 쌓는다**] 잠간 사귀어도 깊은 정을 맺을 수 있다는 뜻.

하룻-볕 [-루뼏/-룯뼏] 閈 하루 동안 쬐는 햇볕.

하∶류(下流) 圀 **1** 강의 흐름에서, 끝나는 지역. **2** 어떤 사람이 사회적 지위와 생활 수준이 낮은 부류에 속해 있는 상태. 또는, 그 부류. ▷상류·중류.

하르르 圀 종이나 피륙 같은 것이 여리고 성기며 매우 보드러운 모양. **하르르-하다** 㴌回 ¶하르르한 비단 치마.

하르방 圀[방] 할아버지(제주).

하르툼(Khartoum) 圀[지] 수단의 수도.

하∶릴-없다 [-업따] 㴌 달리 어떻게 할 도리가 없다. **하릴없-이** 閈

하마(河馬) 圀[동] 몸길이 4m로 크고 비대하며, 머리와 입이 크고 네 다리는 짧은 포유동물. 몸빛은 갈색이며, 털은 거의 없고 피부가 두꺼움. 아프리카 삼림의 늪지나 강 유역에 삶.

하마터면 閈 ('-ㄹ 뻔하다'와 함께 쓰여) 일이 조금만 잘못되었더라면. 또는, 일을 조금만 잘못했더라면. ¶~ 막차를 놓칠 뻔했다.

하∶마-평(下馬評) 圀 [관리들을 말에 태우고 온 마부들이 상전들이 관청에 들어가 일을 보는 동안에 상전들에 대해 이러쿵저러쿵 평을 했다는 데에서] 관리들의 인사이동이나 관직 임명 등에 관련하여 세상에 떠도는 평판이나 풍문. ¶개각을 앞두고 ~이 무성하다.

하멜, 헨드릭(Hamel, Hendrik) 【인】 네덜란드의 선원(?~1692).
하며 【조】 사물을 열거하는 접속 조사. 열거된 사물들이 모두 어떤 공통된 사실에 귀일함을 나타냄. ¶예쁜 눈~ 오똑한 코~ 정말 예쁜 아이였다. ▷하고·이며.
하:면¹(下面) 【명】 =아랫면. ↔상면.
하:면²(夏眠) 【명】【동】 열대 지방의 일부 동물이 더운 여름을 견디기 위하여 아무것도 먹지 않고 잠을 자는 일. =여름잠. ↔동면. **하:면-하다** 【자여】
하:명(下命) 【명】 (윗사람이 어떤 일을 할 것을 아랫사람에게) 명령을 내리는 것. 또는, 그 명령. 비명령. **하:명-하다** 【자(타)여】
하모니(harmony) 【명】 1 【음】 =화성(和聲)². 2 여러 개의 사물이나 존재 사이의 조화. ¶영상과 음악의 ~.
하모니카(harmonica) 【명】 입에 대고 숨을 불어 넣거나 빨아들여 연주하는, 직사각형의 틀에 조그마한 칸을 여러 개 만들고, 칸마다 금속제의 리드를 두어 그것을 떨게 하여 소리를 내는 악기.
하:문(下問) 【명】 윗사람이 아랫사람에게 묻는 것. **하:문-하다** 【동(타)여】
하:문-불치(下問不恥) 【명】 아랫사람에게 묻는 것이 수치가 아니라는 뜻으로, 모르는 것은 누구에게든지 물어서 식견을 넓히라는 말.
하물(荷物) 【명】 기차·비행기·배 등에 실어 나르는 그리 크지 않은 짐.
하물며 【부】 (주로, '-ㄴ데', '-거든', '-거늘' 등의 어미로 끝나는 절 다음에, 반어 의문이나 감탄 의문문, 또는 부정적인 뜻의 서술어와 함께 쓰여) 앞의 사실을 전제로 할 때, 뒤의 사실은 더 말할 나위가 없이 자명함을 나타낼 말. 비더구나·더욱이. ¶어른도 힘든데, ~ 어린아이야 더 말하여 무엇 하겠는가?
하바네라(에habanera) 【명】【음】 쿠바에서 생겨 에스파냐에서 유행한 민속 무곡. 또는, 그 춤. 탱고와 비슷한 2/4박자임.
하:-바리(下-) 【명】 맨 아랫길의 사람을 낮추어 이르는 말.
하박국-서(←Habakkuk書) 【명】【성】 구약 성서 중의 한 권.
하:-반기(下半期) 【명】 1년을 둘로 나누었을 때의 나중이 되는 기간. ↔상반기.
하:-반부(下半部) 【명】 어떤 것을 둘로 가를 때, 아래쪽이 되는 부분. ↔상반부.
하:-반신(下半身) 【명】 사람의 몸에서 허리 아래의 부분. ↔상반신.
하:방(下方) 【명】 아래쪽의 방향.
하:복(夏服) 【명】 여름철에 입는 옷. ↔동복.
하:복-부(下腹部) 【명】【생】 척추동물, 특히 사람의 복부의 가장 밑 부분.
하:부(下部) 【명】 1 아래쪽 부분. 2 하급 기관. ↔상부.
하:사¹(下士) 【명】【군】 국군 계급의 하나. 부사관의 맨 아래 계급으로, 병장의 위, 중사의 아래임.
하:사²(下賜) 【명】 (임금이 신하에게, 또는 윗사람이 아랫사람에게 금품이나 관직·이름 등을) 내려 주는 것. **하:사-하다** 【타여】
하:-사관(下士官) 【명】【군】 '부사관' 의 구칭.
하:사-금(下賜金) 【명】 임금이나 국가 원수 등이 내리는 돈.
하:사-품(下賜品) 【명】 임금이나 국가 원수 등이 내리는 물건.
하:산(下山) 【명】 산에서 내려가거나 내려오는 것. **하:산-하다** 【자여】
하상(河床) 【명】 하천의 바닥.
하:선(下船) 【명】 배에서 내리는 것. ↔승선. **하:선-하다** 【자여】
하소 '하소연' 의 준말. **하소-하다** 【동여】
하소서-체(-體) 【명】【언】 상대 높임법의 하나. 상대방을 아주 높이는 뜻을 나타냄. 현대 국어에서는 거의 쓰이지 않음. '하시읍소서', '가시나이다' 따위가 이에 속함.
하소연 【명】 (억울하고 딱한 사정을 어떤 사람에게) 호소하듯 이야기하는 것. 준하소. **하소연-하다** 【동여】
하:수¹(下水) 【명】 가정이나 공장에서 쓰고 버리는 더러운 물. ¶생활~. ↔상수.
하:수²(下手) 【명】 낮은 솜씨. 또는, 그런 솜씨의 사람. ↔상수.
하:수-관(下水管) 【명】 수채에 버린 물이 흘러 나가도록 땅속에 묻은 관.
하:수-구(下水溝) 【명】 하수가 흘러 빠지도록 만든 도랑.
하:수-도(下水道) 【명】 하수가 흘러 빠지도록 만든 도랑이나 설비. ↔상수도.
하:수-인(下手人) 【명】 1 범죄 집단에 속하거나 관계를 맺고, 그 우두머리의 명령에 따라 살인·폭력 등을 저지르는 사람. 2 힘 있는 자에게 빌붙어 복종하는 자를 비난조로 이르는 말. ¶권력의 ~이 되다.
하:수^처:리장(下水處理場) 【명】 여러 곳에서 흘러나오는 하수를 모아 정화(淨化)한 뒤 강이나 바다로 흘려보내는 곳.
하:숙(下宿) 【명】 정해진 돈을 내고 비교적 오랫동안 남의 집 방에 머물면서 먹고 자고 하는 일. 또는, 그 집. ¶~을 치다. **하:숙-하다** 【자여】
하:숙-방(下宿房) [-빵] 【명】 하숙하는 방.
하:숙-비(下宿費) [-삐] 【명】 하숙하는 대가로 내는 돈.
하:숙-생(下宿生) [-쌩] 【명】 하숙하고 있는 학생.
하:숙-집(下宿-) [-찝] 【명】 1 하숙하고 있는 집. 2 하숙을 업으로 하는 집.
하:순(下旬) 【명】 한 달 가운데서 스무하룻날부터 그믐날까지의 동안. 상순·중순.
하시(何時) 【대】【지사】 '언제' 를 문어적으로 이르는 말.
하:-안거(夏安居) 【명】【불】 승려들이 여름 석 달 동안 한곳에 모여 참선 수행을 하는 일. 기간은 음력 4월 15일부터 7월 15일까지임. ▷안거·안거. **하:안거-하다** 【동】
하안(河岸) 【명】 하천 양쪽의 둔덕.
하:야(下野) 【명】 관리, 특히 대통령이 임기 중에 관직에서 물러나 일반 국민으로 돌아가는 것. **하:야-하다** 【동여】
하얀-빛 [-빋] 【명】 하얀 빛깔.
하얀-색(-色) 【명】 하얀 색깔.
하:양 【명】 하얀 빛깔. 또는, 그런 색을 내는 물감과 같은 물질.
하:얗다 [-야타] 【형ㅎ】 (하야니, 하야오, 하얘서) 1 (어떤 물체나 물질이) 밝고 환하게 희다. ¶하얀 솜구름. 2 (물체 위에 먼지가) 소복한 상태에 있다. ¶가구에 먼지가 하얗게 덮이다. 3 (사람의 얼굴이) 놀라거나 무서워서 핏기가 가신 상태이다. 4 (날이) 환한 상태에 있다. ¶날이 하얗게 밝다. 큰허옇다.

하얘-지다 툉㉤ 하얘지게 되다. ¶공포에 질려 얼굴이 ~.

하얼빈(哈爾濱) 몡[지] 중국 북동부의 도시.

하여-가(何如歌) 몡[문] 고려 말기에 이방원이 지은 시조. 정몽주를 회유하기 위해 읊은 것이라 함. ▷단심가.

하여-간(何如間) 囲 어찌하거나 어찌 되든 간에. =하여간에. ¶될지 안 될지 모르지만 ~ 해 보자.

하여간-에(何如間-) 囲 =하여간.

하여-금(何如-) 囲 〖조사 '로/으로'가 붙는 명사나 대명사 다음에, 사역의 의미를 가지는 서술어 앞에 쓰여〗 그 명사나 대명사가 나타내는 존재를 대상으로 하여, 어떤 행동을 시키는 뜻을 나타내는 말. ¶아랫사람으로 ~ 심부름을 하게 하다.

하여-튼(何如-) 囲 일이나 사정이 어찌 되었든 간에. ㉠아무튼·어떻든·어쨌든·여하튼. ¶~ 당장 일이 오너라.

하여튼지(何如-) 囲 '하여튼'을 좀 더 구어적으로 이르는 말.

하역(荷役) 몡 짐을 싣고 부리는 일. ¶~작업. **하역-하다** 툉㉤㉤

하염-없다[-업따] 혱 1 한참 동안 어떤 행동을 하면서 특별히 무엇을 한다는 의식이 없는 상태에 있다. 2 어떤 행동이나 심리 현상이 제 의지로는 어떻게 할 수 없게 계속되는 상태에 있다. ¶하염없는 눈물. **하염없-이** 囲 ¶~ 찬밖을 바라보다.

하염직-하다[-지카-] 혱㉤ 할 만하다. 또는, 할 가치가 있다. ¶하염직한 일.

하:오(下午) 몡 =오후1. ↔상오.

하오-체(-體) 몡[언] 상대 높임법의 하나. 상대방을 예사로 높이는 뜻을 나타냄. 현대 국어 구어체에는 거의 쓰이지 않음. '가오', '많소' 따위가 이에 속함.

하:옥(下獄) 몡 죄인을 옥에 가두는 일. **하:옥-하다** 툉㉠㉤ **하:옥-되다** 툉㉤

하와(Hawwāh) 몡[성] 하나님이 아담의 갈빗대의 하나를 뽑아 만들었다고 하는 인류 최초의 여자. 영어명은 이브(Eve).

하와이(Hawaii) 몡[지] 북태평양 중앙부에 있는, 미국의 주.

하우스(house) 몡〈속〉도박꾼들이 모여 몰래 도박을 하는 집.

하우스^뮤직(house music) 몡[음] 컴퓨터와 신시사이저를 결합하여 만든, 빠른 템포의 리듬을 중시하는 음악.

하우스-병(house病) 몡[의] 비닐하우스 농업에 종사하는 사람에게 주로 나타나는 병. 일사병과 비슷한 증상을 보임.

하우징(housing) 몡 1 기계의 부품이나 기구를 싸서 보호하는 틀. 2 토지·가옥·가구·실내 장식 등을 종합적으로 다루는 주택 산업의 총칭.

하우피스(↑houffice) 몡 [house+office] 일반 주택을 개조하여 사무실로 사용하는 건물.

하:원(下院) 몡[정] 양원제 의회에서, 국민의 직접 선거에 의해 선출된 의원으로 구성된 의회. ¶~ 의원. ↔상원.

하:위(下位) 몡 낮은 순위나 낮은 위치. ¶~ 타자(打者). ▷상위·중위.

하:위^개념(下位概念) 몡[논] 다른 개념보다 적고 좁은 외연을 가진 개념. '고등학교'는 '학교'의 하위 개념임. ↔상위 개념.

하:위-권(下位圈)[-꿘] 몡 하위에 속하는 범위. ¶성적이 ~에 머물다. ↔상위권.

하:의(下衣)[-의/-이] 몡 '아랫옷'을 문어적으로 이르는 말. ↔상의.

하:의-상달(下意上達)[-의-/-이-] 몡 아랫사람의 뜻을 윗사람에게 전달함. ↔상의하달.

하이네, 하인리히(Heine, Heinrich) 몡[인] 독일의 시인(1797~1856).

하이넥(←high necked collar) 몡 목까지 높이 올라온 옷깃으로, 되접어 꺾지 않는 형의 것.

하이데거, 마르틴(Heidegger, Martin) 몡[인] 독일의 철학자(1889~1976).

하이델베르크(Heidelberg) 몡[지] 독일 남서부의 교육·관광 도시.

하이델베르크-인(Heidelberg人) 몡[고고] 1907년 독일의 하이델베르크 부근 마이델에서 발견된 화석 인류. 제2간빙기의 인류임.

하이든, 프란츠 요제프(Haydn, Franz Joseph) 몡[인] 오스트리아의 작곡가(1732~1809).

하이라이스 몡 야채·고기·버섯 등을 잘게 썰어 기름에 볶은 다음, 밀가루를 풀어 끓인 갈색 소스를 밥에 끼얹은 음식.

하이라이트(highlight) 몡 1 스포츠·연극·방송 프로 등에서, 가장 중요하거나 흥미 있는 부분이나 장면. ¶스포츠 ~.

하이-비전(↑ = high television) 몡 =고선명 텔레비전.

하이에나(hyena) 몡[동] 개와 비슷하나 앞다리가 길고 어깨에 갈기가 있으며, 죽은 짐승의 고기를 먹는 포유동물. 몸빛은 갈색 또는 반점이나 줄무늬가 있음. 열대 초원에 살며, 성질이 사나움.

하이재킹(hijacking) 몡 운항 중인 항공기·선박 등을 납치하는 것.

하이-칼라(↑high collar) 몡 1 머리의 옆과 뒤쪽 아래는 짧게 자르고 앞과 위쪽은 길게 하여 이마에서 가르마를 타서 옆으로 빗어 넘기거나 가르마 없이 뒤쪽으로 빗어 넘긴, 남자의 머리 모양. ¶~를 한 마카오 신사. 2 서양 풍습이나 개화의 유행을 따르는 일. 또는, 그런 성향을 가진 사람. 지난날 쓰이던 말.

하이킹(hiking) 몡 심신을 단련하거나 자연을 즐기기 위해 시골 길이나 산이나 들 등의 먼 거리를 온종일이나 반나절 정도 걷는 일. 때로, 걷지 않고 자전거를 이용하는 경우도 가리킴. ¶자전거 ~.

하이테크(high-tech) 몡 고도의 과학 기술·첨단 기술 등의 총칭.

하이-틴(↑high teen) 몡 10대 후반의 나이. 또는, 그 나이의 소년 소녀. 보통 17~19세를 가리킴. ▷틴에이저.

하이파이(hi-fi) 몡 [high fidelity] 라디오의 수신기나 녹음의 재생 장치에서 나오는 음을 원음에 최대한 가깝게 내는 일.

하이-패션(high fashion) 몡 최첨단 유행.

하이퍼-링크(hyperlink) 몡[컴] 단어나 기호, 그림 등을 문서 내의 다른 요소나 다른 문서로 연결해 놓은 일.

하이퍼-미디어(hypermedia) 몡[컴] 문자 데이터·그래픽·음향·동영상 등 복수의 정보를 링크에 의해 거미줄처럼 연결된 검색 시스템.

하이퍼-텍스트(hypertext) 몡[컴] 문서 안의 특정 단어나 표시를 클릭하면 다른 문서로 이동되도록 링크되어 있는 텍스트.
하이페츠, 야샤(Heifetz, Jascha) [명][인] 소련 태생의 미국의 바이올리니스트(1901~1987).
하이픈(hyphen) [명][언] =붙임표.
하이-힐(←high heel*ed shoes*) [명] 뒷굽이 높고 뾰족한 여자 구두. [비]뾰족구두. [준]힐.
하ː인(下人) [명] 지난날, 어떤 사람에게 매여 그가 시키는 일만을 하면서 살아가던 낮은 신분의 사람. =하례(下隷).
하ː인-배(下人輩) [명] 하인의 무리.
하자(瑕疵) [명] **1** 사물의 결함이나 잘못. [비]흠. **2** [법] 법률 또는 당사자가 예상한 요건이 충족되어 있지 않은 상태.
하잘것-없다[-껃업따] [형] 시시하여 할 만한 것이 없다. 또는, 대수롭지 않다. ¶**하잘것없는** 일에 시간 빼앗기지 마라.
하전(荷電) [명][물] =전하(電荷)².
하ː절(夏節) [명] =여름철. ¶~기(期).
하ː-종가(下終價) [-까] [명][경] 증권 시장에서, 하루에 내릴 수 있는 최저한도까지 내려간 주가. ↔상종가.
하ː좌(下座) [명] 서열이 낮은 쪽의 자리. [비]아랫자리. ↔상좌.
하주(荷主) [명] 하물의 주인.
하중(荷重) [명] **1** 짐의 무게. **2** [물] 물체에 작용하는 외력(外力). ¶~을 지탱하다.
하ː지¹(下肢) [명][생] =다리¹**1**. ▷상지.
하ː지²(夏至) [명] 24절기의 하나. 6월 21일 경으로, 망종과 소서 사이에 있음. 북반구에서는 낮의 길이가 가장 긺. ↔동지.
하지만 [부] 앞의 사실에 대해, 상반되는 내용을 말하거나, 일면 긍정하면서 단서를 붙이거나 반박하는 내용을 말하려 할 때, 문장 앞에 쓰는 접속 부사. [비]그러나·그렇지만. ¶가도 좋다. ~ 조건이 있다.
하ː직(下直) [명] **1** 먼 길을 떠날 때 웃어른에게 작별을 고하는 것. ¶부모님께 ~ 인사를 올리다. **2** 《주로 '세상'을 목적어로 하여》 (세상을) 다 살아 죽음을 맞는 것. **하ː직-하다** [동][자][타][여] ¶이 세상을 ~.
하ː질(下質) [명] 하(下)에 속하는 품질. ↔상질.
하ː짓-날(夏至-) [-진-] [명] 하지가 되는 날.
하ː차(下車) [명] 차에서 내리는 것. ↔승차. **하ː차-하다** [동][자][타][여]
하찮다[-찬타] [형] **1** 그다지 훌륭하지 않다. ¶**하찮은** 솜씨. **2** 대수롭지 않다. ¶**하찮은** 일.
하ː책(下策) [명] 어떤 일을 이루는 데 있어서의 좋지 않은 방법. ↔상책.
하천(河川) [명] 흔히, '~천(川)'이라 불리는 내를 이르는 말. 또는, 강과 내를 아울러 일컫는 말.
하ː청(下請) [명] 어떤 회사가 떠맡은 일의 전부나 일부를 다른 회사가 다시 떠맡는 일. ¶의류 ~ 공장.
하ː체(下體) [명] 허리를 경계로 하여 그 아래쪽의 몸. 곧, 엉덩이·성기·다리가 있는 부분. 또는, 성기가 있는 부분을 완곡하게 이르는 말. [비]아랫몸·아랫도리.
하ː층(下層) [명] 재산이 적고 지위가 낮은 계층. ↔상층.
하ː층-운(下層雲) [명][기상] 2km 이내의 공중에 있는 구름. 층적운·층운이 이에 속함. ↔상층운.
하ː-치(下-) [명] 같은 종류의 물건 중에서 가장 품질이 낮은 물건.
하치-장(荷置場) [명] **1** 쓰레기 따위를 거두어 두는 장소. ¶쓰레기 ~. **2** 실었던 짐 따위를 내려놓는 곳.
하켄([독]Haken) [명] 등산 용구의 한 가지. 머리 부분에 구멍이 있는 못으로, 바위 틈새에 박아 자일을 꿤.
하키(hockey) [명][체] **1** '필드하키'의 준말. **2** '아이스하키'의 준말.
하트(heart) [명] 트럼프 패의 하나. 붉은빛의 심장 모양의 무늬가 인쇄되어 있음.
하트-형(heart形) [명] 심장처럼 생긴 모양.
하ː편(下篇) [명] 두 편 이상으로 된 책의 맨 나중 편. ▷상편·중편.
하품 [명] 졸리거나 피곤하거나 지루함을 느낄 때, 저절로 입이 크게 벌어지면서 숨을 다소 길게 내쉬게 되는 일. **하품-하다** [동][자][여]
하프¹(half) [명][체] '하프백'의 준말.
하프²(harp) [명][음] 몸통을 오른쪽 어깨에 기대어 세우고, 양손으로 현을 퉁기며 연주하는, 삼각형의 틀에 보통 47개의 현을 세로로 평행하게 건 악기.
하프^라인(half line) [명][체] 구기(球技)에서, 경기장의 중앙선을 이르는 말.
하프-백(halfback) [명][체] 축구·하키 등에서, 전위(前衛)의 후방의 위치. 또는, 그 위치에 있는 경기자. [준]하프.
하프시코드(harpsichord) [명][음] 건반 악기의 하나. 그랜드 피아노를 작게 한 듯한 모양의 발현 악기. 이탈리아 명칭은 쳄발로.
하프^타임(half time) [명][체] 축구·농구 등의 경기에서, 전반전과 후반전 사이에 쉬는 시간.
하피스트(harpist) [명] 하프 연주가.
하필(何必) [부] 달리 하거나 달리 되지 않고 어찌하여 꼭. =해필.
하하¹ [부] 입을 둥글게 벌리고 크게 웃는 소리. [큰]허허. **하하-하다** [동][자][여]
하하² [감] **1** 딱하거나 놀랍거나 기막힌 일을 당하였을 때, 탄식하여 내는 소리. ¶~, 또 속았구나. **2** 못마땅한 일을 당하였을 때, 가볍게 나무라는 뜻으로 내는 소리. [큰]허허.
하ː학(下學) [명] 학교에서 그날의 수업을 마치는 것. ¶~ 시간. **하ː학-하다** [동][자][여]
하ː한(下限) [명] 아래쪽 또는 끝 쪽의 한계. ↔상한.
하ː한-가(下限價) [-까] [명][경] 하루에 내릴 수 있는 가격의 하한선까지 내린 주가. ↔상한가.
하ː한-선(下限線) [명] 더 이상 내려갈 수 없는 한계선. ↔상한선.
하항(河港) [명] 하천에 있는 항구.
하해(河海) [명] 큰 강과 바다. ¶~와 같은 부모의 은덕.
하ː행(下行) [명] 서울에서 지방으로 내려가는 것. ¶~ 열차. ↔상행.
하ː행-선(下行線) [명] 서울에서 지방으로 내려가는 철도나 도로. ↔상행선.
하ː향¹(下向) [명] **1** 아래로 향하는 것. ¶~ 곡선. **2** (질·수준·수량 따위가) 나빠지거나 떨어지거나 작아지거나 적어지는 것. ↔상향. **하ː향-하다**¹ [동][자][여]
하ː향²(下鄕) [명] **1** 시골로 내려가는 것. **2** 고향으로 내려가는 것. **하ː향-하다**² [동][자][여]
하ː향-세(下向勢) [명] 일의 진행이나 활동

ㅎ

하향식

상태가 약해지거나 처지는 형세. ¶주가가 연일 ~를 보이고 있다.

하:향-식(下向式) [명] 방침이나 정책 등이 위에서 결정되어 아래로 전달되는 방식.

하:현(下弦) [명][천] 음력 22~23일경에 뜨는, 둥근 쪽이 위로 향해 있는 반달. ↔상현(上弦).

하:현-달(下弦-) [-딸] [명][천] 하현 때의 반달 모양의 달. ↔상현달.

하:혈(下血) [명] 항문이나 음문(陰門)으로 피를 쏟는 것. **하:혈-하다** [자여]

하:회¹(下回) [-회/-훼] [명] 1 다음 차례. 2 윗사람이 아랫사람에게 내리는 회답. ¶~를 기다리다.

하:회²(下廻) [-회/-훼] [명] 어떤 표준보다 밑도는 것. ↔상회. **하:회-하다** [자타여] ¶작황이 평년작을 ~.

하회^별신굿^탈놀이(河回別神-) [-회-센굳-놀-/-훼-센굳-놀-] [명][민] 경북 안동시 하회 마을에 전해 내려오는 탈놀이. 파계승과 양반을 풍자하는 내용임.

하회-탈(河回-) [-회-/-훼-] [명][민] 하회 별신굿 탈놀이에 쓰는, 나무로 만든 탈. 양반·각시·부네·초랭이·이매·중·할미·선비·백정 등의 종류가 있음.

하:후상박(下厚上薄) [명] 아랫사람에게 후하고 윗사람에 박함. ↔상후하박. **하:후상박-하다** [자여]

학(鶴) [명][동] =두루미.

-학²(學) [접미] 일부 명사 밑에 붙어, 학문의 한 부분을 이루는 말. ¶국어~ / 경제~.

학개-서(←Haggai書) [성] 구약 성서 중의 한 권.

학계(學界) [-계/-께] [명] 학문을 연구하는 사회. 또는, 학자의 사회. ¶~의 권위자 / ~의 주목을 끌다.

학과¹(學科) [-꽈] [명][교] 교수 및 학습의 편의상 구분한 학술의 분과.

학과²(學課) [-꽈] [명][교] 학문이나 학교의 과정.

학과^과정(學科課程) [-꽈과-] [명][교] 학교에서 학생들이 공부하는 교과의 내용과 체계. ⓒ과정(科程). ▷교육 과정.

학과-목(學科目) [-꽈-] [명] 학습하는 과목. ▷교과목.

학교(學校) [-꾜] [명] 1 [교] 일정한 시설과 조직을 갖추고 학생들을 교육하는, 국가가 공인하는 제도적 기관. 또는, 그 시설이나 건물. 초등학교·중학교·고등학교·대학교 및 특수학교 따위. 2⟨은⟩ 교도소(우범자의 말). ▷학원.

학교-명(學校名) [-꾜-] [명] 학교 이름.

학교^문법(學校文法) [-꾜-뻡] [언] 주로 중고등학생을 가르치기 위한 실용적인 목적으로 체계화시킨 문법.

학교-생활(學校生活) [-꾜-] [명] 학생으로서 학교에 학적을 두고 지내는 생활.

학교-의(學校醫) [-꾜의/-꾜이] [명][교] 위탁을 받고, 그 학교의 위생 사무 및 학생의 신체검사를 맡아보는 의사.

학교-장(學校長) [-꾜-] [명][교] =교장¹.

학구¹(學究) [-꾸] [명] 오로지 학문 연구에만 몰두하는 일.

학구²(學區) [-꾸] [명][교] 의무 교육에 따른 행정상의 필요로, 아동이 취학할 학교를 지정하여 갈라놓은 구역.

학구-열(學究熱) [-꾸-] [명] 학문 연구에 몰두하는 정열. ¶~이 높다.

학구-적(學究的) [-꾸-] [관][명] 학문 연구에 몰두하는〈것〉. ¶~인 태도.

학구-파(學究派) [-꾸-] [명] 학문을 연구하고자 하는 열의가 높은 부류의 사람.

학군(學群) [-꾼] [교] 입시 제도의 개편에 따라 지역별로 나누어 설정한 몇 개의 중학교 또는 고등학교의 무리. ¶공동 ~.

학군-단(學軍團) [-꾼-] [군] '학생 군사 교육단'의 준말.

학규(學規) [-규] [교] 1 학과(學科)의 규칙. 2 =학칙.

학급(學級) [-끕] [명][교] 학교에서, 교수 및 학습 활동을 효율적으로 하기 위해 일정한 수의 학생들로 조직한 단위.

학급^문고(學級文庫) [-끕-] [교] 각 학급에 비치하여 둔 도서. 또는, 그 도서를 모아 둔 곳.

학기(學期) [-끼] [명][교] 한 학년 동안을 학업상의 필요에 의하여 구분한 기간. 보통 두 학기로 나뉨.

학기말^시험(學期末試驗) [-끼-] [교] 한 학기 동안의 학업 성취 정도를 평가하기 위하여, 그 학기가 끝날 무렵에 치르는 시험.

학내(學內) [항-] [명] 학교, 특히 대학교의 내부. ¶~ 분위기.

학년(學年) [항-] [명][교] 1 1년간의 학습 과정의 단위. 2 1년간의 수업하는 학과의 정도에 따라 구분한 학교 교육의 단계. ¶고 3[서]~.

학년-도(學年度) [항-] [명][의존][교] 한 학년의 과정을 배우는 기간. 우리나라에서는 보통 3월 초부터 이듬해 2월 말까지를 한 학년도로 침. ¶2004~.

학년말^시험(學年末試驗) [항-] [교] 한 학년이 끝날 무렵에 치르는 시험.

학당(學堂) [-땅] [명] 1 =글방. 2 개화기 때 학교를 이르던 말.

학대(虐待) [-때] [명] (사람이나 동물을) 모질게 괴롭히는 것. ¶정신적 ~. **학대-하다** [타여]

학덕(學德) [-떡] [명] 학문과 덕행.

학도(學徒) [-또] [명] 예전에 '학생(學生)'을 달리 이르던 말. ¶청년 ~.

학도-병(學徒兵) [-또-] [명] 학생 신분으로 군대에 들어갔던 군인. ⓒ학병.

학동(學童) [-똥] [명] 1 글방에서 글을 배우는 아동. 2 초등학교의 아동.

학력¹(學力) [항녁] [명] 학교 등에서 계통적인 교육을 통해서 획득한 능력. 또는, 교과 내용을 올바르게 이해하고 그것을 지식으로서 몸에 익히고 그 지식을 응용하여 새로운 것을 창조하는 힘. ¶기초 ~.

학력²(學歷) [항녁] [명] 어떤 사람이 살아오는 동안 받은 학교 교육의 단계. ¶~이 높다[낮다].

학력-고사(學力考査) [항녁꼬-] [명][교] 일정 범위의 학습 결과에 대하여 얻어진 능력을 평가하기 위하여 실시하는 시험.

학령(學齡) [항녕] [교] 초등학교에 취학할 의무가 발생하는 연령. 곧, 만 6세. ¶~에 달한 아이.

학맥(學脈) [항-] [명] 1 일정한 특성을 가지고 이어지는 학문의 계통이나 흐름. 2 같은 학교를 졸업한 사람들 사이의 유대 관계. 旬학연.

학명(學名) [항-] [명] 생물학에서 세계 공통으로 사용하기 위해 지어 놓은 동물이나 식물의 이름. 라틴 어로 되어 있음.
학모(學帽)[항-] 명 '학생모'의 준말.
학문(學問)[항-] 명 1 지식을 체계적으로 배워 익히는 일. 또는, 사물을 탐구하여 이론적으로 체계화된 지식을 세우는 일. ¶~에 정진하다. 2 일정한 분야에서 어떤 이론을 토대로 하여 체계화된 지식의 영역. **학문-하다** 통(여) 지식을 체계적으로 배워 익히다. 또는, 사물을 탐구하여 이론적으로 체계화된 지식을 세우다.
학문-적(學問的)[항-] 관 학문으로서의 방법이나 체계가 서 있는 (것). ¶~ 업적.
학번(學番)[-뺀] 명 1 대학교나 대학원에서, 학교 행정상의 필요에 의해 입학 연도와 학과에 따라 학생들에게 부여하는 고유 번호. 2 [1의 번호가 입학 연도의 숫자로 시작되는 데에서] 어느 해에 입학하였음을 나타내거나, 그런 사람임을 뜻하는 말.
학벌(學閥)[-뻘] 명 1 사회적 지위나 신분의 결정에 전제 조건이 되는, 학교 교육을 받은 정도. 또는, 출신 학교(특히, 대학)의 위상이나 등급. ¶~이 좋다. 2 같은 학교 출신들의 유대 관계에 의해 이뤄지는 세력이나 파벌.
학병(學兵)[-뼝] 명 '학도병'의 준말.
학보(學報)[-뽀] 명 대학에서, 학술 논문·연구·조사·보고·교내 기사를 싣는 잡지나 신문.
학보-사(學報社)[-뽀-] 명 학교에서 학보를 발행하는 기관.
학부¹(學府)[-뿌] 명 학문이나 학자가 모인 곳이라는 뜻으로, 대학을 가리키는 말. ¶최고 ~.
학부²(學部)[-뿌] 명 조선 고종 32년 (1895)에 학무아문(學務衙門)을 고친 이름. 교육에 관한 일을 맡아보던 관청임.
학부³(學部)[-뿌] 명 1 대학에서 대학에 대하여, '대학'을 이르는 말. 2 대학에서, 전공 학과에 따라 나눈 부(部).
학-부모(學父母)[-뿌-] 명 학교에 다니는 청소년의 부모나 보호자. 비학부형.
학부모-회(學父母會)[-뿌-회/-뿌-훼] 명 자녀의 교육을 위하여 학교와 긴밀한 유대를 가질 목적으로 조직하는 학부모의 회. 또는, 그 회의. =부형회.
학-부형(學父兄)[-뿌-] 명 학교에서, 학생의 보호자를 이르는 말. =부형. 비학부모.
학비(學費)[-삐] 명 학업을 닦는 데 드는 비용.
학-뻬리(學-)〈속〉'학생'을 얕잡아 이르는 말.
학사¹(學士)[-싸] 명 4년제 대학의 학부 및 사관학교를 졸업한 자에게 주는 학위의 칭호. ▷박사·석사.
학사²(學事)[-싸] 명 1 학문에 관계되는 일. 2 학교의 교육·경영 등에 관한 모든 것.
학사-모(學士帽)[-싸-] 명 대학을 졸업할 때 졸업식장에서 졸업 가운과 함께 착용하는 검은색 모자.
학살(虐殺)[-쌀] 명 참혹하게 죽이는 것. **학살-하다** 통(여) ¶양민(良民)을 ~. **학살-되다** 자

를 높여 이르는 말. ¶현고(顯考) ~ 부군 신위(府君神位).
학생^군사^교육단(學生軍事教育團)[-생-땅][군] =아르오티시(ROTC). 준학군단.
학생-모(學生帽)[-생-] 명 학생이 쓰는 제모(制帽). 준학모.
학생-복(學生服)[-생-] 명 학생이 입는 제복.
학생^운!동(學生運動)[-생-] 명 학생들이 교내 문제나 정치·사회·문화·민주 문제에 관하여 조직적으로 일어키는 운동.
학생-증(學生證)[-생-] 명 어떤 사람이 학생임을 증명하는, 명함 크기의 카드.
학생-회(學生會)[-생회/-생훼] 명 학생들의 대표로 이뤄진 모임.
학설(學說)[-썰] 명 학문적인 문제에 대하여 학자가 내세우는 주장이나 이론.
학수-고대(鶴首苦待)[-쑤-] 명 애타게 기다리는 것. **학수고대-하다** 통(여) ¶네가 오기를 **학수고대**하고 있었다.
학술(學術)[-쑬] 명 학문과 예술. ¶~ 강연. 준-단체.
학술-어(學術語)[-쑬-] 명 학술 연구상 특히 한정된 뜻으로 쓰이는 전문 용어. 준학술. 비상용어.
학술-원(學術院)[-쑬-] 명 학술의 연구와 발전에 기여하기 위해 조직된, 가장 권위 있는 학술 기관. 비아카데미.
학술-적(學術的)[-쑬쩍] 관 학문과 예술에 관한 성질의 (것). ¶~ 가치.
학술-지(學術誌)[-쑬-] 명 어떤 학술 분야를 다루는 전문적 간행물.
학술-회의(學術會議)[-쑬회의/-쑬훼이] 명 학술에 관한 사항을 토의하는 모임.
학습(學習)[-씁] 명 (사물을) 배워서 익히는 일. **학습-하다** 통(여) **학습-되다** 통(자) ¶학습된 행동.
학습-서(學習書)[-씁써] 명 =학습 참고서.
학습-장(學習帳)[-씁짱] 명 1 학습에 필요한 사항을 적는 공책. 2 교과목 학습에 도움이 되게 만들어, 교과서와 함께 보조로 쓸 수 있게 만든 책.
학습-지(學習紙)[-씁찌] 명 매일매일 일정한 양을 학습할 수 있도록 정기적으로 가정에 배달되는 학습 문제지.
학습^지도안(學習指導案)[-씁찌-] 명 [교] 교과 지도를 위한 계획으로 교사가 미리 짜 놓는 안.
학습^참고서(學習參考書)[-씁-] 명 학생의 학습을 보조하고 촉진할 목적으로 만들어진 책. =참고서·학습서.
학승(學僧)[-씅] 명 학식이 높은 승려. 또는, 불교를 학문적으로 연구하는 승려. ▷선승.
학식(學識)[-씩] 명 배워서 얻은 체계적인 지식과 식견.
학업(學業)[하겁] 명 학교에 다니면서 공부하는 일. ¶~에 열중하다.
학연(學緣)[하견] 명 같은 학교 출신자끼리 서로 끌어 주고 밀어 주는 끈끈한 관계나 인연. 비학맥. ▷지연(地緣).
학예(學藝)[하계] 명 1 학문과 예능. 2 문장과 기예.
학예-회(學藝會)[하계/-훼] 명 [교] 학생의 예능 발표 및 학예품 전시를 주로 하는 특별 교육 활동.
학용-품(學用品)[하굥-] 명 연필·필기장 따위와

같이 학습에 필요한 물건.
학우(學友) 명 한 학교에서 같이 공부하는 벗.
학우-회(學友會) [-회/-훼] 명 같은 학교나 같은 고장의 학우들로 조직된 모임.
학원¹(學院) 명 개인이 여러 사람을 대상으로 30일 이상의 교습 과정에 따라 지식·기술·예술·체육 등을 가르치는 곳. 또는, 그 시설. ¶입시 ~. ▷학교.
학원²(學園) 명 '배움의 동산'이라는 뜻. 1 사립학교의 법인. 또는, 그 법인에 속하는 학교. ¶연세 ~의 창설자인 언더우드 박사. 2 학교 사회. 또는, 초·중·고 및 대학을 아우르는 말. ¶~ 폭력.
학원-물(學園物) 명 중고등학교 학생들의 학교생활을 소재로 다룬 영화·드라마·소설·만화 등의 작품.
학위(學位) 명 어떤 부문의 학술을 닦아, 그에 능통한 사람에게 주는 칭호. 학사·석사·박사가 있음.
학익-진(鶴翼陣) [-찐] 명[군] 학이 날개를 편 듯이 치는 진.
학자(學者) [-짜] 명 학문에 통달하거나 학문을 연구하는 사람.
학자-금(學資金) [-짜-] 명 학비로 쓰는 돈. ¶~를 마련하다.
학-자녀(學子女) [-짜-] 명 학교에 다니는 자녀.
학자연-하다(學者然-) [-짜-] 자타(형여) 학자인 체하다. 또는, 학자입네 하고 뽐내다.
학장(學長) [-짱] 명[교] 단과 대학의 장.
학적(學籍) [-쩍] 명 학생의 성명·생년월일·성별·본적·주소·성적·보호자 등에 관한 기록. ¶~을 두다.
학-적(學的) [-쩍] 관(형) 1 학문에 관한 (것). 2 학문으로서의 요건에 적합한 (것).
학적-부(學籍簿) [-쩍뿌] 명 =생활 기록부.
학점(學點) [-쩜] 명[교] 1 대학 또는 대학원에서, 졸업하기 위해서 이수해야 할 교육 과정의 일정한 값. 또는, 이수 대상이 되는 각 학과목의 일정한 값. ¶~을 따다. 2 대학 또는 대학원에서, 학과 성적을 나타낸 점수. A, B, C, D의 등급으로 나뉘며 F는 낙제를 가리킴. ¶A ~.
학정(虐政) [-쩡] 명 포학한 정치.
학제¹(學制) [-쩨] 명 학교 또는 교육에 관한 제도. ¶~ 개편(改編).
학제²(學際) [-쩨] 명 연구 영역이 2개 이상의 학문에 걸침. ¶~ 연구/~간 협력.
학질(瘧疾) [-찔] 명[의] 말라리아.
  학질(을) 떼다 괴롭거나 어려운 일에서 벗어나느라고 몹시 애를 쓰다. 비유적인 말임.
학질-모기(瘧疾-) [-찔-] 명 말라리아를 매개하는 모기. 날개에 흑백의 얼룩무늬가 있고, 앉을 때 몸의 뒤를 올리는 특징이 있음.
학창(學窓) 명 학생으로서 학교에 다니는 일. 또는, 그 학교. 주로, 회상하는 문맥에서 과거의 일로서 쓰임. ¶~ 시절.
학-춤(鶴-) 명[역] 정재 때나 구나(驅儺) 의식 뒤에 향악에 맞추어 학처럼 차리고 추는 춤.
학칙(學則) 명[교] 학교의 학과·편제 등에 관한 규칙. =학규.

학통(學統) 명 학문의 계통.
학파(學派) 명 학문의 유파(流派).
학풍(學風) 명 1 학문상의 경향. 2 학교의 기풍(氣風). (비)교풍.
학형(學兄) [하켱] 명 학우를 존대하여 이르는 말.
학회(學會) [하쾨/하퀘] 명 학술의 연구와 장려를 위해 조직된 단체. ¶한글 ~.

한¹(漢) 1 '하나'의 뜻. ¶~ 사람. 2 '어떤'의 뜻. ¶정부의 ~ 관리의 말에 따르면, ... 3 (수를 나타내는 말 앞에 쓰여) 대략 미루어. ¶~ 40세쯤 되어 보이는 사람.
  한 귀로 듣고 한 귀로 흘린다 말을 듣고는 곧 잊어 듣지 않은 것과 같다. **한 번 실수는 병가(兵家)의 상사(常事)** 실수는 누구에게나 다 있는 것이니 크게 탓할 것이 아니라는 말. **한 일을 보면 열 일을 안다** 한 가지 일을 보면 그 사람의 다른 모든 행동도 미루어 알 수 있다. **한 입 건너 두 입 (건너)** 소문이 차차 널리 퍼짐을 이르는 말. **한 입으로 두 말 하기** 한 가지 일에 이랬다저랬다 두 가지 다른 의사를 나타냄을 이르는 말. '일구이언(一口二言)'과 같은 말. **한 치 걸러 두 치** 촌수나 친분은 조금만 멀어도 크게 다르다는 말.
  한 귀로 흘리다 듣고도 마음에 두지 않고 무시하다. ¶그 사람 말은 한 귀로 듣고 한 귀로 흘려 버려라.
  한 우물을 파다 오랜 세월 동안 한 가지 일만을 목표로 삼아 일에 전념하다.
  한 치 앞을 못 보다 식견이 얕다.
한!² 관 (주로 용기(容器)를 나타내는 말 앞에 쓰여) '하나 가득'의 뜻을 나타내는 말. ¶막걸리를 ~ 사발 들이켜다.
한-³ 접투 1 '큰'의 뜻. ¶~길/~시름. 2 '정확한'의 뜻. ¶~가운데/~복판. 3 '한창의'의 뜻. ¶~여름/~더위. 4 '같은'의 뜻. ¶~집안/~가지.
한-⁴ 접투 1 '바깥'의 뜻. ¶~데/~뎃잠. 2 '끼니때 밖'의 뜻. ¶~밥/~점심.
한!⁵ 의 명 ①(의존) 1 (공간·시간·수량·정도의) 끝. ¶~이 없이 넓은 바다. 2 ('-기(가) 한이 없다'의 꼴로 쓰여) 앞에 쓰인 형용사의 정도가 매우 심함을 나타내는 말. ¶옛 친구를 만나니 기쁘기 ~ 없다. ②(의존) 1 ('-는 한 (에 있어서는)'의 꼴로 쓰여) 조건의 뜻을 나타내는 말. ¶내가 힘이 닿는 ~ 너를 도와주겠다. 2 ('-는 한이 있더라도[있어도]'의 꼴로 쓰여) 어떤 일을 위해 희생하거나 무릅써야 할 단적 상황을 나타내는 말. ¶죽는 ~이 있어도 물러서지 않겠다.
한!⁶(恨) 명 억울하거나 원통하거나 원망스러워 쉽게 잊히지 않고 마음속에 단단히 응어리가 진 감정. ¶~이 맺히다.
한!⁷(漢) 명[역] 중국의 옛 왕조. 일반적으로, 통일 왕조였던 전한(前漢)·후한(後漢)을 가리킴.
한!⁸(韓) 명 '한국'을 줄여 이르는 말.
한-가득 부 꽉 차도록 가득. ¶입 안 ~ 밥을 먹다.
한-가락 명 노래나 소리의 한 곡조.
  한가락 뽑다 노래나 소리·춤·솜씨·재주 따위를 한바탕 멋들어지게 해 보이다.
  한가락 하다 어떤 분야나 방면에서 만만치 않은 솜씨나 재주를 보이다. 구어적인 말임. ¶춤이라면 나도 한가락 하지.
한가-롭다(閑暇-) [-따] 형 ⓑ <-로우

니, ~로워)> **1** 한가한 데가 있다. ¶**한가로운 나날. 2** (어떤 대상의 움직임이나 모습이) 바쁘거나 급한 데가 없어 보이는 상태에 있다. ¶**한가로운 농촌 풍경. 한가로이** 🖶

한-가운데 몡 가운데에서도 특히 중심이 되는 부분. =정중(正中)·한중간. ¶**과녁의 ~를 맞히다.**

한-가위 몡 '추석'을 좀 더 운치있게 이르는 말. ⟶한가윗날.

한-가윗날 [-윈-] 몡 =한가위.

한-가지 몡 사물의 형태·성질·동작 등이 서로 같은 종류. ¶**이러나저러나 ~다.**

한가-하다(閑暇-) 톙여 일이 없어 시간의 여유가 있다. ¶**한가한 틈을 타서 책을 읽었다. 한가-히** 🖶 **~ 앉아 있을 겨를이 없다.**

한-갓[-갇] 🖶 **1** 다른 것 없이 오로지. **2** 고작해야 다만. ¶**그것은 ~ 공상일 뿐이다.**

한갓-되다[-갇뙤-/-갇뛔-] 톙여 **1** 부질없고 헛되다. **2** 하찮고 쓸모가 없다. **한갓 되-이** 🖶

한갓-지다[-갇찌-] 톙여 **1** 한가하고 조용하다. **2** 잘 정돈되어 난잡하지 않다.

한!강(漢江) 몡 [지] 우리나라 중부를 흐르는 강. 태백산에서 시작하여 서해로 흘러듦. 길이 514km. **2** 어떤 곳에 물이 많이 괴어 물바다가 된 것을 비유하는 말. ¶**천장으로 비가 새어 방이 ~이 되었다.**

한건-주의(一件主義) 몡 업적이나 실적을 단 한 번에 크게 이뤄 보려고 알맹이도 없이 무리하게 애쓰는 태도나 경향을 비판적으로 이르는 말. ¶**~식 폭로 정치.** ▷ **한탕주의.**

한걸음-에 몡 쉬지 않고 한숨에 내처 걷는 걸음으로. ¶**먼 길을 ~ 달려오다.**

한-겨레 몡 큰 겨레라는 뜻으로, 우리 겨레를 이르는 말.

한-겨울 몡 겨울 중 가장 추운 시기. ↔ 한여름.

한결 몡 상태·정도가 비교 대상이나 이전의 것보다 훨씬 나은 상태로. 🖹 한층. ¶**목욕을 하고 나니 몸이 ~ 가벼워졌다.**

한결-같다[-갇따] 톙 **1** (사람의 긍정적인 마음이나 태도가) 변하지 않고 언제나 같다. ¶**마음이 ~. 2** (여러 대상이) 모두 하나와 같다. **한결같이** 🖶

한!계(限界) 몡 [-계/-게] **1** 능력·가능성 때문에 더 나아갈 수 없거나 더 넘어설 수 없는 상태. 또는, 그 막다른 경계. ¶**~에 부딪히다. 2** 사물의 정해진 범위. ¶**책임~가 명확하지 않다.**

한계-령(寒溪嶺) 몡 [지] 강원도 양양군과 인제군 사이에 있는 고개. 높이 1,004m.

한!계^상황(限界狀況) [-계-/-게-] 몡 [철] 인간 존재로서의 실존이 불가피하게 부딪힐 수밖에 없는 죽음·고뇌·투쟁·죄 등의 상황. 실존 철학자 야스퍼스의 용어임. =극한 상황.

한!계-선(限界線) [-계-/-게-] 몡 한계가 되는 선. ¶**북방 ~.**

한-고비 몡 어떤 과정에서 가장 중요하거나 긴요한 때. ¶**병은 이제 ~를 넘겼다.**

한-곳[-곧] 몡 일정한 곳. 또는, 같은 곳. ¶**~에 오래 머무르다.**

한!과(韓菓) 몡 우리나라에서 전통적으로 만들어진 과자. 유밀과·강정·산자·다식(茶食)·전과(煎果) 따위. ▷ 양과.

한-구석 몡 한쪽으로 치우쳐 구석진 곳. ¶**헌책을 ~에 처박아 두다.**

한!국(韓國) 몡 **1** [지] '대한민국'의 준말. **2** [역] '대한 제국'의 준말.

한!국-말(韓國-) [-궁-] [언] =한국어.

한!국^산^업^규격(韓國産業規格) [-싼-규-] 몡 [법] 산업 표준화법에 의하여 우리나라 광공업의 기술적 사항을 통일화·단순화하기 위하여 정한 표준 규격. 이 규격에 합격한 제품은 케이에스(KS) 표시를 함.

한!국^산^업^은행(韓國産業銀行) [-싼-] 몡 특수 은행의 하나. 주요 산업 자금을 관리·공급할 목적으로 정부의 단독 출자로 설립된 장기 산업 금융 기관임. ⊙ 산업 은행.

한!국-어(韓國語) 몡 [언] 한국인이 공통적으로 사용하는 언어. '국어'와 같은 뜻이나 더 객관성을 띤 말로, 주로 다른 나라의 언어와 대비하는 문맥에서 쓰임. =한국말. 🖹 한국어.

한!국-은행(韓國銀行) 몡 우리나라의 중앙은행. 일반 금융 기관에 대한 예금·대출 업무, 발권 업무·국고 업무·외국환 업무·은행 감독 업무 등을 수행함.

한!국-인(韓國人) 몡 대한민국 국적을 가진 사람. 또는, 한국 사람의 혈통을 가진 사람.

한!국-적(韓國的) [-쩍] 몡 한국에 관한 (것). ¶**~ 정서.**

한!국-화(韓國畵) [-구콰] 몡 [미] 우리나라의 전통적인 그림 도구 및 재료로 이루어지는 회화. ▷ 동양화.

한-군데 몡 어떤 일정한 곳. ¶**쓰레기를 ~에 모으다.**

한-근심 몡 큰 근심. ¶**과년한 딸을 여의고 나니 ~ 놓았다.**

한글 몡 자음과 모음을 두 개 이상 어울러서 음절 단위로 모아 쓰게 되어 있는, 우리나라 글자의 이름.

한!글-날[-랄] 몡 한글의 우수성을 널리 알리고 세종 대왕의 위업을 기리기 위하여 정한 국경일. 10월 9일.

한!글^맞춤법(-法) [-맏-뻡] 몡 [언] 한글로 우리말을 적는 규정에 맞도록 하는 법칙. =맞춤법.

한!글-세대(-世代) 몡 한글 전용 정책으로 한자(漢字) 교육을 받지 않고 자란 세대를 이르는 말.

한!기(寒氣) 몡 **1** 서늘하거나 다소 추운 기운. **2** 병적으로 몸에 생기는 추운 기운.

한-길¹ 몡 차와 사람이 많이 다니는 넓은 길. 🖹 큰길·행로. × 행길.

한-길² 몡 목표를 삼고 살아가는 하나의 길. ¶**내가 가야 할 길은 오직 ~, 조국과 민족을 위해 신을 바치는 일이다.**

한꺼번-에 몡 몰아서 한 번에. 또는, 죄다 동시에. ¶**밀린 외상값을 ~ 갚다.**

한!-껏(限-) [-껃] 몡 할 수 있는 데까지. 또는, 한도에 이르는 데까지. ¶**~ 먹다.**

한-나절 몡 하루 중 해가 떠 있는 시간의 절반의 동안. 🖹 반날. ¶**~ 품삯.**

한-날 몡 같은 날.

한날-한시(-時) 몡 같은 날 같은 시각. ¶**~에 태어나다.**

한-낮[-낟] 몡 낮의 한가운데. 곧, 낮 열

두 시를 전후한 때. =정오(正午).
한낱[-낟] 뷔 기껏해야 단지. ¶인생이란 ~ 일장춘몽이런가!
한-눈 몡 1 빠르고 한 번 눈으로 보는 상태. ¶~에 알아보다. 2 한 번에 미치는 시야. ¶산에 오르자 마을이 ~에 들어왔다.
한눈 붙이다[-부치-] 잠깐 눈을 붙이고 자다.
한!눈-팔다 됭(재) 〈~파니, ~파오〉 1 길을 가면서 앞을 제대로 보지 않고 엉뚱한 데를 보다. 또는, 주의를 기울여 한곳을 보지 않고 엉뚱한 대상에 눈길을 주다. 2 한 대상에 주의나 관심을 기울이지 않고 쓸 데없는 일에 관심을 가지다. ¶그는 **한눈 팔지** 않고 공부에만 매달렸다.
한니발(Hannibal) 몡[인] 고대 카르타고의 장군(247~183? B.C.).
한다-는 판 '한다하는'의 준말.
한다-하는 판 재주나 능력 등이 썩 뛰어나다고 하는것. ¶씨름판에 ~ 장사들이 다 모이다. 준한다는.
한단지몽(邯鄲之夢)〔노생(盧生)이 한단 땅에서 여옹의 베개를 빌려다 잠을 자며 80년간의 영화로운 꿈을 꾸었는데, 깨고 보니 아직 누른 조밥을 짓고 있었다는 고사에서〕인생과 영화(榮華)의 덧없음의 비유.
한달음-에 뷔 중도에 쉬지 않고 계속 달음질하여. ¶~ 올라오다.
한담(閑談) 몡 심심풀이로 하는 이야기. 또는, 한가롭게 하는 이런저런 이야기. **한담-하다** 됭(재)(여)
한대(寒帶) 몡[지] 지구의 남북 위도가 각 66.33°(극권)에서 남북 양극까지의 지대. 극지방의 땅이.
한대^기후(寒帶氣候) 몡[지] 한대 특유의 한랭한 기후. 연평균 기온이 0℃ 이하로, 1년은 낮이 긴 여름과 밤이 긴 겨울로 나뉘고, 봄과 가을은 짧음.
한대-림(寒帶林) 몡 아한대림(亞寒帶林)을 통속적으로 이르는 말.
한대^전선(寒帶前線) 몡[기상] 한대 기단과 열대 기단 사이에 형성되는 전선.
한-더위 몡 매우 심한 더위. 또는, 최고조에 달한 더위.
한-데¹ 몡 한곳 또는 한군데. ¶~ 쌓다.
한!-데² 몡 집 밖에서 비바람이나 추위를 피할수 없는 곳. ¶!노천(露天).
한데³ 뷔 '그러한데'의 뜻의 접속 부사.
한!뎃-잠 [-데땀~-덷땀] 몡 한데서 자는 잠. ¶길에서 ~을 자다.
한!도(限度) 몡 1 한정된 정도. ¶최대[최소]~. 2 일정한 정도. ¶참는 것도 ~가 있다.
한도막^형식(一形式) [-마큼-] 몡[음] 두 개의 큰악절로 된 악곡 형식의 하나. 보통 8마디로 이루어짐.
한!도-액(限度額) 몡 일정하게 한정된 액수. ¶카드 사용 ~을 초과하다.
한!독(韓獨) 몡 한국과 독일.
한-동갑(一同甲) 몡 '동갑'을 나이가 같다는 어감을 강조하여 이르는 말.
한-동기(一同氣) 몡 '동기'를 부모가 같다는 어감을 강조하여 이르는 말.
한동기-간(一同氣間) 몡 동기의 사이.
한-동네 (一同-) 몡 같은 동네. 비한동네.
한-동아리 몡 떼 지어 행동하는 무리.
한-동안 뷔 꽤 오랫동안. 비한참. ¶발걸음이 ~ 뜸하더니 요즘 다시 찾아왔다.

한-두 판 하나나 둘. =일이. ¶~ 명.
한두-째 주몡 첫째나 둘째.
한-둘 주 하나나 둘. ¶필요한 물건이 ~이 아니다.
한들-거리다/-대다 됭(재)(타) 가볍게 이리저리 자꾸 흔들리다. 또는, 자꾸 흔들리게 하다. ¶코스모스가 바람결에 ~. 쓴흔들거리다.
한들-한들 뷔 한들거리는 모양. 쓴흔들흔들. **한들한들-하다** 됭(재)(타)
한-때 몡 1 과거의 어느 한 시기. ¶그는 영화배우로 ~ 이름을 날렸다. 2 짧은 얼마간의 시기. 3 같을 때. 4 한창 성하거나 왕성한 때.
한-뜻 [-뜯] 몡 같은 뜻.
한!라-산(漢拏山) [할-] 몡[지] 제주도 중앙에 있는 산. 높이 1,950m.
한란(寒蘭) 몡 난초의 한 종류로, 제주도 상록수림에서 자라는 상록 여러해살이풀. 겨울에 청초하고 우아한 녹색 또는 홍자색의 향기로운 꽃이 핌.
한랭(寒冷) [할-] 몡 (일부 명사 앞에 쓰여) 춥고 찬 것. ¶~ 고기압. **한랭-하다** 톙(여)
한랭^전선(寒冷前線) [할-] 몡[기상] 한랭한 기단이 온난 기단을 밀어젖히고 이동해 가는 곳에 나타나는 불연속선. ↔온난 전선.
한량(閑良) [할-] 몡 1 [역] 조선 시대에 양인(良人) 이상의 신분으로 벼슬이 없이 한가롭게 지내던 사람. 2 특별한 직업 없이 돈 잘 쓰고 놀기 좋아하는 사람.
한!량-없다(限量-) [할-량업때] 톙 (정도나 양이) 어느만큼이라고 할 수 없게 아주 크거나 많다. 비그지없다. ¶그의 세심한 배려가 고맙기 ~. **한!량없-이** 뷔
한로(寒露) [할-] 몡 24절기의 하나. 10월 8일경으로, 추분과 상강 사이에 있음. 찬 이슬이 내리는 무렵임.
한류(寒流) [할-] 몡[지] 극에 가까운 높은 위도의 지역에서 낮은 위도의 지역으로 흐르는 차가운 해류. ↔난류.
한!림-별곡(翰林別曲) [할-] 몡[문] 고려 고종 때 지은 경기체가. 벼슬에서 물러난 문인(文人)들이 풍류적이며 향락적인 생활 감정을 현실 도피적으로 읊은 노래임.
한!림-원(翰林院) [할-] 몡[역] 고려 시대에 임금의 명령을 받아 문서를 꾸미는 일을 맡아보던 관청.
한-마디 몡 짧은 말마디. ¶그녀는 인사 ~ 없이 훌쩍 떠났다.
한-마을 몡 같은 마을. 비한동네.
한-마음 몡 하나로 합한 마음.
한마음 한뜻 모든 사람의 마음이 똑같음. ¶~이 되어 이 난판을 헤쳐 나가자.
한!말(韓末) 몡 대한 제국의 시기를 일컫는 말.
한-목 뷔 한꺼번에 다. =한목에. ¶외상값을 ~ 갚다.
한-목소리 [-쏘-] 몡 1 여럿이 동시에 내는 하나의 목소리. 2 같은 견해의 표현을 비유적으로 이르는 말. ¶그의 부도덕한 행동에 대해 사람들은 ~로 비난했다.
한-목숨 [-쑴] 몡 하나밖에 없는 목숨이라는 뜻으로, 귀중한 생명을 이르는 말. ¶~을 바쳐 나라에 충성하다.
한-목에 뷔 =한목.
한-몫 [-목] 몡 1 한 사람 앞에 돌아가는 분량. ¶~ 떼어 주다. 2 구성원의 한 사람

으로서 해야 할 역할. ¶그는 이번 일에 ~을 톡톡히 하였다.
한몫 끼다 마땅한 자격을 가지고 함께 참가하다.
한몫 보다 단단히 이득을 보다. ¶추석 대목에 **한몫 보려는** 장사꾼들.
한-문(漢文) 圀 중국 고전의 문장. 또는, 한자를 가지고 옛 중국어의 문법에 따라 지은 문장.
한:문-학(漢文學) 圀 1 한문으로 된 문학. 2 한문을 연구하는 학문. ㉰한학.
한물 圀 채소·어물 따위가 한창 쏟아져 나와서 수확되는 때.
한물-가다 困困 1 (과일·채소 등이) 한창 나오는 때가 지나다. ¶딸기가 ~. 2 (사물·사람이) 유행이나 전성기가 지나다. ¶ **한물갈** 넥타이 [가수].
한-미(韓美) 圀 한국과 미국.
한:미^행정^협정(韓美行政協定) [-쩡] 圀[법] 주한 미군의 지위에 대해 한국과 미국이 맺은 행정 협정. 1966년 7월에 조인됨. =소파(SOFA).
한:-민족(韓民族) 圀 한반도 전역과 그 부속 도서에서 사는 민족. =한족(韓族). ▷배달민족.
한-밑천[-믿-] 圀 일을 이루는 데 큰 도움이 될 만한 큰돈이나 물건. ¶~ 생기다 / ~ 잡다.
한-바닥 圀 번화한 중앙의 땅. ¶명동 ~.
한-바탕 Ⅰ 圀 일이 크게 벌어진 판. **한바탕-하다** 困困 1 한바탕을 크게 한 번 벌이다. 2 크게 한 번 싸우다.
Ⅱ 튀 한바례 크게. ¶~ 난리를 겪다.
한:-반도(韓半島) 圀 아시아 대륙 동북부 끝에서 남쪽으로 돌출한, 한국의 국토를 이루는 반도. 또는, 국제 정치에서 '남북한'을 이르는 말. ¶~ 정세.
한-발¹ 圀 어떤 동작이나 행동이 다른 동작이나 행동보다 시간·위치상으로 약간의 간격을 두고 일어남을 나타내는 말. ¶ ~ 앞서다.
한:-발²(旱魃) 圀 =가뭄.
한-밤 圀 깊은 밤.
한-밤-중(-中) [-쭝] 圀 깊은 밤중. = 야밤중·오밤중.
한-방(-房) 圀 같은 방. ¶형과 ~을 쓰다.
한:-방²(韓方) 圀[한] 중국에서 전해져 우리 나라에서 발달한 전통 의술. ¶~ 의료. ↔양방.
한:방-원(韓方病院) 圀 한의사가 의료를 행하는 곳으로, 입원 환자 30인 이상을 수용할 수 있는 시설을 갖춘 의료 기관.
한:방-약(韓方藥) [-냑] 圀[한] =한약.
한:방-의(韓方醫) [-의/-이] 圀[한] =한 의사.
한-배 圀 1 한 태(胎)에서 나거나 한때에 한 암컷이 낳거나 깐 새끼. 2 '동복(同腹)'을 속되어 이르는 말.
한-번(-番) Ⅰ 圀 1 기회 있는 어떤 때. ¶ ~ 놀러 가마. 2 (주로 '한번은'의 꼴로 쓰여) 과거의 어느 때나 기회. ¶~은 산에 갔다가 길을 잃은 적이 있다.
Ⅱ 튀 1 '대단히', '참으로' 등의 뜻으로, 어떤 행동이나 상태를 힘주어 이르는 말. ¶허, 이 사람 배포 ~ 크구먼! 2 시험 삼아. 또는, 결심하여 실지로. ㉢일단. ¶되는지 안 되는지 ~ 해보자.

[한번 엎지른 물은 다시 주워 담지 못한다] 일단 저지른 잘못은 회복하기 어렵다.
한:-복(韓服) 圀 우리 민족의 고유한 의복. 주로 명절이나 경사·상례·제례 등의 경우에 입음. ↔양복.
한:복-감(韓服-) [-깜] 圀 한복을 지을 옷감.
한-복판 圀 복판 중에서도 특히 중심이 되는 부분. ¶도시 ~.
한:-불(佛) 圀 1 한국과 불란서[프랑스]. 2 한국어와 프랑스 어. ¶~사전.
한비-자(韓非子) 圀[인] 중국 전국 시대의 법가(法家)(280?~233 B.C.).
한:-사군(漢四郡) 圀 중국 한 무제(漢武帝)가 기원전 108년에 위만 조선을 없애고 그 땅에 설치한 낙랑·임둔·현도·진번의 네 군. =사군(四郡).
한-사람 같은 사람. ¶그가 법행을 지지른 사람과 一치하고 목격자는 증언했다.
한-사리 매달 음력 보름과 그믐을 전후하여 조수의 간만의 차가 가장 커지는 현상. 또는, 그날. =사리. ↔조금.
한:사-코(限死-) 튀 어떤 일에 대해 뜻을 굽히지 않고 기어이. ¶밤이 늦었는데 ~ 가겠다고 고집을 부린다.
한산-도(閑山島) 圀[지] 경상남도 통영시에 속하는 섬.
한산도^대:첩(閑山島大捷) 圀[역] 조선 선조 25년(1592) 임진왜란 때, 이순신 장군이 한산도 앞바다에서 일본의 함선 60여 척을 침몰시킨 대승전.
한산^모시(韓山-) 圀 한산에서 나는 모시. 품질이 썩 좋음.
한산-하다(閑散-) 휑匝 1 일이 없어 한가하다. ¶거래가 ~. 2 한적하고 쓸쓸하다. ¶**한산한** 오늘길. **한산-히** 튀.
한-살이 圀[동] 곤충 따위가 알·애벌레·번데기·성충으로 바뀌면서 자라는 변태 과정의 한 차례.
한:삼(汗衫) 圀 손을 감추기 위하여 두루마기나 저고리 소매 끝에 흰 헝겊으로 길게 댄 소매.
한색(寒色) 圀[미] 찬 느낌을 주는 색. 청색 계통의 색채. ↔난색(暖色).
한서¹(寒暑) 圀 1 추위와 더위. 2 겨울과 여름.
한:서²(漢書) 圀 1 한문으로 된 서적. 2 [책] 중국 전한(前漢)의 역사를 기전체로 기록한 책.
한-석봉(韓石峯) [-뽕] 圀[인] '한호'의 성과 호를 함께 이르는 이름.
한설(寒雪) 圀 차가운 눈. ¶북풍(北風) ~.
한:-성(漢城) 圀[역] 우리나라의 수도인 '서울'의 조선 시대 이름.
한:성-부(漢城府) 圀[역] 조선 시대의 삼법사(三法司)의 하나. 서울의 행정·사법(司法)을 맡아보았음.
한성-순보(漢城旬報) 圀[역] 우리나라에서 최초로 발간된 신문. 조선 고종 20년(1883)에 순한문으로 인쇄되었으며, 일종의 관보(官報) 형식이었음.
한-세상(-世上) 圀 1 한평생 사는 동안. 2 잘사는 때.
한센-병(Hansen病) 圀[의] '나병(癩病)'을 달리 이르는 말.
한-소끔 圀 1 밥을 짓거나 국·찌개 등을 끓일 때, 그릇 속의 물이 한 번 부르르 끓어오르는 모양. ¶밥이 ~ 끓다. 2 어떤 현상이 일시적으로 크거나 거세게 일어나는 모양. 비유적인 말임.
한-마음 명 **1** 같은 마음. 또는, 같은 뜻. **2** 같은 셈속.
한술-밥[-쑵빱] 명 《주로 '먹다'와 함께 쓰여》 여러 사람이 한집안에서 함께 생활하면서 먹게 되는, 같은 솥에 지은 밥. ¶~을 먹고 지내는 식구.
한-순간(-瞬間) 명 매우 짧은 동안. ¶일확천금의 꿈이 ~에 사라지다.
한-술 명 적은 음식을 비유하여 이르는 말. ¶자네도 이리 와서 ~ 뜨지그래.
[**한술 밥에 배부르랴**] 무슨 일이든지 단번에 만족한 결과를 얻을 수 없다는 말.
한술 더 뜨다 이미 잘못되어 있는 어떤 일에서 한 단계 더 나아가 엉뚱한 일을 하다.
한-숨¹ 명 ['한 번의 호흡'이라는 뜻] **1** 《주로 '돌리다'와 함께 쓰여》 힘든 일을 하고 나서 잠시 여유를 가지는 상태. ¶~돌릴 겨를도 없다. **2** 《주로 '자다', '주무시다' 등과 함께 쓰여》 몇 분이나 몇십 분, 또는 한두 시간 정도의 짧은 잠. ¶아, ~ 잘 잤다.
한-숨² 명 **1** 위기의 순간을 무사히 넘기고 나서 마음을 놓아 쉬는 숨. ¶안도의 ~을 쉬다. **2** 근심·걱정이나 답답한 일이 있을 때, 길게 내쉬는 숨. ¶땅이 꺼지게 ~을 쉬다.
한숨-에 투 짧은 시간에. 비단숨에.
한숨-짓다[-진따] 자⟨ㅅ⟩ ~지으니, ~지어) 한숨을 쉬다.
한-스럽다(恨-)[-따] 형⟨ㅂ⟩ ⟨~스러우니, ~스러워⟩ 한으로 여겨지는 데가 있다. **한!스레** 투
한-시¹(-時) 명 **1** 같은 시각. ¶한날~. **2** 잠깐 동안. ¶너를 ~도 잊은 적이 없다.
한시가 바쁘다 시각을 다툴 만큼 몹시 바쁘다.
한!시²(漢詩) 명 한문으로 지어진 시.
한-시-름 명 큰 근심. ¶~ 놓다.
한시-바삐 투 조금이라도 빨리.
한!시-적(限時的) 명 일정한 기간에 한정되어 있는 (것). ¶이 열차는 여름에만 ~으로 운행된다.
한!식¹(寒食) 명 동지로부터 105일째 되는 날. 4월 5일이나 6일쯤이며, 이날 자손들이 조상의 산소를 찾아가 제사를 지내고 사초(莎草)를 하는 등 묘를 돌아봄.
[**한식에 죽으나 청명에 죽으나**] 한식과 청명은 하루 사이니, 곧 하루 먼저 죽으나 뒤에 죽으나 별 차이가 없다는 뜻.
한!식²(韓式) 명 한국 고유의 방식이나 양식(樣式).
한!식³(韓食) 명 한국식의 음식 또는 식사.
한!식-집(韓食-)[-찝] 명 한국식의 음식을 만들어 파는 음식점.
한심-스럽다(寒心-)[-따] 형⟨ㅂ⟩ ⟨~스러우니, ~스러워⟩ 한심한 데가 있다. **한심스레** 투
한심-하다(寒心-) 형여 **1** 가엾고 딱하다. **2** 마음에 언짢아 기막히다. ¶사지가 멀쩡한 놈이 늘 놀고 있으니 참으로 ~.
한!약(韓藥) 명 한방에서 쓰는 약. 풀뿌리·열매·나무껍질 등이 주요 약재임. =한방약
한!약-국(韓藥局)[-꾹] 명 전날에, 한약을 짓거나 한약재를 팔던 곳. 또는, 한약업사의 업소의 속칭. =한약방.

한!약-방(韓藥房)[-빵] 명 =한약국.
한!약-사(韓藥師)[-싸] 명 한약 및 한약제제(製劑)에 관련된 약사(藥事)의 업무를 담당하는 사람.
한!약업-사(韓藥業士)[-싸][한] 한약업사 시험에 합격하여 허가된 지역 안에서 환자의 요구가 있을 때, 기성 한의서의 처방이나 한의사의 처방전에 따라 한약을 판매할 수 있는 사람. 구칭은 한약종상.
한!약-재(韓藥材)[-째] 명 한약의 재료.
한!약종-상(韓藥種商)[-쫑-] 명[한] '한약업사'의 구칭.
한!양(漢陽) 명[역] '서울²'의 옛 이름.
한!어(漢語) 명 중국인이 쓰는 말. 비중국어.
한얼-님[-럼] 명[종] 대종교에서, 하느님. 곧, 단군을 높여 이르는 말.
한!-없다(限-)[-업따] 형 끝이 없다. ¶어버이의 **한없는** 사랑. **한!없-이** 투
한-여름[-녀-] 명 여름 중 가장 더운 시기. ↔한겨울.
한!역¹(漢譯) 명 (중국 이외의 나라 언어를) 한문으로 번역하는 것. 또는, 그 번역한 글이나 책. ¶~ 춘향전. **한!역-하다**¹ 타여 **한!역-되다**¹ 자여
한!역²(韓譯) 명 (외국어를) 한국어로 번역하는 것. 또는, 그 번역한 글이나 책. **한!역-하다**² 타여 **한!역-되다**² 자여
한!영(韓英) 명 **1** 한국과 영국. **2** 한국어와 영어. ¶~사전.
한-옆[-녑] 명 한쪽 옆. ¶~으로 치우다.
한!옥(韓屋) 명[건] 우리나라 고유의 건축 양식으로 지은 집. 구들과 마루를 갖춘 독특한 구조를 가짐. ↔양옥.
한-용운(韓龍雲) 명[인] 승려·시인·독립운동가(1879~1944).
한!우(韓牛) 명[동] 몸빛이 황갈색이고 체질은 강하며 성질이 온순한, 우리나라 재래의 소. 고기 맛이 좋고, 일소로 많이 이용됨.
한-울 명[종] 천도교에서의 우주의 본체.
한울-님[-럼] 명[종] 천도교에서의 하느님.
한!의(韓醫)[-의/-이] 명[한] **1** 한방(韓方)의 의술. **2** '한의사'의 준말.
한!의과-대!학(韓醫科大學)[-의꽈-/-이꽈-] 명[교] 한의학을 연구·강의하는 단과 대학. 준한의대.
한!의-대(韓醫大)[-의-/-이-] 명[교] '한의과 대학'의 준말.
한!-의사(韓醫師)[-싸][한] 한방 의술을 전문으로 하는 의사. =한방의. 준한의.
한!-의원(韓醫院) 명 한의사가 진료 시설을 갖추고 환자를 치료하는 곳.
한!의학(韓醫學) 명[한] 중국에서 전래되어 발달한 우리나라 고유의 의학.
한!인¹(漢人) 명 한족(漢族)에 속하는 사람.
한!인²(韓人) 명 한국 사람. 특히, 외국에 살고 있는 한국 사람.
한!인-촌(韓人村) 명 외국에서, 한국인이 많이 모여 사는 곳.
한!일(韓日) 명 **1** 한국과 일본. ¶~ 친선 축구 대회. **2** 한국어와 일본어. ¶~사전.
한!일^신협약(韓日新協約) 명[역] 1907년에 일본의 강요에 의하여 한일간에 맺어진 조약. 모든 행정·사법 사무가 통감부의 손에 들어가는 등 사실상 합병과 다름

없는 내용임.
한일^의정서(韓日議定書) 圀[역] 1904년 러일 전쟁을 일으킨 일본의 강요에 의하여 한일간에 맺어진 조약. 일본은 대한 제국을 보호국으로 한다는 내용으로, 우리 주권의 침해가 많았음.
한일-자(--字) [ㅡ짜] [한자 'ㅡ'의 글자] 굳게 다문 입술을 'ㅡ(일)' 자에 빗대어 나타낸 말. =일자. ¶입을 ~로 굳게 다물다.
한일^합방(韓日合邦) 圀[역] 일본이 '국권 피탈'을 미화하여 이르던 말.
한-입[-닙] 圀 1 한 번 입에 넣을 만한 분량의 음식. 2 분량이 꽤 많거나 크기가 제법 큰 음식을 한꺼번에 입에 넣은 상태. ¶빵을 ~에 먹어 버리다. 3 입에 음식이 가득 들어 있는 상태. 4 밥을 먹는 한 사람의 입. ¶~을 덜다.
한!자(漢字) [-짜] 圀 중국에서 만들어져서 오늘날에도 쓰이고 있는 표의 문자. 원칙적으로, 1자(字) 1음절로 1어(語)를 나타냄.
한-자리 圀 1 같은 자리. ¶가족이 ~에 모이다. 2 한몫 하는 지위. **한자리-하다** 图(자)여 한몫 하는 지위에 오르다.
한!자-어(漢字語) [-짜-] 圀 중국의 한자를 바탕으로 하여 이루어진 말(특히, 국어). ¶한자. ▷고유어.
한!자-음(漢字音) [-짜-] 圀 한자가 가지는 각각의 음. 떠獨.
한-잔(-盞) 圀 가볍게 마시는 적은 양의 술. ¶내가 ~ 사지. **한잔-하다** 图(자)(여) 가볍게 적은 양의 술을 마시다. ¶잠깐 **한잔하고 가세.**
한잔 걸치다. 술을 얼마쯤 마시다.
한-잠[1] 圀 잠시 자는 잠. ¶밤새 ~도 못 자다.
한-잠[2] 圀 깊이 든 잠.
한!재(旱災) 圀 가뭄으로 말미암아 사람이나 다른 생물에 미치는 재앙.
한!-저녁 圀 끼니때가 지난 다음에 간단히 차린 저녁.
한적-하다(閑寂-) [-저카-] 圀匣 (어느 곳이) 다니는 사람이 거의 없이 한가하고 조용하다. ¶**한적한** 시골. **한적**-히 凰.
한!정(限定) 圀 제한하여 정하는 것. 또는, 그 한도. **한정-하다** 图(타)(여) **한정-되다** 图(자).
한!-정식(韓定食) 圀 메뉴가 한국 음식으로 이루어진 정식(定食).
한!정^치산(限定治産) 圀[법] 심신 박약자나 낭비가 몹시 심한 사람 등 재산 관리 능력이 없는 사람이 자기 재산을 함부로 관리·처분하는 것을 법률로 금하는 일.
한!정^치산자(限定治産者) 圀[법] 한정치산의 선고를 받은 사람.
한!정-판(限定版) 圀 (어떤 이유로) 원통하거나 뉘우치면서 탄식하는 것. **한!탄-하다** 图(타)(여) 한탄의 신세를 ~.
한!족(韓族) 圀 중국에서 살아온 종족. 한어(漢語)를 언어로 하고, 중국 전 인구의 90% 이상을 차지함.
한!족(韓族) 圀 =한민족(韓民族).
한!-종일(限終日) 圀 하루 내내. 또는, 해가 질 때까지.
한-주먹 圀 한 번 때리는 주먹. ¶네까짓 녀석쯤 ~에 누일 수 있어.
한-줄기 圀 1 한 번 세차게 쏟아지는 소나기 따위의 빗줄기. ¶소나기라도 ~ 쏟아지려

한탕주의 __1307

는지 먹구름이 몰려온다. 2 같은 계통. ¶~로 이어져 내려온다.
한!중(韓中) 圀 1 한국과 중국. 2 한국어와 중국어. ¶~사전.
한-중간(-中間) 圀 =한가운데.
한중-록(閑中錄) 圀[녹] 圀[책] 조선 영조 때 사도 세자의 빈인 혜경궁 홍씨가 남편의 비극적 죽음과 자신의 기구한 운명을 회상하여 쓴 자전적인 글.
한!증(汗蒸) 圀 몸을 덥게 하여 땀을 내어서 병을 치료하는 일. **한!증-하다** 图(자)(여).
한!증-막(汗蒸幕) 圀 한증을 하기 위하여 갖춘 시설. 담을 둘러막아서 굴처럼 만들고 밑에서 불을 때게 되어 있음.
한!증-탕(汗蒸湯) 圀 한증을 하기 위하여 목욕탕처럼 만든 시설.
한지(寒地) 圀 추운 지방. ↔난지(暖地).
한!지(韓紙) 圀 닥나무 따위의 섬유를 원료로 하여 우리나라 고유의 제조법으로 만든 종이. 창호지 따위.
한직(閑職) 圀 어떤 조직에서 별로 할 일이 없거나 그다지 중요하지 않은 직책이나 직무. ¶~으로 밀려나다.
한-집 圀 1 같은 집. ¶그와 나는 ~에서 하숙한다. 2 =한집안.
한-집안 圀 1 한집에서 사는 가족. ¶~ 식구. 2 같은 일가친족. =한집.
한-째 圀 열·스물·백·천 등의 일부 수사와 어울려 열째·스무째·백째·천째 등의 다음 차례를 나타내는 말.
한-쪽 圀 어느 하나의 편이나 방향. ¶~ 눈[귀]/액자가 ~으로 기울어지다.
한-차(-車) 圀 같은 차. ¶가족이 모두 ~에 타다.
한-차례 圀 어떤 일이 한바탕 일어남을 나타내는 말. ¶비가 ~ 쏟아지다.
한-참 Ⅰ 圀 꽤 오랜 시간.
Ⅱ 凰 꽤 오랜 시간 동안. ¶~ 기다리다.
한창 Ⅰ 圀 가장 성한 상태이나 그러한 때. ¶더위가 ~이다.
Ⅱ 凰 가장 활기 있게. ¶추수 때라 ~ 바쁘다.
한창-나이 圀 기운이 한창 성할 때의 젊은 나이.
한창-때 圀 원기가 가장 왕성한 때. ¶~에는 쌀 두 가마니도 거뜬히 들던 그였다.
한천(寒天) 圀 우뭇가사리를 끓인 뒤 걸러 낸 액체를 식혀서 묵처럼 굳힌 음식. =우무.
한-철 圀 어떤 일이 가장 왕성한 철이나 때. 凾한때.
한-층(-層) 凰 상태·정도가 이전 또는 기존의 것보다 훨씬. 凾한결·일층. ¶~ 더 노력하다.
한-칼 圀 1 칼을 한 번 휘둘러 공격하는 일. ¶~에 베어 쓰러뜨리다. 2 칼로 한 번 베어 낸 고깃덩이.
한!탄(恨歎·恨嘆) 圀 (어떤 이유로) 원통하거나 뉘우치면서 탄식하는 것. **한!탄-하다** 图(자)(여) 한탄의 신세를 ~.
한!탄-스럽다(恨歎-) [-따] 圀匣〈-스러우니, -스러워〉 한탄할 만한 대가 있다. **한!탄스레** 凰.
한-탕 圀 일을 한 번 크게 벌이는 것. 또는, 그 일. 속된 말임. ¶~ 벌이다.
한탕-주의(-主義) [-의/-이] 圀 비정상적인 방법으로, 또는 성실한 노력이 없이, 일을 한판 크게 벌여 떼돈을 벌거나 큰 이익을 얻으려고 하는 태도나 경향. ¶

사회에 ~가 만연하다. ▷한건주의.
한턱 뗑 좋은 일이 생겨 기분을 내느라 주위 사람에게 음식이나 술을 대접하는 일. ¶~을 쓰다.
한턱-내다[-턱-] 图和 (어떤 사람이 주위 사람에게) 좋은 일이 생긴 데에 대해 기분을 내느라 음식이나 술을 대접하다. ¶득남 턱으로 ~.
한테 조 '에게'의 뜻으로 쓰이는 부사격 조사. '에게'보다는 구어적인 표현임. ¶개~ 물리다.
한테-로 조 '에게로'의 뜻으로, 구어적으로 쓰이는 말. ¶그 나 ~ 다가와.
한테-서 조 '에게서'의 뜻으로, 구어적으로 쓰이는 말. ¶형~ 소식을 받다.
한-통속 뗑 어떤 무리와 뜻이 맞아 어울리는 사람. 또는, 서로 뜻이 맞아 어울리는 무리. ¶저놈도 저들과 ~이다.
한파(寒波) 뗑 1 겨울철에 한랭 기단이 위도가 낮은 지방으로 이동함에 따라 갑자기 닥치는 큰 추위. 2 (주로 일부 명사 뒤에 쓰여) 그 명사에 관계된 '어려움'을 비유적으로 이르는 말. ¶취업 ~ / 경기 ~.
한-판 뗑 1 한 번 벌이는 판. ¶씨름 ~. 2 [체] 유도에서, 판정(判定)의 하나. 기술로 상대를 완전히 제압하는 일. 이것을 선취하면 이김.
한판-승 (-勝) 뗑[체] 유도에서, 한판의 점수를 따서 이기는 일.
한-패(-牌) 뗑 같은 동아리 또는 패.
한-편(-便) I 뗑 1 어떤 일에 양면성이 있을 때, '어느 하나의 측면'을 이르는 말. ¶일편. ¶그 소식을 듣고 매우 놀랐지만 ~으로는 기뻤다. 2 두 가지 일을 동시에 행할 때, '어느 한 가지 일의 것'을 이르는 말. ¶그는 농사를 짓는 ~, 목장을 경영하고 있다. 3 같은 패에 속하는 사람. ¶우리는 ~이다.
II 閉 1 어느 하나의 측면으로. ¶일편. ~ 기쁘지만 다른 ~ 마음이 무겁다. 2 줄거리가 있는 이야기를 해 나가면서, 어떤 인물이나 사건에 관한 이야기를 하고 난 다음, 다른 인물이나 사건에 관한 이야기를 시작할 때, 문두(文頭)에 하는 말.
한-평생¹(-平生) 뗑 어떤 사람이 태어나서 죽을 때까지의 동안. 또는, 태어나서 현재까지의 동안. =일평생. ⓗ평생. ¶그는 교육 사업을 위해 ~을 바쳤다.
한:-평생²(限平生) 閉 목숨이 다할 때까지. ¶그 사람은 ~ 잊지 못할 은인이다.
한-풀 뗑 기운·의기·끈기·투지 등의 부분.
한풀 꺾이다 한창이던 기세가 어느 정도 죽다. ¶더위가 ~.
한:-풀이(恨-) 뗑 원한을 푸는 일. 한!풀이-하다 图和.
한:-하다¹(限-) 图和和 (대상을 어떤 범위에) 제한하거나 국한하다. ¶선착순 100명에 한하여 기념품을 증정하다.
한:-하다²(恨-) 图타和 억울하거나 원통하거나 원망스럽게 생각하다.
한!학(漢學) 뗑 1 '한문학'의 준말. 2 한문 고전이나 유학에 관한 학문.
한!학-자(漢學者) [-짜] 뗑 한학에 조예가 깊은 사람.
한!해(旱害) 뗑 가뭄으로 인한 피해.
한해²(寒害) 뗑 추위로 농작물이 입은 피해.
한해-살이 뗑[식] 식물이 봄에 싹이 터서

그해 가을에 열매를 맺고 말라죽는 것을 이르는 말. ↔여러해살이.
한해살이-풀 뗑[식] 일 년 이내에 발아·생장·개화·결실을 하고 고사(枯死)하는 초본 식물. 벼·팥·보리·콩·호박 따위. =일년초. ↔여러해살이풀.
한-허리 뗑 길이의 한중간. ¶두타산은 백두대간의 ~를 이루는 영산(靈山)이다.
한-호(韓濩) 뗑[인] 조선 시대의 서예가 (1543~1605).
한!화(韓貨) 뗑 한국의 돈. ↔외화(外貨).
한!흑(韓黑) 뗑 (주로 명사 앞에 관형어적으로 쓰여) 미국 내에서의 '한국인'과 '흑인'을 아울러 이르는 말. ¶~ 갈등 / ~ 문제.
할¹(喝·嚇) 뗑[불] 선종(禪宗)에서, 위엄 있게 꾸짖는 외마디 소리. 또는, 말이나 글로써 표현하기 어려운 불도의 이치를 나타내는 소리.
할²(割) 뗑[의존] 전체 수량을 10등분한 것의 비율을 나타내는 단위. 푼의 10배. ¶사 ~의 타율.
할거(割據) 뗑 땅을 나누어 차지하는 것. 할거-하다 图和 ¶군웅(群雄)이 ~.
할당(割當) [-땅] 뗑 몫을 갈라 나누는 것. 또는, 그 몫. ¶~금(金). 할당-하다 图타和. 할당-되다 图和.
할당-제(割當制) [-땅-] 뗑 몫을 갈라 나누거나 책임을 지우는 제도.
할딱-거리다/-대다 [-꺼때]- 图和 (꺼때) 자꾸 할딱이다. ¶더위에 지친 개가 숨을 할딱거리고 있다. ⓑ헐떡거리다.
할딱-이다 图和 가쁘고 급하게 숨을 쉬다. ⓑ헐떡이다.
할딱-할딱 [-따칼딱] 閉 할딱거리는 모양. ⓑ헐떡헐떡. 할딱할딱-하다 图和타和.
할렐루야(®Hallelujah) 뗑[감] ['여호와를 찬양하라'의 뜻][성] 하느님을 찬송하며 감사·기쁨의 신앙을 나타내는 말. =알렐루야.
할례(割禮) 뗑[종] 고대로부터 유대 인·이슬람교도·아프리카 종족 등에게 종교적·관습적인 이유로 행해져 온, 남자의 음경의 귀두 포피를 잘라 내거나 여자의 음핵이나 소음순을 잘라 내는 일.
할리우드(Hollywood) 뗑[지] 미국 로스앤젤레스에 있는, 영화 제작의 중심지.
할리우드-액션(®Hollywood action) 뗑[체] 심판관의 눈을 속여 자기에게 유리한 판정을 이끌어 내기 위해 취하는 과장된 행동. =시뮬레이션 액션.
할마-마마(-媽媽) 뗑 임금·왕비 또는 그 자녀들이 할머니를 부르던 말.
할망구 뗑 늙은 여자를 놀리거나 얕잡아 일컫는 말.
할매 뗑<방> 할머니 (강원·경남·전남·충남).
할머니 뗑 1 아버지의 어머니. 호칭 및 지칭으로 쓰임. ⓑ조모(祖母). ⓐ할머님. ⓨ할미. 2 부모의 어머니와 한 항렬에 있는 여자의 통칭. 3 늙은 여자를 친근하게, 또는 예사롭게 이르는 말.
할머-님 뗑 '할머니'를 높이어 이르는 말.
할멈 뗑 1 '할머니·2'를 약간 대접하여 이르는 말. 2 지난날, 지체가 낮은 늙은 여자 늙은 여자 하인을 이르던 말. ⓑ할아범. 3 늙은 부부 사이에서 남편이 아내를 부르는 말.
할미 뗑 ['할머니'를 낮추어 이르는 말] 1

는 말. ↔할아비.
할미-꽃[-꼳] 圀[식] 높이 15~30cm로 온몸에 긴 털이 나 있고, 봄에 자주빛 꽃이 꽃줄기 끝에서 밑을 향하여 피는 여러해살이풀. 산이나 들에 자람.
할미-새 圀[동] 몸이 작고, 부리 및 꽁지가 길며, 미끈하고 날씬한 몸매에 긴 꽁지가 특징인 새의 총칭. 검은등할미새·노랑할미새·알락할미새 등이 있음.
할바-마마(-媽媽) 圀 임금·왕비 또는 그 자녀들이 할아버지를 부르던 말.
할복(割腹) 圀 죽으려고 칼로 배를 가르는 것. ¶~자살. **할복-하다** 图函
할부(割賦) 圀 물건 값을 여러 번에 걸쳐 일정 기간마다 나누어 내는 일.
할부-금(割賦金) 圀 물건 값에 대하여, 일정 기간마다 나누어 내는 돈.
할아버-님 圀 '할아버지'의 높임말.
할아버지 圀 1 아버지의 아버지. 호칭 및 지칭으로 쓰임. 囲조부(祖父). 蜜할아버님. 2 부모의 아버지와 같은 항렬에 있는 남자의 총칭. 3 늙은 남자를 친근하게. 또는 예사롭게 이르는 말.
할아범 圀 1 '할아버지'·2 를 약간 대접하여 이르는 말. 2 지난날, 지체가 낮은 늙은 남자나 늙은 남자 하인을 이르던 말. ↔할멈.
할아비 圀 1 '할아버지'를 낮추어 이르는 말 2 지난날, 지체가 낮은 사람에게 그의 '할아버지'를 이르던 말. 2 지난날, 지체가 높은 사람에게 자기의 '할아버지'를 이르던 말. 3 남자가 손자·손녀에게 자기 자신을 이르는 말. ↔할미.
할애(割愛) 圀 (소중한 것, 특히 시간이나 돈이 지면 등을) 상대를 위해, 또는 어떤 일을 위해 그 일부를 사용하는 것. **할애-하다** 图函 ¶귀한 시간을 **할애해** 주셔서 감사합니다. **할애-되다** 图函
할양(割讓) 圀 1 물건 같은 것을) 떼어서 남에게 넘겨주는 것. 2 [정] 국가 간 합의에 따라 자기 나라 영토의 일부를 다른 나라에 넘겨주는 것. **할양-하다** 图函
할인[1](割引) 圀[경] 1 일정한 값에서 얼마간의 값을 감하는 것. ¶~ 가격. 2 '어음 할인'의 준말. ×**할인. 할인-하다** 图函 **할인-되다** 图函
할인[2](割印) 圀 서로 관련된 사실을 증명하기 위하여, 도장 하나를 두 장의 서류에 걸쳐 찍는 것. 또는, 그 도장. ▷계인(契印). **할인-하다**[2] 图函
할인-율(割引率)[-눌] 圀[경] 할인하는 비율.
할인-점(割引店) 圀 할인된 상품만을 전문적으로 파는 상점.
할증(割增)[-쯩] 圀 일정한 값에서 얼마를 더하는 것. ¶택시의 ~ 요금. ↔할인. **할증-하다** 图函
할증-금(割增金)[-쯩-] 圀[경] 1 일정한 가격·요금 등에 액수에 더하여 매매·지급되는 금액. 2 채권 등의 상환에서 추첨의 방법에 의하여 여분으로 주어지는 금액. 囲프리미엄.
할증-료(割增料)[-쯩뇨] 圀 정해진 값에 덧붙이는 돈.
할퀴다 图函 1 손톱이나 날카로운 물건으로 긁어 상처를 내다. 2 휩쓸어 많은 손해를 입히다. ¶수마가 **할퀴고** 지나간 마을.
핥다[할따] 图函 (사람이나 동물이 입 밖으로 낸 혀로) 물체의 표면에 대고 스치게 하다. 또는, 그렇게 하여 물체의 표면에 있는 것이 묻어나게 하다. ¶아이스크림을 쇼로 ~.
함[1](函) 圀 1 옷이나 물건 따위를 넣을 수 있도록 네모지게 만든 통. ¶서류~. 2 혼인 때 신랑 측에서 채단과 혼서지를 넣어서 신부 측에 보내는 나무 상자. ¶~을 지다.
함경-산맥(咸鏡山脈) 圀[지] 함경남도와 함경북도의 중앙을 가로질러 남서로 뻗은 산맥.
함구(緘口) 圀 입을 다물고 말을 하지 않는 것. **함구-하다** 图函 ¶그는 이 문제에 대해 **함구하고** 있다.
함구-령(緘口令) 圀 어떤 일의 내용을 말하는 것을 엄금하는 명령.
함께 閉 1 (어떤 대상과) 한데 어울리거나 더불어. 또는, (둘 이상의 대상이) 한데 어울리거나 더불어. ¶가족과 ~ 놀러 가다. 2 어떤 현상과 더불어. 또는, 어떤 현상에 뒤이어서. ¶소득 향상과 ~ 여가 문화가 꽃피다.
함께-하다 图函 =같이하다. ¶생사를 **함께한** 전우.
함[1대](艦隊) 圀[군] 군함 두 척 이상으로 짜인 부대. ¶무적 ~.
함[1락](陷落) 圀 적의 성이나 진지 등을 공격하여 무너뜨리는 것. **함**[1락-하다] 图函 **함**[1락-되다] 图函 ¶적의 요새가 ~.
함량(含量)[-냥] 圀 어떤 물질 속에 포함되어 있는 다른 물질의 양. 囲함유량. ¶~ 미달.
함[1몰](陷沒) 圀 1 (땅이) 아래로 움푹 가라앉거나 꺼지는 것. 2 (두개골이나 젖꼭지 따위의 신체 부위가) 비정상적으로 쑥 들어간 상태가 되는 것. 3 (어느 곳이) 공격을 받아 멸망하는 것. 또는, (어느 곳을) 공격하여 멸망시키는 것. **함**[1몰-하다] 图函 **함**[1몰-되다] 图函 ¶지진으로 땅이 ~/유두가 ~.
함무라비(Hammurabi) 圀[인] 바빌로니아의 왕(?~1750 B.C.).
함박 圀 '함지박'의 준말.
함박만 하다 (기분이 좋아서 벌어진 사람의 입이) 함박의 속처럼 큰 상태에 있다. ¶철수는 아버지로부터 선물을 받는 입이 **함박만 하게** 벌어졌다.
함박-꽃 圀[식] 1 함박꽃나무의 꽃. 2 작약의 꽃.
함박꽃-나무[-꼰-] 圀[식] 높이 4m이고 잎은 긴 타원형이며, 봄에 크고 향기로운 흰색 꽃이 피는 낙엽 활엽 교목. 산골짜기에 자라는데, 관상용으로 심기도 함.
함박-눈[-방-] 圀 [눈송이가 함박꽃처럼 크다는 데에서] 눈송이가 굵고 탐스럽게 많이 내리는 눈. ¶~이 펑펑 쏟아지다. ▷가루눈.
함박-웃음 圀 '밝고 환하게 웃는 웃음'을 함박꽃에 비유하여 이르는 말.
함봉(緘封) 圀 (편지·문서 등의) 겉봉을 봉하는 것. **함봉-하다** 图函
함부로 閉 조심하거나 삼가거나 깊이 생각함이 없이 되는대로 마구. ¶어른 앞에서 ~ 말하다.

함부르크(Hamburg) 명[지] 독일 북부의 항구 도시.
함빡 甲 1 넘치도록 아주 넉넉하게. ¶웃음을 ~ 머금다. 2 물 따위에 푹 젖은 모양. ¶비를 맞아 옷이 ~ 젖다. ⑥흠뻑.
함석 명 겉에 아연을 입힌 얇은 철판. 지붕을 이거나 양동이·대야를 만드는 데 씀.
함-석헌(咸錫憲)[-서컨] 명[인] 사회 운동가(1901~1989).
함선(艦船) 명 군함·선박 등의 총칭.
함성(喊聲) 명 많은 사람들이 함께 지르는 고함 소리. ¶승리의 ~을 지르다.
함수¹(函數) 명[수] 2개의 변수 x, y 사이에 어떤 대응 관계가 있고, x의 값이 정해지면 그에 대응하여 y의 값이 종속적으로 정해질 때의 대응 관계. 또는, y의 x에 대한 일컬음.
함수²(鹹水) 명 바다나 호수의 짠물. ↔담수(淡水).
함수-어(鹹水魚) 명 짠물에 사는 고기. 回바닷물고기. ↔담수어.
함양(涵養) 명 (어떤 정신이나 능력을) 기르고 닦는 것. **함양-하다** 图[타여] ¶질서 의식을 ~. **함양-되다** 图[자].
함유(含有) 명 (어떤 물질을) 성분으로서 포함하고 있는 일. **함유-하다** 图[타여] **함유-되다** 图[자].
함유-량(含有量) 명 어떤 물질 속에 함유되어 있는 다른 물질의 양. 回함량. ¶담배의 니코틴 ~.
함자(銜字)[-짜] 명 남의 이름을 아주 높여서 이르는 말. '성함'이나 '존함'보다 더 높이는 어감을 가짐.
함:장(艦長) 명[군] 군함의 우두머리.
함:재(艦載機) 명[군] 군함이나 항공모함에 실은 비행기.
함:정(陷穽·檻穽) 명 1 짐승을 잡기 위하여 산이나 들에 파 놓는 구덩이. ¶허방다리. 2 상대가 어떤 상황에서 곤경에 처하거나 궁지에 몰릴 수밖에 없도록 미리 짜 놓은 계략. 비유적인 말임. ¶~에 빠지다.
함:정²(艦艇) 명[군] 군함·구축함·어뢰정·소해정 등의 총칭.
함지 명 네모지게 나무로 짜서 만든 큰 그릇. 운두가 깊으면서 밑은 좁고 위가 넓음.
함지-박 명 통나무의 속을 파서 큰 바가지같이 만든, 전이 없는 그릇. ⑥함박.
함:진-아비(函—) 명[민] 혼인 전날 밤이나 혼인날 신랑 측에서 신부 측으로 보내는 사람.
함초롬-하다 형[여] 촉촉이 젖어 차분하거나 곱고 산뜻이 생기가 있다. **함초롬-히** 甲 ¶바위 밑에 ~ 핀 들국화.
함축(含蓄) 명 (말이나 글이나 예술적 표현 등이 어떤 뜻을) 깊이 압축하여 담고 있는 상태가 되는 것. **함축-하다** 图[타여] ¶많은 의미를 **함축하고** 있는 글. **함축-되다** 图[자].
함축-성(含蓄性)[-썽] 명 말이나 글 중에 어떤 뜻이 함축되어 있는 성질. ¶~ 있는 말을 하다.
함축-적(含蓄的)[-쩍] 명[관] 어떤 내용이나 요소를 함축하고 있는 (것). ¶~인 표현.
함:포(艦砲) 명[군] 군함에 장비한 화포. ¶~ 사격.
함함-하다 형[여] 1 털이 보드랍고 반지르하다. 2 소담하고 탐스럽다. **함함-히**

甲
함흥-냉면(咸興冷麵) 명 국물 없이 생선회를 곁들여 맵게 비벼 먹는 함흥식 냉면. ▷평양냉면.
함흥-차사(咸興差使) 명 심부름을 가거나 어디든 가서 좀처럼 돌아오지 않거나 아무 소식이 없음을 비유하는 말.
합¹(合) 명 1 여럿을 한데 모음. 또는, 그 모은 수. 2 [수] 둘 이상의 수를 더하여 얻은 값.
합²(盒) 명 음식을 담는 놋그릇의 하나. 운두가 그리 높지 않고 둥글넓적하며 뚜껑이 있음.
합각(合閣)[-깍] 명[건] 지붕 위쪽의 양옆에 박공(膊栱)으로 '人(인)' 자 모양을 이루고 있는 각.
합격(合格)[-껵] 명 (시험이나 물건이) 시험·검사·심사 등에) 일정한 기준에 드는 자격이나 규격을 갖춘 것으로 판정을 받는 것. ¶~ 통지서. ↔불합격. **합격-하다** 图[자여] **합격-되다** 图[자].
합격-권(合格圈)[-껵꿘] 명 합격할 수 있는 성적의 범위. ¶그 점수면 ~에 든다.
합격-률(合格率)[-껵뉼] 명 합격자 수의, 지원자 수에 대한 비율.
합격-선(合格線)[-껵썬] 명 합격할 수 있는 최소한의 점수나 수치적인 선. ¶예상 ~.
합격-자(合格者)[-껵짜] 명 입시나 취직 시험 등에 합격한 사람. ¶수석 ~.
합격-증(合格證)[-껵쯩] 명 합격을 증명하는 문서.
합계(合計)[-께/-꼐] 명 한데 더하여 셈한 것. 또는, 그 수. ≒계. 回합산. **합계-하다** 图[타여].
합곡(合谷)[-꼭] 명[한] 침을 놓는 자리의 하나. 엄지손가락과 집게손가락 사이임.
합궁(合宮)[-꿍] 명 부부 사이의 성교. **합궁-하다** 图[자여].
합금(合金)[-끔] 명[화] 어느 한 금속 원소에 한 종류 이상의 다른 금속 원소 또는 비금속 원소를 첨가하여 만든 금속. 놋쇠·강철 따위.
합기-도(合氣道)[-끼-] 명 무술의 하나. 맨손 또는 단도·검·창·몽둥이 따위를 쓰며, 관절 지르기와 급소 지르기를 특기로 하는 호신술임.
합당(合黨)[-땅] 명 당을 합치는 것. **합당-하다**¹ 图[자여].
합당-하다²(合當)[-땅-] 형[여] (어떤 일이) 사리에 맞아 마땅하다. ¶**섭당한** 처사 / 가격이 ~.
합동(合同)[-똥] 명 1 본래 따로따로인 여럿의 대상이 모여 같은 행동이나 일을 함께하는 것. ¶~ 작전. 2 [수] 두 도형의 크기와 모양이 같아 서로 일치하는 것. 기호는 ≡. ▷닮음. **합동-하다** 图[자여].
합동-결혼식(合同結婚式)[-똥-] 명 한 자리에서, 한 사람의 주례로 여러 쌍의 신랑·신부가 함께 치르는 결혼식.
합력(合力)[합녁] 명 1 흩어진 힘을 한데 모으는 것. 또는, 그 힘. 2 [물] 동시에 작용하는 둘 이상의 힘과 똑같은 효과를 나타내는 하나의 힘. ↔분력(分力). **합력-하다** 图[자여] 흩어진 힘을 한데 모으다.
합류(合流)[합뉴] 명 1 둘 이상의 흐름이 한데 합하여 흐르는 것. 또는, 그 흐름. ¶두 강의 ~ 지점. 2 일정한 목적을 위하여 다른 단체나 당파와 하나로 합쳐 같은 행동을 취하는 것. **합류-하다** 동(자)(여) ¶목적지에서 선발대와 ~. **합류-되다** 동(자)
합리(合理)[함니] 명 이론이나 이치에 합당한 것. ↔불합리.
합리-적(合理的)[함니-] 관명 이치나 논리에 합당한 (것). ¶~인 사고[행동]. ↔비합리적.
합리-주의(合理主義)[함니-의/함니-이] 명 1 철 진정한 인식은 경험이 아닌 생득적인 이성(理性)에 의하여 얻어진다고 하는 입장. ▷경험주의. 2 이성적으로 판단하고 합리성을 관철하려고 하는 생활 태도나 사고방식.
합리-화(合理化)[함니-] 명 1 철 이치나 논리에 합당하게 하는 것. 2 작업 따위의 노력의 낭비를 없애어 능률화하는 것. ¶경영 ~. 3 (자기의 행동·생각·실수·실패 등을) 그럴듯한 이유나 구실을 붙여 당연하거나 옳은 것인 양 둘러대거나 생각하는 것. (비)정당화. **합리화-하다** 동(타)(여) ¶자기 잘못을 ~. **합리화-되다** 동(자)
합명^회사(合名會社)[함-회/함-훼-] 명(경) 두 사람 이상의 사원으로 구성되고 사원 전원이 회사의 채무에 대하여 직접 연대하여 무한 책임을 지는 회사.
합목적-성(合目的性)[함-쩍썽] 명(철) 목적의 실현에 적합한 성질. 또는, 어떤 사물이 일정한 목적에 적합한 방식으로 존재하는 성질.
합목적-적(合目的的)[함-쩍쩍] 관명 목적에 적합한 (것).
합방(合邦)[합빵] 명 두 나라를 하나로 합치는 것. ¶한일(韓日) ~. **합방-하다** 동(자)(타)(여)
합법(合法)[합뻡] 명 어떤 행위가 법 질서나 절차에 합치되는 상태인 것. ¶~ 정부. **합법-적** 비도덕적 행위.
합법-성(合法性)[합뻡썽] 명(법) 일정 행위가 현행 법규에 저촉되지 않는 성질. ¶~을 내세운 비도덕적 행위.
합법-적(合法的)[합뻡쩍] 관 법률에 맞는 (것). ¶~ 절차. ↔비합법적.
합법-화(合法化)[합뻐콰] 명 법령이나 규범에 맞도록 하는 것. **합법화-하다** 동(타)(여) **합법화-되다** 동(자)
합병(合倂)[합뼝] 명 둘 이상의 국가나 기관 등 사물을 하나로 합치는 것. =병합. **합병-하다** 동(자)(타)(여) ¶두 기업을 ~. **합병-되다** 동(자)
합병-증(合倂症)[합뼝쯩] 명(의) 어떠한 질환과 관련하여 일어나는 다른 질환.
합삭(合朔)[합싹] 명(천) 달이 태양과 지구 사이에 들어가 일직선을 이루는 때. 흔히, 일식(日蝕)이 일어남. (준)삭(朔).
합산(合算)[합싼] 명 합하여 계산하는 것. (비)합계. **합산-하다** 동(타)(여) **합산-되다** 동(자)
합석(合席)[합썩] 명 어떤 자리(특히, 술자리나 식사하는 자리)에 끼어 함께 앉아 나누리는 것. **합석-하다** 동(자)(여)
합선(合線)[합썬] 명 음전기와 양전기의 선이 한데 붙는 것. **합선-되다** 동(자)
합섬(合纖)[합썸] 명 '합성 섬유'의 준말.
합성(合成)[합썽] 명 1 (둘 이상의 것을) 합쳐서 새로운 사물을 이루는 것. ¶~사진의 ~. 2 (화) 둘 이상의 원소를 화합시켜 화합물을 만드는 것. ¶광(光) ~. ↔

분해. **합성-하다** 동(타)(여) **합성-되다** 동(자)
합성^동!사(合成動詞)[-씽-] 명(언) 둘 이상의 말이 결합되어 형성된 동사. '본받다', '들어가다' 따위.
합성^명사(合成名詞)[-씽-] 명(언) 둘 이상의 말이 결합되어 형성된 명사. '논밭', '늦더위' 따위.
합성^부!사(合成副詞)[-씽-] 명(언) 둘 이상의 말이 결합되어 형성된 부사. '밤낮', '곧잘' 따위.
합성^사진(合成寫眞)[-씽-] 명 =몽타주 사진.
합성^섬유(合成纖維)[-씽-] 명(화) 석탄·석유·물·공기 등을 원료로 하여 만든 인조 섬유. 나일론·비닐론·폴리에스테르 따위. ⑥합섬.
합성^세!제(合成洗劑)[-씽-] 명(화) 화학적으로 합성하여 만든 세제. 용액이 중성(中性)이므로 중성 세제라고도 함. 가루비누.
합성^수지(合成樹脂)[-씽-] 명 건축 용재나 각종 부품 및 식기 등에 사용되는 합성 고분자 화합물의 총칭. 폴리염화비닐·폴리에틸렌·페놀 수지 따위.
합성-어(合成語)[-씽-] 명(언) 두 개 이상의 실질 형태소가 모여 하나의 단어가 된 말. '돌다리', '빛나다' 따위. ▷복합어·파생어.
합성-주(合成酒)[-씽-] 명(화) 알코올에 향기·맛·빛깔에 관계있는 약제를 섞거나 주류끼리 혼합하여 만든 술. ↔양주.
합성^형용사(合成形容詞)[-씽-] 명(언) 둘 이상의 말이 결합되어 이루어진 형용사. '손쉽다', '낯설다' 따위.
합세(合勢)[-쎄] 명 (두 사람이나 집단과) 세력을 한데 모으는 것. **합세-하다** 동(자)(여) ¶지원 부대와 **합세하여** 총공격을 가하다.
합쇼-체(-體)[-쑈-] 명(언) 상대 높임법의 하나. 상대방을 아주 높이는 뜻을 나타냄. '어서 드십시오', '안녕하십니까' 따위.
합수(合水)[-쑤] 명 두 갈래의 물이 한데 모여 흐르는 것. 또는, 그 물. **합수-하다** 동(자)(여) **합수-되다** 동(자)
합숙(合宿)[-쑥] 명 여러 사람이 한곳에 집단적으로 묵는 것. ¶~ 훈련. **합숙-하다** 동(자)(여)
합숙-소(合宿所)[-쑥쏘] 명 합숙하는 곳.
합승(合乘)[-씅] 명 1 (차를) 여럿이 함께 타는 것. 2 다른 손님이 먼저 타고 있는 택시를 함께 타는 것. **합승-하다** 동(자)(여) ¶방향이 같은 손님과 함께 ~.
합심(合心)[-씸] 명 마음을 한데 합하는 것. **합심-하다** 동(자)(여)
합용^병!서(合用竝書)[-씽-] 명(언) 서로 다른 자음을 나란히 붙여 쓰는 일. 'ㄲ', 'ㄲ', 'ㅉ' 따위. ▷각자 병서.
합의¹(合意)[-의/-이] 명 (둘 이상의 사람이, 또는 어떤 사람이(과) 다른 사람과 [이]) 어떤 일에) 서로 의견이나 뜻을 같이하는 것. ¶~을 보다. **합의-하다¹** 동(자)(여) ¶이혼에 ~. **합의-되다¹** 동(자)
합의²(合議)[-의/-이] 명 1 두 사람 이상이 한자리에 모여서 협의하는 것. 2(법) 합의 기관이나 합의제 법원에서 사실을 토의하여 의견을 종합하는 일. **합의-하다²** 동(자)(타)(여) **합의-되다²** 동(자)
합의-점(合意點)[-의쩜/-이쩜] 명 합의

할 수 있는 점. ¶노사 쌍방이 서로 ~을 찾지 못해서 진통을 거듭하고 있다.
합의-제(合議制)[-의-/-이-] 圀[법] 1 행정 기관의 의사를 여러 구성원이 합의하여 결정하는 제도. 2 재판 사건을 합의제에 의하여 재판하는 제도.
합의-체(合議體)[-의-/-이-] 圀[법] 복수의 법관으로 구성되는 재판 기관.
합일(合一) 圀 여럿이 합하여 하나가 되는 것. **합일-하다** 图(자)(여) **합일-되다** 图(자)(여)
합자(合資)[-짜] 圀 두 사람 이상의 자본을 한데 합치는 것. **합자-하다** 图(자)(여)
합자^회사(合資會社)[-짜회-/-짜훼-] 圀[경] 두 사람 이상이 합자하여 만든 회사. 무한 책임 사원과 유한 책임 사원으로 구성됨.
합작(合作)[-짝] 圀 1 어떤 일을 하기 위해 서로가 힘을 합하는 것. ¶~ 영화. 2 [경] 둘 이상의 기업이 공동으로 출자하여 기업을 경영하는 것. ¶~ 회사. **합작-하다** 图(자)(여)
합작-품(合作品)[-짝-] 圀 여럿이 힘을 합쳐 만든 작품.
합장¹(合掌)[-짱] 圀[불] 불가(佛家)에서 인사하거나 절할 때, 두 팔을 가슴에 들어 올려 두 손바닥과 열 손가락을 마주 대는 것. **합장-하다**¹ 图(자)(여)
합장²(合葬)[-짱] 圀 여러 사람의 시체를 한 무덤에 묻는 것. 흔히, 부부의 경우를 이름. **합장-하다**² 图(타)(여) **합장-되다** 图(자)
합종(合從·合縱)[-쫑] 圀 굳게 맹세하여 서로 좇아서는 것. **합종-하다** 图(자)(여)
합종-설(合從說)[-쫑-] 圀[역] 중국 전국 시대에 소진이 주장한 외교 정책설. 여섯 나라가 동맹하여 서쪽의 진(秦)나라에 대항해야 한다는 주장임. ↔연횡설.
합주(合奏)[-쭈] 圀 두 개 이상의 악기로 동시에 연주하는 일. =협주. ¶현악 ~. ↔독주. **합주-하다** 图(자)(여)
합주-단(合奏團)[-쭈-] 圀 두 사람 이상으로 조직된 합주 단체.
합죽-선(合竹扇)[-쭉썬] 圀 얇게 깎은 겉대를 맞붙여서 살로 만든, 접었다 폈다 할 수 있는 부채.
합죽-이[-쭈-] 圀 이가 빠져서 입과 볼이 합죽하게 된 사람을 얕잡아 이르는 말.
합죽-하다 阘영 이가 빠져서 입 언저리나 볼이 오므라진 듯하다. ¶입이 ~.
합죽-할미[-쭈칼-] 圀 이가 빠져 입이 합죽한 할미.
합중-국(合衆國)[-쭝-] 圀 합성 국가의 하나. 두 개 이상의 나라 또는 주(州)가 같은 주권하에 결합하여 단일한 외교권을 행사하는 나라. ¶아메리카 ~.
합-집합(合集合)[-찌팝] 圀[수] 집합 A의 원소와 집합 B의 원소를 모두 갖는 집합. A∪B로 나타냄.
합창(合唱)[-쨩] 圀[음] 1 여러 사람이 목소리를 맞추어 같은 선율을 노래하는 것. 2 여러 사람이 2부·3부·4부 등으로 나뉘어 서로 화음을 이루면서 다른 선율로 노래를 부르는 것. =코러스. **합창-하다** 图(타)(여)
합창-단(合唱團)[-쨩-] 圀[음] 합창을 하기 위해 조직된 모임.
합창-대(合唱隊)[-쨩-] 圀[음] 합창을 하기 위해 조직된 부서.
합체(合體) 圀 1 두 개 이상의 것이 하나가 되는 것. 또는, 그렇게 되게 하는 것. 2 마음을 하나로 합치는 것. 3 [생] 생물의 유성 생식에서, 접착한 자웅(雌雄)의 배우자가 핵과 세포질이 융합하여 하나의 세포가 되는 현상. ↔접합. **합체-하다** 图(자)(여) **합체-되다** 图(자)(여)
합치(合致) 圀 (의견이나 주장 따위가) 서로 일치하는 것. ¶의견의 ~를 보다. **합치-하다** 图(자)(여) **합치-되다** 图(자)(여)
합치다(合-) 图(타)(여) '합하다'의 힘줌말. ¶힘을 ~ / 살림을 ~.
합치-점(合致點)[-쩜] 圀 둘 이상의 것이 서로 합치하는 점. ¶의견의 ~을 찾다.
합판(合板) 圀 '베니어합판'의 준말.
합-하다(合-) 图(하파여) ① 1 (둘 이상의 대상이) 모여 하나가 되다. ¶내가 **합하여** 큰 강을 이루다. ② 타 1 (어느 것에 다른 것을, 또는 어느 것과[을] 다른 것을[과]) 모아 하나로 만들다. ¶노랑과 파랑을 **합하면** 초록이 된다. 2 (어떤 사람이[과] 다른 사람과[이]) 힘·마음·지혜 등을 모아 더욱 훌륭한 상태가 되게 하다. ¶나는 친구와 힘을 **합해** 이 일을 해냈다.
합헌(合憲)[하편] 圀 헌법의 취지에 맞는 일. ↔위헌.
합환-주(合歡酒)[하퐌-] 圀 전통 혼례식에서 신랑·신부가 서로 잔을 바꾸어 마시는 술.
핫-[한] 쥔 1 옷이나 이불 따위의 말 앞에 쓰여, 솜을 둔 것을 나타내는 말. ¶~바지 / ~이불. 2 배우자를 갖추고 있음을 나타내는 말. ¶~아비 / ~어미. ↔홑-.
핫-길(下-)[하낄/한낄] 圀 같은 종류 가운데 등급이 아래(下)에 속하는 상태, 또는 그 물건이나 존재. ↔상길. ▷중길.
핫-도그(↑hot dog) 圀 길쭉한 소시지에 막대기를 꽂고 밀가루 반죽을 입혀 기름에 튀긴 음식.
핫-라인(hot line) 圀 1 워싱턴의 백악관과 모스크바의 크렘린 사이에 개설된 직통 텔레타이프 통신 회선. 2 긴급 비상용의 직통 전화.
핫^머니(hot money) 圀[경] 국제간에 이동하는 불안정 단기 투기 자금.
핫-바지[한빠-] 圀 1 솜을 두어 지은 바지. 2 시골 사람 또는 무식하고 어리석은 사람을 얕잡아 이르는 말. ¶아무 말 없는다고 사람을 ~로 아네.
핫-아비[한-] 圀 아내가 있는 남자. (비)유부남. ↔홀아비.
핫-어미[한-] 圀 남편이 있는 여자. (비)유부녀. ↔홀어미.
핫-이슈(hot issue) 圀 '주논점', '주관심사' 로 순화.
핫-케이크(hotcake) 圀 밀가루에 설탕·달걀·버터 등을 넣어 구운 둥근 빵.
핫-팬츠(hot pants) 圀 길이가 아주 짧고 몸에 꼭 맞는 여성용 바지.
항¹(項) 圀 1 법률이나 문장 등의 각개의 구분. ¶제3~. 2 [경] 예산 편성상의 분류의 하나. 관(款)의 아래, 목(目)의 위. 3 =사항. 4 [수] 다항식의 각개의 단항식. ¶동류~. 5 [수] 비례식에서 각 부분. 6 [수] 수열·급수의 수(級數)를 이루는 각 수. ¶일반~.
항-²(抗) 쥔 '저항'의 뜻을 나타내는 말. ¶~결핵제 / ~히스타민제.
-항³(港) 쥡 '항구'의 뜻을 나타내는 말. ¶무역~ / 부동(不凍)~.
항간(巷間) 圀 세상 사람들 사이. ¶~에

떠도는 소문.
항:거(抗拒) 명 (어떤 일에) 순응하지 않고 맞서서 반항하는 것. 항:거-하다 자(여어) ¶불의에 ~.
항:고(抗告) 명 [법] 법원의 결정·명령에 대하여 당사자 또는 제삼자가 상급 법원에 불복 신청하는 일. 항:고-하다 타(여어)
항:고-심(抗告審) 명 [법] 항고에 대한 상급 법원의 심리.
항공(航空) 명 항공기로 공중을 비행하는 일.
항:공-권(航空券) [-꿘] 명 승객이 항공기를 탈 수 있음을 증명하는 표시로 항공 회사에서 발행하는, 카드 모양의 종이.
항:공-기(航空機) 명 1 공중을 비행하는 탈것의 총칭. 비행기·헬리콥터·글라이더·우주선 등이 있음. 2 '비행기'를 전문 영역에서 두어적으로 이르는 말.
항:공-로(航空路) [-노] 명 정기적으로 운항되는 항공기의 노선. ⓒ(준)공로.
항:공-모함(航空母艦) 명 [군] 군용기를 싣고 발착시킬 수 있는 격납고와 비행 갑판을 갖춘 대형 군함.
항:공-사(航空社) 명 항공 운송 사업을 하는 회사.
항:공-사진(航空寫眞) 명 비행 중인 항공기에서 고성능 카메라로 지상을 촬영한 사진.
항:공^수송(航空輸送) 명 항공기에 의한, 사람·우편물·짐 등의 수송. ⓒ(준)공수.
항:공^우편(航空郵便) 명 항공기로 우편물을 실어 나르는 우편 제도. 또는, 그 우편물.
항:공-편(航空便) 명 항공기가 내왕하는 편. ¶~으로 귀국하다.
항:구(港口) 명 바다와 맞닿는 육지에 배를 댈 수 있도록 부두 따위를 설비한 곳.
항:구^도시(港口都市) 명 항구를 끼고 발달한 도시. ⓒ(준)항도.
항구-적(恒久的) 관·명 변함없이 오래가는. ¶~인 평화.
항구-하다(恒久-) 형여 변함없이 오래가다. 『영구(永久)하다. 항구-히 부
항:균(抗菌) 명 세균의 생장과 발육을 저지함. ¶~ 작용이 있는 에어컨.
항:균-성(抗菌性) [-썽] 명 항생 물질 등이 세균의 발육을 저지하는 성질.
항다반-사(恒茶飯事) 명 늘 예사롭게 있거나 하는 일. ⓒ(비)다반사. ¶그는 약속을 어기는 것이 ~이다.
항:도(港都) 명 '항구 도시'의 준말.
항:독-소(抗毒素) [-쏘] 명 [의] 생체(生體) 안으로 침입하는 독소와 결합하여 힘이 없어지게 하는 작용이 있는 물질.
항등-식(恒等式) 명 [수] 식에 포함된 문자에 어떤 값을 넣어도 항상 성립하는 등식. $(a+b)(a-b)=a^2-b^2$ 따위. ↔방정식.
항:라(亢羅) [-나] 명 명주·모시·무명실 등으로 짠 피륙의 하나. 구멍이 송송 뚫어져 있어 여름 옷감으로 적합함.
항:력(抗力) [-녁] 명 [물] 물체가 유체(流體) 속을 운동할 때 운동 방향과 반대쪽으로 물체에 미치는 유체의 저항력.
항렬(行列) [-녈] 명 친족 집단 안에서, 세대(世代) 관계를 나타내는 서열. ¶형제는 같은 ~이다.
항렬-자(行列字) [-녈짜] 명 =돌림자.
항:로(航路) [-노] 명 1 선박이 지나다니는 해로(海路). ⓒ(비)뱃길. 2 항공기가 통행

항:아리손님__1313

하는 공로(空路). ¶대권(大圈) ~.
항:만(港灣) 명 외해(外海)로부터의 풍랑을 막고 선박이 안전하게 발착 또는 정박할 수 있게 된, 육지에 파고든 해역. 또는, 인공적으로 이렇게 만든 해역.
항:명(抗命) 명 명령·제지(制止)에 따르지 않고 반항하는 것. ¶군(軍) 내부의 ~ 파동. 항:명-하다 자
항:목(項目) 명 =조목(條目).
항문(肛門) 명 [생] 고등 포유동물에 있는 소화기 말단의 구멍. 직장(直腸)의 끝으로 몸 안의 노폐물을 몸 밖으로 내보내는 곳임. ⓒ(비)똥구멍.
항문-기(肛門期) 명 [심] 정신 분석에서, 어린이 성욕(性慾) 발달 단계의 하나로, 항문의 자극에 쾌감을 느끼는 시기. 생후 8개월부터 4세까지임.
항:변¹(降辯) 명 =항변. 항:변-하다 타(여어)
항:변²(抗辯) 명 1 항거하여 사리를 밝혀서 논하는 것. 2 [법] 민사 소송법상 방어 방법의 하나. 상대방의 주장이나 신청을 배제하기 위해 별개의 사항을 주장하는 일. 항:변-하다² 타(여어)
항:복(降伏·降服) 명 힘에 눌려 적에게 굴복하는 것. 항복-하다 자 ¶원자 폭탄의 위력 앞에 일본은 무조건 항복했다.
항상(恒常) 부 언제나 변함없이. ⓒ(비)늘. ¶그는 ~ 바쁘다.
항:생-물질(抗生物質) [-질] 명 [화] 곰팡이나 세균 등의 미생물에 의해 만들어지는 것으로서, 다른 세균이나 미생물의 발육과 번식을 억제하거나 억제하기 위해 이용하는 물질. 페니실린·스트렙토마이신 따위.
항:생-제(抗生劑) 명 [약] 항생 물질로 된 약제.
항성(恒星) 명 [천] 천구 상에서 위치를 거의 바꾸지 않는 별. 행성·위성·혜성 이외의 천체가 이에 해당되며, 자체의 에너지로 빛을 냄. ↔유성.
항성^광도(恒星光度) 명 [천] 지구의 표면에 수직으로 비치는 항성의 빛의 세기. 1등에서부터 6등으로 나눔. =광도(光度).
항:소(抗訴) 명 [법] 1 민사 소송에서, 제1심의 종국 판결에 대하여 하는 상소. 2 형사 소송에서, 제1심 판결에 대하여 제2심 법원에 하는 상소. 구용어는 공소(控訴). 항:소-하다 자(여어)
항:소-심(抗訴審) 명 [법] 항소 사건에 대한 항소 법원의 심리.
항:속(航速) 명 선박이나 비행기의 운항 속도. ¶최대 ~.
항:속(航續) 명 항공 및 항해를 계속하는 것. ¶~ 거리. 항:속-하다 자(여어)
항:속-력(航續力) [-송녁] 명 선박 또는 항공기가 한 번 실은 연료만으로 항해 또는 비행을 계속할 수 있는 힘.
항시(恒時) I 명 =상시(常時). II 부 똑같은 상태로 언제나. ⓒ(비)늘·항상.
항:심(恒心) 명 언제나 지니고 있는 떳떳한 마음.
항아(姮娥) 명[역] 궁중에서, 상궁이 되기 전의 어린 궁녀를 이르는 말.
항아리(缸-) 명 고추장·된장·간장·김치 등을 담아 두거나 쌀·잡곡 등을 넣어 두는 데 쓰는, 아가리와 밑바닥이 배가 부르며 전이 달린 오지그릇. ▷독
항:아리-손님(缸-) 명 '유행성 이하선염'을 양쪽 볼이 항아리처럼 부어오른다 하

여 이르는 말.
항:癌(抗癌) 명 〖일부 명사 앞에 쓰여〗 암세포의 증식을 억제하거나 암세포를 죽임. ¶~ 물질 / ~ 치료.
항암-제(抗癌劑) 명 암세포를 죽이거나 암세포가 자라지 못하게 억제하는 약.
항온(恒溫) 명 =상온(常溫)1.
항용(恒用) 튀 드물지 않게 늘.
항:-우(項羽) 명[인] 진(秦) 나라의 무장 (232~202 B.C.).
항:우-장사(項羽壯士) 명 ['항우 같은 장사'라는 뜻] 힘이 아주 센 사람을 이르는 말. ¶~라도 못 당할 일.
항:원(抗原·抗元) 명〖생〗생체 내에 침입하여 항체를 형성시키는 단백성 물질. ▷抗體.
항:원-항^체^반^응(抗原抗體反應) 명〖의〗항원을 동물 체내에 넣었을 때 항원과 항체 사이에 생기는, 응집 반응·용혈 반응·침강 반응·알레르기 반응 등의 총칭.
항:의(抗議) [-의/-이] 명 (어떤 사람에게 또는 어떤 단체에 그의 조치·처리·발언·판정 등을〖에 대해〗) 부당하다는 것을 나타내거나 그러지 말라고 주장하는 것. =항변. **항:의-하다** 困(자)(타)(여) ¶심판의 부당한 판정에~.
항:의-서(抗議書) [-의/-이-] 명 항의하는 내용을 적은 문서.
항:일(抗日) 명 일본 제국주의에 대한 항거. ¶~ 운동.
항:쟁(抗爭) 명 (적이나 불의한 세력에) 대항하여 싸우는 것. **항:쟁-하다** 困(자).
항저우(杭州) 명[지] 중국 동부의 항만 도시.
항:전(抗戰) 명 적에 대항하여 싸우는 것. **항:전-하다** 困(자).
항:진(亢進) 명 (심신의 어떤 기능·작용·상태 등이) 활발해지거나 심해지는 것. ¶심장 박동의 ~. **항:진-하다¹** 困(자)(여) ¶호르몬 분비가 ~.
항:진²(航進) 명 비행기나 선박 등이 전진하는 것. **항:진-하다²** 困(자)(여).
항:체(抗體) 명〖생〗생체가 항원의 침입을 받았을 때 혈청 속에 만들어지는 물질. 그 항원에 대한 면역성이 생기게 함. ▷抗原.
항하-사(恒河沙) 명 ['항하(갠지스 강)의 모래'라는 뜻] 무수히 많은 수량.
항:해(航海) 명 (배가) 바다 위를 가는 것. **항:해-하다** 困(자)(타)(여) ¶태평양을 ~.
항:해-사(航海士) 명 선박 직원의 하나. 해기사(海技士) 면허장을 가진 자로서, 선박 방위의 측정, 승무원의 지휘, 하역의 감독 등을 맡아봄.
항:해-술(航海術) 명 선박의 항행 중, 그 선박이 있는 곳의 경위도(經緯度)를 정확히 알고, 항행에 가장 가까운 침로·항정(航程) 따위를 측정하는 기술.
항:히스타민-제(抗histamine劑) 명〖약〗천식·두드러기 등 알레르기 질환의 한 원인인 히스타민의 작용을 경감시키는 약제.

해¹ 명 [저녁] 1 아침에 동쪽에서 떠서 저녁에 서쪽으로 질 때까지 하늘에서 빛과 열을 내어 지구를 밝고 따뜻하게 하는, 크고 둥근 物体. 田太陽. 2 태양에서 나오는 빛이나 열. ¶이 방은 오후에 ~가 든다. 3 날이 밝아서 어두워질 때까지의 동안. ¶~가 짧다. 4 지구가 태양을 한 바퀴 도는 동안. 田연(年). ¶~가 바뀌다. 2〖의존〗지구가 태양을 한 바퀴 도는 시간의 단위. ¶한 ~.
해가 서쪽에서 뜨다 있을 수 없는 일의 비유.
해² 명〖의존〗주로 '내', '네', '뉘(누구)', '우리' 아래에 쓰이어, 소유물임을 나타내는 말. 田것. ¶이건 내 ~.
해³ 튀 1 기운 없이 입을 조금 벌린 모양. ¶입을 ~ 벌리고 바라보다. 2 입을 조금 벌려 속없이 맑고래 웃는 모양. 또는, 그 소리. ¶~ 웃다. 窀해.
해-⁴ 접튀 농작물이나 가축 등이 그해에 새로 수확되었거나 나왔거나 태어난 것임을 나타내는 말. 다음에 오는 말이 모음으로 시작하거나 첫 자음이 된소리 또는 거센 소리일 때 붙음. ¶~암탉·~콩. ▷햇-.
해:¹⁵(亥) 명 1 십이지(十二支)의 마지막. 돼지를 상징함.
해¹⁶(害) 명 사람이나 동물에게, 또는 식물에 미치는 나쁜 영향이나 작용. ¶~를 입다.
해¹⁷(解) 명[수] 방정식이나 부등식을 성립시키는 미지수의 값. 또는, 미분 방정식을 만족시키는 함수.
해⁸(垓) 주 십진급수의 하나. 경(京)의 만 배. 곧, 10^{20}.
-해(海) 〖접미〗'바다', 특히 '대양(大洋)의 일부를 이루거나 육지로 둘러싸인 바다'를 나타내는 말. ¶다도~·지중~. ▷양(洋).
해:갈(解渴) 명 1 목마름을 해소하는 것. 2 비가 내려 가뭄을 겨우 면하는 것. ¶오늘의 단비. 3 금전이 융통되는 것. **해:갈-되다** 困(여) ¶갈증이 ~.
해감 명 물속에서 흙과 유기물이 썩어 생기는 냄새나는 찌꺼기.
해감-내 명 해감의 냄새.
해-거름 명 해가 서쪽으로 기울어질 무렵.
해-거리 명 1 한 해를 거름. 田격년. 2 과일나무가 한 해에는 열매가 많이 열리고 그다음 해에는 나무가 약해져서 열매가 거의 열리지 않는 일. **해거리-하다** 困(자)(여).
해:결(解決) 명 (어려움에 처하거나 문제가 되는 일을) 답을 찾거나 만족스러운 상태로 이끌어 내어 어려움이나 문제가 되는 것이 없어지게 하는 것. **해:결-하다** 困(타)(여) ¶사건을 ~. **해:결-되다** 困(여).
해:결-사(解決士) [-싸] 명 1 해결하기 어려운 채권·채무 등에 관련된 일을 전문적으로 청부받아 폭력을 휘둘러 해결해 주고 급료를 받는 폭력배의 속칭. 2 전문적인 지식이나 탁월한 능력으로 문제를 시원하게 해결해 주는 사람. ¶법률 ~ / 경기 후반에 안정한 선수를 ~로 투입하다.
해:결-책(解決策) 명 어떤 일이나 문제 등을 해결하기 위한 방책. ¶~을 모색하다.
해:경(海警) 명 '해양 경찰대'의 준말.
해:고(解雇) 명 (사용주가 근로자를) 더 이상 고용하지 않기로 하고 내보내는 것. **해:고-하다** 困(타)(여) **해:고-되다** 困(여).
해골(骸骨) 명 1 살이 다 썩어 없어진 송장의 뼈. 또는, 그 머리뼈.
해골-바가지(骸骨-) [-빠-] 명 '해골'을 속되게 이르는 말.
해괴망측-하다(駭怪罔測-) [-괴-츠카-/-퀘-츠카-] 혭(여) 말할 수 없이 해괴하다. ¶해괴망측한 옷차림.

해괴-하다(駭怪—) [—괴—/—궤—] [형][여] 놀랍고 괴상하다. ¶**해괴한** 일 / **해괴한** 소문. **해괴-히** [부]

해¦구[1](海口) [명] 바다의 후미진 곳으로 들어간 어귀.

해¦구[2](海丘) [명][지] 바다 밑에 솟아 있는 고도 1,000m 이하의 언덕.

해¦구[3](海寇) [명] 바다로부터 침입해 들어오는 도둑 떼.

해¦구[4](海溝) [명][지] 해양 밑바닥에 좁고 길게 도랑 모양으로 움푹 팬 곳. ▷해연.

해¦구[5](海鷗) [명] 바다의 갈매기.

해¦구-신(海狗腎) [명][한] 물개 수컷의 생식기를 한의학에서 이르는 말. 강정제로 유명함.

해¦군(海軍) [명][군] 함정(艦艇)을 주력으로 하여 바다에서의 전투를 주임무로 하는 군대. ▷육군·공군.

해¦군^사¦관학교(海軍士官學校) [—꾜] [명] [군] 해군의 정규 장교를 양성하는 학교. 수업 연한은 4년이며, 졸업과 동시에 학사(學士) 학위를 수여받고 해군 또는 해병 소위로 임관됨. [준]해사.

해금[1](奚琴) [명][음] 국악기의 하나. 속이 빈 둥근 나무에 짐승의 가죽을 메우고 긴 나무를 꽂아 줄을 활 모양으로 건 악기. [속]깡깡이.

해¦금[2](解禁) [명] 금하던 것을 푸는 것. ¶~령 / ~ 서적. **해¦금-하다** [동][타][여] **해¦금-되다** [동][자]

해¦기-욕(海氣浴) [명] 해변에서 맑은 공기를 마시며 바다의 기운을 온몸에 쐬는 요양법.

해¦꼬지(害—) [명] '해코지'의 잘못.

해¦난(海難) [명] 사고 등으로 인하여 항해 중인 선박의 선체(船體)·인명·화물 등에 생기는 재난.

해¦-내다 [동][타] **1** 상대방을 여지없이 이겨내다. **2** 맡은 일이나 닥친 일을 능히 처리하다. ¶어떤 일이라도 **해내겠다**.

해-넘이 [명] 수평선이나 지평선이나 산의 너머로 저녁 해가 지는 것. [비]일몰. ↔해돋이.

해¦녀(海女) [명] 바다 속에 들어가 해삼·전복·미역 따위를 따는 것을 직업으로 하는 여자.

해¦년(亥年) [명][민] 태세(太歲)의 지지(地支)가 해(亥)로 된 해. =돼지해.

해-님 [명] '해[1][1]1'을 인격화하여 다정하게 이르는 말. ▷달님. ×햇님.

해¦단(解團) [명] 명칭에 '단(團)' 자가 붙은 단체를 해산하는 것. ¶~식. ↔결단. **해¦단-하다** [동][타][여] **해¦단-되다** [동][자]

해¦답(解答) [명] **1** 어떤 문제에 대해 출제자가 제시한 정답. [비]답. **2** 문제가 되는 일에 대한 해결 방안. ¶홍수 예방에 대한 신통한 ~이 없다. **해¦답-하다** [동][자][타][여]

해¦답-집(解答集) [—찝] [명] 문제의 해답을 모아서 엮은 책. ¶입학시험 문제 ~.

해¦당[1](害黨) [명] 당을 해롭게 하는 것. ¶~ 행위. **해¦당-하다**[1] [동][자][여]

해당[2](該當) [명] **1** (주로 관형어적으로 쓰여) 앞의 내용과 '관계가 되거나 관련이 있는 바로 그'의 뜻을 나타내는 말. ¶~ 사항 / ~ 기관. **2** (어떤 범위나 경우, 조건 등에) 포함되거나 속하거나 들어맞는 것. ¶너는 자격 요건에 ~이 안 된다. **해당-하다**[2] [동][자][여] ¶이번 태풍은 B급에 **해당한다**. **해당-되다** [동][자]

해¦당[3](解黨) [명] 당을 해산하는 것. **해¦당-하다**[3] [동][자][여]

해¦당-화(海棠花) [명][식] 바닷가 모래땅에 자라며, 5~7월에 향기가 있는 진홍색 꽃이 피는 낙엽 활엽 관목. 줄기에 가시가 많고, 8월에 둥근 열매가 붉게 익음.

해¦도(海圖) [명][지] 바다의 상태를 자세히 적어 넣은, 항해자용의 지도.

해¦독[1](害毒) [명] **1** 해를 주는 독. **2** 어떤 대상에 미치는 악하거나 나쁜 영향. ¶사회에 ~을 주는 음란물.

해¦독[2](解毒) [명] 독기를 풀어 없애는 것. **해¦독-하다**[1] [동][자][여] **해¦독-되다**[1] [동][자]

해¦독[3](解讀) [명] (난해한 문구나 암호 따위를) 읽어서 알아내는 것. **해¦독-하다**[2] [동][타][여] ¶암호를 ~. **해¦독-되다**[2] [동][자]

해¦독-제(解毒劑) [—쩨] [명][약] 몸 안의 독기를 풀어 없애는 약.

해-돋이 [—도지] [명] 수평선이나 지평선이나 산의 너머로 아침 해가 뜨는 것. =해뜨기. [비]일출. ↔해넘이.

해¦동[1](海東) [명] ['발해(渤海)의 동쪽'이라는 뜻] 옛날에 '우리나라'를 이르던 말.

해¦동[2](解凍) [명] 얼었던 것이 녹아서 풀리는 것. **해¦동-하다** [동][자][여] **해¦동-되다** [동][자]

해¦동-중보(海東重寶) [명][역] 고려 성종 때부터 숙종 때까지 통용되던 철전.

해¦동-통보(海東通寶) [명][역] 고려 숙종 7년(1102)에 만든 구리 돈. 우리나라에서 처음으로 사용한 엽전임.

해-뜨기 [명] =해돋이.

해¦라-체(—體) [명][언] 상대 높임법의 하나. 아랫사람에게 아주 낮추는 종결형의 말체. '해라', '먹어라' 따위.

해¦량(海諒) [명] '바다처럼 넓은 마음'으로 너그럽게 양해하는 것. 주로 편지에서 상대방에게 용서를 구할 때 쓰는 말임. **해¦량-하다** [동][타][여] ¶부족한 점을 두루 **해량하시기** 바랍니다.

해¦령(海嶺) [명][지] 4,000~6,000m 깊이의 바다 밑에 산맥 모양으로 솟은 지형.

해¦로[1](海路) [명] 배가 다니는 바다 위의 길. [비]바닷길.

해로[2](偕老) [명] 부부가 한평생을 함께 살며 늙는 것. ¶백년~. **해로-하다** [동][자][여]

해로-동혈(偕老同穴) [명] [살아서는 같이 늙고 죽어서는 한 무덤에 묻힌다는 뜻] 생사(生死)를 같이하자는 부부의 사랑의 맹세. **해로동혈-하다** [동][자][여]

해¦-롭다(害—) [—따] [형][ㅂ] 〈~로우니, ~로워〉 (어떤 일이나 대상이 누구에게, 또는 무엇에) 나쁜 영향을 주거나 해를 주는 작용을 하는 상태에 있다. ¶담배는 건강에 ~. ↔이롭다. **해¦로이** [부]

해롱-거리다/-대다 [동][자] **1** 술에 취하여 정신이 몽롱한 상태에서 자꾸 실없는 행동을 하다. **2** 이성에게 강한 매력을 느끼거나 성적으로 흥분하여 넋이 나간 듯한 상태에서 자꾸 실없이 굴다. **3** 버릇없이 경솔하게 자꾸 까불다.

해롱-해롱 [부] 해롱거리는 모양. **해롱해롱-하다** [동][자][여]

해¦류(海流) [명][지] 일정한 방향과 일정한 속도로 운동하는 바닷물의 흐름.

해¦류-병(海流甁) [명][지] 해류의 이동 경로를 알기 위해 바닷물에 띄우는 병. 기록 카드를 넣어 일정 장소에서 물에 띄우면 그것을 주운 사람이 습득 장소와 일시

ㅎ

해:륙-풍(海陸風) [명][지] 바다와 육지의 기온 차로 낮과 밤에 풍향이 바뀌는 바람.
해:리(海離) [명][화] 한 개의 분자가 그 성분을 구성하는 원자·원자단 또는 이온으로 분해되고, 다시 그 반대로도 진행되는 현상. 해:리-하다 [동][자][타] 해:리-되다 [동][자]
해:리¹(海里) [명][여휴] 바다 위로의 거리를 나타내는, 길이의 단위. 1해리는 1,852m임.
해:마(海馬) [명][동] 몸길이 약 8cm로 온몸이 딱딱한 비늘로 덮여 있고, 머리가 말의 머리와 비슷한 바닷물고기. 긴 꼬리로 해조를 감고 있으며, 곧게 선 채로 헤엄침. 수컷의 배에 육아낭이 있어 알을 부화시킴.
해-마다 [부] 그해 그해. ¶인구가 ~ 줄다.
해-말갛다[-가타] [형][ㅎ]<-말가니, ~가요, ~말개> 빛이 희고 말갛다. [준]희멀겋다.
해-맑다[-막따] [형] 1 (빛이나 날씨가) 밝고 환한 상태에 있다. ¶해맑은 아침 햇살. 2 (소리가) 탁하지 않고 트인 상태에 있다. 3 (사람의 얼굴이나 표정이) 구김살이나 그늘이 없는 상태에 있다. ¶해맑은 미소. 4 (사람의 눈동자가) 깨끗하고 맑은 상태에 있다. ¶아이의 눈빛이 ~.
해-맞이 [명] 해가 뜨는 것을 구경하거나 맞이하는 일. 해맞이-하다 [동][자]
해머 (hammer) [명] 1 물건을 두드리기 위한 철제의 대형 망치. 2 [체] 해머던지기 경기에서 사용하는 기구. 무게는 7.26kg 이상이며, 금속제의 구에 강철선을 붙여 말단에 손잡이를 붙였음. =철퇴.
해머-던지기 (hammer-) [명][체] 지름이 2.135m 되는 원 안에서 해머를 던져, 그 거리로써 승부를 겨루는 경기. =투해머.
해:면¹(海面) [명] =해수면.
해:면²(海綿) [명] 1 해면동물의 한 종을 목욕해면을 햇볕에 쬐어 석회상의 골격만 남긴 것. 탄력이 있고 수분을 잘 빨아들임. 2 [동] =해면동물.
해:면³(解免) [명] 관직이나 직책 등에서 물러나게 하는 것. =해제(解除). 해:면-하다 [동][타]
해:면-동:물(海綿動物) [명][동] 다세포 동물 중 가장 하등한 동물의 하나. 몸은 작은 구멍이 무수히 뚫려 있는 항아리 모양이며, 대부분 바다에서 삶. 목욕해면은 말려서 해면으로 씀. =해면.
해:명(解明) [명] (까닭이나 내용을) 설명하여 납득이 가게 밝히는 것. 해:명-하다 [동][타][여] ¶사고의 원인을 ~. 해:명-되다 [동][자]
해:몽(解夢) [명] 민간 신앙에서, 꿈을 꾼 일을 가지고 미래에 어떤 좋은 일이나 나쁜 일이 생길 것이라고 풀이하는 것. ¶꿈보다 ~이 좋다. 해:몽-하다 [동][타][여]
해-묵다[-따] [동][자] 1 (어떤 물건이) 시간적으로 여러 해를 넘기거나 오래되다. ¶해묵은 포도주. 2 (어떤 일이) 해결되지 못한 상태에서 여러 해를 넘기거나 많은 시간이 지나다. ¶해묵은 논쟁.
해묵-히다[-무키-] [동][타] '해묵다'의 사동사.
해:물(海物) [명] '해산물'의 준말.
해:미 [명] 바다 위에 낀 아주 짙은 안개.
해-바라기¹(海-) [명][식] 줄기가 높이 2m가량 곧게 자라고, 8~9월에 크고 둥근 노란색 꽃이 피는 한해살이풀. 씨는 기름을 짜서 볕을 쬐는 것. 해바라기-하다 [동][자]
해-바라기² [명] 겨울에 양지바른 곳에서 햇볕을 쬐는 것. 해바라기-하다 [동][자]
해바라기-성(-性) [명][성] 절대 권력에 아부하거나 빌붙어 혜택을 누리고자 하는 속성을 야유하여 이르는 말. ¶~ 정치인.
해:박-하다(該博-) [-바카-] [형][여] (어떤 사람이 어느 분야에) 넓고 깊은 지식을 가진 상태에 있다. 또는, (어느 분야에 대한 지식이) 넓고 깊은 상태에 있다. [파]박식하다. ¶해박한 ~.
해:발(海拔) [명] 해면으로부터 계산하여 잰 육지나 산의 높이. [비]표고(標高).
해:방(解放) [명] 1 (어떤 대상을 억누르거나 얽매이던 상태에서) 벗어나 자유롭게 하는 것. 노예는 ~. 2 1945년 8월 15일, 우리나라가 일제의 지배로부터 풀려난 일. [비]광복. 해:방-하다 [동][타][여] 해:방-되다 [동][자] ¶압박과 설움에서 해방된 민족.
해:방-감(解放感) [명] 억눌리거나 얽매이거나 부담스럽던 상태에서 벗어나 자유롭게 된 마음의 상태. ¶시험의 지옥에서 벗어나 ~을 맛보다.
해:방-구(解放區) [명] 구속과 억압에서 벗어나 자유로움이나 해방감을 누릴 수 있는 한정된 구역. ¶대학로, 젊음의 ~.
해:방-둥이(解放-) [명] 우리나라가 해방된 1945년에 태어난 사람을 일컫는 말.
해:법(解法) [-뻡] [명] 어떤 문제를 풀거나 곤란한 일을 해결하는 방법.
해:변(海邊) [명] 바다의 경계를 이루는 땅. 흔히, 모래사장을 이루는 경우가 많음. [비]바닷가.
해:병(海兵) [명][군] 해병대의 병사.
해:병-대(海兵隊) [명][군] 육지나 바다 어디에서도 싸울 수 있도록 조직·훈련된 부대. 특히, 상륙 작전에 큰 역할을 수행함.
해:-보다 [동][자] 대들어 맞겨루거나 싸우다. ¶네가 지금 나랑 아주 해보겠다는 거냐?
해:부(解剖) [명] 1 [생] (생물체나 시체를) 내부의 구조나 상태를 알아보기 위해 칼로 째어서 가르는 일. 2 (어떤 대상을) 깊이 분석하여 연구하는 것. 해:부-하다 [동][타][여] ¶해 사체를 ~. 해:부-되다 [동][자]
해:부-학(解剖學) [명][생] 생물체 내부의 기구와 구조를 연구하는 학문.
해:빙(解氷) [명] 1 봄이 되어 겨우내 얼었던 얼음이 녹아 풀리는 일. ↔결빙. 2 국제간의 긴장이 완화되는 일. 비유적인 말임. ¶~ 기. 해:빙-되다 [동][자] ¶한강이 ~.
해:빙-기(解氷期) [명] 1 얼음이 녹아 풀리는 때. 2 서로 대립 중이던 세력 사이의 긴장이 완화되는 때. 비유적인 말임. ¶정치적인 ~를 맞이하다.
해:사(海士) [명][군] '해군 사관학교'의 준말.
해사-하다 [형][여] (얼굴이) 희고 곱살하다. ¶부잣집 도령같이 해사한 얼굴.
해:산¹(解散) [명] (산모가) 아이를 낳는 일. [비]분만. 해:산-하다¹ [동][타][여]
해:산²(解散) [명] 1 회합 등이 끝나서, 사람들이 따로따로 가는 것. ↔집합. 2 집단·조직·단체 등을 해체하여 없애는 것. 해:산-하다² [동][자][타][여] ¶국회가 ~. 해:산-되다 [동][자]
해:산-달(解產-) [-딸] [명] 아이를 낳을

달. =산월. [비]산달.

해¦산-물(海産物) [명] 바다에서 나는 동식물의 총칭. [준]해물.

해¦산-미역(解産—) [명] 해산한 사람이 먹을 미역. =산곽.

해¦산-바라지(解産—)[—빠—] [명] 해산을 돕는 일. **해¦산바라지-하다** [동][자][여]

해¦삼(海蔘) [명][동] 바다에 사는 극피동물의 한 종류로, 몸이 앞뒤로 긴 원통 모양이고 등에 돌기가 많이 나 있는 동물의 총칭. 살은 날로 먹거나 요리에 사용함.

해¦상[1](海上) [명] 바다 위. ¶~ 근무.

해¦상[2](海商) [명] 해상(海上)에서의 상행위. 해운업·해상 보험업 따위.

해¦상-도(解像度) [명] 텔레비전 화면이나 컴퓨터의 디스플레이 등에 나타나는 영상의 선명도. 보통, 주사선(走査線)의 밀도로 표시함.

해¦상-력(解像力)[—녁] [명][물] 사진에서, 피사체의 미세한 상(像)을 재현할 수 있는 렌즈의 능력. 또는, 현미경·망원경 등에서, 상의 미세한 부분을 식별할 수 있는 렌즈의 능력. ¶~이 뛰어난 렌즈.

해¦서[1](海西) [명] ['바다의 서쪽'이라는 뜻] [지] '황해도'를 일컫는 말.

해서[2](楷書) [명] 한자 서예에서, 흘림이 전혀 없이 정자(正字)로 또박또박 쓴 글씨.

해¦석[1](解析) [명] 사물을 분석하여 논리적으로 밝히는 것. **해¦석-하다**[1] [동][타][여]

해¦석[2](解釋) [명] **1** (어려운 어구나 문장 등을) 그 의미를 밝혀내거나, 그 내용을 설명하는 것. **2** (어떤 일이나 현상 등을) 자기 나름으로 어떤 의미나 의도를 가진 것으로 이해하거나 판단하는 것. ¶선거 결과에 대한 여야의 ~이 서로 다르다. **해¦석-하다**[2] [동][타][여] **해¦석-되다** [동][자]

해¦석-학[1](解析學)[—서칵] [명][수] 미분학·적분학에서 발달한 수학의 총칭. 미분 방정식론·적분 방정식론·집합론·복소 함수론 등이 있음.

해¦석-학[2](解釋學)[—서칵] [명][철] 해석에 대한 이론과 방법을 다루는 학문.

해¦설(解說) [명] (어떤 사물의 내용을) 알기 쉽게 풀어서 설명하는 것. 또는, 그렇게 하여 놓은 글. ¶~집(集). **해¦설-하다** [동][타][여] **해¦설-되다** [동][자]

해¦설-자(解說者)[—짜] [명] 문제나 사건의 내용을 알기 쉽게 풀어서 설명하는 사람. ¶축구 경기 ~.

해¦소(解消) [명] (어떤 일의 어려움이나 문제가 되는 상태를) 풀어서 없어지게 하는 것. ¶교통난의 ~. **해¦소-하다** [동][타][여] ¶스트레스를 ~. **해¦소-되다** [동][자]

해¦송(海松) [명][식] =곰솔.

해수[1](咳嗽) [명][의] =기침[1]**1**.

해¦수[2](海水) [명] =바닷물.

해¦수-면(海水面) [명] 바닷물의 표면. =해면(海面).

해수-병(咳嗽病)[—뼝] [명][한] 기침을 심하게 하는 병.

해¦수-욕(海水浴) [명] 주로 여름에 더위를 피하여 바다에서 헤엄을 치거나 물놀이를 하며 노는 것. **해¦수욕-하다** [동][자][여]

해¦수욕-장(海水浴場)[—짱] [명] 해수욕하기에 알맞은 자연환경과 설비가 갖추어진 장소.

해¦수-탕(海水湯) [명] 바닷물을 데워서 목욕할 수 있도록 시설을 갖춰 놓은 업소.

해¦시(亥時) [명] 십이시의 열두째 시. 곧, 오후 9시부터 11시까지의 동안.

해-시계(—時計)[—계/—게] [명][천] 태양의 일주 운동을 이용하여 대략의 시간을 알 수 있게 만든 장치.

해¦식(海蝕) [명][지] 해안이 파도나 연안류(沿岸流)에 의해 침식되는 현상. ¶~굴.

해¦신(海神) [명] 바다를 다스리는 신.

해쓱-하다[—쓰카—] [형][여] (얼굴이) 건강이 좋지 않아 핏기가 없이 허옇다. [비]창백하다·핼쑥하다.

해¦악(害惡) [명] 해가 되는 나쁜 일. ¶~을 끼치다.

해-안[1] [명] 해가 떠 있는 동안. ¶오늘 ~에 이 산을 넘어야 한다.

해¦안[2](海岸) [명] 육지가 바다와 접한 부분.

해¦안-가(海岸—)[—까] [명] =바닷가.

해¦안-선(海岸線) [명][지] 바다와 육지가 맞닿아서 길게 뻗은 선.

해¦약(解約) [명] **1** =파약(破約). **2** [법] =해지(解止). **해¦약-하다** [동][타][여] ¶계약을 ~. **해¦약-되다** [동][자]

해¦양(海洋) [명] 지구 전 표면의 약 70%를 차지하는 수권(水圈). [비]바다.

해¦양^경¦찰대(海洋警察隊)[—때] [명] 경찰청 소속하에 설치된 특별 지방 행정 기관의 하나. 해상 경비·해난 구조와 해양 오염에 대한 감시·방제(防除) 등 해상에 있어서의 경찰 사무를 관장함. [준]해경.

해¦양-국(海洋國) [명] 국토의 전체 또는 대부분이 바다에 에워싸여 있는 나라. ▷내륙국.

해¦양-성(海洋性)[—썽] [명] 해양이 가지는 특별한 성질. ↔대륙성.

해¦양성^기후(海洋性氣候)[—썽—] [명][지] 섬이나 해안 지방 특유의 기후. 해양의 영향을 받아 기온의 연교차·일교차가 작고 흐린 날씨와 비 오는 날이 많음. ↔대륙성 기후.

해¦양^수산부(海洋水産部) [명] 행정 각 부의 하나. 해양 환경 보전, 해양 자원 개발, 해난 사고의 조사 및 수습, 수산물 유통 따위에 관한 사무를 맡아봄.

해어-지다 [동][자] 닳아서 떨어지다. ¶바지의 무릎 부분이 ~. [준]해지다.

해¦역(海域) [명] 바다 위의 일정한 구역.

해¦연(海淵) [명][지] 해구(海溝) 가운데 특히 깊이 들어간 부분.

해¦열(解熱) [명] 몸의 열기를 풀어 내리는 것. **해¦열-하다** [동][자][여] **해¦열-되다** [동][자]

해¦열-제(解熱劑)[—쩨] [명][약] 체온 중추에 작용하여 병적으로 상승한 체온을 정상으로 내리게 하는 약제.

해오라기 [명][동] 몸길이 약 60cm로 몸이 똥똥하고 다리가 짧으며, 몸빛은 머리와 등은 검은색, 배는 흰색, 날개는 회색인 새. 여름 철새로, 논이나 물가에 삶.

해¦왕-성(海王星) [명][천] 태양계의 여덟 번째 행성. 공전 주기는 165년이며, 2개의 위성을 가지고 있음.

해¦외(海外)[—외/—웨] [명] '우리나라 밖의 다른 나라'를 이르는 말. [비]국외·외국. ¶~ 시장.

해¦외-여행(海外旅行)[—외—/—웨—] [명] 다른 나라로 여행하는 일.

해¦요-체(—體) [명][언] 상대 높임법의 하나. '하오체'와 '합쇼체'를 쓸 자리에 비격식적으로 두루 씀. '해요', '가요' 따위.

해우-차 [명] '해웃값'의 잘못.

해¦운(海運) [명] 배로 사람을 태워 나르거

ㅎ

해운업(海運業) [명][경] 선박을 이용하여 화물이나 승객을 나르는 사업.
해웃-값 [-갑] [명] 기생·창기 등과 성적 관계를 맺고 주는 돈. =놀음차·화대(花代). ×해우차.
해이(解弛) [명] 정신 자세가 흐트러지고 긴장이 풀려 규율을 잘 지키지 않거나 멋대로 행동하는 상태가 되는 것. **해이-하다** [형][여어] ¶기강이 ~. **해이-되다** [동][자]
해인(海印) [불] 우주의 일체를 깨달아 아는 부처의 지혜.
해일(海溢) [명] 바다 속의 지각 변동이나 해상의 기상 변화에 의하여 바닷물이 갑자기 크게 일어나서 육지로 넘쳐 들어오는 일. ¶~이 일다.
해임(解任) [명] 1 (어떤 직책에 있는 사람을) 맡긴 임무를 내놓고 물러나게 하는 것. 2 [법] 공무원의 징계 처분의 하나. 파면 다음으로 무거운 징계로, 공무원의 신분은 박탈하되 연금은 지급하는 일. ▷징계. **해임-하다** [동][여어] ¶비위 공무원을 ~. ¶교장 직에서 ~.
해임-장(解任狀) [-짱] [명] 1 해임의 내용을 적은 문서. 2 [법] 외교 사절을 소환할 경우, 본국 정부가 그 주재국 원수나 외무 장관에게 제출하는 해임의 문서.
해자(垓子) [명] 1 [능(陵)·원(園)·묘(墓) 등]의 경계. 2 성 주위에 둘러 판 못.
해장 [명] 술을 많이 마신 다음 날, 쓰린 속을 달래거나 가시지 않은 속기운을 풀기 위하여 약간의 술을 마시거나 국물을 먹는 일. ¶~ 술을 먹는 일. **해장-하다** [동][자]
해장-국 [-꾹] [명] 술 마신 다음 날, 쓰린 속을 풀기 위해 먹는 국물 음식. 보통, 뼈 국물에 시래기와 선지를 넣고 끓임.
해장-술 [-쑬] [명] 술 마신 다음 날, 쓰린 속을 풀기 위해 마시는 술.
해저(海底) [명] 바다의 밑바닥이나 밑 부분. ¶~ 터널.
해저드(hazard) [명] [체] 골프에서, 코스 안에 설치한 모래밭·연못·웅덩이 따위의 장애물.
해적(海賊) [명] 해상에서 배를 습격하여 재물을 빼앗는 도적. ↔산적.
해:적-선(海賊船) [-썬] [명] 해적 행위를 하는 배.
해:적-판(海賊版) [명] 국제 저작권 조약에 의해 보호받고 있는 저작물을 저작권자의 허락 없이 리프린트하거나 복제하는 서적·음반·테이프·소프트웨어 등을 이르는 말.
해전(海戰) [명][군] 바다 위에서 치르는 전투. ▷육전·공중전.
해:제(解除) [명] 1 (부설·설치하거나 장비한 것을) 제거하는 것. 2 (행동을 구속했던 것을) 취소하는 것. ¶계엄 ~. 3 = 해면(解免)³. ¶직위 ~. 4 [법] 유효하게 성립한 계약의 효력을 당사자의 일방적인 의사 표시에 의하여 소급(遡及)으로 소멸시키는 것. ¶계약 ~. **해:제-하다** [동][여어] ¶폭풍 경보를 ~. **해:제-되다** [동][자]
해:제²(解題) [명] 1 책의 저자·내용·체재·출판 연월일 등에 대한 간단한 설명. 2 문제를 푸는 것. **해:제-하다²** [동][여어]
해:제-경보(解制警報) [명] 경계경보·공습경보·화생방 경보를 발령했다가 해제됨을 알리는 신호. 녹색 깃발이나 방송·신호 등을 이용.
해조¹(害鳥) [명] 사람의 생활에 해를 끼치는 새. ↔익조.
해조²(海鳥) [명] =바닷새.
해조³(海藻) [명][식] 미역·김·다시마 등과 같이, 바다 속에서 자라면 꽃이 피지 않고 열매도 맺지 않는 식물. =바닷말. 비해초.
해:지(解止) [명][법] 임대차·고용·위임과 같은 계속적 계약 관계를 당사자의 일방적 의사 표시에 의하여 장래에 대하여 소멸시키는 일. =해약. ▷해제. **해:지-하다** [동][여어]
해:-지다 [동][자] '해어지다'의 준말.
해:직(解職) [명] 직무에서 물러나게 하는 것. ¶~ 교수. **해:직-하다** [동][여어] **해:직-되다** [동][자]
해찰 [명] 어떤 일에 주의를 기울이지 않고 딴 짓이나 쓸데없는 짓을 하는 것. 주로, 아이의 행동에 대하여 이르는 말임. **해찰-하다** [동][자][여어] ¶수업이 끝나는 대로 길에서 해찰하지 말고 집으로 곧장 오너라.
해체¹(-體) [명] 국어 높임법의 하나. '해라체'와 '하게체'에 두루 쓰이는 비격식체의 반말. '해', '앉아' 따위.
해:체²(解體) [명] 1 (단체나 조직 등을) 없애어 구성원들이 흩어지게 하는 것. ¶팀이 ~ 위기를 맞다. 2 (여러 부분으로 이뤄진 기계나 구조물 등을) 뜯어서 작은 단위로 분리하거나 무너뜨리는 것. ¶건물 ~ 작업. **해:체-하다** [동][여어] ¶기계 부품을 ~. **해:체-되다** [동][자]
해초(海草) [명] 바다에서 자라는, 꽃이 피고 열매를 맺는 풀. 비해조(海藻).
해충(害蟲) [명] 인간의 생활에 직접·간접으로 해를 끼치는 벌레. ↔익충.
해치(hatch) [명] 1 화물과 사람의 출입을 위하여 설치한 갑판의 개구부. 2 실내의 벽면과 칸막이로 만들어진 개구부.
해:-치다(害-) [동][타] 1 사람이나 ~ 해롭게 하다. ¶미관을 ~. 2 다치게 하거나 죽이다. ¶강도가 사람을 ~.
해:-치우다 [동][타] 1 (어떤 일을) 빨리 시원스럽게 끝내다. ¶이틀 동안 할 일을 하루에 ~. 2 일의 방해가 되는 자를 없애다. ¶보초를 해치우고 잠입하다. 3 먹어 치우다. 구어적 표현임. ¶순식간에 밥 두 그릇을 ~.
해캄 [명][식] 민물에 사는 녹조류의 하나. 머리카락 모양의 사상체인데 덩어리를 이루며, 짙은 녹색을 띰.
해커(hacker) [명] 1 뛰어난 프로그래밍 능력으로 최고 수준의 성능을 낼 수 있게 시스템을 개조해 내는 컴퓨터광. 2 남의 컴퓨터에 무단으로 침입하여 그것을 이용하거나 파괴하는 사람. =크래커.
해:-코지(害-) [명] (남을) 해하고자 하는 짓. ¶해코지. **해:코지-하다** [동][자]
해-콩 [명] 그해에 새로 나온 콩. × 햇콩.
해킹(hacking) [명][컴] 남의 컴퓨터 시스템에 허락 없이 침입하여 데이터를 빼내거나 파괴하는 일. =크래킹.
해:탈(解脫) [명][불] 속세의 속박·번뇌를 벗어나 근심이 없는 편안한 심경에 이르는 것. ¶~의 경지에 이르다. **해:탈-하다** [동][여어]
해태¹ [명] 시비·선악을 판단하여 안다는 상상의 동물. 사자와 비슷하나 머리에 뿔이 하나씩 남.
해태²(海苔) [명][식] =김².
해:토(解土) [명] 봄이 되어 얼었던 땅이 녹

아서 풀리는 것. **해:토-하다** 〔자여〕 **해:토-되다** 〔동자〕
해:토-머리(解土-) 〔명〕 봄이 되어 언 땅이 녹기 시작할 때.
해트^트릭(hat trick) 〔명〕 [19세기 영국에서, 크리켓 경기 중 계속해서 세 타자를 아웃시킨 투수에게 새 모자[hat]를 준 데서 유래] [체] 축구·하키 등에서, 한 선수가 한 경기에서 세 골 이상을 넣는 일.
해:파리 〔명〕〔동〕 몸이 한천질로 흐물흐물하며 우산 모양으로 ील을 떠서 사는 자포동물의 총칭. 몸 가장자리에 늘어져 있는 촉수에서 독침이 나와 먹이를 잡음. 대부분 바다에 살며, 식용하는 종류도 있음.
해-포 〔명〕 1년이 넘는 동안. ▷달포.
해:풍(海風) 〔명〕 바다에서 불어오는 바람. =바닷바람. ↔육풍.
해피닝(happening) 〔명〕 1 뜻밖에 일어난, 주의를 끌거나 우스꽝스럽거나 어처구니없는 구경거리나 사건. 비촌극. ¶행사장에서 웃지 못할 ~이 벌어지다. 2 [예] 예술과 일상생활과의 경계를 없애고 관객의 참여를 유도하며 우발적인 사건을 중심으로 이루어지는 연극적 형태의 표현 양식.
해피^엔드(←happy ending) 〔명〕[예] 소설·연극 등에서, 행복한 결말을 맺는 일.
해필(奚必) 〔부〕 =하필.
해:-하다(害-) 〔동여〕 해를 주거나 입히다. ¶건강을 ~.
해학(諧謔) 〔명〕 악의 없이 웃음을 자아내는 표현이나 농. 비유머. ¶풍자와 ~이 가득한 고대 소설.
해학-적(諧謔的) [-쩍] 〔관〕[명] 해학으로 이루어진(것). 또는, 해학이 담긴(것). ¶ ~ 인 묘사.
해-해 〔부〕 입을 반쯤 벌리고 싱겁게 웃는 소리. 또는, 그 모양. ⓢ헤헤. **해해-하다** 〔동여〕
해:협(海峽) 〔명〕[지] 육지 사이에 끼어 있는 좁고 긴 바다. 양쪽이 넓은 바다로 통함.
해:후(邂逅) 〔명〕 오랫동안 헤어졌다가 우연히 만나는 것. 또는, 뜻밖에 만나는 것. **해:후-하다** 〔동자여〕 ¶부자(父子)가 40년 만에 ~.
핵(核) 〔명〕 1 사물·현상의 가장 중요한 요소나 부분. 비핵심. 2 [생] 유전 정보를 담겨 있는, 세포 내의 핵심 물질. 3 [식] 어떤 종류의 과실의 종자를 보호하고 있는 단단한 부분. 4 [물]'원자핵'의 준말. ¶~폭탄. 5 [군] =핵무기. ¶~ 폐기.
핵-가족(核家族) [-까-] 〔명〕[사] 구성원이 한 쌍의 부부로만 이뤄지거나, 한 쌍의 부부와 그들의 미혼 자녀로 이뤄진 형태의 가족. ⓢ소가족. ↔확대 가족.
핵과(核果) [-꽈] 〔명〕[식] 씨가 단단한 핵으로 싸여 있는 열매. 복숭아·살구 따위.
핵-무기(核武器) [-뭉-] 〔명〕[군] 핵반응에 의하여 핵에너지를 폭발적으로 방출하여 만든 무기의 총칭. 원자 폭탄·수소 폭탄·핵탄두 미사일 따위. =핵(核).
핵-미사일(核missile) [-씨-] 〔명〕[군] 핵탄두를 실어 나를 수 있는 미사일.
핵-반응(核反應) [-빤-] 〔명〕[물] 원자핵이 다른 입자와 충돌하여 본디의 원자핵과는 다른 종류의 원자핵으로 바뀌는 현상.
핵보유-국(核保有國) [-뽀-] 〔명〕 핵무기를 보유하고 있는 나라.
핵-분열(核分裂) [-뿐-] 〔명〕 1 [생] 세포핵이 분열하기에 앞서 핵이 분열하는 일. 2

핸디캡 __1319

[물] 원자핵이 중성자 또는 감마선 등의 조사(照射)에 의해 거의 같은 크기의 두 개의 원자핵으로 분열하는 현상.
핵산(核酸) [-싼] 〔명〕[화] 염기·당·인산으로 이루어진 뉴클레오티드가 긴 사슬 모양으로 결합한 고분자 물질.
핵심(核心) [-씸] 〔명〕 많은 대상이나 복잡한 내용 가운데 가장 중요하거나 중심이 되는 소수의 대상이나 간략한 내용. 비핵. ¶문제의 ~을 찌르다.
핵심-적(核心的) [-씸-] 〔관〕[명] 사물의 핵심이 되는(것). ¶~인 내용.
핵-에너지(核energy) 〔명〕[물] 핵분열·핵융합의 핵반응 때에 방출되는 에너지.
핵-연료(核燃料) [-열-] 〔명〕[물] 원자로에서 핵반응을 일으켜 에너지의 발생원(發生源)이 되는 물질.
핵-우산(核雨傘) 〔명〕 국가 안전 보장을 위해 핵무기가 없는 나라가 의존하는 다른 핵보유국의 핵전력(核戰力).
핵-융합(核融合) [-늉-] 〔명〕[물] 가벼운 몇 개의 원자핵이 에너지를 방출하여 하나의 원자핵으로 융합하는 일.
핵-자기(核磁氣) [-짜-] 〔명〕[물] 원자핵이 나타내는 자기적 현상 및 그 근원인 자기 모멘트.
핵-전쟁(核戰爭) [-쩐-] 〔명〕[군] 핵무기를 사용하는 전쟁.
핵-탄두(核彈頭) 〔명〕[군] 미사일 등의 앞부분에 장비한 핵폭발 장치.
핵-폐기물(核廢棄物) [-페-/-폐-] 〔명〕 원자력을 생성하고 난 후에 버리는 찌꺼기 물질. 방사능이 남아 있어서 특별한 관리가 필요함.
핵-폭탄(核爆彈) 〔명〕[군] 핵폭발을 일으키는 원자탄과 수소탄을 이르는 말.
핵^확산^금:지^조약(核擴散禁止條約) [해콱싼-] 〔명〕 핵무기를 보유하지 않은 국가가 새로 핵무기를 개발하는 일과 핵보유국이 비보유국에 핵무기를 인도하는 일을 동시에 금지하는 조약. 1970년 3월에 발효됨. =엔피티(NPT).
핸드백(handbag) 〔명〕 여성이 화장품·지갑 등 간단한 소지품을 넣어 어깨에 메거나 손에 들거나 할 수 있게 만든 소형 가방.
핸드-볼(handball) 〔명〕[체] 공을 손으로만 패스·드리블하여 상대편 골에 던져 넣어 승부를 가리는 경기.
핸드북(handbook) 〔명〕 여러 가지 내용을 간략하게 추려 엮은 작은 책자. 비편람.
핸드^브레이크(hand brake) 〔명〕 주차하거나 발로 조작하는 브레이크가 듣지 않을 경우에 사용하는, 손으로 당겨 조작하는 자동차의 제동 장치. =사이드 브레이크.
핸드-크림(hand cream) 〔명〕 손이 거칠어지는 것을 막기 위해 바르는 크림.
핸드-폰(←hand phone) 〔명〕 =휴대 전화.
핸들(↑handle) 〔명〕 기계·기구·자동차·선박 따위에서, 손으로 쥐어 작동하는 손잡이. 비운전대. ¶~을 잡다.
핸들러(handler) 〔명〕 애견 대회에 참가하는 개가 좋은 성적을 낼 수 있도록 전문적으로 관리해 주는 사람.
핸들링(handling) 〔명〕[체] 축구에서, 골키퍼 이외의 선수가 공에 손을 대는 반칙.
핸디(←handicap) 〔명〕'핸디캡1'의 준말.
핸디-캡(←handicap) 〔명〕 1 [체] 경기의 기회를 공평하게 주기 위하여, 실력이 우월한 경기자에게 과하는 불리한 조건. 특히, 골프에서 경기자의 역량 차이에 의한 성적의 차를 줄이기 위해 주어지는 수. ⓒ핸디. 2 불리한 조건. 또는, 심신의 기능 장애에 의하여 활동 능력이 저하되고, 사회적으로 불리한 입장에 놓인 상태. ¶~을 극복하다.

핸섬-하다(handsome-) [형여] (남자가) 얼굴이 잘생기고 체구가 좋아 매력적인 상태이다. ¶핸섬한 청년.

핼리, 에드먼드(Halley, Edmund) [인] 영국의 천문학자(1656~1742).

핼리^혜성(Halley彗星) [-혜-/-혜-] [명] 거대한 꼬리를 가진, 해왕성족(海王星族)의 혜성. 출현 주기는 76년임.

핼쑥-하다 [-쑤카-] [형여] (얼굴이) 핏기가 없고 볼의 살이 빠진 상태이다. 파리하다·해쓱하다. ¶오래 않고 난 후라 ~.

햄¹(ham) [명] 돼지고기를 소금에 절인 후 훈제한 식육 가공품.

햄²(Ham) [명] =아마추어 무선사.

햄릿-형(Hamlet型) [명] 〔셰익스피어의 비극 '햄릿'에서 유래한 말〕사색(思索)·회의(懷疑)의 경향이 강하고, 결단이나 실행력이 약한 성격형. ▷돈키호테형.

햄버거(hamburger) [명] 햄버그스테이크를 둥근 빵에 끼운 음식.

햄버그-스테이크(hamburg steak) [명] 쇠고기나 돼지고기를 잘게 다져 빵가루와 양파 등을 넣고 동글납작하게 뭉쳐 구운 양식 요리.

햄스터(hamster) [명][동] 몸이 길이 약 15cm로 땅딸막하면, 다리와 꼬리가 짧은 포유동물, 털은 부드럽고 빛깔은 등 쪽은 주황색, 배 쪽은 흰색임. 실험용·애완용으로 널리 기름.

햅쌀 [명] 그해에 새로 수확한 쌀. ↔묵은쌀.

햇- [접두] 농작물이나 가축 등이 그해에 새로 수확되었거나 나왔거나 태어난 것임을 나타내는 말. 첫 자음이 된소리나 거센소리가 아닐 때에 붙음. ¶~곡식/~과실. ▷해-.

햇-감자 [핻깜-] [명] 그해에 새로 난 감자.

햇-고구마 [핻꼬-] [명] 그해에 새로 난 고구마.

햇-곡(-穀) [핻꼭] [명] '햇곡식'의 준말.

햇-곡식(-穀食) [핻꼭씩] [명] 그해에 새로 수확한 곡식. ⓒ햇곡.

햇-과일(-果-) [핻꽈-] [명] 그해에 새로 난 과일.

햇-김 [핻낌] [명] 그해에 새로 나온 김.

햇-김치 [핻낌-] [명] 봄에 새로 난 배추나 무 따위로 담근 김치.

햇-님 [명] '해님'의 잘못.

햇-닭 [핻딱] [명] 그해에 나서 자란 닭. ↔묵은닭.

햇-무리 [핸-] [명] 햇빛이 대기 속의 수증기에 비쳐 해의 둘레에 둥글게 나타나는 빛깔이 있는 테두리.

햇무리-구름 [핸-] [기상] =권층운.

햇-발 [핻빨/핸빨] [명] 사방으로 뻗친 햇살.

햇-밤 [핻빰] [명] 그해에 새로 딴 밤.

햇-벼 [핻뼈] [명] 그해에 새로 수확한 벼.

햇-병아리 [핻뼝-] [명] 1 새로 깐 병아리. 2 풋내기의 비유. ¶~ 기자.

햇-별 [핻뼐] [명] 해의 볕.

햇별^정책(-政策) [핻뼝쩡-/핻뼏쩡-] [정] 북한의 개방을 유도하기 위해 지원과 교류·협력 등의 우호적 방법으로 북한을 포용하는 정책.

햇-보리 [핻뽀-] [명] 그해에 새로 수확한 보리.

햇-빛 [핻삗/핻삗] [명] 1 해의 빛. Ⓑ일광. 2 널리 세상에 알려져 칭송을 얻음의 비유. ¶그의 작품은 ~을 보지 못하고 묻혀 버림.

햇-살 [핻쌀/핻쌀] [명] 해의 내쏘는 광선. ¶눈부신 ~.

햇-수(-數) [핻쑤/핸쑤] [명] 1 해[年]의 수. 또는, 해를 거듭한 동안. ¶~가 오래다. 2 (주로 '햇수로'의 꼴로 쓰여) 기간을 해아림에 있어서, 그 기간이 몇 개의 해에 걸쳐 있었는가를 따져서 그 수만큼을 년(年)으로 세는 방식. 가령, 2003년 12월에서 2004년 1월까지의 기간은 햇수로 2년임. ↔만(滿).

햇-순(-筍) [핻쑨] [명] 그해에 나서 자란 여린 줄기나 가지.

햇-콩 [핻-] [명] '해콩'의 잘못.

행¹(行) [명] 1 〔책〕 1 = 줄¹ 4. ¶~을 바꾸다. 2 [음] 漢詩에서 한시(漢詩) 관서. 악부(樂府)에서 전화(轉化)한 것. 2 [의존] 1을 세는 단위로 이르는 말. ¶~2~.

행²(行) [명] 1 〔불〕 깨달음을 얻기 위한 수행. 2 인간의 의지적 행동. ↔지(知).

행³(幸) [명] '다행'의 준말. ¶~인지 불행인지. ↔불행.

-행(行) [접미] 지명 아래에 붙어, '그리로 감'의 뜻을 나타내는 말. ¶서울~ 열차.

행각(行脚) [명] 어떤 목적이나 의도를 가지고 여러 곳을 돌아다님. 도피 ~.

행간(行間) [명] 1 글의 줄과 줄 사이. 또는, 행과 행 사이. ▷자간. 2 글에 나타나지 않거나 감추어진, 글의 속뜻이나 참뜻. 또는, 글의 속뜻이나 참뜻이 감추어져 있다고 여겨지는, 글줄 사이의 공간. ¶~에 숨어 있는 뜻.

행구(行具) [명] =행장(行裝)³.

행군(行軍) [명] 1 〔군〕 군대가 대열을 지어 한 곳에서 다른 곳으로 옮겨 가는 일. 2 여러 사람이 줄을 지어 먼 거리를 행진하는 일. **행군-하다** [동여].

행궁(行宮) [명] 〔역〕 임금이 거동할 때 머무는 별궁. ⓒ행재(行在).

행-글라이더(hang glider) [명] 알루미늄이나 듀랄루민으로 만든 틀에 화학 섬유의 천을 발라 날 수 있게 만든 스포츠 기구. 여기에 사람이 매달려, 기류를 이용하여 활공함.

행-글라이딩(hang gliding) [명] 행글라이더를 이용하여 체공 시간을 겨루거나 목표 지점에 착륙하는 것을 겨루는 스포츠.

행-길(行-) '한길¹'의 잘못.

행낭(行囊) [명] 1 우체국에서 수신지의 우체국이나 회사·기관 등에 많은 우편물을 보낼 때 쓰는, 자루 모양의 물건. 2 외교 문서를 넣어 보낼 때 쓰는, 자루 모양의 물건. ¶외교 ~.

행동(行動) [명] 1 몸을 움직여 어떤 일을 행하는 것. 사람의 경우에는 몸의 움직임 외에도 말하는 태도도 포함할 수 있음. ¶단체 ~. 2 〔심〕 내적·외적 자극에 사람이나 동물이 동작으로 나타내는, 외부에서 관찰할 수 있는 반응의 총칭. **행동-하다** [동여].

행동-거지(行動擧止) [명] 몸을 움직여 하는 모든 짓. ¶~가 수상하다.

행동^과학(行動科學) [명] 인간 행동의 일반 법칙을 컴퓨터 등의 과학적 수법을 이용하여 발견하려는 사회 과학과 자연 과학의 새로운 연구 분야.
행동-대(行動隊) 몡 어떤 조직의 목적이나 계획을 실현하기 위하여 직접 행동할 사람들로 편성된 무리.
행동-반경(行動半徑) 몡 1[군] 군함·항공기 등이 기지를 출발하여 연료의 보급 없이 다시 돌아올 수 있는 최대 행정(行程). 2 행동할 수 있는 범위. ¶~이 넓은 사람.
행동-주의(行動主義) [-의/-이] 몡 1[심] 심리학의 대상을, 내면적인 의식이 아니라 자극과 반응의 관계 속에서 발견되는 객관적 행동에 두는 입장. 2[문] 제1차 세계 대전 후 프랑스에서 일어난, 행동을 중시하는 문학 운동.
행동-파(行動派) 몡 이론을 생각하기보다 즉시 행동으로 옮기는 사람. 또는, 이론보다 행동을 중히 여기는 주의를 따르는 사람.
행락(行樂) [-낙] 몡 재미있게 놀며 즐기는 것.
행락-객(行樂客) [-낙깩] 몡 놀러가 즐기러 온 사람. ¶~으로 붐비는 유원지.
행랑(行廊) [-낭] 몡 1 대문의 양쪽이나 문간 옆에 있는 방. 2 대문 안에 죽 벌여 있어 하인들이 거처하는 방.
행랑-살이(行廊-) [-낭-] 몡 남의 행랑을 빌려 살면서 그 대가로 심부름을 해주는 생활. **행랑살이-하다** 통재여
행랑-아범(行廊-) [-낭-] 몡 행랑살이하는 나이든 남자 하인.
행랑-어멈(行廊-) [-낭-] 몡 행랑살이하는 나이든 여자 하인.
행랑-채(行廊-) [-낭-] 몡 행랑으로 쓰는 집채. 囲문간채.
행려(行旅) [-녀] 몡 나그네가 되어 돌아다니는 것. 또는, 그 나그네. **행려-하다** 통재여
행려병사-자(行旅病死者) [-녀-] 몡 나그네로 다니다가 병이 들어서 죽은 사람.
행려-병자(行旅病者) [-녀-] 몡 떠돌아다니다가 병이 들어 치료나 간호를 해 줄 이가 없는 사람.
행렬(行列) [-녈] 몡 1 여럿이 줄지어 가는 것. 또는, 그 줄. ¶가장(假裝)~. 2[수] 여러 개의 수 또는 문자를 사각형 모양으로 순서 있게 배열하고 괄호로 묶어 놓은 것. 가로의 줄을 행(行), 세로의 줄을 열(列)이라 함.
행로(行路) [-노] 몡 1 다니는 길. 囲한길. 2 삶을 살아가는 과정. ¶인생~.
행방(行方) 몡 사람이 어디로 갔는지, 어디에 있는지에 대한 사실. 또는, 간 곳이나 있는 곳. ¶~이 묘연하다.
행방-불명(行方不明) 몡 사람이 어디로 갔는지 어디에 있는지 알 수 없는 상태. 㐂행불. **행방불명-되다** 통재
행보(行步) 몡 1 걸음을 걷는 것. 또는, 그 걸음. ¶날이 어두워지자 일행은 ~를 한층 빨리하였다. 2 일정한 목적지까지 걸어서 가거나 오는 것. ¶한천(寒天)에 이~이십니까? 3 목적을 실현하기 위해 어떤 일을 추진하는 태도나 속도. ¶정치인의 빠른 ~. 4 협상을 위한 여야의 ~가 빨라지다. **행보-하다** 통재여 일정한 목적지까지 걸어서 가거나 오다.
행복(幸福) 몡 1 사람이 생활 속에서 기쁘고 즐겁고 만족을 느끼는 상태에 있는 것. 2 사람의 운수가 좋은 일이 많이 생기거나 풍족한 삶을 누리는 상태에 있는 것. ↔불행. **행복-하다** 혱여
행복-감(幸福感) [-감] 몡 행복을 느끼는 마음.
행복-스럽다(幸福-) [-쓰-따] 혱비〈~스러우니, ~스러워〉행복한 데가 있다.
행복스레 뷔
행불(行不) 몡 '행방불명'의 준말.
행사[1](行使) 몡 1 어떤 사람에게, 또는 단체에 강제적인 힘을 따르게 하거나 굴복하게 하기 위해 사용하는 것. ¶무력(武力)~ / 실력 ~. 2 〈자기의 권리를〉 실현되게 하는 것. ¶권리 ~. **행사-하다** 통여 ¶투표권을 ~. **행사-되다** 통여
행사[2](行事) 몡 계획과 일정에 따라 많은 사람이 모이거나 참여하여 치르는, 국가나 단체나 집안 등의 특별하거나 중요하거나 이목을 끄는 일. ¶기념~ / 월중 ~.
행사-장(行事場) 몡 행사를 진행하는 장소.
행상(行商) 몡 1 =도붓장사. ¶~을 다니다. 2 =도붓장수.
행상-인(行商人) 몡 =도붓장수.
행색(行色) 몡 겉으로 드러난 사람의 차림새와 행동. ¶~이 초라하다.
행서(行書) 몡 육서(六書)의 하나. 한자 서예에서, 정자(正字)의 기본 모양을 살리되 획을 약간 흘린 글씨.
행선-지(行先地) 몡 가고자 하는 곳. 囲적지. ¶~를 밝히다.
행성(行星) 몡[천] 태양의 주위를 공전하며, 스스로는 빛을 내지 못하고 태양의 빛을 반사하여 빛나는 천체. 수성·금성·지구·화성·목성·토성·천왕성·해왕성을 가리킴. =유성·혹성. ↔항성.
행세[1](行世) 몡 1 세상에서 사람의 도리를 행하는 것. 2 처세하여 행동하는 것. 그 태도. 3 해당되지 않는 사람이 어떤 당사자인 것처럼 처신하여 행동하는 것. ¶주인 ~는 하지 마시오. **행세-하다**[1] 통재여
행세[2](行勢) 몡 권세나 세도를 부리는 것. **행세-하다**[2] 통재여 ¶옛날부터 **행세하는** 가문.
행수[1](行首) 몡 어떤 무리의 우두머리.
행수[2](行數) [-쑤] 몡 글줄의 수. 또는, 그 차례.
행시(行試) 몡 행정 고등 고시의 준말.
행실(行實) 몡 어떤 사람이 평소의 생활에서 나타내는 행동의 도덕적·윤리적 상태. 囲품행. ¶~이 바르다.
행악(行惡) 몡 모질고 나쁜 짓을 행하는 것. 또는, 그런 짓. **행악-하다** 통재여
행어(hanger) 몡 옷이나 물건을 걸어 둘 수 있도록 만든 물건.
행!여(幸-) 뷔 1 다행스럽게도, 어쩌다가라도 혹시. 囲행여나. ¶~ 그런 생각은 하지도 마라.
행!여-나 (幸--) 뷔 '행여'의 힘줌말. ¶~ 소식을 올까 하고 기다린다.
행!운(幸運) 몡 다행스러운 운수. 또는, 좋은 운수. ¶~을 빌다. ↔불운.
행!운-아(幸運兒) 몡 행운을 만나 어떤 일이 아주 잘된 사람. ¶이런 미인과 결혼하다니 자넨 정말 ~로군.
행원(行員) 몡 '은행원'의 준말.
행위(行爲) 몡 사람이 의지를 가지고 행하는 짓. ¶불법 ~ / 범죄 ~.
행인(行人) 몡 길을 걸어서 지나다니는 사

람. ¶거리에 ~이 뜸해졌다.
행자(行者)〖불〗**1** 불도를 닦는 사람. **2** 출가하여 아직 사미계나 사미니계를 받지 못한 사람. 승려가 되는 첫 입문 과정임.
행장¹(行狀) 명 **1** 한문체(漢文體)의 하나로, 사람이 죽은 뒤에 그 평생의 행적을 기록한 글. **2** 교도소에서, 수감자의 언행에 대하여 매긴 성적.
행장²(行裝) 명 '은행장'의 준말.
행장³(行裝) 명 여행할 때에 쓰이는 모든 기구. ≒행구. ¶~을 꾸리다.
행적(行跡·行績·行蹟) 명 일정한 동안의 행동의 자취. ¶피의자의 ~을 조사하다.
행전(行纏) 명 바지·고의를 입을 때 정강이에 감아 무릎 아래에 매는 물건. ¶~을 치다.
행정¹(行政) 명 **1** 국가의 목적 또는 공익을 실현하기 위하여 행하는 능동적이고 적극적인 국가 작용. **2**〖군〗전술과 전략을 제외한 모든 군사 사항을 관리·운용하는 일. 보급·위생·수송 따위. ¶~병(兵).
행정²(行程) 명 **1** 멀리 가는 길. 또는, 가는 길의 거리. **2**〖공〗실린더 안에서 피스톤이 왕복하는 거리. ¶~ 기관.
행정^고등^고시(行政高等考試) 명 5급 공무원 공개 경쟁 채용 시험의 하나. 공안직·행정직·기술직에 종사할 공무원 임용에 실시함. ⇨행시.
행정-관(行政官) 명〖법〗국가의 행정 사무를 맡아보는 관리.
행정^구역(行政區域) 명〖법〗행정 기관의 권한이 미치는 범위의 일정한 구역. 특별시·광역시·도·시·군·읍·면 따위.
행정-권(行政權) [-꿘] 명〖법〗국가가 통치권을 바탕으로 하여 일반 행정을 펴는 권능. 대통령과 그에 딸린 정부에 속함. ▷입법권·사법권.
행정-력(行政力) [-녁] 명 행정 업무를 수행할 수 있는 능력이나 수완.
행정-법(行政法) [-뻡] 명〖법〗행정 기관의 조직 및 행정권의 작용에 관한 국내 법규.
행정-부(行政府) 명〖법〗삼권 분립으로 한 국가 기구의 하나. 대통령을 수반으로 한 중앙 행정 기관으로 '정부'를 가리킴. ▷사법부·입법부.
행정-사(行政士) 명 타인의 부탁에 의해 수수료를 받고 행정 기관에 제출하는 서류를 작성하는 일을 직업으로 하는 사람. 구칭은 행정 서사.
행정^소송(行政訴訟) 명[법] 행정 법규의 적용에 관련된 분쟁의 판정을 위한 소송.
행정^자치부(行政自治部) 명 행정 각 부의 하나. 법령의 공포, 공무원의 인사 관리, 지방 자치 제도, 선거, 치안, 소방 업무 등의 일을 맡아봄.
행정-적(行政的) 관 행정에 관한 성질을 띤 (것).
행정-직(行政職) 명 일반직 공무원의 한 갈래. 관리관에서 서기보까지 9등급이 있음.
행정-학(行政學) 명〖법〗행정을 연구 대상으로 하는 사회 과학의 한 분야.
행주 명 설거지나 그릇, 개수대 등을 닦거나 훔치는 데 쓰는 헝겊. ¶마른~.
행주-산성(幸州山城) 명〖지〗경기도 고양시에 있는 산성. 임진왜란 때 권율 장군이 왜적을 크게 물리친 곳임.
행주-질 명 행주로 밥상·그릇 따위를 훔치

는 일. ¶~을 치다. **행주질-하다** 타여
행주-치마 명 여자들이 부엌일을 할 때, 옷에 얼룩이나 더러운 것이 묻지 않도록 허리에 둘러 하반신 앞쪽을 가리게 되어 있는, 주로 흰색 천으로 네모지거나 아랫단을 둥글게 만들어 끈을 단 물건.
행진(行進) 명 **1** (여럿이) 줄을 지어 앞으로 걸어 나아가는 것. ¶시가~. **2** 이룩해 내거나 빚어진 일이 계속 이어지는 것. 비유적인 말임. ¶적자 ~을 계속하다. **행진-하다** 재여 (여럿이) 줄을 지어 걸어서 앞으로 나아가다.
행진-곡(行進曲) 명〖음〗행진할 때 사용되는 반주용 음악.
행!짜 명 심술을 부려 남을 해치는 짓. ¶~를 부리다.
행차(行次) 명 웃어른이 차리고 나서서 길을 가는 것. 또는, 그때 이루는 대열. ¶상감마마 ~요. **행차-하다** 재여
행태(行態) 명 어떤 행위나 행동을 할 때 보이는 일정한 양상이나 태도. ¶무분별한 소비 ~.
행!티 명 행짜를 부리는 버릇.
행패(行悖) 명 난폭하거나 못된 행동을 하여 남을 괴롭히거나 불안하게 하는 것.
행-하다(行-) 타여 (어떤 일을) 행동으로 나타내거나 옮기다. ¶선을 ~.
향(向) 명 풍수지리에서, 묏자리·집터 따위의 앞쪽 방위. ↔좌(坐).
향²(香) 명 **1** 향내를 풍기는 노리개의 하나. **2** 제사·장례식 등에 쓰이는, 탈 때 향내가 나는 물건. ¶~을 피우다. **3** 차·술, 기타 식품의 좋은 향기. 또는, 인공적인 향기. ¶그윽한 커피의 ~.
향가(鄕歌) 명〖문〗신라 중기부터 고려 초기에 걸쳐 민간에 널리 유행하던 고유의 시가(詩歌).
향교(鄕校) 명〖역〗고려 시대부터 시작되어 조선 시대에 계승된 지방 교육 기관.
향군(鄕軍) 명 **1** '재향 군인'의 준말. **2** '향토 예비군'의 준말.
향긋-하다 [-그타-] 형여 옅게 또는 그윽하게 향기롭다. ¶향긋한 풀 냄새. **향긋-이** 부
향기(香氣) 명 꽃이나 향수, 향 같은 데서 나는 좋은 냄새. ¶꽃 ~ / ~가 그윽하다.
향기-롭다(香氣-) [-따-] 형ㅂ〈-로우니, -로워〉(냄새가) 꽃이나 향수, 향 같은 데서 나는 것처럼 좋은 상태에 있다. ¶향기로운 냄새. **향기로이** 부
향-나무(香-) 명〖식〗목재를 향으로 쓰는 상록 교목. 높이 약 20m이고, 잎은 비늘 모양으로 가지가 보이지 않을 정도로 빽빽이 남. 관상용으로 많이 심음.
향-내(香-) 명 **1** 향기로운 냄새. (비)향취·향훈. **2** 향을 피울 때 나는 냄새. ¶빈소에 ~가 진동하다.
향!년(享年) 명 '한평생 살아 누린 나이'라는 뜻〉죽은 사람의 나이. ¶~ 70세를 일기로 생을 마감하다.
향!락(享樂) 명 관능적 쾌락을 누리는 것. ¶~ 산업. **향락-하다** 타여
향!락-주의(享樂主義) [-낙쭈의/-낙쭈이] 명 향락의 추구를 인생의 목적으로 하는 생활 방식.
향랑-각시(香娘-) [-낭-씨] 명[동] =노래기.
향로(香爐) [-노] 명 향을 피우는 자그마한 화로.

향료(香料)[-뇨] [명] 식품·화장품 등에 소량 첨가하여 좋은 향기를 내는 데 쓰이는 물질.
향리[1](鄕吏)[-니] [명][역] 고려·조선 시대, 한 고을에서 대를 이어 내려오던 아전.
향리[2](鄕里)[-니] [명] 태어나서 자라난 고향의 마을. [비]향촌.
향미(香味) [명] 음식물의 향기로운 맛.
향미-료(香味料) [명] 약품이나 음식물에 향기로운 맛을 더하는 원료. 차조기·파·유자·양하·깨 따위.
향ː방(向方) [명] 일이 어떻게 될 것인지의 여부. ¶우승컵의 ~에 관심이 쏠려 있다.
향ː배(向背) [명] 어떤 일이 되어 가는 추세. 또는, 어떤 일에 대한 사람들의 태도. ¶이번 사건에 대한 여론의 ~가 주목된다.
향-불(香-)[-뿔] [명] 향을 태우는 불.
향-비파(鄕琵琶) [명][음] 신라 때 만들어진, 5현과 10주(柱)로 된 비파.
향ː사(向斜) [명][지] 지각의 습곡으로 오목하게 된 부분. ↔배사.
향ː상(向上) [명] (기능·지위·수준 등이) 높아지거나 나아지는 것. 또는, (기능·지위·수준 등을) 높아지거나 나아지게 하는 것. ¶체력 ~. **향ː상-하다** [동][자][타][여] **향ː상-되다** [동][자] ¶성적이 ~.
향ː수[1](享受) [명] **1** (어떤 혜택을) 받아 누리는 것. **2** (예술상의 미 따위를) 음미하고 즐기는 것. **향ː수-하다** [동][타][여] ¶복락을 ~.
향수[2](香水) [명] 화장품의 하나. 향료를 알코올 따위에 풀어 만든 액체.
향수[3](鄕愁) [명] 타향이나 타국에 있는 사람이 고향을 그리워하는 생각이나 시름. ¶~에 젖다 / 술로 ~를 달래다.
향수-병(鄕愁病)[-뼝] [명] 고향 생각에 젖어 있는 것을 병에 빗대어 이르는 말.
향신-료(香辛料)[-뇨] [명] 음식물에 맵거나 향기로운 맛을 더하는 조미료. 고추·후추·마늘·파·깨 따위.
향악(鄕樂) [명][음] 궁중 음악으로서의 우리나라 고유의 음악. ▷당악·아악.
향악-기(鄕樂器)[-끼] [명][음] 향악을 연주하는 악기. 가야금·장구·피리 따위.
향약(鄕約) [명][역] 조선 시대에 권선징악과 상부상조를 목적으로 만든, 향촌의 자치 규약.
향연[1](香煙) [명] 향이 타는 연기. ¶~이 자욱한 불당.
향ː연[2](饗宴) [명] 특별히 융숭하게 베푸는 잔치.
향ː유[1](享有) [명] (복된 상태를) 누리어 가지는 일. ¶부(富)의 ~. **향ː유-하다** [동][타][여] ¶행복을 ~.
향유[2](香油) [명] 화장품으로 쓰이는 향기로운 기름. 흔히, 머리에 바름.
향유-고래(香油-) [명][동] 고래의 한 종류. 몸길이 17~19m이며, 머리 앞쪽 끝이 뭉툭하고, 꼬리지느러미가 큼. 머리에서 공업용 기름을 짜며, 장(腸)에서는 향료의 원료인 용연향을 얻음.
향ː응[1](響應) [명] 남의 주창에 따라 그와 같은 행동을 마주 취하는 것. **향ː응-하다**[1] [동][자][여]
향ː응[2](饗應) [명] 특별히 융숭하게 대접하는 것. 또는, 그 대접. ¶~을 제공하다. **향ː응-하다**[2] [동][타][여]
향ː일-성(向日性)[-썽] [명][식] 식물의 줄기·가지·잎 등이 햇볕이 강한 쪽으로 자라는 성질.
향찰(鄕札) [명][언] 신라 때, 한자의 음과 뜻을 빌려 우리말을 표음식(表音式)으로 적던 글. 주로, 향가의 표기에 이용되었음. '夜音(밤)' 따위. ▷이두.
향초(香草) [명] 향기 나는 풀.
향촌(鄕村) [명] 시골 마을. [비]향리(鄕里).
향취(香臭) [명] 향기로운 냄새. [비]향내.
향토(鄕土) [명] **1** 자기가 태어나서 자란 땅. ¶~애(愛). **2** 시골이나 고장. ¶~ 문화.
향토-색(鄕土色) [명] 어떤 지방에서 볼 수 있는 자연·인정·민속 따위의 특색. [비]지방색.
향토^예ː비군(鄕土豫備軍) [명][군] 향토방위를 위하여 예비역 장병으로 편성한 비정규군. [준]향군·예비군.
향토-적(鄕土的) [관][명] 향토의 특성을 띠는 (것). ¶~ 정서.
향-피리(鄕-) [명][음] 피리의 한 가지. 당피리와 같으나 둘째 구멍이 뒤에 있음.
향ː-하다(向-) [동][자][타][여] **1** (사람이나 동물, 물체가 어느 쪽으로, 또는 어떤 대상을) 정면이 되게 대하다. ¶국기를 **향하여** 서다. **2** (어느 곳으로) 이동할 방향을 정하다. 또는, (어느 곳을) 이동할 방향으로 정하다. 또는, 그 정한 방향으로 가다. ¶전선(戰線)으로 ~. **3** (무엇을) 행동이나 작용의 목표로 하다. ¶통일을 **향한** 우리의 염원. **4** (무엇을) 마음의 작용의 대상으로 하다. ¶임 **향한** 일편단심.
향학(鄕學) [명][역] 고려 시대의 지방 교육기관.
향ː학-열(向學熱)[-항녈] [명] 배우려는 열의. ¶높은 ~ / ~에 불타다.
향ː후(向後) [명][부] =이다음. ¶~ 10년 동안의 계획.
향훈(香薰) [명] 꽃다운 향기. [비]향내.
허[1] [부] 입을 벌리고 입김을 한 번 내부는 소리. 또는, 그 모양. [작]하.
허[2] [감] 가볍게 감탄하거나 안타까움을 표현할 때 쓰이는 말. ¶~! 그것참 큰일이로군. [작]하.
허[3](虛) [명] **1** 겉모습은 있으나 내용이 없음. 또는, 허술하여 약점이 되는 것. [비]허점. ¶~를 찌르다. **2** [한] 인체가 병에 대한 저항력이 약한 상태. ↔실(實).
-허[4](許) [접미] **1** '그쯤 되는 곳'의 뜻을 나타내는 말. ¶낙양성 십리~에. **2** 편지나 적발에서 평교(平交) 이하의 사람 성명 아래에 쓰여, '앞'의 뜻을 나타내는 말. ¶배정수~.
허가(許可) [명] **1** (권한 있는 사람이나 기관이 누구의 요청을) 받아들이는 것. [비]허락. **2** [법] 공익을 위하여 일반적으로 금지하거나 제약하고 있는 행위를 특정한 경우에 행정 기관이 이를 해제하여 적법하게 행할 수 있게 하는 일. ▷인가. **허가-하다** [동][타][여] **허가-되다** [동][자]
허가-제(許可制) [명][법] 법률 행위, 특히 영업이나 산업 행위에 있어서 행정 관청 등의 허가를 얻어야 비로소 행할 수 있도록 하는 제도.
허가-증(許可證)[-쯩] [명][법] 허가하는 사실을 기재하거나 표시한 증서.
허겁-지겁[-찌-] [부] 정신없이 허둥거리는 모양. ¶~ 달려오다. **허겁지겁-하다** [동][자][여]
허공(虛空) [명] 아무것도 없는 하늘의 공간. 또는, 땅 위의 비교적 높은 공간. ¶물끄러미 ~만 바라보다.
허구(虛構) 명 **1** 거짓을 사실인 것처럼 그럴듯하게 얽어서 꾸미는 것. ¶~에 가득찬 날조극. **2**[문] 작가의 상상을 토대로 하여 줄거리를 갖는 이야기를 심미적으로 만들어 엮은 산물. ㉡픽션. **허구-하다'** 통㉡어 거짓을 사실인 것처럼 그럴듯하게 얽어서 꾸미다.
허구-성(虛構性) [-썽] 명 사실에서 벗어나서 만들어진 모양이나 요소를 가지는 성질.
허구-하다²(許久-) 형여 (날·세월 등이) 매우 오래다. ¶**허구한** 날 놀고만 있다.
허-균(許筠) 명[인] 조선 시대의 문신·소설가(1569~1618).
허근(虛根) [수] 방정식의 근(根) 가운데 허수인 것. ↔실근.
허기(虛飢) 명 음식을 먹은 지 오래 되어 배고픔을 느끼는 상태. ¶~가 들다.
허기-증(虛飢症) [-쯩] 명 **1**몹시 주려 기운이 빠지고 배가 고픈 증세. **2**[한] 위장 등 기타의 병으로 속이 허하여 항상 허기를 느끼는 증.
허기-지다(虛飢-) 통 **1**음식을 먹은 지 오래 되어 배고픔을 느끼는 상태에 있다. ¶**허기진** 배를 채우다. **2**(어떤 일에) 강한 욕구를 느끼는 상태에 있다. ¶배움에 **허기진** 근로청소년.
허깨비 명 **1**기(氣)가 허하여 착각으로 나타나는 환영(幻影). =헛것. ¶~가 보이다. **2**생각보다 아주 가벼운 물건. ¶덩치만 컸지 들어 보니 ~구먼.
허-난설헌(許蘭雪軒) 명[인] 조선 시대의 여류 시인(1563~1589).
허니문(honeymoon) 명 갓 결혼한 남녀가 함께 가는 휴가나 여행.
허다-하다(許多-) 형여 매우 많다. ¶장사에서 손해를 보는 예는 ~. **허다-히** 부
허덕-거리다/-대다(-꺼-) 通(자)여 자꾸 허덕이다. ¶기업이 불황으로 ~.
허덕-이다 통(자) **1**(사람이나 동물이) 육체적으로 힘에 겹거나 숨이 차거나 하여 괴로워하다. **2**(사람이나 기업·나라 등이) 어려운 처지에서 벗어나지 못하고 고통을 겪다. ¶가난과 질병으로 ~. **3**(어린아이가) 손발을 놀리다.
허덕-허덕 [-더커-] 부 자꾸 또는 몹시 허덕이는 모양. **허덕허덕-하다** 통(자)여
허두(虛頭) 명 글이나 말의 첫머리.
허두를 떼다 글이나 말의 첫머리를 시작하다.
허둥-거리다/-대다 통(자) 어떻게 할 줄 몰라 갈팡질팡하며 다급히 서두르다.
허둥-지둥 부 다급하여 정신을 못 차리고 몹시 허둥거리는 모양. ¶연락을 받고 ~ 달려 나가다. **허둥지둥-하다** 통(자)여
허둥-허둥 부 허둥거리는 모양. **허둥허둥-하다** 통(자)여
허드레 명 허름하고 중요하지 않아 함부로 쓸 수 있는 것. ¶~옷.
허드렛-물 [-렌-] 명 허드레로 쓰는 물.
허드렛-일 [-렌닐] 명 중요하지 않은 일.
허들(hurdle) 명[체] **1**육상 경기의 장애물 달리기에서, 목제 또는 금속제의 장애물. **2**장애물을 뛰어넘어 달리는 육상 경기. 남자의 110m·200m·400m, 여자의 100m·200m가 있다.
허락(許諾*) 명 ['諾'의 본음은 '낙'] **1**(어떤 사람이 다른 사람에게 그의 요구나 제안을) 받아들여 좋다고 하는 것. ㉡승낙. **2**(주로, '않다'와 함께 쓰여) (양심이 어떤 행동이나 사실을) 인정하거나 긍정하여 받아들이는 것. **3**(상황이나 조건이) 알맞아 원하는 상태가 되는 것.
허락-하다 통㉡어 **허락-되다** 통㉡어
허랑방탕-하다(虛浪放蕩-) 형어 허랑하고 방탕하다. ¶술과 노름으로 **허랑방탕한** 생활을 하다.
허랑-하다(虛浪-) 형어 (말이나 짓이) 허황하고 실답지 못하다. **허랑-히** 부
허례(虛禮) 명 겉으로만 꾸민 예절.
허례-허식(虛禮虛飾) 명 예절·법식 등을 겉으로만 꾸며 번드레하게 하는 일.
허름-하다 형여 헐거나 낡아 보잘것없다.
¶**허름한** 양복.
허리 명 **1**사람이나 동물(특히, 네발짐승)의 윗몸과 아랫몸이 이어지는 잘록한 부분의 둘레. 또는, 그 부분의 양옆이나, 척추 하부(下部)가 있는 등 쪽. ¶~가 굵은 할머니. **2**길이를 가진 물체나 물건의 가운데 부분. ¶산~/바늘~. **3**바지·치마·고의 등의 맨 위가 되는 부분. ¶바지~를 줄이다. **4**축구에서, '링커'를 가리키는 말. ¶그 팀은 ~가 약하다.
허리가 휘다 생활고나 지나친 노동으로 힘에 겨운 상태가 되다.
허리를 잡다 웃음을 참을 수 없어, 고꾸라질 듯이 마구 웃다.
허리를 펴다 어렵던 살림살이가 좋아져 맘 고달프지 않은 상태가 되다.
허리-끈 명 허리띠로 쓰는 끈.
허리-둘레 명 허리의 가장 가는 부위를 돌려 잰 길이.
허리둘레-선(-線) 명 여성복에서, 허리 부위를 수평으로 한 바퀴 돌린 접합선. =허리선.
허리-띠 명 허리에 두르는 띠. ㉡벨트.
허리띠를 졸라매다 1검소한 생활을 하다. **2**새로운 결의와 단단한 각오로 일을 시작하다. **3**배고픔을 참다.
허리-선(-線) 명 **1**허리의 외곽이 이루는 추상적인 곡선. ¶육체의 잘록한 ~. **2** =허리둘레선.
허리-춤 명 바지·고의 등의 허리와 살과의 사이. 또는, 치마의 허리와 속옷과의 사이. ¶치맛자락을 걷어 올려 ~에 끼르다.
허리케인(hurricane) 명[기상] 대서양 서부의 카리브 해·멕시코 만이나 북태평양 동부에서 발생하는 강한 열대 저기압.
허리-통 명 허리의 둘레. ¶~이 굵다.
허릿-단 [-리딴/-릳딴] 명 바지나 치마의 허리 부분에 대는 단.
허망-하다(虛妄-) 형어 **1**어이가 없고 허무하다. ¶젊은 나이에 **허망하게** 죽다. **2**거짓이 많아서 미덥지 않다.
허무(虛無) 명 **1**세상의 진리나 가치, 또는 인간 존재 자체가 공허하고 무의미한 상태. ¶삶의 ~를 느끼다. **2**[철] 공허하고 무의미하다. 또는, 허전하고 쓸쓸하다. ¶**허무한** 인생.
허무-감(虛無感) 명 허무한 느낌. ¶삶에 대한 ~이 들다.
허무맹랑-하다(虛無孟浪-) [-낭-] 형어 터무니없이 허황하고 실상이 없다. ¶**허무맹랑한** 소문이 나돌다.
허무-주의(虛無主義) [-의/-이] 명[철] 진리·가치·초월적인 것의 실재나 그 기성의 제도나 가치를 모두 부정하는 사상적

입장. =니힐리즘.
허무주의-자(虛無主義者)[-의-/-이-] 명 허무주의를 신봉하거나 허무주의적인 태도를 가진 사람. =니힐리스트.
허물¹ 명 1 뱀·매미·누에 등이 성장하거나 변태를 할 때 벗게 되는 몸의 껍질. 둔피. 2 살가죽에서 저절로 일어나 벗어지는 껍질.
허물² 명 1 그릇 저지른 실수. 비과실(過失). ¶~을 덮어 주다. 2 =흉². **허물-하** 다 囨 허물로 여겨 흉보거나 언짢아하기도 짧게 말하다. ¶약소하나마 **허물치** 말고 받아 주시오.
허물다 囨〈허무니, 허무오〉1 (어떤 형태로 쌓거나 지어 놓은 것을) 무너뜨려 그 형태나 기능을 잃게 하다. ¶담을 헐~. 2 (비유적인 뜻의 장애물이나 벽을) 깨뜨려 없어지게 하다. ¶마음의 벽을 ~.
허물어-뜨리다/-트리다 囨匣 허물어지게 하다. ¶쌓아 놓은 벽돌을 건드려 ~.
허물어-지다 囨囨 1 (쌓거나 지어 놓은 것이) 무너져 제 형태나 기능을 잃다. ¶벽이 ~. 2 (비유적인 뜻의 장애물이나 벽 등이) 깨어져 없어지다. ¶대화의 장벽이 ~. 3 (질서·체제·믿음 등이) 흔들려 무너지다. ¶사회 기강이 ~.
허물-없다[-업따] 톈 서로 썩 친하여 웬만한 허물쯤은 문제 삼지 않을 만한 상태에 있다. ¶그와 나는 **허물없는** 사이다.
허물없-이 囨
허밍(humming) 명[음] 입을 다물고 코로 소리를 내어 노래 부르는 창법(唱法). 합창 등에 많이 쓰임. ◁ 코러스.
허방 명 움푹 팬 땅. ¶~을 딛다.
허방-다리 명 =함정(陷穽)¹.
허벅-다리 [-따-] 명 사람의 넓적다리에서, 몸통에 가까운 위쪽 부분. ▷넓적다리·허벅지.
허벅지[-찌] 명 허벅다리 안쪽의 살이 많은 부분. ¶~가 들여다보이는 짧은 치마.
허브¹(herb) 명 예로부터 약이나 향료로써 써 온 식물. 박하·라벤더·로즈메리 따위.
허브²(hub) 명 '바퀴살이 모여 있는 중심축'을 뜻하는 데에서, 모든 지역과 사통팔달로 연결되어 활동의 중심을 이루는 곳. ¶~ 공항 / 동북아의 ~.
허브^사이트(hub site) 명[컴] 하나의 운영 사이트를 중심으로 하여 서로 다른 콘텐츠를 제공하는 여러 개의 사이트를 제휴하여 만들어진 사이트.
허블, 에드윈 파월(Hubble, Edwin Powell) 명[인] 미국의 천문학자(1889～1953).
허비(虛費) 명 헛되이 써 버리는 것. 또는, 그 비용. **허비-하다** 囨匣 ¶돈(시간)을 ~. **허비-되다** 囨囨
허비다 囨匣 1 손톱이나 발톱 또는 날카로운 물건으로 긁어 파서 생채기를 내다.
허비적-거리다/-대다 [-꺼-] 囨匣 계속하여 허비어 헤치다.
허비적-허비적 [-저꺼-] 囨 허비적거리는 모양. **허비적허비적-하다** 囨匣
허사¹(虛事) 명 =헛일. ¶계획한 일이 ~로 돌아가다.
허사²(虛辭) 명[언] =형식 형태소. ↔실사(實辭).
허상(虛像) 명 1 [물] 물체에서 나온 광선이 평면거울이나 볼록 렌즈 등에 의해서 발산되었을 때, 실제로는 광선이 그 위치

허여스름하다__1325

에 모이지 않는데도 그 위치에 물체로의 이 있는 것처럼 보이는 상. 2 실제의 참모습과는 다른, 거짓되게 꾸며진 모습. ¶학교 교육의 실상과 ~. ↔실상.
허생-전(許生傳) 명[문] 조선 시대에 박지원이 지은 한문 소설. 허생의 상행위(商行爲)를 통해 당시의 허약한 국가 경제를 비판하고, 무위도식하는 양반들의 무능을 풍자했음.
허섭스레기 [-쓰-] 명 좋은 것을 골라낸 뒤에 남은 찌꺼기 물건. =허접쓰레기.
허세(虛勢) 명 능력도 없으면서도 있는 체하면서 빼기고 싶어 하거나, 자신의 능력을 자랑삼아 과시하고 싶어 하는 태도. ¶~를 부리다.
허송(虛送) 명 (시간이나 세월을) 하는 일 없이 헛되이 보내는 일. **허송-하다** 囨匣 ¶나는 그 한 해를 고스란히 **허송하고** 말았다.
허송-세월(虛送歲月) 명 하는 일 없이 세월만 헛되이 보냄. ¶빈둥빈둥 놀면서 ~을 보내다. **허송세월-하다** 囨匣
허수(虛數) 명[수] 복소수 중에서 실수가 아닌 것. 제곱하여 음수(陰數)가 되는 수를 가리킴. ↔실수. ▷복소수.
허수-하다 囨匣 '헙수룩하다'의 잘못.
허수-아비 명 1 새가 곡식을 쪼아 먹지 못하게 쫓기 위해 막대기와 짚 등으로 사람 모양을 만들어 논밭에 세우는 것. 2 어떤 구실을 하지 못하고 자리만 잡고 있는 사람. ¶~ 사장. 3 주관 없이 행동하는 사람. 비로봇.
허술-하다 톈匣 1 오래되거나 헐어서 낡다. ¶**허술한** 옷차림. 2 치밀하지 못하고 엉성하여 빈틈이 있다. ¶경비(警備)가 ~. 3 무심하거나 소홀하다. **허술-히** 囨
허스키(husky) 명 (목소리가) 쉬었을 때와 같이 탁하고 거친 상태에 있는 것. 또는, 그런 목소리 또는 그런 사람. **허스키-하다** 톈匣 ¶**허스키한** 목소리.
허식(虛飾) 명 실질적인 내용이 없이 겉만 꾸미는 것. ¶**허례**~. ▷겉치레.
허실(虛實) 명 1 거짓과 참. ¶~을 밝히다. 2 공허(空虛)와 충실(充實). 3 [한] 허증(虛症)과 실증(實症).
허심(虛心) 명 남의 말을 잘 받아들이는 것. **허심-하다** 톈匣 ¶**허심한** 마음.
허심탄회-하다(虛心坦懷-) [-회-/-훼-] 톈匣 감추는 것이 없이 솔직하여 마음에 아무런 거리낌이 없다. ¶속생각을 **허심탄회하게** 얘기하다.
허심-하다²(虛心-) 톈匣 마음속에 아무 욕심이나 거리낌이 없다. **허심-히** 囨
허약-하다(虛弱-) [-야카-] 톈匣 힘이나 기운이 약하다. ¶**허약한** 체질.
허언(虛言) 명 실속이 없는 빈말. **허언-하다** 囨匣
허여-멀겋다 [-거타] 톈囨〈~멀거니, ~멀거오, ~멀개〉1 (살빛이) 그리 건강한 느낌을 주지 않게 희다. 또는, 살빛이 흰 상태에 대해 거부감을 가지고 이르는 말. ¶찟기 없이 **허여멀건** 얼굴. 2 (국물 따위가) 진하지 않아 흐릿하면서 흰빛을 띤 상태에 있다. ¶**허여멀건** 죽.
허여멀쑥-하다 [-쑤카-] 톈囨 허여멀쑥 고 깨끗하다. **허여멀쑥-히** 囨
허여스레-하다 톈囨 =허여스름하다.
허여스름-하다 톈囨 조금 허옇다. =허여스레하다. ¶그의 입술은 **허여스름해서** 아

픈 사람처럼 보였다.
허영(虛榮) 자기 분수나 능력이나 수준에 넘치도록 화려하고 요란하게 겉치레를 함으로써, 남에게 자기가 부유하거나 지위가 높거나 품위가 있거나 한 사람으로 보이고 싶어 하는 상태.
허영-심(虛榮心) 허영에 들뜬 마음.
허옇다[-여타] 〈허여니, 허여오, 허예〉 다소 탁하고 흐릿하게 희다. ¶머리가 **허옇게** 센 노인. 하얗다.
허욕(虛慾) 헛된 욕심. 허욕을 부리다.
허용(許容) 허락하여 용납하는 것. 허용-하다 ¶일시 체류를 ~. 허용-되다
허용-량(許容量) [-냥] 약제나 방사선 물질 등에 대하여 인체에 명백히 장해를 일으키지 않는다고 생각되는 최대한도의 양. ¶~ 초과.
허우대 (주로 '크다', '멀쩡하다', '좋다' 등과 함께 쓰여) 사람(특히 남자)의 몸의 크기나 외적 신체 조건. 덩치. ¶~는 멀쩡한 녀석이 하는 일 없이 밥만 축내고 있다. ×허위대.
허우적-거리다/-대다[-꺼(때)-] 1 손발 따위를 자꾸 이리저리 마구 내두르다. ¶물에 빠져 ~. 2 어려운 지경에서 벗어나려고 자꾸 몹시 애쓰다.
허우적-허우적[-저커~] 허우적거리는 모양. 허우적허우적-하다
허울 실속과 상관없이 겉으로 드러난 모양. 비겉모양. ¶~뿐인 명성.
허울 좋다 실속은 없으면서 겉으로 보기에만 번지르르하다.
허위(虛僞) 진실이 아님을 알면서 진실인 것처럼 보이는 일. 비거짓. ¶~ 신고.
허위-단심 허우적거리며 무척 애를 씀.
허위대'허우대'의 잘못.
허위-허위 힘겨운 걸음걸이로 애써 걷는 모양.
허장-성세(虛張聲勢) 실속이 없으면서 허세로만 떠벌림. 허장성세-하다
허전-하다 1 (마음이) 뭔가 잃은 것이 한구석이 텅 빈 상태에 있다. 또는, 서운하고 쓸쓸하다. ¶곱게 기른 딸자식을 여의고 나니 마음 한구석이 ~. 2 (늘 가지고 있었거나 마땅히 있어야 할 물건이 없어서) 뭔가 빠뜨리고 온 것처럼 아쉽거나 텅 빈 듯한 상태에 있다. ¶반지를 끼지 않으니 손이 ~. 3 (배 속이) 빈 듯하거나 다족스러울 만큼 부르지 않다. ¶아무리 먹어도 속이 ~.
허점(虛點) [-쩜] 불충분한 점. 또는, 허술한 구석. 비허약점. ¶~을 보이다.
허-준(許浚) [인] 조선 시대의 의학자 (1546~1615).
허증(虛症) [-쯩] [한] 기가 부족하여 몸의 저항력과 생리적 기능이 약해진 증상.
허청-거리다/-대다 병으로 기력이 쇠약해져서 잘 걷지 못하고 비틀비틀.
허청-허청 허청거리는 모양. 허청허청-하다
허-초점(虛焦點) [-쩜] [물] 평행 광선이 볼록 거울에서 반사하거나 오목 렌즈에서 굴절하여 발산할 때, 그 광선의 연장선이 렌즈나 거울의 뒷면에서 모이는 가상적인 초점.
허출-하다 허기가 져 출출하다.
허탈(虛脫) 기운이 빠지면서 덧없음이나 공허함을 느끼는 상태에 있는 것. 허탈-하다
허탈-감(虛脫感) 허탈한 감정. ¶~에 빠지다.
허탕 일이 아무 소득이 없게 되는 것.
허탕(을) 치다 아무런 소득이 없이 되다.
허투루 아무렇게나 되는대로. ¶내가 하는 얘기는 ~ 들어서는 안 된다.
허튼 (명사 앞에 쓰여) '헤프게 하는', '함부로 하는', '쓸데없는', '되지못한' 등의 뜻을 나타내는 말. ¶~ 말 / ~ 약속.
허튼-소리 쓸데없이 또는 실없이 하는 소리. ¶그런 ~ 하지 마라.
허튼-수작(-酬酌) 쓸데없이 함부로 하는 말이나 행동. ¶~ 부리면 혼날 줄 알아라.
허튼-짓[-찓] 쓸데없이 또는 실없이 하는 짓. ¶다시는 ~ 못 하게 본때를 보여 주란 말이냐. 허튼짓-하다
허파[생] = 폐(肺)'.
허파에 바람 들다 실없이 행동하거나 지나치게 웃어 대는 사람의 비유.
허파^꽈!리[생] = 폐포(肺胞).
허풍(虛風) 어떤 사실을 실제와는 동떨어지게 대단한 것인 양 과장하여 말하는 상태나 태도. ¶~이 세다. 춘풍.
허풍선-이(虛風扇-) 매우 허풍을 떠는 사람.
허풍-쟁이(虛風-) 허풍을 잘 떠는 사람을 홀하게 이르는 말.
허-하다¹(許-) ¶요구를 들어주다.
허-하다²(虛-) 1 옹골차지 못하다. ¶체질이 ~. 2 속이 비다. ¶배 속이 ~. 3 든든하지 못하고 느슨하다. 4 [한] 원기가 부실하다.
허허¹ 주로 남자 어른이 입을 반쯤 벌리고 너그럽게 웃는 소리. 좝하하. 허허-하다
허허² 1 딱하거나 놀랍거나 기막힌 일을 당하였을 때 탄식하여 내는 소리. ¶~, 이런 변이 있나. 2 못마땅한 일을 당하였을 때 가볍게 나무라는 뜻으로 내는 소리. ¶~, 그런 짓을 하면 쓰나. 좝하하.
허허-롭다[-따] 〈~로우니, -로워〉 (마음이) 쓸쓸하고 허전하다. ¶텅 빈 가을 들녘을 바라보노라니 마음이 **허허롭다**. 허허로이
허허-벌판 아무런 장애도 없이 텅 넓은 벌판.
허혼(許婚) 혼인을 허락하는 것. 허혼-하다
허황-되다(虛荒-) [-되/-뒈-] = 허황하다. ¶**허황된** 생각.
허황-하다(虛荒-) (어떤 일이) 거짓되고 터무니없어 미덥지 못하다. = 허황되다. ¶**허황한** 꿈.
헉 순간적으로 몹시 놀라거나 호흡하기 어려운 숨이 딱 멎는 소리. 또는, 그 모양. ¶"~!" 그는 놀라서 턱걸음질쳤다.
헉슬리, 올더스 레너드(Huxley, Aldous Leonard) [인] 영국의 소설가·평론가 (1894~1963).
헉-헉[허컥] 몹시 숨이 차서 숨을 가쁘게 쉬는 소리. 또는, 그 모양. ¶그는 가쁜 숨을 ~ 내쉬었다.
헉헉-거리다/-대다[허컥꺼(때)-] 몹시 숨이 차서 숨을 가쁘게 쉬다.
헌: 명사 앞에 쓰여, 그 뒤에 오는 사물이 낡거나 오래되거나 처음의 상태에 있

헌걸-차다 [형] **1** 풍채가 매우 좋고 당당하다. ¶**헌걸찬** 외모. **2** 기운이나 기상이 매우 장하고 당당하다. **3** 키가 매우 크다.

헌:-것 [-껻] [명] 성하지 않고 낡은 물건. 또는, 오래되어 허술한 물건. ↔새것.

헌:-계집 [-게-/-게-] [명] 이미 시집갔던 여자를 얕잡아 이르는 말.

헌:금(獻金) [명] **1** [가](기) 교인들이 신앙적 행위로서 자발적으로 교회에 돈이 내는 것. 또는, 그 돈. =연보(捐補). **2** 후원자가 정치인이나 정당의 정치 활동을 돕기 위해 자발적으로 돈을 주는 것. 또는, 그 돈. ¶정치 ~. ▷성금. **헌:금-하다** [동](자)(타여)

헌:납(獻納) [명] 〈국가나 사회 단체 등에 돈이나 재산 등을〉 공익을 위해 내놓는 것. **헌:납-하다** [동](자)(타여) ¶그는 재산을 사회에 **헌납했다**.

헌:법(憲法) [-뻡] [명] [법] 국가 기관의 조직 및 작용에 대한 기본적 원칙과 국민의 기본적 권리·의무 등을 규정한 근본법.

헌:법=기관(憲法機關) [-뻡끼-] [명] [법] 직접적으로 헌법의 조규(條規)에 기초를 두고 설치된 국가 기관. 곧, 대통령·국무 위원·국회·법원 등의 총칭.

헌:법=재판소(憲法裁判所) [-뻡쩨-] [명] [법] 법원의 제청에 의한 법률의 위헌(違憲) 여부, 탄핵, 정당의 해산, 국가 기관 상호 간 또는 국가 기관과 지방 자치 단체 간 및 지방 자치 단체 상호 간의 권한 쟁의, 헌법 소원(訴願)에 관한 것을 심판하는 기관.

헌:병(憲兵) [명] [군] 군대의 경찰 업무를 맡아보는 병과. 또는, 그 군인. =엠피.

헌:-솜 [명] 옷·이불 따위에서 빼낸 묵은 솜.

헌:-쇠 [-쇠/-쉐] [명] 오래되거나 녹이 나서 못쓰게 된 쇠붙이. (비)고철(古鐵).

헌-수표(-手票) [명]〈속〉많은 사람의 손에 유통되어 출처의 추적이 어렵게 되어 있는, 뇌물과 같은 검은돈의 거래에 이용되는 수표.

헌:신(獻身) [명] 몸과 마음을 바쳐 있는 힘을 다하는 것. **헌:신-하다** [동](자여)

헌:신-적(獻身的) [관][명] 헌신하는 정신으로 일하는 (것). ¶자식에 대한 어머니의 ~인 사랑.

헌:-신짝 [명] 값어치가 없어 버려도 아깝지 않은 것을 비유하여 이르는 말. ¶자존심을 ~처럼 내팽개치다.

헌신짝 버리듯 하다 요긴하게 쓰이고 난 뒤에 조금도 아까워함이 없이 내버리다.

헌:액(獻額) [명] 훌륭한 업적을 남긴 사람을 기리기 위해 명예의 전당과 같은 기념관에 그의 사진 액자나 부조 초상이나 흉상 등을 바치는 일. ¶~식. **헌:액-하다** [동](타여) **헌:액-되다** [동](자여)

헌:장(憲章) [명] **1** [법] 헌법의 전장(典章). **2** 국내적·국제적으로 어떤 사실에 대하여 약속을 이행하기 위한 규범. ¶국민 교육 ~.

헌:정¹(憲政) [명] [정] =입헌 정치.

헌:정²(獻呈) [명] 〈작품·글·책 등을〉 어떤 사람의 업적이나 이름을 널리 기리고자〈그 사람에게〉만들어 바치는 것. **헌:정-하다** [동](타여) ¶회갑 기념 논문집을 ~.

헌:-책(-冊) [명] 이미 사용한 책.

헌:책-방(-冊房) [-빵] [명] 헌책을 팔고 사는 가게.

헌철-하다 [형][여] 〈사람의 키가〉 시원스럽게 크다. (비)훤칠하다. ¶키가 **헌칠한** 청년. **헌철-히** [부]

헌헌-장부(軒軒丈夫) [명] 외모가 준수하고 쾌활한 남자.

헌:혈(獻血) [명] 수혈이 필요한 환자를 위하여 건강한 사람이 피를 뽑아 제공하는 일. **헌:혈-하다** [동](자여)

헌:화(獻花) [명] 신전(神前)이나 사자(死者)의 영전에 꽃을 바치는 것. 또는, 그 꽃. **헌:화-하다** [동](자여) ¶국립묘지에 ~.

헌:화-가(獻花歌) [명][문] 신라 때의 향가의 하나. 성덕왕 때에 소를 몰고 가던 어떤 노인이 수로 부인에게 꽃을 바치며 불렀다는 4구체의 노래임.

헐-값(歇-) [-깝] [명] 그 물건의 원래 가격보다 훨씬 싼 값. ¶물건을 ~에 팔다.

헐겁다 [-따] [형][여]〈헐거우니, 헐거워〉 낄 물건보다 낄 자리가 크다. ¶나사가 ~.

헐근-거리다/-대다 [동](자) 숨이 가빠서 헐떡헐떡하며 그르렁거리다.

헐근-헐근 [부] 헐근거리는 모양. **헐근헐근-하다** [동](자)

헐:다¹ [헐:고 / 헐어] [동](자)〈허니, 허오〉 **1** 몸에 부스럼이나 상처가 나서 짓무르다. ¶입 안이 ~. **2**〈물건 따위가〉오래되어 성한 데가 없이 써서 낡아지다. ¶마루가 **헐었다**.

헐:다² [헐:고 / 헐어] [동](타)〈허니, 허오〉 **1**〈집이나 쌓은 것을〉 쓰러뜨리거나 내려앉는 상태가 되게 하다. (비)허물다·무너뜨리다. ¶집을 헐고 새로 짓다. **2**〈김치 따위를 저장해 둔 옹기를〉 뜯고 속에 든 것을 일부 꺼내다. ¶새 독을 **헐어** 김치를 꺼내다. **3**〈큰 액수의 돈을〉 그 일부를 써서 그 원래의 상태를 유지하지 못하게 되다. ¶돈이 필요해 적금을 **헐었다**.

헐떡-거리다/-대다 [-떡-] [동](자) 자꾸 헐떡이다. (짝)할딱거리다.

헐떡-이다 [동](자) 계속하여 숨을 가쁘게 쉬다. ¶숨을 **헐떡이며** 달려오다. (짝)할딱이다.

헐떡-헐떡 [-떠컥-] [부] 헐떡거리는 모양. ¶숨을 ~ 몰아쉬다. (짝)할딱할딱. **헐떡헐떡-하다** [동](자)(타여)

헐:-뜯다 [-따] [동](타) 남을 공연히 해쳐서 말하다. ¶뒷전에서 남을 ~.

헐렁-하다 [형][여] 규격이 잘 맞지 않아 따로따로 놀 정도로 헐겁다. ¶셔츠가 ~.

헐렁헐렁-하다 [형][여] **1** 매우 헐거운 듯한 느낌이 있다. ¶신발이 ~. **2** 행동이 들뜨고 실답지 않다.

헐레-벌떡 [부] 숨을 헐떡거리며 가쁘게 내쉬는 모양. ¶~ 뛰어오다. **헐레벌떡-하다** [동](자)(타여)

헐-리다 [동](자) '헐다¹'의 피동사. ¶집이 ~.

헐:-벗다 [-벋따] [동](자) **1**〈사람이〉가난하여 옷을 거의 벗다시피 하거나 누더기를 걸친 상태에 있다. ¶**헐벗고** 굶주린 사람들. **2**〈산이나 들이〉나무를 베어 없애거나 심지 않아 맨바닥이 드러난 상태에 있다. 비유적인 말임. ¶**헐벗은** 산.

헐-하다(歇-) [형][여] **1** 값이 시세보다 싸다. ¶배추 값이 ~. **2**〈일 따위가〉힘이 들지 않고 쉽다. **3**〈책임 추궁이나 처벌이〉죄에 비해 가볍다.

헐헐 [부] 숨이 몹시 차서 고르게 내쉬지 못하는 모양. **헐헐-하다** [동](자여)

험: 명 '흠(欠)'의 변한말.
험구(險口) 명 남의 단점을 들어 말하거나 남에게 욕을 하는 짓. 또는, 그런 사람. 험구-하다 타여
험난-하다(險難-) 형여 1 (지세가) 다니기에 위험하고 어렵다. ¶험난한 길. 2 험하고 고생스럽다. ¶험난한 인생살이.
험담(險談) 명 남의 흠을 찾아내어 하는 말. ¶~을 늘어놓다. 험담-하다 타여
험로(險路) [-노] 명 험하고 나쁜 길.
험상(險狀) 명 거칠고 모질게 생긴 모양이나 상태. 험상-하다 형여 ¶험상한 몰골.
험상-궂다(險狀-) [-굳따] 형 몹시 험상하다. ¶험상궂은 얼굴.
험상-스럽다(險狀-) [-따] 형ㅂ <~스러우니, ~스러워> 험상궂은 데가 있다. ¶험상스럽게 생긴 사람. 험상스레 부
험악-하다(險惡-) [-아카-] 형여 1 지세·기후·도로 등이 나쁘고 험하다. ¶험악한 날씨. 2 사물의 형세가 매우 나쁘다. ¶험악한 분위기. 3 인심·성질·태도·생김새 등이 흉악하다. ¶험악한 세상인심.
험준-하다(險峻-) 형여 지세(地勢)가 험하며 높고 가파르다. ¶험준한 산맥.
험집 명 '흠집'의 잘못.
험-하다(險-) 형여 1 지세가 평탄하지 않아 발길이 어렵다. ¶지세가 ~. 2 생김새나 나타난 모양이 보기 싫게 무섭다. ¶험한 얼굴, 날씨의 상태나 형세가 커 럽다. ¶험한 날씨. 4 말이나 행동 따위가 몹시 막되다. ¶그런 험한 말을 나에게 하다니. 5 먹고 있는 것이 너무나도 나쁘다. 6 매우 거칠고 힘에 겹다. ¶그는 험한 일도 마다하지 않고 했다. 7 매우 비참하다. ¶수재(水災)로 자식을 잃는 험한 꼴을 당했다. 험:-히 부
헙수룩-하다 [-쑤루카-] 형여 옷·수염·머리털 등이 허름하고 텁수룩하다. ¶옷차림이 헙수룩한 노인. ×허수룩하다. 헙수룩-히 부
헛- [헌] 접두 소용이 없거나 참되지 못하거나 속이 비었음을 나타내는 말. ¶~걸음/~소문.
헛-간(-間) [헏깐] 명 주로 농가에서, 명석·지게·쟁기구나 기타 자질구레한 물건을 넣어 두는 창고.
헛-갈리다 [헏깔-] 자 마구 뒤섞이어 분간할 수가 없다. 삐헷갈리다. ¶앞뒤 순서가 [를] ~.
헛-걸음 [헏-] 명 누구를 만나거나 어떤 일을 하려고 어느 곳에 갔으나 목적을 이루지 못하여 헛된 상태가 되는 것. ¶그를 만나러 갔다가 출타 중이어서 ~만 하였다. 헛걸음-하다 자여
헛걸음-치다 [헏걸-] 자 헛수고만 하고 가거나 오다.
헛-것 [헏껏] 명 1 헛일. ¶애쓴 일이 말짱 ~이다. 2 =허깨비1.
헛-고생(-苦生) [헏꼬-] 명 아무런 보람도 없는 고생. 헛고생-하다 자여
헛-공부(-工夫) [헏꽁-] 명 아무 쓸데없는 공부. 헛공부-하다 자여
헛-구역(-嘔逆) [헏꾸-] 명 게울 것도 없이 나는 욕지기.
헛구역-질(-嘔逆-) [헏꾸-질] 명 헛구역이 나는 일. 헛구역질-하다 자여
헛-기운 [헏끼-] 명 쓸데없거나 보람 없이 내는 기운.

헛-기침 [헏끼-] 명 인기척을 내거나, 목청을 가다듬거나, 멋쩍음을 느끼거나, 전후 상황을 모르는 상대에게 어떤 암시를 주려고 하거나 할 때, 기침을 하는 것처럼 내는 소리. ▷큰기침·잔기침. 헛기침-하다 자여
헛-나가다 [헌-] 자 아무렇게나 되는 대로 나가다. ¶말이 ~.
헛-나이 [헌-] 명 사람이 나이에 걸맞은 성숙함이나 해 놓은 일이 없이 헛되게 먹은 나이.
헛-농사(-農事) [헌-] 명 수확이 없거나 이익을 얻는 바가 적게 지은 농사.
헛다리(를) 짚다 [헏따-짐따] 어떤 일에 대한 판단이나 처리 방향이 잘못되다. ¶수사는 계속 헛다리만 짚고 있어 아직까지 아무런 갈피도 잡지 못하고 있다.
헛-돈 [헏똔] 명 헛되이 쓰는 돈.
헛-돌다 [헏똘-] 자 <~도니, ~도오> (바퀴나 나사 등과 같이 돌리려 하지 않는 물체가) 제구실을 못하고 제자리에서 헛되이 돌다. ¶자동차 바퀴가 진흙탕에 빠져 헛돈다.
헛-되다 [헏뙤/-뛔-] 형 1 아무 보람이나 뜻이 없다. ¶헛된 꿈. 2 허황하여 믿기가 어렵다. ¶헛된 소문. 헛되-이 부 ¶인생을 ~ 살다.
헛-듣다 [헏뜯-] 타ㄷ <~들으니, ~들어> (말이나 소리를) 기억에 남지 않게 예사로 듣다. 2 잘못 듣다. ¶분명히 무슨 소리가 난 것 같은데…. 내가 헛들었나?
헛-디디다 [헏띠-] 타 (발을) 잘못 디디다. ¶계단에서 발을 헛디디어 아래로 굴러 떨어졌다.
헛-맹세 [헌-] 명 거짓으로 맹세하는 것. 또는, 그 맹세. 헛맹세-하다 자여
헛-먹다 [헌-] 타 1 나이 따위를 보람 없이 먹다. ¶그만한 세상 이치도 모르다니, 자네 나이를 헛먹었군.
헛-물관(-管) [헌-] 명[식] 겉씨식물이나 양치식물의 관다발 속의 물관부에 있는 조직. 수분의 통로이며, 조직을 지탱하는 구실을 함.
헛물-켜다 [헌-] 자 애쓴 보람이 없이 헛일로 되다. 또는, 되지 않을 일을 가지고 애를 쓰다. ¶국물이라도 있을까 기대를 했는데 괜히 헛물켰지 뭔가.
헛-바람 [헏빠-] 명 (주로 '들다'와 함께 쓰여) 허황된 생각에 마음이 들뜬 상태. 비유적인 말임. ¶연예인이 되겠다고 ~이 들다.
헛-바퀴 [헏빠-] 명 (동사 '돌다'와 함께 쓰여) 제자리에서 돗는 바퀴. ¶자동차가 빙판 길에서 ~만 돌고 있다.
헛-발 [헏빨] 명 1 잘못 디디거나 내찬 발. 2 [足] =위족(僞足).
헛발-질 [헏빨-] 명 겨냥이 맞지 않아 빗나간 발길질. 헛발질-하다 자여
헛-방(-放) [헏빵] 명 총을 쏘아서 목표물을 맞히지 못한 상태.
헛-방귀 [헏빵-] 명 배탈이 나서 소리도 냄새도 거의 없이 뀌는 방귀.
헛방-놓다(-放-) [헏빵노타] 자 총을 쏘아서 목표물을 맞히지 못하다.
헛배(가) 부르다 [헏빼-] 병이나 몸의 이상으로 음식을 먹지 않고도 배가 더부룩하게 부르다.
헛-배우다 [헏빼-] 타 1 실속 있게 배우지 않아 잘 모르고 써먹지 못하다. 2 배워

야 할 것을 배우지 않고, 배우지 말아야 할 것을 배우다.
헛-보다[헏뽀-] 固(바) (사물을) 잘못 보다. ¶참에 뭔가 어른거렸는데? 내가 **헛보**았나?
헛보-이다[헏뽀-] 固(자) '헛보다'의 피동사.
헛-뿌리[헏-] 固[식] 이끼류와 같은 은화식물에서, 뿌리는 아니지만 뿌리처럼 생긴 조직. 주로 다른 물체에 부착하는 기능을 하며, 수분을 흡수하기도 함.
헛-살다[헏쌀-] 固(자) 〈-사니, -사오〉 1 사람으로서 마땅히 해야 할 일을 다하지 못하고 지내다. ¶세상 **헛살았다고** 한탄하다. 2 누릴 수 있는 것을 누리지 못하거나 누리면서도 그것을 느끼지 못하고 살다.
헛-소리[헏쏘-] 固 1 이치에 닿지 않아서 들을 가치가 없는 허튼 말. ¶~ 그만하고 일이나 해. ×흰소리. 2 앓는 사람이 정신을 잃고 중얼거리는 말. ¶환자가 자꾸 ~를 한다. **헛소리-하다** 固(자여)
헛-소문(-所聞)[헏쏘-] 固 근거 없이 떠도는 소문.
헛-손질[헏쏜-] 固 1 앓는 사람이 정신없이 손을 휘젓는 일. 2 쓸데없이 손대어 매만지는 일. 3 겨냥이 빗나가 생각대로 맞지 않는 손질. ¶그 권투 선수는 힘이 빠졌는지 ~만 했다. **헛손질-하다** 固(자여)
헛-수고[헏쑤-] 固 아무 보람이 없는 수고. **헛수고-하다** 固(자여) 될 일을 가지고 공연히 **헛수고하지** 말게.
헛-스윙(-swing) 固 권투·야구 등에서, 목표물을 맞히지 못하고 주먹이나 배트 등을 허투루 휘두르는 것. **헛스윙-하다** 固(자여)
헛-심[헏씸] 固 보람 없이 쓰는 쓸데없는 힘.
헛-웃음[허-] 固 1 마음에 없이 겉으로 지어서 웃는 웃음. 2 어처구니없어 픽 웃는 웃음.
헛-일[헌닐] 固 쓸모없는 일. =허사·헛것. ¶어태 ~만 했다. **헛일-하다** 固(자여)
헛-잡다[헏짭따] 固(타) 잘못 잡다. ¶접시를 **헛잡아** 떨어뜨리다.
헛-장사[헏-] 固 아무 이익도 남기지 못한 장사. **헛장사-하다** 固(자여)
헛-짓[헏찓] 固 헛된 짓. **헛짓-하다** 固(자여)
헛-짚다[헏쩝따] 固(타) 1 팔이나 다리가 바닥을 바로 짚지 못하다. ¶발을 **헛짚어** 넘어질 뻔하다. 2 일이나 대상을 잘못 짐작하다. ¶범인을 ~.
헛-총(-銃) 固 실탄을 재지 않고 쏘는 총. 固공포(空砲).
헛헛-증(-症)[허턷쯩] 固 배 속이 비어서 무엇인가 먹고 싶은 증세. 固공복감.
헛헛-하다[허턷타-] 固(여) 1 배 속이 비어서 무엇인가 먹고 싶은 상태에 있다. 2 마음속이 텅 비어 쓸쓸하다.
헝가리(Hungary) 固[지] 동유럽 중부에 있는 공화국. 수도는 부다페스트.
헝겊[-겁] 固 무엇을 만들고 남은 천의 조각.
헝클다 固(타) (헝크니, 헝크오) (실·머리털 등을) 이리저리 얽히게 하다. 固엉클다.
헝클-리다 固 '헝클다'의 피동사.
헝클어-뜨리다/-트리다 固 (실·머리털 등을) 헝클어지게 하다. 固엉클어뜨리다.

헝클어-지다 固(자) (실·머리털 등이) 이리저리 얽힌 상태가 되다. ¶**헝클어진** 실을 풀다. 固엉클어지다.
헤 固 1 기운 없이 입을 조금 벌린 모양. 2 입을 조금 벌려 속없이 빙그레 웃는 모양. 또는, 그 소리. 固해.
헤게모니(⑤Hegemonie) 固 상대보다 우위에 서서 사물을 주도하는 입장이나 상태. 固주도권. ¶~를 잡다.
헤겔, 게오르크 빌헬름 프리드리히(Hegel, Georg Wilhelm Friedrich) 固[인] 독일의 철학자(1770~1831).
헤:다 (헤:고 / 헤어) 固(자) 1 팔다리를 놀려 물을 헤치고 앞으로 나아가다. 2 어려운 상태에서 벗어나려고 애쓰다. ¶**헤어** 나오기 힘든 악의 구렁텅이에 **빠지다**.
헤드(head) 固 1 [물] 전류를 자기(磁氣)로 바꾸고, 자기를 전류로 바꾸는 변환 장치. 테이프의 녹음·재생·말소에 쓰임. 2 [컴] 자기 디스크의 자료를 읽고, 기록하고, 지우는 장치.
헤드기어(headgear) 固[체] 권투·레슬링 등에서 연습 때 머리를 보호하기 위해 쓰는 덮개나, 아이스하키·미식축구 등에서 쓰는 헬멧 따위.
헤드-라이트(headlight) 固 =전조등.
헤드-라인(headline) 固 기사나 광고 등에서, 독자의 눈에 잘 띄도록 큰 글자로 뽑은 제목.
헤드-램프(head lamp) 固 광원(鑛員)·등산인·공원(工員) 등이 사용하는, 밴드로 머리 부분에 고정시키거나 모자에 붙여서 켜는 등(燈).
헤드록(headlock) 固[체] 프로 레슬링에서, 상대의 머리를 옆구리에 끼고 죄는 기술.
헤드-셋(headset) 固 마이크가 달린 헤드폰.
헤드-테이블(head table) 固 '주빈석(主賓席)'으로 순화.
헤드폰(headphone) 固 1 라디오·전축·녹음기 등을 들을 때 사용하는, 귀마개처럼 두 귀를 덮는 소형 스피커. 2 맨드의 머리에 걸고 귀에 고정시키는 전화 수신기. 固이어폰.
헤드헌터(headhunter) 固 헤드헌팅을 맡아서 하는 전문가.
헤드헌팅(headhunting) 固 기업에는 적합한 인재를, 개인에게는 일하기 적합한 회사를 찾아 주는 일을 전문적으로 하는 것. 순화어는 '인력 중개', '인력 알선'. ¶~ 전문 업체.
헤딩(heading) 固 1 [체] 축구에서, 공중으로 떠오른 공을 머리로 받는 일. =박치기. **헤딩-하다** 固(자여)
헤딩-슛(heading shoot) 固[체] 축구에서, 공중으로 떠오른 공을 머리로 받아서 골문을 향하는 일. 또는, 그런 기술.
헤라(Hera) 固[신화] 그리스 신화에 나오는 최고의 여신. 제우스의 아내이며, 결혼·출산·가정생활의 수호신임. 로마 신화의 유노(Juno)에 해당함.
헤라클레스(Heracles) 固[신화] 그리스 신화에 나오는 영웅. 제우스와 알크메네의 아들로 사자 사냥, 괴물 퇴치 등 12가지의 어려운 일을 해냄.
헤라클레이토스(Heracleitos) 固[인] 고대 그리스의 철학자(540?~480? B.C.).
헤로도토스(Herodotos) 固[인] 고대 그리

스의 역사가(484?~430? B.C.).
헤로인(heroin) 명[약] 모르핀으로 만든 습관성·중독성이 강한 마약의 하나.
헤롯(Herod) 명[성] 기원전 1세기경 유대의 왕(73?~4 B.C.). 그리스도의 탄생을 두려워하여 베들레헴의 두 살 이하의 아이를 모조리 죽였다고 함.
헤르니아(hernia) 명[의] 장기(臟器)의 일부가 원래 있어야 할 복강(腹腔)에서 벗어난 상태. =탈장.
헤르메스(Hermes) 명[신화] 그리스 신화에 나오는 목축과 상업의 신. 제우스와 마이아의 아들로 신들의 사자(使者)임. 로마 신화의 메르쿠리우스에 해당함.
헤르츠(hertz) 명[어измер] 물] 진동수의 단위. 1초 동안에 n회의 진동수를 n헤르츠라고 함. 기호는 Hz.
헤르페스(herpes) 명[의] =포진(疱疹)².
헤매다 통[자]① 1 (어느 곳을) 길을 잃거나 어디가 어디인지 몰라 목적지를 찾아 이리저리 왔다 갔다 하다. 빈방황하다·우왕좌왕하다. ¶길을 잃고 ~. 2 어떤 일을 어떻게 처리하거나 다루어야 할지 갈피를 잡지 못하다. ¶시험 문제가 어려워서 ~. 3 (사람이 삶과 죽음, 또는 의식과 꿈속의 경계를) 위태롭게 또는 몽롱한 상태로 넘나들다. ¶빈사상태간을 ~. 4 잠을 자거나 심한 육체적 고통을 느끼는 상태에서, 방향 없이 이리저리 왔다 갔다 하다. ¶잠을 자면서 온 방 안을 ~. ×헤매이다.
헤매이다 통[자][재] '헤매다'의 잘못.
헤모글로빈(hemoglobin) 명[생] 척추동물의 적혈구 속에 다량 들어 있는 색소단백질. 철을 함유하고 있으며, 혈액 속에서 산소를 운반하는 역할을 함. =혈색소 (血色素).
헤모시아닌(hemocyanin) 명[생] 갑각류나 연체동물의 혈액 속에 들어 있는 색소단백질. 구리를 함유하고 있으며, 산소와 결합하여 산소를 운반하는 역할을 함.
헤밍웨이, 어니스트 밀러(Hemingway, Ernest Miller) 명[인] 미국의 소설가 (1899~1961).
헤-벌리다 통[타] 어울리지 않게 넓게 벌리다. ¶입을 ~.
헤-벌어지다 통 I 통[자] 어울리지 않게 넓게 벌어지다. ¶수석 합격의 영광을 안은 그는 입이 헤벌어지며 좋아라 했다.
II 휑 어울리지 않게 넓게 벌어진 상태에 있다.
헤벌쭉 휑 1 아가리·구멍 같은 것이 넓적하게 벌어져 벌쭉한 모양. 2 입을 조금 열고 빙긋 웃는 모양. **헤벌쭉-하다** 휑[여] 헤벌쭉-이 휑
헤브라이즘(Hebraism) 명[역] 고대 히브리 인의 사상·문화 및 그 전통. 특히, 유대교와 크리스트교의 전통을 총괄하여 말함.
헤비-급(heavy級) 명[체] 권투 체급의 하나. 프로는 86.18kg 이상, 아마추어는 81~91kg임.
헤비-메탈(heavy metal) 명[음] 묵직한 비트와 강렬한 금속음의 록 음악.
헤살 명 짓궂게 훼방놓는 것. 또는, 그런 짓. **헤살-하다** 휑[여]
헤살-꾼 명 헤살을 놓는 사람.
헤세, 헤르만(Hesse, Hermann) 명[인] 독일의 소설가·시인(1877~1962).
헤스티아(Hestia) 명[신화] 그리스 신화의 나오는, 난로와 불의 여신. 로마 신화의 베스타(Vesta)에 해당함.
헤:-식다[-따] 휑 1 (밥이) 찰기가 없어 밥알이 쉽게 흩어지는 상태에 있다. ¶헤식은 보리밥. 2 (흙 따위가) 기름지지 못하고 말라서 쉽게 부스러지는 상태에 있다. 3 (사람이) 야무진 데가 없이 싱겁고 흐리멍덩하다. 4 (웃음이) 어설프고 싱겁게 나오는 상태에 있다.
헤:아리다 통[타] 1 (비교적 많은 수량의 사물을) 얼마의 수량인지 알아보다. 빈세다. 2 (사물이 상당히 많은 수효를) 나타내거나 이루는 상태가 되다. ¶백만을 헤아리는 병력. 3 (어떤 일을) 미루어 생각하거나, 짐작으로 살펴 알다. ¶저의 고충을 헤아려 주십시오.
헤어-나다 통[자] (어려운 형편이나 상황에서(을)) 그렇지 않은 형편이나 상황에 이르게 되다. 빈벗어나다. ¶그는 절망 속에서 헤어나지 못하고 있다.
헤어-드라이어(hair drier) 명 =드라이기.
헤어-롤(hair roll) 명 '머리 말개'로 순화.
헤어-밴드(hair-band) 명 머리의 앞부분이나 머리카락 위에 하는 띠.
헤어-스타일(hairstyle) 명 사람의 머리털을 매만져 자르거나 빗거나 땋거나 틀어올리거나 파마하거나 하여 어떤 유형으로 만든 머리 모양. ¶~을 바꾸다.
헤어-스프레이(hair spray) 명 머리에 뿌려 머리 모양이 흐트러지지 않게 하는 점착성 액체.
헤어-지다 통[자] 1 (어떤 사람이 다른 사람과) 한곳에 함께 어울려 있다가 다른 곳으로 가 서로 먼 거리에 있게 되다. 2 (어떤 사람이 부부나 애인 관계의 사람과) 그러한 인연을 끊게 되다. 빈이별하다·작별하다·결별하다. 3 (뭉치거나 붙어 있던 물체나 물질이) 따로따로 떨어지거나 흩어지다. 4 (살갗이) 상하여 이리저리 갈라지다. ¶피곤하여 얼굴이 ~. 빈헤지다.
헤어-핀(hairpin) 명 '머리핀'으로 순화.
헤엄 명 사람이나 물짐승, 물고기 등이 물속에서 나아가기 위해 팔이나 다리나 지느러미·꼬리 등을 놀리는 일. ⓒ수영. **헤엄-하다** 통[자]
헤엄-치다 통[자] (사람이나 물짐승, 물고기 등이) 물속에서 나아가기 위해 팔다리나 지느러미, 꼬리 등을 놀리다. 빈수영하다. ¶강을 헤엄쳐 건너다.
헤이그(Hague) 명[지] 네덜란드 서부의 도시.
헤일로(halo) 명 해나 달 주위에 나타나는 빛의 둥근 테. =무리³.
헤자브(⑥hejaeb) 명 이슬람권에서 여성이 입는 베일을 겸한 망토 모양의 의복.
헤적-거리다/-대다[-꺼(때)-] 통[자] 자꾸 헤적이다. ¶파묻어 둔 밤을 찾기 위해 화로를 ~.
헤적-이다 통[타] 1 감추어 놓은 물건을 찾으려고 자꾸 들추어 헤치다. 2 탐탁하지 않은 태도로 깨지락거리며 헤치다.
헤적-헤적[-저께-] 휑 헤적거리는 모양. **헤적헤적-하다** 통[자]
헤:-지다 통[자] '헤어지다'의 준말.
헤지라(Hegira) 명 622년에 예언자 마호메트가 메카의 보수적 특권 상인과 귀족

의 박해로 소수의 신도와 함께 메디나로 이주한 일. 이해를 이슬람교 기원 원년으로 함.

헤지^펀드(hedge fund) 圀[경] 고수익을 추구하는 투기성 국제 단기 자금. 도박성이 커, 국제 금융 시장을 교란시키는 요인으로 지적되기도 함.

헤집다[-따] 屠㉫ 긁어 파서 뒤집어 흩다. ¶닭이 땅바닥을 ~.

헤치다 屠㉫ 1 (무엇에 덮이거나 가려진 물체를) 속의 것이 드러나도록 겉에 있는 것을 양옆으로 치우거나 밀치다. ¶아기가 엄마의 젖가슴을 ~. 2 (나아가기 어렵게 앞을 가로막고 있는 대상을) 나아갈 수 있도록 양옆으로 밀어내다. ¶인파를 **헤치**고 나아가다. 3 (닥치거나 처한 어려움을) 이겨 나가거나 물리치다. ¶고난을 **헤쳐** 나가다. 4 (모여 있는 대상을) 따로따로 흩어지게 하다.

헤테로(hetero) 圀[생] 대립 유전자의 조성(組成)이 서로 다르게 맞추어지는 일. =호모.

헤파이스토스(Hephaestos) 圀[신화] 그리스 신화에 나오는 불과 대장장이의 신. 로마 신화의 불카누스에 해당함.

헤'프다 㣠〈헤프니, 헤퍼〉 1 (쓰는 물건이) 보통의 정도보다 더 많이 닳거나 없어지는 상태에 있다. ¶비누가 물러 ~. ↔마디다. 2 (물건이나 돈 따위를 쓰는 태도가) 아끼지 않고 보통의 정도보다 많이 쓰는 상태에 있다. ¶돈 씀씀이가 ~. 3 (말이나 행동이) 삼가는 데가 없이 함부로 또는 마구 나오거나 이뤄지는 상태에 있다. ¶웃음이 ~.

헤!피 㔾 헤프게. ¶돈을 너무 ~ 쓰다.

헤-헤 囝 입을 조금 벌리고 경박스럽게 웃는 소리. 또는, 그 모양. 쭨해해. **헤헤-하**㋫

헤헤-거리다/-대다 屠㉠ 자꾸 헤헤 웃다. ¶헤헤거리며 간사를 떨다.

헥타르(hectare) 의㈜ 토지의 면적을 나타내는 단위. 1헥타르는 100아르, 즉 1만 m^2임. 기호는 ha.

헥토파스칼(hectopascal) 의㈜ 세계 기상 기구(WMO)가 1984년 7월 1일부터 나부어 쓰기로 결정한 기압의 단위. 수치상으로 밀리바와 같으며, 1파스칼의 100배임. 1기압은 1013.25헥토파스칼임. 기호는 hPa.

헨델, 게오르크 프리드리히(Händel, Georg Friedrich) 圀 독일 태생의 영국의 작곡가(1685~1759).

헬-기(←helicopter機) 圀 =헬리콥터.

헬기-장(←helicopter機場) 圀 =헬리포트.

헬드^볼(held ball) 圀[체] 농구에서, 양 팀의 두 선수가 동시에 공을 잡고 놓지 않는 일.

헬레니즘(Hellenism) 圀 알렉산더의 동방 원정 이후, 그리스와 오리엔트가 서로 영향을 주고받음으로써 생긴 역사적 현상.

헬렐레 閅 술에 취하거나 얼이 빠져나가 기운이 빠져 몸을 가누지 못하는 모양. 속된 말임. **헬렐레-하**㋫㋫ ¶재는 여자만 보면 **헬렐레한다**.

헬륨(helium) 圀 희유기체 원소의 하나. 원소 기호 He, 원자 번호 2, 원자량 4.0026. 수소 다음으로 가볍고, 끓는점이 낮아 초저온용 냉매·기구용(氣球用)가스 등으로 쓰임.

헬리코박터-균(helicobacter菌) 圀[의] 위 점막에 기생하면서, 위염·위궤양·위암 등을 일으키는 나선균.

헬리포트(heliport) 圀 헬리콥터가 이착륙할 수 있게 조성해 놓은 공간. =헬기장.

헬멧(helmet) 圀 충격으로부터 머리를 보호하기 위하여 쓰는 투구형의 모자. 군인·광부·공사장 인부·운동선수 등이 씀.

헬스-클럽(health club) 圀 건강과 미용을 증진시키기 위한 운동·휴식 시설을 갖춘 체육관.

헬싱키(Helsinki) 圀[지] 핀란드의 수도.

헴 점잔 빼거나 습관적으로 내는 작은 기침 소리.

헷-갈리다[헫깔-] 㣠㉫ 1 정신이 혼란스러워 사물을 제대로 판단하거나 분간할 수 없는 상태가 되다. ¶아이들의 소란스런 소리에 **헷갈려서** 아무것도 못 하겠다. =헛갈리다.

헹 囝 아주 야무지게 코를 푸는 소리.

헹-가래 圀 1 어떤 사람의 승리나 성공을 축하하는 뜻에서 여러 사람이 그를 몇 차례 공중에 던져 올렸다 받았다 하는 일. 우승이 확정되는 순간 선수들은 감독을 ~를 쳤다. 2 장난을 할 때에 벌로, 여러 사람이 어떤 사람의 팔과 다리를 각각 잡고 좌우로 흔드는 일.

헹구다 屠㉫ 빨거나 씻은 것을 다시 깨끗한 물에 넣어서 흔들어 더러운 것이 빠지게 하다.

혀 圀 1 동물의 입 안의 아래쪽에 붙어 자유로이 움직이는 살덩이로 된 기관. 맛을 구별하고 음식을 삼키며, 소리를 조절하는 일을 함. 2[음] '서'의 잘못.

혀가 잘[안] 돌아가다 외국어나 어떤 말의 발음이 정확하게 잘[안] 되다. 또는, 말이 유창하게 잘 되다. ¶술에 취해 도무지 **혀가 안 돌아간다**.

혀가 짧다 혀가 잘 돌지 않아 말을 더듬거나 발음이 명확하지 않다.

혀(가) 꼬부라지다 병중이거나 술에 취하여 혀가 잘 움직이지 않아 발음이 명확하지 않다. ¶그는 만취하여 **혀 꼬부라진** 소리를 했다.

혀를 내두르다 매우 놀라거나 어이없어서 말을 못하다. ¶**혀를 내두르게** 비싼 물건.

혀를 놀리다 무심코 말을 입 밖에 내다. ¶함부로 **혀를 놀렸다가는** 혼날 줄 알아.

혀를 차다 마음이 언짢거나 유감의 뜻을 나타낼 때, 혀끝으로 입천장을 쳐서 소리를 내다. ¶노인은 젊은이의 무례한 행동이 못마땅해서 **혀를 끌끌 찼다**.

혀-꽃[-꼳] 圀[식] 한 꽃에 있는 꽃잎이 서로 붙어 아래는 대롱 모양, 위에는 혀 모양을 이루고 있는 꽃. 국화·민들레 따위. =설상화.

혀-끝[-끋] 圀 혀의 앞쪽 끝부분.

혀끝-소리[-끋쏘-] 圀[언] 혀끝과 윗잇몸 사이에서 나는 소리. 'ㄷ', 'ㄹ' 따위. =설단음.

혀-뿌리 圀 입의 안쪽 아래에 고정되어 있어 자유롭게 움직일 수 없는, 혀의 부분.

=설근(舌根).
허옆-소리[-엽쏘-] [명][언] 혀끝을 윗잇몸에 아주 붙이고, 혀 양쪽의 트인 데로 날숨을 흘려 내는 소리. 곧, '쌀', '길' 따위에서의 'ㄹ' 음.
허-짤배기 [명] 혀가 짧아서 'ㄹ' 받침 소리를 똑똑하게 내지 못하는 사람.
혀짤배기-소리 [명] 혀가 짧아 'ㄹ' 받침 소리를 똑똑하게 내지 못하는 말소리.
혁대(革帶)[-때] [명] 가죽으로 만든 띠. [비]허리띠.
혁명(革命)[형-] [명] **1** 헌법의 범위를 벗어나서 국가의 기초, 사회의 제도, 경제의 조직을 급격하게 근본적으로 고치는 일. ¶군사 ~/무혈 ~. **2** 이전의 왕통을 뒤집고 다른 왕통이 대신하여 통치자가 되는 것. ¶역성(易姓)~. **3** 종래의 관습·제도·방식을 단번에 깨뜨리고 질적(質的)으로 새로운 것을 세우는 것. ¶산업 ~. **혁명-하다** [동][자][타][여]
혁명-가(革命家)[형-] [명] 혁명을 위하여 활동하는 사람.
혁신(革新)[-씬] [명] 묵은 풍속·관습·조직·방법 등을 바꾸어 아주 새롭게 하는 것. ¶기술 ~. **혁신-하다** [동][타][여] **혁신-되다** [동][자]
혁신-적(革新的)[-씬-] [관][명] 묵은 조직이나 제도·관습·방법 등을 바꾸어 새롭게 하는 (것). ¶~인 개편.
혁신-주의(革新主義)[-씬-의/-씬-이] [명] 종래의 관습·조직·방법 등을 바꾸어 새로운 방향을 지향하는 입장이나 사고방식. ↔보수주의.
혁파(革罷) [명] (기구·제도·법령 따위를) 낡거나 문제가 있어 폐지하는 것. **혁파-하다** [동][타][여] **혁파-되다** [동][자]
혁필-화(革筆畫) [명][미] 납작한 가죽에 여러 빛깔의 물감을 묻혀, 글자(주로 한자)를 쓰면서 그 뜻에 어울리는 그림을 함께 그린 그림.
혁혁-하다(赫赫-)[혀켜카-] [형][여] (공로나 업적이) 빛이 나게 뚜렷하다. ¶**혁혁한** 공을 세우다. **혁혁-히** [부]
현[1](弦) [명] **1** =활시위. **2** [수] 원·곡선의 호(弧)의 두 끝을 잇는 선.
현[2](絃) [명][음] 현악기에 켕겨 맨 줄.
현ː[3](縣) [명][역] 옛 지방 행정 구획의 하나.
현ː[4](現) [관] 명사 앞에 붙어, '현재의', '지금의' 의 뜻을 나타내는 말. ¶~ 대통령.
현ː감(縣監) [명][역] 고려·조선 시대의 작은 현의 원. 종6품의 지방 문관임.
현ː격-하다(懸隔-)[-겨카-] [형][여] (사물의 차이가) 뚜렷하거나 두드러진 상태에 있다. ¶사고방식의 **현격한** 차이. **현ː격-히** [부]
현ː고(顯考) [명] 신주나 축문 등에서, 돌아가신 '아버지'를 가리켜 이르는 말. ¶~ 학생 부군(學生府君). ▷현비(顯妣).
현관(玄關) [명][건] 빌딩이나 주택 등의 건물 정면에 딸려 있는, 가장 주가 되는 출입구.
현관-문(玄關門) [명] 현관에 달린, 드나드는 문.
현ː교(顯教) [명][불] 널리 대중들에게 개방되어 있는 가르침으로서, 그 세계관이나 종교적 이상에 도달하는 방법을 명료한 언어로 표현하는 불교. ↔밀교.
현군(賢君) [명] 어질고 현명한 임금.
현ː금[1](現今) [명] 바로 이제.
현ː금[2](現金) [명] 정부나 중앙은행에서 발행한 지폐나 주화를 유가 증권과 구별하여 이르는 말. ¶~으로 지불하다.
현ː금-가(現金價)[-까] [명] 현금으로 거래할 때의 가격.
현ː금^인출기(現金引出機) [명] 예금을 현금으로 자동 인출 하는 기계. =현금 자동 지급기.
현ː금^자동^지급기(現金自動支給機)[-끼] [명] =현금 인출기.
현ː금^카드(現金card) [명] 현금 인출기에 넣어 원하는 액수의 돈을 자기 계좌에서 꺼내 쓸 수 있게 된, 플라스틱 카드. =캐시 카드.
현ː기-증(眩氣症)[-쯩] [명] 순간적으로 아뜩해지면서 어지럼을 느끼는 증상. [비]어지럼증·어질증.
현ː대(現代) [명] **1** 지금의 이 시대. **2** [역] 역사의 시대 구분의 하나. 근대 이후 지금까지의 시기. 우리나라의 경우, 1945년 광복 이후의 현재를 가리킴.
현ː대^국어(現代國語) [명][언] 국어의 역사에서, 20세기 초기부터 현재까지의 국어.
현ː대-문(現代文) [명][문] 현대어를 바탕으로 한 문체. 또는, 그런 문장. ↔고문.
현ː대^문학(現代文學) [명] 근대 문학을 계승하여 현대에 이루어진 문학. 우리나라에서는 1910년대의 태동기를 거쳐 1920~30년대에 정립되었음.
현ː대-물(現代物) [명] 현대 사회의 사건·풍속 등을 묘사한 소설이나 희곡 따위. ↔시대물.
현ː대-병(現代病)[-뼝] [명] 현대 사회가 지나치게 복잡화·다양화·기능화되는 데에서 오는 병. 정신병·공해병·직업병·성인병 따위.
현ː대-사(現代史) [명] 일반적으로 제2차 세계 대전 이후의 역사.
현ː대-식(現代式) [명] 수준이나 양식(樣式)에 있어서 현대적인 방식. ¶~ 건물.
현ː대-어(現代語) [명][언] 현대인이 지금 사용하고 있는 말.
현ː대-인(現代人) [명] 현대에 살고 있는 사람. 특히, 현대에 어울리는 생활과 생각을 갖고 있는 사람. ¶~의 의식 구조.
현ː대-적(現代的) [관][명] 현대에 적합한 느낌이 있거나 현대에 특징적인 (것). ¶~인 생활양식.
현ː대-전(現代戰) [명] 고도로 발달한 과학 무기를 써서 하는 현대의 전쟁.
현ː대-판(現代版) [명] 고전(古典)이나 옛날의 사건을 현대적 감각으로 재현한 것. ¶~ 춘향전.
현ː대-화(現代化) [명] 시대에 뒤떨어진 체제·기구·설비·방법 등을 현대에 알맞은 새로운 것으로 만드는 것. ¶식생활의 ~. **현ː대화-하다** [동][타][여] **현ː대화-되다** [동][자]
현ː란-하다(絢爛-)[헐-] [형][여] **1** (불빛이나 색채나 장식 따위가) 눈이 부시도록 찬란하다. ¶네온사인이 **현란한** 명동의 밤거리. **2** (글이) 미사여구를 많이 사용한 상태에 있다. ¶감각적이고 **현란한** 문체.
현ː령(縣令)[헐-] [명][역] **1** 신라·고려 시대의 현의 으뜸 벼슬. **2** 조선 시대, 큰 현의 원. 종5품 지방 문관임. ▷현감(縣監).
현명-하다(賢明-) [형][여] 어질고 영리하여 사리에 밝다. ¶**현명한** 사람. **현명-히** [부]
현모(賢母) [명] 어진 어머니.
현모-양처(賢母良妻) [명] 어진 어머니이면

현:몽(現夢) 圐 죽은 사람이나 신령이 꿈에 나타나는 것. **현:몽-하다** 圏재

현묘-하다(玄妙-) 圏에 이치나 기예의 경지가 헤아릴 수 없이 깊고 미묘하다.

현무(玄武) 圐 1 [천] 28수(宿) 중, 북쪽에 있는 일곱 별의 총칭. 곧, 두(斗)·우(牛)·여(女)·허(虛)·위(危)·실(室)·벽(壁). 2 [민] 북쪽 방위를 맡은 신으로 여겨지는 형상. 거북과 뱀이 얽혀 있는 모양임.

현무-암(玄武巖·玄武岩) 圐[광] 화산암의 한 가지. 입자가 치밀한 회흑색 또는 흑색의 암석. 사장석·감람석·휘석이 주성분이며, 기둥 모양인 것이 많음.

현문-우답(賢問愚答) 圐 현명한 물음에 대한 어리석은 대답. ↔우문현답.

현물(現物) 圐 1 돈전은 아니나 금전적 가치가 있는 물품. 2 [경] 거래에서, 매매 계약이 이루어짐과 동시에 인도되게 되어 있는, 주식·상품 등의 물건. 恇실물.

현미(玄米) 圐 벼의 껍질만 벗기고 쓿지 않은 쌀. ↔백미(白米).

현:미-경(顯微鏡) 圐[물] 균·미생물·세포 등 아주 미세한 물체를 렌즈로 확대하여 관찰하는 도구.

현:미경-자리(顯微鏡-) 圐[천] 염소자리의 남쪽에 있는 별자리. 초가을의 저물녘에 남중함.

현:비(顯妣) 圐 신주나 축문 등에서, 돌아가신 '어머니'를 가리켜 이르는 말. ▷현고(顯考).

현상¹(現狀) 圐 현재의 상태. ¶~ 유지.
현상²(現象) 圐 사물의 어떤 모습이나 상태. ¶자연~ / 생리~.
현상³(現像) 圐[사진] 촬영한 필름이나 인화지를 약품으로 처리하여 찍힌 상(像)이 눈에 보이도록 하는 것. **현상-하다** 圏재티 ¶필름을~.
현상⁴(懸賞) 圐 무엇을 모집하거나 구하거나 사람을 찾는 일 따위에 상을 내는 일.

현상-계(現象界) [-계/-게] 圐[철] 감각으로 직감할 수 있는 자연계. 또는, 경험의 세계.

현상-금(懸賞金) 圐 무엇을 모집하거나 구하거나 사람을 찾는 일 따위로 상으로 내건 돈.

현상-적(現象的) 圐 현상으로 드러나 있는 (것). 또는, 현상에 국한되어 있는 (것). ¶~ 접근.

현상-학(現象學) 圐[철] 1 헤겔이 그의 저서 '정신 현상학'에서 보인, 정신이 가장 단순한 감각적 확신에서 최고의 절대지(絶對知)에 이르는 변증법적 발전의 철학. 2 객관적 세계가 독립적으로 존재한다는 입장을 비판하면서, 순수 의식의 본질을 분석·기술하고자 하는 후설의 철학 이론.

현:생(現生) 圐[불] 이 세상의 생애.
현:생^인류(現生人類) [-일-] 圐[고고] 현재 생존하고 있는 사람, 이와 같은 종(種)에 속하는 화석 인류.

현:세(現世) 圐 1 [불] 삼세(三世)의 하나. 지금 이 세상. 2 [지] =충적세.

현세-주의(現世主義) [-의/-이] 圐[철] 현세만을 긍정하며 전세나 내세에 있고 없음에 관심이 없는 사고방식.

현손(玄孫) 圐 손자의 손자.
현:수-교(懸垂橋) 圐[건] 양쪽 언덕에 줄

현장 _1333

이나 쇠사슬을 건너지르고, 거기에 의지하여 매달아 놓은 다리.

현:수-막(懸垂幕) 圐 선전문·구호문 따위를 적어 세로나 가로로 길게 매단 천.

현숙(賢淑-) [-수카-] 圐예 (여자가) 마음이 어질고 정숙하다. ¶**현숙한** 아내.

현:시¹(現時) 圐 지금 이때.
현:시²(顯示) 圐 (어떤 내용을) 나타내어 보이는 것. **현:시-하다** 国재티 ¶존재의 진리를 시어(詩語)로 ~.

현:-시점(現時點) [-쩜] 圐 지금 이 시점. ¶~에서 볼 때 그 일은 시기상조이다.

현:신(現身) 圐 1 아랫사람이 윗사람에게 처음으로 자신을 보이는 것. 2 현세에서의 몸. **현:신-하다** 国재

현실¹(玄室) 圐[고고] =널방.
현:실²(現實) 圐 어떤 사람이 현재 처해 있는 상황. 또는, 어떤 사실이나 현상이 현재 실제로 존재하는 상태. ¶이상과 ~의 차이.

현:실-감(現實感) 圐 어떤 일이 현실이라고 여겨지거나 현실에서 가능하다고 여겨지는 느낌. ¶~이 결여된 공허한 주장.

현:실-성(現實性) [-썽] 圐 실제로 일어날 수 있거나 현실에 있을 수 있는 가능성. =리얼리티. ¶~이 없는 이야기.

현:실-적(現實的) [-쩍] 圐 현실성을 띤 (것). ¶그 일은 ~으로 불가능하다.

현:실-주의(現實主義) [-의/-이] 圐 이상에 얽매이지 않고, 현실을 중시하는 입장. =리얼리즘. ↔이상주의.

현:실주의-자(現實主義者) [-의-/-이-] 圐 현실을 중시하는 입장이나 태도를 가진 사람. =리얼리스트.

현:실-화(現實化) 圐 현실로 되거나 현실로 되게 하는 것. **현:실화-하다** 国재티 **현:실화-되다** 国재 ¶그것은 도저히 **현실화**될 수 없는 탁상공론에 불과하다.

현악(絃樂·弦樂) 圐[음] 바이올린과 같은 현악기로 연주하는 음악.

현악-기(絃樂器) [-끼] 圐[음] 현(絃)을 손가락이나 퉁기거나 활로 마찰하거나 건반으로 쳐서 음을 내는 악기.

현악^사:중주(絃樂四重奏) [-싸-] 圐[음] 제1, 제2바이올린과 비올라·첼로의 4개의 현악기에 의한 실내악 연주.

현:안(懸案) 圐 아직 해결되지 않은 채 남아 있는 문제 또는 안. ¶시급히 해결해야 할 ~이 산적해있다.

현:업(現業) 圐 직업으로서 현재 하고 있는 업무. 또는, 현장 업무나 일선 현장. ¶~에 복귀하다 / ~에서 활동 중이다.

현:역(現役) 圐 1 [군] 현재 각 부대에 소속되어 복무하고 있는 병력. 또는, 그 군인. ↔예비역. 2 현재 어떤 직무에 종사하고 있는 사람. ¶~ 국회의원.

현인(賢人) 圐 어질고 총명하여 성인 다음 가는 사람. =현자.

현:임(現任) 圐 현재의 직임.
현자(賢者) 圐 =현인.
현장¹(玄奘) 圐[인] 당나라의 승려(602~664).

현:장²(現場) 圐 1 사건이나 사고가 발생한 곳. 또는, 사람들의 이목을 끌 만한 일이 실제로 진행되고 있는 곳. ¶사고 ~에 나가 있는 중계차. 2 일을 지휘·감독하는 회사에 상대하여, 회사 밖에서 공사나 거래 등이 실제로 이뤄지는 곳. ¶공사 ~. 3 국

외자(局外者)의 입장에서, 어떤 직업의 일을 실제로 행하고 있는 곳. ¶작업 ~.
현!장-감(現場感) 圏 어떤 일이 이루어지고 있는 현장에서 느낄 수 있는 느낌. ¶~를 살린 뉴스 보도.
현!장-검!증(現場檢證) [명][법] 법원이나 수사 기관이 범죄의 현장이나 기타 법원 외의 장소에서 실시하는 검증.
현!장^부재^증명(現場不在證明) [명][법] =알리바이.
현!재(現在) Ⅰ[명] 1 바로 지금 진행되고 있는 시간. 그 이전은 과거, 그 이후는 미래임. 또는, 지금 일어나고 있는 일. 2(때를 나타내는 말 다음에 쓰여) 사물이 변화하는 상태를 어느 지점에서 끊어서 파악하려고 할 때, 그 시점을 가리키는 말. ¶2004년 1월 1일 ~ 서울특별시의 인구. 3[말] =현재1. 4 [언] 시제(時制)의 하나. 지금 행해지고 있는 동작이나 지금의 상태를 나타내는 시제. 동사의 경우, 선어말 어미 '-ㄴ/는-'을 붙여서 나타내며, 형용사나 서술격 조사 '이다'는 기본형으로 나타냄. ▷과거·미래.
Ⅱ[부] 지금 이 시점에. ¶그는 ~ 대학 재학 중이다.
현!재-법(現在法) [-뻡] [명][문] 수사법의 하나. 과거·미래의 사실, 또는 눈앞에 없는 사실을 마치 눈앞에 있는 사실처럼 나타내는 방법. "기차는 서울을 벗어나 너른 벌판을 달린다." 따위.
현!재^완료(現在完了) [-왈-] [명][언] 구미어 등에서, 현재까지의 동작이 끝났음을 나타내는 시제(時制)의 하나.
현!재^진!행(現在進行) [명][언] 동작이 현재 진행중에 있음을 나타내는 어법.
현!저-하다(顯著-) [형] (어떤 현상이) 두드러지게 뚜렷하다. ¶**현저한** 변화. **현!저-히** [부]
현-제명(玄濟明) [명][인] 테너 가수·작곡가 (1902~1960).
현!존(現存) [명] (어떤 대상이 어느 곳에) 현재 존재하거나 살아 있는 것. ¶~ 인물. **현!존-하다** [자][여][타][여] ¶**신라**의 석굴암은 경주에 원형 그대로 **현존하고** 있다.
현!-주소(現住所) [명] 1 현재 살고 있는 곳. 2 현재 또는 논의의 대상이 되는 사회적인 현상이나 일에 있어서, 현재의 상황이나 형편이나 수준. 비유적인 말임. ¶학원 폭력의 ~를 짚어 보다.
현!지(現地) [명] 어떤 일이 벌어진 바로 그 곳.
현!지-답사(現地踏査) [-싸] [명] 현지에 직접 가서 조사하는 일. **현!지답사-하다** [동][타][여]
현!지^로케이션(現地location) [명][영] = 현지 촬영.
현!지-인(現地人) [명] 그 지역에 터전을 두고 사는 사람.
현!지-처(現地妻) [명] 외지(外地)에 나가 있는 남자가 현지에서 얻어 그곳에 있는 동안 데리고 사는 여자.
현!지^촬영(現地撮影) [명][영] 현지에 가서 하는 야외 촬영. =로케이션·현지 로케이션. ¶아프리카로 ~을 떠나다.
현!직(現職) [명] 현재의 직업. 또는, 그 직임. ¶~ 경찰관.
현-진건(玄鎭健) [명][인] 소설가(1900~1943).
현!찰(現札) [명] 현금(現金)으로서의 지폐.

현!창(顯彰) [명] (훌륭한 인품이나 업적이) 세상에 밝게 드러나는 것. 또는, (훌륭한 인품이나 업적을) 세상에 밝게 드러내는 것. ¶~비(碑). **현!창-하다** [자][여][타][여] ¶이 문집은 그의 제자들이 스승의 덕을 **현창하기** 위해 간행한 것이다.
현처(賢妻) [명] 어진 아내.
현!척(現尺) [명] 있는 그대로 나타낸 치수. ↔축척.
현!-충사(顯忠祠) [명] 충절을 추모·기념하기 위하여 세운 사당.
현!충-일(顯忠日) [명] 나라를 위하여 싸우다 숨진 장병과 순국선열들의 충성을 기리기 위하여 제정한 기념일. 6월 6일.
현!충-탑(顯忠塔) [명] 나라를 지키기 위해 싸우다 숨진 사람들의 충성을 기리기 위해 세운 탑.
현!판(懸板) [명] 글씨나 그림을 새겨 문 위나 벽에다 는 널조각.
현!판-식(懸板式) [명] 관청·회사·단체·모임 등의 간판을 처음으로 거는 것을 기념하는 의식.
현품(現品) [명] 현재 있는 물품.
현!하(現下) [명] 현재의 형편 아래. ¶~의 국내외 정세.
현!학(衒學) [명] 자기에게 학식이나 지식이 많음을 남 앞에서 드러내어 뽐내는 것.
현!학-적(衒學的) [-적] [관][명] 태도가 자기에게 학식이나 지식이 많음을 드러내어 뽐내는 상태에 있는 (것). ¶~ 문체.
현!행(現行) [명] 현재 행하는 것. 또는, 행해지고 있는 것. ¶~ 교육 제도.
현!행-범(現行犯) [명][법] 현재 범행을 실행 중이거나 범행 직후에 발각된 범죄. 또는, 그 범인.
현!행-법(現行法) [-뻡] [명][법] 현재 시행되고 있으며, 또한 효력이 있는 법률.
현!현(顯現) [명] 명백하게 나타나 나타내는 것. **현!현-하다** [자][여][타][여] **현!현-되다** [동][여]
현!혹(眩惑) [명] 사람의 마음을 홀리거나 정신을 빼앗아 제대로 판단하지 못하게 만드는 것. **현!혹-하다** [타][여] ¶소비자의 마음을 **현혹하는** 과대 광고. **현!혹-되다** [동][여]
현!화(現化) [명] 신불(神佛) 등이 형체를 바꾸어 세상에 나타나는 것. **현!화-하다** [자][여]
현!황(現況) [명] 현재의 상황. ¶~을 보고하다.
혈¹(穴) [명] 1[민] 풍수지리에서, 정기(精氣)가 모인 자리. 2[한] 침이나 뜸을 놓는 자리.
혈²(血) [명][한] 온몸을 순환하면서 영양 작용을 하는 피.
혈관(血管) [명][생] 혈액을 체내의 각부로 보내는 관. 동맥·정맥·모세 혈관으로 나뉨. =핏줄.
혈관^주!사(血管注射) [명][의] 혈관에 놓는 주사. ↔피하 주사.
혈구(血球) [명][생] 혈액의 고형 성분으로 혈장(血漿) 속에 떠다니는 세포. 적혈구·백혈구 및 혈소판이 있음.
혈기(血氣) [명] 1 목숨을 유지하는 피와 기운. 2 격동하기 쉬운 의기. ¶~가 왕성하다.
혈뇨(血尿) [-료] [명][의][한] 오줌에 피가 섞여 나오는 병.
혈당(血糖) [-땅] [명][생] 혈액 속에 포함되어 있는 포도당. 뇌와 적혈구의 에너지원 이 됨.
혈로(血路)[명] 포위망이나 곤경을 벗어나는 험하고 어려운 고비의 길. ¶~를 뚫다.
혈류(血流)[명] 피의 흐름.
혈맥(血脈)[명] **1**[생] 피가 도는 줄기. ㈜ 맥. **2**=혈통.
혈맥-상통(血脈相通)[-쌍-][명] 혈맥이 서로 통함. 곧, 혈육 관계가 있음.
혈맹(血盟)[명] **1** 피로써 굳게 다짐하여 이뤄진 맹세. **2** 희생을 무릅쓰고 도움을 주는 동맹국. ¶미국은 우리의 ~이다.
혈변(血便)[명] =피똥.
혈색(血色)[명] 살갗에 보이는 핏기. ¶~이 좋은 40대 남자.
혈색-소(血色素)[-쌕쏘][명][생] =헤모글로빈.
혈서(血書)[-써][명] 제 손가락에 상처를 내어 흘러나오는 피로 쓴 글씨. 흔히, 강한 결심이나 맹세, 요구 등을 나타내기 위해 씀.
혈성(血性)[-씽][명] **1** 의협심과 혈기가 있는 성질. **2**[의] 몸의 분비물이나 배설물 등에 피가 섞인 것. ¶~ 설사.
혈세(血稅)[-쎄][명] 국민이 희생과 고통을 무릅쓰고 낸 소중한 세금. 또는, 국민의 희생과 고통에 거둔 세금. ¶정부의 실정으로 국민의 ~를 낭비하다.
혈소판(血小板)[-쏘-][명][생] 혈구의 유형(有形) 성분의 하나. 혈액 응고에 중요한 역할을 함.
혈안(血眼)[명] ('핏발이 선 눈'이라는 뜻) (주로 '혈안이 되다'의 꼴로 쓰여) 어떤 일을 이루려고 애가 달아 기를 쓰고 있는 상태. ¶놈들은 우리를 잡으려고 ~이 되어 있다.
혈암(頁岩)[명][광] =셰일.
혈압(血壓)[명][생] 심장에서 혈액을 밀어낼 때, 혈관 내에 생기는 압력.
혈압-계(血壓計)[-꼐/-께][명] 혈압을 재는 계기(計器).
혈액(血液)[명] '피1'을 의학·생리학·생물학 등에서 이르는 말. 주로, 치료·검사·실험 등의 대상으로서 쓰이는 말임. ¶~ 채취.
혈액^검사(血液檢査)[-검-][명] 혈액형이나 질병 유무 등을 알기 위하여 피를 뽑아 행하는 검사. =피검사.
혈액^순환(血液循環)[-쑨-][명][생] 동물 체내에서 진행되는 피의 순환.
혈액-원(血液院)[명] 환자·의료 기관과 헌혈자 사이에서 수혈용 혈액을 보존·관리하고 필요에 따라 공급함을 목적으로 하는 기관. ㈜혈액은행.
혈액-은행(血液銀行)[명] =혈액원.
혈액-형(血液型)[-애켱][명][생] 적혈구와 혈청의 응집 반응을 기초로 분류한 혈액의 유형. ABO식과 Rh식 따위가 있음.
혈연(血緣)[명] 같은 핏줄에 속하는 사람들 끼리의 인연이나 관계. ㈜ 공동체.
혈연-관계(血緣關係)[-계/-께][명] 부모와 자식, 형제를 기본으로 하는 관계 및 양자 등을 포함한 관계.
혈우-병(血友病)[-뼝][명][의] 조그만 상처에도 피가 쉽게 나고 잘 멎지 않는 병. 남자에게만 나타남.
혈육(血肉)[명] **1** 피와 살. **2** 부모·자식·형제 등 한 핏줄로 맺어진 육친. =피붙이. ¶나에게 ~이라곤 동생 하나뿐이다.
혈장(血漿)[-짱][명][생] 혈액의 액상(液狀) 성분. 물질의 수송, 가스 교환, 혈액 응고, 면역 등의 역할을 함.
혈전¹(血栓)[-쩐][명][의] 혈관 안에서 피가 굳어서 된 고형물.
혈전²(血戰)[-쩐][명] 생사(生死)를 가리지 않고 치열하게 싸우는 것. 또는, 그 싸움. ¶~ 끝에 적의 요새를 점령하다.
혈족(血族)[-쪽][명] 같은 조상에서 갈려 나온 친족. 직계 혈족과 방계 혈족이 있음.
혈중^알코올^농도(血中alcohol濃度)[-쭝-][명] 혈액 속에 포함된 에탄올의 양. 음주(飮酒)에 따라 증가하는데, 보통은 혈액 100cc 중 50mg 정도에서 사람이 얼근하게 취하고, 200mg 이상이면 만취가 됨.
혈청(血淸)[명] 혈액이 엉겨 굳을 때, 응고 성분과 분리되어 생기는 담황색의 투명한 액체. 혈청 응고 등에 쓰임.
혈통(血統)[명] 같은 핏줄을 타고난 겨레붙이의 계통. =혈족·핏줄기·혈맥.
혈통-주의(血統主義)[-의/-이][명][법] 출생 시의 부모의 국적에 따라 국적을 결정하는 주의. ㈜속인주의. ↔출생지주의.
혈투(血鬪)[명] 피 흘리며 싸우는 싸움. 곧, 치열하거나 처절하게 벌이는 전투나 경기나 싸움. ㈜혈전.
혈행(血行)[명][생] 혈액의 순환.
혈혈-단신(孑孑單身)[명] 의지할 곳이 없는 외로운 홀몸. ¶일점혈육도 없이 ~으로 살아가다.
혈흔(血痕)[명] 피가 묻은 흔적.
혐연-권(嫌煙權)[-꿘][명] 담배를 피우지 않는 사람이 공공장소에서 담배 연기를 거부할 권리.
혐오(嫌惡)[명] (어떤 대상을) 싫어하고 미워하는 것. 혐오-하다[타][여]
혐오-감(嫌惡感)[명] 싫어하며 미워하는 감정. ¶남에게 ~을 주는 행위.
혐오-스럽다(嫌惡-)[-따][형][ㅂ]〈-스러우니, -스러워〉 혐오감을 주는 점이 있다. **혐오스레**[부]
혐의(嫌疑)[-의/-이][명] 수사 기관에서 어떤 사람이 어떤 죄를 저질렀을 것이라고 의심하는 일. 또는, 그 의심이 타당한 정도. ¶살인 ~/~가 짙다.
혐의-자(嫌疑者)[-의-/-이-][명] 혐의를 받는 사람.
협객(俠客)[-깩][명] 의협심이 강하여 불의를 보고 참지 못하는, 무술이 뛰어난 남자. 주로, 지난 시대에 쓰던 말임.
협곡(峽谷)[-꼭][지] 하천 하부의 심한 침식으로 인해 생기는 좁고 깊은 골짜기.
협공(挾攻)[-꽁][명] **1** 사이에 끼워 놓고 양쪽에서 공격하는 것. **2**[체] 야구에서, 누와 누 사이에 있는 주자를 아웃시키려고 수비 측이 양쪽에서 공격하는 일. 협공-하다[동][여] ¶적을 ~.
협궤(狹軌)[-꿰][명][건] 궤간이 표준 궤간인 1.435m보다 좁은 궤도. ↔광궤.
협도(鋏刀)[-또][명] 약재를 써는 연장.
협동(協同)[-똥][명] 서로 마음과 힘을 합하는 것. 협동-하다[동][여]
협동-심(協同心)[-똥-][명] 어떤 일을 서로 협동하는 마음.
협동-조합(協同組合)[-똥-][명][사] 소비자·농민·중소기업자 등이 각자의 생활 또는 사업의 개선을 위해 만든 협력 조직.

협력(協力) [혐녁] 명 (사람과 [이] 사람이 [을], 또는 어떤 사람이 다른 사람에게) 힘을 합하여 돕는 것. ¶~ 관계. **협력-하다** 동

협력-체(協力體) [혐녁-] 명 힘을 합하여 서로 돕는 관계에 있는 조직체. ¶백화점에서는 ~와 함께 경품 행사를 벌였다.

협로¹(峽路) [혐노] 명 산속에 난 좁은 길. 또는, 두메의 길.

협로²(狹路) [혐노] 명 =소로(小路)¹.

협만(峽灣) [혐-] 명[지] =피오르.

협박(脅迫) [-빡] 명 (어떤 사람에게, 또는 어떤 사람을) 어떤 일을 행하도록 위협하는 것. ¶~ 전화. **협박-하다** 동타여

협박-장(脅迫狀) [-빡짱] 명 협박하는 내용을 적은 글.

협박-조(脅迫調) [-빡쪼] 명 남에게 어떤 일을 하도록 위협하는 투.

협상(協商) [-쌍] 명 1 협의에 의하여 어떤 목적에 부합되는 결정을 하는 일. 2 [정] 수개국이 특정한 문제에 대한 협력을 결정하는 일. 동맹(同盟)에 이르지 않는 정도의 친선 관계를 말함. ¶~이 결렬되다. **협상-하다** 동타여 **협상-되다** 동자

협소-하다(狹小-) [-쏘-] 형여 (공간이) 어떤 일을 하기에) 좁고 작다. ¶행사를 치르기에는 장소가 너무 ~.

협심-증(狹心症) [-씸쯩] 명[의] 관상 동맥이 좁아지거나 하여 심장에 피가 제대로 공급되지 않아 가슴에 통증을 느끼게 되는 증상.

협약(協約) 명 1 협의하여 서로 약속하는 것. 2 개인과 단체, 또는 단체 상호 간의 교섭이나 협의에 의해 맺어진 계약. ¶단체 ~. 3 [정] 국제간 조약의 한 가지. 본질과 효력은 조약과 같으나, 주로 문화적 내용의 것이나 입법적인 것에 붙이는 말임. ▷협정. **협약-하다** 동타여 **협약-되다** 동자

협업(協業) [-업] 명 1 같은 사람이 하나의 계획 아래 노동을 분담하여 협동적·조직적으로 일하는 것. 2 =분업. **협업-하다** 동자

협연(協演) 명[음] 한 독주자가 다른 독주자나 악단 등과 함께 한 곡을 연주하는 것. **협연-하다** 동자여 ¶세계적인 피아니스트, 국내 교향악단과 ~.

협의¹(協議) [-의/-이] 명 여러 사람이 모여 의논하는 것. **협의-하다** 동타여 **협의-되다** 동자

협의²(狹義) [-의/-이] 명 어떤 말의 개념을 정의할 때, 좁은 의미. ↔광의.

협잡(挾雜) [-짭] 명 이익을 얻으려고 다른 사람과 짜고 그릇된 짓으로 남을 속이는 것. **협잡-하다** 동자여

협잡-꾼(挾雜-) [-짭-] 명 협잡을 일삼는 사람.

협정(協定) [-쩡] 명 1 협의하여 결정하는 것. 또는, 그 결정. 2 [정] 국제간 조약의 한 가지. 국제법상 효력 등은 조약과 같으나, 주로 정부가 단독으로 외국 정부와 체결하는 조약을 가리킴. ¶관세 ~. ▷협약. **협정-하다** 동타여 **협정-되다** 동자

협조¹(協助) [-쪼] 명 (어떤 사람이 다른 사람에게, 또는 어떤 사람이 어떤 일에) 힘을 모아 돕는 것. **협조-하다** 동자여

협조²(協調) [-쪼] 명 힘을 합하여 서로 조화를 이루는 것. ¶노사(勞使) ~. **협조-하다²** 동자여

협조-적(協調的) [-쪼-] 관 협조하는 성질이나 상태에 관한 (것). ↔자색.

협주(協奏) [-쭈] 명 =합주. **협주-하다** 동자여

협주-곡(協奏曲) [-쭈-] 명[음] 독주 악기와 관현악이 합주하면서 독주 악기의 기교가 충분히 발휘되도록 작곡된 소나타 형식의 악곡. ¶피아노 ~.

협죽-도(夾竹桃) [-쭉또-] 명[식] 높이 2m 가량으로, 좁고 길쭉한 잎이 세 잎씩 돌려나며, 여름에 붉은색 꽃이 피는 상록 관목. 관상용으로 기름.

협진(協診) [-찐] 명 양방의와 한방의가 협력하여 환자를 진료하는 일. ¶양한방 ~. **협진-하다** 동자여

협착-증(狹窄症) [-쯩] 명[의] 심장 또는 혈관의 판막이나 관이 좁아지는 증상.

협찬(協贊) 명 (어떤 일을) 협력하여 돕는 것. 특히, (어떤 행사를) 금전을 제공하여 돕는 것. ▷후원. **협찬-하다** 동타여 **협찬-되다** 동자

협화-음(協和音) [혀퐈-] 명[음] =어울림음. ↔불협화음.

협회(協會) [혀회/혀퀘] 명 같은 종류의 일을 하는 사람들이 그 일을 협력하여 효과적으로 이루기 위해 조직한 모임. ¶출판 ~.

혓-바늘 [혀빠-/혇빠-] 명 염증으로 인해 혀에 좁쌀알 같은 살이 도드라져 무엇이 닿을 때 따끔거리는 증상. 또는, 그렇게 도드라진 살. ¶~이 돋다.

혓-바닥 [혀빠-/혇빠-] 명 1 혀의 윗면. 2 혀를 속되게 이르는 말.

혓-소리 [혀쏘-/혇쏘-] 명[언] 혀와 잇몸의 작용으로 나는 소리. ㄴ·ㄷ·ㄸ·ㅌ 따위. =설음(舌音).

형¹(兄) 명 1 같은 부모한테서 태어난 남자 사이에서, 나이가 적은 쪽 남자에 대해 나이가 많은 쪽 남자를 이르거나 부르는 말. ↔아우. 2 일가친척 중 항렬이 같은 남자 사이에서, 나이가 적은 쪽 남자에 대해 나이가 많은 쪽 남자를 이르거나 부르는 말. ¶사촌 ~. ↔동생. 3 나이가 약간 차이 나는 남남끼리의 남자 사이에서, 나이가 적은 남자가 나이가 많은 남자를 가리켜 대접하는 뜻으로, 또는 정다움을 나타내어 이르거나 부르는 말. ≒형님. 4 나이가 비슷한 청년 이상의 남자 사이에서, 서로 상대방을 대접하여 이르는 말. 5 〈속〉 20세 전후의 여자 대학생이 나이가 위인 남자 선배를 이르거나 부르는 말.
[형만 한 아우 없다] 아무래도 경험을 많이 쌓은 형이 아우보다 낫게 마련이다.

형²(刑) 명[법] '형벌'의 준말. ¶5년 ~을 선고받다.

형³(形) 명 외관으로 나타나는 모양.

형⁴(型) 명 1 상대적인 특성으로 구별되는 유형(類型)이나 형태. ¶새로운 ~의 자동차. 2 =거푸집. 3 =꼴³.

-형⁵(形) 접미 명사 아래 붙어, 그 명사와 외관상 닮은꼴을 이루고 있음을 나타내는 말. ¶피라미드~ / 'V'자~ 목둘레선.

-형⁶(型) 접미 명사 아래 붙어, 그런 유형이나 형식을 가지고 있음을 나타내는 말. ¶비만~ / 땅딸~.

형광(螢光) 명 1 =반딧불. 2 [물] 어떤 종류의 물체가 빛·X선·전자 빔 등을 받았을 때에 내는 고유한 빛.

형광-등(螢光燈) 명 1 [물] 진공 유리관 속

에 수은과 아르곤을 조금 넣고 안쪽 벽에 형광 도료를 칠한 방전등(放電燈)의 한 가지. **2** 아둔하고 반응이 느린 사람을 속되게 일컫는 말.
형광-색(螢光色)[-쌕] 몡 형광 물질을 넣어 만든 색. 빛을 받았을 때 밝게 빛나 눈을 자극하는 특성이 있음. ¶~ 무대복.
형구(刑具) 몡 형벌을 가하거나 고문을 하는 데에 쓰이는 여러 가지 기구.
형국(形局) 몡 어떤 일이 벌어진 형편이나 국면. ¶불리한 ~.
형극(荊棘) 몡 '고난'을 비유하여 이르는 말. ¶~의 길.
형기(刑期) 몡 [법] 형벌의 집행 기간.
형-님(兄-)[-님] 몡 '형'1·2·3을 높여 호칭 또는 지칭하는 말. 여자 사이의 경우에는 손위 동기 또는 손위 시누이나 손위 동서를 일컬음.
형량(刑量)[-냥] 몡 죄인에게 내리는 형벌의 정도. 보통, 복역해야 할 기간을 가리킴. ¶판사가 무거운 ~을 선고하다.
형리(刑吏)[-니] 몡 [역] 지방 관아의 형방 아전.
형무-소(刑務所) 몡 '교도소'의 구칭.
형문(刑問) 몡[역] **1** 형장(刑杖)으로 죄인의 정강이를 때리는 형벌. **2** 죄인의 정강이를 때리며 캐어묻는 것. **형문-하다** 토
형방(刑房) 몡 [역] 조선 시대, 육방(六房)의 하나. 형전(刑典)에 관한 사무를 맡아보던 관아.
형벌(刑罰) 몡 [법] 범죄에 대한 법률상의 효과로서 국가 등이 범죄자에게 재재를 가하는 것. 곧 제재. 준형(刑).
형법(刑法) 몡 [법] 범죄 및 이를 범한 때에 가해지는 형벌을 규정한 법률.
형부(兄夫) 몡 언니의 남편. ↔제부.
형부²(刑部) 몡 [역] 고려 시대, 육부(六部)의 하나. 법률·소송·재판 등에 관한 일을 맡아봄.
형사(刑事) 몡 **1** [법] 형법의 적용을 받는 사건. ¶~ 문제. ↔민사. **2** 범죄의 수사 및 범인의 체포를 담당하는 사복(私服) 경찰관의 통칭. ¶사복~.
형사-법(刑事法) 몡 [법] 국가 형벌권의 행사에 관한 일체 법률의 총칭.
형사^시효(刑事時效) 몡 [법] 형사(刑事)에 관한 시효. ¶~가 지난 사건.
형상¹(形狀) 몡 =형상(形象)³ **1**.
형상²(形相) 몡 형상(形象)³ **1**. **2** [철] 실체의 본질. 플라톤에 있어서는 참된 실재인 이데아, 아리스토텔레스에 있어서는 가능태(可能態)인 질료(質料)에 대해 현실태(現實態)를 가리킴. ▷질료.
형상³(形象) 몡 **1** 물건의 생긴 모양. =형상(形狀)·형상(形相). **2** [철] 감각으로 포착한 것이나 마음속의 관념 등을 예술가가 어떤 표현 수단에 의하여 구상화(具象化)하는 것.
형상-화(形象化) 몡 형체로는 분명히 나타나 있지 않은 것을 어떤 방법이나 매체를 통하여 구체적인 형상으로 나타내는 것. 특히, 어떤 소재를 예술적으로 창조하는 것. **형상화-하다** 토 ¶이별의 슬픔을 시(詩)로 ~. **형상화-되다** 자
형색(形色) 몡 **1** 생긴 모양과 빛깔. **2** 얼굴 모양과 표정.
형석(螢石) 몡[광] 유리 광택이 나는 무른 결정의 광물. 가열하면 청색의 인광(燐光)을 냄. 알루미늄 제조나 광학 기기 등에 쓰임.
형설(螢雪) 몡 [차윤이 반딧불로 글을 읽고, 손강이 눈빛으로 글을읽었다는 고사에서] 갖은 고생을 하며 부지런하고 꾸준히 학문을 닦음. ¶~의 공(功)을 쌓다.
형설지공(螢雪之功) 몡 고생을 하면서 공부하여 얻은 보람. ▷형설.
형성¹(形成) 몡 어떤 조직·구조·모양을 갖춘 사물을 이루는 것. ¶인격 ~. **형성-하다** 토 ¶여론을 ~. **형성-되다** 자 ¶저기압권이 ~.
형성²(形聲) 몡 육서(六書)의 하나. 두 글자를 합하여 새 글자를 만드는데, 한쪽은 뜻을 나타내고 다른 쪽은 음을 나타냄. '請'의 경우, '言'은 뜻을 나타내고 '靑'은 음을 나타내는 따위.
형성-층(形成層) 몡 [식] 쌍떡잎식물과 겉씨식물의 줄기나 뿌리에 있는 분열 조직. 왕성한 세포 분열이 이루어져 안쪽에 물관부, 바깥쪽에 체관부를 만듦. =부름켜.
형세(形勢) 몡 **1** 살림살이의 경제적인 형편. **2** =정세(情勢). ¶~가 불리하다. **3** [민] 풍수지리설에서, 산형(山形)과 지세(地勢)를 일컫는 말.
형수(兄嫂) 몡 형의 아내. ↔제수.
형식¹(形式) 몡 **1** 사물이 존재하고 있을 때 외부로 나타나 있는 모양. **2** 일을 할 때의 일정한 절차·방법·양식. 또는, 그 한 무리의 문건을 특징짓는, 공통적으로 갖춘 모양. **3** 실질·내용이 없이 그대로 이어지는 방법·양식 등. 또는, 그런 체재만 갖춘 것. ¶~뿐인 질의응답. ↔내용.
형식²(型式) 몡 자동차·기구(器具) 등의 구조나 외형의 특정한 형(型). 비모델.
형식-미(形式美)[-씽-] 몡 예술 작품에서 겉으로 드러나는 형식상의 조화·균형·율동 따위의 미(美).
형식-적(形式的)[-쩍] 몡 형식을 주로 하는 (것). ¶~ 절차. ↔실질적.
형식-주의(形式主義)[-쭈의/-쭈이] 몡 **1** 사물의 내용적 측면을 경시하고 형식적 측면을 중시하는 주장. **2** [문] 작품의 사회 배경이나 사상으로부터 독립된 언어 세계로서 작품을 이해하고 그 수법·형태·구조를 밝히려는 비평 태도.
형식-지(形式知)[-찌] 몡 객관적으로 체계화되어 전달되고 공유될 수 있는 지식. ▷암묵지.
형식^형태소(形式形態素)[-시켕-] 몡 [언] 조사·어미 따위와 같이, 말과 말 사이의 문법적 관계를 나타내는 형태소. =허사(虛辭). ↔실질 형태소.
형식-화(形式化)[-시콰] 몡 **1** (사물이) 일정한 형식을 갖추는 것. 또는, (사물을) 일정한 형식을 갖추게 하는 것. **2** 내용을 도외시하고 형식만을 갖추는 것. **형식화-하다** 토자 ¶형식화-되다 자
형씨(兄氏) 때[인칭] 청년 또는 그 이상의 나이를 먹은 남자가 잘 모르는 동년배의 남자를 부르거나 지칭하는 말.
형언(形言) 몡 형용하여 말하는 일. **형언-하다** 토 ¶형언할 수 없는 참상.
형용(形容) 몡 **1** 사물의 생긴 모양. **2** 사물의 어떠함을 말·글·몸짓 등으로 나타내는 것. **형용-하다** 토자 ¶이루 **형용할** 수 없는 고통.
형용-사(形容詞) 몡 [언] 품사의 하나. 사물의 상태나 성질이 어떠한지를 나타내

되, 활용을 하는 단어. 분류 기준에 따라 본용언 형용사·보조 형용사, 성상 형용사·지시 형용사, 규칙 형용사·불규칙 형용사로나뉜다. '기쁘다', '않다' 따위. =그림씨.
형용사-구(形容詞句) 형용사의 구실을 하는 구.
형이상-학(形而上學) 명[철] 존재의 실체와 궁극적인 원리를 감각이 아닌 순수한 사고를 통하여 알고자 하는 학문. ↔형이하학.
형이상학-적(形而上學的) [-쩍] 관 명 1 [철] 형이상학에 관한 (것). 2 본질적이고 심층적인 (것). 또는, 관념적이고 정신적인 (것). ↔형이하학적.
형이하-학(形而下學) 명[철] 형체를 갖추고 있는 사물에 관한 학문. 물리학·동물학·식물학 따위. ↔형이상학.
형이하학-적(形而下學的) [-쩍] 관 명 1 [철] 형이하학에 관한 (것). 2 현상적이고 표피적인 (것). 또는, 감각적이고 육체적인 (것). ¶세속적 성공을 추구하는 ~ 인 인생관. ↔형이상학적.
형장[1](刑杖) 명 죄인을 신문할 때 쓰는 몽둥이.
형장[2](刑場) 명 사형을 집행하는 곳. ⒝사형장.
　형장의 이슬로 사라지다 사형을 당하여 죽다.
형적(形迹) 명 남은 흔적. ¶~도 없이 사라지다.
형제(兄弟) 명 [1][자members] 1 어떤 부모 밑에 자식인 남자가 둘 이상 있을 때, 손위 남자인 '형'과 손아래 남자인 '아우'를 아울러 이르는 말. 2 어떤 부모 밑에 자식이 둘 이상 있을 때, 손위의 사람과 손아래의 사람을 아울러 이르는 말. ⒝동기. ¶이 집은 ~가 5남 2녀다. 3 [가] 하느님을 믿는 신자끼리 스스로를 일컫는 말. 2 (의존) 남자 또는 남녀 동기(同氣)의 수효를 세는 말. ¶삼 ~.
형제-간(兄弟間) 명 형과 아우의 사이.
형제-애(兄弟愛) 명 형제간의 사랑.
형제-자매(兄弟姉妹) 명 형제와 자매.
형조(刑曹) 명[역] 고려·조선 시대, 육조 (六曹)의 하나. 법률·소송·형옥·노예 등에 관한 일을 맡아보던 관아.
형지(型紙) 명 어떤 본을 떠서 만든 종이. 양재·수예 등에 쓰임.
형질(形質) 명 1 형태와 성질. 곧, 생긴 모양과 그 바탕. 2 [생] 생물 분류의 기준이 되는 모든 형태적 특징. 특히, 표면적으로 나타나는 각 종(種)의 유전적 성질.
형체(形體) 명 물건의 생긴 꼴이나, 그 바탕이 되는 몸. ¶~도 알아볼 수 없을 정도로 부패된 변사체.
형태(形態) 명 1 어떤 물체의 생긴 모양. 특히, 그 윤곽이 나타내는 모양. ⒝생김새. 2 사물이 나타내는, 어떤 특징의 양상. ¶알츠하이머병은 가장 흔한 ~의 노인성 치매이다.
형태-론(形態論) 명[언] 단어의 어형(語形) 변화인 굴절과 단어의 형성인 파생·합성 등을 다루는 문법의 한 부문.
형태-소(形態素) 명[언] 1 의미를 가지는 요소로서는 더 이상 분석할 수 없는 가장 작은 말의 단위. 2 문법적·관계적인 뜻만을 나타내는 단어 또는 단어의 부분.
형통(亨通) 명 모든 일이 뜻과 같이 잘되어 가는 일. ¶만사~. **형통-하다** (자)⒞

형-틀(刑-) 명[역] 죄인을 신문할 때에 앉히는, 의자 모양의 형구(刑具).
형편(形便) 명 1 일이 되어 가는 모양이나 경로 또는 결과. 2 살림살이의 형세. ¶~이 어렵다.
형편-없다(形便-) [-업따] 형 1 일의 경로나 결과 등이 이루 말할 수 없이 나쁘다. ¶판매실적이 ~. 2 모양이나 내용 등에 도무지 취할 바가 없다. ¶형편없는 책. **형편없-이** (부) 품질이 ~ 나쁘다.
형평(衡平) 명 둘 이상의 대상에 대해 어디에도 치우침이 없이 공정하거나 균형을 이룬 상태. ¶~의 원칙에 어긋나다.
형해(形骸) 명 1 생명을 잃고 외형만 남은 육신. 2 무너지거나 해져 드러난 구조물의 뼈대. ¶지진으로 무너진 건물의 ~. 3 내용 없는 형식. 또는, 실체 없는 흔적. ¶~만 남은 제도.
형형색색(形形色色) [-쌕] 명 온갖 모양과 가지가지의 색깔. ¶가지각색. ¶~의 만국기.
혜-경궁 홍씨(惠慶宮洪氏) [혜-/헤-] 명 [인] 조선 시대, 사도 세자의 빈(1735~1815).
혜:량(惠諒) [혜-/헤-] 명 '살펴서 이해함'의 뜻으로, 편지에서 쓰는 말. 겸손한 표현임. **혜:량-하다** 통⒝⒞ ¶인사가 늦었음을 **혜량하여** 주시기 바랍니다.
혜:민-국(惠民局) [혜-/헤-] 명[역] 고려·조선 시대, 가난한 백성의 질병을 치료해 주던 관아.
혜:민-서(惠民署) [혜-/헤-] 명[역] 조선 세조 12년에 '혜민국'을 고친 이름.
혜:서(惠書) [혜-/헤-] 명 남이 보내어 준 편지를 높여 일컫는 말.
혜:성(彗星) [혜-/헤-] 명 1 [천] 태양계 내에서 태양의 둘레를 타원 또는 포물선 궤도를 따라 도는, 긴 꼬리를 가진 천체. 비교적 짧은 기간에 소멸함. =꼬리별·살별. ¶핼리 ~. 2 어느 분야에서 갑자기 뛰어나 드러나는 것을 비유하여 일컫는 말. ¶~처럼 나타난 신예 작가.
혜:성-가(彗星歌) [혜-/헤-] 명[문] 신라 진평왕 때에 승려 융천사가 지은 10구체 향가. 당시 천체의 괴변을 일으킨 혜성을 물리치고자 부른 노래임.
혜:안(慧眼) [혜-/헤-] 명 사물의 본질이나 현상을 꿰뚫어 보거나 훤히 예측하는 안목. ¶미래를 내다보는 ~.
혜:존(惠存) [혜-/헤-] 명 '받아 간직하여 주십사'라는 뜻으로, 자기의 저서·작품 등을 남에게 증정할 때 쓰는 말.
혜:초(慧超) [혜-/헤-] 명[인] 신라의 승려(704~787).
혜:택(惠澤) [혜-/헤-] 명 자연이나 단체 등이 사람에게 베푸는 이로움이나 이익. ¶문명[자연]의 ~.

호[1] 감 입을 약간 오므리고 더운 입김을 내뿜는 소리. ¶~ 후.
호:[2](戶) 명 [1][자居] 호적상의 가족으로 이루어진 집. [2]⒝ 집의 수효를 세는 단위. ¶300여 ~.
호[3](弧) 명[수] 원둘레 또는 곡선 상의 두 점에 의하여 한정된 부분.
호[4](湖) 명 '호수'의 준말. ¶바이칼 ~.
호:[5](號) 명 1 본명이나 자(字) 대신에 부르는 이름. 흔히, 자기의 거처, 취향, 인생관 등을 반영하여 지음. =별호. ⒝당호. 2 세상에 널리 드러난 이름. ¶구

두쇠로 ~가 나다. 3 정기 간행물을 펴낸 차례나 횟수. 또는, 그 차례에 해당하는 간행물. ¶지난 ~. 2(의존) 1 연속되는 사물의 차례를 나타내는 단위. 곧, 신문·잡지의 발행의 차례, 우주선·위성 등의 발사의 차례, 방의 순서의 차례, 태풍의 발생의 차례, 등록의 차례 등을 나타냄. ¶아폴로 제1~ / 제8~ 태풍. 2 동일한 번지나 공동 주택의 같은 동(棟) 안의 구역에서, 가옥들을 각각 구별하여 매긴 번호. ¶207번지 32~. 3 [미] 캔버스의 크기를 나타내는 단위. 1호부터 시작하여 숫자가 커질수록 크기가 커짐. 4 [출] 활자의 크기를 나타내는 단위의 하나. 초호부터 8호까지 있는데, 숫자가 커질수록 활자가 작아짐. ¶2~ 활자.
호[6](壕) 〖군〗 '참호(塹壕)'의 준말.
호:[7](-好) 접미 명사 앞에 쓰이어, '좋은'의 뜻을 나타내는 말. ¶~남아 / ~시절.
호-[8](胡) 일부 명사 앞에 쓰이어, '중국에서 들여온'의 뜻을 나타내는 말. ¶~떡 / ~배추.
-호[9](號) 접미 비행기·배·열차 등의 이름 뒤에 붙여 쓰는 말. ¶새마을~ / 타이태닉~.
호가(呼價)[-까] 〖명〗 1 팔거나 사려는 물건의 값을 부르는 것. 2 〖경〗 증권 시장에서, 매수자와 매도자가 각각 주문하는 주식의 가격. **호가-하다** 〖타〗〖여〗 ¶수십 억원을 호가하는 고급 아파트.
호가호위(狐假虎威) 〖명〗 [여우가 호랑이의 위세를 빌려 호기를 부린다는 뜻] 남의 권세를 빌려 위세를 부림의 비유. **호가호위-하다** 〖자〗〖여〗
호:각[1](-) 〖명〗 서로 낫고 못함이 없음. 곧, 역량이 비슷함.
호:각[2](號角) 〖명〗 불어서 소리를 내는 신호용의 물건. (비)호루라기.
호:각-세(互角勢)[-쎄] 〖명〗 =호각지세.
호:각지세(互角之勢)[-찌-] 〖명〗 역량이 서로 비슷비슷하여 우열을 가리기 어려운 형세. =호각세. ¶결승전에서 두 팀이 ~를 보이다.
호:감(好感) 〖명〗 어떤 사람에 대해 좋은 사람이라고 여기거나 사귀어 보고 싶다고 느껴지는 마음. ¶~이 가다.
호강 〖명〗 호화롭고 편안한 삶을 누리는 것. **호강-하다** 〖자〗〖여〗 ¶아들 덕에 ~.
호객(呼客) 〖명〗 주로 장사하는 집에서, 지나가는 사람을 손님으로 불러들이는 것. ¶~ 행위. **호객-하다** 〖자〗〖여〗
호객-꾼(呼客-) 〖명〗 장사하는 집에 고용되어, 지나가는 사람을 가게로 불러들이는 일을 하는 사람.
호걸(豪傑) 〖명〗 지혜·용기가 뛰어나고 기개와 풍모가 있는 사람. ¶영웅~.
호격(呼格)[-껵] 〖언〗 어떤 체언이 부르는 말로 쓰였음을 나타내는 격.
호격^조:사(呼格助詞)[-껵쪼-] 〖언〗 사람·물건 따위를 부를 때 쓰는 격 조사. '철수야'의 '야' 따위.
호:-경기(好景氣) 〖경〗 경기 순환의 한 단계로, 모든 기업체의 활동이 상정(正常) 이상에 있을 때의 상태. ↔불경기.
호곡(號哭) 〖명〗 소리를 내어 슬피 우는 것. 또는, 그 울음. 〖명〗 **호곡-하다** 〖자〗〖여〗
호:구[1](戶口) 〖명〗 호수(戶數)와 식구 수. ¶~ 조사.
호:구[2](虎口) 〖명〗 1 '범의 아가리'라는 뜻

매우 위태로운 지경이나 경우. ¶~에 들다. 2 바둑에서, 하나의 바둑돌이 상대의 바둑돌에 의해 삼면으로 둘러싸이고 한쪽만 트인 그 속. ¶~를 치다.
호구[3](糊口·餬口) 〖명〗 [입에 풀칠을 한다는 뜻] 겨우 끼니를 이어가는 것. **호구-하다** 〖자〗〖여〗
호:구[4](護具) 〖명〗〖체〗 검도·태권도 등에서, 몸을 보호하기 위해 얼굴·몸통 따위에 착용하는 도구.
호구지책(糊口之策) 〖명〗 겨우 먹고 살아갈 수 있는 방책.
호:국(護國) 〖명〗 외적으로부터 나라를 지키는 것. ¶~영령. **호:국-하다** 〖자〗〖여〗
호:기[1](好期) 〖명〗 좋은 시기.
호:기[2](好機) 〖명〗 좋은 기회. ¶~를 잡다.
호기[3](呼氣) 〖명〗 내쉬는 숨. (비)날숨. ↔흡기(吸氣).
호기[4](豪氣) 〖명〗 1 씩씩하고 장한 기상. ¶~가 만만하다. 2 거드럭거리는 기운.
호기-롭다(豪氣-)[-따] 〖형〗〖비〗<-로우니, -로워〉 거드럭거리며 뽐내는 기운이 있다. **호기로이** 〖부〗
호기심(好奇心) 〖명〗 색다르거나 신기하거나 이상한 일이나 대상에 끌려 그 정체나 내용을 알고 싶어 하는 마음. ¶~이 발동하다.
호남(湖南) 〖명〗 ['호(湖:김제 벽골제로 추정)의 남쪽'이라는 뜻] 〖지〗 전라남북도를 일컫는 말. ¶~ 지방.
호:-남아(好男兒) 〖명〗 남자답고 인상을 주는 남자.
호:남-형(好男型) 〖명〗 인상이 좋아 호감을 주는 남자의 타입. ¶~의 30대 남자.
호놀룰루(Honolulu) 〖명〗〖지〗 미국 하와이 주에 있는 항구 도시.
호니아라(Honiara) 〖명〗〖지〗 솔로몬의 수도.
호:다 (호)고 /호오) 〖타〗 천을 겹쳐 땀을 곱질지 않고 일정한 간격이 있게 꿰매다.
호:당(戶當) 〖명〗 집마다 배당된 몫.
호도[1](糊塗) 〖명〗 [어떤 일을] 일시적으로 발라맞추어 속이거나 감추는 것. **호도-하다** 〖타〗〖여〗 ¶진실을~.
호도[2](胡桃) 〖명〗 '호두'의 잘못.
호:동왕자(好童王子) 〖명〗〖인〗 고구려 대무신왕의 아들(?~32).
호되다[-되-/-뒈-] 〖형〗 정도가 매우 심하다. ¶아버지한테 **호되게** 꾸중을 듣다.
호두 [<호도(胡桃)] 〖명〗 호두나무의 열매. ¶~를 까다. ×호도.
호두-과자(-菓子) 〖명〗 속껍질을 벗긴 호두의 속살을 갈아 밀가루에 섞어서 호두 알 모양으로 둥글게 구워 만든 과자. 충청남도 천안의 특산물임.
호두-나무 〖명〗〖식〗 식용 견과(堅果)인 호두가 열리는, 높이 20m가량의 낙엽 활엽 교목. 나무껍질은 회색이며 세로로 깊게 갈라짐. 열매는 10월에 익는데, 속살은 지방이 많고 맛이 고소함.
호둣속 같다[-두쏙깓따/-둗쏙깓따] 일이 복잡하여 갈피를 잡을 수 없다. ¶**호둣속 같은** 세상.
호들갑 〖명〗 경망스럽게 야단을 피우는 말이나 행동. ¶깔깔 웃으며 ~을 떨다.
호들갑-스럽다[-쓰-따] 〖형〗〖비〗<-스러우니, -스러워〉 야단스럽고 방정맞다. **호들갑스레** 〖부〗
호-떡(胡-) 〖명〗 밀가루 반죽에 설탕으로 소를 넣어 둥글넓적하게 구워 만든 중국

식 음식.
호떡-집(胡—)[-찝] [명] 호떡을 구워 파는 가게.
호떡집에 불난 것 같다 왁자지껄하게 떠드는 모양을 일컫는 말.
호락-호락[-라코-] [부] 일이나 사람이 만만하여 다루기 쉬운 모양. ¶그는 그렇게 ~ 넘어갈 사람이 아니다. **호락호락-하다** [형][여]
호란(胡亂) [명] 조선 시대에, 여진족이 세운 청나라가 두 차례에 걸쳐 우리나라에 쳐들어와 일으킨 전쟁. ¶병자~.
호:랑-나비(虎狼—) [명][동] 나비의 한 종류. 날개에 검은색과 노란색 무늬가 줄지어 있으며, 뒷날개에 긴 돌기가 있음.
호:랑-이(虎狼—) [명] **1** [동] 산속에 살며, 몸길이 2m가량이고 몸빛은 누런 갈색에 검은 가로무늬가 있는 포유동물. 날카로운 엄니와 갈고리 모양의 발톱으로 사슴이나 멧돼지를 잡아먹는 맹수임. =범. **2** 몹시 사납고 무서운 사람을 비유하여 이르는 말. ¶~ 선생님.
[**호랑이 담배 먹을 적**] 지금과는 형편이 아주 다른 까마득한 옛날. [**호랑이도 제 말 하면 온다**] 자리에 없는 사람 이야기를 하는데, 공교롭게 그 사람이 나타난다. [**호랑이에게 물려 가도 정신만 차리면 산다**] 아무리 위급한 상태에 몰려도 정신만 똑똑히 차리고 있으면 어려움을 면할 수 있다.
호래-자식(—子息) [명] 배운 데 없이 막되게 자라 교양이나 버릇이 없는 놈. [큰]후레자식. ×호로자식.
호:령(號令) [명] **1** (사람을〔에게〕) 큰 소리로 명령하거나 꾸짖는 것. **2** (어느 지역이나 천하를) 세력을 잡고 떵떵거리며 지배하는 것. **3** =구령. **호:령-하다** [동][자][타][여] ¶천하를 **호령하는** 권문세가.
호로로 [부] 호루라기나 호각 등을 부는 소리.
호로-자식(—子息) [명] '호래자식'의 잘못.
호롱 [명] 석유등의 석유를 담는 그릇.
호롱-불[-뿔] [명] 호롱에 켠 불.
호루라기 [명] 운동 경기나 교통정리 등을 할 때 입에 물고 불어서 '호로로' 소리를 내게 되어 있는 물건. [비]호각·휘슬. ×호루루기.
호루루기 [명] '호루라기'의 잘못.
호르르 [부] **1** 작은 날짐승이 가볍게 날개를 치며 갑자기 나는 소리. ¶인기척에 놀라 새 한 마리가 ~ 날아오른다. **2** 얇은 종이나 검불 등이 타오르는 모양. 또는, 그 소리. [큰]후르르. **호르르-하다** [동][자][여]
호르몬(hormone) [명][생] 체내의 특정한 조직 또는 기관에서 생산되어 직접 체액 중에서 분비·운반되어 특정한 조직이나 기관의 활동을 극히 적은 양으로 조절하는 생리적 물질의 총칭. ¶남성 ~.
호르몬-제(hormone劑) [명][약] 호르몬을 순수하게 뽑아내거나 합성하여 만든 약제. 성기의 발육 부진, 갱년기 장애 등의 치료에 쓰임. 인슐린·코르티손 따위.
호른([독]Horn) [명][음] 금관 악기의 하나. 활짝 핀 나팔꽃 모양이며, 음색은 부드럽고 애조를 띰.
호리다 [동][타] **1** (여자나 귀신이나 여우 등이 사람을) 강한 매력이나 묘한 술수로 사로잡아 정신을 흐리게 하다. ¶요부의 색정적인 자태가 뭇 사내를 ~. **2** 그럴듯한 말로 속여 넘기다. [큰]후리다.
호리-병(—甁) [명] 호리병박 모양으로 생긴 병. 술·약 등을 담아 갖고 다니는 데 씀.
호리병-박(—甁—) [명][식] 박의 한 품종으로, 길쭉하고 가운데가 잘록한 모양의 열매가 열리는 한해살이풀. 또는, 그 열매. 잎과 꽃이 박과 매우 비슷하며, 열매는 말려서 그릇으로 씀. =조롱박.
호리호리-하다 [형][여] 몸매가 가늘고 키가 커서 날씬하다. ¶키가 크고 **호리호리한** 남자. [큰]후리후리하다.
호마이카 [명] '포마이카'의 잘못.
호메로스(Homeros) [명][인] 고대 그리스의 시인(?~?).
호메이니, 아야톨라 루홀라(Khomeini, Ayatollah Ruhollah) [명][인] 이란의 종교가·정치가(1900~1989).
호면(湖面) [명] 호수의 수면.
호명(呼名) [명] 이름을 부르는 것. **호명-하다** [동][자][여] **호명-되다** [동][자]
호모(homo) [명] **1** [생] 생물학상 순수하고 질이 같은 것. ↔헤테로. **2** 동성연애 또는 동성연애자. 특히, 남성의 경우를 가리킴. ↔레즈비언.
호모^사피엔스([라]Homo sapiens) [명] 〔'지혜 있는 인간'이라는 뜻〕 [고고] 호모 에렉투스의 뒤를 이어 나타난, 현생 인류의 하나. 네안데르탈인이 이에 해당함.
호모^사피엔스^사피엔스([라]Homo sapiens sapiens) [명][고고] 현생 인류로 분류되는, 호모 사피엔스의 아종(亞種). 약 4만 년 전에 나타나 후기 구석기 문화를 창조함. 크로마뇽인이 이에 해당함.
호모^에렉투스([라]Homo erectus) [명][고고] =직립 원인.
호모^에코노미쿠스([라]Homo economicus) [명] 〔'경제적 인간'이라는 뜻〕 경제 원칙을 따라 합리적으로 행동하는 인간의 유형을 가리키는 말.
호미 [명] 김을 매는 데 쓰는 농기구의 하나. 끝이 뾰족하고 위는 넓적한 날의 목을 휘어 둥근 나무 자루에 낌.
[**호미로 막을 것을 가래로 막는다**] 적은 힘을 들여서 해결할 수 있는 일을 기회를 놓쳐 큰 힘을 들이게 된다.
호민(豪民) [명] 부자이며 세력이 있는 백성.
호:민-관(護民官) [명][역] 고대 로마의 평민 보호를 위한 관직.
호-밀(胡—) [명][식] 밀과 비슷한 한해살이풀이나 두해살이풀. 또는, 그 종자. 종자는 밀보다 더 길고 큰데, 빵·국수 등을 만들거나 맥주의 원료로 씀. =라이보리.
호:박[1] [명] **1** [식] 길쭉한 원기둥 모양 또는 크고 둥근 열매를 채소로 먹기 위해 재배하는 한해살이풀. 또는, 그 열매. 줄기는 덩굴로 자라고 까칠까칠한 털이 있으며, 여름에 종 모양의 노란 꽃이 핌. **2** 못생긴 여자를 놀림조로 이르는 말.
[**호박이 넝쿨째로 굴러 떨어졌다**] 생각지도 못한 횡재를 하였다.
호:박[2](琥珀) [명][광] 지질 시대의 나무의 진 따위가 땅속에 묻혀 굳어진 광물. 누른빛으로 투명 또는 반투명하고 윤이 남. 질이 좋은 것은 장식용으로 씀.
호:박-고지[-꼬-] [명] 호박을 얇게 썰어 말린 찬거리. 물에 불려 볶아 먹음.
호:박-꽃[-꼳] [명] **1** 호박의 꽃. **2** 예쁘지 않은 여자의 비유.

[호박꽃도 꽃이냐] 여자는 모름지기 예뻐야 한다는 말.

호!박-벌(-[뻘]) [명][동] 몸이 크고 뚱뚱하며 검은색 털로 빽빽이 덮여 있는 벌. 땅속이나 나무 구멍에 집을 짓고, 호박꽃 등을 찾아다니며 꿀을 모아들임.

호!박-색(琥珀色) [-쌕] [명] 호박의 빛깔. 투명한 누른빛임.

호!박-씨(琥珀-) [명] 호박의 씨.
[호박씨 까서 한입에 털어 넣는다] 애써 품품이 모은 것을 한꺼번에 없앤다.

호!박-잎(-닢) [명] 호박의 잎사귀. 연한 것은 찬거리로 쓰임.

호!박-죽(-粥) [-쭉] [명] 잘 익은 호박을 삶아서 짓이겨 팥 넣고 쌀가루를 풀어서 쑨 죽.

호반(湖畔) [명] 호수의 가. 비호숫가. ¶~의 벤치.

호!방(戶房) [명][역] 조선 시대, 육방(六房)의 하나. 호전(戶典)에 관한 일을 맡아보던 관아.

호방-하다(豪放-) [형][여] (사람이) 도량이 넓어 작은 일에 거리낌이 없다. 비호탕하다. ¶활달하고 **호방한** 성격.

호-배추(胡-) [명] 1 중국종 배추. 2 재래종에 대하여 개량한 결구배추를 이르는 말.

호!법(護法) [명] 1 법을 수호하는 일. 2 [불] 불법을 수호하는 일. 3 [불] 염불 기도로 악마나 질병을 물리치는 일. 또는, 그 법력(法力). **호!법-하다** [동][여]

호!별(戶別) [명] 집집마다. ¶~ 방문.

호!봉(號俸) [명] (채택) 직계(職階)·연공(年功)에 따라 정해지는 어떤 급여 체계 안에서의 등급. ¶~이 높다. [2][의주] 급여의 등급을 매기는 말. ¶3~.

호!부¹(戶部) [명][역] 고려 시대, 육부(六部)의 하나. 호구(戶口)·공부(貢賦)·전곡(錢穀) 등에 관한 일을 맡아봄.

호!부²(護符) [명] 재액을 면하게 하고 몸이나 집을 지켜 준다고 생각되어 문이나 벽에 붙이거나 몸에 지니는 부적.

호부-호형(呼父呼兄) [명] 아버지를 아버지라 부르고 형을 형이라 부름. **호부호형-하다** [동][여]

호!사(豪奢) [명] 호화롭게 사치하는 것. 또는, 그 사치. **호!사-하다** [동][여]

호!사-가(好事家) [명] 1 일을 벌이기를 좋아하는 사람. 2 남의 일에 유달리 관심이 나 흥미를 가지는 사람.

호!사-다마(好事多魔) [명] 좋은 일에는 흔히 방해되는 일이 많음.

호사-수구(狐死首丘) [명] =수구초심.

호!사-스럽다(豪奢-) [-따] [형][여] <~스러우니, ~스러워> 호사를 부리는 태도가 있다. ¶**호사스러운** 생활. **호사스레** [부]

호!사유피(虎死留皮) [명] [호랑이는 죽어서 가죽을 남긴다는 뜻] 사람은 죽어서 명예를 남겨야 한다는 말. 비표사유피.

호!상¹(好喪) [명] 복을 누리며 오래 산 사람이 죽은 상사(喪事).

호!상²(弧狀) [명] 활등처럼 굽은 모양.

호!상³(豪商) [명] 아주 큰 규모로 장사하는 상인.

호!상⁴(護喪) [명] 1 초상(初喪) 치르는 모든 일을 책임지고 보살피는 것. 2 초상 치르는 일을 총괄적으로 책임지고 보살피는 사람. **호!상-하다** [동][여]

호!색(好色) [명] 여색(女色)을 몹시 좋아하는 것. **호!색-하다** [자][여]

호!색-가(好色家) [-까] [명] 여색을 몹시 좋아하는 사람. 비색한.

호!색-한(好色漢) [-쌕칸] [명] 여색을 특히 좋아하는 사내.

호!생(互生) [식] =어긋나기. **호!생-하다** [동][자][여]

호서(湖西) [명][지] 충청남북도를 이르는 말.

호세아-서(Hosea書) [명][성] 구약 성서 중의 한 책.

호소¹(呼訴) [명] 1 억울하고 원통한 사정을 관청이나 남에게 하소연하는 것. 2 (어떤 사람에게 또는 어떤 대상에 어떤 일을 [에]) 같이 중요하게 따르도록 제기하는 것. 3 (글·노래 등이) 사람의 마음을 강하게 사로잡거나 뭉클하게 감동시키는 것. **호소-하다** [동][자][여] ¶억울한 사정을 ~.

호소²(湖沼) [명] 호수와 늪.

호소-력(呼訴力) [명] 글이나 노래 등이 사람의 마음을 강하게 사로잡거나 뭉클하게 감동시키는 힘. ¶~이 있는 노래.

호소-문(呼訴文) [명] 원통하거나 딱한 사정을 하소연하는 글.

호손, 너대니얼 (Hawthorne, Nathaniel) [인] 미국의 소설가(1804~1864).

호!송(護送) [명] 1 보호하여 보내는 것. 2 [법] 죄인 등을 감시하면서 데려가는 것. 비압송. ¶~차. **호!송-하다** [동][타][여]

호!수¹(戶數) [-쑤] [명] 1 집의 수효. 2 호상의 가호(家戶) 수.

호!수²(好手) [명] 1 기술이 뛰어남. 또는, 그 사람. 2 바둑·장기 등에서, 잘 둔 수. ↔악수(惡手).

호수³(湖水) [명][지] 땅이 우묵하게 들어가 물이 괴어 있는 곳. 못이나 늪보다 넓고 깊음. 비인공. ↔호수(湖).

호!수⁴(號數) [-쑤] [명] 1 연속되는 사물의 차례, 특히 신문·잡지의 호나 방(房)의 호 등의 수. ¶발행~. 2 번지나 동(棟)의 호의 수. 3 [출] 활자의 호의 수. 4 [미] 캔버스의 호의 수.

호숫-가(湖水-) [-수까/-숟까] [명] 호수와 땅이 잇닿은 곳. 또는, 그 부근의 땅.

호스(hose) [명] 액체나 기체를 보내기 위해 고무·비닐·헝겊 등으로 만든 관(管).

호스텔(hostel) [명] =유스 호스텔.

호스트-바(†host bar) [명] 남자가 여성 고객에게 성적(性的) 서비스를 제공하는 술집.

호스티스(†hostess) [명] [본뜻은 '파티 등을 주관하는 여주인'] 한국 등의 술집에서, 술 시중과 성적 서비스를 제공하는 접대부.

호스피스(hospice) [명] 죽음이 임박한 환자에게 자신의 삶을 정리하고 평안하게 죽음을 맞이할 수 있도록 어떤 프로그램을 가지고 돌보아 주는 일. 또는, 그런 일을 하는 종교 단체나 병원. ¶~ 간병인.

호승(胡僧) [명] 인도나 서역의 승려.

호!-시절(好時節) [명] 좋은 때. ¶춘삼월 ~.

호!시-탐탐(虎視眈眈) [부] [호랑이가 눈을 부릅뜨고 먹이를 노려본다는 뜻] 기회를 노리고 형세를 살피는 상태를 비유하는 말. ¶~ 침략의 기회를 엿보다.

호!식(好食) [명] 좋은 음식을 먹는 것. 또는, 그 음식. ¶호의(好衣)~. **호!식-하다**

호:신(護身)[명] 몸을 보호하는 것. ¶~을 위하여 태권도를 배우다. 호:신-하다 [자][타][여]

호:신-술(護身術)[명] 자기의 몸을 보호하기 위하여 익히는 무술. 태권도·유도·검도 따위.

호:신-용(護身用)[-뇽][명] 몸의 보호를 위하여 쓰임. ¶~ 권총.

호:실(號室)[명] (주로, 수를 나타내는 말과 함께 쓰여) 일정한 호수가 매겨진 방. ¶13~.

호심(湖心)[명] 호수의 한가운데.

호:안-석(虎眼石)[명] [광] 푸른 석면이 층을 이루어 섞여 있는 석영. 황갈색의 광택이 있고, 닦으면 호랑이의 눈처럼 빛남. 장식품으로 씀.

호언(豪言)[명] 의기양양하여 호기롭게 말하는 것. 또는, 그 말. 호언-하다 [통][자][여]

호언-장담(豪言壯談)[명] 뱃심 좋게 의기양양하여 말함. 호언장담-하다 [통][자][여]

호연지기(浩然之氣)[명] 1 온 세상에 가득 찬 넓고 큰 원기(元氣). 2 거침없이 넓고 큰 기개나 도량. ¶~를 기르다.

호연-하다(浩然-)[형][여] 넓고 크다. 호연-히[부]

호열자(虎列刺)[-짜][명] '콜레라'의 일본식 용어이.

호:외(號外)[-으/-웨][명] 정한 호수 외에 임시로 발행하는 신문이나 잡지. ¶~를 돌리다.

호우(豪雨)[명] 줄기차게 내리퍼붓는 큰비. ▷호우(豪雨).

호:운(好運)[명] 좋은 운수. ↔악운(惡運).

호위¹(扈衛)[명] 궁궐을 지키는 것. 호:위-하다¹[타][여]

호:위²(護衛)[명] (어떤 사람을) 따라다니며 보호하고 지키는 것. 호:위-하다² [타][여] ¶경찰차가 가두 행렬을 ~.

호:위-병(護衛兵)[명] 곁에 따라다니며 호위하는 병사.

호응(呼應)[명] 1 [부름에 따라서 대답하는 뜻] 호소에 마주 호응하는 일. 2 [언] 글이나 말 속에서 어떤 특정한 말 다음에는 반드시 어떤 일정한 말이 따르는 일. 호응-하다 [통][자][여]

호:의¹(好意)[-의/-이][명] 남에게 친절하게 대하거나 도움을 주려고 하는 의도나 마음씨. [비]선의(善意). ¶~를 베풀다.

호:의²(好誼)[-의/-이][명] 가까운 정분. 또는, 좋은 정의(情誼).

호:의-적(好意的)[-의-/-이-][관][명] 상대의 입장이나 생각을 존중하여 도움이 되도록 배려하는 (것). ¶~인 반응.

호:의-호:식(好衣好食)[-의-/-이-][명] '좋은 옷 좋은 음식'이라는 뜻. 잘 입고 잘 먹음. 호:의호:식-하다 [통][자][여]

호:인(好人)[명] 대인 관계가 원만하고 성품이 좋은 사람.

호:재(好材)[명][경] 증권 거래에서, 시세 상승의 요인이 되는 재료. ¶증권 시장에 ~가 겹쳐 주가가 폭등하였다. ↔악재.

호:적¹(戶籍)[명][법] 호주를 중심으로, 그 집에 속하는 사람의 본적지·성명·생년월일 등 신분에 관한 사항을 기록한 공문서. ¶~에 올리다.

호적²(胡笛)[명][음] '태평소'의 잘못.

호:적-등본(戶籍謄本)[-똥-][명] 호적 원본의 전부를 복사한 공인 문서.

호:적수(好敵手)[-쑤][명] 비교적 뛰어난 재주나 실력을 가진 사람에 대하여, 그와 대등하게 싸울이나 경쟁을 벌일 만한 실력이 있는 상대. ¶~를 만나다.

호:적^초본(戶籍抄本) 호적 원본 중 신청자가 원하는 부분만 복사한 공인 문서.

호:전(好轉)[명] 1 잘 안되던 일이 잘되어 가기 시작하는 것. 2 병의 증세가 차차 나아지기 시작하는 것. ↔악화. 호:전-하다 [통][자][여] 호:전-되다 [통][자] ¶병세가 ~.

호:전-적(好戰的)[관][명] 싸움하기를 즐기는 (것). ¶~인 기질.

호접-몽(胡蝶夢)[-쩝-][명] [장자(莊子)가 꿈에 나비가 되었다가 깨어 생각하니, 나비가 장자가 된 꿈을 꾸었는지 장자가 나비가 된 꿈을 꾸었는지 분간할 수 없었다는 고사에서] 물아일체의 경지 또는 인생무상을 비유하여 이르는 말.

호젓-하다[-저타-][형][여] 1 (어떤 길이나 장소가) 사람의 왕래가 거의 없어 조용하거나 쓸쓸하다. ¶호젓한 오솔길. 2 남과 떨어져 있어 방해되는 것이 없이 여유롭거나 흡가분하다. ¶오랫만에 단둘만의 호젓한 시간을 가지다. 3 외따로 있어 외롭고 쓸쓸하다. 호젓-이 [부]

호:조¹(戶曹)[명][역] 고려·조선 시대, 육조(六曹)의 하나. 호구(戶口)·공부(貢賦) 등에 관한 일을 맡아보던 관청.

호:조²(好調)[명] 상황이나 형편 등이 좋은 상태. ¶수출이 ~를 보이다.

호:-조건(好條件)[-껀][명] 좋은 조건. ↔악조건.

호족(豪族)[명] 지방에서 재산이 많고 세력이 강한 집안.

호졸근-하다[형][여] 1 (종이나 피륙 따위가) 약간 젖어 풀기가 없어져 보기 흉하게 늘어진 상태에 있다. ¶옷이 비에 젖어 ~. 2 (몸이) 고단하여 축 늘어지듯 힘이 없다. [비]후줄근하다. 호졸근-히 [부]

호:종(扈從)[명] 임금이 탄 수레를 모시고 따라가는 것. 또는, 그 사람. ¶~을 거느리다. 호:종-하다 [통][타][여]

호:주¹(戶主)[명] 1 한 집안의 주장이 되는 사람. 2 [법] 한 집안의 호주권을 가지고 가족을 거느리며 부양할 의무가 있는 사람. ¶~ 상속.

호주²(濠洲)[명][지] '오스트레일리아'의 음역어.

호-주머니(胡-)[명] 돈이나 물건을 담을 수 있도록 옷의 일부에 틈을 내어 그 안쪽에 헝겊을 덧대어 단 주머니. [비]포켓.

호-찌민¹(胡志明)[명][인] 베트남의 혁명가·정치가(1890~1969).

호찌민²(Ho Chi Minh)[명][지] 베트남 남부의 도시.

호출(呼出)[명] 1 (아랫사람을) 연락하여 불러내는 것. ¶상사의 ~을 받고 달려가다. 2 (사람을) 무선 호출에 신호를 보내어 찾거나 부르는 것. 호출-하다 [통][타][여] 호출-되다 [통][자]

호출-기(呼出機)[명] =무선 호출기.

호치키스(Hotchkiss)[명] 여러 장의 종이를 사이에 끼우고 누르면, 'ㄷ' 자 모양의 가는 꺾쇠가 나오면서 종이를 뚫고 들어가 철하게 되어 있는 기구. 상표명에서 온 말임. =스테이플러.

호칭(呼稱)[명] 이름 지어 부르는 것. 특히, 주의를 끌거나 말을 걸기 위해 상대를 부르는 것. 또는, 그 이름. 호칭-하다

(ㅂ) **호칭-되다** 동(자)
호칭-어(呼稱語) 명[언] 어떤 대상을 직접 부를 때 쓰는 말. '여보', '철수야' 따위.
호쾌-하다(豪快-) [혀]여 1 (사람이, 또는 사람의 태도가) 호탕하고 쾌활하다. ¶호쾌한 남아. 2 (타격 따위가) 시원하고 후련하게 이뤄진 상태에 있다. ¶호쾌한 장타(長打)를 날리다.
호크(←⊕haak) 명 단추처럼 쓰이는, 옷의 벌어진 곳을 맞물려 잠그는 갈고리 모양의 물건. ¶~를 채우다.
호킹, 스티븐 윌리엄(Hawking, Stephen William) 명[인] 영국의 우주 물리학자 (1942~).
호'타(好打) 명[체] 야구에서, 타자가 좋은 타격을 보이는 것. ¶3안타 3타점의 ~를 기록하다.
호탕-하다(豪宕-) [혀]여 (사람의 성격이) 시원시원하고 활달한 기개가 있다. (ㅂ)호 방하다. ¶**호탕하게** 껄껄 웃다.
호텔(hotel) 명 시설이 잘되어 있고 규모가 큰 고급 숙박업소. 일반적으로 커피숍·식당·나이트클럽 등을 부대시설로 가진 경우가 많음. ¶판팡~.
호텔리어(hotelier) 명 호텔 경영인 또는 지배인.
호통 명 아랫사람의 잘못에 대해 큰 소리로 몹시 꾸짖는 것. **호통-하다** 동(자)여 **호통(을) 치다** 크게 꾸짖고 주의를 주다.
호'투(好投) 명[체] 야구에서, 투수가 공을 잘 던지는 것. **호:투-하다** 동(자)여
호패(號牌) 명 조선 시대에 16세 이상의 남자가 차던, 신분을 증명하는 패. 직사각형으로 성명과 나이, 태어난 해의 간지를 새기고 관인(官印)을 찍음.
호:평(好評) 명 좋게 평하는 것. 또는, 그 평. ¶~를 받다. ↔악평.
호프(⊕Hof) 명 잔에 담아 파는 생맥주. 또는, 생맥주집.
호프만, 에른스트 테오도어 아마데우스 (Hoffmann, Ernst Theodor Amadeus) 명[인] 독일의 소설가(1776~1822).
호피(虎皮) 명 호랑이의 털가죽.
호:헌(護憲) 명 헌법을 어기거나 고치지 못하도록 보호하여 지키는 것. **호:헌-하다** 동(자)여
호형-호제(呼兄呼弟) [-혀/-혀] 명 서로 형이니 아우니 하고 부르는 것. 매우 가까운 친구 사이를 일컫는 말. **호형호제-하다** 동(자)여 두 사람은 **호형호제하는** 사이다.
호:혜(互惠) [-혀/-혀] 명 서로 특별한 편의와 이익을 주고받는 일. ¶~ 평등.
호호[1] 주로 여자가 입을 작게 벌리고 다소 억제하면서 웃는 소리.
호-호[2] 튀 입을 약간 오므리고 더운 입김을 자주 내뿜는 모양. 또는, 그 의태. ¶~을 녹이느라 입김을 ~ 불다. ¶후후. 후.
호-호[3](戶戶) 명[부] 집집마다. ¶가가~.
호호-거리다/-대다 동(자) 호호 소리를 내며 자꾸 웃다.
호호-백발(皓皓白髮) [-빨] 명 온통 하얗게 센 머리. ¶~의 꼬부랑 할머니.
호화(豪華) 명 돈 일부 명사 앞에 쓰여) 사치스럽고 화려한 것. ¶~ 주택.
호화-롭다(豪華-) [-따] 형(ㅂ)여 〈~로우니, ~로워〉 사치스럽고 화려한 느낌이 있다. (ㅂ)호화스럽다. ¶**호화로운** 옷차림. **호화로이** 튀 ¶~ 꾸민 집.

호화-스럽다(豪華-) [-따] 형(ㅂ)여 〈~스러우니, ~스러워〉 사치스럽고 화려한 데가 있다. (ㅂ)호화롭다. ¶**호화스러운** 예물. **호화스레** 튀
호화찬란-하다(豪華燦爛-) [-찰-] [혀]여 눈부시도록 빛나고 호화롭다. ¶**호화 찬란한** 보석.
호화-판[1](豪華-) 명 어떤 곳이나 자리가 호화롭게 꾸며지거나 베풀어져 있는 상태. 또는, 사치스러운 것. ¶~ 결혼식.
호화-판[2](豪華版) 명 표지·용지·장정 따위를 호화롭게 꾸민 출판물.
호:환(互換) 명 서로 교환하는 것. **호:환-하다** 동(타)여 **호:환-되다** 동(자)
호:환(虎患) 명 사람이나 가축이 호랑이에게 당하는 해(害).
호:환-성(互換性) [-썽] 명 1 [공] 다른 것, 특히 다른 기계 부품 등과 서로 교환하여 사용할 수 있는 성질. 2 [컴] 컴퓨터의 프로그램을 변경하지 않고 다른 컴퓨터로도 그대로 사용할 수 있는 성질.
호:황(好況) 명 경기(景氣)가 좋음. (ㅂ)호경기. ¶~를 누리다. ↔불황.
호흡(呼吸) 명 1 숨을 내쉬고 들이쉬는 일. 생물이 몸 밖에서 산소를 흡입하여 몸 안의 물질을 산화하고, 그 결과로 생긴 이산화탄소를 배출하는, 작용. 또는, 그 과정. 2 어떤 일을 함께하는 사람들끼리 마음이 맞아 조화를 이루는 것. ¶~이 맞다 / ~을 맞추다. **호흡-하다** 동(자)여 ¶판객들과 함께 호흡하는 배우.
호흡-기(呼吸器) [-끼] 명[생] 호흡 작용을 맡은 기관. 고등 동물의 폐, 어류의 아가미, 곤충류의 기관(氣管) 따위.
혹[1] 명 1 병적인 원인이나 얻어맞아 툭 불거진 살덩이. 2 몸속에 생긴 불필요한 살덩이. 3 식물의 줄기·뿌리 등에 볼록하게 생기는 덩어리. ¶뿌리~. 4 짐스러운 물건이나 일의 비유.
[혹 떼러 갔다 혹 붙여 온다] 이익을 얻으러 갔다가 도리어 손해를 보고 온다.
혹[2] 명 1 적은 양의 액체를 단숨에 들이마실 때 나는 소리. 또는, 그 모양. 2 입을 오므리고 입김을 세게 부는 소리. 또는, 그 모양. (ㅂ)혹.
혹[3](或) 부 1 '혹시'의 준말. ¶~ 올지도 모른다. 2 정해져 있거나 늘 그렇지는 않지만 어쩌다. (ㅂ)간혹. ¶그 선생님도 ~ 농담을 하실 때가 있다.
혹독-하다(酷毒-) [-또카-] 형[혀]여 (어떤 일이나 현상이나 행위의 상황이나 상태가) 그것을 당하거나 겪는 사람이 견디기 어려운 만큼 모질고 독하다. ¶**혹독한** 고문(拷問). **혹독-히** 부
혹-부리[-뿌-] 명 얼굴에 혹이 달린 사람을 농조로 이르는 말.
혹사(酷使) [-싸] 명 심하게 부리는 것. **혹사-하다** 동(타)여 ¶일꾼을 ~.
혹서(酷暑) [-써] 명 몹시 심한 더위. (ㅂ)혹한(酷寒).
혹성(惑星) [-썽] 명[천] =행성.
혹세-무민(惑世誣民) [-쎄-] 명 세상을 어지럽히고 사람들의 판단을 흐리게 하여 속임. **혹세무민-하다** 동(타)여
혹시(或是) [-씨] 부 1 어쩌다가 우연한 기회에. ~이 근처에 올 일이 있으면 꼭 들러라. 2 그럴 리는 없겠지만 어쩌다가. 또는, 그렇게 될 가능성은 희박하지만 그래도 어쩌다가. =혹여. ¶이 복권이

1등에 당첨될지 ~ 알아? ⓒ혹.
혹시-나(或是-) [-씨-] 凰 '혹시'하고 말았 말. ¶~ 하고 기대했으나 실패하고 말았 다.
혹심-하다(酷甚-) [-씸-] 혱 (부정적 현상이) 지독하게 심하다. 囲혹독하다. ¶가뭄이 ~.
혹여(或如) 凰 =혹시.
혹은(或-) 凰 1 그렇지 않으면. 囲또는. '내일 ~ 모레. 2'이를 ~ 혹은 ~'의 꼴로 쓰여] '더러는', '개중에는'의 뜻을 나타내는 말.
혹자(或者) [-짜] 凰 굳이 누구인가를 밝힐 필요가 없거나 밝히고 싶지 않은 어떤 사람. ¶~는 말하기에 실패는 성공의 어머니라 했다.
혹평(酷評) 凰 아주 나쁘게 평하는 것. ▷악평. **혹평-하다** 태여
혹-하다(惑-) [호카-] 재여 (어떤 일 이나 대상에) 홀딱 반하거나 빠져서 정신을 못 차리다. ¶여자의 미모에 ~.
혹한(酷寒) [호칸] 凰 몹시 심한 추위. ↔혹서.
혼(魂) 凰 1 사람의 몸에 깃들어 정신 작용을 다스리는, 보이지 않는 존재. 囲넋. ¶~이 나가다. 2 죽은 사람의 영혼. 囲혼령. 3 예술 작품을 위대하게 하는, 치열하거나 열정적인 정신. 비유적으로 함. ¶~을 담은 작품.
혼-계영(混繼泳) [-계-/-게-] 凰[체] 수영 경기 종목의 하나. 정해진 거리를 4명의 선수가 배영·평영·접영·자유형의 순서로 헤엄을 침. 200m와 400m가 있음.
혼곤-하다(昏困-) 혱 의식이 흐릿하고 기운이 빠진 상태에 있다. 또는, 정신과 기운을 차릴 수 없을 만큼 곤하다. ¶혼곤한 잠에 빠져 들다. **혼곤-히** 凰
혼기(婚期) 凰 사람이 혼인하기에 알맞은 나이. 또는, 그런 시기. ¶~를 놓치다.
혼꾸멍-나다(魂-) 凰재 '혼나다'를 속되게 이르는 말.
혼꾸멍-내다(魂-) 凰태 '혼내다'를 속되게 이르는 말.
혼-나다(魂-) 凰재 1 무서움·고통·어려움 등을 참거나 견디느라 매우 힘들다. ¶웃음을 참느라 ~. 2 (주로 윗사람에게) 심한 꾸지람을 듣거나 매를 맞거나 하다. ¶지각을 하여 선생님에 **혼났다**.
혼-내다(魂-) 凰태 심하게 꾸지람을 하거나 벌을 주다.
혼담(婚談) 凰 혼인에 관하여 오가는 말. =혼삿말. ¶~이 들어오다.
혼돈(混沌·渾沌) [-] 凰 1 천지개벽 초에 하늘과 땅이 아직 나누어지지 않은 상태. 2 사물의 구별이 확실하지 않은 상태. 3 어떤 대상에 대해 갈피를 잡을 수 없어 뚜렷한 생각이나 인식을 가질 수 없는 상태. ¶가치관의 ~. ▷혼동. **혼:돈-하다** 혱 사물의 구별이 확실하지 않다. **혼:돈-되다** 재 어떤 대상에 대해 갈피를 잡을 수 없게 되다.
혼:동(混同) 凰 (어떤 대상을 다른 대상으로) 잘못 아는 것. 또는, 어떤 대상과 [을] 다른 대상을[과] 서로 같은 것으로 잘못 생각하는 것. ▷혼돈. **혼:동-하다** 태 ¶이름이 비슷해서 **혼동하기** 쉽다. **혼:동-되다** 재
혼:란(混亂) [홀-] 凰 갈피를 잡을 수 없게 뒤죽박죽이 되어 어지러운 것. ¶정치 적 ~이 계속되다. **혼:란-하다** 혱여 **혼:란-되다** 재 ¶전후의 **혼란된** 사회.
혼:란-기(混亂期) [홀-] 凰 어지럽고 질서가 없는 시기. ¶고려 말의 ~.
혼:란-상(混亂相) [홀-] 凰 어지럽고 질서가 문란한 모양.
혼:란-스럽다(混亂-) [홀-때] 혱[ㅂ<-] 스러우니, ~스러워> 혼란한 데가 있다. **혼:란스레** 凰
혼란-하다²(昏亂-) 혱 정신이 흐리고 어지럽다.
혼령(魂靈) [홀-] 凰 죽은 사람의 넋. 囲영혼·혼(魂).
혼례(婚禮) [홀-] 凰 1 혼인의 예절. 2'혼례식'의 준말. ¶~을 치르다.
혼례-식(婚禮式) [홀-] 凰 =결혼식. ⓒ혼례.
혼몽-하다(昏懜-) 혱여 정신이 흐릿해 가물가물하다.
혼미(昏迷) 凰 정신이 흐리고 사리에 어두운 상태. **혼미-하다** 혱여
혼:방(混紡) 凰 성질이 다른 섬유를 섞어 짜는 일. **혼:방-하다** 태여 **혼:방-되다** 재여
혼백(魂魄) 凰 사람의 몸을 떠나 있는 넋.
혼-불(魂-) 凰[방] 사람의 혼을 이루는 바탕, 죽기 얼마 전에 몸에서 빠져나간다고 하는데, 크기는 종발만 하며 맑고 푸르스름한 빛을 띤다고 함(전라).
혼비백산(魂飛魄散) [-싼] 凰 [혼백이 이리저리 흩어진다는 뜻] 몹시 놀라 넋을 잃음. **혼비백산-하다** 재여 ¶**혼비백산하여** 도망치다.
혼사(婚事) 凰 혼인에 관한 일.
혼삿-길(婚事-) [-사낄/-삳낄] 凰 =혼인길. ¶~이 막히다.
혼삿-말(婚事-) [-산-] 凰 =혼담.
혼:색(混色) 凰 색을 섞는 것. 또는, 그 색. **혼:색-하다** 태여
혼서(婚書) 凰 혼인 때, 신랑 집에서 예단에 붙여 신부 집에 보내는 편지.
혼서-지(婚書紙) 凰 혼서를 쓰는 종이.
혼:선(混線) 凰 1 전신·전화 따위의 선이 서로 닿아 신호·통신이 엉클어지는 것. 2 언행이 앞뒤가 안 맞아 종잡을 수 없는 것. ¶~을 빚다. **혼:선-되다** 재여
혼:성¹(混成) 凰 (색이 성질이 다른 것을) 한데 섞어서 만드는 것. ¶~팀. **혼:성-하다** 태여
혼:성²(混聲) 凰[음] 남성(男聲)과 여성(女聲)을 서로 합함. ¶~ 4부 합창.
혼:성-되다 재 =혼합됨.
혼:성-림(混成林) [-님] 凰 =혼합림.
혼:성-주(混成酒) 凰 양조주나 증류주에 향료·감미료·색소 등을 넣어서 만든 술. 매실주·미림·베르무트·리큐어 따위.
혼:성-팀(混成team) 凰 남자와 여자 또는 둘 이상의 팀에서 뽑은 선수로 이루어진 팀.
혼:성^합창(混聲合唱) 凰[음] 남성(男聲)과 여성(女聲)이 혼합하여 하는, 가장 대표적인 합창.
혼수¹(昏睡) 凰 의식을 잃는 것. ¶~상태.
혼수²(婚需) 凰 1 혼인에 드는 물건. =혼수품. ¶~를 장만하다. 2 혼인에 드는 비용.
혼수-상태(昏睡狀態) 凰 완전히 의식을 잃고 인사불성이 된 상태. ¶~에 빠지다.
혼수-품(婚需品) 凰 =혼수(婚需)¹.

혼숫-감(婚需-) [-수깜/-숟깜] 圕 혼수로 쓸 물건. ¶~을 장만하다.

혼슈(本州) 圕 [지] 일본 열도 가운데 가장 큰 섬.

혼ː식(混食) 圕 쌀에 잡곡을 섞은 밥을 먹는 것. ¶~ 장려. **혼ː식-하다** 图(자)(타)

혼ː신(渾身) 圕 (주로 '혼신의' 꼴로 쓰여) 온몸으로 열정을 쏟거나 정신을 집중하는 상태. 또는, 그때의 온몸. ¶~의 힘을 기울하다.

혼약(婚約) 圕 (남자와 여자가, 또는 어떤 사람이 이성의 상대와) 혼인하기로 약속하는 것. 또는, 그 약속. ¶~을 맺다.

혼연-일체(渾然一體) 圕 사상·행동 따위가 조금의 차이도 없이 한 덩어리가 됨.

혼ː연-하다(渾然-) 阌 1 다른 것이 조금도 섞이지 않고 고르다. 2 구별이나 차별 또는 결점이 없다. **혼ː연-히** 用

혼외-정사(婚外情事) [-외-/-웨-] 圕 배우자가 아닌 다른 이성(異性)과 벌이는 정사(情事).

혼욕(混浴) 圕 남녀가 같은 욕탕에서 함께 목욕하는 일. **혼ː욕-하다** 图(자)

혼ː용(混用) 圕 (서로 다른 사물을) 섞어 쓰거나 함께 쓰는 것. **혼ː용-하다** 图(타)(아) ¶국한문을 ~. **혼ː용-되다** 图(자)

혼ː융(混融) 圕 (이질적인 것이) 한데 섞이어 융화하거나 융합하는 것. **혼ː융-하다** 图(자)(아) ¶동양 문화와 서양 문화가 ~. **혼ː융-되다** 图(자)

혼ː음(混飮) 圕 종류가 다른 술을 섞어서 마시는 것. **혼ː음-하다** 图(자)(아)

혼인(婚姻) 圕 (남자와 여자가, 또는 어떤 사람이 이성의 상대와) 예를 갖추어 부부가 되는 것. 圓결혼. ¶~ 신고. **혼인-하다** 图(자)

혼인-길(婚姻-) [-낄] 圕 혼인할 기회나 자리. ¶~이 막히다. ㊀혼삿길. ¶누구 ~ 막히는 걸 보시려고….

혼인-날(婚姻-) 圕 혼인하는 날.

혼인^비행(婚姻飛行) 圕(동) 곤충의 암수가 교미하기 위하여 한데 섞여 공중을 나는 일.

혼인-색(婚姻色) 圕(동) 동물의 번식기에 한하여 나타나는 몸빛. 어류·양서류·파충류 등에서 볼 수 있음.

혼인-식(婚姻式) 圕 =결혼식.

혼인-집(婚姻-) [-찝] 圕 혼례를 치르고 잔치를 베푸는 집.

혼자 Ⅰ 圕 자기 혼자. 圓단독.
Ⅱ 用 단독으로. 圓홀로. ¶~ 여행을 하다.

혼자-되다 [-되-/-뒈-] 图(자) =홀로되다.

혼ː잡(混雜) 圕 (거리나 장소 등이) 많은 사람이나 차나 물건 등이 질서 없이 뒤섞여 다니기에 불편한 상태에 있는 것. ¶교통 ~. **혼ː잡-하다** 阌(아) ¶많은 자동차들로 **혼잡한** 거리.

혼잣-말(-) [-짠-] 圕 남을 상대하지 않고 혼자서 하는 말. =혼잣소리. ¶~로 중얼거리다. **혼잣말-하다** 图(자)(아)

혼잣-소리(-) [-쪼-/-쫀소-] 圕 =혼잣말. **혼잣소리-하다** 图(자)(아)

혼잣-손(-) [-짠/-짠] 圕 도움 없이 혼자서 일하는 처지.

혼ː재(混在) 圕 (서로 이질적인 것이) 함께 존재하는 것. **혼ː재-하다** 图(자)(아) ¶근대와 천근대가 **혼재하는** 사회. **혼ː재-되다** 图(자)(아)

혼전(婚前) 圕 결혼하기 전. ¶~ 성교.

혼ː전²(混戰) 圕 1 엎치락뒤치락하면서 승패나 우열을 예측하거나 판가름할 수 없을 만큼 치열하게 전개되는 전투나 경기나 경쟁. ¶~을 거듭한 끝에 간신히 이기다. 2 두 편이 뒤섞여 싸우는 것. **혼ː전-하다** 图(자)(아)

혼절(昏絶) 圕 정신이 아찔하여 까무러치는 것. **혼절-하다** 图(자)(아)

혼ː조-세(混潮勢) 圕 주가 등이 등락을 거듭하면서 불안정한 상태에 있는 형세.

혼쭐-나다(魂-) [-라-] 图(자) 몹시 혼나다.

혼쭐-내다(魂-) [-래-] 图(타) 몹시 꾸짖거나 벌을 주다. ¶거짓말한 아이를 ~.

혼-찌검(魂-) 圕 '혼¹'을 속되게 이르는 말. ¶~을 내다.

혼처(婚處) 圕 혼인할 자리. ¶마땅한 ~가 나서다.

혼ː천-의(渾天儀) [-의/-이] 圕 (천) 지난날, 천체의 위치나 운행을 관측하던 장치.

혼ː탁(混濁) 圕 1 (액체나 기체가) 잡것이 섞여 맑지 않고 흐린 것. 2 (사회 현상 따위가) 바람직하지 못한 상태로 어지러운 것. ¶선거 운동이 막바지에 이르면서 과열과 ~을 보이다. **혼ː탁-하다** 阌(아)

혼ː탕(混湯) 圕 남녀가 함께 목욕할 수 있게 되어 있는 욕탕. ¶남녀 ~.

혼ː합(混合) 圕 1 뒤섞어서 한데 합하는 것. 2 (화) 두 가지 이상의 물질이 각각의 성질을 지니면서 뒤섞이는 일. **혼ː합-하다** 图(자)(타)(아) **혼ː합-되다** 图(자)(아)

혼ː합-림(混合林) [-함님] 圕 (지) 여러 종류의 나무로 이루어진 숲. =혼성림·혼효림.

혼ː합-문(混合文) [-함-] 圕 (언) 복문(複文)과 중문(重文)이 혼합되어 구성된 문장. 곧, 한 문장 안에 종속절과 대등절이 동시에 있는 문장.

혼ː합-물(混合物) [-함-] 圕 1 여러 가지가 뒤섞여 이루어진 물건. 2 (화) 두 가지 이상의 물질이 각각의 성질을 지니면서 뒤섞인 물질.

혼ː합^복식(混合複式) [-뽁씩] 圕(체) 테니스·탁구 등에서 남녀 각각 1명씩 2인이 1조가 되어 대전하는 시합 형식.

혼행(婚行) 圕 혼인 때 신랑이 신부 집으로 가거나 신부가 신랑 집으로 가는 일. **혼행-하다** 图(자)(아)

혼ː혈(混血) 圕 1 다른 종족과 통혼(通婚)하여 혈통이 섞이는 것. 또는, 그 혈통. 2 '혼혈아'의 준말. **혼ː혈-하다** 图(자)(아) 阌(아) 다른 종족과 통혼하여 혈통이 섞이다.

혼ː혈-아(混血兒) 圕 혈통이 다른 종족 간에서 태어난 아이. 圓튀기. ㊀혼혈.

혼ː효-림(混淆林) 圕 (지) =혼합림.

홀-¹ [접두] 짝이 없이 하나뿐이라는 뜻. ¶~몸 / ~어미, ~아비.

홀²(hall) 圕 건물 안의 넓은 방.

홀³(hole) 圕(체) 1 골프에서 그린 위에 설치된, 지름 4.25인치(약 10.8cm)의 구멍. ㊁컵. 2 티 그라운드에서 그린에 이르는, 골프 코스의 구간. ¶18~을 돌다.

홀가분-하다 阌(아) 1 거추장스럽거나 짐스러운 물건을 가지지 않게 되어 몸이 편한 상태에 있다. 2 마음의 부담이나 책임 등을 벗게 되어 마음이 편한 상태에 있다.

¶시험이 끝나 마음이 ~. 홀가분-히 [부]
홀대(忽待) [-때] [명] (사람을) 무시하거나 업신여기는 태도로, 또는 친절이나 예의를 보이지 않고 아무렇게나 대하는 것. **홀대-하다** [동][타][여] ¶손님을 ~.
홀드(hold) [명] 1 [체] 야구에서, 자기 팀이 앞서고 있을 때 투입된 투수가 다음 투수에게 마운드를 넘겨 줄 때까지 상대 팀에게 동점이나 역전을 허용하지 않는 일. ¶무실점 ~. 2 암벽 등반에서, 손을 잡을 수 있거나 발로 디딜 수 있는 곳.
홀딩(holding) [명][체] 1 배구에서, 공이 경기자의 손 또는 팔에서 정지하는 것. 반칙이 됨. 2 농구·축구·핸드볼 등에서, 부정한 수단으로 상대의 동작을 방해하는 반칙 행위. 3 권투에서, 상대의 팔을 붙잡아 공격을 저지하는 반칙 동작.
홀딱 [부] 1 남김없이 벗어지거나 뒤집히는 모양. ¶아이들은 모두 옷을 ~ 벗고 개울로 뛰어들었다. 2 힘차게 뛰거나 뛰어넘는 모양. 3 날쌔게 먹어 치우는 모양. ¶~ 마셔 버리다. [큰]훌떡. 4 몹시 반하거나 여지없이 속는 모양. ¶꾐에 ~ 넘어가다. **홀딱-하다** [동][자][타][여]
홀라당 [부] 1 속의 것이 한꺼번에 드러나도록 헐겁게 벗어지거나 벗거나 뒤집히는 모양. 2 좀 가지고 있던 돈 따위를 다 날려 버리는 모양. ¶그나마 몇 푼 안 남은 돈까지 ~ 다 까먹었다. [큰]훌러덩.
홀랑 [부] 1 미끄럽게 벗어진 모양. ¶이마가 ~ 벗어지다. 2 속이 다 보이도록 뒤집힌 모양. ¶배가 ~ 뒤집히다. 3 구멍이 넓어서 헐겁게 들어가는 모양. 4 남김없이 벗은 모양. ¶~ 다 벗은 몸. [큰]훌렁.
홀랑-하다 [형][여] 들어간 물건이 겉의 물건보다 작아서 공간의 여유가 많다. [큰]훌렁하다.
홀로 [부] 자기 혼자서만. ¶외딴길을 ~ 걸어가다.
홀로그래피(holography) [명][물] 두 개의 레이저 광선이 만나 일으키는 빛의 간섭 효과를 이용하여 피사체의 입체상을 나타내는 사진 기술.
홀로그램(hologram) [명][물] 레이저 광선을 이용하여 렌즈 없이 피사체의 입체상을 기록한 필름이나 사진.
홀로-되다 [-되-/-뒈-] [동][자] 부부 중 한쪽이 죽어 홀로 남다. =혼자되다.
홀리다 [동][자] 유혹에 빠져 정신을 차리지 못하다. ¶여자한테 ~.
홀-몸 [명] 1 배우자나 형제가 없는 사람. [비]단신·독신. 2 '홑몸2' 의 잘못.
홀-소리 [-쏘-] [명][언] =모음. ↔닿소리.
홀-수(-數) [-쑤] [명][수] 2로 나누어서 나머지가 생기는 수. 1, 3, 5, 7, 9 따위의 수. =기수(奇數). ↔짝수.
홀스타인-종(Holstein種) [명][동] 젖소의 한 품종. 몸에 흑백의 얼룩무늬가 있고, 젖의 양이 많음. 네덜란드 원산임.
홀-씨 [명][생] =포자(胞子).
홀-아버지 [명] 1 아내와 사별하거나 이혼하여 혼자 자식을 기르면서 사는 남자. 2 홀몸이 된 아버지.
홀-아비 [명] 아내와 사별하거나 이혼하여 혼자 사는 남자. 다소 낮추는 어감이 있는 말임. ↔핫아비.
[**홀아비는 이가 서 말이고 홀어미는 은이 서 말이라**] 여자는 혼자 살 수 있어도 남자는 돌보아 줄 사람이 없으면 군색해짐을 이르는 말.
홀-어머니 [명] 1 남편과 사별하거나 이혼하여 혼자 자식을 기르면서 사는 여자. [낮]홀어미. 2 홀몸이 된 어머니.
홀-어미 [명] '홀어머니1' 을 낮추어 이르는 말. [비]과부. ↔핫어미.
홀연(忽然) [부] 뜻하지 않게 갑자기. **홀연-하다** [형][여] **홀연-히** [부] ¶그는 아무 연락도 없이 ~ 자취를 감추어 버렸다.
홀인원(hole in one) [명][체] 골프에서, 티샷을 한 공이 그대로 홀에 들어가는 일.
홀-짝[1] [명] 주먹에 구슬이나 동전 따위를 쥐고 그 수가 홀수인지 짝수인지 알아맞히는 놀이.
홀짝[2] [부] 1 적은 양의 액체를 단숨에 들이마시는 모양. 또는, 그 소리. 2 단번에 가볍게 뛰거나 날아오르는 모양. 3 흘러내리는 콧물을 들이마시는 소리. 또는, 그 모양. [큰]훌쩍. **홀짝-하다** [동][타][여]
홀짝-거리다/-대다 [-꺼(때)-] [동][자][타] 자꾸 홀짝이다. ¶국물만 **홀짝거리지** 말고 건더기도 먹어라. [큰]훌쩍거리다.
홀짝-이다 [동][자][타] 1 적은 양의 액체를 들이마시다. 2 콧물을 들이마시면서 느끼어 울다. [큰]훌쩍이다.
홀짝-홀짝 [-짜콜-] [부] 홀짝거리는 모양. 또는, 그 소리. [큰]훌쩍훌쩍. **홀짝홀짝-하다** [동][자][타][여]
홀쪽-하다 [형][여] '홀쭉하다' 의 잘못.
홀쭉-이 [명] 몸이 가냘프거나 볼에 살이 없이 여윈 사람. ↔뚱보.
홀쭉-하다 [-쭈카-] [형][여] 1 (몸이) 야위어 팔다리가 가늘고 몸통도 작다. 또는, (배나 얼굴의 볼이) 내밀지 않고 들어가 있다. ¶몸이 **홀쭉하게** 마른 사내. 2 (부피를 가진 물건이) 속에 든 것이 없어 납작하거나 부피가 줄어든 상태에 있다. ¶짐을 덜어 냈더니 배낭이 **홀쭉해졌다**. [큰]훌쭉하다. ×홀쭉하다. **홀쭉-히** [부]
홀치다 [동] [1][타] 벗어나거나 풀리지 않도록 동여매다. [2][자] '홅이다' 의 잘못.
홀태-바지 [명] 통이 매우 좁은 바지.
홀-하다(忽-) [형][여] 1 (사람의 말이나 행동이) 점잖지 않거나 격식을 갖추지 않아 가볍다. ¶사람을 **홀하게** 대하다. 2 (대상이) 대수롭거나 대단치 않다.
홀홀 [부] 1 날짐승이 잇달아 날개를 치며 가볍게 나는 모양. 2 가볍게 움직여 날듯이 뛰는 모양. 3 가볍고 작은 물건을 자꾸 멀리 던지거나 뿌리는 모양. 4 옷·먼지 따위를 잇달아 가볍게 떠는 모양. 5 옷 따위를 가볍게 벗어 버리는 모양. 6 물이나 죽 따위를 조금씩 들이마시는 모양. 7 불길이 조금씩 일어나는 모양. [큰]훌훌.
홈[1] [명] 오목하고 길게 팬 부분.
홈[2](home) [명][체] '홈 베이스' 의 준말.
홈^게임(home game) [명][체] =홈경기.
홈-경기(home競技) [명][체] 프로 야구·축구·농구 등에서, 자기 팀의 연고지에서 하는 경기. =홈 게임. ↔어웨이 경기.
홈-구장(home球場) [명][체] =홈그라운드.
홈-그라운드(←home grounds) [명][체] 팀의 소재지에 있는 운동장. =홈구장.
홈-닥터(†home doctor) [명] 한 가족의 건강 상태를 맡아 관리하는 의사. [비]가정의. ▷주치의.
홈-런(home run) [명][체] 야구에서, 타자가 홈 베이스까지 살아서 돌아올 수 있도록 친 안타. 주로 공이 외야의 펜스를 넘어

홈런-왕(Home run 王) [명][체] 프로 야구에서, 한 시즌을 통하여 가장 많은 홈런을 때린 타자에게 주는 타이틀.

홈룸(homeroom) [명][교] 중등학교에서, 학교생활 전반에 대하여 학생들이 자유롭게 토의하고 담임교사의 지도를 받을 수 있게 마련한 시간. 또는, 그런 자치 활동.

홈-뱅킹(home banking) [명] 집에서 은행 일을 처리할 수 있는 통신 서비스.

홈^베이스(home base) [명][체] 야구에서, 포수가 있는 자리. 即홈.

홈^쇼핑(home shopping) [명][경] 가정에서 케이블 티브이나 인터넷 등을 통하여 상품 광고나 목록을 보고 물건을 주문하여 구매하는 것.

홈스테이(homestay) [명] '민박'으로 순화.

홈스펀(homespun) [명] 굵은 양털로 성기게 짠, 촉감이 거칠고 투박한 옷감.

홈앤드어웨이(home-and-away) [명] '교환 경기'로 순화.

홈-오토메이션(home automation) [명][컴] 가정 내의 컴퓨터 기기·통신 회선 등을 이용하여 생활을 기능화·자동화하는 일. 자동 방재(防災)·방범 시스템, 홈뱅킹 따위.

홈-웨어(†home wear) [명] 집에서 입는 평상복.

홈-인(†home in) [명][체] 야구에서, 주자가 홈 베이스에 살아 돌아오는 일. 홈인-하다[자여].

홈:-질 [명] 겉과 안을 같은 길이의 바늘땀으로 째매는 바느질. 홈:질-하다 [타].

홈-통(-桶) [명] 지붕의 빗물이나 개숫물 등을 모아서 한곳으로 흘러보내기 위해 양철판 또는 얇은 쇠붙이 판을 접어서 길게 이어 만든 장치.

홈^팀(home team) [명] 운동 경기에서, 다른 팀을 맞이하여 싸우는 주인 격의 팀.

홈^페이지(home page) [명][컴] 인터넷에서, 웹(web)에 접속했을 때 처음 표시되는 화면. 정보 제공자가 그 정보에 대한 목록이나 안내 등을 제시해 놓은 것임. 또는, 그 화면이 안내하는 구체적 정보.

홉¹ [의존] 용량 단위의 하나. 한 되의 1/10.

홉²(hop) [명][식] 뽕나무과로 재배되는 여러해살이 덩굴풀. 줄기와 잎에 잔가시가 있으며, 수꽃과 암꽃이 따로 핌. 암꽃은 녹색으로 솔방울 비슷한데, 독특한 향기와 쓴맛이 있어 맥주의 향미료로 쓰임.

홉-뜨다 [타][<~뜨니, ~떠>] 눈알을 굴려 눈시울을 치뜨다.

홉스, 토머스(Hobbes, Thomas) [명][인] 영국의 철학자·법학자(1588~1679).

홋카이도(北海道) [지] 일본 혼슈 북쪽에 있는 섬.

홍건-적(紅巾賊) [명] ('머리에 붉은 건을 두른 도적'이라는 뜻) [역] 중국 원나라 말기에 허베이 성 일대에서 일어난 반란군의 무리. 고려 공민왕 때 고려에 침입하기도 하였음.

홍-경래(洪景來) [-내] [명][인] 조선 시대 농민 반란의 지도자(1771~1812).

홍경래의 난!(洪景來-亂) [-내의-/-내에-] [역] 조선 순조 때, 평안북도 가산군에서 홍경래가 지방 차별과 조정의 부패에 항거하여 일으킨 반란 사건.

홍-길동(洪吉童) [-똥] [명] '홍길동전'의 주인공. 활빈당을 조직해 탐관오리들을 괴롭히고 가난한 양민들을 도움.

홍길동-전(洪吉童傳) [-똥-] [명][문] 조선 광해군 때 허균이 지은 소설. 최초의 한글 소설로, 부정부패, 서얼차대 등의 사회적 모순을 고발하였음.

홍-난파(洪蘭坡) [명][인] 작곡가·바이올리니스트(1898~1941).

홍단(紅短) [명] 화투에서, 붉은 띠가 있는 솔·매조·벚꽃의 다섯 끗짜리 석 장을 맞추어 이루는 단. ▷청단·초단.

홍-당무(紅唐-) [명] 1 [식] 무의 한 품종. 뿌리가 작은 공 모양으로 빛깔이 빨간색인데, 자르면 속은 흰색임. 2 [식] =당근. 3 수줍거나 무안하여 붉어진 얼굴을 비유하여 이르는 말. ¶부끄러워 얼굴이 ~가 되다.

홍도(紅島) [지] 전라남도 서해 쪽, 신안군에 속하는 섬.

홍동백서(紅東白西) [-써] [명] 제사상을 차릴 때 붉은 과일은 동쪽, 흰 과일은 서쪽에 차리는 격식. ▷어동육서.

홍두깨 [명] 다듬잇감을 감아서 다듬이질하는 데에 쓰는, 단단한 나무로 만든 도구.

홍두깨-살 [명] 소 볼기에 붙은 고기. 주로 산적에 씀.

홍등-가(紅燈街) [명] ('붉은 등이 켜져 있는 거리'라는 뜻) 여자들이 몸을 파는 집이 죽 늘어선 거리. 即매음굴·사창가.

홍루(紅樓) [-누] [명] 기생집을 이르는 말. 即기루.

홍-명희(洪命熹) [-히] [명][인] 소설가(1888~?).

홍문관(弘文館) [명][역] 삼사(三司)의 하나. 조선 시대에 궁중의 경적(經籍)·문서 등을 관리하고 왕의 자문에 응하던 관아.

홍반(紅班) [명] 붉은 빛깔의 얼룩줄.

홍범^십사^조(洪範十四條) [-싸-] [역] 조선 고종 31년(1894)에 제정 공포된, 정치 혁신을 위한 14개 조목의 강령(綱領).

홍보(弘報) [명] 널리 알리는 것. 또는, 그 소식이나 보도. ¶~ 자료. 홍보-하다 [타여].

홍보-물(弘報物) [명] 어떤 사실이나 제품 등을 널리 알리기 위해 만든 인쇄물 따위의 물건.

홍복(洪福) [명] 매우 큰 복(福).

홍사-등롱(紅紗燈籠) [-농] [역] 1 붉은 색의 얇은 비단을 몸체로 삼고 위아래에 푸른 천으로 동을 달아서 옷을 한 등롱. 2 조선 시대, 품등(品燈)의 하나. 정1품·종1품의 벼슬아치가 밤나들이에 사용하던, 붉은 비단으로 옷을 한 등. ▷등롱.

홍살-문(紅-門) [명] 능(陵)·원(園)·묘(廟)·궁전 등의 정면에 세우는 붉은 칠을 한 문.

홍삼(紅蔘) [명] 수삼을 껍질째 증기로 찐 뒤 건조시킨 것. ▷백삼.

홍색(紅色) [명] 빨간 색깔.

홍소(哄笑) [명] 입을 크게 벌리고 떠들썩하게 웃는 것. 또는, 그런 웃음. ¶큰 소리로 껄껄~ 를 터뜨리다.

홍수(洪水) [명] 1 비가 많이 와서 하천이 넘치거나 땅이 물에 잠기면 상태. 即큰물. 2 사람이나 사물이 제한된 곳에 엄청나게 많이 있는 상태를 비유적으로 이르는 말. ¶오늘날 우리는 정보의 ~ 속에서 살고 있다.
홍-수전(洪秀全) [명][인] 청나라의 태평천국 운동의 지도자(1813~1864).
홍시(紅柿·紅枾) [명] 푹 익어 붉고 말랑말랑한 감.
홍-싸리(紅-) [명] 붉은 싸리가 그려져 있는 화투짝. 7월이나 일곱 끗을 나타냄.
홍안(紅顔) [명] ['붉은 얼굴'이라는 뜻] 혈색이 좋아 복숭앗빛을 띤 얼굴. 또는, 젊고 아름다운 얼굴. ¶~의 소년.
홍어(洪魚·鱝魚) [명][동] 가오리의 한 종류. 몸이 길이 약 1.5m의 마름모꼴로 넓적하고, 몸빛은 등은 갈색, 배는 회거나 회색임. 식용함.
홍어-회(洪魚膾) [-회/-훼] [명] 홍어를 회쳐서 파·마늘·깨소금·참기름·고추장에 무친 음식.
홍업(洪業·鴻業) [명] 나라를 세우는 큰 사업. =대업(大業).
홍역(紅疫) [명][의] 얼굴과 온몸에 좁쌀 같은 붉은 종기가 생기고 발열·기침 등의 증세를 보이는 급성 전염병. 어린아이들에게 생기는 병으로, 한 번 앓고 나면 면역이 생겨 다시 걸리지 않음.
홍역(을) 치르다 몹시 애를 먹거나 어려움을 겪다. ¶교통 체증이 심해 출근할 때마다 한바탕 **홍역을 치른다**.
홍염(紅焰) [명] 불꽃 모양의 붉은 가스체. 개기 일식 때에 보임.
홍예(虹霓·虹蜺) [명][건] '홍예문'의 준말.
홍예-문(虹霓門) [명][건] 문의 윗부분을 무지개 모양으로 반원형이 되게 만든 문. ⑥홍예.
홍옥(紅玉) [명] **1** [광] 강옥(鋼玉)의 하나. 미량의 크롬이 들어 있어 적색을 띰. 양질의 것은 보석으로 쓰임. =루비. **2** 사과 품종의 하나. 껍질빛이 유난히 붉으며, 과육은 신맛이 있음.
홍위-병(紅衛兵) [명] 중국 문화 대혁명의 선도 역을 맡은 급진적 학생 조직.
홍의(紅衣) [-의/-이] [명] 붉은빛의 옷.
홍의-장군(紅衣將軍) [-의-/-이-] [명][인] '곽재우'의 별명.
홍익(弘益) [명] **1** 큰 이익. **2** 널리 이롭게 하는 것. ¶~ 이념.
홍익-인간(弘益人間) [명] 널리 인간 세계를 이롭게 한다는 뜻. 우리 나라 국조(國祖) 단군의 건국이념임.
홍인종(紅人種) [명] 피부색이 붉은 인종. 아메리칸 인디언이 이에 속함.
홍-일점(紅一點) [-쩜] [명] ['푸른 잎 가운데 피어 있는 한 송이의 붉은 꽃'이라는 뜻] **1** 여럿 가운데 오직 하나 이채를 띠는 것. **2** 많은 −남자 틈에 하나뿐인 여자를 이르는 말. ↔청일점.
홍적-세(洪積世) [-세] [명][지] 신생대 제4기 전반(前半)의 세. 인류가 발생·진화하였으며, 지구가 빙하로 덮여 몹시 추웠음. 매머드 따위와 현재의 식물과 같은 것이 생육하였음. 플라이스토세.
홍조(紅潮) [명] 부끄럽거나 취하여 붉어진 얼굴빛. ¶얼굴에 ~를 띠다.
홍조-류(紅藻類) [명][식] 엽록소 외에 홍조소라는 색소를 가지고 있어 붉은색을 띤 조류(藻類)의 한 무리.
홍조-소(紅藻素) [명] 홍조류 및 남조류에 있는 홍색의 색소 단백질.
홍차(紅茶) [명] 차나무의 잎을 발효시켜 녹색을 빼내고 말린 물질. 또는, 그것을 우린 물. 우린 물은 검붉은 빛을 띰. ▷녹차.
홍채(虹彩) [명][생] 안구의 각막과 수정체 사이에 있는, 고리 모양의 얇은 다는 조리개 역할을 하여 안구 내로 들어오는 빛의 양을 조절함. =눈조리개.
홍콩(Hong Kong) [명][지] =홍콩차이나.
홍콩차이나(Hong Kong China) [명][지] 중국 광둥 성 남단에 접한 주룽 반도와 그 맞은편의 홍콩도로 이루어진 특별 행정구. ≒홍콩.
홍패(紅牌) [명][역] 문과의 회시(會試)에 급제한 사람에게 그 성적의 등급·성명을 기록하여 주는 붉은 종이의 증서.
홍포(紅布) [명] 붉은 빛깔의 옷감.
홍학(紅鶴) [명][동] =플라밍고.
홍합(紅蛤) [명][동] 껍데기가 길이 13cm, 높이 6cm로 삼각형에 가까운 타원형이며, 빛깔은 흑갈색인 바닷조개. 살은 엷은 붉은색이며, 식용함.
홍해(紅海) [명][지] 아프리카 북동부와 아라비아 반도 사이에 있는 바다.
홑¹[혼] [명] 짝을 이루지 않거나 겹이 아닌 것. ↔겹.
홑-²[혼] [접두] 명사 위에 붙어서, '한 겹', '외톨'의 뜻을 나타내는 말. ¶~이불 / ~바지.
홑-겹[혼껍] [명] 여러 겹이 아닌 한 겹.
홑-꽃[혼꼳] [명][식] 하나의 꽃잎으로 이루어진 꽃. ↔겹꽃.
홑-눈[혼-] [명][동] 곤충류나 거미류 등의 절지동물에서 볼 수 있는 간단한 구조의 작은 시각기(視覺器). 어둡고 밝은 것을 구분하는 정도의 작용을 함. ↔겹눈.
홑-몸[혼-] [명] **1** 딸린 사람이 없는 몸. **2** 임신하지 않은 몸. 흔히, 임신한 상태를 가리켜 '홑몸이 아니다'라고 표현함. × 홀몸.
홑-문장(-文章) [명][언] 주어와 서술어가 각각 하나씩 있어, 주술 관계가 한 번만 이루어지는 문장. "비가 내린다."와 같은 문장. =단문장.
홑-바지[혼빠-] [명] 홑겹으로 된 바지. ↔겹바지.
홑-박자(-拍子) [혼빡째] [음] 강약의 배치가 가장 단순한 박자. 2박자·3박자 따위. ↔겹박자.
홑-받침[혼빧-] [명][언] 한 개의 자음으로 이루어진 받침. '옷', '집'에서, 'ㅅ', 'ㅂ' 따위. ▷겹받침·쌍받침.
홑-버선[혼뻐-] [명] 한 겹으로 된 버선. ↔겹버선.
홑-벌[혼뻘] [명] **1** 한 겹으로 된 물건. **2** '단벌'의 잘못.
홑-실[혼씰] [명] =외올실.
홑-열매[혼널-] [명][식] 한 개의 꽃에서 생긴 과실.
홑-옷[혼온] [명] 한 겹으로 된 옷. ↔겹옷.
홑원소-물질(-元素物質) [혼-쩔] [명][화] 단일한 원소로 되어 있으면서 고유한 화학적 성질을 가진 물질. 수소·산소·오존·구리 따위. ≒화합물.
홑-으로 [튀] 세기 쉬운 적은 수효로.
홑으로 보다 대수롭지 않게 보다. ¶역사를 왜곡한 일본 교과서 문제는 결코 **홑으로 볼 일이** 아니다.
홑-이불[혼니-] [명] 모시나 삼베 등으로 한 겹으로 만든 이불. ↔겹이불.

홑-잎[혼닙] [훈님][식] 한 장의 잎사귀로 된 잎. ↔겹잎.
홑-자락 [혼짜-] [명] 양복 저고리의 섶을 조금 겹치게 하여 단추를 외줄로 단 것. 또는, 그렇게 지은 옷. (비)싱글브레스트. ↔겹자락.
홑-적삼 [혼쩍쌈] [명] 홑겹으로 된 적삼.
홑-집 [혼찝] [명] 한 채로 된 구조가 간단한 집. ↔겹집.
홑-창 [-窓] [혼-] [건] 안쪽에 덧끼우는 미닫이가 없이 한 겹으로 된 창. ≒겹창.
홑-청 [혼-] [명] 이불·요 등의, 사람 몸이 닿는 쪽 거죽에 씌우는 홑겹의 피륙. ¶이불 ~.
홑-치마 [혼-] [명] 1 한 겹으로 된 치마. ↔겹치마. 2 속에 아무것도 입지 않고 입은 치마.
화¹(火) [명] '화요일'을 줄여 이르는 말.
화²(火) [명] 1 '화기(火氣)¹'의 준말. 2 못마땅하거나 언짢아서 나는 기. ¶~가 치밀다.
 화가 머리끝까지 나다 몹시 화나다.
화³(禍) [명] 어떤 사람이 뜻하지 않게 죽거나 크게 다치거나 몹쓸 일을 겪거나, 집 안에 큰 불행이 닥치거나 하는 사고나 변고. (비)재난·재앙. ¶~를 부르다.
-화⁴(化) [접미] 명사 아래에 붙어서, 그렇게 만들거나 됨을 나타내는 말. ¶전문~/기계~.
-화⁵(畫) [접미] '그림'의 뜻. ¶동양[서양]~/풍경~.
화:가(畫家) [명] 그림 그리는 것을 직업으로 하는 사람.
화:각(畫角) [명] 1 목기(木器)의 세공품을 곱게 하는 꾸밈새의 한 가지. 채화(彩畫)를 그리고 그 위에 쇠뿔을 썩 얇게 오려서 덧붙임. 2 [사진] 카메라 렌즈가 촬영할 수 있는 일정한 범위의 각도.
화간(和姦) [명] 부부 아닌 남녀가 어느 일방의 강제에 의해서가 아니라 서로 좋아서 성 관계를 맺는 것. ▷강간.
화갑(華甲) [명] '화(華)'를 파자(破字)하면 十(십)이 여섯, 一(일)이 하나인 데서 61세를 이르는 말.
화강-석(花崗石) [명][광] =화강암.
화강-암(花崗巖·花崗岩) [명][광] 석영·운모·사장석 등으로 이루어진 심성암. 단단하며 갈면 광택이 남. 석비(石碑)·토목·건축용 석재로 쓰임. =화강석.
화:공¹(化工) [명][공] '화학 공업'의 준말.
화:공²(火攻) [명] 불로 적을 공격하는 것.
화:공-하다 [명] [자]
화:공³(畫工) [명] 옛날에, 그림 그리는 일을 직업으로 하는 사람을 이르던 말.
화관(花冠) [명] 1 꽃으로 만들어서 머리에 쓰는 관. ¶신부 ~. 2 칠보로 꾸민 여자의 관. 예장(禮裝)할 때에 씀.
화교(華僑) [명] 외국에서 사는 중국 사람.
화:구¹(火口) [명] 1 불을 때는 아궁이의 아가리. 2 불을 내뿜는 아가리. 3 [지] 화산의 가스·수증기·재·불 등을 내뿜는 구멍. =분화구·크레이터.
화:구²(畫具) [명] 그림을 그리는 데에 쓰는 도구.
화:구-호(火口湖) [명][지] 화산의 화구가 막혀 물이 괸 호수. 백두산의 '천지', 한라산의 '백록담' 따위.
화:근(禍根) [명] 화를 부르거나 나쁜 일을 생기게 하는 원인이나 빌미. ¶그는 보증을 잘못 선 게 ~이 되어 집을 날렸다.
화:급(火急) [명] 걷잡을 수 없이 타는 불과 같이 대단히 급한 것. ¶~을 요하는 일.
화:급-하다 [형][여] ¶화급한 용무. 화:급-히 [부]
화:기¹(火氣) [명] 1 불의 뜨거운 기운. (비)불기운. ¶~ 조심. 2 몸에 덴 자리에 남아 있는, 뜨겁거나 화끈거리는 기운. ¶~를 빼다. 3 화가 치밀어 오르는 기운. (비)화증.
화:기²(火器) [명] 1 [군] 화약의 힘으로 발사되는 병기. 총포 따위. 2 불을 담는 그릇의 총칭.
화기(和氣) [명] 1 따스하고 화창한 일기. 2 온화한 기색. 또는, 화목한 분위기. ¶얼굴에 ~가 돌다. 3 생기가 도는 기색.
화기⁴(花期) [명] 식물에서, 꽃이 피는 시기. 또는, 그 기간.
화기애애-하다(和氣靄靄-) [형][여] 온화한 기색이 가득하다. ¶화기애애한 분위기.
화끈 [부] 1 뜨거운 기운을 받아 몸이나 쇠 등이 갑자기 달아오르는 모양. ¶얼굴이 ~ 달아오르다. 2 흥분이나 긴장 등이 고조되는 모양. ¶뜨거운 느낌이 있다. ¶한증탕에 들어가니 온몸이 ~. 3 흥분시키는 강렬함이 있다. ¶화끈한 영화. 3 (성격이) 소극적이지 않고 시원시원하다. ¶화끈한 남자.
화끈-거리다/-대다 [동] 잇달아 화끈하다. ¶거짓말이 탄로 나 얼굴이 ~. =화끈거리다.
화끈-화끈 [부] 화끈거리는 모양. =후끈후끈. 화끈화끈-하다 [형][여] ¶창피해서 얼굴이 ~.
화:-나다(火-) [자] 몹시 언짢아서 화기(火氣)가 생기다. ¶화난 얼굴로 쳐다보다.
화:-내다(火-) [동][자] 몹시 노하여 화증을 내다. ¶부화내지 말고 내 말 들어 봐.
화냥-기(-氣) [-끼] [명] 제 남편 이외의 남자와 정을 통하는 바람기.
화냥-년 [명] 화냥기가 있는 여자나 화냥질을 한 여자를 욕하여 이르는 말.
화냥-질 [명] (여자가) 제 남편 이외의 남자와 정을 통하는 짓. (비)서방질. 화냥질-하다 [자][여]
화:농(化膿) [명] (상처 등이) 곪아서 고름이 생기는 것. 화:농-하다 [자][여]
화다닥 [-딱] [부] 1 갑자기 일어나거나 뛰어나가려고 몸을 급하게 움직이는 모양. 2 일을 급하게 서두르는 모양. ¶밀린 빨래를 ~ 해치우다. =후닥닥. 화다닥-하다 [동][여]
화단¹(花壇) [명] 화초를 심기 위하여 흙을 한층 높게 쌓아 놓은 곳.
화:단²(畫壇) [명] 화가(畫家)의 사회.
화:단³(禍端) [명] 화를 일으킬 실마리. ¶무심코 한 말이 ~이 되다.
화답(和答) [명] 1 (상대의 시나 노래 등에) 응하여 시나 노래 등으로 답하는 것. 2 (상대의 환영이나 배려, 호의적인 태도에) 답하여 행동을 보이는 것. 화답-하다 [자][타][여] ¶선수들이 관중들의 환호에 손을 흔들어 화답했다.
화대(花代) [-때]. 2 =해웃값.
화:덕(火-) [명] 1 숯불을 피워서 쓰게 만든 큰 화로. 2 한데에서 솥을 걸기 위하여 쇠나 흙으로 아궁이처럼 간단히 만든 물건.

화동[1](和同) [명] 두 사람 사이가 벌어졌다가 다시 뜻이 서로 잘 맞게 되는 것. ▷화합(和合). **화동-하다** [동][자][여]
화동[2](花童) [명] 환영식과 같은 의식에서 환영의 대상이 되는 사람에게 꽃다발을 주는 어린이.
화두(話頭) [명] **1** 대화의 방향이 되는 말의 첫머리. [비]말머리. ¶~를 꺼내다. **2** [불] 수행자가 깨달음을 얻기 위해 참선을 통해 탐구하는 문제. 널리 알려져 있는 것으로는 '이 무엇고?', '뜰 앞의 잣나무' 등이 있음. [비]공안(公案). **3** 해결이 결코 쉽지 않지만 반드시 풀어야 할 과제. ¶환경 문제는 오늘날 우리 인류에게 던져진 ~이다.
화들짝 [부] 갑자기 호들갑스럽게 펄쩍 뛸 듯이 놀라는 모양. ¶개가 달려들자 그는 ~ 놀라 달아났다. **화들짝-하다** [동][자][여]
화¦-등잔(火燈盞) [명] 놀라거나 앓아서 퀭해진 눈을 형용하는 말.
화¦-딱지(火—) [—찌] [명] '화(火)[2]**2**'를 속되게 이르는 말.
화란(和蘭) [명][지] '네덜란드'의 음역어.
화랑[1](花郞) [명][역] 신라 때의 청소년의 종교적·사교적·교양적 집단인 민간 수양 단체. 또는, 그 단체의 우두머리.
화¦랑[2](畫廊) [명] 그림 등의 미술품을 진열하여 전시하는 곳.
화랑-도[1](花郞徒) [명][역] 화랑의 무리.
화랑-도[2](花郞道) [명][역] 화랑이 지켜야 할 도리. 삼교(三敎)·삼덕(三德)·오계(五戒)를 신조로 함.
화려-체(華麗體) [명][문] 글을 아름답게 표현하기 위해 미사여구로 수식어를 많이 사용한 화려한 문체(文體). ↔건조체.
화려-하다(華麗—) [형][여] **1** (외양이) 눈부시게 아름답다. ¶**화려한** 옷차림. **2** (어떤 일이나 생활 등이) 보통의 사람이 누리기 어려울 만큼 대단하거나 눈길을 끄는 상태에 있다. [비]호화롭다. ¶상류 계층의 **화려한** 생활을 동경하다. **화려-히** [부]
화¦력[1](火力) [명] **1** 불의 힘. ¶~이 세다. **2** [군] 총포 따위 무기의 위력. ¶최신의 ~을 지닌 미사일 부대.
화¦력[2](畫歷) [명] 화가로서 그림을 그려 온 경력. ¶~ 50년을 결산하는 전시회.
화¦력^발전(火力發電) [—빨쩐] [명] 석탄·석유·천연가스 등의 연소로 얻은 열에너지로 발전기를 돌려 전기 에너지를 발생시키는 방식. ▷수력 발전.
화¦력^발전소(火力發電所) [—빨쩐—] [명] 화력 발전으로 전력을 발생시켜 배전(配電)하는 발전소.
화¦로(火爐) [명] 숯불을 담아 두는 그릇.
화¦롯-가(火爐—) [—로까/—롣까] [명] **1** 화로의 옆. **2** 화로의 변두리. =노변(爐邊).
화¦롯-불(火爐—) [—로뿔/—롣뿔] [명] 화로에 담은 불.
화¦룡-점정(畫龍點睛) [명] 〔양(梁)나라 때의 화가 장승유가 용(龍)을 그린 뒤 마지막으로 눈동자를 그려 넣었더니 그 용이 하늘로 날아 올라갔다는 고사에서〕 무슨 일을 하는 데 가장 중요한 부분을 완성시킴을 이르는 말.
화류-계(花柳界) [—계/—게] [명] 창녀나 기생들의 사회.
화¦륜-선(火輪船) [명] '기선(汽船)'의 개화기 때의 명칭.
화¦마(火魔) [명] 화재를 마귀에 비유한 말.
화¦면(畫面) [명] **1** 그림이 그려진 면이나 공간. ¶기하학적인 ~ 구성. **2** 필름·인화지 등에 촬영된 영상(映像)이나 사상(寫像). **3** 영사막이나 브라운관이나 모니터 등에 영상이 비추어지는 면이나 공간. 또는, 비추어지는 그 영상. ¶대형 ~/~이 선명하다. **4** [영] 영화나 텔레비전 드라마에서, 한 장면 안에서 카메라가 움직일 때마다 달라지는 광경이나 모습. ▷장면.
화목(和睦) [명] (어울려 사는 사람들의 관계가) 서로 뜻이 맞아 정다운 것. **화목-하다** [형][여] ¶형제간의 우애가 있는 **화목한** 집안.
화무십일홍(花無十日紅) 〔열흘 붉은 꽃이 없다는 뜻〕 한번 성하면 반드시 머지않아 쇠해짐을 이르는 말. ▷권불십년.
화문(花紋) [명] =꽃무늬.
화문-석(花紋席) [명] 꽃과 여러 가지 무늬를 넣어 짠 돗자리. =꽃돗자리.
화¦물(貨物) [명][경] 운반할 수 있는 물품의 총칭.
화¦물-선(貨物船) [—썬] [명] 화물을 운반하는 배.
화¦물^열차(貨物列車) [—렬—] [명] 화물만 운반하는 열차. =화차(貨車).
화¦물^자동차(貨物自動車) [명] 화물을 운반하는 자동차. =트럭.
화¦물-차(貨物車) [명] 화물을 운반하는 자동차·열차 등의 총칭.
화¦물-칸(貨物—) [명] =짐칸.
화¦방(畫房) [명] 붓·물감·종이 등 그림 그리는 데 필요한 도구를 파는 가게.
화백[1](和白) [명][역] 신라 때의 회의 제도. 진골 이상의 귀족이 모여 나라의 중대사를 의논하던 것으로, 만장일치제였음.
화¦백[2](畫伯) [명] '화가(畫家)'를 대접하여 부르는 말. 주로, 성(姓) 아래에 붙여, 호칭 또는 지칭으로 사용됨. ¶김 ~.
화법[1](話法) [—뻡] [명][언] 문장이나 담화에서, 다른 사람의 말을 인용하여 재현하는 방법.
화¦법[2](畫法) [—뻡] [명][미] 그림을 그리는 방법.
화¦병[1](火病) [—뼝] [명][한][의] 분노·좌절·울분·억울함 등이 오랜 기간 해소되지 못하고 억제됨에 따라 생기는, 가슴이 답답하고 머리가 아프며, 쉽게 우울해지고 허무감에 빠지는 병.
화병[2](花瓶) [명] =꽃병.
화¦보[1](畫報) [명] 세상의 여러 가지 일을 보도하는 그림이나 사진. 또는, 그 인쇄물.
화¦보[2](畫譜) [명] **1** 여러 가지 그림을 모아 놓은 책. **2** 화가의 계통·전통 따위를 적어 놓은 책.
화¦보^모방주의(畫譜模倣主義) [—의/—이] [명][미] 화보의 그림을 흉내 내어 그리는 태도. 개성이나 창의력이 없는 그림을 그리는 일을 이름.
화¦복(禍福) [명] 재화(災禍)와 복록.
화¦본(畫本) [명][미] 옛날에, 화풍이나 화법을 참고하기 위해 사용했던, 유명 화가의 그림을 모은 책. 대개 목판으로 인쇄한 것임.
화분[1](花盆) [명] 화초를 심는 그릇.
화분[2](花粉) [명][식] 현화식물의 수술의 꽃밥 속에 들어 있는 가루 모양의 물질. =꽃가루.
화분-낭(花粉囊) [명][식] 속씨식물의 꽃밥을 이루는 화분 주머니. =꽃가루주머니.

화분-대(花盆臺) 명 화분을 올려놓는 받침.
화분-증(花粉症) [-쯩] 명[의] 화분에 의해 점막이 자극되어 일어나는 알레르기. 결막염·비염·천식 등의 증상이 나타남.
화!사첨족(畫蛇添足) 명 {뱀을 그리면서 발까지 그린다'는 뜻} 쓸데없는 짓을 하여 오히려 일을 그르침을 이르는 말. ▷사족(蛇足).
화사-하다(華奢-) 형여 좀 화려하게 곱다. ¶한복을 화사하게 차려입다.
화!산(火山) 명 1 땅속의 뜨거운 마그마와 가스 등이 지표를 뚫고 나와 이룬 산.
화!산-대(火山帶) 명[지] 화산이 집중적으로 분포하고 있는 띠 모양의 지대. 환태평양 화산대 따위.
화!산-도(火山島) 명[지] =화산섬.
화!산-섬(火山-) 명[지] 바다에서 화산이 폭발하여 이루어진 섬. 울릉도·하와이 섬 따위. =화산도.
화!산-재(火山-) 명 화산에서 분출된 유황 부스러기의 자디잔 찌꺼기 재.
화살 명 1 활시위에 오늬를 메워서 당겨 쏘는 기구. 준살. 2 (주로 '화살을 돌리다', '…의 화살'의 꼴로 쓰여) 비난이나 질문 등이 상대를 곤란하거나 당황스럽게 할 만큼 날카롭거나 매서운 상태를 비유하여 이르는 말. ¶질문의 ~을 던지다.
화살-대(-때) 명 화살의 몸체가 되는 대.
화살-자리(-座) 명[천] 여름철 남쪽 하늘에 보이는 별자리. 은하수 가운데 자리 잡고 있음.
화살-촉(-鏃) 명 화살 끝에 박은 뾰족한 쇠.
화살-표(-標) 명 방향을 가리키기 위한, 화살 모양의 표시나 부호. 곧, '→', '➡' 따위.
화!상(火傷) 명 고온의 기체·액체·고체, 화염 등에 데었을 때 일어나는 피부의 손상. ▷5도~.
화상(和尙) 명 1 수행을 많이 한 승려. 2 '승려'를 높여 이르는 말. 2인칭임.
화!상(畫商) 명 그림을 파는 장수나 장사.
화!상(畫像) 명 1 사람의 얼굴을 그림으로 그린 형상. 2 ▷초상. 2 '얼굴'을 속되게 이르는 말. 3 어떤 사람을 마땅찮게 여겨 홀하게 일컫는 말. 4 텔레비전 수상기의 화면에 나타나는 상(像).
화!상^회!의(畫像會議) [-회의/-훼이] 명 원격지들을 통신 회선으로 연결하여 텔레비전·전화 등을 이용하여 서로 화상을 보면서 하는 회의.
화색(和色) 명 얼굴에 드러난 혈색 좋고 환한 빛. ¶얼굴에 ~이 돌다.
화!생방^무!기(化生放武器) 명[군] 제2차 세계 대전 후 현저하게 발달한 화학·생물학 및 방사능 무기 등 대량 파괴 무기의 총칭. =에이비시 무기.
화!생방-전(化生放戰) 명[군] 화학·생물학·방사능 무기를 사용하는 전쟁.
화서(花序) 명[식] =꽃차례.
화!석(化石) 명 1 [지] 지질 시대에 살았던 생물의 유해나 생활 흔적, 배설물 등이 퇴적암 속에 그대로 남아 있거나 돌로 굳어져 있는 물질. 생물의 진화나 지질 시대의 환경을 아는 데 중요한 자료가 됨. ¶암모나이트 ~. 2 변화·발전이 없거나 움직임이 없이 돌처럼 굳어져 있는 상태. 비유적인 말임. ¶너무 놀라 온몸이 ~으로 굳어져 버리는 듯했다.
화!-선지(畫宣紙) 명 동양화를 그릴 때 쓰는 한지(韓紙). 먹을 잘 빨아들이고 또 잘 번지며 내구성도 뛰어남.
화!섬-사(化纖絲) 명 화학 섬유로 만든 실.
화!성[1](火星) 명[천] 태양계의 네 번째 행성. 공전 주기는 1.88년이며, 두 개의 위성을 가짐. 겨울이 되면 커지는 극관(極冠)이 알려져 있음.
화성[2](和聲) 명[음] 화음을 계속적으로 연결한 것. 또는, 그 방법. 특히, 일정한 법칙에 의한 화음의 연결을 말함. =하모니.
화!성-암(火成巖·火成岩) 명[지] 마그마가 냉각·응고되어 생긴 암석의 총칭. 화강암·안산암·현무암 등이 이에 속함.
화!성-인(火星人) 명 화성에 살고 있으리라고 믿는 상상의 지적(知的) 생물.
화소(畫素) 명 텔레비전이나 사진 전송에서, 화면을 분해한 미소한 단위 요소.
화수분 명 그 안에 어떤 물건이든 넣어 두면 새끼를 쳐서 끝이 없이 나온다는 전설적인 보물단지. 재물이 자꾸 생겨 아무리 써도 줄지 않음을 이르는 말.
화순-하다(和順-) 형여 온화하고 양순하다. 화순한 목소리.
화술(話術) 명 자기의 감정이나 의사를 말로 명확하게 표현하는 기술. ⓗ말재주. ¶뛰어난 ~.
화!승(火繩) 명 불을 지르는 데에 쓰는 노끈. 대의 속살을 꼬아 만든 것으로, 총열에 화약과 탄약을 재고 이 노끈에 불을 댕겨 귀약통에 대어 폭발시켰음. ▷도화선.
화!승-총(火繩銃) 명 화승으로 화약에 불을 붙여 쏘는 구식 총. =조총(鳥銃).
화!식[1](火食) 명 불에 익힌 음식을 먹는 것. 또는, 그 음식. ↔생식. 화!식-하다 자여(타여).
화식[2](和食) 명 일본식 요리. ⓗ일식.
화!신[1](化身) 명 1 [불] 중생을 구제하기 위하여 여러 가지로 형상을 바꾸어 이 세상에 나타난 부처의 몸. 2 어떤 추상적인 특질이 구체화 또는 유형화된 것. ¶사랑의 ~.
화신[2](花信) 명 꽃이 피었다는 소식.
화!실(畫室) 명 미술가가 작업하는 방. ⓗ아틀리에.
화씨(華氏) 명 1 '화씨온도'의 준말.
화씨-온도(華氏溫度) 명[물] 화씨온도계의 눈금의 명칭. 기호는 °F. ⓔ화씨. ▷섭씨온도.
화씨-온도계(華氏溫度計) [-계/-게] 명[물] 물의 어는점을 32°F, 끓는점을 212°F로 하고 그 사이를 180등분한 온도계.
화!약(火藥) 명 충격·점화 등에 의해 순간적으로 연소 또는 분해 반응을 일으키고 다량의 열과 기체를 발생시켜, 파괴·추진 등의 작용을 얻는 물질. =염초.
[화약을 지고 불로 들어간다] 스스로 위험한 일을 끌어들임을 이르는 말.
화!약-고(火藥庫) [-꼬] 명 1 화약을 저장하는 곳집. 2 분쟁이나 전쟁 따위로 위험한 지역을 일컫는 말.
화양-누르미(華陽-) 명 삶은 도라지를 짤막하게 자르고 쇠고기와 버섯을 그와 같이 썰어서 각각 양념하여 볶아서 꼬챙이에 꿰고, 끝에 삼색사지(三色絲紙)를 감은 음식. ㉠누르미.
화엄-경(華嚴經) [명] 석가가 도를 이룬 뒤 깨달은 대로 설법했다는 경문. 화엄종의 근본 경전임. 정식 이름은 '대방광불화엄경'.
화엄-종(華嚴宗) [명] [불] 신라 때, 의상(義湘)이 화엄경에 의거하여 세운 불교의 한 파. 화엄경을 근본 경전으로 함.
화염(火焰) [명] 불이 났을 때, 물체를 태우면서 타오르는 불. ⓗ불꽃. ¶건물이 순식간에 ~에 휩싸인다.
화염-병(火焰瓶) [-뼝] [명] 휘발유나 화염제를 유리병에 넣어 만든, 일종의 화학 수류탄. 불을 붙여 던지면 깨지면서 불이 일어남.
화요(火曜) [명] 《주로, 일부 명사 앞에 쓰여》 '화요일'을 줄여 이르는 말.
화-요일(火曜日) [명] 한 주일의 요일의 하나. 월요일의 다음. 수요일의 전에 옴.
화원(花園) [명] 1 꽃을 심은 동산. 2 = 꽃집.
화음(和音) [명] 높이가 다른 둘 이상의 음이 함께 울릴 때 어울리는 소리. 협화음·불협화음 따위. =코드(chord).
화의(和議) [-의/-이] [명] 1 더 이상 서로 싸우지 않기로 협상하여 정하는 것. ¶~를 맺다. 2 [법] 기업이 파산에 직면했을 때, 파산을 피할 수 있게 법원 관리에 채권자(금융 기관)와 채무자(기업) 사이에 맺어지는 강제 계약, 채권 행사를 일정 기간 유예하고 대출금을 탕감함. **화의-하다** [동] ㉠㉡
화이트^골드(white gold) [명] [화] 금 75%, 니켈 15%, 아연 10%로 이루어진 흰빛의 합금. 장식용으로 백금 대신 씀.
화이트-보드(white board) [명] 주로 강연·강의·회의 등에서 전용 필기구(펠트펜)로 쓰면서 지웠다 할 수 있도록 만든 흰색의 네모 판. ▷칠판.
화이트-칼라(white-collar) [명] 〔흰 와이셔츠를 입은 데서〕 정신노동을 하는 근로자, ⓗ샐러리맨. ↔블루칼라.
화:인[¹](火因) [명] 화재의 원인.
화:인[²](禍因) [명] 재앙의 원인.
화자(話者) [명] 말을 하는 사람. ⓗ청자.
화장[¹](-長) [명] 저고리의 깃고대 중심에서 소매 끝까지의 길이.
화:장[²](火葬) [명] 시체를 불에 태워서, 그 남은 뼈를 모아 장사 지내는 것. **화:장-하다**[¹] [동] ㉠
화장[³](化粧) [명] 얼굴에 크림·분·연지·루주나 색을 내는 물질 등을 발라 곱게 꾸미는 것. ¶짙은 ~. **화장-하다**[³] [동] ㉠㉡ ¶곱게 화장한 얼굴.
화장-기(化粧氣) [-끼] [명] 화장한 흔적. ¶~ 없는 얼굴.
화장-대(化粧臺) [명] 화장을 그 앞에서 할 수 있도록 거울을 달고 서랍 따위를 갖춘, 탁자 또는 상자 모양의 기구.
화장-독(化粧毒) [명] 화장품을 잘못 썼을 때 피부에 생기는 부작용.
화장-발(化粧-) [-빨] [명] 화장을 했을 때 얼굴에 나타나는 효과. ¶~이 잘 받는다.
화장-수(化粧水) [명] 피부를 매끄럽고 부드럽게 하기 위하여 화장에 앞서 바르는 액체.
화장-실(化粧室) [명] 〔'화장을 고치는 방'이라는 뜻〕 사람이 대소변을 눌 수 있도록 만든 곳. ⓗ변소·뒷간.

화장-지(化粧紙) [명] =휴지(休紙)². ¶두루마리 ~.
화:장-터(火葬-) [명] 시체를 화장하는 장소.
화장-품(化粧品) [명] 화장할 때 바르거나 칠하거나 뿌리는 물건이나 물질.
화:재(火災) [명] 불이 나는 재앙. 또는, 불로 인한 재앙. ⓗ불.
화:재-경보기(火災警報器) [명] 불이 났을 때 자동적으로 경보를 울리는 장치.
화:적(火賊) [명] =불한당(不汗黨)1.
화전[¹](火田) [명] 원시적 농사 방법의 하나. 산이나 들에서 초목에 불을 지르고 그 자리를 파 일구어 농사를 짓는 밭.
화전[²](火箭) [명] 예전에 싸움에서 쓰던, 불을 붙여 쏘는 화살. =불화살.
화전[³](花煎) [명] 1 =꽃전. 2 차전병의 하나. 찹쌀가루 반죽을 썩 두껍게 접시만 한 둘레로 만들고, 위쪽에는 바둑판무늬를 지게 한 다음, 번철에 기름을 부어 아주 띄워 지진 것처럼 만듦.
화:전-민(火田民) [명] 화전을 일구어 농사를 짓는 사람.
화점(花點) [-쩜] [명] 바둑판에서, 기본이 되는 아홉 개의 점. =정석(定石).
화제[¹](畵題) [명] 1 그림의 이름이나 제목. 2 그림 위에 쓰는 시문(詩文).
화제[²](話題) [명] 1 사람들이 이야기를 나눌 때 그 대상이 되는 소재. ⓗ이야깃거리. ¶~의 인물 / 신발명품이 ~에 오르다.
화젯-거리(話題-) [-제꺼-/-젣꺼-] [명] 화제가 될 만한 거리.
화조(花鳥) [名] 꽃과 새. 2 [미] 꽃과 새를 함께 그린 그림이나 조각.
화조-월석(花朝月夕) [-썩] [명] 〔'꽃 피는 아침과 달 밝은 밤'이라는 뜻〕 봄·가을의 좋은 계절.
화:주(火酒) [명] 알코올 도수가 아주 높은 술. 소주·보드카 따위.
화주[²](貨主) [명] 화물의 주인.
화:주-승(化主僧) [명] [불] 민간에서 시주하는 물건을 얻어 절의 양식을 대는 승려.
화중-왕(花中王) [명] 〔'꽃 중의 왕'이라는 뜻〕 '모란꽃'을 이르는 말.
화:중지병(畵中之餠) [명] 실제로 이용할 수 없거나 차지할 수 없는 것을 이르는 말. '그림의 떡'과 같은 말.
화:증(火症) [-쯩] [명] 화를 벌컥 내는 증(症). ⓗ화기(火氣).
화질(畵質) [명] 텔레비전 화면에서, 색조·선명도·밝기 등의 화상(畵像)의 질. ¶고(高)~.
화:첩(畵集) [명] =화첩(畵帖).
화:차[¹](火車) [명] 1 불로 적을 공격하는 데 쓰는 병거(兵車). 2 =기차(汽車). 3 우리나라의 옛 전차(戰車).
화차[²](貨車) [명] =화물 열차. ↔객차.
화창-하다(和暢-) [형] 〔날씨 또는 마음이〕 온화하고 맑다. ¶화창한 봄날.
화채(花菜) [명] 설탕을 탄 오미잣국에 과실이나 꽃잎을 넣고 실백잣을 띄운 음료.
화:첩(畵帖) [명] 그림을 모아 엮은 책. =화집(畵集).
화초(花草) [명] 1 꽃이 피는 풀과 나무. 또는, 관상용의 모든 식물의 총칭. =꽃나무. ⓗ화훼. 2 《일부 명사 앞에 쓰여》 그 물건이 노리개나 장식적인 대상임을 나타내는 말. ~첩.
화촉(華燭) [명] 빛깔을 들인 밀초. 흔히, 혼

화촉을 밝히다 결혼식을 올리다.
화촉-동방(華燭洞房)[-똥-] 명 첫날밤에 신랑 신부가 자는 방.
화친(和親) 명 나라 사이의 좋은 교분. ¶~을 맺다.
화톳-불[-토뿔/-톧뿔] 명 장작을 한군데에 모아 질러 놓는 불.
화:통(火筒) 명 기차나 기선의 굴뚝.
화투(花鬪) 명 솔·매화·벚꽃·난초·모란·오동 등 열두 가지의 그림이 그려진 각각 4장씩 모두 48장의 딱지로 끗수를 다투는 놀이. 또는, 그 딱지. ㉠동양화. **화투-하다** 통여 화투를 가지고 오락이나 노름을 하다.
화투-장(花鬪張)[-짱] 명 =화투짝.
화투-짝(花鬪-) 명 화투의 낱장. =화투장.
화:판(畫板) 명 1그림을 그릴 때 받치는 판. 2유화를 그리는 판자.
화평(和平) 명 1마음이 평안한 것. 2나라 사이가 화목하고 평화스러운 것. **화평-하다** 형여
화:폐(貨幣)[-페/-폐] 명[경] 상품의 가치를 매기는 척도이자 교환의 수단이 되는, 정부나 중앙은행에서 발행한 지폐 및 주화. ㉠돈·금전. ▷통화(通貨).
화:폐^개혁(貨幣改革)[-폐/-폐-][경] 물가와 경기의 안정을 기하기 위해 정부가 화폐의 가치를 통제·조절하는 조치.
화:폐-경제(貨幣經濟)[-페/-폐-][경] 화폐를 재화의 교환 및 유통의 수단으로 하는 경제 양식. ▷자연 경제.
화포(火砲) 명[군] 대포 따위의 화기(火器).
화:폭(畫幅) 명 '그림을 그리는 천이나 종이'를 풍경이나 사물을 담는 곳으로서 이르는 말. ¶바다 풍경을 ~에 담다.
화:-풀이(火-) 명 어떤 일로 화가 났을 때, (엉뚱한 사람에게) 화를 내어 풀을 푸는 것. ¶선생님한테 야단맞고 나에게 ~냐? ㉠동양화. **화:풀이-하다** 통여
화:품(畫風) 명 그림을 그리는 경향.
화:필(畫筆) 명 그림을 그리는 붓.
화:-하다³(化-) 통여 어떤 상태가 다른 상태로 변화되다.
화-하다²(和-) 형여 (날씨·마음·태도 따위가) 따뜻하고 부드럽다.
화학(化學) 명[화] 자연 과학의 한 분야. 물질의 성질·조성·구조 및 그 변화를 다루는 학문.
화:학-간장(化學-醬)[-간-] 명 기름을 뺀 콩을 염산으로 분해하여 만든 간장. ▷양조간장.
화:학^공업(化學工業)[-꽁-] 명[공] 화학적 처리를 주요 공정으로 하는 제조 공업. ㉠화학.
화:학로-자리(化學爐-)[-항노-] 명[천] 가을의 남쪽 하늘의 별자리. 고래자리의 남쪽에 있음.
화:학^무:기(化學武器)[-항-] 명[군] 화학전에 쓰이는 무기의 총칭. 독가스·화염 방사기 따위.
화:학^반:응(化學反應)[-빤-] 명[화] 두 가지 이상의 물질 사이에 화학적 변화가 일어나는 일.
화:학^비:료(化學肥料)[-뻬-] 명[농] 화학적 처리에 의하여 인공적으로 생산되는 비료.
화:학^섬유(化學纖維)[-섬-] 명[공] 화학적인 가공에 의하여 인공적으로 만드는 섬유.
화:학-솜(化學-)[-쏨] 명 화학적으로 처리하여 만든 솜.
화:학-식(化學式)[-씩] 명[화] 물질의 화학 조성을 원소 기호를 조합하여 나타낸 식.
화:학-자(化學者)[-짜] 명 화학을 전문으로 연구하는 사람.
화:학-적(化學的)[-쩍] 관 물체의 위치·형상·대소 따위가 아니라 그 물질 자체에 관계되는 (것).
화:학적^산소^요구량(化學的酸素要求量)[-쩍-][화] 물의 오염도를 나타내는 지표(指標)의 하나. 물속의 유기물을 산화제로 산화하는 데에 소비되는 산소의 양. 단위는 ppm. =시오디(COD).
화:학-조미료(化學調味料)[-조-] 명 화학적으로 합성하여 만드는 조미료.
화:합¹(化合) 명[화] 둘 이상의 원소나 원소가 화학적으로 결합하여 다른 물질을 생성하는 일. ↔분해(分解). **화:합-하다**¹ 통여
화합²(和合) 명 화목하게 합하는 것. ¶형제간에 ~이 잘되다. **화합-하다**² 통재여
화:합-물(化合物) 명[화] 화합에 의하여 만들어진 물질. ↔홑원소 물질.
화해(和解) 명 (사람과) 다툼을 그치고 서로 나쁜 감정을 푸는 것. **화해-하다** 통재여
화:형(火刑) 명 사람을 불에 태워 죽이는 형벌.
화:형-식(火刑式) 명 사라져야 할 대상을 상징하는 허수아비나 그림 등을 만든 뒤 그것을 불태우는 의식.
화혼(華婚) 명 남의 결혼을 아름답게 이르는 말. ¶축(祝) ~.
화환(花環) 명 축하나 환영이나 애도 등의 뜻을 나타내기 위해 꽃을 모아 고리같이 둥글게 만든 물건.
화훼(花卉) 명 관상하기 위해 재배하는 식물. 특히, 초본 식물. 주로 원예 분야에서 쓰는 말. ㉠화초.
확¹ 명 방아나 절구에서, 곡식을 담아 놓고 찧을 수 있게 움푹 들어가게 판 부분.
확² 부 1바람·냄새·기운 따위가 갑자기 세게 끼치는 모양. 2불길이 갑자기 세게 일어나는 모양. ¶불길이 ~ 번진다. 3갑자기 달아오르거나 몹시 뜨거운 느낌이 일어나는 모양. ¶얼굴이 ~ 달아오른다. 4일이 날래고 힘차게 진행되는 모양. 5메어 있거나 막혔던 것이 갑자기 풀리거나 열리는 모양. ¶사야가 ~ 트이다.
확고부동-하다(確固不動-)[-꼬-] 형여 (마음이나 태도가) 확고하여 흔들리지 않다. ¶확고부동한 태도.
확고-하다(確固-)[-꼬-] 형여 (마음이나 태도가) 확실하다. ¶확고한 신념. **확고-히** 부 ¶자기의 의사를 ~ 하다.
확답(確答)[-땁] 명 자기의 태도나 결심 등을 확실하게 밝히는 대답. **확답-하다** 통재여
확대¹(廓大) 명 넓혀 크게 하는 것. **확대-하다**¹ 통타여 **확대-되다**¹ 통재

확대[2](擴大) [-때] [명] **1** (어떤 일이나 대상의 범위를) 본래보다 더 큰 규모가 되게 하는 것. ↔축소. **2** (사진이나 영상이나 상 등을) 본래의 것, 또는 기준이 되는 것의 크기보다 더 크게 하는 것. ¶~ 인화. **확대-하다**[2] [동][타][여] ¶**확대한** 사진. **확대-되다**[2] [동][자] ¶전쟁이 ~.

확대^가족(擴大家族) [-때-] [명][사] 혈연 관계인 두 쌍 이상의 부부와 그 자녀로 이뤄진 형태의 가족. ↔핵가족.

확대-경(擴大鏡) [-때-] [명] 작은 물체를 확대해서 볼 수 있도록 한 개의 볼록 렌즈에 테를 두르고 손잡이를 달아 만든 도구. =돋보기.

확대-일로(擴大一路) [-때-] [명] 사태 등이 곧장 확대되어 가는 형세. ¶노사 분규가 ~를 걷고 있다.

확대^해¦석(擴大解釋) [-때-] [명] **1** [법] =확장 해석. **2** 어떤 일이나 말·행동 등을 있는 그대로 받아들이지 않고, 특별한 의미를 부여하거나 뜻을 넓혀서 해석하는 것. ¶장관의 이번 발언에 대해서는 언론이 ~ 한 것으로 보인다.

확률(確率) [황뉼] [명][수] 하나의 사상(事象) 혹은 사건이 일어날 수 있는 가능성의 정도. 또는, 그 수치.

확립(確立) [황닙] [명] (체계·견해·조직 등을) 확고하게 세우는 것. **확립-하다** [동][타][여] ¶교통질서를 ~. **확립-되다** [동][자]

확보(確保) [-뽀] [명] (필요한 물건이나 추상적 사물을) 확실하게 가지는 것. **확보-하다** [동][타][여] ¶물증을 ~. **확보-되다** [동][자] ¶비상식량이 ~.

확산(擴散) [-싼] [명] **1** (이념이나 사회적 운동·현상·질병 등이) 더 넓은 범위로 퍼지는 것. **2** [물] 서로 농도가 다른 물질이 혼합될 때, 시간이 지나면서 점차 같은 농도가 되는 현상. **확산-하다** [동][자][여] **확산-되다** [동][자] ¶반전 운동이 ~.

확성-기(擴聲器) [-썽-] [명] 소리를 크게 하여 멀리까지 들리게 하는 기구. =스피커.

확신(確信) [-씬] [명] 굳게 믿는 것. 또는, 그런 신념. **확신-하다** [동][타][여] ¶나는 그의 결백을 **확신한다**.

확신-범(確信犯) [-씬-] [명][법] 도덕적·종교적·정치적 확신이 결정적 동기가 되어 행해지는 범죄. 또는, 그 범인. 사상범·정치범·국사범(國事犯) 따위.

확실-성(確實性) [-씰썽] [명] 어떤 일의 가능성이 확실한 것.

확실-시(確實視) [-씰씨] [명] 확실한 것으로 보는 것. **확실시-하다** [동][타][여] **확실시-되다** [동][자] ¶당선이 ~.

확실-하다(確實-) [-씰-] [형][여] (어떤 일이나 사실이) 틀림없이 그러하다. 또는, 틀림없어 믿을 수 있거나 믿을 만하다. ¶**확실한** 증거. **확실-히** [부] ¶~ 형이 동생보다 낫다.

확약(確約) [명] 확실하게 약속하는 것. 또는, 그런 약속. **확약-하다** [동][타][여]

확언(確言) [명] (어떤 일이나 사실을) 확실하게 말하는 것. 또는, 그런 말. **확언-하다** [동][타][여]

확연-하다(確然-) [형][여] 확실한 데가 있다. **확연-히** [부] ¶수사 결과 죄상이 ~ 드러났다.

확인(確認) [명] (어떤 사실을) 틀림이 있는지 없는지, 또는 어떤 상태인지 알아보는 것. **확인-하다** [동][타][여] ¶신원을 ~. **확인-되다** [동][자]

확인-서(確認書) [명] 어떤 사실을 확인하는 뜻으로 쓴 글이나 서류.

확장(擴張) [-짱] [명] (대상을) 늘려 넓히는 것. ¶도로 ~ 공사. ↔축소. **확장-하다** [동][타][여] **확장-되다** [동][자]

확장-명(擴張名) [-짱-] [명][컴] =확장자.

확장-자(擴張字) [-짱-] [명][컴] 파일명 뒤에 부가적으로 붙이는 이름. 보통 3자의 문자를 사용하는데, 파일명과의 사이에 피리어드(.)를 찍음. =확장명.

확장^해¦석(擴張解釋) [-짱-] [명][법] 법 해석을 할 때 법규의 문자·문장의 뜻을 보통의 경우보다 넓혀서 해석하는 방법. =확대 해석.

확정(確定) [-쩡] [명] 일이 확실히 정해지는 것. 또는, 일을 확실히 정하는 것. **확정-하다** [동][타][여] **확정-되다** [동][자] ¶당선이 ~.

확정-적(確定的) [-쩡-] [관][명] 확정할 만한(것). ¶우승은 거의 ~이다.

확증(確證) [-쯩] [명] 확실히 증명하는 것. 또는, 확실한 증거. ¶범행에 대한 ~을 잡다. **확증-하다** [동][타][여] **확증-되다** [동][자]

확충(擴充) [명] (어떤 대상을) 더 늘리거나 채우거나 키워서 충실하게 하는 것. ¶인원 ~. **확충-하다** [동][타][여] ¶사업을 ~. **확충-되다** [동][자]

환[1](丸) [명] [1][자립][약] 가루로 만든 약재를 반죽하여 공처럼 동글동글하게 빚은 상태. 또는, 그런 상태로 만든 약. ¶우황청심~. ▷-정(錠). [2][의존] 환으로 된 약의 개수를 세는 말.

환¦[2](換) [명][경] 어음·수표에 의하여 대차(貸借)를 결제하는 방법.

환[3](圜) [명][의존] **1** 1953년부터 1962년까지의 우리나라 화폐 단위의 하나. 1환은 100전임. **2** [역] 대한 제국 때의 화폐 단위. ▷원(圓).

환¦각(幻覺) [명][심] 감각 기관을 자극하는 외부 사물이 없는데도 마치 그 사물이 있는 것처럼 일어나는 감각. ¶~ 작용.

환¦각-제(幻覺劑) [-쩨] [명][약] 환각을 일으키는 약제. 엘에스디(LSD)·대마초 따위.

환¦갑(還甲) [명] 〔육십갑자의 '갑'으로 되돌아온다는 뜻〕 나이 예순한 살을 이르는 말. =회갑. [비]화갑.

환갑 진갑(進甲) **다 지내다** 세상을 살 만큼 살다. 어지간히 오래 살다.

환¦갑-날(還甲-) [-감-] [명] 환갑이 되는 해의 생일날.

환¦갑-잔치(還甲-) [-짠-] [명] 환갑을 축하하여 벌이는 잔치. =회갑연. **환¦갑잔치-하다** [동][자][여]

환경(環境) [명] **1** 사람이나 동식물의 생존에 커다란 영향을 미치는, 눈·비·바람 등의 기후적 조건이나 산·강·바다·공기·햇빛·흙 등의 자연적 조건. ¶자연~ / ~ 파괴. **2** 사람이 생활하는 주위의 상태나, 생활하기 위해 만든 물리적 조건. ¶작업~. **3** [컴] 응용 프로그램을 위한 하드웨어와 운영 체제. ¶윈도~.

환경-미화원(環境美化員) [명] 차도·인도 등의 거리나 공공건물·학교·병원·사무실·아파트 등을 청소하는 사람. [준]미화원.

환경-부(環境部) [명] 행정 각 부의 하나.

활이나 수도 생활을 그만두고 다시 속인이 되는 것. ↔탈속. **환속-하다** [동][자][여]

환송[1](還送) [명] 도로 돌려보내는 것. **환송-하다**[1] [동][타][여]

환송[2](歡送) [명] (먼 곳으로 떠나는 사람이나 돌아가는 손님이나 속했던 집단에서 좋은 일로 떠나는 사람 등을) 격식을 갖추어 기쁜 마음으로 보내는 것. ¶~을 받다. ↔환영. **환송-하다**[2] [동][타][여]

환수(還收) [명] 도로 거두어들이는 것. **환수-하다** [동][타][여] ¶빌려 준 돈을 ~. **환수-되다** [동][자]

환¦승(換乘) [명] 목적지에 가기 위해 어떤 탈것을 다른 탈것으로 바꾸어 타는 것. ¶지하철 ~ 주차장. **환¦승-하다** [동][자][여]

환¦승-역(換乘驛) [-녁] [명] 다른 노선으로 바꾸어 탈 수 있도록 마련된 역.

환¦시(幻視) [명] 현실로는 없는 것이 있는 것처럼 보이는 현상.

환¦-시세(換時勢) [명][경] =환율(換率).

환심(歡心) [명] 상대의 언행이 비위에 맞아 기분이 좋거나 흐뭇한 마음.

환심(을) 사다 알랑거리거나 비위를 맞추어 상대의 기분을 좋아지게 함으로써 자기에 대한 좋은 느낌을 가지게 하다. ¶윗사람의 **환심을 사려고** 아첨을 하다.

환약(丸藥) [명] 약재를 가루로 만들어 반죽하여 작고 동글동글하게 빚은 약. [비]정제(錠劑). ▷탕약.

환¦언(換言) [명] (어떤 말을) 이해를 돕거나 쉽게 하기 위해 다른 말로 바꾸는 것. **환¦언-하다** [동][자][타][여]

환¦영[1](幻影) [명] **1** 공상이나 환각에 의하여, 눈앞에 있지 않은 것이 있는 것처럼 보이는 것. ¶그는 먼 산을 바라보며 이북 땅 고향 산천의 ~을 좇고 있었다. **2** [심] 사상이나 감각의 착오로 사실이 아닌 것을 사실처럼 인정하는 현상. [비]환상.

환영[2](歡迎) [명] **1** (먼 곳에서 돌아오는 사람이나 외부에서 오는 손님이나 어느 집단에 새로 들어오는 사람 등을) 격식을 갖추어 기쁘고 반갑게 맞는 것. ¶가도의 ~ 인파. ↔환송. **2** (어떤 일이나 대상을) 기쁘게 받아들이는 것. ¶비시 카드 ~. **환영-하다** [동][타][여]

환영-사(歡迎辭) [명] 환영의 뜻을 나타내는 인사말.

환영-회(歡迎會) [-회/-훼] [명] 환영하는 뜻으로 베푸는 모임. ¶신입생 ~.

환웅(桓雄) [명][신화] 단군 신화에 나오는 천제(天帝)의 아들. 태백산 신단수 밑에 내려와 세상을 다스렸으며, 웅녀와 결혼하여 단군을 낳았다고 함.

환원(還元) [명] **1** 본디의 상태로 되돌리는 일. **2** [화] 어떤 물질이 산소의 일부 또는 전부를 잃거나 외부에서 수소를 흡수하는 화학 변화. ↔산화. **환원-하다** [동][자][타][여] ¶요금을 종전대로 ~. **환원-되다** [동][자]

환원-제(還元劑) [명][화] 다른 물질에 환원을 일으키게 하는 물질. 수소·탄소 따위. ▷산화제.

환원-주의(還元主義) [-의/-이] [명] 다양한 현상을 어떤 기본적인 하나의 원리 또는 요인으로써 모두 설명하려는 주의.

환¦위-법(換位法) [-뻡] [명][논] 원명제의 주어와 술어의 위치를 바꾸되, 뜻을 바꾸지 않고 새 판단을 이끌어 내는 추리법. ▷환질법.

환¦유-법(換喩法) [-뻡] [명][문] 수사법의 하나. 어떤 낱말을 직접 사용하기보다는, 그 말과 밀접한 관계가 있어 쉽게 연상이 되는 말로 바꾸어 사용하는 방법. 가령, '간호사'를 '백의(白衣)의 천사'로 나타내는 따위. =대유법. ▷제유법.

환¦율(換率) [명][경] 두 나라 화폐 간의 교환 비율. 곧, 한 나라 화폐 단위로 표시한 외국 화폐의 가격. =환시세.

환인(桓因) [명][신화] 단군 신화에 나오는 천제(天帝). 아들 환웅을 태백산에 내려보내 세상을 다스리게 함.

환¦자(患者) [명] 다치거나 병이 나서 치료를 받거나 받아야 할 사람. [비]병자. ¶중~ / 입원[외래]~.

환¦자-복(患者服) [명] 병원에서 입원한 환자가 입는 옷.

환¦장(換腸) [명] **1** (사고나 행동이) 비정상적인 상태로 바뀌어 달라지는 것. **2** (어떤 일이나 대상에) 지나치게 즐기거나 탐하여 제정신을 차리지 못할 지경이 되는 것. 비난을 담은 공격적인 말임. ¶계집이라면 ~을 한다. **환¦장-하다** [동][자][여]

환¦-쟁이 [명] 그림 그리는 것을 직업으로 하는 사람을 얕잡아 이르는 말.

환¦전(換錢) [명][경] 서로 종류가 다른 화폐와 화폐, 또는 화폐와 지금(地金)을 교환하는 일. **환¦전-하다** [동][타][여] ¶달러를 원화로 ~.

환¦전-소(換錢所) [명] 돈을 외국 돈이나 소액권 또는 동전으로 바꾸어 주는 곳.

환절(環節) [명][동] 환형동물이나 절지동물의 체절(體節).

환¦절-기(換節期) [명] 계절이 바뀌는 시기. ¶~의 건강에 조심하다.

환조(丸彫) [명][미] 한 덩어리 재료에서 물체의 총체(總體)를 입체적으로 조각해 내는 일. 또는, 그런 기법의 조각물.

환¦^중매인(換仲買人) [명][경] 은행 상호 간 또는 은행과 상인 사이에서 외국환 어음의 매매를 주선하고 매개하는 일을 직업으로 하는 사람.

환¦질-법(換質法) [-뻡] [명][논] 원명제가 긍정이면 부정으로, 부정이면 긍정으로 질을 바꾸되, 뜻을 바꾸지 않고 새 판단을 이끌어 내는 추리법. ▷환위법.

환¦-차손(換差損) [명][경] 환율이 변동할 때 생기는 손해. ▷환차익.

환¦-차익(換差益) [명][경] 환율이 변동할 때 생기는 이익. ▷환차손.

환¦청(幻聽) [명][심] 실제로 존재하지 않는 소리가 들리는 청각성의 환각. 알코올 중독·정신 분열증 등에서 나타날 수 있음.

환초(環礁) [명][지] 고리 모양으로 큰 원을 이룬 산호초.

환¦치-법(換置法) [-뻡] [명][문] 수사법의 하나. 문세(文勢)를 강하게 하기 위하여 앞에 한 말을 다시 적절한 다른 말로 바꾸어 말하는 방법.

환태평양^조¦산대(環太平洋造山帶) [명][지] 고생대 말기에서 현재까지 조산 운동을 거듭하고 있는 환태평양 지대.

환¦풍-기(換風機) [명] 실내의 더러워진 공기를 바깥의 맑은 공기와 바꾸는, 프로펠러 모양의 팬이 달린 전기 기구.

환¦-하다 [형][여] **1** (어떤 공간이) 물체가 잘 보일 만큼 빛이 강하게 비치는 상태에 있다. 또는, (빛이) 물체를 잘 보이게 할 만큼 강한 상태에 있다. [비]밝다. ¶전등의 불빛이 대낮같이 ~. **2** (공간의 앞이) 막

자연환경과 생활환경의 보전, 환경오염 방지에 관한 업무를 맡아봄.
환경-오염(環境汚染)〔명〕인간의 활동에 의해 발생하는 대기·수질·토양의 오염 및 소음·진동 등으로 자연환경과 생활환경이 손상되는 일.
환경^호르몬(環境hormone)〔명〕인간이나 동물의 체내에 축적될 경우 내분비계의 기능에 이상을 일으켜, 생식 기능·면역 기능 등을 파괴하거나 기형·성장 장애 등을 가져오는 유해 화학 물질.
환곡(還穀)〔명〕〔역〕조선 시대, 삼정(三政)의 하나. 국가가 비축했던 곡식을 봄철에 백성에게 꾸어주었다가 추수 후 돌려받는 곡식 및 그 제도.
환골-탈태(換骨奪胎)〔명〕[뼈를 바꾸고 태(胎)를 빼낸다는 뜻] (사람이나 사물이) 보다 좋은 방향으로 바뀌어 완전히 새롭게 됨. ¶우리 회사는 재도약의 기회를 마련하기 위해 ~의 노력을 기울이고 있다. **환!골탈태-하다**〔자여〕
환!관(宦官)〔명〕〔역〕궁중에서 허드렛일을 하는 거세된 남자. 고려 후기와 조선 시대에는 내시로 기용되는 경우가 많아 '내시'로 통칭됨.
환국(還國)〔명〕=귀국(歸國). **환국-하다**〔자여〕
환궁(還宮)〔명〕임금·왕비 등이 대궐로 돌아온 것. **환궁-하다**〔자여〕
환!금(換金)〔명〕**1** 물건을 팔아서 돈으로 바꾸는 것. ↔환물. **2**〔경〕한 나라의 돈을 다른 나라의 돈으로 바꾸는 일.
환!금-성(換金性)〔-씽〕〔명〕물건을 팔아서 현금으로 바꿀 수 있는 성질.
환급(還給)〔명〕도로 돌려주는 것. 回환부(還付). ¶~금(金). **환급-하다**〔타여〕
환급-되다〔자〕¶과납한 세금이 ~.
환!기[1](喚起)〔명〕(생각·의식 등을) 되살려 불러일으키는 것. **환!기-하다**〔타여〕¶화재에 대한 주의를 ~.
환!기[2](換氣)〔명〕탁한 공기를 맑은 공기로 바꾸는 일. ¶~구. **환!기-하다**〔자여〕
환!기-통(換氣筒)〔명〕방 안의 공기를 바꾸려고, 지붕에 구멍을 뚫어 만든 장치.
환!난(患難)〔명〕근심과 재난.
환!난-상휼(患難相恤)〔명〕환난이 생겼을 때 서로 도와주는 것. **환!난상휼-하다**〔자여〕
환담(歡談)〔명〕정답고 즐겁게 이야기하는 것. 또는, 그 이야기. **환담-하다**〔자여〕
환대(歡待)〔명〕정성껏 후하게 대접하는 것. **환대-하다**〔타여〕
환도[1](環刀)〔명〕군복을 입고 허리에 차는, 자루 끝에 둥근 고리가 있는 칼.
환도[2](還都)〔명〕전쟁 등 나라에 어려움이 있어 정부가 한때 수도를 버리고 옮겨 갔다가 다시 돌아오는 것. **환도-하다**〔자여〕
환도-성(丸都城)〔명〕〔역〕고구려가 평양으로 천도하기 전의 도성. 압록강 중류의 서안에 있었음.
환!등(幻燈)〔명〕그림·사진·실물 따위를 강한 불빛으로 비춰 그 반사광을 렌즈의 하여 확대 영사하는 장치. 回슬라이드.
환!등-기(幻燈機)〔명〕오목 거울, 볼록 렌즈 등을 이용하여 그림·사진·실물 따위를 스크린에 확대해 영사하는 기계.
환락(歡樂)〔환-〕〔명〕즐겁고 흥겹고 유쾌한 상태. 특히, 말초적인 쾌락을 느끼는 상태. ¶~의 밤 / ~에 빠지다.
환락-가(歡樂街)〔활-까〕〔명〕술집·음식점·극장 등의 유흥장이 많이 늘어선 거리.
환!란(患亂)〔활-〕〔명〕근심과 재앙. ¶~이 닥쳐오다.
환!로(宦路)〔활-〕〔명〕벼슬살이를 하게 되는 일.
환류(換流)〔활-〕〔명〕물 또는 공기의 흐름이 방향을 바꾸어 되돌아 흐르는 일.
환!매[1](換買)〔명〕값을 따지어 물건을 서로 바꾸는 것. 回매-매[1]. **환!매-하다**[1]〔타여〕
환!매[2](還買)〔명〕일단 남에게 팔았던 물건을 다시 사들이는 일. ¶~ 채권. **환매-하다**[2]〔타여〕
환!멸(幻滅)〔명〕품어 온 꿈이나 기대나 환상이 깨어질 때 느끼는 허무함이나 쓰라림. ¶연예인 생활에 ~을 느끼다.
환!멸-감(幻滅感)〔명〕꿈이나 기대나 환상이 깨어진 데서 오는 허무함이나 쓰라린 느낌.
환!물(換物)〔명〕돈을 물건으로 바꾸는 것. ¶인플레에 따른 ~ 심리의 확산. ↔환금.
환!부(患部)〔명〕병 또는 상처가 난 자리.
환부(還付)〔명〕도로 돌려주는 것. 回환급.
환!부역조(換父易祖)〔-쪼〕〔명〕[아버지·할아버지를 바꾼다는 뜻] 지체가 낮은 사람이 부정한 수법으로 무후(無後)한 양반집의 뒤를 이어 양반 행세를 하는 짓을 비웃어 이르는 말.
환!불(換拂)〔명〕환산하여 지불하는 것. **환!불-하다**〔타여〕¶달러를 원화로 ~.
환!불(還拂)〔명〕(요금이나 대금 따위를 지불했던 사람에게) 물품·서비스 등에 문제가 있거나 기타의 사정으로 인해 되돌려 주는 것. **환불-하다**[2]〔타여〕¶공연이 취소되자 주최 측은 입장료를 **환불하였다**.
환!산(換算)〔명〕어떤 단위로 표시된 수를 다른 단위로 고치는 것. 또는, 그렇게 고치는 계산. **환!산-하다**〔타여〕¶돈으로 **환산하지 못할 정신적 피해**. **환!산-되다**〔자〕
환!상[1](幻想)〔명〕**1** 어떤 세계가 현실적으로 존재하지 않고 공상으로만 존재하는 상태. 또는, 어떤 생각이 현실에 기초하지 않고 공상으로만 가능한 상태. 또는, 그 세계나 생각. ¶~의 세계. **2** (주로 '환상의'의 꼴로 쓰여) 어떤 일이나 대상이 더할 나위 없이 훌륭한 상태. ¶~의 콤비. ▷환상적.
환!상[2](幻像)〔명〕〔심〕착각이나 신비적 체험에 의해, 실제로는 존재하지 않거나 다른 사람은 볼 수 없는 형상이 눈앞에 나타나는 일. 또는, 그 형상. 回환영.
환상[3](環狀)〔명〕고리처럼 둥그렇게 생긴 형상. =환형(環形). ¶~ 철도.
환!상-곡(幻想曲)〔명〕형식상의 구애를 받지 않고 자유로운 악상의 전개에 의하여 작곡된 낭만적인 악곡. =판타지.
환!상-적(幻想的)〔관〕〔명〕**1** 환상인 (것). 또는, 환상에 가까운 (것). **2** 어떤 대상이 기가 막히게 좋거나 훌륭한 (것). ¶맛이 ~이다.
환생(還生)〔명〕**1**〔불〕윤회설에서, 죽은 사람이 모습을 바꾸어 다시 태어나는 것. **2** 되살아나는 것. **환생-하다**〔자여〕
환!성[1](喚聲)〔명〕고함치는 소리.
환!성[2](歡聲)〔명〕기쁘거나 즐거워서 지르는 소리. 回환호성. ¶~을 올리다.
환속(還俗)〔명〕(승려나 수도자가) 승려 생

힌 데 없이 탁 트인 상태에 있다. ⓑ시원하다. ¶전망이 **환하게** 트이다. 3 어떤 일이나 대상에 대해 잘 알고 있는 상태에 있다. ¶서울 지리에 ~. 4 (사람의 얼굴이) 잘생겨 보기에 시원스럽다. ¶인물이 ~. ⓒ훤하다. 5 (얼굴 표정이) 기분이 좋아 생기가 있거나 웃음을 띤 상태에 있다. **ⓓ환한** 얼굴. 6 맛이 얼얼한 듯하면서 개운하고 시원한 느낌이 있다. ⓔ화하다. **환-히** 囲 ¶남의 마음을 ~ 꿰뚫고 있다.
환형(環形)囘=환상(環狀).
환형-동물(環形動物)[동]몸이 가늘고 길며 많은 고리 모양의 마디로 이루어진 동물의 한 무리. 지렁이·갯지렁이·거머리 등이 이에 속함.
환호(歡呼)囘 기쁘거나 감격하여 부르짖는 것. ¶~가 터지다. **환호-하다** 툉재어
환호-성(歡呼聲)囘 기쁘거나 감격하여 부르짖는 소리. ¶~을 지르다.
환!후(患候)囘 어른의 병을 높여 이르는 말. ¶요즘 ~가 어떠하신지요.
환희(歡喜)[-히]囘 즐겁고 기쁨. ¶~에 넘치다.
활 囘 1 화살을 메워서 쏘는 기구. 2 [음] 찰현악기의 현(絃)을 켜는 데 쓰이는 것.
활강(滑降)囘 미끄러져 내리는 것. 주로, 스키에서 말함. **활강-하다** 툉재어 ¶스키를 타고 빠른 속도로 급사면을 ~.
활강^경기(滑降競技)[체] 스키의 알파인 종목의 하나. 급사면에 설치된 코스를 빠른 속도로 미끄러져 내달려 그 속도를 겨루는 경기.
활개 囘 1 새의 양쪽 죽지로부터 날개까지의 부분. 2 사람의 어깨에서 양쪽 팔까지 또는 궁둥이에서 양쪽 다리까지의 부분.
활개(를) 젓다 걸음을 걸을 때, 두 팔을 서로 어긋나게 앞뒤로 흔들다.
활개(를) 치다 1 힘차게 활개를 젓다. ¶가슴을 펴고 **활개 치면서** 행진하다. 2 두 날개를 펴서 젓다. 3 당당하게 세상에서 행동하다. ¶언젠가 **활개 치고** 살아 오겠지. 4 버젓이 거들먹거리며 행세하다. 또는, (부정적 현상이) 마구 횡행하다. ¶가짜가 **활개 치는** 세상.
활개(를) 펴다 떳떳하여 기를 펴다.
활갯-짓[-개찓/-갣찓]囘 1 활개를 치는 것. 2 새가 두 날개를 치는 것. **활갯짓-하다** 툉재어
활공(滑空)囘 1 항공기가 공중에서 엔진을 끄고 중력과 부력에 의해 비행하는 상태. 2 새가 날개를 움직이지 않고 나는 것. **활공-하다** 툉재어
활공-기(滑空機)囘 =글라이더.
활극(活劇)囘 1 격투·충격 따위를 주로 하는 연극이나 영화. ¶서부 ~. 2 영화의 격투 장면과 같이 때리고 치고 하는 싸움. ¶~이 벌어지다.
활기(活氣)囘 1 활동의 원천이 되는 정기(精氣). ¶~에 넘쳐 있다. 2 활발한 기운. ¶건축 경기가 ~를 띠다.
활기-차다(活氣-) 휑 활기가 가득하다.
활-꼴 囘 [수] 원의 호(弧)와 그 두 끝을 잇는 현(弦)으로 이루어지는 도형.
활달-하다(豁達-)[-딸-][형어] 도량이 넓고 크다. ¶성격이 ~.
활동(活動)[-똥]囘 1 사람이나 단체 등이 어떤 목적을 가지고 행동하거나 어떤 일을 이루기 위해 움직이는 것. ¶봉사 ~

/ ~ 무대. 2 사람이 몸을 활발하게 움직이면서 생활하는 것. ¶허리를 다쳐 ~가 부자유스럽다. 3 (동물이나 식물이) 먹이를 찾으러 다니거나 양분을 흡수하거나 하는 등의 행동이나 작용이 이루어지는 것. 또는, (생물체의 조직이나 기관 등이) 생명 현상을 유지하기 위해 그 기능이나 작용을 활발하게 이루는 것. ¶밤에 ~을 하는 부엉이. 4 화산이나 마그마 따위의 분출이나 솟구침에 의한 작용. **활동-하다** 툉재어 ¶**활동하기** 편한 옷.
활동-가(活動家)[-똥-]囘 적극적으로 행동하는 사람. 특히, 정치 활동에 적극적인 사람.
활동-력(活動力)[-똥녁]囘 활동하는 힘이나 능력.
활동-사진(活動寫眞)[-똥-]囘 지난날, '영화(映畫)'를 이르던 말.
활동-적(活動的)[-똥-]관명 활동력이 있는 (것). 또는, 활발하게 움직이는 (것). ¶~인 옷차림.
활-등[-뜽]囘 활의 몸체의 바깥쪽 부분.
활-등이 ¶~같이 굽은 노인.
활딱 囘 남김없이 벗거나 벗어진 모양. ¶~ 벗어진 사람.
활량 囘 활 쏘는 일을 즐기거나 활을 잘 쏘는 사람.
활력(活力)囘 생기 있는 기운. 또는, 왕성한 생활 의욕이나 기력. ¶~이 넘치다.
활력-소(活力素)[-쏘]囘 활력을 불어넣는 요소.
활로(活路)囘 곤란을 뚫고 살아 나갈 길. ¶~를 모색하다.
활물(活物)囘 살아 있는 동물이나 식물. 또는, 살아 있는 것. ↔사물(死物).
활발-하다(活潑-)휑어 생기 있고 힘차며 시원스럽다. ¶성격이 ~. **활발-히** 囲
활보(闊步)囘 큰 걸음으로 활기 있고 당당하게 걷는 것. 또는, 그 걸음. **활보-하다** 툉재어 ¶거리를 ~.
활빈-당(活貧黨)囘 전날에, 부자의 재물을 빼앗아 가난한 사람들을 도와주었다는 도적의 무리.
활석(滑石)[-썩]囘[광] 마그네슘의 규산염을 주성분으로 하는, 백색 또는 녹회색의 부드럽고 무른 광물. 절연재, 화장품·의약품의 원료 등으로 쓰임.
활성(活性)[-썽]囘 물질이 어떠한 빛 등에 의하여 활발해지며, 반응 속도가 빨라지는 성질. 또는, 촉매의 반응 촉진 능력.
활성^산소(活性酸素)[-썽-][생] 음식물로 섭취한 산소가 에너지로 바꾸는 대사 과정에서 발생하는 독성 산화 물질. 각종 질병과 노화(老化)를 일으키는 물질로 알려져 있음.
활성-탄(活性炭)[-썽-]囘[화] 기체나 색소의 분자 등의 흡착성이 큰 탄소질의 물질. 탈취·탈색·정제(精製)·정수(淨水) 등에 쓰임.
활성-화(活性化)[-썽-][명] 1 [화] 물질의 반응성이 높아지는 일. 2 사회·조직 등의 기능을 활발하게 하는 일. **활성화-되다** 툉재타어 ¶남북통일 논의를 ~. **활성화-되다**
활-시위[-씨-]囘 활의 몸체의 양 끝에 팽팽하게 걸어 놓은 줄. =현(弦). ⓒ시위.
활-쏘기 囘 활을 쏘는 일. 또는, 그런 기술. ¶~ 대회.

활약(活躍) 〖명〗 (어떤 사람이 어느 분야나 세계에서 어떤 자격의 활동가로서 활발히 활동하는 것. ¶맹~/~상(相). **활약-하다** 〖동〗〖자〗

활어(活魚) 〖명〗 살아 있는 물고기. 특히, 잡은 뒤에 수조 따위에 넣어 산 상태로 둔 식용 바닷물고기.

활엽-수(闊葉樹)[-쑤] 〖명〗 잎이 넓은 나무의 총칭. 동백나무·단풍나무·밤나무 따위. =넓은잎나무. ↔침엽수.

활엽수-림(闊葉樹林)[-쑤-] 〖명〗 활엽수로 이루어진 숲.

활-옷[-온] 〖명〗 전통 혼례 때 새색시가 입는 예복. 붉은 비단으로 원삼(圓衫)처럼 지었는데, 가슴·등·소매 끝 부분에 모란꽃 수를 놓았음.

활용(活用) 〖명〗 **1** (어떤 것을) 그 기능이나 용도에 맞게 이용하는 것. **2** 〖언〗 동사·형용사·서술격 조사의 어간에 어미가 결합하여 어떤 문법적 기능을 나타내는 현상. 가령, '먹다'의 경우, 어간 '먹-'에 어미 '-는다, -고' 와 같은 어미가 결합하여, '먹는다, 먹고' 등으로 바뀌어 쓰이는 것. =어미변화. **활용-하다** 〖동〗〖자〗〖타〗 ▷ 지칭실을 하상이는. **활용-되다** 〖동〗〖자〗

활용-형(活用形) 〖언〗 어간에 어미가 결합한 형태. 가령, '가고, 가니, 가면' 등은 '가다'의 활용형.

활유-법(活喩法)[-뻡] 〖명〗〖문〗 수사법의 하나. 무생물을 마치 살아 있는 것처럼 나타내는 표현 방법. '울부짖는 바람', '꿈틀거리는 산맥' 따위. ▷ 의인법.

활인(活人) 〖명〗 사람의 목숨을 살리는 것. ¶~ 검법(劍法). **활인-하다** 〖동〗〖자〗〖타〗

활인[2] '활인[引引]'의 잘못.

활인-서(活人署)[-역] 〖명〗 조선 시대, 서울의 의료에 관한 일을 맡아보던 관아.

활자(活字)[-짜] 〖명〗 **1** 사각기둥 모양의 금속 윗면에 글자나 기호를 도드라지게 새겨 인쇄에 사용하는 것. ¶금속 ~. **2** **1**을 이용하여 인쇄한 출판물의 문자. ¶~ 매체.

활자-본(活字本)[-짜-] 〖명〗〖출〗 활판으로 인쇄한 책.

활자-체(活字體)[-짜-] 〖명〗〖출〗 활자의 자체. 명조체·고딕체·이탤릭체 따위. = 인쇄체.

활자-화(活字化)[-짜-] 〖명〗 원고가 활자로 인쇄되어 나오는 것. 또는, 인쇄해 책이나 인쇄물로 나오게 하는 것. **활자화-하다** 〖동〗〖자〗〖타〗 **활자화-되다** 〖동〗〖자〗

활주(滑走)[-쭈] 〖명〗 **1** (땅이나 물 위를) 미끄러져 달리는 것. **2** 항공기가 이착륙하기 위하여 활주로 위를 달리는 것. **활주-하다** 〖동〗〖자〗

활주-로(滑走路)[-쭈-] 〖명〗 비행장 안에서 비행기가 이착륙할 때 달리는 길.

활짝 〖부〗 **1** 문 따위가 한껏 시원스럽게 열린 모양. ¶문을 ~ 열다. **2** 넓고 멀리 시원스럽게 트인 모양. **3** 꽃잎 따위가 한껏 핀 모양. ¶~ 핀 나팔꽃. **4** 날이 한껏 개거나 환히 밝은 모양. ¶~ 갠 하늘. **5** 얼굴에 가득히 웃음을 띤 모양. ¶~ 웃는 얼굴.

활-터 〖명〗 활쏘기를 하는 곳.

활판(活版) 〖명〗〖출〗 활자로 짜서 만든 인쇄판. 또는, 그것에 의한 인쇄. (관 版).

활-화산(活火山) 〖지〗 지금도 화산 활동을 계속하고 있는 화산. ↔사화산.

활활 〖부〗 불길이 세고 시원스럽게 타오르는 모양. ¶~ 타오르는 성화대의 불길. **2** 날짐승이 높이 떠서 느릿느릿 날개를 치며 시원스럽게 나는 모양. **3** 부채 따위로 느릿느릿 시원스럽게 부치는 모양. **4** 옷을 시원스럽게 벗어부치는 모양.

황황(活況) 〖명〗 거래 따위가 활기를 띤 상황. ¶~을 증시(證市).

홧!김-에(火-) [화낌/-환낌-] 〖부〗 화가 난 김에.

[홧김에 서방질한다] 화가 난 김에 차마 못할 짓을 한다.

홧!-술(火-) [화쑬/활쑬] 〖명〗 화가 나서 마구 마시는 술.

홧홧[화왓] 〖부〗 달듯이 뜨거운 기운이 이는 모양. ¶열이 ~ 나다. **홧홧-하다** 〖형〗〖이〗

황[1] '[짝이 맞지 않는 골패]'라는 뜻) (주로 '황이다'의 꼴로 쓰여) 아무 쓸모 없는 일. 또는, 기대와 달리 알맹이가 없는 상태. 다소 속된 말임. ¶아무리 장사가 잘 되어도 남는 게 없으면 황이지. =이지.

황[2](黃) 〖광〗 비금속 원소의 하나. 원소 기호 S, 원자 번호 16, 원자량 32.064. 냄새가 없고 수지 광택이 있는 황색의 고체. 화약·성냥·의약품 등의 원료로 쓰임. =유황.

황갈-색(黃褐色)[-쌕] 〖명〗 검은빛을 띤 누른빛.

황건-적(黃巾賊)[-역] 〖명〗〖역〗 중국 후한 말에 장각(張角)을 수령으로 하여 하북(河北)에서 일어난 유적(流賊). 모두 황건(黃巾)을 쓴 데서 이 이름이 유래함.

황공-무지(惶恐無地) 〖명〗 황공하여 몸둘 데가 없음. 〖하〗이다.

황공-하다(惶恐-) 〖형〗〖여〗 (지존한 존재의 은덕 따위가) 분에 넘쳐 두렵다. 또는, (지존한 존재의 위엄에) 대하기가 어렵고 두렵다.

황구(黃狗) 〖명〗 털빛이 누런 개. 回누렁이.

황국[1](皇國) 〖명〗 **1** 황제가 다스리는 나라. **2** 전날의 제국주의 일본이 자기 나라를 일컫던 말.

황국[2](黃菊) 〖명〗 빛이 누른 국화.

황국-협회(皇國協會)[-구켜뙤/-구켜훼] 〖명〗〖역〗 광무 2년(1898)에 정부에서 조직한 보수 단체. 보부상과 연결되어 독립협회를 견제함. 1899년에 해체됨.

황궁(皇宮) 〖명〗 황제의 궁궐.

황금(黃金) 〖명〗 **1** '금(金)'을 누른빛을 띤다는 뜻에서 달리 이르는 말. **2** '돈'이나 '재물'을 일컫는 말. ¶~에 눈이 어두워 부정을 저지르다. **3** (일부 명사를 꾸미는 구조로 쓰여) 아주 귀중하거나 보배롭거나 가치 있는 것임을 비유적으로 이르는 말. ¶~연휴 / ~어장.

황금 알을 낳는 거위 [하루에 한 개씩 황금 알을 낳는다는 이솝 우화의 거위] 큰 이익을 가져다주는 사업이나 대상을 비유하여 이르는 말. ¶컴퓨터 관련 산업이 ~로 부상하고 있다.

황금-기(黃金期) 〖명〗 어떤 대상이나 현상이 최상의 상태에 이르러 보배로운 시기. 回전성기·최성기·절정기. **1**인생의 ~.

황금-만능(黃金萬能) 〖명〗 돈만 있으면 만사를 다 마음대로 할 수 있다는 말. ¶~풍조가 만연하다.

황금만능-주의(黃金萬能主義)[-의/-이] 〖명〗 황금만능의 사고방식이나 태도.

황금-물결(黃金-)[-껼] 〖명〗 논밭에서 벼가 누렇게 익어 물결치는 광경을 비유하

황금-벌판(黃金-) 圀 누렇게 익은 벼로 가득 찬 벌판을 비유하여 이르는 말.
황금^분할(黃金分割) 圀[수] 평면 기하에서, 한 선분을 두 부분으로 나눌 때, 전체에 대한 큰 부분의 비와 큰 부분에 대한 작은 부분의 비가 같게 되는 분할.
황금-비(黃金比) 圀 선분(線分)을 둘로 나누었을 때, 긴 부분과 짧은 부분의 비가, 전체와 긴 부분의 비와 같게 될 때의 비.
황금-빛(黃金-) [-삗] 圀 **1** 황금의 빛. **2** 황금의 빛과 같은 사물의 빛깔을 비유하여 이르는 말. ¶멀리 보이는 논이 ~으로 숙어 가고 있었다.
황금-색(黃金色) 圀 황금의 빛깔처럼 짙게 누른 색깔.
황금^시간대(黃金時間帶) 圀 텔레비전이나 라디오의 시청률·청취율이 가장 높은 시간대. =황사타임.
황금-시대(黃金時代) 圀 **1** 문화가 가장 발달되어 행복과 평화가 가득 찬 시대. **2** 개인의 일생에서 가장 번영한 시대.
황금-연휴(黃金連休) [-년-] 圀 명절이나 공휴일이 이어져 있는 연휴.
황급-하다(遑急-) [-그파-] 혱여 매우 급하다. **황급-히** 튄 ¶~ 달아나다.
황기(黃芪·黃耆) 圀 **1** 높은 산 바위틈에 자라며, 약초로 재배도 하는 여러해살이풀. 높이 40~70cm로 전체에 흰색의 부드러운 털이 있고, 여름에 담황색 꽃이 핀다. 뿌리를 약용함.
황달(黃疸) 圀[한] 피부나 점막이 누른빛으로 되는 증상. 간 세포의 기능 이상, 적혈구의 파잉 파괴 등에 의하나.
황당무계-하다(荒唐無稽-) [-계-/-게-] 혱여 (어떤 말이나 내용이) 도무지 이치에 맞지 않아 믿을 수 없다. ¶황당무계한 에스에프 영화.
황당-하다(荒唐-) 혱여 **1** (어떤 말이나 내용이) 도무지 이치에 닿지 않아 실제로 가능하지 않을 성싶다. 빈허황하다. ¶황당한 약속. **2** 어떤 일이 터무니없거나 엉뚱하여 어이없다. ¶황당한 표정.
황도¹(黃桃) 圀[식] 복숭아의 한 품종. 과실의 살이 노랗고 치밀함. 통조림용으로 많이 쓰임.
황도²(黃道) 圀[천] 천구 상의 태양의 궤도. 하늘의 적도에 대하여 23°5′ 기울어져 있음.
황도-대(黃道帶) 圀[천] 황도를 중심으로 하여 너비 16°가 되는 띠 모양의 천구의 영역. 달과 행성이 이 안에서 운행한다.
황도^십이궁(黃道十二宮) 圀[천] 황도대에 있는 열두 별자리. 이에는 양자리·황소자리·쌍둥이자리·게자리·사자자리·처녀자리·천칭자리·전갈자리·궁수자리·염소자리·물병자리·물고기자리가 있음. =십이 성좌.
황동(黃銅) 圀[광] =놋쇠.
황동-석(黃銅石) 圀[광] 구리와 철의 황화 광물. 황금색이며 금속광택이 있음. 구리의 가장 중요한 광석임.
황량-하다(荒凉-) [-냥-] 혱여 황폐하여 쓸쓸하다. ¶황량한 벌판.
황록-색(黃綠色) [-녹쌕] 圀 누른빛을 띤 녹색.
황룡(黃龍) [-뇽-] 圀 누른 빛깔의 용.
황룡-기(黃龍旗) [-뇽-] 圀[역] 조선 시대, 의장기(儀仗旗)의 하나. 임금의 거둥 때나 국상의 발인 때, 또는 정재 때에 쓰는 큰 기로, 기의 면에 황룡을 그렸음.
황마(黃麻) 圀[식] 높이가 약 1m이고, 여름부터 가을까지 노란 꽃이 피는 한해살이풀. 섬유 작물로 재배하며, 줄기 섬유로 굵은 마직물을 만듦.
황막-하다(荒漠-)[-마카-] 혱여 거칠고 아득하게 넓다. ¶황막한 대지(大地).
황망-하다(慌忙-) 혱여 (사람의 태도나) 마음이 급하거나 당황하여 허둥거리는 상태에 있다. **황망-히** 튄 ¶~ 도망을 가다.
황매(黃梅) 圀 익어서 누렇게 된 매실. ↔ 청매.
황-매화(黃梅花) 圀[식] 높이가 2m 가량으로 무더기로 자라며, 봄에 노란 꽃이 피는 낙엽 활엽 관목. 또는, 그 꽃. 관상용으로 심음.
황무-지(荒蕪地) 圀 돌보지 않고 버려둔 거친 땅. ¶~를 개간하다.
황사(黃沙) 圀 **1** 중국 대륙에서 강한 바람을 타고 날아온 누런빛의 먼지. **2**[기상] =황사 현상.
황사-등롱(黃紗燈籠) [-농-] 圀[역] **1** 누른색의 얇은 비단을 몸체로 삼고 위아래에 붉은 천으로 동을 달아 옷을 한 등롱. 임금이 나들이할 때 씀. **2** 조선 시대 등롱의 하나로, 누른 운문사를 씌운 등롱. 정3품 이하의 관리가 밤나들이에 들고 다님.
황사^현상(黃沙現象) 圀[기상] 중국과 몽골의 사막이나 황토 지대의 누런 먼지가 강풍으로 날아올라 멀리까지 날아가 떨어지는 현상. 봄에 우리나라에도 날아옴. =황사.
황산(黃酸) 圀 무색무취의 끈기 있는 액체. 강산(强酸)으로 강한 탈수 작용이 있으며, 화학 공업에 널리 쓰임. =유산.
황산-구리(黃酸-) 圀[화] 구리의 황산염. 청색 안료, 도금액, 보르도액 등에 쓰임.
황산-나트륨(黃酸㉦Natrium) 圀[화] 나트륨의 황산염. 무색의 결정으로 하제(下劑), 건조제, 펄프·유리의 제조 등에 쓰임.
황산-마그네슘(黃酸magnesium) 圀[화] 마그네슘의 황산염. 하제(下劑)·매염제로 쓰임.
황산-암모늄(黃酸ammonium) 圀[화] 황산에 암모니아를 흡수시켜 만든, 무색투명한 결정. 대표적인 질소 비료임.
황산-칼륨(黃酸Kalium) 圀[화] 칼륨의 황산염. 무색무취의 결정으로, 칼륨 비료·유리·의약품의 제조 등에 쓰임.
황¹-새 圀[동] 백로와 비슷하면서, 몸빛은 순백색이고 날개 끝의 깃털과 부리는 검은 색인 새. 다리가 길고 발에 물갈퀴가 있어 물 위를 잘 걸음.
황²새-걸음 圀 긴 다리로 성큼성큼 걷는 걸음.
황새치-자리(黃-) 圀[천] 겨울의 남쪽 하늘에 있는 별자리. 우리나라에서는 잘 보이지 않음.
황색(黃色) 圀 무지개 중 위에서 세 번째에 있는 색깔. 해바라기꽃이나 호박꽃과 같은 색임. ¶노란색·노랑.
황색^신문(黃色新聞) [-쌘-] 圀 =옐로페이퍼.
황성(荒城) 圀 거칠게 황폐한 성.
황성-신문(皇城新聞) 圀 대한 제국 말기에 발간된 일간 신문의 하나. 1898년 창

황-소 똉 **1** 큰 수소. =황우(黃牛). ↔암소. **2** 미련하거나 기운이 세거나 많이 먹는 사람의 비유. ¶기운이 ~ 같은 사람.
황소-개구리(-) 똉[동] 개구리의 한 종류. 몸이 크고 등에 검은색 얼룩무늬가 있으며, 소와 비슷한 울음소리를 냄. 식용함.
황소-걸음 똉 **1** 황소처럼 느리게 걷는 걸음. **2** 느리기는 하나 착실하게 해 나가는 행동의 비유.
황소-고집(-固執) 똉 =쇠고집.
황소-바람 똉 문틈이나 그 밖의 좁은 틈에서 방 안으로 거세게 들어오는 찬 바람을 과장해서 이르는 말.
황소-자리 똉[천] 황도 십이궁의 둘째 별자리. 오리온자리와 양자리 사이에 있으며, 1월 하순 초저녁에 자오선을 통과함.
황송-하다(惶悚-) 혱옉 분에 넘쳐 고맙고도 송구하다. ¶뜻밖에도 귀한 물건을 보내 주시니 **황송하기** 이를 데 없습니다.
황-순원(黃順元) 똉 소설가(1915~2000).
황실(皇室) 똉 황제의 집안.
황아-장수 똉 집집을 찾아다니며 여러 가지 잡구레한 일용품을 파는 사람.
황야(荒野) 똉 사람이 땅을 갈거나 이용하지 않아 풀이 마구 자란 들판. 비광야.
황옥(黃玉) 똉 플루오르와 알루미늄을 함유한 규산염 광물. 투명 또는 반투명하며, 노란색은 보석으로서 사용함.
황우(黃牛) 똉 **1** 누른 빛깔의 소. **2** =황소1.
황위(皇位) 똉 황제의 지위.
황-인종(黃人種) 똉 피부색에 따라 구분한 인종의 하나. 황갈색의 피부, 검은 눈동자, 검고 곧은 머리털, 평평한 얼굴과 낮은 코 등이 특징임. =몽고 인종.
황-적색(黃赤色) [-쌕] 똉 누른빛을 띤 적색.
황제(皇帝) 똉 **1** 왕이나 제후를 거느리고 나라를 통치하는 임금을 왕이나 제후와 구별하여 이르는 말. **2** '임금'을 이르는 말. ⑨제왕.
황제-주(皇帝株) 똉 주식 시장에서 최고 수준이라 할 만한 고가의 주식.
황제-펭귄(皇帝penguin) 똉[동] 펭귄의 한 종류. 몸길이 약 1.2m로 펭귄 중 최대로 큼. 몸빛은 등 쪽은 암회색, 배 쪽은 흰색이지만 목 부분에는 눈 뒤쪽으로는 노란색을 띰. 남극 대륙에 떼 지어 삶.
황조-가(黃鳥歌) 똉[문] 고구려의 유리왕이 정답게 짝을 지어 나는 꾀꼬리를 보고 자기의 외로움을 탄식하여 지었다는, 우리나라에서 가장 오래된 노래.
황지(荒地) 똉 황폐해진 땅. 또는, 경작에 적합하지 않은, 생산성이 낮은 땅.
황-진이(黃眞伊) 똉[인] 조선 시대의 기생 (?~?).
황천¹(荒天) 똉 비바람이 심한 날씨.
황천²(黃泉) 똉 사람이 죽은 뒤에 그 혼이 간다고 하는 세상. 비저승.
황천-객(黃泉客) 똉 황천에 가는 사람. 곧, 죽음에 이른 사람.
황천객이 되다 죽다.
황천-길(黃泉-) [-낄] 똉 죽어서 저승으로 가는 길.
황철-나무[-라-] 똉[식] 냇가에 자라며, 높이 약 30m로 나무껍질은 회색으로 점차 흑갈색으로 변하고, 잎의 뒷면이 흰색인 낙엽 활엽 교목. 펄프·성냥개비 제조에 쓰임.
황체(黃體) 똉[생] 여성이나 동물의 암컷의 난소에서 알이 배출된 뒤에 난소의 여포(濾胞)가 변화한 것. 내분비선과 같은 역할을 하며, 여성 호르몬을 분비함.
황체^호르몬(黃體hormone) 똉[생] =프로게스테론.
황태(黃太) 똉 빛깔이 누르면서 살이 연하고 맛이 좋은 북어.
황-태손(皇太孫) 똉[역] 황위를 이을 황제의 손자. ⓒ태손.
황-태자(皇太子) 똉[역] 황위를 이을 황제의 아들. ⓒ태자.
황태자-비(皇太子妃) 똉 황태자의 아내.
황-태후(皇太后) 똉[역] **1** 황제의 살아 있는 어머니. **2** 선제(先帝)의 살아 있는 아내. ⓒ태후.
황토(黃土) 똉 **1** 붉은빛을 띤 누르스름한 흙. **2**[지] 바람에 의해 운반되어 퇴적한, 누런 색의 미세한 모래나 점토.
황토-색(黃土色) 똉 황토의 붉고 누르스름한 빛깔.
황톳-길(黃土-) [-토낄/-톧낄] 똉 황토로 이루어진 길.
황통(皇統) 똉 황제의 계통이나 혈통. ¶~을 이을 태자.
황폐(荒廢) 똉 [-폐/-페] 똉 **1** (땅·숲·집 따위가) 돌보지 않고 버려두거나 훼손하여 못 쓰게 되는 것. **2** (정신·삶 등이) 거칠어지고 메말라 본질적인 것을 잃게 되는 것. **황폐-되다** 통재 ¶**황폐된** 도시 / 정신적으로 **황폐된** 삶을 살고 있는 현대인.
황폐-하다(荒廢-) [-폐-/-페-] 혱옉 **1** (땅·숲·집 따위가) 돌보지 않고 버려두거나 훼손하여 못 쓰게 된 상태에 있다. ¶남벌로 인해 **황폐해진** 삼림. **2** (정신·삶 등이) 거칠어지고 메말라 본질적인 것을 잃은 상태에 있다. ¶현대인은 자연을 접하지 않은 채 문명 속에서 살아가면서 점차 정서가 **황폐해지고** 있다.
황폐-화(荒廢化) [-폐-/-페-] 똉 황폐해지거나 황폐하게 만드는 것. ¶국토의 ~. **황폐화-하다** 통재옉 ¶이농의 가속화로 농촌이 ~. **황폐화-되다** 통재 ¶무분별한 개발로 자연이 ~.
황하(黃河) 똉[지] '황허 강'을 우리 한자음으로 읽은 것.
황해(黃海) 똉[지] 중국 본토와 한반도로 에워싸인 해양.
황허 강(黃河江) 똉[지] 중국 서부에서 북부로 흐르는 강. 길이 5,464km.
황혼(黃昏) 똉 **1** 해가 서산으로 넘어갈 무렵. 또는, 그때 남아 있는 햇살의 붉은 기운. 비땅거미·저녁노을. ¶서녘 하늘에 ~이 깃들다. **2** 인생이 한창때를 지나 말년이 된 상태. 비유적인 말임. 비늘그막. ¶인생의 ~을 맞다.
황혼이 깃들다 해가 지고 어둑어둑해지다.
황혼-기(黃昏期) 똉 사람의 생애나 나라의 운명 등이 한창인 고비를 지나 쇠퇴하여 종말에 이른 때. 비유적인 말임. ¶인생의 ~에 접어들다.
황홀-경(恍惚境) 똉 황홀한 상태나 경지. ¶~에 빠지다.
황홀-하다(恍惚-·慌惚-) 혱옉 **1** (사물이나 대상이) 눈부시게 찬란하고 화려하여 마음을 강렬하게 사로잡는 상태에 있다. 또는, 기막힌 아름다움이나 관능 따위에 취하거나 마음을 빼앗겨 정신을 차리기 어려운 상태에 있다. ¶바다 속의 **황홀한** 비경. **2** 정신이 어질어질하고 몽롱하다. **황홀-히** 🄫

황후-하다(遑遑-) 🄗🄐 갈팡질팡 어쩔 줄 모르게 급하다. **황황-히** 🄫

황후(皇后) 🄕 황제의 정실(正室).

황-희(黃喜)[-히] 🄕🄘 조선 시대의 문신(1363~1452).

홰¹ 🄕 **①**(자법) 새장이나 닭장 속에 새나 닭이 앉도록 가로지른 막대. **②**(의존) 새벽에 닭이 홰를 치면서 우는 번수를 세는 말.

홰² 🄕 '횃대'의 준말.

홰홰 🄫 무엇을 자꾸 휘두르거나 휘젓는 모양. ¶손을 ~ 내젓다.

홱 🄫 **1** 망설임이 없이 시원스럽게 하는 모양. ¶몸을 ~ 돌리다. **2** 일을 얼른 해치우는 모양. ¶문을 ~ 닫다. **3** 무엇을 힘차게 던지거나 뿌리는 모양. ¶물을 마당에 ~ 뿌리다. **4** 힘을 주어 날쌔게 뿌리치는 모양. ¶붙드는 손을 ~ 뿌리치다. **5** 바람 따위가 갑자기 세게 불어 닥치는 모양. **6** 무엇을 갑자기 힘있게 빨리 도리는 모양. ¶윤전대를 ~ 도리다.

홱-홱[홱핵] 🄫 **1** 망설임이 없이 시원스럽게 계속하여 하는 모양. **2** 일을 계속하여 얼른 해치우는 모양. **3** 무엇을 계속하여 힘차게 던지거나 뿌리는 모양. **4** 힘을 주어 날쌔게 계속 뿌리치는 모양. **5** 바람이 계속하여 세게 불어 닥치는 모양. **6** 무엇을 계속하여 힘있게 빨리 도리는 모양.

횃-대[홰때/횃때] 🄕 간짓대를 잘라 두 끝에 끈을 매어 벽 같은 데 달아매어 옷을 걸게 한 막대. 🄓홰.

횃-불[홰뿔/횃뿔] 🄕 어둠을 밝히기 위해 싸리나 갈대 등을 길게 묶어서 붙인 불. ¶~을 들다.

회¹(回)[회/훼] 🄕 **①**(자법) (주로 '회를 거듭하다'의 꼴로 쓰여) 어떤 일이 주기적으로 이루어지는 정도. ¶대회가 거듭할수록 질적·양적으로 향상되고 있다. **②**(의존) (한자어 수자 아래에 쓰여) 어떤 일이 몇 번 이뤄지는지를 세는 단위. ¶신문을 주 1~ 발간하다. **2** 어떤 일이 몇 번 이뤄지는 그의 차례를 가리키는 말. ¶제10~ 글짓기 대회.

회²(灰)[회/훼] 🄕🄗 **1** '석회'의 준말. **2** =산화칼슘.

회³(蛔)[회/훼] 🄕🄐 =회충.

회가 동(動)하다 [회충이 움직인다는 뜻] 구미가 당기거나 무엇을 하고 싶은 마음이 생기다.

회⁴(會)[회/훼] 🄕 공동의 목적을 이루기 위하여 조직한 모임.

회⁵(膾)[회/훼] 🄕 생선이나 고기를 날로 먹기 위하여 살을 얇게 뜨거나 잘게 썰어 놓은 것. ¶생선~ / ~를 치다.

-회⁶(會)[회/훼] 🄗 일부 명사에 붙어, '단체', '조직'임을 나타내는 말. ¶동창~ / 친목~.

회갈-색(灰褐色)[회-쌕/훼-쌕] 🄕 회색을 띤 갈색.

회갑(回甲)[회-/훼-] 🄕 =환갑.

회갑-연(回甲宴)[회-/훼-] 🄕 =환갑잔치.

회:개(悔改)[회-/훼-] 🄕 (잘못이나 죄를) 뉘우쳐 다시 되풀이하지 않고자 하는 마음의 상태가 되는 것. 주로, 종교적 문맥(특히, 크리스트교)에서 많이 쓰임. **회:개-하다** 🄗🄐🄐

회:견(會見)[회-/훼-] 🄕 어떤 의사나 소견을 발표하기 위해 절차를 밟아 공식적으로 사람을 만나는 것. ¶기자(記者)~. **회:견-하다** 🄗🄐

회:계(會計)[회게/훼게] 🄕 **1** 나가고 들어온 돈을 따져서 셈하는 것. **2** 개인이나 기업 따위의 경제 활동 상황을 일정한 계산 방법으로 기록하고 정보화하는 것. 또는, 그 방법·사무나 그 담당자. **회:계-하다** 🄗🄐

회:계-사(會計士)[회게-/훼게-] 🄕 =공인 회계사.

회:계^연도(會計年度)[회게-/훼게-] 🄕 [법] 회계상의 편의에 따라 설정한 일정 기간. 우리나라에서는 1월 1일부터 12월 31일까지임.

회:계-학(會計學)[회게-/훼게-] 🄕[경] 기업의 회계에 관한 이론과 법칙, 방법과 기술 등을 연구하는 학문.

회고¹(回顧)[회-/훼-] 🄕 (지나간 일이나 자신 시절을) 돌이켜 생각하는 것. **회고-하다**¹ 🄗🄐 ¶청년 시절을 ~.

회고²(懷古)[회-/훼-] 🄕 옛 자취를 돌이켜 생각하는 것. **회고-하다**² 🄗🄐

회고-담(回顧談)[회-/훼-] 🄕 지나간 일을 생각하며 하는 이야기.

회고-록(回顧錄)[회-/훼-] 🄕 자신의 생애에서 특히 중요한 사회 활동을 회고하여 쓴 기록. ▷자서전.

회:관(會館)[회-/훼-] 🄕 집회·회의 등을 목적으로 지은 건물. =회당. ¶마을 ~.

회교(回敎)[회-/훼-] 🄕🄗 =이슬람교.

회교-국(回敎國)[회-/훼-] 🄕 =이슬람교국.

회교-도(回敎徒)[회-/훼-] 🄕 =이슬람교도.

회군(回軍)[회-/훼-] 🄕 군사를 돌이켜 돌아오는 것. ¶위화도 ~. **회군-하다** 🄗🄐

회귀(回歸)[회-/훼-] 🄕 한 바퀴 돌아서 본디의 자리나 상태로 돌아가거나 돌아오는 것. ¶~ 본능. **회귀-하다** 🄗🄐 **회귀-되다** 🄗🄐

회귀-년(回歸年)[회-/훼-] 🄕[천] 태양이 황도(黃道) 위의 춘분점을 지나서 다시 춘분점으로 돌아오기까지의 기간. 1회귀년은 365.2422일임. =태양년.

회귀-성(回歸性)[회-성/훼-썽] 🄕 연어·송어 따위가 바다에서 자라 성숙한 다음, 산란하기 위해 태어난 하천으로 다시 돌아오는 성질.

회:기(會期)[회-/훼-] 🄕 국회나 지방 의회, 기타 여러 날 계속되는 회의 등이 개회에서 폐회하기까지의 기간.

회-나무[회-/훼-] 🄕[식] 깊은 산에 자라며 정원수로도 심는, 높이 4m의 낙엽 활엽 교목. 6~7월에 흑자색 꽃이 피며, 열매는 둥글고 자주색임.

회:-냉면(膾冷麵)[회-/훼-] 🄕 홍어나 가자미 등의 생선회를 고추장으로 양념하여 냉면에 얹어 비벼 먹을 수 있게 만든 음식.

회:담(會談)[회-/훼-] 🄕 일정한 지위에 있는 사람들이 어떤 문제를 가지고 한 자리에 모여서 토의하는 것. 또는, 그 토의. ¶정상 ~ / ~이 결렬되다. **회:담-하다** 🄗🄐

회담-장(會談場) [회-/훼-] 명 회담하는 장소.
회답(回答) [회-/훼-] 명 물음이나 편지 등에 대답하는 것. ¶편지한 지 한 달이 넘도록 ~이 없다. **회답-하다** 통타여
회당(會堂) [회-/훼-] 명 1=회관. 2 유대교에서, 예배를 보는 건물.
회-덮밥(膾-) [회-/훼-] [회덥빱/훼덥빱] 명 생선 회를 밥 위에 얹은 덮밥. 갖은 양념을 하여 비벼 먹음.
회동(會同) [회-/훼-] 명 여러 사람이 같은 목적으로 모이는 것. ¶여야 대표의 ~. **회동-하다** 통자여
회람(回覽) [회-/훼-] 명 (어떤 문서나 글을) 여럿이 차례로 돌려 보는 것. 또는, 그 문서나 글. ¶~을 돌리다. **회람-하다** 통타여
회람-판(回覽板) [회-/훼-] 명 여러 사람에게 알리는 문서를 붙여 차례차례 돌려 보기 위한 판. 町돌림판.
회랑(回廊) [회-/훼-] [건] 궁궐이나 종교 건물 등에서, 건물과 건물을 연결하거나 주변에 둘러져 지붕이 있는 복도.
회로(回路) [회-/훼-] 명 1 돌아오는 길. 町귀로. 2 [물] '전기 회로'의 준말.
회목 [회-/훼-] 명 손목이나 발목의 잘록한 부분.
회-반죽(灰-) [회-/훼-] 명 횟가루에 물을 섞어 이긴 물건.
회-백색(灰白色) [회-쌕/훼-쌕] 명 잿빛을 띤 흰빛.
회백-질(灰白質) [회-쩔/훼-쩔] 명[생] 뇌나 척수를 이루는 물질의 하나. 신경 세포가 모여 있으며 회백색을 띰.
회벽(灰壁) [회-/훼-] 명 석회를 바른 벽.
회보(回報) [회-/훼-] 명 대답으로 하는 보고.
회보²(會報) [회-/훼-] 명 회에 관계되는 일을 회원에게 알리는 간행물.
회복(回復·恢復) [회-/훼-] 명 1 (일·건강 등을) 나빠진 상태에서 다시 좋은 상태로 되돌리는 것. ¶경기 ~. 2 (잃어버리거나 없어진 것을) 원래의 상태로 되돌리는 것. ¶실지(失地) ~. **회복-하다** 통타여 ¶건강을 ~ / 명예를 ~. **회복-되다** 통자여 ¶경기가 ~.
회복-기(回復期) [회-끼/훼-끼] 명 1 병이 나아가는 시기. 2 경기(景氣)가 회복되어 가는 시기.
회복-세(回復勢) [회-쎄/훼-쎄] 명 병이나 경기 등이 점차 나아지거나 좋아지는 상태. ¶증시가 서서히 ~를 보이다.
회복-실(回復室) [회-씰/훼-씰] 명 수술 환자를 수술 직후 마취에서 깨어나 회복될 때까지 일정 기간 안정시키는 병실.
회부(回附) [회-/훼-] 명 (어떤 물건·사건을) 어떤 대상에게 돌려보내거나 넘기는 것. **회부-하다** 통타여 ¶재판에 ~. **회부-되다** 통자여
회분(灰分) [회-/훼-] 명 석탄이나 목탄이 타고 난 뒤에 남는 불연성의 광물질. 町재.
회비(會費) [회-/훼-] 명 회를 유지하기 위하여 회원들에게서 걷는 돈.
회사(會社) [회-/훼-] 명[법] 상행위 또는 기타의 영리 사업을 목적으로 설립된 사단 법인. ¶주식 ~/무역 ~.
회사² 명[의] '괴사(壞死)'의 잘못.
회사-원(會社員) [회-/훼-] 명 회사에 근무하는 사람. 町사원.

회사-인간(會社人間) [회-/훼-] 명 자신이나 가족보다 회사를 더 중요시하며 회사를 위해 희생을 무릅쓰는 유형의 인간.
회사-채(會社債) [회-/훼-] 명[법] =사채(社債)².
회상(回想) [회-/훼-] 명 (지난 일을) 돌이켜 생각하는 것. 또는, 그 생각. ¶~에 잠기다. **회상-하다** 통타여 ¶학창 시절을 ~. **회상-되다** 통자여
회상-록(回想錄) [회-녹/훼-녹] 명 지난 일을 회상하여 기록한 글.
회색(灰色) [회-/훼-] 명 1 검은색과 흰색의 중간 색깔. 町잿빛. ¶~ 구름. 2 정치적 경향이나 노선이 뚜렷하지 않은 상태를 이르는 말.
회색-분자(灰色分子) [회-뿐/훼-뿐] 명 소속이나 경향·노선 등이 뚜렷하지 않은 사람을 이르는 말.
회색-빛(灰色-) [회-삗/훼-삗] 명 회색을 띤 빛깔. ¶~ 구름.
회생(回生) [회-/훼-] 명 다시 살아나는 것. 町소생. ¶기사(起死) ~. **회생-하다** 통자여
회선(回線) [회-/훼-] 명 전화가 통할 수 있도록 가설된 선.
회수¹(回收) [회-/훼-] 명 도로 거두어들이는 것. ¶자금의 ~가 늦다. **회수-하다** 통타여 ¶빈 병을 ~. **회수-되다** 통자여
회수²(會數) 명 '횟수(回數)'의 잘못.
회수-권(回數券) [회-뀐/훼-뀐] 명 승차권 등을 몇 회분씩 묶어 파는 표.
회식(會食) [회-/훼-] 명 여러 사람이 모여 함께 음식을 먹는 일. 또는, 그 모임. **회식-하다** 통자여
회신(回信) [회-/훼-] 명 편지나 전신·전화 등의 회답. **회신-하다** 통자여
회심¹(回心) [회-/훼-] 명 1 마음을 고치는 것. 町개심(改心). 2 [종] 과거의 생활을 뉘우쳐 고치고 신앙에 눈을 뜨는 일. **회심-하다** 통자여
회심²(會心) [회-/훼-] 명 어떤 일이나 대상이 생각했던 그대로여서 마음에 흡족한 상태. ¶~의 미소를 짓다.
회심-작(會心作) [회-/훼-] 명 자기 작품 중에서 가장 마음에 흐뭇하게 들어맞는 작품.
회양-목(-楊木) [회-/훼-] 명[식] 산에 자라며 정원수로도 심는, 높이 7m의 상록 활엽 관목. 봄에 엷은 노란색 꽃이 피며, 열매는 타원형이고 갈색임. 목재로 도장·지팡이 등을 만듦.
회오(悔悟) [회-/훼-] 명 잘못을 뉘우쳐 깨닫는 것. ¶~의 눈물을 흘리다.
회오리 [회-/훼-] 명 바람이 한곳에서 뱅뱅 돌아 물이나 검불 등이 몰려 깔때기 모양으로 하늘 높이 오르는 현상. ¶~가 일다.
회오리-바람 [회-/훼-] 명[기상] 갑자기 저기압이 생겨 주위의 공기가 한꺼번에 모여들어 나선상으로 일어나는 공기의 선회(旋回) 운동.
회오리-치다 [회-/훼-] 통 어떤 감정·기세·사상 등이 세차게 설레고 움직이다. ¶그의 죽음을 안 순간 가슴속에 슬픔이 회오리쳤다.
회원(會員) [회-/훼-] 명 어떤 회를 구성하는 사람. ¶명예 ~.
회원-국(會員國) [회-/훼-] 명 국제적인

조직체의 구성원이 되어 있는 나라. ¶국제 연합 ~.
회:원-권(會員券)[회-꿘/훼-꿘] 명 회원임을 증명하는 표(票). 또는, 회원 방식의 모임·흥행 등의 입장권.
회:원-증(會員證)[회-쯩/훼-쯩] 명 어떤 사람이 회원임을 증명하는, 명함 크기의 카드.
회유¹(回游·洄游)[회-/훼-] 명 물고기가 알을 낳거나 먹이를 찾기 위하여 계절을 따라 일정한 시기에 한 곳에서 다른 곳으로 떼 지어 헤엄쳐 다니는 일. **회유-하다**¹
회유²(懷柔)[회-/훼-] 명 (어떤 사람이 다른 사람을) 제 뜻에 따르도록 구슬리고 달래는 것. **회유-하다**² 타여 ¶적을 ~. **회유-되다** 동자
회유-어(回游魚)[회-/훼-] 명 계절적으로 일정한 경로를 따라서 이동하는 물고기.
회유-책(懷柔策)[회-/훼-] 명 정부나 자본가가 반대 당이나 노동자에게 적당한 양보 조건을 제시하여 설복하려는 정책.
회:의(會意)[회의/훼이] 명 육서(六書)의 하나. 둘 이상의 한자를 합하여 하나의 뜻을 가지는 글자를 새로 만드는 것. '日'과 '月'이 합하여 '明'이 되는 따위.
회:의²(會議)[회의/훼이] 명 여럿이 모여 어떤 문제에 대하여 의논하는 것. ¶가족 ~. **회:의-하다** 자여
회의³(懷疑)[회의/훼이] 명 비교적 확실하거나 문제가 없다고 생각해 왔던 일에 대해서 정말 그러할까 하는 의문을 가지게 되는 것. ¶인생에 ~를 느끼다. **회의-하다**² 타여
회:의-록(會議錄)[회의-/훼이-] 명 회의의 진행 사항과 결과를 적은 기록.
회의-론(懷疑論)[회의-/훼이-] 명 [철] 인간의 인식은 주관적·상대적이라고 보아 진리의 절대성을 의심하고 궁극적인 판단을 하지 않는 태도. ↔독단론.
회:의-소(會議所)[회의-/훼이-] 명 1 의논하는 장소. 2 회의를 하는 단체나 기관.
회:의-실(會議室)[회의-/훼이-] 명 회의를 하는 방.
회:의-장(會議場)[회의-/훼이-] 명 회의를 하는 장소.
회의-적(懷疑的)[회의-/훼이-] 관명 어떤 일에 확신을 갖지 못한 상태에 있는 (것). ¶그들은 이번 계획이 성공할지에 대하여 매우 ~이다.
회임(懷妊)[회-/훼-] 명 =임신(妊娠)². **회임-하다** 자여
회:자(膾炙)[회-/훼-] 명 ['회와 구운 고기'라는 뜻] 널리 관심의 대상이 되어 사람들의 입에 많이 오르내리는 것. **회:자-하다** 자타여 **회:자-되다** 자타여 ¶인구(人口)에 **회자하는** 명시(名詩).
회:자정리(會者定離)[회-니/훼-니] 명 만난 사람은 반드시 헤어지게 된다는 말. 불교에서는, 만남과 헤어짐이 덧없는 일이라는 뜻으로 쓰는 말이나, 일반적으로는 헤어짐을 아쉬워하면서 쓰는 말임.
회장¹(回裝)[회-/훼-] 명 1 병풍·족자 등의 가장자리에 테를 두를 듯 다른 색깔로 꾸민 부분. 2 여자 저고리의 깃·끝동·고름·겨드랑이 따위에 빛깔이 있는 헝겊으로 꾸미는 일. 또는, 그 꾸밈새. ¶ ~ 저고리.
회:장²(會長)[회-/훼-] 명 1 회를 대표하

고 회의 일을 총괄하는 사람. ¶동창회 ~. 2 여러 회사를 거느린 기업의 최고 대표자. 때로, 사장직을 물러난 사람이 가지는 명예직을 가리키는 경우도 있음.
회:장³(會場)[회-/훼-] 명 공식적인 모임이나 회의가 베풀어지는 장소.
회:장-단(會長團)[회-/훼-] 명 회장·부회장 등을 집합적으로 이르는 말.
회저 '괴저(壞疽)'의 잘못.
회전¹(回轉·廻轉)[회-/훼-] 명 1 어떤 축을 중심으로 하여 그 둘레를 도는 것. ¶360도 ~. 2 (주로, '두뇌'나 '머리'와 함께 쓰여) 생각을 하거나 묘안을 찾느라 머리를 쓰는 것. 구어적인 말임. ¶두뇌 ~이 빠르다. 3 [경] 상품이 팔려서 투자와 자금의 회수를 되풀이하는 것. ¶자금의 ~이 빠르다. **회전-하다** 자타여 ¶지구는 태양의 주위를 **회전한다**. **회전-되다** 자여
회:전²(回戰)[회-/훼-] 의존 동일한 상대와 겨루는 경기에서, 대전의 수효나 순서를 세는 단위. ¶1~ 경기가 시작되다.
회전-목마(回轉木馬)[회-몽-/훼-몽-] 명 유원지 등의 놀이 기구의 하나. 원형의 받침에 목마를 설치하여 사람을 태워 움직이는 기계 장치.
회전^무:대(回轉舞臺)[회-/훼-] 명 [연] 무대의 주요 부분을 원형(圓形)으로 잘라 수평으로 돌 수 있도록 한 장치.
회전-문(回轉門)[회-/훼-] 명 여러 개의 문짝이 하나의 축을 중심으로 빙빙 돌게 되어 있는 문. 흔히, 대형 건물에 설치하는데, 냉난방 시 에너지 손실을 줄일 수 있음.
회전-식(回轉式)[회-/훼-] 명 고정되지 않고 이리저리 돌 수 있는 것. 또는, 그런 방식. ¶ ~ 의자.
회전-의자(回轉椅子)[회-/훼-] 명 좌우로 회전할 수 있게 만든 의자.
회전-체(回轉體)[회-/훼-] 명 1 회전하는 물체. 2 [수] 평면 도형이 같은 평면 안에 있는 직선을 축으로 회전하여 생기는 입체.
회전-축(回轉軸)[회-/훼-] 명 1 [물] 회전 운동의 중심이 되는 직선. 2 회전하는 기계의 축의 총칭. 바퀴의 샤프트 따위.
회절(回折)[회-/훼-] 명 [물] 음파·전파·빛 따위의 파동이 장애물로 부분적으로 차단되었을 때, 장애물의 그림자 부분까지에도 파동이 전파되는 현상.
회:중(會衆)[회-/훼-] 명 많이 모인 군중. ¶김 후보는 ~을 향하여 한 표를 부탁하였다.
회중-시:계(懷中時計)[회-계/훼-게] 명 주로 상의, 특히 조끼 따위의 주머니에 넣고 다닐 수 있게 만든 작은 시계. 오늘날에는 거의 사용하지 않음.
회중-전등(懷中電燈)[회-/훼-] 명 =손전등.
회:지(會誌)[회-/훼-] 명 어느 회에서 발행하는 기관 잡지(機關雜誌).
회진(回診)[회-/훼-] 명 의사가 환자의 병실을 돌아다니며 환자의 상태를 살피는 것. ¶ ~ 시간. **회진-하다** 자타여
회청-색(灰青色)[회-/훼-] 명 잿빛 바탕에 푸른빛이 섞인 빛깔.
회초리 명 주로 아이의 잘못을 다스리기 위해 종아리 등을 때릴 때 쓰는, 가는 나뭇가지를 꺾어 다듬은 물건.

또는, 마소 등을 부릴 때 쓰는 가는 나뭇가지. ¶~를 들다.
회춘(回春)[회-/훼-] 명 (노인이) 도로 젊어지는 것. **회춘-하다** 동(자여)
회충(蛔蟲)[회-/훼-] 명 사람의 몸 속, 특히 소장에 기생하는, 길이 15∼30cm의 선형동물. 구토·두통·배앓이를 일으킴. =거위·회(蛔).
회충-약(蛔蟲藥)[회-냑/훼-냑] 명 회충을 없애는 약.
회:칙(會則)[회-/훼-] 명 모임의 규칙.
회칠(灰漆)[회-/훼-] 명 물체의 표면에 석회를 칠하는 일. **회칠-하다** 동(자여)
회:-칼(膾-)[회-/훼-] 명 회를 치는 데 쓰는 칼.
회포(懷抱)[회-/훼-] 명 세상을 살아오면서 마음속에 품어 온 온갖 번민이나 시름이나 긴장이나 자질구레한 생각. ¶쌓인 ~를 풀다.
회피(回避)[회-/훼-] 명 1 몸을 피하고 만나지 않는 것. 2 책임을 지지 않고 꾀를 부리는 것. 3 일하기를 꺼려 선뜻 나서지 않는 것. **회피-하다** 동(타여) ¶책임을 ~.
회:한(悔恨)[회-/훼-] 명 뉘우치고 한탄하는 것. ¶~의 눈물. **회:한-하다** 동(자여)
회:합(會合)[회-/훼-] 명 토론이나 상담을 위해 여럿이 모이는 일. 또는, 그 모임. ¶~을 가지다. **회:합-하다** 동(자여)
회항(回航)[회-/훼-] 명 (비행기나 배가) 기상 악화나 기타의 문제로 목적지에 가지 못하고 되돌아가거나 되돌아오는 것. **회항-하다** 동(자여)(여) ¶짙은 안개로 비행기가 착륙하지 못하고 ~.
회혼(回婚)[회-/훼-] 명 부부가 함께 맞는, 혼인한 지 예순 돌 되는 날. 또는, 그 해.
회혼-례(回婚禮)[회-네/훼-네] 명 회혼을 축하하는 잔치.
회:화¹(會話)[회-/훼-] 명 어떤 사람이 외국어로 일상적인 대화를 나누는 일. ¶영어 ~. **회:화-하다** 동(자여)
회:화²(繪畫)[회-/훼-] 명 평면 위에 색과 선을 써서 여러 가지 형상을 표현하는 조형 예술. 비그림.
회:화-문자(繪畫文字)[회-짜/훼-짜] 명 그림이나 대상을 본뜬 도안으로 의미를 전달하는 문자 체계. 고대 이집트의 그림 문자 따위가 여기에 속함. =그림 문자.
회흑-색(灰黑色)[회-쌕/훼-쌕] 명 검은 빛을 띤 짙은 잿빛.
획¹(劃)[획] 명 1 빨리 돌거나 스치는 모양. ¶고개를 ~ 돌리다. 2 바람이 갑자기 세게 부는 모양. 3 갑자기 힘껏 내던지는 모양. ¶돌멩이를 ~ 던지다. 惠획.
획²(畫·劃)[획/쾍] 명 ⑴(-자) 1 글씨나 그림에서 붓으로 그은 줄이나 점의 총칭. 2 역수(易數)의 괘를 나타낸는 산가지로 그은 표시, 곧, 양(陽)인 ━, 음(陰)인 --의 일컬음. ⑵(-의) 1을 세는 단위로 이르는 말. ¶한 ~.
획을 긋다 어떤 범위와 시기를 분명하게 구분짓다. ¶아폴로 11호의 달 착륙은 한 시대의 **획**을 그은 엄청난 사건이었다.
획기-적(劃期的)[획끼-/쾍끼-] 관(명) 어떤 과정에서 전연 새로운 시대가 열릴 만한 뚜렷이 구분되는 것. ¶~인 진전.
획득(獲得)[획뜩/쾍뜩] 명 (어떤 물건이나 대상을) 얻거나 따서 자기의 것으로 만드는 것. **획득-하다** 동(타여) ¶지식을 ~/정진을 ~. **획득-되다** 동(자)

획수(畫數·劃數)[획쑤/쾍쑤] 명 글씨 획의 수효.
획순(畫順·劃順)[획쑨/쾍쑨] 명 글씨 획의 순서. ¶글자를 ~에 따라 쓰다.
획일-적(劃一的)[획-쩍/쾍-쩍] 관(명) 1 모두가 한결같아서 차이나 다름이 없는 (것). ¶교육 방법이 ~이다. 2 틀을 친 듯 가지런한 것. ¶~으로 구획된 시가지.
획일-주의(劃一主義)[획-의/쾍-이] 명 개인의 심리·사고·행동 양식을 일정한 틀에 넣어 규격화하는 경향.
획일-하다(劃一--)[획-/쾍-] 형여 1 모두가 한결같아서 차이나 다름이 없다. 2 줄을 친 듯 가지런하다.
획정(劃定)[획쩡/쾍쩡] 명 명확히 구별하여 정하는 것. **획정-하다** 동(타여) **획정-되다** 동(자)
획책(劃策)[획-/쾍-] 명 일을 꾸미거나 꾀하는 것. 또는, 그 계책. **획책-하다** 동(타여)
획획[회획/쾍쾍] 부 1 연달아 빨리 돌아가는 모양. 2 바람이 잇달아 세게 부는 모양. 3 무엇을 자꾸 힘주어 던지는 모양. 惠획획.
횟-가루(灰-)[회까-/휀까-/훼-/휀-] 명 '산화칼슘'을 일상적으로 이르는 말.
횟:-감(膾-)[회깜/휀깜/훼깜/휀깜] 명 회를 만드는 데 쓰는 고기나 생선.
횟:-배(蛔-)[회빼/휀빼/훼-/휀빼] 명(한) =거위배. ¶~를 앓다.
횟수(回數)[회쑤/휀쑤/훼쑤/휀쑤] 명 어떤 일을 행한 수. ¶운항 ~. ✕회수.
횟:-집(膾-)[회찝/휀찝/훼찝/휀찝] 명 생선회를 전문으로 파는 집.
횡(橫)[횡/쾡] 명 =가로¹. ↔종(縱).
횡격-막(橫膈膜·橫隔膜)[횡경-/쾡경-] 명(생) 포유류의 배와 가슴 사이에 있는 근육성의 막. 수축·이완에 의하여 폐의 호흡 작용을 도움. =가로막.
횡관(橫貫)[횡-/쾡-] 명 가로로 꿰뚫는 것. ¶~ 철도. ↔종관. **횡관-하다** 동(타여)
횡단(橫斷)[횡-/쾡-] 명 1 도로나 강과 같이 띠 모양으로 뻗어 있는 것을 직각으로 가로질러 건너편으로 가는 것. ¶보도 ~. 2 대륙이나 대양을 동서의 방향으로 가로질러 가는 것. ¶대서양 ~. 3 가로로 끊는 일. ¶~면. ↔종단. **횡단-하다** 동(타여) ¶대륙을 ~.
횡단-로(橫斷路)[횡-노/쾡-노] 명 도로를 횡단하는 길.
횡단-보도(橫斷步道)[횡-/쾡-] 명 보행자가 차도를 횡단할 수 있도록 안전표지나 도로 표지로 표시한 도로의 부분. =건널목.
횡대(橫隊)[횡-/쾡-] 명 가로 줄지어 늘어선 대오. ¶2열 ~로 서다. ↔종대.
횡령(橫領)[횡녕/쾡녕] 명 (남의 재물, 특히 공금을) 불법적으로 차지하여 가지는 것. ~죄(罪). **횡령-하다** 동(타여) ¶공금을 ~.
횡문-근(橫紋筋)[횡-/쾡-] 명(생) =가로무늬근. ↔평활근.
횡보(橫步)[횡-/쾡-] 명 1 옆으로 걷는 것. 독은 걸음. 2 시세 따위가 상승하거나 하락하지 않고 한동안 그 수준을 유지하는 것. 비옆걸음. ¶증시가 보합권에서 ~를 보이다. **횡보-하다** 동(자여)

횡보-세(橫步勢)[횡-/휑-] 명[경] 주가 등의 시세가 한동안 변동이 없이 계속되는 상태. ¶건설업종이 2, 3일 ~를 보이더니 점차 상승세를 타고 있다.

횡사(橫死)[횡-/휑-] 명 뜻밖의 재앙을 당하여 죽는 것. ¶비명(非命)~. **횡사-하다** 자여

횡서(橫書)[횡-/휑-] 명 =가로쓰기. ↔종서. **횡서-하다** 타여

횡선(橫線)[횡-/휑-] 명 =가로줄. ↔종선(縱線).

횡설수설(橫說竪說)[횡-/휑-] 명 조리도 없고 앞뒤도 맞지 않는 말을 이러쿵저러쿵 늘어놓는 것. **횡설수설-하다** 동자여 술에 취해 ~.

횡액(橫厄)[횡-/휑-] 명 뜻밖에 당하게 되는 재액.

횡재(橫財)[횡-/휑-] 명 뜻밖에 재물을 얻는 것. 또는, 그 재물. **횡재-하다** 동

횡재-수(橫財數)[횡-쑤/휑-쑤] 명 뜻밖에 재물을 얻는 좋은 운수.

횡-적(橫的)[횡쩍/휑쩍] 관[의] 어떤 사물에 횡으로 관계하는 (것). ¶~ 관계. ↔종적.

횡조(橫組)[횡-/휑-] 명[출] =가로짜기.

횡파(橫波)[횡-/휑-] 명 1 배의 옆쪽에 부딪치는 물결. 2 [물] 파동의 진행 방향과 파동을 전파하는 매질의 진동 방향이 직각으로 된 파동. 전자파 따위.

횡포(橫暴)[횡-/휑-] 명 남의 입장을 살피지 않거나 남의 뜻을 헤아리지 않고, 제멋대로 일을 처리하거나 행하는 상태에 있는 것. ¶~가 심하다. **횡포-하다** 형여

횡행(橫行)[횡-/휑-] 명 (모로 간다는 뜻) 1 (강도나 불량배 따위가) 사회의 안녕·질서를 어지럽히며 거리낌 없이 제멋대로 행동하는 것. 2 (범죄나 악 따위가) 사회에 마구 일어나는 것. **횡행-하다** 자여 ¶백주에 강도가 ~.

효¹(爻) 명[민] 역(易)의 괘(卦)를 나타내는 가로 그은 획. '─'을 양(陽), '--'을 음(陰)으로 함.

효²(孝) 명 자식이 부모를 잘 섬기고 받드는 일. ↔불효.

효과(效果) 명 1 어떤 목적을 지닌 행위에 의하여 나타나는 보람이 있는 좋은 결과. ¶역~. 2 [연][영] 시각 또는 청각적 수단을 통하여 장면에 어울리는 분위기나 실감 등을 인공적으로 자아내는 일. 또는, 그것을 맡은 사람. ¶음향 ~. 3 [체] 유도에서, 판정의 하나. 경기자가 건 기술이 유효에 약간 미치지 못했을 때, 또는 누르기 선언 후 10초 이상 20초 미만이었을 때 선언됨.

효과-음(效果音) 명 연극·영화·방송극의 진행을 돕고, 배경적 효과를 주는 음향.

효과-적(效果的)[-쩍] 관[의] 효과가 있는 (것). ¶~인 방법.

효녀(孝女) 명 효성이 지극한 딸. ¶~ 심청.

효능(效能) 명 병을 다스리는 효과.

효도(孝道) 명 부모를 잘 섬기는 도리. **효도-하다** 자여 부모를 잘 섬기다.

효력(效力) 명 1 어떤 대상이 다른 대상에 작용하여 나타내는 힘. 田효과·효험. 2 법률·규칙 따위의 작용. ¶~ 발생.

효모(酵母) 명[식] '효모균'의 준말.

효모-균(酵母菌) 명[식] 자낭균류에 속하는 균류. 엽록소가 없는 단세포의 하등 생물로, 몸은 원형 또는 타원형임. 발효 작용을 하므로 술이나 빵을 만드는 대 쓰임. =뜸팡이·이스트. ㈜효모.

효부(孝婦) 명 효성이 지극한 며느리.

효빈(效顰) 명[월](越)나라의 미녀 서시(西施)가 배가 아파 얼굴을 찡그리자 어떤 추녀가 미인의 얼굴을 찡그리는 것이라 생각하고 자기도 찡그렸다는 고사에서) 덩달아 남의 흉내를 냄. 또는, 남의 결점을 장점인 줄 알고 본뜸.

효성¹(孝誠) 명 마음을 다하여 부모를 섬기는 정성. ¶~이 지극하다.

효성²(曉星) 명 1 =샛별. 2 매우 드문 존재를 비유하여 이르는 말.

효성-스럽다(孝誠-)[-따] 형田〈-스러우니, -스러워〉 효성을 다하는 태도가 있다. **효성스레** 부

효소(酵素) 명[화] 생물의 세포 내에서 만들어져, 생체의 거의 모든 화학 반응에 관여하는 고분자 화합물. 술·간장·치즈·소화제 등에 이용됨. =뜸팡이.

효수(梟首) 명 죄인의 목을 베어 높은 곳에 매다는 형벌. ¶군문(軍門)~. **효수-하다** 타여 **효수-되다** 자여

효시(嚆矢) 명 1 =우는살. 2 [옛날 중국에서 전쟁터에서 싸움을 시작할 때 우는살을 먼저 쏘았다는 데서] 온갖 가지 ~을 맨 처음이 됨의 비유. ¶우리나라 신소설의 ~는 이인직의 '혈의 누'이다.

효심(孝心) 명 효도하는 마음. ¶~이 지극한 소녀.

효용(效用) 명 1 어떤 물건이나 대상을 이용하거나 사용했을 때의 좋은 효과나 이로움. 田쓸모·유용. 2 여러 가지 ~을 가진 도구. 2 [경] 재화(財貨)가 인간의 욕망을 만족시킬 수 있는 능력. ¶~ 가치.

효율(效率) 명 1 들인 힘이나 노력에 대해 얻어진 이로운 결과의 정도. ¶업무 ~을 높이다. 2 [물] 기계가 한 일의 양과 그에 공급된 모든 에너지와의 비.

효율-적(效率的)[-쩍] 관[의] 효율을 내거나 효율이 있는 (것). ¶~인 방안.

효율-화(效率化) 명 효율이 있게 하는 것. 또는, 효율이 있는 상태로 되는 것. ¶경영의 ~. **효율화-하다** 자타여 **효율화-되다** 자여

효자(孝子) 명 부모를 잘 섬기는 아들.

효자-손(孝子-) 명 대나무의 끝을 손가락처럼 구부러 손이 미치지 않는 곳을 긁도록 만든 물건.

효행(孝行) 명 부모를 잘 섬기는 행실.

효험(效驗) 명[일]이나 작용의 좋은 보람. 田효용. ¶약을 먹고 ~을 보았다.

후¹ 부 입을 오므린 상태로 앞으로 내밀어 날숨을 내뿜는 소리. 또는, 그 모양. ¶촛불을 ~ 불어 끄다. ㈜호.

후²(後) 명 '후유'의 준말.

후³(後) 명 1 어떤 시간에 이뤄지는 행동이나 일을 나타내는 명사나, 시간적 수치를 나타내는 말이나, 동사의 어미 '-ㄴ', '-은' 다음에 놓여, 그 말이 나타내는 것을 기준으로 하여 그보다 뒤의 시간적 위치임을 나타내는 말. 한편, 기준이 되는 시점이 날짜로 제시될 때에는 그 날짜를 범위에 포함하지 않음을 가짐. ¶식사 ~ / 1년 ~. ▷이후(以後). 2 기준이 되는 때를 제시하지 않은 상태에서, 말하는 시점으로부터 얼마간의 시간이 지난

뒤의 시점을 막연히 이르는 말. (비)나중·추후. ¶~에 연락하겠다. ↔전(前).

후-¹(後)[접두] 일부 명사 앞에 붙어, '뒤', '다음'의 뜻을 나타내는 말. ¶~보름/~삼국.

후각(嗅覺)[명][생] 냄새를 느끼는 코의 감각. ¶~이 발달하다.

후각-기(嗅覺器)[−끼][명][생] 화학적 자극을 수용하고, 후각을 일으키게 하는 동물의 기관. 척추동물의 코, 곤충의 촉각(觸角) 따위.

후:견(後見)[명] 1 역량이나 능력이 부족한 사람의 뒤를 돌봐 주는 것. 2 [법] 친권자가 없는 미성년자나 한정 치산자·금치산자를 보호하며 그의 재산 관리 및 법률행위를 대리하는 직무. **후:견-하다**[동][타]

후:견-인(後見人)[명] 남을 후견하는 사람.

후:경(後景)[명] 그림·사진 등에서, 화면의 뒷부분. 또는, 객석에서 먼 쪽의 무대 장치. ↔전경.

후:계(後繼)[−계/−게][명] 어떤 일이나 사람의 뒤를 잇는 것. **후:계-하다**[동][자]

후:계-자(後繼者)[−계/−게−][명] 어떤 일이나 사람의 뒤를 잇는 사람.

후-고구려(後高句麗)[역] 궁예가 송악(개성)에 도읍을 정하고 세운 나라(901~918). 국호를 마진·태봉 등으로 고침. 후백제·신라와 함께 후삼국을 이룸.

후골(喉骨)[명] 성년 남자의 목구멍 속에 있는, 갑상 연골이 돌기한 부분.

후광(後光)[명] 1 [불] 부처의 몸 뒤로부터 내비치는 빛. 또는, 그것을 상징하여 불상의 머리 뒤에 붙인 금빛의 둥근 바퀴. =원광. ¶~이 새겨진 불상. 2 크리스트교 예술에서, 그리스도나 성인 등의 머리 부분을 둘러싼 광채. 3 어떤 사물을 더욱 빛나게 하거나 더 두드러지게 하는 배경적인 현상을 비유하여 이르는 말. ¶아버지의 ~을 입어 출세하다.

후:광^효:과(後光效果)[심] 사람이나 사물의 어떤 하나의 특징에 대하여 좋거나 나쁜 인상을 받으면 그 사람·사물의 모든 특징도 실제 이상으로 높거나 낮게 평가되는 현상.

후:굴(後屈)[명] 뒤쪽으로 굽어 있음. ¶자궁(子宮)~.

후:궁(後宮)[명] 1 제왕의 첩. 2 주가 되는 궁전의 뒤쪽에 있는 궁전.

후:금(後金)[명] 여진족의 족장 누르하치가 세운 나라(1616~1636). 중국 청나라의 전신임.

후:기(後記)[명] 본문의 뒤에 기록하는 것. 또는, 그 기록. ¶편집 ~.

후:기(後期)[명] 한 기간을 둘 또는 셋으로 나누었을 때 나중의 시기. ¶조선~의 작품. ↔전기.

후:기^모더니즘(後期modernism)[명][예] 모더니즘에 대한 반동으로 1960년대 중반부터 미국·프랑스를 중심으로 나타난 문학·예술의 경향. =포스트모더니즘.

후:기^인상파(後期印象派)[명][미] 19세기 말에 프랑스에서 일어난 미술 운동의 한 파. 인상파의 화풍을 개성적으로 발전시켜, 주관적 표현을 중시하고 극히 간략한 기교를 쓴 세잔·고흐·고갱 등의 화풍임.

후끈[부] 1 몸이나 쇠 따위가 뜨거운 기운을 받아서 갑자기 달아오르는 모양. ¶얼굴이 ~ 달아오른다. 3 흥분이나 긴장 등이 갑자기 아주 고조되는 모양. (작)화끈. **후끈-하다**[형][여]

후끈-거리다/-**대다**[자] (몸이나 쇠 따위가) 몹시 뜨거운 기운을 받아 계속하여 크게 달아오르다. ¶불에 덴 자리가 ~. (작)화끈거리다.

후끈-후끈[부] 후끈거리는 모양. (작)화끈화끈. **후끈후끈-하다**[형][여] ¶난로를 피웠더니 방 안이 ~.

후:납(後納)[명] 지불할 돈을 당장에 내지 않고 나중에 내는 것. ¶요금 ~. **후:납-하다**[동][타]

후:년(後年)[명] 1 올해의 다음다음 해. 2 뒤에 오는 해.

후:뇌(後腦)[−뇌/−눼][명][생] 대뇌 아래에 있는, 뇌의 한 부분. 연수(延髓)와 소뇌를 합쳐서 이름. 인체의 운동·균형 등을 담당함.

후다닥[−닥][부] 1 갑자기 일어나거나 뛰어나가려고 몸을 갑자기 움직이는 모양. ¶~ 달아나다. 2 일을 급하게 서두르는 모양. ¶일을 ~ 해치우다. (작)화다닥. **후다닥-하다**[동][자][타]

후:대¹(後代)[명] 앞으로 올 세대. ↔선대·전대.

후:대²(厚待)[명] 후하게 대접하는 것. 또는, 그런 대접. ↔박대. **후:대-하다**[동][타]

후더분-하다[형][여] 열기가 차서 조금 더운 느낌이 있다. **후더분-히**[부]

후:덕-하다(厚德−)[−더카−][형][여] (사람이) 마음이 너그럽고 덕을 많이 베푸는 상태이다. ¶인품이 ~.

후덥지근-하다[−찌−][형][여] 습기가 많아 불유쾌하게 더운 상태이다. (비)후텁지근하다. ¶장마철의 **후텁지근한** 날씨.

후두(喉頭)[명][생] 인두와 기관(氣管) 사이의 부분. 기도(氣道)의 일부를 이루고, 중앙부에는 성대가 있음.

후두-개(喉頭蓋)[명] 인두 아래에서 후두로 들어가는 입구에 뚜껑 역할을 하고 있는 숟가락 모양의 연골.

후두두[부] 빗방울이나 자잘한 돌 등이 갑자기 떨어지는 소리. ¶빗방울이 ~ 떨어지다.

후두둑[부] '후드득'의 잘못.

후:두-부(後頭部)[명][생] 머리의 뒷부분.

후두-암(喉頭癌)[명] 후두에 생기는 암종. 후두가 좁아지고 목소리가 쉬며 호흡이 곤란해짐.

후두-염(喉頭炎)[명][의] 후두에 생기는 염증.

후:두-엽(後頭葉)[명][생] 대뇌 반구의 맨 뒷부분. 시각 기능을 담당하는 곳임. ▷전두엽.

후드(hood)[명] 1 방한복·비옷 등에 달린 쓰개. 2 연기·냄새를 배출시키기 위하여 가스대 위나 화장실 등에 장치하는 공기 배출 장치.

후드득[부] 1 콩이나 깨 등을 볶을 때에 튀는 소리. 2 나뭇가지나 검불 따위가 타 들어가는 소리. 3 굵은 빗방울이 성기게 떨어지는 소리. ×후두둑. **후드득-하다**[동][자]

후드득-거리다/-**대다**[−꺼(때)−][동][자] 1 콩이나 깨를 볶을 때에 튀는 소리가 잇달아 나다. 2 나뭇가지나 검불이 기세 좋게 타들어 가는 소리가 잇달아 나다. 3 굵은 빗방울이 성기게 계속 떨어진다.

후드득-후드득[−드루−][부] 후드득거리

후들-거리다/-대다 재타 ①재 (팔다리나 몸이) 자꾸 크게 떨리다. ¶기진맥진하여 다리가 ~. ②타 (팔다리나 몸을) 자꾸 흔들어 떨다.

후들-후들 부 후들거리는 모양. ¶많은 사람 앞에 서니 다리가 ~ 떨린다. **후들후들-하다** 재타

후딱 부 빨리 날쌔게 행동하는 모양. ¶밥을 ~ 먹고 나가다.

후딱-후딱[-따꾸-] 부 닥치는 대로 날쌔게 진행되는 모양. ¶일을 ~ 해치우다.

후:략(後略) 명 글을 인용하거나 할 때, 길이 관계로 뒷부분을 생략하는 것. ▷전략·중략. **후:략-하다** 타

후레-자식(-子息) 명 배운 데 없이 막되게 자라서 버릇이 없는 놈이라는 말. 쫀호래자식.

후려-갈기다 타 (사람이나 동물을) 채찍이나 손바닥 등으로 사정없이 힘껏 갈기다.

후려-내다 통타 매력이나 그럴듯한 수단으로 남의 정신을 흐리게 하여 꾀어내다. ¶순진한 처녀를 ~.

후려-잡다[-따] 통타 1후려서 자기 손아귀에 넣다. 2먹살을 ~. 2사람이 사물에 대하여 강한 지배력을 가지다. 비유적인 말이다.

후려-치다 통타 (사람이나 동물을) 채찍이나 몽둥이나 주먹 등으로 사정없이 힘껏 치거나 때리다. ¶등을 한 대 ~.

후련-하다 형여 마음에 맺혔던 일이나 답답하던 것이 풀려서 시원스럽다. ¶모든 것을 고백하고 나니 속이 ~. **후련-히** 부

후:렴(後斂) 명음 노래의 각 절 끝에 붙여 같은 가락으로 되풀이하여 부르는 짧은 가사.

후루룩 부 1날짐승이 갑자기 날개를 가볍게 치며 나는 소리. 2죽 등을 야단스럽게 들이마시는 소리. **후루룩-하다** 통재타여

후루룩-거리다/-대다[-꺼(때)-] 재타여 (타 1(날짐승이) 날개를 잇달아 가볍게 치며 날다. 2(죽 같은 것을) 계속 야단스럽게 들이마시다.

후루룩-후루룩[-루쿠-] 부 후루룩거리는 소리. 또는, 그 모양. ¶국물을 ~ 들이마시다. **후루룩후루룩-하다** 통재타여

후:륜(後輪) 명 자동차·자전거 등의 뒷바퀴. ↔전륜.

후르르 부 1날짐승이 나는 모양. 또는, 그 소리. 2얇은 종이나 마른 나뭇잎 따위가 순식간에 타오르는 모양. 또는, 그 소리. 쫀호로르. 후르르-하다 통재타여

후리다 타 1휘몰아 채거나 쫓다. ¶매가 장끼를 **후리려** 한다. 2깎거나 베다. 또는, 휘우듬하게 도려내다. ¶대패로 나무 모서리를 ~. 3(남의 것을) 슬쩍 가지거나 달아나 빼앗다. ¶남의 돈을 후려 먹다. 4그럴듯한 방법으로 사람의 정신을 흐리게 하여 꾀어내다. 쫀호리다.

후리후리-하다 형여 키가 늘씬하게 크다. ¶키가 **후리후리한** 청년. 쫀호리호리하다.

후릿-그물[-리끄-/-릳끄-] 명 강이나 바다에 넓게 둘러치고는 여러 사람이 벼리의 두 끝을 끌어당겨서 물고기를 잡는 큰 그물.

후:면(後面) 명 뒤쪽 면. 특히, 부피가 있는 물체의 경우에 쓰임. 비뒷면. ↔전면.

후:문¹(後門) 명 =뒷문1.
후:문²(後聞) 명 어떤 일에 관한 뒷말.
후:미(後尾) 명 1뒤쪽의 끝. 2대열(隊列)의 맨 뒤.

후미-지다 형 1산길이나 물가가 매우 깊게 굽어 들어가 있다. ¶**후미진** 골짜기. 2아주 구석지고 으슥하다. ¶**후미진** 골목.

후:반(後半) 명 시간적 길이나 차례가 있는 대상에서, 중간에서부터 끝까지의 동안이나 부분. ¶20세기 ~. ↔전반.

후:반-기(後半期) 명 어떤 기간을 둘로 나누었을 때, 뒤의 기간. ↔전반기.

후:반-부(後半部) 명 뒤를 이루는 부분. ↔전반부.

후:반-전(後半戰) 명체 축구·농구·핸드볼 등과 같이 중간에 쉬는 시간을 두어 전후를 구별하는 경기에서, 뒤에 하는 경기. ↔전반전.

후:발(後發) 명 뒤늦게 어떤 일을 시작하거나 길을 떠나는 것. ¶~ 업체. ↔선발(先發). **후:발-하다** 재타여

후:발-대(後發隊)[-때] 명 다른 대(隊)보다 늦게 출발한 대. ↔선발대.

후:방(後方) 명 1=뒤쪽. 2전선(戰線)에서 뒤쪽으로 멀리 떨어진 지역. ¶~에 배치되다. ↔전방.

후:배(後輩) 명 1같은 분야에서 자기보다 늦게 종사하여 학문·기술·경험 등이 자기보다 뒤진 사람. 비후진(後進). 2같은 학교를 자기보다 늦게 졸업한 사람. ¶학교 ~. ↔선배.

후:배-주(後配株) 명경 보통주에 비하여 이익 배당 등을 적게 받는 주식. 보통 대주주·발기인·경영자 등이 취득함. ↔우주주.

후:배-지(後背地) 명지 도시나 항구의 경제적 세력권에 들어 밀접한 관계를 갖는 주변 지역.

후:-백제(後百濟)[-쩨-] 명역 견훤이 완산주(전주)에 도읍을 정하고 세운 나라(900~936). 후고구려·신라와 함께 후삼국을 이루었으나 고려에 의해 멸망함.

후보(候補) 명 1어떤 직위의 사람으로 뽑히기 위해 그 선거에 나선 사람. ¶대통령 ~. 2시합이나 경쟁 등에서, 아직 지위나 등급에 오를 가능성이 있는 대상. ¶우승 ~로 지목되다. 3팀의 정규 선수나 베스트 멤버에게 문제가 생겼을 때 대신 뛰기 위해 대기하고 있는 선수. ¶~ 선수.

후보-생(候補生) 명 일정한 과정을 수료하면 어떤 직위에 오를 수 있는 자격을 갖춘 생도. ¶사관 ~.

후보-자(候補者) 명 후보로 나선 사람.

후보-작(候補作) 명 입상의 후보가 되는 작품. ¶수상 ~.

후보-지(候補地) 명 장차 어떤 목적에 이용될 가능성이 있는 땅. ¶공장 ~.

후:부(後部) 명 뒤쪽 부분. ↔전부.

후:불(後拂) 명 물건이나 서비스를 먼저 받은 뒤 값을 치르는 것. ¶요금은 ~이다. ↔선불. **후:불-하다** 통타여

후비다 타 1(구멍의 안벽을 어떤 물체로) 다소 힘을 주어 긁거나 그렇게 하여 안벽에 붙은 것을 떨어져 나오게 하다. ¶손가락으로 코를 ~. 2(물체를) 그 표면을 날이 있는 도구로 깎아 구멍을 내거나 패게 하다. 3(일의 내막이나 비밀을) 드러나도록 캐다. 예우비다.

후:사(後事) 명 1=뒷일. ¶~를 맡기다.

2 죽은 뒤의 일. ¶~를 부탁하다.
후:사²(後嗣) 圓 대(代)를 잇는 것.
후사³(厚謝) 圓 도움·협조·은공 등에 대해 후하게 사례하는 것. 후:사-하다 困 ¶알려 준 이에게 통사하겠음.
후:삼국(後三國) [-꾹] 圓 통일 신라 말기에 있었던 신라·태봉·후백제의 세 나라.
후:생(厚生) 圓 생활이 넉넉해지고 윤택해지도록 꾀하는 일. ¶~ 복지 사업.
후:생(後生) 圓 1 뒤에 태어난 사람. 2 뒤에 배운 사람. 3 [불] =내생(來生).
후:생-동물(後生動物) [-똥-] 圓 단세포 원생동물을 제외한 다른 모든 동물의 총칭. ↔원생동물.
후:생-비(厚生費) 圓 후생 사업에 쓰이는 비용.
후설, 에드문트(Husserl, Edmund) 圓[인] 독일의 철학자(1859~1938).
후:설^모음(後舌母音) [-썰-] 圓[언] 혀의 뒤쪽과 여린 입천장 사이에서 발음되는 모음. 'ㅜ', 'ㅗ' 따위.
후:세(後世) 圓 1 어떤 사람이나 화자(話者), 또는 그를 포함한 동시대 사람들이 죽고 난 다음에 오게 될 먼 미래의 세상. ¶~에 이름을 남기다. 2 [불] =내세.
후세인, 사담(Hussein, Saddam) 圓[인] 이라크의 전 대통령(1937~2006).
후:속(後續) 圓 어떤 사람이나 물건을 잇는 것. 또는, 어떤 일이 다른 데 이어지어 이루어지는 것. ¶~ 인사(人事). 후:속-하다 困困 후:속-되다 困
후:속-타(後續打) [-쏙-] 圓[체] 야구에서, 안타에 이어 득점으로 연결시켜 줄 안타나 홈런. ¶중전 안타로 출루했으나 ~ 불발로 득점에 실패했다.
후:손(後孫) 圓 여러 대가 지난 뒤의 자손. =자손. ¶~에게 물려주다. 兩손(孫).
후:송(後送) 圓 1 후방으로 보내는 것. 2 뒤에 보내는 것. 후:송-하다 困困 ¶부상병을 ~. 후:송-되다 困
후:수(後手) 圓 바둑·장기 등에서, 뒤에 두는 일. ↔선수(先手).
후:순위-채(後順位債) [-쭌-] 圓[경] =후순위 채권.
후:순위^채권(後順位債券) [-쭌-,-꿘] 圓[경] 채권 발행 기업이 도산했을 경우, 변제 순위가 일반 사채보다 뒤지나 금리가 매우 높은 채권. =고금리 채권.
후:술(後述) 圓 뒤에 기술(記述)하는 것. ↔전술. 후:술-하다 困困
후-스(胡適) 圓 중국의 문학가·사상가(1891~1962).
후:시^녹음(後時錄音) [-씨-] 圓[영] 영화속에서, 먼저 화면을 촬영한 다음, 화면에 맞추어서 대화·음악 등을 녹음하는 일. =애프터 리코딩. ↔동시 녹음·프리리코딩.
후:식(後食) 圓 식사 후에 먹는 과일·아이스크림 등의 간단한 음식. ⓑ디저트.
후:신(後身) 圓 1 다시 태어난 몸. 2 어떤 사물·조직·단체의 이름이나 형태가 바뀌어 달라진 뒤의 실체. ↔전신.
후:실(後室) 圓 '후처'를 높여 이르는 말.
후:안무치-하다(厚顔無恥-) 혭曰 낯가죽이 두꺼워 뻔뻔스럽고 부끄러움이 없다. ¶부도덕하고 후안무치한 행동.
후:약(後約) 圓 뒷날에 하는 기약. 또는, 뒤에 하는 약속. ↔선약.
후여 囘 =휘이.
후:열(後列) 圓 뒤에 늘어선 줄. ⓑ뒷줄.

후:예(後裔) 圓 《주로 '…의 후예'의 꼴로 쓰여》 먼 훗날의 자손. ⓑ후손. ¶카인의 ~ / 칭기즈 칸의 ~.
후:원¹(後援) 圓 《어떤 사람이나 일을》 뒤에서 도와주는 것. ▷협찬. 후:원-하다 困困 ¶신문사가 주최하고 문화 판찰부가 후원하는 전국 어린이 글짓기 대회.
후:원²(後園) 圓 집 뒤에 있는 작은 동산이나 정원.
후:원-금(後援金) 圓 개인이나 단체의 활동·사업을 돕기 위한 기부금.
후:원-자(後援者) 圓 후원하여 주는 사람.
후:원-회(後援會) [-회/-훼] 圓 사람·단체·사업을 후원하기 위해 조직된 회.
후:위(後衛) 圓 1 '후위대'의 준말. 2 [체] 축구·배구 등에서, 주로 수비를 맡는 경기자. ↔전위.
후:위-대(後衛隊) 圓[군] 주력 부대의 뒤쪽을 엄호하는 부대. ⓑ후위. ↔전위대.
후유 囘 1 일이 고될 때 힘에 부치어 내는 소리. 2 어려운 일을 끝내거나 어려운 고비를 넘기고 한숨 돌릴 때에 내는 소리. ¶~, 이제야 안심이다. ⓑ휴·휴.
후:유-증(後遺症) [-쯩] 圓 1 [의] 질병 초기의 급성 증상이 없어진 뒤에 오래 지속되는 비진행성(非進行性) 기능 장애. 2 어떤 일을 치르고 난 뒤에 생긴 부작용.
후:음(喉音) 圓 =목구멍소리.
후:의(厚意) [-의/-이] 圓 두터이 인정을 베푸는 마음. ¶~에 감사하다.
후:인(後人) 圓 후세의 사람. ↔선인.
후:일(後日) 圓 앞으로 다가올 날. ⓑ뒷날. ¶~을 기약하다.
후:일-담(後日談/後日譚) [-땀] 圓 비교적 널리 알려진, 중요하거나 특기할 만한 일이 있고 난 뒤 후일에 알게 된, 그에 얽힌 세세하거나 자질구레한 이야기. ⓑ뒷이야기·일화.
후:임(後任) 圓 앞사람에 뒤이어 맡아보는 임무. 또는, 그 사람. ↔전임·선임.
후:임-자(後任者) 圓 후임이 되는 사람. ↔전임자.
후:자(後者) 圓 두 가지 사물을 들어 말할 때, 뒤의 것. ↔전자(前者).
후작(侯爵) 圓 유럽에서, 중세 이후의 귀족 계급 중 둘째 작위. 공작의 아래, 백작의 위임.
후:장¹(後章) 圓 문장을 몇 개의 장으로 나눌 때, 어떤 장의 뒤에 나오는 장. ↔전장(前章).
후:장²(後場) 圓[경] 증권 거래소에서, 오후에 열리는 거래. ¶~ 시세. ↔전장.
후조(帿鳥) 圓 =철새.
후줄근-하다 혭曰 1 (종이·피륙 따위가) 약간 젖어 풀기나 판판함이 없이 늘어진 상태에 있다. ¶후줄근한 옷차림. 2 (몸이) 고단하여 맥없이 늘어진 상태에 있다. ⓑ호줄근하다. 후줄근-히 閏
후지다 혭[속] (물건이나 대상이) 질·수준 등이 나쁘거나 낮다. ¶디자인이 ~.
후지 산(富士山) 圓[지] 일본에 있는 산. 높이가 3,776m.
후:진(後陣) 圓[군] 뒤에 친 진. ↔전진.
후:진(後進) 圓 1 어떤 전문 분야나 직업에 먼저 진출한 사람으로부터 그 지식이나 기술을 습득하는 사람. ¶~을 양성하다. 2 (자동차·열차·배 등이) 뒤로 가는 것. 3 (주로, 관형어적으로 쓰이거나 복합어를 이루는 데 쓰여) 문물의

발달이 되지는 것. ↔선진. **후:진-하다** 동(자여) (자동차·열차·배 등이) 뒤로 가다. ¶**후진**해서 차를 돌려라.
후:진-국(後進國) 명 문물의 발전이 뒤진 나라. ↔선진국.
후:진-성(後進性) [-썽] 명 일정한 수준에서 뒤떨어진 상태. 또는, 그 특성.
후-진타오(胡錦濤) [인] 중국의 정치가. 국가 주석(1942~).
후:차-적(後次的) 관 차례로 보아 보다 뒤의 (것). ¶~인 문제는 나중에 이야기합시다.
후:처(後妻) 명 다음에 맞은 아내. ↔전처.
후:천(後天) 명 성질·체질·질환 따위를 태어난 뒤에 가지게 되는 일. ↔선천.
후:천-성(後天性) [-썽] 명 후천적으로 얻어진 성질 또는 성품. ↔선천성.
후:천성^면:역^결핍증(後天性免疫缺乏症)[-쯩] 명 =에이즈(AIDS).
후:천-적(後天的) 관 태어난 후에 얻어진 (것). ¶~인 습관. ↔선천적.
후추 명 후추나무의 열매. 양념이나, 위한 (胃寒)·구토·곽란 등에 약재로 씀.
후추-나무 명[식] 톡 쏘는 매운 맛과 독특한 향기가 있는 열매를 양념으로 쓰는 상록 관목. 줄기는 덩굴로 자라며, 여름에 작고 흰 꽃이 핌. 열매는 둥글고 붉은색인데, 완전히 익으면 검은색이 됨.
후추-가루 [-추까-/-춧까-] 명 후추를 곱게 간 가루. 양념으로 씀.
후:출-하다 형여 배 속이 비어 먹고 싶은 생각이 있다. ¶후출한데 뭐 좀 없나. ▷출출하다.
후:취(後娶) 명 =재취(再娶).
후:치-사(後置詞) 명[언] 체언 뒤에 오는 부속어. 특히, 본래 자립적인 단어가 문법 기능만을 갖게 된 것으로, '부터·까지·마저'와 같은 보조사를 가리킴.
후쿠다 야스오(福田康夫) [인] 일본의 정치가·총리(1936~).
후:탈(後頉) 명 =뒤탈.
후텁지근-하다 [-찌-] 형여 불쾌할 정도로 무더운 데가 있다. ¶잔뜩 찌푸린 **후텁지근**한 여름 날씨. **후텁지근-히** 부
후:퇴(後退) [-퇴/-퉤] 명 1 (전투 중인 군인이나 군대가) 열세 또는 작전상의 이유 때문에 뒤로 물러나는 것. 町퇴각. ¶작전상 ~. ↔전진. 2 (사물 현상이) 활발함이나 발전을 보이지 못하고 저조하거나 전보다 못하던 상태가 되는 것. 또는, (어떤 추상적 세력이) 힘을 잃고 물러나는 상태가 되는 것. ¶경기(景氣)의 ~. **후:퇴-하다** 동(자여)
후:편(後便) 명 1 =뒷복. 2 나중의 인편이나 차편. =뒤편.
후:편(後篇) 명 책(특히, 소설책)이 두 권 또는 세 권으로 나뉘거나 내용적으로 둘 또는 셋으로 나뉘었을 때, 맨 마지막에 해당하는 책이나 부분. 町속편. ↔전편.
후프(hoop) 명 운동 기구의 하나. 지름 2m의 쇠테 두 개를 여러 개의 철봉으로 평행하며 맞물려 그 안에 들어가 손발을 걸고 옆으로 굴러 가도록 만든 것.
후:-하다(厚-) 형여 인심이 좋거나 정이 두텁다. ¶**후한** 인심. 2인색하지 않고 푼푼하다. ¶점수가 ~. ↔박하다. **후:-히** 부 ¶~ 사례하겠습니다.
후:학(後學) 명 후진의 학자. ↔선학.
후:한(後漢) 명[역] 중국 왕조의 하나(25~220). 왕망에게 빼앗긴 한(漢) 왕조를 유수(劉秀)가 다시 찾아 부흥시킨 나라.
후:행(後行) 명 전통 혼례에서, 신랑의 일행으로 따라가는 사람.
후:환(後患) 명 뒷날의 걱정과 근심. ¶~을 없애다.
후:회(後悔) [-회/-훼] 명 (자기가 한 일이나 행동을) 잘못이나 실수였음을 느끼고 뼈아프게 생각하는 것. **후:회-하다** 동(자타여) ¶이제 와서 **후회한들** 무슨 소용이 있으랴. **후:회-되다** 동자
후:회-막급(後悔莫及) [-회-급/-훼-급] 명 일이 잘못된 뒤에 아무리 뉘우쳐도 어찌할 수가 없음. ¶그 땅을 팔아 버린 것은 이제 와서 **후회막급**일세.
후:회-막심(後悔莫甚) [-회-씸/-훼-씸] 명 더할 나위 없이 후회스러움. ¶자식을 제대로 가르치지 못한 것이 ~이다.
후:회-스럽다(後悔-) [-회-따/-훼-따] 형비 <~스러우니, ~스러워> 이전의 잘못을 깨치고 뉘우치는 데가 있다. ¶열심히 공부하지 않은 것이 ~.
후:후¹ 부 입술을 둥글게 오므리고 작게 웃는 소리.
후-후² 부 입술을 오므린 상태로 앞으로 내밀어 다소 찬 기운이 나오도록 날숨을 자꾸 내뿜는 소리. 또는, 그 모양. ¶뜨거운 국물을 ~ 불며 먹다. ㉤호호. **후후-하다** 동타여
후:회(後戲) [-히] 명 성행위에서, 삽입이 끝난 뒤 마무리 단계로서 상대의 몸을 부드럽게 만져 주면서 친밀감을 나누는 일. ▷전희.
훅¹ 부 1입을 오므리고 입김을 갑자기 세게 내부는 소리. 2액체를 단숨에 들이마시는 소리. ¶한 한약을 ~ 들이마시다. ㉤독. 3냄새나 바람이 갑자기 밀려들거나 끼치는 모양. ¶웬 검은 그림자가 담을 ~ 뛰어넘었다. 5행동이 몹시 날쌘 모양.
훅²(hook) 명 ['갈고리'라는 뜻] [권] 권투에서, 팔을 직각으로 구부리고 허리의 회전을 이용하여 상대방의 옆구리나 옆 턱, 관자놀이 등을 공격하는 동작.
훈:(訓) 명 한자의 뜻. 예를 들어 '天'은 '하늘' 이 그 훈임. ▷음(音).
훈:계(訓戒) [-계/-게] 명 타일러서 경계하는 것. 또는, 그 말. **훈:계-하다** 동(타여)
훈:고-학(訓詁學) 명 유학 경전의 자구(字句)에 관하여 그 해석을 주로 하는 학문. 송(宋)·명(明)의 의리(義理)에 관한 학문에 대하여, 한(漢)·당(唐)의 경학(經學)을 가리키는 말임.
훈공(動功) 명 나라를 위하여 세운 공로.
훈구-파(動舊派) [-여] 조선 초기 세조의 왕위 찬탈을 도와 공권을 쥐고 있던 관료 학자들. 후에 등장한 사림파와 세력을 다투어 사화(士禍)를 일으킴. ▷사림파.
훈기(薰氣) 명 훈훈한 기운. ¶~가 돌다.
훈-김(薰-) 명 1연기나 김 등으로 말미암아 생기는 훈훈한 기운. ¶**훈김**을 지폈더니 아랫목에 ~이 좀 도는 것 같다. 2따뜻한 정 또는 권세 있는 사람의 세력이나 그 영향을 비유하여 쓰는 말.
훈:도¹(訓導) 명[일제] 초등학교의 교원(교사).
훈도(薰陶) 명 교화(敎化)하고 훈육하는 것. **훈도-하다** 동(타여)
훈:독(訓讀) 명 한자의 뜻을 새겨 읽는 것.

↔음독.
훈련(訓練·訓鍊)[훌-] 몡 1 무술을 연습 하는 것. 2 군사 ~. 2 가르쳐 익히게 하는 것. 3 [교] 일정한 목표나 기준에 도달할 수 있도록 실천시키는 실제적 활동. 훈:련-하다 동(자)(여) 훈:련-되다 동(자) ¶잘 훈련된 개.

훈:련-도감(訓鍊都監)[훌-] 몡 [역] 조선 시대에 수도의 수비를 담당하던 군영.

훈:련-병(訓鍊兵)[훌-] 몡 [군] 각 부대에 배치되기 전에 훈련소에서 훈련을 받는 병사. =훈병.

훈:련-복(訓鍊服)[훌-] 몡 훈련할 때에 입는 옷. ¶예비군 ~.

훈:련-소(訓鍊所)[훌-] 몡 훈련을 하기 위하여 마련한 장소. 또는, 그런 기관.

훈:령(訓令)[훌-] 몡 상급 관청에서 하급 관청의 집무를 지휘·감독하기 위하여 내리는 명령. 훈:령-하다 동(타)여

훈:민-가(訓民歌) 몡[문] 조선 선조 때 정 철이 16수의 연시조. 강원도 관찰사로 부임하였을 때 백성을 일깨우기 위하여 지은 것.

훈:민-정음(訓民正音) 몡 [백성을 가르치는 바른 소리'라는 뜻] 1443년에 세종 대왕이 집현전 학자들의 도움을 얻어 창제한 우리나라 글자. 자음 17자, 모음 11자 모두 28자로 이루어졌음. 준民.

훈:방(訓放) 몡 (비교적 죄가 가벼운 범법자를) 훈계하여 풀어 주는 것. 훈:방-하다 동(타)여 훈:방-되다 동(자) ¶주모자가 아닌 사람들은 모두 훈방되었다.

훈:병(訓兵) 몡 훈련병.

훈:수(訓手) 몡 1 바둑·장기 등에서, 옆에서 구경하는 사람이 끼어들어 수를 가르쳐 주는 것. 2 남의 일에 끼어들어 이래라저래라 하는 것. 훈:수-하다 동(자)(타)여 ¶훈수할 생각 말고 보고만 있게.

훈습(薰習) 몡 [향이 그 냄새를 옷에 배게 한다는 뜻] [불] 우리가 행하는 선악이 없어지지 않고 반드시 어떤 인상이나 힘을 마음속에 남기는 것을 이르는 말. 훈습-하다 동(타)여

훈:시(訓示) 몡 (윗사람이 아랫사람에게) 주의 사항을 주거나 가르쳐 타이르는 것. ¶일장(一場) ~. 훈:시-하다 동(타)여

훈연(燻煙) 몡 연기로 그을리는 것. 또는, 그 연기. 훈연-하다 동(타)여

훈:요십조(訓要十條)[-조] 몡[역] 고려 태조가 자손들에게 남겨 준 열 가지 가르침. 불교 신앙과 풍수지리설을 중시한 내용을 담고 있음.

훈:육(訓育) 몡 (자식이나 제자 등을) 바람직한 품성이나 인격을 가질 수 있도록 가르치거나 기르는 것. 훈:육-하다 동(타)여 ¶그는 자식을 엄하게 훈육했다.

훈:장¹(訓長) 몡 1 지난날, 글방의 선생을 이르던 말. 2 '교사(敎師)'를 예스럽게 낮추어 이르는 말.

훈장²(勳章) 몡 나라에 공이 있는 사람에게 내어 주는 휘장. ¶문화 ~.

훈제(燻製) 몡 소금에 절인 고기를 나무가 타는 연기에 쐬어 건조시키는 일. 또는, 그 식품. 특유의 향미가 생길 뿐 아니라 방부 효과도 얻게 됨. ¶~ 오징어. 훈제-하다 동(타)여

훈:족(Hun族) 몡[역] 아시아의 유목 기마 민족. 중앙아시아의 스텝 지대에서 활약하였는데, 4세기 중기에 서쪽으로 이동하여 유럽에 침입함으로써 게르만 민족 대이동을 유발시켰음.

훈증(燻蒸) 몡 1 더운 연기에 쐬어서 찌는 것. 2 유독 가스를 발생시켜 살충·살균하는 일. 훈증-하다 동(타)여

훈풍(薰風) 몡 첫여름에 부는 훈훈한 바람.

훈:화(訓話) 몡 교훈으로 훈시하는 말.

훈훈-하다(薰薰-) 혱여 1 (기온이나 바람이나 공간의 안 등이) 몸에 느끼기에 괜찮을 만큼 온도가 높다. ¶훈훈한 바람. 2 마음을 녹여 주는 따스한 감정이 있다. ¶고향 사람들의 훈훈한 인정에 감격하였다. 훈훈-히 (부)

훌-닦다[-닥따] 동(타) 1 휘몰아서 대강 훔쳐 닦다. 2 휘몰아서 몹시 나무라다. (비)닦다.

훌떡 몡 1 남김없이 벗어지거나 뒤집히는 모양. ¶옷을 ~ 벗다. 2 힘차게 뛰거나 뛰어넘는 모양. ¶담을 ~ 넘다. 3 날쌔게 먹어 치우는 모양. ¶하나 남은 떡을 ~ 먹어 치우다. (작)홀딱. 훌떡-하다 동(타)여

훌라댄스(hula dance) 몡 =훌라 춤.

훌라춤(hula-) 몡 엉덩이를 마구 흔들거나 허리를 빙글빙글 돌리는, 폴리네시아의 민속춤. =훌라 댄스.

훌라-후프(Hula-Hoop) 몡 플라스틱으로 만든 둥근 테를 허리나 목으로 빙빙 돌리는 놀이. 또는, 그 물건. 상표명에서 온 말임.

훌러덩 몡 1 속의 것이 시원스럽게 드러나도록 헐겁게 벗어지거나 벗거나 뒤집히는 모양. ¶속옷을 ~ 벗다. 2 가지고 있던 돈 따위를 모조리 다 날려 버리는 모양. (작)훌라당.

훌렁 몡 1 미끄럽게 벗어진 모양. ¶이마가 ~ 벗어지다. 2 속이 다 보이도록 뒤집힌 모양. ¶우산이 ~ 뒤집히다. 3 구멍이 넓어서 헐겁게 들어가는 모양. 4 남김없이 벗은 모양. ¶옷을 ~ 벗다. (작)홀랑.

훌렁-하다 혱여 담긴 물건이 겉의 물건보다 작아서 공간의 여유가 많다. (작)홀랑하다.

훌륭-하다 혱여 1 (사람이, 또는 그의 언행이나 업적 등이) 칭찬할 만하거나 우러러볼 만하다. ¶훌륭한 지도자. 2 (사물의 상태가) 썩 좋아서 나무랄 데가 없다. ¶훌륭한 솜씨. 훌륭-히 (부) ¶자식을 ~ 키우다.

훌리건(hooligan) 몡 경기장 등에서 난동을 일으키는 극렬 축구 팬.

훌쩍¹ 몡 1 단숨에 가볍게 뛰거나 날아오르는 모양. ¶장애물을 ~ 뛰어넘다. 2 액체를 단숨에 남김없이 들이마시는 소리. 또는, 그 모양. ¶우유를 ~ 마시다. 3 흘러내리는 콧물을 들이마시는 소리. 또는, 그 모양. (작)홀짝. 훌쩍-하다 동(타)여

훌쩍² 몡 망설이지 않고 갑자기 떠나는 모양. ¶고향을 ~ 떠나다.

훌쩍-거리다/-대다[-꺼(때)-] 동(자)(타) 자꾸 훌쩍거리다. ¶훌쩍거리지만 말고 자세히 얘기해 봐. 훌쩍거리다.

훌쩍-이다 동(자)(타) 1 적은 양의 액체를 들이마시다. 2 콧물을 들이마시다. 또는, 콧물을 들이마시면서 느끼어 울다. (작)홀짝이다.

훌쩍-훌쩍[-쩌쿡-] 몡 훌쩍거리는 모양.

[작]홀짝홀짝. **훌쩍훌쩍-하다** [동][자][타][여]

훌쭉-하다[–쭈카–] [형][여] '홀쭉하다'의 큰말. **훌쭉-히** [부]

훌훌 [부] **1** 날짐승이 날개를 가볍게 치며 나는 모양. ¶학이 ~ 날다. **2** 시간적 사이를 두고 몸을 가볍게 움직여 날듯이 뛰는 모양. **3** 가벼운 물건을 계속 멀리 던지거나 뿌리는 모양. ¶볍씨를 ~ 뿌리다. **4** 옷 같은 것을 자꾸 떠는 모양. ¶이불을 ~ 털다. **5** 옷 따위를 거침새 없이 벗어부치는 모양. ¶옷을 ~ 벗다. **6** 묽은 죽이나 국 같은 것을 시원스럽게 들이마시는 모양. ¶국물을 ~ 마시다. **7** 불이 시원스럽게 타오르는 모양. ¶집이 ~ 타다. [작]홀홀.

훑다[훌따] [동][타] **1** (긴 물체를) 거기에 달린 작은 물체가 떨어지도록 다른 물체의 좁은 틈에 끼워 잡아당기다. ¶벼를 ~. **2** (물체의 표면이나 표면에 붙어 있는 것을) 깎거나 떨어지게 하다. ¶그물로 바다 밑을 ~. **3** (사람의 몸이나 어떤 장소나 책·글 따위를) 전체를 죽 더듬어 살피다. ¶서류를 처음부터 끝까지 죽 ~.

훑어-가다 [동][타] **1** 어느 한쪽에서부터 더듬거나 살피어 가다. **2** 있는 대로 빡빡 뺏어 가다.

훑어-보다 [동][타] 위아래로 빈틈없이 눈여겨보다. ¶사람을 위아래로 ~.

훑-이다[훌치–] [동][자] '훑다'의 피동사. ×훌치다.

훔볼트, 빌헬름 폰(Humboldt, Wilhelm von) [명][인] 독일의 철학자·언어학자(1767~1835).

훔쳐-보다[–처–] [동][타] **1** 몰래 엿보다. **2** 남이 모르게 흘깃흘깃 보다.

훔치다 [동][타] **1** (물체의 겉에 묻어 있는 물기나 물질을 천으로 된 물건으로) 물체의 면에 대고 밀거나 당겨 없어지거나 깨끗해지게 하다. [비]닦다. ¶걸레로 방을 ~. **2** (남의 물건이나 돈 등을) 다른 사람들이 모르게 가져다가 자기 것으로 삼다. [비]슬쩍하다. **3** 야구에서, (출루한 주자가 다음 누를) 수비의 허점을 틈타 뛰어가 차지하다. ¶2루 주자가 3루를 ~.

훔켜-잡다[–따] [동][타] '움켜잡다'의 거센말.

훗ː-날(後–)[훈–] [명] 뒤에 올 날. [비]뒷날·앞날. ¶~을 기약하다.

훗ː-달(後–)[후딸/훋딸] [명] **1** =내달. **2** 어떤 달을 기준으로 하여 그달 뒤에 돌아오는 달. [비]익월.

훗훗-하다[후투타–] [형][여] **1** 좀 갑갑할 정도로 훈훈하게 덥다. **2** 마음을 부드럽게 녹여 주는 듯한 훈김이 있다. ¶그 마을 사람들의 순박한 인간미가 **훗훗하게** 느껴졌다. **훗훗-이** [부]

훠이 [감] 새 떼를 쫓을 때 사람이 지르는 소리. =후여. ¶"저놈의 까치, ~! ~!"

훤칠-하다 [형][여] (키가) 늘씬하게 크다. 또는 (외모가) 보기 좋게 훤하다. [비]헌칠하다. ¶동생은 작달만한데 형은 ~. **훤칠-히** [부]

훤ː-하다 [형][여] **1** (공간이나 빛이) 다소 흐릿하게 밝다. ¶날이 밝아 창이 ~. **2** (공간의 앞이) 넓고 탁 트인 상태에 있다. ¶**훤하게** 트인 신작로. **3** 어떤 일이나 대상에 대해 분명하게 알고 있는 상태에 있다. ¶그런 일이야 보지 않고도 **훤하게** 안다. **4** (사람의 얼굴이나 얼굴빛이) 잘생기거나 혈색이 돌아 보기에 좋은 상태에 있다. ¶인물이 ~. [작]환하다. **훤ː-히** [부] ¶그들의 비밀을 나는 ~ 알고 있다.

훨씬 [부] **1** 어떤 것에 비하여 그 정도가 더하게. ¶이것은 저것보다 ~ 크다. **2** 제법 넓게 벌어지거나 열린 모양.

훨훨 [부] **1** 불길이 세고 시원스럽게 타오르는 모양. ¶장작불이 ~ 타오르다. **2** 날짐승이 높이 떠서 느릿느릿 날개를 치며 시원스럽게 나는 모양. ¶새가 ~ 날아가다. **3** 부채 따위로 느릿느릿 시원스럽게 부치는 모양. **4** 옷을 시원스럽게 벗는 모양. ¶옷을 ~ 벗어던지다. [작]활활.

훼ː방(毁謗) [명] (남의 일을) 잘못되도록 헐뜯거나 좋지 않은 짓을 하는 것. [비]방해. **훼ː방-하다** [동][타][여]

훼방(을) 놓다 남의 일을 방해하다.

훼ː방-꾼(毁謗–) [명] 훼방을 놓는 사람.

훼ː상(毁傷) [명] 몸에 상처를 내는 것. **훼ː상-하다** [동][타][여]

훼ː손(毁損) [명] **1** 헐어서 못 쓰게 하는 것. **2** 체면이나 명예를 손상하는 것. ¶명예 ~. **훼ː손-하다** [동][타][여] **훼ː손-되다** [동][자]

휑뎅그렁-하다 [형][여] **1** 속이 비고 넓기만 하여 허전하다. **2** 넓은 공간에 들어 있는 것이 조금밖에 없어 허전하고 빈 것 같다. [준]휑하다.

휑-하다 [형][여] **1** 막힘이 없이 잘 알아 환하다. ¶영어 문법에 대해 ~. **2** 구멍 따위가 시원스럽고 밝게 잘 뚫려 있다. ¶**휑하게** 뚫린 굴. **3** '휑뎅그렁하다'의 준말. **4** 눈이 쑥 들어가 보이고 정기가 없다. ¶앓고 나더니 눈이 ~.

휘[1] [부] **1** 센 바람이 가늘고 긴 물건에 부딪쳐 나는 소리. **2** 숨을 한꺼번에 세게 내쉬는 소리. **3** 사방을 대강 둘러보는 모양. ¶한 바퀴 ~ 돌아보다.

휘-[2] [접두] **1** '감다/돌다/말다' 등의 동사에 붙어, 그 움직임이 '휘휘' 이루어짐을 나타내는 말. ¶~감다 / ~돌다. **2** 일부 동사에 붙어, 그 동작이나 행동이 '마구', '심하게' 이루어짐을 나타내는 말. ¶~날리다 / ~몰아치다. **3** 일부 형용사에 붙어, '매우'의 뜻을 나타내는 말. ¶~둥그렇다 / ~둥글다.

휘[3](諱) [명] 죽은 조상이나 높은 어른의 이름. ▷휘자.

휘-갈기다 [동][타] 휘둘러 갈기다. ¶**휘갈겨** 쓴 글씨.

휘감-기다 [동][자] '휘감다'의 피동사. ¶젖은 바지가 다리에 ~.

휘-감다[–따] [동][타] 마구 휘둘러 감다. ¶머리에 붕대를 친친 ~.

휘갑치-기 [명] 옷감 따위의 마름질한 가장자리가 풀리지 않도록 꿰매는 일.

휘갑-치다 [동][타] 피륙·멍석·돗자리 등의 가장자리가 풀리지 않도록 얽어서 둘러 감아 꿰매다.

휘-날리다 [동] [1][자] **1** 바람에 거세게 나부끼다. ¶**휘날리는** 태극기. **2** 거세게 펄펄 흩어져 날다. ¶눈보라가 ~. [2][타] **1** 바람에 거세게 나부끼게 하다. ¶깃발을 ~. **2** 거세게 펄펄 흩어져 날게 하다. ¶갈기를 ~. **3** (명성·이름 등을) 널리 떨치다.

휘-늘어지다 [동][자] 풀기가 없이 아래로 축 휘어져 늘어지다. ¶**휘늘어진** 버들가지.

휘다 [동] [1][자] (나무·쇠 등의 물체나 허리 따위가) 힘을 받거나 변형되어 구부러지다. ¶상다리가 **휘도록** 음식을 차렸다. [2][타] (나무·쇠 등의 곧은 물체를) 힘을 주어 구부리다. ¶나뭇가지를 **휘어서** 먹다.
휘-덮다[-덥따] 图(타) 휘몰아 덮다.
휘덮-이다 图(자) '휘덮다'의 피동사.
휘도(輝度)[-또] 图(물) 발광체의 단위 면적당의 밝기.
휘-돌다 图(자)〈~도니, ~도오〉 1 어느 점을 중심으로 하여 마구 돌다. 2 굽이를 따라 휘어 돌다. 3 여러 곳을 순서대로 돌다. ¶마을을 한 바퀴 ~. 4 어떤 기운이나 공기가 거칠게 떠돌다. ¶찬바람이 ~.
휘돌-리다 图(타) '휘돌다'의 사동사.
휘-두르다 图(타)〈~두르니, ~둘러〉 1 무엇을 이리저리 마구 내어 두르다. ¶팔을 ~. 2남을 정신 차릴 수 없도록 얼 떨하게 만들다. 3남의 뜻을 무시하고 자기가 원하는 대로 하다. ¶권력을 ~.
휘-둘러보다 图(타) 휘휘 둘러보다.
휘둘리다 图(자) '휘두르다'의 피동사.
휘-둥그렇다[-러타] 图(자)〈~둥그러니, ~둥그러오, ~둥그렇〉 놀라거나 두려워서 크게 뜬 눈의 모양이 그렇다.
휘둥그레-지다 图(자) 눈이 휘둥그렇게 되다. ¶깜짝 놀라 눈이 ~.
휘-말다 图(타)〈~마니, ~마오〉 1 함부로 휘어 감아 말다. ¶그는 돗자리를 둘둘 **휘말아** 놓 위에 올려놓았다. 2 못 따위를 적셔서 더럽히다.
휘말-리다 图(자) 1 '휘말다'의 피동사. ¶ **휘 말린** 달력을 다리미로 다리다. 2 물살 위에 휩쓸리다. ¶배가 급류에 ~. 3 어떤 사건이나 감정에 완전히 휩쓸려 들어가다. ¶염문에 ~.
휘-모리[图](음) '휘모리장단'의 잘못.
휘모리-장단[图](음) 판소리 및 산조 장단의 한 가지. 처음부터 급하게 휘몰아 부름. ×휘모리.
휘-몰다 图(타)〈~모니, ~모오〉 1 마구 몰 어잡아 몰다. ¶바람이 낙엽을 **휘몰아** 가다. 2 비바람 따위가 어느 지역을 마구 몰 아치다. ¶거센 눈보라가 벌판을 **휘몰고** 지나갔다.
휘몰아-치다 图(자) (비바람 따위가) 세차게 휘몰아 한곳으로 불어치다. ¶눈보라가 ~.
휘-묻이[-무지] 图(농) 식물의 가지를 휘 어 그 끝을 땅속에 묻어서 뿌리가 내 린 뒤에, 그 가지를 잘라 한 개체를 만드 는 인공 번식법. ▷꺾꽂이. **휘묻이-하다** 图(타)
휘발(揮發)[图] 액체가 상온에서 기체로 날아 흩어지는 현상. ▷기화(氣化). **휘발-하다** 图(자타) **휘발-되다** 图(자)
휘발-성(揮發性)[-씽] 图(물) 물질이 휘발하는 성질.
휘발-유(揮發油)[-류] 图[화] 1 =가솔린. 2 끓는점이 30~220℃인 휘발성 경질 석유 제품.
휘석(輝石) 图[광] 철·마그네슘·칼슘 등의 규산염 광물. 화성암·변성암을 구성하는 주요 광물임.
휘슬(whistle) 图 1 운동 경기 따위에서, 심판 등이 입에 물고 불어서 어떤 신호로서 소리를 내는 물건. 비)호루라기. ¶주심이 경기 종료를 알리는 ~을 불다.
휘안-석(輝安石) 图[광] 안티몬의 황화물로 이루어진 광물. 연회색으로 금속광택이 나며, 안티몬의 원료 광석임.
휘어-들다 图(자)〈~드니, ~드오〉 안쪽으로 굽어지다. 또는, 안쪽으로 휘어져 들

어오거나 들어가다. ¶코너킥이 절묘하게 **휘어들어** 골인되었다.
휘어-잡다[-따] 图(타) 1 구부려 거머잡다. ¶팔을 ~. 2 사람을 손아귀에 넣고 부리다. ¶부하 직원을 ~.
휘어-지다 图(자) 곧은 물체가 어떤 힘을 받아서 구부러지다. ¶나뭇가지가 ~.
휘영청 (튀) 달빛 따위가 몹시 환하게 밝은 모양. ¶~ 밝은 달.
휘우듬-하다 (형) 조금 휘어 듯하다. ¶**휘우듬한** 해안선. **휘우듬-히** (튀)
휘자(諱字)[-짜] 图 죽은 조상이나 높은 어른의 이름자.
휘장(揮帳) 图 피륙을 여러 폭으로 이어서 둘러치는 장막.
휘장²(徽章) 图 =배지(badge).
휘적-거리다/-대다[-꺼(때)-] 图(자타) 걸을 때에 두 팔을 잇달아 자꾸 휘젓다.
휘적-휘적[-저꺼-] (튀) 휘적거리는 모양. **휘적휘적-하다** 图(자타)
휘-젓다[-젇따] 图(타시)〈~저으니, ~저어〉 1 (액체 등을) 길이가 있는 물체로 골고루 섞이게 마구 젓다. ¶달걀을 풀어 ~. 2 걷거나 할 때 팔을 심하게 앞뒤로 또는 이리저리 움직이다. ¶팔을 **휘저으며** 걷다. 3 (사람이 어느 곳을) 마구 다니면 서 질서나 분위기를 어지럽히다. ¶불량배 들이 거리를 **휘젓고** 다닌다. 4 (마음을) 마구 흔들어 어지럽게 만들다. ¶사람 마음을 **휘저어** 놓다.
휘-주무르다 图(타)〈~주무르니, ~주물 러〉 아무 데나 마구 주무르다.
휘지다 图(자) 앓거나 시달려 기운이 빠지거나 기력이 쇠약해지다. ¶며칠 된통 앓고 났더니 몸이 **휘진다**.
휘청-거리다/-대다 图(자타) 1 (가늘고 긴 물체가) 탄력 있게 휘어지면서 자꾸 흔들 리다. ¶**휘청거리는** 구름다리. 2 (다리나 몸이, 또는 다리나 몸을) 기운이 빠지거 나 술에 취하거나 하여 똑바로 서거나 걷 지 못하고 자꾸 좌우로 기울거나 기울어 지게 하다. ¶종일 걸었더니 다리가 **휘청 거린다**. 3 (어떤 대상이) 어려움에 부딪 혀 자꾸 위험하거나 불안정한 상태가 되 다. 비유적인 말임. ¶한국 경제가 ~ / 사업 실패로 집안이 ~.
휘청-하다 图(자타) 1 (가늘고 긴 물체가) 한 차례 탄력 있게 휘다. ¶낚싯대가 **휘청하면서** 팽팽해졌다. 2 (다리나 몸이, 또는 다리나 몸을) 한 차례 좌우로 기우 뚱하다. ¶발을 헛디어 몸이 ~. 3 (어떤 대상이) 어려움에 부딪혀 위험하거나 불안정한 상태가 되다. 비유적인 말임. ¶부도 위기로 회사가 ~.
휘청-휘청 (튀) 휘청거리는 모양. **휘청휘청-하다** 图(자타)
휘트먼, 월트 (Whitman, Walt) 图[인] 미국의 시인(1819~1892).
휘파람 图 입술을 좁게 오므리고 그 사이로 입 안의 공기를 불어서 내는 '휘' 하는 소리. 또는, 그런 소리로 내는 어떤 곡의 가락.
휘파람-새 图[동] 숲 속 나무에 살며, 몸빛은 회갈색이고 울음소리가 맑고 고운 작은 새. 우리나라에서 흔히 볼 수 있는 여름새임.
휘하(麾下) 图 1 우두머리의 지휘 아래. ¶장군의 ~에 들어오다. 2 우두머리의 지휘 아래에 딸린 사람.

휘호(揮毫) 명 서예·문인화 등에서, 붓으로 글이나 그림을 그리는 것. 또는, 그 글이나 그림. ¶신춘 ~. **휘호-하다** 톤

휘황찬란-하다(輝煌燦爛─) [-찰-] 형여 (불빛이나 반사되는 빛 따위가) 정신을 빼앗을 만큼 눈부시게 빛나는 상태에 있다. ¶네온사인이 ~. 준휘황하다.

휘황(輝煌─) 團『휘황찬란하다'의 준말. ¶완락가의 **휘황한 불빛. 휘황-히** 튼

휘-휘 튼 1 여러 번 휘감거나 감기는 모양. ¶실을 ~ 감다. 2 이리저리 휘두르는 모양. ¶지팡이를 ~ 내두르다. 3 이리저리 둘러보는 모양. ¶사방 안을 ~ 둘러보다.

휘휘-하다 형여 무서운 느낌이 들 정도로 쓸쓸하고 적막하다.

휙 튼 1 재빨리 돌아가는 모양. ¶모퉁이를 ~ 돌아가다. 2 바람이 갑자기 세게 부는 모양. 3 갑자기 힘차게 던지는 모양. ¶공을 ~ 던지다. 4 갑자기 지나가거나 내로르는 모양. 5 일을 빨리 해치우는 모양. ¶숙제를 ~ 해치우다. 좌획.

휙-휙 [휘] 튼 1 계속해서 급히 돌아가는 모양. 2 바람이 잇달아 세게 부는 모양. 3 자꾸 세게 던지는 모양. 4 계속해서 빠르게 지나가거나 떠오르는 모양. 좌획획.

휠체어(wheelchair) 團 다리를 잘 못 쓰는 사람이나 몸을 가누기 어려운 환자 등이 앉은 채로 이동할 수 있도록 바퀴를 단 의자.

휩싸다 囲 1 (물건을) 휘둘러 감아서 싸다. 2 (불길·연기·눈 따위가) 온통 뒤덮다. 3 (어떤 대상을) 어떤 감정이나 분위기에 폭짝싸이 놓이게 하다. ¶공포감이 그의 마음을 휩쌌다.

휩싸-이다 困 '휩싸다'의 피동사. ¶집이 화염에 ~.

휩쓸다 囲 (휩스니, 휩쓰오) 1 (태풍이나 홍수 따위가 어느 곳을) 강한 힘으로 타격을 주다. ¶태풍이 남해안을 **휩쓸고** 지나갔다. 2 (전쟁이나 전염병이나 기타의 현상이 어느 곳을) 강력한 영향을 미치다. ¶전쟁이 **휩쓸고** 간 폐허의 땅. 3 (사람이나 단체가 여러 상이나 메달이나 대회 등을) 모두 타거나 따거나 이기다. ¶그 선수는 전국 규모의 대회를 모두 **휩쓸었다.** 4 (상이나 어느 곳을) 거침없이 다니면서 함부로 행동하다.

휩쓸-리다 톤困 '휩쓸다'의 피동사. ¶분위기에 ~.

휭 튼 1 바람이 갑자기 빠르고 세게 부는 소리. 2 바람을 일으키며 빠르게 날아가거나 떠나가 버리는 소리. 또는, 그 모양. ¶말을 마치기 무섭게 ~ 나가 버리다.

휭-하니 튼 지체하지 않고 곧장 빠르게 가는 모양.

휴! [감] '후유'의 준말.

휴가(休暇) 團 속해 있는 직장이나 군대 등의 허가를 받아 일정 기간을 쉬는 것. 또는, 그 기간. ¶유급 ~ / 월차 ~.

휴가-철(休暇─) 團 많은 사람이 휴가를 즐기는 기간.

휴간(休刊) 團 신문·잡지 등의 정기 간행물의 발행을 한때 쉬는 일. **휴간-하다** 톤困 **휴간-되다** 困

휴강(休講) 團 강의를 쉬는 것. **휴강-하다** 톤困

휴거(携擧) 團[기] 예수가 재림할 때 구원받는 사람을 공중으로 들어 올리는 것. **휴거-하다** 톤困

휴게(休憩) 團 일을 하거나 길을 걷다가 잠깐 쉬는 것. 비휴식. **휴게-하다** 困

휴게-방(休憩房) 團 1 = 전화방. 2 잠시 머물러 휴식이나 수면을 취할 수 있는 시설을 갖춘 업소.

휴게-소(休憩所) 團 잠깐 동안 머물러 쉬도록 마련한 장소. ¶간이 ~.

휴게-실(休憩室) 團 잠시 머물러 쉴 수 있게 마련해 놓은 방.

휴경(休耕) 團 부치던 땅을 얼마 동안 묵히는 것. **휴경-하다** 톤困

휴관(休館) 團 도서관·미술관·영화관 등이 일반에게 공개되지 않고 쉬는 것. **휴관-하다** 톤困

휴교(休校) 團 1 학교가 수업을 한동안 쉬는 것. 2 학생들이 학교 수업을 쉬는 것. ¶동맹 ~. **휴교-하다** 톤困

휴교-령(休校令) 團[교] 학교에 대하여 건물 관리 등의 단순한 관리 업무를 제외한 학교의 모든 기능을 정지시키는 명령.

휴대(携帶) 團 손에 들거나 몸에 지니는 것. **휴대-하다** 톤困 ¶주민 등록증을 상시 ~.

휴대-용(携帶用) 團 (일부 명사 앞에 쓰여) 손에 들거나 몸에 지니고 다닐 수 있게 만든 물건. ¶~ 물통 / ~ 녹음기.

휴대^전화(携帶電話) 團 ¶의 회복을 염원한다. 여 옥내·옥외는 물론 이동 중에도 통화할 수 있는 소형 무선 전화기. =핸드폰.

휴대-폰(携帶phone) 團 '휴대 전화'로 순화.

휴대-품(携帶品) 團 몸에 지니거나 손에 들고 다니는 물건.

휴머니스트(humanist) 團 인간다운 따뜻한 인정이 있는 사람. 또는, 휴머니즘의 입장에 선 사람.

휴머니즘(humanism) 團 1 = 인도주의. 2 = 인문주의.

휴머니티(humanity) 團 '인간성', '인간애'로 순화. ¶~의 회복을 염원한다.

휴먼-드라마(human drama) 團 인간애나 인간 승리를 감동적으로 그린, 영화나 드라마나 소설이나 논픽션.

휴먼^릴레이션스(human relations) 團 조직에서의, 사람과 사람의 심리적 관계.

휴면(休眠) 團 1 사물이 거의 활동하지 않는 것. 2 [생] 동식물이 일정 기간 생활 기능을 활발하게 하지 않거나 발육을 정지하는 것. ¶~기(期). **휴면-하다** 톤困

휴무(休務) 團 직무를 하루 또는 한동안 쉬는 것. ¶토요일 ~.

휴무-일(休務日) 團 직무를 보지 않고 쉬는 날. ¶정기 ~.

휴식(休息) 團 일의 도중에서 잠깐 쉬는 것. 비휴게·휴지. ¶~ 시간. **휴식-하다** 톤困

휴식-처(休息處) 團 휴식하는 곳.

휴양(休養) 團 기후·경치 등이 좋은 곳에서 편히 쉬면서 심신을 건강하게 하는 것. **휴양-하다** 톤困

휴양-림(休養林) [-님] 團 '자연 휴양림'의 준말.

휴양-지(休養地) 團 기후·경치 등이 좋아 휴양하기에 알맞은 곳.

휴업(休業) 團 사업이나 영업을 일시적으로 중단하고 한동안 쉬는 것. ¶금일 ~. ▷개업. **휴업-하다** 톤困

휴일(休日) 團 일요일이나 공휴일과 같이

일을 하지 않고 쉬는 날.
휴전(休戰) 圏[군] 전쟁 당사국들이 서로 협정을 맺고 전쟁을 일시적으로 멈추는 것. ¶~ 협정. **휴전-하다** 동(자)(여) **휴전-되다** 동(자)(여)
휴전-선(休戰線) 圏 휴전 협정에 따라서 결정되는 쌍방의 군사 분계선.
휴정¹(休廷) 圏 법원에서, 재판 도중에 쉬는 일. ¶~을 선언하다. ▷개정(開廷). **휴정-하다** 동(자)(여)
휴정²(休靜) 圏[인] '서산 대사'의 법명.
휴지¹(休止) 圏 1 하던 것을 멈추고 쉬는 것. ㉠휴식. 2[법] 당사자의 의사 태도에 의하여 소송 절차의 진행을 정지하는 일. **휴지-하다** 동(자)(여)
휴지²(休紙) 圏 1 못 쓰게 된 종이. 2 밑을 닦는다든지 코를 풀 때 쓰는 허드레 종이. =화장지.
휴지-통(休紙桶) 圏 휴지나 자질구레한 쓰레기를 버리는 통.
휴지-화(休紙化) 圏 (어떤 일이) 이행되지 않아 쓸모없게 되는 것. 또는, (어떤 일을) 이행하지 않아 쓸모없게 만드는 것. **휴지화-하다** 동(자)(여)(여) **휴지화-되다** 동(자) ¶예산 삭감으로 그 계획은 휴지화되고 말았다.
휴직(休職) 圏 봉급생활자가 그 신분과 자격을 지니면서 일정한 기간 직무를 쉬는 것. **휴직-하다** 동(자)(여)
휴직-원(休職願) 圏 다니는 직장을 일정 기간 쉬겠다고 직장에 제출하는 서류.
휴진(休診) 圏 의료 기관에서 진료를 쉬는 것. **휴진-하다** 동(자)(여)
휴학(休學) 圏[교] 질병·사고, 기타 사정으로 재적한 채 한동안 학교를 쉬는 것. ¶~원(願). **휴학-하다** 동(자)(여) ¶병으로 1년을 ~.
휴한(休閑) 圏[농] 토양을 개량하기 위해 일정 기간 작물 재배를 중지하는 것.
휴-화산(休火山) 圏[지] 옛날에 분화하다가 지금은 분화를 멈추고 있으나, 앞으로 활동할 가능성이 있는 화산. ▷활화산.
휴회(休會) 圏 1 회의 도중에 쉬는 것. 2[법] 국회 따위가 스스로 의사(議事)를 중지하고 쉬는 것. 3[경] 거래소에서 입회를 쉬는 것. **휴회-하다** 동(자)(여) **휴회-되다** 동(자)
흄, 토머스 어니스트(Hulme, Thomas Ernest) 圏[인] 영국의 철학자·평론가(1883~1917).
흉 圏 1 살갗의 상처가 아문 뒤에 남은 자국. ㉠흉터. ¶~이 지다. 2 남의 비웃음을 살 만한 거리. =허물. ¶~을 보다.
흉가(凶家) 圏 그 집에 사는 사람마다 흉한 일을 당하는 불길한 집.
흉강(胸腔) 圏[생] 늑골·가슴등뼈·가슴뼈·가로막으로 둘러싸인 공간. 내부에 심장·폐·대동맥·식도가 있음.
흉계(凶計·兇計) [-계/-게] 圏 흉악한 계책. ¶~를 꾸미다.
흉골(胸骨) 圏(생) =가슴뼈.
흉괘(凶卦) 圏 좋지 않은 점괘. ↔길괘.
흉금(胸襟) 圏 가슴속에 품은 생각. ㉠속마음. ¶~을 토로하다.
  흉금을 털어놓다 가슴속의 생각을 스스럼없이 모두 털어놓고 이야기하다.
흉기(凶器·兇器) 圏 사람을 살상(殺傷)할 때 쓰는 연장. ¶~를 휘두르는 강도.
흉내 圏 [주로 '내다'와 함께 쓰이어] 남이 하는 말이나 행동을 그대로 옮겨서 하는 것. ¶창호는 원숭이 ~를 잘 낸다.
흉내-말(-말) 圏[언] 어떤 사물이나 현상의 소리·모양·동작을 흉내 내어 이르는 말. =의성어와 의태어가 있다.
흉년(凶年) 圏[농] 농작물이 잘되지 않은 해. ↔풍년.
흉노(匈奴) 圏[역] 중국 진(秦)·한(漢) 대에, 몽골 고원에서 활약한 유목 기마 민족.
흉몽(凶夢) 圏 불길한 꿈. ↔길몽.
흉물(凶物) 圏 1 성질이 음흉한 사람. 2 흉측스럽게 생긴 사람이나 동물이나 물건.
  흉물(을) 떨다 음흉한 속셈으로 의뭉을 피우다.
흉물-스럽다(凶物-) [-따] 휑[ㅂ]⟨-스러우니, -스러워⟩ 흉물에 가까운 데가 있다. ¶부서진 자동차가 골목길에 **흉물스럽**게 버려져 있다. **흉물스레** 튀
흉변(凶變) 圏 사람이 죽는 등의 불길한 사건.
흉보(凶報) 圏 1 불길한 기별. 2 사람이 죽었다는 통지. =부고(訃告).
흉-보다 동(타) (남을) 흉을 들어 말하면서 비웃거나 한심하게 여기다. ¶그는 제 흉은 모르고 남 흉보기에 바쁘다.
흉부(胸部) 圏[생] 가슴 부위. 특히, 심장·폐·늑골 등이 있는 해부학적 대상으로서의 가슴. ¶~ 엑스선 검사.
흉사(凶事) 圏 사람이 죽는 일.
흉상¹(凶相) 圏 1 좋지 목한 관상. ↔길상. 2 보기 흉한 사람의 몰골.
흉상²(胸像) 圏 가슴 윗부분의 사람 형상을 나타낸 조각상이나 초상화.
흉식^호흡(胸式呼吸) [-시고-] 圏 늑골의 상하 운동에 의한 흉강의 팽창과 수축이 이뤄지는 호흡. ▷복식 호흡.
흉악망측-하다(凶惡罔測-) [-앙-츠카-] 휑 ⟨하는 짓이나 모습이⟩ 흉악하여 차마 보거나 견디기 어렵다. ¶**흉악망측**한 짓을 한다.
흉악무도-하다(凶惡無道-) [-앙-] 휑(여) 성질이 사납고 악하며 도의심이 없다. ¶**흉악무도**한 강도.
흉악-범(凶惡犯) [-뱀] 圏 흉악한 범죄를 저지른 사람. 또는, 그런 범죄.
흉악-하다(凶惡-·兇惡-) [-아카-] 휑 여 1 ⟨하는 짓이나 마음이⟩ 흉악하고 악하다. ¶**흉악한** 범인. 2 (생김새가) 흉하고 무섭다. ¶**흉악한** 모습.
흉어(凶漁) 圏 물고기가 아주 적게 잡힘. ↔풍어.
흉위(胸圍) 圏 =가슴둘레.
흉일(凶日) 圏 불길하거나 언짢은 날. ↔길일.
흉작(凶作) 圏[농] 자연재해·일기불순 등으로 농작물의 수확이 평년작을 훨씬 밑도는 것. 또는, 그런 농사. ↔풍작.
흉-잡다[-따] 동(타) (남의) 잘못을 꼬집어서 들추어내다.
흉잡-히다[-자피-] 동(자) '흉잡다'의 피동사. ¶남에게 **흉잡힐** 짓은 하지 마라.
흉조¹(凶兆) 圏 불길한 조짐. ↔길조(吉兆).
흉조²(凶鳥·兇鳥) 圏 흉물스러운 새. ↔길조(吉鳥).
흉중(胸中) 圏 가슴속. 또는, 마음. ¶오랫동안 품고 있던 ~의 말을 쏟아 놓다.
흉추(胸椎) 圏[생] 척추에서, 경추와 요추

사이에 있는 추골. 사람의 경우에는 12개로 구성됨.

흉측-스럽다(凶測-)[-쓰-따][형]ㅂ<-스러우니, ~스러워> 흉측한 데가 있다. ¶흉측스러운 생각. **흉측스레**[부]

흉측-하다(凶測--·兇測-)[-츠카-][형여](생김새가) 흉하여 징그럽거나 싫다. ¶흉측한 얼굴 표정.

흉탄(凶彈·兇彈)[명] 흉한이 쏜 탄알.

흉-터[명] 살갗의 상처가 아문 뒤에 그 흔적이 남은 자리.

흉포-하다(凶暴-·兇暴-)[형여] 매우 거칠고 사납다. ¶흉포한 무리. **흉포-히**[부]

흉포-화(凶暴化)[명] (사람의 행동이나 성질이) 흉포한 상태로 되는 것. **흉포화-하다**[자여] ¶범죄 수법이 날로 ~. **흉포화-되다**[동자]

흉-하다(凶-)[형여] 1 (모습이) 보기 싫거나 불쾌하다. ¶몰골이 ~. 2 운이 사납거나 불길하다. ¶꿈에 쉬가 빠지면 ~.

흉한(凶漢·兇漢)[명] 흉악한 짓을 하는 사람. [비]악당·악한.

흉허물[명] 흉이나 허물이 될 만한 일. **흉허물(이) 없다** 서로 흉허물을 가리지 않을 만큼 사이가 가깝고 친하다.

흉흉-하다(洶洶-)[형여] 1 물결이 어지럽게 일어나 세차다. 2 술렁술렁하여 매우 어수선하다. ¶민심이 ~. **흉흉-히**[부]

흐느끼다[동자] 흑흑 소리를 내면서 서럽게 울다.

흐느낌[명] 흑흑 느껴 우는 것.

흐느적-거리다/-대다[-꺼(때)-][동자][비] (길거나 얇은 물체가) 자꾸 느리고 다소 무겁게 구불구불 움직이다. ¶문어가 긴 다리를 ~. **흐느적거리다**[동자].

흐느적-흐느적[-저크-][부] 흐느적거리는 모양. [파]하느작하느작. **흐느적흐느적-하다**[동자]

흐늘-거리다/-대다[동자][비] (길이나 평면이 있는 물체가) 자꾸 출렁이듯 둔하고 부드럽게 움직이다. 또는, 그렇게 되게 하다. [파]하늘거리다.

흐늘-흐늘[부] 흐늘거리는 모양. [파]하늘하늘. **흐늘흐늘-하다**[동자][비]

흐늘흐늘-하다[2][형여] 물체가 지나치게 무르거나 성기어 뭉크러질 듯하다. ¶나물을 너무 삶아서 ~. [파]하늘하늘하다.

흐드러-지다[형여] 1 많은 꽃이 활짝 핀 상태가 볼만한 광경을 이룬 상태에 있다. ¶뜰에 벚꽃이 **흐드러지게** 피었다. 2 흡족하도록 넉넉하다. ¶**흐드러지게** 먹고 마시다.

흐루쇼프, 니키타 세르게예비치(Khrushchev, Nikita Sergeevich)[명][인] 소련의 전 총리(1894~1971).

흐루시초프[명][인] '흐루쇼프(Khrushchev)'의 잘못.

흐르다[동자]〈흐르니, 흘러〉[I][자] 1 (액체 상태의 물질이) 높은 곳에서 낮은 곳으로 움직이다. ¶냇물이 ~. 2 (공중의 공기나 구름·안개 등이) 기압이 높은 곳에서 낮은 곳, 또는 바람의 작용을 받아 움직이다. ¶제트 기류가 ~. 3 (가루 상태의 물질이) 작은 구멍이나 틈으로 빠져나가다. ¶새다. 4 (얼마의 길이를 가진 시간이나 세월 등이) 현재의 상태에서 과거의 상태가 되다. [비]지나다·가다. ¶벌써 한 지 10년이 **흘렀다**. 5 (전기나 액체 등이) 선(線)이나 관(管)을 통해 일정한 방향으로 움직이다. ¶고압 전류가 **흐르는** 전선. 6 (조용한 상태나 비교적 조용한 음악이) 어느 공간에서 얼마 동안 이어지다. ¶정적이 ~. 7 (물체가) 표면에 번질번질한 상태가 나타나다. ¶기름기가 **흐르는** 샌님살. 8 (사람의 태도나 모습이) 어떤 경향이나 상태를 띠거나 나타내다. ¶귀티가 ~. 9 (일이) 어떤 방향으로 바람직하지 나아가다. ¶이야기가 엉뚱한 방향으로 ~. 10 (물체의 바깥을 이루는 선이) 매끄럽게 이어진 상태가 되다. ¶고혹적으로 **흐르는** 여체의 곡선. [II][타] (액체 상태의 물질을 그 곳을) 나아가면서 움직이다.

흐름[명] 1 물 따위가 흐르는 것. 2 비유적으로 쓰여, 시간적으로 흐르는 것. ¶역사의 ~.

흐리다[1][동][비] 1 (사람이나 동물이 물을) 흙이나 더러운 물질이 섞이어 하여 속이 또렷하게 보이지 않게 하다. ¶미꾸라지 한 마리가 온 웅덩이 물을 **흐린다**. 2 (어떤 물질이 유리와 같이 투명한 물체를) 그 표면에 끼거나 덮어 속이 또렷하게 보이지 않게 하다. 3 (사람이 말 따위를) 잘 알아들을 수 없게 발음하다. ¶말끝을 ~. 4 (사람이 얼굴 표정을) 걱정하거나 사람이 있는 것과 같은 상태가 되게 하다. ¶얼굴 빛을 ~. 5 (욕심이나 어떤 정서의 상태가 사람의 생각이나 판단을) 올바르게 이루어지지 못하게 하다. ¶감정의 동요가 판단력을 ~. 6 (어떤 사람이 여러 사람이 이루는 분위기를) 좋지 않은 상태로 만들다. ¶사무실 분위기를 ~.

흐리다[2] 1 (사람이나 유리 등의 물질이나 물체가) 사람이나 더러운 것이 섞이거나 묻어 속이 또렷하게 보이지 않는 상태에 있다. ¶부옇다·탁하다. ¶비가 온 뒤라 냇물이 ~. 2 (날씨나 하늘이) 구름이 많이 낀 상태에 있다. 또는, 그런 탓으로 햇빛이 환하지 못한 상태에 있다. ¶**흐린** 날씨. ↔맑다. 3 (전등불이나 촛불 등의 불빛이) 밝게 비치지 못하는 상태에 있다. ¶**흐린** 불빛. 4 (사물의 색채나 밝기, 윤곽 등이) 또렷하지 못하고 희미하거나 어렴풋하다. [비]흐릿하다. ¶사진이 **흐리게** 나왔다. 5 (사람의 얼굴 표정이) 걱정이나 시름, 언짢은 기분이 나타난 상태에 있다. ¶안색이 ~. 6 (사람의 의식이나 정신이) 또렷하지 않고 흐리멍덩하다. ¶노인이라 정신이 ~. 7 (기억하거나 판단·분별하는 것이) 또렷하거나 똑똑하지 않고 어렴풋하다. ¶오래 된 일이라 기억이 ~. 8 (눈이) 잘 보이지 않는 상태에 있다.

흐리-마리[부] 생각이나 기억, 일 등이 분명하지 않은 모양. ¶딱 부러지지 않게 ~ 대답하다. **흐리마리-하다**[자여]

흐리멍덩-하다[형여] 1 기억이 아름아름하여 똑똑하지 못하고 흐리다. ¶기억이 ~. 2 일의 경과나 결과가 분명하지 않다. ¶셈이 ~. 3 정신이 가물가물하여 몽롱하다. 4 귀에 들리는 것이 희미하다. ✕흐리멍텅하다. **흐리멍덩-히**[부]

흐리멍텅-하다[형여] '흐리멍덩하다'의 잘못.

흐리터분-하다[형여] (사람의 행동·태도 등이) 분명한 맛이 없이 흐릿하고 둔하다. ¶**흐리터분한** 사람. **흐리터분-히**[부]

흐릿-하다[-리타-][형여] 조금 흐리다. ¶날이 온실 ~.

1376_흐무러지다

흐무러-지다 [동](자) 1 잘 익어서 무르녹다. ¶흐무러진 홍시(紅柹). 2 물에 불어서 아주 물러지다.

호물-호물 [부] 1 훨씬 익어서 매우 무른 모양. 2 엉길 힘이 없어 아주 흐무러진 모양. 호물호물-하다 [형](여) ¶시금치가 너무 데쳐져 ~.

흐뭇-하다 [-무타-] [형](여) 마음이 흡족하여 불만이 없다. ¶흐뭇한 인정. 흐뭇-이 [부]

흐벅-지다 [-찌-] [형] (살 따위가) 탐스럽게 부피가 있고 부드럽다.

흐지-부지 [부] [<だ지비지(諱之祕之)] 끝을 분명히 맺지 못하고 흐리멍덩하게 넘겨 버리는 모양. ¶일이 ~ 끝나다. 흐지부지-하다 [동](자) 흐지부지-되다 [동](자) ¶계획이 ~.

흐지부지-하다[2] [형](여) 끝이 분명하지 못하고 흐리멍덩하다.

흐트러-뜨리다/-트리다 [타] 몹시 흐트러지게 하다. ¶머리카락을 ~.

흐트러-지다 [동](자) 1 (가지런하거나 질서 있는 물체가) 일정한 방향 없이 이리저리 얽히거나 들쭉날쭉한 상태가 되다. ¶곱게 빗은 머리가 바람에 ~. 2 (옷차림이나 사람의 자세 등이) 빼딱하게 비뚤어지거나 단정하지 못한 상태가 되다. ¶흐트러진 옷차림새. 3 (사람의 정신 작용이) 집중되지 못하거나 잡념이 생기는 상태가 되다. ¶주의력이 ~. ×흩어지다.

흐흐 [부] 1 주로 남자가 음흉하게 낮은 목소리로 혼자 웃는 소리. 또는, 그 모양. 2 호 못함을 참지 못하여 입을 조금 벌리고 슴 근히 웃는 소리. 또는, 그 모양. 흐흐-하다 [자]

흑[1] [감] 한 번 흐느끼는 소리.
흑[2](黑) [명] '흑지'의 준말.
흑-갈색(黑褐色) [-깔쌕] [명] 검은빛이 도는 짙은 갈색.
흑막(黑幕) [흥-] [명] 겉으로 드러나지 않은 음흉한 내막. ¶사건의 ~을 밝히다.
흑-맥주(黑麥酒) [흥-쭈] [명] 맥주의 한 종류. 착색한 맥아를 사용하므로 암갈색을 띰.
흑반(黑斑) [-빤] [명] 검은 반점.
흑발(黑髮) [명] 검은 머리털. ↔백발.
흑백(黑白) [-빽] [명] 1 검은 빛깔과 흰 빛깔. 2 흑과 백이 흰 흑과 검은빛의 농담으로 이루어진 것. ¶~ 사진. 3 옳고 그름. 잘잘못. ¶~을 가리다. 4 흑인과 백인. ¶~ 분규.
흑백^논리(黑白論理) [-빽놀-] [명] 모든 문제를 흑이 아니면 백, 선이 아니면 악이라는 방식의 두 가지로만 구분하려는 논리. 두 가지 극단 이외의 것을 인정하려 하지 않는 편협한 사고 논리임.
흑백^사진(黑白寫眞) [-빽싸-] [명] 실물의 형상이 검은색 하나의 짙고 엷음으로 나타난 사진. ↔천연색 사진.
흑백^영화(黑白映畵) [-뺑녕-] [명] 화면에 비치는 영상이 검은색 하나의 짙고 엷음으로 나타나는 영화. ↔천연색 영화.
흑백-텔레비전(黑白television) [-빽-] [명] 영상이 검은색 하나의 짙고 엷음으로 나타나는 텔레비전. ↔컬러텔레비전.
흑백^필름(黑白film) [-빽-] [명] 사물을 찍어서 검은색의 짙고 엷음으로 사진을 만들 수 있는 필름. ↔컬러 필름.
흑사-병(黑死病) [-싸뼝] [명][의] =페스트

(pest).
흑산-도(黑山島) [-싼-] [명][지] 전라남도 신안군에 속하는 섬.
흑색(黑色) [-쌕] [명] 1 숯·먹과 같은 빛깔의 색. ↔백색. 2 [사] '무정부주의'를 상징하는 빛깔. ¶~ 분자.
흑색-선전(黑色宣傳) [-쌕썬-] [명] 사실이 아닌 내용가지 지어 내어 상대방을 중상모략하고 혼란하게 하는 정치적 술책. ↔백색선전.
흑-설탕(黑雪糖*) [-썰-] [명] 정제하지 않은 검은 빛깔의 가루 설탕.
흑심(黑心) [-씸] [명] 음흉하고 부정한 욕심이 많은 마음. ¶~을 품다.
흑-싸리(黑-) [-싸-] [명] 검은 싸리가 그려져 있는 화투짝. 4월이나 네 끗을 나타냄.
흑연(黑鉛) [명][광] 거의 탄소로 이루어진. 검은빛의 무른 광물. 연필심·도가니·전극 등에 사용됨.
흑-염소(黑-) [명] 털의 빛깔이 검은 염소.
흑요-암(黑曜巖·黑曜岩) [명][광] 유리질의 화산암. 주로 흑색을 띠며, 구워서 분말로 하여 단열재에 이용함. =오석(烏石).
흑우(黑牛) [명] 1 털빛이 검은 소. 2 [민] 제주도에서, 대제(大祭)의 희생으로 바치는 검은 소.
흑-운모(黑雲母) [명][광] 운모의 한 가지. 비늘 모양 또는 육각판 모양의 결정으로 검은색·암갈색의 유리 광택이 있음. 철분이 많아 이용 가치가 적음.
흑인(黑人) [명] 흑인종에 속하는 사람. 비칭은 '검둥이'. (비)니그로. ↔백인.
흑인^영가(黑人靈歌) [-녕-] [명][음] 미국의 흑인이 부르는 종교적인 민요. 피로운 현실에서 벗어나려는 소원과 신(神)의 은혜에 감사하는 기도를 담고 있음.
흑-인종(黑人種) [명] 피부색에 따라 구분한 인종의 하나. 검은 피부, 곱슬머리, 넓고 평평한 코, 두꺼운 입술 등이 특징임.
흑-임자(黑荏子) [명] =검은깨.
흑자(黑字) [명] 1 [수입 초과액을 표시할 때 흑색이나 청색 잉크를 쓰는 데서] [경] 수입이 지출보다 많아서 생기는 이익. ↔적자.
흑자-색(黑紫色) [-짜-] [명] 검은빛을 띠는 짙은 보라색.
흑-장미(黑薔薇) [-짱-] [명] 꽃의 빛깔이 검붉은 장미.
흑점(黑點) [-쩜] [명] 1 검은 점. 2 [천] '태양 흑점'의 준말.
흑지(黑-) [-찌] [명] 검은 바둑돌. 춘흑. ↔백지.
흑체(黑體) [물] 모든 파장의 전자기파를 완전히 흡수하는 물체.
흑토(黑土) [명][지] 부식질이 많은 검은색 또는 흑갈색의 기름진 땅.
흑판(黑板) [명] =칠판.
흑피(黑皮) [명] 검은빛의 가죽.
흑해(黑海) [호캐] [명][지] 유럽 남동부와 아시아 사이에 있는 바다.
흑-흑 [호끅] [부] 설움이 북받쳐 자꾸 흐느껴 우는 소리. ¶~ 느껴 울다. 흑흑-하다 [동](자)(여)
흔들-거리다/-대다 [자] 이리저리 자꾸 흔들리다. 또는, 흔들리게 하다. ¶나뭇잎이 바람에 ~. (참)한들거리다.
흔들다 [타] <흔드니, 흔드오> 1 (사람이나 동물이 몸의 일부나 전체를, 또는 사람이 손으로 잡은 물체를) 대체로 좌우 또는 앞뒤의 방향으로 얼마 동안 왔다 갔

다 하게 하다. ¶잘 가라고 손을 ~. 2 (매우 큰 소리나 큰 힘을 가하는 대상이 주위를) 전체적으로 و간의 폭으로 왔다 갔다 하게 하다. ¶천둥소리가 천지를 ~. 3 (어떤 일이 일정한 범위의 대상을) 큰 충격을 주어 떠들썩하거나 어수선하게 하다. ¶정계의 비리 사건이 온 나라 안을 ~. 4 (어떤 일이나 말 등이 마음을) 들뜨거나 설레거나 약한 상태가 되게 하다. ¶그 여자의 그윽한 눈빛이 내 마음을 흔들었다. 5 (사람이 어떤 대상을) 권력을 가지고 마음대로 움직이다. ¶천하를 흔드는 세도가.

흔들-다리 명 나란히 두 줄의 밧줄 사이에 발판을 잇대어 붙이고 그 위쪽에 두 줄의 밧줄을 두어 손으로 잡을 수 있게 한, 건널 때 흔들리는 다리. ¶계곡 사이에 걸려 있는 ~.
흔들-리다 图재 1 상하나 좌우 또는 앞뒤로 자꾸 움직이다. ¶배가 파도에 ~. 2 '흔들다'의 피동사. ¶결심이 ~.
흔들-바위 명 사람이 힘껏 밀면 흔들흔들하는 것으로 된, 아주 큰 바위.
흔들-의자(-椅子) 명 앉아서 앞뒤로 흔들 수 있도록 다리 밑에 두 개의 휜 받침대를 단 의자.
흔들-이[-들-] 명 =진자(振子).
흔들-흔들 用 흔들거리는 모양. 㨝흔들흔들-하다 图재㨝 ¶이가 ~.
흔연-하다(欣然-) 톙여 기쁘거나 반가워 기분이 좋다. **흔연-히** 用 ~ 승낙하다.
흔적(痕跡·痕迹) 명 뒤에 남은 자국이나 자취. ¶누가 다녀간 ~이 있다.
흔적²기관(痕跡器官)[-끼-] 명[생] 진화 과정에서 그 기능을 상실하여 흔적만 남아 있는 동물의 기관. 사람의 꼬리뼈.
흔전-만전 用 1 아주 흔하고 넉넉한 모양. 2 돈이나 물건 따위를 아끼지 않고 함부로 쓰는 모양. ¶돈을 ~ 쓰다. **흔전만전-하다** 톙여
흔쾌-하다(欣快-) 톙여 기쁘고 유쾌하다. **흔쾌-히** 用 ~ 승낙하다.
흔-하다 톙여 (어떤 대상이나 일이) 보통의 정도를 넘게 자주 있거나 생기거나 대할 수 있는 상태에 있다. (맨)많다. ¶흔해 빠진 물건. ↔귀하다·드물다. **흔-히** 用 ¶~ 있는 일.
흘겨-보다 图타 (어떤 사람을) 흘기는 눈으로 보다. ¶못마땅한 표정으로 ~.
흘금 用 '흘끔'의 여린말. **흘금-하다** 图타여
흘금-거리다/-대다 图타 '흘끔거리다'의 여린말.
흘금-흘금 用 '흘끔흘끔'의 여린말. **흘금흘금-하다** 图타여
흘긋[-귿] 用 1 재빨리 한 번 흘겨보는 모양. 2 눈에 얼씬 보이는 모양. 㨝흘끗. **흘긋-하다** 图재여
흘긋-거리다/-대다[-귿꺼(때)-] 图타 잇달아 흘긋하다. 㨝흘끗거리다.
흘긋-흘긋[-귿-] 用 흘긋거리는 모양. 㨝흘끗흘끗. ¶내 얼굴에 뭐가 묻었는지 사람들이 ~ 쳐다본다. **흘긋흘긋-하다** 图타여
흘기다 图타 ('눈'을 목적어로 취하여) 눈동자를 한쪽 끝으로 돌려 못마땅하게 보다. ¶눈을 ~.
흘깃[-긴] 用 가볍게 한 번 흘겨보는 모양. 㨝흘끗. **흘깃-하다** 图재여

흘깃-거리다/-대다[-긴꺼(때)-] 图타 눈을 자꾸 흘기다. 㨝흘낏거리다.
흘깃-흘깃[-긷긷] 用 흘깃거리는 모양. 㨝흘낏흘낏. **흘깃흘깃-하다** 图타여
흘끔 用 곁눈으로 한 번 훔쳐보는 모양. 에흘금. **흘끔-하다** 图타여
흘끔-거리다/-대다 图타 (어떤 사람이나 대상을) 곁눈으로 자꾸 훔쳐보다. ¶지나가는 여자를 ~. 에흘금거리다.
흘끔-흘끔 用 흘끔거리는 모양. ¶옆 사람을 ~ 쳐다보다. 에흘금거리다. **흘끔흘끔-하다** 图타여
흘끗[-끋] 用 '흘긋'의 센말. ¶한 번 ~ 보더니 그냥 지나치더군. **흘끗-하다** 图재여
흘끗-거리다/-대다[-끋꺼(때)-] 图타 '흘긋거리다'의 센말.
흘끗-흘끗[-끋끋] 用 '흘긋흘긋'의 센말. **흘끗흘끗-하다** 图타여
흘낏[-낀] 用 '흘깃'의 센말. **흘낏-하다** 图재여
흘낏-거리다/-대다[-낀꺼(때)-] 图타 '흘깃거리다'의 센말.
흘낏-흘낏[-낀낀] 用 '흘깃흘깃'의 센말. **흘낏흘낏-하다** 图타여
흘러-가다 图재 1 흐르면서 나아가다. ¶강물이 ~. 2 (시간이나 세월이) 지나가다. ¶흘러간 노래.
흘러-나오다 图재 1 흘러서 밖으로 나오다. ¶불빛이 ~. 2 (어떤 물건 또는 말소리나 음악 등이) 밖으로 퍼져 나오다. ¶라디오에서 흥겨운 노랫가락이 ~.
흘러-내리다 图재 1 높은 곳에서 낮은 곳으로 흐르거나 떨어지다. ¶폭포수가 계곡으로 ~. 2 맨 것이 풀리거나 헐거워져서 아래로 미끄러지다. ¶바지가 ~.
흘러-넘치다 图재 =넘쳐흐르다. ¶물이 욕실 바닥에 ~.
흘러-들다 图재 (~드니, ~드오) 1 (액체 등이) 흘러서 들어가거나 들어오다. ¶공장 폐수가 한강으로 ~. 2 (물이) 어떻게 되어 들어오거나 새어 들다. 3 (부정적인 사상이나 생활양식 등이) ¶대도시의 퇴폐 문화가 농촌까지 ~. 4 정처 없이 떠다니다가 저도 모르게 들어오다.
흘러-오다 图재 1 (물 등이) 흐르면서 내려오다. 2 (말소리나 음악, 냄새 등이) 퍼져 오다. ¶옆집에서 피아노 소리가 ~. 3 정처 없이 떠돌아다니다가 들어오다.
흘레 图 짐승의 암컷과 수컷이 교접하는 것. 또는 그 짓. 에교미. **흘레-하다** 图재여
흘려-듣다[-따] 图타ㄷ <~들으니, ~들어> (남의 말을) 귀여듣지 않고 귓전으로 지나쳐 듣다. ¶선생님의 말씀을 ~.
흘려-버리다 图타 주의 깊게 듣지 않고 넘겨 버리다. ¶오늘 저녁 가족회의가 있다는 말을 ~.
흘려-보내다 图타 1 흘러가는 것을 그냥 내버려 두다. ¶전류를 ~. 2 주의 깊게 듣지 않고 지나쳐 버리다. ¶엄마의 잔소리를 ~.
흘리다 图타 1 (액체·가루나 작은 알갱이 상태의 물질을) 밖으로 흐르거나 넘치거나 구멍·틈으로 새는 상태가 되게 하다. ¶밥을 흘리지 마라. 2 (밥·눈물·콧물·침·피 등의 액체를) 몸 밖으로 내다. ¶땀을 뻘뻘 ~. 3 (비교적 작은 크기의 물건을)

부주의하여 엉뚱한 곳에 떨어뜨리다. ¶수첩을 어디서 흘렸을까? 4 (글씨를) 또박또박 쓰지 않고 획을 잇달게 하여 알아보기 힘든 상태가 되게 하다. ¶흘려 쓴 글씨. 5 (말을) 귀담아듣지 않고 귓전으로 지나치다. ¶한 귀로 듣고 한 귀로 ~. 6 (갚아야 할 돈을) 조금씩 여러 차례로 나누어서 갚다. ¶외상값을 흘려 주다. 7 (잘 알려지지 않은 사실을) 남이 알도록 은밀히 퍼뜨리다. ¶어떤 정보를 흘리고 다니다. 8 그림에서, 흐린 빛깔로 붓질하여 붓 자국이 잘 보이지 않게 하다.
흘림 명 글씨를 또박또박 쓰지 않고 흘려서 쓰는 일. ⊕초서(草書).
흘림-기둥 [-끼-] [건] 명 배가 불룩하게 된. 그리스·로마 등의 건축 양식에서 볼 수 있음.
흘림-체(-體) 명 흘림으로 쓰는 글씨체.
흘수(吃水) [-쑤] 명 선박이 떠 있을 때 수면에서 선체의 최하부까지의 수직 거리. 선체가 물속에 잠긴 깊이임.
흘수-선(吃水線) [-쑤-] 명 배가 잔잔한 물에 떠 있을 때 선체와 수면이 접하는 분계선.
흙[흑] 명 바위가 부서져서 이루어진 것과 동식물의 썩은 것이 섞여서 된, 땅거죽을 이루는 가루 또는 작은 알갱이 상태의 물질. =토양. ⊕흑. ¶뻘·~/모래·~.
흙-가루[흑까-] 명 가루처럼 매우 잘고 보드라운 흙.
흙-강아지[흑깡-] 명 1 온통 흙을 묻히거나 뒤집어쓴 강아지. 2 땅에 뒹굴거나 하여 온몸에 흙을 묻힌 사람을 우스갯소리로 이르는 말. ¶아이들이 개펄에서 ~가 되어 놀고 있다.
흙-구덩이[흑꾸-] 명 흙을 우묵하게 파낸 자리.
흙-내(-) 명 =흙냄새.
　　흙내(를) 맡다 옮겨 심은 식물이 새 땅에 뿌리를 내려 생기가 나다.
흙-냄새[흑냄-] 명 흙에서 나는 냄새. =흙내.
흙-댐(-dam) [흑-] 명 흙으로 쌓아 올린 댐.
흙-더미[흑떠-] 명 흙이 한데 모여 쌓인 더미. ¶산사태로 집이 ~ 속에 묻혔다.
흙-덩어리[흑떵-] 명 엉겨 뭉쳐진 흙의 덩어리.
흙-덩이[흑떵-] 명 흙이 엉겨 된 덩이. ¶~를 크다.
흙-먼지[흑-] 명 흙이 일어나서 생긴 먼지. ¶뿌옇게 ~가 일다.
흙-모래[흥-] 명 =토사(土沙).
흙-물[흥-] 명 흙으로 흐려진 물.
흙-바닥[흑빠-] 명 흙으로 된 맨바닥.
흙-바람[흑빠-] 명 흙먼지를 일으키는 바람. ¶~이 불다.
흙-받기[흑빧끼] 명 1 흙손질할 때 흙을 받쳐 드는 기구. 2 자전거·자동차 등의 바퀴에 덧대어, 튀는 흙을 막는 장치.
흙-발[흑빨] 명 흙투성이가 된 발.
흙-밥[흑빱] 명 쟁기·호미 등으로 한 번 떠서 올리는 흙. 또는, 쟁기 등에 갈려 넘어가는 흙.
흙-벽(-壁) [흑뻑] 명 종이를 바르지 않아 흙이 드러나 있는 벽.
흙-벽돌(-壁-) [흑뻑똘] 명 흙을 재료로 하여 만든 벽돌.
흙-비[흑삐] 명 바람에 날려 비처럼 떨어지는 보드라운 모래흙.
흙-빛[흑삗] 명 1 흙의 빛깔. 2 크게 낙망하거나 경악하거나 할 때 나타나는 어둡거나 굳어진 얼굴빛의 상태. 비유적인 말임. ¶회사가 부도났다는 말에 그의 낯빛은 ~으로 변했다.
흙-손[흑쏜] 명 이긴 흙을 떠서 바르고 그 거죽을 반반하게 하는 연장. 갸름하고 얇은 철판 조각에 손잡이가 달려 있음.
흙-일[흥닐] 명 흙을 다루어 이기거나 바르는 일. **흙일-하다** 자

흙-장난[흑짱-] 명 흙을 만지며 노는 장난. ¶아이들이 모래밭에서 ~을 하며 놀다. **흙장난-하다** 자

흙-집[흑찝] 명 흙으로 지은 집.
흙-칠[흑-] 명 1 무엇에 흙을 묻히는 일. ¶새 옷에 ~을 해 가지고 왔다. 2 어떤 깨끗한 것을 더럽히는 일을 비유하여 이르는 말. ¶그런 짓은 네 얼굴에 ~을 하는 것밖에 안 돼. **흙칠-하다** 자

흙-탕[흑-] 명 '흙탕물'의 준말.
흙탕-물[흑-] 명 흙이 풀려 몹시 흐려진 물. ¶~을 튀기다.
흙-투성이[흑-] 명 흙이 잔뜩 묻은 상태. ¶옷이 온통 ~.

흠! 갑 1 만족하거나 흥겨울 때, 콧숨을 내쉬며 내는 소리. ¶~, 기특한 생각이다. 2 언짢거나 아니꼬울 때 입을 다물고 콧숨을 내쉬며 비웃는 소리. ¶~, 어지간히 잘난 체하는군.
흠[欠] 명 1 깨어지거나 상한 자리. ¶접시에 ~이 생기다. 2 사물의 불완전하거나 잘못된 부분. 결점. ⊕하자. ¶이 지역은 교통이 불편한 게 ~이다. 3 사람의 언행에 나타나는 결점. ¶너는 무슨 일이든지 꾸물꾸물 오래 하는 것이 ~이다. ⊕흠.
흠!-가다(欠-) 자 =흠지다.
흠!-나다(欠-) 자 =흠지다.
흠!-내다(欠-) 자태 '흠나다'의 사동사. ¶그렇게 만지작거리다가 물건에 흠낼라.
흠!-되다(欠-) 자 =흠지다. ¶그것이 뭐 그리 흠될 일이겠소?
흠모(欽慕) 명 공경하며 사모하는 것. 또는, 인격을 존경하여 우러러 따르는 것. **흠모-하다** 타 ¶내가 **흠모하는** 은사.
흠뻑 부 1 모자람이 없도록 아주 넉넉하게. ¶화초에 물을 ~ 주다. 2 물이나 땀 등이 폭 배도록 젖은 모양. ¶온몸이 비에 ~ 젖다. ⊕함빡.
흠씬 부 1 정도가 다 차고도 남을 만큼 넉넉하게. 2 매 따위를 심하게 맞는 모양. ¶깡패한테 ~ 두들겨 맞다.
흠앙(欽仰) 명 공경하고 우러러 사모하는 것. **흠앙-하다** 타
흠!-잡다(欠-) [-따] 타 흠이 되는 점을 들추어내다. ¶**흠잡을** 데 없는 작품.
흠절(欠節) 명 부족하거나 잘못된 점. =흠점. ⊕결점.
흠점(欠點) 명 =흠절.
흠정(欽定) 명 군주가 손수 제정하는 것. 또는, 군주의 명령으로 제정된 것. ¶~ 영역 성서. **흠정-하다** 타
흠!-지다(欠-) 자 흠이 생기다. =흠가다·흠나다·흠되다.
흠!-집(欠-) [-찝] 명 흠이 진 자리나 흔적. ¶~ 하나 없는 조선 백자. ×흠집.
흠칫[-친] 부 놀라거나 겁이 나서 어깨나 목을 움츠리는 모양. ¶~ 놀라다. **흠칫-하다** 자태

흠칫-거리다/-대다 [-친꺼(때)-] 통㈜㈁ 어깨나 목을 움츠리며 잠깐 놀라다.

흠칫-흠칫 [-치튼친] 冑 흠칫거리는 모양. ¶작은 소리에도 ~ 놀라다. **흠칫흠칫-하다** 통㈜㈁㈁

흡기(吸氣) [-끼] 몡 1 들이쉬는 숨. ㈑숨. ↔호기. 2 기체를 빨아들이는 것. 특히, 내연 기관에서 연료의 혼합기를 기통 안으로 빨아들이는 것. 또는, 그 기체. **흡기-하다** 통㈁

흡반(吸盤) [-빤] 몡 통 =빨판.

흡사(恰似) [-싸] 冑 사물·대상의 모습이나 현상 등이 사실은 그렇지 않으나 정말 그렇게 느껴지게. 또는 사실은 그것이 아니나 정말 그것인 듯하게. ¶마치. ¶행동하는 것이 ~ 미친 사람 같다.

흡사-하다(恰似-) [-싸-] 혱㈁ (어떤 사물이나 현상과) 그 모습이나 현상 등이 구별하기 어려울 만큼 비슷한 상태에 있다. ¶얼굴이 형제처럼 ~. **흡사-히** 冑

흡수(吸收) [-쑤] 몡 1 (물·먼지·열 따위를) 안으로 빨아들이는 것. ¶빗물의 ~가 잘 이뤄지는 모래땅. 2 (생물의 기관이나 조직 등이 영양분이나 수분 등을) 받아들여 취하는 것. ¶소장에서 양분의 ~가 이뤄진다. 3 (지식·기술 등을) 받아들여 자기의 것으로 만드는 것. 4 (사물이나 세력 등을) 모아들여 하나로 합치는 것. ¶부동층 ~. 5 (수요나 욕구 등을) 받아들여 해소하는 것. ¶노동력 ~. 6 (소리나 충격 등을) 받아들여 줄이거나 없애는 것. ¶소음 ~ 바닥재. **흡수-하다** 통㈁㈁ ¶충격을 수월히 ~.

흡수=합병(吸收合倂) [-쑤-뼝] 몡[경] 회사 합병의 한 방식의 하나. 합치는 두 회사 중에서 한 회사는 소멸하고, 소멸된 회사의 권리·의무가 남은 회사에 포괄 승계되는 방법.

흡습-성(吸濕性) [-씁썽] 몡 물질이 공기 중의 습기를 빨아들이는 성질.

흡연(吸煙) [-쎤] 몡 담배를 피우는 것. 문어적인 말임. ㈑끽연. ¶~ 금지. **흡연-하다** 통㈁

흡연-실(吸煙室) [-쎤-] 몡 담배를 피우기 위해 마련된 방. ㈑끽연실.

흡열(吸熱) [-쎨] 몡 열을 빨아들이는 것. ↔방열. **흡열-하다** 통㈁

흡음(吸音) [-씀] 몡 음파가 매질을 통과할 때나 표면에 닿을 때, 소리 에너지가 감소하는 과정. **흡음-하다** 통㈁

흡음-재(吸音材) 몡 음파를 흡수하는 건축 재료. 텍스·유리 섬유·펠트 따위.

흡인(吸引) [-씬] 몡 빨아들이거나 끌어당기는 것. **흡인-하다** 통㈁ **흡인-되다** 통㈀

흡인-력(吸引力) [-녁] 몡 1 빨아들이거나 끌어당기는 힘. ¶~이 강한 청소기. 2 사람의 마음을 사로잡거나 끌어당기는 힘. ㈑흡력. ¶~ 있는 연기.

흡입(吸入) [-씹] 몡 1 (공기나 연기 등을) 호흡을 통해 몸속에 받아들이는 것. ¶담배연기 ~로 숨이 안 좋은 흡연. 2 (기체나 액체, 먼지 등을) 기계로 빨아들이는 것. ¶지방 ~ 수술. **흡입-하다** 통㈁㈁ ¶대마초를 ~. **흡입-되다** 통㈀

흡입-구(吸入口) [-꾸] 몡 흡입하는 구멍. ¶공기 ~.

흡입-력(吸入力) [-님녁] 몡 흡입하는 힘. ¶~이 뛰어난 진공청소기.

흡족-하다(洽足-) [-쪼카-] 혱㈁ 모자람이 없거나 충분하여 만족스럽다. ¶**흡족한** 표정을 짓다. **흡족-히** 冑 ¶비가 ~ 내리다.

흡착(吸着) 몡 어떤 물질이 다른 물질의 표면에 달라붙는 것. **흡착-하다** 통㈁ ¶미세한 부유 먼지를 **흡착하는** 성능이 좋은 공기 청정기. **흡착-되다** 통㈀

흡착-제(吸着劑) [-쩨] 몡 다른 물질을 흡착하는 능력이 커서 물질의 분리·농축에 쓰이는 물질.

흡혈(吸血) [흐펼] 몡 (생물이 다른 생물의 몸으로부터) 피를 빨아 먹는 것. ¶~ 모기. **흡혈-하다** 통㈁

흡혈-귀(吸血鬼) [흐펼-] 몡 1 사람의 피를 빨아 먹는다는 전설상의 귀신. 2 다른 사람을 혹독하게 착취하여 자기 욕심을 채우는 사람을 비유적으로 이르는 말.

흥¹ 코를 풀거나 할 때 코로 숨을 세게 내보내면서 내는 소리.

흥² 1 비웃을 때 콧구멍으로 한 번 내는 소리. ¶~, 누가 그 속을 모를 줄 알고? 2 흥에 겨워 코로 내는 소리.

흥³(興) 冑 즐거워 절로 노래를 부르거나 춤을 추거나 하고 싶어 지는 마음의 상태. ¶~을 북돋우다.

흥감(興感) 몡 1 마음이 움직여 느끼는 것. 2 흥겹게 느끼는 것. **흥감-하다** 통㈜㈁

흥감-스럽다(興感-) [-따] 혱㈂ <-스러우니, -스러워> 흥감을 느낄 만하다. 또는, 흥감에 젖어 있다.

흥건-하다 혱㈁ (물 같은 것이) 잠기거나 괼 정도로 많다. ¶폭우가 쏟아져 빗물이 마당에 **흥건하게** 괴었다. **흥건-히** 冑 ¶온몸이 땀에 ~ 젖다.

흥!-겹다(興-) [-따] 혱㈂ <-겨우니, -겨워> 흥을 강렬히 느끼게 하는 상태에 있다. 또는, 흥을 억누를 수 없는 상태에 있다. ¶흥겨운 노랫가락. **흥겨이** 冑

흥기(興起) 몡 세력이 왕성해지는 것.

흥망(興亡) 몡 나라·민족·기업 등이 흥하거나 망하는 일. 또는, 흥하기도 하고 망하기도 하는 일. **흥망-하다** 통㈁

흥망성쇠(興亡盛衰) [-쇠/-쉐] 몡 흥하고 망함과 성하고 쇠함.

흥!미(興味) 몡 어떤 일이나 대상에 마음이 이끌려 해 보고 싶거나 알고 싶거나 관심을 가지게 된 상태.

흥!미-롭다(興味-) [-따] 혱㈂ <-로우니, -로워> (어떤 일이나 대상이) 흥미를 느끼게 하는 데가 있다. ¶곤충의 생활이 퍽 ~.

흥!미진진-하다(興味津津-) 혱㈁ (어떤 일이나 대상이) 흥미를 느끼게 하는 점이 많다. ¶흥미진진한 기잣거리.

흥!밋-거리(興味-) [-미꺼-/-믿꺼-] 몡 흥미를 일으킬 만한 일.

흥부(興夫) 몡 '흥부전'에 나오는 주인공의 한 사람. 놀부의 동생으로, 마음씨가 고움.

흥부-가(興夫歌) 몡[음] 판소리 다섯 마당 가운데 하나. 착한 흥부가 제비 다리를 고쳐 주고 부자가 되는 이야기를 판소리로 짠 것.

흥부-전(興夫傳) 몡[문] 조선 시대에 쓰여진, 작자·연대 미상의 고대 소설. 인색한 형 놀부와 착한 아우 흥부 사이에 이루어지는 이야기로, 권선징악을 주제로 함.

흥분(興奮) 몡 1 마음이 편안하게 가라앉지 않고 설레거나 두근거리거나 들뜨거나 격해지는 상태가 되는 것. 또는, 그 상태. ¶~의 도가니다. 2[생] 생물체의 감각 세포나 신경 세포 등이 자극을 받아 활발한 반응을 보이는 상태. **흥분-하다** 통제에 ¶**흥분한 목소리.** **흥분-되다** 통
흥선^대:원군(興宣大院君) [명] [인] 조선 시대의 정치가(1820~1898).
흥성(興盛) [명] 매우 왕성하게 일어나는 것. 비웅성. **흥성-하다** 자예
흥신-소(興信所) [명] 의뢰자의 요청에 따라 대가를 받고 기업이나 개인의 신용, 재산 상태, 개인적인 비행 따위를 비밀리에 조사하여 의뢰자에게 알려 주는 사설 기관.
흥얼-거리다/-대다 통자에 1 흥에 겨워서 계속 입속으로 노래를 부르다. ¶**흥얼거리면서 일을 하다.** 2 남이 알아듣지 못할 말을 입속으로 자꾸 지껄이다.
흥얼-흥얼 閉 흥얼거리는 모양. ¶~ 콧노래를 부르다. **흥얼흥얼-하다** 통자에
흥정 [명] 1 물건을 사고파는 일. 비매매. 2 물건을 사고팔기 위해 가격 등을 의논하는 짓. ¶~을 붙이다. 3 어떤 문제의 형세를 자기에게 보다 유리하게 하기 위해 상대방에 수작을 거는 일. **흥정-하다** 통 타예 ¶값을 ~.
[흥정은 붙이고 싸움은 말리랬다] 좋은 일은 도와주되 궂은일은 말리라는 뜻.
흥:진비래(興盡悲來) [명] 즐거운 일이 다하면 슬픈 일이 온. 곧, 世尙盛衰가 엇바꿈을 가리키는 말. ↔고진감래.
흥청-거리다/-대다 통자 (어느 곳이 돈을 쓰면서 놀고 즐기는 사람들로 떠들썩하다. 또는, (사람들이) 돈을 마구 쓰면서 떠들썩하게 놀고 즐기다. ¶**연말을 맞아 흥청거리는 밤거리.**
흥청-망청 위 돈이나 물자를 마구 쓰는 모양. 또는, 돈을 마구 쓰면서 놀고 즐기는 모양. ¶~ 돈을 쓰다 ~ 먹고 마시며 놀다. **흥청망청-하다** 통자에
흥청-흥청 위 흥청거리는 모양. **흥청흥청-하다** 통자에
흥:취(興趣) [명] 아름다운 자연을 접하거나 좋은 때를 맞아 마음에 일어나는 흥겨움. ¶**자연의 ~에 젖다.**
흥-타령 [음] 사설의 구절 끝마다 '흥' 소리를 넣어 흥겹게 부르는 속요의 하나.
흥패(興敗) [명] 흥하여 일어남과 잘못되어 패함.
흥-하다(興~) 통 번성하게 일어나다. 잘되어 가다. ¶**사업이** ~. ↔망하다.
흥행(興行) [명] 대중을 상대로 하여 연극·영화·서커스·쇼 등의 볼거리를 영리 목적의 사업으로서 공연하거나 상영하는 일. ¶**그 영화는 ~에 실패했다.**
흥행-물(興行物) [명] 흥행의 대상이 되는 연극·영화·서커스·쇼 등의 총칭.
흥행-사(興行師) [명] 연극·영화·서커스·쇼 등의 흥행을 직업으로 하는 사람.
흥흥 1 코를 잇따라 세게 풀거나 콧김을 부는 소리. 2 이를 드러내어 짓는 웃는 소리. 3 흥겨워서 계속 콧노래를 부르는 소리. 또는, 그 모양. **흥흥-하다** 자에
흩-날리다[흔-] 통 흩어져 이리저리 날리다. 또는, 흩어져 날게 하다. ¶**눈보라가** ~.
흩다[흗따] 통 타에 한곳에 모였던 것을 다 각각 떨어져 헤지게 하다.
흩-뜨리다/-트리다[흔-] 통 타에 흩어지게 하다. ¶**닭이 모이를 흩뜨리면서 꼭꼭 쪼**아 먹고 있다.
흩-뿌리다[흗-] 통 타에 마구 뿌리다.
흩어-뿌림[흔-] [농] 여기저기 흩어지게 씨를 뿌리는 일.
흩어-지다[흐터-] 통자에 1 (한군데에 있거나 있어야 할 다수의 물건이나 사람이) 따로따로 또는 여기저기 떨어져 있게 되다. ¶**전쟁통에 식구들이 뿔뿔이 ~.** 2 '흐트러지다'의 잘못.
희-가극(喜歌劇) [히-] [명] [음] 희극적인 내용의 가극. 노래 외에 대사와 경쾌한 음악이 수반되며, 해피 엔드로 끝남. =코믹 오페라.
희곡(戱曲) [히-] [명] [문] 연극으로 상연할 목적으로 쓰여진 문학 형식의 하나. 등장 인물의 대화와 행동을 통해 이야기를 전개시키는 형식임. =드라마.
희구(希求) [히-] [명] (어떤 일을) 바라며 구하는 것. **희구-하다** 통 타에 ¶**자유를** ~.
희귀-종(稀貴種) [히-] [명] 아주 드물어서 귀한 물건이나 품종.
희귀-하다(稀貴~) [히-] 형에 드물어서 매우 귀하다. ¶**희귀한 동물. 희귀-히** 위
희극(喜劇) [히-] [명] 1 [연] [영] 내용이 경쾌하고 관객의 웃음을 많이 유발하며 행복한 결말을 가지는 연극. 때로, 그런 내용의 영화나 방송 드라마를 가리키기도 함. 비코미디. 2 남의 웃음거리가 될 만한 일이나 사건. ↔비극.
희극^배우(喜劇俳優) [히-빼-] [명] 희극에 출연하는 배우. 비코미디언.
희극-적(喜劇的) [히-쩍] [명] 1 희극적 요소를 가진 (것). 2 우스꽝스럽고 꼴불견인 (것).
희끄무레-하다[히-] 형에 1 (빛깔이) 바랜 듯한 흰빛을 조금 띠고 있다. ¶**희끄무레하게 닳아빠진 낡은 청바지.** 2 (빛이나 밝기 등이) 희미하거나 흐릿하다. ¶**창밖이 희끄무레하게 밝아 왔다.**
희끗-거리다/-대다[히끋거(때)-] 통자에 어질증이 나서 어뜩어뜩하여지다.
희끗-희끗¹[히끋끋] 위 희끗거리는 모양. **희끗희끗-하다¹** 통자에
희끗-희끗²[히끋끋] 위 흰 빛깔이 군데군데 나타난 모양. **희끗희끗-하다²** 형에 ¶**머리가** ~.
희노애락 [히-] '희로애락'의 잘못.
희다[히-] 형에 1 (어떤 물체나 물질이) 하늘에서 내린 눈의 빛깔을 가진 상태에 있다. ¶**흰 구름.** ↔검다. 2 =희떱다.
희대(稀代) [히-] [명] 세상에 드문 것. 비희세. ¶~**의 사기꾼.**
희대-미문(稀代未聞) [히-] [명] 매우 드물어 좀처럼 듣지 못함.
희디-희다[히-히-] 형에 몹시 희다.
희떱다[히-따] 형에 <희떠우니, 희떠워> 1 가진 것 없이 씀씀이가 헤퍼 아니꼽거나 눈꼴사납다. ¶**쥐뿔도 없는 녀석이 여자 앞에서는 희떱게 돈을 뿌려 댄다.** 2 실속이 없이 거드럭거리며 큰소리치는 태도가 있다. ~회다. ¶**밑천도 없이 사업을 하겠다니, 그런 희떠운 소리 하지 마.**
희뜩-거리다/-대다[히-꺼(때)-] 통자에 어질증이 아주 심하여 아득아득하여지다.
희뜩-희뜩¹[히뜩뜩] 위 희뜩거리는 모양. **희뜩희뜩-하다¹** 통자에
희뜩-희뜩²[히뜩끋] 위 흰 빛깔이 군데군데 뒤섞여 얼비치는 모양. **희뜩희뜩-하**

다²【어】

희락(喜樂)[히-] 명 기쁨과 즐거움. 비희열(喜悅).

희랍(希臘)[히-] 명[지] 그리스 특히, 고대 그리스. '그리스'의 고대 이름인 '헬라스(Hellas)'의 음역어임.

희랍^문자(希臘文字)[히랍-짜] 명 =그리스 문자.

희랍-어(希臘語)[히-] 명[언] =그리스어.

희로애락(喜怒哀樂)[히-] 명 기쁨과 노여움과 슬픔과 즐거움. ×희노애락.

희롱(戱弄)[히-] 명 1 (사람을) 말이나 행동으로 실없이 놀리는 것. 2 (이성을) 성적(性的)인 놀림감으로 삼는 것. 희롱-하다 타예 ¶부녀자를 ~.

희망(希望)[히-] 명 1 (어떤 것을) 이루거나 얻고자 바라는 것. 2 앞날에 어떤 일이 잘 이루어질 가능성. =희원. ¶~이 보이다. 희망-하다 타예 ¶나는 장차 항해사가 될 것을 희망한다.

희망-봉(喜望峯)[히-] 명[지] 남아프리카 공화국 남서쪽 끝에 있는 곶.

희망-자(希望者)[히-] 명 어떤 일을 하기를 희망하는 사람. ¶취업 ~.

희망-적(希望的)[히-] 명 희망하여 기대가 충족될 상태인 (것). ¶~인 상태. ↔절망적.

희망-차다(希望-)[히-] 형 희망이 가득하다. ¶희망찬 새해가 밝아 오다.

희-멀겋다[히-거타] 형예〈~멀거니, ~멀거오, ~멀게〉희고 멀겋다. ¶희멀건 죽. 희멀떻말갛다.

희멀쑥-하다[히-쑥카-] 형예 얼굴빛이 희고 멀쑥하다. 희멀쑥-이 부

희미-하다(稀微-)[히-] 형예 1 (보이는 모양이나 들리는 소리, 빛의 밝기나 색깔의 농도 등이) 뚜렷하지 못하여 잘 보이거나 들리지 않는 상태에 있다. ¶개 짖는 소리가 희미하다. 비똑똑하다. 2 (생각이나 기억 등이) 잘 나지 않는 상태에 있다. 비흐릿하다·어렴풋하다. ¶하도 오래전 일이라 기억이~.

희박-하다(稀薄-)[히바카-] 형예 1 기체·액체가 짙지 못하고 묽거나 엷다. 2 일의 작용·가망이 적다. ¶합격할 가능성이 ~. 3 농도·밀도가 엷거나 얕다.

희번-거리다/-대다[히-꺼(때)-] 동자예 1 눈을 크게 뜨고 흰자위를 굴려 움직이다. ¶독기 오른 눈을 ~. 2 (물고기 따위가) 몸을 젖히며 자주 번득거리다.

희번덕-이다[히-] 동자타예 1 눈을 크게 뜨고 흰자위를 번득이며 움직이다. 2 물고기 따위가 몸을 젖히며 번득이다.

희번덕-희번덕[히-더기-] 부 희번덕거리는 모양. 희번덕희번덕-하다 동자타예

희보(喜報)[히-] 명 기쁜 소식. 비낭보. ↔비보.

희-부옇다[히-여타] 형예〈~부여니, ~부여오, ~부예〉희끄무레하고 부옇다. ¶아지랑이 아른거리는 봄날의 희부연 산야. 센희뿌옇다.

희붐-하다[히-] 형예 날이 새려고 밝은 빛이 비쳐 오다. 희붐-히 부 ¶동녘 하늘이 ~ 밝아 왔다.

희비(喜悲)[히-] 명 기쁨과 슬픔. ¶~가 엇갈리다.

희-비극(喜悲劇)[히-] 명[연] 희극과 비극이 혼합되어 있는 연극.

희비-쌍곡선(喜悲雙曲線)[히-썬] 명 어떤 사람에게 기쁜 일과 슬픈 일이 동시에 생긴 상태. ¶인생살이에는 ~이 없기 마련이다.

희-뿌옇다[히-여타] 형예〈~뿌여니, ~뿌여오, ~뿌예〉'희부옇다'의 센말. ¶매연으로 희뿌연 도시의 하늘.

희사(喜捨)[히-] 명 남을 위하여 즐거운 마음으로 재물을 내놓는 것. 희사-하다 타예 ¶장학금으로 거액을 ~.

희색(喜色)[히-] 명 기뻐하는 얼굴빛. ¶그의 얼굴에 ~이 감돌다.

희색만면-하다(喜色滿面-)[히생-] 형예 기뻐하는 빛이 얼굴에 가득하다.

희생(犧牲)[히-] 명 1 다른 사람이나 어떤 일을 위해 자신의 목숨이나 재물, 이익 등의 소중한 것을 버리는 것. 2 뜻밖의 재난이나 전쟁, 권력 등에 의해 목숨을 잃거나 피해를 입는 것. ¶전쟁으로 인해 무고한 백성들이 ~의 엄청나게 컸다. 3 신에게 제물로 바치는 소·양·염소 따위의 산 짐승. 희생-하다 타예 ¶나라를 위해 목숨을 ~. 희생-되다 자예

희생-물(犧牲物)[히-] 명 희생된 물건이나 사람.

희생-타(犧牲打)[히-] 명[체] 야구에서, 타자가 주자를 진루시키기 위해 자기는 아웃되어 행하는 번트. =보내기번트.

희생-양(犧牲羊)[히-냥] 명 어떤 목적을 위해, 또는 어떤 의도에 의해, 남을 대신하여 억울하게 목숨을 잃거나 큰 피해를 입은 사람. ¶속죄양. ¶정치적 ~.

희생-자(犧牲者)[히-] 명 희생된 사람.

희생-적(犧牲的)[히-] 명[관] 남이나 어떤 사물을 위해 희생하는 (것). ~ 봉사.

희생-정신(犧牲精神)[히-] 명 다른 사람이나 어떤 목적을 위하여 자신의 목숨·재산·명예 등을 바치거나 버리는 정신.

희생-타(犧牲打)[히-] 명[체] 야구에서, 타자 자신은 아웃되나, 그것으로 자기편의 주자가 진루(進壘)하거나 득점할 수 있는 타격. 번트나 긴 외야 플라이 따위.

희석(稀釋)[히-] 명 1 (어떤 액체에 물이나 다른 액체를) 넣어서 묽어지게 하는 것. 2 (어떤 대상을) 다른 것을 가지고 의의나 가치가 떨어지게 하거나 정도가 약해지게 하는 것. 희석-하다 타예 ¶농약을 물에 타서 ~. 희석-되다 자예

희성(稀姓)[히-] 명 매우 드문 성(姓). 비벽성.

희세(稀世)[히-] 명 세상에 드문 것. 비희대. ¶~의 군자(君子).

희소(稀少)[히-] 명 (일부 명사 앞에 쓰여) 매우 드물고 적음. ¶인구 ~ 지역. 희소-하다 형예

희소-가격(稀少價格)[히-까-] 명 귀중한 미술품이나 골동품과 같이 그 공급 수량이 자연적으로 제한되거나 고정되었기 때문에 완전 경쟁이 이루어지지 못하여 형성되는 가격.

희소-가치(稀少價値)[히-] 명 드물기 때문에 인정되는 가치. ¶~가 떨어지다.

희소-성(稀少性)[히-썽]명[경] 인간의 욕망에 비해 그 충족 수단이 질적·양적으로 유한(有限)하거나 부족한 상태를 이르는 말.

희-소식(喜消息)[히-] 명 기쁜 소식.

희수¹(稀壽)[히-] 명 나이 일흔 살을 일

컫는 말.

희수[2](喜壽)[히-] [명] 〔喜의 초서가 七十七을 세로로 써 놓은 것과 비슷한 데에서〕 나이 일흔일곱 살을 일컫는 말.

희열(喜悅)[히-] [명] 어떤 일에 만족하여 기쁨이나 즐거움을 느끼는 것. [비]희락. ¶~을 맛보다. **희열-하다** [동][자][여]

희원(希願)[히-] [명] =희망. **희원-하다** [동][타][여]

희유-금속(稀有金屬)[히-] [명][화] 지구상에 천연으로 존재하는 양이 적거나, 존재량은 많아도 품위가 높은 것이거나, 순수한 금속으로서 얻기 어려운 금속. 니켈·코발트·크롬·망간·티탄 따위.

희유-기체(稀有氣體)[히-] [명][화] 주기율표 제0족에 속하는 헬륨·네온·아르곤·크립톤·크세논·라돈의 여섯 가지 기체 원소의 총칭. 공기 중에 미량 존재하며 화학적으로 비활성임.

희유-원소(稀有元素)[히-] [명][화] 산출량이 비교적 적은 원소의 총칭. 희유기체류 원소, 희토류 원소, 백금족 원소, 우라늄 따위.

희읍스름-하다[히-쓰-] [형][여] 환하거나 깨끗하지 못하게 흰빛을 띤 상태에 있다. ¶**희읍스름한** 달빛. **희읍스름-히** [부]

희토류^원소(稀土類元素)[히-] [명][화] 란탄족 원소 15개와 스칸듐·이트륨을 더한 17개 원소의 총칭. 연마재·고성능 자석·형광체 등에 필수적인 것이며, 각종 제품의 신소재로서 이용됨.

희한-하다(稀罕-)[히-] [형][여] **1** 귀할 만큼 드물다. ¶**희한한** 일. **2** (어떤 현상이나 대상이) 좀처럼 대하기 어려울 만큼 특이하거나 기묘하다. ¶**희한하게** 생긴 곤충. **희한-히** [부]

희화[1](戲化)[히-] [명] 익살스러운 것이 되게 하는 것. **희화-하다** [동][타][여] **희화-되다** [동][자] ¶독재자의 모습이 **희화된** 영화.

희화[2](戲畫)[히-] [명] 익살맞게 그린 그림.

희화-화(戲畫化)[히-] [명] 인물의 외모나 성격, 또는 사건을 의도적으로 우스꽝스럽게 묘사하거나 풍자하는 일. **희화화-하다** [동][타][여] **희화화-되다** [동][자]

희희[히히] [부] 바보처럼 웃는 모양. 또는, 그 소리.

희희-낙락(喜喜樂樂)[히히낭낙] [명] **1** 매우 기뻐하고 즐거워함. **2** (둘 이상의 사람이) 기분이 좋아 함께 웃고 떠드는 것. 상대의 행동을 못마땅하게 여겨 야유조로 이르는 말임. **희희낙락-하다** [동][자][여] ¶연놈이 찰싹 붙어 앉아 **희희낙락하고** 있다.

희희덕-거리다 [동][자] '시시덕거리다'의 잘못.

흰-개미[힌-] [명][동] 개미와 비슷하나, 몸빛이 희며 허리가 잘록하지 않고 날개가 긴 곤충. 땅속이나 죽은 나무에 집을 짓고 사회생활을 함. 건물의 목재를 해침.

흰-건반(-鍵盤)[힌-] [명][음] 피아노·풍금·아코디언 등과 같은 건반 악기의 흰색의 건반. ↔검은건반.

흰-곰[힌-] [명][동] 북극 지방에 사는 대형의 흰색 곰. 몸길이 1.8~2.5m로, 머리가 비교적 작고 목이 길며, 헤엄을 잘 침. =백곰·북극곰.

흰-깨[힌-] [명] 흰 참깨. ↔검은깨.

흰-나비[힌-] [명][동] **1** 흰나빗과에 속하는 배추흰나비·줄흰나비·큰줄흰나비·대만흰나비 등의 총칭. **2** =배추흰나비.

흰-둥이[힌-] [명] 살빛이 흰 사람이나 털빛이 흰 동물을 놀림조로 일컫는 말. ↔검둥이.

흰-떡[힌-] [명] 멥쌀가루를 고수레하여 시루에 찐 다음 안반에 놓고 떡메로 쳐서 만든 떡. 지금은 기계로 만듦.

흰-말[힌-] [명] =백마(白馬).

흰-머리[힌-] [명] 세어서 하얗게 된 머리카락이나 머리털. [비]백발.

흰-모래[힌-] [명] =백사(白沙)[1].

흰-무리[힌-] [명] 멥쌀가루를 켜가 없게 그대로 시루에 안쳐서 찐 떡.

흰-밥[힌-] [명] 잡곡을 섞지 않고 쌀로만 지은 밥.

흰-불나방[힌-라-] [명][동] 미국 원산으로 날개 길이 3cm를 넘는 큰 나방. 온몸이 희며, 날개에 검은 점이 있는 것도 있음. 애벌레는 각종 수목의 잎을 갉아 먹음. =미국흰불나방.

흰-빛[힌빋] [명] 흰 빛깔. ↔검은빛.

흰-색(-色)[힌-] [명] 흰 색깔. ↔검은색.

흰-소리[힌-] [명] **1** 〔'희떠운 소리'가 준말〕 실속 없이 거드럭거리며 허풍을 떠는, 믿음성이 없는 소리. ¶~를 치다. **2** '헛소리'의 잘못. **흰소리-하다** [동][자][여]

흰-쌀[힌-] [명] 희게 쓿은 멥쌀. [비]백미.

흰-엿[힌녇] [명] 갱엿을 더울 때 켜서 빛깔이 희게 만든 엿. ▷갱엿.

흰-옷[힌옫] [명] 물감을 들이지 않은 흰빛의 옷. =백의(白衣).

흰-자[힌-] [명][생] '흰자위'의 준말.

흰-자위[힌-] [명] **1** 새알이나 달걀 따위의 속에 노른자위를 둘러싼 빛이 흰 부분. ↔노른자위. **2** 눈알의 흰 부분. [준]흰자. ↔검은자위.

흰자-질(-質)[힌-] [명][생] =단백질.

흰-죽(-粥)[힌-] [명] 흰쌀로만 쑨 죽.

흰-쥐[힌-] [명][동] 쥐의 한 품종. 집쥐와 비슷하나, 온몸이 희고 눈이 붉은색임. 실험용으로 쓰이며, 애완용으로도 기름.

흰-피톨[힌-] [명][생] =백혈구. ↔붉은피톨.

힁!-허케[힝-] [부] 지체하지 않고 아주 빠르게 가는 모양. ¶~ 다녀오너라. 횡하니를 예스럽게 이르는 말.

히[1] [부] 만족스럽거나 멋쩍을 때 입을 옆으로 길게 벌리면서 싱겁게 웃는 소리. 또는, 그 모양. 때로 바보스럽다는 어감을 줄 경우도 있음.

-히-[2] [접미] 주로 ㄱ·ㄷ·ㅂ·ㅈ·ㄵ·ㄺ·ㄼ 등의 받침으로 끝나는 용언의 어간에 붙어, **1** 동사가 사동의 기능을 갖게 만드는 어간 형성 접미사. ¶썩~다 / 앉~다. **2** 동사가 피동의 기능을 갖게 만드는 어간 형성 접미사. ¶먹~다 / 잡~다. **3** 형용사를 사동의 기능을 갖는 동사로 만드는 어간 형성 접미사. ¶넓~다 / 밝~다.

-히[3] [접미] 주로 '-하다'가 붙어 형용사가 되는 어근 밑에 붙어, 부사로 만드는 말. 드물게 '-하다'가 붙지 않는 형용사 어간이나 기타의 어근에 붙어서 부사를 만들기도 함. ¶급~ / 정확~ / 특~.

히드라[1](hydra) [명][동] 몸이 갈색으로 가늘고 긴 원통 모양이며, 입 주위에 6~8개의 촉수가 있는 자포동물의 한 무리. 못이나 늪 등 민물의 낙엽이나 썩은 나뭇가지에 붙어 생활함.

히드라[2](Hydra) [명][신화] 그리스 신화에 나오는 9개의 머리를 가진 뱀. 헤라클레스가 퇴치했음.

히든-카드 (hidden card) 圐 〔'숨겨 놓은 카드'라는 뜻〕 상대가 예측하지 못하도록 숨겨 놓은 특별한 방법이나 수단. 순화어는 '비책', '비장의 무기'. ¶마지막 ~를 쓰다.

히뜩 阜 언뜻 휘돌아 보는 모양. ¶발을 멈추고 ~ 돌아보다.

히로뽕 (←㉩ヒロポン) 圐 [<Philopon]=필로폰.

히로시마 (廣島) 圐 [지] 일본의 항구 도시.

히말라야^산맥 (Himalaya山脈) 圐 [지] 인도와 중국 티베트 사이에 있는 산맥.

히말라야-삼나무 (Himalaya杉-) 圐 [식] 높이 30m로 가지가 아래로 처지는 상록 침엽 교목. 솔방울 비슷한 긴 타원형 열매가 열림. 히말라야 원산으로, 관상용으로 심음.

히브리-서 (←㉩bry書) 圐 [성] 신약 성서 중의 한 권. 신앙을 권면하고 격려하는 내용임.

히브리^어 (←㉩bry語) 圐 [언] 이스라엘에서 쓰이고 있는 언어. 함·셈 어족에 속함.

히브리^인 (←㉩bry人) 圐 기원전 1000년경 아시아의 팔레스타인에 정착하여 살던 고대 민족의 하나.

히스타민 (histamine) 圐 [화] 동물의 조직 내에 널리 존재하는 화학 물질. 과잉으로 활성화하면 알레르기 질환의 원인이 됨.

히스테리 (㉭Hysterie) 圐 **1** [의] 신경증의 하나. 정신적 원인으로 운동 마비·실성·경련 등의 신체 증상이나, 건망 등의 정신 증상이 나타나는 것. **2** 사소한 일에 극도로 흥분하거나 신경이 아주 예민하여 감정을 억제하거나 조절하지 못하는 상태. ¶노처녀의 ~.

히스테릭-하다 (hysteric-) 阜㉿ 히스테리의 성질을 띠고 있다.

히스토그램 (histogram) 圐 [수] 도수 분포표의 하나. 가로축에 계급을, 세로축에 도수를 취하고, 도수 분포의 상태를 직사각형의 기둥 모양으로 나타낸 그래프. =막대그래프.

히스패닉 (Hispanic) 圐 미국에 사는 라틴아메리카계의 사람. ¶흑인과 ~에 대한 백인의 인종 차별.

히아데스-성단 (Hyades星團) 圐 [천] 황소자리 부근에 있는 'V' 자형의 산개 성단. 약 100개의 항성이 모여 있으며, 거리는 130광년임.

히아신스 (hyacinth) 圐 [식] 알뿌리에서 좁고 긴 잎이 뭉쳐나며, 봄에 깔때기 모양의 꽃이 피는 여러해살이풀. 관상용으로 심으며, 땅은 원예 품종이 많음.

히어로 (hero) 圐 **1** '영웅'으로 순화. **2** '(남자) 주인공'으로 순화.

히읗 [-은] 圐 [언] 한글 자모의 열넷째 글자. 'ㅎ'의 이름. 목청을 좁혀 그 사이로 날숨을 보내어 '그 가장자리를 마찰시켜 내는 무성 마찰음. 받침으로 그칠 때는 'ㄷ'과 같은 소리가 되며, ㄱ, ㄷ, ㅂ, ㅈ과 만나면 앞뒤를 가리지 않고 ㅋ·ㅌ·ㅍ·ㅊ의 소리로 바뀜.

히읗^불규칙^용언/ㅎ 불규칙 용언 (-不規則用言) 圐 [언] ㅎ 불규칙 활용을 하는 용언.

히읗^불규칙^활용/ㅎ 불규칙 활용 (-不規則活用) [-은빨-치랄-] 圐 [언] 일부 형용사에서 어간의 끝 'ㅎ'이 'ㄴ', 'ㅁ'으로 시작되는 어미 앞에서 줄어 활용되는 형식. '파랗다'가 '파라니', '파라면'으로 변하는 따위.

히읗^종성^체언/ㅎ 종성 체언 (-終聲體言) [-은빨-] 圐 [언] 중세 국어에서 'ㅎ'을 말음으로 가지는 체언.

히죽 阜 흡족한 태도로 슬쩍 한 번 웃는 모양. =희죽이. 阜히죽.

히죽-거리다/-대다 [-꺼(때)-] 图㉿ 흡족한 태도로 자꾸 웃다. ¶무슨 좋은 일이 있는지 그 아이는 아까부터 **히죽거리고** 있다. 阜히죽대다.

히죽-이 阜 =히죽. ¶~ 웃다.

히죽-히죽 [-주키-] 阜 히죽거리는 모양. 阜히쭉히쭉. **히죽히죽-하다** 图㉿

히쭉 阜 '히죽'의 센말.

히쭉-거리다/-대다 [-꺼(때)-] 图㉿ '히죽거리다'의 센말.

히쭉-히쭉 [-주키-] 阜 '히죽히죽'의 센말. **히쭉히쭉-하다** 图㉿

히치콕, 앨프리드 (Hitchcock, Alfred) 圐 [인] 영국 태생의 미국의 영화감독(1899~1980).

히치하이크 (hitchhike) 圐 지나가는 자동차에 편승해 자기의 목적지까지 가는 무전여행. **히치하이크-하다** 图㉿

히타이트 (Hittite) 圐 [역] 기원전 1900년경에 소아시아에서 일어난 고대 시리아 민족. 전차·철제 무기 및 유목 민족 특유의 기마 전술로 크게 세력을 떨침.

히터 (heater) 圐 '난방 장치'의 하나. 주로 가스나 전기를 이용하여 방이나 차 안의 공기를 따뜻하게 하는 장치.

히트 (hit) 圐 **1** [체] =안타(安打). **2** 세상에 발표한 것이 크게 호응을 얻거나 인기를 끄는 일. ¶신곡이 ~를 치다. **히트-하다** 图㉿

히트-송 (hit song) 圐 대중들로부터 인기를 얻어 성공한 노래. ¶금주의 ~.

히트^앤드^런 (hit and run) 圐 [체] 야구에서, 주자와 타자가 미리 약속하고 투수가 투구 동작을 하자마자 주자는 다음 누(壘)로 달리고 타자는 무조건 그 공을 치는 일.

히틀러, 아돌프 (Hitler, Adolf) 圐 [인] 오스트리아 태생의 독일의 정치가·나치스 지도자(1889~1945).

히포크라테스 (Hippocrates) 圐 [인] 고대 그리스의 의학자(460?~377? B.C.).

히프 (hip) 圐 **1** =엉덩이. **2** 엉덩이 둘레의 치수. ×エ尺.

히프노스 (Hypnos) 圐 [신화] 그리스 신화에 나오는 수면(睡眠)의 신. 지하의 암흑계에 살며 수면과 꿈을 준다고 함.

히피 (hippie) 圐 1960년대 후반 미국을 중심으로 탈사회적인 청년 문화를 이루어 기성 제도나 가치에 구애됨이 없이 인간성의 회복, 자연으로의 귀의 등을 주장함. ¶~족(族).

히히 阜 입을 옆으로 벌리면서 싱겁게 웃는 소리, 또는 그 모양. **히히-하다** 图㉿

히히덕-거리다 图㉿ '시시덕거리다'의 잘못.

히힝 말의 울음소리.

힉소스 (Hyksos) 圐 [역] 고대 오리엔트의 유목 민족. 기원전 18세기부터 기원전 16

세기에 걸쳐 이집트를 지배했으나 제18왕조에 의해 추방됨.

힌두-교(Hindu教) [명][종] 인도의 토착 신앙·풍속과 브라만교가 융합한 민족 종교.

힌디-^(Hindi語) [명][언] 인도·유럽 어족의 인도·이란 어파에 속하는 언어. 인도 공화국의 공용어임.

힌트(hint) [명] 어떤 일을 해결하거나 창작하거나 할 때에 실마리가 되는 것. 비암시. ¶~를 주다.

힐(heel) [명] ['발꿈치'의 뜻] '하이힐'의 준말.

힐끔 [부] 눈동자를 흘겨 뜨고 한 번 바라보는 모양. ¶~ 쳐다보다. **힐끔-하다** [동]

힐끔-거리다/-대다 [동][타] 눈동자를 흘겨 뜨고 자꾸 쳐다보다. ¶선생님이 혹시 화내시지 않을까 하고 그는 교단 쪽을 **힐끔거리고** 있었다.

힐끔힐끔 [부] 힐끔거리는 모양. **힐끔힐끔-하다** [동][타]

힐긋 [-끋] [부] 1 눈에 얼른 띄는 모양. ¶창밖을 지나가는 그녀의 모습이 ~ 보였다. 2 거볍게 슬쩍 한 번 훑겨보는 모양. ¶그는 나를 ~ 한 번 쳐다보았다. **힐긋-하다** [동][자][타][여]

힐긋-거리다/-대다 [-끋때(때)-] [동][타] 거볍게 슬쩍슬쩍 훑겨보다.

힐긋-힐긋 [-끋끋] [부] 힐긋거리는 모양. ¶사내는 그 여자를 ~ 훔쳐보고 있었다. **힐긋힐긋-하다** [동][여]

힐난(詰難) [-란] [명] (잘못된 점을 들어 비난하는 것. **힐난-하다** [동][타][여] ¶사람들 앞에서 동료를 ~.

힐문(詰問) [명] 트집을 잡아 따져 묻는 것. **힐문-하다** [동][타][여]

힐책(詰責) [명] (어떤 사람을, 또는 그의 행동을) 잘못을 들어 말해 가면서 꾸짖는 것. **힐책-하다** [동][타][여]

힘 [명] 1 사람이나 동물이 몸을 움직이거나 몸의 어느 부분에서 물건을 움직일 수 있는 근육의 작용. 또는, 그 작용의 세기. ¶~이 센 장사. 2 어떤 물체나 물질이 스스로 움직이거나 다른 물체나 물질을 움직이게 하는 것. 또는, 그 작용의 세기. ¶엔진의 ~이 강한 자동차. 3 어떤 대상이 도움이 되거나 편안한 마음을 가지게 하는 상태. ¶그의 따뜻한 말 한마디가 내게 큰 ~이 되었다. 4 어떤 일에 대한 의욕이나 용기. ¶위인의 전기를 읽고 ~ 얻다. 5 어떤 일을 할 수 있는 능력이나 어떤 일에 들이는 정성이나 노력. ¶~이 자라는 데까지 여러분을 돕겠습니다. 6 사람이나 사물이 대상에 어떤 영향을 미치는 작용이나 능력. ¶영향력. ¶술의 ~을 빌려 객기를 부리다. 7 사람이나 단체나 나라에 대해 제 뜻을 강제적으로 따르게 하는 작용. ¶형이 동생을 ~으로 누르다. 8 [물] 정지하고 있는 물체를 움직이게 하고, 또 움직이는 상태를 변화시키거나 아주 정지시키는 작용.

힘-겨루기 [명] 승부 따위를 위하여 힘이나 세력을 보여 주거나 확장하려고 서로 버티는 일. ¶차기 회장 자리를 놓고 미묘한 ~가 벌어지다.

힘-겨룸 [명] 힘의 세고 약함을 겨루는 일. **힘겨룸-하다** [동][여]

힘-겹다 [-따] [형][ㅂ] 〈~겨우니, ~겨워〉힘에 부쳐 능히 당해 내기 어렵다. ¶그건 나로서는 **힘겨운** 일이오.

힘-껏 [-껃] [부] 힘이 미치는 데까지. 있는 힘을 다하여. 비극력. ¶~ 뛰어라.

힘-내다 [동][자] 꾸준히 힘을 써서 일을 행하다.

힘-닿다 [-다타] [동][자] 힘이나 권세·위력 등이 미치다. 비힘자라다. ¶**힘닿는** 데까지 도와주마.

힘-들다 [〈~드니, ~드오〉] 노력이 많이 필요하거나 하기가 어렵다. ¶멀어서 가기가 ~.

힘-들이다 [동][자] 힘이나 마음을 기울여 쓰다. ¶**힘들여** 번 돈.

힘-살 [-쌀] [명] =근육. ¶팔에 ~이 불거졌다.

힘-세다 [형] 1 물건을 움직일 수 있는 근육의 능력이 강하다. **힘센** 천하장사. 2 권력이나 세력이 강하다. **힘센** 나라. ▷힘차다.

힘-쓰다 [동]〈~쓰니, ~써〉 1 힘을 들여 일하다. ¶오직 학업에만 ~. 2 남을 도와주다. ¶당신이 **힘쓰면** 될 일이다. 3 어떤 일에 공헌하다. ¶향토사 연구에 ~. 4 괴로움을 참아 가며 꾸준히 행하다. ¶원예(園藝)에 **힘쓴** 보람으로 그는 크게 성공하였다.

힘-없다 [-업따] [형] 1 기운이나 기력이 없다. 2 권세나 재력 등이 없다. ¶**힘없고** 가난한 사람. **힘없-이** [부]

힘-입다 [-닙따] [동][자] 어떤 도움이나 배려, 후원 등에 힘을 얻다. ¶이번 일은 여러분의 후원에 **힘입은** 바 큽니다.

힘-자라다 [동][자] 힘이 미치다. 비힘닿다.

힘-자랑 [명] 힘이 센 것을 자랑하는 것. **힘자랑-하다** [동][자][여]

힘-장사 [명] 센 장사.

힘-점(-點) [-쩜] [명][물] 지레 따위로 어떤 물체를 움직일 경우 그 물체에 힘이 작용하는 점.

힘-주다 [동][자] (주로 '힘주어'의 꼴로 쓰여) 어떤 말이 두드러지거나 강한 뜻을 가지게 하다. 비강조하다. ¶사장은 생산성 향상에 대해 **힘주어** 말했다.

힘-줄 [-쭐] [명][생] 1 근육의 양 끝에 있으면서 근육을 뼈에 결합시키는, 가늘고 질긴 흰빛의 섬유성 조직. 2 사람의 살갗에 불거져 있거나 퍼렇게 드러나 보이는 혈관. ¶~이 불뚝 드러나 보이는 굳센 팔. 비심줄.

힘줌-말 [명][언] 어떤 말에 소리를 조금 달리하거나 또는 조금 더하거나 하여 그 말의 뜻을 강조하는 말. '깨다'에 대한 '깨뜨리다' 따위.

힘-차다 [형] 힘이 있고 씩씩하다. ¶**걸음걸이가** ~.

힙 [명] '히프(hip)'의 잘못.

힙합(hip-hop) [명] 1980년대에 미국의 하류층 흑인들 사이에서 유행하기 시작한, 힘 있고 동적인 춤과 음악. 또는, 그런 춤과 음악을 즐기는 집단의 문화. ¶~ 춤.

힝 Ⅰ[부] 코를 세게 푸는 소리.
Ⅱ[감] 아니꼬워 코로 비웃는 소리.

힝-힝 Ⅰ[부] 1 잇달아 코를 푸는 소리. 2 말이 콧소리를 내며 우는 소리.
Ⅱ[감] 잇달아 코로 비웃는 소리.

한글 모음

ㅏ 한글 자모의 열다섯째 글자. 이름은 아. 혀를 아주 낮추고 아래턱을 당겨서 입을 크게 벌리어 내는 단모음. 양성 모음에 속함.

ㅐ 한글 자모 'ㅏ'와 'ㅣ'의 합한 글자. 이름은 애. 혀를 'ㅏ'소리를 내는 위치보다 조금 높은 자리에서 약간 내어 밀고 입을 반만 벌리어 내는 단모음. 양성 모음에 속함.

ㅑ 한글 자모의 열여섯째 글자. 이름은 야. 혀의 위치와 입 모양을 'ㅣ'소리를 낼 때와 같이 시작하여 'ㅏ'로 옮기면서 내는 이중 모음. 양성 모음에 속함.

ㅒ 한글 자모 'ㅑ'와 'ㅣ'의 합한 글자. 이름은 얘. 혀의 위치와 입 모양을 'ㅣ' 소리를 낼 때와 같이 시작하여 'ㅐ'로 옮기면서 내는 이중 모음. 양성 모음에 속함.

ㅓ 한글 자모의 열일곱째 글자. 이름은 어. 혀를 보통의 위치에 놓고 입을 약간 크게 벌리어 입 안의 안쪽을 넓게 하면서 내는 단모음. 음성 모음에 속함.

ㅔ 한글 자모 'ㅓ'와 'ㅣ'의 합한 글자. 이름은 에. 혀를 'ㅓ' 소리 내는 위치보다 조금 높은 자리에서 앞으로 약간 내어 밀고 보통으로 입을 열어 입아귀가 붙지 않을 정도로 하여 내는 단모음. 음성 모음에 속함.

ㅕ 한글 자모의 열여덟째 글자. 이름은 여. 혀의 위치와 입 모양을 'ㅣ' 소리를 낼 때와 같이 시작하여 'ㅓ'로 옮기면서 내는 이중 모음. 음성 모음에 속함.

ㅖ 한글 자모 'ㅕ'와 'ㅣ'의 합한 글자. 이름은 예. 혀의 위치와 입 모양을 'ㅣ' 소리를 낼 때와 같이 시작하여 'ㅔ'로 옮기면서 내는 이중 모음. 음성 모음에 속함.

ㅗ 한글 자모의 열아홉째 글자. 이름은 오. 혀를 조금 뒤로 다가들이고 두 입술을 둥글게 하여 내는 단모음. 양성 모음에 속함.

ㅘ 한글 자모 'ㅗ'와 'ㅏ'의 합한 글자. 이름은 와. 혀의 위치와 입 모양을 'ㅗ' 소리를 낼 때와 같이 시작하여 'ㅏ'로 옮기면서 내는 이중 모음. 양성 모음에 속함.

ㅙ 한글 자모 'ㅗ'와 'ㅏ'와 'ㅣ'의 합한 글자. 이름은 왜. 혀의 위치와 입 모양을 'ㅗ' 소리를 낼 때와 같이 시작하여 'ㅐ'로 옮기면서 내는 이중 모음. 양성 모음에 속함.

ㅚ 한글 자모 'ㅗ'와 'ㅣ'의 합한 글자. 이름은 외. 혀를 보통 위치에서 앞으로 조금 밀어내면서 두 입술을 좁혀 둥글리는 듯이 하면서 내는 단모음. 양성 모음에 속함. 표준 발음법에 따라 이중 모음인 [ㅞ]로도 발음할 수 있음.

1386_한글 모음

ㅛ 한글 자모의 스무째 글자. 이름은 요. 혀의 위치와 입 모양을 'ㅣ' 소리를 낼 때와 같이 시작하여 'ㅗ'로 옮기면서 내는 이중 모음. 양성 모음에 속함.

ㅚ 한글 자모 'ㅛ'와 'ㅣ'의 합한 글자. 이름은 왜. 혀의 위치와 입 모양을 'ㅣ' 소리를 낼 때와 같이 시작하여 'ㅚ'로 옮기면서 내는 이중 모음. 현대 국어에서는 거의 쓰이지 않음.

ㅜ 한글 자모의 스물한째 글자. 이름은 우. 혀를 보통의 위치에 놓고 두 입술을 둥글게 한 상태에서 입을 조금 벌려서 내는 단모음. 음성 모음에 속함.

ㅝ 한글 자모 'ㅜ'와 'ㅓ'의 합한 글자. 이름은 워. 혀의 위치와 입 모양을 'ㅜ' 소리를 낼 때와 같이 시작하여 'ㅓ'로 옮기면서 내는 이중 모음. 음성 모음에 속함.

ㅞ 한글 자모 'ㅜ'와 'ㅓ'와 'ㅣ'의 합한 글자. 이름은 웨. 혀의 위치와 입 모양을 'ㅜ' 소리를 낼 때와 같이 시작하여 'ㅔ'로 옮기면서 내는 이중 모음. 음성 모음에 속함.

ㅟ 한글 자모 'ㅜ'와 'ㅣ'의 합한 글자. 이름은 위. 혀를 'ㅣ'에 두고 입술을 좁혀 내는 단모음. 때로 혀의 위치와 입 모양을 'ㅜ' 소리를 낼 때와 같이 시작하여 'ㅣ'로 옮기면서 이중 모음으로 발음할 수 있음. 음성 모음에 속함.

ㅠ 한글 자모의 스물두째 글자. 이름은 유. 혀의 위치와 입 모양을 'ㅣ' 소리를 낼 때와 같이 시작하여 'ㅜ'로 옮기면서 내는 이중 모음. 음성 모음에 속함.

ㆌ 한글 자모 'ㅠ'와 'ㅣ'의 합한 글자. 이름은 유. 혀의 위치와 입 모양을 'ㅣ' 소리를 낼 때와 같이 시작하여 'ㅟ'로 옮기면서 내는 이중 모음. 현대 국어에서는 거의 쓰이지 않음.

ㅡ 한글 자모의 스물셋째 글자. 이름은 으. 혀를 예사로 편 채 경구개 가까이에 놓는 동시에 약간 뒤로 다가들이는 듯하면서 입술은 편편한 대로 얕게 열어 내는 단모음. 음성 모음에 속함.

ㅢ 한글 자모 'ㅡ'와 'ㅣ'의 합한 글자. 이름은 의. 혀의 위치와 입 모양을 'ㅡ' 소리를 낼 때와 같이 시작하여 'ㅣ'로 옮기면서 내는 이중 모음. 음성 모음에 속함.

ㅣ 한글 자모의 스물넷째 글자. 이름은 이. 혀의 앞 바닥과 중앙 부분의 양편 가장자리를 아주 높여 경구개에 가장 가까이 접근시키고 입술을 편편한 대로 얕게 열고 입아귀를 양편으로 당기는 듯이 하면서 내는 단모음. 중세어에서는 중성 모음이었으나 현대어에서는 음성 모음화함.